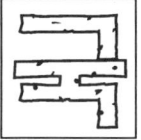

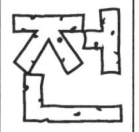

감수 : 서울대학교 인문대학 국어국문학과 교수
문학박사 閔 丙 秀

교학사

머 리 말

미국의 어학자 Noah Webster 가 1928 년에 대사전을 내었다. 지금은 2,662 면에 가로가 23.5 cm, 세로가 32.5 cm, 술이 10 cm 이다.

우리 나라에도 대사전이 있다. 4×6 배판 4,482 면이다. 이 사전은 보통어를 널리 거두고, 각 분야의 전문어를 망라하여, 못 찾을 말이 없다. 그러나 이와 같은 대사전은 일반용은 아니다. 첫째, 부피가 커서 휴대할 수 없고, 둘째, 책값이 비싸다.

그러므로 작으면서도 큰 사전이 필요하다. 이러한 일반의 요구를 충족시키고자, 1972 년 2 월에 초판을 낸 〈표준 새 국어 사전〉은 1985 년 1 월까지 여러 차례 판을 거듭하였다.

그러나 맞춤법과 표준말이 현실에 맞게 개정되어야 한다는 여론에 따라, 그 해에 설립된 '국어 연구소'가 검토 보완하여, 그 규정을 1988 년 1 월 14 일에 교육부가 확정 발표하였다.

그 동안의 이러한 사정으로 증판을 보류해 오다가, 이를 폐기하고, 새로 엮게 되었다. 이에 개정 내용에 맞춤은 물론, 품사 표시도 1985 년부터 쓰인 '통일 학교 문법'에 준하였다.

어휘 선택에 있어서는 보통어는 모조리 올리되, 전문어는 상식의 범위를 넘지 않기로 하였다. 고어나 외래어도 전문어의 경우와 같게 하였다.

주석에 있어서는 간명하기에 힘썼고, 기본어에는 적절한 용례를 보이어 이해를 도왔다. 그리고 널리 쓰이는 말에는 주석 끝에 그 역어인 영어를 붙였으나, 성질상 일치하는 말이 없을 경우에는 유사어를 보이기도 하였다.

한자는 한자를 덜 쓰려는 추세에 따라 표제어로 다루지 않기로 하였다. 교육부가 제정한 교육용 기초 한자 1,800 자 외에 신문·잡지 등 간행물에 보이는 한자들을 보태어 끝에 붙이어 한자 자전 구실을 하게 하였다.

속담을 표제어로 다루어 찾기 쉽게 한 것도 이 사전의 특색이다.

그러나 미비한 점은 앞으로 두고두고 보완하겠거니와, 애용자 여러분의 지적과 의견을 들어 완벽을 기할 것을 다짐한다.

1988 년 10 월 9 일　　**교 학 사**

일 러 두 기

표 제 어
1) 배열은 다음과 같이 하였다.
   자음 ㄱ, ㄲ, ㄳ, ㄴ, ㄵ, ㄷ, ㄸ, ㄹ(ㅭ), ㅁ, ㅂ(ㅸ), ㅷ, ㅃ, ㅄ, ㅴ, ㅵ, ㅶ, ㅲ, ㅅ(ㅿ), ㅆ, ㅾ, ㅺ, ㅆ, ㅿ, ㅇ(ㆁ, ㅎ), ㆀ, ㅈ, ㅉ, ㅊ, ㅋ, ㅌ, ㅍ, ㅎ, ㆅ

   모음 ㅏ, ㅐ, ㅑ, ㅒ, ㅓ, ㅔ, ㅕ, ㅖ, ㅗ, ㅘ, ㅛ, ㅚ, ㅜ, ㅝ, ㅠ, ㅞ, ㅡ, ㅢ, ㅣ

2) 표기가 같고 뜻이 다른 말은 같은 자리에 놓되, 우리말·한자어·외래어의 차례로, 같은 우리말은 현대어·고어의 차례로, 같은 현대어·고어는 품사의 차례로, 같은 한자어는 그 한자 획수의 차례로, 모든 것이 같은 것은 어깨 번호를 매겨 올렸다.
3) 파생어 및 복합어·합성어 등은 용례로 보였다.

표기법과 발음
1) 개정 맞춤법에 따랐다. 표제어의 장음은 길게 발음되는 음절 바로 뒤에 ː표로 표시하였다. 외래어도 마찬가지다.
   보기 : **가ː결**(可決)명 ·············주 석·············
   　　　노ː트(note)명 ·············주 석·············
   　　　모ː닝 커ː피(morning coffee)명 ·········주 석·········

2) 고어는 원전대로 올리고 방점은 왼쪽에 표시하는 것을 원칙으로 하였고, 음의 장단은 표시하지 않았다.
3) 표제어의 표기와 실제 발음이 같지 않은 것은 [ ] 속에 같지 않은 부분의 발음만을 표시하고, 예외 없이 변하는 발음들은 표시하지 않았다.
   　　가을=걷이[—거지]명······주 석······
   　　내ː적[—쩍](內的)관명······주 석······
   　　돈ː=주머니[—쭈—]명······주 석······

문법 형태와 어원
1) 복합어·합성어·파생어 등 표제어는 띄어쓰기와 하이픈으로 구분하였다.
   　　가ː가 대ː소(呵呵大笑)명······주 석······
   　　경영=권[—꿘](經營權)명······주 석······

2) 어간과 어미는 -표로 구분하였다.
   　　가라=앉-다타······주 석······

3) 표제어의 원어가 한자인 것은 (　) 속에 그 원어를 보이고, 영

어 이외의 외래어는 그 끝에 약자로 원어 표시를 하였다. 원어에서 멀어진 것은 원어 앞에 ←표를 하였다.

　　　가:가(假家)몡⋯⋯⋯⋯⋯⋯주 석⋯⋯⋯⋯⋯⋯⋯
　　　가나(假名 かな 일)몡⋯⋯⋯⋯⋯⋯주 석⋯⋯⋯⋯⋯⋯
　　　카타르(Katarah 도)몡⋯⋯⋯⋯주 석⋯⋯⋯⋯⋯
　　　코냑(cognac 프)몡⋯⋯⋯⋯⋯⋯주 석⋯⋯⋯⋯⋯⋯

4) 품사는 교육부가 제정한 '통일 학교 문법'에 따랐다.

주　　　석
1) 한 표제어가 둘 이상의 뜻을 가진 것은 ①②③⋯⋯의 번호를 매겨서 주석하였다.
2) 전문어는 〈　〉속에 그 부문을 표시하였다.
　　　가감=형(加減刑)몡〈법률〉⋯⋯⋯⋯주 석⋯⋯⋯⋯⋯
　　　가·골(假骨)몡〈생리〉⋯⋯⋯⋯⋯주 석⋯⋯⋯⋯⋯
　　　감:상=주의(感傷主義)몡〈문학〉⋯⋯⋯주 석⋯⋯⋯⋯
3) 표제어가 다른 표제어와 관련이 있거나, 틀린 말일 경우에는 그 구분을 부호로 표시하고 →표를 하여 그 표제어에만 주석하였다.
　　　가리몡→갈비.
4) 같은 뜻을 가진 동의어는 주석 끝에 붙이되, 여러 뜻을 가진 낱말일 경우에는 어깨 번호를 매겨 구분하였다.
　　　선미(船尾)몡 《동》 고물[3].

외래어 표기법
1986년 1월 7일에 정부가 고시한 '외래어 표기법'에 따랐다. 다만, 이미 널리 쓰이어 굳어버린 말은 그것을 살렸다.
　　　바께쓰(bucket)몡⋯⋯주 석⋯⋯⋯

영어 역어
고어·약어 외의 일반 어휘에는, 되도록 주석 끝에 영어 역어를 보였다. a, an, the 와 같은 관사는 이를 생략하였다.

한 자 자 전
1) 표제자는 음순으로 배열하되, 1972년 8월 교육부가 선정 고시한 교육용 기초 한자 1800자의 일람표에 따랐다.
2) 1800자 중, 중학교용 900자는 〔　〕속에, 고등학교용 900자는 [　] 속에 넣어 구분하였다. 그 밖의 자에는 아무 표시도 하지 않았다.
　　　가〔家〕⋯⋯⋯주 석⋯⋯⋯
　　　고[孤] ⋯⋯⋯주 석⋯⋯⋯

약 호

1. 품사
- 명 명사
- 의명 의존 명사
- 인대 인칭 대명사
- 지대 지시 대명사
- 수 수사
- 자 자동사
- 불자 불완전 자동사
- 타 타동사
- 불타 불완전 타동사
- 피동 피동사
- 사동 사동사
- 조동 보조 동사
- 형 형용사
- 조형 보조 형용사
- 관 관형사
- 부 부사
- 감 감탄사
- 조 조사
- 접두 접두어
- 접미 접미어
- 선미 선어말 어미
- 어미 어미

- 관용구 관용구
- 속 속담
- ㄷ불 ㄷ불규칙
- 러불 러불규칙
- 르불 르불규칙
- ㅂ불 ㅂ불규칙
- ㅅ불 ㅅ불규칙
- 여불 여불규칙
- ㅎ불 ㅎ불규칙
- ㄹ탈 ㄹ탈락
- 으탈 으탈락
- 하자
- 하타
- 하자타
- 하자형
- 하타형
- 하형
- 스형
- 스레미
- 이미
- 히미

2. 어휘 구분
- (동) 동의어
- (유) 유사어
- (대) 반대말
- (약) 약어
- (원) 원말
- (변) 변한말
- (큰) 큰말
- (작) 작은말
- (예) 예삿말
- (센) 센말
- (거) 거센말
- (공) 존대말
- (비) 비어
- (속) 속어
- (하) 낮춤말
- (고) 고어
- (통) 통하는 말

3. 전문어
〈건축〉 〈광물〉 〈기독〉
〈경제〉 〈광업〉 〈기상〉
〈곤충〉 〈교육〉 〈논리〉
〈공업〉 〈군사〉 〈농업〉
〈동물〉 〈심리〉 〈제도〉
〈문학〉 〈약학〉 〈조개〉
〈물리〉 〈어류〉 〈조류〉
〈미술〉 〈어학〉 〈종교〉
〈민속〉 〈역사〉 〈지리〉
〈법률〉 〈연예〉 〈지학〉
〈불교〉 〈윤리〉 〈천문〉
〈사회〉 〈음악〉 〈철학〉
〈생리〉 〈의학〉 〈체육〉
〈생물〉 〈인쇄〉 〈토목〉
〈수학〉 〈전기〉 〈한의〉
〈식물〉 〈정치〉 〈화학〉

4. 외래어
- 그 ; 그리스어
- 네 ; 네덜란드어
- 도 ; 독일어
- 라 ; 라틴어
- 러 ; 러시아어
- 말레이 ; 말레이시아어
- 몽 ; 몽고어
- 범 ; 범어
- 스 ; 스페인어
- 아 ; 아랍어
- 이 ; 이탈리아어
- 인 ; 인도어
- 일 ; 일본어
- 중 ; 중국어
- 포 ; 포르투갈어
- 프 ; 프랑스어
- 히 ; 히브리어

5. 부호
- ( ) 표제어 한자, 로마자, 일본의 가나 표시
- ː 장음 표시
- - 어간과 어미 사이
- = 조어 요소 사이
- [ ] 발음 표시
- 〔 〕 앞말과 대체되는 말에 어원의 표시
- 〈 〉 전문 용어 표시
- 《 》 고어·속어·동의어 따위 표시로 표제어 다음에, 주석 끝 어휘 앞에
- ¶ 용례 앞에
- ~ 용례에서 표제어 부분의 생략
- / 여러 표제어의 구분 표시
- → 비표준어에서 표준어 앞에
- ← 변한 발음의 어원 앞에

經世訓民正音圖說字 ㄱ ㅁ ㄱ 訓民正音字

ㄱ [기역] 〈어학〉 ①한글 자모의 첫째 글자. the 1st letter of the Korean alphabet ②자음의 하나. 혀뿌리를 높여 뒷입천장에 붙였다가 뗄 때 나는 안울림소리 중 파열음. 받침으로 그칠 때는 혀뿌리를 떼지 않음. ③ (ㄲ) 조선조 초기에서 ㅇ자 아래에서 소유격적(所有格的)으로 쓰인 사이글자.

=ㄱ[ㄲ] 뗑 =의. =부터. =에서.

ㄱㄴ=순[기역니은-](-順) 뗑 한글 자모(字母)의 차례를 따라서 매긴 순서. alphabetical order

ㄱ자=[기역-](-字) 뗑 ㄱ 자 모양으로 만든 자. 곱자. carpenter's square

ㄱ자=집[기역-](-字-) 뗑 용마루가 ㄱ자 모양으로 된 집. ㄱ-shaped house, square house

ㄱ자=홈[기역-](-字-) 뗑 ㄱ자 모양으로 파낸 홈. square groove

가: 똉 ①가장자리. edge ②곁. 옆. 근처. ¶집~. 화롯~. by, near ③끝. ¶~없는 바다. end

가ː 뗑〈음악〉음계(音階)의 제 6음. 곧, 라(la).

가 뗑 ①받침을 없는데 붙어, 그 말을 주격(主格)이 되게 하는 격조사. ¶해~ 돋는다. (공)께서. ②받침을 없는 체언에 붙어, 그것이 다른 것으로 변하여 감을 나타내는 보격 조사. ¶구름이 비~ 된다. ③받침을 없는 체언에 붙어, 그것이 아님을 나타내는 보격 조사. ¶물고기~ 아니다.

가:[약]〈약〉가야. ¶~ 보아라.

가[加] 뗑〈수학〉①더하기. ②[약]→가법(加法). ③[약] →가산(加算). (때) 감(減)®. addition and subtraction

가[可] 뗑 ①옳음. 좋음. good ②의안(議案) 표결에 있어서 찬성 표시. (대) 부(否). approved, ay(e) ③성적을 매기는 등급(等級)의 하나. ¶수(秀)·우(優)·미(美)·양(良)·~. grade E 하ㆍ히ㆍ

가:[假] 뗑 ①임시의. 우선의. ¶~결의(決議). ~석방(釋放). temporary ②참된 것이 아닌. 가짜의. ¶~형사(刑事). (대) 진(眞). false

=ㄱ[家] 뗑ㆍ 물건을 얹어 두는 받침. ¶서(書)~. 총(銃)~. rack

=ㄱ[家] 뗑ㆍ ①어떠한 일을 전문적으로 하는 사람. ¶미술(美術)~. 법률(法律)~. expert ②어떠한 성질을 특히 가진 사람. ¶야심(野心)~. 공상(空想)~. man with peculiar habit ③어떤 것을 많이 가지고 있는 사람. ¶자본(資本)~. 장서(藏書)~. collector ④식솔을 아우르는 말. ¶케네디~. ⑤어떤 일이 일어난 집. ¶상(喪)~.

=가[哥] 뗑ㆍ ①성(姓)을 낮게 일컬을 때, 성 밑에 붙임. ¶네 성이 최~냐? ②성에 붙이어 얕잡아 부름. ¶김~야, 어서 오게나.

=**가**[街] 뗑ㆍ ①크고 넓은 길거리. ¶번화(繁華)~. street ②큰 도시의 노(路)나 동(洞)을 다시 나눈 행정적 구역. ¶충무로 1~. ③시가(市街)의 특수한 지구(地區). ¶유흥(遊興)~. 상(商)~.

=**가**[歌] 뗑ㆍ 노래의 이름이나 종류를 나타내는 말. ¶농부(農夫)~. 애국(愛國)~. 자장~. song

=**가**[假][價] 뗑ㆍ 어떤 명사 아래에 붙어 '값'이라는 뜻을 나타내는 말. ¶대(代)~. 선(船)~.

ㄱ 뗑 (ㄲ) =ㄱ邊.

가:가[可呵] 뗑 스스로 우스움. 가히 웃을 만함. laugh.

가가[呵呵] 뗑 ①대단히 우스움. burst of laughter ②웃는 소리의 형용.

가가[家家] 뗑 집집. 집집마다. every house

가:가[假家] 뗑 ①임시로 지은 집. temporary house ②[원]→가게.

가:가 대:소[呵呵大笑] 큰 소리로 껄껄 웃음. 《유》홍연 대소(哄然大笑). burst into laughter 하ㆍ

가가=례[家家禮] 뗑 그 집안 고유의 풍습ㆍ예법. family code of etiquette 「나면서 동정을 구하는.

가가 문전[家家門前] 뗑 집집마다의 문 앞. ¶~ 다

가가아=수[加加阿樹·柯柯阿樹] 뗑〈식물〉카카오나무.

가가 호:호[家家戶戶] 뗑 각 집. 집집마다. each house 이뗑 「인함. cruelty 하ㆍ히ㆍ

가:각[苛刻] 뗑ㆍ ①인정이 없고 매섭음. severity ②잔

가각[架閣庫] 뗑〈제도〉고려와 조선조 때 도서(圖書)를 간수하던 관청.

가ㆍ각-다[ㄲ] 궁하다.

가각-본[家刻本] 뗑 중국에서 사상가에서나 사숙(私塾)에서 발간한 책. personally printed book

가간=사[家間事] 뗑 ①각자 자기 집에 관계되는 일. ②집안의 사사로운 일. family affairs

가감[加減] 뗑ㆍ ①더함과 뺌. increasing and decreasing ②더하거나 빼어 알맞게 조절함. modify moderation ③[약]→가감법(加減法). 하ㆍ

가:-감[可堪] 뗑 ①감당할 수 있음. capable ②견딜 수 있음. bearable 하ㆍ

가감=례[加減例] 뗑〈법률〉형벌을 더하거나 감할 때에 기준이 되는 원칙. rules for mitigation and aggravation of punishment

가감=법[加減法] 뗑〈수학〉덧셈과 뺄셈법의 구용어. 《약》가감(加減)③. addition and subtraction

가감 부득[可減不得] 뗑ㆍ =가부득 감부득.

가-감-승-제[加減乘除] 뗑〈수학〉덧셈ㆍ뺄셈ㆍ곱셈ㆍ나눗셈의 총칭. 사칙(四則). addition, subtraction, multiplication and division 「抗器).

가감 저항기[加減抵抗器] 뗑 가변 저항기(可變抵

가:감지=인[可堪之人] 뗑 그 일을 감당할 만한 사람.

가감 축전기[加減蓄電器] 뗑 가변 축전기(可變蓄電器).

가감-형[加減刑] 뗑〈법률〉법정형(法定刑)의 범위를 넘어서 가중(加重)ㆍ감경(減輕)된 형. increased or decreased punishment 「come guest

가:래[佳客] 뗑 반가운 손님. 가빈(佳賓ㆍ嘉賓). wel-

가:래[歌客] 뗑 ①노래를 잘하는 사람. ②노래를 업으로 삼는 사람. 가인(歌人). singer 「일컫는 말.

가갸 뗑 한글 자모 '가'와 '갸'를 비유하여

가갸 뒷자도 모른다 무식하기 짝이 없다.

가거[家居] 뗑 ①집에만 박혀어 있음. seclusion ②시집가지 아니하고 생가(生家)에 있음. ③집. 주거(住居). residence 하ㆍ

가:거[假居] 뗑 가우(假寓). 하ㆍ

가거[街渠] 뗑〈토목〉길바닥의 배수를 위하여 만든 얕은 도랑. gutter

가:거지-지[可居之地] 뗑 살 만한 곳. livable place

가:건-물[假建物] 뗑 임시로 간단하게 세운 건물. temporary building

가:게 뗑 물건을 파는 집. 가겟집①. 상점(商店). 점포(店鋪). store ②길가나 장터 같은 곳에서 물건을 벌여 놓고 파는 집. 가겟방①. 《원》가가(假家).

가게 기둥에 입춘 격에 맞지 않는다.

가:게-채 뗑 가게로 쓰는 집채. 「게②.

가:겟-방[-房] 뗑 ①가게로 차리어 쓰는 방. ②[동] 가

가:겟-집 뗑 ①[동] 가게①. ②가게를 벌이고 장사하는 집. shop ③가게로 쓰는 집. 점포(店鋪). shop house

가격[家格] 뗑 집안의 격식. family rules 「格).

가격[-격][歌格] 뗑 ①노래의 규칙. ②노래의 풍격(風

가격(價格)[명] ①값. 금. 금새. price ②〈경제〉화폐로써 나타내는 상품의 교환 가치. ¶~ 조절(調節).
가격 경기(價格景氣)[명] 〈경제〉물가가 올라서 경기가 좋아지는 상태. (대) 수량 경기(數量景氣). [경제].
가격 정책(價格政策)[명] 〈경제〉가격에 대한 국가의 정책.
가격 지수(價格指數)[명] 〈경제〉어떤 시기를 기준으로 잡아 다른 시기의 물품 가격을 지수로 나타낸 수치. price index 〔한 이익. margin
가격 차익(價格差益)[명] 살 때와 팔 때의 가격차로 인
가격 카르텔(價格 Kartell 도)[명] 《약》→가격 협정 카르텔.
가격=표(價格表)[명] 가격을 적어 놓은 일람표. price list 〔price tag
가격=표(價格票)[명] 물품에 대해 가격을 적어 놓은 표.
가격 표기 우편물(價格表記郵便物)[명] 〈체신〉분실·손상에 대한 배상을 받을 수 있도록 가격을 표시한 특수 우편물. mail matter with value declared
가격 협정 카르텔(價格協定 Kartell 도)[명] 〈경제〉같은 종류의 산업에 속하는 기업자들이 서로 협정을 맺어, 경쟁을 막고 이윤을 늘리기 위한 수단을 강구하는 연합 단체. 준말 가격 카르텔. price cartel
가:결(可決)[명] 의안은 좋다고 인정하여 결정함. (대) 부결(否決). approval 하다
가결(加結)[명] 〈제도〉결세(結稅)의 율을 높임. ¶ 증가하는 결복(結卜). 가복(加卜)①. (대) 감결(減結). 하다
가:결의(假決議)[명] ①효력이 불확정한 결의. ②〈법률〉회의에서 결의할 요건이 갖추어지지 못했을 때, 뒤에 승인을 받기로 하고 우선 행하는 결의. provisional resolution 하다 〔prise 하다
가:경(可驚)[명] 놀랄 만함. '가경할'로만 쓰임. sur-
가경(佳景)[명] 뛰어나게 훌륭한 경치. 아름다운 경치. fine scenery
가경(佳境)[명] ①재미있는 판. ②묘미를 느끼는 고비. ¶점입(漸入) ~. climax ③경치 좋은 곳. fine scenery
가경(嘉慶)[명] 즐겁고 경사스러움. auspiciousness
가경절(嘉慶節)[명] 〈종교〉대종교(大倧敎)의 경절 중의 하나. 음력 팔월 보름날. 〔land
가:경지(可耕地)[명] 경작할 수 있는 토지. cultivable
가계(加計)[명] ①통화의 액면과 시가(時價)가 다를 때에 그 차액을 보태어 셈하는 일. ②[동] 가산(加算)②. 하다
가계(加階)[명] 〈제도〉품계(品階)를 올림. 하다
가계(家系)[명] 한 집안의 계통. family line
가계(家計)[명] ①집안 살림의 수입·지출. 살림살이. ②[동] 생계(生計).
가계(家契)[명] 구한국 때, 관에서 발급한 집문서.
가계(家繼)[명] 호주로서 법적 권리와 의무를 상속함. succession 하다
가계 경제(家計經濟)[명] [동] 가정 경제(家政經濟).
가계=도(家系圖)[명] 한 가계의 혈연이나 결혼 관계를 나타낸 도표. genealogical chart
가계 미가[一가](家計米價)[명] 〈경제〉어떤 해에 조사한 가계비를 기초로 하여 산출한 쌀값.
가계 보:험(家計保險)[명] 〈경제〉개인 생활의 안정을 꾀하여 계약하는 보험. 생명 보험·화재 보험 따위.
가계-부(家計簿)[명] 한 가정의 수입·지출을 적어 두는 장부. domestic account book
가계 부기(家計簿記)[명] 한 가정 살림의 수입과 지출 내용을 장부에 기록하기 위한 부기. domestic book-keeping 〔cost of living
가계-비(家計費)[명] 한 집안의 살림살이에 드는 비용.
가계 수표(家計手票)[명] 은행에 가계 종합 예금을 가진 사람의 그 은행 앞으로 발행하는 수표. 1 장의 발행 한도액은 10 만 원·30 만 원임.
가:-계:약(假契約)[명] 우선 임시로 맺는 계약. provisional contract 하다
가:-계:정(假計定)[명] 〈경제〉회계 처리에서 편의상 임시로 설정한 여러 가지 계정. 가수금(假受金) 계정·가지불금 계정·미결산 계정 따위. suspense account
가계-주(一紬)[명] 아롱아롱한 뇌문(雷紋)이 있는 중국 비단의 하나.
가:-고(可考)[명] 참고하거나 생각해 볼 만함. '~할'로만 활용. considerable 하다 〔cidents
가고(家故)[명] 집안의 사고. 집안의 연고. family in-
가:-고:건[一껀](可考件)[명] 참고할 만한 일이나 물건.
가:-고:처[一꺼](可考處)[명] 참고하거나 생각해 볼 만한 곳.
가곡(歌曲)[명] 〈음악〉우리 나라 재래 음악의 하나. song ②성악곡. song ③노래의 곡조. melody ④노래와 곡조. song and melody
가곡(嘉穀)[명] ①좋은 곡식. good cereals ②벼. 〔뼈.
가:-골(假骨)[명] 〈생리〉뼈가 부러진 곳에 새로 생긴
가공(加工)[명] ① 천연물이나 미완 된 물건에 인공을 더함. 6인공(人工). (대) 천연(天然). ② 〈법률〉남의 동산(動產)에 공작을 가하여 이를 새 물건으로 만드는 일. manufacturing, processing 하다
가공(加功)[명] 〈법률〉죄 짓는 일을 거드는 행위. criminal assistance 하다
가:공(可恐)[명] 두려워할 만함. ¶~할 핵무기. fearful
가공(架空)[명] ①공중에 가로 건너지름. overhead ②터무니없음. 근거 없음. ¶ ~ 인물(人物). fictitiousness 하다
가공 망:상(架空妄想)[명] 터무니없는 망령된 생각.
가공 무:역(加工貿易)[명] 〈경제〉외국에서 원자재 또는 반제품을 수입하여 만든 그 제품을 다시 수출하는 방식의 무역. improvement trade system
가공 배상(加工賠償)[명] 〈경제〉경제적으로 배상 능력이 없는 경우에 대신 기술 및 노력을 상대국에게 제공하는 일. technical reparation
가공-비(加工費)[명] 가공하는 데 드는 비용.
가공-사(加工絲)[명] 특수한 기술 가공으로 원사(原絲)를 화학적·기계적으로 변화시킨 실. 금실·은실 따위. processed yarn
가공 삭도(架空索道)[명] 〈토목〉공중에 가설한 강철 줄에 운반차를 매달아 화물 따위를 나르는 설비. 고가 삭도(高架索道). 공중 삭도(空中索道). 공중 케이블. (약) 삭도(索道). cable car 〔head wire
가공-선(架空線)[명] 〈토목〉공중에 가설한 선. over-
가공 수입(加工輸入)[명] 〈경제〉가공하여 팔기 위하여 그 원료를 수입하는 일. manufacturing import
가공-업(加工業)[명] 가공을 전문으로 하는 공업의 한 분야. manufacturing industry
가공 유지[一뉴―](加工油脂)[명] 유지를 원료로 하여 화학적·물리적으로 처리하여 만든 여러 가지 제품. 비누·마가린 따위. Processed oil and fat
가공 의:치(架工義齒)[명] 〈의학〉두 개의 이와 잇몸을 받침으로 하여 그 사이에 건너질러 박은 이. 브리지(bridge)①. (약) 가공치(架工齒).
가공-적(架空的)[명] ① 실체성이 없는(것). unreal ②터무니없는(것). fantastic
가공-지(加工紙)[명] 물들이거나 무엇을 발라 가공한 종이. processed paper 〔道).
가공 철도[一또―](架空鐵道)[명] [동] 고가 철도(高架鐵
가공-치(架工齒)[명] (약)→가공 의치(架工義齒).
가공 케이블(架空 cable)[명] 전주 등에 받침으로 하여 공중에 가설한 케이블.
가공-품(加工品)[명] 가공하여 만든 물건. manufactured
가과(佳果)[명] 좋은 과실.
가과(假果)[명] 〈식물〉화탁(花托)이나 화축(花軸) 등이 자방(子房)과 함께 들어 발육한 과실. 무화과 따위의 과실(擬果). (대) 진과(眞果). pseudo-carp 〔축 용지(用地).
가곽(街廓)[명] 〈토목〉도시의 가로 사이에 불합된 건
가관(加冠)[명] 〈제도〉관례(冠禮)를 하고 갓을 쓰던 일. 하다
가:관(可觀)[명] ①볼 만함. grand sight, worth seeing ②언행이 꼴답지 않아 비웃을 만함. ¶꼴이 ~이다.

가:괴(可怪·可愧)[형] 괴상하게 여길 만함. ridiculous. queer 하[형]
가교(架橋)[명] 다리를 놓음. bridging 하[타]
가:교(假橋)[명] 임시로 놓은 다리. temporary bridge
가:교(駕轎)[명] 〈제도〉①임금을 태워 말 두 마리가 앞뒤에서 메고 가던 가마. horse-carried royal palanquin ②〈동〉쌍가마(雙—).
가교-마(駕轎馬)[명] 〈제도〉가교를 메는 말. horse for carrying royal sedan-chair
가:교 봉:도(駕轎奉導)[명] 〈제도〉가교가 떠날 때 פ안히 모시라고 경계·주의시키던 일.
가교 엄:호(架橋掩護)[명] 〈군사〉다리 놓는 일을 방해하는 적을 공격하거나 막아 내는 일. protection for bridging
가구(佳句)[명] 잘 지은 글귀. fine verse
가구(架構)[명] 〈약〉→가구물(架構物).
가구(家口)[명] ①집안 식구. ②집안의 사람 수효. ③한 집을 차린 독립적 생계(生計). households ④의 한 집안에 한 골목 안에서 살림하는 각 집의 수효. 세대(世帶).
가구(家具)[명] 집안 살림에 쓰이는 세간. 집물(什物). furnitures
가구(街衢)[명] ①길거리. street ②〈동〉시정(市井).
가구 경행(街衢經行)〈불교〉고려 때 중이 서울〔開 城〕거리를 경문을 외고 다니던 백성을 위하여 복을 빌던 일. 〔조물의 총칭. 〈약〉가구(架構).
가구-물(架構物)[명] 재료를 낱낱이 짜 맞추어 만든 구
가구(家韭子)〈한의〉부추 씨. 몽설(夢泄)·요통(腰痛)·백대하(白帶下) 등에 쓰임.
가구-장이(家具匠—)[명] 가구를 만들어 파는 것을 업으로 삼는 사람. cabinet-maker
가구=재(家具材)[명] 가구를 만드는 데 쓰는 목재.
가구=점(家具店)[명] 가구를 만들어 파는 가게. furniture store 〔대주. house-holder
가구-주(家口主)[명] 한 가구의 주장이 되는 사람. 세
가국(佳局)[명] 좋은 국면(局面). favourable situation
가국(家國)[명] ①자기의 집안과 나라. 가방(家邦). one's home and country ②고국. 고향.
가군(家君)[명] ①남 앞에서 자기 아버지를 이르는 말. 가대인(家大人). 가부(家父). my father ②남에게 자기 남편을 이르는 말. 가부(家夫)①. my husband
가권[一卷] (家卷)[명] 〈동〉집문서.
가권(家眷)[명] 집안 식구. family
가권(家權)[명] 집안을 통솔하는 권리. right of household 〔레하는 일.
가-권:진(歌勸進)[명] 〈불교〉부처에게 공양할 때에 노
가:귀[명] 노름판에서 다섯 끗을 이르는 말.
가:귀-노름[명] 가귀대기 노름. 하[자]
가:귀=대:기[명] 15끗 뽑기로 내기하는 투전 노름. 하
가규(家規)[명] 한 집안의 규율. family rule
가극(加棘)[명] 〈제도〉귀양간 사람이 있는 집의 담이나 울타리에 가시나무를 둘러치던 일. 하[타]
가극(暇隙)[명] 틈. 겨를. 여가(餘暇). spare time
가극(歌劇)[명] 〈연예〉성악·기악을 주요 구성 요소로 하고, 무용·배경(背景)·대사 등을 섞은 연극의 하나. opera 〔company
가극-단(歌劇團)[명] 가극을 주로 하는 극단. opera
가:근(假根)[명] 〈식물〉선태류(蘚苔類)·조류(藻類) 등의 양분 흡수 작용을 하지 않는 근모(根毛).
가금(加金)[명] 어떤 액수에 덧붙인 돈. additional amount
가금(呵禁)[명] 〈제도〉옛날 고귀한 사람이 행차할 때에 잡인의 무례한 행동이 없도록 금하던 일. 하[타]
가금(家禽)[명] 집에서 기르는 닭·오리 등의 새. 《대》 야금(野禽). domestic fowls
가:금(假金)[명] 가짜 금. artificial gold
가금(價金)[명] 물건의 값. 대금(代金). 가액(價額). ¶~이 싸다. price
가:급(加給)[명] 값을 따위의 정한 액수를 올려서 더 줌. 《대》감급(減給). increase of salary 하[타]
가:급-유(加給由)[명] 〈제도〉관리에게 정한 기간의 휴가가 끝난 뒤 휴가를 더 주던 일. 《약》가유(加由). additional leave of absence 하[자] 〔풍족함. 하[형]
가급 인족(家給人足) 〈법〉집집마다 넉넉하고 사람마다
가:급 임금(加給賃金) 〈법〉근무 시간의 기준을 초과하거나, 야간 작업·휴일 근무를 한 데 대하여 사용자가 근로자에게 더 붙여 지불하여야 하는 임금. salary supplement
가:급-적(可及的)[명] 될 수 있는 대로. 되도록. 〜 빨리 오너라. as 〜 as possible 〔한데.
가:급적이면(可及的—)[명] 될 수 있으면. 사정이 허락
가:긍(可矜)[명] 가엾고 불쌍함. pitiful 하[형] 스럽[형] 스레[부] 히[부] 〔hopeful
가:기(可期)[명] 기대할 수 있음. 기약할 수 있음.
가기(佳氣)[명] ①화창한 날. fine day ②맑고 상쾌한 날씨. glorious weather
가기(佳期)[명] ①좋은 계절. glorious season ②애인을 처음 만나게 될 시기. time for first love ③시집갈 시기. marriageable age
가기(佳器)[명] ①좋은 그릇. ②훌륭한 인물.
가기(家忌)[명] 자기 조상의 기제사(忌祭祀). private religious service
가기(家基)[명] ①집터. ②집에 딸린 터전. home site
가기(家期)[명] 시집갈 만한 나이. 혼기(婚期). marriageable age
가기(歌妓)[명] 노래를 잘 부르는 기생. 성기(聲妓)
가기 경과(嫁期經過) 〈법〉시집갈 나이가 지남. 하[자]
가:기-이기방(可欺以其方) 그럴 듯한 말로써 남을 속일 수 있음. 《약》가기이방. deceive with specious words
가:기=이방(可欺以方) 〈약〉→가기이기방(可欺以其方).
가기-판(家忌板)[명] 조상의 제삿날을 적어 두는 판자.
가까스로[부] 간신히. 겨우. ¶〜 이겼다. barely
가까운 남이 먼 일가보다 낫다[속] 이웃하여 살면 서로의 정분이 가깝기가 사촌 형제 사이와 같다.
가까운 데 집은 깎이고 먼 데 절은 비친다[속] 가까운데 있는 것은 너무 천숙하여 좋지 않아 보이고, 먼데 것은 훌륭해 보인다.
가까이[명] 가까운 데. 가깝게. near
가까이-하[타][여][자] ①친밀하게 사귀다. ②무엇을 즐기거나 좋아하다.
가깝-다[형][ㅂ변] ①거리나 시간이 짧다. near ②비슷하다. look like ③교분(交分)이 두텁다. intimate ④촌수가 멀지 아니하다. ¶가까운 친척. near relative ⑤시변(身邊)에서 멀지 않다. 《대》 멀다.
가깝다→가깝-다[형] [ㅂ변] 〔부〕 멀디멀다.
가꾸-다[타] ①식물을 보살펴 잘 자라게 하다. ¶꽃을 〜. cultivate ②잘 매만지거나 거두다. 치장하다. ¶몸을 〜. trim
가꾸러-뜨리-다[타] ①가꾸로 엎어지게 하다. overthrow ②기운을 못 쓰게 하다. 일어나지 못하게 하다. 《큰》거꾸러뜨리다. 《센》까꾸러뜨리다. knock down
가꾸러-지-다[자] ①머리를 땅 쪽으로 숙이면서 넘어지거나 엎어지다. fall head foremost ②어떤 세력이나 집단이 꺾이거나 허물어지다. collapse ③《속》 죽다. 《큰》거꾸러지다. 《센》까꾸러지다.
가꾸로[부] 차례나 방향이 반대로 바꾸이게. 《대》바로. 《큰》거꾸로. 《센》까꾸로.
가꾸로-박히-다[자] 머리를 땅 쪽으로 하고 떨어지다. 《큰》거꾸로박히다. fall head over heels
가끔[부] ①얼마쯤씩 동안을 두고. 종종. ¶〜 싸우다. 《유》때때로. sometimes
가끔-가끔[부] 여러 번 가끔. 「한 번씩. occasionally
가끔-가다/가끔-가다가다[부] 사이가 많이 뜨게. ¶〜
가나(假名 かな)[명] 〈어학〉일본에서 한자의 일부분을 빌려 만든 일본의 독특한 표음 문자(表音文字). 히라가나와 가타카나가 있음.
가나다(加那陀)[명] 캐나다(Canada)의 취음.
가나다-순(—順)[명] '가·나·다...'의 차례로 매겨 나간 순서. 음절순(音節順). 《유》ㄱㄴㄷ순. 자모순(字母)

가나데바 順). 열 다섯째 제자의 이름.
가나데바(迦那提婆 Kanadeva 범)圏〈불교〉석가의 ·가나·리·ㄱ·리圏(교) 가늘게.
가나안(Canaan 그)圏 ①〈지리〉팔레스티나의 옛 이름. ②〈기독〉여호와가 아브라함에게 약속한 이상향(理想鄕)·낙원으로서, 젖과 꿀이 흐르는 땅.
가나-오나 어디로 가든지 다 마찬가지로. 오나가나. ¶~ 학비 걱정. all the time
가난(家難)圏 집안의 재난.圏 가란(家亂). domestic
가난(←艱難)圏 살림살이가 넉넉하지 못함. 빈곤(貧困). poverty 하囹
가난 구제는 나라도 못 한다囹 가난한 사람의 구제는 나라의 큰 힘으로도 어려우니, 개인의 힘으로는 더욱 어렵다.
가난 구제는 지옥 늦이라囹 가난한 사람을 구제하는 일이 결국에 가서는 제게 해롭게 되며 고생 거리가 된다.
가난도 비단 가난囹 아무리 가난해도 깨끗하고 떳떳함.
가난-들-다囹〈르변〉①가난해지다. become poor ②쓸만한 것이 드물어져 구해도 없다. ¶인물이 가난. short, want
가난뱅-이圏 가난한 사람. 들다. short, want
가난이 죄다囹 →목구멍이 포도청.
가난한 상주 방갓 대가리 같다囹 ①사람의 모습이 허술하여 우스꽝스럽다. ②무슨 물건이 탐탁하지 못하고 어색하여 값없어 보인다.
가난한 집 신주 굶듯囹 줄곧 굶는 모양.
가난한 집에 자식이 많다囹 가난한 집에는 먹을 것·입을 것 걱정이 한층 큰 데도 불구하고 으레 자식은 많다. 닥치운다.
가난한 집 제사 돌아오듯囹 치르기 힘든는 일이 자주
가난할수록 기와집囹 ①가난한 사람이 잘사는 것처럼 겉치레를 한다. ②가난할수록 용단을 내려 큰 일을
·가·날··다/·ㄱ·ㄹ·놀다圏(교) 그늘. 시작한다.
·가·날지·다··ㄱ·ㄹ·놀지·다(교) 그늘지다.
가·납(假納)圏 세금·물품 등을 임시로 바침. 하囹
가납(嘉納)圏 ①바치는 물건을 고맙게 받아들임. gladly accept ②충고하는 말을 기꺼이 들음. gladly approve 하囹
가:납사니圏 ①쓸데없는 말을 잘하는 사람. chatter box ②말다툼을 잘하는 사람. quarrelsome ③말주변이 있는 사람. good talker
가:납사니-같-다圏 쓸데없이 입을 잘 놀리는 버릇이 있다. garrulous, talkative 가:납사니-같이圏
가:납세(假納稅)圏〈법〉납세자가 세금의 액수에 대하여 이의(異議)가 있을 때, 그에 대한 당국의 재정(裁定)이 내리기 전에 우선 세금을 내는 일. provisional tax payment
가내(家內)圏 ①한 집안.⟨유⟩가족(家族). family ②가까운 일가. ③한 집의 안. 가정(家庭). inside of the house
가내 공업(家內工業)圏〈경제〉단순한 기술과 기구로써 집안에서 하는 소규모의 생산 공업. 가정 공업.⟨유⟩수공업(手工業). ⟨떼⟩공장 공업(工場工業). domestic industry, home industry
가내 균안(家內均安)圏 온 집안이 고루 평안함. wellbeing of family members 하囹
가내 노동(家內勞動)圏 업자(業者)로부터 필요한 기구와 기계·재료 등을 받아 가공 또는 제조하여 다시 업자에게 납품(納品)하는 노동 domestic
가내-사(家內事)圏〈동〉가사(家事)①. ⌐labor
가냘프-다囹圏 가늘고 약하다. 연약하다. weak
가녀(歌女)圏 ①노래를 잘 부르는 여자. ②〈동〉가희(歌姬).
가년(加年)圏 나이를 속여 올림. 나이를 덧거리함. false increase of age 하囹
가년-스럽-다囹(ㅂ변) 몹시 궁상스러워 보이다. ⟨큰⟩거년스럽다. 가년-스레囹   ⌐됨. worry 하囹
가:념(可念)圏 마음에 걸려 잊히지 않을 만함. 걱정
가노(家奴)圏〈동〉가복(家僕).
=가:뇨囮囹 =느냐.
가누-다囹 ①몸이나 정신을 겨우 가다듬어 차리다. ⟨큰⟩거누다. take care of oneself ②일을 휘잡아 능히 처리하다. ¶그는 어려운 살림을 용케 가누어 갔다. manage
가느-다랗-다囹〈ㅎ변〉아주 가늘다.⟨데⟩굵다랗다.⟨원⟩가늘다랗다. thin, slender ⌐스름-히囹
가느스름-하-다囹 조금 가늘다. thinnish
가:-늑골(假肋骨)圏〈생리〉좌우 각 12개의 갈비뼈 중에서 명치뼈에 붙지 않은 아래쪽의 각 다섯 개의 갈비뼈. 부속골(浮屬骨).⟨데⟩진늑골(眞肋骨). false rib
가는귀-먹-다囹 작은 소리는 잘 알아듣지 못할 정도로 귀가 조금 먹다. slightly hard of hearing
가는 날이 장날-다 →가던 날이 장날이라.
가는 년이 물 길어다 놓고 갈까囹 이미 일이 다 틀어져서 그만두는 터에 뒷일을 생각하고 돌아다볼 리 만무하다. ⌐눈. squinted eye
가는-눈圏 가늘게 조금만 뜬 눈. 가로 가늘게 생긴
가는-대圏囹〈동〉아기살.〈제도〉적직에 격서(檄書)를 보낼 때에 쓰던 화살.
가는-다리圏〈식물〉너도개미자리과의 다년생 풀. 높이 1 m 가량으로 가지가 많고 7～9월에 보랏빛 꽃이 피며 산지에 남.
가는 말에도 채를 치랬다囹 →닫는 말도 채를 친다.
가는 말이 고와야 오는 말이 곱다囹 내가 남에게 좋게 해야 남도 나에게 좋게 한다.
가는-모래圏 썩 잔 모래. 세사(細沙). fine sand
가는-베圏 가는 올로 촘촘하게 짠 베.⟨데⟩굵은베. fine linen
가는 손님이 뒤꼭지가 예쁘다囹 끼니때 식사 준비하게 하지 않고 돌아가는 손님이 고맙다.
가는-장대(一-臺)圏〈식물〉겨자과(十字花科)의 이년생 풀. 줄기 높이 60 cm 가량으로 6～7월에 줄기 끝과 가지 끝에 담홍자색 꽃이 핌. 어린 잎과 줄기는 식용됨.
가는-체圏 쳇불의 올이 가늘고 구멍이 잔 체.⟨데⟩어레미. sieve with fine meshes
가는 토끼 잡으려다가 잡은 토끼 놓친다囹 너무 욕심을 부려 한꺼번에 여러 가지를 하려다가는 도리어 이미 이룬 일까지 실패로 돌아가 성취하지 못한다.
가는-톱니圏 이가 가느다랗게 촘촘하게 박힌 톱니. fine-
가는-허리圏〈동〉잔허리.   ⌐tooth saw
가늘-다囹圏 ①몸피가 작다. slender ②소리가 작다. thin ③선의 넓이가 좁다. thin ④촘촘하다. ¶가는 바늘.⟨데⟩굵다. dense
가늘-다랗-다囹 →가느다랗다.
가늘디=가늘-다囹圏 몹시 가늘다.⟨데⟩굵디굵다. very thin
가늠圏①〈동〉겨냥. 표준. ②사물의 되어 가는 형편을 헤아려 엿보는 능력. forecast 하囹
가늠 구멍(一구一)圏 총에서 가늠쇠와 연결하여 조준할 때 맞춰 보는 구멍. 조문(照門).
가늠=보-다囹 ①겨냥하다. take aim ②사물의 되어 가는 형편의 기미를 엿보다. guess, forecast ③물건의 무게를 달 때에 저울의 바르고 아니 바름을 보다. 가늠잡다.
가늠-쇠圏 총의 가늠을 보기 위해 총구(銃口) 가까이에 붙인 삼각형 등의 쇳조각. 조성(照星). 조준기(照準機). laying apparatus
가늠-자圏 총의 가늠의 밑통 가까이에 붙여 놓고 가늠보는 장치. 조척(照尺). back sight
가늠-잡-다囹 가늠보다.   ⌐부분.
가늠-좌(一座)圏 총포(銃砲)에 가늠자가 달린 밑바탕
가능-하-다(可能-)圏 약간 가늘어 보이다. thin
가능(可能)圏 ①할 수 있음. 될 수 있음. ②〈철학〉사유상(思惟上) 모순이 없음.⟨데⟩불가능(不可能). possible 하囹

가:능-성 [-썽] (可能性) 图 ①가능한 성질. ②완성될 수 있는 성질. ③〈철학〉 일정한 조건 밑에 현실적이 될 수 있는 자격을 갖고 있는 일. 현실성(現實性). possibility, feasibility

가능능 세:계 [-씨-] (可能性世界) 图 상상할 수 있는 세계.

가능적 경험 (可能的經驗) 〈철학〉경험 일반을 가능하게 하는 선험 상정(想定)되는 경험.

가:능 제:약 (可能制約) 〈철학〉 어떠한 일을 될 수 있게 하는 원리. possible condition

=가니 어미 =거니.

가-다 ①목적한 곳을 향하여 움직이다. (배) 오다. go ②떠나다. leave, be gone ③세월이 경과하다. ¶달이 가고 해가…. pass ④죽다. ¶저승으로 ~. die ⑤입맛이나 음식의 맛이 변하다. ¶맛이 ~. go bad ⑥맛이 꺼지다. ¶전기불이 ~. go out ⑦정신이 없어지다. become insensible ⑧금이나 주름같은 것이 생기다. cracked or creased ⑨어느 시기까지 보존되다. ¶이 집은 적어도 십 년은 간다. last ⑩전하여지거나 알려지다. ¶연락이 가서 그가 현장에 달려왔다. be known to ⑪よ베나 정도가 그쯤 되다. be given ⑫마음이 일정한 방향으로 돌려지다. ¶관심이 ~. attract ⑬손질·품값이 들다. ¶이번 것은 손이 많이 가서 더 좋아 보인다. require ⑭값이나 금액이 어떤 정도에 이르다. ¶이 것은 시가(時價)로 10원 ~. cost ⑮사라져 없어지다. ¶웃의 때가 ~. disappear ⑯앞으로 나아가다. 걷다. ¶밟길을 ~. (배) 오다. go, walk

가-다 조동 동사의 부사형 어미(語尾) '-아'나 '-어' 의 아래 붙어 그 동작이 진행됨을 나타내는 말. ¶일이 되어…. 날이 깊어져 ~. become

가-다 (肩かた 일) 图 ①(동) 어깨. ②(속) 깡패.

가다가 뛰 이따금. 간혹. 가끔. ¶~ 한 번씩 고집을 부린다. occasionally

가다-가다 뛰 '가다가'보다 조금 동안은 뜨게 이따금. ¶고학하던 때의 일이 지금도 ~ 생각난다. now and then

가다귀 잔 가지로 된 뗄나무.

가다루 /マ ダ ル ヒ 图 가득하다. ¶말-가루.

가다-루리 (片栗粉 かたくりこ 일) 열매짓가루. 녹·가다·답·다 /マ ダ·ドム·ダ 图 가다답다.

가다듬-다 마음이나 목청을 다듬어 바로 차리다. brace oneself

가다랭이 〈어류〉 고등어과의 바닷물고기. 몸 길이 1m 가량. 방추형으로 살지고 주동이가 뾰족한데, 등은 검은 청자색, 배는 은백색임.

가-다루-다 〈농업〉 논밭을 갈아서 다루다.

가:다리 图 〈농업〉 모낼 논을 삯을 받고 갈아 주는 일. ploughing for hire 하탸 [for ploughing

가:다리-말-다 〈농업〉 가다리 일을 맡다. be hired

가다 오다 한 끝에 딸린 낱낱의 줄 a strand

가닥 한 군데 딸린 낱낱 가락. 가다러나.

가닥-가닥 뛰 여러 가락. 가다러나. every strand

가닥-수 (-數) 가닥의 수효. number of strands

가닥-하다 /マ ダ·ㅎ·다 图 가득하다.

가단-성 [-썽] (可鍛性) 图 〈물리〉 타격(打擊) 등의 외력으로 변형되는 고체의 한 성질. malleability

가:단-철 (可鍛鐵) 图 〈화학〉 쇠우리에서 탄소분을 감소 시켜 단련(鍛鍊)한 쇠. 가단 주철(可鍛鑄鐵). [ticipation ②거들어 줌. help 하탸

가담 (加擔) 图 ①어떤 일이나 무리에 한몫 낌. par-

가담 (街談) 图 아무데서나 뭇사람들이 논의되는 말. 가설(街說). 항설(巷說). 항담(巷談). chat talk of the town

가담-법 (加擔犯) 图 〈동〉 방조범(幫助犯).

가담 항설 (街談巷說) 图 길거리나 항간에 떠도는 소문. 가담 항의(街談巷議).

세평(世評). 풍설(風說). gossip

가담 항의 (街談巷議) 图 〈동〉 가담 항설(街談巷說).

가답아 (加答兒) 图 〈동〉 카타르(Katarrh).

가:당 (可當) 图 ①사리에 맞을 만함. ¶~한 말. reasonableness ②해낼 수 있음. ability 하탸

가당 연:유 [-년-] (加糖煉乳) 图 설탕을 섞은 연유.

가:당-찮-다 (可當-) 图 ①도무지 사리에 맞지 않는다. ¶가당찮은 말. unreasonable ②대단하다. ¶더위가 ~. unbearable 가:당찮-이 뛰

가대 (架臺) 图 ①무엇을 얹어 위하여 밑에 받쳐 세운 구조물(構造物). holder, stand ②〈토목〉 철도·교량(橋梁) 등을 밑받침하는 쇠 또는 나무의 튼튼한 가구물(架構物). ③〈화학〉 화학 실험 때 레토르트(retort) 등을 받쳐 놓는 물건. holder, stand

가대 (家垈) 图 ①집터. site of house, lot ②집의 터전과 그에 딸린 전지(田地)의 총칭.

가:대 (假貸) 图 ①너그럽게 용서함. pardon ②너그럽게 빌려 줌. lending 하탸

가대기 뛰 무거운 짐을 인부들이 갈고리로 짐의 윗부분을 찍어 당기어 어깨에 메고 나르는 일. carry-

가대기 图 →쟁기. ing for hire, porterage 하탸

가-대인 (家大人) 图 〈동〉 가군(家君)①.

가댁-질 图 서로 피하고 잡고 하는 아이들의 장난.

가덕 (嘉德) 图 훌륭한 덕. virtue ¶playing tag 하탸

가덕-치 (加德-) 图 경상 남도 가덕도(加德島)에서 나는 탓이.

가던 날이 장날이라 뜻하지 아니한 일을 때마침 공교롭게 만난 경우를 이름. [하탸

가:도 (加賭) 图 도조(賭租)의 부과율을 더 올려서 매김.

가도 (家道) 图 ①집안의 생계(生計). 가계(家計). livelihood ②가정 도덕. family morals

가도 (假渡) 图 〈상업〉 해운업자(海運業者)가 선화 증권(船貨證券)이나 창고 증권(倉庫證券)을 교환하지 않고 운송물·수탁물을 인도하는 일. 하탸

가:도 (假道) 图 ①임시의 도로. ②땅 주인에게서 길을 임시로 빌림. 하탸

가:도 (假賭) 图 〈동〉=가도조(假賭租).

가도 (街道) 图 ①큰 길거리. 가로(街路). ②도시를 잇는 큰 길. ¶경인 ~. 김포 ~. main road,

가도 (家道) 图 집안의 시가를 짓는 수법(手法). [high street

가:도-관 (假導管) 图 〈식물〉 양치(羊齒) 식물·나자(裸子) 식물에서 많이 볼 수 있는 조직. 목부(木部)의 중요부로, 뿌리로부터 흡수한 수분을 잎·줄기에 보내는 구실을 함. tracheid

가도-교 (架道橋) 图 도로 위를 가로질러 놓은 다리.

가:도-구 (家道具) 图 살림에 필요한 도구. furniture and household tools

가:도-다 (可到-) 图 ①겪다. 거두다. 갖다. ②가꾸다.

가:-도:련 (-刀鍊) 图 가장자리를 가지런하게 벰. 하탸

가:도-밑국 (假-) 图 도미국을 넣지 않고 쪽갈만 넣어서 도모국을 끓인 국.

가:도조 (假賭租) 图 〈농업〉 어림하여 미리 받아들이는 도조. (약) 가도(假賭).

가독 (家督) 图 〈법률〉 구민법에서 호주의 신분에 딸린 권리와 의무. ¶~권(權). inheritance [용어.

가독 상속 (家督相續) 图 〈법률〉 호주 상속의 구민법

가돈 (家豚) 图 (하) 자기 아들. 가아(家兒). 돈아(豚兒). 미돈(迷豚) 미식(迷息). my son

가돌리늄 (Gadolinium 도) 图 〈화학〉 주석과 같은 회색의 금속 원소. 수은과 합금을 만들어, 벌레 먹은 이(齒)의 구멍을 메우는 데 쓰임. 원소 기호; Gd. 원자 번호; 64. 원자량; 157.25.

가:동 (可動) 图 움직일 수 있음. 하탸

가:동 (呵凍) 图 언 것을 입김으로 불어서 녹임. 하탸

가동 (家僮·家童) 图 ①한 집안의 종. man-servant ②집안 심부름하는 어린 사내종. house boy, page

가동 (街童) 图 길거리에서 노는 아이들.

가동 (歌童) 图 〈제도〉 대궐 잔치 때 노래하던 아이. singing boy at court parties

가동(稼動) 사람이나 기계가 움직여 일함. 또, 기계 따위를 움직여 일하게 함. operation, working

가동=가동[─똥] 가동질을 시킬 때 하는 소리. 하다태

가:동 가:서(可東可西) 약 →가이동 가이서(可以東可以西).

가동=거리-다 자타 가동질을 하다. 가동질을 시키다. 가동거리며 하다. **가동=가동** 하다태

가:동 관절(可動關節) 〈생물〉 동물의 몸의 운동을 맡은 관절. 대 부동 관절(不動關節)

가동=교(可動橋) 〈토목〉 선박의 통행 등을 위하여 지나갈 수 있도록 떼었다 놓았다 할 수 있게 만든 다리. 개폐교(開閉橋). draw movable bridge

가동력(稼動力) 사람이나 기계의 필요에 따라 마로 일할 수 있는 능력. working power

가동=률[─뉼](稼動率) 〈공업〉 ①생산 능력의 총량에 대한 실제 생산량의 비율. ②설비의 총수에 대한 실제 가동 설비의 비율. ability

가:동-성(可動性) 움직일 수 있는 성질. movability

가:동=언(可動堰) 〈토목〉 물의 양을 조절할 수 있게 장치한 둑. movable dam

가동-이-치-다 힘차게 가동거리다.

가동 주:졸(街童走卒) ①길거리에서 노는 철없는 아이. children playing on the streets ②일정한 주견(主見)이 없이 길거리를 떠돌아다니는 무식한 사람들. man of the street

가동=질 어린애의 겨드랑이를 치켜 들고 올렸다 내렸다 할 때에, 아이가 다리를 오그렸다 폈다 하는 짓. 또, 그렇게 시키는 일. 하다태

가두(假痘) 〈의학〉 아주 가볍게 앓는 두창(痘瘡).

가두(街頭) 명 시가지(市街地)의 길거리. ¶~ 행진(行進). street

가두 녹음(街頭錄音) 그때 그때의 일정한 문제에 관하여 거리에서 대중의 의견 등을 녹음하는 일. street-corner transcription 하다태

가두-다 타 ①일정한 곳에 잡아 넣어 자유를 구속하다. shut in, imprison ②물이 괴어 있게 하다. ¶논에 물을 ~. dam up the flow

가:-두리 물건의 가에 둘린 언저리. rim, brim, fringe

가두리 양식(─養殖) 달아나지 못하게 물 가운데에 가두리를 쳐 놓고 물고기를 기르는 양어법(養魚法).

가두 문학(街頭文學) 〈문학〉 일반 대중에게 개방된 통속적 문학. popular literature

가두 빈가(迦頭頻伽) 통 가릉빈가(迦陵頻伽).

가두 선:전(街頭宣傳) 마이크 등을 이용하여 거리에서 선전하는 일. wayside propaganda

가두 시위(街頭示威) 명 가두에서 하는 시위. street demonstration

가두 연:설(街頭演說) 명 가두에서 하는 연설. wayside speech

가두 진:출(街頭進出) 명 길거리로 나아감. rush into street 하다자

가두 판매(街頭販賣) 명 거리에 벌여 놓고 파는 일. ¶주간지의 ~. 약 가판(街販). wayside sales

가둥-거리-다 자타 몸이가 작은 사람이 엉덩이를 내두르며 걷다. swaying one's hips **가둥=가둥** 하다자

가드(guard) 명 ①〈체육〉 농구 경기에서 자기 바스켓에 공을 넣지 못하도록 방어하는 직분. 또, 그 사람. ②차장(車掌). ③지키는 사람.

가드너(gardener) 명 원정(園丁). 정원사(庭園師).

가드락-거리-다 버릇없이 경망스럽게 도도히 굴다. 약 가들거리다. 큰 거드럭거리다. 쎈 까드락거리다. 까뜨락거리다. **가드락=가드락** 하다자

가:드레일(guardrail) 명 도로의 좌우쪽에 둘러친 사고(事故) 방지를 위한 울타리.

가드 펜스(guard fence) 명 차도와 분리대와의 경계나, 고속 도로의 중앙 분리대에 설치한 철망.

가득 수효나 분량이 한도에 찬 모양. 큰 그득. ¶~ 채우다. full 1. 약 가뜩하다. 하다형여

가득-가득 각각 모두 가득한 모양. 큰 그득그득.

가득-하다 형여 분량·수효가 한도에 차다. 큰 그득하다. 쎈 가뜩하다. **가득-히** 부 =거라.

가:든(garden) 명 뜰. 정원(庭園).

가든-거리-다 자 각가 다가 든하다. 큰 거든거든하다. 쎈 가든가든하다. are all light **가든가든=히** 부

가:든 골프(garden golf) 명 정원이나 옥상 정원에서 하는, 규모가 작은 골프.

가든그-뜨리-다 '가든그리다'의 힘줌말. 큰 거든그뜨리다. wrap up neatly

가든-그리-다 가든하게 거두어 싸다. 큰 거든그리다.

가:든 트랙터(garden tractor) 명 원예용의 소형 트랙터.

가:든 파:티(garden party) 명 원유회(園遊會). [뜻이] **가든-하다** 형여 가볍고 단촐한 느낌이 있다. 큰 거든하다. 쎈 가뜬하다. light **가든-히** 부

가들-거리-다 약 →가드락거리다.

가들막-거리-다 신이 나서 버릇없이 굴다. 큰 거들먹거리다. 쎈 까들막거리다. swagger **가들막=가들막** 하다자

가들막-하-다 형여 거의 가득하다. 큰 그들먹하다. nearly full

가등(加等) 명 ①등급을 올림. ②〈제도〉 형벌을 본디 정한 등급보다 더 올림. 하다타

가등(街燈) 명 →가로등(街路燈).

가:-등기(假登記) 〈법률〉 본등기를 할 절차상의 조건이 미비할 때 임시로 하는 등기. provisional registration

가디록 부 →가득록.

가득 부 ①쎈→가득. ②약→가뜩이나.

가득-가득 부 쎈→가뜩가뜩.

가득-에 곤란한 위에 또. ¶굶는 판인데, ~ 병까지 들었다. moreover →가뜩이나.

가득-이 부 ①가득하게. 큰 그득이. moreover ②약 →가뜩이나.

가득-이나 부 그러지 않아도 매우. ¶~ 곤경에 빠졌는데, 사기까지 당했다. 약 가득①. 가득②. in addition to

가득-하-다 형여 쎈→가득하다.

가득-한데 부 이미 있는 걱정이나 곤란이 극도에 이르렀는데. ¶하는 일마다 ~, 또 짐을 맡기다.

가든가든-하-다 형여 쎈→가든가든하다.

가든-하-다 형여 쎈→가든하다.

=가・라 부 →거라.

가락/マ락 명 (고) ①가루. ②가로.

가라말 명 〈동물〉 털이 검은 말. 철려(鐵驪). black horse

マ락 명 (고) 가랑비.

가라-빈가(迦羅頻伽) 명 〈동〉 가릉빈가(迦陵頻伽).

가라사대 명 말씀하시기를. '가로되'의 높임말. ¶공자(孔子)는 ~. (as Confucius) says

가라앉-다 자 ①뜬 것이 밑바닥에 이르다. sink ②마음이 진정되다. ¶정신이 잠시 ~. calm down ③숨결이나 기침이 안정되다. subside ④바람이나 파도가 잠잠하여지다. quiet ⑤붓거나 부풀었던 것이 삭거나 줄어들어 제대로 되다. ¶부기가 ~. go down ⑥조용해지다. 약 갈앉다. become calm

가라-앉히-다 타동 ①가라앉게 하다. ¶배를 ~. sink ②진정시키다. ¶마음을 ~. 약 갈앉히다. calm down

가라지(garage 프) 명 자동차의 곳집. 차고(車庫).

가라지 〈식물〉 밭에 나는 강아지풀. 명 가랑. foxtail [30 cm 가량으로 등은 녹색, 배는 흼.

가라지(街路地) 〈어류〉 전갱이과의 바닷물고기. 몸 길이 **マ락촛-다** 타 (고) 대신하다.

マ락춤 명 (고) 가르침.

가라체(게도) 명 ①정경(正卿) 이상의 벼슬아치가 대 입할 때, 요긴한 문서를 짐 ① 가지고 다니는 제구. ②가라체를 가지고 다는 하인.

マ락-다 타 (고) ①가르치다. ②가리키다.

マ락-티-다 타 (고) 후리어서 치다.

가락¹ 명 ①소리의 장단과 높낮이. ¶노랫 ~. tune ②일의 능률이나 재미. ¶~이 나다. efficiency ③춤이나 몸짓의 율동. ¶춤 ~에 맞다. rhythm ④손발의 갈라진 부분.

가락² 명 ①물레로 실을 잣을 때 실을 감는 쇠꼬챙이.

가락꼬치. spindle ②가느스름하고 기름하게 토막진 물건의 낱개. stick

가락③[可] 가느스름하고 기름하게 토막진 물건의 낱. 「개를 세는 말.

가락=가락[] 가락마다. 가락가락.

가락가락-이[]〔동〕가락가락. 「박은 두 개의 고리.

가락-고동[] 물레의 퍼비리 기둥에 가락을 꿋기 위해

가락-국수[] 발이 굵게 뽑은 국수. 우동. noodle

가락-꼬치[]〔동〕가락²[].

가락 떼-다[] ①신이 나는 일에 첫 동작을 시작하다. begin ②풍류를 치다. play

가락 바로잡는 집에 갖다 세워 놨다 와도 좀 낫다 [] 물레의 가락을 고치는 집에 가락을 잠시 놓았다가 가져 와도 가락이 좋아진 것같이 생각된다.

가락-엿[-넡][]〔동〕가래엿.

가락-옷[] 물레로 실을 자을 때, 가락에 끼워 실을 감아 내는 종이 또는 지푸라기.

가락-잡이[] ①굽은 물레가락을 곧게 고치는 사람. spindle repairman ②[] 애꾸눈이. one-eyed person

가락지[] ①손가락에 장식으로 끼는 두 짝의 고리. 지환(指環). [유] 반지. ring ②꼬챙이·막대기·기둥 따위에 끼우는 고리 테.

가락지-벌[] 상투의 제일 큰 고.

가락-토리[] 물레가락의 두 고동 사이에 끼우는 대통. spindle bamboo tube

가란(家亂)[] ①집안의 분란. 집안의 풍파. family trouble ②집안이 어지럽고 어수선함. (유) 가난(家難). family dispute 하[]

가·람[][고] 갈래[派]. ②가람이.

가람(伽藍)[] [약]→승가람마(僧伽藍摩).

ᄀ·람[][고] 강. 호수.

가람-당(伽藍堂)[]〔불교〕가람신을 모신 당.

가람-신(伽藍神)[]〔불교〕절의 수호신. 수가람신(守

가람-조(伽藍鳥)[]〔동〕사다새. 「伽藍神).

ᄀ·람-다-다[][고] 대신하다. 갈음하다.

가람나모[][고] 떡갈나무. 갈참나무.

ᄀ·람[][고] 가라지¹. 강아지풀.

가랑(佳郞)[] ①잘난 신랑. handsome bridegroom ②얌전한 소년. well-mannered boy

가랑=가랑[] ①액체가 그릇의 가장자리까지 거의 찰 듯 찰 모양. brimfully ②건더기는 적고 국물은 많은 모양. too much watery ③많이 먹어 마셔서 배가 근근한 상태. [유] 그렁그렁. (거) 카랑카랑. 하[]

가랑=가랑[] 잘 울리는 쇠붙이 따위가 거칠게 구르거나, 또는 굴릴 때 나는 소리. clang clanking 하[]

가랑-거리-다[] [약]→가르랑거리다. [[]

가랑-나무[] 떡갈나무.

가랑-눈[] 조금씩 잘게 내리는 눈. powdery snow

가랑-니[] 서캐에서 깨어 나온 지 얼마 안 된 이의 새끼. baby louse 「tails

가랑-머리[] 두 가랑이로 땋은 머리. 쌩태머리. pig-

가랑-무[] 가랑이진 무. bifurcated radish

가랑-비[] 가늘게 내리는 비. 미우(微雨). 삼우(𩄰

ᄀ·랑-비[][고] 가랑비. 「雨). 세우(細雨). drizzle

가랑비에 옷 젖는 줄 모른다[] 조금씩 조금씩 없어지는 줄 모르게 재산 따위가 줄어들어 간다.

가랑-이[] ①끝이 갈라져 벌어진 부분. ¶바짓~. fork ②[] 다리. ¶~를 벌리고 앉다.

가랑이가 찢어지게 가난하다[] 매우 가난하다.

가랑이-지-다[] 끝이 여러 가랑이로 갈라지다. get forked

가랑-이표(一標)[]〈인쇄〉'〈'의 이름. 문장에서는 '큰따옴표'로 쓰이고 수식(數式)에서는 '부등호의 부호'로 쓰임. (동) 떡갈잎. sign of inequality

가랑-잎[-닙][] 활엽수의 마른 잎. dead leaf ②

가랑잎-나비[-닙-][]〔곤충〕네발나비科의 나비. 날개 씩이 7cm 가량으로 모양과 빛이 마랑 잎과 비슷한데, 비 오는 날에는 가지 밑에 늘어서 있음.

가랑잎=벌레[-닙-]〔곤충〕대벌레과의 곤충. 길이 약 5 cm, 빛은 녹색, 뒷날개가 없고, 앞날개는 가랑잎 비슷함. 활엽수의 잎을 갉아먹으며 열대 지방에 서식함. 「량이 좁음.

가랑잎에 불붙기[] 성질이 급하여 걷잡을 수 없고 도

가랑잎으로 눈가리고 아웅한다[] 자기 일을 이미 다 알고 있는 사람을 속이려고 한다.

가랑잎이 솔잎더러 바스락거린다고 한다[] 자기 허물이 더 큰 사람이, 도리어 허물이 적은 사람을 나무라거나 흉을 본다.

가랑잎=조개[-닙-][]〈조개〉가랑잎조개과의 바닷조개. 둥그스름한 패각의 길이·높이는 약 5 cm, 빛은 담화색임. 해안의 암초·조약돌·굴 등에 반(半)

가랑=파[] →실파. 「고착 생활을 함.

가랓[] [약]→가라지¹. 「떡~. 엿~. piece

가래[] 떡이나 엿 등을 둥글고 길게 늘인 토막. ¶

가래²[]〔생리〕목구멍에서 나오는 아친 담. phlegm, sputum 「spade ②[] 넉가래.

가래³[]〈농업〉흙을 파 떠서 던지는 데 쓰는 기구.

가래⁴[] 가래나무의 열매. 추자(楸子). walnut

가·래⁵[]〈식물〉가래과의 물속 식물. 줄기는 가늘고 50~60 cm 가량이며 근경(根莖)은 진흙 속에서 번식함. 7~8월에 황록색 꽃이 피며 연못에 남. [약]

·ᄀ·래⁶[][고] 가래⁴. 「갈.

가래-꾼[] 가래질하는 사람. spader

가래-나무[]〈식물〉호두나무과의 낙엽 교목. 재목은 추목(楸木)이라 하여 가구·조각·총개머리 용재로 쓰이고, 씨는 식용·약용함.

가래-다[] ①옳고 그릇됨을 따지다. ¶미친 이의 말을 가래서 무엇하랴. judge right or wrong ②남의 일을 방해하다. interrupt

가래-떡[] 둥글게 길고 가늘게 만든 흰 떡.

가래-상어[]〈어류〉수구리과의 바닷물고기. 길이 60 cm 가량으로 몸 빛은 흑갈색임. 근해의 바다 밑에서 서식하며 맛이 좋음. 「엿. 가래엿.

가래-엿[] 길고 가늘게 둥글리어 일정한 길이로 자른 엿.

가래-질[]〈농업〉가래로 흙을 퍼서 옮기거나 파헤치는 일. spading 하[]

가래-침[] 가래가 섞여 나오는 침. 담연(痰涎).

가래-톳[]〈의학〉허벅다리의 기부(基部)의 임파선이 부어 아프게 된 멍울. inflammation of the lymphatic

가래톳-서-다[]〈농업〉가래톳이 생기다.

가랫-날[]〈농업〉가래의 끝에 끼우는 삽 끝 모양의 쇠. plowshare 「of spade

가랫-바닥[] 가래의 몸. 위에 긴 자루가 있음. stem

가랫-밥[] 가래로 뜬 흙. earth dug by spade

가랫-장부[] 가래의 자루와 몸. handle and body of

가랫-줄[]〈농업〉가래에 맨 양쪽의 줄. 「spade

가량(佳良)[] 아름답고 착함. fine and meek 하[]

가·량(假量)[] 어림짐작. approximate 하[]

가량[ᄀ·ᅡ─](假量)[의] 수량을 이럼해서 나타내는 말. ¶너 말 ~. about

가량-가량[] 얼굴이 야위 듯하면서도 탄력성이 있어 보이는 모양. somewhat thin and elastic 하[]

가·량-스럽-다[[]] 아담하지 않아 격에 맞지 않다. (준) 거렁스럽다. untidy **가량-스레**[]

가·량-없-다(假量一)[] ①어림짐작도 못하다. immeasurable ②아무 어림짐작도 없다. ¶깊이가 ~. **가·량-없이**[]

가·량-통(假量一)[]〈제도〉벼를 평두량(平斗量)으로 대두 열 말 되게 담은 섬돌. 마당통.

가:려(可慮)[] 걱정스러움. 염려스러움. anxiety

가려(佳麗)[] ①자연의 풍경 등이 아름답고 새뜻함. ¶~한 도시 강산. ②여자의 얼굴이 아름답고 고움. 미려(美麗). beautiful 하[] 「single out

가려-내-다[] 분간하여 추리다. ¶옳은 답지를 ~.

가려워-하-다[] 가려움을 느끼다. itching

가려-잡-다[] 분간하여 취하다. select

가려-지-다[] [약]→가리어지다.

가력(家力)[명] 집안 살림살이를 해 나가는 재력. 치수. financial status of a family
가련=되-다[자] 사태(沙汰) 같은 것에 덮이어 묻히다. ¶큰 물에 논이 ~. be buried, submerged
가:련-하-다(可憐—)[여불] ①불쌍하다. 가엾다. miserable ②애틋하게 풍정심이 가다. pitiful 가련히[부]
가렴(加斂)[명]〈제도〉조세 같은 것을 정한 액수보다 더 징수함. over taxation 하[다타]
가렴(苛斂)[명] 혹독하게 징수함. extortion of heavy tax 하[다타]
가렴 주구(苛斂誅求)[명] 세금을 가혹하게 징수하고, 강제로 재물을 빼앗음. ¶~로 백성이 시달린다. 하[다자] ②좀스럽고 단작스럽다. mean
가렵-다[ㅂ불] ①피부에 긁고 싶은 감각이 있다. itchy
가:령(苛令)[명] 가혹한 명령. severe order
가령(家令)[명]①〈옛〉가법(家法). ②〈제도〉대갓집에 딸려 그 집안의 살림을 지휘·감독하고 가사(家事) 일체를 관리하던 사람.
가:령(假令)[부] 예를 들면. 이를테면. 가정(假定)하여 말할 때 씀. 가사(假使). ¶내가 ~ 남자(男子)라면.... suppose, if, granting that
가례(家禮)[명]〈의〉한 집안의 예법. family code of etiquette ¶〈약〉→주자 가례(朱子家禮).
가례(嘉禮)[명]〈제도〉왕의 성혼·즉위, 또는 왕세자·왕손의 성혼·책봉 등의 예식. royal household ceremony 경사스런 예식. auspicious ceremony
가로[명]①좌우로 건너지른 상태. 길이. 횡(橫). breadth ②옆으로 퍼진 모양새. 또는 좌우의 방향으로 누운 상태. 〈대〉세로. sideways 〔上), street
가로(街路)[명] 시가지의 도로. 가도(街道)①. ¶~상
가로-글씨[명] 글줄을 왼쪽에서 오른쪽 또는 오른쪽에서 왼쪽으로 써 나가는 글씨. 가로문자. 〈대〉세로글씨. horizontal letters 〔세로금.
가로-금[명] 가로로 그은 금. 가로줄. 횡선(橫線).
가로-길이[명]〈불교〉공간과 시간. 자기 힘과 남의 힘. 횡수(橫竪).
가로-꿰지-다[자]①물건이 옆으로 꿰지다. ¶가로꿰진 주머니. wear out sideways ②터져서 속에 있는 것이 밖으로 드러나다. burst ③성질이나 언행이 그릇된 방향으로 나가다. go astray ④일이 중도에서 그릇 되어지다. go wrong
가로-나비[명] 옆 따위의 폭의 얼이. 〔across
가로-놓-다[타] 옆으로 가로질러 놓다. put (sideways)
가로-놓이-다[자]①가로질러 놓이다. ¶구름다리가 가로놓여 있다. lie across ②장애물 따위가 앞에 막혀 있다. 〔lay down across
가로-누이-다[타] 긴 따위의 물건을 평면에 옆으로 누이다.
가로-눕-다[ㅂ불]①옆으로 눕다. lie down, lay oneself down ②길게 바닥에 눕거나 누운 것처럼 놓이다. stretch oneself on the floor
가로-다지[명]①가로 된 방향. sideways, from left to right ②가로지른 물건. something horizontal
가로-닫이[—다지][명] 옆으로 여닫는 창. sliding door
가로-대[명]①가로지르는 나무 막대기. 가로장. ②천칭 (天秤)의 가로놓인 저울 막대기. ③〈동〉가로축(軸).
가로되[부] 말하기를. 이르기를. ¶공자 ~. 〈유〉왈(曰). 《공》가라사대. say 〔燈). street lamp
가로-등(街路燈)[명] 가로에 켜는 전등. ¶~가 켜짐.〔街
가로-딴죽[명]〈체육〉씨름 따위에서 다리를 옆으로 걸어서 쓰러뜨리는 동작.
가로 뛰고 세로 뛰다[부] 감정이 격해져서 마구 날뛰다.
가로-막(—膜)[명]〈생리〉뱃속과 가슴속 사이에 있는 힘살로 된 막. 횡격막(橫隔膜). diaphragm
가로-막다[타]①앞을 가로질러 막다. ¶길을 ~. obstruct ②옆에서 어떤 말이나 행동을 못 하게 막거나 방해하다. interrupt
가로-막히-다[자] 가로막음을 당하다. blocked
가로-말-다[타]①남이 할 일을 자기가 말다. take over unduly ②남의 일에 참견하다. interfere

가로=무늬[명]①가로로 난 무늬. 횡문(橫紋). ②〈물리〉물을 넣은 컵에 흙을 넣고 휘저은 뒤에 잠깐 그대로 두었다가 보면 잔돌과 모래는 밑에, 진흙은 그 위에 가라앉아서 생긴 무늬. 〈대〉세로무늬. lateral stripes
가로-무늬근(—筋)[명]〈생물〉가로무늬가 있는 힘살. 가동 관절(可動關節)에 흔히 있음. 횡문근(橫紋筋). 〈대〉민무늬근. lateral-striped muscle
가로-문자[—짜](—文字)[명]→가로글씨.
가로-변(街路邊)[명] 도시의 큰길가. street side
가로-새-다[자]①중도에서 딴 곳으로 빠져 나가다. slip away ②어떤 내용이나 비밀이 밖으로 새다. leak
가로-서-다[자] 옆으로 서다. stand sideways
가로-세:로[부] 가로와 세로. 〈대〉세로로 또 가로로. lengthwise and breadthwise
가로=수(街路樹)[명] 길거리의 양편에 심어 놓은 나무.
가로-쓰기[명] 문자를 왼쪽에서 오른쪽으로 가로 이어 쓰는 방식. 횡서(橫書). 〈대〉세로쓰기. horizontal writing 〔의 '日'의 이름.
가로왈-부(—曰部)[명] 한자 부수의 하나. '曹·替' 등
가로-원(街路園)[명] 가로의 교차점 같은 곳에 정원같이 수목을 심어 놓은 곳.
가로-장[명] 가로지르는 나무. 가로대①. bolt, bar
가로-줄[명]①가로 그은 줄. 횡선(橫線). 〈대〉세로줄. horizontal line ②〈농업〉모 심을 때 가로 치는 못줄. lateral line
가로-지[명]①피륙이나 종이의 가로 넓은 조각. broad paper(cloth) ②장호지처럼 종이결이 가로 나 있는 종이. 〈대〉세로지. paper with lateral grain
가로 지나 세로 지나[부] 이렇게 되나 저렇게 되나.
가로-지르-다[르불]①가로로 건너지르다. ¶빗장을 ~. go across ②가로 잘라 지나다. ¶길을 가로질러 가다. cross
가로-질리-다[자] 가로지름을 당하다. be crossed
가로-짜기[명]〈인쇄〉조판에서, 각 행의 활자를 가로 읽도록 짜는 방식. 〈대〉세로짜기.
가로-차-다[타] 옆에서 빼앗다. ¶~을 ~. get seized
가로-채-다[타] 옆에서 집어 채다. 다급하다. ¶공금 ~.
가로-채:다[타]〈약〉가로채이다.
가로-채이-다[자] 가로챔을 당하다. 〈약〉가로채다.
가로=축(—軸)[명]〈수학〉평면상의 직교(直交) 좌표에 있어서의 x 축. 횡축. 횡축(橫軸). 〈대〉세로축 (軸). 종축(縱軸). axis of abscissas
가로-타-다[타]①산길 같은 데를 가로질러 타고 가다. go across ②몸을 옆으로 하여 타다. ¶소를 ~. ride sideways
가로-퍼:지-다[자]①옆으로 자라다. ②살이 쪄 통통해 지다.
가로-획(—畫)[명] 글자의 가로 긋는 획. horizontal stroke
가록(加錄)[명]①〈제도〉①문부(文簿)에 금액 같은 것을 추가로 기입 정리함. ②홍문관(弘文館) 관원으로 천거하는 데, 누락된 사람을 의정부에서 추가로 기입함. 하[다타] 〔hereditary stipend
가록(家祿)[명] 세습적으로 대대로 물려받는 녹(祿).
가론[명] 이른바. 가로되. 이르기를. so-called
가뢰[명]〈곤충〉가뢰과의 곤충. 먹가뢰·왕가뢰·남가뢰 등이 있으며, 몸에 유독한 성분이 있어 한방에서 약제로 씀. 반모(斑蝥). a blister-beetle ②〈동〉길앞잡이②.
가료(加療)[명] 치료를 가함. ¶~을 요함. medical treatment 하[다타] 〔ical treatment
가루[명] 먼지같이 잘게 부스러진 마른 물건. 분말(粉末). flour, powder
가루=관계(—關係)[명]①가사에 관계되는 모든 사물. domestic affairs ②집안의 근심 걱정. home troubles
가루-눈[명] 가루 모양의 눈. 싸라기 ~. 〈대〉함박눈. granular snow 〔말은 살수록 거칠어진다
가루는 칠수록 고와지고, 말은 할수록 거칠어진다
가루다[타] 자리를 나란히 하여 하다. 맞서 겨루다.

가루다 타 →가리우다. [ground tobacco
가루-담:배명 말라 부스러져서 가루가 된 담배.
가루다(迦樓羅←garuda 법)명 〈불교〉 물길에 나오는 조두 인신(鳥頭人身)의 상상의 새. 금시조.
가루 모이명 곡식·생선 등의 가루를 섞어서 만든 짐승의 먹이. powdered feed
가루-받이[-바지]명 〈식물〉 수술의 꽃가루가 암술머리에 옮겨져서 붙는 현상. 이에 의해 식물은 열매를 맺음. 수분(受粉).
가루-분(-粉)명 가루로 된 분. 《대》물분. face powder
가루-불이[-부치]명 가루로 만든 음식. flour (powder) food
가루 비누명 가루로 된 비누. soap powder
가루 사탕(-砂糖)명 덩어리지지 않고 가루로 된 사탕. 설탕(雪糖). powdered sugar
가루=약(-藥)명 가루로 된 약. 말제(末劑). 산약(散藥). powdered medicine [powdered milk
가루-우유(-牛乳)명 가루로 된 우유. 분유(粉乳).
가루 자:반(-佐飯)명 메밀 가루로 풀을 쑤어 갖가지 소금물로 반죽하여 잣가루·후춧가루·석이(石耳) 이긴 것 들로 소를 넣고, 기름에 띄워 지진 반찬.
가루-좀(곤충)명 삭은 나무나 오래 둔 메주 따위에 구멍을 뚫어 가면서 가루를 내는 벌레. powder-moth
가루-즙(-汁)명 가루를 풀게 푼 물.
가루-집명 곡식·나무·약재 등에 생기는 벌레가 거미줄 같은 것을 분비(分泌)하여 가루를 묻혀 만든 벌.
가루-체명 가루를 치는 데 쓰는 체. [레집.
가류(加硫)명〈화학〉 가황(加黃)의 구용어.
가르-다 르변 ①따로따로 구분한다. ②쪼개다. ③몫몫이 나누다. ¶ 재산을 ~.
가르랑=거리-다 목구멍에 가래가 걸리어 숨쉬는 대로 소리가 나다. 또, 그 소리를 자꾸 내다. 《대》 가랑거리다. ㉮ 그렁거리다. make gurgling sound 가르랑=가르랑 하다
가르마 이마에서 정수리까지의 머리털을 양쪽으로 가른 금. parting of hair
가르마=꼬챙이명 가르마를 탈 때 머리털을 양쪽으로 가르는 데 쓰는 꼬챙이.
가르마-타다 가르마꼬챙이로 머리털을 양쪽으로 갈라붙이다. part one's hair
가르맛=자리명 가르마를 타서 길이 난 자국.
가르새명 베틀의 양쪽 채 어중간에 맞춘 나무.
가르치-다 ①지식이나 기예를 알게 해 주다. teach ②상대방이 모르는 것을 일을 맡도록 일러주다. initiate ③타일러 경계하다. 《약》갈치다. [은 사람.
가르친-사위명 남이 시키는 대로밖에 못 하는 어리석
가르침명 ①가르쳐 알게 하는 일. teaching ②가야 할 길을 알려 주어 일깨움. 교훈(教訓). ③(동) 교의(教義)①. ②세, counting의 구별. 분별. 하다
가름명 하다타 일을 서로 가르는 일. dividing
가름-대[-때]명 ①수판의 윗알과 아래알을 가르는 나무. dividing rod ②가로 걸게 덧댄 물건. cross rod
가름-옷명 특별한 옷차림을 하기 위하여 준비하여 두는 옷. one's best dress suit
가름-장(-欌)명 지방·장여 등의 기둥에 박는 촉을 두 갈래지게 만든 방식.
가릉-빈가(迦陵頻伽←Kalavinka 법)명〈불교〉 모습과 목소리가 아름다운 상상의 새. 가라빈가. 빈가조(頻伽鳥). 선조(仙鳥). 호성조(好聲鳥). 묘음조(妙音鳥). ㉮ 빈가(頻伽).
가리명 곡식·땔나무 등을 쌓아 둔 큰 더미. ¶ 단~.
가리명 통발 비슷한 고기잡는 기구. fish weir
가리명 →갈비.
가리명 《약》→가리새¹. [하게 한 분량을 세는 단위.
가리의명 삼을 벗길 때, 몇 꼭지씩 묶어 한 줌 남짓
가리(加里)명〈화학〉 '칼리'의 취음.
가:리(假吏)명〈제도〉 지방의 세습(世襲)이 아닌 다른 고을에서 온 아전. 《대》향리(鄕吏).
マ・리-다 고 가리게. 가리어.
가리=가리부 여러 가닥으로 찢어진 모양. 《유》갈기갈기. ㉮ 갈기다. into pieces
가리-개명 ①가리는 물건. ¶ 귀~. ②사랑방 따위의 구석에 치는 두 폭의 병풍. 곡병(曲屛). two fold
가리-구이명 →갈비구이. [screen
가리 글라스(加里 glass)명 유리의 일종. 화학용의 기구나 장식용에 쓰임.
가리끼-다 사이에 끼어 어릿거리다. lie between
가리=나무명 솔가리를 긁어 모은 땔나무.
가리-다 보이지 않거나 통하지 않게 가로막히다. 타 →가리우다.
가리-다² ①골라 내다. ¶물량을 ~. choose ②어린 아이가 낯선 사람을 싫어하다. ¶낯을 ~. shy of persons (strangers) ③셈을 따지어 밝히다. ¶셈을 ~. square account with ④머리를 대강 빗다. arrange one's hair ⑤음식을 편벽되게 골라 먹다. ⑥어린아이 똥이나 오줌을 함부로 싸지 않고 눌 데에 누게 되다. ⑦분별·구별하다. ¶밤낮을 가리지 않다.
가리-다 곡식·땔나무 등의 단을 쌓아 더미를 짓다. マ・리-다 고 가리다. [rick, heap up
マ・리-둠-다/マ리둠-다타 고 가리어 덮다.
가리마 ① 옛적에 부녀자가 큰머리 위에 덮어쓰던 검은 헝겊. 차액(遮額). scarf ② →가르마.
가리마=꼬챙이명 →가르마꼬챙이.
가리마-타다 고 →가르마타다.
가리말명 고 가리맛.
가리=맛〈조개〉 긴맛과의 바닷조개. 패각은 원통형이고 길이는 10 cm 정도임. 모래땅을 깊이 파고 서식함. 《대》갈맛. 진합(眞蛤). 참맛. 토어. 토화.
가리맛-살명 가리맛의 속에 든 회백색의 살. 《대》맛살. razor-clam meat
가리맛=자리명 →가리맛자리.
가리맛 저:나명 가리맛살을 밀가루에 달걀을 풀고 버무려 지진 저냐. fried razor-clam
가리 백숙(-白熟)명 →갈비 백숙.
가리-볶음명 →갈비 볶음.
가리-부피명 곡식이나 나뭇단 같은 것을 차곡차곡 쌓아 올린 더미의 부피.
가리비〈조개〉 가리비과의 바닷조개. 패각은 부채 모양으로 둥글넓적하고 길이는 20 cm 가량임. 해안의 모래·자갈밭에 서식하며 패주와 살은 식용, 조가비는 세공(細工)에 쓰임. 밥조개. scallop
가리 비:료(加里肥料)명 가리의 성분이 들어 있는 거름.
가리사니명 ①사물을 판단할 만한 지각(知覺). ¶~없는 여자. discretion ②사물을 분간할 수 있는 실마리. ③의견. opinion ④(동) 과단(果斷).
가리산-지리산부〈속〉갈팡질팡. all in a fluster 하다
가리=새명 일의 갈피와 조리(條理). 《대》가리⁴. reason
가리=새²〈공업〉 도자기에 모양을 내려고 걸을 긁는 데 쓰는 고부라진 쇠.
가리-새:명〈조류〉 따오기과(朱鷺科)의 보호조(保護鳥). 모양은 해오라기 비슷하며 주걱 같은 부리로 논을 갈듯이 저어 내감. 노랑부리저어새. spoonbill
가리=새김명 →갈비새김. [meat taken from ribs
マ・리-씨-다타 고 가리우다. 가리끼다.
가리어-지다 무엇이 사이에 가리게 되다. ¶햇빛이 구름에 ~. 배후가 비밀에 ~. 《약》 가려지다.
가리얼-다 고 가리어 얼다.
가리온〈동물〉 털은 희고 갈기는 검은 말. 낙(駱). white horse with a black mane
가리-우-다타 가로막아 보이지 않게 하다. 《약》 가루다. [다¹. 가리다².
가리운물명 고 가리은.
가리이-다 가리움을 당하다. be screened
가리 조림명 →갈비 조림.

가리-질[명] 가리로 물고기를 잡는 일. trap fishing 하

가리-찜[명] →갈비찜.

가리-춤[명] 후려서 떼림.

가리키-다[타] ①손가락으로 지적하다. ¶순이가 비행기를 가리켰다. ②동작이나 말로 무엇이 있는 곳을 알려 주다. ¶길을 ~. indicate, point ③특별히 지

가리틈[명] ①으르락딱지리고 빼앗음. ②정하다.

가리-틀-다[타르] ①되어 가는 일을 안 되도록 틀다. baffle, counteract ②횡재한 물건에 대하여 억지로 한몫을 청하다. claim a portion in unearned profit

•가리-다[고] 공략(攻略)하다. 치다.

가린-나무[명] 〈토목〉용도에 따라 제재(製材)한 재목.

가린-스럽다[보] 다랍게 인색하다. stingy **가린=스레**[부]

가린-주머니[-쭈-][명] 〈속〉재물을 다랍게 아끼는 인색한 사람. miser

가림-담[명] 〈동〉차면담.

가림-색(-色)[명] 〈동〉보호색(保護色).

가릿-국[명] →갈빗국.

가릿-대[명] →갈빗대.

가마[명] 정수리에 소용돌이 모양으로 난 머리털. 선모(旋毛). ¶쌍~. vortex (whirl) of hair

가마[명] ①(약)=가마솥. ②숯·질그릇·벽돌·기와 등을 굽는 곳. ¶벽돌 ~. kiln

가-마[명] 한 사람이 들어앉고 앞뒤에서 남이 멜빵에 걸어 메고 다니게 되 탈것. 승교(乘轎). ¶꽃~. litter palanquin, sedan chair

가마[의명] 〈약〉=가마니.

가마(加麻)[명] 소렴(小殮) 때에 상제가 처음으로 수질(首絰)을 머리에 쓰는 일. 하

가마-괴[명] 〈고〉까마귀.

가마-곱[명] 가마솥의 운두를 이룬 굽. rim of kettle

가마귀[명] 〈고〉까마귀.

가마노르께-하-다[여불] 가만 빛을 띠면서 노르스름하다. ⟨센⟩꺼머느르께하다. dark-yellow

가마니(叺 かます 일)[명] 곡식·소금 등을 담는 짚으로 만든 섬. ¶~를. straw-bag 〈의명〉 물건을 담는 가마니의 수를 세는 말. ¶쌀 한 ~. 〈약〉 가마4.

가마니-때기[명] 〈속〉가마니의 조각. 남은 가마니 날

가무두-에[명] 〈고〉솥뎅. 솥뚜껑. │개. 〈약〉 가마때기.

가마득-하-다[형여불] 〈약〉=가마아득하다.

가마-때기[명] →가마니때기.

가:마-뚜껑[명] 가마 위에 씌운 덮개.

가-마리[의명] 늘 욕을 먹거나 매를 맞거나 걱정거리가 되는 사람. ¶놀림~. 맷~. 욕~. butt of ridicule

가마무트름-하-다[여불] 얼굴이 가무스름하면서 살이 쪄서 토실토실하다. ⟨큰⟩거머무트름하다. ⟨센⟩까마무트름하다. dark and plump **가마무트름-히**[부]

가마 밑이 노구솥 밑을 검다 한다 제 흉은 모르고 남의 흉을 봄.

가마반드르-하-다[여불] 가맣고 반드르하다. ⟨큰⟩거머번드르하다. ⟨센⟩까마반드르하다.

가마번지르-하-다[여불] 가맣고 번지르하다. ⟨큰⟩거머번지르하다. ⟨센⟩까마번지르하다.

가마보코(蒲鉾 かまぼこ 일)[명] 어묵. boiled fish paste

가마-솥[명] 큰 솥. ⟨약⟩가마². cauldron pot

가마아득-하-다[여불] ①아주 멀어서 아득하다. far ②아주 오래 되어서 아득하다. ⟨약⟩ 가마득하다. ⟨센⟩까마아득하다. remote, time immemorial **가마아득-히**[부]

가마-오디/가마-오지[명] 〈고〉가마오지².

가마우지[명] 〈조류〉가마우지과에서. 몸 빛은 검고 부리가 길며 발가락 사이에 물갈퀴가 있음. 연못·바다 등지에 서식하며 물고기를 잡아먹음. 노로우. Korean cormorant

가마조-이(-釘)[명] 〈고〉까마종이.

가-마채[명] 가마를 멜 때 멜빵을 걸고 손으로 잡을 수 있도록 가마 밑에 지른 기다란 나무. projecting poles of a palanquin

가마 타고 시집가기는 틀렸다 제대로의 격식과 채비를 갖추어 하기는 이미 틀렸다.

가마-터[명] 질그릇이나 사기 그릇을 굽는 가마가 있었던 터. 요지(窯址). site of kiln

가-마:-통[명] ①한 가마니에 드는 분량. 보통 대두 닷 말이 표준임. ②빈 가마니.

가마푸르레-하-다[여불] 약간 검푸르다. darkish blue

가마-호:수(-戶首)[명] 도자기를 굽는 화부(火夫). stoker at a kiln

가막[명] 검은 빛의 뜻. ¶~딱다구리. ⟨센⟩까막.

가막-가치[명] 〈고〉까막까치.

가막-베도라치[명] 〈어류〉가막베도라치과의 바닷물고기. 길이 약 6.5 cm 가량으로 세 개의 등지느러미와 큰 비늘이 특징임. 수컷은 검고 암컷은 담회색임. 암초가 많은 연안에 서식함.

가막-사리[명] 〈식물〉엉거시과의 일년생 풀. 반구형의 노란 꽃이 피며 밭둑이나 물가에 남. kind of cosmos plant

가막-소(-監獄署)[명] 감옥.

가막-쇠[명] 공이의 끝을 감아 고리모를 달고, 한 끝을 갈고랑쇠 모양으로 꺾어 꼬부러어 배목에 걸도록 만든 쇠. iron hook-and-eye latch

가막-조개[명] 〈조개〉가막조개과의 민물 조개. 모양은 세모꼴 비슷하며 빛깔은 갈색·녹갈색에 검정 무늬가 있음. 맛이 좋아 식용함. 바지락이.

가만 아무 대책도 취하지 않고 그냥 그대로. 가만히. ¶그대로 ~ 내버려 두시오. just as it is 〈동〉삽입으로 쓰이어, 남의 말이나 행동을 제지할 때에 쓰는 말. ¶~, 조용히 해봐. just a minute

가만-가만[부] 가만히 가만히. softly **가만-히**[부]

가만-두-다[자타] 손을 대지 않고 그대로 두다. leave a thing as it is │도를 ~ 걷다. soundlessly

가만-사뿐[부] 발소리가 나지 않게 아주 사뿐히. ¶복

가만-있-다[자] 잠잠히 있다. be still

가만-있자 생각이 얼른 떠오르지 않을 때 쓰는 말. ¶~, 그게 언제였지야. Let me see

가만-하-다[여불] 움직임이 매우 조용하여 거의 드러나지 아니하다. quiet **가만-히**[부]

✓가만호/✓가모호[명] 조용함.

✓가모호 부-롬[명] 미풍(微風). 살랑 부는 바람.

가만히 묻으라니까 뜨겁다고 한다 비밀히 하라는 일을 눈치 없이 일부러 드러낸다.

✓▽롬[명] 〈고〉가물.

가:-말:-다[타르] 일을 맡아 처리하거나 재량(裁量)하다. manage

✓가-롬-다-다[고] 가물다[부].

✓가-돗[명] 신골.

가맛-바:가지[명] 쇠속 가마에 쓰는 자루 바가지.

가-맛-바람[명] 가마를 타고 가면서 쐬는 바람.

가:맛-바탕[명] 사람이 들어앉게 된 가마의 밑바탕. 승교(乘轎) 바탕.

가-맛-방석[명] 가마 밑바닥에 까는 방석.

가망(可望)[명] 〈민속〉무당굿의 열두 거리 중의 둘째 거리. ¶~ 없다. 〈대〉절망(絕望), possibility

가맣-다[형] 아주 감다. 매우 감다. ⟨큰⟩ 거멓다.

가말-다[형여불] ①아주 멀어서 아득하다. 멀어서 눈이 미치지 아니하다. ¶앞길이 ~. far ②도무지 기억이 없다. ¶가맣게 잊었던 일. ⟨센⟩까맣다.

가:매(假埋)[명] 임시로 묻음. temporary burial 하

가:매(假寐)[명] ①거짓 자는 체함. ②잠자리를 보지 않고 그냥 잠. nap '낮잠'의 궁중말.

가:매(假賣)[명] 속임. deceive 하

가:-매장(假埋葬)[명] 임시로 시체를 묻음. temporary burial 하

가매-지(-地)[명] 임이 가맣게 되다. ⟨큰⟩ 거메지다. ⟨센⟩ 까매지다. darken, sun-tanned

가맹(加盟)[명] 동맹(同盟)이나 연맹(聯盟)에 가입함. accede to join ②단체에 가입함. participate

가맹-국(加盟國)[명] 동맹이나 연맹에 든 나라. ¶국제연합 ~. member nation

가맹-자(加盟者)[명] 동맹이나 연맹에 든 사람. participant

가:-면(假免)[명] 임시로 방면(放免)함. release on parole

가면

가-하다 pretense
가:면(假面)명 ①나무·종이·흙 등으로 만든 얼굴의 형상. 탈. mask ②거짓 꾸민 언행. ¶~을 쓰고 하는 말. pretense
가:면-극(假面劇)명〈연예〉가면을 쓰고 하는 연극. 배경과 음악과 춤을 섞어서 함. 구상이 단순하며 고래로 전하여 옴. 탈놀음 따위. 가면희(假面戱).
가:면-무(假面舞)명〈동〉탈춤. masque
가:면 무-도(假面舞蹈)명 가면을 쓰고 하는 무도. ¶~회(會). masquerade
가:면 벗-다(假面-)재 정체를 드러내다. 속마음을 나타내다.
가:면 쓰-다(假面-)재으로 겉으로 그렇지 않은 것처럼 꾸미다. wear a mask
가:면-적(假面的)명 탈을 쓰고 거짓 언동을 하거나, 거짓 태도를 하는(것). ¶표리가 부동한 ~ 행위. disguised
가:-면제(假免除)명〈법률〉어떠한 조건 아래에서 의무의 부담을 면제함. temporary exemption 하다
가:-면허(假免許)명〈법률〉편의상의 임시 면허. provisional license 하다
가:면-희(假面戱)명〈연예〉①가면을 쓰고 하는 놀이. masquerade ②가면극(假面劇).
가:-멸-다(달)재 재산이 풍부하다. 살림이 넉넉하다. rich
가명(佳名)명 ①좋은 평판. (대) 누명(陋名). high reputation ②아름다운 이름.
가명(家名)명 한 집안의 명예. (유) 가성(家聲). family reputation ②집안의 이름.
가:명(假名)명 ①거짓 일컫는 이름. (대) 실명(實名). alias, pen-name ②임시로 지어 부르는 이름. temporary name ③〈불교〉실다움이 없는 헛이름. false name
가명(嘉名)명 좋은 이름.
가모(家母)명 ①남 앞에서 자기 어머니를 일컫는 말. 가자(家慈). my mother ②한 집안의 주부(主婦). (대) 가부(家父). house wife
가:모(假冒)명 남의 이름으로써 제 이름을 거짓 댐.
가:모(嫁母)명 개가(改嫁)한 어머니. remarried mother
가모(嘉謀·嘉謨)명 임금에게 아뢰거나 권하는 좋은 가-모티(그)명 가물피.
가묘(家廟)명 한 집안의 사당(祠堂). family shrine
가무(家務)명〈동〉가사(家事)
가무(歌舞)명 ①노래와 춤. song and dance ②노래하고 춤춤. dancing and singing 하다
가무그름-하다형여얼 어둠게 가무스름하다. (큰) 거무그름하다. (센) 까무그름하다. bit dark
가무대대-하다형여얼 좀 천하게 가무스름하다. (큰) 거무데데하다. (센) 까무대대하다. shabbily dark
가무댕댕-하다형여얼 걸맞지 않게 가무스름하다. (큰) 거무뎅뎅하다. (센) 까무댕댕하다. blackish
가무-뜨리다탄 아주 가무려 버리다. make away
가무타기(고개)모시도래. with surreptitiously
가무러지-다재 정신이 가물가물하여지다. (큰) 거무러지다. (센) 까무러지다. faint
가무러치-다재 잠시 동안 정신을 잃고 죽은 것처럼 되다. (센) 까무러치다.
가무레-하다형여얼 옅게 가무스름하다. (큰) 거무레하다. (센) 까무레하다. slightly blackish
가무리-다탄 몰래 훔쳐서 혼자 차지하다. steal when no one is looking
가무숙숙-하다형여얼 수수하게 검다. (큰) 거무숙숙하다. (센) 까무숙숙하다. somewhat blackish
가무스름-하다형여얼 조금 검다. (큰) 거무스름하다. (센) 까무스름하다. blackish 가무스름-히튀
가무-연(歌舞宴)명 가무로 흥겹게 노는 연회.
가무 음곡(歌舞音曲)명 노래와 춤과 음악.
가무잡잡-하다형여얼 얼굴빛이 칙칙하게 가무스름하게 깨끗지 못하다. (큰) 거무접접하다. dark dingy
가무족족-하다형여얼 빛깔이 맑지 않고 가무스름하다. (큰) 거무죽죽하다. (센) 까무족족하다.

가박지

무칙칙하다. (센) 까무칙칙하다. somewhat dark
가무퇴퇴-하다형여얼 흐리터분하게 가무스름하다. (큰) 거무튀튀하다. (센) 까무퇴퇴하다.
가문(佳文)명 아름다운 문장. 잘 지은 글.
가:-문(訽問)명 호되게 물음. 노엽게 물음. ask severely 하다
가문(家門)명 ①집안과 문중(門中). ¶~의 자랑. birth, lineage, stock ②대대로 내려오는 그 집안의 문벌·지위. ¶~이 좋다. standing of one's family
가문(家紋)명 한 가문(家門)의 표로 정한 문장(紋章).
가문-비나무명〈식물〉전나무과의 상록 교목(常綠喬木). 높이 30m 가량으로 9월에 원주형의 황갈색 꽃이 피고 5~8cm의 황록색 구과가 열림. 재목은 건축·조선·펄프 원료로 쓰이며 깊은 산에 남. 《약》 가문비. spruce
가:-문서(假文書)명 위조(僞造)한 가짜 문서.
가문-흐리-다(家門-)재 집안이나 문중의 명예를 더럽히다. bring disgrace on one's family
가물 (약)→가뭄을.
가물-거리-다재 ①불빛이 어슴푸레하게 사라질 듯 말 듯하다. flicker ②멀리 있는 물건이 희미하게 보일 듯 말 듯하다. glimmer ③정신이 희미하여 의식이 들락날락하다. 가물대다. (큰) 거물거리다. (센) 까물거리다. dizzy 가물가물튀
가물-다(달)재 오랫동안 비가 안 오다. ¶오래 ~. droughty dry ②오랫동안 인재가 나지 아니하다.
가물 대-다재〈동〉가물거리다.
가물 들-다(달)재 ①오랫동안 날씨가 가물게 되다. become droughty ②가물어 어떤 곳과 물건에 나쁜 영향을 주다. ¶채소가 ~. suffer from a drought
가물-식물(一植物)명〈식물〉바위 위나 나무 위, 모래밭 같은 물기가 없는 곳에 나는 식물. arid plant
가물에 돌 친다속 가뭄에 도랑을 쳐 물을 모으려 한다는 뜻으로, 준비가 부족함을 가리킨다.
가물에 콩 나듯속 썩 드물다.
가물음명 오래 비가 오지 않음. 염불(炎魃). 천한(天旱). 한(旱). 한기(旱氣). 한발(旱魃). (약) 가물. 가뭄. drought ①뭇자리. ②비가 쉬운 뜻자리.
가물음-못자리명 ①가물 때에 겨우 물을 실어 만든
가물-철명 비가 내리지 않고 가물이 계속되는 때.
가물치명〈어류〉가물치과에 속하는 민물고기. 몸 길이 60cm 내외로 짙은 암청갈색임. 진흙 물에서 살며 식용·산부(産婦)의 보혈약으로 쓰임. 뇌어(雷魚). 동어(鮦魚). 수염(水厭). 흑어(黑魚). snakehead (속) 달굴 손님.
가물 타-다재 가물에 견디는 힘이 약하다. 가물의 영향을 쉽게 받다. be easily affected by drought
가뭄명 (약)→가물음.
가물 끝은 있어도 장마 끝은 없다속 가뭄보다는 장마의 피해가 더 크다.
가뭇-가뭇튀 군데군데 감은 모양. (큰) 거뭇거뭇. (센) 까뭇까뭇. 하다
가뭇-없다형 ①눈에 띄지 않다. ②간 곳을 알수 없다. gone ③소식이 없다. hear nothing from ④흔적이 없다. lost to sight 가뭇-없이튀
가뭇-하다형여얼 (약)→가무스름하다.
ᄀ을-다(고)재 가물다.
가물치-다(고)재 가물피다.
가미(加味)명 ①맛을 맞춤. seasoning ②다른 성질의 것을 더함. adding ③〈한의〉다른 약재를 더 섞음. ¶~을 육미탕(六味湯). 하다
가미(佳味·嘉味)명 ①좋은 맛. 산뜻한 맛. tasty ②산뜻하게 맛있는 음식. 진미(珍味). tasty food
가미(架尾)명〈군사〉가교(假橋)의 뒤쪽 끝. trail
ᄀ붕-다(고)재 꾀다(溜)-다.
가:박(假泊)명 배가 항구나 앞바다에 임시로 머묾. temporary anchoring 하다
가:박-지(假泊地)명 선박이 운항 중 어떤 사정으로

일시로 멈추어 닻을 내리고 있는 지역.
가반(加飯)圈 ①정한 몫 외에 더 먹는 밥. 또, 그 밥을 먹음. ②통 더도리. 하타
가:반-교(可搬橋)圈 미리 부분적으로 짜 놓은 것을 운반하여 현장에서 짜 맞추어 놓은 다리. 흔히 도하(渡河) 작전에 씀. prefabricated pontoon bridge
가반-자(嫁反者)圈 시집에서 친정으로 쫓겨 온 여자. mistreated woman [로머 머리에 쓰는 물건. wig
가:발(假髮)圈 머리털로 여러 가지 모양을 만들어 치
가방(加枋)圈〖약〗→가지방(加地枋).
가방(佳芳)圈 좋은 향기. 방향(芳香).
가방(家邦)圈〖동〗가국(家國)①.
가:방(假房)圈 겨울에 외풍을 막기 위하여 방안에 장을 들여 조그맣게 막은 아랫방. 방옥(房屋).
가방(←kabas 네, cabas 프)圈 ①물건을 넣어 들고 다니는 손그릇의 하나. ②란도셀. ③책가방. bag
가:-방:면(假放免)圈〖법〗유죄의 증거가 불충분할 때, 일시적으로 방면했다가 새로운 증거가 나타나면 다시 공소를 제기하는 제도. 하타
가배(佳配)圈 좋은 배우자. good spouse
가배(咖啡·珈琲)圈〖동〗커피(coffee).
가배(嘉排·嘉俳)圈〖역〗신라 유리왕 때 가윗날에 궁중에서 놀던 놀이. 가위². 가우(嘉優).
가-빈야:-빔[비]〖고〗가벼이.
가빈야온[비]〖고〗가벼운.
가-빈야:-이[비]〖고〗가벼이.
가-빈ː얍-다/가-빈얄-다[비]〖고〗가볍다.   [위².
가배-절(嘉俳節)〖동〗**가배-절**(嘉排節)圈〖역〗가윗날. 가
가백(家伯)圈 남에게 자기의 맏형을 일컫는 말. 사백(舍伯). 〖유〗가형(家兄). 〖대〗가제(家弟). my eldest brother   [부리는 약제로 씀.
가-백작약(家白芍藥)圈〖한의〗집에서 가꾼 백작약.
가벌(家閥)圈 한 집안의 사회적 지위. 문벌(門閥).
가법[—뻡](加法)圈〖수학〗'덧셈'의 구용어. 가산(加算)②. 덧셈. 〖대〗감법(減法). 〖약〗가(加)②. addition   〖oppressive laws
가:법(苛法)圈 너무 엄한 법령(法令). 가혹한 법률.
가법(家法)圈 ①한 집안의 법도, 또는 규율(規律). 가헌(家憲). 가령(家令)②. family constitution ②한 집안에 대대로 내려오는 법식(法式). family rules
가:법(假法)圈〖불교〗인연 화합(因緣和合)을 따라서 나온 거짓된 법.
가벼운 비읍〖어학〗옛 자음 'ㅸ'의 이름.
가벼운 입술소리圈〖어학〗입술을 거쳐 나오는 가벼운 소리. ㅁ·ㅂ·ㅃ·ㅍ 따위. 순경음(脣輕音).
가벽(歌癖)圈 노래를 부를 때의 버릇.
가:변(可變)圈 사물의 모양이나 성질이 고쳐지거나 달라질 수 있음. 〖대〗불변(不變). variable
가변(家變)圈 집안의 변고. domestic misfortune
가:변 비:용(可變費用)〖경제〗생산량의 증감에 따라 변하는 비용. 원료비·노무비·동력비·기계 수선비 따위. variable cost   [수 있는 성질. variability
가:변-성[一썽](可變性)圈 일정한 조건 아래서 변할
가:변 자:본(可變資本)圈〖경제〗노동력에 대한 임금 등으로 지출되는 자본. 〖대〗불변 자본(不變資本). variable capital
가:변 저:항기(可變抵抗器)圈〖물리〗전기 저항의 값을 가감(加減)할 수 있는 저항기. 전류나 전압의 조정에 쓰임. 가감 저항기(加減抵抗器). variable resistor
가:변 축전기(可變蓄電器)圈〖물리〗용량을 바꿀 수 있는 축전기. 무선 전신·라디오 등의 동조부(同調部)에 씀. 가감 축전기(加減蓄電器). 가변 콘덴서. 바리콘. 〖약〗가변 축전기.
가볍-다[—따][ㅂ變] ①무겁지 않다. light ②언어·행동이 신중하지 않다. 경솔하다. 〖입〗~. undignified ③중대하지 않다. 심하지 않다. 〖상처〗~. trifling ④부담이 적다. 〖책값이〗~. slight ⑤홀가분하다. 경쾌하다. 〖가벼운 옷차림〗. light ⑥사람이

않다. not severe ⑦소리나 음성이 깊지 않다. soft ⑧약하거나 가늘다. 〖대〗무겁다. 〖큰〗거볍다. weak
가벼—이〖부〗
가볍디=**가볍-다**[—따]〖여볼〗매우 가볍다. 〖큰〗거볍디거볍
가보(加補)圈 민어의 부레 속에 쇠고기·두부·오이 등으로 소를 넣고 삶아 둥글둥글하게 썬 음식.
가보(家譜)圈 한 집안의 계보(系譜). 족보(族譜). lineage genealogical table
가보(家寶)圈 대대로 전하여 내려오는 한 집안의 보물·보배. family treasure
가보(かぶ일)圈 노름판에서 일컫는 아홉 끗. 〖~를 잡는. nine (used in gambling)
가보-낭청(—廳)圈 노름판에서 가보를 내놓으며 하는 말.
가보-잡기圈 투전·골패 등에서 두 장 혹은 석 장을 모아 아홉 끗을 만드는 노름.
가보-잡다자 노름판에서 아홉 끗을 잡다. make nine
가보트(gavotte 프)圈〖음악〗프랑스의 옛 무도곡. 4/4 또는 2/4 박자의 쾌활한 무곡. 또, 그에 맞춰 추는 춤.
가복(加卜)圈〖제도〗①통 가결(加結)②. ②의정(議政)을 천거할 때 임금의 뜻에 맞는 사람이 없어 다시 한 사람 또는 두 사람을 더 천거하던 일. 하타
가복(家僕)圈〖제도〗사삿집에서 부리는 사내종. 가노(家奴). manservant
가:본(假本)圈 옛 글이나 글씨·그림 따위의 가짜. 〖대〗진본(眞本). forged writing (picture)
가볼오-다[고]〖고〗까부르다.
가봉(加俸)圈 정규의 봉급 외에 특별히 더 주는 봉급. 〖대〗감봉(減俸)①. additional salary 하타
가봉(加捧)圈 정한 액수 외에 곡식이나 돈을 더 징수함. extra collection 하타
가:봉(假縫)圈 양복 치수가 몸에 맞도록 미리 걸쳐 보기 위해 임시로 듬성듬성 시쳐 놓는 바느질. 또, 그 옷. 시침 바느질. 하타
가봉-녀(加捧女)圈〖동〗의붓딸.
가봉-자(加捧子)圈〖동〗의붓아들.
가:=부(可否)圈 ①옳고 그름의 여부. right or wrong ②표결(表決)에서 가와 부. 〖~ 동수(同數). for or against
가부(家父)圈 ①〖동〗가친(家親). ②고대 로마에서 가장권(家長權)의 주체가 되는 사람. 아버지가 아니라도 가족에 대하여 절대적인 권력을 가진다. 가부장(家父長). 〖대〗가모(家母). paterfamilias
가부(家夫)圈 ①남에게 자기 남편을 일컫는 말. 가군(家君). 〖유〗my husband ②아내에 대하여 자기를 일컫는 말. your husband
가부(跏趺)圈〖동〗가부좌(跏趺坐).
가:부=간(可否間)圈 옳거나 그르거나. 아무러하든지. 〖~ 없다. anyway
가:부 결정[—쩡](可否決定)圈 찬성인가 반대인가를 결정함. final decision
가부뜸 감:부뜸(加不得減不得)圈 더할 수도 덜할 수도 없음. 〖약〗가감 부득(加減不得).
가부-장(家父長)圈〖동〗가부(家父)②.
가부장-제(家父長制)圈〖제도〗부계(父系)의 가족 제도에 있어서 어머니 대신 아버지에 따라서 혈통을 따지며, 일체 집안 일 남자인 가장이 권력을 가지는 제도. patriarchal system
가부-좌(跏趺坐)圈〖불교〗책상다리를 하고 앉음. 또, 그 모양. 책상다리. 〖약〗가부(跏趺). sitting with one's legs crossed 하타
가부지-친(葭莩之親)圈 촌수가 먼 인척(姻戚).
가:부 취:결(可否取決)圈 회의에서 의안의 가부를 결정함. final decision 하타
가부키(歌舞伎 かぶき일)圈 16∼17세기에 일어난 일본 고유의 노래에 맞춰 춤을 추는 연극.
가:부-편(可否便)圈 가편(可便)과 부편(否便).
가:분(可分)圈 나눌 수 있음. 〖대〗불가분(不可分).

가분(假扮) 거짓으로 꾸며 분장함. hypocrisy 하타

가분=가분 ① 여럿의 무게가 모두 들기 좋을 정도로 가벼운 모양. ② 말이나 동작이 진중하지 아니하고 가벼운 모양. 《큰》거붓거붓. 《센》가뿐가뿐. carelessly 하타, 히타

가분 급부(可分給付) 〈법률〉 성질이나 가치를 해치지 않고 분할할 수 있는 급부. 돈·곡식 등의 급부 같은 것. 《대》불가분 급부(不可分給付).

가=분=물(可分物) 〈법률〉 분할하더라도 그 물건의 성질 및 가치가 상하지 않는 물건. 금전·곡물·토지 따위. divisible thing

가=분=성(可分性) 〈물리〉 극히 미세한 형태로 나눌 수 있는 물질의 성질. divisibility

가:=분수(假分數) 〈수학〉 분자가 분모보다 크거나 같은 분수. 《대》진분수(眞分數). improper fraction

가분=하=다 들기 좋을 만큼 가볍다. 《큰》거붓하다. 《센》가뿐하다. light 가분=히타

가:불(假拂) 울림 조목이나 금액이 확정되지 않을 때, 임시로 주는 지급. 가지불(假支拂). advance ② 보수를 기일 전에 지급함. 하타

가=불가(可不可) 가함과 불가함. 옳음과 그름. 가부(可否). right and wrong

가불=거리=다 어울리지 않게 자꾸 까불다. 《큰》거불거리다. 《센》까불거리다. act flippantly **가불=하타**

가:불=금(假拂金) 가불한 돈. temporary advance

가붓=가붓 모두가 가붓한 모양. 거붓거붓. 가뿟가뿟. 하타 이타

가붓=하=다 들기에 매우 가뿐하다. 《큰》거붓하다. 《센》가뿟하다. light **가붓=이타**

가붕(佳朋) 좋은 벗. good friend

가:=붕대소(假繃帶所) 〈군사〉 전장에서 부상자에게 응급 치료하는 곳.

가비라(迦毘羅←Kapila 범) 〈불교〉 석가가 탄생한 나라. 지금의 인도 북쪽 비로의 한 지방.

가비의 이(加比의 理) 〈수학〉 '수 또는 같은 종류의 양(量)의 몇 개의 비(比)가 서로 같을 때, 이들 각 비는 전항(前項)의 합과 후항의 합과의 비와 같다'는 비례의 정리.

가빈(佳賓·嘉賓) 〈동〉 가객(佳客).

가빈(家貧) 집안이 가난함. poor livelihood 하타

가빈(家殯) 집안에 빈소를 차림. 하타

가빈에 사양처라(家貧에 思良妻라) 가난할 때 어진 아내 생각을 한다는 뜻으로, 비상시에야 비로소 진가(眞價)를 안다는 말.

가빠(←capa 스) ① 비 올 때 입는 외투. rain-coat ② 비 올 때 짐 따위를 덮는 방수포의 넓은 조각.

가빠=지타 힘에 겨워 숨쉬기가 어려워지다.

가분=뿐 〈센〉→가뿐뿐.

가분=하=다 〈센〉→가뿐하다.

가뿟=가뿟 〈센〉→가붓가붓.

가뿟=하=다 〈센〉→가붓하다.

가뿌=다 ① 숨이 몹시 차다. ¶숨이 ~. gasp ② 힘에 겨워 어렵고 곤란하다. ¶살기가 ~.

ᄀ사(佳詞) ① 좋은 말. good words ② 아름다운 글. fine verse

가사(家舍) 사람이 사는 집. 가택(家宅). house

가사(家事) ① 집안 살림에 관한 일. 집안의 일. 가내사(家內事). 가무(家務). household affairs ② 〈약〉→가사과(家事科).

가:사(假死) 정신을 잃어 얼른 보기에 죽은 것같이 된 상태. ¶~ 상태. syncope

가사(袈裟←Kasaya 범) 〈불교〉 중이 입는 법의(法衣). 닥의(卓衣)². surplice

가사(歌詞) 〈음악〉 노래의 내용이 되는 문구. words, libretto 〈동〉 가사(歌辭).

가사(歌辭) 〈문학〉 조선조 초기에 발생한 시가의 한 형식. 음악상의 가사(歌詞)와 구별하여 쓰는 말로 사사조(四四調) 연속체의 운문과 산문의 중간적인 한국 고유의 문학 형식. 가사(歌詞)². verse

가사(稼事) 농삿일. farming

가:사(假使) 〈동〉 가령(假令). 「경제(家庭經濟).

가사 경제(家事經濟) 집안 살림에 관한 경제.

가사=과(─科)(家事科) '가정과(家政科)'의 구칭. 《약》가사(家事)².

가사 노동(家事勞動) 주부를 중심으로 하여 여자들 손으로 이루어지는 의식주·육아·재봉·세탁·청소 등의 노동. 《대》사회 노동(社會勞動). household labor

가사=대(─袋)(袈裟袋) 〈불교〉 가사를 걸어 두는 주머니·기명. 《대》까끄라기. 《ᄀ》오라기. 헷대.

가사리 ① 〈약〉→우뭇가사리. ② 〈약〉→풀가사리.

가사=말(袈裟─) 바닷가 잘피가 많이 난 곳.

가사=멸=다(富) 가멸다(富). 「짓는 일. 하타

가사 불사(─事)(袈裟佛事) 〈불교〉 절에서 가사를 짓는 일.

가:사 있=다(─事─) 〈사형(使形)〉 능란하다. 일을 잘 보다. skillful 「내는 일. 또, 그 사람. 하타

가사 시:주(袈裟施主) 〈불교〉 가사 불사에 시주를

가사=체(歌辭體) 〈문학〉 가사의 문체. 사사조(四四調)를 기조로 한 우리 나라 고유의 문학 형식.

가산(加算) ① 보탬. 덧셈(加算). ¶이율은 ~하다. ② 덧셈. 가법(加法). 《대》감산(減算). 《약》가(加)③. addition 하타

가산(家山) ① 고향 산천. native place ② 한 집안의 묘지(墓地). family grave yard

가산(家産) 한 집안의 재산. 가자(家資). ¶~ 탕진(蕩盡). family property

가:산(假山) 《약》→석가산(石假山). 「mation 하타

가:산(假算) 우선 어림잡아 하는 셈. 어림셈. estimation

가산 국가(家産國家) 영토와 국민을 군주의 소유물로 보며, 국가의 재정과 군주의 재정에 구별이 없는 국가.

가산=세(加算稅) 〈법률〉 납세(納稅)의 의무자가 신고·납부·기장(記帳) 등을 하지 않거나, 원천 징수(源泉徵收)의 의무자가 세법을 준수하지 않을 경우, 소득세에 가산하여 납부시키는 세(稅). additional tax

가산 제:도(家産制度) 〈법률〉 자작 농민(自作農民)의 주택과 일정한 면적의 농지를 특별 재산으로 등록시키는 제도. 「imitation coral

가:=산호(假珊瑚) 사람의 손으로 만든 가짜 산호.

가:살 언행(言行)이 얄망궂고 되바라진 태도. impertinence 스럽 스럽다

ᄀ살(故) 가을. 가을. 「tinent

가:살=떨=다 경망하게 가살부리다. be imper-

가:살=부리=다 일부러 가살스러운 짓 또는 말을 하다. 「impertinent

가:살=빼:=다 가살스러운 태도를 거만하게 짓다. be

가:살=이 《약》 가살쟁이. 「stuck-up person

가:살=쟁이 가살부리는 사람. 《약》가살이. hateful

가:살=지=다 가살을 부리는 태도가 있다. impertinent

가:살=피우=다 가살진 짓을 하다. 「nent

가삼(家蔘) 밭에서 재배한 삼. 《대》산삼(山蔘).

가:=솜 〈고〉 가슴. 「cultivated ginseng

ᄀ솜(故) 감².

가:솜=알=다 〈고〉 가멸다. 맡은 일을 처리·재량하다.

가상(家相) 지세(地勢)·가옥(家屋)의 방향이나 위치·구조 등에 의하여 길흉을 판단하는 풍수(風水)·지술(地術)의 하나. physiognomy of a house

가:상(假相) ① 〈불교〉 현재의 덧없고 헛된 양태. 이승. 《대》진여(眞如). evanescent world ② 〈철학〉 실체(實在)가 아닌 물상(物象).

가:상(假象) 〈철학〉 객관적 실체성이 없는 주관적 환상. 《대》실체(實體). phenomenal appearance

가:상(假想) 가정적(假定的)으로 생각함. ¶공습을 ~한 방공 연습. imagination 하타

가:상(假像) ① 〈ᄀ〉거짓 물상(物像). false image ② 〈광물〉 원모양을 갖지 않고 다른 광물의 모양을 하고

가상 / 가세

있는 광물의 외형. pseudomorph
가상(街上)圖 길거리. 길바닥. 노상(路上). street
가상(嘉尙)圖 착하고 귀엽게 여기어 칭찬함. praise 하타
가상(嘉祥)圖 경사로운 상서(祥瑞). 또, 그 징조(徵兆).
가상(嘉賞·佳賞)圖 칭찬하여 기림. 하타
가:상 감:정(假象感情)〈심리〉실감과 유리된 감정. phenomenal sentiment
가:상-계(可想界)圖〈철학〉순수히 사유(思惟)될 뿐인 이념적 존재의 세계. (대) 감성계(感性界).
가:상-극(假想劇)〈연예〉가상적인 제재(題材)를 가지고 꾸민 연극. fanciful drama
가:상 운:동(假象運動)〈심리〉실제로 움직이지 않는 대상이 움직이고 있는 것같이 보이는 현상. 가현 운동(假現運動).
가:상-적(假想敵)〈군사〉싸움이나 경기의 연습에서 가상으로 삼은 적. 가상적(假想敵). hypothetical enemy
가:상-적(—的)(假想的)圖圖 가정(假定)으로 생각한 (것). hypothetical
가:상 적국(假想敵國)〈정치〉국방 정책·작전 계획 등을 세울 때, 적국으로 상정(想定)하여 그 대상 [으로 삼는 나라.
가새圖 →가위.
가·시圖 (고) 식물의 가시. →가시.
ᄀ·새圖 (고) 가위.
가·식-다目 (고) 가시다. 변하다. 사라지다. →가식
가새-모춤圖〈농업〉네 움큼을 서로 교차하여 가위다리 모양으로 묶은 모춤.
가새-뽕圖〈식물〉잎의 양옆이 가위의 다리살처럼 터진 뽕. mulberry with forked leaves
가·시·야/가·시·여圖 다시.
가새-염(—簾)〈문학〉한시(漢詩)를 지을 때 안쪽과 바깥쪽의 각 우수(偶數) 글자 음운의 높낮이가 섞바뀌게 되도록 하는 법.
가새-주년(—周年)〈원〉→가새주년.
가새-주리〈제도〉두 다리를 동여매고 정강이 사이에 두 개의 몽둥이를 넣어, 가위처럼 벌려 가며 잡아 젖히던 형벌. 전도 주리(剪刀周年). 〈원〉가새주리.
가새-지르-다탄를 어긋매껴 걸치다. join crosswise
가새-표(—標)圖 틀린 것을 표하거나, 글자 빠진 데를 메우는 데 쓰는 '×'표의 이름. (대) 동그라미표. × mark
가새-풀圖〈식물〉엉거시과의 다년생 풀. 높이 60~90cm로 잎은 타원형에 톱니가 있으며 여름·가을에 담홍색·백색의 꽃이 핌. 잎과 줄기는 식용·약용함. 톱풀. yarrow
가:색(假色)圖〈광물〉수정에서 볼 수 있듯이 광물이 그 속에 포함하고 있는 다른 물질로 인하여 나타나는 빛깔.
가색(稼穡)圖〈농업〉곡식 농사. farming 하라
·**가삼**圖(?)가심. '가시나'의 명사형.
가서/가서-는圖《약》→가서랑은. [하타
가서(加敍)圖 계급이 오름. 계급을 올림. 또, 오름.
가서(加書)圖 공문서에 이름을 씀. 서명을 함. signing
가서(佳婿·佳壻)圖 훌륭한 사위. [하타
가서(家書)圖 ①자기 집에서 온 편지. 가신(家信). letters from home ②자기 집에 보내는 편지. letters to home ③가장(家藏)의 서적. books kept at home
가서 만:금(家書萬金)圖 집에서 온 반갑고 중한 편지. letters from home
가:-석방(假釋放)〈법률〉징역 및 금고(禁錮)의 집행 중에 태도가 양호하고 개전의 정이 현저한 자를 형기 만료 전에 행정 처분으로 석방하는 일. 가출소(假出所). 가출옥(假出獄). [table 가석-히圖
·**가:석-하-다**(可惜—)圖 애틋하게 아깝다. regret
가:-선(—線)圖 ①옷 따위의 가장자리를 딴 헝겊으로 싸 돌린 선. hem ②눈시울의 쌍꺼풀진 금. double eyelid fold
가선(加線)圖〈음악〉악보에서 오선(五線)이 모자랄 때 위나 아래에 더 긋는 짧은 선. 덧줄. ledger(added) lines [너지르는 일. ¶~ 공사(工事).
가선(架線)圖 건너지른 전선(電線). 또는 전선을 건
가선 대:부(嘉善大夫)〈제도〉조선조 때, 종2품인 종친(宗親)·의빈(儀賓)·문무관(文武官)의 품계의 하나. [을 돌리다. hem
가:선 두르-다(—線—)옷의 가장자리에 가선
가:선-지-다(—線—)国 눈시울에 주름이 생기다.
가설(加設)圖 더 설치함. 더 베풂. addition 하타
가설(架設)圖 건너질러 설치함. ¶철교 ~. build, construct 하타
가설(假設)圖 ①임시로 설치함. temporary ②실제로 없는 것을 있는 것으로 침. supposition ③〈수학〉기하의 정리(定理)·문제에서 가정된 사항. 하타
가설(假說)圖 가정(假定)②.
가설(街說)圖〈동〉가담(街談).
가설 공사(假設工事)어떤 축조물 공사에 이용되는 가설적 시설인 임시 사무소·창고 등을 위한 공사. [리.
가설=권(—圈)(架設權)圖 전선(電線) 등을 가설할 권
가설 극장(假設劇場)〈연예〉임시로 꾸며 놓은 극장. temporary theatre
가설랑/가설랑-은圖 글을 읽거나 말을 하다가 막힐 때 버릇으로 쓰이는 군소리. 접속 부사. 《약》가서. 가서는. and uh…
가설료(架設料)圖 가설하여 준 데 대한 수수료.
가설-비(架設費)圖 가설하는 데 드는 비용.
가:설-적(假說的)圖〈동〉가상적(假想敵).
가설적 연습(假設的演習)〈군사〉기(旗) 같은 것으로 적군의 배치처럼 표하여 놓고 대항시키는 연습.
가설 항담(街說巷談)圖〈동〉가담 항설(街談巷說).
가섭(迦葉←kasyapa 범)圖〈불교〉석가의 십대 제자의 한 사람. [직을 썩게 하는 성질. caustic
가:성(苛性)圖〈화학〉사람의 피부나 동물의 세포 조
가성(家聲)圖 한 집안의 명성(名聲).
가:성(假性)圖〈의학〉병의 원인(病因)은 다르나 증상이 비슷한 성질. ~뇌막염. (대) 진성(眞性). suspected (quasi-)
가:성(假聲)圖 ①〈음악〉노래에서 특수한 발성 수법으로 내는 가장 높은 남자 소리. ②일부러 지어 내는 목소리.
가성(歌聲)圖 노래부르는 소리. 노랫소리. [um)
가:성-가리(苛性加里)圖〈동〉수산화칼륨(水酸化cali-
가:성 근:시(假性近視)圖〈의학〉지나치게 바투 보거나, 장시간 눈을 써서 근시와 비슷한 시력 장해를 일으키는 일종의 굴절성 근시. false nearsightedness
가:-성대(假聲帶)〈생리〉진성대(眞聲帶)의 위에 있는 좌우 한 쌍의 성대. false vocal cords
가:-성:명(假姓名)圖 ①임시로 일컫는 성명. ②거짓으로 일컫는 성명. fictitious name
가:성문(假聲門)〈생리〉좌우 가성대(假聲帶)의 사이에 있는 틈. [cium).
가:성-석회(苛性石灰)圖〈동〉수산화칼슘(水酸化cal-
가:성-소:다(苛性soda)圖〈동〉수산화나트륨(水酸化natrium). [산물(水酸化物)의 총칭.
가:성-알칼리(苛性alkali)圖〈화학〉알칼리 금속의 수
가:성-알코올(苛性alcohol)圖〈약학〉무수(無水) 알코올에 금속 나트륨을 넣어 생긴 흰색의 고형물(固形物).
가:성-칼리(苛性kali)圖〈속〉수산화칼륨(水酸化 cali-
가:성 크루프(假性 Krupp)圖〈의학〉목병의 하나.
가성 화:합물(加成化合物)〈화학〉어떤 화합물의 구조에 분자 또는 이온이 부가된 화합물. compound
가세(加勢)圖 힘을 보탬. 가담.
가:세(苛細)圖 성질이 까다롭고 잚. narrowness 하다
가:세(苛稅)圖 무리하게 매긴 세금. 가혹한 조세.
가세(家世)圖〈동〉문벌(門閥). [heavy tax
가세(家貰)圖〈동〉집세.

가세(家勢)[명] 집안 형세. 집안 살림살이의 형세. 터수. ¶～가 기울다. family fortune

가세(嫁稅)[명] 〈제도〉 재난(災難)으로 전지(田地)의 세를 받을 수 없는 경우에 그 결손(缺損)을 다른 전지에 몰려 보충하던 일. 하타

가-소(可笑)[명] 어처구니없음. 우스움. nonsense

가:소(可塑)[명] 〈화학〉 압력을 받아 일그러진 대로 있음. 흙처럼 누글누글함. plasticity

가소(佳宵)[명] ①아름다운 저녁. ②기분 좋은 저녁. [nice evening

가:소(假笑)[명] 거짓 웃음. forced laugh 하타

가:소(假蘇)[명] 〈약〉[통] 형개(荊芥). ②명 정가.

가:소-롭-다(可笑一)[형][ㅂ변] ①아니꼽게 우습다. laughable ②대수롭지 않다. 신통하지 않다. nonsensical

가:소-로이[부]

가:소-물(可塑物)[명] 〈화학〉 천연 수지·합성 수지처럼 온도나 압력을 가하여 자유로 변형시키거나 성형할 수 있는 물질. plastic

가:소-성[―성](可塑性)[명] 〈물리〉 물질에 어떤 압력을 가하여도 깨어지지 않고, 모양만 바뀌는 성질. 진흙 따위의 받음. 소성(塑性). 《∽물질. plasticity

가속(加速)[명] ①속도를 더함. acceleration ②속도가 더해짐. [대] 감속(減速). 하타

가속(家屬)[명] ①집안 권속. 가족(家族). folks ②자기 아내를 낮추어 일컬음.

가속-기(加速器)[명] [통]→가속(加速運動).

가-속도(加速度)[명] ①속도가 차차 더해지는 일. increasing force ②〈물리〉 단위 시간 안에 속도가 시간의 증가를 급히 증가하는 율. acceleration

가속도-병[―뼝](加速度病)[명] 〈의학〉 속도가 급격히 변화할 때 생물체에 일어나는 장애. 항공기·우주 로켓 등의 발진(發進)·정지(停止) 때에, 혈액이 몸의 일부에 쏠림이 그 주요 원인임.

가속-운동(加速運動)[명] [통]→가속도(加速運動).

가속 운:동(加速運動)〈물리〉 시간의 경과에 따라 그 속도를 더하는 물체의 운동. [대] 감속 운동(減速運動). 〈약〉 가속운동(加速運動).

가속 입자(加速粒子)〈물리〉 가속 장치로써 가속된 양자·중성자·전자 따위의 입자. accelerated corpuscule

가속 장치(加速裝置)〈물리〉 물체의 속도를 증가하기 위한 장치. ①내연 기관에서, 기화기(氣化器)로부터 실린더에 들어가는 혼합 가솔린의 양을 조정하는 장치. ②핵물리학에서, 하전(荷電) 입자를 인공적으로 가속하여 고에너지 입자를 생기게 하는 장치. 가속기(加速器). accelerator

가속 펌프(加速 pump)[명] 내연 기관의 기화기(氣化器)의 부속품. 급속한 가속 운동의 경우에 이용됨. accelerating pump

가속 페달(加速 pedal)[명] [통] 액셀러레이터.

가술(家率)[명] 집안의 식솔. family members

가솔린(gasoline)[명] 석유의 휘발 성분을 이루는 무색 액체. 석유의 원유(原油)를 증류할 때 최초로 유출하는 부분으로 내연 기관의 연료 등으로 쓰임. 휘발유. 석유 벤진. ¶―차(車). 〈약〉 가스.

가솔린 걸(gasoline girl)[명] 주유소에서 가솔린을 파는 여자 종업원.

가솔린 기관(gasoline 機關)[명] 가솔린을 연료로 하는 내연 기관. 가솔린 엔진. gasoline engine

가솔린 동차(gasoline 動車)[명] 가솔린 기관으로 운전되는 철도 차량. 가솔린 카(car).

가솔린 스탠드(gasoline stand)[명] [통] 주유소(注油所).

가솔린 엔진(gasoline engine)[명] [통] 가솔린 기관(gasoline 機關).

가솔린 탱크(gasoline tank)[명] 가솔린을 저장하는 탱크.

가솔-송(―松)[식물] 철쭉과의 상록 교목. 줄기가 가로 벋고, 잎이 밀생하며, 엽신(葉身)이 있음. 여름에 자홍색 꽃이 핌. 높은 산에 나며 관상용임.

가쇄(枷鎖)[명] ①[불교] 번뇌(煩惱)의 속박. bonds ②〈제도〉 죄인의 목에 칼을 씌우고, 발목에 쇠사슬을 채움. shackle 하타

가:쇄(假刷)[명] 〈인쇄〉 교정용(校正用)으로 대강 찍은 인쇄. 또, 그 인쇄물. galley-proof sheet 하타

가수(加修)[명] 수리함. repairing 하타

가수(加數)[명] 돈이나 물품의 수를 더함. increase addend [일. 하타

가수(枷囚)[명] 〈제도〉 죄인의 목에 칼을 씌워 가두던

가수(家數)[명] ①한 집안의 가내적 처지. social standing of a family ②한 집안을 일으킨 재수, 또는 운수. fortune of a family

가:수(假受)[명] 임시로 받아 둠. 하타

가:수(假睡)[명] ①조는 체함. ②잠자리를 제대로 차리지 않고 잠. 가매(假寐). feigned sleep 하타

가:수(假數)[명] 〈수학〉 로그(log)에서의 소수점(小數點) 이하 부분. [대] 진수(眞數). mantissa

가수(歌手)[명] 노래부르기를 업으로 하는 사람. singer ¶유행 가수. [receipts

가:수-금(假受金)[명] 임시로 받아 두는 돈. suspense

가수 분해(加水分解)〈화학〉 ①염류가 물과 반응하여 원래의 산과 염기로 분해되어 산성과 염기성을 나타내는 반응. 가수 해리(加水解離). ②화합물이 물과 반응하여 분해됨. hydrolysis 하타

가수 분해 효소(加水分解酵素)〈화학〉 작용을 받는 물질이 기질(基質)을 가수 분해하는 효소. hydrolase

가수알-바람('서풍(西風)'을 뱃사람들이 이르는 말.

가:=수요(假需要)[명] 〈경제〉 앞으로의 가격 인상이나 물자 부족을 예상하고 당장 실제 수요가 없는데도 생산자·판매업자로 향하는 수요. [대] 실수요(實需要). 〈약〉 가수(假需). disguised demand

가:=수요자(假需要者)[명] 가수요로 몰리는 수요자. [대] 실수요자(實需要者). disguised demander

가수 해:리(加水解離)[명] [통] 가수 분해(加水分解)①.

가숙(家塾)[명] 개인이 경영하는 글방. 사숙(私塾). private (institute) classes [와 비슷하나 작음.

가:-숭어(假一)[명] ①숭어과의 바닷물고기. 숭어

가스(gas)[명] ①기체(氣體)의 총칭. 와사(瓦斯). ②천연 가스·프로판 가스 등 연료용 가스. 특히 도시 가스의 일컬음. ③〈약〉→석탄 가스. ④〈약〉→독가스. ⑤〈약〉→가솔린. ⑥→가스실(gas―). ⑦등산 용어로 산에 낀 짙은 안개. ⑧소화기(消化器) 안에 괸 기체.

가스 계:량기(gas 計量器)〈물리〉 석탄 가스의 사용량 따위를 헤아리는 기계. 가스 미터. gas meter

가스-관(gas 管)[명] 가스를 보내는 강철관. 가스 파이프. gas pipe

가스 기관(gas 機關)〈공업〉 가연성 가스의 폭발 연소에 의하여 피스톤을 왕복 운동시켜 동력을 얻는 내연(內燃) 기관. 가스 발동기(gas 發動機). 가스

가스-나/가스-내/가시내[명] [통]→'계집애'의 [엔진.

가스 난:로(gas 煖爐)[명] 가스를 연료로 사용하는 난로. 가스 스토브.

가스-등(gas 燈)[명] 석탄 가스를 주입(注入)시켜 켜게 한 등. 가스 램프. 와사등(瓦斯燈).

가스라이트-지(gaslight 紙)[명] 〈물리〉 염화은의 유제(乳劑)를 바른 인화지. 감광도가 낮고 밀착 인화에 쓰임. gaslight paper

가스 램프(gas lamp)[명] [통]→가스등(gas 燈).

가스러-지-다[자] ①성질이 거칠어지다. coarsen ②잔털 등이 거칠게 일어나다. 《큰》 거슬러지다. bristle

가스 레인지(gas range)[명] 가스를 연료로 쓰는 풍로와 오븐(oven)을 짝지은 조리(調理) 기구.

가스-로(gas 爐)[명] 가스의 연소열을 이용하여 물질을 녹이는 노. 화학 실험에 쓰임.

가스 마스크(gas mask)[명] ①연기를 막아내는 소방용(消防用) 마스크. ②〈군사〉 독가스를 막아내기 위한 마스크. 방독면(防毒面).

가스 맨틀(gas mantle)[명] 〈물리〉 가스등 위에 씌우

가스 미:터(gas meter)명〈동〉가스 계량기(gas 計量器).
가스 발동기(—動—)(gas 發動機)명〈동〉가스 기관(gas 機關).
가스 발생기(—生—)(gas 發生器)명 석탄·나무·숯 등을 불완전 연소시켜 일산화탄소를 주성분으로 하는 가연성 가스를 내는 장치. gas generator
가스 버너(gas burner)명 가스를 연료로 하는 버너.
가스 봄베(Gasbombe 도)명 프로판 가스 따위를 넣는 용기.
가스 분석(gas 分析)명〈화학〉가스 물질을 화학 분석하여 그 성분을 정량(定量) 또는 정성(定性)하는 일.
가스상 성운(gas 狀星雲)〈천문〉주로 기체로 이루어진 은하계 성운의 총칭. 형상이 불규칙하고 윤곽이 확실하지 않은 성운. 오리온 성운 따위. gaseous nebula
가스 세:정병(gas 洗淨甁)명 가스의 불순물을 제거하기 위한 병.
가스 스토:브(gas stove)명〈동〉가스 난로.
가스-실(gas—)명 주판사실.
가스-실(gas 室)명 나치스가 2차 대전 때 유태인을 대량 살해할 목적으로 만들었던 독가스 주입식 방.
가스-액(gas 液)명〈화학〉석탄 가스를 냉각·응축할 때 얻는 수용액. 암모니아를 함유하므로 유안(硫安)을 만드는 데 쓰임.
가스 엔진(gas engine)명〈동〉가스 기관.
가스 연료(gas 燃料)명 가스 난로·가스 발동기 등에 쓰이는 기체 모양의 연료. 천연 가스·석탄 가스·프로판 가스 따위. 기체 연료(氣體燃料).
가스 온도계(gas 溫度計)명 가스의 팽창 또는 압력의 변화에 따라 온도를 헤아릴 수 있게 장치한 온도계. 공기나 수소를 사용함. 가스 한란계(gas 寒暖計). gas thermometer
가스-유(gas 油)명 경유(輕油).
가스 전:구(gas 電球)명 전구 속에 질소·아르곤 등의 불활성(不活性) 가스를 넣은 전구. gas filled bulb
가스 전:지(gas 電池)명 기체 전지. gas cell
가스-정(gas 井)명 천연 가스를 뿜어내는 갱정(坑井). gas well
가스 중독(gas 中毒)명 탄산가스·일산화탄소 등 유독가스를 마셔서 일어나는 중독. gas poisoning
가스 지지미(gas ちぢみ 일)명 주판사실로 짠 오글오글한 직물.
가스 카:본(gas carbon)명〈화학〉석탄 가스를 만들 때 생기는 순수한 탄소. 전극(電極)에 쓰임. 가스탄(gas 炭). 「탄 가스를 만들 때 생기는 코크스.
가스 코:크스(gas cokes)명 석탄을 건류(乾溜)하여 석
가스탄=불(gas 彈)명〈예〉독가스트탄(毒gas 彈).
가스 탱크(gas tank)명 도시 가스나 화학 공업용 가스를 담아 두는 큰 통.
가스 터:빈(gas turbine)명 고온 고압의 가스를 터빈에 도입하여 동력을 발생시키는 원동기. 제트 엔진.
가스트로-스코:프(gastroscope)명〈의학〉위경(胃鏡).
가스트로-카메라(gastrocamera)명〈의학〉위(胃) 속을 촬영하는 초소형(超小型) 카메라. 위(胃) 카메라.
가스 파이프(gas pipe)명〈동〉가스관(gas 管).
가스 폭탄(gas 爆彈)명 독가스와 화약을 넣어 만든 폭탄. gas bomb 「연료로 하는 풍로.
가스 풍로(gas 風爐)명 석탄 가스·천연 가스 따위의
가스 한란계(gas 寒暖計)명〈동〉가스 온도계.
가스 회저(gas 壞疽)명〈의학〉흙 속에 있는 가스 회저균이 상처에 들어가서 일어나는 회저. 전상(戰傷)에 많은데 환부에 가스가 발생하고 종창(腫脹)이 심하여 심장이 약해짐. gas gangrene
가슬-가슬 ①성질이나 살결이 거친 모양. ¶~한 손. ②어떤 물건의 거죽이 매끄럽지 않고 촉감이 거슬리는 모양. 〈큰〉거슬거슬. 〈센〉까슬까슬. rough

가슴명 ①동물의 배와 목 사이의 앞 부분. chest ②심장 또는 폐. ¶~이 뛰다. ③마음. ④옷의 가슴을 덮는 부분. 웃가슴. bosom
가슴-걸이명 ①말의 가슴에 걸어 안장에 매는 가죽끈. ②소의 가슴에 걸어 멍에에 매는 끈. 목조개. cinch
가슴검은-도요명〈조류〉도요과에 속하는 철새. 가슴과 배는 검으나, 겨울에는 회어짐. 논밭에 떼음.
가슴-동[—동—](—胴—)명〈체육〉활터에서 '가슴통'을 일컫는 말. chest 「(胸圍)
가슴=둘레명 몸의 가슴과 등을 잰 몸통의 둘레. 흉위
가슴=속[—쏙]명 ①가슴의 속. ②마음속. 흉중(胸中). ¶~에 맺힌 한. 「켕기어 아픈 병. heartburn
가슴=앓이[—아리]명〈의학〉가슴속이 몹시 쓰리고
가슴-지느러미[어류]물고기의 가슴에 붙은 지느러미. pectoral fin
가슴츠레-하다[혱] 졸리거나 술에 취하여 눈이 감길 듯하다. 〈큰〉거슴츠레하다. glassy, drowsy
가슴-통명 ①가슴둘레의 크기. ②가슴의 앞쪽 전부.
가슴=패기[혱] 가슴. 「chest
가승(家乘)명 한 집안의 역사적 기록. 족보·문집 따위. family chronicles
가:승(假僧)명〈불교〉가짜 중.
가식[—] 가식[—]1.
가식-다[고] 가시다. 변하다. 사라지다. →가시다.
가시 ①〈식물〉식물의 바늘처럼 돋아난 부분. thorn ②〈어〉물고기의 가느다란 뼈. fish bone ③〈남〉사람의 비유. detestable fellow ④나무나 대, 또는 고리 등의 가늘고 뾰족한 거스러미. ⑤남을 공격하게나, 불쾌 불만을 뜻하는 심리나 표현. ¶~돋친 말.
가시[2]명 가시나무의 열매.
가시[3]명 음식물에 생긴 구더기. ¶된장에 ~가 슬다.
가:시(可視)명 볼 수 있음. 「maggot
가-시(可視)명 ①아내. ②계집.
가:시-거리(可視距離)명 ①방해를 받지 않고 텔레비전 방송을 수상(受像)할 수 있는 거리. ②눈으로 볼 수 있는 목표물까지의 수평 거리.
가시=고기[—꼬기]명〈어〉큰가시고기과의 바닷물고기. 길이 5cm 쯤, 방추형으로, 등지느러미의 앞부분이 톱날처럼 가시를 이룸.
가:시=광선(可視光線)명〈물리〉육안으로 볼 수 있는 보통 광선. 〈대〉불가시 광선(不可視光線). 〈약〉가시선(可視線). visible rays
가시-나무[식물]〈식물〉①너도밤나무과의 상록 활엽 교목. 재목은 추위에 강하고 단단하여 가구재·빨감으로 쓰이고 과실은 식용함. 가시목(木). bramble ②가시가 돋은 나무의 총칭. ③인가목.
가시나무에 가시가 난다[관용] 원인이 있으면 결과가 있는 법이니, 특출한 행동은 하기 어렵다.
가시-다[재] 변하거나 없어지거나 달라지다. ¶흉터가 ~. disappear [타] 깨끗이 씻다. 부시다. ¶입 안을 ~. 그릇을 ~. wash out
가시=덤불명 ①가시가 많은 덤불. ②인생의 험한 처지. ¶~같은 인생길. thorn bush thorny way
가시-딸기[식물]〈식물〉장미과의 낙엽 활엽 관목. 잎과 줄기에 갈색의 털과 가시가 빽빽함. 과실은 수분이 많으며 식용함.
가시랭이명 초목의 가시의 부스러기. fragment of
가시-면류관(—冕旒冠)〈기독〉예수가 십자가에 못박힐 때 로마 병정이 예수를 조롱하기 위하여 씌웠던 가시나무로 만든 관. 〈약〉가시관. crown of
가시-목(—木)명〈동〉가시나무. 「thorns
가시=방석(—方席)[—쌍—]명 몹시 불안한 자리. ¶~에 앉은 것 같다.
가시-밭[—빹]명 ①가시덤불이 얽혀 있는 곳. ¶~길. thorn bush ②애로와 고난이 중첩한 환경. ¶인생의 ~길.
가시-버시명〈비〉부부(夫婦).
가시-복명〈어류〉가시복과의 바닷물고기. 길이 30cm 쯤 온 몸에 억센 가시가 있고, 배는 흼. 배를 불리면 밤송이같이 되며 온대와 열대에 분포함.

가시새 〈건축〉 벽 속에 가로 대는 가는 나무.
가:시-선(可視線)[명] 《약》=가시 광선(可視光線).
가시-성(一城)[명] 탱자나무나 장미 등 가시나무로 친 울타리. hedge of thorn bushes
가시-섶[명] 가시나무의 땔나무.
가시-세-다(可視) 고집이 세고 앙칼스럽다. stubborn
가:시 스펙트럼(可視 spectrum)[명] 〈물리〉 가시 광선의 주파수(周波數)나 파장(波長). visible spectrum
가:시 신:호(可視信號)[명] 기·신호등 따위로 눈에 보이게 하는 신호. 《대》 음향(音響) 신호.
가시-아비[명] 《비》 장인(丈人).
가시-어미[명] 《비》 장모(丈母).
가시어미 장 떨어지자 사위가 국 싫다 한다[속] 일이 아주 알맞게 되어 간다.
가시-연(一蓮)[명] 〈식물〉 수련과(睡蓮科)의 일년생 풀. 전체에 가시가 났으며 못이나 늪에 자람. 지하경(地下莖)은 식용, 열매는 가시연밥이라 하며, 약으로 쓰임.
가시연-꽃(一蓮一)[명] 가시연의 꽃.
가시연-밥[一빱](一蓮一)[명] 〈식물〉 가시연의 열매. 감실(芡實). fruit of thorn lotus
가:시-적(可視的)[관형] 눈으로 볼 수 있는 성질의(것).
가시-철(一鐵)[명] 가시 철사에 꾸이는 가시 모양의 쇠. ¶~이. rbed wire
가시-철사[一싸](一鐵絲)[명] 가시철을 꾸인 철사. barbed wire
가시-톡토기[명] 〈곤충〉 가시톡토기과의 하등 곤충. 길이 2.5 cm 가량으로 온 몸에 은백색 비늘 조각이 덮여 있음. 날개는 없고 뿔 모양의 돌기가 아래쪽에 있어서 이것으로 톡톡 뜀. 농작물의 해충임.
가:식(假植)[명] 〈농업〉 임시로 심음. 《대》 정식(定植). temporary planting 하다
가:식(假飾)[명] ①엉뚱하게 거짓 꾸밈. ¶~ 없이 행동하다. hypocrisy ②임시로 장식. ¶~로 쓰임.
가:신(可信) 믿을 만함. trustworthiness 하다
가신(佳辰)[명] ①좋은 시절. 가절(佳節). happy occasion ②좋은 날. 가신(嘉辰). 길일(吉日). happy day ¶랍. 배신(陪臣). 음신(陰臣). vassal
가신(家臣)[명] 〈제도〉 정승의 집안 일을 맡아보던 사람.
가신(家信)[명] 〈동〉 가서(家書)①.
가신(家神)[명] 집에 딸려 집을 지킨다는 귀신. family deity
가신(家信)[명] 〈동〉 가신(佳信)②.
가신-제(家神祭)[명] 민간 신앙 의식의 하나로, 일반 가정에서 섬기는 가신(家神)을 받드는 제사.
가실(家室)[명] ①한 집안 사람. 가족. ②아내.
가심깨끗이 가시는 일. ¶입~. cleaning 하다
가심-끝[명] 숟가락 뚫은 구멍을 다듬는 끝. smoothing
가심-질[명] 가심끝로 다듬는 일. chiselling 하다 file
가십(gossip)[명] 흥미 본위의 뜬소문.
가아비[명] 가까이. 가까이게. 《家豚》. my son
가아(家兒)[명] 남에게 자기 아들을 이르는 말. 가돈
가:아(假我)〈불교〉 ①오온 화합(五蘊和合)으로 말미암아 된 임시의 육신(肉身)인 자기. ②가상(假像)을 의미 있게 하는 자아(自我).
ᄀ오라구-다[고] 아크라기.
가:온멸-다[고] 가멸다(富). 「컨는 말.
가악(家岳)[명] 남에게 자기의 장인(丈人)을 겸손히 일
가악(歌樂)[명] 노래와 음악. songs and music
가악(嘉樂)[명] 경사스러운 풍악.
가안(家雁)[명] 〈동〉 거위1.
ᄀ올[고] 가을.
ᄀ올알-다[고] 가말다.
가압(加壓)[명] 압력을 가함. 《대》 감압(減壓). 하다
가압(家押)[명] 집오리.
가압 가마(加壓一)[명] 〈화학〉 물질을 고압 고온에서 반응시킬 목적으로 압력에 견딜 수 있게 만들어서 사용하는 용기.
가압-기(加壓機)[명] 제본 공정에서 접지(摺紙)된 것을 밀착시키기 위해 가압하는 기계.
가:-압류(假押留)[명] 〈법률〉 채무자의 재산에 대하여 강제 집행을 보전하기 위하여 그 재산을 임시로 압류하는 법원의 처분. 가차압(假差押). attachment 하다 ¶처 내는 기구.
가압 여과기(加壓濾過器)[명] 압력을 가하여 걸러 받아
가압 주:조(加壓鑄造)[명] 특수한 거푸집에 쇳물을 일정한 압력 밑에 부음으로써 유동성이 나쁜 쇳물로 정밀한 주물을 만드는 특수한 주조법.
가:애(可愛)[명] 스스로 몸을 돌봄. 《대》 자애(自愛).
가:애(可愛)[명] 사랑할 만함. 사랑스러움. 하다
가애(嘉愛)[명] 착하고 귀하게 여기어 사랑함. affection ᄀ애[명](고) 가위1. 하다
가액(加額)[명] 돈의 액수를 불림. 또, 그 액수. increase the amount 하다
가액(價額)[명] 〈동〉 가금(價金).
가아-금(伽倻琴)[명] '가얏고'의 통속적 이름.
가야-미/가야미[고] 개미2.
가야-지[고] 버들가지.
가:-약(可約)[명] 〈수학〉 약분(約分)할 수 있음. 《대》 기약(旣約). reducible 하다 ¶③〈동〉 혼약.
가약(佳約)[명] ①좋은 언약. ②가인과 만날 언약. date
가얏-고(伽倻一)[명] 〈음악〉 우리 고유의 현악기. 신라 때 악사(樂師)인 우륵(于勒)이 오동나무로 길게 공명판을 만들어 바탕을 삼고, 그 위에 열두 줄을 맸음. 가양금(伽倻琴). 살림살이의 형제. ¶음. 가야금.
가양(家樣)[명] 살림살이의 형제. ¶음. 가야금.
가양(家釀)[명] 《약》=가양주(家釀酒). ②가용으로 술을 빚어 만듦. brewing at home 하다
가양-주(家釀酒)[명] 집에서 빚은 술. ¶음. 가양(家釀). home-brewed wine
가어(加魚)[명] 〈동〉 가자미.
가어(嘉魚)[명] 곤들매기. ¶람. 가짜 어사.
가:-어:사(假御史)[명] 〈제도〉 거짓 어사 행세하는 사람.
가:언(假言)[명] 〈논리〉 어떤 조건을 가정(假定)한 말. 가설(假設). hypothetical, assumption, supposition
가언(嘉言·佳言)[명] 본받을 만한 좋은 말. 미언(美言). good saying
가:언 명:제(假言命題)[명] 〈논리〉 어떤 가정(假定) 아래에서 결론을 주장하는 명제. 가언적 판단(假言的判斷).
가언 선:행(嘉言善行) 아름다운 말과 착한 행실.
가:언-적(假言的)[관형] 어떤 가정·조건 아래에서 입언(立言)하는(것). 가설적(假說的). 《대》 정언적(定言的). hypothetical
가:언적 명:법[一뻡](假言的命法)[명] 〈논리〉 일정한 목적의 달성을 조건으로 하는 명령. 《대》 정언적 명법. hypothetical order
가:언적 삼단 논법[一뻡](假言的三段論法)[명] 〈논리〉 가언적 판단을 전제(前提)로 하는 삼단 논법. hypothetical syllogism ¶람. 추론.
가:언적 추론(假言的推論)[명] 〈논리〉 가언 명제로 된
가:언적 판단(假言的判斷)[명] 〈논리〉 조건 또는 원인과, 귀결 또는 결과와의 관계를 나타내는 판단. 'A가 B라면 C는 D다' 따위. 가언 명제(假言命題). 《대》 정언적 판단(定言的判斷). hypothetical judgment 하다
가엄(苛嚴)[명] 가혹하고 엄격함. severe and strict
가엄(家嚴)[명] 〈동〉 가친(家親).
가업(家業)[명] ①집안의 직업. 가직(家職). father's occupation ②《동》 세업(世業).
가업(街業)[명] 길거리에서 하는 영업.
가업(稼業)[명] 〈동〉 가행(稼行). 하다
가:-없:다[업따] 그지없다. 헤아릴 수 없다. ¶가없는 바다. endless 가없-이[부]
가여(駕輿)[명] 〈제도〉 세자가 타던 가마.
가:역(可逆)[명] 〈물리〉 물질의 상태를 변화시켰다가 원래의 상태로 복귀시켰을 때, 외계(外界)에도 아무런 변화가 남지 않는 과정. reversible
가역(苛役)[명] 매우 힘드는 일. 고역(苦役). hard labor
가역(家役)[명] 집을 짓거나 고치는 일. 집 역사(役事). house erecting and repairs
가:-역(假驛)[명] 임시로 마련한 역.
가:역 반:응(可逆反應)[명] 〈화학〉 화학 반응에서 생성

가역 변화 … 반응. (에) 비가역 반응. reversible reaction
가:변:화(可變化)명 〈화학〉 장차 다시 변할 가능성이 있는 변화. reversible change
가:연(可燃)명 불에 잘 탐. inflammable, combustible
가연(佳宴)명 경사스러운 연회. 좋은 연회. auspicious party
가:연(佳緣)명 ①아름다운 인연. beautiful connection ②사랑을 맺게 된 연분(緣分). good match
가:연-물(可燃物)명 불에 탈 수 있는 물질. combustible material
가:연-성[-性](可燃性)명 불에 타기 쉬운 성질. 가연질(可燃質). combustibility, inflammability
가:연-체(可燃體)명 잘 타는 물체.
가열(加熱)명 ①어떤 물질에 열을 줌. heating ②열을 더 세게 함. ¶~ 장치. (대) 냉각(冷却). increasing the heat 하타
가:열(苛烈)어 가혹하고 격렬함. severity 하형 히위
가:열(假熱)명 〈한의〉 몸에 열이 있을 때, 더운 성질의 약을 써야 내리는 열. [fication 하형
가열(嘉悅)명 손아랫사람의 경사에 대한 기쁨. gratulation
가열-기(加熱器)명 〈물리〉 가스·증기·전기 등으로 열을 가하는 장치. heater
가염(加染)명 염색(染色)하는 일. dyeing
가:엽(假葉)명 〈식물〉 아카시아 잎처럼 잎꼭지가 변하여 너부죽해진 잎. [=이파
가엽-다/가:엾-다어 불쌍하고 딱하다. pitiful 가엾
가영(假營)명 〈군사〉 임시로 차린 영업소.
가:-영업(假營業)명 본격적이 아닌, 임시로 하는 영업. temporary business [rary office
가:-영업소(假營業所)명 임시로 차린 영업소. tempo-
가:-예:산(假豫算)명 〈법률〉 신회계 연도 개시까지 예산안의 통과가 불가능할 때, 연도 개시 후 일정 기간 동안의 집행을 위해 편성하는 잠정적인 예산.
▽·오:(교) 가위³. 〔잠정 예산. provisional budget
가오리(어류) 가오리과의 바닷물고기. 몸이 가로 넓적하고 꼬리가 긺. 근해어(近海魚). 요어(鰩魚).
가오리-연(一鳶)명 꼬빡연. [stingray
가옥(家屋)명 사람이 사는 집. house [jade
가:옥(假玉)명 가짜 옥. 사람이 만든 옥. artificial
가:옥(假屋)명 임시로 지은 오두막집. improvised hut, shack
가옥 대장(家屋臺帳)명 가옥의 상황을 밝히기 위하여 그 소재·번호·종류·면적·소유자 등을 등록하는 공부(公簿).
가옥=세(家屋稅)명 〈법률〉 가옥의 소유자에게 과하는 지방세. 현행의 '재산세 가옥분'의 구칭. house tax
가온(加溫)명 어떤 물질에 온도를 더함. 하타
가·온·디명 〈고〉 가운데.
가·온·딧소·리명 〈고〉 가운뎃소리.
▽올/▽욟명 〈고〉 고을.
가외(加外)명 ①일정한 표준이나 한도 이외에 더함. ¶ 외로 돈. extra ②생각 밖의 것. unexpected ③신분에서 넘침. ¶~으로 것. undeserved
가:외(可畏)어 두려워할 만함. 무섭음. fearful
▽외(□□)명 ①도타리 옷. 치마. 의상(衣裳).
가읏 사람[-싸-](加外-)명 필요 밖의 사람. 불필요한 사람. [이외의 쓸데없는 것.
가읏-일:[-닐](加外-)명 필요 밖의 일. 꼭 필요한 것
가요(歌謠)명 ①운문 형식(韻文形式)인 문학의 총칭. 악가(樂歌)이나 verse ②민요·동요·속요·유행가 등의 속칭. 속요(俗謠). song
가요-계(歌謠界)명 가요에 종사하는 사람들의 사회. singers circle
가요-곡(歌謠曲)명 〈음악〉 ①악장에 맞춰 부르는 속요의 가락. ②대중 가요. 유행가(流行歌). popular song ③도타리의 무늬.
가요-문(哥窯紋)명 〈공업〉 잘게 갈라진 것처럼 보이
가:용(可用)명 쓸 수 있음. 쓸 만함. availability

가:용(可溶)명 〈화학〉 액체에 잘 녹음. soluble
가:용(可鎔)명 금속이 열에 잘 녹음. fusible
가용(家用)명 ①집안 살림의 비용. family expenses ②집에 필요하여 씀. domestic use 하타
가:용-금(可鎔金)명 〈화학〉 비교적 저온에서 녹는 합금. 가용금(可融金). fusible alloy [body
가:용-물(可鎔物)명 액체에 잘 녹는 물질. soluble
가:용-성[-性](可溶性)명 액체에 잘 녹는 성질. solubility [본. 부양 가능한 인구의 총수.
가:용 인구(可容人口)명 지구상의 식량 소비면으로
가:우(假寓)명 ①임시로 거처함. ②임시로 사는 곳. 가거(假居). temporary abode 하타
가우(嘉優)명 〈동〉 가배(嘉排).
가우스(gauss)명 〈물리〉 자속(磁束)의 밀도를 나타내는 C.G.S. 단위. 또, 가우스 단위. 에르스텟.
가우-일(嘉優日)명 〈동〉 가윗날. [fortune
가우-절(嘉優節)명 〈동〉 가윗날.
가운(家運)명 집안의 운수. ¶~ 불길(不吉). family
가운(gown)명 ①여성용의 긴 겉옷. ②승려·법관·의사·간호원·학위를 받는 사람 등이 입는 제복.
가운데명 ①시간·공간·사물 등의 끝에서 안쪽인 부분. inside ②여럿 있는 데서의 일부분. among ③속. 안. 사이. midst ④북분. (대) 가. middle
가운데-치마명 갈퀴의 위아래 두 치마 사이에 가로지른 나무. [(대) 이파.
가운데-톨명 세톨박이 밥송이의 한가운데 있는 밥톨.
가운뎃-발가락[-까-]명 다섯 발가락 중 한가운데의 발가락. [중성(中聲).
가운뎃-소리명 〈어학〉 한 음절의 가운데에 오는 소리.
가운뎃-손가락[-까-]명 다섯 손가락 중 셋째의 손가락. 장지(長指). 장가락. middle finger
가운뎃-줄명 큰 연(鳶)에 있어 연의 복판에서 세 줄이 교차되는 곳에다 하나 더 매는 줄.
가운뎃-집명 삼형제의 가운데 사람의 집.
가웃의 되·말·자의 수를 셀 때 남는 반분(半分). ¶석 되~. half
가:-웅예(假雄蕊)명 〈식물〉 수술이 꽃잎 모양으로 변하여 꽃밥이 생기지 않은 수꽃술. 난초과의 꽃에서 볼 수 있음. 헛수술.
가:원(可寃)명 원통스러움. chagrin
가월(佳月)명 아름다운 달. 명월(明月).
가월(嘉月)명 음력 3월의 이칭.
가위명 ①옷감·종이·가죽·머리털 따위를 베는 데 쓰는 날이 엇걸려 있는 기구. 교도(交刀). 전도(剪刀). 협도(鋏刀). scissors ②가위바위보에서, 집게손가락과 가운뎃손가락 또는 엄지손가락을 벌려 내민 것.
가위명 음력 팔월 보름 명절. 추석(秋夕). 한가위. 가배절(嘉俳節). 가우절(嘉優節). moon festival, mid-autumn festival
가:위(可謂)어 ①가히 이르자면. so to speak ②과연. 참. ~놀랄 만한 인물이구나. really
가위-노린재명 〈곤충〉 노린재과의 곤충. 몸빛은 녹색에 앞 등의 양편은 홍색, 촉각은 황갈색임. 몸에서 고약한 냄새가 나고 수컷의 배 끝에는 붉은 발의 가위 같은 것이 달림.
가위-눌리-다자 무서운 꿈에 놀라서 몸짓을 하거나 소리를 지르다. have a nightmare
가위=다리명 ①가위의 손잡이. handles of scissors ②가위의 다리처럼 서로 어긋매끼어 'X'자로 결친 모양. shape
가위다리-양:자(一養子)명 두 형제의 아들 중 하나만 외아들이 있고, 그 외아들이 두 아들을 낳았을 때, 그 중 하나가 종조(從祖)의 양손(養孫)이 되는 일. 또, 그 양자. the
가위다리-차(一車)명 장기 둘 때, 상대편 궁의 한 편에서 연거푸 장군을 부르게된 위치에 있는 두 차.
가위다리-치-다타 'X'의 모양으로 어긋매끼어 놓다.

가위바위보 순서나 승부를 정할 때 손을 내밀어 하는 방법. 집게손가락과 가운뎃손가락을 내민 것을 가위, 주먹 쥔 것을 바위, 주먹을 퍼 내민 것을 보로 하고, 가위는 보에, 바위는 가위에, 보는 바위에 각각 이김.

가위=벌 〈곤충〉 가위벌과의 곤충. 꿀벌 비슷하나 더 크고 빛이 짙음. 장미 따위의 나뭇잎을 뜯어 집을 지음. [버잎을 먹음.
가위-좀 〈곤충〉 집게좀나비의 유충. 벼의 해충으로
가위-질 가위를 써서 하는 일. scissoring 하다
가위-춤 빈 가위를 폈다 닫혔다 함. opening and shutting of scissors
가위-톱 〈식물〉 포도과에 딸린 다년생 낙엽 활엽 만목(蔓木). 잎은 피침형. 초여름에 황록색의 꽃이 피고, 장과(漿果)는 가을에 익음. 산지에 나며 뿌리는 약재로 씀. 백렴(白薟)①. 백초(白草) [일(嘉俳日).
가윗-날 한가윗날. 추석날. 가배일(嘉俳日). 가우
가윗-밥 가위질할 때 베어 내버린 헝겊 부스러기. scraps of scissoring
가유(加由)[명] 〈약〉→가급유(加給由).
가-유(假有)[명] 〈불교〉 인연으로 말미암아 현실로 나타나 있는 세계의 온갖 물체. [말함. 하다
가유 호세(家諭戶說) 집집마다 깨우쳐 알아듣게
가율(加律)[명]〈제도〉 형벌을 더함. 가죄(加罪)②. aggravation 하다
가:융-금(可融金)[명]〈동〉 가용금(可鎔金).
가으-내:[튀] 온 가을 동안 죽. 가을내. all through the autumn [中). 〈약〉 갈². autumn, fall
가을[명] 네 철의 하나. 입추에서 입동 전까지. 음중(陰
가을-갈이[—가리][명] 가을에 논을 갈아 두는 일. 추경(秋耕) 〈秋收〉 〈대〉 봄갈이. autumn ploughing 하다
가을-걷이[—거지][명] 가을에 곡식을 거두는 일. 추수(秋收) 〈秋收〉 〈대〉 갈걷이. 하다
가을-날[명] 가을철의 날. 추일(秋日)
가을-내[튀]〈원〉→가으내. [누에.
가을-누에[명] 가을에 치는 누에. 추잠(秋蠶) 〈대〉 봄
가을-달[—딸][명] 가을의 밝은 달. 추월(秋月).
가을 마당에 빗자루 몽당이 들고 춤을 추어도 농사 밑이 어둑하다〈속〉 가을 타작 마당에는 흩어진 곡식이 많아서 빈손에 빗자루만 들고 춤추듯 쓸어도 곡식이 그득하게 많음 농사일이 수월하다.
가을 물은 소 발자국에 괸 물도 먹는다〈속〉 가을 물은 매우 맑고 깨끗하다.
가을-바람[—빠—][명] 가을철에 부는 선선한 바람. 추풍(秋風). 〈약〉 갈바람①. [夜).
가을-밤[—빰][명] 가을철의 밤. 추소(秋宵). 추야(秋
가을-볕[—뼡][명] 가을철의 따가위 쬐는 볕. 추양(秋陽).
가을볕에는 딸을 쬐고 봄볕에는 며느리를 쬔다〈속〉 가을볕보다 봄볕에 살갗이 더 거칠어지고 잘 타므로 며느리보다 딸을 더 생각한다.
가을-보리[—뽀—][명]〈식물〉 가을에 씨를 뿌려 이듬해 첫여름에 거두는 보리. 추맥(秋麥). 〈대〉 봄보리. 〈약〉 갈보리. autumn sown barley
가을-불[명] 가을의 불. 〈약〉 갈불.
가을-비[—삐][명] 가을에 내리는 비. 추우(秋雨).
가을비는 떡 비라〈속〉 추수하여 곡식이 넉넉한 때에, 비가 오면 떡을 해 먹고 지낸다는 뜻.
가을비는 장인의 나룻 밑에서도 긋는다〈속〉 ①가을비는 잠시 오다가 곧 그친다. ②그때그때의 잔 걱정은 순간적이어서 곧 지나간다.
가을-빛[—삗][명] 가을의 경치. 추색(秋色). ¶~이 완연하다. [있다.
가을 아욱국은 계집 내쫓고 먹는다〈속〉 가을 아욱국이 맛
가을에는 부지깽이도 덤벙인다〈속〉 바쁜때에는 어린아이까지도 일을 한다는 뜻으로 추수가 매우 바쁘다.

가을에 밭에 가면 가난한 친정에 가는 것보다 낫다〈속〉 가을 밭에는 먹을 것이 많다.
가을에 제 아비 제사도 못 지내거든 봄에 의붓아비 제사지낼까〈속〉 형편이 넉넉할 때에도 할 수 없는 일을 하였는데, 하물며 어려운 때에 힘든 일을 하겠는가.
가을-일[—릴][명] 가을걷이하는 일. harvesting 하다
가을일은 미련한 놈이 잘 한다〈속〉 가을 농촌 일은 매우 바쁘므로 약은 수를 쓰는 것보다 성실하게 부지런히 해야 한다.
가을-장마[—짱—][명] 가을철에 여러 날 계속하여 내리는 비. 추림(秋霖). [넌다.
가을 중 싸대듯 한다〈속〉 일이 바빠서 이리저리 돌아
가을-철[명] 가을의 절기. 추기(秋期). 추절(秋節).
가을-카리[명]→가을갈이.
가을판에는 대부인 마님이 나막신짝 들고 나선다〈속〉 추수 때가 되면 대부인도 나설 만큼 바쁘다.
가을-하-다(ㅏ) 〈약〉 가을걷이하다.
가ː을-하다 (ㄸ) 경계(境界)짓다. 구별하다.
가의(加衣)[명]〈동〉 책가위(冊—).
가의(加意)[명] ①특별히 마음을 둠. mindfulness ②달리 생각함. reconsideration 하다
가ː의(可疑)[명] 의심스러움. 의심할 만함. '가의할'로만 쓰. doubtfulness 하다
가의(歌意)[명] 노래의 뜻. 시가의 뜻.
가의(嘉儀)[명] 좋은 의식. 경사스러운 의식. auspicious ceremony
가이거 계ː수관(Geiger 計數管)〈물리〉 방사선 입자의 입사(入射)로 일어나는 기체 방전(放電)을 이용해 그 입자를 검출하는 장치. 현재는 별로 쓰이지 않음. Geiger counter
가이거-뮐러 계ː수관(Geiger-Müller 計數管)〈물리〉 β선·γ선·우주선 등 방사선 입자의 수를 헤아리는 장치. 가이거 계수관을 개량한 것.
가이던스(guidance)[명] ①지침. 안내. 지도. ②〈교육〉 교육상 당면한 문제에 관하여 피교육자의 개성에 따라 지도하는 교육 활동. 〈유〉 학습 지도.
가ː-이동 가ː이서(可以東可以西) 이렇게든 저렇게든 아무렇게나 해 좋음. 가동 가서(可東可西).
가이드(guide)[명] ①안내(案內). 지도(指導). ②안내자나 표지(標識). ③〈약〉 가이드 북.
가이드 로프(guide rope)[명] 기구(氣球)·비행선 등을 유도하는 끈.
가이드 북(guide book)[명] ①여행 안내서. ②상품이나 점포의 소개서. 〈약〉 가이드⑤.
가이드 포ː스트(guide post)[명] 도로 표지(道路標識).
가이드 미사일(guided missile)[명] 유도탄.
가이사(←Caesar)[명] 본디는 로마의 카이사르(Caesar)의 이름. 일반적으로 황제의 칭호.
가이스트(Geist 도)[명] ①넋. 영혼. 정신.
가이슬러-관(Geissler 管)〈물리〉 백금선(白金線)의 전극(電極)을 붙인 유리관. 진공 방전(眞空放電)의 실험과 스펙트럼의 연구에 쓰이는 방전관. Geissler's tube [의 여신(女神).
가이아(Gaia 그) 그리스 신화에 나오는 대지(大地)
가이-없ː다[[형] 끝없다. 한이 없다. 가없다. urlimited
가이-없ː이[튀] [人). lover ③잘생긴 남자.
가인(佳人)[명] ①고운 여자. 미인. 연인(戀
가인(家人)[명] ①집안 사람. one's family members ②〈약〉→가인괘(家人卦).
가인(歌人)[명] 노래를 부르거나 짓는 사람. 가객(歌客)②. ¶~ 금객(琴客). singer
가인-괘(家人卦)[명]〈민속〉 육십사괘(卦)의 하나. 손괘(巽卦)와 이괘(離卦)가 거듭된 것. 바람이 불에서 남을 상징함. 〈약〉 가인(家人)②.
가인 박명(佳人薄命) 미인은 대개 불행하거나 수명이 짧음. beauty is always unlucky
가인 재자(佳人才子) 고운 여자와 재주 있는 젊은
가일(佳日)[명] ①좋은 날. ¶양춘(陽春) ~. ②좋은 일이 있는 날. ¶임금 탄신의 ~. auspicious day

가일(暇日)[명] 틈이 있는 날. 한가한 날. leisure day
가일(嘉日)[명] 경사스러운 날. 가신(嘉辰). happy day
가=일과(加一瓜)[명] 〈제도〉 임기가 지난 관리를 다시 한 임기 더 있게 함. ~하다
가=일년(加一年)[명] 만기된 기한을 일년 동안 더 있음.
가=일층(加一層)[명] 한층 더. ¶~ 노력하다. more 한층 더함. ¶~의 효こ. 하다
가임(家賃)[명] 집세.
가입(加入)[명] ①이미 있는 것에 새로 더 넣음. ¶보험 ~. addition ②단체에 들어감. ¶유엔 ~. 〈대〉탈퇴(脫退). joining 하다
가입 전:신(加入電信)[명] 전신 관서가 특정인과 계약하여 설치하는 전신. 벨텍스.
가입 전화(加入電話)[명] 전화 관서가 특정한 개인·회사 등과 계약하여 설치하는 전화.
가자(加資)[명] 〈제도〉 ①정3품(正三品) 통정 대부(通政大夫) 이상의 품계. ②정3품 통정 대부 이상의 품계를 올려준 일. 하다
가자(架子)[명] ①초목의 가지를 받쳐 세운 시렁. prop ②〈음악〉 편경(編磬)·편종(編鐘) 등을 달아 놓는
가자(家資)[명] 가산(家産).
가자(家慈)[명] 가모(家母)①.
가:자(假子)[명] ①자기 아들로 삼는 남의 아들. adopted son ②아내의 전 남편의 아들. 가봉자(加捧子).
가자(嫁資)[명] 시집보낼 비용. dowry step son
ᄀ·ᄌ기[고] 〈가자〉.
가자니 태산이요, 돌아서자니 숭산이라[관] 앞으로 나갈 수도 뒤로 물러설 수도 없는 난처한 처지다.
가자미(어유) 가자미과의 바닷물고기. 몸이 위아래로 납작하여 타원형에 가깝고, 두 눈이 다 한 쪽에 있음. 가어(加魚). 접어(蝶魚). flatfish
가자 분산(家資分散)[명] ①가산을 탕진함. ②〈법률〉 제 재산으로 빚을 전부 갚을 수 없는 자에 대해 법원이 강제 집행 처분으로 전가산을 채권자에게 적당히 분할해 주는 일.
가-자제(佳子弟)[명] 얌전한 아들. 교지(敎旨)
가자:체(加資帖)[명] 〈속〉 가자를 내릴 때 주던
가작(佳作)[명] ①잘 지은 작품. fine work ②당선(當選) 다음가는 작품. 선외 가작(選外佳作). ¶~ 입선(入選). work of merit
가작(家作)[명]〈농업〉 소작을 주지 않고 직접 농사를 지음. 자작(自作). independent farming 하다
가:작(假作)[명] ①거짓 행동. fraudulent act ②불완전한 임시적인 제작. 하다
ᄀ·ᄌ·ᄃ·ᄃ[고] 가지런하다.
ᄀ·ᄌ·ᄋ·ᄋ(家ᄌ藥)[한의] 집에서 재배한 작약.
가-줄봄[고] 비유(譬喩)함.
가-줄·비·ᄃ·ᄃ[고] 비유(譬喩)하다. 준주다.
가잠(家蠶)[명] 집에서 치는 누에. 집누에. 〈대〉 작잠(柞蠶). house silkworm
가잠-나룻[명] 짧고 술이 적은 구레나룻. light whiskers
가장[부] 여럿 가운데 어느 것보다 더. ¶~ 크다. ~ 좋다. most
가장(架藏)[명] 시렁 위에 소장(所藏)함. 주로 책에 대해 말함. 하다
가장(家長)[명] ①집안의 어른. patriarch ②남편. my husband
가장(家狀)[명] ①조상의 행적에 관한 사사 기록. ②그 집안 선대 어른의 행장(行狀). memories of one's ancestors hold possession 하다
가:장(假裝)[명] ①임시로 변장함. ¶손님으로 ~. pretence ②가면으로 꾸밈. 거짓으로 꾸밈. disguise 하다
가:장(假葬)[명] ①임시로 묻음. ¶사자를 ~하다. temporary burial ②어린애의 시체를 묻음. burying a dead baby ③임시 권도로 장사지냄. 하다
가장(嘉奬)[명] 칭찬하여 권장함. 하다
ᄀ·ᄌ[고] ①가장. 자못. ②모두. 다.

ᄀ·ᄌ[고] 까지.
가장-권(家長權)[명] 가족 제도에서, 가장이 가족에 대하여 행사하는 지배권. 가부장권(家父長權).
가장귀[명] 나뭇가지의 아귀. crotch of a tree
가장귀-지-다[자] 나무의 몸이 갈라져서 가장귀가 생기다. branch out
가:장 무:도(假裝舞蹈)[명] ①각각 제마음대로 가장하고 추는 춤. ②탈춤. [임. fancy ball
가:장 무:도회(假裝舞蹈會)[명] 가장하고 춤을 추는 모
가:장 문학(假裝文學)[명] 〈문학〉 보기에만 찬란하게 꾸민 문학. fancy literature tence 하다
가:장 분면(假裝粉面)[명] 거짓스러운 말과 행실. pre-
가:ᄌ장비(假裝飛)[명] 〈속〉 용모와 태도가 우악스러운 사람의 별명.
가:장 순양함(假裝巡洋艦)[명] 〈군사〉 전쟁 때에 임시로 고쳐 무기 수양함으로 쓰는 상선(商船). con-
가장귀[명] 나뭇가지의 몸. twig verted cruiser
가:장귀(家藏器)[명] 물건의 주위. 물건의 가를 이룬 선. brink
가:장 자본(假裝資本)[명] 〈동〉 의제(擬制) 자본.
가장 제:도(家長制度)[명] 가장이 절대 권력을 가지고, 그 가족을 통제·지배하는 대가족 제도. patriarchal
가장-질(家ᄌ質)[명] 노름판에서 패를 속이는 짓. 하다 system
가장 집물(家藏什物)[명] 집안의 온갖 세간. 〈약〉 가집(家什). household furnishings
ᄀ·ᄌ·ᄒ·ᄃ·ᄃ[고] 끝까지 하다. 마음대로 하다.
가:장 행렬(假裝行列)[명] 가장을 하고 다니는 행렬. fancy procession 하다
가:장 행위(假裝行爲)[명] ①없는 일을 있는 것처럼 꾸며 꾸리는 행위. ②〈법률〉 제삼자를 속이기 위하여 상대편과 짜고 하는 거짓 의사 표시로 성립되어 있는 법률 행위.
가:재[명] 〈동물〉 가재과의 절지 동물. 계울 상류의 돌 밑에 서식함. 대하(大蝦) 비슷함. 맛은 게와 비슷하며 식용함. 페디스토마의 중간 숙주. 석해(石蟹). crawfish
가재(家財)[명] ①한 집의 재물이나 재산. family property ②집안 세간. 가구(家具). furniture
가재(歌才)[명] 노래의 재주. singing skill
ᄀ·ᄌ재[고] 가장.
가:재-걸음[명] ①뒤로 기어가는 걸음. crawfishing ②일이 지지하고 진보가 없음. making no progress 하다
가:재걸음 치다[자] 가재처럼 뒤로 걷다. ¶도보하다.
가재기[명] 튼튼하지 못하게 만든 물건. fragile article
가재 기물(家財器物)[명] 집안에서 쓰는 온갖 기구. 가재 도구(家財道具). household furnishings
가재도 게 편이라[속] 생김새가 비슷하고 인연 있는 데로 자꾸 붙는다는 말.
가재 도:구(家財道具)[명] 〈동〉 가재 기물(家財器物).
가재미[명] →가자미.
가:재-수염(一鬚髥)[명] 윗수염이 양옆으로 뻗은 수염.
가:재-지짐이(家ᄌ)[명] 가재의 등딱지를 떼고 쇠고기·파·새앙·고추장·기름 등과 한데 버무려 물을 치고 지진 반찬. 석해전(石蟹煎).
가:재-치-다[자] 샀던 물건을 도로 무르다. return
기쟁이[명] →가장이.
가전(加錢)[명] 웃돈.
가전(家傳)[명] 한 집안의 세전(世傳). 집안에 대대로 전해 내려옴. ¶~ 보옥(寶玉). handed down in a
가전(嘉典)[명] 경사스러운 의례(儀禮). [family
가전(駕前)[명] 〈제도〉 임금이 행차할 때, 그 수레 앞에서는 시위병(侍衛兵). ¶~기(旗). ~ 별초(別抄). 〈대〉 가후(駕後). royal guards preceding the
가전(價錢)[명] 〈동〉 값④. [king
가전 비:방(家傳秘方)[명] 비밀히 그 집안에만 전하여 내려오는 약의 처방. old family remedy
가:전=성(一性)(可展性)[명] 〈동〉 전성(展性).
가:전-체(假傳體)[명] 〈문학〉 사물을 의인화(擬人化)하여 전기체(傳記體)로 쓴 작품.

가:전체 소:설(假傳體小說) 〈문학〉 사물을 의인화(擬人化)하여 창작한 소설.

가절(佳絕) 매우 좋음. 더없이 고움. 하다

가절(佳節) 좋은 명절. 좋은 철. 가신(佳辰)①. ¶ 중추(仲秋) ∼. auspicious occasion

가절(價折) ①값을 정함. ¶∼ 전문(錢文). deciding the price ②값을 깎음. reducing the price 하다

가점(加點) ①글자나 글에 점을 더해 적음. dot ②한문에 훈점(訓點)을 찍음. marking with a dot 하다 ③[ ]으로 더함. adding 하다

가정(加定) 물품·비용·인원(人員)을 정한 수 이상.

가:정(苛政) 가혹한 정치. 학정(虐政). 〈대〉 관정(寬政). tyranny

가정(家丁) 집에서 부리는 남자 일꾼. 하인. male servant

가정(家政) ①한 집안을 다스리는 일. house keeping ②가정 생활을 처리하는 수단·방법. household management

가정(家庭) ①한 가족이 살림하고 있는 집 안. ②부부를 중심으로 혈연 관계의 사람이 함께 살고 있는 가장 작은 사회의 집단. ¶∼을 꾸미다. home

가:정(假定) ①임시로 정함. ②〈논리〉사실이 아니거나, 사실인지 아닌지가 아직 분명하지 않은 것을 사실인 것처럼 인정함. 또, 그 인정한 것. 가설(假說). hypothesis 하다

가:정(假晶) 광물이 제 본디의 결정으로 되지 않고 다른 형으로 나타나는 결정.

가정(駕丁) 가마를 메는 사람. 가마꾼.

가:정거장(假停車場) 임시로 만든 정거장.

가정 경제(家庭經濟) 〈경제〉집안 살림을 가장 합리적으로 잘 다스리는 데에 관한 경제. 가계 경제(家計經濟). domestic economy

가정 공업(家庭工業) 〈동〉가내 공업(家內工業).

가정=과(家庭科) ①중·고등 학교 교과의 하나. 가정 생활에 대한 지식·기술·태도 등의 습득을 목적하는 학과. ②대학에 설치된 학과의 하나. 요리·피복·가계 등에 대해 교수함. course in domestic science

가:정관(假定款) 〈법률〉주주 총회의 의결을 거치지 않은 회사의 정관. provisional articles

가정 교:사(家庭敎師) 〈교육〉남의 집에서 보수를 받고 그 집 자녀를 가르치는 사람. private teacher

가정 교:육(家庭敎育) 집안 어른들의 일상 생활이나 가정 환경·생활 상태 등을 통해 자녀나 제매(弟妹)가 받는 사람의 교훈. home training

가정 교:훈(家庭敎訓) 집안 어른이 자녀나 자매에게 주는 교훈. 〈약〉가훈(家訓). family precepts

가정=극(家庭劇) 〈연예〉 동 드라마(home drama).

가정=란[ㅡ난](家庭欄) 신문·잡지 등에서 주로 가정 생활에 필요한 기사를 실은 난. domestic column

가:정류소(假停留所) 임시로 정한 정류소. 가정류장(假停留場).

가:정류장(假停留場) 〈동〉가정류소(假停留所).

가정=면(家庭面) 신문·잡지에서 주로 집안 살림에 필요한 기사를 실은 지면. domestic column

가정 방:문(家庭訪問) 〈교육〉 교사가 학생의 가정 환경을 이해하고, 가정과 긴밀한 연락을 가지기 위해 그 가정을 방문함. home visit 하다

가정 법원(家庭法院) 〈법률〉혼인·이혼·상속·재산관리 등 가정 사건과 소년법에 관한 사건을 심판 조정하는 법원. court of family relations

가정=부(家政婦) 보수를 받고 남의 집안 살림에 딸린 일을 하는 여자. housekeeper

가:정부(假政府) 아직 국력을 잡지 못했거나 국제적으로 인정받지 못한, 적법한 정부로 인정할 수 없는 정부. 임시 정부.

가정 부인(家庭婦人) 가정에서 살림하는 부인. 〈대〉직업 부인(職業婦人). housewife

가정 살림(家庭—) 가정을 꾸며 나가는 살림.

가정 생활(家庭生活) ①가정에서 하는 생활. 〈대〉직장 생활. ②가장(家長)과 한 식구가 가정을 이루고 사는 생활. ¶행복한 ∼. home life

가정 소:설(家庭小說) 〈문학〉①가정 생활을 소재로 한 소설. ②가정에서 읽기 좋게 쓰여진 소설. domestic novel

가정 오랑캐(家丁—) ①〈제도〉〈하〉 청국 사신을 따라온 하인을 이르던 말. 가정호(家丁胡). ②행패가 심한 놈.

가정 오랑캐 맞듯(家丁—) 매를 몹시 맞는다는 뜻.

가정 쟁의(家庭爭議) 한 가정 안에서 일어난 쟁의. domestic dispute

가정=적(家庭的) ①가정 생활에 적합한(것). ②가정과 같이 아늑한 분위기가 감도는(것). ¶∼인 남자.

가정 전:화(家庭電化) 일반 가정의 등불·열·동력에 전력을 이용하도록 만들어 생활을 향상시키는 일. electrification

가정지학(家庭之學) 가정의 어른에게서 배운 학문

가정 통신(家庭通信) 〈동〉아동의 교육 지도상 필요한 사항을 교사와 가정 상호간에 주고받는 통신.

가정=학(家政學) 〈교육〉가정 생활의 모든 것을 사회 생활과의 관계 아래 연구하는 학문. domestic science

가정=호(家丁胡) 〈동〉가정 오랑캐①.

가제(加除) ①더함과 뺌. ②〈수학〉 덧셈[加法]과 나눗셈[除法]. adding and subtracting ③원고를 검토하여 보충·삭제·정정함. 하다

가제(家弟) 남에게 자기 아우를 일컫는 말. 〈대〉가형(家兄). my younger brother

가:제(假製) 임시로 대강 만듦. temporarily made

가제(歌題) 노래의 제목. title of a song

가제(Gaze 도) 상처 따위에 쓰는, 소독한 부드러운 외올베. gauze

가:제=본(假製本) 제본 방법의 하나. 책의 내용물을 실이나 철사로 철하여 표지로만 그냥 싸서 재단한 것.

가제=식(加除式) 공책·장부의 용지를 자유로 끼웠다 뺐다 할 수 있는 방식. loose-leaf system

가져=오다 ①가지고 오다. ②어떠한 결과가 되게 하다. ¶행복을 ∼.

가조(佳兆) 좋은 징조. 잘될 징조. good omen

가:조(假造) 물건을 거짓 꾸며 만듦. 또, 그 물건. 위작(僞作). 위조(僞造). forgery 하다

가조(嘉兆) 경사스러운 징조.

가:조(假爪) 〈음악〉 비파를 탈 때 오른손의 둘째·셋째·넷째 손가락에 끼우는 뿔로 만든 두겁.

가:조기(假—) 배를 쪼개어 펴서 말린 조기. 건석어(乾石魚)②. [내어 끓인 찌개.

가:조기 찌개 가조기를 썰어서 양념하여 밥솥에 쪄

가:조약(假條約) 〈정치〉 우선 임시로 체결하여 비준(批准)·개가(裁可)를 거치지 않은 조약. 잠정 조약(暫定條約). provisional treaty

가:조인(假調印) 〈법률〉 약정 문서(約定文書)의 정식 조인 전에 그 초안(草案)에 우선 임시로 하는 조인. provisional signature 하다

가족(家族) ①부부를 기초로 하여 한 가정을 이루는 사람들. ②가족 제도에서, 한 집의 친족. 〈유〉 가내(家內)①. family

가족(家族)〈고〉가족.

가족 경제(家族經濟) 〈경제〉생산과 소비에 이루는 모든 경제 행위가 가족 안에서 이루어지는 경제 상태. domestic economy

가족 계:획(家族計劃) 부부가 생활 능력·이상(理想)에 따라, 자녀의 수효나 터울을 계획적으로 조정하는 일. family planning

가족 국가(家族國家) 국가는 하나의 큰 가족이라고 주장하여, 가정을 국가 지배의 원리로 하는 국가 유형(類型). family state

가족=법(家族法) 〈법률〉민법의 '친족법'과 '상속

가족=석(家族席) 극장이나 모임의 좌석 중 가족끼

가족 수당(家族手當)[명] 〈사회〉부양 가족이 있는 근로자의 생활을 보호하기 위하여 본봉 외에 따로 주는 돈. family allowance

가족-적(家族的)[관형] ①한 가족에 관한(것). ②가족끼리의 사이처럼 친밀한(것). ¶~ 분위기. homely

가족 제:도(家族制度)[명]〈사회〉①가족이 사회의 가장 중요한 단위로 되어 있는 사회 제도. ②가부장권(家父長權)을 중심으로 하는 대가족주의. ¶~의 폐해. family system

가족-탕(家族湯)[명] 가족 동반의 손님이 전세로 빌려 사용하도록 마련된 목욕탕. family bath

가족 회:의(家族會議)[명] 가족끼리의 회합이나 회의. family meeting

가존(家尊)[명] 〈공〉①자기의 아버지. my father ②남의 아버지. your father

가좀[고] 갖음.

가좌(家座)[명] 집터의 위치. emplacement of a house

가죄(加罪)[명] ①죄에 죄가 더함. aggravating ②〈제도〉형벌을 매기는 데 죄를 더 줌. 가율(加率). aggravating punishment 하[타]

가죄(嫁罪)[명] 죄를 남에게 전가시킴. imputation 하[타]

가주(佳酒.嘉酒)[명] 좋은 술. 미주(美酒). tasteful drink

가주(家主)[명] ①한 집안의 주인. master ②집임자. house owner

가:주(假主)[명] 신주(神主) 대신으로 만든 신위(神位). temporary memorial tablet

가:주(假株)[명]〈약어〉→가주권(假株券).

가:주-건[一券](假株券)[명] 나중에 본 주권을 교부할 목적으로 회사에서 주주에게 주는 임시 증서. 《약》가주(假株).

가:주-서(假註書)[명]〈약〉→사변 가주서(事變假註書).

가:주소(假住所)[명]〈법률〉어느 특정 행위의 당사자가 그 행위에 대하여 주소에 대신할 곳으로 선정한 장소. temporary address

가죽[명]①동물의 몸을 싸고 있는 껍질을 이룬 물질. skin ②짐승의 가죽을 다루어서 경제한 물질. 피혁(皮革). leather

가죽 가방 가죽으로 만든 가방. leather bag

가죽 구두 가죽으로 만든 구두. leather shoes

가:=죽나무(假—)[명]〈식물〉소태나무과의 낙엽 활엽 교목. 여름에 백록색 꽃이 핌. 산에 나며 근피(根皮)를 약용함. 저목(樗木). tree of heaven

가죽-띠[명] 가죽으로 만든 띠. leather belt

가죽 숫돌[명] 면도칼의 날을 세우기 위하여 숫돌삼아 쓰는 가죽띠. leather strap

가죽-신[명] 가죽으로 만든 신. 〈약〉갖신. leather shoes

가죽-옷[명] 가죽으로 지은 옷. leather garments

가죽-채[명] 가죽 끈으로 만든 채찍. rawhide whip

가중¹(加重)[명] ①더 무거워짐. 더 무겁게 함. 더 커짐. weighting ②죄가 더 무거워짐. 형벌을 더 무겁게 함. (대) 감경(減輕). aggravation 하[타]

가중²(加重)[명] 주속(紬屬)의 품질이 썩 좋아 무게가 더 나감. heavy in weight 하[형]

가:중(苛重)[명] 가혹하고 부담이 무거움. ¶~한 세의 부담. excessive heaviness 하[형] 히[부]

가중(家中)[명] ①온 집안. whole family ②한 집의 안. inside of a house

가중 감:경(加重減輕)[명]〈법률〉법정형(法定刑)을 법률상 또는 재판상 가중하거나 경감하는 일.

가중 산:술 평균(加重算術平均)[명]〈수학〉각 수치(數値)에 웨이트(weight)를 가하였을 때의 평균. 가중 평균(加重平均).

가중 처:벌(加重處罰)[명]〈법률〉형(刑)의 선고에 있어서, 그 형을 가중하는 처벌. 하[타]

가중-치(加重値)[명]〈경제〉①일반적으로 평균치(平均値)를 산출할 때 개별치(個別値)에 부여되는 중요도(重要度). ②어떤 상품이 경제 생활에서 차지하는 비중도.

가중 평균(加重平均)[명]〈동〉가중 산술 평균.

가중-형(加重刑)[명]〈법률〉법정 사유(事由)에 따라 법정 범위를 넘어서 가중하는 형벌.

가져즙-다[타][표] 아무 것도 없이 다 갖춘 체 빼기는 태도가 있다. give oneself airs

가죽-이[고] 가지런히.

가흔이[고] 가지런히.

가증(加症)[명]①어떤 병에 딴 증세가 일어남. ②딴 증세를 일으킴. 하[자]

가:증(可憎)[명] 얄미움. 밉살스러움. ¶~스러운 행동. hateful 하[형] 스[형] 스레[부]

가증(加增)[명] 증가한 데에 더 증가함. 붙은 데에다 더 보탬. further addition 하[타]

가:증=맞-다(可憎—)[형] 매우 가증스럽다.

가지[명] 나무의 원줄기에서 갈려 나간 줄기. 가장이. branch

가지²(茄子)[명]〈식물〉가지과의 일년생 풀. 또는 그 열매. 남자색·남색·백색의 꽃이 피고 구형 또는 원통형의 자흑색·백색 열매가 열림. 과채(果菜)로 재배됨. eggplant

가:지(假—)[명] 남을 천대하고 멸시하는 뜻으로 욕하는 말. ¶~ 같은 녀석. 《큰》거지. beggar

가지¹[명]①사물을 종류별로 구별하여 헤아리는 말. ¶여러 ~. kind ②제기 찰 때, 차기 시작해서부터 땅에 떨어지기까지의 동안. ¶한 ~에도 몇이나 찼느냐. ③(대) 대개까지(不可知). knowable

가:지(可知)[명] 알 만함. 알 수 있음. (불문(不問).

가지(加持)[명]〈불교〉부처의 대자 대비(大慈大悲)의 힘의 가호를 받아, 중생이 불법 일체(佛凡一體)의 경지로 들어가는 일. Adhisṭhāna(梵) ②병이나 재앙을 면하려고 비는 기도. ¶~ 기도. incantation

가지=가지[명] 여러 종류. 가지각색. 각양 각색(各樣各色). 형형색색(形形色色). [부]갖가지. 갖고. various kind [관] 여러 가지의. 여러 종류의. ¶~ 새가 다 있다. [부] 갖가지로. 갖고. every

가지=[명] 나무의 가지마다. ¶사과가 ~ 열렸다. every branch 지로.

가지가지=로[부] 온갖 종류로. 여러 가지로. [부] 갖가지로.

가지-각색(一各色)[명] 여러 가지의 온갖 형식들. 가지가지. 각색 각양(各色各樣). 종종 색색(種種色色).

가지고[조동] 보조적 연결 어미 '-아'·'-어' 아래 붙어 그 동작이나 상태를 그대로 지니고 있음을 나타내는 말. ¶책을 받아 ~ 왔다. 《약》갖고. with

가지-고비고사리[명]〈식물〉고사리과의 다년생 풀. 줄기 높이 약 60 cm 가량으로 비고사리과 비슷하나, 다갈색이며 잎자루가 검음.

가지=**굴**(—窟) 곰치과의 바닷물고기. 빛은 자색, 등과 뒷지느러미의 폭이 넓음. 연해에 분포함.

가지-기[명] 예식을 갖추지 않고 미혼 남자와 동거하는 과부나 이혼 여성. 가직(家直). widow cohabiting with a man

가지 나무에 목을 맨다[속] 워낙 박하고 서러워서 죽고자 할 때는 목 맬 나무의 크고 작음을 가리지 않고 죽으려 한다는 뜻.

가지-다[타]①손에 들고 있다. 손에 쥐다. ②공을 가지고 놀다. have in hand ③마음이나 마음에 지니다. ¶희망을 가지고 산다. hold ③제 것이 되게 하다. 소유하다. ¶자가용을 가지고 있다. keep ④아이를 배다. ¶애를 ~. 《약》갖다. conceive ⑤풀을 벤 자리나 ~. even 가지런=히[부]

가지런-하다[형] 층이 고르고 고르다.

가지=만지[만지] 가지를 데쳐 속을 타서 고명을 넣고 소금을 뿌려 켜켜이 쟁여 삼사 일 동안 삭힌 반찬.

가지 많은 나무가 바람 잘 날이 없다[속] 아들딸을 많이 둔 사람은 편할 날이 없다.

가:-지방(加地枋)〈건축〉문설주의 안쪽으로 덧댄 문지방. 《약》가방(加枋). doorjamb

가지=찜[명] 다진 고기에 양념과 밀가루를 버무려 가지 속에 넣고 장국에 바특하게 끓인 반찬.

가지=치기[명]〔동〕전지(剪枝). 정지(整枝).
가지=치-다[자]①초목의 가지가 번식하다. branch out ②초목의 곁가지를 자르다. lopping off branches
가지=톱[명] 나뭇가지를 자를 때에 쓰는 작은 톱. pruning saw
가지=회(-膾)[명] 가지를 둘로 짜개어 얇게 썰어 겨자 **가지**(家旨)[명] 『를 찍어 먹는 회.
가지(家職)[명]〔동〕가업(家業)①.
가직-다[형]→가직하다.
가직-하다[여]① 거리가 좀 가깝다. ⟨대⟩멀직하다. ⟪약⟫가직다. near **가직-히**[부]
가진 돈이 없으면 맏것 팔이 나쁘다[속] 돈이 없으면 모습이 초라해 보이고 마음이 떳떳하지 못하다.
가:질(苛疾)[명] 매우 중한 병. 중병(重病). serious illness
가질(家姪)[명] 남에게 자기의 조카를 일컫는 말. my nephew
가질(家秩)[명] 한 집안의 질록(秩祿).
가:질(假質)[명]〔제도〕조선조 병자 호란 이후 인질을 보낼 때, 대신들이 자기 자식을 보내지 않고 남의 자식을 대신 보내던 일.
가집(加給)[명]〔제도〕환곡(還穀)을 정한 것 외에 더 내어 줌. -**하다**
가집(佳什)[명] 아름답게 잘 지은 시가(詩歌). 가작(佳作). beautiful poems
가집(家什)[명]⟨약⟩→가장 집물(家藏什物).
가집(家集)[명]①자가(自家)의 시문집. collection of poems ②이름난 사람의 문집. personal anthology
가집(歌集)[명]〈문학〉시가를 모아 놓은 책. anthology poems
가:집행(假執行)[명]〈법률〉법원이 직권 또는 신청으로 가집행 선언에 의거해, 아직 미확정인 판결의 취지를 우선 집행하는 일. temporary injunction **하다**
가:짓-말[명] 사실과 다르게 꾸미어 하는 말. ⟨큰⟩ 거짓말. lie **하다**
가:짓말-쟁이[명] 거짓말을 잘하는 사람. ⟨큰⟩ 거짓말쟁이
가:짓-부렁[하]→ 가짓부리. ⟨큰⟩ 거짓부렁.
가:짓-부렁이[하]→ 가짓부리. ⟨큰⟩ 거짓부렁이.
가:짓-부리[하]→ 가짓말. ⟨약⟩ 가짓불. ⟨큰⟩ 거짓부리.
가:짓-불[약]→가짓부리.
가짓-수[-[수](-數)[명] 여러 가지의 수효. ¶진 쟁이.
가지잎-팽이[-닢-][명] 날이 가지의 잎 모양으로 생긴.
가지잎-쌈[-닢-][명] 가지의 잎을 쩌서 밥을 싸 먹는 쌈. lection **하다**
가징(加徵)[명] 더 늘리어 많이 정수함. additional collection
가:짜(假-)[명] 참 것처럼 꾸민 거짓. ¶~ 상품. ~ 문서류. ⟨대⟩ 진짜. counterfeit
가:차(假借)[명]①임시로 빌림. temporarily borrowing ②사정을 보아 줌. ¶~없이. pardon ③한자 육서(六書)의 하나. 음이나 형태가 같은 글자를 빌려 쓰는 글자. substitution **하다**
가:차-압(假差押)[명]〈법률〉'가압류(假押留)'의 구칭.
가:차압-하-다(假借--)[타]조금도 사정을 보아 주거나 너그러움이 없다. ruthless never lend anything **가:차압으로**[부]
가찬(佳饌·嘉饌)[명] 좋은 반찬·요리. 미찬(美饌). delicious food
가:찰(苛察)[명] 까다롭게 자세히 살핌.
가창(街娼)[명] 거리에서 손님을 끄는 창녀. streetwalker
가창(歌唱)[명] 노래를 부름. singing songs ②노래.
가창-오리[명]〈조류〉오리과의 담수조. 동양 특산의 아름다운 오리로 날개 길이는 19~22cm. 연못·냇가·바닷가에 작은 떼를 지어 서식한다. 뒤오새. spectacled teal ⟨량.
가:채(可採)[명] 채굴·채취가 가능함. ¶~ 금량 매장
가:책(呵責)[명] 꾸짖어 책망함. ¶양심의 ~. blame compunction **하다**
가:책(苛責)[명] 가혹하게 책망함. severe scolding **하다**
가:처:분(假處分)[명]①임시로 어떤 사물을 처분함. ②〈법률〉금전 채권 이외의 특정물의 급부·인도를 보전하기 위한 절차 및 계쟁(係爭) 중에 있는 권리 관계에 관하여 임시적 지위를 정하기 위하여, 그 동산 또는 부동산을 상대방이 처분하지 못하도록 금지하는 잠정적 처분. provisional disposition **하다**
가:처:분 소:득(可處分所得)[명] 개인 소득에서 일체의
가척(歌尺)[명]〔동〕노래꾼이. ⟨세금을 공제한 것.
가:철(假綴)[명] 책·서류를 임시로 대강 맴. temporary paper binding **하다**
가:철-본(假綴本)[명] 가철한 책.
가첨(加添)[명] 이미 있는 데다 더 덧붙임. addition **하다**
가첨=밥[-[밥](加添-)[명] 먹을 만큼 먹은 위에 더 먹는 밥. extra rice 「개두(蓋頭). 개석(蓋石)②.
가첨-석(加檐石)[명] 비석 위에 지붕 모양으로 덮는 돌.
가첨=잠[-[잠](加添-)[명] 알맞게 잔 뒤에 더 자는 잠. little additional sleep
가첩(家牒)[명] 한 집안의 보첩(譜牒). genealogy
가:청(可聽)[명]①들을 만함. worth-hearing ②들을 수 있음. ¶~주파(周波). ~지역. audible
가:청-음(可聽音)[명] 귀로 들을 수 있는 범위의 음. audible sound
가체(加髢)[명] 여자가 성장(盛裝)할 때 가환(假鬟)을
ᄀ·초[고] 갖추다.
ᄀ·초-다[고] 감추다. 간직하다.
가촌(街村)[명] 가로를 따라 집이 길게 줄지어 늘어선 촌락. village along the high-road
가:추렴(←加出斂)[명] 추렴 뒤에 모자람으로 부족할 때 더 추렴함. **하다** 「할 닷. care **하다**
가축[명] 알뜰히 매만져 잘 간직하는 일. ¶집승도 ~
가축(家畜)[명] 집에서 기르는 집승. ¶~ 병원. ~ 사육. ⟨대⟩ 야수(野獸). domestic animals
가:축-성(可縮性)[명] 오그라지거나 줄어들 수 있는 성질. contractibility 「고. abscondence **하다**
가출(家出)[명] 집에서 나가 돌아오지 않음. ¶~인 신
가=출림(加出斂)[명]⟨원⟩→가추렴.
가:출-소(假出所)[명] 교도소에서 가석방으로 나옴. 가출옥(假出獄). **하다** 「(所). **하다**
가:출옥(假出獄)[명] 가석방(假釋放). 가출소(假出
가:출장[-[장](假出場)[명]〈법률〉구치소(拘置所) 또는 노역장(勞役場)에 구금된 자를 행정 처분으로써 우선 내보내는 일. 「adoptable **하다**
가:취(可取)[명] 가히 취할 만함. '가혁할'로만 씀.
가취(加取)[명] 물건을 살 때 덤으로 받음. 또, 덤으로 받는 물건. extra **하다** 「러운 취미. good taste
가취(佳趣)[명]①멋있는 홍취. tastefulness ②재미스
가취(嫁娶)[명] 시집가고 장가듬. 혼인하는 일. 취가(娶
嫁). marriage **하다** 「blowing **하다**
가취(歌吹)[명] 노래부르고 관악기를 붊. singing and
가취지례(嫁娶之禮)[명] 혼인의 예식.
가:측-치(可測値)[명] 실제로 측정할 수 있는 수치.
가:치(假齒)[명]〔동〕의치(義齒).
가치(價値)[명]①값. 값어치. ②〈경제〉욕망을 충족시키는 재화의 중요 정도. 사용 가치와 교환 가치가 있음. ③〈철학〉인간의 정신적 노력의 목표로 간주되는 객관적 당위(當爲). ¶~ 체계(體系). value ④〈철학〉어떤 대상에 대한 인간 주체와의 관계에
:가:치(可-)[명] 「나의 가치는 크다.
가치 감:정(價値感情)[명]〈심리〉쾌·불쾌·미·추·선·악처럼 가치 인식에 따라 일어나는 감정. feelings of worth
가치=관(價値觀)[명]①가치에 관한 견해. ②어떤 사람이나 대상이 지니고 있는 중요성·의의·역할 등에 대한 사람의 주관적 평가. one's view of value
가치 관계(價値關係)[명]〈철학〉독일 서남 학파(西南學派)가 주장하는 문화 과학에 있어서 그 대상을 선택하는 원리.
가치=론(價値論)[명]①〈철학〉모든 가치의 체계화를 지향하는 철학의 한 부문. theory of value ②〈경제〉재화의 가치, 특히 교환 가치를 취급하는 경제학의 영역.

가치 문:제(價値問題)[명]〈동〉권리 문제.
가치 법칙(價値法則)〈경제〉상품 가치는 사회의 평균적인 생산 조건을 기초로 한, 필요 노동 시간에 의하여 결정된다는 법칙. law of value
가치 분석(價値分析)〈경제〉생산 관리, 특히 구매(購買) 관리에 있어서, 제품을 구성하는 부품 및 자재의 기능을 분석하여 원가 절감을 꾀하는 경영 기술. cost analysis
가치 비:판(價値批判)〈철학〉인식·도덕·예술·종교 등의 문화 가치의 논리적 기초 확립을 말함. judgement of value evaluation
가치 생산물(價値生産物)〈경제〉일정한 생산 과정에서 새로 형성된 가치. 「이루는 요소.
가치 요소(價値要素)〈경제〉화폐나 물품의 가치를
가치 자체(價値自體)〈경제〉주관적·심리적 작용을 떠난 객관적·보편 타당적 가치.
가치-거리-다[자] 하는 일에 방해되게 여기저기 걸리고 닿다. [큰]거치적거리다. [센]까치작거리다. bristling 가치작=가치직[부] 하다
가치 증식 과:정(價値增殖過程)〈경제〉상품을 생산할 때, 잉여 가치를 형성하는 과정. process of value creation.
가치 척도(價値尺度)〈경제〉상품 가치를 측정하는 척도. 화폐가 그 대표임. measure of value
가치 철학(價値哲學)〈철학〉가치를 근본 원리로 하는 철학.
가치 판단(價値判斷)〈철학〉한 대상에 대한 주관적 평가. 일정한 가치의 기준을 정하고, 주관의 뜻을 만족시키는 객관적 당위(當爲). 곧, 진·선·미 등에 관련시켜서 결정하는 판단. valuation
가치 학설(價値學說)〈경제〉가치의 본질을 설명하는 학설. 가치설(價値說). theory of value
가치 형태(價値形態)〈경제〉어떤 상품이 다른 상품의 가치를 나타내는 형태.
가친(家親)[명] 남에게 대하여 자기 아버지를 이르는 말. 가부(家父). 가엄(家嚴). my father
가칠(假漆)[명] 칠할 위에 더 칠함. recoating 하다[타]
가:칠(假漆)[명]①옻나무의 진이 아닌 인공적으로 만든 칠. synthetic lacquer ②단청(丹靑)할 때 애벌로 채색함.
가칠=가칠[부] 매끄럽지 않은 모양. ¶거죽이 ~하다. [큰]거칠거칠. [센]까칠까칠. 하다[형]
가:칠-장이(假漆-)[명] 가칠하는 사람.
가:칠-하-다[형] 살이 빠져서 살갗에 기름기가 없다. [큰]거칠하다. [센]까칠하다. coarse
가칫-거리-다[자] 조금씩 살갗에 닿아 거칠게 느껴지다. [큰]거칫거리다. [센]까칫거리다. pricking 가칫=가칫직[부] 하다
가:칫-하-다[형] 야위고 윤기가 없어 모양이 보기에 좋지 못하다. [큰]거칫하다. [센]까칫하다. lean, skinny
가:칭(假稱)[명]①임시로 일컬음. provisional name ②거짓으로 일컬음. 또, 그 이름. false name 하다[타]
가쾌(家儈)[명]〈동〉집주름.
가타(加陀←gatha 범)[명]〈불교〉부처의 공덕 또는 교리를 찬미하는 노래 글귀. 게(偈).
가타-부:타(可-否-)[부] 가하다거니 부하다거니. 옳다거니 그르다거니. 하다[자] 「의 표시가 없다.
가타부타 말이 없다[관용] 좋다거나 싫다거나 하는 의사
가:탁(假託)[명] 거짓 핑계. pretence 하다[타]
가:탄(可歎·可嘆)[명] 탄식할 만함. '가탄함'으로도 씀. lamentable 하다[형] 스럽다[형] miration 하다
가탄(嘉歎·嘉嘆)[명] 가상히 여겨 감탄함. sigh of admiration
가:탈[명] 타기에 거북스러운 말의 걸음걸이. jerky (jolting)pace 하다. [센]까탈. obstacle 스럽다[형]
가탈²[명] 일이 순하게 진행되지 못하게 방해되는 조건.
가탈-거리-다[자] jog hinder 가탈=가탈[부] 하다
가탈-걸음[명] 말이 가탈거리며 걷는 걸음. jogging

가탈-부리-다[자] 일이 잘 되지 못하게 방해를 놓다. [센]까탈부리다. cause-hindrance
가탈-지-다[자] 가탈이 생기다. [센]까탈지다. run into obstacles
가택(家宅)[명] 살림하는 집. 가사(家舍). ¶~ 방문(訪問).
가:택(假宅)[명] 잠시 임시로 사는 집.
가택 수색(家宅搜索)〈법〉주거 기타 처소에 대하여 행하는 수색. house search 하다[타]
가택 침입죄(家宅侵入罪)〈법률〉'주거 침입죄'의 구칭.
가:터(garter)[명] 양말 대님.   「구둣.
가토(加土)[명]①초목의 뿌리를 북돋아 줌. 또, 그 흙. earthing up ②무덤에 흙을 더 얹음. 또, 그 흙. repairing of grave 하다
가토리[고] 까투리.
가=돌[명] 세돌박이 밤송이의 양쪽 가에 박힌 밤톨. [제] 가운데톨.
가톨릭(Catholic)[명] →카톨릭.
가:통(可痛)[명] 통분할 만함. '가통함'으로도 씀. deplorable 하다
가통(加痛)[명]①병자의 증세가 더해짐. growing worse ②열병이나 중병의 증세가 나타남. 하다
가통(家統)[명] 집안의 계통이나 내림.
가투(歌鬪)[명] 시조(時調)나 노래를 적은 놀이딱지. 또, 그것을 가지고 하는 놀이. playing cards, bearing verses 하다
가:-투표(假投票)[명]〈법률〉투표소에서 투표 관리자의 투표 거부의 결정에 대하여, 선거인 또는 투표 입회인이 이의를 신청한 경우에 투표 관리인이 임시로 시키는 투표. provisional voting
가트(GATT)[명]〈경제〉General Agreement on Tariffs and Trade 관세 무역 일반 협정. 1947년 관세의 차별 대우를 없애기 위해 23개국이 체결한
ㄱ티[고] 같이.   「협정.
가파(加派)[명] 파견하고 나서 사람을 더 보냄. steep
가파르-다[으르] 땅이 몹시 비탈지다. ¶가파른 고개.
가판(架板)[명]〈인쇄〉인쇄하기 전에 연판이나 현판을 인쇄기 판 위에 페이지 순서대로 배열 정돈하여 인쇄하도록 준비하는 그 공정.
가판(街販)[명] 신문의 가두 판매판. city edition
가판(街販)[명] →가두 판매(街頭販賣).
가팔-막[원] →가풀막.
가팔막-지-다[원] →가풀막지다.
가팔지-다[약] →가팔막지다.
가:편(可便)[명] 의안을 표결할 때 찬성하는 쪽. [대] 부편(否便). affirmative side
가편(加鞭)[명] 채찍질하여 걸음을 더 재촉함. ¶주마(走馬) ~. whipping 하다
가편(佳篇)[명] 잘된 작품. good piece
가:평(苛評)[명] 가혹한 비평. 혹평(酷評). 하다
가평(嘉平)/**가평-절**(嘉平節)[명] '납일(臘日)'을 명절로 일컫는 말.   「affirmative votes
가:표(可票)[명] 찬성을 나타내는 표. [대] 부표(否票).
가표(加標)[명]〈수학〉덧셈표 '+'의 구용어. 가호(加號). [대] 감표(減票). plus sign
가-풀-막[명] 가파른 땅바닥. ¶~가풀막. steep slope
가풀막-지-다[명] 땅이 가풀막으로 되어 있다. [약] 가풀지다. [원] 가풀막지다. steep
가풀-지-다[약] →가풀막지다.
가품(佳品)[명] 좋은 품질의 물건. choice article
가품(家品)[명]①[동] 가풍(家風). ②[한] 집안의 인심. family character
가풍(家風)[명] 한 집안의 기풍과 풍습. 가품(家品)①. 가행(家行). family tradition
가풍(歌風)[명] 시가(詩歌)에서 풍기는 특징이나 품격.
가플[고] 칼집.
가피(加被)[명]〈불교〉부처나 보살이 사람들에게 힘을
가피(痂皮)[명] 부스럼딱지. crus   「줌. 하다
가피-력(加被力)[명]〈불교〉부처나 보살이 사람들에게 가피해 주는 힘. blessed force

가피=병:[-뼝](痂皮病)〈한의〉부스럼딱지가 앉는 피부병.
가필(加筆)[명] ① 붓을 대어 글씨를 고침. revision ② 글을 첨삭(添削)함. ¶~ 개정하다. 하타
가:필(呵筆)[명] 언 붓에 입김을 쐬어 녹임. 하타
가하(加下)[명] [동] 예산을 정한 액수보다 더 씀. over-spending ② 돈을 정액 외에 더 줌. over-paying ③ 공금을 사사로이 씀. 하타
가하=나다(加下--)[자] 지정된 액수보다 의외로 돈이 더 쓰이어지다. be over-spent ┌더 쓰다.
가하=내:-다(加下--)[타] 지정된 액수보다 의외로 돈을
가=하다(加--)[타여] ① 더하다. 가산(加算)하다. add ② 조사 '을·를' 아래에 쓰이어, 상대방에게 어떤 행동의 영향을 입히다. ¶일격을 ~.
가:-하다(可--)[형여] ① 어떤 안건이 이치 듯에 맞아 좋다. ¶네 말이 ~. good ②도리에 맞아 옳다. ¶그 이론이 ~. right ③무던하다. **가:히**[부]
가하=지-다(加下--)[자타] 가하여 빚지다.
가학(加虐)[명] 학대를 가함. torture 하타
가:학(苛虐)[명] 가혹하게 학대함. severe torture 하타
가학(家學)[명] 한 집안에 대대로 전하여 오는 학문. hereditary learning
가학성 변태 성:욕(加虐性變態性慾)[명] 이성(異性)을 학대함으로써 자기의 성욕을 만족시키는 변태 성욕. 가학애(加虐愛). 학행 음란증(虐行淫亂症). 사디슴(sadisme).
가학=애(加虐愛)[명][동] 가학성 변태 성욕.
가함직=하-다(可--)[형여] 가할 것 같다.
가:합(可合)[명] 웬만하여 탑당함. reasonableness 하타
가:항=성(可航性)[명] 항공기·선박 따위의 운항할 수 있는 가능성. ┌거리를 왕래한다.
가항 행등(街巷行燈)[명] 사람들이 초롱을 들고 거리
가해(加害)[명] ① 남에게 해를 끼침. ¶~ 행위(行爲). harm ② 남에게 상해(傷害)를 입힘. [대] 피해(被害). assault 하타
가해-자(加害者)[명] 〈법률〉남에게 가해 행위를 한 사람. [대] 피해자(被害者). assailant
가행(加行)[명] 〈불교〉힘을 더하여 마음과 계행(戒行)
가행(家行)[명][동] 가풍(家風). ┌을 닦음. 하타
가행(佳行)[명] 가상한 행동. (유) 선행(善行).
가행(稼行)[명] 광산 운영의 작업을 진행함. 가업(稼業). working 하타
가행 탄:전(稼行炭田)[명] 현재 채광 작업이 진행 중인 탄광. [대] 봉쇄 탄전(封鎖炭田). mines in operation
가향(家鄕)[명] 자기 집이 있는 고향. native place
가헌(家憲)[명][동] 가법(家法)①.
가:현(假現)[명] 신불이 사람의 형상으로 잠시 이 세상에 나타남. advent 하타
기:헌 운:동(假現運動)[명][동] 가상 운동(假像運動).
가:형(加刑)[명] 형벌을 더함. raising of penalty 하타
가형(家兄)[명] 남에게 자기 형을 일컫는 말. 사형(舍兄). [대] 가제(家弟). my elder brother
가호(加號)[명] 가표(加標).
가호(加護)[명] ①보호해 줌. protection ②〈종교〉신불의 힘을 베풀어 잘 비호해 줌. ¶~력(力). divine protection 하타
가호(家戶)[명] 호적상의 집. home [의] 작은 촌락의 집 수를 세는 말. ¶대여섯 ~. house
가:=호적(假戶籍)[명] 〈법률〉원본적지 아닌 곳에 임시로 본적지를 만든 호적. provisional family registry
가:혹(苛酷)[명] 까다롭고 혹독함. ¶~한 처분. [대] 관대(寬大). cruelty, severity 하형 히
가홀오-다(可---) 거우르다. 기울이다.
가화(佳話)[명] ①재미있고 좋은 이야기. ②아름다운 이야기. [인정(人情)~. good story ┌tune
가화(家禍)[명] 집안에 일어난 재앙. domestic misfor-
가:화(假花)[명][동] 조화(造花). ┌plant
가화(嘉禾)[명] 열매가 많이 붙은 큰 벼. fruitful rice-
가화(嫁禍)[명] 재화(災禍)를 남에게 전가함. imputation of fault 하타
가:=화류(假樺榴)[명]〈공업〉화류 빛과 같이 칠한 목
가화 만:사성(家和萬事成)[명] 집안이 화목하면 모든 일이 잘 되어 간다.
가환(家患)[명] 집안의 우환. family misfortune
가:환(假鬟)[명] 부인이 성장(盛裝)할 때 쪽진 머리 위에 얹는 큰머리 어여머리. wig
가:=환부(假還付)[명] 〈법률〉법원에서 압수한 물건을 소유자·보관자의 청구에 따라 법의 결정에 의해 임시로 돌려 줌. 하타
가:=환:지(假換地)[명] 토지 구획 정리 사업을 시행하는 도중에 공사를 하거나 환지 처분을 하기 위해, 임시로 하는 환지.
가황(加黃)[명] ①생고무에 유황을 가하여 가열하는 일. 신장성(伸張性)·탄성(彈性)을 늘림. ② 면실유·어유(魚油) 등의 유지(油脂)에 유황 또는 염화유황을 가하여 열처리를 하는 조작. ③황화(黃化) 딸감을 만드는 일. 황화.
가회(佳會·嘉會)[명] 즐거운 모임. 기쁜 회합. pleasant ┌meeting
가회(歌會)[명] 노래를 들으며 비평하는 모임. singsong party
가회(加畫)[명] 글자의 획수를 더함. [대] 감획(減畫).
가효(佳肴·嘉肴)[명] 맛 좋은 안주. 미효(美肴).
가후(駕後)[명]〈제도〉거둥 때 임금이 탄 수레 뒤에 따르는 시위병(侍衛兵). ¶~기(旗). [대] 가전(駕前). royal guards following the king
가훈(家訓)[명]〈예〉→가정 교훈. ┌사위(私諱).
가휘(家諱)[명] 부조(父祖)의 이름을 꺼리고 피하는 일.
가흥(佳興)[명] 멋있는 흥. 좋은 흥취. excitement
가희(佳姬)[명] 아리따운 젊은 여자. 미희(美姬).
가희(歌姬)[명] 여류 성악가. 가녀(歌女)②. songstress
가림톱[명] 가위톱.
가·히[부] 개③.
각(角)[명] ①모난 귀퉁이. corner ②룰 ③〈수학〉두 직선의 한 끝이 서로 만나는 곳. angle ④〈음악〉동양 음악의 5음(五音)의 하나. ⑤[예]→각도(角度)①. ⑥[예]→각성(角星). ⑦[예]→녹각(鹿角). ⑧[의]중국 은화 단위의 하나. 십전(十錢)에 해당함.
각(刻)[명] ①[예]→조각(彫刻). ②[예]→누각(漏刻)②. ③15분 동안. ¶일~의 지체도 없이. quarter 하타
각(脚)[명] ①짐승을 잡아 그 고기를 가를 때, 전체를 몇 등분한 한 부분. piece ②종아리. 다리.
각(殼)[명] 껍데기건.
각(閣)[명] 높은 집. tall building ┌앎.
각(覺)[명]〈불교〉법의 본체와 마음의 본원을 깨달아
각(各)[관] 각각의. 낱낱의. ¶~ 부대(部隊). each
각=(各)[접두] ①각각의. 낱낱의. 따로따로의. ②여러. 모든. ¶전국 ~처를 순회하다.
ㄱ=가속도(角加速度)[명]〈물리〉각속도가 단위 시간에 변하는 정도. angular acceleration
각-가지(各-)[명] 여러 가지. 각종(各種). ¶~ 음식. various kinds
각각(各各)[부] 제각기. 따로따로. 몫몫이. ¶사람의 얼굴은 ~ 다르다. each one
각각=으로(刻刻-)[부] 시각의 일각(一刻)마다. 각일각(一刻-). ¶시시 ~ 변한다. every moment
각간(角干)[명]〈이두〉이벌찬(伊伐飡). ┌each
각개(各個·各箇)[명] 따로따로 된 하나 하나. 낱낱.
각개 격파(各個擊破)[명]〈군사〉적이 유기적으로 통합되어 있을 때 그 낱낱을 따로따로 격파함. defeating one by one 하타
각개 교:련(各個敎鍊)[명]〈군사〉각 개인의 기본 동작을 주로 하는 교련. individual drill
각개 약진(各個躍進)[명]〈군사〉지형·지물(地物) 등을 이용하여 병사가 개별적으로 돌진함. 하타
각개 전:투(各個戰鬪)[명]〈군사〉각 개인의 전투력을 기준으로 하는 전투. individual combat

각개 점호(各個點呼)〖군사〗군대의 개개인을 상대로 하는 점호. roll-call

각거(各居)따로 거처함. living separately

각거:리(角距離)〖물리〗관측자로부터 두 물체에 이르는 두 직선이 이루는 각도. angular distance

각건(角巾)〖제도〗대궐 안 잔치 때에 무동(舞童)이 쓰던 건.

각경-증(脚痙症)〖한의〗아랫도리가 냉하여 운동이 자유롭지 못한 병. 〈대〉각연증(脚軟症).

각계(各界)사회의 각 방면. ¶~ 인사(人士). every field of society

각계 각층(各界各層)사회의 각 방면과 각 계층.

각고(刻苦)몹시 애씀. hard work **하다**

각고 정려(刻苦精勵)몹시 애를 쓰고 정성을 들임.

각곡(各穀)여러 가지 곡식. all sorts of grains

각골(刻骨)①고마움 또는 어떤 생각이 마음에 깊이 새겨짐. engraving in one's memory ②원한이 마음에 깊이 새겨짐. deep-rooted rancor **하다**

각골(脚骨)〖동〗다리뼈.

각골 난망(刻骨難忘)은혜가 뼈에 사무쳐 잊혀지지 않음. cherishing the memory of **하다**

각골 통한(刻骨痛恨)뼈에 사무치게 깊이 맺힌 원한. 각골지통(刻骨之痛). deep-rooted rancor

각공(刻工)〖동〗각수(刻手).

각-과(各科)각각의 교과이나 학과. every subject

각-과(各課)각각의 과. 모든 과. every department

각과(殼果)〖물〗견과(堅果). brackets

각괄-호(角括弧)〖인쇄〗꺾쇠 묶음. 〔 〕표.

각광(脚光)①〖연예〗무대 아래에서 전면 배우를 비추어 주는 광선. 푸트라이트(footlights). ②사회의 주목을 끄는 일

각광을 받다①극작품이 무대에 상연되다. ②예술인이 무대에 출연하다. ③사회적인 주목과 흥미를 끌어 사회적으로 보람 있게 쓰이게 되다.

각-교(各校)각 학교. 모든 학교. every school

각-국(各國)각 나라. every (each) country (nation)

각-군(各郡)①각각 고을. ②행정 구역상의 각각의 군(郡).

각-군데(各一)여러 군데. 각 곳. 각소(各所). every place

각-궁(各宮)①여러 궁. 모든 궁. every palace ②〖제도〗왕궁에 딸렸던 명례궁(明禮宮)·용동궁(龍洞宮)·수진궁(壽進宮)·어의궁(於義宮)을 말함.

각궁(角弓)〖체육〗쇠뿔·양을 떠서로 꾸민 활.

각궁 반:장(角弓反張)〖한의〗중풍(中風)으로 얼굴이 비뚤어지거나 반신 불수가 된 상태.

각근(恪勤)부지런히 힘씀. diligence **하다** **히**

각근 면:려(恪勤勉勵)부지런히 힘써 일함. industriousness **하다** 씀. **하다**

각근 봉:공(恪勤奉公)공무에 정성껏 부지런히 힘씀.

각-급(各級)여러 등급. ¶~ 학교(學校).

각기(刻期)기한을 작정함. 작한(刻限). fixing a term **하다**

각기(脚氣)〖의학〗비타민B의 결핍에서 오는 영양 실조증의 하나. 다리가 붓고 맥이 빨라짐. 각기병. 각질②. beriberi

각-기둥(角一)〖수학〗한 직선에 평행하는 셋 이상의 평면과, 이 직선과 만나는 두 평행 평면과를 면으로 하는 다면체(多面體). 각도(角壔). 각주(角柱). ryone's desire

각기 소:원(各其所願)각 사람마다의 소원. everybody's strong point

각기 소:장(各其所長)각기 저마다의 장기(長技).

각기 입복(脚氣入腹)〖한의〗각기가 심장에 고장을 생기게 함으로써 일어나는 급병(急病). 호흡 곤란·흉부 압박증이 일어나.

각기 충심(脚氣衝心)〖한의〗각기병으로 심장을 앓는 급병. 가슴이 답답하고 치미는 것 같은 증세.

각다구①〖곤충〗모기과의 한 종류로, 피를 빨아먹는 벌레. striped mosquito ②남의 것을 착취하는 악한. vampire

각다구-판서로 남의 것만 뜯어먹으려고 덤비는 판. ①인정이 도무지 없는 사람만이 모인 곳.

각다분-하다일해 나가는 데 매우 고되고 힘듦.

각단사물의 갈피와 실마리. clue 들음. hard

각단(各壇)각각의 단. 각각 자름. 모든 piles

각담논밭의 돌·풀을 추려 쌓아 놓은 무더기. stone

각담(咯痰)〖동〗객담(咯痰). **하다**

각대(角帶)〖동〗다리띠.

각대(角臺)〖어〗→각루대(角一臺).

각대(脚帶)〖동〗다리띠. province

각-도(各道)〖행〗행정 구역으로 나누인 각각의 도. each

각도(角度)①〖수학〗각(角)의 크기. 〖약〗각(角)⑤. angular measure ②관점. 방면이나 면모. ¶관찰의 ~. 여러 ~로 고찰하다. phase **하다**

각도-칠(角塗漆)용력 정월에 쇠뿔에 물감을 칠하는 일.

각도(角壔)〖수학〗'각기둥'의 구용어. prism

각도(刻刀)〖동〗새김칼.

각도(閣道)〖各道各部〗복도(複道).

각도 각군(各道各郡)각도와 각군.

각도-계(角度計)각도를 측정하는 기구. 측각기(測角器). angle gauge

각도-기(角度器)〖수학〗각도를 재는 기구. 분도기(分度器). ¶전원(全圓) ~. every village

각-동(各洞)①각 동네. ②행정 구역의 각각의 동.

각두-정(角頭釘)대가리가 네모난 못.

각-둘(各一)옳습크에서, 양쪽이 다 두 동임.

각득(覺得)깨달아 앎. realization **하다**

각등(角燈)손에 들고 다니는 네모진 등. square hand-lantern

각-뜨다(脚一)〖으로〗짐승의 몸을 몇 부분으로 가르다. dismember

각-띠(角一)〖제도〗버슬아치가 예복에 띠던 띠의 총칭. 각대(角帶). sash

각려(刻勵)고생을 하며 부지런히 힘씀. indefatigable industry **하다** 씨름. **하다**

각력(角力)①힘을 겨름. strength contest ②〖동〗

각력(脚力)①다릿심. strength of legs ②걷는 힘. walking power

각력-암(角礫岩)〖지학〗암석의 파편들이 결합하여 된 수성암. breccia

각렴(刻廉)엄격하고 염직(廉直)함. stern and right **하다**

각령(閣令)①도자기를 굽는 상을 말면 공방(工房). ②〖법〗내각의 위임 또는 법률을 시행하기 위하여 내각에서 내리는 명령. cabinet order

각로(脚爐)이불 속에 넣는 화로. foot-warmer

각론(各論)각 세목에 대한 논설. 〈대〉총론(總論). detailed exposition

각료(閣僚)내각을 조직하는 각 장관. cabinet members

각루(刻漏)물시계의 하나. 누각(漏刻)①. 〖약〗누(漏)②. water clock

각루(刻鏤)파서 새김. carving **하다**

각-류(各類)여러 가지 종류. various kinds

각리(各離)이리저리 헤어짐. 서로 떨어짐. **하다**

각리(權利)정부가 물품을 전매(專賣)하여 이익을 독점함. **하다**

각립(各立)①서로 갈라짐. 따로 섬. standing separately ②〖제도〗관아의 하례(下隷)들이나, 한 단체 중의 영수자들이 불평을 품고 그 관아나 도중(都中)으로부터 메지어 탈퇴함. **하다**

각립(角立)①뛰어남. distinction ②맞버티어 굴복하지 않음. standing opposed **하다**

각립 대:좌(角立對坐)서로 대립하여 겨루고 대항함. being pitted against each other **하다**

각립 독행(各立獨行)각기 따로따로 행함. **하다**

각-막(各一)옳습크에서, 양쪽이 서로 녁 동으로 마지막 감.

각막(角膜)圈〈생리〉안구(眼球)의 겉을 싼 투명한 막. 안막(眼膜). cornea

각막(殼膜)圈〈식물〉곡식의 알을 덮고 있는 얇은 껍질.

각막 궤:양(角膜潰瘍)圈〈의학〉각막의 겉껍질이 헐고 주위에 충혈이 되는 삼눈의 하나. cornea ulcer

각막 백반(角膜白斑)圈〈의학〉각막에 광선이 통하지 못하리만큼 생긴 흰 얼룩점.

각막=염[-념](角膜炎)圈〈의학〉각막에 염증이 생겨 각막이 흐려지는 병. 삼눈의 하나. corneitis

각막=예[-녜](角膜瞖)圈〈의학〉각막이 혼탁하여지는 눈병. cornea opacity

각막 이식(角膜移植)圈〈의학〉각막이 흐리어 시력의 장애가 심할 때, 투명한 새 각막으로 갈아 넣는 일.

각면(各面各里)圈 각면과 각리.

각명(各名)圈〈各人〉각 사람의 이름. each person (name)

각명(刻銘)圈 ①화살의 깃 사이에 활 임자의 성명을 쓰거나 새김. identifying signature ②쇠붙이·돌 위에 글자나 그림을 새김. 또, 그 글자나 그림. 하타

각명=하(名名下)圈 각 사람 앞. 각 사람의 이름 아래. for each person 〚略〛→사각 모자.

각모(角帽)圈 ①모가 난 모자. square college cap ②

각목(角木)圈 각재(角材)로 된 나무. 사각진 나무 토막. squared lumber 〚in wood 하타

각목(刻木)圈 나무를 오리어 새기거나 깎음. carving

각목 문자[-짜](刻木文字)圈 원시 시대에 쓰던 글자의 하나. 나무를 새겨 간단한 수효나 표지 따위를 표하였음.

각문(閣門)圈〈제도〉①고려 때, 승선(承宣) 관계의 일을 맡은 관아. ②<略>합문(閤門).

각물(各物)圈 갖가지 물건.

각박(刻薄)圈 ①모나고 인정이 박함. ¶~한 도시 인심. cold-heartedness ②아주 인색함. 하타 히타

각박 성가(刻薄成家)圈 물인정하도록 인색한 짓을 하여 부자가 됨. growing rich by stinginess 하타

각반(各般)圈 여러 가지. 제반(諸般).

각반(脚絆)圈 걸음을 걸을 때 가뜬하게 하려고 다리에 감는 헝겊. 게이터 프. 게트르(guêtre 프).

각반=병:[-뼝](角斑病)圈〈식물〉잎에 갈색·회색의 다각형 병반이 생기는 식물의 병. 주로 오이·감나무 등에 생김. 모무늬 병.

각방(各方)圈→각방면.

각방(各邦)圈 ①각 나라. each country ②여러 나라.

각방(各坊)圈 ①(里)를 나눈 각각의 방(坊). ②〈제도〉서울을 여러 방으로 나누었을 때의 각각의 방. each block

각방(各房)圈 각각의 방. 여러 방. each room

각방 거처(各房居處)圈 각각 딴 방에서 지냄. living in separate rooms 하타 〚各方〛. all directions

각방면(各方面)圈 각 방면. 여러 군데. 〈略〛곽빙

각배(各一)圈 ①어미는 같으나 낳은 시기가 다른 새끼. ②〈略〛이복(異腹). 딴 한배.

각배(各拜)圈〈불교〉시왕(十王)이나 나한(羅漢)의 각위(各位)에 따로따로 절함. 하타

각별(各別)圈 집승의 뿔로 만든 잔.

각별(各別·恪別)圈 ①유다름. 특별함. ¶~한 조심. especial ②깍듯함. 하타 히타

각본(刻本)圈 조각한 판목으로 인쇄한 책. 판본(版本). 판각본(版刻本). book printed from engraved plates

각본(脚本)圈 ①연극의 꾸밈새·무대 모양·배우의 대사 등을 적은 글. 극본(劇本)①. ②<略>영화 각본.

각본-가(脚本家)圈 각본 쓰는 것을 업으로 삼는 사람. 시나리오 라이터.

각본-화(脚本化)圈〈동〉각색(脚色). 하타

각봉(各封)圈 따로따로 봉함. 별봉(別封). separately sealed 하타 〚정 각부. each department

각부(各部)圈 ①각 부분. ②각각의 부. ③<略>→행

각부(刻符)圈 부신(符信)에 쓰는 글씨체로 팔체서(八體書)의 하나.

각부(脚夫)圈 걸음으로 품팔이하는 사람. 먼 길을 다니면서 심부름을 하는 사람. messenger

각부(脚部)圈 다리에 속하는 부분. legs

각분(各分)圈 각각 따로따로. division of

각분(角粉)圈 뿔을 쪄서 부순 가루. 비료로 씀. horny powder

각-불(各一)圈 저마다 지키는 불.

각불-때:-다(各一)圈<略>각살림하다.

각뿔(角一)圈〈수학〉한 평면 다각형과 그 각 변을 밑변으로 하고 동일한 점을 정점으로 하는 여러 삼각형으로 에워싸인 다면체. 각추(角錐). 모뿔. pyramid

각뿔대(角一臺)圈〈수학〉각뿔을 밑변에 평행되는 평면으로 잘라 버리고 난 나머지 입체. 모뿔대.〚略〛각대(角臺). truncated pyramid

각사(各事)圈 ①각각의 일. 모든 사물. ②여러 가지 일. 〚비는 말. prayers in mind

각사(覺辭)圈〈종교〉대종교(大倧敎)에서 마음속으로

각-사탕(角砂糖)圈〈동〉각설탕(角雪糖).

각삭(刻削)圈 ①새겨 깎음. ②가혹하게 굶. 남에게 몹시 모질게 함.

각산(各産)圈〈동〉각살림. 하타

각산(各散)圈 각각 흩어짐. each disperses 하타

각산 진:비:(各散盡飛)圈 각기 흩어져 일어져 감. 하타

각-살림(各一)圈 ①부자 또는 형제가 따로따로 차린 살림. ②한 집안에서 따로 살림함. 각산(各産). ¶~을 내다. separate household 하타

각=상(各床)圈 ①육류·채류(菜類)를 각각 따로 차린 음식상. separate table ②각각의 음식상. ③한 사람씩에 따로 차린 술상이나 밥상. 〈대〉겸상. 하타

각상(角狀)圈 짐승의 뿔 같은 형체.

각색(各色)圈 ①각 빛깔. various colours ②각종(各種). ¶각양(各樣)~. various kind ③〈제도〉각 관아의 말단 벼슬아치.

각색(脚色)圈〈문학〉소설·시(詩) 등에서 제재(題材)를 따서 각본(脚本)으로 만듦. 각본화(脚本化). dramatization 하타

각색(脚色)圈〈각색을 업(業)으로 삼는 사람.

각색 각양(各色各樣)圈<略>가지각색.

각생(各生)圈 바둑에서, 양편 말이 다같이 살아남. 하

각생=약[-냐](脚生葯)圈〈식물〉수꽃술 줄기 끝에

각서(角黍)圈 주악. 〚곧게 붙어 있는 약.

각서(覺書)圈 ①필요 사항을 간단히 적은, 국가 사이에서 교환되는 외교 문서. memorandum ②의견이나 희망 등을 상대편에 전달하려고 작성한 문서. note ③어떤 일을 이행할 약속으로 상대편에게 건네는 문서. ¶~를 써 주다.

각=석(各一)圈 윷놀이에서, 양편이 다 석 동임.

각석(角石)圈 네모나게 떠내거나 자른 돌. squared stone 〚engraving 하타

각석(刻石)圈 글자나 무늬 따위를 돌에 새김. stone

각선-미(脚線美)圈 여자 다리의 곡선의 아름다움. beauty of leg lines

각설(各設)圈 각각 베풂. 따로따로 설치함. 하타

각설(却說)圈 화제를 돌림. ① 말머리를 돌릴 때 첫머리에 쓰는 접속 부사. 차설(且說). now, once upon a time 하타

각설-이(却說一)圈〈민속〉<略>장타령꾼.

각=설탕(角雪糖)圈 네모 반듯한 정육면체로 덩어리진 흰 설탕. 각사탕(角砂糖). 모사탕. 〚대〛가루 사탕.

각섬-석(角閃石)圈〈광물〉보통 흑갈색으로 사방형(斜方形)의 결정체(結晶體)를 이룬 광물. 화강암·안산암 따위의 화성암에 들어 있음. amphibole

각섬 안산암(角閃安山岩)圈〈광물〉각섬석과 사장석(斜長石)을 주성분으로 하는 회색·흑색의 화성암.

각섬 편마암(角閃片麻岩)圈〈광물〉각섬석·석영·장석이 주성분이 된 녹회색·흑색의 편마암.

각=성:(各姓)圈 ①자기 다른 성. ②<略>→각성 바지①.

각성 (角星) 〈천문〉 이십팔수(二十八宿)의 첫째 별. 동쪽에 있음. 〈약〉 각(角)⑥.

각성 (覺醒) ①눈을 떠서 정신을 차림. ②사람의 주의를 환기시킴. ③자기의 잘못을 깨달음. 성각(醒覺). awakening 하타.

각성 바지 (各姓─) ①성이 각각 다른 사람. 〈약〉 각성(各姓)③. persons with different family names ②성이 다른 이부(異父) 형제.

각성제 (覺醒劑) 〈약학〉 중추 신경을 흥분시켜 잠을 억제하는 약제. 수면 방지·피로감 제거·최면·마취제 중독의 길항약(拮抗藥)으로 쓰임. stimulant

각세공 (角細工) 뿔에 세공을 가함. 또, 그 세공.

각소 (各所) 여러 군데. 각군데.

각소 (角素) 〈생리〉 표피(表皮)·털·손발톱 따위를 이루는 주요 성분. 케라틴(keratin). hornwork

각속도 (角速度) 〈물리〉 물체의 회전 운동에서, 원 전의 중심과 물체의 한 점을 연결한 선분이 기선(基線)과 이루는 각의 시간적 변화의 율(率). 각속파수. angular velocity

각수 (刻手) 조각을 업으로 하는 사람. 각공(刻工). 조각사(彫刻師). 각수장이(刻手─).

각수 (格數) 돈을 단위로 하여 돈을 셀 때, 남는 돈 계산에서 몇 전이나 몇십 전을 이르는 말. ¶천원 ~. change

각수 (恪守) 정성껏 지킴. adherence 하타.

각수렴-하다 (各收斂─) 〈자동〉 기부금을 모으다.

각수-장이 (刻手匠─) 〈동〉 각수(刻手).

각승 (角勝) 승부를 겨룸. competition 하타.

각시 ①작게 만든 여자 인형. doll ②〈동〉 새색시.

각시 ①어린 계집. 젊은 여자.

각시 계 (角時計) 사각형·육각형 따위로 모나게 만든 괘종 시계나 손목 시계.

각시-노리 〈농업〉 가래의 양편 군둣 구멍을 얼러서 꿴 새끼가 장부의 목을 감아 돌아가는 부분.

각시-놀음 각시 인형을 가지고 노는 여자 아이들의 장난. playing with dolls 하타.

각시-방 (─房) 새색시가 거처하는 방.

각시-붓꽃 〈식물〉 붓꽃과의 풀. 산에 나며, 높이 10~15cm로 4~5월에 자색 또는 백색 꽃이 핌. 관상용으로 재배함. 산난초(山蘭草).

각-시차 (角視差) 〈물리〉 물체의 보이는 방향과 실제의 방향과의 사이에 생기는 각.

각식 기뢰 (角式機雷) 〈군사〉 여러 개의 뿔이 달려, 함선(艦船)이 여기에 충돌하면 뿔이 부러지면서 폭 발하게 된 기뢰.

각심 (各心) ①각 사람의 마음. mind of every man ②각기 마음을 달리함. different mind 하타.

각심 소원 (各心所願) 사람마다 소원이 다름.

각심 소위 (各心所爲) 각 사람이 각각 다른 마음으로 한 일.

각아비 자식 (各─子息) 한 어미 밑에 아비가 각각 다른 자식. children of different fathers

각암 (角岩) 〈광물〉 짙은 잿빛 또는 갈색의 석영질(石英質)의 수성암.

각양 (各樣) 여러 가지 모양. 여러 가지. variety

각양 각색 (各樣各色) 여러 가지 모양. ¶~의 복장. [ness

각양 각식 (各樣各式) 여러 가지 양식. manifold-

각역 (刻役) 조각하는 일. 각수(刻手)의 일. carneying 하타.

각연-증 (脚軟症) 〈한의〉 다리에 힘이 없어 걷기가 곤란한 증세. 〈대〉 각경증. debility of legs

각연초 (刻煙草) 썬 담배. 살담배.

각염-법 (榷鹽法) 〈제도〉 고려 충렬왕(忠烈王) 때 소금을 전매(專賣)하던 법.

각오 (覺悟) ①도리를 깨달음. apprehension of the truth ②미리 깨닫고 마음을 작정함. ¶죽을 ~. preparedness ③결심함. resolution 하타.

각왕 (覺王) 〈불교〉 '불타(佛陀)'의 딴이름.

각외 (閣外) 내각의 밖. 〈대〉 각내.

각외 협력 (閣外協力) 입각은 안했으나, 각외에서 정부에 협력함.

각-운 (脚韻) 〈문학〉 시나 글귀의 줄의 끝에 다는 운. 〈대〉 두운(頭韻). end rhyme

각-운동 (角運動) 회전(回轉).

각-운동-량 (角運動量) 〈물리〉 물체가 원운동을 할 때 그의 질량과 원의 중심에서부터의 거리와 속도를 서로 곱한 것과 같은 물리학적 양. angular momentum

각원 (各員) 각각의 인원. every one

각원 (閣員) 내각을 구성하는 인원. cabinet member

각월 (各月) 각각의 달. 매월.

각위 (各位) ①여러분. ②각각의 지위. ③각각의 신 분. 〈대〉 각가지로 있음. 각위(各位).

각유 소장 (各有所長) 사람마다 장점이나 장기(長技)가 있음.

각유 일능 (各有一能) 사람마다 한 가지 재주가 있음.

각용 (角鷹) 〈동〉 매.

각의 (閣議) 내각의 회의. cabinet council

각이 (各異) 각각 다름. different from each other

각인 (各人) 각각의 사람. each one

각인 (刻印) 도장을 새김. engraving a seal 하타.

각인 각색 (各人各色) 태도·언행 등이 사람마다 다름. 각인 각양(各人各樣).

각인 각설 (各人各說) 사람마다 다른 설이나 의견.

각인 각성 (各人各姓) 사람마다 다른 성.

각인 각양 (各人各樣) 〈동〉 각인 각색(各人各色).

각인-별 (各人別) 〈명〉 각 사람마다 따로 함.

각-일각 (刻一刻) 시간이 지남에 따라 더욱더욱. 각각(刻刻)으로. ¶도착 시간이 ~ 다가오다. every moment

각자 (各自) 각각의 자기. each one 〈부〉 제각기. ¶~ 소지할 것. separately

각자 (刻字) 글자를 새김. engraving characters 하 타.

각자 (覺者) 〈불교〉 ①깨달은 이. Buddha ②진리를 깨닫고 중생을 오성(悟性)으로 인도하는 사람.

각자 도생 (各自圖生) 각자 살길을 꾀함. 하타.

각자 무치 (角者無齒) 뿔이 있는 자는 이가 없다는 말. 곧, 한 사람이 모든 복을 겸하지 못함을 이름.

각자 위심 (各自爲心) 제각각 마음을 다르게 먹음. so many minds 하타.

각잠 (刻簪) 무늬를 새긴 비녀.

각장 (各葬) 부부를 각각 딴 자리에 장사함. 〈대〉 합장(合葬). burying man and wife apart 하타.

각장 (角壯) 아주 두꺼운 장판지, 〈동〉 장판(壯版). thick floor-paper [square lumber (timber)

각재 (角材) 네모지게 켜낸 재목. 〈대〉 통나무.

각저 (角觝·角抵) 〈체육〉 ①옛날 여러 가지 기예를 경쟁하던 유희(遊戱)의 하나. 각희(角戯). old Chinese wrestling ②씨름. 하타.

각적 (角笛) 짐승의 뿔로 만든 피리. 뿔피리. horn

각-전 (各殿) 왕과 왕비를 두루 일컫는 말. each majesty [each store

각-전 (各廛) 〈제도〉 여러 가지의 전. 각각의 가게.

각전 (角錢) 엽전이나 동전 등의 잔돈. change

각-전-궁 (各殿宮) 〈제도〉 왕·왕비·동궁(東宮)·제비.

각-종 (各種) 〈동〉 각가지. [(諸嬪)의 총칭.

각종 학교 (各種學校) 〈교육〉 교육법에 명시(明示)된 학교와 유사한 시설을 갖춘 기타 학교.

각-좆 (角─) 뿔이나 가죽 따위로 남자의 생식기처럼 만든 장난감.

각주 (角柱) ①네모진 기둥. ②〈동〉 각기둥.

각주 (脚注·脚註) 본문 밑에 붙인 주해. 또, 주해를 닮. 〈대〉 두주(頭註). foot-notes 하타.

각주 구검 (刻舟求劍) 배의 움직임을 생각하지 않고 칼을 떨어뜨린 뱃전에 표를 하고 찾는다는 뜻으로, 둔하고 융통성이 없음을 비유하는 말. ignorance

각죽 (刻竹) 무늬를 새긴 담뱃대. engraved pipe

각준(恪遵)[명] 정성으로 준수함. 하타
각지(各地)[명] 각 지방. ¶～ 각처(各處). various parts of the country
각지(各紙)[명] 각각의 신문. 여러 신문. each newspaper
각지(角指)[명] 《동》 깍지②.
각지(覺知)[명] 깨달아 앎. 하타
각=지기(閣一)[명] 〈제도〉 규장각(奎章閣)의 사령(使令). 각직(閣直)
각=지방(各地方)[명] 여러 지방. 모든 지방. every
각직(閣直)[명] 각지기.
각질(角質)[명] 〈생물〉 각소(角素)로 된 모든 물질. ¶～ 해면(海綿). keratin horniness
각질(脚疾)[명] 다리가 아픈 병. leg disease ②[동]
각질=층(角質層)[명] 〈생리〉 피부의 맨 거죽의 얇은 꺼풀의 것. 세포는 편평(扁平) 투명하고 각질화되어 있어 내부를 보호하는 구실을 한다. (약) 각층(角層). horny layer
각질=판(角質板)[명] 〈동물〉 각질로 이루어진 판. horny
각책(角柵)[명] 각재(角材)로 만든 목책. board
각처(各處)[명] 여러 곳. 모든 곳. various places
각청형(角鯖形)[명] 뿔잠자리.
각체(各體)[명] ①여러 가지 체계. various types ② 여러 가지 자체(字體)·문체·서체 등. various styles
각추(角錐)'각뿔'의 구용어.
각추=대(角錐臺)[명] '각뿔대'의 구용어.
각=추렴(←各出斂)[명] 각 사람에게서 공평하게 금액을 거둠. collecting from each. 하타
각축(角逐)[명] 서로 이기려고 다툼. ¶～을 벌이다. competition 하타 petition
각축=장(角逐場)[명] 각축을 벌이는 곳. arena of competition
각축=전(角逐戰)[명] 승부를 겨루는 싸움. contest, emulation ②[자과 동] 하타
각출(各出)[명] ①각각 나옴. to be shared by each
각출(咯出)[명] 뱉어 냄. 객출(喀出). 하타
각=출물(咯出物)[명] ①침. ②담. 가래.
각=출물(咯出物)[명] ①침. ②담. 가래.
각층(各層)[명] 여러 층. 각각의 층.
각층(角層)[명]→각질층(角質層).
각치(角鴟)[명] 〈조류〉 수알치새. 할퀴다. scratch
각치-다[타] ①말로 성나게 하다. offend ②손톱으로
각칙(各則)[명] ①각가지 법칙. various regulations ② 〈법률〉 법률·명령·규칙·조약(條約) 등에 있어서 특정한 경우에 적용되게(專用的)으로 적용되는 것으로 규정한 부분. (대) 총칙(總則). each regulation
각침(角針)[명] 《동》 분침(分針).
각타(覺他)[명] 〈불교〉 스스로 깨달음과 동시에 남을 개오(開悟)시켜, 생사고(生死苦)에서 떠나게 함.
각태(角胎)[명] 뿔 속의 살.
각통(各通)[명] 서류 따위의 각 벌. each copy
각통(脚痛)[명] 〈의학〉 다리 아픈 증세. leg-ache
각통=질(脚痛-)[명] 소를 크게 보이려고 억지로 풀과 물을 먹이는 것. forced feeding of cows 하타
각퇴(角槌)[명] 〈음악〉 편종·편경 따위의 악기를 치는 데 쓰는 불방망이.
각=파(各派)[명] ①각각의 파벌. each party (faction) ②동종(同宗)의 조상에서 갈려 나온 각각의 파.
각파(脚婆)[명] 탕파(湯婆).
각판(刻板)[명] 〈인쇄〉 ①판각에 쓰는 널조각. ②서화를 널조각에 새김. 판각(板刻). engraving board
각판(刻板)[명] 각판하여 박은 인쇄물. (약) 각판(刻版). book printed from wood blocks
각패(角牌)[명] 〈제도〉 정 3 품 이상이 차던 검은 뿔로 만든 호패. identification block of an officials
각피(角皮)[명] 〈생리〉 피부의 거죽에 다량의 각피소(角皮素)가 쌓여 막(膜) 모양을 이룬 것. 수분의 지나친 증발을 막음. 쿠티쿨라(cuticula).
각필(閣筆·擱筆)[명] 쓰던 붓을 놓고 쓰기를 끝냄. (대) 기필(起筆). laying down one's pen 하타
각하(却下)[명] ①서류 따위를 받지 않고 물리침. 환봉(還封). (대) 수리(受理). rejection ②〈법률〉민사 소송법에서 소장(訴狀) 신청을 물리침. dismissal ③〈법률〉 형사 소송법에서 당사자의 신청을 부당하다고 언도함. 하타
각하(刻下)[명] 시각이 급한 이 때.
각하(閣下)[명] ①높은 지위에 있는 사람을 이르는 경칭. ¶대통령 ～. Your (His) Excellency ②〈기독〉 주교나 대주교의 경칭.
각-하다[자-하다]〔여불〕 나무나 돌에 무엇을 새기다.
각하-성(脚下聲)[명] 아쉬운 경우에 말을 낮추어 남에게 무엇을 아첨하며 부탁하는 소리. 다리 아랫소리.
각하(角下)[명] 이빨찬(伊佐澄).
각한(刻限)[명] 각기(刻期). 하타
각-항(各項)[명] ①각 항목. each item ②〔동〕각가지.
각해(覺海)[명] 〈불교〉 불교의 세계.
각행(覺行)[명] 〈불교〉 부처·보살의 행(行). 스스로 깨닫고 자비(慈悲)로 행하는 일.
각혈(咯血)[명] 〈동〕 객혈(喀血). 하타
각형(各戶)[명] ①호적상의 각 집. ②각 집. ③각 세대. each house
각혼(各-)[명] 줄놀이에서, 양쪽이 각각 혼동임.
각화(角化)[명] 〈동물〉 동물 조직의 일부, 특히 표층의 세포가 케라틴화(化)하여 각질층을 만드는 일. ②〈식물〉 잎·줄기 등에 열매 따위의 표피가 굳어지는 일. 하타
각화(刻花)[명] 도자기에 꽃무늬를 새김. 또, 그 꽃무늬. 하타
각화=증(一症)(角化症)[명] 〈의학〉 피부의 각질층이 이상(異常)으로 증식하는 증상. keratogenesis
각희(角戲)[명] 각지(角抵)①. 하타
각희(脚戲)[명] 태껸. 씨름. 하타
간[명] ①짠 맛의 정도. ¶～을 맞추다. saltiness ② 짠 조미료. 간물. 하타 last
간-=**'**이미 지나간'의 뜻을 나타냄. ¶～밤. past,
간(干)[명] ①〈제도〉 춤출 때 왼쪽 손에 쥐던, 용을 그린 넓조각. ②〈한의〉 약화제(藥和劑)나 약복지(藥狀紙)에 세상을 표시하는 말.
간(刊)[명]→간행(刊行).
간(艮)[명] 《약》→간괘(艮卦). 간방(艮方). 간시(艮時).
간(奸)[명] 간사함. craft, wickedness 하타
간(肝)[명] 〈한〉→간장(肝臟).
간(間)'[명]→칸.
간(間)²[의명] ①사이. 동안. ¶10년 ～. ②어느 쪽이든 관계 없이. ¶죽고 살고 ～에.
간(乾)[명] 《원》→건(乾).
-간(間)[접미] ①둘의 사이. ¶자매～. 수일～. between ②둘 중의 어느 것. ¶고하～. 다소～. ③ '곳'을 나타냄. ¶마구～. 방앗～.
간가(間架)[명] 칸살의 얽이. layout of lattice ②〈문학〉 글의 짜임새.
간각(間閣)[명] 이해하는 힘. comprehension ability
간각(刊刻)[명] 글씨를 새김. engraving the letter 하타
간(侃侃)[명] 강직(剛直)함. 하타
간:간(衎衎)[명] ①화락(和樂)함. ¶～ 대소(大笑). amicable ②굳세고 재빠름. firm and nimble 하형
간:간(間間)[명] 《약》→간간이②.
간:간=이²(間間一)[부] ①드문드문. 때때로. ¶이런 일이 ～ 있다. (약) 간간(間間). now and then ②듬성듬성. ¶나무가 ～ 나 있다. sparsely
간간짭잘:-하다[여형] 감칠맛이 있으면서 짭잘하다. (큰) 건건찝질하다. tasty but salty 건건하다
간:간=하다[여형] ①감칠맛이 있다. ¶국이 좀 좋다. (큰) 건건하다
간:간=하다[여형] ①간지럽도록 재미있다. exiting ②간질간질하게 위태롭다. thrilling
간:-두다(間一)[타르] 하나씩 사이를 거르다. leave an interval irregular 하타
간:=거리(間一)[명] 간격을 두고 함. ¶한 ～. 세 ～.

간거리 장사[명] 한 차례씩 걸러 하는 장사. every-other-time business

간:걸(懇乞)[명] 간곡하게 애걸함. 간청(懇請). 하타

간검(看檢)[명] 검사함. inspection 하타

간격(間隔)[명] ①물건과 물건의 거리. 뜬 사이. ¶1미터 ~. ②시간과 시간과의 동안. ¶두 시간 ~. ③인간 관계의 소원한 정도. 틈. ¶그와 나 사이에 ~이 생겼다. intervals

간격-범(間隔犯)[명]〈법〉동작과 결과의 사이에 처소나 시간의 간격이 있는 범죄. 「히타

간:결(簡潔)[명] 간단하고 요령이 있음. brevity 하타

간결-미(簡潔美)[명] 번잡하지 않고 간결한 데서 찾을 수 있는 아름다움.

간결-성(―性)(簡潔性)[명] 간결한 특성. simplicity

간:결-체(簡潔體)[명]〈문학〉문체(文體)의 하나. 문장을 될 수 있는 대로 줄여서 명쾌(明快)한 필치로 쓰는 방식. (때) 만연체(蔓衍體).

간경(刊經)[명]〈불교〉불경을 간행함. 하타

간:경(肝經)[명]〈생리〉①간장(肝臟)에 붙은 인대(靭帶). ②〈한의〉간장에 딸린 경락(經絡).

간경(看經)[명]〈불교〉불경을 봄. 경문을 소리내지 않고 읽음. (때) 독경(讀經). 하타

간:경(間頃)[명] 이마적. 「하타

간:경(簡勁)[명] 간결하고 힘참. brief and energetic

간경 도감(刊經都監)[명]〈제도〉조선조 세조(世祖)가 불경을 언해(諺解)하여 간행하기 위하여 1461년(세조 6년)에 설치했던 기관.

간:-경변증(肝硬變症)[명]〈의학〉간장이 굳어지면서 커지거나 오그라드는 병. cirrhotic liver

간:경-풍(肝經風)[명]〈한의〉손발과 눈이 뒤틀리는 간경의 병.

간계(奸計)[명] 간사한 꾀. 간모(奸謀). artful design

간계(澗溪)[명] 산골에 흐르는 물. 계류(溪流). mountain stream

간:계(諫戒)[명] 간하여 경계함. remonstrance 하타

간고(艱苦)[명] 가난하여 고생스러움. 고간(苦艱). 신고(辛苦). hardship 하타 히타 「diality 하형 히타

간:곡(懇曲)[명] 간절하고 곡진함. ¶~한 부탁. cor-

간-곡호-다(―)[고] 간사하다.

간곤(艱困)[명] 구차하고 곤궁함. poverty 하타 히타

간곳-없:-다[형] 갑자기 자취를 감추어 온데 간데가 없다. **간곳-없:이** [부] 「(戰事).

간과(干戈)[명] ①전쟁에 쓰이는 병기. weapon ②전쟁

간과(看過)[명] ①대강 보아 넘기다 빠뜨림. passing over ②예사로 보아 넘김. overlooking 하타

간:관(肝管)[명]〈생리〉담즙(膽汁)을 담낭(膽囊)으로 운반하는 간장 조직 안의 가는 관(管).

간:관(間關)[명] 길이 울퉁불퉁하여 가기 곤란한 상태. ruggendness 하형

간:관(諫官)[명]〈제도〉사간원(司諫院)·사헌부(司憲府)의 관리의 통칭. 간신(諫臣)②. 언관(言官).

간:-패(艮卦)[명]〈민속〉①팔괘의 하나. ②육십사괘의 하나. (약) 간(艮).

간교(栞校)[명]〈동〉교정(校正). 하타 「스레 히타

간교(奸巧)[명] 간사하고 교사함. wiliness 하형 스타

간구(懇求)[명] 간절히 구함. earnest request 하타

간구(艱苟)[명] 가난하고 구차함. ¶~한 살림. poverty

간-국[―꾹][명] 짠 맛이 들어 있는 물. 간물②. salty water, brine 「ability

간국(幹局)[명] 일을 처리하는 재간과 국량(局量).

간군(艱窘)[명] 가난하고 군색함. destitution 하타

간:권(諫勸)[명] 간하여 옳은 일을 하도록 권함. remonstration 하타

간균(杆菌·桿菌)[명]〈의학〉막대기 모양, 또는 타원형으로 된 막대박테리아. bacillus

간극(間隙)[명]〈동〉

간근(幹根)[명] 줄기와 뿌리. stem and root

간:급(間級)[명] 급과 급 사이에 매긴 임시의 급.

간기(刊記)[명] 동양의 간본(刊本)에서, 출판한 때·곳·간행자 등 출판에 관한 사항을 기입한 부분.

간:기(肝氣)[명]〈한의〉어린 아이가 소화 불량으로 푸른 똥을 누고 자꾸 우는 병증. children's illness of indigestion 「nobility

간:기(間氣)[명] 세상에 드물게 뛰어난 기품(氣稟). rare

간:기(懇祈)[명]〈종교〉간절히 기도함. pray earnestly 하타

간:기(一期)(榴氣)[명]〈동〉 지랄병.

간:기 인물(間氣人物)[명] 세상에 드물게 뛰어난 인물.

간나위[명] 간사스러운 사람. wicked person

간나-희[명]〈고〉계집아이.

간나희[명]〈고〉갑보. 「하타 히타

간난(艱難)[명] ①몹시 곤란함. difficulties ②〈원〉→가난.

간난 신고(艱難辛苦)[명] 몹시 어려운 고생. ¶~ 끝에 초지(初志)를 관철하다. hardships 하타

간:납(干納·肝納)[명] 제사에 쓰는 쇠간·처녑·어육 따

간녀(奸女)[명] 간악한 여자. 「위로 만든 저냐.

간:년(間年)[명] 한 해를 거름. alternative year 하타

간:년-경(間年耕)[명]〈농업〉작물을 한 해씩 걸러 재배함. farming every other year 하타

간:념(懇念)[명] 간절한 생각이나 마음. ardent passion

간녕(奸佞)[명] 간교하게 아첨을 잘함. artful and flattering 하타

간:-농양(肝膿瘍)[명]〈의학〉화농균(化膿菌)·대장균(大腸菌)의 침입으로 간장에 다발성 또는 고립성의 농양이 생기는 병. hepatophyma 「②육체와 정신.

간:뇌(干腦·肝腦)[명]〈생리〉간과 뇌. liver and brain

간:뇌(間腦)[명]〈생리〉대뇌와 소뇌 사이에 있는 뇌의 한 부분. 내장·혈관의 활동을 조절함.

간:뇌 도지(肝腦塗地)[명] 참살을 당하여 간과 뇌가 땅바닥에 으깨어졌다는 말로, 몸을 돌보지 않고 나라 일에 온 힘을 다함. loyalty 하타

간:능¹(幹能)[명] 일을 처리할 수 있는 재간과 능력.

간:능²(幹能)[명]〈원〉→간릉(幹能). 「ability

간:능-부리-다(幹能―)[자]→간릉부리다.

간-니[명] 젖니가 빠지는 뒤에 다시 나는 이. 영구치. second teeth, permanent teeth

간다 간다 하면서 아이 셋 낳고 간다[속] 그만둔다고 말로만 하고 질질 끈다.

간다개[명] 말 머리에서 고삐에 매는 끈.

간다라 미:술(Gandhara美術)[명]〈미술〉간다라 부근에서 기원 초부터 5세기에 이르는 동안에 번성한 그리스풍의 불교 미술.

간닥-거리-다[자] 물체가 가볍게 자꾸 움직이거나 움직이게 하다. (큰) 근덕거리다. (센) 깐딱거리다. 깐딱거리다. move lightly, frivolously **간닥-이다** 하타 「~없다. recess 하타

간:단(間斷)[명] ①잠깐 끊임. cessation ②설 사이. ¶

간:단(簡單)[명] 간략하고 단출함. (유) 간략. (대) 복잡(複雜). simplicity 하타 히타

간:단 명료(簡單明瞭)[명] 간단하고 분명함. (약) 간명(簡明). conciseness 하형 히타

간:단 반:응(簡單反應)[명]〈심리〉자극에 대한 일정 운동의 반응. 감각 반응과 근육 반응. (대) 복잡 반응. simple reaction

간:단-없:-다(間斷―)[형] 끊임없다. **간:단-없:이**[부]

간:-담(肝膽)[명] ①간과 쓸개. liver and gall ②속마음. ¶~이 서늘하게 하다. heart

간:담(懇談)[명] 정답게 이야기함. ¶~회(會). friendly talk 하타

간:담 상조(肝膽相照)[명] 서로 마음을 터놓고 사귐. have heart-to-heart talk 하타

·간답-다/간답-다[고] 간사하다.

간답(奸黨)[명] 간사한 사람의 무리. 간도(奸徒).

간당(看堂)[명]〈불교〉선실(禪室)에서 참선할 때 선중(禪衆)을 존중하기 위하여 하는 의식.

간당-틀(看堂―)[명]〈불교〉선실(禪室)에서 간당틀에 쓰는 기구.

간대團〖약〗→간짓대. 「so easily
간대로團 그다지 심사리. ¶~ 지지는 않겠지. (not)
간-대:로［고〗 함부로. 망녕되이.
간댕-거리-다團 가늘게 붙은 물건이 조금씩 찬찬히 흔들거린다. 《큰》 근뎅거리다. dangle **간댕-간댕**團 하타
간：곳으로서의 간. ¶~가 남산만하다.
간:덩이[—멍—]團〈肝—〉《속》용기와 배짱이 나오는
간:덩이 붓:다[—멍—]團〈肝—〉 간이 커져서 턱없이 배포가 크다. 「과담하다.
간:덩이 크:다[—멍—]團〈肝—〉 배짱이 커서 행동이
간데라(←kandelaar 네)團 함석 따위로 만들어 들고 다니는 석유등. metal hand-lamp
간데 없:-다團 흔적도 없이 자취를 감추었다. **간데 없:**團 「where one goes
간데-족족團 가는 곳마다. ¶~ 환영이다. every
간도〈奸徒·姦徒〉團 간사한 무리. 간당(奸黨). villains
간도〈奸盜·姦盜〉團 간악한 도적. 간적(奸賊). bad
간:-도〈間道〉團 샛길. byway 「robbers, thieves
간:-도〈懇到〉團 간절하고 빈틈 없이 마음을 씀. 하타
간독〈奸毒〉團 간사하고 독살스러움. viciousness 하
간:-독〈簡牘〉團〈동〉편지나.
간:-독〈懇篤〉團 간절하고 정이 두터움. 《유》친절. cordiality, kindness 하타 히團
간동-그리-다围 간동하게 가다듬어 다스리다. 《큰》건 둥그리다. manage neatly **간동-간동**團 하타
간:-동맥〈—動脈〉團〈생리〉내장 동맥으로부터 오른 편으로 고부라져 간장 안으로 들어간 동맥. hepatic artery
간동-하-다團 잘 정돈되어 단출하다. 《큰》건둥하다. 《예》깡동하다. be neatly bundled **간동-**히튀
간두〈竿頭〉團 ①대막대기 끝. tip of a rod ②〈약〉→백 척 간두(百尺竿頭).
간-두:다타〈약〉그만두다. 「lessly
간두지세〈竿頭之勢〉團 아주 위태로운 형세. reck-
간드랑-거리-다團 가늘게 붙은 물건이 옆으로 가볍고 부드럽게 흔들거린다. 《큰》근드렁거리다. dangling
간드랑-간드랑튀 하타
간드러-지-다团 에쁘고 맵시 있게 가늘고 부드럽다. ¶웃음 소리가 ~. 《큰》건드러지다. graceful
간드레〈—candle〉團 들고 다니는 카바이드 등(燈). 광산 구덩이 안에서 많이 쓴. carbide hand lamp
간드작-거리-다团 무엇에 물건이 실린 듯이. 《큰》 근드적거리다. sway slightly **간드작-간드작**튀 하타
간들-거리-다团 ①간드러지게 연해 움직이다. act in a charming manner ②바람이 부드럽게 불다. breeze ③이리저리 자꾸 흔들거리다. 《큰》건들거린 다. shake **간들-간들**튀 하타
간:-디스토마〈肝 distoma〉團〈약〉간장 디스토마.
간디이즘〈Gandhiism〉團 인도의 간디가 내세운 비복 공·비협력 비폭력주의적 무저항주의.
간-떨어지-다〈肝—〉围 몹시 놀라다. ¶간떨어지게 **간락**〈乾酪〉團〈약〉→건락. 「놀랐네.
간랍〈干納·肝納〉團〈원〉→간납.
간략〈簡略〉團 손쉽고 간단함. 《대》번잡(煩雜). simplicity 하타 히튀 「plicity 하타
간련〈干連〉團〈제도〉남의 범죄에 관련이 있음. com-
간-로〈間路〉團〈동〉샛길. 「아돌. 하타
간롱〈看龍〉團〈민속〉풍수 지리에서 내룡(來龍)을 찾
간류〈—幹能〉團 본류로가다.
간-릉〈—幹能〉團 재간 있게 능청스러움. astuteness, subtlety 하타 스형 레형 「다. act astutely
간:-부리-다〈—幹能—〉围 간릉한 언행(言行)을 하
간리〈奸吏·姦吏〉團 간사한 관리. wicked official
간린〈慳吝〉團 ①몹시 인색함. stinginess ②〈기독〉칠 죄종(七罪宗)의 하나인 인색. 하團
=간마늪［어］〈고〉=간마늘.
간마·론[어][고] =간마늘. 「국. kind of soup
간막〈—〉團 소의 살·뼈·내장 등을 골고루 넣어 끓인
간막이[—매—]團 →칸막이.

간만〈干滿〉團 간조(乾潮)와 만조(滿潮). 썰물과 밀 물. ebb and tide
간:-망〈懇望〉團 간절히 바람. entreaty 하타
간-맞:-다图 음식의 간이 알맞다.
간-맞추-다타 간을 알맞게 하다. 「impression 하타
간:명〈肝銘〉團 마음에 깊이 새기어 잊지 않음. deep
간:-명〈簡明〉團〈약〉→간단 명료(簡單明瞭).
간모〈奸謀〉團〈동〉간계(奸計).
간목〈刊木〉團〈동〉벌목(伐木). 하타
간목 수생〈乾木水生〉團 마른 나무에서 물이 난다는 뜻으로, 아무 것도 없는 사람에게 무리하게 요구함 을 비유한 말. 강목 수생(剛木水生). expecting im-
간몰〈乾沒〉團〈원〉→건몰(乾沒). 「possible things
간:-무침〈肝—〉團 소의 간을 저며 소금을 뿌렸다가 번철에 지져 흰 깨고물에 무친 반찬. 「히團
간:-묵〈簡默〉團 말이 적고 잠잠함. taciturnity 하타
간:-문맥〈肝門脈〉團〈생리〉간장(肝臟)과 장(腸)에 분포하여 있는 정맥. 보통의 정맥계(靜脈系)는 모 세관(毛細管)을 하나만 이루고 있지만 간장 및 장에서 두 번 모세관으로 분기(分岐)하여 있음.
간-물〈—〉團①염분이 섞인 물. salty water ②〈동〉간국.
간물〈奸物〉團 간사한 사람. sly guy
간물〈乾物〉團〈원〉→건물(乾物). 「ebb
간물-때團 바다의 썰물이 가장 낮을 때. 《대》찬물때.
간-박〈簡朴·簡樸〉團 간소하고 소박함. simplicity 하
간:-반〈肝斑〉團〈의학〉기미. 「團 히團
간:-발〈簡拔〉團 여러 사람 중에서 뽑아 냄. 간탁(簡 擢). selection 하타
간-밤團 지난밤. 어젯밤. last night
간:-방〈杆棒·桿棒〉團〈원〉→간봉.
간:-방〈方方〉團〈민속〉①이시사 방위(方位)의 하나인 북동의 간방(間方). northeast ②팔방의 하나인 동 북의 간방. 《약》간(艮).
간:-방·간:-방〈間方·間方〉團 각 사이의 방위. ②정동·정남·정서·정북의 각 사이 방위. directions between the four directions 「forest 하타
간벌〈間伐〉團 나무를 솎아 베어냄. thinning out a
간:-발·찬〈千伐倉〉團〈동〉서발반(舒弗邯).
간범〈干犯〉團 ①간섭하여 남의 권리를 침범함. ② 〈제도〉관련(干連)된 범죄. 「ple method
간:-법〈—법〉〈算法〉團 간단한 방법. 간편한 방법. sim-
간병〈看癇〉團 버럭 신경질을 잘 내는 버릇. short
간병〈看病〉團 병구완. nursing 하타 「temper
간:-보:다围 음식의 간이 어떤지 맛을 보다.
간-복〈間服〉團 춘추복(春秋服).
간:-본〈刊本〉團〈약〉→간행 본(刊行本).
간:-봉〈杆棒·桿棒〉團 몽둥이. 《원》간방. club
간부〈奸婦〉團 간악한 여자. wicked woman
간부〈奸夫〉團 간통한 남자. 《대》간부(姦婦). adulterer
간부〈奸婦〉團 간통한 여자. 《유》군계집. 《대》간부(姦 夫). adulteress 「members
간부〈幹部〉團 단체의 우두머리되는 사람들. leading
간부 후:보생〈幹部候補生〉團 보총 장교가 되기 위하 여 소정(所定)의 학과를 학습 중에 있는 군인. military cadet 「말. emergency
간:-불용발〈間不容髮〉團 일이 매우 위급함을 이르는
간빙-기〈間氷期〉團〈지리〉빙하기에 있어서, 한때 기 후가 온화하여져서 빙하가 고위도(高緯度) 지방까 지 물러났던 시기. interglacial period
간사〈奸邪〉團 성질이 간교하고 나쁨. cunning, slyness 하타 스형 레형 「다. act astutely
간사〈奸詐〉團 간교하여서 남을 속임. be cunning and deceitful, craft and deceit 하타 스형 레형 히團
간사〈幹事〉團 ①일을 맡아 처리함. manage ②단체 의 사무를 주장(主掌)으로 맡아 처리하는 사람. executive secretary 하타
간:-사〈諫死〉團 죽음을 무릅쓰고 간함. 하타
간사-떨:-다〈奸詐—〉團 간사스러운 짓을 하다.
간사-부리-다〈奸詐—〉団 간사스러운 태도를 짓다.

flatter [pacity for management
간사=성[—성](幹事性)圈 일을 잘 해내는 솜씨. ca-
간=사위(間—)圈 변통성 있는 솜씨. flexible nature ②남의 사정을 이해하는 성질. understanding nature
간사=인(幹事人)圈 일을 주선 처리하는 사람.
간сㆍ흥ㆍ다[—]㉦ 간수하다.
간=삭(間朔)圈〈동〉 간월(間月).
간산(看山)圈 ①묏자리를 잡으려고 산을 살핌. look for a site of the grave ②(墓)성묘(省墓). 하㉦
간살 아첨하고 아양부리는 태도. flattering 스헝 스레圈
간=살(間—)圈 →칸살.
간살=떨—다㉦ 간사스럽게 아양을 떨다. flatter
간살=부리—다㉦ 간사스럽게 아첨하며 아양부리다. flatter
간살=쟁이圈 간살을 잘 부리는 사람. flatterer
간살=지르—다[—트르]㉦ 칸살지르다.
간삼 조이(干三二)圈〈한의〉 새앙 세 쪽과 대추 두 개.
간삽(乾澁)圈(원)→건삽(乾澁).
간상(奸商)圈 간사한 짓을 하여 부당 이익을 취하는 상인. profiteer
간=상:련(艮上蓮)圈〈민속〉 팔괘(八卦)의 하나인 간괘(艮卦)의 상형(象形) ☶의 이름. 산을 상징함.
간상=배(奸商輩)圈 간상의 무리. gang of dishonest merchants
간상 세:포(桿狀細胞)圈〈생리〉 눈의 망막에 있는 막대기 모양의 세포. 명암(明暗)을 식별하는 작용을 함. 간상체. 간상체(桿體). 산상 원추세포(圓錐細胞).
간상=체(桿狀體)圈〈동〉 간상 세포(桿狀細胞). [rod
간색(看色)圈 ①물건의 좋고 나쁨을 알려고 견본삼아 일부분을 봄. ②구색으로 일부분에 내놓는 눈비음. 감색(監色)①. 하㉦
간:=색(間色)圈 ①두 빛깔의 중간색. demitint ②〈미술〉 두 원색을 섞어서 이루어지는 색. 이차색(二次色). compound colour 「쟁이 대.〈약〉색대.
간색=대(看色—)圈 쌀 따위를 간색하는 데 쓰는 쇠
간서(刊書)圈 간행한 서적. 또, 서적을 간행함. publishing 하㉦
간서(看書)圈 책을 소리내지 않고 읽음. reading 하㉦
간=서리목(肝—)圈 쇠간을 넓게 저며 양념하여 꼬챙이에 꿰어 구운 음식.
간석=지(干潟地)圈 바닷물이 드나드는 개펄. tideland
간선(看—)圈 선을 봄. 하㉦ [bride 하㉦
간:선(東選ㆍ揀選)圈 여럿에서 뽑음. choosing a royal
간:선(間選)圈〈약〉→간접 선거(間接選擧).
간선(幹線)圈 철도ㆍ도로 따위의 중요한 선. 기선(基線)③. 모선(母線). 본선(本線).〈대〉지선(支線). main line
간선=거(幹線渠)圈 가장 주가 되는 하수거(下水渠). main sewerage [route
간선 도:로(幹線道路)圈 가장 중요한 큰 도로. main
간섭(干涉)圈 ①남의 일에 참견함. meddle in, interference ②권한 밖의 일에 참견하여 일을 보살핌.〈대〉방임(放任). intervention ③〈물리〉 두 개의 광파ㆍ음파가 겹쳐지는 현상. interference 하㉦
간섭=계(干涉計)圈〈물리〉 광파의 간섭 현상을 이용하여 빛의 파장을 정밀히 측정하는 장치. interferometer 간섭 굴절계.
간섭 굴절계[—쩔—](干涉屈折計)圈〈물리〉 빛의 굴절률을 간섭에 의하여 측정하는 광학 기구.〈약〉간섭계(干涉計). interference refractometer
간섭 무늬(干涉—)圈〈물리〉 빛의 간섭에 의해 나타나는 명암 내지 착색한 무늬 모양.
간섭 분광기(干涉分光器)圈〈물리〉 간섭 무늬를 이용해서 분광하는 장치. interference spectroscope
간섭=색(干涉色)圈〈물리〉 두 개의 백색광(白色光)이 간섭할 때, 광파의 조성(組成)이 변하기 때문에 나타나는 빛깔. interference color [군인. bulwark
간성(干城)圈 방패와 성이란 뜻으로 나라를 방위하는

간:성(間性)圈 ①〈생물〉 수(압)컷으로 발생한 개체에, 그 후 성(性)의 전화이 일어나 암(수)컷으로서 기관을 형성한 결과 암수의 형질이 시간적으로 한 성(混成)된 것. 흔히 가축에 볼 수 있고 생식 능력은 없음. ②〈농업〉종(種)이 다른 동물을 교배하여 얻은 一代雜. 노새 따위. intersex
간:성(懇誠)圈 간곡하고 성실함. faithfulness 하㉦
간성지=재(干城之材)圈 나라를 지킬만한 인재. bulwark of the state
간세(奸細)圈 간사하고 속이 좁은 사람. mean rascal
간:세(間世)圈 여러 대를 통하여 드뭄. rarity 하㉦
간:세(間稅)圈〈약〉→간접세. 하㉦ 히㉦
간:세(簡細)圈 간략과 세밀. brevity and preciseness
간세=배(奸細之輩)圈〈약〉→간세지배.
간세지=배(奸細之輩)圈 간사한 소인의 무리.〈약〉간세배. mean rascals
간:세지=재(間世之材)圈 썩 드문 뛰어난 인재. distinguished character
간:=세포(間細胞)圈 어떤 조직 안에서 특수 작용을 하는 세포. 간질 세포(間質細胞). interstitial cells
간:소(諫疏)圈 간하여 올리는 상소(上疏)문. 하㉦
간:소(簡素)圈 간단하고 수수함. simplicity 하㉦ 히㉦
간:소=화(簡素化)圈 간략하게 함. ¶생활의 ~. simplification 하㉦ [히㉦
간:솔(簡率)圈 단순하고 솔직함. 꾸밈이 없음. 하㉦
간송 전:보(間送電報)圈〈동〉 서신 전보(書信電報).
간수圈 잘 거두어 보호함. ¶물건은 ~할 탓. 하㉦
간수(—水)圈 소금에 습기를 만나 녹아 흐르는 물. 고염(苦鹽). 노수(滷水). salt water
간수(看守)圈 ①〈동〉 교도관(矯導官). ②〈보고 지킴. 또, 그 사람. keeping, watch 하㉦
간=수[—수](間數)圈 →칸수.
간수(澗水)圈 골짜기에서 흐르는 물.
간슈흐—다[—]㉦ 간수하다. [갖추어진 것.
간스(←橫子 중)圈 마작(麻雀)에서 같은 패가 넉 장
간:승(間繩)圈 파종이나 모종할 때, 심는 간격을 조정하는 데 쓰는 노끈. straw rope marked at equal intervals
간:=승법(—法·簡乘法)圈〈수학〉 쉽게 곱셈하는 방법. (대) 간제법(簡除法). simple multiplication method
간:시(昏時)圈〈민속〉 이십사시의 넷째 시. 곧, 오전 2시 30분부터 3시 30분까지.〈약〉간.
간:시(間時)圈〈민속〉 십이시(十二支)로 일컫는 12시 외에 그 사이사이의 딴이름으로 일컫는 하룻낮 안의 각 시(時).
간:식(間食)圈 ①군음식을 먹음. 또, 그 음식. ②샛밥을 먹음. 또, 그 밥. 하㉦ [㉦
간식(墾植)圈 개간하여 심음. 하㉦
간신(奸臣ㆍ姦臣)圈 간사한 신하.〈대〉 충신(忠臣). villainous retainer
간:신(諫臣)圈 ①임금에게 옳은 말로 간하는 신하. devoted retainer. ②간관(諫官).
간신(艱辛)圈 힙들고 고생스러움. ¶~히 모면하다. hardships 하㉦ 히㉦
간신 적자(奸臣賊子)圈 간사한 신하와 불효한 자식.
간실=간실圈 남의 비위를 맞추면서 간사를 부리는 모양.〈센〉 깐실깐실. flatteringly 하㉦
간심(奸心ㆍ姦心)圈 간악한 마음. wickedness
간심(看審)圈 자세히 보아 살핌. inspection 하㉦
간아(看兒)圈 아이를 봄.〈대〉충신(忠臣).
간악(奸惡)圈 간사하고 악독함. cunning viciousness 하㉦ 스헝 스레圈 히㉦
간:=골(間顎骨)圈 위턱 앞부분의 한 쌍의 뼈.
간악 무도(奸惡無道)圈 간악하고 인도(人道)에 어긋남. 우악하고 무지막지함. 하㉦ [cer
간:=암(肝癌)圈〈의학〉 간에 생기는 암. liver can-
간:=약(—約ㆍ簡約)圈 간단함. conciseness 하㉦ 히㉦
간:=어제초(間於齊楚)圈 약자가 강자 틈에 끼어 괴로

음을 받음. 하다

간:언(間言)圓 남을 이간하는 말. alienating words
간:언(諫言)圓 간하는 말. remonstrance
간:언-놓다(間言-)㉤ 남을 이간하기 위해 간언을 하다. make mischievous gossip
간:언들-다(間言-)㉣르도 잘 되어가는 일에 간언에 끼여 들다. be estranged from another by alienating words
간에 가 붙고 염통에 가 붙는다 이로우면 인격·체면을 돌보지 않고 아무에게나 빌붙는다.
간에 기별도 안 간다다 양(量)이 적어서 먹은 것 같지 않다.
간여(干與)圓 ⑧간예(干預). 관여(關與)①. 하다
간역(看役)圓 집을 짓거나 고치는 일을 보살핌. supervision 하다
간:연(間然)圓 이의(異議)를 제기함. 하다
간:열(肝熱)圓〈한의〉어린 아이가 소화 불량으로 열이 심하고 자주 놀라는 병. baby colic
간:열(簡閱)圓 많은 수를 낱낱이 골라 검열함. inspection 하다
간:열 소집(簡閱召集)圓〈군사〉제대 군인을 간열 점호하기 위하여 소집하는 일. calling up of reservists for inspection 하다
간:열 점호(簡閱點呼)圓〈군사〉제대 군인을 지구·병사구 사령부에서 소집하여 인원의 점검(點檢)이나 필요한 교도(敎導)를 실시하던 일.〈약〉점호. inspection of reservists 하다
간:염(肝炎)圓〈약〉→간장염.
간:엽(肝葉)圓 ⑧간잎. participation 하다
간예(干預)圓 가으리의 새끼. young stingray
간:옹(肝癰)圓〈한의〉습열(濕熱)과 열독(熱毒)으로 인하여 간장에 생긴 종기. 히다
간요(奸妖)圓 간사하고 요망함. crafty and wick 하다
간:요(肝要)圓 아주 중요함. essential 하다, 히다
간요(簡要)圓 간단하고 요긴함. simple and useful 하다, 히다
간운 보:월(看雲步月)圓 고향 생각이 간절하여, 낮이면 고향 쪽 구름을 보고, 밤이면 달을 보며 거니는 뜻. longing for one's home 하다
간웅(奸雄·姦雄)圓 간사한 영웅. great villain
간원(諫院)圓〈약〉→사간원(司諫院).
간:원(懇願)圓 간절히 바람. solicitation 하다
간:월(間月)圓 한 달씩 거름. 간삭(間朔). every other month 하다
간위(奸僞)圓 간사하고 거짓이 많음. trickery 하다
간:-위축증(肝萎縮症)圓〈의학〉자가 용해(自家溶解)에 의하여 간의 용적이 줄어드는 병.
간:유(肝油)圓〈약〉→어간유(魚肝油).
간음(姦淫·姦婬)圓 부부 아닌 남녀가 성적 관계를 맺음.〈약〉음(淫)①. adultery 하다
간:음(間音)圓〈어학〉'ㅏ·ㆍ·ㅜ' 따위의 사잇소리. 중음(中音). middle sound
간음(幹音)圓〈음악〉'다·라·마·바·사·가·나'로 된 음. 오르간·피아노의 흰 건반의 음이 이에 해당함. 자연음(自然音).
간음 권:유죄[-죄](姦淫勸誘罪)圓〈법률〉음행의 상습이 없는 부녀를 꾀어 간음시킨 죄. 하다
간음범(姦淫犯)圓〈법률〉간음죄가 되는 짓. 또, 그 범인.
간음-죄[-죄](姦淫罪)圓〈법률〉강간죄·준강간죄·간통죄 및 혼인 빙자 간음죄의 총칭. 간음 간죄.
간:의(簡儀)圓〈제도〉천체(天體)의 운행과 현상을 관측하던 기계. armilary sphere
간:의대(簡儀臺)圓〈제도〉간의를 설치하고 천문을 보던 대.
간:이(間人) 이 세상을 떠난 사람. ¶~를 추모하다. deceased person
간이(艱易)圓 어려움과 쉬움(難易).
간:이(簡易)圓 간단하고 쉬움.〈데〉번잡(煩雜). simplicity 하다
간:이 보:험(簡易保險)圓〈약〉→간이 생명 보험(簡易生命保險).
간:이 생명 보:험(簡易生命保險)圓〈경제〉정부가 일

반 국민을 위하여 제정한, 계약 방법과 모든 절차가 편이(便易)한 생명 보험.〈데〉보통 생명 보험.〈약〉간이 보험(簡易保險). postal life insurance
간:이 숙박소(簡易宿泊所)圓 서민 대중을 위하여 싼 요금으로 숙박할 수 있게 만들어 놓은 시설.
간:이 식당(簡易食堂)圓 간단하고 값싼 식당. cafeteria, snack bar
간:이-역(簡易驛)圓 설비를 전혀 않거나 간이하게 하고 정거만 하는 역.〈데〉정거장. handy station
간:이 정거장(簡易停車場)圓 ⑧간이역.
간:이 학교(簡易學校)圓 일제(日帝) 때, 취학하지 못한 한국인 아동들을 속성으로 가르치던 2년제 초등 학교.
간:이-화(簡易化)圓 복잡한 것을 간단하게 만듦. simplification 하다
간인(刊印)圓 간행함. printing 하다
간인(奸人)圓 간사한 사람. villain
간:인(間人)圓 ⑧간첩(間諜).
간:인(間印)圓 서류의 얽어 맨 종잇장 사이에 도장을 걸쳐 찍음. 또, 그 도장. tally, seal 하다
간:일(間日)圓 하루 또는 며칠씩 거름. skipping a
간:일-학(間日瘧)圓 ⑧하루거리. [day 하다
간:-잎[-닙](肝-)圓 간장의 좌우 두개의 일사귀 모양으로 된 조직. 간엽(肝葉). lobe of liver
간자(-)圓 숟가락.
간:자(間者)圓〈약〉스파이(spy).
간:자(諫子)圓 어버이의 잘못을 간하는 자식.
간자-말(-)圓 이마와 뺨이 흰 말.
간자-상어(-)圓〈어류〉가오리의 새끼. young stingray
간자 숟가락(-)圓 굵고 두껍게 만든 숟가락. pretty thick spoon
간:작(間作)圓 ①작물 사이에 딴 작물을 심어 가꿈. 부록.〈유〉대우. catch-cropping ②〈약〉→간접 소작(間接小作). 하다
간잔지런:-하다(-)㉠어 ①매우 가지런하다. ¶소나무가 간잔지런하게 잘 자란다. even, uniform ②졸리거나 술에 취해서 눈이 슬쩍 감기다. drowsy 간잔지런:-히㈎
간:잡(間雜)圓 일정한 직업 없이 놀고 먹는 잡류(雜
간잡이(-)圓 ⑧기둥·보·도리 등 집을 짓는 데 쓰는 재료를 깎아 다듬는 일. 또, 그런 일을 하는 사람.
간장(-醬)圓 음식의 간을 맞추는 검붉은 액체. 장유(醬油). ⑧장(醬). soysauce
간:장(肝腸)圓 ①간장과 창자. liver and intestines ②몹시 애타는 심정. 애. ¶~을 끊다·녹이다·태우다. ~이 타다·썩다·녹다. anxiety
간:장(肝臟)圓〈생리〉내장의 하나.〈약〉간(肝). liver
간:장(諫長)圓〈제도〉간관(諫官)의 우두머리인 대사간(大司諫).
간:장(鐗匠)圓 수레바퀴의 굴대쇠를 만드는 장색.
간:장 디스토마(肝臟 distoma)圓〈동물〉흡충과(吸蟲科)의 볼형(褊形)동물. 편평하며 긴 나뭇잎 모양을 하고 길이 6~20 mm, 사람·개·고양이·돼지 따위의 간장에 기생하여 해를 끼침.〈약〉간디스토마.
간:장 디스토마병:[-뼝](肝臟 distoma 病)圓〈의학〉간장 디스토마가 기생하여 생기는 병. 간장이 비대(肥大)하여 그 조직이 파괴되고 복수(腹水)를 일으켜 쇠약해져서 죽는 수도 있음.
간장 비지(-醬-)圓 간장을 달이고 남은 찌꺼기.
간:장 엑스(肝臟-)圓 짐승이나 어류의 간장의 유효 성분을 추출하여 농축한 것. 빈혈 치료제로 쓰임.
간정(肝精). liver extract
간:장-염[-념](肝臟炎)圓〈의학〉간장이 부어 동통(疼痛)을 일으키는 염증성 질병. hepatitis
간:장 제:제(肝臟製劑)圓〈약학〉동물의 간장을 저온으로 건조하여 만든 가루. 빈혈 치료제·강장제로 쓰임. liver extract
간:장 종:창(肝臟腫脹)圓〈의학〉간장이 병적으로 커지는 일. enlargement of the liver
간:-장지(間障紙)圓 ⑧샛장지.

간:장지(簡壯紙)[명] 두껍고 품질이 좋은 편지지를 만드는 장지(壯紙). [박. (약) 장역박.

간장 쪽박(一醬一)[명] 장독 안에 늘 띄워 놓고 쓰는 쪽

간재(奸才)[명] 간사한 재주. 그런 재주를 가진 사람.

간:쟁(諫爭·諫諍)[명] 세게 간함. expostulation 하다

간쟈물[고] 갇자말[注].

간쟈쇽뵉[고] 오명마(五明馬).

간적(奸賊)[명]〔동〕 간도(奸盜·姦盜).

간전(墾田)[명] 땅을 일구어 만듦. reclamation 하다

간:절(懇切)[명] 지성스럽고 절실함. ¶간절히 바라는 건대. eagerness 하다 히[

간:점-선(間點線)[명] 사이사이에 점을 찍어 가면서 그은 선. '+·+·+', '‒·‒·‒' 따위.

간접(間接)[명] 바로 대하지 않고 사이에 매개를 통하여 이루는 관계. ¶~으로 알리다. (대) 직접(直接). indirect

간:접 강:제(間接强制)[명]〔법률〕 채무자가 채무를 이행하지 않는 경우, 일정한 기간 안에 이행하지 않으면, 손해 배상을 지불할 것을 법원이 명함으로써, 채무자를 심리적으로 강제하여 채무 이행을 하게 하는 방법.

간:접 국세(間接國稅)[명]〔법률〕 간접세의 성질을 띤 국세. (대) 직접 국세. indirect national tax

간:접 군주제(間接君主制)[명] 군주가 대리인이나 대리 기관을 통하여 권능을 행사하는 군주 정치 체제. (대) 직접 군주제. indirect monarchy

간:접 기관(間接機關)[명]〔법률〕 다른 기관으로부터 부여 받아야 권한을 보유하게 되는 국가 기관. (대) 직접 기관.

간:접 논증(間接論證)[명]〔동〕 귀류법(歸謬法).

간:접 대:리(間接代理)[명]〔법률〕 위탁 매매처럼, 타인의 계산에서, 자기의 이름으로 법률 행위를 행하는 일. indirect subrogation

간:접 매매(間接賣買)[명] 대리업자나 중개자를 통한 매매. indirect buying and selling 하다

간:접 목표(間接目標)[명]〔군사〕 산 따위의 장애물로 인하여 그 너머의 목표를 간접으로 취하게 되는 목표. indirect object

간:접 무:역(間接貿易)[명]〔경제〕 제삼국의 상인을 거처 이루어지는 무역. indirect trade

간:접 민주 정치(間接民主政治)[명]〔정치〕 국민(國民)이 대표 기관을 통하여 정치에 간접으로 참여하는 공화 정치의 공민정치. 대표 민주제. 대의 정치.

간:접 발생[一쌩](間接發生)[명]〔동물〕 변태(變態)를 수반하는 발생. (대) 직접 발생(直接發生). indirect development

간:접 발행(間接發行)[명]〔경제〕 유가 증권을 발행할 때, 발행자가 제삼자를 중개로 응모자를 모집하는 일. (대) 직접 발행(直接發行). indirect issuance

간:접 범(間接犯)[명]〔법률〕 스스로 범죄를 실행하지 않고 타인의 행위를 이용하여 간접적으로 범죄를 실행하는 자. 교사범(敎唆犯)·간접 정범·공모에 의한 정범(正犯) 등. indirect offence

간:접 보:상(間接補償)[명] 간접 손해에 대한 보상. (대) 직접 보상(直接補償). indirect recompensation

간:접 분석(間接分析)[명]〔화학〕 정량(定量)하려는 물질을 분리하지 않고 혼합한 채로 행하는 화학 분석. indirect analysis

간:접 분열(間接分裂)[명]〔생물〕 세포 분열에서 핵이 이분(二分)하여 염색체가 나타나는 분열. (대) 직접 분열(直接分裂). indirect fission

간:접-비(間接費)[명]〔경제〕 원가(原價)를 계산하는 데 있어 제조 또는 판매에 관하여 발생하는 비용. (대) 직접비. overhead cost

간:접 비:료(間接肥料)[명]〔농업〕 석회·숯가루·망간 따위처럼 땅 속에서 유기물의 분해 또는 양분의 흡수를 촉진함으로써 간접으로 식물의 자라남을 돕는 비료. (대) 직접 비료. indirect manure

간:접 사격(間接射擊)[명]〔군사〕 건조물(建造物)이나 구릉 따위의 장애물을 사이에 두고 그 건너편에 있는 목표물을 사격하는 일. indirect fire 하다

간:접 사:인(間接死因)[명]〔법률〕 죽음에 관계 있는 간접 원인. (대) 직접 사인.

간:접 선:거(間接選擧)[명]〔법률〕 일반 민중으로부터 선거된 피선거인들이, 다시 정원수의 피선거인을 선거하는 일. (대) 직접 선거(直接選擧). (약) 간선(間選). indirect election 하다

간:접-세(間接稅)[명]〔법률〕 주세(酒稅) 따위와 같이 상품을 소비하는 사람이 간접으로 부담하는 세금. (대) 직접세(直接稅). (약) 간세(間稅). indirect tax

간:접 소권[一꿘](間接訴權)[명]〔동〕 채권자 대위권.

간:접 소:작(間接小作)[명]〔농업〕 소작권을 얻은 사람에게서 다시 얻은 소작. (약) 간작(間作)②. subtenancy

간:접 손:해(間接損害)[명] 어떤 사건으로 인하여 간접적으로 입는 손해. 방사능과 같이 시간적·공간적으로 받는 손해 같은 것.

간:접 심리주의(間接審理主義)[명]〔법률〕 소송의 심리하는 법원이 직접 변론을 듣거나 증거를 조사하지 않고, 따로 다른 기관을 설치하여 그 기관이 행한 변론 및 증거 조사의 결과를 소송 판결의 자료로 하는 주의. (대) 직접 심리 주의(直接審理主義).

간:접적 논증(間接的論證)[명]〔논리〕 간접적으로 '진(眞)'임을 증명하는 방법. indirect demonstration

간:접 전염(間接傳染)[명]〔의학〕 물·공기 따위를 매개로 하여 전염하는 일. indirect infection

간:접 점유(間接占有)[명]〔법률〕 대리 점유. (대) 직접 점유(直接占有).

간:접 정:범(間接正犯)[명]〔법률〕 어느 행위로 인하여 처벌되지 않는 자 또는 과실범으로 처벌되는 자를 이용하여 범죄를 수행하는 범행. 또, 그 범인. (대) 직접 정범(直接正犯).

간:접 조:명(間接照明)[명] 불투명한 접시나 반사용 전등갓을 이용하여 광속(光束)을 전부 천장이나 벽에 투사(投射)하고, 그 반사광을 이용하는 조명. (대) 직접 조명(直接照明). indirect illumination

간:접 조:준(間接照準)[명]〔군사〕 직접 바라볼 수 없는 목표를 사격할 경우, 조준점을 따로 마련함으로 하는 조준. (대) 직접 조준. indirect aim

간:접 증명법[一뻡](間接證明法)[명]〔수학·논리〕 어떤 명제(命題)의 반면(反面)을 증명함으로써 직접 증명에 대신하는 증명법. (대) 직접 증명법.

간:접 추리(間接推理)[명]〔논리〕 두 개 또는 그 이상의 판단을 전제로 하여 그들 상호 관계를 고찰, 하나의 결론을 이끌어내는 추리. mediate inference

간:접 침략(間接侵略)[명]〔정치〕 무력에 의하지 않고 간첩의 침투나 파괴 행동 등 내란 조성 등에 의한 침략. (대) 직접 침략. indirect invasion

간:접 화법[一뻡](間接話法)[명]〔어학〕 어떤 표현에서 남의 말을 재현(再現)시킬 때에 그 내용만을 간접적으로 전달하는 화법. (대) 직접 화법(直接話法). indirect narration

간:접-환(間接換)[명]〔경제〕 두 나라 사이에서 직접 환거래를 하지 않고 다른 나라와의 환거래를 거쳐 그 두 나라의 대차(貸借)를 결제하는 방식. indirect exchange

간:접 환원법[一뻡](間接還元法)[명]〔논리〕 어떤 판단의 모순 판단을 진(眞)이라고 함이 불합리함을 표시하여 그 판단이 진(眞)임을 증명하는 방법. (대) 직접 환원법(直接還元法).

간:접 효:용(間接效用)[명]〔경제〕 사람의 욕망을 직접 만족시키지는 못하나, 다른 것과 교환함으로써 만족시킬 수 있는 재화의 효용. indirect utility

간:정(肝精)[명]〔동〕 간장 엑스.

간정(姦情)[명] 간통한 정상(情狀). circumstances of adultery

간정(乾淨)[명] →건정(乾淨).

간정(懇貞)[명] 어려움을 참고 정절(貞節)을 지킴. 하다

간:정(懇情)圈 극히 친절한 정의. deep friendship
간:정(簡淨)圈 간단하고 깨끗함. simple and neat 하게
간정-되-다困 소란하던 것이 진정되다. become quiet
간::정맥(肝靜脈)圈〈생리〉간장(肝臟) 안에 분포된, 서너 줄의 혈관으로 모인 정맥. hepatic vein
간:-제법(-除法)圈〔簡除法〕〈수학〉나눗셈을 쉽게 하는 방법. (대) 간승법(簡乘法). simple division method
간조(干潮)圈〈지리〉썰물.
간조-선(干潮線)圈〈지리〉간조 때의 바다와 육지와의 경계선. (대) 만조선(滿潮線). ebb tide line
간:-졸이-다(肝—)困 몹시 걱정이 되고 불안스러워 속을 태우다.
간종=간종曱 잇따라 간종그리는 모양. (큰) 건중건중.
간종-그리-다困 흐트러진 물건을 가닥가닥 골라서 가지런하게 하다. 간종이다. (큰) 건중그리다. put things in order
간종-이-다困 간종그리다.
간:좌(艮坐)圈〈민속〉뒷자리에 집터 등의 가방(艮方)을 등진 좌향. 「곤방(坤方)을 향한 좌향.
간좌 곤향(艮坐坤向)圈〈민속〉간방(艮方)을 등지고
간죄(姦罪)圈〔姦罪〕〈약〉=간음죄(姦淫罪). 강통죄(姦通罪). 하다
간주(看做)圈 그런 것으로 여김. 그렇다고 침. regard
간:주(間柱)圈 두 기둥 중간에 좀 가는 나무로 세운 기둥. middle pillar
간:주(間奏)圈〈음악〉①어떤 한 곡을 연주하는 도중에 기분을 나타내기 위하여 기악으로 연주하는 부분. ②동 간주곡.
간:주-곡(間奏曲)圈〈음악〉①극 또는 악곡의 막간에 연주하는 짧은 악곡. ②두 악곡 사이에 삽입된 짧은 기악곡. 간주(間奏)®. 간주악(間奏樂). 인테르메초(intermezzo).
간:주-악(間奏樂)圈〈동〉인테르메초.
간:-주지(簡周紙)圈 편지에 쓰는 두루마리.
간:-죽(簡竹·間竹·竿竹)圈 담배 설대.
간증(干證)圈〔기독〕예수교인이 자기의 지은 죄를 고백하여 증명함. confession ②범죄에 관계 있는 증인. 하다 「lepsy
간:증(癎症)圈〈한의〉간질의 증세. symptom of epi-
간지(干支)圈 십간(十干)과 십이지(十二支). sex-agenary cycle 「ning
간지(奸智·姦智)圈 간사한 지혜. (유) 간재(奸才). cun-
간:지(—)圈 ①한 장 한 장 접어서 맨 책의 각 장의 속에 넣어 받치는 딴 종이. ②동 속장.
간지(幹枝)圈〈식물〉줄기와 가지. stem and branches
간:지(諫止)圈 간하여 말림. dissuasion 하다
간:지(簡紙)圈 편지에 쓰는, 장지(壯紙)로 접은 종이.
간지기圈〔속〕=은(銀). 「letter paper
간-지-다困 붙은 데가 가늘어 곧 끊어질 듯하다. ¶가지는 머릿에 잡히가 지지지 닳렸다. weak and thin
간지라기圈 남의 마음을 잘 간지럽게 하는 사람. tickler
간지럼圈 간지러운 느낌. tickling
간지럼 먹이-다困 간지럼움하게 하다.
간지럼 치-다困 간지럽게 하다.
간지럼 타-다困 간지럼을 잘 느끼다. easily tickled
간지럽-다困〈ㅂ〉①무엇이 살에 가볍게 닿아서 스칠 때, 웃음이 날 것같이 느껴지다. (큰) 근지럽다. ticklish ②몸이 위태하거나 당착스러운 일을 볼때 마음이 자릿자릿하게 느껴지다. thrilling
간지르-다困〔르〕〈동〉간질이다.
간:지-봉(簡紙封)圈 편지봉투. 편지 봉투.
간:지-석(簡知石)圈〈토목〉석축을 쌓는 데 쓰는 앞면이 판판한 방추형(方錐形)의 석재(石材).
간직圈 잘 간수하여 둠.
간질(肝蛭)圈〈동〉=간충(肝蟲).
간질(癎疾)圈 고치기 어려운 병. incorrigible disease
간질=간질曱 ①말과 행동으로 남의 마음을 간지럽게 하는 모양. (세) 깐질깐질. ②간질거리는 모양. ticklish

③마음이 자리자리하여 자꾸 간지럽게 느끼는 모양. (큰) 근질근질. ticklishly 하다
간질-거리-다困 자꾸 간지러운 느낌이 들다. (큰) 근질거리다. ticklish 자꾸 간질이다. 「게 하다.
간질임 먹이-다困 〔—빨—〕남의 살을 건드려 간지럽
간:질-병(—病)圈〔肝蛭病〕〈약〉간장에 기생하는 소·양에 생기는 병. 간장이 커지고, 빈혈·수종(水腫)·복수(腹水) 따위의 증상이 일어남.
간:질 세:포(間質細胞)圈〈동〉중간 세포(中間細胞). 간세포(間細胞). 「~. tickle
간질이-다困 간지럽게 하다. 간지르다. ¶발바닥을
간짓-대圈 긴 장대. (약) 간대. bamboo pole
간:찰(簡札)圈 간지(簡紙)에 쓴 편지.
간책(奸策)圈 간사한 꾀. ~를 쓰다. trick, crafty design 「대쪽. ②동 서책(書冊).
간:-책(簡冊·簡策)圈 ①옛날에 종이 대신 글씨를 쓰던
간:척(肝尺—)圈〈동물—〉쇠고기의 간자 처녀.
간척(干拓)圈 호수나 바닷가에 제방을 만들어 그 안의 물을 빼고 육지나 경지를 만듦. ¶~공사. land reclamation by drainage 하다 「claimed land
간척-지(干拓地)圈 간척하여 이루어 놓은 육지. re-
간:첩(間諜)圈 ①적국의 내정(內情)을 몰래 살피는 사람. 첩자(諜者). ②자기 나라의 비밀을 적국에 제공하는 사람. 유정(遊偵). 간인(間人).
간:첩(簡捷)圈 간단하고 빠름. promptness 하다 히다
간:첩-죄(—罪)圈〔間諜罪〕〈법률〉적국의 간첩 노릇을 하거나 간첩을 방조한 범죄.
간:청(懇請)圈 간절히 청함. entreaty 하다
간초(艱楚)圈 간난과 고초. 고초가 심함. hardship 하다
간:촉(懇囑)圈 간절히 부탁함. earnest request 하다
간추(看秋)圈 지주가 병작(竝作)의 소작인의 추수 상황을 살펴봄. 하다 「put in order
간:-추리-다困 골라서 간략하게 추리다. ¶요지를 ~.
간:출(刊出)圈〔刊出〕 publication 하다
간:출(簡出)圈 가려냄. 추려냄. selection 하다
간:충(肝蟲)圈〔肝蟲〕〈동물〉주로 소·염소·양 등에 있는 쌀알 만하고 납작한 잎사귀 형태의 기생충. 사람에게 기생하기도 함. 간질(肝蛭).
간:-충직(間充織)圈〈생리〉동물의 기관(器官)과 기관 사이를 메우는 결체 조직성의 세포군. mesenchymatous tissue
간취(看取)圈 보아서 내용을 알아차림. perception 하다
간:측(懇惻)圈 ①지극히 간절함. cordiality ②간절하고 측은함. pity 하다 히다
간-치다困 맛을 내려고 간을 넣다. 「하다
간:친(懇親)圈 친하게 사귐. ¶~회(會). friendliness
간:-크:다(肝—)困〔으로〕매우 대담하다.
간:탁(懇託)圈 간절히 부탁함(簡拔). 하다 「하다
간:탄(懇嘆·懇歎)圈 간절히 탄원함. cordial entreaty
간태(杆太)圈 강원도 간성(杆城)에서 나는 명태.
간-태우-다(HT) 애태우다. tease
간:택(揀擇)圈 ①분간하여 고름. selection ②〈제도〉왕·왕자·왕녀의 배우자를 고름. selection of a spouse for a king or prince 하다
간:택(簡擇)圈 여럿 중에서 골라냄. selection 하다
간-토질(肝土疾)圈〔肝土疾〕〈한의〉간장 디스토마병.
간통(姦通)圈〔법률〕자기 배우자 이외의 이성과의 성교 행위. 통간. adultery 하다
간통 쌍벌주의(姦通雙罰主義)圈〔법률〕남녀 평등의 처지에서 간통한 남녀를 똑같이 처벌하는 주의.
간통-죄(—罪)圈〔姦通罪〕간통으로 성립되는 죄. 친고죄(親告罪)로서 배우자의 고소가 있는 경우에만 성립됨. (약) 간죄. adultery
간:-투사(間投詞)圈 감탄사(感歎詞).
간특(奸慝·姦慝)圈 간사하고 사특함. cunning and wicked 하다 히다
간파(看破)圈 보아서 속을 확실히 알아차림. ¶비밀을 간파하다. penetration 하다
간판(看板)圈 ①글이나 그림으로 여러 사람의 눈에

간판(一) 잘 뜨이도록 내어 건 판자. signboard ②남에게 알리기 위하여 드러내는 외면상의 표지. ③(속) 외관·학벌·경력 따위, 남 앞에 내세울 만한 것. ④(속) 얼굴.

간판(幹一) 일을 처리하는 보짱. pluck to manage

간판-장이(―匠―)[看板―] 간판을 그리거나 만들어 파는 사람. sign maker

간판-점(看板店) 간판을 그리거나 만들어 파는 가게.

간:-팔[間―] 밥에 넣으며고 맷돌에 갈아 부순 팔.

간:편(簡便) 간단하고 편리함. convenience 하다

간평(看坪) 지주가 도조(賭租)를 매기기 위해 추수하기 전에 농작물의 현황을 살핌. 검견(檢見).(유) 간추(看秋). surveying the crops before harvest

간평 도조(看坪賭租) (동) 잡을 도조.

간포(刊布) 간행하여 널리 펌. publish and distribute widely 하다 [sampling 하다

간품(看品) 물건의 품질의 좋고 나쁨을 자세히 봄.

간:풍(癎風) 「한의」 간질을 일으키는 증면.

간필(簡筆) 편지 쓰기에 알맞은 붓.

간:핍(艱乏) 몹시 빈곤함. utter destitution 하다

간-하다 ①생선을 소금에 절이다. ¶간한 조기. ②음식에 간을 치다. salting

간:-하다(諫―)[타여] 윗사람이나 왕에게 잘못한 일을 고치도록 말하다. remonstrate [ning, mean

간-하다(奸―)[형여] 간사하다. ¶인품이 ~. cun-

간활(奸黠) 간사하고 꾀가 많음. 교활함. 하다

간-해(間―) 지난해. ¶~엔 좋은 일도 많았다.

간행(刊行) 인쇄하여 박아 냄. 인행(印行). (약) 간**간행(奸行)** 간사한 행동. [(번). publication 하다

간행-물(刊行物) 간행한 인쇄물. (대) 고본(稿本). publication [lished book

간행-본(刊行本) 간행한 책. (약) 간본(刊本). pub-

간활 활리(奸猾猾吏) 간악하고 교활한 향리.

간:헐(間歇) 얼마 동안씩의 시간을 두고, 쉬고 쉬고 함. (번) 간흘(間歇). intermittent 하다

간:헐-류(間歇流) 〈지학〉 ①큰 비가 올 때나 우기(雨期)에만 일시 짤짜기를 흐르는 내. 간헐천(間歇川). ②해류의 단속(斷續)하는 단일 방향의 흐름.

간:헐-열(―熱)(間歇熱) 〈의학〉 일정한 간격을 두고 일어나는 신열. intermittent fever

간:헐 온천(間歇溫泉) 일정한 기간을 두고 주기적으로 분출하는 온천. (약) 간헐천(間歇川). geyser

간:헐 유전(間歇遺傳) (동) 격세 유전(隔世遺傳).

간:헐-적(―的)(間歇的) 일정한 시간을 두고 일어나는 (것). (대) 연속적(連續的). intermittent

간:헐-천(間歇川) (동) 간헐류(間歇流).

간:헐-천(間歇泉) (약)→간헐 온천(間歇溫泉).

간:헐 파행증(―症) 〈의학〉 걸으면 다리가 켕기고 좀 쉬면 낫고 하는 병증.

간험(姦險) 간악하고 음험함. 하다

간험(姦險) 간악한 불량배.

간호(看護) 환자 또는 어린 아이 등을 보살펴 돌봄. nursing [ing

간호-법(―法)(看護法) 간호하는 방법. art of nurs-

간호-병(看護兵) (동) 위생병(衛生兵).

간호-부(看護婦) 「여자 간호사」의 구칭.

간호-사(看護師) 〈의학〉 의사를 돕고 환자의 간호에 종사하는 사람. nurse

간호-장(看護長) 「수간호사」의 구칭. head nurse

간호 장:교(看護將校) 〈군사〉 군에서 위생과 간호에 종사하는 여군 장교. nurse officer

간호-학(看護學) 〈의학〉 간호에 관한 이론·응용 등을 연구하는 학문. science of nursing

간호 학교(看護學校) 간호사를 양성하는 기술 학교. nurses' training school

간:혹(間或) 이따금. 간간이. ¶~ 생각이 난다. (약) 혹(或)². occasionally

간:혼(間婚) 남의 혼인을 이간질함. 하다

간활(姦猾·奸猾) 간사하고 교활함. 하다

간:회(肝膾) 쇠간으로 만든 회.

간흉(奸兇) 간사하고 음흉함. artfulness 하다

간흉(奸凶·姦凶) 간사하고 흉악함. 또, 그런 사람. craftiness, crafty person 하다

간:흘(間歇) (번)→간헐(間歇).

간:-흡충(肝吸蟲) 〈동물〉 간장 디스토마.

갈점(愒點) (속) 간할(奸點). [energy

갈힘 괴로움을 억지로 참느라고 내는 힘. latent

갈힘-쓰다[―쓰어] 갈힘을 주어 애를 쓰다.

갈힘-주:다 괴로움을 참느라고 갈힘을 아랫배로 내리밀다.

•갈[고] 갓¹.

·곧[고] 같이.

갇-다 걷다. 거두다(收). →가두다.

·ᄀᆞ-다 [고] 갈다.

ᄀᆞ초 [고] 갖추. 갖게. ▽ᄀᆞ초.

ᄀᆞᇂ-다 [고] 같다.

·ᄀᆞ·홈 [고] 죄인의 목에 씌우던 형틀. 칼[枷]. [be confined

갇히-다[가치―][피동] 가둠을 당하다. (원) 가두이다.

갇힌-물[가친―] 흐르지 못하고 괴어 있는 물.

갈¹(약)→갈대. ②(약)→갈잎. [stagnant water

갈:²[약](약)→가을.

갈:³ 〈건축〉 기둥의 사개나 이방의 가름장 등의 갈래. ¶~을 켜다. dovetailed (forked) part of a column

갈:⁴[약](약)→가래⁵. [with round top

갈(碣) 머리를 둥글게 만든 작은 비석. tombstone

·갈[고] 칼[刀].

:갈² [고] 죄인의 목에 씌우던 형틀. 칼[枷].

ᄀᆞᆯ¹ [고] 가루.

·ᄀᆞᆯ² [고] 갈대.

갈:- 가리가리.

ᄀᆞᆯ가마·괴 [고] 갈가마귀.

갈-가마귀 〈조류〉 까마귀과의 새. 까마귀보다 좀 작은데 목에서 가슴·배까지는 희고 나머지는 검음. 늦가을부터 봄에 걸쳐 한국에서 삶. jackdaw

갈-가위 인색하게 안달하며 제 실속만 차리는 사람. miser

갈강 얌치없이 갈근거리는 모양. (큰) 걸겅. 하다

갈강-거리다 얌치없이 갈근거리다. (큰) 걸겅거리다.

갈강-거리다 (약)→갈그랑거리다. [다

갈강-병(―病) ¶―뼝(褐殭病)¶ 누에의 전염병. 병균이 붙은 자리가 검어지면서 입으로 수분을 흘리고 설사를 하다가 죽음.

갈개 얕게 판 작은 도랑. shallow ditch

갈개-꾼 ①종이의 원료인 닥나무 껍질을 벗기는 사람. ②남의 일을 훼방하는 사람. obstructor

갈개-발 ①연 아래 양 귀퉁이에 달린 종이. ②권세 있는 사람에 붙어서 세도 부리는 사람.

갈강갈강-하다[여] 얼굴이 파리하나 단단하고 굳세다.

ᄀᆞᆯ개·피 [고] 갈가피.¶―ㄴ 기상이 있어 보인다.

갈-거미 〈동물〉 납거미과에 딸린 거미류. 몸은 가늘고 길며 특히 다리가 몹시 김. 인가에 줄을 쳐 놓고 곤충을 잡아먹음. long-legged spider

갈건(葛巾) 갈포로 만든 두건.

갈건 야:복(―ㄴ―)(葛巾野服) 은사(隱士)의 거친 두건과 옷. plain dress

갈:-걸이[―거지] (약)→가을걸이.

갈-게(―") 〈동물〉 강가의 갈대밭에 사는 방게. crabs living in reedfield

갈겨니 〈어류〉 잉어과에 속하는 민물고기의 하나. 피라미와 비슷하나 비늘이 약간 굵어 보임. chub

갈겨-먹-다[타][으로] ①가로채어 먹다. snatch ②메어 먹다. usurp

갈겨-쓰다[타][으로] 서둘러서 급하게 쓰다. ¶편지.

갈고(羯鼓) 〈음악〉 양마구리를 말가죽으로 멘 장구 비슷한 타악기.

갈-고등어 〈어류〉 전갱이과의 바닷물고기. 등은 어두운 녹색, 배는 은백색으로 측면 중앙에 적갈색의 넓은

갈고랑막대기 갈고랑이처럼 된 막대기. crooked stick

갈고랑-쇠団 ①쇠로 만든 갈고랑이. hook ②성질이 꼬부장한 사람. illnatured person

갈고랑이団 ①끝이 뾰쪽하게 꼬부라진 물건. hook ②나무 자루에 갈고랑쇠를 박은 무기. 〈약〉갈고리. weapon with a hook on top

갈고리団 〈약〉→갈고랑이. 「丁·事」등의 「ㅣ」의 이름.

갈고리궐-부(一|部)団 한자 부수(部首)의 하나.

갈고리-나방団 〈곤충〉갈고리나방과의 곤충. 몸 빛은 검고, 앞뒤 날개에는 각각 톱날 모양의 암갈색 가로줄이 있음.

갈고리-눈団 위로 째진 눈. l로선이 다섯 줄에 있음.

갈고리-달団 초승달이나 그믐달과 같이 몹시 이지러진 달.

갈고리-바늘団 미늘이 없는 낚시. 물속의 물건을 걸어서 낚음.

갈고리-촌-충(一寸蟲)団 〈동물〉촌충과의 기생충. 몸 길이 2~3m로 머리는 갈고리 모양이고, 대소 두 가지의 갈고리가 열생(列生)함. 장내(腸內)에 기생함. l엿을 달아 놓는 데 씀. 〈약〉갈고리. hook

갈고쟁이団 가장귀진 나무를 잘라 만든 갈고랑이. 무

갈골(渴汨)団 몹시 초조하게 골몰함. 하団 히團

갈공막대[一때]團〈고〉늙은이의 지팡이.

갈구(渴求)団 목마르게 구함. craving 하団

갈=구슬(葛一)団 〈식물〉칡의 열매.

갈그랑-거리-다〔재〕 가르랑거리다. 〈약〉갈강거리다. 〈큰〉글그렁거리다. make a gurgling sound

갈그랑-갈그랑하団 「arrowroot

갈근(葛根)団 칡뿌리. 건갈(乾葛). root of

갈근-거리-다〔재〕 ①음식이나 재물을 채면 없이 탐내다. greedy ②목구멍에 가래가 붙어 소리가 나다. 〈큰〉걸근거리다. feel itching by phlegm in the throat

갈근-갈근하団 히團

갈급(渴急)団 목마른 듯 몹시 초급함. impatience 하団

갈급령-나-다(渴急令一)〔재〕 몹시 초급한 마음이 일어나다. be impatient 「증(渴症)②. impatience

갈급-증(渴急症)団 몹시 초급하게 구는 마음. 〈약〉갈

갈기団→가루. 「리②.

갈:기団 말·사자 따위의 목덜미에 난 긴 털. 갈깃머

갈기-갈기団 여러 가닥으로 찢어진 모양. 〈유〉가리가리. in pieces

갈기-다〔타〕 ①후려치다. l따귀를 후려 ~. beat ②총·대포를 냅다 쏘다. shoot ③글자 획을 모지게 마구 쓰다. write roughly ④연장이로 나뭇가지를 쳐서 베다. slash

갈깃-머리団 ①상투·낭자·딴머리 등에 끼잡히지 않고 밑으로 처지는 머리. ②〔동〕갈기.

갈=꽃団〈약〉→갈대꽃.

갈-나무団〈약〉→떡갈나무.

갈-다〔타〕〔르〕 전부터 있던 것 대신에 다른 것으로 바꾸다. l의자 커버를 ~. change

갈:-다〔타〕〔르〕 ①문질러 날이 서게 하다. whet ②문질러 닳게 하다. l먹을 ~. rub ③가루를 만들다. grind ④문질러서 광채를 내다. shine ⑤노력하여 더 훌륭해지다. 갈고 닦다.

갈:-다〔타〕〔르〕〈농업〉쟁기 따위로 흙을 파 뒤집다.

·굴·다〔타〕〔르〕 갈다¹. l밭을 ~. plough

·굴·다〔타〕〔르〕갈다².

갈=대団〈식물〉포아풀과의 다년생 풀. 높이 1~3m 가량으로 줄기는 곧고 단단하며 20~50cm의 피침형 잎이 있음. 습지나 물가에 나며 뿌리는 한약재로 씀. 〈약〉갈①. reed

갈대=꽃[一때—]団 갈대의 꽃. 〈약〉갈꽃.

갈대=발:[—때—]団 가는 갈대의 줄기로 엮어 만든 발. hanging screen of reed

갈대=청団 갈대의 줄기우듬.

갈도[一또—](喝道聲)団 ①큰 소리로 꾸짖음. 〈제도〉길 인도하는 하례가 앞에 서서 소리를 질러 행인을 금하던 일. 하団

갈도-성[一또—](喝道聲)団 갈도하는 소리.

갈:-돔:(褐一)団〈어류〉갈돔과의 바닷물고기. 몸 길이는 50cm 내외, 몸 빛은 노란 빛을 띤 회갈색이고 배 쪽은 노랗며, 머리와 각 지느러미는 황색임.

갈-동[一똥](褐銅)団 청동(青銅). bronze

갈등[一뜽](葛藤)団 ①일이 까다롭게 뒤얽힘. complication ②모순을 이루는 복잡한 관계. Transfer. ③〈문학〉서로 모순되는 견해·처지·이해의 차이로 등장 인물들 사이에 복잡하게 뒤얽혀 있는 관계. enmity, discord

갈등-나-다(葛藤一)〔재〕 서로 갈등이 생기다. be at odds

갈라-지-다[一붙어—]〔자〕 둘로 갈라서 각 쪽에 붙이다. part in two 「separate ②이혼하다.

갈라-서-다〔재〕 ①서로 관계를 끊고 따로따로 되다.

갈라-지-다〔재〕 ①깨어져 쪼개지거나 금이 가다. ②서로의 사이가 멀어지다. l부부가 ~. ③둘 또는 그 이상의 여럿으로 나누어지다. split

갈라테이아(Galateia)団 그리스 신화에 나오는 미녀.

갈라-타(galante 이)団〈음악〉'우미(優美)하게'의 뜻.

갈래団 갈라진 부분. l세 ~로 갈라진 길. piece

갈래-갈래団 여러 갈래로 갈라진 모양. piecemeal. divide into pieces

갈래-다〔자〕 ①길이나 정신이 갈리어 바른 길을 찾기 어려워지다. be confused ②짐승이 갈 바를 모르고 왔다갔다 하다. stray 「red to other place

갈려-о-다〔자〕 딴 곳에서 전근되어 가다. be transfer-

갈려-오-다〔자〕 딴 곳에서 전근되어 오다. be transferred to this place

갈력(竭力)団 있는 힘을 다해 애씀. exertion 하団

갈론(gallon)団 액체 용적의 단위. 영국에서는 4.54리터, 미국에서는 3.78리터에 해당한다.

갈륨(gallium)団〈화학〉희유 금속 원소(稀有金屬元素)의 하나. 단단하기가 알루미늄과 비슷함. 원소 기호 ; Ga. 원자 번호 ; 31. 원자량 ; 69.72.

갈리-다〔재〕 가르는 상태가 생기다. l의견이 ~. 동団 몇 갈래로 가름을 당하다. be divided

갈리-다〔재〕 목이 쉬어 소리가 거칠어지다. l갈린 목소리. become hoarse

갈리-다³〔동〕 자리를 빼앗기다. 자동 다른 것으로 갈아 대게 하다. be replaced

갈리-다〔재〕 ①문질러 갈음을 당하다. be ground ②칼에 나무 그릇이 잘 깎이다. be whittled 사동 ①문질러 갈게 하다. to have(something) ground ②칼로 나무 그릇을 깎아 만들게 하다. to have (something) whittled 「맞을 갈게 하다.

갈리-다〔동〕 땅이 갊을 당하다. be ploughed 사동

갈림-길[一껼]団 ①몇 갈래로 갈린 길. 기로(岐路). forked road ②두 가지 이상의 일 가운데서 어느 하나만을 택하여야 할 경우. l~에 이르다. crossroads 「the ways

갈림=목団 여러 갈래로 갈라지는 길목. parting of

갈마(羯磨←Karma 범)団〈불교〉①〔동〕업(業)②③. ②수계(受戒)나 참회 때의 의식.

갈마-들-다〔재〕 서로서로 번갈아 들다. take turns

갈마-들이-다〔사동〕 갈마들게 하다. change turns

갈마=바람団 '서남풍'의 뱃사람 말.

갈마=보-다[一보—]〔타〕 번갈아 보다. look back and forth at

갈마-쥐-다〔타〕 ①한 손에 쥔 것을 다른 손에 바꾸어 쥐다. shift something from hand to hand ②쥐고 있는 것을 놓고 다른 것을 갈아 쥐다.

갈-맛団〈약〉→가리맛.

갈망団 일을 능히 감당하여 처리함. l일을 벌여 놓고는 뒷~을 못한다. dealing successfully 하団

갈망(渴望)団 간절한 바람. 〈유〉열망(熱望). eager desire 하団

갈매団 ①짙은 초록빛. 심록(深綠). chinese green ②〈식물〉갈매나무의 열매. 한약재로 씀. 서리자(鼠李子). fruit of buckthorn

갈매기〈조류〉갈매기과의 물새. 몸 빛은 대체로 백

색인데 등은 담회색이고 다리와 부리는 녹황색임. 조개·물고기 등을 먹으며 해안·항구 등에 서식함. 백구(白鷗). 수압(水鴨). sea-gull
갈매-나무圈〈식물〉갈매나무과의 낙엽 활엽 관목. 높이 2 m 내외로 5월에 꽃이 피고, 9월에 흑색 열매가 익음. 과실은 염료 또는 약재로 쓰임. 서리 (鼠李). buckthorn
갈-멍덕圈 갈대로 엮어 만든 모자. reed hat
골·며·기《고》갈매기.
갈모-지[一紙]圈 갈모를 만드는 종이.
갈모-테圈 비 올 때 갈모를 쓸 때에 갓 대신 쓰는 물건. frame for a rain-hat
갈모 형제라图 아우가 형보다 잘났다.
갈-목圈 갈대의 이삭. ear of a reed
갈목-비圈 갈목으로 매어서 만든 비. 《약》갈비⁴.
갈무리圈 ①물건을 챙기어 간수함. 저장. preservation ②일의 끝맺음. 마무리. end 하타
갈-문이[一무지]〈농업〉논밭을 갈아 묵은 끄트러기 따위를 묻히게 하는 일. ploughing 하타
갈-물圈 떡갈나무 껍질에서 뺀 검붉은 물감.
갈-미圈〈동물〉갈미과의 극피 동물(棘皮動物). 모양은 해삼과 비슷하며 긴 타원형임. 광삼(光蔘). sea cucumber 하게 기다림. 하타
갈민 대:우(渴民待雨)圈 가뭄에 단비를 바람 같이 간절
갈바니 전:기(Galvani 電氣)圈〈물리〉종류가 다른 두 금속이 서로 닿을 때 생기는, 화학 작용에 의한 전기. [뱃사람임.
갈-바람圈 ①《약》→가을 바람. ②서풍 또는 서남풍의
갈-바래-다困 논밭을 갈아엎어 바람·햇볕에 쐬어 바래다. expose
골·바·쓰·다困《고》나란히 아울러 쓰다.
갈반(褐班)圈 갈색의 반점.
갈반-병[一病](褐斑病)圈〈농업〉①누에 병의 하나. ②식물의 잎·줄기에 갈색 원형의 고사반(枯死班)이 생기는 병. 팥·땅콩·국화·사과나무·포도나무 등에 생김. 갈색무늬병. [reeds
갈-밭圈 갈대가 많이 난 벌. 노전(蘆田). field of
갈백-색(褐白色)圈 갈색(褐色)을 띤 흰빛. brownish
갈-범圈〈동〉범.범. [white
갈병(喝病)圈〈동〉일사병. [prostitute, whore
갈보圈 몸을 팔며 천하게 노는 계집. 매춘부(賣春婦).
갈:-보리圈《약》→가을보리.
갈:-봄圈《약》→가을봄.
갈분(葛粉)圈 칡뿌리를 짓찧어서 물에 가라앉은 것을 말린 가루. 갈증과 주독을 품. ¶~ 국수. ~ 응이. arrowroot flour [set (people) at variance
갈-붙이다[一부치一]囮 남을 중상하려 이간 붙이다.
갈비¹圈 ①《동》늑골(肋骨). ②음식물로서의 소의 늑골. ribs of beef ③《속》몹시 마른 사람.
갈비²圈〈건축〉앞 추녀 밑에서 뒤 추녀 끝까지의 지붕의 넓이.
갈비³圈 불쏘시개로 쓰는 솔잎. 솔가리. pine-needles
갈:-비⁴圈《약》→갈목비. [for kindling wood
·골·비圈《고》갈피. 겹(重).
갈비-구이圈 쇠갈비를 토막쳐서 구운 음식.
갈비 백숙[一白熟]圈 쇠갈비를 토막쳐서 맹물에 삶은 음식.
갈비 볶음圈 쇠갈비를 양념하여 볶은 음식.
갈비-뼈圈 갈비의 뼈대. rib
갈비-살圈 소나 돼지의 갈비에서 발라 낸 고기.
갈비 조림圈 쇠갈비를 토막쳐서 조린 반찬. hard boiled rib
갈비-찜圈 쇠갈비를 토막쳐서 삶아 만든 찜요리.
갈비-탕(一湯)圈 토막친 쇠갈비를 넣고 끓인 국에 밥을 만 음식. [burdened
갈비-휘-다困 자기 힘에 겹게 짐이 무겁다. be over-
갈빗-국圈 토막친 쇠갈비를 넣고 끓인 국. rib soup

갈빗-대圈 갈비의 낱낱의 뼈대. 늑골(肋骨). rib
갈사[一싸](喝死)圈 더위를 먹어 죽음. 하타
갈-삿갓圈 쪼갠 갈대를 결어 만든 삿갓. 노립(蘆笠). [㈜ 대삿갓. reed-hat [밤색. brown
갈색[一쌕](褐色)圈 거무스름한 주황빛. 다색(茶色)①.
갈색 고미[一쌕](褐色苦味)圈 꿀벌이 유충을 기르기 위해 벌집 속에 굳혀 놓은 화분(花粉).
갈색 목탄[一쌕](褐色木炭)圈 잠기 전에 물을 꺼서 갈색이 되는 정도로 구은 숯. [病)①.
갈색무늬-병[一쌕](一病)圈〈동〉갈반병(褐斑
갈색 인종[一쌕](褐色人種)圈 살빛이 갈색인 인종. 머리털은 검고 코가 납작하며 턱은 앞으로 내밀었음. 몽고 인종이 이에 속함.
갈색-제:비[一쌕](褐色一)圈〈조류〉제비과의 새. 날개 길이 10 cm에 갈은 머리와 등이 갈색이고 흰 다른 종류와 쉽게 구별됨. 동부 시베리아·사할린·한국·일본 등지에 분포함.
갈색 조류[一쌕](褐色藻類)圈〈식물〉해조(海藻)의 빛깔에 따른 분류의 하나. 녹갈색 또는 담갈색을 띠며 한류(寒流)의 깊은 곳에 많이 남. 미역·다시마 등이 이에 속함. 갈조류(褐藻類).
갈색-쥐[一쌕](褐色一)圈〈동물〉쥐과의 짐승. 이 집트의 원산으로 페스트균을 매개함.
갈색 화:약[一쌕](褐色火藥)圈〈화학〉초석·유황·갈색 목탄(褐色木炭)으로 만든 갈색의 화약.
갈-서다囮 ①나란히 서다. stand abreast ②어떤 기준점과 삼각적 위치로 마주 서다.
갈수[一쑤](渴水)圈 오래 가물어 하천의 물이 마름. dearth of water
갈수-기[一쑤](渴水期)圈 한발기(早魃期) 등을 당해 하천(河川)의 물이 마르는 시기. dry season
갈수-량[一쑤](渴水量)圈 가물 때 흐르는 물의 분량. [more and more
갈수록[一쑤一]囝 점점. 시간이 지날수록 더욱더.
갈수록 수무 산이다/갈수록 태산이다圈 갈수록 더 어려움이 많다.
갈수-위[一쑤](渴水位)圈 일년 동안에 그 수위보다 낮은 날이 열흘 이상 되지 않는 정도의 물 높이. droughty water-level [하는 아이.
갈식[一씩](喝食)圈〈불교〉절에서 식사(食事) 심부름
갈신-들리-다[一씬一]혒 굶주려서 음식에 몹시 탐이 나다. 《준》걸신들리다. be famished
갈신-쟁이[一씬一]圈 갈신들린 사람. 《준》걸신쟁이. famished person
갈쌍圈 눈에 눈물이 가득하여 흘러 넘칠 듯한 모양. 《준》갈쌍. be about to cry 하타
갈쌍-거리-다困 눈물이 가득 괴어 넘칠 듯하다. 《준》글썽거리다. brimful 갈쌍-갈쌍 하타
갈씬-거리-다困 겨우 닿을락말락하다. 《준》걸씬거리다. 갈씬-갈씬이 하타 [다. almost touching
갈씬-하다[一씬一]혒 겨우 조금 닿고 말다. 《준》걸씬하다
갈아-내-다囮 세 것을 쓰기 위해 묵은 것을 치워 버리다. displace [replace
갈아-대-다囮 묵은 것을 새 것으로 바꿔 대다.
갈아-들-다囮재 묵은 것이 나간 후 새 것이 바뀌어 들어오다. take the place of [replaced
갈아-들이-다囮 갈아들게 하다. have (something)
갈아-붙이-다[一부치一]囮 ①분한 마음으로 이를 힘주어 갈다. gnashing (grinding) one's teeth ②마음가짐을 굳게 하다. determine ③새 것을 갈아내어 붙이다. stick a new one [the place of
갈아-서-다囮 묵은 것 대신 새 것이 들어서다. take
갈아-세우-다囮 갈아서게 하다. ¶비석을 ~.
갈아-엎-다囮 땅을 갈아 뒤집어 놓다. plough
갈아-입-다囮 딴 옷으로 바꾸어 입다. change
갈아-주-다囮①상인에게 이문을 붙여 주고 물건을 사다. ②새 것으로 바꾸어 주다. ¶어항의 물을 ~.
갈아-치우-다囮 교체해 버리다.
갈아-타-다囮 차 따위를 바꾸어 타다.

갈앉다 〖약〗→가라앉다.

갈앉히다 〖약〗→가라앉히다.

갈앙(渴仰)〖명〗목마르게 동경•사모함. craving ② 〖불교〗깊이 불도를 숭상함. deep devotion 하타

갈애(渴愛)〖명〗①몹시 사랑하거나 좋아함. blind love ②〖불교〗범부(凡夫)가 목마르게 오욕(五慾)에 애 착함.

갈열(渴熱)〖명〗〈의학〉젖먹이에게 일과성(一過性)으로 나타나는 수분 결핍에 의한 발열. 여름철에 많음.

골·오·기〖고〗쌍둥이. [dehydration fever

골·오·다 타 〖고〗①함께 나란히 하다. ②맞서서 겨

골오되 〖고〗가로되. 말하되.

갈외 〖고〗가뢰. [범하다.

골·외·다타〖고〗①덤비다. ②가루다². ③쏘다니다. 침

갈·웝〖고〗갈범.

갈음〖명〗서로 바꾸어 대신함. ¶이 말로써 인사에 ─하다. change 하타

갈음=질〖명〗연장을 숫돌에 가는 일. grind, whet 하

갈이¹〖명〗논밭을 가는 일. ¶마른∼. 물∼. cultivation 의〖명〗하루 동안에 혼자서 갈 만한 논밭의 면적 단위. ¶사흘 ∼ 은. [∼. replacement

갈이²〖명〗묵은 것을 새 것으로 바꾸어 대는 일. ¶창

갈이³〖명〗갈이틀이나 갈이 기계로 나무 그릇을 만드는 일. turning [는 공장. lathe shop, turnery

갈이 공장(一工場)〖명〗갈이 기계로 나무 그릇을 만드

갈이 기계(一機械)〖명〗〖공업〗갈이틀을 개량하여 만든 기계. 선반(旋盤). lathe

갈이박〖명〗갈이틀로 만든 나무 바가지. [집.

갈이방(一房)〖명〗갈이틀을 놓고 나무 그릇을 만드는

갈이장이〖명〗갈이틀로 나무 그릇을 만드는 것을 업으로 하는 사람. turner lathe man [하타

갈이=질¹〖명〗갈이칼로 나무 그릇을 깎는 일. turning

갈이=질²〖명〗논밭을 가는 일. plowing 하타

갈이=칼〖명〗갈이틀 또는 갈이 기계로 목기를 갈게 할 때 쓰는 쇠 연장. lathing hammer

갈이틀〖명〗나무를 파는 갈이칼을 돌리는 기계. 선기 (旋機). turning lathe

갈=잎[─립]〖명〗①〖약〗→떡갈잎. ②가랑잎. 〖약〗갈잎¹②.

갈잎=나무[─립─]〖명〗낙엽수(落葉樹).

갈잎=좀나무[─립─]〖명〗〈동〉낙엽 교목.

갈잎=큰키나무[─립─]〖명〗〈동〉낙엽 교목.

갈장(一葬)〖명〗〖제도〗장기(葬期)를 기다리지 않고 급히 하는 장례. 〖대〗과장(過葬). 하타

갈=전갱이(渴─)〖명〗〈어류〉전갱이과의 바닷물고기. 몸 길이 30 cm 내외. 몸 빛이 등 쪽은 청색, 배 쪽은 백색임. [類).

갈조=류[─조─](褐藻類)〖명〗〖약〗→갈색 조류(褐色藻

갈조=소[─소─](褐藻素)〖명〗〈식물〉갈색 조류의 색소체 (色素體) 속에 엽록소(葉綠素)와 함께 많이 들어 있는 적갈색의 색소. fucoxantine

갈증[─쯩](渴症)〖명〗①목이 말라 물을 마시고 싶은 김. thirst ②〖약〗→갈급증(渴急症).

갈증=나다[─쯩─](渴症─)〖명〗갈증이 일어나다. 목이 말라지다.

갈지개[─찌─](─)〖명〗〈조류〉한 살 된 매. 온 몸이 잿색이며 두운 빛의 세로무늬가 있음. one year-old hawk

갈지게〖명〗〖고〗갈지게.

갈진[─찐](竭盡)〖명〗다하여 없어짐. exhaustion 하타

갈지자 걸음[─짜─](─之字─)〖명〗좌우로 비틀거리며 걷는 걸음. walking in zigzags

갈지자^형[─짜─](─之字─)〖명〗직선이 갈지자[之]처럼 좌우로 빗꺾여 나간 모양. 번개꼴. zigzag

갈쭉=하다〖형〗〖미〗액체 속에 섞인 것이 많아 좀 걸다. 〖큰〗걸쭉하다. thick 갈쭉=히〖부〗

갈=참나무〖명〗〈식물〉너도밤나무과의 낙엽 활엽 교목. 잎은 타원 모양의 털이 새끼며. 재목은 빨갛고 가구재로 쓰이며 열매는 식용함. oak

갈채(喝采)〖명〗기뻐 소리를 질러 칭찬함. ¶박수(拍 手) ∼. ─를 받다. applause 하타 [철.

갈철(褐鐵)〖광물〗황갈색(黃褐色) 또는 흑갈색의

갈철=광(褐鐵鑛)〖광물〗광택이 없는 흑갈색 또는 황갈색의 철. 제철•제료(製料) 원료로 쓰임. limonite 〖약〗. membrane lining the reed stem

갈=청〖명〗갈대 줄기 속에 있는 얇고 흰 막. 가부(─).

갈:〖초〗(一草) 겨울 동안의 마소의 먹이로 가을에 베어 말린 풀. 〖약〗초(草)². hay

갈충 보:국(竭忠報國)〖명〗충성을 다하여 나라의 은혜를 갚음. 진충 보국(盡忠報國). 하타

갈=충이(─)〈곤충〉가래나무 잎을 먹는 곤충.

갈취(喝取)〖명〗으름장을 놓아 억지로 빼앗음. 하타

갈치(─)〈어류〉갈치과의 바닷물고기. 몸은 흘쭉하고 얄팍하며 1∼1.5 m 정도. 비늘이 없고 은백색이며 식용함. 도어(刀魚). hair-tail, cutlass fish

갈치가 갈치 꼬리 문다〖속〗친근한 사이에 서로 모함함.

갈치=다〖약〗→가르치다. 〖다.

갈치 자:반(─佐飯)〖명〗소금에 절인 갈치를 토막내 굽거나 찌거나 한 반찬. broiled (cooked) hair-tail

갈=퀴(一━)〈건축〉사깨나 가름장의 끝에 〖─로 얽어 만든 기구〗. rake질을 하다.

갈퀴〖명〗나뭇잎 따위를 긁어 모으는 데 쓰는, 대 따위

갈퀴=나무〖명〗갈퀴로 긁어 모은 낙엽 따위의 땔나무.

갈퀴=나물〖명〗〈식물〉콩과의 다년생 만초(蔓草). 6∼9월에 나비 모양의 자줏빛 꽃이 피고 타원형의 협과 (莢果)가 열림. 어린 잎과 줄기는 가축의 먹이로

갈퀴=다〖명〗갈퀴로 긁어 모으다. rake [씀.

갈퀴덩굴〖명〗〈식물〉꼭두서니과의 이년생 덩굴풀. 잎은 가늘고 길며 5∼6월에 담황록색 꽃이 피고 열매는 타원상 구형임. 다른 물체에 잘 엉기어 붙는 성질이 있음. [일. 하타

갈퀴=질〖명〗갈퀴로 낙엽•솔가리 따위를 긁어 모으는

갈퀴=코〖명〗갈퀴 자루를 원몸에 잡아맨 자리.

갈큇=발〖명〗갈퀴발의 꼬부라지지 않은 쪽의 끝.

갈큇=발〖명〗갈퀴의 갈고랑이 진 낱낱의 이빨.

갈=타다(─)〈건축〉사깨•가름장 따위의 갈을 톱질하여 만들다. make dovetails or forks

갈탄(褐炭)〖광물〗석탄의 하나. 화력이 약하고 갈색임. brown coal, lignite

갈탕(葛湯)〖명〗칡뿌리 설탕을 넣고 끓인 물.

갈=통(一筒)〖명〗굵은 갈대 줄기로 결어 만든 상자.

갈파(喝破)〖명〗①크게 꾸짖어 억누름. shouting down ②부정(不正)을 물리치고 진리를 밝힘.

갈=파래〖동〗청태(靑苔). [declaration 하타

갈판〖명〗염전의 판에서 긁어 모은 흙을 쌓은 것.

갈팡=질팡〖명〗방향을 못 정하고 이리저리 헤메는 모양. 갈팡이 시책. in confusion, confusedly 하타

갈포(葛布)〖명〗칡의 섬유로 짠 베. ¶∼ 벽지(壁紙).

•**골·포**〖고〗겹으로. 거듭. 거푸.

갈─풀〖명〗논에 거름으로 넣을 때 쓰는 부드러운 나뭇잎•풀 따위. grass out for paddy field manure

갈─품〖명〗막 피려고 하는 갈꽃. 아직 피지 않은 갈꽃. blossoms

갈피〖명〗①겹친 물건의 하나하나의 사이. ¶책∼. space between two similar things ②일의 갈래가 구별되는 어름. ¶∼를 못 잡다. division

갈피(葛皮)〖명〗칡 껍질. rind of the arrowroot

갈피=갈피〖명〗갈피마다. leaf after leaf

갈필(渴筆)〖미술〗①그림을 그릴 때는 뺏뺏한 붓. painting brush ②선과 주름을 그릴 때, 스치는 맛을 살려 그리는 붓. 〖약〗초묵(焦墨). [는 붓.

갈필(葛筆)〖명〗칡뿌리 끝을 두드려 모필 대신으로 쓰

갈─하다(渴─)〖명〗목마르다. thirsty

골·히·다타〖고〗가래다. 가르다. 분별하다. 구별하다.

골·히·욤〖명〗분별(分別)함. →골히다.

골·히·이·다타〖고〗→골히다.

갈화(葛花)〖명〗〈한〉칡의 꽃. 주독(酒毒)을 풀며 혈(下血)을 그치게 함. arrowroot blossoms

갉다

갉-다[각—]팀 ①날카로운 것으로 바닥이나 거죽을 잘게 문지르다. scratch ②갉아 따위로 좀스럽게 긁어 모으다. rake ③남의 잘못을 좀스럽게 헐뜯다. 〔큰〕긁다. carp at
갉아-당기다팀 갉아서 앞으로 끌다. 〔큰〕긁어당기다
갉아-뜯다팀 돈치기할 때 맞히는 대로 따먹는 내기. 〔대〕모두먹기.
갉아=먹다팀 ①이로 조금씩 갉아서 먹다. gnaw ②남의 재물을 다랍게 뜯어먹다. 〔큰〕긁어먹다. squeeze
갉이團 금붙이를 갉아서 윤이 나게 하는 연장. grinder
갉작-거리다[—작—]짜 연이어 갉다. 〔큰〕긁적거리다. scrape, gnaw **갉작-갉작**팀 하듣
갉죽-거리다[—죽—]짜 자꾸 무디게 갉다. 〔큰〕긁죽거리다. crunch, scratch **갉죽-갉죽**팀 하듣
갉히-다짜 갉음을 당하다. 〔큰〕긁히다. be scratched
갊-다[감]팀 ①감추다. 간직하다. ②염습(殮襲)하다.
·곪--다[곰]팀 점. 거듭.
·곪-·다[고]팀 나란히 하다. 「루다².
·곪=·다[고]팀 함께 나란히 하다. 맞서서 견주다. 가
·곪=흥-·다[고]팀 겹치다.
감:¹團 감나무의 열매. persimmon
감:²團 ①어떤 일의 바탕이나 물건을 만드는 재료. ¶양복~. material, stuff ②놀음이나 놀이의 도구. ¶장난~. instrument ③어떤 자격이 알맞을 만한 대상자임을 나타내는 말. ¶며느리~. can-
감:³團 ①[약]~감둥. ②[약]~감흠. didate
감(坎)團 ①[약]~감방(坎方).
감(疳)團 [약]~감병(疳病).
감(減)團 ①'빼기'의 구용어. ②덞. 줄임. 〔대〕증(增). ②가(加). reduction ③[약]~감법(減法). ④[약]~감산(減算). 하트
감(感)團 ①느낌. 생각. 인상. ¶이른 ~이 있다. feeling ②[약]~감도(感度)①.
감(監)團 〈군사〉감실(監室)의 장(長).
감:가(坎坷·坎軻·轞軻)團 ①때를 만나지 못함. 〔유〕불우(不遇). ②가는 길이 험하여 고통이 많음. 감람(坎壈). 하트 「reduction of price 하트
감:가[—까](減價)團 값을 감함. 에깎. 〔대〕증가(增價).
감:가 상각[—까—](減價償却)團 〈경제〉토지 이외의 고정 자산의 가치의 감소를 각 연도에 할당하여 그 자산의 가격을 감소시킴. depreciation
감:가 소각[—까—](減價消却)團 '감가 상각(減價償却)'의 구칭.
감:각(減却)團 덜어 버림. decrease 하트
감:각(感覺)團 ①느껴 깨달음. ②외부 또는 내부 자극에 의해 일어나는 느낌. ③사물(事物)을 감수(感受)하는 힘. ④〈생리〉감각 기관에서 출발하여 대뇌(大腦)에 이르는 구심 신경(求心神經)의 작용 과정. ⑤〈심리〉신경 계통의 외부에서 발생하여 얻어진 경험. ¶~력(力). feeling, sense, sensation 하트 「불쾌의 감정.
감:각 감:정(感覺感情)團 감각에 따라 일어나는 쾌·
감:각-계(感覺界)團 〈철학〉지각(知覺)의 대상이 되는 경험의 세계. 곧, 현상계(現象界).
감:각-기(感覺器)團 [약]~감각 기관.
감:각 기관(感覺器官)團 〈생물〉동물의 겉몸에 있으면서 외계의 자극을 받아 느끼는 기관. 감촉 기관. 〔약〕감각기. sensory organ 「sensation
감:각 기능(感覺機能)團 감각하는 기능. faculty of
감:각-론(感覺論)團 〈철학〉모든 인식의 근원이 감각에 있다고 주장하는 학설. sensationalism
감:각 마비(感覺痲痺)團 〈의학〉지각 신경(知覺神經)의 감수력을 잃어버리는 병. 느끼지못는 병.
감:각-모(感覺毛)團 〈생리〉동물의 피부에 있어 촉각
감:각 묘:사(感覺描寫)團 문예·미술에서 주로 감각에 관한 면에 중점을 두는 묘사. sensual description
감:각 상실(感覺喪失)團 [동] 감각 탈실(感覺脫失).
감:각 세:포(感覺細胞)團 〈생리〉감각 자극을 수용

감관적 착각

(受容)할 수 있도록 특수화된 상피 세포(上皮細胞). sensory cell
감:각 식물(感覺植物)團 〈식물〉외계의 자극에 즉각적으로 반응하여 운동을 일으키는 기능이 있는 식물. sensitive plant
감:각 신경(感覺神經)團 〈생리〉감각 기관에 자극이 있을 때 이것을 감각 중추에 전달하는 신경. 지각 신경(知覺神經). sensory nerve
감:각 온도(感覺溫度)團 실제로 감각되는 온도.
감:각 유:추[—뉴—](感覺類推)團 '철혈(鐵血)'·'따뜻한 색'과 같이 하나의 감각적 성질을 다른 감각의 성질로써 표현하는 일.
감:각 잔류(感覺殘留)團 자극이 없어진 뒤에도 그 감각이 계속되는 현상. 잠상(殘像) 현상은 이 예임. after sensation
감:각-적(感覺的)團 ①감각하는 대로 행동하거나 표현하는 것. ②눈 또는 듣는 사람에게 강한 자극을 주는(것). 〔대〕개념적(概念的).
감:각적 인식(感覺的認識)團 감각 또는 감성(感性)에 의한 인식. 감각적 인식(感官的認識).
감:각-점(感覺點)團 〈생리〉피부에 분포되어 압력이나 온도를 감수(感受)하는 지각점. 온점·냉점·측점·압점·통점 따위. sensory spot
감:각 중추(感覺中樞)團 〈생리〉감각의 기본이 되는 신경 중추. 대뇌피질에 분포되어 있음. sense center
감:각 탈실[—실](感覺脫失)團 〈의학〉자극을 받아도 감각이 일어나지 않는 상태. 감각 상실(感覺喪失). anaesthesia
감감 무소식(—無消息)團 [동] 감감 소식(消息).
감감 소식(—消息)團 소식이 감감함. 감감 무소식. 〔약〕감감. 〔센〕깜깜 소식이.
감감-하다(憾憾)톔 ①소식이 없다. ②보이던 것이 아니 보이고 찾을 길이 아득하다. ③적적하다. **감감-히**里
감:개(感慨)團 ①마음속 깊이 사무치게 느낌. emotion ②깊은 회포를 느낌. 사무치게 느낌. 하트
감:개 무량(感慨無量)團 사물에 대한 회포의 느낌이 한이 없음. deep emotion 하트
감:격(感激)團 ①몹시 고맙게 느낌. ②느끼어 마음이 몹시 움직임. deep emotion, inspiration 하트 **스^**스레트
감:격-적(感激的)團 감격할 만한(것). ¶~인 교훈.
감:결(甘結)團 〈제도〉상급 관청에서 하급 관청에 보내던 공문(公文).
감:결(減結)團 〈제도〉결복(結卜)을 감하여 줌. 하트
감:경(減輕)團 〈제도〉본형(本刑)보다 가벼운 형벌에 처함. ②줄여서 가볍게 함. commutation 하트
감고(甘苦)團 ①단맛과 쓴맛. 단것과 쓴것. sweets and bitters ②즐거움과 피로움. pleasure and hardship ③고생을 닳게 여김.
감고(監考)團 〈제도〉①조선조 때, 궁가(宮家)나 관아에서 돈과 곡식의 출납과 간수에 종사하던 사람. ②[약]~말감고. inlay, inlayer
감공(嵌工)團 상감(象嵌) 세공. 또, 그것을 업으로 하는 사람.
감공(嵌空)團 ①속이 깊은 굴. ②깊은 산골짜기.
감과(甘瓜)團 [동] 참외.
감과(坩堝)團 [동] 도가니¹.
감과(柑果)團 〈식물〉내과피(內果皮)의 일부가 주머니 모양이며, 속에 액즙(液汁)이 있고, 외피피와 중과피가 해면 모양인 과실. 귤·유자 따위.
감곽(甘藿)團 [동] 미역. 「작용(作用).
감관(感官)團 〈생리〉감각 기관(感覺器官). [약]~감각
감관(監官)團 〈제도〉관아나 궁가(宮家)에서 돈·곡식 등의 간수와 출납을 맡아보던 관리. 감고(監考).
감관-미(感官美)團 〈철학〉미(美)의 하나. 감각성이 정신성을 능가할 때, 또는 외면성이 내면성을 능가할 때 생기는 미.
감관적 착각(感官的錯覺)團 〈심리〉감관 지각(感官知覺)에 의하여 생기는 보통 착각.

감:관 표상(感官表象) 〖철학〗 감관적(感官的) 자극으로 인하여 직접 생기는 표상. sensory presentation

감:광(減光) 〖천문〗 지구의 대기에 의하여 별이나 태양의 빛이 흡수되는 현상. 하다

감:광(感光) 광선의 감응을 받음. exposure 하다

감:광계(感光計) 사진 건판의 감광도를 측정하는 기계. sensitometer

감:광도(感光度) 감광 재료가 빛에 감응하는 능력을 수량적으로 표시한 값. ¶~한 필름. photo sensitivity

감:광막(感光膜) 〖화학〗 사진 건판(乾板)이나 필름·인화지의 표면에 얇은 막을 이룬 감광제. sensitive film [sensitivity to light

감:광-성(-性)(感光性) 물질의 감광하는 성질.

감:광-약(-藥)(感光藥) 〖화학〗 광선이 닿으면 화학적 변화가 생기는 약품. 요드화은·염화은 등. medicine sensitive to the light

감:광 유리[-뉴-](感光瑠璃) 금·은·동 같은 콜로이드 착색제를 포함한 특수한 유리. 자외선을 비춰 열처치(熱處置)를 하면 비친 부분만 착색할 수 있으며, 영구적인 화상(畵像)의 밀착이 가능함. emulsion coated (photographic) glass

감:광 유제[-뉴-](感光乳劑) 〖동〗 감광제(感光劑).

감:광 재료(感光材料) 사진의 건판·필름·인화지 등 빛에 감응하는 재료. sensitizer

감:광-제(感光劑) 〖화학〗 건판·인화 등의 감광성을 증가시키거나 부여하는 약제. 감광약에 젤라틴이나 갖풀 등을 조합한 것. 감광 유제. sensitive emulsion [종이. sensitive paper

감:광-지(感光紙) 〖화학〗 감광제(感光劑)를 바른

감:광-판(感光板) 〖동〗 감광제를 바른 유리판이나 셀룰로이드판. 건판·필름 등. sensitive plate

감:광 필름(感光 film) 얇은 셀룰로이드판에 감광제를 바른 사진 촬영용 필름. (대) 영사용 필름. (photographic) film

감:괘(坎卦) 〖민속〗 8괘의 하나. 상형은 '☵'로 물을 상징함. ②육십사괘의 하나. (약) 감(坎)①.

감:구(感球) 〖생물〗 생물의 피부에 있는 감각 세포의 모임. 촉각을 맡음.

감:구(感舊) 지난 것을 생각함. 하다

감:구지-회(感舊之懷) 지난 날을 생각하는 회포. (약) 감회(感懷)②. yearning for the old days

감국(甘菊) 〖식물〗①엉거시과의 다년생 국화. 높이 30~60cm이고 보통 자흑색이며 잎은 다섯 갈래로 끝이며 끝이 뾰족함. 약용 및 양조용(釀造用). winter chrysanthemum ②단맛 있는 국화.

감:군(減軍) 〖제도〗 군사력을 줄임. (대) 증군(增軍). military reduction

감:군(監軍) 〖제도〗 밤중에 도성 안팎을 돌며 군사의 순찰을 감독하던 임시 벼슬. [다. atrocious

감:-궂다 ①성질이 흉악하다. heinous ~감사납

감귤(柑橘) 〖식물〗 귤·밀감의 총칭.

감금(監禁) 〖법률〗 가두어 자유를 속박하고 감시함. ¶불법 ~. imprisonment 하다 [감금한 최.

감금-죄(-罪)[-쬐](監禁罪) 〖법률〗 불법으로 사람을

감:급(減給) 급여나 급료를 정액보다 줄임. (대) 증급(增給).

감기(感氣) (약)→신감기.

감기(感氣) 〖동〗 [and rise up 하다

감:기(感起) 감동(感動)하여 일어남. be moved

감:기(感氣) 〖의학〗 바이러스로 인하여 걸리는 호흡기 계통의 염증성(炎症性) 질환. 고뿔(感氣).고뿔. 외감(外感). cold [로 인색하여라.

감기 고뿔도 남을 안 준다(속) 감기까지도 안 줄 정도

감기는 밥상 머리에 내려앉는다(속) ①감기로 앓고 있다가도 밥상을 받으면 앓는 사람답지 않게 잘 먹는다. ②감기는 잘 먹어야 빨리 낫는다.

감기-다¹ 몸을 물로 씻거나 머리를 씻어 주다. (사동) 머리나 몸을 물로 씻기다 하다. bathe

감기-다²〖동〗 ①실 따위가 감아지다. be wound ②옷자락 따위가 걸려 거치적거리다. get caught (사동) 실 따위를 감게 하다. have (the thread) wound

감기-다²〖동〗 눈이 감아지다. eyes become closed (사동) 눈을 감게 하다. have one's eyes closed ¶졸음이 오다. ¶졸려서 눈이 ~.sleepy

감: 〖식물〗 감나무과의 낙엽 활엽 교목. 높이 10m 내외이고 잎은 넓은 타원형임. 장과는 가을에 등황색 또는 홍색으로 익으며 식용·약용함. persimmon tree

감나무 밑에 누워도 삿갓 미사리를 대어라(속) 이익은 스스로 자기한테 오는 것이 아니니, 그것이 오도록 하려면 어떠한 준비를 하여야 한다.

감낙(甘諾) 달갑게 승낙함. 하다

감:낙(感諾) 감동하여 승낙함. 하다

감:납(減納) 납부금·세금 따위를 줄여서 냄. partial payment 하다

감내(堪耐) 어려움을 참고 견딤. endurance 하다

감:-내기(感) 〖민속〗 황해도 지방의 민요의 하나. 밭일하면서 부름.

감:-내:-(感) 해내다. [dark yellow

감:-노랗-다 감은 듯 노랗다. (큰) 검누렇다.

감:-노르-다 감은 빛이 나는 듯 노르다. (큰) 검누르다. darkish yellow [하다

감:노불감언(敢怒不敢言) 성은 나도 말은 못 함.

감농(監農) 농사짓는 일을 감독함.

감능(堪能) ①일을 감당할 수 있는 능력. capacity ②그 일에 능숙함. skill 하다

감:-다¹[-따] 머리를 무엇에 말다. ¶붕대를 다리에 ~. 목에 팔을 ~. wind [~. wash

감:-다²[-따] 머리·몸 따위를 물에 씻다. ¶머리를

감:-다³[-따] 위아래 눈시울을 합치다. ¶죽은 눈을 ~. close eyes [깜다. black

감:-다⁴[-따] 빛깔이 먹빛과 같다. 검다②. (예)

감단(勘斷) 〖제도〗 죄를 심리(審理)하여 처단함. 하다

감당(堪當) 능히 당해 냄. ¶혼자서 ~하다. ability 하다

감:-도(感度) ①느끼는 정도. (약) 감(感)②. sensitiveness ②라디오 따위의 소리를 재생하는 정도. sensitivity

감:도(感導) 감응적으로 인도함. 하다

감독(監督) 〖동〗①〖기독〗기독 교회의 세 성직 중 우두머리. bishop ②보살펴 잘못이 없도록 시킴. 또, 그 사람. superintendent ③〖법률〗 어떤 행위가 불법이나 불의로 떨어지지 않도록 감시함. ④(속예) 영화 감독. 무대 감독. ⑤운동 경기에서, 실전을 직접 지도하는 사람. ⑥공사장에서 일의 진행을 직접 단속·잡도리하는 사람. director 하다

감독-관(監督官) 감독하는 직권을 가진 관리. inspector

감독 관청(監督官廳) 〖법률〗 감독하는 직권을 가진 상급 관청. (약) 감독청. supervisory authorities

감독 교:회(監督敎會) 〖기독〗 감독을 두어 교회를 관할하는 조직의 기독교. 감리 교회·성공회(聖公會) 따위. Episcopal Church

감독-권(監督權) 〖법률〗①감독하는 권능. ②상급 관청이 하급 관청을 지휘·명령하고 그 비위(非違)를 교정(矯正)하는 권리. ③국가가 은행·회사·거래소 또는 개인의 영업을 감독하는 권리. ④친권자 또는 후견인이 자식 또는 피후견인에 대하여 감독하는 권리. [petent institutions

감독 기관(監督機關) 감독권을 가진 기관. com-

감독-청(監督廳) (약)→감독 관청.

감:-돌[-똘] 〖광물〗 수지 계산에 넣을 광석. (약) 감석①. 버력.

감:-돌-다 ①빙빙 감아 돌다. swirl ②떠났던 곳으로 다시 오다. return ③생각이 사라지지 않고 알찐거리다. eddy

감:-돌아-들-다 감돌아서 들어오다.

감돌−이〖명〗 사소한 이익을 보고 감돌아드는 사람. avaricious fellow

감:동(感動)〖명〗 깊이 느끼어 마음이 움직임. ¶~력(力). 〈유〉감발(感發). impression, deep emotion 하타

감:동(撼動)〖명〗 뿌리를 흔들어 움직임. shaking the root 하타

감:동−사(感動詞)〖명〗〖동〗감탄사(感歎詞).

감=동−유(−油)〖명〗 곤쟁이것에서 짜낸 먹는 기름. 노하유(滷蝦油).

감:동−적(感動的)〖명〗 감동하거나 감동할 만한(것).

감동−젓〖명〗 폭 삭힌 곤쟁이젓. 감동해.

감:득(感得)〖명〗①깊이 느끼어 얻음. consciousness ②영감(靈感)으로 깨달음. inspiration ③믿는 마음이 신불(神佛)에 통하여 바라는 것을 얻음. inspiration 하타

감:등(減等)〖명〗①등수(等數) 또는 계급을 낮춤. demotion ②〖제도〗형벌을 가볍게 감함. 하타

감:디감:−다〖−띠−따〗〖형〗몹시 감다.

감:때−사:납−다〖형〗〖ㅂ변〗 성질이 몹시 억세고 거칠다. 몹시 감사납다. fierce wind-fall persimmon

감:−또다〖명〗 꽃과 함께 떨어진 어린 감. 〈약〉감똑.

감똑〖약〗감또다.

감람(橄欖)〖명〗양배추. 「약간 떫고 좀 씀. olive

감람−과(橄欖果)〖명〗 감람나무의 열매. 올리브. olive

감람−나무(橄欖−)〖명〗〖식물〗 감람과의 상록 교목. 높이 10 m 가량으로 봄에 황백색의 꽃이 피고 길이 3 cm의 핵과(核果)가 달림. 아시아 열대 지방의 산야에 야생함. 남. 핵과는 식용. 수지(樹脂)는 약재로 씀. 올리브(olive).

감람 녹색(橄欖綠色) 올리브나무의 잎과 같이 누른빛을 띤 녹색. 〈약〉감람색.

감:람−색(橄欖色)〖명〗→감람 녹색.

감람−석(橄欖石)〖명〗〖광물〗 사방 정계(斜方晶系)의 주상(柱狀)·입상(粒狀)의 결정체로 된 광물. 빛이 곱고 두꺼운 것은 보석으로 씀. olivine

감람−원(橄欖園)〖명〗 감람나무를 재배하는 밭. orchard

감람−유(橄欖油)〖명〗①감람의 씨로 짠 기름. 식용·약용 외에 기계유(機械油)·등유(燈油)·비누 만드는 원료로도 씀. 〈참〉올리브유(olive油)를 번역한 말.

감:량(減量)〖명〗①분량이 줆. loss in quantity ②분량을 줄임. reduction of quantity ③물건을 배메할 때 전체 분량에서 빼야 할 포장(包裝)·먼지 등의 무게. outage ④몸무게가 초과된 운동 선수가 계체량(計體量)·재(再)계체량을 통과하기 위해 몸무게를 줄이는 일. 하타

감로(甘露)〖명〗①달콤한 이슬. 천하가 태평할 때 하늘이 상서(祥瑞)로 내린다 함. sweet dew ②〖불교〗도리천(忉利天)에 있는, 마시면 번뇌를 잊고 오래 살며 죽은 이가 살아난다는 영검한 물. nectar ③나옷실의 단 이슬. ④생물에게 이로운 단 비. nectar

감로−다(甘露茶)〖명〗〖불교〗 부처 앞에 올리는 달고 정한 차.

감로−수(甘露水)〖명〗①설탕을 달게 타서 끓인 물. sweet water ②깨끗하고 시원한 마실 물. 약수. nectar

감로−주(甘露酒)〖명〗 소주에 용안육·대추·포도·살구씨·구기자·두충(杜沖)·숙지황 등을 넣어 우린 달콤한 술. 「부스럼. 누창.

감루(疳瘻)〖명〗〖한의〗 잔 구멍이 생기고 고름이 나는

감:루(感涙)〖명〗①감격의 눈물. tears shed with deep emotion ②감사의 눈물. tears of gratitude

감류(柑類)〖명〗 밀감(蜜柑)·등자나무 열매 등의 종류.

감률(甘栗)〖명〗①단 밤. sweet chestnuts ②뜨거운 모래 속에 넣고 저어서 익힌 군밤.

감리(監理)〖명〗①감독하고 관리함. superintendence ②〖제도〗조선조 말 감리서의 우두머리. 감리사(監理使). superintendent ③〖법률〗설계를 맡은 건축사가 공사가 설계대로 실시되는지 여부를 확인하는 일. ¶공사 ~하다. 하타

감리−교(監理敎)〖명〗〖기독〗 기독교 신교(新敎)의 한 교파. 교회를 두어 교회를 다스리게 함. methodism

감리−사(監理師)〖명〗〖기독〗 감리 교회의 한 교직.

감리−서(監理署)〖명〗〖제도〗조선조 말 개항장(開港場)·개시장(開市場)의 통상(通商) 사무를 맡던 관청.

감림(監臨)〖명〗 감독하기 위해 현지에 나아감. 하타

감:마(減摩·減磨)〖명〗①닳아 줄어듦. ②마찰을 줄임. lubrication 하타

감마(Γ, γ그)〖명〗 그리스 자모의 셋째.

감마 글로불린(gamma globulin)〖생〗 혈장 단백질의 한 성분. 홍역·백일해의 예방에 주사함.

감마−선(γ 線)〖물리〗부투력(透過力)이 가장 강한 방사선. 암(癌) 치료에 이용함. gamma rays

감:마−유(減摩油)〖명〗 기계의 마찰부에 발라 마찰을 줄이는 기름.

감:마−제(減摩劑)〖명〗 기계의 마찰 부분에 발라 미끄럽게 하고 마찰을 감소시켜 운동을 원활하게 하는 물질. lubricant

감:−합금(減摩合金)〖화학〗주석이나 납을 주성분으로 하는 화이트 메탈 및 아연이나 구리를 주성분으로 하는 합금. 베어링용임.

감:면(減免)〖명〗①경감함. exemption ②경감과 면제. ③등급을 낮추어 면서함. remission 하타

감면 소:득(減免所得) 국세상 중요한 물산(物産)의 증산을 목적으로 전액 또는 일부에 대하여 과세가 면제됨으로써 얻는 소득. 「impression 하타

감:명(感銘)〖명〗 깊이 느끼어 마음에 새겨 둠. deep

감:모(感耗)〖명〗 줄어듦. 감소(減少). 하타

감:모(感冒)〖명〗〖동〗감기(感氣).

감:모(感慕)〖명〗 마음에 느끼어 사모함. yearning for

감목(監牧)〖명〗①〖제도〗조선조 때, 목장의 감독관. ②〖동〗주교(主敎). 「총감(總監)하는 승직(僧職).

감무(監務)〖명〗〖불교〗 주지(住持) 밑에서 절의 사무를

감−물(柿−)〖명〗 날감의 떫은 즙. 염색에 쓰였음.

감미(甘味)〖명〗 단맛. 맛이 닮. 〈대〉고미(苦味). sweetness 하타 「tiful 하타

감:미(甘美)〖명〗 달콤하여 맛이 좋음. sweet and beau-

감미−로−다(甘味−)〖자〗〖르변〗 단맛이 느껴지다. taste sweet 「sweet 감미−로이다

감미−롭−다(甘味−)〖형〗〖ㅂ변〗 단맛이 있다. 달콤하다.

감미−로−다(甘美−)〖형〗〖르변〗 달콤하게 느껴지다. 감미−로이다. 「탕·사카린 따위. sweetening

감미−료(甘味料)〖명〗 단맛을 내는 데 쓰는 조미료. 설

감:−바리(甘味料)〖명〗→감날저러.

감:−발〖명〗①발감개. ②발감개를 한 차림새. 하타

감:발(感發)〖명〗감동하여 분발함. excitement 하타

감:발−저퀴〖명〗 이익을 노리고 약삭빠르게 달라붙는 사람. 〈준〉감바리.

감방(坎方)〖명〗〖민속〗팔방(八方)의 하나. 정북(正北)을 중심으로 45°의 각거리를 차지함. 감방(坎)②.

감방(勘放)〖명〗〖제도〗죄인을 처분하여 놓아 줌. 하타

감방(監房)〖명〗 죄수를 수용하는 방. prison cell

감:배(減配)〖명〗배당·배급을 정액보다 줄이어 내어 줌. 〈대〉증배(增配). reduction of dividend 하타

감:−법(減法)〖명〗〖수학〗'뺄셈'의 구용어. 〈대〉가법(加法). 〈약〉감(減)③. subtraction

감별(鑑別)〖명〗①사물의 진위·선악을 감정하여 분별함. judgement ②비행 소년의 요(要) 보호성을 전문 지식에 근거하여 판단하고, 그 교정(矯正) 치료의 구체적 방법을 밝히는 절차. 하타

감:−병(−病)〖명〗〖한의〗→감질(疳疾).

감:병(疳病)〖명〗〖한의〗 젖먹이 때에 생기는 어린이의 병. 감기(疳氣). 감질. 〈약〉감(疳).

감:−보율(減步率)〖명〗 토지 구획 정리의 결과, 일정 비율의 토지가 줄어드는 비율.

감:복(感服)〖명〗감동하여 진심으로 복종함. 하타

감:−복숭아〖식물〗 장미과의 낙엽 교목. 높이 6 m 가량. 잎은 피침형이고 가시가 있음. 이른봄에 담

홍색 꽃이 피고, 열매는 납작감 비슷한데 갈라짐. 씨는 기름을 짜서 화장품 원료나 진해제(鎭咳劑)로 씀. 〖동〗 관본(官本)②.

감본(監本**)**〖명〗 ①중국 국자감(國子監)에서 낸 책. ②

감:봉(減俸**)**〖명〗 ①봉급을 줄임. 〖대〗 가봉(加俸). reduction of salary ②〖법률〗 일정 기간 봉급의 1/3 이하를 주는 공무원 징계 처분의 하나. downgrading, mulct 하다

감:분(感憤**)**〖명〗 마음에 분함을 느껴 분기함. 하다

감:분(感奮**)**〖명〗 감격하여 부발함. inspiration 하다

감:불생심(敢不生心**)**〖명〗 감히 엄두도 내지 못함. 감불생의(敢不生意). dare not

감:불의(敢不意**)**〖명〗 감불생심(敢不生心).

감:빛[-삗]〖명〗 익은 감과 같은 빛.

감:-다〖타〗 ①간칠맛이 있게 핥다. 맛있게 먹다. suck appetizingly ②이익을 탐내다. covet

감:-빨리-다〖자〗 ①입맛이 당기다. feel the appetite ②이익을 탐내는 마음이 생기다. be tempted by gain

감사(甘死**)**〖명〗 기꺼이 죽음. willing death 하다

감사(疳瀉**)**〖명〗〈한의〉 어린 아이의 소화 불량증의 하나.

감:사(敢死**)**〖명〗 두려워하지 아니하고 대담히 죽음. being ready to die 하다

감:사(減死**)**〖명〗〖제도〗 죽일 죄인의 형을 감하여 줌. mitigating death penalty 하다

감:사(感謝**)**〖명〗 ①고마움. gratitude ②고맙게 여김. appreciation ③고맙게서 여기어 사례함. thanksgiving

감사(監司**)**〖명〗〖동〗 관찰사(觀察使). 하다 히다

감사(監寺**)**〖명〗〈불교〉 선종(禪宗)에서, 사원(寺院)의 사무를 맡아보는 사람. 감주(監主).

감사(監事**)**〖명〗 ①단체의 사무를 맡아보는 사람. supervisor ②〖법률〗 법인의 재산·업무 집행 상황을 감독하는 사람. 〖상019 ~. auditor ③〖불교〗 감무(監務)와 주지(住持)를 보좌하여 절의 재산을 맡아보는 승직(僧職). 삼직(三職)의 하나. ④〖제도〗 조선조 때, 정1품의 춘추관 벼슬. 하다

감사(監査**)**〖명〗 감독하고 검사함. 〖회계 ~. inspection

감사(瞰射**)**〖명〗 활이나 총 따위를 내려다보고 쏨. 하다

감사(鑑査**)**〖명〗 잘 살펴서 적부(適否)·우열을 분별함. 〖무(無) ~. 출품. inspection 하다 〔inspector

감사=관(監査官**)**〖명〗 감사를 검사·감정하는 공무원.

감:-사:납-다〖보용〗 ①억세고 사나워서 휘어잡기 어렵다. ②바닥이 거칠어서 일하기에 힘들다. tough

감사 덕분에 비장 나리 호사한다 남의 덕에 호사함. 않고 섶으로 귀양 보낸. 하다

감:사 도배(減死島配**)**〖명〗〖제도〗 죽일 죄인을 죽이지

감:사 만:만(感謝萬萬**)**〖명〗 헤아릴 수 없을 정도로 매우 감사함. 하다

감:사 무지(感謝無地**)**〖명〗 감사한 마음을 이루 나타낼 길이 없음. 하다

감:사=심(敢死心**)**〖명〗 죽기를 두려워하지 않는 마음.

감사=역(監査役**)**〖명〗〖법률〗 주식 회사의 '감사(監事)'의 구칭.

감사=원(監査院**)**〖명〗 국가의 세입·세출의 결산, 국가 및 법률에 정한 단체의 회계 감사와 행정 기관 및 공무원의 직무에 대한 감찰을 주요 임무로 하는 대통령 소속의 국가 행정 기관. Board of Audit and Inspection 〔tor

감사=원(鑑査員**)**〖명〗 감사의 임무를 맡은 사람. inspec-

감:사=일(感謝日**)**〖기독〗 ①하느님의 은혜에 감사를 드리는 날. ②〖약〗 추수 감사일(秋收感謝日).

감:사=장(-짱**)(**感謝狀**)**〖명〗 감사의 뜻을 나타낸 글장. letter of appreciation

감:사=절(感謝節**)**〖명〗〖약〗 추수 감사절.

감사 정:배(減死定配**)**〖명〗〖제도〗 죽일 죄인을 죽이지 않고 귀양 보내 처함. mitigation death penalty 하다

감사지-졸(敢死之卒**)**〖명〗 죽기를 두려워하지 않는 용

감삭(減削**)**〖명〗〖동〗 삭감(削減). 하다 〔감한 병후.

감:산(甘酸**)**〖명〗 ①달고 심. sweet and sour ②즐거움과 피로움. pleasures and pains 하다

감:산(減産**)**〖명〗 ①생산의 감소. 〖대〗 증산(增産). decrease in production ②자산(資産)의 감소. decrease in assets 하다

감:(減**)**④. subtraction 하다

감:산(減算**)**〖수학〗 뺄셈. 〖대〗 가산(加算). 〖약〗 감

감:상(感傷**)**〖명〗 ①느끼어 마음 아파함. sentimentality ②〈심리〉 하찮은 자극에도 쉽사리 감정이 움직이는 심적 경향. sentimentality

감:상(感想**)**〖명〗 느낀 생각. impression

감:상(感賞**)**〖명〗 감동하여 칭찬함. 하다

감:상(監床**)**〖명〗 귀인에게 올릴 음식상을 미리 검사함.

감:상(鑑賞**)**〖명〗 예술 작품을 음미함. 〖미술 ~. appreciation 하다 〔description of impressions

감:상-문(感想文**)**〖명〗〖문학〗 느낀 바를 적은 글.

감:상-벽(感傷癖**)**〖명〗 하찮은 일에도 곧잘 감상적이되는 버릇. sentimentalism

감상 비:평(鑑賞批評**)**〖명〗 감상을 중심으로 하는 예술 작품의 비평. 〔향. sentimentality

감:상-성(感傷性**)**〖명〗 감상하기 쉬운 마음의 경

감:상=안(鑑賞眼**)**〖명〗 예술 작품 따위를 감상하는 안목. artist's eye 〔인 성질. sentimental

감:상-적(感傷的**)**〖명〗(관형) 감상에 빠지기 쉬운(것). 〖~

감:상-주의(感傷主義**)**〖명〗〖문학〗 인간의 내면 세계를 과장된 감수성을 통하여 묘사하려는 문학 사조의 하나. sentimentalism

감:상 화기(減傷和氣**)**〖명〗 화락한 기운이 줄어듦. 하다

감색(紺色**)**〖명〗 청색과 자색을 합친 빛깔. '곤색'의 '곤'은 일본어. dark blue

감:색(減色**)**〖명〗 빛이 바램. 변색함. fading 하다

감색(監色**)**〖명〗 ①〖동〗 감색(看色)②. ②〖제도〗 감관(監官)과 색리(色吏). 하다

감:색-성(感色性**)**〖명〗 사진 건판·필름이 여러 가지 빛에 대해 감광(感光)하는 정도. color sensitization

감:생(減省**)**〖명〗 덜어서 줄임. 하다

감:선(減膳**)**〖제도〗 나라에 변고가 있을 때, 임금이 근신의 뜻으로 음식의 가짓수를 줄이던 일. 하다

감선(監膳**)**〖제도〗 수라상의 음식과 기구들을 미리 검사함. 하다

감:선 철악(減膳撤樂**)**〖명〗〖제도〗 나라에 변고가 있을 때, 임금이 감선(減膳)하고, 노래와 춤을 정지함.

감:성(感性**)**〖명〗 ①〈심리〉 자극 또는 자극 변화에 대하여 감각을 일으키는 능력. 감수성(感受性). 자극 감성(刺戟感性). sensibility ②〈철학〉 오성(悟性)과 아울러 지식을 구성하는 독립적인 표상 능력(表象能力). 〖대〗 오성(悟性).

감:성=계(感性界**)**〖명〗〈철학〉 감성적 지각(知覺)을 통하여 얻어지는 사물의 총칭. 〖대〗 가상계(可想界).

감성=돔(-**)**〖명〗 감성돔과의 바닷물고기. 몸은 타원형으로 길이 40cm 가량임. 몸 빛은 회흑색이고 배쪽은 담색임. 얕은 바다에 서식하며 여름철에 맛이 좋음. 먹도미.

감:성-론(感性論**)**〖명〗〈철학〉 감성의 인식에 있어서의 역할·타당성을 논하는 인식론의 한 분야.

감:성 일원론(感性一元論**)**〖문학〗 예술은 감성에서 생겨나며 감성으로써만 향수(享受)할 수 있다는 주장.

감:세(減稅**)**〖명〗 조세의 액수를 줄이거나 세율(稅率)을 낮춤. 감조(減租). 〖대〗 증세(增稅). reduction of taxes 하다

감:세(減勢**)**〖명〗 세력이 줄어짐. subsidence 하다

감:세 국채(減稅國債**)**〖명〗〖경제〗 감세의 특전이 붙은 국채.

감:소(減少**)**〖명〗 ①줄어서 적어짐. ②덜어서 적게 함. 〖~량(量). 〖대〗 증가(增加). decrease 하다

감:속(減速**)**〖명〗 속도를 줄임. 속도가 줄어듦. 〖대〗 가속(加速). abatement of speed 하다

감:속-동(減速動**)**〖명〗〖동〗→감속 운동.

감:속 운:동(減速運動**)**〖물리〗 갈수록 속도가 줄어드는 운동. 〖대〗 가속 운동(加速運動). 〖약〗 감속동.

감속 장치(減速裝置)圈 기계나 기구의 속도를 늦추는 장치.

감:속-재(減速材)圈〈물리·화학〉열중성자(熱中性子)를 사용하는 원자로에서, 우라늄 235의 핵분열로 생긴 고속 중성자와 충돌, 감속시켜 열중성자로 만들기 위한 물질. (neutron) moderator

감:속 톱니바퀴(減速-)圈 감속 장치에 사용하는 톱니바퀴.

감:손(減損)圈 줄어짐. 줄임. decrease 하자타

감:쇄(減殺)圈 덜어서 없앰. 적어짐. diminution 하타

감:쇠(減衰)圈 힘이 쇠약해짐. 힘을 쇠약하게 함. (대) 불강쇠.

감:쇠(減衰)圈 becoming week, attenuation 하자타

감:쇠 전도(減衰傳導)〈생물〉명확근이나 무척추 동물의 근육의 한 끝에 자극을 가할 때, 자극부에서 멀어질수록 흥분이 지수 함수적(指數函數的)으로 감소되어 전달되는 현상.

감:쇠 진:동(減衰振動)圈〈물리〉진동체에 저항력이 작용하여 점점 진폭이 감쇠되어 가는 진동.

감수(甘水)圈 단물. 먹는 물.

감수(甘受)圈 ①달게 받음. 즐거이 받음. ②주어진 것을 어쩔 수 없다고 받아들임. ¶운명을 ~하다. submission 하타

감수(甘遂)圈 ①〈식물〉대극과의 다년생 풀. 높이 30 cm. 홍자색을 띠고 걸단하며 휜 즙이 나옴. 여름에 녹황색 꽃이 핌. 개감수. ②〈한의〉감수의 뿌리로서 약재로 쓰임.

감수(淦水)圈 배 밑바닥에 괴는 물.

감수(勘收)圈 신문하여 압수함. 『(水). 하타

감:수(減水)圈 강·호수 등의 물이 줆. (대)증수(增

감:수(減收)圈 수입·수확이 줆. (대)증수(增收).
decrease in (income) production 하타

감수(酣睡)圈 곤하게 든 잠. 숙수(熟睡). 하자

감:수(減壽)圈 목숨이 줄어짐. ¶십년 ~. shortening of life 하자

감:수(減數)圈 ①뺄셈에서 빼내려는 수. (대) 가수(加數). 피감수(被減數). subtrahend ②수를 줄임. 수를 뺌. decrease 하타

감:수(感受)圈 ①밖으로부터의 영향을 수동적으로 받음. impression ②〈심리〉감각 신경에 의하여 외부의 자극을 받아들임. sensitivity 하타

감:수(感祟)圈 감기에 걸린 빌미.

감:수(感守)圈 감독하고 지킴. 또, 그 사람. ¶~인 (人). 하타 [supervision 하타

감수(監修)圈 책의 저술·편찬을 살펴봄. (editorial)

감수 기책(甘受其責)圈 남의 책망을 감수함.

감:수 분열(減數分裂)圈〈생물〉염색체(染色體) 수가 반감(半減)되는 세포 분열. 생식 세포가 만들어질 때에 일어남. reduction division

감:수-성[-썽](感受性)圈 외계의 자극으로부터 받은 강한 인상에 의해 행동이 좌우되기 쉬운 성질. 감성(感性)①. ¶예민한 ~. [펌프.

감수 펌프(淦水 pump)圈 감수를 배 밖으로 뽑아 내는

감숭-감숭圈 드문드문 난 짧은 털이 모두 가무스름한 모양. (큰) 검숭검숭. 하타

감숭-하다〈여〉圈 드물게 난 짧은 털이 가무스름하다. covered with blackish fluff

감승(堪勝)圈 잘 견디어 냄. 하타 [vision 하타

감시(監視)圈 잘못되는 일이 없도록 늘 살핌. super-

감시(監試)圈〈제도〉①조선조 때, 생원·진사를 뽑던 과거. ②〈약〉=국자감시(國子監試).

감시(瞰視)圈 높은 데서 내려다봄. 부감(俯瞰). 하타

감시-관(監試官)圈〈제도〉과장(科場)을 감독하면 벼슬. [어 좋은 망대(望臺).

감시-대(監視臺)圈 감시하기 쉬운 자리에 감시하려고 만든

감시-병(監視兵)圈 감시하는 임무를 맡은 병사.

감시-원(監視員)圈 감시하는 책임을 가진 임원(任員). inspector

감시-초(監視哨)圈〈군사〉한 곳에 머물러 있으며 적의 동정(動靜)을 감시하는 곳. 또, 그 곳에서 망보는 초병. outpost [하

감식(甘食)圈 음식을 맛있게 먹음. eating with gusto

감:식(減食)圈 먹는 양이나 횟수를 줄임. reduction of diet 하자

감식(鑑識)圈 ①감정(鑑定)하여 식별함. judgement ②감정하는 식견. critical talent ③범죄 수사상 필적·지문·혈흔(血痕) 등의 지부를 가려냄. criminal identification 하타

감식-력(鑑識力)圈 감정·식별하는 능력.

감:식 요법[-뇨뻡](減食療法)圈 식이(食餌) 요법의 하나. 음식의 섭취량을 줄여서 병을 고치는 법.

감:식-주의(減食主義)圈 음식의 양을 알맞게 줄이자는 주의.

감:실(欠實)圈〈한의〉가시연밥의 약명(藥名). 알맹이를 감인(芡仁)이라 하여 약재로 쓰임. 계두실(鷄頭實). (원) 검실(欠實).

감실(監室)圈〈군사〉참모 총장의 지휘를 받는 특별 참모 부서. ¶정훈 ~의 임무 ~.

감:실(龕室)圈 ①신주를 모시어 두는 장(欌). ¶~장(欌). shelf for ancestral tablets ②〈동〉담집. ③〈기독〉천주교에서, 성체(聖體)를 모시는 작은 방. room or altar

감실-감실圈 검은 털이 처음 나서 가뭇가뭇한 모양. (큰) 검실검실. sparsely growing(black hair) 하타

감실-거리-다째 먼 곳에서 자꾸 어렴풋이 움직이다. (큰) 검실거리다. glimmer **감실-감실**圈 하타

감심(甘心)圈 괴로움·책망을 달게 여김. 또, 그 마음. put up with 하타

감심(感心)圈 깊이 마음에 느낌. admiration 하자타

감:싸고 돌-다[-다·타]圈 불리한 입장을 벗어나도록 돕다. plead for, intercede for

감:-싸다〈타〉 ①휘감아 싸다. wrap ②흉이나 약점을 덮어 주다. ¶허물을 ~. shelter ③보호하다. pro-tect [~. protect

감:싸 주-다圈 허물을 두둔하여 도와주다. ¶실수를

감아-들다圈圈圈 둘레에 올·향짓 따위가 감겨 들다.

감안(疳眼)圈 헐어서 진무른 눈.

감안(勘案)圈 참고하여 생각함. ¶형편을 ~하다. consideration 하타

감암(嵌岩)圈 ①험하고 높은 바위. ②높고 험함. 하퇴

감:압(減壓)圈 압력을 줄임. 압력이 줄어듦. 하자타

감:압 반:사(減壓反射)圈〈생리〉신체 내 각 부분의 자극에 의하여 반사적으로 혈압이 내려가는 일.

감:압 증류(減壓蒸溜)圈〈물리〉1기압 이하의 낮은 압력에서의 증류. 진공 증류(眞空蒸溜).

감:압-지(減壓紙)圈 눌러 쓰면 윗면에 칠한 발색제(發色劑) 때문에 동시에 여러 장 복사되는 종이.

감:액(減額)圈 금액을 줄임. (대) 증액(增額). reduction 하타 [(苦言). honeyed speech

감언(甘言)圈 달콤한 말. ¶~에 넘어가다. 고언

감언 이:설[-니-](甘言利說)圈 비위에 맞도록 꾸민 달콤한 말과 이로운 조건을 내세워 꾀는 말. ¶~로 꾀다. fair speech, fine words

감:언지-지(敢言之地)圈 거리낌 없이 말할 만한 자리. 또, 그 처지.

감여(堪輿)圈 하늘과 땅. 천지. 건곤(乾坤).

감여-가(堪輿家)圈 풍수학을 공부한 사람.

감:역(監役)圈 역사(役事)를 감독함. ¶~관(官).

감:연-하다(敢然-)〈여〉圈 과단성이 있고 용감하다. bold **감:연-히**圈 [들하다. **감연**-히圈

감연-하다(欲然-)〈여〉圈圈圈 마음에 차지 아니하여 섭

감:열(感悅)圈 감격하여 기뻐함. 하타

감:염(感染)圈 ①남에게 옮아서 들음. ¶악습(惡習)에 ~되다. infection ②〈의학〉전염병에 걸림. ¶결핵에 ~되다. contagion 하자

감:염 면:역(感染免疫)圈〈의학〉동물이 체내에 병원체를 보유하고 있는 동안 병원체의 침입에 대하여 면역력을 가지는 일.

감:염=식(減鹽食)[명] 병을 치료하기 위해 간을 싱겁게 한 음식물. saltfree diet

감:염식 요법[—뇨뻡](減鹽食療法)[명] 〖동〗무염식(無鹽食) 요법.

감:염=증(感染症)[一쯩] 〈의학〉병원 미생물(病原微生物)이 사람·동물의 체내나 표면에 정착하여 증식함으로써 일어나는 병의 총칭.

감영(監營)〈제도〉감사(監司)가 직무를 행하던 관청. ¶ 충청 ~.

감영=도[一또](監營道)[명] 〈제도〉감영(監營)이 있던 곳.

감:오(感悟)[명] 마음에 깊이 느껴 깨달음. 하다

감옥(監獄)[명] ①〈법률〉교도소의 옛 이름. 옥(獄). ②〈제도〉조선조 말, 형벌의 집행을 맡던 감옥서(監獄署)를 고친 이름. ¶ ~ 생활. prison, jail

감옥=살이(監獄—)[명] ①감옥에 갇혀 지내는 생활. 《약》옥살이. prison life ②행동의 자유를 몹시 구속당한 생활.

감옥=서(監獄署)[명] 〈제도〉조선조 말, 죄인을 가두어 두며, 형벌을 집행하던 관청. '감옥'의 전신.

감옥=소(監獄所)[명] 감옥.

감우(甘雨)[명] ①알맞은 때 알맞게 내리는 비. 단비. ②가뭄 끝에 오는 반가운 비.

감:원(減員)[명] ①인원수를 줄임. 《대》증원(增員). personnel reduction ②〈제도〉현직에 있는 관원의 수를 줄임. 감하(減下)②. 하다

감:원(減援)[명] 원조액을 줄임. 《대》증원(增援).

감:위(敢爲)[명] 과감하게 함. 감행(敢行). 하다

감:은(感恩)[명] 은혜를 감사함. 은혜에 감동됨. gratitude 하다 ¶ 고 엎드림. 하다

감은 부:복(感恩俯伏)[명] 은혜에 감복하여 고개를 숙임.

감은=약[一냑](一藥)[명] ~아편.

감:=음정(減音程)〈음악〉완전 음정이나 단음정(短音程)을 반음 낮춘 음정.

감:읍(感泣)[명] 감격하여 욺. 감체(感涕). being moved to tears 하다

감:응(感應)[명] ①영향을 받아 움직임이 생김. sympathy ②심(心心)이 불(佛佛)에 통함. ③〖동〗유도(誘導). 하다

감:응 기전:기(感應起電機)[명] 〈물리〉실험용의 장치. 유도 기전기(誘導起電機). induction machine

감:응 기전:력[一녁](感應起電力)[명] 〖동〗유도 기전력.

감:응 도:교(感應道交)[명] 〈불교〉부처와 사람과의 응화.

감:응 도:체(感應導體)[명] 〈물리〉감응 전류가 통하는 도체. induction conductor

감:응 유전[—뉴—](感應遺傳)[명] 〈생물〉동물의 한 암컷이 다른 계통의 수컷과 교미하여 수태(受胎)하면, 그 후 같은 계통의 것과 교미하더라도 먼젓번의 수컷의 특징이 새끼에게 유전된다는 설. telegony

감:응 전:기(感應電氣)[명] 〖동〗유도 전기(誘導電氣).

감:응 전:동기(感應電動機)[명] 〖동〗유도 전동기(誘導電動機).

감:응 전:동력(感應電動力)[명] 〖동〗유도 전동력.

감:응 전:류(感應電流)[명] 〖동〗유도 전류(誘導電流).

감:응 정신병[—뼝](感應精神病)[명] 〈의학〉딴 정신 이상자의 정신적 영향에 의해 일어나는 정신 장애. 미신적이고 지능이 낮거나 암시성이 강한 사람에게 전해져 똑같은 병상을 나타냄. communicated insanity

감:응=초(感應草)[명] 〖동〗함수초(含羞草). 미모사.

감:응 코일(感應 coil)[명] 〖동〗유도 코일(誘導 coil).

감이=상투[명] 머리를 아랫 복부터 감아 그 끝을 고의 속에 넣어 아래로 빼내어 짜는 상투.

감인(坎仁)[명] 〈한의〉가서연밥의 알맹이. 경풍을 돕고, 설사·유정(遺精)·더에(滯下)에 씀. 《원》감인.

감:인(堪忍)[명] 참고 견딤. 인내(忍). patience 하다

감:입(嵌入)[명] ①박아 넣음. ②장식을 박아 넣음.

감자〈식물〉가지과의 다년생 풀. 높이 60 cm 가량으로 5~6월에 자줏빛이나 흰 꽃이 핌. 피경(塊莖)은 전분이 많아 식용함. 남미 칠레 원산으로 온대·한대에 널리 재배함. 마령서(馬鈴薯). 《원》감자(甘藷)②. (white) potato

감자(甘蔗)[명] 사탕수수.

감자(柑子)[명] 〈한의〉감나무의 열매. 위장병·갈증·주독(酒毒) 따위에 약으로 쓰임. 《유》귤(橘).

감:자(減資)[명] 〈경제〉회사의 공칭 자본금의 액수를 감소함. 《대》증자(增資). reduction of capital 하다

감주[명] 감자. 《대》

곰족-기-다[고] 깜작이다.

감자=나무[명] 〈식물〉운향과의 작은 상록 활엽 교목(喬木). 잎은 긴 타원형이고 가에 톱니가 있음. 6월에 백색 꽃을 식용함. 홍귤(紅橘)나무.

감자=당(甘蔗糖)[명] 사탕수수로 만든 설탕.

감자=밥[명] 감자를 넣고 지은 밥. 감저밥.

감:작(減作)[명] 작물의 수확이 감소함. decrease of production 하다

감자=감작[명] 감응검측. 《원》감작감작.

감:작 왁친(感作 Vakzin 도)[명] 〈의학〉왁친의 하나. 배양한 세균을 죽이거나 독을 약하게 한 것에 면역 혈청을 넣어 만듦. sensitized vaccine

곰족하-다[고] 깜작하다.

감=잡이[명] ①〈건축〉기둥과 들보를 겹쳐 박는 쇳조각. ②〈건축〉대문 장부에 감아서 박는 쇠. ③해금(奚琴)의 원산 밑에 구부려 붙인 쇠붙이.

감=잡이[명] 잠자리할 때 쓰는 수건.

감=잡히-다[명] 남과 시비를 겨룰 때, 조리가 감겨 약점을 잡히다. get one's weak point spotted

감장[명] 일을 제 힘으로 꾸려 감. doing for oneself 하다

감장[명] 가만 빛이나 물감. 《큰》검정. 《센》깜장.

감장(甘醬)[명] 단 간장. sweet soy sauce 하다

감:장(勘葬)[명] 장사(葬事)를 다 지냄. finish burial

감장 강아지로 돼지 만든다[격] 이치에 맞는 것으로 우혹하려 하는 경우를 이르는 말. black one

감장=이[명] 감장 빛의 물건. 《큰》검정이. 《센》깜장이.

감장 콩알[명] 〈속〉총알. 《큰》검정 콩알. bullet

감저(甘藷)[명] ①고구마. ②《원》감자.

감적(監的)[명] 화살이나 총알이 표적에 맞고 안 맞음을 감사함.

감적=관(監的官)[명] 〈제도〉무과(武科)의 활 쏘는 시취(試取)에서 맞고 안 맞음을 감사(監査)하던 관원.

감적=수(監的手)[명] 사격장에서, 표적을 조정하고 통제하는 사람.

감적=호(監的壕)[명] 〈군사〉사격 연습에서 총알이 표적에 맞고 안 맞는 것을 살펴보기 위해 파 놓은 참호.

감:전(戡戰)[명] 감투(敢鬪). 하다

감전(酣戰)[명] 한창 치열하게 벌어진 싸움. fierce battle 하다

감:전(感傳)[명] 감응하여 퍼짐. 느끼어 전함. 하다

감:전(感電)[명] 〈물리〉전기에 감응(感應)함. 전기가 통한 도체(導體)에 몸의 일부가 닿아 충격을 받음. electric shock 하다 electric shock 하다

감:전=사(感電死)[명] 감전으로 죽음. death from an electric shock

감:전 전:류(感傳電流)[명] 〖동〗유도 전류(誘導電流).

감:점[一쩜](減點)[명] 접수를 줄임. 또, 그 접수. deduction of points 하다 persimmontree

감:=접(一椄)[명] 감나무 가지를 접붙이는 일. grafting

감=접이[명] 피륙 끝의 실이 풀리지 않도록 휘갑친 부분. hem

감정(勘定)[명] 난리를 평정함. pacification 하다

감:정(感情)[명] ①사물에 느끼어 일어나는 심정·기분. ¶ ~에 호소하다. 《대》의지(意志). emotion ②〈심리〉기쁨·슬픔·성남·놀람 등을 느끼는 마음. ¶ ~을 돋우다. feeling

감:정(憾情)[명] 불만이 있어 원망하거나 성내는 마음. ¶ ~ 나다. ~ 내다. resentment

감정(鑑定)[명] ①사물의 진부(眞否)와 좋고 나쁨을 분

별함. 감사(鑑査). ¶서화를 ~하다. judgement ②〈법률〉범죄의 성질·결과 또는 진위(眞僞)를 밝히기 위하여 법원의 명령에 따라 전문가가 판단하는 일. legal consultation 하다
감:정=가(感情家) 감정적인 사람. 다정 다감한 사람. emotional person, sentimentalist
감정=가(鑑定家) 감정을 잘 하는 전문적으로 하는 사람. 감정인①. connoisseur, appraiser
감정 가격(━━) (鑑定價格) 운행·보험 회사 등에서 자금을 대여할 때, 담보가 될 물건을 평가하여 매기는 가격. appraised value
감:정 감:각(感情感覺) 〈심리〉신체적 쾌·불쾌를 감각에 따라 일어나는 정조(情調). feeling sensation
감정=관(鑑定官) 감정하는 일을 맡은 관리. expert witness
감:정 교:육(感情教育) 〈교육〉감정의 순화(醇化)와 윤화를 꾀하고 도덕적·심미적(審美的) 정조(情操)를 발달·향상시킴을 목적으로 하는 교육. emotional education
감:정 논리(感情論理) 〈논리〉인식론에서 말하는 가치 판단을 심리학적 입장에서 해석하려고 하는 논리.
감:정 능력(感情能力) 〈심리〉쾌·불쾌 등을 느끼는 정신 능력. (대) 인식 능력(認識能力).
감:정 도:착(感情倒錯) 감정이 평상시나 또는 보통 사람과 다른 상태에 있는 일.
감:정=론(感情論) 이지(理智)를 떠나 감정에 치우친 언론. sentimental argument
감정=료(鑑定料) 감정해 준 데 대해 지급하는 수수료.
감:정 미:학(感情美學) 〈철학〉미의식(美意識) 활동의 근원이 감정에 있다고 하는 설. esthetic feelings
감정=서(鑑定書) ①〈법률〉감정인(鑑定人)이 법원에 보고하기 위하여 작성하는, 감정의 경과 및 결과를 기재한 문서. ②미술 작품의 진짜·가짜 여부를 판단하여 보증하는 문서.
감:정 수입(感情收入) 〈동〉감정 이입(感情移入). 하다
감:정 실금(感情失禁) 〈의학〉감정 조절 장애의 하나. 사소한 자극에도 곧잘 울고 웃으며 본인 자신도 지나친 줄 알면서 억제하지 못하는 상태. emotional incontinence
감정=아이(━兒) 연자가 경도가 없이 밴 아이. 《약》감정애.
감정=애(━愛) 〈약〉→감정아이.
감:정 이입(感情移入) 〈철학〉예술 작품·자연 대상의 요소에 자신의 상상이나 정신을 투사하여 자기와 대상과의 융화를 의식하는 심적 작용. 감정 수입(感情收入). 하다
감정=인(鑑定人) ①〈동〉감정가. ②〈법률〉범죄의 성질·방법 또는 증서의 진위(眞僞)를 감정하는 사람. expert witness
감:정=적(感情的) 이성(理性)을 잃고 쉽게 감정에 치우치는(것). (대) 이성적. emotional
감:정적 도:덕설(感情的道德說) 〈윤리〉자연적인 자애(自愛)와 사회적 애정의 조화가 개인 및 사회의 행복이며 선(善)이라는 설.
감제(監製) 감독하여 제조함. make under supervision 하다
감제=풀(━) 〈식물〉마디풀과의 다년생 풀. 6~8월에 흰 꽃이 피고 어린 줄기는 식용. 뿌리는 한약에 쓰임. 호장(虎杖). giant knotweed
감:조(減租) 〈동〉감세(減稅). 하다
감:조 하천(感潮河川) 〈지학〉조석(潮汐)의 영향을 받는 하천 및 그 부근.
감종(疳腫) 〈한의〉얼굴이 붓고 배가 불러지는 어린아이의 병.
감죄(勘罪) 죄인을 문초하여 처분함. disposal of the criminal 하다
감:죄(減罪) 죄를 덜어 가볍게 함. commutation
감주(甘酒) 단술.
감주(監主) ①〈동〉감사(監寺).

감주 먹은 괴描 감주를 훔쳐 먹다 들킨 고양이처럼 멋적고 겸연쩍은 표정.
감죽(甘竹) ①〈동〉솜대. 「인 '三'의 이름.
감:=(坎中連) 〈민속〉감괘(坎卦)의 상형(象形)
감:=지(感知) 느끼어 앎. ¶그의 본심을 ~ perception 하다
감:지=덕지(感之德之) 대단히 고맙게 여기어. ¶적으나마 ~ 받았다. greatfully 하다 「함. 하다
감지=봉:양(甘旨奉養) 맛난 음식으로 부모를 봉양
감:지=우:감(減之又減) 덜은 위에 또 감함. 하다
감:진=기(感震器) 지진의 유무·진동의 도수 등을 조사하는 기계.
감진 어:사(監賑御使·監賑御史) 〈제도〉진휼(賑恤)을 감독하는 어사. 감진사.
감질(疳疾) 〈한의〉①〈동〉감병(疳病). ②먹고 싶거나 갖고 싶어 애타는 마음. impatience
감질=나=다(疳疾━) 감질이 생기다. feel tantalized
감질=내:=다(疳疾━) 감질을 일으키다. 감질 을 일으키게 하다. to inspect
감:쪼=으=다(鑑━) 감(鑑)하게 하다. ask elders
감쪽=같=다 꾸민 일이나 고친 물건이 조금도 흠집이 없다. ¶감쪽같이 속았다. entirely, completely
감쪽=같이 그의 고친 이름.
감차(甘茶) 〈불교〉단술. 「better 하다
감:차(減差) 병세가 덜하여 차도가 있음. getting
감찰(監察) 남의 행동을 감독하여 살핌. inspection ②단체의 규율과 단원의 행동을 감독하여 살핌을 임무로 하는 직책. ¶~원(院). ③〈제도〉조선조 때, 사헌부의 정6품 벼슬. 하다
감찰(鑑札) 어떤 영업 행위를 허가한 표시로 관청에서 내주는 패. ¶영업 ~. licence
감찰(鑑察) 자세히 보아 살핌. inspection 하다
감찰=관(監察官) 감찰의 직책을 맡은 관원.
감찰=료(鑑札料) 관청에서 내주는 감찰에 대한 수수료.
감찰=사(━━司) 〈제도〉고려 사헌대(司憲 「葉)의 고친 이름.
감찰=사(━━司) 〈제도〉고려 충렬왕(忠烈王) 원년에 고친 감찰사(監察司)의 버슬.
감참(監斬) 〈제도〉죄인의 참형(斬刑)을 감독·검사함. 「맛이 좋은.
감:=참외(━) 〈식물〉속살이 잘 익은 감빛 같은 참외로.
감창(疳瘡) 〈의학〉①매독으로 음부에 부스럼이 나는 병. syphilitic ulcer ②피부에 헌데가 생기는 어린아이의 병.
감:창(感愴) 사모하는 마음을 느끼어 슬픔. 하다
감채(甘菜) 사탕무.
감:채(減債) 부채를 조금씩 갚아서 줄임. redemption of debts 하다
감:채 기금(減債基金) 〈경제〉국채·사채(社債)를 상환하기 위한 기금. sinking fund
감:채 적립금(減債積立金) 〈경제〉감채할 목적으로 조금씩 모으는 돈. sinking-fund reserve
감천(甘泉) 물맛이 좋은 샘. sweet spring
감:천(感天) 하늘이 느껴 감동함. ¶지성이면 ~이다. moving the heaven 하다
감청(紺靑) 짙고 산뜻한 남빛. 또, 그 물감. 《유》아청(鴉靑). Prussian blue 「request 하다
감:청(懇請) 어려움을 무릅쓰고 감히 청함. earnestly
감:체(感涕) 〈동〉감음(感泣). 하다
감체(感滯) 〈한의〉감기와 함께 겹쳐 걸린 체증.
감쳐=물=다(━) 아래위 입술이 겹쳐지게 입을 꼭 다물다.
감초(甘草) ①〈식물〉콩과의 다년생 약용 식물. 높이 1.5m 정도로 잎은 등(藤)잎 같고 여름에 나비 모양의 노란 꽃이 핌. 뿌리는 자홍색이며 감미제(甘味劑)·약용으로 쓰임. liquorice ②〈한의〉감초의 뿌리. 비위를 돕고 약의 작용을 순하게 하는 데 씀. 국로².
감:촉(感觸) ①외계의 자극에 의해 느낌. sensation

②닿았을 때의 느낌. ¶부드러운 ~. sense of feeling 하다

감:촉 기관(感觸器官) 〈동〉 감각 기관(感覺器官).

감추-다 된 ①숨기다. 덮어 둠. ~. hide ②남에게 알리지 않다. ¶진실을 ~.

감:축(減縮) 된 ①덜고 줄여서 적게 함. reduction ②덜리고 줄어서 적어짐. ¶예산 ~. 하다타

감:축(感祝) 된 ①감사하여 축하함. ②경사를 축하함. hearty congratulation 하다 「은 모른다.

감출 줄은 모르고 훔칠 줄만 안다속 하나는 알고 둘

감취(酣醉) 된 술이 한창 취함. 하다

감:치-다 된 잊혀지지 않고 늘 마음에 감돌다. linger in one's mind

감:치-다타 ①홀것의 바느질감의 맨 가장자리의 실 올이 풀리지 않도록 안으로 접어 용수철 모양으로 감아 꿰매 나가다. hem ②두 헝겊의 가장자리를 마주 대고 감아 꿰비다. sew up

감:-맛(-) 된 ①입에 착 붙는 음식의 맛. sapidity ② 사물이 사람의 마음을 끄는 힘. ¶ ~ 있는 시구. attraction

감:-질(-) 된 바늘로 감치는 일. hemming up 하다

감:탄(感歎·感嘆) 된 감동하여 찬탄함. 영탄². admiration 하다타 「덤비고 안 망이면 돌아섬. 하다

감탄 고토(甘呑苦吐) 자기의 비위에 맞으면 좋아

감:탄 기원설(感歎起源說) 된 〈어학〉 언어의 기원이 감탄사에 있다고 하는 설.

감:탄-문(感歎文) 된 〈어학〉 ①감탄의 뜻을 적은 글. '응! 마침 잘 만났군' '오늘은 달도 참 밝구나!' 등. ②명령을 나타내는 문장.

감:탄 부호(感歎符號) 된 〈어학〉 느낌이나 부르짖음을 나타낼 때 그 말의 다음에 쓰는 부호. '!'의 이름. 〔예〕감탄부. exclamation mark

감:탄-사(感歎詞·感嘆詞) 된 〈어학〉 말하는 이의 본능적인 놀람이나 느낌을 표시하는 품사. 문장의 처음이나 끝, 중간에 쓰며 다 동일으 쓰인다. 감동사. 간투사(間投詞). 느낌씨. exclamation

감:탄-형(感歎形·感嘆形) 된 〈어학〉 용언의 느낌을 나타내는 종결 어미. 곧, '-구나·-는구나·-도다·-어라' 따위. 느낌꼴. exclamatory style

감탕 된 ①갈물과 송진을 끓여 만든 풀. ②곤죽같이 된 진흙. mud ②메주 쑨 솥에 남은 진한 물.

감탕(甘湯) 된 엿 따위를 고아 낸 솥을 가신 단물.

감탕-나무(-) 된 〈식물〉 감탕나무과의 상록 활엽 교목. 높이 10m 가량으로 일은 혁질이고 4∼5월에 황록색 꽃이 핌. 제주도와 울릉도에 많음. 껍질에서 곤이를 빼며, 나무는 도장·조각·세공재(細工材)로 쓰임. ilex

감탕-밭 된 아주 진 진흙 땅. muddy road, quagmire

감탕-질 된 음탕한 몸짓으로 잠자리를 하는 짓. sexual

감태(甘苔) 된 〈동〉 김². 「grinding 하다

감태기 된 〈속〉 감투.

감토(-) 된 감투.

감:-통(感通) 된 자기 생각이 상대자에게 통함. 하다

감:퇴(減退) 된 기세·체력 등이 쇠퇴함. 〔대〕증진(增進). decline 하다

감투 된 ①말총 따위로 만들어 머리에 쓰던 옛 의관의 하나. 소모자(小帽子). horsehair hat ②〈속〉 탕건(宕巾). ③〈속〉 벼슬. position ④〈약〉=복주감투.

감:투(敢鬪) 된 용감하게 싸움. 감전(敢戰). ¶~ 정신. courageous fighting 하다

감투-거리 된 남자가 아래에서 하는 잠자리. 하다

감투-밥 된 그릇에 수북하게 담은 밥. rice heaped high in a bowl

감투-싸움 된 벼슬의 자리 다툼. power struggle

감투 쓰다관용 벼슬 자리를 얻다. appointed to a distinguished office 「hair hat's

감투-장이 된 감투를 만드는 사람. maker of horse-

감투-쟁이 된 〈속〉 감투를 쓴 사람.

:감파·르·다형 〈고〉 감파랗다.

감:=파랑-다형인 검은 듯 파랗다. 《른》검퍼렇다. darkish blue 「dark

감:-파르-다형인 감게 파랗다. 《른》검푸르다. bluish

감:-파르잡잡-하다형여 파란 빛을 띠면서 가무잡잡하다. 《른》검푸르접접하다.

감:-파르족족-하다형여 파란 빛이 나면서 가무족족하다. 《른》검푸르죽죽하다.

감패(甘霈) 된 흡족하게 오는 단비. downpour of seasonable rain 하다

감:패(感佩) 된 감사하여 잊지 않음. deep impression

감:편(減便) 된 항공기·자동차 따위의 정기편의 횟수를 줄임. 〔대〕증편(增便). 하다

감:표(減票) 된 ①표를 줄임. ②표가 줄어듦. 하다

감:표(減標) 된 〈수학〉 뺄셈표. '-'의 이름. 마이너스 스포. 감호(減號). 〔대〕가표(加標). minus sign

감표(監票) 된 투표 및 개표를 감시·감독함. 하다

감표(鑑票) 된 어떤 표의 진위(眞僞)를 감정함. 하다

감표 위원(監票委員) 국회에서 국회 의원이 행하는 투표를 감시하며, 그 투표의 개표 상황을 감독하는 위원. supervisor of voting

감풀 된 썰물 때는 보이고 밀물 때는 안 보이는 비교적 넓고 평탄한 모래톱. shoal, sandbank 「질.

감피(柑皮) 된 〈한의〉 감자(柑子)나 밀감(蜜柑)의 껍

감:-필(減筆) 된 ①글자의 획을 줄여서 문자를 쓰는 일. ②〈미술〉 간결한 필치로 사물의 본질을 그리는 수묵화의 화법.

감:하(減下) 된 ①내리 깎음. 줄여 버림. ②〈동〉감원(減員)². 하다 「voured 하다

감:하(感荷) 된 은혜를 감사히 여김. gratefully fa-

감:-하(瞰下) 된 내려다봄. 하다

감:-하-다(減-) 자여타여 ①적어지다. 줄다. ¶5%를 ~. ②〔약〕 감산하다.

감:-하-다(鑑-) 타여 〈공〉보다. 살펴보다. inspect

감합(勘合) 된 〈제도〉 발송할 공문서의 한 끝을 원부(原簿)에 대고 그 위에 얼려 찍은 인장.

감항 능력(堪航能力) 선박이 안전히 항해하기 위하여 필요한 인적·물적 준비를 갖춘 능력. 「하다

감:행(敢行) 된 일을 용감하게 해냄. decisive action

감:-형(減刑) 된 ①형벌을 가볍게 함. commutation ②〈법〉통치자의 사면권(赦免權)에 의해 법죄인의 확정된 형의 일부를 줄임. ¶~의 특권. amnesty

감:-호(減號) 된 〈동〉 감표(減標). 하다

감호(監護) 된 〈법〉 재범(再犯)의 우려가 있는 자를 수용하여 감독·보호함. 하다

감홍(甘汞) 된 〈동〉 염화제일수은.

감홍-로(甘紅露) 된 ①평양에서 나는 붉은 소주. ②소주에 홍국과 약재 등을 넣어 우린 술. 감홍주(甘

감홍-주(甘紅酒) 된 〈동〉 감홍로(甘紅露). 「酒).

감:-화(感化) 된 ①영향을 주어 마음이 변하게 함. ② 다른 사물의 영향을 받아 마음이 변함. ¶종교의 ~. good influence 하다

감:화 교:육(感化敎育) 〈교육〉 불량한 성벽이 있는 소년 소녀를 감화의 힘으로 착하게 하는 보호 교육. correctional education

감:-화력(感化力) 된 감화시키는 능력. influence 「기.

감화문-기(嵌花文器) 된 그림을 파고 새겨 만든 도자

감화-보금자리 된 생선 살을 난도하여 전 위에다 양념한 채 소를 넣고 말아서 찐 음식.

감:화 사:업(感化事業) 불량한 성벽이 있는 소년 소녀를 교육하여 감화시키는 사업.

감:화-원(感化院) 된 〈법〉 감화 교육을 받은 비행 소년 소녀를 보호 수용하고 감화시키는 곳. reformatory

감:-환(感患) 된 〈공〉 감기. 感氣).

감:회(感悔) 된 마음에 느꺼어 후회함. regret 하다

감:회(感懷) 된 ①마음에 느낀 생각과 회포. 회포(懷抱). feeling ②〔약〕=감구지회(感舊之懷).

감:-획(減畫) 된 글씨의 획수를 줄임. 〔대〕가획(加畫). decrease of the number of strokes 하다

갑:=흙[명] 〈광물〉사금광에서 파낸 금이 섞인 흙. 《약》 갑²②. earth mixed with placer gold

갑:흥(感興)[명] 마음에 깊이 감동되어 일어나는 흥취. ¶~이 일다. feeling interest, inspiration

갑:희(感喜)[명] ①고맙고 기쁨. being thankful and delighted ②고맙게 여겨 기뻐함. thankfulness 하다[자]

갑:-히(敢一)[부] ①송구함을 무릅쓰고. ¶~ 여쭙다. dare ②두려움을 무릅쓰고. ¶뉘 앞이라고 ~.

값:-돌-다·다[고] 감돌다.

갑(甲)[명] ①차례의 첫째. ②〈민속〉십간(十干)의 첫째. ③《약》=갑방(甲方). ④=갑시(甲時). ⑤《고》갑옷. ⑥[동] 갑각(甲殼). ⑦둘 이상의 사물이 있을 때, 그 하나의 이름 대신 쓰는 말. ¶~과 을(乙). the former

갑(匣)[명] ①작은 상자. ¶담뱃~. case ②〈공업〉주 배(做坏)된 도자기를 구울 때 담는 큰 그릇.

갑(岬)[명] 〈지리〉바다나 호수로 뾰족하게 내민 땅. 반도 모양의 작은 땅. 지취(地嘴). cape

갑가(甲家)[명] 문벌이 높은 집안. 「갑(甲)⑥. shell

갑각(甲殼)[명] 〈동물〉게·새우 따위의 딱딱한 등딱지.

갑각-류(甲殼類)[명] 〈동물〉아가미로 호흡하며, 주로 물에서 사는 절지 동물의 한 강(綱). 게·가재·새우 따위. Crustacea

갑각-소(甲殼素)[명] 〈생물〉갑충(甲蟲)·갑각류 따위의 겉껍데기를 이룬 주성분. 키틴(chitin).

갑갑궁금-하다[형][여] 갑갑하고도 궁금하다. tedious and irksome 「ness

갑갑-증(一症)[명] 갑갑한 증세. 갑갑한 느낌. tedious

갑갑-하다[형][여] ①시원하게 트이지 않아 불쾌하다. ¶방이 좁아서 ~. tedious ②답답하여 더더거리나 지루하여 견디기에 지껄다. ③가슴이나 배가 피어서 무지근한 느낌이 있다. ¶먹은 게 얹혔는지 속이 ~. ④너무 어리석어서 납득시키는 데 질력이 나다. 갑갑-히[부]

갑갑한 놈이 송사한다[속] 무슨 일이든지 제게 긴요하여야만 움직이게 된다.

갑=계(甲契)《약》=동갑계(同甲契).

갑걀(胛骨)[명] =견갑골(肩胛骨).

갑골 문자[一字][명] 〈갑골문자(甲骨文字)〉거북의 등딱지나 짐승의 뼈에 새긴 중국의 옛 상형 문자. 은허 문자. shell-and-bone characters

갑골-학(甲骨學)[명] 갑골 문자를 연구하는 학문.

갑과(甲科)[명] 〈제도〉과거(科擧)의 성적 등급의 첫째. 장원·방안(榜眼)·탐화(探花)의 세 사람.

갑근-세(甲勤稅)[명] =갑종 근로 소득세.

갑남 을녀(甲男乙女)[명] 갑이란 남자와 을이란 여자. 평범한 사람들. ordinary man and woman

갑년(甲年)[명] 예순한 살 되는 해. 환갑(還甲). 회갑

갑노-다(回甲)[명] 값이 비싸다.

갑론 을박(甲論乙駁)[명] 서로 논박함. ¶회의는 ~로 시종했다. argument pro and con 하다[자]

갑리(甲利)《약》[명] 갑변(甲邊).

갑문(閘門)[명] ①운하·방수로(放水路) 등에서 수면을 일정하게 하기 위한 수량(水量) 조절용 물문. ②선박을 높낮이의 차가 큰 수면으로 운행하게 하는 장치. 물문.

갑문-비(閘門扉)[명] 갑문의 갑실(閘室)의 전후에 설치 하는 물문.

갑문식 운-하(閘門式運河)[명] 갑문에 의하여 선박을 통행시키는 운하. 《약》갑문 운하. lock canal

갑반(甲班)[명] 《동》갑족.

갑방(甲方)[명] 〈민속〉이십사 방위(方位)의 하나. 정동(正東)으로부터 북으로 15도째의 방위를 중심으로 한 15도의 각도 안. 《약》갑(甲)③.

갑배(甲褙)[명] 배접한 종이로 바름. 하다[자]

갑번(甲燔)[명] 옛날에 왕실에 바치려고 구운 도자기.

갑변(甲邊)[명] 곱쳐서 받는 변리. 갑리(甲利). compound interest 「(甲卒).

갑병(甲兵)[명] 갑옷을 입은 병사. 갑사(甲士)④. 갑졸

갑부(甲部)[명] 〈동〉경부(經部).

갑부(甲富)[명] 첫째가는 부자. 수부(首富). 일부(一富). richest man

갑사(甲士)[명] ①《동》갑병(甲兵). ②〈제도〉조선조 초, 각 지방에서 서울에 올라와 숙위(宿衞)하던 군사.

갑사(甲紗)[명] 품질이 좋은 사(紗). ¶~ 댕기. ~ 치마. fine gauze

갑-삼팔(甲三八)[명] 품질이 썩 좋은 삼팔주(三八紬).

갑상(甲狀)[명] 갑옷과 같은 형상.

갑상-선(甲狀腺)[명] 〈생리〉척추 동물의 후두(喉頭) 아래에 있는 내분비선. 티록신을 분비하여 체내의 물질 대사를 높임. thyroid gland

갑상선-염(甲狀腺炎)[명] 〈의학〉갑상선의 염증. thyroiditis 「goiter

갑상선-종(甲狀腺腫)[명] 〈의학〉갑상선이 붓는 병.

갑상 설골막(甲狀舌骨膜)[명] 〈생리〉갑상 연골(甲狀軟骨)의 위쪽과 설골(舌骨)에 연결된 막.

갑상 연-골(甲狀軟骨)[명] 〈생리〉후두(喉頭)에 있는 연골로 후두의 외각을 이룸. thyroid cartilage 「곡생초(曲生草).

갑-생초(甲生綃)[명] 두 가지 흰 실로 섞어 짠 비단.

갑석(一石)[명] 돌 위에 다시 포개어 얹는 납작한 돌.

갑-선거(閘船渠)[명] 선박을 출입·정박시키기 위하여 선거의 입구에 갑문(閘門)을 설치하여 선거 안의 수면을 항상 일정한 높이로 유지하는 습선거(濕船渠).

갑술(甲戌)[명] 〈민속〉육십 갑자의 열한째.

갑시(甲時)[명] 〈민속〉이십사 시의 여섯째 시. 곧, 오전 4시 30분부터 오전 5시 30분까지. 《약》갑(甲).

갑시-다[자] 물이나 바람 따위가 갑자기 목구멍에 들어갈 때 숨이 막히다. suffocate

갑신(甲申)[명] 〈민속〉육십 갑자의 스물한째.

갑신정변(甲申政變)[명] 〈역사〉조선조 고종 갑신년(1884)에 김옥균(金玉均)·박영효(朴泳孝) 등이 일으킨 정변. 민씨 일파를 타도하고 국정을 쇄신하려 하였음. 「터 9시까지. 초저녁. early evening

갑야(甲夜)[명] 5경의 하나인 초경(初更). 오후 7시부

갑연(甲宴)[명] 《약》=회갑연(回甲宴).

갑엽(甲葉)[명] 〈동〉갑옷 미늘.

갑오(甲午)[명] 〈민속〉육십 갑자의 서른한째.

갑오개혁(甲午改革)[명] 〈역사〉조선조 고종 갑오년(1894)에 개화당(開化黨) 정권이 정치 제도를 근대적으로 개혁한 일. 갑오경장. Kap-O Reform Movement of 1894

갑옷(甲一)[명] 옛날 싸울 때, 화살·창검을 막기 위하여 입던 옷. 의갑(衣甲). 개갑(介甲)②. 혁갑(革甲). armour

갑옷 미늘(甲一)[명] 갑옷에 단 비늘잎 모양의 가죽이나 쇳조각. 갑엽. 「미늘②. scale of an armour

갑옷 투구(甲一)[명] 갑옷과 투구. 갑주(甲冑).

갑-을(甲乙)[명] ①십간(十干)의 이름. 갑(甲)과 을(乙). first two of ten calendar signs ②순서·우열(優劣)을 나타내는 말. 첫째와 둘째. first and second ③이름을 모르는 사람이나 사물을 가정해서 하는 말. 이 사람 저 사람. Mr. A and B

갑을-번(甲乙番)[명] 〈제도〉갑번과 을번.

갑=이별[一니一](一離別)[명] 서로 사랑하다가 갑자기 하는 이별. sudden parting 하다[자]

갑인(甲寅)[명] 〈민속〉육십 갑자의 쉰하나째.

갑인-자(甲寅字)[명] 〈인쇄〉조선조 세종 갑인년(1434)에 만든 활자.

갑자(甲子)[명] 〈민속〉육십 갑자의 첫째.

갑자기[부] 생각할 사이도 없이 급히. 별안간. 졸지에. 《준》급자기. suddenly

갑자사화(甲子士禍)[명] 〈역사〉조선조 연산군(燕山君) 갑자년(1504)에 일어난 사화.

갑자생이 무엇 적은고[속] 노성(老成)하였다고 자칭하나 오히려 우매한 것을 편잔 주는 말.

갑작(匣作)[명] 〈공업〉독을 굽는 데 사용되는 갑(匣)을 만드는 공장. 모가작(冒器作).

갑작 사랑 영 이별[명] 갑작스럽게 사랑에 빠지면 오래지 않아 아주 헤어지어 버리기가 쉽다는 말.

갑작=스럽-다[甲][ㅂ][변] 뜻밖이 되어 아주 급하다. 《큰》 급작스럽다. all of a sudden **갑작-스레**[부]

갑자-골[명] 골패로 하는 가보잡기 노름.

갑장(甲長)[명] 〈동〉동갑(同甲).

갑-지장문(甲障一門)[명] 장지문의 덧문으로, 안팎에 종이를 바른 장지. outer sliding paperdoors

갑저-창(甲疽瘡)[명] 〈한의〉손가락이나 발톱의 눈이 곪는 부스럼.

갑절[명] 어떤 수량을 두 번 합침. 또, 그 수량. 배(倍). ¶~이나 넓다. double [부] 두 번 합친 만큼. ¶남보다 ~에쓰다. 하다

갑제(甲第)[명] 크고 너르게 아주 잘 지은 집.

갑족(甲族)[명] 문벌이 아주 훌륭한 집안. 갑반(甲班). ¶삼한(三韓) ~. distinguished family

갑졸(甲卒)[명] 갑병(甲兵).

갑종(甲種)[명] ①으뜸가는 종류. ②사물을 분류하는 기준. 제1종. ¶~ 합격(合格). first grade

갑종 근로 소:득(甲種勤勞所得)[명] 〈법률〉근로를 제공하고 받은 봉급·보수·수당·상여·퇴직금 등의 소득 가운데 을종(乙種)에 속하지 아니하는 근로 소득. 근로 소득세를 원천 징수함.

갑종 근로 소:득세(甲種勤勞所得稅) 〈법률〉갑종 근로 소득에 대하여 원천 징수하는 소득세의 하나. 《약》갑근세(甲勤稅). [리 또는 집터.

갑좌(甲坐)[명] 〈민속〉갑방(甲方)을 등지고 앉은 묏자

갑좌 경향(甲坐庚向)[명] 〈민속〉갑방(甲方)을 등지고 경방(庚方)을 향한 좌향(坐向).

갑주(甲胄)[명] 〈동〉갑옷 투구.

갑주(甲紬)[명] 아주 좋은 명주. best silk

갑중(甲重)[명] 품질이 좋은 비단.

갑진(甲辰)[명] 〈민속〉육십 갑자의 마흔한째.

갑찰(甲刹)[명] 〈불교〉으뜸가는 큰 절. grand temple

갑창(甲窓)[명] 〈건축〉추위나 밖의 빛을 막으려고 미닫이 안쪽에 덧끼우는 미닫이. 이중창(二重窓). inner sliding window

갑철(甲鐵)[명] 병갑(兵甲).

갑철=판(甲鐵板)[명] '장갑판(裝甲板)'의 구칭.

갑철=함(甲鐵艦)[명] '장갑함(裝甲艦)'의 구칭.

갑충(甲蟲)[명] 〈곤충〉초시류 곤충의 총칭. 딱정벌레·풍뎅이 따위. 개충(介蟲). beetle, coleopteron

갑탁(甲坼)[명] 싹이 돋음. 하다

갑태(甲笞)[명] 〈제도〉태형(笞刑)에 쓰이는 굵은 매.

갑판(甲板)[명] 큰 배 위의 철판·나무 따위로 깐 평평하고 넓은 바닥. deck

갑판-실(甲板室)[명] 갑판 위에 있는 방. 「가는 여객.

갑판 여객(甲板旅客)[명] 싼 삯을 내고 집안 위에 타고

갑판=장(甲板長)[명] 1등 항해사의 지시서 갑판의 하부원을 지휘하여 청소·정비(整備) 따위 선내 작업을 하는 직위, 또는 선원. boatswain

갑피(甲皮)[명] 구두에 아직 창을 대지 아니한 울.

갑화(一火)[명] 〈동〉도깨비불. [uppers of shoes

갑회(甲膾)[명] 소의 내포로 만든 회.

값[명] ①사물이 지니고 있는 중요성. 가치(價值). ¶~ 있게 살다. value ②어떤 물건과 물건을 바꿀 만한 정도. worth ③사고 팔기 위하여 정한 돈. 가액(價額). price ④매매의 목적으로 주고받는 돈. 가액(價額). 대가(代價). 대금(代金). 가전(價錢). 가격(價格). ¶달라는 ~을 다 주다. cost ⑤[동]금(金). [치(數値).

값=가-다[자] 〈약〉→값나가다.

값=나-가다[자] ①값이 많은 액수에 이르다. be expensive ②꺼하다. ¶값나가는 물건. [동]값가다. 값나다①. be valuable

값=나-다[자] ①〈약〉→값나가다. ②〈동〉금나다¹.

값=높-다[형] 값이 비싸다. 《대》값싸다.

값=놓-다[타] 값을 정하다. 값을 지정하여 말하다.

¶안 살 물건에 ~. name a prices

값-닿-다[자] 기대하는 상당한 값에 이르다. 값이 상당하다. reach a price one has in mind

값도 모르고 싸다 한다(속) 일의 내용·형편도 잘 모르면서 이렇다 저렇다 논한다.

값=매-다[자][타] 값을 매기다. fix the price

값=보-다[자][타] 값을 어림하여 보다. estimate

값=부르-다[자][르변] 살 값이나 팔 값을 말하다. 호가(呼價)하다. ask a price 「cheap

값=싸-다[형] 값이 싸다. 《대》값높다. inexpensive

값싼 갈치 자반[명] 값이 싸고도 쓰기에 무던한 물건이라는 말.

값싼 비지떡(속) 싼 물건 치고 좋은 것은 없다.

값=어치[값—][명] 일정한 값에 해당하는 분량이나 가치. ¶금내 잘썼다고 ~을 했다. worth

값=없-다[값—][형] ①너무 귀하여 값을 칠 수 없다. priceless ②너무 흔하거나 천하여 값이 나가지 않다. 무가치하다. cheap **값-없이**[부]

값=지-다[형] 값이 많이 나갈 만한 가치가 있다. ¶값진 물건. expensive 「price

값=치-다[타] 값을 지정하다. 값을 매기다. fix the

값=치르-다[타][르변] 값을 치르다. pay 「~.

값=하-다[자—][타] 그 값에 맞는 일을 하다. ¶끝

갓¹[명] ①옛날에, 말총으로 만들어 머리에 쓰던 의관의 하나. horse-hair hat ②버섯의 관처럼 된 부분. 균산(菌傘). ③갓 모양의 물건. 전등의 갓 따위.

갓²〈식물〉겨자과의 이년생 풀. 잎은 60cm 정도로 길고 크며 주름이 많음. 잎과 줄기와 씨는 매운 향기가 있어 식용함. 개채(芥菜). ¶~김치. sarepta

갓³〈약〉→말린갓. [mustard

갓⁴[명] 말린 식료품의 열 모숨을 한 줄로 엮은 단위. ¶조기 두 ~. 고사리 두 ~. bundle of ten handfuls

갓⁵[명] 금방. 이제 막. ¶버스로 ~ 도착했다. just now

갓=[관] ①20세 이상의 10의 배수뇌는 수를 나타내는 수사(數詞) 앞에 붙어서 '금방·이제 막'의 뜻으로 쓰는 말. ②~서른. just ②[동사 앞에 붙어 동작이 끝난 뒤 오래지 않음을 나타내는 말. ¶~나다.

갓⁶[고] 아내. 가시.

갓⁷[고] 가.

갓⁸[고] 물건. 것.

갓⁹[고] 가¹.

갓¹⁰[고] 겨우. 갓⁵.

.갓ㅂ-다[타][고] 바쁘게 하다.

갓¹¹[고] 가(邊)¹.

갓·ㅁ·로[고] 거꾸로.

갓·ㅁ·롬[고] 거꾸로 됨.

갓·ㅁ·리[고] 거꾸로.

갓·가[고] 가까이.

갓-가빙[고] [고가까이.

갓가·ㅅ·로[고] 가까스로.

.갓지[고] 깨끗이.

갓-가증-다[고] 가깝하다.

갓-ᄀᆞᆯ-다[고] 거꾸러지다.

갓갑-다/갓ᄀᆞᆸ-다[고] 가깝다.

갓갓지[고] 가지가지. 여러 가지.

.갓ᄀᆞᆺ-다[고] 깨끗하다.

갓-걸이[명] 갓을 거는 물건. horse-hair hat rack

갓-고-다[타][고] 가쁘게 하다. 괴롭게 하다.

갓-고·로[고] 거꾸로. 반대로.

갓고로디-다[고] 거꾸러지다.

갓-골[명] 갓을 만드는 데 쓰는 골. mold of a hat

갓골-다[고] 거꾸러지다.

갓그·리[고] 가쁘게.

갓-끈[명] 갓에 다는 끈. strings of a hat

갓나-다[고] 방금 나다. 이제 막 나다.

갓-낯[고] 가죽 주머니.

갓나무[명] 의자 뒷다리 뼈 위에 가로질러 댄 나무.

갓나이[고] 계집아이.

갓난-것[명] 〈속〉갓난 아이.

갓난=아기 명 갓난 아이를 귀엽게 일컫는 말.
갓난 아이 명 낳은 지 얼마 안 되는 아이. 신생아(新生兒). 〔약〕 갓난이. newborn baby
갓난=애 명 〔약〕→갓난 아이.
갓난=이 명 〔약〕→갓난 아이.
갓-다 타 〔고〕 깎다.
곳-다 자 〔고〕 가빠하다. 피로워하다.
곳-다 타 〔고〕 긁다.
곳-다 자 〔고〕 갖다².
곳-다 형 〔고〕 같다.
갓-대 〈식물〉 대과의 다년생 나무. 줄기 높이 1∼2m이고, 잎은 피침형이며 표면은 광택이 있고 속은 백색을 띰. 조리를 만듦.
갓-도래 명 갓양태의 둘레.
갓-돌 명 성벽이나 돌담 위에 지붕같이 덮은 돌.
갓-두루마기 명 갓과 두루마기.
갓두루마기-하-다 자여 갓을 쓰고 두루마기를 입다. wear hat and coat 〔당함〕
갓마흔에 첫 보살(菩薩) 오래간만에 기다리던 일을 함.
갓-망건(一網巾) 명 갓과 망건.
갓망건-하-다 자여 갓과 망건을 쓰다.
갓-머리 명 한자 부수(部首)의 하나. '宀'의 이름.
갓모 명 사기 만드는 물레 밑구멍에 끼우는 자기질(磁器質)로 만든 고리. 〔자①〕.
갓-모자(一帽子) 명 갓양태 위의 솟은 부분. 〔약〕 모자①.
갓모자-같이(一帽子一) 명 갓모자를 세 것으로 꼽. 〔약〕
갓-무 명 〈식물〉 무의 하나. 잎은 갓잎 비슷하고, 뿌리는 배추 꼬랑이 비슷함. turnip
곳부-다 자 가쁘다.
곳바:흐-다 자 〔고〕 가빠하다.
갓불-기 명 막 밝을 무렵.
갓-밝이 명 날이 밝을 무렵. 여명(黎明).
갓-방(一房) 명 갓을 만들어 파는 집. hatmaker's shop
갓-버섯 명 〈식물〉 송이과의 식용 버섯. 갓은 갈색이고 줄기는 가느스름하며 속이 빔. 8∼10월에 산야에 야생함.
갓-벙거지 명 갓모자 위가 벙거지 모양으로 둥근 갓. 융복(戎服)을 입을 때 씀. round-topped hat
곳-봄 명 차츰.
갓-봉 명 삿갓 모양의 원통대(臺) 끝의 낚싯봉.
갓-불 명 가죽으로 멘 북.
갓-불 명 아교(阿膠).
곳비 〔고〕 가쁘게.
갓-상자(一箱子) 명 갓을 넣는 상자. 갓집.
곳-쓸리 〔고〕 가빠하다.
갓-싸개 명 갓의 겉을 바르는 얇은 모시베.
갓싸개-하-다 자여 얇은 모시베로 갓 겉을 바르다.
갓-양(一양) 명 〔약〕 갓양태.
갓-양태(一양一) 명 갓의 밑둘레 밖으로 넓게 바닥이 된 부분. 〔약〕 갓양. 양태. brim of a Korean hat
갓어치 명 가죽 언치.
갓-옷 명 갓옷. 가죽옷.
갓-장이 명 갓을 만드는 것을 업으로 하는 사람. horse hair hat maker
갓장이 헌 갓 쓰고, 무당 남 빌어 굿하고 남의 것은 잘해 주면서 자기 것은 하지 못할 때 이름.
갓-쟁이 명 갓 쓴 사람. horsehair hat wearer
갓-전(一廛) 명 갓을 파는 가게.
갓-집 명 갓을 넣어 두는 상자. 갓상자(一箱子). horse hair hat box
갓-창옷 명 갓과 소창옷.
갓창옷-하-다 자여 갓을 쓰고 소창옷을 입다.
갓-철대(一대) 명 갓양태의 가장자리에 두른 테. 〔약〕 철대.
갓-털 명 〈식물〉 꽃받침의 변형으로서 씨방의 끄트머리에 붙은 솜털 같은 것. 민들레·버들개지 따위 전과(堅果)에서 볼 수 있음. 관모(冠毛)①. 상투털.
갓-판(一板) 명 갓을 만들 때에 쓰이는 판자.
각-다 타 〔고〕 깎다.
곳-다 자 〔고〕 가빠하다.

강: 관 ①아주 호되거나 억척스러움을 나타내는 말. ¶∼추위. ∼다짐. unreasonable, forcible ②일부 명사 앞에 붙어 '그것으로만 이루어진'의 뜻을 나타내는 말. ¶∼굴. ∼조밥.
강(江) 명 넓고 길게 흐르는 내. river
강(坑) 명 중국 가옥의 온돌 비슷한 난방 장치.
강(腔) 명 〈생리〉 축(祝).
강(腔) 명 〈생리〉 몸 안의 빈 곳. ¶구(口)∼. 복(腹)∼. cavity
강(綱) 명 〈생물〉 생물 분류상의 이름. 문(門)의 아래, 목(目)의 위. ¶포유(哺乳)∼. class
강(講) 명 ①배운 글을 선생 앞에서 욈. ¶∼받다. recitation ②〔약〕→강의(講義). 하다
강=(强) 관두 세거나 매우 됨을 뜻하는 말. ¶∼숫. ∼펀치. ∼쿠존.
=강(强) 미 수량을 표시할 때 조금 더 됨을 나타내는 말. ·넉넉. ¶3분∼. (대)=약(弱). little over
강-가(一가)(江一) 명 강의 가장자리에 닿은 곳. 강변(江邊). ¶∼에 살다. [liance 하다
강:가(降嫁) 명 지체가 낮은 사람에게 시집감. mesal-
강:간(强姦) 명 폭행·협박 따위의 수단을 써서 강제로 간음함. 강음(强淫). violation 하다
강:간=죄(一罪)(强姦罪) 명 〈법률〉 폭행 또는 협박으로 13세 이상의 부녀를 간음하는 죄. 13세 미만의 여자에 대한 것은 폭행·협박 유무를 가리지 않음.
강갈래(一갈一) 명 강의 중류와 지류로 갈라진 부분.
강강 수월래(一一) 명 〈민속〉 여자들이 하는 민속적 원무(圓舞). 또, 그 춤에 맞춰 부르는 노래. Korean folksong and dance
강강-하-다(剛剛一) 형여본 ① 마음이나 기운이 굳세다. stout ②날씨가 매우 차다. very cold ③풀이 세어 빳빳하다. stiff 강강-히 부
강:개(慷慨) 명 의기가 복받치어 원통해 하고 슬퍼함. ¶비분(悲憤)∼. righteous (patriotic) lamentation 하다
강:개 무량(慷慨無量) 명 강개가 한량 없음. 하다
강:개:사(慷慨之士) 명 세상의 그릇됨을 분하게 여겨 탄식하는 사람.
강건(剛健) 명 ①마음과 뜻이 곧고 굳셈. (대) 유약(柔弱). sturdiness ②필력이나 문체가 강하고 썩썩함. forcible 하다 히부
강건(剛蹇) 명 강직하여 굽힘이 없음. 하다 히부
강건(剛騫) 명 강직하여 거리낌 없음. 하다 히부
강건(强健) 명 몸이 튼튼하고 건강함. (대) 병약(病弱). robustness 하다 히부 [取. 하다
강건(康健) 명 기력이 튼튼하고 건강함. healthiness
강건-체(剛健體) 명 〈문학〉 썩썩한 기운이 있어 웅혼(雄渾)·호방(豪放)·침중(沈重)·강직 등 굳찬 품격을 지닌 문체. (대) 우유체(優柔體). nervous style
강격(强擊) 명 세게 침. 하다
강견(强肩) 명 어깨의 힘이 셈. 멀리까지 공을 던질 수 있음을 일컫음. ¶∼의 유격수.
강견(强堅·剛堅) 명 세고 단단함. 하다 히부
강경(剛硬·剛勁) 명 성질이 강직함. 하다 히부
강경(强勁·强硬) 명 굳세게 버티어 굽히지 않음. ¶∼한 태도. firmness, unyielding 하다 히부
강:경(講經) 명 〈제도〉 과거에서 강경과를 보기 위해 경서(經書) 중에서 몇 가지를 특히 강송(講誦)함. 치경(治經). 명경(明經). ¶∼ 문관(文官). ②〈불교〉 불경을 강송함. reciting sutras 하다
강:경(疆境) 명 강계(疆界).
강:경=과(一一)(講經科) 명 〈제도〉 조선조 때, 경서에 정통한 사람을 뽑던 과거. 명경과(明經科). [同
강:경 급제(講經及第) 명 〈제도〉 강경과에 급제함. 하다
강:경-꾼(講經一) 명 〈제도〉 강경생(講經生). 「된 문관.
강:경 문관(講經文官) 명 〈제도〉 강경과에 급제해서
강:경-생(講經生) 명 〈제도〉 강경과를 보는 유생

강경책 강경(책)(強硬策)[명] 강경한 방책이나 대책.
강경-파(強硬派)[명] 강경한 의견을 주장하고 버티는 파. strong line
강:계(降階)[명] 관계(官階)를 깎아 내림. 하타
강계(疆界)[명] 강토의 경계. 강경(疆境). frontier
강계도 평안도 땅이다(속) ①적고 희미하다 해서 그 본색을 감출 수는 없다. ②작은 잘못이라고 하여 아주 발뺌을 할 수 없다.
강고(強固)[명] 강하고 굳셈. strong 하타 히타
강고도리[명] 물치의 살을 오이 모양으로 뭉쳐 말린 식료품. dried bonito
강골(強骨)[명] 단단한 기질·성품. sturdy constitution
강골-한(強骨漢)[명] 남에게 잘 굽히지 않는 기질의 사람. sturdy fellow ¶적진을 ~했다. 하타
강공(強攻)[명] 다소의 위험을 무릅쓰고 적극적으로 공격함.
강과(剛果)[명] 굳세고 과감함. firm 하타 히타
강:-과[-파](講科)[명] →강경과(講經科).
강관(鋼管)[명] 강철로 만든 관. steel pipe
강:관(講官)[명] 〈제도〉 강연(講筵) 때에 진강(進講)하던 관원.
강:관(講貫)[명] 서책을 강독(講讀)하여 버릇이 되게 함.
강교(江郊)[명] 강가에 있는 교외. suburbs near the river
강:교-점[-쩜](降交點)[명] 〈천문〉 행성·위성·혜성 등이 북에서 남을 향해 황도(黃道)의 면을 통과하는 점. 중교점(中交點). (대) 승교점(昇交點).
강구(江口)[명] ①강어귀. ②나루.
강구(江鷗)[명] 강에 날아다니는 갈매기.
강:구(講究)[명] street
강구(康衢)[명] 사통 오달(四通五達)한 큰 길거리. busy
강:구(講究)[명] 좋은 도리를 연구함. ¶대책을 ~다. consideration 하타
강구 연월(康衢煙月)[명] ①태평한 시대에 큰 거리에 보이는 안온한 풍경. peaceful scenes of busy town at peaceful time ②태평한 세월.
강국(強國)[명] 강한 나라. 강방(強邦). (대) 약국(弱國). strong country
강군(強軍)[명] ①전투력이 강한 군대. powerful army ②실력이 센 경기 단체. 강한 팀. strong team
강-굴[명] 물을 타지 않은 굴. raw oysters
강-굽이(江-)[명] 강의 굽이진 곳.
강궁(強弓)[명] 센 활. (대) 연궁(軟弓). strong bow
강:권(強勸)[명] 억지로 권함. ¶~에 못 이겨 승낙하다. pressing 하타
강권[-꿘](強權)[명] ①강한 권력. mighty power ②경찰력을 주체로 하는 국가의 강력한 권력. government authority
강권 발동[-꿘-똥](強權發動)[명] 〈법률〉 법령이 잘 시행되지 않을 경우에 강제적으로 사법권이나 행정권을 행사하는 일.
강근지-친(強近之親)[명] 도와줄 만한 가까운 친척. near relatives
강:-급[법계](降級法階)[명] 〈불교〉 범죄의 경중을 따라 법계(法階)를 낮춤. 하타
강기(剛氣)[명] 굳센 기상. sturdy spirit
강기(強記)[명] 오래도록 잘 기억함. 기억력이 뛰어남. ¶박람(博覽) ~. good memory 하타
강기(綱紀)[명] ①법강(法綱)과 풍기. ②강상(綱常)과 기율. 하타
강기 숙정(綱紀肅正)[명] 강기를 엄숙하고 바르게 함.
강-기슭[-기ㅅ-](江-)[명] 강물에 잇닿은 가장자리 땅. 강안(江岸).
강기 엄수(綱紀嚴守)[명] 강기를 엄격하게 지킴. 하타
강기-하다(綱紀-)[타여] 강기를 세워서 나라를 다스리다.
강=나루터[명] 강을 건너는 목.
강남(江南)[명] ①남쪽. 한강 이남 지역. 강의 남쪽. (대) 강북(江北). south of the river ②'중국'의 딴이름. warm southern countries ③중국의 양자강(揚子江) 남쪽.
강남 문학(江南文學)[명] 〈문학〉 중국 양자강 이남의 번성한 문학. 진(秦)나라 말엽의 굴원(屈原)·송옥(宋玉) 등의 운문과 같이 우려(優麗)하고 신비한
강남-조(江南-)[명] 개맨드라미의 씨. 청상자(青箱子). [문학.
강남-이(江南一)[명] 강남콩.
강남-콩[명] 〈식물〉 콩과의 일년생 풀. 여름에 흰 빛 또는 자줏빛 꽃이 피고, 가늘고 긴 깍지의 열매가 열림. 종자는 식용함. kindley beans
강냉-이[명][동] 옥수수. peaceful 하타 히타
강녕(康寧)[명] 건강하고 마음이 편안함. healthy and
강노(強弩)[명] 센 쇠뇌. (稱).
강-놈(江-)[속] 서울 강대에 사는 사람의 천칭(賤稱).
강: 님 도:령[명] (민속) 무당이 위하는 신의 하나.
강다리[명] ①물건을 버틸 때 어긋맞게 괴는 나무. brace, strut ②〈건축〉도리 바깥쪽으로 내민 추녀 끝의 처짐을 막기 위하여, 추녀 안쪽 위 끝에 비녀장을 꽂는 단단한 나무. 의례 쪼갠 장작의 100 개비를 이름. hundred pieces of firewood
강-다짐[명] ①밥을 국이나 물에 말지 않고 그냥 먹음. eating rice without soup or water ②보수를 주지 않고, 억지로 남을 부림. forcing others to work ③까닭없이 억눌러 꾸짖음. forcibly oppress and scold 하타
강:단(講壇)[명] 강단(講壇)에서 내려옴. 하단(下壇). (대) 등단(登壇). leaving the platform 하타
강단(剛斷)[명] ①야무지게 결단하는 힘. decisiveness ②곤덕지게 어려움을 견디어 내는 힘. ¶몸은 약해도 ~이 있다. determination
강:단(講壇)[명] 강의·설교할 때 올라서는 높게 만든 자리. platform 「본격·학구적(學究的)인 문학.
강:단 문학(講壇文學)[명] 〈문학〉 예술적이기보다는 이
강:단 사:회주의(講壇社會主義)[명] 〈사회〉 1870년대에 독일의 대학교수를 제창한 사회 개량주의의 일파.
강단-지다(剛斷-)[형] 강단성이 있다.
강달-이(江達-)[명] 〈어류〉 민어과의 바닷물고기. 길이 9cm 가량으로 몸은 참조기 새끼와 비슷함. 기름은 눈병 치료에 쓰임. Collichthys niveatus
강-담[명] 돌로만 쌓은 담. stone wall
강:담(剛膽)[명] 담력이 강함. tion 하타
강:담(講談)[명] 강연이나 강의하는 식의 담화. narra-
강:당(講堂)[명] ①강의나 의식을 행하는 건물 또는 큰 방. auditorium ②〈불교〉강경(講經)하는 방. 강원(講院). ③교회의 사무를 보는 방.
강-대(江大)[명] 서울 주변의 강가의 마을들. villages along the river in Seoul
강대(強大)[명] ①튼튼하고 큼. (대) 약소(弱小). powerfulness ②국력이 강하고 영토가 넓음. ¶~국(國). 하타 히타
강:대(講臺)[명] 경문 같은 것을 강하는 대.
강-더위[명] 비가 오지 않고 여러 날 계속되는 더위. (대) 강추위. spell of intense heat
강도(剛刀)[명] 단단한 쇠로 만든 칼.
강도(剛度)[명] 〈물리〉금속성 물질이 끊어지지 않으려고 저항하는 힘의 정도. strength
강도(強度)[명] ①강렬한 정도. ¶~높은 훈련. degree of strength ②도가 높음. ¶~의 근시안. ③[동] 경도(硬度).
강:도(強盜)[명] 협박·폭행으로 남의 재물을 빼앗는 도둑. 또, 그 행위. ¶~범(犯). ~죄(罪). (대) 절도(竊盗). burglar
강:도(講道)[명] 〈종교〉도(道)나 교리를 강설함. preaching 하타
강:-도끼장이(江一)[명] 강대에서 뗏목이나 장작을 패는 일을 업으로 삼던 사람. firewood dealer along the riverside
강:-도래(江-)[명] 〈곤충〉강도래과의 곤충. 길이 1.5cm 로 납작하고 연약하며, 연한 황갈색의 날개는 몹시 얇음. 늦봄에서 여름에 걸쳐 시냇물 근처에 보이는데, 유충은 낚시 미끼용.
강:도-사(講道師)[명] 〈기독〉치리권(治理權)은 없고 전도에만 종사하는 교직.

강:도=상(一床)[명][講道床] 강도할 때 놓고 하는 상.

강:도=질(强盗一)[명] 강도로서 남의 재물을 뺏는 짓. robbery 하다

강독(講讀)[명] 글을 읽고 그 뜻을 밝힘. ¶한문 ~. reading 하다

강동채신없이 가볍게 뛰는 모양. (큰)껑둥. (센)깡 [똥. flippantly

강동=거리=다[자] 채신없이 가볍게 자꾸 뛰다. (큰)껑 둥거리다. (센)깡똥거리다. **강동=강동**[부] 하다

강동-하-다[형여] 아랫도리가 드러날 정도로 옷이 짧 다. (큰)껑둥하다. (센)깡똥하다. too short [place

강두(江頭)[명] 강가의 나룻배 타는 곳. ferry, landing

강=등(降等)[명] 등급·계급을 내림. 또는 내려감. demotion 하다자

강=똥[명] 단단한 된통. hard stools, turds

강락(康樂)[명] 몸이 평안하며 마음이 즐거움. 하형

강력(强力)[명] ①군세고 힘. 힘이 셈. power ②폭력. ¶ ~전과(前科). force 하형 히형

강력-범(强力犯)[명] 무기·폭력을 쓰는 범행. 또, 그 법인. crime of violence

강력=분(强力粉)[명] 경질(硬質)의 밀로 만든 밀가루. 글루벤(gluten) 함량이 많아 빵·국수 등을 만드는 데 많이 쓰임. (대) 박력분(薄力粉).

강력 인견(强力人絹)[명] 섬유소의 함유량이 많은 고급 펄프를 사용한, 그다지 정련되지 않은 화학 섬유의 하나. 내열성·내피로성(耐疲勞性)이 크며 타이어·코드용으로 쓰임. viscose rayon

강력 지배(强力支配)[명] 〈사회〉 강력으로써 여러 사람 의 욕망 또는 충돌을 판단하여 복종시키는 일. 하다

강렬(强烈)[명] 세차고 맹렬함. severity 하형 히형

강렬 비:료(强烈肥料)[명] 〈농업〉 효력이 강하여 잘못 쓰면 농작물에 해를 끼치는 비료. 유산(硫安) 따위.

강=령(降靈)[명] ①〈기독〉 천주의 영이 인간의 몸에 강림함. ②〈종교〉 천도교의 수련 방법. 하다

강령(綱領)[명] ①일의 으뜸이 되는 줄거리. general principles ②정당·노동 조합 따위의 입장·목적·계획· 방침 및 운동의 차례·규범 따위를 요약해서 적은 것. (대)세목(細目). platform

강:론(講論)[명] ①학술을 강의하고 토론함. discourse ②〈기독〉 교리를 설교함. ¶ ~회(會). 하다

강류(江流)[명] 강의 흐름. river(河流). stream

강류 석부전(江流石不轉)[명] '강물은 흘러도 돌은 구르지 않는다'는 뜻으로, 양반은 외부의 자극에 함부로 동(動)하지 않음을 이르는 말.

강릉(岡陵)[명] 언덕이나 작은 산. hill

강리(江離)[명] 〈식물〉 강리과에 속하는 홍조류의 하나. 높이는 20~30cm로 흘어진 머리카락 같으며 끓이면 암독색으로 변함. Gracilaria confervoides

강린(强鄰)[명] 강한 이웃 나라. powerful neighboring country

강:림(降臨)[명] 신이 속세로 내려옴. 하림(下臨). (대) 승천(昇天). descent from Heaven 하다

강:림-절(降臨節)[명] 〈기독〉 그리스도의 탄생을 기념 하기 위한 준비 행사 기간으로 크리스마스 전 4주 간. Advent

강립(强立)[명] 굳세게 세움. 하다

강:마(講磨·講麽)[명] 학문·기술을 연구하고 닦음. close application 하다

강-마르-다[형르불] 딱딱하게 마르다. ¶강마른 논바

강만(江灣)[명] 강(江)과 만(灣). rivers and harbours

강=매(强買)[명] 강제로 삼. 늑매(勒買). forcing a purchase 하다

강:매(强賣)[명] 억지로 팖. forced sale 하다

강:먹(隆冪)[명] 〈수학〉 '내림차'의 구용어.

강:먹=순(降冪順)[명] 〈수학〉 '내림차순'의 구용어.

강명(剛明)[명] 성질이 곧고 두뇌가 명석함. uprightness and cleverness 하형 히형

강:명(講明)[명] 강구(講究)하여 밝힘.

강-모(江一)[명] 물 없는 논에 호미나 꼬쟁이로 논바닥을 파 면서 심는 모. planting rice plants in dry field

강모(剛毛)[명] ①빳빳한 털. 억센 털. ②〈동물〉 절지

동물·환형 동물에 생기는 빳빳한 털. ③섬유의 길 이가 13cm 되는 양털.

강=모:음(强母音)[명] 〈음〉 양성 모음(陽性母音).

강목(工)[명] ①〈광물〉 채광할 때 소득 없는 작업. lost labour ②아무 소득 없이 헛물만 켬. ¶ ~을 치다.

강=목(綱目)[명] ①대강(大綱)과 세목(細目). main points ②〈약〉→통감 강목(通鑑綱目).

강:목(講目)[명] 〈불교〉 강독하는 경전의 명목(名目).

강목 수생(剛木水生)[명] 〈동〉 간목 수생(乾木水生).

강목-치-다[자] 채광 작업에서 감돌이 나오지 않아 헛 일만 하다. waste labour

강:무(講武)[명] ①무예를 강습함. training in feats of arms ②〈제도〉 임금이 주장하여 사냥하며 아울러 무예를 닦던 일. 하다

강:무=당(講武堂)[명] 강무하는 집. institute of martial [arts

강-물(江一)[명] 강에 흐르는 물. 강수(江水). river

강물도 쓰면 준다[관] 많다고 마구 쓰지 말라. [water

강:미(講米)[명] 〈제도〉 글방 선생에게 보수로 주는 곡식. 공량(貢糧).

강:미=돈[一돈](講米一)[명] 강미 대신 내는 돈.

강-바닥(江一)[명] 강의 밑바닥. river bottom

강-바람(江一)[명] 비는 오지 않고 몹시 부는 바람. dry wind

강:바람(江一)[명] 강에서 부는 바람. 강풍(江風). river breeze

강=박(强迫)[명] ①무리하게 남의 의사를 꺾음. duress, threat ②〈법률〉 민법상, 상대편에게 해를 끼칠 것을 알려 공포심을 일으키게 하는 위법 행위. 하다

강박(强薄)[명] 강포하고 야박함. hard heartedness 하형 히형

강박 관념(强迫觀念)[명] 〈심리〉 의식 속의 어떤 관념을 억누르려 하여도 억누를 수 없는 정신 상태. fear complex

강:박 사:고(强迫思考)[명] 자기 스스로 생각하는 것이 아니라 억눌리도 자꾸 하게 되는 사고.

강:박 상태(强迫狀態)[명] 〈심리〉 어떤 불쾌한 생각이 의사에 반하여 의식에 강하게 고착되어, 이것을 버리려 하면 할수록 의식에 욱박해 오는 상태.

강:박 신경증(强迫神經症)[명] 〈심리〉 강박 상태를 중핵(中核)으로 하는 정신 이상증. compulsion neurosis

강반(江畔)[명] 강가의 판판한 땅. 또, 강가. riverside

강=받-다(講一)[타] 듣는 앞에서 글을 외게 하다. make a pupil recite

강-밥[명] 강다짐으로 먹는 밥.

강방(强邦)[명] 〈동〉 강국(强國).

강-받-다[형] 몹시 야박하고 인색하다. very stingy

강=배[一빼](江一)[명] 강에서 쓰는 배.

강:백(講伯)[명] 〈불〉 경사(經師).

강변(江邊)[명] 강가. 하반(河畔). riverside

강변(强辯)[명] 이유를 붙여서 굳이 변명함. sophistry 하다

강변 도로(江邊道路)[명] 강변을 따라서 낸 도로. (약) 강변로(江邊路).

강변-로(江邊路)[명] 〈약〉→강변 도로(江邊道路).

강병(剛兵)[명] 강한 경병(勁兵).

강병(强兵)[명] 강한 병사. 강병(剛兵). 경병(勁兵). [strong soldiers

강병(薑餠)[명] 생강떡.

강보(襁褓)[명] 포대기. ¶ ~에 싸인 아이.

강보 유아(襁褓幼兒)[명] 포대기에 싸서 기르는 어린 아기. baby in swaddling clothes

강=복(降服)[명] 복제(服制)에 따라 옷 입는 등급이 내리는 일. 하다 [ing 하다

강:복(降福)[명] 〈기독〉 천주(天主)가 복을 줌. bless-

강복(康福)[명] 건강하고 행복함. health and happiness 하형

강북(江北)[명] ①강의 북쪽. ②중국 양자강(揚子江)의 북쪽 지역. ③서울에서, 한강 이북 지역을 이름.

강분(薑粉)[명] 생새앙즙을 가라앉혀 말린 가루. ¶ ~ 대신. ginger powder

강:사(講士)[명] 강연하는 사람. 연사(演士). speaker

강:사(講師)[명] ①〔교육〕학교 등의 부탁을 받아 강의하는 교원. ②강연회·강습회 등에서 강연하는 사람. ③대학이나 전문 대학, 또는 중·고등 학교에서, 촉탁을 받아 강의를 맡은 교사. lecturer ④[동] 경스승. 〔때에 입던 예복. 홍포(紅袍).
강:사-포(絳紗袍)[명]〔제도〕조선조 임금이 조하(朝賀)
강삭(鋼索)[명] 강철 줄을 여럿 꼬아 만든 굵은 쇠줄. wire rope
강삭 철도[一道](鋼索鐵道)[명] 케이블로서 레일을 쓰고, 차량을 강삭으로 운반하는 철도. 주로 등산용 또는 광차(鑛車) 운반용으로 쓰임. cable railway
강산(江山)[명] ①강과 산. rivers and mountains ②〔동〕국토(國土).
강산(强酸)〔화학〕해리도(解離度)가 크고 수소 이온을 많이 내는 산. 〔대〕약산(弱酸). concentrated
강산 풍월(江山風月)[명] 강산과 풍월. 곧, 자연의 아름다운 경치. beautiful scenery
강삼(江蔘)[명] 강원도에서 나는 약효가 좋은 인삼. ginseng produced in *Kangwon-do*
강상(江上)[명] ①강가의 언덕 위. ②강물의 위. ③양자강의 위. 양자강의 강가. 〔하라〕
강:상(降霜)[명] 서리가 내림. 내린 서리. falling frost
강상(綱常)[명] 삼강(三綱)과 오상(五常). 곧, 사람이 지켜야 할 도리. moral principles, three bonds and five cardinal virtues 〔는 책상.
강:상[一牀]〔불교〕강경(講經)하는 데 쓰
강상 죄:인(綱常罪人)[명] 강상에 어긋나는 행위를 한
강상지·변(綱常之變)[명] 강상에 어그러지는 변고.
강·새암[명]→강샘.
강색(鋼色)[명]〔약〕→강청색(鋼青色).
강:생(降生)[명] 신이 인간으로 태어남. 강세(降世). incarnation 〔하라〕
강·샘[명] 사랑하는 사람이 다른 사람을 사랑함을 미워하는 마음. 질투(嫉妬)①. 투기(妬忌).《속》강짜. jealousy 〔하라〕
강·생(講生)[명]〔약〕→강경생(講經生).
강:생 구:속(降生救贖)[명]〔기독〕그리스도가 인류 사회에 강생하여 죄악에서 인류를 건져 냄. 일. 〔하라〕
강:서(講書)[명] 글의 뜻을 강론함. ¶～원(院). exposition, discourse 〔하라〕
강:석(降席)[명] 강의·강연·설교 등을 하는 자리. 강연(講演)①. 강좌(講座)①. lecture hall
강:석(講釋)[명] 강의하여 해석함. interpretation 〔하라〕
강선(腔線·腔綫)[명] 안에 새겨진 나사 모양의 홈. 탄환이 돌아 나가게 함. rifle
강선(鋼船)[명] 강철로 만든 배. steel boat
강선(鋼線)[명] 강철의 줄.
강선-포(鋼線砲)[명]〔군사〕강철선으로 포신을 감아, 포강(砲腔) 안에 생기는 가스의 압력에 충분히 저항할 수 있도록 만든 포.
강:설(降雪)[명] 눈이 내림. 또, 내린 눈. snowfall 〔하라〕
강설(强雪)[명] 세차게 오는 눈. heavy snowfall
강:설(講說)[명] 강의하여 설명함. lecture 〔하라〕
강:설-량(降雪量)[명] 일정한 곳에 일정 시간 내린 눈의 분량. amount of snowfall
강-섬(江一)[명] 강 속에 있는 섬.
강성(剛性)[명]〔물리〕물체에 압력을 가하여도 모양이나 부피가 변하지 않는 단단한 성질. rigidity
강성(强盛)[명] 물질의 강한 성질. hardness
강성(强盛)[명] 강하고 왕성함. vigor 〔하라〕
강성(講聲)[명] 글 읽는 소리.
강성-률[一一률](剛性率)[명]〔물리〕①물질의 강성의 대소(大小)를 보이는 상수(常數). 물체의 형태를 변화시키는 힘과 그 응력(應力)과의 비(比). rigidity
강성 헌:법[一一법](剛性憲法)[명]〔동〕경성 헌법(硬性憲法).
강세(强勢)[명] ①힘찬 세력. ②〔경제〕물가가 올라가는 기세. rising trend ③〔어학〕한 단어의 다른 음절에 또는 한 문구 안의 다른 단어에 사용된 힘의 상대적 양. ¶～대명사. ④[동] 악센트. 〔하라〕
강성황(江省黃)〔甘〕강국(甘國).
강소-풍(强疾風)[동] 강회바람. 〔빠른 공.
강-속구(强速球)[명] 야구에서, 투수가 던지는 강하고
강:송(强送)[명] 억지로 보냄. compulsory sending, deportation 〔하라〕
강:송(講誦)[명] 글을 강독하여 욈. recitation 〔하라〕
강:쇄(降殺)[명] 등급을 따라 내리깎음. degradation 〔여김. decline 〔하라〕
강:쇠(降衰)[명] 사회 도덕·문화·국력 등이 차차 쇠하
강쇠-바람[명] 첫가을에 부는 동풍. 강소풍(强素風).
east wind in early autumn
강수(江水)[명]〔동〕강물.
강:수(降水)[명] 눈·비·우박 등으로 지상에 내린 물.
강:수(講修)[명] 연구하여 닦음. 〔하라〕
강:수(講授)[명] 강의해 가르침. 〔하라〕
강:수-량(降水量)[명] 비·눈·우박 등으로 지상에 내린 물의 총량. amount of rainfall, precipitation
강:술(强)[명] 안주 없이 마시는 술. drink without any
강:술(講述)[명] 강의하여 들려줌. lecture 〔하라〕 〔food
강습(强襲)[명] 강력한 습격. storming, assault 〔하라〕
강습(講習)[명]〔약〕학술·기예 등의 강의를 받아 익힘. short course 〔하라〕
강습-생(講習生)[명] 강습을 받는 사람. student
강습-소(講習所)[명] 학술·기예(技藝)의 어떤 특정 과목을 강습하는 곳. institute giving short course
강습-회(講習會)[명] 어떠한 학술이나 기예를 강습하기 위하여 단기간 설치하는 모임. lecture course
강:시(僵屍·殭屍)[명]〔동〕동시(凍屍). 〔생기다.
강:시(僵屍·殭屍一)[명] 날이 추워서 동사자가
강:식(强食)[명] ①강한 것에게 먹힘. ¶약육(弱肉) ～. ②억지로 먹음. 〔하라〕
강:신(降神)[명] ①제사 때 초헌(初獻)하기 전에 향을 피우고 술을 잔에 따라 모사(茅沙) 위에 붓는 일. ②[민속] 주문(呪文)이나 다른 술법으로 신이 내리게 하는 일. 또, 내림. 降神.
강:신-론[一ㄴ一](降神論)[명] 육체가 멸망한 뒤에도 죽은 사람의 영혼이 존재하여 여러 가지 방식으로 그 존재를 알린다는 이론. 심령론(心靈論). spiritualism
강:신-술(降神術)[명]〔민속〕기도를 드리거나 주문을 외어 몸에 신(神)이 내리게 하는 술법. spiritualism
강심(江心)[명] 강류의 중심. 강의 한복판. middle of a river
강심-수(江心水)[명] ①강심에 흐르는 물. ②〔제도〕서울 한강의 강심에서 길어다 임금께 바치던 물.
강-심장(强心臟)[명] 매우 대담하거나 배포가 유하여 좀처럼 놀라거나 겁을 내지 않는 성미. 또, 그런 사람.
강심-제(强心劑)[명]〔약학〕심장이 쇠약할 때, 그 작용을 강화하기 위하여 쓰는 약. cordial, cardiac
강아지[명]〔동물〕개의 새끼. pup
강아지 똥은 똥이 아닌가[격] 다소 차이는 있을지라도 그 본질에 마찬가지 같다.
강아지 메주 멍석 맡긴 것 같다[격] 믿지 못할 사람에게 일을 맡겨 놓고 마음이 놓이지 않아 불안해 함의 비유.
강아지-풀[명]〔식물〕포아풀과의 일년생 풀. 7～10월에 강아지 꼬리 모양의 녹색 꽃이 핌. 구황 식물(救荒植物)로 종자는 식용됨. 구미초(狗尾草). 낭미초(狼尾草). fox-tail
강악(强惡)[명] 억세고 악함. atrocity 〔하라〕
강안(江岸)[명]〔동〕강기슭.
강-알칼리(强 alkali)[명] 강염기(强鹽基).
강압(强壓)[명] 강한 힘으로 누름. 강제로 억누름. pressure 〔하라〕
강압-설(强壓說)[명]〔사회〕강한 자가 약한 자를 억압하여 따르게 하는 것이 사회의 법칙이라는 설.
강압-적(强壓的)[명] 강압하는 방식으로 하는(것).

¶~ 방법. drastic, high-handed 「크다 함.
강애(江艾)囹〈한의〉강화도에서 나는 약쑥. 약효가
강약(强弱)囹 ①강함과 약함. strength and weakness ②강자와 약자. the strong and the weak
강약 부동(强弱不同)囹 한편은 강하고 한편은 약하여 도저히 대적할 수 없음. weak cannot beat strong
강약 부:호(强弱符號)囹〈동〉셈여림표. 「하囹
강어(江魚)囹 강에 서식하는 고기.
강=어귀(江—)囹〈동〉강구(江口)①.
강역(疆域)囹 ①강토(疆土)의 구역. ②〈동〉국경(國境).
강:연(講筵)囹 ①강연(講席). ②〈제도〉임금 앞에서 경서를 진강하는 일. 또는 조강(朝講)·주강(晝講)·석강(夕講)의 총칭.
강:연(講演)囹 공중(公衆)에게 이야기함. lecture ② 강의식의 연설. address 하囹
강:연-식(講演式)〈교육〉선생이 강연만으로 교수하는 식. 「ing
강:연-회(講演會)囹 강연을 하는 모임. lecture meet-
강염(羌鹽)囹〈동〉청염(靑鹽).
강염기(强鹽基)囹〈화학〉해리도(解離度)가 크고 수산(水酸) 이온을 많이 유리시키는 염기. 갈알칼리
강옥(鋼玉)囹→강옥석(鋼玉石).
강옥-석(鋼玉石)囹〈광물〉보석의 하나. 단단하기로는 금강석 다음이며 붉은 것은 루비, 푸른 것은 사파이어라 함.〈약〉강옥(鋼玉). corundum, ruby sapphire
강왕(康旺)囹 평안하고 기운이 좋음. robustness 하囹
강:요(强要)囹 억지로 요구함. ¶~ 의연금. extortion 하囹
강:용(江茸)囹〈한의〉강원도에서 나는 녹용.
강용(剛勇)囹 마음이 굳세고 용맹함. intrepidity 하囹
강용(强勇)囹 강하고 용맹함. bravery 하囹
강:우(降雨)囹 비가 내림. 또, 내린 비. ¶~ 전선(前線). rainfall 하囹
강우(强雨)囹 세차게 내리는 비. heavy rainfall
강우-기(降雨期)囹 비가 많이 내리는 시기. rainy season 「비의 분량. rainfall
강:우-량(降雨量)囹 일정한 시간 일정한 곳에 내린
강운(江韻)囹 짓기가 어려운 일의 비유. 한시(漢詩)에서 강(江)자 운이 적음에서 이르는 말. difficult matter
강=울음囹 억지로 우는 울음. pretended weeping
강:원(講院)囹〈불교〉불교 경학(經學)을 전문적으로 닦는
강월(江月)囹 강물에 비친 달. 「절.
강유(剛柔)囹 굳셈과 부드러움. ¶~ 양면(兩面). firmness and softness
강유 겸전(剛柔兼全)囹 강유를 아울러 갖춤. 하囹
강유-일(剛柔日)囹〈민속〉강일(剛日)과 유일(柔日).
강=유전체(强誘電體)囹〈물리〉전장(電場)을 가하지 아니하여도 자연의 상태로 이미 분극(分極)을 일으키고 표면상의 전하가 일어나는 물질. 이산칼슘·로셸염 따위. 「sound
강음(强音)囹 세게 나오는 음. 세게 내는 음. strong
강음(强淫)囹〈동〉강간(强姦).
강:음(强飮)囹 싫은 술을 억지로 마심. heaving drinking swill 하囹 히囹
강의(剛毅)囹 강직하고 씩씩함. ¶~성. uprightness
강:의(講義)囹 글이나 학설의 뜻을 풀이하여 가르침.〈약〉강(講)②. lecture 하囹
강:의-록(講義錄)囹 강의의 내용을 기록·발행한 책. transcript of lectures 「lecture hall
강:의-실(講義室)囹 강의를 하도록 꾸며 놓은 방.
강:인(强忍)囹 억지로 참음. patience 하囹
강인(强靭)囹 억세고 질김. ¶~성(性). ~한 정신. toughness 하囹 히囹
강:임(降孕)囹〈기독〉성자(聖子)가 마리아에게 잉태
강:잉(强仍)囹 부득이 그대로 함. 하囹 히囹
강자(降資)囹 품계(品階)를 낮춤. 강계(降階). 하囹
강자(强者)囹 힘이나 세력이 강한 자.〈반〉약자(弱者). strong

강=자성(强磁性)囹〈물리〉물체가 외부 자계(磁界)에 의해 강하게 자화(磁化)되고, 자계를 없애도 자화가 남아 있는 성질.
강자성-체(强磁性體)囹〈물리〉강자성을 갖는 물질. 철·니켈·코발트 등. 「하囹
강:작(强作)囹 억지로 기운을 냄. straining oneself
강장(强壯)囹 기골(氣骨)이 크고 혈기가 왕성함. 〈대〉허약(虛弱). robustness 하囹
강장(强將)囹 강한 장수. 「lenteron
강장(腔腸)囹〈동물〉강장 동물의 체강(體腔). coe-
강장-거리다(强壯—)囹 짧은 다리로 자꾸 가볍게 뛰면서 걷다.〈큰〉경정거리다.〈센〉깡짱거리다.〈거〉깡창거리다. hop 강장-강장 하囹
강장 동:물(腔腸動物)囹〈동물〉원시적인 다세포 동물의 하나. 물에서 생활하는데, 몸은 대개 종 모양이거나 원통형이고, 강장을 갖추며, 입둘레에 촉수가 있음. coelenterate
강장 음:료(强壯飮料)囹 강장제로 쓰이는 음료. tonic
강장-제(强壯劑)囹 몸의 영양 불량이나 쇠약을 근본적으로 회복시키는 약제. tonic 「십대.
강장지-년(强壯之年)囹 원기가 왕성한 나이. 곧, 삼사
강재(江材)囹〈한의〉강원도에서 나는 약재. herbs from Kangwon-do
강재(鋼材)囹 공업용으로 쓰이는 철강.
강재(鋼滓)囹 강철을 제강(製鋼)할 때에 생기는 광재(鑛滓).
강재 반:성품(鋼材半成品)囹〈공업〉강괴(鋼塊)를 압연(壓延)하여 적당한 크기로 쪼개 놓은 강철 조각.
강재 이:차 제:품(鋼材二次製品)囹〈공업〉강재를 재차 가공한 제품. 철선·못·드럼통 따위.
강적(强敵)囹 힘이 센 적군. 강한 상대편. 경적(勁敵).〈유〉대적(大敵). formidable foe
강=전:해질(强電解質)囹〈화학〉소금처럼 현저하게 전리되는 전해질.〈대〉약전해질(弱電解質).
강:-절도(—盜)囹〈强竊盜〉강도와 절도. robbery and theft 「囹
강:점(强占)囹 강제로 차지함. forcible occupation 하
강점(—點)囹〈强點〉남보다 우세한 점.〈대〉약점(弱點). strong point
강=점결탄(强粘結炭)囹 경도가 높고 유황·인·회분이 적은 석탄. 제철 공업에 쓰임.
강정囹 ①찹쌀 가루와 기름을 재료로 하여 만든 한식 과자의 하나. kind of cake made from glutinous rice-flour ②깨·콩 따위를 엿에 버무린 한식 과자. gluten and rice (bean) cake 「a riverside
강정(江亭)囹 강가에 세운 정자. arbor standing on
강정(强情)囹 억센 성정(性情). obduracy
강:정(講定)囹 강론(講論)하여 결정함.
강정-밥囹 강정을 만들기 위하여 찹쌀을 쩐 지에밥.
강정-속囹 [—쏙]囹 가루를 묻히기 전의 강정.
강:정제(强精劑)囹 정력을 강하게 하는 약제. tonic
강:제(强制)囹 힘으로 으르대어 남의 자유를 억누름.〈대〉자유(自由). compulsion 하囹
강제(鋼製)囹 강철로 만든 제품. steel products
강:제 가격(—까—)囹〈强制價格〉〈경제〉수요자나 공급자의 어느 한쪽의 의사로써 강제로 정하는 가격. 공정 가격 따위. compulsory price
강:제 격리(强制隔離)囹 경찰서에 의하여 전염병의 예방을 목적으로 거소(居所)의 자유를 제한하는 일. compulsory quarantine
강:제 경:매(强制競買)囹〈법률〉부동산 집행 및 선박에 대한 강제 집행의 하나. 소유자의 의사에 의하지 아니하며 법률 규정에 따라 국가 기관에 의하여 강제로 집행되는 경매.〈대〉임의 경매. compulsory sale by auction
강:제 경제(强制經濟)囹 조세를 징수해서 소비에 충당하는 경제. 국가·지방 자치 단체 등 공법인이 영위하는 경제. forced economy
강:제 공채(强制公債)囹〈경제〉국가가 비상시나 재정 악화에 당면하여 국민에게서 강제로 기채(起債)

하는 공채. 《대》임의 공채. forced public loan
강:제 관리(強制管理)圏 《법률》부동산에 대한 강제 집행의 하나. 채권자에게 금전 채무의 판제를 받게 하려고 채무자 소유의 부동산의 수익에 대하여 하는 강제 집행. compulsory management
강:제=권(強制權)圏 《법률》강제 수단을 쓰는 행정상의 권리. authority
강:제 노동(強制勞動) 노무자의 의사를 무시하고 권력을 써서 강제로 시키는 노동. 《대》자유 노동. forced labour
강:제 대:류(強制對流)圏 통풍 그 밖의 힘을 인공적으로 가하는 대류. 《대》자연 대류.
강:제=력(強制力)圏 ①강제하는 힘. ②《법률》국가가 국민에게 명하여 그 명령을 강제하는 권력. compulsory force
강:제 매매(強制賣買)圏 법률의 규정 또는 행정 처분에 의하여 강제적으로 하는 매매.
강:제=벌(強制罰)圏 행정상의 의무 이행을 강제하는 수단으로서 과한 벌. 경찰벌 따위.
강:제 변:호(強制辯護)圏 《법률》형사 사건에서 피고인의 의사에 불구하고, 법원이 국선 변호인을 정하여 시키는 변호.
강:제 보:험(強制保險)圏 《경제》국가 어떤 직업의 사람들에 대하여 상병(傷兵)·노폐(老廢)에 대비하기 위하여 강제로 가입시키는 보험. compulsory insurance
강:제 선:거(強制選擧)圏 《법률》선거인에게 강제로 투표 의무를 지워 행하는 선거. compulsory election
강:제 소각(強制消却)圏 《법률》회사가 일방적으로 행하는 주식 소각.
강:제=송:환(強制送還)圏 밀입국·폭력 행위 등을 행한 외국인을 국가 권력으로 돌려보내는 일. compulsory repatriation 하다
강:제 수단(強制手段)圏 강제하기 위해 쓰는 수단. compulsory means
강:제 수사(強制搜査)圏 《법률》법관의 영장에 의하여 강제 처분으로 행해지는 수사. 《대》임의 수사.
강:제 수용(強制收用)圏 국가 권력에 의해 강제적으로 이루어진다는 뜻에서 '공용 징수(公用徵收)'를 일컫는 속칭.
강:제 수용소(強制收容所)圏 정치적 반대파나 전시 중 외국인의 구금 또는 수용을 목적으로 차린 수용소.
강:제 예:산(強制豫算)圏 ①감독 관청이 지방 자치 단체의게 강제로 편성시키는 예산. compulsory budget ②국회의 의결을 무시하고 결정하는 예산.
강:제 이민(強制移民)圏 노예·죄수 등을 강제적으로 식민지 등에 이주시켜 개척하게 하는 이민. forced settlement
강:제 이:행(強制履行)圏 《법률》채무자가 자발적으로 채무를 이행하지 않는 경우에 채권자가 고소하여 국가 권력으로 이행시키는 일. compulsory performance
강:제 저:금(強制貯金)圏 고용주가 피고용자의 임금의 일부를 강제적으로 떼어 저금시켜 그 관리·반환까지 관장하는 제도. forced saving
강:제=적(強制的)圏 본인의 의사를 무시하고 억지로 시키는 (것). 《대》자발적(自發的). compulsory, coercive
강:제 절차(強制節次) 사람에 대하여 행하는 구류 및 물건에 대해 행하는 압수·수색 등 강제 처분에 관한 절차.
강:제 조정(強制調停)圏 《법률》분쟁 당사자의 의사(意思)를 무시한 조정. 《대》임의 조정(任意調停). compulsory mediation
강:제 조차(強制租借)圏 남의 나라 땅을 강제로 빌림. compulsory reasoning
강:제 조합(強制組合)圏 《법률》국가가 어떤 범위의 사람에게 강제로 설립 또는 가입하게 하는 공공 조합. 수리 조합 따위. compulsory association
강:제 중재(強制仲裁)圏 《법률》한쪽 또는 쌍방의 동의를 얻지 않고 하는 중재. compulsory arbitration
강:제 지출(強制支出)圏 감독 관청의 직권으로써 지방 자치 단체에게 강제로 시키는 지출.
강:제 집행(強制執行)圏 채무자에 대한 채권자의 청구권을 법률에 의거, 국가의 강제 수단에 의해 실현하는 일. compulsory execution 하다
강:제 징수(強制徵收)圏 《법률》공법상의 금전 지급 의무가 이행되지 않을 경우에 이것을 강제로 징수하는 행정상의 집행 방법.
강:제 처:분(強制處分)圏 《법률》①형사 소송법상, 법원·법관 또는 수사 기관이 피고인·피의자를 소환·체포·구속 또는 범죄에 사용된 물건을 압수·수색하는 일. legal disposition ②《동》집행 처분(執行處分).
강:제 추행죄[一죄](強制醜行罪)圏 《법률》13세 이상의 남녀에 대하여 폭행·협박으로써 추행을 한 죄.
강:제 카르텔(強制 kartell)圏 《경제》법률로 그 설립을 강제되는 카르텔.
강:제 통용력(強制通用力)圏 《경제》통화가 법률에 의하여 지급 수단으로서 유통될 수 있는 힘.
강:제 통화(強制通貨)圏 《경제》금(金)의 태환(兌換) 준비가 없거나, 또는 태환 중지를 하면서 국가의 의하여 강제적 통용력이 주어진 통화. forced currency
강:조(強調)圏 ①역설함. 강력히 주장함. ¶개헌의 필요성을 ~하다. ②회화·음악·문학·무용 따위의 예술 표현에서, 어떤 한 부분을 힘주어 두드러지게 함. emphasis 하다
강:조밥(強一)圏 좁쌀로만 지은 밥. 순속반(純粟飯). food composed of only boiled millet without rice
강:조-법[一뻡](強調法)圏 표현을 특히 강하게 하여 짙은 인상을 주는 문장 기법. 과장·영탄·반복·점층·대조·미화·열거 등 11법이 있음.
강:조 주간(強調週間)圏 어떠한 일을 강조하는 주간. ¶불조심 ~. emphasis week
강졸(強卒)圏 강한 병졸. 《대》약졸(弱卒). strong soldier
강종 ①짧은 다리로 가볍게 뛰어오르는 모양. ②막위어울러 다리를 가든히 구부린 모양. 《센》깡종. 《예》깡쫑. 《거》강쭝. 「against one's will 하다
강종(強從)圏 마지못해 따름. 《동》 obey
강종(講鐘)圏 《불교》강경(講經)할 때 치는 종.
강종-거리다圏 짧은 다리를 자꾸 위로 솟구쳐 뛰면서 걷다. 《센》깡쫑거리다. 《거》깡쭝거리다. skip about 강종-강종 하다
강:종-받-다(強從一)재 남을 억지로 복종시키다. compel to obey
강:좌(講座)圏 ①《동》강석(講席). ②대학 교수로서 맡은 학과목. chair ③대학의 강좌 형식을 따른 강습회나 강의록. course ④《불교》절에서 불경을 강담(講談)하는 자리.
강주(強酒)圏 독한 술. strong alcohol
강주(講主)圏 《동》경 주인.
강주(薑酒)圏 《동》새앙술.
강주-(一酒酊)圏 짐짓 취한 체하는 주정. feigned intoxication 하다
강죽(糠粥)圏 《동》겨죽.
강-줄기[一쭐一](江一)圏 강물이 흘러가는 줄기.
강중(江中)圏 강 가운데.
강즙(薑汁)圏 새앙을 찧거나 갈아서 짠 물. ¶~소주(燒酒). ginger-juice 「하다
강:지(降旨)圏 전교(傳敎) 또는 교령(敎令)을 내림.
강지(剛志)圏 굽히지 않는 굳센 의지.
강지(江阻)圏 강원도에서 나는 작삼(直蔘).
강:직(降職)圏 ①직위가 낮아짐. ②좌천(左遷) 당함. 《대》승차(昇差·陞陟). demotion 하다
강직(剛直)圏 마음이 굳세고 곧음. ¶~한 성격. integrity 하다 히
강직(強直)圏 ①마음이 굳세고 정직함. uprightness ②《의학》근육을 어떤 빈도(頻度) 이상으로 연속적으로 자극할 때 근육이 지속적으로 크게 수축되는

강직성 상태. 강축(强縮). tetanus 하형

강직-성(强直性)명 〈의학〉 근육이 수축하여 단단해지는 성질.

강직성 경련(强直性痙攣)명 〈의학〉 근육이 한 번에 수축하여, 특히 신근(伸筋)의 장력(張力)이 더 커서 사지를 쭉 뻗고 목과 등을 뒤로 젖히는 경련. tetanic convulsion

강진(强陣)명 강고한 진지.

강진(强震)명 〈지학〉 강한 지진. severe earthquakes

강진-계(强振計)명 강렬하고 진폭이 큰 진동을 측정하는 진동계. (대) 미동계(微動計).

강진-계(强震計)명 특히 강진을 재기 위하여 만든 진배율(震倍率)이 작은 지진계.

강질(剛質)명 천성이 굳세고 곧음.

강짜(俗) 강샘. ¶ ~가 나다. 하재

강짜-부리-다곽 강샘을 드러내어 부리다.

강:차(降車)명통 하차(下車). 하재

강:착(降着·降著)명 비행기가 착륙함. landing 하재

강참숯(强-)명 다른 나무의 숯이 섞이지 아니한 참숯. pure charcoal

강천(江天)명 멀리 보이는 강 위의 하늘. distant sky

강철(鋼鐵)명 가단철(可鍛鐵)의 하나. 주철(鑄鐵)을 녹여서 높은 압력을 주어, 공기를 불어 넣고 얼마만큼의 탄소를 산화시켜 만듦. (대) 연철(軟鐵). steel

강철-선(--線)(鋼鐵線)명 강철로 만든 가는 줄. 강철사(絲).

강철-이(强鐵-)명(민속) 지나가기만 하면 초목이나 곡식이 다 말라 죽는다는 전설상의 독룡(毒龍).

강철이 가는 데는 가을도 봄이라 불운한 사람은 이르는 곳마다 나쁜 영향을 입는다.

강철지-추(强鐵之秋)명 강철이 가는데는 가을도 봄이라.

강철-차(鋼鐵車)명 차체를 강철로 만든 철도 차량.

강철-판(鋼鐵板)명 강철로 만든 판. 강판(鋼板).

강철-함(鋼鐵艦)명 〈군사〉 강철로 주요 부분을 장비한 군함.

강:청(强請)명 억지로 청함. 강구(强求). persistent demand 하재

강청-색(鋼靑色)명 강철과 같이 검푸른 빛. (약) 강색(鋼色).

강체(剛體)명 〈물리〉 어떤 힘을 가하여도 그 모양과 부피가 변하지 않는 가상적인 물체. rigid body

강체 역학(剛體力學)명 〈물리〉 강체에 작용하는 힘과 그 운동과의 관계를 연구하는 학문. geostatics

강체 진:자(剛體振子)명 동 복진자(複振子).

강촌(江村)명 강가의 마을. riverside village

강:추위(强-)명 눈도 아니 오고 몹시 추운 추위. severe coldness without snow

강충이(强-)명 〈곤충〉 강충이과의 곤충. 몸 길이 6~7mm에 몸 빛은 주로 담황색. 벼 따위의 진을 빨아먹는 해충. 부선(蚨蟬). leaf hopper

강:취(强取)명 동 강탈(强奪). 하재

강치명 〈동물〉 강치과의 바다 짐승. 수컷은 2.5m, 암컷은 1.8m 가량으로 바다표범과 비슷함. 몸 빛은 흑갈색이고 태평양 서남 근해에 살. 해려(海驢). sea-lion

강타(强打)명 ①세게 침. heavy blow ②치명적 타격을 가함. fatal blow ③야구에서, 배트로 공을 세게 처서 멀리 날림. hard hit 하재

강:탄(降誕)명 지룩한 이의 탄생함. 탄강(誕降). nativity 하재

강:탄-일(降誕日)명 강탄한 날.

강:탄-절(降誕節)명 〈불교〉 석가 모니의 탄일을 축하하는 경일(慶節). 음력 4월 8일. 부처님 오신 날.

강:탄-제(降誕祭)명 ①위인이나 존귀한 사람의 생일을 기념하는 잔치. birthday celebration of a saint ②성탄절(聖誕節).

강:탈(强奪)명 억지로 빼앗음. 강취(强取). 늑탈. 강태(剛態)명 까다롭고 모진 태도. robbery, seizure 하재

강태(江太)명 강원도에서 나는 명태.

강 태공(姜太公)명 ①중국 주(周)나라 초기의 정치가로 성은 강(姜), 이름은 상(尙)임. 은(殷)나라를 멸하고 천하를 평정한 공으로 제(齊)왕에 봉함을 받아 그 시조가 됨. ②(俗) 낚시꾼. 낚시질을 좋아하는 사람.〔壤地〕. territory

강토(疆土)명 국경 안에 있는 땅. 경토(境土). 양지

강파(江波)명 강물에 일어나는 물결.

강파르-디둉(르둉)어렵 몸이 마르잡아고 성질이 까다롭고 고집이 세다. be lean and short tempered

강파리-하-다여렵 성미나 차림차림이 강파르다. look petulant

강판(鋼版)명 〈인쇄〉 강철판에 조각한 요판(凹版).

강판(鋼板)명 동 파자 모양의 강판.

강판(薑板)명 과실·생강 등의 즙을 잘게 가는 데 쓰는 판. ginger grater

강팔-지-다형 강파리한 데가 있다. fastidious

강퍅(剛愎)명 ①성미가 까다롭고 고집이 셈. obstinacy ②괄한 성질에 변통성이 없음. perverseness 하재 히렵

강-평(講評)명 ①강론하여 비평함. ¶~회(會). ②작품이나 연기·연주 등 발표회의 성과를 그 이유를 들어 설명·비평하는 일. comment, criticism 하재

강포(强暴)명 우악스럽고 사나움. ¶~ 점유(占有). ferocity 하재

강-풀명 물에 개지 않은 된풀. thick paste

강풀-치-다타 풀을 먹인 위에 다시 된풀을 바르다.

강품(鋼風)명 동 강바람. add a coat of paste to

강풍(强風)명 ①센바람. ②〈지학〉 '센바람'의 구용어. moderate gale

강피〈식물〉 가시랭이가 없고 붉은 빛깔이 나는 피.

강피밥명 피로만 지은 밥.

강필(鋼筆)명 동 오구(鳥口).

강하(江河)명 ①강과 내. rivers and rivulets ②중국의 양자강과 황하.

강:하(降下)명 아래로 내림. ¶급(急)~. (대) 상승(上昇). descent 하재

강하(糠蝦·糠鰕)명 동 보리새우.

강-하-다(剛一)형여렵 ①마음이 단단하고 딱딱하다. rigid ②굳이 세다. 뻣뻣하다. (대) 유(柔)하다. stiff 강-하-다(强-)형여렵 세다. 힘이 세다. (대) 약하다. strong unyielding

강:하-어(降河魚)명 〈어류〉 담수에서 살다가 생식기에 알을 낳으러 바다로 가는 고기. 뱀장어·숭어 따위. (대) 소하어(溯河魚).

강-학(講學)명 학문을 강구(講究)함. pursuit of study 하재

강한(剛悍·强悍)명 마음이 굳세고 사나움. fierceness

강항(江港)명 강을 낀 항구. riverport 하재

강항-령(强項令)명 강직하고 굽히지 않는 사람의 딴이름.

강해(江海)명 강과 바다. river and sea

강해(講解)명 강론하여 해석함. explanation 하재

강:행(强行)명 ①강제로 시행함. forcing ②어려움을 무릅쓰고 행함. doing perforce 하재

강:-행군(强行軍)명 ①단련하기 위해 무리한 힘을 무릅쓰고 하는 행군. forced march ②짧은 시간 안에 끝내려고 무리하게 일함. 하재

강:행적 규정(强行的規定)명 당사자의 의사 여하를 불문하고 강제적으로 시행할 수 있는 법의 규정.

강혈(腔血)명 창에 담긴 피.

강호(江湖)명 ①강과 호수. rivers and lakes ②너른 세상. world ③서울에서 멀리 떨어진 곳. 선비가 숨어 사는 곳. ¶~ 제현(諸賢). secluded place

강호(强豪)명 ①강하여 대들기 어려운 상대. veteran ②아주 강한 팀. champion ③힘세고 영특한 사람. hero

강호-가(江湖歌)명 〈문학〉 속세를 떠나 대자연 속에 문허 살을 찬양하던 가사(歌辭)·시조 따위의 총칭.

강-호:령(一號令)명 까닭없이 꾸짖는 호령. undeserved scolding 하재

강호리명 동 강활(羌活)①.

강호 연파(江湖煙波)명 ①자연의 풍경. ②강·호수 위에 안개처럼 보얗게 이는 잔물결. 〔바람의 꿈.

강호 일몽(江湖一夢)명 강호의 즐거움을 누리는 허

강호지=락(江湖之樂)[명] 자연을 벗삼아 누리는 즐거움. enjoyment of natural scenery

강호지=인(江湖之人)[명] 강호에 있는 사람. 곧, 벼슬하지 않은 사람.

강호=파(江湖派)[명][동] 산림 학파(山林學派).

강:혼(降婚)[명] 지체 높은 집에서 낮은 집으로 하는 혼인. 낙혼(落婚). (대) 앙혼(仰婚). mesalliance 하[자]

강:홍(絳紅)[명] 동유(銅釉)가 환원(還元)된 새빨간 빛.

강:화(降火)[명]〈한의〉①몸의 화기(火氣)를 약으로 풀어 내림. ②피가 머리에 모임으로써 얼굴이 붉어지고 두통이 나는 증상을 풀어 내림. 하[자]

강:화(降話)[명] 천도교에서, 한울님이 세상 사람에게 내리는 말씀. 「(弱化). strengthening 하[자][타]

강:화(強化)[명] ①강하게 됨. ②강하게 함. (대) 약화

강화(強火)[명] 불길이 강하게 일어나는 불.

강:화(講和)[명] 교전국끼리 서로 화의함. 구화(媾和). (대) 선전(宣戰). peace 하[자]

강:화(講話)[명] 강의하듯이 쉽게 하는 이야기. ¶문장(文章)~. lecture, talk 하[자]

강화 담판(講和談判)[명] 싸우던 나라의 대표가 강화하기 위하여 만나 담판함. peace negotiations 하[자]

강화 도련님인가 우두커니 앉았다[관] 하는 일 없이 우두커니 앉아서 날을 보내는 사람을 이름. 조선조 25대 철종(哲宗)을 이르는 말로, 즉위 전 강화에서 지낼 때 하는 일 없이 그날그날을 보냈다는 데서.

강화=목(強化木)[명] 베니어 판(板)에 베이클라이트액을 침투시켜 가열(加熱)하고, 수천 톤의 압력을 가하여 만든 나무. 특히 항공 기재의 원료로 중요시됨.

강화=미(強化米)[명] 버를 쪄서 비타민 B가 스며들게 하거나, 포도당 등의 진한 비타민 용액에 백미를 담가 영양가를 강화하는 쌀.

강화 식품(強化食品)[명] 칼슘·비타민 등의 영양소를 인공적으로 첨가한 식품.

강화 유리(強化琉璃)[명] 유리를 연화(軟化) 온도 500~600°C로 가열한 다음, 찬 공기로 갑자기 식혀 표면을 단단하게 만든 유리. 강도가 보통 유리의 7배 가량임.

강:화 조건(講和條件)[명] 강화를 하기 위한 조건.

강:화 조약(講和條約)[명][법] 전쟁이나 전쟁 상태를 종결시키기 위하여 교전국간에 체결하는 조약. 평화 조약. peace treaty

강:화=체(講和體)[명] 강화식의 문체.

강:화 회:의(講和會議)[명] 강화 조약을 맺기 위한 교전국 간의 회의. peace conference

강활(羌活)[명]〈식물〉미나리과의 여러해살이 풀. 산에 나는데, 줄기는 곧고 2m이상, 위에서 가지가 갈리고 초가을에 흰꽃이 핌. 강호리. 〈한의〉강활의 뿌리. 한약 이름(乾材)로 씀.

강황(薑黃)[명]〈식물〉새앙과의 다년생 풀. 습지에 나는데, 붙이 1m이상, 1날 모양의 꽃이 핌. turmeric 〈한의〉강황의 뿌리. 기혈약(氣血藥)으로 씀.

강황=지(薑黃紙)[명] 강황의 근경(根莖)을 말려서 만든 종이. 알칼리를 만나면 붉은 갈색으로 변함. turmeric paper 「worm

강:회(-蛔)[명] 똥에 섞이지 않고 나오는 회충. round-

강:회=(-膾)[명] 미나리·파를 데쳐서 돌돌 감은 것으로 고추장에 찍어 먹는 회. ¶미나리~. small roll of boiled celery or onion

강회(剛灰)[명][동] 생석회(生石灰).

갖[접두] 가죽의 뜻. leathermade

갖[접미] 가지?

갖=가지[관][명][약]→가지가지1.

갖가지=로[관][명][약]→가지가지로1.

갖=갖[관][명][약]→가지가지1.

갖-다[타][약]→가지다. 「completely equipped

갖-다[형] 고루 갖추어 있다. ¶설비를 갖춘 공장.

곳다[형][고] 갖다². 갖추고 있다.[叶備].

갖-두루마기[명] 모피로 안을 댄 두루마기.

갖=바치[명] 가죽신을 만들어 파는 사람. shoe-maker

갖바치 내일 모레[관] 약속한 날짜를 차일 피일 자꾸 미룬다.

갖-옷[갇ㅡ][명]→가죽옷.

갖=옷[갇ㅡ][명] 모피(毛皮)로 안을 댄 옷. 모의(毛衣)

갖은=골고루 갖춘. 가지가지의.

갖은=것[명] 온갖 것. all sorts of

갖은=그림씨[명] 완전 형용사(完全形容詞).

갖은=남움직씨[명][동] 완전 타동사(完全他動詞).

갖은 놈의 겹철릭[관] 한 사람이 필요 이상의 물건을 겹쳐 가졌음을 이르는 말.

갖은=돼:지시변(一豕邊)[명] 한자 부수의 하나. '豹·貌' 등의 '豸'의 이름.

갖은=등글월문(一文)[명] 한자의 부수(部首)의 하나. '殷·殷' 등의 '殳'의 이름.

갖은=떡[명] ①여러 가지의 떡. ②격식과 모양에 갖게 잘 만드는 떡. cake with everything

갖은=삼거리[명] 말안장에 장식한 가슴거리와 그에 달린 부속들. 〈약〉삼거리. trappings of saddle

갖은=삼포(一三包)[명]〈건축〉대접받침과 장여 사이에 삼층 포살미를 얹힌 집.

갖은=색색(一色一色)[명] 온갖 물건의 모양을 만들어 놓은 색떡. multi-shaped and coloured cake

갖은 소리[관] ①온갖 소리를 다 하여 발뺌하다. ②골고루 갖추고 있는 체하는 말. self-conceited words

갖은 양념[一냥ㅡ][명] 온갖 양념. all-inclusive sauce

갖은=움직씨[명][동] 완전 동사(完全動詞).

갖은=자(一字)[명] 같은 글자로서 획을 많이 하여 쓰는 한문 글자. ¶一자의 ~는 壹. character with more strokes

갖은=제움직씨[명][동] 완전 자동사(完全自動詞).

갖은 책받침(一冊一)[명] 한자 부수(部首)의 하나. '道'·'邊' 등의 '辶'의 이름. 「려 개 받친 집.

갖은=포집[ㅡ쩝](一包一)〈건축〉공포(栱包)를 여

갖은=저고리[명] 모피(毛皮)로 안을 댄 저고리.

갖추-갖게. 고루 갖추어. all

갖추=갖추[명] 골고루 갖추어.

갖추-다[타] 쓰임에 따라 여러 가지를 미리 골고루 준비하다. ¶살림살이를 ~.

갖추-쓰-다[타][ㅆ][용] ①글자(특히 한자)쓸 때 획을 빼지 않고 갖추어 쓰다. write stroke by stroke ②여러 가지를 빼지 않고 쓰다. write all without omi-

갖춘=꽃[명] 완전화(完全花). 「tting

갖춘=마디[명]〈음악〉정규의 박자를 갖추고 있는 마디. 완전 소절(完全小節). (대) 못갖춘마디.

갖춘=잎[ㅡ닢][명][식] 완전엽(完全葉).

갖-풀[명] 아교(阿膠).

갖에서 좀 난다[관] 가죽에 좀이 나면 종말에는 가죽도 다 망하게 되나니, 형제간의 다툼질은 양편에 다 해로움을 이름.

같-다[형] ①서로 다르지 않다. ¶매일 같은 소리만 한다. 생긴 것이 ~. ②서로 딴 것이 아니다. ¶같은 부모에게서 태어났다. (대) 다르다. ③'~것 다는 '~는 것 ·~ㄹ 것' 따위의 뒤에 붙어 추측이나 불확실한 사정을 나타내는 말. ¶병이 나을 것 ~. ④'같으면'의 꼴로, 가정하여 비교함을 나타내는 말. ¶10년전 같으면. 그 같으면. ⑤비슷하다. 또, …답다. ¶거지~. 달덩이 같은 얼굴. similar

곧-·다[형][고] 같다.

같아-지-다[자] 같게 되다. 닮게 되다. ¶자랄수록 음

같으니-라고[조][성이 아버지와 ~.

같으니라고[조] 호령하거나 혼잣말로 남을 욕할 때 명사에 붙여 쓰는 보조사. ¶개될 놈~. 〈약〉같으니. of a man

같은=값[명] ①같은 가격에. for the same price ②물질이나 노력이 드는 정도가 마찬가지인데. at the same cost

같은=값이면 기왕 드는 힘이 같을 바에는. other things being equall, if at all

같은값이면 과부집 머슴살이 기왕이면 자기에게 좀 더 이편(利便)이 많은 곳으로 가서 일을 한다.
같은값이면 다홍치마 같은값이면 품질이 좋은 것을 취한다.
같은값이면 은가락지 낀 손에 맞랬다 구차람이 나 벌을 받을 때 이용이면 덕망 있는 사람에게 당하는 편이 낫다.
같은값이면 처녀 같은값이면 품질이 신선하고 좋은 같은 떡도 말며느리 주는 것이 더 크다 말며느리가 집안 살림을 주관하는 사람이라 속이 넓다.
같은-자리(어학) '동격(同格)'의 풀어쓴 말.
같은자리-각(一角)(수학) '동위각(同位角)'의 풀어쓴 말.
같은쪽-각(一角)(수학) '동위각(同位角)'의 풀어쓴 말.
같음-표(一標)(수학) '등호(等號)'의 풀어쓴 말.
같이[가치](부) ①함께. ¶~ 가자. in company ②같게. ¶이것과 ~ 하여라. likewise ②(명사·대명사에 붙어서 모양이나 행동이 그 정도임을 나타냄. ¶박속~ 희다. as-as ②때를 나타내는 일부 명사 뒤에 쓰여 강조함. ¶새벽~ 떠나다.
같이 우물 파고 혼자 먹는다 ①같이 노력하고 이득은 혼자 취한다. ②매우 욕심이 많은 사람.
같이-하다(가치-)(타) 함께 하다. 같은 사정에 처하다. 같은 조건으로 삼다. ¶생사를 ~. 식사를 ~. have something in common
같-잖-다(얕)(형) ①같지 않다. not like ②그럴싸하나 실상은 그렇지 못하다. ¶같잖게 놀다. beneath
같-지-다(지)(자) 씨름에서, 두 사람이 같이 넘어지다. fall together
갚-다(타) ①꾸거나, 빌거나, 받은 것을 도로 돌려주다. return ②남에게 받은 등을 그에 상당하게 보답하다. ¶은혜를 ~. 원수를 ~. repay
갚음(명) 남에게 입은 은혜나 원한에 대하여 자기가 입은 그대로 보답하는 것. 되돌음. 하다(타)
개(관) 윷놀이에서, 윷가락이 두 짝은 엎어지고 두 짝은 젖혀진 것. 두 끗임.
개(浦)(명) 강·내에 조수가 드나드는 곳. creek
개:(狗)(명) ①(동물) 개과의 짐승. 가축으로 이리·늑대와 비슷하나 성질이 온순하고 영리하며 냄새를 잘 맡고 귀와 눈이 밝아 사냥·군용으로 사육됨. 품종이 많음. dog ②남의 앞잡이 노릇을 하는 사람. 주구(走狗).
개:(관) 참 것이나 좋은 것이 아니고 함부로 된 것이라는 뜻. ¶~살구. ~꿈. ~떡. false one
=개(접미) 간단한 기구임을 나타내는 말. ¶깔~. 지우~. thing for
개(蓋)(명) ①음식 그릇의 뚜껑. lid ②(제도)(의장(儀仗)의 하나. 사(紗)로 우산같이 꾸몄음. 빛깔에 따라 청개(靑蓋)·홍개(紅蓋)·황개(黃蓋)·흑개(黑蓋) 등이 있음.
개(介·個·箇)(의명) ①낱으로 된 물건을 셀 때 쓰는 말. ¶사탕 한 ~. ②'(광물) 지금(地金)'의 열 냥쭝을 단위로 일컫는 말.
개:가(改嫁)(명) 시집갔던 여자가 다시 다른 남자에게 시집감. 후살이. 재가(再嫁). (속) 개살이. remarriage 하다(자)
개가(開架)(명) 도서관에서 서가(書架)를 자유로이 공개하여 열람시키는 일. ¶~식(式). (대) 폐가(閉架). open shelf 하다(타)
개:가(凱歌)(명) ☞개선가(凱旋歌).
개가 똥을 마다 한다 틀림없이 좋아해야 할 것을 싫다고 한다. 치운다.
개가 약과 먹는 것 같다 맛살 내 없이 급히 먹어 치운다.
개가-제(開架制)(명) 도서관에서 서가(書架)를 열람자에게 개방하여 자유롭게 빼내어 볼 수 있게 하는 제도. (대) 폐가제(閉架制).
개:=가죽(명) ①개의 가죽. dog's fur ②(속) 낯가죽.
개(介殼)(명) 연체 동물의 굳은 겉껍데기. shell
개:각(改刻)(명) 고쳐 새김. recarving 하다(타)

개:각(改閣)(명) 내각을 이루는 국무 위원을 바꿈. 하다(타)
개:각-류(介殼類)(명) (동물) 물 속에서 사는 갑각류. 구조가 간단하고 자웅의 구별이 뚜렷함. crustacea, shellfish
개:간(改刊)(명) 책을 고쳐 간행함. revision 하다(타)
개간(開刊)(명) 처음으로 간행함. first publication 하다(타)
개간(開墾)(명) 거친 땅을 개척하여 처음으로 논밭을 만듦. 개작(開作). 기간(起墾). bring under cultivation 하다(타)
개간-지(開墾地)(명) 개간한 땅. reclaimed land
개감-스럽-다(형)(ㅂ불) 욕심껏 먹어대는 꼴이 보기에 흉하다. 게검스럽다. voracious 개감-스레(부)
개:갑(介甲)(명) ①거북 따위의 단단한 검딱지. shell ②(동) 갑옷.
개:갑(鎧甲)(명) 쇠미늘을 만들어 단 갑옷. scale cuirass
개강(開講)(명) 강좌·강습회·강경(講經) 등을 시작함. beginning a series of lectures 하다(타)
개같이 벌어서 정승같이 먹는다 천하게 벌어서 빛(生光) 있게 쓴다.
개:개(箇箇)(명) 하나하나. 낱낱. each one
개:개 고찰(箇箇考察)(명) ①낱낱이 살핌. ②(제도) 매를 때릴 때, 형리(刑吏)를 주의시켜 낱낱이 살펴 몹시 치게 함.
개개-다(자) ①성가시게 달라붙어 손해되다. ②무엇이 맞닿아서 때지거나 닳거나 벗겨지다. abrade
개:개 명장(箇箇名將)(명) 저 사람 이 사람이 다 명장임. 〔창임.〕
개:개 명창(箇箇名唱)(명) 노래부르는 사람마다 다 명창임.
개개비(조류) 휘파람새과의 작은 새. 날개 길이 7.5~9 cm로 등은 담갈색, 배는 회백색, 낱개올과 꼬리는 갈색임. 한국의 갈대밭에서 '개개'하고 시끄럽게 옮. eastern great reed-warbler
개개-빌-다(타)(불) 잘못을 용서하여 달라고 간절히 빌다. entreat for forgiveness
개:개 승복(箇箇承服)(명) 지은 죄를 낱낱이 자백함. 하다(타)
개:개-풀어지-다(자) ①끈끈하던 것이 녹아서 다 풀어지다. lose glutinousness ②졸리거나 술에 취하여 눈의 정기가 없어지다. be drowsy
개갱(開坑)(명) 광산에서, 광물을 파기 위하여 굴을 뚫음. opening of a mine 하다(타)
개거(開渠)(명) (토목) 위를 덮지 않고 그대로 터놓은 수로(水路). (대) 암거(暗渠). open ditch
개:걸(丐乞)(명) ①빌어먹음. begging ②거지. beggar
개:견(槪見)(명) 개관하여 봄. 하다(타)
개:견-부(一犬部)(명) 한자 부수(部首)의 하나. '狀·獎' 등의 '犬'의 이름. 〔히되.〕
개:결(介潔)(명) 성질이 굳고 깨끗함. uprightness 하다(형)
개경(開境)(명) 개성(開城)의 고려 때 이름.
개:고(改稿)(명) 원고를 고쳐 씀. 또, 그 원고. revision of manuscript, revised manuscript 하다(타)
개:=고기(명) ①개의 고기. flesh of dogs ②성질이 치사하며, 체면도 없는 막된 사람. ¶행실이 ~갈다.
개고마리(명) (동) 때까치.〔rude fellow〕
개곡선(開曲線)(명) (수학) 곡선의 양쪽 끝이 서로 만나지 않음으로써 닫히지 않는 곡선. (대) 폐곡선. open curve
개:=골(명) (속) 남이 내는 골을 욕하는 말. another's temper
개골=개골(부) 개구리가 우는 소리. (큰) 개굴개굴. frog's croaks 하다(자)
개골-산(皆骨山)(명) 금강산(金剛山)의 겨울 이름.
개-골창(명) 수챗물이 빠지는 작은 도랑. ditch
개:과(改過)(명) 허물을 고침. amendment 하다(자)
개과(蓋果)(명) (식물) 과피(果皮)가 가로 벌어져서 위쪽이 뚜껑같이 되는 열매. 쇠비름·채송화 등의 열매 따위. 개열과(開裂果). pyxidium
개:과 자신(改過自新)(명) 잘못을 고쳐 새로워짐. 하다(자)
개:과 천선(改過遷善)(명) 지나간 허물을 고쳐 착하게 됨. correction of erroneous way 하다(자)
개:관(改棺)(명) 이장(移葬)할 때 관을 새로 만듦. 하다(타)

개관(開棺)[명] 시체를 옮기어 내려 둘 때 관뚜껑을 엶. 하타

개관(開管)[명] 양쪽이 열리고 속이 빈 관. 피리 따위. open tube

개관(開館)[명] ①도서관·회관 등을 차리고 문을 처음 엶. ②도서관·회관 등의 문을 열고 그 날의 업무를 시작함. 《대》폐관(閉館). opening 하타

개:관(蓋棺)[명] 관의 뚜껑을 덮음. 하타

개:관(槪觀)[명] ①대충 살펴봄. general view ②〈미술〉그림에서 윤곽·명암·색채·구도 등의 대체의 모양. 윤곽(輪廓). outline 하타

개관 사:정(蓋棺事定)[명] 시체를 관에 넣고 뚜껑을 덮은 후에라야 비로소 그 사람이 살아 있을 때의 가치를 알 수 있다는 말.

개:괄(槪括)[명] ①대강 추려 한데 뭉뚱그림. summary ②〈논리〉어떤 개념의 외연(外延)으로 확대하여 보다 많은 사물을 포괄하는 개념을 만드는 일. generalization 하타

개광(開光)[명] 〈공업〉화형(花形)·각형(角形)·원형(圓形) 등의 여러 가지 모양의 윤곽을 본뜬 무늬.

개광(開鑛)[명] 광산에서 광물 따위를 파내기 시작함. beginning of mining 하타

개:교(改敎)[명] 〈동〉개종(改宗). 하타

개교(開校)[명] 새로 학교를 세우고 수업을 시작함. 《대》폐교(閉校). opening of a school 하타

개교 기념일(開校紀念日)[명] 학교에서 개교를 기념한 할 때의 의식. 하타

개교-식(開校式)[명] 처음 세운 학교에서 공부를 시작

개:구(改構)[명] ①묵은 것을 없애고 다시 구축함. reconstruction ②묵은 단체를 해산하고 다시 구성함. reorganization 하타

개구(開口)[명] ①입을 벌림. opening one's mouth ②입을 열어 말함. 《대》함구(緘口). speaking 하타

개구-도(開口度)[명] ①말을 하는 도수. ②소리낼 때 입을 벌리는 정도.

개구리[명] 〈동물〉양서류(兩棲類) 무미목(無尾目)의 동물의 총칭. 올챙이가 자라는 것으로 네 발에 물갈퀴가 있고 몸빛은 여러 가지이다. 성낭(聲囊)을 부풀려 소리를 냄. frog

개구리 낯짝에 물붓기[명] 어떤 꼴을 당해도 태연함.

개구리도 옴쳐야 뛴다[명] 일을 이루려면 마땅히 준비하고 주선할 시간이 있어야 한다.

개구리-미나리[명] 〈식물〉미나리아재비과의 다년생 풀. 줄기 높이 80cm 내외로 6~7월에 가지 끝에 노란 꽃이 핌. 산이나 들의 습지에 남.

개구리-밥[명] 〈식물〉개구리밥과의 일년생 풀잎. 잎 길이는 5~8mm 가량으로 여름에 담록색의 잔 꽃이 핌. 수면에 뜨며 밑에 뿌리가 있고 못이나 늪에 남. 부평초(浮萍草)

개구리 올챙이 적 생각을 못 한다[명] 가난하고 천하던 옛일을 생각지 못하고 처음 잘난 듯이 뽐낸다.

개구리-자리[명] 〈식물〉미나리아재비과의 일년생 독풀. 줄기 높이 50cm 정도, 6월에 노란 꽃이 핌. 매운 맛이 있고 독함.

개구리-젓[명] 개구리의 다릿살로 담근 것.

개구리 주저앉는 뜻은 멀리 뛰자는 뜻이다[명] 큰 일을 하기 위한 준비 태세는 얼른 보아 어리석어 보인다.

개구리-참외[명] 〈식물〉박과의 일년생 풀. 껍질 거죽은 개구리 등처럼 얼룩얼룩하고, 살은 감참외처럼 붉고 맛이 좋음. spotted cantaloupe

개구리-헤엄[명] 개구리가 헤엄치듯 두 발을 함께 오므렸다가 뻗치며 치는 헤엄. breaststroke

개:-구멍[명] 울타리나 대문짝 밑에 개가 드나들게 한

개:구멍-바지[명] 〈동〉개바지. [구멍. doghole

개:구멍-받이[-바지이][명] 남이 개구멍으로 빛어 넣은 것을 받아서 기른 아이. baby left at the doghole

개구멍에 망건 치기[명] 남이 빼앗을까 겁을 내어 막고 있다가, 막던 그 물건까지 잃어버림.

개구멍으로 통량갓을 굴려 낼 놈[명] 교묘하게 수단을 써서 남을 잘 속여 먹는 사람을 이름.

개구쟁이[명] 지나치게 짓궂은 장난을 하는 아이를 가리키는 말. urchin

개국(開國)[명] ①나라를 새로 세움. establishment of a country ②외국과 국교(國交)를 처음으로 시작함. 《대》쇄국. opening of trade 하타

개국 공신(開國功臣)[명] 새로 나라를 세울 때 공훈이 많은 신하. meritorious retainer at the founding of a dynasty 「그 개국 공신에게 준 논밭.

개국 공신전(開國功臣田)[명] 〈제도〉조선조 태조가 44

개국 시:조(開國始祖)[명] 나라를 세운 시조. 「째.

개국-자(開國子)[명] 〈제도〉고려 5등작의(五等爵)의 네

개국-주의(開國主義)[명] 널리 외국과 사귀어 문화의 상호 교류(交流)를 주장하는 주의. open-door policy

개굴(開掘)[명] 파헤쳐서 냄. excavation 하타

개굴=개굴[명] 개구리가 잇달아 우는 소리. 《작》개골개골. croaking of a frog 하타

개권(開卷)[명] 책을 펌. opening of a book 하타

개:-귀 쌈지[명] 아가리를 접은 위로, 개의 귀처럼 생긴 조각이 앞으로 넘겨 덮이게 된 쌈지.

개그(gag)[명] 〈연예〉배우가 임기 응변으로 넣는 대사나 우스갯짓.

개그-맨(gagman)[명] 〈연예〉개그를 잘하는 사람.

개근(皆勤)[명] 하루도 빠짐없이 출석·출근함. ¶~상(賞). nonabsence, regular attendance 하타

개근 상장=(皆勤賞狀)[명] 개근을 표창하는 상장.

개:금(改金)[불교]불상(佛像)에 다시 금칠을 함. ¶~ 불사(佛事). repaint the Buddha with gold

개금(開金)[명] 열쇠. 하타

개금(開襟)[명] ①가슴을 헤쳐 놓음. open-necked ②흉금을 털어놓음. open-heartedness ③〈동〉돕지. 하타

개금 셔츠(開襟 shirt)[명] 〈동〉노타이 셔츠. 하타

개-금정(開金井)[명] 광정을 놓고 광중(壙中)을 파냄.

개기(皆旣)[명]→개기식(皆旣蝕).

개기(開基)[명] ①공사(工事)를 하려고 터를 닦기 시작함. start leveling the ground ②〈불교〉절을 세우려고 터를 닦음. founding of a temple ③절을 처음 세운 중. 하타

개:-기름[명] 얼굴에 번질번질하게 끼는 기름. 기름⑤. grease on one's face

개기-식(皆旣蝕)[명] 〈천문〉개기 일식(日蝕)과 개기 월식(月蝕). 식기(蝕旣), 《대》부분식(部分蝕). 《약》개기(皆旣). total eclipse 하타

개기 월식[-씩](皆旣月蝕)[명] 〈천문〉달이 지구의 그림자에 아주 가려서 안 보이는 현상. 《대》부분 월식(部分月蝕). total eclipse of the moon

개기 일식[-씩](皆旣日蝕)[명] 〈천문〉해가 달의 그림자에 아주 가려서 안 보이는 현상. 《대》부분 일식(部分日蝕). total eclipse of the sun

개 꼬라지 미워서 낙지 산다[명] 자기가 미워하는 사람에게 그 사람이 싫어하는 일을 한다.

새 꼬리 삼 년 두어도 황무 못 된다[명] 본래부터 나쁜 것은 언제까지 가도 좋아지기 어렵다.

개:-꼴[명] 체변이 엉망이 된 꼬락서니. shameful sight

개:-꽃[명] ①〈식물〉엉거시과의 일년생 풀. 유럽 원산으로 과실은 수과(瘦果). 관상용임. ②먹지 못하는 철쭉꽃을 참꽃에 빗대어 이르는 말. camomile

개-꿀[명] 벌집에 들어 있는 채로의 꿀. 소밀(巢蜜). honey in the honeycomb

개:-꿈[명] 터무니없이 꾸는 꿈을 조롱하는 말. absurd dream

개나리[명] 〈식물〉목서과의 낙엽 활엽 관목. 노란 꽃이 잎이 나기 전에 핌. 관상용·울타리용으로 심음. 망춘(望春). 연교(連翹). golden-bell tree, forsythia

개:-나리[명] 〈식물〉들에 절로 나는 나리의 총칭. wild lily

개납(皆納)[명] 조세 따위를 남김 없이 모두 바침. 하타

개:념(槪念)[명] 〈철학〉여러 관념 속에서 공통된 요소를 추상하여 종합하여진 하나의 일반적 관념.

개:념 도:구설(槪念道具說)[명] 〈철학〉개념은 환경에의 적응 수단으로서 도구와 같은 역할을 한다는 존

듀이의 인식론.
개:념-력(概念力)圈 〈철학〉 여러 관념 속에서 공통된 요소를 추상(抽象)하여 종합할 수 있는 능력.
개:념-론(概念論)圈 〈철학〉 개념에 관한 논리적 이론. 또, 인식론적 이론. conceptualism
개념 법학(概念法學)圈 〈법률〉 법률의 해석·적용에 관하여 제정법의 결함성과 형식적 논리의 만능을 믿고, 법학의 임무는 법률 조문의 주도한 검토와 치밀한 법개념의 체계를 구성하는 논리적 작업에만 한정되어야 한다는 학파 및 사상 경향.
개:념 실재론(―[재]―)(概念實在論)圈 〈철학〉 보편적 개념을 실재화(實在化)하여 객관적·실재적 본질이라고 보는 학설.
개:념-어(概念語)圈 〈語〉 실사(實辭).
개:념-적(概念的)冠圈 〈철학〉 개념을 나타내는(것). 실재(實在)가 아니고 순 이론적(인것). conceptive
개념적 인식(概念的認識)圈 〈철학〉 개념의 능력으로서의 사유에 기초하는 인식. 감각적·직관적 인식. conceptive cognition
개념적 판단(概念的判斷)圈 〈철학〉 개념을 주사(主辭)로 하는 판단. conceptive judgement
개 눈에는 똥만 보인다족 어떤 물건을 좋아하게 되면 모든 것이 그 물건과 같아만 보인다.
개:-다찌 ①비나 눈이 그치고 구름·안개가 걷혀서 날이 맑아지다. ¶날이 ∼. ②우울하거나 어수선하면 마음이 개운하게 되다. clear up
개:-다匣 ①이부자리 따위를 개켜서 치우다. ¶요를 ∼. fold in (up) ②〔옷〕→개키다.
개:-다匣 가루나 덩어리 진 것을 물을 치면서 저어 으깨어 풀어지게 하다. ¶풀을 ∼. dilute
개:다래(图 개다래나무의 열매. 식용 및 약용함.
개:다래-나무图 〈식〉 다래과의 낙엽 활엽 만목(蔓木). 나무는 관상용이고 열매는 식용·약용으로 쓰임. 천료(天蓼). silvervine
개:다리 밥상(―床)图→개다리 소반.
개:다리 상제(―喪制)图 버릇없는 상제라는 뜻으로, 상제를 욕하는 말. stupid mourner
개:다리 소반(―小盤)图 다리가 개다리같이 구부러진 둥근 소반. small round table with bent legs
개:다리-질图㉿ 방정맞고 얄밉게 구는 행동을 욕하는 말. hateful behaviour 하타
개:다리 참봉(―參奉)图㉿ 돈으로 참봉 벼슬을 사서 거드름을 피우는 사람을 꼬집어 욕하던 말.
개:다리 출신(―[신]―)(―出身)图 총 놓는 기술로 무과(武科)에 급제한 사람을 얕잡아 일컫던 말.
개:다리 헌함(―軒檻)图 난간의 하나.
개답(開畓)图 논을 새로 만듦. 논을 새로 풂. opening a rice field 하타
개달(個個)图 낱낱마다. 하나에. 한 개 한 개에.
개더(gather)图 치마의 주름. ¶∼ 스커트.
개도(開導)图 깨우쳐 인도함. guidance 하타
개도국(開途國)图 〈약〉→개발 도상국(開發途上國).
개도 나갈 구멍을 보고 쫓아라족 사람을 궁지에 몰아넣더라도 살아날 여유를 주어야 한다.
개도 닷새가 되면 주인을 안다족 배은 망덕한 사람은 개만도 못하다.
개도 무는 개를 돌아본다족 사람도 악하고 사나우면 그 해를 입을까 두려워 도리어 잘 대해 준다.
개도 손 들 날이 있다족 개에게도 손이 모자라 쩔쩔 매는 날이 있으니 하물며 사람에게야 어찌 없겠느냐.
개독(開讀)图 〈민속〉 제사 때에 신주의 독을 엶. 계독(啓讀). 하타
개동(開多)图 ①음력 시월. ②초겨울.
개동(開多)图 ①먼동이 틈. dawning ②밤을녘. break of day 하타
개동 군령(開東軍令)图 〈군사〉 ①이른 새벽에 내리는 행동 명령. ②새벽부터 하는 출동(出動).
개:-돼:지图 ①개와 돼지. dogs and pigs ②사람을 천하게 이름. despicable persons

개:두(蓋頭)图 ①통 가첨석(加檐石). ②(제도) 상복(喪服)의 하나. 국상(國喪) 때 여자가 머리에 쓰던 것. ③통 너울.
개:두(改斗)图 마되로 한 번 된 곡식을 다시 됨. [remeasuring 하타
개:-두릅图 엄나무 가지에서 나온 새순. 나물로 먹음.
개:두-포(蓋頭布)图 〈기독〉 미사 성제(聖祭) 때에 제관의 머리를 덮어 내려 입는 옷의 하나.
개:두 환:면(改頭換面)图 일을 근본적으로 고치지 않고 사람만 갈아서 그대로 시킴. 하타
개등나모图〈고〉 가죽나무.
개:-떡图 보릿가루나 밀가루 따위를 반죽하여 찐 떡. ¶밀가루 ∼. cake made of barley or wheat flour
개:떡-같:다匣 사람·사물이 마음에 들지 않아 불만을 느낄 때에 이름. 개똥같다. rubbish, very bad 개떡-같이퇌
개:-똥图 ①개의 똥. excrement of a dog ②(비) 보잘 것없고 천한 것. ¶∼같은 소리. abominable thing
개:똥-같:이图 개똥 거리를 주어 밭을 가는 일. 하타
개:똥-같:다匣 통 개떡같다.
개똥도 약에 쓰려면 없다족 아무리 천하고 흔한 것이라도 정작 소용이 있어 찾으면 드물고 귀하다.
개:똥-밭图 ①땅이 전 밭. fertile land ②개똥이 많이 있는 더러운 곳. place full of dog dungs
개똥밭에도 이슬 내릴 날이 있다족 아무리 천하고 가난한 사람이라도 행운을 만날 때가 있다.
개똥밭에 인물 난다족 배우 미천한 집안에서 훌륭한 사람이 나왔다. [은 번역. poor translation
개:-똥번역(―飜譯)图 ①(비) 중역(重譯). ②(신통치 않
개:-똥벌레图 〈곤충〉 ①개똥벌레과의 곤충의 총칭. ②개똥벌레과의 곤충의 하나. 몸 길이가 12∼18mm로몸 빛은 흑색에 앞가슴은 적색을 띰. 발광기(發光器)에 의하여 여름 밤에 반짝거리며 날아다님. 반디. 형화(螢火).
개:-똥불图 〈동〉 반딧불. [다. firefly
개:똥 상놈(―常―)图 (비) 행세가 아주 더러운 상놈.
개똥이 무서워서 피하나, 더러워서 피하지족 행실이 더러운 사람과는 다투느니보다, 피하는 것이 좋다.
개:똥-지빠귀图 〈조류〉 지빠귀과의 새. 작고 잘 울며 눈가에 검은 무늬가 있음. thrush
개:똥-참외图 길가에 저절로 나서 열린 참외.
개:-띠(민속) 술생(戌生). [wild muskmelon
개락(開落)图 꽃이 피고 떨어짐. 하타
개랑-조개(图〈조개〉 개랑조개과의 조개. 회색색에 황갈색 자취가 덮임. 대합과 비슷하며 길이 8cm, 폭이 6cm, 폭 4cm 내외로 맞이 좋음. 명주조개.
개략(槪略)图 대강 추려 줄임. 또, 그 줄인 것. 〈유〉개요(槪要). 대략(大略). 〈대〉 상세(詳細). outline 하타
개:량(改良)图 나쁜 점을 좋게 고침. 〈유〉 개선(改善). improvement 하타 [하타
개:량(改量)图 다시 고쳐 측량(測量)함. remeasuring
개:량 목재(改良木材)图 천연의 목재에 어떤 기계적·화학적 처리를 한 목재 재료의 총칭.
개:량-복(改良服)图 재래의 모양을 개량한 신형의 옷.
개:량 아궁이(改良―)图 문을 여닫게 한 아궁이.
개:량-저(改良苧)图 무명실로 모시처럼 짠 여름 옷감.
개:량-종(改良種)图 유전적 성질을 개량한 동식물의 품종. 〈대〉 재래종(在來種). select seed
개:량-주의(改良主義)图 〈사회〉 자본주의(資本主義) 사회의 폐해를 국가의 힘으로 차차 고쳐 나가자는 주의. policy of gradual improvement
개:량-책(改良策)图 나쁜 점을 고쳐 좋게 하려는 방책.
개:량 행위(改良行爲)图 〈법률〉 재산의 성질을 변경하지 않는 범위 안에서 재산 가치를 증가시키는 행위. [연 사례금.
개런티(guarantee)图 ①보증. 보증인. ②출연료. 출
개:력(改曆)图 ①묵은 해를 보내고 새해를 맞이함. 환세(換歲). ②역법(曆法)을 고침. revision of a calendar 하타 [어지다.
개력-하-다匣 〈연용〉 산천(山川)이 변하여 옛 모양이 없

개:렴(改殮)[명] 다시 고쳐 염함. 하타
개:령(改令)[명] 명령을 고쳐 내림. revising orders 하타
개로(皆勞)[명] 빠짐없이 모두 일함. ¶국민 ~의 기풍. 하타 [로 하기 시작함. 하타
개로(開路)[명] ①길을 틈. 개도(開道). ②무슨 일을 새
개:론(槪論)[명] 전체의 개요(槪要)를 논한 것. ¶문학류(芥滓)[명] 쓰레기통. [~. outline
개르-다[르](약)→개으르다.
개를 따라가면 측간으로 간다[관] 되지못한 자와 상종하면 좋지 못한 길에 들게 된다.
개:름[명](약)→개으름.
개:름-뱅이[명](약)→개으름뱅이.
개:름-쟁이[명](약)→개으름쟁이.
개리[명] 〈조류〉 오리과의 새. 기러기만한데 등은 갈색, 가슴은 황회색, 다리는 노랗고 부리가 짧다.
개린(介鱗)[명] ①갑각(甲殼)과 비늘. shells and scales ②조개와 물고기. shell·fish and fish
개립(介立)[명] ①혼자의 힘으로 섬. self·reliance ②두 사물의 사이에 끼어 섬. stand in between 하타
개립(開立)[명](약)→개립방(開立方).
개립방(開立方)[명] 〈수학〉 세제곱근을 계산하여 구함. (약) 개립(開立). extraction of a cubic root
개립방(법)[-뻡](開立方法)[명] 〈수학〉 개립방하는 산법(算法). (약) 개립법(開立法).
개립-법[-뻡](開立法)[명](약)→개립 방법(開立方法).
개막(開幕)[명] 막을 열고 연기(演技)를 시작함. ¶~식(式). raising of the curtain ②무슨 일을 시작함. 무슨 일이 시작됨. ¶체육 대회 ~. 《대 폐막(閉幕). opening of a meeting 하타
개:맘망신(一亡身)[명] 아주 큰 망신. great shame 하타
개:ㅅ-맨드라미[명] 〈식물〉 비름과의 일년생 풀. 높이 80cm, 여름에 잔 가지 끝에 뾰족 같은 담홍색(淡紅色) 꽃이 핌. 과실은 강남초 또는 청상자(靑箱子)라 하여 한약에 씀.
개맹이[명] 뚤뚤한 기운. ¶~가 없다. gut
개:-머루[명] 〈식물〉 포도과의 다년생 덩굴풀. 여름에 담황색 꽃이 피고 열매는 머루보다 잘게 가을에 익음. 골짜기 및 개울가에서 남. wild grapes [다.
개머루 먹듯 한다[관] 내용도 잘 모르고 무슨 일을 한
개:-머리[명] 총의 밑을 이룬 나무. gunstock
개:머리-판(一板)[명] 총의 개머리 밑바닥에 붙은 쇠판.
개:-먹다[타] 물체에 닿아 개개어서 상하다. wear out
개면(開綿)[명] 면사 방적에서, 면화의 섬유를 짧은 섬유와 티끌을 골라내는 공정. ¶~기(機). 하타
개:명(改名)[명] 이름을 고침. 또, 그 고친 이름. changing one's name 하타
개명(開明)[명] ①지혜가 열리고 문화가 발달됨. ②지식이 열리고 사물을 잘 이해함. ③지식 따위를 깨받히여 불분명한 접을 밝힘. (대) 미개(未開). civilization ④ 해가 뜨는 곳. 하타
개명-꾼(開明一)[명] 개명하는 사람을 받아들이는 사람. [넓은 마을, 개명목.
개명-먹(開明一)[명] 향료(香料)를 섞어 유리병 따위에
개명-묵(開明墨)[동] 개명먹.
개모(開毛)[명] 모사 방적에서, 세모 공정 다음에 접슴의 털에서 불순물을 없애고 각 섬유를 한 가닥씩 펴내는 공정. situation
개:모(槪貌)[명] 대강의 걸모양. 또, 그 형편. general
개 못된 것은 들에 가 짖는다[속] 제가 마땅히 해야 할 일을 하지 않고 만데 가서 잘난 체하며 떠든다.
개무(皆無)[명] 조금도 없음. 전허 없음. none at all 하타
개무지[명] 밀물이 들기 전에 그물을 쳐두었다가 썰물이 나갈 때 고기가 걸리도록 하는 고기잡이. tidewater net-fishing [gate 하타
개문(開門)[명] 문을 엶. (대) 폐문(閉門). opening the
개문 납적(開門納賊)[명] 제 스스로 화를 만듦. 하타
개문 만복래(開門萬福來)[명] 대문을 열어 놓으면 복이 들어옴.

개:=방(開捧方)[명]〈민속〉술가(術家)의 말로 팔문(八門)의 하나이 길(吉)한 방위.
개물(個物)[명]〈동〉개체(個體) ①.
개물 성무(開物成務)[명] 만물의 뜻을 열어 천하의 사무를 성취함. 하타
개미 연의 실을 세게 하기 위하여 먹이는 사기나 유리의 고운 가루를 부레풀에 탄 물질.
개:-미[명]〈곤충〉개미과 곤충의 총칭. 몸 길이가 5~15mm, 몸 빛은 흑색 또는 적갈색이며 허리가 가늘고 잘록함. 땅 속이나 썩은 나무 속에 집을 짓고 질서 있는 집단 사회 생활을 함. ant [하타
개미(開眉)[명] 수심(愁心)이 없어짐. feeling relieved
개미가 정자나무 건드린다[관] 미약한 사람이 큰 세력에 대항하여 덤빈다.
개:미 구멍[명] ①개미집. ②개미가 뚫은 구멍. ant hole
개미 구멍으로 공든 탑 무너진다[관] 조그만 실수로 큰 손해를 초래한다. [tunnel
개:미-굴(一窟)[명] 개미집에 뚫린 굴. 의혈(蟻穴). ant
개:미-귀:신(一鬼神)[명]〈곤충〉명주잠자리의 유충. 흙·모래에 개미지옥을 파고 그 밑에 숨어 있다가 미끄러져 들어오는 개미 따위를 잡아먹음.
개미 금탑 모으듯 한다[관] 재물을 조금씩 알뜰히 모은
개:미-누에[명] 알에서 갓 깨어난 누에. [다.
개:미-떼(一一)[명] 개미의 떼. [이다.
개:미떼-같다[형] 무수한 사람이 모여 있다. 개미떼-같
개미 새끼 하나 없다 연줄이 질기고 세어지도록 개미에 담가서 뽑아 내다.
개:미-벌[명]〈곤충〉개미벌과의 벌. 길이 약 3cm, 백색·황색·적갈색의 털이 났으며, 모양이 개미 비슷하고, 수컷은 날개가 있으나 암컷은 없음. 산란관(産卵管)으로 쏨.
개:미-불[一부치][명]〈곤충〉개미붙이과의 갑충(甲蟲). 몸은 검고 겉날개에 흰 털이 났으며, 배는 적갈색. 나무굼벵이 등을 잡아먹는 익충(益蟲)임. 과
개:미-산(一酸)[명]〈동〉개미산(蟻酸). [공충(蚣蟲).
개:미살이-좀벌[명]〈곤충〉개미살이좀벌과의 곤충. 불개미의 유충에 기생하는데, 길이 약 5mm, 두흉부는 청람색임.
개:미-손님[명]〈곤충〉개미집에서 어린 개미를 먹거나 개미가 흘리는 땀을 잡아먹고 사는 곤충의 총칭.
개:미-자리[명]〈식물〉너도개미자리과의 월년생 풀. 잎은 좁고 광택이 있으며, 희고 작은 꽃이 핌. pearlwort [모양의 구멍.
개:미-지옥(一地獄)[명] 개미귀신이 숨어 있는 깔때기
개:미-집[명] 개미가 사는 굴.
개미 쳇바퀴 돌듯 한다[관] 조금도 진도가 없이 제자리 걸음만 한다.
개:미-탑(一塔)[명]〈식물〉개미탑과의 다년생 풀. 산에 나는 작은 식물로 줄기는 땅에 누웠고 10cm가 량 뒤, 여름에 황갈색 꽃이 핌.
개:미-핥기[명]〈동물〉개미핥기과의 포유 동물. 온몸이 회흑색 털로 덮여 있고 주둥이가 깊. 깊은 숲속에서 개미집을 파헤치고 개미를 잡아먹고 삶. anteater
개:미-허리[명] ①같은 단어가 또는 문구가 거듭될 때부터 글이나 단어 대신에 쓰는 '〃'의 표. ②몹시 가는 허리. slender waist
개:미허리-부(一部)[명] 한자 부수(部首)의 하나. '巛·巡'의 '巛'의 이름.
개-밀[명]〈식물〉포아풀과의 월년생 풀. 밀과 비슷하나 줄기와 잎이 적갈색을 띠고 줄기는 가늘며, 꽃은 여러 개의 이삭으로 되었음.
개:-밋둑[명]〈곤충〉개미가 집을 짓기 위해 날라 온 흙가루가 땅 위로 솟아올라 쌓인 둑. 의봉(蟻封). 의총(蟻塚).
개=바자[명] 갯버들의 가지로 엮어 만든 바자. purple osier screen
개-바지[명] 오줌통 누기에 편하게 밑을 튼 사내 아이
개:=발[명] 개의 발. [의 바지. 개구멍바지.
개발(開發)[명] ①개척하여 발전시킴. development ②문답식을 써서 자발적으로 이해시키고 지능을 발달

개발 교육 | 62 | 개불상놈

시키는 교육 방법. development ③산업을 일으켜 천연 자원을 인간 생활에 유용하게 함. ¶전원(電源) ~. ④새로운 것을 고안해 내어 실용화함. ¶신제품 ~.

개발 교:육(開發敎育)圖 《교육》 문답식(問答式)을 써서 자발적으로 이해시키고 아동의 창의(創意) 발동을 자극시켜 자조심(自助心)을 북돋워서 하는 교육 방법. 페스탈로치가 창시함. 계발 교육(啓發敎育). 《대》 주입 교육(注入敎育). developmental education

개발 도상국(開發途上國)圖 경제적 후진성에서 탈피되어 나아가는 과정에 있는 나라. '후진국'을 고친 명칭. 《유》 개도국(開途國). developing country

개:발-사슴[-씀]〈동물〉뿔이 개의 발과 같은 큰 고라니. Chinese river deer

개발싸가 같다[-따]〈속〉보잘것없이 허름하고 빈약하다.

개발에 주석 편자圖 옷이나 가진 물건 등이 제격에 맞지 않게 좋음.

개발-주의(開發主義)圖 《교육》 지식의 주입이 아니고, 어린이의 지능을 계발(啓發)하는 교육상의 주의. 《대》 주입(注入)주의. inductive method of teaching

개:발코[-코]圖 개발처럼 너부죽하고 뭉툭하게 생긴 코. short flat nose

개:밥[-빱]圖 개에게 먹일 밥. dog's food

개:밥-바라기[-빱-]圖 《속》 저녁에 서쪽 하늘에 보이는 금성(金星). 장경성(長庚星). 태백성(太白星). evening star

개밥에 도토리圖 자기만 고립된 것. an outcast

개방(開方)圖 《수학》 제곱근(平方根)이나 세제곱근(立方根)을 셈함. evolution 하타

개방(開房)圖 죄수들에게 일을 시키려고 아침마다 감방에서 내보냄. opening the prison cells 하타

개방(開放)圖 ①문을 활짝 열어 놓음. leaving open ②숨김 없이 터놓음. being frank ③일이나 교통이 자유로이 이루어지도록 허가함. ④경계나 방어를 풀어 터놓음.

개방 경제(開放經濟)圖 외국과의 상품·어음·자본 등의 거래가 제한되어 있지 아니한 국민 경제.

개:방귀-같-다[-따] 시시해서 있는지 없는지조차 알 수 없다. ¶개방귀같이 여기다.

개방 대학(開放大學)圖 기존 대학의 교육 과정을 일반 시민에게 공개 개방하는 교육 제도.

개방 도시(開放都市)圖 완전히 무장을 해제한 도시. 국제법상 공격이 금지되어 있음. 개방 시울. 《대》 방수 도시(防守都市). open city [개법(開法).

개방-법(開方法)圖 《수학》 개방하는 셈법. 《약》

개방성 결핵(開放性結核)圖 《의학》 환자의 배설물에 결핵균이 섞여 나오는 폐결핵. 전염성임.

개방 시:울(開放市邑)圖 개방 도시.

개방 요법[-뻡](開放療法)圖 《의학》 ①정신병 환자를 가두지 않고 자유로이 즐겁게 생활시키면서 치료하는 방법. ②결핵 치료법의 하나로, 맑은 공기 속에서 일상을 보내는 언제나 방문을 열어 두는 요법. open-air treatment

개방-적(開放的)圖圖 개방성이 있는(것). 툭 터놓고 숨기지 않는(것).

개방 정책(開放政策)圖 세계 여러 나라와 조약을 맺어 서로 통상(通商)하는 정책. 《대》 쇄국 정책(鎖國政策). open-door policy

개방-주의(開放主義)圖 ①금제되었던 것을 자유롭게 개방하여 둔다는 것. ②열어 놓고 출석하며 하자는 주의. laissez-faire, open-door policy

개:-백장圖 개를 잡는 것을 업으로 삼는 사람. dog killer

개버딘(gabardine)圖 능직물(綾織物)의 하나. 방수용으로 쓴 것은 비옷이나 여름옷에 쓰임.

개벌(皆伐)圖 산림(山林)의 나무를 일시에 모조리 뺌.

개벌(開伐)圖 벌채(伐採)하기 시작함. 하타

개범(開帆)圖 출범(出帆). 하타

개법[-뻡](開法)圖 《수학》 →개방법(開方法).

개:-벼룩〈곤충〉 벼룩과의 곤충. 개의 몸에 붙어 사는데, 벼룩보다 하나 뛰는 힘이 약함.

개벽(開闢)圖 ①천지가 처음으로 생김. ¶천지 ~. creation ②천지가 뒤집혀짐. ③'새로운 사태가 열림'을 비유해 일컫는 말. 하타

개:벽(蓋甓)圖 전각(殿閣)의 바닥에 까는 벽돌.

개벽 이래(開闢以來)圖 천지가 처음으로 생긴 이후.

개:변(改變)圖 고쳐 바꿈. 개조(改造). 《유》 변경. renovation 하타

개:별(個別)圖 낱낱이 따로 나눔. ¶~ 심사(審査). ~ 조사(調査). individuation 하타

개:별 개:념(個別槪念)圖 《논리》 같은 의의(意義)로 같은 유(類)에 속하는 개개물(個個物)에 공통할 수 있는 개념. 《대》 집합 개념(集合槪念). distributive concept

개:별 과학(個別科學)圖 개개의 특수한 현상을 연구 대상으로 하여 각 영역에 성립하는 법칙을 연구하여 나는 가지 과학.

개:-별꽃(-꼳)圖〈식물〉석죽과(石竹科)의 관목. 봄에 흰꽃이 피며, 꽃자루 밑에 넉 장의 잎이 둘리어 붙음. 산지의 나무 그늘에 나며 어린 잎과 줄기는 식용함.

개:별 링크제(個別 link 制)圖 《경제》 링크제의 한 형태. 특정 물자의 수출에 대하여 그것과 관련 있는 특정 물자의 수입을 허가하는 제도. 상품별(商品別) 링크제. 《대》 종합 링크제. individual link system

개:별 원가 계:산[-까-](個別原價計算)圖 원가 요소를 특정 제품마다 개별적으로 집계하기 위한 계산 방식. 건설업·기계 공업 등에 쓰임.

개:별-적[-쩍](個別的)圖圖 낱낱이 따로따로인(것). 《대》 전반적(全般的). individual

개:별 지도(個別指導)圖 《교육》 ①피교육자의 개별적인 성격·소질·능력에 따라 개별적으로 행하는 지도. ②교육자와 피교육자가 1대 1관계에서 이루어지는 개인 지도.

개병(皆兵)圖 전국민이 병역의 의무를 갖는 일. ¶국민(國民) ~. universal conscription

개병-주의(皆兵主義)圖 모병(募兵) 방법에 개병을 취하는 주의.

개 보름 쇠듯 한다圖 명절에 아무런 별미 음식도 먹지 못하고 그냥 지내 버린다. [는 말.

개:-복(-福)圖 《비》 남의 식복(食福)을 욕으로 이르

개:복(改服)圖 ①《제도》 옛날에, 의식(儀式)을 행할 때에 관복(官服)을 바꾸어 입음. ②《동》 복복(覆服). 하타 [on the abdomen 하타

개복(開腹)圖 《의학》 수술하려고 배를 쨈. operation

개:복(蓋覆)圖 덮개를 덮음. 덮게로 덮음. 하타

개복 수술(開腹手術)圖 《의학》 배를 쨰고 하는 수술. 개복술. ventrotomy

개:-봉(改封)圖 ①봉한 것을 뜯었다가 다시 고쳐 봉함. ②제후(諸侯)의 영지(領地)를 바꾸어 봉함. 하타

개봉(開封)圖 ①봉한 것을 떼어 엶. 개탁(開坼). 《대》 함봉(緘封). opening a letter ②새 영화를 처음으로 상영함. ¶~ 극장(劇場). ~ 박두(迫頭). first showing 하타 [first-run theater

개봉-관(開封館)圖 개봉 영화만을 상영하는 영화관.

개:-봉축(改封築)圖 무덤의 봉분(封墳)을 고쳐 쌓음. 하타

개-부심圖 장마에 홍수가 난 후 한동안 쉬었다가 다시 퍼붓는 비가 명개를 깨끗이 부시어 냄. 또, 그 비. shower washing away 하타

개:-불(-불)圖〈동물〉개불과의 환형(環形) 동물. 길이 10~30cm. 원통상으로 확장색을 띠고 몸에는 작은 돌기가 많음. 바다 밑 모래 속에 'U'자 모양의 관(管)을 파고 살며, 낚시 미끼로 쓰임.

개:-불상놈(-常-)圖 《비》 언행이 나쁜 사람을 욕으

로 이르는 말. man of loose conduct
개:불알-꽃〈식물〉난초과의 다년생 풀. 여름철에 붉은 자주색 구슬알 모양의 꽃이 줄기 끝에 한 개씩 핌. 관상용으로 심음.
개비¹ 가늘게 쪼갠 나무의 한 토막. ¶장작 ~. 성냥 한 ~. splint [의]쪼갠 나무 토막의 조각을 세는 단위. ¶한 ~ 두 ~.
개비²〈공업〉도자기(陶瓷器)를 구울 때 가마 문앞에 놓고 그릇을 덮는 물건. 개피(蓋皮).
개:비(改備) 쓰던 것을 버리고 다시 장만함. replacing 하다
개:-비름〈식물〉비름과의 일년생 풀. 잎에 털이 없고 광택이 있으며 여름에 초록색의 잔 꽃이 핌. 어린 잎은 食用.
개:-비자나무(一榧子一)〈식물〉개비자나무과의 상록 침엽 관목. 잎은 전나무 잎과 비슷하며, 3~4월에 꽃이 피고, 10월에 길둥그런 열매가 여는데, 식용하며 기름도 짬.
개빙(開氷) 빙고(氷庫)를 처음 엶. 하다
개빙-제(開氷祭)〈제도〉음력 2월에 빙고(氷庫)를 처음 열 때 지내던 사한제(司寒祭).
개 뼈다귀도 올린다 전혀 쓸데없는 데다 돈을 들여서 장식하여 어울리지 않는다.
개:=뿔(俗) 전혀 없는 것의 비유. ¶~도 모른다.
개:-사(詞詞)〈어학〉한문의 품사의 하나. 윗말을 아랫말에, 아랫말을 윗말에 관계를 붙이어 주는 말. 체언(名詞類) 또는 체언처럼 쓰이는 말을 연결하여 그 사이의 관계를 나타내는 전치사·후치사 등의 글자. '君은何處로'의 '從'과 같은 글자. 〔곧, 보살.
개사(開土) 〈불교〉법을 열어 중생을 인도하는 이.
개사(開社) ①회사를 처음으로 설립하여 엶. ②회사를 열어 업무를 개시함. 하다
개사(開肆) 점포를 엶. 하다 [에 욕하는 말.
개:-사람-하다 남이 뜻밖에 재수가 생겼을 때
개:사슴록-변(一鹿邊) 한자 부수의 하나. '犯·狂' 등의 'ᄀ'의 이름.
개:-사초(一莎草) 무덤의 떼를 갈아입힘. 하다
개:산(改刪) 잘못된 것을 고침. revision 하다
개산(開山)〈불교〉①절을 처음으로 세움. ¶~ 법회(法會). founding of a temple ②(약)→개산 조사(開山祖師).
개:산(概算) 어림셈의 구유이름.
개산-기(開山忌)〈불교〉개산 조사의 기일. 또, 그 날의 법회. 「개산일(開山日).
개산-날(開山一)〈불교〉처음으로 절을 세운 날.
개산-당(開山堂)〈불교〉개산 조사(開山祖師)의 초상이나 위패를 모신 집채.
개산 시:조(開山始祖)〈불교〉개산 조사의 다른 이름.
개산-재(開山齋)〈불교〉개산날에 모시는 제사.
개산-절(開山祭)〈불교〉개산날에 개산한 사람.
개산 조사(開山祖師)〈불교〉절이나 종파(宗派)를 새로 세운 사람. 개산 시조. (약) 개산(開山)②. 개조(開祖)②. founder of a temple
개:-산초나무(一山椒一)〈식물〉운향과의 상록 활엽 관목. 5월에 엷은 황색 꽃이 피고 매운 맛이 있는 열매가 열림.
개산-탑(開山塔)〈불교〉절을 처음 세운 중의 사리나 뼈를 넣은 탑.
개:-살구 개살구나무의 열매. 맛이 시고 떫음. wild apricot
개살구도 맛들일 탓 취미가 제각기 달라 성질 나름이다.
개살구 지레 터진다 되지 못한 것이 오히려 더 잘
개:=살이(改一) (俗) 개가(改嫁). 하다
개:-삽사리〈곤충〉메뚜기과의 곤충. 몸 길이 20~30 mm로 몸 빛은 황색에 가까움. 머리는 삼각형이며 앞으로 돌출하였음.
개:-상(一床)〈농업〉타작에 쓰는 농구. 굵은 통나무 네개를 가로 대어 짜고 다리 넷을 박은 것.
a log threshing-stand
개:-상어〈어류〉참상어과의 물고기. 상어의 한 종류로 붕상어와 비슷하나 몸에 흰 점이 없음.
개:-상질(一床一) 개상에 볏단이나 보릿단을 쳐서 이삭을 떠는 일. 하다
개:-새끼 ①개의 새끼. 강아지. puppy ②(비) 행동이나 됨됨이가 몹시 나쁜 사람을 욕하여 이르는 말. son-of-a-bitch
개:색(改色) ①같은 종류의 물건 중에서 마음에 드는 것으로 바꿈. ②빛깔을 갈아 칠함. repainting
개:서(改書) 새로 고쳐 씀. rewriting 하다 [하다
개서(開書) 편지의 내용을 읽으려고 뜯음. opening the letter 하다
개:-서나무〈식물〉자작나무과의 낙엽 활엽 교목. 골짜기나 산허리에 나며 표고의 원목(原木)이 되고 건축 기구 및 땔감으로 쓰임.
개석(開析)〈지리〉풍화 작용이나 침식 작용으로 지표의 일부가 쪽이어 딴 지형을 나타내는 일. dissection
개석(蓋石·蓋石) ①석실(石室) 위에 덮는 돌뚜껑. ②(동) 가첨석(加檐石).
개석 대지(開析臺地)〈지리〉침식 작용에 의하여 골짜기가 많이 생긴 대지. dissected plateau
개석 분지(開析盆地)〈지리〉분지 안의 퇴적이 중지되었을 때, 분지의 기반 지형이 침식을 받아 이루어진 분지. dissected basin
개:선(改善) 잘못을 고쳐 좋게 함. (대) 개악(改惡). improvement 하다
개:선(改選) 다시 뽑음. 새로 선거함. re-election
개:선(疥癬)(동) 옴.
개:선(凱旋) 싸움에 이기고 돌아옴. triumphal return 하다
개:선-가(凱旋歌) 승리를 축하하는 노래. (유) 개가
개:선(開船港) 출입구를 터놓아 조수가 자유로이 드나드는 독.
개:선=관(改善觀)〈철학〉인생이란 최선(最善)의 것도 아니요, 최악의 것도 아니니까, 인력(人力)으로 점차 개선될 수 있다는 견해.
개:선-론(改善論)〈철학〉세상에 추악(醜惡)이 존재함을 인정하나, 인간의 노력에 따라 선미(善美)를 실현하여, 이상계에 도달할 수 있다는 논설.
개:선-문(凱旋門)〈철학〉개선한 군사를 환영하고 전승을 기념하기 위하여 공원이나 주요 가로(街路)·광장 등에 세운 문. triumphal arch
개:선 장군(凱旋將軍) 싸움에 이기고 돌아온 장군. 어떤 일에 성공한 사람의 비유.
개:선=주의(改善主義)〈철학〉염세주의와 낙천주의의 절충으로, 노력에 의하여 최선에 가까워질 수 있다는 주의.
개:선-책(改善策) 개선의 방책.
개:선-충(疥癬蟲)(동) 옴 벌레.
개:설(改設) 새로 수리하거나 기구를 바꾸어 차림. renovation 하다
개설(開設) ①처음으로 열어 차림. ②새로 설치함. ③〈경제〉은행에서 신용장을 발행하는 일. (대) 폐쇄(閉鎖). establishment 하다
개:설(概說) 대강의 내용을 개략적으로 설명함. 또, 그 책. ¶국사(國史) ~. (유) 개론(概論). general statement 하다 [name 하다
개:성(改姓) 성을 고침. changing one's family
개:성(個性)〈심리〉다른 개체와 구별되는 특성. individual character (유)→개인성(個人性).
개성(開城) ①성문을 엶. ②항복함. capitulation, surrender 하다
개:성 교:육(個性敎育)〈교육〉각 개인의 개성을 존중하여 이를 계발시키려는 교육. individual upbringing
개:성 기술학(個性記述學)〈철학〉일회적(一回的) 개성적인 사실을 가치에 관계시켜 연구하는 역사

연구 방법.

개:성 분석(個性分析)[명] 〈교육〉 교육상 지도의 참고로 하기 위해 피교육자의 개성·기능·건강·가정 환경 등을 조사·분석하는 일. ¶~표. personality test

개성 불도[—도](皆成佛道)[명] 〈불교〉 누구든지 삼생(三生)을 통해 불법을 닦으면 부처가 될 수 있다는 설. 하타

개:성 심리학(個性心理學)[명] 〈심리〉 각 개인·종족(種族) 등의 개성에 연구의 주안을 두는 심리학.

개:성 원리(個性原理)[명] 〈철학〉 개체(個體)를 그 개체에 고유(固有)한 것으로 하여, 타물(他物)과 구별하는 원리. (대) 통성 원리(通性原理).

개:성-적(個性的)[관형] 개인이나 개체가 독특한 특징을 가지고 있는(것).

개:성 조사(個性調査)[명] 〈교육〉 교육 지도·전학 지도·직업 지도 따위를 합리적으로 행하기 위하여 학생의 개성에 관하여 여러 가지 사항을 조사하는 일.

개:세(改歲)[명][동] 환세(換歲). 하타

개:세(蓋世)[명] 기상이나 위력이 세상을 뒤덮을 만큼 뛰어남. ¶~ 영웅(英雄). being matchless 하타

개:세(慨世)[명] 세상에 일어나는 일을 염려하여 개탄함. being public-spirited 하타

개:세(概勢)[명] 대개의 형세.

개:세지:재(蓋世之才)[명] 세상을 뒤덮을 만한 재주. 또, 그런 사람.

개:세지풍(蓋世之風)[명] 세상을 뒤덮을 만큼 뛰어난 풍모.

개소(開所)[명] 사무소·출장소·연구소 등의 기관을 설치하여 처음으로 사무를 봄. opening of an office 하타

개소(開素)[명] 채식(菜食)만 하던 사람이 고기를 먹기 시작함. 하타

개소(個所·箇所)[명][동] 군데.

개경(소어〉 망둥이과의 물고기의 하나. 몸은 가늘고 길며 비늘이 없고 몸 빛은 자색을 띤 청갈색임. 해안 제방에 구멍을 뚫는 유해어임. 식용함.

개:소(改所年)[명] 경소년(更少年).

개:소리[명] 조리 없고 당치 않은 상대방의 말을 욕하는 말. 하타

개:소리 괴:소리[명] 조리 없이 지껄이는 말. ¶~놓다. nonsense

개:솔새[—쌔][명] 〈식물〉 포아풀과의 다년생 풀. 줄기 높이 1~1.2m 가량이며 잎은 가늘고 긺. 이삭 모양의 꽃이 피어짐. 산이나 양지 바른 땅에 남.

개수(—水)[명] 〈약〉→개숫물.

개:수(改修)[명] ①바로잡아서 고침. ②집·둑·건축물 등을 고치거나 수축(修築)함. repair 하타

개수[—쑤](個數·箇數)[명] 한 개 두 개로 세는 물건의 수. number

개:수(概數)[명][동] 어림수. 발친 설거지통.

개숫-대(—水臺)[명] 개숫물이 그대로 빠지게 된 높이.

개수염(—鬚髥)[명] 곡정초과의 일년생 풀. 줄기가 없고 가는 근생엽이 뭉쳐 나며 황백색의 꽃이 핌. 껍질은 섬유용으로 쓰임. 산과 들에 남.

개:수 일촉(鎧袖一觸)[명] 갑옷 소매를 한 번 댐. 곧, 쉽게 상대를 물리침. ¶어떤 상대전 ~이다.

개:-수작(—酬酌)[명] 되지 못한 말이나 행동. nonsense 하타 [pan

개수-통(—水桶)[명] 개숫물을 담는 통. 설거지통. dish

개:술(概述)[명] 대강을 논술함. (대) 상술(詳述). general statement 하타

개숫-물[명] 설거지할 때 쓰는 물. 〈약〉 개수. dishwater

개:—승냥이[명] 늑대의 딴 이름. Korean wolf

개시(開市)[명] ①시장을 열고 물건을 팔기 시작함. (대) 폐시(閉市). opening up a market ②상점을 열고 그날 처음으로 물건을 팖. 마수걸이. first sale of the day 하타

개시(開始)[명] 처음으로 시작함. 또, 시작됨. ¶업무(業務) ~. (대) 종료(終了). commencement 하타

개시(皆是)[부] 다, 모두. all

개시-장(開市場)[명] 외국과의 장사를 허가하는 개시(開市)하는 곳. treaty port

개식(開式)[명] 의식을 시작함. (대) 폐식(閉式). opening ceremony 하타 [opening address

개식-사(開式辭)[명] 의식을 시작할 때 하는 인삿말.

개:신(改新)[명] 고쳐 새롭게 함. 또, 새롭게 됨. ¶~교(敎). reformation 하타

개신(開申)[명] ①내용·사정을 밝혀 말함. statement ②자기가 한 일을 웃어른이나 감독자에게 보고함. report 하타

개신—거리—다[자] 게으르거나 가냘픈 사람이 힘없이 움직이다. 〈큰〉 기신거리다. be sluggish 개신-개신더 하타 [amendment 하타

개:심(改心)[명] 그릇된 마음을 고침. 〈유〉 회개(悔改).

개심(開心)[명] 〈불교〉 지혜를 일깨워 줌. 하타

개:—싸움[명] ①개끼리의 싸움. dogfight ②더러운 욕망을 채우려는 옳지 못한 싸움.

개싸움판[명] 끼엄한다. 지나치게 떠든다.

개:—쑥[명] 〈식물〉 국화과의 풀. 밭에 잘 나며, 잎이 잘게 갈라짐.

개:—쑥갓[명] 〈식물〉 국화과의 일년생 풀. 높이 30cm 가량으로 쑥과 비슷하며 줄기에 가지가 많음. 잎은 타원형으로 깊이 갈라지고 황색의 꽃이 핌.

개:—쑥부쟁이[명] 〈식물〉 국화과의 다년생 풀. 잎과 줄기에는 털이 있고 가을철에 자주 꽃이 핌. 어린 잎은 식용함.

개:—씨바리[명] 〈속〉 눈물이 끼며, 벌겋게 핏발이 서고, 눈이 몹시 부신 눈병. 〈원〉 개섭눈이.

개:씹-단추[명] 좁은 헝겊 조각으로 만든 단추의 하나. kind of cloth button [솜.

개:씹[명] 양에 붙은 고기의 하나. 양즙(癢汁)

개:씹—옹두리[명] 소의 옹두리뼈의 하나.

개:아(個我)[명] 개인으로서의 자아(自我). 남과 구별된 자아. self

개:—아그배나무[명] 〈식물〉 능금나무과의 낙엽 활엽교목. 9월에 엷은 황색 꽃이 산방 화서로 짧은 가지 끝에 피며, 열매는 홍·황색으로 익음.

개:—아마(—亞麻)[명] 〈식물〉 아마과의 이년생 풀. 줄기는 가늘고 높게 자라며, 여름철에 담자색 꽃이 핌. 껍질은 섬유용으로 쓰임.

개:악(改惡)[명] 고쳐서 오히려 나빠지게 함. (대) 개선(改善). change for the worse 하타

개안(個眼)[명][동] 낱눈.

개안(開眼)[명] ①안 보이던 눈이 보이게 됨. ②〈불교〉불도의 진리를 깨달음. ③〈약〉 개안 공양. 하타

개안 공:양(開眼供養)[명] 〈불교〉 불상(佛像)·보살상을 만든 뒤 처음으로 공양하는 의식. 〈약〉 개안(開眼)③. enshrinement of a Buddhist image

개안 수:술(開眼手術)[명] 먼 눈을 뜨게 하려고 각막이식을 하는 수술. keratoplasty 하타

개안-처(開眼處)[명] 반갑고 좋아서 눈이 번쩍 뜨일 만한 처지.

개암[명] ①개암나무의 열매. 도토리 비슷하며 맛이 밤과 비슷함. 진자(榛子). hazelnut ②매의 먹이 속에 넣는 솜뭉치.

개암—나무[명] 〈식물〉 개암나무과의 낙엽 관목. 잎은 둥글넓적하고 잎자루에는 선모(腺毛)가 있음. 봄에 꽃이 자웅 동주로 핌. 도토리 비슷하고 고소한 열매를 맺음. 산록의 양지에 남. hazel

개암—도토-리[명] 매가 먹었던 개암에서 고기는 삭이고 솜뭉치만 뱉어 내다.

개암-들다[자][르] 아기를 낳은 뒤에 후더침이 생기다. get sick after childbirth

개암—사탕[명] 개암 알 겉에다 밀가루와 사탕을 발라 만든 과자.

개암—지르—다[자][르] 매의 먹이에 솜을 싸 넣어 주다.

개야미[명] 〈고〉 개미².

개양(開陽)[명] 〈천문〉 북두 칠성의 여섯째 별.

개:—양귀비(—楊貴妃)[명] 〈식물〉 양귀비꽃과의 일년생 풀. 높이 50cm 가량. 봄에 홍색·자색·백색 꽃이 핌. 관상용임. 우미인초(虞美人草). [estuary

개—어귀[명] 강물이나 냇물이 바다로 들어가는 어귀.

개:언(概言)[명] 대강을 추려서 하는 말. general remarks 하[타]
개업(開業)[명] ①영업이나 어떤 사업을 시작함. ¶~광고(廣告). ~식(式). opening of business ②영업을 하고 있음. (대) 폐업(閉業).
개업=의(開業醫)[명] 개업하고 있는 의사. practitioner
개:-여뀌[명] 〈식물〉 마디풀과의 일년생 풀. 들에 나는데, 높이 60cm 가량으로 잎은 피침형. 여름에 홍자색 꽃이 핌. 마료(馬蓼). 말여뀌.
개:역(改易)[명] 딴 것으로 고쳐 바꿈. alteration 하[타]
개:역(改譯)[명] 번역된 것을 다시 고쳐 번역함. retranslation 하[타]
개연(介然)[명] ①고립(孤立)한 모양. alone ②굳게 지켜 변하지 않는 모양. firmness ③잠시(暫時). short while 히[부]
개연(開演)[명] 연극·연설·연주 등을 시작함. ¶~시각(時刻). (대) 종연(終演). raising of the curtain 하[타] 「연(必然). probability 하[타]
개:연(蓋然)[명] 확실하지 않으나 그럴 것 같음. (대) 필
개:연(慨然)[명] 분개하는 모양. indignation 하[타] 히[부]
개:연-량[-냥](蓋然量)[명] 어떤 현상의 발생에 관한 확실성의 정도. 공산(公算). 확률(確率). probability
개:연-론[--논](蓋然論)[명] 〈철학〉 문제를 개연적인 해결에 그치고자 하는 회의론(懷疑論)의 하나. probabilism
개:연-성[-쎙](蓋然性)[명] 〈논리〉 현상의 발생이나 지식에 관한 확실성의 정도. (대) 필연성(必然性). probability
개:연-율[-눌](蓋然率)[명] 〈동〉 확률(確率).
개:연적 판단(蓋然的判斷)[명] 〈논리〉 주개념(主槪念)과 빈개념(賓槪念) 사이의 관계가 다만 가능하다고 함을 나타내는 판단. problematic judgement
개:연 탄:식(慨然歎息)[명] 분개하고 탄식함.
개열(開裂)[명] ①터져 열림. cleavage ②껍질을 터뜨리어 씨를 흩어지게 하는 일. dehiscence 하[자타]
개열-과(開裂果)[명] 〈동〉 개과(蓋果).
개염[명] 부러운 마음으로 생하여 탐내는 욕심. (큰) 게염. envy 스럽 스레[부]
개염=나-다[명] 개염스러운 마음이 나다. (큰) 게염나다. get covetous
개염=내:-다[타] 개염스러운 마음을 내다. (큰) 게염내다.
개염=부리-다[자] 개염스러운 짓을 하다. 《큰》 게염부리다. be have covetously 「혜찬. 하[타]
개-영역(開塋域)[명] 무덤을 마련하기 위하여 산을 파
개:오(改悟)[명] 잘못을 뉘우쳐 깨달음. 개전(改悛). 회개(悔改). repentance 하[타]
개오(開悟)[명] 〈불교〉 깨달아 앎. 개심(開心)하여 진리를 깨달음. 오입(悟入). 〈유〉 해오(解悟). spiritual
개오-다[교] 게우다. 「awakening 하[타]
개:=오동(-梧桐)[명] 〈약〉→개오동나무.
개:-오동나무(-梧桐-)[명] 능소화과의 낙엽 활엽 교목. 높이 9m 가량. 잎은 능형(卵形)이며, 뜸 황록색 꽃이 피고, 가을에 30cm 내외의 삭과(朔果)가 늘어짐. 나막신 재료로 쓰고, 과실·수피는 약용. 노나무. 가목(榎木). (약) 개오동.
개음[명] 〈약〉 개감.
개:-옻나무[명] 〈식물〉 옻나뭇과의 낙엽 활엽 교목. 열매에 털이 많고, 여름에 황록색 꽃이 핌. 즙액(汁液)으 약용함.
개:와(蓋瓦)[명] ①〈동〉기와. ②기와로 지붕을 임. roofing with tiles 하[타]
개:와-장(蓋瓦匠)[명] 기와장이.
개:-완두(-豌豆)[명] 〈식물〉콩과의 다년생 풀. 완두콩 비슷하며 5~6월에 적자색 꽃이 핌. 모래땅에 나며 어린 싹은 약용함.
개:요(槪要)[명] 대강의 요점. 개략(槪略)의 요지. 〈유〉 개략. 대략. synopsis
개:요-도(槪要圖)[명] 구조의 개요를 표시하는 도면.
개:요 약술(槪要略述)[명] 개요만을 간략히 설명함. 하[타] 「tune 하[타]
개운(開運)[명] 좋은 운수가 열림. have better for-
개운-하-다[여][형] ①기분이 산뜻하고 시원하다. ②맛이 입에 상쾌하도록 산뜻하다. ¶뒷맛이 ~. refreshing 개운-히[부]
개울[명] 골짜기에서 흘러 내리는 작은 물줄기. brook
개울-물[명] 개울에 흐르는 물.
개:원(改元)[명] ①연호를 고침. 개호(改號)②. change of the era ②왕조 또는 임금이 바뀜. change of dynasties or kings 하[타]
개원(開院)[명] ①국회 회기를 맞아 회의를 엶. ¶~식(式). (대) 폐원(閉院). opening of the House ②병원·학원 등을 처음으로 엶. opening of a hospital 하[타]
개원(開園)[명] ①동물원·식물원·유치원 따위를 엶. ②동물원·식물원 등의 문을 열고 그날 업무를 시작함. 하[타] 「짝. (대) 상원산.
개원-산(開元-)[명] 광맥(鑛脈)의 면에서 아래로 되는 편
개위(開胃)[명] 〈한의〉음식을 먹을 때 위장의 활동을 도와 구미가 당기게 함. 하[타]
개유(開諭)[명] 타일러 가르침. admonition 하[타]
개으르-다[르][형][르로] 일하기를 싫어하는 성미와 버릇이 있다. (약) 개으르다. 게으르다. 「름.
개으름[명] 개으른 버릇이나 태도. 《약》 개름. (큰) 게으
개으름-뱅이[명] 《속》 개으름쟁이. (큰) 게으름뱅이.
개으름 부리-다[자] 짐짓 개으른 짓을 하다. (큰) 게으름 부리다.
개으름쟁이[명] 개으른 사람. 《약》 개름쟁이. (큰) 게으름쟁이. lazy fellow
개으름 피우-다[자] 개으른 태도를 보이다. (큰) 게으름 피우다. be lazy 「큰) 게을러 빠지다.
개을러 빠:지-다[자] 몹시 개으르다. (큰) 갤러빠지다.
개-음절(開音節)[명] 〈어학〉 모음 또는 이중 모음으로 끝나는 음절. (대) 폐음절[閉]. open syllable
개:의(介意)[명] 마음에 두고 생각함. caring about 하[타]
개:의(改議)[명] ①고쳐 의논함. reconsideration ②회의에서 다른 사람의 동의(動議)를 고쳐 제의함. 또, 그 제의. amendment 하[타] 「ing 하[타]
개의(開議)[명] 의안의 토의를 시작함. holding a meet-
개:-이(-蝨)[명] 〈곤충〉 짐승이과의 이. 개에 기생함.
개:인(改印)[명] ①도장의 모양을 다르게 고침. ②신고된 인감을 변경함. change of one's seals 하[타]
개인(蓋印)[명] 관인(官印)을 찍음. 답인(踏印). stamping 하[타]
개:인 경:기(個人競技)[명] 〈체육〉 단체가 아니라 개인이 하는 종류의 경기. (대) 단체 경기(團體競技). individual sport 「경제(私經濟).
개:인 경제(個人經濟)[명] 〈경제〉 개인을 주체로 한 사
개:인 교:수(個人敎授)[명] 〈교육〉 개인 또는 개인간을 상대로 가르침. 또, 그 사람. private lessons 하[타]
개:인-기(個人技)[명] 개인의 기술. 특히, 운동 경기에서의 기술이다.
개:인 기업(個人企業)[명] 〈경제〉 개인이 주체(主體)가 되어 경영하는 영리(營利) 사업. one-man business
개:인 단위설(個人單位說)[명] 〈사회〉 개인이 사회를 이루는 단위가 됨을 주장하는 학설. individualism
개:인-상(個人賞)[명] 개인에게 주는 상. 개인전에 우승한 자에게 주는 상. (대) 단체상(團體賞).
개:인-성[-쎙](個人性)[명] 개인이 가지고 있는 특성. 《유》 개성(個性)②. individuality
개:인-세[-쎼](個人稅)[명] 〈법률〉 소득세와 개인에 대한 영업세의 통칭.
개:인 소:득(個人所得)[명] 〈경제〉 임금·이윤·이자·연금 등으로 얻는 소득. personal income
개:인-시(個人時)[명] 〈심리〉 같은 자극을 받고 반응이 생길 때까지의 사람에 따라 다른 시간.
개:인 신고(改印申告)[명] 도장을 바꿀 필요가 있거나

개인 신용

개:인 신:용(個人信用)[명]〈경제〉채무상(債務上) 개인으로서의 신용. personal credit

개:인 심리학(個人心理學)[명]〈심리〉집단 심리학·사회 심리학에 대하여 개인을 대상으로 다루는 심리학. 힘에의 의지를 인간 활동의 중심에 두는 심리학. individual psychology

개:인 어음(個人―)[명]〈경제〉①개인이 지급인(支給人)으로 되어 있는 어음. 상업 어음. [대] 은행 어음. ②외국환 거래에서는 신용장을 개설(開設)하지 아니하고 발행한 어음.

개:인 영업(個人營業)[명] 한 사람의 기업자가 단독으로 경영하고 있는 영업. one-man business

개:인 위생(個人衛生)[명] 개인을 대상으로 하는 위생. [대] 공중 위생. individual health

개:인 윤리[―뉴―](個人倫理)[명]〈윤리〉①도덕 원리가 개인적 생활에 적용되는 부문. [대] 사회 윤리. individual ethics ②개인주의의 윤리관. individualistic ethics

개:인 은행(個人銀行)[명]〈경제〉개인이 소유하고 경영하는 은행.

개:인 의학(個人醫學)[명]〈의학〉생물적인 인간만을 직접 대상으로 하여 치료에 중점을 두는 보통의 의학. [대] 사회 의학.

개:인적(個人的)[관형]개인을 본위(本位)·주체로 하는 상태. 공적(公的)이 아니고 사적(私的)인 일에 관계되는 것. ¶~인 견해.

개:인적 쾌락설(個人的快樂說)[명]〈윤리〉사람의 행위의 목적은 개인의 쾌락에 있고, 개인의 보존(保存)·이익(利益) 및 쾌락(快樂)이 모든 행위의 표준이라고 하는 학설.

개:인-전(個人展)[명]개인적으로 여는 전람회. personal exhibition

개:인-전(個人戰)[명]〈체육〉개인 대 개인으로 하는 시합. [대] 단체전.

개인 제도(個人制度)[명]〈법물〉개인을 사회 구성의 단위로 하여, 법률상의 권리와 의무의 주체로 삼는 제도. individual system

개:인-주의(個人主義)[명]〈윤리〉①개인의 권위와 자유를 중히 여겨, 개인을 주체로 삼아 모든 행동을 규정하려는 주의. [대] 전체주의(全體主義). ②개인의 자유 활동의 영역이 개인 사이에 침범되지 않음을 이상으로 하는 주의. [대] 사회주의. ③〈동〉이기주의. individualism

개:인-차(個人差)[명]〈심리〉각 개인의 신체적·정신적 특질·능력의 차이. individual variation

개:인 표상(個人表象)[명]〈심리〉개인이 가지는 감각적·생리적 표상. 이것이 융합하여 집단 표상을 이룸. [대] 집단 표상(集團表象). individual representation 하타

개:인 플레이(個人 play)[명] 각 개인이 각각 행동하는

개:인 회:사(個人會社)[명]〈경제〉회사의 자본이나 주식의 대부분이 개인 소유인 회사.

개:입(介入)[명]①사이에 끼어 듦. intervention ②사건에 관계됨. 하타

개:입-권(介入權)[명]〈법률〉①지배인·이사·대리상 등이 경업 피지(競業避止)의 의무에 반(反)하여 행한 거래(去來) 행위를 그 영업주·본인 회사 등이 일방적 의사 표시에 의하여 자기를 위하여 행한 것으로 간주(看做)할 수 있는 권리. ②위탁을 받은 객주(客主)가 위탁 사무의 한 처리 방법으로 위탁자에 대해 자기가 그 거래의 상대방이 될 수 있는 권리.

개자(芥子)[명]겨자씨와 갓씨의 통칭. mustard

개-자리[명]〈식물〉콩과의 이년생 풀. 봄에 황색의 작은 꽃이 피고 용수철 모양의 열매가 달림. 목초(牧草)나 거름으로 씀. 광풍채(光風菜). 금치초(金枝草). snail-clover

개:-자리[명]①〈건축〉윗목 구들 속을 깊이 판 고랑. 불기를 빨아들이고 연기를 머무르게 함. ②〈체육〉과녁 앞에 웅덩이를 판 놓고, 화살의 맞고 안 맞은 것을 살피는 곳. ③강이나 냇바닥에 갑자기 움푹 들어간 웅덩이. unploughed nook of a field

개=자리[명]〈농업〉쟁기로 논을 갈 때 갈리지 않는 구석의 땅.

개자-유(芥子油)[명] 겨자씨나 갓씨로 짠 기름.

개자-정(芥子精)[명]〈약학〉개자유를 알코올에 1:9의 비율로 혼합한 피부 자극제.

개:-작(改作)[명]①고쳐 다시 지음. 또, 고쳐 지은 것. rewritten one ②원작(原作)에 비하여 새로운 저작물이라고 인정될 만큼 고침. adaptation 하타

개:-잘량[명] 털이 붙은 채로 만든 개가죽 방석. [약] 잘량. dog-skin cushion

개:-잠[명]개처럼 머리와 팔다리를 오그리고 자는 잠. sleeping curled up

개:-잠(改―)[명] 아침에 깨었다가 다시 든 잠. dozing off again after waking up

개:잠 들-다(改―)[자][ㄹ불]아침에 깨었다가 다시 잠이 들다. drop off to sleep again

개:잠 자-다(改―)[자] 아침에 깨었다가 다시 자다.

개:=잡년(一雜―)[명] 행실이 몹시 더러운 여자. slut

개:=잡놈(一雜―)[명] 행실이 몹시 더러운 남자. licentious fellow

개 잡아먹고 동네 인심 잃고, 닭 잡아먹고 이웃 인심 잃는다[격] 색다른 음식을 하여 나누어 먹기가 어렵다.

개:-장(―醬)[명]〈약〉개장국.

개:-장(改葬)[명]①장사를 고쳐 다시 지냄. reburying ②〈동〉이장(移葬). 하타

개:-장(改裝)[명]①다시 새롭게 꾸밈. remodeling ②군함 등의 장비를 들어고침. rearmament ③고치어 다시 포장함. repacking 하타

개장(開仗)[명]〈군사〉양군(兩軍)의 병장기(兵仗器)의 교전이 개시됨. 개전(開戰) 하타

개장(開場)[명] 넓게 벌여 놓음. exhibition 하타

개장(開場)[명]①어떠한 곳을 열어 놓고 사람을 들여 보냄. ②어떠한 장소를 열어 공개함. [대] 폐장(閉場). opening ③증권 거래소·시장 등을 엶. ④노름 판을 엶. ⑤〈제도〉과장(科場)을 엶. 하타

개:=장국(―國)(一醬―)[명] 개고기를 고아 끓인 국. [약] 개장.

개장수도 올가미가 있어야 한다[격] 무슨 일에나 그 일에 필요한 준비와 도구가 있어야 한다.

개장 시:세(開場時勢)[명] 증권 거래소·상품 시장의 개장 때의 시세. opening price

개:-재(介在)[명] 사이에 끼어 있음. interposition 하타

개재(開齋)[명]〈기독〉대재(大齋)와 소재(小齋)의 기간이 지남. 하타

개:-적(改籍)[명]〈제도〉3년 만에 돌아오는 식년(式年)마다 한성부(漢城府)와 팔도(八道) 각 읍(各邑)의 호적을 고치던 일.

개:-전(改悛)[명] 잘못을 뉘우쳐 마음을 바르게 고침. 《유》개오(改悟). repentance 하타

개전(開展)[명]①〈동〉전개(展開). ②진보하고 발전함. development 하타

개전(開戰)[명]①〈군사〉전쟁을 시작함. outbreak of war ②구세군에서 전도와 사업을 시작함. [대] 종전(終戰). 하타

개전-법(―[법])(開展法)[명]〈동〉원주 투영법(圓周投影法).

개:-절(割切)[명] 알맞고 적절함. 하타

개점(開店)[명]①가게를 차리고 처음 엶. ②날마다 가게 문을 엶. ③가게를 내어 영업을 하고 있음. [대] 폐점(閉店). opening of a shop 하타

개점 휴업(開店休業)[명] 가게는 열고 있으나, 장사가 안 되어 휴업한 것과 같은 상태. slump in business

개:-정(介淨)[명] 조촐하고 깨끗함.

개:-정(改正)[명] 바르게 고침. 고쳐 바르게 함. ¶세법~안(案). 《유》개수(改修). revision 하타

개:-정(改定)[명] 다시 고쳐 정함. ¶~ 정가(定價). reform 하타

개:-정(改訂)[명] 고쳐 바로잡음. amendment 하타

개정(開廷)[명]〈법률〉법정에서 재판을 시작함. [대] 폐정(閉廷). 휴정(休廷). opening a court 하타

개:정-건[一건](改正件)[명] 개정할 사건. 또, 개정된 사건.
개:정-안(改正案)[명] 개정한 안건. ¶법률 ~. amendment
개정 전:보(改正前報)[명] 발신인이 낸 전문(電文)을 개정하기 위하여 다시 치는 전보.
개:정-판(改訂版)[명] 내용의 일부 또는 전부를 바르게 고쳐 다시 출판한 책. 고침판. revised edition
개:정-표(改正表)[명] 내용이 바뀌었거나, 틀린 곳을 바르게 고친 표.
개:제(改題)[명] 다르게 고친 제목. 또, 제목을 다르게 고침. change of the title 하타
개제(皆濟)[명] ①다 돌려주거나 갚음. full payment ②일이 다 끝남. 하타 [단정함. 하타
개:제(豊弟·愷弟·愷悌)[명] 걸 모양과 기상이 온화하고
개제(開霽)[명] 장애를 따위를 헤쳐서 없앰. 인가 개임.
개:-제주(改題主)[명] 신주의 글자를 고쳐 씀. 하타
개:조(改造)[명] 고쳐 다시 만듦. 개변(改變). reconstruction 하타
개:조(改組)[명] 조직을 개편함. reorganization 하타
개조(個條·箇條)[명] 하나하나의 조목. each article
개조(開祖)[명] ①[약]→개종조(開宗祖). ②[약]→개산조사(開山祖師).
개:-종(改宗)[명] 〈종교〉 신앙을 바꾸어 다른 종교를 믿음. 개교(改敎). conversion 하타
개종(開宗)[명] 〈불교〉 한 교파를 새로 엶. founding of a religious sect 하타
개:종-자(改宗者)[명] 〈종교〉 ①개종한 사람. convert ②유대에서 유대교를 믿는 이방인(異邦人).
개종-조(開宗祖)[명] 〈종교〉 한 종파를 처음으로 낸 사람. [약] 개조(開祖)①. founder of a religious sect
개:좆-같-다[형] (비) 얕잡아 보고 욕으로 하는 말. 개:좆-같이[부]
개:좆-부리[명] (비) 고뿔. 감기. [약] 개좆불.
개:좆-불[명] [약]→개좆부리. [봄. 하타
개좌(開坐·開座)[명] 〈제도〉 관원(官員)이 모여 사무를
개:주(介胄·鎧冑)[명] 갑옷과 투구. armour and helmet
개:주(改鑄)[명] 고치어 다시 주조(鑄造)함. remint 하타 [士).
개:주지-사(介冑之士)[명] 갑옷과 투구를 갖춘 무사(武
개:-죽음[명] 가치 없는 죽음. ¶교통 사고로 죽는 것은 ~이다. useless death 하타
개:중(個中·箇中)[명] ①여럿이 있는 가운데. 그중. ¶~에는 걸작도 있다. some of them ②〈불교〉 선도(禪道)의 범위 안.
개:-지[명] 〈불교〉 사월 파일에 다는 파일등(八日燈) 모서리에 늘어뜨리는 색종이 조각.
개지[명] [약]→버들개지.
개:지(改紙)[명] 새 종이로 갈아 씀. 하타
개지(開地)[명] 땅을 일굼. 또, 일군 땅. 하타
개:-지네[명] 〈동물〉 다족류(多足類)의 지네의 하나. 몸 길이 4cm 가량이고 몸 빛은 황갈색임. 인가 근처에서 작은 곤충을 잡아먹고 삶. 석오공(石蜈蚣).
개:-지랄[명] (비) 남이 하는 짓을 밉게 보아 욕하는 말. crazy, nonsense 하타
개:-지치[명] 〈식물〉 지치과의 이년생 풀. 줄기 높이가 30cm 내외로 5~6월에 흰빛의 작은 꽃이 피고 과실은 견과(堅果)임. 어린 잎은 식용(食用)임.
개지트 백(gadget bag)[명] 어깨에 걸어 늘어뜨리게 된 가방. 보통 핸드백보다 큼.
개:진(改進)[명] ①목을 예단을 고쳐 진보를 꾀함. progress ②사물이 개혁되고 문화가 진보함. civilization 하타타 [하타.
개:진(凱陣)[명] 싸움에 이기고 본 진영으로 돌아옴.
개:진(開陳)[명] 내용·의견을 자세히 말함. statement 하타
개진(開進)[명] 개화하여 진보(進步)함. 문물(文物)이 발달하고 인지(人智)가 열림. 하타
개짐[명] 월경할 때 살에 차는 형겊. 월경대(月經帶)
개:-집[명] 개가 사는 작은 집. [sanitary towel

개:-찜[명] 개고기의 찜. 구증(狗蒸).
개:-차(改差)[명] 〈제도〉 관원(官員)을 갊. 하타 [car
개:-차(蓋車)[명] 위에 무엇을 덮은 차. [대] 무개차. box
개:=차반(一飯)[명] (비) 행세를 더럽게 함. 또, 그런 사람. ¶행실이 ~이다. lousy
개:-착(改着)[명] 옷을 갈아입음. changing clothes 하타
개:착(開鑿)[명] ①산을 뚫거나 땅을 깊을 냄. excavation ②운하(運河)를 파서 수로(水路)를 엶. 하타
개:-찬(改撰)[명] 책 따위를 고치어 다시 지음. rewriting 하타
개:-찬(改竄)[명] ①고쳐 만듦. correction ②글이나 글자를 고쳐 씀. revision 하타
개:찰(改札)[명] 차표나 입장권 등을 입구에서 조사함. examination of tickets 하타
개찰(開札)[명] 입찰한 문서를 살핌. examination on bidding papers 하타
개:찰-구(改札口)[명] 차표·입장권 등을 받고 사람을 들이는 입구. wicket
개:창(疥瘡)[명] 〈동〉 옴. [냄. 하타
개창(開倉)[명] 〈제도〉 관창(官倉)을 열고 공곡(公穀)을
개창(開創·開刱)[명] 처음으로 열어 시작함. founding 하타
개창(開敞)[명] ①눈앞이 거리낌 것 없이 널리 툭 터짐. ②항만(港灣)이 외해(外海)에 면하여 풍파를 마주 받음. [land
개창-지(開創地)[명] 처음으로 개척한 땅. reclaimed
개창-지(開敞地)[명] 앞이 널리 확 터져서 전망(展望)이 좋은 땅.
개:채(開彩)[명] 〈불교〉 불상(佛像)에 채색을 다시 함.
개:채(芥菜)[명] 겨자와 같은 통칭.
개척(開拓)[명] ①거친 땅을 일구어 논밭을 만듦. reclamation of waste land ②새로운 분야·운명·경도 등을 엶. breaking new ground ③영토를 확장함. 하타 [settler
개척-민(開拓民)[명] 개척하기 위하여서 온 이민(移民).
개척-자(開拓者)[명] ①미개지(未開地)를 개척하는 사람. colonist ②새 분야를 여는 사람.
개척 전선(開拓前線)[명] 개척 활동의 제일선. frontier
개척-지(開拓地)[명] 개척한 땅. reclaimed land
개천(開川)[명] 개골창 물이 흘러 나가게 한 긴 내. 굴강(掘江)①. creek
개천에 나도 제 날 탓이라[관] 아무리 미천(微賤)한 집안에서라도 저만 잘나면 얼마든지 훌륭해질 수 있다.
개천에 내다 버릴 종 없다[관] 아무리 못나고 미련한 사람도 다 쓸데 메가 있다.
개천에 든 소[관] 먹을 것이 많은 유복한 처지에 있다.
개천에서 용 난다[관] 보잘것없는 집안에서 훌륭한 사람이 난다.
개천-절(開天節)[명] ①우리 나라의 건국 기념일인 10월 3일. National Foundation Day of Korea ②〈종교〉 대종교(大倧敎)에서 기념하는 단군(檀君) 탄신일인 음력 10월 3일.
개청(開廳)[명] ①새로 세워진 관청이 사무를 시작함. opening of an office ②관청을 새로 세움. 하타
개:체(改替)[명] 고치어 바꿈. change 하타
개:체(個體·箇體)[명] ①따로 된 낱낱의 물체. 개물. ②〈생물〉 형태·생리적으로 다른 생물체와 직접 연관 없이 독립하여 생활할 수 있는 하나의 생물체. ③〈철학〉 하나의 유기적(有機的) 전체로서 독특한 기능을 가지는 통일체. [대] 군체(群體). individual
개체(開剃)[명] 〈제도〉 고려 때, 머리의 가장자리를 깎고 정수리 부분의 머리털만 남겨 땋아 늘이던 일.
개:체 개:념(個體概念)[명] 〈동〉 단독 개념(單獨概念).
개:체 명사(個體名辭)[명] 〈논리〉 개체 또는 단독 개념을 나타낸 명사. singular term
개:체 발생(個體發生)[명] 〈생물〉 생물 개체가 알(卵)로부터 발생, 점차 발육하여 완전한 개체가 되는 변태 과정. [대] 계통 발생(系統發生). ontogeny

개:체 변:이(個體變異)圏〈생물〉같은 종류의 생물의 각 개체 사이의 변이. 방황 변이(彷徨變異).

개:체 접합(個體接合)圏〈생물〉단세포 생물에 있어서, 보통 영양체가 그대로 생식 세포가 되어 서로 접합하는 일. 〈대〉배우자 접합(配偶者接合).

개:체-주의(個體主義)圏〈철학〉개체 또는 개물을 진정한 체실 또는 실재로 보고, 전체나 보편을 2차적인 것으로 보는 입장. 〈대〉보편주의(普遍主義). individualism

개초(蓋草)圏 ①〈동〉이엉. ②이엉으로 지붕을 임.

개초-장이(蓋草匠—)圏 지붕을 이는 일을 업으로 삼는 사람. house thatcher

개-촌충(介寸蟲)〈동물〉촌충과의 환형(環形) 동물. 몸 길이 0.5∼2 mm로 머리는 공 모양이고, 작은 갈고리가 두 줄로 남. 개에 기생하며 중간 숙주는 토끼. 거치 촌충. 「holding 하티

개최(開催)圏 어떤 모임이나 행사를 주장하여 엶.

개:축(改築)圏 다시 고쳐 짓거나 쌓음. ¶∼ 공사(工事). rebuilding 하티

개춘(開春)圏 봄철이 시작됨. 하재

개충(介蟲)圏 갑충(甲蟲).

개:측(概測)圏 어림짐작으로 측량함. 또, 그 측정. 하

개:치(改置)圏〈동〉대치(代置). 하티

개치네-쒜: 재채기를 한 뒤에 외치는 소리.

개:칙(概則)圏 개략의 규칙.

개:칠(改漆)圏 ①다시 칠함. ②획을 긋고 나서 다시 붓을 대어 고침. 〈유〉개획(改畫). retouching, recoating 하티

개:칭(改稱)圏 이름·호를 고침. 또, 고치어 일컬음. renaming 하티 「나.

개컬-간(一間)圏 윷놀이에서, 개나 걸이나 둘 중의 하

개걸-뜨기圏 윷놀이에서 개나 걸로 상대편의 말을 잡을 수 있는 기회.

개:코-망신(一亡身)圏 아주 큰 망신. huge disgrace

개콧구멍으로 알다〈속〉시시한 것으로 알아 대수롭지 않게 여기다. 「fold up

개키-다圏 이부자리나 옷 따위를 개다. 《약》개다②.

개탁(開坼)圏 봉한 편지나 서류를 뜯어 봄. 개봉②. unsealing 하티 「하티

개:탄(慨歎·慨嘆)圏 분하게 여겨 탄식함. deploring

개탕(開鐺)圏〈건축〉①장지·빈지·판자 따위를 끼우기 위하여 파낸 홈. groove ②〈약〉→개탕 대패.

개탕 대:패(開鐺—)圏 홈을 파는 대패. 《약》개탕②. grooving plane

개탕-치-다(開鐺—)째티 대패로 개탕을 만들다. make

개-털圏 개의 털. dog fur 「a groove

개털에 벼룩 끼듯圏 ①착잡하여 가려내기 힘든 경우를 이르는 말. ②너절한 자가 한몫 끼는 경우를 이르는 말. ③좁은 바닥에 많은 것이 몰려 있는 모양.

개:-털이(—)圏〈곤충〉짐승털이과의 기생 곤충. 몸 길이 1.4∼1.5 mm 가량으로 머리는 6 각형이고 가장자리에 미모(微毛)가 있음. 개에 기생하는데 전세계에 분포됨. 「opening a new land 하티

개토(開土)圏 묘를 쓰거나 할 때, 땅을 파기 시작함.

개토-제(開土祭)圏 개토하기 전에 토신(土神)께 올리는 제사.

개통(開痛)圏〈의학〉염병·이질 따위의 병이 나았다가 다시 더침. relapse 하티

개통(開通)圏 ①완성된 도로·철도 등의 통행이 시작됨. opening to traffic ②새로 차린 전신·전화 등이 기능을 내기 시작함. 〈대〉두절(杜絕). 불통(不通). opening for service 하재티

개통-식(開通式)圏 도로·철도 따위의 통행을 개시할 때 거행하는 의식. opening ceremony

개틀링-포(Gatling 砲)圏〈군사〉미국 사람 개틀링(Gatling)이 1862년경에 발명한 기관포.

개:-파리圏〈곤충〉개파리과의 곤충. 몸 빛은 갈색이고 몸이 단단하며 납작스름함. 주로 개의 피를 빨아먹고 삶. horse tick

개:=판《속》①행동·사건이 무질서하게 진행되는 판국. mess ②몹시 난잡하여 두서가 없는 상태. incongruous

개:판(改一)圏 씨름 등에서 승부가 분명하지 않아 다시 함. 또, 그 판. return match 하티

개:판(改版)圏〈인쇄〉원판을 고치어 다시 판을 짬. revision 하티

개판(開版)圏〈인쇄〉목판본(木版本)을 출판함. 하티

개판(蓋板)圏〈건축〉①서까래·부연(附椽)·목반자 따위의 위에 까는 널빤지. shingle ②장롱 따위의 맨 위에 모양으로 덴 나무판. 「빤지.

개판-널(蓋板—)圏〈건축〉서까래나 부연에 까는 널

개 팔자가 상팔자라〈俗〉①자기 팔자가 하도 나빠 차라리 개 팔자만도 못하다. ②하도 고생스러워 놀고 있는 개가 부럽다.

개:=패(—牌)圏 ①주인을 표시하여 개의 목에 단 패. dog-tag ②〈俗〉명찰(名札).

개펄圏 갯가의 개흙 땅. 《약》펄. silt

개:편(改編)圏 ①책 등을 고쳐 다시 엮음. re-editing ②단체의 조직을 다시 편성함. reorganization 하티

개편(開片)圏〈약〉개편열(開片裂).

개편-열[—녈](開片裂)圏〈공업〉도자기 겉에 잘게 난 금. 《약》개편(開片).

개:-편육(—片肉)圏 개고기의 편육.

개평圏 노름판 등에서, 남의 몫에서 조금 얻는 공것.

개평(開平)圏〈약〉→개평방. 「comment 하티

개:평(概評)圏 대강의 비평. 〈대〉세평(細評). general

개평-근(開平根)圏 '제곱근'의 구용어. 평방근(平方

개평-꾼圏 개평을 얻는 사람. 「根).

개평 떼:-다/개평 뜯-다圏 개평을 얻다. get money from the gamblers

개-평방(開平方)圏〈수학〉제곱근(平方根)을 구함. 제곱근풀이. 〈약〉개평(開平). extraction of root, evolution 하티

개평방-법[—뻡](開平方法)圏〈수학〉제곱근풀이하는 셈법. 〈약〉개평법(開平法).

개평-법[—뻡](開平法)圏〈약〉→개평방법(開平方法).

개:-폐(改廢)圏 고치는 것과 그만둠. ¶법률의 ∼. alteration and abolition 하티 「하티

개폐(開閉)圏 열고 닫음. 개합. opening and shutting

개폐-교(開閉橋)圏〈공〉가동교(可動橋).

개폐-기(開閉器)圏 전로(電路)를 끊고 잇는 기구. 스위치(switch).

개폐-문(開閉門)圏〈제도〉조선조 때, 감영과 각 고을의 삼문(三門)을 날마다 열고 닫던 일. 하티

개폐식 수문(開閉式水門)圏 개폐를 자유로이 할 수 있는 수문. 「솜. 하티

개:표(改標)圏 표목(標木)·표지(標紙) 따위를 고치

개표(開票)圏 투표함을 열고 투표의 결과를 조사함. 〈대〉투표. ballot counting 하티

개표 감시인(開票監視人)圏 개표를 감시하기 위하여 입회하는 사람.

개표-구(開票區)圏 개표하기 위하여 정해 놓은 구역.

개표 입회인(開票立會人)圏 개표할 때에 입회하여 감시하는 사람.

개표 참관인(開票參觀人)圏 개표하는 데 입회하여 감시하는 사람. supervisor of ballot counting

개-풀圏 갯가에 난 풀. water-side grass

개:-풍(凱風)圏 ①온화한 바람. mild wind ②〈동〉남풍.

개-피〈식물〉포아풀과의 이년생 풀. 피의 하나이고 논이나 밭두둑에 남. 열매는 식용 또는 풀을 쑴.

개:피(疥皮)圏〈동〉개비².

개피-떡圏 팥·콩의 소를 넣고 반달같이 만든 떡. ricecake stuffed with bean jam

개학(開學)圏 방학을 마치고 수업을 다시 시작함. commencement (reopening) of school 하재

개함(開函)圏 함이나 상자를 엶. ¶투표함의 ∼. 하티

개합(開闔)圏〈동〉개폐(開閉). 하티

개항(開港)圏 ①항구를 개방하여 외국과의 통상을

가함. 《대》쇄항(鎖港). opening of a port ②조수에 관계없이 배가 항상 자유롭게 출입할 수 있는 항구. 《대》불항항(不開港). 港). open port 하다.
개항-장(開港場)圈 외국과 통상을 하도록 개방한 항.
개항-지(開港地)圈 =개항장(開港場).
개:항=포(蓋項布)圈〈기독〉신부(神父)의 목에 두르는 네모난 헝겊.
개:헌(改憲)圈 헌법의 내용을 고침. amendment of a constitution 하다.
개:헌-안(改憲案)圈〈법률〉개헌하고자 하는 사항을 초안하여 국회에 제출한 문서. draft amendments of constitution
개:헤엄圈 개처럼 팔을 물 속 앞쪽으로 내밀어 물을 끌어당기면서 치는 헤엄. swimming in dog fashion
개:혁(改革)圈 ①새롭게 뜯어고침. reform ②〈정치〉합법적 절차를 밟아 정치상·사회상의 묵은 체제를 고침. 《유》변혁. reformation 하다.
개:혁 교:회(改革敎會)圈〈기독〉종교 개혁으로 유럽 각국에 일어난 신교 교회의 총칭. Reformed church
개현圈 열어 보이어 나타냄.
개:혈(改血)圈〈동물〉서로 다른 품종과 교배(交配)시켜 동물의 혈통을 개량함. 하다.
개:형(槪形)圈 대체로 된 형상.
개:호(改號)圈 ①아호나 당호(堂號)를 고침. changing one's penname ②〈동〉개원(改元)①. 하다.
개호(開戶)圈 지게문을 엶.
개호주圈 범의 새끼. tiger cub
개:혼(改婚)圈 여러 자녀 중에서 처음으로 혼인을 치름. 《대》필혼(畢婚). first marriage of one's children 하다.
개:화(改火)圈 악(惡)을 고치고 선(善)을 좇음. reformation 하다.
개화(開化)圈 ①사람의 지혜가 열리고 사상·풍속이 발달함. ¶~기(期). 《유》개명(開明). 《대》미개(未開). ②〈수〉 enlightenment ②〈제도〉갑오 경장 때, 정치 제도가 근대적으로 개혁된 일. 하다.
개화(開花)圈 꽃이 핌. ¶~기. flowering 하다.
개화-경(開化鏡)圈 조선조 말에 '안경'을 일컫던 말.
개화-당(開化黨)圈〈역사〉조선조 고종(高宗) 21년 (1884)에 갑신 정변(甲申政變)을 일으킨 김옥균(金玉均) 일파의 당파. 일본의 힘을 빌려 구제도를 혁신하고 서양의 문물 제도를 수입하여 개화국을 만들려고 하였음. 《대》수구당(守舊黨). enlightened party
개화=사(開化史)圈〈역사〉문명이 개화되어 온 과정
개화 사상(開化思想)圈 조선조 말에, 봉건적인 사상·풍습 등을 타파하고 근대화를 지향하던 사상.
개화 사조(開化思潮)圈〈역사〉조선조 말에, 서양의 신문물을 받아들여 개화하려던 사상의 흐름. enlightened thought
개화 운:동(開化運動)圈〈역사〉조선조 고종 때, 개화당의 김옥균 일파가 주동이 되어, 새로운 문화를 받아들이기 위하여 일으킨 사회적 운동.
개화-인(開化人)圈 개화한 사람. 머리가 깬 사람.
개화-장(開化杖)圈 '단장(短杖)'을 조선조 말에 일컫던 말. 개화 지팡이.
개화 지팡이(開化-)圈 =개화장(開化杖).
개:활(開豁)圈 막힘 없이 앞이 넓게 트이어 열림. ¶~한 고원. extensiveness 하다.
개:활-지[-찌](開豁地)圈 앞이 너르게 트인 땅.
개:황(開荒)圈 황무지를 개간함. 하다.
개:황(概況)圈 대강의 상황. ¶기상(氣象)~. general situation
개:회(改悔)圈 잘못을 뉘우쳐 회개함. 회개(悔改). 하다.
개:회(開會)圈 회의·회합을 시작함. 《대》폐회(閉會). opening a meeting 하다.
개:회-사(開會辭)圈 개회할 때에 그 회의의 취지·성격·목적 등을 덧붙여 하는 인삿말. opening address
개:칠(改漆)圈 그림·글씨에 개칠함. 《유》개칠(改漆). touchingup 하다.
개흉(開胸)圈〈의학〉폐장 외과 등에서, 이물(異物)을 절제하기 위해 흉강(胸腔)을 열어 놓는 일. 하다.
개흉-술(開胸術)圈〈의학〉흉강을 절개(切開)하는 수술.
개:키다재 달아 낸 간살.
개:흘레圈〈건축〉기둥 밖으로 새로 물려서 조그맣게 달아 낸 간살.
개:흙圈 강가나 개천가에 있는 거무스름하고 고운 흙.
객(客)圈 찾아오는 사람. 손. 손님. 《대》주(主). guest
객=(客)圈 쓸데없는. 객적은. ¶~소리. ~식구(食口). unnecessary, extra
객거(客居)圈 객지에서 삶. 여우(旅寓)①. living away from home 하다.
객고(客苦)圈 객지에서의 고생. 나그네로서의 고생. ¶~ 낙심(莫甚). discomfort suffered in a strange land 하다. [man ②〈대〉→객공잡이
객공(客工)圈 ①임시로 고용된 직공. temporary work-
객공=잡이(客工-)圈 ①시간·삯·능률에 따라 삯을 받고 일하는 사람. 《대》객공(客工)②. piece worker
객관(客官)圈〈제도〉①관청의 사무에 직접 책임이 없는 벼슬아치. ②임시로 중앙에서 감독하러 딴 관아의 벼슬.
객관(客館)圈〈동〉객사(客舍)①.   [아치.
객관(客觀)圈〈철학〉주관 작용의 객체가 되는 것. 《대》주관(主觀). ①정신적·육체적 자아에 대한 공간적 외계. ②자기 의식에 대한 초월적 존재로서. ③인식 주관에 대한 의식 내용.
객관 가치설(客觀價値說)圈〈경제〉객관적 가치의 본질 및 그 결정을 설명하는 가치 학설.
객관 묘:사(客觀描寫)圈〈문학〉대상에 대하여 객관적으로 있는 그대로 관찰하고 충실히 묘사하는 창작 수법. objective description
객관=법(-法)圈〈심리〉유의적(有意的) 또는 무의적(無意的)인 신체적 활동의 변화 및 결과를 관찰 또는 실험하여 정신 작용을 유추(類推)하는 방법.
객관-성(-性)圈〈철학〉주관에 기울어지지 않고, 객관적으로 타당한 성질. 보편 타당성. 《대》주관성(主觀性). objectivity
객관식 고사법(客觀式考査法)圈〈교육〉주관에 따라 평가에 차이가 없도록 하는 고사법. 진위법(眞僞法)·결합법(結合法)·선다법(選多法)이 있음. 객관적 테스트. objective test
객관-적(-的)圈 객관에 기초를 둔(것). 주관(主觀)의 작용과는 독립된(것). 제삼자의 입장에서 사물을 보고 생각하는(것). 《대》주관적(主觀的). objective
객관적 가치(客觀的價値)圈〈경제〉사람이 보는 견해와는 관계없이 객관적으로 결정되는 재화(財貨)의 가치. objective value
객관적 관념론(客觀的觀念論)圈〈철학〉관념의 타당성을 보편적 주관 또는 의식에 두게 함으로써 객관적 의의를 가지도록 하는 견해. 《대》주관적 관념론(主觀的觀念論). objective idealism
객관적 도:덕(客觀的道德)圈〈윤리〉도덕적 행위의 기치 기준을 그 행위의 결과가 객관적으로 어떠한 변화를 일으키고 있는가에 두는 입장. 《대》주관적 도덕(主觀的道德).
객관적 미:학(客觀的美學)圈〈철학〉미적(美的) 경험을 대상의 측면에서 객관적으로 연구하는 입장.
객관적 비:평(客觀的批評)圈〈문학〉예술 작품에 대하여 일정한 표준을 정하고 그 표준에 따라서 하는 비평. 《대》주관적 비평(主觀的批評). objective criticism
객관적 사:회학(客觀的社會學)圈〈사회〉사회적 사실을 객관적인 사물과 같이 연구하는 사회학. objective sociology
객관적 심리학(客觀的心理學)圈〈심리〉정신 생활을 외부에서 객관적으로 관찰하는 심리학.
객관적 정신(客觀的精神)圈〈철학〉헤겔 철학의 용어. 의식(意識)을 초월한 객관에 자신(自身)을 표현하여 객관 안에 살고 있는 정신.
객관적 타:당성(客觀的妥當性)圈〈논리〉어떤 판단이 한 개의 주관을 초월하여 보편적 가치를 갖

는 일. objective validity [觀式考査法］
객관적 테스트(客觀的 test)图〔동〕객관식 고사법(客
객관=주의(客觀主義)图〈철학〉실제(實在)가 지리는
  주관(主觀)과는 독립하여 존재한다고 보는 주의.
객관=화(客觀化)图〈철학〉①주관적인 것을 객관계
  (客觀界)에 편입하는 일. ②경험을 조직·통일하여
  보편 타당성을 가진 지식을 만드는 일. objectifica-
  tion 하다   「의 혼령.
객귀(客鬼)图 ①〔동〕잡귀(雜鬼). ②객사(客死)한 이
객금(客衾)图 손님용의 이부자리. beddings for guests
객기(客氣)图 객쩍게 부리는 우하는 혈기. rashness
객-군(客-)图 그밖에 참여한 사람. uninvited guest
객년(客年)图 지난해.   [르는 말.
객-님(客-)图《불교》〔쭝〕곁에서, 객승(客僧)을 이
객담(客談)图 객쩍은 말. 객설(客說). 하다
객담(喀痰)图 담을 뱉음. 각담(咯痰). expectoration
객담 검:사(喀痰檢査)图〈의학〉객담의 성분을 검사
  하여 병균의 유무를 알아내는 진단의 한 방법.
  expectoration examination 하다
객동(客冬)图 지난 겨울. 지난 겨울. last winter
직-드롬(-)〔고〕객증(客症) 돌림.
객랍(客臘)图 지난해의 섣달. 구랍(舊臘).
객례(客禮)图 손을 대하는 예의.
객로(客路)图〔동〕여로(旅路).
객론(客論)图 객설(客說). 하다
객리(客裏)图〔동〕객중(客中).
객몽(客夢)图 객지에서 꾸는 꿈.
객물图《주》굴물①.
객미(客味)图 객지에서 겪는 쓰라린 맛.
객=반:위주(客反爲主)图 손이 도리어 주인 행세를 함.
  주객 전도(主客顚倒). putting the cart before the
객방(客房)图 손이 묵는 방.   horse 하다
객병(客兵)图 다른 나라에서 온 병정. foreign troops
객비(客費)图 ①객쩍게 쓰는 비용. 낭비(浪費). useless
  expenses ②객지에서 드는 비용. expenses spent
  in a strange land   「land 하다
객사(客死)图 객지에서 죽음. death in a strange
객사(客舍)图 ①객지의 숙소. 객관(客館). dwelling
  place in a strange land ②〈제도〉 딴 곳에서 온 관
  원을 대접하여 묵게 하던 집. guest house
객사(客使)图 다른 나라에서 온 사신(使臣).   「각.
객사(客思)图 객지에서 느끼는 생각. 객중(客中)에 느
객상(客床)图 원식구 이외의 밥상. extra dinner-table
객상(客狀)图 객지에서 지내는 상황.
객상(客商)图 객지에서 하는 장사치. merchant in
  a strange land
객석(客席)图 손님의 자리. seat for a guest
객선(客船)图 ①여객을 태우는 배.〔대〕화물선. pas-
  senger steamer ②다른 데서 온 배.
객설(客說)图 객쩍은 말. 객담. 객담(客談). 객론
  (客論). unnecessary talk 하다 스레 스레
객성(客星)图〈천문〉항성(恒星)이 아닌 별로서 일시
  적으로 나타나는 별. 혜성·신성 따위.
객세(客歲)图 지난해. 작년.   하다
객=소리(客-)图 쓸데없는 소리. 객설(客說). twaddle
객수(客水)图 ①딴 데서 들어와 섞인 물. superfluous
  water ②요기하지 않은 비. unseasonable rain ③
  식사 때 외에 객쩍게 쓰는 물.
객수(客愁)图 객지에서 느끼는 수심. 객한(客恨). 기
  수(羈愁). 여수(旅愁). pathos of journey
객=숟가락(客-)图 ①식사 때, 밥을 빼앗아 먹으러
  오는 남의 숟가락. extra spoon ②손님용으로 장만
  해 둔 숟가락.〔어〕객술. spoon for guest
객-술(客-)图〔어〕객숟가락②.   「[객-스레
객-스럽-다(客-)圈〔ㅂ변〕객쩍게 보이다. unnecessary
객-승(客僧)图《불교》객지에 있는 중. travelling
                                        priest
객=식구(客食口)图 본식구 이외의 딴식구. 군식구①.
객실(客室)图 ①손님을 거처하게 하거나 응접하는 방.

《대》거실(居室). ②호텔·열차·배 따위에서, 손님이
  드는 방. drawing room
객심(客心)图 ①객중의 마음. heart of a stranger
  ②딴마음. another intention   「intention
객심-먹-다(客心-)[자] 딴마음을 먹다. cherish another
객심-스럽-다(客-)图〔ㅂ변〕객쩍다. seem to
  be quite superfluous 객심-스레
객아(客我)图〈철학〉의식하는 자아를 대상으로 삼고
  생각할 때의 자아(自我). [대] 자아(自我).
객어(客語)图 ①〔동〕목적어(目的語). ②〔동〕빈사(賓
  辭).   「되어 출연함. 하다
객연(客演)图〈연예〉전속 아닌 배우가 임시로 고용
객열[-녈](客熱)图 객증(客症)으로 나는 신열.
객요(客擾)图 손님이 많아 법석거리어 마음이 수선함.
객용(客用)图 손님용. for guest use
객우(客寓)图 ①손이 되어 몸을 의탁함. become a
  guest ②손이 되어 거처하는 임시의 집. 하다
객우(客遇)图 손님으로 대우함. 하다
객원(客員)图 ①예정 밖의 인원. superfluous persons
  ②어떤 기관에서 손님으로 우대를 받는 사람. hon-
  orary member
객원 교:수(客員敎授)图〔동〕초빙(招聘) 교수.
객월(客月)图 지난달. last month
객유(客遊)图 손이 되어 타향에 가 놂. travelling 하다
객의(客意)图〔동〕객정(客情).   「person
객인(客人)图 ①〔동〕손님. ②객쩍은 사람. uninvited
객인 환:대(客人歡待)图 손님을 맞이하여 즐겁게 대
객장(客裝)图 여행하기 위한 몸차림.   「접함. 하다
객점(客店)图 길손이 음식을 사 먹고 쉬는 집. 여점
  (旅店). inn
객정(客情)图 객지에서의 심정. 객의(客意). 객회(客懷)
객정(客程)图 나그네길. 여정(旅程).   「懷).
객좌(客座)图 손님의 좌석. seat for a guest
객주(客主)图 장사치를 재우거나 물건을 흥정 붙여
  주는 영업. 또, 그 집. inn of merchants and ped-
  dlers   「for guests
객주(客酒)图 손님에게 대접하려고 마련한 술. liquor
객주리〈어류〉쥐치복과의 바닷물고기. 몸은 긴 타
  원형으로 납작하며, 몸 빛은 회색 바탕에 농회색의
  점이 산재함. 식용됨.
객주집 칼도마 같다〔족〕얼굴이 이마와 턱은 나오고 눈
  아래가 움쑥 들어간 것을 비유하여 일컫는 말.
객죽(客竹)图 ①군담뱃대. 가외의 담뱃대. spare pipe
  ②손님에게 내어 놓는 담뱃대. 공죽(空竹). pipe
  for a guest
객줏-집(客主-)图 객주 영업을 하는 집. peddlers' inn
객중(客中)图 객지에 있는 동안. 객리(客裏). 여중(旅
  中). 교중(僑中).
객중 보:체(客中寶體)图 객지에 있는 보배로운 몸이
  라는 뜻으로, 편지에서 객지에 있는 상대자를 높여
  쓰는 말.
객증(客症)图 앓던 병 끝에 따라 생기는 딴 병. 여병
객지(客地)图 집을 떠나 임시로 가 있는 곳. 객향(客
  鄕). 타관(他官). 한창(寒窓). strange land
객지-살이(客地-)图 객지에서 사는 일. 하다
객-쩍-다(客-)圈 제 위치를 벗어나 요긴하지 않다.
  「객쩍은 비. of little importance
객차(客車)图 ①〔약〕→여객차. ②〔약〕→여객 열차.
객창(客窓)图 객지의 여창(旅窓).
객창 한등(客窓寒燈)图 객창에 비치는 쓸쓸한 등불.
객청(客廳)图 제사 때, 손님이 거처할 수 있게 마련
  한 대청.
객체(客體)图 ①객지에 있는 몸. guest traveller ②
  《법률》생각과 행동이 미치는 목적물. objective ③
  〈철학〉주체(主體)에 대하여 작용의 대상이 되는
  쪽. [대] 주체(主體). object   「rettes) for guests
객초(客草)图 손님을 대접하는 담배. tobacco (ciga-
객추(客秋)图 지난 가을. last autumn
객춘(客春)图 지난 봄. last spring

객출(喀出)[명][동] 각출(喀出). 하[타]
객침(客枕)[명] ①손님용 베개. pillows for guests ②객지의 외로운 잠자리. lonely bed of a guest
객토(客土)[명] ①군më. unnecessary earth 딴 곳에서 옮겨 오는 흙. earth from other place ③[농업] 토질을 개량하기 위하여 논밭에 넣는 흙.
객하(客夏)[명] 지난 여름. last summer
객한(客恨)[명] 객수(客愁).
객한(客寒)[명] [한의] 객증(客症)으로 인한 오한(惡寒).
객향(客鄕)[명] 객지(客地). 「寒).
객혈(咯血·喀血)[명] [의학] 폐병 따위로 폐·기관지 점막 등에서 피를 토함. 각혈(咯血). haemoptysis 하[타] 「가호(家戶)
객호(客戶)[명] 다른 지방에서 옮겨 와서 사는 사람의
객화(客火)[명] 병증에서 나는 울화.
객=화:차(客貨車)[명] 객차와 화차.
객황(客況)[명] 객지에서 지내는 형편.
객회(客懷)[명] 객지에서 일어나는 회포. 객정(客情). 여정(旅情). weary heart of a traveller
갤러리(gallery)[명] ①관람석. 방청석. ②화랑(畫廊).
갤:러 빠:지-다[혈]⇒개을러 빠지다.
갤러핑 인플레이션(galloping inflation)[명] [경제] 물가가 급속히 뛰는 악성 인플레이션.
갤럽(gallop)[명] 말이 한 걸음마다 네 발을 모두 땅에서 메고 뛰는 일. 「춤. 또, 그 악곡.
갤롭(galop)[명] 19세기에 유행했던 2/4박자의 경쾌한
갤:르-다[르][자] ⇒개르다. 「wooden knife
갤:-대[-대][명] 나물 등을 캐는 데 쓰는 나무칼.
갭(gap)[명] ①갈라진 금. ②물건과 물건 사이의 틈. ③감정·의견·능력 따위의 차이·격차. ④[척릉(脊稜) 이 길이 잘라져 들어간 곳. 「한 모양. 하[명]
갭직(갭-)[명] ①여럿이 다 갭직한 모양. ②몹시 갭직
갭직-하다[직][형][여] 조금 가볍다. light
갯=가:[명] ①바닷물이 드나드는 개의 가. 포변(浦邊). estuary ②물이 흐르는 가장자리. coast
갯=가:재[명] [동물] 갯가재과의 가재의 하나. 몸 길이 15 cm 가량이고 수염과 발이 많으며, 색은 회백색에 푸른 기운이 있음. 연안의 진흙 속에 살음. 식용 또는 낚싯밥으로 쓰임. 「price
갯:=값[명] 형편없이 싼값. 똥값. ¶~으로 팔다. cheap
갯=고랑[명] 조수가 드나드는 갯가의 고랑. [명] 갯골. creek, ditch on the seashore
갯=고사리[명] [동물] 몸이 고사리 비슷한 극피 동물. 빛은 검으며, 만지면 끈적끈적하다. 흔히 얕은 해안 「에 있음.
갯=골[명] [약] ⇒갯고랑.
갯=논[명] 바닷가의 개펄에 둑을 쌓고 만든 논.
갯=늘메이[명] [식물] 명아주과의 일년생 풀. 여름에 옅은 녹색 꽃이 피고 바닷가에 남. 어린 잎은 식용 「함.
·갯 디[[기] 가 이다. 돌아갔다.
갯=대[명] 저인망(底引網)을 끌 때, 벼리와 활게 끈 기 이엉키지 않게 하는 나무. 「급직한 아가 되는.
갯=돌[명] ①제멋대로 벌통의 받침돌. ②개천에서 나는 돌.
갯=마을[명] 갯가에 있는 마을. 포촌(浦村).
갯=물[명] 갯가에 흐르는 짠 물. seawater
갯=바람[명] 바다에서 육지로 부는 바람. sea-wind
갯=발[명] 욷판의 둘레 발. 「an island
갯=발[명] 갯가의 개울밭. field along the shore of
갯=버들[명] [식물] 개울가에 나는 버들의 하나. 버들과 낙엽 관목. 잎은 긴 타원형이고 후면에 털이 많음. 이른 봄에 강아지 꼬리같은 꽃이 핌. 땅버들.
갯=벌[명] 바닷물이 드나드는 모래돌.
갯=보리[명] [식물] 포아풀과의 다년생 풀. 줄기는 길이 90 cm 가량으로 곧게 총생하며, 6~8월에 꽃줄기가 나와 이삭이 피는데 열매는 긴 타원형임.
갯=산호(-珊瑚)[명] [동물] 난해의 얕은 암초에 붙어 사는 산호의 하나. 빛이 홍색 또는 황색으로 아름다움.
갯=솜[명] [동] 해면(海綿).

갯솜=동물(-動物)[명] 해면 동물(海綿動物).
갯솜=조직(-組織)[명] 해면 조직(海綿組織).
갯=쇠보리[식물] 포아풀과의 다년생 풀. 땅 위로 기어 벋어 나가는 데 마디마다 수염뿌리가 나고, 줄기나 잎에는 흰 털이 있음. 뿌리는 수세미나 솔을
갯=어귀[갠—][명] '개어귀'의 잘못. 「만드는 데 씀.
갯=장어(-長魚)[명] [어류] 뱀장어과의 바닷물고기. 몸은 길고 비늘이 없이 등 쪽은 회갈색, 배 쪽은 은백색임. 허리 아픈 데 약으로 쓰며 식용함. 해방 (海鰻).
갯=지네/갯=지렁이[명] [동물] 갯지렁이과의 환형 동물. 몸 빛은 담홍색이고 등은 흑갈색임. 바닷가 진흙 속에 사는데 흔히 낚싯밥으로 쓰임.
갱(坑)[명] [광산] ①구덩이. ②[약] ⇒갱도(坑道). ③사 금광(砂金鑛)에서, 퍼낸 물을 빼기 위해 만든 도랑. pit, shaft
갱(羹)[명] 무·다시마 등을 넣고 끓인 제사에 쓰는 국. vegetable soup for ceremonies
갱(←gang)[명] 강도(强盜). 강도의 한 무리.
갱구(坑口)[명] [광업] 갱도의 들머리. 굿문. pit mouth
갱:기(更起)[명] ①다시 일어남. ②다시 일으킴. revival
갱:기(羹器)[명] [동] 갱지미. 「함.
갱기 불능(更起不能)[명] [동] 제기 불능(再起不能).
갱=가먹이[명] 물건이 오래 견디지 못하고 금방 없어짐 을 이르는 말.
갱내(坑內)[명] 구덩이의 안. ¶~ 노동. ~ 작업. inside of the pit 「가스.
갱내 가스(坑內 gas)[명] [광업] 광산의 갱내에 고이는
갱내=부(坑內夫)[명] [광업] 광산 노동자 중 갱내 작업 에 종사하는 인부. [대] 갱외부(坑外夫).
갱내 채:굴(坑內採掘)[명] [광업] 지하의 광상(鑛床)에서 유용(有用)한 광물을 캐냄. [대] 노천 채굴.
갱:년-기(更年期)[명] [생리] 성숙기에서 노년기로 접어 드는 시기. turn of life, menopause
갱:년기 장애(更年期障碍)[명] [생리] 갱년기에 일어나 는 장애. 귀울음·발한·두통·수족 냉감 등 신체적·생 리적 증상이 있음. climacterium
갱:-달-다(坑一)[달][타] [광산] ①사금광에 도랑을 내 다. dig a ditch in a pit ②광맥을 향해 갱도를 내 다. drive a gallery into rock
갱도(坑道)[명] ①땅 속으로 뚫은 길. subterranean passage ②[광업] 사람이 드나들며 운반하거나 통풍 등의 목적으로 갱내에 뚫은 길. 갱로(坑路).
갱도(杭稻·粳稻)[명] ⇒메벼. 「(坑)②.
갱도 굴진[—찐](坑道掘進)[명] [광산] 광산이나 탄광 에서 탐광·개갱(開坑)·운반·배수·통기 등의 목적으 로 갱도를 굴진하는 작업.
갱동(坑洞)[명] [동] 방곳데.
갱루(坑路)[명] [동] 갱도(坑道).
갱목(坑木)[명] 갱 안의 천장이나 언저리를 떠티는 통나무 「mine-pillars
갱:-무(更無)[명] 그 이상 더는 없음. 하[형]
갱:-무꼼짝(更無-)[명] 다시는 조금도 꼼짝할 수 없음. 갱무도리(更無道理). [명] 갱무꼼짝.
갱:-무도:리(更無道理)[명] 다시는 어찌할 도리가 없 음. 갱무꼼짝(更無-).
갱문(坑門)[명] 갱도의 출입구에 설치해놓은 문. 굿문.
갱미(秔米·粳米)[명] ⇒메쌀. 「하[자]
갱:발(更發)[명] 다시 발생함. 다시 일어남. recurrence
갱:봉(更逢)[명] 다시 만남. 다시 봄. meeting again 하[자] 「(夫). miner
갱부(坑夫)[명] 갱내에서 채광하는 인부. [유] 광부(鑛
갱비리(하)[명] ①어린아이나 작은 사람. shorty ②하잘것없는 사람을 이르는 말. ¶~ 같은 놈. goodfor-nothing
갱사(坑舍)[명] [동] 굿막.
갱살(坑殺)[명] 구덩이에 묻어 죽임. burying alive 하[타]
갱:생(更生)[명] ①다시 살아남. 갱소(更蘇). rebirth ②신앙 등에 의해서 마음씨가 새로워짐. ③생활을 새롭게 함. ¶~ 자격(自力) ~. ④폐품이나 불용품에 손을 대어 다시 쓰게 함. 재생(再生). regeneration

갱:생 고무(更生 gomme)[명] 재생(再生) 고무.
갱:생 보:호(更生保護)[명] [법률] 전과자에 대하여 선행을 장려하고 재범을 방지하는 관찰 보호와 자활을 위한 생업의 지도, 취업 알선 등의 직접 보호를 베푸는 일.
갱:생 사위(更生—) 죽을 고비를 벗어나서 다시 살아날 운명의 기회. opportunity of revival
갱:생 지도(更生指導)[명] 신체 장애자가 사회적으로 복귀할 수 있도록 물리적·의학적·심리적·경제적인 지도를 하는 일.
갱:선(更選)[명] 다시 선출하거나 선거함. —하[타]
갱:소(更蘇)[명] 다시 살아남. 갱생(更生)①. resuscitation —하[자]
갱:소년(更少年)[명] 노인의 몸과 마음이 다시 젊어짐. 개소년(改少年). rejuvenation —하[자]
갱스터(gangster)[명] 악한. 폭력 단원.
갱 스토리(gang story)[명] [연예] 암흑가를 배경으로 하고 갱을 주제로 하는 영화. 또, 그런 이야기.
갱신[명] 몸을 움직이는 일. 흔히 '못하다'와 함께 쓰임. ¶기운이 빠져서 ~도 못할 지경이다. move, bestir —하[자]
갱:신(更新)[명] ①다시 새로워짐. 다시 새롭게 함. renewal ②[법률] 계약 기간이 만료되었을 때, 그 기간을 연장하는 일. —하[타][자]
갱신:못-하다[——모타—] 기진 맥진해서 더는 꼼짝 못함.
갱연-하다(鏗然—)[형여] 쇠붙이 같은 단단한 물체의 부딪치는 소리가 짜랑짜랑하게 맑고 곱다. 갱연-히[부]
갱:엿[명][동] 검은엿.
갱외(坑外)[명] 광산이나 탄광의 갱의 밖. 《대》갱내.
갱외-부(坑外夫)[명] 광산 노동자 중 갱외 작업에 종사하는 인부. 《대》갱내부(坑內夫).
갱:위(更位)[명] 물러났던 왕위에 다시 오름. —하[자]
갱유(坑儒)[명] 지시황(秦始皇)이 유생(儒生)들을 구덩이에 묻어 죽임.
갱유 분서(坑儒焚書)[명][동] 분서 갱유(焚書坑儒). —하[자]
갱정(坑井)[명] [광업] 수평 갱도를 연결하여 바람이 통하도록 판 세로 갱도. fan drift
갱:정(更正)[명] '경정(更正)'의 잘못. —하[타]
갱:정(更定)[명] 다시 정함. —하[타]
갱:즙(羹汁)[명] 국의 국물.
갱지(坑地)[명] 굴 속으로 통리 길.
갱:지(更紙)[명] 지면이 좀 거친 양지(洋紙)의 하나. 신문 인쇄 등에 쓰임. coarse paper
갱:지미(명) 놋쇠로 만든 국그릇. 갱기(羹器). soup vessel made of brass
갱:진(更進)[명] ①다시 나아감. advancing ②다시 진정(進呈)함. 다시 올림. presenting anew —하[타]
갱:짜(更—)[명] 한 장녀(娼女)를 두 번째 상관하는 일.
갱참(坑塹)[명] 깊고 길게 판 구덩이. [유]도가니.
갱충-맞-다/갱충-쩍-다[형] 조심성 없고 아둔하다.
갱:탕(羹湯)[명] 국①. slovenly
갱판(坑—)[명] 광산에서 배수(排水)하기 위하여 파 놓은 수로(水路).
갱함(坑陷)[명] 땅이 꺼져 생긴 구덩이.
갸기[명][동] 교기(驕氣).
갸기-부리-다[자] 밉살스럽게 톰내며 교만한 태도를 나타내다. behave haughtily
갸륵-하-다[형여] 착하고 장하다. ¶갸륵한 마음씨. admirable 갸:륵-히[부]
갸름갸름-하-다[형여] 낱낱이 다 갸름하다.
갸름-하-다[형여] 조금 가늘고 긴 듯하다. ¶갸름한 얼굴. longish 갸름-히[부]
갸우듬-하-다[형여] 조금 갸우듬하다. 《큰》기우듬하다. 《센》꺄우듬하다. 갸우듬-히[부]
갸우뚱[부] 물체가 한 쪽으로 갸우뚱어진 모양. 《큰》기우뚱. 《센》꺄우뚱. slanting

갸우뚱거리다. 갸우뚱=갸우뚱[부] —하[타][자]
갸울-다[자][르] ①평평하지 않고 한 편으로 쏠려 있다. slanting ②해나 달이 저물다. ③형세가 불리하여지다. ④어떠한 경향을 떠다. 《큰》기울다. 《센》꺄울다.
갸울어-뜨리-다[타] 힘있게 갸울이다. 《큰》기울어뜨리다. 《센》꺄울어뜨리다. slant
갸울어-지-다[자] 한쪽으로 조금 갸울게 되다. 《큰》기울어지다. 《센》꺄울어지다. incline
갸울-이-다[타] ①선(線)·면(面) 등의 방향을 한 쪽으로 쏠리게 하다. incline ②어떠한 방향으로 향하게 하다. ¶물그릇을 ~. tip ③모두 동원하다. ¶온 신경을 ~. mobilize ④형세를 불리하게 하다. 《큰》기울이다. 《센》꺄울이다.
갸웃-거리-다[자] 무엇을 보려고 자꾸 고개를 갸울이다. 《큰》기웃거리다. 《센》꺄웃거리다. peep, tilt one's head 갸웃=갸웃[부] —하[타][자]
갸웃-하-다[형여] 조금 갸울다. somewhat slanting 《큰》기웃하다. 《센》꺄웃하다. incline a little 갸웃-이[부]
갸자[명] 음식을 나르는 들것. 가자(架子)③.
갸퓸시-다[형] 옷·신의 혼솔에 다른 피오라를 끼우[다.
갹금(醵金)[명] 돈을 추렴냄. 거금(醵金). collection, contribution
갹음(醵飮)[명] 술추렴.
갹출(醵出)[명] 한 목적에 대하여 여러 사람이 돈이나 물건을 냄. 염출(捻出). 《센》거출(醵出). colleciton, contribution
갈:갈[명] 암탉의 알계는 소리.
갈쭉-갈쭉[부] 여럿이 모두 다 갈쭉한 모양. 《큰》길쭉길쭉. —하[여]. long and slender
갈쭉스름-하-다[형여] 조금 갈쭉하다. 《큰》길쭉스름하다.
갈쭉-하-다[형여] 폭보다 길이가 좀 길다. 《큰》길쭉하다. long and slender 갈쭉-이[부]
갈쯔막-하-다[형여] 좀 넉넉히 갈쭘하다. 《큰》길쯔막하다. longish
갈쯤-갈쯤[부] 여럿이 모두 갈쯤한 모양. 《큰》길쯤길쯤.
갈쯤-하-다[형여] 꽤 가름하다. 《큰》길쯤하다. 갈쯤-이[부] —적. —하[여]
갈찍-갈찍[부] 모두가 낱낱이 갈찍한 모양. 《큰》길찍길찍.
갈찍:-하-다[형여] 꽤 길다. 《큰》길찍하다. 갈찍-이[부]
걔:[약] 그 아이.
걔:[약] 그 아이는. ¶~ 어디 갔니.
걜:[약] 그 아이를. ¶~ 데려오너라.
거[의] [동]~것.
거지데 그것.
거:[약] '그것'의 뜻. ¶~ 잘했다. that
거:(距)[명] ①(식물) 봉선화·제비꽃 따위의 꽃잎 뒤에 있는 며느리발톱 비슷하게 생긴 물건. ②[동] 며느리발톱.
거:가(去苛)[명] 가혹한 정령(政令)을 없애 버림. —하[타]
거:가(巨家)[명] 문벌이 높은 집안. distinguished family
거가(車駕)[명] ①임금이 타는 수레. imperial carriage ②임금의 행차. 왕가(王駕). imperial cortege
거:가(居家)[명] 늘 자기 집에 있음. —하[자]
거:가(擧家)[명] 온 집안. 한 집안 전체. whole family
거:가 대:족(巨家大族)[명] 지체 놓고 대대로 번영한 문벌 있는 집안. 거실(巨室). 거실 세족(巨室世族). 대가(大家)②. 거족(巨族). distinguished and influential family
거가지락(居家之樂)[명] 집에서 재미있게 지내는 즐거움. joy of staying at home
거:각(去殼)[명] 껍데기를 벗겨 냄. husking off —하[타]
거:각(巨閣)[명] 크고 높은 다락집. mansion —하[여]
거:각(拒却)[명] 거절하여 물리침. 거절(拒絶). rejection
거:각 소권(—權)[拒却訴權][명] [법률] 남이 요구하여 온 일을 거절하여 법원에 소송을 제기할 수 있는 권리.
거:간(巨奸)[명] 큰 죄를 저지른 간악한 사람.
거간(居間)[명] ①흥정을 붙이는 일. ②[약] → 거간꾼. —하[타]

거간-꾼(居間―)명 거간을 업으로 삼는 사람. 《약》거간②. brekor

거갑(居甲)명 으뜸 자리를 차지함. 두목이 됨. 거괴(居魁). 거수(居首). 하타

거갑-탕(居甲湯)명 장국에 녹말·송이·은행 따위를 넣고 익힌 음식.

거:개(擧皆)명 거의 모두. ¶~가 내 것이다. mostly, the greater part

거거(車渠·硨磲)명 〈조개〉어패류 중 가장 큰 조개. 패각의 길이 1m, 폭 50cm, 높이 65cm, 갈쭉하게 다섯 고랑이 지고 가장자리는 물결 모양을 이룸. 따뜻한 바다의 바위에 붙어 사는데 맛이 좋음.

거:-거:년(去去年)명 재작년. 그러께.
거:-거:번(去去番)명 지지난번. 전전번.
거:-거:월(去去月)명 지지난달.
거거 익심(去去益甚) 갈수록 더욱 심함. 거익 심언(去益甚焉). getting more and more 하형
거:-거:일(去去日)명 그저께. day before last
거:경(巨鯨)명 큰 고래.
거:골(距骨)명 〈동〉복사뼈.
거:공(巨公)명 천자(天子)를 일컬음.
거:공(擧公)명 공적(公的)의 규칙대로 처리함. 하타
거:관(去官)명 〈제도〉일정 기간이 차서 전직(前職)을 떠나 다른 관직에 임용됨. 하타
거:관(巨款)명 많은 돈. 거액(巨額).
거:관(巨觀)명 큰 구경거리. 또, 볼 만한 큰 경치.
거관(居官)명 관직에 있음. 〔grand sight
거:관(擧棺)명 출구(出柩) 또는 하관(下棺)하기 위해 관을 들어 옮김. lifting up the coffin 하타
거:관-포(擧棺布)명 거관할 때 관을 걸어서 드는 베.
거:괴(巨魁)명 거물의 괴수. boss
거:괴(巨魁)명 〈동〉거갑(居甲).〔body
거:구(巨軀)명 큰 몸뚱이. 큰 체격. 거체(巨體). big
거:국(擧國)명 온 나라. 전국. ¶~적인 환영. whole nation

거:국 내:각(擧國內閣)명 《약》=거국 일치 내각(擧國一致內閣).〔하타
거:국 일치(擧國一致)명 온 국민이 뭉치어 하나가 됨.
거:국 일치 내:각(擧國一致內閣)명 위기를 극복하기 위해 당파를 초월하여 조직한 내각. 《약》거국 내각.
거:국-적(擧國的)명 온 나라, 온 국민이 일치하여 하나가 되어 같은 태도를 취하는(것). ¶~ 축제.
거:근(去根)명 ①뿌리를 없앰. rooting out ②병·근심 등의 근원을 없앰. rooting out radically 하타
거:근(擧筋)명 〈생리〉무엇을 들어 올리는 작용을 하는 근육.
거:금(巨金)명 큰 돈. 많은 돈. 〔대〕소액(小額). large〔sum of money
거:금(醵金)명 〈동〉각금(醵金). 하타
거:금(距今)명 이제로부터 지나간 어느 때까지의 동안을 말함. ¶~ 천년 전. ago, dating back, from
거기(巨記)관 (고) 거기. 〔now
거기대 그 곳. 그 곳에. 《약》게. 《작》고기. there
거:기(倨氣)명 거만한 기색. haughtiness
거기중(居其中)명 한쪽에 치우치지 않고 중간쯤 되게 하다. 〔알리는 한량.
거:기 한량(擧旗閒良)명 화살이 맞는 대로 기를 들어
거꾸러-뜨리-다타 ①거꾸로 엎어지게 하다. ②기운을 못 쓰게 하다. 일어나지 못하게 하다. 《작》가꾸러뜨리다. overthrow
거꾸러지-다자 ①거꾸로 엎어지다. tumble down ②죽다. die ③어떤 세력이 꺾이거나 흩어지다.《작》가꾸러지다. collapse
거꾸로부 차례나 방향이 반대로 바꾸이게. ¶옷을 ~ 입다. 《작》가꾸로. reversely
거꾸로 박히-다자 머리를 아래로 향하고 떨어지다. 《작》가꾸로 박히다. fall head foremost
거:뜰-가랑이표(―標)명 〈인쇄〉'>'의 인쇄상의 이름. 문장에서 '작은말로', 수식에서 '부등호'로 쓰이는 부호. sign of 'is smaller than'

거꿀=삼발점(―點)(―三―點)명 〈인쇄〉이유표로 쓰이는 '∴'의 이름. 이유표(理由標). sign of 'because'

거나관 받침 없는 체언에 붙어서 가리지 아니하는 뜻을 나타내는 연결형 서술격 조사. ¶떡이 ~ 밥이 ~. 《약》건.

-거나어미 용언의 어간에 붙어서 가리지 않는 뜻을 나타내는 연결 어미. ¶가~ 오~. 쓰~ 달~. =건②. whether…or

거느리-다타 (고) 거느리다.〔다②. tipsy
거나-하-다형어 술이 취하여 얼근하다. 《약》건하
=거늘어미 (고) =매. =으매.
거:납(拒納)명 납세 또는 납부하기를 거절함. 하타
거:냉(←去冷)명 약간 데워 찬 기운만 없앰. warming
거년=방(去年方)명 《약》=전년방.
거:년(去年)명 지난해. 작년. last year
거년-스럽-다(―스러워)형비 궁상이 흘러 보이다. 《작》가년스럽다. 거년-스레
=거뇨어미 (고) =으냐. =느냐. =하느냐.
거누-다타 몸이나 정신을 겨우 이겨 지탱하다.《작》가누다. (고) =가누다.
거느리-다타 수하(手下)를 데리고 있다. ¶부하를 ~. keep, command
거-느리-치-다타 (고) 건지다. 구제하다.
거느림-채명 몸채나 사랑채에 딸린 작은 집채. annex
거늑-하-다형여 넉넉하여 마음에 흐뭇하다. snug
거늘관 ①받침 없는 체언에 붙어서 '이미 사실이 이러이러하기에 그에 응하여'의 뜻을 나타내는 연결형 서술격 조사. ¶축구의 명수 ~ 데려다 감독으로 모셔야지. ②받침 없는 체언에 붙어서 '이미 사실이 이러이러한데 그와는 판판으로'의 뜻을 나타내는 연결형 서술격 조사. ¶그는 학자 ~ 무식하기 짝이 없구나.

거들어미 ①모음으로 끝나는 체언·용언의 어간에 붙어서 '이미 사실이 이러이러하여 그에 응하여'의 뜻을 나타내는 연결 어미. ¶그가 오늘 온다 했~ 언제까지 기다리니. ②'이미 사실이 이러이러한데, 그와는 판판으로'의 뜻을 나타내는 연결 어미. ¶한 사코 말렸~이 무슨 실수인고. 〔도 불구하고.

=거늘어미 (고) ①=으매. =으므로. ②=는데. =나. =에
거니관 ①받침 없는 체언에 붙어 '이미 사실이 이러이러한데'의 뜻을 나타내는 연결형 서술격 조사. 그 아래는 의문의 말이 따름. ¶그는 장사 ~ 누구인들 못이기랴. ②받침 없는 체언에 붙어, 혼자 속으로만 '이러이러하리라'고 여기는 뜻을 나타내는 서술격 조사. ¶그들은 필시 형제 ~ 여겨지더군.
-거니어미 ①용언의 어간에 붙어 '이미 사실이 이러이러한데'의 뜻을 나타내는 연결 어미. 그 아래에는 의문의 말이 따름. ¶그는 죽었 ~. 생각하여 무엇하랴? ②용언의 어간에 붙어 혼자 속으로 '이러이러하리라'라고 인정하는 뜻을 보이는 연결 어미. ¶일을 한다~ 했네요. ③이미 동작이 겹친 때 각 동사의 어간에 붙는 어미. ¶주~ 받~.
-거니=건이어미 (고) =느냐.
거니와관 ①받침 없는 체언에 붙어, 사리가 상반되는 구절을 잇는 연결형 서술격 조사. ¶나는 가난뱅이 ~ 너는 부자가 아니냐. ②받침 없는 체언에 붙어, 이미 사실은 인정하되 그보다 더한 사실을 말할 때 쓰는 연결형 서술격 조사. ¶나도 바보 ~ 너는 더한 바보야.
-거니와어미 ①용언의 어간에 붙어 사리가 상반되는 구절을 잇는 연결 어미. ¶개는 그러하~ 너는 잘해야지. ②용언의 어간에 붙어, 이미 사실은 인정하되, 그보다 더한 사실을 말할 때 쓰는 연결 어미. ¶노래도 잘 하~ 춤도 잘 춘다.
거니-채-다타 (고) 짐새를 대강 알아채다. 기미를 눈치채다. sense 〔~. stroll
거:닐-다[~르]자 이러저러 한가로이 걷다. ¶거리를
=거-·다어미 (고) 있음이다.
거달(巨達)명 '거벌'의 처음.

거:담(祛痰)圓 담을 없앰. ~하다

거:담-약[-냑](祛痰藥)圓 담(痰)을 없애는 약. 거담제.

거:담-제(祛痰劑)圓(同)거담약.

거당(擧黨)圓 온 정당 전체. [mous ~하다

거:대(巨大)圓 엄청나게 큼. (대) 미소(微小). enor-

거대 과학(巨大科學)圓 과학자나 기술자·연구 기관 을 다 동원하여 행하는 대규모의 연구.

거:대 도시(巨大都市)圓 인구 백만 이상의 큰 도시. metropolis [자. 대체로 그 분자량이 큼.

거:대 분자(巨大分子)圓〈화학〉고분자 화학물의 분

거:대=증[-쯩](巨大症)圓〈의학〉뇌수체 기능 항진 으로 생기는 발육 이상. 하반신이 거대해짐. 어린 아이, 특히 사내아이의 병. giantism

거덕=거덕 물기가 조금 마른 모양. (작) 가닥가닥. (센) 꺼덕꺼덕. dryish ~하다

거덕치-다圉 모양이 거칠고 상스러워 어울리지 않 다. (센) 꺼덕치다. clumsy

거덜(＜제도) 조선조 때, 사복시(司僕寺)에서 말을 거두어 주던 하인. groom

거덜거덜-하-다혱여 살림이나 무슨 일이 결딴나려 고 흔들리어 위태하다. rickety

거덜-나-다쨔 무슨 일이나 살림이 결딴나다. collapse

거덜-말(-馬)圓 걸을 적에 몸을 몹시 흔드는 말. (＜제도) 거덜이 탄 말.

거:도(巨盜)圓 큰 도둑. 거적(巨賊). 대도(大盜).

거:도(巨濤)圓 큰 파도. big wave [arrant robber

거:도(鋸刀)圓 한쪽에만 자루를 박아 켜는 큰 톱. 톱괴. big saw

거도-선(艍舠船)圓 거룻배 비슷한 작은 병선(兵船).

거:도=적(擧道的)관형명 온 도(道)가 나서서 하는(것). ¶~인 훈련. [the poison ~하다

거:독(去毒)圓〈한의〉약의 독기를 없앰. neutralizing

거:동(去冬)圓 지난 겨울. 작동(昨冬). last winter

거:동(擧動)圓 ①일에 나서서 움직이는 태도. 또 몸가짐. 동작. 행동 거지(行動擧止). ¶~이 수상쩍다. behaviour ②(원)→거둥. 하다

거동궤(車同軌)圓(同)거동궤 서동문(車同軌書同文).

거동궤 서동문(車同軌書同文)圓 각 지방의 수레는 넓 이를 같이하고 글도 같은 글자를 쓴다는 뜻으로, 천 하가 통일됨을 이르는 말. (약) 거동궤. 동문 동궤 (同文同軌).

거:동=범(擧動犯)圓〈법률〉범죄의 구성 요건상으로 일정한 작위 또는 부작위가 요구될 따름이고, 결과 의 발생 유무를 불문하는 범죄. 위증죄·다중(多衆) 불해산죄 등. 형식범(形式犯). (대) 실질범(實質犯).

거:두(巨頭)圓 우두머리 되는 유력한 인물. 중요한 인 물. ¶~ 회담. big shot

거:두(去頭)圓 머리를 잘라 없앰. beheading 하다

거:두(擧頭)圓 ①머리를 듦. ②굽힘이 없이 머리를 번듯이 들고 남을 대함. 교수(矯首). 하다

거두-히 (고) 거두. 거두히.

거두-다目 ①농작물 따위를 베어 모아 들이다. har- vest ②뒤를 보살피다. ¶정원을 ~. look after ③ 가르치다. ¶아이를 ~. bring up ④모양을 내다. ¶몸을 ~. tidy (up) oneself ⑤넣었거나 흩 어져 있는 것을 한데 모으다. (명) 걷다²³). put in order ⑥멈추어 끝을 내다. ¶숨을 ~. ⑦세금·돈 따위를 징수하다. ¶기부금을 ~. ⑧어떤 결과 성과 를 올리거나 얻다. ¶승리를 ~. (명) 걷다²³). finish

거:두 대:면(擧頭對面)圓 머리를 쳐들고 얼굴을 서 로 맞댐.

거두-들-다目 (고) 걷어들다. [냄. 하다

거두-잡-다目 ①걷어 잡다. 거두어 잡다.

거:두 절미(去頭截尾)圓 ①머리와 꼬리를 자름. ②앞 뒤의 잔사설은 빼고 요점만 말함. ¶~하고 요점 만 이야기하겠소. 하다

거두-쥐-다目 (고) 걷어 쥐다. [collected

거둠-새圓 거둠질하는 물건이나 돈. thing or money

거둠-질圓 ①거두는 일. collecting harvest ②물 건을 욕심껏 탐내어 가지는 것. 하다타

거:둥(←擧動)圓 임금의 나들이. emperor's visit 하다

거:둥-길[-낄](←擧動-)圓 거둥하는 길. 연로(輦 路). 어로(御路). king's road

거둥길 닦아 놓으니까 깍정이가 먼저 지나간다冠 큰 일을 작은 마(魔)가 그르쳐냄.

거둥에 망아지 새끼 따라다니듯 한다冠 요긴하지 않 은 사람이 쓸데없는 이곳저곳 귀찮게 따라다님.

거:듐(고) 껴짐. 빠짐. →빼다.

=거드리면어미 =거들랑. =거드면.

가드럭거리-다꿰 버릇없이 경망하고 도도히 굴다. (약) 거들러다. (작) 가드락거리다. (센) 꺼드럭거리 다. 꺼드럭거리다. be cheeky 거드럭=거드럭 하다

거:드림이圓 장기 둘 때, 한 번 만진 조각은 꼭 써 야 되는 규정. 하다

거:드름圓 거만한 태도. 스젝 스레다.

거:드름 부리-다 거만한 행동을 짐짓 하다.

거:드름 빼:-다재 거만한 태도를 얄밉게 짓다. be haughty

거:드름-쟁이 '거드름 피우는 사람'을 얕잡아 이르 는 말.

거:드름 피우-다 거만스러운 태도를 나타내다.

=거드면어미 '-거든' 과 '-으면'이 합쳐 된 연결 어미. ¶일이 잘 안 되~ 연락해라. if, when

=거드면-은어미 '=거드면'을 힘있게 하는 연결 어미.

거든① ①받침 없는 체언에 붙어 가정으로 조건삼아 말할 때 쓰는 연결형 서술격 조사. ¶작가~ 글을 써라. ②받침 없는 체언에 붙어 '하물며'의 뜻으로 말할 때 앞의 구절에 쓰는 연결형 서술격 조사. ¶멸치도 고기~ 하물며 꽁치야. ③받침 없는 체언 에 붙어 '까닭이 이러하건대 어찌 결과가 그렇지 아니하랴'의 뜻으로 말할 때 까닭을 이루는 구절에 쓰이는 연결형 서술격 조사. ¶그는 채권자~, 빚 을 독촉하지 않겠는가. ④받침 없는 체언에 붙어 이상함을 나타내는 느낌으로 쓰는 종결형 서술격 조사. ¶울기만 하니 착 막한 친구~.

=거든어미 ①가정으로 조건삼아 말할 때 쓰는 연결 어미. ¶날이 개~ 가자. if, when ②'하물며'의 뜻으로 말할 때 앞의 구절에 쓰는 연결 어미. ¶어 린애들도 알~ 하물며 어른임에랴. ③'까닭이 이 러이러한데 어찌 결과가 그렇지 않으랴'의 뜻을 나 타내는 연결 어미. ¶올봄이 왔~ 어찌 집안이 조 용하리요. ④이상하다는 느낌을 나타내는 종결 어 미. ¶아무래도 모를 일이~. (약) =건¹⁰.

거든-거든學 모두가 다 거든한 모양. (작) 가든가든. (센) 꺼든거든. 하다 學하다

거든그-뜨리-다目 '거든그리다'의 힘줌말. (작) 가든 그뜨리다. [gather up

거든-그리-다目 간단하게 추려 싸다. (작) 가든그리다.

거든-하-다혱여 ①보기보다 가볍다. ②홀가분하다. 몸이 가볍다. (작) 가든하다. (센) 꺼든하다. light 거든-히學

거들(girdle)圓 양말 대님이 붙은 짧은 코르셋.

거들-거리-다꿰 (약)→거드럭거리다.

거들-대:다目 ①남의 일을 도와 주다. help ②남의 말·행동·일에 참견하다. meddle

거들떠-보-다目 ①눈을 치뜨고 보아 아는 체하다. pay attention to ②거만한 태도를 짓다. take haughty attitude to

거들떠보지도 않다冠 거만한 태도로 아는 체도 않다. not to take any notice of [eyes

거들-뜨-다(으ㄹ)目 눈을 위로 치켜뜨다. raise one's

거들랑① 받침 없는 체언에 붙으며, '거든'과 '을랑' 이 합쳐 된 연결형 서술격 조사. ¶박씨~ 들어보 내라. 「¶시간이 되~ 깨워 다오. (약) =걸랑.

=거들랑어미 ①'=거든'의 힘줌말. ②'=을랑'이 합쳐 된 연결 어미.

=거들랑-은어미 '=거들랑'을 힘있게 하는 연결 어미. if

거들먹-거리-다圉 신이 나서 거만하게 굴다. (작) 가 들막거리다. (센) 꺼들먹거리다. be arrogant 거들 먹-거들먹學 하다

거듭=거듭甲 대강대강 거두어 나가는 모양. ¶~ 끌어 모으다. roughly

거듭甲 한 일이나 물건이 있는 그 위에 다시 포개어 지는 모양. ¶~ 사과하다. 실패를 ~하다. again, repeatedly

거듭甲 여러 번 거듭. ¶~ 실패하다.

거듭-나-다〈기독〉영적(靈的)으로 다시 새사람이 되다. 중생(重生)하다. be born again

거듭-남甲〈동〉중생(重生).

거듭-닿소리甲〈동〉복자음(複子音). [repeated

거듭-되-다甲 되풀이해서 되다. ¶거듭되는 불행. be

거듭-제곱甲〈수학〉같은 수·식들을 거듭 곱함. 무제곱·세제곱 따위. 누승(累乘). power 하다

거듭제곱-근(-根)甲〈수학〉제곱근·세제곱근·네제곱근 따위의 총칭. 누승근(累乘根). radical root

거듭-하-다타甲 되풀이하다. 반복하다.

거듭-홀소리[-쏘-]甲 복모음(複母音).

거든甲《센》→거뜬하다.

=거라어미 '-어라'·'-아라'가 특별히 변하여 된 종결 어미. ¶가~. 자~.

거라 벗어난 끝바꿈甲〈어학〉'거라 변칙'의 풀어쓴 말.

거라 변칙(-變則)甲〈동〉거라 불규칙 활용.

거라 불규칙 용언(-不規則用言)甲〈어학〉불규칙 활용의 하나. 명령 동사의 '-아라'·'-어라'가 '거라'로 바뀌는 활용. '가거라·나거라·자거라' 등. 거라 변칙. 거라 불규칙 활용. [용언(用言).

거라 불규칙 활용(-不規則活用)甲〈동〉거라 불규칙

거란(-契丹)甲〈역사〉4세기 이래 몽고 지방에서 유

거:란지甲〈약〉→거란지뼈. [목메던 부족.

거:란지-뼈甲 소의 꽁무니뼈. 《약》 거란지. coccyx

거:리(-乞粒)甲〈민속〉일정한 민가나 구멍이가 아닌 남의 광가나 구덩이의 버력탕 같은 데서 감돌을 고르거나 사금을 체취하여 조금씩 버는 일. poaching other people's mines 하다

거랑-금(-金)甲〈광업〉거랑하여 모은 황금.

거:랑 금점(-金店)甲〈광업〉거랑꾼들이 모여서 채광하는 금점.

거랑-꾼甲〈광업〉거랑 작업을 하는 사람.

거래(去來)甲 ①현금을 주고받거나 상품을 매매하는 일. 수양~가 트인 시장. ②〈경제〉기업이 영업 활동을 함에 따라 자산·부채·자본의 가치에 증감을 가져오게 하는 일체의 현상과 수익과 내용의 변동 상태. 화재나 도난으로 인한 손실 등 교환 거래·혼합 거래·현금 거래·대체 거래 등이 있음. transactions ③물건을 매매하거나, 부동산의 임대차 계약이나 상품의 매매 계약 등. ④〈세도〉사건이 생기는 대로 하인이 상사(上司)에게 알리는 일. ⑤〈불교〉 과거와 미래. 三世). [三世).

거:래-금(去來今)甲〈불교〉과거·미래·현재의 삼세

서:래-법(-法)甲〈법률〉경제 거래에 관한 법의 총칭. [ness connection

거:래-선(去來先)甲 거래의 상대방. customer, busi-

거:래-소(去來所)甲 상품·유가 증권 등의 대량 거래를 행하는 조직적인 시장. ¶증권 ~. exchange [서 매매되는 유가 증권.

거:래소 증권(-一證)[去來所證券]甲〈경제〉거래소에

거:래-처(去來處)甲 돈이나 물건을 계속적으로 거래하는 곳. customer

거:랭(去冷)甲〈원〉→거냉(去冷).

거:량(巨量)甲 ①많은 분량. great quantity ②많은 식량(食量).

거량(車輛)甲→차량(車輛).

거:량(-擧揚)甲〈불교〉설법할 때에 죽은 사람의 영혼을 부르는 일. 청혼(請魂). 하다

거러치甲 가래치.

거:레甲 까닭 없이 몸시 느리게 어정거리는 짓. dawdle along 하다

거려甲 상제된 사람이 여막(廬幕)에서 기거함. [하다

거령-스럽-다㉦ 아담하지 않아 어울리지 않다. 《작》 가량스럽다. unseemly **거령-스레**甲

거:례-법[-뻡](擧例法)甲〈문학〉앞서 말한 이론을 증명하기 위하여 예를 들어 설명하는 수사법.

거:로(去路)甲 떠나가는 길. way to go

거:론(擧論)甲 초들어서 논제로 삼음. discussion 하다

거루甲〈약〉→거룻배. [는다.

거루-다타甲 배를 강가나 냇가에 대다.

거:룩거:룩-하-다타甲 거룩하고 거룩하다.

거:룩-하-다어甲 성스럽고 위대하다. ¶거룩한 임금. sacred, noble

거룻-배甲 돛이 없는 작은 배. 《약》 거루. barge

거:류(去留)甲 ①떠남과 머무름. leaving and staying ②죽음과 삶. life and death ③잘 되고 안 됨. success and failure

거류(居留)甲 ①임시로 머물러 삶. temporary stay ②외국의 거류지에서 삶. association of foreign resident 하다

거류-민(居留民)甲 거류지에 사는 사람. 재류민(在留民). foreign residents

거류민-단(居留民團)甲 거류민이 조직한 자치 단체.

거류-지(居留地)甲〈법률〉조약에 의해 한 나라가 그 영토의 일부를 외국인의 거주 및 영업을 위해 지정한 지역. 조계(租界). foreign settlement

거륜(車輪)甲〈원〉→차륜(車輪).

거르-다타三 체 따위에 받쳐 국물을 짜내다. filter

거르-다타三 차례를 건너뛰다. skip over

거르반조(garbanzo 스)甲〈식물〉멕시코에서 나는 콩의 일종. [양분, 비료). fertilizer

거름甲〈농업〉식물이 잘 자라도록 하려고 흙에 주는

거름甲 거름 종이나 거름 장치를 써서 찌꺼기·먼지·세균을 어느 정도 제거하는 일. ¶~ 장치.

거름-기[-끼]甲〈一氣〉甲 거름의 기운. ¶~ 있는 땅.

거름 나무甲〈농업〉거름을 주는 대신에 심는 나무.

거름 더미甲〈一미一〉甲 거름을 쌓아 놓은 더미. manure

거름-발[-빨]甲 거름을 준 효험. fertility [heap

거름발 나-다〈一빨-〉甲 거름을 준 효험이 나타나다.

거름 종이甲〈화학〉찌꺼나 견더기가 있는 액체를 거르는 종이. 여과지(濾過紙). filter paper

거름-주다타甲 식물이 잘 자라도록 비료를 주다. spread manure on

거름 지게[-찌-]甲 거름을 퍼 나르는 데 쓰는 지게.

거름-통(-桶)甲 거름을 퍼 나르는 데 쓰는 통. ②거른 것을 받아 놓은 통. 여과통(濾過桶). [일.

거름-풀甲〈농업〉거름으로 쓰려고 벤 풀이나 나뭇

거름-하-다타여甲 논밭에 거름을 주다.

거름-흙甲 ①기름진 흙. 비토(肥土). ②거름을 놓은

거리甲《옛》→길거리. [먼 자리에서 그만두는 일.

거리甲 ①감이 되는 재료. ¶김칫 ~. 찬~. material ②어떤 행동의 내용이 될 만한 소재. ¶웃음 ~. 일~. matter, stock

거리甲 ①〈민속〉무당의 굿의 한 장면. scene ②〈연예〉연극의 한 막. 또, 그 각본. ¶두 ~. 다섯 ~. act [of 50

거리의甲 오이·가지 등의 50 개. ¶다섯 ~. group

=거리접미 낱수 따위로 나타내는 명사에 붙어 어떤 현상이 주기적으로 일어나는 동안을 나타내는 말. ¶이틀 ~. 해 ~.

거:리(巨利)甲 거액의 이익. (대) 소리(小利). enormous profit

거:리(距離)甲 ①두 곳 사이로 서로 떨어진 정도. ¶가깝다. 먼 ~. distance ②〈수학〉두 점을 연결하는 직선의 길이. distance ③사람과 사귀는 데에서의 간격.

거:리-감(距離感)甲 사이가 뜬 느낌.

거리-거리(距離距離)甲 여러 길거리. 거리마다. ¶~ 사람의 물결. every street

거:리 경:주(距離競走)甲〈체육〉장거리 경주·내구(耐久)경주·릴레이 경주 등의 비교적 먼 거리의 스키 경주의 총칭. long distance race

거:리=계(距離計)명 거리를 재는 기계. 자동적으로 거리가 표시되는 장치로서 사진기·측량기 따위에 씀. 측거의(測距儀). range finder

거리끼-다타 ①어떤 사물이 딴 사물에 방해가 되다. be retrained ②마음에 걸리어 꺼림하다. ¶거리낌 없이 의논의. weigh on

=거리-다타접미 의성 부사(擬聲副詞)·의태 부사(擬態副詞)에 붙어 동사로 바뀔 때에 같은 동작을 잇따라 함을 나타내는 말. =대다. ¶철령~. do repeatedly

거리-다타 (고) 건지다.

거·리·치·다타 (고) 건지다. 구제하다.

거리-제(一祭)명 〈민속〉 ①정월에 길거리에 있는 장승에게 지내는 제사. ②운상(運喪)하는 도중에 친척이나 친지가 상여 옆에 제물을 차려 놓고 지내는 제사.

거리흠명 (고) 구제(救濟)함. '거리치다'의 명사형.

거리츠-다타 (고) 구제하다.

거·리·치-다타 (고) 건지다. 구제하다.

거:리표(距離標)명 ①철도 기점으로부터의 거리를 나타내는 표. ②이정표(里程標). mile-post

거림칠명 갈림길.

거릿 송장명 길거리에서 죽은 송장. dead body on the roadside

거마(車馬)명 수레와 말. 차마(車馬). horses and vehicles

거마-비(車馬費)명 타고 다니는 데 드는 비용. 또, 그 명목으로 주는 돈. 교통비(交通費)①. carriage

거:고(巨痼)명 ①큰 고질. ②큰 폐해. ③큰 병통.

거:만(巨萬·鉅萬)명 ①만(萬)의 막 꼽절. millions ②썩 많은 금액. ¶~의 부(富). vast fortune

거:만(倨慢)명 겸손하지 않고 뽐냄. 잘난 체하고 남을 업신여김. 교만. 오만. (예) 겸손(謙遜). arrogance 하다형 스럽다 스럽게 히면

거:만 대=금(巨萬大金)명 거액의 돈. vast fortune ¶~을 투자하다.

거무지-다자 빛이 거멓게 되다. ¶얼굴이 ~. (작) 가매지다. (센) 꺼메지다. darken

거:맥(去脈)명 〈한의〉 복령(茯苓) 따위의 살 속에 박힌 누르스름한 줄기를 긁어 냄. 하타

거:망(距望)명 (약) →거망빛.

거:망-강충이(一蟲)명 나비강충이과의 곤충. 강충이와 비슷하면서 몸 빛은 주홍빛임. 벼의 진을 빨아먹는 해충의. [red colour]

거맣-다혱[-렇] 매우 짙게 검붉은다. (약) 감다. dark

거:망-옻나무(一木)명 〈식물〉 옻나무과의 낙엽 활엽 교목. 5~6월에 황록색 꽃이 피고 10월에 핵과(核果)가 익음. 따뜻한 곳의 낮은 땅에 남.

거머누르께-하다혱여튼 검은 빛을 띠면서 누르스름하다. (작) 가마노르께하다. darkish yellow

거머-들이다타 탐스럽게 휘몰아 들이다. grab

거:머리명 ①〈동물〉환형(環形) 동물 거머리과의 물벌레. 몸 길이 3~4cm로 좀 납작한 원통형이며, 많은 고리로 되었음. 등에는 푸르스름한 세로줄이 있고 배는 회색임. 동물의 피를 빨아먹고 삶. 흡혈성(吸血性)을 이용하여 의료용(醫療用)으로도 씀. 수질(水蛭). leech ②남에게 달라붙어 귀찮게 구는 사람. nuisance ③아이의 양미간의 살 속으로 비치는 퍼런 심줄.

거:머리-말(一)명 〈식물〉 거머리말과의 다년생 해초. 근경(根莖)은 살찌고 백색인데, 마디에서 잔뿌리가 나고 줄기는 짙게 가지가 갈라짐. 근경과 어린 잎은 식용함.

거머-먹다타 탐스럽게 마구 휘몰아 먹다. eat greedily

거머멀쑥=-하다혱 몇 짚고 멀쑥하다. (작) 가마말쑥하다. (센) 꺼머멀쑥하다. tanned and smart

거머무트름=-하다혱 얼굴이 거무스름하고 투실 투실하다. (작) 가마무트름하다. (센) 꺼머무트름하다. dark and chubby

거머번드르=-하다혱여튼 거무스름하고 번드르르하다. (작) 가마반드르하다. (센) 꺼머번드르하다. dark and sleek

거머번지르=-하다혱여튼 거무스름하고 번지르르하다. (작) 가마반지르하다. (센) 꺼머번지르하다. dark and glossy

거머-삼키다타 탐스럽게 마구 휘몰아 삼키다. gulp

거머-안다[-따]타 탐스럽게 담뿍 휘몰아 안다. clasp

거머-잡다타 담뿍 휘몰아 잡다. (약) 검잡다. clutch

거머-쥐다타 탐스럽게 휘몰아 쥐다. 탐스럽게 쥐다. (약) 검쥐다. grasp

거머-채다타 탐스럽게 휘몰아 채다.

거:멀명 (약) →거멀장.

거:멀-못명 나무 그릇 등의 금잔 메나 벌어질 염려가 있는 곳에 거멀장처럼 걸쳐 박는 못. clamp

거:멀-쇠명 목재를 한데 대어 붙일 때 단단히 뭣는 데 쓰이는 쇠.

거:멀-장명 ①나무 그릇 등의 맞추어 잔 모퉁이에 걸쳐 대는 쇳조각. clamp ②물건 사이를 벌어지지 않게 연결시키는 일. (약) 거멀. clamping 하다타

거:멀 장식(一裝飾)명 나무 그릇의 사개나 연귀를 맞춘 자리에 걸쳐 대는 쇠장식. ornamental metal reinforcing piece

거:멀-접이명 찰수수 가루를 반죽하여 반대기를 지어 끓는 물에 삶아 낸 뒤에 팥고물을 묻힌 떡. 「black

거:멓-다혱[-렇] 매우 검다. (작) 가맣다. (센) 꺼멓다.

거:목(巨木)명 ①큰 나무. tall tree ②큰 인재(人材)의 비유. ¶~이 쓰러지다.

거:목(去目)명 〈한의〉약제로 쓰이는 열매의 알맹이를 발라 버림. 하다타

거무끄르=-하다혱 어둡게 거무스름하다. (작) 가무끄르하다. somewhat dark

거무데데=-하다혱여튼 좀 칙칙하게 거무스름하다. (작) 가무대대하다. (센) 꺼무데데하다. dim, dusky

거무뎅뎅=-하다혱 칙칙하게 걸맞지 않게 거무스름하다. (작) 가무댕댕하다. (센) 꺼무뎅뎅하다.

거무레=-하다혱여튼 엷게 거무스름하다. (작) 가무레하다. (센) 꺼무레하다. 「하다.

거무숙숙=-하다혱 수수하게 검다. (작) 가무숙숙

거무스름=-하다혱여튼 조금 검다. ¶거무스름한 얼굴. (약) 거뭇하다. (작) 가무스름하다. (센) 꺼무스름하다. darkish

거무접접=-하다혱여튼 넓적한 얼굴이 칙칙하게 거무스름하다. (작) 가무잡잡하다. (센) 꺼무접접하다.

거무죽죽=-하다혱여튼 빛깔이 고르지 않고 깨끗하지 못하게 거무스름하다. (작) 가무죽죽하다. (센) 꺼무죽죽하다. blackish

거무축축=-하다혱여튼 산뜻하지 않게 거무스름하다. (센) 꺼무축축하다.

거무충충=-하다혱 검고 충충하다. (센) 꺼무충충

거무칙칙=-하다혱여튼 조금 검고 어둡다. (작) 가무칙칙하다. (센) 꺼무칙칙하다.

거무튀튀=-하다혱 흐리터분하게 거무스름하다. (작) 가무퇴퇴하다. (센) 꺼무튀튀하다.

거문하-에(居無何一)튀 있은 지 얼마 안 되어서. ¶~ 사라지다. after a short while

거문고명 〈음악〉 오동나무로 긴 널을 속이 비게 짜고 그 위에 여섯 줄을 친 현악기. 사동(絲桐). 현학금(玄鶴琴). Korean harp with six strings

거문고 인 놈이 춤을 추면 칼손 놈도 춤을 춘다쭉 자기 처지는 생각하지 않고 남의 흉내만 낸다.

거:문-도개구리(巨文島—)명 〈동물〉청개구리과의 동물. 청개구리와 비슷한데 몸이 좀 작음. 하다

거:문 불납(拒門不納)명 문을 막고 안에 들이지 않음.

거:문-성(巨文星)명 〈천문〉 대웅궁(大熊宮)에 있는 별의 이름.

거:문-성(巨門星)명 〈천문〉 구성(九星)의 둘째 별.

거:물(巨物)명 ①학문·경력·세력 등이 크게 뛰어난 인물. ②큰 물건.

거물=거리-다자 ①약한 불빛이 희미하게 사라질락말

락하다. ②멀리 있는 물건이 어슴푸레하게 보일락 말락하다. ③정신이 맑지 못하여 의식이 들락날락 하다. 정신이 ~하다.《적》가물거리다.《센》꺼물거리 다. 거물-거물⑤하타

거:물-급[-끕][巨物級]图 거물의 부류. 또, 거기에 속하는 인물. ¶~이 출마(出馬)하다. leading figure

거뭇-거뭇⑤ 점점이 검은 모양.《적》가뭇가뭇.《센》 꺼뭇꺼뭇. dotted with black spots 하타

거뭇-하다[형][여불]~거무스름하다.

거·은-고[固] 거문고.

거·미[固] 거미.

거미[固]〈동물〉거미목에 딸린 거미의 총칭. 가슴에 네 쌍의 다리가 있고 끈끈한 실을 뽑아 그물을 쳐 서 벌레가 걸리면 양분을 빨아먹고 삶. 지주(蜘蛛) spider   [일은 한다.

거미는 작아도 줄만 친다 생김새는 작아도 저 할

거미도 줄을 쳐야 벌레를 잡는다 준비가 있어야 결 과를 얻을 수 있다.

거미-발图 장신구 따위의 보석의 알을 물리게 된 삐 죽삐죽한 부분. 모양이 거미의 발 비슷함.   [모양.

거미 알같듯㈜ 좁은 곳에 많은 수가 밀집하여 있는

거미 알슬듯㈜ ①동식물이 많이 번식하는 모양. ② 어수선하게 흩어져 있는 모양.

거미-일엽초[---葉草]图〈식물〉꼬리고사리과의 다 년생 상록풀. 잎 끝이 실 모양으로 길게 뻗어나가 땅에 붙어서 뿌리를 내리고, 새싹을 내는 특성이 있음. 특히 석회암지에 많이 남.

거미-줄图 ①거미가 뽑아 내는 가는 줄. 또, 그 줄로 친 그물. cobweb ②〈건축〉방구들의 구들장 사이를 진흙으로 바른 줄. ③죄인을 잡으려고 놓은 비상선. dragnet   [줄을 바르다.

거미줄 누르-다[르타]图 방 놓을 때 구들장 사이에 진

거미줄 늘이-다타 수색(搜索)을 위해 비상망을 널리 펴다. draw a strict cordon

거미줄에 목을 맨다 잔뜩히 격하는 사람을 놀리 는 말. ②처지가 매우 궁하고 답답하여 어찔 줄을 모르고 어이없는 짓을 한다.

거미줄 치-다타 범인을 잡기 위하여 어느 구역에 그 물 치듯이 비상선을 쳐놓다. cast a dragnet

거미-집图 거미 종류가 먹이를 잡기 위하여 얽은 그 물. cobweb

거미치밀-다[르타]图 계염스럽게 욕심이 치밀어오르

거민(居民)图 그 땅에 사는 주민. 백성. inhabitants

거:반(去般)[]图 지난번.

거반(居半)[]图~거지반(居之半).

거:방-지다图 몸집이 크고 짓이 드레지다. dignified presence   [긁어 버림. 하타

거백(去白)〈한의〉귤껍질 따위의 속의 흰 것을

거:번(去番)图 지난번. 저번(這番).

거:-베图 부녀 떠위를 만드는 굵은 베. thick hemp

거·베라(gerbera)图〈식물〉엉거시과의 반내한성(半 耐寒性) 다년생 숙근초. 땅 속에 있는 단축된 줄기 에서 짙은 녹색의 근생엽(根生葉)이 밀생하는데 뒷 면에는 긴 털이 있음. 5~9 월에 적·황·백·도색(桃 色) 등의 고운 꽃이 핌. 남아프리카 원산.

거·벽(巨擘)图 뛰어난 사람. leading scholar

거·벽-스럽-다[巨擘-][ㅂ불] 드레지고 거슬스럽다.

거·벽=스레튀

거벼·다[ㅂ불]图 ①무게가 적다. ②대단하지 않다. ③ 경솔하다. ④흘가분하다.《적》가볍다.

거볍디=거볍-다[ㅂ불]图 아주 가볍다.《적》가볍디가볍 다. very light

거:병(擧兵)图 군사를 일으킴. raising an army 하타

거:보(巨步)图 ①크게 내디디는 걸음. ¶조국 근대화 의 ~. ②위대한 업적이나 공적. long strides

거:봐/거:봐:라图 자기 말대로 되었을 때 아랫사람 에게 하는 소리. ¶~, 내 말이 맞지.《센》그것 보아라. I told you so

거:부(巨富)图 큰 부자. 큰 재산. millionaire

거:부(拒否)图 승낙하지 않고 물리침. 거절함. rejec-

거:부(拒斧)图〈동〉버마재비.   [tion, veto 하타

거:부-권[-꿘][拒否權]图 ①거부할 수 있는 권리. veto ②〈법률〉의회를 통과한 법률을 행정부가 동 의를 거절하는 권리. ③국제 연합 안전 보장 이사회 의 상임 이사국에 주어진 결의 성립을 거부할 수 있는 권리. veto power   [로 행함.

거:부권 행사[-꿘-][拒否權行使]图 거부권을 실지

거:부 반:응(拒否反應)图〈생리〉남의 장기(臟器)가 이식되었을 때, 이것을 배제하려고 일어나는 생체 반응. 거절(拒絕) 반응. rejection

거:부형(擧父兄)图 남의 부형을 들추어 말함. 하타

거·북图〈동물〉거북과 파충류의 총칭. 몸은 대개 타 원형으로 납작하고 등과 배는 단단한 껍질로 됨. 바 다와 민물에 살며 식물 또는 어패(魚貝)를 먹고 삶. tortoise

거북귀[부(-龜部)图 한자 부수의 하나.'龜'의 이름.

거북-꼬리[식물] 쐐기풀과의 풀. 개울가에 나며, 잎끝이 거북꼬리처럼 생겼음. 7~8월에 담록색의 꽃이 핌.

거북=다리[〈동물〉갑각류(甲殼類)의 만각목(蔓脚 目)에 딸린 절족(節足) 동물. 거북의 다리 비슷하 게 생겼으며, 식용도 하고 석회질의 비료로도 쓰 임. 거북손. 석겁(石蚶).

거북-딱지 거북의 등이나 배에 붙어 있는 딱지.

거:북-스럽-다[ㅂ불]图 매우 거북스럽다. uncomforta-ble 거북살=스레튀

거북-선(-船)图〈역사〉조선조 선조 때, 이순신(李 舜臣)이 만든 거북 모양의 철갑선. 귀선(龜船)

거북-손(-)图 거북다리.   [turtle-shaped battleship

거북=스럽-다[ㅂ불]图 거북한 데가 있다. 거:북=스레튀

거북이 잔등의 털을 긁는다 찾아도 얻지 못할 곳에 서 구하려 한다.

거북-점[-占]图〈민속〉①거북의 등딱지를 태워 갈 라지는 금을 보고 길흉을 알아내는 점. 귀점. divination by tortoise-shells ②거북패로 보는 점.

¶~ 치다.

거북-패(-牌)图〈민속〉골패짝을 엎어 거북의 모양 으로 벌여 놓고, 혼자 치혀 보는 유희.

거:북-하-다[형] ①심신이 편하지 못하다. ¶몸이 거북해서 가지 못했다. uncomfortable ②말하거나 행하기 어렵다. ¶말하기 ~. embarrassing

거분-거분튀 모두가 거분한 모양.《적》가분가분.《센》 꺼뿐꺼뿐. 하타   [꺼뿐하다. 거분-히튀

거분-하다[여불] 알맞게 가볍다.《적》가분하다.《센》

거:불(擧佛)图〈불교〉부처 앞에서 기도나 재(齋)를 올릴 때, 처음에 절하며 삼불(三佛)을 청하는 절차.

거불-거리-다[르타] 어울리지 않게 자꾸 까불다.《적》가 불거리다.《센》꺼불거리다. romp 거불-거불튀 하

거:불(固佛)图 거불.   [타

서ː붓=거붓튀 모두가 거붓한 모양.《적》가붓가붓.《센》 꺼붓꺼붓. 하타   [꺼붓하다. light.

거붓-하-다[여불] 알맞게 거붓하다.《적》가붓하다.

거:비(巨費)图 많은 비용. enormous expenditures

거뿐-거뿐튀《센》→거분거분.

거뿐-하-다[여불]《센》→거분하다.

거뿟-거뿟튀《센》→거붓거붓.

거뿟-하-다[여불]《센》→거붓하다.

거·사(←工夫)图 노는 계집을 데리고 다니면 소리와 춤을 팔아 돈벌이하는 사람.

거:사(巨事)图 아주 큰 일. great object

거사(居士)图 ①숨어 살며 벼슬을 않는 선비. 처사 (處士). retired scholar ②속인으로서 불교의 법명 (法名)을 가진 남자. 청신사(清信士). Buddhist devotee〈회화〉당호 같은 데 붙여 처사의 뜻을 나타 내는 칭호. ¶죽림(竹林) ~.

거:사(擧沙)图 논·밭을 덮은 모래를 처냄. 하타

거:사(擧事)图 큰 일을 일으킴. set a great project

=거·사[어미][고]=어야. =었어야.   [on foot 하타

거:수리囹《고》거스르게. 거슬러. 거스리.
거:사=비(去思碑)囹〈제도〉감사(監司)·수령(守令)이 갈렸을 때, 그가 잘 다스렸음을 기리어 백성들이 세운 비.
거:산(巨山)囹 크고 높직한 산.
거산(居山)囹 산 속에 삶. 하国
거:산(劍山)囹 바위가 많은 산. 암산(岩山).
거산(擧家)囹 집안 사람들이 모두 흩어짐. being all scattered 하国
거:상(巨商)囹 크게 영업하는 상인. 도, 그 장사. wealthy merchant
거상(居常)囹 사생활에서의 명상사. ordinary times
거상(居喪)囹 ①상중(喪中)에 있음. (대) 상(喪). being in mourning ②(속) 상복. ¶~을 입다. 하国
거:상(踞床)囹 ①(동) 결상. ②(동) 승상.
거:상(擧床)囹 잔치에서 큰 상을 받을 때 풍유와 가무를 먼저 아뢰던 일. 하国
거:상-치-다(擧床—)囹 거상할 때에 풍악을 치다.
거엄(居奄)囹 머물러 있어 살아감. 하国
거서간(居西干)〈역사〉신라 시조 박혁거세의 왕호. 겨슬한(居邯).
거:석(巨石)囹 큰 돌. megalith, dolmen
거:석 문화(巨石文化)囹〈역사〉돌멘(dolmen)·멘히르(menhir) 등의 유물로 대표되는 유럽의 신석기 시대 문화의 총칭. megalithic culture
거:석=**열**[—녈](巨石列)囹〈역사〉멘히르(menhir) 등이 같은 간격으로 길게 몇 줄 병렬로 거석 기념물.
거:선(巨船)囹 아주 큰 배. big ship
거:설(鋸屑)囹(동) 톱밥. ¶~을 일컬음. 하国
거:성(去姓)囹 죄인을 말할 때에 성을 빼고 이름만.
거:성(巨星)囹〈천문〉항성(恒星) 중에서 반경·광도(光度)가 큰 별. (대) 왜성(矮星). giant star ②큰 인물. ¶민족의 ~. great man
거:성(去聲)囹〈어학〉사성(四聲)의 하나. 가장 높은 소리. 글자에 표할 때는 왼편에 점 한 개를 찍음. ②한자음(漢字音)의 사성(四聲)의 하나. 슬픈 듯이 멀리 굽이치는 소리. 이에 딸린 한자는 상성, 입성과 함께 측성(仄聲)이라 함. rising tone
거:성(拒性)囹 불가입성. by name 하国
거:성:명(擧姓名)囹 성명을 초들어서 말함. specify
거섬囹 ①비탈밭에 쉬는 나무. 같은 ①둑을 바로 쳐서 깨끗지 못하게 둑의 가에 말뚝을 박고 가로 걸은 나뭇가지. ③삼굿 위에 덮는 풀.
거:세(巨細)囹 거대(巨大)함과 세소(細小)함. both large and small
거:세(去勢)囹 ①세력을 제거함. emasculation ②동물의 불알이나 암컷의 난소(卵巢)를 잘 없앰. castration 하国
거:세(去歲)囹 지난해.
거세(擧世)囹 온 세상. 또는 사람. whole world
거세-다囹 거칠고 세다. wild
거:세:사(巨細事)囹 큰 일과 작은 일.
거센말囹〈어학〉어감이 거세도록 격음(激音)이 들어 있는 말. 카랑카랑·핑그르르 따위. aspirated intensives ②거칠고 센말. harsh word
거센 소리囹〈어학〉격음(激音).
거소(居所)囹 ①(법률) 임시로 사는 곳. (대) 주소(住所). ②사는 집이나 방. 거처(居處)②. home
거:송(巨松)囹 큰 소나무. big pinetree
거:수(巨樹)囹 썩 큰 나무. 거대한 수목. tall tree
거수(居首)囹(동) 거갑(居甲). 하国
거:수(擧手)囹 손을 위로 들어 올림. ¶~로 결정하다. holding up one's hand 하国
거:수 가:결(擧手可決)囹 회의에서 손을 들어 가부를 결정함. voting by hands 하国
거:수 경:례(擧手敬禮)囹 오른손을 모자챙 옆으로 올려 하는 경례. (대) 거수례(擧手禮). 하国
거:수-기(擧手機)囹 주견(主見) 없이 시키는 대로 손을 들어 찬성하는 사람. hand raising machine
거:쉬(巨水)囹 저령이다.
거-스-다国(고) 거스르다.

거스러미囹 손톱 뒤의 살껍질이나 나무의 결이 가시처럼 얇게 터져 일어난 부분. agnail
거스러-지다国 ①성질이 거칠어지다. grow wild ②잔털이 곤두서서 일어나다. (작) 가스러지다. fluff
거스르-다[르]国 ①반대되는 길을 잡다. ¶강물을 따라 거슬러 올라가다. going in the reverse direction ②거스름돈을 내어 주거나 받다. give change ③상대의 의견을 좇지 않고 반대의 길을 따르다. ¶부모의 말씀을 ~. oppose
거스름《약》→거스름돈.
거스름-돈:[—돈]囹 큰 돈에서 받을 돈만 셈하고 돌려주는 잔돈. 우수리①. (대) 거스름. change
거-스리다(고) 거스르게. 거슬러.
거스리왈다国(고) 거스르다.
거슬-거슬분 ①성질이나 살결이 거친 모양. ②살결이 기름기가 없어 거친 모양. ③어떤 물건의 거죽이 반들반들하지 않고 거친 모양. (작) 가슬가슬. (센) 꺼슬꺼슬. rough 하国
거-슬-다国(고) 거스르다.
거슬러 올라가-다国 ①강 따위를 흐름의 방향과 반대로 아래에서 위로 올라가다. ②현재에서 과거로 되돌아가서 생각하다. ③사물의 계통을 더듬어 근본으로 되돌아가다. go upstream
거슬리-다国 거스름을 받다. get the change
거슬리다국 거스른 상태에 놓여 있다. ¶비위에 ~. be against the grain
거슬한囹(고) 거스르다.
거슬즈-다国(고) 거스르다.
거슬쓰-다国(고) 거스르다.
거슬한(巨瑟邯)囹(동) 거서간(居西干).
거슴츠레-하다囹国 졸리어 눈이 정기가 없고 흐리멍덩하다. 게슴츠레하다. drowsy
거:승(巨僧)囹〈불교〉이름난 높은 중. great priest
거:国(巨儀)囹 거의. instance 하国
거:시(擧示)囹 구체적으로 예를 들어보임. giving an
거시기囹 말이 막힐 때 내는 군소리. ¶~, 그 사람이 뭐라고 했먼가. what-was it called (대)(고) 사람·물건·일의 이름이 얼른 떠오르지 않을 때, 그 이름 대신 쓰는 군말. ¶~는 무얼 하나? what-you may-call it
=**거시·놀**/=**거시·늘**어미(고) =시거늘.
=**거시·니**어미(고) =시거니.
=**거시·니·와**어미(고) =시거니와.
=**거시돈**=**거시든**어미(고) =시거든. =시매.
거시:하-다형여 눈이 맑지 않고 침침하다. dim
=**거시아**어미(고) =시어야. '시'는 존칭의 '시'이나 예전에는 넓은 범위에 걸쳐서 쓴 예가 있음.
거:시적(巨視的)囹 대상에 대하여 전체적으로 파악·이해하는(것). 대국적인 관점에서 파악하는(것). (대) 미시적(微視的). macroscopic
거:시적 세:계(巨視的世界)囹 대국적으로 바라보는 세계. macrososm
거시기囹(고) 거시기.
거:식(擧式)囹 식을 올림. holding ceremony 하国
거식-하-다囹国 말하는 중에 알맞은 형용사가 떠오르지 않을 때, 그 대신으로 쓰는 말. ¶그웃이 너무 거식하지 않니. some sort of (자동형) 말 중에 알맞은 동사가 떠오르지 않을 때, 그 대신으로 쓰는 말. ¶그는 이미 거식한다더라. do something
거신어미(고) =신. =으신. or other
=**거신·디**어미(고) =신지. =으신지.
=**거·신마·른**어미(고) =시건마는. =으시건마는.
거:실(巨室)囹 ①큰 방. ②(동) 거가 대족(巨家大族).
거실(居室)囹 거처하는 방. 거처방. (대) 객실(客室). sitting room, living room fact 하国
거실(據實)囹 사실에 의거함. depending upon the
거실(巨室大族)囹 거가 대족(巨家大族).
거:심(去心)囹〈한의〉약재로 쓰기 위하여 약초의 줄기나 뿌리의 심을 뺌. 하国

거:악 생신(去惡生新) 〈한의〉 고약 등의 효력이 종기의 궂은 살을 없애고 새살이 나오게 함. 하타

거:안(巨眼) 커다란 눈.

거:안(擧案) 〈제도〉 공회(公會)에 참여하는 관원이 임금이나 상관에게 올리던 명함. ②밥상을 듦. 하타

거:안 제미(擧案齊眉) 밥상을 눈썹과 가지런하도록 들고 남편 앞에 가지고 간다는 뜻으로, 남편을 깍듯이 공경함을 이름. 하타

거:암(巨岩) 썩 큰 바위. [곡함. 하타

거:애(擧哀) 사람이 죽었을 때 가족이나 친척이 통 애 곡함.

거:액(巨額) 많은 액수의 돈. 거관(巨款). (대) 소액(少額). large sum

거:야(去夜) 지난밤. 간밤. 작야(昨夜). last night
=거야어미 (고) =어야. =었어야. =.

거:약(距躍) 뛰어서 넘거나 오름. jumping over 하타

거:양(擧揚) ①높이 들어 올림. ②칭찬하여 높임. praising highly 하타

거:업(擧業) ①업(業)을 시작함. ②대업(大業)을 일으킴. starting a big enterprise ③〈제도〉 과거에 응시하는 일.

거여목 〈식물〉 콩과의 이년생 풀. 봄에 가는 줄기가 나와 몇 개의 누른 꽃이 잘게 피고 용수철 모양의 열매가 달림. 나물로 무쳐 먹기도 하는데 녹비·목초로 씀. snail clover

거:역(巨役) 큰 공사. 거창한 공사. great project
거:역(拒逆) 윗사람의 뜻이나 명령에 항거하여 어김. disobedience 하타 [심하다.
거연-하(居然-) 하는 일 없이 가만히 있어
거연(居然一) 모르는 사이에 슬그머니. 별로 변동이 없이. ¶~ 떠나다. unnoticed, without one's knowledge [¶~ 생각나다. suddenly
거연-히(遽然一) 깊이 생각할 사이도 없이. 갑자기.
거엉-벌레 〈곤충〉 밤나방의 유충.
:거연-대/거열-대(車裂-) 괘애(寬大)하고 꿋꿋하다.
거:오(居傲) 거만스럽고 오만함. (대) 공겸(恭謙). insolence 하타 스텡 스레틴

거오-다(고) 겨루다. 대적하다.
거:용(擧用) 〈동〉 기용(起用). 하타
거우(居憂) 상중(喪中)에 있음. 기중(忌中). being in mourning

거우-다 견디려 성나게 하다. provoke
거우-다(고) 겨루다. 대적하다.
거우듬-하다(여튠) 조금 기울어진 듯하다. 《약》 우뚬하다. somewhat inclined 거우듬-히틴

거·우·로튠 (고) 거울.
거우로-다(고) 기울이다.
거우루튼 (고) 거울.
거우릇집튼 (고) 경대(鏡臺).   [지게 하다. tip, tilt
거우르-다(고) 기울어서 쏟다. 쏟아지도록 기울어
거울-하-다(형)(약) →거우둠하다.

거울(鏡) ①빛의 반사를 이용하여 물체의 형상을 비추어 보는 물건. 석경(石鏡). 면경(面鏡). mirror ②비추어 보아 모범이나 경계가 될 만한 사실. model

거울=삼-다[-따]타 남의 일이나 지나간 일의 잘잘못에 비추어 스스로 본받거나 경계하다. ¶선열의 행적을 ~. pattern after, take a lesson from

거울 전:류계(-電流計) 〈물리〉 전기 장치로 돌게 한 거울의 빛을 반사하는 각도로 전류를 재는 기계. mirror-ammeter

거울-집[-집] ①거울의 뒤와 둘레를 막은 틈. mirror frame ②거울을 넣어 보호하게 만든 물건. mirror cage ③거울을 만들거나 수리하거나 파는 집.
거웃튼 생식기 둘레에 난 털. 음모(陰毛). pubes
거웃틴 논밭을 쟁기로 갈아 넘기는 골. 자락. plowed
거웃/거웃튼 (고) 수염.   [furrows
거:월(去月) 지난달. (대) 내월(來月). last month
거위튼 〈조류〉 기러기과의 새. 기러기의 사양 변종(飼養變種)으로 몸빛은 회고 목이 길며 부리는 황

색임. 밤눈이 밝음. 고기는 식용함. 가안(家雁).
거위튼 〈동〉 회충(蛔蟲).   [아조(鵝鳥). goose
거위=걸음 거위가 걷듯이 궁둥이를 내두르며 어기적어기적 걷는 걸음.
거·위-다(고) 거우다. 겨루다.
거위=배(-腹) 회충으로 말미암은 배앓이. 횟배. stomach trouble caused by worms
거위 영장(-令狀) 〈속〉 몸은 여위고 목이 길며 키가 큰 사람. lanky person
거위=포(-脯) 거위 고기를 술과 양념으로 버무려서 그릇에 담아 꼭 봉하여 삭힌 음식.
거위=침(-) 속이 느슨거리면서 넘어오는 군침.
거위=포(-脯) 거위 고기를 소금에 절여 말린 포.
거:유(去油) 〈한의〉 약재의 기름기를 빼내어 버림. 하타
거:유(巨儒) ①이름난 유학자. 대유(大儒). 석유(碩儒). great confucianist ②학식이 많은 선비. great scholar
거:유(據有) 응거하여 자기의 것으로 만듦. occupation 하타   [~ 다 먹었다. almost
거의=거의튼 '거의'보다 더 가까움을 나타내는 말. ¶목적지에 ~ 다다랐다. almost, nearly
=거이고어미 (고) =것이구나. =것이구려.
거:익(巨益) 아주 큰 이익. great profits
거:익(去益) 갈수록 더욱. more and more
거:익 심:언(去益甚焉) 갈수록 더 심함. 거거 익심(去去益甚). 하타
거:익 심조(去益深造) 갈수록 더욱 깊게 함. 하타
거:인(巨人) ①몸이 유난히 큰 사람. 대인(大人)⑤. (대) 왜인(矮人). giant ②비범한 인물. 위인. great man ③신화·전설 등에 나오는 초인적인 힘을 가진 인물. giant
거:인(擧人) ①〈제도〉 중국 한(漢)나라 때에 지방관에 의하여 조정에서 추천된 사람. ②과거를 보는 선비. 거자(擧子).
거:일(去日) 지난날. days gone by
거:자(巨資) 거액의 자본. ¶~을 투입하다.
거:자(擧子) 〈제도〉 과거를 보는 선비. 거인(擧人)②.
거:자 막추(去者莫追) 가는 사람은 붙잡지 말라는 뜻. (대) 내자 물거(來者勿拒).
거자=수(-水) 곡우(穀雨) 때 자작나무를 찍어서 받은 달콤한 물.   [size
거:작(巨作) 규모가 큰 예술 작품. work of large
거:장(巨匠) 예술계에서 아주 뛰어난 사람. 대가(大家). ¶음악(音樂)의 ~. great master
거:재(巨材) 큰 재목. huge timber
거:재(巨財) 많은 재산. enormous fortune 「하타툰
거:재(居齋) 찌꺼기를 버림. removing the refuse
거재(居齋) 〈제도〉 성균관(成均館)이나 향교(鄕校)에 목으며 학업을 닦음. 하타
거재 두량(車載斗量) 물건을 수레에 싣고 말로 된다는 뜻으로, 아주 흔함의 비유. commonness
거:재=생(居齋生) 《동》→거재 유생.   (약) 거재생.
거재 유생(居齋儒生) 향교에 머물며 학업을 닦는 선비.
거저튼 ①조건이나 대가 없이 그냥. 공으로. ¶~ 주다. free, graits ②동작이나 노력 등이 별로 드는 일 없이. ③~먹기다.
거리리 〈곤충〉 거저리과의 곤충. 모양이 딱정벌레와 비슷하며 몸 빛은 흑갈색임. 썩은 나무·장속·버섯 등에 서식하며 유충은 원통형으로, 곡물의 해충임.   [은 ~다. easy and simple
거저-먹기 힘들이지 않고 공것을 얻음. ¶그런 일
거저-먹-다 힘들이지 않고 어떤 것을 차지하거나 성과를 얻다. ¶어제 하루는 거저먹었다.
거적튼 ①짚을 두툼하게 엮거나, 새끼를 날로 삼아 짚을 쳐서 자리처럼 만든 물건. coarse straw-mat

②(약)→섭거적.
거:적(巨迹)阅 거대한 발자취. 큰 행적. great achievement
거:적(巨賊)阅 〈동〉 거도(巨盜).
거적=눈阅 윗 눈시울이 처진 눈. eyes with the upper eyelids hanging down loosely
거적=때기阅 헌 거적의 낱개. 또, 조각. piece of mat
거적=문(-門)阅 거적을 친 문. door made of straw-matting
거적문에 돌쩌귀阅 격에 맞지 않음.
거적 송:장阅 거적으로 싼 송장. 거적 시체. 거적 주검. corpse wrapt in straw-mat
거적 시:체(-屍體)阅 → 거적 송장.
거적 자리阅 거적을 깔아 놓은 자리. 또, 그 거적. seat covered with straw-mat
거적 주검阅 〈동〉 거적 송장.
거:전(拒戰)阅 적을 막아 서 싸움. resistance 하타
거:절(拒絕)阅 응낙하지 않고 물리침. 거각(拒却). refusal 하타
거:절(拒捍·攘捍)阅 근거지를 정해 놓고 도적질함.
거:절 반:응(拒絕反應)阅 〈동〉 거부 반응(拒否反應).
거:절증(-症)[拒絕症]阅 〈의학〉 정신 운동 장애의 하나. 외부로부터의 자극에 대하여 반응하지 않고, 도리어 남의 명령이나 요구에 반항하여 역행하려고 함. negativism
거:절 증서(拒絕證書)阅 〈법률〉 어음이나 수표를 가진 사람이 지불 또는 인수(引受)를 거절당하는 경우에, 그 사실을 증명하기 위해, 공증인 또는 집행리에게 청구하여 작성시키는 공정 증서. protest
거:점(-點)[據點]阅 활동 근거가 되는 지점. ¶적의 ~을 분쇄하다. operation base
거:접(巨接)〈제도〉①과장(科場)에 모인 선비들의 폐. ②과거 준비를 위하여 서당이나 절에서 공부하는 선비의 무리. for a while 하타
거접(居接)阅 잠시 머물러 삶. 주접(住接). stay
거정(居停)阅 귀양간 사람이 머물러 있는 곳.
거:정 화강암(巨晶花崗岩)阅 〈동〉 페그머타이트.
거제(居第)阅 거처하는 집. 주택(住宅).
거:제(擧祭)阅 제사를 올림. 하타
거:조(擧措)阅 행동 거지. ¶~가 피이하다. manners
거:조(擧條)阅 〈제도〉 임금에게 아뢰는 조항.
거:조(擧朝)阅 ①온 조정. ②조정 관원 모두. whole court
거:조 해망(擧措駭妄)阅 행동 거지가 해괴 망측함. 하타
거:족(巨族)阅〈유〉거가 대족(巨家大族).
거:족(擧族)阅 온 겨레. 전민족. whole nation
거:족=적(擧族的)阅阅 온 겨레가 모두 힘을 모으는 (것). 민족 전체에 관한(것). ¶~ 행사. nation-wide
거:종(巨鐘)阅 아주 큰 종.
거:좌(踞坐)阅 걸터앉음. sitting on a astraddle 하타
거:죄(巨罪)阅 〈동〉 대죄(大罪).
거:주(去週)阅 지난 주. last week
거주(居住)阅 일정한 곳에 자리잡고 머물러 삶. 또, 그 자리. residence 하타
거:주(擧主)阅 〈제도〉 인재를 천거하는 사람.
거:주=다(약) 거두어다.
거주-민(居住民)阅 어느 곳에 거주하는 국민.
거주-성[-씽][居住性]阅 주택의 구조·설비·디자인·주위 환경 및 사회적 조건에 이르기까지, 특히 경제성을 초월한 모든 점에 있어서의 편리함이나 쾌적함을 말함.
거:주=소(居住所)阅 ①거주하는 곳. (약) 주소(住所). ②거소와 주소의 병칭.
거주 신고(居住申告)阅 옮겨 가 살 때에 그 곳 행정 관청에 그 사유를 신고하는 일. 하타
거주 이전의 자유(居住移轉-自由)阅 〈법률〉 공공 복지에 위반되지 않는 한, 자유로이 거주·이전할 수 있는 자유로서, 기본 인권의 하나.
거주-자(居住者)阅 그 곳에 거주하는 사람.
거주 제:한(居住制限)阅 〈법률〉 일정한 지역 외에의 거주를 제한하는 일. limitation of residence

거주=지(居住地)阅 ①현재 거주하고 있는 곳. 거처(居地). dwelling place ②거소와 주소.
거:주 촉객(舉酒屬客)阅 술잔을 들어 손에게 붙임. 손에게 술을 권함.
거죽=감阅 옷의 거죽에 쓰이는 감. (대) 안감.
거중(居中)阅 중간에 있음. intermediate 하타
거:중-기(擧重機)阅 무거운 물건을 들어 올리는 재래식 기계. crane
거중 조정(居中調停)阅 ①중간에 들어 조정함. intermediation ②〈법률〉제3국이 분쟁 당사국 사이에 들어 분쟁 해결을 알선함. 하타
:거:줏阅阅 (고) 거짓(偽).
거:증(擧證)阅 ①증거를 듦. produce evidence ②〈법률〉 증거 방법으로 사실을 인정시키는 소송 행위. ③사실을 들어 옳고 그름을 따짐. 〈유〉입증(立證). giving evidence 하타
거:증 책임(擧證責任)阅 〈법률〉 소송에서, 법규 적용의 근거가 되는 사실을 증명할 책임.
거:지¹阅 남에게 빌어서 얻어먹는 사람. 걸개(乞丐). 걸인(乞人). (속) 비렁뱅이. beggar ¶남을 천대하고 멸시하는 뜻으로 쓰이는 말. 거:지.
거:지²阅 〈건축〉 보목의 어깨를 기둥의 면(面)에 맞게 하는 꾸밈새.
거:지(巨指)阅 〈동〉 엄지가락.
거:지(拒止)阅 항거하여 머무름. 하타
거지(居地)阅 〈동〉 거주지(居住地)①.
거:지(擧止)阅 동정. 몸가짐. 거동. 거지.
거지가 도승지를 불쌍하다 한다족 자기가 불행한 주제에 도리어 저보다 나은 사람을 동정한다.
거지가 말 얻은 것족 피로운 중에 더욱 피로운 일이 생겼음.
거:지=갈=다(속) 어떤 일이 마음에 들지 않거나 싫을 때 하는 말. ¶거지갈은 일자리. 거:지같이阅
거:지게阅 짐바 양쪽에 하나씩 덧없이 짐을 싣는 지게. small A-frame placed over a peak-roddle for leading
거:지=꼴阅 거지와 같은 초라한 모양. beggar-like
거지도 부지런하면 더운 밥을 얻어먹는다족 부지런해야 잘 살 수 있다.
거지도 손 볼 날이 있다족 아무리 가난한 집이라도 손님을 맞을 때가 있으니, 깨끗한 옷쯤은 마련해 두어야 한다.
거지=반(居之半)阅 절반 이상. 거의. ¶일이 ~ 끝났다. (유) 거반(居半). almost
거:지 발싸개(-)족 몹시 추저분하고 더러워 끌답지 않은 사람이나 물건을 욕하는 말. lousy thing
거지 옷 해 입힌 셈이다족 보답을 기대하지 않고 은혜를 베푼다.
거지 자루 크면 자루대로 다 줄까족 지나치게 큰 그릇을 준비하였다.
거:지 주머니족 기형적으로 되어 주머니처럼 생긴 과실. deformed fruit
거:지(-之中天)阅 〈동〉 허공(虛空).
거:진(巨鎭)阅 〈제도〉 절제사(節制使)의 진영(鎭營).
거:집(據執)阅 거짓 문서를 내세워 남의 것을 차지하고 돌려보내지 않음. 하타
거:짓阅 사실과 다르게 꾸밈. 사실과 어긋남. ¶~는 증언. falsehood 阅 사실 아닌 것을 사실같이. ¶~ 꾸미다. falsely
거:짓=말阅 사실과 다르게 꾸며 하는 말. 허언(虛言). (대) 참말. (속) 가짓말. (속) 공갈. 거짓부릉이. 거짓부리.
거짓말도 잘하면 오히려 논 닷 마지기보다 낫다족 거짓말도 잘하면 처세(處世)에 이로운 것이니, 아무쪼록 말을 잘해야 한다.
거짓말이 외삼촌보다 낫다족 거짓말도 경우에 따라서는 크게 상당한 도움이 된다. (쟁이) liar
거:짓말=쟁이阅 거짓말을 잘하는 사람. (적) 가짓말
거:짓말 탐지기(-探知器)阅 거짓말을 했을 때의 심리적인 동요에 의하여 일어나는 호흡·피부 전류 저항·심전류 등의 변화를 측정하여 그 진부를 가려

거짓말하고 뺨맞는 것보다 낫다 언제나 사실대로 말해야지, 거짓말을 해서는 안 된다.
거:짓-부렁(略)=거짓부렁이.
거:짓-부렁이(俗) 거짓말. (略) 거짓부렁.
거:짓-부리(俗) 거짓말. (略) 거짓불.
거:짓-불(略)=거짓부리. lie
거:참(巨刹)(동) 대찰(大刹). 「안됐다. dear me!
거=참 그것 참. 어이없을 때 나오는 감탄사.
거:창(巨刱·巨創)(명) 사물이 엄청나게 큼. ¶~하게 생각되다. hugeness 하다 스럽 스럽다
거:처(去處)(명) 간 곳. 갈 곳. ¶~ 불명. destination, whereabouts
거처(居處)(명) ①한 군데 정하여 두고 늘 거기서 기거함. 또, 그 곳이나 방. dwelling place ②(居所). 하다 ──(室). living room
거처-방[-빵](居處-) (명) 일상 거처하는 방. 거실(居室)
거:천(擧薦)(명) ①(동) 천거(薦擧). ②어떤 일이나 사람에 대하여 관계하기를 시작함. taking an action 하다
거:첨(杏尖)(명) 행인(杏仁) 따위의 뾰죡한 끝을 뗌. 하다
거:첨(去尖)(명) 〈한의〉 약에 쓰려고 도인(桃仁)·행인(杏仁)·행인
거청=숫돌(명) 거센 숫돌. rough whetstone
거:체(巨體)(명)(동) 거구(巨軀).
거쳐-가다(자) 어떤 곳을 지나거나 들러가다.
거쳐-오다(자) 어떤 곳을 지나거나 들러오다.
거초(裾礁)(명) 〈지리〉 해양도(海洋島)나 대륙의 둘레에 발달하는 산호초(珊瑚礁). fringing reef
거:촉(巨燭)(명) 썩 큰 초. large candle
거:촉(炬燭)(명) 횃불과 초들. torches and candles
거:촉(擧燭)(명) 초에 불을 켜서 듦. holding a candle
거촌(居村)(명) 머물러 사는 마을. one's village 하다
거:총(據銃)(명) 《군사》사격할 때 목표를 겨누기 위하여 총상(銃床)을 어깨에 댐. 하다
거:추(去秋)(명) 지난 가을. last autumn
거추-꾼(명) 일을 거추하여 주는 사람.
거추-없:-다(형) 하는 짓이 싱겁져 어울리지 않다. silly, unbecoming 거추-없:-이(부)
거:추장-스럽-다(스럽)(형) 다루기가 거북하고 주체스럽다. ¶짐이 커서 들고 가기가 ~. awkward 거추장-스럽게
거:추-하다(타여) 보살펴 거두다. 도와 주신하다. care for
거축(車軸)(명)(동) 차축(車軸).
거:춘(去春)(명) 지난봄. last spring
거:출(醵出)(변)=갹출(醵出).
거춤=거춤(부) 일을 대충대충 하는 모양. 대강대강.
거충-거충(부) 대충 쉽고 빠르게. briefly 「roughly
거:취(去取)(명) 버리기와 취하기.
거:취(去就)(명) 일신상의 진퇴. ¶~를 분명히 하다.
-거츠-리(고) 거칠게.
거츨--나(ㅁ)(명) 시내나.
거치(据置)(명) 〈경제〉 공채(公債)·사채·저금 따위를 일정 기한 상환을 지급하지 아니함. ¶15년 ~ 20년 분할 상환. deferring 하다
거:치(鋸齒)(명) 톱니.
거치-다(타) 무엇에 걸리거나 스치다. graze, touch slightly ①지나는 길에 잠깐 들르다. ¶학교를 거처 가겠다. pass through ②과정을 밟다. 경유하다. ¶소년기를 거쳐 청년기에 도달하다. go byway of   「쳐 버.
거치렁이(명) ①걸이 거칠게 일어난 물건. graze ②거
거:치상-엽(鋸齒狀葉)(명) 〈식물〉 잎의 가장자리가 톱니 모양으로 생긴 잎. 민들레·항가새 따위의 잎. 톱니잎. serrate leaf
거:치-연(鋸齒緣)(명) 〈식물〉잎의 가장자리가 톱니처럼 둘쭉날쭉한 것. (네 진연(全緣)).
거치적-거리-다(자) 자꾸 여기저기에 걸리고 닿다. (작)가치작거리다. (센) 꺼치적거리다. cause hindrance to 거치적=거치적(부) 하다 ((예)꺼칫하다. 하다
거칠-거칠(부) 여러 곳이 매우 거친 모양. ((작))가칠가칠.

거칠-다(ㄹ)(형) ①잘 다듬어지지 못하거나 깎이어 있지 않다. coarse ②사이가 생기다. 굶지 못하다. loose ③곱고 가늘지 못하다. 찬찬하지 못하다. rough ④논밭에 잡풀이 많이 나 있다. weedy ⑤성질이 온순하지 않다. 막되다. violent ⑥손버릇이 나쁘다. be larcenous
거:칠-하-다(형여) 살이 빠져서 살결에 윤기가 없다. (작) 가칠하다. (센) 꺼칠하다. chappy, haggard
거침 가는 중간에 무엇에 거치는 일. ¶장래에 ~ 이 없다. hitch
거침=새(명) 가는 중간에 거치는 물건. obstacle
거침=없:-다(형) ①중간에 걸리거나 막히는 것이 없다. without any trouble ②거리낌이 없다. unconstrained 거침=없:-이(부)
거칫-거리-다(자) ①조금씩 살갗에 거칠게 걸리다. tangling ②자유롭게 행동할 수 없도록 자꾸 방해가 되다. (작) 가칫거리다. (센) 꺼칫거리다. hampering 거칫=거칫(부)
거칫:-하-다(형여) 여위고 기름기가 없어 모양이 보기에 거칠다. 조금 껄쭉하다. (작) 가칫하다. (센) 꺼칫하다. haggard, chappy
거쿨-지-다(형) 몸집이 크고 언행이 씩씩하다. stout
거:탄(巨彈)(명) ①큰 폭탄. huge shell ②커다란 문제거리, 곧, 중요한 성명(聲明)이나 선언 등. ¶~을 던지다. startling announcement
거탈정 실속이 있는 길. ¶~만 보고 물건을 고르다.
거:택(居宅)(명)(동) 주택(住宅).   appearance
거:룡(명) ①당당한 생김새. grand appearance ②건방진 태도. arrogant attitude ③지위는 높되 실권(實權)이 없는 처지. figurehead
거트(gut)(명) 〈생리〉 창자. ②장선(腸線).
거·티·-다(타여) dering 하다
거:판(擺板)(명) 재산을 다 없앰. 판들어 버림. squan-
거:편(巨篇)(명) 크고 내용에 무게가 있는 저술.
거:폐(去弊)(명) 큰 폐단. great evil 스럽 스럽다
거:폐(去弊)(명) 폐단을 없앰. stamping out evils 하다
거:폐 생폐(去弊生弊) 폐단을 없애려다 더 폐단이
거:포(巨砲)(명) 큰 대포. big gun   생긴. 하다
거:포(巨逋)(명) 관원(官員)이 거액의 공금을 포탈함.
거:포(拒捕)(명) 체포당하기를 거절함. 하다   [하다
거푸(부) 잇달아 거듭. ¶술을 ~ 마시다.
거푸-거푸(부) 여러번 거푸. ¶~ 당부하다.
거푸-뛰기(명) 구용에서, 한 발을 들고 한 발로만 거푸 뛰는 동작.
거푸-집(명) ①부어서 만드는 물건의 모형. 주형(鑄型). mould ②도배를 할 때에 붙지 않고 뜨는 빈틈. ③몸의 걸모양. figure
거푼-거리-다(자) ①자꾸 앉았다 섰다 하다. flutter ②물체의 한 부분이 바람에 날려 가볍게 흔들리다. flutter ③자꾸 뒤집히다. be upset repeatedly 거푼=거푼(부) 하다
거풀-거리-다(자) 물체의 일부분이 바람에 날려 자꾸 흔들리다. (센) 꺼풀거리다. flutter 거풀=거풀(부) 하다
거:품(명) ①공기를 머금고 액체위에 뜬 잔 방울. froth ②입으로 내뿜는 속이 빈 침방울. foam (동) 기포(氣泡).
거품-유리[-뉴-](-琉璃)(명) 유리의 일종. 유리 가루에 탄소 같은 거품제를 넣고 고열(高熱)을 가하여 부풀어오르게 한 것. 방음·방열 등에 이용됨.
거품-제(-劑)(명) 거품을 일게 하는 약제.
거품-치-다(자) 찬 공기 등을 쇠어 거품을 없이 하다.
거풋-거리-다(자) 놓인 물건의 한 부분이 가볍고 빠르게 자꾸 흔들리다. flutter 거풋=거풋(부) 하다
거:풍(擧風)(명) 묵었던 물건을 바람에 쐼. airing 하다
거풍=부리-다(자) 으쓱거리며 뽐내다. 거풍피웃.
거:피(去皮)(명) 껍질을 벗겨 버림. stripping off 하다
거:피-떡(去皮-)(명)(略)=거피팥떡.
거:피 입본(去皮立本)(명) 병든 소를 잡아 그 가죽에서 본전을 다시 빼 송아지를 삼. 하다

거:피-팔(去皮─)圀 ①껍질이 잿빛이 나며 아롱 무늬가 있는 팥. 속살이 희고 껍질이 잘 벗겨져 먹을 물로 많이 씀. ②물에 불려 거피한 팥.
거피팥-떡(去皮─)圀 거피팥으로 고물을 묻은 시루떡.
거:하(去夏)圀 작년 여름.   [(약) 거지떡.
거:-하다圀여團 ①나무나 풀이 무성하다. thick ②산이 크고 웅장하다. lofty
거-하다(居─)圀여團 어떤 곳에 머물러 살다. live, dwell
거한(巨漢)圀 몸집이 큰 사나이. giant
거:할-마(巨割馬)圀 입부리가 휜 말.
거함(巨艦)圀 큰 군함. big warship
거해-궁(巨蟹宮)圀〈천문〉 하지(夏至)에 태양이 이르는 성좌(星座). 황도 12궁(宮)의 넷째. Crab
거핵(去核)圀 ①씨를 뽑아 제품이 된 솜. willowed cotton ②과실의 씨를 뽑아 버림. coring out 하団
거행(舉行)圀 ①의식을 치름. ¶식을 ─하다. holding ceremony ②명령대로 행함. performance 하団
거행지-법[─뻽](舉行地法)圀〈법률〉 혼인 거행지의 법률. 국제 사법상 혼인의 형식적 성립 요건의 준거법(準據法)으로서 인정됨.
거향(居鄕)圀 시골에서 삶. 하団
거:화(炬火)圀〈동〉횃불.
거:화(擧火)圀 ①횃불을 켬. kindling a torch ②(제도〉재변 따위를 알리기 위해 산 위로 올라가서 횃불을 올림. 하団
거루로-도[─또]圀 기울이다. 거우르다.
거홈/거홈圀〈고〉입아귀. 악골(顎骨).
걱실-거리-다圀 성질이 너그러워 쾌활하게 행동하다. behave agreeably 걱실걱실 하団 圀
걱정 ①근심으로 마음을 태우는 일. 〈유〉 근심. anxiety ②남을 위하여 마음을 씀. care ③손아랫사람을 나무라는 일. scolding, reprimand 하団스럽團 스레團
걱정-가마리[─까─]圀 늘 꾸중을 들어 마땅한 사람.
걱정-거리[─꺼─]圀 걱정이 되는 재료.
걱정-꾸러기圀 ①항상 걱정거리가 많은 사람. ②걱정을 자주 듣는 사람.
걱정-덩어리圀 큰 걱정거리. troublesome thing
걱정도 팔자圂 ①남의 일에 참견하는 사람을 비웃는 말. ②하지 않아도 될 걱정을 자주 삼을 조롱하는 말.   [험하고 크다.
걱정이 태산이구나圂 극복해야 할 걱정이 태산처럼
건(件)圀 〈약〉이것은.
건(件)〔약〕 ①그것은. that's, its
=건어미 ①〈약〉→:거든. ②〈약〉→:거나.
=:건어미 ①〈약〉→ㄴ. ─는.
건(巾)圀 ①형겊 따위로 만들어 머리에 쓰는 물건의 총칭. cloth head cover ②〈약〉→두건(頭巾).
건(乾)圀 ①〈약〉→건괘(乾卦). ②〈약〉→건방(乾方). ③〈약〉→건시(乾時).
건:(腱)圀〈생리〉근육이 뼈에 달라붙게 하는 조직. 대백색(帶白色)으로 결체 조직의 섬유가 모여 다발로 된 것. ¶아킬레스─.
건:(鍵)圀 ①열쇠. ②풍금·피아노 등의 손가락 끝으로 치거나 눌 물건. key
건(件)의團 '벌'·'가지'의 뜻. ¶백 ─. case 圀 사건, 일. 그 ─에 대해. matter, subject
건(乾)곰團 ①'마른'·'말린'의 뜻. ¶─포도. dried ②'물에 대거나 쓰지 아니한'·'액체를 쓰지 아니한'의 뜻. dry ③'속뜻 없이 겉으로만'의 뜻. ¶─주정. ④'전으로'·'이유나 근거 없이'·'의지할 곳 없이'의 뜻.   [정 가격.
건:-가[─까](建價)〔경제〕 거래소에서의 매매의 약
건가(乾價)圀 술을 못 마시는 일꾼에게 대신 주는 돈.
건:각(健脚)圀 ①힘이 세어 잘 걷는 다리. strong legs ②다리가 튼튼하여 잘 걸음. 또, 그런 사람.
건각(蹇脚)圀〈동〉절름발이. 절뚝발이.
건:-간망(建干網)圀 바닷가 모래밭에 말뚝을 박고 둘[러치는 그물.
건갈(乾葛)圀〈동〉갈근(葛根).

건:-갈이(乾─) →마른갈이.
건:강(健剛)圀 굳세고 강직함. 하団
건:강(健康)圀 ①몸이 튼튼하고 병이 없음. health ②정신적·육체적인 이상 유무를 주안(主眼)으로 본 몸의 상태. ¶─ 관리(管理). condition of health 하団 히團
건강(乾薑)圀〈한의〉새앙을 말려서 만든 약재.
건강-말(乾薑末)圀〈한의〉새앙을 말려 가루로 만든 약재.   [beauty
건:강-미(健康美)圀 건강한 육체의 아름다움. healthy
건:강 보:험(健康保險)圀〈경제〉건강상의 사고, 특히 질병·상해·해산 등에 의한 생활의 불안을 제거하려는 보험. health insurance
건:강 상담소(健康相談所)圀〈사회〉성인·임산부·소아의 건강 유지와 증진에 관하여 상의하고 지도를 받을 수 있도록 설치한 사회 복지 시설의 하나. health clinic   [고안된 식사. diet
건:강-식(健康食)圀 건강을 유지하기 위하여 특별한
건:강요주(乾江瑤珠)圀 꼬챙이에 꿰어 말린 산다미조
건:강-제(健康劑)圀〈동〉보약(補藥).   [개의 살.
건:강 증명서(健康證明書)圀〈의학〉건강체임을 증명하는 증서. certificate(bill) of health
건:강 진:단(健康診斷)圀〈의학〉의사가 체격·체력·발육·영양·질병 등의 건강 상태를 자세하게 검사하는 일. 병의 조기 발견이나 예방, 건강의 유지 증진을 꾀함. medical examination
건:강-체(健康體)圀 병이 없고 튼튼한 몸. healthy
건개(乾疥)圀〈동〉마른옴.   [body
건:건(虔虔)圓 항상 삼가는 모양. prudent, careful
건:건 비:궁(蹇蹇匪躬)圀 충성으로써 임금을 섬기고 자기의 이해를 돌보지 않음. 하団
건건 사:(件件事─)〔─껀─〕圀 모든 일. 온갖 일마다. 사사 건건. ¶─ 말썽이다. every case
건건-이[─껀─](件件─)圓 건(件)마다. 일마다. in every case
건건찝질-하다圀여團 ①감칠맛이 없이 그저 좀 짜기만 하다.〈작〉간간찝찔하다. unsavoury and salty ②관계는 있되 사이가 가깝지 않음을 농으로 일컫는 말. not very friendly   [건건-히團
건:건-하다圀여團 맛이 좀 짜다.〈작〉간간하다. salty
건:견(乾繭)圀 말려 번데기를 죽인 고치. 그렇게 하는 일. ¶─실(室). dried cocoons 하団
건:견-기(乾繭器)圀 누에고치를 말리는 기계.
건:경(健勁)圀 힘차고 씩씩함. robustness 하團
건계(乾季)圀〈동〉건조기(乾燥期).
건:고(建鼓)圀〈음악〉비 달린 받침에 북을 얹은 아악기(雅樂器)의 하나.
건고(乾固)圀 말라서 굳어짐. 하団
건고(乾枯)圀 샘의 물이 마름. dryness 하団団
건곡(乾谷)圀 물이 마르거나 없는 골짜기.
건곡(乾穀)圀 여문 다음에 거두어 말린 곡식. dried grain
건곤(乾坤)圀 ①주역(周易)의 두 가지의 패명(卦名). ②하늘과 땅. heaven and earth ③양(陽)과 음
건곤 일색(乾坤一色)圀 하늘과 땅이 한 빛임. [(陰).
건곤 일척(乾坤一擲)圀 운명과 홍망을 걸고 단판에 승부나 성패를 겨룸. crossing the Rubicon 하団
건갈(建功)圀〈동〉황두사니.
건공(建功)圀 나라에 공을 세움. 하団
건공(乾空)圀〈동〉반공중(半空中).
건공 대:매(乾空─)圀 ①실속 없이 전으로 승부를 겨룸. ②결과가 무소부로 끝난 데메. 하団
건공-잡이(乾空─)圀 허세를 부리는 사람. boaster.
건:-공중(乾空中)圀〈동〉반공중(半空中).   [gasbag
건:공지-신(建功之臣)圀 나라에 공을 세운 신하.
건과(乾果)圀〈약〉→건조과.
건과(愆過)圀 과실. 허물.
건-과자(乾菓子)圀 마른 과자.
건:-곽란(乾癨亂)圀〈한의〉토사를 하지 않는 곽란.
건-괘[─꽤](乾卦)圀 ①〈민속〉팔괘의 하나. 상형(象

-形)은 '三'으로, 하늘을 상징함. 건(乾)①. ② 육십사괘의 하나. '三' 둘을 포갠 것.
건=괘(蹇卦)圆〈민속〉육십사괘의 하나. 산 위에 물이 있음을 상징.
건=교자(乾交子)圆 안주로만 차린 교자. (대) 식교자(食交子). 총칭. fittings
건-구(建具)圆 건축물에 쓰이는 문짝·장지 등의
건구(乾球)圆〈물리〉건습구 습도계(乾濕球濕度計)의 두 개의 수은 온도계 중 물을 축인 헝겊으로 싸지 않은 보통 온도계. (대) 습구(濕球).
건:구-상(建具商)圆 동〉 창호 가게. ㄴ헛구역.
건=구역(乾嘔逆)圆 넘어오는 것이 없이 나는 구역.
건국(建國)圆 나라를 세움. ¶~ 기념일. founding a state 하타 ㄴ땅의 판국.
건국(乾局)圆〈민속〉풍수설(風水說)에서 물이 없는
건:국 이:념(建國理念)圆 나라를 세우는 데 최고 이상으로 삼는 근본 정신.
건:국 포장(建國褒章)圆 대한 민국의 건국과 국가를 공고히 하는 데 헌신 진력하여 그 공적이 현저한 사람에게 수여하는 포장.
건:국 훈:장(建國勳章)圆 대한 민국의 건국에 공로가 뚜렷한 사람에게 주는 훈장. army 하타
건:군(建軍)圆 군대를 창건함. establishment of an
건:극(建極)圆 임금이 치하의 근본 법칙을 세우는 것
건기[-끼](件記)圆 동〉 발기. ㄴ스림. 하타
건기(乾期)圆〈약〉→건조기(乾燥期).
건기(愆期)圆 기일을 어김. 하타
건=깡깡이圆 ①일을 하는 데 아무 기술이나 기구가 있어 매나니로 함. 또, 그런 사람. doing with empty hands ②아무런 뜻도 재주도 없이 살아가는 사람.
:건=너뛰-다圆 건너뛰다. ㄴside
건:너 맞은편 쪽의 방향. ¶강 ~ 숲 속에. opposite
건:너-가-다타 건너서 저쪽으로 가다. ㄴacross
건:너-긋-다타ㅅ 양쪽을 가로 건너서 긋다. draw
건:너-다타 ①거치거나 넘어서 맞은편으로 가다. ¶한길을 ~. 바다를 ~. cross ②일정한 시간을 사이에 두고 지나다. ¶10년 건너 한 번 씩은 풍년이다. every other(hour, date, etc.) ③사람에게서 사람으로 전하이지다. ¶한 입 두 입 건너서 퍼져 갔다. be conveyed
건너다보니 절터圆 ①타인의 소유여서 자기가 그것을 얻고자 해도 그 목적을 달할수 없다. ②내용을 다 보지 않더라도 거의 틀림없다는 생각이 든다.
건:너다-보-다타 ①이쪽에서 저쪽을 건너 바라보다. look out over ②남의 것을 탐내다. (약) 건너보다. covet, envy
건:너-뛰-다타 ①이쪽에서 저쪽까지 단번에 뛰어서 건너다. jump across ②거르다. skip, omit
건:너-보-다타 (약)→건너다보다.
건너 산 보고 꾸짖기圆 →당자 없는 데서 욕하기.
건:너-오-다타 건너서 이쪽으로 오다. come over
건:너-지르-다타타르 긴 물건의 양끝을 두 곳에 가로 대어 놓다. lay across ㄴ붙다. freeze over
건:너-지피-다 강물이 이쪽에서 저쪽까지 꽉 얼어
건:너-질리-다로 건너지름을 당하다. (약) 건너지피다.
건:너 짚-다타 ①짐작으로 속을 떠보다. 넘겨 짚다. guess what a person is thinking ②팔을 멀리 내 밀어 짚다. put one's finger over something
건:너-편[-便]圆 서로 마주한 쪽. opposite side
건:넌-방(-房)圆 안방에서 대청을 건너 있는 방. (대) 안방.
건:널-목圆 ①철로와 도로가 서로 엇걸릴 곳. ¶~ 기. crossing ②내·길 등을 건너는 일정한 목.
건넛 마을圆 건너편에 있는 마을.
건:넛-방(-房)圆 건너편에 있는 방. opposite room
건넛-집圆 건너편에 있는 집.
건:네-다타 ①남에게 말을 붙이다. speak to a person ②금품·일 등을 남에게 넘겨 주다. hand over 자타 건너가게 하다. let one cross

건:네-주-다타 건너가게 해 주다. ¶배로 노인을 ~. carry across
건달(乾達)圆 ①판계도 없는데 성겁게 붙어 다니는 사람. good-for-nothing ②돈도 없이 난봉을 부리고 다니는 사람. ¶백수 ~. libertine
건달=꾼(乾達-)圆 '건달'을 얕잡아서 이르는 말.
건달-패(乾達牌)圆 건달의 무리. group of dissolutes
건담(健啖)圆 잘 먹음. 먹새가 좋음. gluttony 하타
건:담-가(健啖家)圆 대식가가 되는 사람.
건답(乾畓)圆 물이 마르기 쉬운 논. (대) 골답(一番). ㄴ수답(水畓). ㄴ자를 직접 뿌림.
=건대어미 동사 어간에 붙어 앞으로 하려는 일을 종 리 말할 때 쓰이는 연결 어미. ¶생각하~. 내가 보~. according to my observation
건대(一袋)圆〈불교〉중이 동냥할 때 쓰는 종이 주머니.
건대(巾帶)圆 상복(表服)에 쓰는 건과 띠. mourners'
건=대구(乾大口)圆 말린 대구. ㄴcowl and belt
=건댄어미 '-건대'에 조사 '는'이 합쳐 준말.
더더기圆 ①국물이 많은 음식에 섞어 있는 채소·고기 따위. (번) 건지. vegetable or meat in soup ②액체에 섞인 고체 덩어리. solid thing in liquid ③(비) 소득. gain ④일을 성립시킬 만한 조건이나 근거. ¶그렇게 주장할 무슨 ~라도 있느냐? ground
건:덕(健德)圆 건전한 덕.
건데요圆→그런데.
건데-요圆 (약) 그런데요.
건:도(建都)圆 국도(國都)를 이룩함. construction of
건:독(乾 dock)圆 동〉 건선거(乾船渠).
건둥-그리-다 말끔히 가다듬어 수습하다. (작) 간동 그리다. set right, tidy 건둥-건둥圓 하타
건둥-하-다 하나로 정돈되어 헌칠하다. (작) 간동하다. (세) 껀둥하다. tidy 건둥-히圓
건드러-지-다 멋있게 아름답고 가늘고 부드럽다. (작) 간드러지다. smart and graceful
건드렁 타:령(-打鈴)圆 술에 취하여 건들거리는 동작. intoxication ㄴ릿하다. drunk
건드레-하-다 술이 거나하게 취하여 정신이 흐
건:드리-다타 ①손이나 물건으로 조금 움직이게 하다. touch ②남의 마음이 흔들리게 하거나 노하게 하다. ¶비위를 ~. provoke ③부녀자를 꾀어 관계하다. ¶여자를 ~. get hold of
건들-거리-다 ①건드러지게 자꾸 움직이다. (작) 간 들거리다. sway ②바람이 시원하게 불다. blow gently ③싱겁고 주책없이 행동하다. ¶건들거리며 돌아다니는 건달. behave frivolously ④일에 착실하지 않고 빈둥거리다. drone, loaf around 건들-하타
건들-마圆 남쪽에서 불어오는 첫가을의 시원한 바람.
건들-바람圆 ①첫가을에 건들건들 부는 바람. moderate breeze ②〈기상〉풍력 계급의 하나. 초속 5.5~8.0m로 부는 바람. 화풍(和風).
건들-장마圆 첫가을에 오다 말다 하는 장마. capricious autumn rain ㄴ음력 8월.
건들-팔월(一八月)圆 건들바람처럼 덧없이 지나가는
건듯圓 ①정성을 들이지 않고 대강대강 빠르게. (세) 껀듯. (고) 문득. 잠깐. swiftly
건듯-건듯圓 일을 정성 들여 하지 않고 빠르게 대강 하는 모양. (세) 껀듯껀듯.
건둥(乾矿)圆 광맥(鑛脈)이 땅 표면 가까이 있는 부분. ore-vein near the surface
건둥(乾等)圓 통계(筒契)에서 본래의 등수의 앞을 매고 덤으로 또 뽑는 앞. 얼마의 켓돈을 태워 줌.
=건디(이)圓 (口) =ㄴ지. =은지.
건-디-다다 (고) 건지다.
건-디쥐-다다 (고) 꾀어내다.
건:-땅圆 토질이 기름진 땅. fertile land
건뜻圓 (세)→건듯①.
건뜻-건뜻圓 (세)→건듯건듯.

건락(乾酪)圈 짐승의 젖 속에 들어 있는 건락소(素)를 뽑아 만든 자양 식품. 치즈. 〔원〕 간락. cheese

건락 변ː성(乾酪變性)圈〈의학〉폐결핵 따위에서 조직이 파괴되어 치즈와 같이 변하는 일. caseation

건락-소(乾酪素)圈〔동〕카세인(casein).

건락-충(乾酪蟲)圈〔동〕오래 된 치즈에 생기는 기생충.

건량(乾兩)〈제도〉궤도에 백 문마다 짚으로 매듭 지어 놓은 표. 〔단위〕〔대〕액량(液量).

건량(乾糧)圈①옛날 중국에 가는 사신이 가지고 가던 양식. ②오면에 가져 가지고 다니기 쉽게 한 양식. ③휴년에 죽 대신 주던 곡식. dried food

건량 짚다(乾兩-)国①궤미에 백 문마다 표시한 매듭의 수를 헤아리다. ②돈의 액수를 알아내다. guess the amount

건류(乾溜)圈〈화학〉공기를 차단하고 고체를 가열하여 휘발성 화합물을 생성·회수하는 일. 석탄에서 석탄 가스를 발생시키는 따위. 〔대〕증류(蒸溜). dry distillation 하다

건륭(乾隆)圈〈역사〉청(淸)나라 고종(高宗:1736~95)의 연호(年號).

건립(建立)圈 세워 이룩함. erection 하다

건마는国 받칠 없는 체언에 붙어 이미 말한 사실을 일치되지 않는 일을 말하면 뒤에 쓰는 연결형 서술적 조사. ¶부부~ 따로 산다. 〔약〕건만.

=건마는回 이미 말한 사실과 일치되지 않는 사실을 말하면 뒤에 앞의 마디에 쓰이는 연결 어미. ¶눈이 오~ 찾아오는 이 있다. 〔약〕=건만. still,

·건마-른回〔고〕=건마는.

건막(腱膜)圈〈생리〉얇고 넓은 판상(板狀) 근육의

건만回〔약〕→건마는. 〔건〕〔腱〕. though

=**건만이**回〔약〕→=건마는.

건-망(健忘)圈 들거나 본 것을 잘 잊어버림. forgetfulness 하다 건망증.

건망(乾網)圈 낮도 못 씻은 그냥 쓰는 망건(網巾).

건ː망-가(健忘家)圈 건망증이 심한 사람.

건ː망-증(健忘症)圈〔의학〕잘 잊어버리는 병증. 〔약〕건망. amnesia

건면(乾麵·乾麺)圈 ①장국에 말지 않은 마른 국수. ②말린 국수. dried noodle

건명(件名)圈 ①일이나 물건의 이름. nomenclature, subject ②서류의 제목. heading

건명(乾命)圈 ①〈불교〉축원문에 쓰는 남자의 일컬음. ②〈민속〉남자의 난 해. 〔대〕곤명(坤命).

건=명태(乾明太)圈〔동〕북어(北魚).

건-모(乾-)圈 비가 없는 못자리에서 키워 비가 온 뒤에 내는 모. rations

건목(乾木)圈 대강 거칠게 만드는 일. 또, 그 물건. preparation

건목-나무(乾木-)圈 베어서 바짝 마른 재목. 마른 나무. seasoned lumber

건목 생수(乾木生水)圈 마른 나무에서 물이 난다는 말로, 사물이 무리함을 이르는 말. 건목 수생. unreasonableness

건목 수생(乾木水生)圈〔동〕건목 생수. 「거친 재목.

건목-재(-材)圈 산에서 도끼나 톱으로 대강 다듬은

건목 치-다(乾木-)国 잘 다듬지 않고 대강만 만들다. prepare

건몰(乾沒)圈 관아에서 범위(犯科)한 물건을 몰수하는 일. confiscation 하다

건목-달ː다(乾-)재国 공연히 혼자 몸이 달아서 헛되이 애를 쓰다. make vain efforts

건=문어(乾文魚)圈 말린 문어.

건=물(乾物)圈 건으로 나오는 정수(精水). sperm ejaculated involuntarily

건ː물(建物)圈 땅 위에 지어 세운 집 따위의 구조물. building

건-물(乾-)圈 이유도 모르고 공연히 함이 이름.

건물(乾物)圈 마른 식품. 〔원〕간-상(商).

건물-로(乾-)回①쓸데없이. ¶~ 속을 태우다. vainly, blindly ②힘 안 들이고. ¶~ 생긴 돈. with ease ③뜻도 모르고 무턱 대고. ¶~ 쫓아다닌다.

건ː민(健民)圈 건전한 국민.

건반(乾飯)圈 마른밥. 〔대〕수반(水飯). dried rice

건ː반(鍵盤)圈 피아노·풍금·타자기 따위의 건(鍵)이 늘어놓인 면. keyboard

건ː반-사(腱反射)圈〈생리〉건의 기계적 자극에 따라 일어나는 근육의 연축(攣縮). tendon reflex

건ː반 악기(鍵盤樂器)圈〈음악〉피아노·오르간 등 건반이 있는 악기의 총칭.

건밤圈 자지 않고 돋는으로 새운 밤.

건밤 새ː다国 조금도 자지 않고 밤을 새우다. spend a sleepless night

건방(乾方)圈〈민속〉①이십사 방위의 하나로 서북 간방. ②팔방의 하나로 서북의 간방(間方). 〔약〕건(乾)②.

건방-지ː다團 제가 잘난 듯이 주제넘게 젠체하다. impertinent

건배(乾杯)圈 술자석에서 서로 잔을 높이 들어 경사나 상대방의 건강·행운을 빌고 마시는 일. toast

건ː백(建白)圈 윗사람이나 관청에 의견을 드림. 전언 (建言). representation 하다

건ː백-서(建白書)圈 건백하는 서류. memorial

건ː보(健步)圈 잘 걷는 걸음. 보행을 잘함. strength

건복(乾鰒)圈〔동〕=건전복(乾全鰒). 「in walking

건부-병(-병)圈〈농약〉저장 중의 알뿌리·감자 등이 갈색으로 썩어 진조·수축하는 부패병의 하나.

건-부종(乾付腫)圈〔동〕건파(乾播).

건ː비(建碑)圈 비를 세움. erecting a stone monument 하다

건빨래(乾-)圈→마른빨래.

건빵(←乾 pão 포)圈 보존·휴대하기 좋게 딱딱하게 구운 비스켓의 하나. 군대의 야전 식량으로 쓰임. biscuit

건사-하ː다国回 ①일을 시키는 데 그 거리를 모아 만들어 주다. ¶물건을 ~. assign ②제게 딸린 것을 잘 수습하다. manage ③잘 간수하여 지키다. ¶상하지 않게 ~. preserve

건ː삭(腱索)圈〈생리〉심장의 방실(房室) 입구의 판막(瓣膜)에 붙어 있는 좁다란 건(腱).

건-살포(乾-)圈 쓰지도 않으면서 살포를 짚고 다니는 사람.

건-삶이(乾-)圈〈농업〉마른논을 삶는 일. 〔대〕무삶이. 하다

건ː-삼(乾蔘)圈 다듬어 말린 인삼. 〔대〕수삼(水蔘).

건-삼련(乾三連)圈〈민속〉괘체(卦體)의 모양인 '三'의 일컬음.

건삽(乾澀)圈 건조하여 윤택이 없음. 〔약〕간삽. being shrivelled 하다

건상(乾象)圈 천체(天體)의 현상. 일월 성신이 돋아 가는 이치.

건ː-상어(乾沙魚)圈 쪼개어 말린 상어. dried shark

건색(乾色)圈 채작(裁作)하지 않은 본디대로의 약색. 재재(材).

건생 식물(乾生植物)圈〈식물〉사막이나 황야의 수분이 적은 곳에서 자라는 식물의 총칭. 선인장 따위. 〔대〕습생 식물. arid plant

건-석어(乾石魚)圈 ①〔동〕굴비. ②〔동〕가조기.

건ː선(健羨)圈 몹시 부러워함. 하다

건선(乾癬)圈〔동〕마른 버짐.

건-선거(乾船渠)圈 바닷물을 넣었다 뺐다 할 수 있게 설비한 구조물. 큰 배를 수리할 때 배를 집어 넣음. 건독. 〔대〕습선거(濕船渠). dry dock

건-선명(乾仙命)圈〈민속〉죽은 남자의 난 해. 〔대〕곤선명(坤仙命).

건ː설(建設)圈 새로 만들어 세움. 〔대〕파괴. construction 하다

건ː설 공사(建設工事)圈 건설 사업에 관한 공사.

건ː설 공채(建設公債)圈〈경제〉건설 사업의 자금을 조달하기 위해 발행하는 공채.

건ː설 교통부(建設交通部)圈〔법률〕국토 및 수자원의 보전·개발과 도로·주택의 건설, 도시 교통에 관한 사무를 맡아보는 중앙 행정 기관. 〔약〕건교부.

건ː설 기계(建設機械)圈 토목·건축 작업에 쓰는 기계의 총칭.

건ː설-력(建設力)圈 건설해 나가는 힘이나 능력.

건ː설방(建設-)圈 얼굴 없이 허랑만 하고 다니는 너절한 사람. 건달. debauchee

건ː설-보(建設譜)圈 건설되어 가는 힘찬 모습을 그려

건설업

건:설=업(建設業)圏 토목 건축에 관한 공사를 도급 맡는 영업. 토건업. construction business

건:설 이:자(利)[-리-](建설利子)圏《경제》주식 회사 가 설립 등기 후 2년 이상 개업하지 않는 경우, 영 업에 의한 이익이 없어도 특히 주주에게 배당하는 이자.

건:설=적(-적)(建設的)圏 어떤 일을 적극적으로 좋 은 방향으로 끌어 가려는 경향으로 하는(것). 생산 적. ¶〜인 의견 (대) 파괴적(破壞的). constructive

건성圏圏 속뜻이 없이 겉으로만 대강대강 함을 이르 는 말. ¶남의 말을 〜으로 듣는다.

건:성(虔誠)圏 경건한 정성. 지성(至誠). sincerity

건성(乾性)圏 ①건조한 성질. ②수분을 그다지 필요 로 하지 않는 성질. 습성(濕性). dryness

건성=건성圏 힘쓰지 않고 철날듯 대강대강 진행하는 모양. ¶일을 〜 해치우다. [terpriser

건성=꾼圏 건성으로 덤벙거리는 사람. unreliable en-

건성 늑막염(-념)(乾性肋膜炎)圏《의학》늑막염의 하 나. 늑막 사이에 섬유소(纖維素)가 스며 나옴. 가 슴에 동통을 느낌. (대) 습성 늑막염. dry pleurisy

건성=유(乾性油)圏《화학》발라 두면 산소를 흡수하 여 말라 굳어 버리는 식물성 기름. 건조유(乾燥油). (대) 건유(乾油). drying oil

건성=지(乾性脂)圏 동물성 기름 가운데 불포화도(不 飽和度)가 높은 지방산(脂肪酸)을 포함하는 유지. drying oil

건:송(健訟)圏 하찮은 일에도 소송하기를 즐김. 하图

건=수[-쑤](件數)圏 사물과 사건의 가짓수.

건수(乾水)圏 장마 때에만 땅속에서 솟아 괴는 물.

건수(乾嗽)圏圏 마른 기침.

건숙(虔肅)圏圏 경건하고 엄숙함. pious and solemn 하

건:순(健脣)圏 위로 걷어 들린 입술. 圏 히圏

건순 노:치(乾脣露齒)圏 윗입술이 걷어 들리고 이가 드러나 보임. 하图

건 스프레이(gun spray)圏 소총 모양의 분무기.

건=습(乾濕)圏 마름과 축축함. 건조와 습기. (원) 간 습. dryness and moisture [計]

건습=계(乾濕計)圏→건습구 습도계(乾濕球濕度

건습구 습도계(乾濕球濕度計)圏《물리》물이 증발하 는 정도를 재어서 공기의 습도를 측정하는 장치. 《약》건습계. wet and dry bulb hygrometer

건습 운:동(乾濕運動)圏 콩깍지가 성숙하여 수분이 없 어지면 깍지가 저절로 벌어져 종자를 내는 운동.

건:승(健勝)圏圏 건장함. ¶〜를 빈다. good health 하

건:시(乾柹)圏《민속》곶감.

건시(建時)圏《민속》이십사시의 22째 시. 하오 8시 반부터 9시 반 사이. 《약》적(乾)®.

건식(乾式)圏 복사 장치 등에서, 액체나 용제(溶劑) 를 쓰지 않는 방식. (대) 습 식(濕式).

건식(乾食)圏圏 음식물을 말려 먹음. dried food ②마 른 반찬으로 밥을 먹음. 하图 [하图

건:식(健食)圏 가리지 않고 많이 잘먹음. gourmand

건:식=가(健食家)圏 음식을 많이 잘먹는 사람. hea-rty eater

건식 구조(乾式構造)圏《건축》흙 따위를 바르지 않 고, 그저 짜 맞추기만 하는 건축 구조.

건:실(健實)圏圏 건전하고 착실함. ¶〜성(性). sound-ness 하图 히圏 [boy

건:아(健兒)圏 건장한 남아. 씩씩한 사나이. vigorous

건어(乾魚)圏《약》→건어물(乾魚物). [dried fish

건=어물(乾魚物)圏 말린 물고기. 《대》건어(乾魚).

건:언(建言)圏圏 건백(建白). 하图

건=염 물감[-감](建染-)圏 물에 불용성(不溶性)인 물감을 우선 환원시켜 알칼리에 가용(可溶)인 무색 물질이 되게 한 후, 섬유에 흡착시켜 공기에 의한 산화로 아름다운 빛깔을 내는 물감.

건:옥(建玉)圏《경제》거래소에서, 현재 매매 약정이 된 증권이나 상품으로서 아직 결제되지 않은 물건. 세

운알. commitment

건:용(健勇)圏 튼튼하고 용맹함. robust manliness 하

건=울음(-) 건성으로 우는 울음. shedding false tears

건:원(建元)圏 ①나라를 이룩한 임금의 연호를 세움. establishment of the name of an era ②《역사》신 라 때 연호. 하图 [(位).

건위(乾位)圏 죽은 남자의 무덤이나 신주(神主). (대)

건:위(健胃)圏 위를 튼튼하게 함. healthy stomach 제. stomachic

건:위=제(健胃劑)圏《약학》위장을 튼튼하게 하는 약

건유(乾油)圏《약》→건성유(乾性油).

건육(乾肉)圏 말린 고기.

건=으로(乾-)圏 ①턱없이. 공연히. unreasonably ② 실상이 없이. 근본로. without purpose ③매나니 로. empty-handed

건:의(建議)圏圏 의견·희망을 상신함. 또, 그 의견. proposal ②개인이나 단체가 관청에 희망을 개진(開陳)함. petition ③어떤 국가 단체가 동등 또는 상 급 국가 단체에 희망을 개진함. recommendation 하图 [의할 수 있는 권리.

건:의=권(-권)(建議權)圏《법률》의회가 정부에 건

건:의=서(建議書)圏 건의하는 서류. recommendation

건:의=안(建議案)圏 건의하는 초안(草案) 또는 의 안. motion

건잠圏《곤충》곡식 뿌리를 해치는 벌레의 하나.

건잠=머리圏 일을 시킬 때에 방법을 대강 일러주고, 또 필요한 기구를 준비하여 주는 일. 하图

건:장(健壯)圏圏 몸이 크고 굳셈. (대) 나약(懦弱). 하图

건장(乾醬)圏《동》퇴주잔.

건:재(建材)圏→건축 용재(建築用材).

건:재(健在)圏圏 탈없이 잘 있음. sound and healthy 하图 [色). dried medical herbs

건재(乾材)圏《한의》①한약의 약재. ②《동》전색(乾

건재=국(乾材局)圏→건재 약국(乾材藥局).

건:재=상(建材商)圏 건축 재료를 파는 장사. 또, 그 사람. [건재국(乾材局).

건재 약국(乾材藥局)圏 주로 전재를 파는 약국. 《약》

건:전(健全)圏圏 ①건실하고 완전함. ¶〜한 사고 방식. soundness ②건강하고 병이 없음. healthiness 하图 히图 [abalone

건:전=복(乾全鰒)圏 말린 전복. 《약》전복(乾鰒). dried

건:전 재정(健全財政)圏 경상(經常) 세출입으로 운영 되어 나가는 경제. 적자 재정(赤字財政).

건:전=지(乾電池)圏《물리》액체를 쓰지 않고 점체(粘體)와 고체로 만든 전지. 《대》습전지(濕電池). dry cell (battery)

건정圏 대강. [②《동》정결(精潔). 하图

건정(乾淨)圏圏 ①일 처리한 뒤가 깨끗하고 말끔함.

건정-건정圏 대강대강 빨리 하는 모양. hurriedly

건:제(建制)圏圏 ①설치하고 제정함. ②군대에서 편제 표에 정해진 조직을 유시함. 하图 [하图

건제(乾劑)圏圏 물기가 없게 제조함. preparing dry

건:제 부대(建制部隊)圏《군사》평시부터 대오(隊伍) 의 편성적을 제정하여 편설한 부대. 곧, 사단·여단· 연대·대대·중대·소대 따위.

건제 비:료(乾製肥料)圏 고기의 뼈나 바다의 풀, 게·새우 등의 각지 따위를 말려서 쓰는 비료.

건:제=순(建制順)圏 건제된 순서. 곧, 먼저 설치된 것 에서부터 뒤에 설치된 것에 이르는 차례.

건제=품(乾製品)圏 식료품 따위를 오래 둘 수 있도록

건저=내:다圏 건져서 꺼내다. [말린 제품. 건조품.

건:조(建造)圏圏 건축하거나 배 따위를 만듦. building 하

건조(乾棗)圏 말린 대추. (대) 풋대추⓵.

건조(乾燥)圏圏 ①습기나 물기가 없어짐. (대) 습윤(濕潤). ②圏→건조 무미(乾燥無味). dryness 하图回 히

건조=과(乾燥果)圏 ①익으면 껍질이 마르는 과실. 열 과(裂果) 와 폐과(閉果)가 있음. ②생과를 볕이나·열 에 말린 것. 곶감·건포도 따위. 《약》건과(乾果).

건조=기(乾燥期)圏 기후가 건조한 시기. 《약》건기.

건조기 / 건탕

dry season. 「증발·분리시키는 장치. dryer
건조-기(乾燥器·乾燥機)명 물체 속에 포함된 수분을
건조 기후(乾燥氣候)명 〈지리〉강우량이 증발량보다
적은 지방의 기후. 《대》습윤 기후(濕潤氣候). arid
climate 「egg powder
건조-란(乾燥卵)명 달걀을 말려서 가루로 만든 것.
건조-롭-다(乾燥一)[旧] 건조 무미한 느낌이 있다.
건조-로이[旧]
건조-림(乾燥林)명 기후나 토질이 건조한 땅에 생기
는 숲. 회양나무·야자의 숲 따위. 「한 엿기름.
건조 맥아(乾燥麥芽)명 말려서 부패균의 번식을 억제
건조 무미(乾燥無味)명 메말라 아무런 운치가 없음.
¶~한 생활.《약》건조(乾燥)⑨.하[타]
건:조-물(建造物)명 건조한 집·창고·배 따위. building
건:조 보:험(建造保險)명〈경제〉선박 건조 중의 여
러 가지 위험을 담보하는 보험. shipbuilding insurance
건조 세:탁(乾燥洗濯)명 물에 축이지 않고 증기를 통
하여 빠는 세탁. 드라이 클리닝(dry cleaning).
건조 야:채(乾燥野菜)명 살균하여 날로 말린 야채.
건조 채소. dried vegetable 「려서 굳힌 약제.
건조 엑스(乾燥 extract)명 동물성·식물성 엑스를 말
건조 열과(乾燥裂果)명〈식물〉건조과의 하나. 개열과
건조-유(乾燥油)명〈동〉건성유(乾性油). [(開裂果).
건조-제(乾燥劑)명〈화학〉수분을 화학적 또는 물리
적으로 없애기 위하여 쓰는 약제. dryer
건조 주:의보(乾燥注意報)명 실효 습도가 60% 이하
이고, 그 날의 최소 습도가 30% 이하의 상태가 2
~3일간 계속되리라고 예상될 때 발표하는 기상 주
의보. 「것이 잘 안 나오는 병증. xerosis
건조-증[一쯩](乾燥症)명〈한의〉땀·침·대소변 같은
건조-지(乾燥地)명 토질이 건조한 땅.
건조 지대(乾燥地帶)명〈지리〉강우량이 적어 수목이
자라지 않는 지대.
건조 지형(乾燥地形)명〈지리〉건조한 기후로 인하여
내륙 유역에 생기는 지형. dry topography
건조-체(乾燥體)명 문체의 하나. 꾸밈이 없이 뜻만 전
하는 문장체. 기사·규칙 등과 같이 꾸미는 말이 적
고 이해하기 쉬우며, 실용적인 문체. 평명체(平明
體).《대》화려체(華麗體).
건조 폐:과(乾燥閉果)명〈식물〉다 익은 후에도 껍질
이 터지지 않는 것과. 민들레. 떡갈나무. 단풍나무
건조-품(乾燥品)명〈동〉건제품. 「무의 열매 따위.
건조 혈장[一짱](乾燥血漿)명〈의학〉여러 사람의 혈
액을 섞어 가라앉혀서 위에 뜬 혈장을 냉동·건조시
킨 뒤 가루로 만든 물질. 증류수에 풀어서 주사함.
dried plasma
건조 효:모(乾燥酵母)명〈화학〉효모를 말린 것. 상
쾌한 방향(芳香)이 있으며 빛은 담황색 또는 담갈
색. 비타민 B 약제·대빵질 식품·가축 사료의 원료.
건:졸(健卒)명 튼튼한 병졸. stout soldier
건좌(乾坐)명〈민속〉뒷자리·집터 등의 건방(乾方)을
등진 좌(坐). 「남향을 향한 방위.
건좌 손:향(乾坐巽向)명〈민속〉건방(서북방)에서 동
건:주(建株)명〈경제〉현재 매매가 약정되어 있는 주.
또, 거래소에 상장된 주. [drunkenness 하[타]
건=주정(乾酒酊)명 취하지 않고서야는 주정. feigned
건중=건중 물건을 대강대강 간추리는 모양.
건중-그리-다 물건을 대강 간추려서 간단하게 하다.
《대》건중이다. 《작》간종거리다. tidy up roughly
건중-이-다(榸)→건중그리다.
건널(巾櫛)명 ①수건과 빗. toilet articles ②낯 씻고
머리 빗는 일. ¶~을 받들다. toilet 하[타]
건지(巾)명→건먼지.
건지²명 물의 깊이를 재려고 돌을 매단 줄. plumb line
건지-다[타] ①물속에 있는 것을 집어내다. take up
②어려움에서 벗어나게 해 주다. save ③손해나 실
패본 것 또는 없어진 밑천 따위를 도로 찾다. restore
건=지황(乾地黃)명〈약〉→생건지황(生乾地黃).

건=직파(乾直播)명〈동〉건파(乾播). 하[타]
건착-망(巾着網)명 고기 떼를 수직으로 뺑 둘러막고
그물 밑에 달린 고리에 꿴 졸임줄을 죄어 차차 오
그려 배 옆에 붙이고 그물을 퍼내게 만든 그물. 고
등어·정어리·멸치 등 회유어를 잡는 데 씀.
건착-선(巾着船)명 건착망으로 고기를 잡도록 설비한
건채(乾菜)명 마른 나물. [배.
건:책(建策)명 방책을 세움. planning 하[자타]
건천(乾川)명 조금만 가물어도 물이 마르는 내. dry
건:청어(乾靑魚)명 말린 청어. 관목(貫目). [stream
건:체(怨滯)명 연체(延滯). 하[타]
건초(乾草)명 베어서 말린 풀. hay
건초(腱鞘)명〈생리〉칼집 모양으로 건(腱)을 싸고
있는, 안팎 두 층으로 된 점액낭(粘液囊).
건초열(乾草熱)명〈의학〉급격히 나타나는 코카타르
의 증세. 열이 오르며 재채기와 콧물이 나옴.
건:축(建築)명 집·성·다리 따위를 세우고 짓고 놓음.
building 하[타] [drying up 하[자]
건축(乾縮)명 저장한 곡식이 말라 두량(斗量)이 줆.
건:축-가(建築家)명 건축의 전문가. architect
건:축 공학(建築工學)명〈건축〉구조·재료·시공법(施
工法) 등에 관해 연구하는 건축학의 한 부문. architecture building
건:축-과(建築科)명〈건축〉건축학에 관한 이론과 응
용을 연구하는 과목. architectural
건:축 구조(建築構造)명〈건축〉각종의 건축 재료를
사용하여 건축물을 형성하는 일. 또, 그 구조물.
건:축 구조 역학(建築構造力學)〈건축〉건축물의 뼈
대에 생기는 응력(應力)이나 변형을 연구하는 학문.
건:축 금융(建築金融)명〈경제〉건축에 필요한
자금의 융통.
건:축 면:적(建築面積)명〈동〉건평(建坪).
건:축-물(建築物)명〈건축〉건축한 물건. 가옥·창고·
교량 등의 총칭. building
건:축사(建築士)명〈건축〉면허를 받아 건축물의 설계와 공
사 감리 등의 업무를 행하는 사람. architect
건:축-선(建築線)명〈건축〉공원·도로 등을 침범하
지 못하게 정한 건축물의 경계선. building line
건:축 설계(建築設計)명 건축에 관한 설계. 건축물의
용도에 따라 그 형태·구조·재료·설비·공사 방법·비
용 등을 종합적으로 결정하고, 공사 실시를 위해
필요한 도면과 시방서(示方書)를 작성하는 일.
건:축 설비(建築設備)명〈건축〉건축물의 효용을 완전하게
하는 조명·난방·급수·배수 등의 설비. 《대》건축 주
체(建築主體). [of architecture
건:축 양식[一냥—](建築樣式)명〈건축〉건축물의 양식. style
건:축-업(建築業)명 건축 공사를 담당하는 직업.
building business(industry)
건:축 용:재(建築用材)명 건축에 소용되는 여러 가지
재료.《약》건재(建材). 건축재. building materials
건:축 위생(建築衛生)명〈건축〉건물의 채광·조명·환기·난
방·냉방·음향 등이 인체에 미치는 영향을 고려하
여, 건축 설계의 기초를 연구하는 학문.
건:축 의:장(建築意匠)명〈건축〉건물의 외관과 내부
를 설계하는 고안. 건축 디자인.
건:축-재(建築材)명→건축 용재.
건:축 주체(建築主體)명〈건축〉건축물이 성립되는 주
체. 온돌·벽·기둥 따위. 《대》건축 설비(建築設備).
건:축-학(建築學)명〈건축〉건축에 관한 사항을 연구
하는 학문.
건:축 한:계(建築限界)명〈건축〉일정한 구역 안에는
건축을 하도록 최소 한도의 공간을 규정한 한계.
건치(乾雉)명 말린 꿩고기. 신부의 폐백물. dried
pheasant meat
건칠(乾漆)명〈한의〉옻나무의 즙을 말린 덩이 약. 살
충·파적(破積)·통경(通經)에 쓰임.
건:됨(乾一)명[형]마른짐. 「간.
건침(乾浸)명〈동〉어류에 소금을 뿌려서 간을 함. 또, 그
건=탕(巾宕)명 망건과 탕건.

건토 효과(乾土效果)〖농업〗 토양을 건조시킴으로써 식물의 생육이 좋아지고 수확이 느는 현상.

건:투(健鬪)〖명〗 씩씩하게 잘 싸움. ¶～를 빈다. brave fight 하타

건파(乾播)〖농업〗 마른 논에 씨를 뿌림. 전부종(乾付種). 건직파. 직파(直播). sowing in dry paddy-fields 하타

건판(乾板)〖물리·화학〗 사진에 쓰는 감광판의 하나. 유리·셀룰로이드 등 투명한 판에 브롬화은 또는 염화은에 젤라틴 섞은 물을 바름. 《대》습판(濕板). dry plate

건:평(建坪)〖명〗 건물이 차지한 바닥의 평수. 넓은 뜻으로는, 2층 이상도 포함시킴. 건축 면적(建築面積). building area

건:폐-율(建蔽率)〖명〗〖건축〗대지 면적에 대한 전평의 비율.

건포(巾布)〖명〗 무건(頭巾)을 만들 베.

건포(乾布)〖명〗 마른 수건. 《대》 습포(濕布). dry towel

건포(乾脯)〖명〗 쇠고기·물고기 따위를 저며서 말린 포.

건=포도(乾葡萄)〖명〗 포도를 말려 단맛과 향기가 있게 한 식품. raisins

건포 마찰(乾布摩擦) 혈행(血行) 촉진과 피부 건강을 위해 마른 수건으로 온몸을 문지르는 일. rubbing one's body with a cloth 하타

건풍(乾風)〖명〗 마른 바람.

건풍 떨-다(乾風一)〖자로〗 터무니없는 말로 허풍 떨다. talk nonsenses

건피(乾皮)〖명〗 말린 짐승의 가죽.

건:필(健筆)〖명〗 ①힘있게 글씨를 잘 씀. ready pen ② 글이나 시를 잘 지음. writing a good style

건하(乾蝦)〖명〗 새우를 말림. 또, 말린 새우.

건:-하다〖형〗 ②아주 넉넉하다. abundant ②《약》 거나하다. ③《약》→흥건하다.

건:-하-다(乾一)〖형〗《약》→한건(旱乾)하다.

건학(乾壑)〖명〗 못이나 내뿔이 좋아 마른. drying 하타

건:함(建艦)〖명〗 군함을 건조함. naval construction 하타

건=합육(乾蛤肉)〖명〗 말린 조갯살.

건-해:삼(乾海蔘)〖명〗 말린 해삼.

건해-풍(乾亥風)〖명〗 건방(乾方)이나 해방(亥方)에서 불어오는 바람. 곧, 북서풍이나 북북서풍.

건현(乾舷)〖명〗 배에 가득 짐을 실었을 때 훌수선(吃水線)에서부터 갑판까지의 현측(舷側).

건현 갑판(乾舷甲板) 배가 제 한도로 차게 짐을 가득 실을 수 있는 한계를 규정하는 데 기초로 삼는 갑판. 보통 상갑판(上甲板)을 말함.

건혈(乾血)〖명〗 도살장에서 짐승의 피를 가열하여 혈병(血餅)을 분리하고 압축기로 수분을 제거하여 말린 혹갈색 가루. 속효성 질소 비료가 됨.

건혈 비:료(乾血肥料)〖명〗 비료로 쓰는 건혈.

건혜(乾鞋)〖동〗 마른신.

긴-호:궤(緊犒饋)〖제도〗 음식을 베풀어 군사를 위로하는 대신 돈을 주던 일. 하타

건-혼나다 공연한 일에 놀라서 혼나다. alarm oneself at nothing

건홍합(乾紅蛤)〖명〗 말린 홍합.

건화-장(乾火匠)〖명〗 구운 도자기를 말리는 사람.

걷기도 전에 뛰려고 한다 쉬운 것도 못하면서 단번에 어려운 것을 하려고 덤빈다.

:걷:-나〖자타〗(고) 건너다.

:걷:-내뛔〖자타〗 건너뛰다.

걷-다〖타〗 끼었던 구름·연기 따위가 흩어져 없어지다.

걷-다〖타〗 ①덮거나 가린 것을 치우다. strike ②늘어뜨린 것을 말아 올리다. roll up ③《약》→거두다⑤⑧. ④일이나 일손을 매조져 끝내거나 중단하여 그만두다. stop ⑤¶승진 가도를 ～. walk

걷-다〖자타〗 두 다리를 번갈아 옮겨 앞으로 가다.

:걷:-몰〖명〗 거듬거듬 몰아치다. gather hurriedly

걷어-들-다〖타로〗 늘어진 것을 걷어서 추켜 잡다. hold up

걷어-붙이-다〖—부치—〗〖타〗 소매나 바짓가랑이 따위

걷어-잡-다〖타〗 걷어 올려서 잡다. hold up

걷어=쥐:-다〖타〗 ①걷어 올려서 쥐다. hold up ②장악하다. ¶실권을 ～. grasp

걷어=지르-다〖타〗 ①곡식을 거두는 일. ¶가을을 ～. in gathering ②《건축》 보가 기둥에 얹히는 곳의 안팎을 깎는 일. ¶도래-～. 소마-～.

걷-잡-다〖타〗 쓰러지는 것을 거두어 붙잡다. ¶쓰러지기 시작하자 걷잡지 못하겠더라. support

걷잡을 수 없:-다〖형〗 거두어 붙잡고서 지탱할 수가 없다. ¶기우는 가세를 ～. 걷잡을 수 없이: 이를 문잡이 안 ～. be collected

걷히-다〖—치—〗〖자로〗 ①끼어 있던 구름·안개 등이 없어지다. clear up ②곡식 등이 거두어지다. ¶신 문값이 안 ～. be collected

걸[윷] 윷이 세 짝은 잦혀지고 한 짝은 엎어진 것. 세 끗임. 3 points made in a *yut* game

걸² 《약》 것을.

:걸 (고) 개울. 도랑.

걸각(傑閣)〖명〗 굉장히 큰 누각. 걸관(傑觀). many-storied building

걸개(乞丐)〖명〗 거지①.

걸객(乞客)〖명〗 의관을 갖추고 돌아다니며 얻어먹는 사람. beggar

걸:-걸〖무〗 염치없이 몹시 걸근거리는 모양. 《작》 잘갈. ¶걸걸하다. gluttonous

걸:-걸거리-다〖자〗 염치없이 몹시 걸근거리다. 《작》 잘갈거리다. gluttonously 하타 [힘차다.

걸걸:-하-다(傑傑—)〖형〗 목소리가 좀 쉰 듯하면서 우렁차고

걸걸:-하-다(傑傑—)〖형〗 ①생김새가 헌칠하고 성미가 쾌활하다. 《대》 옹졸하다. 《센》 껄껄하다. cheerful

걸과(乞科)〖제도〗 소과(小科)에 낙방한 늙은 선비가 자기의 실력을 믿고 시관(試官)의 면전(面前)에서 제재(試才)를 청하던 일. 하타

걸관(傑觀)〖동〗 걸각(傑閣).

걸교(乞巧)〖명〗《민속》 처녀아이들이 칠석날 저녁에 견우·직녀 두 별에게 길쌈과 바느질을 잘하게 해 달라고 빌던 일. 하타

걸구(乞求)〖명〗 구걸(求乞). 하타

걸구[—구](傑句)〖명〗 뛰어나게 잘 지은 시구(詩句). excellent verse

걸군(乞郡)〖제도〗 조선조 때, 문과 급제자로서 어버이는 늙고 집안은 가난한 사람이 수령(守令) 자리를 주청하던 일. 하타

걸귀(乞鬼)〖명〗 ①새끼 낳은 암퇘지. mother pig ②《속》 음식을 몹시 탐하는 사람. glutton

걸-〖명〗 걸어 놓고 보는 그림. 괘도(掛圖). wall map, wall-picture

걸근-거리-다〖자〗 ①음식이나 재물에 대해 체신없이 부루퉁 탐을 내다. be greedy ②목구멍에 가래가 붙어서 근질거리다. 《작》 갈근거리다. feel itching in throat 걸근-걸근〖부〗

걸기(傑氣)〖명〗 호걸스러운 기상. heroic temper

걸:-기대(乞期待)〖명〗 기대하기 바람. expect 하타

걸:-기:질(傑—)〖명〗 논바닥을 평평하게 고르는 일. levelling a rice paddy 하타

걸까리-지-다〖자〗 몸이 크고 실팍하다. 걸패가 크다. big and stout

걸쩡-쇠(—쇠)〖농업〗 보습의 쇠코 위에 둘러대는 좁고 긴

걸:-낭(—囊)〖명〗 ①몸에 차지 않고 걸어 두는 큰 주머니나 담배 쌈지. tobacco pouch ②돈 걸낭.

걸:-다〖타〗 ①물건을 달아매다. hang ②돈을 태어 놓거나 약조금을 치르다. bet, pay ③말이나 시

걸다 비를 건네다. accost ④전화기를 작동시켜 상대편과 말을 하다. call up ⑤문을 잠그다. close ⑥희생을 각오하고 일을 단행하다. risk ⑦기계 따위에 그 작용을 하게 하다. ¶발동을 ~. start ⑧의논에 붙이다. consult ⑨싸움이나 시비를 하려고 조건을 붙이다. pick ⑩내기를 하다. bet ⑪상금 따위를 내놓다. put up ⑫소중한 마음으로 기대어 의지하다. rely on ⑬양쪽 사이에 건너지르다. suspend ⑭가마솥·냄비 따위를 불을 때울 수 있게 아궁이 따위에 얹어 놓다. ¶솥을 ~. put on ⑮기대나 희망을 걸다. ¶다음 세대에 희망을 ~. expect ⑯(약)→내걸다.

걸:-다³〔形〕〔ㄹ도〕①흙이 기름지거나 비료에 양분이 많다. fertile ②음식의 가짓수가 많거나 푸짐하다. ¶잔치가 ~. abundant ③말을 함부로 하거나 음식을 닥치는 대로 먹다. ¶입이 ~. skillful not fastidious 이 대단하다. ¶손이 ~. ④손의 활동 ⑤액체가 묽지 않고 걸쭉하다. ¶국물이 ~. turbid

걸-대〔-때〕물건을 걸 때에 쓰는 대. rack
걸-동〔-동〕〔鑛〕서로 통하려 된 광구덩이의 아직 다 통하지 않고 남아 있는 부분.
걸때 사람의 몸피의 크기. ¶~가 크다. bulk
걸-뜨다〔ㅡ르다〕물위에 뜨지 않고 중간에 뜨다. float under the water   ｢ribs of beef
걸랑 소의 갈비를 싸고 있는 고기. meat around
=걸랑(어미) (약)→거들랑.
걸량(乞糧)圄→거량.
걸량-걸:-다〔ㅡ르다〕→걸량걸다.
걸량-금점(乞糧金店)圄→거량 금점.
걸량-꾼(乞糧-)圄→거량꾼.
걸량-짚圄〈동〉걸량짚다.
걸러 사이나 동안을 건너뛰어서. ¶닷새 ~.
걸러-내:기〔르다 배설作泄).
걸러-뛰다㉠ 차례를 걸러서 건너뛰다. skip
걸레圄①더러운 데를 훔치는 데 쓰는 헝겊. ¶마룻~. 밤~. housecloth ②걸레질.
걸레-받이〔-바지〕걸레질할 때 더러워지지 않게 벽의 굽도리 밑으로 좁게 오려 붙인 장판지.
걸레-부정圄 더럽히고 너절한 물건·사람. (약) 걸레②. shabby stuff
걸레-질圄 걸레로 훔치는 일. wiping 하다
걸레질-치:-다타 걸레로 훔쳐 내다. (약) 걸레치다.
걸레-치:-다타(약)→걸레질치다.   ｢swab
걸레-통(-桶)圄 걸레를 빠는 데나 담아 두는 데 쓰
걸로 (약) 것으로.
걸리-다㉠ ①거리끼어 더 나아가지 못하다. be caught ②구속 심문을 당한 관계에 매이다. be arrested ③어떤 병이 나다. ¶폐병에 ~. fall ④시간·날짜가 소요되다. take ⑤어떤 감각 기관에 느껴지거나 거리끼다. ¶마음에 ~. worry ⑥마음에서 떠나지 않고 거리끼다. worry ⑦무엇에 상처되다. ¶비에 걸려서 못 가다. be caught ⑧말이 막히다. ¶말이 걸려 머뭇거리다. be stuck for a word ⑨그물·낚시 등에 잡히다. be caught ⑩꾸며 놓은 구멍에 빠지다. ¶꾀에 ~. fall into ⑪관련이 되다. 관계가 맺어지다. ¶그는 밀수 사건에 걸려 불려 다닌다. connected with ⑫전화나 목소리가 이쪽으로 오다. be called up

걸리-다²사동 ①걸음을 걷게 하다. ¶애를 ~. make (one) walk ②윷놀이에서 말을 걸밭으로 올리다.
걸리-다사동 ①걸게 하다. ②사기에 ~.
걸립(乞粒)圄〔민속〕①동네 경비를 얻기 위해 꾕과리를 치고 집집마다 다니면서 돈과 곡식을 얻는 일. collecting money or rice ②〔불교〕절에서 쓸 공양을 마련하기 위해 중들이 돌아다니며 축복 염불을 하고 돈과 곡식을 구걸하는 일. ③〔민속〕무당이 굿할 때 위하는 급(級)이 낮은 신의 하나. 하다
걸:립-꾼(乞粒-)圄〔민속〕걸립패의 한 사람.
걸:립-놀:-다(乞粒-)㉠르도 〔민속〕무당굿의 열두

거리의 하나로 걸립을 위하는 거리를 하다.
걸립-상〔-쌍〕(乞粒床)圄 무당이 굿할 때 걸립에게 차려 놓는 상.   ｢는 짚신.
걸:립 짚신(乞粒-)圄 무당이 굿할 때 걸립에게 내놓
걸립-패(乞粒牌)圄 걸립을 조직한 집단.
:걸-망〔乞-〕圄 햇다.   ¶는 바랑. 걸낭②. knapsack
걸-망(-網)圄〔불교〕망태기 모양의 걸머미고 다니
걸-맞-다㉠①두 편의 정도가 거의 비슷하다. ¶걸맞은 상대. bear proportion to ②격에 맞게 어울리다. suit

걸머-맡-다 남의 일이나 채무 따위를 안아 맡다.
걸머-미:-다 걸머지어 어깨에 메다.
걸머-메이-다사동 걸머메게 하다.
걸머-잡-다 여럿을 한데 걸쳐 잡다. hold
걸머-지-다 ①걸망에 걸어서 등에 지다. ¶짐을 ~. carry on one's shoulder ②빚을 많이 지다. ¶빚을 ~. be saddled with ③중요한 임무를 맡다. 책임을 지다. take charge of
걸-먹-다(약)→얻얻먹다.
걸메:-미-다 걸어 걸머 한쪽 어깨에 메다. carry on one's shoulder
걸-메이-다사동 걸멤을 당하다. be carried on one's shoulder
걸물(傑物)圄①뛰어난 사람. ¶정계(政界)의 ~. great man ②뛰어난 물건. extraordinary thing
걸:-방석(-方石)圄 무덤의 상석(床石)을 괴는 긴 돌.
걸-밭〔-밭〕圄 윷판에서 갯밭 다음의 말밭.
걸-병신〔-病身〕(乞不拉子)圄 구걸하는 사람이 많으면 한 사람도 얻기 어렵다는 말.
걸-빵圄 ①→멜빵. ②→질빵.
걸사〔-사〕(乞士)圄〈불〉중. ②→거사.
걸사〔-사〕(傑士)圄 뛰어난 인사. distinguished person
걸사〔-사〕(傑舍)圄 굉장히 큰 집.
걸-상〔-쌍〕圄 여럿이 걸터앉는 긴 의자. 거상(踞床)①. 탑(榻). bench   ｢latch
걸-쇠〔-쇠〕圄 문의 빗장으로 쓰는 'ㄱ'자 모양의 쇠.
걸:-스카우트(Girl Scouts)圄 소녀들의 인격 도야를 목적으로 하는 세계적인 단체. (대) 보이 스카우트.
걸식〔-씩〕(乞食)圄 남에게 빌어서 얻어먹음. begging 하다   ¶-집. voracity
걸신〔-씬〕(乞神)圄 굶주리어 음식을 몹시 탐내는 욕심.
걸신 들리-다〔-씬-〕(乞神-)圄 굶주리어 음식에 몹시 탐을 내다. (작) 갈신 들리다. greedy for food
걸신-쟁이〔-씬-〕(乞神-)圄 걸신 들린 사람. (작) 갈신쟁이. glutton
걸-싸-다 일·동작이 매우 날쌔다. quick
걸쌈-스럽-다 남에게 지고자 아니하며 억척스럽다. unyielding 걸쌈-스레   ｢ive 걸쌈-스레
걸쌈-스럽-다 일하는 태도가 탐스럽다. attract걸쌈-거리다㉠ 근근이 닿을락말락하다. (작) 갈쓴거리다. 걸쌈-걸쌈 하다   ¶다. almost reaching
걸쌈-하다閭副 겨우 조금 넣고 말다. (작) 갈쓴하다
걸:앉-다㉠ 걸터앉다.   ｢다.
:걸앉-다(고) 걸터앉다.
걸어-가-다㉠ 서서 두 발을 움직이어 앞으로 나아가다.
걸:어앉-다 높은 곳에 궁둥이를 붙이고 두 다리를 늘어뜨리고 앉다. (약) 걸앉다. sit
걸어앉히-다사동 걸어앉게 하다.
걸어-오-다㉠①탈것을 타지 않고 두 발을 움직여 오다. ②말이나 짓을 상대방에게 먼저 붙여 오다. ¶시비를 ~.
걸어-총(-銃)㉠〈군사〉 소총 세 자루를 총 윗 부분의 총걸이에서 짜 맞추어 삼각뿔 모양으로 세워 놓는 일. 또는 그 구령. pile arms 하다
걸오(桀驁)圄①사나운 말이 아직 길들지 않음. ②성정(性情)이 거세고 거만하며 무례함. 하다
걸오圄 거웃내.
걸우-다 거름을 주어 땅을 걸게 하다. manure
걸-위-다㉠(고) 거리끼다.

걸음발[부](―ᄍ部)[명] 한자(漢字) 부수(部首)의 하나. '癶·登' 등의 'ᄍ'의 이름.
걸음[하―면][자] 발을 옮겨 걷는 것. walking
걸음=걸음[명][약]=걸음걸이.
걸음걸음=이[부] 걸음을 걸을 때마다. 걸음마다. 《약》걸음걸음 each step
걸음=걸이[명] 걸음을 걷는 본새. gait
걸음=나비[명] 걸음의 발자국과 발자국 사이의 거리.
걸음마[감] 어린애에게 걸음 연습을 시킬 때 발을 떼어 놓으라고 재촉하는 소리. Let's walk now!
걸음마 찍찍[감] 어린애에게 걸음마를 시킬 때 발을 떼어 놓으라고 재촉하는 소리. Let's walk now
걸음발=타다[자] 어린애가 처음으로 비틀거리며 걷기 시작하다. baby tries its legs
걸음=새[명] 걸음걸이. 걷는 본새.
걸음=쇠[명][동] 컴퍼스.
걸음아 날 살려라[관] 빨리 달아나야겠다는 말.
걸음장[명] 〈건축〉 동자 기둥의 아래쪽을 대각(對角)의 두 가닥이로 만드는 방식. [步直]
걸음 짐작[―斟酌][명] 걸음으로 거리를 헤아림. 보측
걸이[명] 〈체육〉 다리로 상대자의 오금을 걸어 내미는 씨름 재주. trip
=걸이[접미] 물건 이름 밑에 붙어서 그 물건을 걸어 두는 기구임을 나타냄. ¶모자~. 옷~. rack
걸·이··다[자][고] 걸리다.
걸이=형(―型)[명] 〈체육〉 씨름 기본형의 하나.
걸인(乞人)[명] 거지[1]. 거렁뱅이.
걸인(傑人)[명] 훨씬 뛰어난 사람. master spirit
걸=입·다[―립―][자][약]=걸입다.
걸작(傑作)[명] ①뛰어난 작품. 《대》졸작(拙作) masterpiece ②우스꽝스러운 짓을 잘하는 사람. ¶녀석 참 ~이로군. funny fellow
걸주(桀紂)[명] 중국 하(夏)나라의 걸왕과 은(殷)나라의 주왕. 폭군의 대표자로 일컬어짐.
걸짜(←傑字)[명][속] 걸작으로 노는 사람. ¶하는 짓이 ~야. 「렇게 덤벼들다. gallant 걸짹=걸짹[하다]
걸짹거리·다 성질이 쾌활하여 무슨 일에나 시원스
걸쩍지근·하·다[여불] ①음식을 먹는 대로 먹음이 매우 걸다. gluttonous ②말을 함부로 하여 입이 매우 걸다. foul-mouthed
걸쭉·하·다 액체 속에 쉰이 물건이 많아서 걸다. 〈작〉잘쭉하다. somewhat thick 걸쭉=히[부]
걸:=차·다[여] ①땅이 썩 걸다. fertile ②다기차다. bold
걸:채[명] 〈농업〉 소의 길마 위에 덧었고, 곡식을 따위를 싣는 기구.
걸:챗=불[명] 〈농업〉 걸채에 달린 옹구 비슷한 물건.
걸:쳐 두·다[타] 무슨 일에 결정을 걸어만 두고 끝을 내지 않다. leave in suspense
걸출(傑出)[명] 남보다 훨씬 뛰어남. prominence [하다]
걸·치·다[자] ①두 끝이 맞닿아서 걸쳐다. stretch over ②긴 물건의 가운데 쪽이 무엇에 얹히고 두 끝이 늘어지다. throw on ③한 쪽에서 다른 쪽으로 길게 걸쳐 속되다. reach ④미치다. 통하다. ¶다방면에 걸친 재주. cover [타] ①둘이 서로 맞닿아서 이어지게 하다. lay across ②긴 물건이 한쪽에 얹어서 두 끝이 늘어지게 하다. stretch over ③옷이나 이불 따위를 입거나 뒤집어쓰다. throw on, put on
걸태=질[명] 염치를 돌보지 않고 재물을 마구 긁어 들이는 짓. screwing and scraping [하다]
걸터=들이·다 이것저것 닥치는 대로 휘몰아 들이다. rake together
걸터듬·다[―따] 이것저것으로 되는 대로 찾아 더듬다.
걸터먹·다 이것저것 닥치는 대로 몰아 먹다. eat indiscriminately 「다. bestride
걸·터앉·다 의자·걸상 따위에 온몸을 싣고 걸어앉
걸·터·타·다 소·말 따위의 등에 모로 앉아 타다.
걸=통[명] ①〈속〉배. ②〈속〉밥그릇. [mount
:걸·티··다[고] 걸치다.

검: 프렌드(girl friend)[명] 남자의 여자 친구. 《대》보이 프렌드. 「삐치다. too often
걸핏=하면[부] 조금이라도 일만 있으면. 툭하면. ¶~
걸해(乞骸)[명] 〈제도〉 늙은 재상(宰相)이 임금께 사직을 청원함. [하다]
걸행(傑行)[명] 뛰어난 행위. excellent deed
검[접두] 용언 위에 붙어서 '지나칠 정도로'·'몹시'·'매우'의 뜻을 나타내는 말. ¶~누르다. ~짙다.
검(劍)[명] 칼이 큰 것. ~남무(男舞). sword
검(劍客)[명] 칼 잘 쓰는 사람. 검사(劍士). swordsman
검:거(檢擧)[명] 〈법률〉 ①범죄 증거를 걸어 모음. ②죄상을 조사하려고 용의자를 수사 기관에서 잡아가는 일. 〈유〉검속(檢束). 〈대〉석방(釋放). arrest [하다] 「어 검거함.
검:거 선풍(檢擧旋風)[명] 한꺼번에 여러 사람을 휩쓸
검:견(檢見)[명][탁] 간평(看坪). [하다]
검:경(檢鏡)[명] 현미경으로 검사함. examine through a microscope [하다]
검공(劍工)[명] 도검(刀劍)을 단련 제조하는 사람. 검장(劍匠). sword temperer 「시 관리.
검:관(檢官)[명] 〈제도〉 조선조 때, 시체를 검사하던 임
검광(劍光)[명] 칼날의 번쩍거리는 빛. flash of a sword
검극(劍戟)[명] 칼과 창. swords and spears
검극(劍劇)[명] 칼 싸움을 주제로 하는 영화나 연극.
검금(劍金)[명]=검금. 「sword fighting play
검:기(劍器)[명] 〈음악〉 향악(鄕樂)의 칼춤에 쓰는 칼.
검기-다[타] 검게 더럽히다. ⑤그림의 바깥 금에서 안으로 짙은 빛을 칠해 들어오다. blacken
검:기-무(劍器舞)[명] 〈동〉 칼춤.
검:기울·다[자] 검은 구름이 차차 퍼져서 날이 검게 해지다. become dark
검나무=싸리[명] 〈식물〉 콩과의 낙엽 활엽 관목. 산에 나는데, 늦은 봄에 짙은 자주색 꽃이 핌. 수피는 섭유용임.
검:난(劍難)[명] 칼로 말미암은 재난.
검:납(檢納)[명] 검사하여 받아들임. accept after examining [하다]
검:노랑=배짱이[명] 〈곤충〉 베짱이과의 곤충. 몸 길이 2.5cm 가량이고 몸 빛은 암갈색에 검정빛과 노랑빛이 섞었음.
검:노린재=나무[명] 〈식물〉 노린재나무과의 낙엽 활엽 관목. 산에 나는데, 늦은 봄에 초록색 꽃이 피고 가을에 검은 장과로 익음. 조각재로 쓰임.
검:뇨(檢尿)[명] 〈의학〉 오줌의 양이나 탁한 정도 및 단백질·당·세균·혈구(血球) 등의 유무를 검사함. examination of the urine [하다]
검:뇨=기(檢尿器)[명] 검뇨하는 기구. urinometer
검:누렇·다[ㅎ변] 검은 빛을 띠면서 누렇다. 〈작〉감노랗다. dark yellow
검:누르·다[르변] 검은 빛이 나면서 누르다. 〈작〉감느르다. yellow tinged with black
검:님[명] 〈민속〉 신령님. deity
검:-다[ᄏ][타] 흩어진 물건을 손·갈퀴 따위로 긁어 모으다. rake up
검:-다[ᄋ][자] ①빛깔이 먹빛과 같다. 《대》희다[1]. 〈작〉감다. 〈센〉껌다. black ②마음에 뭇된 욕심이 있다. ¶속이 ~. black-hearted
검:단-질(檢斷―)[명] 비행을 감시하여 죄를 단정함.
검:당=계(檢糖計)[명] 설탕 용액의 농도를 재는 기계.
검:대(劍帶)[명] 패검(佩劍)과 혁대. [saccharometer
검댕[명] 연기·그을음 따위가 엉혀서 된 검은 물질. soot
검:덕(儉德)[명] 검소한 덕. simplicity 「기. soot
검덕 귀:신(―鬼神)[명] 〈속〉 얼굴이나 몸이 더러운 사람. shabby man
검:도(劍道)[명] 〈체육〉 검술을 수련하는 무예. 격검(擊劍)②. swordsmanship [하다]
검:도=장(劍道場)[명] 검도를 수련하는 도장. fencing school
검:독(檢讀)[명] 검사하고 독려함. [하다]
검둥=개[명] 털 빛이 검은 개.

검둥개 도야지 편이다(속) 모양이 근사하면 서로 인연이 가까운 데로 편들어 붙는다는 말.

검둥개 목욕 감기듯(속) ① 아무리 검어 아무리 해도 희어질 수 없다. ② 악인(惡人)이 제 잘못을 끝끝내 뉘우치지 못한다.

검둥-오:리〈조류〉 오리과의 새. 수컷은 까맣고 날개가 희며, 암컷은 암갈색임. 가을에 북쪽에서 날아옴. 맛이 없음.

검둥=이[명] ① 털 빛이 검은 개. black dog ② 살빛이 검은 사람. dark skinned person ③〈속〉 흑인. negro

검:디=검-다[―따―따][형] 몹시 검다. pitch-black

검:-뜨-다[자] 쥐어뜯듯이 바득바득 조르다. importune

검:란(檢卵)[명] 부화(孵化)에 알맞은가 어떤가 또는 부화 중의 배(胚)의 발육 상태가 어떠한가를 검사함. examination of sperm or eggs 하[타]

검:량(檢量)[명] 실은 짐의 수량·중량을 검사함. gauging, metage 하[타]

검:량=인(檢量人)[명] 화물을 인도·인수할 때 그 화물의 중량·용량을 계산·증명하는 사람.

검:룡(劍龍)[명]〈동물〉 공룡목(恐龍目)의 화석 동물. 쥐라기부터 백악기까지 번성하였는데, 길이 10 m, 등에 큰 골판과 가시가 있고 네 다리로 걸었음.

검:루-기(檢漏器)[명] 송전(送電) 중인 전선로에서 누전(漏電)의 유무를 검사하는 장치. ground detector

검:류(檢流)[명] 전류·조류(潮流) 따위의 속도·세기 등을 측정·검사함. 하[타]

검:류-계(檢流計)[명]〈물리〉 물리학·전기학의 실험·측량 때에 미소(微小)한 전류의 유무를 측정하는 계기. galvanometer

검:류-의(檢流儀)[명]〈지학〉 밀물과 썰물의 유속(流速)을 측정하는 계량기, 그 방향을 가리키도록 장치된 것도 있음. current indicator

검률(檢律)[명]〈제도〉 조선조 때, 형조·지방 관아에서 형벌을 맡았던 종 9 품 벼슬.

검:률=단(檢律單)[명]〈제도〉 검률이 다룬 사건에 관하여 제출하는 보고서.

검:림 지옥(劍林地獄)[명]〈불교〉 16 소지옥(小地獄)의 하나. 시뻘겋게 단 쇠잎의 과실이 달려 있는 검수(劍樹)의 숲 속에서 죄 많은 자는 죽은이가 단려을 받는 곳. 불효·불경·무자비한 자가 떨어지는 곳. 검수 지옥.

검:맥(檢脈)[명]〈동〉 진맥(診脈). 하[타]

검:무(劍舞)[명] 칼춤. ¶check up 하[타]

검:문(檢問)[명] 검사하고 심문함. ¶불심(不審) ~.

검:문-소(檢問所)[명] 통행인과 그 소지품 및 차량 등을 검문하기 위해 교통의 요소에 설치한, 경찰관·헌병 등의 파출소.

검:박(儉朴)[명] 검소하고 질박함. simplicity 하[여]

검:-버섯[명] 늙은이의 살갗에 생기는 검은 점.

검:-법[―뻡](劍法)[명] 검도에서 칼을 쓰는 법. 〈유〉 검술(劍術). art of fencing

검:변(檢便)[명]〈의학〉 병균·기생충의 알·혈액 따위의 유무를 알기 위하여 대변을 검사하는 일. examination of feces 하[타]

검:봉(劍鋒)[명] 칼의 뾰족한 끝. 칼날의 끝. 하[타]

검:봉(檢封)[명] 검사하여 봉함. sealing after inspection

검부-나무[명] 검부러기로 된 땔나무.

검부러기[명] 검불의 부스러기. rubbish of dead leaves

검부-잿불[명] 검불을 태운 잿불.

검부저기[명] 먼지 따위가 섞인 검부러기. 하[타]

검:분(檢分)[명] 현장에 입회하여 검사함. inspection

검불[명] 마른풀이나 낙엽. ¶~에 불붙듯. dry grass or leaves [모양. confusedly

검불-덤불[부] 갈피를 잡을 수 없게 뒤섞이어 어수선한

검불밭에 쌀찾기[속] 막연하여 도저히 이룰 가망이 없는 헛수고.

검:-붉-다[―북―](형] 검은 빛을 떠면서 붉다. dark-red

검:-붕장어(―長魚)[명]〈어류〉 먹붕장어과의 바닷물고기. 길이 1 m 이상, 입이 커서 눈 끝까지 달하고, 빛은 검은 빛에 짙은 회갈색임.

검:비(劍鼻)[명] 칼코등이.

검:-뿌:영-다[형용] 약간 겁게 뿌옇다. dingy

검사(劍士)[명] 검객(劍客).

검:사(檢事)[명]〈법률〉 형사 사건의 공소(控訴)를 제기하여 법률의 적용을 청구하고 형벌의 집행을 감독하는 사법 행정관의 하나. 검찰관①. public procurator

검:사(檢査)[명] 사실을 조사하여 옳고 그름과 좋고 나쁨을 판단함. inspection 하[타]

검:사-관(檢査官)[명] 검사를 맡은 관리. inspector

검:사-원(檢査員)[명] 검사하는 임원. inspector

검:사-인(檢査人)[명] ①검사의 임무를 맡은 사람. ②〈법률〉주식 회사의 영업·재산 등에 관한 조사를 하기 위해 임시로 두는 감독 기관.

검:사-장(檢事長)[명]〈법〉 고등 검찰청 및 지방 검찰청의 장. chief public prosecutor

검:사-필(檢査畢)[명] 검사를 마쳤음. ¶~증. [소.

검:사=항소(檢事抗訴)[명]〈법률〉검사가 제기하는 항

검산(檢算)[명] 셈이 맞고 안 맞음을 검사함. 또, 그 계산. 험산(驗算). checking 하[타]

검:산-초롱(劍山―)[명]〈식물〉 초롱꽃과의 다년생 풀. 줄기는 높이 약 70 cm 로 8~9 월에 담자색의 종 모양 꽃이 가지 끝에 핌.

검:상 돌기(劍狀突起)[명]〈생리〉 흉골의 하단에 돌출한 돌기. 연골층이면 중년을 지나면 점차 뼈로 변함.

검새(鈐璽)[명] 옥새를 찍음. 하[타]

검:색(檢索)[명] ①검사하여 찾아봄. search ②〈법률〉수상한 자가 들었다고 생각될 때 가택 수색을 함.

검:=세-다[형용] 성질이 검질기고 억세다. sturdy [하타]

검:소(儉素)[명] 검박(儉朴)하고 질소(質素)함. frugality 하[여]

검:속(檢束)[명] ①〈법물〉 공공의 안전을 해롭게 하거나 불상사를 일으킬 염려가 있는 사람을 잠시 잡아 가둠. ¶예비(豫備) ~. arrest ②〈동〉 구속(拘束)②. 하[타] [ple

검:수(黔首)[명] 일반 백성. 서민(庶民). common peo-

검:수(檢水)[명] 물의 좋고 나쁨을 검사함. examination of water 하[타]

검:수(檢數)[명] 물건의 수량을 검사하고 확인하는 일. [하타]

검:수-기(檢水器)[명] 수질을 검사하는 기구.

검:수-인(檢數人)[명] 화물을 인수·인도할 때, 화물의 개수를 계산·증명하는 사람.

검:수 지옥(劍樹地獄)[명]〈동〉 검림 지옥(劍林地獄).

검:술(劍術)[명] 칼을 쓰는 법. 〈유〉 검법(劍法). art of fencing [man

검:술=사[―싸](劍術師)[명] 검술에 능한 사람. sword-

검숭-검숭[부] 모두가 검숭한 모양. 〈작〉 감숭감숭. 하[여]

검숭-하-다[형용] 드물게나 털이 거무스름하다. 〈작〉 감숭하다. blackish

검습-기(檢濕器)[명]〈동〉 습도계(濕度計).

검:시(檢屍)[명]〈법률〉 변사자(變死者)의 시체를 검사함. 검시(檢視)③. inquest 하[타]

검:시(檢視)[명] ①시력(視力)의 검사. test of visual power ②사실을 조사하여 봄. ③〈동〉 검시(檢屍). 하[타][타]

검:시-관(檢視官)[명] 검시를 하는 공무원. coroner

검:시 조서(檢視調書)[명] 검시관이 검시한 전말을 기록한 문서. coroner's report

검실(芡實)[명]〈원〉―가시.

검실-거리-다[자] 먼 곳에서 자주 어렴풋이 움직이다. 〈작〉 감실거리다. **검실=검실**[부]하[자]

검실-검실[부] 검은 털이 처음으로 나서 거뭇거뭇한 모양. 〈작〉 감실감실. dark here and there 하[여]

검:-쓰-다[형용] ①맛이 씨르고 거슬리도록 몹시 가세고 쓰다. as bitter as gall ②마음에 언짢고 섭섭하다. regrettable

검:안(檢案)[명] 형편이나 상황을 조사하고 따짐. ②〈약〉→검안서②. ③의사가 사망 사실을 의학적으로 확인하는 일. 하[타][타]

검:안(檢眼)圄 시력을 검사함. eye examination 하짜

검:안-경(檢眼鏡)圄 특히 망막의 상태나 근시·원시 등의 시력 등을 검사하는 안경. ophthalmoscope

검:안-기(檢眼器)圄 시력을 검사하는 기계.

검:안-서(檢案書)圄 ①(법률) 의사의 치료를 받지 않고 죽은 자의 사망을 확인하는 의사의 증명서. ②(제도) 검사한 기록. 《참고 검안(檢案)》

검:압(檢壓)圄 압력을 검사함. 하짜 [of an autopsy]

검:압-기(檢壓器)圄 ①〖동〗 압력계. ②〖동〗 기압계.

검:약(儉約)圄 검소하게 절약함. (대) 낭비(浪費). economy, frugality 하짜

검:약-가(儉約家)圄 검약하는 사람.

검:역(檢疫)圄 돌림병을 막으려고, 기차나 기선·비행기에서 내리는 사람을 진찰·소독하는 일. quarantine 하짜 | 리. quarantine officer

검:역-관(檢疫官)圄 검역에 관한 일을 맡아보는 관

검:역-권(檢疫圈)圄 검역을 실시하는 구역의 범위. sphere of interest

검:역-기(檢疫旗)圄 검역을 필요로 하는 배가 검역항에 들어올 때 선호로 내거는 황색기. quarantine flag

검:역-선(檢疫船)圄 바다에서 검역에 종사하는 배. quarantine ship

검:역-소(檢疫所)圄 검역 사무를 보기 위하여 중요한 항구나 공항에 마련된 공공 기관. quarantine station

검:역-원(檢疫員)圄 검역에 관한 사무를 맡은 이. quarantine committee | doctor

검:역-의(檢疫醫)圄 검역을 맡은 의사. quarantine

검:역 전염병(檢疫傳染病)圄 검역의 대상이 되는 전염병. 콜레라·페스트·천연두·발진 티푸스·재귀열·황열(黃熱) 따위.

검:역-항(檢疫港)圄 외지로부터 들어오는 배에 대하여 검역·소독을 실시하는 항구. quarantine port

검:열(檢閱)圄 ①검사하여 열람함. inspection ②(법률) 출판물이나 연극 따위가 안녕 질서나 미풍 양속을 문란하게 할 염려가 있나 없나를 미리 검사하는 행정 사무. censorship ③(군사) 군부에서 군기(軍紀)·교육·근무·장비 상태·작전 준비 등을 점검·열람함. ④(제도) 조선조 예문관의 정9품 벼슬. 사초(史草)를 꾸밈. 하짜

검:열 점:호(檢閱點呼)圄〈군사〉예비역 장병을 사열·점검하기 위하여 소집하여 실시하는 점호.

검:염-기(檢鹽器)圄 물 속의 염분의 함유량을 검사하는 기구. salinometer

검:온(檢溫)圄 온도, 특히 체온을 재어 봄. thermometry taking one's temperature 하짜

검:온-기(檢溫器)圄〖동〗체온계(體溫計).

검:유-기(檢乳器)圄 모유·우유 등의 젖의 좋고 나쁨과 비중을 측정·검사하는 기구. lactoscope

검은고圄〖고〗 거문고. | 하는 말.

검을 기기 막 좋다 하다田 피부가 검은 사람을 위로

검은-그루圄〈농업〉 지난 겨울에 아무 농작물도 안 심었던 밭. (유) 유한지(休閑地). fallow land

검은-깨圄 검은 참깨. 흑임자(黑荏子). black sesame

검은 꼬리 돈피(一膽皮)圄 남달비의 털가죽. fur of marten

검은날개-물잠자리圄〈곤충〉물잠자리과의 곤충. 날개가 수컷은 검푸르고 암컷은 암갈색임.

검은-단圄 학창의(鶴氅衣) 따위에 같은 검은 옷단. black hem

검은-담비圄〈동물〉 족제비과의 산짐승. 족제비와 비슷하나 좀 크고 몸 빛은 자주색인데, 배가 아래는 회백색, 턱에서 가슴까지는 갈황색에 일룩무늬가 있음. 밀림 속에 삶. 모피는 값이 비쌈. 흑초.

검은-데기圄〈식물〉 조의 한 품종. 수염이 짧고 줄기는 붉은 빛이며 알갱이가 검음. kind of millet

검은-도요圄〈조류〉도요과의 도요새의 하나. 몸 빛은 머리·목·배면은 검은색이고, 날개의 일부와 허리·꽁지는 흰. 고기·지렁이·곤충 등을 먹고 삶. 검은꼬리물떼새. oystercatcher

검은-돌비늘[一삐一]圄〈광물〉흑운모(黑雲母).

검은-딸:기〈식물〉장미과의 낙엽 관목. 제주도 특산으로 줄기에는 털이 많고 여름에 흰 꽃이 가지 끝에 핌. 과실은 식용함.

검은머리-노랑멧새圄〈조류〉참새과의 멧새의 하나. 참새와 비슷한데 시베리아에서 번식하고 한국·인도에서 월동하는 익조(盆鳥)임.

검은머리-물떼새圄〖동〗검은도요.

검은-박새[一쌔]圄〈조류〉굴뚝새과의 새. 몸 빛은 검붉은 갈색인데, 눈 위에 작은 무늬가 있음.

검은 반날개-베짱이[一一(一牛一)]圄〈곤충〉 베짱이과의 곤충. 몸 빛은 암갈색이며 앞가슴은 회색임. 산란관(産卵管)이 위로 굽었음.

검은-방울새[一쌔]圄〈조류〉참새과의 새. 몸에 흑갈색 줄무늬가 있고 등은 황록색임. 우는 소리가 아름다워 애완용으로 기르며 식용으로도 하는 익조임. 금시작(金翅雀).

검은 빛 검은 빛깔. 흑색. black

검은-손圄 음험한 손길. 마수(魔手).

검은-장벌레圄〈곤충〉송장벌레과의 벌레. 몸 길이 30~40 mm 가량이고 몸 빛은 흑색, 촉각의 끝은 황색임. 동물의 썩은 시체를 먹고 삶.

검은-수시렁이圄〈곤충〉수시렁이과의 곤충. 몸 길이 8 mm 가량, 몸 빛은 검고 머리와 촉각은 황갈색이며 머리와 다리에 흰 털이 많음.

검은-약(一藥)圄 ①(변)→아편(阿片). ②〖동〗고.

검은-엿[一녓]圄 켜지 않은 검은 빛깔 그대로의 엿.

검은-자圄〖약〗→검자위.

검은-자위圄〈생리〉눈알의 검은 부분. 흑정(黑睛). (대) 흰자위. (약) 검은자. pupil

검은점-가뢰[一쩜一]圄〈곤충〉 땅가뢰과의 곤충. 몸 길이 12 mm 가량으로 몸 빛은 검은 남색이고, 날개에는 담황색 또는 적갈색의 반점이 있음.

검은-콩圄 빛이 검은 콩. 흑태(黑太). 검정콩. black soybean.

검은 Indian-팥圄 빛깔이 검은 팥. black Indian bean「하짜

검인(鈐印)圄 관인을 찍음. stamping an official seal

검:인(檢印)圄 ①검사하고 그 표로 찍는 도장. stamp of approval ②저자가(著者)가 저서의 발행 부수를 검사하며 인세(印稅)의 기수(基數)를 밝히기 위하여 찍는 도장. seal of the author 하짜

검:인정(檢認定)圄 ①검사하여 인정함. ②검정과 인정. official approval 하짜

검:인정 교:과서(檢認定敎科書)圄 검정 교과서와 인정 교과서. authorized textbook

검:인정-필(檢認定畢)圄 검인정을 마쳤음.

검-인증[一쯩]圄 검사한 표로 도장을 찍어 주는 증명. approval certificate

검:자[一짜](檢字)圄 한자 자전에서, 부수가 불분명한 글자를 그 총획수로 찾아보게 배열한 색인. stroke index of characters

검:-잡다田〈약〉→거머잡다.

검:장(劍匠)圄 검공(劍工).

검적-검적圄 검은 점이 굵게 여기저기 박혀 있는 모양. (작) 감작감작. (센) 검적검적. dotted with black spots 하짜

검:전-기(檢電器)圄〈물리〉물체에 있는 전기 및 그 음양(陰陽) 등을 조사하는 기구. 험전기(驗電器). electroscope

검:접-하-다田 결질게 붙잡고 놓지 않다. 꼭 달라붙다. grasp tenaciously

검정圄圄 검은 및 물감. (작) 감장. (센) 껌정. black

검:정(檢定)圄 ①자격·가치·품격 등을 검사·결정함. ②검:정 고시(考試). examination, official approval 하짜

검:정 고시(檢定考試)圄 어떤 자격을 검정하기 위한 시험. 검정 시험. (유) 검정(檢定)②.

검:정 교:과서(檢定敎科書)圄 문교부의 검정을 받은 교과서. authorized textbook

검정=귀뚜라미 명 〈곤충〉 귀뚜라미과의 곤충. 몸 빛은 검고 앞가슴에는 검은 털이 있으며 양 옆에 검정 세로줄, 다리에 검은 무늬가 있음.

검정=두루미 명 〈조류〉 두루미과의 새. 몸 빛은 담회색에 날개 끝에는 흑색 부분이 있음.

검정=할미새 명 〈조류〉 할미새과의 새. 크기는 참새만하며 몸 빛은 대부분이 검고 이마와 배는 흰 물가에 삶.

검:정=료(檢定料) 명 검정받는 데 대하여 내는 수수료.

검정=마름 명 〈식물〉 자라마름과의 풀. 물 속에 나며 한 마디에 잎이 일곱 장씩 붙고 검푸른 색임.

검정=말 명 〈식물〉 검정말과의 물풀. 수초. 줄기는 무더기로 나는데, 마디가 많고 높이 60 cm쯤 됨. 잎은 선형(線形)이며 가을에 담자색 꽃이 피는데, 연못이나 개울에 남. 「감장말.

검정=말 명 털빛이 검은 말. 흑마(黑馬). 가라말. 〔작〕

검정=말벌 명 〈곤충〉 말벌과의 곤충. 몸 길이는 15 mm 정도이고 빛은 검은데 회색의 짧은 털이 많음.

검정=보라색(一色) 명 검은 빛을 많이 띤 보라색. 흑자색(黑紫色).

검정=빛 [一삧] 명 검정 빛깔. 흑색(黑色). black

검:정 시험(檢定試驗) 〈동〉 검정 고시.

검정=이 명 빛깔이 검은 물건. 〔작〕 감장이. 〔센〕 껌정이. black one

검:정=증(一證)(檢定證) 명 검정을 마쳐 인가하여 주는 증서나 증표. certtficate of official approval

검정=콩 명 〈동〉 검은콩.

검정 콩알 명 '총알'을 빗대어 이르는 말. 〔작〕 감장 콩알.

검:정=필(檢定畢) 명 검정을 마쳤음. approved

검:조=의(檢潮儀) 명 〈지학〉 조석(潮汐)에 의한 해면의 높낮이를 측정하는 기계. tide gauge

검:=쥐=다 타 〈약〉 거머쥐다.

검:증(檢證) 명 ①검사하여 증명함. evidence by inspection ②〈법〉판사·검사가 증거될 만한 장소나 물품을 실지로 조사함. ¶현장 ~물. verification

검:증=물(檢證物) 명 검증의 대상이 되는 물건. 하타

검:증 조서(檢證調書) 〈법〉법관이 검증하고 그 전말을 기록한 조서. protocol of verification

검:증 처:분(檢證處分) 〈법〉검증함에 따르는 법규상의 처분.

검:지(檢地) 명 ①땅의 성질·넓이 따위를 정하기 위하여 측량·검사하는 일. land surveying ②전선(電線)과 토지와의 절연(絕緣) 상태를 검사함. 하타

검:지(檢知) 명 검사하여 알아냄. inspection 하타

검:진(檢眞) 명 〈법〉민사 소송에서, 사문서(私文書)의 참과 거짓을 알기 위한 검사. 하타

검:진(檢診) 명 〈의학〉병이 있나 없나를 검사하는 진찰. medical examination 하타

검:진=기(檢震器) 명 〈동〉지진계(地震計).

검:질기-다 형 성질이 끈기있게 질기다. persistent, untiring 「of vehicles 하타

검:차(檢車) 명 차량의 고장 유무의 검사. inspection

검:차-다 형 성질이 검질기고 세차다. dogged

검:찰(檢札) 명 차표·배표·입장권 등을 검사함. 표찰(檢票). examination of tickets 하타

검:찰(檢察) 명 ①검사하여 살핌. examination ②〈법률〉범죄를 수사하여 증거를 찾음. investigation 하타

검:찰-관(檢察官) 명 ①〈동〉검사(檢事). ②군법 회의에서 검찰 직무를 행사하는 법무 장교. prosecutor

검:찰=청(檢察廳) 명 〈법률〉법무부 소속으로 검찰 사무를 통괄하는 기관. 대검찰청·고등 검찰청·지방 검찰청이 있어, 대법원·고등 법원·지방 법원에 대응함. Public Prosecutor's Office

검:찰 총:장(檢察總長) 명 〈법률〉대검찰청의 장. 그 사무를 맡아서 처리하고, 국내 검찰 사무를 통괄하며, 소관 검찰청의 공무원을 지휘 감독함. Public Prosecutor General

검:척(劍尺) 명 곡척(曲尺) 한 자 두 치를 8등분하여 나타낸 자. 불상(佛像)이나 도검(刀劍) 등을 잴 때 씀. 「uring the diameter of a log 하타

검:척(檢尺·檢尺) 명 자로 통나무의 직경을 잼. meas-

검:첩(劍尖) 명 칼 끝.

검:체(檢體) 명 시험 재료로 쓰이는 생물.

검:출(檢出) 명 〈화학〉화학 분석에 있어서 시료(試料) 안에 어떤 원소 또는 이온 화합물이 있고 없음을 알아냄. detection 하타 「스레

검측-스럽-다(一스럽一) 형 검측하게 보이다. craftily 검측

검측측-하-다 형여 ①빛깔이 검고 충충하다. black unevenly ②마음이 음침하고 욕심이 많다. snaky

검측-하-다 형여 음침하고 욕심이 많다. black hearted

검:치-다 타 ①모서리를 중심으로 하여 좌우 양쪽으로 걸쳐서 접어 붙이다. cap a corner with ②한 물체의 두 곳이나, 두 물체를 맞대고 걸쳐서 대거나 박다. join

검:침(檢針) 명 전력·수도·가스 따위의 사용량을 알기 위하여 계량기의 눈금을 검사함. inspection of a meter 하타 「snaky

검침-하-다(黔沈一) 형여 마음이 검고 의뭉스럽다.

검탄(黔炭) 명 화력이 적고 품질이 낮은 숯. 〔대〕 백탄(白炭). coarse charcoal 「하타

검:토(檢討) 명 내용을 검사하여 따짐. investigation

검특-하-다(黔慝一) 형여 마음이 검측스럽고 음흉하다. black-hearted

검:파(檢波) 명 〈물리〉①전파가 어떤 곳에 도달했나의 여부를 검사하는 일. detection ②고주파 교류(高周波交流)를 직류로 바꾸는 일. 하타

검:파=기(檢波器) 명 〈물리〉무선 수신 장치중에서 고주파 교류를 정류하는 이용. 광석 검파기·진공관 검파기 따위가 쓰임. wavedetector

검:퍼렇-다 형ㅎ 검은 빛을 띠면서 퍼렇다. 〔작〕 감파랗다. 「파르다. dark blue

검:=푸르-다 형(르) 검은 빛이 나면서 푸르다. 〔작〕 감

검:푸른접-하-다 형여 푸른 빛을 띠면서 거무접접하다. 〔작〕 감파르잡잡하다.

검:푸르죽죽-하-다 형여 푸른 빛을 띠면서 거무죽죽하다. 〔작〕 감파르족족하다.

검:품(檢品) 명 상품·제품을 검사함. 하타

검:험(檢驗) 명 ①검사하여 증명함. ②〈제도〉살인당한 송장을 검사하거나 처결함. (證驗)함. 하타

검:협(劍俠) 명 칼을 잘 쓰는 협객. valiant swordsman

검:호(劍豪) 명 검술(劍術)이 뛰어난 호걸. master swordsman

검:화 명 〈식물〉산초과의 다년생 풀. 줄기는 나무처럼 단단하고 잔 톱니가 있음. 여름에 연분홍색 꽃이 피고 산기슭의 거적로 나는데 관상용·약재로 심음. 백선(白鮮). dittany

검:극(劍戟) 명 〔동〕 칼과 창.

검:=흐르-다 형(르) 그릇의 전을 넘어서 흐르다. over- 「flow

겁(劫) 명 〈불교〉천지가 한 번 개벽한 때부터 다음 개벽할 때까지의 동안. 〔대〕 찰나(利那).

겁(怯) 명 두려워하거나 무서워하는 병증. fear

겁간(劫姦) 명 폭력으로 간음함. 강간. 겁탈②. violation 하타

겁겁-하-다(劫劫一) 형여 ①급급하다(汲汲一). ②성미가 급하여 참을성이 없다. impatient

겁결(一一) 명 갑자기 겁이 나서 당황한 설레. in the excess of fear

겁기(劫氣) 명 ①험준한 산의 굳고 무시무시한 기운. horrible feeling ②궁한 사람의 얼굴에 나타나는 언짢은 기운. ugly appearance 「이. coward

겁-꾸러기(怯一) 명 몹시 겁이 많은 사람. 심한 겁쟁

겁나(怯懦) 명 겁 많고 나약함. 하타

겁-나-다(怯一) 자 무섭거나 두려워서 주저하는 마음이 생기다. be frightened

겁-내-다(怯一) 타 무서워 망설이는 생각을 내다. ¶ 겁낼 것 없다. show one's cowardice

겁년(劫年) 접운이 돌아온 해. unlucky year
겁략(劫掠·劫略) 위험이나 폭력으로 남의 것을 빼앗음. 약탈(掠奪). 하다
겁-먹-다(怯—) 무섭거나 두려운 생각을 가지다.
겁박(劫迫) 위력으로 협박함. 강박(强迫). threat
겁보(怯—) 겁이 많은 사람. coward
겁부(怯夫) 겁이 많은 사내. 나부(懦夫)①. cowardly man
겁살(劫煞) 〈민속〉삼살(三煞)의 하나. 독한 음기(陰氣)인 이 살이 있는 방위를 범하면 살해가 있다
겁성(怯聲) 겁나서 내는 소리. out cry of fear
겁수(劫水) 〈불교〉세계가 파멸할 때에 일어난다는 큰물.
겁수(劫囚) 옥을 겁략(劫掠). 하다
겁심(怯心) 겁이 나는 마음. fear
겁약(怯弱) 겁이 많고 마음이 약함. faint-heartedness 하다
겁옥(劫獄) 옥에 갇힌 죄수들을 폭력으로 빼앗아 냄.
겁운(劫運) 액이 낀 운수. misfortune, bad luck
겁-쟁이(怯—) 겁이 많은 사람. coward
겁-주-다(怯—) 상대자가 겁을 집어먹게 하다.
겁질(怯) 껍질.
겁초(劫初) 〈불교〉세상의 시초.
겁탁(劫濁) 〈불교〉오탁(五濁)의 하나. 기근과 질병과 전쟁이 연달아 일어나는 일.
겁탈(劫奪) ①남의 것을 억지로 빼앗음. 약탈. ②(동) 겁간(劫姦). plundering 하다
겁풍(劫風) 〈불교〉세계가 파멸할 때에 일어난다는 큰 바람.
겁화(劫火) 〈불교〉세계가 파멸할 때에 일어난다는 큰 불.
겁회(劫會) 큰 액운. 겁운(劫運).
것(의명) 사물의 추상적 관념만을 드러내는 그 사물의 이름 대신 쓰이는 말.〈약〉거. one doing something
것꽂-다 (고) 꺾꽂이하다.
것구러디-다 (고) 거꾸러지다.
것그리티-다 (고) 거꾸러뜨리다.
것그-다 (고) 꺾어지다. 꺾다.
것다 받침 없는 체언이나 부사에 붙어 원인·조건 등이 충분함을 나타내는 연결형 서술격 조사. ¶수재~ 부자~ 장래야 유망하지.
-것다 (어미) ①어떠한 것이나 상태를 다져 말할적에 씀. ¶그래, 이기~ 그거지? ②으레 그러할 것을 인정하여 말할 때 씀. ¶잘치가 한창이~. ③조건이 충분함을 열거할 때 씀. ¶산 좋~ 물 좋~ 무얼 더 바랄까?
것-다 (고) 꺾이다. 꺾다. →것다.
것무끅 (고) 까무러쳐. 기절(氣絶)하여.
것위 (고) 지렁이.
것-지르-다 (고) (르) 거슬러 지르다.
겄-다 (고) 겪다. 꺾어지다. →것다.
겅그레 무엇을 찔 때에 솥바닥의 물에 잠기지 않도록 놓는 나뭇개비 따위. steamer rack
겅금(—金) 백반과 같이, 검정 물감에 섞어 쓰는 황산제일철(黄酸第—鐵)의 이름. 검금.
겅더리-되-다 몹시 파리해져서 빼만 앙상하게 되다. (준)겅더리되다. be worn to a shadow
겅둥 채신없이 가볍게 뛰는 모양. (작)강둥. (센)꺼뚱. hop, jump up and down
겅둥=거리-다 긴 다리로 채신머리없이 자꾸 가볍게 뛰다. (작)강둥거리다. (센)꺼뚱거리다. 겅둥-겅둥 하다
겅둥-하-다 아랫도리가 너무 드러날 정도로 입은 옷이 짧다. (작)강둥하다. (센)꺼뚱하다. rather short
겅성드뭇-하-다 많은 수효가 듬성듬성 흩어져 있다. 겅성드뭇이.=이-
겅정=거리-다 긴 다리로 연해 내어 뛰면서 걷다. (작)강장거리다. (센)꺼쩡거리다. walk with rapid strides 겅정-겅정 하다
겅중=거리-다 긴 다리로 자꾸 솟구어 뛰면서 걷다. (작)강중거리다. (센)껑풍거리다. (거)겅충거리다. walk with bouncing strides 겅중-겅중 하다
겇 (고) 겇. 거죽. 하다
겉 밖으로 나타난 쪽. 거죽. 표면. 바깥. (대) 속. outside, surface
겉-가량(—假量) 겉으로 보고 어림치는 짐작. (대) 속가량. rough estimate 하다
겉-가루 무엇을 빻을 적에 먼저 나오는 가루. (대) 속가루. first grindings
겉 가마도 안 끓는데 속 가마부터 끓는다(속) 제 순서를 기다리지 않고 덤빈다.
겉-가죽 겉을 싼 가죽. 표피(表皮). 외피(外皮). (대) 속가죽. outer skin 「갈아엎는 일. 하다
겉-갈이 잡초·해충 등을 없애려고 추수 후에 논밭을
겉-감 물건의 겉에 대는 감. (대) 안감.
겉-겨 곡식의 겉에서 벗긴 굵은 겨. chaff
겉-고름 (약)→겉옷고름.
겉-고삿 지붕을 일 때 이엉 위에 걸쳐 매는 새끼. (대) 속고삿. ropes fastening a thatch
겉-고춧가루 ①고추를 빻을 때 먼저 나오는 속살의 가루. ②처음 대강 빻은 고춧가루.
겉-곡(—穀) (약)→겉곡식.
겉-곡식 겉껍질을 벗기지 않은 곡식. 피곡(皮穀). (대) 속곡식. (약) 겉곡. unhulled grain
겉-깃 겉으로 나타난 옷깃. (대) 안깃.
겉-꺼풀 겉의 꺼풀. (대) 속꺼풀. outer covering
겉-껍데기 겉의 껍데기. 외각(外殼). 「cover
겉-껍질 겉으로 드러난 껍질. (대) 속껍질. outer
겉-꼴 외형(外形). 「花蓋
겉-꽃뚜껑 〈식물〉꽃뚜껑에서의 꽃받침. 외화개(外
겉-꾸리-다 속에 있는 것을 겉에 드러나지 않도록 겉을 잘 꾸미다. make outward show
겉-꾸림 겉꾸리는 짓. making outward appearance
겉-꾸미-다 겉만을 꾸미다. show off 하다
겉-나깨 메밀의 겉껍데기 속에서 나오는 거친 껍질. (대) 속나깨. bran
겉-넓이(—동) 표면적(表面積). 「일하다. scamp
겉-놀-다 ①딴 것과 잘 어울리지 않고 따로따로 놀다. not mix well ②못·나사 따위가 꼭 맞지 않고 움직이다. ill fitting
겉-눈금 곱자를 반듯하게「ㄱ」자형으로 놓았을 때, 겉에 보이는 쪽에 새겨져 있는 눈금. (대) 속눈. surface gradations of a T-square
겉눈-감-다[—따] 겉으로 눈을 조금 뜨고 무엇을 보면서, 겉으로 남 보기에는 감은 것같이 하다. 속 눈뜨다. pretend to have shut one's eyes
겉-눈썹 눈두덩 위에 난 본래의 눈썹. (대) 속눈썹. eyebrows 「old for one's age
겉-늙-다[—늑—] 나이에 비해 늙어 보이다. look
겉-대 무성하게 거죽에 붙어 있는 줄기나 잎. (예) 속대. outer stalk 「vestment of bamboo
겉-대청(—) 댓개피 거죽의 단단한 부분. (대) 속대. in-
겉-대중 겉으로만 보고서 짐작한 대중. (대) 속대중. rough estimate 「surface scum
겉-더껑이 걸쭉한 액체의 거죽에 엉기어 굳은 꺼풀.
겉-더께 덮어서 찌든 물체에 낀 겉의 때. (대) 속더께. film
겉-돌-다[—동—] ①서로 다른 두 물체가 잘 섞이지 않고 따로 돌다. do not mix well ②서로 잘 어울리지 않다. stay out of the party
겉-똑똑이 실상은 그렇지도 못하면서 겉으로만 똑똑한 체하는 사람. smatterer
겉-뜨물 쌀 따위를 첫 번에 대강 씻어 낸 뜨물. (대) 속뜨물. rice water from the first wash
겉-마르-다(—르) ①속에는 물기가 있고 거죽만 마르다. be dry on surface ②곡식이 여물기 전에 마르다.
겉-막(—膜)(동) 표막(表膜). 「다. wither
겉-말 겉으로 꾸미는 말. (대) 속말. lip service

겉=맞추다 겉으로만 술을 발라 맞추다. temporize
겉=면(-面)명 겉으로 나타나는 면. 표면. surface
겉=모양(-毛樣)명 겉으로 드러나 보이는 모양. 외양(外樣).
겉=모습명 겉으로 나타나는 모습. 외모(外貌).
겉=모양(-模樣)·-貌樣(명) 겉으로 나타낸 모양. 외모(外貌). appearance
겉모양-내:-다(-模樣-·-貌樣-)타 겉모양이 나게 하다. put up a good front
겉=물다 남이 하는 움짓에 덩달아 따르다. follow blindly
겉=물-다 액체가 잘 섞이지 않고 위로 떠서 따로 도는 물. supernatant fluid
겉물-돌-다(타르) 어떤 액체 위에 겉물이 떠서 돌다.
겉=바르다(르) 속의 언짢은 것을 그대로 두고 겉만 좋게 하다. make outward show
겉=밤명 껍데기를 벗기지 않은 밤. 피율(皮栗). (대) 속밤. unhulled chestnut
겉=벌명 속옷 위에 입는 옷의 각 벌. (대) 속벌. upper garment
겉=벽(-壁)명 거죽의 벽. (대) 안벽. outer wall
겉=보기(명) 겉으로 보이는 모양새. 외관(外觀). outer appearance
겉보기 팽창(-膨脹)(물리) 액체에 열을 가할 때, 온도의 상승에 따라 그 그릇도 팽창하므로 그 차만큼 액체가 팽창한 것처럼 보이는 현상. apparent expansion
겉=보리(식물) ①찧지 않은 보리. 피맥(皮麥). unhulled barley ②보리를 쌀보리에 대하여 일컫는 이름. (대) 쌀보리. rough barley
겉보리 돈 사기가 수양딸로 며느리 삼기보다 쉽다속 매우 하기 쉬운 일을 이름. 「가살이를 하겠느냐.
겉보리 서 말만 있으면 처가살이 하랴속 여북해야 처
겉보릿-단(명) 겉보리를 묶은 단.
겉보릿단 거꾸로 묶은 것 같다속 보릿단을 이삭 쪽에 묶은 것같이 모양이 없다.
겉볼-안명 겉을 보면 속까지도 가히 짐작해서 알 수 있음. self-evident
겉=봉(-封)(명) ①편지를 봉투에 넣고 다시 싸서 봉한 종이. 외봉(外封). 피봉(皮封). outer envelope ②봉투의 겉. front of an envelope ③봉투(封套).
겉=불꽃(물리) 불꽃의 바깥 부분. 산소의 공급이 안쪽보다 충분하므로, 연소가 완전하고 온도도 높음. 산화염(酸化焰). 외염(外焰). outer flame
겉=사:주(-四柱)명 통혼(通婚)할 때에 임시로 적어 보이는 신랑의 생년월일과 시(時). (대) 속사주.
겉=살(명) 옷에 감싸이지 않고 늘 겉으로 드러나는 얼굴·손 같은 살. (대) 속살. bare skin
겉=살명 절부체의 양가에 든든하게 댄 살. (대) 속살.
겉=수수(명) 겉겉질을 벗기지 않은 수수. unhulled millet
겉=수작(-酬酬)(명) 겉만을 꾸며 그럴 듯이 발라 맞추는 말. plausible words   「싸개. outer wrapper
겉=싸개(명) 겉 겹으로 싼 물건의 맨 겉의 싸개. (대) 속
겉씨 식물(-植物)명(동) 나자 식물(裸子植物).
겉=아가미(경-)명 겉에 있는 아가미. 올챙이 등의 어릴 때 머리 양쪽에 있으며, 이것으로 호흡을 하다가 차차 자라면 속아가미로 변태함. (대) 속아가미.
겉=약(-藥)(명) 실상은 약치 못하면서 남 보기에만 약함. clever only on the surface 「림. guess
겉=어림[겉-](명) 겉으로만 보아 잡는 어림. (대) 속어
겉=어림[겉-]명 겉만 양쪽에 붙인 짚방석.
겉=여물-다[-너-]자 곡식이 속은 여물지 않고 겉만 여물다. ripe only to outer appearance
겉=옷[겉-](명) 겉에 입는 옷. (대) 속옷. upper garment
겉=옷고름[겉-](명) 겉겉을 여미어 매는 옷고름. (대) 안옷고름. (약) 겉고름. outer breast-tie
겉=옷음[겉-]명 마음에 없이 웃는 웃음. feigned laugh
겉=잎[-닢](명) 푸성귀 따위의 우둥지의 속잎 겉에 붙은 잎. (대) 속잎. outer leaf
겉=자락(명) ①옷을 입고 여몄을 때 맨 끝으로 나오는 옷자락. (대) 안자락. ②⟨건축⟩ 주의(柱衣) 등에 그리는 무늬의 하나. (대) 속자락.
겉=잠(명) ①깊이 들지 않은 잠. 선잠. doze ②겉늘감고 자는 체하는 일. pretending to sleep
겉=잡-다 겉으로 대강 어림하여 헤아리다. 「겉잡아 사흘이면 족하다. guess
겉=잣(명) 껍데기를 까지 않은 잣. 피잣. (대) 실백잣. pinenuts in the shell
겉=장(-張)명 ①어떤 장으로 된 것의 맨 겉의 장. ②표지(表紙). (대) 속장. front page 「속재목.
겉=재목(-材木)명 통나무의 겉쪽. 변재(邊材). (대)
겉=저고리(명) 여자의 여러 겹으로 껴입은 저고리의 맨 겉에 입은 저고리. (대) 속저고리. woman's outer jacket   「of salted vegetables 하자
겉=절이(명) 배추·열무를 절여 곧 무친 반찬. 엄지. dish
겉=절이-다 김장할 때 배추의 억센 잎을 부드럽게 하려고 소금을 뿌려 우선 절이다. salt vegetables for pickles
겉=조(명) 찧지 않은 조. unhulled millet
겉=짐작(-斟酌)명 겉으로만 보고 하는 짐작. (대) 속짐작. superficial conjecture
겉=창(-窓)(명) 영창 겉에 덧단 창문. shutter
겉=치:레(명) 겉만 보기 좋게 잘 꾸민 치레. 허식(虛飾). (대) 속치레. putting on a fair show 하자
겉=치마(명) 여러 겹으로 입은 치마의 맨 위에 입는 치마. (대) 속치마. outer skirt
겉=치장(-治粧)명 겉 부분을 꾸밈. (대) 속치장. outward show 하자   「표층(表層).
겉=켜(명) 여러 층으로 된 것의 겉을 이루고 있는 층.
겉=포장(-包裝)명 맨 겉을 싸고 있는 포장. 겉으로 드러난 포장.   「barnyard millet
겉=피(명) 찧어서 겉껍질을 벗기지 않은 피. unhulled
겉=허울(명) 겉으로 보이는 허울. show, look
겉=흙(명) ①맨 위에 깔린 흙. ②표도(表土).
게:(동물) ①갑각류(甲殼類) 십각목(十脚目)의 단미류(短尾類)에 속하는 절지 동물의 총칭. 몸은 납작하고 등과 배는 딱딱한 껍질로 싸였으며 다섯 쌍의 발이 있는데, 한 쌍의 앞발은 집게 비슷함. 물속에 살며 물 밖에 나와서는 옆으로 기어다님. crab
게(인대) 상대자를 낮잡아 하는 말. ¶ ~ 누구냐. (대대)
게(약)(에게).
게*(연) 그리고.
=게어미 ①아랫 사람이나 친구에게 시킴을 나타내는 종결 어미. 「이것을 하~. ②아래에 오는 동사·형용사의 내용이나 정도를 제한하는 전성 어미. 「예쁘~ 생겼다. ③'만일 그리하면 이렇게 되지 않겠느냐'의 뜻을 나타내는 종결 어미. 「그러다가 배누가 아프~?
=게²[곁] 어떤 말 아래에 붙어 누구의 살고 있는 고장을 뜻하는 말. 「우리~는 올해 풍년이다. village, place
게(G 도)(음악) 제조(C調) 장음계의 다섯째 음.
게(의)(동) 가타(伽陀).   「'사'와 같음.
게:=감정(명) 게의 등딱지를 떼고 소를 넣어 만든 음식.
게:=거품(명) ①게가 토해 내는 거품 모양의 침. foams of a crab ②사람이나 짐승이 피로하거나 피로워할 부럭부럭 나오는 거품 같은 침. foam
게걸(명) 마구 먹으려고 하는 욕심. voracity 스럽 스레
게걸-거리-다(자) 품위 낮은 불평을 자주 떠들다. grumble 게걸=게걸명 하자
게걸-들-다(자르) 먹고 싶은 욕심이 마음 깊이 들어 있다. have voracity, gluttonous   「voracious
게걸-들리-다(자) 먹고 싶은 욕심이 일어나다. become
게걸-떼-다(자) 흐뭇하여 먹고 싶은 욕심이 떨어지다. eat one's fill
게:=걸음(명) 게처럼 옆으로 걷는 걸음. sidling
게:걸음치-다(자) ①게처럼 옆으로 걷다. sidle along ②일이나 사업의 진전이 매우 느리다. make slow progress
게걸-쟁이(명) 몹시 게걸스러운 사람.

게검스럽-다[형][ㅂ불] 욕심껏 마구 먹어대다. 《작》개감스럽다. gluttonous **게검-스레**[부]

게:구(揭句)[명]〈불교〉가타(伽陀)의 글귀. 비 구를 한 개로 하고, 5자나 7자를 한 구로 함.

게:기(揭記)[명] 기록하여 게시함. bulletin **하**[자]

게:꼬리[명] 지식이나 재주가 없는 사람. talentless person [짧다. stupid

게:꽁지만-하다[형][여불] 지식이나 재주가 극히 얕다

=게끔[어미] '=게'보다 더 센 뜻으로 쓰이는 어미. ¶ 밀~ 행동하는군.

=게나[어미] '게'를 좀 더 친근하게 쓰는 종결 어미. ¶

게나-예나[부] '거기나 여기나'의 뜻. [천히 여~.

게네[인대] 3인칭 복수 대명사. 상대편의 무리를 좀 얕 잡아 이르는 말. ¶~가 잘못이다.

게네랄-파우제(Generalpause 도)[명]〈음악〉합주곡·합 창곡에서 모든 악기 또는 성부(聲部)가 일제히 쉬 는 일. 총휴부(總休符).

게놈(Genom 도)[명]〈생물〉생물의 염색체(染色體)의 기본이 되는 수의 한 조(組). 생존에 필요한 최소 한도의 염색체임.

게:눈[명] ①게의 눈. crab's eye(s) ②〈건축〉박공널 이나 추녀 끝에 장식으로 새기는 소용돌이 모양의

게눈 감추듯 한다[관용] 음식을 빨리 먹는다.   [무늬.

게:-다[부][약]→게다가.

게다²[명][약]→게다가.

게다(←geta 일)[명] 일본인이 신는 나막신. 왜나막신.

게다가[부] ①거기에다가. ②그런 데다가 더하여. ¶ 공부를 잘하고 ~ 운동까지 잘한다. 《약》게다. besides, moreover [를 보았다.

게도 구럭도 다 잃었다[관용] 아무 소득이 없이 도리어 손해

게두럴-게두럴[부] 투덜거리며 두덜거리다. grumble 게두럴=게두덜 하[자]

게:-딱지[명] 게의 등껍질. crust

게:딱지-같다[형] 게딱지하다.

게:딱지만-하다[형][여불] 집이 아주 작다. 게딱지같다. humble cottage

게뚜더기[명] 상처 다래끼나 자국 때문에 눈두덩 위의 살이 찍어맨 것처럼 된 눈. 또, 그런 사람. eyebrow that has a stitched-up look

게라(←galley)[명] ①조판해 놓은 활자판을 담아 두는 목판. ②《약》게라쇄(galley 刷).

게라-쇄(←galley 刷)[명]〈인쇄〉조판한 활자판을 교정 용으로 임시로 찍는 쇄판. 교정쇄(校正刷). 《약》게 [라². galley proof

게로기[명]〈동〉모싯대.

게:-류(憩流)[명]〈지리〉전류(轉流)에 앞서 해수(海水) 가 거의 흐르지 않을 때의 조수. 정조.

게:르-다[르불][약]→게으르다.

게르마늄(Germanium 도)[명]〈화학〉원소의 하나. 주로 석탄 속에 함유된 회유 원소. 회백색의 무른 결정. 반도체로서 유명하고 결정 정류기·트랜지스터 따위의 주요한 재료임. 원소 기호; Ge. 원자 번호; 32. 원자량; 72.59.

게르만(German 독)[명] 아리안(Aryan) 인종의 한 종 족으로 독일·덴마크·네덜란드·스칸디나비아 반도 등에 살며, 독일 사람이 대표적임.

게르치[명]〈어류〉게르치과에 속하는 바닷물고기. 몸길이 50cm 가량으로 유어(幼魚)에서 성어(成魚)가 됨에 따라 몸 빛이 변한다. 어릴 때는 내만이나 얕은 곳에 서식하고, 성장하면 심해에 서식한다. 지방이 풍부하여 겨울철에 맛이 좋음.

게르트너-균(Gärtner 菌)[명]〈의학〉티푸스균과 유사한 균. 집단 식중독자 발생의 원인이 되고 있음.

게:름[명]《약》→게으름.

게:름-뱅이[명]《약》→게으름뱅이.

게:름-쟁이[명]《약》→게으름쟁이.

게리맨더링(gerrymandering)[명] 정당이 자기 당에 유리하게 선거구를 개정하는 일.

게리 시스템(Gary system)[명] 게리식(式) 학교 운영 방식. 1908년경부터 미국의 게리 시(市)에서 실시됨. 작업·체육·유희 등의 특별 과목을 중시하고 학 교의 전체 시설을 유효하게 이용하는 새 교육 방법.

게릴라(guerrilla 스)[명] ①유격대(遊擊隊). ②유격전. ¶~ 전술(戰術). guerrilla warfare

게릴라-전(guerrilla 戰)[명] 유격전(遊擊戰).

게마인샤프트(Gemeinschaft도)[명]〈사회〉공동 사회. 《대》게젤샤프트.

게:목-나물[명] 거여목의 줄기를 무친 나물.

게:발-조대[명] 게의 집게발을 꼭지로 한 담뱃대.

게:발톱-표(-標)[명] 따옴표 " "의 이름. quotation marks

게:방(揭榜)[명] 방문(榜文)을 내어 붙임. posting a notice 하[자]

게 새끼는 집고 고양이 새끼는 할퀸다[관용] 유전적인 본

게서¹[부] '~에게서. [능은 속일 수 없다.

게서²[부] 거기에서.

게:-성운(-星雲)[명]〈천문〉은하계의 성운. 1054년 폭발. 팽창 속도가 크며 질량이 태양의 15배임.

게:송(偈頌)[명]〈불교〉부처의 공덕을 찬미하는 노래.

게슈타포(Gestapo 도)[명] 반나치스 운동 단속을 위해 마련한 나치스 독일의 비밀 경찰.

게슈탈트(Gestalt 도)[명]〈동〉형태(形態).

게슈탈트 심리학(Gestalt 心理學)[명]〈동〉형태 심리학.

게스트(guest)[명] 손님. 객. ¶~ 멤버(member).

게슴츠레-하다[형][여불] 거슴츠레하다.

게:시(揭示)[명] 여러 사람에게 알리기 위하여 써서 붙이거나 내어 걸어두고 보게 함. 또, 그 글. notice

=게시판(揭示板)[명] 게시하는 글·그림·사진 등을 붙이는 판. 게판(揭板). bulletin-board

게:시(揭示)[명] 게시판.

게:시(揭示)-하다 밥이 쉬어 숨을 돌림. 하[자]

게:-아재비[명]〈곤충〉게아재비과의 곤충. 몸은 납작하고 긴 타원형으로 논·못에 살며, 잔 고기를 잡아 먹음. 양어장의 해충임. 물장군.

게:-알-젓[명] 게의 알로 담근 젓.

게:알-탕건(一宕巾)[명] 정교하게 만든 탕건.

게:양(揭揚)[명] 높이 달아 올림. ¶국기 ~. raising

게여목[명]〈고〉거여목. [하[자]

게염[명] 시새워서 탐내는 욕심. 《작》개염. covetousness 스럽 스레[부] [become covetous

게염-나다[자] 게염스런 마음이 생기다. 《작》개염나다.

게염-내-다[타] 게염스런 마음을 가지다. 《작》개염내다. covet [다. behave covetously

게염-부리-다[자] 게염스런 짓을 하다. 《작》개염부리다.

:게엽-다/게엽-다[형]〈고〉큼직하며 너그럽고 꿋꿋하다.

게우-다[타] ①먹은 것을 도로 토하다. vomit ②턱없이 차지했던 남의 재물을 도로 내놓다. 《약》게다¹. disgorge

게여목[명]〈고〉거여목.

게:으르-다[르불] 활동하기와 일하기를 싫어하는 버릇이 있다. 《약》게르다. 《작》개으르다. lazy

게으른 선비 책장 넘기기[관용] 하는 일에 전념하지 않고 그 일에서 벗어나 보려고 함.

게으른 여편네 아이 핑계하듯[관용] 핑계를 대어 일을 하지 않는다. [laziness

게:으름[명] 게으른 태도나 버릇. 《약》게름. 《작》개으름.

게으름=뱅이[명]《속》게으름쟁이. 《약》게름뱅이.

게으름-부리-다[자] 게으른 짓을 하다. 《약》게름부리다. belazy [ness. lazybone

게으름-쟁이[명] 게으른 사람. 《약》게름쟁이. 《속》게으름뱅이.

게으름-피우-다[자] 게으른 태도를 나타내다. 《작》개으름피우다. be lazy

게:쭈루미〈제도〉조선 시대에 병권을 가진 고관의 행차 때 호위하는 순령수(巡令手)가 사람들의 통행을 금하여 외치던 소리.

게을러-빠:지-다[자] 몹시 게으르다. 게을러터지다.《약》 겔러빠지다. 《작》개을러빠지다. intolerably lazy

게을러-터:지-다[자] 게을러빠지다.

게을리[부] 게으르게. 《약》겔리. 《작》개을리. lazily

게을오-다 〔형〕〔고〕 게으르다.
게을-이 〔부〕 게을리. 게으르게.
게이(Gay) 〔명〕 동성애자, 특히 남성 동성애자.
게이뤼삭 법칙(Gay-Lussac 法則) 〔물리〕 프랑스의 물리 학자 게이뤼삭이 세운, 압력 상관에서 기체의 열에 의한 체적(體積) 팽창 계수는 기체의 종류에 관계없이 일정한 값을 갖는다는 법칙. 샤를 법칙 (Charles 法則).
게이뤼삭-탑(Gay-Lussac 塔) 〔명〕〈화학〉연실(鉛室)산 제조법에서, 최후의 연실에서 나오는 미반응(未反應)의 기체에서 질소 화합물을 회수하기 위하여 만든 장치.
게이지(gauge) 〔명〕 ①계간(間間)②. ②편물에서, 일정한 치수 중의 코의 수. ③표준 치수. 표준 규격.
게이터(gaiter) 〔명〕 ①〔동〕각반(脚絆). 게트르. ②진 고무 장화.
게이트(gate) 〔명〕 ①문②수문(水門). 굴문. ③경마장에서, 출발 순간까지 말을 가두어 두는 간.
게임(game) 〔명〕 ①유희. ②운동 시합. ③한 시합 중의 한 판의 승부. ④테니스에서, 상대자가 3 점을 얻기 전에 4 점을 얻은 경우나 듀스 후에 상대자보다 2점을 더 얻은 경우.
게임 세트(game set) 〔명〕 ①테니스에서, 게임과 동시에 세트가 끝남. ②야구·배구·연식 정구에서, 승부가 끝남. 시합 종료.
게임즈 올:(games all) 〔명〕 정구 경기에서, 양편이 똑같이 다섯 판씩 이긴 경우.
게임 카운트(game count) 〔명〕 정구·탁구에서 승부가 난 판의 수.
게임 포인트(game point) 〔명〕 탁구·배드민턴 등에서 승부가 결정되는 중대한 득점.
게:-자리 〔명〕〈천문〉황도상의 제4성좌. 태양은 매년 7월 하순부터 8월 상순경에 이 성좌를 통과함. 3월 하순의 초저녁에 남중함.
게 잡아 넣다 〔관〕 애쓴 보람이 없다.
게:-장(-醬) 〔명〕〔동〕게젓. ②게젓을 담근 간장.
게:재(揭載) 〔명〕 신문·잡지 등에 글이나 그림을 실음. printing 하타
게:재비-구멍 〔명〕〈농업〉가래·보습 등의 날개 위쪽으로 벌어진 자리. 홈처럼 되어 있어 나무 자루를 끼워 맞추는 자리.
게:저리 게:장 〔명〕 게장수가 게를 사라고 외치는 소리. cry of crab seller
게저분-하다 〔형〕 몹시 지저분하다. 〔센〕께저분하다. squalid, dirty
게적지근-하다 〔형〕〔여변〕 마음 속으로 지저분스럽게 여기다. 〔센〕께적지근하다. nervous (about)
게접-스럽-다 〔형〕〔ㅂ변〕 몹시 지저분하고 더럽다. 게접-스레 〔부〕
게:-젓 〔명〕 가을에 끓여 익힌 간장에 산 게를 담가 삭힌 것. 게장①. pickled crabs
게정 〔명〕 ①불평스럽게 떠드는 말과 짓. ②심술. complain 스레 〔부〕
게정-거리-다 〔동〕 게정을 자꾸 부리다. 게정=게정 하다
게정-꾼 〔명〕 게정을 잘 부리는 사람. grumbler
게정-내:-다 〔타〕 말이나 행동에 불평을 나타내다. grumble
게정-부리-다 〔동〕 ①일부러 짓궂게 게정내다. ②심술부리다.
게정-피우-다 〔동〕 불평스러운 말과 행동을 겉으로 드러내다.
게젤샤프트(Gesellschaft 도) 〔명〕 이익 사회(利益社會).
게:조(憩潮) 〔명〕 게류(憩流).
게 주고 게 바꾸다 〔관〕 아무 이득도 없는 짓을 한다.
게:-줄 〔명〕 줄다리기하는 굵은 줄에 여러 사람이 쥐도록 양쪽에 맨 여러 가닥의 작은 줄. rope used at a tug of war
게:-다리기기 〔명〕 게줄을 잡고 하는 줄다리기.
=-게·콰·라 〔어미〕〔고〕 -게 하였노라. →-과라.
게:-트르(guêtre 프) 〔명〕〔동〕각반(脚絆).
게:-트림 〔명〕 거드름스럽게 하는 트림. 하다
게:-휴(憩休) 〔명〕〔동〕휴게(休憩).
=겐¹ 〔약〕 ①접미사 '-게'와 조사 '는'이 겹쳐 준 말.

②어미 '-게'와 조사 '는'이 접쳐 준 말.
겐² 〔약〕 ①거기는. ②에게는.
겔(Gel 도) 〔명〕〈화학〉교질 용액이 유동성을 잃고, 응고한 것. 젤라틴·셀룰로이드·한천·두부 등.
겔:-빠:지-다 〔동〕→게을러빠지다.
겔렌데(Gelände 도) 〔명〕 ①바위타기 기술의 연습장. ②광대하고 기복이 많은 스키 연습장.
겔:리 〔명〕〔약〕→게을리.
겔트(Geld 도) 〔명〕 돈. 금전.
겟 투(get two) 〔명〕 야구에서 단번에 주자(走者) 두 사람을 아웃시키는 일. 병살(併殺). 더블 플레이. 하다
=겠 〔선미〕 ①어간에 붙어서 미래를 나타내는 선어말 어미. ¶내일 가~네. ②추측의 뜻을 나타내는 선어말 어미. ¶날씨가 개~네.
겨 〔명〕 곡식의 겉껍질. chaffs
겨-곱-내기 〔명〕 자꾸 번갈아 하기. doing by turns
겨:냥 〔명〕 ①목표물을 겨눔. aim at ②겨누어 정한 치수와 양식. 견양(見樣). estimated measure 하다
겨:냥-내:-다 〔타〕 실물에 겨누어 치수와 양식을 정하다.
겨:냥-대 〔-때〕 〔명〕 겨냥내는 데 쓰는 막대기 따위. yardstick
겨:냥-대:-다 〔타〕 ①목표물을 겨누어 보다. take aim at ②황이나 총 같은 것을 쏠 때에 목표에 맞도록 어름을 잡다. point a gun at
겨:냥-도(-圖) 〔명〕 건물 따위의 모양·배치를 알기 쉽게 그린 그림.
겨:냥-보-다 〔타〕 표준 또는 목표에 겨누어 맞추어 보다. adjust
겨누-다 〔타〕 ①목적물의 방향과 거리를 똑바로 잡다. ¶권총을 ~. aim at ②한 물체의 길이·넓이 등을 알기 위해 다른 물체로 마주 대어 보다.
겨눠 보-다 〔타〕 ①시선(視線)을 한 줄로 똑바로 보다. aim ②길이나 넓이 등을 대어 보다. compare
겨-된:장 〔명〕 쌀겨로 만든 된장.
겨드랑 〔명〕〔약〕→겨드랑이. armpit
겨드랑-이 〔명〕 가슴의 양쪽 어깨 아래의 오목한 부분.
겨-르롭-외-다 〔고〕 한가하다. 한가롭다.
겨-르로원 〔고〕 한가로운.
겨-르르-이 〔고〕 한가로이. 겨를 있게. [tion, race
겨레 〔명〕 한 조상에서 태어난 자손들. ¶배달 ~. na-
겨레-붙이 〔-부치〕 〔명〕 같은 겨레를 이룬 사람. members of a people [compete
겨루-다 〔타〕 서로 버티어 힘을 견주어 보다. ¶힘을 ~.
겨룸 〔명〕 겨루는 일. contest 하다
겨-르로원 〔고〕 한가로운.
겨-르롭-다 〔고〕 한가롭다.
겨-르로-빙 〔고〕 겨를 있게. 한가롭게. →겨르로이.
겨르로이 〔고〕 한가로이. 겨를 있게. →겨르로빙.
겨를 〔명〕 일을 하다가 쉬는 틈. 여가(餘暇). spare time
겨를-흥 〔고〕 한가하다.
겨름 〔명〕〔약〕→겨릅대.
겨릅-단 〔명〕 겨릅대를 묶은 단.
겨릅-대 〔명〕 껍질을 벗겨 낸 삼대. 마골(麻骨).〔약〕겨릅. skinned hemp stalks
겨릅-문(-門) 〔명〕 겨릅대로 만든 사립문.
겨릅-발 〔명〕 겨릅대로 엮어 만든 발.
겨릅 이엉(-니-) 〔명〕 겨릅대로 엮은 이엉. [walnut
겨릅 호두(-胡-) 〔명〕 껍질이 얇은 호두. thin shelled
겨리 〔명〕 소 두 마리가 끄는 큰 쟁기. 〔대〕호리. plow drawn by two oxen
겨리반-나-다 〔자〕〔원〕→결반나다.
겨리-질 〔명〕〈농업〉겨리로 논밭을 가는 일. 하다
겨린(-隣) 〔제도〕 살인 사건이 났을 때, 범인 이웃에 사는 사람. 〔원〕결린.
겨린-잡-다 〔타〕〈제도〕살인 사건이 났을 때 범인의 집 이웃 사람이나 그 현장 근처를 지나가는 사람까지도 증거인으로 잡아가다. [settled
겨린-잡히-다 〔-隣-〕 〔자〕 겨린잡음을 당하다. be
겨릿-소 〔명〕 겨리를 끄는 소. yoke of oxen
겨 묻은 개가 똥 묻은 개를 나무란다 〔관〕 자기 결점은

생각하지 않고 남의 좋지 못한 점만 나무란다.
겨=반지기[명] 겨가 반이나 섞인 쌀. rice with husks in it
겨=범벅[명] 쌀가루에 호박을 썰어 넣고 버무려 찐 음식. sliced pumpkin cooked with rice chaff
겨=슬[명](고) 겨울.
겨시-·다/겨·시-·다[자](고) 계시다.
겨우사리넌출[명](고) 겨우살이덩굴.
겨우사리곶[명](고) 겨우살이덩굴의 꽃. 금은화(金銀花).
겨울/겨·울[명](고) 겨울.
겨어사리[명](고) 겨우살이풀.
겨우[무] 근근히. 가까스로. 간신히. ¶~ 먹고 산다.
겨우=겨우[무] 매우 힘들게 겨우. 간신히 힘들여. ¶~ 살아간다. barely
겨우=내[무] 온 겨울 동안. (원) 겨울내. throughout the winter
겨우=살이[명] ①겨울에 입는 옷. winter clothes ②[동] 월동(越冬).
겨우-살이[식물] ①겨우살이과의 식물의 총칭. 기생목(寄生木). parasitic plant ②겨우살이과의 상록 기생 관목. 잎은 타원형이 V자형으로 되성장(對生)함. 이른봄에 담황색 꽃이 피고 과실은 녹황색으로 구형임. 서나무·자작나무·참나무 등에 붙어서 삶. 줄기와 잎을 약재로 쓴다. mistletoe
겨울[명] 한 해의 넷째 철. 입동으로부터 입춘까지의 동안. (약) 곁². winter
겨울=날[명] 겨울철의 날씨. winter weather
겨울=내[무](원)→겨우내.
겨울 냉:면(一冷麪)[명] 겨울에 동치미 국물에 말아 먹는 냉면.
겨울=닭[동] 동아(冬瓜).
겨울=바람[一─](명) 겨울철에 부는 찬 바람.
겨울이 지나지 않고 봄이 오랴[명] 세상 일에는 일정한 순서가 있어서 결코 뛰어서 될 수 없다.
겨울=잠[명] 동면(冬眠).
겨울=철[명] 겨울인 철. 동절(冬節). winter season
겨울=털[명][동물] 온대 지방의 동물이 가을에서 초겨울까지 털갈이를 하고 이듬해 봄까지 지니는 털. 동모(冬毛). (대) 여름털.
겨위-하:다[여불] 힘에 겹게 여기다. find it difficult to
겨월[명](고) 겨울.→겨울.
겨울[명](고) 겨울.
겨자[명] ①[식물] 겨자과의 이년 또는 삼년생 풀. 높이 1 m 가량이고 잎은 무잎 비슷하나 쭈글쭈글함. 4월에 누런 꽃이 피고 5 cm 가량의 원추형 열매를 맺음. 매운 맛이 있어서 씨는 양념과 약재로 쓰임. ¶~ 무꾸기. ~채. mustard ②겨자씨로 만든 매큰한 양념.
겨자-선[명] 무·배추·도라지·오파·편육·돼지고기·전복·해삼·밤·밤 따위를 잘게 썰어 섞고 양념을 하여 겨자와 버무린 술안주. ¶깜. ②몸시 작은 것의 비유.
겨지=씨[명] ①거기에 쓰는 양념·약재로 쓰이고, 기름을
겨자=즙(一汁)[명] 겨자에서 짜낸 즙.
겨=죽(一粥)[명] 고은 쌀겨로 쑨 죽. 강죽(糠粥). rice-bran gruel
:겨집[명](고) ①계집. ②아내.
·겨집일:이-·다[자](고) 장가들다. 장가들다.
겨집을-다[타](고) ①장가들다. ②계집질하다.

격(格)[명] ①신분에 맞는 체제 또는 행동. ¶~에 맞는 행동. dignity ②[어학] 체언(명사·대명사·수사)으로 하여금 일정한 자격을 가지게 하는 다른 말과의 관계. 곧 주격·목적격·서술격·보격·관형격·부사격·호격. case ¶화투 따위의 꿋수. ¶열~. point ④〈논리〉삼단 논법의 대소 양 전제(前提)에서의 매개념(媒概念)의 위치에 따라서 생기는 추론(推論)의 형식. figure of syllogism
격(檄)[명][동] 격문(檄文).
격감(激減)[명] 갑자기 줆. 줄임. (대) 격증(激增). sharp decrease 하[자]

있음과 다름없음. 「도. 하[자]
격검(擊劍)[명] ①칼 쓰는 법을 익힘. fencing ②[동] 검도
격고(擊鼓)[명] ①북을 두드림. beating a drum ②옛동 때 원통한 일을 임금에게 상소하기 위해 북을 쳐서 하문(下問)을 기다림. 하[자]
격고 명금(擊鼓鳴金)[명] 북을 치고 징을 울림. 옛날 전쟁에서 북을 치면 진격하고 징을 치면 퇴각하였음.
격구(擊毬)[명] ①<제도> 말을 타고 달리며 구장(毬杖)으로 공을 치던 옛날 무예 또는 운동. 농장(弄杖). 농장희. ②[동] 타구(打毬).
격권(激勸)[명] 몹시 권함. 하[자]
격근(隔近)[명] 사이가 가까움. near 하[형]
격기(隔期)[명] 기일(期日)까지의 사이가 가까움. close at hand 하[형] 지다. (유) 티격나다.
격나-나-다(隔一)[자] 서로 의사가 맞지 않아 사이가 멀어
격납-고(格納庫)[명] 비행기 따위를 넣는 창고. hangar
격년(隔年)[명] ①해를 거름. ②한 해 이상 사이를 둠. ¶~으로 개최하다. 하[자]
격년 결과(隔年結果)[명] 과수(果樹)가 한 해에는 열매가 많이 열고 나무가 약해져서 그 다음 해에는 거의 열매가 열리지 않는 일. 해거리.
격노(激怒)[명] 몹시 성냄. 격분(激忿). wrath 하[자]
격단(激湍)[명] 몹시 세차게 흐르는 여울.
격담(格談)[명] 격에 맞는 말. reasonable talk
격담(膈痰)[명] 가슴에 막힌 가래. phlegm
격도(格度)[명] 품격과 도량. dignity and magnanimity
격돌(激突)[명] 격렬하게 부딪침. crash 하[자]
격동(激動)[명] ①급격하게 움직임. violent shaking ②몹시 감동함. being moved deeply 하[자]
격-두-다(隔一)[타] 사람과 사람 사이에 일정한 간격을
격 뜨기다(隔一) 골패나 화투 노름을 하이. 하[자] ㄴ두다.
격랑(激浪)[명] 거센 파도. 격파(激波). raging waves
격려(激勵)[명] 몹시 장려함. ¶~문(文). encourage-
격력(激歷)[명] 격려하는 말.
격렬(激烈)[명] 몹시 맹렬함. ¶~한 논조(論調). violence 하[형] 히[무]
격례(格例)[명] 격식이 되어 있는 관례. precedent
격론(激論)[명] 격렬한 언론. 또는 논쟁. hot argument
격류(激流)[명] 몹시 세찬 흐름. torrent 하[자]
격률(格率)[명]〈철학〉①준칙(準則). ②이론상 최대 권위를 갖는 명제 또는 공리. maxim
격리(隔離)[명] ①사이를 메어 놓음. isolation ②떨어져 있음. being separated 하[자타]
격리 병:사(隔離病舍)[명]〈의학〉전염병 환자를 격리 치료하기 위하여 마련한 병사.
격리 병:원(隔離病院)[명]〈의학〉전염병 환자를 일정한 장소에 격리하여 치료하는 병원. quarantine hospital
격리-실(隔離室)[명]〈의학〉전염병 환자를 따로 두고 일반인의 왕래를 금하여 치료시키는 방.
격리 처:분(隔離處分)[명]〈법률〉선염병의 우려가 있는 환자를 강제로 따로 메어 놓고 사람의 왕래를 금하는 행정 처분. isolation 하[자]
격리 환:자(隔離患者)[명]〈의학〉일반인이나 다른 병의 환자와 구별하여 따로 메어 놓은 환자.
격린(隔隣)[명] 이웃이 이웃함. being near by 하[자]
격막(膈膜)[명]〈생리〉①〈약〉횡격막(橫膈膜). ②동물의 체강(體腔)에 있는 중간막. diaphragm
격면(隔面)[명](고) 절교(絕交).
격멸(擊滅)[명] 쳐서 멸망시킴. destruction 하[자]
격무(激務)[명] 몹시 바쁘고 힘든 업무. 극무(劇務). ¶~에 시달리다. hard work
격문(檄文)[명] ①널리 알려 사람들을 부추기는 글발. manifesto ②〈제도〉군사를 급히 모집하기 위하여 써 붙이던 글. 격(檄).
격물(格物)[명] 사물의 이치를 연구하여 궁극에 이름. study of things 하[자]
격물 치:지(格物致知)[명] 사물의 이치를 연구하여 지식을 확실히 함. (약) 격치. gaining knowledge the

격발(激發)[명] 격동하여 일어남. 또, 일으킴. ¶~ 분

격발(擊發)[명] 탄환을 쏘려고 방아쇠를 당겨 화약에 불을 붙이는 일. percussion 하타

격발 장치(擊發裝置)[명] 총포를 격발시키는 장치. '공이' 따위.

격벽(隔壁)[명] ①벽 하나를 사이에 둠. partition ②칸을 막은 벽.

격변(激變)[명] 갑자기 심하게 변함. sudden change 하타

격:변:화(格變化)[어학] 주로 인구어(印歐語)에 있어서, 어미에 의한 격의 변화. declension

격분(激忿)[명][동] 격노(激怒). 하타

격분(激憤)[명] 몹시 분개함. wild indignation 하타

격분(激奮)[명] 몹시 흥분함. excitement 하타

격살(擊殺)[명] 쳐서 죽임. 하타

격상(格上)[명] 자격·등급·지위 등의 크을 올림. 《때 격하(格下). 하타

격상(激賞)[명] 몹시 칭찬함. 격찬(激讚). high praise 하타

격상(擊賞)[약]→격절 탄상(擊節歎賞). 하타

격색(隔塞)[명] 멀리 떨어져 막힘. estrangement 하타

격서(檄書)[명] 격문을 적은 글. manifesto

격설(鴃舌)[명] 외국인·야만인이 지껄이는, 알아들을 수 없는 말을 얕잡아 이르는 말.

격성(激聲)[명] 격앙(激昂)한 언성.

격세(隔世)[명] ①세대(世代)를 거름. every other generation ②심한 변천을 지낸 딴 세대. distant age 하타

격세(隔歲)[명] 한 해를 거름. 해가 바뀜. pass the year

격세 안면(隔歲顏面)[명] 해가 바뀌도록 오래 만나지 못한 얼굴. year's interval

격세 유전(隔世遺傳)[생리] 조상(祖上)에 있었던 열성(劣性)의 유전 형질이 한 대 또는 여러 대를 걸러서 뒷세대의 자손에 나타나는 현상. 간헐 유전(間歇遺傳). atavism 하타

격세:지:감(隔世之感)[명] 딴 세대(世代)와도 같이 몹시 달라진 느낌. impression of being poles apart

격쇄(擊碎)[명] 때려 부숨. 하타

격식(格式)[명] 격에 어울리는 법식. ¶~에 맞추다.

격실(隔室)[명] 옆에 떨어진 방. formality

격심(隔心)[명][동] 격의(隔意).

격심(激甚)[명] 대단히 심함. severity 하타 히타

격안(隔岸)[명] 강이 언덕으로 막힘.

격앙(激昂)[명] 감정·기운이 격렬히 치솟아 일어남. excitement 하타

격야(隔夜)[명] 하룻밤을 지냄. night's interval 하타

격양(激揚)[명] 기운이나 감정이 몹시 움직여 들날림. exaltation 하타

격양(擊壤)[명] ①옛날 중국 상고 때, 민간에서 행하던 유희의 하나. ②땅을 두드리며 태평함을 노래함. singing the praises of peace 하타

격양(擊攘)[명] 쳐서 물리침. repulse 하타

격양:가(擊壤歌)[명] 풍년이 들어 농부가 태평한 세월을 기리는 노래. farmers' song celebrating national prosperity

격어(激語)[명] 과격한 말. harsh remarks

격언(格言)[명] 사리에 맞추어 교훈이 될 만한 짧은 말. proverb

격외(格外)[명][동] 예외(例外).

격원(隔遠)[명] 멀리 떨어져 있음. 절원(絶遠). estrangement 하타

격월(隔月)[명] 한 달씩 거름. 달을 거름. every other month

격월-간(隔月刊)[명] 한 달에 걸려 간행함. 두 달에 한 번 간행함. bimonthly

격음(激音)[명][동] 유기음(有氣音).

격의(隔意)[명] 서로 터놓지 않는 속마음. 격심(隔心).

격일(隔日)[명] 하루씩 거름. ¶~(制). every other day 하타 reserve

격자(格子)[명] ①대갓끈의 대롱들 사이에 꿴 둥근 구슬. ②나무오리·대오리·쇠오리 등으로 정간(井間)을 맞추어 짠 물건. lattice ③평면·입체에 있어서 같은 간격으로 규칙 있게 짜인 무늬나 구조. fretwork ④[동] 결정 격자(結晶格子). ⑤《문》회절

격자(回折格子).

격자(擊刺)[명] 패리고 찌름. clubbing and slashing 하타

격자 무늬(格子—)[명] 장기판처럼 가로로 줄이 진 무늬. 석쇠 무늬.

격자-창(格子窓)[명] 정간을 격자로 짠 창. lattice window

격장(隔墻·隔牆)[명] 담 하나를 사이에 두고 이웃함. partition by a fence 하타

격장(激獎)[명] 격려하고 장려함. 하타

격장-가(隔墻家)[명] 담 하나를 사이에 한 이웃집.

격장-지린(隔墻之隣)[명] 담 하나를 사이에 둔 가까운 이웃.

격쟁(擊錚)[명] ①꽹과리를 침. tolling a gong ②《제도》 옛날 상소하는 사람이 임금에게 하소연하고자 거둥하는 길가에서 징이나 꽹과리를 쳐 하문(下問)을 기다리던 일. 하타

격전(激戰)[명] 격렬한 전투. ¶~지(地). fierce battle

격절(隔絶)[명] 사이가 떨어져 연락이 끊김. isolation

격절(激切)[명] 말이 격렬하고 절실함. 하타

격절(擊節)[명] 두들겨서 박자(拍子)를 맞춤. 감탄함. 하타

격절 칭상(擊節稱賞)[명][동] 격절 탄상(擊節嘆賞).

격절 탄:상(擊節嘆賞)[명] 무릎을 치며 탄복하여 칭찬함. 격절 칭상. 《약》격상(擊賞). 하타

격정(激情)[명] 세게 치미는 감정. ¶~ 열의(熱意) passion ②강한 욕망.

격조(格調)[명] ①《문학》 시가(詩歌)의 체제와 가락. rhythm ②사람의 품격과 지취(志趣). dignity and purpose ③사물이 지닌, 그 자체에 걸맞는 전체의 구성·태(態).

격조(隔阻)[명] ①소식이 오래 막힘. ¶~ 수월(數月). 《유》 적조(積阻). long silence ②서로 멀리 떨어져 통하지 못함. 하타

격=조사(格助詞)[어학] 한 문장에서 선행하는 체언으로 하여금 일정한 자격을 가지도록 해 주는 조사. 주격·서술격·목적격·보격·관형격·부사격·호격 조사가 있음. 자리토씨. case particle

격조-파(格調派)[문학] 한시에 있어서 기격(氣格)이 응대하고 성조(聲調)가 원숙한 글을 쓰는 유파.

격주(隔週)[명] 한 주일씩 거름. 하타

격증(激增)[명] 갑자기 늘어나 붐. 《대》 격감(激減). sudden increase 하타

격지[명] 여러 겹으로 쌓이어 붙은 켜. layers

격지(隔地)[명] 멀리 떨어진 지방. distant place

격지(隔紙)[명] 켜 사이에 끼는 n종이. iserted paper

격·지[ㄲ] 나막신.

격지=격지[Ⅰ]①여러 격지. ¶~ 덧붙이다. in layers ②격지마다.

격=지-다(隔—)[자] 서로 뜻이 않아 교제가 막혀 있다. be estranged

격지=자(隔地者)[명]《법률》의사 표시의 그 요지(了知)와의 사이에 시간을 필요로 하는 관계에 있는 사람. 《대》 대화자(對話者). absentee

격진(激震)[명] 진도 7의 격렬한 지진. 극진. severe earthquakes

격차(隔差)[명] 가격·자격·등급 등의 차(差). difference in price

격차(隔差)[명] 동떨어진 차이. gap

격찬(激讚)[명] 크게 칭찬함. high praise 하타

격철(擊鐵)[명] 공이치기.

격추(擊追)[명] 뒤를 쫓아가서 침. 추격(追擊). 하타

격추(擊墜)[명] 적의 비행기를 쏘아 떨어뜨림. shooting down 하타

격추-파(擊追破)[명] 비행기 따위를 격추하고 격파함.

격치(格致)[약]→격물 치지(格物致知).

격침(擊沈)[명] 적의 함선을 쳐서 가라 앉힘. sinking

격침(擊針)[명][동] 공이 ②. 하타

격탁(擊柝)[명] 딱다기를 침. 하타

격탕(激盪)[명] 심하게 뒤흔들림. 하타

격통(激痛)[명] 심한 아픔.

격퇴(擊退)[명] 적을 쳐서 물리침. 격양(擊攘). repulse 하타

격투(格鬪)[명] 서로 맞붙어 치고 받으며 싸움. 박전(搏戰). hand-to-hand combat 하타

격투(激鬪)[명] 심하게 싸움. desperate fighting 하타

격파(激波)[명]〖동〗격랑(激浪).
격파(擊破)[명] 쳐서 부숨. defeating 하다
격판(隔板)[명] 뱃칸이 놓지지 않도록 선장 안에 만든 칸막이 판자.
격하(格下)[명] 자격·등급·지위 등의 격을 낮춤. 또, 이 낮아짐. demotion 하다타 「¶하루로 ~. part
격-하(隔-)[명]자타동 시간 또는 공간의 사이를 두다.
격-하다(激-)[자여][동] ①성을 발큰 내다. 흥분하다. be provoked ②기세가 급하고 거세다. violent
격-하다(檄-)[자여][동] 궐기할 것을 호소하다. ¶전국민에게 격하. appeal 「fication 하다
격화(激化)[명] 격렬하게 됨. 또, 격렬하게 함. intensi-
격화 소양(隔靴搔癢)[명] 신 신고 발바닥 긁기와 같아 마음에 차지 않음. leaving much to be desired
격화 일로(激化一路)[명] 오직 격화하여 갈 뿐임. getting more and more intense 「메움. 하다
격회(隔灰)[명] 관을 묻을 때에 먼저 그 주위를 석회로
겪-다[격따][타] ①어려운 일이나 경험될 만한 일을 하다. experience ②여러 사람을 청하여 음식을 대접하다. feast 「entertaining guests
겪이[격끼][명] 음식을 차려 남을 대접하는 일. ¶손님 ~.
견(絹)[명] ①얇고 성기게 짠 깁. 밑에 종이 등을 받친 족자·병풍 등에 씀. silk ②[약]=견본(絹本).
견가[-까](繭價)[명] 누에고치의 값.
견:각(見却)[명] 남에게 거절을 당함. 견퇴(見退). 하다
견갑(肩胛)[명]〖약〗=견갑골. 「strong armour
견갑(堅甲)[명] ①튼튼한 갑옷. ②단단한 감각(甲殼).
견갑-골(肩胛骨)[명]〖생리〗어깨의 등쪽에 있는 삼각형의 편평한 뼈. 두 개가 있는데, 여기에 쇄골 및 상박골이 연결되어 있음. 어깨뼈. [약] 갑골(胛骨). 견갑(肩胛). 견골(肩骨). shoulder blade
견갑-근(肩胛筋)[명]〖생리〗견갑에 붙어 있는 근육.
견:갑 이:병[-니-](堅甲利兵)[명] ①튼튼한 무장과 정예한 병기. ②정병(精兵). well-armed soldier
견강(堅剛)[명] 성질이 야무지고 단단함. steadfastness
견강(堅强)[명] 굳세고 힘이 강함. solidity 하다
견강(牽强)[명] 억지로 끌어당김. stretch the meaning 하다
견강 부:회(牽强附會)[명] 말을 억지로 끌어대어 조리에 닿도록 함. far-fetched interpretation 하다
견개(狷介)[명] ①고집이 세어 남을 용납하지 못함. ②지조가 매우 굳음. 하다
견결(堅決)[명] ①굳게 결심함. ②단단히 결정함. 하다
견:경(見輕)[명] 깔봄을 당함. 하다
견경(堅硬)[명] 굳고 단단함. hardness 하다
견고(堅固)[명] 굳고 튼튼함. firmness 하다 히
견:곤(見困)[명] 곤란을 당함. 하다
견골(肩骨)[명]〖약〗=견갑골(肩胛骨).
견과(堅果)[명]〖식물〗호두 따위와 같이 굳은 껍질에 싸여 있는 종류의 실과. 피과(殼果). nuts
견=관절(肩關節)[명]〖생리〗견갑골과 상완골 사이의 구(球)관절. 「어긋남. 하다
견광(狷狂)[명] 성질이 괴팍하여 행동이 상규(常規)에
견권(繾綣)[명] 깊이 생각하는 정이 못내 잊혀지지 않음
견권지-정(繾綣之情)[명] 견권(繾綣)한 정. [음. 하다
견기(見棄)[명] 남한테 버림받음. 하다
견:기(見機)[명] ①기미를 알아챔. sense ②기회를 봄. waiting for a chance 하다
견:기이:작(見機而作)[명] 기미를 알고 미리 조처함. 하다 「간에 있는 사람.
견:기지:재(見機之才)[명] 견기하는 재간. 또, 그런 재
견당(遣唐)[명] 당나라에 파견됨. 하다
견대(肩帶)[명] 견대(繭帶). ②〖동〗상지대(上肢帶). 「자그마한 돌.
견대-못[-대-][명] 실꾸리를 결을 때에 실가락을 가로 걸치는
견돈(犬豚)[명] ①개와 돼지. ②범용한 사람.
견두(肩頭)[명] 어깨. 어깨 끝.
견디-다[타] ①잘 버쳐 내다. bear ②잘 참아 내다. ¶고생을 ~. endure ③물건이 쉽사리 닳아 없어

지거나 해지지 않고 오래 가다. last, resist
견딜-성[-썽](-性)[명] 잘 참아 견디는 성질. 인내성. perseverance
견딜-힘[명] 참고 견디어 내는 힘. 인내력(忍耐力).
견련(牽連·牽聯)[명] ①서로 관련됨. connection ②서로 꿰기어 관련시킴. drawing near 하다
견련(牽連)[명] ①서로 버티어 당기어 견김을 받고 있다. holding each other in check ②서로 엇걸려 원수같이 미워하다. 「(固). solidity 하다
견뢰(堅牢)[명] 단단하여 쉽게 부서지지 않음. 강고(强
견루(堅壘)[명] 방비나 구조가 견고하여 쳐부수기 어려
견:리(見利)[명] 이익을 봄. 하다 「운 보루.
견:리 망의(見利忘義)[명] 이익을 보면 의리를 잊음. 하다 「를 생각함. 하다
견:리 사의(見利思義)[명] 앞에 이익이 보일 때, 의리
견마(犬馬)[명] ①개와 말. dog and horse ②[하] 자기를. my humble self
견마(牽馬)[명] '경마'의 취음.
견마 곡격(肩摩轂擊)[명] 사람의 어깨와 어깨가 스치고 수레의 바퀴통이 서로 닿음. 곧, 교통의 분잡함.
견마지-로(犬馬之勞)[명] ①자기의 노력. ②정성껏 충성을 다하는 노력. loyalty, my little service 「나 말처럼 낮고 천한 사람들. 「자기의 정성.
견마지-류(犬馬之類)[명] ①개와 말 같은 것들. ②개
견마지-성(犬馬之誠)[명] ①지성으로 바치는 충성. ②
견마지-충(犬馬之忠)[명] 충성을 다하는 자기의 충성.
견마지-치(犬馬之齒)[명] 자기 나이의 겸칭. my age
견맥(見脈)[명] ①맥을 진찰함. ②보기만 하고 맥의 상
견면(繭綿)[명] 고치솜. 「태를 앎. 하다
견:모(見侮)[명] 업신여김을 당함. 하다
견-모(絹毛)[명] ①견사와 모사. ②견직물과 모직물.
견목(樫木)[명] 떡갈나무.
견묘(犬猫)[명] 개와 고양이. dogs and cats
견묘(畎畝)[명] 밭의 고랑과 이랑.
견:문(見聞)[명] 보고 들음. 문견(聞見). ¶~을 넓히다. experience, information 하다 「앎.
견:-문=**각:지**(見聞覺知)[명] 보고 듣고 깨달아서
견:문-록(見聞錄)[명] 견문한 것을 적은 글. record of personal experiences
견:문 발검(見蚊拔劍)[명] 모기를 보고 칼을 뺀다는 뜻으로 하찮은 일에 너무 허둥댐. [유] 노승 발검. making a fuss about trifles 하다 「같음.
견:문 일치(見聞一致)[명] 보고 들은 바가 꼭
견:물 생심(見物生心)[명] 실물을 보고 욕심이 생김.
견본-쇄(見本刷)[명]〖인쇄〗견본으로 찍어 놓은 인쇄.
견:반(見盤)[명] 옛날에 갱 속에서 쓰던 나침반.
견방(絹紡)[명]〖약〗=견사 방적.
견:본(見本)[명] 본보기 상품. ¶~ 시장(市場). sample
견본(絹本)[명] 서화(書畫)에 쓰는 재단한 깁 바탕. [약] 견(絹)②. silk canvas
견:본 매매(見本賣買)[명] 견본을 보고 사고 팔고 하는 일. sale by sample 「도, 그 인쇄물.
견:본-쇄(見本刷)[명]〖인쇄〗견본으로 찍어 내기 위한 인쇄.
견:본-시(見本市)[명] 상품 견본을 진열하여 선전·소개 및 대량 거래를 꾀하는 시장. 견본 시장.
견부(肩部)[명] 어깨 부분.
견부(牽夫)[명]〖동〗말구종.
견:불(見佛)[명]〖불교〗수행·신앙의 힘에 의지하여 자기의 불성(佛性)을 깨달음. 하다
견:불 문:법(見佛聞法)[명]〖불교〗눈으로 대자 대비한 부처를 보고, 귀로 오묘한 교법을 들음. 하다
견비(肩臂)[명] 어깨와 팔. shoulders and arms
견비-통(肩臂痛)[명]〖한의〗견비가 아픈 신경통.
견-사(絹絲)[명] 견(絹)과 사(紗). silk and gauze
견사(絹絲)[명] 깁·비단 등을 짜는 명주실의 총칭. 비
견사(繭絲)[명]〖동〗깁체. 「단실. silk thread
견사(繭絲)[명] 누에고치의 실. ¶명주실.
견사 광택(絹絲光澤)[명] 견사에서 볼 수 있는 것 같은

광택. [견방. silk spinning
견사 방적(絹絲紡績)몡 견섬유로 실을 만드는 일. (약)
견:사 생풍(見事生風)몡 일을 당하면 손바람이 남. 일 처리를 재빨리 한다는 말. 하타
견사-선(絹絲腺)몡〈곤충〉나비목(目)•날도래목(目)의 곤충의 유층의 양에 잘 발달해 있는 한 쌍의 분비선. 고치나 집을 만들 실을 분비함.
견새(肩塞)몡 방비가 튼튼한 요새.
견성(犬星)몡〈천문〉남쪽 하늘에 있는 큰개자리와 작은개자리의 두 별자리.
견:성(見性)몡〈불교〉모든 망혹(妄惑)을 버리고 자기 본연의 천성을 깨달음. 하타
견성(堅城)몡 방비가 튼튼한 성. strong fortress ② 튼튼하게 쌓은 성벽. strong wall
견:성 성공(見性成功)몡〈불교〉자기 본성을 깨달아 불과(佛果)를 얻음. 하타 [부처가 됨. 하타
견:성 성불(見性成佛)몡〈불교〉자기 본성을 깨달아
견수(堅守)몡 굳게 지킴. 고수(固守). 하타
견순(繭脣)몡〈한의〉입술이 오그라져 마음대로 입을 벌리지 못하는 급성병. 긴순(緊脣).
견:습(見習)몡 남이 하는 것을 보고 익힘. ¶~ 기자(記者). apprenticeship 하타 [랍. apprentice
견:습-공(見習生)몡 실무를 견습하면서 종사하는 사
견:습 수병(見習水兵)몡〈군사〉해군 이등병의 구칭.
견:식(見識)몡 ①견문(見聞)과 학식. view ② (동)식견(識見).
견:실(見失)몡 잃음을 당함. 잃어버림. loss 하타
견실(堅實)몡 굳고 착실함. 튼튼하고 충실함. solidity 하타 하게
견실-주의(堅實主義)몡 매사를 견실하게 하려는 주의.
견아(犬牙)몡 ①개의 이빨처럼 사물이 서로 어긋나 맞 닿음. ②〈한의〉아자(牙子).
견아 상제(犬牙相制)몡 땅의 경계가 개 이빨과 같이 어긋나고 뒤섞여 곧지 않음. 견아 상착(犬牙相錯). 하
견아 상착(犬牙相錯)몡 (동)견아 상제(犬牙相制). 하
견양(犬羊)몡 ①개와 양. dog and sheep ②악한 사람과 착한 사람. sheep and goats
견:양(見樣)몡 (동) 겨냥②.
견여(肩輿)몡 행상(行喪)에서, 소로를 지날 때 임시로 쓰는 간단한 상여. bier
견-여금석(堅如金石)몡 맹세가 금석같이 굳음. 하타
견-여반석(堅如盤石)몡 반석처럼 튼튼함. solidity 하
견:오(見忤)몡 미움을 받음. 전증(見憎). 하타
견외(遣外)몡 외국에 파견함. dispatch abroad 하타
견:욕(見辱)몡 욕을 당함. 봉욕(逢辱). 하타
견용 동:물(牽用動物)몡 소•말처럼 농우나 수레 등을 끄는 동물.
견우(牽牛)몡 ① (약)→견우성. ② (동) 나팔꽃.
견우-성(牽牛星)몡〈천문〉《속》독수리자리의 수성(首星). 칠석(七夕)날 은하수를 건너 직녀성을 만나려 간다는 전설이 있음. 견우(牽牛)①. Altair
견우-자(牽牛子)몡〈한의〉나팔꽃의 씨.
견우-화(牽牛花)몡 (동) 나팔꽃.
견원(犬猿)몡 ①개와 원숭이. dog and monkey ②서로 사이가 나쁜 두 사람. be on bad terms with
견원지-간(犬猿之間)몡 개와 원숭이 사이처럼 사이가 나쁜 관계. lead a cat-and-dog life
견:위 수명(見危授命)몡 (동) 견위 치명(見危致命).
견:위 치:명(見危致命)몡 나라가 위급할 때 제 몸을 나라에 바침. 견위 수명(見危授命). lay down one's life in national emergency
견유(犬儒)몡 ①견유 학파에 속하는 사람. cynic ② 사회의 모든 기성 사실을 멸시하고 세상을 비꼬며 비뚤어진 눈으로 보는 학자.
견유-주의(犬儒主義)몡 시니시즘(cynicism).
견유 학파(犬儒學派)몡 퀴닉 학파.
견:이-지지(見而知之)몡 실지로 보고서 앎. 하타
견인(牽引)몡 끌어당김. hauling 하타
견인(堅忍)몡 굳게 참고 견딤. perseverance 하타

견인(堅靭)몡 단단하고 질김. toughness 하타
견인-력[—녁](牽引力)몡 ①끌어당기는 힘. hauling power ②차량을 움직이는 원동력이 되는 끄는 힘. pulling capacity
견인 불발(堅忍不拔)몡 굳게 참고 견뎌 마음을 뺏기지 않음. dogged perseverance 하타
견인 자동차(牽引自動車)몡 짐 실은 차량을 끄는 원동력을 갖춘 자동차. 트랙터나 레커차(wrecker 車) 따위.
견인-주의(堅忍主義)몡 육정 따위를 의지의 힘으로 억제하려는 도덕적•종교적인 주의 주장. 금욕(禁慾)주의. (대) 쾌락주의. [fortitude 하타
견인 지구(堅忍持久)몡 굳게 참고 견디어 오래 버팀.
견인-차(牽引車)몡 짐을 실은 차량을 끄는 기관차.
견인-통(牽引痛)몡〈한의〉근육이 땅기거나 켕기어 아픔. 또, 그런 증세.
견잠(繭蠶)몡 고치가 된 누에. [shoulder strap
견장(肩章)몡 어깨의 달아 관직•계급을 밝히는 표장.
견장(肩牆•肩墻)몡〈군사〉대포를 가리기 위하여 흙으로 쌓은 담. [mate 하타
견:적(見積)몡 어림잡아 낸 계산. ¶ ~서(書). esti-
견:전(遣奠)몡 (약)→전견제(遣奠祭).
견전(遣奠祭)몡 발인할 때 밖에서 지내는 제식. 노전(路奠). 노제(路祭). (약) 견전.
견제(牽制)몡 ①자유 행동을 끌어당기어 제약함. check ②적을 작전상 자기 쪽에 유리한 방향으로 끌어들이거나 눌러 둠. 견제(牽制). feint 하타
견제-구(牽制球)몡〈체육〉야구에서, 베이스를 떠나 있는 상대편 주자를 잡으려고 투수나 포수가 누수(壘手)에게 던지는 공. feint ball
견제 운:동(牽制運動)몡 남의 행동을 방해하는 운동.
견족(繭足)몡 신•발의 바닥에 마찰을 받아 물이 잡혀 꽈리처럼 부풀어오른 것. blister
견돌터l기 [미] 견줄 데. 비할 데.
견주(繭紬)몡〈옷〉산동주(山東紬). [승부를 가리다.
견주-다(미) ①마주 대어 비교하다. compare ②우월.
견줌(몡)〈어학〉형용사의 나타내는 정도를 서로 견주는 일. '더'•'빌'•'가장'들로써 구별함. comparison
견줌자리토씨 (동) 비교격 조사(比較格助詞).
견:중(見重)몡 남에게 소중하게 여김을 받음. 하타
견:증(見憎)몡 (동) 견오(見忤). 하타
견지(繭紙)몡 낚싯줄을 감았다 늦추었다 하는 데 쓰는 납작한 외짝 얼레. reel [of view
견:지(見地)몡 사물을 살피는 입장. 관점(觀點). point
견지(堅持)몡 굳게 지님. hold tight 하타
견지 낚시(몡) 견지질로 물고기를 낚는 일.
견지-질(몡) 견지로 물고기를 낚는 일. 하타
견직(絹織)몡 (약)→견직물.
견직-물(絹織物)몡 명주실로 짠 피륙. (약) 견직. silk
견진(堅陣)몡 방비를 단단히 한 진. strong position
견진(堅震)몡 (약)→견직 성사(堅震聖事).
견진 성:사:사(堅震聖事)몡〈기독〉천주교 7성사(七聖事)의 하나. 세례(聖洗) 성사를 받고 정식으로 입교(入敎)된 신자가 참회로 굳센 그리스도의 군사(軍士)가 되려고 이마에 성유(聖油)를 바르고 성신(聖神)과 그 칠은(七恩)을 받는 성사. (약) 견진(堅震).
견:집(見執)몡 고집을 당함. 하타 [振).
견집(堅執)몡 굳게 잡고 있음. adherence 하타
견짓-살[—짇—]몡 닭의 죽지 밑에 붙은 살.
견차(肩次)몡 어깨 차례.
견:책(見責)몡 책망을 당함. 하타
견책(譴責)몡 ①잘못을 꾸짖고 나무람. rebuke ②(법률)공무원의 잘못에 대하여 주의를 시키는 정도로 가하는 가벼운 벌. reprimand 하타
견:척(見斥)몡 배척을 당함. 하타
견철(牽掣)몡 견제(牽制). 하타
견:축(見逐)몡 내쫓음을 당함. 하타
견:출(見黜)몡 내쫓김. 하타
견치(犬齒)몡 송곳니.

견:탁(見濁)⟨불교⟩오탁(五濁)의 하나. 봄으로써
견:탈(見奪) 빼앗김. 하타
견:대(見次) 관직에서 파면당함. 하타
견:퇴(見退) 거절을 당함. 견각(見却). 하타
견:파(譴罷)⟨제도⟩잘못이 있는 벼슬아치를 꾸짖고 파면함. 하타
견:패(見敗) ①패배당함. ②실패를 봄. 하타
견폐(犬吠) 개가 짖음. barking 하타
견폐성 해수[-썽-](犬吠性咳嗽)⟨의학⟩목을 길게 빼고 목청 안에서부터 나오는 듯하게 하는 기침.
견포(絹布) 비단으로 짠 베. silks
견:학(見學) 실지로 보고 학식을 넓힘. study by observation 하타
견:해(見害) 해를 봄. 하타
견:해(見解) ①보고 깨달아 앎. knowledge ②자기 의견과 해석. ¶~ 차이. view 하타
견호-다(고)①거누다. 재다. ②견주다.
견혼-식(絹婚式) 결혼 45주년 되는 날의 기념식.
결(고) 곁.
　　　　　비단 선물을 주고받음.
결:거니-틀거니囝 서로 버티고 마주 대항하는 모양. oppose each other 와타 「다. struggle with
결:고-틀囝 지지 않으려고 서로 버티어 겨루
결:-다[걸도틀]①기름기가 묻어서 배다. ¶때에 결은 작업복. be infiltrated with oil ②오랫동안 한 가지 일을 하여 일이 손에 익다. become skilled 태타 물건을 기름에 담그거나 발라 흠씬 배게 하다. ¶장판지를 ~. infiltrate with oil
결:-다[걸도틀]①대·갈대·싸리를 서로 씨와 날이 어긋매끼게 엮어 짜다. weave ②서로 의지하여 자빠지지 않도록 어긋매끼게 세우다. join crosswise ③실꾸리를 만들려고 실을 어긋맞게 감다. wind crosswise
결:-다[걸도틀]→앉다.
결아-래囝(고) 겨드랑이.
결:지르-다태트│①서로 엇걸리게 걸다. ②엇걸어 딴 쪽으로 지르다. put crosswise
결:질리-다囝①걸리는 상태로 되다. be crossed ②일이 엇걸리어 서로 거리끼다. be entangled ③일이 힘에 겨워 기운이 걸리고 질리다. be strained 피동 걸지름을 당하다.
결¹①나무·돌·살갗 등의 조직의 단단하고 무른 부분이 모여서 이룬 줄. ¶살~이 곱다. grain ②⟨약⟩성결. 결기. ③공기·소리·물 등의 높고 낮은 층이 섞이어 이룬 모양. ¶물~. ~ wave ④'그믐'·'그때' 등의 뜻으로 쓰이어 '그 겨를'·'하는 김'·'그때' 등의 뜻으로 쓰임. ¶잠~에 든다. in the course of
결²囝(약)→나울.
결(缺) 빠져 부족됨. 하타태형
결(結)囝⟨제도⟩①조세를 셈하기 위한 논밭 넓이의 단위로서, 백 집 또는 만 파(把). ②결부(結負)(結)
결(鉦)囝①물결. ②'잠결'·'얼결'의 결. (錢).
결가(-까)(決價) 값을 정함. 정가(折價). fix the price 하타
결가(結價)⟨제도⟩결가부(結價負)의 준말.
결:-가부좌(結跏趺坐)⟨불교⟩완전히 책상다리하고 앉는 가부좌. (약) 결가. 하타
결각(缺刻)⟨식물⟩무의 잎갓이 가장자리가 패어 들어간 것. 또, 그 형상. incision 하타
결강(缺講) 강의를 결함. 하타
결:-거:취(決去就) 일신상의 진퇴를 결정함. 하타
결격[-껵](缺格) 필요한 자격이 결여됨. ¶~ 사유(事由). (대) 적격(適格). disqualification 하타
결결-이囝 그때그때마다. every time ②때때로. sometimes 「틈이 없다. 하타
결곡-하다囹囝 생김새나 마음씨가 맑고 야무져 빈
결곤(決棍)囝⟨제도⟩곤형(棍刑)을 집행함. 곤장(棍杖)을 침. flogging 하타
결과(缺課)囝 수업을 쉼. suspension of work ②학생이 수업이나 강의 시간에 빠짐. cut the lecture 하타
결과(結果)囝①열매를 맺음. result ②어떤 원인으로 이루어진 결말의 상태. (대) 원인(原因). effect ③

⟨윤리⟩내부적인 의지·동작의 표현이 되는 외부적 의지·동작 및 그로 인하여 생기는 영향 또는 변화. (대) 동기(動機). consequence
결과(結裹)囝①싼 것을 동여맴. ②줄기직 따위로 관(棺)을 싼 위에 밧줄로 동임. 결관(結棺). 하타
결과-기(結果期) 열매를 맺는 시기.
결과-론(結果論)囝(동)결과설.
결과-범(結果犯)囝⟨법률⟩범죄의 구성 요건이 일정한 결과(사람의 사망, 건물의 훼손·소각 등)의 발생을 요구하는 데 있어서 동기보다 결과를 중시하는 설. 결과론. (대) 동기설(動機說).
결과-설(結果說)⟨윤리⟩행위(行爲)를 도덕적으로 평가하는 데 있어서 동기보다 결과를 중시하는 설. 결과론. (대) 동기설(動機說).
결과적 가중범(結果的加重犯)⟨법률⟩일정한 범죄로 말미암아 생긴 부대적(附帶的) 결과로 인하여 형(刑)이 가중되는 범죄.
결과-지(結果枝) 꽃눈이 붙어서 개화 결실하는 가지. fruit branch
결과=표(結果標)⟨동⟩고로표. 귀결부(歸結符).
결과(結果)(동) 결과(結實)②. effect
결관-바(-빠)(結棺-) 관을 묶을 때 쓰는 바. [베.
결관-포(結棺布) 결관바가 없을 때 대용하는 외올
결교(結交) 교분을 맺음. 하타
결구(-구)(結句)囝①문장·문장의 끝을 맺는 어구. conclusion ②⟨문학⟩한시 따위 시가의 끝 구절. envoy 「겹쳐져서 둥글게 됨. 하타
결구(結球)囝 양배추 같은 식물의 잎이 여러 겹으로
결구(結構)①얽거나 짜서 만듦. construction ②짜서 이루어진 얽이의 모양새. ③(동) 플롯(plot). 하타
결국(結局)囝①일의 귀결되는 마당. ¶~은 같다. ②형국(形局)을 완전히 갖춤. 囝 끝장에 이르러. ¶우리가 ~ 이겼다. finally, after all 「지막 권.
결권(結卷)囝⟨불교⟩경전의 가장 마지막 권. ②책의 마
결궤(決潰)囝 물에 밀리어 둑이 무너짐. collapse 하타
결근(缺勤) 출근 않고 빠짐. (대) 출근(出勤). absense from duty 하타
결-금[-끔](結-)⟨제도⟩토지 한 결(結)에 대한 조세의 액수. 결가(結價).
결기(-끼)(-氣)囝①몹시 급한 성질. quick temper ②성이 나서 과단성 있게 내지르는 강기(剛氣). (약) 결¹². impetuosity
결:-나-다囝 결기가 일어나다. 성미가 나다.
결:-내-다囝 결기를 내다. 성미를 부리다.
결뉴(結紐)囝①끈을 맴. ②서약(誓約)함. tying 하타
결단(-딴)(決斷)囝①딱 잘라 결정함. ¶~을 내리다. ~력(力). ~성(性). decision ②옳고 그름과 착하고 악함을 재결(裁決)함. (약) 단(斷). judgement 하타 「ociation 하타
결난[-딴](結團)囝 단체를 결성함. forming an ass-
결단-코[-딴-](決斷-)囝 딱 잘라 말할 수 있게. 단연코. (약) 결코. never, by no means
결당(-땅)(結黨)囝①도당(徒黨)을 맺음. ②정당을 결성함. formation of a party 하타
결-대:전(結代錢)⟨제도⟩조선조 때, 토지의 조세로 곡식 대신 내던 돈. 「붙여 받던 돈.
결-두:전[-두-](結頭錢)⟨제도⟩토지의 조세에 덧
결두-마(-馬)囝 몸이 밤에 가까우른 누런 말.
결-딱지(俗) 결증.
결딴 아주 망가져서 못 쓰게 됨. ruin collapse
결딴-나-다囝 일·물건이 망가져 되살릴 수 없게 되다.
결딴-내-다囝 결딴나게 하다. 망그러뜨리다.
결락(缺落)囝 결여하여 떨어짐. 하타
결련(結連)囝①서로 맺어 한데 잇닿음. combination ②(동) 연결(連結). ③율시(律詩)의 제 7·제 8의 두 구(句). 하타
결련-태(結連-)囝(약)→결련 태견.
결련 태견(結連-)囝 여러 사람이 편을 갈라 하는 태

결렬(決裂)[명] ①갈기갈기 찢어짐. breaking off ②의논에서, 의견이 맞지 않아 각각 헤어짐. ¶회담 ~. rupture, breakdown 하타

결렴(結斂)[명] 〈제도〉 결세(結稅)에 덧붙여 돈·곡식을 걷음.

결렴(潔廉)[명] 결백하고 청렴함. 하타

결례(缺禮)[명] ①예의 범절에서 벗어남. 실례(失禮). ②인사나 경례를 하지 않음. lack of courtesy 하타

결로(結露)[명] ①이슬이 맺힘. ②물건의 표면에 작은 물방울이 서려 붙음. ¶~ 현상(現象). 하타

결론(決論)[명] 의론의 가부와 시비를 따져 결정함. 또, 그 결정인 것.

결론(結論)[명] ①끝맺는 말이나 글. final decision ② 〈논리〉 삼단 논법에서 대전제와 소전제로 이끌어 낸 결과. 또는 어떤 전제로 이끌어져 나온 판단. 뺏은 말. 귀결(歸結). conclusion 하타

결론-짓:-다(結論-)[자][스불] 결론을 내리다. 글의 끝을 맺다. conclude

결루(缺漏)[명] 들어가야 할 것이 빠짐. 또, 그 빠진 것. 결루(闕漏). omission 하타

결리-다[자] ①몸의 어느 부분이 숨을 쉬거나 움직일 때, 당기어서 딱딱 마치는 것처럼 아프다. ¶가슴이 ~. pain, feel stiff ②남에게 눌리어 기를 펴지 못하다. be supressed

결린(-隣)[명] →겨린.

결막(結膜)[명] 〈생리〉 눈알의 겉과 눈꺼풀의 안을 이어서 싼 무색 투명한 얇은 막. conjunctiva

결막-염[-념](結膜炎)[명] 〈의학〉 결막에 생기는 염증. 결막이 벌장게 붓고 눈곱이 끼는 병. conjunctivitis

결막 충혈(結膜充血)[명] 〈의학〉 결막의 혈관에 피가 몰리는 병증.

결말(結末)[명] 일을 맺는 끝. 결초(結梢). 끝장①. end

결말-나:다(結末-)[자] 끝장이 나다. come to a close

결말-내:다(結末-)[타] 결말이 나게 하다. 끝장을 내. put an end to

결말-짓:-다(結末-)[타][스불] 일의 끝장을 내다. settle

결맹(結盟)[명] 동맹이나 연맹을 결성함. 맹약을 맺음. 체맹(締盟). form a league 하타

결-머리[명] ㈜ 결증. 결딱지.

결명-자(決明子)[명] 〈한의〉 결명차의 씨. 간열(肝熱)·안질을 고치고 코피를 그치게 하는데 씀.

결명-차(決明茶)[명] 〈식물〉 차풀과의 일년생 풀. 높이 약 1.5m, 잎은 도란형(倒卵形). 여름에 노란 꽃이 핌. 사과(莢果)는 약용. 결명(決明).

결목(結木)[명] 논밭의 조세로 내는 무명.

결목(結木)[명] 〈건축〉 목재에 먹으로 치수를 표함. 타

결문(結文)[명] 문장의 결말. 또, 그 문구. 말문(末文).

결미(結尾)[명] 결세로 받는 쌀. 「close

결미(結尾)[명] ①글의 끝장. conclusion ②일의 끝.

결박(結縛)[명] 두 손을 묶음. 계박(繫縛). binding 하타

결박-짓:-다(結縛-)[타][스불] 단단히 결박을 하다.

결발(結髮)[명] 상투를 틀거나 쪽을 짐. do one's hair in a chignon 하타 「young married couple

결발 부부(結髮夫婦)[명] 총각과 처녀가 혼인한 부부.

결백(潔白)[명] ①지조를 더럽힘이 없이 깨끗함. 흼. ¶청렴(淸廉) ~. clean-handedness ②깨끗함. purity innocence 하타 「음. 또, 그 번호. 하타

결번(缺番)[명] 그 번호가 있어야 할 곳에 번호가 없

결벽(決罰)[명] 〈제도〉 죄인의 형벌을 결정함.

결벽(潔癖)[명] ①남달리 깨끗함을 좋아하는 성질. ¶~성(性). ②부정이나 악을 극단적으로 미워하는 성질. fastidiousness 하타 「farewell 하타

결별(訣別)[명] 기약 없는 작별. 〈유〉 이별. 베별(袂別).

결복(結卜)[명] 〈제도〉 지세(地稅)로 매긴 목·짐·뭇의 통칭 결부(結負).

결본(缺本)[명] 한 질(帙)에서 낙질된 책. 권본(闕本). 〈대〉 완본(完本). missing volume

결부(結付)[명] 연결시켜 붙임. connection 하타

결부(結負)[명] 〈동〉 결복(結卜).

결부(結簿)[명] 〈제도〉 결세(結稅)의 징수 관계를 적어 두는 장부.

결빙(結氷)[명] 물이 얼어 붙음. 동빙(凍氷). 〈대〉 해빙(解氷). freezing 하타 「는 도구.

결빙-구(結氷球)[명] 〈물리〉 물의 결빙 현상을 실험하

결빙-기(結氷期)[명] 물이 어는 시기. freezing season

결빙-점(結氷點)[명] 빙점(氷點).

결사[-싸](決死)[명] 죽기를 각오하고 결심함. ¶~대(隊). ~ 반대. preparedness for death 하타

결사[-싸](結社)[명] 〈법률〉 여러 사람이 공동의 목적을 달성하기 위하여 상설 단체를 결성함. 또, 그 단체. association 하타 「clusion

결사[-싸](結詞)[명] 끝맺는 말. 〈유〉 결론(結論). con-

결사의 자유[-싸-](結社-自由)[명] 〈법률〉 공공 질서(公共秩序)를 문란하게 하지 않는 범위 안에서 국민들 스스로의 권익을 위하여 단체를 이룰 수 있는 자유권의 하나. freedom of association

결사-죄[-싸-쬐](結社罪)[명] 〈법률〉 정부를 참칭(僭稱)하거나 변란을 일으킬 목적으로 하는 결사의 조직·가입으로 성립되는 죄. 「김치가 ~. soften

결-삭다[-싹-][자] 거센 기운이 풀어져 부드럽게 되다.

결산[-싼](決算)[명] ①계산을 마감함. settlement ② 〈경제〉 일정한 기간 안의 수지를 마감한 계산. 하타

결산-기[-싼-](決算期)[명] 영업상의 계산 마감의 시기. settlement terms

결산 보:고[-싼-](決算報告)[명] 〈법률〉 ①실시한 예산에 대하여 정부가 국회에 내는 보고. balance sheets ②결산 당시의 재산 정황(情況)과 믿지지 않은 내용을 또는 대조표·재산 목록·손익표 따위로서 자본주·채권자 및 일반에게 보고함. statement of accounts 「의 총결산을 하는 날. settling day

결산-일[-싼-](決算日)[명] 일정 기간의 수지(收支)

결상[-쌍](結像)[명] 〈물리〉 어떤 물체에서 나온 광선 따위가 반사 굴절하여 다시 모여 물체와 닮은꼴의 상을 만듦. 하타 「숨은 것을 드러냄. 하타

결색 발복[-쌕](決塞發伏)[명] 막힌 것을 터뜨리고,

결석[-썩](缺席)[명] 출석해야 할 자리에 출석하지 않음. 궐석(闕席). 〈대〉 출석. absence 하타

결석[-썩](結石)[명] 〈의학〉 관상(管狀)·낭상(囊狀)의 내장 안에 생기는 돌 모양의 고형물. calculus

결석-계[-썩-](缺席屆)[명] 〈동〉 결석 신고.

결석 신고[-썩-](缺席申告)[명] 결석했을 때 또는 결석하려 할 때 그 사유를 신고하는 일. 또, 그 서류. 결석계. 「〈재판〉. 하타

결석 재판[-썩-](缺席裁判)[명] 〈동〉 궐석 재판(闕席

결석 판결[-썩-](缺席判決)[명] 〈법률〉 피고인이 출두하지 않은 재판에서 검사의 청구에 의하여 내리는 판결. 하타

결선[-썬](決選)[명] ①결선 투표로 당선자를 결정함. 또, 그 투표. final vote ②일등 또는 우승자를 가리는 마지막 겨룸. 〈대〉 예선(豫選). final game 하타 「several boats together 하타

결선[-썬](結船)[명] 여러 배를 한꺼번에 이어 맴. tying

결선 투표[-썬-](決選投票)[명] 당선에 필요한 표수를 얻은 자가 없거나, 어느 쪽도 당선을 인정하기 어려운 표수를 얻은 자가 둘 이상일 때, 그중 고점자 둘을 뽑아 당선자를 결정하는 투표. final vote 하타 「ization 하타

결성[-썽](結成)[명] 단체의 조직을 뺏어 이룸. organ-

결성 개:념[-썽-](缺性槪念)[명] 장남·벙어리 따위, 본래 갖추어야 할 양성을 갖추지 못한 사물을 나타내는 개념. 결여 개념(缺如槪念).

결세[-쎄](結稅)[명] 〈제도〉 토지의 결부(結負)에 따라 매긴 조세.

결속[-쏙](結束)[명] ①한 덩어리로 묶음. binding up ②여행 출진(出陣) 등을 위한 몸단속. equipping ③뜻이 같은 사람들끼리 서로 결합함. union ④〈농업〉 과수·채소의 줄기·가지 등을 짚이나 새끼로 맴. binding 하타

결속-색[-쏙-](結束色)[명] 〈제도〉 조선조 때, 병조의

결손 [-쏜] (缺損) ①축이 남. 모자라. deficit ②계산상의 손실. 수입보다 지출이 많아짐. ¶~액. loss

결손 가족 [-쏜-] (缺損家族) 정상적인 가족 구성원 중에 결원이 생긴 가족. 모자 가족·부자 가족·무부모 가족 따위.

결손=금 [-쏜-] (缺損金) 어떤 기간에 있어서 지출이 수입을 초과했을 때의 그 초과액. amount of deficit

결손-나다 (缺損-) 축이나 손해가 생기다. suffer a loss of [하타]

결송 [-쏭] (決訟) 〈제도〉민간인의 송사를 처결함.

결순 [-쑨] (缺脣) 〈동〉언청이.

결승 [-씅] (決勝) 최후의 승부를 결정함. 또, 그 경기. decision of a contest 하타

결승 [-씅] (結繩) 글자가 없던 시대에 새끼의 매듭 모양과 수에 따라 서로 의사를 통하고 사물의 기억을 돕던 방법의 하나.

결승 문자 [-씅-짜] (結繩文字) 새끼로 매듭을 맺음으로 삼던 고대 문자. quipu

결승-선 [-씅-] (決勝線) 경주에서 승부가 결정되는 지점에 그은 선. goal line

결승-전 [-씅-] (決勝戰) 운동 경기 등에서, 최종적인 승부를 결정하는 싸움. final game

결승-점 [-씅쩜] (決勝點) 경주·경영 등에서 승부가 결정되는 지점. (대) 출발점(出發點). goal

결승지-정 [-씅-] (結繩之政) 고대 중국에서 글자 대신 노끈을 맺어 의사를 표하던 옛날 정치.

결식 [-씩] (缺食) 끼니를 거름. 궐식(闕食). going without a meal 하타 「pupil without lunch

결식 아동 [-씩-] (缺食兒童) 끼니를 거르는 아동.

결신 [-씬] (缺神) 〈의학〉전간 소발작(癲癎小發作)의 하나. 극히 짧은 시간 의식을 잃는 정도이고, 넘어지거나 경련을 일으키지 않음. 얼굴이 창백해지거나 붉어지고, 안구와 입술에 가벼운 경련을 일으킴.

결신 [-씬] (潔身) 몸을 더럽히지 않고 깨끗이 가짐. leading an honest life 하타

결실 [-씰] (結實) ①일의 결과가 잘 맺어짐. success ②열매가 맺힘. ¶~(期). fruit-bearing 하타

결실-력 [-씰-] (結實力) 〈식물〉결실하는 능력.

결심 [-씸] (決心) 마음을 굳게 정함. 단단히 마음 먹음. 또, 그 마음. 결의(決意)①. determination 하타

결심 [-씸] (結審) 〈법률〉재판에서 마지막 심리를 끝내고 결판을 지음. 또, 심리가 끝남. (대) 예심(豫審). conclusion of a hearing 하타

결심 육력 [-씸뉵-] (結心戮力) 마음으로 서로 돕고 힘을 모아 봄. cooperation

결안 (決案) 〈제도〉결정된 안건이나 문서.

결안 (結案) 〈제도〉①사법 사건의 처리가 끝난 문서. ②사형(死刑)을 결정한 문서.

결약 (結約) 약속을 맺음. making a promise 하타

결약의 궤: (結約-櫃) 〈기독〉여호와와 이스라엘 민족과의 계약의 표로 지성소에 안치하는 궤. 계약의 궤.

결어 (結語) 끝맺는 말. conclusion

결여 (缺如) 모자라거나 빠져서 없음. lack 하타

결여 개:념 (缺如概念) 〈동〉결성 개념(缺性概念).

결연 (結緣) ①인연을 맺음. ¶자매(姉妹) ~. forming a connection ②〈불교〉불문에 드는 인연을 맺음. become a believer in Buddhism 하타

결연-하:다 (決然-) 결정적 태도가 있다. resolute 결연=히

결연-하다 (缺然-) 서운하다. sorry

결옥 (決獄) 〈제도〉죄인에 대한 형사 판결. 하타

결요 (訣要) 종요로운 비결. 요긴한 뜻. 결요②.

결원 (缺員) 정한 인원에서 사람이 빠짐. 또, 모자라는 인원수. 궐원(闕員). (대) 충원(充員). vacancy 하타

결원 (缺圓) 〈동〉궁형(弓形)①.

결원 (結怨) 원수나 원한을 맺음. 하타

결을=신 (結-) 물이 들어오지 않도록 기름을 발라 결은 가죽신. oiled shoes

결의 (決意) 뜻을 정하여 굳게 먹음. 또, 그 뜻. 결심. ②결정적인 의지. 결지(決志). resolution 하타

결의 (決議) 의안(議案)이나 제의 등의 가부를 결정함. 또, 그 사항. decision 하타

결의 (結義) 의리로써 남남끼리 친족과 같은 관계를 맺음. oath of brotherhood 하타

결의 기관 (決議機關) 의안을 결정할 수 있는 기관. 의결 기관. voting organ

결의-록 (決議錄) 결의 사항을 기록한 문서.

결의-론 (決疑論) 사회적 관습이나 교회·성경의 율법에 비추어서 도덕 문제를 해결하려는 학문.

결의-문 (決議文) 결의한 사항을 적은 글. resolution

결의-안 (決議案) 결의에 붙일 안건. resolution

결의 형제 (結義兄弟) 결의하여 형제의 의를 맺음.

결인 (結印) 〈불교〉진언종(眞言宗)의 수행자가 수행할 때 손가락 끝을 이리저리 맞붙이는 형식. 결수(結手). [자. blank type

결자 [-짜] (缺字) 〈인쇄〉인쇄물 따위에서 빠진 글

결자 해:지 [-짜--] (結者解之) 맺은 사람이 풀어야 한다는 뜻으로, 처음에 일을 벌여 놓은 사람이 끝을 맺어야 한다는 말.   [타

결장 [-짱] (決杖) 〈제도〉장형(杖刑)을 집행함. 하

결장 [-짱] (結腸) 〈생리〉맹장·직장을 제외한 대장의 가운데 부분. ¶~(炎). colon

결재 (決裁) 부하가 올린 안건을 상관이 헤아려 승인함. 재결(裁決). ~권(-權). sanction 하타

결재 투표 [--피] (決裁投票) 〈동〉결정 투표.

결전 [-쩐] (決戰) 승부나 흥망이 결정나는 싸움. decisive battle 하타   [(結)②.

결전 [-쩐] (結錢) 〈제도〉결세(結稅)로 정한 돈.

결절 [-쩔] (結節) ①뼈에서 이루어진 마디. ②〈의학〉강낭 콩 알만한 크기로 단단하게 뭉쳐진 피부 위의 융기물.

결절-나 [-쩔-] (結節癩) 〈의학〉대소의 결절이나 침윤이 피부면에 반구상으로 융기하거나 편평한 융기성 침윤이 전신에 넓게 퍼지는 나병의 한 형태. tuberous lepra

결점 [-쩜] (缺點) 모자라는 점. 흠. 결함②. 약점(弱點). 흠절(欠節). (대) 미점(美點). 장점(長點). defect

결정 [-쩡] (決定) 결단하여 정함. decision 하타 〈법률〉법원이 행하는 판결 및 명령 이외의 재판. 하타

결정 [-쩡] (結晶) ①〈물리·화학〉물체가 일정한 평면들에 둘러싸여 내부의 원자 배열이 규칙적으로 됨. 또, 그런 물체. ¶~ 기호(記號). ~ 모형(模型). crystal ②노력 등에 의하여 이루어진 일. ¶노력의 ~.

결정 격자 [-쩡-] (結晶格子) 〈화학〉같은 종류의 원자 또는 분자가 결정 구조를 형성할 때, 공간적·주기적으로 규칙적인 배열을 이루어, 이들을 맺는 선이 삼차원적인 격자 모양이 되는 원자 또는 분자의 구조.

결정 경향 [-쩡-] (決定傾向) 〈심리〉우리의 일상 행동을 합목적적인 방향으로 향하도록 지배하고 있는 무의식적인 경향.

결정-계 [-쩡-] (結晶系) 〈광물〉결정의 형상을 결정축(軸)의 수와 위치 및 길이에 따라 가른 여섯 가지 계통. (약) 정계(晶系). crystal system

결정 광학 [-쩡-] (結晶光學) 〈물리〉결정 안의 빛의 전파 방식을 연구하는 학문.

결정 구조 [-쩡-] (結晶構造) 〈화학〉결정을 이루고 있는 원자·분자·이온의 배열 상태.

결정=권 [-쩡꿘] (決定權) 보통 합의체의 의결에 있어서 가부 동수인 경우 이를 결정하는 권한. right of decision

결정=도[―정―](結晶度)〔명〕〈광물〉 화성암이 마그마로 이루어질 때, 냉각에 따라 결정되는 정도. 곧, 화성암 중의 결정질 광물과 유리질(琉璃質) 물질과의 비율.

결정-력[―정―](決定力)〔명〕 결정하는 능력.

결정-론[―정―](決定論)〔명〕〈철학〉 자연적 여러 현상이나 역사적 사건들, 특히 사람의 의지는 여러 가지 원인에 의하여 전적으로 규정되는 것이며, 선택의 자유에 의한 것이 아니라는 이론. 《대 자유 의지론(自由意志論). 비결정론(非決定論). determinism

결정-면[―정―](結晶面)〔명〕〈광물〉 결정을 이룬 판판한 면. crystal face

결정-법[―정―](結晶法)〔명〕〈화학〉 순수하지 않은 고형체(固形體)의 혼합물을 분리하는 방법.

결정-수[―정―](結晶水)〔명〕〈화학〉 어떤 물질이 결정될 때에 빨아들이는 일정한 분량의 물. water of crystallization

결정=시[―정―](決定視)〔명〕 결정적인 것으로 봄. ―하다

결정-적[―정―](決定的)〔관〕 ①사물이 그렇게 될 것이 거의 확실하여서 움직일 수 없거나 또는 이에 가까운(것). ¶~ 사실. final definite ②일의 결과를 좌우할 만큼 중요한(것). ¶~인 역할. ③비할 데 없이 확고하고 철저한(것). ¶~인 증거.

결정-질[―정―](結晶質)〔명〕〈화학〉 물질을 구성하는 원자의 배열(排列)이 규칙 바른 것. 《대 무정형(無定形). crystalline structure ¶다. 결정을 내리다.

결정-짓:-다[―정―](決定―)〔타5〕 결정되도록 만들

결정-체[―정―](結晶體)〔명〕 ①〈광물〉 결정하여 일정한 형체를 이룬 것. crystal ②어떤 결과로 이루어진 것. ¶이번의 풍작은 농민의 땀의 ~이다.

결정-축[―정―](結晶軸)〔명〕〈광물〉 이상적인 결정체의 중심을 통과하는 상상의 선. crystal axis

결정 투표[―정―](決定投票)〔명〕 양쪽의 득표수가 꼭 같을 때, 의장이나 제삼자가 가부를 결정짓는 투표. 결재 투표(決裁投票). casting vote

결정-판[―정―](決定版)〔명〕 출판에서 더 이상 수정 증보할 여지가 없도록 완벽하게 내는 판. 또, 그 출판물. final edition

결정 편암[―정―](結晶片岩)〔명〕〈광물〉 변성암의 하나. 결정성(性)으로, 켜가 벗겨져 떨어지기 쉬움.

결정-학[―정―](結晶學)〔명〕 광물의 결정 현상·물리적 성질·화학적 성질·생성 및 미세 구조 등을 연구하고 정리하는 학문.

결제[―제](決濟)〔명〕 ①처결하여 끝냄. settlement ②〈경제〉 증권 또는 대금을 주고받아 거래 관계를 끝맺는 일. ¶대금의 ~. ―하다

결제[―제](駃騠)〔명〕〈동〉 버새.

결제[―제](関制)〔명〕 삼년상을 마침. 결복(関服). 탈상(脫喪).

결제-금[―제―](決濟金)〔명〕 결제하는 데 쓰이는 돈.

결제 통화[―제―](決濟通貨)〔명〕〈경제〉 국제간의 결제에 실제로 이용되는 통화.

결=조직(結組織)〔명〕 결체 조직(結締組織).

결증[―증](―症)〔명〕 결기가 일어난 화증. fit of anger

결지[―지](決志)〔명〕 결의(決意). ―하다

결진[―진](結陣)〔명〕 ①진을 침. encampment ②많은 사람들이 한 군데에 모여 기세를 합함. rally forces ―하다

결집[―집](結集)〔명〕 ①한데 모여 뭉침. ②한데 모아 뭉침. ③〈불교〉 석가가 돌아간 후 제자들이 석가의 언행을 모아 경전을 편집한 일. ―하다

결째〔명〕 이러저러하게 연분이 닿는 먼 친척. ¶누구의 ~라고 그를 깔보겠나? distant relative

결착(決着·結着)〔명〕 결말이 나서 낙착됨. 끝이 남. conclusion ―하다

결창(―) 〈속〉 내장(內臟). [하다

결책(決策)〔명〕 책략을 결정함. settlement of strategy

결처(決處)〔명〕 ①결정하여 처리함. settlement ②〈제도〉 형벌을 집행함. ―하다

결체(結滯)〔명〕〈의학〉 심장의 고장이나 쇠약으로 맥박이 불규칙해지거나, 박동이 끊어지는 증세.

결체(結締)〔타〕 잡아맴. binding ―하다 [관

결체(結體)〔명〕 결합한 형체. 형체를 결합함. union ―하

결체 조직(結締組織)〔명〕〈생물〉 동물체의 여러 기관 및 여러 조직 사이에 있어, 이것을 결합하고 지지(支持)하는 조직. 많은 기본 세포와 그 사이를 메우는 세포 간질(細胞間質)로 이루어짐. 결조직. 결합 조직. connective tissue

결체-질(結締質)〔명〕〈생물〉 내장의 각 기관에 분포하여 그 기초가 되거나 간질(間質) 또는 지주(支柱)가 되는 조직.

결초 보:은(結草報恩)〔명〕 죽어서까지도 은혜를 잊지 않고 갚음. carry one's gratitude beyond the grave ―하다 [ship with ―하다

결친(結親)〔명〕 친분을 맺음. 서로 사귐. form friend-

결-코(決―)〔부〕《약》=결단코.

결탁(結託)〔명〕 ①마음을 서로 맺어 의탁함. collusion ②배가 맞아 한통속이 됨. conspiracy ―하다

결투(決鬪)〔명〕 원한이 있을 때에, 서로 합의한 방법으로 서로 승부를 가림. duel ―하다

결투-장(決鬪狀)〔명〕 결투를 신청하는 도전장.

결판(決判)〔명〕 시비를 가리어 판정함. settlement ―하다

결판-나:다(決判―)〔자〕 시비의 결정이 끝나다. be settled

결판-내:다(決判―)〔타〕 시비의 결정을 끝내다. settle

결패(―敗)〔명〕 결기와 패기. ¶~가 있는 사람. passion and sprit

결핍(缺乏)〔명〕 ①축나서 모자람. shortage ②있어야 할 것이 없음. ¶철분의 ~. dearth ③다 써서 없어짐. 절핍(絶乏). lack

결하(決河)〔명〕 홍수로 강물이 둑을 파괴하고 넘쳐흐름. ―하다 [4월 15일

결하(決夏)〔명〕〈불교〉 하안거(夏安居)의 첫날인 음력

결-하다(決―)〔타여불〕 ①결정하다. decide ②승부를 정하다.

결-하다(缺―)〔자타여불〕 부족하다. 빠지다. lack

결함(缺陷)〔명〕 ①부족하고 불완전하여 흠이 되는 구석. defect ②〈동〉 결점(缺點).

결합(結合)〔명〕 서로 관계를 맺고 합쳐서 하나가 됨. ―하다 ―되다. combination ―하다

결합-국(結合國)〔명〕〈법률〉 둘 이상의 국가가 한 최고 권력 아래에 결합한 나라. 연방국·군주국(君主國)·정합국(政合國)·합중국 따위.

결합-력(結合力)〔명〕 ①서로 결합하는 힘. ②〈물리〉 원자핵의 중성자(中性子)와 양자(陽子)를 결합시키는 에너지. coherence

결합-률(結合律)〔명〕〈수학〉 a, b, c를 세 개의 실수 또는 복소수로 할 때 성립하는 법칙의 하나. (a+b)+c =a+(b+c) 따위. composition rate

결합-범(結合犯)〔명〕〈법률〉 관념상 각각 독립으로 범죄가 될 다른 종류의 행위를 결합하여, 법률상 특히 한 죄로 다루는 범죄. 폭행·협박과 도취(盗取)를 결합하여 강도죄로 하는 따위. concurrent offences

결합 법칙(結合法則)〔명〕〈수학〉=결합률.

결합 생산(結合生産)〔명〕〈경제〉 한 근원 또는 한 생산 과정에서 두 가지 이상의 물품이 생산되는 일. 목화와 목화씨, 석탄 가스와 코크스 등. joint and composite production

결합-수(結合水)〔명〕〈생리〉 생체내의 구성 분자 속에 채워진 물. 생명 유지상 최소 한도로 필요한 물.

결합-음(結合音)〔명〕〈물리〉 진동수의 차가 맥놀이가 되지 않을 정도로 다른 두 개의 악음(樂音)이 동시에 울릴 때 이 두 음의 진동수의 차 또는 합(合)에 상응하는 진동수를 가지는 두 음. 합음(合音).

결합 조직(結合組織)〔명〕〈생물〉 결체 조직(結締組織).

결합 종양(結合腫瘍)〔명〕〈의학〉 두 개의 전혀 다른 종양이 외견상 하나로 보이면서 서로 침윤 증식(浸潤增殖)한 종양.

결합-죄(結合罪)〔명〕〈법률〉 법률상 몰아서 한 덩이로

다투는 죄. concurrent offence
결합=체(結合體)圀 여러 개체가 합쳐 한 개를 이룬 조직체. corporate body
결항(缺航)圀 정기적으로 다니는 배나 비행기가 운항을 거름. suspension of steamship(flight) service
결항(結項)圀 목을 매어 닮. hanging 하타
결핵(結核)圀 ①〈의학〉결핵균이 뱉어진 이는 망울. tubercle ②〈약〉→결핵병. ③〈광물〉응회암(凝灰岩)이나 수성암의 용액(溶液)이 핵(核)의 주위에 가라앉아 된, 혹 모양 또는 불규칙한 덩이. concretion
결핵=균(結核菌)圀 〈의학〉결핵병의 병원균. 가느다랗게 조금 굽은 간균(桿菌)·인형(人型)균·우형(牛型)균·조형(鳥型)균 따위로 나뉨. tuberculosis germs
결핵=병:(結核病)圀 〈의학〉결핵균이 기생하여 일어나는 병. 폐·장(腸)·신장, 기타 여러 전신의 각 장기(臟器)와 뼈·관절·피부를 침범함. 폐결핵·장결핵 따위. 〈약〉결핵②. tuberculosis
결핵=성(結核性)圀 〈의학〉결핵균으로 말미암은 병의 성질. tubercular
결핵=질(結核質)圀 〈의학〉결핵병에 걸리기 쉬운 체질.
결행(決行)圀 결단하여 실행함. take a resolute step
결혼(結婚)圀 ①시집과 장가가는 일. marriage ②남녀가 부부 관계를 맺음. (대)이혼(離婚). 하타
결혼=관(結婚觀)圀 결혼에 관한 견해나 주장. view of marriage
결혼 비행(結婚飛行)圀 〈생물〉어떤 일정한 기상 조건하에서 새로 태어난 꿀벌의 여왕벌이 공중으로 날아올라 수벌과 교미하는 일.
결혼=식(結婚式)圀 남녀가 부부 관계를 맺는 서약을 하는 의식·혼례식.
결혼=애(結婚愛)圀 결혼한 부부 사이에 생기는 사랑.
결혼 연령[-년-](結婚年齡)圀 ①〈법률〉결혼할 자격이 있는 연령. 우리 나라 민법상 남자 18세, 여자 16세. ②결혼하는 때의 연령.
결혼 적령기(結婚適齡期)圀 결혼에 적합한 연령.
결혼 정략(結婚政略)圀 결혼으로써 두 집안이나 나라 사이의 친밀을 꾀하는 정략. expedient marriage
결혼 정책(結婚政策)圀 다른 계급이나 족속 사이의 혈통을 개량하려고 그들 사이의 결혼을 권장하는 정책.
결혼=학(結婚學)圀 결혼 문제를 우생학 또는 인구 문제 따위와 관련시켜 과학적으로 연구하는 학문.
결획(缺劃)圀 ①한자(漢字)의 획을 빠뜨림. ②천자(天子)나 귀인의 이름을 한자로 쓸 때 몹시 두려워 획을 빠뜨리는 일. 궐획(闕畫).
결효 미:수범(缺效未遂犯)圀 〈법률〉무엇을 목적하고 할 노릇을 다 하였으나, 아무런 결과가 없던 미행범. 종료 미수범(終了未遂犯), 실행 미수범(實行未遂犯). (대)착수 미수범(着手未遂犯).
결후(結喉)圀 〈생리〉성년 남자의 턱아래에 목의 연골(軟骨)이 조금 내민 곳.
결흉=증[-증](結胸症)圀 〈한의〉가슴과 배가 당기고, 몹시 아픈 급한 열병.
겸(謙)圀 〈약〉→겸패(謙卦).
겸(兼)의준 명사나 어미 '-ㄹ' 아래 붙어서 두 가지 일을 겸하여 함을 나타내는 말. ¶구경도 할 ~ 돈도 벌 ~. and also [modesty 하타]
겸공(謙恭)圀 자기를 낮추고 남을 높임. 겸손(謙遜).
겸관(兼官)圀 ①〈준〉겸직(兼職). ②〈제도〉수령(守令)의 자리가 비었을 때 이웃 고을의 수령이 임시로 맡아봄. 하타 [攝].
겸관(兼管)圀 다른 관직을 겸하여 주관함. 관영(管領).
겸:괘(謙卦)圀 〈민속〉육십사괘의 하나로 곤괘(坤卦)와 간괘(艮卦)가 거듭된 것. 땅 밑에 산이 있음을 상징함. 〈약〉겸(謙).
겸구(拑口)圀 입을 다묾. 합구(緘口). 하타
겸구 고장(拑口枯腸)圀 궁지에 빠져 할 말을 못함.
겸구 물설[-썰](拑口勿說)圀 입을 다물고 말하지 않

음. 함구 물설(緘口勿說). 하타
겸근(謙謹)圀 겸손하고 삼감. 하타 [황금.
겸금(兼金)圀 보통 금(金)보다 값이 갑절이나 더 좋은
겸:내:취(兼內吹)圀 〈제도〉선전 관청(宣傳官廳)에 속하여 궁중에서 군악을 아뢰던 악대의 이름. 〈약〉내취. 〈속〉조라치①.
겸년(歉年)圀 ①흉년(凶年).
겸노 상:전(兼奴上典)圀 〈제도〉가난하여서 종이 할 일까지 해야 하는 양반.
겸달(兼達)圀 어느 것에나 숙달함. 하혱
겸대(兼帶)圀 두 가지 이상의 직무를 겸함. 하타
겸덕(謙德)圀 겸손한 미덕. virtue of modesty
겸두=겸두(兼-兼-)圀 →겸사겸사.
겸렴(謙廉)圀 겸손하고 청렴함. modesty and uprightness
겸령(兼領)圀 아울러 영유함. 하타
겸무(兼務)圀 동시에 둘 이상의 일을 겸해 봄. 또, 그 사무. additional post 하타
겸병(兼併)圀 ①한데 합쳐 가짐. annexation ②한데 합쳐 하나로 함. 하타
겸보(兼補)圀 본직 이외에 다른 직책을 겸하여 맡김.
겸비(兼備)圀 여러 가지가 갖추어져 있음. ¶재색 ~. having both (A and B) 하타 [sement 하타
겸비(謙卑)圀 자기를 겸손하게 낮춤. 겸하. self-aba-
겸사(謙辭)圀 ①겸손한 말. humble words ②겸손하게 사양함. humbleness
겸사=겸사圀 한꺼번에 일을 겸하여 하는 모양.
겸사-말(謙辭-)圀 경어의 하나로 '겸손'의 뜻을 나타내는 말. (대)예사말.
겸사-법[-뻡](謙辭法)圀 〈어학〉높임말 법에서 겸양 선어말 어미 '-겨-삽-옵-' 등을 써서 겸사를 나타내는 말투. '받잡고'·'가옵고' 따위. 겸양법(謙讓法).
겸상(兼床)圀 한 상에서 두 사람 이상이 먹도록 차린 상. 또, 마주 앉아 식사하는 일. (대)각상(各床). 외상. eat with another 하타
겸섭(兼攝)圀 두 가지 일을 겸하여 처리함. holding another post concurrently 하타
겸세(歉歲)圀 〈동〉흉년(凶年).
겸손(謙遜)圀 남을 높이고 자기를 낮춤. 겸공(謙恭). (대)불손(不遜). modesty 하타 히타
겸손=법[-뻡](謙遜法)圀 〈어학〉공대법의 하나로, 웃어른에 대해 존경을 나타내는 어법.
겸수(兼修)圀 겸하여 닦음. 겸하여 수행함. 하타
겸=수익(謙受益)圀 겸손한데 이익을 본다 뜻.
겸순(兼旬)圀 열흘 이상 걸림. 하타 [victory 하타
겸승(兼勝)圀 싸워서 두 적을 다 이김. concurrent
겸심(謙心)圀 갓난 아이를 위하여 무당집에 가서 복을 비는 일. 하타 [universal love 하타
겸애(兼愛)圀 모든 사람을 차별 없이 똑같이 사랑함.
겸애 교리설(兼愛交利說)圀 겸애설(謙愛說)
겸애=설(兼愛說)圀 〈윤리〉만인을 차별 없이 사랑하고 이롭게 하자는 중국 묵자(墨子)의 윤리설(倫理說). 겸애 교리설(兼愛交利說). philanthropy
겸양(謙讓)圀 겸손하여 사양함. 겸억(謙抑). ¶~의 미덕. humility 하타
겸양=법(謙讓法)圀 〈동〉겸사법(謙辭法).
겸양=사(謙讓辭)圀 〈어학〉겸양의 뜻을 나타내는 문법적 구실을 가진 말. 겸사, 겸양어(謙讓語).
겸양 선어말 어미(謙讓先語末語尾)圀 〈어학〉용언의 어간과 어미 사이에 붙어 겸사의 뜻을 나타내는 겸사법의 선어말 어미. 주로 문어체의 같은 옛글에 쓰임. '-잡-·-삽-·-옵-·-자옵-·-사옵-' 따위.
겸양-어(謙讓語)圀 〈동〉겸양사.
겸어(箝語)圀 입을 막고 말을 못 하게 함. 하타
겸언(謙言)圀 겸손한 말. [ness 하타
겸억(謙抑)圀 자기를 낮추어 겸손함. 겸양. humble-
겸업(兼業)圀 겸하여 업무를 봄. 또, 그 업무. side job 하타

겸연(慊然·歉然)[명] ①마음에 차지 않는 모양. unsatisfactoriness ②미안하여 면목 없는 모양. shamefacedness 하다형 스럽 스럽다 히다
겸연-쩍-다(慊然-)[형] 미안하여 그지없이 낯이 화끈하다. ¶겸연쩍게 웃다. (변) 계면쩍다. feel ashamed
겸영(兼營)[명] 본업 외에 겸하여 하는 영업. additional business 하다장
겸=영장(兼營將)[명] 〈제도〉 수령(守令)이 겸임하던 영장.
겸용(兼用)[명] 하나로 겸하여 씀. combined use 하다
겸용(兼容)[명] 도량이 넓음. broadmindedness 하다
겸용=종(兼用種)[명] 두 가지 이상의 용도가 있는 가축 품종.
겸유(兼有)[명] 겸하여 가짐. additional possession 하다
겸인지=력(兼人之力)[명] 몇 사람을 당해 낼 만한 힘.
겸인지=용(兼人之勇)[명] 몇 사람 몫을 당해낼 만한 용기. unusual bravery
겸임(兼任)[명] 한 사람이 두 가지 이상의 직무를 겸함. (대) 전임(專任). additional post 하다
겸자(鉗子)[명] 〈의학〉 기관·조직·기물 등을 고정시키거나 압박하는 데에 쓰는 금속제 외과 수술 용구. 가위 같으나 날이 없음.
겸자 분만(鉗子分娩)[명] 〈의학〉 겸자를 써서 태아의 머리를 밖으로 끌어내어 인공적으로 분만시키는 일.
겸장군(兼將軍)[명] →겸장군(兼將軍).
겸장(兼掌)[명] 본업무 외에 다른 일도 겸하여 맡아봄. additional affairs 하다
겸=장군(兼將軍)[명] 장기에서, 두 군데로 걸리는 장군. 겹장군. ¶마(馬)·포(包)~. (준) 겸장(兼將).
겸전(兼全)[명] 여러 가지가 다 완전함. ¶지덕(智德)이 ~하다. (유) 쌍전(雙全). perfect in all 하다
겸제(箝制)[명] 자유를 구속하고 억제함. check 하다
겸종(傔從)[명] 〈제도〉 청지기. 겸인(傔人).
겸지=겸지(兼之兼之)[명] →겸사겸사.
겸지=우겸(兼之又兼)[명] 여러 가지를 겸한 위에 또 겸함.
겸직(兼職)[명] ①두 가지 직무를 겸함. 또, 그 직무. ②겸임한 관직. 겸관(兼官). (대) 실직(實職). concurrent offices 하다
겸직 금=지(兼職禁止)[명] 겸직을 금하는 일.
겸찰(兼察)[명] 두 가지 이상의 일을 겸하여 보살핌. holding posts concurrently 하다
겸창(嗛瘡)[명] 〈한의〉 종아리에 나는 종기.
겸치(兼治)[명] 겸하여 다스림. 하다
겸치-다(兼一)[타] 여러 개를 겸하여 합치다.
겸칭(謙稱)[명] ①겸손히 일컬음. calling with modesty ②겸사하여 부르는 칭호.
겸탄(謙憚)[명] 겸손하고 두려워함. 하다
겸퇴(謙退)[명] 겸손히 사양하고 물러남. 하다
겸폐(歉弊)[명] 농작물이 잘 되지 않아서 식량이 모자람.
겸하(謙下)[명] 겸비(謙卑). 하다
겸=하다(兼一)[타][여] ①본무(本務)외에 다른 직무를 더 맡아 하다. 겸임하다. ¶부장이 과장을 ~. hold an additional office ②두 가지를 아울러 가지다. ¶지덕을 ~. both(A and B) 하다
겸학(兼學)[명] 여러 학문을 겸하여 배움. studying
겸함(兼銜)[명] 높이는 실직(實職)이 있는 관료에게, 그 격식을 높이기 위하여 따로 판명을 붙이던 일.
겸행(兼行)[명] ①여러 가지 일을 겸하여 함. do an additional thing ②시간 외에도 일함. 하다
겸허(謙虛)[명] 겸손하여 교기가 없음. (대) 오만(傲慢). modesty 하다
겸황(歉荒)[명] 흉년이 들어 민생이 황폐하여짐.
겸황지=년(歉荒之年)[명] 흉년이 든 해.
겹[명] 물체의 면과 면, 또는 선과 선이 합쳐서 거듭됨. ¶~옷. ~이불. (동) 홀. double ②일이 한꺼번에 거듭됨. additional thing ¶ 불행이 ~.
겹의[명] 겹으로 된 물건을 세는 단위. ¶종이 세 ~.
겹=간통(一間通)[명] 〈건축〉 겹으로 지은 집의 앞간과

뒤간이 서로 통하게 된 것. [ings ②](동) 겹옷.
겹=것[명] ①겹으로 된 물건의 총칭. things with lin-
겹=겹[명] 여러 겹. in many folds 이다
겹=그림씨[명] 〈어〉 복합 형용사(複合形容詞).
겹=글자[一짜][명] 같은 자가 겹쳐서 된 글자. '林·品, ㄲ·ㄸ' 따위.
겹=꺾임[명] 복굴절(複屈折). [tation marks
겹낫=표[一標][명] 〈인쇄〉 인용부 『 』의 이름. quo-
겹=눈[명] 〈동물〉 곤충이나 갑각류와 가재의 눈. 여러 개의 작은 눈이 모여 된 눈임. 복안(複眼). (대) 홑눈.
겹:-다[크다][보][형] ①감정이 동하여 억제할 수 없다. ¶흥에 겨워 춤을 춘다. can't hold back one's emotion ②정도나 양이 지나쳐, 참거나 견디기 어렵다. ¶ 힘에 겨운 일을 한다. be out of hand ③동안이나 철이 기울거나 늦다. ¶한나절이 겨워서야 돌아왔다.
겹=닿소리[명] 〈어학〉 복자음(複子音).
겹=대:패[명] 대패의 하나. 날 위에 덧날을 끼워 썩 곱게 깎는 대패. double plane
겹=도르래[명] 〈물리〉 몇 개의 고정 도르래와 움직 도르래를 결합시킨 도르래 장치. 복활차(複滑車). compound pulley
겹리(一利)[명] 복리(複利). [서된 말.
겹-말[명] '첫갓'때 따위와 같이 같은 뜻의 말이 겹쳐
겹무늬=천[명] 무늬가 있는 여러 겹으로 된 천. 겹문직물(一紋織物).
겹=문자[一짜][명] 같은 뜻의 말과 문자를 겹쳐서 쓰는 말. '일락 서산(日落西山)에 해 떨어져다'·'역전(驛前) 앞' 따위. pleonasm
겹=문장(一文章)[명] 한 문장 속에서 주어와 서술어의 관계가 두 번 이상 성립하는 문장으로, 이에는 안은 문장과 이어진 문장의 두 종류가 있음. 복문(複文). (대) 홀문장.
겹문 직물(一紋織物)[명] 겹무늬천.
겹=바지[명] 겹으로 지은 바지. (대) 홑바지.
겹=박자(一拍子)[명] 〈음악〉 홑박자를 복합하여서 성립시킨 박자. 4박자·6박자·8박자 등을 말함. 복합 박자(複合拍子).
겹=받침[명] 〈어학〉 똑같은 자음이나 서로 다른 자음이 합쳐서 된 받침. 'ㅆ'·'ㅄ' 등. 쌍반침.
겹=버선[명] 솜을 두지 않고 겹으로 지은 버선.
겹=벚꽃[명] 〈식물〉 꽃잎이 여러 겹으로 피는 벚꽃.
겹=분해(一分解)[명] 복분해(複分解).
겹=빔[명] 이미 빈 두올 이상의 실을 합쳐 빔을 먹임.
겹=사돈(一査頓)[명] 결혼인으로 생긴 사돈. relative double-connected by marriage
겹=사라니[명] 헝겊·종이 등을 겹쳐 만들어서 기름에 결은 담배 쌈지.
겹=새김[명] 나무·돌·쇠붙이에 깊고 얕게 여러 겹으로 [새긴 새김.
겹=새기[명] 여러 겹으로 꼰 새끼.
겹=소리[명] 복음(複音).
겹=손톱묶음표[一標][명] 이중 괄호 '《 》'의 이름.
겹=실[명] 두 올 이상으로 드린 실.
겹=씨[명] 복합어(複合語).
겹=씨방(一房)[명] 〈식물〉 둘 이상의 칸으로 된 합생 (合生) 암꽃의 씨방. 난초·찰나리 따위의 씨방. 복자방. 겹씨방. compound ovary
겹=암술[명] 〈식물〉 두 개 이상의 심피(心皮)로 된 암꽃술. 합생 자예(合生雌蕊)와 이생 자예(離生雌蕊)로 나님. compound pistil
겹=옷[명] 솜을 두지 않고 거죽과 안을 맞추어 지은 옷. 겹것②. (대) 홑옷. lined clothes
겹=움직씨[명] 복합 동사(複合動詞).
겹=월[명] 복문(複文).
겹=이름씨[一ㅅ一][명] 복합 명사(複合名詞).
겹=이불[一니-][명] 솜을 두지 않고 거죽과 안을 맞추어 만든 이불. (대) 홑이불. lined bedspread
겹이삭=꽃차례[명] 〈식물〉 이삭꽃차례[穗狀花序]에 있어서 꽃대·보리 따위와 같이 꽃대가 두서너 번으로 피는 식물. 복수상 화서(複穗狀花序).

겹=잎[-닙] 圀〈동〉복엽(複葉).
겹=꽃[-꼳-] 圀〈식물〉수술이 꽃잎으로 변하여 잎의 수가 늘어 몇 겹으로 겹친 꽃. 중판화(重瓣花). compound-leaf flower
겹=장(-帳) 圀 겹으로 만든 휘장.
겹=장군(-將軍) 圀〈동〉겹장군.
겹=저고리 圀 겹으로 지은 저고리.
겹=점음표(-點音標) 圀〈음악〉점음표에 또한 개의 점이 붙은 음표. 복부점(複附點) 음표.
겹주름(-胃) 圀〈동물〉새김위의 제 3 실. 중판위(重瓣胃). psalterium
겹=질리다 困 몸의 근육과 관절이 생긴 방향대로 움직이지 않거나 너무 빨리 움직여서 상처가 생기다. sprain
겹=집(-) 圀〈건축〉①여러 채가 겹으로 되거나 잇달린 집. house with several wings ②한 개의 종마루 밑에 칸이 겹쳐진 집. tenement-house
겹=집다 固 여러 개를 겹쳐서 집다. take hold of several things 「ble windows
겹=창(-窓) 圀〈건축〉겹으로 짠 창. 閔 홑창. dou-
겹=처마 圀〈건축〉처마 끝의 서까래 위에 짧은 서까래를 다시 잇대어 달아 낸 처마.
겹첩(疊) 阌 →겹첩.
겹=체 圀 겹으로 짠 쳇불로 메운 체. double sieve
겹=쳐지다困 여럿이 한데 포개어져 덮놓이다. piled up
겹=치다困 ①여럿이 서로 덮놓아지거나 포개지다. be piled up ②여러 가지 일이나 현상이 한꺼번에 생기다. happen one after another 固 ①여럿을 서로 덮놓거나 포개다. pile up ②일을 더 늘리다. add
겹=치마 圀 겹으로 된 치마. 閔 홑치마.
겹=혼인(-婚姻) 圀 사돈 관계에 있는 사람끼리 다시 맺는 혼인.
겹=홀소리[-쏘-] 圀〈동〉복모음(複母音).
곁-고/곁-구/다/곁-고/다 图 겨루다.
곁-기다 图 곁이. 손님곁이. 이바지하다.
곁-나다 困 곁으로 나아 가다. '곁'은 '것(經)'의 어간
곁-다 田 곁다. [이고 '나'는 행(行)의 뜻임.
곁-디디다田 발을 가볍게 헤어 걷다. totter
곁=불 圀 겨를 태운 불. chaff-fire
곁=섬 圀 겨를 담은 섬. chaff sack
경 圀 ①〈제도〉도둑을 다스리던 형벌의 하나. ¶~을 치다. torture ②호된 고통. ¶죽을 ~을 겪다. severe pain
경(更) 圀 하룻밤 동안을 초경·이경·삼경·사경·오경의 다섯으로 나누어 일컫는 말. one of the five divisions of a night [의리]중국의 항해의 이정(里程), 60 리임. 閔(庚方). 경시(庚時).
경(庚) 圀〈민속〉①십간(十干)의 일곱째. ②〈연〉경
경(徑) 圀〈수학〉한 물체나 도형의 중심을 지나 두 끝이 그 물체의 표면이나 도형의 가장자리에서 끝난 선분. diameter
경(卿) 圀 ①〈제도〉조선조 말 시종원(侍從院)·내장원(內藏院)·장례원(掌禮院)·주전원(主殿院)·회계원(會計院) 등의 으뜸머리. ②영국에서 나이트작 (knight 爵)을 받은 이에 대한 경칭. ¶처칠 ~. [의] 임금이 2품 이상의 관원에 대하여 일컫는 말.
경(景) 圀 ①〈약〉→경치(景致). ②〈연〉경황(景況). ③〈연예〉무대의 똑같은 장면에서, 등장 인물의 교체 따위로 변화가 있는 장면. ¶제1~.
경(經) 圀 ①〈약〉→경서(經書). ②불경(佛經). ③〈민속〉판수가 읽는 기도문과 주문(呪文). ¶~읽기. incantation ④〈기독〉기도문. ⑤직물(織物)의 날. [의] 위(緯). warp ⑥〈약〉→경도(經度). ⑦〈약〉→경선(經線).
경(境) 圀 ①지경. ②마음이 놓여 있는 상태. ¶무아 [지]~.
경:(磬) 圀〈약〉→경쇠①.
경(頃) 의의 중국의 지적(地積) 단위로 100 묘(畝). ¶만~ 창파.

경(京) 国 조(兆)의 만 배. ten quadrillion
경(輕) 国 다른 말 위에 놓여 가볍거나 간편한 뜻을 나타냄. 閔 중(重)=. light
경-(頃) 国 어떤 시각의 전후를 어림하여 이르는 말. 쯤. 무렵. ¶1960년~. about
경가(耕稼) 圀〈동〉경작(耕作). 하田
경가(鏡架) 圀 경대(鏡臺).
경-가극(輕歌劇)圀〈연예〉가벼운 희극 속에 통속적인 노래나 춤을 섞은 음악극의 총칭. operetta
경가 파:산(傾家破産) 圀 집안 재산을 모두 없앰. bankruptcy 하田
경각(頃刻) 圀 극히 짧은 시간. 눈 깜박할 동안. 삽시간. 경각간(頃刻間). ¶목숨이 ~에 달렸다. moment
경각(傾角) 圀 ①〈동〉방향각(方向角). 편각(偏角). ②〈물리〉기준이 되는 평면이나 직선에 대하여 다른 평면이나 직선이 교차되어 생기는 각.〈지학〉자침(磁針)과 평면이 이루는 각. angle of inclination ⑤〈지학〉행성의 궤도면과 황도면(黃道面)이 이룬 각도. [教]이 있던 집.
경각(經閣) 圀〈종교〉대종교(大倧敎)의 도사교(都司
경:각(警覺) 圀 경계하여 작성시킴. 타일러 깨닫게 함. awakening 하田
경각-간(頃刻間) 圀〈동〉경각(頃刻).
경각부(京各部) 圀〈제도〉서울에 있던 관청의 각 부. [閔 경사(京司).
경-각사(京各司) 圀〈제도〉서울에 있던 관청의 총칭.
경-각사(京各寺) 圀〈불교〉서울 부근에 있는 모든 절.
경:각-심(警覺心) 圀 정신을 가다듬어 조심하는 마음. ¶~을 북돋우다.
경간(徑間) 圀〈토목〉교대(橋臺)나 교각(橋脚)의 서로 마주 보는 면(面)의 거리.
경간(耕墾) 圀 논밭을 개간하여 갊. bring under cultivation 하田 [질(癎疾).
경간(驚癎) 圀〈한의〉어린 아이가 놀라며 발작되는 간
경간-기(耕墾機) 圀 땅을 일구어서 갈아엎는 농구. 쟁기·가래 등.
경:갈(罄竭) 圀 재정(財政)이 다하여 없어짐. 경진(罄盡). 경핍(罄乏). 하田 [刑.
경감(輕勘) 圀 죄인을 가볍게 처분함. 박감(薄勘). 하
경감(輕減) 圀 덜어 가볍게 함. 덜어 줄임. reduction 하田
경:감(警監) 圀 경찰 공무원 계급의 하나. 경정(警正)의 아래, 경위(警衛)의 위임. police inspector
경-강(京江) 圀〈독섬〉에서 양화도(楊花渡)에 이르는 한강(漢江) 일대. ②경기도와 강원도.
경강(硬鋼) 圀 탄소를 0.36~0.70% 포함하는 강철. 축·공구(工具) 등의 재료가 됨.
경개(更改) 圀〈법률〉일정한 채무를 소멸시키고 다른 채무를 성립시키는 계약. 「합하지 않음. 하田
경:개(耿介) 圀 절조는 굳게 지켜 세속과 구차하게 화
경개(梗槪) 圀 전체의 내용을 간단하게 추린 줄거리.
경개(景槪) 圀 경치(景致). [대략(大略).
경개 여구(傾蓋如舊) 圀 잠시 만났어도 구면같이 친
경거(輕遽) 圀 경솔(輕率). 하田 히田. 하田
경거(輕擧) 圀 경솔하게 행동함. rash action 하田
경거 망:동(輕擧妄動) 圀 가볍고 분수없이 행동함. ⑪경동(輕動)②. rashness 하田
경건(勁健) 圀 ①〈미술〉필력(筆力)이 대단히 굳세고 건장함. vigorous ②굳세고 건장함. sturdy 하田
경:건(敬虔) 圀 공경하는 마음으로 깊이 삼가고 조심함. piety devotion 하田 히田
경:건-주의(敬虔主義) 圀〈종교〉17세기에 독일의 신교(新敎)가 형식화한 종교에 반대하여, 성서를 중심으로 한 경건한 생활을 주장하는 종교상의 주의.
경겁(輕劫) 圀 액운이 지나감. 히田
경겁(驚怯) 圀 놀라 겁냄. awe 하田 「racing 하田
경:견(競犬) 圀 개를 경주시켜 승부를 가리는 일. dog
경결(硬結) 圀 슬퍼 목이 멤. 하田

경결(硬結) 단단하게 굳음. 단단하게 굳힘. solidification 하다

경경(耿耿) ① 근심함. worry ② 마음에 잊혀지지 않고 아련함. dim memory ③ 별빛이 깜박깜박함. flickering 하다

경경(耕耕) 농산물의 생산가(生産價)가 그 생산지와 같아, 경제적 견지에서 경작 여부의 한계에 서 있는 토지. 또, 그 한계. 경작 한계(耕作限界).

경경(榮榮) 걱정되고 외로움. 하다 히다

경경(輕輕)히 신중하지 못하고 말이나 행동이 아주 가벼움. carelessness 하다 히

경경 고침(耿耿孤枕) 근심에 젖어 있는 외로운 잠자리.

경경 열열(哽哽咽咽) 슬픔으로 목메어 욺. 하다

경계(庚癸) ① 경일(庚日).과 계일(癸日). ② 진중(陣中)에서 양식과 물을 요구할 때 쓰는 은어.

경:계(境界) ①시비·선악이 분간되는 한계. 계경(界境). ②. turning point ③〈동〉 경계(境界)①. 「Dear Sir

경:계(敬啓) 삼가 아뢴다는 뜻으로, 편지에 쓰는 말.

경계(境界) ①일이나 물건이 어떤 표준 밑에 맞닿는 자리. 경계(經界)②. boundary ②.〈불교〉인과(因果)의 이치에 따라서 제가 스스로 받는 경우. ③ 지역의 분계. 경계(境界)①.

경계(輕繫) 가벼운 죄로 갇혀 있는 죄수.

경:계(警戒) ①잘못이 없도록 미리 조심함. precaution ②타일러 주의시킴. warning 하다 히

경:계(驚悸)〈한의〉 잘 놀라 가슴이 두근거리는 병. susceptibility to fright

경:계=보(警戒警報) 경계하라는 경보. 황색 경보(黃色警報).

경:계 관제(警戒管制) 적의 공습이 있을 경우 경계하여 불빛을 단축하는 일.《대》공습 관제. blackout 선. police net

경:계=망(警戒網) 그물처럼 이리저리 펴 놓은 경계.

경:계=색(警戒色)〈동물〉 동물이 다른 동물에게 그 먹이로 적당하지 아니함을 경계시키기 위하여 가졌다고 생각되는 선명한 몸 빛. warning colour

경계=석(境界石) 경계의 표지로 세운 돌.

경계=선(境界線) 경계가 되는 선.

경:계=선(警戒線) 적의 침입, 죄인의 도주, 불상사의 발생 등을 막기 위해 경계하는 지대. cordon

경계의 난(庚癸—亂)〈역사〉고려 의종(毅宗) 24년 (庚寅)의 난과 명종(明宗) 3년 계사(癸巳)의 난을 합쳐 부르는 말. 정중부(鄭仲夫) 등 무신이 문신을 대량 숙청한 정변.

경계=인(境界人)〈동〉한계인(限界人).

경계 인수=—우(境界因數) 어떤 한 나라의 경계선의 길이를, 그 영토의 면적과 같은 정사각형의 둘레의 길이로 나눈 것.

경계=증(—症)(驚悸症)〈한의〉 경계의 증세.

경계=표(境界標) 경계선에 세운 표.

경:계 표지(警戒標識) 경계하라는 뜻을 나타낸 표지. 교차점·굴곡·횡단로 등에 경계로 나타내 보이는 도로 표지.《약》경표(警標).

경:계 행군(警戒行軍)〈군사〉 전투 준비를 하고 적을 경계하며 하는 행군. 하다

경고(更鼓)〈제도〉오경(五更)으로 나눈 밤의 시간을 알리던 북.

경고(硬膏)〈약학〉굳어서 상온(常溫)에서는 녹지 않으나, 체온(體溫)에는 녹아 점착성(粘着性)으로 되는 고약. 반창고 따위.《대》연고(軟膏). plaster

경고(傾庫) 창고의 물건을 다 내놓음. 하다

경:고(警告) 주의하라고 경계하여 알림. ¶ ~장(文). ~장(狀). warning 하다

경골(脛骨)〈생리〉하지골(下肢骨)의 하나로 하퇴부 안쪽에 있는 긴 뼈. 정강이뼈. 신경(神經). shinbone

경골(硬骨) ①〈생리〉척추 동물의 단단한 뼈. 굳뼈.《대》연골(軟骨). hard bone ②강직하여 남에게 굽히지 않는 기골. inflexibility

경골(頸骨)〈생리〉목의 뼈. neck bone

경골(鯨骨)〈동〉고래의 뼈. whale bone

경골어=류(硬骨魚類)〈어류〉뼈가 경골(硬骨)로 된 어류. 물고기의 대부분이 이에 속함. teleost

경골=한(硬骨漢) 의지가 강하고 권력·금력에 굴하지 않는 사나이. man of firm character

경=공양(經供養)〈불교〉불경을 써서 부처님을 공양하며, 법회를 자주 열어 공덕(功德)을 쌓음.

경=공업(輕工業)〈공업〉①부피에 비하여 비교적 무게가 가벼운 섬유·화학·식료품·고무 공업 등. ② 소비재를 생산하는 공업.《대》중공업(重工業). light industry

경=공장(京工匠)〈제도〉서울의 중앙 관부(官府)에 소속된 장색(匠色). 왕실과 귀족 및 중앙 관아의 수요에 의해 제작 활동을 했음.《대》외공장(外工匠). ¶서·짝뚱·유두 따위를 이르는 말.

경과(京果) 중국 요리에서 제일 먼저 나오는 호박.

경과(京科)〈제도〉서울에서 보이던 과거. 곧, 회시(會試)·전시(殿試) 등.

경과(經科)〈동〉→강경과(講經科).

경과(經過) ①때의 지나감. lapse ②때를 지남. passing ③일을 겪음. 또, 겪어 온 과정. progress ④ 사물의 변천하는 상태. ¶병의 ~가 좋다. development ⑤〈음악〉주제(主題)·접속(接續)·전조(轉調) 등에 쓰이는 짧은 음형(音型). passing note 하다

경과(輕科) 가벼운 죄과.

경과(慶科)〈제도〉나라의 경사가 있을 때에 행하는 과거.

경과 규정(經過規定)〈동〉경과법(經過法). 던 과거.

경과=법(—法)(經過法)〈법률〉신구(新舊) 두 법 사이의 과도적 조치를 정한 법률. 경과 규정. 시제법(時際法). on proceeding

경과 보:고(經過報告) 지나온 과정의 보고. report

경과=실(經過失)〈법률〉직업·지위에 있는 사람이 주의를 게을리하여 이루어지는 가벼운 과실.

경관(京官)〈제도〉서울에 있던 각 관아의 관원 및 개성·강화·수원·광주(廣州) 등의 유수.《대》외관(外官).

경관(景觀) ①〈동〉경치(景致). ②〈지리〉특색 있는 풍경 형태를 가진 일정한 지역. ③풍경의 지리학적 특성. 자연 경관·문화 경관으로 나뉨. spectacular

경:관(警官) 경찰관.《준》경찰관. sight

경관 지리학(景觀地理學)〈지리〉지표 전반의 지리적 경관을 통하여 지역 일반의 구조와 그 생성 변화의 이치를 연구하는 지리학의 분과.

경=관직(京官職)〈제도〉서울에 있던 각 관아의 버슬.《대》외직(外職)·외관직(外官職).《약》경직(京職).

경광(耿光) ①밝은 및. ②덕이 높음.

경광(景光) ①〈동〉경치(景致). ②〈동〉효상(爻象).

경광(京校)〈약〉→경포교(京捕校).

경교(景敎)〈종교〉서기 450년경 시리아 사람 네스토리우스(Nestorius)가 주창한 예수교의 한 파.

경교(經敎)〈불교〉경문의 가르침. teachings of Buddhist scripture

경=교육(硬敎育)〈교육〉흥미를 배제하고 노력에만 호소하는 교육 방침. 영국의 로크(J. Locke)가 대표적 주창자로, 옛 스파르타 교육과 흡사함.《대》연교육(軟敎育). hard pedagogy

경구(硬球) 정구·야구 등에 쓰는 단단한 공.《대》연구(軟球). hard-ball

경:구(經口) 약·영양제 등을 입을 통하여 먹는 일.

경:구(敬具) '삼가 아뢴다'는 뜻으로, 편지 끝에 쓰는 말. 경백(敬白). Yours respectfully

경:구(敬懼) 공경하고 두려워함. veneration 하다

경구(輕裘) 가벼운 가죽옷.

경:구(警句) 기발한 감상(感想)을 간결하게 표현한 구. 예술상·도덕상의 진리를 신랄하게 표현한 구. 캐치 프레이즈.

경구=—구(驚句)〈약〉→경인구(驚人句).

경구 감:염(經口感染)〈의학〉병원체가 입으로부터 감염되는 일. 적리·장티푸스·콜레라 등이 이에 감

경:구개(硬口蓋)명 〈생리〉입천장 앞쪽의 단단한 부분. 《대》연구개(軟口蓋). hard palate

경구-음(硬口蓋音)[-음] 명 〈어학〉 혀를 발음할 때 혓바닥과 경구개 사이에서 나는 소리.

경구 면:역(經口免疫)명 〈의학〉 내복 백신의 복용으로 면역을 얻는 일. 콜레라·장티푸스·적리 등 소화기 전염병에 응용됨.

경:구법[-뻡](警句法)명 수사학상 경구를 사용하는 법.

경구 비:마(輕裘肥馬)명 가벼운 가죽옷과 살찐 말. 귀인이 외출할 때의 차림새. 《약》경비(輕肥).

경구 죄(經垢罪)명 〈불교〉허물이 비교적 가벼운 죄.

경구 투약(經口投藥)명 약을 입을 통해 투여함.

경구 피:임약[-냐](經口避姙藥)명 먹는 피임약.

경국(傾國)명 ①나라의 힘을 기울임. exhaust national strength ②나라를 위태롭게 함. endangering of the nation ③〈약〉→경국지색(傾國之色). 하타

경국(經國)명 나라를 다스림. administration 하다

경국 제:세(經國濟世)명 나라를 잘 다스려 도탄에 빠진 백성을 구제함. 하다

경국지:색(傾國之色)명 임금이 혹하여 나라가 뒤집혀도 모를 만한 썩 뛰어난 미인. 경성지색(傾城之色). 《약》경국(傾國). ③. fascinating beauty

경국지:재(經國之才)명 나라 일을 다스릴 만한 재주. 또, 그 사람. statecraft, great statesman

경군(京軍)명 〈제도〉서울의 각 영문에 소속된 군사.

경궁(勁弓)명 센 활. 「문을 적은 두루마리.

경권(經卷)명 ①(동)경문(經文)④. 경전(經典)③. ②경

경:-권(輕權)명 경법과 권도. 아주 고치지 못할 근본되는 법과 때를 따라서 맞게 하는 처리.

경궐(京闕)명 ①서울의 왕궁. ②서울.

경균 도:름(傾囷倒廩)명 ①모든 재산을 죄다 내어 놓음. ②품은 생각을 숨김 없이 드러내어 말함. 《약》경도(傾倒)④. 하다

경극(京劇)명 〈연예〉중국의 구극. 가창(歌唱)을 중심으로 한 것을 문희(文戱), 동작이 주로 된 것을 무희(武戱), 두 가지를 합한 것을 문무희(文武戱)라 함. 피황희(皮黃戱).

경:근(敬謹)명 공경하고 삼감. respect 하다 「cles

경근(頸筋)명 〈생리〉목에 있는 근육. cervical mus-

경:-금속(輕金屬)명 〈화학〉비중이 4~5 이하인 금속. 알루미늄·마그네슘 등. 《대》중금속(重金屬). light metals

경:급(警急)명 경계해야 할 급한 변. 「당. ②경기도.

경기(京畿)명 〈지리〉 ①서울을 중심으로 가까운 주위의

경기(勁騎)명 〈군사〉날쌔고 용감한 기병. brave cavalry 「cultivation 하다

경기(耕起)명 곡식을 심기 위하여 땅을 파 일으킴.

경기(景氣)명 〈경제〉기업을 중심으로 한, 여러 가지 경제 사상(事象)의 상태. 호경기·파일 생산·공황·불경기 등의 국면이 있음. business prosperity

경기(經紀)명 ①도모하여 처리함. ②생업을 경영함. ③(동) 법칙. 하다

경기(輕騎)명 →경기관총.

경기(輕騎)명 〈군사〉가볍게 장비한 날쌘 기병. 경기병(輕騎兵). light cavalry

경:기(競技)명 ①서로 기술의 낫고 못함을 겨룸. contest ②〈약〉→경기 운동(競技運動). 《약》→육상 경기(陸上競技). 하다

경:기(競起)명 앞다투어 일어남. competition 하다

경기(驚起)명 ①놀라서 일어남. startle ②놀래어 일으킴.

경기(驚氣)[-끼] 명 〈한의〉→경풍(驚風). 「김. 《동》.

경-기관총(輕機關銃)명 〈군사〉한 사람이 들을 수 있는 10kg 정도의 가벼운 기관총. 《약》경기(輕機). light machinegun

경기-구(輕氣球)명 기구(氣球)에서 기구(氣球).

경기 까투리(京畿一)명 〈속〉경기 사람을 지나치게 약바르다 해서 이르는 말.

경:기-대(輕騎隊)명 〈군사〉경기로 편성된 군대.

경:기 대회(競技大會)명 운동이나 그 밖의 기량·기술을 겨루고, 우열을 가리기 위하여 개최하는 대회. ¶5종 ~. athletic meeting

경기 변:동(景氣變動)명 〈경제〉자본주의 경제에서 특유의 요인으로 인해 어느 정도 규칙성을 띠고 호황과 불황이 반복되는 변동. 경기 순환(景氣循環). industrial fluctuation

경기병(輕騎兵)명 〈동〉경기(輕騎).

경기 순환(景氣循環)명 〈동〉경기 변동(景氣變動).

경기 운:동(競技運動)명 운동의 우열을 다루는 운동. 《약》운동②. athletic sports

경:기-자(競技者)명 경기를 하는 사람. athlete

경:기-장(競技場)명 운동 경기를 하기 위하여 종합적 시설을 베풀어 놓은 곳. ground

경기적 실업(景氣的失業)명 〈경제〉경기 변동에 따라, 주기적으로 생기는 전형적인 실업 형태.

경기 지수(景氣指數)명 〈경제〉경기 변동의 지수. 경기 예측에 씀. business barometer

경기체-가(景幾體歌)명 〈문학〉고려 중엽에 발생하여 조선 전기에 소멸한 시가의 한 형식. 학자들 사이에 불리어진 노래로서, 지금도 이상으로 한문을 많이 썼으며, 장(章)마다 '景幾엇더ᄒᆞ니잇고'라는 후렴구가 있음. 경기하여가(景幾何如歌). 별곡체가(別曲體歌).

경기하여-가(景幾何如歌)명 〈동〉경기체가(景幾體歌).

경낙(輕諾)명 쉽게 승낙함. ready consent 하다

경낙 사:신(輕諾寡信)명 쉽게 승낙하되 실행함이 적음. all talk and no action

경난(經難)명 어려운 일을 겪음. experience of difficulties 하다

경(輕煖)명 옷이 가볍고 따뜻함. light and warm

경내(境內)명 일정한 지경의 안. 《대》경외(境外).

경년(頃年)명 〈동〉근년(近年). 「precincts

경년(經年)명 해를 지냄. passing a year 하다

**경년 열:(閱歲)[-녀레] 명 여러 해를 지냄. 하다

경노(勁弩)명 굳세고 튼튼한 활.

경:-노동(輕勞動)명 육체적 힘이 덜 드는 비교적 가벼운 노동. 《대》중노동(重勞動). light labour 「다

경농(耕農)명 논밭을 갈아 농사를 지음. farming 하

경농(耕農)명 농업을 경영함. 하다

경-뇌막(硬腦膜)명 〈생리〉뇌를 싸고 있는 섬유질의 막. 두개골 안에 붙어 있음. 《약》경막(硬膜). dura mater 「여 짜아 낸 기름.

경뇌-유(鯨腦油)명 고래 머리의 지방을 압축·냉각하

경:단(瓊團)명 수수·찹쌀 가루를 둥글게 빚어 삶아 고물을 묻힌 떡. rice dumplings

경-단백질(硬蛋白質)명 〈화학〉물·중성 염류 용액·유기 용매에 녹지 않는 단백질 중, 동물의 뼈·피부·손발톱을 이루는 단백질. albuminoid

경달(驚怛)명 부모상이나 집안의 가까운 어른의 부고를 받고 깜짝 놀람. 하다

경담(驚痰)명 〈한의〉놀람으로 생기는, 지랄과 같은 증세를 일으키는 병증. 히스테리의 하나.

경:답(京畓)명 경인답(京人畓).

경당(扃堂)명 〈제도〉고구려가 평양으로 천도한 후 각 지방에 생긴 사숙(私塾).

경당(經堂)명 〈불교〉경전(經典)을 간직하여 두는 집. library of Buddhist sutras 「진돌.

경당(經幢)명 〈불교〉경문(經文)을 새긴 여러 모가

경-답문:노(耕當問奴)명 농사일은 머슴에게 물어야 한다는 뜻으로, 모르는 일은 잘 아는 사람에게 물어야 한다는 말.

경:대(敬待)명 공경하여 대접함. cordial reception 하다

경:-대(鏡臺)명 거울을 달아 세운 화장대. 경가(鏡架). 장경(粧鏡). mirror stand 「먹는 밀국수.

경대-면(經帶麵)명 끓는 물에 익혀 찬물에 다군다가

경대-시(經帶時)명 〈천문〉경도가 15°의 정수배(整數倍)인 자오선을 기준으로 한 표준시. zone time

경도(京都)명 서울.

경도(硬度)명 ①〈물리〉물체에 흠을 내려고 할 때에

생기는 그 물체의 저항(抵抗) 정도. 강도(强度)③. hardness ②〈화학〉물에 알칼리 토금속(alkali 土金屬)이 녹는 정도. ③물체의 단단하고 무른 정도. solidity 「nation
경도(傾度)[명] 경사의 도수. 경사도. gradient, incli-
경도(經度)[명] ①[달] 월경(月經). ②〈수학·지학〉지구상의 일정한 지점으로부터 동서로 잰 각거리(角距離). 날도1. (대) 위도(緯度). (약) 경(經)⑥. longitude
경도(傾倒)[명] ①기울어 쏟음. ②넘어져 엎드러짐. fall ③마음을 기울여 사모함. devotion ④(약)→경균도움(傾困倒廩). 하[타]
경:도(敬禱)[명] 경건하게 기도함. 하[타]
경도(鯨濤)[명] 큰 파도. 큰 물결.
경도(驚倒)[명] 놀라 거꾸러짐. astonishment 하[자]
경도-계(硬度計)[명]〈광물〉광물의 경도를 재는 계기.
경도-선(經度線)[명][동] 경선(經線). 「durometer
경도-시(經度時)[명]〈지학〉본초 자오선(本初子午線)과 다른 지점과의 사이의 경도의 차를 시·분·초로 환산한 이것.
경도-풍(傾度風)[명]〈지리〉공기 운동에 대한 저항이 없을 때, 등압선(等壓線)과 평행되게로 부는 바람.
경독(耕讀)[명] 농사짓기와 글 읽기. 농사를 지으며 책을 읽음. farming and reading 하[자]
경:독(惸獨·煢獨)[명] 의지할 곳 없는 외로움. 또, 그런 사람.
경독(經讀)[명]〈불교〉경문을 읽음. reading sutras
경:-돌[─똘] (磐─)[명][동] 경석(磐石).
경동(傾動)[명]〈지학〉단층으로 온 땅덩어리가 기울어져 움직이는 운동. 「擧妄動). 하[자]
경동(輕動)[명] ①경솔히 행동함. ②→경거 망동(輕
경:동(鏡胴)[명] 망원경·사진기 등의 몸통. 거울통.
경:동(鏡銅)[명]〈광물〉구리 67%, 주석 33%의 선백색 합금으로 옛날에 거울로 쓰이던 청동.
경:동(警動)[명] 깨우쳐 장려함. 하[타]
경동(驚動)[명] 놀라서 움직임. astonishment 하[자]
경동-맥(頸動脈)[명]〈생리〉목 좌우에 있어 머리에 피를 보내는 동맥. carotid artery
경동-성[─썽] (傾動性)[명]〈식물〉식물의 꽃·잎·덩굴 따위가 접촉·광·열·화학 물질 등의 양적인 차로 자극을 받아 움직이는 현상.
경동 지괴(傾動地塊)[명]〈지학〉경동으로 한쪽에는 급한 단층이 생기고, 다른 쪽은 완만한 경사를 이루고 있는 땅덩이. tilted block
경등(卿等)[명] 임금이 신하들을 부르는 말.
경라(輕羅·經羅)[명] 가볍고 얇은 비단.
경라(警邏)[명] 순찰하며 경계함. patrol 하[타]
경락(京洛)[명][동] 서울.
경락(經絡)[명] ①〈한의〉오장 육부에 생긴 병이 몸 거죽에 나타나는 자리로 침(鍼)·뜸 따위를 놓는 자리. ②사물의 내력과 분간.
경:락(競落)[명] ①〈경제〉경매에서 최고액으로 입찰한 사람에게 집행 기관이 허가하는 승낙. sale by auction ②〈법률〉경매에 의하여 목적물의 소유권을 취득함. buying by auction 하[타]
경:락 기일(競落期日)[명]〈법률〉부동산의 경락에 대해 법원이 그 허가 여부를 결정하는 기일.
경:락 대:가[─까] (競落代價)[명]〈법률〉경매에서 낙찰된 물건의 값. price obtained at auction
경:락-물(競落物)[명]〈법률〉경락이 결정된 물건. objects knocked down
경:락-인(競落人)[명]〈법률〉경락으로 소유권을 취득한 사람. successful bidder
경랍(硬鑞)[명]〈광물〉납합금(鑞合金) 중 융점이 높은 황동·동랍·은랍·금랍 등의 총칭.
경랍(鯨蠟)[명]〈화학〉향유고래의 머리와 지육(脂肉)의 기름을 냉각·압착하여 만든 결정성 물질. 납·남·향유 등의 원료가 됨. whale tallow
경랑(鯨浪)[명] 큰 파도. 경도(鯨濤).

경략(經略)[명] ①국가를 경영 통치함. ruling ②천하를 경영하며 사방을 공략함. invasion 하[타]
경략-사(經略使)[명]〈제도〉조선조 때, 함경 북도 및 평안 북도의 국경 지방의 정치를 위해 임시로 두던 벼슬. 「양식.
경량(經糧)[명]〈불교〉절에서 불경을 공부하는 이의
경량(輕量)[명] 가벼운 무게. (대) 중량(重量). light weight 「급.
경량-급(輕量級)[명] 경량의 등급. 가벼운 편에 드는
경량-품(輕量品)[명] 용적(容積)을 표준으로 운임을 계산할 때, 부피에 비해 가벼운 물품. 솜 따위. (대) 중량품(重量品).
경려(輕慮)[명] 천박한 생각. 경솔한 생각. superficial view 「의 공력.
경력(經力)[명]〈불교〉경문의 공력(功力). 독경(讀經)
경력(經歷)[명] 겪어 지내 온 일들. 온갖 일을 겪어 지내 옴. 이력(履歷). 열력(閱歷). ¶∼담(談). career 하[타]
경련(痙攣)[명]〈의학〉근육이 발작적으로 오그라드는 병. 진통(陣痛). ¶∼증(症). convulsions
경련(頸聯)[명] 한시의 율(律)·배율(排律)에서 후련구(後聯句)로서, 제 5·제 6의 두구. (대) 함련(頷聯).
경련-파(經攣派)[명]〈문학〉시인의 한 파. 상징파 시인들의 신경 파민증을 본떠 이름.
경렵(鯨獵)[명][동] 고래잡이.
경:례(敬禮)[명] 경의를 나타내기 위해 인사하는 일. 또, 그 동작. (약) 예(禮). salutation 하[자]
경:로(敬老)[명] 노인을 공경함. respect for the old 하
경로(經路)[명] ①지나는 길. path ②일이 되어 가는 형편이나 순서. course 「내도록 지은 집.
경로-당(敬老堂)[명] 노인들이 모여 한가한 시간을 보
경:로-회(敬老會)[명] 노인을 공경하고 위로하는 모임.
경론(硬論)[명] 강경한 논의. argument for a strong measure
경론(經論)[명]〈불교〉부처의 말을 적은 경(經)과 이를 해석하는 논(論). 「漏水).
경루(更漏)[명]〈제도〉밤중안의 시간을 알리는 누수(
경루(經漏)[명]〈한의〉월경(月經)의 피가 그치지 않는 병. menorrhagia
경루(瓊樓)[명] '궁전'의 미칭(美稱).
경륜(經綸)[명] ①일을 조직적으로 잘 계획함. management ②천하를 다스림. ruling 하[타] 「하[타]
경륜(競輪)[명] 자전거 경주. ¶∼대회. cycling race
경륜-가(經綸家)[명] 정치적 수완이나 조직적 수완이 있는 유능한 사람. person of great administrative
경륜지-사(經綸之士)[명] 능히 천하를 다스릴 만한 사람. person of great administrative ability
경리(經理)[명] ①일을 경영하여 처리함. management ②회계·급여에 관한 사무를 처리함. 또, 그 부서나 사람. ¶∼사무. accounting business 하[타]
경:리(警吏)[명] 경찰 행정에 종사하는 관리. man in police service 「리.
경리-사(經理使)[명]〈제도〉경리청(經理廳)의 우두머
경리-청(經理廳)[명]〈제도〉조선조 때, 북한 산성(北漢山城)을 관리하던 관청.
경리(硬鱗)[명]〈어류〉사방형(斜方形)의 판자 같고 표면이 단단하며 광택이 있는 물고기의 비늘. 굳비늘. ganoid scale
경마[명] 사람이 타 말을 몰기 위해 잡는 고삐. leading
경마(耕馬)[명] 논밭을 가는 말. farm horse 「rein
경:마(競馬)[명] 말을 타고 달리는 경주. 흔히 돈을 검고 내기를 함. ¶∼회(會). horse race 하[자]
경마-말(競馬─)[명] 경마에서 기수가 타는 말.
경마=잡다-다[─따] 남이 탄 말의 고삐를 잡고 몰고 가다. lead a horse 「고 싶다.
경마=잡히-다(競馬─)[명] 경마를 잡히게 하다. ¶말타면 경마잡히
경:마-장(競馬場)[명] 경마를 하는 장소. racecourse
경막(硬膜)[명]〈약〉→경뇌막(硬腦膜). [명] 스레트 하[타]
경:망(輕妄)[명] 경솔하고 방정맞음. rashness 하[형] 스

경:매(競買)[명] 같은 종류의 물건을 파는 사람이 많을 때, 가장 싸게 팔겠다는 사람에게서 물건을 사들이는 일. buying at auction 하타

경:매(競賣)[명] ①사려는 사람이 많을 때 값을 제일 많이 부르는 사람에게 파는 일. ②〈법률〉경매 청구 권리자의 신청으로 법원 또는 집달리가 동산·부동산을 공매(公賣) 방법으로 파는 일. 조네(糶賣). ¶~ 기일(期日). ~인(人). auction 하타

경:매 기간(競賣期間)[명]〈법률〉강제 집행상 경매할 날짜가의 기간. period of auction

경:매매(競賣買)[명]〈법률〉팔 사람과 살 사람들이 가격을 경쟁하여 매매 거래를 하는 일. 하타

경:매-물(競賣物)[명]〈법률〉경매에 부친 물건. articles sold by auction

경:매 조서(競賣調書)[명]〈법률〉집달리(執達吏)가 써서 서명 날인한 경매 절차 경과에 관한 조서. public auction procedure

경맥(硬脈)[명]〈의학〉혈압이 높아서 긴장 정도가 센

경면(鏡面)[명] 거울의 표면. surface of mirror

경:면 주사(鏡面朱砂)[명]〈약학〉결정(結晶)된 주사.

경면-지(鏡面紙)[명] 반들거리고 광택이 있는 종이.

경멸(輕蔑)[명] 깔보아 업신여김. contempt 하타

경명(傾命)[명] 늘어서 여년(餘年)이 적음. 하타

경명(敬命)[명] 삼가 공경함. reverence 하타

경:명-풍(景明風)[명]〈동〉동남풍(東南風).

경명 행수(經明行修)[명] 경학(經學)에 밝고 행실이 착함.〈약〉경행(經行)①.

경:모(景慕)[명] 우러러 사모함. worship 하타

경모(傾慕)[명] 마음을 기울여 사모함. adoration 하타

경:모(敬慕)[명] 존경하고 사모함. ¶~심(心). adoration 하타

경모(輕侮)[명] 업신여겨 모욕함. contempt 하타

경목(耕牧)[명] 경작과 목축.

경:목(警牧)[명] 경찰관으로서의 목사.

경묘(輕妙)[명] 경쾌하고 교묘함. light, smartness 하타

경:무(警務)[명] 경찰에 관한 사무. police affairs [하타]

경:무-관(警務官)[명] 경찰관의 직명. 치안감의 아래, 총경의 위로. chief of the police

경:무-서(警務署)[명]〈제도〉조선조 말에 각 지방의 경찰 사무를 맡던 관청.

경:무-청(警務廳)[명]〈제도〉한성부(漢城府) 안에서 경찰과 감옥의 일을 맡던 관청. [는 음향 신호.

경:무-호(警霧號)[명] 항로 표지로 안개가 자욱할 때 보내

경문(經文)[명] ①〈불교〉불경에 있는 글. Buddhist scripture ②〈기독〉기도할 때 외는 글. sacred books ③〈종교〉도교(道敎)의 서적. Taoist classics ④유교(儒敎)의 경서(經書)에 있는 글. 경권(經卷). Confucian books

경=문학(硬文學)[명]〈문학〉학문적 색채를 띤 딱딱한 문학 작품.(대)연문학(軟文學). metaphysical literature [문에 작품. light literature

경=문학(輕文學)[명]〈문학〉경쾌하여 읽을 수 있는

경물(景物)[명] 사철에 따라 달라지는 풍물.

경물(輕物)[명]〈불교〉천도교의 삼경(三敬)의 하나.

경:물-시(景物詩)[명]〈문학〉사철의 풍물을 읊은 시.

경미(粳米)[명]〈동〉멥쌀.

경미(輕微)[명] 가볍고도 아주 적음. ¶~한 손상. (대)중대(重大). slight trifling 하[형]

경미-토(粳米土)[명] 모래흙.

경:민(警民)[명] 백성을 깨우침. 하타 [「용의 노래」.

경:민-가(警民歌)[명] 백성들을 훈계하고 일깨우는 내

경박(輕薄)[명] ⇒경조 부박(輕佻浮薄). 하[형]

경박 부허(輕薄浮虛)[명] 경조 부박. 하타 [이.

경박 소:년(輕薄少年)[명] 언행이 착실하지 않은 젊은

경박-자(輕薄子)[명] 언행이 착실하지 못한 사람. flippant fellow

경박 재자(輕薄才子)[명] 경박하나 재주는 있는 사람.

경:발(警拔)[명] 착상(着想) 등이 기발함. 하[형]

경방(庚方)[명]〈민속〉이십사 방위(方位)의 하나. 서쪽에서 남쪽으로 15도 되는 방위를 중심으로 15도 각도의 안.〈약〉경(庚)②.

경:방(警防)[명] 경계하여 지킴. vigilance 하타

경배(敬拜)[명] 존경하여 절함. worship 하타

경배(輕輩)[명] 신분이 낮은 사람.

경:백(敬白)[명] '공경하여 사뢴다'는 뜻으로, 한문투의 편지 끝에 쓰는 말. 경구(敬具). Yours respectfully [punishment

경벌(輕罰)[명] 가벼운 벌. (대)중벌(重罰). light

경범(輕犯)[명] 가벼운 범죄. 또, 그 죄를 저지른 사람. (대)중범(重犯). light offence

경:범-죄(一罪)(輕犯罪)[명]〈법률〉가벼운 범죄.〈약〉경범(輕犯). minor offence

경범죄 처:벌법(輕犯罪處罰法)[명]〈법률〉가벼운 위법 행위나 반(反)도의적인 침해 행위에 대한 처벌을 규정한 법률. 즉결 재판에서 구류 또는 과료(科料)에 처하게 됨. 「경문의 교의(敎義)

경법(經法)[명]①〈유〉대경 대법(大經大法). ②〈불교〉

경변(硬便)[명] 되게 나오는 똥. 된똥. hard feces

경변(輕邊)[명] 싼 이자. 헐한 이자. 저리(低利). 저변(低邊). low interest

경변=증(一症)(硬變症)[명]〈의학〉장기(臟器)에 만성 자극이 가해져, 세포가 위축되고 장기가 딱딱하게 축소되는 병증. cirrhosis

경병(勁兵)[명] 굳센 병사. 강병(強兵). strong soldiers

경보(頃步)[명] 반걸음. 반보(半步).

경보(卿輔)[명]〈제도〉3정승(政丞)과 6판서(判書). 경상(卿相).

경:보(競步)[명]〈체육〉육상 경기의 하나. 한쪽 발이 땅에서 떨어지기 전에 다른 발이 땅에 닿게 하여 빨리 걷는 경기. walking race

경:보(警報)[명] 경계하라고 미리 알리는 보도. ¶폭풍 ~. 홍수 ~. warning

경:보-기(警報器)[명] 특이한 음향·광선으로 급한 위험이나 고장을 알리는 기계. alarm

경:복(景福)[명] 크나큰 복. 경조(景祚).

경:복(敬服)[명] 존경하여 감복함. admiration 하타

경:복(敬復·敬覆)[명] 공경하여 삼가 답장한다는 뜻으로, 편지 첫머리에 쓰는 말. Dear Sir

경복(傾覆)[명] ①뒤집어엎어서 망하게 함. overturning ②기울어져 엎어짐. ③[동] 패망(敗亡). 하타

경복(輕服)[명] ①소공(小功)·시마(緦麻) 따위의 단기 간의 상복. ②홑가분한 복장. light dress

경:복(慶福)[명] 경사스러움과 복됨. happiness

경:복-궁(景福宮)[명] 조선조 태조(太祖) 3년(1394)에 세운 대궐. Kyong-bok Palace

경본(京本)[명] ①서울에서 유행되는 본. 복식(服飾)에 대하여 씀. ②서울에서 출판된 책.

경본(經本)[명]〈기독〉미사 성제(彌撒聖祭)와 성직자(聖職者)의 경문을 적은 책.

경부(京府)[명] 서울. 경도(京都).

경:부(經部)[명] 옛 서적을 '경(經)·사(史)·자(子)·집(集)'의 4부로 분류한 것 중 경에 딸린 부류. 갑부(甲部). one of the four divisions of old Chinese books

경부(輕浮)[명]〈약〉⇒경조 부박(輕佻浮薄).

경부(頸部)[명] ①〈생리〉목이 있는 부분. cervix ②목처럼 잘록하게 된 부분. ¶자궁 ~.

경:부(警部)[명]〈제도〉조선조 말 광무(光武) 4년 (1900)에 경무청을 독립시켜 고친 이름.

경분(輕粉)[명]〈한의〉염화제일수은의 일컬음. 매독·매독성 피부병·대소변 불리·외과·살충제 등에 쓰임. 홍분(汞粉). mercurous chloride

경:비(經費)[명] ①일을 경영하는 데드는 비용. expenditure ②국가나 공공 단체가 그 수요(需要)를 채우기에 필요한 비용. expenses

경:비(輕肥)[명]〈약〉⇒경의 비마(輕衣肥馬)②.

경:비(警備)[명] 만일을 염려하여 미리 경계·방비함. defence 하타

경:비 계:엄(警備戒嚴)[명]〈법률〉계엄의 하나. 전시·

경비:대(警備隊)〖군사〗①경비의 책임을 맡은 부대. garrison ②〖약〗→국방 경비대. 「사. guard
경비:병(警備兵)〖군사〗경비하는 임무를 맡은 병.
경비=사(經費司)〖제도〗서울 각 관아의 경비 및 부산에서 사는 일인들에게 주던 양식 등을 관리하던 호조(戶曹)의 한 분장.
경비:선(警備船)〖동〗해상을 경비하는 선박. guard-「boat
경비:함(警備艦)〖군사〗해상을 경비하는 군함. guard ship
경비행기(輕飛行機)연습·스포츠 등에 사용하는 「소형 비행기. light plane
경사(京司)〖약〗→경각사(京各司).
경사(京師)〖명〗서울. 「classics
경사(經史)〖명〗경서(經書)와 사기(史記). Confucian
경사(傾斜)〖명〗①비슷하게 기울어짐. ②〈지학〉지층면과 수평면과의 서로 빗나간 정도. slope
경사(經絲)〖명〗직물의 날을 이룬 실. 날실. warp
경:사(慶事)〖명〗경축할 만한 기쁜 일. happy event 스럽:다 스레하
경:사(警査)〖법률〗경찰 공무원 계급의 하나. 경장의 위, 경위(警衛)의 아래. police sergeant 하
경:사(競射)〖명〗활쏘기, 또는 사격의 실력을 겨룸.
경사=계(傾斜計)〖명〗①〈물리〉클리노미터. ②비행기에 작용하는 가죽도의 방향에 대한 경사나 지면에 대한 경사를 지시하는 장치. inclinometer
경=사=대부(卿士大夫)〖제도〗3등승 이외의 벼슬아치의 경칭.   「ent
경사=도(傾斜度)〖명〗경사진 각도. 경도(傾度). gradi-
경사=롭=다(慶事─)〖형ㅂ〗경사가 될 만하다. auspi-cious 경사:로이
경사=면(傾斜面)〖명〗경사진 면.
경사 생산(傾斜生産)〖명〗일국의 산업 구조 가운데 석탄·비료 등 기초적 물자의 생산을 먼저 확보하고 나서 각 부문 골고루의 생산으로 확대하여 가려는 생산 방식.
경사=의(傾斜儀)〖명〗클리노미터.
경사=자=집(經史子集)〖명〗중국 서적의 경서(經書)·사서(史書)·제자(諸子)·문집(文集)의 총칭.
경사=지(傾斜地)〖명〗비탈진 땅. slope
경사=지=다(傾斜─)〖자〗한쪽으로 기울어지다. incline
경사=침(傾斜枕)〖명〗경사진 지레의 원리를 이용한 저울. 갈고리에 물건을 걸어 중량을 잼.
경산(京山)〖명〗서울 부근의 산. mountains near Seoul
경산(經産)〖명〗아기를 낳은 일이 있음.
경산=목(京山木)〖명〗서울 부근 산에서 나는 재목.
경산=부(經産婦)〖명〗아기를 낳은 경험이 있는 부인. multipara
경산=절〔─쩔〕(京山─)〖명〗서울 부근 산의 절.
경:삼(慶蔘)〖명〗경상도에서 나는 인삼.
경삽(驚澁)〖명〗옮겨 심어서 자라난 산삼.
경삽(梗澁)〖명〗문장 따위가 딱딱하고 부드럽지 못함.
경상(景狀)〖동〗효상(爻象). 「hardboiled 하
경상(卿相)〖제도〗①재상(宰相). ②육경(六卿)과 삼상(三相). 경보(卿輔).   「sutras
경상(經床)〖명〗불교에서 불경을 얹어 놓는 상. stand for
경상(經常)〖명〗계속으로 변하지 않음. 항상 일정하여 변하지 아니함. ¶ ~ 계정. ~ 수입. 《대》 임시(臨時). regular
경상(輕傷)〖명〗①조금 다침. ②가벼운 상처. 《대》중상(重傷). light injury 하
경상=비(經常費)〖명〗매달마다 규칙적으로 필요한 경비. 《대》 임시비(臨時費). ordinary expenditure
경상=세〔─세〕(經常稅)〖법률〗해마다 규칙적으로 받아들이는 조세. 《대》 임시세(臨時稅).
경:상=참(境上斬)〖제도〗두 나라에 관계 있는 죄인을 국경에서 처형하던 일. 하
경=새(更─)〖명〗밤마다 일정한 시간에 우는 새.
경색(梗塞)〖명〗너무 울어 목이 멤. being choked with tears 하

경색(梗塞)〖명〗①사물의 유통이 잘 되지 않고 막힘. ②〈의학〉유리물(遊離物)이 모세 혈관의 내강(內腔)을 막아 그 곳에서의 혈액 순환이 잘 되지 않아 이하의 조직이 영양을 받지 못해 사멸하는 일. 하
경색(景色)〖동〗경치(景致).
경서(經書)〖명〗유교의 경전. 사서(四書)·오경(五經)등. 경적(經籍). 《대》위서(緯書). 《약》경(經)①. Confucian classics
경:사(慶瑞)〖명〗경사스러운 조짐. good omen
경석(輕石)〖동〗속돌.   「는 돌. 경돌.
경:석(磬石)〖명〗안산암(安山岩)의 하나. 경쇠를 만드
경석고(硬石膏)〖명〗〖광물〗결정수(結晶水)가 없는 황산칼슘. 석고보다 단단함. anhydrite
경선(徑先·逕先)〖명〗경솔히 앞질러 하는 버릇이 있음. being reckless 하 히
경선(經線)〖동〗동경(動徑).
경선(經線)〖지학〗지구의 두 양극을 지나는 평면으로 잘랐을 때 그 평면과 지구 표면이 만나는 가상적인 곡선. 경도선(經度線). 날금. 날줄. 자오선(子午線). 《대》 위선(緯線). 《약》 경(經)②.
경선(頸腺)〖생리〗목에 붙어 있는 임파선. ¶ ~ 결핵(結核). cervical gland   「vessel
경선 종=창(頸腺腫脹)〖의학〗여러 가지 병독으로 목에 있는 임파선이 붓는 나력(瘰癧)의 하나. 연주창.
경섬(鯨銛)〖동〗고래작살.
경:섬유(硬纖維腫)〖의학〗결합직 섬유가 많고 단단한 섬유종의 하나. 《대》연섬유종.
경섭(經涉)〖명〗산을 넘고 물을 건넘. 여러 곳을 두루 돌아다님. making an extensive tour 하
경성(京城)〖명〗①도읍(都邑)의 성. 서울. ②서울의 옛 이름. former name of Seoul
경성(硬性)〖명〗단단한 성질. 《대》연성(軟性). hardness
경:성(景星)〖지학〗태평 성대에 나타난 상서로운 별. 서성(瑞星).
경성(經星)〖동〗항성(恒星)(二十八宿).   「이. 하
경:성(警省)〖명〗제 행동에 대하여 깨우쳐 돌아봄.
경:성(警醒)〖명〗①타일러 깨우침. ②미혹을 깨닫게 함. awakening 하
경성분(硬成分)〖물리〗방사선이나 우주선의 물질을 투과하는 힘이 강한 부분. 우주선에 함유된 단파장의 선 따위. 《대》연성분(軟性分).
경성지색(傾城之色)〖동〗경국지색(傾國之色).
경성 하=감〔─쌍─〕(硬性下疳)〖의학〗매독균의 전염으로 음부에 생기는 피부병. 완두만한 응기가 생기며 심하면 궤양이 됨. 《대》연성 하감(軟性下疳). chancre
경성 헌=법〔─썽─뻡〕(硬性憲法)〖법률〗개정하는 절차가 보통의 법률보다 까다롭게 규정되어 있는 헌법. 강성 헌법. 《대》 연성 헌법(軟性憲法). 《약》 경헌법.
경세(經世)〖명〗세상을 다스림. ¶ ~ 도량(度量). administration 하   「public 하
경:세(警世)〖명〗세상 사람을 깨우침. warning the
경세=가(經世家)〖명〗세상을 다스리는 사람. 정치가(政治家). statesman
경세 제=민(經世濟民)〖명〗세상을 다스리고 백성을 구제함. 경제(經濟)②. state craft
경세지=재(經世之才)〖명〗세상을 다스릴 만한 재주. 또, 그런 재주를 가진 사람.
경세지=책(經世之策)〖명〗경세(經世)의 방책.
경세 치=용(經世致用)〖명〗학문은 실사회에 이바지되는 것이어야 한다는 유교상의 주장.
경세 훈=민(經世訓民)〖명〗세상 사람들을 정신을 차리도록 타이름. 하
경소(京所)〖제도〗서울에 머무는 같은 고을 사람끼리 모이던 곳. 그 고을의 일을 논하고 주선·연락하던 회소(會所).

경소(輕小)[명] 가볍고 작음. little 하[형]
경소(輕笑)[명] ①가볍게 웃음. ②가벼이 생각하여 웃음.
경=소리[ー쏘ー](經ー)[명]〈불교〉불경을 읽거나 외는 소리.
경속(梗粟)[명] 메조.
경솔(輕率)[명] 언행이 진중하지 않고 가벼움. 경거(輕擧). 경조(輕佻). (대) 신중(愼重). rashness 하[형]히
경=쇠(磬ー)[명] ①〈음악〉경석(磬石)으로 만든 옛날 악기. (약) 경(磬). stone musical instrument ②〈불교〉예불할 때 흔드는 작은 종. 방울. handbell used by priests
경수(硬水)[명]〈화학〉칼슘염(鹽)·마그네슘염 같은 광물질이 비교적 많은 물. 센물. (대) 연수(軟水). hard water
경수(經水)[명]〈동〉월경(月經).
경수(輕水)[명] 중수(重水)에 대해 보통의 물.
경수(輕囚)[명] 죄가 가벼운 죄수. prisoner of a minor offence
경수(鯨鬚)[명]〈동〉고래 수염.
경=수소(警守所)[명]〈제도〉순라군이 밤에 거처하던 곳. 「지냄. ②하룻밤을 지냄. 하[타]
경숙(經宿)[명] ①임금이 대궐을 떠나 다른 곳에서 밤을
경:순(警巡)[명] 경계하여 순찰함. 하[타]
경=순양함(輕巡洋艦)[명]〈군사〉소형의 순양함. (약) 경순(輕巡). light cruiser
경술(庚戌)[명]〈민속〉육십 갑자(六十甲子)의 47째.
경술(經術)[명] 유가(儒家)의 경서(經書)에 관한 학문.
경=스승(經ー)[명]〈불교〉경문의 뜻을 풀어 가르치는 법사(法師). 강백(講伯). 강사(講師)④. 강주(講主). 경사(經師). (名勝). beautiful scenery
경승(景勝)[명] 경치가 좋음. 또, 그런 곳. (유) 명승
경승=지(景勝地)[명] (약)→경승지지(景勝之地).
경승지지(景勝之地)[명] 경치가 좋은 곳. (약) 경승지.
경시(更始)[명] 고쳐 시작함. recommencement 하[타]
경시(庚時)[명]〈민속〉이십사시의 18째 시. 하오 5시부터 6시 사이. (약) 경(庚)②. 「관.
경시(京試)[명]〈제도〉서울에서 3년마다 보던 소과(小
경시(輕視)[명] 깔봄. 가볍게 여김. 의시(蟻視). ¶ 병을 ー하다. (대) 중시(重視). slighting 하[타]
경:시(警視)[명]〈제도〉조선조 말 융희(隆熙) 때에 있던 경찰관의 한 고등관. ¶ ー청(廳).
경시(競試)[명] 재능·능력 등을 비교하여 시상하기 위해 시험함. ¶ 수학 ー 대회. 하[타]
경시=관(京試官)[명] 경시에서 서울에서 파견하던 시험
경시=서(京市署)[명]〈제도〉고려·조선조 때 서울의 시전(市廛)을 관리·감독하던 호조 소속의 관아.
경:시=종(警時鐘)[명] 지정한 시각에 종을 울려 잠을 깨워 주는 시계. 성종(醒鐘). alarm clock
경식(耕食)[명] 농사를 지어 살아 나감. farming 하[타]
경식(耕植)[명] 땅을 갈아 농작물을 재배함. tilling and sowing 하[타]
경식(硬式)[명] 테니스·야구 등에서 경구(硬球)를 사용하는 경기 방식. 연식(軟式). rigid type
경식 야구(硬式野球)[ー나ー][체육] 경구(硬球)로 하는 야구. (대) 연식 야구(軟式野球).
경식 정구(硬式庭球)[체육] 경구(硬球)로 하는 정구. (대) 연식 정구(軟式庭球). lawn tennis
경신(更新)[명] 옛것을 고쳐 새롭게 함. 개신. renewal 하[타] 「②서울 소식.
경:신(京信)[명] ①서울에서 온 편지. letter from Seoul
경:신(敬信)[명] 존경하여서 믿음. 하[타]
경:신(敬神)[명] 신을 공경함. piety 하[타]
경:신(敬愼)[명] 공경하고 삼감. reverence 하[타]
경신(輕信)[명] 경솔히 믿음. credulity 하[타]
경신세(更新世)[명]〈동〉홍적기(洪積期). 「함.
경:신 숭조(敬神崇祖)[명] 신을 공경하고 조상을 숭상
경심(更深)[명] 밤이 깊음.
경심(鯨心)[명] ①〈물리〉부체(浮體)에 있어서의 기울

기의 중심. 부체를 그 평형한 위치에서 조금 기울였을 때, 부력(浮力)의 작용선이 본디의 평형 위치에서의 부력의 작용선과 교차하는 점. 기울기의 각도에 따라 그 점이 달라짐. 의심점(外心點). metacenter ②마음을 기울임. 마음을 쏟음. 하[타]
경아(驚訝)[명] 놀라고 의아하게 여김. astonishment 하[형]
경=아리(京ー)[명] 간사한 서울 사람. city slicker
경:아:문(京衙門)[명]〈제도〉서울의 각 관아.
경:아:전(京衙前)[명]〈제도〉서울 중앙 관아의 이속.
경악(經幄)[명]〈동〉경연(經筵)①.
경악(驚愕)[명] 몹시 놀람. great surprise 하[타]
경안(經眼)[명]〈불교〉불경을 이해할 만한 안식.
경:앙(景仰)[명] 덕을 사모해 우러러봄. adoration 하[타]
경:앙(敬仰)[명] 존경하여 우러러봄. reverence 하[타]
경:애(敬愛)[명] 공경하고 사랑함. veneration and love 하[타]
경애(境涯)[명] 처해 있는 환경과 생애. circumstances
경야(竟夜)[명] 밤을 새움. 달야(達夜). wake 하[타]
경야(經夜)[명] ①밤을 지냄. passing a night ②장사 전에 죽은 이의 관(棺) 곁에서 근친 지기(近親知己)들이 밤을 새우는 일. wake 하[타]
경:야(警夜)[명] ①밤을 경계함. watching at night ②야경 또는 그 일. 또, 그 야경. night watch 하[타]
경양(京樣)[명] 서울의 풍속.
경:양(敬讓)[명] 존경하여 겸양함. 하[타]
경양식(輕洋食)[명] 가벼운 서양식 일품 요리.
경:어(敬語)[명] 공경하여 높이는 말. 높임말. 공경어.
경어(鯨魚)[명] 고래.
경언(京言)[명] 서울말.
경언(硬言)[명] 꺼리는 일이 없이 바르게 하는 말.
경업(耕業)[명]〈동〉농업(農業).
경업(競業)[명] 영업상의 경쟁. competition 하[타]
경=없:ー다(景ー)[형]→경황없다.
경역(境域)[명] ①경계의 지역. boundary ②경계 안의 땅. (약) 역(域). area within the boundary
경연(硬軟)[명] 단단함과 부드러움. hardness and softness
경연(經筵)[명]〈제도〉①임금 앞에서 경서를 강의하던 자리. 경악(經幄). 경유(經帷). ②(약)→경연청(經筵廳).
경:연(慶宴)[명] 경사스러울 때 베푸는 잔치. feast
경:연(慶筵)[명] 경사스러울 때 베푼 잔치 자리. feast
경연(瓊筵)[명]〈동〉연회(宴會).
경연(競演)[명] 연극·음악·시문(詩文) 따위의 재주를 겨룸. ー 대회(大會). contest 하[타]
경연=관(經筵官)[명]〈제도〉경연에 참여하는 관원.
경:연=극(ー년ー)(輕演劇)[명] 오락을 위주로 하는 가벼운 연극.
경연=원(經筵院)[명]〈제도〉경적(經籍)과 문한(文翰)을 맡은 관청. 시강(侍講)과 내찬(侍饌)ㆍ회한의 일을 맡던 관청. 나중에 홍문관(弘文館)으로 개칭.
경연=청(經筵廳)[명]〈제도〉경적(經籍)의 강의를 맡던 관청. 약 경연(經筵)②.
경:연=회(競演會)[명] 경연하기 위해 모이는 모임.
경열[ー녈](庚熱)[명] 삼복의 더위. 복열. extreme heat
경열(哽咽)[명] 몹시 슬퍼 목이 메어 욺. 하[타]
경염(庚炎)[명] 불꽃과 같은 삼복의 더위. intense heat
경염(競艶)[명] 여자의 아름다움을 겨룸. ¶ ー 대회. 하[타]
경:염=불[ー념ー](經念佛)[명]〈불교〉경문을 읽으며 부처님을 생각함. 하[타] 「염상(葉狀). 식물.
경엽 식물(莖葉植物)[식물] 줄기를 갖춘 식물.(대)
경영(京營)[명]〈제도〉조선조 때, 서울에 있던 훈련 도감(訓鍊都監)·금위영(禁衛營)·어영청(御營廳)·수어청(守禦廳)·총융청(摠戎廳)·용호영(龍虎營) 등.
경영(經營)[명] ①계획하고 연구하여 일을 다스림. ¶ ー 대학원(大學院). administration ②〈경제〉계속적·계획적으로 사업을 경제적으로 해 나가기 위한

경영(競泳) [체육] 헤엄쳐 그 빠르기를 겨룸. 또, 그 경기. swimming race 하다

경:영(競映) 영화를 경쟁하여 상영함. 하다

경영 경제학(經營經濟學) [동] 경영학(經營學).

경영 공학(經營工學) 경영학 가운데 특히 생산 관리·공장 관리에 관해 연구하는 학문. 아이 이(I.E).

경영=권(─權)(經營權) 〈경제〉 자본가의 경영상의 처리권. 인사·생산 계획 등의 근본 방침을 결정하는 권리. right of management

경영권 협의회(─權協議會) [동](經營權協議會) 〈경제〉 경제 민주화를 위하여 고용자와 노동 조합의 대표자들이 경영상의 문제를 협의하는 상설 기관. difficulty

경영=난(經營難) 경영해 나가기가 어려움. financial

경=영문(京營門) [제도] 서울에 있던 각 영문.

경영 위치(經營位置) 〈미술〉 동양화에서, 화면을 살리기 위한 배치법.

경영=자(經營者) 〈경제〉 기업 경영의 최고 관리자. 경영 의지(意志), 그 집행의 감사를 담당하는 자. 주식 회사에서는 이사회 및 대표 이사. manager

경영 자:본(經營資本) 〈경제〉 사업 경영에 충당되는 자본. 운전 자본(運轉資本).

경영=학(經營學) 기업 경영을 경제적·기술적·인간적 여러 측면에서 연구하며, 기업 활동의 실천 원리를 밝히는 사회 과학. 경영 경제학(經營經濟學). business management

경영 형태(經營形態) 〈경제〉 개개 기업의 조직 형태. 곧, 개인 상점·합자 회사·합명 회사·주식 회사·유한 회사 등의 구별과 그 내부 구조를 말함.

경예(輕銳) 날래고 예리함. shrewdness 하다

경오(涇汚) → 경위(涇渭).

경오(庚午) 〈민속〉 육십 갑자(六十甲子)의 7제.

경:오(警悟) 슬기롭고 영특하여 잘 깨달음. 하다

경옥(硬玉) [광물] 알칼리 휘석(輝石)의 하나. 보통 옥이라고 함. jade

경:옥(鏡玉) 사진기·안경·망원경 등에 쓰는 렌즈.

경옥(瓊玉) 아름다운 옥.

경옥=고(瓊玉膏) 〈한의〉 정혈(精血)을 돕는 보약. 생지황·인삼·백복령·백밀(白蜜)로 조제함.

경외(京外) ①서울과 지방. 경향(京鄕). ¶~ 관리(官吏). ②서울 밖의 지방.

경:외(敬畏) 공경하고 두려워함. 외경(畏敬). reverence and fear 하다 of the boundary

경외(境外) 어떠한 구역의 밖. 《대》 경내. outside

경외=장(京外匠) 서울과 지방의 사기(砂器) 만드는 장색(匠色). penses

경용(經用) 경상적으로 쓰이는 비용. ordinary ex-

경우(耕牛) 논밭의 경작에 부리는 소. cattle

경우(境遇) 부닥친 형편이나 사정. ¶최악의 ~. circumstances

경우 비극(境遇悲劇) 〈문학〉 극의 주인공이 몰락하게 될 때, 그 몰락의 주요 원인이 외부의 환경 곧, 사회 환경으로 말미암아 어쩔 수 없이 빠져 놀라가게 되는 비극. 《대》 운명 비극(運命悲劇). tragedy of environment

경운(耕耘) 논밭을 갈고 김을 맴. farming 하다

경:운=궁(慶運宮) 덕수궁(德壽宮)의 옛 이름.

경운=기(耕耘機) 〈농업〉 논밭을 가는 농기(農機).

경원(經援) [약] → 경제 원조(經濟援助). den

경:원(敬遠) ①겉으로는 존경하는 체하면서 속으로는 가까이하지 않음. ②[약] → 경이 원지(敬而遠之). keeping at a distance 하다 setting moon

경월(傾月) [동] 서쪽 하늘로 기우는 달. 낙월(落月).

경위(經緯) 사리의 옳고 그름과 시비의 분간. 경위(經緯) ④. [원] 경오. discrimination

경위(經緯) ①직물의 날과 씨. warp and woof ② [약] → 경위도(經緯度). ③[약] → 경위선(經緯線). ④ [동] 경위(涇渭). ⑤일이 되어 온 내력. circumstances

경:위(警衛) 경찰 공무원 계급의 하나. 경감(警監)의 아래 경사(警査)의 위. ②국회의 경호를 담당하는 공무원. police lieutenant ③경계하고 보호함. guard 하다

경위=도(經緯度) [약] 〈지학〉 경도와 위도. [원] 경위(經緯).longitude and latitude

경:위=병(警衛兵) [제도] 임금의 경위 임무를 띤 군.

경위=선(經緯線) [약] 〈지학〉 경선과 위선. [원] 경위(經緯).

경:위=원(警衛院) [제도] 임금이 있는 대궐의 안팎을 지키는 일을 맡던 관청.

경위=의(經緯儀) [약] 〈지학〉 천체나 육지의 고도(高度)나 방각(方角)을 측량하는 기계. theodolite

경유(經由) 거쳐 지나감. ¶~지(地). by way

경유(經帷) [동] 경연(經筵). of 하다

경유(輕油) 〈화학〉 석유·콜타르를 분류할 때 얻어지는 유분(油分). 용매나 발동기의 연료로 쓰임. 가스유(gas 油). gasoline

경유(鯨油) 고래에서 채취한 기름. 고래 기름.

경육(鯨肉) [동] 고래고기.

경은(輕銀) '알루미늄(aluminium)'의 딴이름.

경음(硬音) 된소리.

경음(鯨飮) 술 따위를 매우 많이 마심. ¶~ 마식(馬食). swig, drinking deep 하다

경:음(競飮) 술 따위를 많이 마시기를 겨룸. ¶~ 대회. drinking contest 하다

경=음악(輕音樂) 〈음악〉 오락을 목적으로 하는 가벼운 통속적 대중 음악. 《대》 교향악. light music

경음=화(硬音化) 〈어학〉 '된소리되기'의 한자말.

경의(更衣) 옷을 갈아입음. ¶~실. change one's dress 하다

경:의(敬意) 존경하는 뜻. ¶~를 보내다. respect

경의(經義) 경서(經書)의 뜻. meaning of the classics 비단옷.

경의(輕衣) ①간단한 옷차림. light dress ②가벼운

경의 비:마(輕衣肥馬) [동] ①가벼운 비단옷과 살찐 말. 호사스러운 차림새를 가리키는 말. ②[동] 경장 비마(輕裝肥馬). simple 하다

경이(易易) 가볍고 쉬움. 대수롭지 않음. easy and

경이(驚異) 놀라서 이상하게 여김. wonder 하다

경이=감(驚異感) 놀라서 이상하게 여겨지는 느낌.

경이=롭다(驚異─) [형브] 놀랍고도 이상스럽다. 경이로이

경이=원지(敬而遠之) 존경하되 멀리함. [약] 경원(敬遠)②. keeping at a respectful distance 하다

경:이(驚異) 놀라서 이상히 여김. 말함(것).

경인(京人) 서울 사람. Seoul people wonderful

경:인(敬仁) 서울과 인천. ¶~ 가도.

경인(庚寅) 〈민속〉 육십 갑자(六十甲子)의 27제.

경:인(敬人) 〈종교〉 천도교의 삼경(三敬)의 하나.

경인=구(─一句)(驚人句) 사람을 놀라게 할 만큼 뛰어나게 잘 지은 시구(詩句). [약] 경구(驚句). epigram 경담(京畓)

경인답(京人畓) 시골에 있는 서울 사람의 논. [약]

경인=본(景印本) [동] 영인본(影印本).

경인=전(京人田) 시골에 있는 서울 사람의 밭. [약] 경전(京田).

경:일(敬日) 〈종교〉 대종교(大倧敎)에서 단군에게 경배드리는 날로, 일요일을 일컫는 말.

경:일(慶日) 경사가 있는 날. happy day

경자(庚子) 〈민속〉 육십 갑자(六十甲子)의 37제.

경자(耕者) 논밭을 가는 사람. 실지로 농사를 짓는 사람.

경자(頃者) 지난 번. ¶~ 유전(有田).

경·주(京) [고] 경칙. 줄기는 푸른 조.

경자=마지(耕者─) 〈식물〉 이삭은 짧고 까끄라기가 없으며,

경자=자(庚子字) [제도] 조선조 세종 2년 경자년(1420)에 만든 구리 활자. copper types made in 1420 ¶~ 제도(制度). farming 하다

경작(耕作) 논밭을 갈아 농사를 지음. 경가(耕耘).

경작=권(耕作權)[명]〈법률〉지주의 소유권에 의한 위협 없이 소작인이 농지를 경작할 수 있는 권리. tenant right

경작 농민(耕作農民)[명]〈농업〉소작인이나 자작 겸 소작인과 같이 직접 경작에 종사하는 농민.

경작=물(耕作物)[명] 경작하는 농산물이나 임산물.

경작=지(耕作地)[명] 경작하는 토지. (약) 경지(耕地).

경작 한:계(耕作限界)[명]〈동〉경계(耕境).

경작 한:계지(耕作限界地)[명]〈농업〉생산력이 가장 적은 토지로, 생산액이 생산비와 비슷하여 경작 가치가 없는 토지.

경장(更張)[명]①[하여] 긴장시킴. reform ②〈정치〉사회적·정치적으로 부패한 모든 제도를 개혁함. ¶갑오(甲午) ~. reformation 하다

경장(京庄)[명] 서울 사람이 시골에 가지고 있는 농장.

경장(經藏)[명]〈불교〉①삼장(三藏)의 하나인 불경. ②절에 대장경을 넣어 두는 집. building to store sutras

경장(輕裝)[명] 홀가분하게 차린 차림새. light dress

경장(瓊章)[명] 남이 지은 글의 미칭. 경운(瓊韻).

경:장(警長)[명] 경찰 공무원 계급의 하나. 경사의 아래, 순경의 위.

경장 비:마(輕裝肥馬)[명] 홀가분한 몸차림으로 살찐 말을 탐. 경의 비마(輕衣肥馬)②. (약) 경비(輕肥).

경=장이(經一)[명]〈민속〉재앙을 물리치기 위하여 경 읽는 사람.

경재(硬材)[명] 활엽수에서 얻은 목재. [을 읽는 사람.

경재(卿宰)[명]〈동〉재상(宰相). [소.

경=재:소(京在所)[명]〈제도〉서울에 둔 각 고을의 출장

경:쟁(競爭)[명]①[하여] 서로에 관하여 서로 겨루어 다툼. ②경매·입찰처럼 여럿 중 가장 나은 조건을 제시하는 이와 계약하는 방법. competition 하다

경:쟁 가격(一價一)[명]〈경제〉①시장에서 수요자와 공급자가 서로 경쟁함으로써 이루어진 가격. ②경쟁 입찰에 있어서의 가격.

경:쟁=률(競爭率)[명] 경쟁의 비율. competitive rate

경:쟁 매매(競爭賣買)[명]〈경제〉경쟁 계약으로 행하여지는 매매 방식. public sale

경:쟁 시:험(競爭試驗)[명] 지원자가 정원을 초과할 때 점수가 높은 사람부터 차례로 뽑는 시험. competitive examination

경:쟁=심(競爭心)[명] 경쟁하려는 마음. ¶~이 강하다. competitive spirit

경:쟁 입찰(競爭入札)[명] 많은 사람에게 입찰시켜 가장 적당한 조건을 제시한 자를 낙찰자로 하는 일. sealed bidding

경:쟁=자(競爭者)[명] 경쟁을 하는 사람. 라이벌(rival).

경:쟁=질(競爭一)[명] 경쟁하는 짓. 하다

경저=리(京邸吏)[명]〈제도〉이서(吏胥)나 서민으로서 서울에 머물며 지방 관청의 업무를 연락·대행하던 사람. (속) 경주인(京主人).

경적(勁敵·勍敵)[명] 강적(强敵).

경적(經籍)[명]〈동〉경서(經書).

경적(輕敵)[명]①[하여] 무섭지 않은 적. weak enemy ②[하여] 적을 얕봄. underrating the enemy [whistle

경:적(警笛)[명] 경계·주의를 위해 울리는 고동. alarm·

경적 필패(輕敵必敗)[명] 적을 업신여기면 반드시 실패 [함.

경전(京田)[명]〈약〉→경인전(京人田).

경전(京錢)[명]〈제도〉구한말에 2전을 한 냥(兩)으로 치던 서울 돈쭐.

경전(勁箭)[명] 강한 화살.

경전(耕田)[명] 논밭을 갊. 또, 그 논밭. tilling 하다

경전(經典)[명]①일정 불변의 법칙이 될 만한 책. eternal reason ②성인이 지은 글. writings by saints ③성인의 말과 행실을 적은 글. 사서 오경(四書五經) 등. 경권(經卷)①. 경문(經文)④. classical book ④〈종교〉교리를 적은 책. sacred books ⑤불교의 교리를 적은 책.

경전(經傳)[명]①〈약〉→성경 현전(聖經賢傳). ②경서(經書)와 그 해설책. ③교리(敎理)를 기록한 책.

scriptures and annotations

경전(輕箭)[명] 가벼운 화살.

경:전(慶典)[명] 경사를 축하하는 식전.

경:전(競田)[명] 소속 불명이거나 경계 교착(交錯)으로 소송에 이른 사유(私有)의 전답.

경:전(競傳)[명][하여] 다투어 전함. 하다

경=전:기(輕電機)[명] 전기 기계 기구 가운데, 무게가 적은 것의 통칭. 가정용 전기 기구·전구·전지 등을 총칭함. (대) 중전기(重電機). [적 사멸을 뜻함.

경=전:차(輕戰車)[명]〈군사〉무게가 10t 이하의 비교

경전 착정(耕田鑿井)[명] 국민들이 생업을 즐기며 평화로이 지냄. peaceful living 〔日〕. public holiday

경:절(慶節)[명] 온 나라가 경축할 만한 날. 경일(慶

경=점(一點)[명]〈제도〉조선조 때, 북과 징을 쳐서 알리던 시간 단위인 경(更)과 점(點). 경에는 북, 점에는 징을 침. ②〈불교〉5경에 맞추어 치는 종. [을 알리려고 북이나 징을 치던 군사.

경점 군사(一點一)[명]〈제도〉밤중에 경점

경점 치고 문지른다[격] 일을 그르쳐 놓고 뒷수습을 하려 하나 이미 때는 늦었음을 이르는 말.

경정(更正)[명]①바르게 고침. ②〈법률〉남세 의무자의 신고가 없거나 과소 또는 과다일 때, 정부가 조사한 바에 의하여 과세 표준과 과세액을 변경하는 일. revision 하다

경정(更定)[명] 다시 고쳐 정함. redecision 하다

경정(更訂)[명] 고치어 바로잡음. correction 하다

경:정(敬呈)[명] 경건히 드림. respectfully yours 하다

경정(輕艇)[명] 가볍고 속력이 빠른 배. light boat

경:정(警正)[명]〈법률〉경찰 공무원 계급의 하나. 경감의 위, 총경의 아래임.

경:정(警政)[명]〈약〉→경찰 행정(警察行政).

경:정(競艇)[명] 모터보트 레이스. 하다

경=정맥(頸靜脈)[명] 목의 정맥.

경정 예:산(一豫算)[一]〈법률〉예산 성립 후 그 내용을 다시 수정할 필요가 있는 경우에 승인되는 예산. ¶추가 ~. revised budget

경정 직행(徑情直行)[명] 곧이곧대로 행함. 하다

경제(經濟)[명]①〈약〉→경세 제민(經世濟民). ②인간 생활의 유지·발전에 필요한 재화를 획득·이용하는 과정의 일체 활동. 재화의 생산·교환·분배·소비는 경제의 일면임. ③돈·재물을 절약함. 하다

경제=가(經濟家)[명]①돈·재물을 규모 있게 쓰는 사람. frugal person ②경제의 도(道)에 밝은 사람. economist [전:시대. economic development

경제 개발(經濟開發)[명]〈경제〉경제면을 개척하고 발

경제=계(經濟界)[명]〈경제〉인류 사회에서 경제 활동이 활발히 행하여지고 있는 분야. 〈유〉재계(財界). economic circles

경제 공:황(經濟恐慌)[명]〈경제〉상품의 생산과 소비의 균형이 깨져 생산물이 과잉되고 신용은 떨어지는 등 경제가 큰 혼란에 빠지는 상태. (약) 공황(恐慌)②. financial panic

경제 국가설(經濟國家說)[명]〈경제〉정치의 목적은 사회의 경제 생활을 완성함에 있다고 하는 학설.

경제=면(經濟面)[명]①〈경제〉에 관계되는 기사를 싣는 신문의 지면. financial page ②경제에 관한 방면. economic phase [는 경제 정세의 조사 보고서.

경제 백서(經濟白書)[명]〈경제〉정부가 국민에게 보이

경제=범(經濟犯)[명]〈경제〉경제 사범(經濟事犯).

경제 법칙(經濟法則)[명]〈경제〉일정한 경제적 원인에

경제 변동(經濟變動)[명] 〈경제〉 경제의 성장 과정에서 발생하는 경제 활동 수준의 상하 변동. 계절적인 것과 주기적인 것이 있음.

경제 봉쇄(經濟封鎖)[명] 〈경제〉 적대국에 대한 경제 제재의 한 방법. 몇 나라가 연합하여 무역·금융 등 경제상의 교류 제한이나 금지로 경제 활동을 끊는 일. economic blockade 하다

경제 블록(經濟 bloc)[명] 〈경제〉 몇 개의 국가나 집단이 경제적 협조를 강화하는 일. economic bloc

경제=사(經濟史)[명] 〈경제〉 경제 조직·경제 활동의 발전·진보한 과정을 연구하는 학문. economic history

경제 사:관(經濟史觀)[명] 〈경제〉 ①경제 관계만이 역사를 결정한다고 보는 역사관. historical materialism ②[동] 유물 사관(唯物史觀).

경제 사:범(經濟事犯)[명] ①(법률) 개인·공공 단체 또는 국가의 경제적 법익(法益)을 침해하려거나, 또는 그 법익을 침해하려는 범죄. 또, 그 죄를 범한 사람. ②경제 질서를 침범한 죄. 경제 형법에 저촉됨. 경제범(經濟犯).

경제 사상(經濟思想)[명] 〈경제〉 ①인류가 재화(財貨)를 획득 사용하여 생활을 향상시키려는 사상. ②검약을 숭히 여기는 사상.

경제 사:회 이:사회(經濟社會理事會)[명] 〈정치〉 경제적·사회적·문화적·교육적·위생적인 국제 문제에 관해서 연구·발의·권고하는 국제 연합의 한 주요 기관. Economic and Social Council

경제=성[―쎙](經濟性)[명] 〈경제〉 경제 행위 또는 경제상의 합리성.

경제 성장(經濟成長)[명] 〈경제〉 국민 소득·국민 총생산 등 국민 경제의 기본적 지표가 시간적 경과와 더불어 상승하는 일. economic growth

경제 속도(經濟速度)[명] 《동》 경제 속력.

경제 속력(經濟速力)[명] 운수 기관의 운행에서, 연료나 전기 등을 되도록 적게 소모하면서 가장 많이 내는 속력. 경제 속도.

경제 수역(經濟水域)[명] 연안국(沿岸國)이 어업 관할권을 지배할 수 있는 해역. 보통, 연안에서 200 해리(海里)까지를 이름. economic zone

경제 심리학(經濟心理學)[명] 경제 생활을 중심으로 인간의 생활 형태·태도를 연구하는 응용 심리학의 한 분과. economic psychology

경제 원:조(經濟援助)[명] 〈경제〉 강대국이 약소국이나 후진국(後進國)에 대하여 경제적으로 도와 주는 일. 《약》 경원(經援). economic aid

경제 원칙(經濟原則)[명] 〈경제〉 가장 적은 비용으로 가장 큰 수익을 얻으려는 경제상의 원칙. economic principle

경제=인(經濟人)[명] 〈경제〉 ①경제적 이득만을 위하여 활동하는 가상적 인물. economic man ②경제계에서 일하는 사람. business man

경제=재(經濟財)[명] 경제적 가치가 있으며 경제 행위의 대상이 되는 재화. 《대》 자유재(自由財). economic goods

경제=적(經濟的)[관형] ①경제에 관한(것). economic ②비용이 덜 드는(것). economical

경제적 국민주의(經濟的國民主義)[명] 한 국민을 단위로 경제적 자급 자족을 꾀하는 한 국가의 경제 정책.

경제적 민주주의(經濟的民主主義)[명] 근로자가 기업에 참가함으로써, 자본주의 사회의 평화적 산업 개조(改造)를 마음대로 행할 수 있다는 사상. 경제 민주주의.

경제적 자유(經濟的自由)[명] 경제 생활 중에 각 개인이 자신의 의사대로 행위를 정할 수 있는 자유.

경제=전(經濟戰)[명] 국제간에 경제상으로 하는 다툼.

경제 정책(經濟政策)[명] 〈경제〉 국민의 경제상의 이익을 보호·증진하기 위하여 취하는 국가의 방책. economic policy

경제 조직(經濟組織)[명] 〈경제〉 경제 생활에 있어서, 사람들 사이에 상시적(常時的)으로 결합되어 있는 관계. 곧, 생산·교환·분배 따위.

경제=주의(經濟主義)[명] ①계급 투쟁의 주요 형태로서 노동 계급과 자본 계급의 경제 투쟁만을 주장하는 주의. ②〈경제〉 경제 원칙을 합리적으로 실현하려는 주의.

경제 지리학(經濟地理學)〈지리〉 산업과 자연과의 관계를 연구하는 인문 지리학의 한 분과. economic geography

경제 차:관(經濟借款)[명] 〈경제〉 경제상의 일을 처리하는 데 쓰려고 타국에서 낸 빚. economic loan

경제 철학(經濟哲學)[명] 경제를 주제로 하는 철학. 넓은 의미에 있어 경제학에 속함. philosophy of economy

경제 침:투(經濟浸透)[명] 타국을 정치적으로 지배할 목적으로 다액의 경제 투자, 산업의 매수, 도로·철도·내외 무역을 장악하려는 공작을 하는 일.

경제 투쟁(經濟鬪爭)[명] 근로자가 경제적 이익을 얻기 위하여 하는 사용자와의 투쟁.

경제=학(經濟學)[명] 〈경제〉 경제 현상을 대상으로 생산·교환·분배의 통일적 관계들을 연구하여 생산력에 대응한 생산 관계의 발전 법칙을 구하는 사회 과학의 한 부문. 이재학(理財學). economics

경제학=사(經濟學史)[명] 〈경제〉 경제 이론의 발생과 그 발전 과정을 연구하고 기술한 역사. 경제 학설사. history of economics

경제 학설사(經濟學說史)[명] 《동》 경제학사(經濟學史).

경제 행위(經濟行爲)[명] 〈경제〉 인류가 경제적 욕망을 채우기 위하여 재화(財貨)를 획득하고 사용하는 행위. economical activities

경제=화(經濟靴)[명] 마른신의 하나. 한 조각의 가죽 또는 헝겊으로 만들되, 앞부리가 뾰족하고 오른짝과 왼짝과의 구별이 없음.

경조(京兆)[명] ①서울. ②중국 섬서성 장안(長安) 일대의 행정 구역. capital city

경조(京兆)[약]→경조치(京兆―).

경조[一조](京調)[명] ①서울의 풍습. ②서울 특유의 시조 창법(唱法). 《대》 영조(嶺調). 완조(完調).

경조(景祚)[명] 커다란 행복. 경복(景福). happiness

경조[一조](硬調)[명] ①거래 시장에서, 살 사람이 많아 값이 오르는 일. ②사진의 원판·인화에서 감광된 곳과 안 된 곳의 차가 현저한 일.

경조:(敬弔)[명] 삼가 조문함. mourning 하다

경조(輕佻)[명] 《동》 경솔(輕率). 하다 히 부

경조(輕燥)[명] 가볍고 건조함. 하다 [형] 「하다」

경조(輕躁)[명] 성질이 조급하고 경솔하며 말이 많음.

경:조(慶弔)[명] ①경사스러운 일과 궂은 일. congratulations and condolences ②경사를 축하하고 흉사를 조문함.

경:조(慶兆)[명] 경사의 징조. 길조(吉兆). good omen

경:조(競漕)[명] 〈체육〉 보트를 저어 빨리 하는 경기. 경주(競舟). 보트 레이스. boat race 하다

경조 부박(輕佻浮薄)[명] 언행이 진중하지 못하고 가벼움. 경박 부허(輕薄浮虛). 《약》 경박(輕薄)②. 경부(輕浮). 하다

경:조 상문(慶弔相問)[명] 경사와 흉사에 서로 찾아봄. exchange of congratulations and condolences 하다

경조=윤(京兆尹)[명] 〈제도〉 한성 판윤(漢城判尹)의 딴이름.

경조―치(京造―)[명] 지방 토산물을 서울에 모조한 것. 앙경조(洋京造). 《약》 경조(京造). 「흄」

경조―토(輕燥土)[명] 〈농업〉 무석무석하여 걸기 쉬운 흙.

경졸(勁卒)[명] 썩썩하고 굳센 병졸. 「기」.

경종(京種)[명] ①서울에서 나는 채소 씨앗. ②서울내의 종자.

경종(耕種)[명] 〈농업〉 논밭을 갈아 씨뿌려 가꿈. cultivation 하다

경종(經宗)[명] 〈불교〉 경전에 의하여 종지(宗旨)를 세운 화엄종(華嚴宗)·천태종(天台宗)·법화종(法華宗) 등의 종파.

경:종(警鐘)圖 급한 일이나 위험을 경계하라고 치는 종. ¶~을 울리다. alarm bell warning

경종 방식(耕種方式)圖 〈농업〉농장에서 재배하는 작물의 선택·배치 및 심는 순서 등을 자연적, 또는 경제적 사정에 맞추어 정하는 방법. 화전식(火田式)·혼작식(混作式) 따위.

경좌(庚坐)圖 〈민속〉묫자리나 집터 등의 경방(庚方)을 등진 좌(坐). 곧, 남서를 등진 자리.

경좌(鯨座)圖 〈천문〉고래자리.

경좌 갑향(庚坐甲向)圖 〈민속〉남서(南西)를 등지고 북동(北東)을 향한 좌향. [our

경죄(輕罪)圖 가벼운 죄. (대) 중죄(重罪). misdemean-

경주(傾注)圖 ①기울어 쏟음. pouring ②강물이 급히 바다로 흘러 들어감. flow ③비가 퍼붓듯이 쏟아짐. ④마음을 한 곳에만 기울임. devotion 하다

경주(輕舟)圖 가볍고 빠른 작은 배. light boat

경:주(競舟)圖 경조(競漕). 하다

경:주(競走)圖 일정한 거리를 정하고 달려 빠름을 겨룸. ¶~로. race 하다

경=주인(京主人)圖《속》경저리(京邸吏).

경주인 집에 똥누러 갔다 잡혀 간다囝 애매한 일로 봉변하였을 때를 이르는 말.

경중(京中)圖 서울의 안. in Seoul

경:중(敬重)圖 공경하고 중히 여김. respect 하다

경중(輕重)圖 ①가벼움과 무거움. ¶죄의 ~. relative weight ②무게. ¶~을 재다. weight ③가볍게 봄과 중요하게 봄. 큰 일과 작은 일. ¶일의 ~을 바로 인식하다. relative importance

경중(鏡中)圖 거울 속.

경:중(警衆)圖 뭇사람을 경계함. 뭇사람을 깨우침. warning the public 하다

경중 미인(鏡中美人)圖 거울에 비친 미인. 곧, 실속 없는 일. beauty in the mirror [slight illness

경증[一증](輕症)圖 가벼운 병세. (대) 중증(重症).

경지(京址)圖 서울이었던 터.

경지(耕地)圖《약》→경작지.

경지(境地)圖 ①경계가 되는 땅. border ②어떤 지경의 풍치. scenery ③환경과 처지. circumstances ④자기의 특성과 체계로 이루어진 분야. ground

경지 면=적(耕地面積)圖 경작지의 면적.

경지 반=환(耕地返還)圖 소작 쟁의상의 한 수단으로 소작인이 지주에게 땅을 반환하는 일. [통속명.

경지산(硬脂酸)圖 〈화학〉스테아린산(stearin酸)의

경지 정:리(耕地整理)圖 〈농업〉토지 이용과 수확 증대를 위하여, 일정 구역의 경지 소유자가 토지의 교환·분배의 개량 등을 공동으로 하는 일.

경직(京職)圖《약》→경관직(京官職).

경직(勁直·硬直·徑直)圖 뜻이 굳고 곧음. integrity 하

경직(耕織)圖 농사짓기와 길쌈하기. farming and weaving 하다

경직(硬直)圖 굳어서 빳빳해짐. ¶사후(死後) ~. 하

경직=도(耕織圖)圖 경직하는 것을 그린 그림. [다

경진(庚辰)圖 〈민속〉육십 갑자(六十甲子)의 17째.

경진(輕震)圖 가벼운 지진. weak earthquake

경:진(競進)圖 앞다투어 나아감. 하다

경:진=회(競進會)圖 공진회(共進會).

경질(更迭·更佚)圖 어떤 직위의 사람을 갈아내고, 대신 딴사람을 임용함. change 하다

경질(硬質)圖 단단한 성질·품질. ¶~미(米). (대) 연질(軟質). hardness

경질 도기(硬質陶器)圖 〈공업〉1,200℃ 정도의 열로 구워 잿물을 칠하여서 다시 1,000℃의 열로 구운 도기.

경질 유리[一류一](硬質琉璃)圖 〈화학〉가열에 의하여 연화(軟化)되며 온도가 높고 열팽창 계수가 작으며 화학용·전기용에 쓰임. hard glass

경질의 이=(更迭一理)圖 〈수학〉같은 종류의 네 양(量)이 비례될 때, 첫째·셋째의 비와 둘째·넷째의 비가 서로 같음을 뜻하는 정리. [nal difference

경차(經差)圖 〈지리〉두 지점의 경도의 차. longitudi-

경차(傾差)圖 자침이 수평보다 아래로 기우는 각도.

경:차관(敬差官)圖 〈제도〉조선조 때, 지방에 임시로 보내던 벼슬. 주로 전곡(田穀)의 손실을 조사하고 민정을 살핌. [하다

경:찬(慶讚)圖 〈불교〉부처의 공덕을 기리어 찬탄함.

경:찰(警察)圖 〈법률〉사회의 안녕·질서를 위하여 국가의 권력으로 국민에게 명령·강제하는 행정 작용. 또, 그 조직. police

경:찰견(警察犬)圖 범인의 자취를 더듬는 데 쓰는 [개.

경:찰 공무원(警察公務員)圖 〈법률〉경찰의 업무를 수행하는 공무원. (준) 경관(警官). policeman

경:찰관(警察官)圖 '경찰 공무원'의 통칭. 《약》경관

경:찰 관서(警察官署)圖〈동〉경찰 관청(警察官廳).

경:찰 관청(警察官廳)圖 〈법률〉경찰에 관해 명령을 내리거나 경찰 처분을 하는 권한을 가진 관청. 경찰 관서. police authorities

경:찰관 파출소(警察官派出所)圖 〈법률〉경찰서 소재지 안 적당한 곳에 경찰관을 파견하여 경찰서장의 소관 업무를 분장하게 하는 곳. 《약》파출소.

경:찰 국가(警察國家)圖 〈사회〉 국가가 무제한의 권력으로, 국민 생활의 거의 모든 부문에 경찰의 간섭을 미치게 하는 국가. (대) 법치 국가. police state

경:찰권[一권](警察權)圖 〈법률〉공공의 질서 유지를 위하여 경찰 기관을 통하여 국민에게 명령·강제하는 국가 권력. police power

경:찰 대학(警察大學)圖 내무부 장관 소속으로 된 4년제 대학. 경찰 간부가 될 사람에게 학술 연마와 심신을 단련시킴. police academy

경:찰 면:제(警察免除)圖 〈법률〉법이 일반적으로 명령하는 일정한 작위, 재물의 급부, 수인(受忍)의 경찰 의무를 특정한 경우에 면제하는 경찰 처분.

경:찰 명:령(警察命令)圖 〈법률〉법률에 따라 경찰 법규를 내용으로 하는 행정 명령. order of the po-

경:찰법(警察法)圖 〈법률〉경찰법의 한 형벌. [lice

경:찰범(警察犯)圖 〈법률〉경찰 법규나 경찰 명령을 어기는 행위. 또, 어긴 사람. police offence

경:찰 법규(警察法規)圖 〈법률〉경찰 행정의 목적을 위하여 제정·발포한 법률과 규칙. police regulations

경:찰=봉(警察棒)圖 경찰이 총 대신 휴대하는 곤봉. policeman's billy

경:찰=서[一씨](警察署)圖 〈법률〉일정한 구역 안의 경찰 사무를 맡아보는 관청. 하부 기구로 지서 또는 파출소·경찰관 출장소를 둠. police station

경:찰 수첩(警察手帖)圖 경찰관이 근무상의 목적으로 소지하는 수첩. policeman's pocketbook

경:찰=의(警察醫)圖 〈법률〉경찰에 속하여 위생 사무·검시 등을 맡은 의사. police medical officer

경:찰 처:분(警察處分)圖 경찰의 목적을 이루기 위해 하는 행정 처분. police dispositions

경:찰=청(警察廳)圖 〈법률〉내무부 장관에 속하여 경찰에 관한 사무를 통괄하는 기관.

경:찰 행정(警察行政)圖 〈법률〉행정의 한 분과(分科)로서, 경찰에 관한 행정. 《약》경정(警政). police administration

경:찰 허가(警察許可)圖 〈법률〉경찰상의 목적 달성을 위하여 어떤 행위를 일반적으로 금하고 있을 때, 특정한 경우에만 금지를 해제하여, 적법하게 그 행위를 할 수 있도록 허가하는 행위.

경창(京倉)圖 〈제도〉서울 한강가에 있던 각종 창고.

경창(京唱)圖 서울에서 부르는 노래. song sung in

경채(京債)圖 시골 사람이 서울에 와서 진 빛. [Seoul

경채(硬彩)圖 도자기에 그린 그림이 짙어서 분명하게 보이는 빛깔. 오채(五彩).

경채=류(莖菜類)圖 주로 줄기를 먹는 야채류.

경:책(警責)圖 가볍게 꾸짖음. 하다 [하다

경:책(警策)圖 정신을 차리도록 꾸짖음. admonition

경치(景致)圖 경치가 좋은 곳. picturesque place

경척(鯨尺)圖 피륙을 재는 자의 하나. 한 자는 곡척(曲尺)으로 1자 2치 5푼. cloth-measure

경:천(敬天) ① 하느님을 받듦. reverence of Heaven ② (종교) 천도교의 삼경(三敬)의 하나. ③ 천리(天理)에 순종함. submitting oneself to the law of nature 하타
경:천 근:민(敬天勤民) 하늘을 공경하고 백성 다스리기에 부지런함.
경천 동:지(驚天動地) 세상을 몹시 놀라게 함.
경:천 애:인(敬天愛人) 하늘을 공경하고 인간을 사랑함. 하타 「governing the world 하타
경천 위지(經天緯地) 온 천하를 경륜하여 다스림.
경천 위지지재(經天緯地之才) 천하를 다스릴 재주.
경철(經鐵) ↷①→경편 철도.
경:철(鏡鐵) 15~30%의 망간을 포함한 선철.
경:철광(鏡鐵鑛) ↷① 휘철광(輝鐵鑛).
경첩 돌쩌귀처럼 문짝을 다는 데 쓰는 장식. 두 첫 조각을 맞물려 만듦. (원) 접철. hinge
경첩(勁捷) 군세고 날램. agility 하타
경첩(輕捷) 가뿐함. 가볍고 민첩함. nimbleness 하타
경:청(敬請) 삼가 청함. respectfully request 하타
경:청(敬聽) 공경하여 들음. listening respectfully 하타 「listening closely 하타
경청(傾聽) 귀를 기울여 주의해 들음. 경이(傾耳).
경청-하다(輕淸一) [여불] 질지 않고 맑다. clear
경체(遞遞) 벼슬의 임기가 차기 전에 다른 벼슬로 갈려감. 하타 「제조.
경-체조(輕體操) 맨손이나 가벼운 기구를 사용하는 경체 포도청이라 호되게 곤욕을 당하는.
경초(勁草) 억센 풀. 간고한 환경에서도 뜻을 굽히지 않는, 억센 기개를 가진 사람의 비유.
경추(頸椎) [동] 목등뼈.
경:축(慶祝) 기쁜 일을 축하함. ¶~식(式). ~일 (日). (유) 경하(慶賀). celebration 하타
경축(驚搐) [한의] 높은 열로 말미암아 온몸에 경련이 생기는 어린 아이의 병.
경출(徑出) 숙직할 때에 번갈아들 사람이 오기 전에 물러 나감. 하타
경취(景趣) ① scenery ② 아담스런 취미.
경측(傾仄) 한쪽으로 기울어짐. tilt 하타
경치 자연의 아름다운 모습. 경개(景槪). 경관(景觀). 경광(景光) ①. 색광(色光) ①. 풍경(風景). 풍광(風光). ¶경(景) ①. scenery, landscape
경-치다 ① 혹독한 형벌을 받다. be severely punished ② 죽을 욕을 보다. have a hard time
경칠-놈 [속] 심한 고통을 당하여야 할 놈.
경칠=수 [-쑤] (一數) [동] 경칠 운수.
경:칩(驚蟄) 이십사 절기(節氣)의 셋째로 우수(雨水) 다음의 절기. 양력 3월 5일경으로 벌레가 동면(冬眠)에서 깨는 시기임. one of the 24 seasons
경:칭(敬稱) ① 사람을 공경하여 부르는 이름. 전하(殿下)·각하(閣下) 등. ② 존대의 일컬음. ¶~을 쓰다. title of honour 하타
경:칭=사(敬稱詞) [어학] 경칭하는 말.
경쾌(輕快) 가든하고 상쾌함. ¶~한 옷차림. (대) 장중(莊重). lightness 하타
경타(輕打) 가볍게 때림. 가벼운 타격을 줌. pat 하타
경:탄(敬憚) 공경하고 두려워함. 하타
경:탄(敬歎) 존경하여 감탄함. admiration 하타
경탄(驚歎) ① 매우 감탄함. admiration ② 몹시 놀라 탄식함. wonder 하타
경-탄:성(敬歎聲) 존경하여 감탄하는 소리.
경탄-성(驚歎聲) 몹시 감탄하거나 탄식하는 소리.
경:탑(經塔) [불교] ① 불경을 속에 넣고 쌓은 탑. ② 탑 모양의 경문을 걸게 만든 물건.
경토(耕土) [농업] ① 경작하기에 알맞은 땅. ② 땅의 위층의 잘 부드러워져, 갈고 맬 수 있는 부분의 땅. 표토(表土). soil good for farming
경토(輕土) [농업] 흙이 부드러워 갈기 쉬운 땅. (대) 중토(重土). soft soil
경토(境土) [동] 국토(國土).
경통-증 [-쯩] (經痛症) [한의] 월경 때 몸이 고달프고 아랫배와 허리가 아픈 증세.
경퇴(傾頹) 기울어져 무너짐. 하타
경파(硬派) 강경한 의견을 주장하는 파. 강경파.
경파(鯨波) 큰 파도. 파랑. (대) 연파(軟派).
경판(京板) 서울에서 판각(板刻)함. 또, 그 각본. blocks engraved in Seoul 「on blocks
경판(經板) 경서(經書)의 각판. classics engraved
경판=각(經板閣) [제도] 조선조 때, 교서관(校書館) 안에 경서(經書)의 각판(刻板)을 보관하던 집.
경판=본(京板本) 서울에서 판각한 책. (대) 완판본(完板本). 「루를 묻혀 놓는 떡.
경편(京鞭) 판수가 경 읽을 때에 쇠 먹가래에 쌀가
경편(輕便) ① 가볍고 간단하여 사용하기에 편리함. convenience ② 가뿐함. lightness 하타 히타
경편 궤조(輕便軌條) [동] 경편 철도의 깐 궤조. 「요리.
경편 요리 [-노-] (輕便料理) 손쉽게 만든 간단한
경편 위주(輕便爲主) 경편한 것을 주장 삼음.
경편 철도[-또-] (輕便鐵道) 궤도나 규모가 작은 철도. (유) 경철(輕鐵). narrow gauge railway
경폐=기(經閉期) [의] 월경이 그치는 시기.
경포(警捕) ↷①→경포교(京捕校).
경포(輕砲) [군사] 가벼운 대포. (대) 중포(重砲).
경포(驚怖) 놀라고 두려워함. fright 하타
경포(輕砲) 놀라고 두려워함. light gun
경-포:교(京捕校) [제도] 좌포도청과 우포도청의 포교. (유) 경교(京校). 경포(京捕). 「의 포수.
경포:수(京砲手) [제도] 시골에 있던 서울 각 군영의
경-폭격기(輕爆擊機) [군사] 가볍고 빠르며, 폭탄을 적게 싣는 폭격기. (대) 중폭격기. (유) 경폭(輕爆). light bomber
경:표(警標) ↷①→경계 표지. 「um
경:품(景品) 상품 외에 결들여 주는 물건. premi-
경:품-권 [-꿘] (景品券) 경품의 제비를 뽑을 수 있도록 주는 표. premium ticket
경풍(勁風) 아주 센 바람. gale
경:풍(景風) 마파람, 남풍. south wind
경풍(輕風) ① 가볍게 솔솔 부는 바람. breeze ② [지학] '남실 바람'의 구용어.
경풍(驚風) [한의] 아이들의 경련(痙攣)의 총칭.
경풍-증 [-쯩] (驚風症) [한의] 경풍의 병증.
경피 전염병 [-뼝] (經皮傳染病) [의학] 피부를 통하여 병원체가 감염되는 전염병.
경필(硬筆) [동] 펜(pen).
경:필(警蹕) 거둥 때 일반의 통행을 경계하고 금하던 일. 하타 「ulation 하타
경:하(慶賀) 공경하여 축하함. respectful congrat-
경:하(敬賀) 기쁘고 즐거운 일을 치하함. (유) 경축. 축하. congratulation 하타
경-하다(輕一) ① 가볍다. light ② 일이 간단하여 쉽다. easy ③ 말이나 짓이 경솔하다. rash ④ 병세에서 대수롭지 않다. (대) 중하다. 경:히[부]
경학(經學) 경서를 연구하는 학문. knowledge of Chinese classics
경학(經學院) [성균관(成均館)의 딴이름.
경한(勁悍) 사납고 거칢. 하타 「light perspiration
경한(輕汗) 조금 나는 땀. 미한(微汗). 박한(薄汗).
경한(輕寒) 좀 가벼운 추위. mild cold
경함(經函) [불교] 경문(經文)을 넣어 두는 함.
경:합(競合) ① 서로 힘을 다투는 일. competition ② [법률] 단일한 사실이나 요건에 대해 경각 또는 평가의 효력이 둘 이상 중복되는 상태. 형법에서 동일 행위가 몇 개의 죄명에 해당하는 일. 하타 concurrence
경-합금(輕合金) [화학] 비중이 작고 부식(腐蝕)이 잘 안 되며 기계 용재로서 강한 합금.
경:합=범(競合犯) [법률] 판결이 확정되지 않은 수 개의 죄 또는 판결이 확정된 죄와 그 판결 확정 전에 범한 죄.
경:합=죄(競合罪) [법률] 한 사람이 범한, 판결이 확정되지 않은 여러 죄. 병합죄. concurrent offenses

경:해(謦咳·謦欬)[명] 윗사람에게 뵙기를 청할 때 자기가 있음을 알리는 기침. 하다

경해(驚駭)[명] 몹시 놀람. 하다

경행(京行)[명] 서울로 감. going to Seoul 하다

경행(徑行)[명] 지름길로 감. 하다

경행(經行)[명] ①〈약〉→경명 행수(經明行修). ②〈불교〉불도를 닦음. [luck

경:행(慶幸)[명] ①기쁨. 행복. ②행복을 기뻐함. good

경향(京鄕)[명] 서울과 시골. 경외(京外)①. ¶〜 각처.

경향(傾向)[명] ①마음이나 형세가 한쪽으로 기울어져 쏠림. 또, 그런 방향. inclination, tendency ②〈심리〉생물체에서 자극의 조건이 여러 가지인데도 불구하고 행동 방식에 일정한 유형을 지속시키는 일.

경향-극(傾向劇)[명] 〈연예〉어떤 주의나 사상, 특히 사회주의 사상을 선전하기 위한 극. tendency play

경향 문학(傾向文學)〈문학〉어떤 주의나 사상에 치우친 문학, 특히, 사회주의 사상을 배경으로 한 문학. tendency literature

경향 소:설(傾向小說)〈문학〉작가의 주의나 사상을 선전하기 위한 소설. tendency literature

경:헌:법(硬憲法)[명]〈약〉→경성 헌법.

경험(經驗)[명] ①몸소 겪고 치러 봄. ②실지로 보고 다루어서 얻은 지식. ¶〜을 쌓다. ③어떤 일에 직접 부닥쳤을 때, 그것이 어떤 의미에서 우리의 생활을 향상시킨다는 뜻을 포함시켜서 쓰는 말. ¶좋은 〜. ④〈철학〉감관(感官)의 지각(知覺) 및 실천적 행위의 의하여 직접 자아에 나타나는 사물. experience 하다

경험-가(經驗家)[명] 경험이 있는 사람. experienced man

경험 과학(經驗科學)[명]〈철학〉경험적 사실을 대상으로 하는 과학. 곧, 실증적인 모든 과학. empirical science [one's personal experiences

경험-담(經驗談)[명] 직접 경험한 이야기. story of

경험-론(經驗論)[명] 모든 인식은 경험에서 생긴다는 학설. 경험주의①. (대) 합리론(合理論). empiricism [여 쓴 약방문.

경험-방(經驗方)[명]〈한의〉실지로 많이 써서 경험하

경험 심리학(經驗心理學)[명]〈심리〉정신 현상을 귀납적(歸納的)·실험적으로 연구하려는 심리학.

경험-자(經驗者)[명] 경험한 사람. experienced man

경험적 개:념(經驗的槪念)[명]〈논리〉경험의 추상에 의하여 얻는 개념. empirical concept

경험적 법칙(經驗的法則)[명] ①경험적 사실에 의하여 얻은 법칙. ②〈철학〉인과의 필연적 관계가 확실하지 않고, 단지 경험상 그렇다고만 하는 법칙.

경험적 실제론(─諸─)(經驗的實際論)[명]〈철학〉우리가 인식할 수 있는 현상은 선험적 자아(先驗的自我)의 통일에서 성립하기 때문에 보편 타당성을 가지고 있다는 논설.

경험적 의:식(經驗的意識)[명]〈심리〉감각·표상(表象)·의지·감정 등 모든 심리적 과정의 의식.

경험적 지:식(經驗的知識)[명] ①경험에서 얻은 지식. ②〈철학〉논증적 지식에 대한 귀납적 지식.

경험-주의(經驗主義)[명] ①경험론. ②〈철학〉이론의 중요성을 이해하려고 하지 않고, 자기의 경험을 제일로 하는 태도.

경험 철학(經驗哲學)[명]〈철학〉경험이 지식의 기초 및 유일한 근원이라고 하는 철학. 17세기의 절대적 이성 철학에 대한 베이컨·로크의 설. empirical philosophy

경험 커리큘럼(經驗curriculum)[명]〈교육〉학문·지식의 체계가 아니고 교재(敎材)를 생활의 입장에서 통합하려는 생활 경험을 중하게 여기어 구성하는 커리큘럼.

경ː-혁(更革)[명] 고침. 고쳐서 좋게 함. renovation 하다

경혈(經穴)[명]〈한의〉경락(經絡)에 있어서 침을 놓거나 뜸을 뜨기에 알맞은 자리.〈약〉혈(穴).

경혈(頸血)[명] 목에서 흐르는 피.

경혈(驚血)[명] 놀란 피. 멍든 피. 피하 출혈(皮下出血).

경형(黥刑·鯨刑)[명]〈제도〉죄인의 살에 죄명을 먹실로 써 넣던 형벌.

경호(京湖)[명] ①경기도와 충청도의 병칭. Kyunggi and Chungchung Provinces ②경기도·충청도·전라도의 병칭.

경ː호(警號)[명] 경계의 신호. alarm

경ː호(警護)[명] 경계하고 보호함. 수호(守護). convoy, guard 하다

경ː호-원(警護員)[명] ①경호하는 사람. ②대통령 경호실의 구성원으로서 경호 실장의 지휘·감독을 받는 별정직 국가 공무원.

경ː호-인(警護人)[명] 경호하는 사람.

경혹(驚惑)[명] 놀라며 의혹함. 하다

경혼(驚魂)[명] 몹시 놀라서 얼떨떨해진 정신.

경홀(輕忽)[명] 언동이 가볍고 소홀함. careless 하다

경화(京華)[명] ①번화한 서울. ②서울의 화려함. [희다

경화(硬化)[명] ①단단하게 굳어짐. hardening ②의견이나 태도가 강경하여짐. stiffening ③석탄·시멘트 등이 물을 흡수하여 단단해짐. hardening ④쇠붙이가 물길에 의하여 경도(硬度)가 높아짐. (대) 연화(軟化). hardening 하다

경화(硬貨)[명]〈경제〉①금속으로 만든 돈. metallic currency ②모든 통화와 언제라도 바꿀 수 있는 화폐. (대) 연화(軟貨). hard money

경화(瓊花)[명] 옥과 같은 꽃.

경화 고무(硬化gomme)[명] 에보나이트(ebonite).

경ː-화기(輕火器)[명] 소총 등과 같이 비교적 중량이 가벼운 화기. (대) 중화기(重火器). small arms

경화-병(硬化病)[명] ①병(硬化病) 누에나 거미류·누에 등의 병해의 하나. 사상균(絲狀菌)의 기생으로 일어나며 죽은 것은 굳어짐. sclerosis

경ː화 수월(鏡花水月)[명] 거울에 비치는 꽃과 물에 비치는 달. 말로는 표현할 수 없는 묘려의 비유.

경화-유(硬化油)[명]〈화학〉유동성(流動性) 있는 촉매(觸媒)를 섞어서 가열하고 수소를 압입(壓入)하여 만든 기름. hardened oil

경화 자제(京華子弟)[명] 서울에서 곱게 자란 젊은이.

경확(耕穫)[명] 농사짓는 일과 거두어 들이는 일.

경환(輕患)[명] 가벼운 질환. (대) 중병(重病). 중환(重患). light disease

경ː환:자(輕患者)[명] 가벼운 환자. (대) 중환자(重患者)

경황(景況)[명] 흥미있는 상황. 흥황(興況). 〈약〉경(景)②. joyful state of things

경황(驚惶)[명] 놀라고 두려워함. fear 하다 [하다

경황 망조(驚惶罔措)[명] 경황하여 어찌할 바를 모름.

경황-없:다(─[景況─])[혬]〈─다〉경황이 바빠거나 마음이 상하여 여유가 없다. too busy 경황-없:이[부]

경-황화(京荒貨)[명] 서울에서 나는 황화.

경회(輕灰)[명] 소다회의 일종. 무기 약품 제조에 쓰임.

경훈(經訓)[명] 경서(經書)의 훈해(訓解). 경서의 해석.

경-흘수(─[一吃水])[명] 선박이 짐을 적재하지 않고 항해에 필요한 물건만을 적재하였을 때의 흘수.

경ː희(慶喜)[명] 경사로 기뻐함. delight 하다 [(吃水)

경희(驚喜)[명] ①놀라며 기뻐함. pleasant surprise ②몹시 기뻐함. overjoy 하다 [rejoicing 하다

경희 작약(驚喜雀躍)[명] 매우 기뻐서 날뜀. ecstatic

경-힘(經─)[명]〈불교〉경문의 공덕의 힘.

꽃[명][고] 곁(傍). [와라. side

곁[명] ①어느 한 군데에 딸린 쪽. ②옆. ¶내 〜으로

곁-가다[동] 곁에 달리어 가거나, 거기서 갈리었음을 뜻하는 말.

곁-가리[명] 갈빗대 아래쪽의 가느스름하고 짧은 뼈. false ribs [를 꺾다. side branch

곁-가지[명] 원가지에서 곁으로 돋은 작은 가지. ¶〜

곁-간(─[一間])[명] 소의 간에 붙은 조그마한 조각.

곁-간(─[一間])[명] ①집의 몸채가 되는 간에 붙은 갓살. side room ②〈동〉곁방②. [path

곁달이[명] 원길에서 곁으로 난 길. ¶〜로 새다.

곁-꾼[명] 곁에서 일을 도와 주는 사람. assistant

곁-낫질[명] 나무·재목을 깎거나 벨 때 비스듬히 내리

결=노 치는 낫질.
결=노(一櫓)圈 배의 옆쪽에 붙은 노.
결노질(一櫓一)圈 배의 옆에 결노를 걸고 젓는 일. 하타
결=눈〈식물〉잎겨드랑이에서 나오는 싹. 액아(腋芽). 측아(側芽). lateral bud
결=눈圈 눈여겨 돌려 결눈을 보는 눈. 곁눈질.
결눈-주-다 ①곁눈으로 눈짓을 하여 상대자에게 뜻을 알리다. make a sign with a side glance ②결눈질로 은근히 정을 나타내다. wink
결눈-질圈 곁눈으로 보는 짓. looking aside 하타
결=다리圈 ①어떤 사물에 덧붙이는 것. ¶주인노트 ~가 많다. accidental things ②당사자가 아닌 결의 사람. ¶~ 붙어 언어먹다.
결다리-들다(一)라트 제삼자가 곁에서 참견하다. meddle
결=달-다(一라트) 결에 달다. attach
결=달리다자동 결에 달리다. be attached
결=둘(畜牛)圈 활터에서 '겨드랑이'를 이르는 말.
결=두리〈농업〉농부·일꾼 들이 끼니 밖에 때때로 먹는 음식. 샛밥. snacks for farmhands at work
결=들-다(一라트) 한 자리에 결따라 모여 부축하여 어울리다. help
결=들-다(一라트) ①결에서 들다. 곁에 있다 ②결의 일이나 말을 거들어 주다.
결=들리-다자동 한 자리에 결따라 모여 어울리게 되다. join
결들이圈 구색으로 놓은 음식. side dish
결들이-다(타동) ①어떤 일을 한꺼번에 겸하여 하다. combine ②어떤 음식에 다른 음식을 끼워 담다. put several kinds of food on a dish
결=따르-다(一라트) 어떤 대상에 덧붙어 결을 따르다.
결=땀圈 ①겨드랑이에서 나는 땀. perspiration in the armpit ②〈의학〉겨드랑이에서 유난히 땀이 많이 나는 병. 액한(腋汗). axillary sweat
결땀-내圈 →암내.
결=마(一馬)圈 결에 따라가는 말. [단 여자의 옷.
결=마기圈 연두 바탕에 자줏빛으로 겨드랑·끝동·깃을
결=마름圈 한 마름을 도와 거드는 사람. assistant agent for farming lands
결=마:부(一馬夫)圈 마부를 따라다니며 돕는 사람. (때) 원마부. assistant groom [(腋語)②. pun
결=말圈 말을 바로 하지 않고 빗대어 하는 말. 은어
결=매圈 싸움판에서 한쪽을 편들어 치는 매. blows in
결매-질圈 결매로 치는 짓. 하타 [assistance
결=바대圈 홑옷의 겨드랑이 안쪽에 덧붙이는 'ㄱ'자 모양의 헝겊. armhole pad of an unlined coat
결=방(一房)圈 ①안방에 딸린 방. side room ②남의 집의 한 부분을 빌려 든 방. 결간②. 협방(夾房). 협실(夾室). rented room
결방망이圈 결방망이질하는 방망이.
결방망이-질圈 ①결따라 하는 방망이질. ②남의 말에 함께 결따라 말하는 짓. 하타
결방-살이(一房一)圈 남의 집 결방을 빌려 사는 살림. living in a rented room 하타
결방살이 불 내기圈 평소에 눈에 거슬리던 데서 사고를 일으켜 더욱 밉다는 말.
결=방석(一方席)圈 세력이 있는 사람에게 붙어 다니는 사람. toady, sycophant
결=부:축圈 ①겨드랑이를 붙들어 결음을 돕는 짓. 부액(扶腋). 액도(腋導). (약) 부축. helping one by holding under his arm ②남의 일이나 말을 결에서 거들어 놓고 줌. assistance 하타
결=불圈 어떤 일에 관계하지 않고 가까이에 있다가 받는 재앙(災殃). [tive
결=불이(一부치)圈 촌수가 먼 일가붙이. distant rela-
결=비:다(자) ①보살펴 줄 사람이 결에 없다. nobody to care for ②결비우다.
결=비우다(타) 호위나 보관할 자리에 사람을 안 두다. (약) 결비다②. leave one's post unmanned
결=뿌리(一)圈 측근(側根).
결=사돈(一査頓)圈 직접 사돈간이 아닌, 같은 항렬의 방계간의 사돈. (때) 천사돈. distant relative by marriage

결=상(一床)圈 큰상의 결에 놓는 작은 상. side table
결=쇠圈 제 짝이 아닌 대용 열쇠. pass-key
결쇠-질圈 딴 열쇠로 자물쇠를 여는 짓. unlocking with a pass-key 하타
결=순(一筍)圈 초목의 원줄기 결에서 나오는 나무 순. [extra bud
결=쐐:기圈 결에 덧박는 작은 쐐기. side wedge
결=자리圈 결에 앉는 자리. side seat
결=줄圈 줄다리기에 쓰는 원줄에 결단 줄. side-rope
결=줄기〈식물〉덩굴 식물의 원줄기 결에서 벋은
결=집圈 결으로 이웃하여 있는 집. [가는 줄기.
결집 잔치에 낯을 낸다(통) 제 물건을 소비하지 않고 남의 물건을 가지고 낯을 낸다는 말.
결=쪽圈 가까운 일가붙이. close relative
결=채圈 몸체 결에 딸린 딴 채. outhouse
결=콩팥圈〈동〉부신(副腎). [껍질.
결=피(一皮)圈 활의 손잡는 곳을 싸서 붙인 벚나무
결=하-다(자여불) 가까이하다. (형)(어불) 가까이 있다.
계:(系)圈〈수학〉일정한 정리(定理)에서 추측하여 언은 명제. corollary
계:(戒·誡)圈 ①죄악을 범하지 못하게 하는 규정. precept ②〈불교〉중이 지키는 모든 행검(行檢). 게율(戒律). Buddhist commandments ③〈문학〉한 문 문체의 하나. 훈계를 목적으로 지은 글.
계:(係)圈 사무 분담의 작은 갈래. 또, 그 갈래를 맡은 사람. subsection
계(契·稧)圈 ①옛날부터 내려오는 상호 협조 단체의 하나. mutual financing association ②금전 융통을 목적한 조합 같은 조직. 일정 기일에 계원이 일정의 곗돈을 내고, 예정한 순서나 제비를 뽑아 소정금액을 융통, 계원 전원이 융통한 다음 해산함.
계:(癸)圈〈민속〉천간(天干)의 10째. [곗돈. 하타
계(計)圈 합계. 총계(總計). total
계(階)圈 한문학에서의 문체의 하나. 윗사람에게 올리는 글의 하나.
계(階)圈 벼슬의 등급이나 품계.
=계(系)결미 ①어떤 계통에 속함을 나타냄. ¶기독교~의 학교. ②지질 시대의 구분(紀)에 대응하는 지층임을 나타내는 말. ¶삼첩(三疊)~.
=계(屆)결미 어떤 명사에 붙어 기관에 제출하는 문건이나 문서임을 나타내는 말. ¶결석~.
=계(界)결미 ①어떤 말 아래에 붙어서 사회나 처소를 가리킴. ¶학~. 언론(言論)~. circles ②지질 시대의 대(代)에 해당하는 지층임을 나타내는 말. ¶고생(古生)~.
=계(計)결미 어떤 명사 아래 붙어 그것을 계량 혹은 측정하는 계기임을 나타냄. ¶체온~. measure
계:가(計家)圈 바둑을 다 둔 후에 집수를 계산함. ¶~바둑. 하타
계:간(季刊)圈 ①춘하추동으로 나누어, 1년에 네 번 잡지를 간행함. 또, 그 잡지. quarterly publication ②(약)→계간지(季刊誌).
계간(溪澗)圈 시내가 흐르는 골짜기.
계간(鷄姦)圈〈동〉비역. 하타
계간 공사(溪澗工事)圈 침식 작용으로 산에 생긴 사태 자리에 시설물들을 만들어 흙·모래·돌 등의 이동을 막는 공사. 하타
계:간-지(季刊誌)圈 계간으로 나오는 잡지. (약) 계간(季刊)②. quarterly magazine [subtraction 하타
계:감(計減)圈 삯을 매겨 덜 것을 덞. 제감(除減).
계:거-기(計距器)圈 바퀴가 돈 대로도 운행 거리가 나타나게 만든 기계. range-finder
계견(鷄犬)圈 닭과 개. hen and dog
계견 상문(鷄犬相聞)圈 동쪽 닭과 서쪽 개 우는 소리가 들림. 인가가 연하여 있다는 뜻. 하타
계견-성(鷄犬聲)圈 닭과 개의 울음소리.
계:제 승승(繼繼承承)圈 자손 대대로 이어감. 하타
계:고(戒告)圈 ①경계하여 알림. warning ②〈법률〉어떤

계:고(告告)《동》상신(上申). 하다 notification 하다
계고(階高) ①층계의 높이. ②품계가 높음. ③건물의 층 사이의 높이.
계:고(稽古)《동》 ①옛일을 공부하여 익힘. study of antiquities ②옛 책을 읽고 학문을 닦음. study 하다
계:고(稽考)《동》 지난 일을 상고함. consideration 하다
계:고장[—짱](戒告狀)《법률》의무 이행을 최고(催告)하는 글이나 문건.
계고 직비(階高職卑) 품계는 높고 벼슬 자리는 낮음. 하다
계곡(谿谷·谿谷)《동》 물이 흐르는 골짜기. 산골짜기. valley
계:관(桂冠)《동》 월계관(月桂冠).
계관(鷄冠)《동》 ①닭의 볏. ②동 맨드라미.
계관-석(鷄冠石)《광물》 비소(砒素)와 유황의 화합물로 된 돌. 채료(彩料)로 쓰임. realgar
계:관 시인(桂冠詩人)《문학》 영국 왕실의 시인으로 최고 지위에 있는 이에게 내리는 명예 칭호. poet laureate
계관-없·다(係關—)다 관계가 없어 거리낄 것이 없음. 다. 계관=없:이
계관-초(鷄冠草)《동》 맨드라미. flower
계관-화(鷄冠花)《식물》 맨드라미꽃. cockscomb
계:교(計巧) 요리조리 빈틈 없이 생각해 낸 꾀. ¶ ~를 쓰다. design
계:교(較較)《동》 비교하여 대어 봄. comparison 하다
계:구(械具) 피고인이나 죄인의 몸을 얽매는 기구. 수갑·족쇄·포승 등.
계:구(戒懼)《동》 삼가고 두려워함. circumspection 하다
계구(鷄口)《동》 ①닭의 주둥이. mouth of hen ②작은 단체의 장. leader of a small group
계구 우후(鷄口牛後)《동》 큰 단체의 꼴찌보다는 작은 단체의 우두머리가 되라는 말. Better be the head of a dog than the tail of a lion
계군(鷄群)《동》 ①닭의 무리. ②범인(凡人)의 무리.
계군 일학(鷄群一鶴)《동》 평범한 사람들 가운데 뛰어난 사람. 군계 일학. Triton among the minnows
계:궁(計窮) 계책이 다함. at one's wit's end 하다
계궁(階窮)《제도》 당하관 벼슬의 품계가 다하여 더 올라갈 자리가 없게 되었다는 뜻으로, 당하 정 3 품(堂下正三品)이 됨을 이름. 자궁(資窮). 하다
계:궁 역진[—녁—](計窮力盡)《동》 짜낸 꾀와 마치는 힘이 다함. 하다 《수》에는 사람. 계기(戒器)
계:는그릇(戒—)《동》 《불교》 계명을 능히 감당하여 받을
계급(階級)《동》 ①지위·권직 등의 등급. rank ②《사회》 신분·재산 등이 유사한 이들로 형성되는 무리. ¶ 지식 ~. class ③《경제》 사회 경제 체제에서 생산 수단에 의한 관계로 나누는 등급의 집단. ¶유산 ~. 관념. class
계급 관념(階級觀念) 계급 생활을 통하여 결정되는
계급 국가(階級國家)《동》 국가를 계급 억압 작취의 기구·기관으로 볼 때의 국가상(像).
계급 귀속 의:식(階級歸屬意識)《동》 자기가 어떤 특정한 계급에 딸리어 있다고 하는 의식.
계급 도:덕(階級道德) 특정한 계급의 의지 요구를 원리로 하는 도덕관.
계급 독재(階級獨裁)《동》 어떤 계급이 특별한 권리를 가지고 온 사회를 지배하는 일.
계급 문학(階級文學)《동》 《문학》 계급 의식을 지니고 쓴 문학. class literature
계급 예:술[—네—](階級藝術)《동》 계급 사회에서는 모든 예술이 당연히 계급적이 된다고 주장하는 마르크스주의의 예술관.
계급 의:식(階級意識)《동》 ①일정한 계급에 속하는 사람이 가지는 심리·사고 방식의 경향 및 관념 형태. class consciousness ②자기가 속한 계급의 지위·성질·사명을 인식하고 그것을 실현하려는 의식.
계급=장(階級章) 계급을 나타내기 위해 다는 표장. rank chevron

계급 정당(階級政黨)《동》 노동 계급의 이익을 위주로 하는 정당. 농은 제도.
계급 제:도(階級制度)《동》 사회 구성을 계급적으로 짜
계급 주:의(階級主義)《동》 ①계급 투쟁에 의해 역사는 발전한다고 보는 입장. ②자기가 속하는 계급의 이념에만 충실하려는 배타적인 주의.
계급-층(階級層)《동》 재산·직업·지위 등에 의하여 나누어진 사회적 층계.
계급 타:파(階級打破)《동》 사회의 평등을 목적하여 계급을 부인하고 깨뜨림. 하다 대립 투쟁. 하다
계급 투쟁(階級鬪爭)《동》 사회적 지위의 차이로 생기는
계:기(計器)《동》 무게·길이·양(量)을 재는 기계. 저울·자·되 등. meter
계:기(契機)《동》 어떠한 일이 일어나거나 결정되는 근거나 기회. 기틀. 동기(動機). moment, opportunity
계:기(繼起)《동》 잇달아 일어남. succession 하다
계:녀(季女)《동》 막내딸. youngest daughter
계농(鷄農)《동》 양계(養鷄). 하다
계:=단(戒壇)《동》 《불교》 중이 계를 받는 단. ordination platform 차례. 단계(段階). step
계단(階段)《동》 ①《동》 층층대. ②일을 하는 데 거치는
계단 경작(階段耕作)《농업》 비탈진 땅을 계단식으로 충지게 만들어 하는 경작. terraced fields cultivation 하다 교실. theater
계단 교:실(階段敎室)《동》 좌석이 계단식으로 배치된
계단 농업(階段農業)《동》 계단 경작에 의한 농업.
계단 단:층(階段斷層)《동》 《지학》 같은 종류의 많은 단층이 평행으로 발달하여 지반(地盤)이 계단 모양을 이룬 것. step fault
계단-만(階段灣)《지학》 함몰과 침강 작용으로 해저가 계단식으로 된 만. 《태》 함몰만. 범람만.
계단-상(階段狀)《동》 충충대 모양. terrace 석.
계단-석(階段席) 계단이 뒤로 갈수록 높아지는 좌
계단-식(階段式) 계단을 둔듯한 방식.
계단-참(階段站)《동》 층계참.
계:달(啓達) 임금에게 의견을 아룀. 계품(啓稟).
계:대(繼代)《동》 대를 이음. succession 하다
계:도(系圖)《동》 대대의 계통을 보인 도표. 계보(系譜). 성계(姓系)②. genealogical table
계:도(計圖)《동》 기도(企圖). 하다
계:도(啓導) 깨치어 지도함. 열어 이끌어 줌. enlightenment 하다 는 집.
계:도가(契都家)《동》 계에 관한 일을 도말아서 처리하
계:도 직성(計都直星)《민속》 아홉직성의 하나. 흉한 직성으로 아홉 해에 한 번씩 돌아온다고 함.
계:독(啓牘)《동》 개독(開牘). 하다
계:돈(鷄豚)《동》 ①닭과 돼지. ②가축.
계돈 동사(鷄豚同社) 같은 고향 사람끼리 계를 모아 친목을 꾀함.
계:동(季冬)《동》 ①음력 섣달. December of the lunar year ②늦겨울. late winter
계두(鷄頭)《동》 ①닭의 볏. ②동 맨드라미.
계:라(啓螺)《동》 거둥 때에 취타를 임금에 아룀. 하다
계:라 차지(啓螺差知)《제도》 거둥 때 군악수(軍樂手)를 영솔하던 선전관. 곡조의 이름.
계:락(界樂)《동》 《음악》 계면조(界面調)에 속하는 가곡
계란(鷄卵)《동》 달걀. 민 머릿골.
계란-골(鷄卵骨) 달걀처럼 이마와 뒤통수가 쏙 내
계란 덮밥(鷄卵—) 밥·양파 따위를 섞어서 지진 달걀을 밥 위에 씌운 덮밥.
계란-밥(鷄卵飯)《동》《동》 계란밥. 익힌 밥. 계란찝.
계란-찝(鷄卵—) 끓을 때에 달걀을 풀어 넣고 저어
계란-선(鷄卵膳)《동》 난도질한 쇠고기를 양념하여 볶은 다음, 다시 설탕·후추 등을 치고 달걀을 풀어서 이렇게 여러 켜를 중탕(重湯)하여 굳힌 후 썰어 놓은 술안주. 되지 않는다.
계란에도 뼈가 있다(동) 운수가 나쁘면 좋은 일이나 잘
계란 유:골(鷄卵有骨)《동》 달걀에도 뼈가 있다는 말로, 재수가 없어 무슨 일이 잘 안 됨을 이름.

계란-장(鷄卵醬)[명] 달걀이나 오리알을 넣어 삭힌 간장. [탕을 풀어 데운 것. 몸이 허할 때 마심.
계란-주(鷄卵酒)[명] 술에 계란을 넣고 휘저은 데다 설
계란주의(鷄卵主義)[명] 달걀의 형태처럼, 중류 계급이 가장 크고 견실하여야 한다는 주의.
계란-지(鷄卵紙)[화학] 달걀 흰자와 염화암모늄의 혼합물을 바른 서양 종이. 사진 인화에 쓰임.
계략(計略)[명] 계책과 모략. 계모(計謀). scheme
계:량(計量)[명] 분량을 헤아림. 계측(計測). [감. ~하다
계량(繼糧)[명] 추수한 곡식으로 한 해 양식을 대어
계:량 경제 모델(計量經濟 Model)[명] 《경제》 소득·소비·저축 따위의 경제 변수간의 함수 관계를 수식으로 나타내는 것. 경제 이론·경제 계획 등에 응용함.
계:량-기(計量器)[명] 계량하는 데 쓰는 기구의 총칭. 계기(計器). 미터. measure
계려(計慮)[명] 헤아려 생각함. considering 하다
계:련(係戀)[명] 사랑에 사로잡혀 잊지 못함. lingering love 하다
계:료(計料)[명] 헤아림. calculation 하다
계:루(係累·繫累)[명] ①관련됨. involvement ②다른 사물에 끌리고 얽매이어 누(累)가 됨. encumbrance ③몸에 얽어 매는 누. 처자·권속 등의 누. dependents 하다
계류(溪流·谿流)[명] 산골짜기를 흐르는 물. mountain stream
계:류(稽留)[명] ①《동》체류(滯留). ②머무르게 함. stay 하다
계:류(繫留)[명] ①붙잡아 매어 놓음. ¶~장(場). mooring ②사건이 해결되지 않고 매어 있음. ¶법원에 ~중인 사건. 하다
계:류 기구(繫留氣球)[명] 줄로 매어 공중에 날리는 경기구. 관측·신호·조사 등에 씀. captive balloon
계류 낚시(溪流-)[명] 산골짜기의 계류에서 하는 낚시질. [는 부표.
계:류 부표(繫留浮標)[명] 일정한 곳에 붙잡아 띄워 두
계:류-선(繫留船)[명] 부두나 바닷가에 매어 놓은 배. laid up vessel
계류-열(稽留熱)[명] 신열이 날 때 하루의 열의 고저의 차가 1°C 이하로 유지·계속되는 열형(熱型).
계륵(鷄肋)[명] ①소용은 적으나 버리기는 아까운 물건을 가리키는 말. chicken ribs ②몹시 연약한 몸의 비유. poor health
계:리(計理)[명] 계산하여 정리함. accounting 하다
계:리-사(計理士)[명] 공인 회계사의 구칭. public accountant
계림(鷄林)[명] ①신라 탈해왕(脫解王) 때부터 부르던 신라의 이칭. ②경주의 옛 이름. ③우리 나라의 딴 이름. [name of Korea
계림 팔도(-八道)(鷄林八道)[명] 우리 나라를 말함. old
계마(桂馬)[명] 바둑에서 열줄부터 한 칸이나 두 칸 대각선 방향으로 건너 돌을 놓는 일. 날 일(日)자로 놓으면 소(小)계마, 눈 목(目)자로 놓으면 대(大)
계:말(桂末)[명] 계피 가루. [계마라 함.
계:맥(系脈)[명] 《동》계통. 줄기.
계맹(鷄盲)[명] 《동》야맹(夜盲).
계:면(界面)[명] 경계를 이루는 면. interface ②《야》→계면조(界面調). [돋느 하는 굿.
계면-놀이[명] 〈민속〉 무당이 단골집 등을 상대로 계면
계면-돌다[자] 〈민속〉 무당이 돈이나 쌀을 구걸하며 집집을 돌아다니다.
계면-떡[명] 〈민속〉 굿이 끝나고 무당이 구경꾼에게 나눠 주는 떡.
계면-조[-쪼](界面調)[명] 〈음악〉 노래·풍악에서 슬프고 처절한 조. 서양 음악의 단조(短調)와 비슷함. 《약》계면(界面)②.
계면 쩍-다[형] 〈변〉→겸연쩍다.
계면-하다[자여] →겸연하다.
계:면 화:학(界面化學)[명] 〈화학〉계면에 관한 현상·성질을 연구하는 화학의 한 분야.

계:명(戒名)[명] 〈불교〉①중이 계(戒)를 받을 때 스승한테서 받는 이름. ②중이 죽은 이에게 지어 주는 법명(法名). 《대》속명(俗名). Buddhist name
계:명(戒名·誡命)[명] 종교·도덕상 꼭 지켜야 할 규정. commandments [蒙》. 하다
계:명(啓明)[명] ①《야》→계명성(啓明星). ②《동》계몽(啓
계명(階名)[명] ①계급이나 품계의 이름. rank ②《음악》음계의 이름. 계이름. name of a musical scale
계명(鷄鳴)[명] 닭의 울음. cock's crow
계명 구도(鷄鳴狗盜)[명] 군자가 배워서는 안 될 비천한 기능을 가진 사람. trickster
계:명-성(啓明星)[명] 샛별. 《야》계명(啓明)①. Lucifer
계명워리[명] 행실이 얌전하지 못한 계집. slut, flapper
계명지-조(鷄鳴之助)[명] 임금에 대한 왕비의 내조.
계명 축시(鷄鳴丑時)[명] 첫닭 우는 시간인 새벽 한 시부터 세 시 사이. [est uncle
계:모(季母)[명] 계부(季父)의 아내. wife of the young-
계:모(計謀)[명] 《동》계략(計略).
계:모(繼母)[명] 아버지의 후처. 후모(後母). 《대》생모(生母). 실모(實母). stepmother
계:목(繫牧)[명] 가축의 목에 적당한 길이의 끈을 매어 그 범위 안에서 채식(採食)·운동하게 하는 사육 방법. method
계:몽(啓蒙)[명] ①어린 아이나 무식한 사람을 계발(啓發)하여 개화(開化)로 인도함. ②《사회》 인습적이고 기성 관념에서 벗어나 자주적이고 합리적 으로 지식을 갖게 깨우침. 계명(啓明)②. 계발(啓發)②. enlightenment 하다 [조직된 무리.
계:몽-대(啓蒙隊)[명] 계몽하기 위하여 나선 사람들로
계:몽 문학(啓蒙文學)[문학] ①전통적인 인습에서 벗어나도록 민중의 계몽을 목적으로 한 문학. literature of enlightment ②18세기 유럽의, 이지(理智)를 중히 여긴 합리주의 문학.
계:몽 사상(啓蒙思想)[명] 계몽 철학(啓蒙哲學).
계:몽 운:동(啓蒙運動)[명] ①전통적 인습을 깨뜨리고 자율적인 견지에서 합리적 판단을 하는 기풍을 성하게 하려는 운동. ②계몽주의를 실천하는 운동. campaign for enlightenment
계:몽-주의(啓蒙主義)[명] ①몽매한 것을 계발하려는 경향. ②《사회》 16세기 말에서 18세기 후반에 걸쳐 유럽 전역에서 일어나, 구시대의 묵은 사상을 타파하려던 혁신적인 사상 운동의 일장.
계:몽 철학(啓蒙哲學) 〈철학〉 17~18세기에 영국·도이칠란트·프랑스의 사상계를 휩쓸던 철학. 철리(哲理)를 쉽게 말하여 일반에 교화하고 인문(人文)을 개발하였음. 계몽 사상(啓蒙思想). philosophy of enlightenment
계:묘(癸卯)[명] 〈민속〉 육십 갑자(六十甲子)의 40째.
계:무소:출(計無所出)[명] 있는 꾀를 다 써 보아도 별 도리가 없음. 백계 무책(百計無策).
계:문(戒文)[명] 〈불교〉계율의 조문. Buddhist precept
계:문(契文)[명] 계약의 문서. written agreement
계:문(啓門)[명] 제사지낼 때 유식(侑食) 후 합문(闔門)을 열음. 하다
계:문(啓聞)[명] 〈제도〉 관찰사·어사 등이 임금에게 알림.
계:미(癸未)[명] 〈민속〉 육십 갑자(六十甲子)의 20째.
계:미(繫縻)[명] 얽어 맴. 붙들어 맴.
계:미-자[一짜](癸未字)[명] 〈인쇄〉 조선조 태종 3년(1403) 계미년에 만든 활자.
계:박(繫泊)[명] 배를 매어 둠. mooring 하다
계:박(繫縛)[명] 《동》 결박(結縛). 하다 [stream
계반(溪畔)[명] 시냇가의 두둑한 곳. 냇가. edge of a
계:발(啓發)[명] 재능들과 슬기를 열어 줌. 하다
계:발 교:육(啓發敎育)[교육] 억지가 아니라 스스로 깨닫도록 이끌어 주는 교육. 개발 교육(開發敎育). 《대》주입 교육(注入敎育). developmental education
계:방(癸方)[명] 〈민속〉 이십사 방위(方位)의 하나. 동쪽에서 북쪽에 가까운 방위.

계:방-형(季方兄)〖명〗 남의 사내 동생. your(his) younger brother
계:배(稽杯)〖명〗 술집에서 먹은 술의 순배(巡杯)나 또는 잔의 수효를 세어서 값을 계산함. 하다
계:배(繼配)〖명〗 죽은 후실(後室).
계:법(戒法)〖명〗〈불교〉계율. Buddhist precepts
계:변(計邊)〖명〗 이자를 셈함. reckoning of interest 하다
계:보(系譜)〖명〗 ①조상 때부터의 혈통과 집안 역사를 적은 책. genealogy ②혈연(血緣) 관계 및 학문·사상 등의 계통·순서 등을 도식적(圖式的)으로 나타낸 기록. lineage
계:보(季報)〖명〗 계절에 따라 1년에 네 번 내는 잡지. [계간지.
계:보-기(計步器)〖명〗 보수(步數)를 재는 계기. 측보기(測步器). 보도계(步度計). [심함.
계:복(啓覆)〖명〗〈제도〉임금에게 아뢰어 사형수를 재
계:부(季父)〖명〗 아버지의 막내 동생. youngest brother of one's father
계:부(繼父)〖명〗 어머니의 후부(後夫). stepfather
계:-부모(繼父母)〖명〗 계친자(繼親子)의 관계에 있는 아비나 어미. (대) 실부모(實父母). stepparents
계:분(契分)〖명〗 (동) 친분(親分).
계분(鷄糞)〖명〗 닭의 똥. 질소·인산분이 많아 거름으로 씀. droppings of fowls
계:=불입량(計不入量)〖명〗 꾀가 들어맞지 않음. 하다
계비(鷄肥)〖명〗 비료로서는 닭의 똥.
계:비 직고(階卑職高)〖명〗 품계는 낮고 직책은 높음. (대) 계고 직비. [를 읊.
계:빈(啓殯)〖명〗 발인 때 출관(出棺)을 위해 빈소(殯所)
계:빠지-다(契一)〖자〗 ①계알 뽑을 때 곗돈을 탈 수 있는 알이 나오다. ②뜻하지 않은 횡재를 하다.
계:사(戒師)〖명〗〈불교〉①계법(戒法)을 일러주는 스님. priest preaching on the precepts ②계법을 잘 지키는 스님.
계:사(癸巳)〖명〗〈민속〉육십 갑자(六十甲子)의 30째.
계:사(計仕)〖명〗〈제도〉관원의 출근한 날짜를 계산함. 하다
계:사(啓事)〖명〗 임금에게 사실을 적어 올리는 서면.
계:사(啓辭)〖명〗〈제도〉죄를 논할 때 임금에게 올리던 문서.
계:사(繫辭)〖명〗 ①본문에 따른 설명의 글. explanatory notes ②명제의 주사(主辭)와 빈사(賓辭)를 뻿어 부정 또는 긍정의 뜻을 나타내는 말. 우리 말에는 빈사 속에 계사가 들어 있음. copula
계:사(繼嗣)〖명〗 (동) 계후(繼後).
계사(鷄舍)〖명〗 닭장.
계:삭(計朔)〖명〗 달수를 계산함. 계월(計月). 하다
계:삭(繫索)〖명〗 ①물건을 매어 두는 밧줄. ②물건을 붙들어 맴. 하다
계:산(計算)〖명〗 ①수량을 헤아림. 셈. ②〈수학〉식의 운산으로 수치를 구해 내는 일. calculation 하다
계:산(桂酸)〖명〗→계피산(桂皮酸).
계:산 경:주(計算競走)〖명〗 달음질 도중에 계산 문제를 풀어 결승점에 이르는 경주. 하다
계:산-기(計算器)〖명〗 계산을 빨리 정확하게 하는 기계. 전자 계산기 따위. calculating machine
계:산 도표(計算圖表)〖명〗 (동) 노모그램(nomogram).
계:산-서(計算書)〖명〗 ①물건 값의 청구서. ②계산을 밝힌 서류. bill
계:산-자(計算一)〖명〗〈수학〉로그(log) 계산의 원리로서 수의 곱셈·평방·입방·개평 등의 계산을 간단한 기계적 조작에 의하여 할 수 있도록 만든 자. slide rule
계:산-척(計算尺)〖명〗〈수학〉'계산자'의 구용어.
계삼-탕(鷄蔘湯)〖명〗 어린 닭의 내장을 빼고 인삼을 넣어 곤 보약. [예정을 삼음. budgeting 하다
계:상(計上)〖명〗 ①예산 편성에 넣음. add up ②계산의
계:상(啓上)〖명〗 어른에게 말씀을 드림. express one's opinion to his superior 하다
계:상(階上)〖명〗 계단 위. (대) 계하(階下). upstairs
계:상(稽顙)〖명〗 ①이마가 땅에 닿도록 몸을 굽혀 절함. kotowing ②(약)→계상 재배(稽顙再拜).
계:상-금(計上金)〖명〗 계상하여 넣은 금액. appropriated expenditure
계:상 재:배(稽顙再拜)〖명〗 상제된 사람이 편지를 쓸 때 그 첫머리에 쓰는 말로 머리를 조아려 두 번 절함. (약) 계상(稽顙)②. 하다
계:색(戒色)〖명〗 여색을 삼감. continence 하다
계:서(繼序)〖명〗 뒤를 이음. 하다
계:석(計石)〖명〗 곡식의 섬 수를 셈함. 하다
계:선(戒善)〖명〗〈불교〉계(戒)를 지켜 선근(善根)을 키움.
계:선(界線)〖명〗 ①경계나 한계를 표시하는 선. ②투영화에서 정면과 평면과의 경계를 나타내는 횡선.
계:선(繫船)〖명〗 배를 잡아맴. 선박을 매어 둠. 하다
계:선-거(繫船渠)〖명〗 배를 매어 두며 여객의 승강, 화물의 적재, 양륙에 사용하는 선거. 계선 도로.
계:선 부표(繫船浮標)〖명〗 항구의 바닷물에 띄우 납작하고 둥근 통 모양의 물건으로 배를 맬 수 있게 된 계성(鷄聲)〖명〗 닭우는 소리. [것. mooring buoy
계:세(季世)〖명〗 (동) 말세(末世).
계:속(繫束)〖명〗 ①매어 묶음. tie ②매어서 자유를 주지 않음. bind 하다
계:속(繫屬·係屬)〖명〗 ①남에게 매달려 있음. subordination ②(약)→소송 계속(訴訟繫屬).
계:속(繼續)〖명〗 ①끊이지 않고 줄곧 이어 나감. ②끊었던 일을 다시 이어서 해감. continuation ③전부터 내려오는 일을 계승함. 하다
계:속-범(繼續犯)〖명〗〈법률〉범죄 행위를 오래 계속한 범죄. 불법 감금죄 등. 또, 그 범인. (대) 즉시범(即時犯).
계:속 변:이(繼續變異)〖명〗 (동) 영속 변이(永續變異).
계:속-비(繼續費)〖명〗 일정한 경비 총액을 여러 회계 연도에 나누어 계속적으로 지출하는 경비. continuing expenditure [grandchildren
계:손(繼孫)〖명〗 촌수가 먼 자손. 원손(遠孫). distant
계:쇄(繫鎖)〖명〗 쇠사슬로 매어 둠. 하다
계수 '이불'의 궁중말. [brother's wife
계:수(季嫂)〖명〗 아우의 아내. 제수(弟嫂). younger
계:수(係數)〖명〗 ①〈수학〉기호 문자와 숫자로서 된 곱에서, 숫자를 기호 문자에 대하여 일컫는 말. co-efficient ②〈물리〉하나의 수량을 다른 여러 양의 함수로 나타내는 관계식에서 물질의 종류에 따라 달라지는 비례 상수(常數). 팽창 계수 등. factor
계:수(計數)〖명〗 수효를 셈. calculation 하다
계:수(桂樹)〖명〗 (동) 계수나무①.
계수(稽首)〖명〗 (동) 돈수(頓首). 하다
계:수(繫囚)〖명〗 옥에 갇힌 죄수. prisoner
계:수(繼受)〖명〗 이어받음. succession 하다
계:수-관(計數管)〖명〗〈물리〉방사선의 입자 및 광양자(光量子)의 도달을 검출하는 장치. counter
계:수-기(計數器)〖명〗 ①수에 대한 기본 관념을 주기 위한 아동 학습 용구. 작은 알들을 몇 줄의 쇠줄에 꿴것. ②수효를 측정하는 기계.
계:수-나무(桂樹一)〖명〗 ①〈식물〉녹나무과의 교목. 높이 8~15m로 중국 남부, 동인도에서 남. 특이한 방향이 있어 가지와 5~6월에 황색의 작은 꽃이 피고 타원형의 열매가 달림. 껍질은 전위 약제·향료 씀. 계수(桂樹). cinnamon ②옛사람들이 달 속에 있다고 상상한 나무.
계수법을 다녔나 말도 잘 만든다(관) 말만 번지르하게 잘 꾸며서 한다.
계:수-법(一法)〖명〗〈법률〉외국의 법률을 채용하거나, 그에 의거하여 만든 법률. (대) 고유법(固有法). adopted law

계:수 재:배(稽首再拜)[명] 머리를 조아려 두 번 절한다는 뜻. 흔히 편지 첫머리에 씀. 하타
계:수 주인(界首主人)[명] 〈제도〉 서울에 있어서 각 도의 감영의 사무를 맡아보던 사람.
계:수 화:폐(計數貨幣)[명] 〈경제〉 일정한 순도·분량·형상으로 주조하고 그 표면에 가격을 표시한 화폐. 《대》 칭량(秤量) 화폐.
계:술(繼述)[명] 조상의 뜻과 사업을 이어감. succession to one's forefather's work 하타
계숫-잇[-넛] [명] '이불에 덧씌치는 잇'의 궁중말.
계:습(繼襲)[명] 조상이나 선인의 뜻·사업을 이음. 하타
계승(階乘)[명] 〈수학〉 n이 한 자연수일 때, 1에서 n까지의 모든 자연수의 곱을 n에 대하여 일컫는 말.
계:승(繼承)[명] 이어받음. 승계(承繼). succession 하타
계시(工匠)[명] 공장(工匠)의 제자. 〈원〉 겨수. apprentice
계:시(癸時)[명] 〈민속〉 이십사시의 둘째. 새벽 0시 반~1시 반까지의 동안. 〔또, 그 시간.
계:시(計時)[명] 경기·바둑 등에서 경과한 시간을 잼.
계:시(啓示)[명] ①일깨워 알게 함. guidance ②〈종교〉 사람의 지혜로 알지 못하는 것을 신이 가르쳐 알게 함. 묵시(默示). revelation 하타
계:시-다(공] 있다. ¶집에 할아버지가 계시다. 타 《공》 윗사람이 무엇을 진행하고 있음을 나타내는 말. ¶바느질을 하고 ~.
계:시-록(啓示錄)[명] 〈기독〉 사도 요한이 쓴 신약 성경중의 승달한 계시 문학서.
계:시 문학(啓示文學)[명] 〈문학〉 후기 유태교 및 초기 천주교에서 이루어진 어떤 특별한 경향을 가진 종교적 저작. apocalyptic 〔교.
계:시 종교(啓示宗敎)[명] 신의 은총을 기초로 하는 종
계:신(戒愼)[명] 경계하여 삼감. prudence 하타
계:실(繼室)[명] 〈동〉 후실(後室). 〔마음. caution 하타
계:심(戒心)[명] 마음을 놓지 않고 경계함. 경계하는
계:심(桂心)[명] 〈한의〉 계피 껍질 속의 얇고 노란 부분. 약에 씀. 〔리며 답답하고 아픈 병.
계:심-통(悸心痛)[명] 〈한의〉 신경성으로 심장이 울렁거
계:씨(季氏)[명] 남의 아우. 제씨(弟氏). your younger brother
계안(鷄眼)[명] 〈동〉 안창(鷄眼瘡).
계안-창(鷄眼瘡)[명] 〈한의〉 티눈. 〔약〕 계안.
계안-초(鷄眼草)[명] 〈동〉 매듭풀.
계:알(契一)[명] 〈민속〉나 자빡계에서 쓰는 동그랗게 깎은 나무 쪽. 계원의 번호·이름을 씀.
계압(鷄鴨)[명] 〈동〉 비오리.
계:약(契約)[명] ①사람 사이의 약속. 약정(約定). agreement ②〈법률〉 일정한 사법상(私法上)의 효과의 발생을 목적한 두 사람 이상의 의사의 합치에 따라 성립하는 법률 행위. contract 하타
계:약-금(契約金)[명] →계약 보증금(契約保證金).
계:약 보:증금(契約保證金)[명] 〈법률〉 계약 이행의 담보로 당사자의 한편이 상대방에게 제공하는 보증금. 약조금. 〔약〕 계약금. contract deposit
계:약-서(契約書)[명] 〈법률〉 계약의 성립을 증명하여 그 조항을 기재한 서면. deed of contract
계:약-설(契約說)[명] 〈약〉→사회 계약설.
계:약 위반(契約違反)[명] 계약한 조항을 배반하고 지키지 않음. 하타
계:약의 궤(契約一櫃)[명] 〈동〉 결약(結約)의 궤.
계:약 이민(契約移民)[명] 정부나 회사가 외국의 정부 또는 고용주와 계약을 하고 모집하여 보내는 이민.
계:약 재:배(契約栽培)[명] 생산물을 일정한 조건으로 인수하는 계약을 맺고 행하는 농산물 재배.
계:엄(戒嚴)[명] ①경계를 엄중히 함. 또, 그런 경계. guarding against danger ②〈법률〉 국가에 큰 변이 있을 때에 공공의 안녕 질서 유지를 위하여 일정 지역을 병력으로 경계하며, 계엄 사령관이 행정·사법권을 맡아보는 일. enforcing martial law 하타
계:엄-령(戒嚴令)[명] 〈법률〉 국가 원수가 계엄 실시를 선포하는 명령. martial law

계:엄 사령관(戒嚴司令官)[명] 〈법률〉 계엄 지역내의 계엄에 관한 업무를 수행하는 사령관.
계:엄 지구(戒嚴地區)[명] 〈법률〉 계엄을 실시하는 지역
계역(鷄疫)[명] 닭의 전염병. disease of fowls
계:열(系列)[명] ①조직적인 순서. order ②같은 계통(系統)에 따른 배열. system 하타
계:영(繼泳)[명] 〈체육〉 릴레이식 수영 경기. swimming relay race 하타
계:영-배(戒盈杯)[명] 술이 어느 한도에 차면 새도록 구멍을 뚫어 과음을 삼가게 한 잔. 절주배(節酒杯)
계오/계요[부] 겨우.
계오-다[타] 〔고〕 이기지 못하다. 힘에 넘치다.
계:옥(桂玉)[명] 땔나무는 계수나무처럼 귀하고 쌀은 옥같이 값이 나간다는 말로, 식량(柴糧)이 아주 귀함을 이르는 말.
계:옥(繫獄)[명] 옥에 가두어 둠. imprisonment 하타
계:완(稽緩)[명] 〈동〉 지완(遲緩). 하타
계:-외가(繼外家)[명] 계모의 친정. stepmother's native home
계:우/계유[고] 겨우.
계우-다[타] 〔고〕 못 이기다. 지다.
계:원(係員)[명] 사무를 갈라맡은 한 계(係)에서 일보는 사람. ¶담당(擔當) ~. section man
계:원(契員)[명] 같은 계(契)에 든 사람. member of a mutual financing association
계:월(計月)[명] 달수를 계산함. 계삭(計朔). counting the months 하타
계월(桂月)[명] ①계수나무가 있는 달. moon ②음력 8월의 딴이름. August of the lunar year
계:위(繼位)[명] 왕위를 계승함. succession to the throne 하타
계유(癸酉)[명] 〈민속〉 육십 갑자의 10째.
계유[고] 겨우.
계육(鷄肉)[명] 닭의 고기 chicken-meat
계:율(戒律)[명] 〈불교〉 중이 지켜야 할 율법. 율법(律法)②. Buddhist precepts 〔장.
계:율-장(戒律藏)[명] 〈불교〉 삼장(三藏)의 하나인 율
계:율-종(戒律宗)[명] 〈불교〉 당(唐)나라 때 남산 도선(南山道宣)이 창설하여 계율장을 교리로 삼은 오교(五敎)의 하나. 남산종②.
계:음(戒飮)[명] 술을 삼감. 음주를 경계함. 계주(戒酒). temperance 하타
계:이름(階一)[명] 〈음악〉 음을 그 절대 고도(絶對高度)로 고려하지 아니하여 음계 중의 상대적인 위치 관계에서 규정한 이름. 양악의 '도레미파솔라시', 아악의 '궁상각치우'. 계명(階名).
계:인(契印)[명] 관련된 두 장의 지면에 걸쳐 찍는 '契'자를 새긴 도장. tally-impression 하타
계:일(計日)[명] 날수를 계산함. counting the days 하타
계:자(季子)[명] 막내 아들. youngest son
계:자(系子·孫子)[명] 〈동〉 양자(養子).
계:자(界磁)[명] 〈물리〉 발전기 또는 전동기에 있어서 강자장(强磁場)을 생성시키기 위하여 일정(一定)하게 자화(磁化)시킨 자석. 흔히 전자석(電磁石)을 씀. field magnet
계:=자(一字)(啓字)[명] 〈제도〉 임금의 재가를 받은 서류에 적던 '啓'자를 새긴 나무 도장. king's seal of approval
계:자(繼子)[명] ①〔동〕 양자(養子). ②〔동〕 의붓자식.
계자라(鷄子螺)[명] 〈동〉 달걀.
계:장(係長)[명] 한 계의 책임자. head of a section
계:장(契長)[명] 계의 사무를 맡아보는 책임자.
계:장(契狀)[명] 계약을 맺기 위해 적은 문서.
계:장[一짱](贓物)[명] 장물(贓物)의 수를 셈함. 하타
계:장(繼葬)[명] 조상의 묘지 아래에 자손을 잇대어 장사함. 하타
계:쟁(係爭)[명] 〈법률〉 소송에 있어, 어떤 목적물의 권리를 얻기 위하여 당사자 사이의 다툼질. dispute 하타
계:쟁 권리(係爭權利)[명] 〈법률〉 당사자간에 계쟁의 목적이 되는 권리.

계:쟁-물(係爭物) [명] 〈법률〉 계쟁의 목적이 되는 물건. property under dispute

계:저=주=면(鷄猪酒麵) [명] 〈한의〉 한방(漢方)에서, 풍병(風病)에 금하는 닭고기·돼지고기·술·메밀 국수의 네 음식물.

계:적(繼蹟) [명] 조상의 좋은 행실·업적을 본받아 이음.

계:전(契錢) [명] [동] 곗돈. ―하다

계전(階前) 층계의 앞. 뜰 앞.

계:전(繼傳) [명] 이어 전함. ―하다

계:전=기(繼電器) [명] 〈물리〉 어떤 회로의 전류가 단속(斷續)에 따라 회로를 여닫는 장치. relay

계:절(季節) [명] 1년을 춘·하·추·동의 넷으로 나눈 그 한 동안. 철. ¶철고 마비의 ~.

계절(階節) [명] 무덤 앞쪽의 평평하게 한 땅. 제절(除節).

계:절(繼絶) [명] 끊어진 것을 이음. ―하다

계:절 노동(季節勞動) [명] 계절에 따라 좌우되는 노동. 과수 재배·양잠 따위의 노동. seasonal labour

계:절=병(―病) [명] (季節病) 계절에 따라 유행하는 병.

계:절적 취:락[――的―](季節的聚落) [명] 어떤 절기에 한하여 사람이 모여 살게 되는 부락. seasonal village

계:절 존망(繼絶存亡) [명] 자손이 끊어져 양자를 해서 대를 이음. ―하다 「건.

계:절=품(季節品) [명] 어떤 계절에만 시장에 나오는 물

계:절=풍(季節風) [명] 〈지학〉 지구 위의 일정한 지역에 한하여 대륙과 해양의 온도 차이로, 트에는 해양에서 대륙으로, 겨울에는 대륙에서 해양으로 방향을 바꾸어 부는 바람. 계후풍(季候風). 몬순. monsoon

계:절풍 기후(季節風氣候) [명] 계절풍의 지배를 받는 지방의 기후. 「는 지역.

계:절풍=대(季節風帶) [명] 〈지리〉 계절풍의 지배를 받

계:절 회유어(季節回遊魚) [명] 〈어류〉 계절에 따라 수온에 변화가 일어날 때, 생활에 적당한 온도의 물을 좇아 이동하는 어류의 회유.

계:정(計定) [명] 〈경제〉 부기 원장에서 같은 종류나 동일 명칭의 자산·부채·손익 등의 증감을 산기·기록하기 위한 특수 형식. account ―하다

계:정 계:좌(計定計座) [명] 〈경제〉 부기에서 계정마다 금액의 증감(增減)을 차변과 대변으로 나누어 기록 계산하는 자리. 〔약〕 계좌(計座).

계:정 과목(計定科目) [명] 〈경제〉 여러 가지 계정을 유별(類別)한 과목. 각 계정의 이름.

계:=정혜(戒定慧) [명] 〈불교〉 불도에 들어가는 세 가지 요체. 선을 행하되, 몸과 마음을 안정하게 하며, 미혹을 깨뜨리는 일.

계제(計除) [명] 계감(計減). ―하다

계제(階梯) [명] ①일이 되어 가거나 벼슬이 차츰차츰 올라가는 순서. step ②일이 잘 되거나 좋은 일이 생길 기회. 1~가 딱 좋다. opportunity ③계단과 사다리. 「는 벼슬.

계세=직(階梯職) [명] 이력을 따라 계급이 차차 올라가

계:좌(癸坐) [명] 〈민속〉 묏자리나 집터의 계방(癸方)을

계:좌(計座) [명] 〔약〕→계정 계좌. 「등진 좌향.

계:좌 정향(癸坐丁向) [명] 〈민속〉 계방(癸方)에서 정방(丁方)으로 향하는 좌향.

계:주(戒酒) [명] [동] 계음(戒飮). ―하다

계:주(季主) [명] 〈민속〉 무당이 단골집의 주부(主婦)를 가리키는 말. 〔대〕 대주(大主).

계:주(契主·稧主) [명] 계의 책임을 맡아보는 사람. organizer of a mutual finance association

계:주(契酒) [명] 곗술.

계:주(啓奏) [명] 임금에게 아룀. 계품(啓稟). ―하다

계:주(繼走) [명] 〈운〉 계주 경기. 「―하다

계:주 경:기(繼走競技) [명] 〈운〉 릴레이 경기. 〔약〕 계주.

계:주 생면(契酒生面) [명] 남의 것으로 제 생색을 냄. ―하다

계:주(契中) [명] 계원 전체.

계:지(季指) [명] ①새끼손가락. ②새끼발가락.

계:지(繋止) [명] ①붙들어 매어 놓음. ②기구(氣球)를 지상에 매어 놓음. ―하다

계:지(繼志) [명] 앞 사람의 뜻을 이음. ―하다

계:집 [명] ①(속) 여자. female, woman ②여편네. 〔대〕 사내. (속) 계집년. one's wife

계:집-년 [명] (속) 계집②.

계:집-변(―女邊) [명] 한자 부수의 하나. '姬'나 '妹' 등의 글자에서 '女'의 이름.

계집 가진 놈의 참자는 호랑이도 안 먹는다(속) 처첩(妻妾)을 거느리고 살면 속썩는 일이 많다.

계집 때린 날 장모 온다(속) 일이 공교롭게도 잘안 되어서 낭패를 본다.

계:집-붙이[―부치] [명] (속) 각 계급의 여자들.

계:집-아이 [명] 시집가지 않은 어린 여자. 여아(女兒).

계:집-종 [명] 〔약〕→계집종. 〔약〕 계집년. wench

계:집애-종 어린 여자 종.

계집은 상을 들고 문지방을 넘으며 열두 가지 생각을 한다.(속) ①여자는 언제나 복잡한 딴생각을 한다. ②남편과 말할 기회이므로, 여러 가지 말할 것을 생각한다.

계:집의 곡한 마음 오뉴월에 서리 친다(속) 여자가 한 번 원한을 품으면 매섭고 독하다.

계:집의 매도 너무 맞으면 아프다(속) 좋은 사이라도 함부로 하면 올째한 법이나 가까운 사이에도 예의는 지켜야 한다.

계:집 자식(―子息) [명] (속) ①처자(妻子). ②딸자식.

계:집-종 [명] 여자 종. 비녀(婢女). 〔대〕 사내종.

계:집-질 [명] 남자가 아내 아닌 여자와 관계함. keeping a mistress ―하다

계차(階次) [명] 계급의 차례.

계:착(繫着) [명] 늘 마음에 걸림. ―하다

계책(戒責) [명] ①경고하여 꾸짖음. ②견책함. ③과오가 없도록 경계하여 각성시킴. ―하다

계:책(計策) [명] 꾀와 방책. stratagem, trick

계:처(繼妻) [명] 본처가 죽거나 이혼하고 다시 얻은 아내. 재취(再娶). 후처(後妻). second wife

계천(溪川) [명] 〔동〕 시내.

계:-첩(戒牒) [명] 〈불교〉 중이 계를 받았다는 증명서.

계:청(啓請) [명] 〈제도〉 임금에게 아뢰어 청함. ―하다

계:체(稽滯) [명] 일이 밀리어 늦어짐. 지체(遲滯). ―하다

계체=석(階砌石) [명] 무덤 앞 계절에 놓은 장대석. 〔준〕 체석(砌石).

계:-촌(計寸) [명] 일가의 촌수를 따짐. counting the degree of relationship ―하다

계:추(季秋) [명] ①음력 9월. September of the lunar calender ②늦가을. late autumn 「lunar year

계:추(桂秋) [명] ①음력 8월. ②가을. August of the

계:추리 경상 북도에서 나는 삼베. 겉껍질을 긁어 버리고 만든 실로 짠 것. 황저포(黃苧布).

계:축(癸丑) [명] 〈민속〉 육십 갑자의 50째.

계:축-자(癸丑字) [명] 〈인쇄〉 한국 고대 활자의 하나. 조선조 성종(成宗) 24년(1493)에 중국에서 들어온 자체를 모방하여 만들었음.

계:춘(季春) [명] ①음력 3월. March of the lunar calendar ②늦봄. late spring

계:출(屆出) [명] 신고(申告)함. reporting ―하다

계:취(繼娶) [명] 계처(繼妻). ―하다

계:측(計測) [명] 부피·무게·길이 따위를 헤아려 봄. 계량(計量). measurement ―하다

계층(階層) [명] ①층계. stair ②사회를 이루는 여러 층. class ③한 계급 안의 층. rank 「―하다

계:칙(戒飭) [명] 경계하여 타이름. admonish, warning

계:친(繼親) [명] 계부(繼父) 또는 계모. stepparents

계:칩(啓蟄) [명] 동면하던 벌레가 봄철을 맞아 움직이게 됨. awakening after hibernation

계:칩(繫蟄) [명] 자유를 구속 당하여 집에 들어앉아 있음. ―하다

계:-칼(戒―) [명] 〈불교〉 제 계(戒)를 가지면 번뇌(煩惱)가 자연히 끊어짐을 가리키는 말.

계타고 집 판다(속) 처음에 이(利)를 보았다가 나중에 도리어 손해를 입는다.

계:-타-다(契―) [동] 곗돈을 받다.

계:-탕(鷄湯) [명] 닭고기를 넣고 끓인 국. 닭국.

계:통(系統)[명] 어떤 사물 사이의 관계를 통일된 원칙 밑에 순서를 따라 벌인 것. 계맥(系脈). 계열(系列). ¶~적(的). system [throne
계:통(繼統)[명] 왕통(王統)을 이음. succeeding to the
계:통(繼痛)[명] 병을 연달아 앓음. 하다
계:통=나무(系統一)[명] 〈생물〉생물의 계통·발생 관계를 한 그루의 나무에 비유하여 나타낸 그림. 1886 년 도이칠란트의 헤켈(Haekel)이 처음으로 동물의 계통나무를 만든 데서 비롯함. 계통수(系統樹).
계:통=도(系統圖)[명] 계통 관계를 나타낸 도표.
계:통 발생[一생](系統發生)[명] 〈생물〉어떤 생물이 단순한 상태에서 복잡한 상태로 계통 있게 진화하는 과정. 하다
계:통=보(系統譜)[명] 계통을 밝혀 적은 책. genealogy
계:표(計票)[명] 표를 정리하여 수를 헤아림. counting votes 하다
계:표(界標)[명] 경계에 세우는 표지. landmark
계:품(啓稟)[명] 임금에게 아룀. 계주(啓奏). 계달(啓達). reporting to the throne
계:피(桂皮)[명]〈한의〉계수나무의 껍질. 향료·약재로 씀. ¶~ 가루. cassia bark
계:피-산(桂皮酸)[명]〈화학〉계피유를 산화시켜 만든 산. 〔인〕계산(桂酸). [성 기름.
계피-유(桂皮油)[명] 계피에 물을 붓고 증류하여 낸 휘발
계피-정(桂皮精)[명] 계피유와 알코올을 혼합한 액체. 진위제로 씀. [여름. late summer
계:하(季夏)[명]①음력 6월. June of lunar year ②늦
계:하(啓下)[명]〈제도〉임금의 재가(裁可)를 받음. obtaining royal sanction 하다
계하(階下)[명] 섬돌 아래. 〔대〕계상(階上). downstairs
계:하 공사(啓下公事)[명]〈제도〉임금의 재가(裁可)를 받은 공문서. official document sanctioned by the king [여하다.
계:-하다(契一)[자][여불] 계를 조직 운용하다. 계에 참
계:(界限)[명]①땅의 경계. ②〔동〕한계.
계:합(契合)[명]〔동〕부합(符合). 하다
계:해(癸亥)[명]〈민속〉육십 갑자의 60째.
계:행(戒行)[명]〈불교〉계율을 잘 지켜 닦는 행위. 하다
계:행(啓行)[명]①여행길을 출발함. departure ②앞서 인도함. guide 하다
계:행(繼行)[명]①계속해서 감. keep going ②계속해서 행함. keep going 하다
계혈-석[一석](鷄血石)[명] 주홍빛 무늬를 띤 석회암. 인재(印材)로 씀. 주작석(朱子石).
계:호(戒護)[명]①경계하여 지킴. guard ②교도소 안의 보안을 유지함. security in the prison 하다
계:=화상(戒和尙)[명]〈불교〉새로 들어온 사미승에게 계명(戒名)을 주는 수행을 많이 한 중.
계:회(契會)[명] 계의 모임. 하다
계:획(計畫·計劃)[명] 꾀를 내어 미리 일의 얽이를 세움. 또, 그 세운 꾀. plan 하다
계:획 경제(計畫經濟)[명]〈경제〉사회주의 사회에서, 모든 생산과 소비를 의식적·계획적·통일적으로 하기 위해 정부 자체에서 관리·감독하는 경제. 〔대〕자유 경제.
계:획-성(計畫性)[명] 미리 짠 계획에 좇아 일하는 성질.
계:획-안(計畫案)[명] 계획에 대한 구상. 계획을 적어 놓은 서류.
계:획 인구(計畫人口)[명] 대개 이삼십 년 후의 인구를 과거 자료를 기초로 추정한 한 도시의 인구.
계:획 자본(計畫資本)[명]〈경제〉기업가가 사업을 계획·실행하기 위해 미리 모아 놓은 자본. [ther
계:후(季候)[명] 계절과 천후(天候). season and wea-
계:후(繼後)[명] 계통을 잇는 양자. 계사(繼嗣). adopted heir 하다
계:-힘(戒一)[명]〈불교〉계율에 공을 들인 힘.
곕:시-다[꼽] 계시다. [낮.
곗:-날(契一)[명] 계원들이 정해 놓고 모여서 결산하는
곗:=도가(契都家)[명] 계 일을 처리하는 집.

곗:-돈(契一)[명]①계에 관계하여 주고받는 돈. ②계에서 소유하고 있는 돈. 계전(契錢). mutual financial association
곗:-술(契一)[명] 계 모임에서 먹는 술. 계주(契酒).
곗술에 낯내기[명] 남의 물건으로 자기가 생색을 냄. 계주 생면(契酒生面).
고¹[명] 옷고름·노끈 따위의 매듭이 풀리지 않게 한 가닥을 고리 모양으로 잡아맨 것. loop
고²[관] 이미 서로 아는 것을 말할 때 앞잡아 가리키는 말. ¶~녀석. ~까지. 〔린〕그. that
고³[조]①받침 없는 체언에 붙어 두 가지 이상의 사실을 잇달아 설명할 때 쓰는 연결형 서술격 조사. ¶이것은 소~ 저것은 말이다. ②두 가지 이상의 사물을 아울러 설명할 때 받침 없는 체언 밑에 쓰이는 접속격 조사. ¶김가~ 박가~ 난 모른다. ③종결 어미 '다·라·자' 아래에 붙어서 다른 말과 연락시키는 보조사. ¶가라~ 말하다. 좋다~ 생각하고 하자~ 약속하다.
=고어미①두 가지 이상의 동작·성질·사실 등을 대등하게 또는 대조적으로 잇달아 나타내는 연결 어미. ¶물을 마시~ 밥을 먹자. ②아래에 오는 동사의 뜻을 제한하되, 두 동작의 무게를 대등하게 쓰는 연결 어미. ¶문을 열~ 내다보자. ③동사 어간에 붙어 '있다' 위에서 동작의 진행, '나다' 위에서 동작의 종결, '싶다' 위에서 동작의 욕망을 각각 나타내는 연결 어미. ¶글을 쓰~ 있다. 밥을 먹~ 나다. 책을 읽~ 싶다. ④물음이나 한번 따위의 뜻을 나타내는 종결 어미. 주로 손아랫사람에게 쓰임. ¶거기에 누가 가~? [ceased father
고(考)[명] 죽은 아버지를 가리킴. ¶선(先)~. de-
고(股)[명]①〔약〕→고본(股本). ②〈수학〉직각 삼각형에서 직각을 낀 두 변. conjugate angle
고(孤)[명][대]①아버지를 여읜 자식. 〔대〕애(哀). orphan ②왕후(王侯)가 스스로 겸양하여 일컫는 말.
고(庫)[명] 곳집. store-house
고(高)[명] 높이. high
고(鼓)[명] 북.
고(膏)[명] 끓여서 고아 엉기게 한 즙. plaster
고(蠱)[명]〔약〕→고패(蠱卦).
고(故)[관]①옛날의. ancient ②이미 죽은. late
고=(古)[접두] 오래 됨을 나타냄. ¶~건물(建物). ~사본(寫本). ancient, old [(性能).
고=(高)[접두] 높은. 훌륭한. ¶~기압(氣壓). ~성능
=고(高)[접미] 어떤 일을 한 결과 얻어진 물질의 양이나 돈의 액수를 나타내는 접미사. ¶생산~. 판매~.
·고¹(高)[고] 코.
·고²(高)[고] 공이.
·고¹(古)[고]=인고. [〔동〕고가(故家).
고:가(古家)[명]①지은 지 오래 된 집. old house ②
고:가(古歌)[명] 옛 노래. songs of old times
고:가(古家)[명] 여러 대를 벌슬하여 잘 살아온 집안. 고가(古家)②. ¶~ 대족(大族). ~ 세족(世族). family of old standing
고가(高架)[명] 높이 건너지름. ¶~ 도로(道路). overhead structure [(價). high price
고가(高價)[명] 값이 비쌈. 비싼 값. 〔대〕염가(廉
고가(雇價)[명] 삯전. 품삯. wage
고가 삭도(高架索道)[명] 강철선을 공중에 매고, 거기에 운반 도구를 달아 사람·물품을 실어 나르는 시설. 공 삭도(空索道). 케이블 카(cable car).
고가 철도[一도](高架鐵道)[명] 땅 위에 높이 구름다리를 놓고 그 위에 가설한 고속 철도. elevated railroad [angle
고각(高角)[명] 앙각(仰角)의 큰. ¶~ 포(砲). high
고각(高閣)[명] 높다랗게 지은 집. lofty towered mansion
고각(鼓角)[명] 북과 나팔. drums and trumpets
고각 대:루(高大樓)[명] 높고 큰 집.
고각 함:성(鼓角喊聲)[명] 옛날 전쟁에서 돌격할 때 사기를 돋우기 위해 북을 치고 나팔을 불며 아우성을

치던 소리.
고간(股間)圓(동)살.
고간(固諫)圓 굳이 간함. 하다
고간(苦諫)圓 거슬리는 말로써 애써 간함. earnest remonstration 하다
고간(苦艱)圓 몹시 간난함. 하다
고간(苦懇)圓 매우 간절하게 청구함. entreaty 하다
고간[一간](庫間)圓 왼→곳간.
고:-독(古簡牘)圓 옛날 명현들의 편지를 모아 엮은 책. [物車.
고간차[一잔一](庫間車)圓〈속〉유개 화물차(有蓋貨
고갈(枯渴)圓 ①물이 마름. drying up ②돈·물건 등이 매우 귀해짐. ¶~ 상태. exhaustion 하다
고:-갑자(古甲子)圓〈민속〉예적 간지(干支)의 이름. 곧, 갑:알봉(甲:閼逢)·을:전몽(乙:旃蒙)·병:유조(丙:柔兆)·정:강어(丁:強圉)·무:저옹(戊:著雍)·기:도유(己:屠維)·경:상장(庚:上章)·신:중광(辛:重光)·임:현익(壬:玄黓)·계:소양(癸:昭陽), 자:곤돈(子:困敦)·축:적분약(丑:赤奮若)·인:섭제격(寅:攝提格)·묘:단알(卯:單閼)·진:집서(辰:執徐)·사:대황락(巳:大荒落)·오:돈장(午:敦牂)·미:협흡(未:協洽)·신:군탄(申:涒灘)·유:작악(酉:酌爾)·술:엄무(戌:閹茂)·해:대연헌(亥:大淵獻).
고개¹圓 목의 뒤쪽. ¶~를 젓다. ~를 끄덕이다. nape
고개²圓 산·언덕을 넘어 다니게 된 가파막진 곳. ¶~ 너머. ridge [사람에게 하는 말.
고개를 영남으로 두어라 임이 험하여 욱설이 심한
고개-턱圓 고개의 마루터기. top of a pass [road
고개-티圓 고개를 넘는 가파른 길. slope, ascending
고객(孤客)圓 외로운 나그네. solitary traveller
고객(苦客)圓 귀찮은 손. troublesome visitor
고객(顧客)圓 단골 손님. customer
고갯-길圓 고개를 넘는 길. slope
고갯-놀이圓 농악에서 벙거지에 달린 상모를 돌리는 연기의 하나.
고갯-마루圓 산·언덕의 등성이가 되는 꼭대기. ridge
고갯-심圓 고개의 힘. [head 하다
고갯-짓圓 고개를 움직이는 짓. nod, shaking one's
고갱이圓 ①〈식물〉초목의 속심. 알심. 목수(木髓). pith ②일이나 물건의 가장 중요한 부분. 골자. 핵.
고:-거(古대/고대)〈약〉→고것. [심. heart
고거(考據)圓 상고하여 증거로 삼음. referring to 하다
고거(苦莒)圓〈동〉씀바귀.
고거리圓 소의 앞다리에 붙은 살.
고건(孤그것은.
고:-건물(古建物)圓 ①옛날 건물. ②오래 되어 남은
고:-결〈약〉고결을. [건물. ancient building
고결-로〈약〉고결로.
고검(高檢)圓〈약〉고등 검찰청.
고-깃☞圓 ①듣는 사람 편의 가까이에 있는 사물을 가리킴. that, it ②이미 정해서 서로 아는 사물을 가리킴. that ③바로 앞에서 말한 사물을 가리킴. that (one)〈인대〉그 사람이란 뜻으로 얕잡거나, 낮잡아, 귀엽게 이르는 말.〈약〉고거. 〈른〉그것. that fellow
고:-게〈약〉고것을.
고:격(古格)圓 옛 격식.
고견(高見)圓 ①훌륭한 의견. excellent opinion ②〈공〉남의 의견. ¶~을 듣고 싶소. your opinion
고견(顧見)圓 ①돌아봄. looking back ②돌보아 줌. 고호(顧護). take care of 하다
고결(固結)圓 뭉치어 굳어짐. 하다
고결(高潔)圓 성품이 고상하고 깨끗함.〈대〉비열(卑劣). noble-mindedness 하다 [書).
고:경(古經)圓 ①옛 경전. ②〈동〉구약 성서(舊約聖
고경(告更)圓〈제도〉누수기(漏水器)를 보고 밤중에 대궐 안에 시각을 알림. 하다
고경(苦境)圓 괴로운 처지.〈대〉낙경(樂境). 낙지(樂地). adversities [mortals
고계(苦界)圓〈불교〉괴로운 인간 세계. world of
고고(考古)圓 유물(遺物)·유적(遺蹟)에 의하여 옛일을 연구함. study of antiquities 하다
고고(呱呱)圓 아이가 태어나면서 우는 소리. ¶~소리. cry of a baby at its birth
고고(孤高)圓 혼자만 세속을 떠나 고상함. proud isolation 하다
고고(苦苦)圓〈불교〉괴고(壞苦)·행고(行苦)와 함께 삼고(三苦)의 하나. 고(苦)의 인연으로 받는 고통.
고고(枯槁)圓 ①초목이 말라 죽음. ②파리하여짐. ③영락(零落)함. ¶수의(守義) ~. 하다
고:-고(gogo)圓 로큰롤에 맞춰 몸을 격렬하게 흔드는 야성적인 춤. 또, 그 음악. ¶~ 댄스.
고고리〈제도〉과거에 급제한 사람이 홍패를 받을
고고·리(鼓꼭지. [때 쓰던 관. 복두(幞頭).
고고지-성(呱呱之聲)圓 고고의 소리.
고고·학(考古學)圓 유물·유적에 의하여 고대 인류의 생활을 대상으로 연구하는 학문.〈약〉고현
고:-곡(古曲)圓 옛 가곡. [(考現學). archaeology
고곡(澗谷)圓 평소에는 물이 없다가 비가 많이 내릴 때만 물이 흐르는 골짜기.
고골(枯骨)圓 살이 썩어 없어진 뼈. skeleton
고·곰(고)圓 고금. 학질(瘧疾). [tude
고공(高空)圓 높은 공중. (대) 저공(低空). high alti-
고공(雇工)圓①(동)머슴. ②(동)품팔이. ③고용하는 직공. worker
고공-병(高空病)圓〈의학〉고공에서의 기상의 변화, 산소의 결핍 등으로 생기는 병증. 고도병.
고공 비행(高空飛行)圓 15,000～20,000 m 이상의 비행. (대) 저공 비행. high altitude flying 하다
고:-공사(考功司)圓〈제도〉이조(吏曹) 분장(分掌)의 하나로 문관의 공과(功過)나 근만(勤慢) 등에 관한 일을 맡아봄. [ee's life 하다
고공-살이(雇工一)圓 머슴살이. 품팔이 생활. employ-
고공 심리(高空心理)圓 고공 비행할 때 일어나는 특수한 심리 상태.
고공-품(藁工品)圓 짚·풀줄기 등으로 만든 수공품.
고:과(考課)圓〈공〉공무원·회사원·학생의 성적을 상세히 따져 우열을 정함. evaluation of services ②고시(考試). 하다 [신고함. 하다
고:과(告課)圓〈제도〉하례(下隷)가 상사(上司)에게
고과(孤寡)圓①고아와 과부. orphan and widow ②왕후(王侯)의 겸칭.
고과(苦果)圓〈불교〉고뇌(苦惱)를 받는 과보(果報). 악업(惡業)의 과보로서 받는 고뇌.
고:-과(考科)圓〈제도〉강경과(講經科)와 무과(武科)를 맡아보며 시관(試官)으로 임시직임.
고:관(告官)圓〈제도〉관아에 아룀. 하다
고관(苦觀)圓〈불교〉세상을 괴로운 것으로 봄. ②염세적인 가짐. pessimistic view of life 하다
고관(高官)圓 지위가 높은 관리. (대) 미관(微官). high official [릴. high office
고관 대:작(高官大爵)圓 높고 귀한 벼슬. 또, 그 사
고-관절(股關節·胯關節)圓(동) 비구 관절(髀臼關節).
고광-나무(식물) 범의귓과의 낙엽 관목. 높이 3～4 m, 4～5월에 흰 꽃이 핌. 관상용 및 땔나무로 쓰고 어린 잎은 식용됨. [(蠱).
고-괘(蠱卦)圓〈민속〉육십사괘(卦)의 하나. ¶~고
고:-괴(古怪)圓 예스럽고 괴상함. antique and strange 하다
고광(股肱)圓①다리와 팔. limbs ②〈약〉→고굉지신(股
고굉지-신(股肱之臣)圓 임금이 가장 믿고 중하게 여기는 신하. 고굉의 신(臣). trusted retainer
고:교(古敎)圓〈기독〉예수가 나기 전에 천주를 숭배하던 종교. 모세교. 구교(舊敎)①.
고:교(故交)圓 고구(故舊).
고교(高校)圓〈약〉→고등 학교.
고교(高敎)圓①남의 가르침. your teaching
고:교 시대(古敎時代)圓〈기독〉고교를 믿던 시대.
고:교회-파(高敎會派)圓〈기독〉전통과 의식을 엄격하

고구 게 존중하는 영국 기독 교회의 귀족적 보수적인 파. 《데》 저교회파(低敎會派). High church

고:구(考究)[명] 자세하게 살펴 연구함. research 하다

고:구(故舊)[명] 오래 사귀는 친구. 고교(故交). old acquaintance

고구려(高句麗)[명] 〈역사〉 우리 나라 삼국 시대의 한 나라. B. C. 37~A. D. 668.

고구려 오:부(高句麗五部)[명] 〈역사〉 고구려에 있던 다섯 부족. 계루부(桂婁部)·순노부(順奴部)·소노부(消奴部)·관노부(灌奴部)·절노부(絕奴部). 고구려

고구려 오:족(高句麗五族)[명] 《동》 고구려 오부. [오족.

고구마〈식물〉메꽃과의 다년생 풀. 중미(中美)원 산. 줄기는 길게 땅위로 뻗어 나가며, 땅 속에 뭐 육근(多肉根)이 열림. 뿌리는 녹말이 많아서 먹거나 공업용으로 씀. 감저(甘藷). 《속》 단감자. sweet potato

고:국(古國)[명] 역사가 오래된 나라.

고:국(故國)[명] ①조상이 살던 고향인 나라. 본국(本國). native land ②역사가 오랜 옛나라. ancient country

고:국 산천(故國山川)[명] 고국의 산과 내. 고국의 정경. mountains and rivers of one's home land

고:군(故君)[명] ①돌아간 임금. dead king ②돌아간 남편. dead husband

고군(孤軍)[명] 후원이 없어 고립된 군사. isolated force

고군(雇軍)[명] ①삯군. hired hands ②임시로 고용한 군병. 용병(傭兵).

고군 분:투(孤軍奮鬪)[명] ①외로운 군병으로 힘에 겨운 적과 싸움. ②홀로 남의 도움도 없이 힘겨운 일을 함. 하다

고:궁(古宮·故宮)[명] 옛 궁궐. old palace [하다

고궁(固窮)[명] 곤궁한 것을 달게 여기고 잘 겪어 냄.

고궁(孤窮)[명] 외롭고 궁함. wretched and helpless 하다 [즐김. 하다

고궁 독서(固窮讀書)[명] 곤궁함을 달게 여기고 학문을

고:귀(告歸)[명] 작별하고 돌아감. farewell 하다

고귀(高貴)[명] ①지위가 높고 귀함. 《데》 비천(卑賤). nobility ②값이 비쌈. valuableness 하다

고:규(古規)[명] 옛적의 규칙.

고규(孤閨)[명] 여자, 특히 과부가 홀로 자는 방. 고독한 잠자리. sleeping by oneself

고극(苦劇)[명] 몹시 심함. 지독함. severity 하다

고극(高極)[명] 기온이나 그 밖의 기온 요소가 장기간 중에 나타난 최고치(最高値).

고근(孤根)[명] 〈한의〉 줄의 뿌리. 위장병이나 불에 덴 데 약으로 씀. [은 사람의 비유. 하다

고근 약식[ー냑ー](孤根弱植) 친척이나 후원자가 적

고금[명] 《속》 학질(瘧疾). malaria

고:금(古今) 옛적과 지금. ¶ ~에 유례가 없다. ancient and modern times [bed

고금(孤衾)[명] 홀로 자는 이불. 외로운 잠자리. solitary

고금(雇金)[명] 《동》 삯돈.

고:금 독보(古今獨步)[명] 고금을 통하여 홀로 뛰어남. unique for all time

고:금 동서(古今東西)[명] 옛날과 지금, 동양과 서양. 곧, 때와 지역을 통틀어 일컫는 말. ¶ ~을 통한 대작(大作). all ages and countries

고:금 동연(古今同然)[명] 예나 이제나 한결같이 변함이 없음. 하다

고금리(高金利)[명] 높은 금리. 고리(高利).

고:금 부동(古今不同)[명] 사물이 달라져서 예와 지금이 같지 않음. 하다 [상.

고:금 천지(古今天地)[명] 옛날부터 지금까지의 세

고:급(告急)[명] 급함을 알림. alarm 하다

고급(高級)[명] 높은 등급이나 계급. ¶ ~ 공무원. 《데》 저급(低級). high class

고급(高給)[명] 높은 급료나 봉급. high salary

고급 개:념(高級槪念)[명] 〈논리〉 다른 개념 보다 크고 넓은 외연(外延)을 가진 개념. 생물은 식물에 대하여 고급 개념임. 상위(上位) 개념. superordinate concept [깊은 괴로움의 상징.

고급 상징(高級象徵)[명] 〈문학〉 작가의 높은 사상이나

고급 장:교(高級將校)[명] 영관급(領官級) 이상의 장교. high-ranking officer

고기 ①〈약〉→물고기. fish ②온갖 동물의 살. meat

고기[지네 그 곳. that place 에 그 곳에. ¶ ~에서 그다. 《데》 거기. there [strangeness 하다

고:기(古奇)[명] 에스럽고 기이함. antiquity and

고:기(古記)[명] 옛적 기록. old records

고:기(古氣)[명] 에스럽고 아담한 멋·운치. antique look

고:기(古基)[명] 옛터. old sites

고:기(古器)[명] 옛 그릇. antique

고:기(故基)[명] 자기가 살던 터. one's old site

고기(顧忌)[명] 뒷일을 걱정하고 꺼림. 하다

고기 값이나 하지[명] 개죽음을 하지 말라.

고기=깃[명] 물고기를 모아 들이기 위해 물 속에 넣어 두는 나뭇가지나 풀포기. plants used as fish-lures

고기는 씹어야 맛이요 말은 해야 맛이라[명] 할 말은 속 시원히 다 해 버려야 좋다.

고기는 안 잡히고 송사리만 잡힌다[명] 목적하는 것은 놓치고 쓸데없는 것만 얻게 된다.

고기-다[명] 비비어 고김살이 생기게 하다. 《런》 구기다. 《센》 꼬기다. crumple

고기도 먹어 본 사람이 많이 먹는다[명] 무슨 일이든 늘 하던 사람이 더 잘한다.

고기도 씹어야 맛을 안다[명] 무슨 일이나 실제로 해 보아야 알 수 있다.

고기도 저 놀던 물이 좋다[명] 낯익은 곳이 더 좋다.

고기맛 본 중[명] 금지된 쾌락을 뒤늦게 맛보고 재미를 붙인 사람을 비유.

고기=받이[ーパ지](一ーパ지)[명] 개인 장사꾼들이 고깃배에서 부리는 물고기를 도매로 받는 일. 하다

고기=밥(一밥)[명] ①《동》 미끼. ②물고기의 먹이. bait

고기 보고 기뻐하지 말고 가서 그물을 떠라[명] 먼저 준비를 하라. [고기. meat

고기=붙이[一부치](一ー)[명] 먹을 수 있는 여러 가지 동물의

고기 서리목[명] 쇠고기 조각을 꼬챙이에 꿰고 양념을 발라 가며 구운 반찬. grilled beef

고기=소(一一)[명] 다진 고기에 두부·파 기타의 양념을 다져 넣고 만든 소.

고-기압(高氣壓)[명] 〈지학〉중심에 이를수록 기압이 높은 기상학의 하나. 《데》 저기압(低氣壓). high atmospheric pressure

고기작-거리-다[명] 고김살이 지게 자꾸 고기다. ¶ 종이를 ~. 《센》 꼬기작거리다. crumple 고기작-고기작[부] 하다

고기=잡이(一一)[명] ①물고기를 잡음. 또, 그 일. 어로(漁撈). 어렵(漁獵). fishing ②물고기 잡는 일을 업으로 하는 사람. 어부. fisherman 하다

고기잡이=배(一一)[명] 《동》 어선(漁船).

고기 한 점이 귀신 천 마리를 쫓는다[명] 몸이 쇠약했을 때는 고기를 먹고 몸을 돌보는 것이 제일이다.

고김=살[一쌀](ー)[명] 고기어 생기는 금. 《런》 구김살. 《센》 꼬김살. crease

고깃=간[명] 고기를 파는 가게. 정육점.

고깃-거리-다[명] 고김살이 나게 비루 마구 고기다. 《런》 구깃거리다. 《센》 꼬깃거리다. crumple 고깃=고깃[부] 하다

고깃-관(一館)[명] →고깃간.

고깃=국(一)[명] 고기를 넣고 끓인 국.

고깃=덩어리(一)[명] ①덩어리로 된 짐승의 고기. meat ②살이 쪄서 뚱뚱한 사람의 비유. ③가난하여 옷이 없는 사람. ④《속》 사람의 육체. ⑤《동》 고깃덩이. 육괴(肉塊)②.

고깃=덩이(一)[명] 〈약〉→고깃덩어리.

고깃=점(一一點)[명] 작은 고깃조각.

고까[명] 《동》 꼬까.

고까=신(一)[명] 《동》 꼬까신.

고까=옷(一)[명] 《동》 꼬까옷.

고=까지로[부] 겨우 고 정도로. 《런》 그까지로. barely

고=까짓관 겨우 고 정도의. (큰) 그까짓. so trifling
고깔명 중이 쓰는 모자의 하나. ¶~ 모자. priest's cowl
고깔 뒤의 군 헝겊명 불필요한 것이 늘 붙어 다녀 귀
고깝-다[ㅂ변] 야속한 느낌이 있다. 곡하다(曲ㅡ)②. ¶고깝게 여기다.
고꾸라-뜨리-다타 고꾸라지게 하다. (센) 꼬꾸라트리다
고꾸라-지-다자 ①고부라져 쓰러지다. fall ②죽다. (센) 꼬꾸라지다. die
=고나어미 (고)=구나.
고난(苦難)명 피로움과 어려움. 고초(苦楚). 형극(荊棘). ¶~을 겪다. distress 스형 스레하다
고내기명 자배기보다 운두가 높고 넓은 오지 그릇. earthen pot
고냥튀 ①고 모양 그대로. ②고대로 계속. (큰) 그냥.
고너리〈어류〉 멸치과의 바닷물고기. 길이 20 cm, 정어리 비슷하나 주둥이가 둥글고 붉다. 기름이 많아 맛이 좋다.
고녀(高女)명 (약)→고등 여학교.
고녀(雇女)명 고용살이하는 여자. maid
고녀(鼓女)명 생식기가 완전하지 못한 여자.
고녀(鼓女)명 어지자지. 남녀추니.
고녀(瞽女)명 여자 소경. 장님인 여자. blind woman
=고년어미 ㄸ (교) '다나'·'구나' 따위의 뜻으로 쓰이는 감탄 어미.
고년(高年)명 고령(高齡).
고념(顧念)명 돌보살펴 줌. 뒷일을 염려함. care ¶남의 허물을 덮음. 고시(顧視)②. (원) 고렴. connivance 하타
고논(水畓)명 수근(水根)이 좋은 진흙 논. rice field with a good source of water
고농(高農)명 ①〈역사〉고려 때 있던 윷놀이의 하나. ②(약) 고등 농림 학교. 고등 농업 학교. agricultural high school
고농(雇農)명 고용살이하는 농민.
고뇌(苦惱)명 괴로이 고민(苦悶). 하타
고누명 발발을 그려 놓고 많이 따가나 말길을 막는 것을 다투는 유희의 하나. ¶~판(板). Korean backgammon
=고는어미 '고'의 힘줌말. (약)=곤.
고니〈조류〉 오리과의 보호조. 해반·연못에 떼지어 사는데, 날개는 50~55 cm, 온몸이 희색, 부리는 검음. 백조(白鳥). 황곡(黃鵠). swan
고ː-다타 ①진액만 나도록 푹 삶다. ②단단한 것을 물그러지도록 푹 삶다. boil hard ③소주를 내리다.
고다리명 지겟다리 위에 내뻗친 가지.
고ː-다지튀 고려하도록. 고러하도록. ¶~ 하고 싶으냐. (큰) 그다지. to that extent
고단(孤單)명 번성하지 못하여 외로움. 고혈(孤孑). solitude 하형
고단-하-다[여불] 몸이 고달프다. 피곤하다. tired
고달¹명 ①접잠을 빼고 거만을 떠는 것. ¶돈깨나 있답시고 ~만 떤다. arrogance ②말 못하는 어린애가 몸부림치며 성을 내는 짓. fury
고달²명 ①칼·송곳 등의 자루에 박힌 부분. ②대통으로 된 물건의 부리. ferrule
고-달이명 들거나 걸기 좋도록 고리를 만들어 물건에 달아 놓은 장치. loop
고달프-다[으불] 매우 지쳐서 나른하다. be tired out
고ː담(古談)명 옛 이야기. old tale
고담(枯淡)명 ①청렴 결백하여 욕심이 없음. purity ②서화·문장·인물 등이 속되지 않고 아취(雅趣)가 있음. elegance 하형
고담(高談)명 ①거리낌 없이 큰 소리로 말함. speaking aloud ②남이 하는 말. your discourse 하타
고담 방ː언(高談放言)명 거리끼지 않고 소리를 높여 말함. 하타
고담 준ː론(高談峻論)명 ①고상하고 준엄한 말함. ②스스로 잘난 체 과장해서 하는 말. 하타
고담(高踏)명 지위나 명리(名利)를 떠나 속세에 초연함. transcending the mundane world 하타

고답적(高踏的)명 ①속세에 초연히 처신하는 (것). ②형식을 귀하여 귀족적인 사상을 존중하는(것). transcending
고답주의(高踏主義)명 세상의 범속(凡俗)과 접촉을 피하려는 주의.
고답파(高踏派)명〈문학〉 19세기 후반 프랑스 시단(詩壇)에 일어난 예술 지상주의파. Parnassian school
고ː당(古堂)명 낡은 당집.
고당(高堂)명 ①높은 집. lofty house ②(공) 남의 부모. parents ③(공) 남의 집. your house
고당 명기(唐度名妓)명 이름난 기생.
고대의(역)=고것고대.
고대튀 이제 막. ¶~ 왔다. just now
고ː대(古代)명 ①옛날. 옛적. 고세(古世). ¶~ 생물. ②(역사) 역사상의 시대 구분의 하나로 가장 오래된 시대. 역사에서는 신라의 멸망 이전을 가리킨다. ¶~사(史). (대) 현대.
고대(苦待)명 몹시 기다림. ¶학수 ~. waiting eagerly for 하타
고대(高臺)명 ①높은 지대. ②높이 쌓은 대. lofty stand
고대(苦待苦待)명 몹시 기다리는 모양.
고대 광ː실(高臺廣室)명 규모가 굉장히 크고 좋은 집. grand house
고ː대로튀 변함없이 고 모양으로. ¶꼼짝 말고 있거라. (큰) 그대로. as it is
고ː대 사ː회(古代社會)명 원시 사회와 봉건 사회와의 중간 단계에 있는 사회.
고ː대 소ː설(古代小說)명 옛날 사람이 쓴 소설. 우리 나라에서는 갑오개혁 이전까지의 소설. ancient novel
고ː대 철학(古代哲學)명〈철학〉 서양 철학에서, 기원 전 600년으로부터 기원 529년 사이의 약 1,000년 간의 철학을 가리킴. ancient philosophy
고ː덕(古德)명〈불교〉 덕행이 높은 옛 중.
고덕(高德)명 덕이 높음. lofty virtue 하타
고데(←こて 일)명 머리를 지지는 데 쓰는 가위 모양의 연모. 또, 그것으로 머리를 지지는 짓. iron curling 하타
고도(←こて 일)명 '흰 겹저고리'의 궁중말.
고ː도(古都)명 옛 도읍. former capital, ancient city
고ː도(古道)명 ①옛날에 다니던 길. old way ②옛날의 도의(道義). old moral
고도(孤島)명 외딴 섬. ¶절해의 ~. solitary island
고도(高度)명 ①높이. 높은 정도. altitude ②정도가 높음. ¶~의 훈련. ③〈지학〉 지평에서 천체까지의 높이.
고도(高跳)명 높이 뜀. 하타
고도(高跳)명 (각거리(角距離).
고도(高踏)명 먼 곳으로 감. making a tour of a distant place 은둔(隱遁)함. retirement 하타
고도-계(高度計)명 높낮이를 측정하는 기계.
고도리명 고등어의 새끼. young mackerel
고도리²〈세도〉 포도청에서 자리개비를 맡아 하던 사람.
고도-병(高度病)명 고공병(高空病).
고도 성장(高度成長)명 발전 속도·규모가 높은 정도로 성장함. 하타
고도 자ː본주의(高度資本主義)명〈경제〉 개개의 자본을 합동함으로써 생기는 자본의 새로운 조직 형태. advanced capitalism
고도화(高度化)명 속력·능력·정도 등이 높아짐. 또, 높임. acceleration 하타
고독(孤獨)명 ①외로움. solitude ②어려서 부모를 여원 아이와 자식 없는 늙은이. forlorn person ③짝없는 홀음. solitary 하형 히튀
고독(苦毒)명 고통스러움. 쓰라림. 신독(辛毒). bitterness 하형 스레하다
고독(蠱毒)명 뱀·지네·두꺼비 따위의 독기. venom
고독-경(孤獨境)명 외로운 경지.
고독 단신(孤獨單身)명 도와 주는 이 없는 외로운 몸. 고종(孤蹤). loneliness
고독 지옥(孤獨地獄)명 너무도 고독하여 지옥처럼 느껴지는 심경.
고동명 ①일의 제일 중요한 고비. vital point ②기계를 움직여 활동시키는 장치. ¶~을 틀다. handle

③기적(汽笛) 등의 소리. steam whistle ④물레 가락에 끼워 고정시킨 두 개의 고리. stopcock
고:동(古銅)圏 낡은 구리쇠. old copper ④옛 동전.
고동(鼓動)圏 ①믿음을 부추김. 고무(鼓舞). ②〈생리〉피의 순환으로 심장이 띔. ¶심장의 ~ 소리. palpitation 하다团
고:동기(古銅器)圏 구리쇠로 만든 옛날 그릇.
고:동맥(股動脈)圏 〈의학〉대퇴(大腿) 안쪽에 있는 동맥. femoral artery
고:동색(古銅色)圏 ①검누른 빛. dark yellow ②적갈색. reddish brown
고되-다团 하는 일이 힘에 넘쳐 피곤하다. hard
고두(叩頭)圏 공경하여 머리를 조아림. 고수(叩首). kotow 하다团
고두리圏 ①물건 끝의 뭉뚝한 곳. blunt tip ②〈약〉→고두리살. ③고두리살을 갖춘 봄.
고두리=뼈圏 넓적다리뼈의 머리빼기. hipbone
고두리=살圏 작은 새를 잡는 데 쓰는 화살. 〈약〉고두리②. blunt-headed arrow ¶있음을 이르는 말.
고두리에 놀란 새圏 어찌할 바를 모르고 겁에 질려
고두=머리圏 도리가 머리에 도리가 아들을 끼우는 비 같은 나무. pivot pin of a flail
고두-밥圏 ①〈동〉지에밥. ②몹시 된 밥. hard-boiled rice
고두 사:죄(叩頭謝罪)圏 머리를 조아리며 죄를 빎. 하다团
고두-쇠圏 ①작도 머리에 꽂는 끝이 굽은 쇠. ②두 쪽으로 된 경첩 따위를 맞추어 끼우는 쇠. hinges ③명이 질라고 어린 아이 주머니끈에 다는 은으로 만든 표.
고두-저고리圏 여자가 제사지낼 때 입는 저고리. 회장 저고리와 같늬 회장을 달지 않음.
고둥圏 〈조개〉①소라·우렁이 등 복족류(腹足類)의 총칭. ②고둥과의 연체 동물. 몸은 뭉치 모양이며 길고 강한 가시가 섞 있음. 남해안의 모래땅에서 서식하는데 쓸 수 있음. gastropods
고드래圏 〈약〉→고드랫돌.
고드래-뽕圏 ①일이 끝났을 때에 쓰는 말. ¶오래 끌던 일이 이제야 ~이다. finish ②술래를 정할 때 세는 맨 끝말. ¶하날베, 두알베, 사마즈, 날베, 육낭거지, 팔베, 장군, ~.
고드랫-돌圏 발이나 자리 등을 엮을 때에 날을 감아 매는 돌. 〈약〉고드래. warp weights
고드러-지-다团 마르거나 굳어져서 빳빳하게 되다. 〈큰〉구드러지다. 〈센〉꼬드러지다. dry up
고드름圏 낙숫물이 땅에 떨어지다 사이가 얼이 길게 언 얼음. 빙주(氷柱). icicle
고드름-똥圏 ①고드름같이 뾰족하게 눈똥. ②방이 매우 추움의 비유. ¶방이 ~ 싸게 춥다. extremely
고드름 초장 같다冠 겉으로 보기에는 그럴 듯하나 실속은 없다.
고든-쌤圏 〈광산〉곧게 내리지른 광맥. 〈영〉샘. shaft
고들개圏 ①안장의 가슴걸이에 다는 방울. cowbell ②채찍의 열 끝에 굵은 매듭이나 추같이 달린 물건. loaded lash of a whip ③말굴레의 턱밑으로 돌아가는 방울이 달린 가죽. throatlatch
고들개圏 소의 처념에 너덜너덜하게 붙은 고기. honeycomb ¶honeycomb
고들개 머리圏 처념에 고들개가 붙은 두툼한 부분.
고들개 채찍圏 고들개를 단 채찍.
고들개 철편(—鐵鞭)圏 〈제도〉포교가 쓰던 자루와 고들개가 모두 쇠로 된 철편.
고들-뺑이圏 밥이 물기가 적어 오돌오돌하게 된 모양. 〈큰〉구들구들. 〈센〉꼬들꼬들. hard-boiled 하다团
고들-빼기圏 〈식물〉꽃상추과에 속하는 일년생 풀. 높이 약 60cm로 줄기는 자적색을 띠고, 잎은 긴 타원형임. 어린 잎은 식용함. 고채(苦菜)团.
고들-싸리圏 〈식물〉싸리의 한 종류. 마디가 많고 잎

이 짧. 껍질은 엷은 갈색인데, 단단하고 결이 비비 틀리어 무척 질김. bush clover
고등(孤燈)圏 외따로 있는 등불. solitary light
고등(高等)圏 ①등급이 높음. ②정도가 높음. ③품위가 높음. high grade 하다团
고등(高騰)圏 물건 값이 뛰어오름. rise in prices 하다团
고등 감:각(高等感覺)圏 〈심리〉시각과 청각을 일컬음. 고등 감각. higher sensation
고등 감:각(高等感覺)圏 〈동〉고등 감각.
고등 감:정(高等感情)圏 〈동〉정조(情操).
고등 검:찰청(高等檢察廳)圏 〈법률〉고등 법원에 대응하여 설치한 검찰청. 〈약〉고검(高檢). higher public prosecutor's office
고등 고시(高等考試)圏 행정 고급 공무원·외교관 및 사법관 시보(試補)의 임용 자격에 관한 고시. 1963년 폐지됨. 현재는 사법 시험, 행정·외무·기술 고등 고시로 구분하여 실시. 〈약〉고시(高試). higher civil service examination
고등-관(高等官)圏 일제 때의 관리의 등급의 하나. 9등으로 나누고, 3등을 칙임관(勅任官), 3~9등까지를 주임관(奏任官)이라 함. er education
고등 교:육(高等教育)圏 초급 대학 이상의 교육. high-
고등 군법 회:의[—뻡—](高等軍法會議)圏 각 군 본부에 두는 군법 회의의 하나. 중법 또는 지위가 높은 군인의 범죄 사실을 심의하는 기관. general court-martial
고등 기:술 학교(高等技術學校)圏 국민 생활에 직접 필요한 지식·기술을 연마하는 학교.
고등 동:물(高等動物)圏 〈동물〉복잡한 조직·뼈대·내장 기관을 갖춘 동물. 〈대〉하등 동물(下等動物).
higher animal ¶락. educated loafer
고등 룸펜(高等 Lumpen 도)圏 지식층의 실직한 사
고등 무:관(高等武官)圏 육·해·공군의 영관급 이상의 무관. higher officer
고등 법원(高等法院)圏 〈법률〉지방 법원의 위, 대법원의 아래인 중급 재판소. 지방 법원의 재판에 대한 항소·항고에 대하여 재판함. 〈약〉고법(高法). high court of justice
고등 비행(高等飛行)圏 특수한 비행 기술로서 하는 비행. 급상승(急上昇)·급강하(急降下)·경사 선회(傾斜旋回) 비행 따위. stunt flying
고등 빈민(高等貧民)圏 적은 수입으로 생활하는 지식 계급.
고등 수:학(高等數學)圏 〈수학〉고등 대수학·미적분·함수론·해석 기하학·추상 대수학 등의 총칭.
고등 식물(高等植物)圏 〈식물〉뿌리·잎·줄기를 갖추어 꽃이 피고 열매를 맺는 고등한 식물. 〈대〉하등 식물. higher plant
고등-어(魚類)圏 고등어과의 바닷물고기. 몸 길이 40~50cm, 몸은 방추형으로 등 쪽은 녹색, 배 쪽은 은백색을 띰. 한국의 중요 식용 어종임. mackerel
고등 여학교[—녀—](高等女學校)圏 중등 교육을 가르치던 4~5년제의 여자 중학교. 〈약〉고녀(高女).
고등 유민(高等遊民)圏 고등 교육을 받고도 일 없이 노는 사람. educated idlers
고등 은화 식물(高等隱花植物)圏 무배 유배 식물의
고등 재:배(高等栽培)圏 〈농업〉보통 재배 방법으로는 가꿀 수 없는 시기나 장소에, 온실·운상 등을 이용하여 품질이 좋고 가격이 비싼 작물을 만들어 내는 일. 〈관이여 수립한 정책.¶구정.
고등 정책(高等政策)圏 〈정치〉정치 문제의 근본에
고등 판무관(高等辦務官)圏 피보호국·종속국·피점령국에 파견되어 특별 임무를 맡은 관리.
고등 학교(高等學校)圏 〈교육〉중학교 교육의 기초 위에 중등 교육 또는 실업 교육을 하는 학교. 수업 연한은 3년. 〈약〉고교(高校). high school
고등 행정(高等行政)圏 〈정치〉국가·사회의 안녕 질서에 대한 행정.
고딕(Gothic)圏 ①〈약〉→고딕체. ②〈인쇄〉활자의 획이 굵은 글자체.

고딕 건:축(Gothic 建築)圀 〈건축〉 고딕식으로 지은 건축.

고딕=식(Gothic 式)圀 〈건축〉 13～15세기에 유럽에서 유행한 건축 양식. 직선적이고 창과 출입구의 위가 뾰족한 아치로 마루돈 데에 특색이 있으며, 소박·견실한. 〖약〗 고딕①.

고라¹圀 →고라말.

고라²圀 소라.

=ㆍ고ㆍ라어미 =고자 하노라. =고 싶어라.

고라니圀 〈동물〉 사슴과의 짐승. 사슴 비슷한데 사슴보다 크며 뿔이 유달리 큼. 몸 빛은 여름에 적갈색, 겨울에 회갈색에 꽁무늬는 황백색의 둥근 무늬가 있음. 풀은 녹용으로 한약에 쓰고 고기는 식용함.

고르ㆍ다圀 고르다. (사슴. 청록(靑鹿). elk

고라리〖약〗→시골 고라리.

고라=말圀 〈동물〉 등에 검은 털이 난 누른 말. 〖약〗

=고라마어미 〖고〗 =게 하고 싶구나.

고락 ①낚지 배떼기. cuttlebone ②〈동물〉 낙지 배때기 속의 검은 물. 또, 그 물이 담긴 주머니. 묵즙낭(墨汁囊). cuttlefish ink

고락(苦樂)圀 괴로움과 즐거움. pleasure and pain

고락간=에(苦樂間-)圀 고통스럽든 즐겁든. 피로우나 즐거우나.

고란=초(皐蘭草)圀 〈식물〉 고사리과의 고등 은화 식물. 뿌리줄기는 가로 뻗고, 갈색 선상의 비늘털이 많음. 랍니다. your perusal 하타

고람(高覽)圀 〈공〉 남이 봄. 〖부디 ~하여 주시기 바~

고랑¹ 두둑의 사이. 두두룩한 두 땅의 사이. ¶밭~

고랑²〖약〗→쇠고랑. 〖~. 〖약〗 굴²②.

고랑圀 '뒷마루'의 궁중말. [low

고랑=창圀 폭이 좁고 깊은 고랑. 〖약〗 골창. deep hol-

고랑=뜰圀〖약〗 차로.

고래¹圀 ①〈동물〉 고래과 포유 동물의 총칭. 바다에 사는 동물 중 가장 큼. 큰고래·참고래 등 여러 종류가 있음. 태생으로 젖으로 새끼를 식용, 기름은 공업용에 씀. 몸은 물고기와 같고 피부에 털이나 비늘이 없음. 경어(鯨魚). whale ②〖약〗→술고래.

고래²圀〖약〗→방고래.

고래³圀〖약〗 고리하여. 고리하여.

고:래(古來)圀 ①예부터 지금까지. from olden times ②〖부〗→자고 이래(自古以來).

고래==고래圀 화가 나서 큰 소리를 지르는 모양. ¶~고함치다. loudly 〖쓸데없는 것을 얻게 된다.

고래 그물에 새우=가 걸린다〖속〗 구하는 것은 안 나오고

고래 기름〖동〗 경유(鯨油).

고래=답(一畓)圀 고래논.

고래뜸 같=다圀 집이 웅장하고 드높고 크다. grand

고:래=로(古來-)圀〖약〗→자고 이래(自古以來).

고래=기름圀 고래의 머리 안에 있는 기름을 냉각·압착하여 물기를 뺀 결정체. 화장품·초 만드는 데 씀.

고래서〖약〗 고리히어서. 고리하여서. 〖준〗 그래서.

고래 수염(-鬚髥)圀 이가 없는 수염의 입천장 양쪽에 빗살같이 나란하게 있는 섬유질의 각질판(角質板). 공예 재료로 쓰임. 경수(鯨鬚).

고래=논圀 바닥이 깊숙하고 물질이 좋아 기름진 논. 고래답. good rich soil

고래 싸움에 새우등 터진다〖속〗 세력 있는 사람끼리 싸우는 통에 약한 사람이 해를 입는다.

고래=자리〈천문〉 춘분점(春分點)에 가까이 자리잡고 있는 별자리. 경좌(鯨座).

고래=작살圀 던지거나 대포로 쏘아 고래를 잡는 작살. harpoon 〖ing 하타

고래=잡이圀 고래를 잡는 일. 경렵(鯨獵). whale fish-

고랫 당그래圀 방고래의 재를 그러내는 작은 고무래.

고랫=등圀 〈건축〉 구들장을 올려놓는 방고래의 두덩.

고랫=재圀 방고래에 쌓여 있는 재.

고랭=증[-쫑](痼冷症)圀 〈한의〉 ①뱃속에 뭉치가 있어 늘 차고 아픈 위장병. ②만성 복막염·장결핵·만성 장카타르 따위 병에 의한 것.

고랭지 농업(高冷地農業)圀 표고(標高)가 높은 지대에서 하는 농업. 한행지 농업.

고략(拷掠)圀 〖동〗 고타(拷打). 하타

고량(考量)圀 생각하여 헤아림. consideration 하타

고량(高梁)圀〖약〗 수수.

고량(膏粱)圀〖약〗→고량 진미(膏粱珍味).

고:량=목(高粱-)圀〈광산〉 광석 젖는 방아공이가 서로 부딪치지 않게 사이에 끼운 나무.

고량 자제(膏粱子弟)圀 귀하게 자란 부잣집 젊은이. well-born person

고량 진미(膏粱珍味)圀 기름진 고기와 좋은 곡식으로 만든 맛있는 음식. 〖약〗 고량(膏粱). all sorts of

고량=토(高粱土)圀 고령토(高嶺土). [delicacies

고러고러=하ㆍ다[여불] 여럿이 다 고러하다. 〖약〗 그러그러하다. [러다.

고러ㆍ다[여불] 고렇게 하다가. ¶~ 일 당하지. 〖약〗 그

고러루=하ㆍ다[여불] 여럿이 다 비슷비슷하다. 〖약〗 고렇다. 〖준〗 그러루하다. all are like that

고러=하ㆍ다[여불] 고와 같다. 〖약〗 고렇다. 〖준〗 그러

고렇=다[호옛]〖약〗→고러하다. [하다. so like that

고려(考慮)圀 생각하여 봄. consideration 하타

고려(苦慮)圀 애써 생각함. 고심(苦心). racking one's

고려(高慮)圀 타인의 사려(思慮). [brains 하타

고려(高麗)圀〈역사〉 왕건(王建)이 세운 나라(918～1392). 서울은 개성(開城). Koryo, ancient Korean state

고려(顧慮)圀 ①앞일을 염려함. consideration ②다시 돌이켜 생각함. regard 하타

고려 가사(高麗歌詞)〈문학〉 고려 시대의 속요(俗謠). 고려 가요. 〖청.

고려 가요(高麗歌謠)〈문학〉 고려 시대의 노래의 총

고려 공사 삼일(高麗公事三日)〖고〗 오래 참고 견디는 성질이 부족하여 조령 모개(朝令暮改)함을 이름.

고려 밤=떡(高麗-)圀 황밤 가루를 쌀가루에 섞고 꿀로 반죽하여 찐 떡. [괴석(怪石)의 하나.

고려=석(高麗石)圀 종구멍 같은 자리잔 구멍이 많은

고려 속요(高麗俗謠)圀〖동〗 고려 가사(高麗歌詞).

고려=양(高麗樣)圀 원나라에서 유행되었던 고려의 의복·음식·풍속 등을 원나라에서 일컫던 말.

고려 인삼(高麗人蔘)圀 개성에서 나는 인삼의 상품명.

고려 자기(高麗磁器, 高麗磁器)圀 고려 때에 만든 자기. Koryo porcelain

고려=장(高麗葬)圀 고구려 때에 늙은 사람을 산 채로 장사지내던 일. burying alive

고려 장경(高麗藏經)圀 해인 장경(海印藏經).

고려(苦力)圀→쿨리(cooly).

고려=목(苦楝)圀〖동〗→소태나무.

고련(顧戀)圀 마음에 맺혀 잊지 못함. 하타

고련=근(苦楝根)圀〈한의〉 소태나무 뿌리. 구충제·지혈제 등에 씀.

고련=실(苦楝實)圀〈한의〉 소태나무의 열매. 열성(熱性)의 병에 약재로 씀. 금령자(金鈴子).

고렴(顧念)圀→고념(顧念).

고령(高嶺)圀 큰 재. 높은 고개. lofty ridge

고령(高齡)圀 나이가 많음. 고수(高壽). advanced age

고령=자(高齡者)圀 고령인 사람.

고령=토(高嶺土)圀 ①도자기를 만드는 데 쓰는 흙. ②〈광물〉 장석(長石)이 분해되어 생긴 흙. 고량토(高粱土), 고릉토(高陵土). kaolin(e)

고:례(古例)圀 예로부터 내려오는 관례. established customs

고:례(古隷)圀 서체(書體)의 팔분(八分)에 대하여 보통 예서(隷書)를 이름(今隷).

고:례(古禮)圀 옛날의 예절. old manners

고례 시:상(考例施賞)圀 전례를 따라 상을 줌. 하타

고:로(古老)圀 경험이 많고 옛일을 잘 아는 늙은이. old man 〖old man

고로(孤老)圀 의지할 데 없는 외로운 늙은이. solitary

고:로(故老)圀 늙어서 벼슬을 놓은 사람.

고ㆍ로圀 〖고〗 능(綾). 비단의 하나.

고로롱-거리다 몸이 약하거나 늙어서 늘 끙끙거리다. suffers with the infirmities of old age 고로롱=고로롱 하형

고로롱 팔십(―八十)명 병으로 고로롱거리면서도 오래 삶을 이름.

고:로 상전(古老相傳)명 늙은이들의 말로 전하여 옴. oral tradition 하타

고로쇠-나무[명]《식》단풍나무과의 낙엽 활엽 교목. 높이 10~15m로 잎은 원형임. 4~5월에 흰 꽃이 핌. 장식 및 가구재로 쓰며, 수액(樹液)은 약용함.

고로 여생(孤露餘生)명 어릴 때 부모를 여읜 사람.

고로-표(故―標)명 귀결부(歸結符).

고록(高麓)명 다에의 높음.   [의 언론.

고론(高論)명 ①고상한 언론. lofty opinion ②남의 언론

·고·롬(고) 고름.   [로이다.

고-롭다(苦―)[ㅂ불] ①괴롭다. ②고생스럽다. 고

고롱-고롱[뮈] 고로롱고로롱.

고료(稿料)명《약》→원고료(原稿料).

고루 굴레 가락의 윗몸에 끼워 고정시킨 두 개의 방울같이 생긴 물건. 또, 이와 같은 물건.

고루-루 더하고 덜함이 없이. 고르게. evenly

고루(固陋)명 견문이 좁고 고집이 셈. narrow-mindedness 하타   illiberality 하타

고루(孤陋)명 견문이 적어서 성품이 추하고 용렬함.

고루(孤樓)명 고립된 보루.

고루(高樓)명 높은 다락집. lofty building

고루 거(高樓巨閣)명 높고 큰 누각. 고각 대루(高閣大樓). tall and spacious building

고루=고루[뮈] 모두 고르게. 《약》골고루.

고륜지-고(苦輪之苦)명《불교》고뇌가 수레바퀴처럼 굴러서 쉴 사이가 없음.   [간 세상.

고륜지-해(苦輪之海)명《불교》고뇌가 돌고 도는 인

고르-다[르불] ①가려 뽑다. choose ②높낮이를 없이 평탄하게 만들다. level

고르-다[르불] ①더하고 덜함·높고 낮음·크고 작음의 차이가 없이 한결같다. ¶고르지 못한 세상이 없다. even ②정상적 상태로 순조롭다. ¶기후가 고르지 못하다. smooth

고르반(←corban 그)명《기독》제물(祭物).

고른-값(―値)명 평균치(平均値).

고른-수(―數)명 평균수(平均數).   [ed rice

고른-쌀명 모래와 잡것을 골라내 깨끗한 쌀. winnow-

고를비-부(―比部)명 한자 부수(部首)의 하나. '比'·'毖' 등의 '比'의 이름.

고름명 헌데나 뾰루지가 곪아서 생기는 누런 액체. 농(膿). 농액(膿液). 농즙(膿汁). pus

고름-명→옷고름.

고름-병[―뼝](―病)명 누에의 전염병의 하나.

고름-소리[―쏘―]명 조음소(調音素).

고름-집[―찝]명 고름이 누렇게 맺힌 곳. pustule

고릉-토(高陵土)명 고령토.

고리명 ①무엇에 끼우기 위해 만든 둥근 물건. ¶문~. ring ②껍질을 벗긴 고리버들의 가지. ③《약》→고리짝.   [그리. there

고리[뮈] ①고리하게. so ②그 곳으로. 그 쪽으로.

고:리(故吏)명 예전의 아전.   [large profit

고리(高利)명 ①비싼 이자. high interest ②큰 이익.

고리-개(―犬)명 고리눈을 가진 개.

고리-눈 환안(環眼). 눈동자의 가에 희읍스름한 테가 둘린 눈. eye with a white-ringed iris

고리눈-말 눈이 고리눈인 말.

고리눈-이명 고리눈의 사람이나 짐승.

고리-내명 ①썩은 달걀이나 쉬어 썩은 풀과 같은 냄새가 나다. 땀과 때에 결은 발의 냄새와 같다. ¶오래 신은 양말에선 고리내가 난다. ②하는 말이나 짓이 치사하고 다랍다. 몹시 째째하다. 《게》고리다.

고리-대(高利貸)명《약》→고리 대금.   [리다.

고리 대:금(高利貸金)명 ①높은 이자를 받는 돈놀이. usury ②이자가 비싼 돈. 고리체금(高利債金). 《약》고리 대금.

고리-로 '고리'의 힘줌말. 《옵》고로①.   [려다.

고리-마디《동》환절(環節).

고리 마을명 집들이 고리 모양으로 둥글게 모여 이루어진 마을. 환촌(環村). of houses located in a circle group

고리-못 고리 모양으로 생긴 못.

고리-받이[―바지]《건축》기둥과 문설주 사이에 문고리를 달기 위한 벽의 중턱에 가로 건너지른 살.

고리 백장(―白丈) ①《속》고리장이. ②시기를 따라 할 것을 때가 지난 다음에 하는 사람을 조롱하는 말.

고리-버들명《식》버들과에 속하는 낙엽 활엽 관목. 냇가나 들에 남. 가지는 껍질을 벗겨 버들고리·키 등을 만듬. 기류(杞柳). osier

고리-봉명 낚싯줄을 꿴 고리가 달린 낚싯봉.

고리삭-다명 젊은이의 말이나 짓이 물이 죽어 늙은이 같다. not sprightly

고리-솜 실 뽑는 기계에서, 채 꼬이기 전에 실이 끊어져 청소 물러에 감기어 찌꺼기.

고리-운(―韻)명《한시》한시(漢詩)의 4행시(行詩)의 첫째·둘째 넷째 줄의 운을 맞추는 압운법.

고리-잠(―簪)명 이쑤시개와 귀이개가 한데 달린 여자들의 머리에 꽂는 장식품. ornamental hairpin

고리-장이(―匠―)명 키나 고리짝을 만들어 파는 것을 업으로 하는 사람. 《속》고리 백장①. wicker worker

고리-점(―點)《인쇄》내리글씨의 문장에 마침표로 쓰는 부호 '。'의 이름. 마침표. period

고리-짝 고리다 대오리로 만들어 옷을 넣는 상자. 《약》고리①. wicker-trunk   [貸金]②.

고리-채(高利債)명 고리로 얻은 빚. 고리 대금(高利

고리타분-하다[르여] ①냄새가 고리고도 타분하다. rancid ②성미나 하는 짓이 시원하지 못하고 다랍다. 《약》골타분하다. ¶구리터분하다. narrow-minded

고리탑탑-하다[르여] 매우 고리타분하다. 《약》골탑탑하다. ¶구리텁텁하다. stinking, mean

고린-내명 고린 냄새. ¶구린내. bad smell

고린도-서(←Corinth 書)명《기독》신약 성서 중 바울의 서한. 전서(前書)·후서(後書)가 있으며, 전서는 서기 55년경, 후서는 56년경의 기록임.

고릴라(gorilla)명《동》대성성(大猩猩).

고립-보[명] ①몸이 약하여 늘 골골 앓는 사람. invalid ②마음이 옹졸하고 다라운 사람. narrow-minded person   [됨. isolation 하타

고립(孤立)명 ①외롭게 섬. ②원조를 못 받고 외톨이

고립(雇立)명 사람을 대신 사 보내어 공역(公役) 따위를 치름. substitution 하타

고립 경제(孤立經濟)명《경제》사회의 수요와 공급에 관계가 없이 자기가 쓰는 자금 자족하는 경제. 《대》사회 경제(社會經濟). self-supporting economy

고립-꾼(雇立―)명 남을 대신하여 공역을 치르는 이.

고립 무원(孤立無援)명 고립되어 구원 받을 데가 없음. 하형

고립 무의(孤立無依)명 외롭고 의지할 데가 없음. helplessness 하형

고립-어(孤立語)명《어학》언어의 형태적 분류의 하나. 어미 변화나 접사(接辭) 따위가 없고, 단지 관념을 나타내는, 단어의 위치에 따라 문법적 기능을 가지는 언어. 중국어·태국어 등이 이에 속한다. 독립어(獨立語). 단철어(單綴語).

고립 의:무(孤立義務)명《법》병역·납세 등과 같이 권리와 대립하지 않는 절대 의무(絶對義務). 《대》대립 의무.

고립 정책(孤立政策)명《정치》고립주의를 쓰는 정책. policy of isolation

고립-주의(孤立主義)명 다른 나라와 동맹 관계를 맺지 않고, 국제 회의 등에 참석하지 않으며 고립을 지키는 외교 정책상의 주의. isolationism

고립지-세(孤立之勢)명 외롭고 의지할 데 없는 형세.

고마(雇馬)[명]《제도》시골 관아에서 백성으로부터 징 발하여 쓰던 말.
고·마(尻)[교] 첩(妾).
고마리[명]〈식물〉마디풀과의 일년생 풀. 줄기높이 70 cm 가량으로 가시가 났으며, 잎은 극형(戟形)으로 일세에 검은 점이 둘씩 있음.
고마 문:령(瞽馬聞鈴)[명] 맹목적으로 남이 하는 대로 따름을 이르는 말. blind following 하다
고마움[명] 고맙게 여기는 마음·일.
고마이[부] 고맙게. ¶ ~ 생각하다.
고마청(雇馬廳)[명]《제도》관원에게 고마를 내주는 일을 맡던 곳.
:고·마·웁-다[형] 높이다. 공경하다.
고막[명]〈조개〉바닷조개의 하나. 둥근 부채꼴의 껍데기가 기와집의 지붕과 비슷하며, 회백색으로 두껍고 살빛은 붉고 피가 있으며 맛이 좋음. 안다미 조개. ark shell 「이에 있는 얇은 막. 귀청.
고막(鼓膜)[명]〈생리〉외청도(外聽道)와 고실(鼓室) 사
고막(膈膜)[명] 바로잡기 어려운 폐단. 고폐(痼弊).
고막=염[―념](鼓膜炎)[명]〈의학〉고막에 생기는 염증. 청력에는 별로 지장이 없음. tympanitis
고-막이(建築)[명]〈건축〉화방 밑에 놓는 일. ②마루 아래 구멍난 곳을 돌이나 흙으로 쌓아 막은 것.
고만¹[부] 고만한. ¶ ~ 일에 풀이 꺾여서야?
고만²[명]①고 정도까지만. to that extent ②고냥 바로. 부²[명] 으뜸. ¶발밭이 ~이다. (큰) 그만². immediately 	[스페] 히[명]
고만(高慢) 뽐내어 건방짐. proudness 하다 스럽
고만고만-하다[형] 서로 비슷비슷하다. (큰) 그만 그만하다. about equal
고만=두-다[타] ①그 정도에서 두다. stop ②하던 일을 그치다. 《약》관두다. (큰) 그만두다. cease
고만-하다[형] 정도가 서로 비슷하다. ¶크기가
·고·물[명]〈교〉고물. 선미(船尾). [~. (큰) 그만하다.
=고말고[어미] 긍정의 뜻을 강조하여 쓰는 종결 어미. ¶좋~.	〔큰〕 그럼. about that time
고맘-때[명] 꼭 고만큼 된 때. 고 때쯤. ¶지난번 ~.
고:맙-다[형] 은혜나 신세를 입어 마음이 뜨겁고 즐겁다. ¶고마워하는 마음. grateful	하다
고:매(故賣)[명] 훔친 물건인 줄 알면서도 삼. fencing
고매(高邁)[명] 뛰어나게 품위가 높음. ¶ ~한 인격. loftiness 하다
고면(顧眄)[명] 돌이켜 봄. look back at 하다
고명[명] 음식의 양념이 되면서 겉모양을 꾸미기 위하여 음식 위에 뿌리는 것의 통칭. 실고추 따위. condiment 하다
고:명(古名)[명] 옛날 이름. old name
고명(高名)[명]①(공) 남의 이름. ②이름이 높이 남. 높이 알려진 이름. ¶~한 화가. good fame 하다
고명(高明)[명] ①고상하고 현명함. nobility and intelligence ②식견이 높고 두뇌가 명석함. highminded ③큰 저택이나 부귀한 집을 가리킴. grand residence ④그저 남을 높여 일컫는 말.	하다
고명(顧命)[명] 임금이 유언으로 뒷일을 부탁함. 유조(遺詔). king's last will 하다
고명 대:신(顧命大臣)[명] 고명을 받은 대신.
고명-딸[명] 아들 많은 사람의 외딸. 양딸. one's lone daughter among his many sons
고명 사의(顧名思義)[명] 명예를 돌아다보고 의를 생각함. 하다	「장.
고명-장(―醬)[명] ①양념으로 쓰는 장. ②고명을 친
고명지-신(顧命之臣)[명] 고명을 받은 신하. 《약》고명
고모(姑母)[명] 아버지의 누이. 《높》 [신(顧命臣).
고모도적(姑母盜賊)[명] 좀도둑. 절도(竊盜).
고=모:음(高母音)[명]〈어학〉간극(間隙)이 가장 작은 모음으로 혀가 높은 위치에 조음(調音)되는 모음. 'ㅣ··ㅡ·ㅜ' 따위. 폐모음(閉母音).
고:목(古木)[명] 오래 묵은 나무. old tree

고:목(枯木)[명] 말라 죽은 나무. dead tree
고목(高木)[명] 키가 큰 나무. 《대》저목(低木).
고목 발영(枯木發榮)[명]〈동〉고목 생화(枯木生花).
고목 생화(枯木生花)[명] 마른 나무에서 꽃이 핀다는 말로, 곤궁한 사람이 행운을 만남을 가리키는 말. 고목 발영(枯木發榮).
고:묘(古墓)[명] 옛 무덤. old tomb
고:묘(古廟)[명] 오래 된 사당. old shrine
고:묘(告廟)[명] 나라나 왕실에 큰일이 있을 때에 그것을 종묘(宗廟)에 아룀. 하다
고묘(高妙)[명] 뛰어나고 교묘함. noble and excellent
고무(鼓舞)[명] ①북을 치며 춤춤. cheer up ②분기(奮起)하게 함. 용기가 나게 함. encouragement 하다
고무=나무(gomme―)[명]〈식물〉고무를 채취하는 나무의 총칭. 열대성 식물로, 파라고무나무·인도고무나무 등의 종류가 있는데, 특히 파라고무나무를 이름. rubber tree
고무=다리(gomme―)[명] 고무로 만든 의족(義足). rubber
고무 도장(gomme 圖章)[명] 고무에 새긴 도장.
고무=딸기(gomme―)[명]〈식물〉장미과의 낙엽 활엽 관목. 줄기는 구붓하고 가시가 있으며 잎은 안팎에 솜털이 있음. 열매는 붉은 알로 뭉쳤는데, 복분자라 하여 약용·식용됨. 복분자(覆盆子)딸기. raspberry
고무라기[명] 떡의 고물 부스러기.
고무락-거리-다[자] 몸을 느리게 조금씩 자꾸 움직이다. 꾸무럭거리다. 《센》꼬무락거리다. 고무락-
고무락 하다	「쓰는 연장. rake
고무래[명] 'T'자 꼴로 만들어 곡식을 긁어 모으는 데
고무래 바탕[명] 고무래의 바탕이 되는 나뭇 조각.
고무 마개(gomme―)[명] 고무로 만든 마개.
고무 바퀴(gomme―)[명] 고무로 만든 수레바퀴.
고무 반창고(gomme 絆瘡膏)[명] 여러 가지 약품을 고무와 반죽하여 헝겊에 바른 것. 상처 언저리의 보호, 가제의 고정에 쓰임.
고무=빗(gomme―)[명] 탄성 고무에 유황을 흡수시킨 에보나이트나 셀룰로이드로 만든 빗.
고무 사크(gomme sac)[명] 고무 사크.
고무상 유황(gomme 狀硫黃)[명]〈화학〉가열하여 녹인 유황을 급히 찬물에 넣어 만든 것. 《약》고무황.
고무 수채화(gomme 水彩畫)[명]〈미술〉물·꿀·고무를 섞어서 불투명한 빛깔의 그림.	「shoes
고무=신(gomme―)[명] 탄성 고무로 만든 신. rubber
고무 장갑(gomme 掌匣)[명] 고무로 만든 방수용 장갑.
고무-적(鼓舞的)[명] 힘이 나도록 부추겨 주는(것).
고무=종(gomme 腫)[명]〈의학〉매독의 하나. 감염한 지 2~3년 후에 제 3기 매독의 증상으로 나타남.
고무=줄[―쭐](gomme―)[명] ①고무로 만든 줄. elastic cord ②훑게 숫자·기간 따위가 늘었다 줄었다 하여 앞뒤가 일정하지 않음의 비유.	「고무②.
고무 지우개(gomme―)[명] 고무로 만든 지우개. 《약》
고무창(gomme―)[명] 신의 고무 구두창.
고무=총(gomme 銃)[명] 탄성이 강한 고무줄로 만든 장난감 총. 쏘아 맞히기를 하는 장난에 씀.
고무 풀[명] 아라비아고무를 녹여서 만든 풀. gum arabic
고무 풍선(gomme 風船)[명] 얇은 고무 주머니 속에 공기나 수소 가스를 넣은 장난감.
고:묵(古墨)[명] 만든 지 오래 된 먹.
고:문(古文)[명] ①옛 글. 《대》현대문(現代文). ancient writing ②전자(篆字)가 생기기 이전의 과두 문자(蝌蚪文字). ③진한(秦漢) 이전의 달의 《遠意》·명쾌(明快)를 주로 한 산문(散文). 《대》시문(時文). ④기교를 부려서 짓는 산문(散文). 작

자문(作者文).

고문(叩門)[명] 남을 방문하여 문을 두드림. knocking at the door 하다.

고:문(告文·誥文)[명] 임금이 신하에게 고유(告諭)하는 글.

고문(拷問)[명] 여러 가지로 괴롭혀서 죄의 사실을 캐어물음. 고신(拷訊). torture 하다.

고문(高文)[명] ①식견이 높은 문장. 웅장한 논문. grand and sublime style ②[약] 고등 문관 시험. ③[공] 고문서.

고문(高門)[명] 부귀한 집. noble family

고문(顧問)[명] ①의견을 물음. consultation ②자문에 응하여 의견을 말하는 직무. 또, 그 사람. adviser 하다.

고문=관(顧問官)[명] ①자문(諮問)에 의하여 의견을 진술하는 관직. ②[제도] 정부에서 고문으로 고빙(雇聘)하여 쓰던 사람. councillor

고문 대:가(高門大家)[명] 부귀하고 세력 있는 집안.

고문 대:책(高文大册)[명] ①문장이 웅대한 글. ②[동] 고문 전체(高文典册).

고:=문서(古文書)[명] 옛날의 문서.

고문 전:책(高文典册)[명] 국가 또는 임금의 명으로 간행된 귀중한 저술. 고문 대책(高文大册)②.

고문 치:사(拷問致死)[명] 고문하다가 잘못하여 죽게함.

고:=문헌(古文獻)[명] 고대의 문헌.

고물[명] 인절미·경단 등의 겉에 묻히거나, 시루떡의 켜 사이에 뿌리는 팥·녹두·콩 등의 가루. ¶메~.

고물²[명] 〔건축〕 우물 마루의 하 사이의 구역.

고물³[명] 배의 뒤쪽. 선로(船艫). 선미(船尾). [대] 이물. stern

고:-물[명] ①헐거나 낡은 물건. secondhand article ②[엣] 물건. [대] 신품(新品). antiquity

고:물(故物)[명] 오래 된 물건·사람.

고물=간(-間)[명] 배의 고물 쪽의 간. [대] 이물간.

고물=거리-다[자] 몸을 느리게 자주 움직이다. [큰] 구물거리다. [세] 꼬물거리다. move slowly 고물=고물[부] 하다.

고물=대(-대)[명] 두대박이 배의 고물 쪽의 돛대. [대] 이물대.

고물 마루[명] 〔동〕 우물 마루.

고물-상[-쌍](古物商)[명] 고물을 매매하는 영업. 또, 그 장수. second-hand dealer

고미[명] 〔건축〕 교미반자를 걸어, 양쪽으로 그 사이에 고미혀를 건너지르고, 그 위에 산자를 엮고 진흙을 이겨 두껍게 펴서 눌러 반듯하게 한 다음, 아래쪽 면에는 새벽질을 한 반자. kinds of plaster panel

고:미(古米)[명] 묵은쌀. [대] 신미(新米).

고미(苦味)[명] 쓴 맛. [대] 감미(甘味). bitter taste

고미가 정책[-까-](高米價政策)[명] 양곡의 수매 가격을 올림으로써 농민의 생산 의욕을 높이고 양곡의 자금 자족 시책을 달성하려는 정책.

고미=누르-다[타][르불] 고미를 만들다. lay a plaster panel ceiling

고미=다락[명] 〔건축〕 고미와 보꾹 사이의 빈자리. attic

고미=받이[-바지][명] 〔건축〕 고미를 누르기 위하여 천장 한 복판에 세로 놓는 장여 같은 나무.

고미=장지(-障-)[명] 고미다락의 맹[盲]장지. 「하나.

고미 정기(苦味丁幾)[명] 〔약학〕 건위제로 쓰는 약제의

고미=제(苦味劑)[명] 〔약학〕 쓴 맛이 나는 약물의 총칭. 위액의 분비를 촉진하므로 식욕 부진 등에 씀. 고미약(苦味藥). [an attic

고미=집[명] 〔건축〕 고미다락이 있는 집. house with

고미-혀[명] 〔건축〕 고미받이와 월간(越間)보나 도리사이에 걸쳐 놓는 평고대나 서까래.

고민(苦悶)[명] 속을 태우고 괴로워함. 고뇌. agony 하다. 스뭡 스레다.

고:박(古朴·古樸)[명] 소탈하고 질박함. 하다. 히[부].

고:발(告發)[명] 피해자가 아닌 제삼자가 범죄사실을 수사 기관에 신고하여 기소하기를 요구하는 행위. prosecution, indictment 하다.

고:발 문학(告發文學)[명] 〔문학〕 사회의 모순을 지적하는 데에 주안을 둔 고발 정신으로 쓴 문학.

고:발-인(告發人)[명] 고발하는 사람.

고:발-장[-짱](告發狀)[명] 〔법률〕 범죄를 고발할 때에 제출하는 서류. bill of indictment

고:발 정신(告發精神)[명] ①범죄를 미워하여 적극적으로 고발하려는 태도. muckraking spirit ②사회의 역사적 죄악을 들추어내어 비판하는 문학의 태도.

고:방(古方)[명] ①〔한의〕 옛날부터 전해 오는 권위 있는 약방문(藥方文). ②옛날에 행하던 방법.

고방(庫房)[명] 살림살이를 넣어 두는 방. 광.

고방=오:리(-) [명] 〔조류〕 오릿과의 새. 날개 길이가 암컷은 23 cm, 수컷은 28 cm. 수컷은 배가 희고 꼬리가 긺. 연못가에서 수생 동물·수초 등을 먹고 삶. 긴꼬리오리.

고배(苦杯)[명] ①쓴 술잔. bitter cup ②쓰라린 경험의 비유. ¶낙선의 ~를 마시다. bitter experience

고배(高配)[명] 타인의 배려. [하다.

고배(高排)[명] 과일·음식 같은 것을 그릇에 높이 굄.

고:비[명] 굽이.

고:백(告白)[명] 숨김 없이 터놓고 말함. confession

고:백 문학(告白文學)[명] 자기의 내적(內的)·외적(外的) 생활의 과실이나 약점을 기탄없이 폭로한 문학.

고:백 성:사(告白聖事)[명] 〔기독〕 일곱 가지 성사의 하나. 세례를 받은 신자가 범한 죄를 뉘우치고 천주님께 직접 또는 천주님의 대리자인 사제에게 고백하여 용서받는 일. '고해 성사'의 고친 이름.

고번(苦煩)[명] 고심(苦心)하고 번민함. agony 하다.

고범(孤帆)[명] 외롭게 떠 있는 작은 배. 고주(孤舟). solitary ship

고:범(故犯)[명] 일부러 저지른 범죄. deliberate offence

고:법(古法)[명] 옛날의 법칙. ancient law

고법(高法)[명] 〔畧〕→고등 법원. [inveterate habit

고벽(古癖)[명] 아주 오래 되어 고치기 어려운 버릇.

고:변(告變)[명] ①반역을 고발함. ②변을 알림. inform the government of an uprising 하다. [하다.

고:별(告別)[명] 이별을 고함. ~연(宴). leave-taking

고:별-사(-싸)(告別辭)[명] ①전임(轉任)·퇴직(退職)할 때 이별을 고하는 말. farewell address ②장례 때 죽은 사람에게 이별을 고하는 말. funeral address

고:별-식(-씩)(告別式)[명] ①작별을 고하는 의식. 송별식(送別式). farewell ceremony ②죽은 사람에게 친척 또는 친구들이 고별하는 장의(葬儀). 영결식(永訣式).

고:병(古兵)[명] ①경험과 무공이 많은 병사. 고참병(古參兵). veteran ②경험이 많은 사람. [대] 신병(新兵). senior comrade

고병(雇兵)[명] 용병(傭兵).

고복(皐復)[명] 초혼(招魂)하고 발상(發喪)하는 의식. 호복(呼復). memorial service for the dead 하다.

고복(鼓腹)[명] 배를 두드림. 곧, 세상이 태평하고 살림이 풍족하여 안락함. ¶함포(含哺) ~. contented life 하다.

고복(顧復)[명] 부모가 자식을 양육함. 하다.

고:본(古本)[명] ①헌 책. second-hand book ②오래 된 책. old book

고본(股本)[명] 〔경제〕 여러 사람이 공동으로 하는 사업에 각각 내는 밑천. ¶~계(契). ~전(錢). 〔약〕 고(股)①. share of capital

고본(稿本)[명] 초벌 원고를 맨 책. [대] 간행본(刊行本). manuscripts

고본(藁本)[명] 〔식물〕 백합과의 다년생 풀. 줄기는 60 cm 가량으로, 8~9월에 흰 꽃이 피는데 향기가 좋음. 깊은 산의 산록에 나며 뿌리는 한약재로 쓰임.

고본-금(股本金)[명] 〔경제〕 고본의 금액. 밑천이 되는 돈. 고본전(股本錢). share 「람.

고본-주(股本主)[명] 〔경제〕 고본의 소유권을 가진 사

고본-표(股本票)[명] 〔경제〕 고본의 소유를 증명하는 표.

고봄[고] 고금. 학질(瘧疾).

:고봄[고] 고움.

고봉(孤峰)[명] 외따로 떨어져 있는 산봉우리. [대] 연봉(連峰). 군봉(群峰). solitary peak

고봉(庫封)명 광의 물건을 넣은 뒤에 곳집을 닫고 자물쇠 구멍에 종이를 붙여 도장을 찍음. sealing up a storehouse 하다타

고봉(高峰)명 높이 솟은 산봉우리. ¶히말라야의 ~.
고봉(高捧)명 되질·말질할 때 위로 수북히 담음. heaped measure 하다타
고봉-밥(高捧-)명 수북하게 담은 밥.
고봉 절정(-頂)(高峰絕頂)명 높은 산봉우리의 맨 꼭대기.
고봉 준:령(高峰峻嶺)명 높이 솟은 산봉우리와 험준한 산마루.

고:부(告訃)명 사람의 죽음을 알림. 부고(訃告). 통부(通訃). anouncement of one's death 하다자
고부(姑婦)명 시어머니와 며느리. 고식(姑媳). mother-in-law and a daughter-in-law
고부-간(姑婦間)명 시어머니와 며느리의 사이.
고:부 단사(告訃單使)(제도)명 나라에 초상이 있을 때 고부(告訃)하기 위하여 중국에 보내던 사신.
고부라-뜨리-다타 세게 고부라지게 하다. (큰)구부러뜨리다. bend
고부라-지-다자 한쪽으로 옥아지다. (큰)구부러지다. (센)꼬부라지다. bend
고부랑-고부랑 튀 모두가 고부랑한 모양. (큰)구부렁구부렁. (센)꼬부랑꼬부랑. 하다형
고부랑-이명 고부라진 물건이나 사람. (큰)구부렁이. (센)꼬부랑이. bent object
고부랑-하-다형(여) 한쪽으로 조금 옥아들어 곱다. (큰)구부렁하다. (센)꼬부랑하다.
고부량 삼성(高夫梁三姓)명(역사)제주도(濟州島)의 돌구멍으로부터 나와 그 곳에 문물을 폈다고 전하는 세 사람의 성.
고부리-다타 휘어 곱게 하다. (큰)구부리다. 「부리다. bend, curve
고부스름-하-다형(여) 조금 곱은 듯하다. (어)고부슴하다. (센)꼬부스름하다. somewhat bent 고부스름-히튀
고부슴-하-다형(여) →고부스름하다.
고부장-고부장 튀 모두가 고부장한 모양. (큰)구부정구부정. (센)꼬부장꼬부장. 하다형
고부장-하-다형(여) 조금 고부라져 있다. 조금 휘어져 있다. (큰)구부정하다. (센)꼬부장하다. bent, curved
고:부조(高浮彫)명 (미술)부조의 하나로 부조한 살을 두껍게 한 조각. 고육조(高肉彫). high relief
고부탕이명 피륙의 필을 지을 때 꺾어져 넘어간 곳. (예) 고불. crease
고:분(古墳)명 고대의 무덤. ancient tomb
고분-고분 튀 언행(言行)이 공손하고 부드러운 모양. obediently 하다형 「화합물.
고분자 화:합물(高分子化合物)〈화학〉분자량이 큰
고분지-탄(叩盆之嘆)명 아내가 죽은 한탄.
고분지-통(叩盆之痛)명 아내가 죽은 설움.
고:불(古佛)명 ①〈불교〉오래 된 불상. ancient Buddhist image ②〈늙〉노장 스님(老長-). ③나이 많고 덕이 있는 늙은이. virtuous old man ④(약)→명사 고불(名士古佛).
고불-거리-다자 이리 고부라지고 저리 고부라지다. (큰)구불거리다. (센)꼬불거리다. wind, meander
고불-고불튀 하다형
고:불-심[-씸](古佛心)명〈불교〉①옛 부처의 마음. ②늙고 덕이 높은 중의 너그러운 마음씨.
고불탕-고불탕 튀 모두가 고불탕한 모양. (큰)구불텅구불텅. (센)꼬불탕꼬불탕. 하다형
고불탕-하-다형(여) 굽이가 나면서 고부라지다. (큰)구불텅하다. (센)꼬불탕하다. winding
고불-통명 흙을 구워서 만든 담뱃통.
고붓-고붓튀 모두가 고붓한 모양. (큰)구붓구붓. (센)꼬붓꼬붓. 하다형
고붓-하-다형(여) 조금 고부라지다. 조금 곱은 듯하다. (큰)구붓하다. (센)꼬붓하다. somewhat bent
고불튀(약)→고부탕이.

고불-치-다타 고부탕이지게 꺾어 넘겨 겹치다. crease
고비(-匣)명 사물의 가장 요긴한 기회나 막다른 결정. climax 「letter file
고비명 벽에 붙이어 편지 등을 꽂아 두는 주머니.
고비(-)명〈식물〉고비과의 다년생 양치류. 잎은 우상(羽狀)으로 갈라지고 소엽(小葉)은 긴 타원형이며 실엽(實葉)은 가늘. 어린 잎은 식용, 뿌리는 약용함. 구척(狗脊). osmund, royal fern
고비(叩扉)명 문을 두드림. 방문함. 하다타
고:비(古碑)명 옛날의 비석. old monument
고비(考妣)명 돌아간 아버지와 어머니. dead parents
고비(高庇)명〈공〉남의 비호.
고비(高臂)명 고귀함과 비천함.
고비(高飛)명 높이 낢. high flight 하다자
:고-비튀(고) 고이. 곱게.
고비-고사리명〈식물〉고사리과의 다년생 양치류(羊齒類). 뿌리줄기는 갈색인데 옆으로 뻗고, 잎은 담록색으로 홀깃가 나며 여러 갈래로 갈라진 타원형임. 산지(山地)의 나무 그늘에서 남.
고비 나물명 고비를 데쳐서 양념하여 무친 나물.
고비-늙-다[-늑-]형 한도가 지나게 늙다. old-enough
고비 원:주(高飛遠走)명 멀리 달아나 종적을 감춤. leave no trace behind 하다자
고비-판명 가장 긴요한 고비의 아슬아슬한 판. turning point 「critical moment
고빗-사위명 가장 긴요한 고비의 아슬아슬한 순간.
고빙(雇聘)명 학식·기능이 높은 이를 예(禮)로써 초빙함. invitation 하다타
고뿔(동)감기(感氣). 「는 줄. rein
고삐명 마소의 재갈에 잡아매어 몰거나 부릴 때 고삐가 길면 밟힌다타 옳지 못한 일을 오래 계속하면, 결국은 들킴.
고:사(-)명(미술)석간주(石間硃)에 먹을 섞은 빛. 담홍색으로 희생되게 쓰임.
고:사(古史)명 옛날 역사. 「채(淡彩)에 속함.
고:사(古祠)명 역사가 오랜 예전 사당. 고찰(古刹). old shrine 「temple
고:사(古祠)명 옛 사당. old shrine
고사(叩謝)명 머리를 조아려 사례함. 하다타
고사(考査)명 ①자세히 생각하고 조사함. consideration ②학교에서 학생의 학력을 시험함. 또, 그 시험. ¶학력-. 하다타
고:사(告祀)명〈민속〉한 몸이나 집안에 액운이 없어지고 행운이 오도록 신령에게 비는 제사. ¶~지내다. ¶~ 떡.
고:사(告辭)명 의식 때에 글로 써서 읽어 권계·훈계하는 말. address 「isolated temple
고사(孤寺)명 마을에서 멀리 외따로 떨어져 있는 절.
고사(固辭)명 굳이 사양함. strong refusal 하다타
고사(枯死)명 나무나 풀이 말라 죽음. withering 하다자
고:사(故事·古事)명 ①옛날에 있던 일. antiquities ②예로부터 내려오는 유서 깊은 일. 또, 그것을 표현한 어구. ¶~성어(成語). ③예로부터 전하여 오는 규칙과 정례(定例). tradition
고사(苦辭)명 간절히 사양함. positive refusal 하다타
고사(高士)명 고결한 선비. man of noble character
고사(庫舍)명(동)곳집.
고사(高射)명〈군사〉높이 쏨. 하다타 「의 하나.
고사(庫紗)명 두껍고 깔깔하며 윤이 나는 좋은 사(紗)
고사(篙師)명 배를 부리는 일로 늙은 사공.
고:사=고기(告祀-)명 여러 사람의 허물을 혼자 뒤집어쓰고 희생되는 사람. sacrifice
고사 기관총(高射機關銃)〈군사〉앙각(仰角)이 큰, 비행기를 쏘는 기관총. 「아침. 하다타
고:-사당(告祠堂)명 집안에 큰일이 있을 때에 사당에 고함. 「떡.
고사리명〈식물〉참고사리과의 다년생 양치류. 이른 봄에 뿌리줄기에서 싹이 나와 꼬불꼬불하게 말리고 흰 솜 같은 털로 덮여 있음. 산이나 들에 나는데, 어린 잎은 식용하며 뿌리에서는 전분을 뺌. fernbrake

고사리도 꺾을 때 꺾는다타 ①무슨 일이나 그에 맞는

고사리삼 ②무슨 일을 시작하려면 내처 해치워라.

고사리-삼(-蔘)[명]〈식물〉고사리삼과의 다년생 풀. 뿌리줄기는 짧고 크며 길 같은 뿌리가 남. 자낭군(子囊群)은 수수 이삭 형상을 이룸. 산야의 그늘에 나며 어린 잎은 식용함.

고사-문(-門)[명](고) 대궐의 문.

고:사-반(告祀盤)[명]〈민속〉걸립패(乞粒牌)에게 보시하는 쌀·돈 따위를 차려 놓은 소반.

고:사-본(古寫本)[명] 옛 사람의 손으로 된 사본.

고사-새끼[명] 초가집의 지붕을 이을 적에 미리 지붕 위에 잡는 벌잇줄.

고사이[명] 고 동안.〔약〕고새.〔큰〕그 사이.

고사-지(-紙)[명] 굽도리를 바르는 종이.

고사-포(高射砲)[명]〈군사〉항공기를 쏘는 올려본各의 큰 대포의 하나. [이 큰 대포.

고사-풍(-風)[명] 말에게 걸리는 병의 하나.

고사-하고(姑捨-)[부] 그만두고. ¶벌거는 ~ 다 날렸다. apart from [무.

고각 가구(家具)의 사개에 튼튼하라고 덧붙이는

고삭-부리[명] 음식을 많이 먹지 못하는 사람. light eater

고산(孤山)[명] 따로 있는 산.

고:산(故山)[명]〔동〕고향(故鄕).

고산(高山)[명] 높은 산. [의 산악 기후.

고산 기후(高山氣候)[명] 해발 2,000m 이상의 높은 산

고산-대(高山帶)[명]〈지리〉고산성 산지로서 고산 식물이 자라는 지대. alpine belt

고산-병(高山病)[명]〈의학〉고산에 올라갔을 때 기압의 저하로 일어나는 병. 심계 항진·안면 홍조·이명·복피·오심·난청 등의 증세가 나타남. 산악병(山嶽病). [질.

고산-성(高山性)[명] 고산의 기후·환경 등에 알맞는 성

고산 식물(高山植物)[명]〈식물〉고산대에 나는 식물. 다년생 풀과 키 작은 관목이 많음. alpine plant

고산 유수[-뉴-](高山流水)[명] ①높은 산에서 흘러내리는 물. ②미묘한 음악. 특히, 거문고 소리의 비유. ③'지기(知己)'의 비유.

고:살(故殺)[명] 일부러 사람을 죽임. murder 하타

고살리[명]〈식물〉배의 한 품종. 모양이 갸름하고 꼭지 달린 데가 뾰족함. 고산리(高山梨).

고삼(苦蔘)[명] ①〈식물〉콩과의 다년생 풀. 산야에 나는데, 높이 90cm 가량으로 여름에 황색 꽃이 픽. 뿌리는 약용. 쓴너삼. ②〈한의〉고삼의 뿌리. 맛이 쓰고 성질이 참. 황달·학질·치혈 등에 약으로 씀.

고삼-자(苦蔘子)[명] 고삼의 씨. [호마(虎麻).

고상(苦狀)[명] 고생스러운 상태나 형편.

고상(高尙)[형] ①지조가 높고 깨끗하여 속된 것에 몸을 낮추거나 굽히지 않음. ②학문·예술 등의 정도가 높고 깊어 저속하지 않음.〔대〕비속(卑俗). 저속(低俗). nobility 하타 해지다

고상(高翔)[명] 높이 날아 오름. high flight 하타

고상(翱翔)[명] ①새가 하늘을 높이 빙빙 날아다님. ②한 일을 성공 없이 돌아다님. fully 하타

고상-고상[부] 잠이 오지 않아 애태우는 모양. wake-

고살 ①마을 안의 좁은 골목길. 고샅길. alley ②좁은 골짜기의 사이. ravine

고살-고살[부] 고살마다. 살피살피. in every nook and

고살-길[-낄][명]〔동〕 ①. [corner

고:새[명]〔약〕→고사이.

고-색(古色)[명] ①낡은 빛. worn colour ②옛날의 풍치나 모양. antique look

고색(枯色)[명] 초목이 마른 빛깔.

고색(苦色)[명] ①싫어하는 기색. displeasure ②꺼리는 눈치. distressing look

고:색 창연(古色蒼然)[명] 퍽 오래 되어 옛날 풍치가 저절로 드러나 보이는 모양. 하타

고-생(苦生)[명] ①어렵고 피로운 생활. hard life ②괴롭게 수고함.〔대〕안락(安樂). toil 하타 스럽다 스렵다

고:생-계(古生界)[명]〔동〕고생층(古生層).

고생-길[-낄](苦生-)[명] 피롭고 수고로운 길. 고생

줄. thorny path

고생 끝에 낙이 있다(다) 어렵고 피로운 일을 겪고 나면 좋은 일이 돌아온다. 고진 감래(苦盡甘來).

고:-생대(古生代)[명]〈지학〉지질 시대 중 원생대(原生代) 다음, 중생대 앞의 시대. 해초·양치류·무척추 동물이 번성했음. Palaeozoic era

고:생-대(古生帶)[명]〈지학〉고생대에 형성된 지층(地層). Palaeozoic group [렸다. adversity

고생-문(苦生門)[명] 고생을 당할 운명. ¶~이 활짝 열

고:생-물(古生物)[명]〈생물〉지질 시대에 생존하였던 생물.

고:생물-학(古生物學)[명]〈생물〉고생물의 형태·상태·분류·분포 등을 연구하는 학문. paleontology

고생-살이(苦生-)[명] 고생을 하면서 겨우 살아가는 살림살이.

고생 주머니[--주--](苦生-)[명] ①늘 고생스럽게 사는 사람. ②하는 일마다 힘이 들어 고생하는 사람. poverty-stricken person

고생-줄[-쭐](苦生-)[명]〔동〕고생길.

고생-층(古生層)[명]〈지하〉고생대의 지층. 고생계.

고생-티(苦生-)[명] 겉으로 드러나 보이는 고생한 흔적. ¶얼굴에 ~가 나다.

=고서[어미] '-고's'의 뜻을 더 완전하게 나타내는 연결어미. ¶물일을 한 ~ 집으로 돌아왔다.

고:서(古書)[명] ①옛날의 책. 고본(古本). 헌 책. 고서적. [대]신서(新書). old books ②옛날 글씨. old

고:-서적(古書籍)[명]〔동〕고서①. [writings

고-석(古石)[명] 이끼가 낀 오래 된 돌. mossy stone

고:-석(古昔)[명] 옛날. olden times

고석(鼓石·皷石)[명]〈제도〉혼유석(魂遊石)을 받치는 돌. 북석.

고석(鹽石)[명]〔동〕속돌.

고석-매(鹽石-)[명] 속돌로 만든 맷돌.

고선(考選)[명] 고사하여 뽑음. selection 하타

고선(賈船)[명] 장삿배. 상선(商船). merchant ship

고:설(古說)[명] ①옛날 이야기. ②옛적의 학설.

고설(高說)[명] ①전시가 높은 학설. erudite theory ②(공) 남의 학설. your theory

고:성(古城)[명] 옛 성. old castle

고:성(古聖)[명] 옛 성인. old saints

고성(告成)[명] 일이 이루어짐을 알림. 하타

고성(孤城)[명] ①외딴 성. isolated castle ②외부의 도움이 없이 고립된 성. isolated castle

고성(高聲)[명] 높은 목소리.〔대〕저성(低聲). loud voice

고성(鼓聲)[명] 북 소리. drumbeat

고성-기(高聲器)[명]〔동〕확성기.

고성 낙일(孤城落日)[명] 목숨이 얼마 남지 않은 대단히 처량한 정상의 비유. helpless predicament

고=성:능(高性能)[명] 성능이 높음. ¶~ 폭탄.

고성:능 비료(高性能肥料)[명]〈화학〉메탄인산칼슘과 디암모늄 포스페이트의 순도가 60~70%나 되는 화성(化成) 비료. [음. 하타

고성 대:규(高聲大叫)[명] 높은 목소리로 크게 부르짖

고성 대:독(高聲大讀)[명] 크고 높은 목소리로 글을 읽음. 하타

고성 대:질(高聲大叱)[명] 목청을 높여 큰 소리로 꾸짖음. 하타 [외는 염불. 하타

고성 염:불[--념-](高聲念佛)[명]〈불교〉높은 소리로

고성 전:화(高聲電話)[명]〈이〉라디오 수신기와 같은 원리에 의하여 높은 소리가 나게 장치한 전화.

고:성-죄[-쬐](冒聖罪)[명]〈기독〉성물(聖物)이나 성사(聖事)의 보수로 재물을 받는 죄.

고성 준:론(高聲峻論)[명] 목소리를 높이어 엄숙하면서도 날카롭게 말함.

고셋-물 물건을 넣어 두는 그릇 같은 데의 가장 손쉽게 찾을 수 있는 맨 앞쪽. ¶바로 ~에 두고 못 찾는다. handy place

고:세(古世)[명]〔동〕고대(古代)①.

고:세(故歲)[명] 지난해. 구세(舊歲).

고세:(庫稅)[명] 창고를 빌려 쓴 세.

고:소(古巢)명 옛 집. old house

고:소(告訴)명〈법률〉범죄의 피해자가 그 사실을 수사 기관에 신고하여 범인의 소추를 구함. 《유》신소(伸訴). accusation 하다

고소(苦笑)명 쓴웃음. bitter smile 하다

고소(高所)명 높은 데. high place

고소 공포(高所恐怖)명〈의학〉높은 곳에 올라가면 떨어질 것일 것 같이 느껴지는 공포증. 고쳐 공포증(高處恐怖症).

고:소권-자(告訴權者)명〈법률〉고소권을 가진 사람. 범죄로 인한 피해자나 그 법정 대리인에게 일반적으로 인정됨. [소득(低所得).

고=소득(高所得)명 많은 소득. 벌이가 많음.《대》저

고=소원(固所願)명 본래 바라던 바. ¶불감청(不敢請) 이언정 ~이라. one's earnest wish

고:소-인(告訴人)명〈법률〉고소를 한 피해자나 그 법정 대리인. complaintant

고:소-장(告訴狀)[-짱](告訴狀)명〈법률〉고소인이 제출하는 고소의 서류. bill of complaint

고소-하다[형여불] ①볶은 참깨나 참기름 맛 같다. have a taste of sesame oil ②미운 사람이 잘못되었을 때 마음 속으로 재미있게 여기다. ¶까불대더니, ~. gloat

고:속(古俗)명 옛 풍속. old custom

고속(高速)명《약》→고속도.

고속-강(高速鋼)명《약》고속도강(高速度鋼).

고속 기류(高速氣流)명〈물리〉음속에 가깝거나, 또는 그보다 빠른 속도로 흐르는 기류. high-speed flow

고=속도(高速度)명 아주 빠른 속도.《약》고속(高速).

고속도-강(高速度鋼)명〈공업〉금속을 고속도로 자르거나 깎아도 연화(軟化)하지 않는 내열성(耐熱性)이 강한 강철.《약》고속강(高速度鋼).

고속 도:로(高速道路)명 자동차가 고속도로 안전하게 달릴 수 있도록 곧고 평탄하게 만든 도로. high way

고속도 영화(高速度映畫)명 고속도로 촬영한 영화. 이 영화를 표준 속도로 영사(映寫)하면 아주 급속한 동작·운동도 완만하게 보여, 시각적으로 포착하기 어려운 급속의 변화도 분석적(分析的)으로 볼 수 있음. fast motion picture

고속 렌즈(高速 lens)명 대구경(大口徑) 렌즈. 보통 F1.4, F1.2, F1.1 정도의 렌즈를 가리킴. high-speed lens

고:-속요(古俗謠)〈문학〉옛날 속요.

고속 철도[-또](高速鐵道)명 대도시와 그 교외에서 쓰는 고속도의 철도. 지하 철도·고가 철도(高架鐵道)·

고손(高孫)명《동》현손(玄孫).[道)·

고슴돛-이(교 고슴돛이.[독.

고송(枯松)명 말라 죽은 소나무. dead pine-tree

고송(孤松)명 외따로 서 있는 소나무. solitary pine-tree

고송(枯松)명 말라 죽은 소나무. dead pine-tree

고수-풀명《약》고수풀.

고수(叩首)명《동》고두(叩頭). 하다

고수(固守)명 굳게 지킴. adherence 하다

고수(高手)명 수가 높은, 또는 수가 높은 사람. ¶장기의 ~들.《유》상수(上手). master hand

고수(高壽)명《동》고령(高齡).

고수(鼓手·鼓子)명 북을 치는 사람. drummer

고수 공사(高水工事)명 홍수를 막기 위하여 하는 하천 공사. river improvement work

고수레[1]〈민속〉굿을 할 때나 들에서 음식을 먹을 때 음식을 조금씩 떼어 던지면서 하는 소리. 또, 그렇게 하는 짓. 하다《참》고수레.

고수레[2]칙벽을 반죽할 때 끓는 물이 골고루 섞이

고수레-떡명 고수레하여 반죽한 덩이째로써 낸 흰떡. kind of rice-cake

고수련명 ①오래 앓는 사람의 병구완을 함. nursing

②함부로 다루지 않음. kind treatment 하다

고=수로(高水路)명〈토목〉홍수가 날 때에만 흐르는 하천(河川) 바다.

고수-머리명 털이 곱슬곱슬한 머리. 또, 그 사람. 권발(卷髮). frizzled hair[버들.

고수=버들명〈식물〉가지가 고수머리처럼 고불고불한

고수 부지(高水敷地)명《동》고수위(高水位)일 때에만 물에 잠기는 하천 부지.

고=수위(高水位)명〈토목〉홍수·만조로 평균 수위 이상에 오른 수위.

고수=증(鼓水症)명〈한의〉신장염(腎臟炎)의 하나로, 아랫배로부터 부종(浮腫)이 시작되는 병.

고수-풀명 미나리과의 다년생 풀. 줄기는 가늘고 긴데 속이 비었으며, 여름에 잘고 흰 꽃이 핌. 열매는 작고 둥근데 조미료와 약재로 씀.《약》고수.

고숙(枯熟)명 종자가 가장 성숙한 단계. 과숙(過熟). 하다 [undiminished **고스란-히**]

고스란-하다[형여불] 조금도 축남이 없이 온전하다.

고스러-지다자 곡식이 벨 때가 지나 이삭이 꼬부라져 앙상하게 되다.

고=스톱(go-stop)명 ①'가라, 서라'의 뜻을 가진 교통 정리 신호. ②《속》화투놀이의 하나.

고스펠(gospel)명〈기독〉①복음(福音). ②신약 성서에 수록된 네 복음서의 총칭.

고슬-고슬명 밥이 질지도 되지도 않게 알맞게 된 모양.《큰》구슬구슬. properly-boiled 하다

고슴도치명〈동물〉고슴도치과의 동물. 몸 빛은 암갈색이며, 꼬리 이외의 등털머리와 몸의 약처으로 바늘같은 가시가 온통 덮여 있음. 자위(刺蝟).《약》고슴돛. hedgehog[칭찬하여 주면 좋아한다.

고슴도치도 제 새끼가 함함하다면 좋아한다속담 누구나

고슴도치 외 따 지듯속담 빚을 많이 걸머지는 것의 비유.

고슴돛명《약》→고슴도치.

고:습(故習)명 예로부터의 습관. convention

고습(高濕)명 습기가 많음. 하다

고승(高僧)명〈불교〉도덕과 학식이 많거나 지위가 높은 스님. high priest

고:시(古時)명 옛날. 옛적. ancient times

고:시(古詩)명 ①옛 사람의 시. 고대의 시. old poems ②《약》→고체시(古體詩).

고:시(考試)명 ①《학생·지원자 등의 학력·자격 등을 시험하여 급락(及落)과 채용 여부를 결정함. ¶고등(高等)~. ②《제도》과거의 성적을 끊어서 등수를 정함. 하다《게시론. notification 하다

고:시(告示)명 여러 사람에게 알릴 것을 글로 써서

고시(顧視)명 ①돌아다봄. 고첨(顧瞻). ②《동》고념(顧念). 하다

고시랑-거리다자 듣기 싫게 걱정하는 잔소리를 자꾸 되뇌어 하다.《큰》구시렁거리다. grumble **고시랑-고시랑**무 하다

고:=시조(古時調)명 옛 시조.[**고시랑** 하다

고:식(古式)명 옛날의 법식.《대》신식(新式). old custom

고식(姑息)명 ①계집과 자식. one's wife and children ②우선 당장은 편안함. mere makeshift

고식(姑媳)명《동》고부(姑婦).

고식-적(姑息的)[-쩍](명) 임시 변통이나 한때의 눈가림으로 꾸며대는 (것). ¶ ~ 수단. temporizing

고식지계(姑息之計)명 편한 것만 택하는 계책. 고식책(姑息策).

고식-책(姑息策)명《동》고식지계(姑息之計).

고:신(告身)명〈제도〉'직첩(職牒)'의 별칭.

고신(孤臣)명 임금의 신임을 받지 못하는 신하. solitary retainer

고신(孤身)명 외로운 몸. solitary person

고신(苦辛)명 피로고 쓰라림. 하다

고신(拷訊)명《동》고문(拷問). [拷問). 하다

고신 얼자[-짜-](孤臣孼子)명 임금의 신임을 받지 못하는 신하와 사랑을 얻지 못하는 서자(庶子).《약》고얼(孤孼). [의 원통하는 눈물.

고신 원:루(孤臣寃淚)명 임금의 사랑을 잃게 된 신하

고신 척영(孤身隻影)[명] 붙일 곳이 없이 떠도는 외로운 홀몸. solitary person

고:실(故室)[명] 죽은 아내. deceased wife

고:실(故實)[명] 전고(典故).

고실(鼓室)[명] 〈생리〉소리의 진동을 내이(內耳)로 전하여 주는 중이(中耳)의 한 기관. 세 개의 청골(聽骨)로 이루어짐. ear-drum

고:실=가(故實家)[명] 고실에 밝은 사람.

고심(苦心)[명] 마음을 괴롭히며 애씀. racking one's brains 하타

고심 참담(苦心慘憺) 몹시 애태워 걱정함. take great pains 하타

고:아(古雅)[명] 예스럽고 아담하여 멋이 있음. classical grace 하형 스럽 스레형

고아(孤兒)[명] 부모를 여의어 외로운 아이. orphan

고아(高雅)[명] 고상하고 우아함. elegance 하형

고아=원(孤兒院)[명] 고아를 거두어 기르고 가르치는 사회 사업 기관. orphanage

고:악(古樂)[명] 고대의 음악. ancient music

고악(高嶽)[명] 높은 산. 높은 메.「하타

고:안(考案)[명] 어떤 것을 생각하여 냄. 또, 그 안. design

고안(孤雁)[명] 짝이 없는 외기러기. solitary wild goose

고안(苦顔)[명] 불쾌한 안색. unpleasant look

고:암(古岩)[명] 이끼가 덮인 오래 된 바위.

고압(高壓)[명] ① 높은 압력. high pressure ② 높은 전압. (대) 저압(低壓). high voltage ③ 마구 억누름. ¶〜적인 수단. high handedness 하타

고압 가스(高壓 gas)[명] 압축 또는 액화된 고압하(高壓下)에 있는 가스.「는 장치.

고압=계(高壓計)[명] 기체나 액체의 큰 압력을 측정하

고압=선(高壓線)[명] 〈물리〉고압의 전류(電流)를 보내는 전선. 고압 전선. high-tension wire

고압 전:기(電壓電氣)[명] 〈물리〉전압이 높은 전기.

고압 전:선(高壓電線)[명] 〔동〕고압선.

고=압축(高壓縮)[명] 고도로 압축함. 하타

고애=자(孤哀子)[인대] 부모를 다 여읜 사람이, 상중(喪中)에 자신을 가리키는 말.

고액(苦厄)[명] 고난과 재액.

고액(高額)[명] 많은 금액. (대) 저액(低額). large sum

=고야[어미] ①어미 '느'에 조사 '야'가 합친 연결 어미. =고서야 어찌. ¶정성이 그러하니 성공할 수 있나? ②[교] =구나.

고약(膏藥)[명] 종기나 상처에 바르는 외용약(外用藥). 검은약②. ointment

고약=단지(膏藥─)[명] 고약한 데가 있다. **고:약=스레**[명]

고:약=하=다(苦惡─)[여형] 성질·얼굴·날씨·냄새 등이 괴팍하거나 흉하거나 나쁘다. bad

고안타(苦顔─)[명] 고약한다.「별칭.

고양(羔羊)[명] 〈기독〉①어린 양. ②예수 그리스도의

고양(高揚)[명] ①높이 게양함. raising ②높이 선양(宣揚)함. enhancement 하타

고양(膏壤)[명] 기름진 땅.

고양=미(─養米)[명] 〔원〕→공양미(供養米)①.

고양 밥 먹고 양주 구실[관] 제가 해야 할 일은 않고 딴 일을 할 때에.

고양이(─)[명] 〈동물〉고양이과의 짐승. 교근(咬筋)과 송곳니가 발달되어 육식에 알맞음. 특히 밤에 어두운 곳에서도 물체를 잘 볼 수 있고 쥐를 잘 잡음. 《약》페이. cat 「회판(繪板)①.

고양이가 개 보듯(─) 사이가 나빠 서로 으르렁거리며 기

고양이 덕과 며느리 덕은 모른다(─) 앉지 못하는 가운데 힘을 갖이 적지 않으나, 남보기에 뚜렷이 나타나는 공이 없으므로 알아 주지 않는다.

고양이 목에 방울 단다(─) 실행하기 어려운 공론.

고양이 보고 반찬 가게 지키라고 한다(─) 지켜 달랠까가 도리어 도둑을 맞기 쉽다.

고양이=소(─素) 욕심꾸러기가 깨끗한 체, 흉악한 사람이 착한 체하는 것. ≒ hypocrisy

고양이 수파 쓴 것 같다(─) 보잘것없는 주제에 어울리지도 않는 호사를 하여 꼴사납다.

고양이 앞의 쥐걸음(─) 무서운 사람 앞에서 설설 김.

고양이 죽은 데 쥐 눈물만큼(─) 매우 적거나 아주 없음.

고양이=주(─養主)[명] 공양주(供養主).

고:어(古語)[명] 〈어학〉①고대의 언어. archaic word ②옛날에 썼으나 지금은 안 쓰는 말. ③ (동) 고언

고어(苦語)[명] 〔동〕고언(苦言).

고:언(古言)[명] 옛 사람의 말. 고어(古語)③. old saying

고:언(古諺)[명] 옛날부터 전하여 오는 속담. old proverb

고언(苦言)[명] 귀에는 거슬리나 유익한 말. 고어(苦語). 《대》감언(甘言). bitter advice

고언(高諺)[명] ①고상한 말. 고사(高辭). elegant words ②큰소리. 대언 장어(大言壯語)②. big talk

고얼(孤孼)[명] 〔원〕→고신 얼자(孤臣孼子).

고:역(苦役)[명] 〈불교〉받기를 괴로워하는 인연. 「유.

고:=여름(古如今)[명] 사물이 조금도 변하지 않음을 비

고역(苦役)[명] 몹시 힘들고 피로운 일. 가역(苛役).

고연(固然)[명] 원래 그러함. 하형「hard work

고연(故緣)[명] 옛 인연. 구연(舊緣). old relationship

고:열(考閱)[명] 참고하여 열람함. reference 하타

고열(苦熱)[명] 지독히 심한 더위. 고염(苦炎). oppressive

고열(高熱)[명] 높은 열. high fever 「heat

고염(固鹽)[명] 굳은 덩어리 소금.

고염(苦炎)[명] 〔동〕고열(苦熱).

고염(苦鹽)[명] 〔동〕간수.

고염(枯葉)[명] 마른 잎. dead leaf

고영(孤影)[명] ①외로운 그림자. solitary figure ②외롭고 쓸쓸한 모습.

고영(高詠)[명] ①높은 소리로 읊음. ②매우 뛰어난 시가. excellent verses ③ (공) 남의 시가. 하타

고:옥(古屋)[명] 지은 지 오래 된 집. 구옥①. old house

고옥(孤屋)[명] 인가에서 외떨어진 집. 「perature

고온(高溫)[명] 높은 온도. 《대》저온(低溫). high tem-

고온=계(高溫計)[명] 〈물리〉500〜1000℃의 높은 온도를 재는 온도계. pyrometer

고온=균(高溫菌)[명] 고온에서 살고 있는 균.

고:와(古瓦)[명] 옛 기와. ancient tile

고와(高臥)[명] ①베개를 높이 베고 누움. lying comfortably ②벼슬자리에서 물러나 한가하게 지냄. leisurely living 하타

고:왕 금래(古往今來)[명] 옛날부터 지금까지의 동안. 왕고 금래. 왕고 내금. all ages

고외(孤外)[명] 아랫모의 명.

고요(─)[명] ①조용함. 정적(靜寂). ②잔잔하고 편안함.

고:요(古謠)[명] 고대의 가요. old songs

고욕(苦辱)[명] 견디기 어려운 불명예스러운 일.

고욤[명] 고욤나무의 열매. 작은 타원형으로, 달면서 떫음. small kind of persimmon

고욤=나무[명] 〈식물〉감나무과의 낙엽 활엽 교목. 감나무와 비슷한데 잎은 작고 긴 타원형임. 5월에 꽃이 피고, 장과는 10월에 암자색으로 익음. 과실은 식용 및 약용임. 군천.

고욤이 감보다 달다(─) 작은 것이 큰 것보다 도리어 실속있고 질이 좋을 때이 쓴.

고욤 일흔이 감 하나만 못하다(─) 자질구레한 것이 아무리 많아도 큰 것 하나를 못 당한다. 「하타

고용(雇用)[명] 삯을 주고 사람을 부림. employment

고용(雇傭)[명] 삯을 받고 남의 일을 함. 〜 시장(市場). 장기 〜. employer engagement 하타

고용 계:약(雇傭契約)[명] 〈법률〉노동력의 사용과 제공에서, 두 편이 각각 앞으로의 일정한 조건을 이행할 것을 맺는 계약. employment contract

고용=살이(雇傭─)[명] 고용되어 지내는 생활. employer's life 하타

고용 조건(─件)(雇傭條件)[명] 〈사회〉고용함에 있어서의 당사자 사이의 권리·의무 따위의 여러 조건.

고용=주(雇傭主)[명] 삯을 주고 사람을 부리는 주인.

고우(故友)[명] ①오래 사귄 벗. old friend ②고인이 된 벗. deceased friend
고우(苦雨)[명] 때아닌 궂은비. unwelcome rain
고우(膏雨)[명] 경작기에 알맞게 내리는 좋은 비. beneficial rain
고운(孤雲)[명] 외로이 떠도는 구름. solitary cloud
고:운-때[명] 보기 싫지 않게 옷에 조금 묻은 때.
고운 사람 미운 데 없고 미운 사람 고운 데 없다[속] 한 번 좋게 보면 그 사람이 하는 일은 다 옳게만 보이고, 한번 나쁘게 보면 다 궂게만 보인다.
고운 야:학[―나―](孤雲野鶴)[명] '은사(隱士)'의 비유. hermit 「로 복된 일을 하면 복을 받는다.
고운 일하면 고운 밥 먹는다[속] 인과 응보(因果應報)
고:원(古園)[명] 옛 정원. 오랜 정원.
고:원(古園)[명] 옛 뜰. old garden ②예전에 살던 곳.
고원(高原)[명] <지학> 주위의 지형보다 월등히 높고 넓은 벌판. ¶~ 지대(地帶). high land
고원(高遠)[명] ①높고 멂. high and far reaching ②고상하고 원대함. [대] 비근(卑近). loftiness 하[형]
고원(雇員)[명] 관청에서 사무를 돕는 사람. government employee
고원 난행(高遠難行)[명] 학문의 이치가 고상하고 원대
고월(孤月)[명] 외롭고 쓸쓸히 떠 있는 달. solitary moon
고위(考位)[명] 돌아간 아버지로부터 그 위의 각 대 한 아버지의 위(位). [대] 비위(妣位).
고위(孤危)[명] 외롭고 위태함. 하[형]
고위(高位)[명] ①높은 지위. ②높은 위치. [대] 하위(下位). high rank
고위기물/고윗가름[명] <고> 고위까락.
고위=까락[高緯][명] 곡정초(穀精草).
고:위도(高緯度)[명] 위도가 높음. 남극·북극에 가까운 지방의 위도. high latitude
고위 도시(高位都市)[명] <지리> 기후가 좋고 건강에도 이로우며, 특수 산업이 발달하여 높은 산간 분지에 이루어진 도시. (高地都市). high-land town 「사람들. ¶~ 인사. persons of high rank
고위-층(高位層)[명] 고위의 계층. 높은 지위에 있는
고:유(告由)[명] 중대한 일이 생겼을 때 사당·신명(神明)에게 고함. 하[타]
고:유(告諭)[명] 일러서 깨우쳐 줌. ¶~문(文). 하[타]
고유(固有)[명] ①본디부터 있음. peculiarity ②어느 물건에만 특별히 있음. characteristic 하[형]
고유(苦油)[명] 도자기(陶瓷器)나 쇠그릇 따위가 바로 못 되고 뒤틀리거나 우므러져 있음. 하[형]
고유(膏腴)[명] ①살지고 기름짐. ②땅이 걺.
고유 명사(固有名詞)[명] <어학> 특정한 사람이나 물건에 대하여 붙여진 이름. 인명·지명 따위. [대] 보통 명사. proper noun
고유 문화(固有文化)[명] 어떤 국가·민족만의 독특한
고유-법[―뻡](固有法)[명] <법률> 그 민족의 고유한 풍속을 토대로 한 법률. [대] 계수법(繼受法).
고유-색(固有色)[명] ①물체가 각기 지니는 색깔. ②(미술) 그림 물감을 튜브에서 낸 채로의 혼색하지 않은 빛깔. ③<심리> 과거 경험되는 대상이 그 고유한 빛깔을 지닌 채 기억되어, 현실의 지각에 영향을 주게 되는 기억색(記憶色).
고유-성[―썽](固有性)[명] <철학> 어떤 사물이나 종족이 가진 고유한 성질. [대] 우유성(偶有性). peculiarity 「벌herb이는 식물.
고유 식물(固有植物)[명] <식물> 어느 한 지방에만 특
고유-어(固有語)[명] 본디부터 해당 언어에 있던 말이나 그것에 기초하여 새로 만들어진 말. 이런 말에서는 외래어나 한자어에 상대하여 이르는 말.
고유 운:동(固有運動)[명] <지학> 항성(恒星)이 1년 동안에 서서 방향(視線方向)과 수직으로 나타내는 시운동(視運動). proper motion
고유-음(固有音)[명] <물리> 각 발음체의 각각 고유한
고유 재산(固有財産)[명] <법률> 상속·양도 등으로서 취득한 재산이 그 청산·보관 그 밖의 특정한 목적을 위하여 본래의 재산과 구별하여 관리될 경우에 있어서의 본래의 재산. 「는 독특한 정신.
고유 정신(固有精神)[명] 어떤 한 민족만이 가지고 있
고:유(告由祭)[명] 고유 때 올리는 제사.
고유=종(固有種)[명] <생물> 어느 지방에만 고유한 종류의 동식물. endemic species
고유 진:동(固有振動)[명] <물리> 각 진동체에 따라 다른 독특한 수호의 진동과 독특한 파형(波形)의 진
고육(股肉)[명] 넓적다리의 살. [동]
고육-조(股肉彫)[명] <동> 고부조(高浮彫).
고육지=계:(苦肉之計)[명] 자기 자신의 다소간의 희생까지도 각오하고 상대방을 속이기 위하여 꾸미는 계책. 고육책(苦肉策).
고육-책(苦肉策)[명] [동] 고육지계(苦肉之計).
고율(高率)[명] 높은 율. 높은 비율(比率). high rate
고은(孤恩)[명] 은혜를 저버림. 배은(背恩). ingratitude 하[자]
고은(高恩)[명] 높은 은혜. 홍은(鴻恩). great favour
고:은-대(高恩―)[명] ①토란 줄기의 밑동. ②줄기가 마른, 땅속에 있는 감자.
고을[명] <법률> ①<도(道)를 몇으로 나눈 행정 구역의 하나. 군(郡)①. district ②<제도> 주(州)·부(府)·군(郡)·현(縣)의 총칭. ③군아(郡衙)가 있는 곳. [약]골⑥.
고을=고을[명] 여러 고을. 《약》골골¹. 고을마다 두루.
고을=모둠[명] 글자의 범위를 한정하고 그 범위의 글자를 넣어, 고을 이름을 각각 아는 대로 적은 뒤에 그 수효의 많고 적음으로 승부를 겨루는 문자 유희. [약] 골모둠.
고을=살이[명] 옛날에 고을의 원으로 지내는 생활. 《약》골살이. 하[자] 「그 작품.
고음(苦吟)[명] 고심하여 시(詩)나 노래 등을 지음. 또,
고음(高吟)[명] 소리 높여 읊음. 하[타]
고음(高音)[명] ①높은 소리. ②<음악> 소프라노. [대] 저음(低音). high-pitched tone
고:음계(高音階)[명] <음악> 높은 음계.
고:음부 기:호(高音部記號)[명] 높은음자리표.
고:읍(古邑)[명] 옛 군아(郡衙)가 있던 곳. 구읍(舊邑). ancient town
고:의(古意)[명] 옛 의의(意義)나 해석. old meaning
고의(固意)[명] ①굳은 뜻. ②뜻을 굳게 먹음. strong will 「극기(克己)하고 있는 옷.
고의(苦衣)[명] <기독> 천주교에서, 도를 닦는 사람이
고:의(故意)[명] ①일부러 함. intention ②<법률> 남의 권리를 침해함을 알고도 행하는 심리 상태. 작의(作意)③. ¶~주의(注意). [대] 과실(過失). delibe-
고:의(故誼)[명] 대대로 오래 두고 사귄 정의. [ration
고의(高位)[명] 높은 뜻. high will 하[타] <대> 대의(大意).
고의(高義)[명] ①높은 덕의(德義). noble act ②두터운 의리나 우정. great favour ②<공> 남의 정분.
고의(高誼)[명] 두터워서 도타운 정분. close friendship
고:의(袴衣)[명] 남자의 여름 홑바지. 단고. 중의(中衣) ¶~ 적삼. summer drawers
고:의-로(故意―)[명] 일부러. 짐짓.
고:의-범(故意犯)[명] <법률> 고의로 행한 범죄. 유의범(有意犯). [대] 과실범. 무의범(無意犯).
고:의-춤(袴衣―)[명] 고의의 허리를 접어 여민 사이. 《약》괴춤.
고:이[부] ①삼가 조심하여. ¶~ 받들다. carefully ②곱게. ¶~ 키운 아이. beautifully ③편안히. ¶~ 잠드소서. peacefully ④그대로 온전히. ¶~ 모시다. carefully
고이=고이[부] '고이'를 강조하는 말. ¶~ 간직하다.
고이층-다[형] <고> 이상하다. 괴이하다.
고:인(古人)[명] 옛날 사람. ancients
고:인(故人)[명] ①죽은 사람. deceased ②오래 사귄 벗. 고우(故友)①. old friend 「주(雇主).
고인(雇人)[명] 부림을 받아 품팔이하는 사람. [대] 고
고인(賈人)[명] [동] 장수.

고인(雙人)[명][동] 소경. 고자(瞽者).
고인-돌[명]〈역사〉선사 시대(先史時代)의 거석 기념물로, 납작하고 넓적한 돌을 양편에 세우고, 그 위에 평평한 돌을 덮은 분묘. 그 속에 시체와 함께 석기나 토기 등을 넣었음. 지석(支石). 돌멘(dolmen).
고일(高逸)[명] 학식과 덕망이 높이 뛰어남. pre-eminence 하[형]
고일-계(高日季)[명] 적도 부근 지방의 해가 높이 있을 고임[명]→굄 1.2.
고자[명] ①[약]→고자잎. ②[약]→활고자.
=고자[어미] 동사의 어간에 붙어 욕망의 뜻을 나타내는 연결 어미. ¶보~ 한다. in order to, so as to
고:자(古字)[명] 옛 체(體)의 글자. ancient letter
고:자(告者)[명] 남의 잘못·비밀을 일러바치는 사람. informant, tale-teller
고자(孤子)[명][대] 아버지를 여의고 어머니만 모시고 상중(喪中)에 있는 사람의 자칭. [대] 애자(哀子).
고자(庫子)[명]〈제도〉각 군아(郡衙)에서 물품을 맡아보던 사람. [관] ②. 엽인(閻人).
고자(鼓子·皷子)[명] 생식기가 불완전한 남자. 내관(內
고자(瞽者)[명][동] 고인(瞽人).
고즌[명][고] 먹물.
·고즈기[명][고] 극진하다.
고즈기-흥-다[자][고] 뽐내다. 도스르다.
고자누룩:=하-다[여불] ①한참 떠들다가 잠잠하다. become quiet 시끄럽던 병세가 좀 가라앉다. be
고자리[명] 오이·배추벌레의 애벌레. [assuaged
고자리-먹-다[자] 고자리가 오이나 배추 잎을 쏠아 먹
고자리 쑤시듯 하다[관] 함부로 쑤시다. [세.
고=자세(高姿勢)[명] 거만하게 버티는 자세. [대] 저자
고자-잎[명] 활의 도고지에서 양냥고자까지에 이르는 부분. [약] 고자①.
고:자-쟁이(告者—)[명] 고자질하는 사람. taleteller
고자쟁이가 먼저 죽는다[관] 남을 음해하려고 고자질하는 자가 먼저 해를 입는다.
고자-좆[명] 바둑에서, 찌를 구멍은 있으나 찌르지 못하게 잡히게 되므로, 찌르지 못하는 말림.
고:자-질(告者—)[명] 남의 비밀·허물을 일러바치는 짓. **고작**[명][속] 상투. [taletelling 하[타]
고작[감] 기껍하여. ¶~ 한 게 이것이냐? at best
[부] 극한·최상 등의 뜻으로 쓰이는 말. ¶하루 천원만 벌면. ~
고·즉-흥-다[고] 극진하다. 지극하다.
고장[명] ①어떤 방면의 땅. 지방(地方)①. ②민속의 ~안동. district ②나거나 자란 곳. native place
고장(孤掌)[명] 한쪽 손바닥. 독장(獨掌). single palm
고장(枯腸)[명] 마른 창자. 빈 속. empty stomach
고:장(故障)[명] 사고나 장애로 생기는 탈. ¶~나다.
고장(苦障)[명]〈불교〉지옥. 아귀(餓鬼)·축생(畜生)등의 고통.
고장(庫藏)[명] 창고에 들어 있는 것. [장사. 하[타]
고장(藁葬)[명] 시체를 짚이나 거적으로 싸서 거나 내다
고:장 기간(故障期間)[명][법률] 고장 신청이 유효하게 기간.
고장 난:명(孤掌難鳴)[명] 혼자서는 일하기가 어려움. 독장 난명(獨掌難鳴). 독장 불명(獨掌不鳴). It takes two to wrestle
고장물[명] ①빨래를 빨거나 씻어 더러워진 물. filthy water ②종기에서 고름이 빠진 뒤에 흐르는 물. [큰] 구정물. watery discharge from sore
고재(高才)[명] 뛰어난 재주. 또, 재주가 뛰어난 사람. 고재(高材)①. brilliant talent [prodigy
고재(高材)[명] ①[동] 고재(高才). ②키가 큰 사람.
고재 일족(高才逸足)[명][동] 고재 질족.
고재 질족(高才疾足)[명] 키가 크고 걸음이 빠름. 곧, 지용(智勇)을 겸비한 사람. 고재 일족.
고쟁이[명] 여자의 속옷의 하나. 속곳 위 단속곳 밑에 입음. womans drawers

고쟁이를 열두 벌 입어도 보일 것은 다 보인다[속] ①여러 번 썼으나 정작 가릴 것은 못 가렸다. ②일을 서투르게 하면 하지 않으니만 못하다.
고·자(古字)[명] 고자(古字).
=고·쟈[어미] [고] =고자
고저(高低)[명] ①[동] 높낮이①. ②음의 높낮이. ¶~
고저(高著)[명][공] 타인의 저서. [장단.
고·저[어미] [고] =고자
고저-각(高低角)[명] 사격(射擊) 목표와 사격자를 이은 선과 수평선으로의 각. angle of sight
고저-자[—짜](高低字)[명] 평측자(平仄字).
고저 장단(高低長短)[명] 높고 낮음과 길고 짧음. height and length
고저 측량(高低測量)[명] 어떤 토지의 높낮이를 재는 측량술. height measurement
고저-파(高低波)[명] 횡파(橫波).
고:적(古蹟·古跡·古迹)[명] ①남아 있는 옛 물건. antique ②옛 물건이 있던 터. 고적지. historic remains
고적(考績)[명] 관리의 성적을 상고하는 일. consulting of record 하[타]
고적(孤寂)[명] 외롭고도 쓸쓸함. loneliness 하[형]
고:적(故敵)[명] 옛적의 적. [행진용의 음악에.
고적-대(鼓笛隊)[명]〈음악〉북과 피리만으로 이루어진
고적-운(高積雲)[명]〈지학〉중층운(中層雲)에서 가장 높은 곳에 있는 구름. 백색 또는 회색으로 크고 둥글둥글하게 덩어리진 구름. 높이 2∼7 km. altocumulus
고:전(古典)[명] ①옛날의 법식이나 의식. ancient ritual ②옛날 서적으로 후세에 남을 가치가 있는 책. ¶~을 읽다. classics ③그리스·로마의 대표적 저술. 나중에는 대가의 저술·거장의 작품 등 후인의 모범·전형이 될 만한 것을 가리키게 됨. 클래식②.
고:전(古殿)[명] 옛 궁전.
고:전(古篆)[명] 옛날의 전자(篆字).
고:전(古磚)[명] 옛날의 벽돌과 기와.
고:전(古錢)[명] 옛날 돈. old coin
고전(苦戰)[명] 몹시 힘든 싸움. ¶~ 악투(惡鬪). hard
고전(雇錢)[명] 품삯. wage [fight 하[타]
고:전-극(古典劇)[명]〈연예〉①고대의 연극. 그리스의 연극 따위. classical drama ②고전주의 시대의 연극. ③고전(古典)의 내용을 주제로 한 극.
고:전-기(告傳旗)[명] 편사시(便射時)할 때에 과녁 가까이에서 화살의 맞음과 떨어지는 방향을 신호하는 기.
고:전 동화(古典童話)[명] 각국의 고전 문학으로서 남아 있는 동화.
고:전 문학(古典文學)[명]〈문학〉①오늘날까지 어떤 가치를 띠고 전하여 오는 옛날의 문학. 특히 그리스·로마의 문학. classical literature ②고전주의의 문학. [대] 현대 문학(現代文學).
고:전-미(古典美)[명] 고전적인 아름다움. [대] 현대미(現代美). classical beauty
고:전-어(古典語)[명]〈어학〉①고전에 쓰인, 후세에 언어의 규범으로 되어 있는 말. ②그리스말·라틴말. classical languages
고:전 음악(古典音樂)[명]〈음악〉①고전적인 가치가 있는 음악. ②고전파 음악(古典派音樂). classical music [field
고:전-장(古戰場)[명] 옛날의 싸움터. ancient battle-
고:전-적(古典的)[명] ①고전으로서의 가치가 있는 것. ②고전을 중히 여기는 경향이 있는(것). ③전통적·형식적인(것). classic
고:전-주의(古典主義)[명]〈문학〉17·18세기에 걸쳐 유럽에 일어난 예술상의 한 경향. 고전 문학·고전 예술에 흐르는 정신과 표현 등을 계승하여, 전아한 형식·이성의 우위·균형·조화·객관성 등의 형식을 중히 여기는 경향을 띰. 상고주의(尙古主義). 의고주의(擬古主義). classicism
고:전-파(古典派)[명] 고전주의를 신봉하고 실천하는 파. [대] 낭만파. classical school

고전파 경제학(古典派經濟學)[명] 〈경제〉 17세기에서 19세기 초까지의 영국 및 프랑스의 시민 경제학(市民經濟學).

고:전(古典學)[명] 고전을 과학적으로 연구하는 학문.

고:전-학(古錢學)[명] 고대로부터 근대까지의 화폐 등을 연구하는 학문.

고절(孤節)[명] 고고한 절개. remaining faithful

고절(苦節)[명] 어떤 곤란이나 고통을 당해도 굽히지 않는 굳은 절개. integrity [dignity 하(임)]

고절(高絶)[명] 더할 수 없이 높고 뛰어남. supreme

고절(高節)[명] 고상한 지조를 지켜 변하지 않는 높은 절개. lofty virtues

고점[-쩜](高點)[명] 높은 점수.

고정(考定)[명] 생각해서 정함. 하(타)

고정(考訂)[명] 생각하여 정정함. 하(타)

고정(固定)[명] ①일정한 곳에 있어 움직이지 않음. ¶ ~ 독자(讀者). ②〈생물〉 생물의 기관·조직·세포 등을 관찰할 때에 살아 있는 상태에 가깝도록 유지하기 위하여 그 원형질(原形質)을 응고(凝固)시키는 일. fixation 하(임)

고정(孤貞)[명] 마음이 외곬으로 곧음. 아주 정직하고도 결백함. 고정 단일. 하(임) 스럽 스레(임)

고정(固執)[명] 외따로 떨어져 있는 정자. [타]

고정(固精)[명] 허약한 사람의 정력을 북돋우는 일. 하(임)

고정(苦情)[명] 매우 피로운 정상(情狀). difficulties

고:정(故情)[명] 옛 정분. 오랫 동안 사귀어 온 정분. old friendship

고정 관념(固定觀念)[명] ①〈동〉 고정 악상(固定樂想). ②〈동〉 고착 관념(固着觀念). ¶ 〜을 잃음.

고정-급(固定給)[명] 하루 또는 한 시간의 금액을 정해

고정 단일(孤貞單一)[명] 〈동〉 고정(孤貞).

고정 도르래(固定-)[명] 축이 고정되어 이동하지 않는 도르래. 고정 활차(固定滑車). [대] 움직 도르래. fixed pulley [간 で두독하는 독자.

고정 독자(固定讀者)[명] 정기 간행물을 계속하여 장기

고정-란(固定欄)[명] 신문 잡지 등에 비슷한 종류의 기사가 호마다 고정으로 실리는 난.

고정 문학(固定文學)[명] 〈문학〉 책이 됨으로써 정형(定形)을 얻어 문학사의 연구 대상이 되는 문학.

고정 반:사경(固定反射鏡)[명] 〈물리〉 틀에서 흔들리지 않게 만든 반사경.

고정-배기(孤貞一)[명] 〈속〉 고정적인 사람.

고정 배:치(固定配置)[명] 불박이로 해서 놓은 배치.

고정 불변(固定不變)[명] 고정하여 변함이 없음.

고정-식(固定式)[명] 한 곳에나 한 방식으로 고정되어 있는 방식. [대] 이동식(移動式). fixed type

고정 악상(固定樂想)[명] 〈음악〉 표제 음악에서 어떤 고정 관념을 나타내는 선율. 고정 관념(固定觀念).

고정 원목(固定圓木)[명] 〈체육〉 길고 굵은 둥근 나무를 가로 놓고 두 끝을 받쳐서 지면(地面)에서 사이가 뜨게 장치한 것으로 그 위를 걸어 다니게 만든 기계 체조 용구의 하나.

고정 자본(固定資本)[명] 〈경제〉 생산 자본 중에서 토지·건물·기계 등의 구입에 투자한 자본. 설비 자금(設備資金). [대] 유동 자본(流動資本). fixed capital

고정 재산(固定財産)[명] 〈경제〉 유통을 목적으로 하지 않으며 소모품에 속하지 않는 재산. 부동산·기계·기구 등. fixed assets

고정-적(固定的)[명] 고정되거나 고정되어 있는(것).

고정-주(固定株)[명] 〈경제〉 주주(株主)가 고정하여 부동하지 않는 주(株).

고정-주의(固定主義)[명] 〈법률〉 파산 선고가 내릴 경우, 그 때의 채무자의 재산만으로 파산 재단(破産財團)을 구성한다는 법률상의 주의. 독일주의.

고정-지(藁精紙)[명] 귀리 짚으로 만든 종이. 함경 북도에서 남. 황지(黃紙)②.

고정-표(固定票)[명] 선거 때에 항상 일정한 정당·정견을 지지하여 던지는 표. [대] 부동표(浮動票). solid vote

고정=화(固定化)[명] 제도·사물 따위를 고정시켜 놓거나 또는 고정되게 함. 하(자타)

고정 환:율(固定換率)[명] 〈경제〉 환시세(換時勢)가 수급 관계에 따라 자유로 변동함을 인정하지 않기 위해 일정한 비율로 고정시킨 환율. [대] 변동 환율(變動換率).

고정 환:율제[一쩨](固定換率制)[명] 〈경제〉 중앙 은행이나 정부가 개입하여 환율을 고정시키는 제도. [대] 변동 환율제(變動換率制).

고정 활차(固定滑車)[명] 〈동〉 고정 도르래.

고:제(古制)[명] 옛날의 제도. [대] 신제(新制). old

고제(高弟)[명] → 고족 제자(高足弟子). [system

고:조(古調)[명] ①옛날부터 전하여 오는 가락. old tune ②옛날의 풍조. old fashion

고조(枯凋)[명] ①말라 시듦. ②일이 쇠하여짐. withering 하(자)

고조(高祖)[명] →고조부(高祖父).

고조(高調)[명] ①높은 가락. 음률이 높은 곡조. high tone ②의기를 돋움. ③굳세게 주장함. 역설(力說). lay stress on ④시나 노래로 크게 흥취가 일어나는 일. [대] 저조(低調). ¶ 〜되다.

고조(高潮)[명] ①〈지학〉 고비에 이른 만조. 밀물의 가장 높아진 것. high tide ②감정이나 힘이 가장 세차게 일어난 고비. ¶ 최〜에 이르다. [대] 저조(低潮). climax [high and dry 하(자)

고조(高燥)[명] 땅이 높고 메마름. [대] 저습(低濕).

고조(鼓譟·鼓噪)[명] 큰북을 치면서 떠들어댐. 하(자)

고:조=부(高祖考)[명] 돌아가신 고조부. [대] 고조비(高祖妣). deceased great-great-grandfather

고:조-모(高祖母)[명] 할아버지의 할머니. great-great-grandmother

고:조-부(高祖父)[명] 할아버지의 할아버지. [대] 고조모. 고조(高祖). great-great-grandfather

고:조=비(高祖妣)[명] 돌아가신 고조모. [대] 고조고(高祖考). deceased great-great-grandmother

고조-선(高潮線)[명] 〈지학〉 만조(滿潮)로 해면이 가장 높아졌을 때의 물 높이의 선. high tide line

고조-시(高潮時)[명] 〈지리〉 만조가 고비에 이른 시각. high tide time

고조-파(高調波)[명] 기본 주파수의 정수배(整數倍)가 되는 주파수의 사인파(sine波).

고족(孤族)[명] ①일가가 번족하지 못하여 외로운 집안. ②일가가 적어 외로움. [대] 번족(蕃族). family with few relatives 하(임)

고족(高足)[명] →고족 제자(高足弟子).

고족 사기(高足沙器)[명] 〈공업〉 굽이 높은 사기.

고족-상(高足床)[명] 잔치 때 쓰는 다리가 높은 상. long legged big table

고족 제:자(高足弟子)[명] 제자 중에서 가장 뛰어나게 학덕이 높은 제자. 고족(高足). 고제(高弟). leading disciple

고:-졸(古拙)[명] ①예스럽고 솜씨가 서투름. poor and old style ②기교가 없고 서툴러 보이는 고아(古雅)한 멋이 있음. 하(임)

고졸(高卒)[명] 〈약〉 고등 학교 졸업.

고:종(古終)[명] 〈동〉 목화(木花).

고:=종(古終)[명] 옛날 종. [한 파(派).

고:-종(孤宗)[명] 대성(大姓)이면서도 자손이 번성하지 못

고종(姑從)[명] 〈약〉 →고종 사촌(姑從四寸).

고종(孤踪)[명] 고독 단신(孤獨單身).

고:종(故縱)[명] 간수가 죄수를 고의로 놓아 줌. to making prisoner escape 하(임)

고종(高踪)[명] 고상한 행동 거지(行動擧止).

고종-매(姑從妹)[명] 고종 사촌 누이. 곧, 고모의 딸.

고종-명(考終命)[명] 제 명대로 살다가 편안히 죽음. 오복(五福)의 하나. 영종(令終). natural death 하(임)

고종 사:촌(姑從四寸)[명] 고모의 자녀. 내종 사촌(內從四寸). ¶ 고종(姑從). first cousin [이 단 감.

고종-시(高宗柿)[명] 보통 감보다 잘고 씨가 없으면서 맛

고종=씨(姑從氏)[명] 〈공〉 남의 고종 사촌을 부르는 말.

고좌(孤坐)[명] 외로이 홀로 앉아 있음. sitting alone 하자

고좌(高座)[명] ①《동》상좌(上座)①. ②《동》설교단(說敎壇). 하다

고죄(告罪)[명]〈기독〉지은 죄를 고백함. confession

고:죄-경(告罪經)[명]〈기독〉'고백의 기도'의 구용어.

고주(古註·古註)[명] 옛적의 주석. (대) 신주(新註).

고주(孤主)[명] 실권 없는 외로운 임금. lone king

고주(孤舟)[명]《동》고범(孤帆).

고주(孤注)[명] 노름꾼이 나머지 돈을 다 걸고 마지막 승패를 겨룸. 하다

고:주(故主)[명] 옛 주인. former lord(master)

고주(苦主)[명] 가까운 일가가 살해당하였을 때에 고소하는 사람. 「이라고 검손하게 권하는 말.

고주(苦酒)[명] ①독한 술. hard liquor ②맛이 없는 술

고주(高柱)[명]〈건축〉대청의 여러 기둥 가운데 특별히 높은 기둥.

고주(雇主)[명] 남을 고용하여 부리는 사람. employer

고주 대:문(高柱大門)[명] 솟을대문.

고주 망태[명] 술을 많이 마시어서 정신을 차릴 수 없는 상태.《악》고주. drunkard

고주 오:량(高柱五樑)[명]〈건축〉보 위에 동자주(童子柱)를 세우지 않고, 가운데에 고주를 세우고 거기에 의지하여 짠 오량(五樑).

고주 일배(苦酒一杯)[명] ①한 잔의 쓴 술. ②대접하는 술이 좋지 못하다는 검손의 말.

고주=파(高周波)[명]〈물리〉주파수·진동수가 매우 큼. 또, 그러한 파동이나 진동. (대) 저주파(低周波). high frequency

고주파 발전기(高周波發電機)[명] 고주파의 교류를 일으키는 발전기. 무선 통신에 씀.

고주파 변:성기(高周波變成器)[명]〈물리〉무선 기계에서 고주파 전압을 한 회로로부터 다른 회로로 연결하는 변성기.

고주파 요법(高周波療法)[명]〈의학〉고주파를 인체에 작용시키는 요법. 말초 신경 질환·두통·신경통 등에 효력이 있음. highfrequency treatment

고주파 전:기로(高周波電氣爐)[명]〈물리〉고주파 전류로써 열을 일으켜 물질을 가열·용해시키는 노(爐).

고주파 전:류(高周波電流)[명]〈물리〉일반적으로 주파수가 매초 1만 5천 이상인 교류. high-frequency current

고주파 전:화(高周波電話)[명] 고주파 전류를 유선 전화 선로에 중첩시키어 수종의 통화 대역(通話帶域)을 얻는 통화 방식.

고죽(苦竹)[명]《동》참대. 하다

고준(考準)[명] 베낀 책이나 서류 등을 원본과 맞추어 봄.

고준(高峻)[명] 산이 높고 험준함. 하다

고줏-집(高柱—)[명] 고주로 지은 집. 복판이 높음.

고즈넉-하다[형] 고요하고 쓸쓸하다. 한적하고 호젓하다.

고증(考證)[명] 유물이나 문헌을 상고하여 증거를 대어 설명함. ¶연대의 ~. investigation 하다

고증-학(考證學)[명] 중국 청대(淸代)에 성행하던 유교(儒敎) 연구의 학풍으로, 올바른 전거(典據)에 의거하여 그 의의를 밝히려 하던 학문.

고지[명] 호박·고구마·가지 따위를 길게 또는 납작납작하게 썰어 말린 것. ¶호박 ~.

고지[명] 명태의 이리. 「또, 그 일.

고지[명] 일해 주기로 약속하고 미리 받아 쓰는 값.

고:지(告知)[명] ①통지함. 알림. announcement, notice ②《법》당사자의 한편의 의사 표시에 의하여 임대차·고용·위임·조합과 같은 계속적인 계약 관계를 종료시켜 앞으로 그 효력을 소실시키는 일. 해약(解約) 고지. ③《법》소송비상, 법원이 결정이나 명령을 당사자에게 알리는 일. 하다

고지(固持)[명] 굳게 지님. persistence 하다

고:지(故地)[명] 전에 살던 땅. one's native place

고:지(故址)[명] 예전에 건물·성곽 등이 있었던 터.

고지(枯枝)[명] 말라 죽은 가지. dead branch

고지(高地)[명] ①높은 땅. 언덕진 산. ¶백마 ~. (대) 저지. heights ②성취하기로 작정한 목표·목적.

고지(高志)[명] ①고상한 뜻. lofty intention ②《공》남의 뜻.

고-지기(庫—)[명] ①《제도》관청의 창고를 지키던 사람. 고직(庫直). ②일정한 장소·건물·물품 등을 지키는 사람. warehouse guard

고지-논[명] 고지로 내놓은 논.

고지대(高地帶)[명] 높은 지대. (대) 저지대(低地帶).

고지 도시(高地都市)[명]〈지리〉열대 지방에서 기온의 수직차(垂直差) 때문에, 서늘한 높은 산간 분지 같은 곳에 이루어진 도시.

고지랑-물[명] 더러운 물. (준) 구지렁물. dirty water

고지-먹다[타] 일을 하여 주기로 하고 삯·곡식을 미리 받아 쓰다.

고지박이[명] 썩은 호박.

고지-새[명]〈조류〉참새과의 새. 참새보다 조금 크며, 등은 갈색이고 머리와 목은 검은색, 허리와 날개 끝은 황·소리가 곱고 사우함. migratory Chinese grosbeak 「면. notice

고:지-서(告知書)[명]〈법률〉고지의 내용을 기재한 서

고지식-하다[형] 성질이 너무 곧아 융통성이 없다. honest and upright 「먹는 쌀.

고지-쌀[명] 농사일에 일을 해 주기로 약속한 후 고지로

고:지 의:무(告知義務)[명]〈법률〉손해·생명 보험에서 계약 체결 당시에 보험 계약자 또는 피보험자가 중요한 사항을 알리고, 또 중요한 사항에 관하여 거짓을 말하지 않을 의무.

고지 자리품(—農)[명]〈농업〉논을 가지기로 매어 돈만 받고 농사지어 주는 일. (약) 자리품.

고:지 참가(告知參加)[명]〈법률〉민사 재판에서 법원의 통지를 받고, 계쟁자가 남의 재판에 참가하는 일.

고:지-판(告知板)[명] 고지하는 게시판.

고직(庫直)[명]《동》고지기①.

고진 감래(苦盡甘來)[명] 고생 끝에 즐거움이 옴. (대) 흥진 비래(興盡悲來). No gains without pains 하다

고질(姑姪)[명]《동》인질(姻姪).

고질(痼疾)[명]〈의학〉①고치기 어려운 병. 구질(久疾). 숙병(宿病). chronic desease ②오래 된 나쁜 버릇. bad habit

고집(固執)[명] 제 의견을 굳게 내세움. ¶~을 부리다. insistence, obstinacy 하다 스럽다 스레

고-집멸-도(苦集滅道)[명]〈불교〉미혹(迷惑)과 대오(大悟)의 원인 결과. '고'는 생로병사(生老病死)의 피로움, '집'은 '고'의 원천이 되는 육체와 재산에의 집착, '멸'은 '고'를 넘은 안락의 경지, '도'는 깨달은 경지에 도달한 수행임. 이것을 사제(四諦)라 함. 「stubbornness 하다

고집 불통(固執不通)[명] 고집스럽고 융통성이 없음.

고집이 어지간해야 생원님하고 벽하지[축] 나이가 지체로 도저히 상대할 사람이 못 된다.

고집-쟁이(固執—)[명] 고집이 센 사람. 고집통이②.

고집통-머리(固執—)[명](비) 고집통이.

고집통-이(固執—)[명] ①고집이 세어 변통이 없는 성질. ②《동》고집쟁이. (비) 고집통머리. obstinacy

고차(高次)[명]〈수학〉차수(次數)가 높음. 보통 3차(三次) 이상. higher degree

고차 방정식(高次方程式)[명]〈수학〉미지수의 차수가 높은 방정식. 보통 3차 이상. equation of higher degree

고:-차원(高次元)[명] 높은 차원. 3차원 이상에 씀.

고차원 세:계(高次元世界)[명]〈수학〉시간과 공간을 초월한 세계. 「(것).

고차-적(高次的)[명] 차원이 높은(것). 정도가 높은

고착(固着)[명] ①굳게 붙음. sticking, adherence ②정주(定住)하여 옮기지 않음. settlement 하다

고착 관념(固着觀念)명 마음이 항상 의식에 고착되어 있는 관념. 고정 관념(固定觀念)②.

고착 생활(固着生活)〈생물〉 어떤 고정된 곳이나 물건에 붙어서 사는 생활.

고착-제(固着劑)〈화학〉 가용성 염료 또는 매염제를 불용성으로 바꾸어 고착시키는 작용을 하는 약제. 탄산소다·중크롬산칼리 따위. fixing agent

고:찰(古刹)명 옛 절. 고사(古寺). old temple

고찰(考察)명 자세히 살펴봄. consideration 하타

고찰(高札)명 ①방문(榜文)을 써서 붙여 두는 널빤지. notice board ②가장 많은 입찰액. highest bid ③(공) 남의 편지.

고찰(高察)명 (공) 남의 추찰(推察). your consideration

고:참(古参)명 오래 전부터 한 일에 종사해 오는 일. ¶~병(兵). (대) 신참(新参). senior

고창(高唱)명 ①높은 소리로 노래를 부름. singing loudly ②세상을 향하여 강하게 주장함. advocacy

고창(高敞)명 지세가 높고 탁 트임. advocacy

고창(鼓脹·臌脹)명 〈한의〉 소화액의 이상으로 가스가 몰리어 배가 부어 땡땡한 병. tympanites

고채(苦菜)명 ①(동) 씀바귀. ②(동) 고들빼기.

고채-목(식물) 자작나무과의 낙엽 활엽 교목. 잎은 난형(卵形)으로 톱니가 있고 5~6월에 꽃이 핌. 높은 산꼭대기에 나며, 기구재·시탄재로 씀.

고:처(故處)명 옛날에 살던 곳.

고처(高處)명 높은 곳. high place

고처 공:포증(高處恐怖症)〈동〉 고소(高所) 공포증.

고:천(告天)명 하느님께 아룀. 하타

고천(古川)명 옛날의 내.

고:천-문(告天文)명 의식 때에 하느님께 아뢰는 글. announcement to Heaven

고:천-자(告天子)명 (동) 종다리.

고:철(古哲)명 옛 철인(哲人). ancient sages

고:철(古鐵)명 헌 쇠. scrap iron

고첨(顧瞻)명 (동) 고시(顧視)①.

고청(高聽)명 (공) 남의 청취(聽取)를 이르는 말.

고:체(古體)명 서속(時俗)과 다른 옛 체. (대) 신체(新體). archaic style [edness 하타

고체(固滯)명 성질이 고집스럽고 좁음. narrow-mind-

고체(固體)명 〈물리〉 일정한 모양·부피를 가진 물체. 돌·쇠·목재 따위. solid (body)

고:체=시(古體詩)명 〈문학〉 글자와 글귀의 수나 운에 일정한 법칙이 없는 한시. (대) 근체시(近體詩). (약) 고시(古詩)②. ancient chinese poems

고체 연료(固體燃料)명 고체로 되어 있는 연료. 석탄·장작 등.

고체 탄:산(固體炭酸)〈화학〉 이산화탄소(二酸化炭素)가 고체로 된 것. 드라이 아이스(dry ice).

고체-화(固體化)명 〈물리〉 액상(液狀)의 물질이 고체가 됨. 고화(固化). 히(이)타

고초(枯草)명 마른 풀. dry grass

고초(苦草)명 (동) 고추①.

고초(苦楚)명 (동) 고난(苦難).

고초(藁草)명

고·초(고)분 곧추. 아래위가 곧게. [결같이 하다.

고·초-다타(고) ①곧추 세우다. ②지극히 하다. 한

고초 만ː상(苦楚萬狀)명 온갖 고초.

고초-포(苦草包)명 고추쌈.

고촉(孤燭)명 쓸쓸히 비치는 촛불. solitary candle

고촌(孤村)명 외따로 떨어진 마을. solitary village

고:총(古塚)명 자손이 끊기어 사초를 못한 묵은 무덤. 오래 된 무덤.

고총(固寵)명 변함없는 총애를 받음. not losing one's

고초(고) 고추.

고추명 가지과의 일년생 풀. 줄기는 60~90cm로 잎은 끝이 긴 난형에 뾰족함. 열매는 짙은 녹색이나 익으면서 빨갛게 변함. 식용이며 몹시 매움. 번초(蕃椒). 고초(苦草). 당초(唐草). ¶~ 감주. red pepper ②(약) → 고추 자지.

고추(考推)명 고찰하고 추리함. 하타

고추-감명 작은 뾰주리감. small persimmon

고추나무에 그네를 뛰고 잣 껍질로 배를 만들어 타겠다명 아주 말솜씨나 있을 수 없이 과장 망측한 짓을 한다.

고추-나물명 〈식물〉 물레나물과의 다년생 풀. 줄기는 30~60cm 내외이고 7~8월에 황색 꽃이 핌. 산이나 들에 나며 어린 잎은 식용하고, 줄기와 잎은 약용함. [거나, 일을 올차게 한다.

고추는 작아도 맵다명 사람이 몸집은 작아도 힘이 세

고추 바람명 매우 쌀쌀한 바람. biting wind

고추-박이(비) 천한 여자의 남편. husband of a

고추발에 말 달리기명 심술이 사납다. low woman

고추보다 후추가 더 맵다명 ①작은 사람이 큰 사람보다 더 뛰어나다. ②뛰어난 사람보다 더 뛰어난 사람이 있다.

고추=뿔명 둘 다 곧게 선 쇠뿔. straight cow's horns

고추 상투명 고추처럼 조그맣게 된 늙은이의 상투. small topknot [넣고 찐 음식.

고추-선(-膳)명 풋고추의 배를 가르고 속에 여러 양

고추-쌈명 풋고추의 씨를 덜어내어, 그 속에 고기와 두부를 양념한 소를 넣고 밀가루·달걀을 씌워 지진 음식. 고초포.

고추-씨명 고추의 씨. 《(약) 고추》②. child's little penis

고추 자:지명 어린 아이의 고추 같은 조그마한 자지.

고추-잠자리(곤충) 잠자리의 하나. 수컷은 몸이 붉고, 암컷은 누르스름함. red dragonfly

고추-장(-醬)명 고춧가루로 만든 매운 조미료의 하나. 고초장(苦草醬). hot bean paste

고추장 단지가 열둘이라도 서방님 비위를 못 맞춘다명 ①성미가 까다로워 비위를 맞추기가 어렵다. ②물질만으로는 사람의 마음을 만족시키기 어렵다.

고추-짱아명 '고추잠자리'의 아이들 말.

고추-나물명 몸통이 고추 모양으로 생긴 남시지.

고추-나물명 〈식물〉 현삼과(玄参科)의 일년생 풀. 줄기 높이 20cm 가량으로 5~8월에 담황색 꽃이 핌. 논밭이나 둑에 남.

고:축(告祝)명 신명(神明)에게 고하여 빎. 하타

고추-가루명 고추를 말려서 빻은 가루.

고추장-잎(-닢)명 고추의 잎.

고충(孤忠)명 혼자서 바치는 외로운 충성.

고충(苦衷)명 괴로운 심정. predicament, dilemma

고취(鼓吹)명 ①북을 치고 피리를 붊. playing drums and flutes ②사기(士氣)를 북돋우는 일으킴. inspiration ③의견·사상 등을 열렬히 주장하여 널리 선전함. advocacy 하타

고층(高層)명 ①2층 이상의 높은 층. (대) 단층. manystoried ②상방(上方)의 층. ¶~기상학. upper layer [층 건축. skyscraper

고층 건:물(高層建物)명 고층으로 지은 높은 건물. 고

고층 건:축(高層建築)명 (동) 고층 건물.

고층-운(高層雲)명 2~7km의 상공에 널리 깔리는 잿빛 구름. 높층구름. altostratus

고치명 누에가 실을 토하여 만든 집. 명주실을 뽑아내는 원료가 됨. 누에고치. cocoon

고치²명 물레질하려고 실을 뽑으려고 만든 솜방망이.

고치¹(固齒)명 위아래의 이를 자주 마주 부딪쳐서 치근(齒根)을 단단하게 함. 하타

고치(高値)명 비싼 값. high price

고치(膏雉)명 살진 꿩.

고치-다타 ①수선하다. 수리하다. ¶기계를 ~. mend ②병을 낫게 하다. ¶심장병을 ~. cure ③잘못된 일이나 나쁜 마음을 바로잡다. 교정(矯正)하다. ¶습관을 ~. correct ④틀린 것을 바로잡다. 수정하여 정정(訂正)하다. ¶답안을 ~. ⑤변경하다. 변개(變改)하다. ¶시간표를 ~. ⑥모양이나 위치를 기력히 하거나 바르게 하다. ¶옷매를 ~. mend

고치-솜명 누에가 집을 없을 발판과 고치를 만드는 준비로 토사(吐絲)해 놓은 고치 겉을 둘러싼 터부한 켜. 견면(繭綿).

고치실 圀 누에가 고치를 지은 실. 견사(繭絲). silk thread from cocoons

고치=켜기 圀 고치를 끓는 물에 넣고 실을 풀어 내는 일. 조사(繰絲). reeling silk off cocoons **하다**

고치=틀기 圀 늙은 누에가 실을 토하여 고치를 만듬. 결견(結繭). weaving cocoons **하다**

고·친(故親) 圀 오래 전부터 친한 사람. old acquaintance

고침 바르게 고치는 일.

고침(孤枕) 圀 혼자 자는 외로운 베개. lying alone

고침(高枕) 圀 높은 베개. high pillow 「이부자리.

고침 단금(孤枕單衾) 圀 외로이 자는 여자의 쓸쓸한

고침 단면(高枕短眠) 圀 베개가 높으면 오래 자지 못한다는 말. 「못함.

고침 단명(高枕短命) 圀 베개를 높이 베면 오래 살지

고침 사지(高枕肆志) 圀 하는 일 없이 한가하고 편안하게 지냄. 「없이 편안히 지냄.

고침 안면(高枕安眠) 圀 베개를 높이고 잘 잠. 근심

고침-판(改訂版) 圀 개정판(改訂版). 「잔.

고침 한등(孤枕寒燈) 圀 외로이 자는 방의 쓸쓸한 등

고칫-대 圀 솜으로 고치를 마는 수숫대 따위. 「name

고·칭(古稱) 圀 옛날에 부르던 이름. 구칭(舊稱). old

고칭(高秤) 圀 저울을 세게 다는 일. overmeasure

고·코·늘·다 厸 코골다.

고콜-불 圀 관솔불을 켜서 울려놓도록 벽에 뚫어 놓은 구

고콜-불[-뿔] 圀 고콜에 켜는 관솔불.

·고키·리 厸 코끼리.

고타(拷打) 圀 고문하여 때림. 고략(拷掠). flogging

고타분=하다 혱 《약》→고리타분하다.

고-탄성(高彈性) 圀 탄성의 이 큼.

고탑(古塔) 圀 옛 탑. old tower

고탑(高塔) 圀 높은 탑. 「stingy

고탑지근=하다 혱 좀 고리탑탑하다. somewhat

고탑탑=하다 혱 《약》→고리탑탑하다. 「things

고·태(古態) 圀 옛스럽고 수수한 모습. old state of

고·태(故態) 圀 옛모습. look of days gone by

고·태 의연(古態依然) 圀 옛모습 그대로임. remaining just as it was 하게

고·택(古宅) 圀 옛날에 지은 집. old house

고택(膏澤) 圀 ①몸의 기름. fat ②남의 은혜. benevolence ③우로(雨露)의 은택. ④《동》 고혈(膏血). sweat and blood

고토(苦土) 圀 《속》 산화마그네슘(酸化 Magnesium).

고·토(故土) 圀 고향. 또, 고 땅. native place

고토(膏土) 圀 걸고 기름진 땅. fertile soil

고·토·리 厸 고투리.

고토 운모(苦土雲母) 圀 《동》 흑운모(黑雲母).

고통(苦痛) 圀 ①괴롭고 아픔. pain ②불만족에서 생기는 감정. mortification 스럽 스레면

고투(苦鬪) 圀 힘드는 싸움을 함. ¶악전(惡戰) ~. severe battle **하다**

고틀란드-기(Gotland 紀)《동》실루리아기.

고·티 厸 고치.

고·티·다 厸 고치다.

고·판(古版) 圀 옛 판각(版刻)의 책. ②오래 된 판목(版本). old printing book

고패 물건을 높은 곳에 올렸다 내렸다 하는 줄을 걸치는 데 쓰는 바퀴 모양의 것. 녹로①. pulley

고패 떨어뜨리-다 탄 하인이 뜰아래에서 상전에게 절하다.

고팻-줄(-) 고패에 걸쳐서 오르내리는 줄. pulley cord

고팽이 ①새끼나 줄의 한 돌림. coil ②일정한 거리를 한 번 갔다 돌아오는 일. ¶두 ~하다. round trip ③《건축》 고팽이 모양으로 된 무늬. **하다**

고편(苦鞭) 圀 〈종교〉 극기(克己)를 위해 수도자가 제 손으로 제 몸을 때리는 채찍. religious austerities

고평(高評) 圀 ①권위 있고 높은 평. your esteemed opinion ②《공》 남의 비평. one's criticism

고폐(痼弊) 圀 오래 되어 바로잡기 어려운 폐단. 고막(痼瘼). deep-rooted evil

고푸리-다 타 몸을 앞으로 고부리다. 《큰》구부리다, 《센》꼬푸리다. bend, stoop

고:품(古品) 圀 옛날 물건. 【대】신품(新品).

고-풍(古風) 圀 ①옛풍속. old manners ②옛스러운 모습. old style ③한시(漢詩)의 한 체.

고풍(高風) 圀 ①높은 곳에서 부는 바람. wind on a high place ②뛰어난 인덕(人德). lofty character ③고상한 품체. noble presence ④《공》 남의 품체.

고프-다 혱 [으로] 시장하다. ¶배가 ~. hungry

고:필(古筆) 圀 옛사람의 필적. old writing ②오래 된 붓. old writing brush

고하(高下) 圀 ①위아래. 상하(上下). above and below ②높낮이. 고저(高低). high and low ③낮고 못함. 우열(優劣). quality ④귀하고 천함. 귀천(貴賤). noble and base ⑤값의 많음과 적음. ¶값의 ~. high and low prices

고하-간(高下間) 圀 값이 많든지 적든지.

고:=하-다(告-) 타여 ①아뢰다. 여쭈다. tell ②이르다. 까바치다. ¶비밀을 ~. inform ③알리다. 공식적으로 발표하다. ¶동포에게 ~. announce

고:=하-다(誥-) 타여 윗사람이 아랫사람에게 알리어 밝히다.

고하-자(高下字) 圀 평측자(平仄字).

고학(苦學) 圀 제 손으로 학비를 벌어서 공부함. working one's way through school **하다**

고학-생(苦學生) 圀 고학하는 학생.

고한(枯旱) 圀 가뭄으로 식물이 마름. **하다**

고한(苦寒) 圀 ①모진 추위. ②추위로 인한 괴로움.

고한(事限) 圀 보고 기한(保事期限). ¦bitter cold

고한 노동(苦汗勞動) 圀 나쁜 노동 조건 밑에서 반노예적으로 하는 노동.

고한 제:도(苦汗制度) 圀 근로자가 몹시 착취를 당하게 되어 있는 근로 제도. 고혈 제도(膏血制度).

고함(高喊) 圀 크게 부르짖는 목소리. 대함(大喊). shout

고함-고함(高喊高喊) 튀 큰 소리로 부르짖는 모양.

고함 소리[-쏘-](高喊-) 圀 고함 지르는 소리.

고함 지르-다(高喊-) 타르 큰 소리를 지르다. shout

고항(高亢) 圀 스스로 몸을 높이 가져 굽히지 않음. **하다**

고:해(告解) 圀 《약》→고해 성사(聖事). 「man world

고해(苦海) 圀 〈불교〉 괴로운 인간 세상. bitter human

고:해 성:사(告解聖事) 圀 〈기독〉 '고백(告白) 성사'의 구용어. 《약》 고해(告解). confession

고행(孤行) 圀 ①외롭게 홀로 감. ②홀로 행함. **하다**

고행(苦行) 圀 〈불교〉 ①육체의 욕망을 누르고 최고의 정신 활동을 얻고자 하는 활동. asceticism ②몸을 괴롭힘으로써 도를 닦음. religious penance ③절에서 장차 중이 되기 위해 대중에게 심부름하는 사람. **하다**

고:향(故鄉) 圀 ①자기가 나서 자란 고장. ②자기 조상이 여러 대 살아온 곳. 고산(故山). 고원(故園). one's home, native place

고:허(故墟) 圀 옛 성터. 고지(故址). castle in ruins

고혈(孤穴) 圀 오래 앓는 중에 병이 덜했다 더했다 함.

고혈(高歇) 圀 ①값이 귀하고 흔함. fluctuation of prices ②비쌈과 쌈. ¶~간(間). costliness and cheapness

고혈 무상(高歇無常) 圀 물건 값이 일정하지 않고 항상 변동됨. **하다**

고험(考驗) 圀 생각하여 조사함. 고사(考查).

고험(高險) 圀 높고 험함. loftiness and steepness **하다**

고:현(古賢) 圀 옛 현인. ancient sages

고현-학(考現學) 圀 현대의 사회 현상을 연구하는 학문. 【대】고고학(考古學). study on modern phenomena

고혈(孤孑) 圀 《동》 고단(孤單). **하다** 「nomena

고혈(膏血) 圀 ①사람의 기름과 피. sweat and blood ②심신을 괴롭혀 얻은 이익. 고택(膏澤)④. ¶~을 착취하다.

고혈 단신(孤子單身)[명] 혈육이 없는 몸. having no one to care for

고-혈압(高血壓)[명] ①혈압이 정상보다 높음. high bloodpressure ②[←고혈압증].

고혈압=증(高血壓症)[명] 〈의학〉 높은 혈압이 지속하는 증세. 뇌일혈·신장병·협심증 등을 일으킬 우려가 있음. 高혈압(高血壓). hypertension

고형(固形)[명] 바탕이 단단하고 일정한 형체를 가진 것. ¶ ~물(物). ~체(體). solidity

고형 알코올(固形 alcohol)[명] 〈화학〉 일정한 형체로 된 알코올.

고:호(古壺)[명] 옛날 병.

[굳어진 알코올.

고:호(古號)[명] 사람·나라·땅 등의 옛 이름.

고호(苦瓠)[명] 〈식물〉 호리병박.

고호(顧護)[명] 돌보아 보호함. patronage 하타

고호로(苦葫蘆·苦壺蘆)[명] 〈식물〉 호리병박.

고혹(蠱惑)[명] ①마음을 호리어 쏠리게 함. ¶ ~적(的). ②남을 꾀어 속임. enchantment 하타

고혼(孤魂)[명] 종친이나 붙일 데 없이 떠돌아다니는 외로운 넋. ¶ 수중(水中)~. solitary spirit

고:화(古畫)[명] 옛 그림. ancient picture

고화(固化)[명] 액상(液狀)의 물질이 고체로 화함. 고체화.

고화(枯花)[명] 시든 꽃. withered flower

[체화. 하타재

고화(鼓花·鈸花)[명] 〈동〉 인화(印花).

고환(苦患)[명] 고뇌.

고환(睾丸)[명] 〈동〉 불알.

[stances

고황(苦況)[명] 고생스러운 처지. adverse circum-

고황(膏肓)[명] 〈생리〉'고(膏)'는 심장의 아랫부분, '황(肓)'은 횡격막의 윗부분을 뜻하는 말로, 병이 그 속에 들면 낫기 어렵다는 부분.

고황=죽(枯黃竹)[명] 연의 날개를 만드는 크고 좋은 왕대 또는 참대.

[운 병.

고황17지질(膏肓之疾)[명] 고황에 생긴 병. 고치기 어려

고:훈(古訓)[명] 옛 사람의 교훈.

고훈-사(考勳司)[명] 〈제도〉 이조(吏曹)의 한 분장(分掌). 종친이나 공신의 벼슬·작위 따위의 인사에 관한 일을 맡아봄.

고휘(枯卉)[명] 말라 죽은 나무.

고휼(顧恤)[명] 동정하여 돌보아 줌. compassion 하타

고흥(高興)[명] ①한창 도도하게 일어나는 흥미. great interest ②품위 있는 흥치.

고:희(古稀)[명] 일흔 살의 나이. seventy years of age

고:희-연(古稀宴)[명] 일흔 살이 된 해의 생일 잔치.

곡(曲)[명] 〈악〉 [←곡조(曲調)]. 악곡(樂曲).

곡(哭)[명] ①소리 내어 욺. ②사람이 죽었을 때나 제사 때에 소리 내어 욺. wailing 하타

=곡 미 [고] =고서.

곡가(穀價)[명] 곡식 값. price of grain

곡간(谷澗)[명] 산골짜기의 시내. mountain stream

곡경(曲徑)[명] ①꼬불꼬불한 길. crooked road ②세력 있는 자에 대는 부정한 인연. 사경(私徑).

피경(血境)[명] 몹시 어려운 지경. 곤경(困境). awkward situation

곡곡(曲曲)[명] ①굴곡이 많은 산·강·도로 등의 굽이굽이. turns ②[←방방곡곡(坊坊曲曲)].

곡관(曲管)[명] 팔짱처럼 모양으로 된 관.

곡=팽이(曲-)[명] ①단단한 땅을 파는 데 쓰는 연장. ②팽이의 하나. 길고 넓이가 좁음. pickax

곡팽이 부력(-浮力)〈광산〉곡팽이로만 파낼 수 있는 버력.

곡팽이(曲肱)[명] 팔을 구부림. 또 구부린 팔굽. bending one's elbow

곡굉이=침(曲肱而枕之)[명] 팔을 굽혀 베개로 삼고 잠을 잠. 가난한 생활을 비유하는 말.

곡구(曲球)[명] ①당구 치는 묘기(妙技)의 하나. fancy shot ②〈체육〉커브 볼. curve ball

곡귀(穀貴)[명] 시장에서 곡식의 공급이 부족하여짐. scarcity of grain 곡식의 공급이 부족하여 값이

곡균(麴菌)[명] 누룩곰팡이.

[비쌈. 하타

곡기(曲技)[명] 아슬아슬한 묘기.

곡기(穀氣)[명] 〈동〉 낟알기.

곡다(穀茶)[명] 〈동〉 곡차(曲茶).

곡달(穀疸)[명] 〈한의〉 곡식만 먹어 생기는 황달.

곡도(穀道)[명] 〈생리〉 대장(大腸)과 항문. colon and

곡도(穀道)[명] [고] 꼭두.

[anus

곡도-용(-俑)[명] 꼭두각시.

곡두[명] 눈앞에 없는 사람이나 물건의 모습이 있는 것처럼 보이는 현상. 환영(幻影). vision

곡두 생각(穀頭生角)[명] 가을에 장마가 져서 이삭에서 곡두가 남. 하타

곡두-선(曲頭扇)[명] 〈동〉 꼽장선.

[싹이 남. 하타

곡두미(曲-)[명] 꼭두.

곡론(曲論)[명] 바르지 못해 이치에 어긋나는 이론. biassed argument 하타

곡루(穀樓)[명] 〈불교〉 곡식을 넣어 두는 다락의 곳간.

곡류(曲流)[명] 물이 굽이쳐 흘러 감. 또 그 물. meander 하타

[cereals

곡류(穀類)[명] ①쌀·보리 등의 곡식. ②곡식의 종류.

곡률(曲律)[명] 악곡의 선율.

곡률(曲率)[명] 〈수학〉 굽은 선이나 굽은 면의 굽은 정도. curvature

곡률 반:지름(曲率半 -)[명] 〈수학〉 곡면이나 곡선의 각 점에 있어서의 만곡의 정도를 표시하는 길이.

곡률-원(曲率圓)[명] 〈수학〉 평면 곡선에 접하며 공통 접선에 대하여 그 곡선과 같은 쪽에 있는 곡률 반지름을 반지름으로 하는 원.

곡림(哭臨)[명] 임금이 죽은 신하를 몸소 조문함. 하타

곡마(曲馬)[명] 말을 타고 여러 가지 재주를 부림. equestrian feats

곡마-단(曲馬團)[명] 곡마·요술·기술(奇術) 따위를 부리는 흥행 단체. 서커스. circus

곡면(曲面)[명] ①구면·타원면 등의 곡선으로 이루어진 면. 대 평면. curved surface ②해석 기하학에서 평면을 포함하는 일반적'면(面)'의 이름.

곡면-체(曲面體)[명] 〈수학〉 곡면으로 둘러싸인 입체.

곡명(曲名)[명] 곡의 이름. 곡목②. title of the tune

곡목(曲目)[명] 〈음악〉 ①연주할 악곡. 또, 곡명을 적은 것. program(me) ②[동] 곡명(曲名).

곡물(穀物)[명] 사람의 상식(常食)이 되는 쌀·보리·콩·조·수수 따위의 총칭. 곡식. ¶ 주식~. cereals

곡물-상(-商)[명] 〈穀物商〉 곡물을 매매하는 장사 또는 장수. 《야》 곡상.

곡물-식(穀物式)[명] 농업 용지의 태반을 곡물의 재배에 사용하는 방식. 주곡식.

[eyebrows

곡미(曲眉)[명] 초승달 모양의 눈썹. gracefully curved

곡반(哭班)[명] 〈제도〉 국상(國喪) 때에 궁중에 모여 곡하는 벼슬아치의 계급에 따른 차례. 곧, 망곡하던 백관(百官)의 반열(班列).

곡배(曲拜)[명] 임금을 뵈올 때 하는 절. 하타

곡백(穀帛)[명] 곡식과 비단.

곡법(曲法)[명] 법을 굽힘. 법을 어김. pervert the law

[하타

곡변(曲辯)[명] ①틀린 것을 옳다고 주장하는 말. ②곡론(曲論)으로써 변박함. false reasoning 하타

곡병(曲屛)[명] ①[동] 머릿 병풍. ②가리개.

곡보(曲譜)[명] 〈동〉 악보(樂譜).

[복(絲麻穀腹)

곡복 사신(穀腹絲身)[명] 밥 먹고 옷 입는 일. 사신 곡

곡분(穀粉)[명] 곡물을 갈아 만든 가루.

곡비(曲庇)[명] 간곡히 보호함. 곡호(曲護). careful protection 하타

[여자 곡비.

곡비(哭婢)[명] 옛날 장례 때 곡하며 행렬의 앞에서 가던

곡사(曲射)[명] 〈군사〉 앞에 있는 장애물을 넘겨서 굽게 쏨. 대 직사(直射). 평사(平射). high-angle fire 하타

[직사포(直射砲). high-angle gun

곡사-포(曲射砲)[명] 〈군사〉 곡사할 때 쓰는 대포. 대

곡삼(曲蔘)[명] 꼬리를 꼬부려 말린 삼. 대 직삼(直蔘).

곡상(穀商)[명] 〈동〉[←곡물상.

[蔘].

곡생-초(曲生綃)[명] 씨를 빛이 다른 두 가지 흰 실로 섞바꾸어 짜서 무늬가 있는 비단.

곡선(曲線)[명] ①부드럽게 구부러진 선. ②〈수학〉 직선만으로는 이루어지지 않는 선. 대 직선(直線). ③〈수학〉 해석 기하학에서 직선을 포함한 선의 일컬음. curve

곡선미(曲線美) 건축·조각·회화나 육체의 곡선에서 돋아나는 미.(대)직선미(直線美). linear beauty

곡선=식(曲線式) 〈지리〉 곡선을 써서 땅의 높낮이를 나타내어 지도를 그리는 식.

곡선 운=동(曲線運動) 〈물리〉 쉬지 않고 방향이 변화하여 곡선을 그리는 운동.

곡선-판(曲線板) 운형(雲形)자.

곡선=표(曲線標) 〈지리〉 철도 선로의 구부러진 곳에 세운 표.

곡설(曲說) 한쪽으로 치우쳐 그릇된 이론. biassed argument

곡성(曲城) 성문을 안고 굽은 성. 옹성(甕城).

곡성(哭聲) 상가에서 우는 소리. wailing

곡=쇠(曲-) (동) 곡철(曲鐵)①.

곡수(曲水) 굽이굽이 휘어 흐르는 물. meandering stream

곡수(谷水) 골짜기의 물.

곡수(穀數) 곡식의 소출 수량. quantity of grain

곡수=놓다(曲水-) 곡수를 수놓다.

곡수(曲水宴) 곡수 유상.

곡수 유상(曲水流觴) 〈역사〉 옛날 궁중의 후원에서 베풀던 잔치. 곡수에 술잔을 띄우고 시가를 읊으며 놀던 데서 온 말. 곡수연(曲水宴). 곡연(曲宴)②. 유상 곡수(流觴曲水).

곡수=틀다(曲水-) 붓으로 곡수를 그리다. meandering

곡식(穀-) (동) 곡물.

곡식=알(穀-) 곡식의 낱알.

곡식은 될수록 준다 무엇이나 여기저기 옮겨 담으면 조금이라도 줄지언정 늘지는 않는다.

곡신(穀神) 곡식을 다스리는 신. god of cereals

곡실(穀實) 닥나무 열매. 강장제로 쓰임. 저실(楮實).

곡심(曲心) 비뚤어진 마음. perversion 하타

곡언(曲言) 멀리 둘러서 하는 말. (대) 직언(直言). euphemism 하타

곡연(曲宴) ①궁중의 작은 연회. ②(동) 곡수 유상.

곡예(曲藝) ①연예의 하나. 줄타기·공타기·곡마 등으로, 보통 사람이 할 수 없는 여러 가지 재주를 부림. acrobatics ②작은 기능. tricks

곡예 댄스(曲藝 dance) 곡예를 섞어 하는 춤. acrobatic dance

곡예 비행(曲藝飛行) 하늘에서 비행기로 부리는 여러 재주.

곡예=사(曲藝師) 곡예하는 사람. acrobat

곡옥(曲玉) 상고 시대에 장식으로 쓰던 굽은 옥.

곡용(曲用) 〈어학〉 체언에 격조사가 붙어 어형(語形)이 바뀌는 일. 격변화(格變化). (비) 활용(活用). declension

곡우(穀雨) 이십사 절기의 하나. 청명(淸明) 다음인 양력 4월 20일경.

곡우에 가물면 땅이 석 자가 마른다 곡우에 가물면 그 해에 큰 가뭄이 든다고 하여 이르는 말.

곡읍(哭泣) 소리를 내어 슬피 욺. wailing 하타

곡인(穀人) 농사짓는 사람. 농부.

곡일(穀日) 〈민속〉 음력 정월 초여드렛날.

곡자(曲子·麯子) (동) 누룩.

곡장(曲腸) (동) 곱창.

곡장(曲墻) 능(陵)·원(園)·무덤 뒤에 둘러쌓은 담.

곡=재:아(在我) 잘못이 내게 있음.

곡=재:피(在彼) 잘못이 남에게 있음.

곡적(穀賊) 〈한의〉 목구멍에 곡식의 까끄라기가 걸려서 열이 나며, 붓고 아픈 병.

곡절(曲折) ①구부러져 꺾임. bending ②문맥 따위가 단조롭지 않고 변화가 많음. wellturned ③자세한 사연과 내용. ④우여(迂餘)~. paticulars ⑤까닭. reason ⑥어미·어간의 변화와 활용. declension

곡절(曲節) 〈음악〉 곡조의 마디. tune 하타

곡절(曲切) 'ㄱ'자처럼 대가리가 구부러진 못.

곡정(穀精) 곡식의 자양분.

곡정=수(穀精水) 곡식의 발을.

곡정=초(穀精草) 〈식물〉 곡정초과의 일년생 풀. 늪·무논에 나는데, 잎은 뿌리에서 총생하고 선상 피침형이고, 늦여름에 회색 꽃이 핌. 한방에서 치통·안질 등에 씀. 고위까락.

곡조(曲調) 음악·가사의 가락. (약) 곡(曲).조(調).

곡좌(曲坐) 어른 앞에서 앉을 때에 마주 앉지 않고 조금 옆으로 앉음. sitting sideways 하타

곡주(穀酒) 곡물로 만든 술. (대) 합성주. rice wine

곡직(曲直) (동) 곡직.

곡직(曲直) ①사리의 옳고 그름. ¶불문(不問) ~. right and wrong ②굽은 것과 곧은 것. curved and straight

곡진(曲盡) 자세하고 간곡함. 정성을 다함. being hearty 하타

곡진 기정(曲盡其情) 사정을 자세히 앎. 하타 다.

곡차(曲茶·穀茶·麪茶) 〈불교〉 술. 현수(玄水). 곡

곡창(穀倉) ①곡식을 저장하여 두는 창고. granary ②곡식이 많이 나는 지방. 풍향(穀鄕).

곡창(穀脹) 〈한의〉 곡식으로 된 음식을 많이 먹어 소화가 안 되고 배가 불러오는 병.

곡척(曲尺) (동) 곱자.

곡천(穀賤) 곡식이 많이 나서 값이 떨어져 헐함. 하

곡철(曲鐵) ①직각형으로 된 쇳조각. 곡쇠. ②〈음〉 양금의 줄을 고르는 연장.

곡초(穀草) 곡식물의 이삭을 떨어 낸 줄기. straws

곡초=식(穀草式) 〈농업〉 목장을 개척하여 곡식을 심다가, 지력(地力)이 감퇴되어 쓸모 없게 되면 다시 목장으로 쓰는 농사법.

곡초=전(穀草廛) 이엉을 팔던 가게.

곡총(穀總) ①국고에 수입되는 곡식의 총액. ②곡출.

곡출(穀出) 곡식을 거둔 수량. quantity of grain

곡풍(谷風) (동) 동풍. ②산악 지방에서, 낮에 산중턱의 온도가 높아지고 공기가 희박해서, 산기슭이나 골짜기로 올라오는 바람.

곡피(穀皮) 곡식의 껍질.

곡필(曲筆) 사실을 바른 대로 쓰지 않고 고의로 굽혀서 씀. being unfair.

곡=하다(哭-) (자) 큰 소리로 외치며 울다. 특히, 사람의 죽음을 애도해 크게 울다.

곡=하다(曲-) (형·여) ①사리가 바르지 않다. unreasonable ②(동) 고깝다.

곡학(曲學) 길을 잘못 든 학문. prostitution of learning 사람에게 아첨함. 하타

곡학 아세(曲學阿世) 정도를 벗어난 학문으로 세상 사람에게 아첨함. 하타

곡해(曲解) 사실과 어긋나게 잘못 이해함. ¶진의를 ~. 하타

곡향(穀響) (동) 곡창(穀倉)②. ¶~을 ~하다. 하타

곡형(曲形) 굽은 형상. curved shape

곡=호(曲號) 곡비(曲庇). (이에).

곡호=대(曲號隊) 〈제도〉 곡호수의 부대.

곡호=수(曲號手) 〈제도〉 나팔을 부는 병정. bugler

곡회(曲會) 친한 벗끼리 모여 베푼 연회. 하타

=**곤¹(困)** (어) 고는. ¶너 하~ 싫어.

=**곤²(坤)** 같은 동작을 되풀이함을 나타내는 연결 어미. ¶그는 일요일이면 찾아오~ 하였다.

곤(坤) ①(약)→곤괘(坤卦). ②(약)→곤방(坤方). ③(약)→곤시(坤時).

곤(梱) 포장하는 짐. 특히 생사·견사의 개수·수량을 나타내는 말.

곤(鯤) 상상의 큰 물고기.

곤:(坤) (고) 매호. 고니.

=:**곤(이)** (고) =거든. =니.

곤:갈(困竭) 빈곤하여 다 없어짐. 곤절(困絕). destitution 하타

곤:경(困境) 곤란한 처지. 어려운 고비. difficulties

곤계(昆季) (동) 형제(兄弟).

곤:고(困苦) 곤란하고 피로움. hardships 하타

곤:곤(滾滾) 많은 물이 흘러 출렁출렁 흐르는 모양. 하타 히타

곤:골(滾汨) 몹시 바쁨. 하타 히타

곤패(坤卦) 〈민속〉 ⑧ 팔괘(八卦)의 하나. 땅을 상징하는 상형 '☷'의 일컬음. ⑥육십사괘의 하나. (약) 곤(坤)①.

곤:궁(困窮) 가난하고 군색함. 하타 히타

곤:궁(困窮) 가난하고 궁함. 궁곤. poverty 하타 스타 스레타 히타

곤궁(坤宮) 왕후의 궁전. queen's palace

곤:궁(壼宮) ①(동) 후비(后妃). ②후비의 처소.

곤:극(坤極·壼極)圏 《동》곤위(壼位).
곤:급(困急)圏 곤란하고 급함. pressing situation 하동
곤:난(困難)圏 《원》→곤란. 圏 히圏
곤냐구(こんにゃく)圏 《동》곤약(蒟蒻).
곤:뇌(困惱)圏 곤핍과 번뇌에 잠겨 있음. 시달리어 고달픔. 하동 히圏 ─하며 두려워한다.
곤 달걀 지고 성(城) 밑으로 가겠다《속》지나치게 조심하며 두려워함.
곤:대(대)圏 토란 줄거리. stem of a taro
곤댓:짓圏 뽐내어 하는 고갯짓. nodding in a haughty manner 하圏
곤돌라(gondola 이)圏 ①이탈리아 베니스에서 쓰는 작은 배. ②뚜껑 없는 미국식 전차의 하나. ③비행선·기구·케이블 카에 매달린 바구니.
곤두 몸을 번드쳐 재주넘는 짓. upside down
곤:두=곤두圏 어린 아이를 곤두세울 때 부추기어 부르는 소리. 〖근두박이〗 fall headlong
곤두-박이-다圏 높은 곳에서 거꾸로 떨어지다. 《원》뽄두박이-치-다圏 높은 곳에서 머리가 아래로 가게 거꾸로 떨어지다.
곤두박-질圏 몸을 번드쳐 급히 거꾸로 박히는 것. ¶ 벼랑에서 ∼해 떨어지다. 《원》근두박질. 하圏 〖somersault〗
곤두박질-치-다재 거꾸로 내리 박히다. perform a somersault
곤두-서-다재 거꾸로 꼿꼿이 서다. ¶신경이 ∼. 머리털이 ∼. stand upside down
곤두-세우-다태 거꾸로 꼿꼿이 세우다. set on end
곤드-기 장:원(─壯元)圏 노름판에서, 서로 가진 돈이 뒤 노름.
곤드라-지-다재 쓰러지거나 피로하여 정신없이 쓰러지자다. 《큰》군드러지다. sink into a slumber
곤드레-만드레圏 술이나 잠에 몹시 취하여 몸을 가누지 못하는 모양. drunk as a fiddler 하圏
곤들-매기圏 《어류》연어과의 민물고기. 몸 길이 20 cm 내외로 송어 비슷하나 몸이 작고 몸 빛은 어두운 황색임. 맛이 좋음. 가어(嘉魚).
곤:란(困難)圏 ①처리하기 어려움. 《대》용이(容易). difficulty ②살림살이가 가난함. hardships ③《동》피로움. 《원》곤난. 하圏 히圏
곤:룡-포(袞龍袍)圏 《제도》임금의 정복. 곤복(袞服). 망포(蟒袍). 《약》용포(龍袍). Kings dress
곤면(袞冕)圏 곤룡포와 면류관.
곤명(坤命)圏 ①《불교》축원문에서 여자의 일컬음. ②《동》여자의 난 해. 《대》건명(乾命).
곤:박(困迫)圏 일이 곤란하고 급함. pressing circumstances 하圏
곤방(坤方)圏 《민속》이십사 방위의 하나. 정남과 정서의 한가운데 15도 각도 안. 《약》곤(坤).
곤방(棍棒)圏 《제도》이십사반 무예의 하나. 둥근 막대기로 여러 가지 재주를 부림. 또, 그 막대기. hitting with stick
곤:보(困步)圏 기운 없이 거우 걷는 걸음. 《구》(打球)
곤:복(悃愊)圏 참되고 정성스러운 뜻.
곤:복(袞服)圏 곤룡포와 면복(袞龍袍).
곤봉(棍棒)圏 ①몽둥이. club ②총 대신 허리에 차고 다니는 경비용 방망이. ③체조 기구의 하나. 나무로 병 모양으로 깎은 것. Indian club
곤봉 체조(棍棒體操)圏 《체육》곤봉을 써서 하는 체조. 팔과 흉부의 자세를 바르게 하고 발달시킴. Indian club exercise
곤:비(困憊)圏 《동》곤핍(困乏). 하圏
곤:삼절(坤三絶)圏 《민속》곤괘(坤卦)의 상형(象形)인 ☷의 일컬음. 《대》건삼련(乾三連).
곤:색(困塞)圏 ①돈의 융통이 막힘. tightness ②운수가 막히어 생활이 어려움. extremity 하圏 히圏
곤:색(こん色 일)圏 《동》감색(紺色). 진남색.
곤:선명(坤仙命)圏 《민속》죽은 여자의 난 해. 《대》건선명(乾仙命).
곤손(昆孫)圏 현손(玄孫)의 손자. 육대손(六代孫).
곤쇠아비─동갑(─同甲)圏 《속》나이가 많고 흉측한 사람. foxy dotard

곤시(坤時)圏 《민속》이십사시의 16째. 오후 2시 30분부터 3시 30분까지. 《약》곤(坤)③.
곤:액(困厄)圏 곤란과 재앙.
곤신-풍(坤申風)圏 《민속》서남풍(西南風).
곤약(蒟蒻)圏 구약나물의 지하경(地下莖) 가루에 석회유(石灰乳)를 섞어 끓여 만든 식료품. 곤냐구. devil's tongue jelly
곤:와(困臥)圏 고단하여 잠이 깊이 듦. 하圏
곤:욕(困辱)圏 심한 모욕. 군욕(窘辱). ¶ ∼을 치르다. extreme insult
곤위(坤位)圏 ①죽은 여자의 무덤이나 신주. 《대》건위(乾位). ②《동》곤위(壼位).
곤:위(壼位)圏 황후의 지위. 곤극(坤極·壼極). 곤위(坤位)②. queenhood
곤:이(鯤鮞)圏 ①물고기 뱃속의 알. ②물고기의 새끼.
곤자-소니圏 소의 똥구멍 속에 있는 창자의 한 부분.
곤자소니에 발기름이 끼었다圏 부(富)를 누려 크게 뽐내는 사람을 이르는 말. 배에 발기름이 끼었다.
곤:작(困作)圏 시문(詩文)을 애써 가며 더디 지음. elaboration 하圏 ¶그를 치는 데 쓰임. scourge
곤장(棍杖)圏 《제도》형구(刑具)의 하나. 죄인의 볼기짝을 치는 데 쓰임.
곤장을 메고 매 맞으러 간다圏 가만히 있었으면 아무일도 없을 것을 공연히 스스로 화를 부른다.
곤쟁이圏 《동물》새우 종류의 하나. 보리새우와 비슷하나 작고 몸이 연함. 젓을 담금. 노하(滷蝦). 자하(紫蝦). kind of shrimp
곤전(坤殿)圏 왕비. 중궁전(中宮殿). 중전(中殿).
곤전 마:마(坤殿─)圏 《공》곤전.
곤:절(困絶)圏 《동》곤갈(困竭). 하圏
곤:정(壼政)圏 《제도》내전(內殿)의 일.
곤제(昆弟)圏 《동》형제. 〖으로 향한 좌향〗
곤좌 간:향(坤坐艮向)圏 《민속》곤방(坤方)에서 간방
곤-죽(─粥)圏 ①몹시 진 땅의 비유. ¶길이 ∼이다. quagmire ②일이 엉망진창이 되어 갈피를 잡기 어려운 상태를 가리킴. utter confusion, mess ③몸이 상하거나 지나치게 나른하여 까라져 늘어진 것을 가리킴. ¶몸이 ∼이 되어 쓰러져 있다.
곤줄-매기圏 《동》곤줄박이.
곤줄-박이圏 《조류》박새과의 새, 날개 길이 7∼8 cm로 등은 밤색, 그 아래는 회청색이고 부리는 암갈색임. 몸이 민첩하고 영리함. 보호조임. 곤줄매기. 산작(山雀). wood-cracker
곤지圏 시집가는 새색시가 단장할 때 이마에 찍는 연지. rouge put on forehead
곤지-곤지圏 젖먹이에게 집게손가락을 다른 손바닥에 댔다 떼다 하라고 하는 말. 또, 그 동작. 하圏
곤:직(袞職)圏 《제도》①임금의 직책. kingship ②임금을 보좌하는 3공의 직책.
곤충(昆蟲)圏 ①벌레의 총칭. insects ②곤충류의 동물. insect
곤충-강(昆蟲綱)圏 《동》곤충류.
곤충-류(昆蟲類)圏 절지(節肢) 동물의 한 강. 머리·가슴·배로 되어 있고, 기관(氣管)으로 호흡하며, 머리에는 촉각과 복안(複眼), 가슴에는 세 쌍의 다리와 두 쌍의 날개를 가짐. 곤충강(昆蟲綱).
곤:침(困寢)圏 곤히 잠이 듦. sound sleep 하圏
곤포(昆布)圏 《동》다시마. ¶ 그 집. 하圏
곤포(梱包)圏 거적이나 새끼로 짐을 꾸려 포장함. 또, 그렇게 꾸린 짐.
곤:핍(困乏)圏 피로하여 기운이 없음. 곤비(困憊). fatigue 하圏
곤:=하-다(困─)혬匣匣 ①맥이 풀리어 나른하다. weary ②졸음이 오거나 술에 취하여, 정신을 가눌 수가 없다. be tired out 곤:히⊟
곤형(棍刑)圏 《제도》곤장에 처하는 형벌.
곤:혹(困惑)圏 곤란한 일을 당하여 어찌할 바를 모름. confusion 하圏
끌圏 ①즉시. 바로. ¶ ∼ 떠나야 한다. immediately ②다시 말하거니와. 즉. ¶문학은 ∼ 인생의 거울이다. that is, in other words
끌圏 어떤 일이 있을 때마다 반드시 어떤 사실이 따

틈을 나타낼 때, 앞의 사실의 주어에 붙는 말. ¶·**끝**²명 (口) 곳. [해~ 지면 달이 돋는다.
끝기는 먹줄 같다囝 겉으로는 곧은 체해도 속이 검다.
끝날=**패**명 낱을 꽂꽂이 세워 쓰는 대패.
끝-**다**(형) ①똑바르다. straight ②마음이 정직하다. honest ③마음이 외곬으로 바르다. upright
끝-**들**-**다**[드ː](연) 곧이듣다.
끝=**바로**(부) ①바로 그 즉시에. at once ②어긋나거나 틀리지 않고 바르게. ¶~ 대다. rightly
끝-**바르**-**다**(르ː)(형) 곧고 바르다. straight
끝은=**결**명 결이 곧은 나무를 연륜(年輪)과 직각으로 제재한 판면에 나타난 결. straight grain
끝은=**금**명 (수학) 직선(直線). (때) 굽은금.
끝은=**길**명 곧게 뻗어 바로 나간 길.
끝은 나무 먼저 꺾인다/곧은 나무 쉬 꺾인다(속) ①똑똑한 사람이 먼저 도태된다. ②똑똑한 사람이 일찍 죽기 쉽다.
끝은=**목**명 좌우나 뒤로 돌려지지 않는 목. stiff neck
끝은=**바닥**명 (광산) 곧게 파 나간 광구덩이. 곧은쌤. straight gallery [confess 직招.
끝은=**불림**명 지은 죄를 사실대로 말함. 직초(直招).
끝은=**뿌리**명 (식물) 땅속으로 곧게 벋어 내리는 뿌리. 직근(直根). straight roots
끝은=**쌤**명 곧은바닥. [기. straight stalk
끝은=**줄기**명 (식물) 땅위에 꽂꽂이 서는 식물의 줄
끝은=**창자**명 (생리) 창자의 한 부분이 대장의 끝부분. 직장(直腸). rectum ②매우 고지식한 사람. simple-minded person ③음식을 먹은 즉시 변소에 가는 사람을 조롱하는 말. [이. honestly
끝이[고지](부) ①곧게. straightly ②바로. 틀림이 없이
끝이=**끝대로**[고지ㅡ대ㅡ](부) ①거짓이나 꾸밈이 없이 사실대로. straight forwardly ②거리낌 없이 마음대로. plainly 하(타
끝이-**듣다**[고지ㅡ타](자)(드) 남의 말을 그대로 믿다. ¶거짓말을 ~. (연) 곧든다. accept as truth
끝잘(부) 꽤 잘. 제법 잘. ¶노래도 ~ 불러요. fairly well ②가끔. 자주 ¶~ 놀러 온다. frequently
끝장(부) ①똑바로 곧게. ¶~ 가다. straight ②쉬지 않고 줄곧. ¶~ 뛰어왔다. all the time
끝추명 아래위가 곧게. in a straight line
끝추-**다**(타) ①곧도록 바로잡다. set straight ②갓난아이의 겨드랑이를 껴안아 세우다.
끝추-**들**-**다**[드ː](타)(르) 아래위가 곧게 쳐들다. [운동.
끝추-**뛰기**명 그 자리에 선 채 곧추 위로 뛰어오르는
끝추-**뜨**-**다**(자)(ㄸ) ①아래위가 곧게 뜨다. ②눈을 똑바로 부릅뜨다.
끝추-**세우**-**다**(타) 곧게 세우다. set upright
끝추-**안**-**다**[ㄷㅏ](타) 어린애를 곧게 세워 안다. hold a baby out straight
끝추-**앉**-**다**(자) 곧게 앉다. sit up straight
골¹명 벌컥 성이 나는 기운. ¶~이 나다. ~을 내다. (속) 골딱지. anger [맞건~. block, last
골²명 물건을 만들 때 모양을 바로잡게 하는 틀.
골³명 종이·피륙·나무 따위를 길이로 똑같이 나누어 오리거나 접는 금.
골⁴명 ①《의》골수(骨髓)①. ②《약》→머릿골.
골⁵명 ①《약》→골목. ②깊은 구멍. deep hole ③《약》
골¹명 ①《약》→고을③. ②《약》→고랑¹. [→ 골짜기.
골⁷명 《제도》신라 왕족의 혈통상의 등급. noble class of Silla
골:(goal)명 ①목표. 목적. ②결승선. ③축구 등에서, 골 라인 위에 세운 두 기둥과 골 바의 사이. ④공이 골인해서 득점하는 일. 득점. ¶비 ~ 차이. ⑤럭비에서, 트라이 다음에 다시 골 포스트에 차 [넣는 일.
골¹명 (고) 골¹.
:**골²**명 (고) 궤(櫃). [만든 기구. bone implement
골각=**기**(骨角器)명 석기 시대에 뼈 또는 언니로
골간(骨幹)명 ①명 뼈대. ②사물의 중요한 부분.
골갈-**이**명 〈농업〉 김을 매어 흙을 부드럽게 하는 일.

148 골딱지

사이같이. 중경(中耕). 하타
골:=**갑**명 〈식물〉골이 진 감. 꽃이 붙었던 배꼽자리에서 꼭지를 향하여 네 갈래로 골이 진 종류의 감.
골갱이명 ①물질 속에 있는 단단한 부분. core ②《동》골자(骨子).
골:=**걷이**[ㅡ거지](명) 〈농업〉 밭고랑의 풀을 뽑아 없애는 일. weeding the planted furrows of a field 하타
골검(骨檢)명 《제도》살인 사건에서 시체의 백골을 검시(檢屍)함. 하타. [이 내는 선수.
골: **게터**(goal getter) 축구·농구 등에서 득점을 많
골격(骨格·骨骼)명 〈생물〉①뼈의 조직. 뼈대. physique ②동물·동물의 몸을 이룬 뼈의 짜임. frame
골격-**근**(骨格筋)명 〈생물〉골격에 붙은 근육. 횡문근(橫紋筋).
골경(骨鯁·骨骾)명 ①짐승의 뼈와 생선의 뼈. 경골. ②임금의 허물을 직간(直諫)하는 사람. 강직한 사
골계(滑稽)명 《동》익살. [람. direct admonitor
골계-**가**(滑稽家)명 익살꾼. [로 쓴 소설.
골계 소:**설**(滑稽小說)명 《문학》익살과 웃음을 주제
골계-**화**(滑稽畫)명 〈미술〉익살을 제재로 하여 그린 그림. caricature
골고다(Golgotha)명 〈기독〉예루살렘 근교에 있는 언덕. 그리스도가 십자가에 못박힌 곳임.
골: **고래**명 고랑이 지게 놓은 방고래.
골: **고루**=(약)→고루고루. ['谷'의 이름.
골: **곡**-**부**(一谷部)명 한자 부수의 하나. '谿·豁'에서
골: **골**명 ①→고을고을. 만 고을마다 두루.
골: **골**명 ①오랜 병이 더하였다 덜하였다 하는 모양. suffer from a chronic disease ②병이 잦아서 몸이 늘 약한 모양. sickly 하타
골: **골**명 암탉이 알겨는 소리. 하타
골: **골**-**거리**-**다**(자) ①숙환이 더했다 덜했다 하다. ②해 자주 앓다. ¶골골거리는 여편네.
골: **골**-**거리**-**다**(자) 암탉이 연해 알겨는 소리를 내다.
골골 무가:(汨汨無暇)명 몹시 골몰 무가. 하타
골: **골살살**-**이**[ㅡ사치](부) 한 군데도 빼놓지 않고 갈수 있는 곳은 어디든지. every nook and corner
골: **관절**(骨關節)명 〈생리〉뼈의 관절. 뼈마다.
골구(鶻鳩)명 《동》산비둘기.
골: **국**=**국**명 골국①.
골기(骨氣)명 ①뼈대와 기질. ②《동》골상.
골기(骨器)명 뼈로 만든 기구. bone implement
골: **김**=**김**명 골이 났던 그 바람. 홧김. fit of anger
골-**나**-**다**(자) 성나다. 화내다. get angry
골-**내**-**다**(타) 성내다. 화내다.
골: **네**:**트**(goal net)명 골대 옆·뒤쪽에 친 그물.
골:-**다**(타)(르) 잠 때 크게 콧소리를 내다. ¶코를 ~. snore
골담-**초**명 〈식물〉콩과의 낙엽 활엽 관목. 봄에 나비 모양의 누른 꽃이 핌. 관상용으로 뿌리는 한약재임.
골:=**답**(一畓)명 〈농업〉물이 많고 기름진 논. 수답(水畓). 무논. productive ricefield
골-**대**(goal一)명 골포스트.
골독-**어**[ㅡ똑ㅡ](骨獨魚)명 꼴뚜기.
골독-**하**-**다**[ㅡ똑ㅡ](骨篤ㅡ)(형)(여) 《원》→골똘하다.
골동-**품**(骨董品)명 ①오래 되고 진귀한 옛날 세간이나 미술품. curio ②여러 가지 물건이 섞인 것.
골동-**반**(ㅡ똥ㅡ)(骨董飯)명 비빔밥. [bricabrac
골동-**탄**(ㅡ똥ㅡ)(骨董炭)명 등걸숯.
골동-**포**(ㅡ똥ㅡ)(骨董鋪)명 골동품 가게.
골동-**품**(ㅡ똥ㅡ)(骨董品)명 ①오래 되고 희귀한 옛날 세간이나 미술품. curio ②한물 지나 별로 가치도 없고 쓸모도 없게 된 물건. 또, 그런 사람.
골: **드**(gold)명 금. 황금.
골:-**든 아워**(golden hour)명 ①가장 좋은 때. ②방송 따위에서 청취자가 가장 많이 듣는 시간. 선전 광고 하기에 좋은 시간.
골: **든 에이지**(golden age)명 황금 시대(黃金時代).
골:=**딱지**명 《속》골¹.

골땅땅이(骨—) 골패 노름의 하나. kind of dominoes

골돌-하다(형)(여라) 한 가지 일에 온 마음을 외곬으로 쓰다. (원)골똑(汨篤)하다. absorbed in 골돌=히(부)

골:라-내:-다(타) 여럿 가운데서 어떤 것을 골라 집어 내다.

골: 라인(goal line)(명) 《체육》 경기선. 내다. select

골:-잡-다(타) 여럿 가운데서 마음에 드는 것을 골라 가지다. choose

골락-새(명) 《조류》 딱다구리과의 보호조. 몸은 대부분 검고 배와 허리만이 희며, 수컷의 머리에는 선홍색부가 있어 아름다움. 한국 특산종이라 천연 기념물로 보호됨. 크낙새. tristrams woodpecker

골로 (약) ①고로. ¶ ~ 가거라. ②고것으로.

골:로-가다(자) 죽다.

골류(骨瘤)(명) 골혹.

골린(骨鱗)(명) 〈어류〉 골질(骨質)로 된 물고기 비늘.

골:-마루(명) 안방이나 건넌방에 딸린 좁은 마루. narrow corridor ② 골처럼 만든 좁고 긴 마루. rear veranda

골마지(명) 간장·술 따위에 생기는 곰팡이 같은 물건. scum

골막(骨膜)(명) 〈생리〉 뼈를 싼 막. periosteum

골막-골막(부) 그릇마다 거의 찼으나 꼭 차지 않은 모양. almost filled 하게

골막-염[-념](骨膜炎)(명) 〈의학〉 골막에 생기는 염증. 급성과 만성이 있고, 국소의 종창·발적(發赤)·동통(疼痛) 따위가 일어남. periostitis

골-막이〈건축〉 도리 위의 서까래 사이를 흙으로 막는 일. 또, 그 흙. plastering between rafters

골막-하다(형)(여라) 그릇에 착말막하다. (큰)굴먹하다. almost filled

골:-머리(명) ¶ ~ 을 앓다. 머릿골.

골-모둠(명) 《약》 고을모둠.

골:-목 ①동네 가운데의 좁은 길. narrow street ② 큰길로 뚫린 작은 골. 《약》 골5①. alley

골:목-골목(명) 골목마다.

골:목-길(명) 골목의 길. 골목으로 난 길.

골로 대:장(-大將)(명) ① 한 골목 안에서 어린애들의 우두머리 노릇을 하는 아이. cock of the walk ② 자기보다 약한 사람들 속에서는 기를 펴고 덤비는 사람

골:목-자기(명) → 골목쟁이.

골:목-쟁이(명) 골목에서 더 깊숙이 들어간 좁은 곳.

골몰(汨沒)(명) 한 가지 일에만 파묻힘. (예) 한만(閑漫). engrossment 하게 히(부) 무가. 하게

골몰 무가(汨沒無暇)(명) 골몰하여 겨를이 없음. 골몰

골무(명) 바느질할 때 바늘을 누르기 위해 헝겊 따위로 만들어 바늘 쥔 손가락에 끼는 물건. thimble

골무-꽃(명) 〈식물〉 꿀풀과의 다년생 풀. 줄기 높이가 30cm 가량으로 잎은 염통꼴로 마주 나며, 늦에 자줏빛 꽃이 이삭 모양으로 핌. 치으로 만든 훤떡.

골무-떡(명) ① 가락을 짧게 자른 흰떡. ②색떡의 밑받

골:-문(goal門)(명) 《동》 골 포스트.

골:-밀이〈건축〉 문턱밑으로 밀어 등에 골이 지게 만든 문살이나 덧문따위.

골밑-샘(명) 뇌하수체(腦下垂體).

골: 바:(goal bar)(명) 축구의 골대 위에 가로 건너지른

골-바람[-빠-](명) 〈기상〉 산으로부터 부는 바람. 곡풍(谷風)②. wind from a valley

골-박다(타) ① 제한된 테두리 밖을 나가지 못하게 하다. limit ② 《동》 내박다.

골반(骨盤)(명) 〈생리〉 허리뼈와 등골뼈에 붙어 뱃속의 장기(臟器)를 싸고 있는 뼈. pelvis

골:-방(-房)(명) 큰방 뒤쪽에 딸린 작은 방. closet

골:-배질(명) 이른봄 나무로써 얼음을 깨어 고랑을 만들고 배를 건너게 하는 일. 하게 times

골-백번[-百番](명) '여러 번'을 강조하는 말. many

골:-변탕[-邊鐋](건축) 굽은 골을 파는 데 쓰는 변탕. rabbet plane

골-병(-病)(명) ① 드러나지 않고 속으로 깊이 든 병. deep-seated disease ② 치명적인 타격. fatal blow

골병=들-다(-病-)(자)(ㄹ벗) 드러나지 않게 병이 속으로 깊이 들다. get injured internally

골-부림(명) 닥치는 대로 함부로 골을 내는 짓. rage at random 하게 [dered bones

골분(骨粉)(명) 동물의 뼛가루. 사료나 비료로 씀. pow-

골분 비:료(骨粉肥料)(명) 골분으로 된 비료. 《약》골비 (骨肥). bone manure

골비(骨肥)(명) 《약》→골분 비료. 하나.

골비(骨痺)(명) 〈의학〉 골수가 아프고 저리는 마비증의

골:비-다(형) 머리 속이 비어 어리석다.

골산[-싼](骨山)(명) 나무는 없고 돌로 이루어진 산. rocky mountain

골:-살[-쌀](명) 《비》 머릿살.

골:-살이(명) 《비》(佛相)→고을살이.

골:-상[-쌍](骨相)(명) 골격에 나타난 진흥 회복의 상. 골기(骨氣)②. physiognomy

골상-학(骨相學)(명) 머리뼈의 모양을 보고 성격·운명 등을 알아내는 학문. phrenology [동] 골생원①.

골:-생원(-生員)(명) ① 못나고 고루한 사람. 골선님②.

골:-선님(명) 《약》little soul ② 몸이 약하여 골골하는 사람. weak person

골:-선비(명) ① 판박이의 샌님. ② (동) 골생원①.

골-속[-쏙](명) ① 머릿골의 속. brain ② 골풀의 속. heart of a rush 3(동) 왕골속.

골-쇠(광)(명) 골 밑에 있는 사금(砂金)의 층.

골수(-쑤)(骨髓)(명) ①〈생리〉뼈의 중심부인 골강(骨腔)에 가득 차 있는 결체질(結締質)의 물질. 골수④. marrow ②요점. 주안(主眼). pith ③마음속 ④원한이 ~ 에 사무치다. heart [분자.

골수 분자[-쑤-](-*-)(명) 가장 핵심적인 구성

골수에 맺히다[-쑤-](-*-) 느낌이나 감격이 잊혀지지 않게 마음속 깊이 뭉치어 있다.

골수-염[-쑤-](-*-)(骨髓炎)(명) 〈의학〉 화농균(化膿菌)의 침입으로 일어나는 골수에 생기는 염증. osteomyelitis

골-습[-씁](骨濕)(명) 〈한의〉 습기로 인하여 정강이뼈 속이 저린 병.

골싹-골싹(명) 그릇마다 매우 골막하게 담겨 있는 모양. (큰)굴썩굴썩. 하게

골싹-하다(형)(여라) 그릇에 차지는 않으나 거의 다 차다. (큰)굴썩하다. filled enough

골아지(명) 《고》 말라지.

골:-안:개(명) 아침에 골짜기에 끼는 안개.

골양(骨瘍)(명) 〈의학〉 매독이나 결핵으로 말미암아 뼈에 생기는 병.

골:-양반[-량-](-兩班)(명) ① 판박이 양반. ② 옹졸하고 고루한 양반. 또, 그와 같은 사람을 놀으로 이르

골업-다(형)(ㅂ벗) 《의학》상스럽다. 추하다. [름.

골: 에어리어(goal area)(명) 축구의 골 라인 안의 구역.

골연-증[-쯩](骨軟症)(명) 〈의학〉 광물질과 비타민의 부족으로 뼈가 연하여져서 다니나 하면 등이 구부러지는 가축의 병.

골연=화증[-련--쯩](骨軟化症)(명) 〈의학〉 골조직에서 석회·염류가 빠져나와 뼈가 물러지는 증세. osteomalacia [든 염증.

골염[-렴](骨炎)(명) 〈의학〉 골질(骨質)에 생기는 염

골-예:수[-례-](-*-)(명) 예수교를 독실히 믿어 조금도 변통성이 없는 사람.

골:-오르다(여라) 화가 치밀어 나다. feel angry [irritate

골-올리다(타) 골이 나게 하다. 노기를 북돋우다.

골왜래-이(骨矮-)(명) 우렁이.

골위증(명) 〈한의〉 아랫도리와 허리의 운동이 자유스럽지 못한 병증. [내는 곳. 송과선(松果腺).

골빛-샘(명) 〈생리〉 사잇골의 윗면에 있어 내분비를 하는

골유(骨油)(명) 뼈에서 얻은 유지(油脂)를 냉각하고, 압착·여과(濾過)하여 고상(固狀)의 지방을 뺀 뒤 상유(液狀油). 비누·초 따위의 제조 원료로 쓰임. bone oil [육지친.

골육(骨肉)(명) ① 뼈와 살. bone and flesh ②《약》→골

골육 상잔(骨肉相殘)명 혈육 사이에 서로 해하고 죽이고 함. 하타

골육 상쟁(骨肉相爭)명 ①근친(近親)끼리 서로 싸우고 해함. engaging in domestic feud ②같은 민족끼리 서로 다툼. 골육 상전. civil war 하타

골육 상전(骨肉相戰)명 →골육 상쟁. 하타

골육-수(骨肉水)명 무덤이 있는 산 밑에서 흐르는 물.

골=육종[-륙-](骨肉腫) <의학> 뼈에 생기는 종양(腫瘍). [族]. (약) 골육②. blood relationship

골육지-친(骨肉之親)명 부자·형제 등 가까운 혈족(血

골:=**인**(goal-in)명 ①경주하는 사람이 결승선에 닿음. ②축구·농구 등에서 공이 골에 들어감. 득점함. 하타

골자[-짜](骨子)명 일이나 말의 요긴한 줄거리. 강요(綱要). 골갱이②. gist, essence

골재[-째](骨材)명 모르타르나 콘크리트에 쓰이는 모래·자갈 따위의 재료. [the bone

골-저리다(骨-) 찬 기운에 뼛속이 저리다.

골저-창(骨疽瘡) <한의> 만성이 된 곪아염.

골절[-쩔](骨折)명 뼈가 부러짐. 절골(折骨). bone fracture 하타

골절[-쩔](骨節)명 <생리> 뼈마디. (bone) joint

골조(骨彫)명 상아나 뼈에 조각하는 일. 또, 그 작품.

골-조직(骨組織)명 세포의 잔질(間質)가 화교성 섬유(化膠性纖維)와 석회염(石灰鹽)의 배합으로 이루어진 경도(硬度)와 탄성이 있는 신체의 결체조직(結締組織). connective tissue

골조-풍[-쪼-](骨槽風)명 <한의> 충치로 치근(齒根)·악룩(顎肉)·골막(骨膜)·치조(齒槽) 들이 연이어 염증을 일으키는 병.

골종[-쫑](骨腫)명 <의학> 뼈의 조직에 생기는 혹.

골증-열[-쯩-](骨蒸熱) <한의> 뼈가 지지는 듯이 피로운 병. [나타나는 병증.

골증-증[-쯩-](骨蒸症)명 <한의> 골증열(骨蒸熱)이

골지(骨脂)명 소·염소 따위의 뼈에서 짜낸 기름.

골:-**지르다**目 밭을 세 번째 갈다. [tissue

골질[-찔](骨質)명 동물의 뼈와 같은 물질. bony

골짜기[-짜-]명 두 산 사이의 우묵 들어간 곳. 골짝. 골짝명(약)→골짜기. [곬⁵③]. valley

골-참[-쨈]명→고랑창.

골채명 골짜기에 있어서, 물을 대기에 편리한 논.

골-초(-草)명 ①쓰고 독한 질이 낮은 담배. tobacco of inferior quality ②담배를 지독히 피우는 사람.

골치(髑)명 골머리. head [on the block

골치-다目 골을 박아 모양을 만들다. 골막다②. put

골침(骨針)명 고대인들이 쓰던 짐승 따위의 뼈로 만든 바늘.

골칫-거리명 노상 골치를 썩이게 하는 사람·물건·일.

골칫-덩이명 애를 먹이는 사람이나 일. trouble maker

골:-**키:퍼**(goalkeeper)명 <체육> 축구 따위에서 골을 지키는 사람.

골: **킥**(goal kick)명 <체육> 적의 골 에어리어(goal area) 안에서 공을 문있는 쪽으로 차는 일. 하타

골:-**타다**目 밭 같은 데에 고랑을 만들다. furrow

골타파:-**하다**[여](약)→고리타분하다.

골탄(骨炭)명 ①동물의 뼈를 태워서 만든 숯. animal charcoal ②석탄을 공기 없이 가열 휘발시킨 덩어리.

골탑탑:-**하다**[여](약)→고리탑탑하다. [해탄(骸炭).

골-탕(-湯)명 ①소의 등골·머릿골에 녹말을 묻혀 기름에 지지고 많은 장국에 끓인 국. 골국. ②(속) 몹시 당하는 손해나 욕. heavy damage

골탕-먹다目 한꺼번에 크게 속거나 손해를 입히키는 욕.

골탕-먹이다目 한꺼번에 크게 손해를 입히키게 하다.

골통(약)→골통이. [를 보이다.

골통(骨痛)명 <한의> 뼈가 바늘로 찔러지듯이 쑤시는 병. bone aches [도로스 파이프. tobacco pipe

골통-대명 대통이 굵고 길이가 짧은 담뱃대. 곰, 마

골통-이명 (속)머리!, 멍청!. 골통5. [displeased

골-틀리다目 마음이 비꼬여 부아가 일어나다. be

골:=**파**(-派) <식물> 잎이 여러 폭으로 난 파. 높이가 20~ 30cm이고 잎은 담록색으로 연함. 7~8월에 포기를 갈라 심어 번식시킴. kind of stone leek

골:=**판지**(-板紙)명 골이 지게 만든 판지.

골패(骨牌)명 검은 나무 바탕에 흰 뼈를 붙여 여러 효의 구멍을 판 노름 기구의 하나. domino

골패기명(비) 머릿골.

골퍼(golfer)명 골프를 하는 사람.

골편(骨片) <의학> 부스러진 뼛조각. piece of bone

골:=**편사**(-便射)명 두 편으로 갈라서 쏘아 쏘는 재주를 겨루는 경기의 일종.

골:=**포스트**(goalpost)명 <체육> 축구의 골 양쪽의 기

골 품(骨品)명(고) 고름. →골품격. [둥. 골대. 문대.

골-풀(-) <식물> 골풀과의 다년생 풀. 줄기 높이 1m 이상으로, 잎은 비늘 모양이고, 여름에 황록색이나 녹갈색 꽃이 핌. 들의 습지에 나는데 말린 줄기는 자리를 만들고, 또 약용함. 등심초(燈心草).

골-풀무명 땅에 골을 파서 만든 풀무. 발풀무. rush a kind of bellows

골-풀이명 아무에게나 화를 함부로 풀어 버림. wreaking one's anger on everyone 하타

골품(骨品)(제도) 신라 때 있던 혈통상의 계급적 등급. 성골(聖骨)·진골(眞骨) 따위. classes of the nobles of Silla

골프(golf)명 공치기의 하나. 18개의 구멍이 있는 경기장에서 클럽(club)으로 공을 쳐서 차례로 구멍에 넣어어 승부를 겨룸.

골프-장(golf場)명 골프를 하는 경기장.

골필(骨筆)명 복사에 쓰는 뼈로 만든 붓. horn pen

골학(骨學) <생리> 해부학의 한 분과로 척추 동물의 뼈의 구조·변화를 연구하는 학문.

골한-증[-쯩-](骨寒症) <한의> 뼛속에 찬 기운을 느끼는 병. [sheet iron

골:-**함석**명 골이 죽죽 지게 만든 함석. corrugated

골해(骨骸)명 몸을 구성하고 있는 온갖 뼈. skeleton

골-혹(骨-) <의학> 뼈에 생기는 혹. 골류(骨瘤). cancer of a bone [하타

골화(骨化)명 침착(沈着)하여 뼈 조직이 됨.

골회(骨灰)명 동물의 뼈를 태워서 만든 가루. 비료로 씀. bone ashes

골:·**회**명(고) 고리(環).

곪:-**다**[곰따]目 ①탈이 난 살에 고름이 생기다. ¶상처가 ~. fester ②일이 깊이 돌아가 푹 익어가다. mature ③과실 따위의 속이 썩다. ¶참외가 ~. corrupt ④내부에 모순이 쌓여서 터질 정도로 되다.

곪아-터:지-다
目 ①상처가 곪을 대로 곪아가서 터지다. ②내부의 모순이 쌓이고 쌓여서 드디어 터지다.

곬명 ①한 방향으로 트인 길. ②외-으로만 가다. blind lane ②물이 흘러 내리는 길. waterway ③사물의 유래. origin, source ④물고기 떼들이 늘 다니는 일정한 길. course

곯:-**다**目 ①곡식 같은 것이 담은 그릇에 차지 않다. (準) 곯다. not filled ②먹는 것이 모자라 늘 배가 고프다. ¶배를 ~. not enough

곯-**다**目 ①속으로 물크러져 상하다. ¶달걀이 ~. rot ②은근히 해를 입어 골병이 들다. ¶곯은 것은 나뿐이다. suffer

곯리-다目 ①그릇에 차지 못하게 하다. 《큰》 곯리다. ②늘 배가 고프게 하다. ¶배를 ~.

곯리-다²(他) ①속이 물크러져 상하게 하다. spoil ②남을 은근히 골병들게 하다. [고추가 ~.

곯-마르다目 속으로 썩어가며 마르다. ¶장마로

곯아도 젓국이 좋고 늙어도 영감이 좋다目 아무리 늙어도 자기 매우자가 제일 좋다.

곯아-떨어지-다目 술이나 잠에 몹시 취하여 정신을 잃고 자다. fall asleep, lie with liquor

곯아-빠:지-다目 곯은 상태에 있다. spoil ②술판·노름판에 빠져 벗어나지 못하다. indulge

곰:¹명(약)→골통이.

곰:²명 육류나 생선을 푹 삶은 국.

곰:³명 ①<동물> 곰과의 식육류 짐승. 몸 길이 1.2~

1.9m로 몸은 비대하고 사지는 굵고 짧음. 털 빛은 검고 가슴에 반달 같은 흰 점이 있음. 쓸개는 웅담(熊膽)으로 쓰이며 모피는 방석으로 쓰임. bear ②미련한 사람을 조롱하는 말.
=**곰**[집미] 《교》①씩. ②용언이나 부사 밑에 붙여 소리를 고르게 하고 뜻을 강조하는 말.
곰 가재 뒤듯[튀] 느릿느릿 물건을 뒤지는 꼴.
곰:곰[튀] 깊이깊이 생각하는 모양. 곰곰이. deeply
곰:곰-이[튀] 《동》곰곰.
곰:-국[―꾹] 《명》 쇠고기를 곤 국. thick soup of meat
곰기-다[자] 곪는 자리에 멍울이 딴딴하게 생기다. form pus
곰방-대[명] 짧은 담뱃대. 단죽(短竹). short tobacco pipe
곰방-메[명] 《농업》 흙덩이를 깨고 씨를 묻는 데 쓰는 농기구. mallet
곰배[명] 곰배팔이.
곰빗-님빗[튀] 《교》 곰빗님빗.
곰빗-님빗이[튀] 자꾸자꾸. 앞뒤 계속하여. 곰빗님빗. 곰빗님빗이.
곰배-말[명] 《동물》 등이 굽은 말. humpbacked horse
곰배-팔[명] 펴드러져서 굽히거나 펴지 못하는 팔.
곰배팔-이[명] 팔이 꼬부라져 붙거나 팔뚝이 없는 사람. 《악》 곰배. person with a mutilated arm
곰:보[명] 얼굴이 얽은 사람. 면마(面麻). pockmarked
곰:보-딱지[명] 《속》 몹시 얽은 사람. person
곰:보-벌레[명] 《곤충》 곰보벌레과의 갑충(甲蟲). 몸 길이 25 mm 가량으로 등은 회갈색이며, 몸이 펀펀함. 썩은 나무의 껍질 밑에서 다른 곤충을 잡아먹고 삶. 장천충.
곰:보-빵[명] 거죽이 얽적얽적하게 구운 빵.
곰봇-대[명] 다이너마이트를 남폿 구멍 속으로 밀어 넣는 나무 꼬챙이.
곰빗-님빗[튀] 곰빗님빗.
곰빗-임빗[튀] 일이나 물건이 거듭 포개지는 모양. ¶경사가 ~ 닥치다. successively
곰-삭-다[자] ①옷 따위가 오래 되어 품질이 아주 약해지다. wear out ②젓갈 따위가 푹 삭다. turn sour
곰:-살갑-다[형ㅂ] 성질이 보기보다 속으로 온화하고 다정하다. 《교》 굼슬겁다. broad-minded
곰:-살궂-다[형] 성질이 부드럽고 다정스럽다. warm-hearted
곰상:-곰상[튀] 꼼꼼하게 살살.
곰상:-스럽-다[형ㅂ] 성질이나 하는 짓이 잘고 좀스럽다. meticulous 곰상-스레[튀]
곰:-솔[명] 《식물》 소나무과의 상록 교목. 적송과 비슷하나 껍질 빛이 검고 잎은 두 개가 묶여 나는데 억셈. 나무는 해변의 바람을 막는 데 적당함. 해송(海松). 흑송(黑松).
곰실-거리-다[자] 작은 벌레 따위가 느릿느릿 자꾸 굼틀거리다. 《큰》 굼실거리다. 《센》 꼼실거리다. wriggle about 곰실-곰실[튀]
곰이라 발바닥을 핥으랴[튀] 배를 채울 것이 아무 것도 없다.
곰작 움직임이 느리고 약한 모양. 《큰》 굼적. 《센》 꼼작. 꼼짝. 하[여-타]
곰작-거리-다 자꾸 곰작하다. 《큰》 굼적거리다. 《센》 꼼작거리다. 꼼짝거리다. 곰작-곰작[튀]
곰지락 몸을 약하고 느리게 움직이는 모양. 《약》 곰질. 《큰》 굼지럭. 《센》 꼼지락. move sluggishly 하[여-타]
곰지락-거리-다 자꾸 곰지락하다. 《악》 곰질거리다. 《큰》 굼지럭거리다. 《센》 꼼지락거리다. 곰지락-곰지락[튀]
곰질[튀] 《악》 곰지락.
곰질-거리-다 《악》 곰지락거리다.
곰 창날 받듯[튀] 사람이 우둔하여 자기의 행동이 해침을 해침.
곰:[명] 《식물》 엉거시과에 속하는 다년생 풀. 줄기 높이 1 m 내외로, 7~8월에 황색 꽃이 피고, 잎에 날카로운 톱니가 있음. 깊은 산에 저절로 나는데, 어린 것은 식용됨.
곰:-탕(一湯)[명] 국물에 밥을 말 만 음식. rice in thick broth
곰틀[명] 몸을 이리저리 고부려 움직이는 모양. 《큰》 굼틀. 《센》 꼼틀. writhe 하[자]
곰틀-거리-다[자] 자꾸 곰틀하다. 《큰》 굼틀거리다. 《센》 꼼틀거리다. 곰틀-곰틀[튀] 하[자]

곰:-파-다[타] 일의 내용을 알려고 자세히 따져 보다.
곰팡[명]→곰팡이.
곰팡-나-다[자] 곰팡이가 생겨 나다. grow moldy
곰팡-내[명] →곰팡 냄새.
곰:팡 냄:새[명] →곰팡이에서 나는 매캐한 냄새. smell of must ②시대에 뒤떨어진 행동·사상·물건 따위를 비웃는 말. 《약》 곰팡내. mustiness, staleness
곰:팡-스럽-다[형ㅂ] 행동이 고풍스럽고 괴상하다. obstinate 곰:팡-스레[튀]
곰:팡-슬-다[자] 곰팡이가 나 있다.
곰:팡-이[명] 《식물》 침침하고 습할 때 음식·옷·기구 등에 솜처럼 생기는 하등 균류(菌類). 포자로 번식함. 《약》 곰팡¹. 곰팡. mold
**곰:팡¹. 곰팡. mold dew
곰:팡-피-다[자] 곰팡이가 많이 나다. 《약》 곰팡피다. mildew
곰-퓌-다[자] 《교》 곰팡피다.
곰-피-다[자] 《교》 곰팡피다.
곱[명] ①《악》→곱쟁이. ②《악》→곱절. ③《수학》 둘 이상의 수 또는 식을 곱해 얻은 수값. multiply 하[타]
곱[명] ①부스럼·헌데 등에 끼는 끌끄지 같은 물질. film of pus ②이질 환자의 똥에 섞여 나오는 희거나 피가 섞인 점액. mucous substance in feces
곱[명] 기름.
곱-걸:-다[자ㄹ] ①노름에서 돈을 곱으로 걸다. bet double ②두 번 겹쳐 덩다. bind double
곱-꺾-다[타] ①뼈마디를 꼬부렸다 폈다 하다. ②노래의 꺾이는 목을 낮추었다가 돋우다.
곱-꺾이[명] ①뼈마디를 오그렸다가 하는. bending and stretching a joint ②소리를 꺾이는 목에서 낮추다가 다시 돋우어 불러 넘김.
곱:-나-다[자] ①종기·부스럼에 곱이 생기다.
곱-나들-다[자ㄹ] 종기·부스럼이 자꾸 곪다.
곱-놓:-다[타] ①노름에서 건 돈의 곱을 다시 걸어 놓다. 곱실하다. bet double ②자꾸 되풀이하다. ¶곱놓아 사례하다. repeat
곱-다[타] 이익을 보려다가 도리어 손해를 보다.
곱-다[형] 한쪽으로 조금 휘어져 있다. ¶등이 ~. 《큰》 굽다. bent, crooked
곱-다[형] ①시거나 찬 것을 먹어 이가 저리다. ②손·발가락이 몹시 차서 잘 움직이지 않다. numb
곱:-다[형ㅂ] ①보기에 산뜻하고 아름답다. beautiful ②듣기에 맑고 부드럽다. ¶음성이 ~. sweet ③맞지는 느낌이 부드럽다. ¶살결이 ~. tender ④가루 같은 것이 굵지 아니하다. fine ⑤마음이 부드럽고 순하다. ¶마음씨가 ~. noble-hearted ⑥편안하다. ¶곱게 잠들다. comfortable ⑦고스란하고 온전하다. ¶물건을 곱게 다루다.
곱:-다[타] 《교》 곰다. 손질하다.
곱:-다랗-다[형ㅎ] 아주 곱다. very beautiful ②축나거나 변하지 않고 온전하다. 《악》 굡달다. inta
곱:-다래-지-다[자] 곱다랗게 되다. ct 곱:다랄-게[튀]
곱:다라-히[튀] 곱다랗게. beautifully
곱달-다[형ㄹ] 《교》→곱다랗다.
곱-돌[명] 《광물》 윤이 나고 매끈매끈한 돌. 납석(蠟石). pagodite
곱돌-솥[명] 곰돌로 만든 솥.
곱돌조대[교] 곰돌을 깎아서 만든 담뱃대.
곱-되-다[자] 사물의 수나 양이 배가 되다.
곱-바[명] 지게의 짐을 얹고 매는 밧줄. long rope
곱드러-지-다[자] 걷어찌면서가 부딪혀 엎어지다. stumble
곱-들-다[자ㄹ] 비용이나 재료가 갑절로 들다. need double
곱-들이-다[타] 비용이나 재료를 갑절로 들이다. expend double
곱-디곱-다[형ㅂ] 매우 곱다. very pretty
곱-디디-다[타] 발을 접질리게 디디다. sprain one's ankle
곱:-똥[명] 곱이 섞여 나오는 똥. mucous feces
곱-먹-다[자타] ①곱절로 먹다. eat double ②곱으로 늘다.
곱-빼기[명] ①두 그릇 몫의 음식을 한 그릇에 담은 분량. double measure ②두 번 거듭하는 것. two times

곱사 ①《약》→곱사등. ②《약》→곱사등이.
곱사=등명 등뼈가 굽고 흑 모양의 뼈가 나온 등. 《약》곱사①. 〔동〕곱추. 《약》곱사②. crookback
곱사등=이명 곱사등의 사람. 구루(佝僂). 타배(駝背).
곱사위=춤명 처음무 따위를 출 때 장구 앞에서 뒷걸음질하며 추는 춤.
곱살-끼:-다타 몹시 보채다. 《약》곱끼다①. fret
곱:살-스럽-다〔ㅂ변〕곱살한 구석이 있다. 곱살-스레
곱:살-하다〔여〕얼굴이나 성미가 온순하고 예쁘장하다. handsome 「곱놓다¹.
곱-삶:-다〔-삼따〕타 ①거듭 삶다. boil twice ②〔동〕
곱-삶이명 ①두 번 살아 짓는 밥. twice boiled-rice ②〔동〕꽁보리밥.
곱-새기-다타 ①그릇되게 꼬아 생각하다. 곡해하다. falsify ②잘못 생각하다. misinterpret ③고깝게 여기다. think somebody unkind ④거듭 생각하다. think over
곱새=춤명 〈연예〉곱사 모양으로 등에 방석 따위를 넣고 우습게 추는 춤. hunchback dance
곱새-치기명 ①돈을 곱절로 하는 노름. ②노름판에서 돈을 곱내는 행위. 하타 「은 빛이 나는 광맥.
곱색명 〈광물〉산화(酸化)한 유황광으로 이루어진 붉
곱-셈명 어떤 수를 곱으로 계산하는 산법. 승법(乘法). ¶~법(法). 〔대〕나눗셈. 제법(除法). multiplication 하타
곱셈=기호(一記號)명 〈수학〉곱하기 기호인 '×'의
곱셈=표(一標)명 〔동〕곱셈 기호. 「이름. 곱셈표.
곱-소리명 코끼리의 꼬리털. 망건이나 탕건을 만드는
곱-솔명 〈약〉곱소리. 「데 쓺. 곱솔¹.
곱-솔² 박이옷을 할 때 두 번 접어서 박음. 또, 그렇게 박은 솔. 「리다. shrink
곱-송=그리-다타 놀라거나 겁이 나서 몸을 잔뜩 오그
곱-수 (—數)명 ①〔동〕배수(倍數). ②〔동〕승수(乘數).
곱슬곱슬-하다〔여〕털이 고불고불하다. 〔큰〕굽슬
곱슬-머리명 →고수머리. 「굽슬하다. curled
곱실 타의 비위를 맞추려고 머리를 숙이거나 허리를 구부리는 모양. 〔큰〕굽실. 〔센〕곱씰. 하타
곱실-거리-다자타 남의 비위를 맞추려고 머리와 허리를 연해 숙이다. 〔큰〕굽실거리다. 〔센〕곱씰거리다.
곱실=곱실 하타
곱-써:레명 갈아 놓은 논을 가로로 한 번 더 써는 일.
곱-씹다 repeatedly ①같은 말을 거듭 말하다. speak repeatedly ②다짐받듯 묻다. ask again ③거듭하여 씹다. chew repeatedly 「성. 곡성(曲聲).
곱-은성 (一城)명 성문 밖으로 빙 둘러서 굽게 쌓은
곱이=곱이명 물이 굽이쳐 흐르는 모양. 〔큰〕굽이굽이. meandering
곱이-치-다자 굽틀거리어 작은 굽이가 나게 하다.
곱-자명 나무나 쇠로 'ㄱ'자 모양으로 만든 자. 곡척(曲尺). 〔한〕矩(구). 구척(矩尺). carpenter's square
곱작 황송하여 상대방에게 머리를 숙이고 몸을 고부리는 모양. 〔큰〕굽적. 〔센〕꼽짝. 하타
곱작-거리-다자타 황송하여 연해 머리·허리를 숙이고 굽히다. 〔큰〕굽적거리다. 〔센〕꼽짝거리다. **곱작=곱작** 하타
곱-잡-다타 곱절로 쳐서 헤아리다. count double
곱장-다리명 무릎은 밖으로 벌어지고 정강이는 안으로 휘어진 다리. bandy leg
곱쟁이명 곱절 되는 수량. 〔동〕곱①. double
곱절명 하 같은 수량을 몇 번 되짚어서 합치는 일. 또, 그 셈. 〔동〕¶몇~ 더 예쁘다. times 하타
곱-창명 소의 소장(小腸). 곡장(曲腸). small intestines
곱치명 〈어류〉점이 박힌 상어.
곱:-치다타 ①반으로 접어 합치다. double up ②곱절을 하다. double ③곱절로 잡아 셈하다. 〔센〕꼽치다
곱-하기명 〈수학〉곱하는 일. 〔대〕나누기. 「다.
곳명 공간의 어느 점이나 부분. 위치(位置)②. place
곳²명 〔고〕꽃.
:곳³조 〔고〕만. 곧. 강세 조사.

곳간(一間)명 물건을 간직하여 두는 곳. 곳집①. 《원》고간(庫間). storeroom
곳간-차(一間車)명 〈속〉유개 화물차(有蓋貨物車)
곳·갈명 〔고〕고깔.
곳고·리명 꾀꼬리.
곳곳명 여러 곳. 처처(處處).
곳곳-이명 곳곳마다. here and there
곳나모명 〔고〕꽃나무.
곳-다타 〔고〕꽂다.
·곳답-다타 〔고〕꽃답다.
·곳무룩명 〔고〕콧마루.
·곳물리명 〔고〕콧마루가. '곳모른'의 주격형.
·곳·물명 〔고〕콧물.
곳:부리명 〔고〕꽃부리.
곳숨명 〔고〕콧숨.
곳어름명 〔고〕고드름.
곳여의/곳여희명 〔고〕꽃술.
곳-집명 ①곳간으로 지은 집. 곳간. 창고(倉庫). warehouse ②〔동〕상여집. 고사(庫舍).
곳초명 〔고〕곧게. 똑바르게.
공명 ①고무·셀룰로이드·가죽 등으로 둥글게 만들고 바람을 넣은 운동구. ball ②구(球). ③당구공 같이 둥근 상아로 만든 알.
공(工)명 〈약〉→공업(工業).
공(公)명 ①여러 사람과 관계되는 국가나 사회의 일. public affairs ②국가 사회. 〔대〕사(私). public ③
공(功)명 〈약〉→공로(功勞). 「〔한〕→공작(公爵).
공(空)명 ①속이 빈 것. emptiness ②공간. 하늘. space, sky ③근거가 없는 일. unreal ④동그라미. ⑤숫자 0의 이름. zero ⑤헛일. vain effort ⑥〈불교〉만사·만물이 실체나 자성(自性)이 없다는 것. vanity ⑦대가가 없는 것. 공짜. 〔한〕.
공(貢)명 〈약〉공상(貢上). 공물(貢物). 공납(貢
공²(公)대 〔대〕당신. you 준대 남자의 제 3 인칭.
=공(工)집미 보통 명사 아래 붙어 그 일에 종사하는 사람을 나타냄. ¶인쇄~. worker
=공(公)집미 ①성(姓)이나 시호·관작 밑에 붙여서 높임의 뜻을 나타냄. ¶충무(忠武)~. ②공작의 작위 말은 사람의 성씨나 이름 밑에 말을 이르는 말. ¶원저~. 「시간을 알리는 종.
공(gong)명 ①〈음악〉징. 바라. ②권투에서, 경기
공가(一價)명 〔동〕공전(工錢).
공가(公家)명 〈불교〉중이 절을 일컫는 말.
공가(公暇)명 공무원(公務員)의 겨를. leave of absence ②공무원에게 공식으로 인정되어 있는 휴가.
공가(空家)명 아무도 살지 않는 빈집. vacant house
공가(拱架)명 아치를 만들 때 버티기 위한 가구(架構)
공-가:교(空駕轎)명 〈제도〉임금이 타는 정(正)가교 보다 앞서 가는 빈 가교. 「빈 껍데기.
공각(空殼)명 ①곡식이나 열매의 빈 껍질. ②조개의
공간(公刊)명 책을 내어 널리 펌. publication 하타
공간(公幹)명 관청의 사무. 공사(公事).
공간(空間)명 ①무한하게 퍼져 있는 빈 곳. space ② 쓰지 않는 빈 칸. empty room ③〈철학〉시간과 함께 물체계(物體界)를 성립시키는 기초 개념. 〔대〕시간(時間). ④〈심리〉감각의 질 또는 강도로부터 분리하여 고찰된 위치·방향·대소가 동시에 이루는 연관(聯關). space 「지.
공간(空簡)명 선물이나 그 밖의 것이 딸리지 않은 편
공간(槓杆)명 ①지레. ②〈물리〉한 정점을 축으로 하여 둘레로 돌 수 있는 튼튼한 막대. lever
공간 개념(空間概念)명 〈심리〉공간 지각을 통하여 얻은 개념.
공간 격자(空間格子)명 〈물리·화학〉공간 안에 규칙적으로 배열된 점계(點系)가 형성하는 그물 눈 모양의 격자. space lattice
공간 곡선(空間曲線)명 〈수학〉3 차원(三次元) 공간에 있어서의 곡선. 구면(球面) 곡선·나선(螺旋) 곡선 따위. space curve

공간 기하학(空間幾何學) 〈수학〉 3차원의 공간에 있어서의 일반 도형을 연구하는 기하학의 한 분야.

공간 도형(空間圖形) 〈수학〉 공간내의 각종 도형.

공간-미(空間美) 〈미술〉 공간적으로 이루어지는 조각·건축 등의 미. 《대》시간미. space beauty

공간 사:각형(空間四角形) 〈수학〉 동일 평면상에 있지 않는 4개의 점을 이어 그 4개의 선분에 의하여 만들어진 사각형.

공간-역(空間閾) 〈심리〉 감관(感官) 위에 주어지는 두 가지 자극을 분별하여 느낄 수 있는 최소 거리. space threshold

공간 예술[-네-](空間藝術) 〈미술〉 공간을 표현의 장소로 하는 예술. 그림·조각·건축 등. 조형 예술. 《대》시간 예술. space art

공간-적(空間的) 상하·전후·좌우로 무한하게 퍼져 있는(것). 환경과 지역에 관계되는(것). 《대》시간적.

공간 지각(空間知覺) 〈심리〉 공간적 연장(延長), 곧 위치·크기·모양·거리 따위를 알아내는 심적 경험. 《대》시간 지각. space perception

공간-파(空間波) 〈물리〉 안테나에서 나와 지면에 닿지 않고 공간을 전파하여 가는 전파.

공간-포(空間包) 〈건축〉 다포(多包)집에서 기둥과 기둥 사이의 공간에 받친 공포(貢包).

공간 표상(空間表象) 〈심리〉 시각과 청각의 작용으로 이루어지는 표상.

공간 학습(空間學習) 〈심리〉 환경에 있어서의 여러 점의 위치 관계에 관한 학습.

공:갈(恐喝) ①무섭게 으르고 위협함. threat ②《속》거짓말. untrue ③〈법률〉타인에게 협박을 가하여 재물의 교부(交付)를 받거나 또는 재산상의 불법 이익을 얻는 일. 하다

공:갈-놓다/공:갈-때리다(恐喝-) 타 《속》공갈하다.

공:갈-장[-짱](恐喝狀) 공갈하기 위해 보내는 글.

공:갈-죄[-쬐](恐喝罪) 〈법률〉사람을 공갈하여 재물의 교부를 받거나, 재산상의 불법 이익을 취하는 죄. blackmail

공:갈 취:재(恐喝取財) 〈법률〉공갈하여 재물을 얻음. extortion by threats 하다

공:갈-치다(恐喝-) 타 ①공갈하다. ②《속》거짓말하다.

공:감(共感) 남의 의견·논설 등에 대하여 자기도 그러하다고 느낌. sympathy 하다

공:감:각(共感覺) 〈심리〉어떤 자극에 의해 그것에 상당하는 일정한 감각을 일으킬 때, 상당한 자극이 없이 일어나는 다른 종류의 감각. synesthesia

공개(公開) 여러 사람에게 개방함. 방청이나 관람을 허락함. ¶ ~ 녹음(錄音). opening to the public 하다

공개 경:쟁(公開競爭) 공개된 자리에서 같은 조건으로 하는 경쟁. open competition

공개 방:송(公開放送) 일반인 청취자를 초대하여 방송 실황을 공개하면서 하는 방송.

공개 법인(公開法人) 주식을 증권 거래소에 상장(上場)하고 있거나, 모집 설립 또는 공모 증자한 법인. open incorporation

공개 보:관(公開保管) 〈경제〉증권에 관한 모든 절차를 맡긴 주인을 대신하여 은행이 하는 보관.

공개 선:거(公開選擧) 공개 투표에 의한 선거 제도. 또, 그 선거. 《대》비밀 선거(秘密選擧).

공개 수사(公開搜査) 범인의 인상이나 몽타주 사진을 전국에 배포하여, 널리 민간인의 협력을 구하는 경찰의 수사 방법. 《대》비밀 수사(秘密搜査).

공개 시:장(公開市場) 특별한 조건이 없이 상품의 매매를 할 수 있는 시장. open market

공개 시:장 정책(公開市場政策) 〈경제〉 중앙 은행이 금융 시장에서 국공채(國公債)나 주식(株式)과 같은 유가 증권을 매매함으로써 자금 공급을 조절하여 통화량의 조절과 금융 통제의 목적을 달성시키려는 정책. 공개 시장 조작(公開市場操作).

공개 시:장 조작(公開市場操作) 〈동〉공개 시장 정책(公開市場政策). public trial

공개 심리(公開審理) 〈법률〉공개하여 하는 재판.

공개 심리주의(公開審理主義) 〈법률〉재판의 공정과 국민의 신뢰를 얻기 위하여 소송의 심리와 재판의 과정을 공개하는 주의. 《약》공개주의(公開主義)②. 하는 연설. public address

공개 연:설(公開演說) 일반 청중에게 공개하는 것으로

공개-장[-짱](公開狀) 어떤 사건의 내용을 신문·잡지에 실어 비판을 얻고자 일반 공중에게 알리는 글.

공개 재판(公開裁判) 〈법률〉판사의 심리, 변호인의 변론의 청취, 증거의 조사·판결·결정·명령 따위를 집행할 때에 일반의 방청을 허락하는 재판. 공개심판(公開審判)①. public trial

공개-적(公開的) 비밀로 하지 않고 공개하는(것).

공개-정(公開廷) 〈법률〉누구나 방청하도록 공개한 법정. open court

공개-주의(公開主義) ①무슨 일이나 비밀이 없이 일반에게 공개하는 주의. ②《략》→공개 심리주의. open-door policy

공개 투표(公開投票) 〈법률〉투표인이 어떠한 투표를 하였는가를 공개하는 투표. 《대》비밀 투표.

공개 회:의(公開會議) 누구에게나 널리 방청을 허락하는 회의.

공:거(貢擧) 〈제도〉각 지방의 제후의 있는 자제를 뽑아 천거하던 일. 하다 ②공도는 물건.

공건[-껀](空件) 명 ①쓸데없는 물건. useless thing

공겸(恭謙) 공손하고 겸손함. modesty 하다

공:겁(空劫) 〈불교〉사겁(四劫)의 하나. 이 세계가 괴겁(壞劫) 때에 물·불·바람의 삼재(三災)로 인하여 색계(色界)의 일부만 남고 모두 파괴되어 공(空)으로 돌아가던 시기.

공-것[-껏](空-) 힘이나 돈을 들이지 않고 거저 얻은 물건. windfall, gift

공것 바라기는 무당의 서방이라 속 남의 것을 공으로 가지고 싶어하는 사람의 비유.

공것이라면 양잿물도 들고 마신다 속 돈 안 주고 생기는 것이라면 무엇이나 즐겨 먹는다.

공격(公格) 공직(公職)에 관한 격식.

공:격(攻擊) ①적을 침. ¶정면 ~. 《대》수비. 방어(防禦). attack ②엄하게 논박함. 비난함. confutation ③남의 꾸짖음. criticism 하다

공:격-기(攻擊機) 적의 함대·육상 기지 등에 대한 폭격을 주로 하는 폭격기·뇌격기의 총칭.

공:격-대(攻擊隊) 적을 공격하기 위하여 편성한 부대. 《대》수비대(守備隊).

공:격 동맹(攻擊同盟) 여러 나라가 함께 힘을 합쳐 다른 나라를 공격할 목적으로 맺은 동맹. 《대》방어 동맹(防禦同盟). 는 병력.

공:격-력(攻擊力) ①공격하는 힘. ②공격할 수 있

공:격-로(攻擊路) 〈문사〉공격하기 위하여 만드는 길. 공격하는 길. attacking passage

공:격 수뢰(攻擊水雷) 〈군사〉적함(敵艦)에 발사하여 적을 때려 부수는 수뢰.

공:격적 행동(攻擊的行動) 〈심리〉요구가 장애 때문에 실현되지 않을 때 방해물을 말살하려는 행동.

공:격 전진(攻擊前進) 〈군사〉공격하면서 나아감.

공:격-점(攻擊點) 〈군사〉공격 목표. target of attack

공:격 정신(攻擊精神) ①〈군사〉후퇴 없이 공격만 하는 필수의 군인 정신 ②불요 불굴의 진취적 기상. spirit of attack

공:격 종대(攻擊縱隊) 〈군사〉적을 공격하기 위하여 종대로 지어 나아가는 군대. 하다

공결(公決) 공정하게 결정함. impartial decision

공겸(恭謙) 공손하고 겸손함. modesty 하다

공:경(公卿) 〈제도〉삼공(三公)과 구경(九卿).

공경(恭敬) 삼가서 예를 차려 높임. respect 하다

공경 대:부(公卿大夫) 〈제도〉벼슬이 높은 사람들.

(대) 사서인(士庶人).

공=경제(公經濟)명 〈약〉→공공 경제(公共經濟).

공경제적 수입(公經濟的收入)명 〈경제〉국가나 지방 자치 단체가 공권에 의하여 사경제(私經濟)로부터 보상 없이 강제로 징수하는 수입.

공:계(共計)명 〈동〉도합(都合).

공계(空界)명 〈불교〉①육계(六界)의 하나. 아무 것도 없는 공(空)의 세계. ② 공간. 공중.

공고(工高)명 〈약〉→공업 고등 학교.

공고(公告)명 ①널리 세상에 알림. ②국가나 공공 단체의 광고 및 게시(揭示). ¶~문(文). public announcement 하타

공고(功高)명 공이 큼. 하형

공:고(攻苦)명 기술이나 학문을 열심히 연구함. 하타

공고(鞏固)명 견고하고 튼튼함. firmness 하형 히변

공고라〈동물〉밤빛 바탕에 꼬리와 주둥이가 검은 말.

공곡(公穀)명 나라·관청이 소유하는 곡식. 관곡(官穀). (대) 사곡(私穀). public rice

공곡(空谷)명 텅 빈 골짜기.

공곡 공음(空谷跫音)/**공곡 족음**(空谷足音)명 ①공곡에 울리는 사람의 발자국 소리. ②쓸쓸히 지낼 때 듣는 기쁜 소식.

공골-말〈동물〉털 빛이 누른 말. 황부루.

공꼴-차-다형여→용골차다.

공공(公共)명 ①여러 사람이 정신적·물질적으로 힘을 함께 함. ¶~ 단체. ~ 도서관. public ②일반 사회. 공중(公衆). ¶~의 안녕 질서.

공공(空空)명 ①〈불교〉 생각이나 번뇌가 없이 비어 있는 상태. ②문장에서 빠진 글자나 숨김표로 쓰는 부호 '○○'의 인세상의 이름. ¶~ 처. ~기지. cipher

공공 경제(公共經濟)명 〈경제〉국가나 공공 단체 따위의 권력 관계를 기본으로 삼는 경제. (대) 사경제(私經濟). 《약》공경제(公經濟). public economy

공공 사:업(公共事業)명 〈사회〉국가·공공 단체가 공공의 복리를 위하여 하는 일. public enterprise

공공-선(公共善)명 〈윤리〉국가나 특수 사회에 대한 선. 공중선(公衆善). public good

공공 시:설(公共施設)명 사회의 일반 공적인 목적의 수행을 위하여 계획된 설비.

공공-심(公共心)명 공공의 행복과 이익을 위하는 마음.

공공연-하-다(公公然―)형여 ①공변되고 숨김이 없이 떳떳하다. ②비밀이 없이 널리 알려져 있다. ¶공공연한 비밀. **공공연**-히분

공공-용(公共用)명 ①공공의 볼일. ②공공에 쓰임.

공공-용물(公共用物)명 〈법률〉도로·하천·항만·공원·천연 기념물 따위와 같이 일반 사회 공중이 공동으로 사용하는 물건. 《약》공용물(共用物). public property

공공 적적(空空寂寂)명 ①〈불교〉우주의 만물은 실체(實體)가 없고 일체 공(空)이란 말. ②번뇌나 집착이 없이 무아 무심(無我無心)임. 하형 히변

공공 조합(公共組合)명 〈법률〉사단 법인이나 동협·수협·축협 따위와 같이 공공의 이익을 꾀하는 조합. public association

공과[―꽈](工科)명 〈교육〉①공학(工學)에 관한 학과. engineering ②대학의 공학과. engineering

공과(工課)명 공부하는 과정. lesson ┃department

공과(公課)명 ①조세 이외의 국가 또는 공공 단체가 부과하는 일. taxes ②국가 또는 공공 단체가 국민에게 과하는 세금이나 그 밖의 공법상의 부담. public imposts

공-과(功過)명 공로와 과실. merits and demerits

공과-금(公課金)명 관청에서 매긴 세금.

공과-기(工課記)명 〈제도〉공과를 적은 서류.

공과 대학[―꽈―](工科大學)명 〈교육〉공학에 관한 전문 교육을 베푸는 대학. 《약》공대. engineering college

공과 상반(功過相半)명 공로와 허물이 서로 반반임.

공관(公館)명 ①정부 고관의 공적인 저택. official residence ②〈약〉→재외(在外) 공관. ③공공이 쓰는 집.

공관(空官)명 벼슬 자리가 빔.

공관(空館)명 〈제도〉성균관(成均館)의 유생(儒生)들이 어떤 불평이 있을 때에 단결하여, 관에서 나가 먼 일. 권당(捲堂). 하타

공관(空罐)명 빈 깡통. empty can

공:관 복음서(共觀福音書)명 〈기독〉신약 성서 중, 마태·마가·누가의 세 복음서의 총칭.

공관-장(公館長)명 외국에 주재하고 있는 한 나라의 대사·공사·영사 등.

공교-롭-다(工巧―)형ㅂ변 공교한 듯하다. casual 공교-로이분

공=교:육(公教育)명 공적인 재원에 의하여 관리·운용되는 교육.

공교-하-다(工巧―)형여 ①뜻밖에 맞거나 틀리다. unexpected ②때·기회가 우연하게도 좋거나 나쁘다. accidental 공교-히분

공:-교:회(公教會)명 카톨릭 교회.

공구(工具)명 공작(工作)에 쓰이는 기구. instrument

공구(工區)명 공사를 하는 구역. construction area

공:구(攻究)명 학문 따위를 연구함. study 하타

공:구(恐懼)명 몹시 두려워함. awe 하형 히변

공구(控球)명〈동〉공기.

공국(公國)명 군주를 공이라고 부르는 나라. dukedom

공군(空軍)명 〈군사〉항공기로써 공중 전투와 함선이나 지상에 대한 공격 및 방비 임무를 맡은 군대. air force

공군 본부(空軍本部)명 〈군사〉국방부 소속 기관의 하나. 공군의 최고 사령부. 공군의 편제·장비·작전·교육·훈련 그 밖의 공군에 관한 사항을 관장(管掌)함. headquarters of air force

공굴〈concrete〉명 (속) 콘크리트.

공굴-다리[―따―]명 콘크리트에 철근을 넣어 만든 다리. concrete bridge

공권[―꿘](公權)명 〈법률〉공법상(公法上)의 권리. 조직권·형벌권·경찰권·강제권·재정권·공업 특권·하명권·형성권 등의 국가적 공권과 참정권·수익권·자유권 등의 개인적 공권. ¶~ 정지(停止). (대) 사권(私權). civil rights

공권(空拳)명 ①맨주먹. 빈주먹. bare hand ②《약》→적수 공권(赤手空拳).

공-권력(公權力)명 국가 또는 공공 단체가 국민에 대하여 명령하고 강제하는 권력.

공권 박탈[―꿘―](公權剝奪)명 일정 원인이 있는 경우에 공법상 인정된 참정권 등의 권리를 뺏는 일.

공권적 해:석[―꿘―](公權的解釋)명 〈법률〉국가 자신의 권위로 하여 하는 법률 해석. 유권 해석(有權解釋).

공궐(空闕)명 임금이 없는 빈 대궐.

공:궤(供饋)명 음식을 줌. providing with food 하타

공:규(孔竅)명 ①구멍. hole ②눈·귀·코·입.

공규(空閨)명 오랫 동안 남편 없이 아내 홀로 사는 쓸쓸한 방. 공방(空房). bed-chamber of a neglected wife

공그르-다[―르―]타르변 바늘을 양쪽 시접에 번갈아 넣어 가며, 속으로 떠서 꿰매다. sew up with invisible seam

공:극(孔隙)명 틈. 구멍.

공:극(孔劇)명 몹시 지독함. 하형

공극(空隙)명 ①빈틈 ②겨를. spare time ③빈터. opening

공근(恭勤)명 공손하고 부지런함. polite and industrious 하형

공근(恭謹)명 공손하여 삼감. polite and discreet 하형

공글리-다타 ①땅바닥을 단단하게 다지다. solidify by ramming ②일을 단단하게 끝맺다. finish one's work clearly

공금(公金)명 국가나 공공 단체 소유의 돈. 공화(公貨). 국전(國錢). 공전(公錢). public money

공금 유용[―뇽―](公金流用)명 〈법률〉공금을 정하여진 용도 외의 곳에 사사로이 돌려씀. misappropriation of public fund 하타

공금 횡령(公金橫領) 공금을 불법적으로 개인의 소유로 함. embezzlement 하다

공:급(供給) ①요구하는 물품을 대어 줌. ②〈경제〉교환 또는 판매의 목적으로 시장에 상품을 냄. 〈대〉수요(需要). supply 하다

공:급 계:약(供給契約) 〈법률〉당사자의 일방이 계약 체결 후 일정한 시기에 목적물의 소유권을 이전할 것을 약속하는 계약.

공:급 과:잉(供給過剩) 〈경제〉수요보다 공급이 지나치게 많은 일. oversupply

공:급소(供給所) 공급 사무를 맡아보는 곳.

공:급원(供給源) 공급의 근원. source of supply

공:기 ①5개의 밤톨만한 돌을 땅바닥에 놓고 집고 받는 아이들 놀이. jackstone ②콩 따위를 형겊으로 싼 여자아이들의 놀잇감. 공구(控球). ¶～ 놀다.

공기(公器) ①공공 기관. ¶사회의 ～. public organ ②공중의 물건.

공기(空氣) 〈화학〉지구의 표면을 둘러싸고 있는 무색·투명·무취의 기체. 대기(大氣). air ②주위에 감도는 느낌·상태. 분위기.

공기(空器) ①빈 그릇. empty vessel ②위가 넓고 밑이 뾰족한 '보시기'의 하나.

공기 가스(空氣gas) 〈화학〉가솔린의 증발기(蒸發氣)와 공기가 섞인 것으로, 등(燈) 또는 열원료(熱原料)로 쓰임.

공기 공구(空氣工具) 압축 공기를 원동력으로 하여 그 팽창력에 의하여 움직이는 공구.

공기 기관(空氣機關) 〈공업〉공기를 매개로 하여 열(熱)에너지를 운동 에너지로 변화시키는 장치. air engine [jackstones

공:기 놀:다 공기를 가지고 놀이를 하다. play

공:기 놀리:다 ①공기를 가지고 놀리다. play jackstones ②사람을 농락하다. make a person one's puppet [프.

공기 램프(空氣 lamp) 공기가 잘 통하게 한 석유 램

공기 방석(空氣方席) 공기를 넣어 깔게 된 방석.

공기 수송관(空氣輸送管) 많은 전보 또는 비교적 가벼운 우편물을 빨리 전송하기 위하여, 시내 특정의 우편국끼리 금속관을 묻고, 전송할 물건을 일종의 원통 속에 넣어 압축 공기를 이용하여 보내고, 희박 공기를 이용하여 수신하는 장치. 공기 전송관(空氣傳送管).

공기 식물(空氣植物) 〈동〉기생 식물(氣生植物).

공기 압축기(空氣壓縮機) 〈공업〉공기를 대기압 이상의 압력으로 축적하여 압축 공기를 만드는 기계.

공기=액(空氣液) 〈동〉액체 공기.

공기=기업(公企業) 〈경제〉국가 또는 공공 단체가 소유하여 경영하는 기업. 〈대〉사기업(私企業). public enterprise

공기 요법(-[-뻡](空氣療法) 〈의학〉호흡기 환자, 특히 결핵 환자가 호흡의 퇴폐를 고치하여 치료하는 대기(大氣) 요법·공기욕(空氣浴) 따위의 폐결핵 치료 방법. aerotherapy

공기=욕(空氣浴) 〈의학〉몸에 신선한 공기를 쐬어 피부의 저항력을 증진시키는 일. air bath 하다

공기 원:근법(空氣遠近法) 〈미술〉공기 관계로 생기는 색채 명암의 변화에 따라서 물체와 거리를 나타내는 법.

공기 저:항(空氣抵抗) 〈물리〉공기 중에서의 물체의 운동에 대하여 공기가 그것을 저지하는 현상. air resistance [送管.

공기 전송관(空氣傳送管) 〈동〉공기 수송관(空氣輸

공기 전염(空氣傳染) 〈의학〉공기 속에 흩어져 다니는 병원균에 의해 병이 옮는 일. infection 하다

공기 제:동기(空氣制動機) 〈물리〉전차·열차 등에서 압축 공기를 써서 차량을 제동하고 속도의 가감·정거·보안의 목적을 이루는 장치. airbrake

공기 조절(空氣調節) 기계 장치에 의하여 온도·습도 등을 보건에 알맞은 상태로 하는 일. air conditioning

공기 주머니(空氣—) 〈생물〉새의 가슴 속에 있어서 허파와 연락된 막의 주머니. 기낭.

공기=총(空氣銃) 압축 공기의 작용으로 탄알을 발사하는 총. 공기포(空氣砲). air gun

공기=침(空氣枕) 고무 따위에 공기를 불어 넣어서 베는 베개. 풍침(風枕).

공기 콘베이어(空氣 conveyer) 〈공업〉고속(高速)으로 흐르는 공기에 의하여 곡식 또는 입상물(粒狀物)을 관(管) 속으로 운반할 수 있게 하는 장치.

공기 펌프(空氣 pump) ①밀폐한 그릇 속의 공기를 빼내는 펌프. air pump ②압축하여 용기 속에 넣는 펌프.

공기=포(空氣砲) 〈동〉공기총. [넣을 펌프.

공기 한란계(空氣寒暖計) 〈물리〉공기의 팽창을 이용하여 온도를 재는 가스 한란계의 하나.

공납(公納) 국고로 수입되는 세금. public imposts

공:납(貢納) 〈제도〉공물(貢物)을 바침. 〈약〉공(貢). tribute 하다

공납=금(公納金) ①학생이 학교에 정기적으로 내는 돈. ②관공서에 의무적으로 납부해야 할 돈. public charges

공낭(空囊) ①돈이 없는 빈 주머니. ②몸에 돈을 지니지 않음의 비유. ["woman worker

공녀(工女) 공장에서 일하는 여자 직공. 여직공.

공:노(共怒) 함께 성냄. ¶천인(天人) ～. being resented by all 하다

공:=노비(公奴婢) 〈제도〉관아에서 부리던 노비. 〈대〉사노비(私奴婢). [공효와 능력.

공능(功能) ①공적과 재능. merit and ability ②

공다리 무·배추의 씨를 떨어 낸 장다리.

공단(工團) 〈약〉공업 단지(工業團地).

공단(公團) 일정한 국가적 사업을 수행하기 위하여 설립하는 특수 법인. ¶한국 기술 검정 ～.

공단 〈동〉무늬가 없는 두꺼운 비단. plush

공달 자:기 탐지기(空達器器探知機) 〈군사〉항구의 입구나 해협 등에서 적의 잠수함의 침입을 방위하

공담(公談) ①공평한 말. impartial remark ②공무에 관한 말. 〈대〉사담(私談). official talk

공─담(空─) 빈터에 둘러쌓은 담. [가능한 이야기.

공담(空談) ①쓸데없는 말. idle talk ②실행이 불

공:담 의:무(共擔義務) 연대 책임.

공답(公畓) 〈제도〉나라의 논. 〈대〉사답(私畓). state rice-field [office

공당(公堂) 〈제도〉공무를 보는 집. government

공당(公黨) 공공연하게 주의·방침 등을 발표한 정

공:=당(共黨) 〈약〉→공산당(共産黨). [당.

공당(空堂) 텅 빈 집.

공대(工大) 〈약〉→공과 대학.

공대(空垈) ①담 안의 빈 터전. vacant place ②빈 터. vacant site

공대(恭待) ①공손하게 대접함. ②경어를 씀. 〈대〉하대(下待). honourable treatment 하다 ["미사닐.

공대=말(空對空) 공중에서 공중으로 향함. ¶～

공대=말(恭待─) 상대자나 상대자에 관계되는 일을 공대하여 이르는 말. 〈대〉예사말. ["사일.

공대:─지(空對地) 공중에서 땅으로 향함. ¶～ 미

공덕(公德) 공중을 위하는 도덕적인 의리. 공중 도덕. ¶～심(心). public morality

공덕(功德) ①〈동〉은덕(恩德). ②〈불교〉착한 일을 많이 한 힘. ¶부처의 ～. virtuous deeds

공덕=문(功德文) 〈불교〉①<공>이 보시(布施)를 연기하기 위하여 만들어 도르는 종이 주머니. ②공덕을 기리는 글. [public spirit

공덕─심(功德心) 남에게 착한 일을 하려는 마음.

공덕─의(功德衣) 〈불교〉공덕 있는 이의 옷이란 뜻으로, 중의 의복을 이름.

공도(公度) 〈수학〉같은 종류의 두 개 이상의 각 양(量)에 공통된 공약량(公約量). 12 g 과 16 g 의 공

도는 2 g. common factor of measurement

공도(公盜)[명] 공무원이 그 직무를 이용하여 공금이나 공물을 횡령하는 일. 또, 그 사람. 공적(公賊). embezzler of public funds

공도(公道)[명] ①공평하고 바른 도리. justice ②떳떳하고 당연한 이치. ③《俗》 공도(公路).

공·도(孔道)[명] 공자(孔子)가 가르치는 도(道).

공·도(共倒)[명] 같이 쓰러짐. 하타

공도 동망(共倒同亡)[명] 같이 넘어지고 같이 망함. falling together 하타

공·돈[一돈](空一)[명] 공으로 얻은 돈. windfall income

공-돌-다(空一)[자][돌타] ①매인 데가 없이 제멋대로 돌다. skidding ②목적 또는 성과 없이 헛돌다. fruitless effort ③쓰이지 않고 남아서 이리저리 굴다. useless thing

공·동(共同)[명] ①여러 사람이 일을 같이 함. joint, common ②여러 사람이 같은 자격으로 결합하는 일. (대)단독. cooperation 하타

공동(共動)[명]〈생리〉 자동 운동에 따라 무의식 중에 일듯는 운동. 하타

공동(空洞)[명] ①물체에 텅 비게 생기는 구멍. hole ②〈의학〉 신체 조직내에 회사(壞死)가 일어나 이것이 배출되어 생기는 구멍. cavity

공·동(恐動)[명] 위험한 말로 사람의 마음을 두렵게 함. terrifying 하타

공·동 가입 전·화(共同加入電話)[명] 서로 가까운 거리에 있는 2~10대의 가입 전화기에 대한 전화국까지의 전화선을 공동으로 쓰는 전화. (약) 공동 전화(共同電話).

공·동 거류지(共同居留地)[명]〈법률〉 여러 외국이 공동으로 지배하게 된 거류지. (대) 전관 거류지.

공·동-격[一껵](共同格)[명]〈어학〉 부사격의 하나. 체언에서 공동을 나타내는 조사가 붙는 자리. '과·와·하고' 등의 조사가 붙음. (雙義).

공·동-견(共同繭)[명] 누에 두 마리가 지은 쌍고치. 쌍

공·동 경작(共同耕作)[명]〈농업〉 둘 이상의 농가나 한 부락이 공동으로 농사지음. 하타 ¶~는 남녀.

공·동 경작지(共同耕作地)[명]〈농업〉 공동으로 경작하는 논밭.

공·동 경제(共同經濟)[명]〈경제〉 두 사람 이상이 공동으로 경영하는 회사·조합·공공 단체 또는 국가 위의 경제. (대) 단독 경제(單獨經濟).

공·동 관계(共同關係)[명]→공동 사회적 관계.

공·동 관·리(共同管理)[명] 공동으로 관리함. 하타

공·동 관심(共同關心)[명] 여러 사람이 공동으로 가지는 관심. joint concern ¶~리하는 사람.

공·동 관재인(共同管財人)[명] 공동으로 한 재산을 관리하는 사람.

공·동 권리(共同權利)[명]〈법률〉 여럿이 공동으로 갖는 권리. joint rights

공·동 규제 수역(共同規制水域)[명] 1965년 6월에 맺어진 한일 어업 협정에 의거해서, 한국 전관 수역(專管水域)의 바깥쪽에 설치돼 양국의 공동 어업 수역. 이 수역 안에서의 연간 어획량을 제한함.

공·동-근(共動筋)[명]〈생리〉 딴 근육과 협동하여 근육 작용하는 근(筋).

공·동 기업(共同企業)[명]〈경제〉 조합·회사처럼 두 사람 이상이 공동으로 경영하는 기업. joint enterprise ¶~로 모인 단체.

공·동 단체(共同團體)[명] 여러 사람이 동일한 목적으로 ···

공·동 담보(共同擔保)[명]〈법률〉 ①거래원(去來員) 중에 위약(違約) 행위로 인해 생긴 손해의 배상을 공동으로 하는 담보. ②같은 채권을 담보하기 위하여 여러 개의 물건 위에 담보권을 설정하는 일. (대) 특별 담보. joint guarantee

공·동-답(共同畓)[명]〈농업〉 두 사람 이상으로 공동으로 하는 논. common rice-field

공·동 대·리(共同代理)[명]〈법률〉 둘 이상의 대리인이 공동하여 비로소 법률 행위를 할 수 있는 대리. joint agency

공·동 대·부(共同貸付)[명]〈경제〉 둘 이상의 은행이

한 개인이나 회사에 대하여 자금을 대부하는 일. 공동 융자. ¶위해 하는 모금. community chest

공·동 모금(共同募金)[명]〈사회〉 공공(公共) 사업을

공·동 목간(共同沐間)/**공·동 목욕탕**(共同沐浴湯)[명] 적은 요금으로 여러 사람이 같이 쓸 수 있도록 설비된 목욕탕. 공동탕. 공동 욕장(共同浴場).

공·동 목적(共同目的)[명] 관계자 일반에 공통된 목적. joint purpose

공·동 묘·지(共同墓地)[명] 일정한 곳에 공동으로 쓰게 된 묘지. (대) 사설 묘지(私設墓地). public cemetery ¶묻진.

공·동-물(共同物)[명] 여러 사람이 공동으로 소유하는 물건.

공·동 벽돌(空洞甓—)[명] 중량을 줄이고 방습(防濕)·방열(防熱)의 특성을 가지게 하려고 속이 비게 만든 벽돌.

공·동 변소(共同便所)[명] ①여러 집 또는 동네에서 같이 쓰고자 만든 변소. ②'공중 변소'의 딴이름. public lavatory

공·동 보·조(共同步調)[명] 여러 사람 또는 단체가 한 뜻으로 일을 해 나감. ¶~를 취하다. act in concert

공·동 보·험(共同保險)[명]〈법률〉 둘 이상의 보험업자가 동일한 목적에 대하여 보험을 인수하는 일.

공·동 사·업(共同事業)[명] 공동으로 협력하여 경영하는 사업. joint enterprise

공·동 사회(共同社會)[명]〈사회〉 혈족·처소·지역·사업 등의 관계로 이루어진 사회적 결합. 게마인샤프트. 공동체①. (예) ~의 community, Gemeinschaft

공·동 사회적 관계(共同社會的關係)[명]〈사회〉 개인 사이에 서로 공동 이해 관계를 가진 사회적 관계. (약) 공동 관계.

공·동 상속(共同相續)[명]〈법률〉 두 사람 이상이 공동으로 받는 상속. ¶~인. joint inheritance 하타

공·동 생활(共同生活)[명] ①서로 협력하여 사는 사회 생활. ②개미·벌처럼 목적·환경을 의식함이 없이 사는 생활. ③남녀가 결혼해서 사는 생활. collective life 하타 ¶~줄. party line

공·동-선(共同線)[명] 공동으로 쓰는 전화선이나 전깃줄.

공·동 선언(共同宣言)[명] 두 사람 이상 또는 두 나라 이상이 공동으로 발표하는 선언. joint declaration

공·동 성명(共同聲明)[명] ①〈정치〉 두 사상 또는 두 나라나 두 단체 이상이 공동으로 발표하는 성명. joint statement ②한 나라의 정부 수뇌가 외국을 방문하였을 때, 그 나라의 정부 수뇌와의 회담 내용·특기 사항 등을 기록한 일종의 외교 문서. (약)공동 성명.

공·동 소송(共同訴訟)[명]〈법률〉 단일한 소송 사건에 대하여 원고나 피고가 여럿이 관계하는 소송 형태. joinder 하타 ¶~되는 원고와 피고.

공·동 소송인(共同訴訟人)[명]〈법률〉 공동 소송에 관계하는 사람.

공·동 소·유(共同所有)[명] 둘 이상의 권리 주체가 공동으로 동일물에 대하여 소유권을 갖는 일. 하타

공·동 소·작(共同小作)[명]〈농업〉 두 사람 이상이 공동으로 토지를 빌려 경작하는 소작. 하타

공·동 수도(共同水道)[명] 몇 사람 또는 한 동네가 공동으로 쓰는 수도.

공·동 수익자(共同受益者)[명]〈경제〉 신탁(信託)의 수익자가 둘 이상일 때의 수익자.

공·동 수탁자(共同受託者)[명]〈경제〉 신탁에서 수탁자가 둘 이상일 때의 수탁자.

공·동 숙박소(共同宿泊所)[명]〈사회〉 적당한 숙소가 없어 곤란을 당하는 사람을 수용하여 값싸게 또는 무료로 숙박시키는 곳.

공·동 시·장(共同市場)[명]〈경제〉 여러 상인이 공동 출자하여 경영하는 시장. (약) 공시(共市).

공·동 어업권(共同漁業權)[명] 어업 협동 조합 등이 수면(水面)을 공동 이용하여 영위하는 어업권.

공·동 영지(共同領地)[명]〈정치〉 두 나라 이상이 공동일한 지역을 소유하여 관리·통치하는 영지.

공·동 욕장(共同浴場)[명]《동》 공동 목욕탕.

공:동 우승(共同優勝)圈 운동 경기에서, 두 사람 또는 두 단체가 함께 우승함. 하다

공:동 운:동(共同運動)圈 ①유의(有意) 운동에 따라 일어나는 딴 부분의 무의식 운동. ②둘 이상이 힘을 합하여 공동으로 하는 운동. 하다

공:동 운:명(共同運命) 민족이나 집단이 같은 목적 밑에서 영고 성쇠를 함께하는 운명.

공:동 원고(共同原告)圈〈법률〉두 사람 이상이 공동 소송의 원고가 되는 일. (대)공동 피고(共同被告). coplaintiff

공:동 위원(共同委員)圈 공동 위원회를 구성하는 위원.

공:동 위원회(共同委員會)圈 한 문제를 공동으로 심의·검토하기 위하여 두 단체, 또는 두 국가 이상이 각각 위원을 내어 조직한 위원회. (약)공위(共委).

공:동 융자(—늉—)(共同融資)圈 공동 대부.

공:동 의:무(共同義務)圈〈법률〉둘 이상이 공동으로 부담하는 의무. joint obligations

공:동 일치(共同一致)圈 여럿이 같은 보조로 힘을 합함. unanimous cooperation 하다

공:동 작업(共同作業) 두 사람 이상이 할 일을 공동으로 함. 또, 그 일. joint work 하다

공:동 작전(共同作戰)圈〈군사〉둘 이상의 부대나 육해공군이 공동으로 수행하는 작전. 하다

공:동 저:금(共同貯金)圈〈법률〉여러 사람이 공동 목적으로 저금할 때 대표자의 이름으로 저금하는 일. 하다

공:동 저:당(共同抵當)圈〈법률〉공동 담보의 일. 동일 채권(債權)을 담보하기 위하여 몇 개의 부동산 위에 설정된 저당권.

공:동-전(共同田)圈〈농업〉①공동으로 경작하는 밭. ②공동 소유로 되어 있는 밭.

공:동-전(共同栓)圈 (동)공용전(共用栓).

공:동 전:선(共同戰線)圈 ①〈사회〉동맹국이 같이 편 전선. ②두 개 이상의 단체가 같은 목적 아래 단결하여, 반대편에 대항하여 나아가는 태세. 또, 그 조직. 통일 전선(統一戰線). united front

공:동 전:지식(共同電池式)圈 교환국의 전지 하나를 모든 가입자의 전화기의 송화(送話)·신호용으로 공동 사용하는 방식. (약)공전식(共電式).

공:동 전지식 전:화기(共同電池式電話機)圈 공동 전지식 교환국의 가입자의 집에 장치하는 전화기. 수화기만 들면 신호가 감. (약)공전식 전화기.

공:동 전:화(共同電話)圈 (약)→공동 가입 전화.

공:동 절교(共同絶交)圈 한 부락의 주민 전체가 제재(制裁)를 목적으로 하여 어떤 사람을 공동 사회에서 제외하고 그와 절교하는 일. 하다

공:동 점:유(共同占有)圈〈법률〉하나의 물건에 대하여 몇 사람이 공동으로 하고 있는 점유. (대)단독 점유(單獨占有). joint possession

공·동-정:범(共同正犯)圈〈법률〉둘 이상이 공동하여 범죄를 실행한 경우, 그 여러 범인.

공:동 조건(—껀—)(共同條件)圈 일정한 일이 성립되는 데 있어, 함께 관계되는 하나하나의 요소.

공:동 조계(共同租界)圈〈법률〉2차 대전 전, 중국에 있었던 여러 나라 사람들의 공동 거류지. international settlement

공:동 조합(共同組合)圈〈법률〉두 사람 이상이 상호 이익을 도모하기 위해 모여 조직한 조합.

공:동 주:택(共同住宅)圈 (동)아파트먼트 하우스(apartment house). 「리켠을 행사하는 일. 하다

공:동 지배(共同支配)圈 여러 지배인이 공동하여 대

공:동 집행(共同執行)圈〈법률〉강제 집행에 쓰는 말로, 여러 채권자가 압류를 동시에 하여 압류물을 분배하는 일. 하다

공:동 참가(共同參加)圈〈법률〉계속 중인 소송의 목적이 당사자 쌍방과 제삼자에 대하여 독자이 확정되어야 할 때, 그 제삼자가 공동 소송인으로 소송에 참가하는 일. 하다

공:동 책무(共同責務)圈 여러 사람이 공동으로 부담하는 책무. joint duty

공:동-체(共同體)圈〈사회〉①(동)공동 사회. community ②생활과 운명을 같이 하는 몸.

공:동 출자[—짜](共同出資)圈〈경제〉둘 이상의 개인이나 법인이 공동 사업에 대하여 내는 자본금. joint investment 하다

공:동-탕(共同湯)圈 (동)공동 목욕탕.

공:동 판매(共同販賣)圈〈경제〉①판매 조합을 통하여 공동으로 하는 판매. ②각 기업체가 공동의 판매소를 통하여 판매하는 일. (약)공판(共販). joint sale 하다

공:동 판매 카르텔(共同販賣 cartel)圈〈경제〉판매량을 내당하고 판매를 집중하며, 수익의 전부를 일정 카르텔의 중앙 금고에 집중시켜서, 다시 이를 일정한 배당률에 의해 각 기업자에게 분배하는 카르텔.

공:동 피:고(共同被告)圈〈법률〉둘 이상이 동일 사건의 피고가 되었을 때의 그 피고. (대)공동 원고(共同原告). codefendants

공:동 해:손(共同海損)圈〈법률〉선장이 선박과 화물의 공동 위험을 면하기 위하여 화물을 버림으로 인하여 생기는 손해나 비용. general average

공:동 행위(共同行爲)圈〈법률〉두 사람 이상의 의사의 합치에 이루어진 행위. cooperative action

공:동 협력(共同協力)圈 둘 이상이 마음을 합하고 협력함. 하다

공동=화(空洞化)圈 도시나 큰 건물이 일시적인 주민의 부재로 인하여 텅 비는 일. ¶~현상. 하다

공득(空得)圈 힘 안 들이고 공으로 얻음. getting something for nothing 하다

공든 탑(功—塔)圈 공을 들여 만든 탑. ¶힘과 정성을 들여서 이루어 놓은 일. elaborate work

공든 탑이 무너지랴圈 힘들여서 한 일은 쉽게 허사가 되지 않는다.

공-들다(功—)자르 무엇을 이루는 데 정성과 노력이 많이 든다. be elaborate 이 쓰다. elaborate

공-들이다(功—)타 무엇을 이루려고 마음과 힘을 많이

공—떡(空—)圈 ①공으로 얻은 떡. cake won for nothing ②힘들이지 않고 공으로 얻어진 이익. windfall

공-뜨다(空—)자르 ①임자 또는 매인 데 없이 공중에 떠 있다. ¶한 달 월급이 공뜨다. be ownerless ②한데 섞이지 않고 따로 있다. ¶배돌면서 공떠 있다.

공:락(攻落)圈 공격하여 함락함. taking by attack 하다

공란(空欄)圈 지면(紙面)의 글자 없이 빈 난. blank

공:람(共覽)圈 관람에 제공함. 보임. exhibition 하다

공랭(公冷)圈〈제도〉서울 종로 양쪽에 있던 정부의 용도를 하던 가게. ¶air cooling 하다

공랭(空冷)圈〈물리〉뜨거워진 물체를 공기로 식힘.

공랭식(空冷式)圈 뜨거워진 총포·기관 능을 공기로 냉각시키는 방식. ¶~엔진. (대)수냉식(水冷式).

공:략(攻掠)圈 공격하여 약탈함. capture 하다

공:략(攻略)圈 적지·적진을 공격하여 침범함. ¶~전(戰). ~정책(政策). invasion 하다

공량(貢糧)圈 공미(貢米). 「②공부의 힘.

공력(工力)圈 ①물건을 만드는 데 드는 힘. labour

공력(公力)圈〈법률〉개인 또는 단체를 강제하고 복종시키는 국가 및 사회의 권력. power of the state

공력(功力)圈 ①공들여서 애쓰는 힘. endeavour ② 〈불교〉불법을 수행하여 얻은 공덕의 힘. 불력(佛力). Buddhist merits

공력(空力)圈 헛되이 들인 힘. 헛심.

공:력-근(共力筋)圈〈생리〉서로 같은 방향의 운동을 하는 근육. (대)길항근(拮抗筋).

공:렬(孔裂)圈〈식물〉약(藥)의 정수리에 구멍이 생겨 꽃가루를 날림. porous dehiscence 「ment

공렬(功烈)圈 큰 공적. 공업(功業). great achievement

공렴(公廉)圈 공평하고 염직(廉直)함. 하다形

공로(公路)圈 공중이 통행하는 길. 공도(公道)③.

공로(功勞)명 일에 힘쓴 공적. 공업(功業). ¶~상(賞). 준공(功). services, merits

공:로(攻路)명 공격하여 나가는 길.

공로(空老)명 ①한 일도 없이 헛되이 늙음. ②학식이 있는 선비가 과거에 급제를 못한 채 늙음. 하타

공로(空路)명 ①空→항공로(航空路). ②항공기를 타고 오고 감을 이름. ¶~로 워싱턴에 도착. by air

공로-주(功勞株)명 〈경제〉주식 회사에서 그 회사에 공로가 있는 자에게 무상 또는 평가(平價)로 주는 주권(株券). bonus stock

공론(公論)명 공평한 의론. 공의(公議). fair opinion ②사회 일반의 여론. 대 사론(私論). public opinion 하타

공론(空論)명 ①쓸데없는 의론. ¶탁상 ~. ②근거 없는 논(論). 허론(虛論). ③실제와는 동떨어진 의론. empty theory 하타

공론=가(空論家)명 실속 없는 헛된 이론이나 논의를 일삼는 사람. armchair philosopher

공론 공담(空論空談)명 헛된 이야기. futile argument

공리(空雷)명 〈약〉→공중 어뢰(空中魚雷).

공:룡(恐龍)명 〈동물〉중생대(中生代)의 쥐라기(Jura紀)·백악기(白堊紀)에 번성하였던 공룡류의 화석 동물의 총칭. 목과 꼬리가 길고 몸 길이 5~25 m가 량으로 악어와 비슷함. dinosaur

공루(空淚)명 거짓으로 흘리는 눈물.

공류(公流)명 〈법률〉공수(公水)의 하나. 공공의 이해에 관계 있는 유수(流水).

공륜(空輪)명 〈불교〉오륜탑(五輪塔)이나 상륜탑(相輪塔)의 맨 위에 있는 원륜(圓輪).

공률(工率)명 ①작업이 진행되는 율. ②기계가 단위 시간 안에 하는 일의 능률. 공정(工程)③. rate of work

공리(公吏)명 〈법률〉①공공 단체의 사무를 보는 사람. ②관리가 아니면서 공무를 맡아보는 사람. 공증인(公證人), 집달리(執達吏) 등. public official

공리(公利)명 ①일반 공중의 이익. ②공공 단체의 이익. 대 사리(私利). public welfare

공리(公理)명 ①일반에 공통되는 도리. self-evident truth ②〈논리·수학〉추리·판단·결론의 바탕이 되는 근본 명제가 되는 진리. axiom

공리(功利)명 ①공명과 이욕(利慾). honor and profit ②〈윤리〉이익과 행복. utility ③공로와 이익.

공리(空理)명 ①사실과 관계없는 이론. sophism ②〈불교〉만유(萬有)가 공(空)이라는 이치.

공:리(貢吏)명 〈제도〉공물을 상납하는 관리.

공리 공론(空理空論)명 실천이 없는 헛된 이론. doctrinairism ②공리주의를 내용으로 한 작품.

공리 문학(功利文學)명 〈문학〉①공리성을 띤 문학.

공리=설(功利說)명 문 공리주의(功利主義)①.

공리=성(功利性)-명 ①어떤 목적을 실현하는 데 유용한 성질. utility ②이익만을 추구하는 성질.

공리적 예:술관(功利的藝術觀)명 공리주의 입장에서 예술을 보는 태도.

공리-주의(公理主義)명 〈수학〉수학에서 정리(定理)만을 수의 내용이라고 인정하는 처지.

공리-주의(功利主義)명 ①〈윤리〉행위의 목적과 선악 판단의 표준을 많이에 두는 주의. 공리설(功利說). 실리주의. ②〈문학〉예술은 인생과 사회의 공리성을 위한 것이라야 한다는 예술론. 대 이상주의. utilitarianism「가에서 멀리 떨어져 쓸쓸한 숲.

공림(空林)명 ①초목의 잎이 떨어져 공허한 숲. ②인

공립(公立)명 공공 단체가 세움. ¶~ 도서관(圖書館). 대 사립(私立). public

공:립(共立)명 ①나란히 섬. ②공동하여 설립함. 하

공립 학교(公立學校)명 〈교육〉특별시·도(道)·시(市) 및 교육구에서 지방비로 설립하여 유지하는 학교. public school

공막(空漠)명 ①아득하게 넓음. vast ②막연하여 종잡을 수 없음. ¶~한 이론. ~한 인생. vague 하타

공막(鞏膜)명 〈생리〉안구(眼球)의 외벽을 싸고 있는 흰 막. sclera

공막-염(-[膜]炎)명 〈의학〉자주색을 띤 반점이 생기는 공막의 염증.

공매(公賣)명 〈법률〉①여러 사람에게 입찰시켜 물건을 팖. ②관공서에서 행하는 매각. public sale 하타

공매 처:분(公賣處分)명 〈법률〉관청에서 체납자의 재산을 강제 집행한 뒤에 공매에 부치는 처분. disposition by public sale

공:-맹(孔孟)명 공자와 맹자. Confucius and Mencius

공:맹지도(孔孟之道)명 공자와 맹자가 주장한 인의(仁義)의 도덕. 「하는 학문. 유학.

공:맹-학(孔孟學)명 공맹지도, 또는 공맹지도를 연구

공명(公明)명 사사로움이 없이 떳떳하고 분명함. fairness, impartiality 하타

공명(功名)명 ①공을 세워 이름을 떨침. great exploit ②공을 세운 이름. fame 하타

공명(共鳴)명 ①다른 행동을 감수(感受)하여 그 영향이 생김. ②남의 사상·의견에 찬성함. sympathy ③〈물리〉발음체(發音體)가 외부 음파에 자극되어 이와 동일한 진동수의 소리를 내는 현상. resonance ③남이 하는 일을 옳게 여김. 하타

공명(空名)명 헛되고 실속 없는 명예. 대 허명(虛名). empty name

공명(空明)명 달이 비치는 물이 맑음. 하타

공명(空冥)명 하늘. 허공. 「릴 골격.

공명-골(-骨)명 뼈대가 잘생겨 장래에 공명을 누

공:명-관(共鳴管)명 〈물리〉공기로 공명시킴으로써 소리를 크게 하는 관. resonance tube

공:명-기(共鳴器)명 〈물리〉공명의 종류를 분석하는 기구. resonator

공:명 상자(共鳴箱子)명 〈물리〉공명에 의하여 발음체가 내는 소리를 강하게 하는 장치. 기타의 몸통 따위. 울림 상자. resonance box

공명 선:거(公明選擧)명 부정이 없이 떳떳하고 명예

공명-심(公明心)명 공변되고 공명한 마음. 「한 선거.

공명-심(功名心)명 공을 세워 이름을 떨치려는 마음. desire for fame

공명-욕(功名慾)명 공명을 구하는 욕심. desire for

공명 정대(公明正大)명 마음이 공명하여 바르고 떳떳함. fairness and justice 하타 허타 「던 시험지.

공명-지(空名紙)명 〈제도〉과거를 볼 때 예비로 가지

공명-첩(空名帖)명 〈제도〉성명을 적지 않은 서임서(敍任書). 관아에서 돈이나 곡식을 받고 벼슬을 팔 때, 관직의 이름은 써 주되, 이에 서임된 자는 실무는 보지 않고 명색만 행세하게 됨. 공명장(帳).

공모(公募)명 일반에게 널리 알려 모집함. 사원을 ~하다. public collection 하타

공:모(共謀)명 둘 이상이 같이 일을 꾀함. 동모(同謀). conspiracy 하타

공:모 공:범(共謀共犯)명 〈법률〉몇 사람이 공모하여 범죄 실행을 모의하고 그 중 어느 한 사람에게 범죄 실행 행위를 담당하게 했을 때의 공범. 준 공모범.

공모 공채(公募公債)명 〈경제〉일반 금융 시장에서 일반 공중(公衆)을 대상으로 모집하는 공채.

공:모-범(共謀犯)명 준 공모 공범.「어선.

공:모-선(工母船)명 배 안에 수산 가공 설비를 갖춘

공:모-자(共謀者)명 공모한 사람. conspirator

공모-주(公募株)명 일반에게 널리 투자자를 구하여 행하는 주식.

공목(空木-)명 〈인쇄〉인쇄소에서, 식자(植字)할 때 활자 사이에 끼우는 나무나 납 조각. lead

공몽(涳濛·溕濛)명 이슬비가 뽀얗게 오거나 안개가 자욱하게 낀 모양. 하타 허타

공:-묘(孔廟)명 공자를 모신 사당.

공무(工務)명 ①공장에 관한 사무. ②토목·건축에 관한 일. engineering works

공무(公務)명 ①국가 또는 공공 단체의 사무·직무.

공무국

official business ②여러 사람에 관한 일. 《대》 사무(私務). public duty
공무-국(工務局)圈 신문사·출판사 등에서, 문선·식자·인쇄 등 공장 관계의 일을 맡은 부서. bureau of engineering works
공무-소(工務所)圈 토목 건축의 설계·공사를 도급 맡는 사무소. 〔곳〕 public office
공무-원(公務員)圈 공무원이 소관 사무를 맡아보는 관청.
공무 아문(工務衙門)圈 〈제도〉 공사에 관계된 일을 맡아보던 관청.
공무-원(公務員)圈 국가 또는 지방 자치 단체의 공무를 담당 집행하는 사람. 국가 공무원과 지방 공무원, 일반직 공무원과 별정직 공무원으로 구분됨. public official
공무 집행(公務執行)圈 공무 사무를 처리함. execu-
공무 집행 방해죄(公務執行妨害罪)〈법률〉공무원에 대해 폭행이나 협박을 가하여 직무를 방해하거나, 압류(押留)의 표시를 훼손하였을 때 성립하는 죄.
공-묵(孔墨)圈 공자(孔子)와 묵자(墨子).
공문(公文)圈 〈약〉→공문서(公文書).
공-문(孔門)圈 공자의 문하(門下). 성문(聖門).
공-문(孔紋)圈 〈식물〉 식물의 세포막에 있는 구멍. 세포 상호간의 연락을 함.
공문(空文)圈 실용에 부적당한 글. dead letter
공-문서(公文書)圈 공무에 관계된 일체의 서류. 공첩(公貼). 《대》 사문서(私文書). 《약》 공문(公文). 공서(公書). official document
공문서 위조죄[─죄](公文書僞造罪)圈 공문서를 위조하거나 변조(變造)함으로써 성립되는 죄. forgery of an official document
공물(公物)圈 국가나 공공 단체의 물건. 《대》 사물(私物). government property
공-물(供物)圈 신불 앞에 바치는 물건. offerings
공-물(貢物)圈 〈제도〉 백성이 조정에 바치던 물건. 《약》 공(貢). tribute
공물-방(貢物房)圈 〈제도〉 나라에 물건을 납품하고 값을 받을 때 이자까지 쳐서 받더던 곳. 《약》 공방(貢房). 〔南〕에서 생산된 종이.
공물-지(貢物紙)圈 〈제도〉 나라에 바치던 영남(嶺
공-미(供米)圈 신불(神佛)에게 바치는 쌀. rice offered to Buddha 〔as a tribute
공-미(貢米)圈 〈제도〉 공물로 바치던 쌀. rice offered
공미리(어류) 공미리과의 바닷물고기. 몸이 가늘고 길며 아래턱이 길게 바늘처럼 돌출하였음. 물 위를 잘 뛰는 습성이 있으며, 겨울 이외의 철에 맛이 좋음. snipefish
공민(公民)圈 ①나라에 딸리어 독립 생활을 영위하는 자유민(自由民). ②시·군·읍·면을 구성하는 주민 중에 공민권을 가진 사람. citizen
공민 교:육(公民敎育)圈 〈교육〉 사회인으로서 필요한 교양을 베풂을 목표로 하는 교육. civil education
공민-권[─퀀](公民權)圈 공민으로서의 자격. 선거권·피선거권 따위.
공민 도:덕(公民道德)圈 공민으로서 지켜야 할 도덕.
공민 학교(公民學校)圈 초등 교육을 못 받고 취학 연령을 초과한 자에게 보통 교육을 베푸는 학교. civil education centre
공바기(공바기)圈 서도리 배추를 잘라 낸 뿌리.
공바기-발(공바기를 심은 발. 공남하다.
공-:바치-다(貢─)〈제도〉 조정에 공물을 바치다.
공-박(公拍)圈 〈제도〉 구한국 때 '경매(競賣)'의 뜻으로 쓴 말. 하다
공-박(攻駁)圈 공격하여 반박함. confutation 하다
공-발(公發)圈 널리 일반에게 발표함. 하다
공-발(攻拔)圈 적의 성이나 보루 등을 공격하여 함락함. capture 하다
공발(空發)圈 ①겨냥하지 않고, 헛되이 발사함. random shot ②남포질할 때 목적의 암석을 파괴하지

공복

못하고 허당으로 폭발함. vain explosion 하다
공-밥[─빱](空─)圈 응분의 값을 치르지 않고 공으로 먹는 밥. ¶~ 먹다. food one has not paid
공방(工房)圈 〈제도〉 공전(工典)에 관한 사무를 맡던 승정원 육방(六房)의 하나.
공-방(孔方)圈 공방형(孔方兄).
공-방(攻防)圈 공격과 방어. attack and defence
공방(空房)圈 ①지면에 글씨·그림이 없는 곳. 여백(餘白). blank ②아무것도 없이 빔. emptiness
공백-기(空白期)圈 이렇다 할 활동·실적이 없는 기간.
공번-되-다[──](고) 공변되다.
공번-히[──](고) 공변되게. 〔subjugation 하다
공-벌(攻伐)圈 적을 공격하여 정벌함. 공토(攻討).
공-벌:제[──](攻伐劑)圈 〈약학〉 독하게 만든 약제.
공-범(共犯)圈 〈법률〉 ①몇 사람이 공모하여 죄를 범함. ②공범자. 하다
공-범:자(共犯者)圈 〈법률〉 공모하여 죄를 범한 사람. 《약》 공범(共犯)②. accomplice
공-범:죄[──](共犯罪)圈 〈법률〉 ①두 사람 이상이 구성 요건의 실현에 관여하여 범한 죄. ②두 사람 이상이 공모하여 범한 죄. complicity
공법[─빱](工法)圈 공사 방법.
공법[─빱](公法)圈 ①〈법률〉 국가와 국가 사이, 또는 공공 단체 상호간의 관계 및 이들과 개인과의 관계를 규율하는 법. 헌법·형법 등. ¶~ 위반. 《대》 사법(私法). public law ②〈수학〉 기하학적 작도의 기본으로서 가장 단순한 세 가지 작도법.
공법-인[─빠빈](公法人)圈 〈법률〉 공법에 의하여 인격을 가지게 된 공공 단체. 《대》 사법인(私法人). public corporation
공법-학[─빠칵](公法學)圈 〈법률〉 공법에 관한 법이론을 연구하는 학문. publicism
공변-되-다[─뙤─]圈 사사롭지 않고 정당하여 치우침이 없다. 공공하다. impartial, just
공변 세:포(孔邊細胞)圈 〈식물〉 기공(氣孔)을 둘러싸, 식물체 안의 물기의 다소(多少)에 따라 기공을 닫고 열어서 물기를 적당히 조절하는 반달 모양의 세포. 주변 세포. guard cell
공병(工兵)圈 〈군사〉 ①도로 따위의 군사상의 토목 건축의 일을 맡아보는 병종. military engineer ②공병대에 소속된 병사. engineer
공-변(共病)圈 〈이학〉 거의 임신되면 남편도 치의 입신 증세, 즉 발한(發汗)·구토의 증세를 일으키는
공병(空瓶)圈 빈 병. empty bottle 〔병.
공병-단(工兵團)圈 〈군사〉 육군 건설 공병단과 야전 공병단의 총칭. engineer corps 〔engineer corps
공병-대(工兵隊)圈 〈군사〉 공병으로 조직된 부대.
공보(公報)圈 ①관청이 일반 국민에게 널리 알리는 보고. bulletin ②지방관이 관보(官報)에 준하여 내는 보고. ③판청간에 보내는 보고. official report
공보(公輔)圈 삼공(三公)과 사보(四輔).
공보[─뽀](工보)圈 〈건축〉 기둥과 기둥 사이의 벽을 치지 않은 곳에 놓는 보. 공간보.
공보-원(公報院)圈 일반에게 공보 활동을 하기 위하여 베푼 시설. information center service
공보지-기(公輔之器)圈 재상이 될 만한 인재.
공보-처(公報處)圈 〈법률〉 국무 총리에 속하여 국내외의 홍보·여론 조사·언론 및 보도에 관한 사무를 맡아보는 행정 각부의 하나.
공복(公服)圈 〈제도〉 관원의 복장. 조의(朝衣). 《대》

사복(私服). official uniform

공복(公僕)圈 국민의 심부름꾼이라는 뜻으로의 공무원을 말함. ¶민중의 ~. public servant

공복(功服)圈 상복(喪服)의 대공(大功)과 소공(小功)의 총칭. sables

공복(空腹)圈 음식을 먹은 지 오래 되어 비어 있는 배. (대) 만복(滿腹). empty stomach, hunger

공복에 인정을 침도 아니 바르고 그냥 삼키려 한다(俗) 욕심이 많아서 경위를 가리지 않고 한없이 탐내기만 한다.

공부(工夫)圈 학문을 배움. study 하(대)

공부(公簿)圈 관공서가 법령의 규정에 따라 작성 비치하는 장부.

공:부(貢賦)圈〈제도〉나라에 바치던 공물과 부세(賦稅).

공부승(工夫僧)圈〈불교〉불경을 배우는 중.

공:부자(孔夫子)圈〈공〉공자(孔子).

공분(公憤)圈 ①공중의 분노. public indignation ②공사(公事)·정의(正義)를 위한 분개.《대》사분(私憤).

공=분모(公分母)圈〈수학〉통분(通分)하여 얻은 공통의 분모. 동분모(同分母). common denominator

공비(工費)圈 공사에 드는 비용. 공사비. cost of construction ¶한 두 량의 비(比).

공비(公比)圈〈수학〉등비 급수(等比級數)에서 이웃 항과의 비.

공비(公費)圈 관청 공공 단체에서 쓰는 경비. 공용(公用)①. 《대》사비(私費). public expenditure

공:비(公沸)圈〈물리〉액체 혼합물을 증류할 때 특정한 온도 조성에서 용액과 증기의 조성이 일치하여 비점(沸點)이 극대나 극소를 나타내는 현상.

공:비(共匪)圈 공산당의 유격대를 비적(匪賊)으로 일컫는 말. red partisan

공비(空費)圈 헛 비용. waste 〈젓는 말〉.

공사(工事)圈 토목·건축 등에 관한 역사(役事). works

공사(工師)圈 공장(工匠)의 우두머리.

공사(公司)圈 회사(會社)의 중국식 이름. company

공사(公私)圈 ①공적인 일과 사사로운 일. ¶~ 다망. official and private matters ②관청과 민간. government and people ③사회와 개인. ¶~ 구별. society and individual

공사(公社)圈〈법률〉국가 경영의 공공 기업 기관으로서 경제상 독립된 존재가 된 공법상의 법인. ¶전매 ~. public corporation

공사(公舍)圈(동) 관사(官舍). 《事》. public affairs

공사(公事)圈 관청이나 공공 단체의 일. 《대》사사(私事).

공사(公使)圈〈법률〉외교관의 하나. 본 나라에 와서 제 나라를 대표하여 외교를 맡은 공무원. 대사의 아래. minister

공:사(供辭)圈〈제도〉법인이 범죄 사실을 진술하는 말. 공초(供招). 초사(招辭). affidavit

공:사(貢使)圈〈제도〉공물(貢物)을 바치러 가는 사신.

공사관(公使館)圈 공사가 주재지에서 사무를 보는 공관. 국제법상 본국의 영토와 동일하게 인정되어 주재국의 주권이 미치지 못함. legation

공=사립(公私立)圈 공립과 사립. public and private

공사 부:담금(工事負擔金)圈 전기·가스 등 시설을 설치하기 위하여 그 시설의 수익자로부터 받아들이는 돈.

공사=비(工事費)圈(동) 공비(工費).

공사 양편(公私兩便)圈 공사(公事)나 사사(私事)가 다 편리함. 하(다)

공사=장(工事場)圈 공사를 하는 곳. working place

공=사채(公私債)圈 공채와 사채.

공=사천(公私賤)圈 옛날의 관천과 사삿집의 종.

공사=청(公事廳)圈〈제도〉조선조 때, 임금의 명을 전하던 내시(內侍)의 직소(職所).

공사=판(工事-)圈 어떤 공사가 진행되고 있는 일판.

공산(工産)圈(동) 공산물(工産物).

공산(公産)圈 공중의 재산. public property

공산(公算)圈 어떤 일의 그렇게 될 확실성의 정도. 확률(確率). ¶질 ~이 크다. probability

공:산(共産)圈 ①재산을 공유함. common ownership ②(약)→공산주의.

공산(空山)圈 사람이 없는 산중. uninhabited mountain

공산(空算)圈 암산(暗算)

공:산 국가(共産國家)圈 공산주의에 의하여 정치를 하는 국가. Communist country 「communist army

공:산-군(共産軍)圈〈군사〉공산당의 지배하의 군대.

공:산-권(-圈)(共産圈)圈 제2차 세계 대전 이후 소련의 영도 밑에 공산주의 정권을 수립한 여러 국가들. Communist bloc

공:산-당(共産黨)圈〈사회〉공산주의의 실현을 위하여 조직된 정당. ¶~ 대회(大會). (약)공당(共黨). Communist party

공:산 도당(共産徒黨)圈 공산주의를 받드는 도당.

공:산 도배(共産徒輩)圈 공산주의를 따르는 무리들.

공산 명월(空山明月)圈 ①적적한 산에 비치는 밝은 달. moonshining on a lone mountain ②(속) 대머리를 놀리는 말. bald head ③산과 달을 그린 화투짝의 하나. 공산 스무 끗. one of the playing cards

공산-물(工産物)圈 공업 생산물. (약) 공산(工産). manufactured goods

공:산 분자(共産分子)圈 공산주의를 따르는 무리의 하나하나의 구성원. communist fraction

공:산-제(共産制)圈〈사회〉재산을 공유하는 제도. communistic system

공:산 조합(共産組合)圈〈사회〉노동자가 자본에 있어 기업체를 조직하고, 그 생산에 종사하여 품삯과 이익금의 배당을 아울러 받도록 조직된 조합.

공:산-주의(共産主義)圈〈사회〉재산 및 생산 기관의 사유를 부인하고, 자본주의의 붕괴·계급 투쟁·사회 혁명을 주장하는 주의. 마르크스주의(Marx 主義). ¶~大會). (약) 공산(共産)②. communism

공산-품(工産品)圈 공업 생산품. manufactured goods

공:살(攻殺)圈 적군을 공격하여 죽임. assault to kill 하(다)

공:삼(貢蔘)圈〈제도〉평안 북도 강계(江界)에서 공물로 바치던 산삼. 「먼 차사.

공:삼 차사(貢蔘差使)圈〈제도〉공삼을 거두러 보내

공상(工商)圈 ①공업과 상업. industry and commerce ②장인(匠人)과 상인(商人). artisan and tradesman

공상(公相)圈 대신과 재상. premier and ministers

공상(公傷)圈 공무 중에 입은 부상. 《대》사상(私傷). occupational accident

공상(功狀)圈 공적의 나타난 상태. meritorious deed

공:상(供上)圈〈제도〉토산물을 임금에게 바치던 일. 진상(進上). presentation 하(다)

공상(空床)圈 등걸이와 판결이 없는 걸상.

공상(空想)圈 이루어질 수 없는 형된 상상. 외계에 상응하는 객관적 사실이 없는 생각. ¶~에 잠기다. 《대》현실(現實). fancy 하(다) 「(貢). tribute 하(다)

공:상(貢上)圈〈제도〉공물을 공물로 바침. (약) 공상

공상-가(空想家)圈 늘 공상을 하는 사람.

공상 가:정(空想假定)圈〈심리〉가정(假定) 및 상상으로부터 오는 감정. 《대》진실 감정(眞實感情).

공상 과학 소:설(空想科學小說)圈(동) 에스 에프(S. F.).

공상 과학 영화(空想科學映畵)圈〈연예〉촬영상의 특수 기술·효과를 활용하여, 지구의 미래나 우주내의 천체 교섭 등에 대한 과학적 상상·표현한 극영화.

공상-불기(-不起)圈 동무들끼리 장난삼아 하는 놀이.

공상적 사:회주의(空想的社會主義)圈〈사회〉마르크스(K. Marx)가 자기의 사회주의 사상을 과학적 사회주의라 부른 데 대하여, 생시몽(Saint Simon)·오웬 등의 사회주의가 비현실적이어서, 다만 그들이 이상으로 하는 사회를 그저 보인 데 지나지 않는다고 하여 일컫는 말. 《대》과학적 사회주의. Utopian Socialism 「지방으로 보내던 차사.

공:상 차사(貢上差使)圈〈제도〉공상물을 거두기 위해

공생(工生)圈(동) 공인(工人).

공:생(共生)圈 ①같은 운명 아래 한곳에서 같이 삶.

공생 식물

community life ②〈생물〉다른 종류의 동물이 같은 곳에서 살며 서로 이익을 주고받는 일. symbiosis ③〈광물〉어떤 광물과 딴 광물이 관련 형성되어 함께 산출되는 일. 하타

공:생 식물(共生植物)똉〈식물〉이익을 서로 교환하며 같이 사는 식물. 콩과에 딸린 식물과 근류(根瘤) 박테리아 따위. symbiotic plant

공—생애(共生涯)똉한 생애 중 공공의 일에 관계하여 활동한 동안. (대) 사생애(私生涯). public life

공서(公書)똉〖약〗→공문서(公文書).

공서(公署)똉 ①공공 단체가 그 직무를 행하는 사무소. 관서(官署). office ②똉 마을①. 「鹽」일파.

공서(功西)〈역사〉서인(西人)의 소당파로 김유(金

공:(共棲)똉〈동물〉동물의 공생(共生). 소라게와 말미잘의 생활 등. commensal 하타

공서 양속(公序良俗)똉〈법률〉공공의 질서와 선량한 풍속. 법률 행위를 판단함에 가장 중요한 표준이 됨. public order and good custom

공석(公席)똉 ①공무를 보는 좌석. official post ② 공적으로 모인 좌석. 공좌(公座). (대) 사석(私席). public occasion

공석(空石)똉 곡물 담지 않은 빈 섬.

공석(空席)똉 ①빈 좌석. vacant seat ②비어 있는 지위(地位). ¶ 과장이 〜 중이다. vacant position

공:—석(共析)똉〈화학〉고용체(固溶體)에서 석출한 둘 또는 그 이상의 다른 결정.

공선(工船)똉잡은 생선을 통조림·어유(魚油) 등으로 가공하는 부속선(附屬船). manufactory-boat

공선(公船)똉〈법률〉공용에 사용되는 선박. public boats ②국제법상 국가의 공권(公權)을 행사하는 군함·세관용 선박·경찰용 선박 등. (대) 사선(私船). government vessels

공선(公選)똉 ①공평한 선거. clean election ②공중(公衆)의 선거. public election 하타

공:선(共船)똉공동의 선. 공동을 위한 선.

공선(孔船)똉빈 배.

공선—제(公選制)똉일반 국민이 선출하는 제도.

공선 항:해(空船航海)똉짐을 싣지 아니하고 항해하는 일. 하타

공설(公設)똉국가 또는 공공 단체에서 설립함. (대) 사설(私設). public installation 하타

공설 기관(公設機關)똉국가나 공공 단체가 어떤 목적을 이루려고 설립한 조직. public institution

공설 시:장(公設市場)똉생활 필수품을 싸게 수요자에게 공급할 목적으로 공설된 시장. municipal market 「설립한 운동장.

공설 운:동장(公設運動場)똉국가나 공공 기관에서

공:성[—썽](孔性)똉〈물리〉물질의 각 분자 사이에 틈이 있는 성질. porosity

공:성(孔聖)똉 성인인 공자(孔子). Confucius

공:성(攻城)똉 성을 침. ¶〜군(軍). siege 하타

공성(空性)똉〈불교〉사람과 법이 모두 빈 것을 표시하는 본성(本性).

공성(空城)똉 사람이 살지 않는 빈 성이나 도시. emp-

공성똉〖교〗공력(功力). 이력. 「ty castle

공성 명수(功成名遂)똉 공을 이루어 명성을 크게 떨침. 하타 「려남. 하타

공성 신퇴(功成身退)똉 공을 세운 뒤에 그 자리를 물

공:성=전(攻城戰)똉〈군사〉요새를 빼앗기 위한 싸움. 「전 화포.

공:성=포(攻城砲)똉〈군사〉성을 치기 위하여 만들어

공세(公稅)똉 나라에 내는 세. tax

공:세(攻勢)똉 공격하는 태세나 그 세력. ¶평화 〜. (대) 수세(守勢). offensive

공:세(貢稅)똉[동] 조세(租稅).

공:세(貢歲)똉 해마다 나라에 바치는 공물. tribute

공소(公訴)똉〈법률〉검사가 형사 사건에 관하여 법원에 재판을 청구하는 일. arraignment 하타

공소(空疎)똉 ①내용이 비고 소략한 것. ②텅 비고 드문 드문 멀어져 있음. 하타

공:소(控訴)똉〈법률〉'항소(抗訴)'의 구칭. 하타

공소—권(公訴權)[—꿘]〈법률〉공소 제기에 대하여 심판을 청구하는 권리. right of arraignment

공소 기각(公訴棄却)〈법률〉법원이 공소를 적당하지 않다고 인정할 때 행하는 재판. withdrawal of a public action 하타

공소 소멸(公訴消滅)똉〈법률〉형사 사건에 대하여서 일정한 법률 요건이 생겼을 때 검사가 재판을 요구할 수 없는 일.

공소 시효(公訴時效)〈법률〉확정 판결 전에 시간의 경과로 형벌권이 소멸되는 제도.

공소장[—짱](公訴狀)똉 검사가 특정한 범죄인을 공소를 할 때 관할 법원에 제출하는 서면. 기소장. petition of appeal

공손(公孫)똉 ①왕후의 손자. ②귀족의 자손.

공손(恭遜)똉 공경하고 겸손함. politeness 하—히똉

공손—수(公孫樹·恭遜樹)〔一쑤〕똉 은행나무. 「는 말.

공수똉〈민속〉무당이 죽는 사람의 뜻이라면서 전하

공수(公水)똉 공중의 이익에 영향을 주는 물.

공수(公需)똉〈제도〉지방 관청에서 쓰던 비용. 〖본〗

공:수(共守)똉〈군사〉공동에 대하여 공동으로 방수함. 하

공:수(攻守)똉 공격과 수비. ¶〜 양역. attack and

공수(空手)똉 빈손. empty hand 「defence

공수(空繻)똉〈불교〉절에서 손님에게 무료로 대접

공수(空輸)똉〖약〗→항공 수송. 「하는 음식.

공:수(拱手)똉 ①공경하는 뜻을 나타내어 오른손을 밑에 왼손을 위로 하여 두 손을 맞잡음. ②〜시립(侍立). crossing one's hands in respect ②아무 일도 하지 않고 있음. stand idle 하타

공:수=간[—깐](供需間)똉〈불교〉절에서 음식을 장만하는 곳.

공:수 동맹(攻守同盟)똉〈법률〉다른 나라에 대해 공격·방어를 같이 하기로 나라 사이에 맺은 동맹. offensive and defensive alliance

공수래 공수거(空手來空手去)똉〈불교〉빈손으로 왔다 빈손으로 감. 사람이 세상에 태어났다가 헛되이 죽는 것을 일컬음. 하타

공수—받—다(—받—)〈민속〉무당이 죽은 사람의 뜻이라고 전하는 말을 듣다. (대) 공수주다.

공수=받이[—바지](—)〈민속〉공수를 받는 일.

공:수—병(恐水病)똉〈의학〉미친 개에 물려 생긴 병으로 물을 무서워함. 광견병(狂犬病). hydrophobia

공수 부대(空輸部隊)똉〈군사〉항공기로 병력·군수물자 따위를 수송하기 위하여 편성한 수송기 부대. ②공중으로부터 적지에 투입되어 작전하는 부대.

공수=전(公須田)똉〈제도〉관아의 경비를 쓰기 위하여 정해 놓은 밭. 「하여 말하다. (대) 공수받다.

공수—주—다(—)〈민속〉무당이 죽은 사람의 뜻이라고 전

공=수표(空手票)똉 ①은행 거래가 없거나 예금 받잔 사람이 발행한 수표. wind-bill ②당좌 거래인이 발행한 수표로서 잔액이 없어 거절당한 수표. 부도 수표. ③〖수〗헛약속. empty promise

공순(恭順)똉 공손고분함. 공손하고 온순함. submission 하—히똉 「free drink

공—술[—쑬](空—)똉 거저 얻어먹는 술. 공주(空酒)

공:술(供述)똉 진술(陳述). 하타 「affidavit

공:술—서(供述書)똉〈법률〉공술을 듣고 적은 문서.

공술—인(公述人)똉 공청회(公聽會)에 이해 관계자, 또는 학식 경험자로서의 의견을 말하는 사람. deponent

공술 한 잔 보고 십리 간다(—)공것이라면 염치나 없

공:습(攻襲)똉 습격하여 침. 하타 「다.

공습(空襲)똉 항공기로써 습격함. air attack 하타

공습 경:보(空襲警報)똉 적기의 공습이 있을 때에 알리는 경보. air-raid alarm

공습 관제(空襲管制)똉 적기의 공습 때에 시행하는 등화 관제(燈火管制). black-out

공시(公示)똉 사람에게 널리 알림. public announce-

ment ②〈법률〉어떤 사실을 주지(周知)시킴. ¶투표일을 ~하다. notice 하다
공시(公試)圏 국가에서 행하는 시험. 공개로 하「는 시험.
공ː시(共市)圏〈약〉→공동 시장(共同市場).
공ː시(共時)圏 ①한 시대를 횡적으로 보아 이르는 말. 〈대〉통시(通時). ②많은 사람에게 동시에 이르는 시간. 방송을 많은 사람이 함께 듣는 시간 따위.
공시 당상(貢市堂上)圏〈제도〉공계(貢契)·시전(市廛)의 사무를 맡아보던 당상관(堂上官).
공시 송ː달(公示送達)圏〈법률〉소송에 관한 서류를 송달하기 어려울 때, 게시판이나 신문에 게시함으로써 이를 대신하는 방법. conveyance by public announcement 「정한 규격에 맞춰 만든 재목.
공ː시재(供試體)圏 재질(材質) 시험에 쓰기 위해 일
공시 최고(公示催告)圏〈법률〉분명하지 않은 상대자나 이해 관계인에게 권리의 신고, 증서의 제출을 일정 기간 안에 시키기 위하여 재판상의 최고, 법원 게시판이나 관보(官報)·공보(公報)에 공고하여 기간 안에 신고가 없으면 실권(失權)시킴. public summons
공식(公式)圏 ①관청의 의식. ②관청에서 규정한 방식. formality ③공식적인 형식. ¶~ 사과. ④〈수학〉수학의 어떤 법칙을 수학 기호로써 보인 식. 범식(範式). formula 「개인의 의식.
공ː식(共食)圏 제물이 되는 동식물을 다같이 먹는 일.
공식(空食)圏 ①힘들이지 않고 돈을 얻거나 음식을 먹음. getting something for nothing ②〈불교〉손에게 무료로 음식을 먹임. free service of a meal 하다
공식-어(公式語)圏 ①사사로이 쓰는 말이 아니고, 여러 사람이 다 함께 두루 쓰는 말. ②정치상 또는 국민 교육상 표준으로 삼아 쓰는 말.
공식-적(公式的)圏 ①틀에 박힌 듯이 규칙대로만 하여 일을 처리하는(것). formal ②공적(公的)으로 하는(것). 「처리하는 주의. formulism
공식-주의(公式主義)圏 공식의 원칙에 얽매여 사물을
공식화(公式化)圏 일정한 공식 또는 공식적인 것으로 됨. 또, 되게 함. 하다
공신(公信)圏 ①국가의 신용. ②공적으로 부여하는 신용. public confidence
공신(功臣)圏 나라에 공로가 있는 신하. meritorious
공ː신(貢臣)圏 공물을 바치는 신하. 「retainer
공신(恭愼)圏 공경하여 삼감. 하다
공신-력[ㅡ녁](公信力)圏〈법률〉외형적 표상(表象)을 신뢰한 사람에 대하여, 설사 그 표상에 진실한 권리가 없는 경우에도 그 표상의 효력을 인정하는 효력. ②공적(公的)으로 신용받는 능력. public
공ː신-용(公信用)圏 국가의 신용. 「trust
공신-전(功臣田)圏〈제도〉조선조 때, 공신에게 주던 논밭. 「대신에 바치던 베나 무명.
공ː신-포(貢身布)圏〈제도〉관청의 종이 신역(身役)
공실(公室)圏 공무(公務)를 보는 방.
공실(空室)圏 사람이 없는 빈 방. 공방(空房)①. empty room(house)
공심(公心)圏 공정하고 편벽되지 않은 마음. 공지(公志). 〈대〉사심(私心). public spirit
공심(空心)圏 음식을 먹은 지가 오래 되어 빈 뱃속. empty stomach 「었을 때까지 음을 먹음. 하다
공심-복(空心服)圏〈의학〉아침 먹기 전이나 속이 비
공심 언제(空心堰堤)圏 둑의 이음줄에 공간을 둔 둑. 콘크리트를 절약할 수 있는 경제적인 구조임.
공ː심-판(公審判)圏 ①〈동〉공개 재판(公開裁判). ②〈기독〉최후의 심판.
공ː쌓-다(功ㅡ)圏 정성과 노력을 많이 들이다.
공아(公衙)圏〈동〉관아. 「lic peace
공안(公安)圏 공공의 안녕과 질서. ¶~ 위원회. pub-
공안(公案)圏 ①공사(公事)의 안문(案文). draft of public document ②공론에 의하여 결정된 안건. plan decided by public opinion ③〈불교〉석가(釋迦)의 언어와 동작. words and acts of Buddha ④〈불교〉선종(禪宗)에서, 도를 터득하도록 생각하게 하는 문제.
공안(公眼)圏 공중의 공평한 눈. public eyes
공ː안(供案)圏〈제도〉죄인의 진술을 적은 문서. affidavit
공ː안(貢案)圏〈제도〉공물(貢物)을 적은 장부.
공안 소ː설(公案小說)圏〈문학〉우리 나라 고전 소설의 하나. 관청(官庭)에서 유능한 관장(官長)이 범죄 사실을 올바르게 처결함으로써, 원통한 지경에 이른 주인공이 위기에서 벗어나는 내용을 담고 있
공ː알(ㅡ)圏 음핵(陰核).「음.
공ː액(共軛)圏〈수학〉'켤레'의 구용어.
공ː액-호(共軛弧)圏〈수학〉'켤레호'의 구용어.
공약(公約)圏 ①〈법률〉공법상(公法上)의 계약. public contract ②사회에 대한 약속. ¶선거 ~. public pledge 하다
공약(空約)圏 헛된 약속. empty promise 하다
공약-수(公約數)圏〈수학〉두 수 이상의 정수(整數) 또는 정식(整式)에 공통되는 약수. 〈대〉공배수. common measure
공ː양(供養)圏 ①웃어른께 음식을 드림. ②〈불교〉부처에게 음식·꽃·향 등을 올림. Buddhist mass ③중이 음식을 먹는 일. 하다 「다. 불공 드리다.
공ː양-드리-다(供養ㅡ)圏〈불교〉①공양(供養)하
공ː양-미(供養米)圏〈불교〉공양하는 데 쓰는 쌀. 〈원〉고양미. rice offering ②〈속〉우두머리에게 의무적으로 바치는 돈.
공ː양-주(供養主)圏〈불교〉①절에 시주하는 이. offerer ②절에서 밥짓는 중. 〈원〉고양주. cooking priest
공언(公言)圏 ①공개하여 하는 말. declaration ②공평한 말. impartial critic ③공식적인 발언. 하다
공언(空言)圏 ①실행이 없는 빈말. lip homage ②근거 없는 말. 하다
공언 무ː시(空言無施)圏 빈말만 하고 시행이 없음.
공ː얻-다(ㅡ)圏 공으로 얻다.
공업(工業)圏 원료를 가공하여 유용한 물품을 만드는 생산의 부문. ¶~ 국가. 〈약〉공(工). industry
공업(功業)圏 공적(功績)이 큰 사업. ②큰 공로. 훈업. 훈적(勳績). 「cles
공업-계(工業界)圏 공업 분야의 사회. industrial cir-
공업 고등 학교(工業高等學校)圏〈교육〉공업에 관한 교육을 하는 실업 고등 학교. 《약》공고(工高). technical school
공업 교ː육(工業教育)圏〈교육〉직업 교육의 하나로, 공업의 지식과 기술을 가르치는 교육. technical education 「많은 나라.
공업-국(工業國)圏 공업이 발달하고, 공업 생산품이
공업 단지(工業團地)圏 구획한 토지에 계획적으로 공장을 유치하여 만든 공장의 집단지. 〈약〉공단(工團). industrial estate
공업 도시(工業都市)圏 공업으로써 발달되어 주민의 생업이 주로 공업인 도시. industrial city
공업 동ː원(工業動員)圏 전시에 군수품의 생산 및 수리의 필요상 국가가 민간의 이에 관한 공장 및 그 종업원과 시설의 일부 또는 전부를 정부의 관리하에 두는 일.
공업 디자인(工業 design)圏 양산(量產)되는 공업 제품을 대상으로 기능적인 면과 미적(美的)인 면을 고루 만족시키도록 고안된 디자인.
공업 부ː기(工業簿記)圏〈경제〉공업 특히 제조품에 관한 회계를 처리하기 위한 응용 부기. industrial book-keeping
공업 분석(工業分析)圏〈화학〉공업에서 제조·감정·평가 등에 참고하기 위하여 제품이나 원료를 화학적으로 분석하는 일.
공업 센서스(工業census)圏 제조 공업의 실태 조사. 각 업종별 사업소의 수, 종업원 수, 현금 급여 총

공업 소유권 [─권] (工業所有權) 〖법률〗 공업에 대한 고안(考案)·발명 등에 대한 소유권. 특허권·디자인권·실용 신안권·상표권의 네 가지임. industrial ownership

공업 시대 (工業時代) 〖경제〗 경제상의 시기를 다섯으로 나눈 하나로, 분업(分業)·협력(協力) 따위가 성행하여, 신용이 더욱더 이용되고 온갖 기계가 발명되어, 대량 생산이 행하여지는 시대.

공업 시험소 (工業試驗所) 〖법률〗 정부 관리하에 두고 공업을 발전시키기 위하여, 이론과 실제의 연구·시험·분석(分析)·감정(鑑定) 등을 맡은 곳. industrial laboratory

공업 약품 [─냑─] (工業藥品) 〈화학〉 공업용으로 많이 쓰이는 약품. 황산·염산·소다·가성소다 등. industrial chemicals

공업-용 [─뇽] (工業用) 공업에 쓰임. 『쓰이는 물』

공업 용수 [─뇽─] (工業用水) 〖법률〗 공업의 생산 과정에

공업용 식물 [─뇽─] (工業用植物) 각종 공업의 원료가 되는 식물. industrial plant

공업 위생 (工業衛生) 공업에 종사하는 사람에 대

공업 입지 (工業立地) 공업 활동을 하기에 적합한 지리적·사회적 조건. 또, 이 조건에 따라 토지를 고르는 일.

공업 정책 (工業政策) 기술·기업 장려·노동 문제 등에 국가가 공업의 건전한 발전을 꾀하는 정책. industrial policy

공업 중독 (工業中毒) 공업 원료·중간재·제품 중의 유해한 물질에 중독되는 현상. [trial area

공업 지대 (工業地帶) 공업이 집중된 지대. indus-

공업 지리학 (工業地理學) 〈지리〉 공업의 지리적 조건이나 공업과 지리적 환경과의 상호 관계를 연구하는 학문.

공업 진흥청 (工業振興廳) 공업 진흥에 관한 사무를 관장하는, 상공부에 속하는 중앙 행정 기관의 하나. 《약》공진청.

공업 폐수 (工業廢水) 공업 생산에 사용되어 생긴 오수(汚水), 고온(高溫)·강산(强酸)·강염기(强鹽基)·방사능·금속 이온·약制 따위가 강력의 원인을 낳을 요소가 많아 큰 사회 문제를 일으키고 있음.

공업 표준 (工業標準) 광공업 제품의 규격·품질·성능 등을 통일하여 단순·표준화하기 위해 정한 기준. industrial standard

공업 학교 (工業學校) 〈교육〉 공업에 종사하려는 사람에게 필요한 지식과 기능을 가르치는 실업 학교의 총칭. technical school

공업-화 (工業化) 〈사회〉 ①농업국에 근대 공업이 일어나게 되는 현상. ② 국민 경제의 이면 개별적 부문, 또는 전체 부문을 현대적 공업의 기술·기계로 장비시킴. industrialization 하타

공업 화학 (工業化學) 〈화학〉 제약·야금 등 공업 제품을 화학적으로 연구하는 응용 화학의 한 분과. industrial chemistry [위. offer 하타

공-여 (供與) 어떤 이익을 상대방에게 얻게 하는 행

공역 (工役) ①토목·건축 공사. 공사(工事). ②공사를 이룩하는 일. construction 하타

공역 (公役) 국가나 공공 단체가 과하는 병역·부역(賦役) 등의 의무. public service

공:역 (共譯) 두 사람 이상의 공동 번역. 하나의 책이나 글을 두 사람 이상이 협력하여 번역함. joint translation 하타

공역 (空域) 공중 지역. ¶서해 ~.

공역 주권설 [─권─] (空域主權說) 〖법률〗국토와 영해의 상공에도 그 나라의 영토 주권이 있어야 한다는 학설.

공연 (公演) 〈연예〉 여러 사람 앞에서 연극·음악·무용 따위를 연출하는 일. public performance 하타

공:연 (共演) 〈연예〉 연극·영화에 함께 출연함. 《대》독연(獨演). co-starring 하타

공연-스럽-다 (空然─) 〖ㅂ불〗까닭이나 필요가 없을 것 같다. **공연-스레** 『공연-히』

공연-하다 (公然─) 〖여불〗숨김이 없고 떳떳하다.

공연-하다 (空然─) 〖여불〗까닭이나 필요가 없다. 《약》괜하다. **공연-히**

공연한 제사 지내고 어물 값에 졸린다(속) 하지 않아도 될 일을 하고 나서 곤경을 겪는다.

공-염:불 [─념─] (空念佛) 말만 앞세우고 실제가 없음의 비유. fair but empty phrase 하타

공영 (公營) 관청이나 공공 단체가 경영함. ¶~ 주택. 《대》민영(民營). 사영(私營). public management 하타 [하타

공:영 (共榮) 서로 함께 번영함. mutual prosperity

공:영 (共營) 공동으로 경영함. 《대》독영(獨營). joint management 하타

공예-가 (工藝家) 공예에 관해 기술·지식을 가진 사람. artistic industrial craftsman

공예 미술 (工藝美術) 〈미술〉예술적 가공을 한 미술품. 목공·도예·칠공(漆工) 등. mechanical art

공예 작물 (工藝作物) 〈농업〉직접 사용되지 않고 많은 가공을 거친 뒤에야 쓰이는 차·삼·담배 따위의 작물. industrial plant

공예-품 (工藝品) 칠기·도자기·가구 등과 같이 예술적 가치가 있게 만든 공작품. art object

공예-학 (工藝學) 공예에 관한 이론과 실제를 연구하는 학문. technology [al culture

공:옥 (攻玉) ①옥을 갊. ②지덕(智德)을 닦음. mor-

공용 (公用) 〖동〗①공무(公務). ②공비(公費). ③관용(官用). ③관청·공공 단체·일반 공중의 사용. official use 《대》사용(私用). 하타

공용 (功用) 〖동〗공효(功効). [common use 하타

공:용 (共用) 공동으로 사용함. 《대》전용(專用).

공용 (供用) 마련하여 두었다가 씀. utilization 하타

공-용림 (公用林) 목재 기타 임산물의 이용을 목적으로 경영하는 산림. 《대》보안림(保安林).

공용-물 (公用物) 〖법률〗행정 주체 자체가 쓰는 공물(公物).

공:용-물 (共用物) 《약》→공공용물(公共用物).

공용-어 (公用語) ①공용으로 쓰는 말. ②국가나 공공 단체에서 쓰는 말.

공용 외:출 (公用外出) 공무상으로 하는 외출. 하타

공용 외:출증 (公用外出證) 공무상의 외출을 증명하는 서류. 《약》공용증②.

공용 재산 (公用財産) 〖법률〗공용에 쓰이는 국가, 또는 지방 자치 단체의 재산. public property

공:용-전 (共用栓) 공동으로 쓰는 수도전(水道栓). 공동전. 《대》전용전(專用栓).

공용-증 [─쯩] (公用證) ①공용의 임무를 띠고 있음을 증명하는 서류. ②《약》→공용 외출증.

공용 징수 (公用徵收) 〖법률〗국가가 공공에 쓰기 위해 배상을 하고 특정물에 대하여 소유권을 강제적으로 징수하는 행정 처분. [er

공원 (工員) 공장 노동에 종사하는 사람. 직공. work-

공원 (公園) 공중의 보건·휴양·유락(遊樂)을 위하여 시설된 동산·정원·유원지 등. ¶~ 도로(道路). park

공원 묘:지 (公園墓地) 개인이 공원과 관리하는 공동 묘지. [ion 공에 의하여 주는 벼슬 자리.

공위 (功位) ①공훈(功勳)과 지위. merits and posit-

공:위 (共委) 《약》→공동 위원회(共同委員會).

공:위 (攻圍) 〖동〗①둘러싸고 침. ②적의 접령 지역을 둘러싸서 외부와의 교통을 끊음. siege 하타

공위 (空位) ①비어 있는 자리. vacancy ②실권이 없는 이름뿐인 지위. nominal position

공유 (公有) 국가 또는 공공 단체의 소유. 《대》사유(私有). public ownership

공:유(共有)[명] ①공동으로 소유함. ②〈법률〉하나의 소유권이 두 사람 이상에 속하는 것. (대)전유(專有). joint ownership 하다
공유(空有)[명] 〈불교〉공(空)과 유(有). 평등과 차별. 실체와 가상(假象).
공:유 결합(共有結合)[명] 〈화학〉화학 결합의 하나. 두 개의 원자가 서로의 원자가 전자(原子價電子)를 공동으로 내어 공유하면서 결합되어 있는 상태. 무극(無極) 결합.
공유=물(共有物)[명] 국가나 공용 단체가 소유하는 물건. (대)사유물(私有物).
공:유=물(共有物)[명] 두 사람 이상이 공동으로 소유하는 물건. (대)전유물(專有物). public property
공유 수면(公有水面)[명] 〈법률〉국가 또는 공공 단체의 소유에 속하는, 공공의 이익에 쓰이는 수면.
공:유-자(共有者)[명] 한 가지 물건에 대해 소유권을 공동으로 가진 사람. joint owner
공유 재산(公有財産)[명] 국가 또는 공공 단체의 소유에 속하고, 공공의 목적에 사용되는 재산. public assets
공유-지(公有地)[명] 〈법률〉국가나 공공 단체가 가진 토지. 공유토. public land
공:유-지(共有地)[명] 두 사람 이상이 공동으로 소유하는 땅. common land
공유-토(公有土)[명][동]공유지(公有地). (약)공토(土).
공:융-성(共融性)[명] 한 용매(溶媒) 속에서 다른 물질과 함께 용해되는 성질.
공융 혼합물(共融混合物)[명] 〈화학〉혼합 액체에서 동시에 정출(晶出)되는 둘 이상의 결정의 혼합물. 공정(共晶).
공-으로(空-)[부] 힘이나 돈을 들이지 않고. 거저. [~ 얻다. gratis
공은(公恩)[명] 〈기독〉모든 사람에게 두루 베풀어지는 천주의 은혜.
공음(跫音)[명] ①벌레 소리. ②귀뚜라미 소리.
공음(跫音)[명] 사람의 발자국 소리. 족음(足音). footstep [주의 적극적인 품성(稟性)의 하나.
공의(公義)[명] 〈기독〉선악의 제재를 공평하게 하는 천
공의(公儀)[명] 공적인 의식. public ceremony
공의(公醫)[명] 〈의학〉관청의 위촉으로 그 구역 안의 시료(施療)를 맡은 의사. government physician
공의(公議)[명][동]공론(公論)①. 하다
공의(共議)[명] 함께 상의함. 하다 [이:
공의-롭-다(公義-)[형][ㅂ변] 공평하고 의롭다. 공의-로
공:의-무(公義務)[명] 〈법률〉개인이 국가에 대하여 지는 의무. 납세·병역의 의무 따위. (대)사의무(私義務). public obligation
공이[명] ①절구나 확에 든 곡식의 껍질을 벗기거나 가루로 만드는 기구. ¶절굿~. 방앗~. pestle ②탄환의 뇌관(雷管)을 쳐 폭발하게 하는 송곳 모양의 총포의 한 부분. 격침(擊針). ③정제를 만드는 기계에서 알을 압착하는 부품분의.
공이-치기[명] 총포의 격발 장치의 하나. 방아쇠를 당기면 용수철이 늘어나 공이를 치게 되어 있음. 노리쇠. 격철(擊鐵). [public benefit
공익(公益)[명] 사회 공중의 이익. (대)사익(私益).
공:익(共益)[명] 공동의 이익. common benefit
공익-권(公益權)[명] 〈법률〉사원권(社員權)의 하나. 총회에 출석하여 의결하는 권리 및 회사의 업무를 집행하는 권리 등과 같이, 회사의 목적을 달성하기 위하여 사원에게 부여된 권리. (대)자익권(自益權).
공익 단체(公益團體)[명] 〈법률〉사회 공공의 이익을 목적으로 하는 단체. public corporation
공익 법인(公益法人)[명] 〈법률〉영리(營利)를 목적으로 하지 않고 사회 공중을 위한 사업을 하는 법인 단체. non-profit corporation
공:익 비:용(共益費用)[명] 〈법률〉한 채무자에 대하여 채권자가 여럿일 때, 채권자의 공동 이익을 목적으로 채무자의 재산의 보존·청산·배당을 목적으로 지출한 비용.
공익 사:업(公益事業)[명] 공공 이익을 위주로 하는 독

점성이 강한 사업. 철도·전신·전화·수도·가스·의료 사업 등. 공익 기업. enterprise for the public good
공익 신:탁(公益信託)[명] 〈법률〉종교·학술 등 공익을 위한 신탁. [대표하는 위원.
공익 위원(公益委員)[명] 〈법률〉노동 위원회의 공익을
공익 전:당포(公益典當鋪)[명] 세궁민의 금융을 목적으로 정부에서 베푼 전당포. municipal pawnshop
공인(工人)[명] ①악기를 다루는 사람. 악기를 연주하는 사람. 고인(鼓人)과 악공(樂工)의 총칭. 공생(工生).
공인(公人)[명] ①국가나 사회를 위하여 일하는 사람. ②공직에 있는 사람. [印).
공인(公印)[명] 공적인 일에 쓰는 도장. (대)사인(私
공인(公認)[명] ①일반 공중의 인정함. public-approval ②국가나 사회 정당이 어떤 행위나 물건에 대해 인정함. ¶~ 단체. authorization 하다
공인(恭人)[명] 〈제도〉조선조 때, 경(正)·종(從)5품의 종친과 문무관의 아내의 품계(品階).
공인-교(公認敎)[명] 불교·기독교·천도교 등과 같이 국가에서 공인받은 종교. authorized religion
공-인수[-쑤](公因數)[명][→]공통 인수(共通因數).
공인 회:계사(公認會計士)[명] 회계에 관한 감사·감정·계산·정리·입안 등을 직업으로 하는 사람. (대)삯일. '계리사'.
공-일[-닐](空-)[명] 보수(報酬) 없이 거저 하는 일.
공일(空日)[명] ①일을 않고 쉬는 날. holiday ②일요일. Sunday [일요일 날.
공일-날(空日-)[명] 일주일 가운데 공일(空日)인 날.
공임(工賃)[명] 직공의 품삯. wages
공임(公任)[명] 공무에 관한 직임(職任). 공적인 임무. official duty [(貴)~. little lord
공자(公子)[명] 귀한 가문의 어린 자제. ¶소(小)~. 귀
공자 왕손(公子王孫)[명] 임금이나 공(公)의 지위에 있는 사람의 자손.
공작(工作)[명] ①토목·건축·제조 등의 일. construction ②계획하여 경영함. ¶파괴 ~. maneuvering ③〈교육〉국민 학교 미술과의 한 과목. engineering work 하다
공:작(孔雀)[명] 〈조류〉꿩과의 큰 새. 인도 원산으로, 몸이 크고 수컷은 머리 위에 10cm 가량의 깃털이 나 있음. 꼬리는 매우 길며 펴면 큰 부채와 같고 잔무늬가 많이 있어서 아름다움. 품금(文禽). peacock [(약)공(公)①]. duke
공작(公爵)[명] 〈제도〉오등작(五等爵)의 첫째 작위.
공:작-고사리(孔雀-)[명] 〈식물〉공작고사리과 양치류의 다년생 풀. 흑갈색의 엽병(葉柄)이 부챗살 모양으로 갈라지고 복엽(複葉)은 공작의 꼬리를 편 것과 같음. 관상용으로 집 안에 가꾸며, 잎잎 끝에 홀씨 주머니가 붙음. 관상·꽃꽂이용.
공작 교:육(工作敎育)[명] 물건 만드는 능력과 그것을 통하여 사상·감정을 표현하는 능력을 기르는 교육.
공작-금(工作金)[명] 어떤 공작 임무를 성취하는 데 필요한 돈. operational funds
공작 기계(工作機械)[명] 〈공업〉기계를 만들거나 부품을 가공하는 기계. machine tool
공작-도(工作圖)[명] 〈공업〉기계 제작 때에 사용하는 도면.
공:작 명왕(孔雀明王)[명] 〈불교〉밀교(密敎)에서 높이 받드는 명왕. 공작을 타고 다니며, 모든 재앙을 물리침.
공작-물(工作物)[명] ①〈건축〉땅 위 또는 땅속에 인공(人工)을 더하여 설비된 온갖 물건. 터널·전봇·정원 따위. structure ②〈공업〉재료에 기계적 가공을 하여 꾸며 만든 것. manufactured products
공:작-미(孔雀尾)[명] 공작의 꽁지. [tiful lady
공:작 부인(孔雀夫人)[명] 아름답게 양장한 미인. beau-
공:작-새(孔雀-)[명] '공작'의 분명한 이름.
공:작-석(孔雀石)[명] 〈광물〉보석의 하나. 아름다운 녹록색임. 석록(石綠)①. malachite

공작선(工作船)圀 공작원(工作員)이 공작 임무를 수행하는 데 쓰는 배. repair ship

공작실(工作室)圀 실험 또는 실습을 위하여 간단한 기구나 물품을 만들 수 있는 시설을 갖추어 놓은 방.

공작원(工作員)圀 정당이나 단체의 지령을 받고 어떤 목적을 이루기 위하여 자기편에 유리하도록 일을 계획하여 준비하는 사람.

공작은 날거미만 먹고 살고, 수달은 발바닥만 핥고 산다못난 주제에 무엇 그리 잘 먹겠다고 하느냐고 핀잔주는 말.

공작이 날거미를 먹고 살까圀 입 높은 체하지 말고, 아무 것이나 먹으라고 할 때 이름.

공작-창(工作廠)圀 철도 차량의 제조·수리를 맡은 교통부 산하의 기관.

공작-함(工作艦)圀《군사》함대를 따라다니면서 함정의 선체·기관 및 병기를 수선하는 특수한 배.

공장(工匠)圀 물건을 만드는 것을 업으로 하는 사람. 장색(匠色). factory craftsman

공장(工場)圀 일정한 기계를 설비·사용하며, 다수의 노동자가 분업에 의하여 협력하여서 계속적으로 생산에 종사하는 시설. factory

공장(公狀)圀〈제도〉수령·찰방(察訪)이 감사·병사·수사를 공식으로 만날 때 내는 관직명을 적은 편지.

공장(公葬)圀 공적인 기관 소관의 장례식.

공장(空腸)圀 ①아침을 먹기 전의 빈 창자. ②〈생리〉십이지장에 계속되는 소장의 일부로, 회장(回腸)까지의 부분. jejunum

공장-가(工場街)圀 공장이 많이 있는 구역.

공장 공업(工場工業)圀 기계 또는 동력기와 노동자를 한 공장에 모아 일정한 통제하에 대규모로 생산하는 근대적 공업. └는 노동자. factory worker

공장 노동자(工場勞動者)圀 공장에서 작업에 종사하는 사람.

공장-도(工場渡)圀 제품을 공장에서 인도하는 거래 방식. ¶ ~ 가격(價格). ex factory

공장 동:원(工場動員)圀《군사》전시에 군사상 필요한 공장을 동원시켜 군부가 관리하는 일. 하타

공장-법(工場法)圀《법률》공장 노동자 근로자에 관하여 규정한 여러 법률. The Factory Law

공장 위생(工場衛生)圀《사회》공장 노동자의 보건을 위한 시설의 완비를 목적으로 하는 일. factory sanitation

공장-장(工場長)圀 공장의 우두머리. 공장 근로자들의 풍기(風紀)·근무 상태·작업 상황 등을 지휘·감독함. factory manager

공장 재단(工場財團)圀《법률》공장에 딸린 재산으로써 저당권을 목적으로 설정한 재단.

공장적 수공업(工場的手工業)圀《공업》공장 공업의 가내 공업과의 중간적 생산 제도. 개개의 수공업자가 공장주(主) 밑에서 임금 노동자로서 생산에 종사하는 형태. manufacture

공장 조직(工場組織)圀《경제》직밉을 힘디러기므로 하기 위하여 만든 공장의 조직.

공장 폐:쇄(工場閉鎖)圀 ①공장의 문을 닫고 일을 쉼. ②〈사회〉노동 쟁의로 기업자가 사업을 중지하고 노동자를 해고함. 하타

공장 폐:수(工場廢水)圀 식료품(食料品)·제수(製綬)·제지(製紙)·정유(精油) 등의 공업 생산에서 생기는 더러운 물.

공장-화(工場化)圀 생산에 있어 조직·과정·시설 등이 근대적인 공장 형태를 갖추게 됨. 또, 그렇게 만듦. 하타

공ː재(共在)圀 어떤 사물이나 그 성질이 동시에 존재함.

공재(空財)圀 공으로 얻은 재물. property won gratis

공저(公邸)圀〈동〉관저(官邸). └thorship 하타

공ː저(共著)圀 한 책을 두 사람이 함께 지음. co-au‑

공적(公賊)圀〈동〉공도(公盜).

공적(公敵)圀 국가·사회의 적. 《대》사적(私敵). public enemy

공적(功績)圀 쌓은 공로. 수고하여 얻은 실적. meritorious deed

공적(空寂)圀《불교》①만물이 실체가 없고 상주(常住)가 없음. ②고요하고 쓸쓸함. lonesome 하타

공적[-쩍-](公的)圀 공공(公共)에 관한 것. ¶ ~인 행동. official ②공변된(것). 《대》사적(私的). public

공적 부조[-쩍-](公的扶助)圀 국가가 국민의 최저 한도의 생활을 보장하기 위해 빈곤한 국민에게 보호 또는 원조를 하는 일. 국가 부조.

공전(工錢)圀 물품을 만드는 품삯. 공가(工價). wages

공전(公田)圀 ①국유의 논밭. public farm ②중국의 정전법(井田法)에서 가운데 있는 공유의 논밭.

공전(公典)圀 공평하게 만든 법률. └사전(私田)

공전(公電)圀 관청 사이에 왕복하는 전보. 《대》사전(私電). official telegram

공전(公錢)圀《동》공금(公金). └戰).

공전(公戰)圀 국가의 의사에 따른 전쟁. 《대》사전(私

공전(公轉)圀〈천문〉①행성(行星)이 일정한 주기를 가지고 태양의 둘레를 도는 일. revolution around the sun ②위성·반성(伴星)이 각각 행성이나 주성(主星)의 둘레를 도는 일. 《대》자전(自轉). revolution 하타 └러던 전지(田池).

공전(功田)圀 국가에 공훈 있는 사람에게 내

공ː전(攻戰)圀 공격하여 싸움. attact 하타

공전(空前)圀 비교할 만한 것이 전에는 없음. ¶ ~의 대성공. unprecedentedness 「공전 방해(空電妨害).

공전(空電)圀 ①〈약〉→공중 전기(空中電氣). ②〈약〉→

공전(空戰)圀〈약〉→공중전(空中戰).

공전(空轉)圀 ①바퀴나 기계가 헛돎. skidding ②일이나 행동이 헛되이 진행됨. ¶국회가 ~하다. 하타

공전-도지(公傳道之)圀 비밀한 일을 공개하여 퍼뜨림. 하타 └과의 방해. ②하타.

공전 방해(空電妨害)圀《물리》공전이 일으키는 전자

공전 법규(空戰法規)圀《법률》공중전에 관한 국제법상의 여러 규정. law of aerial warfare

공ː전-식(共電式)圀〈약〉→공동 전지식(共同電池式).

공ː전식 전:화기(共電式電話機)圀〈약〉→공동 전지식

공전 절후(空前絶後)圀 비교할 만한 것이 전에도 없고 후에도 없음. 전무 후무(前無後無). uniqueness 하타

공전 주기(公轉週期)圀〈천문〉천체가 한 바퀴 공전하는 데 걸리는 시간. 《대》자전 주기(自轉週期). period of revolution

공-절선[-썬-](公切線)圀《수학》둘 이상의 곡선, 특히 두 원이나 곡면의 공통 접선. 공접선(公接線).

공-접선(公接線)圀〈동〉공절선(公切線).

공정(工程)圀 ①작업이 진척되는 정도. amount of work ②공부하는 정도. progress of studies ③〈동〉공률(工率). ④ 근대 공업의 가공 단계의 하나이나. 「~ 관리(管理). progress of work

공정(公正)圀 공평하고 올바름. just and fair 하타

공정(公廷)圀〈약〉→공판정(公判廷). └히타

공정(公定)圀 관청이나 일반의 공론에 의해 결정함. official fixture 하타

공ː정(共晶)圀《동》공융 혼합물(共融混合物).

공정(空艇)圀 빈 통거.

공정(空挺)圀《군사》항공기를 이용하여 지상 부대가 적지에 진출함.

공정 가격(公正價格)圀 공평·정당한 가격. fair price

공정 가격(公定價格)圀 국민 생활의 안정을 위해 국가가 지정한 가격. official fixed price

공정 거:래(公正去來)圀 독점 거래나 암거래가 아닌 공정한 거래.

공정 금리(公定金利)圀《동》공정 이율(公定利率).

공정-도(工程圖)圀 한 공정에서 할 가공의 정도를 표시한 도면.

공정 부대(空挺部隊)圀 항공기로 적의 후방에 낙하산으로 내려 작전하는 부대. 낙하산 부대.

공정 이:율(公定利率)圀〈경제〉중앙 은행의 할인 이

공정 증서

율. 곧, 일정한 조건을 갖춘 어음의 할인에 해당한 최저 이율. 공정 금리(公定金利). official interest rate

공정 증서(公正證書)명 〈법률〉①공증인이 당사자의 촉탁을 받고 작성한 민사의 증서.《데사서 증서(私署證書). notarial deed ②공무원이 직무상 작성한 서류.

공정 지가[-까](公正地價) 토지 대장에 등기된 토지 가격.

공정 환=율[-뉼](公正換率) 정부가 인위적으로 정해서 고정시킨 환시세로 국제 통화 기금의 평가와 관련된 외화율임.《데》 변동 환율.

공:제(共濟)명 ①힘을 같이 하여 일함. cooperation ② 서로 힘을 합하여 도움. mutual benefit 하다

공제(空諦)명 〈불교〉삼제(三諦)의 하나. 만물은 공이 며 하나도 실은 없다는 진리.

공:제(控除)명 ①금액·수량을 빼냄. ¶~금(金). subtraction ②[동] 덮음②. 하다

공:제 조합(共濟組合)명 조합원이 서로 도울 목적으로 출자하여 세운 조합. mutual aid association

공조(工曹)명 〈제도〉산맥(山澤)·장징(工匠)·영선(營繕) 등의 일을 맡았던 육조(六曹)의 하나.

공조(公租)명[동] 조세(租稅).

공:조(共助)명 다 같이 도움. mutual aid 하다

공:조(貢租)명 공물(貢物)로 바치던 조세.

공:조(貢調)명 공물(貢物)을 바침. 하다

공조 판서(工曹判書)명 〈제도〉정2품인 공조의 장관. 대사공(大司空).《약》 공판(工判).

공:존(共存)명 ①합께 있음. ②함께 도우며 살아 나감. coexistence 하다

공·존 공·영(共存共榮)명 함께 살고 함께 번영함. 함께 잘살아 나아감. coexistence and coprosperity 하다

공·존 동생(共存同生)명 다 같이 존재하고 살아감.하다

공·존 의·식(共存意識)명 공존해야 한다는, 내지는 공존하고 있다는 의식.

공·존 정·책(共存政策)명 〈정치〉공존을 목표로 하는 정책.

공좌(公座)명[동] 공석(公席).

공죄(公罪)명 〈법률〉공익(公益)을 해한 죄.《데》사죄(私罪). public crime

공죄(功罪)명 공과 죄. 공과(功過).

공죄 상보(功罪相補)명 ①공적이 있고 죄과도 있어 서로 상쇄됨. ②죄가 있으나 공이 그것을 보충할만 하여 관용을 베풀 만함. 하다 〔딴. princess

공주(公主)명 〈제도〉정궁(正宮)의 몸에서 난 임금의

공주(空株)명 공매매(空賣買)에서 실제로 수수하지 않고 거래되는 주.《데》실주(實株).

공주(公酒)명[동] 공술.

공·주련(空柱聯)명 글씨나 그림이 없는 주련.

공죽(空竹)명[동] 객죽(客竹).

공준(公準)명 공리(公理)처럼 확실하지는 않으나, 이론을 연역(演繹)으로 전개하는 기초가 되는 근본 명제. postulate

공중(公衆)명 사회의 여러 사람. public

공중(空中)명 하늘과 땅 사이의 빈 곳. air

공중 경:비(空中警備)명 〈군사〉항공기로써 적기(敵機)의 습격을 막기 위한 경비.

공중 광:고(空中廣告)명 공중에서 기구(氣球)나 비행기, 꽃불 따위로써 하는 광고. air sign

공중=권[-권](空中權)명 토지 소유자의 범위를 넓혀 것으로서의 공간의 소유 권리. 일광·공기·광고 가치를 보호함.

공중 급유(空中給油)명 비행 중의 항공기에 급유기(給油機)로부터 연료를 공급하는 일. 공중 보급(空中補給)①. 하다

공중 누각(空中樓閣)명 ①공중에 누각을 짓는 것과 같이 근거 없는 가공의 사물. castle in the air ② 〔동〕 신기루(蜃氣樓).

공중 도:덕(公衆道德)명 공중이 서로 지켜야 할 덕의(德義). 공덕(公德). public morality

공중 뜨-다(空中--)[자][으]온데 간데 없다. ¶한 달 균료가 ~. disappear

공중=물(空中--)명 한데에 놓은 그릇에 괸 빗물. 공중수(空中水). rain water

공중 변소(公衆便所)명 공중을 위하여 길거리나 공원같은 데 마들어 놓은 변소.

공중 보:급(空中補給)명 ①비행 중의 항공기에 연료를 보급함. 공중 급유. ②포위된 아군에게 공중에서 보급품을 투하함. 하다

공중 분해(空中分解)명 항공기가 바람의 압력 등으로 공중에서 분해되는 일. decomposition 하다

공중 사진(空中寫眞)명 항공기나 기구에서 찍은 사진. aerial photography

공중 사찰(空中査察)명 〈군사〉기습 방지를 목적으로 항공기로 군비 상황을 사찰함. 공중 감시. scouting

공중 삭도(空中索道)명[동] 가공 삭도(架空索道).

공중=선 (公衆善)명 사회 공중이나 인류 일반의 선.

공중=선(空中線)명[동] 안테나. 〔공중선(公共善).

공중=수(空中水)명[동] 공중물.

공중 식당(空中食堂)명 공중을 상대로 하는 식당.

공중 어뢰(空中魚雷)명 〈군사〉항공기에서 물 밑으로 떨어뜨려 적의 함선을 침몰시키는 어뢰.《약》공뢰(空雷). aerial torpedo

공중 위생(公衆衛生)명 사회 일반의 건강을 꾀하는 위생. public hygiene 〔정이 있음. 명사

공중 유:사(公中有私)명 공사(公事) 중에도 사사로운

공중을 쏘아도 알아맞히다[]벌떡 애쓰지 않고 무턱대고 한 일이 잘 이루어진다.

공중=전(空中戰)명 항공기가 공중에서 하는 전투. 항공전(航空戰).《약》공전(空戰). air battle

공중 전:기(空中電氣)명 〈물리〉공중에 저절로 생기는 온갖 전기 현상의 총칭.《약》공전(空電)①. atmospheric electricity

공중 전:화(公衆電話)명 공중이 수시로 쓸 수 있게 거리의 요소에 설치해 놓은 전화. public telephone

공중 정복(空中征服)명 과학의 힘으로 공중을 인류의 활동 무대로 하는 일. 하다[타] 〔정찰함. 하다

공중 정찰(空中偵察)명 〈군사〉항공기로 적의 상황을

공중 제비(空中--)명 ①두 손을 땅에 짚고 두 다리를 공중으로 넘겨 반대쪽으로 넘어가는 재주. somersault ②공중에서 거꾸로 나가떨어짐. tumble 하다

공중 조:명(空中照明)명 밤중에 항공기의 행동을 밝게 하기 위하여, 또는 알아내기 위하여 설치한, 위쪽을 향한 등대의 조명. 〔(斥候).

공중 척후(空中斥候)명 〈군사〉비행기를 타고 행하는

공중 청:음기(空中聽音機)명 〈군사〉내습 항공기가 내는 음파로 그 위치·항로(航路)를 탐지하는 장치. aerophone

공중 촬영(空中撮影)명 항공기에서 지상의 시설·지형을 촬영하는 일. 〔(架空索道).

공중 케이블 카:(空中 cable car)명[동] 가공 삭도

공중 쾌락설(公衆快樂說)명 〈윤리〉공중 및 인류 일반의 최대 쾌락을 행위의 최고 목적으로 보는 도덕설.

공중 폭격(空中爆擊)명 공중에서 비행기로 행하는 폭격. 《약》공폭. 하다 〔제간의 협약.

공중 협약(空中協約)명 〈법률〉공중 이용에 관한 국

공중 활공(空中滑空)명 항공기가 공중에서 발동을 끄고 중력과 부력에 의하여 비행하는 상태. gliding

공증(公證)명 ①공변된 증거. authentication ②겉으로 드러난 증거. clear evidence ③〈법률〉관리가 그 직권으로 특정의 법률 사실·법률 관계의 존부(存否)를 공식으로 증명하는 일. 또는 증거. notarial act 하다

공증 문서(公證文書)명 〈법률〉문서 작성의 권한이 있는 국가 또는 공공 단체의 기관, 곧 공증인·시읍면장 등이 그 권한에 의하여 사법상(私法上)의 법률 관계를 명확히 하고, 또는 법률상의 공권적 증거력을 부여하기 위하여 작성한 문서.

공증=인(公證人)명 〈법률〉당사자 및 그 밖의 관계인

의 촉탁을 받고 법률 행위, 그 밖의 사권(私權)에 관한 사실에 관하여 공정 증서(公正證書)를 만들고, 또 사서(私署) 증서에 인증을 주는 권한을 가지는 사람. notary
공지(工運)주는 있으나 더딤. dexterous but slow 하ा
공지(公志)몡〈동〉공심(公心).
공지(公知)몡 세상 사람이 다 앎. 하다
공:지(共知)몡 다 같이 앎.
공지(空地)몡 ①빈터. 빈 땅. 공처(空處)②. 공터. vacant lot ②하늘과 땅. heaven and earth
공지(空紙)몡〈동〉①백지(白紙). ②쓸데없는 종이. waste paper
공지 사:실(公知事實)몡 일반이 다 알아 조금도 의심할 여지가 없는 명백한 사실.
공지 사:항(公知事項)몡 일반에 널리 알릴 사항.
공지 이용(空地利用)몡 빈 땅을 이용하는 일. 하다
공직(公職)몡 관청이나 공공 단체의 직무·직책. public office
공:직(供職)몡 관청·공공 단체의 일을 맡음. charge 하다
공:진(共振)몡〈물리〉①진동체(振動體)가 주기적으로 작용하는 외력(外力)을 받아, 그 진폭(振幅)이 커지는 현상. ②전기 진동의 공명(共鳴)현상. resonance 하다
공:진(供進)몡 신이나 임금에게 음식을 바침. 하다
공:진-회(共進會)몡 생산품을 일정한 장소에 진열하고 일반에게 관람시켜 그 우열을 품평·사정하는 모임. 경진회. competitive exhibition
공-집기(空-)몡 돈을 모아서 무엇을 사다 먹는 내기의 하나. '○'표를 집은 사람이 돈을 내지 않거나, 또는 내게 됨. 공집기.
공-집합(空集合)몡〈수학〉원(元)을 갖지 아니한 집합. 기호는 { } 혹은 φ.
공짓이몡〈민속〉귀신 소리라면서 휘파람 소리를 내며 점을 치는 여자 점쟁이.
공-짚기(空-)몡〈동〉공집기. 하다
공빼(空-)몡 거저 얻은 물건. article got for nothing
공빼-로(空-)몜 힘이나 대가를 들이지 않고 거저. 공으로.
공차(公差)몡 ①〈수학〉등차 수열이나 등차 급수에서 어느 항에 더하여 다음 항을 얻는 일정한 수. common difference ②〈법률〉화폐의 법정 기준에 대한 실제 품위(品位)·양목(量目)의 차이로서 법률에서 용인되는 범위. legal remedy ③〈법률〉도량형의 법률 기준에 대한 도량형기의 오차. 통차(通差). ④〈제도〉관가나 궁가(宮家)에서 보내던 관원 및 사자(使者). [고 거저 타는 차. free ride
공차(空車)몡 ①빈 차. empty carriage ②돈을 안 내
공-차반(供次飯)몡〈불교〉절에서 '반찬'을 이름.
공:찬(供饌)몡〈불교〉음식을 신불(神佛)께 바침. 하
공찰(公札)몡〈동〉공함(公函).
공:참(孔慘)몡 몹시 참혹함. 하다
공창(工廠)몡 철제품을 만드는 공장. 병기창. arsenal
공창(公娼)몡 관청의 허가를 얻고 매음하는 여자. ¶~가(街). (대) 사창(私娼). licensed prostitute
공창 제도(公娼制度)몡 공창을 인정하는 제도.
공:채(-)몡〈체육〉①장타격하는 데 쓰이는 끝이 약간 구붓한 막대기. club ②공을 치는 채의 총칭. 라켓 등속. bat
공채(公債)몡 국가나 공공 단체가 세출(歲出)의 재원을 마련하기 위해 임시로 부담하는 채무. 국채·지방채로 나뉨. 《대》 사채(私債). public loan
공-채(空-)몡 사람이 안 사는 빈 집채.
공-채:무(公債務)몡 공금 소비로 진 빛이나, 공사금 미납으로 진 빛. 《대》 사채무(私債務).
공채-비(公債費)몡〈경제〉공채에 관계되는 온갖 비용. expenditure of public loan
공채 증권(-券)(公債證券)몡〈경제〉채권자에게 주는 공채의 증권. 공채 증서. public loan bonds
공채 증서(公債證書)몡〈동〉공채 증권.

공책(空冊)몡 필기장. 노트. notebook
공지(空處)몡 ①임자 없이 비어 둔 빈터. open(vacant) space ②〈동〉공지(空地)①.
공:처(恐妻)몡 남편이 아내에게 눌려 지냄. 처시하(妻侍下). henpecked husband [pecked husband
공:처-가(恐妻家)몡 아내에게 눌려 지내는 남편. hen-
공천(公薦)몡 ①공중의 천거. public nomination ②공정한 추천. ③정당에서 선거에 출마할 당원을 공적으로 추천함. ¶정당 ~ 후보. nominate a candidate 하다
공첩(公貼)몡〈동〉공문서(公文書).
공첩(公牒)몡 ①공사(公事)에 관한 의사 통지. 공사에 관한 서류. notification [office ②〈동〉공해(公廨).
공청(公廳)몡 ①공공 단체의 일을 처리하는 집.
공청(空靑)몡〈광물〉금동광(金銅鑛)에서 나는 빛이 푸른 광물. 염료나 약재로 쓰임. 양매청(楊梅靑).
공청몡〈동〉헛것.
공청-회(公聽會)몡 어떠한 문제를 널리·깊이·정확하게 해결하기 위하여 공개적으로 토론하는 모임. public hearing
공:초(供招)몡 공사(供辭). 하다
공총(倥偬)몡 일이 많아 바쁨. 하다
공축(恭祝)몡 삼가 축하함. respectful congratulation
공:축(恐縮)몡 두려워 몸을 움츠림. 하다
공:출(供出)몡 국가의 수요에 따라 국민이 어떤 물자를 의무적으로 정부에 매도함. quota delivery 하다
공-출물(空出物)몡 ①밑천이나 힘을 들이지 않고 남이 하는 일에 참여함. ②공연히 밑천이나 힘을 냄. 하
공:출-미(供出米)몡 공출하는 쌀.
공-치기(-)몡〈체육〉①공을 치는 운동의 총칭. ball game ②공 장치기.
공:치-다(空-)재 ①어떤 표시로 동그라미를 그리다. draw a circle ②맞히지 못하다. miss the mark ③허탕치다. do in vain [self-praise 하다
공:치:사(功致辭)몡 자기의 공로를 자찬하고 자랑함.
공:치:사(空致辭)몡 입으로만 하는 빈 인사. 하다
공칙-스럽다톈보 공교롭게 잘못된 것 같다. 공칙-스레 [fortunate 공칙=히튀
공칙-하다톈 공교롭게 잘못되다. 공교하다. un-
공칭(公稱)몡 ①공적인 명칭. nominal appellation ②공개하여 일컬음. generally known 하다
공칭 자본(公稱資本)몡〈경제〉은행·회사 등이 정관에 기재하여 등기 절차를 마친 자본의 액수.
공쿠:르-상(Goncourt 賞)몡〈문학〉프랑스의 문학상. 공쿠르 형제의 유언에 따라 1903년부터 해마다 우수한 작품을 낸 작가에게 수여함. Prix Goncourt
공:탁(供託)몡 ①물건의 보관을 위탁함. deposit ②〈법률〉돈이나 유가 증권 등을 공탁소에 주어 보관을 의뢰함. consignment 하다
공:탁-금(供託金)몡〈법률〉공탁한 돈. deposit money
공:탁-물(供託物)몡〈법률〉공탁된 돈·유가 증권 또는 그 밖의 물건. deposit article
공:탁-법(供託法)몡〈법률〉공탁에 관한 것을 규정한 법률. Deposit Law
공:탁-서(供託書)몡〈법률〉공탁물에 첨부하여 제출하는 서류. deposit document
공:탁-소(供託所)몡〈법률〉공탁 사무를 보는 국가 기관. deposit office
공:탈(攻奪)몡 무력으로 쳐서 빼앗음. capture 하다
공-터(空-)몡〈동〉공지(空地)①.
공토(公土)몡㈜→공유토(公有土).
공:토(攻討)몡〈군사〉공벌(攻伐). 하다
공:통(共通)몡 두루 통용됨. 관계가 같음. common-
공:통 분모(共通分母)몡〈수학〉여러 개의 다른 분수를 하는 분수의 크기를 바꾸지 않고 같게 통분한 분모. 1/2과 2/3를 3/6과 4/6로 했을 때의 6.
공:통-성(共通性)몡 공통되는 성질. common feature
공:통-어(共通語)몡 ①공통으로 통용되는 말. common language ②표준어. 《대》 방언. standard language
공:통 인수(-수)(共通因數)몡〈수학〉둘 이상의 식

에 공통되는 인수. 《약》공인수(共因數). common factor

공:통 재판적(共通裁判籍) 《법률》 원고가 여러 피고를 상대할 때에, 법원이 그 여럿을 일괄하여 관할권을 가질 경우의 피고측에서 본 재판적.

공:통-점(共通點) 공통되는 점.

공:통-항(公通項) 《동》공항(公項).

공:파(攻破) 공격하여 처부숨. 하団

공파(空破) 《민속》 풍수 지리(風水地理)로 볼 때의 한곳.

공:파(把破) 붙잡힌 파(破).

공판(工判) 《약》공조(工曹) 판서.

공판(公判) 《법률》 형사 사건에서, 공소 제기로부터 소송 종결에 이르기까지의 모든 재판 절차. public trial 하団

공판(孔版) ①등사판의 딴이름. ②《미술》 어떤 막에 구멍을 뚫고 종이 위에 그 막을 놓고 물감칠을 하게 된 판. ¶~화(畫).

공:판(共販) 《약》→공동 판매(共同販賣).

공판-정(公判廷) 《법률》공판하기 위하여 열린 법정. 《약》공정(公廷). court

공판 조서(公判調書) 《법률》공판에 관한 중요 사항을 기록한 조서. protocol for a public trial

공패(功牌) 유공자에게 주는 패.

공편(公便) 공평하고 편리함. fair and convenient 하団 히団 -ality 하団 히団

공평(公平) 한쪽에 기울지 않고 공정함. imparti-

공평(公評) ①공정한 비평. fair view ②세상 일반의 비평. public opinion 하団

공평 무사(公平無私) 공평하고 사사로움이 없음. impartiality 하団

공포(公布) ①널리 알림. announcement ②법령·예산·조약 등을 일반 국민에게 고시함. ¶~일(日). promulgation 하団

공포(功布) 관(棺)을 묻을 때 관을 닦는 삼베 헝겊.

공포(空砲) ①발사 소리만 나게, 종이·나무로 마개를 한 연습용 탄약.

공포(空胞) 《생리》 세포(細胞) 안의 액포(液胞). vacuoles

공포(空砲) ①실탄을 재지 않고 쏘는 헛총. ¶~ 발화(發火). blank shot ②위협으로 공중에다 쏘는 총. ¶~를 쏘다.

공포(栱包) 《건축》 처마의 무게를 받치기 위해 기둥 머리에 짜낸 나무쪽들.

공포(貢布) 《제도》 세금으로 바치던 베.

공포(恐怖) 무서움과 두려움. terror

공포-감(恐怖感) 무섭게 생각되는 느낌. sense of terror

공:포 시대(恐怖時代) 《정치》 공포(恐怖)으로 말미암아 생명·재산이 위태로워 사람들이 불안을 느끼는 시대. ②《역사》 프랑스 혁명 때 자코뱅 당이 집권하여 공포 정치를 행한 기간. Reign of Terror

공:포-심(恐怖心) 무서워하는 마음. fear

공포-약(空砲藥) 탄환을 재지 않고 발포할 수 있는 장약(裝藥).

공:포 정치(恐怖政治) ①《정치》 폭력으로써 반대당을 탄압하는 정치. 공하 정치(恐嚇政治). terrorism ②《역사》 프랑스 대혁명 때 과격 공화파인 자코뱅(Jacobins) 당이 행한 탄압 정치.

공:포-증(-症)(恐怖症) 《심리》 정상적인 사람에게는 아무 것도 아닌 것이 공포의 대상이 되는 병적인 공포증. 강박 관념의 일종임. phobia

공폭(空爆) ¶~→공중 폭격(空中爆擊).

공표(公表) 세상에 널리 알림. announcement 하団

공표(空票) ①공으로 얻은 입장권·차표 등. windfall ticket ②추첨에서 배당이 없는 표. blank

공표(空標) 동그라미표.

공:피-병(-病)(蛩皮病) 《의학》 피부가 굳어져 나무 껍질처럼 되는 피부병. -lation 하団

공:하(恭賀) 공경하여 축하함. respectful congratu-

공:하(恐嚇) 공갈(恐喝). 위협(威脅). 하団

공:-하-다(供-) →

공:-하-다(貢-) ①공물(貢物)을 바치다. ②이바지하다.

공:하 신년(恭賀新年) 삼가 새해를 축하함. 근하 신년(謹賀新年). I wish you a Happy New Year

공:하 정치(恐嚇政治) 《동》공포 정치①. [neering

공학(工學) 공업에 관한 것을 연구하는 학문. engi-

공학(共學) 《교육》 남자와 여자 또는 다른 민족끼리 한 학교에서 같이 배움. ¶흑백 ~. coeducation 하団

공학-부(工學部) 《교육》 대학에서 공학에 관한 학문을 전공하는 부문. department of engineering

공한(公翰) 공적인 서한. 《대》 사한(私翰). official letter [하는 일이 없어 한가함. 하団

공한(空閑) ①집이나 터 따위가 비어 있음. vacancy

공한-지(空閑地) ①집을 짓지 않은 공터. ②농경이 가능한 데 아무 것도 심지 아니한 토지.

공한지-세(空閑地稅) 《법률》 지상에 정착물이 없고 사용하지 않는 대지·잡종지에 과하는 지방세.

공함(公函) 《제도》 공사(公事)에 관계된 왕복의 글발. 공찰(公札). 《대》 사함(私函).

공:함(攻陷) 공격하여 함락시킴. capture 하団

공함(空函) 빈 통두나 상자·함들.

공항(公項) 《수학》 급수(級數) 일반에 공통되는 항. 공통항(共通項). general term [空港

공항(空港) 여객기가 발착하는 비행장. 항공항(航

공해(公害) 시민 생활이나 위생 환경에 해로운 매연(煤煙)·더러운 물·악취·소음 따위.

공해(公海) 《법률》 어느 나라의 주권에도 속하지 않고 모든 나라가 공통으로 사용할 수 있는 바다. 《대》 영해(領海). open sea

공해(公廨) 《제도》 관가의 건물. 공청(公廳)②.

공해(空海) ①하늘처럼 가이없는 바다. ②바다와 같은 창공(蒼空). [hazard disease

공해-병(-病) (公害病) 공해로 생기는 병. public

공해 산:업(公害産業) 환경 오염의 주요 원인이 되는 산업. 펄프 공업·석유 화학 공업·제철 공업 따위. ¶널리 행함. ③공공연하게 행함. 하団

공행(公行) ①《공무(公務)의 여행. official trip ②

공행(空行) 헛걸음. 하団 [cial leave 하団

공허(公許) ①《동》 관허(官許). ②공식 허가. offi-

공허(空虛) 속이 텅 빔. emptiness 하団

공허-감(空虛感) 텅 빈 허전한 느낌.

공허지-지(空虛之地) 텅 빈 땅.

공:헌(貢獻) ①이바지함. 기여(寄與)①. contribution ②《제도》 공물을 바침. offering a tribute 하団

공현(空弦) 화살이 땅에 떨어진 것을 모르고 빈 활을 쏘는 일.

공혈(供血) 수혈용의 혈액을 제공함. 헌혈(獻血).

공형(公兄) 《약》→삼공형(三公兄).

공:형벌(公刑罰) 《법률》 국가가 과하는 형벌.

공화(共和) ①공동 화합함. ②《정치》 공동 화합하여 정무를 시행함. 《대》 전제(專制). republicanism 하団 [상이 나타나는 것을 일컫는 말.

공화(空華) 《불교》 번뇌가 있는 사람에게 온갖 공

공화(供華·供花) 신불·죽은이에게 꽃을 바침. 또, 그 꽃. 하団

공:화-국(共和國) 공화 정치를 하는 국가. 《대》 전제국(專制國). republic [명 달력.

공화-력(共和曆) 《역사》 프랑스 혁명 때 사용한 혁

공화 정체(共和政體) 《정치》 공화 제도의 정치 조직. republican form of government

공화 정치(共和政治) 《정치》 주권이 국민 다수에 는 국민 전체에 있고 시행되는 정치. 《대》 전제 정치(專制政治). republican government

공:화 제:도(共和制度) 《정치》 공화 정치의 제도. republicanism [말을 하는 병적인 증세.

공화-증(-症) (恐話症) 《의학》 엉뚱한 공상과 거짓

공환(空還) 헛되이 돌아옴. returning in vain 하団

공활(空豁) 탁 틔어 넓음. 하団

공:황(恐惶)[명] 두려워서 어찌할 바를 모름. trembling with fear 하[자]
공:황(恐慌)[명] ①급변한 사태에 놀라 허둥지둥함. panic ②(약)→경제 공황. ③(약)→안정 공황. 하[자]
공회(公會)[명] ①공사(公事)를 위한 모임. official meeting ②공중(公衆)의 모임. public meeting ③중대한 일이 있을 때 열리는 국제 회의. international conference
공회당(公會堂) 공중 회합에 쓰려고 지은 집. public hall
공효(功效)[명] 공을 들인 보람. 효험. 공용(功用). effect
공후(公侯)[명] 〈제도〉 ①공작과 후작. ②제후(諸侯). ¶~ 장상(將相). princes and marquises
공후(箜篌)[명] 〈음악〉 하프 비슷한 동양의 현악기.
공훈(功勳)[명] 나라를 위하여 드러나게 세운 공로. 훈공(勳功). merits, exploit
공휴(公休)[명] (약)→공휴일.
공휴일(公休日) ①일요일·국경일 등 공적으로 정하여진 휴일. holiday ②동업자들이 휴일로 정한 날. (약) 공휴(公休). public holiday
공희(供犧)[명] 공양으로 바치는 희생.
곶[명]=히(共一)[명] 다 같이. 함께. ¶명실(名實)~ to-gether
-곶(串)[접미] 지명에 붙어 반도 모양의 갑(岬)을 이름. ¶장산~. cape
곶[명](고) 꽃.
곶-감 껍질을 벗겨 말린 감. 건시(乾柿). 관시(串柿). 백시(白柿). dried persimmon
곶감 꼬치에서 곶감 빼 먹듯[속] 애써 모은 것을 힘들이지 않고 하나하나 갖다 먹어 없앰.
곶감죽을 먹고 엿목판에 엎드러졌다[속] ①먹을 복이 터졌다. ②연달아 좋은 수가 생긴다.
곷-다[고] 꽃다.
과:[명](약)→과꽃.
과[조] 받침 있는 체언에 붙어 쓰이는 접속격 조사. ①열거할 때. ¶책~ 연필. ②함께 할 것을 나타낼 때. ¶형~ 같이 가다. ③비교할 때. ¶이것~ 같다. and
과:(果)[명] ①나무 열매. ②결과. ③〈불교〉 인연 소생(因緣所生)의 일체의 법.
과(科)[명] ①학과. 과목. course ②〈생물〉 생물 분류의 한 계층. 목(目)과 속(屬)과의 중간. ¶고양이~. family ③(약)→과거(科擧).
과:(過)[명] ①지나침. excess ②〈불교〉→과실(過失). 하[자]
과(課)[명] 사무 분장의 한 단계. ¶총무~. section
과:-(過)[접두] ‘지나친·과도한’의 뜻. ②〈화학〉 표준 또는 보통의 원자가 관례 이상의 비율로 원소가 결합해 있음을 나타내는 말.
-과(果)[접미] 과실이나 과실 나무를 나타내는 말. ¶과업[명] 전문으로의 기러기떼.
과ㄱ-다[고] 급하다. 심하다.
과ㄱ-리[고] 갑자기. 문득. 바삐.
과갈긔[고] 갑자기. 문득. 바삐.
과-긺이[고] 갑자기. 문득. 바삐.
과:감(果敢)[명] 결단성 있고 용감스러움. bravery 하[자] 스럽 스레다 히[명] of gratitude 하[명] 히[명]
과:감(過感)[명] 지나치게 고마움. excessive feeling
과갑(戈甲) 창과 갑옷. spear and armour
과객(科客)[명] 과거를 보는 선비.
과:객(過客)[명] ①지나가는 나그네. passer-by, wayfarer ②과객질하는 나그네. 하[자]
과:객-질(過客一)[명] 노자도 없이 다니는 나그네 노릇.
과거(科擧)〈제도〉 옛날 문무관(文武官)을 등용할 때에 보이던 시험. 과시(科試). ~과(科) 제(科擧). ¶~에 장원 급제하다. (약)과(科). higher public service examination 하[자]
과:거(過去)[명] ①지나간 때. past ②〈불교〉 삼세(三世)의 하나. 전생. 전세(前世). previous life ③여러 가지로 겪어 온 세상사를 남길 수 있는 일들. ¶~있는 여자. ④〈어학〉 하여 버린 동작·모양을 보이는 어법(語法)이다. 보통 시간 표현의 '-었-'·'-였-'·'-더-'의 선어말 어미를 더하여 씀. 《대》현재. 미래.

과:거(寡居)[명] 과부로 지냄. widowhood 하[자]
과:거-로(過去路)[명] 지나는 길. 역로(歷路).
과거를 아니 볼 바에야 시관이 개떡 같다[속] 자기와 관계없는 사람이라면 조금도 두려워할 것이 없다.
과거리[명](고) 갑자기. 바삐.
과거-보다(科擧一)[자] 과거 시험을 치르다.
과:거-분사(過去分詞)[명] 〈어학〉 영어·프랑스어·독일어 등에서의 동사의 변화형의 하나. 형용사적 성질을 띠며, 완료형 및 수동형을 만듦. past participle
과:거-사(過去事)[명] 지난 과거의 일. 과거지사.
과:거-세(過去世)[명] 전세(前世).
과:거 예정(過去豫定)〈어학〉 동사의 예정상(豫定相)의 하나. 그리 예상되던 상황이 현재 전개되었음을 나타내는 어법. ‘시험을 보게 되었다’ 따위.
과:거 완료(過去完了)〈어학〉 지나간 어느 때에 이미 있었거나 행하여졌던 동작을 나타내는 어법. 과거에 선어말 어미 '-었-'을 더하거나 또는 '-아 있었다'의 꼴로 씀. ‘나는 거기 가서 있었다’·‘한때 서울에 살았었지’ 등. past perfect tense
과:거-장[-짱](過去帳)[명] 〈불교〉 절에서 죽은 신도의 법명(法名)과 속명(俗名)·사망 연월일 등을 적어 두는 장부. 귀부(鬼簿). 귀적(鬼籍). obituary
과:거지-사(過去之事)[명] 지나간 과거의 일.
과:거 진:행(過去進行)[명] 〈어학〉 지난 어느 때에 동작이 진행중이었음을 나타내는 어법. '-고 있었다'
과걸리[명] 갑자기. 문득. 바삐. 느으로 쓰임.
과격(科格)[명] 〈제도〉 과거에 급제할 만한 상격(相格).
과:격(過激)[명] 지나치게 세참. ¶~한 언동. [대] 온건(穩健). being radical 하[자]
과:격 사상(過激思想)〈사회〉 과격한 사상. radical ideas
과:격-파(過激派)[명] 과격한 사상을 주장하는 파당(派黨)이나 사람. [대] 온건파(穩健派). radicals
과:겸(過謙)[명] 지나치게 겸손함. over-modest 하[자] 히[부]
과:경-에(過頃一)[부] 아까. 조금 전에. moment ago
과:계(過計)[명] 잘못(失計)한 일. 실책(失策)한 policy 하[자]
과골(踝骨)[명](고) 복사뼈.
과공(科工)[명] 과문(科文)의 공부.
과공(誇功)[명] 공로를 자랑함. 하[자] 히[부]
과:공(過恭)[명] 지나치도록 공손함. overmodest 하[자]
과공(課工)[명] 일과(日課)로 하는 공부.
과:공(過恭)은 비례(非禮)라[속] 지나친 공손은 도리어 예가 아니다.
과구(科具)〈제도〉 과거보는 곳에서 쓰는 제구.
과:군(寡君)[명] 〈제도〉 다른 나라 임금에게 제 나라 임금을 낮추어 일컫던 말.
과:-그르-다[고] 과격하다. 급하다.
과글니/과글리/과글-이[명](고) 갑자기. 문득.
과:급-기(過給器)[명] 〈물리〉 내연 기관에서 흡입 공기를 미리 압축하여 밀도를 높이는 장치. 발동기에.
과-궁(誇矜)[명] 자랑함. boasting 히[부] 립[명]
과기(瓜期)[명] ①기한이 다 됨. expiration ②여자의 15~16세 때. female puberty ③〈동〉 파한(瓜限).
과기(科期)〈제도〉 과거를 보는 때.
과:기(過期)[명] 기한이 지남. 파한(過限). 하[자]
과-꽃[명] 〈식물〉 엉거지과의 일년생 혹은 이년생 풀. 여름에 자줏빛·붉은 빛의 꽃이 핌. 중국 원산이며 관상용으로 재배함. 당국화. 추금. 추모란. 취국. ~는(花)[고] 과는. China aster
과:남(過濫)[명] 분수에 넘침. impudence 하[자]
과남-풀[명] 〈식물〉 용담과의 다년생 풀. 줄기는 곧고 잎은 긴 타원상 선형(線形)임. 가을에 자줏빛 꽃이 피고, 뿌리는 한약재로 씀. getnian
과:냉(冷)[명] 지나치게 냉각함. supercooling 하[자]
과:냉-각(過冷却)[명] ①액체를 냉각하여 응고점 이하의 온도가 되어도 고체화하지 않고 액상(液相) 그대로 있는 현상. ②증기의 온도가 내려 노점(露點) 이하가 되어도 액화하지 않고 증기압이 포화 기압(飽和氣壓)보다 크게 되는 현상.
과:녀(寡女)[명] 〈동〉 과부(寡婦).

과:녁(←貫革)圀 활·총 따위를 쏠 때의 표적. target
과녁빼기圀 똑바로 건너다보이는 곳. right opposite side
과녁빼기-집圀 곧바로 건너다보이는 곳에 있는 집.
과년(瓜年)圀 ①혼기에 이른 여자의 나이. marriage-able age ②〈제도〉벼슬의 임자가 다한 해. last year of term
과:년(過年)圀 ①시집갈 나이가 지남. ¶~한 규수. passing the marriageable age ②지난해. last year 하타 「year 하타
과년-기(過年期)圀 해마다 꼭꼭 함. 과세(課歲). every
과:년-도(過年度)圀 지난 연도. 작년도(昨年度). past financial year 「도 예산에 편입한 수입.
과:년도 수입(過年度收入)圀 과년도 수입으로서 현년
과:년도 지출(過年度支出)圀 과년도에 속하는 경비를 현년도 예산에서 지출하는 일.
과년-차—다(瓜年—)囵 여자의 나이가 혼기에 꽉 차다. ¶과년찬 처녀. ripe for marriage
과:념(過念)圀 너무 걱정함. overanxious 하타
과:다(過多)圀 너무 많음. 〈대〉과소(過少). excess 하囵 히囼
과:다(夥多)圀 퍽 많음. abundance 하囵 히囼
과:다=증[—症](過多症)圀 너무 많은 증상. ¶위산(胃酸) ~.
과:단(果斷)圀 딱 잘라 결정함. 가리사니④. resolution
과단(科斷)圀 〈제도〉법에 비추어 죄를 판정함. 하타
과:단-성[—性](果斷性)圀 딱 잘라 결정하는 성질. resoluteness 「당분. fruit sugar
과:당(果糖)圀 〈화학〉포도당과 함께 과실 속에 있는
과:당(過當)圀 정도가 보통보다 지나침. ¶~ 경쟁. excessive 하囵 「하타
과대(誇大)圀 작은 것을 크게 떠벌림. exaggeration
과:대(過大)圀 너무 큼. 〈대〉과소(過少). excess 하囵
과대=광(誇大狂)圀〈약〉=과대 망상광. 「히囼
과대 망:상(誇大妄想)圀 턱없이 과장하여 엉뚱하게 생각함. expansive delusion 하囵
과대 망:상광(誇大妄想狂)圀〈의학〉과대 망상에 빠지는 정신병. 또, 그 사람.〈약〉과대광(誇大狂). megalomania 「상에 빠지는 증세.
과대 망:상증[—症](誇大妄想症)圀〈의학〉과대 망
=과대—여[—](囼)=고자. =고 싶어.
과:대 자:본(過大資本)圀〈경제〉주주(株主)의 출자금을 너무 높이 세운 자본. over capitalization
과:대 평가[—까](過大評價)圀 실제 이상의 평가. 하타
과:대 황장(過大皇張)圀 사물을 지나치게 떠벌림. 하囵
과:댁(←寡宅)圀 →과수댁(寡守宅).
과:덕(寡德)圀 덕이 적음. 박망(薄望)함. 하囵
=과—더—여[—](囼)=고자라. =고 싶어.
과:도(果刀)圀 과실 깎는 칼. fruit knife
과:도(過度)圀 정도에 넘침. ¶~한 지출. excess 하囵 「tion
과:도(過渡)圀 옮아 가거나 바뀌어 가는 도중. transi-
과:도—기(過渡期)圀 한 단계에서 다른 단계로 넘어가는 시기. ②사회의 사상과 제도 등이 동요하고 민심이 불안정한 시기. ¶~ 풍조. transitional period
과:도기—적(過渡期的)圀 과도기의 특징을 나타내는 (것). transitional
과:도 정부(過渡政府)圀〈정치〉한 정체(政體)에서 다른 정체로 넘어가는 과정에 임시로 조직된 정부. 〈예〉과정(過政). transitionary government
과:동(過冬)圀 겨울을 남. 월동(越冬). wintering 하타
과:동—시(過冬柴)圀 겨울 땔감으로 준비한 땔나무.
과:동 준비(過冬準備)圀〈등〉월동 준비(越冬準備).
과두(裹肚)圀 염할 때 시체의 배를 싸는 베.
과두(裹頭)圀 ①얼할 때의 머리를 싸는 베. ② 〈불교〉중이 가사(袈裟)로 머리를 싸는 일.
과두(寡頭)圀 몇 사람 안 되는 우두머리. small per-
과두(蝌蚪)圀 올챙이. 「sonnel

과두 문자[—짜](蝌蚪文字)圀 황제(黃帝) 때 창힐(蒼頡)이 지었다는 중국 고대 문자. 글자 모양이 올챙이 같음. tadpole characters of ancient China
과두 시절(蝌蚪時節)圀 개구리가 올챙이였던 때라는 뜻으로, 발전되기 전의 과거를 가리키는 말.
과:두 정치(寡頭政治)圀〈정치〉소수의 사람이 권력을 장악한 정치. oligarchy
과두-체(蝌蚪體)圀〈예〉과두(蝌蚪)의 서체(書體).
과:—똑똑이(過—)圀 지나치게 똑똑한 사람.
=과·라—어미(囼)=았(었)노라·
과락(科落)圀 여러 과목 중 어떤 과목만 점수 미달이 됨. 과목 낙제.
과란(囼) 과는. 「됨. 과목 낙제.
과·롬[록](囼) 과를.
과:립(過粒)圀〈원〉=과남.
과:랭(過冷)圀〈원〉=과냉.
과:량(過量)圀 분량이 넘침. excessive quantity 하囵
과:려(過慮)圀 지나치게 염려함. over anxious 하타
과:로(過勞)圀 지나치게 일하여 피로함. 하타
·과·로[로](囼) '과'와 '로'를 아우른 조사.
과:료(科料)圀〈법률〉가벼운 범죄에 물리는 재산형.
과:료(過料)圀 '과태료(過怠料)'의 구칭. 「fine
과료 처:분(科料處分)圀〈법률〉과료를 물리는 죄로 결정한 처리.
과:류(過謬)圀〈등〉과오(過誤). 과실(過失)①.
과:린(果鱗)圀〈식물〉구과(毬果)의 겉면의 비늘 모양으로 두툴두툴한 부분.
과립(顆粒)圀 ①둥글고 자질구레한 알갱이. granule ②〈의약〉마마·홍역으로 피부에 돋은 것. granule
과:만(瓜滿)圀〈제도〉벼슬의 임기가 다 됨. 과숙(瓜熟)②. 하囵 「望).
과망(科望)圀〈제도〉과거에 급제하리라는 중망(衆
과:망(過望)圀 분수에 넘친 욕망. avarice 하타
과:망간산—칼륨(過 mangan 酸 kalium)圀〈화학〉방부제·소독제로 따위로 쓰이는 검붉은 빛깔의 능주상(稜柱狀) 결정체. 「냉면처럼 만 국수.
과면(瓜麵)圀 오이를 잘게 썰어 녹말을 칠하여 삶아
과명(科名)圀 ①〈제도〉과거에 급제한 사람의 이름. ②학과·과목의 이름. name of a section or de-partment ③〈생물〉동식물 분류 계통의 과(科)의 이름.
과모(戈矛)圀 창(槍). spear 「이름.
과:목(菓木)圀 과실 나무. 과수(果樹). ¶~표(苗).
과목(科目)圀 ①사물의 구분. branch ②학문의 구분. subject ③〈제도〉과거 시험의 유별. ④〈등〉과거(科擧). 「lesson ⑤사무의 구별. branch
과목(課目)圀 ①할당된 항목. assignment ②학과.
과:목 성송(過目成誦)圀 한 번 보기만 해도 외운다는 말.
과목 출신(科目出身)圀〈제도〉과거에 급제하여 벼슬아치가 된 사람.
과:묵(寡默)圀 말수가 적고 침착함. ¶~한 성격. taciturnity 하囵 히囼 「가지 문제. 공령(功令).
과문(科文)圀〈제도〉과거에서 보면 여러
과:문(過門)圀〈원〉=과문 불입(過門不入). 「하囵
과:문(寡聞)圀 듣고 본 바가 적음. poor information
과:문 불입(過門不入)圀 아는 사람의 집 문앞을 지나면서도 들르지 않음. 〈예〉과문(過門). passing by a friends house 하囵
과문 육체[—뉵—](科文六體)圀〈제도〉문과(文科) 과거에서 보면 여섯 가지 문체. 시(詩)·부(賦)·표(表)·책(策)·의(疑)·의(義)·구(口).
과:문 천식(寡聞淺識)圀 전문(見聞)이 적고 학식이 얕음. 하囵
과:물(果物)圀〈등〉과실(果實)①. 「ness 하囵
과:물=전(果物廛)圀 과실 파는 가게.
과:민(過敏)圀 지나치게 예민함. ¶신경 ~. nervous-
과:민성 체질[—썽—](過敏性體質)圀 선천적으로 감정·감각이 지나치게 예민하거나 알레르기성이 강한 체질. 「치게 예민한 증세.
과:민—증[—쯩](過敏症)圀〈의학〉감각·감정이 지나
과:밀(過密)圀 인구나 산업이 한 곳에 지나치게 집중

되어 있음. 《대》 과소(過疏). ¶인구 ~. 하图
과:박(寡薄)图 덕이 적고 엷음. 하图
과반(果盤)图 과실을 담는 쟁반. fruit tray
과:반(過半)图 반이 더 됨. greater part
과:반(過般)图 지난 번. 《대》 금반(今般). last time
과:반수(過半數)图 반이 넘는 수. ¶~의 찬성.
과:방(果房)图 숙설간(熱設間).
과방(科榜)图 《제도》 과거에 급제한 자의 성명을 발표하던 방목(榜目).
과방(過房)图 일가집 아들을 양자로 삼는 일.
과:방 보-다(果房一)图 큰 일을 치를 때 과방의 일을
과:방:자(過房子)图 양자(養子). [맡아보다.
과:병(果柄)图 《식물》 열매의 꼭지.
과:병(寡兵)图 적은 병력. small force
과:보(果報)图 《약》=인과 응보(因果應報).
과:부(寡婦)图 남편이 죽어서 혼자 사는 여자. 홀어미. 과녀(寡女). 《유》 미망인(未亡人).
과부(顆部)图 《생리》 복사뼈 부위.
과부는 은이 서 말이고, 홀아비는 이가 서 말이다图 여자는 홀로 되어도 돈 모으며 살아갈 수 있으나, 남자는 혼자 되면 궁하다.
과:부댁[一땍](寡婦宅)图 《공》 과부. 과수댁.
과부 사정은 과부가 안다속 남의 사정은 같은 처지에 있는 이라야 제대로 안다.
과:부적중(寡不敵衆)图 《동》 중과 부적(衆寡不敵).
과:부족(過不足)图 남음과 모자람. overs and shorts
과:부하(過負荷)图 전기의 규정량을 초과하는 부하.
과:분(過分)图 분에 넘침. ¶~한 출세. excess 하图 히图
과:불(過拂)图 ①한도를 넘은 지불. over-payment ② 《경제》 은행에서 당좌 거래의 예금 잔고를 초과하여 지불함일. overdraft 하图
과:불급(過不及)图 지나침과 미치지 못함. excess and deficiency 하图
과비(科費)图 《제도》 과거보는 데 드는 비용. (症).
과:산=증(過酸症)图 《동》 위산 과다증(胃酸過多
과:산화(過酸化)图 《화학》 산소의 화합물 중에서 다른 것보다 산소를 다량으로 결합하고 있음을 나타내는 말. peroxide
과:산화-나트륨(過酸化 natrium)图 《화학》 표백제·산화제로 쓰이는 누른 색의 고체. 나트륨이 산소 속에서 탈 때에 생김.
과:산화-망간(過酸化 mangan)图 《동》 이산화(二酸化)
과:산화-물(過酸化物)图 《화학》 산화물보다 산소의 비율이 많고, 열을 가하면 쉽사리 산소와 산화물로 분해되는 물건. 과산화나트륨·과산화바륨 따위.
과:산화-바륨(過酸化 barium)图 《화학》 산화바륨을 가열할 때에 발생하는 겟빛 가루. 과산화수소를 만드는 데 사용됨. [륨.
과:산화-소:다(過酸化 soda)图 《화학》 《속》 과산화나트
과:산화-수소(過酸化水素)图 《화학》 무색의 액체. 산화 작용이 셈. 마전·소독제로 쓰임. 옥시풀(oxydol). 이산화수소. hydrogen peroxide
과:산화-수소수(過酸化水素水)图 《화학》 과산화수소의 수용액. 소독제로 쓰임. 옥시풀(oxyful).
과:산화-연(過酸化鉛)图 《화학》 산화제(酸化劑)로 쓰이는 흑갈색(黑褐色)의 윤나는 가루. 이산화연.
과:산화-질소[一쏘](過酸化窒素)图 《화학》 '이산화질소(二酸化窒素)'의 관용명(慣用名).
과:산화-효:소(過酸化酵素)图 《화학》 피산화성 기질 (被酸化性基質)을 산화하는 효소.
과:상(過賞)图 《공》 상을 지나치게 줌. 하图
과:생(過生)图 세상을 살아 나감. 하图
과:서(果序)图 《식물》 화서(花序)에 따라 형성되는 과실의 배열 상태.
과:석(果石)图 《광물》 땅 위에 드러난 광맥의 산화된 광석.
과선(戈船)图 ①배 밑면에 창을 장비하한 배. ②창을 싣고 적을 막는 배.
과:선=교(跨線橋)图 철로를 건너기 위해 그 위에 놓

은 다리. over-bridge [하图
과:세(過歲)图 설을 쉼. greeting of the New Year
과:세(寡勢)图 아주 적은 군세(軍勢).
과세(課稅)图 세금을 매김. taxation 하图
과세(課歲)图 《동》 과년(課年).
과세 가격[一까一](課稅價格)图 《법률》 세금을 매기는 기준으로서의 가격. taxable amount
과세=권[一꿘](課稅權)图 《법률》 조세를 부과 징수하는 권리. right of taxation
과세 단위(課稅單位)图 과세 표준의 일정한 수량. unit of assessment
과세 물건(課稅物件)图 《경제》 과세의 목적이 되는 물건이나 행위 및 사실. taxable article
과세=율(課稅率)图 《경제》 법률에 의해 세액을 산정하는 법정률. 《약》 과율. tax rate
과세 표준(課稅標準)图 《경제》 법률로서 제정한 과세의 표준. 약 과표(課標).
과세=품(課稅品)图 세금을 부과하는 물품.
과:소(果蔬)图 과일과 채소. 과채(果菜). fruits and vegetable
과:소(過小)图 너무 작음. 《대》 과대(過大). being too small 하图 히图 [little 하图 히图
과:소(過少)图 너무 적음. 《대》 과다(過多). being too
과:소(過疎)图 어느 지역에 인구 따위가 지나치게 적음. 너무 성김. 《대》 과밀(過密). 하图
과:소(寡少)图 아주 적음. few 하图
과:소농=제(過小農制)图 경작 면적이 너무 작아 자기의 노동력도 흡족하게 이용할 수 없는 농업 제도.
과:소 평:가[一까](過小評價)图 실제 이하의 평가. 《대》 과대 평가(過大評價). underrating 하图
과:속(過速)图 일정한 표준보다 지나친 속도. ¶~으로 추월하다.
과:수(果樹)图 과실 나무. 과목(果木).
과:수(過數)图 일정한 수를 넘김. excess 하图
과:수(寡守)图 홀어미. widow
과:수(夥數)图 많은 수. 다수(多數).
과:수-댁[一땍](寡守宅)图 과부댁.
과:수-원(果樹園)图 과실 나무를 재배하는 농원. 《약》 과원(果園). orchard
과숙(瓜熟)图 ①오이무름. ②《동》 과만(瓜滿).
과:숙(過熟)图 《식물》 종자가 가장 성숙한 단계. 고숙(枯熟).
과시(科時)图 과거를 보는 때. [枯熟).
과시(科試)图 과거(科擧).
과시(科詩)图 과거볼 때에 짓는 시.
과:시(誇示)图 ①뽐내어 보임. ②사실보다 크게 드러내어 보임. showing off 하图
과시(課時)图 때가 지나감. 지나간 때. 하图
과시(課試)图 ①일정한 때에 보이는 시험. regular examination ②시험을 과함. examination 하图
과:식(果食)图 《동》 과연(果然).
과:식(過食)图 너무 많이 먹음. overeating 하图
과:신(過信)图 너무 믿음. overconfidence 하图
과:실(果實)图 ①나무에서 생기는 열매. 과일. 과물(果物). 과일. 실과(實果). ¶~ 나무. fruit ②《법률》 원물(元物)에서 생기는 수익물. ¶~ 송금.
과:실(過失)图 ①허물. 잘못. 과오(過誤). 과류(過謬). fault ②《법률》 부주의로 어떤 행위의 결과를 예측하지 못한 일. 고의(故意). 약 과(過)②.
과:실=범(過失犯)图 《법률》 과실로써 성립되는 범죄. 또, 그 범인. 《대》 유의범(有意犯).
과:실 살상[一쌍](過失殺傷)图 《법률》 과실로 사람을 죽이거나 상해함.
과:실 상계(過失相計)图 《법률》 손해 배상 책임이 발생한 경우에, 채권자 측에도 과실이 있을 때는 법원이 손해 배상의 책임을 정하는 데 그것을 참작하는 일. 과실 상쇄.
과:실 상쇄(過失相殺)图 《동》 과실 상계.
과:실 상해죄[一죄](過失傷害罪)图 《법률》 과실로써 상해를 입힌 죄. accidental infliction of injury

과:실 음료(果實飮料)圀 과즙·주스 등 과실을 원료로 하여 만든 청량 음료.

과:실=죄 [一罪] (過失罪)圀 과실에 의한 범죄의 총칭. 과실 상해죄·과실 치사죄 등. 〔술〕. fruit wine

과:실=주[一酒] (果實酒)圀 과실즙을 발효시켜 빚은 술.

과:실=즙(果實汁)圀 과실을 짠 즙. 과즙(果汁).

과:실 책임(過失責任)〈법률〉고의·과실로 생긴 손해에 대해 지는 배상 책임. liability with fault

과:실 치사(過失致死)〈법률〉과실 행위로 인해 사람을 죽임.

과:실 치:사죄[一罪] (過失致死罪)圀〈법률〉과실로 인해 사람을 죽임으로써 성립되는 죄. accidental homicide 〔상하게함. 하다

과:실 치:상(過失致傷)圀〈법률〉과실 행위로 사람을

과:실 치:상죄[一罪] (過失致傷罪)圀〈법률〉과실로 사람을 상하게함으로써 성립되는 죄. 〔딱한부분.

과:심(果心)圀〈식물〉과실 속에 씨를 싸고 있는 부분.

과:안(過雁)圀 하늘을 날아 지나가는 기러기.

과액(寡額)圀〔등〕소액(少額).

과:야(過夜)圀 ①밤을 지냄. ②밤을 새움. 하다

과:약(寡弱)圀 적고 약함. 하다

과:=약기언(果若其言)圀 그 말이 사실과 같음.

과:언(寡言)圀 말이 적음. 《대》 다언(多言). taciturnity

과업(課業)圀 ①하여야 할 일. ¶～완수(完遂). task ②일과로 정한 학과. lesson

과:연(果然)圀 알고 보나 정말. 참말로. 과시(果是). ¶～명군이다. really

과:열(過熱)圀 ①물질을 너무 뜨겁도록 가열함. 또, 그 열. over heating ②경기(景氣)가 이상 상승하여 인플레이션 등의 위험에 빠지는 일. ¶경기의 ～ 현상. ③〈물리〉액체를 끓게 하지 않고 비점(沸點) 이상으로 가열함. 하다

과:열기(過熱器)圀〈물리〉기관(汽罐) 안의 온도를 비점이상으로 가열하는 장치. superheater

과:열 증기(過熱蒸氣)〈물리〉온도가 지나치게 높아 포화(飽和)가 되지 못한 증기. superheated steam

과:=염소산(過鹽素酸)圀〈화학〉과염소산칼륨을 황산과 함께 진공(眞空) 중에서 가열하여 얻은 물질.

과:오(過誤)圀 잘못. 과실①. 실책. 과류(過謬). ¶～를 저지르다.

과외(課外)圀 ①정하여진 과정 이외에 하는 공부. ¶～공부. ②일정한 학습 과정이나 수업 시간 외. ¶～활동. extracurricular work

과외 강:의(課外講義)圀 일과(日課) 밖에 하는 강의.

과외 독본(課外讀本)圀 교과서 밖의 학습용 독본. home readings 〔약〕과외③.

과외 수업(課外授業)圀 일과(日課) 밖에 하는 수업.

과외 지도(課外指導)圀 정한 과정 이외에 학생의 학습이나 클럽 활동 등을 보살펴 주는 일.

과외 활동(一動)(課外活動)圀 학교의 정규 교과 학습이외의 학생들의 활동. extracurricular activities

과욕(科慾)圀 과거에 급제하려는 욕망.

과:욕(過慾)圀 욕심이 지나침. 또, 그 욕심. avarice 하다 〔ishness 하다

과:욕(寡慾)圀 욕심이 적음. 《대》다욕(多慾). unself-

과:용(過用)圀 지나치게 씀. 너무 많이 씀. extravagance 하다

과:우(寡雨)圀 비가 적음. 《대》 다우(多雨).

과:원(果園)圀→과수원(果樹園).

과원(課員)圀 관청이나 회사의 과에 소속된 사람. staff of a section

과월(課月)圀 달마다. 매월. every

과유(科儒)圀 과거보는 선비. 〔속〕과거꾼. 과군(科軍).

과:=유불급(過猶不及)圀 지나침은 도리어 미치지 못함과 같음. 〔일과 고기.

과:육(果肉)圀 ①과실의 살. flesh of the fruit ②과

과율(課率)圀〔약〕→과세율(課稅率).

과:음(過淫)圀 성교를 지나치게 함. lustful excess 하

과:음(過飮)圀 술을 지나치게 마심. excessive drinking 하다

과:의(果毅)圀 결단성이 있어 강함. resolution and daring 하다

과:인(過人)圀 덕망·학식·재주·힘 따위가 보통 사람보다 뛰어남. man of unusual ability 하다 〔Me

과:인(寡人)圀 임금이 자기를 낮추어 이르던 말. I,

과:=인산(過燐酸)圀〈화학〉 저온에서 오산화이(五酸化燐)을 30%의 과산화수소로 처리하여 빙수(氷水)로 희석한 물질.

과:인산=석회(過燐酸石灰)圀〈화학〉 인광석(燐鑛粉)에 황산을 작용시켜 가용성으로 만든 물질. 속효성 인산 비료의 하나임. 〔약〕과석(過石).

과:인지(過人之)圀〈人之力〉남들보다 썩 센 힘.

과:일(果一)圀 식용의 과실(果實).

과일=날(果一)圀 과거를 보이던 날.

과:일(過日)圀 ①지나간 날. other day ②날을 지냄. spending the day 하다 〔足). surplus

과:잉(過剩)圀 예정한 수효보다 많음. 《대》 부족(不

과:잉 방위(過剩防衛)圀〈법률〉 정당 방위로서 허용되는 범위를 넘는 반격(反擊) 행위. over self-defence

과:잉 생산(過剩生産)圀〈경제〉 소비력에 비하여 정도를 넘어선 생산. overproduction

과:잉=수 [一數] (過剩數)圀〈수학〉 불완전수의 하나. 어떤 수의 양(陽)의 약수의 총합이 그 수의 배수보다 큰 수. 《대》 부족수(不足數).

과:잉 인구(過剩人口)圀〈사회〉 지나치게 많은 인구. surplus population 〔진충성. 아첨에 가까운 충성.

과:잉 충성(過剩忠誠)圀 업무상 바쳐야 할 정도를 넘

과:잉 투자(過剩投資)圀〈경제〉 생산 설비의 확장·시설 등에 대한 한도 이상의 투자. over capitalization

과:잉 피:난(過剩避難)圀〈법률〉 긴급(緊急) 피난에 있어 정도가 지나쳐서 손해를 끼치는 행위.

과자(菓子)圀 밀가루·쌀가루·설탕 등을 섞어 만들어 끼니 밖에 먹는 기호 위주의 음식. 케이크. ¶～점(店). confection 〔다작(多作). unprolific 작품.

과:작(寡作)圀 작품을 적게 제작함. 《대》 ~가(家). 《대》

과장(科長)圀 과(科)의 장. ¶외과 ～. chairman of a department

과장(科場)圀〈제도〉 과거를 보이던 곳. 장옥(場屋).

과장(科狀)圀 사과하는 서장(書狀). letter of apology

과:장(誇張)圀 실제보다 불려서 나타냄. exaggeration 하다 〔of a section

과장(課長)圀 관청·회사 등의 한 과(課)의 장. head

과:장=법 [一뻡] (誇張法)圀 사물을 너무 크거나 작게 형용함으로써 효과를 노리는 수사법. hyperbole

과:장=증 [一쯩] (誇張症)圀 병적으로 과장하는 증세.

과저(瓜菹)圀 오이 김치.

=과저(－底)圀→고자.

과:적(過積)圀〔약〕→과적재. 〔약〕과적. 하다

과:=적재(過積載)圀 화물의 정량을 초과하여 실음.

과전(瓜田)圀〔약〕 오이 밭.

과전(科田)圀〈제도〉 과전법(科田法)에 의하여 지급되는 토지.

과전=법 [一뻡] (科田法)圀〈제도〉 공양왕 때 정하여 고려말과 조선초기에 실시한 토지 제도.

과전 불납리(瓜田不納履)圀 오이 밭에서 신을 고쳐 신지 말라. 곧, 오해 받기 쉬운 짓을 하지 말라는 뜻. 과전이하(瓜田之履). Be careful not to invite suspicion

과:=전:압(過電壓)圀 전해(電解)에 관한 석출(析出) 전압과 그 전극(電極)의 같은 상태하에서의 가역 전압(可逆電壓)과의 차. 〔함. oligopoly 하다

과:점(寡占)圀 어떤 상품 시장을 소수 기업이 독차지

과정(科程)圀 ①→학과 과정. ②교육 등의 순서.

과:정(過政)圀〔약〕→과도 정부(過渡政府). 〔정도.

과:정(過程)圀 일이 되어 가는 경로. 경과된 길. ¶ 탐구 ～. process

과정(課程)圀〈교육〉 ①과업(課業)의 정도. course ② 학년의 정도에 딸린 과목. ③교과 과정. ¶대학 ～.

curriculum
과정-표(課程表)[명] 학과(學課) 배당표.
과제(科第)〈제도〉①[동] 과거(科學)에 급제함. 하다
과제(課題)[명] 주어진 제목이나 문제. ¶당면한 ~. [subject
과제 문학(課題文學)[명]〈문학〉편집자로부터 과제를 받아 쓴 작품.
과제-장[—짱](課題帳)[명] 어떤 학과의 연구·예습·복습에 관한 문제를 실은 책. exercise book
과:조(寡照)[명]〈농업〉농작물에 대하여 볕의 쬐이 적음.
과조(課租)[명] 과세를 부과함. 하다
과족(裹足)[명] ①발을 싸맴. binding one's legs ②나아가지 못함. confined to a room ③도보로 먼 길을 여행함. walking tour 하다
과종(瓜種)[명] 오이·호박·참외 따위의 종자.
과:종(果種)[명] ①실과의 종류. fruits ②제사 때 쓰는 과실 종류.
과:종(過從)[명] 상종(相從). 하다 [종기.
과종(課腫)[명]〈의학〉밭뒤축과 복사뼈 어름에 나는
과죄:(科罪)[명] 죄를 처단함. conviction 하다
과줄[명] 밀가루를 꿀과 기름에 반죽하여, 손바닥에 박아 기름에 띄워 지진 유과(油菓). 약과(藥菓)①. cake made of wheat flour, honey and oil
과줄-판(—板)[명] 과줄을 박아 내는 기구.
과:중(過中)[명] 도(度)를 넘음. 과도함. 하다
과:중(過重)[명] ①너무 무거움. overweight ②힘에 겨움. burdensome 히다 ③넘치는 교육.
과: 중 교:육(過重敎育)[명]〈교육〉학생의 능력·체력에 과한 부담(過重負擔)[명] 힘에 겨운 부담.
과:즙(果汁)[명] 과일의 즙.
과지(裹紙)[명] 물건을 싸는 종이. 포장지(包裝紙).
과:징(過徵)[명] 규정보다 더 징수함. excessive collection of taxes 하다
과차(科次)〈제도〉과거에 급제한 사람의 차례.
과:차(過此)[명] 지나가는 길. 지난 결. on one's way
과:찬(過讚)[명] 지나치게 칭찬함. 또, 그 칭찬. over-
과:채(果菜)[명] [동] 과소(果蔬). [praise 하다
과채(科債)[명] 과거(科學)를 보기 위하여 얻어 쓴 빚.
과:채-류(果菜類)[명]〈식물〉사람이 그 과실을 식용으로 하는 풀의 총칭.
과:추(過秋)[명] 가을을 남. spending the autumn 하다
과:춘(過春)[명] 봄을 남. spending the spring 하다
과:취(過醉)[명] 너무 취함. getting overdrunk 하다
과:칭(過稱)[명] 너무 칭찬함. overpraising 하다
과칭(誇稱)[명] ①뽐내어 말함. ②사실을 불려 말함.
과:태(過怠)[명] ①과실(過失). 태만. [하다
과:태-금(過怠金)[명] [동] 과태료.
과:태-료(過怠料)[명]〈법률〉공법상의 의무 이행을 게을리 한 사람에게 벌로 물리는 돈. 과태금. fine for default ¶손해 배상 금액을 약속한 계약.
과:태 약관(過怠約款)[명]〈법률〉계약자와 체무자간에 과태 약관이 나타나지 않는 현상.
과:-(過—)[명] ①여자 머리에 꽃는 장식품의 하나. ②국화 모양의 본을 떠서 만든 쇠나 나무의 판.
과:-포:화(過飽和)[명]〈물리〉포화 상태가 되어도 결과가 나타나지 않는 현상.
과표(科標)[명]〈약〉→과세 표준.
과:품(果品)[명] 여러 가지의 과실(果實).
과품(菓品)[명] 여러 가지의 과자(菓子).
과:피(果皮)[명] 과실 껍질. rind
과필(科筆)[명] 과거를 볼 때 쓰는 붓.
과:하(過夏)[명] 여름을 남. spending the summer 하다
과:-하-다(科—)[타여불] 형벌을 지우다. ¶벌금을 ~. impose
과-하-다(課—)[타여불] ①세금 등을 내게 하다. levy ②시험을 보이다①. ③공부를 시키다. ④책임이나 일을 맡기어 하게 하다. charge
과:-하-다(過—)[형여불] 도수가 지나치다. ¶담배를 ~. too much 과:-히[부]

과·흥·다《고》칭찬하다.
과:하-마(果下馬)[명] 키가 작은 말. 타고서 과실 나무 밑으로 다닐 수 있다는 뜻. [나무.
과:하-시(過夏柴)[명] 여름에 때려고 마련하여 두는 땔
과:하-주(過夏酒)[명] 여름에 마시려고 소주와 약주를 섞어서 만든 술.
과학(科學)[명] ①일정한 목적과 방법에 의거하여 여러 방면의 일을 원리를 연구하여 하나의 체계를 세우는 학문. science ②자연 과학. natural science
과학-관(科學館)[명] 과학 사상의 보급과 과학 교육의 진흥을 위해 과학에 관한 갖가지 자료를 수집·진열하여 일반인의 관람·연구에 봉사하는 곳.
과학 교:육(科學敎育)[명] 과학에 관한 지식·태도·처리 방법을 가르쳐 주는 과학 교육을 이름.
과학 기:술처(科學技術處)[명]〈법률〉과학 기술 진흥을 위한 기획을 관장하는 중앙 행정 기관의 하나.
과학-란(科學欄)[명] 과학에 관한 기사를 싣는 신문 지면이나 잡지의 지면. science column
과학 만능주의(科學萬能主義)〈우주 일체의 현상을 과학으로 해결할 수 있다고 보는 주의. scientism
과학 비:판(科學批判)[명]〈철학〉과학의 이론적 전제나 방법을 과학적으로 검토하는 작업.
과학 비:평(科學批評)[명]〈문학〉작가의 기질·환경·시대를 조사하여 작품을 과학적으로 하는 비평.
과학 소:설(科學小說)[명]〈문학〉과학 지식과 사상을 근거로 하여 이뤄진 소설. scientific novel ②에스에프(S.F.).
과학 수사(科學搜査)[명] 물리학·화학·의학·심리학·사회학 등의 과학 기술을 응용한 합리적인 범죄 수사.
과학의 날(科學—)[명] 과학 기술의 자립화(自立化)를 촉진하기 위하여 제정한 날. 1967년에 과학 기술처(科學技術處)가 문을 연 4월 21일을 기념하여 1968년 이래로 실시함.
과학-적(科學的)[명] ①과학의 방법에 의한(것). 과학을 응용한(것). ②〈철학〉정확·합리적·체계적인(것). scientific
과학적 관:리법(科學的管理法)[명]〈사회〉노동자의 능률을 올리기 위하여 과학적으로 관리하는 방법.
과학적 사회주의(科學的社會主義)[명]〈사회〉사회주의 사회의 탄생은 사회 발전의 필연적 법칙에 따른 것이라고 주장하는 마르크스·엥겔스의 사상. scientific socialism
과학적 수사(科學的搜査)[명] 물리학·화학·의학 등 과학을 응용하여 범죄의 조사를 유효 확실하게 하는 수사 방법. scientific research
과학적 실재론[—째—](科學的實在論)[명]〈철학〉감관(感官)에 비치는 사상을 과학적으로 연구하여, 그 근원을 정하려는 이론. 표상적(表象的) 실재론.
과학적 인생관(科學的人生觀)[명]〈철학〉인생의 모든 문제를 과학의 힘으로 해결하려는 인생관.
과학-전(科學戰)[명]〈군사〉과학 병기를 사용하여 싸우는 전쟁. scientific warfare
과학-화(科學化)[명] 과학적으로 체계를 세움. 하다
과한(瓜限)〈제도〉벼슬의 기한. 과기(瓜期)③.
과:한(過限)[명] [동] 과기(過期).
과행(科行)[명] 과거를 보러 서울로 감. 하다
과혁지:시(裹革之屍)[명] 말가죽에 싼 시체라는 뜻으로
과:현(過現)[명] 과거와 현재. [서, 전사자의 시체.
과:-현:-미(過現未)[불교] 과거·현재·미래의 삼세(三世). past, present and future
과:혹(過酷)[명] 지나치게 참혹함. 하다
과:-화 숙식(過火熟食)[명] 지나가는 불에 음식이 익는 다는 뜻으로, 결로 손쉽게 덕을 입는 것을 이름.
과회(科會)[명] 대학의 같은 학과의 모임. seminar
곽(槨)[명] 관(棺)을 담는 게. 덧널②. 외관(外棺).
곽공(郭公)[명] [동] 뻐꾸기. [outer coffin
곽공-충(郭公蟲)[명] [동] 개미붙이. 「성 위장병. colic
곽란(癨亂)[명]〈한의〉급격한 토사 등을 일으키는 급
곽란에 약 지으러 보내면 좋겠다[급히 서둘러야 할

곽분양 팔자[-짜](郭汾陽八字) 팔자 좋은 사람을 이르는 말.

곽암(藿岩)[명] 미역이 붙어 자라는 바위.

곽전(藿田)[명] 바닷가의 미역 따는 곳.

곽주(←郭走)[명] 어린 아이가 울 때 위험해 달래는 말.

곽탕(藿湯)[명] 미역국. ¶울지마라, 저기 ~ 온다.

곽향(藿香)[명]《식물》 순형과(脣形科)의 풀. 잎이 박하잎 같고 가름하며 겉에 털이 나고 향기가 있음. 한약재로 쓰임.

관:¹(貫)[명] 과녁의 한가운데. (대) 번⑥. bull's-eye

관²(棺)[명]《약》→관괘(觀卦).

관³[관] '과는'의 뜻. ¶생각~ 다르다.

관(官)[명] ①국가. 정부. government ②《약》→관청. ③관리가 직무를 행하는 지위. official-rank ④《약》→관리(官吏).

관(冠)[명] ①망건 위에 모자처럼 쓰는 것의 하나. crown ②《제도》족보(族譜)에 있어서 이미 결혼한 남자. (대) 동(童). married man

관(貫)[명]《약》→본관(本貫).

관(棺)[명] 송장을 담는 궤. 관구(棺柩). 널②. coffin

관:(款)[명] ①《법률》 법률문(法律文) 등의 한 조항. article ②예산 등의 과목을 분류하는 과목의 하나. 항(項)의 위임. subsection 「관악기(管樂器).

관(管)[명] ①둥글고 길며 속이 빈 물건. pipe ②《약》→

관(館)[명] ①《제도》 성균관(成均館)의 이칭. ②왜관(倭館). ③서울에서, 쇠고기를 전문으로 파는 가게. butcher's shop ④고급 음식점. high-class restaurant

관(關)[명] 국경이나 중요한 지역에 두어 지나는 사람과 물건 등을 조사하거나 하던 곳. check point

관(觀)[명] ①도교(道教)의 사원. ②《약》→관괘(觀卦).

관(罐·鑵)[명] ①양철로 만든 작은 통. can ②질로 만든 주전자 따위.

관(貫)[의명] ①《동》 돼. ②무게의 단위. 1관은 3.75 kg.

=관(串)[접]=곶.

=관(館)[접미] ①어떤 기관이나 건물의 이름을 나타내는 말. ¶대사(大使)~. ②한식 음식점 등의 옥호(屋號)에 붙이는 말. ¶명월(明月)~.

=관(觀)[접미] 체계화된 견해를 표하는 말. ¶국가~.

관,도(灌刀)[명] "서. 그 念을 일컫던 말. 관가 파는.

관가(官家)[명] ①《제도》 나라 일을 보는 집. ②시골에

관가 돼지 배 앓는다[속] 근심되는 일이 있으나 아무도 아는 이가 없어서 외로워하는 수가 있다는 말.

관각(館閣)[명]《제도》 홍문관(弘文館)과 예문관(藝文館).

관각(觀閣)[명]《동》 망대(望臺). 「학과 제학(提學).

관각 당상(館閣堂上)[명]《제도》 홍문관·예문관의 대제

관감(觀感)[명] 보고서 마음에 느낌. 하[돼]

관:개(灌漑)[명]《농업》 논밭에 물을 댐. 관수(灌水). irrigation 하[돼]

관:개 용:수(灌漑用水)[명] 관개하는 데 쓰는 물.

관:개-지(灌漑地)[명] 관개한 땅.

관객(觀客)[명] 구경꾼. spectator

관건(關鍵)[명] ①문의 빗장. bolt ②사물의 가장 중요한 곳. key 「하고 대소변도 못 보는 급병(急病).

관격(關格)[명]《한의》 급체로 가슴이 막혀 먹지도 못

관견(管見)[명] ①소견이 좁음. narrow view ②자기 의견의 검사로. my point of view

관결(官決)[명]《제도》 관처의 처분.

관계(官界)[명] 관리의 사회. 국가의 각 기관. 관해(官海). 환해(宦海). officialdom

관계(官契)[명]《제도》 관처에서 증명하는 문서.

관계(官階)[명]《동》 관등(官等).

관계(關係)[명] ①둘 이상이 서로 걸림. 계관. ¶사제(師弟)~. relation ②남녀가 정을 통함. ③어떤 사물에 상관함. ¶~자(者). connection 하[돼][여]

관계=관(關係官)[명] 어떤 일에 관계된 공무원. authorities concerned

관계 관념(關係觀念)[명]《동》 관계 망상.

관계 대:명사(關係代名詞)[명]《어학》 명사를 대신하는 동시에 접속사 구실을 하는 대명사. 영어·독일어·불어 등에서 볼 수 있음. relative pronoun

관계 망:상(關係妄想)[명]《심리》 남이 늘 자기에게 관심을 가지고 있다고 생각하는 자기 과잉의 망상. 관계 관념. relative delusion

관계 부:사(關係副詞)[명]《어학》 관계 대명사와 접속사의 구실을 겸하는 부사로 영어·불어·독일어 등에서 볼 수 있음. relative adverb

관계=사(關係詞)[명]《어학》 조사(助詞).

관계 습도(關係濕度)[명]《물리》 현재 공기 속에 있는 수증기의 양과 그 때의 온도의 포화 수증기의 양과의 비. 상대 습도(相對濕度).

관계-식(關係式)[명]《수학》 수학·과학에서 여러 대상 사이의 온갖 관계를 나타내는 식. 공식·조건식·등식·부등식·방정식 등. relative formula

관계-없:-다(關係-)[형] ①상관없다. ¶늦어도 ~. ②염려할 것 없다. 관계-없[이]

관계적 위치(關係的位置)[명]《지리》 어떤 지방이 그 주변의 땅과 어떤 관계를 가지고 이웃하여 있는가를 보는 위치.

관계치-않-다(關係-)[원]=괜찮다.

관고(官庫)[명] 관가의 창고.

관고(官告)[명] 4품 이상의 벼슬의 임명. 교지(教旨)①.

관고-지(官誥紙)[명]《제도》 ①임명서를 쓰는 종이. ②벼슬을 임명할 때 증거로 본인에게 주던 서류.

관곡(官穀)[명]《제도》 관아의 곡식.

관:곡(款曲)[명] 매우 정답고 친절함. kindness 하[돼] 히[돼]

관골(髖骨)[명]《심리》 하지(下肢)를 이루는 한 쌍의 큰 뼈. 무명골(無名骨).

관골(顴骨)[명]《동》 광대뼈.

관골-근(髖骨筋)[명]《심리》 하지(下肢) 및 그 부근으로부터 대퇴골(大腿骨)에 붙은 근군(筋群)으로, 대퇴의 운동을 맡아봄. coxal muscles

관골-근(顴骨筋)[명]《심리》 얼굴 옆쪽에 있는 안면근(顏面筋)의 하나. 상하 악골(上下顎骨)의 후부 측면으로부터 빰 가운데를 통하여 구각부(口角部)에 이르는 근육. zygoma muscle 「(公務員).

관공-리(官公吏)[명] 관리와 공리(公吏). 공무원

관공-립(官公立)[명] 관립과 공립. government, and public institutions 「ment, public and private

관공-사립(官公私立)[명] 관립과 공립과 사립. government-and

관공-서(官公署)[명] 관청과 공서(公署). public office

관공-청(官公廳)[명] 관청과 공청. government offices

관곽(棺槨)[명] 송장을 넣는 속널과 겉널. inner and outer coffins

관곽-장이(棺槨-)[명] 관곽을 만들거나 파는 사람.

관관(館官)[명]《제도》 성균관(成均館)의 관원(官員).

관광(觀光)[명] ①다른 나라의 문물 제도를 시찰함. ②다른 지방이나 나라의 풍경·풍속을 유람함. sight-seeing 하[돼]

관광(觀光)[명]《제도》 과거를 보러 감. 하[돼]

관광=객(觀光客)[명] 관광을 하러 다니는 사람. ¶~ 안내. tourist 「단체.

관광-단(觀光團)[명] 관광을 목적으로 이루어진 여행

관광 버스(觀光 bus)[명] 관광객을 태우고 다니는 버스.

관광=업(觀光業)[명] 관광에 관한 사업.

관광 여행(觀光旅行)[명] 관광을 목적으로 한 여행. 하[돼]

관광 자:원(觀光資源)[명] 관광 여행자를 유치할 수 있는 자연이나 문화재 따위. tourism resources

관광-지(觀光地)[명] 관광 대상이 될 만한 명승지·유적지가 있는 고장. tourist resort

관광지 개발(觀光地開發)[명] ①알려지지 않은 곳을 관광지로 개발함. ②관광지에 시설을 더하여 더 좋은 관광지로 만듬. development of tourist resort

관광-차(觀光車)[명] 관광에 편리하게끔 꾸민 차. 관광차.

관:-괘(-卦)[명]《민속》 육십사괘(卦)의 하나. 손괘(巽卦)와 곤괘(坤卦)가 거듭된 것.《약》 관(觀)②.

관교-지(官教紙)[명]《제도》 관청의 사령장에 쓰는 두

관구 175 관디벗김

접고 흰 종이.
관구(棺柩)圓 〔同〕관(棺).
관:구(管區)圓 〔약〕→관할 구역. 「리.
관:구 유리(管球琉璃)圓 전구·진공관 등을 만드는 유
관구 자부(官久自負)圓 관리 노릇을 오래 하면 절로
관국(觀劇)圓 국회를 감상함. 하재 「부자가 됨.
관군(官軍)圓 정부편의 군대. 관병(官兵). 〔대〕적군
(賊軍). government forces
관권[-꿘](官權)圓 ①정부의 권력. government authority ②관청이나 관리의 권한. 〔대〕민권(民權).
관권=당[-꿘-](官權黨)圓 〔정치〕 ①정권을 유지 확장하고자 하는 정당. ②정부에 맹종하는 당파. 〔대〕민당(民黨). 「regulations
관규(官規)圓 관리의 규율. 관리에 대한 규칙. official
관극(觀劇)圓 연극을 구경함. playgoing 하재
관금(官金)圓 관청이 소유하는 금전. government
관금(官禁)圓 관청에 의한 금지. 「money
관급(官給)圓 정부에서 줌. ¶~품(品). government supply 하재
관기(官妓)圓 〔제도〕 궁중이나 관아에 딸린 기생.
관기(官紀)圓 관리가 복무상 지켜야 할 기율. official discipline
관기(官記)圓 〔제도〕 임관된 관원에게 주던 사령서.
관기 숙정(官紀肅正)圓 해이된 관기를 바로잡아 엄정하게 함. enforcement of official discipline 하재
관남(關南)圓 〔지리〕 마천령(摩天嶺) 이남의 지방. 곧, 함경 남도. 〔대〕관북(關北).
관납(官納)圓 관청에 바침. 하재
관내(官內)圓 관청의 안. 「within the jurisdiction
관:내(管內)圓 관리하는 구역의 안. 〔대〕관외(管外).
관념(觀念)圓 ①생각. 견해. sense ②〔불교〕눈을 감고 마음을 가다듬어 생각에 잠김. ③〔심리〕대상을 표시하는 심리 내용의 총칭. ④〔철학〕대상을 표시하는 심적 현상의 총칭. 선악의 관념, 죽음에 대한 관념 등. idea
관념 과학(觀念科學)圓 〔철학〕수학·논리학 같은 관념적 과학.
관념=론(觀念論)圓 ①〔철학〕형이상학상으로 정신적 존재를 본원적(本原的)인 것으로 보고, 물질적 존재는 그 현상 또는 가상(假象)으로서 제이의적인(第二義的)이라고 생각하는 입장. 관념주의②. 이상주의. 〔대〕실재론(實在論). 유물론. idealism ②머리 속에서 생각하는 동떨어진 이론.
관념=사(觀念詞)圓 〔어학〕말뜻이 홀로 설 수 있는 생각의 품사. 주요사(主要詞)와 수식사(修飾詞)로 크게 나눔. 〔대〕관계사(關係詞).
관념=성[-녕](觀念性)圓 〔철학〕인식(認識)·사유(思惟) 등에 의존하는 주관적 존재. 주관성(主觀性). 〔대〕실재성(實在性).
관념 소:설(觀念小說)圓 〔문학〕작자가 어떤 관념을 나타내려고 인생의 비참한 면을 제재로 하여 그린 소설. ideological novel
관념=시(觀念詩)圓 〔문학〕주관적 관념으로써 이상과 감정을 읊는 시. ideological poem
관념 연합[-년-](觀念聯合)圓 〔심리〕한 관념이 다른 관념을 상기시키는 작용. 연상(聯想).
관념 유희[-뉴-](觀念遊戲)圓 〔문학〕관념적 이론만을 부려서 향락하는 행위.
관념=적(觀念的)圓 구체적인 현실에 의하지 않고 추상적인 관념·표상(表象)에 치우치는(것) 〔대〕실천적(實踐的). ideal
관념=주의(觀念主義)圓 ①〔미술〕대상을 그리는 데 있어 주관적 가치에 따라서 제재를 이상화한 예술 상의 주의. 〔대〕형식주의. idealism ②〔동〕이상주의(理想主義).
관념 형태(觀念形態)圓 〔동〕이데올로기(ideologie).
관노(官奴)圓 〔제도〕관가의 남자 종. 〔대〕관비(官婢). slave in government employ

관=노비(官奴婢)圓 〔제도〕관청의 남녀 종.
관능(官能)圓 관사람을 웃게하여 일컫는 말. 관립.
관능(官能)圓 ①〔생물〕동물의 모든 기관(器官)의 작용. organic functions ②〔생물〕모든 감각 기관의 기능. sense ③육체적 쾌감을 느끼는 작용. fleshly sense ④〔속〕감각(感覺). 감관(感官).
관능=미(官能美)圓 관능적인 미. sensual beauty
관능=적(官能的)圓 육체적 쾌감이 일어나게 하는(것). 육욕적(肉慾的). sensual
관능적 문학(官能的文學)圓 저급한 관능의 자극을 주제로 한 문학. sexy literature
관능=주의(官能主義)圓 〔동〕향락주의(享樂主義).
관능=파(官能派)圓 〔문학〕프랑스 및 영국을 중심으로 한 퇴폐파(頹廢派) 사람들의 총칭. 보들레르·랭보·와일드 등이 그 대표자임. sensualist
관:=다발[管一](一)圓 〔동〕유관속(維管束).
관:담(款談)圓 심정을 털어놓고 하는 이야기. openhearted talk 하재
관대(冠帶)圓 〔원〕→관디.
관대(款待)圓 정성껏 대우함. 친절히 다룸. 관접(款接). warm reception 하재
관대(寬大)圓 마음이 너그럽고 큼. 관홍(寬弘). 〔대〕가혹(苛酷). generosity 하다 ö 「reception 하재
관대(寬待)圓 너그럽게 대접함. 우대(優待). warm
관대(寬貸)圓 너그럽게 용서함. 서서(寬恕). 하재
관디ㅁ 관디.
=관·디ㅁ 관=건대. =관데. =기에.
관대 장:자(寬大長者)圓 너그럽고 덕망이 있는 사람.
관대=판(冠帶板)圓 〔원〕→관디판.
관데ㅁ 받침 없는 체언에 붙어, 따져 물을 때 에스럽게 쓰는 연결형 서술격 조사. 기에. ¶제가 뭐~ 큰소리랴.
=**관데**어미 까닭을 캐어물을 때 에스럽게 쓰는 연결어미. =길래다. ¶무슨 소리를 들었~ 노발 대발이냐.
관도(官道)圓 관리의 길. ¶~에 나아가다. officialdom
관:독(管督)圓 관리하고 감독함. 하재
관:돈[-똔](一)圓 돈 열 냥. 옛 엽전 천 문(文).
관동(冠童)圓 어른과 아이. adult and minor
관동(關東)圓 〔지리〕대관령 이동의 지방. 곧, 강원도 지역. 영동(嶺東). 〔대〕관서(關西). ②중국 산해관(山海關)의 동북 지방.
관동=삼(關東蔘)圓 강원도에서 나는 인삼.
관동 팔경(關東八景)圓 〔지리〕강원도 동해안에 있는 여덟 군데의 명승지. 청간정·경포대·삼일포·죽서루·낙산사·망양정·총석정·월송정을 보는 시중대. 영동 팔경(嶺東八景). eight scenic spots of the eastern-
관동=호(關東號)圓 만주에서 나는 인삼. 「coast
관 돌 배 앓기圓 자기와는 아무 관련이 없다는 말.
관두(官斗)圓 〔제도〕나라에서 녹(祿)을 줄 때 쓰던
관두(官豆)圓 〔동〕비단말. 「말. 2되 6홉임.
관두(關頭)圓 가장 중요한 지경. 고비. ¶생일의 ~.
관:=두다〔약〕→고만두다. 「fatal moment
관둔=전(官屯田)圓 〔제도〕조선조 때, 지방 관청에 딸렸던 논밭.
관득(觀得)圓 ①분명히 보고 이해함. ②신앙심이 통하여 신을(神佛)이 기원을 받아들여 주는 일.
관등(官等)圓 벼슬의 등급. 관계(官階). 관품(官品). ¶~ 성명. official rank
관등(觀燈)圓 〔불교〕음력 4월 8일에 등불을 켜 달고 부처님의 탄신을 기념하는 일. anniversary of Buddha's birth 하재
관등 놀이(觀燈一)圓 음력 4월 8일에 하는 놀이. merrymaking at the Lantern Festival 하재
관등=연(觀燈宴)圓 관등절에 베푸는 잔치.
관등=절(觀燈節)圓 〔불교〕석가 탄일인 4월 초파일의
관등=회(觀燈會)圓 관등절 행사 모임. 「명절.
관디[一](冠帶)圓 관의(冠衣). 「람.
관디=목 지르다[一][三로르다] 〔제도〕옛날에 벼슬이 낮은 사람이 높은 사람에게 경례를 하다.
관디=벗김圓 신랑이 초례를 마치고 관디를 벗을 때

갈아입도록 신부집에서 마련한 옷.
관디-판(←冠帶板)圏〈제도〉관디를 담는 그릇. 관복판.
관람(觀覽)圏 구경하여 즐김. **하타** 〔판(官房板).
관람(觀覽)圏 연극이나 영화·운동 경기 등을 구경함. ¶~료(料). viewing **하타**
관람-객(觀覽客)圏 관람하는 사람.
관람-권[-꿘](觀覽券)圏 관람할 수 있는 표. admission ticket
관람-석(觀覽席)圏 관람하는 자리.
관람-자(觀覽者)圏 관람하는 사람. spectator
관략(冠略)圏〈동〉관생(冠省).
관력(官力)圏 관련의 힘. government authority
관력(官歷)圏 관리로서의 경력. official career
관련(關聯)圏 ①서로 걸리어 얽힘. 연관(聯關). relation ②〈생물〉두 가지 형질이 항상 함께 유전하는 현상. **하타** 〔로 관계되는 성질. 연관성.
관련-성[-쎵](關聯性)圏 서로 걸리어 얽힌 성질. 서
관령(官令)圏 관청의 명령. official orders
관:령(管領)圏 ①도맡아 다스림. rule ②권한으로 감독함. control ③자기 물건으로 함. capture **하타**
관례(官隷)圏〈제도〉관가의 하인들. 관하인(官下人). official servants
관례(冠禮)圏〈제도〉아이가 어른이 되는 예식. 남자는 갓을 쓰고, 여자는 쪽을 찜. ¶~를 치르다. the coming of age ceremony **하타**
관:례(慣例)圏 관습이 된 전례. custom
관:례-법[-뻡](慣例法)圏〈동〉관습법(慣習法).
관례-옷(冠禮-)圏 혼례식 후 신부가 시부모를 처음 뵐 때 입는 옷. 〔을 먹다. stipend
관록(官祿)圏 관리에게 주는 녹봉. 관봉(官俸). ¶~
관록(貫祿)圏 갖추어진 위엄. ¶~이 붙다. dignity
관료(官僚)圏 ①관리(官吏). ②같은 관직의 동료(同僚). ③특수한 권력을 가진 관리들. ¶직업~. ~ 내각. bureaucrat
관료 문학(官僚文學)圏〈문학〉관료의 도락적(道樂的) 문학, 또는 격식이나 위엄만을 일삼는 관리의 문학. bureaucratic literature
관료 정치(官僚政治)圏 관리가 권세를 함부로 부려 국민의 복리보다는 자기들의 이익만을 찾는 〔있는 지배 구조. bureaucracy
관료-제(官僚制)圏 특권적 관료들이 권력을 장악하고
관료-주의(官僚主義)圏 관료가 민의를 무시하고 국민에게 관권을 펴고자 강압적으로 대하는 주의. bureaucratism
관류(貫流)圏 꿰뚫어 흐름. flowing through **하타**
관:류(灌流)圏 관개하여 흘려 보냄. **하타** 〔④.
관리(官吏)圏 관직에 있는 사람. 공무원. 〔약〉관(官)
관:리(管理)圏 ①〈제도〉관리서의 우두머리. ②〈제도〉 각 금고의 출납을 맡아보던 벼슬. ③부하를 지휘 감독함. supervision ④사무를 관할 처리함. administration ⑤물건의 보존 처리를 맡아 꾀함. charge control **하타**
관:리[-니](管理權)圏〈법률〉남의 재산을 관리하는 권리.〈대〉처분권(處分權). right of administration 〔어 경영하는 농업.
관:리-농(管理農)圏〈농업〉보수를 주고 관리인을 두
관:리 능력(管理能力)圏〈법률〉관리 행위를 할 수 있는 능력. 〈대〉처분 능력(處分能力).
관:리 무:역(管理貿易)圏 정부의 통제가 가해지는 무역 행위. 보호(保護) 무역.
관:리-법[-뻡](管理法)圏 ①관리하는 방법. method of administration ②〈법률〉관리에 관한 법규. regulation of administration
관:리-인(管理人)圏〈법률〉사법상(私法上) 타인의 재산을 관리하는 사람. administrator
관:리-장(管理長)圏〈제도〉조선 말 탁지부(度支部) 대신의 지휘를 받아 중앙 및 지방의 금고를 감독하던 벼슬. 〔을 담당하는 직위.
관:리-직(管理職)圏 기업에, 경영이나 관리의 직능
관:리 통화(管理通貨)圏〈경제〉중앙 은행이 통화를

발행하여 이를 관리 조절하는 제도. managed currency
관:리 행위(管理行爲)圏〈법률〉사법상(私法上) 재산에 관한 보존·이용·개량 등의 행위.〈대〉처분 행위 (處分行爲).
관림(官林)圏〈약〉→관유림(官有林).
관립(官立)圏 관청에서 설립함. ¶~ 학교.〈대〉사립 (私立)①. government institution
관마(官馬)圏 관청에 딸린 말. 〔과 망건을 씀. **하타**
관망(冠網)圏 ①갓과 망건. hat and headband ②갓
관망(觀望)圏 형세를 바라봄. observation 〔는(것). wait-and-see
관망-적(觀望的)圏圏 곧 착수하지 않고 형세를 살피
관맥(關脈)圏〈한의〉진찰하는 맥. pulse
관-머리(棺-)圏 시체의 머리가 놓이는 관의 위쪽.
관:-메(棺-)圏 시체를 넣은 뒤에 관 속의 빈 곳을 메 우는 일. **하타**
관면(冠冕)圏〈제도〉벼슬함을 일컫는 말.
관면(寬免)圏 죄나 과실을 관대히 용서함. **하타**
관:면(慣面)圏 낯이 익음. 숙면(熟面).
관명(官名)圏 벼슬의 이름. ¶~ 사칭. official title
관명(官命)圏 관청의 명령.
관명(冠名)圏 관례 때 아명을 버리고 지은 이름.〈대〉 아명(兒名). name given on coming of age
관모(官帽)圏 관리의 제모. official hat
관모(冠毛)圏 ①〈식물〉자방(子房) 꼭지에 붙은 솜털 같은 것. 꽃받침이 변형된 것임. pappus ②〈동〉관
관목(貫目)圏 말린 청어. 건청어(乾靑魚). 〔가머리.
관목(關木)圏 문의 빗장.
관:목(灌木)圏〈식물〉진달래·앵두나무 따위와 같이 키가 작고 중심 줄기가 분명하지 않은 나무.〈대〉 교목(喬木). shrub
관:목-대(灌木帶)圏〈식물〉관목이 자라는 고산 식물 지대의 하나.〈대〉교목대(喬木帶). shrubbery zone
관몰(官沒)圏〈제도〉물건을 관청에서 몰수함. confiscation **하타** 〔ness
관무(官務)圏 관청의 사무. 관원의 직무. official busi-
관무-사 촌:무사(官無事村無事)圏 공사간에 아무 일이 없음. **하타**
관-무재(觀武才)圏〈제도〉임금이 친히 열병한 뒤에 당상관(堂上官)으로부터 군관(軍官) 및 한량에게 보이던 호박(虎珀)의 제주 시험.
관문(官文)圏〈약〉→관문서(官文書).
관문(官門)圏〈제도〉①관아의 문(門). ②〈동〉관아.
관:문(慣聞)圏 귀에 익히 들음. familiar to ears **하 타** 〔관자(關子).
관문(關文)圏〈제도〉상관이 하관에게 보내던 공문.
관문(關門)圏 ①국경이나 요새의 문. ②문을 닫음. closing the gate ③국경에 세운 문. boundary-gateway ④적을 방어하기에 좋은 문. ⑤〔동〕난곤(難關), **하타** 〔약〉관문(官文).
관-문서(官文書)圏 관공서의 서류. 관문자(官文字).
관-문자[-짜](官文字)圏〈동〉관문서(官文書).
관물(官物)圏 ①관청의 물품. government issues ② 〈동〉관품(官給品).
관-물때(罐-)圏 관솥에 끼는 녹(垢). 〔people
관물-함(官物函)圏 관물을 넣어 두는 상자.
관민(官民)圏 관원과 국민. 관청과 민간. officials and
관민 일치(官民一致)圏 관(官)이 한 마음이 됨.〈대〉 과 민(民)이 일치함. cooperation between officials and people **하타**
관반-사(館伴使)圏〈제도〉조선조 때, 서울에 머물러 있는 외국 사신을 접대하기 위하여 임시로 두던 정 3품 벼슬.
관방(官房)圏〈제도〉관리가 일을 보고 숙직하던 방.
관방(關防)圏 국경의 방비(防備).
관방 중:지(關防重地)圏 국경 지역의 요새지(要塞地).
관방-학(官房學)圏〈경제〉16~18세기에 독일에서 일 어난 일파의 재정학·경제학·정치학·행정학의 체계 로서, 국가 수입 획득에 관한 학술. cameralistics

관=배자(官一子)圖 〈제도〉 나라에서 발행하던 체포 영장.

관법(官品)圖 〈제도〉①벼슬 자리의 등급. ②관작(官爵)의 집안.

관법(觀法)圖 〈불교〉관심(觀心)의 법. 마음의 진리를 보살피는 법.

관변(官邊)圖 ①〈제도〉나라에서 법령으로 정한 이자. legal rate of interest ②관청측. official circles

관변-측(官邊側)圖 '정부측·정부편'의 뜻. ¶~소식

관병(官兵)圖 〈동〉관군(官軍). 圖. official circles

관병(觀兵)圖 ①군대의 위세를 보임. demonstration of military forces ②군사를 벌여 세우고 검열함. inspection of troops 하다타 「식. military review

관병-식(觀兵式)圖 국가 원수가 군병을 검열하는 의

관보(官報)圖 ①〈법률〉정부에서 일반에게 널리 알릴 법령·고시 등을 실어 발행하는 인쇄물. official gazette ②관공서에서 내는 공용(公用) 전보. official telegram 「服). official robe

관복(官服)圖 〈제도〉관리의 정복. 판디. 《대》사복(私

관복(官服)圖 판리로 출세의 운수.

관복-판(官服板)圖 〈동〉판디판.

관본(官本)圖 ①관청의 장서. government book ②관청에서 퍼낸 책. 감본(監本)②. 하다타

관봉(官封)圖 〈제도〉관(官)에 도장을 찍어 봉함.

관봉(官俸)圖 〈제도〉관리의 봉급. 관목. 「①.

관부(官府)圖 ①조정. 정부. government ②〈동〉관청

관부(官簿)圖 관청의 장부. official books

관북(關北)圖 〈지리〉마천령 이북의 지방. 곧, 함경남북도. 「뜬 물그릇.

관분(盥盆)圖 〈제도〉옛날 제사 때에 제관이 손을 씻을 (灌)浴). 육불(浴佛). ¶~회(會).

관불-이신(官不移身)圖 오랫동안 벼슬살이를 함. 하

관비(官婢)圖 〈제도〉관가의 여자종. 《대》관노(官奴). woman slave in government employ

관비(官費)圖 관청에서 내는 비용. ¶~생(生). 《대》사비(私費). government expense

관비(館婢)圖 〈제도〉성균관(成均館) 재실(齋室)에서 다탕(茶湯)을 대접하던 여자종.

관비(髖髀)圖 〈생리〉궁둥이뼈. 무명골(無名骨). 관

관사(官司)圖 〈제도〉관과. 마을. 「골(體骨).

관사(官舍)圖 관리가 살도록 관청에서 지은 집. 공사

관사(官事)圖 관청의 일. 《공사》 official residence

관사(冠詞)圖 ①〈어학〉서구어(西歐語)의 명사 앞에 놓여 단수·복수·성(性)·격(格) 등을 나타내는 말. article ②〈제도〉관례(冠禮)할 때의 축사. ③〈약〉~관형사(冠形詞).

관사(館舍)圖 〈제도〉외국 사신을 머물러 묵게 하던 집. residence of a foreign delegation

관-사:람[一싸—](館—)圖 여러 대를 성균관(成均館)에 딸려 있던 사람. 흔히 쇠고기 장사를 하였음. 반인(泮人). 「방의 산.

관산(關山)圖 ①고향의 산. ②고향. ③관문(關門) 근

관삼(官參)圖 관청에서 만든 인삼. 《대》사삼(私參). [shaped, tube form

관-상(管狀)圖 대통 같은 모양. ¶~화관(花冠). tube-

관상(觀相)圖 사람의 상(相)을 보고 재수·운명을 판단하는 일. ¶~술(術). physiognomy 하다타

관상(觀象)圖 기상을 관측함. meteorological observation 하다타

관상(觀賞)圖 보고 기리며 즐김. enjoyment 하다타

관상-가(觀相家)圖 〈민속〉관상을 업으로 하는 사람. 《수》관상쟁이. physiognomist

관상-감(觀象監)圖 〈제도〉조선조 때, 천문·지리·역수(曆數)·측후·각루(刻漏) 등의 사무를 보던 관청.

관상-녀(觀相女)圖 여자 관상쟁이.

관상-대(觀象臺)圖 '기상천'의 구칭.

관상 동:맥(冠狀動脈)圖 〈생리〉심장에 영양을 공급하는 좌우 두 줄기의 동맥.

관상-목(觀賞木)圖 보고 즐기기 위해 심는 나무.

관상=서(觀相書)圖 관상하는 방법과 이치를 써 놓은 책. 「1909년에 폐지됨.

관상-소(觀象所)圖 〈제도〉관상감(觀象監)의 후신.

관상 식물(觀賞植物)圖 〈식물〉관상하려고 가꾸는 식물. ornamental plant

관상-어(觀賞魚)圖 관상하려고 기르는 물고기.

관상=쟁이(觀相一)圖 《수》관상가.

관상-화(管狀花)圖 국화·백일홍·쑥갓 따위 엉거시과에 딸린 식물들의 꽃. 끝만 째어졌고 꽃잎은 대통 같은. tubular flower

관새(關塞)圖 국경의 요새(要塞).

관생(冠省)圖 편지 첫머리에 쓰는 말로, 인삿말을 생략한다는 뜻. 관략(冠略). Dear Mr. So-and-so 하

관서(官署)圖 관청과 그 보조 기관의 총칭.

관-서(寬恕)圖 너그럽게 용서함. forgiving 하다타

관서(關西)圖 〈지리〉마천령(摩天嶺) 서쪽의 지방. 곧, 평안도. 「명승지.

관서 팔경(關西八景) 평안도에 있는 여덟 군데의

관석(鑵石)圖 〈화학〉물에 풀린 칼슘염(calcium 鹽).

관선(官船)圖 관청이 소유한 배. 《대》풍물때.

관선(官線)圖 관청이 가설한 전신·철도선 따위. 《대》사선(私線). government-owned railway line

관선(官選)圖 관청에서 뽑음. 《대》민선(民選). chosen by the government 하다타 「(호인'의 구칭.

관선 변:호인(官選辯護人)圖 〈법률〉'국선(國選)' 변

관설(官設)圖 관청에서 설립함. government facility 하다타 「《대》사설 철도.

관설 철도[一또—](官設鐵道)圖 정부에서 부설한 철도.

관섭(管攝)圖 《동》겸관(兼管). 하다타 「다타.

관섭(關涉)圖 일에 관계하고 참섭함. interference 하

관성(款誠)圖 정답고 친절한 정성.

관성(慣性)圖 〈물리〉물체가 외부의 힘을 받지 않는 정지나 운동의 상태를 변하지 않는 성질. 습관성(習慣性)②. 타성(惰性)②. inertia

관:성의 법칙(慣性—法則)圖 〈물리〉물체는 그것에 힘이 작용하지 않으면, 가속도를 얻는 일이 없이 그대로의 속도를 가지거나, 또는 정지 상태에 있다는 뉴턴의 '운동의 제1 법칙'.

관:성-자(管城子)圖 '붓'의 딴이름.

관:성-장(管城將)圖 〈제도〉조선조 때, 북한 산성(北漢山城)을 맡아 지키던 장수(將官).

관성 제:군(關聖帝君)圖 무덕의 신으로 모신 판우의 영(靈). 《약》관제.

관세(關稅)圖 〈법률〉국경을 통과하는 상품에 대하여 세관에서 받는 조세. custom duties

관세(觀稅)圖 형세를 살펴봄. watching 하다타

관세 경:찰(關稅警察)圖 〈법률〉밀수 방지와 관세 징수를 돕는 행정 경찰.

관세 동맹(關稅同盟)圖 〈경제〉서로 경제적·정치적으로 이해 관계가 깊은 둘 이상의 국가가 관세 제도의 통일을 목적으로 맺는 동맹. custom union

관:세-사(管稅司)圖 〈제도〉조선조 말에 조세 등의 세입 징수를 관리하던 관청.

관세=사(關稅士)圖 통관업(通關業)을 하거나 의뢰인을 대리하여 관세에 관한 제반 업무를 보는 사람.

관세음(觀世音)圖 《약》~관세음 보살.

관세음 보살(觀世音菩薩)圖 〈불교〉보살의 하나. 대자 대비하여 중생이 피로울 때, 그 이름을 외면 곧 구제한다고 함. 관자재(觀自在) 보살. 《약》관음. 관세음. 관음보살. Goddess of the Mercy

관세 장벽(關稅障壁)圖 〈경제〉다른 나라 상품이 들어옴을 막기 위하여 관세의 율을 많이 올리는 일.

관세 전:쟁(關稅戰爭)圖 〈경제〉관세 정책(關稅政策)을 무기 삼아 외국 상품이 들어옴을 서로 막는 데서 생기는 국가간의 알력. tariff war

관세=률(關稅定率)圖 〈경제〉관세가 부과·징수되는 비율. tariff rate

관세 정책(關稅政策)圖 〈법률〉관세에 관한 정책. 보호(保護) 관세와 재정(財政) 관세가 있음. tariff

관세청=청(關稅廳)[명] 〈법률〉 재정 경제원에 속하여, 관세의 부과·징수, 수출입 물품의 통관 등의 사무를 관장하는 중앙 행정 기관.

관소(官所)[명] 관아에 소속함. 하다

관소 과녁(←官所貫革)[명] 〈제도〉 무과(武科)를 보일 때 150 보를 한정하여 쏘던 과녁.

관속(官屬)[명] 〈제도〉 옛날 지방 관청의 아전(衙前)과

관:속(管束)[명] [동] 유관속.

관 뫼에 들어가도 막말은 말라[속] 어떤 경우에도 함부로 말을 해서는 안 된다는 뜻.

관:솔[명] 소나무의 송진이 많이 엉긴 부분. 송명②. resinous knots of a pine tree

관:솔=불[─뿔][명] 관솔에 붙인 불. 송거. 송명①. fire

관쇄(關鎖)[명] 문을 잠금. locking the gate 하다

관=쇠[─쇠](館─)[명] 관, 곧 무주를 내어 쇠고기를

관수(官守)[명] 관리로서의 직책. [파는 사람.

관수(官修)[명] ①정부에서 편수(編修)함. ②정부에서 수선함. 하다

관수(官需)[명] 관청의 수요. (대) 민수(民需). [demand

관:수(管守)[명] 간직하여 지킴. guard 하다 official

관수(盥水)[명] 〈동〉 관개(灌漑). 하다 [무던 쌀.

관수(灌水)[명] [동] 관개(灌漑). 하다

관수=미(官需米)[명] 〈제도〉 수령(守令)의 양식으로 거

관수=왜(館守倭)[명] 〈제도〉 조선조 때, 부산의 왜관을 지키던 왜인. [피해.

관수=해(冠水害)[명] 농작물이 몽땅 물 속에 잠기는

관:숙(慣熟)[명] ①손이나 눈에 익음. ②아주 친밀함. 하다 [습. social tradition

관:습(慣習)[명] ①익은 습관. custom ②관세화된 습

관:습=법(慣習法)[명] 〈법률〉 관습에 근거를 두고 성립하는 법. 전형적인 불문법전(不文法典)으로서, 법원의 관례와 민간의 관습에 의하여 성립하는 두 가지 경우가 있음. 관례법(慣例法). 관습법(習慣法). common (customary) law

관승(官升)[명] 〈제도〉 관가에서 곡식을 되되는 말. 15말이 1섬, 1되는 오늘의 3홉 6작에 해당.

관시(串柿)[명] 곶감.

관식(官食)[명] 관청에서 주는 음식. (대) 사식(私食). meals provided by the government

관심(關心)[명] 마음이 쓸림. 마음에 두고 잊지 않음. 관념(關念). concern interest 하다

관심(觀心)[명] 〈불교〉 마음의 본성을 살핌.

관심=사(關心事)[명] 관심을 두고 있는 일. matter of

관심=처(關心處)[명] 관심이 가는 곳. [concern

관=십리(官十里)[명] 〈제도〉 보통 십리보다 조금 작은, 관청에서 정한 십리.

관아(官衙)[명] 〈제도〉 관원이 모여 나라일을 다스리던 곳. 관사(官司). 마을①. 공아(公衙). 관문(官門)②. government offices

관:악(管樂)[명] 〈음악〉 관악기로 연주하는 음악. ¶~ 합주. (대) 현악(絃樂). pipe music

관:악기(管樂器)[명] 입으로 불어 통속의 공기를 진동시켜 소리를 내는 금관 악기와 목관 악기의 총칭. 취주 악기. (대) 현악기. 타악기. ②(略) 관(管) ②. wind-instrument [버슬 이름을 적은 책.

관안(官案)[명] 〈제도〉 각 관아의 이름과 그 곳에 딸린

관액(館厄)[명] [동] 관재(官災).

관:액(款額)[명] 작정한 금액. fixed amount [관악기.

관:악(管樂)[명] 〈음악〉 생황(笙篁)·단소(短簫) 따위의

관:약(管鑰)[명] 궁문(宮門)이나 성문의 자물쇠.

관억(寬抑)[명] ①너그럽게 억제함. lenient suppression ②관대히 생각함. 하다 [ous 하다

관엄(寬嚴)[명] 관대하고도 엄격함. strict and generous

관업(官業)[명] 관영의 기업. 철도·우편·담배 사업 따위. ¶~ 노동자(勞動者). (대) 민업(民業). government enterprise [수입.

관업 수입(官業收入)[명] 〈경제〉 관업으로 얻는 국고

관여(關與)[명] ①관계하여 참여함. 간여(干與). concern ②〈법률〉 형사 사건 재판 집행에 있어서, 검사가 소추(訴追) 사실에 입증하는 행위. 하다

관역(官役)[명] ①나라의 역사(役事). ②시골 관가의 부

관역(館驛)[명] 관개가 되는 지역. [역. labour service

관연(官煙)[명] 관에서 제조하는 담배.

관엽 식물(觀葉植物)[명] 〈식물〉 잎사귀의 빛깔·모양을 관상하기 위하여 기르는 식물. 단풍·팔손이 따위. foliage plant

관영(官營)[명] 정부가 하는 사업 경영. 국영(國營). ¶~ 통신. (대) 사영(私營). 민영(民營). government

관영(貫盈)[명] 가득하게 참. 하다 [management

관영 요금[─뇨─](官營料金)[명] 정부 경영 기업에서 정하여 받는 요금. government-managed fee

관=오리(官五里)[명] 〈제도〉 관에서 정한 5리. 일반에서 쓰는 5리보다 약간 가까움.

관옥(冠玉)[명] ①사내 얼굴이 아름다움을 일컫는 말. handsome face ②관 앞쪽을 장식하는 옥. 면옥(面玉)①. [「關羽」의 영을 모신 사당. 관제묘.

관왕=묘(關王廟)[명] 〈민속〉 촉한(蜀漢)의 장수 관우

관:외(管外)[명] 다스리는 지역 밖. (대) 관내(管內). outside of jurisdiction

관외(館外)[명] 관의 밖. ¶~ 대여(貸與).

관외(關外)[명] 관여할 바가 아님.

관욕(官辱)[명] 관가로부터 당하는 욕.

관:욕(灌浴)[명] 관불(灌佛).

관용(官用)[명] ①관청의 소용. ②관청의 사용. ¶~차(車). official use ③관청의 용무. 공용(公用)②. official business

관:용(慣用)[명] ①늘 씀. ¶~ 수단(手段). common use ②습관이 되어 사용함. idiomatic use 하다

관용(寬容)[명] 너그럽게 용서하거나 받아들임. (대) 엄격(嚴格). 협량(狹量). tolerance 하다

관:용-구[─구](慣用句)[명] 〈어학〉 관용어로 된 구. idiomatic phrase

관용 부기(官用簿記)[명] 관청에서 쓰는 부기의 형식.

관:용-어(慣用語)[명] 〈어학〉 ①흔히 습관적으로 쓰이는 말. ②문법에 어긋나나 널리 쓰이는 말. idioms

관:용 어:법[─뻡](慣用語法)[명] 습관적으로 쓰이는 어법. [통 사용되는 한자의 음. idiomatic sound

관:용-음(慣用音)[명] 〈어학〉 원래 바르다고 않으나 보

관운(官運)[명] 관리로서 출세할 운수. fortune as an

관원(官員)[명] 관리. 벼슬아치. [official

관위(官位)[명] 벼슬의 직위. official rank

관위(官威)[명] 관청의 위력·권위.

관유(官有)[명] 관청의 소유. ¶~물(物). (대) 민유(民有). 사유(私有). government ownership

관유(寬宥)[명] 너그럽게 용서함. 관서(寬恕). 하다

관유(寬裕)[명] 너그러움. generosity 하다

관유(館儒)[명] 〈제도〉 성균관(成均館)에 기숙하던 유생(儒生).

관유=림(官有林)[명] 관청의 소유로 된 산림. 국유림(國有林). (대) 사유림(私有林). (略) 관림(官林).

관음(觀音)[약] →관세음 보살. [government forest

관음=경(觀音經)[명] 〈불교〉 법화경의 보문품(普門品)을 따로 풀이 붙긍함. Sutra of Avalokiteśvara

관음 보살(觀音菩薩)[명] →관세음 보살.

관음=상(觀音像)[명] 〈불교〉 관음 보살의 상.

관음=찬(觀音讚)[명] 〈불교〉 관음 보살을 찬양하여 부르는 노래 글귀. [leads in playing cards

관이(官印)[명] 노름할 때에 먼저 시작하는 사람. one who

관:이-전(貫耳箭)[명] 〈제도〉 군진(軍陣)에서 군율을 범한 사형수의 두 귀에 꿰어 뭇사람에게 보이던 화살. 관이(貫耳). [official

관인(官人)[명] 벼슬을 가진 사람. (대) 민간인(民間人).

관인(官印)[명] 관청 또는 관직의 도장. (대) 사인(私印). official seal [하다

관인(官認)[명] 관청의 허가. government authorization

관인(寬仁)[명] 마음이 너그럽고 어짊. generosity 하다

관인(寬忍)[명] 너그러운 마음으로 참음. pardoning 하

관인 대:도(寬仁大道)[명] 마음이 너그럽고 어질며 도량이 큼. 하[형]

관인 요:금[—뇨—](官認料金)[명] 정부에서 인정한 요금. authorized charges

관:입(貫入)[명] 꿰뚫고 들어감. 하[자]

관입(觀入)[명] 마음의 눈으로 대상을 인식·파악함. 하[타]

관자(冠者)[명] 관례를 행한 남자.

관자(貫子)[명] 〈제도〉 망건에 달아 당줄을 꿰는 작은 고리. 금·옥·뿔·뼈 따위로 만듦. head-band buttons

관자-놀이(貫子—)[명] 귀와 눈 사이의 태양혈(太陽穴)이 있으며 무엇을 섭으면 움직이는 곳. temple

관-자재(觀自在)[명] 마음이 밝아서 자재하고 보는 것이 자유 자재함. clear mind free from passions

관자재 보살(觀自在菩薩)[명] 〈동〉 관세음 보살.

관작(官爵)[명] 〈제도〉 관직과 작위. offices and ranks

관장(官長)[명] 〈제도〉 백성이 수령(守令)을 높여 부르던 말. 「agement 하[타]

관:장(管掌)[명] 차지하여 맡아봄. 장관(掌管). man-

관장(館長)[명] ①도서관·박물관 등의 우두머리. ¶미술~. director ②〈제도〉 성균관의 우두머리.

관:장(灌腸)[명] 〈의학〉 변을 보게 하기 위하여 약제를 항문으로부터 직장(直腸) 또는 대장에 넣는 일. clyster 「난산 따위의 약제. clyster

관:장-제(灌腸劑)[명] 〈약학〉 관장에 쓰는 글리세린·타

관재(官災)[명] 관가로부터 받는 재앙. 관액(官厄).

관재(棺材)[명] 관으로 쓸 재목. materials for making coffins 「erties 하[자]

관:-재(官財)[명] 재산을 관리함. administration of prop-

관재 구:설(官災口舌)[명] 〈민속〉 관재와 구설.

관:-재인(管財人)[명] 남의 재산을 관리하는 사람.

관저(官邸)[명] 장관급 이상 관리의 관사. 공저(公邸). ¶대통령 ~. 〈대〉 사저(私邸). official residence

관적(官籍)[명] ①본적지의 관적. ②〈동〉 관향(貫鄕).

관전(官前)[명] 〈제도〉 아전·하례(下隷)가 관리를 높여 이르던 말.

관전(官展)[명] 관청 주도의 전람회. 〈대〉 민전(民展).

관전(官錢)[명] 〈제도〉 ①나라에서 만드는 돈. legal tender ②관고(官庫)의 돈. 〈대〉 사전(私錢). government funds

관전(觀戰)[명] ①전쟁의 실황을 살펴봄. witnessing a battle ②바둑·축구 등의 승부를 구경함. ¶~기(記). watching a game 하[자]

관전-평(觀戰評)[명] 경기 따위를 보고 나서 하는 평.

관절(冠絶)[명] 가장 빼어남. consummation 하[형]

관절(關節)[명] ①〈생리〉 뼈와 뼈가 맞닿아 움직이는 연결 부분. 뼈마디. joint ②물건과 물건이 서로 닿는 곳. 「라 생기는 감각.

관절 감:각(關節感覺)[명] 〈심리〉 관절이 움직임에 따

관절-강(關節腔)[명] 〈생리〉 관절의 활액(滑液)이 차있는 곳. 「가장밤이 병. anchylosis

관절 강직(關節强直)[명] 〈의학〉 관절이 굳어서 운동이

관절-낭(關節囊)[명] 〈동〉 점액낭(粘液囊). glenoid cavity

관절 류머티즘(關節 rheumatism)[명] 〈의학〉 관절이 붓거나 쑤시거나 움직이지 않게 되는 류머티즘. articular rheumatism 「경통. articular neuralgia

관절 신경통(關節神經痛)[명] 〈의학〉 관절부에 생기는

관절 연:골(關節軟骨)[명] 〈생리〉 가동 관절의 끝에 붙어 싼 연골. joint cartilage

관절-염[—렴](關節炎)[명] 〈의학〉 관절 안에 세균이 들어가서 생기는 염증. inflammation of a joint

관점(管)[명] 대로 엮어 만든 도자리.

관점[—쩜](觀點)[명] 사물을 볼 때의 각도·처지. 견지(見地). ¶~의 차이. point of view

관:접(款接)[명] 정성스러운 접대(接待). 하[타]

관정(官庭)[명] 관청의 뜰. 공정(公廷). garden of a government office

관정(官井)[명] 둘레가 관형(管形)인 우물. 「rule

관정(寬政)[명] 너그러운 정치. 〈대〉 가정(苛政). liberal

관:정(灌頂)[명] 〈불교〉 계(戒)를 받거나 지위가 오를 때에, 머리에 향수를 붓는 의식. 「다

관정 발악(官庭發惡)[명] 관가에서 관원에게 발악함.

관-정:식(官定式)[명] 관가가 정해 놓은 사례(事例).

관:정 유배 식물(管精有胚植物)[명] 〈식물〉 꽃이 피어 서로 번식하는 고등 식물. 소나무·버 따위.

관제(官制)[명] 〈법률〉 국가 행정 기관 전반에 관한 법규. government regulation

관제(官製)[명] 관청에서 만듦. 〈대〉 사제(私製). government manufactured 하[타] 「에서 써 주던 지령.

관제(官題)[명] 〈제도〉 청원·소송 등에 대하여, 관청

관:제(管制)[명] 관할하여 통제함. 특히, 국가가 필요에 따라 강제적으로 관리·통제하는 일. ¶등화(燈火)~. 음향(音響)~. control 하[타]

관제 공역(管制空域)[명] 항공 관제가 실시되고 있는 범위의 공역.

관제-묘(關帝廟)[명] 〈동〉 관왕묘(關王廟).

관제-염(官製鹽)[명] 정부가 만든 소금.

관제 엽서(官製葉書)[명] 정부에서 만들어 파는 우편 엽서. government post card

관:제-탑(管制塔)[명] 비행장에서, 비행기의 항공을 관제하는 탑. control tower

관조(官租)[명] 관청에 내는 조세.

관조(觀照)[명] ①고요한 마음으로 사물을 관찰·음미함. contemplation ②직감(直感)에 의하여 구상적·직접적으로 인식함. intuition ③〈불교〉 지혜로써 사리를 비추어 봄. ②정관(靜觀). 하[타]

관:-족(管足)[명] 〈동물〉 극피 동물(棘皮動物)의 수관계(水管系)에 붙은 발. 대롱과 같이 생겼으며 계속 자유스럽게 놀려 몸을 이동함. ambulacral foot

관존 민비(官尊民卑)[명] 관리는 높고 백성은 낮다는 생각. putting government above people

관:-주(貫珠)[명] 글이나 글자가 잘된 곳에 치는 권점(圈點). side circles

관-주인[—쭈—](館主人)[명] 〈제도〉 성균관에 응시하러 서울에 온 시골 선비가 성균관 근처에 유숙하던 집. 반주인(泮主人). 「를 거두던 대밭.

관-죽전(官竹田)[명] 〈제도〉 조선조 때, 나라에서 살 때

관중(貫中)[명] ①화살이 과녁의 복판에 맞음. hitting of the bull's-eye ②활터에서 변(邊)을 대접해서 이

관:-중(貫衆)[명] 〈동〉 면마(綿馬). 「르는 말. 하[자]

관중(關重)[명] 중대한 관계가 있음. 하[형]

관중(觀衆)[명] 구경하는 무리. spectators

관즐(盥櫛)[명] 낯을 씻고 머리를 빗음. 하[자]

관:지(款識)[명] ①옛날 그릇이나 종에 새긴 표나 글자. ②낙관(落款).

관지(關知)[명] 어떤 사실에 관련하여 앎. 하[타]

관직(官職)[명] 관리의 직책 또는 직무. 버슬. government post

관진(關鎭)[명] 〈제도〉 국경을 지키는 군영(軍營).

관진(觀診)[명] 〈한의〉 병자의 얼굴을 보고 병세를 진

관질(官秩)[명] 관직의 질서. 「찰함. 하[타]

관차(官次)[명] 관직의 차례.

관차(官差)[명] 〈제도〉 관아에서 보내는 아전.

관찬(官撰)[명] 관청에서 편찬함. 하[타]

관찰(觀察)[명] ①사물을 잘 살펴봄. observation ②〈약〉→관찰사(觀察使).

관찰-도[—또](觀察道)[명] 〈제도〉 조선조 고종 33 년(1896)에 행정 구역을 13도로 나누었을 때의 관찰부(觀察府)가 있던 곳.

관찰-력(觀察力)[명] 관찰하는 능력. observation

관찰-부(觀察府)[명] 〈제도〉 관찰사가 직무를 행하는 관청.

관찰-사[—써](觀察使)[명] 〈제도〉 조선조 때, 민정·군정·재정·형정(刑政) 등을 통할 지휘 감독하던 8도, 23 부 또는 13도의 수직(首職). 감사(監司). 도백(道伯)①. 〈약〉 관찰②.

관찰-안(觀察眼)[명] 사물을 관찰하는 안식. observing

eye [house
관창(官倉)[명]〈제도〉관가의 창고. government warehouse
관철(貫穿)[명]①꿰뚫음. penetration ②학문에 통함. conversance 하다
관철(貫徹)[명] 어려움을 뚫고 기어이 뜻을 이룸. ¶초지를 ~하다. accomplishment 하다
관철(觀徹)[명] 사물을 속속들이 꿰뚫어 봄. looking hard at 하다
관첨(觀瞻)[명]①여러 사람이 바라봄. ②두드러지게 봄. 하다
관청(官廳)[명]①〈법률〉관리로써 조직하여 국가의 사무를 맡아보는 기관. 관부(官府)⑧. 관사(官司). government office ②〈동〉마을①. ③〈제도〉원의 숙식을 마련하던 곳. 〈약〉관(官)②.
관청 부:기(官廳簿記)[명] 관청의 회계 정리에 쓰이는 부기(簿記).
관측(觀測)[명]①〈천문〉기상을 살펴 헤아림. observation ②사물을 살펴 헤아림. survey 하다
관측-경(觀測鏡)[명]〈군사〉적정(敵情)·탄착(彈着) 등의 관측에 사용하는 망원경. observation telescope
관측-기(觀測器)[명] 관측하는 데 사용하는 쌍안경 따위 기구.
관측 기구(觀測氣球)[명]①고공(高空)의 대기 상태나 포탄의 착탄을 관측하는 기구. observation balloon ②비유적으로, 여론이나 주위의 반응 등을 살피기 위하여 일부러 퍼뜨리는 정보나 성명 발표 따위. ¶~를 띄우다.
관측-소(觀測所)[명]①천문·기상 등 자연 현상을 관찰 기록하고 그 움직임을 관측하는 연구소. ②〈군사〉적의 동정을 살피고 아군 포탄의 착탄 거리를 측정하는 곳. observatory
관측-통(觀測通)[명] 어떤 방면의 동정·사정을 소상이 관측하는 사람이나 기관. observer
관치(官治)[명]〈법률〉국가가 행정 기관에 직접 행정을 하게 하는 일. 〈대〉자치(自治). government
관치 행정(官治行政)[명]〈법률〉국가의 행정 기관에 의해 직접 행하여지는 행정. 〈대〉자치 행정(自治行政). government administration
관통(官桶)[명]〈제도〉곡식을 담는 섬의 하나. 관에서 정한 말로 15 말 들이.
관통(貫通)[명]①뚫고 나감. 통관. piercing ②처음부터 끝까지 계속함. carrying through 하다다
관통-상(貫通傷)[명] 총탄이 몸을 꿰뚫어 난 상처. piercing bullet wound
관판(官版)[명]〈제도〉관부의 출판·인쇄.
관판(棺板)[명] 관을 만드는 넓고 긴 널빤지. board used to make a coffin
관폐(官弊)[명] 관리의 부정 행위로 생기는 폐단. official corruption [을 이름.
관포(官脯)[명]〈제도〉관청에서 만들었던 포육(脯肉)
관-포주(官庖廚)[명]〈제도〉수령(守令)에게 쇠고기를 바치던 푸주.
관:포지-교(管鮑之交)[명] 옛 중국의 관중(管仲)과 포숙(鮑叔)의 사귐. 곧, 썩 친밀한 교제를 말함. intimate friendship
관품(官品)[명]〈동〉관등(官等).
관품(冠品)[명] 단무 구경. 호갓 [다
관풍 찰속(觀風察俗)[명] 풍속을 세밀히 살핌. 하
관:하(管下)[명] 다스리는 구역이나 범위 안. under the jurisdiction
관-하:기(官下記)[명]〈제도〉지방 관리의 회계 장부.
관-하:다(關─)[자여불]①대하다. ¶일에 관하여 논하다. ②관계하다. to be connected with
관-하:인(官下人)[명]〈동〉관례(官隷).
관학(官學)[명]①관립의 학교. 〈대〉사학(私學). government schools ②국가에서 제정·공인(公認)한 학문.
관한(寬限)[명] 기한을 넉넉히 물림. 전한(展限). 하다
관-한량(館閑良)[명]〈제도〉조선조 때, 서울의 사학의 모화관(慕華館)을 회장(會場)으로 정하고 무예를 배우던 무관(武官)의 자제들.

관:할(管轄)[명]①사람을 거느리어 다스림. jurisdiction ②〈법률〉권리에 의하여 다스림. 또, 다스리는 법위. area under control ③〈법률〉법원에 따라 나누어 맡은 재판권. jurisdiction 하다
관:할 관청(管轄官廳)[명]〈법률〉관할권이 있는 관청. competent authorities
관:할 구역(管轄區域)[명]〈법률〉관할권이 미치는 지역. 〈약〉관구(管區). sphere of jurisdiction
관:할-권[─꿘](管轄權)[명]〈법률〉①관할하는 직권. jurisdiction ②특정한 사건에 대하여 법원이 처리할 수 있는 권한의 범위.
관:할 법원(管轄法院)[명]〈법률〉특정 사건에 대해 관할권을 가지는 법원. competent court
관:할 위반(管轄違反)[명]〈법률〉제기된 소송이 그 법원의 관할에 속하지 않음.
관:할-지(管轄地)[명]〈법률〉관할권이 미치는 땅.
관함(官銜)[명]〈제도〉성 밑에 붙여 미치 부르는 벼슬 이름.
관함-식(觀艦式)[명]〈군사〉국가 원수가 제 나라 군함을 친히 사열하는 의식. naval review
관:항(款項)[명]①요항만 추려 적은 것. summary ②경비의 항목.
관:─항:─목(款項目)[명] 관과 항과 목. 예산서·결산서 등의 대·중·소별. sections, items and substance
관해(官海)[명] 관리의 사회.
관행(官行)[명]〈제도〉관원의 여행.
관:행(慣行)[명]①관례대로 행함. convention ②자주 행함. ③익숙하여 잘함. 하다
관:행-범(慣行犯)[명]〈법률〉같은 행위를 되풀이하는 범죄. 도박 따위. 상습범. habitual offense
관-행차(官行次)[명]〈존〉관행(官行).
관향(貫鄕)[명] 시조(始祖)의 고향. 본(本). 본관(本貫). 관적②. ancestral home [permission 하다
관허(官許)[명] 관청의 허가. 공허(公許)①. government
관허 요:금(官許料金)[명] 관청이 허가한 요금. government-permitted charge
관헌(官憲)[명]①관청. government office ②관리. 특히, 경찰 관리. officials ③관청의 규칙.
관혁(貫革)[명]〈원〉→과녁. [string instrument
관:현(管絃)[명]〈음악〉관악기와 현악기. wind and
관:현-악(管絃樂)[명]〈음악〉관악기·현악기·타악기의 합주(合奏) 음악. ¶~단(團). orchestra
관혈적 수술[─쩍─](觀血的手術)[명]〈의학〉메스를 써서 피부·근육 조직 등을 절개하여 피를 흘리며 하는 수술. 〈대〉무혈적 수술.
관형(寬刑)[명] 관대한 형벌.
관형-격[─껵](冠形格)[명]〈어학〉체언을 꾸미는 자리. 매김자리. attributive case
관형격 조사[─껵─](冠形格助詞)[명]〈어학〉체언 아래 붙어서 그 주어를 꾸미는 관형사 구실을 하게 하는 격조사. '의' 하나임. 매김자리토씨. attributive particle
관형-사(冠形詞)[명]〈어학〉어떤 체언 위에서 그 체언이 지닌 뜻을 꾸미는 품사. 매김씨. 《약》관사(冠詞)③. attributive adjective
관형사-형(冠形詞形)[명]〈어학〉관형사처럼 체언을 꾸미는 용언의 활용형. 관형형. 매김꼴.
관형-어(冠形語)[명]〈어학〉체언의 뜻을 수식하기 위하여 그 위에 덧쓰는 말. 매김말.
관형-절(冠形節)[명]〈어학〉관형사처럼 쓰이는 어절(語節). 매김마디. attributive clause
관형 찰색[─쌕](觀形察色)[명]①남의 심정을 떠보기 위하여 안색을 살핌. ②사물을 자세히 살펴봄.
관형-형(冠形形)[명]〈동〉관형사형.
관:혼(冠婚)[명] 관례와 혼례.
관혼상-례(冠婚喪禮)[명] 관례·혼례·상례의 총칭.
관=혼─상=제(冠婚喪祭)[명] 관례·혼례·상례·제례의 총칭. ceremonies of coming of age, marriage, funeral, and ancestral worship
관홍(寬弘)《동》관대(寬大). 하형

관화(官話)[명]〈어학〉중국의 표준말. Mandarin dialect
관화(觀火)[명]①〔명약 관화〕. ②불을 봄.
관활(寬闊)[명] 도량이 넓고 활달함. 하다
관후(寬厚)[명] 너그럽고 후함. generosity 하다
관후 장자(寬厚長者)[명] 관후하고 점잖은 사람. man of magnanimity
괄괄-하다[형여] ①풀이 너무 세다. strong ②성미가 급하고 과격하다. 〔약〕괄하다. passionate
괄-다[형르] ①화력이 세다. strong ②성미가 세고 급하다. passionate
괄대(恝待)[명] 업신여겨 홀대함. 하다
괄목(刮目)[명] 전에 비해 딴 것으로 볼 만큼 달라진 것을 눈을 비비고 다시 봄. watching with keen interest 하다
괄목 상대(刮目相對)[명] 눈을 비비고 대면함. 남의 학식이나 재주가 놀라 보게 느는 것을 이름. watching with great expectation 하다
괄발(括髮)[명] 상(喪)을 당한 이가 성복 전에 풀었던 머리를 묶음.
괄선(一線)(括線)[명] 글자나 숫자의 여러 개를 일괄하여 구별하기 위해 위쪽에 긋는 선. vinculum
괄시(-씨)(恝視)[명] 업신여김. 〔유〕홀대(忽待). 하다
괄약(括約)[명] ①합하여 모음. ②벌어진 것을 오므라지게 함. contriction 하다
괄약-근(括約筋)[명]〈생리〉항문이나 요도(尿道) 따위의 주위에 있는, 늘어났다 오므라졌다 하는 고리 모
괄연(恝然)[명] 괄시하는 모양. 〔부〕양의 근육.
괄태-충(括胎蟲)[명]〈동물〉복족류(腹足類)의 연체 동물. 달팽이같이 생겼으나 껍데기가 없고 등은 외투 막으로 덮였음. 채소의 해충. 톱. slug
괄-하다[형여]〔약〕괄대하다.
괄호(括弧)[명]〔동〕묶음표.
-광(鑛)[접미] 과의.
광[명] 온갖 물건들을 넣어 두는 곳간. 고방(庫房).
광:(光)[명] 매끈거리고 어른어른하는 윤기. 광택. ¶~을 내다. lustre
광²(光)[명]①〈물리〉빛. light ②화투의 20끗자리 패.
광:(廣)[명]①넓이. width ②나비.
광:(壙)[명] 시체를 묻는 구덩이. grave
광(鑛)[명] 광물을 파내기 위하여 뚫은 구덩이. 갱(坑). 광갱(鑛坑). 광혈(鑛穴). pit
-광(狂)[접미] 명사 밑에 붙어 열광적인 성벽, 또는 그런 사람을 나타낸다. ¶야구~. mania
광가(狂歌)[명]〔동〕광구(狂句)②가락에 맞지 않게 큰 소리로 부르는 노래.
광각(光角)[명]〈물리〉사물의 한 점을 볼 때 양 눈과 그 점을 잇는 두 직선이 이루는 각. optic angle
광각(光覺)[명]〈심리〉빛의 자극에 의해 일어나는 감각. 〔유〕색각(色覺). optic sense
광:각(廣角)[명] 너른 사각. wide angle
광:각 렌즈(廣角lens)[명]〈물리〉넓은 각도의 시야를 갖는 렌즈. 넓은 범위에 겹치는 촬영에 쓰임.
광간(狂簡)[명] 진취의 기상이 있고 뜻은 크나, 행동이 그에 따르지 아니하고 거칢. 하다
광객(狂客)[명] 미친 사람처럼 언행이 도리에 벗어난
광:-갱(鑛坑)[명] 광(鑛). 사람. mad guest
광:겁(曠劫)[명] 아주 오랜 세월.
광겁 다생(曠劫多生)[명]〈불교〉한없는 세상에 죽고
광겁-하다(怯怯一)[형여] 겁내다. 〔남이 많음.
광견(狂犬)[명] 미친 개. mad dog [fabric
광:견(廣絹)[명] 명주실로 엷고 성기게 짠 비단. silk
광견-병(-뼝)[-病](狂犬病)[명] 공수병(恐水病).
광경(光景)[명]①형적과 모양. 정경(情景). spectacle ②불성사나운 꼴. 효상(爻象). sight
광:고(廣告)[명]①세상에 널리 알림. public notice ②영업체 또는 상품의 존재·효능(效能)을 널리 선전하여 알림. advertisement ③자기의 존재를 선전함. ¶~ 방송(放送). making oneself known 하다
광:고(曠古)[명]①먼 옛날. time immemorial an ancient ②만고에 없음. 전례가 없음. 미증유(未曾有).
광:고 기구(廣告氣球)[명] 광고 풍선. [하다
광:고 대리업(廣告代理業)[명]①신문·잡지 따위에 광고를 싣는 일의 중개를 하는 영업. advertisement agency ②거리의 광고판이나 극장과 전차·버스 그 밖의 교통 기관에다 광고하는 일을 도맡아 대리하는 영업. ③생산자나 상인의 위촉을 받고 이들의 주요 집합 장소·백화점 따위에서 선전을 하는 영업.
광:고-란(廣告欄)[명] 신문 따위의 광고를 싣는 난. advertisement column
광:고 매체(廣告媒體)[명] 광고 내용을 소비자에게 전달하는 매개체. 신문·잡지 따위의 인쇄 매체, 라디오·텔레비전 따위의 전파 매체, 연도(沿道) 간판 따위의 장소 매체 등이 있음.
광:고-문(廣告文)[명] 광고하기 위하여 쓴 글.
광:고-술(廣告術)[명] 광고하는 수단 방법.
광:고 심리학(廣告心理學)[명] 광고의 유효 조건 및 방법, 광고와 욕망과의 관계 등을 연구하는 응용 심리학의 한 부문. advertisement psychology
광:고 우편(廣告郵便)[명]〔법률〕받을 사람을 지정하지 않고 우체국에서 그 구내에 배달하는 특수 우편. advertisement mail
광:고 윤리(廣告倫理)[명] 광고의 표현·실시에 있어서 준수되어야 할 도덕·허위·과대 표현·중상(中傷)·모방·도작(盜作)의 금지 따위.
광:고-주(廣告主)[명] 광고를 내는 사람. [이.
광:고-지(廣告紙)[명] 광고하는 글이나 도안을 실은 종
광:고-탑(廣告塔)[명] 광고하기 위하여 세운 탑.
광:고-판(廣告板)[명] 광고하기 위해 사람 눈에 잘 띄게 써세운 간판.
광:고 풍선(廣告風船)[명] 광고의 글 또는 그림을 달아 높이 띄우는 풍선. 광고 기구. 애드벌룬. [공업.
광:공-업(鑛工業)[명]①광업과 공업. ②광업에 딸린
광과-천(廣果天)[명]〈불교〉색계(色界) 18천(天)의 한 하늘. 수행하는 사람이 마음에 다른 주장을 세우지 말고 참된 선정(禪定)을 닦으라, 복애(福愛)가 맑아지면 곧 이 사람은 광과천이며, 죽으면 이 하늘에 감.
광관(光冠)[명] 구름이 해나 달의 면을 가릴 때 물방울의 회절에 의해 주위에 생기는 작은 광채. 코로나. 광환(光環).
광:관(曠官)[명]〈제도〉벼슬의 자리가 오래 빔.
광:광(狂狂)[명]①쇠불이가 울려 나는 소리. ②은은한 소리. 〈센〉꽝꽝. 〈거〉쾅쾅. 하다
광괴(鑛塊)[명] 광석의 덩이.
광구(光球)[명]〈물리〉보통 눈으로 태양을 볼 때 둥글게 번쩍여 보이는 부분. 실제로 일광을 복사(輻射)하는 태양면. photosphere
광구(匡救)[명] 잘못을 바로잡음. correction 하다
광구(狂句)[명] 격없이 음조에 맞지 않게 함부로 지은 노래. 광가(狂歌)①.
광:구(廣求)[명] 널리 구함. seeking far and wide 하다
광구(鑛口)[명] 광물을 파내는 구덩이의 입구.
광:구(鑛區)[명]〔법률〕광물의 체굴·시굴(試掘)을 허가한 구역. mine-lot
광:구-도(鑛區圖)[명] 광구를 그린 도면.
광:구-세[一세][-稅](鑛區稅)[명]〔법률〕광구의 넓이에 따라 매기는 세금. mine lot tax
광국 공신(光國功臣)[명]〈제도〉조선조 선조(宣祖) 23년(1590)에, 명·明)나라 역사의 이씨 왕조의 선세계(世系)가 잘못 적힌 것을 고친 공으로, 윤근수(尹根壽) 외 19명에게 내린 훈명(勳名).
광:궤(廣軌)[명] 궤도 폭이 1.435 m 이상 되는 철도 선로. 〔대〕협궤(狹軌). gauge rail road 〔협〕철도.
광:궤 철도[一도][-道](廣軌鐵道)[명] 광궤로 된 철도. 〔대〕
광기[一기](狂氣)[명]①미친 증세. madness ②사소한 일에 화를 내고 소리치는 사람의 기질. wild excitement [하는 사람.
광:꾼(鑛一)[명]①〔동〕광부(鑛夫). ②〔비〕광업에 종사

광ː나-다(光—) ①빛이 나다. ②윤이 나다.

광ː나무 〈식물〉 목서과(木犀科)의 상록 활엽 교목. 잎은 타원형이고 여름에 흰 꽃이 피며 11월에 타원형의 열매가 까맣게 익음. 정원수로 심고 과실은 약용됨.

광ː난형(廣卵形) 넓은 달걀 모양. 〔약용됨.

광ː내(壙內) 무덤 속. 광중(壙中). inside of a grave

광ː내-다(光—) 광나게 하다. shine ②〈속〉으스대다. puts a gloss on

광녀(狂女) 미친 여자. 〈대〉 광부(狂夫). madwoman

광년(光年)〔의〕〈천문〉 광파(光波)가 1년 동안에 다다르는 거리. 9조 4천 6백 30억km. light year

광달 거ː리(光達距離)〔의〕 빛이 도달하는 거리.

광ː달-다(光—)〔타〕 연(鳶)의 위를 표하는 무색 종이로 하다.

광담(狂談)〔의〕〈동〉 광언(狂言). 〔꼭지를 붙이다.

광담 패ː설(狂談悖說) 이치에 맞지 않고 도의에 벗어나는 말. 광언 망설(狂言妄說). unreasonable talk

광당-마(光唐馬)〔의〕〈동〉 달링말.

광당-포(-布)〔의〕 광동포(廣東布). calico

광ː당-포(廣唐布)〔의〕 광목과 당목. cotton cloth and

광ː대〔의〕 ①인형극·가면극 등을 하던 사람. player ② 줄타기·땅재주 등의 곡예사. acrobat ③판소리를 하던 사람. 배우. 화랑이. actors ④연극이나 춤을 추려고 낯에 물감을 칠하던 일. making-up ⑤탈.

광ː대2(廣大)〔비〕 얼굴. 〔mask

광ː대(廣大)〔의〕 넓고 큼. 〈대〉 협소(狹小). immense 하〔의〕 히〔의〕

광ː대-나물〔의〕〈식물〉 꿀풀과의 일년생 풀. 줄기 높이 25cm 정도로 4~5월에 홍자색 꽃이 핌. 밭가에 절로 나며 어린 잎과 줄기는 식용함.

광ː대 놀음〔의〕 ①정월 대보름날 호남 지방에서 행하는 놀이. 악귀(惡鬼)를 쫓고 영복(迎福)을 비는 뜻으로, 농악대들이 동물의 가면을 쓰고 악기를 치면서 부락을 돌아다니는 놀이. ②앞잡이를 조종하거나 혹막 뒤에 숨어서 불순한 장난을 하는 것을 야유하여 이르는 말.

광ː대 등걸〔의〕 ①험상궂게 생긴 등걸. ②몹시 여윈 얼굴. lean hollowed face

광ː대-머리〔의〕 국거리로 쓰는 소의 처녑에 얼러 붙은 〔고기.

광ː대 무변(廣大無邊)〔의〕 한없이 넓고 큼. being vast and boundless 하〔의〕

광ː대-버섯〔의〕〈식물〉 송이과 버섯의 하나. 빛이 붉고 독이 있으며 가을에 산에 많이 남.

광ː대-뼈〔의〕 뺨과 눈초리 아래로 내민 뼈. 관골(顴骨). cheekbone

광ː대-수염〔의〕〈식물〉 꿀풀과의 다년생 풀. 키는 30cm 가량이고 봄에 담홍자색 꽃이 핌. 산이나 들에 나는데 거의 한국 각지에 분포됨.

광ː대-싸리〔의〕〈식물〉 여우주머니과의 낙엽 활엽 관목. 잎은 긴 타원형으로 엷은 담황색 꽃이 핌. 한국 각지에 나는데 어린 잎은 식용함.

광도(光度)〔의〕 ①〈물리〉 발광체(發光體)가 내는 빛의 강한 정도. luminous intensity ②〈천문〉 천체가 내는 빛의 강한 정도. 〔랑(狂浪). raging waves

광도(狂濤)〔의〕 미친 듯이 날뛰는 물결. 광란(狂瀾).

광ː도(廣度)〔의〕 넓은 도량. broadmindedness

광ː도(廣跳)〔의〕〈체육〉 넓이뛰기. broad jumping 하〔의〕

광도(光度)〔의〕 크나큰 계획. 〔장치. photometer

광도-계(光度計)〔의〕〈물리〉 광원의 광도를 측정하는

광도 계급(光度階級)〔의〕〈천문〉 천체의 광도를 나타내는 계급. 육안으로 볼 수 있는 가장 작은 것이 6등, 그 100 곱절의 빛을 내는 것이 1등급. photometric scale

광ː독(鑛毒)〔의〕〈광물〉 광물을 채굴·제련할 때에 풍기는 생물을 해치는 독기. mineral pollution

광동-어(廣東語)〔의〕〈어학〉 중국 광동성, 광서성 일부, 남양 각지에서 사용되는 중국 방언.

광ː동 요리〔-노-〕(廣東料理)〔의〕 중국 요리의 하나. 중국 광동 지방식의 요리. 〔당포.

광ː동-포(廣東布)〔의〕 중국 광동에서 나는 베. 〈변〉 광

광ː두-정(廣頭釘)〔의〕 대강이 넓고 둥글고 크게 만든 못.

광등(狂騰)〔의〕 걷잡을 수 없이 시세가 오름. tremendous rise 하〔의〕

광ː뜨-다〔의〕〔으〕 연의 가운데에 구멍을 내다.

광란(狂亂)〔의〕 정신이나 행동이 정상(正常)을 벗어남. 미처 날뜀. frenzy 하〔의〕

광란(狂瀾)〔의〕〈동〉 광도(狂濤).

광랑(桄榔)〔의〕〈식물〉 야자과의 상록 교목. 높이 10m 가량으로 가지가 없고 줄기 끝에 여러 개의 소엽(小葉)이 달림. 아시아의 난지(暖地) 원산으로 울 꼭지의 울실로는 노끈을 꼼.

광랑-자(桄榔子)〔의〕 광랑의 열매.

광량(光量)〔의〕〈물리〉 광속(光速)과 시간을 곱한 것.

광량-계(光量計)〔의〕 광량을 측정하는 계기.

광력(光力)〔의〕 빛의 밝은 정도. 광도(光度). illuminating power

광련(狂戀)〔의〕 미친 듯이 열렬한 연애.

광로(光路)〔의〕〈물리〉 빛이 통과하는 길의 길이와 그 부분의 매질(媒質)의 굴절률을 곱한 것. 광학 거리.

광림(光臨)〔의〕〔꿈〕 남이 찾아옴. your esteemed visit 하〔의〕

광ː막(廣漠)〔의〕 넓고 아득함. vastness 하〔의〕 히〔의〕

광망(光芒·光낟)〔의〕〈물리〉 광선의 끝. 빛. 빛살 끝. beam of light

광망(狂妄)〔의〕 망령되어 이치에 맞지 않음. craziness

광ː망(曠茫)〔의〕 한없이 너름. ¶~한 대평원. boundless

광ː맥(麥)〔의〕〈동〉 귀리. 〔vastness 하〔의〕

광맥(鑛脈)〔의〕〈광물〉 광물의 줄기. 광혈(鑛穴)①. 쇳줄. 〔변 맥(脈)③. mineral vein

광ː맥(穬麥)〔의〕 껍질이 두꺼운 보리.

광면(廣面)〔의〕 아는 사람이 많음. 하〔의〕

광명(光名)〔의〕 훌륭한 명예.

광명(光明)〔의〕 ①밝은 빛. light ②밝고 환함. ¶~을 얻다. 〈대〉 암흑(暗黑). ③〈불교〉 번뇌·죄악의 암흑을 비추어 신앙상의 지견(智見)을 줌. ④〈불교〉 부처·보살의 몸에서 비치는 빛. 하〔의〕

광명두〔의〕 나무로 만든 등경걸이. wooden lamp holder

광명(光明)〔의〕 인생의 밝고 행복스러운 면. 〈대〉 암흑면(暗黑面).

광명 소ː설(光明小說)〔의〕〈문학〉 인정과 세태의 광명한 방면을 묘사·암시하는 소설. optimistic novel

광명 시대(光明時代)〔의〕 문물(文物)과 도의가 일어나 태평한 시대. 〈대〉 암흑 시대(暗黑時代). light age

광명 정ː대(光明正大)〔의〕 언행(言行)이 공정함. justice

광명-주(光明珠)〔의〕 빛을 내는 구슬. 〔하〔의〕 히〔의〕

광모(狂慕)〔의〕 미친 듯이 사모함. pining away for love 하〔의〕 〔〔짠 베. cotton cloth

광ː목(廣木)〔의〕 무명 올로 서양목(西洋木)처럼 넓게

광ː목-천(廣目天)〔의〕〈불교〉 사천(四天)의 하나로서 서쪽의 천국.

광ː목-천왕(廣木天王)〔의〕〈불교〉 사천왕(四天王)의 하나로 수미산에 살며 서쪽 국을 지킴.

광무(光武)〔의〕〈제도〉 조선조 고종(高宗)의 연호.

광ː무(鑛務)〔의〕 광업에 관한 사무. mining affairs

광ː문(廣聞)〔의〕 ①널리 물어 봄. extensive research ②여러 사람에게 선사함. sending gifts to many persons 하〔의〕 〔금철(金鐵) 따위. minerals

광ː물(鑛物)〔의〕〈광물〉 천연으로 땅 속에 있는 무기물.

광ː물-계(鑛物界)〔의〕〈광물〉 광물의 세계.

광ː물 비ː료(鑛物肥料)〔의〕〈광물〉 광물성 비료. 〔질.

광ː물-성[-썽](鑛物性)〔의〕 광물의 본바탕을 가진 성

광ː물성 비ː료[-썽-](鑛物性肥料)〔의〕 무기물(無機物)을 성분으로 한 비료. 광물성 비료.

광ː물성 색소[-썽-](鑛物性色素)〔의〕 금속 광물 중 빛이 고와서 그림의 채료로 사용되는 색소. mineral colour

광ː물성 섬유[-썽-](鑛物性纖維)〔의〕 석면(石綿)·암면(岩綿)·글라스 울(glass wool) 등의 총칭. 보온·방화·전기 절연 등에 사용됨.

광:물성 염:료[-썽-](鑛物性染料)[명] 〈화학〉 무기 화합물로 된 염료. 그 천연의 것은 암록청 따위이고, 인조의 것은 납백·크롬황 따위. mineral dye-stuff

광:유[-뉴](鑛油)[명] 〈광물〉 석유 따위처럼 광물로 된 기름. (약) 광유(鑛油). mineral oil

광:물=질[-찔](鑛物質)[명] ①광물로 된 물질. ②〈생리〉생리 기능에 필요한 광물 화합물이나 광물 원소. 칼슘·칼슘 따위.

광:물=학(鑛物學)[명] 〈광물〉 광물의 형태·내부 구조·물리적 성질·화학적 성질·산상(産狀)·성인(成因) 등을 연구하는 학문. 금석학(金石學)②. 광학(鑛

광:미(鑛尾)[명]〈광물〉복대기. [學). mineralogy

광:박(鑛博)[명] 썩 넓음. 하타

광배(光背)[명]《동》후광(後光).

광배 효:과(光背效果)[명]〈심리〉평가 행위에서, 대상의 어느 방면의 특질이 다른 방면의 특질에까지 미치는 효과. [히타

광:범(廣範)[명] 범위가 넓음. comprehensiveness 하타

광:범:위(廣範圍)[명] 넓은 범위. 범위가 넓음. wide scope 하타

광병(狂病)[명] 〈의학〉 미친 병. insanity

광보(匡輔)[명]《동》광보(匡弼). 하타 [하타타

광복(光復)[명] ①빛나게 회복함. ②옛 사업을 되찾음.

광복-군(光復軍) 중국에서, 한국의 독립을 위해 일본과 싸우는 군대.

광복-절(光復節) 우리 나라가 일본의 압제에서 벗어난 것을 기념하는 국경일. 곧, 8월 15일. Liberation Day of Korea

광부(狂夫)[명] 미친 사나이. (대) 광녀(狂女). madman

광:부(鑛夫)[명] ①홀아비. ②아내에게 불충실한 남편. unfaithful husband   [(鑛-)①. miner

광:부(鑛夫)[명]〈광물〉광산에서 일하는 일꾼. 광부

광분(狂奔)[명] ①미친 듯이 뛰어다님. ¶출세를 위해 ~하다. run madly about ②미친 듯이 날뜀. running wild ③미친 듯이 달아남. break loose 하타

광:분(鑛分)[명]〈광물〉광물의 성분.

광=분해(光分解)〈물리〉물질이 빛을 흡수하여 두 가지 이상의 성분으로 분해하는 일.

광비(光比)〈천문〉광도(光度)가 한 등급 다른, 두 천체의 광량(光量)의 비. 1등성은 2등성보다 2.512

광사(狂死)[명] 미쳐서 죽음. 하타   [배 밝음.

광:사(鑛砂)[명]〈광물〉광석을 캐거나 고를 때, 또는 제련할 때 생기는 부스러기. slag

광:사(鑛師)[명] 광물에 관한 기술을 가진 기사(技師).

광:산(鑛山)[명]〈광물〉광물을 캐내는 산. mine

광:산(鑛産)[명]〈광물〉광업상의 생산이나 그 생산물. ¶~물(物). ~지(地). mineral products

광:산(鑛酸)[명]〈화학〉무기산(無機酸).

광:산=과[-꽈](鑛山科)[명] 광물의 채굴·야금·선광·경영 등에 관한 학문을 전문으로 공부하는 학과.

광:산=세[-쎄](鑛産税)[명]〈법률〉광업권(鑛業權)에 대하여 매기는 세금. mineral product tax

광:산=업(鑛産業)[명] 광기술(鑛技術)을 중심으로 한 광돌석·광계측·광정보 등의 산업 분야.

광:산-업(鑛山業)[명] 광산에 관한 사업·직업.

광:산 위생(鑛山衛生)[명]〈광물〉광산에서 일하는 이들을 위한 위생.

광:산-촌(鑛山村)[명] 광산이 있는 마을. 광산에 종사하는 사람들의 거주지로 이루어진 마을.

광:산-학(鑛山學)[명]〈광물〉광산에 관한 학문. study of mining

광삼(光蔘)[명]《동》깔미.

광:상(臥眠)[명] 편안한 침대. 잠자리. comfortable bed

광:상(鑛床)[명]〈광물〉유용한 광물의 집합체. 협의로는 유용 금속 광물을 포함하는 것. mineral deposits

광상(狂想曲)[명]〈음악〉카프리치오(capriccio).

광:상 지질학(鑛床地質學)[명]〈광물〉광상의 성인(成因)·형상·함유물 및 지질학상의 관계 같은 것을 연 구하는 지질학의 한 분파.

광색(光色)[명]《동》광색(光色)①.

광:석(鑛石)[명]〈광물〉광상(鑛床)을 구성하는 유용한 광물. 또, 그런 광물이 섞이어 채굴의 목적물이 되는 것. ore

광:석 검:파기(鑛石檢波器)[명]〈광물〉광석과 금속. 또는 다른 종류의 광석을 접촉시켜 전파가 닿음을 검사하는 장치. mineral detector

광:석 수신기(鑛石受信器)[명]〈물리〉진공관 대신 광석 검파기를 쓰는 라디오 수신기. crystal radio set

광선(光線)[명] ①빛. 빛의 줄기. light ②〈물리〉빛이 나가는 길. ray

광선 요법[-뇨뻡](光線療法)[명]〈의학〉일광·적외선·자외선·렌트겐선·라듐 방사선 등을 사용해 병을 치료하는 법. 방사선(放射線) 요법.

광설(狂雪)[명] 이상하게 휘날리어 어지럽게 내리는 눈. blizzard ②철 늦게 내리는 눈. untimely snow

광:세(曠世)[명] 세상에 드묾. unparalleled 하타

광:세 영웅(曠世英雄)[명] 세상에 보기 드문 영웅.

광:세지=재(曠世之才)[명] 세상에 보기 드문 재주. 또, 그런 사람.

광소(光素)[명]〈물리〉뉴튼이 발광체(發光體)에서 방사된다고 가정한 미립자. 광입자(光粒子).

광속(光束)[명]〈물리〉광선의 다발. pencil of light ②어떤 면을 단위 시간에 통과하는 빛. 또, 그 빛의 방사성 에너지. 단위는 루멘(lumen).

광속(光速)[명]〈약〉→광속도(光速度).

광=속도(光速度)[명]〈물리〉①빛의 속도. ②진공 속에서의 빛·전자파의 속도. 1초에 약 30만 km. (약) 광속(光速).

광속도 불변의 원리(光速度不變一原理)〈물리〉'진공 속에서의 빛의 속도는 광원이 정지해 있거나 등 속도(等速度) 운동을 하거나 꼭 같다'는 원리. 특수 상대성 이론의 기본 원리임.

광:쇠[불교]〈중이 염불할 때 치는 쇠.

광:쇠(光一)[명] 쇠붙이에 광을 내는 연장.

광:수(廣袖)[명] 통이 넓은 소매. 활수(闊袖). (대) 첨수(尖袖). open sleeve

광:수(鑛水)[명]〈광물〉광산 구덩이나 제련소에서 나오는 광독(鑛毒)이 섞인 물. mineral water ②《동》광천(鑛泉).   [먼 춤.

광:수-무(廣袖舞)[명]〈음악〉옛날 나라 잔치 때에 추

광=수차(光收差)[명]〈물리〉빛이 오는 방향과 직각이 되는 방향으로 운동하고 있는 관측자에게 광원(光源)의 방향이 달리 보이는 현상. 광행차(光行差)④.

광:순(廣詢)[명] 여러 사람에게 의견을 널리 물음. 하타

광시(光視)[명]〈생리〉눈을 감고 안구를 눌렀을 때 망막이 자극되지 않고 속에서 빛을 내는 듯이 느끼는 현상.

광시(狂詩)[명] 격에 맞지 않고 속어와 비어 등을 써서 익살스레 지은 상스러운 시. comic poem

광시=곡(狂詩曲)[명]〈음악〉특징 있는 민요의 선율 몇을 주제로 하여 분방(奔放)한 형식으로 지은 곡. 랩소디. rhapsody

광신(狂信)[명] ①종교나 주의·사상을 미친 정도로 믿음. fanaticism ②〈심리〉자기의 신념을 지나치게 믿어 관용과 이성을 잃은 태도. 하타

광신-도(狂信徒)[명] 광신하는 신도.

광신-자(狂信者)[명] 이성(理性)에서 벗어나 지나친 정도로 어떤 종교에 심취하고 있는 사람.

광심(光心)[명]〈물리〉렌즈를 통과하는 빛이 들어갈 때의 방향과 나올 때의 방향이 서로 평행(平行)일 때, 광선의 통로와 광축이 마주친 점. optical centre

광압(光壓)[명]〈물리〉광파(光波)가 물체의 표면에 닿아 그것에 미치는 압력.

광:액(鑛液)[명] 선광할 때 나오는 미세한 광석 알갱이.

광:야(鑛野)[명] 너른 들.

광:야(曠野)[명] ①아득하게 너른 벌판. 광원(曠原). wide plain ②《동》황야(荒野).

광약(狂藥)[명] ①미치게 만드는 약. ②술을 달리 이르는 말.

광:양자[―냥―](光量子)〖명〗〈물리〉소립자(素粒子)의 하나로, 전자파(電磁波)의 에너지를 지닌 기본적인 입자.光子(광자).

광:어(廣魚)〖명〗 ①〖동〗넙치. ②말린 넙치.

광언(狂言)〖명〗미친 소리. mad talk

광언 기어(狂言綺語)〖명〗①이치에 어긋난 말이나 교묘히 꾸민 말. ②흥미 본위로 벌여 놓은 문학적 표현이나 소설. 불교에서 문학을 욕한 말.

광언 망:설(狂言妄說)〖명〗⇨ 광담 패설(狂談悖說).

광:업(鑛業)〖명〗광산에 따른 사업. 채광·선광(選鑛)·정련(精鍊) 등의 모든 작업. mining

광:업권(鑛業權)〖명〗(법률) 등록된 일정한 구역에서 광물을 채굴·취득할 수 있는 권리. mining right

광:업부(鑛業簿)〖명〗광업권자가 광업법에 따라 광업소에 비치하는 장부.

광:업소(鑛業所)〖명〗광물의 채굴권자가 사무를 취급하는 곳.

광:업 식민지(鑛業植民地)〖명〗광산 채굴, 공업상의 원료나 연료 취득을 목적으로 하는 식민지.

광:업 원부(鑛業原簿)〖명〗광업권이나 그 저당권의 설정·변경·이전·소멸·처분의 제한·광업권의 존속기간 등을 등록하는 공부(公簿).

광:업 재단(鑛業財團)〖명〗광업 저당법에 의하여 저당권 설정이 인정되는 재단.

광:업 저:당(鑛業抵當)〖명〗〈법률〉광물 채굴권자가 광업 재단을 만들어서 저당권을 설정하는 일. 또, 그 저당권.

광에서 인심 난다(鑛―)〖명〗자기 살림이 넉넉해야 남을 동정하게 된다.

광:역(廣域)〖명〗넓은 구역. vast area

광:역 경제(廣域經濟)〖명〗〈경제〉제국주의적 강국이 종속국을 한 범위 안에서 자급 자족하는 경제.

광:역=시(廣域市)〖명〗도(道)와 동격으로, 중앙의 감독을 받는 지방 자치 단체.

광:역=화(廣域化)〖명〗⇨ 넓게 만듦. 하⦁타

광:연(鑛煙)〖명〗황화철을 제련할 때 굴뚝에서 나는 연기.

광열(光熱)〖명〗빛과 열. fuel and light

광열(狂熱)〖명〗미친 듯한 열정. 열광(熱狂).

광열=비(光熱費)〖명〗난방·조명 등에 쓰이는 전기·가스 등의 비용.

광염(光焰)〖명〗빛과 불꽃. flame

광염(狂炎)〖명〗미친 듯이 타오르는 불길 또는 그것.

광:염(鑛染)〖명〗〈광물〉유용한 광물이 바위 속에 조금씩 박혀 있거나 그 광물 특유의 색으로 물든 것처럼 되는 현상.

광:엽(廣葉)〖명〗넓고 큰 잎. 넓은 잎.

광영(光榮)〖명〗⇨ 영광(榮光).

광예(光譽)〖명〗빛나는 영예.

광요(光耀)〖명〗①⦁동 광채(光彩)①. ②빛남. 하⦁자

광:운(廣韻)〖명〗한자를 운(韻)에 따라 분류하여 배열하고, 글자마다 음과 뜻을 풀이한 운서(韻書).

광원(光源)〖명〗〈물리〉①빛의 근원. ②스스로 빛을 내는 물체. 발광체(發光體). source of light

광:원(廣遠)〖명〗넓고도 멂. 하⦁여

광:원(鑛員)〖명〗⦁동 광야(鑛野)①.

광유(誆誘)〖명〗속여서 꾐. 하⦁타

광:유(鑛油)〖명〗〈약〉⇨광물유(鑛物油).

광음(光陰)〖명〗①세월. 연월. ¶일출 ~.

광음(狂飮)〖명〗미친 듯이 술을 마심. 정신없이 마심.

광음 여류(光陰如流)〖명〗세월이 흐르는 물과 같이 빠름. Time flies like a flowing stream 하⦁자

광음 여시(光陰如矢)〖명〗시간의 흐름이 화살과 같이 빠름. Time flies like an arrow 하⦁자

광:의(廣義)〖명〗넓은 뜻의 의의(意義). wide sense

광익(匡益)〖명〗바로잡아 이익되게 함. 하⦁타

광:익(廣益)〖명〗널리 일반에게 이익을 베풂. 하⦁타

광인(狂人)〖명〗미친 사람. 광자(狂者). madman

광:일 미구(曠日彌久)〖명〗쓸데없이 헛되이 세월을 보냄.

광:입자(光粒子)〖명〗⦁동 광소(光素).

광자(光子)〖명〗⦁동 광양자(光量子).

광자(狂者)〖명〗⦁동 광인(狂人).

광자 로켓(光子 rocket)〖명〗〈물리〉우주에서 대량의 빛을 모아 반사경으로 후방에 방사하는 그 광압(光壓)으로 추진하는 로켓. 광속(光速)보다 약간 늦으며, 여기 타면 사람이 늙지 않을 것이라 함. 광파 로켓.

광자기(鑛山機械)〖명〗〈공업〉장롱(機龍)의 마대 앞 옆에 붙인 널.

광:작(廣作)〖명〗농사를 많이 지음. large scale farming 하⦁타

광:장(廣壯)〖명〗너르고 훌륭함. grandness 하⦁여

광:장(廣場)〖명〗①너른 마당. 너른 빈터. open place ②여러 갈래의 길이 한 곳에 모여 이루는 너른 마당.

광:재(鑛滓)〖명〗제련한 뒤의 광석 찌꺼기.

광저기〖식물〗콩과의 일년생 덩굴풀. 중앙 아프리카 원산으로 열대 및 온대에서 재배하며 씨와 어린 깍지는 먹음. 동부②. cowpeas

광적(光跡)〖명〗〈물리〉빛을 내며 움직이는 물체(物體)를 보았을 때나 적었을 때 느끼는 동작기.

광적(―的)〖관⦁명〗미친 사람과 같은 상태나 모양의(것).

광전=관(光電管)〖명〗〈물리〉광전지(光電池)의 하나. 광전 효과를 이용하여 빛의 강약을 전류의 강약으로 바꾸는 이극 진공관. 사진 전송 등에 쓰임. phototube

광:전:자(光電子)〖명〗〈물리〉광전 효과를 일으킬 때 방출되는 자유 전자. photo-election

광:전:지(光電池)〖명〗〈물리〉광전 효과를 이용하여 빛을 전류로 바꾸는 장치. photoelectric cell

광:전:화(光電話)〖명〗〈물리〉무선 전화의 전파 대신 광선을 이용하는 전화. 光電話

광전 효:과(光電效果)〖명〗〈물리〉금속 표면에 빛이 닿으면 전자를 방출하거나, 전지 저항이 변하여 기전력(起電力)이 발생하는 현상. photoelectric effect

광점[―뎜](光點)〖명〗①⦁동 백반(白斑)②. facula ②〈물리〉한 점으로 보는 광체(光體). 점광원(點光源). luminous point

광:점(廣占)〖명〗넓게 차지함. 하⦁타

광점(鑛店)〖명〗광물을 파내는 곳.

광정(匡正)〖명〗바로잡아 고침. 교정(矯正). 확정(廓正). 하⦁타

광제(匡濟)〖명〗바르게 고치어 구제함. 하⦁타

광:제(廣濟)〖명〗널리 구제함. general relief 하⦁타

광:제=원(廣濟院)〖명〗〈제도〉조선조 고종 때 질병 치료의 사무를 보던 내부(內部)의 관서.

광조(光照)〖명〗빛을 내어 환하게 비춤. 하⦁타

광조(狂躁)〖명〗미쳐서 날뜀. frenzy 하⦁자

광조·리(―) 〖고〗광주리.

광:종(鑛種)〖명〗광물의 종류.

광:좌(廣座)〖명〗많은 사람이 앉아 있는 넓은 자리. open seat

광:주(鑛主)〖명〗〈광물〉광업권을 가진 사람. mine owner

광주리 대나무·싸리·버들 따위로 결어 만든 둥근 그릇. round wicker basket

광주리에 담은 밥도 엎어질 수가 있다〖격〗틀림없을 듯한 일도 잘못하면 그르칠 때가 있다.

광주리=장수(―)〖명〗광주리에 물건을 담아 이고 다니며 파는 여자 장수. peddler

광주 생원의 첫 서울이라〖격〗어릿어릿하고 정신을 못 차림을 이름.

광주 학생 운:동(光州學生運動)〖명〗〈역사〉1929 년 11월 3일 광주에서 남도 광주에 일 남녀 학생들의 반

광:중(壙中)〖명〗⦁동 광내(壙內). ¶일(反日) 투쟁 운동.

광=중성자(光中性子)〖명〗〈물리〉①γ선에 의한 핵반응 때 생기는 중성자. ②광핵(光核) 반응 때 방출되는 중성자.

광=중합(光重合)〖명〗〈화학〉이중 또는 삼중 결합으로 된 유기물이 빛을 흡수하여서 이중 또는 삼중 결합이 풀리면서 일어나는 중합.

광증[―쯩](狂症)〖명〗미친 증세. 광질(狂疾). insanity

광:지(壙誌)〖명〗⦁동 묘지(墓誌).

광질(狂疾)〖명〗〈한의〉정신병. 광증(狂症).

광차(光差)〖명〗〈천문〉①천체에 일어난 현상을 관측한

시각과 그것이 실제 일어났던 시각과의 차. ②태양 광선이 지구에 도달하는 시각. 약 500초.
광:차(鑛車)[명] 광석을 실어 나르는 차. miner's truck
광창(光窓)[명] 채광을 위해 있는 창.
광채(光彩)[명] ①찬란한 빛. 광색(光色). 광요①. luster ②빛의 무늬. brilliancy
광:천(鑛泉)[명] 〈지리〉 광물성·방사성 물질을 비교적 많이 함유하여, 약용 음료, 목욕 치료 등에 이용됨. 광수(鑛水)②. mineral spring
광:천염(鑛泉鹽)[명] 〈광물〉 광천을 증발시켜서 얻은 광체(鑛體)[명] 〈물리〉 발광체. 「염류.
광추(光錐)[명] 한 광원(光源)으로부터 어떤 면 위로 내쏘는 빛의 발. beam
광축(光軸)[명] 〈물리〉 ①렌즈 등의 광학계(光學系)에서 각 면의 중심과 곡률 중심과를 연결한 선. ②이방성(異方性) 결정에서 빛이 복굴절(複屈折)을 나타내지 않는 방향의 축. optical axis 「로 된 각.
광축-각(光軸角)[명] 〈물리〉 복굴절이 없는 두 광축으
광축각-기(光軸角器)[명] 〈물리〉 쌍축 결정(雙軸結晶)The 두 개의 광축 사이의 각을 재는 기구. 광축계(光軸計).
광축-계(光軸計)[명] ⇒광축각기.
광축-면(光軸面)[명] 〈물리〉 쌍축 결정(雙軸結晶)에서 두 개의 광축을 포함하는 평면.
광취(狂醉)[명] 미친 듯이 술에 취함. intoxication 하타
광:층(鑛層)[명] 〈광물〉 해저·호수 바닥에 용해되어 있던 광물 성분이 침전되어 된 광상. ore bed
광치(狂癡·狂痴)[명] ①광인과 천치. ②미치고 어리석음. 광우(狂愚). lunatic and fool
광:치-다(光一)[자타] ①사실보다 크게 떠벌려 자랑하다. brag ②광내다. glitter
광-컴퓨:터(光 computer)[명] 빛을 이용하여 정보의 기억 처리를 하는 컴퓨터. 「탄. flare bomb
광탄(光彈)[명] 〈군사〉 어둠을 밝히기 위하여 쏘는 포
광탄-성(光彈性)[명] 〈물리〉 유리나 셀룰로이드 따위가, 기계적 외력(外力)과 가열(加熱)로 말미암아 내부에 생기는 변형(變形)의 분포에 따라 여러 가지 모양으로 등색선(等色線)의 모양이 생기는 현상. illumination
광:탐(廣探)[명] 널리 탐문함. extensive research 하타
광탑(光塔)[명] 등대(燈臺).
광:탕(曠蕩)[명] 죄인을 특사(特赦)함. 하타
광:탕지(曠蕩之典)[명] 〈제도〉 광탕하다는 은전(恩典).
광태(狂態)[명] 미친 짓. 미친 모양. crazy behaviour
광택(光澤)[명] ①번들거리는 빛. ②〈물리〉 빛의 반사로 물체의 거죽이 번쩍이는 현상. ③~사진(寫眞). lustre ③〈불교〉 부처의 광명의 비춤을 입어 제도됨.
광택-기(光澤機)[명] 마찰에 의하여 직물·종이 따위를 보드랍게 하여 광택을 내는 기계. calender
광파(光波)[명] 〈물리〉 빛의 파동. light waves
광:파(廣播)[명] 널리 퍼트림. 하타
광:판(廣板)[명] 넓은 나무 판자. broad board
광패(狂悖)[명] 하는 짓이 예절에 어긋나고 난폭함. frenzy 하타 「하고 돌보지 않음. 하타
광:패(曠敗)[명] ①오랫 동안 폐함. ②할 일을 게을리
광포(狂暴)[명] 미친 듯이 사나움. 난폭함. rage 하타
광:포(廣布)[명] ①널리 퍼서 알림. ②폭이 넓은 베. broad cloth 하타
광:폭(廣幅)[명] ①폭이 넓음. full width ②이유 없이 남의 일에 간섭함. meddling 하타
광풍(光風)[명] ①비가 그치고 갠 뒤에 부는 바람. ②맑은 봄날에 따사롭게 부는 바람. glittering breeze
광풍(狂風)[명] 미친 듯이 부는 사나운 바람. raging wind
광풍 제:월(光風霽月)[명] ①비 갠 뒤에 맑게 부는 바람과 달. ②마음에 근심과 집착이 없고 명쾌함. serenity of mind 「필함. 광포. 하타
광필(匡弼)[명] 그름을 고치며 미치지 못하는 것을 도
광:하(廣廈)[명] 넓고 큰 집. 대하(大廈).
광학(光學)[명] 〈물리〉 빛의 현상·성질을 연구하는 물

리학의 한 분과. ¶ ~ 기계(機械). optics
광:학(鑛學)[명] ⇒광물학(鑛物學).
광학 병기(光學兵器)[명] 〈군사〉 광학의 원리를 응용한 망원경·잠망경(潛望鏡) 등의 병기. optical weapons
광학적 이중성(光學的二重星)[명] 〈천문〉 망원경으로 구별할 수 있을 정도로 서로 가까이 있는 두 개 이상의 항성. 복성(複星).
광학 지레(光學一)[명] 〈물리〉 극히 작은 각도의 변화량을 거울의 반사를 이용하여 측정하는 장치.
광한(狂漢)[명] 미친 놈. madman
광:한-부(廣寒府)[명] 〈통〉 광한전.
광:한-전(廣寒殿)[명] 달 속의 항아(姮娥)가 산다는 전각. 광한부(廣寒府).
광-합성(光合成)[명] 〈화학〉 녹색 식물의 엽록체가 빛에너지를 이용하여 물질의 화학적 합성을 일으키는 현상. photosynthesis
광행-차(光行差)[명] ①〈통〉 광수차(光收差). ②지구의 공전·자전으로 천체가 실제 방향보다 드러나게 보이는 실제상(實際上)의 위치의 변화. aberration
광:혈(壙穴)[명] 시체를 묻는 구덩이.
광:혈(鑛穴)[명] ①〈통〉 광맥(鑛脈). ②〈통〉 광(鑛).
광:협(廣狹)[명] 넓음과 좁음. breadth and narrowness
광혹(狂惑)[명] 미쳐서 혹함. 하타
광혹(誑惑)[명] 속여서 얼을 빼어 호림. 하타
광:화(鑛化)[명] 〈광물〉 땅 속의 용액이나 기체의 작용으로 보통 돌을 유용한 광석으로 만드는 일. mineralization 하타
광-화학(光化學)[명] 〈물리·화학〉 물질의 화학 변화와 빛, 또는 일반으로 복사선과의 관계를 연구하는 화학의 한 부문. photochemistry
광환(光環)[명] 〈통〉 광관(光冠). 「vastness 하타
광:활(廣闊)[명] 훤하게 트이고 너름. ¶ ~한 평원.
광휘(光輝)[명] 번쩍이는 빛. brightness
광흥(狂興)[명] 미친 듯이 흥겨워함. exhilaration 하타
광희(狂喜)[명] 미친 듯이 기뻐함. extreme delight 하타
광희(狂戲)[명] 미친 듯한 장난.
괘(卦)[명] ①고대 중국의 복희씨가 만들었다는 글자로 주역(周易)의 골자. ②〈약〉⇒점괘(占卦). divination sign 「기둥.
괘(棵)[명] 〈음악〉 가야금·거문고 등의 현(絃)을 괴는
:괘(卦)[명] '괘'에 '이'가 겹친 조사.
괘:경(掛鏡)[명] 벽이나 기둥에 거는 거울. wall mirror
괘:관(掛冠·挂冠)[명] 〈제도〉 벼슬을 내놓음. resignation 하타
괘괘-더:다[자타] 딱 잘라 거절하다.
괘괘이-떼:다[자타] 딱 잘라 거절하다. 「miscarry
괘:금(掛金)[명] ①노름판에서 돈을 걺. stakes ②'보험료'의 구칭. insurance premium 하타
괘:심-스럽다[형] 〈ㅂ변〉 언행이 의외로 괴이하다. queer 괘:씸-스럽다 「괘심(掛心). anxiety 하타
괘:념(掛念)[명] 마음에 두어 잊지 않음. 괘의(掛意).
괘다리-적:다[형] ①멋없고 뻣뻣하다. impudent ②성미가 무뚝뚝하고 거칠다. 《속》 패달머리적다. curt
괘달머리-적:다[형] 패다리적다. 「wallpaper
괘:도(掛圖)[명] 걸어 놓고 보는 학습용의 그림·지도.
괘등(掛燈)〈광물〉 광맥(鑛脈)의 끝이 산등에 드러난 것.
괘:등(掛燈)[명] 전기나 누각 천장에 매다는 등. suspended lamp
·괘·라[고] '괘'에 '이라'가 겹친 말.
=괘라미[명] ⇒앉(었)노라. =겠노라.
괘:력(掛曆)[명] 걸어 놓는 달력. 양달력. wall calender
괘면(掛麵)[명] 마른 국수. dry vermicelli
괘:방(掛榜)[명] 〈제도〉 ①정령(政令)·포고(布告)를 붙여 보임. ②시험 합격자의 명단을 써 붙임. ③익명으로 글을 써 붙임. 하타
괘:방-치:다(掛榜一)[타] 비밀을 드러내다. divulge
괘:범(掛帆)[명] 돛을 닮. 하타
괘:불(掛佛)[명] 〈불교〉 ①크게 그려 걸게 된 불상. 《약》

괘불탱(掛佛幀). picture of Buddha to be hung on the wall ②부처의 그림을 높이 거는 일
괘:불―탱(掛佛幀)團〈약〉→괘불(掛佛)①.
괘사團 번죽스럽게 익살부리는 말이나 짓. drollery
괘사(掛辭)團〈민속〉점괘를 푼 글. 〖스메 스레
괘사(絓紗)團 누에고치의 겉가죽에서 뽑아낸 질 나 쁜 명주실.   〔상하게 하다. 익살떨다. droll
괘사―떨―다[르]匭 남을 웃기려고 언행을 우습고 꾀
괘사―부리―다匭 익살부리다.
괘상(掛象)團〈민속〉역괘(易卦)의 길흉의 상(象).   〔효상(爻象)②.
괘서(卦書)團 점치는 일. 복서(卜筮).
괘서(掛書)團 이름을 숨기고 게시하는 글. 하甲
괘:선(罫線)團 ①〈인쇄〉활판 인쇄에서 식자할 때 선 을 긋는 데 쓰는 쇠붙이의 얇은 조각. ¶가는(굵은) ~. ②〈경제〉주가(株價)의 움직임을 방안지 (方眼紙)에 나타낸 선. ruled lines
괘:심(掛心)團〈동〉괘념(掛念). 하甲
괘심하―다園[여星] 예절이나 의리가 없어 불쾌하다. ¶소행이 ~. insolent **괘심:히**匭〔a drug-store 하甲
괘:약(掛藥)團 약국(藥局) 영업을 시작함. opening
・괘・오匭〈고〉'과'에 '이오'를 어우른 조사.
괘:의(掛意)團〈동〉괘념(掛念). 하甲
괘장團 처음에는 할 듯하다가 갑자기 딴전을 부림. fickleness   〔되게 하다.
괘장―부치―다匭 생뚱스럽게 그럴 듯한 말로 일을 안
괘조(卦兆)團〈민속〉점칠 때 나타나는 길흉의 현상.
종―종(掛鐘)團 벽에 걸린 시계. wall clock
괘:지(罫紙)團〈동〉인찰지(印札紙).   〔paper
괘:판(掛版)團 인찰지를 박는 판. plate of a ruled
괘효(卦爻)團〈역〉역괘(易卦)의 여섯 개의 획.
괜―스레―匭 공연스레. ¶~ 오라가라하다.
괜찮―다[←관계치 않다]園 ①그만하면 별 탈 없다. 별로 나쁘지 않다. ¶글을 괜찮게 쓴다. just good enough ②지장이 없다. 무방하다. ¶그만 가도 ~. ③상관없다. **괜찮:이**匭
괜―히匭〈약〉공연(空然)히.
괠―다[르]匭〈광물〉광맥(鑛脈) 노석(露石)이 치밀하지 못 하여 금분의 합량이 적은 듯하다.
괭이團 땅을 파는 농기구. hoe
괭:이團〈동〉→고양이.
괭:이―눈團〈식물〉범의귀과의 풀. 줄기는 땅 위에 벋어 마디마디 잔뿌리가 있으며, 잎은 둥글고 가장 자리에 톱니가 있다. 이른 봄에 담황색 꽃이 핌.
괭:이―밥團〈식물〉괭이밥과의 다년생 풀. 뿌리 줄기 에 신맛이 있고, 7~8월에 황색 꽃이 핌. 잎사귀나 길가에 나며 어린 잎은 식용함. 괴승아. 작장초(酢漿草). 산거초(酸車草).
괭:이―사초(一莎草)團〈식물〉방동사니과의 다년생 풀. 줄기 높이 60cm 가량이고, 잎은 가늘고 질겨 어긋나게 붙었음 쌈. 가을에 줄기 끝의 잎 사이에 꽃이삭이 남.
괭:이―상어〈어류〉괭이상어과의 바닷물고기. 몸 길이가 1m 가량이며, 주둥이는 짧고 둔하게 둥글며 강한 이를 가진다. 몸 빛은 다갈색에 흑갈색 가로 띠가 있음.   〔broken sleep
괭:이―잠團 푹 자지 못하고 자주 깨면서 자는 잠.
괭이―질團 괭이로 땅을 파는 일. 하甲
괭잇―날團 괭이의 날. hoe blade
괭―하―다園[여星] 물체가 투명하여 환하게 비쳐 보이 다. 《센》꽹하다. transparent

괴(塊)團 덩이. lump 〈한〉여자의 뱃속에 덩 어리가 뭉쳐서 생기는 병의 하나. 또, 그 덩이.
괴(魁)團 ①우두머리. ringleader ②〈천문〉북두 칠
괴(艮)團 고양이. 〔성(北斗七星) 머리쪽의 별.
괴:걸(怪傑)團 ①괴상한 재주나 힘이 있는 호걸. ② 정체를 알 수 없는 인걸(人傑). mysterious man
괴:겁(壞劫)團〈불교〉사겁(四劫)의 하나. 세계가 괴 멸하는 기간.

괴:고(壞苦)團〈불교〉삼고(三苦)의 하나. 즐거운 일 이 깨져서 받는 고통.
괴:광(怪光)團 괴상한 불빛.
괴:광(塊鑛)團 큰 덩어리로 된 광석. lump ore
괴:괴(怪怪)團 이상야릇함. mysterious 하甲 히匭
괴:괴 망측(怪怪罔測)團 몹시 괴상함. 하甲
괴괴―하―다園[여星] 아무 소리 없이 고요하다. quiet **괴:괴히**匭
괴:교(怪巧)團 괴상하고 교함. queer dexterity 하甲
괴:구(愧懼)團 수치스럽고 두려움. 무안을 당하여 두
괴:귀(怪鬼)團 도깨비. ghost   〔려움.
괴근(塊根)團〈식물〉토란같이 덩이 모양으로 된 뿌 리. tuberous root   〔nugget
괴금(塊金)團 사금(砂金)과 함께 나오는 금덩이.
괴:기(怪奇)團 괴상하고 기이함. 기괴(奇怪). grotesque 하甲   〔cellent 하甲
괴기(魁奇)團 진귀하고 빼어남. marvellous and ex-
괴:기 소:설(怪奇小說)團 별난 사건이나 환상을 소재 로 괴기한 분위기와 공포감을 강조한 소설.
괴:―까다롭―다[르]園[凸보] 야릇하게 까다롭다. ¶식성 맞추 기가 ~. 《센》꾀까다롭다. queer and fastidious **괴:―까다로이**匭
괴:―까닭스럽―다[―닭―]園[凸보] 괴상하고도 야릇해서 몹시 까닭스럽다. 《센》꾀까닭스럽다. **괴:―까닭스레**匭
괴깔團 실・피륙・종이 따위의 겉에 보플보플 일어난 섬유. 산모 섬유(散毛纖維). naps
괴꼴團 타작할 때 생기는 벼알이 섞인 짚북데기.
괴끼團 곡식의 수염 부스러기. awns
괴나리團〈약〉→괴나리봇짐.
괴나리―봇짐團 보자기에 자그마하게 싸서 진 봇짐.
괴:난(愧赧)團 부끄러워서 뷔어낸다.   〔〈약〉괴나리.
괴:―다匝 우묵한 곳에 액체가 모이다. ¶구덩이에 빗물이 ~. stagnate
괴:―다匝 술・간장・초 등이 발효할 때에 거품이 부걱부걱 일다. ¶독안의 술이 ~. ferment
괴:―다匝 ①밑을 받쳐 안정되게 하다. ¶책상 다리 를 ~. props ②음식을 그릇에 차례로 쌓아 올리다. ¶다식을 ~. pile up ③웃어른의 지함을 받들어 쓰
괴:―다匝 아끼어 사랑하다.   〔다.
괴:담(怪談)團 이상 야릇한 이야기. ghost story
괴:담 이:설(怪談異說)團 괴이한 이야기. uncanny story
괴당(乖當)團 정당하지 않음. unfair 하甲
괴대(拐帶)團〈법〉위탁받은 물건을 가지고 달아남.
괴덕―부리―다匭 수선스럽고 실없는 말이나 짓을 하다. act frivolously 〔 ̄다. frivolous **괴덕―스레**匭
괴덕―스럽―다(―――)園[凸보] 수선스럽고 실없이 미덥지 못하
괴:도(怪盜)團 괴상한 도둑. mysterious robber
괴도라치〈어류〉황줄베도라치과의 바닷물고기. 몸 길이 25cm 가량으로 피부가 비슷하여 머리는 작고 주둥이 끝이 둔함. 몸빛은 암갈색으로 체측에 가로 띠가 있음. 새끼 말린 것을 '뱅어포'라 함.
괴:동(怪童)團 괴이한 재주를 가진 아이.
괴두(魁頭)團 ①산발(散髮)한 머리. ② 과거에 1등으 로 급제한 사람.
괴:락(壞落)團 붕괴하여 떨어짐. collapse 하甲
괴란(乖亂)團 어그러져서 어지러움. disorder 하甲
괴:란(愧赧)團 부끄러워 얼굴이 붉어짐. 《원》괴난. blush 하甲   〔게 함. corruption 하甲
괴:란(壞亂)團 무너져 어지러워짐. 무너뜨려 어지럽
괴란―쩍―다(愧赧―)園 하는 말과 짓이 아니꼽다. disgusting
괴려(乖戾)團 사리에 어그러짐. irrationality 하甲
괴:력(怪力)團 ①초인적으로 뛰어난 큰 힘. ②괴이(怪 異)와 용력(勇力). Herculean strength
괴로움/괴롬團 ①몸이나 마음의 고통을 느낌. annoyance ②힘들고 어려움. 고난(困難)③. wearing ③ 귀찮음. 성가심. troublesomeness
괴로워―하―다匭 괴로움에 겨워하다. ¶상처를 ~.

괴롭-다[⤴][형][ㅂ불] ①몸이나 마음에 고통을 느끼다. distressing ②힘들고 어렵다. 곤란하다. difficult ③귀찮다. 성가시다. painful 괴로-이[부]
괴롭-히-다[타] 괴롭게 하다. ¶남을 ~.
괴:뢰(傀儡)[명] ①꼭두각시. puppet ②망석중이. tool ③허수아비. 뇌신(儡身). ¶~ 정부(政府). robot
괴:뢰-군(傀儡軍)[명] 괴뢰 정부의 군대.
괴:뢰-사(傀儡師)[명] 꼭두각시를 놀리는 사람. 괴뢰자.
괴:뢰-자(傀儡子)[명] 〔동〕 괴뢰사. [puppet man
괴:뢰 정권[一權](傀儡政權)[명] 남의 나라의 지령을 받고 아무런 실권 없이 인형적 구실을 하는 정부. puppet government
괴리(乖離)[명] 서로 등져서 떨어짐. estrangement 하[자]
괴리 개:념(乖離概念)[명] 〔논리〕 같은 종류의 개념에 포섭(包攝)할 수 없는 두 개 이상의 개념의 상호 일컬음. disparate conception
괴:망(怪妄)[명] 괴상 망측함. oddity 하[형] 스레[부]
괴:망-떨-다(怪妄一)[자][ㄹ불] 괴망스러운 짓을 자주 하다.
괴:망-부리-다(怪妄一)[자] 괴망스러운 짓을 하다.
괴:망 우벽(怪妄迂僻)[명] 괴망스럽고 편벽됨. 하[형]
괴:머리[명] 물레의 왼쪽에 가락을 꽂는 부분.
괴:멸(壞滅)[명] 무너져 멸망함. destruction 하[자]
괴목(槐木)[명] 〔식물〕 홰나무.
괴:몽(怪夢)[명] 괴상한 꿈. strange dream
괴:문(怪聞)[명] 괴상한 소문. strange rumour
괴:물(怪物)[명] ①괴상하게 생긴 물건. monster ②괴상한 사람. 에 방앗공이를 받치는 나무.
괴밋-대[명] 〔광물〕 분쇄된 광석을 방아확에서 파낼 때
괴반(乖反)[명] 어그러짐. 벗어남. swerving 하[형]
괴반(乖叛)[명] 배반함. betrayal 하[자]
괴:발-개:발[명] 글씨를 함부로 써 놓은 모양. 개발괴발. at random [다.
괴발괴발 그리다[타] 글씨 쓰는 솜씨가 몹시 지저분하
괴방(魁榜)(制度)[명] 과거에 1등으로 합격하여 합격자 발표의 방에 첫째로 적힘. 장원 급제(壯元及第).
괴:배-다(塊一)[자] 〔한의〕 뱃속에 괴(塊)가 들다.
괴:벗-다[자] →발가벗다.
괴벽(乖僻)[명] 기괴 망측함. 괴망(怪妄). eccentricity
괴:벽(怪癖)[명] 괴이한 버릇. peculiar habit
괴:변(怪變)[명] 괴상한 변고. accident
괴:변(壞變)[명] 붕괴하여 변형함. 하[자]
괴:병(怪病)[명] 〔동〕 괴질(怪疾)①.
괴불[약] 괴불 주머니.
괴불 주머니[명] 색 헝겊을 귀를 내어 접어 솜을 넣고 수를 놓아 차는 어린이의 노리개. 〔약〕 괴불.
괴:사(怪事)[명] 괴상한 일. mystery
괴:상(怪狀)[명] 괴이한 모양. monstrosity
괴:상(怪常)[명] 이상 야릇함. mysterious 하[형] 스레[부] 히[부]
괴상(乖常)[명] 상리에 어긋남. swerving 하[자]
괴:상(塊狀)[명] 덩어리로 된 모양. massive form
괴:상-망측(怪常罔測)[명] 괴상하기 짝이 없음. 하[형]
괴:상 야:릇-하-다[一냐ㅡ](怪常一)[어미][형] 괴상하고 야릇하다.
괴상 화:산(塊狀火山)[명] 〔지학〕 종(鐘)처럼 생긴 산으로, 점성(粘性)이 강한 동일 용암으로 되어 있는 화산.
괴:색(愧色)[명] 부끄러워하는 얼굴빛.
괴:석(怪石)[명] 괴상하게 생긴 돌. ¶기암 ~. fantastic rock
괴:석 기초(怪石奇草)[명] 괴상하게 생긴 돌과 기이한 풀.
괴:설(怪說)[명] 기괴한 설. 이상한 소문. mystery
괴:손(壞損)[명] ①무너뜨려 손해를 입힘. demolition ②체면을 손상함. 훼손(毁損). defamation 하[타]
괴:悚(愧悚)[명] 부끄러워 몹시 황송함. 하[형]
괴:수(怪獸)[명] 괴상하게 생긴 짐승. monstrous beast
괴수(魁首)[명] 나쁜 짓을 하는 무리의 두목. 수괴(首魁). ringleader
괴승아[동] 쟁이밥.
괴:심(愧心)[명] 부끄러운 마음.
괴:악(怪惡)[명] 괴이하고 악함. 하[형] 스레[부]
괴:악 망측(怪惡罔測)[명] 말할 수 없이 괴악함. 하[형]
괴:암(怪岩)[명] 괴상하게 생긴 암석.
괴:어(怪魚)[명] 괴상한 물고기. fantastic fish
괴어 오르-다[자][르불] 술·간장 또는 초 따위가 발효할 때에 거품이 부걱부걱 솟아오르다. ferment
괴:열(壞裂)[명] ①헐어지고 갈라짐. break ②일이 중도에서 허물어짐. set-back 하[자]
괴:오-하-다(魁梧一)[어미][형] 괴위(魁偉)하다.
괴:오-히-다[고] 고요하다.
괴옴[명] 〔고〕 사랑하는. 필.
괴:외-하-다[고] 고요하다.
괴:외-히[고] 고요히.
괴:용(怪勇)[명] 괴상한 용기. mysterious valour
괴:우(怪雨)[명] 선풍이 불어 흙·벌레 따위가 섞인 비.
괴:운(怪雲)[명] 모양이 이상한 구름.
괴위-하-다(魁偉一)[어미][형] 얼굴 생김새가 거대하다. 괴오(魁梧)하다. gigantic
괴:이(怪異)[명] 이상 야릇함. mystery 하[형] 히[부]
괴이-다[피동] ①받친 물건에 굄을 당하다. ¶한쪽 다리가 괴인 책상. be propped ②그릇 위에 피어 쌓임을 당하다. ¶다식이 세 켜 괴였다. be piled up ③직함(職銜)이 피어 쓰임을 당하다. ④남에게 사랑을 받다. be loved [받다.
괴·이-다[고] ①사랑하다. ②아양부리다. 사랑을
괴:이-쩍-다(怪異一)[형] 괴이한 느낌이 있다. be mysterious
괴:이-찮-다(怪異一)[형] 괴이하지 않다. [terious
괴:에-다[피동][고] 괴이다. 사랑을 받다.
괴재(塊才)[명] 〔병〕 「기능을 잃는 병.
괴저(壞疽)[명] 〔의학〕 신체 조직의 일부분이 썩어 그
괴:조(怪鳥)[명] 괴상한 새. queer bird
괴·줏-나무[명] 구기자나무.
괴 죽 쑤어 줄 것 없고 새앙쥐 볼가심할 것 없다[속] 매우 가난하다.
괴:증(一症)(壞症)[명] 〔한의〕 상한병(傷寒病)과 비슷한 병으로, 보통 온독(溫毒)·온역(溫疫)·온학(溫瘧).
괴지(槐枝)[명] 홰나무 가지.
괴:질(怪疾)[명] ①원인을 알 수 없는 괴상한 돌림병. 괴병(怪病). mysterious disease ②〔속〕 콜레라. [cholera
괴:짜(怪一)[명] 〔속〕 괴상한 사람.
괴:찮-다(怪一)[형] 괴이하지 않다.
괴철(塊鐵)[명] 철광을 녹여 응결시킨 쇳덩이. bloom
괴촌(塊村)[명] 집합하여 덩이를 이룬 촌락.
괴:춤[약] 고의춤.
괴:충(怪蟲)[명] 괴상한 벌레.
괴:탄(怪歎)[명] 의심스럽게 여겨 탄식함. 하[타]
괴:탄(怪誕)[명] 기괴하고 허된 소리.
괴탄(塊炭)[명] 덩이 석탄. lump coal
괴토(塊土)[명] 덩이로 된 흙. [handle hole
괴통[명] 창·삽·괭이·쇠스랑 따위의 자루를 박는 부분.
괴:팍(乖愎)[명] 성질이 깔깔하고 고집이 세다. fastidious 하[형] 스레[부]
괴패(乖悖)[명] 이치에 어긋남. perverseness 하[형]
괴:패(壞敗)[명] 헐어짐. 헐어이짐. decomposition 하[자]
괴팍(乖愎)[명] →괴팍. [centric
괴:=하-다(怪一)[어미][형] 성질과 행동이 괴이하다. eccentric
괴:한(怪漢)[명] 괴이한 사나이. mysterious man
괴:행(怪行)[명] 괴이한 행동.
괴:혈-병[一뼝](壞血病)[명] 〔의학〕 비타민 C의 결핍으로 인한 병. 빈혈·쇠약·잇몸 출혈 등의 증상으로 나타남. scurvy
괴:형(塊形)[명] 덩어리로 된 모양.
괴:화(槐火)[명] 햇닭을 모를 깍깍하여 씀. mysterious
괴화(槐花)[명] 홰나무의 꽃. 한약재로 씀. [fire
괴황(槐黃)[명] 홰나무 열매로 만든 누른 물감.
괴:후(怪候)[명] 이상스런 기후. unseasonable
괵(馘)[명] 〔동〕 휘.

굉량(觥量)명 휘로 곡식을 됨. ―하다

굉수(觥首)명 목을 자름. 참수(斬首).

굉실(觥實)명 도토리.

약약(櫔藥・櫔若)명〈한의〉떡갈나무 잎사귀. 치질・혈리(血痢)・제충(除蟲) 따위의 약재로 씀.

굄¹명 귀여워 사랑함. 총애. dear lover

굄²명 물건의 밑을 괴는 일. 또, 그밑에 물건. prop

굄:돌〔―똘〕명 밑을 괴는 돌. propping stone

굄:목(―木)명 괴는 나무. propping wood

굄:새명 ①피어 놓은 모양. way something propped ②괴질하는 솜씨. (원)괴임새. skill at stacking ―하다 / stacking ―하다

굄:질명 그릇에 과자・과일 따위를 피어 올리는 짓.

굉걸(宏傑)명 굉장하고 훌륭함. grandness

굉굉(轟轟)명 큰 소리로 울림. thunderous ―하다 ―히

굉기(宏器)명 큰 기량.

굉대(宏大)명 굉장히 큼. vastness ―하다

굉도(宏圖)명 크나큰 계획. 평모(宏謀).

굉렬(轟烈)명 몹시 사납고 세참.

굉모(宏謀)명 (동)굉도(宏圖).

굉변(宏辯)명 웅대한 변론.

굉업(宏業)명 큰 사업. great work

굉연(轟然)뷔 하늘이 무너지는 듯이 소리가 크게 울리는 모양. thunder ―하다

굉원(宏遠)명 ①너르고 멂. ②대단히 멂. ¶기우(氣宇) ~. vast and remote ―하다

굉유(宏儒)명 뛰어난 학자.

굉음(宏飮)명 술을 많이 마심. ―하다

굉음(轟音)명 크게 울리는 소리.

굉장(宏壯)명 ①크고 훌륭함. ¶~한 건물. grandeur ②대단함. ¶~한 인파. ―하다 ―스럽다 ―스레 ―히

굉재(宏才)명 뛰어난 재주.

굉재(宏材)명 뛰어나게 훌륭한 인물. grand talent

굉재 탁식(宏才卓識)명 큰 재능과 뛰어난 견식(見識).

굉창(宏敞)명 넓고 시원스러움. ―하다

굉창지관(宏敞之觀)명 넓고 탁 트인 광경.

굉침(宏沈)명 배가 포격・풍랑에 맞아 순식간에 가라앉음. 또, 그렇게 하여 가라앉힘. instant sinking ―하다 / by gun ―하다

굉파(宏破)명 포(砲) 따위로 쏘아 파괴함. destroying

굉홍(宏弘)명 너르고 큼직함. vast

굉활(宏闊)명 크고 너름. spacious ―하다 ―히

교(敎)명〈약〉→종교.〈불교〉율(律)・선(禪)과 함께 3문의 하나. 경론으로써 신앙의 근본을 삼음.

교¹(絞)명〈약〉→교수형(絞首刑).

교²(矯)의 수사 아래에 붙어 새끼나 끈 줄의 가닥을 나타내는 관계.

교(驕)명〈약〉→교마(驕馬). 〔수를 나타내는 말.〕

교:가(校歌)명 학교의 기풍(氣風)을 떨치게 하기 위하여 학생들에게 부르게 하는 노래. school song

교가(絞枷)명 서로 엇갈린 나뭇 가지.

교가(橋架)명 다리 기둥 위에 가로질러 맞춘 나무나 ¶철근.

교각(交角)명〈수학〉면 또는 선이 서로 만나서 이루는 각. 반남각. angle of intersection / bridges

교각 살우(矯角殺牛)명 결점이나 홈을 고치려다가 수단이 지나쳐 도리어 일 자체를 그르침. remedy is worse than evil

교간(喬幹)명 높고 큰 나무의 줄기.

교감(交感)명 ①최면술을 쓰는 사람이 상대자를 최면시키는 관계. hypnotism ②서로 맞닿어이는. consensus ―하다

교:감(校監)명〈교육〉학교장을 보좌하여 교무(校務)를 감독하는 직책. 또, 그 사람. head teacher

교감(矯監)명〈법률〉교도관 계급의 하나.

교감=보(矯監補)명〈법률〉교도관 계급의 하나.

교감 신경(交感神經)명〈생리〉고등 동물의 가슴과 뱃속의 모든 내장과 혈관에 퍼져 있는 신경계(神經系)로 자율 신경(自律神經)의 하나. sympathetic nerve / 〔작은 갑. 교낭(膠囊). capsule

교갑(膠匣)명〈약학〉쓴 약을 넣어 먹는 아교로 만든

교객(嬌客)명 남의 사위를 이르는 말.

교거(僑居)명 남의 집에 붙어서 삶. 우거(寓居). ―하다

교거(驕車)명〈동〉셰다.

교거(驕倨)명 교만하고 거만함. haughtiness ―하다

교격(驕激)명 마음이 ען격하고 과격함. ―하다

교결(交結)명 서로 사귀어 정을 맺음. ―하다

교결(皎潔)명 ①희고 깨끗함. white and clean ②밝고 맑음. bright and clear ―하다

교경(皎痙)명〈의학〉파상풍과 같은 병으로, 입을 벌릴수록 다물어지는 증상.

교계(交界)명〈동〉땅의 경계. 접경(接境).

교계(交契)명〈동〉교분(交分).

교계(敎界)명 종교의 사회.

교:계(敎誡)명 ①가르치어 훈계함. ②덕성・인격 따위를 함양(涵養)함. religious circles ―하다

교계(較計)명 맞나 안 맞나 견주어 봄. 계교(計較).

교:고(巧故)명 교묘한 거짓. tactful lie ―하다

교고(膠固)명 ①아교로 붙인 것처럼 굳음. solidification ②융통성이 없음. fixation ③찰싹 붙음. ―하다

교곤(攪棍)명 사침대.

교골(交骨)명〈생리〉여자의 치골(恥骨). pubis

교:과(敎科)명〈교육〉가르치는 과목. ¶~ 단원(單元)

교:과 과정(敎科課程)명〈동〉커리큘럼.

교:과목(敎科目)명〈교육〉교과를 세분한 부분.

교:과서(敎科書)명 학교 교과용으로 편찬한 책. 교정(敎程)③. text-book

교관(敎官案)명〈교육〉교육 학습 지도 요령.

교:관(敎官)명 ①〈약〉→동몽 교관(童蒙敎官). ②교수(敎授)하는 공무원. instructor ③군대의 학교・훈련소 등에 교직에 있는 장교. instructor

교교(姣皎)명 재지(才智)가 있음. ―하다

교:교(皎皎)명 ①달이 맑고 밝음. ②희고 깨끗함. ¶~한 달빛. brightness ―하다 ―히

교:교 백구(皎皎白駒)명 ①희고 깨끗한 말. ②성현(聖賢)이 타는 말. / bright moonlight

교교 월색(―色)(皎皎月色)명 매우 밝고 맑은 달빛.

교구(交媾)명〈동〉성교(性交). ―하다

교:구(校具)명〈교육〉학교에서 쓰는 모든 기구. school equipment

교구(狡寇)명 교활한 도둑.

교:구(敎具)명〈교육〉효과적으로 학습시키기 위해 사용하는 제구(諸具). teaching implements

교:구(敎區)명〈종교〉포교・신자의 지도・감독 등의 편의상 나누는 구역. ¶~ 신부. parish

교:구 본사(敎區本寺)명〈불교〉대한 불교 조계종에서 전국을 25개 교구로 나누고, 각 교구 안의 말사(末寺)를 관할하기 위하여 둔 절.

교:국(敎國)명 한 종교를 국교(國敎)로 삼은 나라.

교군(轎軍)명 ①가마. ②가마를 멤. ③〈약〉→교군꾼. ―하다

교군-꾼(轎軍―)명 가마를 메는 사람. 교정(轎丁). 교자꾼(轎子―). 〈약〉교군③. palanquin-bearer

교궁(校宮)명 각 고을에 있는 문묘(文廟). 향교(鄕校)

교:권(敎勸)명 가르치고 권함. ―하다 / 〔校〕.

교:권〔―꿘〕(敎權)명 ①스승으로서의 권위. educational authority ②종교상의 권위. ecclesiastical authority

교:권 남용〔―꿘―〕(敎權濫用)명 교권을 함부로 씀. ―하다 / 〔위를 확실히 세움. ―하다

교:권 확립〔―꿘―〕(敎權確立)명 교권 또는 교사의 권

교:규(校規)명 학교의 규칙. 학규(學規)①. school regulation

교:규(敎規)명〈동〉교규(敎規). / regulation

교극(交戟)명 창을 엇갈리게 맞댐. 곧, 싸움. ―하다

교근(咬筋)명〈생리〉턱의 위에 있어서 아래턱을 앞으로 당기는 근육.

교긍(驕矜)명 교만하게 자부함. pride ―하다

교:기(巧技)명 교묘한 재주.

교:기(校紀)명 학교의 풍기 school discipline

교:기(校旗)명 학교를 상징하는 깃발. school banner

교기(嬌氣)[명] 아양떠는 태도. 교태(嬌態).
교기(驕氣)[명] 교만한 태도나 기세. 갸기. proud air
교기-부리다(驕氣-)[자] 교만한 태도를 가지다. 갸기 부리다. behave haughtily
교:난(敎難)[명] 종교상의 박해나 고난. religious persecution
교남(嶠南)[명] 〈지리〉영남(嶺南).
교낭(校囊)[명] 교갑(膠匭). school grounds
교:내(校內)[명] 학교 안. ¶ ~ 행사. [대] 교외(校外).
교녀(嬌女)[명] 애교 있는 여자. coquette
교니(膠泥)[명] 석회나 시멘트에 모래를 섞어 물을 부은 것.
교(校庭)[명] 학교의 운동장에 설비한 단.
교:단(敎團)[명] 〈기독〉교회에 속하는 수도원의 조직 단체. religious body
교:단(敎壇)[명] ①교실에서 강의하는 단. ②교육계(敎育界). platform
교:단 문학(敎壇文學)[명] 〈문학〉예술가의 문학이 아니라, 학자의 강의하는 문학. ②추상적 설명을 위주로 하는 문학. 교수 문학(敎授文學).
교:단 생활(敎壇生活)[명] 교원 생활.
교:단(敎壇)에 서다[관] 선생 노릇을 하다.
교담(交談)[명] 이야기를 주고받음. having a talk 하타
교:당(敎堂)[명] 교인들이 모여 예배보는 집. church
교대(交代)[명] 서로 번갈아 들어 대신함. 교체(交替). alternation 하타
교대(敎大)[명] 〈약〉교육 대학.
교대(絞帶)[명] ①상복 입을 때 띠는 삼띠. ②염(殮)할 때 수의에 띠는 오색 실로 만든 띠.
교대(敎臺)[명] 〈약〉교수대(絞首臺).
교대(橋臺)[명] 다리의 양쪽 맨 끝을 받치는 기둥.
교대 광:상(交代鑛床)[명] 〈광물〉암석의 일부가 고열로 녹아 생긴 구멍에 다시 유용 광물이 침전·결정하여 메운 광상.
교대-병(交代兵)[명] 제대시키거나 다른 곳으로 이동시키고 그 대신 파견, 또는 배속한 사병. relief
교대 본위(交代本位)[명] 〈경제〉화폐의 복본위제(複本位制)를 그 실제의 유통면에서 이르는 말.
교대-식(交代式)[명] 〈수학〉두 변수의 위치를 바꾸어 놓았을 때 절대값은 변하지 않고 양음(陽陰)의 부호만이 변하는 식. alternating form
교대 작용(交代作用)[명] 〈광물〉한 광물 또는 암석의 화학적 성분이 변화되어 다른 것으로 바뀌는 작용.
교도(交刀)[명] 가위[1].
교도(交道)[명] 벗을 사귀는 도리.
교:도(敎徒)[명] 종교를 믿는 사람. 신도(信徒). believer
교:도(敎道)[명] 종교적인 도리. religious way
교:도(敎導)[명] ①가르쳐 이끎. instruction ②학생의 생활 문제를 지도함. 또, 그 교사. 하타
교:도(矯導)[명] 교도관(矯導官) 계급의 하나. 교도보의 위, 교감(矯監)의 아래 직위. prison guard
교:도-관(矯導官)[명] 교도소에서 일하는 공무원. 간수(看守)[1]. prison officer
교:도-보(矯導補)[명] 〈법률〉교도관 계급의 하나.
교:소(矯導所)[명] 법무부 소속의 형법(行刑) 기관. 징역형·금고형 또는 노역 유치와 구류 처분을 받은 수형자를 수용하는 곳. 구칭은 형무소·감옥. prison
교독(交讀)[명] ①글을 섞바꾸어 읽음. reading by turns ②〈기독〉예배 볼 때 시편(詩篇) 따위를 목사와 신도가 섞바꾸어 읽음. 하타
교동(驕童)[명] 교만한 아이.
교동(驕童)[명] 교만한 아이.
교두(橋頭)[명] 다리가 있는 근처.
교두-보(橋頭堡)[명] ①〈군사〉교량을 엄호하기 위하여 축조하는 보루. ②강·호수·바다의 대안(對岸)에서 도하점(渡河點)을 엄호하고 그 뒤의 작전을 전개하 시키 위한 거점. ~를 확보하다. bridge-head
교란(攪亂)[명] 뒤흔들어 어지럽게 함. disturbance 하타
교란-력[-녁](攪亂力)[명] 〈천문〉공간에 있어서의 두 물체의 본래의 운동에 섭동(攝動)을 일으키는 제3 천체의 인력.
교:량(較量)[명] 견주어 헤아림. comparison 하타
교량(橋梁)[명] 〈동〉다리[2].
교:련(敎鍊)[명] ①가르쳐 단련시킴. training ②〈군사〉군사 기본 훈련. 조련(操鍊). military drill ③학생에게 행하는 군사 훈련. 하타 (官).
교:련-관(敎鍊官)[명] 〈제도〉군대를 교련하던 무관(武官).
교:령(交靈)[명] 죽은 영혼이 살아 있는 이와 통함. 하타
교:령(敎令)[명] 임금의 명령. royal ordinance
교:령(敎領)[명] 〈종교〉천도교(天道敎)를 대표·통할하는 우두머리.
교:료(校了)[명] 〈인쇄〉교정(校正)을 끝냄. 완준(完準). 오케이(O.K.). ¶ ~를 놓다. finishing proof reading 하타
교료-지(校了紙)[명] 교정을 끝낸 교정지.
교룡(交龍)[명] 〈동〉용틀임. dragon
교룡(蛟龍)[명] 뱀과 비슷하게 생겼다고 하는 용의 하나.
교룡-기(蛟龍旗)[명] 〈제도〉지등 때 노부(鹵簿)에 둑(纛)의 다음에서는 큰 기.
교류(交流)[명] ①서로 뒤섞이어 흐름. confluence ②서로 주고받음. exchange ③〈물리〉일정한 시간마다 서로 반대 방향으로 흐르는 전류. 교번 전류(交番電流). 〔대〕직류(直流). alternating current ④문화·사상 따위의 조류가 서로 통함. ¶문화 ~. interchange ⑤관계 계통 따위에 다른 것이 서로 섞여 사귐. ¶인사(人事) ~. interchange
교류-기(交流機)[명] 〈약〉→교류 발전기(交流發電機).
교류 라디오 수신기(交流 radio 受信機)[명] 〈물리〉교류의 전류나 전력선을 받는 진공관 수신기. 〔약〕교류 수신기.
교류 발전기[-쩐-](交流發電機)[명] 〈물리〉전자(電磁) 감응을 응용하여 교류 기전력을 발생시키는 발전기. 〔약〕교류기(交流機). alternator
교류 수신기(交流受信機)[명] 〈약〉→교류 라디오 수신기.
교류 장치(交流裝置)[명] 〈물리〉교류 전원으로부터 전류를 정류(整流)시키어, 직류 전원을 얻음으로써 전지(電池)를 대신하는 장치.
교류 전:동기(交流電動機)[명] 〈물리〉교류를 전원으로 하는 전동기. alternating current motor
교:리(校理)[명] 〈제도〉①조선조 때, 교서관(校書館)·승문원(承文院)의 종5품 벼슬. ②조선조 때, 홍문관(弘文館)의 정5품 벼슬.
교:리(敎理)[명] 〈종교〉종교상의 원리·이치. doctrine
교리(蛟螭)[명] ①이무기. ②용의 암컷. 또는 새끼. ③수신(水神).
교:리 문:답(敎理問答)[명] 〈기독〉세례나 학습을 받을 때, 주례 목사가 하는 교리에 대한 문답. 〈주〉요리 문답(敎理問答). catechism ②〈종교〉종교상의 이치를 서로 묻고 대답함. 또, 그것을 쓴 책.
교:리-학(敎理學)[명] 〈동〉교의학(敎義學). neighbours
교린(交隣)[명] 이웃 나라와의 사귐. friendship among
교린 정책(交隣政策)[명] ①이웃 나라와 화평하게 사귀는 정책. good neighbour policy ②〈제도〉조선조 때, 여진·일본과 화친을 꾀한 외교 정책.
교린지-의(交隣之誼)[명] 교린의 정의.
교마(轎馬)[명] 가마와 말. palanquins and horses
교만(驕慢)[명] 건방지고 방자함. 거오(倨傲). ¶ ~ 부리다. 〔대〕겸손(謙遜). 공경(恭敬). 〔약〕교(驕)[1]. haughtiness 하타 스럽 스레기
교망(翹望)[명] 대단히 기다림. 하타
교맥(蕎麥)[명] 메밀.
교면(嬌面)[명] 교태 있는 얼굴.
교:명(校名)[명] 학교 이름. name of a school
교:명-문(敎命文)[명] 〈제도〉왕비나 세자를 책봉할 때의 훈유문(訓諭文).
교:모(校帽)[명] 학교에서 정한 제모.
교:부(敎父)[명] ①수녀(修女). 〔대〕교부(敎父).
교:목(校牧)[명] 〈기독〉학교에서 종교 교육을 맡은 목사. school chaplain
교목(喬木)[명] 〈식물〉소나무나 전나무처럼 줄기가 곧고 굵으며, 높이 자라는 나무. 〔대〕관목(灌木).

arbor

교목-대(喬木帶)[명]〈식물〉식물의 수직 분포대(垂直分布帶)의 하나. 산록대(山麓帶) 다음이고 관목대(灌木帶)의 아래로 교목이 무성한 곳. forest-tree zone 「noble family

교목 세:가(喬木世家)[명] 대대로 벼슬이 높은 집안.

교목 세:신(喬木世臣)[명] 대대로 높은 자리에 있던 신하. hereditary subject

교:묘(巧妙)[명] 썩 잘되고 묘함. ingeniousness 하[형] -히

교:무(校務)[명] 학교의 직무. school affairs

교:무(敎務)[명] ①〈교육〉 교육에 관한 사무. school affairs ②〈종교〉 종교상의 사무. religious affairs

교:무 주임(敎務主任)[명] 〈교육〉 학교에서 교무를 주관하는 교원. director of the instruction section

교:문(校門)[명] 학교의 정문. schoolgate

교:문(敎門)[명] ①교회의 문. ②〈불교〉 교법(敎法)의 문호(門戶)로서의 종지(宗旨).

교미(交尾)[명]〈동〉흘레. 하[자]

교미(嬌媚)[명] 애교와 아양. 「를 없애려고 넣는 약.

교:미 교:취약(矯味矯臭藥)[명] 약의 고약한 맛과 냄새

교미-기(交尾期)[명] 동물이 교미하는 시기. mating season 「siding abroad

교민(僑民)[명] 외국에 가서 사는 동포. nationals re-

교민-회(僑民會)[명] 외국에 살고 있는 교민들의 자치회(自治會). overseas Korean association

교:밀(巧密)[명] 교묘하고 정밀함. 하[형]

교반(攪拌)[명] 휘저어서 한데 섞음. beating 하[타]

교반-기(攪拌器. 攪拌器)[명] ①끓일 때에 열의 전파를 균등하게 하려고 교반하는 데 쓰이는 기구. agitator ②버터 제조에 있어 크림을 교반하는 기구. ③일정한 물건을 뒤섞어 휘젓는 기계.

교:방(敎坊)[명]〈제도〉①고려 시대의 기생 학교. ②조선조 때의 장악원(掌樂院).

교:방 가요(敎坊歌謠)[명]〈제도〉임금을 환영하는 노상(路上)에서의 노래와 춤.

교:방-고(敎坊鼓)[명]〈음악〉북의 하나. 들에 걸어 놓고 채로 치는 데, 소리가 장구와 비슷함.

교배(交拜)[명] 혼인식에서 신랑 신부가 서로 절을 하는 예. ¶~석(席). exchange of bows 하[자]

교배(交配)[명]〈생물〉다른 종류의 암수의 배합. cross-breeding 하[타] 「종. cross-bred

교배-종(交配種)[명]〈생물〉교배시켜서 새로 만든 잡

교번(交番)[명] 번을 서로 바꾸어 듦. 체번(替番). alternation 하[자]

교번 전류(交番電流)[명]〈동〉교류(交流)②.

교:범(敎範)[명] 가르치는 법식. teaching methods

교:법[-뻡](敎法)[명] 교육의 방법. teaching method

교:법²(敎法)[명]〈동〉교의(敎義)①. 「사람.

교:법-사[-뻡-](敎法師)[명]〈기독〉교리를 강설하는

교:변(巧辯)[명] 재치있는 말. 교묘한 말. glib tongue

교병(交兵)[명]〈동〉교전(交戰). 하[자]

교병 교병(驕兵)[명] 싸움에 이기고 뽐내는 군사.

교:복(校服)[명]〈교육〉학교의 제복. school uniform

교:본(校本)[명] ①〈인쇄〉교정을 마친 책. 교열본(校閱本). proofread book ②고서 등의 전본이 몇 가지일 때, 그들 본문의 차이점을 일람할 수 있게 만든 책.

교:본(敎本)[명]①교육의 본바탕. ②교과서. text book

교봉(交鋒)[명]〈동〉교전(交戰). 하[자]

교부(交付. 交附)[명] 내어 줌. delivery 하[타]

교:부(敎父)[명]〈기독〉①천주교의 고위 성직자(聖職者). ②〈대〉교모(敎母). father ②고대 기독교회에 있던 종교상의 교사·학자. patriarch

교:부(敎婦)[명]〈사회〉방직 공장 같은 데서 직공에게 기술을 가르치고 지도하는 여자.

교부(鮫部)[명] 소름.

교부 공채(交付公債)[명]〈경제〉국가가 그 부담한 채무의 이행에 대신하여 교부하는 국채.

교부-금(交付金)[명] ①내어 주는 돈. ②보조금(補助

교:부-조(巧婦鳥)[명]〈조류〉뱁새. (金).

교:부 철학(敎父哲學)[명]〈철학〉초기 기독교회에서 교리를 합리적·철학적으로 조직하려고 한 철학. patristic philosophy 「friendship

교분(交分)[명] 사귄 정분. 교계(交契). ¶~이 두텁다.

교붕(交朋)[명]①여자의 동성애(同性愛). lesbian love ②교우(交友).

교:비(校費)[명] 학교에서 쓰는 비용. school expense

교:비-생(校費生)[명] 교비로 공부하는 학생.

교빙(交聘)[명] 나라와 나라 사이에 서로 사신(使臣)을 보냄. exchange of envoys 하[자] 「스웨] 스래[명]

교:사(巧詐)[명] 교묘하게 남을 속임. clever fraud 하

교:사(狡詐)[명] 간사한 꾀로 속임. cunningness 하[자]

교:사(校舍)[명] 학교의 건물. schoolbuilding

교:사(敎師)[명]①학술·기예를 가르치는 사람. ②국민학교·중학교·고등학교의 선생. 교원(敎員). teacher

교:사(敎唆)[명] ①남을 꾀어 못된 일을 하게 함. ②〈법률〉남으로 하여금 범의(犯意)를 일으켜 죄를 범하게 하는 일. instigation 하[타]

교사(絞死)[명] 목을 눌러 죽음. 액사(縊死). 하[자]

교사(膠沙)[명] 바다 밑에 깔린 개흙이 섞인 모래.

교사(驕奢)[명] 교만하고 사치함. 교치(驕侈). luxury 하[형]

교사(驕肆)[명] 교만하고 제멋대로임. 교자(驕恣). arrogant and self-indulgent 하[형] 「되풀이함. 하[자]

교사-반:복(巧詐反覆)[명] 교묘하게 남을 속이는 짓을

교:사-범(敎唆犯)[명]〈법률〉남을 교사하여 죄를 범하게 한 사람. ding and abetting

교:사-죄[-쬐](敎唆罪)[명]〈법률〉남을 교사하여 죄를 범하게 한 죄. 「gulation 하[타]

교살(絞殺)[명] 목을 졸라 죽임. 교수(絞首)①. stran-

교상(咬傷)[명] 짐승·독사·독충 등에 물려서 상함. 또, 물린 상처. bite

교:상(敎相)[명]〈석가〉석가가 일대의 설법의 형태. ¶일대의 ~.②각 종(宗)의 교의(敎義) 이론.

교상(膠狀)[명] 물질의 끈끈한 상태. ¶~질(質). glutinous 「교의를 자세히 해석하는 일.

교:상 판석(敎相判釋)[명]〈불교〉석가 일대가 설법한

교색(驕色)[명] 교만한 안색. haughty countenance

교:생(敎生)[명]〈교육〉교육 실습을 부족한 학교 등에서 받는 학생. 교육 실습생. ¶~ 실습(實習). student teacher 「books 하[타]

교:서(校書)[명] 책을 검열(檢閱)함. investigating the

교:서(敎書)[명] ①〈기독〉로마 교황이 공식으로 발하는 훈고(訓告)의 문서. Pope's message ②미국 대통령이나 주지사가 국회에 보내는 보고·의견 문서. presidential message

교:서-관(校書館)[명]〈제도〉조선조 때, 경서 인행(經書印行)과 전자(篆字)의 인각(印刻)을 맡던 관아.

교:설(巧舌)[명]〈동〉교언(巧言).

교:설(敎說)[명] 가르쳐 설명함. explain 하[타]

교섭(交涉)[명] ①일을 이루기 위하여 서로 의논하는. ¶막후 ~ 단체. negotiation ②관계함. connection 하[자]

교섭 단체(交涉團體)[명]〈법률〉국회의 의사 진행의 원활을 꾀하기 위하여 일정한 정당에 소속된 국회의원들로서 조직되는 의원 단체. negotiation body

교성(嬌聲)[명] 아리따운 목소리. charming voice

교성-곡(交聲曲)[명]〈음악〉칸타타(cantata).

교:세(敎勢)[명] 종교의 세력. religious power

교세(矯世)[명] 세상의 나쁜 것을 바로잡음. 하[자]

교:소(巧笑)[명] ①아양 떠는 웃음. ②귀엽성 있는 웃음.

교소(嬌笑)[명] 요염한 웃음. charming laugh

교송(喬松)[명] 높이 솟은 키 큰 소나무. tall pine-tree

교송지-류(膠松脂類)[명] 고무와 송진과의 혼합물. synthetic resin

교:수(巧手)[명] 교묘한 수단·솜씨. 또, 그 사람.

교:수(敎授)[명]①학술이나 기예를 가르침. ②대학에서

교수

가장 급수가 높은 교원. professor ③《제도》 사학(四學)에서 유생을 가르치던 벼슬아치. 하타

교수(絞首)뗑 ①《문》 교살(絞殺). ②《법률》 교수형 선고를 받은 사형수의 목을 매어 죽임. death by

교수(敎授)뗑 가르침이 바람. 하타 「hanging

교:수=단(敎授團)뗑 교수들로 조직된 단체. faculty

교:수=대(絞首臺)뗑 교수형을 시행하는 대.《약》교대(絞臺). gallows

교:수=법(一一法)(敎授法)뗑 교육의 목적을 달성하기 위한 계통적 방법을 통틀어 이름. method of teaching 「설명. detailed program of instruction

교:수 세:목(敎授細目)뗑 교수 과목에 대한 자세한

교:수=안(敎授案)뗑《동》교안(敎案).

교:수 요목(敎授要目)뗑《교육》학과마다 반드시 가르쳐야 할 줄거리. outline program of instruction

교:수=형(絞首刑)뗑《법률》목을 매어 죽이는 형벌. ¶~에 처하다. 《약》교형(絞刑). hanging

교:수=회(敎授會)〈교육〉①대학의 자치적 의사 결정 기관. 대학 단위로 조교수 이상으로 구성됨. ② 대학 교수가 학과 과정, 학생의 시험, 학위에 관한 사항, 대학 학장의 자문 사항, 훈육상의 중요 사항 등을 심의하는 회의. professor meeting

교순(交詢)뗑 신실(信實)로써 교제함. 하타

교:습(敎習)뗑 ①가르쳐서 익히게 함. ②특수한 공무원이 될 자격을 얻으려고 훈련받는 과정. training 하타 「training institution

교:습=소(敎習所)뗑 교습하는 장소. ¶피아노 ~.

교:시(校是)뗑 학교 설립의 근본 정신을 나타내는 짧은 글. 「오. teaching 하타

교:시(敎示)뗑 가르쳐 보임. 가르침. ¶~해 주십시

교:식(敎式)뗑 거짓으로 겉모양만을 꾸밈. 하타

교식=의(交食儀)뗑《천문》조선조 때, 일식·월식을 관측하던 기계. apparatus for observing eclipses

교신(交信)뗑 ①통신을 주고받음. ②특히, 서신 교환. 하타

교신(驕臣)뗑 교만한 신하.

교:실(敎室)뗑 학교 교사(校舍) 가운데, 수업에만 쓰는 방. classroom

교심(驕心)뗑 교만한 마음.

교아(驕兒)뗑 ①교만한 사람. ②버릇없이 자란 아이.

교아 절치(咬牙切齒)뗑 이를 갈며 분노하는 것.

교:악(狡惡)뗑 교활하고 간악함. wickedness 하타

교안(交案)뗑〈민속〉무덤의 앉은 방향이 서로 교차(交叉)됨. 「안. 교수안(敎授案).

교:안(敎案)뗑 교수하는 데 필요한 사항들을 적은 예정

교:양(敎養)뗑 ①가르쳐 기름. ¶~을 배워 닦은 수양. culture ②가르쳐 기름. ¶~ 방송(放送). education ③전문적 분야의 학문·지식·예술. 하타

교:양 과목(敎養科目)뗑《교육》전공 이외의 교양을 위한 과목. course of general arts 「벼슬아치.

교:양=관(敎養官)뗑《제도》지방의 선비를 가르치던

교:양=물(敎養物)뗑 교양에 관한 읽을거리.

교:양=미(敎養美)뗑 교양이 있는 데서 우러나오는 아름다움. 「cultural subjects

교:양 서적(敎養書籍)뗑 교양에 도움이 되는 서적.

교:양 소:설(敎養小說)뗑《문학》주인공의 유년 시절부터 성년까지의 역력(歷歷)을 보다 높은 정신적 경지로의 자기 형성으로서 전개하여 보이는 소설.

교:양=인(敎養人)뗑 교양이 있는 사람. man of culture

교어(巧語)(巧言)뗑 교묘하게 꾸미는 말. 교언(巧言).

교어(鮫魚)뗑《동》상어.

교:언(巧言)뗑 교묘하게 꾸미어대는 말. 교설(巧舌).

교:언 영색(一 令色)(巧言令色)뗑 남의 환심을 사려고 아첨하는 교묘한 말과 보기 좋게 꾸미는 얼굴 빛. fine words and insinuating countenance

교어(輞車)뗑 가마와 수레.

교역(交易)뗑《경제》①서로 물건을 사고 팔아 바꿈. ②재화의 교환 무역. 통상. trade 하타

교:역(敎役)뗑《종교》전도 따위의 종교적 사업을 책임지고 맡아 하는 일. religious work

교:역=자(敎役者)뗑 종교 사업에 전문으로 종사하는

교육감

목사·전도사 등. religious worker

교열(咬裂)뗑 입으로 물어 찢음. biting off 하타

교:열(校閱)뗑 교정하여 검열함. revision 하타

교:열(敎閱)뗑 교련과 열병(閱兵). training and re-

교:열=본(校閱本)뗑《동》교본(校本)①.「view 하타

교염(嬌艶)뗑 요염하고 아름다움. coquetry and beauty 하타 「(餞). 하타

교영(郊迎)뗑 성문 밖에 나가 마중함. 《대》교전(郊

교:예(較藝)뗑 재예(才藝)의 낫고 못함을 비교함.

교오(驕傲)뗑 교만하고 오만함.《대》공겸(恭謙). arrogance 하타

교왕(矯枉)뗑 굽은 것을 바로잡음. reformation 하타

교왕 과:-(矯枉過直)뗑 잘못을 바로잡으려다가 지나쳐 되려 나빠짐. 하타 「(畿). suburbs

교외(郊外)뗑 도시 둘레의 들. 성문 밖.《대》도심(都

교:외(校外)뗑 학교 밖.《대》교내(校內). outside of 「the school

교:외 교:육(校外敎育)〈교육〉견학·실습·조사 등 학교 밖에서 직접 경험을 시키면서 하는 교육. field trips

교:외 별전(一一傳)(敎外別傳)〈불교〉선종(禪宗)에서, 언설교(言說敎) 밖에 석존(釋尊)이 이심전심으로 따로 심원(深遠)한 뜻을 전하여 준 것.

교:외=생(校外生)〈교육〉통신 교수(通信敎授)로 학습하는 학생. extension student

교외=선(郊外線)뗑 도시의 외곽과 교외 또는 도시의 주변을 연결하는 철도.

교:외 지도(校外指導)〈교육〉학생들의 학교 밖의 생활을 단속·지도하는 일. 하타

교용(嬌容)뗑 교태를 띤 모습.

교:용(敎用)뗑 교재를 이르는 말. 「ship 하타

교우(交友)뗑 벗을 사귐. 교붕(交朋)②. companion-

교:우(校友)뗑 ①한 학교에서 배우는 벗. 동창(同窓)인 벗. schoolmate ②한 학교의 졸업생. alumnus 「believer

교:우(敎友)뗑〈종교〉같은 종교를 믿는 벗. fellow

교:우-지(校友誌)뗑 교우회에서 발간하는 잡지.

교:우=회(校友會)뗑 같은 학교의 재학생·졸업생 등이 친목을 꾀하여 조직한 회. alumni association

교원(嬌媛)뗑《동》교사(敎師).

교:원=검:정(敎員檢定)뗑《약》→교원 자격 검정.

교:원 자:격(敎員資格)뗑 교원으로서 갖추어야 할 일정한 자격. teacher's licence

교:원 자:격 검:정(敎員資格檢定)뗑 교원이 될 자격이 있나 없나를 학력·인격·신체 등을 검사하여 선정하는 일.《약》교원 검정(敎員檢定). educational certification

교:원 자:격=증[一一一證](敎員資格證)뗑 교원 자격을 증명하는 증서. 교육 자격증. teacher's licence

교원(膠原質)뗑《생물》경(鯁)단백질의 하나로 결체 조직의 성분 뼈·피부 등에 있음.

교:월(皎月)뗑 희고 밝게 빛나는 달. clear moon 「트.

교:위(巧違)뗑 뜻밖의 일로 공교롭게 되는 일을 놓침. 하

교:위(巧僞)뗑 공교하여 속임.

교:위(校委)뗑《약》→교육 위원회(敎育委員會).

교유(交遊)뗑 서로 사귀어 놂. intercourse 하타

교:유(敎諭)뗑 ①가르치고 타이름. instruction ②〈교육〉일제 때, 중등 학교 교사. teacher 하타

교유(矯揉·矯柔)뗑 결점을 고침. correct the weak point 하타

교:유-서(敎諭書)뗑 교서(敎書)와 유서(論書).

교:육(敎育)뗑 ①가르쳐 기름. 가르쳐 지능을 가지게 함. instruction ②미성숙자(미성숙자)에 있어 양면에 걸쳐, 또 어떤 기능에 대하여 그 재능을 발육시키기 위한 가르침. education 「educator

교:육=가(敎育家)뗑 교육에 종사하는 사람. 교육자.

교:육=감(敎育監)뗑 서울 특별시와 각 광역시 및 각 도의 교육 위원회의 사무를 총괄 처리하는 별정직

공무원. superintendent of educational affairs

교:육 강령(教育綱領)[명] 〈교육〉 교육의 목적과 순서 및 방법에 관한 근본 요강. principle of education

교:육=계(教育界)[명] 교육과 관계가 있는 사회. educational world

교:육 공무원(教育公務員)[명] 국·공립 교육 기관에 근무하는 교원과 교육 행정 기관의 교육감·교육장·장학관·장학사 및 기타 교육 기관의 교육 연구관·교육 연구사의 총칭. educational officials

교:육 과정(教育課程)[명] 〈교육〉 교육 목표를 달성하는 데 필요한 교재를 학습자의 발달 단계에 맞추어, 계통적으로 조직한 교육 계획의 전체. 커리큘럼.

교:육구=청(教育區廳) 서울 특별시와 각 광역시 교육 위원회의 하부 집행 기관.

교:육 기관(教育機關)[명] 교육의 일을 수행하는 조직체. 「본금.

교:육 기금(教育基金)[명] 〈교육〉 교육 사업에 쓰이는

교:육=대(教育隊)[명] 특정한 군대 교육을 실시하기 위해 특설한 부대.

교:육 대학(教育大學)[명] 〈교육〉 초등 교원 양성을 목적으로 하는 대학. 《약》 교대(教大).

교:육=법(教育法)[명] 〈법률〉 교육에 관한 기본법. educational laws

교:육 보:험(教育保險)[명] 피보험자가 중학교 이상에 입학하려고 할 때 보험금을 지급하는 보험.

교:육=부(教育部)[명] 행정 각부의 하나. 학교·교육·평생 교육 및 학술에 관한 사무를 맡는다.

교:육=비(教育費)[명] ① 교육에 드는 경비. ② 교육의 비용으로 교육 재정에 의해 정부가 지출하는 경비.

교:육 사:회학(教育社會學)[명] 교육의 이론과 실천의 기초가 되는 사회적 요소와 법칙을 연구하는 학문.

교:육=세(教育稅)[명] 〈법률〉 의무 교육비에 충당하기 위한 지방세(地方稅). education tax

교:육 실습[―씁](教育實習)[명] 대학 등에서, 교직 과정을 이수하고, 학교 교육의 실제를 관찰·실지 수업의 형식으로 체험하는 것.

교:육 심리학(教育心理學)[명] 〈교육〉 심리학을 교육에 응용하는 응용 심리학. educational psychology

교:육=애(教育愛)[명] 교육자의 피교육자에 대한 사랑.

교:육 연령[―년―](教育年齡)[명] 피교육자의 교육 수준을 나타내는 연령.

교:육=열[―녈](教育熱)[명] 교육에 대한 열성.

교:육 영화[―녕―](教育映畫)[명] 지식과 교화(教化)를 목적으로 하는 교육적 가치가 있는 영화. educational film

교:육 원리(教育原理)[명] 교육 활동의 목적·내용·방법 등의 기본적 원칙이나 문제에 관한 연구.

교:육 위원회(教育委員會)[명] 〈법률〉 서울 특별시·각 광역시·도(道)에 설치되어 해당 지방 자치 단체내의 교육·학예에 관한 사무를 관장하는 기관. 《약》 교위(教委). board of education 「받고 있는 인구.

교:육 인구(教育人口)[명] 전체 인구 중 현재 교육을

교:육=자(教育者)[명] 〈동〉 교육가.

교:육=장(教育長)[명] 시·군 교육청의 우두머리. 관할 시·군의 교육 행정을 담당 처리함.

교:육 제:도(教育制度)[명] 〈교육〉 교육 관계의 규정과 법도. education system

교:육 지도(教育指導)[명] 〈교육〉 청소년의 개성과 환경을 돌보아 최선의 발달을 이루도록 효과적으로 이끄는 일. education and guidance

교:육 철학(教育哲學)[명] 〈교육〉 교육의 근본 개념을 밝히고, 교육 과학에 근거를 주는 응용 철학.

교:육 평가[―까](教育評價)[명] 〈교육〉 아동·학생의 학습·행동의 발달을 교육 목표에 비추어 측정·판단하는 일. 시험뿐 아니라 일상의 관찰에 의한 판정도 포함됨. educational evaluation

교:육=학(教育學)[명] 〈교육〉 교육의 본질·목적·내용·방법 및 교육 제도·교육 행정 등에 관한 이론을 연구하는 학문. pedagogics

교:육 한:자[―짜―](教育漢字)[명] 중고등 학교에서 지도하도록 교육부에서 선정한 1,800자의 한자.

교:육 행정(教育行政)[명·법률] 교육의 목적을 달성하기 위하여 국가나 지방 자치 단체가 행하는 행정. educational administration

교:육 헌:장(教育憲章)[명] 《명》 국민 교육 헌장(國民教育憲章).

교:육형=론(教育刑論)[명] 〈법률〉 목적형론의 하나. 형벌의 목적은 범죄인의 교육이라고 하는 설. 《대》 응보형론(應報刑論).

교의(交椅)[명] ① [동] 의자. ② 신주를 모시는 의자.

교의(交誼)[명] 사귀는 정분의 교분(交分). 교정(交情).

교의(校醫)[명] → 학교의(學校醫). 「friendship

교:의(教義)[명] ① 종교의 본뜻. 가르침③. ② 교법(教法)². doctrine ② 교육의 본지(本旨). principles of education

교의=학(教義學)[명] 특수한 종교의 교의를 체계적으로 연구하는 학문. 교리학(教理學). dogmatics

교인(交印)[명] ① 여럿이 이름을 쓰고 도장을 찍어 공문서를 관결함. ② 동지자(同志者)가 약속을 굳게 하기 위하여 연명 날인함. joint signature 하타

교인(教人)[명] 종교를 믿는 사람. believer

교일(驕逸·驕佚)[명] 교만하고 방자함. arrogance 하다

교:임(校任)[명] 학교(鄉校)의 직원.

교:자(巧者)[명] 기예가 정묘한 사람. 「table

교자(交子)[명] 교자상에 차린 음식. food set on a large

교자(蛟姿)[명][동] 교태(嬌態).

교자(轎子)[명] 《약》 → 평교자(平轎子).

교자(驕恣)[명] 교만하고 방자함. 교사(驕肆). arro-

교자-꾼(轎子─)[명][동] 교군꾼. 「gance 하다

교자 불민(驕恣不敏)[명] 교만하고 방자하여 버릇이 없음. 「rectangular table

교자=상(交子床)[―쌍] 비모꼴의 큰 음식상. large

교잡(交雜)[명] ① 한데 뒤섞임. confusion ② [동] 잡교(雜交). 하다타 「(良匠). expert artisan

교:장(巧匠)[명] 교묘한 장인(匠人). 양공(良工). 양장

교:장(校長)[명] 《약》→ 교장(學校長).

교:장(教場)[명] 가르치는 곳. drill ground

교장증[―쯩](交腸症)[명] 〈한의〉 오줌에 동이 섞여 나오는 여자의 병. 「material

교재(教材)[명] 교수하는 데 쓰이는 재료. teaching

교재=비(教材費)[명] 교재의 구입 경비(經費).

교재=원(教材園)[명] 교육상 참고되는 동식물 따위를 양육·재배하여 학생들에게 보이는 뜰.

교전(交戰)[명] 서로 맞붙어서 싸움. 교병(交兵). 교화(交火). engagement 하다

교전(郊餞)[명] 성문 밖에 나가서 배웅함. 《대》 교영(郊迎). seeing off in the suburbs 하다

교:전(教典)[명] ① 종교의 근거가 되는 법전. canon ② 교육의 기본이 되는 법칙. pedagogical principle

교전(轎前)[명] 가마 앞.

교전-국(交戰國)[명] 전쟁의 당사국. 곧, 전쟁 관계에 있는 나라. belligerent countries

교전-군(交戰軍)[명] 〈군사〉 교전하는 군대. 전지(戰地)에 파견된 군대. army engaged in a battle

교전-권[―꿘](交戰權)[명] ① 국가가 전쟁을 할 수 있는 권리. 주권국에만 있음. belligerent rights ② 국가가 교전국으로서 가지는 국제법상의 권리.

교전 단체(交戰團體)[명] 〈법률〉 국제법상 교전권(交戰權)을 인정받은 단체. 「들던 여자 종.

교전-비(轎前婢)[명] 출가하는 새색시를 따라가 시중을

교전-자(交戰者)[명] ① 교전하는 나라·단체. ② 전쟁 위에 가담한 사람.

교절(交節)[명] 환절(換節). 하다

교점[―쩜](交點)[명] ① 〈천문〉 행성·위성·혜성 등의 궤도면(軌道面)이 황도면(黃道面)과 만나는 점. node ② 서로 만나는 점. intersecting point ③ 〈수학〉 두 개의 선(線)이 서로 걸쳐서 만나는 점.

교점=월[―쩜―](交點月)[명] 〈천문〉 달이 그 궤도의 한 점을 떠나 다시 그 점으로 돌아오는 동안. 곧, 27

일 5시간 5분 35.8초임.

교접(交接)[명] ①서로 마주 닿아 접촉함. contact ②[동] 꼭 붙음. 꼭 붙게 함. adhesion 하다타

교접-기(交接器)[명] 동물의 생기(性器).

교정(交情)[명][동] 교분(交分).

교:정(校正)[명] ①글자를 틀린 것을 대조하여 바로 잡침. ②〈인쇄〉인쇄물과 원고를 대조하여 오자·오식(誤植) 등을 바로잡아 고침. 교준(校準). 교합(校合). 간교(刊校). 준(準). proofreading 하다타

교:정(校訂)[명] 출판물의 잘못된 글자나 글귀를 바로

교:정(校庭)[명] 학교의 마당. [고침. revision 하다타

교:정(敎程)[명]〈교육〉①가르치는 정도. grade ②가르치는 양식. 가르쳐 주는 법식. method of teaching ③[동] 교과서(敎科書). [기호.

교정(矯正)[명] 굽거나 틀어진 것을 바로잡음. 교직(矯直). 광정(匡正). ¶치열(齒列) ~. correction 하다타

교정(矯情)[명] 자연스런 감정을 숨눌러 나타내지 않음. suppressing one's feelings 하다타

교정(轎丁)[명][동] 교군꾼.

교:정-권(敎政權)[명]〈기독〉예수에게서 받은 교황권(敎皇權)의 하나. 신자를 가르치고 다스리는 권리.

교:정 기호(校正記號)[명]〈인쇄〉교정을 볼 때 쓰는

교:정-료(校正料)[명] 교정을 보아 준 보수. proofreading fee [판할 때 수정하도록 지시하여 놓은 책.

교:정-본(校正本)[명] 처음 출판된 책에 교정을 보아 다

교:정-본(校訂本)[명] 고서의 문장·어구 등을 후세사람이 교정하여 출판한 도서.

교:정-쇄(校正刷)[명]〈인쇄〉조판한 것을 교정하기 위한 임시 인쇄. 또, 그 인쇄지. 게라쇄. proof-sheet

교정-술(矯正術)[명] ①몇 가지 간단한 운동을 병행하여 나쁜 자세를 바로잡는 맨손 체조. ②기계적 작용을 응용하여 골격의 골절화(骨關節) 계통의 운동 장애(障碍) 또는 기형(畸形)을 수술하지 않고서 교정하는 방법. [타 장치로서 교정해 얻은 시력.

교정 시:력(矯正視力)[명] 굴절 이상인 눈을 렌즈나 기

교:정-원(校正員)[명]〈인쇄〉인쇄소나 출판사에서 교정을 보는 사람. corrector [종이. 대장(臺狀).

교:정-지(校正紙)[명]〈인쇄〉교정을 보기 위해 박아 낸

교정 처:분(矯正處分)[명]〈법률〉음주·마취제 사용의 버릇이 있는 자가 명정(酩酊)·마취 상태에서 죄를 범하여, 그 버릇을 교정할 필요가 있다고 인정될 때, 적당한 기간 교정원에 수용하여 필요한 조처를 취하는 일.

교:정-침(校正針)[명][동] 지속성(遲速性).

교제(交際)[명] ①서로 사귐. ¶~가 넓다. intercourse ②어떤 목적을 달성하기 위한 수단으로서의 사귐. ¶~술(術). 하다자타 [가리키는 대명사.

교:제(敎弟)[대]〈기독〉교우(敎友) 사이에 자신을 일컫는

교제(交際家)[명] 교제를 잘하는 사람. sociable person

교제-비(交際費)[명] 교제하는 데 쓰이는 경비. [son

교:조(敎祖)[명]〈종교〉종교·종파를 처음으로 세운 사람. 교주(敎主). founder of a religion

교:조(敎條)[명] 종교상의 신조. article of faith

교:조-주의(敎條主義)[명] 주어진 교조를 맹목적으로 신봉하려는 태도.

교족-상(交足床)[명] 혼례 때, 나조반을 올려놓는 상.

교:졸(巧拙)[명] ①교묘함과 졸렬함. ②익숙함과 서투름. skill and clumsiness [졸.

교:졸(校卒)[명]〈제도〉군아(郡衙)에 딸렸던 장교와 나

교:종(敎宗)[명]〈불교〉불교의 두 파 중의 하나로 교리(敎理) 중심임. [대] 선종(禪宗). Non-Zen sects of Buddhism ②〈불교〉조선조 세종 6년에 자은종(慈恩宗)·화엄종(華嚴宗)·시흥종(始興宗)·중신종(中神宗)이 합하여 된 교파. ③[동] 교화(敎化).

교:종 본산(敎宗本山)[명]〈불교〉교종파의 중심이 되는 절. [punished by hanging

교죄[-죄](絞罪)[명] 교수형에 처할 범죄. crime

교주(交奏)[명]〈음악〉향악(鄕樂)과 당악(唐樂)을 번 갈아 연주함. 하다타 [school

교:주(校主)[명] 사립 학교의 경영주. proprietor of a

교:주(校注·校註)[명] 글자나 문장 등을 원본과 대조하여 바르게 주석(註釋)함. 또, 그 주석. annotations 하다타

교:주(敎主)[명] ①〈종교〉한 종교 단체의 우두머리. founder of a religion ②[동] 교조(敎祖). ③〈불교〉석존(釋尊). [진 소견.

교주 고슬(膠柱鼓瑟)[명] 고지식하여 변통성 없이 굳어

교:준(校準)[명][동] 교정(校正). 하다타

교중(僑中)[명] 객중(客中).

교:지(巧智)[명] 교묘한 재지(才智). talent

교:지(巧遲)[명] 교묘하되 더딤. 하다형

교:지(狡智)[명] 교활한 재주와 지혜. craftiliness

교:지(校地)[명] 학교 터. school site

교:지(校誌)[명] 학생들이 교내에서 편집·발행하는 잡지. school bulletin

교:지(敎旨)[명] ①〈제도〉4품(品) 이상 벼슬의 사령. 관고(官誥). 관교(官敎). ②〈제도〉임금의 전지(傳旨). 왕지(王旨). ③〈종교〉종교의 취지. doctrine ④〈교육〉교육의 취지. principles of education

교지(矯旨)[명]〈제도〉①임금의 명령이라고 거짓 꾸며 댐. 교제(矯制). ②왕명(王命)을 속임.

교-지기(校─)[명] 학교를 지키는 사람. 교직(校直). janitor [mixedweaving

교직(交織)[명] 두 가지 이상의 실로 섞어 짠 피륙.

교:직(敎職)[명] ①〈교육〉학생을 가르치는 직무. teaching profession ②〈기독〉그리스도교에서, 신도의 지도와 교회의 관리를 맡은 직무. 목사·집사·전도사 등. ¶~자(者). ministry

교직(矯直)[명][동] 교정(矯正). 하다타 [정.

교:직 과정(敎職課程)[명] 교직에 관한 전문 교육의 과

교:직-원(敎職員)[명] 교직에 종사하는 교원 및 관계 직원. educational personnel

교질(交迭)[명][동] 교체(交遞)②. 하다자타

교질(膠質)[명] ①아교와 같은 물질의 끈끈한 성질. stickiness ②〈화학〉콜로이드(colloid).

교질-물(膠質物)[명] 끈끈한 물질. [化學.

교질 화:학(膠質化學)[명]〈화학〉콜로이드 화학(colloid

교차(交叉)[명] 세로 가로 엇갈림. intersection crossing over 하다자

교차 개:념(交叉槪念)[명]〈논리〉근본적인 의의는 다르나, 그 외연(外延)의 일부를 서로 같이하는 개념. 교호 개념. cross concepts [crossroads

교차-로(交叉路)[명] 서로 엇갈린 길. [약] 차로(叉路).

교차 수역(交叉水域)[명] 물의 흐름이 서로 엇갈리는 지

교차-점[-쩜](交叉點)[명] 엇갈린 곳. crossing [역.

교착(交着)[명] 서로 붙음. 하다자

교착(交錯)[명] 서로 엇갈려 뒤섞임. complication 하다자

교착(膠着)[명] ①아주 단단히 달라붙음. stickinㅁss ②전연·고집 따위가 현상을 유지하여 조금도 변동이 없음. ¶~ 상태. stalemate 하다자

교착 부동(膠着不動)[명] 교착하여 움직이지 않음. 하다자

교착-어(膠着語)[명]〈어학〉언어의 형태상 유형(類型)의 하나. 독립하지 아니하고 쓰이지 않는 말에 결합하여 문법상의 관계를 나타내는 언어. 한국어·퉁구스어·일본어 등이 이에 속함. [대] 굴절어(屈折語). 고립어(孤立語). agglutinative words

교창(交窓)[명]〈건축〉분합문 위에 가로 길게 끼우는 빛발이 창. 횡창(橫窓). latticed window

교창(咬創)[명] 물린 상처. [ance 하다자

교천(咬川)[명] 사귄 지 얼마 안 됨. slight acquaint

교천(喬遷)[명] 벼슬을 올라감. 하다자 [ing 하다자

교접(交睫)[명] 눈을 붙여 잠을 잠. 접목. (接目). sleep

교체(交替)[명][동] 교대(交代). 하다자타

교체(交遞)[명] ①교통과 체신. ¶~ 위원장. ②서로 갈마듦. 교질(交迭). shift, change 하다자타

교체(橋體)[명]〈건축〉다리의 몸체. frame of a bridge

교체 부대(交替部隊)[명] 교체되어 새로 임무에 임하는

부대. 「나무.
교초(翹楚)图 뛰어남. 또, 그런 사람. ②높이 자란 섶
교:치(巧緻)图 정교하고 치밀함. delicacy 하图
교치(咬齒) 소리 내어 이를 갊. teethgrinding 하图
교치(驕侈)图〔동〕교사(驕奢). 하图
교:칙(校則)图 학교의 규칙. school regulation
교:칙(教則)图 가르치는 데 필요한 규칙. 교규(教規). rules for teaching
churches 「(交分)이 썩 두터움. intimacy
교칠(膠漆)图 ①아교와 칠. glue and lacquer ②교분
교칠지:교(膠漆之交)图 매우 친밀하여 떨어질 수 없
는 사귐. intimacy
교침(膠枕)图 화각(畵角)을 대어 만든 베갯모.
교패(狡獪)图〔동〕교활(狡猾). 하图
교:탁(教卓)图 교단 앞에 놓은 탁자. teacher's desk
교탑(橋塔)图 교량의 입구나 교각 위에 탑이나 문같이 만든 축조물. 「¶〜을 부리다. coquetry
교태(嬌態)图 예쁘게 아양부리는 태도. 교자(嬌姿).
교태(驕態)图 교만한 태도. haughty behaviour
교토:기(攪土器)图 흙덩이를 부스러뜨리는 데 쓰는 칼날이 달린 농구(農具).
교통(交通)图 ①오고 감. intercourse ②사람의 왕복, 화물의 운반, 기차·자동차 등의 운행하는 일의 총칭. ¶〜이 빈번하다. traffic ③의사(意思)의 통달.
교통 경제(交通經濟)图〔경제〕운수·통신의 경영에 있어서 최소의 경비로 최대의 효과를 거두기를 목적으로 하는 경제. traffic economy
교통 경:찰(交通警察)图〔법률〕교통으로 인한 위해 (危害)를 막고 그 안전을 목적으로 하는 경찰. traffic police 「만든 광장.
교통 광:장(交通廣場)图 교통의 능률을 올리기 위해
교통 기관(交通機關)图 도로·교량 등의 시설, 선박·차량·항공기 등의 운수 기관, 전신·전화·우편 등의 통신 기관의 총칭. means of communication
교통=난(交通難)图 교통 시설의 부족, 이용객의 과다 등으로 교통 기관을 이용하기가 어려운 일. traffic difficulty 「덕. traffic morality
교통 도:덕(交通道德)图 교통상 마땅히 지켜야 할 도
교통 도시(交通都市)图 교통상 중요한 위치를 차지한 도시. 「하는 교통의 양. traffic volume
교통=량(交通量)图 일정한 시간에 일정한 곳을 왕래
교통=로(交通路)图 사람과 거마(車馬)가 오가는 길. traffic route
교통 마비(交通痲痺)图 강설(降雪)·기타의 장애로 교통이 기능을 잃는 상태. 「traffic network
교통=망(交通網)图 그물과 같이 늘어놓인 교통로.
교통 법규(交通法規)图 사람·차량 등이 길을 왕래할 때 지켜야 하는 규칙.
교통=비(交通費)图 ①타고 다니는 비용. 거마비(車馬費). ②우마차나 자동차 등의 운행 및 수리에 드는 비용. 「accident
교통 사:고(交通事故)图 교통상 발생하는 사고. traffic
교통 순경(交通巡警)图 교통의 정리를 맡은 순경. traffic policeman
교통 신:호(交通信號)图 교통이 번잡한 거리에서 '가라·서라·돌아가라' 등을 표시하는 신호.
교통 안전 표지판(交通安全標識板) 교통의 안전에 필요한 주의·규제·지시 등을 표시한 기호나 문자 등의 표지판. 교통 표지판.
교통=업(交通業)图 교통 수단을 가지고 공공을 위하여 교통 편의를 제공하는 사업.
교통 정:리(交通整理)图 왕래가 번잡한 거리에서 사고를 방지하기 위해 교통을 정리하는 일. traffic control 「학적으로 연구하는 학문.
교통 지리학(交通地理學)图〔지리〕교통 현상을 지리
교통 지옥(交通地獄)图 교통 기관의 부족이나 이용객의 과다에 의한 어려움을 과장하는 말.
교통 차:단(交通遮斷)图 공중의 안전을 위하여 어떤 장소에 사람의 왕래를 임시로 금하는 행정 처분.

traffic blockade
교:티(嬌─)图 교태(嬌態)가 있는 티. coquetry
교:티(驕─)图 교만(驕慢)한 티. arrogance
교:파(敎派)图〈종교〉종교의 파. 종파(宗派). sect
교:편(敎鞭)图 ①가르칠 때 교사가 가지는 회초리. teaching stick ②교사로서 수업하는 일. teaching
교:편 잡:다(敎鞭─)图 교사 노릇을 하다.
교폐(矯弊)图 폐단을 고침. reform of evils 하图
교포(僑胞)图 외국에서 사는 동포. ¶재미(在美) 〜. brethren abroad
교:풍(校風)图 그 학교 특유의 기풍. school tradition
교풍(矯風)图 나쁜 풍속이나 습관을 바로잡음. reformation 하图 「ful, subtle
교:─하─다(巧─)图여图 재주·솜씨가 교묘하다. skill-
교:─하─다(驕─)图여图 교만(驕慢)하다. be proud
교:하─생(敎下生)图〔동〕문하생(門下生).
교:학(敎學)图 ①교육과 학문. education and learning ②가르침과 배움. learning and teaching
교한(驕悍)图 교만하고 사나움. 하图
교합(交合)图〔동〕성교(性交). 하图
교:합(校合)图〔동〕교정(校正). 하图
교항(橋桁)图〈건축〉다리의 기초 공사에 쓰는 말뚝.
교항(驕亢)图 교만하고 자존심이 많음. haughtiness
교향(交響)图 서로 울림. 「하图
교향=곡(交響曲)图〈음악〉관현악을 위해 작곡한 보통 4악장으로 된 곡. symphony
교향=시(交響詩)图〈음악〉표제 음악의 하나. 독립된 단악장(單樂章)의 관현악곡. 교향악시. symphonic poem
교향=악(交響樂)图〈음악〉큰 규모의 관현악 조직으로 연주되는 음악의 총칭. 관현악(管絃樂). 〈때〉경음악. symphony
교향악=단(交響樂團)图 현악기·관악기·타악기로써 교향악을 연주하는 대규모의 관현악단. 심포니 오케스트라. 관현악단(管絃樂團). symphony
교형(絞刑)图〈예〉─교수(絞首刑). 「orchestra
교:혜(巧慧)图 교묘하고 슬기로움. ingenuity 하图
교호(交互)图 서로 어긋매낌. alternation 하图
교호(交好)图 사이 좋게 사귐. friendly relation 하图
교호 개:념(交互概念)图〔동〕교차 개념(交叉概念).
교호 계:산(交互計算)图〈경제〉일정한 기간에 생긴 거래의 채권·채무의 총액에 대하여 상쇄하고 잔액만 계산함.
교호 작용(交互作用)图 두 개의 사물 (事物)·현상 (現象)이 서로 작용하여 원인도 되고 결과도 되는 일.
교:화(交火)图〔동〕교전(交戰). 하图 「것. interaction
교:화(敎化)图 ①가르쳐 착한 길로 인도함. enlightenment ②〈불교〉불법으로 사람을 가르쳐 착하게 함.
교:화─력(敎化力)图 교화시키는 힘. 「하图
교:화─사(敎化師)图〔법률〕'교회사(敎誨師)'의 구칭.
교:화─황(敎化皇)图〔동〕교황(敎皇).
교환(交換)图 ①서로 바꿈. ¶포로 〜. exchange ②〈법률〉당사자 사이에서 금전 이외의 재산권을 서로 바꿈을 목적으로 하는 행위. ③〈경제〉어떤 재물을 타인에게 주고, 그 보수로서 타인으로부터 가치의 다른 재물이나 화폐를 얻음. ④〈경제〉우체국 등에서, 발송인이 위탁한 물건을 찾으러 온 수취인에게 주고, 그 물건 값을 받아서 발송인에게 보내는 일. ⑤〈예〉─전화 교환. 하图
교환(交歡·交驩)图 서로 즐김. friendly gathering 하图
교환 가격(─ ─價格)图〈경제〉사회 일반의 수요(需要)·공급(供給)을 표준으로 한 가격. exchange value
교환 가치(交換價値)图 ①상품이 지니고 있는 가치의 하나로, 어떤 일정량의 물건이 다른 일정량의 물건과 교환되는 능력. exchange value ②〈경제〉한 나라의 화폐를 다른 나라의 화폐와 교환할 때의 가치.
교환 경:기(交換競技)图〈체육〉외국 선수를 초청하여 대항 경기·선수권 시합 등을 하며 국제 친선을

교환 경제 〔交換經濟〕圈〈經濟〉경제 주체 사이에 재화를 교환하여 이루어지는 경제. barter economy

교환 공문 〔交換公文〕圈 조약에 관하여 국가간에 공문을 교환하여 행하는 명시적 합의의 형식.

교환 교:수 〔交換敎授〕학술·교육을 통한 천선과 문화 교류를 도모하기 위하여 두 나라의 대학간에 교수를 파견하여 강의를 행하는 일. 또, 그 교수. exchange professor

교환−국 〔交換局〕圈→전화 교환국(電話交換局).

교환−금 〔交換金〕圈〈經濟〉어음 교환소에서 어음을 교환하였을 때 생기는 차액.

교환 방:송 〔交換放送〕圈 방송국끼리 서로 교환하여 방송함. exchange broadcasting 하타

교환 법칙 〔交換法則〕圈〈수학〉두 수나 그 이상의 수에 베푼 산법의 결과는, 그들 수의 차례에 상관없다는 법칙. 교환율.

교환−소 〔交換所〕圈〈略〉어음 교환소.

교환−수 〔交換手〕圈 어음 교환수.

교환−율 〔−−率〕圈〈同〉교환 법칙. 「ning 하타

교활 〔狡猾〕圈 간사한 꾀가 많음. 교쾌(狡獪). cun-

교:황 〔敎皇〕圈〈기독〉천주교의 최고 지도자로서의 성직자. 교화황(敎化皇). 법왕(法王). 고종(敎宗)③. Pope

교:황−청 〔敎皇廳〕圈〈기독〉로마 교황이 교회 정치를 하는 곳. 세계 천주교의 총본부. 법왕청(法王廳).

교회 〔交會〕圈→만남. 하타 「배당. church

교:회 〔敎會〕圈〈종교〉①종교 단체의 모임. ②〈기독〉

교:회 〔敎誨〕圈 잘 가르쳐서 지난날의 잘못을 깨우치게 함. ¶죄수를 〜하다. exhortation 하타

교:회−관 〔敎誨官〕圈 교화사(敎誨士)의 원급인 5급

교:회−당 〔敎會堂〕圈〈同〉예배당. 「공무원.

교:회−법 〔−−法〕圈〔敎會法〕〈기독〉기독교 교회를 규율하는 법.

교:회−사 〔敎誨師〕圈 교도소의 죄수들을 교화·반성시키는 사람. 6급 공무원임. prison chaplain

교:회 음악 〔敎會音樂〕圈〈음악〉기독교와 관계가 있는 성악·기악. 「표어. school precepts

교:훈 〔校訓〕圈 학교의 교육 이념을 간명하게 표현한

교:훈 〔敎訓〕圈 가르치고 이끌어 줌. 훈회(訓誨). teaching, lesson 하타

교힐 〔巧黠·狡黠〕圈 교활하여 썩 약음. craftiness 하

=구 〔口〕圄 자동사를 타동사로 만드는 어간 형성 접미사. ¶솟〜다. 돋〜다. 「(邊).

구 〔勾〕圈〈수학〉직각 삼각형의 직각을 낀 짧은 변

구 〔句〕圈〈어학〉①두 개 이상의 단어가 모여, 절(節)이나 문장의 한 부분이 되는 토막. phrase ②시조·사설의 짧은 토막. ③〈同〉구절.

구: 〔灸〕圈 ①〈同〉뜸. ②약재를 불에 약간 구

구 〔姤〕圈〈略〉→구괘(姤卦). 〔위 쓰는 법. ③〈略〉하타

구 〔矩〕圈 ①〈同〉곱자. ②〈천문〉지구에서 볼 때, 외행성이 태양과 직각을 이루는 현상. 동쪽에 있는 것을 상구(上矩), 서쪽에 있는 것을 하구(下矩)라 이름.

구− 〔區〕圈〈略〉→구역(區域). ②행정 구역의 하나. 서울 특별시와 인구 50만 이상의 시(市)에 둠. ward ③법령 집행을 위하여 정한 구획. ¶투표〜. district 「ball

구 〔毬〕圈 격구(擊毬)나 타구(打毬)에 쓰던 나무공.

구 〔球〕圈 ①〈수학〉구면(球面)으로 둘러싸인 입체. ②공꼴로 둥글게 생긴 물체. ③공. sphere

구 〔具〕圈 시체의 수를 세는 말. ¶세 〜의 시체.

구 〔九〕圈 아홉. nine

구− 〔舊〕冠頭 어떤 명사 위에 붙어 '전날의'·'묵은'·'낡은' 등의 뜻을 나타냄. ¶〜세대(世代). 《대》신(新)=. old ancient, ancient

−구 〔口〕接尾 어떠한 명사 뒤에 붙어 '사람이 드나드는 곳'을 나타내는 말. ¶출입〜. ②'작은 구멍'·'구멍이 나 있는 곳'을 나타내는 말. ¶접수〜.

−구 〔具〕接尾 어떤 명사 뒤에 붙어 기구나 물건을 나타내는 말. ¶문방〜.

구가 〔仇家〕圈 원수의 집.

구가 〔舅家〕圈〈同〉시집.

구:가 〔舊家〕圈 ①오래 대(代)를 이어 온 집안. ②한 곳에 오래 살아온 집안. ③옛날에 살던 집. old house

구가 〔謳歌〕圈 칭송하여 노래함. glorification 하타

구가 〔衢街〕圈 한 길거리.

구가마−하−다 〔−−−〕他變 쌀 가마니 등을 법식대로 묶다.

구:각 〔口角〕圈〈同〉입아귀.

구각 〔晷刻〕圈 잠깐 동안.

구:각 〔舊殼〕圈 낡은 껍질. 옛 관습. ¶〜을 벗다. old custom 「하여 즐겁게 해 줌. 남을 칭찬하는 말.

구:각 춘풍 〔口角春風〕圈 수다스러운 말로 남을 칭찬

구간 〔苟艱〕圈 몹시 가난함. poverty 圈 하타

구간 〔球竿〕圈〈체육〉역기에 쓰는 기구로서 양쪽 끝이 공 모양으로 된 가는 쇠막대기. bar bell

구간 〔區間〕圈 일정한 지점의 사이. section

구:간 〔舊刊〕圈 전에 간행된 출판물.《대》신간(新刊). old edition

구간 〔軀幹〕圈〈생물〉포유 동물의 몸통. 동부(胴部).

구간−골 〔軀幹骨〕圈〈생리〉구간을 이루는 골격. 몸

구:갈 〔口渴〕圈 조갈이 남. 목이 마름. thirst 「뼈.

구:갈−증 〔−症〕〔口渴症〕圈 목이 마른 증세.

구:감 〔口疳〕圈〈한의〉입 안이 헐어 터지는 병. stoma-

구:감초 〔灸甘草〕圈〈한의〉구운 감초. 「titis

구:갑주 〔具甲冑〕圈 갑옷과 투구를 갖춤. wearing armour and helmet 하타

구:강 〔口腔〕圈〈생리〉입 속. oral cavity

구:강 위생 〔口腔衛生〕圈〈위학〉입 안에 있는 입천장·허, 특히 이의 건강에 유의하여 질병의 예방·치료에 힘쓰는 일. oral hygiene 「윗벽. 입천장.

구:개 〔口蓋〕圈〈생리〉구강(口腔) 안의 천장을 이루는

구:개−골 〔口蓋骨〕圈〈생리〉비강(鼻腔)의 뒤쪽에 있는 한 쌍의 뼈. palatine bone

구:개−음 〔口蓋音〕圈〈어학〉'ㅈ'·'ㅊ'처럼 입천장에서 나는 소리. 입천장소리. palatal sound

구:개음−화 〔口蓋音化〕圈〈어학〉혀끝소리인 'ㄷ·ㅌ'이 모음 'ㅣ'나 선행(先行) 모음 'ㅣ'에 동화되어 혓바닥과 입천장 사이에서 나는 구개음 'ㅈ·ㅊ'이 되는 현상. '밭이다'가 '바치다'로, '어깨받이'가 '어깨바지'로 변하는 따위. palatalization

구갱 〔舊坑〕圈 폐기된 갱.

구거 〔鉤距〕圈〈同〉미늘.

구거 〔溝渠〕圈 개울창. 도랑. ditch

구걸 〔求乞〕圈 남에게 돈·곡식 따위를 거저 비는 일. 결구. begging 하타

구검 〔句檢〕圈 말아 다스리고 검사함. 하타

구검 〔拘檢〕圈 언행을 구속하며 경제하여 타이름. restraint 하타 「요감. be wrinkled

구겨지−다 〔−−−〕自變 구김살이 잡히다. ¶잘 안 구겨지는

구격 〔具格〕圈 격식을 갖춤. formality 하타

구:결 〔口訣〕圈 한자의 한 부분을 따 약호로서 한문 사이에 다는 토. '하고'를 '旪', '하니'를 '亽'로 쓰는 따위.

구:경 흥미 있는 경치·경기·흥행물 따위를 흥미를 가지고 봄. ¶〜을 떠나다. seeing a sight 하타 「스뫠 스뢰크

구경 〔九卿〕圈〈제도〉육조 판서(六曹判書)·좌우 참찬(左右參贊)·한성 판윤(漢城判尹)의 아홉 대신. 구품①.

구경 〔九經〕圈 아홉 가지 경서. 곧, 주역(周易)·시경(詩經)·서경(書經)·예기(禮記)·춘추(春秋)·효경(孝經)·논어(論語)·맹자(孟子)·주례(周禮). Nine Classics of Ancient China 「caliber

구:경 〔口徑〕圈 둥근 구멍·원통 등의 아가리의 직경.

구경 〔究竟〕圈 ①〈불〉궁극(窮極). ②〈上〉사리(事理)의 마지막. ¶결국에는. 마침내. 필경. final end

구:경 〔具慶·俱慶〕圈 양친이 다 계셔 경사스러움.

구경 〔球莖〕圈〈식물〉토란 따위처럼 뿌리가 구형(球

形)을 이룬 지하경(地下莖). 알줄기. bulb
구:경 가:다围 구경하러 가다.
구:경=가마리[—까—]围 하는 짓이 우스워 남의 구경거리가 되는 사람. laughing-stock
구:경!감[—깜]围 구경할 만한 대상. 구경거리.
구:경=거리[—꺼—]围 구경감.
구:경꾼围 구경하는 사람. spectator
구:경 나다围 구경거리가 생기다.
구:경=비(口徑比)围〈물리〉사진기에서, 조리개의 직경으로 렌즈의 초점 거리를 나눈 수값.
구:경증[—症](口硬症)围〈한의〉유사 중풍증의 하나. 혀가 뻣뻣하게 처지는 어린 아이의 병.
구경=하(俱慶下)围 양친을 다 모시고 있는 시하(侍下). having parents
구계(九界)围〈불교〉십계(十界)에서 불계(佛界)를 뺀 것.
구계(具戒)围→구족계(具足戒).
구계(拘繫)围 붙잡아 메어 둠. fasten 하다
구고(勾股)围 직각 삼각형.
구고(究考)围 끝까지 깊이 연구함. research 하다
구:고(救苦)围〈불교〉사람들의 괴로움을 구해 줌. 하다
구고(舅姑)围 시아버지와 시어머니. father and mother-in-law of a wife
구:고(舊故)围 오랜 옛날부터의 연고. old acquaintance
구:고(舊稿)围 묵은 원고. old manuscript
구고=전(勾股弦)围 직각 삼각형을 이룬 논이나 말.
구-고-현(勾股弦)围〈수학〉직각 삼각형의 세 변. three sides of a right angled triangle
구곡(九穀)围 수수·옥수수·조·벼·콩·팥·보리·밀·깨의 아홉 가지 곡식. nine kinds of cerials
구:곡(舊穀)围 묵은 곡식. 작년 곡식. 진곡(陳穀). 《대》 신곡(新穀). old grains
구곡 간:장(九曲肝腸)围 굽이굽이 서린 창자라는 뜻으로, 깊은 마음속. ¶~이 녹는다. [장콘]
구공(九空)围 멀고 가없는 하늘. 구천(九天). 구만리
구:공(口供)围 죄를 자백함. confession 하다
구:공(舊功)围 옛적의 공적.
구:공=서(口供書)围 자백한 죄상을 적은 글. 구서(口書).
구공-탄(九孔炭)围 ①구멍이 아홉 둘린 연탄. ②주먹이 들린 연탄의 총칭. nine-hole briquet 《약》→십구공탄(十九孔炭).
구:과(口過)围 ①말을 잘못한 허물. improper language ②지나친 말. overstatement ③围 구취(口臭).
구:과(毬果)围〈식물〉소나무와 측백나무의 열매. 솔방울·잣방울 따위. cone
구관(句管)围 말아 다스림. 하다 [장송이 따위.
구:관(舊官)围 ①옛 벼슬아치. ②먼젓번의 수령. 《대》신관(新官). former governer
구:관(舊慣)围 예전부터 내려오는 관례. old custom
구:관(舊館)围 예전부터 있는 건물. 《대》신관(新館). ancient residence
구:관(舊觀)围 예전의 모습·경치. original appearance
구관 당상(句管堂上)围〈제도〉조선조 때, 팔도(八道)의 군무(軍務)를 맡아보던 비변사(備邊司)의 당상관(堂上官).
구:관복(舊官服)围〈제도〉관복을 갖추어 입음. 하다
구관이 명관이라즘 오래 경험을 쌓은 사람이 낫다.
구관-조(九官鳥)围〈조류〉찌르레기과의 새. 모양은 비둘기와 비슷하고, 온몸은 검으나 날개에 흰 반점이 있으며, 두 눈 뒤로 누른 벗이 있으며, 부리는 오렌지빛임. 사람의 말소리를 잘 흉내냄. mina
구:-괘(姤卦)围〈민속〉육십사괘(卦)의 하나. 건쾌(乾卦)와 손괘(巽卦)가 거듭된 것. 《약》구(姤).
구:교(媾交)围 육체 관계. sexual intercourse
구교(溝橋)围 ①콘크리트·석재 또는 벽돌 등으로 운하·제방·도로 등의 밑을 가로질러 만든 지하 수로. ②배수(排水)하기 위하여 철도 선로 밑에 가설한 작은 다리.
구:교(舊交)围 오래 사귄 친구. old friendship
구:교(舊敎)围 ①围 고교(古敎). ②〈기독〉천주교.

곧, 예수교에 있어서 구교파(舊敎派). 《대》신교(新敎). Roman Catholicism
구:교-도(舊敎徒)围〈기독〉천주교 신도. 《대》신교도.
구:교지=간(舊交之間)围 오래 전부터 사귀던 사이.
구:구!튀 닭을 부르는 소리. chuck! chuck!
구구(九九)围 ①《약》구구법(九九法). ②구구법으로 셈함. ③속으로 궁리하여 봄. 하다
구구(區區)围 ①한 억측. ¶~한 억측. ②변변하지 못함. ③잘고 용렬함. 하다 히다
구구(購求)围 물건을 구하여 삼.
구구구(鳩鳩鳩)围 비둘기·닭 등이 우는 소리. (센) 꾸꾸꾸.
구구-법[—뻡](九九法)围〈수학〉곱셈에 쓰는 기초 공식. 1에서 9까지의 수로 두 수끼리 서로 곱한 곱을 나타낸 것. 구구(九九). multiplication table
구구 불일(區區不一)围 각기 달라 일정하지 않음. diverse 하다 [affairs
구구 사:정(區區私情)围 하찮은 사정. trivial private
구구 생활(區區生活)围 겨우 살아 나가는 생활. poor life, bare living
구구 세:절(區區細節)围 각각 다른 지지한 품목.
구구-이(句句—)튀 구절마다.
구구 절절이(句句節節—)튀 매 구절마다.
구구-표(九九表)围〈수학〉구구법의 공식을 적은 표. multiplication table [곱.
구구 합수(九九合數)围〈수학〉구구법에 의하여 얻은
구:국(救國)围 나라를 위기에서 건져 냄. ¶~ 운동. national salvation 하다
구:국(舊國)围 역사가 오랜 나라.
구:군(舊君)围 옛 임금.
구:군(舊軍)围 어떠한 일에 오래 종사하여 익숙한 사람. veteran
구군복(具軍服)围 군복을 격식대로 갖추어 입음. in full uniform 하다 [못하다.
구:-굴=하:다(久屈—)团〈어문〉오래 뜻을 굽히고 이루지
구궁-수[—쑤—](九宮數)围〈민속〉음양가(陰陽家)가 구성(九星)을 오행과 팔괘의 방위에 맞추어 길흉(吉凶)과 화복(禍福)을 판단해 내는 수. [document
구:권[—꿘](舊券)围 전에 발행한 문건(文券). old
구:궐(久闕)围 오랫 동안 빠짐. long absence 하다
구귀-가(九歸歌)围〈수학〉구귀법 셈을 기억하기 위하여 오언(五言)으로 지은 45마디의 문구.
구귀-법[—뻡](九歸法)围《약》→구귀 제법.
구귀 제:법[—뻡](九歸除法)围〈수학〉산가지나 주산으로 구귀가를 응용하여 셈하는 제법. 《약》구귀법. 귀법. 귀제. [아홉 구멍. 구혈(九穴).
구규(九竅)围〈한의〉눈·코·입·귀·오줌구멍·똥구멍의
구:규(舊規)围 전부터 행하여 온 규칙. 《대》신규(新規). old regulation
구균(球菌)围〈식물〉구형(球形)의 세균의 총칭.
구귤(枸橘)围围 뺑자나무. [상균(狀菌). coccus
구극(仇隙)围 서로 원수로 지내는 사이. discord
구:극(究極)围围〉→구극. [궁극.
구극(駒極)围《약》→벽구 과극(白駒過隙).
구:극(舊劇)围围→구극 연극(舊派演劇).
구극 목적(究極目的)围 맨 마지막 목적. 궁극 목적.
구극 병:기(究極兵器)围〈군사〉ICBM에 수록 탄두를 장치한 병기.
구극 원리(究極原理)围〈철학〉과학의 가설적(假說的) ·부분적인 원리에 대하여, 철학의 보편적이며 가정적인 원리. 궁극 원리.
구:근(久勤)围 ①오랫 동안 힘써 옴. ②한 직장에 오래 근무함. long continued service 하다
구근(球根)围〈식물〉공 모양이나 괴상(塊狀)의 줄기 및 뿌리의 통칭. [년 식물의 총칭.
구근-류[—뉴](球根類)围〈식물〉둘림처럼 구근을 지
구근-초(球根草)围〈식물〉구근을 지닌 풀.
구:금(口金)围 그릇 따위의 주둥이에 끼우는 쇠로 된 연모. tin-stopper [tention 하다
구금(拘禁)围〈법률〉죄인을 잡아 감금하는 일. de-

구금-장(拘禁場)圓〈법률〉죄인을 구금하여 두는 곳. detention ward
구:급(救急)圓 ①위급한 것을 구원함. relief ②〈의학〉부상·급병일 때 응급 치료를 함. first-aid 하타
구:급-낭(救急囊)圓 구급약을 넣어 두는 주머니.
구:급-방(救急方)圓 ①구급하는 방도. 구급책. emergency measure ②〈한의〉구급하는 약방문.
구:급-법(救急法)圓 응급 치료법. first aid treatment
구:급 상비약(救急常備藥)圓 구급 치료를 위해 준비해 놓은 약품. 붕산·옥도정기·소화제 등.
구:급 상자(救急箱子)圓 구급약을 넣어 두는 상자.
구:급-약[—냑](救急藥)圓 응급 치료에 필요한 약품.
구:급-차(救急車)圓 화재·교통 사고 같은 때 생명이 위급한 부상자를 신속히 병원으로 수송하는 차.
구:급-책(救急策)圓〈동〉구급방(救急方)①.
구기圓 술·기름 따위를 떠낼 때 쓰는 국자 비슷한 물건. 작자(杓子). ladle
구기(九氣)圓 아홉 가지 감정. 즉, 노염·두려움·기쁨·슬픔·놀람·그리움·피로·한랭·열.
구:기(口氣)圓〈동〉 말씨. 「관.
구:기(口器)圓 입술·이·혀 등 음식물을 섭취하는 기
구기(拘忌)圓 언짢아 함. 꺼림. anxiety 하타
구기(枸杞)圓〈동〉구기자나무.
구기(球技)圓 ①〈체육〉공으로 득점 또는 선착(先着)을 다투는 경기. ②공을 다루는 기술.
구기(嘔氣)圓 게울 듯한 기운. qualm, nausea
구기(舊記)圓 옛날의 기록.
구기(舊基)圓 옛 도읍터·성터. 구지(舊址). old site
구기-다(目 운수가 나빠서 살림이 꼬여만 가다. 《작》고기다. 《센》꾸기다
구기-다(目 구김살이 생기다. 目 비비어 금이 생기게 하다. 《작》고기다. 《센》꾸기다. 「르다. crumple
구기박-지르-다(트) 몹시 구기지르다.
구기-자(枸杞子)圓 ①〈동〉구기자나무. ②〈한의〉구기자나무의 열매. 해열제·강장제로 쓰임. fruit of a boxthorn
구기자-나무(枸杞子—)圓〈식물〉가지과의 낙엽 활엽 관목. 여름에 담자색 꽃이 피며, 열매는 빨간 고추 비슷하여 약용함. 구기(枸杞). boxthorn
구기적-거리-다(目 구김살이 지게 자꾸 구기다. 《작》고기작거리다. 《센》꾸기적거리다. **구기적=구기적**
구기지르-다(트) 마구 구기다. crumple 「하타
구기-차(枸杞茶)圓 구기자로 만든 차.
구기-충(枸杞蟲)圓〈동〉인시류(鱗翅類)에 딸린 벌레의 유충. 구기자나무의 잎을 먹음. 고치를 짓고 번데기는 말려서 약재로 씀.
구김圓 ①구기는 일. crumpling ②구김살. ③기가 꺾이거나 풀이 죽는 일. dejection ④말이나 글에서 논리가 닿지 않는 점. 《작》고김. 《센》꾸김. contradiction
구김-살[—쌀](圓 ①구기어 생긴 잔금. ②〈동의〉〜을 펴다. rumples ②일이 순조롭지 못하고 지장이 있는 상태. ③성격이나 표정이 찌들어 그늘진 자취. 《약》구김②. 《작》고김살. 《센》꾸김살. hitches
구김살-없:-다[—쌀—](目〈약〉 ①생활이 쪼들리지 않고 굿하다. ②성격이 찌든 데가 없고 티없이 맑다. 《약》구김없다. **구김살-없:이**(부
구김-새(圓 구김살이 진 정도나 모양. creases
구김-없:-다(目〈약〉→구김살없다.
구깃-거리-다(目재 구김살이 나게 마구 구기다. 目 고기 거리다. 《센》꾸깃거리다. **구깃=구깃**(부) 하타
구깃-구깃(부) 구기어 금이 많은 모양. 《작》고깃고깃.
구나国〈약〉→로구나.
-구나|어미 형용사의 어간이나 선어말 어미 '-았= =었= =겠=' 등에 붙어 '해라'할 자리에나 스스로 새삼스런 감탄을 나타낼 때 쓰이는 종결 어미. ¶경치가 좋〜. 《약》구.
구나(拘拿)圓 죄인을 잡음. arrest 하타
구나(驅儺)圓〈제도〉악귀로 분장한 사람을 방상시

(方相氏)가 쫓는 연극.
구나-방(圓 모짐고 거칠고 비꼬인 사람의 별명. cynic
구:난(救難)圓 어려움을 도와 구해 줌. rescue 하타
구날(構捏)圓〈약〉→구허 날무(構虛捏無).
구:내(口內)圓 입 속.
구내(區內)圓 한 구역의 안. in the ward
구내(構內)圓 큰 건물의 울 안. premises
구내 매:점(構內賣店)圓 구내에 있는 매점.
구내-선(構內線)圓 역 구내에 있는 본선 이외의 선로.
구내 식당(構內食堂)圓 구내에 있는 식당.
구:내-염(口內炎)圓〈의학〉입 안의 점막에 생기는 염증. stomatitis
구내 전:화(構內電話)圓 사무소나 공장 등에서 내부 상호간 및 외부와의 연락을 위해 가설한 전화.
구:년(久年)圓 오랜 해. 오랜 세월. for many years
구:년(舊年)圓 ①지난해. 거년. 작년. 《대》신년(新年). ②지난 여러 해. last year
구:년-묵이(舊年—)圓 여러 해 묵은 물건. old article
구년지수(九年之水)圓 9년 동안 계속된 큰 홍수. 구년 홍수.
구:년 친구(舊年親舊)圓 ①오랜 동안 작별한 벗. ②「오랫 동안 사귀어 온 벗. old friend
구년-살(圓 소의 볼기에 붙은 기름진 살. aitch-bone
구:눌(口訥)圓 말을 떠듬떠듬함. stammering 하타
구:농(圓〈민속〉열두거리 굿의 아홉째 거리에 나오는 귀신으로, 무당이 위하는 귀신의 하나.
구:농 놀:-다(재·目)〈민속〉굿할 때, 구농이 나와서 놀아나다. 「하타
구니(拘泥)圓 어떤 일에 필요 이상 구애함. 얽매임.
구단(球團)圓 직업 야구·축구·농구 등의 사업을 운영하는 단체.
구단-주(球團主)圓 구단을 운영하는 사업주.
구:담(口談)圓 이야기. 언변. talk
구담(瞿曇 Gautama 범)圓〈불교〉①인도의 석가족(釋迦族)의 성(姓). ②성도(成道)하기 전의 석가를 이름.
구:답(口答)圓 말로 대답함. 《대》필답(筆答). oral reply 하타
구:답(舊畓)圓 전부터 있던 논.
구대(球帶)圓〈수학〉'구띠'의 구용어.
구:대(舊代)圓 예전 시대. old times
구:대=륙(舊大陸)圓〈지리〉신대륙 발견 전부터 알려져 있던 대륙. 유럽·아시아·아프리카의 세 대륙. 《대》신대륙. old continents
구:대=인(舊代人)圓 ①선대부터 부리던 하인. servants employed since father's days ②한 동네에 대대로 이어 사는 사람. native of a town
구더기圓〈곤충〉파리의 유충. maggot
구더기 무서워 장 못 담글까(團 다소 방해가 있더라도 할 일은 해야 한다. 「speech ②독살한 말씨.
구:덕(口德)圓 ①덕성스러움. gentleness of
구:덕(具德)圓 덕을 갖춤. 하타
구:덕(舊德)圓 ①오래전에 베푼 덕. old virtue ②선조의 공로. meritorial services of one's forefathers
구덕=구덕(부) 물기 있는 물체의 거죽이 약간 마른 모양. 《센》꾸덕꾸덕. dryish 하타
구덕-다(目 아주 믿을 수 있다. trustworthy
구덩이圓 ①땅이 움푹하게 파인 곳. hollow ②〈광물〉광물을 파내기 위하여 땅속으로 파 들어간 굴. 갱(坑). pit
구:도(求道)圓〈불교〉불법의 정도(正道)를 구함. ¶〜심(心). 〜자(者). seeking after truth 하타
구도(構圖)圓〈미술〉미적(美的) 효과를 얻기 위하여 전체적으로 조화되게 배치하는 도면 구성의 요령. composition 「cutting the heads of criminals
구도(鷗刀)圓 죄인의 목을 베던 칼. sword used for
구:도(舊都)圓 옛 도읍. 옛 서울. 《대》신도(新都).
구:도(舊道)圓 옛적 도로. former road 「old capital
구독(溝瀆)圓 개천과 수렁.
구독(購讀)圓 책이나 신문 따위를 사서 읽음. ¶정기(定期) 〜. subscription 하타

구독료=료(購讀料) 신문·잡지 따위를 사 보는 요금. subscription rates

구동(九多) 겨울철. 90일 동안.

구·동(舊多) 지난 겨울. last winter

구두¹ 서양식의 가죽신. 양화(洋靴). shoes

구두²《약》→구두법.

구·두(口頭) 입으로 하는 말. word of mouth

구두(句讀)《약》→구두법(句讀法). 「contract

구:두 계:약(口頭契約) 말로써 하는 계약. verbal

구두=닦기 구두 닦는 일.

구두=닦이 구두 닦는 일을 업으로 하는 사람.

구두덜=거리·다 혼자서 불평을 지껄이다. **구두덜=구두덜하다**

구·두=법(句讀法)〈어학〉글을 읽기 편하게 단어나 구절을 점·부호 등으로 나타내는 법.《약》구두(句讀). punctuation

구:두 변:론(口頭辯論)〈법률〉법정에서 소송 당사자가 구두로 하는 변론. **하다**

구:두 삼매(口頭三昧)〈불교〉경문(經文)만 외고 참뜻 선리(禪理)를 깨달음이 없는 수도. 구두선(口頭禪)③.

구:두=선(口頭禪) ①실행함이 없이 입으로만 놀 지껄이는 말. all talk and doing nothing ②《동》구두삼매(口頭三昧).

구·두 설명(口頭說明) 말로 하는 설명.

구두=쇠 몹시 인색한 사람. 수전노(守錢奴).《약》구두². miser 「구술 시험. oral examination 하다

구:두 시:험(口頭試驗) 말로 묻고 대답하는 시험.

구:두 심리(口頭審理)〈법률〉구두로 하는 심리.《대》서면 심리. verbal trial 하다 「polish

구두=약(─藥) 구두를 닦을 때 바르는 약. shoe-

구:두 약속(口頭約束) 말로써 하는 약속.

구:두 위임(口頭委任)〈법률〉따로 구두로 어떤 범위의 위임을 하는 일. verbal mandate

구두=점[─쩜](句讀點)〈어학〉구두법(句讀法)에 따라 표하는 점. '.'·'.'·',' 따위. punctuation marks

구:두주의(口頭主義)〈법률〉민사·형사 소송에서 의사 표현을 구두로 함을 원칙으로 하는 주의.《대》서면주의.

구:두=질 방고래의 재를 구둣대로 쑤셔 내는 일. cleaning out a Korean hypocaust 하다

구두=창(─窓) 구두의 밑바닥에 대는 창. sole of a shoe

구:둔(口鈍) 말이 둔함. 입이 굼뜸. slowness of speech 하다 「에 쓰는 도구.

구:둣=대 긴 댓가지 끝에 솔이나 짚을 달아 구두질

구둣=발 구두를 신은 발.

구둣=발길 구두를 신고 차는 발길.

구둣발질 구둣발로 하는 짓. 하다

구둣=방(─房) 구두를 만들거나 수선하는 가게.

구둣=솔 구두 닦는 데 쓰는 솔. 「shoe shop

구둣=주걱 구두를 신을 때 발뒤축에 대어 발이 구두에 잘 들어가게 하는 제구. shoe-horn

구드러지·다 마르거나 굳어져서 뻣뻣하여지다.《작》고드러지다.《센》구드러지다. dry up

구독(求得) 구하여 얻음. obtaining 하다

구들=일《약》→방구들.

구들=구들 밥알이 되어서 오들오들한 모양.《작》고들고들.《센》꾸들꾸들. somewhat dry and hard 하다

구들=더께 몸이 쇠약하여 방안에만 붙어 있고, 출입을 잘하지 않는 사람을 농으로 이르는 말. home-

구들=돌[─똘] 《동》구들장. 「keeping person

구들=등·티 아무 동티도 없이 갑자기 죽은 사람을 농으로 이르는 말. 「ondol floor

구들=목 방구들의 아랫목. warmer part of the

구들=믿 방구들을 뜯어고칠 때 나오는 재나 탄 흙. 거름으로 씀. soot under an ondol floor 「floor

구들 바닥[─빠─] 구들의 맨바닥. uncovered ondol

구들=방[─빵](─房) 구들장을 놓아 만든 방. 온돌방.《대》마루방.

구들=장[─짱] 방고래 위를 덮어 방바닥을 이루는 얇고 넓은 돌. 구들돌. flat pieces of stone used for flooring a Korean room 「지내는 처지.

구들장 신세[─짱─] 할 일이 없어 늘 방안에 누워

구들장 지·다[─짱─] 온돌방에 눕다.

구들=재[─째] 《동》구재.

구들=직장(─直長) 방 안에만 틀어박혀 있는 사람을 농으로 이르는 말. stay-at-home

구듭 남을 위한 귀찮은 수고. pains-taking service

구듭=치·다 남을 위하여 귀찮은 수고를 하다. go to considerable trouble to help

구등(球燈) 둥근 등. globular lamp, lantern

구등(籠燈) 배롱(焙籠)을 씌운 등.

구·디=하·다 변변찮은 국물 따위의 맛이 그럴 듯하다. ¶콩나물국 맛이 꽤나 ~. appetizing

구띠(球─)〈수학〉평행한 두 개의 평면 사이에 끼인 구면(球面)의 부분.

구라파(歐羅巴) '유럽'의 음역.

구라파 부:흥 계:획(歐羅巴復興計劃) 마샬 플랜.

구라파 전:쟁(歐羅巴戰爭) ①유럽 대전. ②《속》소란스러움의 비유. ¶뱃속에서 ~이 일어났다.

구락부(俱樂部) '클럽(club)'의 취음.

구람(購覽) 책·신문 등을 사서 읽음. subscription 하다 「cember

구:랍(舊臘) 지난해의 섣달. 객랍(客臘). last De-

구:래(舊來) 예로부터 내려옴. ¶~의 폐습. from old times

구량(口糧) 식구 수효대로 내어 주던 양식. ration

구량=각(九樑閣)《건축》도리를 아홉 개 쓴 비칸 넓이의 큰 전각. 구량집.《약》구량(九樑).

구량=집(九樑─)집 《동》구량각.

구·러디·다 《고》 거꾸러지다.

구력 새끼로 그물처럼 성기게 떠서 자루같이 만든 물건. straw network

구럭엔 게 놔 주겠다 놓치지 않을 데에 넣은 것도 놓칠 만큼 조심성이 없다.

구렁 ①움푹 패어 들어간 곳. pit ②빠지면 벗어나기 힘든 곳을 비유하는 말. ¶악의 ~. depths

구렁=말 털빛이 적갈색의 말. reddish brown horse

구렁이 ①《동》뱀과의 하나. 몸 길이 150∼180cm이고 몸빛은 보통 암갈색에 검은 반점이 있으며 배는 흼. 동작이 느리고 집 근처 담이나 돌무덤 등에 나타남. big snake ②《속》음흉하고 능글맞은 사람의 비유.《약》구리². sly person 「기는 모양.

구렁이 담 넘어가듯 슬그머니 남 모르게 얼버무려 넘

구렁이 제 몸 추듯 제 몸을 자랑하는 모양.

구렁=찰 늦게 익는 찰벼. 「depth, slough

구렁=텅이 몹시 험하고 깊은 구렁. ¶죽음의 ~.

구레¹《고》굴레.

구레²《고》허구리.

구레=나룻 귀밑에서 턱까지 난 수염. 나룻③. whisk-

구렛들 바닥이 깊고 물이 늘 있어서 기름진 들.「ers

구려()《약》→구려라.

=구려 ①형용사·동사의 어간이나 선어말 어미 '=았=·=었=·=겠=' 등에 붙어 '하오'할 자리에 새삼스런 느낌을 나타내는 종결 어미. ¶이미 갔~. ② 동사의 어간에 붙어 상대자에게 종도록 시킴을 나타내는 종결 어미. ¶드시~. ③《고》→로구려.

구·력(舊曆) 《동》음력.

구:령(口令) 여러 사람이 한꺼번에 움직이도록 지르는 호령. word of command 하다

구:령(救靈)〈종교〉신앙에 의하여 영혼을 구원함.

구:령(舊領) 이전의 영지(領地). 「salvation 하다

구례(拘禮) 예의에 사로잡힘. 하다 「custom

구·례(舊例) 예로부터 내려오는 관례. foregoing

구·례(舊禮) 예로부터 내려오는 예법. ancient man-

구로(劬勞) 자식을 낳아 기르는 수고. 「ners-

구:로(舊路)圏 전부터 있던 길. 《대》신작로(新作路). old road

구로-일(勤勞日)圏 어버이가 저를 낳느라고 애쓴 날. 곧, 자기의 생일.

구로지-감(勤勞之感)圏 어버이의 은덕을 생각하는 마음.

구로지-은(勤勞之恩)圏 자기를 낳아 기른 어버이의 은덕.

구록(具錄)圏타 빠짐없이 모두 적음.

구록-피(狗鹿皮)圏 사슴 가죽처럼 부드럽게 다룬 개가죽.

구:론(口論)圏타 구두로 논쟁함. argument 하다

구롱(丘隴)圏 ①언덕. hill ②조상의 산소. ancestral graveyard

구:료(救療)圏 병자를 구원하여 고쳐 줌. treatment relief 하다

구루(佝僂·痀瘻)圏 ①곱사등이. ②늙거나 병들어 등이 앞으로 구부러짐. humpback 하다

구루마〈くるま 일〉圏 짐수레. cart

구루마-꾼〈くるま-꾼〉圏 짐수레꾼. carter

구루-병 [ㅡ뼝](佝僂病·痀瘻病)圏〈의학〉 어린 아이의 발육 불완전이 주징(主徵)이 되는 어린 아이의 전신병. 키가 작고 보행(步行) 불능, 생치(生齒) 지연 기타·**구루-통**圏 구름. 〔여러 가지 장애가 생김.

·구류(拘留)圏타 ①잡아서 가둠. ②〈법률〉 1일 이상 30일 미만의 기간 동안 구류장에 가두는 자유형(自由刑)의 하나. detention 하다

구류-간[ㅡ깐](拘留間)圏〈동〉 구류장(拘留場).

구류 신:문(拘留訊問)圏〈법률〉 사법 기관에서 범죄 혐의가 있는 사람을 구류장에 가두어 두고 하는 심문. detention and judical questioning

구류-장[ㅡ짱](拘留狀)圏〈법률〉 구류할 때 발부하는 문서. warrant of detention

구류-장(拘留場)圏 구류하는 곳. 구류간(拘留間). detention room

구류 처:분(拘留處分)圏〈법률〉 법치자 또는 그 혐의.

구륙(九六)圏 ①아홉과 여섯. ②양(陽)과 음(陰). 또, 음양이 판합(判合)하여 만물이 생기는 수.

구륜(九輪)圏〈불교〉 탑(塔)의 노반(露盤) 위에 있는 기둥 머리에 하는 장식.

구르기圈 발로 땅을 구르는 동작. ∥면 페인이 된다.

구르는 돌은 이끼가 안 긴다속 사람도 활동하지 않으·**구르-다**재르불 ①데굴데굴 돌려 돌아가다. roll ②대총 같은 기계가 심한 충동으로 인해 뒤로 내어지르다. recoil ③말 따위가 걸을 때, 쩨히 출썩거리다. 《약》굴다.

구르-다타르불 발로 바닥이 울리도록 마구 내리디디다. ∥발을 둥둥 ∼. stamp one's foot noisily

구르티-다타 (고) 거꾸러트리다.

구륵(鉤勒)圏〈미술〉 쌍선(雙線)으로 그림을 그리고 그 사이에 색(色)을 채워 올리는 법. 구륵법(鉤勒法). 쌍구(雙鉤). 《비》몰골법(沒骨法).

구륵-법(鉤勒法)圏〈동〉 구륵(鉤勒).

구름圏 ①대기 속의 수분이 작은 물방울이나 빙정(氷晶)의 상태로 떠 있는 것. ∥뭉게∼. cloud ②높은 것의 비유.

구름 갈 제 비가 간다속 둘이 반드시 붙어 다닌다.

구름-결[ㅡ껼]圏 ①구름처럼 슬쩍 지나는 겨를. ②엷고 고운 구름의 결.

구름-금[ㅡ끔]圏 구름판의 맨 앞선.

구름 다리[ㅡ따ㅡ]圏 길 위로 높이 놓은 다리. 운교(雲橋). 굴다리. 육교(陸橋). viaduct

구름 마찰ㅡ摩擦)圏〈물리〉 물체가 어떤 면(面) 위를 굴러갈 때, 그면에서 받는 운동에 대한 저항력. 회전 마찰.

구름 머리圏 뭉우리처럼 생긴 구름 덩이의 윗부분. cloud tops

구름 모임圏〈불교〉 법회 대중(法會大衆)이 구름같이 모여듬. gathering of a large crowd

구름-무늬(ㅡ紋)圏 구름 모양의 무늬.

구름-바다[ㅡ빠ㅡ]圏 넓게 깔린 구름. 운해(雲海).

구름-발[ㅡ빨]圏 길게 벌어 있거나 퍼져 있는 구름덩이. long-drawn cloud

구름-장[ㅡ짱]圏 구름의 덩이. mass of cloud

구름장에 치부하다(속) ①까맣게 잊어버렸다. ②기록해 둔 것이 아주 없어져 모르게 되었다.

구름-집[ㅡ찜]圏〈산〉 중이 좌선하며 사는 산중에 있는 집. 운당(雲堂). mountain monastery

구름 차:일(ㅡ遮日)圏 구름처럼 높이 친 차일. high-spread sun-shade 〔을 구르는 판. take-off

구름-판(ㅡ板)圏〈체육〉 넓이뛰기 운동에서 힘주어 발

구릅圏 마소의 아홉 살. nine-years-olds

구릉(丘陵)圏 나지막한 산. 언덕.

구릉-지(丘陵地)圏 높이 300m 미만의 완만한 경사면과 골짜기가 있는 지역.

구리圏〈화학〉 붉고 광이 나는 금속 원소. 용도가 넓은데 전기가 잘 통해서 전선으로 많이 씀. 동(銅). 구리쇠. 원소 기호 ; Cu. 원자 번호 ; 29. 원자량 ; 63.54. copper

구리圏〈약〉→구령이.

구리(久痢)圏〈의학〉 오래 앓는 이질.

구리(究理)圏 이치를 구명함. investigation 하다

구리(具利)圏〈동〉 구본변(具本邊). 하다

구리가라(俱梨伽羅ㅡkrkara 범)圏〈불교〉 부동 명왕의 변화신인 용왕. 검은 용이 칼을 삼키는 그림. 구리가라 용왕. 구리가라 부동 명왕.

구리 귀:신(ㅡ鬼神)圏 구두쇠에다 참을성이 강한 사람. 동신(銅神).

구리-다쥔 ①똥이나 방귀 냄새와 똑같은 냄새가 나다. stinking ②행동이 더럽고 추하다. pert ③수상쩍다. 의심스럽다. suspicious

구리 부처圏 구리로 만든 불상. bronze Buddha

구리-쇠圏〈동〉 구리.

구리-줄圏 가는 구리 철사로 만든 줄. 동선(銅線).

구리 철사[ㅡ싸](ㅡ鐵絲)圏 구리를 가느다랗게 뽑아 만든 철사. 동사(銅絲). copper wire

구리터분-하다혬 ①냄새가 구리고 터분하다. stinking ②하는 짓이 시원하지 못하고 더럽다. 《약》구터분하다. 굴터분하다. 《작》고리타분하다. stingy

구리텁텁-하다혬圏 ①냄새가 구리고 텁텁하다. 매우 구리터분하다. 《약》구텁텁하다. 굴텁텁하다. 《작》고리탑탑하다.

구리 합금(ㅡ合金)圏〈화학〉 구리를 주성분으로 한 동합금(銅合金).

구린-내圏 구린 냄새. 《센》쿠린내. stink

구린-입[ㅡ닙]圏 ①구리내 나는 입. ②주책없는 말을 하는 입. ③어느 자리에서 한 번도 말문을 열지 않는 입.

구:림(久霖)圏 긴 장마. 〔은 입. ∥∼ 한 번 안 떼다.

구릿-빛[ㅡ삗]圏 구리의 광과 빛. 적갈색. ∥∼ 얼굴.

구나(驅魔)圏 귀신을 쫓음. hunting devil out 하다

구만리 장공(九萬里長空)圏〈동〉 구만리 장천.

구만리 장천(九萬里長天)圏 한없이 크고 먼 하늘. 구만리 장공(九萬里長空). boundless sky

구매(毆罵)圏타 때리고 욕함. assault and abuse 하다

구매(購買)圏 물건을 삼. 구입(購入). 《대》판매(販賣). purchase 하다

구매(驅梅)圏 매독을 구제함. healing of syphilis 하다

구매-력(購買力)圏〈경제〉 상품을 살 수 있는 재력. purchasing power

구매-제(驅梅劑)圏〈약학〉 매독균을 죽이는 약제. antisyphilistic

구매 조합(購買組合)圏〈경제〉 산업 또는 생계에 필요한 재료나 물품을 구매하여 조합원에게 파는 조합. purchasing guild 〔을 가진 시설이나 부서.

구매-처(購買處)圏 보급품이나 용역을 구매하는 기능

구면圈 →로구면.

=**구면**어미 형용사의 어간이나 선어말 어미 '=았=·=었·=겠=' 등에 붙어 반말이나 혼잣말로 새삼스런 감탄을 나타내는 종결 어미. ∥예 좋∼. 《약》=군②.

구멍圏 뚫어지거나 파낸 자리. 공혈(孔穴). hole

구멍 가:게 圈 조그맣게 벌인 가게. small shop
구멍=구멍 圈 ①구멍마다. every hole ②으슥한 군데
구멍=밥[-빱] 圈 구메밥. 「군데. hidden places
구멍 보아 가며 쐐기 깎는다 형편을 보아 가며 거기 알맞도록 일을 해야 한다.
구멍=봉 가운데에 구멍이 뚫려 있어서 낚싯줄을 꿰어 놓을 수 있는 낚시찌. [굴의 생김새.
구멍=새 圈 ①구멍의 생긴 모양. form of a hole ②얼
구멍=수圈 애로나 난관을 해결할 만한 수단이나 도리. means of solution [낚시를 키운다.
구멍은 깎을수록 커진다 잘못된 일을 수습하려다
구멍=탄 (-炭) 圈 구멍이 뚫린 원기둥꼴의 연탄. holey briquette 「'穴'의 이름.
구멍혈=밑 (-穴-) 圈 한자 부수의 하나. '空·窓' 등
구메=구메 圈 틈틈이. at odd times
구메=농사 (-農事) 圈 ①작은 규모의 농사. ②곳에 따라 작황이 다른 농사.
구메=밥 圈 죄수에게 옥문 구멍으로 주는 밥. 구멍밥.
구메 혼인 (-婚姻) 圈 널리 알리지 않고 하는 혼인. 하
구:면 (苟免) 圈 겨우 액을 면함. 하 타
구면 (球面) 圈 ①구의 표면. ②〈수학〉 일정한 점에서 일정한 거리에 있는 점의 자취. spherical surface 「ance
구:면 (舊面) 圈 전부터 아는 안면. (대) 초면. acquaint-
구면=각 (球面角) 圈 한 구면 위의 두 큰 원호 (圓弧) 사이의 각. spherical angle
구면=경 (球面鏡) 圈 〈물리〉 구면의 한 부분이 반사면(反射面)으로 된 거울. 요면경(凹面鏡)과 철면경(凸面鏡)이 있음. spherical mirror
구면 기하학 (球面幾何學) 圈 〈수학〉 구면상의 기하학적 도형을 연구하는 학문.
구면 다각형 (球面多角形) 圈 〈수학〉 세 개 이상의 대원호(大圓弧)로 둘러싸인 구면의 한 부분.
구면 삼각법 (球面三角法) 圈 〈수학〉 삼각 함수를 써서 구면 삼각형에 대하여 연구하는 삼각법의 한 부문. spherical trigonometry
구면 수차 (球面收差) 圈 〈물리〉 렌즈면의 만곡도(彎曲度)가 크거나, 빛이 축에 대하여 큰 경사를 가져오기 때문에 상(像)이 선명하지 않은 현상. spherical aberration
구면 천문학 (球面天文學) 圈 〈천문〉 천구 위에서의 천체의 시위치(視位置)·시운동(視運動)을 연구하는 천문학의 일부문. (대) 위치 천문학(位置天文學). spherical astronomy
구면=파 (球面波) 圈 〈물리〉 한 점이 진동원(振動源)이 되어 등질 등방(等質等方)의 3차원 매질(媒質) 중에 전파되는 파동. 연못에 돌을 던졌을 때 수면에 생기는 잔 물결.
구명 (究明) 圈 연구하여 밝힘. inquiry 하 타 나타남.
구:명 (救命) 圈 인명을 건짐. life-saving 하 타
구:명 (舊名) 圈 이전 이름. old name
구:명=구 (救命具) 圈 해상에서 인명 구조에 쓰이는 기구. life-saving outfit 「홈을 하게 하는 장치.
구:명=기 (救命器) 圈 산소가 부족한 곳에서 완전한 호
구:명=대 (救命帶) 圈 선박의 조난 등에서 몸을 물위에 띄우기 위해 조끼처럼 입거나 허리·어깨 등에 착용하여 잡아매는 구명구. 구명 부대. 구명 동의.
구:명 도생 (苟命徒生) 圈 구차스럽게 겨우 목숨만 보
구:명 동:의 (救命胴衣) 圈 구명대. [전함. 하 타
구:명 보:트 (救命 boat) 圈 구명정.
구:명 부대 (救命浮帶) 圈 구명대.
구:명 부표 (救命浮標) 圈 물에 빠진 사람에게 던져주는 기구. 코르크를 방수포로 싼 고리 모양의 부표. 구난 부표. 구명 부이.
구:명=삭 (救命索) 圈 배에 탄 사람이 물에 빠짐을 막기 위해 배의 갑판 위에 친 줄. life line 「하 타
구:명 시:식 (救命施式) 圈 (동) 구병 시식(救病施式).
구:명=정 (救命艇) 圈 본선에 싣고, 본선이 조난할 경우에 인명을 구조하는 데 쓰는 보트. 구명 보트. lifeboat 「yard tree
구목 (丘木) 圈 무덤가에 있는 나무. 묘목(墓木). grave-
구몰 (俱沒) 圈 부모가 다 별세함. (대) 구경(俱慶). losing one's parents 하 타
구묘 (丘墓) 圈 (동) 무덤. 「하 (楸下).
구묘지=향 (丘墓之鄕) 圈 조상의 무덤이 있는 시골. 추
구무 (構誣) 圈 터무니없는 일을 꾸며서 남을 속임.
구무 (口口) 圈 구멍. 굴. [deceit 하 타
구무럭-거리-다 囸 몸을 천천히 자꾸 움직이다. (작) 고무락거리다. (센) 꾸무럭거리다. move sluggishly
구무럭-구무럭 부 하 타
구문 (九門) 圈 아홉 개의 문. 아홉 겹의 문.
구문 (口文) 圈 흥정을 붙여 주고 그 보수로 받는 돈.
구문 (句文) 圈 귀글. [구전(口錢). commission
구문 (究問) 圈 캐어물음. crossquestion 하 타
구문 (具文) 圈 서류의 형식만을 갖춤. 하 타
구문 (毬門) 圈 격구(擊毬)할 때에 세우는 문.
구문 (構文) 圈 글의 짜임. sentence structure
구문 (歐文) 圈 유럽 사람들이 쓰는 글. 또는 글자. ¶ ~전보(電報). European language 「story
구:문 (舊文) 圈 오래 된 글.
구:문 (舊聞) 圈 전에 들은 소문. (대) 초문(初聞). old
구문-권 (-[一權] (求問權) 圈 〈법률〉 민사 소송의 변론 중, 당사자가 상대방의 진술 취지를 확인하거나 재판장에게 필요한 질문을 할 수 있는 권리.
구:문=받-다 (口文-) 囸 흥정을 붙여 주고 그 값으로 돈을 받다. 「itary articles ②예전 것.
구:물 (舊物) 圈 ①대대로 전하여 오는 옛 물건. hered-
구물-거리-다 囸 몸을 연해 느리게 자꾸 움직이다. (작) 고물거리다. (센) 꾸물거리다. move slowly 구물-구물 부 하 타
구:미 (口味) 圈 입맛. ¶ ~가 당기다.
구미 (歐美) 圈 ①유럽주와 아메리카주. ¶ ~ 제국. ②유럽과 미국. Europe and America
구:미 (舊米) 圈 묵은쌀. (대) 신미(新米). old rice
구미가 나다 囸 ①입맛이 생기다. ②욕심이 나다.
구미가 돌다 囸 ①입맛이 돋다. ②흥미가 일다.
구미가 동하다 囸 ①입맛이 돌아 먹고 싶어지다. ②무엇을 차지하고 싶은 마음이 생기다. have a good appetite 「기계 하다.
구:미를 돋구다 囸 ①먹고 싶어지게 하다. ②욕심이 생
구미=초 (狗尾草) 圈 강아지풀.
구미-호 (九尾狐) 圈 ①오래 묵어 사람을 홀린다는 꼬리 아홉 달린 여우. old fox ②교활한 사람 cunning person 「a ward
구민 (區民) 圈 한 구 안에 사는 사람. inhabitants of
구민 (救民) 圈 민중을 구제함. 하 타
구밀/구밀 圈 귀밀.
구:밀 복검 (口蜜腹劍) 圈 말은 달콤하나 속으로는 해칠 생각을 가짐. mouth of honey
구박 (驅迫) 圈 못 살게 굶. 학대. ¶ ~이 자심하다. maltreatment 하 타
구박-지르-다 囸 톸 囸 (약) → 구기박지르다.
구반 (舊班) 圈 전에 행세하던 가문.
구발 (俱發) 圈 함께 발생함. 하 타
구:방 (舊邦) 圈 역사가 오랜 나라. old country
구배 (勾配) 圈 ①(건축) 물매. 흘림. ¶ ~가 심하다. ②(수) '기울기'의 구용어.
구배=표 (勾配標) 圈 철도 선로의 구배를 표시한 표.
구:법/구:법 圈 (고) 굽이굽이. [gradient post
구:법 (-[一法]) 圈 (-[뻡]) 입버릇. way of saying
구:법 (句法) 圈 (-[뻡]) 〈문학〉 시문의 구절을 만들거나 배열하는 법식. 「funct law
구:법 (舊法) 圈 옛 법률. (대) 신법(新法). de-
구:벽 (口癖) 圈 입버릇.
구:벽토 (舊壁土) 圈 오래 된 벽의 흙.
구:변 (口邊) 圈 입가.
구:변 (口辯) 圈 말솜씨. 언변(言辯).
구변 (具邊) 圈 (약) → 구본변(具本邊).
구:변=머리 (口辯-) 圈 (속) 구변.

구별(區別) ① 구역에 따라 나눔. according to the ward ② 종류에 따라 갈라놓음. classification ③ 차별을 둠. 차별함. discrimination 하다

구:병(救兵) → 구원병(救援兵).

구:병(救病) 병구완을 함. healing 하다

구:병 시:식(救病施食) 〈불교〉 병자를 위해 귀신에게 음식을 주고 법문(法門)을 알려 줌. 구명 시식(救命施食). 하다

구:보(舊譜) ① 예전의 족보. ② 예전의 악보. (대) 신보(新譜).

구보(驅步) 뛰어 달림. 달음질. running fast 하다

구복(口腹) 먹는 입과 배. mouth and paunch

구=복색(具服色) 웃음 갖추어 입음. full dress 하다

구복이 원수라 살아가기 위하여 여러가지 아니꼬운 일과 피로운 일을 당하는 것을 가리키는 말.

구:복지:계(口腹之計) 먹고 살아갈 방도.

구:본(舊本) 발행한 지 오래 된 책. ‖신본(新本). old book ‖ 구변(具邊). 하다

구=본변(具本邊) 본전과 이자를 합함. 구리(具利).

구=부득(求不得) 떨어 얻음.

구부득-고(求不得苦) 〈불교〉 팔고(八苦)의 하나. 구하여도 얻지 못하는 고통.

구부러-뜨리-다 세게 구부러지게 하다. 〈작〉 고부라뜨리다. 〈센〉 꾸부러뜨리다. bend

구부러-지-다 구부러지다. 〈작〉 고부라지다. 〈센〉 꾸부러지다. be crooked ‖ 렁이. crooked article

구부렁-이 구부러진 물건. 〈작〉 고부랑이. 〈센〉 꾸부렁이.

구부렁-하-다 안으로 욱어들어 굽다. 〈작〉 고부랑하다. 〈센〉 꾸부렁하다. somewhat bent **구부렁-구부렁-하다** ‖ 부리다. bend

구부리-다 휘어 굽게 하다. 〈작〉 고부리다. 〈센〉 꾸부리다.

구스름-하-다〈형〉〈여불〉 조금 굽은 듯하다. 〈약〉 구부슴하다. 〈작〉 고부스름하다. 〈센〉 꾸부스름하다. somewhat bent **구부스름-히**〈부〉

구부슴-하-다〈약〉→구부스름하다.

구부정=구부정〈부〉 여러 군데가 구부정한 모양. 〈작〉 고부장구부장. 〈센〉 꾸부정꾸부정.

구부정-하-다 조금 구부러져 있다. 〈작〉 고부장하다. 〈센〉 꾸부정하다. somewhat bent

구:북구(舊北區)〈생물〉 생물 지리학상의 한 구역. 곧, 아시아·유럽 및 아프리카 북부 등 가장 진화된 동식물이 생육하는 지역.

구분(區分) ① 따로따로 갈라 나눔. division ② 한 구역(區域)씩 나눔. demarcation 하다

구분 구적법(區分求積法)〈수학〉 도형의 면적·체적을 구함에 있어 그 도형을 여러 작은 부분으로 나누어 그 면적·체적의 총화를 구하여, 그 극한으로서 계산하는 방법.

구:분-전(口分田)〈제도〉 자손 없는 관원이나 전쟁 미망인에게 품급에 따라 두던 논밭. ‖구분(口分).

구불-거리-다 이리저리 구부러지다. 〈작〉 고불거리다. 〈센〉 꾸불거리다. meander **구불-구불**〈부〉

구불텅=구불텅〈부〉 여러 군데가 구불텅한 모양. 〈작〉 고불탕고불탕. 〈센〉 꾸불텅꾸불텅. 하다

구불텅-하-다 좀 완만하게 구부러지다. 〈작〉 고불탕하다. 〈센〉 꾸불텅하다. somewhat bent

구붓=구붓〈부〉 여러 군데가 구붓한 모양.〈작〉 고붓고붓. 〈센〉 꾸붓꾸붓. 하다

구붓-하-다〈형〉〈여불〉 조금 구부러지다. 〈작〉 고붓하다. 〈센〉 꾸붓하다. somewhat bent **구붓-이**〈부〉

구:비(口碑) ① 입으로 전하여 옮김. ② 전설(傳說). oral tradition

구비(具備) 다 갖춤. possessing 하다

구비(廐肥) 마구간에 쌓인 거름. ‖ 려오는 동화.

구비 동:화(口碑童話) 민간에 입으로 전승되어 내

구:비 문학(口碑文學)〈문학〉 입으로 전해 온 문학. 무가(巫歌) 따위. 구전 문학(口傳文學). oral literature ‖ poor 하다

구:비(救貧) 가난한 사람을 구제함. relief of the

구:빈 사:업(救貧事業) 빈민·이재민 등을 구호하는 사업. ‖지나니 입이 ~. feel an appetite

구쁘-다〈으불〉 먹고 싶은 생각이 들다. ¶끼니때가

구:사(口四)〈불교〉 입으로부터 나오는 망어(妄語)·기어(綺語)·악구(惡口)·양설(兩舌)의 네 가지 악한 구업(口業)과 불망어·불기어·불악구·불양설의 네 가지 선한 구업.

구사(求仕) 벼슬을 구함. seeking an office 하다

구사(灸師) 뜸으로 병을 고치는 사람. moxa-cauterer

구사(求嗣) 대 이을 아들을 보려고 첩을 얻음. take a mistress hoping to have a boy 하다

구사(鳩舍) 비둘기 집.

구사(廐舍) 마구간. stable

구:사(舊史) 옛날 역사. old history

구:사(舊寺) 오래 된 절.

구:사(舊事) 옛 일.

구:사(舊師) 옛 스승. one's former teacher

구:사(舊射) 활을 쏘는 것을 오래 전부터 쏘아 익숙한 사람.

구사(驅使) ① 사람이나 동물을 마구 부림. driving ② 자유 자재로 다루어 씀. ¶불어를 ~하다. free use 하다

구:사=사상(舊思想) ① 옛날 사상. ② 케케묵은 사상.

구사 일생[一生](九死一生) 꼭 죽을 고비를 여러 차례 겪고 겨우 살아남. narrow escape 하다

구산(九山)〈불교〉 신라말·고려초에, 달마 선법(達磨禪法)을 전래하여 얻은 아홉 산문(山門).

구:산(口算) 입으로 계산함. oral calculation 하다

구산(丘山) ① 언덕과 산. hill and mountain ② 물건이 많이 쌓인 모양. heap ‖one's grave 하다

구산(求山) 묏자리를 구함. selecting the site for

구:산(舊山) ① 조상의 무덤이 있는 곳. one's ancestral graveyard ② 오래 된 무덤 자리. location of old tombs

구산-대(丘山臺)〈불교〉물건을 높이 쌓아 올린 더미. heap

구산 선문(九山禪門)〈불교〉 달마 대사의 선법을 종지로 삼은 아홉 교파.

구산 조사(九山祖師)〈불교〉 신라말·고려초에, 구산을 개창한 아홉 명의 조사. 당(唐)에 유학하여 달마의 선법을 전래하였음.

구살(構殺) 허무(虛無)한 사실을 날조하여 죄로 몰아 죽임. killing on charge 하다

구살(毆殺) 때려 죽임. 박살(搏殺). 하다

구삼 고사 현오(勾三股四弦五)〈수학〉 직각 삼각형에서 구(勾)의 변이 3, 고(股)가 4, 현(弦)이 5인 세 변의 길이의 비율.

구상(臼狀) 절구처럼 생긴 모양.

구상(求償)〈경제〉 배상 또는 상환을 청구함. claim for compensation 하다

구상(具象)〈동〉 구체(具體)①.

구상(球狀) 공같이 둥근 모양. globular shape

구상(鉤狀) 갈고리 모양. hook shape

구상(構想) ① 생각을 엮어 짬. 또, 얽어 놓은 생각. plan ② 예술 작품의 구성을 생각하는 일. plot 하다

구상(毆傷) 때려 다치게 함. injury 하다

구상 개:념(具象槪念)〈논리〉 개별적 속성을 띠고 실물에 가까운 것으로 사유되는 개념. 구체 개념. concrete concept

구상 관절(球狀關節)〈생리〉 구상을 이루고 딴 부분에 ម 운동이 가능한 관절. 구상관절

구상-권[-권](求償權)〈법률〉 타인을 위하여 변제한 사람이, 그 타인에 대하여 가지는 반환 청구의 권리.

구상=균(球狀菌)〈동〉 구균(球菌).

구상-나무〈식물〉 전나무과의 상록 침엽 교목. 산 중턱 이상에 나는데 건축·목재 등으로 씀.

구상 명사(具象名詞)〈어학〉 물·돌·사람 같이 형상을 갖춘 물건을 나타내는 명사. 구체 명사. concrete noun

구상 무:역(求償貿易)〈경제〉 두 나라 사이의 수출

과 수입의 균형을 얻기 위하여, 상대국의 수출에 따라 이의 교환적으로 수입을 허가하는 무역. 바터제. barter trade

구:상(口上書)圀 말로 설명한 것을 다시 기록하여 상대국에 주는 외교 문서. verbal note

구상=성[—성](具象性)圀 (동) 구체성(具體性).

구상 성단(球狀星團)圀 〈천문〉 수십만에서 넘는 항성이 구상(球狀)으로 밀집한 성단.

구상=어(具象語)圀 〈어학〉 형체를 갖춘 구체적인 사물을 나타내는 말.

구상 예:술[—녜—](具象藝術)圀 그림이나 조각과 같은 형체가 있는 예술. concrete art

구:상유취[—뉴—](口尙乳臭)圀 말과 행동이 아직 유치함. childishness 하다

구상=적(具象的)圀(동) 구체성을 갖추고 있는 (것). 구체적. concrete

구상=화(具象化)圀 (동) 구체화(具體化). 하다

구상 화:산(口狀火山)圀 〈지학〉 폭발성 분화에 의해 생긴 화산. 산의 높이에 비해 화구(火口)의 직경이 큼. homate

구새¹圀 〈광물〉 광석 속에 산화되어 끼어 있는 딴 광물질의 가는 알갱이.

구새²圀 (《속》구새통. 「나마. become hollow

구새 먹=다困 살아 있는 나무의 속이 썩어서 구멍이

구새=통圀 ① 구새 먹은 통나무. hollow tree ② 나무 굴뚝. (준)구새². wooden chimney

구색(求索)圀 구하여 찾음. 하다

구색(究索)圀 연구하고 사색함.

구색(具色)圀 여러 가지 물건을 골고루 갖춤. ¶ ~이 맞다. assortment 하다

구:생(艱生)圀 구차하게 삶. needy livelihood 하다

구생(舅甥)圀 ① 외삼촌과 생질. uncle and nephew ② 장인과 사위. father and son-in-law

구서(九暑)圀 여름 90 일간의 더위.

구:서(口書)圀 ① 붓을 입에 물고 쓴 글씨. ② (동) 구공사(口供事). written confession

구서(具書)圀 글자의 획을 빼지 않고 갖추어 씀. writing in the square style 하다

구서(購書)圀 서적을 삼. 하다

구서(驅鼠)圀 쥐를 잡아 치워 없앰. extermination of rats

구=서목(具書目)圀 보고서에 목록을 함께 보냄.

구석圀 ① 드러나지 않고 치우친 곳. 비슷~. nook ② 모퉁이의 안쪽. 우각(隅角)①. corner

구석 건:년방(一房)圀 건넌방 뒤로 마루가 있고 그 뒤에 놓인 방.

구석=구석圀 구석마다. 이 구석 저 구석. every corner

구:=석기(舊石器)圀 〈역사〉 홍적세(洪積世) 시대에 인류가 처음부터 사용한 타제(打製) 석기. (대) 신석기.

구:석기 시대(舊石器時代)圀 〈역사〉 석기 시대의 전기(前期). 구석기를 만들고 골각기(骨角器)를 사용하던 시대. old stone age 「most room

구석=방(一房)圀 집의 한쪽 구석에 있는 방. inner-

구석=장(一欌)圀 방구석에 놓는 장. corner shelf

구석=지=다困 한쪽 구석으로 치우쳐 으슥하다. secluded 「denunciation

구:설(口舌)圀 시비하는 말. 비방하는 말. words of

구:설(久泄)圀 오래 된 설사. chronic diarrhoea

구:설(舊說)圀 오래 된 설(說).

구:설=복(口舌數)圀 구설수(口舌數).

구:설=수[—수](口舌數)圀 구설을 들을 운수. 구설 복. ill luck to suffer words of denunciation

구설=초(狗舌草)圀 (동) 수리취. 「9 carats line

구성(九成)圀 황금의 품질을 나눈 10등급 중 제2등.

구:성(久成)圀 〈불교〉 오래 닦아야 불도를 깨달을 수 있다는 말.

구성(構成)圀 ① 몇 가지 요소를 조립하여 하나로 만듦. 또, 그 결과. ② 예술에서, 표현상의 소재를 독자적인 수법으로 조립·배열하는 일. 플롯②. 하다

구=성:명(具姓名)圀 성과 이름을 다 씀. writing one's full name 하다

구성=없:=다[—따] 격에 맞지 않다. 어울리지 않다. ¶ 구성없는 소리를 하다. unfitting **구성=없:=이**閉

구성 요소[—뇨—](構成要素)圀 구성하는 데 없어서는 안 될 요긴한 성분.

구성=원(構成員)圀 어떤 조직을 이루고 있는 인원.

구성=은(九成銀)圀 90%의 순수 성분이 들어 있는 은. 지은(地銀).

구성적 범:주(構成的範疇)圀 〈논리〉 의식에서 독립하여 대상 그것을 객관적으로 규정하는 범주.

구성적 실업(構成的失業)圀 〈경제〉 시세의 변동과 관계없이 늘 그 모양 대로 있는 실업. 구조적 실업.

구성적 심리학(構成的心理學)圀 〈심리〉 의식 과정을 간단한 정신 요소로 분석하여 이 요소의 결합으로써 의식 과정을 설명하는 심리학. (대) 기능적 심리학.

구성-주의(構成主義)圀 1920년경 러시아·독일 등에서 일어나 유럽에까지 영향을 미친 예술 운동. 기하학적·추상적인 형태의 구성에 의한 미를 추구함. constructivism 「refined

구성-지-다图 구수하고 멋지다. ¶ 구성진 노랫가락.

구성=체(構成體)圀 인과 관계에 의해 빈틈없이 짜여진 방식. 「적인 반사실주의의 한 파.

구성=파(構成派)圀 〈미술〉 현대 미술에서 가장 극단

구성 학파(構成學派)圀 〈철학〉 철학적 사색의 특징이 사변적(思辨的)이고 구성적인 독일의 칸트 이후의 유심론(唯心論) 철학자들. 「석(鐵石).

구세(九歲)圀 해면(海綿)에 구멍이 숭숭 뚫린 광

구:세(敎世)圀 ① 〈기독〉 세상 사람을 죄악으로부터 구원함. salvation ② 사람을 불행으로부터 구원함. redemption 하다

구:세(舊歲)圀 묵은 해. old year, last year

구:세:계(舊世界)圀 〈지리〉 구대륙(舊大陸). (대) 신세계(新世界). old continent

구:세=군(敎世軍)圀 〈기독〉 예수교의 한 파. 군대식 조직 아래 민중 전도와 사회 사업을 하며 1905년에 한국에도 전래됨. Salvation Army 「대.

구:세-군(九世軍)圀 판사가 재판하는 피의자의 구속 기 「대.

구세 동거(九世同居)圀 9 대가 같이 산다는 뜻으로 집안이 화목함의 비유. 「세력.

구:세-력(舊勢力)圀 ① 옛 세력. ② 수구적(守舊的)

구:세 제:민(敎世濟民)圀 세상과 민생(民生)을 구제함. 구세(敎世). salvation of the world 하다

구:세=주(敎世主)圀 ① 인류를 구제하는 사람. ② 〈기독〉 예수. (약) 구주(敎主). ③ 〈불교〉 부처 모니.

구소(九霄)圀 (동) 구천(九天) ① ②.

구소(灸所)圀 (동) 구혈(灸穴).

구:소(舊巢)圀 새들의 옛 집.

구:=소설(舊小說)圀 갑오개혁(甲午改革) 이전에 나온 소설. 대부분이 비현실적인 공상의 세계를 표현하여 낭만 소설의 성격을 띰. (대) 신소설(新小說).

구속(拘束)圀 ① 자유 행동을 제한하거나 정지시킴. arrest ② 체포하여 속박함. 검속②. arrest 하다

구속(球速)圀 야구에서, 투수가 던지는 공의 속도.

구:속(敎贖)圀 〈기독〉 대속(代贖)하여 인류를 구원함. salvation 하다

구:속(舊俗)圀 옛 풍속. 지난 풍속. ancient manners

구속 노동 시간(拘束勞動時間)圀 〈사회〉 휴식 기타 노동에 종사하지 않는 시간을 포함한 하루의 노동 시간. compulsory labour hours 「강제하는 효력.

구속-력(拘束力)圀 〈법률〉 일정한 행위를 제한 또는

구속 영장[—녕짱](拘束令狀)圀 〈법률〉 검사의 신청으로 판사가 발부하는 피의자의 신체를 구속할 수 있는 명령서. 구인장(拘引狀). warrant of arrest

구속=형(拘束形)圀 〈어학〉 어미 변화의 하나. 뒤에 말할 사실을 나타낼 힘이 미치지 못함을 나타내는 어형(語形). '-면'·'-어야' 따위.

구:송(口誦)圀 글을 소리 내어 읽음. recitation 하다

구:송=체(口誦體)圀 운율이 있어 소리 내어 외기 좋은 문체. ¶ ~소설. recitative style

:구송圀 (교) 구종.

구:수(口受)圀 말로 전하여 줌을 받음. dictation 하다

구:수(口授)[명] 말로 전하여 줌. oral instruction 하다
구:수(口數)[명] ①인구의 수. ②몫의 수.
구수(仇讎)[명] 《新式》 원수. 「거함의 뜻.
구수(丘首)[명] ①근본을 잊지 않음의 뜻. ②고향을 생
구수(拘囚)[명] 죄인을 가둠. 또, 그 죄인. 하다
구수(寇讐)[명] 원수.
구수(鳩首)[명] 여럿이 머리를 맞댐. holding a conference
구수(舊讐)[명] 오랜 원수. deadly enemy
구수 응의(鳩首凝議)[동] 구수 회의. 하다
구:수-죽(口數粥)[명] 섣달 스무닷샛 날 밤에 온 가족
  이 먹는 붉은 팥죽.
구수지-간(仇讎之間)[명] 원수 관계에 있는 사이.
구수-하다[형여] ①맛이나 냄새가 비위에 잘 맞다.
  appetizing ②말이 듣기에 그럴 듯하다. 《작》고소하
  다. amusing 구수-히[부]
구수 회:의(鳩首會議) 여럿이 머리를 맞대고 회의
  함. 구수 응의(鳩首凝議). conference [lip
구:순(口脣)[명] ①입과 입술. mouth and lip ②입술.
구순-하다[형여] 사이가 좋아 화목하다. intimate
  구순-히[부]
구:술(口述)[명] 말로 진술함. 구진. 구연. oral state-
구술 시:험(口述試驗)[명] 구두 시험.   [ment 하다
구·슈(口)[고] 구두.
구스르-다[타르] (원)→구슬리다.
구슬 ①패물로 쓰는, 보석으로 둥글게 만든 물건.
  gems ②진주(眞珠). pearl ③사기·유리 등으로 눈
  알만한 크기로 만든 아이들의 장난감. glass balls
구슬-감기[-끼][명] 구슬감기.
구슬 갓끈 구슬을 잇달아 꿰어 만든 갓끈.
구슬-갱기 짚신 총갱기의 하나. (원) 구슬감기.
구슬구-슬 밥이 알맞게 된 모양. 지고 고슬고슬. good
  to eat 하다 [nished with bead decorated screens
구슬-덩[명] 오색 주렴으로 꾸민 덩. palanquin fur-
구슬-땀[명] 구슬같이 맑고 둥근 땀방울. beads of sweat
구슬려 내:-다[타] 그럴 듯한 말로 꾀어내다. wheedle
구슬려 내:-다[타] 자꾸 구슬리다. [a person out of
구슬려 삶:-다[타] 구슬리어 마음이 솔깃하도록 만들다.
구슬려 세:-다[타] 자꾸 구슬리어 추켜 올리다.
구슬리-다[타] ①근사한 말로 꾀어 마음이 움직이게 하
  다. coax ②끝난 일을 이리저리 생각하다. worry
구슬-발[명] 구슬을 꿰어 만든 발. 주렴(珠簾). bead
구슬 사랑(-沙糖)[명] 눈 사탕.   [blind
구슬 양피[-량-](-羊皮)[명] 구슬 모양으로 말려 오
  그라든 양털 가죽.   [의 '王'에 해당.
구슬옥-변(-玉邊)[명] 한자 부수의 하나. '玖'·'珍' 등
구슬이 서 말이라도 꿰어야 보배라 쉽고 좋은 기회
  나 형제도 이용하지 않으면 소용없다.
구슬-지·다[자] 눈물·땀방울 등이 둥그렇게 맺히다.
  form a bead
구슬-찌(球形)의 그으막 낚시찌.
구슬프-다[형으] 처량하고 슬프다. ¶구슬픈 피리 소
  리. sad 구슬피[부]
구:습(口習)[명] ①입버릇. ②말버릇. habit of talking
구습(舊習)[명] 옛적 버릇. 예로부터 내려오는 습관.
  old custom
구:승(口承)[명] 입에서 입으로 전해 내려옴. 하다
구승(舊升)[명] 전에 쓰던 되. 《대》 신승(新升).
구시(仇視)[명] 원수로 봄. hostility 하다
구시(舊時)[명] 옛적. 왕시(往時).
구·시(口)[고] 구두.   [가.
구:-시가(舊市街)[명] 처음부터 있어 온 시가. 《대》 신시
구:-시대(舊時代)[명] 옛 시대. 《대》 신시대.
구시렁-거리-다[자] 잔소리를 자꾸 되씌이다. 《작》 고
  시랑거리다. grumble 구시렁-대:다 하다
구:시 심비(口是心非)[명] 말로는 옳다면서 속으로는 그
  르게 여김. 하다   [tober
구시-월(九十月)[명] 구월과 시월. September and Oc-
구시월 세단풍[명] 한때는 고우나 쉬 흉하게 되는 것.
구:식(口食)[명] 목숨을 유지하기 위한 음식물.

구:식(舊式)[명] ①옛 격식. ②케케 묵은 것. 구투(舊
  套). 《대》 신식(新式). old style   「hioned person
구:식-쟁이(舊式-)[명] 구식을 지키는 사람. old fas-
구:신(具申)[명] 정상을 낱낱이 신고함. ¶~서(書).
구신(狗腎)[명] 《한의》 개의 자지.   「reporting 하다
구:신(舊臣)[명] 예 신하. one's former retainer
구실 ①《제도》 관가나 공공에서의 직책. duty ②
  세금. ③제가 하여야 할 일. ¶제 ~을 하다. 하다
구:실(口實)[명] 핑계 삼을 밑첫. 변명할 재료. ¶몸살
  을 ~로 결근하다. excuse   「trip on duty
구실-길[-낄][명] 구실아치가 공사(公事)로 가는 길.
구실-아치[명] 《제도》 관원 밑에서 일 보던 사람.
구실재:아(咎實在我)[명] 허물이 나에게 있다고 인정함.
구심(求心)[명] ①《불교》 참된 마음을 찾아 참선함.
  seeking after the true mind ②《물리》 중심을 향
  하여 쏠리는 힘. centripetence 하다
구심(球心)[명] 구의 중심.
구심(球審)[명] 야구 경기에서, 포수 뒤에서 볼·스트라
  이크 등을 판정하는 사람. umpire
구심-력(求心力)[명] 《물리》 물체가 원운동(圓運動)할
  때 중심으로 쏠리는 힘. 향심력(向心力). 《대》 원심
  력(遠心力). centripetal force
구심성 신경[-썽-](求心性神經)[명] 《생리》 말초 신
  경에서 중추부로 자극을 전달하는 신경. excitor
구심 운·동(求心運動)[명] 중심을 향하여 쏠리는 물체
  나 정신의 운동.   「이는 그 점.
구심-점[-쩜](求心點)[명] 중심으로 향하여 쏠리어 모
구:십(九十)[수] 아흔. ninety
구십 춘광(九十春光)[명] ①봄의 90일 동안. ②노인의
  마음이 청년처럼 젊음. three months of spring
구아(球芽)[명] 《식물》 백합과 식물의 엽액에 생기는 흑
  자색의 둥근 눈. bulb
구아노(guano)[명] 《농업》 물새의 똥이 해안 암석 위에
  쌓이어 된 덩어리. 인(燐) 비료로 씀. 조분석(鳥糞
  石). 분화석(糞化石).   「결정의 화학 약품.
구아니딘(Guanidin 도)[명] 《화학》 흡습성(吸濕性)
구아닌(guanine)[명] 《화학》 핵단백질의 분해 산물. 물
  고기의 비늘, 양서류(兩棲類)의 색소 세포, 포유류
  의 간장이나 췌장 등에 들어 있음.
구아슈(gouache 프)[명] 《미술》 ①물·아라비아고무·꿀
  등으로 녹인 진한 수채화용 호분(胡粉) 채료. 또,
  그 화법. ②고무 수채화(水彩畫).
구아야콜(Guajakol 도)[명] 《약학》 크레오소트의 주성
  분으로, 맑은 유상(油狀)의 극약(劇藥).
구아-주(歐亞洲)[명] 유럽과 아시아의 두 주. Europe
  and Asia   [sin
구:악(舊惡)[명] 이왕에 저지른 악. 숙악(宿惡)①.
구:악(舊樂)[명] 《음악》 옛 음악. 곧, 국악(國樂). Ko-
  rean national music
구:악 발로(舊惡發露)[명] 구악이 드러남. 하다 「는 죄.
구:악-설(口惡說)[명] 《불교》 말을 함부로 함으로써 짓
구안(具案)[명] ①초안(草案) 따위를 세움. ②일정한 수
  단·방법을 갖춤. draft 하다
구안(具眼)[명] 안식을 갖추고 있음. having insight
구:안(苟安)[명] 한때의 편안을 꾀함. momentary ease
  하다   「horse
구안-마(具鞍馬)[명] 안장이 갖추어진 말. saddled
구안 와사(口眼喎斜)[명] 《한의》 입과 눈이 한쪽으로
  비뚤어지는 병.   「rse
구-안장(具鞍裝)[명] 말에 안장을 갖춤. saddling a ho-
구안지-사(具眼之士)[명] 안식을 갖춘 선비. scholar
  with observant eyes   「이 살아감.
구안 투생(苟安偸生)[명] 일시적 편안을 탐하여 목숨
구애(求愛)[명] 이성의 사랑을 구함. love-making 하다
구애(拘礙)[명] 거리낌. ¶돈에 ~받지 않다. hitch 하다
구:액(口液)[명] 침.   「for
구:약(口約)[명] 구두로 이루어진 약속. verbal promise
구:약(舊約)[명] ①옛 약속. old promise ②《기독》 예수
  가 나기 전에 하느님이 인간에게 한 약속. ③《약》

→구약 성서(舊約聖書).
구약(蒟蒻)圓 →구약나물.
구약-구(蒟蒻球)圓 구약나물의 구경(球莖).
구약-나물(蒟蒻-)圓〈식물〉천남성과의 다년생 풀. 땅속에 구경(球莖)이 있으며 높이 1 m 가량인다. 여름에 자갈색의 잔 꽃이 핀다. 구경으로 곤약(蒟蒻)을 만듦.《약》구약(蒟蒻). devil's tongue
구약-분(蒟蒻粉)圓 구약구를 말려 곱게 빻은 가루. 옷 감이나 종이 등을 붙이는 풀을 만들며 공기 주머니·방수포(防水布) 등의 도료로 또는 고약을 만드는 재료로 씀.
구:약 성:서(舊約聖書)圓〈기독〉그리스도 탄생 이전의 이스라엘 민족의 종교 문학과 역사를 모은 예수교의 성서. 구약 전서. 고경(古經)②.《약》구약(舊約)③. Old Testament 「의 율법(律法) 시대.
구:약 시대(舊約時代)圓〈기독〉그리스도 탄생 이전
구:약 전서(舊約全書)圓〈동〉구약 성서(舊約聖書).
구:어(口語)圓〈어학〉보통 회화로 쓰는 말.《대》문어(文語). spoken language
구:어-문(口語文)圓〈어학〉구어체의 글. sentences written in a colloquial style
구어-박-다 사람이 한군데서 아무 변동을 못하고 지내다. ①사람이 한군데서 아무 변동을 못하고 지내게 하다. ②쐐기를 불질을 씌어서 박다. ③이자 놓는 돈을 한데 잡아 두어 늘리지 아니하다.
구어-박히-다區 구어박음을 당하다. being settled
구:어-체(口語體)圓〈어학〉구어로 쓰는 글체. colloquial style   「advice 하타
구언(求言)圓 임금이 신하의 직언을 구함. asking for
구:업(口業)圓〈불교〉삼업(三業)의 하나. 말로써 짓는 악업(惡業).   「전부터 모은 재산.
구업(舊業)圓 ①전부터 해 온 사업. old business ②
구역(狗疫)圓 개가 걸리는 돌림병. dog's disease
구역(區域)圓 갈라놓은 지역.《약》구(區)①. district
구역(嘔逆)圓 메스꺼워 토할 듯한 느낌. 욕지기.
구:역(舊譯)圓 ①이전에 한 번역. ②〈불교〉현장(玄奘) 이전의 불경의 번역.《대》신역(新譯). old translation
구역-나-다(嘔逆-)쟈 메스꺼워 토할 것 같아지다. 욕지기가 나다.   「나다.
구역-증(嘔逆症)圓 속이 불편하여 느끼한 증세. ¶~
구역-질(嘔逆-)圓 욕지기하는 짓. nausea 하타
구연(口演)圓〈동〉구술(口述). 하타
구연(枸櫞)圓〈식물〉레몬(lemon).
구:연(舊緣)圓 예전에 맺은 인연. 고연(故緣).
구:연 동:화(口演童話)圓 어린이들을 상대로 입으로 들려주는 동화.
구연-산(枸櫞酸)圓〈화학〉감귤류의 과실 속에 있는 유기산. 청량 음료의 재료·의약·매염제 등으로 쓰임. 레몬산(lemon 酸).
구연산-동(枸櫞酸銅)圓〈약학〉트라홈 등에 쓰이는 녹색을 띤 가루약. copper citrate
구연산-철(枸櫞酸鐵)圓〈약학〉반투명으로 적갈색인 데, 철제로서 빈혈에 쓰임. iron citrate
구연산철 암모늄(枸櫞酸鐵 ammonium)圓〈약학〉붉 고 화끈 트인 나무 잎사귀와 같은 약으로, 빈혈증에 쓰임.
구연산철 키니네(枸櫞酸 kinine)圓〈약학〉빛나는 적갈색(赤褐色)을 띤 약으로, 빈혈증에 쓰임. 「다.
구:연-세:월(苟延歲月)圓 구차스럽게 세월을 보낸. 하
구연-유(枸櫞油)圓 레몬 껍질에서 짜낸 기름으로, 향 미료로 쓰임. lemon-peel oil
구:어-증[--증](口軟症)圓〈의학〉어린 아이가 말을 분명히 못하는 증세. 어지증(語遲症).
구:열(口熱)圓 입 속의 더운 기운. fever in the mouth
구:영자(鉤纓子)圓 벙거지에 달린 갓끈에 달린 은이나 도금으로 만든 물건.《약》영자(纓子).
구오(舊誤)圓 지난날의 잘못.   「어린 중.
구오 사미(驅烏沙彌)圓〈불교〉7세에서 13세까지의

구:옥(舊屋)圓 ①옛 고옥(古屋). ②전에 살던 집.
구완圓 병구완·해산 구완 등의 총칭.《원》구원(救
구:왕(舊王)圓 옛 임금. 旧 royal 「援)③.
구:왕궁(舊王宮)圓 조선조의 궁전. 또는 그 왕실.
구외(構外)圓 둘러막은 울의 밖.《대》구내(構內). outside of the compounds
구외(口外)圓 관청(官廳).
구:외 불출(口外不出)圓 말을 입 밖에 내지 않음. keeping one's mouth shut 하타
구요-성(九曜星)圓〈민속〉낙서(洛書)의 수(數)에 응 한 아홉 개의 별. 곧, 일백(一白)·이흑(二黑)·삼벽 (三碧)·사록(四綠)·오황(五黃)·육백(六白)·칠적(七 赤)·팔백(八白)·구자(九紫)임.
구:우(舊友)圓 전부터 아는 친구. 사귄 지 오래된 친 구. 구교(舊交). old friend
구우-니-다(口)圓 굴러다니다.
구우리-다(口)圓 굴리다.
구우 일모(九牛一毛)圓 많은 가운데서 가장 적은 것 의 비유. drop in the bucket
구운 게도 다리를 떼고 먹는다圓 무슨 일이나 틀림없 을 듯하더라도 잘 알아보고 조심해야 한다.
구운-밤圓 구워 익힌 밤.《약》군밤. roasted chestnuts
구운-석고(一石膏)圓〈화학〉불에 구운 석고. 모형· 분필 만드는 데 씀. plaster of Paris
구울-다(口)圓 구르다.
구울-음-일[―닐]圓 목재를 구울판에 넣고 말리는 일. 《약》구울. lumber drying 하타
구울-판圓 목재를 말리려고 굽는 구덩이.《약》굼판.
구워-박-다→구어박다.   「lumber-drying shed
구워-박히-다→구어박히다.
구워-삶-다[―삼따](口) 환심을 사서 말을 듣게 하다. ¶술을 사먹 ~   「nity 하형 히형
구:원(久遠)圓 아득히 오래고 멂. ¶~의 모습. eter-
구원(仇怨)圓〈동〉원수(怨讐).   「나 과수원.
구원(丘園)圓 ①언덕과 동산. ②언덕에 있는 화원이
구:원(救援)圓 ①도와서 건져 줌. ②〈기독〉인류를 죄악에서 건져냄. ③《약》구완. 하타
구:원(舊怨)圓 전부터 쌓인 원한. 구한. old grudge
구:원-겁(久遠劫)圓〈불교〉지극히 멀고 오랜 과거의 세월.
구:원 노비(久遠奴婢)圓 여러 대 부려 온 종.   「때.
구:원-대(救援隊)圓 구원하러 오는 부대나 사람들.
구:원-병(救援兵)圓 구원하러는 군병(軍兵).《약》구병. reinforcements
구월(九月)圓 1년 중 아홉째 달. 구추(九秋)②.
구:위(球威)圓 야구에서, 투수가 던지는 공의 위력. pow-
구위(口)圓 관청(官廳).   「erful delivery
구위[2]/**구위실**(口)圓 구실.
구윗물圓 관가(官家)의 말.
구윗문(口)圓 관가의 문.
구윗집(口)圓 관청 집.
구유 마소에게 먹이를 담아 주는 그릇. manger
구유(具有)圓 갖추어 있음. possession 하형
구:유(舊遊)圓 ①옛날에 놀던 일. amusement in old times ②지난날에 놀던 벗.
구육(狗肉)圓 개고기. dog's flesh
구:율(舊律)圓 옛적 구율.
구:융-젖圓 젖꼭지가 젖꽃판 속으로 오목하게 들어간 젖.
구으니-다(口)圓 굴러다니다.
구은(九垠)圓 천지의 끝. 구천(九天)의 끝.「함. 하타
구은(求恩)圓 ①은혜를 구함. ②〈기독〉은총을 기구
구을-다(口)圓 구르다.
구:은(舊恩)圓 예전에 입은 은혜. old favors
구:읍(舊邑)圓 예전에 관아(官衙)가 있던 고을. old
구의(柩衣)圓 폐묻은 옷.   「town
구의(柩衣)圓 출관할 때 관 위에 덮는 긴 베. pall
구의(振衣)圓 옷을 떨어 울림. 하타
구의(舊誼)圓 옛날에 가깝던 정의. old friendship
구의(舊醫)圓〈속〉한의(漢醫).
구의(口)圓 관청.

구의흥-다《고》 소송(訴訟)하다.
구이[명] 양념한 고기나 생선을 구운 음식. 구(灸)①.
구이(九夷)[명]〈역사〉옛날 중국에서 이르던 동쪽의
구이[고] 관청(官廳). ㄴ아홉 오랑캐. 구족(九族)④.
구이 가마[명] 구이 굽는 가마.
구·이·다/뿌·이·다[고] 구이다².
구:이지-학(口耳之學)[명] 귀로 들은 것을 그대로 남에게 이야기할 뿐이고 얕은 학문. shallow learning
구이-통(一筒)[명] 구이 가마의 연기를 빼는 통.
구이 팔만(九夷八蠻)[명]〈역사〉옛날에 중국을 중심으로 동의 아홉 오랑캐와 남의 여덟 오랑캐.
구인(仇人)[명] 원수 진 사람.
구인(求人)[명] 일할 사람을 구함. 하타
구인(勾引)[명]①잡아 끌고 감. ②〈법률〉신문할 목적으로 피고인·증인 등을 지정된 곳에 가두는 강제 처분. 구치(拘置). arrest 하타
구:인(救人)[명] 사람을 도와 줌. 또, 도와 주는 사람.
구인(蚯蚓)[명]〈동〉지렁이. [benefactor
구인(鉤引)[명] 갈고리로 꿰어 잡아당김. hooking 하타
구:인(舊人)[명]①오래 전 사람. ②새 시대에 맞지 않는 사람. ③현생 인류 이전의 옛 인류.
구:인(舊因)[명] 오래 전부터의 인연.
구:인(舊姻)[명] 예로부터의 친척. [광고.
구인 광:고(求人廣告)[명] 쓸 사람을 구하기 위해 내는
구인난(求人難)[명] 쓸 사람 구하기가 어려움. labor
구인-니(蚯蚓泥)[명]〈한의〉지렁이 똥. 이질약으로 씀. 구인분. [shortage
구인-란(求人欄)[명] 신문의 구인 광고를 싣는 난.
구:인-마(具人馬)[명] 사람과 말을 다 갖춤. keep an attendant and a horse 하타
구인-장[-짱](拘引狀)[명]〈법률〉법원이 피고인 또는 다른 관계인을 구인하기 위하여 발행하는 영장.
구일(九日)[명]①아흐레. ninth day ②음력 9월 9일의 명절. 중양(重陽). 중구(重九). ninth of September of lunar calendar
구일-장(九日葬)[명] 죽은 지 9일 만에 지내는 장사. funeral service held nine days after death
구:임(久任)[명] 일을 오래 맡김. entrusting for a long time 하타 [(新任).
구:임(舊任)[명] 이전에 있었던 임무나 직위. 《대》 신임
구:임 책성(久任責成)[명] 임기를 길게 하여 직책을 다하게 함. 하타 [하타
구:입(口入)[명] 겨우 밥벌이. 겨우 되는 밥벌이. bare living
구입(購入)[명] 물건을 사들임. purchase 하타 [living
구:입-장생(口入長生)[명] 겨우 밥벌이하고 살아 감. bare
구:자(口子)[명] → 열구자(悅口子).
구:자-탕(口子湯)[명]〈동〉 열구자탕(悅口子湯). [work
구:작(舊作)[명] 묵은 작품. 《대》 신작(新作). [형 쾌속정.
구:작(舊爵)[명] 묵은 작위.
구잠-정(驅潛艇)[명]〈군사〉 적의 잠수함을 구축하는 소
구장(九章)[명] 임금의 면복(冕服)에 아홉 가지 수(繡), 의(衣)에는 산·용(龍)·화(火)·화충(華蟲)·종이(宗彛)의 다섯 가지, 상(裳)에는 마름·분미(粉米)·보(黼)·불(黻) 등 네 가지를 수놓았음.
구장(九臟)[명]〈생리〉심장·비장·간장·신장·폐·위·방광·대장·소장의 아홉 가지 내장.
구장(毬杖)[명]〈제도〉①격구(擊毬)할 때 쓰던 공채. 《약》 장(杖). ②〈약〉→금구장(金毬杖). ③〈약〉→은(銀)
구장(區長)[명] '통장(統長)'의 구칭.
구장(毬場)[명] 격구하는 마당. [park ②야구장.
구장(球場)[명]①공을 치고 경기하는 운동장. ball
구장(鳩杖)[명] 늙은 중신에게 하사한 비둘기 지팡이. 머리에 비둘기를 새겨 달았음. 《약》 장(杖).
구:재 벼르기에 끼인 첨째가 버섯 번째.
구재(九齋)[명]〈제도〉①고려 때 최충(崔沖)의 학재(學齋). ②고려 공민왕 때부터 성균관(成均館)의 경학(經學)을 공부하던 아홉 학재.

구:재(口才)[명]①말재주. gift of the gab ②노래를 잘함. 또, 노래 솜씨. fine singing
구재(俱在)[명] 둘 이상의 대등한 사물 또는 그 성질이 동시에 존재함. coexistence 하타
구:재(救災)[명] 재난을 만난 사람을 구함. 하타
구재(鳩財)[명] 재물을 모음.
구저분:-하-다[형](여보)거칠고 더럽다. ㄴ잘림을 구저분하다 하다. coarse and filthy **구저분-히**
구적 돌·질그릇 등이 삭아 겉에 일어나는 엷은 조각. thin sliver
구적(仇敵)[명]〈동〉원수(怨讐).
구적(求積)[명]〈수학〉넓이·부피를 산출함. mensuration 하타
구적(寇賊)[명] 국경을 침범하는 외적. enemy invading across the border [historical site
구:적(舊蹟)[명] 옛날의 사적이 있던 곳. 고적(古蹟).
구적-계(求積計)〈지리〉도면 위의 면적을 구하는 기구. [geometry
구적-법[-뻡](求積法)[명]〈수학〉구적하는 방법. ster-
구전(口傳)[명] 입으로 전함. oral tradition 하타
구:전(口錢)[명] 구문(口文).
구전(俱全)[명] 모두 온전함. perfection 하타
구:전(舊典)[명]①예전의 법전. ②옛 제도와 문물.
구:전(舊錢)[명] 옛날 돈. old coin
구전 문:사(求田問舍)[명] 논밭과 집을 구하여 산다는 말로, 자기의 이익에만 마음을 쓰는. seeking after private interest 하타
구:전 문학(口傳文學)[명]〈동〉구비 문학(口碑文學).
구:전 민요(口傳民謠)[명] 입으로 전하여 내려온 민요.
구:전 성:명(苟全性命)[명] 구차하게 목숨을 보전함. bare living 하타 [침. 하타
구:전 심수(口傳心授)[명] 말과 마음으로 전하여 가르
구전지훼:(求全之毁)[명] 몸을 닦아 행실을 온전히 하려다 도리어 남에게 듣는 비방. [하타
구:전 하:교(口傳下敎)[명] 말로써 임금의 명을 전함.
구전-하-다[여보] 물건이 풍족하다. abundant 《句》.
구절(句節)[명]①구와 절. ②한 토막의 말이나 글. 구
구절 양장[-량-](九折羊腸)[명] 양의 창자처럼 몹시 구불구불하는 험한 산길. meandering path
구절 죽장(九節竹杖)[명]〈불교〉마디가 아홉 개의 대지팡이.
구절-초(九節草)[명]〈식물〉엉거시과의 다년생 풀. 9~11월에 흰색이나 백색 꽃이 줄기 끝에 핌. '쑥부쟁이'와 함께 흔히 '들국화'라 불리는 것으로, 잎은 약용하며 관상용으로 재배함. siberian chrysanthemum
구절-충(九節蟲)[명]〈동〉나무굼벵이.
구절-판(九折版)[명] 구절판 찬합에 담은 음식. 궁중식·일반식이 있음. 구절포(包).
구절판 찬:합(九折板饌盒)[명] 두껍고 둥근 나무 판에 보시기만한 구멍을 파고, 그 가운데로 돌아가면서 같은 구멍 여덟이 있고 뚜껑이 따로 있는 찬합.
구:점(口占)[명]①즉석에서 시를 지음. 구호(口號)②. improvisation of a poem ②문서에 의하기 않고 말로써 전함. oral statement 하타
구점[-쩜](句點)[명] 구절에 찍는 점. [causis
구점(灸點)[명]〈속됨〉뜸뜬 자리에 먹을 칠한 점. moxa-
구점-스럽-다[ㅂ보]①더럽하고 더럽다. dirty ②하는 행동이 치사하고 다랍다. filthy **구점-스레**
구:-젓[명]〈굴젓. [는 큰 상여.
구정(九井)[명] 밑 좌우에 줄을 걸고 한쪽에 18명씩
구정(九鼎)[명] 중국 우(禹)임금 때 구주(九州)의 금을 모아 만든 솥. 하(夏)·은(殷) 이래 천자에게 전하던 보물임. [는 큰 마당.
구정(毬庭)[명] 궁중이나 대가집 울 안에 있던 격구하
구:정(舊正)[명] 음력 설. 음력 정월. 《대》신정(新正).
구:정(舊政)[명] 옛날부터 행하여 온 정치. old politic
구:정(舊情)[명] 옛정. old friendship
구정-물[명]①무엇을 씻거나 빨아 더러워진 물. filthy water ②종기에서 고름이 빠진 뒤에 흐르는 물. liquid discharge from a tumour

구:제(救濟)[명] 구하여 건져 줌. 구해 도와 줌. ¶빈민~. relief salvation 하[타]

구:제(舊制)[명] 옛 제도. (대) 신제(新制). old system

구:제(舊製)[명] 예전에 만듦. (대) 신제(新製). old make 하[타]

구:제(舊題)[명] 이전에 쓰이던 제목. old subject

구제(驅除)[명] 몰아내어 없앰. extermination 하[타]

구:제-권[一꿘](救濟權)[명]《법률》권리가 침해될 경우 법원에 구제를 청하는 권리. (대) 원권(原權). claim

구:제 금융[一늉](救濟金融)〈경제〉경영이 어려운 기업을 구제하기 위해 하는 금융. 적자 금융.

구:제:도(舊制度)[명] ①옛 제도. old system ②〈제도〉앙시앵 레짐(ancien régiem).

구:제=비(救濟費)[명] 구제하는 비용.

구제비-나비(一)〈곤충〉범나비과의 나비. 날개 길이 8~15cm 정도로, 날개 표면에 청람색 무늬가 있고, 뒷면에는 황색·적색 무늬가 있음. 산간에서 서식함. 산제비나비.

구제비-젓[명] 생선 내장으로 담근 젓.

구:제 사:업(救濟事業)[명] 어려운 사람을 구하여 건져 주는 일.

구:제 조합(救濟組合)[명] 불행·재해에 빠질 노동자를 구제하려고 조직된 조합. relief association

구:제=책(救濟策)[명] 구제할 방책. ¶~을 도모하다.

구:제=품(救濟品)[명] 구제용의 물품.

구제할 것은 없어도 도둑 줄 것은 있다[격] 아무리 가난한 집이라도 도둑 맞을 것은 있다.

구:조(久阻)[명] 소식이 오래 막힘. long silence 하[자]

구:조(救助)[명] 구원하고 도와 줌. rescue, relief 하[타]

구조(構造)[명] ①꾸밈새. structure ②꾸며 만듦. construction 하[타]

구조 가사(九條袈裟)〈불교〉베 아홉 폭을 가로 꿰매어 합쳐 만든 가사.

구=조개[명] 굴과 조개. oyster and shellfish

구조-곡(構造谷)〈지리〉단층·습곡(褶曲) 따위로 생긴 골짜기.

구:조-대(救助袋)[명] 높은 건물에 불이 났을 때 사람을 구조하는 부대. rescue bag

구:조:대(救助料)[명] 선박 등이 해난(海難)을 당했을 때 구원한 사람에게 주는 보수 및 비용. salvage charges

구조-물(構造物)[명] ① 꾸며 만든 물건. ②〈건축〉자연에 인공을 가하여 만든 물건.

구:조 사다리(救助一)[명] 불이 났거나 위험할 때 사람을 구조하기 위하여 쓰는 사다리. lifecutter

구:조-선(救助船)[명] 조난당한 사람들을 구조하는 배.

구조-선(構造線)〈지학〉지질 구조를 크게 지배하는 단층선(斷層線).

구조-식(構造式)[명]〈화학〉원자의 결합·배열 상태를 보이는 화학식. structure formula

구조 심리학(構造心理學)〈심리〉정신을 구체적 전체로서 발견하는 구조 연관(聯關)으로부터 이해하려 하는 심리학.

구조 언어학(構造言語學)〈어학〉하나의 언어 또는 방언을 체계적으로 분석·기술하려는 언어 연구.

구조 역학(構造力學)〈물리〉외력(外力)이 구조물(構造物)을 구성하고 있는 각 부분의 재료나 전체에 어떠한 변화를 주는가를 연구하는 공학(工學)의 한 부문.

구조적 실업(構造的失業)〈경제〉자본주의의 경제 구조에 따라 발생하는 만성적·장기적인 실업.

구조 지진(構造地震)〈지학〉지각의 단층 운동으로 인하여 일어나는 지진.

구조-호(構造湖)〈지리〉분지 안에 물이 괴어서 된 호소(湖沼).

구족(九族)[명] ①고조·증조·조부·부친·자기·아들·손자·증손·현손까지의 직계친. ②자신의 친척(父族) 넷, 모족(母族) 셋, 처족 둘의 일컬음. ③외조부·외조모·이모의 자녀·장인·장모·고모의 자녀·자매의 자녀·딸의 자녀 및 자기의 동족. ④(九夷).

구족(具足)[명]〈동〉구존(具存). 하[타]

구족(舊族)[명] 오래 된 지체 높은 집안.

구족-계(具足戒)〈불교〉비구(比丘)와 비구니가 지켜야 할 일체의 계법. 비구 250계, 비구니 500계. (약) 구계(具戒). perfection 하[타]

구존(俱存)[명] 빠짐없이 갖추어 있음. 구존(具存).

구존(具存)[명] 양친이 모두 살아 계심. both parents are alive 하[자]

구종(驅從)[명] 벼슬아치를 모시고 다니던 하인. ¶~을 거느리다. attendant

구종-들-다(驅從一)[로] 구종이 되어 말고삐를 잡다.

구종=하:다[교] 구종하다.

구주(九州)[명] ①〈지도〉고대 중국에서 전국을 나누었던 아홉 주. ②〈제도〉신라 통일 뒤 전국을 구분한 아홉 주.

구주(九疇)[명]〈약〉→홍범 구주(洪範九疇). 아홉 주.

구:주(救主)[명]〈약〉→구세주(救世主)①.

구주(歐洲)[명]〈동〉유럽.

구:주(舊主)[명] 옛 주인. 구주인(舊主人). ②전대의 임금.

구:주(舊株)[명]〈경제〉자본이 증가되어 새로 발행한 주식에 대하여 그 이전의 주식. old stock

구주 대:전(歐洲大戰)[명] 제1차 세계 대전.

구:주인(舊主人)[명] 옛 주인. 구주(舊主)①. one's former master

구죽[명] 바닷가에 쌓인 굴 껍데기.

구죽 바위[명] 구죽이 쌓여 이루어진 바위. rock composed of oyster shells

구중(九重)[명] ①아홉 겹. ninefold ②《약》→구중 궁궐.

구중 궁궐(九重宮闕)[명] 문이 겹겹이 달린 대궐. 구중 심처. (약) 구중(九重)②. Royal palace

구중 심:처(九重深處)[명]〈약〉구중 궁궐.〔예〕에 쓰는 말.

구:중-약[一냑](口中藥)[명] 입 속의 병이나 구강 위생에 쓰는 약.

구중-천(九重天)〈동〉구천(九天)①.

구중-하:다[여]를 축축하고 더럽다. frowzy

·**구즈기**[명]〈교〉우뚝이.

구즉구즉-하:다[교] 우뚝우뚝하다.

구즉서·-다[교] 우뚝 서다.

구즉-하:다[교] 우뚝하다.

·**구·즌**[명] 나쁜. 궂은.

구:증(口證)[명] 말로 하는 증명. verbal evidence 하[타]

구증 구포(九蒸九曝)〈한의〉아홉 번 찌고 말림. 또, 그렇게 만든 한약재.

구:지(舊地)[명] 옛 영지. 구토(舊土).

구:지(舊址)[명] 옛터. 구기(舊基). ruins

구:지(舊知)[명] 전부터 아는 사이. 또, 그 사람. old acquaintance

구지-내〈조류〉새매의 하나.

구지람[명]〈교〉꾸지람.

구지렁-물[명] 썩어서 더러운 물. (적) 고지랑물. filthy water

구지레-하:다[여]를 저저분하고 더럽다. ¶옷주제가 ~. dirty

구지 부:득(求之不得)[명] 구해도 얻지 못함. seeking in vain 하[타]

구지-심(求知心)[명] 지식을 갈구하는 마음.

·**구·지돔**[교]〈교〉꾸짖음.

구:직(求職)[명] 직업을 구함. ¶~광고. job-hunting

구:직함(具職銜)[명] 관계(官階)·본직·겸직을 갖추어 씀. 하[타]

구:진(久陳)[명] ①음식이 오래 되어 맛이 변함. staleness ②약재가 오래 되어 약효가 없어짐. ineffectiveness 하[자]

구:진(口陳)[명] 구술(口述). 하[타]

구진(具陳)[명] 갖추어 진술함. detailed statement 하[타]

구:진(舊陳)[명] 오래 묵힌 땅. deserted land

구:질-다[교] 궂질다.

구질(九秩)[명] 아흔 살. 90세. ninety years of age

구질(久疾)[명] 오랜 고질(痼疾)①.

구질(丘坪)[명] 작은 언덕.

구질-밧(球質一) 야구·정구 등에서 던지거나 친 공의 성질.

구질구질-하:다[교] ①저저분하고 너저분한 모양. ¶~한 방구석. dirty ②구중중한 모양. ¶날씨가 ~하다. nasty

·**구·짖-다**/**구·짇-다**[교] 꾸짖다.

구:차(苟且)[명] ①군색하고 구구함. destitute ② 가난함. poverty 하[여] 스럽다 레[명] 히[명]

구차(柩車)[명]〈약〉→영구차.

구찰(究察)[명] 샅샅이 조사하여 밝힘. investigation 하[타]

구:창(口瘡)〈한의〉입 안에 생기는 부스럼. sore

구창 in the mouth. tumor from moxabustion
구:창(灸瘡)圈〈한의〉뜸뜬 자국이 헐어 된 부스럼.
구채(韭菜)圈〈동〉부추.
구:채(舊債)圈 오래 된 빚. old debt
구책(咎責)圈 나무람. 책망함. blame 하타
구처(求妻)圈 아내를 구함. 하자
구처(區處)圈 ①구분하여 처리함. management ②변통함. arrangement 하타
구처 무로(區處無路)圈 구처할 방도가 없음. inability
구척(矩尺)圈〈한의〉곱자. to manage 하타
구척(球尺)圈〈물리〉구면제(球面式). spherometer
구척 장신(九尺長身)圈 9 척이나 되는 큰 키. 또, 그런 사람. giant
구천(九天)圈 ①하늘의 가장 높은 곳. 하늘 위. 구중천(九重天). 구헌. 구소(九霄). zenith ②하늘을 아홉 방위로 나누어 일컫는 말. 구소(九霄). heavens ③〈불교〉대지를 중심으로 하여 도는 아홉 하늘. 황천(黃天). another world
구천(九泉)圈 저승. 황천. Hades
구:천(久喘)圈〈한의〉오래 그치지 않는 숨가쁜 증세. respiration trouble
구철(矩鐵)圈 단면이 구형인 강철.
구철(鉤鐵)圈〈음악〉장구의 줄을 이어 매는 용두쇠.
구:첩(口捷)圈 막힘이 없이 말솜씨가 좋음. 하자
구청(區廳)圈 구의 행정 사무를 맡아보는 관청. district office
구:체(久滯)圈〈한의〉오래 된 체증. chronic dys- pepsia
구체(具體)圈 ①〈철학〉개체가 특수한 형체·성질을 갖춤. 구상(具象). (대) 추상(抽象). concrete ②전체
구체(球體)圈 공 모양의 물체. 를 구비함.
구:체(舊體)圈 묵은 체형.
구체(軀體)圈〈동〉몸. 신체(身體).
구체 명사(具體名詞)圈 구상 명사(具象名詞).
구체-성[-썽](具體性)圈〈철학〉사유(思惟)되고, 또 지각의 대상이 되는 성질. 구상성(具象性).
구체-안(具體案)圈 구상적인 안전. (대) 추상성.
구체-적(具體的)圈형 구상적.
구체적 개:념(具體的概念)圈 구상적 개념.
구체적 명사(具體的名詞)圈 구체적 개념을 나타내는 명사.
구체적 시:장(具體的市場)圈〈경제〉구체적 장소에 존재하는 시장. 교환소·견본 시장·점포·거래소 등.
구체-책(具體策)圈 구체적인 방책. (대) 추상적 시장.
구체-화(具體化)圈 ①구체적으로 되게 함. 구체적으로 됨. ②실현(實現). 구상화. 하타
구:초(口招)圈 죄인이 부는 진술. confession 하타
구:-초(舊草)圈 ①묵은 담배. stale tobacco ②오래 된 초고(草稿). old rough draft
구촌(九寸)圈 ①삼종 숙질(三從叔姪)간의 촌수. ② 아홉 치.
구추(九秋)圈 ①〈동〉삼추(三秋). ②구월.
구축(構築)圈 쌓아 올려 만듦. construction 하타
구축(驅逐)圈 몰아냄. expulsion 하타
구축-함(驅逐艦)圈〈군사〉어뢰를 주요 무기로 하는 쾌속력 군함. destroyer
구춘(九春)圈 봄철 90 일. spring months
구:출(救出)圈 구하여 냄. ¶ ~ 운동. rescue 하타
구출(驅出)圈 몰아냄. expulsion 하타
구충(九蟲)圈〈한의〉사람의 뱃속에 붙어 사는 아홉 종류의 기생충.
구충(驅蟲)圈 해충을 없앰. 제충(除蟲). worming 하타
구충-제(驅蟲劑)圈 몸 안의 기생충을 구제하는 데 쓰는 약제. ②해충을 없애는 약제.
구:취(口臭)圈 입에서 나는 나쁜 냄새. 구과(口過)③. 구추-다다〈고〉굿있다. bad breath
구치(白齒)圈〈동〉어금니.
구:치(灸治)圈〈한의〉뜸으로 병을 고침. moxacautery
구치(拘置)圈 구속하여 가둠. confinement 하타
구:치(救治)圈 구하여 이전 상태로 돌이킴. 하타
구치(驅馳)圈 ①말이나 수레를 빨리 달림. driving fast ②남의 일을 위하여 분주하게 힘을 씀. 하타
구치-감(拘置監)圈 '구치소'의 구칭.
구·치-다타〈고〉굽히다.
구치=소(拘置所)圈〈법률〉미결 형사 피고인을 수용하는 시설. detention house
구침(鉤針)圈 끝이 갈고리로 생긴 바늘. hook 타
구:칭(口稱)圈 입으로 일컬음. ¶ ~ 염불. calling 하타
구:칭(舊稱)圈 전의 이름. old name
구타(毆打)圈 사람을 때림. assault 하타
구타야 [고] 구태여.
구태(약)→구태여.
구:태(舊態)圈 옛모습. former state
구태여(여) 일부러. 짓궂이. 굳이. ¶ ~ 갈 필요는 없다. (약) 구태. intentionally
구:태 의연(舊態依然)圈 옛 모양 그대로임. 하자
구:택(舊宅)圈 ①여러 대가 살아온 집. one's former residence ②옛사람이 살던 집. old house
구터분-하다옌 〈약〉구리터분하다.
구터텁-하다옌 〈약〉구리텁텁하다.
구토(九土)圈 중국 고대의 구주(九州)의 땅.
구토(嘔吐)圈 게움. 토역(吐逆). vomit 하타
구:토(舊土)圈〈동〉구지(舊地).
구토 설사[-싸](嘔吐泄瀉)圈 게우고 설사함. 하자
구:투(舊套)圈〈동〉구식(舊式).
구·류-다타〈고〉굳히다.
구트나(田)〈고〉구태여.
구:틔-여(田)〈고〉구태여. 반드시.
구·티-다타〈고〉굳히다.
구:파(舊派)圈 ①구파→구파 연극. ②구식을 따르는 파. (대) 신파(新派). old school
구:파 연:극(舊派演劇)圈〈연예〉예로부터 전승되어 온 연극. (대) 신파 연극. (약) 구극. 구파①. play of the old school
구:판(舊板·舊版)圈 전에 만든 책판. 전에 박아 낸 책. 구판(舊版). old edition 「다가 싸게 파는 곳.
구판-장(購販場)圈 조합에서 공동으로 물품을 구입해
구:폐(舊弊)圈 전부터 있는 폐단. old abuses
구포(臼砲)圈〈군사〉포신이 구경에 비해 짧고 사각(射角)이 큰 화포. mortar
구:포(舊逋)圈 오래 홈포(欠逋).
구푸리-다타 몸을 앞으로 구부리다. (작) 고푸리다. (세) 꾸푸리다. bow
구품(九品)圈 ①〈동〉구경(九卿). ②아홉 가지 관위(官位)의 등급. ③〈제도〉벼슬의 아홉째 품계. 정 9 품과 종 9 품이 있음. ④〈불교〉극락 왕생의 아홉 가지 계급. one's report on business 하타
구품(具稟)圈 일의 내용과 까닭을 갖추어 웃어른에게
구풍(歐風)圈 유럽식. 서양풍. European-styled
구풍(颶風)圈 ①열대 지방에서 발생하는 폭풍의 총칭. hurricane ②초속 29 m 이상의 최강풍. typhoon
구:풍(舊風)圈 예전부터 전해 온 풍습. old custom
구피(狗皮)圈 개의 가죽. dog skin
구:필(口筆)圈 붓을 입에 물고 쓰는 글씨. 구호(口毫). writing with the brush held in one's mouth
구하(九夏)圈 여름철 90 일. summer month
구:하-다(求一)타옐 찾아 얻다. 찾다. 바라다. 달라다. get look for 「roast
구:하-다(灸一)타옐 ①불에 굽다. ②쪽으로 뜨다.
구:하-다(救一)타옐 ①어려움에서 벗어나게 하다. ②돈·물건을 주어 돕다. ¶ 빈민을 ~. ③병을 잘 돌보아 낫게 하다. endure
구학(丘壑)圈 언덕과 골짜기. hills and hollows 하타
구학(求學)圈 학문의 배움의 길을 찾음. pursuit of learning
구학(矩矱)圈 먹줄과 자. 법칙의 비유. rule and
구학(溝壑)圈 구렁. 하천. hollow 「measure rule
구:학(舊學)圈 〈약〉→구학문(舊學問).
구:학문(舊學問)圈 서양의 신학문에 대해 재래의 한학(漢學). (대) 신학문. (약) 구학(舊學). old learning
구:한(舊恨)圈〈동〉구원(舊怨).

구:한 감우(久旱甘雨)[명] 오래 가물다가 내리는 단비. having a sweet rain after a long drought
구:-한국(舊韓國)[명] 〈동〉대한 제국.
구함(具檢)[명] 수결(手決)과 직함을 갖추어 씀. 하다
구함(構陷)[명] 거짓말로 남을 죄에 빠지게 함. false charge 하다
구:합(苟合)[명] ①간신히 합함. ②아부함. 하다
구합(媾合)[명] 〈동〉성교(性交). 하다
구합(鳩合)[명] 짝지어서 한떼 모아 합함. 하다
구해(求解)[명] 양해를 구함. 하다
구핵(究覈)[명] 깊이 살피어 밝힘. clarification inquiry
구:향(舊鄕)[명] ①여러 대를 한 고을에 사는 향족(鄕族). ②고향.
구허(丘墟)[명] 전에 번화했다가 쓸쓸해진 곳. ruins
구허(構虛)[명] 거짓을 꾸밈. fiction 하다
구허 날무(構虛捏無)[명] 터무니없는 것을 지어냄. 《약》 구날(構捏). 하다
구:허 호흡(呴噓呼吸)[명] 심호흡(深呼吸).
구:험(口險)[명] 입이 험함. foul-mouthed 하다 히
구현(九天)[명] 〈동〉구천(九天)①.
구현(具現)[명] 환언을 구함. 하다
구현(具現·具顯)[명] ①구체적으로 나타냄. embodiment ②실제로 나타냄. 또, 나타나는 것. 하다
구현(俱現)[명] 내용이 다 드러남. 하다
구현-금(九絃琴)[음악] 아홉 가닥 줄의 거문고. [nine-stringed harp
구혈(九穴)[명] 〈동〉구규(九竅).
구혈(灸穴)[명] 〈한의〉 뜸을 뜰 수 있는 자리. 구소(灸所).
구:혐(舊嫌)[명] 오래 묵은 혐의. old suspicion
구:협(口峽)[명] 〈생리〉 구강 안 목 사이.
구형(求刑)[명] 〈법률〉 형사 재판에서, 검사가 피고에게 어떤 형벌을 주기를 판사에게 요구함. ¶~량(量). prosecution 하다
구형(矩形)[명] '직사각형'의 구용어.
구형(球形·毬形)[명] 공과 같은 둥근 형상. globular form
구형(鉤形)[명] 갈고리같이 생긴 모양. hooked form
구:형(舊形·舊型)[명] 구식인 모양. 《대》신형.
구형-강(溝形鋼)[명] 끊은 면이 ㄷ자 모양인 강철.
구:호(口電)[명] 〈동〉구필(口筆).
구:호(口號)[명] ①〈동〉군호(軍號). ②앉은 자리에서 곧 글을 지어 부르는 구점(口占). ③연설 끝이나 위 행진 때 외치는 간결한 문구. slogan 《음악》정재(呈才) 때 부르는 치어(致語)의 한 토막. 하다
구:호(救護)[명] ①도와 보호함. relief ②상병자를 간호 또는 치료함. aid 하다
구:호(舊好)[명] 예전부터 좋은 사이.「돈. relief funds
구:호-금(救護金)[명] 구호하려고 방출하는 사업.
구:호-반(救護班)[명] ①구호 임무를 맡기려고 편성된 단체. relief squad ②〈의학〉상병자를 구호하기 위해 조직된 단체.「사업.
구:호 사업(救護事業)[명] 극빈자나 이재민을 구호하는
구:호 양곡(救護糧穀)[명] 극빈자·이재민 등에게 정부에서 무상으로 급여하는 양곡. relief grains
구혼(求婚)[명] ①혼처를 찾음. seek after a spouse ②결혼을 제의함. proposal 하다
구:화(口話)[명] 농아(聾啞)들이 교육을 받아 남이 말하는 입술 모양 등으로 알아듣고, 자기도 소리 내어 말하는 일. 《대》 수화(手話). lip language
구:화(救火)[명] ①불에서 구해 냄. ②타는 불을 끔.
구화(媾和)[명] 〈동〉강화(講和). 하다 [extinguish
구화(構禍)[명] 화근을 만듦. courting disaster 하다
구화(歐化)[명] 유럽의 사상이나 습관으로 화함. Euro-
구화(篝火)[명] 구등(篝燈)의 불. [peanization 하다
구화(口)[명] 〈고〉 명화.
구화-반자[건축] 국화 모양을 새긴 반자.
구:화-법[一法][口話法][명] 농아 교육에서 구화를 가르치는 방법. 독순술(讀脣術). lip reading
구화 장지(一障一)[건축] 국화 모양을 새긴 장지.
구:활(久闊)[명] 오래도록 소식이 없거나 만나지 못함. long silence 하다

구:황(救荒)[명] 기근 때에 빈민을 구함. famine relief 하다
구:황-방(救荒方)[명] 구황하는 방법. famine relief measure 「할 수 있는 식물. 피·쑥·메귀리 따위.
구:황 식물(救荒植物)[명] 기근 때 식물(食品)으로 대용
구:-황실(舊皇室)[명] 전에 황실이었던 이 왕가(李王家)의 일컬음.
구:황 작물(救荒作物)[명] 흉년이 든 해에 재배하기 적당한 작물. 종판지·고구마·감자·피 따위.
구회(疚懷)[명] 척척의 죽음을 슬퍼함. 하다
구:회(舊懷)[명] 지난 일을 그리는 마음. yearning after old times
구회=장(九廻腸)[명] ①장이 뒤틀릴 정도로 피를고 고통스러움. ②꼬불꼬불 뒤틀려 꼬부라진 모양.
구획(區畫·區劃)[명] 경계를 갈라 정함. 공간의 칸막이. section 하다 「획이나 도로 등을 고치는 일.
구획 정:리(區劃整理)[명] 도시 계획 등에서 토지의 구
구:휼(救恤)[명] 빈민·이재민에게 금품을 주어 구제함. relief work
구:휼 사:업(救恤事業)[명] 곤궁을 구제하는 사업. re-
구회(球戱)[명] 공을 가지고 노는 놀이. 특히, '당구'의 일컬음.「식. 갱탕. soup 하다 《약》〈동〉구탕.
국[명] 고기·채소 등을 넣고 물을 많이 넣어 끓인 음
국¹(局)[명] ①관청 회사에서 사무를 갈라맡아 다스리는 부서. ¶편집~. 총무~. bureau 《약》〈동〉우체국. ③바둑·장기의 승부의 한 판. ④《약》〈동〉판국(版局). 「(砂)」가 합하여 이룬 별 자리.
국²(局)[명] 〈민속〉풍수 지리에서 말하는 혈(穴)과 사
=국(國)[접미] 나라. ¶강대~.
국가(國家)[명] ①나라. state ②일정한 영토에 거주하는 사람들로 구성된 통치권을 가진 사회 집단.
국가(國歌)[명] 한 나라의 이상과 국민의 정신을 나타내어 의식에서 국민이 부르도록 지은 노래. national anthem
국가 고시(國家考試)[명] 어떤 자격을 인정해 주기 위하여 국가에서 시행하는 시험. 국가 시험. national examination
국가 공무원(國家公務員)[명] 국가의 공무에 종사하는 사람. 《대》 지방 공무원. government official
국가-관(國家觀)[명] 국가에 대한 관념 또는 사상상(思想上)의 태도. view of nation
국가 관:리(國家管理)[명] 사(私)기업의 경영에 관하여, 국가가 간섭하여 어느 정도 관리하는 일.
국가 교:육(國家敎育)[명] ①국가가 베푸는 교육. ②국가주의에 입각한 교육. 「해 행사하는 권력.
권력(國家權力)[명] 국가가 그 기능을 다하기 위
국가 기관(國家機關)[명] 국가 통치를 위하여 베푼 행정 기관. state organ
국가 기본권(一權)[國家基本權][명] 〈법률〉각 나라가 가지는 기본적 권리. 독립권·국내 사항에 대한 행동의 자유권·자기 보존권·자위권(自衛權)·진급 방위권·평등권·위엄 보호권·국제 교통권 등. fundamental right of a nation
국가 기업(國家企業)[명] 〈경제〉나라가 경영의 주체가 되는 기업. national enterprise
국가 만:능설(國家萬能說)[명] 〈경제〉경제상 모든 사업을 국가에서 바로 경영함이 좋다고 하는 학설.
국가 목적(國家目的)[명] 국가가 달성하여야 할 목적.
국가 묵인설(國家默認說)[명] 〈법률〉①국가가 국민 사이에 행하는 관습을 법으로 승인함. ②조약이나 선고를 거치지 않고 한 국가의 성립을 잠자코 승인함.
국가 배상법(一一法)[國家賠償法][명] 〈법률〉공무원이 국민에게 손해를 입혔을 때, 국가가 배상 책임을 지도록 규정한 법률. 형사 보상법.
국가 법인설(國家法人說)[명] 〈법률〉국가를 법인과 같은 한 권리 의무의 단체라고 하는 설.
국가 보:상(國家補償)[명] 〈법률〉적법한 공권력의 행사에 의해 생긴 재산권의 침해에 대한 국가의 보상. national assistance

국가 보:안법[一曠](國家保安法)〖법률〗국가의 안전과 이익을 확보할 목적으로 만든 법. 《약》보안법. national security law

국가 보:훈처(國家報勳處)〖법률〗국가 유공자 및 그 유족에 대한 지원과 군인 보험 등에 관한 사무를 관장하는 중앙 행정 기관. 《약》보훈처.

국가 부조(國家扶助)〖동〗공적 부조.

국가 비상 사:태(國家非常事態)천재·사변·폭동·소요 등이 일어나, 개개의 경찰력으로는 치안을 유지하기 곤란한 상태. 《약》비상 사태.

국가 사:업(國家事業)〖명〗국가가 직접 경영하는 사업. national undertaking

국가 사회주의(國家社會主義)〖명〗국가 제도를 유지하면서 사회 개량을 실현하려는 사회주의 사상. 주요 산업의 국유화 등을 주장함. national socialism

국가 소:추주의(國家訴追主義)〖명〗국가의 기관(검사)이 당사자가 되어 소송을 제기하고 유지하는 주의.

국가 시험(國家試驗)〖명〗〖동〗국가 고시.

국가 신:용(國家信用)〖명〗① 국가의 지급 의사와 지급 능력에 대한 대부(貸付) 자본가나 자금 소유자의 신뢰. ② 국채·국가 보증 등을 둘러싼 국가와 국민과의 자본의 대차 및 채권·채무 관계의 총칭.

국가 신의설(國家神意說)〖명〗〖사회〗현재의 국가를 신국(神國)에 이르는 한 과정이며, 수단으로 보는 중세기의 신학적 국가관.

국가 안전 보:장 회:의(國家安全保障會議)국가 안전 보장에 관련되는 정책 수립에 관한 대통령의 자문 기관.

국가 연합(國家聯合)〖명〗조약에 의한 여러 국가의 평등한 결합의 하나. federation of nations

국가 영역(國家領域)〖명〗국가가 지배권을 행사할 수 있는 공간적 한계.

국가 유:기체설(國家有機體說)〖명〗국가를 토지·인민·정부로써 성립하는 유기체로 생각하는 국가학설. state as organism [지는 의사. will of a state

국가 의:사(國家意思)〖명〗국가가 그 기관을 통하여 가

국가 의:지(國家意志)〖명〗국가를 의지 능력이 있는 인격자로 삼는 의지.

국가 자:본(國家資本)〖명〗〖경제〗국가 경제의 통제를 꾀하기 위하여 국가가 어떤 기업에 투자하는 자본.

국가 자본주의(國家資本主義)〖명〗〖경제〗국가가 대자본과 결합하여 권력으로써 국민의 경제 생활에 간섭과 통제를 가하는 자본주의 경제 제도. state capitalism

국가=적(國家的)〖관〗〖명〗① 국가를 이룬(것). ② 국가 전체가 관여하는(것). ¶ ~ 차원.

국가 정보원(國家情報院)〖명〗〖법률〗국가 정보 기구의 중추 구실을 하는, 대통령 소속의 국가 기관. 1999년에 국가 안전 기획부를 개칭한 것. 《약》국정원.

국가 조직(國家組織)〖명〗국가 기관의 구성과 그 기능을 지배하는 질서. [체에 귀속한다는 설.

국가 주권설(國家主權說)[―껄](國家主權說)주권이 국가 자

국가 주:의(國家主義)〖명〗〖윤리〗국가를 구성하는 개인보다도 국가 자체를 중요시하여, 국가의 통일 발전을 목적으로 삼는 주의. nationalism

국가 책임(國家責任)〖명〗① 국제법상의 의무 위반에 대한 국가의 책임. ② 국가의 불법 행위에 대한 책임.

국가 철학(國家哲學)〖명〗〖철학〗국가의 존립·목적 등 국가에 관한 철학.

국가 총:동원(國家總動員)〖명〗한 나라의 모든 힘을 다들어 국가의 비상 사태에 대비하는 태세.

국가 파:산(國家破産)〖명〗〖경제〗국가가 빚을 갚을 수 없게 된 상태. [연구하는 학문. state science

국가=학(國家學)〖명〗국가의 성질·조직·발달·변천 등을

국-거리(―거리)〖명〗① 국을 끓일 재료. soup makings ② 국물

국-건더기〖명〗국의 건더기. ≒ 국을 끓일 때 쓰는 따위.

국견(局見)〖명〗좁은 소견. short-sighted opinion

국경(國境)〖명〗나라와 나라 사이의 경계. 강역③. 국계

국경(國警)〖명〗《약》→국립 경찰. [(國界). border

국경 관세(國境關稅)〖명〗국경을 통과하는 수입 화물에 매기는 조세. 《대》국내 관세.

국경 분쟁(國境紛爭)〖명〗인접한 두 국가간에 국경선이 명백하게 드러나지 않아 일어나는 분쟁. border [derline dispute

국경-선(國境線)〖명〗나라와 나라 사이의 경계선. bor-

국경=일(國慶日)〖명〗법률로 정하여, 국가적으로 경축하는 기념일. national holiday

국경=표(國境標)〖명〗국경을 나타내는 표지물. bound-

국계(國界)〖명〗〖동〗국경(國境). [ary marker

국고(國庫)〖명〗〖경제〗① 재산권의 주체로서의 국가. ② 국가의 소유에 속하는 현금을 보관·출납하는 기관. national treasury [나랏돈. national funds

국고-금(國庫金)〖명〗〖경제〗국고가 가지고 있는 돈.

국고 보:조(國庫補助)〖명〗〖경제〗국고에서 경비를 보조하는 일. government subsidy

국고 잉:여금(國庫剩餘金)〖명〗국가의 예산에서 세입이 세출보다 많아 국고에 남아 있는 돈. treasury surplus

국고 준:비금(國庫準備金)〖명〗〖경제〗국가가 위급할 때 쓰려고 준비하여 저장해 둔 돈. treasury reserve fund [국고 지판.

국고 지출(國庫支出)〖명〗〖경제〗국고에서 돈을 치름.

국고 지판(國庫支辦)〖명〗〖동〗국고 지출.

국고 차:입금(國庫借入金)〖명〗〖경제〗국가가 중앙 은행으로부터 차입하는 돈.

국고 채:권[―꿘](國庫債券)〖명〗〖경제〗임시로 경비를 쓰기 위하여 발행한 국채 증권. treasury bond

국고 현:계(國庫現計)〖명〗〖경제〗국가가 예산을 집행하는 동안에, 이미 끝난 세출의 현상을 밝히는

국곡(國穀)〖명〗국가 소유의 곡식. [계산.

국공(國共)〖명〗중국의 국민당과 공산당. ¶ ~ 회담.

국광(國光)〖명〗① 국가의 영광. national glory ② 사과의 한 품종. 푸른 빛을 띤 붉은 빛으로 맛이 좋음.

국교(國交)〖명〗나라끼리의 사귐. diplomatic relations

국교(國敎)〖명〗국가에 의해 지정되어 보호받는 종교. 국가 종교. state religion

국교 단:절(國交斷絶)〖명〗국가간의 분쟁이 원만한 해결을 얻지 못하여, 국가간의 평화적 관계(關係)를 끊음. diplomatic break 하다타

국교=죄[―쬐](國交罪)〖명〗〖법률〗국가 간의 화친을 해하거나 사건을 상하게 하는 죄.

국구(國舅)〖명〗국왕의 장인.

국군(國君)〖명〗〖동〗국왕(國王).

국군(國軍)〖명〗나라의 군대. national army

국군의 날(國軍一)〖명〗국군의 창설을 기념하는 날. 곧, 10월 1일. Armed Forces Day

국군 통:합 병:원(國軍統合病院)〖명〗육·해·공군의 환자를 수용 치료하며, 의료와 위생에 관한 사항을 관장하는 국방부 산하의 기관. 전 육군·해군·공군 병원의 통합으로 이루어짐. [허리.

국궁(鞠躬)〖명〗존경의 뜻으로 몸을 굽힘. prostration

국궁 진:췌(鞠躬盡瘁)〖명〗나라를 위해 몸이 파리하도록 전력을 다함. 하다자

국권[―꿘](國權)〖명〗국가가 행사하는 권력. national rights

국권 상실(國權喪失)〖명〗나라의 주권을 잃음. 하다자

국권 회복(國權回復)〖명〗나라의 잃은 주권을 도로 찾

국-그릇[―끝]〖명〗국을 담는 그릇. [음. 하다자

국극(國劇)〖명〗〖연예〗① 한 나라 특유의 국민성을 나타낸 연극. ② 우리 나라의 경우는 창극(唱劇)을 일컬음. ¶ ~ 단(團).

국금(國禁)〖명〗국법으로 금함. national interdict 하다타

국기(國忌)〖명〗국왕→국기일(國忌日).

국기(國技)〖명〗그 나라 특유의 기예(技藝). national sport [discipline

국기(國紀)〖명〗나라의 기율. ¶ ~ 해이(解弛).

국기(國記)〖명〗나라에 관한 기록. history of a nation

국기(國基)〖명〗나라의 기초. 국초(國礎). foundation of a nation

국기(國旗)[명] 나라를 상징하는 기. national flag

국기(國器)[명] 나라를 다스릴 만한 기량. 또, 기량이 있는 사람. statesman

국기-일(國忌日)[명] 임금이나 왕비의 제삿날. 〔약〕국기(國忌). anniversary of the death of a king (queen)

국난(國難)[명] 나라의 어려움. ¶∼ 타개(打開). national crisis

국내(局內)[명] ①묘지가 있는 지역 안. inside of a graveyard ②관청·회사의 국(局)의 안. ③관국의 안. within the bureau

국내(國內)[명] 나라 안. 국중(國中). interior of a country

국내 공안(國內公安) 나라 안의 안녕 질서. 〔대〕국제 공안(國際公安).

국내 관세(國內關稅) 〈법률〉 한 나라 안에서 출입·통과하는 화물에서 징수하는 관세. 《대》 국경 관세. internal customs

국내 무=역(國內貿易)[명] 국내 상업(國內商業).

국내-법[一뻡](國內法)[명] 〈법률〉 한 나라의 주권이 행사되는 범위 안에서 효력을 가져, 주로 그 나라의 내부 관계를 규정하는 법. 《대》 국제법. national law

국내 상업(國內商業)[명] 한 나라 안에서 이루어지는 상업. 국내 무역. 《대》 국제 무역(國際貿易).

국내-선(國內線)[명] 국내 교통·통신에만 이용되는 선.

국내-외(國內外)[명] 나라의 안과 밖. ¶∼에 이름을 떨치다. home and abroad

국내 정세(國內情勢)[명] 국내의 정치적 사정. domestic communication

국대-불(局待拂)[명] 찾을 절차는 다 밟아 동고, 우체국에서 어느 기간 기다렸다가 받는 대체(代替) 저금.

국도(國都)[명] 한 나라의 수도. 서울①.

국도(國道)[명] 전국적인 간선 도로망을 구성하는 도로. 고속 국도와 일반 국도가 있음. 일등 도로. 《대》 지방도(地方道). national road

국=둔전(國屯田)[명] 〈제도〉 수자리 사는 군사가 경작하여 수확을 군량에 충당하던 토지. 국둔토. national farms

국=둔토(國屯土)[명] 국둔전.

국란(國亂)[명] 나라 안의 변란. civil war

국량(局量)[명] 도량과 재간.

국력(國力)[명] 한 나라의 힘. national power

국력 신장(國力伸張) 나라의 힘을 늘리고 넓힘. national extension 하다

국련(國聯)[명] 〔약〕→국제 연합.

국련=군(國聯軍)[명] 〔약〕→국제 연합군.

국련-기(國聯旗)[명] 〔동〕 유엔기.

국로(國老)[명] 나라의 원로. elder statesman

국로²(國老)[명] 〔동〕 감초(甘草).

국로=연(國老宴)[명] 〈제도〉 고려 때 왕이 국로에게 베풀던 잔치.

국록(國祿)[명] 나라에서 주는 녹봉. national stipend

국록지=신(國祿之臣)[명] 나라의 녹봉을 받는 신하.

국론(國論)[명] 나라의 안의 공론. public opinion

국론 비=등(國論沸騰)[명] 국론이 크게 끓듯 함. 하다

국리(國利)[명] 나라의 이익. 국익(國益). national interests

국리 민복(國利民福)[명] 나라의 이익과 국민의 행복.

국립(國立)[명] 나라에서 세움. 《대》 사립. establishment

국립 경=찰(國立警察)[명] 국가가 설립하고 유지하는 경찰. 〔약〕 국경(國警). national police

국립 공원(國立公園)[명] 규모가 장대하고 자연의 풍경이 뛰어난 지역을, 국민의 휴양·보건 등에 도움이 되게 하기 위하여 국가가 지정하여 관리하는 공원. national park 〔사·보급을 위하여 설치한 기관.

국립 과학관(國立科學館)[명] 국가에서 과학의 연구·조

국립 국악원(國立國樂院)[명] 국가에서 민족 고유 음악인 국악을 연구·육성하기 위하여 문화 공보부 장관 감독하에 둔 기관. 〔약〕 국악원③. national music Institute

국립 극장(國立劇場)[명] 민족 예술의 발전과 연극 문화의 향상을 도모하기 위하여 정부가 경영하는 극장. national theatre

국립 대=학(國立大學)[명] 국가에서 관리하고 운영하는 대학. national university 〔청. national library

국립 도서관(國立圖書館)[명] 국립 중앙 도서관의 구

국립 묘:지(國立墓地)[명] 호국 영령과 국가 유공자를 안치하여 국가가 관리하는 묘지. national cemetery

국립 박물관(國立博物館)[명] 국가에서 역사의 고증(考證) 또는 문화·예술의 참고품을 수집·진열하여 공중의 관람에 이바지하고, 또 유물을 조사·연구하기 위하여 설치한 기관. national museum

국립 은행(國立銀行)[명] 〈경제〉 국가에서 경영하는 은행. national bank

국립 의료원(國立醫療院)[명] 보건 사회부 산하의 국립 종합 의료 기관. medical center

국립 중앙 기상대(國立中央氣象臺)[명] 기상에 관한 사항을 맡아보기 위하여 국가가 설치한 기관. national meteorological observatory

국립 중앙 도서관(國立中央圖書館)[명] 국가에서 도서의 수집·보존 및 열람에 기여하고, 아울러 도서학(圖書學)에 관한 연구를 위하여 설치한 기관. national central library

국말(國末)[명] 나라가 망하거나 끝날 무렵. 《대》 국초(國初). end of a dynasty 〔or noodle in soup

국-말이[명] 국에다 밥이나 국수를 만 음식. boiled-rice

국면(局面)[명] ①어떤 일이 생긴 경우의 그 장면. situation ②바둑·장기판의 표면 또는 그 판 위에서의 승패의 변화. development on the chequer-board ③일이 되어가는 모양. state of an affair

국명(國名)[명] 나라의 이름. 국호. name of a country

국명(國命)[명] ①나라의 사명. national mission ②나라의 명령. 국가의 정치. government order

국모(國母)[명] 임금의 아내. 왕후(王后). queen

국모(麴母)[명] 〔동〕 누룩밑.

국무(國巫)[명] 나라무당.

국무(國務)[명] 나라의 정무(政務). state affairs

국-무:당(國巫一)[명] 나라의 굿을 맡아 하는 무당. 〔약〕국무. 〔의 한 성.

국무성(國務省)[명] 외교 관계를 관장하는 미국 정부

국무 위원(國務委員)[명] 〈법률〉 나라의 중요한 정무를 맡은 위원. 각료(閣僚). Minister of the State

국무 장:관(國務長官)[명] 미국 국무성의 장관. 수석 장관임. Secretary of State

국무 총:리(國務總理)[명] 대통령을 보좌하고 국무 위원을 통리·감독하는 특정직 공무원. 〔약〕 총리. Prime Minister

국무 회:의(國務會議)[명] 대통령·국무 총리 및 국무 위원이 정부의 중요 정책을 심의하는 회의. cabinet council 〔national alphabet ②국어(國語).

국문(國文)[명] ①나라의 고유한 글자. 국자(國字).

국문(鞫問·鞠問)[명] 중죄인을 국청(鞠廳)에서 신문함. trial for felony 하다

국문 기록(國文記錄)[명] 국문으로 적음. 또는 그 것.

국-문법[一뻡](國文法)[명] 〈어학〉 국어에 관한 문법. national grammer

국문 연:구소(國文研究所)[명] 조선조 말 광무 11년(1907) 7월에 학부(學部) 안에 설치되었던 국문 연구 기관. 주시경(周時經)·지석영(池錫永)·어윤적(魚允迪) 등이 위원이었음. 〔의 문자.

국문-자[一짜](國文字)[명] 한 나라의 문자. ②국자

국-문학(國文學)[명] ①그 나라 말로 지은 문학. ②한국 문학(韓國文學). 《대》 외국 문학. 〔약〕 국문(國文)②. Korean literature

국문학-사(國文學史)[명] 국문학의 발달 과정의 역사. 또, 그 학문. history of Korean literature

국-물[명] ①국·찌개·김치 등의 물. 〔약〕 국③. juice 〔속〕 약간의 이득. profit 〔서 담그는 술.

국미-주(麴米酒)[명] 보리밥을 물에 담갔다가 말려

국민(國民)[명] 한 나라의 통치권 아래 같은 국적을 가지고 있는 인민. nation people

국민 가요(國民歌謠)[명] 〈음악〉 국민 전체가 부를 수 있게 국민의 공통적 감정을 읊은 노래. popular song

국민 감:정(國民感情)[명] 국민 전반에 공통된 감정.

국민 개병주의(國民皆兵主義)[명] 전국민에게 병역 의무를 지우는 제도.

국민 경제(國民經濟)[명] 〈경제〉 한 나라 안을 통일적 시장으로 만든 경제 조직. national economy

국민 경제학(國民經濟學)[명] 국민 경제의 현상을 이론적 체계를 세워 연구하는 학문. national economics

국민 교:육(國民敎育)[명] 〈교육〉 ①국민으로서 받드시 받아야 할 교육. ②국민 정신을 길러 참다운 국민으로 만드는 교육. national education

국민 교:육 헌:장(國民敎育憲章)[명] 국민 도덕의 기본 방향을 명시하고 국민 각자의 나아갈 바 교육의 지상 과제를 제시한 헌장. 교육 헌장.

국민 대:표(國民代表)[명] 전국민의 대표자로서의 의원

국민 대:회(國民大會)[명] 뜻 있는 국민들이 같은 목적 아래 모이는 대회. national convention

국민 도:덕(國民道德)[명] 〈윤리〉 한 나라 특유의 도덕. 국민으로서 지켜야 할 도덕. national morality

국민 문학(國民文學)[명] 〈문학〉 ①역사적으로 전승되는 그 나라의 국민성을 나타낸 문학. ②근대 국민 국가의 발생과 함께 생긴 문학. national literature

국민 발안(國民發案)[명] 유권자의 연서로 헌법·법률의 제정·개정을 제안하는 제도. [militiaman

국민=병(國民兵)[명] 〈군사〉 국민 병역에 편입된 국민.

국민 보:건 체조(國民保健體操)[명] 〈체육〉 국민의 보건을 위하여 제정한 도수 체조.

국민 사:회주의(國民社會主義)[명] 국가를 국민 위에 두고, 국가 권력 아래 사회주의를 행하려는 주의.

국민 생활(國民生活)[명] ①한 국민의 독특한 생활 양식. ②한 국민의 생활 상태. national life

국민=성(國民性)[명] 그 국민에게 공통된 고유한 성질. national character

국민 소:득(國民所得)[명] 〈경제〉 국민 전체가 일정한 기간에 생산·획득하는 재화를 화폐로 환산 평가한 총액. national income

국민=시(國民詩)[명] 그 나라 고유의 국민 감정을 읊고,

국민 연금(國民年金)[명] 정부와 국민이 공동으로 부담하여 적립해 두었다가 국민이 노령, 불치의 질병에 걸렸거나 사망하였을 때, 본인이나 그 가족에게 일정액을 일시 또는 일정 기간 동안 나누어 지급하는 사회 보험의 일종.

국민 외:교(國民外交)[명] ①국민의 여론에 따라서 행하는 외교. ②국민 각자의 외교.

국민 운:동(國民運動)[명] 어떤 목적을 위하여 대다수 국민이 참가하여 일으키는 운동. national movement

국민 의례(國民儀禮)[명] 국가의 의식·예식에서 국민으로서 갖추어야 할 의례.

국민 의:무(國民義務)[명] 〈법률〉 국민으로서 부담하여야 할 공법상의 의무로, 납세·병역·교육의 의무.

국민 의회(國民議會)[명] ①프랑스 대혁명 초기에 설립된 근대적 의회. ②온 나라 국민 또는 국민의 대표자로 조직된 의회. national assembly

국민=장(國民葬)[명] 국민의 신망이 두터운 사람이 죽었을 때, 국민의 이름으로 치르는 장례. public furneral 하다

국민 정당(國民政黨)[명] 국민적인 동질성을 전제로 국민에 기반을 두고, 국민의 지지를 얻으려고 하는 정당.

국민 정부(國民政府)[명] 현재의 중화 민국 정부. (약) 국부(國府). Nationalist Government of China

국민 정신(國民精神)[명] ①그 국민에 공통된 고유한 정신. national spirit ②국민으로서 지녀야 할 정신.

국민 주권[-꿘](國民主權)[명] 국민이 대표자를 통하거나 또는 직접 제헌·입법 등 국정 사항을 결정하는 권력.

국민 주권설[-꿘-](國民主權說)[명] 국가의 주권이 국민 전체에 있다고 하는 학설. 〔려는 주의.

국민=주의(國民主義)[명] 같은 민족으로 국가를 조직하

국민=차(國民車)[명] 국민 대중이 싼값으로 살 수 있는 소형 승용차.

국민 총:생산(國民總生產)[명] 〈경제〉 한 나라에서 일정 기간에 생산된 재화(財貨) 및 서비스의 총액. G. N. P. gross national product

국민 투표(國民投票)[명] 국가의 중대한 일에 대하여 국민 전체가 하는 투표. referendum

국민 학교(國民學校)[명] 〈교육〉 초등 학교를 이전에 일컫던 말.

국민 훈장(國民勳章)[명] 국민의 복지 향상과 국가 발전에 기여한 사람에게 주는 훈장. 무궁화장·모란장·동백장·목련장·석류장의 5등급이 있음. medal of honor 〔밖의 크기. demi-octavo

국-반:절(菊半截)[명] 서적의 형체의 하나. 국판의 절

국-밥[-빱][명] 국에 만 밥. 탕반(湯飯). boiled-rice in soup

국방(國防)[명] 외적에 대한 국가의 방위.

국방 경:비대(國防警備隊)[명] 1946년 1월에 창설된 우리 나라의 군대. 국군의 모체가 됨. (약) 경비대②.

국방 관세(國防關稅)[명] 〈법률〉 국방상의 필요에 따라, 그 재원을 확보하기 위하여 부과하는 관세.

국방=군(國防軍)[명] 〈군사〉 국방을 위하여 정부가 세운 군대. national defence forces, state guard

국방 대학원(國防大學院)[명] 〈군사〉 국방부 장관 소속하의 연구 기관. 국방·안보 계획과 육·해·공군의 통합 전략 및 합동 지도에 필요한 학술의 교수와 연구를 행함.

국방-부(國防部)[명] 행정 각부의 하나. 국방 행정의 중앙 기관. 군사 사무를 관장함. Ministry of National Defence

국방 분과 위원회[--꽈-](國防分科委員會)[명] 국회 상임 위원회의 하나. 국방부 소관 및 국가 안전 보장 회의 사무에 관한 사항을 심의함.

국방-비(國防費)[명] 나라를 방위하는 육·해·공군의 유지비. national defence expenditures

국방=상(國防相)[명] 국방성의 장판. Minister of national defence 〔초록빛임. khaki color

국방-색(國防色)[명] 육군 군복의 빛깔. 카키색 또는

국방=성(國防省)[명] 미·영·소·불 등의 나라에 둔, 우리 나라 국방부에 해당하는 행정 기관. Department of Defence

국방 연:구원(國防研究院)[명] 〈군사〉 국방부 소속 기관의 하나. 국방에 관한 과학을 연구·조사·시찰하여 그 결과를 군용에 이바지시킴. National Defence Institute 〔공부를 마친 의원.

국방 의원(國防醫員)[명] 〈제도〉 나라에서 정한 의학

국번(局番)[명] 〈약〉→국번호.

국-번호(局番號)[명] 전화 교환국의 국명을 나타내는 번호. (약) 국번. number of telephone exchange station 〔al law

국법(國法)[명] 국가의 법률·법규. 국헌(國憲). nation-

국법-학(國法學)[명] 헌법(憲法)과 행정법을 연구하는 학문.

국변(國變)[명] 나라의 변란. national trouble

국보(局報)[명] ①우체국간에 수고받는 신보. service telegram ②방송국의 보도. information of a radio station ③국 안의 보도. 〔nation

국보(國步)[명] 나라의 운명. 국운(國運). state of the

국보(國寶)[명] ①나라의 보배. national treasure ②〈동〉어새(御璽). 국새(國璽)②. 〔함. 하다

국보 간난(國步艱難)[명] 나라 운명이 여러 모로 곤란

국보-적(國寶的)[명] 나라의 보배로 될 만한(것). ¶~ 존재. national assets

국본(國本)[명] 나라의 근본.

국부(局部)[명] ①전체 가운데 한 부분. 국소(局所). part ②〈동〉음부(陰部).

국부(國父)[명] ①임금. (대) 국모(國母). ②전국에 공로가 커서 국민의 존경을 받는 인물. father of the

국부(國府)[명] (약)→국민 정부(國民政府). 〔country

국부(國富)[명] 〈경제〉 한 나라의 부(富). 국민과 국가가 가진 재화의 총량을 화폐로 평가한 총액. national wealth

국부 마:취(局部痲醉)[명] 수술할 부위만을 하는 마취. 국소 마취. local anaesthesia

국부 묘:사(局部描寫)[명] 전체 가운데서 한 부분을 더욱 상세히 묘사함.

국부 운:동(局部運動)[명] 〈식물〉 식물이 한 국부만을 [움직이는 운동.

국부 전:류(局部電流)[명] 〈물리〉 전지의 극(極)이 같은 물을 포함할 때, 그 국부를 흐르는 전류. local current [學].

국비(國費)[명] 국고에서 지출하는 비용. ¶~ 유학(留 **국비-생**(國費生)[명] 국고 보조를 받는 학생. government scholarship student

국빈(國賓)[명] 나라의 손님으로 우대를 받는 외국 손님. ¶~ 예우(禮遇). national guest [man

국사(國士)[명] 나라의 존경을 받는 선비. distinguished

국사(國史)[명] ① 한 나라의 역사. 국승. national

국사(國使)[명] 나라의 사신. [history ②한국 역사.

국사(國事)[명] ①나라 전체에 상관되는 사건. affairs of the state ②나라의 정치.

국사(國師)[명] ①나라의 스승. teacher of the nation ②천자의 스승. tutor of the king ③임금의 스승으로 받들던 고덕한 중. most reverend priest

국사=범(國事犯)[명] 〈법〉 나라의 정치 질서를 문란하게 한 범죄. 또, 그 범인. political offence

국산(國産)[명] 나라에서 생산함. 또, 그 생산물. 《대》 외제(外製). home production [용. home product

국산-품(國産品)[명] 국내에서 생산된 물품. 《대》 ¶~ 애

국상(國喪)〈제도〉[명] 임금·왕후·왕세자 등의 죽음. 국휼. national funeral 「임금의 도장. 국보(國寶)②.

국새(國璽)[명] ①국가의 표상으로서의 인장. ②〈제도〉

국색(國色)[명] ①한 나라 안에서 제일 아름다운 여자. 국향(國香)②. the most beautiful woman of the nation ②'모란꽃'의 미칭.

국서(國書)[명] ①나라의 원수(元首)가 다른 나라에 보내는 편지. sovereign's message ②한 나라의 역사와 문장 등에 관한 책. national literature

국서(國壻)[명] ①임금의 사위. 부마 도위(駙馬都尉).

국선(國仙)[명] 〈동〉 화랑(花郞)①. [②여왕의 남편.

국선(國選)[명] 나라에서 가림. 관선(官選). chosen by the government 하다

국선-도(國仙徒)[명] 〈제도〉 화랑의 무리. 화랑도(花郞

국선 변:호인(國選辯護人)[명] 〈법〉 형사 사건의 피고인이 변호인을 선임할 수 없을 때, 법원이 직권으로 선임한 변호인. official

국성(國姓)[명] 성과 본이 임금과 같은 성. [fairs

국세(局勢)[명] 국면 또는 판국의 형세. aspect of af-

국세(國稅)[명] 국가가 경비의 재원으로서 직접·간접으로 국민으로부터 징수하는 세금. 《대》 지방세(地方稅). national tax [country

국세(國勢)[명] 나라의 형편과 세력. condition of a

국세 조사(國勢調査)[명] 국정의 자료로 삼기 위하여 인구 동태 등 여러 상태에 대하여 전국에 걸쳐 하는 조사. census

국세-청(國稅廳)[명] 재정 경제원에 속하여 내국세의 부과·징수를 주요 업무로 하는 중앙 행정 기관. Office of National Tax Administration

국세 체납 처:분(國稅滯納處分)[명] 국세를 완납하지 않았을 때 하는 강제 징수. disposition of national taxes in arrears

국소(局所)[명] 〈동〉 국부(局部)①.

국소 마취(局所痲醉)[명] 〈동〉 국부 마취(局部痲醉).

국소 징험(局所徵驗)[명] 〈심리〉 피부면에 물건이 스칠 때 느낌을 동시에 어느 부분에 스치는가를 인식하는 일.

국속(國俗)[명] 나라의 풍속. 국풍(國風). [식하는 일.

국솔[-솓] 国 국을 끓일 솥. 국을 안칠 솥.

국수 메밀 가루·밀가루를 반죽하여 실가닥같이 만든 음식. noodle 「써가 나라에서 으뜸가는 사람.

국수(國手)[명] ①이름난 의사. ②바둑·장기 따위의 솜

국수(國粹)[명] 나라나 겨레에 고유한 정신상·물질상의 장점. national characteristics

국수(國讎·國讐)[명] 나라의 원수. enemy of the country

국수-나무 〈식물〉 조팝나무과의 낙엽 활엽 관목. 잎은 난형이며 톱니가 있으며 양면에 털이 남. 첫여름에 흰 꽃이 피며, 관상용임.

국수를 먹다[주] '결혼식을 하다'의 곁말.

국수-맨드라미[명] 〈식물〉 꽃이 국수 가닥과 같이 여러 갈래로 갈라지는 맨드라미.

국수 먹은 배[주] 실속 없이 쉬 꺼지는 배.

국수-물[명] ①국수 내릴 물에 메밀 가루를 풀어서 끓인 물. ②국수를 삶은 물.

국수-분(-粉)[명] → 국수 분통. [통. 《약》 국수분.

국수 분통 국수를 만들 때 국수틀에 반죽을 넣는

국수 원밥숭이 흰밥과 국수를 넣어 끓인 떡국.

국수 잘하는 솜씨가 수제비 못하랴 [곱] 어려운 일을 능히 하는 사람이 쉬운 것을 못할 리가 없다.

국수 장:국[-국](-醬-)[명] 더운 장국에 만 국수.

국수 장:수[명] 국밥[-, 꾹-](-).[명] 국수를 넣은 장국밥.

국수=주의(國粹主義)[명] 자기 나라의 국민적 특수성만을 가장 우수한 것으로 믿고 행동하여, 남의 나라 것을 배척하는 주의. ultranationalism

국수-틀[명] 국수를 빼내는 기계.

국숫-집[명] ①국수를 파는 집. ②국수를 파는 집.

국승(國乘)[명] 국사(國史)①. [manent state policy

국시(國是)[명] 나라의 근본이 되는 주의와 방침. per-

국악(國樂)[명] 〈음악〉 ①나라의 고유한 음악. ②우리 나라 고유의 고전 음악. Korean classical music

국악-원(國樂院)[명] ①민족 음악의 보존과 발전을 목적으로 조직된 기관. ②《약》→국립 국악원.

국어(國語)[명] 국민 전체가 쓰는 그 나라의 고유한 말. 나라말. national language

국어 계:통론(國語系統論)[명] 국어가 어떤 언어와 기원적으로 계통을 같이하는가 하는 문제에 관한 이론. [습득시키기 위한 교육.

국어 교:육(國語敎育)[명] 국어의 사용·이해·표현 능을

국어 국문학(國語國文學)[명] 국어학과 국문학의 총칭. Korean language and literature

국어 문법[-뻡-](國語文法)[명] 국어의 문법.

국어 문:제(國語問題)[명] 국어와 국자(國字)의 정리·통일·순화 등에 관한 여러 가지 문제. problem of the Korean language

국어-사(國語史)[명] 국어의 음운·어휘·어법(語法)이 변천하여 온 역사. history of the national language

국어 순화(國語醇化)[명] 비속한 말을 삼가고 아름다운 말을 쓰게 하여 국어를 순화하는 일.

국어 심의회(國語審議會)[명] 한글·한자·학술 용어 등의 문제와 외국어의 한글 표기법, 한글 로마자 표기법 등에 관한 사항을 조사·연구·심의하는, 교육부 장관의 자문 기관. National Language Deliberation Council [는 운동.

국어 운:동(國語運動)[명] 제 나라 말을 존중·애호하자

국어-학(國語學)[명] 〈어학〉 국어를 연구 대상으로 하는 학문. science of the national language

국어학-사(國語學史)[명] 국어학의 발달·변천 과정을 연구하는 학문. history of the study of the national language [변 그와 비슷한 것만 보아도 겁을 낸다.

국에 덴 놈 물 보고도 분다 [곱] 어떤 일에 한번 놀라

국역(國役)[명] 나라의 역사(役事).

국역(國譯)[명] 한문 또는 외국어로 된 글을 우리말로 옮김. translating into Korean

국역-본(國譯本)[명] 국역한 책. [management 하다

국영(國營)[명] 국가에서 경영함. 《대》 민영(民營). state

국영 방:송(國營放送)[명] 국가 재원으로 국가에서 경영하는 방송 사업. 《대》 민영 방송(民營放送).

국왕(國王)[명] 임금. 군주(君主). King

국외(局外)[명] 어떠한 일의 국면 밖. outside

국외(國外)[명] 한 나라의 영토 밖. 《대》 국내(國內). abroad

국외 망:명(國外亡命)[명] 정치가가 신변을 보호하기 위하여 나라 밖으로 망명함. absconding 하다

국외=범(國外犯)[명] 〈법률〉 자기 나라의 영역이 아닌 곳에서 행하여진 법죄. 《때》 국내범(國內犯). offence committed while outside the territory of a country

국외-자(局外者)[명] 그 일에 관계가 없는 사람. 국외인(局外人). outsider 〔영역 밖에서 행하는 주권.

국외 주권[-一權](國外主權)[명] 〈법률〉 국가가 자국의

국외 중립(局外中立)[명] 〈법률〉 교전국이나 교전 상대의 어느 쪽에도 원조를 않고, 또 교전에 영향을 줄 만한 것을 피하는 국제법상의 국가 지위. neutrality

국욕(國辱)[명] 나라의 치욕. 국치(國恥). national disgrace

국용(國用)[명] 나라의 소용.

국우(國憂)[명] 나라 전체의 근심. 국환(國患). national trouble 〔nation

국운(國運)[명] 나라의 운수. 국조(國祚). fortune of a

국원(局員)[명] 국(局)의 직원. staff of a bureau

국월(菊月)[명] 음력 9월의 딴이름.

국위(國威)[명] 나라의 위력. 나라의 위신. ¶~ 선양. national prestige 〔ownership

국유(國有)[명] 국가의 소유. 《대》 사유(私有). tates

국유-림(國有林)[명] 국가 소유의 산림. 황장갓②. 《대》 사유림. state forest 〔erty

국유 재산(國有財産)[명] 국가 소유의 재산. state prop-

국유-지(國有地)[명] 국가 소유의 토지. 《대》 사유지. state land

국유 철도[-一도](國有鐵道)[명] 국가가 소유·경영하는 철도. 《약》 국철(國鐵). national railroad 〔하다

국유-화(國有化)[명] 국가 소유로 하다. nationalization

국육(鞠育)[명] 어린이를 사랑하여 기름. tender bringing-up 하다

국-으로[부] 생긴 그대로. 주제에 알맞게. ¶날뛰지 말고 ~ 가만히 있거라. It becomes you to…

국은(國恩)[명] 국민이 받는 나라의 은혜. one's debt to one's country

국음(國音)[명] ①그 나라의 고유한 말소리. standard national pronunciation ②우리 국어의 말소리.

국이 끓는지 장이 끓는지 일이 어떻게 되어 가는지 〔영문도 모른다.

국익(國益)[동] 국리.

국인(國人)[명] 한 나라의 사람. 국민.

국자 국을 뜨는 기구. dipper 〔의 자제.

국자(國子)[명] ①《약》→국자감 ②공경 대부(公卿大夫)

국자(國字)[명] 국문(國文)자.

국자-감(國子監)〈제도〉①성균관(成均館). ②고려 성종(成宗) 때부터 유학을 가르치던 관아. 《약》 국자감②.

국자감=시(國子監試)[명]〈제도〉고려 국자감의 생원(生員)·진사를 뽑던 과거. 조선조의 소과(小科)에 해당. 《약》 감시(監試)②. 국자시.

국자=시(國子試)[명]《약》→국자감시(國子監試).

국자-학(國子學)[명]〈제도〉국사감에 수합 교관의 자제를 가르치던 학교. 〔생.

국자학-생(國子學生)[명]〈제도〉고려 때, 국자학의 학

국장(局長)[명] 한 국(局)의 책임자. director of a bureau 〔국가·군기·훈장. national emblem

국장(國章)[명] 국가의 권위를 나타내는 휘장의 총칭.

국장(國葬)[명] ①국가에 큰 공을 세운 사람이 죽었을 때 나라에서 지내는 장사. state funeral ②《동》인산(因山). national mourning 하다

국재(國災)[명] 나라의 재변. national disaster

국재(國財)[명] 국가의 재산. state property

국재(國齋)[명]〈불교〉비용을 왕실에서 내고 임금을 천도(薦度)하는 재.

국저(國儲)[명]《동》태자(太子). 〔는 도적.

국적(國賊)[명] ①나라의 역적. traitor ②국경을 범하

국적(國籍)[명]〈법률〉국민으로서의 자격과 신분. nationality

국적-법(國籍法)[명]〈법률〉국적을 얻거나 잃는 데 관한 법. 우리 나라에서는 혈통주의가 원칙이며, 생지주의를 가미함. law of nationality

국적 변:경(國籍變更)[명]〈법률〉①국적을 바꿈. cha-

nge of nationality ②종래의 국적을 상실하고 다른 국적을 얻음.

국적 상실(國籍喪失)[명]〈법률〉국적을 잃음. 국민으로서 권리·의무를 잃음. denationalization

국적 증명서(國籍證明書)[명]〈법률〉본국의 관헌에서 발급한 국적의 증명서.

국적 증서(國籍證書)[명]〈법률〉선박의 국적·선적항(船籍港)·적량(積量) 따위에 관한 증서.

국적 취:득(國籍取得)[명]〈법률〉어떤 사람이 어떤 나라와의 복종 관계를 그 국적법의 조건을 갖추므로 써 얻는 일. acquisition of citizenship

국적 회복(國籍回復)[명]〈법률〉잃었던 국적을 다시 얻음. reinstatement of one's citizenship

국전(國典)[명] ①국가의 법전. laws of state ②국가의 의식. state ceremony ③국문으로 쓰인 우리 나라 서적. books written in Korean alphabet

국전(國展)[명] ①국가가 주최하는 전람회. national art exhibition ②《약》대한 민국 미술 전람회.

국정(國定)[명] 나라에서 정함. ¶~ 교과서. government authorization 하다

국정(國政)[명] 나라의 정치. state government

국정(國情)[명] 나라의 형편. condition of a country

국정 감사(國政監査)[명]〈국정 조사〉의 구칭.

국정 교:과서(國定敎科書)[명] 교육부에서 편찬한 교과서. state textbook

국정 밀탐(國情密探)[명] 나라의 형편을 비밀히 정탐함

국정 조사(國政調査)[명] 국회가 특정한 국정 사안(事案)에 대해 직접 조사하는 일.

국정 조사권[-一權](國政調査權)[명] 국회가 특정 국정 사안(事案)에 대해 직접 조사할 수 있는 권리.

국제(國制)[명] ①나라의 제도. system of a nation ②국상(國喪)의 제복.

국제(國際)[명] ①나라와 나라 사이의 교제. 또, 그 관계. ②여러 나라 사이. ¶~ 교류(交流). ~ 기구(機構). ~ 무대. international

국제 가격(國際價格)[명]〈경제〉국제 무역에서 정하여진 물화의 가격. international price

국제-간(國際間)[명] ①국가와 국가가 교제하는 사이. ②나라 사이.

국제 결제 은행(國際決濟銀行)[명]〈경제〉스위스의 바젤(Basel)에 있는 국제 결제를 위한 은행. Bank for International Settlement

국제 결혼(國際結婚)[명] 국적을 달리하는 남녀의 결혼. international marriage 〔national game

국제 경:기(國際競技)[명] 국제간에 하는 경기. inter-

국제 경제(國際經濟)[명] 국제간에 하는 경제 거래의 총체. international economy

국제 경:찰군(國際警察軍)[명] 세계 평화를 파괴하는 침략 행위에 무력 제재를 가하기 위하여 국제 연합 안전 보장 이사회 아래 마련되는 각국의 군대. the International Police Force

국제 공법[-一뻡](國際公法)[명]《동》국제법.

국제 공안(國際公安)[명]〈법률〉국제간의 안녕 질서. 《대》국내 공안(公安).

국제 공항(國際空港)[명] 국제간을 운항하는 항공기가 이착륙할 수 있도록 지정된 공항. international airport

국제 관:례(國際慣例)[명] 국제적으로 통용되는 관례.

국제 관:리(國際管理)[명] 국가간에 공동으로 하는 관리. 〔로 법적 구속력을 가지게 된 것.

국제 관:습법(國際慣習法)[명]〈법률〉국제간의 관행으

국제 관:행(國際慣行)[명] 여러 국가가 상호간에 반복하여 실행하고 있는 일. 〔의 금리.

국제 금리(國際金利)[명]〈경제〉국제 금융 중심지에서

국제 노동 기구(國際勞動機構)[명] 국제적 노동 조건의 개선을 위한 국제 연합의 자문 기관. I. L. O. International Labor Organization

국제 단체(國際團體)[명]〈법률〉여러 나라가 어떠한 조약에 의하지 않고 자발적으로 조직한 단체. MRA

・국제 올림픽 위원회 따위.

국제 담판(國際談判) 국가간의 사건에 관한 담판.

국제 대:차(國際貸借) 〈경제〉 국가 사이의 수지 계산(收支計算). 곧, 무역상의 대차 및 무역 밖의 대차. 국제 수지. international loans 〔사〕이의 도덕.

국제 도:덕(國際道德) 국제상 서로의 국가나 국민

국제 무선 전:보(國際無線電報) 한 나라와 항행중인 국외 선박이나 항공기와의 사이에 발착되는 전보. 〔행하여지는 무역. international trade

국제 무:역(國際貿易) 나라와 나라 사이에서

국제 문:제(國際問題) 국제간에 발생하는 정치・경제・군사・문화・영토 등에 관한 문제.

국제 민간 항:공 기구(國際民間航空機構) 국제 민간 항공의 평화적이고 건전한 발전을 도모하기 위하여 설립된 UN 전문 기관의 하나. I. C. A. O. International Civil Aviation Organization

국제 민법[一뻡] (國際民法) 국제 사법 중 민사에 관한 사항을 규정한 법률.

국제 방:송(國際放送) 타국에서 수신되는 것을 전제로 하는 방송. 또, 나라와 나라 사이에 각자 프로그램을 바꾸어 하는 방송. 해외 방송. 〔대〕 국내 방송. international broadcasting

국제 범:죄(國際犯罪) 〔법률〕 국제 관습법상, 국적에 관계없이 적발한 나라에서 처벌할 수 있는 범죄. 해적 행위・노예 매매 행위・인류 학살 행위 따위.

국제법[一뻡] (國際法) 〔법률〕 공존・공영의 생활을 도모하기 위하여 국가간의 관계를 규정짓는 법. 국제 공법(公法). 만국(萬國) 공법. 〔대〕 국내법(國內法). international law

국제법 학회[一뻡一] (國際法學會) 1873년에 창립하여 벨기에에 본부를 둔, 국제법 연구의 세계적 학회.

국제 부:흥 개발 은행(國際復興開發銀行) 〈경제〉 국제적인 경제 개발을 위하여 1944년 7월에 본부를 워싱턴에 두고 설립된 은행. I. B. R. D. International Bank for Reconstruction and Development

국제 분쟁(國際紛爭) 국가간에 서로 뜻이 충돌되어, 외교 담판으로는 해결할 수 없을 때에 일어나는 분쟁. international dispute

국제 사법[一뻡] (國際私法) 두 국가 이상의 사이의 권리 관계를 규정한 국제법. 〔대〕 국제 공법. international private law

국제 사법 재판소(國際司法裁判所) 국제 연합에 딸린 사법(司法) 기관. 국제 분쟁을 해결하기 위하여 국가간에 베풀어 둔 재판소. International Court of Justice

국제 사:회(國際社會) 〈사회〉 여러 국가의 국민을 포함하는 전체 사회. international society

국제 상품(國際商品) 〈경제〉 세계 시장 거래의 대상이 되는 상품. 〔대〕 국내 상품. international goods

국제=색(國際色) 많은 나라 사람들이 어울려서 이어지는 분위기. ¶ ~ 짙은 도시. 〔종의 선.

국제=선(國際線) 국제간의 교통・통신에 이용되는 각

국제 수로(國際水路) 〈지리〉 연안을 여러 나라가 공유하고 있는 하천・운하・해협 등의 수로.

국제 수지(國際收支) 〈경제〉 1년간 한 나라가 외국으로부터 수령한 외화와 외국에 대하여 지급한 금액. 국제 대차(國際貸借).

국제 시:장(國際市場) 국제적 상품의 수요와 공급이 모이는 시장. international market

국제 식량 농업 기구(國際食糧農業機構) 〔동〕 국제 연합 식량 농업 기구.

국제 심사(國際審査) 다투는 나라 두 쪽에서 위원을 뽑아, 다투는 문제를 조사하여 밝힘. international enquiry 하다

국제=어(國際語) ①국제적으로 널리 쓰이는 말. 영어・불어・독어・따위. ②세계어(世界語). international language 〔「고기잡이」에 관한 국제 조약.

국제 어업 조약(國際漁業條約) 〔법률〕 공해에서의

국제 어음(國際一) 〈경제〉 ①두 개 이상의 나라에서 유통되는 어음. International bill of exchange ②외국환 어음.

국제 연맹(國際聯盟) 제1차 세계 대전 후 국제 평화의 유지와 협력의 촉진을 목적으로 설립되었던 국제 단체. 1946년에 해체됨. The League of Nations

국제 연합(國際聯合) 제2차 세계 대전 후 세계 평화와 안전의 유지, 우호 관계의 촉진, 국제 협력을 달성하기 위해 설립된 국제 평화 기구. 유엔(U. N.). 〔약〕 국련(國聯). United Nations

국제 연합군(國際聯合軍) 국제 연합의 목적 달성을 위하여, 가맹국의 군대들로써 조직된 군대. 유엔군(U. N. 軍). 〔약〕 국련군. United Nations Forces

국제 연합 사:무국(國際聯合事務局) 국제 연합의 사무를 집행・처리하는 기구. Secretariat of the United Nations

국제 연합 식량 농업 기구(國際聯合食糧農業機構) 식량의 증산・농민의 생활 개선 등을 꾀하는 국제 연합의 전문 기관의 하나. 국제 식량 농업 기구. F. A. O. United Nations Food and Agriculture Organization

국제 연합 안전 보:장 이:사회(國際聯合安全保障理事會) 국제 평화와 안전을 유지하며, 필요한 행동을 취할 책임과 권한을 가지는 국제 연합의 중요 기구. 〔약〕 안보리(安保理). 안보 이사회(安保理事會). United Nations Security Council

국제 연합일(國際聯合日) 국제 연합을 조직한 1945년 10월 24일을 기념하는 날. 유엔 데이.

국제 연합 총:회(國際聯合總會) 모든 국제 연합 가맹국으로 구성되는 총회. 유엔 총회.

국제 연합 헌:장(國際聯合憲章) 국제 연합의 근본 조직과 활동의 원칙을 정한 근본 법규. Charter of United Nations

국제 영화제(國際映畵祭) 〈연예〉 세계 각국에서 출품한 영화를 심사하여 시상하는 행사.

국제 올림픽 경:기 대:회(國際 Olympic 競技大會) 〈체육〉 1896년에 시작되어 4년마다 한 번씩 국제적으로 행하는 경기 대회.

국제 올림픽 위원회(國際 Olympic 委員會) 올림픽 경기 대회를 운영・주관하는 단체. I. O. C. International Olympic Committee 〔ternational post

국제 우편(國際郵便) 국제간에 왕래하는 우편. in-

국제 운:하(國際運河) 〈지리〉 공해(公海)를 연락하며, 세계 각국이 자유로이 통행할 수 있는 인공적 수로. 스웨즈 운하・파나마 운하 등.

국제 이:해(國際理解) 국제 인권 선언의 정신에 따라, 각 국민간의 인종적・종교적・성별적 차이를 초월하여 발현되는 인간으로서의 이해.

국제 자유 노동 조합 연맹(國際自由勞動組合聯盟) 반공적 색채를 띤 각국의 노동 조합이 모여 1949년에 결성한 국제 노동 조합. I. C. F. T. U.

국제 재판(國際裁判) 〔법률〕 국제 분쟁(紛爭)을 평화적으로 해결하는 수단의 하나로, 국제법에 의거하여 국제 사법 재판소가 행하며, 그 판결은 구속력(拘束力)을 가짐.

국제 재판소(國際裁判所) 〔법률〕 국제 분쟁을 해결하기 위하여 국가간에 설치하는 재판소. The International Court of Justice

국제=적(國際的) 관·형 국가 사이에 관계되는(것). ¶ ~ 경기(競技). international 〔사회적 분업.

국제적 분업(國際的分業) 〈경제〉 국제간에 행하는

국제 적십자(國際赤十字) 〈사회〉 1864년에 설립된 적십자의 국제적 조직체. 본부는 제네바에 있음. I. R. C. International Red Cross

국제 전:보(國際電報) 한 나라와 외국 사이의 육지 간에 발착되는 전보. International telegram

국제 전:화(國際電話) 국제간에 연락되는 전화. International telephone 〔제 정세.

국제 정세(國際情勢) 세계 여러 나라들의 정세. 세

국제 조약(國際條約)[법] 〈법률〉두 나라 이상의 주권국으로써 맺은 조약. international treaty
국제 조정(國際調停)[법] 국제 중재.
국제 조직(國際組織)[법] 여러 국가의 공동된 이해 관계를 처리하기 위하여 설정된 조직.
국제=주의(國際主義)[법] 국제상의 관계를 기초로 하여 만사를 조절하는 주의. internationalism
국제 중재(國際仲裁)[법] 〈정치〉독립한 제삼국이 분쟁 당사국간의 교섭에 참가하여 분쟁 해결에 노력하는 절차. 국제 조정. 「을 중재하는 재판소.
국제 중:재 재판소(國際仲裁裁判所)[법] 국제간의 분쟁
국제 증권[一권](國際證券)[법] 〈경제〉국제간에 매매되는 공채·주권·사채권(社債券) 따위의 유가 증권.
국제 지구 관측년(國際地球觀測年)[법] 〈지리〉국제 학술 연합 회의가 기획, 53개국이 협력하여 전세계적 규모로 지구 물리학상의 관측 사업을 행한 1957년 7월부터 1958년 12월까지를 이름. I.G.Y. International Geophisical Year
국제 지역(國際地役)[법] 조약 또는 묵인으로 인한 영토 주권 행사상의 제한.
국제 천문 연맹(國際天文聯盟)[법] 여러 나라의 대표적 천문학자로 조직한 천문학의 연구 기관.
국제 철도[一또](國際鐵道)[법] 국경을 넘어 여러 나라를 한 열차로 이어지는 철도. international railway
국제 촉광(國際燭光)[법] 만국 공통의 표준 광도. 1기압 아래 0.8%의 수증기를 함유하는 공기 가운데 10촉광 용 하커트의 펜탄 등(燈)이 나타내는 광도의 10분의 1. 기호; C. international candle
국제 통신(國際通信)[법] 국제간에 행하여지는 유선·무선의 통신 연락. 「로 자주 이용되는 통화.
국제 통화(國際通貨)[법] 국제간의 거래에서 결제용으
국제 통화 기금(國際通貨基金)[법] 〈경제〉가맹국의 요구에 따라 또는 그 나라의 통화 교환으로 외화를 공급함을 임무로 하는 기관. I.M.F. International Monetary Fund 「호하는 판권.
국제 판권[一권](國際版權)[법] 국제간에 공통으로 보
국제 하천(國際河川)[법] 여러 나라의 국경이나 영역을 지나서 흐르는 하천.
국제=항(國際港)[법] 외국의 선박들이 많이 드나드는 큰 항구. international port 「공.
국제 항공(國際航空)[법] 여러 나라를 왕래하는 항
국제 해:법[一뻡](國際海法)[법] 〈법률〉해사에 관한 특별한 국제상의 법규. International maritime law
국제 형법[一뻡](國際刑法)[법] 〈법률〉국제 단체로서 규정한 형벌 법규. International penal Law
국제=호(國際湖)[법] 〈지리〉두 나라 이상의 영지에 둘러싸인 호수.
국제=환(國際換)[법] 〈동〉외국환(外國換).
국제 회:의(國際會議)[법] 국제적 이해 사항을 심의·결정하기 위하여 각국의 대표사에 의하여 열리는 회의. International conference
국조(國祖)[법] 한 나라의 시조(始祖). country founder
국조(國祚)[법] 〈동〉국운(國運).
국조(國朝)[법] 자기 나라의 조정. court 「람.
국족(國族)[법] 임금과 같은 성(姓)·본(本)을 가진 사
국주 한:종체(國主漢從體)[법] 국문이 주가 되고 한문은 보조적으로 쓰인 문체.
국중(國中)[법] 나라 안. 국내. 「paper scraps
국지(一紙)[법] 도련을 친 나머지 종이 부스러기. 긁지.
국지(局地)[법] 한정된 한 구역의 땅. limited region
국지 전:쟁(局地戰爭)[법] 제한된 구역 안에서만 일어나, 전면으로 번지지 않는 전쟁. 〈대〉전면(全面) 전쟁. limited warfare
국채(國債)[법] 〈경제〉국가의 세입·세출을 적절하게 하기 위하여 국가의 신용으로써 설정하는 금전상의 채무. 나라의 빚. national debt
국채 증권[一권](國債證券)[법] 국채에 대한 권리를 표시하기 위하여 발행한 증권. national bond
국책(國責)[법] 국가의 책임.

국책(國策)[법] 나라의 정책. national policy
국책 회:사(國策會社)[법] 국가의 산업 정책을 적절하게 또는 조직적으로 수행하기 위하여 설립된 법인. national policy concern
국척(國戚)[법] 임금의 인척. relatives of the King
국척(跼蹐)[법] 황송하여 몸을 굽힘. 국축(跼縮). 하재
국철(國鐵)[법] 〈약〉→국유 철도.
국청(鞫廳)[법] 〈제도〉대역죄 등 중죄를 범한 자를 심문하기 위하여 임시로 설치했던 관청.
국체(國體)[법] ①나라의 면목. ②국가 성립의 상태. national constitution ③〈법률〉국가 주권의 소재에 따라 구별한 국가의 형태. national structure ④전국 체육 대회. 「of a country
국초(國初)[법] 건국의 초기. 〈대〉국말(國末). beginning
국초(國礎)[법] 〈동〉국기(國基).
국축(跼縮)[법] 〈동〉국척(跼蹐). 하재 「스럼. 하재
국치(國耻)[법] 〈동〉국욕(國辱).
국치(鞫治)[법] 〈제도〉중죄인을 국청에서 심문하여 다
국치 민욕(國耻民辱)[법] 나라의 수치와 국민의 치욕.
국치-일(國耻日)[법] 한일 합방이 조인된 치욕적인 날. 곧, 8월 29일. National Disgrace Day
국태(國泰)[법] 나라가 태평함. national peace
국태공(國太公)[법] 〈공〉흥선 대원군(興宣大院君).
국태 민안(國泰民安)[법] 나라가 태평하고 백성을 살기가 편안함. 「territory
국토(國土)[법] 나라의 영토②. 강산②. 경토(境土).
국토 계:획(國土計劃)[법] 국토의 종합적인 이용·개발을 꾀하는 계획.
국토 방위(國土防衛)[법] 적의 침공으로부터 국토를 막아 지킴. defence of the country
국토 조사(國土調査)[법] 지적을 정확히 정하기 위하여 토지의 분류를 바르게 하며, 그 합리적 이용을 기하기 위하는 기초적인 조사.
국파(國破)[법] 나라가 깨져서 망함. 하재
국판(菊判)[법] 〈인쇄〉①세로 93, 가로 63cm의 양지의 크기. sheet of printing paper 93×63cm ②세로 21, 가로 14.8cm의 책의 체재. small octavo
국폐(國弊)[법] 나라의 폐해. national evils
국풍(國風)[법] 〈동〉국속(國俗).
국학(國學)[법] ①나라의 고유한 학문. national classical studies ②〈제도〉성균관(成均館)의 딴이름. ③〈제도〉고려 때 국자감(國子監)의 고친 이름.
국학자(國學者)[법] 국학을 연구하는 학자.
국한(局限)[법] 어떤 부분에 한정함. localization 하재하
국-한:문(國漢文)[법] ①국문과 한문. Korean literature and Chinese classics ②국문과 한문이 섞인 글. written Korean with Chinese characters in it 「체.
국한:문-체(國漢文體)[법] 국문에 한문을 섞어 쓰는 문
국한:문 혼:용(國漢文混用)[법] 국문과 한문을 섞어 씀.
국한-화(局限化)[법] 어떤 부분에만 한정되게 함. 또, 그렇게 됨. 하재다
국향(國香)[법] ①〈능〉난초. ③〈동〉국색(國色)①. 「法」
국헌(國憲)[법] 나라의 근본 법규. 곧, 헌법·국법(國
국헌 문:란(國憲紊亂)[법] 헌법이나 법률을 소멸 또는 전복시키어 그 기능 행사를 불가능하게 하는 일.
국호(國號)[법] 한 나라의 칭호. 국명(國名). name of a country
국혼(國婚)[법] 왕실의 혼인. royal marriage
국혼(國魂)[법] 한 나라의 정신. spirit of a nation
국화(國花)[법] 나라의 상징으로 삼는 가장 사랑하고 아끼는 꽃. 나라꽃. national flower
국화(菊花)[법] 〈식물〉엉거시과의 다년생 풀. 가을 꽃으로 가장 널리 재배되며 품종도 여러 가지가 있음. 주로 관상용이나, 약용 및 양조용 향료로도 쓰임. chrysanthemums
국화-동(菊花童)[법] 〈약〉→국화 동자못.
국화 동:자못(菊花童子-)[법] 〈건축〉판문·난간 등에 박은 국화 모양으로 생긴 장식못. 국화판②. 〈약〉국화동.

국화빵(菊花―)圏 국화 꽃 모양의 판에 구워 낸 빵.
국화-석(菊花石)圏 국화 모양의 화석.
국화 송:곳(菊花―)圏 나사못 대가리가 들어갈 자리를 파는 국화 모양의 송곳.
국화-잠(菊花簪)圏 국화 모양의 장식이 붙은 비녀. chrysanthemum-shaped hair-pin
국화-전(菊花展)圏 국화를 전시하는 전람회.
국화-전(菊花煎)圏 음력 9월에 감국의 꽃잎을 넣어서 만든 떡.
국화-주(菊花酒)圏 감국(甘菊) 꽃을 섞어 빚은 술.
국화-판(菊花瓣)圏 ①(식물) 국화의 꽃잎. petal of chrysanthemum ②(동) 국화 동자꽃.
국환(國患)圏《동》 국우.
국회(國會)圏 온 나라 국민으로부터 선출된 의원으로 조직된, 헌법상의 합의체(合議體)인 입법 기관. 법률 제정·예산 편성·국정 조사 및 국가의 중요 사항을 의결함. National Assembly
국회 도서관(國會圖書館)圏 국회 의원의 직무 수행에 필요한 조사 연구를 위하여 설립된 도서관.
국회-법[―뻡](國會法)〔법률〕 국회 운영에 관한 사항을 규정한 기본법. National Assembly Law
국회 의사당(國會議事堂)圏 국회의 본회의가 열리는 건물. National Assembly building
국회 의원(國會議員)圏 국회를 조직하는 의원. member of the National Assembly
국회 의장(國會議長)圏 국회의 질서를 유지하고 여러 사무를 감독하며 국회를 대표하는 사람. Chairman of the National Assembly
국회 해:산(國會解散)圏 의원 내각 제도의 국가에서, 국회(상원·하원)가 정부를 불신임 결의하였을 때에, 정부가 국회와 맞서서 국회를 해산시키는 일. dissolution of the National Assembly
국휼(國恤)《동》 국상(國喪).
국희(局戱)圏 국면(局面)을 대하여 하는 놀이. 곧, 장기·바둑 따위.
-군=**군**(軍)〈어〉=구나. ②〈어〉=군면.
군:=**군**(君) 명사의 머리에 붙어, '필요없는'·'가외의'의 뜻을 나타냄. ¶~것. ~기침. useless
군(軍)圏①《약》=군대(軍隊). ②〔군사〕⑥육군의 최고 편성 단위. 군대의 위. ④〈어〉=군사명부.
군:(郡)圏 ①《동》 고을①. ②《약》=군아(郡衙). ③《약》=군청①. 공동적인 생활 집단.
군(群)圏〔제도〕 원시 시대에 있었다고 하는 순수한
군(君)冠名 자네. 그대. ¶~의 편지. you〈제도〉 임금의 족속이나 공있는 신하에 봉작(封爵)의 하나.
=**군**(君)冠名 성이나 이름 아래에 붙여 아랫 사람을 친한 친구끼리 부를때 쓰는 말. ¶김~박~. Mr.
=**군:**(郡) 행정 구획을 표시하는 말. ¶진안~. 화성~. 양평~. country
=**군**(軍)圏 무리 또는 같은 폐의 뜻. ¶실업자~.
군가(軍歌)圏 군대의 사기를 돋우기 위하여 부르는 노래. ¶~집(集). war songs
군-가락圏 ①원가락과는 아무 관계 없이 객설스럽게 가늘게 내는 가락. extrunuous beat or tune ②객설스러운 관계없이 객설스럽게 하는 말.
군감(軍監)圏 ①《약》=군자감(軍資監). ②군사에 관한 일을 감독하는 직책.   「(群凌). 하라
군거(群居)圏 ¶메를 지어 삼. ¶~생활. ②《동》 군서
군거 본능(群居本能)《동》 집단 본능.
군:-것圏 쓸데없는 것. superfluous thing
군:-지-다圏 없어도 좋을 것이 거추장스럽게 있다. superfluous
군:-것질圏 ①꼭 필요하지 않은 음식물을 사서 먹는 짓. 주전부리. eating between meals ②《속》 오입질.
군견(軍犬)圏 =군용견(軍用犬).   「하라
군-결=**환**(軍結還)圏〔제도〕 나라를 다스리는 세 가지 중요한 일. 곧, 군정(軍政)·전결(田結)·환곡(還穀).
군경(軍警)圏 군대와 경찰. ¶~ 위문. army and police
군:경(窘境)圏 몹시 군색하여 어려운 지경. difficulties

군:경-검(軍警檢)圏 군대와 경찰과 검찰.
군:계(軍界)圏 군과 군 사이의 경계. boundary of a
군계(群鷄)圏 닭의 무리.   「county
군계 일학(群鷄一鶴)《동》 계군 일학(鷄群一鶴).
군:-계집(軍―)圏 아내 이외에 몰래 상관하는 여자. fornicatress
군고(軍鼓)圏 군대에서 쓰는 북.
군:고(窘苦)圏 가난하고 군색함. privation 하라 히라
군공(君公)《동》 제후(諸侯).
군공(軍功)圏 전쟁에서 세운 공적. meritorious military service   「관리.
군관(軍官)圏①《동》 장교(將校). ②군사를 맡아보는
군-관:구(軍管區)圏 군의 관할 구역. ¶제1 ~.
군교(軍校)圏《동》 장교(將校).
군교(軍橋)〔군사〕 군대가 임시로 놓은 다리.
군구(軍區)〔군사〕 군사상 필요해서 갈라놓은 구역. military district
군국(君國)圏①임금과 나라. king and his country ②군주가 다스리는 나라. monarchy
군국(軍國)圏 ①군대와 나라. ②현재 전쟁을 하고 있는 나라. nation at war ③군사를 주요 정책으로 삼고 있는 국가. militant nation
군국 기무처(軍國機務處)〔제도〕 조선조 말에 정치·군사의 일체를 관장·결의하던 관청. 《약》 기무처(機務處).   「큰 일.
군국 대:사(軍國大事)圏 군사상의 기밀과 국가에 관
군국-주의(軍國主義)圏 군사력에 의한 국가의 대외 발전을 중시하여, 국가의 정치·경제·도덕·교육 등을 그 목적에 합치시키려는 주의. militarism
군권[―꿘](君權)圏 왕의 권력.   「cipline
군규(軍規)圏 군대의 규율. 군율(軍律). military dis-
군규(軍窺)圏 군사 기밀을 정탐하는 일. 또, 그 사람. reconnaissance   「군자.
군:-글자[―짜]圏 필요 이상으로 더 있는 글자. 《약》
군:-급(窘急)圏 일이 트이지 않고 막히어 몹시 급함. 하라
군기(軍紀)圏 군대의 기율 및 풍기. ¶~ 단속(團束). ~ 엄수(嚴守). military discipline   「rale
군기(軍氣)圏 군대의 사기. ¶~ 충천. military mo-
군기(軍旗)〔군사〕 군의 각 단위 부대를 상징하는 기. colours
군기(軍機)圏 군사상의 기밀. ¶~ 누설(漏泄). military secret
군기(軍器)圏 군용의 기구. 병기(兵器).
군기(軍起)圏 폐지어 일어난 난리. uprising 하라
군기-처(軍機處)〔제도〕 중국 청조(淸朝) 때 행정의 최고 기관을 겸하던 최고 고문부(顧問府).
군:-기침(軍―)圏 버릇이 되어 괜히 하는 기침. habitual dry cough 하라
군납(軍納)圏 ①군에 필요한 물자를 납품하는 일. purveyance for the army ②군대에 바침. 하라
군:-내圏 제 맛이 아닌 다른 냄새. ¶~나는 깍두기. stale smell
군내(郡內)圏 한 군의 안. 군하. in a county
군노(軍奴)圏 군아(軍衙)에 딸린 종.
군:-눈圏 ①보지 않아도 좋을 것을 보는 눈. ②쓸데 없는 짓. looking aside
군:-눈-뜨:다[―따]〈어〉 외도에 눈을 뜨게 되다.
군-다리질圏 재래식 다리미질 때에 옷의 후미진 부분이나 끝 부분을 혼자 잡고 다리는 일. 하라
군단(軍團)〔군사〕 군과 사단 중간의 전략 단위 병단(兵團). 둘 이상의 사단으로 편성됨. corps
군-단지럽-다圏[ㅂ변] 마음과 행동이 더럽고 너더분하다. ¶달(達)=유달. 다. 《큰》 군더지럽다. mean
군담(軍談)圏 전쟁 이야기. ¶~ 소설.
군답(軍畓)圏 군영(軍營)에 딸린 논.
군답(群畓)圏 많은 무리. 여러 당하. group
군대(軍隊)〔군사〕①일정한 조직 체제를 가진 군인의 집단. army ②군오(軍伍)를 편성하고 있는 대오(隊伍). 《약》 군(軍)①. troops

군대 수첩(軍隊手帖)圀 〈군사〉 군대에서 쓰는 수첩.
군=대:장(軍大將)圀 〈제도〉 주장(主將)으로부터 위임을 받고 임시로 군을 통솔 지휘하는 사람.
군:=더더기圀 ①모이고 덧붙은 물건. superfluity ②까닭없이 남을 따라다니는 사람. superfluous person
군덕(君德)圀 군주로서의 덕.
군=던지럽-다[㉥] 마음과 행동이 더럽고 너저분하다. ⑫군지럽다. ⑳군단지럽다. filthy
군데[의]圀 낱낱의 곳. 어떤 지점. 개소. ¶열 ~. place
군데=군데[의]圀 여러 군데. 이곳 저곳. here and there
군도(君道)圀 임금으로서 행할 도리. 왕도(王道). ⑭신도(臣道). kingly way
군도(軍刀)圀 군인이 차는 칼. sabre
군도(群盜)圀 불규칙하게 모여 있는 크고 작은 여러 섬. archipelago
군도(群盜)圀 떼도둑. gang of robbers
군도 수역(群島水域)圀 군도의 맨 끝을 연결한 수역.
군=돈圀 안 써도 될 데에 공연히 쓰는 돈.
군두圀 ①가래의 날을 맞추어 끼게 된 넓적한 판. ¶군둣구멍. ②⟨약⟩→군두 새기.
군=두드러기圀 장롱의 평문에 4각이나 8각으로 장식하기 위해 여러 가지 무늬로 두른 동그스름한 나무.
군두목圀 한자(漢字)의 뜻은 생각지 않고 음(音)과 새김만을 따서 물건의 이름을 적는 법. '뱅이'를 '廣耳'로 적는 따위. ¶~는 새김. ⟨약⟩군두②.
군두 새기圀 군둣구멍에 꿰어 가랫줄을 얼러 매는 끈.
군두=쇠圀 크고 굵은 쇠고리. 큰 재목을 옮길 때에 재목의 머리에 박고, 거기에 줄을 매어서 끎. 군두철. big iron ring
군두=철(─鐵)圀 군두쇠.   ¶구멍.
군둣=구멍圀 가랫바닥의 양쪽 위의 군두 새기를 꿰는
군드러-지-다[㉥] 너무 과로하여 지쳤거나 술이 몹시 취했을 때, 정신없이 쓰러져서 곤히 자다. ⑳군드라지다. full sleep, drink to sleep
군락(群落)圀 ①많은 부락. groups of villages ②⟨식물⟩ 같은 자연 환경에서 자라는 식물군(群). growing in groups
군란(軍亂)圀 군대가 일으킨 난리. 군요(軍擾). ¶임오~. ⑭민란(民亂). army rebellion
군략(軍略)圀 군사에 관한 계획. 병략(兵略). strategy
군략-가(軍略家)圀 군략을 쓰는 사람. ⌈visions
군량(軍糧)圀 군대의 양식. 병량(兵糧). 군향미. provisions
군량=미(軍糧米)圀 군대의 식량으로 쓰는 쌀. 군수미. military rice. ⌈of soldiers ②⟨동⟩ 전쟁(戰爭).
군려(軍旅)圀 ①군대·군세(軍勢)의 범칭. a number
군력(軍力)圀 병력(兵力). force
군령(軍令)圀 ①〈군사〉 군중(軍中) 또는 진중(陣中)의 명령. military command ②⟨법률⟩ 한 나라의 원수(元首)가 통수권(統帥權)을 가지고 군에 내리는 명령. military order
군령 다짐(軍令─)圀 〈제도〉 군령을 이행하지 못할 것에는 벌을 받겠다는 다짐. 하다.
군령=장(軍令狀)圀 〈제도〉 군령을 시행하는 서.
군령=판(軍令板)圀 〈제도〉 군령을 적어 밝힌 판.
군례(軍禮)圀 ①군대 예절. ②군대에서 행하는 예식. military rite ⌈곧, 지금의 현병. 녀자(牢子).
군뢰(軍牢)圀 〈제도〉 군대에서 죄인을 다루던 병졸.
군리=복다기(軍牢─)圀 〈제도〉 군뢰(軍牢)가 군장(軍裝)할 때 쓰는 벙거지. 홍전립. 주전립.
군리(軍吏)圀 〈제도〉 군대에서 사무를 보던 문관. civilian in service
군림(君臨)圀 ①가장 높은 권위의 자리에 섬. ¶재계에 ~하다. domination ②군주로서 그 나라와 국민을 다스림. reigning 하다.
군마(軍馬)圀 ①군사와 말. soldier and horse ②군대에서 쓰는 말. 융마(戎馬). military horse
군막(軍幕)圀 군대가 쓰는 장막. military tent
군막 사찰(軍幕寺刹)圀 승장(僧將)이 승병을 거느리던 절.

군:=말圀 하지 않아도 좋을 때에 쓸데없이 하는 말. 군소리. redundant word 하다.
군맹 무:상(群盲撫象)圀 여러 소경이 코끼리를 만진다는 뜻으로, 사물을 자기 주관대로 그릇 판단함.
군명(軍命)圀 임금의 명령. 왕명(王命). 주명(主命).
군명(軍命)圀 군대의 명령. military order
군모(軍帽)圀 군인의 모자. military cap
군목(軍牧)圀 군대에 장교로 배속되어 있는 목사 또는 신부. chaplain
군무(軍務)圀 군사에 관한 사무. military affairs
군무(群舞)圀 여러 사람이 떼지어 추는 춤. 하다.
군무 아문(軍務衙門)圀 〈제도〉 조선조 말에 육해(陸海)의 군정(軍政)을 통활하던 관청.
군무=원(軍務員)圀 군무에 종사하는 군인 이외의 공무원. '군속(軍屬)'의 개칭.
군문(軍門)圀 ①군영의 문. camp gate ②⟨속⟩ 군대.
군문 효수(軍門梟首)圀 〈제도〉 죄인의 목을 잘라 군문에 높이 매달던 일. 하다.
군:=물圀 ①끼니때 외에 마시는 물. 객물. water drunk out of mealtime ②국물은 물에 덧 치는 맹물. water added to boiling water ③풀이나 음식 위에 따로 생기는 물.
군물(軍物)圀 〈군사〉 군대에서 쓰는 무기·깃발 따위.
군:물 돌:-다[㉥] 음식이나 풀 위에 물기운이 한데 섞이지 않고 따로 돌다.
군민(君民)圀 임금과 백성. king and people
군민(軍民)圀 군인과 민간인. the military and the civilians   ⌈inhabitants
군:민(郡民)圀 그 고을 사람들. ¶~회(會). country
군:박(窘迫)圀 ①군색하게 바짝 접박함. destitution ②일의 형세가 급하게 됨. 하다.
군:=밥圀 →구을밥.
군:밥 구덩이[─구─]圀 밥을 굽기 위하여 땅을 우묵하게 파낸 구덩이.   ⌈못하다.
군밥 둥우리 같다[의] 옷 입은 맵시가 볼품없어 좋지
군:밥 타:령(─打令)圀 ①군밥 장수가 군밥을 사라고 외치는 노랫소리. ②⟨음악⟩ 경기 민요의 하나.
군:=밥圀 ①군식구에게 먹이는 밥. extra food to feed an unexpected visitor ②먹고 남은 밥. left over ③끼니때 밖에 따로 짓는 밥. rice cooked out of mealtime
군배(軍配)圀 군대의 배치·진퇴 등에 관한 지휘.
군번(軍番)圀 〈군사〉 ①군인에게 부여된 일련 번호. serial number of the army ②군인 인식표.
군번=줄[─쭐](軍番─)圀 인식표에 꿰어 목에 거는 줄.
군벌(軍閥)圀 ①군인의 파벌. militarists ②군을 중심으로 한 정치적 세력. military clique
군벌 정치(軍閥政治)圀 군벌에 의하여 행하여지는 정치.
군법(一法)圀 〈군사〉 ①군대의 형법(刑法). military law ②병법과 전술(戰術). ③군대 안의 규칙. military regulation
군법 회:의(軍法會議)圀 〈법률〉 육·해·공군의 재판 기관. 경우에 따라서는 민간인도 재판될 수
군변(君邊)圀 ⟨동⟩ 군측(君側). ⌊있음. court-martial
군별(軍別)圀 ①육해공군의 구별. ②1군·2군 등의 구별.
군병(軍兵)圀 군사(軍士)②.   ⌈군별.
군보(軍保)圀 〈제도〉 정병(正兵)을 돕기 위해 두는 보조 장정(補助壯丁).
군보=포(軍保布)圀 〈제도〉 병역을 면제하여 준 강정(軍丁)에게서, 대신 받던 삼베·무명 따위. ⟨약⟩군포.
군복(軍服)圀 군인의 제복. military uniform ⌈포.
군봉(軍鋒)圀 ①군대의 선봉. 선진(先陣). advance guard ②군대의 위세. military power
군봉(群峰)圀 높이 솟은 많은 산봉우리. ⑭고봉(孤峰). many peaks
군부(君父)圀 임금. ⑭신자(臣子). people's lord
군부(軍部)圀 ①군사의 일을 맡은 기관. ⟨약⟩군②. military authorities ②〈제도〉 구한국 때 군무 아문의 후신.

군부 대:신(軍部大臣)圓〈제도〉 구한말, 군부의 장. (약)군대(軍大).

군:=**불** 방을 데우기 위해 때는 불. ¶~ 지피다. fire to heat the room only

군:불-때:다(-圓)函 ①방을 덥게 하려고 불을 때다. ②《속》담배 피우다.

군:불-솥 군불을 지핀 아궁이에 걸린 솥.

군불에 밥짓기 원During에 곁달리로 다른 일이 쉽게 이루어지거나 또는 다른 일을 해냄을 이름.

군:=**붓** 지은 글에 더 써 넣은 군글자.

군비(軍備)圓 ①국방상의 군사 설비. ②전쟁의 준비. armaments

군비(軍費)圓 국방 및 전쟁에 소용되는 비용. 군용②. 군사비. 군수전. military expenditure

군비 배상금(軍費賠償金)圓 국제 전쟁에서 패전국이 승전국에 대하여 소비된 군비를 물어내는 돈.

군비 전폐론(軍備全廢論)圓 군비를 근본적으로 다 없애자는 이론.

군비 제:한(軍備制限)圓 군비를 어느 범위에 그치어 확장하지 않음. limitation of armaments

군비 축소(軍備縮小)圓 군비를 줄이어 규모를 작게 함. (대)군비 확장(軍擴). 하函

군비 축소 회:의(軍備縮小會議)圓 세계 각국이 협력하여 군비의 축소를 행하기 위한 회의. (약)군축 회의.

군비 확장(軍備擴張)圓 국가의 위력을 늘리기 위하여 군비를 더 키움. 군비 확충. (대)군비 축소. (약)군확. 하函

군비 확충(軍備擴充)圓(동)군비 확장. 하函[하④]

군:-빛 빗질할 자고 일어나서 대강 웃머리만 빗는 빗질.

군사(軍士)圓 ①(동)군인①. soldiers ②계급이 낮은 군인(軍卒). 군병(軍兵). 군총(軍摠). ③병사. 병졸. privates

군사(軍史)圓 군대의 역사. 전사(戰史).

군사(軍使)圓 전쟁을 하는 판에 한쪽 군대의 명을 받아 적군과 교섭하는 사람. military envoy

군사(軍事)圓 병비(兵備) 및 군대 또는 전쟁에 관한 일. ¶~ 훈련. military affairs

군사(軍師)圓 ①주장 밑에서 군기(軍機)를 잡고 군대의 운용과 모계(謀計)를 맡은 사람. ②꾀략과 수단을 꾸며내는 사람. [長]의 짐무슨.

군:사(郡司)圓〈제도〉조선조 때, 각 군의 호장(戶長).

군사 고문(軍事顧問)圓〈군사〉군사 사항에 관한 업무를 돕고 지도하기 위하여 외국 정부에서 파견되는 군인·군무원 또는 민간인. military advisory group

군사 교:련(軍事敎鍊)圓 학교에서 실시하는 군사에 관한 훈련. 군사 교육②. military drill

군사 교:육(軍事敎育)圓〈교육〉①군인 또는 군인이 되려는 자에게 베푸는 군사상 필요한 사항의 교육 military training ②(동)군사 교련.

군사 기지(軍事基地)圓〈군사〉전략·전술상의 거점이 되는 군사 활동의 근거지. army base

군사 도시(軍事都市)圓 군사적 기능이 두드러진 도시.

군사 동맹(軍事同盟)圓 군사 행동에 대하여 두 나라 이상이 맺는 동맹.

군:=**사람** 필요 이외의 사람. 가외 사람. extra person

군사-력(軍事力)圓 군인(軍人)·병기·훈련·사기·군사 잠재력 등 모든 요소를 종합해서 본 한 나라의 전쟁 속행 능력. 군력(軍力). [-는 장성.

군=사령관(軍司令官)圓〈군〉한 군을 통솔 지휘하는

군=사령부(軍司令部)圓〈군사〉군사령관이 통수 업무를 집행하는 본부. (약)군④. army headquarters

군사 부:담(軍事負擔)圓〈법률〉군사(軍需)를 채우기 위해 국민이 재산의 제한을 받거나 재산의 공출을 부과당하는 경제 및 법률상의 부담.

군사부 일체(君師父一體)圓 임금·스승·아버지의 은혜는 같다는 뜻.

군사 분계선(軍事分界線)圓 교전(交戰) 쌍방간의 협정에 의하여 구획된 군사 활동의 한계선. 군사 경계선. military demarcation line

군사-비(軍事費)圓(동)군비(軍費).

군:-사설(-辭說)圓 쓸데없이 길게 늘어놓는 말. 하函

군사 수송(軍事輸送)圓 특별 열차로 군대·군수품을 실어 보냄. military transport 하函 [-인 시설.

군사 시:설(軍事施設)圓 전투에 대비한 모든 군사적

군사 영어(軍事英語)圓 군사상에 쓰이는 영어.

군사 우편(軍事郵便)圓 ①군사에 관한 우편. military mail ②군대·군함·군속 등 전투에 종사하고 있는 이들에게 가거나 거기서 오는 우편. (약)군우.

군사 원:조(軍事援助)圓 전쟁 수행을 돕기 위해 병력·무기 등 인적·물질적·경제적 원조를 하는 일. (약)군원. military aid [판. (약)군재(軍裁).

군사 재판(軍事裁判)圓〈법률〉군법 회의로 하는 재

군사 점검(軍事點檢)圓〈군사〉군함에서 날마다 부서장(部署長)이 그 부하를 점검하고, 부장(副長)이 순시하여 그 결과를 소속장에게 보고하는 일.

군사 점령(軍事占領)圓〈군사〉다른 나라의 영토를 군사상 필요의에 의하여 점령하는 일.

군사 정보(軍事情報)圓〈군사〉평가·해석된 군사 첩보. 전략 정보·전투 정보·방첩의 세 분야로 됨. military intelligence [인으로 조직한 정부.

군사 정부(軍事政府)圓 군사 행동으로 정권을 잡고

군사 정탐(軍事偵探)圓〈군사〉적지에 숨어 들어가 적의 군사 기밀을 알아냄. 또, 그 사람.

군사 지리학(軍事地理學)圓〈지리〉군사 활동에 미치는 지리적 환경의 온갖 영향을 연구하는 학문. military geography

군사 첩보(軍事諜報)圓〈군사〉군사상의 정보로서 쓸 수 있는 모든 자료. military information

군사-학(軍事學)圓〈군사〉군사상의 학리와 기술을 연구하는 학문. military science

군사 행동(軍事行動)圓 군대가 병력·무력을 사용하여 일으키는 모든 행동.

군사 행정(軍事行政)圓 병력의 설비·편제·교육 등에 관한 군사상의 행정. military administration

군사 혁명(軍事革命)圓 군사 행동으로써 일으킨 혁명.

군산(群山)圓 연달아 잇닿은 많은 산. range of mountains

군:-살 필요 이상으로 찐 살. 군더더기 살. ¶~을 [빼라.

군상(君上)圓 임금. 주상.

군상(群像)圓 ①많은 사람들. crowd ②여러 사람의 상(像). figures of many people ③여러 가지의 모양. various figures

군상-화(群像畫)圓〈미술〉한 화면에 두 사람 이상의 집단적 행위를 주제로 하여 그린 그림.

군:-새 초가 지붕의 낡은 곳을 기워 찔러 넣는 짚. straw used to repair thatch roofs

군:-색(窘塞)圓 ①가난함. 구차함. ¶~한 살림. ②일이 뜻대로 되지 않아서 곤란함. going a miss poverty 하函 스國 스레國 히国

군생(群生)圓 ①많은 생물. all living things ②많은 사람. crowd ③식물 등이 한 곳에 몰려 남. gregariousness 하函

군서(軍書)圓 ①군사상의 문서·서류. ②군사학 관계

군서(群書)圓 많은 책. many books [의 서적.

군서(群棲)圓〈생물〉어떤 목적을 위해 같은 종류의 생물이 한 곳에 어울려 삶. 군거(群居)②. gregariousness 하函

군선(軍船)圓 군사용 선박.

군성(軍聲)圓 병정과 군마 따위가 떠드는 소리.

군성(群星)圓 많은 별. [force

군세(軍勢)圓 군사력의 형세. 병력. ¶막강한 적의 ~.

군소(群小)圓 ①많은 소인. 하찮은 것들. small mind-

군소圓 ①많은 소인. 하찮은 것들. 몸 길이 30~40 cm로 난원형(卵圓形)이고 머리에 한 쌍의 촉각이 있음. 몸 빛은 대체로 자흑색에 회백색의 불규칙한 반문이 있음. 다른 물건에 닿으면 자줏빛 즙을 내어 몸을 숨김. 연안에 서식하며 고기는 식용함. Aplysia kurodai

군소(群小)圓 ①많은 소인. 하찮은 것들. small mind-

군소리 ①쓸데없는 말. ②《동》군말. ③헛소리.
군:-소리 ①쓸데없는 말. ②《동》군말. ③헛소리.
군소=배(群小輩)圀 소인들의 무리.
군소=봉(群小峯)圀 여러 작은 봉우리.
군소 작가(群小作家)圀 이름을 떨치지 못한 뭇 작가. minor writer 들. minor political party
군소 정당(群小政黨)圀 세력이 별로 없는 작은 정당.
군속(軍屬)圀〈군사〉'군무원(軍務員)'의 구칭. civilians in service 합. 하자
군:속(窘束)圀 묶어 놓은 듯이 변통성이 없게 군색함.
군속(群俗)圀 많은 속인들. 대중. 민중.
군:-손질圀 안 해도 괜찮은 손질. 하자
군:-쇠圀 장농 따위의 한 부분에서, 문쇠 옆에 문쇠와 같이 짝이 되어 선 나무 조각. 헛수. useless move
군:-수(一手)圀 바둑·장기를 둘 때 헛되이 놓는 수.
군수(軍帥)圀 군대의 장수. 군대의 최고 사령관.
군수(軍需)圀 군사에 필요한 물자. munitions
군:수(郡守)圀 한 군(郡)의 행정 사무를 맡아보는 으뜸 벼슬. county headman
군수 공업(軍需工業)圀〈군사〉군수품을 생산하고 수리하는 공업. munitions industry
군수=로(軍輸路)圀 군수품과 병력을 수송하는 도로나 철도.
군수=미(軍需米)圀《동》군량미.
군수 인플레이션(軍需 inflation)圀〈경제〉군비 확장에 의한 군비 지출의 증대가 근본 원인이 되어 생기는 통화 팽창.
군수=전(軍需錢)圀《동》군비(軍費). plies
군수=품(軍需品)圀 군대에 소용되는 물품. war-sup-
군:-순(一筍)圀〈식물〉쓸데없는 순.
군술(軍術)圀 전술. 병술.
군승(軍僧)圀 군대에 배속되어 있는 승려. 《유》군목(軍牧). priest of the army
군시럽-다[_____]형ㅂ 벌레 같은 것이 살에 붙어 기어가는 듯한 느낌이 있다. ¶겨드랑이가 ~.
군:-식구(一食口)圀 ①덧붙어 먹고 있는 식구. 객식구. ②끼니때 외에 와서 밥을 먹는 사람.
군신(君臣)圀 임금과 신하. sovereign and subjects
군신(軍神)圀 군인의 무운(武運)을 수호하는 신. god of war body of retainers
군신(群臣)圀 여러 신하. ¶~ 복주(伏奏). whole
군신 유:의(君臣有義)圀 오륜(五倫)의 하나. 임금과 신하 사이에는 의리가 있어야 함. 하자
군-신-좌:-사(君臣佐使)圀〈한약〉약방문을 내는 데 쓰는 말. 곧, 주되는 약을 군약(君藥)이라 하고, 여기 배합하는 약은 성능에 따라 신약(臣藥)·좌약(佐藥)·사약(使藥)이라 이르는데, 그것들을 아울러서 이르는 말. 실-군실圈 하자
군실-기리-다[_____] 어쩐지 자꾸 근실거리다. itching
군심(群心)圀〈군사〉군중 심리. 중심(衆心). group mind
군아(軍衙)圀〈제도〉군무(軍務)를 맡아 보던 관아. military office 군청②. 《유》군청②.
군:-아(郡衙)圀〈제도〉고을의 사무를 맡아보던 관아.
군악(軍樂)圀 군대에서 쓰는 음악. military music
군악=대(軍樂隊)圀〈군사〉군악을 연주하는 부대. military band military band master
군악대=장(軍樂隊長)圀 군악대의 악장. 《약》군악장.
군악-수(軍樂手)圀 군대에서 군악을 연주하는 이.
군안(軍案)圀《동》군적(軍籍). military bandman
군양(群羊)圀 양떼.
군역(軍役)圀 ①〈제도〉군적에 등록된 신역(身役). enlistment ②군대의 복무. military service ③전쟁. 싸움. war camp
군영(軍營)圀 군대가 주둔하는 영소. 병영. military
군영(群英)圀 ①여러 가지 꽃. various flowers ②많은 영재(英才).
군왕(君王)圀 임금. king
군요(軍擾)圀《동》군란(軍亂).
군:욕(窘辱)圀《동》곤욕(困辱). military use
군용(軍用)圀 ①군대에 쓰임. ②《동》군비(軍費).
군용(軍容)圀 군대의 형편. 군대의 모양. formation
of troops 쓰는 개. 《약》군견. wardog
군용=견(軍用犬)圀 특별한 훈련을 시켜, 군사 목적에
군용=교(軍用橋)圀 군용으로 놓은 다리.
군용=구(軍用具)圀《동》군용 비품기.
군용=금(軍用金)圀《동》군자금.
군용=기(軍用機)圀〈군사〉군사상의 목적에 사용되는 비행기. 군용 비행기. war-plane
군용 기구(軍用氣球)圀 군용에 쓰는 기구. 계류(繫留) 기구·자유 기구·탐측(探測) 기구의 세 가지가 있음. military balloon
군용 도:로(軍用道路)圀 군사상 필요해서 만든 도로.
군용 부교(軍用浮橋)圀〈군사〉군대가 물을 건너려고 배·뗏목 따위를 잇대어 메고 그 위에 널빤지를 깔아 임시로 만든 다리.
군용 비둘기(軍用―)圀 군사 통신문을 전달하는 비둘기. 군용구(軍用鳩). carrier pigeon
군용 비행기(軍用飛行機)圀《동》군용기.
군용=선(軍用船)圀 군대에서 쓰는 배.
군용 수송기(軍用輸送機)圀 군수품과 무장병을 수송하는 대형 군용기.
군용 수표(軍用手票)圀→군표.
군용 어음(軍用―)圀→군표(軍票).
군용 열차[―녈―](軍用列車)圀 군사 수송을 위해 특별히 운용하는 열차. troop train
군용 전:신(軍用電信)圀〈군사〉군사 통신을 위하여 설비한 전신. military telegram
군용 전:화(軍用電話)圀 군사용으로 쓰는 전화.
군용 지도(軍用地圖)圀〈군사〉군사 목적으로 특수하고 자세히 그린 지도. military map
군용 철도[―또](軍用鐵道)圀 군사 목적으로 놓은 철도.
군용=표(軍用票)圀《동》군용 어음. 도.
군용=품(軍用品)圀 군대에서 쓰는 물건. war-supplies
군우(軍郵)圀《약》→군사 우편(軍事郵便).
군웅(群雄)圀 뭇 영웅. number of rival leaders
군웅 할거(群雄割據)圀 많은 영웅들이 각지에 자리잡고 세력을 다툼. rivalry of local barons
군원(軍援)圀《약》→군사 원조.
군위(君位)圀 군주의 지위.
군위(軍威)圀 ①군대의 위신. ②군대의 위력.
군율(軍律)圀 ①《동》군법. ②군대의 기율. military discipline benevolence
군은(君恩)圀 임금의 은덕. 주은(主恩)①. imperial
군:-음식(一飮食)圀 끼니 밖에 먹는 음식. 간식(間食). extra food taken between meals
군:-읍(郡邑)圀〈제도〉①옛날의 지방 제도인 주(州)·부(府)·군(郡)·읍(邑)의 총칭. 군현(郡縣). ②《동》군현(郡縣).
군의(軍醫)圀《약》→군의관(軍醫官).
군의=관(軍醫官)圀〈군사〉군대에서 의료 군무를 맡은 장교. 《약》군의. military surgeon
군의 학교(軍醫學校)圀〈군사〉군대에서 의무(醫務)에 관한 학술 및 기술 교육을 하는 학교. military medical college
군인(軍人)圀 ①전쟁에 종사하는 것을 직무로 하는 사람. 《유》군사(軍士)③. ②육해공군 장병의 총칭. soldier
군인 정치(軍人政治)圀 군인이 정권을 쥐고 하는 정치. thing 하자
군:-일[―닐]圀 쓸데없는 일. 공연한 일. useless
군:-입[―닙]圀 ①자고 난 입. uncleaned mouth after sleep ②군음식을 먹고 난 입.
군:-입다시-다[―닙―]①자고 나서 무엇을 먹는 것처럼 입맛을 다시다. moving one's mouth as if eating something ②군음식을 먹고 싶어서 입맛을 다시다.
군:-입정[―닙―]圀 때없이 군입다시는 일. 하자
군:입정-질[―닙―]圀 군입다시는 짓. 《유》군입. 질. 하자
군:-자(一字)圀《약》→군글자.
군자(君子)圀 ①학식과 덕행이 높은 사람. man of virtue ②벼슬이 높은 사람. 《대》소인(小人). high

군자
official ③〖공〗아내가 남편을 일컫는 말. my husband
군자(軍資)〖명〗〖약〗→군자금(軍資金).
군자-감(軍資監)〖명〗〈제도〉군수품의 출납을 맡아보던 관청.〖약〗군감(軍監)①. 〔of virtue
군자-국(君子國)〖명〗풍속과 예절이 바른 나라. land
군자-금(軍資金)〖명〗①군사에 필요한 돈. ②비유적으로 어떤 일을 하기 위한 자금. 군용금.〖약〗군자(軍資). war funds
군자 대로행(君子大路行)〖명〗군자는 큰길로 간다는 뜻으로, 남의 모범이 되려면 밝고 바르게 행동하라는 말.   [년에 가서 어렵게 산다.
군자 말년에 배추씨 장사〖속〗평생을 어질게 살다가 말
군자 삼락(君子三樂)〖동〗삼락(三樂).
군자연-하-다(君子然─)〖자여〗〖태〗군자인 체하다.
군작-미(軍作米)〖명〗〈제도〉조선조 때, 군포(軍布) 대신 바치던 미곡.
군:-장(─醬)〖명〗찌꺼기 된장을 즙을 내어 양념에 반죽하여 구워서 볶은 깨를 뿌린 반찬. 구장(灸醬).
군장(君長)〖명〗〖동〗군주(君主). 〔baked bean-paste
군장(軍葬)〖명〗군에서 지내는 장례식.   〔대의 장비.
군장(軍裝)〖명〗①군인의 복장. military uniform ②군
군재(軍裁)〖명〗〖약〗→군사 재판.
군적(軍籍)〖명〗군인의 지위·신분 또는 그것을 적은 책.
군적(群籍)〖명〗많은 책.   〔군안(軍案). army record
군전(軍田)〖명〗〈제도〉군영(軍營)에 딸렸던 밭.
군정(軍丁)〖명〗〈제도〉군적(軍籍)에 있는 지방의 장정. ③공역(公役)에 종사하는 장정.
군정(軍政)〖명〗①〖법률〗전시·사변 때 군사령관이 행하는 임시 행정.〖대〗 military government ②군의 행정 사무. military administration ③〈제도〉삼정(三政)의 하나.   〔military conditions
군정(軍情)〖명〗군대의 정상(情狀). ¶~ 탐사(探査).
군:정(郡政)〖명〗군의 행정.
군정-관(軍政官)〖명〗〈군사〉점령 지역의 군정을 맡아보는 장교. military government official
군정 장:관(軍政長官)〖명〗군정청의 장관.
군정-청(軍政廳)〖명〗점령 지역의 군사령관이 군정을 펴는 기관. military government office
군제(君劑)〖명〗〖한의〗한약 처방에서 주장이 되는 약.
군제(軍制)〖명〗군대의 법규와 제도. 병제(兵制). military system
군:제(郡制)〖명〗군정에서 행정구 설치해 놓은 체제·경리 등의 제도.   〔는 학문.
군제-학(軍制學)〖명〗군제에 관한 여러 규정을 연구하
군조(群鳥)〖명〗떼지어 모인 새.
군졸(軍卒)〖명〗〖동〗군사(軍士)②.
군종(軍宗)〖명〗군대 안의 종교에 관한 업무.
군종감-실(軍宗監室)〖명〗육군 본부·해군 본부·공군 본부의 편제상의 한 실(室)로, 군인·군속의 종교 및 도덕 교육에 관한 사항을 분장함.
군주(君主)〖명〗임금. 군장(君長). king
군주(軍主)〖명〗〈제도〉신라 때에 각 주(州)의 군대를 통솔하던 장관.
군:-주(郡主)〖명〗〈제도〉왕세자의 정실에서 난 딸의 봉작(封爵).   〔monarchy
군주-국(君主國)〖명〗국가 주권이 군주에게 있는 나라.
군주 국체(君主國體)〖명〗군주가 자기 고유한 권력으로써 왕위에 오르는 국체. monarchy
군주 기관설(君主機關說)〖명〗주권의 본체는 국가이고, 군주는 그 가장 높은 기관이라는 학설.
군주 도:덕(君主道德)〖명〗〖윤리〗니체가 주장한, 권력 의지의 권화(權化)인 초인(超人)이 자신에게 부과한다는 도덕.
군주 불가침(君主不可侵)〖명〗주권자인 군주는 국법의 위에 서서, 국법의 지배를 받지 않음.   〔(制政治).
군주 전제(君主專制)〖명〗〖약〗→군주 전제 정치(君主專
군주 전제 정치(君主專制政治)〖명〗군주가 자기 마음대로 나라의 정치를 하는 제도의 정치. 군주 독재.〖약〗군주 전제. absolute monarchy

군함
군주 전제주의(君主專制主義)〖명〗군주가 자기 마음대로 전제하는 주의.〖를 도맡는 정체. monarchism
군주 정체(君主政體)〖명〗군주가 한 나라의 모든 정치
군주 정치(君主政治)〖명〗군주가 나라일을 전단(專斷)하는 정치.〖대〗민주 정치. monarchy
군주 제:도(君主制度)〖명〗세습 군주가 국가 원수가 되는 정치 제도. monarchism   〖이 있다는 설.
군주 주권설(─-권─)〖명〗〖군주主權說〗군주에게만 주권
군주-주의(君主主義)〖명〗군주가 나라 정치를 아무 제재 없이 하려는 주의. monarchism
군중(軍中)〖명〗①진영(陣營)의 안. in the camp ②군대의 안. in the army
군중(軍衆)〖명〗뭇 군사. 군사의 무리. crowd of soldiers
군중(群衆)〖명〗모인 사람의 무리. 대중(大衆). crowd
군중 고독(群衆孤獨)〖명〗여러 사람이 다 함께 느끼는 고독.   〔회.
군중 대:회(群衆大會)〖명〗군중이 모여서 개최하는 대
군중 범:죄(群衆犯罪)〖명〗군중 심리에 이끌리어 다수인의 참가에 의해 이루어지는 범죄.
군중 심리(群衆心理)〖명〗〖심리〗각 개인이 군중 속에서 이성(理性)보다 감정에 의지하여 남의 말과 행동에 덩달아 붙좇는 심리. mass psychology
군중 심리학(群衆心理學)〖명〗〖심리〗군중 심리를 연구하는 사회 심리학의 한 분야.
군지럽-다〖형ㅂ변〗〖약〗→군더럽다.
군직(軍職)〖명〗군대 및 군인의 직무. 군함(軍銜). military profession
군진(軍陣)〖명〗군대의 진영. camp
군집(群集)〖명〗①뭇사람이나 물건의 모임. crowd ②떼지어 모여든 많은 사람들. 특히 심리학 등에서, 많은 사람이 일시적·비조직적으로 모여 있는 상태
군:-짓〖명〗쓸데없는 짓. 하〔─을 하고 논다.
군차(軍車)〖명〗〈군사〉군진(軍陣)에서 부리는 수레. 군용차.
군천(桾櫏)〖명〗〖동〗고욤나무.   〔용차.
군:-청(郡廳)〖명〗①군(郡)의 행정 사무를 맡아보는 관청.〖약〗군③. county office ②〖동〗군아(郡衙).
군청(群靑)〖명〗짙은 남청색 물감. ultramarine
군청-색(群靑色)〖명〗〖미술〗짙은 남청색. ultramarine
군체(群體)〖명〗〖생물〗산호·해면과 같이 같은 종류의 동물이 많이 모여 조직이 연결되어 생활하는 상태.
군총(軍寵)〖명〗임금의 총애.   〔체. colony
군총(軍摠)〖명〗①〖동〗군사(軍士)②. ②한 군영(軍營)에 딸린 기사(騎士)·마병(馬兵) 등의 병사.
군추(群醜)〖명〗뭇 괴수. 두목들. chiefs
군축(軍縮)〖명〗〖약〗→군비 축소.
군축 회:의(軍縮會議)〖명〗군비 축소 회의.
군취(群聚)〖명〗〖생물〗거의 같은 자연 환경을 갖춘 구역에 사는 여러 동물군(動物群) 전부. 서로 관련되어서 작은 세계를 이룸. 식물에서는 군락(群落)이라 함. living in groups
군측(君側)〖명〗임금의 곁. 군변(君邊).
군치리-집〖명〗개고기 안주로 술을 파는 집.
군친(君親)〖명〗임금과 아버지.
군:-침〖명〗속이 느즈러하여 입안에 도는 침.   〔saliva
군:-턱〖명〗턱 아래로 처져 달린 살. double chin
군:-털〖명〗필요한 조그마한 허물.
군=판사(軍判事)〖명〗〖법률〗군사 법원법 상 심판관(審判官)과 함께 군사 법원을 구성하는 재판관.
군평서니〖어류〗하스돔과의 바닷물고기. 몸 길이 20cm 가량으로 몸 빛은 담회색을 띠며, 체측에 짙은 회갈색 띠가 있음. 온대성 어종으로 한국의 다도해에 많고 맛이 좋음.
군포(軍布)〖명〗〖약〗→군보포(軍保布).   〔물러 있던 곳.
군포(軍鋪)〖명〗〈제도〉대궐 밖에 순라군(巡邏軍)이 머
군:-핍(窘乏)〖명〗몹시 군색함. straitened circumstance
군:-하(郡下)〖명〗〖동〗군내(郡內).   〔하
군학(軍學)〖명〗〈군사〉용병 전술을 연구하는 학문. 병법(兵法)·병학(兵學)·군사학(軍事學) 등. military
군함(軍銜)〖명〗〖동〗군직(軍職).   〔science

군함(軍艦)[명]〈군사〉해전에 쓰는 큰 배. warship
군함-기(軍艦旗)[명] 군함의 표장(標章)이 되는 기. naval ensign
군함 우편(軍艦郵便)[명] 제 나라의 우체국과 군함과의 사이에 교환하는 우편.
군함 정계소(軍艦碇繫所)[명]〈군사〉군함을 대어 두는 곳.
군합(君合國)[명]〈법률〉둘 이상의 나라가 국제 외교권은 따로 가지면서 한 임금을 섬기는 결합국.
군항(軍港)[명]〈군사〉함대의 근거지로서 특수한 군사 설비가 있는 항구. [대] 운항(運港). naval port
군항(軍餉)[명]〈약〉→군항미(軍餉米).
군항-미(軍餉米)[명] 군향.
군:현(郡縣)[명]〈동〉군읍(郡邑)①.
군현(群賢)[명] 뭇 현인. sages
군: 제도(郡縣制度)[명] 중앙 정부가 전국에 같은 정치 명령을 펴고, 지방관에게 맡겨 행정을 집행시키는 정치 제도. [대] 봉건 제도. prefectural system
군호(君號)[명] 왕이 군(君)을 봉할 때 준 이름.
군호(軍號)[명] ①〈역사〉군중(軍中)에 쓰는 암호. military password ②서로 눈짓·말로써 가만히 내통하는 짓. signal ③〈역사〉대궐의 순라병들이 쓰던 암호. 구호(口號)①. ~하다
군호(群號)[명] 많은 호걸.
군혼(群婚)[명] 원시 사회의 혼인 형태로, 일군(一群)의 남자와 일군의 여자가 통혼(通婚)하는 관습.
군화(軍靴)[명] 군인의 구두. military shoes
군확(軍擴)[명]〈약〉→군비 확장. [결세(結稅)의 총칭.
군=환=결(軍還結)[명]〈제도〉군포(軍布)·환미(還米).
군:=획(一畫)[명] 원 그어지지는 없는 군더더기로 놓은 획.
군후(君侯)[명]〈공〉제후(諸侯). [획. useless stroke
군흉(群兇)[명] ①뭇 흉악한 인물. many villains ②국가나 사회의 변혁을 꾀하는 무리들. traitors
굳[고] 구덩이. [robust **굳근**=희[하]
굳건=하-다[하]여[보] 뜻이 굳세고 하는 일이 건실하다.
굳-기름[명] 지방(脂肪).
굳기름-산(一酸)[명]〈동〉지방산(脂肪酸).
굳기름-샘[명]〈동〉지방선(脂肪腺).
굳기름-틀[명]〈생리〉생물체 조직 안에서 용해되지 않고 있는 굳기름의 작은 알맹이. 지방구(脂肪球).
굳-다[타] ①뻣뻣하여지다. ¶팔다리가 ~. become stiff ②몸에 배어 습관이 되다. ¶버릇이 ~. become a habit ③말을 더듬다. ¶혀가 ~. stammer ④엉기어 뭉치다. ¶벽회가 ~. harden
굳-다[자] ①무르지 않고 단단하다. ¶참나무는 ~. solid ②뜻이 흔들리지 않다. ¶의지가 ~. firm ②견고하다. ¶군게 닫힌 성문. hard ④경제면에 튼튼하다. ¶씀씀이가 ~. stable ¶표정이 딱딱하다. ¶표정이 ~. rigid
굳=바르-다[不] 굳고 단단하다.
굳=비늘[명]〈동〉경린(硬鱗).
굳-뼈[명]〈동〉경골(硬骨)①.
굳:-세-다[형] ①마음먹은 바를 굽히지 않고 나아가다. ¶굳세게 살아라. firm ②굳고 힘이 세다. ¶굳센 몸. strong
굳어-지-다 굳게 되다. ¶표정이 ~. harden
굳은-돌[명]〈광물〉경도(硬度)가 센 돌.
굳은-돌[명]〈광물〉경암(硬岩).
굳은 땅에 물이 괸다[속] 검소하고 절약하는 결심이 굳은 사람이라야 재산을 모은다.
굳은-살[명] ①손·발바닥의 굳어진 살. callus ②곪으려고 딴딴하게 된 살. swelling
굳은-힘[명] 모질게 쓰는 힘. all one's power
굳이[구지][부] 굳게. 기어이. ~ 사양하다. firmly
굳잠[명] 귀잠.
굳-치기(一)[명]〈체육〉유도에서 누르기·조르기·꺾기·비틀기 등으로 꼼짝 못하게 하는 것. [대] 메치기. ~하다
굳-히-다[구치-][타] ①굳게 만들다. 엉기어 단단하게 하다. harden ②확고 부동한 것으로 하다. ¶기반을 ~. ③바둑에서, 상대방이 들어오지

못하도록 지키는 수를 두다.
굴[명]〈조개〉①〈약〉→굴조개. ②굴조개의 살. oysters
굴:(窟)[명] ①땅이나 바위가 깊이 팬 곳. cave ②수도(隧道). 터널. ③짐승이 들어가 숨는 구멍. ¶여우 ~. ④〈약〉→소굴(巢窟).
굴-갓[명]〈불교〉벼슬하는 승려가 쓰는 갓.
굴강(屈强)[명] 고집이 세어 남에게 굽히지 않음. sturdiness 하다
굴강(掘江)[명] ①[명] 개천. ②[명] 해자(垓字).
굴:=기(窟-)[명] 썩은 굴 속에 가라앉은 개흙. stagnant slime along an inlet
굴거리-나무[명]〈식물〉대극과의 상록 활엽 교목. 잎은 긴 타원형이고 앞 뒤가 희며, 4~5월에 꽃이 핌. 제주도·울릉도에서 나며 가지·잎은 '만병초'라 하여 약용함. [冠]
굴건(屈巾)[명] 상주가 두건 위에 덧쓰는 건. 굴관(屈冠).
굴건 제:복(屈巾祭服)[명] 굴건과 제복.
굴건 제:복-하-다(屈巾祭服-)[자] 굴건을 쓰고 제복을 입다. [of a disentombed 하다
굴검(掘檢)[명] 묻었던 시체를 파내어 검증함. inquest
굴곡(屈曲)[명] ①이리저리 굽어 꺾임. 반질(盤折). ¶~선(線). bending ②사람이 살아가면서 성함과 쇠함이 번갈아 오는 일. ¶~이 많은. up and
굴곡-어(屈曲語)[명]〈동〉굴절어(屈折語). [down 하]
굴관(屈冠)[명]〈동〉굴건(屈巾).
굴광-성[一성](屈光性)[명]〈식물〉식물체가 빛의 자극에 대해 나타내는 굴성(屈性).
굴-국[一국][명] 굴에 밀가루를 묻히고 달걀을 씌워서 맑은 장국에 익힌 국. 석화탕(石花湯).
굴근(屈筋)[명]〈생리〉팔다리를 구부리는 운동을 하는 근육의 총칭. [대] 신근(伸筋). flexor [하다
굴기(屈起)[명] ①일어나 섬. rise ②일어나는 모양.
굴기(崛起)[명] ①산이 불쑥 솟음. towering ②쇠한 집안에 잘 풀림이 남. rising from obscurity ③벌떡 일어서는. 굴출(崛出). 하다
굴기-성[一성](屈氣性)[명]〈식물〉굴화성(屈化性) 가스 화학 물질이 산소나 공기일 때의 굴성(屈性).
굴-김치[명] 생굴을 넣고 담근 김치.
굴-깍두기[명] 생굴을 넣어 담근 깍두기.
굴:-다[자][르] 구르다.
굴:-다[조동][르] 어미 '-게'의 뒤에 붙어, 그런 짓을 자꾸 함을 나타냄. ¶얄밉게 ~. act
·굴-다[고] 저주하다.
굴-다리[-따-](窟-)[명] 길 위로 높직이 건너질러 놓은 다리. 구름 다리. girder-bridge
굴-대[-때](一)[명] 수레바퀴 한가운데의 구멍에 끼는 쇠나 나무. axis, axle
굴-대(大筒)[一筒][명] 바퀴에서, 한가운데는 굴대가 들어갈 구멍이 있고, 그 둘레에는 바퀴살을 꽂을 홈들이 들어 있는 부분. 굴통. hub
굴:-도리[-또-](一)[명]〈건축〉둥글게 만든 도리. ¶~ 집. [대] 납도리. cylindrical beam
굴때-장군(一將軍)[명] ①몸이 굵고 키가 큰 사람. bulky tall fellow ②옷이 새까맣게 된 사람. dirty-clothed person
굴통[명] 물레의 몸이 얹힌 굴대. axis of a spinning wheel [ney
굴-뚝[명] 불을 때어 연기가 빠지도록 만든 장치. chim-
굴-뚝 같-다[형] 무엇을 하고 싶은 생각이 간절하다. ¶갖고 싶은 생각이 ~.
굴뚝-나비[명]〈곤충〉뱀눈나비과의 곤충. 날개 길이가 4cm, 암컷은 7cm 정도. 그 위에 회갈색 또는 흑갈색으로 앞날개에 두 개, 뒷날개에 한 개의 둥근 무늬가 있음. 유충은 벼와 식물의 잎을 먹
굴뚝 막은 덕석 같다 해지고 더러워진 옷. [음.
굴뚝-목[명] 방고래와 굴뚝이 닿은 곳.
굴뚝-새[조류] 굴뚝새과의 새. 몸이 작은 새로서, 등은 진한 갈색이고 아랫등에서 꼬리까지는 작은 흑갈색 가로무늬가 있음. 먹새. wren

굴:뚝=청어(—靑魚) 〈어류〉겨울에 잡히는 덜 자란 청어. young herring
굴:러-가-다图 굴러서 나가다 roll along
굴:러-다니-다图 ①메굴메굴 구르며 왔다갔다하다. ②정처 없이 방랑하다. ¶어디를 ~ 예까지 왔나.
굴:러-먹-다图(속) 여기저기 방랑하며, 갖가지 이력을 다 겪다. ¶어디서 굴러먹던 여자냐?
굴러온 돌이 박힌 돌 뺀다 다른 곳으로부터 들어온 사람이 본래부터 있던 사람을 내쫓는다.
굴:렁-대(—臺) 손에 쥐고 굴렁쇠를 밀어 굴리는 굵은 철사 토막·막대기. hoop roll stick
굴:렁쇠图 장난감의 하나. 둥근 테를 채로 굴림. 동그랑쇠. roll along a hoop
굴레图 ①마소의 목에서 고삐에 걸쳐 얽어 얽은 줄. ¶~을 씌우다. bridle ②图(동) 속박. ③바다질을 걸쳐 메는 끈. 「silk cap worn by a baby
굴레²图 아이의 머리에 씌우는 모자의 하나. fancy
굴레미图 나무로 만든 수레바퀴. wooden wheel
굴레 벗은 말图 ①거칠게 행동하는 사람의 비유. ②속박에서 벗어난 자유로운 몸. horse freed from its bridle 「business
굴레-쓰-다图 일에 얽매이다. be chained to one's
굴레-우-다图 일에 얽매이게 하다. chain one to business
굴:리-다图 ①굴러가게 하다. ¶바퀴를 ~. roll ②잘 간수하지 않고 내버려 두다. ¶책을 이리저리 ~. neglect to take care ③돈놀이를 하다. ¶1억을 ~. ④나무 토막을 둥글게 깎다. cut round ⑤영업을 목적으로 차를 운행한다. ¶택시를 ~. run a car ⑥〈음악〉장구채를 율동적으로 가볍게 자주 치다. beat a drum-stick lightly and rapidly ⑦(속) 염(殮)하다.
굴:림图 ①나무 따위를 모나지 않게 깎음. cut a stick round ②〈음악〉장구채를 율동적으로 가볍게 자주 치는 일. beat a drum-stick lightly and rhythmically 하图 「쓰는, 날이 안쪽으로 반원을 이룬 끌.
굴:림-끌图(공업) 나무를 모나지 않게 파거나 새기는 데
굴:림-대(—臺)图(동) 산륜(散輪)
굴림 대:패图(공업) 나무를 모나지 않게 굴리는 데 쓰는 복판이 둥그스름하게 된 대패.
굴:림 백토(—白土)图 백토를 깨트려서 왕모래를 추려낸 것. fine sand
굴:림-소리[—] 图(동) 전설음(顫舌音).
굴먹=굴먹-하图 모두가 굴먹한 모양. 《작》골막골막. 하图
굴먹-다图(고) 살필 만큼 먹지 못하다.
굴:먹=하-다图(혱)图 그릇에 다 차지 못하고 조금 골다. 《준》골막하다. not filled
굴 밤图 좀참나무의 열매. acorn
굴:밥图 밥이 끓을 때에 생굴을 넣어 익힌 밥. 석화반(石花飯). rice cooked with oyster
굴:-법당(窟法堂)图(불교) 천연적으로 된 굴 속에
굴변(掘變)图 무덤을 파낸 변고. 「만든 법당.
굴복(屈伏)图 항복하거나 힘에 겨워 꿇어 엎드림. yielding 하图
굴복(屈服)图 굽혀 복종함. 굴슬①. surrender 하图
굴비图 소금절이하여 통째로 말린 조기. 건석어①. salted and dried yellow corvina
굴성[—썽](屈性)图〈식물〉식물체의 기관이나 조직에 대응 물리적·화학적 작용의 변화가 일어날 때 그 자극의 작용 방향과 관계되어 지향성(指向性) 굴곡 운동을 일으키는 성질. 굴광성·굴지성 따위.
굴:-속[—쏙](窟—)图 ①굴의 안. ②굴처럼 컴컴한 곳. 「합. genuflection 하图
굴슬[—쓸](屈膝)图 ①굴복(屈服). ②무릎을 꿇고 절
굴신[—씬](屈伸)图 ①허리의 ~ 운동(運動). extension and contraction 하图
굴신[—씬](屈身)图 ①몸을 굽힘. ¶다쳐서 ~도 못한다. bending oneself ②겸사함. 하图
굴심[—씸](屈心)图 남에게 겸사함.

굴썩=굴썩图 모두가 굴썩한 모양. 《작》골싹골싹. 하图
굴썩=하-다图 그릇에 조금 부족하게 차다. 《작》
굴억(屈抑)图 억누름. 하图 「골싹하다.
굴=이/구레미图(고) 굴레.
굴왕(屈枉)图 휘어져 굽음. 하图 「and time-worn
굴왕신-같-다图 찌들고 낡아 더럽고 흉하다. ugly
굴욕(屈辱)图 남에게 눌려 업신여김을 받음. 좌욕(挫辱). humiliation
굴:=우물(窟—)图 한없이 깊은 우물. deep well
굴우물에 돌 넣기图 아무리 넣어도 차지 않음.
굴우물에 말똥 쓸어 넣듯 한다图 음식을 가리지 않고 마구 먹는 것을 조롱하는 말.
굴이[—니](掘移)图 무덤을 파서 옮김. 하图
굴일-성[—씽](屈日性)图〈동〉향일성(向日性).
굴장(屈葬)图 시체의 팔다리를 굽히어 오그린 자세로 매장하는 일. bury a corpse folded up
굴-장아찌图 생굴에 진간장을 붓고 기름과 실고추를 넣어 볶은 반찬.
굴-저:냐图 생굴에 밀가루와 달걀을 발라 지진 저냐.
굴절[—쩔](屈折)图 ①휘어 꺾임. ②〈물리〉광파(光波)나 음파 따위가 있는 물질에서 다른 물질에 들어갈 때, 그 경계면에서 방향을 바꾸는 현상. refraction 하图 「one's honour 하图
굴절[—쩔](屈節)图 절개·정조를 굽힘. prostitute
굴절-각[—쩔](屈折角)图〈물리〉굴절선과 법선이 이루는 각. 「계는 기계. refractometer
굴절-계[—쩔](屈折計)图〈물리〉광선의 굴절률을
굴절 광선[—쩔](屈折光線)图〈물리〉빛이 하나의 매질(媒質)로부터 다른 매질로 들어갈 때에 입사점(入射點)에서 굴절로 인해 방향을 바꿔 진행하는 광선. refracted light
굴절-도[—쩔](屈折度)图〈물리〉굴절하는 각도.
굴절-률(屈折率)图〈물리〉광선이 굴절될 때의 투사각(投射角)의 정현(正弦)과 굴절각의 정현의 비. index of refraction
굴절 망:원경[—쩔](屈折望遠鏡)图〈물리〉대물(對物) 렌즈에 나타난 거꾸로 선 물상을 접안(接眼) 렌즈로 확대하여 나타내는 망원경. refracting telescope 「굴절하는 두 매체의 바탕.
굴절-면[—쩔](屈折面)图〈물리〉광선이나 음파가
굴절 법칙[—쩔](屈折法則)图〈물리〉광선이 굴절할 때에 일어나는 일정한 법칙. 「방향.
굴절-선[—쩔](屈折線)图〈물리〉광선이 굴절하는
굴절-어[—쩔](屈折語)图〈어학〉언어의 형태적 분류의 하나. 문장에서 그 말이 가지는 여러 가지 관계를 어간과 어미의 변화로써 나타내는 말. 영어·독어 등 인구어가 이에 속함. 굴곡어. inflectional language
굴:-젓图 생굴로 담근 것.
굴젓-눈이图 한쪽 눈에 백태가 끼어 보이지 않는 사람. man with one eye
굴-조개图〈조개〉굴과의 조개. 모양은 고르지 않으나 긴 알꼴이며 살은 굴이라 하여 먹음. 맛이 좋고 글리코젠의 원료가 됨. 모려(牡蠣). 석화(石花). 《예》석화①. oyster 「하图
굴종[—쫑](屈從)图 제 뜻을 굽혀 복종함. submission
굴-죽(—粥)图 ①생굴을 넣고 끓인 죽. 석화죽(石花粥). oyster porridge ②몹시 진 밥의 비유.
굴지[—찌](屈指)图 ①손가락을 꼽음. one of the best ②손가락을 꼽아 셀 만큼 뛰어남. ¶~의 부호. porminence 하图
굴지근[—찌—](屈指筋)图〈생리〉손가락·발가락을 굴신하는 전박(前膊) 앞 쪽에 있는 근육.
굴지-성[—찌생](屈地性)图〈생물〉중력(重力)에 자극되어 일어나는 식물체의 굴곡 운동의 하나. 지구의 중력에 대한 굴성(屈性)인데, 향지성(向地性)과 배지성으로 나뉨. geotropism
굴:-진 [—찐](屈—)图 굴둑 속이나 구들장 밑에 붙은 검고 끈끈한 기름. oily soot

굴진[-젼](掘進)명 파 나아감. 파 들어감. ¶터널의 ~작업. 하타

굴:=**집**[-졉](窟-)명 굴처럼 파서 만든 집. 움집.

굴=**착**(掘鑿)명 땅을 파 뚫음. excavation 하타

굴=**참나무**〈식물〉너도밤나무과의 낙엽 교목. 잎의 후면은 희고, 열매는 상수리보다 크며 사용함. 목재는 도구재(道具材), 껍질은 두꺼워, 코르크의 원료

굴채(掘採)명 동 채굴. 하타   [로 쓰임.

굴촉=**성**(屈觸性)명 〈식물〉고형물(固形物)과의 접촉에 자극되어 일어나는 식물체의 굴곡 운동. 오이·호박 따위의 권수(卷鬚)에서나 식충 식물의 선모(腺毛) 따위에서 볼 수 있음. thigmotropism

굴총(掘塚)명 남의 무덤을 팜. opening a grave 하타

굴추상(屈推上)명〈체육〉구간(軀幹) 따위를 한 팔로 머리 위에 높이 드는 운동.

굴출(崛出)명 동 굴기(崛起). 하타

굴침=**스럽**-**다**[-따]형 억지로 하려고 애쓰는 태도가 있다. unwilling **굴침**-**스레**및 [in obscurity 하타

굴침(屈蟄)명 때를 못 만나 집에 묻혀 있음. living

굴타리-먹-**다**타 오이·호박 따위가 흙에 닿아서 썩은 자리를 벌레가 파먹다. worm-eaten

굴터분-하-**다**형어〕(약)→구리터분하다.

굴텁(窟-)명 〈방〉구럼텁텁하다.

굴:=통(一筒)명 수레바퀴 한가운데의 굴대를 끼우는 부분. 굴대통. hub

굴퉁이명①겉볼기에는 그럴 듯하나, 속이 보잘것없는 사람이나 물건. gimcrack ②씨가 덜 여문 호박.

굴피(-皮)명①참나무의 두꺼운 껍질. bark of an oak ②빈 돈주머니. empty purse

굴피=**나무**〈식물〉호도과의 낙엽 활엽 교목. 높이 6~10m 이고 6~7월에 이삭 모양의 꽃이 핌. 열매는 물감으로 씀.

굴=하-**다**(屈-)자태어〕①몸을 굽히다. yield ②힘이 부쳐 쓰러지다. ③복종하다. ④겁을 먹다.

굴·**혈**(-穴)〈고〉구렁.

굴혈(掘穴)명 구덩이나 구멍을 팜. excavation 하타

굴혈(窟穴)명①소굴. ②바위나 땅에 깊게 팬 커다란 굴.

굴화=**성**[-썽](屈化性)명 〈식물〉식물체 주위에 화학 물질의 농도차가 있을 때, 농도가 높은 방향이나 낮은 데로 굴곡하는 굴성.

굵-**다**[국-]형①몸피가 크다. big ②소리의 울리는 힘이 많다. thick voice ③가늘지 않은 실로 짜서 바탕이 투박하다. (대)가늘다. coarse

굵=**다랗**-**다**[국-형호넘] 매우 굵다. (대)가느다랗다. very big

굵디-**굵**-**다**[국-국-]형 매우 굵다. very thick

굵어-지-**다**자 차차 굵게 되다. to become thick

굵은-**베**명 굵은 올로 짠 삼베. (대)가는베. coarse hemp

굵은베가 옷 없는 것보다 낫다판 가난하여 입을 옷이 없을 때에는 좋고 나쁨을 가리지 아니한다.

굵직-굵직[국-국-]형 모두가 굵직한 모양. 하형

굵직-하-**다**[국-]형어넘] 꽤 굵다. thick

굶기-다[굶-]타 굶게 하다. starve

굶-**다**[굼따]자 ①먹지 않거나 먹지 못하여 배를 곯다. starve ②주리다. 부족을 느끼다. be hungry for

굶어 보아야 세상을 안다판 굶주림을 경험하지 않은 사람은 참으로 세상을 안다고 할 수 없다.

굶어 죽기는 정승하기보다 어렵다판 아무리 가난한 사람이라도 생명만은 유지해 갈 수 있다.

굶으면 아낄 것 없고 통비단도 한 끼라판 굶주리면 먹는 것 이상 급할 것이 없다.

굶-주리-**다**[굼-]자 ①먹을 것이 없어 주리다. ②인정 등에 갈증을 느끼다. ¶정에 ~. famish

굶주림[굼-]명 굶주리는 일. 기아(飢餓).

긁-**다**[긁따]타 그릇에 차지 않다. (작)골다. not full

긁어-**지**-**다**타 한 부분이 우묵하게 들어가다. ②다 차지 않게 되다.

굼뉘명 바람이 없이 치는 큰 파도.

굼닐=거리-**다**자태 자주 굽닐다. (원) 굽닐거리다. keep bending and stretching

굼닐-**다**[-ㄹ-]자 ①몸을 구부렸다 일으켰다 하며 일하다. ②꿈적이다. (원) 굽닐다. bending and stretch

굼:=뜨-**다**[-ㄹ-]자 동작이 둔하고 느리다. (대) 날래다.

:굼벙/:굼벙-**이**[-ㄱ]〈고〉굼벵이.   [sluggish

굼:**벵**-**이**명①〈곤충〉매미의 유충. 누에와 비슷하나 몸길이가 짧고 뚱뚱함. maggot ②속 느린 사람. laggard   [람도 한 가지 재주는 있다.

굼벵이도 떨어지는 재주는 있다판 미련하고 못난 사

굼벵이도 제 일을 하려면 한 길은 판다판 재주 없는 사람도 급하면 어떻게든지 해낸다.

굼벵이 천장하듯판 일을 지체하며 좀처럼 일을 이루지 못함의 비유.   [(작) 곰살갑다.

굼:-**슬겁**-**다**[-따]형 성질이 보기보다 속으로 너그럽다.

굼실=거리-**다**자 ①작은 벌레 따위가 느릿느릿 자꾸 굼틀거리다. (작) 곰실거리다. (센) 꿈실거리다.

squirm ②구불구불 넘실거리다. rolling (sea) 굼

굼:=일[-닐]명「굼-일」→구을일. [실-굼실 하타

굼적 무겁고 느리게 움직이는 모양. ¶벌레가 ~하다. (작) 곰작. (센) 꿈적. 꿈쩍. moving heavily 하타

굼적=거리-**다**자태 무겁고 둔하게 자주 움직이다. (작) 곰작거리다. (센) 꿈적거리다. 꿈쩍거리다. **굼적**-**굼적**하타

굼지럭명 무디고 느리게 움직이는 모양. (약) 굼질. (작) 곰지락. (센) 꿈지럭. sluggishly 하타

굼지럭=거리-**다**자태 둔하고 느리게 자꾸 움직이다. (약) 굼질거리다. (작) 곰지락거리다.

굼질(약)→굼지럭.   [**굼지럭**-**굼지럭** 하타

굼질=거리-**다**자태 (약)→굼지럭거리다.

굼:-**튼튼**-하-**다**형어넘] 성질이 어수선해서 재물을 아끼고 튼튼하다. steady ¶틀. (센) 꿈틀. squirm 하타

굼틀 몸을 이리저리 구부려 움직이는 모양. (작) 곰틀

굼틀=거리-**다**자태 몸을 이리저리 구부리어 자주 움직이다. (작) 곰틀거리다. (센) 꿈틀거리다. **굼틀**=**굼틀**

굼:=**판**명 굼판. →구을판.   하타

굼(고) 구멍.   「는 재산은 아무도 모른다.

굼에 든 뱀 길이를 모른다판 숨은 재주나, 가지고 있

굽(명)①마소의 발톱. 「말-」소리. hoof ②마소의 발침. foot ③나막신에 달린 두 개의 받. supports ④구두 바닥의 뒤축 부분. ¶~이 높은 구두. heel

굽=갈다타 나막신·구두 등의 굽을 새 것으로 갈다.

굽=**갈리**명 굽의 갈라진 곳.

굽=**갈리**-**다**사동 굽을 갈아대게 하다.

굽갈리=**장수**명 굽을 갈아 대는 것을 업으로 삼던 사람. clogrepair man   [heels 하타

굽=**갈**이명 닳은 굽을 새 것으로 갈아댐. change the

굽격지명(고) 굽달린 나막신.

굽구-**뤼**-**다**자(고) 구부러지다.

굽:-**다**타브어 ①불에 익히거나, 약간 타게 하다. roast ②숯을 만들다. bake ③벽돌·도자기 등을 만들 때, 가마에 넣고 불을 때다. ④덜 굳은 나무에 불기운을 쬐어 말리다. ⑤사진의 음화를 인화지에 옮겨 양화로 만들다. 「에 새로 붙여 어우르다.

굽-**다**타브어 윷놀이할 때, 먼저 놓은 풋발의 말 위

굽-**다**자 한쪽으로 휘어져 있다. (작) 곱다. curved

굽-**다**/**굽**:-**다**타(고) 굽다(炙).

굽-**다듬**-**다** 굽은 곳을 다듬다.

굽-**달리**명 굽이 달려 있는 접시. with a base

굽-**도리**명 방안의 벽 아래 가장자리. ¶~를 대다. lower parts of walls of a room 하타

굽도리-지(一紙)명 굽도리에 바르는 종이.

굽도 젖도 할 수 없다판 ①나갈 수도 물러날 수도 없다. ②곤경에서 벗어날 수가 없다.

굽-**뒤**:축명 마소의 굽의 뒤축.

굽-**바닥**명 굽의 밑바닥.

굽-바자[명] 작은 나뭇가지로 엮어 만든 얕은 울타리.
굽-바닥[명] 굽의 바닥.
굽배 섬에 쟁기의 한 부분. 구멍 언저리가 불끈 솟고 그냥 끝까지 숙여 나간 섬에.
굽-벽(一壁)[명] 마소의 굽의 단단하고 편편한 벽면.
굽-새[명] 마소의 굽의 갈라진 사이.
굽슬굽슬-하-다[형여] 털이 구불구불하다. 《작》곱슬.
굽·슬-다-다[고] 엎드리다. 굽슬하다. curled
굽실[명] 남의 비위를 맞추려고 몸을 구부리는 모양. 《작》곱실. 《센》꿉실. fawningly 하[다]
굽실-거리-다[자타] 남의 비위를 맞추느라고 몸을 연신 구부리다. 《작》곱실거리다. 《센》꿉실거리다. **굽실-굽실** 하[다]
굽-싸-다[타] 짐승의 네 발을 모아 묶어 매다. bind
굽-아![감] 소더러 굽을 들라고 하는 말. hoof up!
굽어-보-다[타] ①몸을 굽혀 아래를 내려다보다. look down ②아랫 사람을 도우려고 살피다. ¶하늘이 ~. take care of one's subordinates
굽어-살피-다[타] 아랫 사람의 사정을 살피다. ¶신이 ~.
굽은 나무가 선산을 지킨다[속] 하찮은 것이 소용이 된다. 버릴 것이 없다.
굽은 나무는 길맛가지가 된다[속] 세상에는 아무 것도 버릴 것이 없다.
굽은-성(一城)[명] 굽은성.
굽은 지팡이는 그림자도 굽어 보인다[속] 좋지 않은 본성은 아무리 하여도 숨길 수 없다.
굽이[명] 휘어서 굽은 곳. curve
굽이 감·다[一따][자타] ①휘어서 감다. ②물이 굽이에 와서 빙빙 감아 돌다. twist
굽이-굽이[명] ①물이 굽이쳐서 흐르는 모양. ¶시냇물이 ~ 흐르다. 《작》곱이곱이. windingly ②굽어서 넘어가는 마디마디. ¶~ 꽃이 핀 산길. at every turn
굽이 돌-다[자][르] 굽이쳐 돌다.
굽이-지-다[자] 한쪽으로 구부러져 들다. ¶굽이져 흐르는 강. bend is made
굽이-치-다[자] ①물이 굽이를 따라 돌다. meander ②굼틀거려 굽이가 나게 되다. ¶굽이치는 파도.
굽이-칼[명] 휘우듬한 몸이 구부러진 칼. undulate
굽-잡-다[타] 남의 기운을 못 펴게 하다. have in one's grasp
굽-잡히-다[자동] 남에게 쥐어 지내며 기를 못 펴다. be at a person's mercy
굽적 머리를 숙이고 몸을 구부리는 모양. 《작》곱작. 《센》꿉적. with an awestricken bow 하[다]
굽적-거리-다[자타] 머리를 숙이고 허리를 자주 굽히다. 《작》곱작거리다. 《센》꿉적거리다. **굽적-굽적**[부] 하[다]
굽-정이[명] ①굽게 생긴 물건. bent thing ②농기구의 하나.
굽-죄이-다[자] 겸연한 일이 있어 마음이 번듯하지 못하다.
굽지(一紙)[명] 국지. have qualms
굽-질리-다[자] 일이 순조롭게 안 되다. be unfavourable
굽-창[명] 미투리나 짚신 뒤축에 덧대는 가죽 조각.
굽-통(一筒)[명]〈체육〉화살대의 끝 쪽에 대통으로 싼 위 부분. bamboo butt of an arrow
굽-통[명] 마소의 발굽의 몸통. hoof
굽-통-줄[명]〈농업〉나래의 번지 가운데에서 두 줄로 갈라 붓줄과 함께하여 꿰어 맨 줄.
굽히-다[타] ①굽게 하다. ¶고집을 ~. bend ②구푸리다. ¶머리를 앞으로 ~.
굿[명] ①'구덩이'의 변한 말. ②굿당속한 구덩이. ③무덤쓸 때의 구덩이. grave
굿[명] ①구경거리. spectacle ②〈민속〉무당이 원시 종교적 관념에서 노래나 춤을 추며, 귀신에게 치성드리는 의식. ¶~놀음. ~자리. exorcism 하[다]
굿(good)[명] '좋음'·'근사함'의 뜻.
굿-거리[명] ①〈민속〉무당이 굿할 때에 치는 장단. shaman song ②〈음악〉장구로 맞추는 장단의 하나.
굿것[명][고] 귀신.
굿 구경을 하려면 계면떡이 나오도록[속] 무슨 일을 시작하면 끝까지 참을성이 있게 해야 이득을 얻는다.
굿=꾸리-다〈광물〉구덩이가 무너지지 않도록 장벽(長壁)과 천장에 기둥을 세우다. put in props in a pit
굿 나이트(Good Night)[감] '안녕히 주무세요'라는 밤의 작별 인사. 잊지 않게 단속하다. 하[다]
굿=단속(一團束)[명]〈광물〉광산에서 구덩이가 무너
굿=덕대(一一)[명]〈광물〉구덩이의 작업 감독을 하는 사람.
굿 뒤에 날장구 친다[속] 벌써 죄다 작정된 일을 뒤늦게 중언 부언하다. 신이 남.
굿 들은 무당 재 들은 중[속] 바라던 일을 하게 되어
굿=등[명]〈광물〉광산에서, 구덩이의 둔덕.
굿=막(一幕)[명]〈광물〉광부들이 쉬도록 구덩이 밖에 지은 작은 오두막집. 갱사. mining camp
굿 모:닝(Good Morning)[감] '안녕하십니까'의 뜻의 아침 인사.
굿=문(一門)[명]〈동〉갱구(坑口). 하는 인삿말.
굿-바이(Good-bye)[감] 작별할 때의 '안녕'의 뜻으로
굿=반수[명]〈광물〉구덩이의 단속을 하는 사람.
굿-뱀[명] 흙구덩이 속에 모여 사는 작은 뱀. 토도사(土桃蛇).
굿-보-다[자] ①굿 구경을 하다. see a performance of exorcism ②남의 일에 참견하지 않고 보기만 하다.
굿=복(一服)[명]〈동〉굿옷. sit on the fence
굿=옷[굳一][명]〈광물〉광부의 작업복. 굿복. miner's overall 익어나 얻도록 하라.
굿이나 보고 떡이나 먹지[속] 남의 일에 간섭 말고 하
굿=일:[一닐][명] ①뫼를 쓸 때 구덩이 파는 일. digging a grave ②광산에서 구덩이를 파는 일. digging a pit
굿=중:[명]〈불교〉집집으로 꽹과리를 치고 다니면서 시주를 청하는 중. mendicant priest
굿중:-놀이[명] ①〈민속〉굿중패가 꽹과리를 치면서 요란하게 염불을 하는 일. noisy sound of mendicant priests ②아이들이 요란한 수선스럽게 몰려 다니는 일. band of boisterous children
굿중:-패(一牌)[명] 굿중의 무리. 걸립패.
굿:-짓-다[자][ㅅ][불] 뫼를 쓸 때 널 들어갈 자리를 만들다. 작광(作壙)하다. digging a grave
굿하고 싶어도 맏며느리 춤추는 꼴 보기 싫다[속] 무엇을 하려고 할 때, 미운 사람이 끼어 기뻐함이 보기 싫어서 꺼린다.
굿에 먹은 집 같다[속] 어수선한 일이 끝난 뒤.
궁(弓)[명] 활. bow
궁[1](宮)[명]〈천문〉별자리의 이름. zodiac signs
궁[2](宮)[명]〈음악〉동양 음악에서, 5음(音)의 하나.
궁[3](宮)[명] 장기의 장(將)자를 새긴 조각. chess position of the king
궁[4](宮)[명]〈약〉→궁형(宮刑).
궁[5](宮)[명]〈제도〉①궁전. 왕궁. ②〈동〉궁가(宮家). palace
궁(窮)[명] ①다하여 없어짐. exhaust ②앞길이 막힘. helplessness ③končnić. ④곤궁함. ¶살림이 ~하다. being hard up 하[다]
궁가(宮家)[명] 대군·왕자군(王子君)·공주·옹주(翁主)의 집. 궁(宮)[5]. palace
궁객(窮客)[명] 몹시 궁한 사람. needy person
궁겁-다[형][ㅂ][불] 궁금하다①.
궁-결(宮結)[명]〈제도〉각 궁에 하사하면 결세(結稅).
궁경(窮境)[명] ①살아갈 길이 없어 매우 어려운 지경. great straits ②어려 움에 있어 매우 곤란한 경우. 궁지(窮地). ¶~에 몰리다. dilemma last shift
궁계(窮計)[명] 궁한 끝에 생각하여 낸 계책. 궁책. 말계.
궁고(窮苦)[명] 곤궁하므로 의지할 곳 없이 외로움. 하[다] 히[부]
궁곡(窮谷)[명]〈동〉심산 궁곡(深山窮谷).
궁곤(窮困)[명]〈동〉곤궁(困窮). 하[다] 히[부]
궁교 빈족(窮交貧族)[명] 가난한 친구와 친척.
궁구(窮究)[명] 속속들이 깊이 연구함. thorough investigation 하[다]
궁구(窮寇)[명] 궁지에 빠진 적. enemy in distress

궁구 막추(窮寇莫追)[명](동) 궁구 물추.
궁구 물박(窮寇勿迫)[명](동) 궁구 물추.
궁구 물추(窮寇勿追) 궁지에 빠진 적을 몹시 쫓지 말라는 뜻. 궁구 물박. 궁구 막추.
궁군(窮窘)[명] 곤궁함. 군궁(窘窮). 하타
궁굴-다[형] 그릇 따위가 겉으로 보기보다 속이 너르다. inside is larger than it looks
궁굴=대[一때][명](동) 롤러(roller).
궁굴리-다[타] ①너그럽게 생각하다. be generous ②말을 모나지 않게 하여 구슬리다. forgive
궁궁-이(芎藭一)[명]〈식물〉미나리과의 다년생 풀. 잎은 우상 전열하고 6~9월에 흰 꽃이 핌. 어린 잎은 식용, 뿌리는 약재로 씀.
궁궐(宮闕)[명] 임금이 거처하는 집. 대궐. 궐(闕)[1]. 금궐. 궁금. 궁정(宮廷). imperial palace
궁궐 도감(宮闕都監)[명]〈제도〉고려 때 궁궐을 짓거나 수리하는 일을 맡던 임시 관아.
궁귀(窮鬼)[명] ①궁한 귀신. ②궁한 사람.
궁극(窮極)[명] ①극도에 달함. 구경(究竟)①. 구극(究極). extremity ②마지막. ¶~에 이르러서는. finality 하타 스럽 스레타
궁극 목적(窮極目的)[명](동) 구극 목적.
궁극 원리(窮極原理)[명] 구극 원리.   [(것).
궁극-적(窮極的)[관] 궁극에 도달하거나 달성하려는
궁글-다[타르] ①물건이 겉보다 속이 넓다. ②물체의 속이나 물체와 물체 사이가 비다. ¶장판이 ~. hollow ③소리가 웅숭깊다.   [나무.
궁글 막대(一막대) 길마의 앞가지와 뒷가지를 꿰뚫어 맞춘
궁금(宮禁)[명](동) 궁궐.
궁금-증[一증](一症)[명] 궁금하여 답답한 마음. ¶~을 달래다. anxiety
궁금-하다[형여] ①몰라서 답답하다. 궁겁다. ¶결과가 ~. ②걱정이 되어 마음이 안 놓이다. ¶하회 가 ~. anxious 궁금=히[부]
궁기[一끼](窮氣)[명] 궁상이 찐 모양. 가난기. ¶얼굴에 ~가 배어 있다. meagre appearance
궁-끼다(窮一)[자] 궁해지다. be impoverished
궁납(宮納)[명]〈제도〉각 궁(宮)에 바치던 세(稅).
궁내(宮內)[명] 대궐 안. 궐내(闕內).
궁내=부(宮內府)[명]〈제도〉조선조 말에 왕실의 일을 맡던 관청. Department of Imperial Household
궁녀(宮女)[명](동) 나인(內人).
궁노(弓弩)[명] 활과 쇠뇌.
궁노(宮奴)[명]〈제도〉궁가의 종.
궁-노루[명]〈동물〉사슴과의 짐승. 보통 사슴과 같으나 암컷과 수컷이 모두 뿔이 없음. 몸은 검누른데 작은 회색 점이 있음. 수컷은 향낭(香囊)이 있어 그 속에 사향이 들었음. 사향노루. musk-deer
궁노-수(弓弩手)[명] 활·쇠뇌를 쏘던 군사.
궁-단속(宮團束)[명] 장기에서 궁을 지키는 일. 히타
궁달(窮達)[명] 궁함과 잘됨. 궁음(窮陰)①. vicissitude
궁답(宮畓)[명]〈제도〉각 궁 소유의 논.
궁대(弓袋)[명] 활집.
궁도(弓道)[명] ①궁술을 닦는 일. ②활쏘는 데 지켜야 할 여러 가지 도의. archery   [모양새.
궁도(宮圖)[명] 바둑에서, 돌이 에워싸고 있는 공간의
궁도(窮途)[명] 곤궁한 처지. predicament
궁-도련님[一또一](宮一)[명](동) 궁도령.
궁-도령[一또一](宮道令)[명] ①반지빠르고 거만한 궁가의 젊은이. ②호강스럽게 자라 세상 물정을 모르는 부잣집 자식. 궁도련님.   [winter
궁동(窮冬)[명] 마지막 겨울철. 궁음(窮陰)①. end of
궁-둔전(宮屯田)[명]〈제도〉각 궁에 딸린 둔전.
궁둥-방아[명](동) 엉덩방아.
궁둥-배지기(一배지기)[명]〈체육〉씨름에서, 궁둥이를 돌려 대고 몸을 비틀어 다리로 감아 넘어뜨리는 재간.
궁둥이[명] ①엉덩이의 아랫 부분. ②옷의 궁둥이를 감싸는 부분. ¶~를 걷어 대다. hip
궁둥이 내:외(一內外) 여자가 내외할 때 궁둥이

만 슬쩍 돌려 피하는 짓. 하타
궁둥이에서 비파 소리가 난다[관] 바쁘게 왕래하여 조금도 쉴 겨를이 없다.   [lively hip-shaking
궁둥잇-바람[명] 신이 나서 궁둥잇짓을 하는 기세.
궁둥잇-짓[명] 궁둥이를 내흔드는 짓. 하타
궁둥-짝[명] 궁둥이의 좌우 두 짝. both hips
궁-따다[자] 시치미를 떼고 딴소리를 하다. feign in
궁=떨다(窮一)[자르]→궁상떨다.   [difference
궁뚱망뚱-하다[형여] 궁벽하고 너절하다. untidy
궁례(宮隷)[명](동) 궁예(宮隷).
궁료(宮僚)[명]〈제도〉①시강원 보덕(輔德) 이하의 관원의 총칭. ②동궁(東宮)에 딸린 모든 관료.
궁룽(穹窿)[명] ①활 모양으로 둥글게 보이는 하늘. blue vault of heaven ②활 모양으로 둥근 천장. 돔. vault   [dome-shape
궁룽-형(穹窿形)[명] 궁룽의 모양. 반구형(半球形).
궁리(窮理)[명] ①일이나 물건의 이치를 깊이 연구함. study ②좋은 도리를 발견하려고 이리저리 생각함. 연구. deliberation 하타
궁리(窮理窮理)[명] 몹시 궁리하는 모양. 하타
궁-마(弓馬)[명] ①활과 말. bow and horse ②궁술과 마술. archery and horsemanship
궁-무소:불위(窮無所不爲)[명] 궁하면 예의 염치를 막론하고 무슨 짓이든지 다함.
궁문(宮門)[명] 궁전의 문. 궐문.
궁민(窮民)[명] 빈궁한 백성.
궁박(窮迫)[명] 곤궁하고 절박함. 매우 궁함. ¶사세가 ~하나. straitened circumstance 하타 히타
궁반(窮班)[명] 가난한 양반.
궁방(弓房)[명] 활을 만드는 곳. bow maker's shop
궁방(宮房)[명]〈제도〉각 궁방.
궁방-전(宮房田)[명]〈제도〉궁방에서 세를 받는 논밭.
궁벌[一뻘](宮一)[명] 장기에서, 궁을 중심으로 한 여덟 개의 밭.   [seclusion 하타 스럽 스레타 히타
궁벽(窮僻)[명] 매우 후미져서 으슥함. ¶~한 촌.
궁북(窮北)[명] 북쪽의 맨 끝. 극북(極北).
궁빈(宮嬪)[명]〈제도〉궁녀.
궁사(弓師)[명] 활을 만드는 사람.
궁사(窮奢)[명] 극도한 호사. 하타
궁사 극치(窮奢極侈)[명] 사치가 극에 이름. 하타
궁사 남:위(窮思濫爲)[명] 궁하면 무슨 짓이나 함. 하타
궁상(宮相)[명] 궁내부 대신(宮內部大臣).
궁상(窮狀)[명] 어렵고 막한 형편. 궁태. ¶~바가지. distress 스럽 스레타
궁상(窮相)[명] 궁하게 생긴 얼굴. meagre face
궁=상=각=치=우(宮商角徵羽)[명]〈음악〉동양 음악에서 5음(音)의 각 명칭.
궁상-스럽다(窮狀一)[형비] 스스로 궁상이 드러나 보이도록 하다. be have liked poor man   [이다.
궁상=맞-다[一맏](窮狀一)[형] 궁상스럽다. 궁상이 드러나 보
궁색(窮色)[명] 곤궁한 모습. poor-looking appearance
궁색(窮塞)[명] 몹시 가난함. ¶~한 살림. poverty 하타 히타   [게 살아가는 중생.
궁생(窮生)[명]〈불교〉삼계(三界)로 유전하며, 궁하
궁-생원(窮生員)[명] 곤궁한 서생.
궁서(窮鼠)[명] 쫓겨서 궁지에 몰린 쥐.
궁서가 고양이를 문다[관] 처지가 궁박해진 사람을 피롭히면 도리어 이 편을 해친다.
궁설(窮說)[명] 궁한 형편을 이야기함. 또, 그 말. 하타
궁성(宮城)[명] ①궁궐을 둘러싼 성벽. 궁장(宮牆). 금성(禁城). imperial palace wall ②임금이 거처하는 궁전. 궁중. 금성(金城)②.   [들이던 세.
궁=세[一쎄](宮稅)[명]〈제도〉각 궁가에서 직접 받아
궁세(窮勢)[명] 곤궁한 형세. ¶~에 몰리다. hard time
궁-소임(宮所任)[명]〈제도〉각 궁에 딸린 원역(員役).   [의 종.
궁속(宮屬)[명]〈제도〉각 궁에 딸린 원역(員役)이하
궁수(弓手)[명] 활 쏘는 군사. 사수(射手).
궁수[一쑤](宮繡)[명] 궁녀가 놓은 수.

궁수(窮愁)圈 궁핍해서 겪는 근심.
궁수[一쑤](弓數)圈 궁색한 운수.
궁술(弓術)〈체육〉활 쏘는 온갖 기술. ¶~ 대회.
궁시(弓矢)圈 활과 화살. 궁전(弓箭). bow and arrow
궁실(宮室)圈 궁전의 방. rooms of a palace
궁심(窮心)圈 힘을 다함. consideration
궁심 멱득(窮心覓得)圈 온 힘을 다들어 겨우 찾아 얻음.
궁싯-거리-다囿 잠이 오지 않아 누워서 몸을 이리저리 뒤척이다. toss sleeplessly 궁싯=궁싯圈 하田
궁액(宮掖)〈제도〉각 궁에 딸린 하인. 궁례.
궁여 일책(窮餘一策)圈 궁박한 끝에 짜낸 한 계책. 궁여지책. last resort
궁여지=책(窮餘之策)圈(동) 궁여 일책.
궁역(宮域)圈 궁전의 구역.
궁온(宮醞)圈 임금이 내리는 술.
궁유(窮儒)圈 궁한 유생. poor Confucian
궁음(窮音)圈 궁동(窮多).
궁의(弓衣)圈 활집. 「dug-out boat
궁이-배圈 통나무를 파서 구유처럼 만든 작은 배.
궁인(弓人)圈(동) 궁장이.
궁인(宮人)圈 나인(內人).
궁인(窮人)圈 곤궁한 사람. needy person
궁인 모사(窮人謀事)圈 일이 잘 이루어지지 않음. untoward development of one's plan
궁장(宮庄)圈(동) 궁전(宮田).
궁장(宮牆)圈(동) 궁성(宮城)①.
궁-장식(宮裝飾)圈 장기에서, 궁(宮)의 안전을 위해 주위에 포·차·마 등을 배치하는 일. 하田
궁-장이(弓匠—)圈 활을 만드는 사람. 궁사(弓師). 궁인(弓人). bow-maker
궁전(弓箭)圈(동) 궁시(弓矢).
궁전(宮田)〈제도〉각 궁에 소속된 논밭. 궁장(宮庄)
궁전(宮殿)圈 대궐. 궁궐. 전사(殿舍).
궁절(窮節)圈 묵은 곡식은 다 떨어지고 새 곡식은 아직 익지 않은 춘궁기. 궁춘(窮春). off-crop season
궁정(弓旌)圈 활과 기(旗). bow and banner
궁정(宮廷)圈 궁궐.
궁정(宮庭)圈 대궐 안의 마당. 「궁중 음악.
궁정-악(宮廷樂)圈〈음악〉궁정에서 연주하는 음악.
궁정(宮調)〈음악〉아악(雅樂)에 쓰이는 조(調). 궁(宮)이 으뜸이 되어 이루어진 음계.
궁조(窮鳥)圈 도망할 곳이 없는 곤경에 빠진 새. sorely-pressed bird 「scholar
궁-조대(窮措大)圈 곤궁하고 청빈(淸貧)한 선비. poor
궁-죄[一죄](宮刑)〈제도〉궁형(宮刑)에 해당하는 죄.
궁주(宮奏)圈 현악기를 활로 켜 연주함. 하田 「죄.
궁주(宮主)圈〈제도〉①고려·조선조 초엽의 내명부(內命婦)의 작위(爵位). ②고려 때, 서울(燕京)에
궁-줄[窮一](窮一)圈 궁한 처지. 너의 칭호.
궁중(宮中)圈 대궐 안. 액정(掖庭). 궐액(闕掖). inside
궁중(宮重)圈(약)→궁중 무. 「of court
궁중-무:(宮重一)圈〈식물〉무의 하나. 뿌리가 기다란 원통으로 끝이 뭉툭함. (약) 궁중(宮重).
궁중 문학(宮中文學)〈문학〉궁중 생활을 소재로 한 문학. 또, 궁중의 귀인이 지은 작품. 한중록(恨中錄) 따위. court literature
궁중=어(宮中語)圈 궁중 안에서만 쓰는 말. '밥'을 '수라', '버선'을 '족건'이라 하는 따위.
궁중 음악(宮中音樂)圈 궁정악.
궁중 정치(宮中政治)圈〈정치〉궁중의 귀족이나 대신에 의해 행해지는 정치.
궁지(宮址)圈(동) 궁터.
궁지(窮地)圈 궁한 경지(窮境).
궁진(躬進)圈 몸소 나아감. go voluntarily 하田
궁진(窮盡)圈 ①다 없어짐. exhaustion ②몹시 궁함. 하田 「(役).
궁차(宮差)〈제도〉궁가(宮家)에서 보낸 역원(役員
궁-차지(宮差知)圈 궁가에서 사무를 맡아 처리하는 사람.
궁창(穹蒼)圈 높고 푸른 하늘.
궁창 분합(一分閤)圈〈건축〉아래에 널을 대고 네 짝
으로 되어 가운데 두 짝만 여닫게 된 분합.
궁책(窮策)《동》궁계(窮計). 「활 쏘던 병졸.
궁척(弓尺)圈①《동》한량(閑良). ②〈제도〉신라 때의
궁천 극지(窮天極地)圈 하늘과 땅과 같이 끝닿는 데가 없음. endlessness 하田
궁체(宮體)圈 활 쏠 때의 자세.
궁체(宮體)圈 조선조 때, 궁녀들이 쓰던 한글 글씨체(體). 선이 맑고 단정하며, 아담함. court style of writing 「village
궁촌(窮村)圈 가난한 마을. ¶~ 벽지(僻地). poor
궁추(窮追)圈《동》추궁(追窮). 하田
궁축(窮蹙)圈 궁립하여 죽치고 들어앉아 있음. 하田
궁춘(窮春)圈(동) 궁절(窮節).
궁태(窮態)圈《동》궁상(窮狀).
궁-터(圈(동) 궁가(宮家)에 소속된 땅.
궁토(宮土)圈 각 궁가(宮家)에 소속된 땅.
궁통(窮通)圈①《동》궁달(窮達). ②생각을 깊이 함. deep thought 하田
궁=팔십[一쑵](窮八十)圈 ①강 태공이 궁하게 살아온 80년. (副) 달팔십(達八十). ②가난한 인생.
궁폐(窮弊)圈 곤궁하고 피폐함. destitution 하田 히田
궁핍(窮乏)圈 곤궁하고 빈핍(貧乏)함. ¶~한 생활. want 하田
궁-하-다(窮一)圈(여田)①가난하다. poor ②넉넉하지 못하다. ¶용돈이 궁해 부정을 저지르다. ③어떤 일을 처리할 도리가 없다. be at a loss ④극도에 이르다. be in difficulties 「퍽할 도리가 생기다.
궁하면 통한다團 매우 궁박한 처지에 이르면 도리어
궁합(宮合)圈〈민속〉혼인할 때 신랑 신부의 사주를 점치는 일. ¶~이 맞는 부부. 「remote country
궁항(窮巷)圈 ①으슥한 뒷골목. ②외딴 시골 땅.
궁핵(窮覈)圈 원인을 깊이 파고 들어 찾음. 하田
궁행(躬行)圈 몸소 행함. 친행(親行). ¶실천(實踐)~. personal practice 하田
궁향(窮鄕)圈 궁벽스럽고 외딴 시골. 「bow-string
궁현(弓弦)圈①활줄. 활시위. ②곧게 뻗어 나간 길.
궁협(窮峽)圈 깊고 험한 산골. deep ravine
궁형(弓形)圈①〈수학〉'활꼴'의 구용어. ②활처럼 굽은 형상. arch 「는 형벌. (약) 궁(宮)③.
궁형(宮刑)〈제도〉죄인의 생식기를 없애거나 썩히
궁흉(窮凶)圈 성정(性情)이 몹시 음흉맞고 흉악함. 하田
궁흉 극악(窮凶極惡)圈 성정이 몹시 음흉맞고 흉악함. craft 하田
궂기-다国①일에 해살이 들어 잘 되지 아니하다. fail ②(문) 상사(喪事)가 나다. 곧, 죽다. meet one's death
궂-다国 눈이 멀다. become blind
궂-다[형]①눈이나 비가 내려 날씨가 나쁘다. ¶궂은 날씨. bad ¶궂고 거칠다. ¶좋은 일, 궂은일. ill
궂은 고기圈 병이 들어 죽은 짐승의 고기. 진육(殄肉). carrion
궂은-비圈 구질구질하게 오래 오는 비. long rain
궂은-살圈 부스럼 속에 내민 굳어더기 살. 노육(努肉). proud flesh
궂은-쌀圈 깨끗이 쓿지 않은 쌀. rice not polished well
궂은-일[一닐]圈①언짢은 일. 꺼림하여 하기 싫은 일. unlucky affair ②송장을 치르는 일.
궂은일에는 일가만한 이가 없다囿 상사(喪事)에는 일가가 서로 도와 초상을 치러 낸다는 말. 「하다.
궂히-다田①궂게 하다. ¶사랑을~. kill ②그르치게
권:(勸)圈 남이 권하는 것. advice 하田
권(權)圈〈천문〉북두 칠성(北斗七星)의 넷째별 이름.
권(卷)圈 ①책을 맨 갈래. ¶상(上)~. 하(下)~. volume ②책을 세는 단위. ¶한 ~. 세 ~. ③한지(韓紙) 20장을 하나로로 한 분량. ¶창호지 네 ~. ream ④영화 필름의 길이의 단위. 기준은 305 m. reel
=권[권](券)圈 지폐·증서, 또는 승차나 입장(入場)을 할 수 있는 문서의 뜻을 나타냄. ¶복~. 상품(商品)~. note
권[권](圈)圈 ①지구상 위도 66 도 30 분의 지점을

=권 연결하는 유형(有形)의 선이나 그 이상의 지방을 나타내는 말. ¶남극(南極)~. ②둘레나 테두리 안을 나타냄. ¶공산(共産)~. 우승(優勝)~.

=권(一權)[권] 명사 끝에 붙어서 그 명사에 따르는 권리를 나타냄. ¶선거(選擧)~. 소유(所有)~.

권가(權家)[권] 〔약〕→권문 세가(權門世家).

권간(權奸)[권] 권세를 가진 간신.

권감 국사(權監國事) 〈제도〉 임금이 없는 동안 세자(太子)가 국사를 감독함. 하다

권:계(勸戒)[권:] 타일러 훈계함. ②〈불교〉불도에 인연이 있는 남녀에게 수계(受戒)를 권함. 하다

권:계(勸誡)[권:] 선을 권장하고 악을 징계함.

권계-면(圈界面)[권] 대류권과 성층권의 경계면.

권:고(眷顧)[권:] 돌봐 줌. favour 하다

권:고(勸告)[권:] 어떤 일을 하도록 타일러 권함. 또, 그 말. ¶~ 사직. advice 하다

권:고 가격[一까一](勸告價格)[권:] 〈경제〉 정부(政府)가 적당하다고 인정하는 가격을 사정하여 표시한 가격. recommended price

권:고-문(勸告文)[권:] 권고하는 글.

권:고지-은(眷顧之恩)[권:] 돌봐 준 은혜.

권곡(卷曲)[권] 말리거나 뒤틀려 모양이 굽어 있음. 하다

권곡(圈谷)[권] 〔동〕카르(Kar).

권관(權關)[권] 권세를 가진. 또, 그 사람. influen-

권관(權管)[권] 〈제도〉조선조 때, 각 진(鎭)의 종 9 품 무관.

권교(權敎)[권] 〈불교〉대승(大乘)으로 들어가는 계제가 되는 방편(方便)의 교. (대) 실교(實敎).

권:구(眷口)[권:] 한 집에 같이 사는 식구. members of a family

권:권(拳拳)[권:][권] 참된 마음을 다하여 정성스럽게 간직함. 또, 그 모양. bearing carefully in mind

권:권(眷眷)[권:][권] 가엾게 여겨 마음이 항상 쏠림. 또, 그 모양. unalterable affection

권:권(眷眷)[권:][권] 마음을 다하여 두텁게 하는 모양.

권:권 복응(拳拳服膺)[권:] 늘 마음에 두고 정성껏 간직하여 잊어버리지 아니함. 하다

권:권 불망(眷眷不忘)[권:] 가엾게 여기어 늘 돌보며 잊어버리지 아니함. bearing carefully in mind 하다

권귀(權貴)[권] 권세가 있고 높은 지위에 있음. 또, 그 사람. high and powerful 하다

권:귀(捲歸)[권:] 베풀었던 것을 거두어 돌아감. 또, 돌아옴.

권내(圈內)[권] ①범위 안. inside of the sphere ②금을 그은 테두리 안. ¶합격 ~. (대) 권외(圈外).

권내(權內)[권] 권한의 안. (대) 권외(權外). within one's authority

권:념(眷念)[권:] 돌보아 생각함. favour 하다

권:농¹(勸農)[권:] 농사를 장려함. encouragement of agriculture 하다

권:농²(勸農)[권:] 〈제도〉지방의 방(坊)이나 면(面)에 소속되어 농사를 장려하던 유사(有司).

권:농-사(勸農使)[권:] 〈제도〉조선 때, 농사일을 맡아 보던 벼슬아치.

권:농 윤음(勸農綸音)[권:] 〈책〉농사를 장려하기 위한 임금의 교서(敎書).

권:농의 날(勸農一)[권:] 농어민의 노고를 위로하고 소득 증대의 의욕을 앙양시키기 위하여 설정한 날. 5월 넷째 화요일. 권농일(勸農日). Farmer's Day

권:농-일(勸農日)[권:] 권농의 날.

권능(權能)[권] ①권세와 일을 처리하는 능력. compe-tency ②〔법〕권리를 행할 수 있는 능력 범위.

권단(卷丹)[권] 〔고〕 일가 천초.

권:당(眷黨)[권:] 〔고〕 일가 천척.

권-당-질(一질)[권] 옷 속이 뚫어야 될 것을 잘못하여 양쪽이 들러붙도록 꿰매는 바느질. sewing together by mistake 하다

권:도(勸導)[권:] 타일러서 이끌어 줌. leading 하다

권도(權度)[권] ①저울과 자. ②규칙. ③균형.

권도(權道)[권] 때에 따라 임기 응변으로 일을 처리하는 방도. political expediency

권리 장전

권:독(勸督)[권:] 타이르고 감독함. admonition 하다

권:독(勸讀)[권:] 글 읽기를 권장함. advice of reading 하다. preface of a book

권:두(卷頭)[권:] 책의 첫머리. 권수②. (대) 권말(卷末)①.

권:두-사(卷頭辭)[권:] 〔동〕머리 말.

권:두-언(卷頭言)[권:] 〔동〕머리 말.

권략(權略)[권] 권도(權道)와 모략. artifice

권:려(勸勵)[권:] 권하고 격려함. encouragement 하다

권:력(勸力)[권:] 알아듣게 타일러 힘쓰도록 함. 하다

권력(權力)[권] ①억지로 복종시키는 힘. power ②〈법률〉다스리는 사람이 다스림을 받는 사람에게 복종을 강요하는 사회적인 힘. authority

권력-가(權力家)[권] 권력을 가진 사람.

권력 관계(權力關係)[권] 〈법률〉지배자와 피지배자와의 관계. 곧, 치자(治者)가 피치자에 대하여 사실상·법률상의 우월적 힘을 갖는 관계.

권력 균형(權力均衡)[권] 〈법률〉여러 나라의 권력이 고르게 되어 있는 상태. 각국 세력 균형.

권력 분립주의(權力分立主義)[권] 〈법률〉삼권(三權) 분립의 원칙을 주장하는 주의. division of powers

권력-설(權力說)[권] 〈윤리〉도덕상의 규정을 권력 있는 사람이 판단한 명령에 의하여 선악(善惡)의 규정을 내리자는 학설.

권력에의 의:지(權力一意志)[권] 남을 정복 동화하여 한층 더 강대하게 되려는 의욕. 니체 철학의 근본 개념임.

권력-욕[一녹](權力慾)[권] 권력을 잡으려는 욕심.

권력-자(權力者)[권] 권력을 가진 사람. 법의 범위에서 강제로 복종하게 명령할 수 있는 사람.

권력 작용(權力作用)[권] 〈법률〉국가가 우월한 지배적 지위, 곧 일방적인 명령·강제의 처지에서 행하는 작용. function of authority

권력 투쟁(權力鬪爭)[권] 정치 투쟁의 최고 형태. 정치 권력을 획득하기 위한 투쟁. struggle for power

권:련(眷戀)[권:] 간절히 생각하며 그리워함. strong attachment 하다

권:렴(捲簾)[권:] 드리웠던 발을 걷어 올림. 하다

권:로(權勞)[권:] 앞을 가리지 않고 나서 피로함. 하다

권:뢰(圈牢)[권:] 짐승을 가두어 두는 우리. pen

권리(權利)[권] ①권세와 이익. ②법에 의하여 개인 또는 단체에 대하여 인정된 활동의 범위. ③〈법률〉특정한 이익을 주장하거나 받을 수 있는 법률상의 능력. ④〈윤리〉남에게 바라고 기대할 수 있는 정의(正義). 권한②. (대) 의무(義務). right

권리-금(權利金)[권] 도시에서 부동산의 임대차 계약을 체결할 때, 장소나 영업상의 특수 이익의 대가로 임대료 이외에 전영업자나 전임대인에게 관습상 주는 돈. ¶~ 300만 원의 점포. key money

권리 남:용(權利濫用)[권] 법률상 인정되어 있는 사회적 목적에 반하여, 부당하게 권리를 행사하는 일. 하다

권리 능력(權利能力)[권] 권리의 주체가 될 수 있는 자격이나 지위. capacity of enjoyment of rights

권리-락(權利落)[권] 회사가 증자(增資)를 행할 경우, 어느 일정한 기일까지의 주주에 대해서만 새 주를 할당하므로, 그 이후 신주주에게는 이 할당을 받을 권리가 없어지는 일. (대) 권리락.

권리 매:매(權利賣買)[권] 〈경제〉신주(新株)의 할당을 받은 자의 권리를 매매하는 일.

권리 문제(權利問題)[권] 〈철학〉사물의 기원 발생에 관한 사실 문제에 대하여서, 사물의 권리·가치·규범(規範)을 논구하여 증명하는 문제. 가치 문제.

권리-부(權利附)[권] 주식에서 증자(增資)된 신주를 인수할 수 있는 권리가 붙음. (대) 권리락.

권리-서(權利證書)[권] 소유권을 확증한 등기 서류. cer-tificate of title. person/제3권자. crediter

권리-자(權利者)[권] ①권리를 가진 사람. rightful

권리 장전(權利章典)[권] 〈역사〉1689년 명예 혁명(名譽革命)으로 왕위에 오른 윌리엄 3세에 대하여 영

권리 전당 국 의회가 요구한 법률. 「을 목적으로 한 전당.
권리 전:당(權利典當)[명] 〈법률〉 소유권 밖의 재산권
권리-주(權利株)[명] 〈법률〉 회사 설립전 곧 법률상 주권을 발행할 수 없는 시기에 있는 주. potential shares
권리 주체(權利主體)[명] 〈법률〉 권리를 향유(享有)할 수 있는 인격자. 자연인과 법인의 두 가지가 있음. subject of right
권리-증[-쯩](權利證)[명] 〈법률〉 등기필증(登記畢證).
권리-질(權利質)[명] 〈법률〉 재산권을 목적물로 하는 질권(質權).
권리 침해(權利侵害)[명] 〈법률〉 권리 객체를 훼손하거나 방해함으로써 남의 권리를 침해하는 일.
권리 행위(權利行爲)[명] 〈법률〉 권리자가 권리를 행사하기 위하여 하는 행위.
권:마-성(勸馬聲)[명] 〈제도〉 임금이나 고관이 말이나 가마를 타고 행차할 때 위세를 더하기 위하여 행렬 앞에서 사복(司僕)이나 역졸(驛卒)이 가는 목청을 길게 빼서 부르던 소리.
권-말(卷末)[명] ①책의 맨 끝. 권미. 《대》 권두. end of a book ②책의 마지막 권. 《대》 권수①. last volume
권-말기(卷末記) 책의 끝에 그 책에 관계되는 사항을 적은 기록. 《대》 권두언(卷頭言).
권-매(勸賣)[명] 팔기를 권함.
권매(權賣)[명] 무를 수 있도록 약속하고, 팔고 사는 일. conditional sale 하다
권면(券面)[명] 증권의 액수(額數)를 기록한 겉면. ¶~액(額). face of a bill
권:면(勸勉)[명] 타일러서 힘쓰게 함. encouragement 하다
권모(權謀)[명] 그때그때 형편에 따른 모략. 권변(權變)의 모략. stratagem
권모 술수[-쑤](權謀術數)[명] 권모와 술수. 목적을 위해서는 수단을 가리지 않고 인정이나 도덕도 없이 온갖 수단과 방법을 쓰는 술책. 《약》 권술(權術). Machiavellism
권문(權門)[명] 《약》→권문 세가.
권문 세:가(權門勢家)[명] 대대로 세권 있는 집안. 《약》 권가. 권문. influential family
권문 자제(權門子弟)[명] 권력이 있는 집안의 자제.
권미(卷尾)[명] 《동》 권말⑨.
권:배(勸盃)[명] 술잔을 권함. 하다
권번(券番)[명] ①일제 때, 노래와 춤을 가르쳐 기생을 양성하던 곳. place where Keesaeng girls was trained ②일제 때의 기생들의 조합.
권:법[-뻡](拳法)[명] 〈체육〉 ①주먹을 써서 하는 운동. art of selfdefence without a weapon ②권투의 하나. boxing ③주먹으로 찌르고 막는 격투법. art of first duel
권변(權變)[명] 그때그때의 형편에 따라 처치하는 권
권병(權柄)[명] 권력을 가진 신분. [모. opportunism
권:봉(捲奉)[명] 영정(影幀)을 말아서 모셔 둠. 또, 그
권부(權府)[명] 권력을 행사하는 관부. 하다
권-불십년(權不十年)[명] 세력은 십 년을 못 간다는 말. One's power does not last long
권:비(拳匪)[명] 〈역사〉 청(淸)나라 말기, 권법을 무기로 삼았던 의화단(義和團)의 벌칭.
권:비(眷庇)[명] 돌보아 줌. 하다
권:사(勸士)[명] 〈기독〉 예수교 교직(敎職)의 하나. 신자의 심방·권면·전도의 임무를 띰.
권-산 화서(卷繖花序)[명] 〈식물〉 취산(聚繖) 화서의 하나. 꽃대 꼭대기에 되풀이해서 꽃이 피어 끝이 꼬부라지다는 화서. 꽈리 따위. cyme
권:서(拳書)[명] 주먹에 먹을 묻혀 글씨를 씀. 또, 그렇게 쓴 글씨.
권:서(勸書)[명] 〈기독〉 교회에서, 돌아다니면서 전도도 하고 책도 팔고 하는 사람. 매서인(賣書人).
권선(捲線)[명] 〈물리〉 '코일(coil)'의 구용어.
권:선(圈選)[명] 〈제도〉 권점(圈點)하는 법으로 사람을 가려 뽑던 일. 하다

권:선(勸善)[명] ①착한 일을 권함. promotion of virtue ②〈불교〉절에 기부를 하라고 권고함. ¶~시주(施主). 하다
권:선-가(勸善歌)[명] 〈동〉회심곡(回心曲).
권:선-기(捲線機)[명] 철선이나 밧줄 따위를 감아들이거나 또는 내는 기계 장치.
권:선-대(勸善袋)[명] 〈동〉권선지(勸善紙).
권:선-문(勸善文)[명] 〈불교〉불가에서 권선하는 글발.
권:선-지(勸善紙)[명] 〈불교〉 가을에 승려가 속가(俗家)에 다니며, 시주할 물건을 넣으라고 나눠 주는 종이 주머니. 권선대(勸善袋). 《약》권지(勸紙).
권:선 징악(勸善懲惡)[명] 착한 행실을 권장하고 악한 행실을 징계함. 《약》 권징(勸懲). promoting virtue and reproving vice 하다
권:선-책(勸善冊)[명] 〈불교〉 보시(布施)한 사람의 이름과 금액을 적은 책.   advice 하다
권:설(勸說)[명] 권하는 말. 또, 권하여 타일러 말함.
권설-직(權設職)[명] 〈제도〉 임시로 베푸는 벼슬 자리.
권섭(權攝)[명] 임시로 대리하여 사무를 맡아봄. 하다
권세(權勢)[명] ①권력과 세력. ¶~욕. authority ②남을 복종시키는 세력. ¶돈의 ~에 눌리다.
권세-부리-다(權勢—)[자] 권세를 행사하다.
권:속(眷屬)[명] ①한 집안에 딸린 식구. ¶일가(一家)~이 모두 무사하다. family ②③남 자기 아내.
권:솔(眷率)[명] 거느리고 있는 집안 식구. family
권수(卷首)[명] ①책의 첫째 권. 《대》권말②. ②〈동〉권두(卷頭). 《대》권미(卷尾). first volume, beginning of a book
권:수[—쑤](卷數)[명] 책의 수. number of volumes
권:수(卷繡)[명] 덩굴손.
권수 우상 복엽(卷鬚羽狀複葉)〈식물〉우상 복엽의 하나로, 잎꼭지의 작은 잎이 변하여 권수로 되는 것. 두 일 따위.
권술(權術)[명] 《약》→권모 술수(權謀術數).
권신(權臣)[명] 권세를 잡은 신하. influential vassal
권실(權實)[명] 〈불교〉 ①권교(權敎)와 실교(實敎). ②방편과 진실.
권:애(眷愛)[명] 보살펴 사랑함. favour 하다
권약(券約)[명] 《동》약속(約束). 하다
권:언(勸言)[명] 권고하는 말. advice
권:업(勸業)[명] 산업을 권장함. ¶~박람회(博覽會). encouragement of industry 하다
권여(權輿)[명] 사물의 맨 처음. 남상(濫觴).
권:연(卷煙)[명]→권련.
권:연-초(卷煙草)[명] 〈동〉권련.
권:염(倦厭)[명] 권태가 생겨 염증이 남. 하다
권:왕-문(勸往文)[명] 〈불교〉 극락 세계로 가는 노래. 또, 그 노래를 적은 책.
권외(圈外)[명] ①둘레 밖. outside of the circle ②범위 밖. 《대》권내(圈內). outside of the sphere
권외(權外)[명] 권한 밖. 《대》권내(權內). beyond one's authority   [람.
권요(權要)[명] 권세 있는 요직. 또, 그 자리에 있는 사
권:우(眷遇)[명] 임금이 신하를 잘 대우함. 하다
권:운(卷雲)[명] 〈지학〉 머리털이나 새털 모양같이 보이는 구름. 새털구름. cirrus   [cirro-stratus
권:운-층(卷雲層)[명] 〈지학〉 권운이 겹겨 쌓인 층.
권원(權原)[명] 〈법률〉 권리를 얻는 원인. 또, 법률상 사물이 정당화되는 이유. title
권위(權威)[명] ①권력과 위세. power ②그 방면의 일에 가장 높은 표준. ¶그는 문학계에서의 ~가 있다. authority ③대가(大家). ¶음악계의 ~.
권위 도:덕(權威道德)[명] 개인의 의지 밖에 있는, 국가나 신(神)의 권위에 복종하여야 도더이라고 하는 설.
권위-자(權威者)[명] 어떤 학문이나 기술에 있어서 가장 높은 경지에 있는 사람. authority
권:유(勸誘)[명] 권해서 하도록 함. 유진(誘進). ¶실하라는 ~를 받다. inducement 하다

권:유(勸諭)圀 권하여 타이름. admonition 하타
권:유-원(勸誘員)圀 보험 등에 가입할 것을 권유하는 운동원. ¶보험 ~.
권의(權義)圀 권리(權利)와 의무(義務).
권:이(卷耳)圀 〈동〉도꼬마리.
권익(權益)圀 권리와 이익. rights and profits
권자(圈子)圀 얼마를 한도(限度)로 한 테두리.
권:장(勸奬)圀 권하여 장려함. ¶독서를 ~하다. 저축을 ~하다. recommendation 하타
권:적-운(卷積雲)圀 〈지학〉 작은 덩이진 흰 구름이 고등어 비늘처럼 널려 있는 구름. 조개구름. cirrocumulus
권:=점[一點](圈點) ①글의 잘 되거나 중요한 부분에 찍어 표하는 둥근 점. small circle for emphasis ②한자의 사성(四聲)을 나타내는 점. ③〈제도〉조선조 때, 관원 임명의 방법으로 각기 자기가 뽑고자 하는 후보자의 성명 아래 찍던 둥근 점.
권:점=하-다(圈點一)타여불 권점을 찍어 관원을 뽑다.
권정(權定)圀 권도에 의해 임시로 작정함. 하타
권조(權俎)圀〈동〉권렴(權俎). 하타
권좌(權座)圀 권세의 자리. 권력, 특히 통치권을 가진 자리. ¶~에 오르다. [on a person 하자
권:주(勸酒)圀 술을 권함. ¶~가(歌). pressing wine
권중(權重)圀 권세가 중대함. influential power
권:지(勸止)圀 권하여 중지시킴. dissuasion 하타
권:지(勸紙)圀 〈약〉 권선지(勸善紙).
권지(權智)圀 〈불교〉 부처의 방편으로 중생을 제도(濟度)하는 지혜. 허실(實智).
권:진(勸進)圀 ①권하여 장려함. encourage ②〈불교〉 선행(善行)을 권하여 불도(佛道)를 믿게 함. promotion of virtues ③〈불교〉 절이나 탑(塔)의 건립에 승려가 재물의 희사(喜捨)를 권함. solicit donation to temples 하타
권:=질(卷帙)圀 책의 권과 질. volumes
권:징(勸懲)圀 〈약〉권선 징악(勸善懲惡).
권:찰(勸察)圀 〈기독〉 장로교에서, 신자의 가정 형편을 조사하는 직책. 또, 그 사람.
권찰(權察)圀 임시로 딴 일을 겸하여 보살핌. 하타
권:척(卷尺)圀 '줄자'의 구용어.
권척(權戚)圀 권세 있는 사람의 친척. 왕실(王室)의 척분(戚分). relatives of an influential person
권:총(拳銃)圀 짧고 작은 총의 하나. 군용 또는 호신용으로 씀. 단총(短銃). ¶~ 강도(强盜). pistol
권총(權寵)圀 권세와 임금의 특별한 사랑.
권-추(圈鄒)圀 원(圓)의 중심. centre of a circle
권:축(卷軸)圀 ①주련 아래에 가로 지르는 둥글고 긴 나무. scroll stick ②표장(表裝)하여 말아 놓은 글씨나 그림의 축(軸).
권:취-지(卷取紙)圀 〈인쇄〉 윤전기(輪轉機) 따위에 쓰는 둥글게 이어 만 종이.
권:층-운(卷層雲)圀 〈지학〉 푸른 하늘에 흰 새털과 같이 퍼져 있는 구름. 햇무리구름. 솜털구름. cirrostratus
칭침(勸稱)圀 〈동〉권칭(權稱).
권커니 잣커니타 술 같은 것을 서로 권하며 계속하여 먹는 모양.
권:태(倦怠)圀 ①게으름이나 싫증이 나는 상태. 《대》중(熱中). fatigue ②고단하여 몸이 느른함. tiredness [안.
권:태-기(倦怠期)圀 권태를 느끼는 시기. 또, 그 동
권:태-롭-다(倦怠一)톙ㅂ불 권태가 있어 보이다. 싫증이 나 보이다. 심신이 피로하고 나른해 보이다.
권:태-로이톞
권:태-증[一쯩](倦怠症)圀 권태를 느끼는 증세.
권:토 중래(捲土重來) 한 번 실패한 자가 세력을 회복하여 다시 쳐들어옴. rally with redoubled force 하자타 [로 서로 공격·방어하는 경기. boxing
권:투(拳鬪)圀 〈체육〉 양손에 글러브를 끼고, 주먹으
권:투(圈套)圀 세력의 안. 세력의 범위(範圍). ¶새나 짐승을 잡는 올가미. 곧, 속임수. trick

권판(權判)圀 〈제도〉 품계(品階)가 높은 이에게 그 지위에 맞지 않는 낮은 일을 맡김. 하타 [조개.
권:패(卷貝)圀 소라·우렁이처럼 껍데기가 둘둘 말린
권폄(權窆)圀 좋은 산소를 구할 때까지 임시로 지내는 장사. 권조(權厝). 《대》완폄(完窆). 하타
권:=하다(勸一)타여불 ①하도록 권고하다. ②힘쓰도록 이르다. advise ③음식을 먹도록 내놓고 호의로 말하다. offer
권:학(勸學)圀 학문을 힘써 배우도록 권함. ¶~문(文). encouragement of learning 하타
권한(權限)圀 〈법률〉 권리의 한계. authorized limit of rights ②〈동〉권리(權利).
권한-내(權限內)圀 권리나 권력이 미치는 범위 안.
권한-외(權限外)圀 권리나 권력이 미치는 범위 밖.
권한 쟁의(權限爭議)圀 ①행정권과 사법권과의 권한상의 다툼. conflict of attribution ②국가 기관 상호간에 발생하는 권한상의 다툼. 권한 쟁탈.
권:항(勸降)圀 항복하도록 권함. 하타
권:항=사(勸降使)圀 항복을 권하기 위해 적군에게 보
권:항=서(勸降書)圀 권항의 글. [내는 사자.
권:해(勸解)圀 권고하여 화해(和解)시킴. 화해하도록 권고함. mediation 하타
권형(權衡)圀 ①〈동〉 저울. ②사물을 저울질하여 평하는 일. appraisal ③저울의 추와 대. 권칭(權稱). weight and beam
권:화(勸化)圀 ①권하고 타일러서 감화시킴. ②〈불교〉 승려가 시주(施主)를 청함. soliciting contributions for pious purpose 하타
권화(權化)圀 ①〈불교〉 부처가 중생(衆生)을 구제하려고 인간 세상에 사람으로 나타나는 일. 화신(化身). ②어떤 추상적 특질을 구체화 또는 유형화하는 일. incarnation
권:회(捲回)圀 한 바퀴 감은 도선(導線).
권횡(權橫)圀 권력을 믿고 제멋대로 행동함. 하타
권흉(權兇)圀 권세를 함부로 쓰는 흉악한 사람. one who abuses the power
궐¹(闕)圀〈동〉궁궐(宮闕).
궐²(闕)圀 ①차례 또는 자리가 빠짐. ¶~나다. absence ②빈자리가 생김. 하타
궐(厥)데 〈약〉=궐자(厥者).
궐공 몸이 허약한 사람의 별명. weak person
궐공(厥公)데 〈약〉궐자(厥者). [하타
궐과(闕過)圀 일과에 빠짐. absence from a lesson
궐기(蹶起)圀 ①벌떡 일어남. springing up ②어떤 뜻을 품고 힘차게 일어남. 하타
궐기 대:회(蹶起大會)圀 어떤 사건에 관하여 좋은 해결책을 마련하기 위해서 뜻 있는 사람들이 일어나는 큰 모임. rally
궐-나-다(闕一)자 결원(缺員)이 생기다.
궐내(闕內)圀 대궐의 내부. 궁중(宮中). 궁정(宮庭). 궁내(宮內). 궐중(闕中). 《대》궐외. imperial court
궐녀(厥女)데 그 여자. [증.
궐랭(厥冷)圀 〈한의〉몸이 식을 때에 생기는 오한 병
궐:련(←卷煙)圀 ①종이로 말아 놓은 담배. cigarette ②지궐련과 엽궐련을 통틀어 일컬음. 권연초(卷煙草).
궐:련-갑(←卷煙匣)圀 궐련을 넣는, 종이 또는 쇠붙이 따위로 만든 갑. 초갑(草匣). cigarette case
궐:련 물부리[一뿌一](卷煙一)圀 궐련을 끼어 무는 물부리.
궐루(闕漏)圀 〈동〉결루(缺漏). 하타
궐명(厥明)圀 ①다음 날 날이 밝을 무렵. 내일 새벽. ②그 이튿날.
궐문(闕文)圀 빠진 글자나 글귀. omitted word
궐문(闕門)圀 대궐의 문. palace gate
궐방(闕榜)圀 ①〈제도〉 과거에 낙방함. failure in the examination ②마땅히 할 것을 못함을 가리키는 말. failure
궐방-치-다(闕榜一)타 꼭 해야 할 것을 못하다. fail
궐본(闕本)圀 〈동〉결본(缺本).

궐사[一仕](闕仕)[명] 《제도》 관원이 결근함. 하다

궐사[一싸](闕祀)[명] 제사에 참여하지 못함. 궐제(闕祭). 궐향. absence from one's ancestral worship

궐석[一썩](闕席)[명] 결석(缺席).

궐석 재판[一썩一](闕席裁判)[명] 결석 재판. 하다

궐석 판결[一썩一](闕席判決)[명] 결석 판결. 하다

궐식[一씩](闕食)[명] 결식(缺食). 하다

궐식 아동[一씩一](闕食兒童)[명] 결식 아동.

궐실[一씰](闕失)[명] 의당히 있을 것의 허물.

궐액(闕額)[명] 부족한 액수. 정한 액수에 차지 못함.

궐자(厥者)[명] 궐자(厥者). [deficient amount

궐어(鱖魚)[명] 쏘가리.

궐역 두통(厥逆頭痛)[명]《한의》찬 기운 때문에 두통·치통이 함께 일어나는 병증.

궐연(蹶然)[부] 갑자기 뛰어 일어남. 벌떡 일어나는 모양. determinedly rising to the occasion 히다

궐외(闕外)[명] 궁궐 바깥. (대) 궐내(闕內). outside of

궐원(闕員)[명] 결원(缺員). 하다 [the palace

궐위(闕位)[명] 지위가 빔. 또, 그 지위. vacancy 하다

궐자(闕字)[명] ①문장 중에 빠진 글자. missing letter or word ②문장 중에 임금이나 귀인의 이름 위에 경의를 표하는 뜻으로 한 두 칸 남겨 놓는 일. 하다 [말. 궐공(厥公). 궐아(厥兒). (연) 궐(厥)).

궐자(厥者)[대]'그 사람'·'그'를 흉하게 쓰는

궐잡=잡히다(闕一)[동] 제때에 제자리에 빠진 것을 세어 두거나 적어 두다.

궐=잡히다(闕一)[자동] 궐잡음을 당하다. [하다

궐전(闕錢)[명]《제도》정기(定期)로 낼 것을 못 낸 돈.

궐제(闕祭)[명] 궐사(闕祀). 하다

궐중(闕中)[명] 궐내(闕內).

궐직(闕直)[명] 돌아오는 번 차례에 빠짐. 하다

궐참(闕參)[명] 참여할 곳이나 일에 빠짐. non-attend-

궐초(闕初)[명] 그 처음. beginning [ance 하다

궐취(闕炊)[명] 가난하여 끼니때에 밥을 짓지 못함. 끼니를 잇지 못함. skipping a meal 하다

궐패(闕牌)[명]《제도》'闕'자를 새긴 나무 패. 각 관청의 객사(客舍)에 모시고 망궐례(望闕禮)를 행하였음. [palace

궐하(闕下)[명] 대궐 전각 아래. foot of the imperial

궐=하다(闕一)[타동] ①참여하지 못하다. 할 일을

궐향(闕享)[명] 궐사(闕祀). 하다 [아니하다.

궐획(闕劃)[명] ①글자의 획을 빠뜨리는 일. omitting a stroke of a character ②문장 중에 왕이나 귀인의 이름을 쓸 때에 자획(字劃)의 마지막 한 획을 빼는 일. 가령 '文'을 '攵'으로 쓰는 따위.

궐후(厥後)[명] 그 후. afterward

궤[一](几)[명]《제도》①늙어서 벼슬을 대신하는 중신(重臣)에게 임금이 준, 몸을 편히 기대는 도구. ②제향(祭享) 때 쓰는 탁상의 하나. ③장사 때 무덤 속에 넣는 기물(器物)의 하나.

궤(匱)[명]《제도》종묘(宗廟)·문묘(文廟) 등의 나라 제사에 쓰는 기장쌀이나 쳅쌀을 담는 제기. [chest

궤[一](櫃)[명] 나무로 짠 네모진 그릇. 궤짝. wooden

궤:간(軌間)[명] ①궤도(軌道)의 넓이. gauge ②철도 궤조(軌條)의 안쪽 넓이. 게이지①.

궤:갈(匱渴)[명] 궤핍(匱乏).

궤:결(潰決)[명] 무너져 터짐. collapse 하다

궤:계(詭計)[명] 간사한 꾀. 궤모(詭謀). wily trick

궤:궤(憒憒)[명] 궤란(憒亂).

궤:도(軌度)[명] ①법도(法度). ②[동] 본보기.

궤:도(軌道)[명] ①기차 따위가 다니는 길. 선로(線路)②. railway line ②수레바퀴 자국. track ③마땅히 밟아야 할 제대로의 길. ¶본~에 오르다. normalcy ④〈천문〉천체가 운동(運行)하는 길. ¶ 달의 ~. orbit ⑤〈물리〉물체가 일정한 법칙에 따라 운동할 때에 그리는 경로. ¶ 유도탄의 ~.

궤:도 전:**자**(軌道電子)[명] 원자핵의 주위에 일정한 궤도를 그리면서 운행한다고 생각하는 전자. 핵의 전자(核外電子).

궤:도-**차**(軌道車)[명] 궤도 위를 운행하는 차. 전차. 기차. [慣). confusion 하다

궤:란(憒亂)[명] 마음이 흩어지고 어지러움. 궤궤(憒

궤:란(潰爛)[명] 썩어 문드러짐. festering 하다

궤:란-**쩍다**[명] 주제넘다. 행동이 건방지다. arrogance

궤:멸(潰滅)[명] 무너져 멸망함. utter destruction 하다

궤:모(軌模)[명] 궤범(軌範).

궤:모(詭謀)[명] 궤계(詭計). [one's knees 하다

궤:배(跪拜)[명] 무릎을 꿇고 절함. worshipping on

궤:범(軌範)[명] 본보기가 될 법도. 궤모(軌模). model

궤:변(詭辯)[명] ①억지로 꾸며대는 말. sophistry ② 〈논리〉논리의 내용을 무시하고 오직 형식적인 논리 위에서 거짓을 참으로 꾸미는 변론. ③〈논리〉하나의 전제에 대하여 그릇된 결론을 이끌어 내어 논박하거나 하는 논법. sophism

궤:변-**가**(詭辯家)[명] 궤변을 잘하는 사람. sophist

궤:변 학도(詭辯學徒)[명] 궤변 학파의 학도. sophist

궤:변 학파(詭辯學派)[명]〈철학〉기원전 5세기쯤에 그리스에서 일어난 철학의 한 파(派). 진리·도덕에 대하여 회의적 태도를 가지고 궤변을 일삼음. sophists [하다

궤:복(跪伏)[명] 무릎을 꿇어 엎드림. kneeling down

궤:봉(櫃封)[명] 물건 따위를 궤에 넣어 둠. keep in

궤:붕(潰崩)[명] 흩어져 무너짐. 하다 [the chest

궤:사(詭詐)[명] 간사한 거짓. fraud 하다

궤:산(潰散)[명] 뭉그러져서 헤어짐. rout 하다

궤:상(机上)[명] 책상 위. 탁상(卓上). ¶ ~ 공론(空論). top of the desk

궤:상-**육**(一뉵)(机上肉)[명] '도마 위의 고기'라는 뜻.

궤:설(詭說)[명] 거짓말. 거짓 언설(言說). chicanery

궤:술(詭術)[명] 간사하게 속이는 꾀. 궤책(詭策). wily stratagem

궤:안(几案)[명] 의자·사방침·안석(案席) 따위의 통칭.

궤:안(机案)[명] 책상. desk [seat

궤:양(潰瘍)[명]《의학》피부와 점막 또는 장기(臟器)의 표면 일부분이 짓무르고 허는 증상. ¶위(胃) ~. ulcer

궤:언(詭言)[명] 간사하게 꾸며 속이는 말. tricky words

궤:연(几筵)[명] ①영궤(靈几)와 혼령·신주를 모시는 곳. 영연. 《속》 상청(喪廳). ②영좌(靈座).

궤:열(潰裂)[명] 헤져 찢어짐. break up 하다

궤:유(饋遺)[명] 물건을 보내 줌. 하다

궤:적(軌跡·軌迹)[명] ①수레바퀴가 지나간 자국. track ②선인(先人)의 행적. achievements of predecessors ③〈수학〉'자취'의 구용어. locus

궤:정-**하다**(潰挺一)[형] 용감하다. 대담하다. brave

궤:정(軌程)[명] ①수레가 지나간 자리. ②법이나 규정.

궤:조(軌條)[명] ①기차나 전차가 다니도록 깔아 놓은 두 줄의 가늘고 긴 쇠줄. 궤철②. rail

궤:좌(跪坐)[명] 강철꿇음. 꿇어앉음. kneeling down 하

궤:주(潰走)[명] 싸움에 져서 흩어져 달아남. rout 하다

궤:족-**하다**(匱一)[형] 우묵하다.

궤:지기[一](軌一)[명] 궤도를 지키는 사람. 궤직(几直).

궤:지기[一][명] 고르고 남은 찌꺼기. refuse

궤:직(几直)[명] 궤지기[1].

궤:짝(櫃一)[명] 궤. 막 쓰는 궤. chest

궤:책(詭策)[명] 궤술(詭術).

궤:철(軌鐵)[명] ①궤조(軌條)로 쓰이는 철재(鐵材). iron material of rails ②[동] 궤조(軌條).

궤:칙(軌則)[명] ①본보기. ②규범(規範)으로 삼고 rout 하다. [명] 궤지기[1].

궤:패(潰敗)[명] 무너져 패함. rout 하다 [배움.

궤:핍(匱乏)[명] 죄다 없어짐. 궤갈(匱竭). 하다

궤:하(机下)[명] ①책상 아래. ②편지 겉봉에서, 상대편의 이름 밑에 붙여 쓰는 경칭. to Mr. so-and-so

궤:형(詭形)[명] 괴이하고 이상한 모양. queer shape 하다

궤:휼(詭譎)[명] 교묘하고 간사스럽게 속임. wiles 하다

궤:휼(饋恤)[명] 가난한 사람에게 물건을 주어 구제함.

귀 ①〈생리〉얼굴 좌우에 있는 청각 기관. ear ②〈약〉→귓바퀴. ③〈약〉귀때. ④넓적한 물건의 모퉁이의 끝. ¶—떨어진 돈. ⑤바늘 구멍. ⑥두루마기의 양쪽 겨드랑이 밑으로 손을 넣게 만든 구멍. ⑦두루마기나 저고리의 섶끝. ⑧〈약〉→불귀. ⑨바둑판에서 네 모퉁이의 화점(花點) 언저리 부분. ⑩돈머리에 좀더 붙은 우수리.
귀:(鬼) 〈약〉귀성(鬼星).
귀:-(貴)〈접두〉①상대편에 대한 존칭으로서 명사 위에 붙임. ¶—댁(宅). ②귀하다는 뜻으로 한문 글자로 된 체언 위에 붙임. ¶—금속(金屬).
=귀/=뉘(耳)〈고〉=따위.
귀가(歸家) 집으로 돌아가거나 돌아옴. 환제(還第). 〈동〉환택(還宅). returning home 하다
귀가 도자전(刀子廛)이라 →귀가 보배라. 「있다.
귀가 보배라 배운 것은 없으나 들어서 아는 것이
귀:간(貴簡) 〈공〉상대편의 편지. 귀함(貴函). your letter
귀감(龜鑑) 본보기가 될 만한 것. 거울로 삼아 본받을 만한 모범. 명감(明鑑). paragon
귀갑(龜甲) 거북의 등 껍데기. ¶— 문자. tortoise-
귀:객(貴客) 〈동〉귀빈(貴賓).   [shell
귀:거(車) 〈동〉범나비.
귀거래(歸去來) 벼슬을 버리고 고향으로 돌아감. 도연명(陶淵明)의 '귀거래사'에서 나온 말.
귀:거래-사(歸去來辭) 〈문학〉진(晉)의 도연명(陶淵明)이 관직을 버리고 귀향하면서 전원(田園)의 낙을 그린 글.   「the ear
귀=거칠-다 듣기에 매우 거북하다. harsh to
귀걸이 ①귀에 거는 방한구(防寒具). ear-cap ②〈약〉귀걸이 안경. ③귓불에 붙이는 장식품. 귀고리. earring
귀걸이 안:경(一眼鏡) 안경 다리 대신에 실로 꿰어 귀에 걸게 된 안경. 〈약〉귀걸이①.
귀:격(一格)(貴格) ①귀하게 될 생김새. noble feature ②귀한 체격.
귀견(貴見) 〈공〉상대자의 의견.
귀=견줌(體毬) 격구(擊毬)를 처음 시작할 때, 장(杖)을 말의 귀와 가지런히 하는 일. 비이(比耳).
귀결(歸結) ①끝을 맺음. 또, 그 결과. ②〈동〉결론(結論)②. 하다
귀결-부(歸結符) 〈수학〉수의 계산이나 문제를 풀어 귀결된 식을 보일 때 그 식의 앞에 쓰는 부호. '∴' 표. 결과표. 삼발점. 고로표.
귀결-점(歸結點) 귀결이 되는 점.
귀결-짓-다(歸結—) 〈스자〉끝을 맺다. conclude
귀:경(貴庚) 〈공〉남의 나이.
귀경(歸京) 서울로 돌아가거나 돌아옴. 〈대〉이경(離京). return to Seoul 하다
귀경(歸耕) 벼슬을 버리고 전원에 돌아가 농사지음. retirement to farming 하다   「to return home
귀계(歸計) 고향으로 다시 돌아갈 계획. intention
귀-고리 귓불에 장식하는 고리. earring
귀-곡-새(鬼哭—) 〈조류〉부엉이의 하나. 음침한 날이나 밤에 구슬프게 옮. 귀곡조.   「울음 소리.
귀:-곡-성(鬼哭聲) ①귀신의 울음 소리. ②귀곡새의
귀:-곡-조(鬼哭鳥) 〈동〉귀곡새.
귀:-골(貴骨) ①귀하게 자란 사람. men of noble birth ②귀하게 될 골상(骨相). 〈대〉천골(賤骨). noble feature
귀:-공(貴公) 대화하는 동배(同輩) 또는 손아랫사람을 부르는 말.
귀:-공자(貴公子) ①귀한 집의 자손. young noble ②생김새·몸가짐·기품(氣品) 따위가 의젓하고 고상한 남자. 귀자(貴子). ¶— 같은 품격. nobly looking person   「귀문(鬼門).
귀:관(鬼關) 〈불교〉저승으로 들어가는 문.
귀:관(貴官) ①관직에 있는 이를 공경하여 부르는 말. ②상급 관직자가 하급 관직자를 부를 때 이르는 말.
귀:교(貴校) 당신네의 학교. your school
귀교(歸校) 학교로 돌아옴. 또, 돌아감. return to one's school 하다
귀:구(鬼臼) 〈식물〉매자나무과의 다년생 풀. 줄기는 곧고, 잔털이 있는 잎이 더부룩히 남. 잎 아래에 청백색 혹은 홍자색 꽃이 아침과 해질녘에만 핌. 열매는 소독약, 뿌리는 학질·사독(蛇毒) 등의 약재로 쓰임.
귀구(歸咎) 허물을 남에게 돌림. imputation 하다
귀:국(貴國) 〈공〉상대편의 나라. 귀방. ¶—의 영사관. your country
귀국(歸國) 본국으로 돌아가거나 돌아옴. 환국(還國). 귀조(歸朝)②. return to one's home country 하다   「는 말.
귀:군(貴君) 〈대〉손아랫사람을 친근하게 높여 부르
귀근(歸覲) 〈동〉귀성(歸省).
귀글(句—) 〈문학〉두 마디가 한 덩이씩 짝이 되게 지은 글. 한문의 시부(詩賦) 따위. 구문(句文). couplet
귀:-금속(貴金屬) 〈화학〉산출량(産出量)이 적고, 쉽사리 화학 변화하지 않는 귀중한 금속. 백금·금·은 따위. 〈대〉비금속(卑金屬). precious metals
귀:기(鬼氣) ①귀신이 나올 것 같은 무서운 기색. ¶— 서린 얼굴. ②귀신이 닿은 기운.
귀기(歸期) 돌아가거나 돌아올 기약을 기한. time for one's return
귀-기둥(鬼—) 〈건축〉건물의 모퉁이에 세운 기둥.
귀=기울이-다 정신을 가다듬어 잘 듣다. listen attentively   「way 귀품—스레
귀:품-스럽-다 궁극하여 흔하지 않다. out of the
귀:-나다 ①모가 번듯하지 않고 한쪽으로 이그러지다. irregular ②의논(議論)이 서로 들어지다. break down
귀:—남자(貴男子) ①귀한 집 아들. ②존귀한 사내.
귀납(歸納) 〈논리〉많은 사실을 같은 일치점을 구하여, 이미 알고 있는 특수 사실로 미루어 일반적 원리를 알아내는 추리. 〈대〉연역(演繹). induction 하다
귀납 논리학(歸納論理學) 〈논리〉근대 논리학의 하나. 실험의 결과가 가설을 어느 만큼 확증하였음을 알려는 것이 목적임. inductive logic
귀납-법(歸納法) 〈논리〉논리에의 2대 방법의 하나. 귀납으로 사유(思惟)·추리하는 방법. 〈대〉연역법(演繹法). inductive method
귀납-적(歸納的) 〈관형〉개개의 구체적 사실로부터 일반적인 명제(命題)를 유도해 내는(것).
귀납적 논증(歸納的論證) 〈논리〉낱낱의 사실에 의거하는 논증(論證).
귀납적 추리(歸納的推理) 〈논리〉특수한 사실에서 일반 법칙을 끌어내는 추리.
귀납 학파(歸納學派) 〈경제〉경제학의 연구에 있어서 귀납법과, 역사적·경험적 연구 방법을 그 방법론으로 하는 학파. inductive school
귀넘어 들-다 〈스타〉주의하지 않고 흘려 듣다. 〈대〉귀여겨 듣다. take no notice of
귀:-녀(鬼女) 악귀 같은 여자.
귀:-녀(貴女) ①귀한 집안에서 태어난 딸. lady of noble birth ②특별히 귀염을 받는 딸. beloved daughter 〈대〉여자에게 존대하는 말. your ladyship
귀녕(歸寧) 시집간 딸이 친정에 부모를 뵈러 감. 하다
귀:농(歸農) ①다시 농사를 지음. 〈대〉이농(離農). ②벼슬을 버리고 농업에 종사함. 귀경(歸耕). returning to farms 하다
귀농 문학(歸農文學) 〈문학〉농촌으로 돌아와서 농민과 생활을 같이하면서 창작하는 문학. return-to-the-soil literature
귀-느레하다 〈동물〉귀가 늘어진 말.
귀:-다래기 〈동물〉귀가 작은 소. small-eared cow

귀단(歸斷) 벌어졌던 일이 끝남. 하다

귀:단백석(貴蛋白石) 〈광물〉 보석의 하나. 젖빛·노랑·파랑 등의 색을 띤 함수 규산(含水珪酸)의 비결정질(非結晶質) 광석임.

귀담-다 [-따] 마음에 잘 새겨 두다.

귀담아 듣다 탐탁하게 여겨 잘 듣다. listen attentively

귀대(歸隊) 부대로 돌아가거나 돌아옴. 하다

귀:댁(貴宅) 〈꿍〉 상대편의 집안을 이르는 말. your house

귀·더·기 〈고〉 구더기.

귀도(歸途) 〈동〉 귀로(歸路).

귀동-냥 남의 말을 귀로 얻어들음. ¶〜으로 알다. ear-learning 하다 「one's dear son

귀:동자(貴童子) 특별히 사랑받는 사내 아이.

귀두(鬼頭) 〈건축〉 종마루 양쪽 끝에 세운, 도깨비 모양의 장식. 「가리. glans

귀두(龜頭) ①〈동〉 귀부(龜趺). ②〈생리〉 자지의 대

귀둥(←貴童) 〈꿍〉 귀둥이.

귀둥-대둥-이 귀둥대둥하는 사람. 「童). dear child

귀:둥-이(←貴童—) 귀염을 받는 아이. 귀동(貴

귀-따갑-다 ①소리가 날카로워 듣기에 따가운 느낌이 있다. crack ②싫증이 나도록 여러 번 들어 듣기에 귀가 따갑다.

귀때 물을 따위를 담는 그릇의 부리. 〈약〉 귀③. spout

귀때 그릇 귀때가 달린 도자기. pottery with a

귀=때기 〈비〉 귀. 「spout

귀때기가 떨어졌으면 이 다음 와 찾지 서둘러 급히 떠날 때 이름.

귀때-동이 귀때가 달린 동이 jar with a lip 「다.

귀-떨어지-다 넓적한 물건의 가장자리가 이지러지

귀떨어진 돈 가장자리가 떨어져 나간 돈.

귀뚜라미(곤충) 귀뚜라미과의 곤충. 몸 길이 17∼21mm의 온몸이 흑갈색에 반문이 있음. 촉각은 몸보다 길며 꼬리 끝이 갈라졌음. 실솔(蟋蟀). 〈약〉 귀뚜리. cricket

귀뚜라미 풍류한다 〈게을러 빠져서 김이 우거지도록 논밭에 손을 대지 않는 사람을 비꼬아 이르는 말.

귀뚜리 〈약〉 귀뚜라미.

귀뚤-귀뚤 귀뚜라미의 우는 소리. chirping 하다

귀=뜨-다 〈으로〉 난 뒤에 비로소 듣게 되다. begin to hear 「다. 〈약〉 귀뜨다. come to hear things

귀=뜨이-다 어떤 말이나 소리에 선뜻 정신이 끌리

귀-뜨-다 〈←귀뜨이다.

귀뜸하기 눈치를 채고 알아듣도록 가장 긴요한 점만 일깨워 줌. ¶ 서둘러 하라고 〜하다. whispering into another's ear 하다

귀래(歸來) 돌아옴. returning 하다

귀렬(龜裂) →균열(龜裂).

귀로(歸路) 돌아가거나 돌아오는 길. 귀도(歸途). 귀정(歸程). 회정(回程). 〈대〉 왕로(往路). one's way home

귀:록(鬼錄) 귀적(鬼籍)의 기록. 과거장(過去帳).

귀루(晷漏) 해시계와 물시계. 곧, 시각(時刻)을 말

귀:롱(貴籠) 귀롱나무의 열매. 「함. time

귀:롱-나무(식물) 앵도과의 낙엽 교목. 잎은 타원형으로 가장자리에 톱니가 있음. 5월에 가지 끝에 흰 꽃이 피고 버찌 비슷한 열매가 열림. 정원수 같이 가지는 약용, 과실 및 어린 잎은 식용됨. prunus padus

귀류-법[—뻡](歸謬法) 〈논리〉 어떤 명제(命題)의 참(眞)임을 직접 증명하는 대신에, 그 부정(否定) 명제가 참이란 가정(假定)에서 어떤 모순에 귀결되는 것을 제시함으로써, 간접으로 원명제(原命題)가 참이 되지 않으면 안 된다는 것을 주장하는 추리 증명법(推理證明法). 간접 논증. reduction to absurdity

귀:리(식물) 포아풀과의 재배 식물. 가지는 사방으로 벌어지고, 잎은 가늘고 길며 칼집 모양의 자루가 있음. 열매는 식용하고 가축의 사료로도. 광맥(礦麥). 작맥(雀麥). 연맥(燕麥). 이맥(耳麥). oat

귀:린(鬼燐) 밤에 축축한 곳에서 번쩍이는 불꽃. 귀화(鬼火). 도깨비불.

귀=마루 〈건축〉 지붕의 귀에 있는 마루.

귀마루 홀림 귀마루의 기울어진 정도.

귀마 방:우(歸馬放牛) 전쟁에 사용하던 마소를 놓아 보낸다는 뜻으로, 다시는 전쟁을 안한다는 말.

귀 막고 방울 도둑질한다 얕은 수를 써서 남을 속이려 하나 거기에 속는 사람은 없다.

귀=막이(제도) 면류관(冕旒冠)의 양쪽 잠(簪) 끝에 줄을 걸어서 늘이고, 구슬을 꿰어서 귀까지 내려오게 된 물건.

귀:매(鬼魅) 도깨비와 두억시니. fiend

귀매=괘(歸妹卦) 〈민속〉 육십사괘(卦)의 하나. 진괘(震卦)와 태괘(兌卦)가 거듭된 것. 못 위에 우레가 있음을 상징함.

귀-머거리 귀먹은 사람. 농자(聾者). deaf person

귀머거리 삼 년이요 벙어리 삼 년이라 시집살이가

:귀머·리[고] 복사뼈.

귀머리-장군 윗머리 양쪽 귀퉁이에 검은 부등변 삼각형을 그린 종이로 만든 연.

귀머리장군 긴:코박이 귀머리장군에다가 붉은 꼭지를 붙인 종이로 만든 연.

귀-먹-다 ①귀가 어두워서 소리가 들리지 않게 되다. become deaf ②남의 말을 이해하지 못하다. be difficult to understand ③그릇에 금이 가서 소리가 털털거리다.

귀먹은 중 마 캐듯 남이 무슨 말을 하거나 말거나 못 들은 체하고 저 할 일만 열심히 할 때 이름.

귀먹음=체(體) 못 들은 체함. 하다

귀:면(鬼面) ①귀신의 얼굴. devil's face ②귀신의 낯. devil mask

귀:명(貴名) 존귀한 이름. 드문 이름.

귀:명(貴命) 〈꿍〉 당신의 명령.

귀명(歸命) 〈불교〉 불법(佛法)에 돌아가 몸과 마음을 잡으로 의지함. conversion to Buddhism 하다

귀명 정례(歸命頂禮) 〈불교〉 ①부처에게 귀명하여 머리 숙여 절함. ②예불(禮佛)할 적에 부르는 말.

귀모 토각(龜毛兎角) 거북의 털과 토끼의 뿔이란 뜻으로, 있을 수 없음의 비유.

귀목(←槻木) 느티나무의 제목. ¶〜 뒤주. zelkova

귀목-나무 〈동〉 느티나무. 「wood

귀목 반닫이[—다지] 귀목으로 만든 반닫이.

귀:문(鬼門) 〈민〉 귀관(鬼關).

귀:문(貴門) ①존귀한 집안. noble family 「당신네 집안. ②〈꿍〉

귀:물(貴物) ①얻기 어려운 아주 드문 물건. ②귀중한 물건. rare article

귀-밀 〈약〉→귀밀때기. 「the ear

귀밀=때기[속] 귀 아래쪽의 뺨. 〈약〉 귀밀. root of

귀밀-머리 아이들의 이마에서 넘겨 땋은 머리.

귀밑머리 풀다 처녀 때 땋아 붙였던 귀밀머리를 풀

귀밀-털[속] 살쩍. 「어 쪽을 찌고 시집을 가다.

귀박 나무가 지게 장방형으로 파서 만든 나무 지박. small square wooden tray

귀-밝-다 ①남이 하는 말을 잘 알아듣다. have quick ears ②작게 나는 소리도 또렷하여 구별하여 듣다. ③정보나 소식을 남보다 먼저 알고 있다.

귀-밝이 〈약〉→귀밝이술.

귀밝이-술 〈민속〉 음력 정월 보름날 아침에 귀가 밝아지라고 마시는 술. 명이주(明耳酒). 이명주(耳明酒). 총이주(聰耳酒). 치롱주(治聾酒). 〈약〉 귀밝이.

귀:방(貴邦) 〈꿍〉 귀국(貴國).

귀배(龜背) ①거북의 등. back of turtle ②꼽사등이. hunch-back ③봉황(鳳凰)을 달리 일컫는 말.

귀배 괄모(龜背刮毛) 거북의 등에서 털을 긁는다는 뜻으로, 될 수 없는 것을 억지로 구함을 일컫는 말.

귀배-증[—쯩](龜背症) 〈한의〉 거북 등처럼 어린 아

귀범(歸帆)[명] 멀리 나갔던 돛단배가 돌아옴. 또, 그 배. (대) 출범(出帆). returning sail 하다

귀:법[一뻡](歸法)[명] 〈약〉→구귀 제법(九歸除法).

귀-벽돌[一壁―](―㐌―)[명] 벽돌을 쌓을 때 귀에 쓰기 위해 만든 삼각형의 벽돌.

귀:보(鬼報)[명] 귀적(鬼籍)에 매인 응보(應報). 귀적

귀:보(貴報)[명] 〈공〉상대편의 보도(報道)를 이르는 말. your report

귀:보(貴寶)[명] 귀중한 보배. treasure

귀복(歸伏)[명] 귀순(歸順)하여 항복함. submission 하다

귀본(歸本)[명] 〈불교〉승려(僧侶)의 죽음. 곧, 진적(眞寂)의 본원(本元)으로 돌아감. death of a priest 하다

귀:부(鬼斧)[명] 귀신의 도끼라는 뜻으로, 신기한 연장을 이름. mysterious instrument

귀부(鬼簿)[명] →과거장(過去帳). mission 하다

귀부(歸附)[명] 귀속(歸屬)하여 붙좇음. hearty submission 하다

귀부(龜趺)[명] 석각(石刻)한 거북 모양의 빗돌 받침. 귀두(龜頭)①. turtle base of a stone monument

귀:-부인(貴夫人)[명] 〈동〉영부인(令夫人).

귀:부인(貴婦人)[명] 지체가 높은 부인. noble lady

귀:비(貴妃)[명] 〈제도〉①고려 때 비빈(妃嬪)에게 주던 칭호. ②중국 당나라 때 후궁에게 주던 칭호. superior court lady

귀비-탕(歸脾湯)[명] 〈한의〉불면증·건망증·유정(遺精)따위의 병증에 쓰는 약.

귀:빈(貴賓)[명] 귀한 손님. 귀객(貴客). 큰손님. ¶~석(席). honoured guest

귀:빈-관(貴賓館)[명] 귀빈을 접대하는 집.

귀-빠지다[명] 〈속〉태어난 날. 「귀빠진 날」

귀-뿌리[명] 귀가 뺨에 붙은 밑. 이근(耳根). root of the ear

귀-사(―土)[명] 장기 둘 때, 궁밭의 아래 귀퉁이에 있는 사(土).

귀:사(貴社)[명] 〈공〉상대편의 회사를 이르는 말. your company

귀산(歸山)[명] 산중에 있는 절이나 집으로 돌아감. 또, 돌아옴. 하다

귀살머리-스럽다[ㅂ변][형] 몹시 귀살스럽다. messed up

귀살머리-쩍다[형] 몹시 귀살쩍다.

귀살-스럽다[ㅂ변][형] 귀살쩍은 느낌이 있다. troublesome 귀살-스레[부]

귀-살이[명] 바둑에 있어서 귀에서 사는 일. 하다

귀살-쩍다[형] ①물건이 흩어져서 뒤숭숭하다. ②일의 가닥이 얽혀 마음이 산란하다. confused

귀:상(貴相)[명] 귀인의 될 생김새. noble physiognomy

귀-상어(―魚)[명] 귀상어과의 바닷물고기. 몸 길이 3~4m이고 몸 빛은 회청색임. 머리가 양쪽으로 귀와 같이 생겼고 그 옆쪽에 눈이 있음. 성질이 횡포하여 온대·열대 바다에 분포함. 당목어(撞木魚). 장목어(樟木魚). hammerhead

귀:서(貴書)[명] 〈공〉귀신(貴信).

귀선(龜船)[명] 〈동〉거북선. 「unfamiliar to the ear

귀-설다[형][르변] 자주 듣지 않아 듣기에 서투르다.

귀:성(鬼星)[명] 〈천문〉이십팔수(宿)의 스물셋째 별. 동특 모양에 있는 귀성(鬼星). 〈약〉 귀(鬼).

귀성(歸省)[명] 고향에 돌아가 어버이를 뵘. 귀근(歸覲). home-coming 하다

귀:성-스럽다[ㅂ변][형] 〈약〉귀인성스럽다.

귀성 열차(―列車)[―녈―](歸省列車)[명] 귀성하는 사람을 위하여 운행하는 열차.

귀:성-지다[형] 귀인성스럽게 생기다. lovely

귀-세우다[타] 잘 들으려고 주의를 기울이다.

귀소-성(――성)(歸巢性)[명] 〈동물〉동물이 일정한 주거·육아의 장소 등에서 멀리 다른 곳으로 갔다가 도로 집에 돌아오는 본능. homing instinct

귀속(歸屬)[명] ①돌아가 붙음. 붙좇음. reversion ②〈법률〉재산 또는 권리가 특정한 사람에게 돌아감. possession 하다

귀속 재산(歸屬財産)[명] 〈법률〉①1948년 9월 11일에 대한민국 정부와 미국 정부 사이에 체결된 협정 및 재산에 관한 협정에 의하여 대한민국 정부에 이양(移讓)된 재산. 곧, 1945년 8월 9일 이전에 일본인이 공유 또는 사유하였던 일체의 것을 말함. 적산(敵産). ②법률이나 계약에 의하여 귀속된 재산. 〈약〉귀재(歸財). properties reverted to the government

귀:수(鬼祟)[명] 귀신의 빌미로 생기는 병.

귀:숙-일(貴宿日)[명] 〈민속〉이날 잉태하면 아들을 가진다고 여겨지던 날. 전에는 날짜 계산법이 부녀자들 사이에 전수되었음. submission 하다

귀순(歸順)[명] 반항심을 버리고 순종함. ¶~용사.

귀순-병(歸順兵)[명] 귀순하여 온 병사.

귀:신(鬼神)[명] ①사람이 죽은 뒤의 넋. spirit of the dead ②사람에게 복과 화를 준다고 하는 정령(精靈). 이때 망량(魍魎魍魎). fierce god ③특별한 재주가 있는 사람의 비유. ~같이 잘하다. ④생김새나 주체가 몹시 사나운 사람의 비유. ¶~같이 생긴 놈.

귀:신-같다(鬼神―)[형] 추측이나 기술·솜씨 따위가 기막히게 신통할 때 감탄조로 하는 말. ¶귀신 같은 솜씨로 해치우다. 귀:신-같이[부]

귀신같이 먹고 장승같이 간다[관] 걸음을 잘 걷는다.

귀:신-날(鬼神―)[명] 〈민속〉음력 정월 열엿샛날. 이날 밖에 나다니면 귀신이 따른다 함.

귀신도 모른다[관] 아무도 감쪽같이 모른다.

귀신도 빌면 듣는다[관] 사람으로서 비는 것을 용서하지 못하겠느냐고 하는 말. 「그 사람 앞에서 한다.

귀신 듣는 데 떡 소리한다[관] 듣고 썩 좋아할 이야기를

귀:신-들리다(鬼神―)[자] 사람이 영적(靈的)·악귀적(惡鬼的) 존재에 경맥되다.

귀신 씨나락 까먹는 소리[관] 보이지 않는 곳에서 몇 사람이 무어라고 수군거리는 소리를 빈정거리어 이르는 말.

귀신은 경문에 막히고 사람은 인정에 막힌다[관] 사정사정하는 데는, 우기고 강경한 처사를 못한다.

귀신이 곡한다[관] 일이 하도 기묘하고 신통하여서 귀신이라도 놀라고 실색하여야 할 만하다.

귀심(歸心)[명] ①귀향(歸鄕)하고 싶은 마음. longing for home ②사모하여 마음으로 붙좇음. attachment 하다

귀-싸대기[명] 〈속〉귀와 빰과의 어름.

귀-쌈지[명] 네모지게 만들어 아가리를 접으면, 양쪽 볼이 귀가 지게 된 허리에 차는 담배 쌈지. square tobacco pouch

귀-아프다[형][르변] ①너무 시끄러워 듣기가 싫다. ②너무 자주 들었거나 잔소리를 길게 늘어놓아서 듣기에 싫증이 나다. ¶그 이야기는 귀가 아프도록 들었다. sick of hearing

귀안(歸雁)[명] 봄철이 되어 다시 북쪽으로 돌아가는 기러기. returning wild-geese

귀:안-청(鬼眼睛)[명] 〈동〉누렁이.

귀-앓이[―알―][명] →귓병.

귀:압(←鬼壓)[명] 〈동〉몽암(蒙壓).

귀:-애하다(貴愛―)[타] 귀엽게 여겨 사랑하다. love

귀약(―藥)[명] 화승총(火繩銃)에 다져 넣는 화약.

귀얄[명] 풀칠이나 옻칠·페인트칠 따위를 할 때 쓰는 기구. paste-brush 「bearded person

귀얄-잡이[명] 덕석부리를 조롱하여 하는 말. bushy-

귀양(←歸鄕)[명] 〈제도〉죄인을 먼 지방으로 쫓아 보내던 일. 유형(流刑). 정배(定配). 찬배(竄配). 유배(流配). exile

귀양(歸養)[명] 집에 돌아가 부모를 봉양함. returning home and serving one's parents 하다

귀양-가다[자] ①〈제도〉귀양살이를 가다. ②〈속〉도덕·의리상에 벗어난 일을 하였을 때 경고함을 받잡아 이르는 말. be exiled 「일컫던 말. exile

귀양-다리[명] 〈제도〉귀양살이하는 사람을 업신여겨

귀양-살다[자][르변] 귀양살이를 하다. live in exile

귀양-살이[명] ①〈제도〉귀양가서 지내는 생활. ②세상

과 동떨어져 지내는 담담한 생활. exile's life 하다
귀양 풀리다㈜〈제도〉귀양살이에서 자유로운 몸이 되다. be released from exile
귀양 풀어 주다㈜〈제도〉귀양살던 죄인을 용서해 주다.
귀:어(鬼語)뎽 귀신의 말. phrase
귀어둡―다(―)[ㅂ]뗑 ①소리나 말을 잘 알아듣지 못하다. hard of hearing ②이해가 더디다. slow of understanding ③방이 섭사리 더워지지 아니하다. slow to be heated ④시대에 뒤떨어져 새 소식을 알지 못하다. behind the times
귀어:허지(歸於虛地)뎽 수고스럽기만 하고 헛되이 돌아감.
귀:업(貴業)뎽 상대편의 사업.
귀에 달면 귀고리, 코에 걸면 코고리㈜ 하나의 사물이 두 쪽에 관련되어, 어느 한 쪽으로 치우쳐 결정짓기 어렵다. 이헌령 비헌령(耳懸鈴鼻懸鈴).
귀에지 → 귀지.
귀엣:고리명 귀고리.
귀엣:말 㕵 귓속말. 하다
귀여겨 듣―다[ㄷ]뎽 정신을 차려 놓치지 않고 모두 듣다. (대) 귀없이 듣다. listen carefully
귀:여리―다 뎽 남의 말을 곧이듣기를 잘하다. credulous
귀:여워 하―다[(여)] 귀엽게 여기다. pet
귀역꿀[귀] 귀고리.
귀연(歸燕)뎽 보금자리로 돌아가는 제비.
귀:염명 귀엽게 여기는 마음. favour
귀염―둥이[뎽] 아주 귀여운 아이. 귀염을 받는 아이.
귀염―성(―性)뎽 남에게 귀염을 받을 만한 바탕. loveliness 스럽다
귀엽―다[ㅂ]뎽 귀여워 사랑할 만하다. lovely
귀·엿귈[뎽]〈고〉귀고리. returning to barracks 하다
귀영(歸營)뎽 병영(兵營)으로 돌아옴. 돎, 돌아감.
귀와(鬼瓦)뎽 귀신의 면상을 장식한 기와.
귀와(歸臥)뎽 벼슬을 내놓고 고향에 돌아가 은거함. retirement at home after public service 하다
귀요(귀)구유.
귀용―탕(歸茸湯)뎽〈한의〉보혈 강심제로서 당귀(當歸)와 녹용(鹿茸)만을 달인 약. [in one's ears
귀=울―다[ㄹ]뎽 귓속에서 윙윙거리다. have a ringing
귀웅 도자기 공장에서 진흙을 담는 통.
귀웅―젖[뎽] 젖꼭지가 움푹 들어간 여자의 젖.
귀원(歸元)뎽〈불교〉본원(本元)으로 돌아감. 곧, 죽음. returning to dust 하다
귀원―성(―性)(歸原性)뎽〈어류〉물고기가 그 깨어난
귀유(귀) 구유. [곳에 가서 알을 낳는 습성.
귀:―이마(鬼油麻)뎽 절국대. [opinion
귀:의(貴意)뎽 상대방의 의견. your will, your
귀의(歸依)뎽 ①돌아와 몸을 기댐. ②〈불교〉부처를 깊이 믿고 돌아와 의지함. ¶여생을 불교에 ～하다. conversion 하다
귀의―법[―뻡](歸依法)뎽〈불교〉①삼귀의(三歸依)의 하나. 불법에 돌아가 의지함. ②귀의하는 법문.
귀의―불(歸依佛)뎽〈불교〉①삼귀의(三歸依)의 하나. 부처에 돌아가 의지함. becoming a believer in Buddhism ②귀의한 부처.
귀의 불은(歸依佛恩)뎽 부처의 은혜에 귀의함. 하다
귀의―승(歸依僧)뎽〈불교〉①삼귀의(三歸依)의 하나. 승가(僧伽)에 돌아가 의지함. ②귀의한 승가.
귀의―심(歸依心)뎽〈불교〉불도(佛道)에 돌아가 의지하는 마음.
귀의―처(歸依處)뎽 귀의하는 곳.
귀이개명 귓밥을 파내는 기구. ear-pick
귀:인(貴人)뎽 ①존귀한 사람. (대) 천인(賤人). noble man ②〈제도〉내명부(內命婦)의 종1품 봉작.
귀:인―상(貴人相)뎽 존귀하게 생긴 인상. noble face
귀:인―성(―性)(貴人―)뎽 귀한 사람다운 바탕. nobleness 스럽다 [reduction to unity 하다
귀일(歸一)뎽 한군데로 돌아감. 귀착하는 바가 같음.
귀일―법[―뻡](歸一法)뎽〈수학〉귀일 산법.
귀일―산(歸一算)뎽〈수학〉비례식(比例式)에 의하지 않고 비례 문제를 푸는 법. 사칙 해법(四則解

法). 귀일법. unitary method [to one's post 하다
귀임(歸任)뎽 임지로 돌아오거나 돌아감. returning
귀:자(貴子)뎽 ①귀염을 받는 아이. beloved son ②〈귀〉귀공자(貴公子).
귀:잠뎽 매우 깊이 든 잠. 굳잠. deep sleep [sleep
귀잠―들―다[ㄹ]뎽 잠이 매우 깊이 들다. fall fast a
귀장사하지 말고 눈장사하라㈜ 귀로 듣는 것보다 눈으로 보는 것이 확실하니, 보지 않고는 소문을 내지 못한다는 뜻. '그런 재기를 지닌 사람. genius
귀:재(鬼才)뎽 세상에 드물게 뛰어난 재기(才氣)를. 또,
귀재(歸財)뎽〈약〉→ 귀속 재산.
귀저분―하―다(―)[여]뎽 귀저분스럽다①.
귀:적(鬼籍)뎽〈불〉과거장(過去帳).
귀적(歸寂)뎽〈불〉입적(入寂). 하다
귀:―전기석(貴電氣石)뎽 보석의 하나. 투명하고 아름다운 홍·청색을 발하는 전기석.
귀점(龜占)뎽〈불〉거북점①.
귀접―스럽다(―)[ㅂ]뎽 ①지저분하고 더럽다. 귀저분하다. dirty ②품격이 보잘것없다. mean 귀접―스레이
귀―접이[뎽] 물건의 귀를 깎아 버리거나 접어 붙이는 일. softening down angularities 하다
귀정(歸正)뎽 사물이 옳은 길로 돌아옴. ¶사필(事必)～. coming back to the right way 하다
귀정(歸程)뎽 귀로(歸路).
귀정―나―다(歸正―)뎽 잘못되어 가던 일이 바르게 되어 끝이 나다. end in the right way
귀정―짓―다(歸正―)[ㅅ]뎽 일을 바르게 되도록 결말을 짓다. round up correctly
귀:제(貴弟)뎽 ①상대방의 동생을 이르는 말. your brother ②〈편지〉자기 동생을 남에게 낮추어 이르는 말.
귀제(歸除)뎽〈약〉→ 구귀 제법(九歸除法). [brother
귀조(歸朝)뎽 ①외국에 명령 갔던 사신이 본국으로 돌아옴. returning home from abroad ②〈동〉귀국(歸國). 하다
귀:족(貴族)뎽 ①〈상대방의 가족을 이르는 말. ②문벌과 신분으로 특권을 가진 사람들. 화족. (대) 평민. nobility
귀:족 계급(貴族階級)뎽〈사회〉문벌과 신분으로 특권을 가지고 있는 지배 계급. aristocratic class
귀:족 국체(貴族國體)뎽〈정치〉귀족이 정권을 독점하여 정치할 수 있게 되어진 국체.
귀:족 문학(貴族文學)뎽〈문학〉귀족의 생활 감정을 표현한 문학. [어. (대) 평민어.
귀:족―어(貴族語)뎽 주로 귀족 계급에서 쓰이는 언
귀:족―적(貴族的)[―쩍]뎽 ①귀족다운 기품이 있는(것). ②상류 계급의 영화(榮華)를 뽐내는 태도가 있는(것). (대) 평민적(平民的). aristocratic
귀:족적 문학(貴族的文學)뎽〈문학〉고답적(高踏的)인 형식으로 숭고하고 순수한 정신과 인간성을 추구하는 문학. aristocratic literature
귀:족 정치(貴族政治)뎽〈정치〉소수의 귀족이 민의에 의하지 않고 독점으로써 나라의 주권을 장악하는 정치. aristocracy [방식.
귀:족―제(貴族制)뎽〈정치〉귀족이 권력을 잡는 통치
귀:족―주의(貴族主義)뎽〈사회〉①소수의 극소수만이 지배자가 됨을 인정하는 주장. ②소수의 선량만이 문화에 참여할 수 있다고 생각하는 형편. aristocratism
귀:족 학교(貴族學校)뎽 귀족 또는 특정한 권문(權門)의 자제들을 위하여 특별히 세워진 학교. aristocratic school
귀―졸(鬼卒)뎽 ①온갖 잡귀(雜鬼). ②저승에 살며 염라 대왕의 명에 따라 죄인을 다루는 귀신. 염마졸(閻魔卒).
귀죄(歸罪)뎽 죄를 남에게 돌림. imputation 하다
귀―주머니뎽 네모지게 지어서 아가리께로 접반을 세 골로 접어서 아래의 양쪽으로 귀가 나게 된 주머니.
귀:중(貴中)뎽 편지나 물품을 받는 단체의 이름 밑에 쓰는 경어. ¶한글 학회 ～. Messrs
귀:중(貴重)뎽 진귀하고 중요함. 진중(珍重). pre-

귀중 — **귓돌아미/귓돌와미**

ciousness 하[형] 히[부]
귀중(貴重)[명] ①중요한 곳을 좇음. ②글에 있어서 중요한 대목. important paragraph 하[자]
귀중중-하-다[형여불] ①더럽고 지저분한 느낌이 있다. dirty ②인격이 비루한 느낌이 있다. mean **귀중중-히**[부] [ables
귀:중-품(貴重品)[명] 귀중한 물품. ⟨약⟩ 귀품①. valu-
귀:-지[명] 귓구멍 속의 때. 귓밥①. 이구(耳垢).
귀:지(貴地)[명] ⟨공⟩ 상대편이 사는 곳. 귀처(貴處). your place
귀:지(貴紙)[명] ⟨공⟩ 상대편의 신문. your(valued) pa-
귀:지(貴誌)[명] ⟨공⟩ 상대편의 잡지. your(valued) maga-zine [sible ②남의 말을 잘 안 듣는 상태다.
귀:질기-다[형] 감각이 둔하고 이해가 늦다. insen-
귀:청[명] 귓속의 고막에 결부시키는 말.
귀:차(鬼差)[명] 귀신의 차사(差使).
귀착(歸着·歸著)[명] ①돌아와 닿음. ⟨대⟩ 출발. returning ②의견·의논 등이 어떤 결말에 다달아는. conclusion 하[자]
귀착-점(-點)[명] ①돌아와 닿는 곳. returning point ②사물의 낙착되는 끝. conclusion
귀찮-다[형] 귀엽지 않고 도리어 성가시어 하다.
귀:찰(貴札)[명] 귀함(貴函).
귀:책(鬼責)[명] 병중에 귀신이 집적거림. 귀침(鬼侵).
귀책(歸責)[명] [법률] 자유 의사에 의하여 행한 행위를 그 행위자의 책임에 결부시키는 일.
귀책 사:유(歸責事由)[명] [법률] 법률상 비난받을 심리 상태에 기인하는 행위. 곧, 고의나 과실에 의한 행위.
귀:처(貴處)[명] 귀지(貴地).
귀:척(貴戚)[명] ①임금의 인척(姻戚). relatives of the king ②⟨공⟩ 상대편의 인척.
귀:천(貴賤)[명] ①부귀와 빈천. rich and poor ②귀한 사람과 천한 사람. high and low
귀천(歸天)[명] 하늘로 올라간다는 뜻으로, 사람의 죽음을 이름. going to heaven 하[자]
귀천(歸泉)[명] 황천으로 돌아감. 죽음. 하[자]
귀:천지-별(貴賤之別)[명] 귀함과 천함의 구별.
귀:청[명] 귓속에 있는 고막(鼓膜). eardrum
귀:체(貴體)[명] ⟨공⟩ 편지에서 상대자의 몸을 이르는 말. ¶~ 안녕(安寧)하옵시며…
귀추(歸趨)[명] ①사물의 귀착되는 바. 또, 그 곳. ¶~가 궁금하다. trend ②[동] 귀취(歸趣).
귀축-생(鬼畜生)[명] ①아귀(餓鬼)와 축생(畜生). devil ②은의(恩義)를 모르는 사람. ingratitude ③잔인한 짓을 하는 사람. wicked person
귀축축-하-다[형여] 하는 짓이 조촐하지 못하고 더럽다. foul **귀축축-히**[부] [tendency
귀취(歸趣)[명] 인심이 돌아가는 형편. 귀추(歸趨)②.
귀:측(貴側)[명] ⟨공⟩ 상대편. your side
귀:침-초(鬼針草)[명] [식물] 도깨비바늘.
귀:태(貴態)[명] ①존귀하고 자태. noble figure ②귀여운 태도. lovely figure
귀택(歸宅)[명] 집으로 돌아감. returning home 하[자]
귀토(歸土)[명] 흙으로 돌아감. 곧, 죽음. die
귀토지-설(龜兎之說)[명] 삼국 사기에 나오는 토끼와 거북의 이야기. 후세에 다른 사람이 윤색(潤色)하여 토생원전(兎生員傳)·토의 간·별주부전 등이 됨. log-cabin
귀통-머리(비)귀통이①. [소설로 꾸몄음.
귀통-배기[명] (비)귀통이①.
귀통이[명] ①물건의 언저리. ⟨비⟩ 귀통머리. 귀통배기. root of ear ②모퉁이. corner
귀틀[건축] ①마루를 놓을 때 먼저 가로와 세로 짜 놓는 굵은 나무. frame ②천장틀. ③천장의 새막이들 중에서 길게 된 부분.
귀틀-집[-찝][건축] 통나무를 '정(井)'자 모양으로 귀를 맞추어 얹고, 틈을 흙으로 발라 지은 집. log-cabin
귀:판(鬼板)[명] [건축] 마룻대 양끝의 귀면이 붙은 장 [에 약으로 씀.
귀판(龜板)[명] [한의] 거북의 배의 껍질이. 학질 따위

귀:포(-包)[명] ①장기에서 궁(宮) 줄의 귀에 놓은 포(包). ②[건축] 귀기둥 위에 받친 공포(貢包).
귀:품(貴品)[명] ⟨약⟩ 귀중품. ⟨공⟩ 상대편 상품.
귀:하(貴下)[대] 상대편. ¶~께서는. you [의]⟨공⟩ 편지에서 상대방 이름 밑에 놓아 쓰는 말. Mr. Mrs. Miss
귀:-하-다(貴-)[형여] ①신분·지위가 높다. august ②귀엽다. lovely ③흔하지 않다. rare ④값지다. precious **귀:-히**[부]
귀:학(鬼瘧)[명] [한의] 발열(發熱)·오한(惡寒)이 일어나고 정신이 흐려지는 학질의 하나.
귀:한(貴翰)[명] 귀함(貴函).
귀한 그릇 쉬 깨진다[속] ①값진 것이 쉬 부서질 때 이르는 말. ②귀하게 태어난 사람이나 비상한 재주를 가지고 태어난 사람이 일찍 죽었을 때 이르는 말.
귀한 자식 매로 키워라[속] 자식이 귀할수록 그 자식을 잘 기르려면 매로 때리더라도 버릇을 잘 고쳐야 한다.
귀:함(貴函)[명] ⟨공⟩ 상대편의 편지. 귀서(貴書). 귀찰(貴札). 귀한(貴翰). 방한(芳翰). 운함(雲函). your letter [returning to one's warship 하[자]
귀함(歸艦)[명] 자기의 군함으로 돌아옴. 또, 돌아감.
귀항(歸航)[명] 돌아오는 배의 항해(航海). ¶배가 ~ 중이다. homeward voyage 하[자]
귀항(歸港)[명] 배가 떠나던 항구로 다시 돌아옴. return to port 하[자] [에 병졸이 치던 행진.
귀-행전(-行纏)[명] [제도] 두 귀가 내밀고 좁은, 옛날
귀향(歸鄕)[명] ①고향으로 돌아가거나 돌아옴. ②[귀성(歸省). ⟨대⟩ 이향(離鄕). 출향(出鄕). going home ②⟨약⟩→귀양. 하[자] [dignitary 하[자]
귀:현(貴顯)[명] 존귀하고 이름이 높음. 또, 그런 사람.
귀:형(鬼形)[명] 귀신의 형상. ghostly figure
귀:형(貴兄)[대] 상대방을 친하게 이르는 말. you
귀:혹 천:계(貴鵠賤鷄)[명] 먼 데 것을 귀히 여기고, 가까운 데 것을 천하게 여기게 되는 인정을 이르는 말.
귀혼-일(歸魂日)[명] [민속] 생기법(生氣法)으로 본 길[일(吉日)의 하나.
귀:화(鬼火)[명] 도깨비불.
귀화(歸化)[명] ①귀순하여 복종함. submission ②[법률] 다른 나라의 국적으로 옮김. 투화(投化). naturalization 하[자]
귀화-민(歸化民)[명] 귀화한 국민. naturalized people
귀화 식물(歸化植物)[명] [식물] 옮겨 온 다른 나라의 식물이 그 풍토에 맞아 번식하는 식물. naturalized plant
귀화-인(歸化人)[명] 귀화한 사람. naturalized person
귀환(歸還)[명] 다시 돌아오거나 돌아감. return 하[자]
귀환-자(歸還者)[명] 귀환한 사람. ②어떤 일이나 사건으로 오랫동안 멀리 나가 있다가 되돌아온 사람.
귀환 장:정(歸還壯丁)[명] 군대에 복무하다가 돌아온 장정.
귀휴(歸休)[명] 집에 돌아가 쉼. resting at home 하[자]
귀휴-병(歸休兵)[명] [군사] 소정의 병역을 마치기 전에 휴가를 받아 집에서 쉬는 병사. soldier on leave
귀흉 귀배(龜胸龜背)[명] [동] 안팎 곱사등이.
귓-가[명] 귀의 가장자리. rim of ear
귓-것[명] [고] 잡귀(雜鬼). [dent
귓-결[명] 우연히 들을 때. ¶~에 들은 소문. by acci-
귓-구멍[명] 귀의 구멍. ear-hole
귓구멍에 마늘 쪽 박았나[속] 말을 잘 알아듣지 못하는
·귓구무[명] 귓구멍. [사람에게 하는 말.
귓-스락[명] 초가집 처마의 모퉁이의 기스락. ⟨준⟩ 귓살.
귓-기슭[명] ⟨약⟩→귓기스락. [기슭. edge of the eaves
귓-달[명] 지연(紙鳶) 네 귀에 'X'자 모양으로 얼러서 엇붙이는 가느다란 좁대.
귓도-라-미[명] [고] 귀뚜라미.
귓-돈[명] [제도] 전립(戰笠) 엽월(偃月)의 징두리. 나비 모양의 금패(金貝) 덩이로 영자(纓子)를 다는 [돌. 머릿줄. [위쪽에 실로 닮앰.
귓돌-아미/귓돌-와미[명] [고] 귀뚜라미.

굿=등[명] 굿바퀴의 바깥쪽. ¶~으로도 듣지 아니하다.
굿=머리[명] →귀밑머리.
굿=문(一門)[명] ①굿구멍의 밖으로 열린 쪽. 이문(耳門). ear orifice ②화승총에 불을 대는 구멍의 아가리. 「이각(耳殼). 이륜(耳輪). pinna
굿=바퀴[명] 〈생리〉외이(外耳)의 드러난 부분 전체.
·굿바·회[명] 《고》귀바퀴. 「earlobe
굿=밥[명] [동] 귀지. 귓불의 두께. thickness of an
굿=병(一病)[명] 귀 안에 난 여러 가지 병의 총칭. ear ailment 「垂). earlobe
굿=불[명] 귓바퀴의 아래쪽으로 늘어진 부분. 이수(耳
굿=불[명] 총에 화승을 대는 신관(信管). fuse
굿=속[명] 귀의 속.
굿속=다짐[명] 속말로 하는 약속. promise in whis-
굿속=말[명] 남 몰래 상대방 귀에다 대고 하는 말. 귀엣말. 부이어(附耳語). whispering into another's ear 하
굿속=질[명] ①남 몰래 소곤거리는 짓. ②남 모르게 고자질하는 짓. whispering 하[자]
굿=쇠[명] ①화승총의 굿날 밑에 붙은 쇠. gun barrd ②장식의 하나. 이금(耳金). metal ornament
전[명] 굿바퀴의 근처. ear rims
굿=집[명] 추위를 막기 위해 귀를 덮는 기구. earmuffs
굿통[명] (비) 귀. ears 「둥이). edge
규(圭)[명] ①옥으로 만든 홀(笏). jade mace ②모. 귀
규(奎)[명] 《약》→규성(奎星).
규(規)[명] ①둥근 자나 컴퍼스 따위의 총칭. compasses and measures. ②원. 원형의 물건.
규(暌)[명] 《약》→규괘(暌卦).
규각(圭角)[명] ①사물이 서로 맞지 않음. ②말·행동·뜻이 서로 맞지 않음. ③규(圭)의 뾰족한 끝.
규각-나-다(圭角一)[자] 사물이나 뜻이 서로 맞지 않게 되다. 「stration 하[타]
규간(規諫)[명] 사리를 말하여 간함. righteous remon-
규격(規格)[명] ①일정한 표준. ②〈경제〉공업 생산품의 품질·형상·치수 등의 일정한 표준. standard
규격 통·일(規格統一)[명] 공업 생산품의 규격을 통일함. 하[타] 「의 크기의 기준.
규격-판(規格判)[명] 서적·장부·전표 기타 사무 용지
규격-품(規格品)[명] 통일된 규격으로 만든 물품. stan-dardized goods
규견(窺見)[명] [동] 규시(窺視). 하[타]
규계(規戒)[명] 바르게 경계함. admonition 하[타]
규고(呌苦)[명] 괴로움을 부르짖음. 하[자]
규곽(葵藿)[명] 《식물》해바라기.
규=괘(暌卦)[명] 〈민속〉육십사괘의 하나. 이괘(離卦)와 태괘(兌卦)가 거듭될 것. 《약》규(暌).
규구(規矩)[명] ①《동》그림쇠. ②《약》→규구 준승(規矩準繩)②. 「을 필요한 모양으로 만드는 법.
규구-법(規矩法)[명] 〈수학〉일체(立體)인 물건
규구 준·승(規矩準繩)[명] ①컴퍼스·자·수준기와 먹줄. ②사물의 준칙. 일상 생활에서 지켜야 할 법도. 《약》규구(規矩)②. canon
규규(赳赳)[명] 씩씩하고 헌걸참. vigorous 하[형]
규규 무·부(赳赳武夫)[명] 씩씩하고 헌걸찬 무사(武士).
규나-수(規那樹)[명] 〈동〉기나수(幾那樹).
규나-피(規那皮)[명] 기나수의 속껍질. 기나피(幾那皮).
규내(閨內)[명] 잠자는 방안. 안방.
규도(規度)[명] [동] 규범(規範)②.
규동-선(硅銅線)[명] 구리에 주석과 규소를 섞어 만든 전선(電線). 견뢰선으로 많이 씀.
규례(規例)[명] 일정한 규칙(規則). rules
규로(逵路)[명] 큰 길. 아홉 방면으로 통한 길.
규룡(虯龍)[명] 빛이 붉고 뿔이 달려 있다는 용의 새끼.
규률(規律)[명] →규율. 「하[타]
규리(糾理)[명] 두루 보살피어 다스림. administration
규면(規免)[명] [동] 도면(圖免). 하[타]
규명(糾明)[명] 자세히 캐고 따져 사실을 밝힘. ¶진상을 ~하다. searching examination 하[타]

규모(規模)[명] ①본보기가 될 만한 제도. 규범(規範)①. 승구(繩矩). norm ②물건을 만드는 법이나 구조(構造). structure ③일정한 예산의 한도. estimate
규목(槻木)[명] [동] 느티나무.
규문(奎文)[명] 학문과 문물(文物).
규·문(糾問·糺問)[명] 죄를 조사하여 물음. ¶죄상을 ~하다. cross examination 하[타]
규·문-주의(糾問主義)[명] 〈법률〉소송을 소추권자(訴追權者)의 기소에 의하지 않고, 법원이 직권을 이용하여 직접 그 범죄인을 체포·심리·재판하는 주의. 《대》탄핵주의.
규반(畦畔)[명] 밭두둑. ridge between fields
규방(閨房)[명] ①안방. 아낙네가 거처하는 방. 도장방. boudoir ②침실. 특히, 부부의 침실. 규실①.
규방 문학(閨房文學)[명] 〈문학〉옛날 양반 부녀들의 생활을 다룬 문학. literature of the inner room
규벌(閨閥)[명] 처가의 세력을 중심으로 결성된 파벌.
규범(規範)[명] ①《동》규모(規模)①. ②〈철학〉일정한 이상이나 목적을 이루기 위하여 마땅히 밟아야 할 법칙이나 원리. 규도(規度). 표(表)⑤. norm
규범(閨範)[명] 여자의 가르침. 또, 여자가 지켜야 할 본보기.
규범 문법[一法](規範文法)[명] 〈어학〉규범이 되는 문「법.
규범 법칙(規範法則)[명] 마땅히 해야 할 범위를 규정하는 법칙. 《대》자연 법칙(自然法則)②.
규범-학(規範學)[명] 〈철학〉사실의 당위(當爲)·규범을 연구하는 학문. 윤리학·미학 등. normative science
규벽(圭璧)[명] ①경서(經書)를 줄여 박은 책. ②옛날 중국에서 제후가 천자를 만날 때 가지던 옥(玉).
규보(跬步)[명] 반걸음 정도의 가까운 거리. 반걸음.
규사(硅砂)[명] 〈광물〉석영(石英)을 함유한 바위가 분해되어 생긴 모래. 유리 원료로 씀. silica
규사(窺伺)[명] 틈을 엿봄. watching 하[타]
규산(硅酸·珪酸)[명] 〈광물〉규소·산소·수소가 화합한 가장 약한 산. ¶~ 연와(煉瓦). silicic acid
규산 광·물(硅酸鑛物)[명] 〈광물〉규산염의 형태로 존재하는 광물. 주요한 광물로 지각의 대부분을 차지함. 규산염 광물. silicic mineral
규산-나트륨(硅酸 natrium)[명] 〈화학〉규산염의 하나. 탄산소다와 석영(石英) 가루를 뒤섞어서 만든 고체. 규산칼륨과 같이 물유리의 성분도 되고, 다른 유리의 중요한 성분도 되는 물질. 규산소다.
규산-마그네슘(硅酸 magnesium)[명] 〈화학〉활석(滑石)·사문석(蛇紋石) 따위의 성분이 되는 물질.
규산-소·다(硅酸 soda)[명] 규산나트륨.
규산-알루미늄(硅酸 aluminium)[명] 〈화학〉규산염의 하나. 흰 빛의 고체로서 물에 분해되지 않음. 진흙의 주성분임.
규산-알칼리(硅酸 alkali)[명] 〈화학〉무수규산(無水硅酸)을 탄산알칼리(炭酸 alkali)와 함께 융해시켜서 만든, 유리처럼 생긴 물질. silicate
규산-염(硅酸鹽)[명] 〈화학〉규소(硅素)·산소·금속의
규산염 광물(硅酸鹽鑛物)[명] 《동》규산 광물. 「명칭.
규산-칼륨(硅酸 kalium)[명] '물유리'의 화학적
규석(硅石)[명] 〈광물〉규소의 화합물로 된 광물. 석영
규석(繆石)[명] '충돌'의 딴이름. 「·수정 따위. silex
규석 벽돌(硅石甓一)[명] 〈공업〉규석에 약간의 석회유(石灰乳)를 섞어서 구워 만든 내화(耐火) 벽돌.
규선-석(硅線石)[명] 〈광물〉변성암(變成岩) 중에 나타나는 가는 기둥꼴 또는 섬유꼴의 광물. 갈색·담흑색·백색으로, 유리 광택을 가짐. 내화물의 원료로 씀.
규성(叫聲)[명] 외치는 소리. yell 「씀이.
규성(奎星)[명] 이십팔수의 열다섯째 별. 《약》규(奎).
규소(呌騷)[명] 외치며 떠듦. disturbance 하[자]
규소(硅素·珪素)[명] 〈화학〉석영·수정 등이 화합되어 있는 원소의 하나. silicon
규수(閨秀)[명] ①글을 잘하는 여자. accomplished lady

②미혼의 젊은 여자. 규양(閨養). maiden
규수 시인(閨秀詩人)〖명〗〈동〉여류 시인.
규수 작가(閨秀作家)〖명〗〈동〉여류 작가.
규수 화가(閨秀畫家)〖명〗〈동〉여류 화가.
규시(窺視)〖명〗 엿봄. 규검(窺檢). 규견(窺見).검시(視視).〖∼하다〗 forms
규식(規式)〖명〗규칙과 격식. rules and established
규실(閨室)〖명〗①〈동〉도장방. 규방②. ②아내.
규암(硅岩)〖명〗〈광질〉사암(砂岩)의 하나. 석영(石英)이 규산질(硅酸質)로써 결합된 것. 수성암 중에서
규애(閨愛)〖명〗《동》따님. 가장 단단함. quartzite
규약(規約)〖명〗①협의에 의하여 정함. agreement ②규칙의 약정(約定). 약관(約款). contract 하타
규약 위반(規約違反)〖명〗〈법률〉약정한 규칙을 이행하지 않고 위반함. breach of a contract 하타
규양(閨養)〖명〗《동》규수(閨秀)②.
규연(巋然)〖명〗우뚝한 모양. towering 하타
규운-암(硅雲岩)〖광질〉차돌과 운모를 주성분으로 한 화강암의 하나.
규원(閨怨)〖명〗①남편에게 버림을 받거나 이별을 당한 부녀의 원한. widow's solitude ②여자의 뜻을 못 이룬 원한.
규율(規律)〖명〗①행동의 준칙이 되는 본보기.〖∼부. ②일정한 질서나 차례. regulations
규장(奎章)〖명〗임금의 글이나 글씨. king's writing
규장-각(奎章閣)〖명〗〈제도〉조선조 정조 때 설치한 역대 임금의 글·글씨·고명(顧命)·유교(遺敎)·선보(璿譜)·보감(寶鑑) 등과 경조(正朝)의 어진(御眞)을 보관하던 관아. 내각(內閣)①. 이문원(摛文院).
규전(圭田)〖명〗①이등변 삼각형처럼 생긴 논밭. ②수확물로 제사를 드리는 밭.
규전(窺覘)〖명〗《동》규시(窺視). 하타
규정(規正)〖명〗나쁜 곳을 바로잡음. 광정(匡正). 하타
규정(規定)〖명〗①작정한 규칙. regulation ②규칙을 정함. 규정(規程)③. 규제(規制)①. regulate 의명 량 분석에서 용액의 농도를 나타내는 단위의 하나. 노르말(Normal). 하타
규정(規程)〖명〗①《동》규정(規定). ②모든 행위의 준칙(準則)이 되는 규칙. rules ③사무 집행의 준칙. provisions
규정 농도(規定濃度)〖명〗〈화학〉용액(溶液) 1리터 속에 녹아 있는 용질(溶質)의 그램 당량수(當量數). 노르말 농도. Normal
규정 명:제(規定命題)〖명〗〈논리〉특수한 개념을 일반 개념에 종속시켜 단정한 명제. categorical proposition
규정-액(規定液)〖명〗〈화학〉용액 1리터 속에 용질의 1그램 당량을 포함한 농도의 용액. normal solution
규정석 판단력(規定的 判斷力)〖명〗〈논리〉보편이 특수를 규정할 때의 판단력.
규정-짓:다(規定─)〖타〗스〗작정하다. 규정하다.
규제(規制)〖명〗①규칙을 제정함. 또, 그 규칙. 규정(規定). ②규율을 세워 제한함.〖법률〈∼. regulation 하타
규조(硅藻)〖명〗〈식물〉규산을 많이 포함한 바다의 은화 식물(隱花植物). diatom
규조(閨藻)〖명〗부녀자가 지은 시(詩). feminine poem
규조-석(硅藻石)〖명〗〈광질〉규조의 화석을 내포한 돌.
규조-토(硅藻土)〖명〗〈광물〉죽은 규조가 쌓여 된 흰빛 깔의 흙. 탈색제·폭발물의 제조 원료로 쓰임. diatom earth
규죄(糾罪)〖명〗죄상을 규명함. 하타
규준(規準)〖명〗①규범으로 되는 표준. standard ②《철학》사유(思惟)·행위 등이 마땅히 밟아야 할 범례(範例)나 규칙. boudoir
규중(閨中)〖명〗안방 속. 부녀자의 처소. 규문. 규각.
규중 처:녀(閨中處女)〖명〗규중에 있는 처녀. 가정 처녀. 규중 처녀. beloved daughter brought up at home
규중 처:자(閨中處子)〖명〗《동》규중 처녀.
규지(窺知)〖명〗엿보아 앎. gather from 하타
규찰(糾察)〖명〗규탄하여 살핌. close examination 하

규천(叫天子)〖명〗《동》종다리¹.
규칙(糾的)〖명〗규찰(糾察)하여 타이름. 하타
규칙(規則)〖명〗여러 사람이 다 같이 지키기로 작정한 법칙.〖∼ 생활(生活). rule
규칙 동:사(規則動詞)〖명〗〈어학〉일정한 규칙 아래 활용되는 동사. 《대》불규칙 동사. regular verb
규칙 용:언[─농─](規則用言)〖명〗〈어학〉규칙 있게 어미 활용을 하는 용언. 《대》불규칙 용언. regular declinable words
규칙 형용사(規則形容詞)〖명〗〈어학〉규칙 있게 어미 활용을 하는 형용사. 《대》불규칙 형용사. regular adjective
규탄(糾彈)〖명〗잘못을 들추어내어 따지고 캐어 밝힘.〖좌익(左翼) 분자를 ∼한다. censure 하타
규폐(硅肺)〖명〗〈의학〉광산 등 공기 유통이 나쁜 곳에서 일하는 사람이 규산류의 분말을 계속 마셔서 폐에 스며든 직업병.
규피(規避)〖명〗피할 수 있는 길을 피함. 하타
규합(糾合)〖명〗일을 꾸미려고 사람을 모음.〖동지를
규합(閨閤)〖명〗규중(閨中). 《∼品. rally 하타
규호(叫號)〖명〗큰소리로 부르짖음. shout 하타
규화(硅華)〖명〗〈광물〉온천에 용해된 함수 규산(含水 硅酸)의 침전물(沈澱物). 성분은 단백석(蛋白石)과
규화(葵花)〖명〗〈동〉해바라기. 갈음. siliceous sinter
규환(叫喚)〖명〗큰소리로 부르짖고 외침. cry 하타
규환 지옥(叫喚地獄)〖명〗〈불교〉팔대 지옥의 넷째. 전죄를 짓고 죽은 혼이 떨어져, 가마솥에서 삶기거나 불 속에 던져져 고통에 견디지 못하여 울부짖는다 함.
규회-석(硅灰石)〖명〗〈광물〉넓판꼴 결정으로 주성분은 규산칼슘. 무색·백색·회색 따위의 전형적인 접촉 광물로서, 특히 석회암과 화강암 또는 섬록암의 접
규획(規劃)〖명〗획으로 정함. 하타 〖촉부에 보임.
규후(叫吼)〖명〗울부짖음. shout 하타
균(菌)〖명〗⟨어⟩→세균(細菌).
균개(菌蓋)〖명〗균산(菌傘).
균경(均慶)〖명〗두루 평안하고 좋은 일이 많음. 균안(均安). 균길(均吉). 균태(均泰). 하형
균교(均敎)〖명〗균지(均旨).
균근(菌根)〖명〗〈식물〉공생(共生) 생활을 하는 균류의 뿌리. 균사(菌絲)가 현화 식물의 뿌리를 둘러싸거나, 내부 조직에 침입하여 특수한 모양을 이루게 함. mycorrhiza
균등(均等)〖명〗①차별 없이 고름. equality ②〈철학〉개념 또는 명제(命題)의 외형은 다르나, 실제의 뜻은 같은 것. 하타 히형
균등 화:법(均等畫法)〖명〗〈미술〉입체(立體) 모양을 분명하게 그리고 각 부분의 치수를 곧 알게 그리는 법.
균렬(龜裂)〖명〗→균열. 그림법.
균류(菌類)〖명〗〈식물〉은화(隱花) 식물의 총칭. 대부분 다른 유기물에 기생하여 생활하며 포자로 번식하는 하등 식물. 곰팡이류. fungus
균모(菌帽)〖명〗《동》균산(菌傘).
균배(均配)〖명〗고르게 나눔. division into equal parts
균분(均分)〖명〗고르게 나눔. equal division 하타
균분 상속(均分相續)〖명〗〈법률〉재산 상속의 경우 여러 사람이 상속분(相續分)을 균등하게 정하는 상속 형태. 양의 부분. 곰팡이실.
균사(菌絲)〖명〗〈식물〉균류의 본체를 이루는 실을 모
균산(菌傘)〖명〗〈식물〉버섯 윗머리의 넓게 우산을 편 것 같은 부분. 균개(菌蓋). 균모(菌帽). cap
균=시차(均時差)〖명〗시차(時差).
균심(菌蕈)〖명〗《동》버섯.
균안(均安)〖명〗두루 평안함. 균경(均慶). 하형
균역=법(均役法)〖명〗〈제도〉조선조 영조 26년(1750)에 남세 제도. 정년자(丁年者)에게 균역 대신 징수하던 양포(良布) 2필을 1필로 줄여 징수하고, 그 부족분을 어업·염세·선박세·결전 등에서 보충하였음.
균역=청(均役廳)〖명〗〈제도〉조선조에 균역법이 실시됨

에 따라 그에 따른 여러 가지 사무를 맡아보던 관아. 「균탁(龜坼). crack 하⑭

균열(龜裂)명 거북의 등 껍데기처럼 갈라져서 터짐.

균온(均穩)명 두루 평온하고 아무 일이 없음. 하⑭

균일(均一)명 똑같이 고름. uniformity 하⑭

균일 상점(均一商店)명 여러 가지 물건을 같은 값으로 파는 가게. 「는 제도. uniform rate system

균일제(均—制)[—께](均一制)명 값이나 요금을 똑같게 함.

균전(均田)명 ①토지를 국가에서 거두어 들여 백성에게 고루 나눠 줌. ②<제도> 결세(結稅)를 고르게 하던 제도.

균전-법(均田法)[—뻡]명 <제도> 중국의 북위(北魏)·북주(北周) 및 당(唐)나라 때 토지를 공유로 하고 백성에게 농토를 고루 나누어 주던 제도. 균전제

균전-제(均田制)명 균전법. 「(均田制).

균점(均霑)명 ①고르게 비와 이슬에 젖음. being moistened evenly ②이익이나 은혜를 고르게 입음.

균첨(均沾)명 profiting equally ③<법률> 국제법상 다른 나라와 동일 혜택을 받음. 하⑭

균제(均齊)명 ①균형이 잡혀 잘 어울림. balance ② 고르고 가지런함. evenness 하⑭

균종(菌腫)명 <의학> 세균(細菌)이 번식함으로 인하여 생기는 혹과 같은 종기. myoma 「교(勾敎).

균지(勾指)명 <제도> 의정(議政)이 발표한 의견. 균

균질(均質)명 ①성질이 같음. ②일정한 한 물체에서는 어느 부분이나 그 성분·성질 등이 일정한 일. homogeneity

균질-로(均質爐)명 <공업> 원자로에 쓰는 핵연료와 감속재(減速材)와를 균질하게 혼합하여 연료가 감속제 속에 골고루 분산되어 있는 노(爐).

균천(鈞天)명 구천(九天)의 하나로서, 가운데 위치하여 사방의 중심을 이룸.

균첨(均沾)명 균점(均霑)②. 「말.

균체(句體)명 의정(議政)의 기체(氣體). 편지에 쓰던

균축(句軸)명 정치를 베풀어 행하는 권리.

균탁(龜坼)명 균열(龜裂).

균평(均平)명 고루 공평함. impartiality 하⑭ 히⑭

균형(均衡)명 어느 한 편에 치우쳐서 기울어지지 않고 고름. 「이 잡히지 않다.

균형-타(均衡舵)명 선박에서, 균형을 잡기 위하여 타축이 타판의 앞 끝에서 타판 나비의 삼분의 일 내지 오분의 일 거리에 있는 키.

귤(橘)명 귤나무의 열매. 빛깔은 등황색이며 맛이 새큼달콤함. 「=정과(正果). orange 「차.

귤강-다(橘薑茶)명 귤병(橘餅)과 편강(片薑)을 달인

귤-나무(橘—)명 <식물> 운향과의 작은 상록 교목. 키는 2~4m 정도로 잎은 타원형이고 엽액(葉腋)에는 가시가 있음. 열매는 등황색으로 맛이 시고 같음. 열매 껍질은 말려서 약용함. orange tree

귤병(橘餅)명 꿀이나 설탕에 조린 귤.

귤안(橘顔)명 <동> 귤피등(橘皮燈).

귤주(橘酒)명 귤을 넣고 빚은 술.

귤피(橘皮)명 <한의> 귤의 껍질. 보위·담증·해수 따위의 여러 가지 약재로 씀.

귤피-문(橘皮紋)명 <공업> 귤피같이 두툴두툴하게 한 도자기의 무늬. 귤인(橘印). 「씀.

귤핵(橘核)명 <한의> 귤의 씨. 요통(腰痛)에 약으로

귤홍(橘紅)명 <한의> 귤피의 안쪽 흰 부분을 긁어 버린 껍질.

귤화-차(橘花茶)명 귤나무의 꽃을 말렸다가 달인 차.

그¹[대] ①<예>그이. ②[대]<예>그이.

그²①자기로부터 조금 떨어진 곳에 있는 사물. 「~ 학교. ②이미 말한 것, 또는 서로 아는 것을 가리킴. ③이야기. the

그-간(—間)명 그 동안. 그 사이. during that time

그-같이⁅⁆ 그 모양으로. 그렇게. [대] 이같이. 저같이

그-거[대][대] <약> → 그것. 「이]. like that

그-건[대] <약> 그것은. <작> 고건.

그-걸[대] <약> 그것을. <작> 고걸.

그-걸로《약》 그것으로. <작> 고걸로. with it

그-것[대] ①말하는 사람이 듣는 사람편의 가까이에 있는 사물을 가리킴. ②제 운에 이미 아는 사물을 가리킴. it ③바로 앞에서 말한 사물을 가리킴. <약> 그¹. 그거. that one [대] 그 사람이란 뜻으로 얕잡아 씀. <작> 고것. that man

그것=참명 어떤 일에 대한 느낌을 나타내는 말. ¶~

그-게《약》 그것이. <작> 고게. 「신기하군. indeed

그-글피명 글피의 다음 날. three days after tomorrow

그-까지로[대] 겨우 그 정도로. <작> 고까지로.

그-까짓[대] 겨우 그 정도의. ¶~것 무서울 것 없다. <약> 까짓. <작> 고까짓. only that much

그-그러께명 그러께의 전 해. 삼작년(三昨年). three years ago 「그끄제. three days ago

그-그저께명 그저께의 전 날. 삼작일(三昨日). <약>

그-끄제《약》 → 그그저께.

그-나[대] <약> 그나마.

그-나마[대] 좋지 않은데 그것마저도. <약> 그나. even so, at that 「됐을 경우에 이름.

그 나물에 그 밥 서로 격이 어울리는 것끼리 짝이

그-날명 그 당일. 앞에서 말한 날.

그-날-그날[대] 날마다. 하루하루. from day to day

그-냥 ①그 모양으로. ②그대로 줄곧. <작> 고냥. as it is (stands)

그-냥-고지명 <농업> 모낼 때와 초벌 김맬 때 아침 결 두리와 접심만 얻어먹고 하는 고지.

그:-네 가로질린 나무에 두 줄을 갈아 매고 줄 맨 아래에 밑실개를 걸쳐 놓고 올라타 앞뒤로 움직이게 하는 기구. 또, 그 놀이. 추천(鞦韆). ¶~춤. swing

그네²[대] <약> → 그네들.

그네-들[대] 그 사람들. 그 편 사람들. 「they

그:네-뛰기명 그네에 올라타고 몸을 앞뒤로 움직이어 나는 운동.

그:넷-줄명 그네에 늘어뜨린 밧줄.

그-녀(—女)[대] 그 여자. 그 여인.

그-년(—女)[대] 자기로부터 조금 떨어진 곳에 있는 여자를 욕되게 이르는 말. [대] 그놈. <작> 고년.

그노시스(gnosis 그)명 ①<철학> 신비적 직관(神秘的直觀). 신의 인식. ②<종교> 2세기 경에 있었던 사색적 경향을 띤 기독교의 이단파(異端派).

그-놈[대][대] 자기로부터 조금 떨어져 있는 사내나 어떤 작은 것을 귀엽게 또는 욕되게 이르는 말. [대] 그년. 그녀. <작> 고놈.

그느-다[타][으로] 젖먹이가 대소변할 때를 알아채다.

그르-다[타][르로] ①보호하여 보살펴 주다. look after ②허물을 덮어 주다. protect

그늘명 ①볕이나 불빛이 가려진 곳. ¶나무 ~. shade ②부모가 보살펴 주는 아래. ¶부모의 ~. paternal care ③드러나지 아니한 곳. shady part ④불행·근심으로 흐려진 분위기나 심리 상태. 음(陰). 음영(陰影). depressing atmosphere

그늘-나비명 <곤충> 뱀눈나비과의 나비. 몸 빛은 암 갈색이고, 앞 날개에 흐린 담색의 줄이 있음. 나무 그늘에서 서식함.

그늘-대[—때]명 볕을 가리기 위한 물건. 장대를 세우고 짚자리나 삿자리를 얹은 것. standing wooden

그늘-돼지귀명 <식물> 성탄꽃과의 다년생 풀. 줄기 높이 1m 가량으로 잎은 네 갈래 졌으며 가에 톱니가 있음. 독이 있으며 뿌리는 약용함.

그늘-바람꽃명 <식물> 미나리아재비과의 풀. 줄기에 털이 있고, 5월에 흰 꽃이 핌. 한대 지방에 남.

그늘-지-다[재] ①빛이 직접 비치지 않아 그늘이 생기다. be shadowed ②속에 숨어 드러나지 아니하다. shady ③성질이 음성(陰性)으로 되다. gloomy ④불행·근심이 있어 분위기·심리 상태가 흐려지다. depressed

그늘=거리-다[재] ①살갗에 벌레가 기어 가는 것 같아 자리자리하다. ticklish ②매우 위태로운 것을 볼 때 자릿자릿하게 불안한 느낌이 들다. <작> 가늘거리다. feel nervous **그늘=그늘**[무] 하⑭

그다지 图 그러하게까지. 그러하도록. so much ②별로. 그리. (작) 고다지.

그대 인데 ① '너'라고 하기에는 거북한 자리에 쓰는 문어체(文語體). '자네'보다 좀 높인 말. ¶~는 누구인고. thou ②대상을 친근하게 이르는 말. 흔히 시(詩)에서 많이 씀. ¶사모하는 ~여. you

그턱 인데 그대.

그-대로 图 ①더하거나 고침이 없이. ¶버릇 ~. as it stands ②알고도 모르는 체. 보고도 못 본 체. 그냥. ¶나를 보고도 ~ 지나가더라. (작) 고대로.

그더턱 图 그 동안에. Lit is

그득 그득히. (작) 가득. (센) 끄득.

그득=그득 图 각각 다 그득한 모양. ¶광에 물건이 ~하다. (작) 가득가득. (센) 끄득끄득. **하**回图

그득-하-다 형여 분량이나 수효가 한도에 차다. ¶뒤주에 쌀이 ~. (작) 가득하다. (센) 끄득하다. be full (of) **그득-히** 图

그들 인데 그 사람들. 지대 그것들.

그들먹-하-다 형여 거의 그득하다. (작) 가들막하다.

그듸 인데 (고) 그대. [almost full

그:듸 인데 (고) 그대.

그디 인데 (고) 그대.

그:디² 인데 (고) 그대가.

그디업-다 형 그지없다. 한없다. 끝없다.

그-따위 图 그러한 종류. ¶~는 다 팔렸습니다. 판 그러한 종류의. ¶~ 행동.

그-때 图 그 당시. 전에 말한 때. ¶~ 나는 중학생이

그때=그때 图 그때마다. ¶~ 해결하다. [었다.

그뜩 =그득→그득.

그뜩-그뜩 (센)→그득그득.

그뜩-이 图 그득하게. 그득. (작) 가득이.

그뜩-하-다 (센)→그득하다.

그루-다 타 (고) 그르다. 풀다.

그루-다² 형 (고) 그르다.

그라베(grave 이) 〈음악〉 '장엄하고 무겁게'의 뜻.

그라비어(gravure) 图 〈인쇄〉 사진 제판에 의한 요판(凹版)의 하나. 대량 인쇄에 적합함. 사진 오판.

그라우팅(grouting) 图 〈토목〉 쪼개진 바위틈이나 지반(地盤)의 틈 사이에 양회를 개어 넣어 메우는 일. 주액법(注液法).

그라운더(grounder) 图 〈체육〉 야구에서, 굴러가는 공.

그라운드(ground) 图 ①운동장. 경기장. ②기초(基礎). 기본.

그라운드 룰:(ground rule) 图 〈체육〉 경기장의 규칙.

그라운드 매너(ground manner) 图 〈체육〉 그라운드에서의 스포츠 태도.

그라운드 스트로:크(ground stroke) 图 〈체육〉 정구(庭球)에서, 한 번 땅에 떨어져 튕긴 공을 치는 일.

그리운팅(grounding) 图 〈체육〉 럭비에서, 트라이할 때와 같이 공을 지면(地面)에 쏙 눌러 붙이는 일

그라인더(grinder) 图 연마반(硏磨盤). 숫돌.

그라치오소(grazioso 이) 〈음악〉 '장엄하고 우아(優雅)하게'의 뜻. [뜻.

그라칠레(gracile 이) 〈음악〉 '우미(優美)하게'의

그라프씨-포(Graaf 氏胞) 图 〈생리〉 난원 세포(卵原細胞)를 둘러싸고, 이것을 보호하며 또한 양분을 공급하는 세포군. 포유류에서는 특히 잘 발달하여, 중극(空隙)을 만들고 여과액(濾過液)을 저장한다.

그란디오소(grandioso 이) 〈음악〉 '웅대하게' · '장쾌(壯快)하게'의 뜻.

그람 염:색법(Gram 染色法) 图 〈의학〉 세균의 감별(鑑別)에 쓰이는 염색법의 하나. 덴마크의 의사 그람(Gram)이 처음으로 고안하여 시험하였음.

그릇 인데 그릇. 잘못.

그릇벼=그릇쌔 图 그릇. 세간. [優秀賞]

그랑 프리(grand prix 프) 图 대상(大賞). 최우수상(最

그래 图 ①(약) 그러하여. ¶~ 가지고선 성공할 수 없다. (작) 고래. ②[그리하여'의 뜻을 나타내는 접속 부사. ¶사고를 쳤다. ~ 감당할 수 없었다 다. [②'아 글쎄'의 뜻. well

그래² 图 ①아랫 사람에게 대답하는 말. ¶~, 알았다.

그래=그래 图 '해라'할 자리에 남의 말을 반갑이 수궁할 때 쓰는 말. ¶~ 옳아. all right

그래놀리딕(granolithic) 图 〈토목〉 잘게 부순 돌과 양회에 물을 치고 섞어서 만든 포장(鋪裝)에 쓰이는 재료.

그래도 图 '설사 그렇게 한다 하여도' · '그리할지라도'의 뜻의 접속 부사.

그래머(grammar) 图 〈어학〉 문법(文法). 문전(文典).

그래머폰(gramophone) 图 축음기(蓄音機). [문법책.

그래서 图 '그리하여서' · '그러하여서'의 뜻의 접속 부사. (작) 고래서. so

그래:스 코:트(grass court) 图 〈체육〉 잔디발로 된 정구 코트. (대) 클레이 코트.

그래-야만 图 '그렇게 하여야' · '그러하여야'의 뜻의 접속 부사. (작) 고래야. only if it is that way

그래=저래 图 자기도 모르게. 이런 또는 저런 사이에. somehow

그래프(graph) 图 ①통계의 결과를 한눈에 볼 수 있도록 나타낸 표. 곧, 도표(圖表). ②〈수학〉 주어진 함수가 나타내는 직선 또는 곡선. ③사진을 주로 한 잡지. 또, 화보.

그래프 용지(graph 用紙) 图 ①그래프를 그리는 데 사용하는 종이. graph paper ②방안지(方眼紙).

그래픽(graphic) 图 사진이나 그림을 주로 하는 출판물. 화보(畫報). [을 전문으로 하는 디자이너.

그래픽 디자이너(graphic designer) 图 그래픽 디자이너

그래픽 디자인(graphic design) 图 인쇄를 통해 그 특성을 이용하여 표현하는 시각(視覺) 디자인. 포스터 · 삽화 · 광고 · 표지 따위의 디자인.

그래픽 아:트(graphic art) 图 평면 위에 도형을 만드는 기술을 통틀어 이른 말. 회화(繪畫) · 판화(版畫) · 상업 디자인을 포함하는 각종 인쇄 미술.

그랜 图 (약) 그래서는. 그렇게 하여서는. ¶~ 너무 싸서 먹을 수 없다.

그랜드(grand) 图 장대한. 대규모의. 대형의. 「석.

그랜드 스탠드(grand stand) 图 운동장의 큰 관람

그랜드 슬램(grand slam) 图 ①야구에서, 만루 홈런. ②골프 · 테니스에서, 그 시즌의 주요 경기를 모두 이겨 제패(制覇)하는 일.

그랜드 오페라(grand opera) 图 〈음악〉 대화(對話)까지도 모두 노래와 음악으로 된 가극. 대가극(大歌劇). 정가극(正歌劇). [會用의 피아노.

그랜드 피아노(grand piano) 图 〈음악〉 연주회용(演奏

그램(gramme) 图 〈물리〉 미터법에 의한 질량(質量. 무게)의 기본 단위. 기호; g, gr.

그램 당량(gramme 當量) 图 〈화학〉 산(酸)과 염기(鹽基)가 서로 중화할 때에 각 분자 하나에 H 또는 OH의 수를 생각하여 물질의 1그램 분자로 그 수와의 비율을 말함. [을 그램으로 표시한 양.

그램 분자(gramme 分子) 图 〈화학〉 물질의 한 분자량

그램 원자량(gramme 原子量) 图 〈화학〉 원자량에 그램 단위를 붙인 질량.

그램 이온(gramme ion) 图 〈화학〉 아보가드로수(Avogadro 數)와 같은 수을 이온(水銀 ion).

그램-중(gram 重) 图 〈물리〉 무게의 중력 단위. 질량 1 g 인 물체의 무게를 1그램중이라 함.

그램 칼로리(gramme calorie) 图 칼로리를 킬로그램 칼로리와 구별하여 일컫는 말.

그러고 图 (약) 그러하고. ¶~ 있으면 어떻게 하니?

그러=구러 图 저절로 그러하게 되어. ¶자네와는 ~ 친하게 되었다. some now or other

그러그러-하-다 형여 ①그렇고 그래서 별로 신기한 것이 없다. (작) 고러고러하다. is neither good nor bad ②되는 줄도 모르게 되어 버리다.

그러기=에 图 (약) 그러기 때문에. ¶~ 조심하라고 하지 않더냐. therefore

그러께 图 지난해의 전 해. 재작년. 거거년(去去年). 전전년(前前年). year before last

그러나 '그렇지마는'·'그러하지만'의 뜻의 접속 부사. but
그러나–저러나⦗부⦘ '어떻든간에'·'그러하나 저러하나'의 뜻의 접속 부사. any way
그러–내–다⦗타⦘ 안에 들어 있는 것을 그러당기어 내다. take out
그러–넣–다⦗타⦘ 그러모아 집어 넣다. rake into
그러니⦗부⦘ '그러하니'의 뜻의 접속 부사.
그러니까⦗부⦘ '그러하니까'의 뜻의 접속 부사. ¶~ 공부를 열심히 해야 한다.
그러니–말–리⦗부⦘ 그러니 저러니 여러 가지로. ¶~ 말이 많다. pros and cons
그러니–저러니⦗부⦘ 그러하다느니 저러하다느니. ¶~ 잔소리 마라. neither this nor that
그러–다 ①그렇게 하다. ②그렇게 만들다. ¶아프다고 그러나마. ⦗본⦘ 그러다. ⦗본⦘ 그리다.
그러다가 ⦗약⦘ 그렇게 하다가. ⦗변⦘ 그리다가. into
그러–담:–다[—따]⦗타⦘ 한데 그러모아 담다. rake up
그러–당기–다⦗타⦘ 그러모아서 당기다. gather up
그러데이션(gradation)⦗명⦘ ⦗미술⦘ ①진한 색색에서 차차 흐리게 그림을 그리는 법. 바림. ②농담(濃淡). 해조(諧調).
그러–들이–다⦗타⦘ 그러당기어 들이다. rake in
그러루–하–다⦗형여⦘ 대개 그런 것들과 같다. ⦗작⦘ 고러루하다. like that
그러매 ⦗약⦘ 그러하매. [러루하다.
그러–매–다⦗타⦘ 그러당기어 잡아매다. bind up
그러면⦗부⦘ '그러하다 하면'·'그렇게 될진 그렇게 하면'의 뜻의 접속 부사. 연즉(然則). ¶~ 내가 갔다 오지. ~ 안 된다. ⦗약⦘ 그럼¹. and then
그러면 그렇지 결국 그렇게 되는 대로 됨을 기뻐하여 하는 말. That's what I mean!
그러면서 '그렇게 하면서'의 뜻의 접속 부사.
그러–모으–다[—으]⦗타⦘ 흩어진 것을 한 곳에 그러당겨 모아 놓다. rake together [gether
그러–묻–다⦗타⦘ 흩어진 것을 한데 모아 묻다. bury to-
그러므로⦗부⦘ '그러한 까닭으로'·'그런고로'의 뜻의 접속 부사. so, therefore
그러–안–다[—ㄴ—]⦗타⦘ 두 팔로 싸잡아 안다. hug
그러자 '그렇게 하자'·'그리하자'의 뜻의 접속 부사. Let's do so
그러잖아도⦗부⦘ ①'그러하지 아니하여도'의 뜻의 접속 부사. ②'그리하지 아니하여도'의 뜻의 접속 부사. before you mentioned it
그러–잡–다⦗타⦘ 그러당겨 붙잡다. seize
그러저러–하–다⦗형여⦘ 그렇고 저렇고 하다. so and so
그러–쥐–다⦗타⦘ ①그러당기어 쥐다. ②손가락들을 잡아당기어 주먹을 짓다. 장악하다. catch, grasp
그러하고 말–다 사실을 옳다고 시인할 때 쓰는 말. ⦗약⦘ 그렇고 말고. of course, certainly
그러흫–깃·고–깃⦗고⦘ 그러하도록. 그러하게 되리고. 그러하여지라고. hard. so, such
그러–하–다⦗형여⦘ 그와 같다. ⦗약⦘ 그렇다. ⦗작⦘ 고려하다.
그러한즉⦗부⦘ '그러하니'·'그러하니까'의 뜻의 접속 부사. ⦗약⦘ 한즉.
그럭–저럭⦗부⦘ ①되어 나가는 대로. ②뚜렷이 이렇다고 할 만한 것 없이. 그냥저냥. somehow
그런⦗관⦘ ⦗약⦘ 그러한. such
그런–고(—故)⦗명⦘ '그러므로'의 뜻의 접속 부사.
그런단들⦗부⦘ 그렇다고 한다고 한들. [사.
그런–대로⦗부⦘ '그러한 대로'·'그대로'의 뜻의 접속 부사.
그런데⦗부⦘ '그러한데'의 뜻의 접속 부사. ⦗약⦘ 근데. 건데. but
그런–듯–만듯⦗부⦘ 그러한 듯도 하고 그러하지 아니한 듯도 하여. slightly
그런–즉⦗부⦘ '그러한즉'·'그러하니까'의 뜻의 접속 부사. therefore
그럴 듯하–다[—든—]⦗형⦘ ①그렇게 될 듯하다. ②제법 수긍할 만하다. (be) plausible
그·럴·식/그·럴·씩⦗부⦘ ⦗고⦘ 그러므로.
그럴싸–하–다⦗형여⦘ 그럴 듯하다. plausible
그럼¹⦗약⦘→그러면.

그럼²'그렇지·그렇다'는 뜻을 나타내는 말. certainly
그렁–거리–다⦗자⦘→그르렁거리다.
그렁 : 거리–다⦗자⦘ ①액체가 그릇의 가장자리까지 거의 찰 듯한 모양. be full to the brim ②견디기는 적고 국물만 많은 모양. thin ③물을 많이 먹어서 뱃속이 근근한 상태. ⦗큰⦘ 가랑가랑. ⦗거⦘ 크렁크렁. feel sick 하게
그렁성–저렁성⦗부⦘ 그런 듯도 하고 저런 듯도 하여 표준 없이. 대중 없이. this or that 하게 [하게
그렁–저렁⦗부⦘ 어찌 되어 가는 셈인지 모르게. somehow
그렁–하–다⦗형여⦘ 액체가 많이 피어 가장자리까지 그렁게⦗약⦘ 그러하게. so [찰 듯 말 듯하다. filled
그렇고 말고⦗형⦘→그러하고 말고.
그렇–다⦗형ㅎ⦘ ⦗약⦘→그러하다.
그렇–듯⦗부⦘ ⦗약⦘→그렇듯이.
그렇–듯이⦗부⦘ 그러하듯이. so much
그렇잖–다[—찬타]⦗형⦘ ⦗약⦘ 그러하지 아니하다.
그렇지⦗감⦘ 그러하지. That's right ②그러면 그렇지. Didn't I tell you?
그렇지–마는⦗부⦘ '그러하지마는'의 뜻의 접속 부사. ⦗약⦘
그렇지–만⦗부⦘ →그렇지마는.
그:례⦗명⦘ ⦗건축⦘ 기둥·재목·기와 따위를 초석 위에 놓을 때, 그 놓일 자리에 꼭 맞도록 따내기 위해 그 초석 바닥의 높낮이에 맞추어 그리는 붓 노릇을 하는 물건.
그레고리오–력(Gregorio曆)⦗명⦘ ⦗천문⦘ 1582년 로마 교황 그레고리우스 13세가 종래의 율리우스(Julius)력을 개량하여 제정한 태양력. Gregorian calendar
그레삼의 법칙(Gresham—)⦗명⦘ ⦗경제⦘ 16세기 영국의 재정가 그레삼이 제창한 '악화(惡貨)는 양화(良貨)를 몰아낸다'는 법칙. Gresham's law
그레이더(grader)⦗명⦘ 도로 정지용(整地用) 기계의 하나. 정지·비행장·도로 등의 건설에 쓰임.
그레이프(grape)⦗명⦘ 포도의 열매 또는 나무.
그레이프 주:스(grape juice)⦗명⦘ 포도즙.
그레이하운드(greyhound)⦗명⦘ ⦗동물⦘ 몸이 가늘고 길며, 주력·시력이 발달한 사냥용 개.
그레인(grain)⦗명⦘ 야드·파운드법의 무게의 단위. 0.0648g에 해당함.
그:레–질⦗명⦘ ⦗건축⦘ 그레로 기둥이나 재목 등에 그 놓일 자리의 바닥의 높낮이를 그리는 일. 하다
그레–코로만(Greco-Roman)⦗명⦘ ①그리스와 로마의 혼합 양식. ②⦗체육⦘ 레슬링에서, 하반신을 공격 못하게 하는 한 형식. ⦗대⦘ 프리 스타일.
그레코로만 미:술(Greco-Roman 美術)⦗명⦘ ⦗미술⦘ 로마 시대의 것으로 그 정신에 있어 그리스적인 작품.
그려⦗조⦘ '하게'·'하오'할 자리의 종결 어미에 붙여 느낌을 나타내는 보조사. ¶훌륭하네 ~.
그려–기⦗명⦘ ⦗고⦘ 기러기.
그려도⦗고⦘ 그래도. 오히려.
그·려흥–다–다⦗타⦘ ⦗고⦘ 그리워하다.
그력⦗고⦘ 기러기.
그로⦗약⦘→그로테스크.
그로기(groggy)⦗명⦘ ⦗체육⦘ 권투에서, 심한 타격을 받아 몸을 가누지 못하고 비틀거리는 일.
그로–범(—犯)⦗명⦘ 시체를 파 가는 도둑질. 또, 그 사람.
그로스(gross)⦗명⦘ 12다스. 곧, 144개.
그로테스크(grotesque 프⦗명⦘ ①괴이하고 끔찍스러움. ②변체적(變體的). ③예술상에 나타나는 괴기미(怪奇美) 또는 황당 무계한 현상. ⦗약⦘ 그로. 하다
그루¹⦗명⦘ 나무나 곡식 등의 줄기의 아랫 부분. stump ⦗의⦘ ①나무를 세는 단위. tree ②한 해에 같은 땅에 농사짓는 횟수(回數). crop
그루–갈이⦗명⦘ ⦗농업⦘ 한 해 한 땅에 두 번 농사 지음. 근경(根耕). 곤종(根種). 양그루. 이모작(二毛作). two crops a year 하다
그루–갖추–다⦗형⦘ ⦗농업⦘ 벼나 보리 등이 이삭이 고르 그루–되–다⦗자⦘ 서너 살 안짝의 어린 아이가 늦되다. ¶엄마 젖 없이 자란 그루된 아이. be stunted

그루-뒤-다(타) 땅을 갈아 그루를 뒤엎다. dig up
그루-들이-다(타) 땅을 갈아 그루를 뒤엎었다가 다시 곡식을 심다. plow the fields and sow again
그루-박-다(타) ①물건을 들어 거꾸로 탁 놓다. let fall headlong ②연의 머리를 아래쪽으로 돌려 내려가게 하다. ③사람을 기를 못 펴게 억누르다. restrain a person
그루-밭(명) 보리를 거둔 뒤에 심는 밭. field with stubs
그루-벼(명) ①보리를 거두어 낸 논에 심은 벼. rice plants raised after harvesting the barley ②늦벼.
그루-빈대(명) 〈곤충〉 번성기가 지나고 늦게 생긴 빈대. bugs late for the season
그루-빼기(명) 나뭇단·짚단 따위의 그루가 맞대어 있는 바닥.
그루-앉히-다(타) 앞으로 할 일에 대하여 바로 할 수 있는 터전을 잡아 주다. pave the way for
그루-잠(명) 깼다가 다시 든 잠. dozing after waking
그루-차례(一次例)(명) 그루갈이의 횟수(回數).
그루-치-다(타) 그루를 박아 가지런하게 되다. up
그루-콩(명) 그루갈이로 심은 콩. 근태(根太). 머드레콩②. (참) 굴콩. aftercrop of beans
그루-타-다(농업) 한 땅에 같은 곡식을 연거푸 심어 잘 되지 아니하다. [쪽의 부분. stump
그루-터기(명) 나무나 풀 등을 베어 낸 뒤의 남은 뿌리
그루-팥(명) 그루갈이로 심은 팥. aftercrop of redbeans
그룹(group)(명) ①떼. 동아리. 집단. ②〈동〉 분단(分團)②.
그룹 학습(group 學習)(명) 〈교육〉 학습 능력을 높이기 위하여 한 학급을 몇 개의 분단으로 나누어 그 분단을 단위로 학습 활동을 하게 하는 학습 지도법. 분단 학습(分團學習)
그룬(타) 〈고〉 '그리다'의 활용형. 그린[畫]. 그리온.
그룻(명) 〈고〉 그루터기. 그루.
그룻(부) 〈고〉 그릇. 잘못.
그르-다(형)(르) ①올바르지 못하다. wrong ②될 가망이 없다. hopeless ③하는 짓이 장래성이 없다.
그르-다(타) 〈고〉 그르다.
그르렁-거리-다(자타) 목구멍에 가래가 걸려 숨어는 대로 소리가 나다. (준)그렁거리다. (작) 가르랑거리다. wheeze **그르렁=그르렁**(부) **하-**(타)
그르매/**그르메**(명) 〈고〉 그림자.
그르메너-호리(명) 〈고〉 그림자.
그르치-다(타) 잘못되게 하다. spoil
그룻(명) ①물건을 담는 기구(器具)의 총칭. 기명(器皿). 기물(器物). 기재. 기재(器材). vessel ②사람의 인품과 기량. capacity (의명) 그릇을 세는 단위. ¶국 아홉 ~.
그룻(부) ①그르게. 틀리게. ②잘못하여. 잘못. wrong
그룻-되-다(자) 그르게 되다. 잘못되다. be wrong
그룻명=부(皿部)(명) 한자 부수(部首)의 하나. '盆·監' 등의 한자에서 '皿'의 이름.
그룻=박(명) 그릇 담는 함지박.
그룻-장(-欌)(명) 그릇을 넣어 두는 장.
그리(부) ①그러하게. in that way ②그 곳으로. 그 쪽으로. (작) 고리. that direction
그리(명) 〈고〉 그리움.
그리(명) 〈고〉 그런 것이.
그리게(명) '그려하기에'의 뜻의 접속 부사.
그리고(부) '그리하고'·'그리하여'·'또'·'및'의 뜻의 접속 부사. 문장·구·절·단어 따위를 이을 때 쓴다. 또. 및.
그리니치=시(Greenwich 時)(명) 〈지학〉 런던 교외(郊外)의 그리니치 천문대의 표준시. Greenwich Time
그리니치 천문대(Greenwich 天文臺)(명) 〈지학〉 1675년 영국 런던 교외에 세운 영국 최고(最古)의 천문대.
그리-다(타) 사모하다. ¶연인(戀人)을 ~. be lonely for ②보고 싶어 그리운 마음을 품다. ¶고향을 ~. yearn for
그리-다²(타) ①물건의 형상·사상·감정을 그림이나 글

또는 음악으로 나타내다. picture ②없어진 대상을 회상하거나 상상하다. ¶추억을 그려 보아라. imag-
그리-다(타) (변)→그러다. [line
·그리-·다(타) 그리워하다. 생각하다.
그리다가(변)→그러다가.
그리도(부) 그렇게도. 그처럼. 그다지도. so much
그리드(grid)(명) 〈물리〉 삼극(三極) 진공관의 음극과 양극 사이에 장치한 금속망(金屬網)으로 격자(格子)라고도 함. 전자(電子) 전류를 제어하는 작용을 함.
그리-로(부) '그리'의 힘줌말. 글로. [합.
그리마(명) 〈동물〉 그리마과의 절지 동물. 몸 길이는 약 3cm 정도로, 몸은 가늘고 15쌍의 다리가 있음. 빨리 기어다니며 작은 곤충을 잡아먹고 삶. 유연
그리-메(명) 〈고〉 그림자. [(蚰蜒).
그리스(grease)(명) 기계의 마찰력을 덜기 위해 쓰는 진득진득한 윤활유(潤滑油).
그리스 교회(Greece 教會)(명) 〈종교〉 동로마 제국의 국교로서 콘스탄티노플을 중심으로 발전한 예수교회. 동방 교회. 정교회.
그리스도(←Christ 그)(명) 〈기독〉 예수. '구세주'라는 뜻.
그리스도-교(Christ 教)(명) 기독교. [함.
그리스 문자(-字)(Greece 文字)(명) 고대 그리스에서 사용한 문자. Aα(알파)~Ωω(오메가)의 24자. 희랍 문자.
그리스-어(Greece 語)(명) 인도 유럽 어족의 한 파. 그리스 본토를 중심한 일대에 쓰임. 희랍어.
그리스 정교(Greece 正教)(명) 〈종교〉 그리스 교회.
그리움(명) 보고 싶어 애타는 심정. yearning
그리워-지-다(자) 보고 싶어 그리움이 나다. ¶불현듯 ~. [너를 듯.
그리워-하-다(타)(여불) 보고 싶어하다. 사모하다. ¶어머
그리-저리(부) ①아무렇게나 정함 없이 되어가는 대로. somehow ②둘 사이에 서로 비밀이 있어 남이 모르게 우물쭈물 처리하는 모양. **하**(자)
그리-하-다(자타여) 그렇게 하다. do so 「장의 잔디밭.
그린(green)(명) ①녹색. ②풀밭. 녹지(綠地). ③골프
그린=리포트(greenreport)(명) 녹음 백서(農業白書).
그린=백(Green back)(명) 미국 본토불(本土弗)의 지폐. 뒷면이 초록색인데 연유함.
그린=벨트(greenbelt)(명) 도시 주변의 자연 환경을 보전하기 위하여 지정한, 개발 제한 구역. 녹지대(綠地帶).
그린=보더(green border)(명) 〈정치〉 독일에 있어서 소련 점령 지대와 미국·영국·프랑스 3국 점령 지대 사이의 정치적인 구획선(區劃線).
그린=윈터(green winter)(명) 초록의 겨울이란 뜻으로, 온 세상이 초록빛의 초목으로 변하였는데도 날씨는 겨울날처럼 쌀쌀함을 이름.
그린=티(green tea)(명) 녹차(綠茶).
그린=피(green fee)(명) 골프장의 코스 사용료.
그린-피스(green peas)(명) 〈식물〉 와두의 한 품종. 열매가 초록색임.
그린=하우스(greenhouse)(명) 온실(溫室).
그릴(grill)(명) 즉석에서 구운 고기를 파는 식당. (약)→그릴룸.
그릴=룸(grill room)(명) 양식점(洋食店). (약) 그릴②.
그-림(명) ①〈미술〉 물건을 평면 위에 선(線) 또는 색채를 써서 나타낸 것. 회화(繪畫). ¶~ 글자. picture ②아름다운 풍경. picturesque scenery
그:림-꼴(명) 도형(圖形).
그:림 문자(-字)(-文字)(명) 문자의 발생 초기에 자기의 의사를 나타내기 위한 수단으로 표현되었던 그림. 상형 문자(象形文字)보다 더욱 유치한 단계임.
그:림 물감(-감)(명) 그림을 그리는 데 사용하는 색소와 고착제(固着劑)를 합쳐 만든 물건. 서양화·동양화 또는 수채화 물감이 있음.
그:림-방(-房)(명) 화실.
그:림-배(명) 그림을 그려서 아름답게 꾸민 배.
그:림-본(-本)(명) 그림을 그릴 때 본보기로 사

용하는 것. model picture book

그:림=쇠圈 직경 또는 선의 거리를 재는 기구. 규[구①. measure
그:림=씨(—氏)圈 형용사.
그:림 연:극[—년—](—演劇)圈 딱딱한 종이에 이야기의 장면을 연속적으로 그린 그림을 상자 속에 넣어 순서대로 한 장씩 내보이면서 어린이들에게 설명해 나가는 화극(畫劇).
그:림 엽서[—녑—](—葉書)圈 뒷면에 사진 또는 그림이 있는 우편 엽서. picturepostcard
그림의 떡圈 아무리 마음에 들어도 그 욕심을 이룰 수 없음을 이르는 말. in vain
그림자圈 ①햇빛이나 불빛이 가려 그 반대쪽에 나타난 검은 형상. shadow ②겨울이나 꿈에 비쳐 나타난 물체의 형상. image ③자취. 흔적. figure ④어둠 속에 보이는 어떤 사람의 형상. ⑤근심·걱정·우울·두려움이 얼굴에 나타난 반영. shadow ⑥〈물리〉 암체(暗體)가 광선을 가리어서 생기는 거무스름한 부분. 영자(影子). 음영(陰影). shade
그림자 밟:기[—밥—]圈 달밤에 술래가 된 사람이 다른 사람의 그림자를 밟는 어린이 유희의 하나.
그:림=장이圈 (속) 화가.
그:림·제圈 (고) 그림자.
그:림=책(—册)圈 주로 어린이를 위하여 그림으로 꾸민 책. picture book 「따위의 총칭.
그:림=판(—版)圈 〈인쇄〉 활판에 쓰는 동판·아연판
그립(grip)圈 〈체육〉 야구의 배트나 정구의 라켓, 골프채 등의 손잡이, 또, 그것을 잡는 방식.
그립·다匢(旦) ①그리는 마음이 간절하다. dear ②요긴하다. 아쉽다.
그만 匢 (진하고 아니다.
그만¹ ①그 정도까지만. ¶ ~ 먹자. to that extent ②그대로 곧장. ¶ ~ 말에 — 화를 냈다. as soon as ③어쩔 도리가 없어서. ¶ ~ 울어버렸다. ④탓잡을 조건 없이. (작) 고만. enough
그만그만·하·다匢 그만하게 그저 어슷비슷하다. (속) 고만고만하다. be about same
그만=두·다匢 ①하던 일을 그 정도에서 그치다. stop ②할 예정이던 것을 안 하다. (약) 간두다. (작) 고만두다. quit
그만=이·다匢 ①그것뿐이다. 그것으로 마지막이다. That's all ②더없이 넉넉하다. ¶너만 좋으면 ~. That's enough ③(속) 더할 나위 없다. (작) 고만이다. best, superb
그만=저만圈 그 정도로 그만. be about it, greatly
그만저만·하·다匢 그저그만한 정도이다. 정도가 그저 어슷비슷하다. ¶병세가 늘 ~.
그=만큼圈 그만한 정도로. that much
그만·하·다匢(旦) ①정도가 그와 비슷하다. about the same ②병이 덜하다. ¶병환이 ~. getting better ③정도·수량이 그것만하다. ¶그만한 돈은 나도 있다. (작) 고만하다.
그맘=때圈 꼭 그만큼 될 때. ¶~가 되면. (작) 고맘때.
그망없·다匢(旦) 아득하다.   「때. about that time
그물圈 ①새나 물고기를 잡는 기구. 한망(罕网). net ②그물코와 같이 얽어 만든 물건의 총칭. ③죄인을 잡기 위해서 여러 곳에 펴놓은 비상선(非常線). spider's web, police cordon ④남을 꾀거나 모해하는 교묘한 수단이나 방법. trick
그물=거리·다匢 날이 개였다가 흐렸다 하다. ¶날씨가 ~. (센) 끄물거리다. become cloudy off and on 그물=그물圈 하圈
그물=눈圈 그물의 매듭. mesh of a net
그물=막(—膜)圈 〈생리〉 눈알 속에 있는, 빛을 느끼는 막. 망막(網膜). retina
그물=맥(—脈)圈 〈식물〉 잎맥의 주맥과 지맥 사이에 있어서 그물처럼 된 세맥(細脈). 망상맥(網狀脈). ¶~잎.
그물에 든 고기匢 벗어날 수 없는 처지에 놓임.
그물이 삼천 코라도 벼리가 으뜸匢 아무리 여럿이 있다 하더라도 그것을 주장하는 것이 없으면 소용이 없다.

그물이 천 코면 걸릴 날 있다匢 무슨 일이든지 준비를 다하여 놓고 기다리면 이루어질 날이 있다.
그물=질圈 쟁이나 반두 따위로 고기를 잡는 일. net a fish 하圈
그물=채圈 그물을 메는 긴 대. stick of a net
그물=코圈 그물의 구멍. mesh
그물=톱圈 손으로 그물을 뜰 때 그물코의 크기를 일정하게 하기 위하여 사용하는 자그마한 도구.
그물=판(—版)圈 〈인쇄〉 사진과 같은 원그림[原圖]의 농담(濃淡)을 그물결의 크고 작음에 의해 나타낸
그·물圈 (고) 그물. 「철판(凸版)의 총칭.
그을·다匢 (고) 까무러지다. 꺼지다.
그름 〈약〉→그믐날.
그름=께圈 그믐날 전의 며칠 동안.
그름=날圈 한 달의 마지막 날. 말일(末日). 회일(晦日). 〈약〉 그믐. last day of a month 「초승달.
그름=달圈[—딸]圈 그믐께로 메울 그믐께 돋는 달. (배)
그름=밤圈[—빰]圈 그믐날의 밤. last night of a month
그믐밤에 홍두깨 내밀기匢 생각지 않던 일이 갑자기 일어남을 이르는 말.
그믐 사리圈 그믐께 잡는 젓조기.
그름 초승(—初—)圈 ①그믐과 초승께. ②그믐께부터 다음 달 초승까지의 사이. 「비나 눈이 내림. 하匢
그름=치圈 음력 그믐께 내리는 비나 눈. 또, 그 때의
그믐=칠야(—漆夜)圈 음력 그믐께 몹시 어두운 밤.
그·빨리 못된 버릇을 버리지 않고 그대로. ¶~ 굴다가는 혼날 줄 알아라.
그=사이圈 그 동안. 〈약〉 그새. (작) 고사이. while
그=새 〈약〉 →그사이.
그·세圈 (고) 그윽한 곳. 의지할 곳.
그스기圈 (고) 끝다.
그스—다匢 (고) 끝다.
그스르·다匢(巳旦) 불에 쬐어 거죽만 조금 타서 검게 그스름圈 「하다.
그속—다/그속흥—다匢 (고) 그윽하다.
그슬리·다匢(旦) 불에 태워 거죽만 검게 하다. scorch 回 불에 타서 거죽만 검게 되다.
그슬린 돼지가 달아맨 돼지 타령한다匢 제 흠은 모르고 남의 흠만 탈잡고 나무란다.
그·슴圈(旦) ①그을음. ②끝. 한정(限定)
그·슴·흥·다匢(旦) 한정(限定)하다. 「다. 그악스레圈
그악—스럽·다匢(旦) 그악한 데가 있다. 그악해 보이
그악·하·다匢(旦) ①장난 등이 지나치게 심하다. excessive ②모질고 사납다. fierce ③몹시 부지런하다. diligent
그야 (약) 그것이야. ¶~ 더 말할 나위 없지.
그야=말로 (略) 말한 바와 같이 참으로. (고) 그것이 그어·기圈〔〈고) 거기. 「야말로. really quite
그어=주·다匢 ①돈이나 곡식 가운데서 마땅히 줄 것을 메어 주다. portion ②환(換)으로 부치다. (약) 그에—지·다匢 한계가 명확해지다. boundary is clearly
그에¹圈 (고) 거기에. 그에.   「defined
그에²圈 (고) ①에게. 게. ②과. 와.
그=역(—亦)圈 (고) 그 역시. that also
그예圈 결국에는 그만. 필경. 마침내. at last
그우·놈/그우·뇸圈 (고) 굴러다님. '그우니다'의 명사
그우니·다匢 (고) 굴러다니다.   「형.
그우·다匢 (고) 구르다.
그우·룸圈 (고) 굴러감.
그우리·다匢 (고) 구르게 하다.
그울·다匢 (고) 구르다.
그위圈 (고) 관청(官廳). 공(公).
그윗=일圈 (고) 관청의 일. 일을 맡아보는 직무.
그윗=일圈 (고) 관가의 일.
그으기圈 (고) 그윽히.
그으·다匢 (고) 끝다.
그으—다匢 (고) 그윽하다.

그윽하다 ①으늑하고, 깊숙하다. hushed and still ②뜻과 생각이 깊다. profound ③느낌이 은근하다. 그윽히튄

그은송이〈동물〉회색 얼룩말. grey spotted horse
그을-다 볕이나 연기에 쐬어 검게 되다.
그을-다 그을다. become sooty
그을리-다 그을게 하다. 굴리다. smoulder
그을음 ①불이 달 때 불꽃과 함께 연기에 포함되어 일어나는 검은 먼지 같은 가루. 연재(煙滓). soot ②연기·먼지들이 엉켜서 벽·천장 등에 앉은 검은 물질. 글음.
그음 한정(限定).
그-이 그 사람. 여 그¹.
그이-들 그 사람들.
그-자(一者) '그 사람'이란 뜻으로 얕잡아 쓰는 말.
그-자리 어떤 그 현장. 그 곳. 즉석①.
그저 ①그대로 사뭇. ¶~ 앉아 기다리기만 있다. doing nothing but ②별로 신기함이 없이. 그 렇지. so-so ③그치지 않고 지금까지. ¶줄곧 ~ 놀고만 있다. continuously ④달래거나 애원할 때의 '어쨌든지·무조건 하고'의 뜻의 군소리. ¶~ 목숨만 살려 주십시오. please ⑤남을 책망하거나 비난 할 때에 '아닐게 아니라 과연'의 뜻의 군소리. ¶ 내 ~ 그럴 줄 알았네. just as one thought ⑥아무 생각 없이. ¶~ 무심코 던진 말이니. without thinking anything ⑦무조건하고 몹시. ¶나는 그 이가 ~ 미덥기만 하다. recklessly
그저께 어제의 전날. 전전날. 그제¹. day before yesterday
그저껫-밤 그저께의 밤. 지지난 밤. yesterday
그적 그 때.
그적-거리-다 글씨나 그림을 함부로 쓰거나 그리다. scrawl 그적-그적 하튄
그전 ①퍽 오래 되지 않은 지난 날. former times ②얼마 되지 않은 지난 날. some days ago 어떤 시기의 이전 날. before that
그제 그저께.
그제 자리. 홈. 허물. 흔적.
그제-야 그 때에야 비로소. not until that time
그-중(一中) 많은 가운데. 가장. ¶~ 좋다.
그-지 끝. 한(限).
그지-없-다 ①끝이 없다. 너무 많다. 한이 없다. ②이루 다 말할 수 없다. endless 그지-없이
그지흥-다 한정(限定)하다.
그-추-다 그치게 하다.
그-초-다 그치다. 그만두다. 끊다.
그치누르-다 끊어 막다. 저지하다.
그치-다 계속되던 움직임이 멈추게 되다. ¶계속 되는 움직임을 멈추게 하다. stop
그-치-다 그치다. 끊다.
그침-표(一標) 〈동〉중지부(中止符).
그토록 그러한 정도로까지. ¶~ 사랑하던 사람. to that extent
극(棘)〈어류〉물고기류의 지느러미를 이루고 있는 단단하고 끝이 날카로운 줄기. spine
극¹(極) 더할 수 없는 막다른 지경. ¶분노가 ~에 달하다.
극²(極) ①〈지학〉지축의 양단. 남극과 북극. pole ②〈물리〉전지에서 전류가 드나드는 두 끝. 곧, 양극(陽極)과 음극(陰極). 전극. pole ③〈물리〉자석(磁石)에서 자력이 가장 센 두 끝. 곧, 남극과 북극. ④〈수학〉구(球)의 대원(大圓) 또는 소원(小圓)의 평면에 수직(垂直)되는 직경의 양 끝. ⑤왕위(王位). ¶등(登)~.
극(劇)〈연〉〈동〉연극. ¶연극·희극·유희(遊戱) 등의 극.
극(極) 명사 위에 붙어서, '아주·가장'의 뜻을 나타냄. ¶~상품(上品).
=극(劇) 명사 뒤에 붙어서 '연극'의 뜻을 나타내 는 말. ¶인형~. 가면~.
극가(極可) 매우 옳음. 아주 좋음. 하다튄
극가(極嘉) 성품이나 언행이 아주 아름다움. good conduct 하다튄

극간(極奸) 몹시 간사함. 하다휑
극간(極諫) 극력으로 간함. 끝까지 간함. 하다타
극간(極艱) 극히 어렵고 고생스러움. 몹시 가난함. extreme hardships 하다튄
극감(剋減) 깎아 내어 줄임. diminution 하다타
극감(極減) 극도로 감함. reduction 하다타
극-갑(極-)〈수학〉함수의 극대값과 극소값의 총칭.
극-거리(極距離)〈천문〉적위(赤緯)의 여각(餘角). 곧, 천구(天球)의 극에서의 각도.
극계(劇界) 연극 방면에 관계되는 사람들이 이루는 사회. 극단(劇壇)②.
극-고생(極苦生) 아주 심한 고생. 하다타
극곤(極困) 극히 곤궁하거나 곤란함. 하다휑
극공(極恭) 극히 공손함. being very courteous 하다휑
극-공명(極功名) ①극히 높은 벼슬. ②자기 처지에 넘치는 벼슬.달하다.
극공명(極功名一) 〈관용〉높은 벼슬에서 극(極)에 달하다.
극관(極冠)〈지학〉화성의 양극 지방을 덮고 있는 흰 부분. 빙설 지대(氷雪地帶)임. polar cap
극광(極光)〈지학〉남극과 북극의 공중에서 밤에 가끔 활 모양으로 나타나는 아름다운 빛의 현상. aurora 하다휑
극괴(極怪) 몹시 피이함. being quite mysterious
극구(極口) 갖은 말을 다함. 튄 온갖 말로. ¶~ 변명(辨明)하다. to the utmost 하다타 「르다는 말.
극-구(隙駒) 달리는 말을 문틈으로 보듯, 세월이 빠
극구 발명(極口發明) 〈동〉극구 변명(辨明). 하다타
극구 변:명(極口辨明) 온갖 말을 다하여 자기의 잘못이 없음을 변명함. 극구 발명(發明). making every sort of excuse 하다타
극구 찬:송(極口讚頌) 온갖 말로 칭찬함. 극구 찬송. 극구 칭찬. 하다타
극구 참욕(極口慘辱) 몹시 지독하게 욕설함. 하다타
극구 칭송(極口稱頌)〈동〉극구 찬송. 하다타
극구 칭찬(極口稱讚)〈동〉극구 찬송. 하다타
극궁(極窮) 몹시 궁색함. being very poor 하다휑
극귀(極貴) ①지극히 귀함. being very precious ②아주 드묾. 대 극천(極賤). rareness 하다휑
극권(極圈)〈지학〉지구의 양극에서 황도(黃道)의 기울기(23도 27분)에 맞추는 각거리(角距離)의 위선(緯線). polar circle
극기(克己) 자기의 욕심을 스스로 이지(理智)로써 억눌러 이김. self-control 하다자 「함. detestation 하다타
극기(極忌) ①몹시 꺼림. abhorrence ②몹시 미워
극-력(克力) 극기하는 힘. ¶절을 좇게 휸. polar circle
극기 복례(克己復禮) 과도한 욕망을 누르고 예의 법식을 따름.
극기-심(克己心) 극기하는 의지.
극기 주간(克己週間)〈기독〉구세군(救世軍)에서, 검약하여 얻은 금품을 자선(慈善)에 제공함을 목적으로 하는 주간.
극기-주의(克己主義)〈동〉금욕주의(禁慾主義).
극기-파(克己派)〈동〉스토아 학파.
극-기후(極氣候)〈지학〉극에서부터 극권에 이르는 지역의 기후. 기온이 낮고, 강수(降水)는 거의 눈이며, 수목이 자랄 수 없음.
극난(克難) 어려움을 이겨 냄. endurance of hardships 하다휑 「tress 하다휑
극난(極難) 몹시 어려움. ¶~사(事). 대극북(極北). south pole
극남(極南) 남쪽의 끝. 대극북(極北). south pole
극년(極年)〈지학〉국제 지구 관측년(國際地球觀測年)의 구칭. International Geophysical Year
극년 관측(極年觀測)〈지학〉극년에 행하여지는, 극지방의 상황을 연구하기 위한 각국 학자들의 합동 관측.
극단(極端) ①맨 끄트머리. extremity ②중용(中庸)을 벗어나 한쪽으로 치우침. ultraism ③극도에 이르러 어찌할 수 없음. maximalism 하다휑
극단(劇團) 연극을 상연하려고 모인 단체. dramatic company

극단(劇壇) 명 ①연극의 무대. ②통 극계(劇界).

극단론자(極端論者) 명 모든 사물을 극단으로 해석하여 말하는 이. 「에 달하는(것).

극단-적(極端的) 관·명 몹시 한쪽으로 치우치거나 극도

극담(劇談) 명 ①쾌활한 이야기. familiar conversation ②격하고 맹렬한 담판. heated discussion ③극에 관한 이야기. talk on drama ―하다

극대(極大) 명 ①아주 큼. 매우 큼. greatest ②〈수학〉어떤 양이 일정한 법칙에 따라 늘어가다가 더 늘 수 없는 점까지 이르렀을 때의 양. (대)극소(極小). maximum ―하다

극대 감:각(極大感覺) 명 〈심리〉자극의 증가가 그 이상 더 증가하지 않는 감각. (대)극소 감각(極小感覺).

극대-값(極大―) 명 〈수학〉함수(函數)가 극대일 경우의 값. (대)극소값.

극대-량(極大量) 명 지극히 많은 양. (대)극소량(極小量).

극대-치(極大値) 명 〈수학〉'극대값'의 구용어. (대)극소치.

극도(極度) 명 더할 수 없는 정도. 궁극의 정도. 극한(極限). 극도의(適度). extremity

극도-로(極度―) 부 더할 수 없이. to the utmost

극독(極毒) 명 극심한 독. 「poison

극독-약(劇毒藥) 명 〈약학〉극약과 독약. most drastic

극동(極東) 명 ①동쪽의 끝. 〈유〉동양(東洋). Orient ②〈지리〉동양 제국 중 가장 동쪽의 지방. 원동(遠東). (대)근동(近東). the Far East

극동 문제(極東問題) 명 〈정치〉극동에 있어서의 각국의 권력 및 이익의 소장(消長)에 관한 문제.

극락(極樂) 명 ①지극히 안락함. suprembliss ②〈약〉극락 세계(極樂世界).

극락-계(極樂界) 명 〈불교〉→극락 세계.

극락길을 버리고 지옥길로 간다 속담 나쁜 짓을 하여서 스스로 지옥길을 택한다.

극락-대(極樂臺) 명 〈불교〉극락 정토(極樂淨土)에 있다고 하는 연화대(蓮華臺).

극락 동문(極樂東門) 명 〈불교〉이 세상에서 서쪽으로 향하여 가면 나타난다는 극락 정토의 어귀.

극락 만다라(極樂曼茶羅) 명 〈불교〉극락 정토(淨土)를 그림으로 그려낸 만다라.

극락 세:계(極樂世界) 명 〈불교〉아미타불(阿彌陀佛)의 극락 정토(極樂淨土)가 있는 세계. 지극히 안락하고 아무 걱정이 없는 세계. 연화 세계(蓮花世界). 금색 세계(金色世界). 〈약〉극락(極樂)②. 극락계. paradise

극락-영(極樂迎) 명 〈불교〉왕생 극락을 바라고 염불하던 이의 임종 때 아미타불이 와서 맞이함.

극락 왕:생(極樂往生) 명 〈불교〉목숨이 끝나면 다시 아미타불이 있는 극락 세계에 가서 태어남. rebirth in paradise ―하다 「싶은 소원(所願).

극락-원(極樂願) 명 〈불교〉극락 왕생(極樂往生)하고

극락-전(極樂殿) 명 〈불교〉아미타불을 본존(本尊)으로 모시는 사찰의 법당.

극락 정토(極樂淨土) 명 〈불교〉아미타불이 살고 있는 정토.

극락-조(極樂鳥) 명 〈조류〉통 풍조(風鳥).

극량(極量) 명 ①규정된 최대한의 분량. maximum ②〈약학〉약사법에 기재된 극약·독약의 최대한의 약 용량(藥容量). maximum dose

극력(克勵) 명 사욕을 이겨 내고 정려(精勵)함. ―하다

극력(極力) 명 있는 힘을 다함. ¶ ~ 주선(周旋). 부 있는 힘을 다하여. ¶ ~ 부인하다. one's utmost exertion ―하다 「lence ―하다 희다

극렬(極烈) 명 지극히 열렬함. ¶극히 맹렬함. vio-

극렬(劇烈) 명 심히 맹렬함. ―하다 희다

극렬 분자(極烈分子) 명 사상 등이 과격함을 얕잡아 일컫는 말. extremist

극론(極論) 명 ①지나치게 심한 논의. ②충분히 논의함. 극도의 논의. extreme argument ③극단적인 이론. extreme dispute ―하다 「treme opinion ―하다

극론(劇論) 명 격렬한 의논(議論)이나 논쟁(論爭). ex-

극류(極流) 명 〈지학〉양극 지방에서 적도 지방으로 흐르는 한류(寒流). polar current

극률(極律) 명 사형(死刑)에 해당한 죄를 정한 법률(法律). capital punishment

극명(克明) 명 ①속속들이 잘 밝힘. conscientiousness ②진실함. ―하다 희다 「봄. far sight ―하다

극목(極目) 명 시력(視力)이 다다르는 곳까지 한일이

극묘(極妙) 명 지극히 묘미가 있음. ―하다 희다

극무(極務) 명 극도로 격무(激務).

극=문학(劇文學) 명 〈문학〉연극·예술에 관계되는 모든 문학. dramatic literature 「finitesimal ―하다

극미(極微) 명 극히 잘고도 적음. 극히 미소함. in-

극번(極煩) 명 매우 바쁨. 또, 매우 바쁜 사무. very busy ―하다

극변(極邊) 명 지극히 먼 변두리. remote boundary

극변(劇變) 명 급격한 변화. sudden change ―하다

극복(克服) 명 ①적을 쳐이기어 굴복시킴. conquest ②곤란을 이겨 냄. ¶ 난국을 ~하다. ―하다

극복(克復) 명 원래의 태도로 회복함. 본디의 형편으로 돌아감. restoration ―하다

극본(劇本) 명 ①통 각본(脚本)①. ②통 시나리오(scenario). 「(南). extreme north

극북(極北) 명 북쪽 맨 끝. 궁북(窮北).

극비(極祕) 명 지극한 비밀. 극비밀(極祕密). ¶~사항. strictly confidential

극-비밀(極祕密) 명 통 극비(極祕). 「(尊稱).

극비칭(極卑稱) 명 아주 낮추어 일컬음. (대)극존칭.

극빈(極貧) 명 극히 가난함. ¶~자(者). (대)거부(巨富). extreme poverty

극사(極似) 명 매우 비슷함. exact likeness ―하다

극=삼각형(極三角形) 명 〈수학〉구면 삼각형(球面三角形)의 각 변의 두 극 가운데, 그 변에 대한 경점과 같은 쪽에 있는 극과를 정점으로 하는 삼각형. polar triangle

극상(極上) 명 ①맨 위. 막상(莫上). 태상(太上). best ②극히 상등(上等)임. 또, 그러한 물건.

극상-등(極上等) 명 가장 높은 등급. first rate

극상-품(極上品) 명 아주 좋은 물건. 〈약〉극품.

극서(極西) 명 극서의 맨 끝. (대)극동(極東).

극서(極暑) 명 몹시 심한 더위. (대)극한(極寒). severe

극서(劇暑) 명 심한 더위. 혹서(酷暑). 「heat

극선(極善) 명 지극히 선량함. 썩 좋음. (대)극악(極惡). extreme goodness ―하다

극선(極線) 명 〈수학〉어느 한 점을 통하여 한 원뿔 곡선의 현(弦)에 대하여 그을 때, 각 현의 양끝에서 그은 두 접선(切線)과의 교점(交點)의 궤적(軌跡)이 이루는 직선. polar

극성(極性) 명 특정의 방향에 따라 그 양극단에 서로 대응하는 다른 성질을 가지는 것.

극성(極星) 명 〈천문〉북극에 가장 가까이 있는 항성(恒星). 북극의 북극성 따위.

극성(極盛) 명 ①몹시 왕성함. culmination ②성질이 과격함. hot-temperedness ―하다 스럽다 스레

극성(劇性) 명 극렬한 성질.

극성-기(極盛期) 명 한창 번성한 시기.

극성-떨-다(極盛―) 자 통 극성부리다.

극성-맞-다(極盛―) 형 극성스럽다.

극성-부리-다(極盛―) 자 극성을 행동으로 나타내다. 과격하게 행동하다. 극성떨다. be impetuous

극성 위도법(極星緯度法) 명 〈지학〉극성의 고도를 가지고 그 땅의 위도를 재어 셈하는 법.

극성즉패(極盛則敗) 명 왕성함이 지나치면 도리어 패망함. very flood has it's ebb ―하다

극세(極細) 명 몹시 잘고 가늚. minuteness ―하다

극세-말(極細末) 명 몹시 고운 가루. fine powder

극-세:포(極細胞) 명 통 극체(極體).

극소(極小) 명 ①극히 작음. smallest ②〈수학〉함수(函數)가 작아지는 상태에서 커지는 상태로 옮기는 일. (대)극대(極大). minimum ―하다

극소 감:각(極小感覺)[명] 〈심리〉의식할 수 있는 가장 작은 감각. (대)극대 감각(極大感覺).

극소-값[-깝](極小-)[명] 〈수학〉 함수(函數)가 극소일 경우의 값. (대)극대값. [quantity

극소-량(極少量)[명] 아주 적은 분량. infinitesimal

극소-수(極少數)[명] 극히 적은 수. infinitesimal number

극소-치(極小値)[명] 〈수학〉 '극소값'의 구용어. (대)

극시(劇詩)[명] 〈문학〉①연극의 각본으로 꾸며진 시. ②희곡의 형식으로 쓴 시. (대)서정시. 서사시. dramatic poetry 「excessiveness 하다 스럽 스레타

극심(劇甚)[명] 극도로 심함. 몹시 심함. 태심(太甚).

극심(劇甚)[명] 아주 심함. 하다 스럽 스레타

극악(極惡)[명] 몹시 악함. 더할 수 없는 악덕(惡德). (대)극선(極善). atrocity 하다 「음. 하다

극악 무도(極惡無道)[명] 지극히 악하고도 도의심이 없

극야(極夜)[명] 〈지학〉고위도 지방에서 오랫동안 해가 뜨지 않고 밤만 계속되는 동안. (대)백야(白夜).

극약(劇藥)[명] 〈약학〉사용량이 지나치어 위험한 독약. 극제. poisoning medicine 「seas

극양(極洋)[명] 〈지학〉남극·북극에 가까운 해양. polar

극언(極言)[명] ①있는 말을 다하여 의견을 올림. unreserved criticism ②몹시 심한 말. 또, 극단적으로 말함. high words 하다타 「solemnity

극엄(劇嚴)[명] ①몹시 엄함. strictness ②극히 엄숙함.

극업(劇業)[명] 격심한 근무(勤務). 심한 노동(勞動). hard work 「지우(地ُ震). severe heat 과

극열(劇熱)[명] ①몹시 심한 열. ②몹시 뜨거움. ¶~

극열(劇熱)[명] 몹시 심한 열.

극염[-념](極炎)[명] 몹시 심한 더위. piercing heat

극염[-념](劇炎)[명] 심한 더위.

극-영화(劇-)[명] 일정한 줄거리를 지닌 극 내용으로 하는 영화. (대) 기록 영화. (약) 영화. dramatic movie

극예(極銳)[명] 몹시 예민함. extreme sharpness 하다

극우(極右)[명] 극단적인 우익 사상. 또, 극단의 우익파. (대) 극좌(極左). ultra-rightists

극우(劇雨)[명] 〈동〉 호우(豪雨).

극원(極遠)[명] 극히 멂. farthermost 하다

극월(劇月)[명] 한 해의 마지막 달인 섣달. 곧, 음력 12

극월(劇月)[명] 몹시 바쁜 달. 「월

극위(極位)[명] 더 없는 지위. 가장 높은 지위. highest position 「drinking 하다

극음(劇飮)[명] 술 따위를 지나치게 마심. excessive

극인(棘人)[명] 부모의 상(喪) 중에 있는 자기를 일컫는 말. 상제(喪制).

극-자리표(極-標)[명] 〈동〉 극좌표(極座標).

극작(劇作)[명] 희곡(戲曲)이나 각본을 창작하는 일. dramatic play writing 하다 「작가. dramatist

극작-가(劇作家)[명] 극작(劇作)을 하는 문예가. 희곡

극장(劇場)[명] 〈연예〉영화를 상영하거나 연극을 상연하는 곳. (원) 연극장(演劇場). theatre

극적(劇的)[관]명] 연극을 보듯 감격적인(것). ¶ ~ 광경(光景). dramatic

극-전선(極前線)[명] 〈지학〉①극풍과 편서풍과의 경계에 생기는 불연속선. ②한류와 난류의 양수리(兩水里)의 경계선. polar front

극적 장면(劇的場面)[명] ①연극을 보는 듯한 장면. ②아주 심한 긴장이나 감격을 불러일으키는 장면.

극점(極點)[명] ①궁극(窮極)에 이른 점. 맨 끝. extreme point ②북극점과 남극점.

극제(劇劑)[명] 극약(劇藥).

극-제품(極製品)[명] 지극히 좋은 제품.

극쟁이[명] 〈농업〉소 한 마리가 끄는 쟁기 비슷한 농기의 하나. 쟁기보다 보습 끝이 무디고 좁이 곧게 내려감. 「(公) 임금. His Majesty 하다

극존(極尊)[명] ①지위가 매우 높음. prominence ②

극-존대(極尊待)[명] 극진히 높이어 대접함. most respectful treatment 하다

극존칭(極尊稱)[명] 아주 높이어 일컫는 말.

극종(克從)[명] 이겨 복종시킴. subjugation 하다

극좌(極左)[명] 극단적인 좌익 사상. 또, 극단의 좌익파. (대) 극우(極右). ultraleftist

극-좌표(極座標)[명] 〈수학〉 평면의 경우, 원점(原點) 곧, 극과 그것을 지나는 반직선(半直線), 곧, 극선(極線)과를 기준으로 하여 평면상의 임의의 점의 위치를 극으로부터의 거리 및 극과 원선이 이루는 각도로 나타냈을 때의 그 거리와 각도. 극자리표.

극중(極重)[명] ①아주 무거움. being very heavy ②병 증세가 아주 위태로움. critical condition ③법죄가 아주 무거움. serious crime 하다

극중-극(劇中劇)[명] 극 속에 나오는 극.

극중 악인(極重惡人)[명] 가장 중한 죄를 지은 악인.

극지(極地)[명] ①가장 끝의 있는 땅. pole ②남극 지방과 북극 지방. polar region

극지-법[-뻡](極地法)[명] 등산이나 탐험을 할 때, 우선 베이스 캠프를 설정하고 차차로 전진 기지를 설치하여 목적지에 도달하는 방법.

극지 식물(極地植物)[명] 〈식물〉 삼림 한계선보다 고위도(高緯度)의 한데에 자라는 식물. 관목(灌木)·초본(草本)·지의류(地衣類) 따위.

극지 항법[-뻡](極地航法)[명] 지구의 남위·북위 70도 이상의 양극지(兩極地)의 항공법(航空法). 주로 자이로컴퍼스(gyrocompass)로 침로(針路)를 정하고, 천체 관측으로 수정을 하면서 비행함. 「job

극직(劇職)[명] 몹시 바쁜 직무. 썩 고된 직무. busiest

극진(極盡)[명] 마음과 힘을 다함. ¶ ~한 대접을 받다. utmost exertion 하다 하다

극진(劇震)[명] ①심한 지진. 격진(激震). severe earthquake ②몹시 흔들림. severe vibration

극진 지두(極盡地頭)[명] ①몹시 극진하여 여지가 없음. destitution ②중정(中正)을 잃고 한 쪽으로 치우친 곳. deviation

극찬(極讚)[명] 극구 칭찬함. highest praise 하다

극처(極處)[명] 맨 끝. 극도에 이른 곳. extreme point

극체(極體)[명] 〈동물〉동물의 난모 세포(卵母細胞)가 성숙 분열하여 알(卵)이 되는 과정에서 방출되는 3개의 작은 세포(細胞). 거의 핵만을 함유함. 극세포. polar body

극-초단파(極超短波)[명] 〈물리〉 파장이 약 1m 이하 10cm의 헤르츠파(Hertz波). 마이크로웨이브(microwave). 유 에이치 에프(U.H.F.)

극치(屐齒)[명] 나막신 굽.

극치(極侈)[명] 극도로 사치함. extravagance 하다

극치(極致)[명] ①더 갈 수 없는 데까지 이름. acme ②극도에 이르는 풍치나 운치. ¶자연미의 ~. culmination

극치(極値)[명] 〈수학〉 '극값'의 구용어.

극친(極親)[명] 지극히 친밀함. intimacy 하다

극침(棘針)[명] ①가시. thorn ②살을 에는 듯한 찬바람. bitterly cold wind

극택(極擇)[명] 매우 정밀하게 골라냄. 하다

극터덕-다[-따]자 간신히 붙잡고 기어오르다. climb labouriously

극통(極痛)[명] ①극히 심한 고통. severe pain ②뼈에 사무치게 원통함. 지통(至痛). acute pain 하다

극통(劇通)[명] 극계(劇界)의 사정에 잘 통함. 또, 그런 사람. dramatic expert

극통(劇痛)[명] 몹시 심한 아픔. acute pain

극평(劇評)[명] 연극에 대한 비평. dramatic criticism

극품(極品)[명] 〈약〉→극상품(極上品).

극피-동물(棘皮動物)[명] 〈동물〉동물을 대별한 문(門)의 하나. 바다에 사는데 몸은 등과 배의 구별이 있고 방사 상칭형(放射相稱形)임. 입은 복면(腹面)에 있고 항문은 배복(背腹)의 경계선이나 배면(背面)에 있으며, 특히 관족(管足)이 발달하였음. 갯나리·성게·불가사리·해삼 따위. echinoderm

극-하다(革一)[자여] 병이 위급(危急)하다. fall into a critical condition

극하다 246 **근대**

극:하-다(極一)[타여불] 더할 수 없는 데까지 이르다. ¶사치를 ~. **극:히**[부] extremity ②[동] 극한값.

극한(極限)[명] ①궁극의 한계. 맨 끝. 극도(極度).

극한(極寒)[명] 극심한 추위. 혹한(酷寒).

극한(劇寒)[명] 극렬한 추위.

극한=값(極限一)[명] 〈수학〉어떤 일정한 법칙 밑에서 변화하는 수가, 일정한 수에 한없이 접근할 경우의 그 일정한 수. 극한(極限)②.

극한 개:념(極限概念)[명] 〈논리〉무한히 요구되면서 무한히 도달하지 못하는 개념.

극한 고열(極寒苦熱)[명] 지극한 추위와 심한 더위.

극한 기후(極限氣候)[명] 〈기상〉수목(樹木)이 전혀 자라지 않을 정도로 기온이 낮은 기후.

극한 상황(極限狀況)[명] 더 이상 어떻게 할 수 없도록 극도에 도달한 상황.

극한=치(極限値)[명] 〈수학〉'극한값'의 구용어.

극한 투쟁(極限鬪爭)[명] 어떤 목적을 관철하고자 싸울 수 있는 데까지 싸우는 투쟁. 하자. ⌈mage

극해(極害)[명] 지독한 해독·재해(災害). severe da-

극형(極刑)[명] 더할 수 없는 무거운 형벌. 사형. capital punishment.

극:호사(極豪奢)[명] 몹시 사치(奢侈)함. 하자타

극화(劇化)[명] 사건이나 소설 따위를 극의 형식으로 각색하는 일. dramatization 하타

극흉(極凶)[명] 극히 흉악함. most wicked ②참혹한 흉년. 참흉(慘凶).

극희(劇戲)[명] 배우의 연희(演戲). 광대가 하는 연극

근(根)[명] ①부스럼 속에서 곪아 단단하게 된 망울. core ②〈수학〉 방정식을 만족시키는 미지수의 값. root ③〈동〉뿌리. ④〈동〉승근(乘根). ⑤〈동〉기(基). ⑥〈불교〉한 마음을 일으키는 강력한 힘. 육근(六根)의 원기.

근(筋)[명] ①〈동〉힘줄. ②〔약〕→근육(筋肉).

근(勤)[명] 부지런함. diligence 하자

근(斤)[의명] 저울로 다는 무게의 단위. 열여섯 냥이 한 근임. Keun(unit of weight) 600g.

근(听)[의명] 양지(洋紙) 한 연(連). 500장의 무게를 나타내는 단위.   ⌈nearly

근:(近)[관] 거의. ¶~거리(距離). ~백리.

근:가(近可)[명] 거의 옳음. fairly good 하형 히부

근각(根脚)[명] 〈제도〉옛날 죄인의 생년월일과 용모 및 그의 주소·부모 따위의 신원 일체(一切)를 것.   ⌈dence

근각(勤恪)[명] 부지런하고 삼감. diligence and pru-

근:간(近刊)[명] ①최근에 간행된 간행물. recent publication ②멀지않아 간행됨. 또, 그런 간행물. forthcoming book 하자

근:간(近間)[명] 요사이. lately

근간(根幹)[명] ①뿌리와 줄기. root and trunk ②어떤 사물의 바탕이나 가장 중심이 되는 부분. basis

근간(勤懇)[명] 부지런하고 성실함. diligence and sincerity 하자

근간(懇懇)[명] 은근하고 간절함. kindness 하형

근:강(近江)[명] 가까운 곳에 있는 강.

근거(根據)[명] ①근본이 되는 토대. ground ②논의·의견에 그 근본이 되는 의거(依據). 본거(本據). authority 하자

근:거:리(近距離)[명] 썩 가까운 거리. ⟨대⟩ 원거리(遠距離). short distance   ⌈base

근거-지(根據地)[명] 활동의 밑터로 삼는 곳. 본거지.

근검(勤儉)[명] 부지런하고 검소함. diligence and thrift 하자   ⌈물을 모음. diligence and savings 하자

근검 저:축(勤儉貯蓄)[명] 부지런하고 알뜰히 해서 재

근검-하-다(勤儉一)[타여불] ①자손이 많아서 보기에 매우 복스럽다. be blessed with many children ②마음에 흐뭇하고 남보기에 위엄이 있다. ¶추위를 이겨 낸 보리로만이 근검하게 줄지어 서 있다. (be) thrifty

근:경(近頃)[명] 요즈음.

근:경(近景)[명] ①가까이 보이는 경치. near view ②사진·그림 등에서 앞에 배치한 수목·암석 등의 경관(景觀). ⟨대⟩ 원경(遠景). nearplace

근:경(近境)[명] ①가까운 곳. ②가까운 경우. ③가까운 국경이나 지경(地境). neighbouring districts ④요즈음의 사정. ⟨대⟩ 원경(遠景). recent condition

근경(根耕)[명] 〈동〉그루갈이. 하자

근경(根莖)[명] ①뿌리와 줄기. roots and stems ②〈식물〉줄기가 변태된 지하경(地下莖)의 하나. rootstock ③통틀어. 근본이 되는 계통. rooted line

근계(根系)[명] ①뿌리의 갈래. rootstock ②근본이 되

근계(筋瘈)[명] 〈동〉근축증(筋搐症). ⌈두에 쓰는 말.

근:계(謹啓)[명] '삼가 아뢰나이다'의 뜻으로 편지의 허

근:고(近古)[명] ①가까운 옛날. nearly modern age ②〈역사〉중고와 근세 사이. ⟨대⟩ 중고(中古). 상고(上

근고(勤苦)[명] 근로와 고생. 하자   ⌈古).

근:고(謹告)[명] 삼가 아룀. 삼가 알림. informing with respect 하자

근:고 문학(近古文學)[명] 〈문학〉고려 초에서 훈민정음이 제정되기까지의 약 500년 동안의 문학.

근고 버력(根固一)[명] 수중 구조물(水中構造物)의 근부(根部)를 방호하기 위하여 틈 속에 집어 넣는 돌.

근:고-사(近古史)[명] 〈역사〉근고 시대의 역사.

근곡(根穀)[명] ①묵은 곡식. ②밀접미로 둔 곡식.

근골(筋骨)[명] ①근육과 뼈. bones and sinews ②체력. 신체. bodily strength

근골(跟骨)[명] 〈생〉발꿈치를 형성하는 부제형(不齊形)의 단골(短骨).   ⌈하자

근공(勤工)[명] 부지런하여 힘들여 공부함. hard study

근관(根冠)[명] 〈식물〉식물의 뿌리 끝에 있는 모자(帽子) 모양의 조직. 뿌리골무. root cap

근관(根管)[명] 〈생물〉치근(齒根)의 중축에 있는 관상(管狀)의 공간. pulp canal

근:교(近郊)[명] 도시에 가까운 주변. suburbs

근:구(近口)[명] 푸지게 먹지 않고 먹는 체면진. 조금 먹음. 하자   ⌈study of Buddhism 하자

근구(勤求)[명] 〈불교〉불법의 교리를 부지런히 구함.

근:국(近國)[명] 이웃에 있는 나라. ⟨대⟩ 원국(遠國). neighbouring country

근궁(芹宮)[명] 〈동〉문묘(文廟).

근근(勤勤)[명] 부지런함. diligence 하형

근:근(近近)[명] 멀지 않아. 가까운 장래에. in the near future   ⌈어 가다. barely

근:근(僅僅)[부] 겨우. 간신히. 근근이. ¶~ 목숨을 이

근근간간(勤勤懇懇)[명] 썩 부지런하고 정성스러움.

근:근 득생(僅僅得生)[명] 겨우겨우 삶을 이어 감. picking up a scanty living 하자

근:근 부지(僅僅扶持)[명] 겨우 버티어 나감. managing with difficulty 하자

근:근=이(僅僅一)[부] 겨우. 간신히. ¶~ 살아가다.

근근 자자(勤勤孜孜)[명] 부지런하고 정성스러움. assiduity 하형   ⌈하고 근질근질한 느낌이 있다.

근근-하-다[형여불] ①물이 가득하다. full ②아픈 듯

근:기(近畿)[명] 서울에서 가까운 지방. 기근②. metropolitan district

근기(根氣)[명] ①참고 견디는 정신력. 참을성이 있게 이어 가는 기질. stamina, endurance ②근본되는 힘.   ⌈(根底). foundation

근기(根基)[명] 뿌리를 잡은 터전. 기초(基礎). 근저

근:년(近年)[명] 가까운 해. 지나간 지 얼마 안 되는 해. 경년(頃年). 근세(近歲). recent years

근념(勤念)[명] ①친절하게 돌봄. kind consideration ②힘쓰고 수고함. toil 하자

근농(勤農)[명] 농사를 부지런히 지음. 농사에 매우 힘씀. 또, 그런 농부. diligent farmer 하자

근농-가(勤農家)[명] 농사를 부지런히 짓는 사람.

근-담:배[一담一](斤一)[명] 한 근씩 달아 묶어서 파는 살담배.

근대[명] 〈식물〉명아주과의 이년생 채소. 줄기는 곧고 가지가 많으며 잎은 긴 난형(卵形)으로 광택이

음. 여름에 황록색의 작은 꽃이 피고 줄기와 잎은 식용함. 군달(君蓬). 첨채(菾菜). chard red beet
근:대(近代)명 ①〈역사〉중고(中古)와 현대와의 사이. ②얼마 지나지 아니한 시대. ③요즘음. lately ④근고(近古)·근세(近世)·현대의 총칭. 《대》고대(古代). modern age
근대 국가(近代國家) 중세의 봉건적 전제 국가가 붕괴한 뒤를 이어 근대에 성립한 중앙 집권 국가. 근세 국가(近世國家).
근:대=극(近代劇)명 〈연예〉19세기 말에 사실주의 문학과 함께 일어난 새로운 연극. 《대》고대극. modern drama 〔초근추장에 무쳐 먹는 나물. 군달채.
근대 나물(근대의 잎이나 줄기를 데쳐서 소금이나
근대=다(近代-)타 ①귀찮게 굴다. bother ②조롱하다. deride
근:대 도시(近代都市) 근대에 발달한 도시. ②근대적인 모습을 갖춘 도시. modern city
근:대 문학(近代文學)명 〈문학〉중세기 문학에 대하여 현실과 사회와 인간 문제를 주제로 한 근세 문학(近世文學)의 총칭. 넓은 뜻으로는 15세기 르네상스 이후에 일어난 인간 중심의 문학. modern literature 〔기조로 하는 근대의 문학.
근:대=법(-빱)(近代法)명 개인주의 및 자유주의를
근:대=사(近代史)명 근대의 역사. 또, 그 역사 책.
근:대 사상(近代思想)명 개성을 존중하고 인력과 자유를 추구하며, 서로 평화를 지향하는 사상.
근:대 사:회(近代社會)명 봉건 사회 뒤에 온 시민 중심의 자본주의 사회.
근:대 산:업(近代産業)명 산업 혁명 이후에 일어난 산업. 분업화한 산업 형태임. 〔향 또는 성질.
근:대=성(-썽)(近代性)명 근대에 알맞게 발전된 경
근:대 소:설(近代小說)명 〈문학〉15세기 문예 부흥과 과학 문명이 발달된 이후에 일어난 소설.
근대 오:종 경:기(近代五種競技)명 〈체육〉사격·수영·펜싱·승마·4,000m 경주의 다섯 가지 경기를 하루 한 종목씩 하여, 각 종목마다 채점하여 등급을 매기는 경기.
근:대=인(近代人)명 ①근대의 사람. modern people ②근대 사상의 감화를 입은 사람. moderns
근:적(近代的)명 근대의 성격을 띠는(것). modern
근:대=주의(近代主義)명 ①20세기 초기의 로마 구교(舊敎) 내에서 근대 과학 사상과 고대의 교의(敎義)를 조화시키려고 한 운동. ②모더니즘.
근:대=화(近代化)명 근대적 특성을 띠게 함. modernization 하다타
근덕=거리-다 전체가 조금씩 가볍게 자꾸 움직이거나 움직이게 하다. 《작》간닥거리다. 《센》끈덕거리다. 끄덕거리다. be loose 근덕=근덕 하다타
근데[부] 〈야〉그런데.
근뎅=거리-다 가늘게 붙은 물건이 조금씩 천천히 흔들거리다. 《작》간댕거리다. dangle 근뎅=근뎅하다 〔댕이다.
근뎅=이-다 근뎅근뎅 흔들리어 움직이다. 《작》간
근:동(近東)명 〈지리〉유럽에서 가까운 동양의 나라들. 동양의 서쪽 부분이나 터키·이란·시리아·아라비아 등의 지역. 《대》원동(遠東). 극동. Near East
근:동(近洞)명 가까운 이웃 동네. neighbouring village 〔down
근두(筋斗)명 번드쳐 재주 넘는 몸짓. 《변》곤두. upside
근두박-질(筋斗撲跌)명 몸을 번드쳐 재주 넘는 짓. 《변》곤두박질. falling headlong 하다자
근두박질-치-다 거꾸로 내리박히게 하다. 《변》곤두박질치다. fall headlong
근드렁=거리-다 가늘게 붙은 물체가 천천히 자꾸 흔들거리다. 《작》간드랑거리다. dangle 근드렁=근드렁 하다자
근드렁 타:령(-打鈴)명 몸을 가누지 못하여 근드렁거리는 행동을 놓으로 이르는 말. tottering
근드적=거리-다 무엇에 기대거나 걸려 있는 물건이 근덕거리다. 《작》간드작거리다. swing 근드적=근

드적이 하다자
근들=거리-다 이리저리 자꾸 흔들거리다. 《작》간들거리다. swing to and fro 근들=근들 하다자
근:래(近來)명 가까운 요즘음. 요사이. ¶~에 없던 희귀한 동물. recently
근량(斤量)명 〈역〉단위의 근과 양. ②〈약〉→근량쭝.
근량(斤量)명 저울로 단 무게. weight
근량=쭝(斤兩-)명 물건의 무게. 〔例〕근량(斤兩)②. weight 〔을 능히 감당해내는 힘. 기력(氣力)①.
근력(筋力)명 ①근육의 힘. muscular strength ②일
근례(近禮)명 〔同〕혼례(婚禮).
근로(勤勞)명 ①심신을 수고롭게 하여 일에 힘씀. labour ②근무상의 노고. work ③일정한 시간 동안 일정한 노무(勞務)에 종사함. labouring 하다자
근로 감독관(勤勞監督官)명 근로 조건의 기준을 확보하기 위하여 그 상황을 감독하는 관직.
근로 계급(勤勞階級)명 〈사회〉근로에 의한 소득으로 생활하는 계급.
근로=권(-꿘)(勤勞權)명 〈법률〉근로 능력을 가진 사람이 취업을 하지 못하는 경우에, 국가에 대하여 근로 기회의 제공을 요구하고, 그것이 불가능할 때에는 상당한 생활비를 요구하는 권리. right to labour
근로 기본권(-꿘)(勤勞基本權)명 〈법률〉근로자에게 그 생존을 확보하기 위해 인정되는 기본권. 근로권·단결권·단체 교섭권 등.
근로 대:중(勤勞大衆)명 〈사회〉근로에 종사하는 많은 사람들. working people
근로 봉사(勤勞奉仕)명 공공(公共)을 위한 갖가지 하는 여러 가지 근로. labour service
근로 소:득(勤勞所得)명 〈경제〉근로에 의하여 얻은 봉급·노임 따위의 소득. 《대》불로 소득(不勞所得). earned income 〔사람. worker
근로-자(勤勞者)명 근로에 의한 소득으로 생활하는
근로자의 날(勤勞者—)명 노동자의 노고를 위로하고, 근무 의욕을 더욱 높이는 뜻에서 제정한 날. 매년 3월 10일.
근류(根瘤)명 〈식물〉고등 식물의 뿌리에 붙은 혹. 세균(細菌) 또는 균사(菌絲)의 침입으로 기생(寄生) 발육하여서 생김. 뿌리혹. root tubercles
근류 박테리아(根瘤 bacteria)명 〈식물〉콩과 식물의 뿌리혹(根瘤) 속에서 자라나는 세균. 뿌리혹 박테리아. Bacillus radicicola
근:리(近理)명 이치에 아주 가까움. 사리에 거의 맞음. reasonableness 하다자
근:린(近隣)명 ①가까운 이웃. neighbourhood ②가까운 곳. 근방(近方). vicinity
근:린 공원(近隣公園)명 인근의 시민들이 손쉽게 드나들 수 있는 조그마한 공원.
근립 세:균(根粒細菌)명 〈식물〉유리 질소(遊離窒素)를 공기 중에서 동화하여, 질소 화합물로 작용하는 세균.
근막(筋膜)명 〈생리〉근육의 표면을 싸고 있는 결체 직성(結締纖性)의 얇은 막.
근만(勤慢)명 〔同〕근태(勤怠)①. 〔blood vessels
근맥(筋脈)명 심줄과 핏줄. 근육과 혈맥. sinews and
근:면(勤勉)명 부지런히 힘씀. 《대》태만. 태업②. 태타(怠惰). diligence 하다자형 히부
근면-가(勤勉家)명 부지런히 힘쓰는 사람.
근멸(根滅)명 뿌리째 없애 버림. rooting out 하다타
근모(根毛)명 〈식물〉식물의 뿌리에 있는 실낱같이 가는 털. 뿌리털. root hair
근무(勤務)명 ①힘써 일함. ②봉급을 받고 일터에 나아가 일을 함. 근사(勤仕). working 하다자
근무 성적(勤務成績)명 근무한 성적.
근무 소집(勤務召集)명 〔同〕병로 소집(兵務召集).
근:묵자-흑(近墨者黑) 먹을 가까이 하면 검어진다는 말로, 악한 사람과 가까이 있으면 그 버릇에 물들기 쉽다는 뜻. He who touches pitch shall be defiled therewith

근:민(近民)圈 이웃 나라의 인민. 근변(近邊)의 국민.
근민(勤民)圈 ①부지런한 백성. diligence people ② 근로 생활을 영위하는 민중.
근반(跟伴)圈 주인을 따라다니는 종자(從者).
근:방(近方)圈(동) 근처(近處).
근:방(近傍)圈 아주 가까운 곁. 근변(近邊). neighbourhood
근:배(謹拜)圈 '삼가 절한다'는 뜻으로, 편지 끝에 쓰는 말. yours truly 「쓰는 말.
근:백(謹白)圈 '삼가 아뢰다'는 뜻으로, 편지 끝에
근:변(近邊)圈 아주 가까운 주변. 근방(近傍). vicinity 「며 탄력성이 있음.
근복(筋腹)圈〈생리〉근육의 가운데 부분. 붉고 연하
근본(根本)圈 ①초목의 뿌리. root ②사물이 발생하는 근원. 기초(基礎)①. 근저(根底)②. ¶~원리(原理). basis
근본-법[一뻡](根本法)圈 일반적으로 국가의 근본적인 법, 헌법.
근본-악(根本惡)圈〈철학〉칸트(kant)의 용어로, 선천적으로 인성(人性) 가운데에 있다고 하는 악.
근본적 경험론(根本的經驗論)圈〈철학〉인식(認識)에 있어서 근본적인 것은 직접적인 순수 경험(純粹經驗)이라는 학설.
근:봉(謹封)圈 ①'삼가 봉한다'는 뜻으로, 편지나 소포(小包) 따위의 봉한 자리에 쓰는 말. carefully sealed by ②봉치 싼 보자기에 끼우는, '謹封'이라는 두 자를 쓴 종이.
근비(根肥)圈〈농업〉식물의 뿌리 언저리에 주는 비료. fertilizer for the root
근비(筋痺)圈〈한의〉근육이 켕기어 관절통이 나서, 걸음을 자유롭게 걷지 못하는 병.
근:사(近似)圈 ①아주 비슷함. close resemblance ②〈속〉괜찮음. ¶~한 웃차림. being fine 하타
근사(勤仕)圈 ①많은 일에 부지런히 힘씀. ②온갖 일에 부지런히 힘씀. 근무(勤務).
근사(勤事)圈 어떤 일에 공을 들임. 또, 그 일. diligence to business 하타
근:사-값[一깝](近似一)圈〈수학〉근사 계산에 의해서 얻어진 수값. approximate quantity
근:사-계(近似計算)圈〈수학〉근사값을 셈하는 계산. approximation 하타
근사-모으다[으로] 오랫동안 애써 은근히 공을 들이다. make continuous efforts for
근산(筋疝)圈〈한의〉음경(陰莖)이 붓거나 음문(陰門)이 헐어서 가려운 병.
근:상(近狀)圈 요사이의 형편. 근황(近況). recent circumstance 「이는 말.
근:상(謹上)圈 '삼가 올림'의 뜻으로, 편지의 끝에 쓰
근생-엽(根生葉)圈〈식물〉뿌리에서나 땅속 줄기에서 직접 땅 위에 나온 잎. 오랑캐꽃 따위. (엽) 근엽
근:선(謹選)圈 삼가 택선택함. [엽)(根葉). rosette
근섬유(筋纖維)圈〈생물〉심줄을 구성하는 조직. 살을 실. muscular fibre 「의 세포막(細胞膜).
근섬유-초(筋纖維鞘)圈〈생물〉칭문근(橫紋筋) 섬유
근성(芹誠)圈 옛날 충성된 신하가 미나리를 임금에게 바쳤다는 데서 생긴 말로, 정성된 마음을 가리키는 말. 근침(芹忱). utmost sincerity 「nature
근성(根性)圈 ①뿌리 깊이 박힌 성질. ②타고난 성질.
근:세(近世)圈 ①〈역사〉근대의 처음과 근세의 끝으로 시대 구분을 하나. 근고(近古)와 현대와의 중간. modern age ②가까운 지난날의 세상. recent times
근:세(近歲)圈 근년(近年).
근:세(近勢)圈 요사이의 정세나 세력. 근상(近狀).
근:세 건:축(近世建築)圈 건축의 역사상, 르네상스 이후의 건축의 총칭.
근:세 국가(近世國家)圈(동) 근대 국가(近代國家).
근:세 기하학(近世幾何學)圈〈수학〉19세기에 발달된 도형(圖形)의 위치에 관한 성질을 연구하는 종합 기하학. modern geometry
근:세-사(近世史)圈〈역사〉근세의 역사. 또, 그 책.

근:세 조선(近世朝鮮)圈〈역사〉고려를 이은 조선조의 500년 간을 말함.
근:세 철학(近世哲學)圈〈철학〉15세기의 문예 부흥기부터 현대까지의 철학. modern philosophy
근:소(僅少)圈 아주 적음. 분촌(分寸). (때) 과다(過多). 막대(莫大). a little, a few 하타
근속(勤續)圈 근무를 한 곳에서 오래 계속함. continuous service 하타 「임금 부분.
근속-급[-급](勤續給)圈 근속 기간에 대응하여 지급되는
근:수[一쑤](斤數)圈 근 단위로 된 저울 무게의 셈. weight 「√3 따위. radical
근:수[一쑤](根數)圈〈수학〉근호(根號)가 붙은 수.
근수(勤修)圈 부지런히 닦음. 하타
근:수(謹守)圈 조심하고 정성껏 지킴. 하타
근:순(近巡)圈 ①가까운 곳을 돌아다님. patrol ②《春》 부근(附近).
근:시(近侍)圈〈제도〉①임금을 가까이 모시는 신하. 승지(承旨) 따위. ②웃어른을 가까이 모심. attendant 하타
근:시(近時)圈 이즈막. 요사이). lately
근:시(近視)圈 가까운 데의 것은 잘 보아도, 먼 데 것은 잘 보지 못하는 시력. 바투보기. 졸보기. 근시안(近視眼). 원시(遠視). near-sightedness
근:시-경(近視鏡)圈 근시안에 쓰는 안경. spectacles for a short-sighted person
근:시-안(近視眼)圈 ①〈생리〉근시인 눈. near-sightedness ②눈앞의 일에만 구애되어 먼 앞을 짐작하는 지혜가 없음의 비유. 단시(短視). 졸보기눈. (영) 근안(近眼). 「상격으로만 보는(것). short-sighted
근:시안-적(近視眼的)圈 사고력이 얕아 사물을 꾀
근:식(根式)圈〈수학〉근호(根號)를 가진 식. √x+3 따위. 「(侍臣). trusted vassal
근:신(近臣)圈 임금 곁에서 가까이 모시는 신하. 시신
근:신(近信)圈 ①최근에 온 편지나 소식. latest information ②가까이하여 신용함. 하타
근:신(謹身)圈 몸차림이나 행동을 삼감. 하타
근:신(謹愼)圈 ①언행을 삼가고 조심함. prudence ②과오에 대하여 반성하고 들어앉아 행동을 삼감. 하타
근실(勤實)圈 부지런하고 착실함. intelligence and faithfulness 하타 히미 「itchy 근심-근실히 하타
근실-거리다 연해 조금 가려운 느낌이 나다. feel
근심圈 괴롭게 애를 쓰는 마음. (유) 걱정. 염려. anxiety 하타 스멜 스레미
근심-거리[-꺼-]圈 근심이 될 만한 일. 근심사. ¶~가 생기다. cause for anxiety
근심-사(-事)圈(동) 근심거리.
근:안(近眼)圈(동)→근시안(近視眼).
근압(根壓)圈〈식물〉물이나 나무의 뿌리가 흙 속에서 흡수한 수액(水液)을 유관속(維管束)의 도관(導管)을 따라 줄기나 잎으로 밀어 올리는 압력. root pressure 「끝에 써서 경의를 표하는 말.
근:언(謹言)圈 '삼가 말씀을 드림'의 뜻으로, 편지
근:엄(謹嚴)圈 조심성 있고 엄숙함. 궁엄(矜嚴). ¶ ~한 태도를 짓다. sobriety 하타 히미
근:업(近業)圈 ①근래에 이룬 업적. recent achievement ②요즈음에 하는 사업. one's latest work ③ 최근에 지은 책이나 글. recent writing
근역(近域)圈 어느 곳에서 가까운 지역.
근역(權域)圈 무궁화나무가 많은 땅이라는 뜻으로 우리 나라를 일컫는 말. 근화향(權花鄕). Korea
근:연(近緣)圈 ①가까운 인연. intimacy ②가까이하여 인연을 맺음. being on intimate terms of 하타
근염(筋炎)圈 근육에 나는 염증을 통틀어 이르는 말.
근엽(根葉)圈 ¶(통)→근생엽(根生葉). ②뿌리와 잎. root and leaf ③처음과 끝.
근:영(謹詠)圈 최근에 지은 시가.
근:영(近影)圈 최근에 적은 인물 사진. recent photograph
근왕(勤王)圈 ①군사로서 임금의 환난을 구함. ②임금에게 충성을 다함. loyalty 하타

근왕병(勤王兵)圕 임금을 위해 충성을 다하는 군사.
근외=**선**(菫外線)圕〔통〕자외선(紫外線).
근원(根源)圕 ①물줄기의 근본. source ②사물이 생겨나는 본바탕. base ③〔통〕금실지락(琴瑟之樂).
근원=**둥이**(根源—)圕 ①첫날밤에 배어서 낳은 아이. ②뜻이 맞지 않던 부부가 화해하고 낳은 아이.〔곳.
근원=**지**(根源地)圕 근원이 되는 곳. 사물이 생겨나는
근:**위**(近衛)圕 임금을 가까이에서 호위함. imperial guards
근위(筋痿)圕〈한의〉 간경(肝經)에 열이 생겨서 담즙(膽汁)이 지나치게 많이 나오므로, 입이 쓰고 심줄이 뒤틀리는 병.
근:**위**=**대**(近衛隊)圕〈제도〉 궁궐의 호위와 의장(儀仗)의 임무를 맡던 군대. Royal Guard 〔al Guard
근:**위**=**병**(近衛兵)圕〈제도〉 근위대에 딸린 군인. Roy-
근유(根由)圕 근본이 되는 이유. cause
근육(筋肉)圕〈생리〉 내장과 혈관을 싸고 있으면서 몸의 운동 관능을 맡은 중요한 조직체. 〔약〕근(筋)②. muscle
근육 감:(筋肉感覺)圕〈생리〉 근육의 수축이나 긴장의 변화 따위의 내발성(內發性) 자극에 의하여 생기는 감각. muscular sensation
근육 노동(筋肉勞動)圕 육체로써 하는 노동.〔대〕정신 노동(精神勞動). 〔하나. myoprotein
근육=**소**(筋肉素)圕〈생리〉 근육 속에 있는 단백질의
근육 주:**사**(筋肉注射)圕〈의학〉 근육에 놓는 주사.
근육=**질**(筋肉質)圕 근육처럼 연하고 질긴 성질. sinewy 〔때 나는 소리.
근음(筋音)圕〈생리〉 심줄이 줄어들었다 늘었다 할
근:**읍**(近邑)圕 가까운 고을. 인군(隣郡). near town
근:**인**(近因)圕 가까운 원인.〔대〕원인(遠因). prox-
근:**인**(近姻)圕 가까운 인척. 〔imate cause
근인(根因)圕 근본되는 원인.
근:**일**(近日)圕 요사이. 근자(近者). one of these days
근:**일**=**점**(近日點)圕〔천문〕 위성이나 지구의 궤도에서 태양까지의 거리가 가장 가까운 점.〔대〕원일점(遠日點)②. perihelion
근:**자**(近者)圕〔통〕근일(近日).
근:**작**(近作)圕 요즈음의 작품. one's latest work
근잠(根蠶)圕 벼가 잘 여물지 않는 병. rice plant disease
근장(筋漿)圕〈생리〉동물들이 갓 죽은 뒤에 근육은 아직 살아 있어 살에서 나오는 누르고 붉은 색의 액체.
근:**장 군사**(近仗軍士)圕〈제도〉 궁문(宮門)을 경계하고, 거둥할 때 근시 경호(近侍警護)하는 병조에 딸린 군사.
근:**저**(近著)圕 요즈음 지은 책. one's recent work
근저(根底・根柢)圕 ①〔통〕기초(基礎)①. ②〔통〕근본②.
근:**저**=**당**(根抵當)圕 〔법률〕 장차 생겨날 채권의 담보로 미리 질권 혹은 저당권을 설정함. 그 저당. fundamental mortgage 하타
근절(根絶)圕 다시 살아날 수 없도록 뿌리째 끊어 없애 버림. eradication 하타
근:**점**[一쩜](近點)圕 ①물체와 눈의 거리가 점점 가까워져서 밝게 보이는 점. near point ②〔약〕→근일점(近日點). ③〔약〕→근지점(近地點).
근:**점**=**년**[一쩜—](近點年)圕〔천문〕 태양이 근지점(近地點)에서 그 궤도를 한 바퀴 돌아 다시 근지점으로 돌아오는 약 365일 6시 13분 53초의 동안. anomalistic year
근:**점**=**월**[一쩜—](近點月)圕〔천문〕 달이 한 번 근지점을 통과해 다시 근지점까지 오는 동안의 시간. 27일 13시 18분 33초 남짓함. anomalistic month
근:**점 이각**[一쩜—](近點離角)圕〔천문〕 태양에서 본 공전하는 천체의 방향과 거리가 이루는 각. 진근점 이각(眞近點離角). anomaly
근:**접**(近接)圕 가까이 닿음. 아주 가까움. 〔대〕원격(遠隔). nearness 하타
근:**정**(謹呈)圕 삼가 증정함. wish compliments 하타
근정=**전**(勤政殿)圕〈역사〉 경복궁(景福宮) 안에 있는 정전으로 임금이 조회를 행하던 곳.
근정 포장(勤政褒章)圕 일반 공무원・국영 기업체 또는 사회 단체 직원으로, 직무에 충실하여 국리 민복(國利民福)에 이바지한 공적이 뚜렷한 사람에게 수여하는 훈장.
근정 훈장(勤政勳章)圕 직무에 충실하여 공적이 뚜렷한 공무원에게 주는 훈장. 청조(靑條)・황조(黃條)・홍조(紅條)・녹조(綠條)・옥조(玉條)의 5등이 있음.
근:**제**(謹製)圕 삼가 지음. 삼가 만듦. carefully prepared by 하타 〔dolence respectfully 하타
근:**조**(謹弔)圕 삼가 조상(弔喪)함. offer one's con-
근:**조**=**직**(筋組織)圕〈생리〉 몸과 각 장기(臟器)의 운동을 맡은 기관(器官). 평활근(平滑筋)・횡문근(橫紋筋)이 있음. muscular tissue 〔relative
근:**족**(近族)圕 촌수가 가까운 친족. 근친(近親). near
근족=**류**(根足類)圕〈생물〉 위족류(僞足類)에 속하는 원생 동물의 한 아강(亞綱). 원형질은 외층과 내층의 구별이 있고, 세포막은 없으나 껍데기가 있는 것도 있음. 〔대〕원(原生動物)의 범치.
근족=**충**(根足蟲)圕〈생물〉 근족류(根足類)의 원생 동
근종(根腫)圕〈의학〉덩어리진 근이 박힌 부스럼.
근종(根種)圕〔통〕그루갈이. 하타
근종(跟從)圕 모시고 뒤를 따름. 수행(隨行). 하타
근:**주**(謹奏)圕 삼가 임금에게 아룀. 하타
근종(筋竹)圕 참대.
근:**지**(近地)圕 가까운 땅. near district
근지(斷持)圕 마음이 내키지 않아 미루어 나감. 하타
근지럽-**다**[—어워, —우니]〔쯩〕①조금 가려운 느낌이 있다.〔작〕간지럽다. itchy ②무슨 일을 하고 싶은 생각으로 참고 견디기 어려울 만큼 안타깝다. ¶때리고 싶어
근=**지수**(根指數)圕〈수학〉 근수(根數)나 근식(根式)에서 몇 승근(乘根)인가를 보이는 수. 곧 $\sqrt[n]{7}$ 또는 $\sqrt[3]{x+y}$의 '3' 따위. radical exponent
근:**지**=**점**[一쩜](近地點)圕〔천문〕 달이 그 궤도상에서 지구로 가장 가까워지는 점. 〔약〕근점(近點)②. perigee
근:**직**(謹直)圕 근실하고 정직함. conscientiousness 하
근질거리-**다**〔짜〕자주 근지러운 느낌이 나다. 〔작〕간질거리다. feel itchy **근질**=**근질** 하타
근쭝(一斤重)圕 숫자 밑에 붙어서 근을 단위로 하여 무게를 달 때의 단위. 막 ~. 열 ~. weight
근착(根着・根著)圕 ①뿌리가 박힘. taking root ②생활 근거가 확립됨. making a living 하타
근:**참**(覲參)圕 가서 뵙고 참배함. 하타
근채(芹菜)圕〔통〕미나리.
근채(根菜)圕 뿌리를 먹는 채소. 무・우엉・토란・연근 따위. edible roots 〔hood
근:**처**(近處)圕 가까운 곳. 근방(近方). neighbour-
근처에도 못 간다伾 비교가 되지 않는다. 어림도 없다.
근:**척**(近戚)圕 가까운 외척(外戚). near relatives
근:**청**(謹請)圕 공손한 태도로 청함. request with attention 하타 〔ing with attention 하타
근:**청**(謹聽)圕 공손한 태도로 조심하여 들음. listen-
근:**체**=**시**(近體詩)圕〈문학〉 한시(漢詩)의 율시(律詩)・절구(絶句)를 이름. 금체시(今體詩). 〔대〕고체시(古體詩).
근초(筋鞘)圕〈생리〉 횡문근의 거죽을 싸고 있는 결체 조직성(結體組織性)의 얇은 막(膜). 〔kin
근:**촌**(近寸)圕 가까운 촌수. 〔대〕근촌(近寸). nearest
근:**촌**(近村)圕 가까운 마을. 가까운 이웃 마을. near relative
근축(根軸)圕〈수학〉 두 원(圓)에 대하는 절선(切線)이 같은 점의 궤적(軌跡)으로서 정의되는 직선. radical axis 〔아픈 증세. 근계(筋瘈).
근육=**증**(筋搐症)圕〈한의〉근육에 열이 생겨 켕기고
근치(根治)圕 ①병을 근본적으로 고침. ②병의 뿌리를 뽑음. radical cure 하타

근:칙(謹飭)〖명〗 삼가고 경계함. 계칙(戒飭). modesty
근:친(近親)〖명〗 가까운 친족. 근족(近族). 〖하자〗
근친(覲親)〖명〗 ①시집간 딸이 친정에 가서 친정 어 이를 뵘. 귀녕(歸寧). ②〖불교〗 출가한 중이 세속 (世俗)의 어버이를 찾아가는 일.
근친 결혼(近親結婚)〖명〗 가까운 혈족(血族)끼리 하는 결혼. 근친혼. consanguineous marriage
근:친혼(近親婚)〖명〗 근친 결혼.
근침(芹忱)〖명〗〖동〗근성(芹誠).
근침(斤秤)〖명〗〖동〗대칭(大秤).
근칭(近稱)〖명〗→근칭 대명사.
근:칭 대:명사(近稱代名詞)〖어학〗자기와 가까이 있는 사물·방향·처소 등을 가리키는 대명사. 이것· 여기 따위. (대) 원칭 대명사. 중칭 대명사. 〖참〗 근 접탄 (跟接彈). nearpointing pronouns
근탄(根歎)〖명〗숯검을.
근태(根太)〖명〗〖동〗그루콩.
근태(勤怠)〖명〗①부지런함과 게으름. 근만(勤慢). diligence and indolence ②출근(出勤)과 결근(缺勤).
근포(跟捕)〖명〗죄인을 쫓아가 잡음.
근표(根表)〖명〗〖수학〗 평방근을 적은 표. 제곱근표.
근=품(斤─)〖명〗①물건을 저울로 달아서 근으로 파 는 일. 〈유〉해근(解斤). selling by the pound ② 물건 한 근을 풀어 보는 셈. 〖하자〗
근피(跟皮)〖명〗구두의 뒤축 안에 대는 가죽 오리.
근:하(謹賀)〖명〗삼가 축하함. cordial congratulation
근=하-다(勤─)〖자형변〗부지런하다. 〖하자〗
근:하 신년(謹賀新年)〖명〗삼가 새해를 축복한다는 뜻 으로, 새해의 복을 비는 인사의 말. 연하장(年賀狀) 에는 공히 신년(恭賀新年) 〖in study 하자변〗
근학(勤學)〖명〗학문에 힘씀. 부지런히 공부함. diligence
근:함(謹緘)〖명〗편지 겉봉의 봉한 자리에다 '삼가 편 지를 봉하다'는 뜻으로 쓰는 말. carefully sealed
근:해(近海)〖명〗육지에 가까운 바다. 연해(沿海). (대) 원양(遠洋). neighbouring sea
근:해 소:유설(近海所有說)〖명〗〖법률〗근해는 그 연안 국의 영역(領域)이라는 학설.
근:해=어(近海魚)〖어류〗근해에 서식하는 물고기.
근:해 어업(近海漁業)〖어류〗근해에서 하는 어업. 연안 업(沿岸漁業). (대) 원양 어업(遠洋漁業).
근:해 항:로(近海航路)〖명〗〖법률〗선박 검사법(船舶檢 査法)에 정하여 있는 항로. 연해 항로와 원해 항로 의 중간으로, 구역(區域)과 선박 톤수의 규정이 있 음. coasting 〖line 하자〗
근:해항:행(近海航行)〖명〗근해 항로로 배를 타고 감.
근행(勤行)〖명〗〖불교〗부처 앞에서 독경(讀經)·회향 (回向)하는 일. 〖하자〗call at her old home 〖하자〗
근행(覲行)〖명〗어버이를 뵈러 가는 나들이. bride's
근허(新許)〖명〗얼른 허락하지 않고 자주 미루어 나감. 〖하자〗〖fence 하자〗
근현(覲見)〖명〗웃어른을 뵘. 배알(拜謁)함. audi-
근호(根號)〖명〗〖수학〗근수(根數)를 표하는 부호. 곧, √ 를 이름. radical sign 〖neighbourhood〗
근:화(近火)〖명〗가까운 데에서 일어나는 불. fire in the
근화(槿花)〖명〗〖식물〗무궁화.
근:화(謹話)〖명〗삼가 말씀함. 〖하자〗
근:화 사:례(近火謝禮)〖명〗가까운 곳에서 불이나 손해 는 입히지 않았으나, 이웃에게 근심을 끼쳐 미안하다는 인사.
근화=시(槿花詩)〖명〗무궁화를 읊은 노래. 〖하자〗
근화=향(槿花鄕)〖명〗무궁화가 아름답게 피는 향토(鄕 土). 곧, 우리 나라를 일컫는 말. 근역(槿域).
근:황(近況)〖명〗요즈음의 형편. 근상(近狀). recent
근:후(謹厚)〖명〗조심스럽고 온후함. 〖하자〗〖condition〗
·**글**-〖접두〗끝.
·**끌-다**〖타〗끊다.
·**끌은-다**〖타〗그것되다.
글[1]〖명〗①여러 말이 모여 하나의 완전한 사상을 나타낸 것. 글월. 문장. sentence ②말을 글자로써 나타낸 기록. writing ③학문이나 학식. ¶~에 능하다.

learning ④글자. ¶우리 ~의 우수성. alphabet
글[2]〖약〗그를. ¶~ 데려다 주어라. 〖古形〗
·**글**-〖고〗'느을·-을'과 같은 목적 조사의 한 고형
글개〖명〗긁어 당기는 기구.
글겅=거리-다〖자약〗→글그럭거리다.
글겅이〖명〗①말이나 소의 털을 빗기는 쇠로 된 빛 모양의 기 구. ¶~질. currycomb ②싸리로 된 고기잡이 도 구의 하나.
글·게〖명〗①대패. ②글겅이. 〖하자〗
글-공부[─꽁─]〖一工夫〗〖명〗글을 익히거나 배우는 일.
글-구멍[─꾸─]〖명〗글을 잘하는 지혜나 소질. 글을 이해하는 슬기. ¶~이 터지다. literary talent
글귀[─뀌]〖─句〗〖명〗글의 한 토막 구절. phrase
글그렁-거리-다〖자약〗거칠게 자주 그르렁거리다. 〖참〗갈 그랑거리다. 〖약〗글겅거리다. wheeze 글그렁=글
글:-다〖로약〗〖약〗→그을다. 〖령〗〖하자〗
글라디올러스(gladiolus)〖식물〗붓꽃과의 다년생 풀. 구근(球根)에서 창포와 비슷한 잎이 나오며, 여름에 깔때기꼴의 꽃이 피는데 백색·적색·자색· 황색 등이 있음.
글라스(glass)〖명〗①유리. ②유리컵.
글라스 블록(glass block)〖명〗속이 빈 유리로 만든 건 축용 블록. 단열(斷熱)·방음(防音)·채광 등을 방지 하기 위하여 지하실 천장에 이용됨.
글라스 스테이지(glass stage)〖명〗천장을 유리로 씌워 지은, 촬영용의 건물.
글라스-워:크(glasswork)〖명〗①글라스에 그린 건물이 나 풍경이 실경과 같은 효과로 촬영됨을 말함. ② 유리 제조업.
글라스 파이버(glass fiber)〖명〗유리 섬유.
글라이더(glider)〖명〗발동기 없이 나는 비행기.
글라이딩(gliding)〖명〗①활공(滑空). 공중 활주(空中滑 走). ②〖체육〗들이 하는 유희적 수영.
글래머 걸:(glamour girl)〖명〗육체적·성적 매력이 있 는 미인.
글러브(glove)〖명〗〖체육〗야구나 권투할 때 쓰는 장갑.
글러-지-다〖자〗①원하던 일이 잘못되어 가다. go wrong ②병이 더 악화되다. get worse 〖의 뜻.
글렌첸트(glänzend 도)〖음악〗'화려하게·빛나게' 〖의〗
글로리아[1](gloria 라)〖명〗명주실과 털실을 뒤섞어서 짠 교직(交織)의 하나. 여자의 의복 또는 양산에 많이 쓰는 노래.
글로리아[2](Gloria 라)〖음악〗신(神)의 영광을 기리 는 노래.
글로버-탑(glover 塔)〖화학〗연실법(鉛室法)에 있 어서 황산(黃酸)의 분해와 농축(濃縮) 또는 아황산 가스를 촉매로써 반응시켜 황산을 만드는 장치.
글로불린(globulin)〖화학〗단순 단백질(單純蛋白 質)의 하나. 알부민(albumin)과 같이 생물체에 널 리 분포됨. 혈청(血淸)·난황(卵黃) 등에 함유됨.
글로:브(globe)〖물리〗광원(光源)을 넣어서 온도가 낮고 휘도(輝度)가 높은 광원을 얻기 위하여 사용 되는 기구.
글로빈(globin)〖화학〗염기성 단백질의 하나. 헴(철 을 함유하는 색소)과 화합하여 헤모글로빈이 됨.
글루코오스(glucose)〖화학〗포도당(葡萄糖).
글루탐-산(glutamic 酸)〖화학〗일종의 아미노산의 하나. 글루텐에 산을 작용시켜서 가수 분해(加水分 解)하여 만듦. 〖는 단백질.
글루텐(gluten)〖화학〗곡식의 알 속에 많이 들어 있 **글리**〖명〗그르게. (대) 옳이.
글리산도(glissando, gliss 이)〖음악〗하프 등의 현 악기로 비교적 넓은 음역(音域)을 급속히 미끄러지 듯 연주하는 방법. 활주(滑奏).
글리세롤(glycerol 프)〖화학〗글리세린의 수산기를 제거한 화합물의 총칭. 〖에스테르의 총칭.
글리세리드(glyceride)〖화학〗글리세린의 지방산 **글리세린**(glycerine)〖화학〗지방을 비누땔 만드 는 때, 부산물로 생기는 무색의 결정체. 무색 투명

글리세이드

한 점액으로 단맛이 나며 습기를 빨아들이는 성질이 있음. 약용·공업용으로 널리 쓰임.

글리세이드(glissade)[명] 《체육》 등산이나 스키에서 몸을 뒤로 비스듬히 하여 눈 위를 미끄러져 내려오는 일.

글리코-겐(glycogen)[명] 《화학》 생리적 중요 물질로 맛이 없는 흰 가루 같은 것. 동물계에 널리 있는 다당류(多糖類). 당원질(糖原質).

글=말[명] 《동》 문어(文語). ③글자의 형적. context
글-발[-빨][명] ①《동》 문장. ②적어 놓은 글. writing
·글·발/글발[명] 《고》 글월. 편지.
글-방[-빵](-房)[명] ①사사로이 한문을 가르치는 곳. 사숙(私塾). 서당(書堂). 학당(學堂). private class room ②《동》 문방(文房)①.
글방 물림[-빵--](-房-)[명] 세상 물정에 어두운 사람을 놓으로 일컫는 말. 글방 퇴물.
글방 퇴물[-빵--](-房退物)[명] 글방 물림.
글속[-쏙][명] 학문을 이해하는 정도.
글썽[명] 눈물이 그득해 넘칠 듯한 모양. 《작》 갈쌍. **하**
글썽-거리다[자] 눈물이 눈가에 차서 넘칠 듯하다. 《유》 움직거리다. 《작》 갈쌍거리다. tearful 글썽=글썽[명]**하**-[자] 갈쌍하다. tearful
글썽-하다[여][자] 눈물이 거의 눈가에 넘칠 듯하다.
글쎄[감] ①확실히 단정할 수 없음을 나타내는 말. ¶~ 어디 좀 기다려 봅시다. well ②확실히 단정 또는 강조할 때 쓰는 말. ¶~ 옳다니까. yes ③분명하게 어물을 대답할 때 쓰는 말. ¶~ 어찌 할지.
글쎄-다[감] 그럴 듯한데 확실한 결정을 하기 전에 어물을 대답할 때 쓰는 말.
글쎄-올시-다[감] '그럴 듯도 한데 잘 모르겠읍니다'의 뜻.
글쎄-요[감] 그럴 듯한데 확실한 결정을 하거나 대답을 하기 전에 윗사람이나 상대편에게 하는 말.
글씨[명] ①쓴 글자의 모양. handwriting ②글자를 쓰는 일. 또, 쓰는 법. writing a letter ③글자.
글씨=본(-本)[명] 글씨 연습을 할 때 보고 배우는 책.
글씨=체(-體)[명] ①글씨를 쓰는 일정한 격식. 한글의 글씨체는 궁체(宮體)와 고체(古體), 한문의 글씨체에는 전(篆)·예(隷)·해(楷)·행(行)·초(草)의 다섯으로 나눔. 서체(書體). style of penmanship ②글자를 써 놓은 체. ¶그의 ~은 살아 움직이는 것 같다.
글안(契丹)[명] 《동》 거란(契丹).
글에 미친 송 생원[명] 다른 일은 돌보지 않고 다만 글만 읽고 있는 사람을 비웃는 말.
·글·월[명] 《고》 ①글. ②편지.
글월[명] ①글. 문장. sentence ②《동》 편지.
·글·위[명] 《고》 그네.
글ː음[약] 그을음.
글자[-짜](-字)[명] 사람의 말을 적는 부호. 문자(文字). character
글ː긋[명] 글자의 획.
글 잘하는 자식 낳지 말고 말 잘하는 자식 낳으랬다[속] 학문에 능한 사람보다는 구변 좋은 사람이 처세에 유리하다.
글=장(-帳)[명] ①글이 쓰여 있는 종이. written paper ②《제도》 과거 때 글을 써서 올리던 종이. 시권(試卷). ③긴 글. 회문(回文)①.
글=재주[-쩨-](-才)[명] 글을 잘 터득하거나 짓는 재주.
글=제[-쩨](-題)[명] 글의 제목. subject of composition
글=줄[-쭐](-)[명] ①여러 글자를 써서 이루어진 줄. lines ②약간의 글. ¶~이나 안다는 사람이 그럴 수가...
·글·지식[명] 글지이. ¶느냐? some sentences
글지이[명] 《고》 글꾼. ②글짓기. 글짓.
글-짓기[명] 《동》 작문(作文).
·글·초[명] 《고》 원고(原稿). 초고(草稿).
글-치레[명] 글을 잘 때만져 꾸밈.
글-콩[명] 《약》 그루콩.
글-타/글ː-다/을-다[고] 끓다.
글탈-다[고] 글탈하다.
글탈[명] 모레의 다음 날. 삼명일(三明日). day after tomorrow

금강계

글=하-다[여][동] ①공부하다. ②학문을 알다. study
글-히-다[고] 끓이다.
긁-다[극-][타] ①손톱이나 날카롭고 긴 것으로 바닥이나 가죽을 문지르다. ¶등을 ~. scratch ②갈퀴 등으로 끌어 모으다. ¶낙엽을 ~. rake up ③남의 잘못을 헐뜯다. 《대》 깎다. ⑤약자(弱者)의 재물을 훌어 놓이다. ⑥아무렇지도 않은 일을 공연히 건드리다. find fault with
긁어 내ː다[-다][타] ①안에 있는 것을 긁어서 꺼내다. ②폐를 써서 부당하게 받아 내다. paragingly
긁어 내리다[타] 사실 이상으로 헐뜯다. speak dis-
긁어 당기다[타] 긁어서 앞으로 끝다. 《작》 갉아 당기다. rake in
긁어 먹-다[타] ①이·칼 등으로 조금씩 긁어서 먹다. nibble ②남의 재물을 더럽게 들어먹다. 《작》 갉아 먹다. squeeze
긁어 모으-다[으] 이리저리 부정한 방법으로 재물을 모으다. rake up ¶러서 일으킨 걱정.
긁어 부스럼[명] 아무렇지도 아니한 일을 스스로 건드
긁어 쥐다[타] 긁는 듯이 들어서 움켜 쥐다. grasp
긁적-거리다[-극-][타] 연이어 긁죽이다. 긁죽이다. 《대》 갉작거리다. 긁적=긁적[명]**하**-
긁적-이다[-극-][타] 이리저리 긁다.
긁정이[-극-][명] →극쟁이.
긁죽-거리다[-극-][타] 함부로 자꾸만 둔하게 긁다. 긁적거리다. 《대》 갉죽거리다. scratch successively 긁죽=긁죽[명]**하**-
긁죽-이다[-극-][타] 마구 긁죽이다. scratched
긁혀 미-다[극-] 긁혀서 다치거나 또는 찢어지다. be
긁히-다[피동] 긁음을 당하다. 《작》 갉히다. be scratched
금[명] ①접つ나 구기거나 한 자욱. crease ②줄을 친 자국. lines ③터친 흔적. crack
금[명] 물건에 매겨진 값. price **하**[타]
=금 어떤 말 밑에 붙어 그 말을 강조하는 데 쓰임. ¶다시~. 하여~.
금(金)[명] 《화학·광물》 누른 빛깔의 쇠붙이 원소. 귀금속의 하나임. 금(金)붙이의 총칭. metal ③오행(五行)의 하나. 방위(方位)로는 서쪽, 시절(時節)로는 가을, 빛깔로는 백(白)색이 됨. ④《동》 금. ¶세운 나라의 이름.
금요일(-曜日)[명] 금요일(金曜日).
금(金)[명] 《역사》 여진족(女眞族)의 아골타(阿骨打)
금(琴)[명] 《음악》 당악(唐樂)의 현악기의 하나. 줄은 일곱이고 거문고와 비슷함. 《각색의 무늬가 있음.
금:(錦)[명] 《건축》 단청(丹靑)하는 그림의 한 이름.
금(-수)[명] '지금의' 뜻. ¶~세대(世代).
=금(金)[접미] ①금의 순도를 나타내는 말. ¶24~. ②'돈'을 나타내는 말. ¶기부~.
금-가다[자] ①터져서 금이 생기다. crack ②서로의 사이가 벌어지다. estranged ③《속》 병이 들다.
금-가락지(金--)[명] 금으로 만든 가락지. 금지환.
금-가루[-까-](金--)[명] 황금의 가루. 금분(金粉)①.
금각(金閣)[명] ①금으로 꾸민 누각(樓閣). golden palace ②아름다운 누각. magnificent palace
금-각대(金角帶)[명] 금으로 무늬를 새겨 넣은 물로 만든 띠. 벼슬아치가 썼음.
금감(金柑)[명] 《동》 금귤(金橘).
금-갑(金甲)[명] 쇠붙이로 만든 갑옷. iron armour
금-값[-깝](金-)[명] ①금의 값. ②금에 맞먹을 만큼 비싼 값. 엄청난 값이 ~이다.
금강(金剛←vajra 범)[명] ①《불교》 대일 여래(大日如來)의 지덕(知德)이 견고하여 일체의 번뇌를 깨뜨릴 수 있음을 표현한 말. ②매우 단단해 결코 파괴되지 않음. 또, 그런 물건. ③《약》→금강석(金剛石). ④《약》→금강산(金剛山).
금강-경(金剛經)《약》→금강 반야 바라밀경.
금강-계(金剛戒)《불교》 일체의 번뇌를 깨뜨리는 계명(戒命).
금강-계(金剛界)《불교》 대일 여래의 덕을 지덕의 방면에서 해설한 부분. 《대》 태장계.

금강=력(金剛力)〔불교〕금강처럼 굳센 힘. 인왕력(仁王力). Herculean strength

금강-령(金剛鈴)〔불교〕금강저(金剛杵) 끝에 매어 단 방울.

금강=문(金剛門)〔불교〕금강신(金剛神)을 만들어 세워 놓은 절의 문.

금강 반야경(金剛般若經)〔약〕→금강 반야 바라밀경.

금강 반야 바라밀경(金剛般若波羅密經)〔불교〕곧 지혜의 본체는 진상 청정(眞常淸淨)하며, 물불이 불변부이(不變不移)하여, 번뇌(煩惱)나 악마도 이것을 어지럽힐 수 없음을 금강의 견실함에 비유한 경문. 《약》 금강 반야경. 금강경.

금강=번(金剛幡)〔불교〕금강신(金剛神)의 형상을 그려 놓은 족자(簇子).

금강 불괴(金剛不壞)〔불교〕금강처럼 굳어서 좀처럼 깨지지 아니함.

금강 불자[─짜](金剛佛子)〔불교〕밀교(密敎)에서 승려가 자신을 스스로 이르는 말.

금강=사(金剛砂)〔광물〕석류석의 가루. 검붉은 빛이며 수정이나 대리석을 닦는 데 씀. 찬철(鑽鐵). ¶ ─숫돌. emery powder

금강=산(金剛山)〔지리〕우리 나라 오악(五嶽)의 하나. 강원도 고성군에 있는 세계적인 명산임. 각 양 각색의 봉우리와 바위가 무수히 솟아 1만 2천 봉이라고까지 일컬으며, 가장 높은 비로봉은 1천 638 m임. 《약》 금강(金剛)④.

금강산도 식후경이라(─) 아무리 좋은 것, 재미나는 일이 있어도 먹을 것이 있어야 배가 불러서 흥이 난다는 뜻.

금강=석(金剛石)〔광물〕순수한 탄소의 결정물. 경도(硬度)가 몹시 높고 무색 투명하나, 때로는 아름다운 광택을 내는 보석. 다이아몬드①. 찬석(鑽石). 《약》 금강③. diamond

금강=신(金剛神)〔불교〕불법(佛法)을 수호(守護)하는 신으로서 사문(寺門)의 양쪽에 안치해 놓은 한 쌍의 신장(神將). 역사. 는 마음.

금강=심(金剛心)〔불교〕신앙이 굳어 움직이지 않

금강아지=풀(─) 〔식물〕포아풀과의 풀. 여름에 황금빛깔의 원주형(圓柱形) 꽃이삭이 남. 들이나 묵은 밭에 나며 구황(救荒) 식물로 종자를 식용함.

금강=안(金剛眼)〔불교〕

금강 야:차[─야─](金剛夜叉)〔불교〕머리가 셋이며 팔이 여섯으로, 북쪽에서 악마를 항복시키는 오 대 명왕(五大明王)의 하나.

금강 역사[─녁─](金剛力士)〔동〕금강신.

금강자 나:무(金剛子─)〔식물〕잣나무과(田麻科)의 교목. 인도 특산으로 열매는 염주로 만듦.

금강자 염:주(金剛子念珠)〔불교〕금강자나무의 열매로 만든 염주.

금강=저(金剛杵)〔불교〕번뇌(煩惱)에서 깨어나게 하는, 보리심(菩提心)을 상징한 쇠붙이로 만든 법구(法具). 곧, 석가가 도를 깨칠 때의 모습.

금강=좌(金剛座)〔불교〕금강석으로 된 보좌(寶座).

금강=지(金剛智)〔불교〕극히 굳은 지혜로서 여래의 지혜를 말함.

금강=초롱(金剛─)〔식물〕초롱꽃과의 다년생 풀. 줄기높이 70 cm 가량으로 짙은 꼭지 있는 타원형임. 여름에 자줏빛 종 모양의 꽃이 핌. 산지에서 나며 한국 특산종임.

금갱(金坑)〔광물〕금을 파내는 구덩이. gold mine

금경(金鏡) '달'의 딴이름.

금경로(金莖露麨)〔동〕금경자 누룩.

금경로 누룩(金莖露─)〔명〕밀가루에 녹두와 찹쌀 가루를 섞어서 띄운 누룩. 금경국.

금=계(金契)〔제도〕금박(金箔)·은박(銀箔)·이금(泥金)·이은(泥銀) 등을 나라에 바치던 계.

금계(金鷄) 신화나 전설 속에 나오는 금빛의 닭.

금:계(禁戒)〔명〕① 막고 경계함. ② 나쁜 일을 금지하는 계율. 하

금:계(禁界)〔명〕통행을 금지하는 경계(境界). off limits

금계=랍(金鷄蠟)〔명〕〔속〕염산키니네.

금고(今古)〔명〕이제와 예. 금석(今昔).

금고(金庫)〔명〕① 돈이나 그 밖의 중요한 물품을 넣어 두는 창고. safe ② 돈이나 서류 또는 귀중품 따위를 보관하는 쇠붙이 따위로 만든 궤. ③〔법률〕정부나 다른 관청에서 출납하는 현금을 다루는 곳. cash office ④ 특별한 종류나 범위의 금융을 영위하는 금융 기관. 신용 금고 따위.

금고(金鼓)〔명〕①〔제도〕군중(軍中)에서 호령하는 데 쓰이던 징과 북. ②〔불교〕절에서 쓰는 북 모양으로 만든 종. 금구(金口)③.

금:고(禁錮)〔명〕①〔법률〕감옥 안에 가두어 정역(定役)은 시키지 않는 자유형(自由刑). 금고형(禁錮刑). imprisonment ②〔제도〕죄과(罪過) 때문에 벼슬에 쓰지 않음. 〔收支〕의 내용을 살펴보는 일.

금고 검:사(金庫檢査)〔법률〕관청에서 금고 수지

금:고 종신(禁錮終身)〔제도〕지난날의 죄로 인하여 평생 관직에 쓰지 않는 일.

금고 출납(金庫出納)〔명〕금고(金庫)의 돈 출납을 맡아 보는 일. charge of accounts

금:고=형(禁錮刑)〔동〕금고(禁錮)①.

금곡(金穀) 돈과 곡식. money and corn

금곡(錦曲) 충청 남도 금산(錦山)에서 나는 곡삼(曲蔘)을 이르는 말.

금골(金骨) 범상하지 아니한 풍골.

금공(金工) 금속에 세공을 하는 일. 또, 그 사람이나 예술품. metal worker fruit

금:과(禁果)〔기독〕금단(禁斷)의 열매. forbidden

금과 옥조(金科玉條)〔명〕매우 귀중한 법칙이나 규정. gold rule

금관(金冠)〔명〕①〔약〕→금량관(金梁冠). ②〔약〕황금보관(黃金寶冠). ③금으로 만들거나 금으로 장식한 관. gold crown ④〔의학〕금으로 치아(齒牙)의 관두(冠頭)처럼 씌우서 그 기능을 완전하게 하는 의치(義齒)의 하나.

금관(金棺) ① 금으로 만든 관. golden coffin ② 귀비(貴妃)를 높이어 그의 '관(棺)'을 일컫는 말.

금관(金管) ① 금으로 만든 통소. golden flute ② 금으로 만든 관. golden pipe

금관 가야(金官伽倻)〔역사〕육가야(六伽倻)의 하나. 지금의 경남 김해 땅에 있었음. 가락국(駕洛國). 금관국.

금관=국(金官國)〔동〕금관 가야.

금관 악기(金管樂器)〔음악〕쇠붙이로 만든 관악기. 트럼펫·코넷·호른·트럼본 등. brass-wind instruments 〔종 2품의 벼슬아치가 붙임.

금=관자(金貫子)〔제도〕금으로 된 관자. 정 2품·

금관자 서슬에 큰기침한다 나쁜 짓을 하고도 벼슬 높은 권세로 도리어 큰소리 한다.

금관 조복(金冠朝服)〔제도〕금관과 조복복.

금광(金光)〔명〕 황금의 광채. golden colour

금광(金鑛)〔광물〕① 금을 파내는 광산. 금산(金山). 금점(金店). gold mine ② 황금을 빼내는 광석. gold ore

금광:상(金鑛床)〔광물〕금을 함유하고 있는 광상.

금광=석(金鑛石) 금이 들어 있는 광석.

금광=업(金鑛業) 금을 파내는 사업. gold mining

금괴(金塊)〔명〕① 금덩이. gold ingot ② 금화(金貨)의 지금(地金).

금괴 본위제도(金塊本位制度)〔경제〕금화의 국내 유통이나 주조를 금하고 일정한 값으로 교환 매매함으로써 금화 화폐와의 관련을 유지하는 금핵(金核) 본위제의 하나. 금지금 본위제(金地金本位制). gold standard system

금구(金口)〔불교〕① 석가의 금빛처럼 보이는 입. ② 석가의 설법. ③〔동〕금고(金鼓)②.

금구(金句)〔명〕① 아름다운 구절. ② 훌륭한 격언.

금구(金釦)〔미술〕도자기의 입 언저리를 두른 금빛 테두리. 금릉완(金稜椀).

금구(金具)[명] 쇠붙이로 만든 사발.
금:구(衾具)[명] 이부자리. 금침(衾枕). 침구(寢具).
금:구(一句)(禁句)[명] ①노래나 시에서 피하는 어구. forbidden phrase ②남의 감정을 해칠 염려가 있어서 말하기를 꺼리는 어구.
금구 무결(金甌無缺)[명] ①사물이 완전 견고하여 흠이 없음. perfect and flawless ②나라의 독립이 굳어 남의 침략을 받지 않음. perfect independence
금:구-하[명] 「하나. 금칠을 하였음. 《약》구장(毬杖)②.
금:구장(金毬杖)[명] 〈제도〉고려 때의 의장(儀仗)의 하나.
금:구-증(喋口症)[명] 〈한의〉입 속에 둥글둥글한 백태가 끼고 가슴이 아픈 병. 선라풍(旋螺風).
금:군(禁軍)[명] 〈제도〉고려·조선조 때 궁중을 지키던 군대. 금려(禁旅). 「장(主將). 《약》금별(禁別).
금:군 별장[一장](禁軍別將)[명]〈제도〉금군의 주
금:군 시:재(禁軍試材)[명] 〈제도〉금군에게 보이던 궁술(弓術) 시험으로, 해마다 봄과 가을에 있었음. 금군 취재(禁軍取材). 「말아보herrn 숙직하던 이.
금:군-청(禁軍廳)[명] 〈제도〉조선조 때, 금군의 일을
금:군 취:재(禁軍取材)[명] 〈동〉금군 시재(禁軍試材).
금권[一꿘](金券)[명] ①중국에서 천자(天子)가 황금으로 만든 표. ②금화(金貨)와 바꿀 수 있는 지폐. gold note ③특정한 범위 안에서 돈 대신으로 쓰이는 것. 「of money
금권[一꿘](金權)[명] 돈에 따르는 권력(權力). power
금권 만:능[一꿘一](金權萬能)[명] 돈의 힘으로 되지 않는 일이 없다는 뜻.
금권 정치[一꿘一](金權政治)〈정치〉금력에 의하여 모든 일이든 지배하려는 정치. plutocracy
금궐(金闕)[명] 〈동〉궁궐(宮闕). 「궤(鐵櫃).
금궤(金櫃)[명] ①금으로 만든 궤. gold chest ②〈동〉철
금궤 당귀산(金櫃當歸散)[명] 〈한의〉배 밴 여자의 약
금귀-자(金龜子)[명] 풍뎅이. 「기를 보하는 약
금귀-충(金龜蟲)[명] 〈동〉풍뎅이.
금귤(金橘)[명] 〈식물〉운향과(芸香科)의 상록 관목. 밀감나무와 비슷하며 잎은 넓은 타원형임. 구형의 과실이 여는데, 단맛과 신맛이 있으며 향기가 높음. 과실은 식용하고 생약으로 쓰임. 금감. 동귤(童橘). kumquat 「에서 금(金)은 목(木)을 이긴다는 뜻.
금극-목(金克木)[명] 〈민속〉오행(五行)의 운행(運行)
금:-긋:-다[一근따] 금을 긋다. draw a line ②값을 정하다. fix the price
금기(今期)[명] 이번 시기. this time
금:기(金氣)[명] 〈민속〉가을철의 맑은 기운. 오행(五行)에서 금(金)이 가을에 해당됨.
금:기(琴棋)[명] 거문고와 바둑.
금:기(禁忌)[명] 꺼리어서 피하거나 싫어함. taboo 하더
금-꼭지(金一)[명] 금빛 종이로 꼭지를 붙인 홍초 또는 홍매듭하여의 여[瘡]. 「다. 값나다②. be priced
금-나-다[자] 물건 값이 정해져서 매매할 수 있게 되
금-나-다[자] ①물건이 구기거나 깨어져 줄이 생기다. become wrinkled ②금이 가다. be cracked
금:-남(禁男)[명] 남자의 출입을 금함. ¶~의 장소.(대)금녀(禁女). No admittance to men 하더
금납(金納)[명] 조세(租稅) 따위를 돈으로 받침. ¶~세(稅). (대)물납(物納). payment in money 하더
금납-제(金納制)[명] 조세·소작료 따위를 돈으로 내는 제도. system of cash payment
금:낭(錦囊)[명] 비단 주머니.
금:낭-화(錦囊花)[식물] 양귀비주머니꽃과의 다년생 풀. 잎은 우상 전열(羽狀全裂)하고 5~6월에 등 모양의 붉은 꽃이 피는데, 관상용으로 심음. bleed-
금:-낮-다[낟따] 값이 싸다. 금낮다.   「ing heart
금년(今年)[명] 올해. this year
금년-도(今年度)[명] 올해의 연도.
금년-생(今年生)[명] 올해에 낳은 아이. 올해에 낳은 것. baby born this year, plant of this year
금:-눅다[너따] 값이 비싸다. 《대》금낮다. expensive
금:-놓다[노타] 물건 값의 표준을 정하다. bid a price

금:-니(金一)[명] 금을 씌워 만든 의치. 금치(金齒). gold tooth 「화(畫畵)에 씀. 이금(泥金).
금니(金泥)[명] 금박(金箔) 가루를 아교풀에 갠 것. 서
금니-박이(金一)[명] 금니를 씌운 사람. 「하더
금:-단(禁斷)[명] 어떤 행위를 딱 잘라 금함. prohibition
금:단-방(禁斷榜)[명] 〈불교〉절에 불사가 있을 때에 잡인의 출입을 금하는 방문. 금단방(禁斷榜)
금단의 열매[一一] 〈기독〉구약 성서에 나오는 금단의 과실. 이브가 이것을 따 먹음으로써 인류에게 죄가 생겼다 함. forbidden fruit 「단청.
금:-단청(錦丹靑)[건축] 온갖 금(錦)을 써서 그린
금당(金堂)[명] 〈불교〉①황금·백금을 칠해 지은 불당. ②본존을 모신 불당. 본당(本堂). ¶~벽화.
금:-닿-다[다타] ①물건 값이 적당한 점에 이르다. be suitable for price ②물건 값이 상당하게 나가다.
금대(今代)[명] 지금의 시대. present age
금대(金帶)[명] ①〈건축〉주의(柱衣)를 금색으로 두른 띠. ②〈동〉금띠.
금:대(標帶)[명] ①깃발 띠. ②산천(山川)이 꼬불꼬불 돌아 요해(要害)를 이루고 있음의 비유.
금-더미[一떠一](金一)[명] 많은 금이 한데 모여 쌓인 큰 덩어리.
금-덩이[一떵一](金一)[명] 황금의 덩이. 금괴(金塊).
금도(琴道)[명] 거문고의 이론과 타는 기술.
금:도(襟度)[명] 남을 받아들일 만한 도량(度量). magnanimity 「금울 올림. 하더
금:-도금(金鍍金)[명] ①금으로 한 도금. ②쇠붙이에
금독-행(禽犢之行)[명] 친척 사이에서 발생한 음탕한 짓. incest 「(金貨).
금:-돈(金一)[명] 금으로 만든 돈. 금화(金貨). 《대》은
금돈도 안팎이 있다[관용] 아무리 좋고 훌륭한 것이라도 좋은 면과 그렇지 못한 면이 있다는 뜻.
금:-돌[一똘](金一)[광물] 황금이 박혀 있는 돌. 금석(金石)③.
금동(今冬)[명] 올 겨울. 금년 겨울. this winter
금동(金銅)[명] 금도금하거나 금박을 씌운 구리.
금동-불(金銅佛)[명] 금도금한 주동(鑄銅)의 불상.
금:-두(金豆)[명] 비단향.
금등(金鐙)[명] →금등자(金鐙子).
금-등자(金鐙子)[명] 〈제도〉왕이 긴 창대 끝에 도금한 등자를 거꾸로 붙인 의장(儀仗)의 하나. 《약》금등.
금-딱지(金一)[명] 금으로 된 몸시계의 껍데기. gold case
금:-띠(金一)[명] ①금으로 된 띠. gold band ② 〈제도〉 정 2 품의 벼슬아치가 정장(正裝)할 때 공복(公服)에 매던 띠. 금띠(金帶)②. 「(蘭之交).
금란(金蘭)[명] 〈약〉→금란지계(金蘭之契). 금란지교(金
금:-란(禁亂)[명] 법을 어겨 어지럽게 구는 것을 막아 금지함. prohibition of disorderly conduct 하더
금린-계(金蘭契)[명] 친목(親睦)의 뜻으로 칭한 친구끼리 모은 계. 「기 위하여 두었던 임시의 벼슬.
금:란-관(禁亂官)[명] 〈제도〉과장(科場)의 혼란을 막
금:란 나-다(禁亂一)[자] 〈제도〉 ①금란의 명령이 내리다. ②금란 사령이 나다.
금:란-방(禁亂榜)[명] 〈동〉금란방.
금:란 사:령(禁亂使令)[명] 〈제도〉금란패를 가지고 금란(禁制)을 범한 자를 잡아·체포하는 사령.
금:란 잡:-다(禁亂一)[자] 〈제도〉금제(禁制)를 어긴 사람을 잡다. 「「사람이 잡히다.
금:란 잡히다(禁亂一)[피동] 〈제도〉금제(禁制)를 어긴
금란지-계(金蘭之契)[명] ①다정한 친구 사이의 정의(情誼). ②다정한 친구 사이의 교제. 금란(金蘭).
금란지-교(金蘭之交)[명] 쇠처럼 날카롭고 난초처럼 굳숫하다는 말로, 친구의 두터운 사이. 《약》금란(金蘭). close friendship
금:란-초(禁蘭草)[명] 〈식물〉난과(蘭科)의 다년생 풀. 줄기 높이 60cm, 시월쯤에 누른 빛깔의 꽃이 줄기 끝에 피되, 활짝 벌어지지 않음. helleborine
금:-란-치-다(禁亂一)[자] 〈제도〉금제(禁制)를 어긴 사

금란패(禁亂牌)〖명〗〈제도〉금령(禁令)을 내릴 때에 금제 사항을 적어 나무로 만든 패.
금래(今來)〖명〗지금까지. 오늘날까지. ¶~ 실적(實績). hitherto, by this time
금량관(金梁冠)〖명〗〈제도〉문무관(文武官)이 조복(朝服)을 입을 때에 쓰던 관. 〖똔〗금관(金冠)①.
금려(禁旅)〖명〗〈동〉금군(禁軍).
금력(金力)〖명〗돈의 힘. 재력(財力)①. power of money
금련화(金蓮花)〖명〗〈불교〉부처 앞에 드리는 황금빛으로 된 연꽃. nasturtium
금렵(禁獵)〖명〗사냥을 금함. prohibition of hunting
금렵구(禁獵區)〖명〗사냥을 금하는 지역. hunting
금렵기(禁獵期)〖명〗사냥을 금하는 시기. preserve
금렵조(禁獵鳥)〖명〗보호하는 새로, 사냥하여 잡지 못하게 하는 새.
금령(禁令)〖명〗금하여 못하게 하는 명령. prohibition
금령자(金鈴子)〖명〗고련실(苦楝實).
금륜(金輪)〖명〗〈불교〉세계를 받들고 있다는 삼륜(三輪) 가운데의 하나.
금릉-완(金陵碗)〖명〗〈동〉금구(金釦).
금리(金利)돈의 이자. ¶~가 오르다. interest
금리(禁裏)〖명〗대궐 안. 금내(禁內). inside the court
금리 생활자[―짜](金利生活者)〖명〗①대부(貸付) 자본의 금리만을 가지고 생활하는 사람. 돈놀이꾼. ② 집세·지대(地代) 따위 불로 소득에 의하여 생활하는 사람.
금리 정책(金利政策)〖명〗〈경제〉중앙 은행이 금리를 올렸다 내렸다 함으로써 금융(金融) 관계를 조절하는 정책. bank-rate policy
금리 협정(金利協定)〖명〗〈경제〉금리의 최고·최저 한 도를 은행끼리 의논하여 작정하는 협정.
금-린(錦鱗)〖명〗아름다운 물고기.
금린-어(錦鱗魚)〖명〗〈어류〉쏘가리.
금린 옥척(錦鱗玉尺)〖명〗길이가 한 자 가량 되는 물고기의 미칭(美稱).
금만가(金滿家)〖명〗돈이 많은 사람. wealthy man
금-망(禁網)〖명〗〈동〉법망(法網).
금망 소활(禁網疎闊)〖명〗법망이 허술하여 어설픔. 하
금-맞추-다(金―)금물건의 값을 맞춤. ②금되다②.
금-매화(金梅花)〖명〗〈식물〉성단풀과의 다년생 풀. 높이 60～100cm로 잎은 다섯 갈래로 갈라졌음. 여름에 줄기와 가지 끝에 샛노란 꽃이 피는데, 높은 산 지방에 남.
금맥(金脈)〖명〗〈동〉금줄². 에 저럴둔 남.
금-메달(金medal)〖명〗금으로 만든 메달. 운동 경기 등에서 1위를 한 사람에게 줌.
금명(今明)〖명〗〈약〉→금명간. in a day or two
금명-간(今明間)〖명〗오늘이나 내일 사이. 〖부〗~.
금-모래(金―)〖명〗①반짝이는 고운 모래. ②모래홉에 섞인 금. 사금(砂金). gold dust
금물(金―)〖명〗〈동〉금색(金色水). [명문(銘文).
금문(金文)〖명〗옛날의 동기(銅器) 같은 금속에 새겨진
금-문(金門)〖명〗대궐의 문. gate of the palace
금-문(禁門)〖명〗①출입을 금지하는 문. gate prohibited to use ②금궐(禁闕).
금-문자[―짜](金文字)〖명〗〈동〉금자(金字).
금물(金―)〖명〗금빛을 내도록 만든 도료. gold paint
금물(金物)〖명〗쇠붙이로 만든 물건. 철물(鐵物).
금-물(禁物)〖명〗어떤 행동을 금하거나 또, 쓰기를 금한 물건. prohibited thing
금-물가[―까](金物價)〖명〗〈경제〉각 나라의 지폐 물가가 국제적 처지에서 금시세의 승강에 의하여 수정을 받는 물가를 이름. gold price
금슬으-다〖고〗금가다. 틈이 나다.
금-바둑쇠(金―)〖명〗〈제도〉조선 효종(孝宗) 때에 북벌 (北伐)의 군비(軍備)로 쓰기 위하여 바둑돌 모양으로 만들어 두었던 금과 은.
금박(金箔)〖명〗금에 약간의 은을 섞어 얇은 종이처럼 늘인 조각. gold-leaf

금박 검:전기(金箔檢電器)〖명〗〈물리〉검전기의 하나. 두 장의 금박 사이의 전기 반발(反撥) 작용을 이용함. gold-leaf electroscope 놓은 것. gilted
금-박이(金―)〖명〗옷감 따위에 금빛 가루로 무늬를 놓은 것.
금반(今般)〖명〗 (대) 과번(過般). this time
금반(金飯)〖명〗좁쌀에 감국(甘菊)·감초(甘草)를 넣고 지은 밥.
금:-반:언(禁反言)〖명〗〈법률〉앞에 행한 표시(表示) 또는 행위에 대하여 같은 사람이 그 뒤에 그와는 반대되는 주장을 법률상으로 못한다는 영미법(英美法)에 있어서의 중요한 원칙. estoppel
금-반지(金斑指)〖명〗금으로 만든 반지. 금환(金環)②. gold ring 人). golden hair
금발(金髮)〖명〗금빛처럼 누른 머리카락. ¶~ 여인(女
금발-게(金―)〖명〗〈동물〉바닷게의 한 종류. 등딱지는 4cm 가량으로 원형 또는 능형이고 암자색의 잔점이 많음. 다리는 금빛으로 아름답고 발이 넓적하여 헤엄치기 적당함. 발표하는 판.
금발 미:인(金髮美人)〖명〗금빛 머리를 가진 미인. 머리털이 누런 서양의 미인.
금방(金榜)〖명〗〈제도〉급제한 사람의 이름을 게시하여
금:-방(禁方)〖명〗①아무에게나 함부로 전하지 않는 약 방문. ②비밀을 지키고 함부로 가르치지 않는 술법.
금방(今方)〖명〗이제 곧. 지금 막. just now
금방=**금방**(今方今方)〖명〗연이어 속히.
금-방망이(金―)〖명〗〈식물〉엉거시과에 속하는 다년생 풀. 산지에 나며, 높이 90cm 가량임.
금방 먹을 떡에도 소를 박는다아무리 급한 일에도 반드시 그 순서에 따라서 해야 함.
금-방아(金―)〖명〗〈광물〉금광에서 물을 이용하여 금 돌을 찧는 방아.
금배(金杯)〖명〗금으로 만든 잔이나 컵. gold cup
금백(金帛)〖명〗황금과 비단. gold and silk 말.
금:백(錦伯)〖명〗〈제도〉충청도 관찰사를 달리 이르던
금번(今番)〖명〗이번. 차회(此回). (떼 전번(前番). this time [of deforestation 하
금:벌(禁伐)〖명〗나무를 함부로 벰을 금지함. prohibition
금-벌:령(禁伐令)〖명〗〈법률〉산림의 벌채를 금하는 법령. prohibition of deforestation
금법(今法)〖명〗금지하는 법률. prohibitive law
금벽 산수(金碧山水)〖명〗〈미술〉삼청(三靑)과 석록(石綠)으로 채색한 뒤에 이금(泥金)으로 획자 점을 만들어 그린 산수화.
금:-변(禁便)〖명〗대소변을 금함. 하
금:-별(禁別)〖명〗〈약〉→금군 별장(禁軍別將).
금병(金甁)〖명〗금으로 만든 병. 또, 금빛깔의 병. gold bottle (印).
금보(金寶)〖명〗〈제도〉추상 존호(追上尊號)를 새긴 인
금보(琴譜)〖명〗〈음악〉거문고의 악보.
금-보-다물건의 값을 알아보다. bid a price on
금 본위(金本位)〖명〗〈약〉→금본위 제도.
금본위 제:도(金本位制度)〖명〗〈경제〉금의 일정량의 가치와 단위 화폐의 가치를 관련시키는 화폐 제도. 준 금본위. gold standard
금-봉-채(金鳳釵)〖명〗금으로 봉황을 새긴 비녀.
금봉-화(金鳳花)〖명〗〈식물〉봉숭아. balsam
금:보:나-다(金―)①물건의 값을 보게 하다. ②물건 값을 비교하여 맞게 하다. 금맞추다. let others bid a price
금-부(禁府)〖명〗〈약〉→의금부(義禁府). [on
금부 관원(禁府官員)〖명〗〈제도〉의금부에서 일을 맡던 벼슬아치. 린 한 벼슬.
금부 도:사(禁府都事)〖명〗〈제도〉의금부(義禁府)에 딸
금부어(金鮒魚)〖명〗〈동〉금붕어.
금-부처(金―)〖명〗〈불교〉황금으로 만든 불상. 겉에 금칠을 한 불상. 금불(金佛). golden statue of Buddha 의금부의 벌인던 일. 하
금:부 취:리(禁府就理)〖명〗〈제도〉범죄한 벼슬아치를
금-북(金―)〖명〗〈음악〉물가에서 쓰는 악기의 하나.
금분(金分)〖명〗〈광물〉광석에 들어 있는 금의 분량.

percentage of gold 〖뜻함〗.
금분(金盆)圈 금가루를 바른 화분. 곧, 좋은 화분을 말함.
금분(金粉)圈 ①〖동〗금가루. ②금빛 가루. gold dust
금불=**각**(金佛閣)圈〈불교〉금불을 모신 전각.
금불-**초**(金佛草)圈〈식물〉엉거시과의 다년생 풀. 줄기 높이 30~60 cm로, 잎은 타원 또는 피침상(披針狀) 타원형임. 7~9월에 황색 꽃이 피며 꽃은 약용, 어린 잎은 식용.
금-**붓꽃**(金─)圈〈식물〉붓꽃과의 다년생 풀. 모양이 붓꽃과 거의 같으나 키가 작음. 4~5월에 줄기 끝에 황색 꽃이 핌.
금-**붕어**(金─)圈〈어류〉잉어과에 속하는 붕어의 하나. 붕어의 변종으로 중국이 원산이며 빛깔과 모양이 고움. 관상용으로 사육함. 금부어(金鮒魚). 금어(金魚)². gold fish 〖gold ware
금불=**이**-**부처**(金─)圈 황금으로 된 물건의 총칭.
금비(金肥)圈 돈을 주고 사는 비료라는 뜻으로, 화학 비료 및 시장 판매의 유기질 비료를 이름. chemical manure 〖비밀. 하다
금:**비**(禁秘)圈 ①금하여 비밀로 함. ②금중(禁中)의
금-**비녀**(金─)圈 금으로 만든 비녀. 금잠(金簪). 금전(金鈿). 금채(金釵). 〖비늘의 하나.
금빛-**돌**:**비늘**[―삐―](金─)圈〈광물〉금빛을 띤 돌
금사(金沙)圈 ①금가루. 금빛 가루. gold dust ②금빛의 모래. gold sand ③장식품에 쓰이는 금박(金箔)의 가루.
금사(金莎)圈《동》금잔디. [箔]의 가루.
금사(金絲)圈 금실. 〖동〗금실.
금사-**망**(金絲網)圈 금빛나는 실로 얽은 그물. gold net 금사망을 썼다[관] 무엇에 얽혀서 헤어날 수 없다.
금사-**연**(金絲燕)圈〈조류〉연작류(燕雀類) 제비과에 속한 제비의 한 종류. 몸은 여느 제비보다 작고 꼬리와 싸 사이는 희고 그은 갈색임. 바위틈에 해조(海藻)로 만든 보금자리는 고급 중국 요리에 씀.
금사-**작**(金絲雀)圈《동》카나리아. 〖임.
금사-**향**(金絲香)圈 은(銀)으로 잘게 갖은 섭새김을 하여 긴 네모꼴의 갑을 만들고 그 곁에 도금(鍍金)한 향낭(香囊). 발향.
금:**사**-**화**(錦賜花)圈〈제도〉익위사(翊衛司)관원이 사모에 급제한 때에 내리던 비단으로 만든 꽃.
금산(金山)圈《동》금광(金鑛)①.
금산(禁山)圈 함부로 나무를 못 베도록 나라에서 금지하는 산. reserved forest 〖이르는 말.
금산 철벽(金山鐵壁) 어떤 물건이 아주 견고함을
금살-〖쌓〗(金─)圈 금빛나는 광선의 빛깔.
금삼(金蔘)圈 충청 남도 금산(錦山)에서 나는 인삼.
금상(今上)圈 현재 집권하고 있는 임금. present king
금-**상**(金像)圈 금으로 만들었거나, 금빛을 올린 사람의 형상. gold statue of Buddha 〖때의 1등상.
금-**상**(金賞)圈 상의 등급을 금·은·동으로 나누었을
금:**상 첨화**(錦上添花)圈 좋은 일에 또 좋은 일이 더함. making still more beautiful
금상 폐:**하**(今上陛下)圈《동》금상(今上).
금새圈 물가(物價)의 높낮이의 정도. price
금-**색**(金色)圈 금빛. golden colour
금색(禁色)圈 ①〈제도〉옛날에 임금이 신하의 옷 빛깔에 대하여 제한하였던 일. ②색사(色事)를 금함.
금색 세:**계**(金色世界)圈《동》극락 세계. 〖하다
금색-**신**(金色身)圈〈불교〉황금 빛으로 된 불상의 몸. 금몸. 《약》금신.
금생(今生)圈 살아 있는 이 세상. 이승. 금세(今世). 《대》내생(來生). 전생(前生).
금생(擒生)圈 짐승 등을 산 채로 잡음. 하다
금생=**수**(金生水)圈〈민속〉오행(五行)의 운행에서 금(金)에서 수(水)가 남을 이름.
금서(琴書)圈 ①거문고와 서책(書册). Korean harp and book ②거문고를 타고 책을 읽음.
금:**서**(禁書)圈 도서의 출판·판매를 금함. 또, 그 책. prohibited book

금석(今夕)圈 오늘 저녁. this evening
금석(今昔)圈 이제와 예. 금고(今古). present and ancient times
금석(金石)圈 ①쇠붙이와 돌. mineral and rock ②몹시 굳음의 비유. hard substance ③《약》→금석문자(金石文字). 〖악기(金屬器)와 석기(石器). ⑤〈광물〉금이 박혀 있는 돌. 금돌.
금석 같-**다**(金石─)圈 교분이나 언약이 굳어서 변함이 없다. firm as a rock
금석 맹약(金石盟約)圈 금석같이 굳게 맹세하여 맺은 약속. 금석지약(金石之約).
금석-**문**(金石文)圈《약》→금석 문자(金石文字).
금석 문자[─짜](金石文字)圈 비석(碑石)이나 종(鐘) 따위에 새긴 글자. 《준》금석(金石)③. 금석문. inscription on bells and monuments
금석 병:**용**-**기**(金石竝用期)圈〈역사〉신석기 시대와 청동기 시대와의 사이에 석기와 금속제의 청동기를 병용하던 시대. 〖고 받는 깊은 느낌.
금석지=**감**(今昔之感)圈 이제와 예가 너무 틀림을 보
금석지=**계**(金石之契)圈《동》금석지교.
금석지=**교**(金石之交)圈 금석처럼 굳은 사귐. 금석지계. firm friendship
금석지=**약**(金石之約)圈《동》금석 맹약.
금석지=**재**(金石之材)圈〈한의〉쇠붙이나 돌 따위의 광석으로 된 약재. 〖(法典).
금석지=**전**(金石之典)圈 금석과 같이 변함 없는 법전
금석=**학**(金石學)圈 ①금석 문자를 연구하는 학문. epigraphy ②《동》광물학. 〖부처의 딴이름.
금선(金仙)圈〈불교〉금빛나는 신선이라는 뜻으로,
금선(金線)圈 금빛나는 줄.
금선(琴線)圈 ①거문고의 줄. harp string ②깊이 간직하고 있는 마음. heart strings
금선-**초**(金線草)圈〈식물〉여뀌과의 마디풀. 잎은 타원형인데 줄기 끝과 잎 사이에 작고 붉은 꽃이 무더기로 핌.
금=**설**(金屑)圈 금가루. 금 부스러기. gold dust
금=**섭옥**(金鑷玉)圈 순금 또는 도금으로 섭옥잠(鑷玉簪)처럼 만든 비녀. 〖되는 성(姓).
금성(金姓)圈〈민속〉오행(五行)의 하나인 금에 해당
금성(金星)圈〈천문〉①지구의 바로 안쪽에서 태양의 주위를 도는 행성. 초저녁 하늘에 비치면 태백성·장경성(長庚星), 새벽 하늘에 보이면 샛별·명성 등으로 불림. ②금빛 나는 또는 금으로 만든 별 모양의 기장(記章). 〖tress (의) 궁성(宮城).
금성(金城)圈 ①쇠처럼 굳고 단단한 성. strong for-
금성(金聲)圈 ①쇳소리. metallic sound ②〈민속〉가을의 소리. 오행설(五行說)에서는 금(金)을 가을에 해당함. ③〈민속〉상서(相書)에서 사람의 음성을 오행(五行)으로 나누어 그 중 금에 해당하는 소리.
금:**성**(禁城)圈《동》궁성(宮城)①.
금:**성**-**님**(錦城─)圈《동》금성 대왕.
금:**성 대**:**왕**(錦城大王)圈〈민속〉무당이 위하는 무신(巫神)의 하나. 금성 대감.
금성 옥진(金聲玉振)圈 ①시가나 음악의 아름다운 가락. ②지덕(智德)의 대성(大成)함의 비유. ③사물을 집대성(集大成)함. 〖르는 말.
금성 철벽(金城鐵壁)圈 방어가 썩 견고(堅固)함을 이
금성 탕지(金城湯池)圈 방비가 매우 튼튼한 성지(城池). impregnable fortress
금세圈 '금시(今時)에'가 줄어 변한 말.
금세(今世)圈《동》이승. 금생(今生).
금세(今歲)圈 올해.
금=**세**=**공**(金細工)圈 금의 세공. gold work
금:**세**=**기**(今世紀)圈 지금의 세기. 이 세기. ¶~에서 가장 뛰어난 음악가.
금소(今宵)圈 오늘 밤. 금야(今夜). this evening
금속(金屬)圈《동》쇠붙이.
금속 공업(金屬工業)圈 ①금속을 원료로 하는 모든 제조업. ②야금(冶金)을 중심으로 하는 철강 및 비철

(非鐵) 금속 재료의 생산 공업.
금속 공예(金屬工藝)[명] 금속을 가공하여 만든 공예. 또, 공예품을 만들기 위한 금속 가공 기술. metal work technology
금속 공학(金屬工學)[명] 금속의 제련·정제·가공에 관한 이론과 기술을 연구하는 학문.
금속=관(金屬管)[명] 쇠붙이로 만든 관.
금속 광:물(金屬鑛物)[명] 금속 원소(金屬元素)를 포함한 광물. metallic mineral
금속 광:상(金屬鑛床)[명] 금속 광석의 채굴 대상이 되는 광상.
금속 광택(金屬光澤)[명] 쇠붙이가 지니고 있는 독특한 광택. metallic luster
금속=기(金屬器)[명] 쇠붙이로 만든 그릇.
금속-박(金屬箔)[명] 금속을 얇은 종이처럼 펴서 만든 물건.
금속 비누(金屬一)[명]《화학》보통 비누, 즉 지방산의 알칼리 이외의 금속염으로 된 비누.
금속=선(金屬線)[명] 금속을 선상(線狀)으로 만든 물건.
금속-성(金屬性)[명] ①금속의 특유한 성질. ②금속과 비슷한 성질. ¶~는 새된 소리.
금속-성(金屬聲)[명] 쇠붙이에서 나는 소리처럼 들리는 소리.
금속 압력계(金屬壓力計)[명]《물리》금속의 탄성을 이용하여 큰 압력을 재는 압력계.
금속 원소(金屬元素)[명]《화학》빛깔이 있고 늘이기 쉬우며, 전기와 열이 잘 통하는 금·은·철·동·니트륨·크롬 따위의 화학 원소. metallic elements
금속-제(金屬製)[명] 쇠붙이로 만든 물건. metal goods
금속-품(金屬品)[명] 쇠붙이로 된 물건.
금속 화:폐(金屬貨幣)[명] 쇠붙이로 만든 화폐.
금속 활자[一짜](金屬活字)[명] 금속으로 만든 활자. 활판 인쇄에 씀.
금:송(禁松)[명]《제도》 소나무를 베지 못하게 말림.
금송(錦松)[명]《식물》 소나무의 한 종류. 잎이 보통 솔잎보다 대여섯 배 더 굵음.
금:송-군(禁松軍)[명]《제도》 조선조 때, 국유 송림의 채벌을 감시하던 군사.
금:송 자내(禁松字內)[명]《제도》 조선조 때, 서울 안 밖의 산림을 함부로 베지 못하게 감시하던 구역.
금송-화(金松花)[명]《식물》 엉거시과의 일년생 화초. 높이 30 cm 가량이고 잎은 긴 타원상 피침형임. 7~8월에 황적색 꽃이 피며 관상용으로 심음. 금잔화. common marigold
금쇄-시(金鎖匙)[명]《한의》 쥐방울과에 속하는 식물의 뿌리. 한약재로 씀. 당목향(唐木香).
금-쇠[一쐬](一)[명] 널조각에 금을 긋는 연장. line-cutter
금수(禽獸)[명] ①날짐승과 길짐승의 총칭. 조수(鳥獸). birds and beasts ②무례하고 추잡한 행실을 하는 사람의 비유. beast
금:수(禁輸)[명] 수출입(輸出入)을 금함. embargo
금:수(錦繡)[명] 비단과 수를 놓은 직물. embroidered brocade
금:수 강산(錦繡江山)[명] ①비단에 수를 놓은 듯이 아름다운 강산. ②우리 나라를 일컫는 말.
금:수-갈:-다(禽獸一)[형] 인륜(人倫)이나 도덕을 짓밟고 어지럽게 하여 짐승과 다를 바 없다. **금수갈이**[부]
금-수송점[一쩜](金輸送點)[명]《경제》 금본위국 사이에서 환시세(換時勢)의 하락으로 환송금에 의하는 것보다 금을 수송하는 것이 유리하게 되는 한계점.
금:수-어:충(禽獸魚蟲)[명] 새와 짐승과 고기와 벌레. 즉, 사람 이외의 모든 동물을 가리키는 말.
금:수-품(禁輸品)[명] 수출입(輸出入)을 금하는 물품. articles under an embargo
금슬(琴瑟)[명] ①거문고와 비파. harps ②→금실(琴瑟).
금슬지락(琴瑟之樂)[명]《원》→금실지락(琴瑟之樂).
금승(金蠅)[동] 금파리.
금시(今時)[명] 이제. 지금. now
금-시계(金時計)[명] 금딱지로 된 시계. 금측 시계.
금시-로(今時一)[부] 지금 바로. 즉시로.
금시 발복(今時發福)[명] 당장에 부귀를 누리게 됨.

금시=작(金翅雀)[동] 검은방울새.
금시=조(金翅鳥)[동] 가루라(迦樓羅).
금시 초견(今始初見)[명] 이제야 비로소 처음으로 봄. looking for the first time
금시 초문(今始初聞)[명] 이제야 비로소 처음으로 들음. hearing for the first time
금식(金飾)[명] 황금(黃金)으로 꾸밈. 또, 그 꾸민 장식. ornament gold **하다**[자타]
금:-식(禁食)[명] 계율(戒律)을 지키려 하거나 어떠한 결심을 보이려고 음식을 먹지 않음. 또, 먹지 못하게 함. 단식(斷食). ¶~ 투쟁. fast **하다**[자]
금신(金身)[명]〈약〉→금색신(金色身).
금신(金紳)[명]〈민속〉 음양가(陰陽家)가 제사지내는 귀신.
금실-나:다/**금실-나:다**[지] 금가다. 금 생기다.
금-실(金一)[명] 금을 가늘게 뽑아 만든 실. 금사(金絲). gold thread
금실[一쯧](琴瑟)[명]〈약〉→금실지락(琴瑟之樂).
금실=**금실** 느리고 폭이 넓게 파동치는 모양. forming gentle waves **하다**[부]
금실지:락[一찌一](琴瑟之樂)[명] 부부의 화목한 즐거움. 근원®.〈약〉금실(琴瑟).〈원〉금슬지락(琴瑟之樂). happy married life
금심(琴心)[명] 거문고를 타서 생각하는 바를 나타냄.
금:심 수구(錦心繡口)[명] 글을 잘하고 잘 짓는 재주. 또, 글을 짓는 재주가 뛰어난 사람을 이르는 말.
금-싸라기(金一)[명] 황금으로 된 싸라기라는 뜻으로, 매우 귀중한 물건의 비유. gold grain
금:압(禁壓)[명] 금하고 억누름. suppression **하다**[타]
금액(金額)[명] 돈의 액수. amount of money
금액-란(金額欄)[명] 금액을 기입하는 난(欄).
금-앵자(金櫻子)[명]《식물》산사과(山査科)의 낙엽 관목. 가시가 많으며 잎은 두껍고 싸리 잎과 비슷한데, 꽃은 희거나 담홍색임.
금야(今夜)[명] 오늘 밤. 금소(今宵). tonight
금:약(禁約)[명] 금지하고 단속함. prohibition **하다**[타]
금:약(禁藥)[명] 먹기를 금하는 약.
금-약관[一나一](金約款)[명]《경제》화폐(貨幣) 가치의 변동에 따라서 채권자의 손실을 방지하고자, 공채나 사채의 원금과 이자의 지불을 금화나 금으로 환산한 화폐액으로 반제하기로 한 약정(約定).
금:양(禁養)[명] 벌목을 금하여 가꿈. **하다**[타]
금어(金魚)[명]〈약〉→금어(金魚佛像)을 그리는 사람. painter of the Buddha's image
금어(金魚)[동] 금붕어.
금어(禽語)[명] 새 우는 소리. 조성(鳥聲). bird call
금:어(禁漁)[명] 고기 잡는 것을 막음. prohibition of fishing **하다**[자] [preserve
금:어-구(禁漁區)[명] 고기잡는 것을 금하는 구역. fish
금언(金言)[명] ①귀중한 내용의 짧은 어구(語句). maxim ②귀중한 격언(格言). proverb ③부처의 입에서 나온 불멸의 법어(法語). Buddist sermon
금-여고(今如古)[명]〈동〉금여서 고여서.
금여시 고여시(今如是古如是)[명] 예나 지금이나 마찬가지로 한결같음. 금여고.
금:-여지(錦荔枝)[명] 여주.
금:-연(禁煙)[명] ①담배를 못 피우게 함. prohibition of smoking ②담배를 끊음. 단연(斷煙). ¶~ 파이프(pipe). giving up smoking **하다**[자]
금-연화[一년一](金蓮花)[명]《불교》 불전에 공양하는 황금색으로 만든 연꽃.
금염(金鹽)[명] 금염화나트륨.
금염화-나트륨(金鹽化natrum)[명]《화학》금염화수소산의 나트륨. 금을 왕수(王水)에 녹이고 탄산소다를 가하면서 서서히 증발시킬 때 얻어지는 아름다운 노란빛의 결정. 도금용으로 쓰임. 금염.
금:영(錦營)[명]〈속〉 충청도 감영.
금오(金吾)[명]〈약〉→금오부(義禁府).
금오(金烏)[명] 태양(太陽)의 딴이름.
금오 당직(金吾當直)[명]《제도》 의금부(義禁府)의 —

사(都事)가 궁문의 근처에서 번(番)들던 일.
금오 옥토(金烏玉兎)圈 해와 달. 해를 금오, 달을 옥토라 함. sun and moon
금오=위(金吾衛)圈 고려 육위(六衛)의 하나. 상장군(上將軍)과 대장군(大將軍)이 통솔함.
금=옥(金玉)圈 ①금과 옥. gold and gem ②금관자(金貫子)와 옥관자(玉貫子). 곧, 높은 벼슬아치.
금=옥(禁獄)圈〈법률〉감옥에 가두어 그 자유를 구속하는 형벌. [붙인 벼슬아치.
금옥 관자(金玉貫子)圈 금관자와 옥관자. 또, 이를
금옥 군자(金玉君子)圈 몸가짐이 금옥과 같이 절조(節操)가 굳고 점잖은 사람.
금옥 만:당(金玉滿堂)圈 ①금관자·옥관자를 붙인 높은 벼슬아치들이 방에 가득함. ②현명한 신하가 조정에 가득함. 하다
금옥지=세(金玉之世)圈 태평 무사한 세상.
금옥지=중(金玉之重)圈 극히 중요함을 비유한 말.
금옥 탕:창(金玉宕氅)圈 금관자·옥관자·탕건(宕巾)·창의(氅衣)의 총칭. 귀인의 옷차림을 이르는 말.
금왕지=절(金旺之節)圈 오행(五行)에서, 금기(金氣)가 왕성하는 절기. 가을의 절후. [Friday
금=요일(金曜日)圈 칠요일의 여섯째 날. 〈약〉금(金)①⑤.
금:욕(禁慾)圈 육체적인 욕망을 금함. practice of asceticism 하다
금욕=주의(禁慾主義)圈 ①구제를 받기 위해서는 육체적·감성적·세속적인 욕망을 금해야 한다는 주의. ②도덕적 생활을 위해서는 육체에 관한 일체의 욕망을 금해야 한다는 주의. 극기주의(克己主義). 제욕주의(制慾主義). 〈대〉쾌락주의(快樂主義). asceticism [용모.
금용(金容)圈〈불교〉불타나 보살의 황금빛이 나는
금우=궁(金牛宮)圈〈천문〉황도(黃道) 12궁(宮)의 둘
금원(金員)圈 돈의 수효. [째. Bull
금:원(禁苑)圈 궁궐의 담 안. inside of the wall of
금:원(禁園)圈〈동〉비원(祕苑)①. [the royal palace
금월(今月)圈 이 달. this month
금:위(禁衛)圈 금문(禁門)의 위병(衛兵).
금:위 대:장(禁衛大將)圈〈제도〉금위영(禁衛營)의 주장(主將). 〈약〉금장(禁將).
금:위=영(禁衛營)圈〈제도〉서울을 지키던 군영.
금융[─늉─](金融)圈〈경제〉①돈의 융통. monetary circulation ②돈의 수요 공급의 경제상 관계. 재정(財政)②. finance   [nancial circle
금융=계[─늉─](金融界)圈〈경제〉금융의 사회. fi-
금융 계절[─늉─](金融季節)圈〈경제〉금융 시장에서 매년 주기적으로 자본 수요가 격증하는 철.
금융 공:황[─늉─](金融恐慌)圈〈경제〉금융 기구가 파괴되어 한 나라의 화폐 제도가 위기에 직면한 공황 현상. banking panic
금융 과:두 성:치[─늉─](金融寡頭政治)圈〈정치〉금융 자본주의 시대에서 소수의 자본가가 전국민의 경제를 지배하며, 전국 경제를 좌우할 수 있게 되는 정치.
금융 기관[─늉─](金融機關)圈〈경제〉돈의 융통을 원만하게 하는 경제상의 기관. 은행·보험 회사 등. banking organ
금융=단[─늉─](金融團)圈〈경제〉금융업의 종합체.
금융 시:장[─늉─](金融市場)圈〈경제〉화폐의 수급으로 자본을 거래하는 시장. money market
금융=업[─늉─](金融業)圈〈경제〉은행·보험 회사·신탁 회사 따위의 금융을 목적으로 하는 업. financial business
금융 자본[─늉─](金融資本)圈〈경제〉은행 자본과 산업 자본이 결합하여 생기는 자본. 〈유〉독점 자본(獨占資本). financial capital
금융 자본주의[─늉─](金融資本主義)圈〈경제〉자본주의의 한 형태로, 은행이 산업을 통할(統轄)하여 모든 산업 자본과 긴밀히 융합되어 있는 산업 자본이 되게 하는 주의.

금융 조합[─늉─](金融組合)圈〈경제〉조합원의 금융의 편의를 도모하는 기관. 농업 협동 조합의 전신(前身).
금융=채[─늉─](金融債)圈〈동〉금융 채권.
금융 채:권[─늉─](金融債券)圈〈경제〉자금을 조달하기 위하여 특수 금융 기관이 발행하는 채권. 금융채.
금융 통화 운:영 위원회[─늉─](金融通貨運營委員會)圈 한국 은행의 중요 기구의 하나. 통화 등의 정책 수립, 한국 은행의 업무·운영·관리의 지시 감독 등을 맡아봄. 금통위(金通委).
금융 회:사[─늉─](金融會社)圈〈경제〉주식 회사의 설립·건설 등에 필요한 자금을 공급하는 은행 이외의 회사. financial agency
금=은(金銀)圈 금과 은. gold and silver
금은=괴(金銀塊)圈 금덩이와 은덩이.
금은=방[─빵](金銀房)圈 금은을 가공 매매하는 가게. 금은포. goldsmith's shop
금은 병:행 본위 제:도(金銀竝行本位制度)圈〈경제〉금과 은의 두 가지를 본위화(本位貨)로 하는 화폐 제도. 금은 복본위 제도. bimetallism
금은 보:물(金銀寶物)圈 금·은 따위 귀중한 물건. 금은 보화. money and valuables
금은 보:배(金銀寶─)圈〈동〉금은 보패.
금은 보:배(金銀寶貝)圈 금·은·옥 따위의 귀중한 물건. 금은 보배. 금은 주옥(金銀珠玉). treasure
금은 보:화(金銀寶貨)圈〈동〉금은 보물.
금은 복본위 제:도(金銀複本位制度)圈〈동〉금은 병행 본위 제도. [치의 비율. parity of gold and silver
금은 비가[─까](金銀比價)圈〈경제〉금과 은과의 가
금은=세(金銀細)圈 금과 은의 세공.
금은=전(金銀錢)圈 금화와 은화.
금은 주옥(金銀珠玉)圈〈동〉금은 보패(金銀寶貝).
금은 파행 본위 제:도(金銀跛行本位制度)圈〈경제〉금은 복본위제(金銀複本位制)나 은본위에서 금본위제로 고칠 때에 행하는 제도.
금은=포(金銀鋪)圈〈동〉금은방. [and silver coins
금은=화(金銀貨)圈 금화와 은화. 금은 화폐. gold
금은 화폐(金銀貨幣)圈〈동〉금은 화.
금:의(錦衣)圈 비단옷. clothes made of brocade
금의 공자(金衣公子)圈 꾀꼬리의 빛깔이 누런 데서 이르는 말.
금:의 야:행(錦衣夜行)圈 비단옷을 입고 밤길을 감. 곧, 아무 보람이 없는 짓의 비유.
금:의 옥식(錦衣玉食)圈 사치스러운 의복과 호화로운 음식. 곧, 사치스럽고 호강스런 생활을 이르는 말. epicurean life
금:의 환향(錦衣還鄕)圈 출세를 하고 고향에 돌아옴. 〈약〉금환(錦還). going home in glory 하다
금이=종(擒而縱)圈 잡은 듯하면서 놓아 줌. 〈대〉종이 하다. [moderns
금인(今人)圈 지금 세상의 사람. 〈대〉고인(古人).
금인(金刃)圈 날이 서 있는 쇠붙이. edged knife
금인(金印)圈 금으로 만든 도장. gold seal
금일(今日)圈 오늘. today
금일봉(金一封)圈 상금·기부금·조위금 등에서, 금액을 밝히지 않고 종이에 싸서 주는 돈. sum of money
금=일월병[─닐─](金日月屛)圈〈제도〉옛날 옥좌에 치던, 이금(泥金)으로 해와 달을 그린 병풍. royal screen with golden sun and moon
금자(今者)圈 지금. 요사이. 금시. 圈 지금에 있어서. at present [자. 금문자. gold letters
금자(金字)圈 금박을 올리거나 이금(泥金)으로 쓴 글
금자=가(金字家)圈 옷이나 댕기 등에 금박 박는 것을 업으로 삼는 사람. 또, 그 집.
금자동=이(金子童─)圈 '귀한 어린 아이'를 부르는 말. precious child
금자=탑(金字塔)圈 ①〈동〉피라미드(pyramid). ②영원

금작화(金雀花)[명] 〈식물〉 콩과에 딸린 관목. 높이 1~2 m이며 5월에 노란 나비 같은 꽃이 핌. 남부 유럽 원산이며 관상용으로 재배함.
금잔(金盞)[명] 금으로 만든 술잔. gold cup
금-잔디(金一)[명] 〈식물〉 잡물이 없고 누른 빛의 아름다운 잔디. 금사(金沙). golden lawn
금잔 옥대(金盞玉臺)[명] ①금으로 만든 술잔과 옥으로 만든 잔대. ②수선화(水仙花)의 미칭. daffodil
금-잔화(金盞花)[명] 금송화.
금잠(金簪)[명] 〈동〉 금비녀.
금잠-초(金簪草)[명] 〈식물〉 민들레.
금:-잡인(禁雜人)[명] 잡인의 출입을 금함. 하타
금:장(禁將)[명] 〈약〉→금위 대장(禁衛大將).
금:장(禁葬)[명] 송장을 어떤 곳에 묻지 못하게 금함. prohibition of burial 하타
금장(標章)[명] 군대·학생·단체 등의 제복의 웃깃에 다는 휘장(徽章). collar-badge
금장-도(金粧刀)[명] ①금으로 만들어 노리개로 쓰는 장도. gold pocket-knife ②〈제도〉 나무로 칼 모양을 만들어 금칠을 한 의장(儀仗)의 하나. gilded pocket-knife
금-장식(金粧飾)[명] 금으로 된 꾸밈 장식. 하타타
금전(金錢)[명] 〈동〉 금비녀.
금전(金錢)[명] ①쇠붙이로 만든 돈. coin ②〈동〉 금화. ③돈. 화폐. money
금:전(禁轉)[명] 〈경제〉 어음·수표 등의 양도를 금함.
금전 등록기(金錢登錄器)[명] 자동적으로 금전 출납이 기록되는 기계.
금:전 수표(禁轉手票)[명] 〈경제〉 수표의 발행인이나 배서인(背書人)이 배서 양도를 금한다는 뜻을 적은 수표.
금전 신:탁(金錢信託)[명] 〈경제〉 신탁 은행이 고객으로부터 금전을 신탁 재산으로서 맡아 이를 대출 증권에의 투자 등에 운용하여, 일정 기간 뒤 원본 및 수익을 수익자에게 인도하는 제도. money trust
금:전 어음(禁轉—)[명] 어음의 발행인이나 배서인(背書人)이 배서 양도를 금한다는 뜻을 적은 어음.
금전 옥루(金殿玉樓)[명] 화려한 전각과 누대.
금전-지(金箋紙)[명] 보자기의 네 귀에 다는 ись이 나는 종이로 만든 장식품. 길혜(吉禮)에 씀. 방승(方勝).
금전 채:무(金錢債務)[명] 〈법률〉 금전의 지급을 목적으로 하는 채무.
금전 출납부(金錢出納簿)[명] 돈의 수입·지출 따위를 적는 장부. 금전 출납장. cashbook
금전-화(金錢花)[명] 〈식물〉 벽오동과(碧梧桐科)의 일년생 풀. 여름과 가을에 담홍색 꽃이 피는데, 낮에 피어서 다음 날 새벽에 시듬. 관상용으로 심음. 오금-절(午金節)[명] 금하여 근절함. 하타 [시화(午時花).
금점(金店)[명] 〈동〉 금광(金鑛)①.
금점-꾼(金店—)[명] 금광에서 일하는 사람. gold miner
금점-판(金店—)[명] 금광의 일터. goldfield
금정(金井)[약]→금정틀.
금정(金正)[명] 〈민속〉 가을을 맡은 신(神). god of autumn
금정(金井機)[명] 금정틀.
금정 놓아 두니 여우가 지나간다[애써 해 놓은 일이 낭패로 돌아갔을 때에 이르는 말. [wonder drug
금정 옥액(金精玉液)[명] 썩 효과가 있는 약의 비유.
금정-틀(金井—)[명] 묏구덩이를 팔 때 굿의 길이와 넓이를 정하는 '井'자 모양의 기구. 금정기. 금정. four-sided frame [gold
금제(金製)[명] 금으로 만듦. 또, 그 물건. made of
금:제(禁制)[명] 하지 못하게 말림. 억제(抑制)②. 하타
금:제-물(禁制物)[명] 〈동〉 금제품. hibition 하타
금:제-품(禁制品)[명] 〈법률〉 법률 또는 명령에 의하여 수출입(輸出入)이나 매매를 금지한 물품. 금제물. contraband goods
금조(今朝)[명] 오늘 아침. 금단(今旦). this morning

금조(禽鳥)[명] 날짐승. 새. birds
금-조개(金—)〈조개〉 ①접매기가 금빛으로 된 조개. ②전복의 껍데기.
금:-족(禁足)[명] ①〈불교〉 결제(結制)할 때 출입을 금하는 일. ②규칙을 어긴 벌로서 외출을 금하는 일. confinement
금:족-령(禁足令)[명] 외출을 못하게 하는 명령. order of confinement [하타
금종(擒縱)[명] 포로로서 사로잡음과 용서하여 놓아 줌.
금종이(金—)[명] 금박을 하거나 또는 이금(泥金)을 발라 만든 종이. 금지(金紙). golden paper
금종-충(金鐘蟲)[명] 〈동〉 방울벌레.
금주(今週)[명] 이 주일. 이 주간. this week
금주(琴柱)[명] 거문고의 기러기발. 이것을 움직여 음조의 높낮이를 조정함.
금:주(禁酒)[명] ①술을 먹지 못하게 함. liquor prohibition ②술을 끊음. ¶—회(會). temperance 하타
금-주옥(金珠玉)[명] 금과 그 밖의 값진 구슬.
금:주 운:동(禁酒運動)[명] 술을 마시지 말자는 사회 운동. temperance movement [稱).
금준(金樽)[명] 금으로 만든 술통. 곧, 술통의 미칭(美
금-줄²[—줄](金—)[명] ①금실로 만든 줄. gold string ②금으로 만든 시계 따위의 줄. gold chain ③금빛깔의 물감이나 재료로 그은 선.
금-줄²(金—)[명] 〈광〉 황금(黃金)이 있는 광맥. 금맥(金脈). vein of gold
금:-줄³[—줄](禁—)[명] 〈동〉 인줄.
금중(禁中)[명] 〈동〉 궁중(宮闕).
금-중상(金中商)[명] 금은(金銀)을 팔고 사는 장사.
금지(金紙)[명] 〈동〉 금종이.
금:지(禁止)[명] 금하여 못하게 함. (대) 해금(解禁). prohibition 하타 [area
금:지(禁地)[명] 일반의 출입을 금지하는 터. restricted
금:지(錦地)[명] 상대편을 높여, 그가 사는 곳을 아름답게 이르는 말.
금:지 관세(禁止關稅)[명] 〈동〉 금지세. [한 지역.
금:지 구역(禁止區域)[명] 함부로 드나들지 못하도록
금:지 규정(禁止規定)[명] 〈동〉 금지법①.
금:지-령(禁止令)[명] 금지하는 명령. 금지하는 법령.
금:지-법[—뻡](禁止法)[명] 〈법률〉 ①특정한 행위를 못하도록 금하는 법. 금지 규정(禁止規定). prohibition law a gold ring ②국제 사법(國際私法)에서 외국법의 적용을 배제하는 법률. ③〈어학〉 문법에서, 금지의 뜻을 나타내는 어법.
금:지-세(禁止稅)[명] 〈경제〉 수입 금지 제도와 사실상 거의 같은 효과를 나타내는 보호주의 수입 관세. 금지 관세. prohibitive tariff
금:지-안(禁止案)[명] 어떤 사물을 금지할 안건.
금지 옥엽(金枝玉葉)[명] ①임금의 집안과 자손. royal family ②귀여운 자손. beloved children
금:지 처:분(禁止處分)[명] 〈법률〉 행정 관청이 국민에게 특정한 행위를 해서는 안 됨을 명하는 행정 처분. 하는 일을 금하는 분. contraband
금:지-품(禁止品)[명] 〈법률〉 법률로써 소유(所有)나 거금(金指環)[명] 금가락지.
금차(今次)[명] 이번. 금반(今般). this time
금:찰(錦察)[명] 〈속〉 충청도 관찰사.
금창(金瘡)[명] 〈한의〉 칼이나 창 따위의 쇠끝에 다쳐 쇠독으로 난 상처. [gold paint
금채(金彩)[명] 채색으로 쓰는 금가루. 이금(泥金).
금채(金釵)[명] 금비녀.
금척(金尺)[명] 〈음악〉 나라 잔치 때의 춤과 악(樂)의 이름. 당악(唐樂)의 하나로서 세종(世宗) 때 시작함. 몽금척(夢金尺).
금척 대:훈:장(金尺大勳章)[명] 〈제도〉 구한국(舊韓國) 황실에서 차던 훈장의 하나로서 가장 높은 것.
금척-무(金尺舞)[명] 〈음악〉 나라 잔치 때 추던 춤의 하나. [던 가사.
금척-사(金尺詞)[명] 〈음악〉 금척무(金尺舞)에서 부르

금철(金鐵)명 ①금과 철. 쇠붙이. gold and iron ② 사물의 견고(堅固)함을 비유하는 말. firmness
금체(金體)명 〈민속〉 골상학에서, 사람의 체격은 오행(五行)으로 나누어 그 중의 금(金)에 해당하는
금체=시(今體詩)명〈동〉근체시(近體詩). [체격.
금처=놓:-다 사물의 결과를 미리 말해 두다. foretell the result
금:-추(今秋)명〈동〉비단솔.
금추(今秋)명 올 가을. this autumn
금추(禁推)명〈제도〉의금부(義禁府)에서 죄인을 신
금춘(今春)명 올 봄. this spring [문하던 일. 하타
금측 시계(金側時計)명〈동〉금시계(金時計).
금=치(金齒)명〈동〉금니.
금:-치-다 값을 어림하여 부르다. set a price on
금:치산(禁治産)명〈법률〉백치(白痴) 따위의 심신상실자를 보호하고자 법원이 법률상, 본인 스스로가 재산을 관리할 능력이 없음을 인정하고 재산을 처분하지 못하게 하는 제도. incompetency
금:치산-자(禁治産者)명〈법률〉금치산의 선고를 가정 법원에서 받은 법률상의 무능력한 사람. person adjudged incompetent
금식(禁飾)명 금지되고 경계하며 타이름. 하타
금칠(金漆)명 이금(泥金)이 섞인 옻.
금침(衾枕)명 이부자리와 베개. 금구(衾具). bedding
금침=장[-짱](衾枕欌)명 이부자리와 베개 등을 넣어 두는 장. 자릿장.
금탑(金塔)명〈불교〉황금으로 도금한 탑.
금=테(金-)명 금이나 금빛나는 것으로 만든 테. ¶~ 안경.
금통-위(金通委)명〈약〉→금융 통화 운영 위원회.
금파(金波)명 ①석양 등이 비쳐 금빛으로 반짝거리는 물결. golden waves ②벼가 누렇게 익은 들판. golden waves of rice-fields
금=파리(金-)명〈곤충〉검정파리과에 속하는 집파리의 하나. 몸 빛은 금록색이며 광택이 남. 오물과 음식물에 날아와 전염병을 매개함. 금승(金蠅).
금=파오-다(민속) 음력 정월 14일 저녁때에 가난한 사람들이 부자가 되고자, 몰래 부자집 흙을 부뚜막에 바르려고 대문 안에 들어가 흙을 파오다.
금판(金判)명〈동〉금멸미.
금팔찌(金-)명 금으로 만든 팔찌.
금=패(金牌)명 ①금으로 만든 상패. gold medal ②〈제도〉규장각(奎章閣)관원이 나갈 때 앞장서서 지니고 가게 하던 이금(泥金)바른 나무패.
금:패(錦貝)명〈광물〉누르고 투명한 호박(琥珀)의 하나. [silk robe
금:포(錦袍)명 비단 두루마기. 비단으로 된 도포.
금=품(金品)명 돈과 물품. money and other articles
금풍(金風)명 가을의 신선한 기운을 띤 바람. autumnal breeze
금하(今夏)명 올 여름. this summer
금=하-다(禁-)[여불] 흥정하여 값을 정하다. apprise
금:-하-다(禁-)[타여불] ①못하게 말리다. 금지시키다. forbid ②눈물·웃음 따위.
금=해:금(金解禁)명〈경제〉일단 금지된 금의 수출을 다시 자유롭게 하는 조치. lifting of the gold embargo
금해:-서(金海鼠)명〈동〉금 해삼.
금핵 본위 제:도(金核本位制度)명〈경제〉금화를 본위 화폐로 하되, 이를 국내에는 유통시키지 않고 그 대신으로 이에 기준을 둔 은행권·지폐·보조 화폐를 유통시키는 화폐 제도. gold basis
금향-색(金香色)명 노르스름한 검은 색.
금=혁(金革)명 ①모든 병기(兵器)의 총칭. weapons ②전쟁. battle [mine
금혈(金穴)명〈광물〉금줄에 금이 박혀 있는 곳. gold
금형-일(禁刑日)명〈제도〉①서울과 시골의 각 아문(衙門)에서 죄인을 심문하거나 벌하지 않는 날. ②죄인을 사형하지 않는 날.
금:-혼(禁婚)명 ①통혼을 금함. prohibition of marriage ②〈제도〉 세자(世子)·세손(世孫)의 비(妃)를 간택하는 동안 서민의 결혼을 금한 일.

금혼-식(金婚式)명 혼인한 지 만 50년 되는 날을 축하하는 서양 풍속. golden wedding
금혼-초(一草)명〈식물〉꽃상추과의 다년생 풀. 높이 30~50cm에 줄기는 암자색이며 잔털이 있고, 잎은 긴 타원형임. 6~10월에 황적색의 꽃이 핌. 한국 원산으로 산이나 들에 남. [錢]②. gold coin
금화(金貨)명 금으로 만든 돈. 금돈. 금전(金錢).
금:화(禁火)명 화재를 방지하기 위하여 불을 쓰는 일을 제한함. reduction of using fire 하타
금:화 금:벌(禁火禁伐)명 산에서 불을 쓸음 금하고, 나무를 함부로 베지 못하게 함. 하타
금:화 벌초(禁火伐草)명 무덤에 불조심하고 때 맞추어 벌초하여 가꿈. taking care of graveyard 하타
금화 본위 제:도(金貨本位制度)명〈경제〉금화가 중앙 은행의 적립금이 되며, 또 그 금화를 실지로 유통하게 하는 화폐 제도. gold basis [린 도자기.
금화 옹자기(金畫甕瓷器)명〈미술〉금으로 그림을 그
금환(金環)명〈동〉금반지.
금:환(錦還)명〈약〉→금의 환향(錦衣還鄕).
금환 본위 제:도(金換本位制度)명〈경제〉제법으로는 금본위제(金本位制)를 유지할 수 없는 나라가 기 나라 화폐를 금본위제인 나라의 외국환(換)에 대하여 일정한 비율을 유지하게 하여 기능적으로 금본위제를 채용하는 제도.
금환-식(金環蝕)명〈약〉→금환 일식(金環日蝕).
금환 일식(金環日蝕)명〈천문〉달이 태양의 중앙을 가리어서 태양 광선이 고리 모양으로 보이는 일식. 〈약〉금환식. annular eclipse of the sun
금회(今回)명 지금의 이번. this time [ments
금회(襟懷)명 가슴에 깊이 품고 있는 생각. sentiment
금획(擒獲)명 사람이나 동물을 사로잡음. catch 하타
금효(今曉)명 오늘 새벽. this dawn
금후(今後)명 이제로부터 뒤. from now on
금휘(琴徽)명〈동〉기러기발.
금흙(金一)명 사금(砂金)이 섞인 모래흙.
급(急)명 ①빨리 서둘러 지체할 겨를이 없음. ¶~을 고(告)하는 군비 증강. ②빨리 서두름. ③갑작스러움. (대)완. 하타. 하타
급(級)명 ①학급·계급·등급 등을 이르는 말. grade ②유도·바둑 등 기술에의한 등급. 단(段)의 아래임. ¶바둑 2~. ③단계. 정도. ¶5 단본 ~의 배.
급(級)[의명] ①옛날 전쟁에서 죽인 적군의 머리를 세던 단위. ¶적장의 머리 세 ~을 베어 오다. ②오징어 20 마리를 세는 말.
급(及)뿐 '및'의 뜻을 나타내는 접속 부사. 그 밖에.
급가(給暇)명 휴가를 줌. grant a leave of absence
급-각도(急角度)명 급히 변하는 각도.
급간(急癇)명〈한의〉갑자기 온몸에 경련(痙攣)이 생기어 그 발작이 되풀이되며, 정신을 잃는 병.
급감(急減)명 급히 줄거나 줄임. (대) 급증(急增).
급-강:하(急降下)명 ① 급히 내려옴. ¶기온이 ~하다. rapid drop ②비행기가 기수(機首)를 지면에 45도 각도로 내려오는 일. ¶~ 비행. (대) 급상승(急上昇). sweep 하타
급-개:념(級概念)명〈동〉일반 개념(一般概念).
급거(急遽)명 갑자기. 썩 급하게. suddenly 하타 히
급격(急激)명 변화·행동 등이 급하고도 격렬함. (대) 완만(緩慢). sudden 하타 히
급격 물실(急擊勿失) 급격히 쳐서 때를 놓치지 않음.
급경(急境)명 위급한 경우. emergency. 하타
급-경사(急傾斜)명 몹시 가파르게 된 경사. steep slope
급-경풍(急驚風)명〈한의〉오래 앓은 일 없이 외계(外界)의 자극을 받아서 갑자기 일어나는 어린 아이의 경풍.
급고(汲古)명 고서(古書)를 탐독(耽讀)하는 일. 하타
급고(急告)명〈동〉급보(急報). 하타

급구(急求)圀 물건이나 사람을 급히 구함. 하타
급구(急救)圀 급히 구원함. relief 하타
급-구배(急勾配)圀 매우 되게 진 경사. steep slope
급급-하다(汲汲―)圀[여] 무슨 일에 마음을 쏟아 쉴 사이가 없다. 접splic(汲汲)하다①. striving hard
급급-하다(岌岌―)圀[여] ①산 따위가 높고 가파르다. ②일의 형세가 매우 위태로워 급하다. in haste
급급-하다(急急―)圀[여] 매우 급하다. hasty 급급=히(―히)
급기-갱(給氣坑)圀 〈광물〉갱내에 공기를 공급하는 갱도.
급기(及其時)圀 그 때에 미치어. at that time
급기야(及其也)圀 끝말에 가서는. 마지막에는. 필경에는. finally
급난(急難)圀 급하고 어려운 일. impending calamity
급난지-풍(急難之風)圀 남의 곤란을 구해 주는 의협심이 있는 태도.
급단(急端)圀 물이 급히 흐르는 여울.
급대(給代)圀 딴 물건으로 대신 줌. giving a substitute 하타 ¶(대) 급락(急落). sudden rise 하타
급등(急騰)圀 물가가 갑자기 오름. ¶미가(米價) ~.
급락(及落)圀 급제와 낙제. success or failure
급락(急落)圀 갑자기 떨어짐. ¶물가(物價) ~. (대) 급등(急騰). 하타
급랭(急冷)圀 ①갑자기 차가워짐. 급히 냉각함. ②〈화학〉금속을 고온도로 가열하였다가 물 또는 기름 속에 넣어 급히 식히는 일. 하타・되・히
급량(給糧)圀 ①식량을 지급함. ② 〈제도〉군인이나 선군(船軍)에게 양식을 줌. ③〈제도〉야인(野人)이 식량을 구걸하러 오면 양식을 주던 일. 하타
급로(路路)圀 물을 긷는 길. 우물길.
급로(急櫓)圀 빨리 젓는 노질.
급료(給料)圀 ①일한 데 대한 보수로서 주는 일급・월급 따위. salary ②〈제도〉급료로서 쌀을 주던 일. 요급(料給). allowance rice
급류(急流)圀 ①급히 급한 흐름. (대) 완류(緩流). rapids ② 《약》=급류수(急流水). 하타 「《약》급류②.
급류-수(急流水)圀 급히 흐르는 물. 《유》급단(急端).
급매(急賣)圀 물품을 급히 팖. sell urgently 하타
급모(急募)圀 급히 모집함. urgent invitation 하타
급무(急務)圀 급한 업무. urgent business
급박(急迫)圀 매우 급함. 급촉(急促). 박급(迫急). urgent 하타 히터
급벌찬(級伐湌)圀 〈제도〉신라의 열일곱 등급 관등 가운데의 아홉째 위계(位階). 급찬(級湌)②.
급변(急變)圀 ①갑자기 달라짐. sudden change ②갑자기 일어난 변사(變事). emergency 하타
급병(急病)圀 ①갑자기 일어난 병. ②위급한 병. 급증(急症). sudden illness 「pace 하타
급보(急步)圀 급한 걸음. (대) 완보(緩步). quick
급보(急報)圀 ①급한 보고. urgent report ②급히 알림. 급고(急告). reporting promptly 하타
급봉(級俸)圀 봉급의 등급. grade of pay
급부(給付)圀 ①재물 따위를 내어 줌. delivery of a property ②〈법률〉채권(債權)에 대한 채무자의 행위 또는 불행위. payment 하타
급비(給費)圀 비용을 줌. supply of expenses 하타
급비=생(給費生)圀 국가・단체・개인 등으로부터 학비의 지급을 받아 공부하는 학생.
급사(及瀉)圀 《식물》쇠귀나물. 「하타
급사(急死)圀 별안간 죽음. 돈사(頓死). sudden death
급사(急使)圀 급히 연락해야 할 사명을 띤 사람. express messenger 「둘러야 할 일. sudden event
급사(急事)圀 ①급한 일. 급히 일어난 일. ②급히 서
급사(急斜)圀 기울어진 정도가 심한 경사. (대) 완사
급사(給仕)圀 〈동〉사동(使童)①. (緩斜). steep slope
급살(急煞)圀 ①〈민속〉운수(運數)가 가장 흉악한 별. ②뜻하지 않게 생기는 재액. 「다.
급살-나-다(急煞―)困 어쩔 줄을 모르고 급하게 덤비
급살-맞-다(急煞―)困 급작스럽게 죽다. die suddenly

급살-탕(急煞湯)圀 갑자기 일어나는 재앙.
급=상승(急上昇)圀 별안간 상승함. ¶인기가 ~하다. (대) 급강하. 하타
급서(急書)圀 급히 알리는 편지. express message
급서(急逝)圀 갑자기 세상을 떠남. sudden death 하타
급=선무(急先務)圀 가장 급히 먼저 해야 할 일. matter of immediate necessity
급=선봉(急先鋒)圀 가장 과격한 앞장. 「하타
급=선회(急旋回)圀 급격한 선회. 또, 별안간 선회함.
급설(急設)圀 급작스럽게 시설함. hasty installation 하타
급성(急性)圀 ①갑자기 일어나는 성질. (대) 만성(慢性). acute ②성미가 급함. 또, 그 성질. quick temper
급성=병(―病)(急性病)圀 〈의학〉급성 위카타르(胃 Katarrh)・급성 맹장염(盲腸炎) 따위와 같이 급히 일어나는 성질을 가진 병. acute case
급성 전염병(急性傳染病)圀 〈의학〉급성으로 진행하는 전염성 병의 총칭. 장티푸스・이질・디프테리아・성홍열(猩紅熱) 따위. acute epidemics
급소(急所)圀 ①〈의학〉몸 가운데에 목숨에 관계되는 중요한 곳. 명자리. ¶~를 찌르다. vital part ②사물의 가장 중요한 곳. 궁경(肯綮). main point
급소(急燒)圀 급히 탐. 하타
급소 화약(急燒火藥)圀 타는 세력이 몹시 빠른 화약.
급속(急速)圀 ①급함. ②몹시 빠름. 질속(疾速). rapid speed 하타 히터
급=속도(急速度)圀 아주 빠른 속도. rapid speed
급송(急送)圀 급히 서둘러 보냄. sending in haste
급수(汲水)圀 물을 길음. drawing water 하타 「하타
급수(級數)圀 〈제도〉급제의 법칙에 의하여 증감함을 수를 차례로 배열한 수열(數列). progression
급수(給水)圀 물을 공급함. 또, 그 물. ¶~ 제한(制限). (대) 배수(排水). water service 하타
급수 공덕(汲水功德)圀 〈불교〉목마른 이에게 물을 주는 착한 행실. 「공사.
급수 공사(給水工事)圀 물을 공급하기 위하여 하는
급수=관(給水管)圀 배수관(配水管)에서 갈려서 각 집으로 급수되는 관(管). water pipe
급수=전(給水栓)圀 급수관의 끝에 장치하여 물이 필요할 때에 여는 꼭지.
급수 정거장(給水停車場)圀 기관차(機關車)에 물을 공급하는 설비가 있는 철도 정거장.
급수-지(給水池)圀 수도 급수량(水道給水量)의 시각적 변화를 조절하기 위하여 설치된 깨끗한 물을 저장하는 곳.
급수-차(給水車)圀 단수되었을 때에, 주민에게 물을 공급하기 위하여 물 탱크를 장치한 차.
급습(急襲)圀 갑자기 습격함. sudden attack 하타
급식(給食)圀 식사를 제공함. ¶~비(費). supply of food 하타 「message
급신(急信)圀 급한 일을 알리는 통신(通信). urgent
급양(給養)圀 ①물건을 대주며 기름. maintenance ②양식・금전・의류 등을 댐. allowance 하타
급액(給額)圀 공급하는 금액. 「steep 하타
급업(岌嶪)圀 산이 매우 높음. lofty and
급여(急興)圀 ①대주거나 베풀어 줌. 또, 그 물건. allowance ②월급이나 품삯. payment 하타
급여(給與金)圀 급여되는 돈. 급료・수당・따위. allowance 「1개월간의 평균 급여액.
급여 베이스(給與 base)圀 급여의 기준. 한 사람의
급여 소=득(給與所得)圀 〈경제〉봉급・급료・임금・세비(歲費)・연금 및 상여금 등에 의한 소득. 「일.
급용(急用)圀 ①급히 쓸 일. urgent business ②급한
급우(急雨)圀 급작스럽게 쏟아지는 비. 소나기 따위. shower
급우(級友)圀 같은 학급에서 배우는 벗. classmate
급원(給源)圀 공급하여 주는 원천. 공급원.

급유(給由)團 말미를 잠시 허락하여 줌. 여유를 줌. 하타

급유(給油)團 ①기관에 가솔린 등을 공급하는 일. ②기계에 윤활유를 공급해서 마모(磨耗)를 적게 하며 과열을 막는 조작. oil supply 하타

급유-기(給油機)團 항공 중의 비행기에 가솔린을 공급하는 장치가 된 비행기.

급유-선(給油船)團 항해 중의 배에 유류를 공급하는 배. tanker

급유-소(給油所)團〔동〕주유소(注油所).

급유-함(給油艦)團 항해 중인 다른 군함에 연료·기계유 등의 기름을 공급하여 주는 군함.

급인(汲引)團 ①물을 길어 올림. drawing up ②인재(人材)를 가려서 씀. appointment 하타

급인지-풍(急人之風) 남의 위급함을 도와 주는 의협스러운 풍채(風采). 〔히. 떼〕갑자기. suddenly

급자기〔튀〕생각할 사이도 없이. 뜻하지 아니할 때 급작-스럽다〔튀ㅂ〕생각할 사이도 없이 아주 급하다. 《떼》갑작스럽다. sudden 급작=스레〔튀〕

급장(急裝)團 급히 몸치장을 함. 하타

급장(級長)團〈교육〉학급을 다스리는 학생. 반장(班長). monitor 해 주던 일.

급재(給災)團〈제도〉손해를 입은 논밭의 세금을 면제

급뎐(及)[속](急電)團〔동〕급창(及唱)(telegram(telephone)

급전(急電)團 급한 일을 알리는 전보나 전화. urgent

급전(急傳)團 급히 전함. swift conveyance

급전(急錢)團 급한 데 소용되는 돈. 급히 쓸 돈. extraordinary expenses 하타

급전(急轉)團 갑자기 형편이 바뀜. sudden change

급전(給電)團 전기를 실수요자에게 공급함. 하타

급전 도감(給田都監)團〈제도〉고려 때 벼슬아치에게 녹(祿) 대신에 밭을 나누어 주는 일을 맡던 관아. 밀림. spectacular turn 하타

급전 직하(急轉直下)團 형세가 갑자기 변하여 내리

급절(急切)團 시기나 형편이 몹시 급하게 닥침. e-mergency situation 하타

급=정거(急停車)團 급히 차를 세움. sudden stop 하타

급=정지(急停止)團 급히 멈춤. sudden stop 하타

급제(及第)團 ①〈제도〉과거에 합격함. 〔대〕낙방(落榜). ②시험에 합격함. ¶~자(者). 〔대〕낙제(落第). passing 하타

급제-생(及第生)團 급제한 학생. 〔하타〕

급조(急造)團 급작스러이 만듦. hurried construction

급조(急躁)團〔동〕조급(躁急). 하타 히타

급족(急足)團 급한 소식을 전하는 심부름꾼.

급주(急走)團 ①빨리 달림. running away swiftly ②〈제도〉각 역에 배치된 주졸(走卒). 하타

급증(急症)團《속》급병(急病).

급증(急增)團 급히 늚. 급히 불음. ¶홍수로 물이 ~ 했다. 〔대〕급감(急減). rapid increase 하타

급진(急進)團 ①빨리 진행함. rapid progress ②일을 빨리 서두름. 〔대〕점진(漸進). radicalism 하타

급진(急診)團 의사가 급히 달려가 진찰함. 하타

급진-당(急進黨)團〈정치〉급진주의(急進主義).

급진 정당(急進政黨)團〈정치〉급진주의를 표방하는 정당. 〔대〕보수당(保守黨). 〔약〕급진당. radical party   나 일을 진행하려는 주의. radicalism

급진-주의(急進主義)團〈사회〉급속히 사회의 개량이

급진-파(急進派)團 급진주의를 지향하는 파. radicals

급차(給次)團 ①치러 줄 돈. ②돈을 치러 주어야 할 일. payment

급찬(級飡)團〈제도〉①〔동〕급벌찬(級伐飡). ②고려 태조 때 신라의 제도를 본받아 만든 관등(官等)의 하나. 9등급 가운데 맨 끝인 아홉째 등급.

급창(及唱)團〈제도〉지방 관청에 딸렸던 하인.

급채(給債)團 빚으로 돈을 꾸어 줌. lending 하타

급촉(急促)團〔동〕급박(急迫). 하타

급취(急取)團 급하게 찾는 물건.

급탄(給炭)團 석탄·구공탄 등을 공급하는 일. 또, 그 탄. ¶~정거장(停車場). coaling 하타

급템포(急tempo)團 빠른 속도.

급파(急派)團 급히 파견함. rapid dispatch 하타

급하기는 우물에 가 숭늉 달라겠다당장 급한 생각만 하고 이치에 어긋나는 짓을 한다.

급-하다(急—)團〔웅〕①서두르거나 다그치 빠르다. rapid ②바빠서 우물쭈물할 틈이 없다. ¶급한 사정으로 가지 못했다. ③성미가 팔팔하여 잘 참지 못하다. quick tempered ④병세가 위독하다. urgent ⑤일이 몰리다. ⑥몹시 딱하거나 군색하다. needly

급-히〔튀〕 "이라도 순서를 밟아서 하여야 한다.

급하면 바늘 허리에 실 매어 쓸까 아무리 급한 일이라도 순서를 밟아서 하여야 한다.

급행(急行)團 ①빨리 감. going in a hurry 〔약〕급행 열차. 〔대〕완행(緩行). 하타

급행-권[—꿘](急行券)團〔약〕급행 열차권.

급행-료[—뇨](急行料)團〔약〕→급행 요금.

급행 열차[—녈—](急行列車)團 도중 정거가 적고 속력이 빠른 열차. 〔대〕완행. express train

급행 열차권[—녈—꿘](急行列車券)團 급행 열차의 차표. 〔약〕급행권. express ticket 〔급행료.

급행 요금[—뇨—](急行料金)團 급행권의 요금. 〔약〕

급행-차(急行車)團〔약〕→급행 열차.

급혈(給血)團 수혈(輸血)에 필요한 혈액을 공급함. blood supply 하타 사람.

급혈-자[—짜](給血者)團 수혈용의 혈액을 공급하는

급환(急患)團 급한 병에 걸린 환자. 또, 그 병. critical patient   round 하타

급-회전(急回轉)團 빨리 돎. 급히 회전함. sharp turn

급히 먹는 밥이 목이 멘다네너무 급히 서둘러서 일을 하면 잘못하고 실패한다.

굿團〔고〕획(畫).

ㆍ굿(엄〔고〕꼭.

ㆍ굿ㆍ구멍(團〔고〕굴뚝.

굿누ㆍ르ㆍ다(因〔고〕억누르다. 눌러 그치다. 눌러 끊다.

굿ㆍ닛(團〔고〕끊임과 이음.

굿-다[스튐]비가 잠시 그치다. let up 타스튐 비를 잠시 피하여 그치기를 기다리다. ¶처마 밑에서 비

굿-다[스튐]①줄을 치거나 금을 그리다. ¶공책에 줄을 ~. draw ②성냥 알을 황에 대고 문지르다. strike ③이상값을 장부에 치부하다. change ④마음속에 정하다.

굿-다[스튐]먼저 시범적으로 읽거나 노래하다. ¶누구인가 선창을 그어 노래를 불렀다.

굿-다(因〔고〕쉬다. 그치다. 끊어지다.

ㆍ굿-다(因〔고〕①굿다. ②이끌다.

ㆍ굿ㆍ드리다(因〔고〕구태여. 반드시.

굿브리(튀〔고〕엎드려.

긋-추다(因〔고〕그치다. 숨기다.

긍-경(肯綮)團 사물의 가장 요긴한 곳. 급소(急所).

긍-경(矜競)團 재능을 자랑하여 남과 우열을 겨룸.

긍-계(兢戒)團 삼가고 경계함. 하타 〔하타

긍-고(亘古)團〔옛〕"에서부터 통함. ranging over old

긍-과(矜誇)團 자랑하여 함. 하타 〔time 하타

긍-구(兢懼)團 삼가 두려워함. awe 하타

긍긍업업-하다(兢兢業業—)웅튀 항상 조심하여 공경하고 삼가다. being in trepidation

긍긍-하다(兢兢—)(웅튀)두려워하고 삼가다. ¶전전(戰戰)~. trembling

긍-낙(肯諾)團 수긍해 허락함. consent 하타

긍-런(矜憐)團 불쌍하고 가엾음. 궁측(矜惻). pity 하타 히타 〔to the remote ages 하타

긍-만고(亘萬古)團 만고에 걸쳐 뻗침. going back

긍-민(矜憫)團 가엾게 여겨 근심함. compassion 하타

긍-벌(矜伐)團 겉으로 드러내어 자랑함. 하타

긍-부(矜負)團 믿고 자랑하며 자부(自負)함. 하타

긍-식(矜式)團 모범을 보여 줌. set an example 하타

긍-의(肯意)團 그렇다고 긍정하는 의사. affirmation

긍이(矜—)〈농업〉보리밭 고랑에 목화 또는 콩 등을 심는 일.

긍:정(肯定)명 ①그렇다고 인정 또는 승인함. affirmation ②〈논리〉어떤 판단 내지 평가의 타당성을 승인함. (대) 부정. affirmative 하타
긍:정 명:제(肯定命題)명 〈논리〉 긍정 판단을 한 명제(命題). 적극 명제(積極命題). affirmative proposition
긍:정적 개:념(肯定的槪念)명 〈논리〉어떤 성질의 존재를 긍정적으로 나타내는 개념. (대) 부정적 개념(否定的槪念).
긍:정적 판단(肯定的判斷)명 (동) 긍정 판단.
긍:정 판단(肯定判斷)명 〈논리〉 주개념과 빈개념의 일정한 관계를 긍정하는 판단. 긍정적 판단. (대) 부정 판단(否定判斷). affirmative judgement
긍:종-하다(肯從─)자여 즐겨 따름. willing obedience 하타
긍:지(肯志)명 찬성하는 뜻. approval
긍:지(矜持)명 자신 있는 바가 있어 자랑하는 일. pride
긍측(兢惕)명 경계하고 두렵게 여김.
긍측(矜惻)명 (동) 긍련(矜憐). 하타 히타
긍:-하다(亙─)자여 뻗쳐 통하다. range
긍휼(矜恤)명 가엾게 여겨 동정함. pity 하타 히타
긔 〔그 이.〕 관대 (고) 그이.
• 긔·미명 (고) =게.
• 긔·걸·ᄒ·다타 (고) 명령하다. 제어하다.
• 긔─다타 (고) 기다.
긔디·ᄒ·다타 (고) 기록하다.
• 긔·려·기명 (고) 거러기.
긔·별명 (고) 기별③. 소식.
긔연명 (고) 기름.
긔저·리·다/긔즈러-다타 (고) 어지르다. 어지럽게 하다.
긔·지명 (고) 기약.
긔·지·ᄒ·다타 (고) 기약하다. 기필(期必)하다.
긜줄명 (고) 겨릴 줄.
=기(機)접미 동사나 형용사 따위를 명사형(名詞形)으로 바꾸는 어미. ¶놀~. 하~. 먹~. nominative particle
=기(機)접미 ㄴ・ㄹ・ㅅ・ㅆ・ㅌ 따위의 받침을 가진 어간에 붙어, 자동사를 타동사로, 타동사를 피동사나 사역 동사로 만드는 것인 형성 접미사. ¶맡~다. 쫓~다. passive particle
기(己)명 〈민속〉 천간(天干)의 여섯째.
기(記)명 ①기록. 또, 글을 적음. record ②법칙. 규범. norm ③도의(道義). morality ④일의 실마리. clue ⑤〈문학〉 제왕(帝王)의 사적(事跡)을 기록한 것 ⑥세성(歲星)이 궤도를 일주(一周)하는 기간. 중국에서는 12년임.
기(記)명 〈문학〉 ①글을 적음. ②문체(文體)의 하나. 주로 사적(事蹟)과 경치를 적은 산문체의 글. record
기(起)명 〈문학〉 한시의 첫 구(句). 기(起)・승(承)・전(轉)・결(結)의 첫 단계. introduction
기(氣)명 ①있는 힘의 모두. ②숨쉴 때에 나오는 기운. breath ③생활・활동의 힘. ④뻗어 나는 힘. ¶~ spirit ⑤인간의 정신 활동. 정신력. smell ⑥동양 철학에서 만물을 생성하는 근원의 세기(勢氣). ⑦객기로 쓰는 기운. ⑧막연한 전체적인 느낌. 분위기.
기(基)명 ①터전. site ②〈화학〉 화학 변화에서 물질 분자(物質分子)가 마치 한 원자와 같이 행동을 같이 하는 원자의 집단. 근(根). ¶암모늄~. radical ③〈토목〉 건축의 토대. base 의명 비석・탑 등을 세는 데 쓰는 말.
기(期)명 ①기간. 시절. ②기한. ㅣ세는 데 쓰는 말.
기(旗)명 ①종이나 헝겊 등에 특정한 뜻을 나타내어 자기들의 표상(表象)으로 쓰는 것. flag ②몽고의 정치・군사 조직. 청나라의 군제.
기(器)명 〈불교〉 교법(敎法)을 믿고 이를 실제로 닦을 만한 능력을 가진 사람을 그릇에 비유하여 일컫는 말.
기(機)명 〈천문〉 북두 칠성(北斗七星)의 셋째 별.
기(騎)의명 말을 탄 사람의 수효를 세는 말. horseman

=기(紀)접미 〈지학〉 지질 시대 구분의 단위. 생대(生代)와 세(世)의 사이. 「장~.
=기(氣)접미 '느낌・기운'의 뜻을 나타내는 말. ¶시
=기(記)접미 기록의 뜻. ¶여행~.
기(期)접미 ①일정한 기간적 반복되는 일의 그 과정. ¶제 2 ~ 졸업생. ②어떤 시기를 몇으로 구분한 그 하나. ¶상반~. 「목(木)~.
기(器)접미 그릇・기구의 뜻. ¶도자~. 옹(甕)~.
기(機)접미 기계를 나타내는 말. ¶발동~. machine
기:가(妓家)명 기생의 집. 기방(妓房).
기가(起家)명 쇠퇴하여 가는 집안을 다시 일으킴. restoration of a ruined family 하타
기각(枳殼)명 〈한의〉 탱자를 썰어 말린 약재(藥材). 위장을 맑게 하고 내벽을 순하게 하는 데 쓰임.
기각(掎角)명 ①앞뒤 서로 응하여 적을 견제함. ②두 영웅이 각기 한 쪽에 의지하여 서로 버팀. 하타
기각(飢殼)명 〈식물〉 잎이 잎의 꼭지에 붙은 부분.
기각(棄却)명 ①버리고 쓰지 않음. abandonment ②〈법률〉 법원에서 수리한 소송 심리 결과 그 이유가 없는 것이나 절차가 들린 것, 기간을 경과한 것 등을 도로 물리치는 일. rejection 하타
기각(旗脚)명 (동) 깃발. 「물.
기각(旗角)명 하나는 위로 솟고 하나는 아래로 처져
기각지세(掎角之勢)명 사슴을 잡을 때 뒷발과 뿔을 아울러 잡는다는 뜻으로, 적을 앞뒤에서 몰아치는
기간(其間)명 그 사이. 그 동안. meantime 「태세.
기간(起墾)명 개간(開墾). 하타
기간(基幹)명 ①본바탕이 되는 줄기. ②중심이 되는 것. 또, 그 인물. main stay
기간(旣刊)명 전에 이미 간행함. 또, 그 간행물. (대) 미간(未刊). previous publication
기간(期間)명 어느 일정한 시기까지의 사이. period
기간(旗竿)명 깃대.
기간 계:산(期間計算)명 〈경제〉 일정한 기간에 있어서의 경제 가치의 변동을 기록・계산하고 경영의 실태를 명백히 하는 계산 방법.
기간-급(期間給)명 〈경제〉 기간에 의하여 정하여져 있는 근로에 대한 보수. 시간급・일급・주급・월급・연봉 따위.
기간 단체(基幹團體)명 같은 계통에 속한 여러 단체가 있을 때, 그 모체(母體)가 되는 단체.
기간 산:업(基幹産業)명 〈경제〉 한 나라의 모든 산업의 기초로 되는 중요한 산업. 화학・제철・기계・조선공업 및 광공업 따위.
기간-지(旣墾地)명 이미 개간하여 놓은 땅. (대) 미간지(未墾地). cultivated land
기갈(飢渴)명 배고프고 목마름. starvation and thirst
기갈 자심(飢渴滋甚)명 기갈이 더욱 심하여 감 하타
기감(技監)명 기술계 국가 공무원 2급의 한 관명.
기감(機紺)명 〈한의〉 폐암(肺癌). 「engineer
기갑(機甲)명 〈군사〉 최신 과학을 응용한 병기(兵器)・기계 따위로 장비하는 일. armour
기갑 부대(機甲部隊)명 〈군사〉 최신 과학을 응용한 병기・기계 따위로 장비한 부대. 기계화 부대와 장갑 부대의 총칭. armoured corps
기강(紀綱)명 ①기율과 법강(法綱). law and order ②정치의 대강(大綱). administration
기개(氣槪)명 씩씩한 마음과 꿋꿋한 절개. unyielding
기개(幾箇・幾個)명 몇 개. some. 「spirit
기-개세(氣蓋世)명 기개가 천하를 덮음.
기객(棋客・碁客)명 바둑 두는 사람. 바둑군. baduk player 「rean
기객(嗜客)명 무엇인가를 몹시 즐기는 사람. epicu기객(饑客)명 나그네.
기거(起居)명 ①살아가는 형편. 동정(動靜). one's daily life ②손님을 맞으려고 일어남. reception 하타
기거(寄居)명 덧붙어서 삶. living with a family 하타
기거(基據)명 기초와 근거. base 하타

기거(箕踞)[명] 두 다리를 뻗고 기대어 앉음. 하[자]
기거 동:작(起居動作)[명] 사람의 살아가는 모든 행동. 기거 동정. conduct and behaviour
기거 동정(起居動靜)[명] 《동》 기거 동작.
기거=충(寄居蟲)[명] 〈곤충〉 갑각류(甲殼類) 가운데 십각류(十脚類)에 속하는 벌레. 크고 작은 한 쌍의 살과 길고 짧은 네 쌍의 발이 있음. 소라나 게 껍데기 속에 붙어 삶. 「able man 스[형] 스레[부]
기걸(奇傑)[명] 풍채나 성품이 기이한 호걸. remark-
기겁[명] 《동》 기급(氣急). 하[자]
기견(起見)[명] 처음의 의견.
기결(起結)[명] 시작과 끝맺음. beginning and finishing
기결(氣結)[명] 〈한의〉 목에 담이 막혀 답답해 하는 병.
기결(既決)[명] ①이미 된 결정. 이미 결정됨. ¶~된 결재(決裁). ②〈법률〉 재판의 판결이 이미 확정됨. 《대》 미결(未決)①. settlement 하[타]
기결=감(既決監)[명] 〈법률〉 기결수(既決囚)를 가두어 두는 곳. 《대》 구치감(拘置監). 미결감(未決監). convict 「받은 죄수. 《대》 미결수(未決囚). convict
기결=수[—쑤](既決囚)[명] 〈법률〉 유죄의 판결을 이미
기결=안(既決案)[명] 이미 결정된 안건. 《대》 미결안(未決案). matter settled
기경(奇經)[명] 《동》 기경 팔맥. 「하[형]
기경(奇警)[명] ①뛰어나게 현명함. ②《동》 기발(奇拔).
기경(起耕)[명] 〈농업〉 지금까지 가꾸지 않은 땅을 갈아 일으켜서 논밭을 만듦. bringing under cultiva-
기경(氣莖)[명] 《동》 지상경(地上莖). 「tion 하[타]
기경(機警)[명] 날래고 재빠름. smartness 하[형]
기=경=정=결(起景情結)[명] 〈문학〉 시(詩)의 네 절(節)의 이름. 모두(冒頭)를 '기', 그 모두의 뜻을 대받아 문을 아름답게 표현하는 것을 '경', 셋째로 사색에 들어가는 것을 '정', 거두어 끝을 맺는 것을 '결'이라 함.
기경 팔맥(奇經八脈)[명] 〈한의〉 인체의 각 기관의 활동을 연락·조절·통제하는 작용을 하는 경락(經絡). 독맥(督脈)·임맥(任脈)·충맥(衝脈)·대맥(帶脈)·음유맥(陰維脈)·양유맥(陽維脈)·음교맥(陰蹻脈)·양교맥(陽蹻脈) 등의 여덟 가지임. 기경(奇經).
기계(奇計)[명] 기묘한 계획. 기책(奇策). clever scheme
기계(棋界·碁界)[명] 장기나 바둑을 즐기는 사람들의 사회. 기단(棋壇). chess player circles
기계(器械)[명] ①그릇·연장·기구 등의 총칭. ¶의료 ~. apparatus ②짜임새가 간단한 기계. 의료 및 화학 실험 기계 따위. instrument
기계(機械)[명] ①사람의 손이나 동력 장치를 이용하여 작업을 행하게 하는 장치. machine ②남의 의사에 의하여 행동하는 일이나 그 사람. 또, 융통성이 없는 사람. ¶~적 활동.
기계=간[—깐](機械間)[명] 기계를 상치하여 놓은 집이나 헛간 따위. mechanical workshop
기계 공업(機械工業)[명] 〈공업〉 기계를 사용하여 생산하는 공업. 《대》 수공업(手工業). 《약》 가공.
기계 공학(機械工學)[명] 〈공업〉 기계 및 그것에 관한 사항을 연구하는 공학의 한 부문. mechanical en- 「gineering
기계=관(機械觀)[명] 《동》 기계론(機械論)①.
기계=끌(機械—)[명] 〈공업〉 기계의 힘으로 돌리는 끌. power chisel
기계=력(機械力)[명] 기계의 힘. 기계의 일하는 능력.
기계=론(機械論)[명] ①〈철학〉 모든 생성 변화를 물질적·기계적인 법칙에 따라 설명하려는 이론. 기계관. 기제론. 《대》 목적론(目的論). ②〈생물〉 생체를 기계의 구성과 동일하게 보는 입장. 즉, 생물 현상을 모든 물리 화학적 법칙에 환원하여 설명하려는 입장.
기계론적 세계관(機械論的世界觀)[명] 〈철학〉 기계론적으로 우주 현상을 보는 세계관. 《대》 목적론적 세계관(目的論的世界觀).
기계 문명(機械文明)[명] 생산의 기계화에 따라서 형성된 근대 사회의 생활 양상. mechanical civilization
기계 방아(機械—)[명] 기계의 힘으로 움직이게 된 방아.
기계=사(機械絲)[명] 제사(製絲) 기계로 만든 실. 「아.
기계 수뢰(機械水雷)[명] 〈군사〉 바다 속에 장치하여 함선(艦船)이 건드리면 저절로 터지게 된 수뢰. 부설 수뢰(敷設水雷). 《약》 기뢰(機雷). submarine mine
기계 식자(機械植字)[명] 라이노타이프·모노타이프 등 자동 주식기(鑄植機)에 의한 식자.
기계=실(機械室)[명] 기계를 설치한 방.
기계=유(機械油)[명] 기계의 마찰 또는 마찰열을 적게 하기 위하여, 굴대나 다른 마찰부에 치는 기름. 기계 기름. machine oil
기계=적(機械的)[관][명] ①기계 장치로 일을 하는(것). ¶~ 노동(勞動). ②기계가 움직이듯 수동적·맹목적으로 활동하는 (것). mechanical
기계적 에너지(機械的 energy)[명] 〈물리〉 역학적 양(量)에 의하여 정해지는 에너지의 한 형태. 운동 에너지와 위치 에너지 및 탄성 에너지 등이 이에 포함됨.
기계적 연대(機械的連帶)[명] 한 사회의 전체 성원이 유사 또는 공통의 관념과 양식 밑에 행동하여 전체의 공통 의식이 개인의 의식을 압도하고 지배하는 사회적 결합 상태, 또는 사회적 관계. 《대》 유기적 연대. 「리적인 인과.
기계적 인과(機械的因果)[명] 〈철학〉 맹목적·필연적·물
기계 종횡(奇計縱橫)[명] 교묘한 꾀를 마음대로 부림.
기계=준(機械準)[명] 〈인쇄〉 인쇄물을 올리기 바로 전에 다시 교정하는 일. complete proof-reading
기계 직기(機械織機)[명] 〈공업〉 기계력을 이용한 베틀.
기계 체조(器械體操)[명] 〈체육〉 뜀틀·수평·목마·철봉 따위와 같이 기구를 사용하는 체조. 《대》 도수 체조(徒手體操). heavy· gymnastics
기계=총(機械—)[명] 〈의학〉 《속》 두부 백선(頭部白癬).
기계=톱(機械—)[명] 〈공업〉 발동기로 돌리는 톱. power saw 「동기(制動機).
기계=통(機械—)[명] 자전거의 뒷바퀴에 달아 놓은 제
기계=화(機械化)[명] ①생산이나 동작을 기계에 의하여 하게 됨. mechanization ②사람의 언행이 자주성을 잃고 기계적으로 됨. 하[자][타]
기계화 부대(機械化部隊)[명] 〈군사〉 군의 편제에 있어서 전차·장갑 자동차·자동 화기 등의 기계력을 최대로 이용하여 이동 속도와 화력의 증대를 꾀하는 부대. mechanized unit 「사.
기고(忌故)[명] 기제사(忌祭祀)를 지내는 일. 또, 그 제
기고(奇古)[명] 묘하고 옛 맵시가 있어 조촐함. being odd and antique 하[형]
기고(氣高)[명] ①하늘이 맑게 개고 높음. ②결기가 거셈. 하[형] 「begin writing 하[자][타]
기고(起稿)[명] 원고를 쓰기 시작함. 《대》 탈고(脫稿).
기고(寄稿)[명] 원고를 신문사나 잡지사에 냄. 기서(寄書)①. 투고(投稿). contribution 하[자][타]
기고(旗鼓)[명] ①군기(軍旗)와 북. ②병력과 군세.
기고=가(寄稿家)[명] 기고하는 사람.
기고 만:장(氣高萬丈)[명] ①펄펄 뛸 만큼 성이 몹시 남. rage ②씩씩한 기운을 크게 떨침. roaring spirit 하[형] 「harvest 하[자]
기곡(祈穀)[명] 곡식의 풍작을 빎. praying for a good
기곡 대:제(祈穀大祭)[명] 〈제도〉 정월 첫 신일(辛日)에, 사직(社稷)에서 그 해의 풍년을 빌던 나라의 제사. 《약》 기곡제.
기곡=제(祈穀祭)[명] 《약》→기곡 대제(祈穀大祭).
기곤(飢困)[명] 굶주리어 고달픔. hardship 하[형]
기골(肌骨)[명] 살과 뼈대. flesh and bones
기골(奇骨)[명] ①뛰어난 용모. ②기력이 왕성한 성격. 또, 그 사람. remarkable spirit
기골(氣骨)[명] ①기혈(氣血)과 골격. 뼈⑤. body and spirit ②씩씩한 의기. spirit
기골 장:대(氣骨壯大)[명] 체격이 건장하고 큼. 하[형]
기공(技工)[명] ①손으로 가공하는 기술. ②솜씨. art ③능숙한 기술자. skillful workman

기공(奇功)[명] 기이하고 뛰어난 공로. remarkable merit

기공(紀功·記功)[명] 공로를 기념함. commemoration 하다

기공(起工)[명] 공사를 시작함. [대] 준공(竣工). setting [to work 하다

기공(氣孔)[명] ①[곤충] 곤충류의 숨구멍. 기문(氣門). spiracle ②[식물] 식물의 잎이나 줄기에 있는 작은 구멍. 숨구멍. stoma

기공(機工)[명] →기계 공업.

기공-비(紀功碑)[명] 공로를 기념하기 위하여 세운 비석.

기공-식(起工式)[명] 일정한 공사의 일을 시작할 때에 행하는 의식. [는 친척.

기공-친(期功親·朞功親)[명] 기복(期服)·공복(功服)을 입는 친척.

기-관(技官)[명] 특별한 학술 기예에 종사하는 관리의 명칭. [pipe

기관(汽管)[명] 증기를 보내는 속이 빈 둥근 쇠통. steam-

기관(汽罐)[명] 증기를 발생시키는 큰 쇠가마. boiler

기관(奇觀)[명] 기이한 광경. 매우 볼 만한 경치. won-

기관(氣管)[명] [동] 숨통. [derful sight

기관(器官)[명] [생물] 생물체를 구성하고 일정한 모양과 특정한 생리 기능을 갖는 부분. ¶심장은 몸의 중요한 ~이다. organ

기관(機關)[명] ①물건을 활동시키게 장치한 기계. machine ②행동의 목적을 이루기 위한 조직 또는 시설. organ ③에너지를 기계력으로 변화시키는 장치. engine ④[법률] 법인(法人)의 의사를 결정하고 그것을 집행하는 위치에 있는 개인 또는 집단.

기관-고(機關庫)[명] 기관차를 넣어 두는 차고. engine shed

기관 단총(機關短銃)[명] [군사] 어깨 또는 허리에 대고 쏠 수 있도록 만든 가벼운 자동식 또는 반자동식(半自動式) 단총(短銃). short machine-gun

기관-사(機關士)[명] 열차·선박의 기관을 맡아보는 사람. 기관수(機關手). engineer

기관-수(機關手)[명] [동] 기관사(機關士).

기관 신문(機關新聞)[명] 한 기관이 그들의 목적을 수행하는 데 필요한 보도·언론을 게재하는 신문. 기관지(機關紙). organ paper

기관-실(機關室)[명] ①공장 등에서 주요 원동기를 설치하여 놓은 방. ②기관차·선박·항공기 등에서 추진기가 설치되어 있는 방. ③발전·난방·냉방·환기·급수(給水) 등을 위한 기관을 장치하여 놓은 방. engine room

기관-원(機關員)[속] 정보 기관의 종사자.

기관 잡지(機關雜誌)[명] 어떤 개인 또는 단체가 그 정신을 널리 펴기 위하여 발행하는 잡지. [약] 기관지(機關誌). organ magazine

기관-장(機關長)[명] ①배의 기관을 부리고 수리하는 사람의 우두머리. chief engineer ②각 기관의 우두머리. ¶~ 회의(會議). leader

기관지(氣管支)[명] [생리] 기관의 아래에서 두 갈래로 갈라져 양쪽 허파로 들어가는 작은 기관. bronchus

기관-지(機關紙)[명] [동] 기관 신문.

기관-지(機關誌)[명] [약] →기관 잡지.

기관지-염(氣管支炎)[명] [의학] 기관지에 생기는 염증. 기관지 카타르. bronchitis

기관지 천:식(氣管支喘息)[명] [의학] 작은 기관지들이 경련적으로 수축되면서 돌발적으로 특유한 호흡 곤란을 일으키는 질병(疾病). [(氣管支炎).

기관지 카타르(氣管支 katarrh 도)[명] [동] 기관지염

기관지 폐:렴(氣管支肺炎)[명] [의학] 기관지염으로 인하여 생기는 폐렴.

기관지 확장증[-쯩](氣管支擴張症)[명] [의학] 기관지가 원통·주머니·원추(圓錐) 모양으로 늘어나 그 속에 세균이 머물러 염증을 일으키는 병.

기관-차(機關車)[명] 객차나 화차를 끌고 다니는 철도 차량의 원동력이 되는 차량. ¶디젤 ~. locomotive

기관-총(機關銃)[명] [군사] 자동적으로 연속 사격할 수 있게 만들어진 총. [약] 기총(機銃). machine-gun [행하는 투자.

기관 투자(機關投資)[명] [경제] 은행이나 법인 등이

기관 투자가(機關投資家)[명] [경제] 유가 증권에 대한 투자를 주요 업무의 하나로 하는 법인. 은행·생명 보험 회사·투자 회사 등.

기관-포(機關砲)[명] [군사] 방아쇠만 당기면 자동적으로 연속 사격할 수 있게 만들어진 포. machine-gun [rious 하다

기괴(奇怪)[명] 기이하고 괴상함. 피괴(怪奇). myste-

기괴(氣塊)[명] ①[동] 기단(氣團). ②공기의 작은 덩어리. [음. really outrageous 하다

기괴 망측(奇怪罔測)[명] 너무 기괴하여, 말할 수 없

기괴 천만(奇怪千萬)[명] 기괴하기 짝이 없음. 하다

기:교(技巧)[명] ①기술이나 솜씨가 아주 교묘함. ②문예·미술에 있어서 제작·표현상의 솜씨나 수단. technics 하다

기교(奇巧)[명] 기이하고 교묘함. exquisiteness 하다

기교(奇矯)[명] 언행과 솜씨가 아주 공교로움. 하다

기:교-가(技巧家)[명] 기교가 뛰어난 사람. skilful person

기:교-면(技巧面)[명] 기교의 측면.

기:교-파(技巧派)[명] [문학] 내용보다는 형식미(形式美)를 추구하는 예술 지상주의적인 작가의 일파.

기구(奇句)[명] 기발한 글귀. peculiar phrase

기구(祈求)[명] ①기도. ②[기독] 온 정신을 친주에게 집중시켜 기도하는 일. prayer 하다

기구(起句)[명] ①시나 문장의 첫 구. opening line ②한시(漢詩)의 맨 첫 구. 수구(首句). introduction

기:구(耆耈)[명] 늙은이. 노인. 기(耆)는 60세, 구(耈)는 90세를 말함. old man

기구(氣球)[명] [물리] 가벼운 기체를 넣어 공중에 띄우는 큰 주머니. 풍선(風船). 경기구. balloon

기:구(耆舊)[명] ①매우 늙은 사람. oldest man ②늙은 벗. old friend

기구(寄口)[명] 남의 집에 붙어 사는 사람. hanger-on

기구(崎嶇)[명] ①산길 따위가 험준함. steepness ②세상에 곤경이 많음. 팔자가 사나움. 기험(崎險)①. ¶~하다 운명을 타고나다. adverse fortune 하다

기구(冀求)[명] 바라고 구함. 희구(希求). hope 하다

기구(器具)[명] ①세간·그릇·연장 따위의 총칭. ¶살림~. utensil mechanism ②구조나 조작이 간단한 기계. ¶운동~.

기구(機具)[명] 기계와 기구. ¶농(農)~.

기구(機構)[명] ①얽어 잡은 구조. 기계(機制). mechanism ②기계 내부의 구조. structure ③부서(部署) 등의 조직. ¶~ 확장(擴張). set-up, organization

기구 관측(氣球觀測)[명] 기구를 올리거나 기구를 타고 하는 상층 기류의 관측. balloon observation

기구-대(氣球隊)[명] 기구를 사용하는 군대. balloon corps [②산짐이 험하기 짝이 없음. 하다

기구 망측(崎嶇罔測)[명] ①운수가 사납기 짝이 없음.

기구-멱(氣球脈)[명] [한의] 팔목의 맥.

기구-부리-다(器具-)[타] 온갖 세간·그릇 따위를 있는 대로 다 내어 써서 있는 체하다. show off

기구 위성(氣球衛星)[명] 발사 직후 가스로써 충만하는 기구로 된 인공 위성.

기구-있:-다(儀式-)[형] 예법대로 갖추어져 있다.

기구-주의(器具主義)[명] [철학] 사유(思惟)는 인간의 모든 욕구를 실현하는 데 필요한 수단·도구이며, 의지가 사유를 이루어 목적을 달성할 수 있다고 생각하는 듀이(Dewey)의 학설. instrumentalism

기구지-업(箕裘之業)[명] 선대(先代)로 부터 전하여 오는 사업.

기구 체조(器具體操)[명] [체육] 아령·곤봉 따위의 기구를 쓰는 체조. heavy gymnastics

기구-포(氣球砲)[명] [동] 고사포(高射砲).

기국(棋局·碁局·棋局)[명] ①장기판. 바둑판. ②바둑이나 장기의 국면(局面).

기국(器局)[명] 사람의 도량과 재간. ability

기국=법[-뻡](旗國法)[명] [법률] 선박이 게양하는 권

기군(欺君)[명]→기군 망상(欺君罔上). 하타

기군 망상(欺君罔上)[명] 임금을 속임. 《약》 기군(欺君).

기굴(崎崛)[명] 용모가 기이하며 뛰어남. 하타

기궁(奇窮)[명] 살기가 몹시 어려움. 하타

기궁(饑窮)[명] 배가 고파서 몹시 고생을 함. suffering from hunger 하타

기권[一圈](氣圈)[명]〈지학〉지구를 둘러싸고 있는 대기(大氣)의 범위. 대기권(大氣圈). atmosphere

기권[一權](棄權)[명] 자기에게 있는 권리를 버리고 쓰지 않음. renunciation of one's right 하타

기근(氣根)[명]〈식물〉땅 속에 있지 않고 공중에 늘어져 대기 속의 물기를 빨아들이는 번데란의 하나. aerial root

기근(基根)[명] 근본. 기본.

기근(畿近)[명] ①경기도 부근. ②(동) 근기(近畿).

기근(機根)[명]〈불교〉중생이 본디부터 가지고 있어 교법(敎法)을 위하여 격발(激發)되는 마음의 작용.

기근(饑饉)[명] 흉년으로 먹을 것이 없어 굶주림. 기황(饑荒). 기아(飢餓). famine

기근 수출(饑饉輸出)[명]〈경제〉국민이 굶주려 가며 국내 소비를 억제하고 하는 수출. 기아 수출.

기근 천자(饑饉存在)[명] 흉년이 계속하여 듦. 또, 그 일. 하타

기금(基金)[명] ①모아서 준비해 놓은 자금. ②〈경제〉특정한 사업의 경제적 기초가 되는 재산. ¶재단 법인 설립 ~. ③〈경제〉특정한 사업의 활동·운영에 제공하는 자금. ¶주식 회사 건립의 ~을 마련

기급(企及)[명] 희망을 이룸. 하타. fund

기급(氣急)[명] 갑자기 놀라서 소리를 지름. 기겁. crying out in surprise 하타 [faint in surprise 하타

기급 절사[一싸](氣急絕死)[명] 기급을 하여 까무러침.

기기(汽機)[명] 증기 에너지를 기계적 에너지로 변화시키는 기계 장치. 증기 기계. 증기 터빈.

기기(奇技)[명] 기묘한 기술. [strangeness 하타

기기(奇奇)[명] 몹시 기이함. 매우 이상 야릇함. extreme

기기[旣-](旣記)[명] 이미 기록함.

기기(棋器·棋器)[명] 바둑돌을 넣어 두는 그릇. 「tools

기기(器機·機器)[명] 기구·기계의 총칭. machinery and

기기[—]—](奇奇怪怪)[명] 몹시 기괴함. mysterious 하타

기기=국[—局](機器局)[명]〈제도〉조선조 때, 병기(兵器)를 만들던 관아.

기기 묘묘(奇奇妙妙)[명] 몹시 기묘함. singulaness

기기=실(汽機室)[명] 증기 기계를 장치한 방. steam engine room

기꺼워-하다[타여] 기껍게 여기다. 《약》 기꺼하다.

기꺼-하다[타여]《약》→기꺼워하다. [be pleased

기껍-다[대(ㅂ불)] 마음속으로 은근히 기쁘다. glad 꺼-이[부] [나? as far as one can do

기=껏[부] 정도나 힘이 미치는 한껏. ¶~ 한 게 요거

기ː껏-해야[부] 기껏 많이 한다고 하여도. ¶~ 겨우 따라간다. at best

기ː나-긴[관] 길고 긴. 매우 긴. ¶~ 겨울 밤. 《약》 긴

기ː나-길-다[형] 매우 길다. very long [긴.

기ː나리[명]〈음악〉황해도와 평안도 일부에서 부르는 민요의 하나.

기나=수(幾那樹)[명]〈식물〉꼭두서니과의 상록 교목 또는 관목(灌木). 높이 25 m, 잎은 타원형, 꽃은 담홍색, 향기가 있음. 껍질은 '기나'라고 하며 주로 건위·강장약으로 쓰이며, 키니네를 만들어 말라리아 치료 및 해열제로 씀. 규나(規那). 규나수(規那樹). 금계랍나무. bark-tree

기나-염[—념](幾那鹽)[명]〈동〉염산키니네.

기나-피(幾那皮)[명]〈약학〉키니네를 만드는 원료로 기나수(幾那樹)의 속껍질을 말린 것. cinnamon

기=남자(奇男子)[명] 재주나 슬기가 뛰어난 사내. remarkable man

기낭(氣囊)[명] ①〈생물〉새의 가슴에 있어서 무게를 증감(增減)시키는 공기 주머니. air-sac ②경기구(輕氣球)의 가스(gas)를 넣는 주머니. gas bag

기내(機內)[명] 항공기의 안. inside of aircraft

기내(畿內)[명] ①서울을 중심으로 사방으로 벋어 나간 가까운 행정 구역. 기전(畿甸). districts around the capital city ②경기도(京畿道) 안.

기네스 북(Guinness Book)[명] 영국의 맥주 회사 기네스가 해마다 발행하는 세계 기록집.

기녀(妓女)[명] ①(동) 기생. ②〈제도〉옛날 재봉·가무 등을 배워 익히던 관비(官婢)의 총칭. 연화(煙花). 여기(女妓).

기녀(機女)[명] 베를 짜는 여자. weaving woman

기년(祈年)[명] 풍년이 들기를 빎. praying for a good harvest 하타

기년(紀年)[명] 기원(紀元)에서부터 센 햇수. in the era

기년(耆年)[명] 예순이 넘은 나이. old age

기년(期年)[명] ①돌맞이 해. one full year ②기한이 찬 해. expiring year

기년(耆年)[명] ①《약》→기년복(耆年服). ②한 해 되는

기년(饑年)[명] (동) 흉년(凶年). [돌.

기년-법[—법](紀年法)[명] 나라나 민족의 경과하는 햇수를 계산할 때 어떤 기산(起算)의 해를 정해 이것을 기원으로 햇수를 세는 방법.

기년-복(耆年服)[명] 상기(喪期)의 장기(杖朞)와 부장기(不杖朞). 《약》 기년(耆年)①. 기복(朞服).

기년-제(耆年祭)[명] (동) 소상(小祥).

기년체 사기(紀年體史記)[명] (동) 연대기(年代記).

기년-학(紀年學)[명] (동) 연대학(年代學).

기념(祈念)[명] 기원(祈願)하는 마음. prayer

기념(記念·紀念)[명] 오래도록 사적(事蹟)을 전하여 잊지 않고 회상함. commemoration 하타

기념-관(記念館·紀念館)[명] 기념하여 세운 집. 여러 가지 자료나 유품들을 진열하여 둠. ¶독립 ~. 유관순 ~. memorial hall [물건. ②(동) 기념품(記念品).

기념-물(記念物·紀念物)[명] ①기념으로 오래 간직하는

기념-비(記念碑·紀念碑)[명] 오래도록 기념하기 위하여 세운 비.

기념 스탬프(記念 stamp·紀念 stamp)[명] ①국가적 사건을 기념하기 위하여 만든 우체의 소인(消印). ②관광지에서 찍어 주는 승경(勝景)을 새긴 도장.

기념-식(記念式·紀念式)[명] 어떠한 일을 기념하기 위하여 행하는 의식. [위하여 발행하는 우표.

기념 우표(記念郵票·紀念郵票)[명] 어떠한 일을 기념하기

기념-일(記念日·紀念日)[명] 기념하는 날로 정하여 있는 날.

기념-장(記念章·紀念章)[명] 어떤 일의 기념으로 그 일에 관련 있는 사람에게 주는 휘장(徽章). 《약》 기장(記章). commemoration medal [여 세운 탑.

기념-탑(記念塔·紀念塔)[명] 어떤 일을 기념하기 위하

기념-품(記念品·紀念品)[명] 기념으로 주고받는 물품. 기념물②. [위하여 행하는 행사.

기념 행사(記念行事·紀念行事)[명] 어떤 일을 기념하기

기념-호(記念號·紀念號)[명] 기념으로 발행한 잡지나 신문 등의 특집호. commemoration number

기념-회(記念會·紀念會)[명] 기념하기 위한 모임. ¶출판 ~(會). 작요(作腰).

기뇨(起鬧)[명] 야단을 일으킴. 작나(作拏).

기뇰(guignol 프)[명] 손가락으로 놀리는 인형극(人形劇). [잘하는 사람이 있다.

기는 놈 위에 나는 놈이 있다(속) 잘하는 사람 위에 더

기ː능(技能)[명] 기술에 관한 재주와 능력. 기량(技術). skill [활동력. function

기능(機能)[명] ①물체가 가지고 있는 작용. ②기관의

기ː능 검(技能檢査)[명] 적성 검사(適性檢査)의 하나. 일정한 직업·직무에 알맞은 성능·지식·기술을 갖고 있는가를 검사함. [계의 기술 자격을 얻은 사람.

기ː능=공(技能工)[명] ①기능이 있는 사람. ②기술·기능

기능 사회(機能社會)[명]〈사회〉종교·정치·경제 등의

기능적 심리학〖名〗어떤 기능을 위하여 존재하는 사회 집단. 교회·정당·학회 등. 목적 사회. functional association

기능적 심리학(機能的心理學) 〈심리〉 의식 활동의 기능을 생활 목적의 의하여 전체로서 종합적으로 설명하려고 하는 심리학. (대) 구성적 심리학.

기능=주의(機能主義)〖名〗〈철학〉 구조(構造)·실체의 어느 하나를 묻지 않고 활동·행동·반응 등 유기적 과정에 주목하여 사상(事象)을 동적·목적적으로 고찰하는 입장. functionalism

기:능(技能學科)〖名〗〈교육〉 음악·미술 따위와 같이 기술상의 재능을 필요로 하는 과목. art course

기능 학파(機能學派) 문화 인류학 또는 민족학에 있어서의 한 학파. 문화 요소 간의 기능을 중시함. 영국의 말리노프스키와 브라운 등에 의하여 주장됨.

기-다〖自〗① 곤충 같은 것이 다리를 놀리어 앞으로 나아가다. ¶ 기어다니는 바퀴벌레. ② 배를 바닥에 붙이고 움직여 나아가다. crawl ③ 남에게 눌리어 꼼짝 못할 정도로 비굴하게 굴다. ¶ 선생님의 말씀이라면 쩔쩔 긴다. ④ 몹시 느리게 가다. ¶ 기어가도

기:-다〖他〗〖약〗→ 기이다.　　　[벌써 갔겠다.
기-다〖약〗 그것이다.
기(幾)ㅇ〖名〗 얼마쯤 되는 그 수랄 여섯.
기:다랄-다〖形〗〖호은〗 매우 길다. 생각보다 썩 길다. (약) 기닿다. 〈원〉 길다랗다. very long
기다리-다〖他〗① 사람이나 때가 오도록 바라다. wait for ② 사물이 소용될 때까지 두어 두다. postpone
기다마-하다〖形〗〖여불〗 무던히 길다. (약) 기다맣다. 기닿
기다맣-다〖形〗〖호은〗〈약〉→ 기다마하다.　[다. very long
기단(企端)〖名〗 발단(發端).
기단(氣短)〖名〗① 기력이 아주 미약함. ② 숨쉬는 동안이 짧음. ③ 생김생김이 세차지 못함. 하田
기단(氣團)〖名〗〈물리·지학〉 기온·수증기의 양이 거의 일정한 값을 가지는 공기의 덩어리. 기단의 발달 상태, 이동, 다른 기단의 간섭 따위가 일기를 좌우함. 又한(氣塊)①. air mass　　　　　foundation stone
기단(基壇)〖名〗 건물·비석 따위의 밑에 받치는 단.
기단(棋壇·碁壇·碁壇)〖名〗 기계(棋界).
기담(奇談·奇譚)〖名〗 야릇하고 재미나는 이야기. 기화(奇話). strange story
기담(氣痰)〖名〗〈한의〉 가슴이 막혀 담답하고 가래가 목구멍에 걸려서 뱉지도 삼키지도 못하여 피로워하는 병. 　　　　　　　　　　　　　　　　　　하田
기답(起畓)〖名〗 토지를 일구어 논을 만듦. 작답(作畓).
기:당(耆堂)〖제도〗 기로소(耆老所)의 당상(堂上).
기:-닿-다〖形〗〖호은〗〈약〉→ 기다랗다. 기다마하다.
기대(妓隊)〖민속〗 무동(舞童)을 따라다니는 여자. ② 무당이 굿을 할 때 장구를 맡는 사람. (림). 하田
기대(企待) 〖名〗 어떤 일이 이루어지기를 원하여 기다림.
기대(期待) 〖名〗 어느 때로 기약하여 오직 바람. 기망(期望). 상망(想望). ¶ ～에 어긋나다. expecta-
기대(旗對) 〖名〗〈동〉 기드림(旗～).　　　　[tion 하田
기대(騎隊) 〖名〗〈약〉 기병대(騎兵隊).
기대 가:능성(期待可能性) 〖名〗〈법률〉 행위를 한 당시에 행위자에게 합법적인 행위가 되었다고 기대 되는 가능성. 안락사(安樂死)를 살인죄로 취급하지 않는 일.
기대-감(期待感) 〖名〗 예기하여 바라고 기다리는 감정.
기=대강이(旗—) 〖名〗 깃대의 꼭대기의 꾸밈새.
기대-권(—權) 〖名〗〈법률〉 장래에 일정한 사실이 발생하면 일정한 법률적 이익을 받을 수 있다는 기대나 희망을 내용으로 하는 권리.
기:대-다〖自〗① 어떤 물체에 몸을 의지하다. lean ② 남의 힘에 의지하다. rely on
기:덕(耆德)〖名〗 나이 많고 덕이 높은 사람.
기도(企圖)〖名〗 일을 꾀하여 꾀함. 또, 그 계획. 계도(計圖). scheme 하田
기:도(技倒)〖名〗〈체육〉 권투 경기에서, 부상으로 경기를 다 마치지 못할 때에 경기를 포기하는 일. T. K. O. (technical knock-out)

기도(祈禱)〖名〗 마음으로 바라는 바가 이루어지기를 신불(神佛)에게 비는 일. prayer 하田
기도(氣道)〖名〗 공기가 허파로 들어가는 통로.
기도(期圖)〖名〗 기약하여 꾀함. 하田
기도(棋道·棋道·碁道)〖名〗① 장기나 바둑에서의 예절. ② 장기나 바둑의 기예.
기도(冀圖)〖名〗 원하는 것이 있어 도모함. 하田
기도-가(祈禱歌)〖名〗 기도할 때 부르는 노래.
기도 못하고 뛰려 한다 자기 실력 이상의 일을 하려고 한다. 　　　　　　　　　　　[급하게 하려 한다.
기도 못하는 게 날려 한다 제 실력 이상의 일을 성
기도-문(祈禱文)〖名〗① 기도의 내용을 적은 글. lord's prayer ② 〈약〉→ 주기도문(主祈禱文).
기도-미(祈禱米)〖名〗 성미(誠米)②.
기도-서(祈禱書)〖名〗〈기독〉 매일 일정한 시간의 기도 및 일요일의 예배의 차례와 기도문을 게재한 책. prayer book　　　　　　　　　　　　prayer meeting
기도-회(祈禱會)〖名〗〈종교〉 기도를 하기 위한 모임.
기독(基督)〖名〗 그리스도(基督).
기독 가:현설(基督假現說)〖名〗〈기독〉 그리스도는 물질적인 육체와 결합할 수 없는 것으로, 다만 외관상(外觀上) 육체의 모양을 취하였다고 하는 설.
기독-교(基督敎)〖名〗〈기독〉 예수 그리스도의 인격·교훈을 그 중심 내용으로 하는 종교. 구교(舊敎)·신교(新敎) 등을 통틀어 일컬으나 우리 나라에서는 특히 신교를 기독교라고 이름.
기독 변:증론(基督辨證論)〖名〗〈기독〉 기독교의 진리를 변증하여 그 신앙의 특성을 밝히려고 하는 신학의 부분.
기독교 사:회주의(基督敎社會主義)〖名〗〈사회〉 그리스도교의 순화하여 사회 문제를 해결하려는 일종의 개량주의. Christian socialism
기독교 여자 청년회(基督敎女子靑年會)〖名〗〈기독〉 기독교의 사상과 주의를 중심으로 하여 모인 부녀자의 단체. Y. W. C. A.
기독교 청년회(基督敎靑年會)〖名〗〈기독〉 기독교의 주의를 중심으로 하여 모인 청년 단체. Y. M. C. A.
기독교-회(基督敎會)〖名〗 기독교를 신봉하는 사람의 교단(敎團)의 총칭.
기독 단성설(基督單性說)〖名〗〈기독〉 그리스도는 신성(神性)과 인성(人性)이 복합된 일체이므로 단일성을 갖는다는 설. monophysitism
기독 단의설(基督單意說)〖名〗〈기독〉 그리스도가 하나의 인격적 이상, 이를 신적인 의지와 인적인 의지로 나눌 수 없다고 하는 설. monotheletism
기독-론(基督論)〖名〗〈기독〉 그리스도의 성질에 관한 여러 가지 교설(敎說)의 총칭. Christology
기독 양:성설(基督兩性說)〖名〗 그리스도 안에는 신성(神性)과 인성(人性)이 함께 있다는 설.
기독 양:의설(基督兩意說)〖名〗 그리스도가 신인(神人) 양성을 구비하므로 신적(神的)·인적(人的) 두 개의 의지를 갖는다고 주장하는 설.
기독 유자설(基督猶子說)〖名〗〈기독〉 그리스도는 본래 신이 아니요 신의 양자라고 하는 설. adoptianism
기동(奇童)〖名〗 매우 약빠르고 꾀와 재주가 많은 아이. child prodigy
기동(起動)〖名〗① 몸을 일으켜 움직임. ordinary movement ② 기관의 운전을 시작함. 시동(始動). start moving 하田
기동(機動)〖名〗① 조직적이며 기민한 행동. ② 〈군사〉 교전(交戰) 전후 또는 교전시에 군대가 전술 ·전략상 취하는 행동. ③ 〈군사〉 지휘관에 의한 병력 이동 및 부서 변동을 위한 운동. maneuvering 하田
기동(〖고〗 기둥.
기동-기(起動器)〖名〗〖공업〗 모터(motor).
기동-기(起動機)〖名〗〖공업〗 내연 기관의 시동을 행하는 기계. starter　　　　　　　　　　는 힘. mobility
기동-력(一力)(機動力)〖名〗 기동성 있게 행동할 수 있
기동 부대(機動部隊)〖名〗〈군사〉 기동력이 높은 유격

기동 부대. 육전(陸戰)에서는, 전차화(戰車化)·차량화(車輛化)한 부대, 공수·해상 수송에 의해 급속히 먼 거리의 전장으로 파견할 수 있는 부대. 해전(海戰)에서는 항공 모함을 중심으로 하여 순양함·구축함 등으로 편성되고 항공전을 주임무로 하는 고속 함대를 가리킴. mobile troops task force

기동-성[—썽](機動性)[명] 〈군사〉 전략·전술의 요구에 응한 군대의 재빠른 행동성. maneuverability

기동 연:습[—년—](機動演習)[명] 〈군사〉 육해공군에서 교육 실적을 시험하거나 전투에 대처하기 위한 준비 훈련으로서 실시하는, 현대적 장비를 갖춘 연합 부대의 기동적인 작전 연습. 기동 훈련. military manoeuvres

기동 작전(機動作戰)[명] 〈군사〉 군대의 기동성을 충분히 이용하여 행하는 작전. mobile operations

기동 장치포(機動裝置砲)[명] 〈군사〉 주퇴기(駐退機)·복좌기(復坐機) 따위를 장치하여 기동적 동력을 응용한 대포.

기동 저:항기(起動抵抗器)[명] 〈물리〉 전동기(電動機) 따위를 기동(起動)시킬 때에 쓰는 가감 저항기(加減抵抗器).

기동적-인(機動的—) [명] 〈사회〉 사회 진화에 있어 감정과 같은 맹목적 추진력을 말함.

기동 전:동기(起動電動機)[명] 〈물리〉 스스로 기동되지 않는 회전기, 또는 기관을 기동시키는 데 쓰는 보조 전동기. starting motor

기동 전:략(機動戰略)[명] 〈군사〉 전술 기기의 기동성을 효과적으로 사용하는 전략.

기동-차(汽動車)[명] 석탄 대신에 기관에 전기나 석유 등으로 운전하는 객차. 《약》 동차(動車).

기동 함:대(機動艦隊)[명] 〈군사〉 특정한 주요 임무나 계속적인 임무 수행을 위하여 필요한 함정 또는 항공기로 구성한 기동 해군 부대.

기동 훈:련(機動訓練)[명] 기동 연습.

기두(起頭)[명] ①글의 첫머리. foreword ②일의 맨 처음. beginning ③중병(重病)이 차차 낫기 시작함. recovering from a serious illness

기두-하-다[어가] 중병이 차차 낫기 시작하다.

기둥 ① 〈건축〉 주춧돌 위에 세우서, 보·도리 따위를 받치는 나무. pillar ②물건을 받치거나 버티는 나무. post ③가장 의지가 되고 요긴한 사람의 비유. support

기둥-감[—깜] ①집의 기둥을 만드는 재료. ② 집이나, 한 단체 또는 나라의 의지가 될 만한 사람.

기둥 머리(건축) 기둥의 맨 위. 《대》기둥 뿌리.

기둥-목(—木) 집의 기둥감이 될 만한 나무.

기둥-몸 기둥의 가운데 부분. base of a pillar

기둥 뿌리 (건축) 기둥의 맨 밑. 《대》 기둥 머리.

기둥 서방(—書房)[명] 기생이나 창녀를 데리고 살면서 영업을 시키는 사내. 기부(妓夫). 보주(抱主). pimp, pander

기둥을 치면 들보가 운다[관] 직접 말하지 않고 간접으로 넌지시 말하여도 알아들을 수 있다.

기·드·름[고] 기다림.

기·드·리·다[타][고] 기다리다.

기-드림(旗—)[명] 〈제도〉 기의 깃발과 같이 그 위에 다는 좁고 긴 기엄(旗嚴). 기패(旗帶). 기류(旗流).

기득(既得)[명] 이미 얻음. already acquired 하다

기득-권(既得權)[명] 〈법률〉 사람 또는 국가가 상당한 절차를 밟아 이미 얻은 법률상의 권리. vested right.

기 들고 북 치고 [관] 기가 낭패되어 희망이 없음. hts

기·들·오·그/기·들·우·다[고] 기다리다.

기:다·길·다[디블][고] 매우 길다. very long

기라(綺羅)[명] ①곱고 깨끗한 비단. fine brocade ② 화려한 옷. 찬란한 것.

기락-다[타][고] 기르다.

기·륵·마[명][고] 길마. 안장.

기-락성(綺羅星)[명] ①어두운 밤에 반짝이는 무수한 별. bright stars ②당당한 사람들이나 요지에 있는 사람들이 많이 모여 있을 때에, 그들을 비유하여 일컫는 말. ¶저들은 ~ 같은 예술가들이다.

기래(起來)[명] 일어나 나옴. 하다

기력(氣力)[명] 길이. resources

기략(機略)[명] 기회에 응한 알맞은 계책. 기모(機謀).

기:량(技倆·伎倆)[명] 기능(技能).

기량(氣量)[명] ①기상과 도량. ②기체의 양.

기량(器量)[명] 사람의 덕량(德量)과 재능. 양기(量器)②. ability

기러기[명] 〈조류〉 오리과의 기러기속(屬)에 속하는 물새의 총칭. 입·부리·다리는 누렇고, 몸의 등은 다갈색이고 가슴에는 검은 점이 있음. 목은 길고 다리는 짧음. 가을에 오고 봄에 가는 철새로 우는 소리가 처량함. 양조(陽鳥). wild goose

기러기-발(—〈음악〉거문고나 가야금 등의 줄을 고르는 기구. 금휘(琴徽). 안족(雁足). 안주(雁柱).

기력=기력[명] 기러기의 우는 소리. bridge

기력-아비(—)[명] 구식 혼례에서, 전안(奠雁) 때에 기러기를 들고 신랑보다 앞서가는 사람. 안부(雁夫).

기려(奇麗)[명] 기묘하고 아름다움. 하다

기려(綺麗)[명] 곱고 아름다움. 하다

기려(羇旅·羈旅)[명] 객지에 머물러 있는 나그네.

기력(氣力)[명] 증기의 힘.

기력(氣力)[명] ①일을 감당해 나갈 수 있는 힘. 근력(筋力)②. 넋②. will power ② 〈물리〉 압착된 공기의 힘. pressed air power

기력(碁力·棋力)[명] 바둑·장기의 솜씨.

기력(碁歷·棋歷)[명] 바둑·장기의 경력.

기력(機力)[명] 기계의 힘. 聯

기련(起聯)[명] 율시(律詩)의 첫째와 둘째 구. 수련(首聯).

기로[부] 받힘 없는 체언에 붙어, 반어(反語)의 뜻을 나타내는 근형적 서술적 조사. ¶아무리 유명한 미술가~ 어찌 그리 거만하단 말인가.

=**기로**[어미] 까닭이나 조건 또는 '아무리 ~다고 하더라도'의 뜻으로 말할 때 쓰이는 연결 어미. ¶일이 바쁘겠~ 미리 찾아보았네. 돈이 좋~ 부정이야 하겠나. forked road

기로(岐路)[명] 가다가 길이 갈라지는 곳. 갈림길.

기:로(耆老)[명] 예순이 넘은 노인. managed above sixty

기:로-과(耆老科) 〈제도〉 60세 이상의 노인

기로서[어미]→기로서니. 에게만 보이는 과거.

=**기로서**[어미] 《약》→기로서니.

기로서니 '기로'의 힘줌말. ¶아무리 멍청이~ 그런 것쯤이야 못하랴. 《약》 기로서.

=**기로서니**[어미] '기로'의 힘줌말. ¶아무리 밉~ 때리기야 하겠는가? 《약》 =기로서.

기로선들 '기로서니'의 힘줌말.

=**기로선들**[어미]→기로서니'의 힘줌말.

기:로-소(耆老所) 〈제도〉 조선조 때, 늙은 문관을 예우(禮遇)하는 뜻에서, 나이 많은 임금과 정 2품 70세 이상의 문관이 들어가 매우 받던 곳. 기사(耆社). 기소(耆所).

기록(記錄)[명] ①사실을 적은 서류. record ②사실을 적음. recording ③운동 경기 등의 성적. record 하다

기록-계(記錄係)[명] 기록하는 일을 맡은 계.

기록-계(記錄計)[명] 기록 계기(計器).

기록-계:기(記錄計器) 어떤 양의 시시 각각의 변화가 곡선 또는 수열(數列)로 기록되는 계기의 하나. 기록계.를 기록하는 기계 장치.

기록-기(記錄機) 어떤 시간이나 속력 등을 자동적으로 기록하는 기계.

기록-문(記錄文) 어떤 사실을 기록한 글.

기록 문학(記錄文學) [명] 〈문학〉실제의 현상이나 상황을 기록한 문학. 허구적(虛構的)인 본격 소설의 공허함에 대하여 이루어졌으며 제 2차 대전 후 유행됨. 보고 문학(報告文學). documentary literature

기록 사진(記錄寫眞) [명] 미적 효과에 관계됨이 없이 기록을 위하여 만든 사진. 《대》 예술 사진.

기록 영:화(—) (記錄映畵)[명] 실제의 현상·상황을 기록한 영화. 다큐멘터리 영화.

기론(奇論)[명] ①기이한 언론. ②기특한 언론.

기롱(欺弄)圏 속이어 희롱하거나 농락함. derision 하타

기롱(譏弄)圏 희롱함. 싫대는 말로 놀림함. (약)농「(弄). scoff 하타

기롱-지거리[―찌―](譏弄―)圏→농지거리.

기뢰(機雷)圏 (약)→기계 수뢰(機械水雷).

기뢰-원(機雷原)圏〈군사〉다수의 기뢰를 집단(集團) 부설(敷設)한 해면(海面). mine field

기뢰-정(機雷艇)圏〈군사〉기뢰를 부설하거나 철거하는 함정. mine layer

기뢰 탐지기(機雷探知機)圏〈군사〉기뢰의 위치를 탐지하는 데 사용하는 전기 또는 자기 장치(磁氣裝置). mine detector

기:루(妓樓)圏 ①기생과 노는 집. brothel ②창기(娼妓)를 두고 영업하는 집. 창루. 취루.

기류(氣流)圏〈기상〉대기 중에 일어나는 공기의 흐름. current of air

기류(寄留)圏 ①남의 집이나 다른 곳에서 머물러 삶. ②〈법률〉본적지 밖에서 머물러 있음. ¶~신고(申告). temporary residence 하타

기류(杞柳)圏〈동〉고리버들.

기류(旗旒)圏〈동〉기드림.

기르-다(三르)日①동식물을 자라게 하거나 크게 하다. breed ②몸이나 정신을 쇠하지 않게 가다듬다. brace oneself up ③인재를 가르치어 내다. train ④버릇이나 병 같은 것을 방치하여 악화시키다. aggravate ⑤머리나 수염 같은 것을 자라게 내버려 두다. let grow

기르던 개에게 다리를 물렸다㎆ 제가 도와 주고 은혜를 베푼 사람으로부터 큰 화를 입었다.

기르마(吉)圏 안장.

기르·마지·호-다(吉)圏 길마짓다.

기르매(吉)→길마.

기르스름-하-다(形)좀 기름한 듯하다. longish

기름 ①불에 잘 태울 수 있으며 물보다 가볍고 물에 안 녹는 액체. oil ②지방(脂肪)·석유(石油)·기계유(機械油)의 총칭. oils and fat ③(약)→참기름. ④(약)→머릿기름. ⑤〈동〉애기름.

기·름-갓[―갇]圏 홈메기.「해서 닦는 걸레.

기름-걸레[―께―]圏 ①기름을 닦아 내는 걸레. ②기름칠을

기름-기[―끼]圏 ①기름 덩이가 많이 섞인 고기. fat ②어떤 물건에 묻거나 섞인 기름 기운. oiliness ③'윤택한 기운'의 비유.「름가름하다.

기름기름-하-다(形)(여)여럿이 모두 기름하다. (약)야

기름-나물圏〈식물〉미나리과의 다년생 풀. 줄기 높이 90cm 가량이고 7~9월에는 줄기 끝과 가지 끝에 많은 흰 꽃이 핌. 어린 잎은 구황 식물(救荒植物)로 식용함.

기름-때圏 기름이 묻고 그 위에 먼지가 앉아서 된 때.

기름-떡圏 깨 따위 재료를 짓찧어 시루에 쪄서 기름을 짤 보자기에 싼 덩어리.

기름-매:미圏〈동〉유지매미.「하다. grease oil

기름 먹이-다目기름을 발라 섬유 속에 배어 들도록

기름 먹인 가죽이 부드럽다㎆ 뇌물을 써서 뜻하여 놓으면 일하기가 수월하다.

기름-방울[―빵―]圏 기름으로 이루어진 방울.

기름-병[―뼝―](―瓶)圏 기름을 담아 놓고 쓰는 병.

기름 복자圏 기름을 되는 데 쓰는 그릇. measure cup for oil

기름-새圏〈식물〉포아풀과의 다년생 풀. 잎은 선상(線狀)이고 꽃은 9월쯤에 큰 꽃이삭이 남. 산기슭 숲속에 남.

기름-야:자(―냐―)(―椰子)圏〈식물〉야자과의 재배 식물. 높이 20m, 잎 과실은 길이 4cm 가량의 달걀같이고 세 개의 검은 종자가 남.

기름-오동(―梧桐)圏〈동〉유동(油桐).

기름을 짓이르고 깨를 줍는다㎆ 큰 손해를 보고 나서 다시 보잘것없는 이익을 위해 급급해 한다.

기름-쟁이圏〈동〉기름종개.

기름-종개〈어류〉잉어과의 민물고기. 몸 길이 10

1~5cm 정도로 몸 빛은 담황갈색 바탕에 흰빛을 띠며, 옆에는 갈색 반점이 있음. 기름쟁이.

기름-종이圏 기름을 먹인 종이. 유지(油脂).「란 줄.

기름-줄[―쭐]圏 기름먹을 빈틈 없이 얽어 감는 굵

기름-지-다(形)①기름이 많이 끼어 있다. ②살에 기름이 많다. greasy ③많이 걸다. productive

기름 지옥(―地獄)圏〈불교〉죄를 많이 짓고 죽은 사람의 넋을 뜨거운 기름 가마에 넣는다는 지옥.

기름-채圏〈기〉기름옷놀.

기름-챗날圏 기름틀에 딸린 연장. 기름을 짜는 길고 두꺼운 널판. (약)기름채. 챗날.

기름-체圏 기름을 밭아 걸르는 체.

기름-콩圏 콩나물을 기르는 자디잔 흰 콩. 유태(油太). sprouting beans

기름-통(―桶)圏 기름을 담아 두는 통.

기름-통(―筒)圏 기름을 묻힌 헝겊을 넣어서 연장을 닦는 마디진 대 토막.「름. oil press

기름-틀圏 식물류(植物類)의 기름을 짜는 데 쓰는 기

기름-하-다(形)좀 긴 듯하다. (작)갸름하다.「longish

기름-혹圏〈생리〉살 속에 기름 덩이가 뭉쳐서 된 군「더덕이 살덩이. 지류(脂瘤).

기릭(고) 길이.

기리-다(目)칭찬하다. 찬사(讚辭)를 드리다. praise

기린(麒麟)圏 ①〈동〉기린과(麒麟科)의 동물. 키가 6m정도의 포유 동물 중 가장 키가 크고 목과 다리가 긺. 털 빛깔은 황백색에 갈색의 점이 있음. 아프리카 특산. 타마(駝馬). giraffe ②〈민속〉성인(聖人)이 이 세상에 나타나기 전에 나타난다고 하는 상상의 동물.「igy

기린-아(―兒)〈인물〉제주와 지혜가 뛰어난 사람. prod-

기린이 늙으면 노마만 못하다㎆ 월등히 뛰어난 사람도 늙으면 그 재능을 발휘하지 못한다.

기린-자리(麒麟―)圏〈천문〉북쪽 하늘에 보이는 작은 성좌. 육안(肉眼)으로 볼 수 있는 별은 90임. Cameloparad

기린-초(麒麟草)圏〈식물〉돌나물과의 다년생 풀. 줄기 높이가 5~30cm이고, 잎은 타원형임. 여름에 줄기 끝에 노란 꽃이 핌. 관상용으로 심기도 하는데,

기·림圏 칭찬함. praising「어린 이삭은 식용함.

기립(起立)圏 일어나서 섬. (대)착석(着席). rising

기르다(고) 길마. 안장.

기리(고) 길이.「하다

기마(騎馬)圏 ①말을 타다. ride ②타는 말. riding horse

기마-객(騎馬客)圏 말을 타고 다니는 사람. horse rider

기마 경:찰대[―때](騎馬警察隊)圏 ①말을 타고 직무를 수행하는 경찰. (약)기마경②.

기마-대(騎馬隊)圏 ①말을 탄 군인으로 편성된 대(隊). cavalry ②(약)→기마 경찰대.

기마-전(騎馬戰)圏 ①(동)기전(騎戰). ②말을 타고 하는 싸움을 모방한 놀이.

기-막히-다(氣―)自 ①숨이 막히다. 기절하다. suffocating ②구멍이 막히다. ③어떤 일이 생각보다 지나쳐 어이없거나 질릴 정도이다. ¶기막혀서 말도 안 나오다. amazing ②너무 놀라 어찌할 바를 모르다. at a loss ③어떻다고 말할 수 없을 만큼 좋거나 정도가 높다. ¶기막히게 맛있다.

기만(奇巒)圏 이상 아뜩한 산봉우리. fantastic peak

기만(幾萬)圏 몇 만.

기만(欺瞞)圏 남을 그럴 듯하게 속여 넘김. 기망(欺罔). deception 하타

기만 득면(期滿得免)圏〈법률〉일정한 기간이 지남으로써 의무의 면제(免除)를 얻음.

기만 면:제(期滿免除)圏〈법률〉법률상 정한 기간이 지나서 그 책임 또는 형벌의 집행을 면하게 됨.

기만=성(―썽)(欺瞞性)圏 남을 그럴 듯하게 속여 넘기는 성질. deceitfulness

기만 수봉(奇巒秀峰)圏 기이하고 빼어난 산봉우리.

기만=술(欺瞞術)圏 남을 그럴 듯하게 속여 넘기는 술

기만 정책(欺瞞政策)[명] 속임수로 하는 정치의 책략.

기말(期末)[명] 어느 기간의 끝. ¶~ 고사(考査). 《대》기수(期首). end of term

기말(記末)[대] 자기보다 지위가 낮은 사람에게 자기를 낮추어 일컫는 말로서, 편지에 씀.

기망(企望)[명] 성취하기를 바람. 기대(企待). 기앙(企仰). expectation 하[타]

기망(祈望)[명] 빌고 바람. prayer 하[타]

기망(旣望)[명] 음력 열엿샛날. 십육야(十六夜). 또, 그 날 밤의 달. sixteenth night of a lunar month

기망(欺罔)[명][동] 기만(欺瞞). 하[타]

기망(幾望)[명] 음력 열나흗날 밤. 또, 그날 밤의 달.

기망(冀望)[명][동] 희망. 하[타]

기맥(奇脈)[명] 호흡에 의해서 맥박의 크기가 변하며, 심호흡에 의하여 맥이 작아지거나 소실되는 부정맥(不整脈)의 하나. ~하는 낌새. connection

기맥(氣脈)[명] ①기혈(氣血)과 맥락(脈絡). ②서로 통하~.

기맥 상통(氣脈相通)[명] 마음과 뜻이 서로 통함. 하[자]

기면(旆面)[명] 깃발②.

기면(嗜眠)[명]〈의학〉고도의 쇠약·고열 또는 기면성 뇌염 따위로 말미암아 외계의 자극에 응하는 힘이 쇠약하여 수면 상태에 있는 것. lethargy

기면성 뇌염(嗜眠性腦炎)[명]〈의학〉유행성 뇌염의 하나. 고열을 내며 갑자기 두통·전신 권태·구토 등이 일어나고, 깊은 수면 상태로 들어가 음식물을 입에 넣어 주면 먹으면서 잠.

기명(晶明)[명] 기일(忌日)이 끝남. 하[자]

기: 명(妓名)[명] 기생으로서 가지는 딴이름.

기명(記名)[명] 이름을 적음. 《대》무기명(無記名). signature 하[타]

기명(記銘)[명]〈심리〉기억의 제일 첫째 과정으로 새로 생긴 경험을 뇌리(腦裏)에 새기는 일. impression 하[타]

기명(器皿)[명] 살림에 쓰는 그릇들. 기물(器物). tableware

기명 공채(記名公債)[명]〈경제〉권리자가 이름을 공채 원부(公債原簿) 또는 증권에 기입한 것. registered bonds ~장을 찍음. 또, 그 일.

기명 날인(記名捺印)[명] 자기의 성명을 쓰고 자기의 도장을 찍음.

기명: 도(器皿圖)[명]〈미술〉보패뭉과 귀중한 옛날 그릇을 본뜬 그림.

기명-력(記銘力)[명] 새로운 경험 소재를 머리에 새기는 능력. 곧, 기억상(記憶像)을 구성하는 힘.

기명 사:채(記名社債)[명]〈경제〉권리자의 이름을 사채 원부(社債原簿) 또는 증권에 기입한 것. registered debenture

기명-식(記名式)[명] 증권(證券) 발행에 있어서 그 권리자의 이름이나 상호(商號)를 적는 방식(方式). 《대》무기명식(無記名式). registered

기명식 어음(記名式—)[명]〈경제〉특정인이 권리자로서 기재되어 있는 어음. note to order

기명 절지[—名]〈器皿折枝〉[명]〈미술〉문방(文房)의 그릇과 꺾은 화초를 섞은 그림.

기명 주권(記名株券)[명]〈경제〉주주(株主)의 이름을 권면에 적어 발행한 주권. 《대》무기명 주권.

기명 증권(記名證券)[명] 어떠한 특정인이 권리자로 적혀 있는 증권. 《대》무기명 증권.

기명 채:권[—名]〈記名債權〉[명]〈경제〉채권자의 이름을 권면에 표시한 채권. obligation to order

기명 투표(記名投票)[명] 투표용지에 투표하는 이의 이름을 함께 적는 투표. 《대》무기명 투표. open vote

기모(奇謀)[명] 기묘한 꾀. ingenious stratagem

기모(起毛)[명] 직물의 섬유 표면을 쓸어 보풀이 일게 함. 하[타]

기모(氣貌)[명] 풍채와 용모.

기모(機謀)[명][동] 기략(機略).

기모-기(起毛機)[명] 직물의 털을 긁어 일으키는 기계.

기모 비:계(奇謀祕計)[명] 신기로운 꾀와 남이 알 수 없는 비밀의 계략.

기모 직물(起毛織物)[명] 표면을 긁어서 털을 일으킨 직물.

기묘(己卯)[명]〈민속〉육십 갑자(六十甲子)의 16째.

기묘(奇妙)[명][동] 신묘함. curiosity 하[형] 히[부]

기묘 사화(己卯士禍)[명]〈역사〉조선조 중종(中宗) 14년(1519)에 남곤(南袞) 일파가 성리학자 조광조(趙光祖) 등 신진파를 사사(賜死)하는 유배시킨 사건.

기묘 천:과[—科]〈己卯胞科〉[명] 현량과(賢良科).

기:무(妓舞)[명] 기생이 추는 춤. Keesaeng dance

기무(機務)[명] 중요하고 비밀을 지켜야 할 일.

기무-처(機務處)[명]〈역사〉구한 기무처.

기문(奇文)[명]〈문학〉기이하고 묘한 글. strange writing

기문(奇聞)[명] 기묘하고 이상한 소문. strange news

기문(氣門)[명] 기공(氣孔)①.

기문(記聞)[명] 단순히 들은 것을 읽어 알기하고 있을 뿐, 그 지식을 적당히 활용하지 않는 일. 하[타]

기문 벽서(奇文僻書)[명] 기이한 글과 피벽한 책.

기물(己物)[명] 자기의 물건. one's own property

기:물(妓物)[명]〈약〉~기생 퇴물(妓生退物).

기물(棄物)[명] ①버릴 물건. 또, 버린 물건. ②쓰지 못할 물건. useless thing

기물(器物)[명] 기명(器皿). ~다.

기물-답-다(器物—)[형] 기물로 쓸 만한 가치가 있

기물 손(기물손)[—죄]〈器物損壞罪〉[명]〈법률〉남의 물건을 손괴하거나 상해함으로써 성립되는 죄.

기·미[명]〈고〉기미.

기미[명] 병이나 심한 괴로움 때문에 얼굴에 끼는 검은 기운의 흠. discoloration on the face

기미(己未)[명]〈민속〉육십 갑자(六十甲子)의 56째.

기미(氣味)[명] ①냄새와 맛. smell and taste ②마음과 취미. taste ③일이 되거나 안 되는 모양. sign ④〈한의〉약의 성질과 효능을 판단하는 기준. 취미(臭味).

기미(期米)[명]〈약〉~정기미(定期米).

기미(幾微·機微)[명][동] 낌새.

기미(羈縻)[명][동] 기반(羈絆).

기미-국(羈縻國)[명][동] 속국(屬國).

기미-끼-다[자] 얼굴에 기미가 생기다. have moles on the face

기미 상적(氣味相適)[명] 마음과 취미가 서로 맞음. 하[자]

기미 상합(氣味相合)[명] 마음과 취미가 서로 맞음. 기미 상적.

기미 시:장(期米市場)[명] 정기미(定期米) 거래를 하는 시장.

기미 운:동(己未運動)[명]〈역사〉1919년 기미년 3월 1일에 일어난 독립 운동. 삼일 운동(三一運動). Independence movement of March 1, 1919

기미-채-다(機微—)[타] 기미를 알아차리다.

기민(機敏)[명] ①눈치 빠름. have quickwits ②동작이 민첩함. smartness 하[형]

기민(飢民)[명] 굶주린 백성. starved people

기민 먹이-다(飢民—)[타] 굶주리는 백성에게 관청·단체 혹은 개인이 곡식을 거저 나누어 주다. provide (the famished) with food

기민-성[—성]〈機敏性〉[명] 행동 거지가 재빠른 성질.

기민 체:활(機敏慧黠)[명] 눈치 빠르고 약삭빠름. 민첩혜활(敏捷慧黠).

기밀(氣密)[명] 기체(氣體)가 통하지 않게 밀폐함. airtight 하[형]

기밀(機密)[명] 함부로 드러내지 못할 정치·군사상의 중요한 비밀. 천기(天機)②. secret 하[형] 히[부]

기밀 누:설죄[—죄]〈機密漏泄罪〉[명]〈법률〉군사 또는 정치상의 기밀을 외국이나 적군에게 제공한 범죄. ~일에 관한 서류.

기밀 문서(機密文書)[명] 널리 알려지면 안 될 기밀한

기밀-비(機密費)[명] 지출 내용을 밝히지 않고 기밀한 일에 쓰는 비용. secret service funds

기밀-실(機密室)[명] 기밀 설비가 된 방. 기밀 계획을 하는 방. black chamber

기박(奇薄)[명] 운수가 사납고 복이 적음. wretched life 하[형]

기반(基盤)[명] 기초가 될 만한 지반. 기본이 되는 자리. 터전. base

기반(基磐·基盤·棋盤)[명][동] 바둑판.

기반(羈絆)[명] ①굴레. yoke ②자유를 구속하는 것. 기미(羈縻). restraint

기발(奇拔)[명] 신기하게 뛰어남. 유달리 뛰어남. 기경(奇警)②. (대)평범(平凡). novelty 하[형]
기발(旣發)[명] 일이 이미 발생함. (대)미발(未發).
기발(騎撥)[명]〖제도〗옛날에 말을 타고 급한 공문을 전달하던 사람.
기발-하다(起發─)[자여] 어린 아이가 기어다니기 시작하다.
기:방(妓房)[명]〖동〗기가(妓家).
기방(譏謗)[명] 남을 헐뜯으며 말함. 비방(誹謗).
기백(氣魄)[명] 씩씩한 기력과 진취성이 있는 정신. forceful spirit
기번(幾番)[명] 몇 번. how many times
기번(gibbon)[명]〖동물〗긴팔원숭이.
기범-선(機帆船)[명] 기관과 돛이 갖추어져 있는 작은 배. steam-and-sail-driven boat
기:법(技法)[명] 기교와 방법. ¶표현(表現) ~. techniques
기법[─뻡](機法)[명]〖불교〗중생(衆生)의 신앙심과 불타의 구원하는 법.
기벽(奇癖)[명] 이상야릇한 버릇. 남과 매우 다른 버릇. eccentric habit
기벽(氣癖)[명] 남에게 지거나 굽히지 않으려는 성질. indomitable disposition
기변(奇變)[명] ①뜻밖의 난리. unexpected revolt ②기이하게 변함. queer change 하[자]
기변(機變)[명] 때에 따라 변함. 임기 응변(臨機應變). ¶~ 백출(百出). adapt oneself to circumstances 하[자] 을 씀.
기변지-교(機變之巧)[명] 그때그때에 따라 교묘하는 수단
기별(奇別·寄別)[명] ①〖제도〗승정원(承政院)에서 처리한 일을 아침마다 널리 알리던 일. 또, 그것을 적은 종이. 난보(爛報). 조지(朝紙). ②소식을 전함. 또, 그 소식. information 하[타]
기별 군사(奇別軍士)[명]〖제도〗승정원(承政院)에서 반포(頒布)하는 기별을 돌려주던 사람.
기별 서리(奇別書吏)[명]〖제도〗승정원(承政院)에서 반포(頒布)하는 기별을 쓰던 사람.
기병(奇兵)[명]〖군사〗적을 기습하는 군대. (대) 정병(正兵). strategic detachment
기병(奇病)[명] 기이한 병.
기병(起兵)[명] 군사를 일으킴. 흥사(興師). raising an army 하[자]
기병(─病)(鬾病)[명]〖한의〗배 속의 어머니의 젖을 먹고 몸이 쇠약해지는 어린 아이의 병.
기병(騎兵)[명] 말을 타고 싸우는 군사. 기졸(騎卒). 마병(馬兵). 마군(馬軍). cavalry man
기병-대(騎兵隊)[명]〖군사〗말을 타는 군사로서 편성된 군대. ¶기마(騎馬). cavalry squadron
기보(旣報)[명] 이미 알린 보고나 보도. previous report 하[타]
기보(碁譜·棋譜·棋譜)[명] ①바둑을 두어 나간 기록. ②바둑 두는 법을 적은 책.
기복(忌服)[명] 근친(近親)의 상(喪)을 입음. 하[자]
기복(起伏)[명] ①지세(地勢)의 높낮이. ¶땅의 ~이 심한 산골. undulation ②일어남과 엎드림. ups and downs ③〖제도〗임금에게 아뢸 적에 먼저 일어나다가 다시 엎드림. ④세력이 강해졌다가 약해졌다가 함. 하[자]
기복(起復)[명]〖약〗→기복 출사(起復出仕).
기복(朞服)[명]〖약〗→년복(年朞服).
기복-량(起伏量)[명]〖지학〗땅의 높낮이의 차. 기복량 200m 이상을 산이라 함. relief energy
기복 출사[─싸](起復─)[명] 복상중(服喪中)에 벼슬에 나가는 일. 기복 행공(起復行公). (약) 기복(起復). ¶주체가 되는 기록.
기:복판(旗旒板)[명]〖군사〗기를 다는 데 있는 널.
기복 행공(起復行公)[명]〖동〗기복 출사(起復出仕).
기본(基本)[명] 사물(事物)의 근본. foundation
기본 교:련(基本教鍊)[명]〖군사〗군대에서 전투 동작의 기초가 되는 교련. 각개(各個) 교련과 소대(小隊) 교련 따위. basic drill ¶기초의 이치.
기본 교:리(基本教理)[명]〖종교〗근본이 되는 종교상의 교리.
기본=권[─껀](基本權)[명]〖동〗기본적 인권(基本的人權).
기본=급(基本給)[명] 본봉(本俸).

기본 단위(基本單位)[명] ①〖수학〗어떤 수나 양의 단위 중에서 기본이 되는 단위. fundamental unit ②〖물리〗물리적 양(量)의 여러 단위 가운데 기초가 되는 단위. 길이는 미터, 질량은 킬로그램 등. (대) 보조 단위(補助單位). fundamental unit
기본 대형(基本隊形)[명]〖군사〗경규 제식 교련(正規制式教鍊)의 기본이 되는 각종 대형. basic formation
기본=법[─뻡](基本法)[명]〖동〗목기법(木器法).
기본=수(基本數)[명]〖동〗양수급(量數級).
기본 어음(基本─)[명]〖법률〗어음 관계에 있어서 당초부터 존재하고, 어음 관계의 장래 발전의 기초가 되는 원형인 어음.
기본 어휘(基本語彙)[명] 사용 빈도수의 조사에 의하여 얻어지는, 생활하는 데 특히 필요하다고 생각되는 어휘. 또, 기본 자료로 설정된 일정한 수의 어휘.
기본=음(基本音)[명] 원음(原音)②.
기본 재산(基本財産)[명]〖경제〗①어떤 비용에 쓸 재원(財源)으로 세워 둔 재산. original property ②재단 법인의 운영의 기본이 되는 재산. ③지방 자치 단체가 수익을 목적으로 유지하는 재산.
기본-적(基本的)[관] 사물의 기본이 되는 성질을 가지고 있는(것). ¶~인 과제. primitive
기본적 요구[─뇨─](基本的要求)[명]〖심리〗개체나 종족의 유지, 또는 생장에서 불가결인 것을 구하는 요구.
기본적 인권[─꿘](基本的人權)[명]〖법률〗인간으로서 당연히 가지고 있는 권리. 생명·자유·최저 생활의 보장 등. 기본권(基本權). fundamental human rights
기본 조직(基本組織)[명]〖식물〗고등 식물의 표피(表皮)·유관속(維管束) 이외의 조직의 총칭. fundamental tissue
기본 학과(基本學科)[명] 여러 학과 중 기본이 되는 학과.
기본-형(基本型)[명] ①기본이 되는 형. original form ②〖광물〗결정계(結晶系)에 있어서 세 축(軸)을 각각 단위의 길이로 짜른 각 면으로 이루어진 결정. ③〖어학〗용언(用言)의 어간에 종결형 어미 '─다'를 붙여서 그 활용의 기본이 되는 어형. 가다·높다 등이 등. 원형. root
기본 형태(基本形態)[명] 기본이 되는 모양.
기봉(奇峰)[명] 생김새가 기이한 봉우리. fantastic peak
기봉(起峰)[명] 잇달아 있는 산 가운데서 가장 높은 봉우리. towering peak
기봉(機鋒)[명]〖동〗예봉(銳鋒).
기:봉-소:설(奇逢小說)[명]〖문학〗우연과 인연을 주로 다룬 소설.
기부(肌膚)[명] 사람이나 짐승의 몸을 싸고 있는 살가죽.
기:부(妓夫)[명]〖동〗기둥 서방. ¶측 또는 살. skin
기부(基部)[명] 기초가 되는 부분. base
기부(寄附)[명] 어떤 일의 보조의 목적으로 자기 재물을 내어 줌. 희사(喜捨)①. (유) 기증(寄贈). contribution 하[타]
기부(機婦)[명] 베 짜는 부인.
기부=금(寄附金)[명] 기부하는 돈. raise fund ¶부.
기부-장(寄附帳)[명] 기부 괘책의 일을 적은 장
기부 재산(寄附財産)[명]〖법률〗①기부 행위(行爲)로써 의연(義捐)된 재산. ②재단 법인을 설립한 목적으로 출연(出捐)하는 재산. ¶기는 병.
기=부족(氣不足)[명]〖한의〗원기가 넉넉지 못하여 생
기부 행위(寄附行爲)[명]〖법률〗일정한 공익 목적을 위해서 재산을 제공하여 재단을 설립하는 행위. act of endowment
기분(氣分)[명] ①마음에 느껴지는 상태. ¶눈이 오니 ~이 좋아진다. feeling ②〖심리〗감각에서 생기는 단순한 감정. mood ③〖한의〗혈기(血氣)에 대하여 원기(元氣)를 이름. spirit
기분-극(氣分劇)[명]〖연예〗특수한 분위기를 무대 위에 나타냄을 주안으로 하는 연극. atmosphere play
기분 묘:사(氣分描寫)[명]〖문학〗어떠한 장면(場面)의 분위기를 상징적 필법이나 서술적 수법으로써 표하게 그려 내는 일.

기분-파(氣分派)명 기분에 좌우되어 행동하는 사람. temperamental man

기불(旣拂)명 ①이미 끝난 지불. ②이미 지불함. ¶~금. paid 하타

기브 앤드 테이크(give and take)명 ①서로 주고받음. 교환함. ②공평한 조건의 교환.

기비(肌痺)명 〔한의〕 살가죽의 감각이 마비되며 온 살가죽이 아픈 병.

기비(基肥)명 〈농업〉 씨를 뿌리거나 모를 내기 전, 또는 식목(植木)을 하기 전에 주는 거름. 밑거름. (대) 추비(追肥).

기뻐-하다타여 기쁨을 느끼다. 반가워하다. be glad

기쁘-다형으 즐거운 느낌이 나다. (대) 슬프다. glad

기쁨명 ①마음이 즐거움. ②반가움. (대) 슬픔. pleasure. 〔工職群〕의 6급 공무원. technical official

기사(技士)명 국가 공무원의 한 관명. 이공 계열

기사(技師)명 관청이나 회사의 전문 기술을 가진 사람. engineer

기사(奇士)명 기이한 재주를 가진 사람.

기사(奇事)명 기이한 일. strange thing

기사(奇想)명 기이한 생각. fantastic idea

기사(起死)명 다 죽어 가는 환자를 다시 살려 냄. 소

기:사(耆社)명 기로소(耆老所). 〔생(蘇生). 하타

기사(記事)명 ①사실을 적음. description 하타 ②기록된 사실. 또, 그 글. news

기사(記寫)명 적어 씀. record 하타

기사(棋士·碁士·基士)명 바둑이나 장기를 잘 두는 사람. player of chess 하타

기사(幾死)명 거의 다 죽게 됨. 하타

기사(欺詐)명 《once》 사기(詐欺).

기사(機事)명 가장 기밀(機密)한 일. secret affairs

기사(騎士)명 ①말을 타는 사람. horseman ②중세기 (中世紀) 유럽의 무사. ¶~도(道). knight

기사(騎射)명 ①말을 타는 일과 활을 쏘는 일. ②말을 타고 달리면서 활을 쏨.

기사(饑死·飢死)명(同) 아사(餓死). 하타

기사 거리[-꺼리](記事-)명 기사화할 수 있는 소재.

기사 광:고(記事廣告)명 물건의 용도·효능을 기사체(記事體)로 써서 소개하는 광고.

기사 근생(幾死僅生)명 거의 다 죽을 뻔 하다가 겨우 살아남. being on the verge of death 하타

기사-도(騎士道)명 중세기 유럽 봉건 제도의 발전에 따라, 흥륭(興隆)하던 기사 계급 특유의 도덕. 용기·경신(敬神)·인형(仁俠)·예절·염치·명예 따위의 덕을 이상으로 하였슴. 기사 정신. chivalry

기사-문(記事文)명 〈문학〉 사실의 성질·형상·효용을 보고 들은 그대로 적은 글.

기사 본말체(記事本末體)명 연대나 인물보다도 사건에 중점을 두어 그 결과와 관계를 기술하는 역사 서술의 한 문체.

기사 이:적(奇事異蹟)명 기이한 사적(事蹟).

기사 작법[-뻡](記事作法)명 기사를 쓰는 방법.

기사 정신(騎士精神)명 (同) 기사도. 〔condition

기사지:경(幾死之境)명 거의 다 죽게 된 지경. dying

기사-체(記事體)명 〈문학〉 기사문의 글체. descriptive style 〔아남. restoring from death 하타

기사 회생(起死回生)명 중병으로 죽을 뻔하다가 되살

기삭(幾朔)명 몇 달. several months

기산(起算)명 언제 또는 어디서부터 계산하기를 시작함. starting to count 하타

기산(譏訕)명 남을 헐어서 말함. slander 하타

기산-일(起算日)명 기일을 정해서 날수를 따질 때의 그 첫날. initial date in reckoning

기산-점[-쩜](起算點)명 기산을 시작한 시점(時點)이나 지점(地點). starting point of counting

기산 화서(岐散花序)명〈식물〉취산 화서(聚繖花序)의 하나. 화축(花軸)의 꼭대기에 한 개의 꽃이 있고, 그 꽃의 아래에 두 개의 화경(花梗)이 생겨 그 꼭대기마다 꽃이 달리고, 또 그 꽃 아래에 여러

기상 동:물

의 화경이 생겨 여러 층으로 된다. 〔ful idea

기상(奇想)명 좀처럼 추측할 수 없는 생각. wonder-

기상(起床)명 잠을 깨어 자리에서 일어남. 기침(起寢)①. getting up 하타

기상(氣相)명 기색(氣色)①.

기상(氣象)명 ①타고난 성정(性情). 의기(意氣). 《유》 기질(氣質)②. nature ②〈지학〉대기 속에서 일어나는 날씨의 상태 및 물리적인 현상. atmospheric phenomena 〔으로 드러난 의용(儀容). spirit

기상(氣像)명 사람이 타고난 심정(心情)의 상태와 겉

기상(機上)명 ①비행기의 안. inside of a plane ②비행기에 타고 있음. being on a plane 〔form

기상(鱗狀)명 물고기의 지느러미 같은 모양. fin-like

기상 개:황(氣象槪況)명〈지학〉한 지방의 부근 전반(全般)에 뻗친 기상의 형세와 상황.

기상 경:보(氣象警報)명 기상 현상으로 인해 커다란 재해가 예상될 때 공지(公知)시키기 위해 발하는 경보. storm warning

기상-곡(奇想曲·綺想曲)명 《음》 카프리치오.

기상 관측(氣象觀測)명 기상의 형편을 살펴서 과학적으로 측정하는 행위. meteorological observations

기상-구(氣象區)명〈지학〉기상 예보·폭풍 경보 같은 것을 발표하기 위하여 편의상 설치한 지구. meteorological district 〔호.

기상 기호(氣象記號)명 기상의 어떠함을 표시하는 부

기상 나팔(起床喇叭)명 군대 등에서 아침에 일어나라는 신호의 나팔.

기상-도(氣象圖)명 기상을 알리는 지도. weather-map

기상 묘:상(奇想妙想)명 기묘한 생각. fantastic idea

기상-병[-뼝](氣象病)명 기상의 변화로 인체에 일어나는 여러 가지 병의 증상.

기상 보:고(氣象報告)명 기상 관측에 관한 보고.

기상 요소(氣象要素)명〈지학〉기온·풍향(風向)·풍속(風速)·운량(雲量)·강우량 등 기상을 구성하는 요소. 기후 요소(氣候要素). meteorological elements

기상 인자(氣象因子)명 《同》 기후 인자.

기상 천외(奇想天外)명 상식을 벗어난 아주 엉뚱한 생각. most unexpected idea

기상-청(氣象廳)명 기상의 관측·조사·연구를 하는 중앙 행정 기관. weather bureau

기상 통보(氣象通報)명 기상 상황이나 천기 실황(天氣實況)을 일반에게 알리는 보도. weather news

기상 특보(氣象特報)명 기상 통보 이외에, 때에 따라 하는 특별한 보도. weather special report

기상-학(氣象學)명 기상에 관련되는 모든 일을 연구하는 학문. meteorology

기색(起色)명 어떤 일이 일어날 낌새. signs

기색(氣色)명 ①희로애락의 감정의 작용으로 나타나는 기분과 얼굴빛. 티⑧. 기상(氣相). ¶낙심한 ~이 보인다. facial expression ②〈한의〉안면에 나타난 감정의 변화. mood

기색(氣塞)명 ①숨이 막힘. ②〈한의〉과격한 정신적 충동으로 호흡이 막히는 병. 중기(中氣). suffocation 하카 〔랑·파랑. 원색(原色).

기색(基色)명 모든 색의 기본이 되는 색. 곧, 빨강·노

기색(饑色·飢色)명 굶주린 안색. hungry appearance

기색 혼절(氣塞昏絶)명 숨이 막혀 까무러침. swoon with suffocation 하타

기:생(妓生)명 잔치나 술자리에서 노래나 춤, 또는 풍류로 흥을 돋구는 것을 업으로 하는 여자. 기녀(妓女)①. 예기(藝妓). ¶~집. keesaeng

기생(寄生)명 ①다른 동물로부터 영양분을 얻어 삶. parasitism ②혼자서 살지 못하고 남에게 얽혀서 삶. be a hanger-on 하타

기생 계급(寄生階級)명〈사회〉독립하여 살아 나가지 못하고 사회에 의지하여 생활하는 계급. parasitic class 〔하는 뿌리. parasitic root

기생-근(寄生根)명〈식물〉다른 식물에 붙어서 기생

기생 동:물(寄生動物)명〈동물〉다른 동물체(動物體)

기생매미

기:생매:미(寄生─)〔곤충〕매미과에 속하는 조그마한 매미. 애매미.
기생=목(寄生木)〔동〕⇒겨우살이[2]. 〔물〕 parasite
기생=물(寄生物)〔생물〕기생 생활을 영위하는 생물.
기:생=방(─房)〔명〕妓生房. 기생이 사는 집.
기생=벌(寄生─)유충(幼蟲)이 다른 곤충에 붙어서 사는 벌. 기생봉.
기생=봉(寄生蜂)〔동〕기생벌.
기생 식물(氣生植物)〔식물〕나무나 바위에 붙어서 대기 중의 양분을 흡수하여 사는 식물. 석곡(石斛)·풍란(風蘭) 등. 공기 식물(空氣植物). aerial plant
기생 식물(寄生植物)〔식물〕다른 생물체에 기생하여 양분을 흡수하는 식물. parasitic plant
기생=여뀌〔식물〕마디풀과의 일년생 풀. 줄기 높이 1.5 m 가량이고 홍색을 띠며 방향(芳香)이 있음. 들이나 못 가에 나며 향료로 씀.
기:생 오라비(妓生─)①빤들빤들하게 모양을 내고 다니는 남자를 놀려 이름. pandy ②기생의 오빠나 동생. 〔불실한 사람을 조롱하는 말.
기생 자리 저고리〕외모가 단정하지 못하고 언어가
기:생=잠자리〔곤충〕실잠자리과에 속하는 잠자리의 하나. 모두 소형의 종류로 대부분 물 속에 산란하나 나뭇가지에 산란하는 종류도 있음. 보통 연못에 서식함.
기:생=초(寄生草)〔식물〕엉거시과의 일년 또는 이년생 풀. 높이 33∼100 cm이고 줄기는 여러 갈래로 갈라짐. 6월에 황갈색에 적갈색 무늬가 있는 꽃이 됨. 북미(北美) 원산으로 관상용. (觀賞草)임.
기생=충(寄生蟲)〔동〕①〔곤충〕다른 동물에 붙어 양분을 빨아먹고 사는 벌레. 촌충·거위 등. ¶~병(病). parasite ②남에게 의지하여 사는 사람. human parasites
기:생 퇴:물(妓生退物)〔명〕전에 기생 노릇을 하던 여자. 퇴기(退妓). 〔약〕기물(妓物).
기생 퇴:산(寄生退山)〔지학〕화산의 중턱에서나 화산의 기슭에서 솟아 생긴 조그만 화산.
기생 화:산(寄生火山)〔지학〕⇒화산의 중턱이나 기슭에 새로 분화(噴火)해서 생긴 화산. 측(側)화산.
기서(奇書)〔명〕기이한 내용의 책. strange book
기서(起誓)〔명〕맹세를 함. vow 하타 〔산.
기서(寄書)〔명〕①편지를 부침. 또, 그 편지. ¶~인. sending a letter ②기고(寄稿).
기석(碁石·棋石)〔명〕바둑돌. baduġ stone
기선(汽船)〔명〕증기력으로 추진시켜 물위를 달리는 배. 증기선. 화륜선. 火輪船). steamship
기선(岐線)〔동〕분기선(分岐線).
기선(基線)〔명〕〈지학〉옥지 측량의 기준으로 삼기 위하여 최초로 망위에 그어지는 일직선. baseline ②〈수학〉투영 화법(投影畫法)에서 직립(直立) 투영면과 수평(水平) 투영면과의 교선(交線)을 나타내기 위하여 화면(畫面) 중앙에 그어지는 수평 직선. base line ground line ③〔동〕 간선(幹線). ④영해(領海)의 폭을 측량할 때 기준되는 선.
기선(機先)〔명〕①일이 막 일어나려 하는 그 즈음. start of a thing ②적이 행동하려고 하는 직전. ¶~을 제압하다. initiative 하타
기선 우체국(汽船郵遞局)〔명〕기선에서 우체 사무를 맡아보는 곳.
기선 회:사(汽船會社)〔명〕선박(船舶)으로 화물 또는 여객을 운수하는 영리 회사. shipping company
기설(旣設)〔명〕이미 설치하여 놓음. 〈대〉미설(未設). constructed already 하타
기설=제(─祭雪祭)〔명〕〈제도〉동지(冬至)가 지나고, 납일(臘日) 때까지 눈이 오지 않으면 눈 오기를 빌기 위하여 지내던 제사.
기성(奇聲)〔명〕기표하는 소리. queer voice
기성(記性)〔명〕기억을 잘하는 총기(聰氣). memory
기성(氣盛)〔명〕기력이 왕성함. high spirit 하타
기성(旣成)〔명〕①사물이 이미 이루어짐. already com-

272

기소 유예

pleted ②어떤 부문에서 이미 지위나 자격을 이룸. 〈대〉미성(未成). 신진(新進). ③신주(神主)를 만듦. 또, 그 일. 하타 〔tion to carry out 하타
기성(期成)〔명〕어떠한 일을 꼭 기약하여 이룸. resolu-
기성(箕星)〔명〕〈천문〉이십팔수(二十八宿)의 일곱째 별. 하지절(夏至節)의 중성(中星)임. 〔약〕기(箕).
기성(騎省)〔명〕⇒병조(兵曹)[1].
기성 광:물(氣成鑛物)〔광물〕화산의 분기공(噴氣孔) 따위에서 발산하는 가스체에 의하여 생성된 광물.
기성 도:덕(旣成道德)〔명〕현실적으로 사회 일반에 통용되고 있는 도덕적 판단이나 관습. positive morality
기성 동맹(期成同盟)〔명〕어떤 일을 이룰 목적으로 뜻이 맞는 사람들이 조직한 동맹. league for carrying out a design
기:성=명(記姓名)〔명〕①성과 이름을 적음. write one's name ②겨우 이름 글자만 쓸 줄 알 뿐 학식이 없음. having little learning 하타
기성 문단(旣成文壇)〔명〕〈문학〉이미 이루어져 있는 문인들의 사회. existing literary circles
기성=복(旣成服)〔명〕맞출 의복이 아니라 미리 지어 놓고 파는 의복. ready-made clothes 〔lishes fact
기성 사:실(旣成事實)〔명〕이미 이루어진 사실. estab-
기성 세:대(旣成世代)〔명〕이미 이루어진 세대. 나이 먹은 층. older generation
기성=세:력(旣成勢力)〔명〕이미 이루어진 권세와 힘. 〈대〉신진 세력. existing force
기성=암(氣成岩)〔지학〕①대기(大氣) 중에서 응결(凝結)하여 이루어진 암석. ②대기 중에서 응결하여 얼른 보기에 일종의 바위처럼 생긴 얼음. 만년빙·연못·빙하(氷河)·빙설(冰雪) 등이 있음. 풍성암(風成岩).
기성=암(基性岩)〔광물〕규산(硅酸)의 함유량이 적고 석영을 포함하지 않는 화성암. 반려암(斑糲岩)·현무암(玄武岩) 따위. atmogenic rocks
기성 작가(旣成作家)〔문학〕이미 이름난 작가. 〈대〉신진 작가. established writer
기성=품(旣成品)〔명〕이미 만들어진 물건. 〈대〉미성품(未成品). ready-made goods 〔y-made shoes
기성=화(旣成靴)〔명〕미리 만들어 놓고 파는 구두. read-
기성=회(期成會)〔명〕어떤 일을 이루고자 조직된 회. association for the realization of a plan
기세(其勢)〔명〕그 세력이나 형세.
기세(氣勢)〔명〕①의기가 장한 형세. 남이 보기에 두려워할 만큼 세차게 뻗는 힘. spirit 〔동〕형세①.
기세(欺世)〔명〕세상을 속임. deceiving the world 하타
기세(棄世)〔명〕①세상을 버림. 별세(別世). ②세상을 멀리하여 초탈함. ¶~을 은둔(隱遁). seclusion 하타
기세(饑歲·飢歲)〔명〕⇒흉년(凶年).
기세(綺歲)〔명〕〔약〕⇒기환지세(綺歲之歲).
기세 도명(欺世盜名)〔명〕세상 사람을 속이고 거짓 이름을 드러냄. 하타
기세=부리다(氣勢─)〔명〕남에게 자기의 기세를 드러내서 쓰다. 기세피우다. show one's spirit
기세 양:난(其勢兩難)〔명〕이리 하기도 어렵고 저리 하기도 어려움. 양난.
기세=피우다(氣勢─)〔동〕기세부리다.
기:소(耆所)〔명〕⇒기로소(耆老所).
기소(起訴)〔명〕〔법률〕공소(公訴)를 제기함. 기송(起訟). prosecution 하타
기소(欺笑)〔명〕①남을 속이고 우습게 봄. hoax ②업신여기어 비웃음. laughing at 하타
기소(譏笑)〔명〕비방하여 웃음. derision 하타
기소 독점 주의(起訴獨占主義)〔명〕〔법률〕공소권(公訴權)을 검사에게만 인정하는 주의.
기소 유예(起訴猶豫)〔명〕〔법률〕기소 편의주의(起訴便宜主義)에 의거하여, 검사가 공소를 제기하지 않는 처분. suspension of indictment 하타

기소-장[—짱](起訴狀)〖동〗《동》공소장(公訴狀).
기소 편의주의(起訴便宜主義)〖동〗〈법률〉형사 소송법상 공소 제기에 대하여, 검사의 재량을 허락하고 불기소(不起訴)를 인정하는 제도.
기속(羈束)〖동〗①얽어 맴. fastening ②강제적으로 얽어 매어 자유를 얻지 못하게 함. restriction 하다
기속-물(羈束屬)〖동〗어떤 것에 매어 있거나 매어 놓음. binding 하다
기속-력(羈束力)〖동〗〈법률〉한 번 판결의 언도가 있으면, 그 언도를 한 법원이 스스로 이를 취소·철회하지 못하는 기속의 효력. effect of sentence
기속 처·분(羈束處分)〖동〗〈법률〉법규를 집행하는 데 있어서, 행정청의 재량을 참작하지 않고 법규에 정하여 있는 바를 그대로 주체화하는 처분. 《대》재량 처분(裁量處分).
기승(騎乘)〖동〗말을 타고 좋음 거느림. 하다
기송(起送)〖동〗①사람을 보냄. dispatch ②〈제도〉죄인을 호위하여 보냄. escort 하다
기송(起訴)〖동〗《동》기소(起訴). 하다
기송(記誦)〖동〗기억하여 욈. recitation 하다
기송(寄送)〖동〗물건을 부쳐 보냄. sending by a person 하다 　　　　　　　　　　　　「그 직계에만 씀.
기수〖동〗궁중(宮中)에서 '이불'을 일컫는 말. 임금 및
기-수(基手)〖동〗기원(技員)의 구칭.
기수(忌數)〖동〗꺼리고 싫어하는 숫자. 4 따위. unauspicious number
기수(奇數)〖동〗〈수학〉짝이 맞지 않는 수. 홀수. 《대》우수(偶數). 짝수. odd number 　　　　「beginning
기수(起首)〖동〗어떤 사실의 시초. 《대》결미(結尾).
기수(起訴)〖동〗《동》기주(起酒).
기수(氣嗽)〖동〗〈한의〉기담(氣痰)으로 일어나는 기침.
기수(機數)〖동〗〈민속〉스스로 돌아가는 길흉 화복의 운수. turn of the fortune's wheel
기수(旣遂)〖동〗①이미 일을 다 마침. consummation ②〈법률〉범죄 행위를 수행함. ¶~죄(罪). 《대》미수(未遂). consummated crime 하다
기수(基數)〖동〗〈수학〉①하나에서 아홉까지의 정수(整數). simple number ②어떤 기수법의 체계의 기초로 각 자리의 단위가 하나 위로 올라가기 위해 필요한 배수(倍數). radix
기수(期首)〖동〗결산기(決算期)의 첫날. 《대》기말(期
기수(幾數)〖동〗《동》 접새. 　　　　　　　　　　「末).
기수(旗手)〖동〗①기로 신호를 하는 사람. flagman ②〈군사〉군기를 받드는 사람. standard bearer
기수(機首)〖동〗항공기의 앞머리. nose of an aeroplane
기-수(騎手)〖동〗①말을 전문으로 타는 사람. jockey ②경마에 출장하여 말을 타는 사람.
기수-법[—뻡](記數法)〖동〗〈수학〉숫자로 수를 기입하는 법. scale of notation 　　　　　　　　　「thority
기-숙(耆宿)〖동〗늙어서 덕망과 경험이 많은 사람. au-
기숙(寄宿)〖동〗남의 집에 몸을 붙여 기거함. lodging 하다
기숙-사(寄宿舍)〖동〗학교·공장 같은 기관에 딸려 있어 학생·기능공 들이 기숙하는 집. boarding house
기숙-생(寄宿生)〖동〗학교의 기숙사에서 기숙하는 학생. resident student
기술(技術)〖동〗①공예의 재주. 기예(技藝). art ②이론을 실지로 응용하는 재주. ¶~ 교육(教育). technique ③과학을 실지로 응용하여 자연을 인간 생활에 유용하도록 사물 또는 가공하는 재주. ④말이나 일을 솜씨 있게 하는 재간.
기술(奇術)〖동〗①기묘한 재주. ②교묘하게 눈을 속여 재미있게 부리는 술수. jugglery
기술(記述)〖동〗①기록하여 진술함. description ②사물의 특징을 그대로 표시함. 하다
기술(旣述)〖동〗이미 기술함. ¶~한 것과 같다. 하다
기술-가(技術家)〖동〗《동》기술자.
기술 고등 고시(技術高等考試)〖동〗〈법률〉5급 공무원 공개 경쟁 채용 시험의 하나. 기술직에 종사할 공

무원 임용(任用)에 실시함.
기-술-공(技術工)〖동〗기계 따위를 수리·제작하는 공원(工具). technical workers
기술-교[—꾜](技術科)〖동〗〈교육〉생활에 필요한 기초적 기술의 습득, 근대 기술의 이해, 기본적 태도 등의 양성을 목적으로 하는 중·고교 교과의 하나.
기·술-관(技術官)〖동〗기술에 관한 사무를 맡은 관리. technical official
기·술 교·육(技術教育)〖동〗공업이나 농업의 생산 기술 및 일상 생활에 필요한 기술이나 지식을 습득하거나 학습의 대상으로 하는 교육.
기·술-대(技術隊)〖동〗기술자들로 이룬 대(隊).
기·술 도·입(技術導入)〖동〗기업(企業)이 선진국의 뛰어난 생산 기술을 받아들이는 일. introduction of technique 하다
기술 문법[—뻡](記述文法)〖동〗〈어학〉문법 현상을 있는 그대로 기술하는 일. 기술 문전. 《대》설명 문법.
기술 문전(記述文典)〖동〗《동》기술 문법(記述文法).
기술-사[—싸](奇術師)〖동〗기술(奇術)을 가진 사람, 또는 부리는 사람. 요술장이. juggler
기·술-원(技術員)〖동〗기술에 관한 직무에 종사하는 사람. technical expert
기술 원조(技術援助)〖동〗공업 소유권을 비롯한 기술에 관한 권리 양도, 사용권의 설정, 공장 경영에 관한 기술의 지도들 함으로써 다른 사업자를 원조하는 일. 하다 　　　　　　　　　　　　　　　「기술가. engineer
기·술-자[—짜](技術者)〖동〗기술을 업으로 하는 사람.
기·술 장비(技術裝備)〖동〗기술적인 장치와 설비.
기·술-적[—쩍](技術的)〖동〗①과학의 응용면에 관계 있는(것). ②본질적·원리적인 면을 떠나 실제의 응용·운영의 면에만 기술을 요하는(것). ③제치가 있거나 요령 있게 하는(것). ¶~으로 사무를 보다. technical
기술적 과학[—쩍—](記述의 科學)〖동〗광물학·생물학 따위와 같이 자연 현상을 관찰하고, 그 특성을 기술하여 대상의 분류를 주로 하는 과학. 《대》설명적 과학(說明의 科學).
기·술적 분업[—쩍—](技術的 分業)〖동〗〈경제〉기업(企業)에 있어서의 기술적 노력의 분담(分擔).
기·술 정비(技術整備)〖동〗기계에 대한 기술적 요구에 맞도록 일정한 손질을 하는 일.
기·술 제휴(技術提携)〖동〗기업이 국외 기업과 특허나 생산 기술을 서로 제공하여 협력하는 일.
기·술-진[—찐](技術陣)〖동〗《약》기술 진용.
기·술 진용(技術陣容)〖동〗기술자의 배치된 형편. 《약》기술진의 형편. 《약》기술진.
기·술 집약형 산·업(技術集約型產業)〖동〗기술 수준이 높고 기술 혁신의 속도도 빠른 기계 산업.
기·술-학(記述學)〖동〗진리나 법칙을 기술하는 학문.
기·술 학파(記述學派)〖동〗〈물리〉물리학의 본질은 경험적 사실의 기술에 있다고 하는 19세기 후반의 과학자들을 이름.
기·술 혁신(技術革新)〖동〗①〈경제〉획기적인 새로운 기술 도입으로 인하여 일어나는 경제 구조 등의 변혁. 기술 혁명. ②생산 기술이 획기적으로 혁신되는 일.
기·술-화(技術化)〖동〗점점 기술적인 것으로 발전함. 하다
기스락〖동〗①기슭의 가장자리. ②초가의 처마 끝. edge of the eaves
기슭〖동〗①비탈의 끝 자리. 《대》마무터기. bottom ②바다나 강 등이 물과 접하고 있는 땅의 부분. ¶한
기슭-집[—찝]〖동〗기슭집. 　　　　　　　　　　　「강 ~.
기슭-미-다〖동〗기슭매다.
기습(奇習)〖동〗이상스러운 버릇. strange custom
기습(奇襲)〖동〗몰래 숨어서 갑자기 적을 들이침. 《대》정공(正攻). sudden attack 하다
기습(氣習)〖동〗《동》풍습(風習)
기승(奇勝)〖동〗기묘한 경치. place of scenic beauty
기승(氣勝)〖동〗성미가 억척스럽고 굳세어 남에게 굽히

기승떨다

지 않음. ¶~ 피우다. unyielding spirit 하형 스럽
기승-떨-다(氣勝─)형 〈동〉 기승부리다. [스레
기승-부리-다(氣勝─)형 기승스러운 성질을 부리다. 기승떨다. show one's unyielding spirit
기-승-전-결(起承轉結)명〈문학〉시문(詩文)을 짓는 격식. 시의 첫머리를 기(起), 그 뜻을 이어받아 쓰는 것을 승(承), 뜻을 한 번 돌리는 것을 전(轉), 전체를 거둬 맺는 것을 결(結)이라 함. 기승전락. 기승전합. four steps in composition
기=승=전=락(起承轉落)명 기승전결(起承轉結).
기=승=전=합(起承轉合)명 기승전결(起承轉結).
기시(其時)명 그 때. then
기시(棄市)명〈제도〉죄인의 목을 베어 죽이고, 그 시체를 걸거리에 버리던, 옛 중국의 형벌의 하나. 하타
기시-기(記時器)명 전화의 통화 시간을 기록하는 기계. 타임 레코더.
기식(氣息)명 내고 들이쉬는 숨 기운. 호흡. breath
기식(寄食)명 남의 집에 붙어 먹음. sponging
하타 [막거림. gasping for breath 하타
기식 엄:엄(氣息奄奄)숨이 거의 끊어지게 되어 깔
기신(己身)명〈동〉자신(自身).
기신(忌辰)명〈궁〉기일(忌日).
기신(起身)명 ①몸을 움직여서 일어남. rising to one's feet ②몸을 빼쳐 관계를 끊음. secession 하
기신(氣神)명 기력과 정신. spirit
기신-거리-다 게으르거나 가냘픈 사람이 힘겹이 몸을 움직이다. (작) 개신거리다. be sluggish 기신-
기신 하타
기신-없:다(氣神─)[-업-]형 기력과 정신이 시원스럽지 못하다. 하염없다. spiritless 기신-없:이튀
기-신호(旗信號)명 손에 기를 들고 통신하는 신호.
기실(其實)명 그 사실. 그 실상. fact 부 사실상으로. ¶그런 짓은 ~ 올바른 행동이 아니다.
기:실(根實)명〈한의〉어린 탱자를 썰어 말린 약재. 변을 통하게 하는 데 쓰임.
기실(氣室)명 ①〈식물〉식물의 잎의 기공(氣孔) 아래에 있는 세포의 간격. air chamber ②몸을 뿜어 내는 관(管)과 펌프 사이의 원통 모양의 공실(空室).
기실(記實)명 사실을 기록함. record the fact 하타
기심(欺心)명 자기의 양심을 속임. deceiving oneself 하타 [다.
기-십(幾十)명 몇 십. ¶~ 대(臺)의 비행기가 착륙하
기-쓰-다(氣─)자[으불] 가진 힘을 다 쓰다. do one's utmost
기아(棄兒)명 ①버림받은 아이. foundling ②어린애를 내림. abandoning a child 하타
기아(飢餓·饑餓)명 굶주림. (대) 포만(飽滿). 포식(飽食). hunger
기아 동맹(饑餓同盟)명〈동〉단식 동맹(斷食同盟).
기아 부종(飢餓浮腫)명 장기간에 걸친 영양 실조로 일어나는 부종. [tion
기아-선(饑餓線)명 굶주리는 고비. verge of starva-
기아-선상(饑餓線上)명 굶주리어 죽을 지경. verge
기아 수출(饑餓輸出)명〈경〉기근 수출. of starvation
기아 임금(饑餓賃金)명〈사회〉굶어 죽지 않을 정도로 주는 품삯. starvation wages
기:악(妓樂)명 ①기생과 음악. ② 기생의 음악.
기악(器樂)명〈음악〉악기로 연주하는 음악. (대) 성악(聲樂). instrumental music
기악-곡(器樂曲)명〈음악〉기악을 위하여 만들어진 악곡. instrumental music [기록하여 둔 책.
기:안(起案)명〈제도〉관가(官家)에서 기생의 이름을
기안(奇案)명 기묘한 안. 〔기초(起草)〕. drafting 하타
기안(起案)명 문안(文案)을 기초함. 안을 세움. 〔유〕
기암(奇岩)명〈궁〉기암석(奇岩石). fantastic rock
기암 괴:석(奇岩怪石)명 기이하고 괴상한 바위와 돌. fantastic rock and stone [른 낭떠러지.
기암 절벽(奇岩絶壁)명 기이한 모양의 바위와 깎아지
기압(汽壓)명〈물리〉기관(汽罐) 안의 증기의 압력.

274

기업

steam pressure
기압(氣壓)명〈물리〉대기의 압력. 단위는 밀리바(mb). 표준 기압은 1013.25 mb. 대기압(大氣壓). atmospheric pressure
기압 경도(氣壓傾度)명〈지학〉동일한 평면상의 두 지점의 기압의 차를 그 거리로 나눈 값. pressure gradient [기계. atmospheric barometer
기압-계(氣壓計)명〈기계〉대기의 기압을 측정하는
기압-골(氣壓─)명〈지학〉천기도(天氣圖)에서 저기압의 중심으로부터 가늘고 길게 V자 모양 또는 U자 모양으로 뻗친 저압부(低壓部).
기압 배:치(氣壓配置)명〈지학〉대기의 유동에 의한 어느 지방의 고기압과 저기압의 배치. pressure distribution
기압-파(氣壓波)명〈물리〉기압이 변화하는 경우, 높은 곳과 낮은 곳에 나타나는 시각이 토지에 따라 늦고 빨라져 기압의 폭이 증감하여 전달되어 가는 현상. tide of atmospheric pressure
기양(企仰)명〈동〉기망(企望). 하타
기약(奇藥)명 효험이 있는 신기한 약. specific
기약(氣弱)명 원기가 매우 약함. timidness 하타
기약(旣約)명 이미 되어 있는 약속. reserved 〈수학〉분수 또는 분수식이 약분된 것. irreducible
기약(期約)명 때를 정하여 약속함. promise 하타
기약(葉約)명 약속을 지키지 않음. breach of promise 하타
기약 분수[─쑤](旣約分數)명〈수학〉분모와 분자 사이에 공약수가 없어 그 이상 약분이 되지 않는 분수. irreducible fraction
기:양(技癢·伎癢)명 재주를 가지고도 쓸 길이 없어 마음이 간질간질함. [prayer 하타
기양(祈禳)명 복은 들어오고 재앙은 물러가라고 빎.
기:양-증[─쯩](技癢症)명 지니고 있는 재주를 쓰고 싶어서 속을 태우는 증세.
기어(奇語)명 기이한 말. 이상한 말. queer words
기어(寄語)명 말을 기별하여 보냄. sending a word
기어(旗魚)명〈동〉청새치. [하타
기어(綺語)명 ①말을 담고 교묘하게 꾸며대는 말. flowery language ②신문·소설·시 등에서 묘하고 재치 있게 꾸민 말. ③〈불교〉결과 속이 다르다는 십악(十惡)의 하나. 도리에 어긋나게 꾸며낸 꾸민 말. [〔조합(組合)〕에 의하여 변동시키는 장치.
기어(gear)명 ①톱니바퀴. ②회전 속도를 톱니바퀴의
기어-들-다자[ㄹ불] ①몰래 들어오거나 들어가다. 구멍으로 ~. ②움츠리며 들어가다.
기어-오르-다자[러불] ①높은 곳으로 오르다. 자[러불] ②상대방이 너그러운 것을 기회로, 우쭐대거나 분수에 넘치는 짓을 하다. ¶버릇없이 어른에게 기어오르는 놈.
기어-이/기어-코(期於─)부 ①꼭. 틀림없이. ¶~ 해 내고야 말겠다. by all means ②마침내. ¶~ 성공하였다. at last
기억(記憶)명 ①잊지 않고 외어 둠. memory ②〈심리〉한번 지각(知覺)하였거나 경험한 사물·사건을 잊지 않고 재생하는 작용. 생각. (대) 망각(忘却).
기억-력(記憶力)명 기억하는 힘. memory [하타
기억-술(記憶術)명 기억을 다른 일에 연상시켜서 기계적으로 기억을 쉽게 하는 한 방법.
기언(奇言)명 기이한 말. 기발한 말. paradox [하타
기업(企業)명 가만가만 기어가는 모양. on all fours
기업(企業)명 ①어떠한 사업을 계획함. ②〈경제〉영리를 목적으로 생산 요소를 종합하여 계속적으로 경영하는 경제적 사업. enterprise 하타
기업(起業)명 사업을 새로 일으켜 시작함. starting an enterprise
기업(基業)명 ①기초가 되는 사업. basic business ② 대대로 전하여 오는 사업과 재산. family property and occupation [industry
기업(機業)명 틀을 써서 피륙을 짜는 사업. textile

기업=가(企業家)[명] 〈경제〉 기업에 자본을 대고, 그 기업의 경영을 담당하는 사람. 기업자(企業者). enterprise

기업=가(起業家)[명] 〈경제〉 사업을 계획하여 그 발기인이 되어, 회사를 설립하는 것을 업으로 삼는 사람. 기업자(起業者). 〖람. weaver

기업=가(機業家)[명] 피륙을 짜는 사업을 경영하는 사

기업 경제(企業經濟)[명] 〈경제〉 기업체가 주체가 되어 형성되는 경제.

기업 공개(企業公開)[명] 〈경제〉 기업이 그 주식을 주식 시장에 내다 팔고, 누구나 그 주식을 산 사람이 주주(株主)가 될 수 있게 하는 일.

기업 공채(起業公債)[명] 〈경제〉 국가 또는 공공 단체가 사업을 처음으로 일으킬 때에 소용되는 돈을 얻기 위하여 모으는 공채. industrial loan

기업 민주화(企業民主化)[명] 〈경제〉 기업을 특정한 배타적 독점에 해방시켜, 각 기업이 공정하게 경쟁하고, 공정하게 소유권을 획득하며, 공정한 경영에의 관여가 보장될 수 있게 하는 일.

기업 소=득(企業所得)[명] 〈경제〉 기업가가 얻은 총이익. 총수입에서 생산비를 뺀 나머지. gross profit

기업 연합[—業聯合][명] 〈동〉 카르텔(Kartell).

기업=넣[—넣][企業熱][명] 기업에 대한 의욕과 열성.

기업 이=득(企業利得)[명] 〈경제〉 기업 소득의 일부. 기업가의 노고에 대한 보수, 기업의 위험에 대한 보상 등으로 얻은 이익을 포함한 순이익. net profit

기업=자(企業者)[명] 〈동〉 기업가(企業家).

기업=자(起業者)[명] 기업가(起業者). 〖enterprise

기업=주(企業主)[명] 어떤 기업의 소유자. owner of

기업 진단(企業診斷)[명] 〈경제〉 기업의 경영 내용을 검토하여 불건전한 데를 발견하고 건전화의 방책을 수립하여, 그 실시를 지도하고 기업의 건전한 발전을 모색하는 일.

기업 집중(企業集中)[명] 〈경제〉 자유 경쟁의 자본주의 생산에 있어, 중소(中小) 기업이 대기업에 눌려 파멸하거나, 병합·합동하여 한군데로 집중되는 현상. integration of industry

기업=체(企業體)[명] 사업을 진행하는 업체. enterprise

기업 통:제(企業統制)[명] 〈경제〉 ①카르텔·트러스트 따위의 독점 기업이 그 힘을 유지하기 위하여 하는 자발적 통제. ②기업 독점에 대하여 하는 나라의 통제. control of enterprise

기업 합동(企業合同)[명] 〈동〉 트러스트(trust).

기업 합리화(企業合理化)[명] 생산 설비나 노동력의 낭비를 없애고 기업 이윤을 높이려는 일.

기업 형태(企業形態)[명] 〈경제〉 기업의 경영이 행하여지는 형식. 공공 소유 기업 형태와 사유 기업 형태의 구별이 있음.

기업=화(企業化)[명] 기업의 형태를 갖추어 조직하는 일. undertake an enterprise 하탄

기에[어미] ①받침 없는 체언에 붙어 원인·이유를 표시하는 연결형 서술격 조사. ¶운동가~ 몸이 튼튼하다. ②받침 없는 체언에 붙어 '관데'의 뜻을 나타내는 연결형 서술격 조사. ¶자비가 누구~ 나를 도와 주느냐?

=기에[어미] ①용언의 어간에 붙어서 원인·이유를 나타내는 연결 어미. =길래①. ¶춥~ 털옷을 입었다. ②용언의 어간에 붙어 '=관데'의 뜻을 나타내는 연결 어미. ¶비가 올 것 같~ 우산을 들고 왔소.

기에=망정이지[어미] 받침 없는 체언에 붙어서 원인·이유를 '다행히 그러하기에 괜찮다'는 뜻으로 쓰임. ¶남자~ 여자 같으면 기절했겠다.

=기에=망정이지[어미] 용언의 어간에 붙어서 원인·이유를 들어, '다행히 그러하기에 괜찮다'는 뜻으로 쓰임. ¶말을 했~ 큰일날 뻔했다.

기여(其餘)[명] 그 나머지. 그 이외. 이여(爾餘). rest

기여(寄與)[명] ①이바지함. 공헌(貢獻)①. contribution ②부처에 줌. 보내 줌. 〈유〉 증여(贈與). 하탄

기여 보:비(寄與補裨)[명] 이바지하고 보태어 줌. 하탄

기역[명] 〈어학〉 한글의 자모 'ㄱ'의 이름. first letter of Korean alphabet 〖르는 병.

기역(氣逆)[명] 〈한의〉 뱃속의 기운이 위로 치밀어 오

기역(其亦)[몀] 그 역시. also 〖아이.

기역=니은=순[—順][명] 한글의 여러 가지 음(音)들을 'ㄱ·ㄴ'들의 자모(字母) 차례에 따라서 매긴 순서. Korean alphabetical order 〖이], it also

기=역시(其亦是)[몀] 그것도 또한. 그것도 이것과 똑같

기역=자(一字)[몀] 한글 자모 'ㄱ'을 이르는 말.

기역자 왼 다리도 못 그린다[속] 아주 무식하다.

기역자=자(一字)[몀] 곱자. ㄱ자자.

기역자=집(一字)[몀] 'ㄱ'자 모양으로 지은 집.

기역자=홈(一字)[몀] 나무 그릇을 짜는 데에 ㄱ자 모양으로 파낸 홈.

기연(奇緣)[몀] 기이한 인연. strange fate

기연(起緣)[몀] 연기(緣起).

기=연(棄捐)[몀] ①내어 버림. abandonment ②제물을 내어 남을 도와 줌. 의연(義捐). ¶~금(金). assistance 하탄

기연(頎然)[몀] 키가 크고, 인품이 있음. 하탄

기연(機緣)[몀] ①어떠한 기회와 인연. chance ②〈불교〉 부처의 교화를 받을 만한 인연의 기틀. Karma (relation)

기연가=미:연가하다(其然一未然一)[몀][여불] 그런지 그렇지 않은지 분명하지 않다. 〖약〗 기연미연하다. 긴가민가하다. uncertain 〖가하다.

기연미연(其然未然一)[몀][여불] 〖약〗=기연가미연

기연 장:자(頎然長者)[몀] 풍채가 뛰어나고 점잖은 이

기연=히(頎然一)[몀] 꼭. 꼭 그렇게. without fail 〖차.

기염(氣焰)[몀] 호기로운 기세. ¶~을 토하다. high spirit

기염 만:장(氣焰萬丈)[몀] 호기나 기세가 굉장함. 만장 기염(萬丈氣焰). fall of spirits

기엽(氣葉)[몀] 〈식물〉 물 속에서 나와서 공중에서 그 작용을 영위하는 물잎의 일.

기엽(旗葉)[몀] 깃발.

기영(奇穎)[몀] 뛰어나게 영리함. excellent clever 하

기영(氣癭)[몀] 〈한의〉 근심과 걱정으로 말미암아 몸에 생기는 혹. wen 〖모습.

기영(機影)[몀] 비행기의 그림자. 날고 있는 비행기의

기:예(技藝)[몀] ①기술에 관한 재주와 솜씨. 예능(藝能). crafts ②technique 하탄

기예(氣銳)[몀] 기질이 생기있고 날카로움. ¶남다른 ~를 갖춘 사람. spiritedness 하탄

기온(氣溫)[몀] 대기의 온도. air temperature

기온 체감률(氣溫遞減率)[명] 〈지학〉 기온이 높이에 따라 낮아지는 율. 평균 100 m에 0.6도쯤임. temperature lapse rate

기온=파(氣溫波)[몀] 〈지학〉 기온의 변화가 물결처럼 〖퍼져 나가는 현상.

기온 편차(氣溫偏差)[몀] 〈지학〉 관측하는 지점의 온도와 같은 위도의 공정(公正) 온도와의 차.

기와〈건축〉 흙·시멘트 따위로 구워 만든, 지붕을 이는 물건. 개와(蓋瓦)①. tile 〖down 하탄

기와[라]되어 일어남과 누움. getting up and lying

기와=깨미[몀] 기와를 부스러뜨린 가루. tile dust

기와와=부(一瓦部)[몀] 한자 부수(部首)의 하나. '瓦'나 '甁' 등의 '瓦'의 이름.

기와=장이(一一匠一)[몀] 지붕에 기와를 이는 일을 업으로 삼는 사람. 개와장(蓋瓦匠). 와공. 와장(瓦匠). tilemaker

기와=집(一瓦屋)[몀] 지붕을 기와로 이은 집. 와가(瓦家). 와옥

기와집에 옻칠하고 사나[속] 인색하게 하여 재산을 모으는 사람을 두고 하는 말.

기와집이면 다 사랑인가[속] 겉이 훌륭하다고 하여 그 내용도 훌륭하지는 못하다.

기와 한 장 아껴서 대들보 썩힌다[속] 조그마한 것을 아끼다가 큰 손해를 본다.

기완(嗜玩)[몀] 재미로 가지고 놂. 하탄

기완(器玩)[몀] 완상(玩賞)을 목적으로 하여 비치하는

기왓 가마 276 기이

기구나 골동품 따위. ornamental articles
기왓 가마[명]〈공업〉기와를 구워 내는 아궁이.
기왓 고랑[명] 기와집 지붕에 빗물이 흘러내리도록 암키와를 잦혀 이어 골이 진 바닥. 기와골.
기왓-골[명] 기와 고랑.　　　　　[줄기의 등.
기왓-등[명]〈건축〉처마로부터 마루에 이르는 수키와
기왓-장[명] 기와의 낱장. tile 《써. 이왕에. already
기왕(旣往)[명](以前). 그전. past 已이 미. 벌
기왕-에(旣往一)[부] 이왕(已往)에.
기왕-이면(旣往一)[부][동] 이왕이면.　　　　　[병.
기왕-증(旣往症)[명]〈의〉환자가 지금까지 경험한 질
기왕지-사(旣往之事)[명] 이미 지나간 일. by-gones
기외(其外)[명] 그 밖. 기타 rest
기요(紀要)[명] ①요강(要綱)·요령을 기록한 것. ②대학·연구소 등에서 간행하는 연구 논문을 실은 정기 간행물. memoir　　　　　　　　　　　[하다
기요(起擾)[명] 소란을 일으킴. rising of a disturbance
기요(機要)[명] 기밀에 속하는 긴요한 일. confidential event 하[다]
기=요통(氣腰痛)[명]〈한의〉기혈(氣血)이 쇠약하여져
기요틴(guillotine 프)[명] 프랑스 혁명 때에 고안된, 사형 집행용 단두대(斷頭臺).　　　　　　　[심. desire
기욕(嗜欲·嗜慾)[명] 기호(嗜好)의 욕심. 즐기려는 욕
기용(起用)[명] ①인물을 뽑아 벼슬을 줌. ②벼슬을 내놓거나 쉬던 사람을 다시 시킴. 거용(擧用). appointment 하[다]　　　　[지나치지 않는다. groundlessness
기우(杞憂)[명] 쓸데없는 군 걱정. ¶그런 근심은 ~에
기우(奇偶)[명]〈수학〉기수와 우수. even and uneven numbers　　　　　　　[unexpected meeting 하[다]
기우(奇遇)[명] 기이한 인연으로 만남. 이상하게 만남.
기우(祈雨)[명] 가물 때 비 오기를 빎. prayers for rain
기우(氣宇)[명] 기개와 도량. magnanimity　　　　[하다
기우(寄寓)[명] 잠깐 다른 곳에서 지냄. 기주(寄住). lodging 하[다]　　　　　　　　[위하여 설치한 단.
기우-단(祈雨壇)[명]〈제도〉기우제(祈雨祭)를 지내기
기우듬-하다[여] 조금 기웃하다. somewhat slant 《작》갸우듬하다. 《센》끼우듬하다. 기우듬-히[부]
기우뚱[부] 물체가 한 쪽으로 비스듬히 기울어진 모양. 《작》갸우뚱. 《센》끼우뚱. 하[다]
기우뚱-거리-다[자타] 물체가 기우뚱하게 흔들리다. 《작》갸우뚱거리다. 《센》끼우뚱거리다. **기우뚱=기우뚱**[부]
기·우·로[고] 기울게.　　　　　　　　　　　[하[다]
기·우·루[고] 기울게.
기우-제(祈雨祭)[명] 하지(夏至)가 지나 모내기가 늦어졌으나 오래 가물 때에 비가 내리라고 비는 제사. 우제(雨祭). 《대》기청제(祈晴祭).
기운[명] ①하늘과 땅 사이에 가득 차서 만물이 나고 자라는 힘의 근원. spirit ②생물이 살아 움직이는 힘. 생기. 원기. vitality ③오관(五官)으로 느끼는, 눈에 보이지 않는 현상. ¶독한 ~. 매운 ~. air ④체력. 힘. strength ⑤명교간(冥交間)에 안부를 묻는 말. health
기운(氣運)[명] 되어 가는 경향이나 형편. tendency
기운(氣韻)[명] 문장이나 서화의 아담한 멋. noble grace
기운(機運)[명] ①돌아가는 고비와 운수. ②큰 기회와 시운(時運). opportunity
기운기=밑(一氣一)[명] 한자 부수(部首)의 하나, '气'나 '氣' 등의 '气'의 이름.
기운 생동(氣韻生動)[명] 기품이 넘쳐 있음. 뛰어난 예술품에 이르는 말.
기운이 세면 소가 왕 노릇 할까 힘만 가지고는 많은 사람을 거느릴 수 없다.
기운-차-다[형] 기운이 세차다. vigorous
기울[밀 따위의 속 껍질. bran
기울(氣鬱)[명] ①〈한의〉마음이 울적하여 가슴이 아픈 병. ②심기가 우울함. ¶~증(症). melancholy 하[다]
기울(氣蔚)[명]〈수학〉면의 두 지점 사이의 수직 거리와 수평 거리의 비. 구배(勾配). gradient
기울-다[다][자] ①한쪽으로 쏠리다. 《작》갸울다. 《센》끼울다. lean to ②해나 달이 저물다. sink ③형세가 불리하다. ¶국운이 기울었다. decline ④그러한 경향을 가지다. ⑤이지러지다. ¶보름이 지나면 달이 기울기 시작하다. incline
기울어=뜨리-다[타] 힘있게 기울이다. 《작》갸울어뜨리다. 《센》끼울어뜨리다. incline
기울어-지-다[자] ①기울게 되다. 《센》끼울어지다. incline ②형세가 위태롭게 되다. decline
기울=이-다[다][타] ①일정한 기준에서 한편으로 쏠리다. incline ②어떤 방향으로 향하게 하다. ¶귀를 ~. listen to ③남기지 않고 총동원하다. ¶온 정신을 ~. devote to ④형세를 불리하게 하다. 《작》갸울이다. 《센》끼울이다. to make something unfavourable
기움-말[명] 보어(補語).　　　　　　[는 일. 하[다]
기움-질[명] 해지 곳이나 떨어진 곳에 조각을 대어 깁
기웃[부] 무엇을 보려고 고개를 기울이는 모양. 《작》갸웃. 《센》끼웃. peeping 하[다]
기웃-거리-다[자타] 무엇을 보려고 자꾸 고개를 기울이다. 《작》갸웃거리다. 《센》끼웃거리다. peek into peep **기웃=기웃**[부] 하[다]
기웃듬-하-다[여] 기웃한 듯하다.
기웃-하-다[여][형] 약간 기울다. inclined a little [다] [여] 조금 기울이다. 《작》갸웃하다. 《센》끼웃하다.
기웃-이[부]　　　　　　　　　　[technical official
기원(技員)[명]〈법률〉국가 공무원의 한 관칭(官名).
기원(紀元)[명] ①나라를 세운 첫 해. era ②연대를 헤아리는 데 기초가 되는 해. epoch
기원(祈願)[명] 소원을 빎. 발원(發願). prayer 하[다]
기원(起源·起原)[명] 사물이 생긴 본바탕. ¶~설(說). 《유》시초(始初). 《대》종말(終末). origin 하[다]
기원(基源)[명] 어떤 사전이나 원인의 첫머리. initiation
기원(棋院)[명] ①바둑을 즐기는 사람들에게 시설과 처소를 제공하는 일을 업으로 삼는 곳. ②바둑의 전문가가 조직하는 단체. 또, 그 집합소.
기원(冀願)[명] 바라고 원함. 희망. 희원(希願). 하[다]
기원-사(祈願詞)[명] 기원하는 글이나 말.
기원-전(紀元前)[명] 단군(檀君)이 건국하기 이전. ②서력 기원 이전. B. C. (Before Christ)
기원 정사(祇園精舍)[명]〈불교〉옛날 중인도 마갈타국(摩揭陀國) 사위성(舍衛城) 남쪽에 있던 절.
기원-후(紀元後)[명] ①기원 원년 이후. ②서력 기원이 시작한 이후. A. D. (Anno Domini 라). in the year
기월(忌月)[명] 기일(忌日)이 있는 달.　　[of our lord
기월(期月)[명] ①정한 기한의 달. fixed month ②온 한 달. 한 달. full month
기위(旣爲)[부] 벌써. 이미. already
기유(己有)[명] 자기의 소유(所有). ownership
기유(己酉)[명]〈민속〉육십 갑자(六十甲子)의 46째.
기유(耆儒)[명] 늙은 유자(儒者). old scholar
기유(旣有)[명] 이미 있음. already 하[다]
기율(紀律)[명] ①질서 있는 행동의 규정. 《유》율(律). regulations ②순서. order
기은(欺隱)[명] 속이고 감춤. concealment 하[다]
기은[명] ①잡 것. 논밭에 잡풀이 어우러지게 많이 난. →갓불[?].
기음 → 기음².
기음(記音)[명] 소리의 진동하는 모양을 표시함. recording the sound wave 하[다]
기음[명]〈어학〉평음(平音)에 'ㅎ'을 더 작용하여 거세게 나는 소리. ㅋ·ㅌ·ㅊ 따위. 거센 소리.
기음=기(記音器)[명] 소리의 진동하는 모양을 그리어 나타내는 장치. phonoscope
기음=매-다[타] →김매다.　　　　　　　　　　[字]
기음 문자[-짜](記音文字)[명][동] 표음 문자(表音文
기의(機宜)[명] 시기와 형편에 잘 맞음. 《유》시의(時宜). opportunity
기이(歧貳)[명] 의론이 가지가지여서 갈래가 짐. 하[다]
기이(奇異)[명] 기괴하고 이상함. 《유》기묘(奇妙). 《대》

평범(平凡). strangeness 하圈 히閑
기이(期頤)閑 100살의 나이. hundred years of age
기이(旣已)閑 벌써. 이미. already
기이-다囚 일을 숨기어 드러나지 않게 하다. 《약》기다². keep secret 「(上壽)
기이²=**수**(期頤之壽)閑 나이가 100살이나 되는 상수
기인(奇人)閑 묘하고 이상한 사람. (대) 범인(凡人).
strange person
기인(其人) 〈제도〉 신라·고려 초에 지방 향리(鄕吏)의 자제로 중앙에 와서 뽑혀 와서 그 고을 행정의 고문(顧問)을 맡아보던 사람.
기인(起因)閑 일이 일어나는 원인. cause 하囚
기인(飢人)閑 굶주린 사람. hungry person 「하囚
기인(基因)閑 근본이 되는 원인. fundamental cause
기인(欺人)閑 사람을 속임. deceiving 하囚
기인(棄人)閑 ①병으로, 또는 상도(常道)에 벗어난 짓을 하여 버림받은 이. ②(동) 폐인(廢人).
기인(幾人)閑 몇 사람. several persons
기인(畸人)閑 ①성질이나 거동이 이상 야릇한 사람. 기이한 사람. strange person ②병신. 불구자. cripple
기인(旗人)閑 중국 청나라 때에 만주 사람의 일컬음.
기인 취:물(欺人取物)閑 사람을 속여 돈이나 물건을 빼앗음. 기인 편재(欺人騙財). 하囚
기인 편재(欺人騙財)閑(동) 기인 취물(欺人取物). 하
기일(忌日)閑 사람이 죽은 날. 명일(命日). anniversary of one's death 「우일(偶日).
기일(奇日)閑〈민속〉짝이 맞지 않는 수의 날. (대)
기일(期日)閑 ①작정한 날짜. ¶ ~ 엄수(嚴守). fixed date ②〈법률〉어느 행위가 이루어지고 또는 어느 사실이 일어나는 시점(時點). ③〈경제〉어음 결제(決濟)의 한정된 날자. term
기일(幾日)閑 며칠. 몇 달. some days
기일=하-다(期一-)囚母囚 날짜를 기약하다.
기입(記入)閑 적어 넣음. entry 하囚
기입=란(記入欄)閑 써 넣는 난. blank
기입=장(記入帳)閑 적어 넣는 책. 또, 공책.
기자(記者)閑 ①신문이나 잡지 등의 기사를 취재·집필하거나 편집하는 사람. journalist ②문서를 기초하는 사람. writer 「(食). hungry person
기자(飢者)閑 굶주린 사람. 기인(飢人). ¶ ~ 감식(甘
기자(棋子·碁子·棋子)閑 바둑. 바둑돌.
기자(譏刺)閑 허물을 비웃고 비꿈. cynicism 하囚
기자 감식(飢者甘食) 배고픈 사람은 음식을 가리지 않고 달게 먹음.
기자-단(記者團)閑 같은 지방이나 같은 출입 부처의 기자들로 이루어진 단체. 기자 클럽.
기자-력(起磁力)閑〈물리〉쇠에 자기가 일어나게 하는 힘. magneto motive force 「자류의 대기실.
기자-실(記者室)閑 관공서 같은 데에 마련된 취재 기
기자 클럽(記者 club)《동》기자단.
기장(起腸)閑《동》늑아우. 「length
기장閑 옷의 길이. ¶ 네 옷은 ~이 너무 길다.
기장²〈식물〉포아풀과의 일년생 풀. 곡류의 하나로서 조보다 굵음. 이삭은 가지 9~10월에 이삭이 익음. 열매는 식용 및 가축의 사료로 씀. 나서(黍黎). millet
기:장(技匠)閑 기술을 가진 사람. artisan
기장(紀章)閑《약》=기념장(紀念章).
기장(記帳)閑 장부에 기록함. 또, 그 장부. entry 하
기장(記章·紀章)閑 어떤 기념할 만한 일에 관계한 사람에게 주는 표장(標章). sign
기장(旣張)閑 이미 동작.
기장(旗章)閑 깃발·국기·군기·교기 등의 총칭.
기장(器仗)閑 병기(兵器)와 의장(儀仗). arms and cortege
기장(機長)閑 민간 항공에서 항공기 승무원 중의 최고 책임자. 조종사를 겸하기도 함. pilot-in-command

stomach
기장=쌀閑 찧어서 껍데기를 벗긴 기장 열매.
기장=제(記帳制)閑 기업의 실적·거래 사실을 장부에 기적하여 과세의 근거를 마련하면서, 세무 행정의 민주화와 상호 신뢰의 세제(稅制) 운용을 하기 위한 제도. 「identification-card
기장=증(一證)(記章證·紀章證) 기장을 주는 증명서.
기장지무(旣張之舞)閑 이미 벌인 춤이라, 하던 일을 중간에 그만둘 수 없다는 말.
기장-차-다閑 물건이 곧고도 길이가 길다. 썩 길다.
straight and long 「기지(奇智). wonderful talent
기재(奇才)閑 아주 뛰어난 재주. 또, 그런 사람. 《유》
기재(記載)閑 기록하여 실음. 적어서 올림. statement 하囚 「람. man of ability
기재(器才)閑 아주 뛰어난 재주. 또, 이를 갖춘 사
기재(機才)閑 기민한 재주. 임기 응변의 재치. quick-wittedness
기재(機材)閑 ①기계의 재료. ②기계와 재료.
기재(器材)閑 기구와 재료. utensil
기재(器財)閑 ①그릇. 기명(器皿). 기물(器物). vessel ②쓰는 도구(道具)①.
기=재=주=색(氣財酒色) 기운·재물·술·여색 등 골패나 화투로 점치는 그날 운수의 네 가지.
기저(基底)閑 ①기초가 되는 밑바닥. ②(동) 저면(底面)②. base
기저귀閑 젖먹이의 대소변을 받아 내는 헝겊. diaper
기적(汽笛)閑 기차나 기선 같은 것의 신호 장치. 또, ¶ ~ 소리. steamwhistle
기:적(妓籍)閑 기생하는 적.
기적(奇蹟)閑 ①사람으로서는 생각할 수도 없는 아주 신기한 일. 이적(異蹟). miracle ②인간의 능력으로서는 불가능한 일을 하느님의 성령의 힘을 입은 특수한 사람이 행하는 일.
기적(奇籍)閑 기이한 책. 신기한 책. strange book
기적(棋敵·碁敵)閑 바둑 두는 사람끼리 서로 맞서는 자. opponent of chess game
기적=극(奇蹟劇)〈연예〉중세기에 영국·프랑스에서 유행한 종교극. 신비극(神祕劇). miracle play
기적-적(一的)(奇蹟的)閑 아주 기적에 가까운(것). ¶ ~으로 살아났다. miraculous
기전(其前)閑 그 전. former times
기전(紀傳)〈역사〉본기(本紀)와 열전(列傳). 어떤 인물의 전기(傳記)를 적은 책.
기전(記傳)閑 기록과 사전(史傳).
기전(起電)閑 〈물리〉전기를 일으킴. ¶ ~기(機). generation of electricity 하囚 「wit
기전(機轉·機轉)閑 마음의 움직임이 빠른 모양. ready
기전(棋戰·棋戰·碁戰)閑 바둑 또는 장기의 승부를 가림.
기전(畿甸)閑《동》기내(畿內)①. 「루는 술.
기전(騎戰)閑 말을 타고 하는 싸움. 기마전(騎馬戰). cavalry battle
기전-력(起電力)閎〈물리〉전기 힘로(回路)에 전류를 일으키는 작용. electromotive force
기전=체(紀傳體)〈역사〉역사 편찬에 있어서 인물이 행한 일을 중심으로 하여 쓴 역사의 한 체재(體制). (대) 편년체(編年體). 기사 본말체(紀事本末體).
기절(奇絶)閑 아주 신기함. 썩 기이함. marvelousness 하囚
기절(氣絶)閑 ①병든 사람이 숨이 끊어져 죽음. ②한때 정신을 잃음. ③깜짝 놀라 숨이 막힐 지경이 됨. ¶ ~ 담락(膽落). fainting 하囚
기절(氣節)閑 ①기개와 절조(節操). spirit and constancy ②(동) 기후(氣候)②①.
기절-벌(一罰)(棄絶罰)閑〈기독〉파문을 당하는 벌. 파문벌(破門罰).
기점(一點)(起點)閑 사물의 첫머리. 시작하는 곳. 원점(原點). 출발점. (대) 종점(終點). origin
기점(一點)(基點)閑 기본이 되는 곳이나 점. 밑점①. cardinal point
기:점(技正)〈법률〉기술계 국가 공무원의 한 직위.

기정(汽艇)[명] 증기 기관으로 달리는 비교적 작은 배.
기정(起程)[명] 여행을 떠남. start 하다 [ㅌ] steam boat
기정(旣定)[명] 이미 결정됨. ¶~ 사실. [대] 미정(未定). established 하다
기정(欺情)[명] 겉으로만 꾸미고 속은 드러내지 않음. suppression of a fact 하다
기=정맥(奇靜脈)[명]〈생리〉가슴 오른편에 있는 정
기정-비(旣定費)[명]〈법률〉법령으로써 이미 그 액수를 결정한 세출. 확정비. [대] 자유비(自由費). annual expenditure 「미 그 액수를 결정한 세입.
기정 세:입(旣定歲入)[명]〈법률〉법률·명령으로써 이
기정 세:출(旣定歲出)[명]〈법률〉법률·명령으로써 이미 그 액수를 결정한 세출.
기정 예:산(旣定豫算)[명]〈법률〉의회(議會)에서 이미 결의된 예산.
기제(忌祭)[명]〈약〉=기제사(忌祭祀).
기제(旣濟)[명] 일이 이미 처리되어 끝남.[대] 미제(未濟). already settled 하다
기제(機制)[명] 기구(機構)①.
기제-괘(旣濟卦)[명]〈민속〉길이 불위에 있음을 나타내는 육십사괘의 하나.
기제-론(機制論)[명] = 기계론(機械論)①.
기제-류(奇蹄類)[명]〈동물〉포유류(哺乳類)에 속하는 동물의 한 유(類). 네 발의 셋째 발가락이 현저히 발달하고 나머지는 모두 퇴화(退化)하였음. 반추하지 않으며 맹장이 큼.
기제(忌祭).
기제-사(忌祭祀)[명] 해마다 죽은 날에 지내는 제사.〈약〉
기조(基調)[명]①〈음악〉주조음(主調音).②사상·작품 등의 근본적 경향. ¶낭만성을 ~로 한 예술 작
기조(騎曹)[명]〈옛〉병조(兵曹). 「품. keynote
기조(鰭條)[명]〈어류〉물고기의 지느러미를 이루어 그 뼈가 되는 줄기.
기조-력(起潮力)[명]〈지학〉조수(潮水)와 석수(夕水) 및 조류(潮流)를 일으키게 하는 힘. 태양 및 달의 인력과 지구의 원심력의 합성으로 이루어짐. gravitation
기조 연:설(基調演說)[명]〈정치〉각 정당의 대통령 후보자 지명 대회나, 국회에서 당의 기본 정책을 설명하는 연설. keynote address
기족(旗族)[명] 중국 청나라 때의 만주족(滿洲族)을 이
기족(驥足)[명] 준마의 주력(走力)이란 뜻으로, 뛰어난 재주를 가진 사람을 일컬음. a talent 「하다
기존(旣存)[명] 이미 존재함. ¶~ 시설(施設). existing
기졸(騎卒)[명]〈군〉기병(騎兵).
기종(氣腫)[명]〈의학〉조직 내로 공기가 흡수되어 팽창 또는 확대된 상태. emphysema
기:좌(技佐)[명]〈법률〉기술직 국가 공무원 의한 직위. 5 급임. engineer
기좌(起坐)[명] 사람을 맞을 때에 존경하는 태도로서 일어났다가 앉는 일. rising for greeting 하다
기주(記注)[명] 언행을 적어 둠. 하다
기주(起酒)[명]①술이 괴어 오름. fermentation of wine ②증편 같은 것을 만들 때 술을 부어 부풀어 오르게 함. 기수(起漿). 하다[자타]
기주(寄主)[명]〈생물〉기생 생물이 있는 장소와 양분을 주는 생물. 숙주(宿主). ¶~ 식물(植物). host
기주(寄住)[명]〈동〉기우(寄寓). 하다[자]
기주(耆主)[명] 기로소의 수호신.
기:주(嗜酒)[명] 술을 좋아함. fondness for liquor 하
기=죽-다(氣一)[자] 기세가 꺾여 약해지다.
기준(奇峻)[명] 산이 기이하고 높음. loftiness 하다
기준(基準)[명] 기본이 되는 표준. standard
기준-선(基準線)[명] 도면을 그릴 때 기초가 되는 선.
기준 참례(奇峻慚悔)[명] 산이 험하고 가파름. ruggedness
기중(居憂)[명] 상중(喪中). in mourning
기중(其中)[명] 그 가운데. 그 속. among the rest
기중(期中)[명] 기일 안. 기한 안.

기중(器重)[명] 그 재기(才器)를 중요롭게 여김. respecting one's ability 하다
기중(基重)[명]〈동〉긴중(緊重). 하다
기중-기(起重機)[명]〈공업〉무거운 물건을 들어 올리거나 내리거나, 수평으로 이동시키는 기계. 크레인(crane).
기증(寄贈)[명] 물품을 보내어 줌. 증기(贈寄). 증여(贈與). 증정(贈呈).[대] 수증(受贈). presentation 하
기증-본(寄贈本)[명] 기증하는 책. gift book 「다
기증-품(寄贈品)[명] 기증하는 물건. donation
기지(忌地)[명]〈농업〉그루터기 땅. 곧 어떤 농작물이 특히 잘 자라지 못하는 땅.
기지(奇地)[명] 아주 신기한 땅.
기지(奇智)[명] 기발한 지혜. 천재적인 지혜.〈유〉기재(奇才). queer wisdom
기지(氣志)[명] 의기와 의지. spirits and will
기지(基地)[명]①〈군사〉군대의 보급(補給)·수송·통신·항공 등의 기점(基點)이 되는 곳. ¶군수(軍需)~. base ②터전. site 「ready 하다
기지(旣知)[명] 이미 앎.[대] 미지(未知). known already
기지(機智)[명] 그때그때의 경우에 따라 재치 있게 변통하는 슬기. 돈지(頓智). 즉지(卽智). wit
기:지개[명] 피곤을 덜기 위하여 몸을 쭉 펴고 팔다리를 뻗는 짓. straightening one's back 하다
기:지개-켜-다[타] 기지개를 하다. stretch oneself
기지(旣)[교] 기하고 한다.
기지 못하고 뛰려 한다[속] 자기 실력 이상의 거동을 한다는 말.
기지-망(基地網)[명] 여러 군데 벌여 놓은 기지들의 배치 체제.
기지 사:경(幾至死境)[명] 거의 죽을 지경에 이름. 하다
기지-수(旣知數)[명]①〈수학〉방정식 등에서 이미 그 값을 알고 있는 것, 또는 주어진 것으로 가정한 수.〈대〉미지수(未知數). known quantity ②일이 추측할 수 있는 일.
기지-창(基地廠)[명]〈군사〉후방의 보급의 비축·공급을 맡 「은 부대. logistic depot
기직[명] 왕골 껍질이나 부들 잎을 짚에 섞어서 엮은 돗자리.
기직(機織)[명]①베틀로 베를 짬. machine weaving ②기계로 짠 직물. cloth woven by machine 하다
기진(氣盡)[명] 기력이 다함. exhaustion 하다 「다
기진(寄進)[명] 물품을 기부하여 바침. contribution 하
기진 맥진(氣盡脈盡)[명]〈동〉기진 역진(氣盡力盡). 하다
기진 역진[一一](氣盡力盡)[명] 기력이 다 없어짐. 기진 맥진(氣盡脈盡). utter exhaustion 하다
기질(奇疾)[명] 원인 모를 이상한 병. strange malady
기질(氣質)[명]①기력과 체질. vigour and constitution ②〈심리〉인간의 성격을 특징지을 수 있는 감정의 경향. ¶상 기상(氣象)~. temperament ③정주학파(程朱學派)의 학설에 있어서, 본연(本然)의 성(性)에 대하여 혈기(血氣)에 의하여 후천적으로 생긴 성질.
기차(汽車)[명]①증기(蒸氣)나 디젤 기관을 원동력으로 하여 궤도 위를 달리는 차량. 증기차(蒸氣車). 철마(鐵馬). 화물차(火輪車). 화차(火車). 철륜(鐵輪). train ②〈동〉열차(列車).
기차(其次)[명] 그 다음. 그 버금. next
기차(幾次)[명] 몇 번. 몇 차례. how many times
기-차-다[자]①하도 같잖아 어이가 없어서 말이 안 나오다. ¶기가 찬 노릇이다. ②힘에 지나치다. beyond one's power
기차 선로(汽車線路)[명]〈동〉기찻길.
기찰(譏察)[명]〈제도〉경기도 남도의 관찰사.
기찰(譏察)[명]〈제도〉경기도의 관찰사. 수찰(水察)
기찰(譏察)[명] 슬쩍 탐사함. search 하다
기찰 군관(譏察軍官)[명]〈제도〉죄인을 수탐하기로 포도청(捕盜廳)의 한 벼슬. 기찰 포교(捕校)
기찰 포:교(譏察捕校)[명]〈동〉기찰 군관.
기찻-길(汽車一)[명] 기차가 달리는 선로. 기차 선로. railway

기창(氣脹)[명] 〈한의〉칠정(七情)의 울결(鬱結)로 뱃속에 가스가 가득 차서 배가 불룩해지며 몸이 붓고 팔다리가 여위는 병. swollen disease

기창(起瘡)[명] 마마의 꽃이 솟은 후 부르는. 하자

기창(旗槍)[명] 〈제도〉①작은 기를 다는 긴 창. ②고려 때 의장(儀仗)의 하나. ③십팔기(十八技)의 한 가지.

기창(騎槍)[명] 기병(騎兵)이 가지는 긴 창. lance

기채(起債)[명] ①빚을 냄. loan ②국가나 공공 단체에서 공채를 모집함. floatation of a loan 하자

기책(奇策)[명] 기묘한 계책. 기계(奇計). uncommon

기처(其處)[명] 그 곳. that place

기척[명] 어디 있는 줄을 알 만한 소리나 자취. ¶방안에 인~이 없다. sign

기천(氣喘)[명] 〈한의〉가슴이 답답하고 숨이 차며 목구멍에서 가래 끓는 소리가 나는 병. asthma

기철(忌鐵)[명] 〈한의〉약재가 그 성질을 따라 쇠를 싫어하는 일. 하자

기첩(奇捷)[명] 뜻하지 아니한 승리. unexpected victory

기청=제(祈晴祭)[명] 〈제도〉입추(立秋) 뒤까지 장마질 때, 개기를 비는 나라의 제사. 영제(禜祭). 《예》 기우제(祈雨祭).

기체(氣滯)[명] ①기도(氣度)가 순하지 못하여 생기는 병. 기통(氣痛). ②기분이 펴이지 아니하여 생기는 체증(滯症).

기체(基體)[명] 〈철학〉 어떤 변화·운동 또는 활동이 일어나는 장소로서의 질료적 지반(質料的 地盤) 또는 실체(實體).

기체(氣體)[명] ①웃어른께 올리는 편지에서 그의 '정신과 건강 상태'를 이르는 말. 기후(氣候). your state of health ②공기 따위처럼 일정한 형상이나 체적이 없는 물체. 《예》 고체. 액체. gaseous body

기체(機體)[명] ①기계의 바탕. machine ②비행기의 몸통. fuselage

기체=론(氣體論)[명] 〈물리〉 기체의 성질과 그에 관한 현상과 분자 운동론을 기초로 하여 통계 역학적으로 논하는 학설. 기체 운동론(氣體運動論).

기체 반=응의 법칙(氣體反應―法則)[명] 〈화학〉 기체와 기체가 서로 반응할 때 이 기체들의 부피와 생성(生成)된 기체의 부피 사이에 간단한 비(比)가 성립하는 법칙. 기체 용적(氣體容積)의 법칙(法則). law of gas action

기체 반=응의 정=률(氣體反應―定律)[명] 〈화학〉 기체의 화학 반응에 따르는 체적의 변화에 관한 정률.

기체 분자수의 법칙(氣體分子數―法則)[명] 〈화학〉 기체는 모두 같은 온도, 같은 압력 밑에서는 같은 부피 중에 같은 수의 분자를 포함하고 있다고 하는 법칙.

기체 연료(氣體燃料)[명] 가스(gas) 연료.

기체 용적의 법칙(氣體容積―法則)[명] 기체 반응의 법칙.

기체 운=동론(氣體運動論)[명] 〈동〉 기체론.

기체의 부=력(氣體의浮力)[명] 〈물리〉 기체도 액체와 같이 그 속에 있는 물체를 그것과 같은 체적의 기체의 무게와 같은 힘을 가지고 위로 뜨게 하는 힘.

기체 전=지(氣體電池)[명] 〈물리〉 산소·염소 등의 전극(電極)이 될 수 있는 기체의 전극 두 개를 조합하여 만든 전지. 가스 전지.

기체=후(氣體候)[명] 〈공〉 기체(氣體)①.

기초(奇峭)[명] 산이 기이하고 가파름. 하자

기초(記秒)[명] 초의 시각을 적어 나타냄. ¶~ 시계 (時計). chronometry

기초(起草)[명] 글의 초안을 잡음. ¶~ 위원. 《유》 기안(起案). 출초(出草). 《예》 초(草). drafting 하자

기초(基礎)[명] ①사물의 밑바닥. 근본(根本)②. 근저(根底)①. 근체(根帶). 《유》 근저(根抵). 본초(本抄). 태시(太始)②. ②건조물이나 구조물의 무게를 받기 위해서 만든 바닥. 토대. ¶~ 공사(工事). foundation

기초 운=동(基礎運動)[명] 〈체육〉 경기에 갖추어야 할 자연스런 유연(柔軟) 체조. basic exercise

기초 청려(奇峭淸麗)[명] 산이 가파르고 기이하며 맑고 아름다움. 하자

기총(機銃)[명] 〈약〉→기관총. carbine

기총(騎銃)[명] 기병(騎兵)이 지니고 있는 자그마한 총.

기총 소사(機銃掃射)[명] 기관총으로 비질하듯이 마구 내쏨. machine-gunning

기추(騎芻)[명] 〈역사〉 조선조 후기에, 무과(武科) 초시(初試)에 과하는 무예의 하나. 말을 타고 달리면서 활을 쏨. ¶달리기를 익히는 데 쓰던 고랑.

기추 고랑(騎芻―)[명] 〈군사〉 옛날 기병(騎兵)이 쓰던 고랑.

기추(己丑)[명] 〈민속〉육십 갑자(六十甲子)의 26째.

기축(祈祝)[명] 빌고 바람. ¶성공을 ~하다. prayer 하자

기축(氣縮)[명] 의기(意氣)가 움츠러 듬. 기가 질림. being discouraged 하자

기축(機軸)[명] ①기관이나 바퀴 등의 굴대. axis ②《동》 마룻대. ③활동의 중심이 되는 긴요한 곳. key point ④새로 생각하여 낸 사물의 방법. ¶신~. earth's axis ⑤시문(詩文)의 체재.

기축 통화(基軸通貨)[명] 국가간의 결제에 금(金)의 대체물(代替物)로 사용할 수 있는 특정국(特定國)의 통화.

기출(己出)[명] 자기가 낳은 자녀. one's real child

기·출=기(起出器)[명] 기침.

기취(旣娶)[명] 이미 장가듦. 《대》 미취(未娶).

기취(箕箒)[명] 쓰레받기와 비. dustpan and a broom

기취=첩(箕箒妾)[명] 아내가 자신을 겸손하여 이르는 말.

기층(氣層)[명] 대기의 층(層).

기층(基層)[명] ①기초를 이루는 밑층. ②여러 층으로 된 구조에서, 밑바탕으로 되는 층. 《질의》하나.

기치(旗幟)[명] 〈한의〉정신이 흥분되어 붓고 아픈 치

기치(樂置)[명] 버려 둠. desertion 하자

기치(旗幟)[명] ①군중(軍中)에서 쓰는 온갖 깃발. flag ②태도나 언행을 구별하는 표. attitude ③기의 표지(標識). emblem

기치 선명(旗幟鮮明)[명] 태도나 언행이 뚜렷함. clarify one's position 하자

기치 창검(旗幟槍劍)[명] 군중(軍中)에서 쓰는 기·창.

기침(起寢)[명] ①감기나 천식을 앓을 때 후두(喉頭)·기관(氣管) 등의 점막에 분포된 미주(迷走) 신경의 자극에 의하여 갑자기 터져 나오는 강한 숨소리. ②목구멍에 붙은 가래를 메거나, 또는 인기척으로 갑자기 터져 나오려 하는 숨소리. 해수(咳嗽). cough 하자

기침(起枕)[명] 잠자리에서 일어남. rising 하자

기침(起寢)[명] ①〈동〉기상(起床). ②〈불교〉밤중에 일어나 부처에 배례하는 일. 하자

기침=쇠[―쇠](起寢―)[명] 〈동〉기침종.

기침=종(起寢鐘)[명] 〈불교〉아침에 일어날 때에 절에서 치는 종. 기침쇠.

기타(其他)[명] 그 밖의 또 다른 것. ¶~ 사항(事項). and others

기타(guitar)[명] 〈음악〉여섯 줄로 된 서양 현악기의 하나. 두 손을 앞뒤로 완손으로 줄의 간(桿) 쪽을 짚으며 오른손의 손가락으로 퉁겨 탐.

기탁(寄託)[명] ①부탁하여 맡기어 둠. entrusting ②〈법률〉당사자의 일방(一方)이 상대자인 기탁자로부터 물건을 받아서 보관할 것을 계약함. 신민법(新民法)에서는 '임치(任置)'라 함. ¶~ 증서. deposition 하자

기탁=금(寄託金)[명] ①기탁한 돈. trust money ②〈법률〉국회 의원 선거에서 후보자가 중앙 선거의 관리 위원회에 예치한 돈. trust money

기탁=물(寄託物)[명] 〈법률〉기탁자가 보관을 의뢰한 물건. deposit. 《회한》하다

기탁=자(寄託者)[명] 〈법률〉기탁의 계약에 있어서의 위탁자.

기탄(忌憚)[명] 어렵게 여기어 꺼림. reserve 하자

기탄=없:이(忌憚―)[부] 거리낌이 없이. ¶내게 ~ 일러 주오.

기태(奇態)[명] 기이한 모양. ¶~ 이상(異狀). strangeness

기통(汽筒·汽筒·氣筒)[명] 〈동〉실린더(cylinder).

기통(氣痛)[명] 〈동〉기체(氣滯)①.

기특=하다(奇特―)[형][여]] 행동이 특별하여 귀염성스

럽다. ¶기특한 아이. praise worthy 기특=히函
기·튼·다[㉠] 끼치다. 남은. 「껍새. 《か》 계기(契機).
기틀[㉠] ①일의 가장 중요한 점. key point ②기회나
기틀=잡히-다[자동] 일의 가장 중요한 부분이 제 기능
  을 할 수 있게 되다. functioning
기·티·다[㉠] 끼치다. 남기다.   「tide
기파(氣波)[명] 〈물리〉공기의 파동(波動). atmospheric
기판(←)[명] 〈불교〉끼니때를 알리는 목탁이나 종
  을 치는 일.   「판. vexillum
기판(旗瓣)[명] 〈식물〉콩꽃 따위의 한가운데 있는 화
기판(騎判)[명] 병조 판서(兵曹判書).
기판=력(旣判力)[명] 〈법률〉①민사 소송법에서 재판이
  확정된 경우에 생기는 같은 사항이 그 후 소송상의
  문제가 되더라도 당사자는 이에 어긋나는 주장을
  할 수 없고, 법원도 이와 저촉되는 재판을 할 수
  없는 구속력. ②형사 소송법상, 유죄·무죄의 실체
  판결(實體判決) 및 면소의 판결이 형식적으로 확정
  되는 일. effect of excluding further litigation
기판 목탁(←喫飯木鐸)[명] 〈불교〉끼니때를 알리기 위
  해 치는 목탁. 기판종.
기판=종(←喫飯鐘)[명] 〈동〉기판 목탁(喫飯木鐸).
기·펴-다(氣一)[㉠] ①어려운 데서 벗어나 마음이 편하
  지다. be free ②마음을 놓다. 안심하다. feel
기편(欺騙)[명][ᄒᆞ여]가인일 편재(欺人騙財).
기평(棋枰·碁枰)[명] 바둑판.   「하타
기평(譏評)[명] 꾸짖어서 하는 비평. adverse criticism
기폐(起廢)[명] ①면직(免官)당했던 사람을 다시 임
  용함. reappointment of a dismissed person ②쇠
  퇴한 것을 다시 일으킴. 하타
기포(起泡)[명] 거품이 일어남. 하타
기포(氣泡)[명] 유리나 액체 속에 공기나 다른 기체가
  들어가 둥그런 형상을 하고 있는 것. 거품③.
기포(氣胞)[명] 〈생리〉①허파 속의 기관 세지(氣管細
  枝)의 끝에 있는 작은 주머니. 밖의 공기와 혈기와
  의 가스 교환의 일을 맡음. air-cell ②〈동〉부레①.
기포(飢飽·饑飽)[명] 주림과 배부름. hunger and sati-
  ation   「lery attached to cavalry
기포(騎砲)[명] 〈군사〉기병 부대에 딸린 아포. artil-
기포-병(騎砲兵)[명] 〈군사〉독립된 기병단(騎兵團)에
  딸린 아포병(野砲兵).
기폭[명] 외부의 작용으로 폭발을 일으키는 현상.
  ¶~=제(劑) initiating   「flag
기폭(旗幅)[명] ①깃발. ②깃발의 나비. breadth of a
기폭-약(―藥)[명] 〈화학〉적은 자극으로 폭발
  하여 많은 양의 화약의 폭발을 일으키는 화약. det-
기표(記票)[명] 투표 용지에 써 넣음. 하타 |onator
기표-소(記票所)[명] 투표장내에 기표하도록 마련해 놓
  은 곳.   「article
기품(奇品)[명] 진기한 물품. 기이하고 드문 물건. rare
기품(氣品)[명] ①기질과 품위. ②고상하게 보이는 기품.
기품(氣稟)[명] 기질과 품성(稟性). nature
기풍(氣風)[명] ①기상과 풍채. 「우리 학교의 ~. ②
  어느 집단이나 지역내의 사람들의 공통적인 기질.
  ¶경상도 사람의 ~. traits, character   「사.
기프트(gift)[명] ①주는 일. 증여(贈與). ②선물. 인
기프트 숍(gift shop)[명] 주로 외국인을 상대로 하는
  토산물 상점.   「특수하게 만든 고가품(高價品).
기프트 아이템(gift item)[명] 새로이 유행되는 상품.
기프트 체크(gift cheque)[명] 은행에서 다루는 증답용
  (贈答用)인 수표.
기피(忌避)[명] ①꺼리어 피함. ②〈법률〉소송 당사자
  가 그 법관의 직무집행을 거절하는 일. evasion 하
기·피·다(㉠) 깊게 하다.
기피-자(忌避者)[명] 기피하는 사람.
기필(起筆)[명] 붓을 들고 쓰기 시작함. 《대》 각필(擱
  筆). start writing 하타
기필(期必)[명] 꼭 되기를 약속함. without fail 하타
기필-코(期必―)[부] 기어코. 꼭. ¶~ 우등생이 되겠
  다. by any means

기핍(氣乏)[명] 기력(氣力)이 부족함. lack of energy
기핍(飢乏)[명] 기근이 들어 식물이 결핍함. 하[형] 하[형]
기하(旗下)[명] 〈약〉→기하(幾何學).
기하(幾何)[명] ①얼마. how many(much) ②〈약〉→기하
기하 공리(幾何公理)[명] 〈수학〉기하학에만 쓰는 공리.
기하 광학(幾何光學)[명] 〈물리〉광(光)의 전파를 기하
  학적으로 논증하는 광학의 부문. 《대》물리 광학.
  geometrical optics
기하 급수(幾何級數)[명] 〈동〉등비 급수(等比級數).
기-하-다(基―)[타여불] 기초를 두다.
기-하-다(忌―)[타여불] 꺼리다. 피하다. detest
기-하-다(記―)[타여불] 기입·기록하다.
기-하-다(期―)[타여불] ①기한을 정하다. fix a day
  ②기약하다. ¶만전(萬全)을 ~. pledge
기-하-다(機―)[타여불] 기회를 잡다. 기회를 만나다.
기-하-다(毅―)[타여불] 신기하다. 이상하다. 기=히[부]
기하-생(記下生)[대] 편지에서 자기보다 계급·신분이
  조금 높은 사람에 대하여 자기를 겸칭하는 자칭
  대명사. 기하(記下).
기하 평균(幾何平均)[명] 〈동〉상승 평균.
기하-학(幾何學)[명] 〈수학〉공간에 관한 수학. 《약》기
  하(幾何)? geometry
기하 화법(幾何畫法)[명] 〈미술〉물건의 형상을
  기하학의 원리에 의하여 그리는 법. descriptive
  geometry   「학(勞瘧).
기학(氣瘧)[명] 〈한의〉심하지 아니한 만성의 학질. 노
기학(嬉樂)[명] 잔악한 일을 즐김. 하타
기한(祁寒)[명] 지독한 추위. extremely cold
기한(飢寒·饑寒)[명] 배고프고 추움. hunger and cold
기한(期限)[명] ①미리 정하는 때. 《예》기. term
  ②〈법〉법률 행위의 효력의 발생·소멸, 또는 채
  무 행위의 이행을 장차 닥쳐을 사실이 생길 때까
  지 연기시키는 부관(附款). 하타   「ited term
기한-부(期限附)[명] 미리 기한을 붙임. within a lim-
기한부 채=권(―債權)[명] 〈경제〉채무 이행
  에 대한 기한이 정해져 있는 채권.
기한-제(起寒劑)[명] 〈동〉한제(寒劑).   「falling
기립(起立)[명] 위로 솟음과 우묵하게 빠짐. rising and
기함(氣陷)[명] ①기력이 푹 가라앉음. ②별안간 놀러
  거나 매우 아프거나 하여 소리를 지르며 기급을
  함. 하타   「하는 군함. flagship
기함(旗艦)[명] 〈군사〉함대의 사령관이 타고 지휘를
기합(氣合)[명] ①호흡이 맞음. harmony ②적에게 덤
  비는 기세나 그 소리. yell ③〈속〉단체 훈련
  을 하는 곳에서 잘못한 사람을 단련시키는 뜻에서
  육체적 또는 정신적 고통을 주어 응징(膺懲)하는
  일. 「단체 ~을 받았다. disciplinary punishment
기합-술(氣合術)[명] 기합을 이용하는 일종의 정신적
  술법.
기항(寄航)[명] 비행하던 비행기가 공항에 들름. 하타
기항(寄港)[명] 항해 중 배가 항구에 들름. call at a
기항-지(寄港地)[명] 기항하는 곳.   「port 하타
기해(己亥)[명] 〈민속〉육십 갑자(六十甲子)의 36째.
기해(氣海)[명] ①대기의 범위. atmosphere ②공기가
  지구를 싸고 있는 모양을 바다에 비유한 말. encir-
  cling atmosphere ③〈한의〉배꼽 아래 한 치쯤 되
  는 곳. 하단전(下丹田). hypogastric region
기행(奇行)[명] 이상한 행동. strange conduct
기행(紀行)[명] 여행중에 보고 듣고 느낀 것을 적음.
  traveller's account
기-행렬(旗行列)[명] 축하나 환영의 뜻을 나타내기 위
  하여 기를 들고 열을 지어 돌아다니는 일. 하타
기행-문(紀行文)[명] 여행중을 보고 듣고 느낀 것
  이나, 직접 체험한 일들을 쓴 글.
기행 문학(紀行文學)[명] 〈문학〉여행중 보고 듣고 일
  어난 일, 감상 등을 주제로 한 기행에 의한 문학.
기허(氣虛)[명] 〈한의〉원기가 허약함. feeble 하타
기허(幾許)[명] 얼마. how many   「이 성(盛)함.
기허 담=성(氣虛痰盛)[명] 〈한의〉기력이 약해지고 담

기험(崎嶮)[명] ①[동] 기구(崎嶇)②. ②성질이 그늘지고 험상스러움. sinister 하다

기:상(奇現象)[명] 기이한 현상.

기혈(氣血)[명] 〈한의〉원기와 혈액.

기혐(忌嫌)[명] 꺼리고 싫어함. aversion 하다

기형(畸形·奇型)[명] ①〈생리〉동식물의 정상이 아닌 이상 야릇한 모양. deformity ②사물의 기괴한 형편. ¶~의 괴상(怪狀). monstrosity

기형-아(畸形兒)[명] 발육 부전이나 어떠한 장애로, 보통으로 성장한 아이들과는 다른 형체의 아이.

기형-적[—的](畸形的)[판][명] 기형스러움. 기형인(것). deformed

기호(記號)[명] ①무슨 뜻을 나타내는 표. sign ②글 속에 쓰이는 부호. ③〈법률〉사인(私人) 또는 관청이 어떤 목적으로 물품에 찍는 표장(標章). mark ④[동] 명칭. 표제. ¶~을 정도로 가난한 집.

기호(飢戶·饑戶)[명] ①굶주리고 있는 집. ②흉년에 굶는 집.

기호(嗜好)[명] 즐기고 좋아함. taste 하다

기호(旗號)[명] ①기의 표장(表章). ②기의 신호. signaling by flags ¶경기도·충청 남도 북부 지역.

기호(畿湖)[명] 〈지리〉서울을 중심하여 황해도 남부와

기호(騎虎)[명] 범을 탐. 하다

기호료 작물(嗜好料作物)[명] 차(茶). 담배. 커피 따위의 기호품을 생산하는 작물.

기호 문자[—자](記號文字)[명] 〈어학〉기호로 된 문자. (대) 회화 문자. ̄또는 대표라고 하는 설.

기호-설(記號說)[명] 〈철학〉지식은 실재(實在)의 기호

기호적 논리학(記號的論理學)[명] 〈논리〉논리적 법칙을 수학적 연산(演算)과 같은 방법으로 규정하는 논리학.

기호지-세(騎虎之勢)[명] 범을 타고 달리는 기세. 곧, 힘차게 무슨 일에 손댄 판이기에 그만두려고 해도 그만둘 수가 없음. force of circumstances

기호-품(嗜好品)[명] 사탕·차 등과 같이 입에 쾌감을 주고 식욕을 더하게 하여, 소화를 돕는 음식물.

기혹(欺惑)[명] 속이어 미혹하게 함. deceit 하다

기혼(既婚)[명] 이미 결혼함. ¶~자(者). (대) 미혼(末婚). married 하다

기화(奇花)[명] 신기한 꽃. ¶~ 이초(異草). rare flower

기화(奇貨)[명] ①아주 귀한 물건. rarity ②못되게 이용하는 기회. ¶행인이 없음을 ~로 소매치기하다. advantageous opportunity

기화(奇話)[명] 〈동〉기담(奇談).

기화(奇禍)[명] 뜻밖에 당하는 사고. accident

기화(氣化)[명] 〈물리〉액체가 기체로 바뀜. 또는 그 일. (대) 액화(液化). evaporation 하다

기화(起畫)[명] 〈미술〉단청(丹青)할 때 먼저 채색으로 무늬를 그린 다음에 이 빛과 저 빛의 구별이 나게 먹으로 줄을 그리는 일. 제화(界畫). prime painting 하다

기화 가:거(奇貨可居)[명] 좋은 기회를 이용하기에 알맞음을 이름. ̄evaporator

기화-기(氣化器)[명] 가솔린을 가스로 바꾸는 장치.

기화-열(氣化熱)[명] 〈물리〉액체가 같은 온도의 기체로 바뀌는 데 드는 열. evaporation heat

기화 요초(琪花瑤草)[명] 아름답고 고운 꽃과 풀.

기화-전(起火箭)[명] 〈동〉신기전(神機箭).

기환(奇幻)[명] ①묘한 변화. mystery ②괴상한 요술. ③이상한 허깨비. phantasm ̄silk

기환(綺紈)[명] 고운 비단. 또, 곱고 값진 옷. beautiful

기환 공자(綺紈公子)[명] 〈동〉기환 자제(綺紈子弟).

기환 자제(綺紈子弟)[명] 지위가 높고 부귀한 집안의 자제. 기환 공자. children of high society

기환년-세(飢寒年之歲)[명] 흉근 해. 〈한〉기세(饑歲).

기황(飢荒·饑荒)[명] 〈동〉기근(饑饉). ̄boyhood

기회(期會)[명] ①때를 약속하고 모임. ②정기 집회. regular meeting

기회(機會)[명] ①공교롭고 보람 있는 고비. chance ②기대하던 그 때. 시기(時機). opportunity

기회 균등(機會均等)[명] ①〈경제〉한나라 안에 있어서의 외국의 경제적 활동에 대하여 명등한 대우를 하는 일. ②모든 사람에게 신분·빈부·지위·성별·노유(老幼) 등에 관계없이 정치·경제·교육 등에 차별없는 기회를 주자는 일. equal opportunity

기회 균등=주의(機會均等主義)[명] 〈사회〉사회의 모든 면에, 각 사람의 성능 발휘와 이권 획득을 할 수 있는 기회를 균등하게 주려고 하는 주의.

기회:범(機會犯)[명] 우발범(偶發犯).

기회=주의(機會主義)[명] 그때그때의 기회에 따라 편의적으로 행동하는 무원칙주의(無原則主義). 편승주의(便乘主義). opportunism ̄ning 하다

기획(企畫·企劃)[명] 일을 계획함. ¶~실(室). planning

기후(其後)[명] 그 뒤. 이후. after that

기후¹(氣候)[명] 기체(氣體)①.

기후²(氣候)[명] ①〈지리〉지상과 수륙의 형세에 따라 생기는 여러 가지 날씨의 현상. 천기(天氣). ②24절기(節氣)와 72후(候)의 총칭. 기절(氣節)②. climate

기후-대(氣候帶)[명] 〈지리〉지구 위에서 기후의 특성이 서로 공통한 지대. climatic zone

기후=도(氣候圖)[명] 〈지리〉기후의 상태를 지도 위에 나타낸 그림. climatic chart

기후 요법[—뻡](氣候療法)[명] 〈의학〉풍토 기후가 알맞는 곳에 전주(轉住)하여 몸을 요양하는 일. climatotherapy

기후 요소(氣候要素)[명] 〈동〉기상 요소.

기후 인자(氣候因子)[명] 〈지학〉기후를 여러 가지로 변동시키는 원인. 기상 인자. climate factor

기후-조(氣候鳥)[명] 〈동〉철새.

기후-학(氣候學)[명] 〈지학〉각 지방의 기상 평균 상태를 연구하는 기상학의 한 갈래. climatology

기훈(氣暈)[명] 〈한의〉마음을 너무 써서 현기가 나고 게격품을 내용 눈서울이 아파 눈을 잘 뜨지 못하는 병. vertigo ̄피함. 하다

기휘(忌諱)[명] ①꺼리고 싫어함. abhorrence ②두려워

기흥(氣胸)[명] 〈의학〉①흉막강(胸膜腔)에 공기가 피는 증상(症狀). ②흉막강 속에 공기를 보내어 넣는 일. ̄[工氣胸法].

기흥 요법[—뻡](氣胸療法)[명] 인공 기흥 요법(人

긴:을놀이에서, 자기의 말로 남의 말을 쫓는 길의 거리. ¶갯~.

긴¹[ㄱ] 한 조상으로부터 차례로 내려간 줄기.

긴²[ㄱ] 끈.

긴가민가-하—다[어미][약]→기연가미연가하다.

긴간(緊幹)[명] 〈약〉→긴잔사.

긴간(緊簡)[명] 〈동〉긴찰(緊札). ̄pressing affair

긴간-사(緊幹事)[명] 긴한 일의 볼일. 〈약〉긴간(緊幹).

긴객(緊客)[명] 매우 정답게 지내는 손. intimate visitor

긴경(緊徑)[명] 좋은 인편(人便).

긴:=겸타(제도)[명] 의식(儀式) 때 쓰는 말에 다는 긴 고삐. 좌축(左鞭).

긴관(緊關)[명] ①썩 필요한 실과 맺게. close relationship ②〈동〉간관사(緊關事).

긴관-사(緊關事)[명] 아주 필요하고 중요한 일. 긴관②.

긴급(緊急)[명] ①요긴하고 급함. ¶~한 명령(命令). urgency ②〈음악〉현악기의 줄이 몹시 팽팽함. 하다

긴급 구속(緊急拘束)[명] 〈법률〉급속히 구속함이 요될 때 영장 없이 하는 구속. 긴급 체포(緊急逮捕).

긴급 동:의(緊急動議)[명] 긴급한 의안을 제출하여 우선적으로 처리하고자 하는 동의. urgent motion 하다

긴급 재정 처:분(緊急財政處分)[명] 〈경제〉재정상 긴급 처분의 필요가 있을 때 예산을 따르지 않고 정부가 최고 명령으로서 재정 처분을 한 뒤에 국회에 사후 승인을 얻는 것.

긴급 조치(緊急措置)[명] 〈법률〉천재 지변 또는 중대한 재정 경제상의 위기, 국가의 안전 보장이나 공공의 안녕 질서가 중대한 위험을 받게 될 때, 대통령이

긴급 체포

취하는 국정 전반에 걸친 특별 조치. emergency measures 하다

긴급 체포(緊急逮捕)[동] 긴급 구속(緊急拘束).

긴급 피:난(緊急避難)[명] ①매우 급하게 피난하는 일. emergent evacuation ②〈법률〉 급박한 위험 상태에서 피하기 위하여 부득이 남에게 해를 미치는 일. necessity

긴급 회:의(緊急會議)[명]〈법률〉몹시 긴한 일로 모이는 회의. emergency meeting

긴:긴[관]→가냘다.

긴:긴날[명] 길고 긴 날. long day

긴:긴밤[명] 길고 긴 밤. ¶동지 섣달 ~. long night

긴:해[명] 길고 긴 해. 기나긴 낮.

긴:꼬리:오리[명]〈조류〉 '고방오리'를 꼬리가 길다 해서 일컫는 이름.

긴:네:모꼴[명]〈수학〉 길이와 너비가 똑같지 아니한 [비모꼴. 구형(矩形).

긴담(緊談)[명] ①꼭 필요한 이야기. important consultation ②긴급한 이야기. 하다

긴:담배풀[명]〈식물〉엉거시과의 다년생 풀. 줄기 높이 30~60cm이고 잎은 긴 넓은 난형임. 8~10월에 황색 꽃이 핌. 어린 잎은 식용, 꽃이 붙은 엽경(葉莖)은 약용함.

긴:-대답(一對答)[명] 길게 빼어서 하는 대답. drawled [reply 하다

긴댕이[명]〈속〉뱀.

긴:-등[명] 기다랗게 된 언덕의 등성이.

긴람(緊纜)[명] 벌이줄을 꽉 졸라 맴. 《대》해람. 하다

긴:-막긱(緊莫緊)[명] 매우 필요함. vital importance 하다

긴:-말[명] 길고 긴 말. 또, 길게 하는 말. long talk

긴:-맛[명]〈조개〉 긴맛과의 바닷 조개. 껍데기 모양은 길쭉하며 양끝에 타원형의 잎이 있음. 거죽은 누른빛이고 안은 회백색임. 살은 식용함. 죽합(竹蛤).〈약〉맛②. razor-shell

긴무(緊務)[명] 썩 요긴한 일임. important business

긴밀(緊密)[명] 바싹 들어붙어서 빈틈이 없음. 매우 밀접함. ¶~한 관계(關係). closeness 하다 히

긴박(緊迫)[명] 바싹 닥쳐 몹시 급함. tension 하다

긴박(緊縛)[명] 바싹 얽어 맴. binding tightly 하다

긴박감(緊迫感)[명] 긴장되고 급한 느낌.

긴:-반:지름(一半一)[명]〈수학〉 타원의 중심에서 두 둘레에 이르는 가장 긴 거리.

긴병(一病)[명] 오래 앓는 병. 장병(長病). protracted [illness

긴병에 효자 없다[관] 무슨 일이나 너무 오래 걸리게 되면 그 일에 대한 성의가 덜하게 된다.

긴불긴:간에(緊不緊間一)[명] 긴요하든지 아니하든지 [상관없이.

긴:-뼈[명] 장골(長骨).

긴:-사설(一辭說)[명] 길게 수다스럽게 늘어놓는 말.

긴:-살[명] 아-보기 전갈. [long boring speech

긴:-소리[명] 기다랗게 빼어 지르는 소리. long sound

긴소리표(一標)[명]〈어학〉긴 소리임을 나타내는 부호. 글자의 머리에 '一'를 하거나 글자의 오른쪽에 ':'를 하거나 함. 장음부(長音符).

긴속(緊束)[명] ①꼭 죄어 묶음. bundling tightly ②엄중한 구속. tight restraint 하다

긴순(緊脣)[명]〈동〉견순(繭脣).

긴실(緊實)[명] 긴요하고 절실함. urgency 하다

긴:-업(一業)[명]〈민속〉업왕(業王)으로 모신 구렁이.

긴:-영산(一靈山)[명]〈음악〉 노래 곡조의 하나.

긴:-옷[명] 두루마기. Korean overcoat

긴요(緊要)[명] 꼭 필요함. 요긴(要緊). burning necessity 하다 히 [of good use

긴용(緊用)[명] 아주 긴요하게 씀. making good use

긴:-의대(一衣帶)[명] 소매가 좁은 네 폭으로 된 장옷의 궁중말.

긴:-작[명] 긴 화살. 《대》짧은작. long arrow

긴장(緊張)[명] ①마음을 단단히 하여 특히 조심함. 《대》이완(弛緩). tension ②팽팽하게 켕김. strain ③서로의 관계가 악화되어, 이제라도 싸움이 일어날 것같이 평온하지 않음. ④〈생리〉근육의 지속적인 수축 상태. 하다

긴장 감:각(緊張感覺)[명]〈심리〉 근육 및 힘줄의 긴장으로 인하여 생기는 감각.

긴장 감:정(緊張感情)[명]〈심리〉 조심하거나 또는 기대하거나 할 때 일어나는 감정. [atmosphere

긴장-리(緊張裡)[명] 긴장하여 있는 가운데. in a tense

긴장-미(緊張味)[명] 긴장된 기분.

긴장-병(一病)[명]〈의학〉 정신 분열의 한 병형(病型). 혼미기(昏迷期)에는 거절 증상·의사 발동의 감소·무표정·근(筋)긴장, 흥분기에는 다변(多辯)·무목적 행동의 되풀이·활발한 환각 등의 이상 현상이 있음.

긴절(緊切)[명] 긴요하고 절실함. 착긴(着緊). 절긴(切緊). vital importance 하다 히

긴중(緊重)[명] 썩 필요하고 중요함. 기중(綦重). important 하다 [diameter

긴:-지름(一)[명]〈수학〉 타원 안의 가장 긴 지름. major

긴:-짐승[명] 구렁이·뱀 따위의 총칭. reptiles

긴착(緊着)[명] 긴절(緊切). 하다 [찹-이[명

긴-찰(一찹一)[명] 긴하지 아니함이. unimportant 긴

긴절(緊札)[명] 몹시 긴요한 내용의 편지. 긴간(緊簡). letter of importance [하다

긴축(緊縮)[명] ①몹시 더빔. 급히 함. ②꼭 죄어 줌음.

긴청(緊請)[명] 꼭 들어 주어야 할 요긴한 부탁. urgent

긴촉(緊囑)[동] 긴탁(緊託). 하다 [request 하다

긴축(緊縮)[명] ①바짝 줄임. constriction ②〈정치〉재정상의 기초를 튼튼하게 하기 위하여 지출을 바짝 줄이는 일. 《대》확장(擴張). strict economy 하다

긴축 예:산(緊縮豫算)[명]〈경제〉경비를 절약하여 규모를 줄일 수 있는 한 줄이는 예산. reduced budget

긴축 재정(緊縮財政)[명]〈경제〉 국가의 재력을 강화하기 위하여 재정상 긴축을 수반하는 재정. tight financing policy

긴축 정책(緊縮政策)[명]〈정치〉 국고금(國庫金)의 지출을 바짝 줄여 나가는 정책. retrenchment policy

긴:-치마[명] 발목까지 내려오는 치마.

긴탁(緊託)[명] 꼭 들어달라는 요긴한 부탁. 긴촉(緊囑). urgent request 하다

긴:-파람[명] 긴 휘파람. long whistle

긴:-하다(緊一)[형] ①매우 필요하다. of burning necessity ②세력가에 아주 가깝다. close to 긴:히

긴휼(緊歇)[명] 소용되고 소용되지 못함. 《변》긴홀. importance and unimportance

긴홀(緊歇)[명] 《변》→긴헐.

긷:다(김)[타ㄷ변] 기둥. ¶물을 퍼내다. ¶물을 ~. draw

길-다[타ㄷ변] 우물이나 샘 같은 데서 두레박 따위로 [물을 퍼내다.

길·불·휘[고] 기둥뿌리.

길[명] ①사람·차 따위가 다닐 수 있도록 만들어진 곳. road ②사람이 지킬 도리. reason ③도중(途中). ¶오는 ~에 만났다. way ④여정(旅程). 행정(行程). ¶먼 ~을 떠나다. journey ⑤방법. 수단. ¶살 ~이 없다. way, means ⑥신앙의 도리. ¶~ 잃은 양떼. process ⑦시간이나 공간을 거치는 과정. ¶지나온 ~을 돌아본 보다. way ⑧활동사의 발전의 방향. ¶평화에의 ~. way, direction

길[명] ①익혀져진 솜씨. ¶일에 ~이 들었다. skill ②짐승을 잘 가르쳐서 부리기 좋게 된 버릇. ¶개를 ~들이다. tameness ③손질하여 생기는 윤기. lustre

길[명] 물건의 품질의 등급. 품질(品質). class

길:[명] 두루마기·저고리 따위 옷의 섶과 무 사이에 있는 넓고 큰 폭. 옷의 주체가 됨.

길:[의명] ①사람 키의 한 길이. height of a man ②길이의 단위. 여덟 자 혹은 열 자. measure of length

길:[명] 《경수로의 차례. volume

길:(-帙)[명] ①여러 권으로 된 책의 한 벌. set 2

길-가[一歌][명] 길의 양쪽 가. ¶~에 노변(路邊). 노방(路傍). wayside ¶~는 길. 갱도(坑道). gallery

길-갈래[명]〈광물〉광산 구덩이 안에서 이리저리 통하는 [길.

길-갈림[명] 길이 여러 갈래로 갈리진 곳.

길거(拮据)[명] ①바쁘게 일을 함. hard toil ②을(乙)이

길거리

갑(甲)에게 받을 돈을 병(丙)에게 넘김. 하다

길-거리[―꺼―] 사람이 많이 다니는 번화한 곳. 이리저리 통한 길. (同) 거리¹. street

길경(吉慶) 아주 경사로운 일. auspicious event

길경(桔梗) 〈동〉 도라지. 「두렁박 들.

길고(桔槹) 돌을 매달아 그 무게로 물을 긷게 된

길:고 길:다 (吉―) 아주 길다. 매우 길다. ¶북극(北極)의 길고 긴 밤.

길고 짧은 것은 대어 보아야 안다 대소·우열은 실제로 겨루거나 체험해 보아야 안다.

길괘(―卦)(吉卦) 길한 점괘. (대) 흉괘(凶卦).

길굴(佶屈)(图) 길굴 오아. 「auspicious omen

길굴 오아(佶屈聱牙) 글자나 글이 이해하기 어려움. (同) 길굴(佶屈). unintelligibility 하다

길:길이 ①물건이 높이 쌓인 모양. heaped up high ②아주 높이. high ③성이 나서 펄펄 뛰는 모양. ¶일을 망쳤다고 ~ 뛰다. flying into rage ④풀이나 나무가 높이 자란 모양. ¶갈대가 ~ 자랐다. growing tall

길=꾼 노름 같은 데에 길이 익어 잘하는 사람을 얕잡아 이르는 말. (同) 준. skilled gambler

길-나-다 ①버릇이나 습관처럼 되어 버리다. become accustomed to ②윤기가 나다. get a polish

길-나장이(―羅將―) (图) ①〈제도〉 수령(守令)이 외출할 때 앞에서 인도하던 나장. ②별로 볼일도 없으면서 길로 돌아다니는 사람의 별명. 「roadside

길녘 길 옆이나 길 부근. ¶~에 피어 있는 꽃들.

길년(吉年)(图) 혼인을 하기에 좋은 해. 또, 결혼하기에 좋은 남녀의 나이. good year

길-놀이 탈춤놀이에 들어가기 전에 탈꾼들이 탈춤을 놀 장소까지 삼현 육각을 잡히면서 가는 행렬.

길-눈[―룬] 한 번 간 길을 잘 익히어 두는 것. ¶~이 밝다. way-wise 「deep snow

길:-눈(图) 한 길이나 될 만큼 많이 쌓인 눈. fathom·

길:-다 (图)(로) ①짧지 않다. 두 끝이 서로 멀다. ②동안이 뜨다. (대) 짧다. long

길-다 (고) 크다. 자라다.

길=다랗:-다랗다 (图)(로)→기다랗다.

길 닦아 놓으니까 용천배기 지랄한다(图) 정성껏 공들여 한 일이 그만 보람 없이 되었다.

길-닦이(―) 〈토목〉 무너진 길을 고쳐 닦는 일. 치도(治道). road repairing 하다

길더(guilder 네) 14~15세기에 네덜란드·독일 지방에서 쓰던 금화(金貨). (의미) 네덜란드의 화폐 단위. 굴덴(gulden). 후로린.

길:-동그랗-다 (图)(로) 타원형으로 길고 동그랗다. (큰) 길둥그렇다. elliptic 「둥글다. oval

길:-동글-다(图)(로) 타원형으로 길고 동글다. (큰) 길

길동무(―) (图) 함께 길가는 동무 또, 같은 길을 가는 사람. 길벗. fellow traveller 하다

길=동:물(―動物) 〈동물〉 파충류(爬蟲類).

길:-둥그렇:-다(图)(로) 타원형으로 길고 둥그렇다. (적) 길동그랗다. 「둥글다.

길:-둥글-다(图)(로) 타원형으로 길고 둥글다. (적) 길

길드(guild) (图)〈경제〉 11세기 이후 유럽의 도시에 발달한 상공업자의 상호 부조적 동업 조합(同業組合).

길-들-다(图)(로) ①손질을 잘하여 윤기가 나다. get a good polish ②습관이 되다. grow accustomed to ③솜씨를 익숙하게 하다. grow familiar with

길들-이다(图)(로) ①길이 나게 하다. put a polish on ②짐승을 가르쳐서 부리기 좋게 만들다. tame ③손에 익게 하다. make accustomed to

길:-디:길:-다(图)(로) 매우 길다.

길라잡이(图) 길잡이①. 「는 안 된다. long

길래 길게. 오래 가도록. ¶나쁜 버릇을 ~ 가져서

=길래(图) ①(동)→기에. ②→관례.

길례(吉例) 좋은 전례.

길례(吉禮) (图)〈제도〉 대사(大祀)·중사·소사 따위, 나라 제사의 모든 예절. ②관례(冠禮)나 혼례 따

위의 경사스러운 예식. happy ceremony

길로 가라니까 뫼로 간다(图) 유리하고 편한 방법을 가르쳐 주는 데도 듣지 않고 제 고집대로만 한다.

길로티-느(guillotine 프)(图)→기요틴.

길리-다(图) 남에게 기름을 받다. be brought up

길마(图) 짐을 실으려고 소의 등에 얹는 틀. packsaddle

길마 무거워 소 드러누울까(图) 일을 앞두고 힘이 부족할까 겁을 낼 때 용기를 북돋워 주는 말.

길마 짓:-다(图)(스) 길마를 말이나 소의 등에 얹다. put a packsaddle on

길맛-가지(图) ①길마에 세 모로 선 'ㄱ'자 모양으로 구부러진 나무. ②구부러진 나뭇가지나 막뻗가지 따

길목(图)→길목 버선. 「위.

길목(图) ①큰길에서 골목으로 들어가는 목. corner ② 길의 중요한 어귀. main point 「길목.

길목-버선 먼 길을 갈 때에 신는 허름한 버선. (약)

길몽(吉夢)(图) 좋은 일이 있을 듯한 꿈. 상몽(祥夢). (대) 악몽(惡夢). 흉몽(凶夢). lucky dream 「deep

길:-물 길이가 한 길이나 되는 물. water a fathom

길미 빚돈에 대하여 얼마 동안에 얼마씩 늘어가는 돈. 이자(利子)①. interest 「가운데.

길-바다[―빠―](图) ①길의 바닥. on the road ②길

길-바로 길을 옮게 잡아들어서. right way

길-벌레[―뻘―] 기어다니는 벌레. (대) 날벌레.

길-벗[―뻗](图) 길동무. 「creeping insects

길보(吉報)(图) 좋은 소식. (同) 희보(喜報). good news

길복(吉卜) 좋은 점. 점을 친 결과가 길(吉)로 나오는 것.

길복(吉服)(图) ①삼년상을 치른 뒤에 입는 예사 옷. ②혼인 때 신랑·신부가 입는 옷. wedding garments

길-봇짐(―褓―)(图) 먼 길을 떠날 때에 꾸리는 봇짐. ¶~을 싸다.

길사(―싸)(吉士) (图) ①선비를 좋게 이르는 말. scholar ②운수가 트인 사람. lucky man

길사(―싸)(吉事)(图) 경사스러운 일. (대) 흉사. auspicious event 「상(凶相). lucky face

길상(吉相)(图) 복을 많이 받을 생김새. (대) 흉

길상(吉祥)(图) ①행복 또는 기쁨. ¶~ 선사(善事). happiness ②운수가 좋을 조짐. 길서(吉瑞). (대) 흉상(凶相). lucky sign

길상(吉象)(图) 좋은 형상.

길상-과(―果)(吉果)(图) 석류(石榴)의 열매.

길상-단(―緞)(吉祥緞)(图) 중국에서 만든 비단의 하나.

길상-초(―草)(吉祥草)(图)〈식물〉 백합과(百合科)의 다년생 풀. 줄기는 땅으로 벋으며 칼 같은 잎이 더부룩하게 남. 여름에 잎 사이에서 꽃대가 나와 여러 개의 담자색 꽃이 핌. 관상용으로 심음.

길서(―써)(吉瑞)(图) 좋은 일이 있을 징조. 길상(吉祥)②. good omen 「祥). auspicious star

길성(吉星)(图) 길하고 상서로운 별. (대) 흉성

길-섶[―썹] 길의 가장자리. 길 옆. alongside of the road 「일이라 ~을 잘 한다. one's forte

길-속[―쏙](图) 전문으로 하는 일의 속내. ¶늘 하던

길-손[―쏜] 먼 길을 가는 나그네. traveller

길시(―씨)(吉時)(图) 상서로운 시간. 길한 때. lucky hour 「(同) 길일(吉日)①.

길-신[―씬](吉辰)(图) 좋은 일이 있을 시절. auspicious time ②

길쌈 피륙을 짜는 일. 방적(紡績). weaving 하다

길쌈 노래(图)〈민속〉 길쌈을 하며 부르는 노래.

길쌈 잘하는 첩(图) ①있을 수 없는 희망적인 것. ②전연 반대되는 사실.

길 아래 돌부처도 돌아앉는다(图) ①시앗을 보면 아무리 착한 아내도 노한다. ②부처님같이 무던한 사람도 성낼 때는 성낸다.

길-안내(―案內) 어떤 목적지까지 같이 가면서 길을 안내함. 또, 그 사람. 하다

길안내-자(―案內者) 길안내를 하는 사람.

길=앞잡이[명] →길잡이.

길-앞잡이[명]〈곤충〉①길앞잡이과에 속하는 곤충의 총칭. ②길앞잡이과에 속하는 곤충의 하나. 몸 길이는 11 mm 가량이고 몸 빛은 두융부는 청동색, 복면과 다리는 금록색임. 애기무당나무. 가뢰②.

길=어깨[명] 도로 양쪽의 바깥쪽의 노면(路面).

길연(吉宴)[명] 상서로운 연회.

길=요강[─료─][名][尿綱][명] 말 또는 가마로 여행할 때에 가지고 다니던 놋요강.

길운(吉運)[명] 좋은 운수. 《대》악운(惡運). 액운(厄運).

길월(吉月)[명] 상서로운 달. 영월(令月)②. lucky month 　「라서 상대방에게 주는 영향이 다름.

길은 갈 탓 말은 할 탓[명] 같은 말이라도 하기에 따

길을 두고 뫼로 갈까[명] 더 편리한 곳이 있는데도 불편한 곳으로 가랴.　　　　　　　　[도(尺度). 장(長). length

길이[명] 어떤 물건의 이쪽에서 저쪽까지의 거리. 척

길:이²[부] 오래도록. ¶～빛나다. long

길:이=길이[부] 오랜 세월이 지나고 또 지나도록. 영원히. ¶부모의 은혜는 ～ 잊지 못하리.

길이모 쌓기〈건축〉벽돌의 길이모를 표면에 가로 쌓는 일. 장방적(長方積).

길이불[─리─][명] 여행할 때에 가지고 다니는 이불.

길이=팽창(─膨脹)[명] 선쟁창(線膨脹).

길인(吉人)[명] 성질(性質)이 바르고, 복스럽게 생기고, 팔자가 좋은 사람. good, lucky person

길일(吉日)[명] ①좋은 날. 길한 날. 길신(吉辰)②. 《대》휴일(凶日). lucky day ②매월 음력 초하룻날을 달리 일컫는 말.

길=잡이[명] ①앞에 서서 길을 인도하는 사람. 길라잡이. ②나아갈 방향이나 희망을 실현하기 위한 지침. direction　　　　　　　　　「먼 모든 의장(儀仗).

길장(吉一)[명](吉仗)〈제도〉가례(嘉禮)나 의식에 쓰

길장-부(─長部)[명] 한자(漢字) 부수(部首)의 하나. '凱' '躍'등의 '長'의 이름.

길제(吉祭)[명] 죽은 지 27개월 만에 지내는 제사. memorial service

길=제사(─祭─)[명](─祭祀)〈민속〉포수가 사냥길 떠날 때에 무사하기를 비는 제사.

길조[─조](吉兆)[명] 좋은 일이 있을 조짐. 경조(慶兆). 길징(吉徵). 《유》휴조(休兆). 《대》흉조(凶兆). lucky omen　　　　　　　　　　「미리 알려 준다는 새.

길조[─조](吉鳥)[명] 사람에게 어떤 길한 일이 생김을

길지[─찌](吉地)[명] 길터나 묏자리. auspicious site　　　　　　　　　　　「번갈아 가면서 나르던 관자의 집.

길=집[─찝][명]〈제도〉한길 가에 사는 백성들이 서로

길=짐승[─찜─][명] 기어다니는 짐승. 《대》날짐승. creeping animals

길징[─찡](吉徵)[명]〈동〉길조(吉兆).

길쭉=길쭉[명] 여럿이 모두가 길쭉한 모양. 《작》갈쭉갈쭉. 하[─]　　　　　　　　　　「름하다. longish

길쭉스름[─하다][명][여불] 알맞게 길쭉하다. 《작》갈쭉스

길쭉-하다[명][여불] 넓이가 좀 길다. 《작》갈쭉하다. longish 길쭉=이[부]　　　　「막하다. considerably long

길쯔막-하다[명][여불] 좀 넉넉히 길쯤하다. 《작》갈쯔

길쯤=길쯤[명] 모두가 날씬이 길쯤한 모양. 《작》갈쯤갈쯤. 하[─]　　　　　　　「siderably long 길쯤=이[부]

길쯤-하다[명][여불] 꽤 기름하다. 《작》갈쯤하다. con-

길찍=길찍[명] 모두가 날씬이 길찍한 모양. 《작》갈찍갈찍. 하[─]　　　　　　「ably long 길찍=이[부]

길찍-하다[명][여불] 꽤 길다. 《작》갈찍하다. consider-

길-차다[명] ①아주 미끈하게 길다. ¶길차게 자란 대나무. ②나무나 숲이 우거져 깊숙하다. densely

길:=책(─冊)[명](─번)=질책(帙冊).　　　　「grown

길-처[명] 가는 길에 가까이 있는 지방. place on one's way　　　　　　　　　　　　「곳. 연청(鍊廳).

길=청(─廳)[명]〈제도〉군아(郡衙)에서 아전이 일하던

길체[명] 한쪽으로 치우친 자리. 한모퉁이. nook

길치[명] 우리 나라 남쪽 지방에서 기르는 황소. sleek bull of Southern Korea

길카리[명] 가깝지 아니한 동성(同姓)과 이성(異姓)의 친족(親族). distant relative　　　　　　「사전.

길트-타이프(gilt-type)[명] 금·은·구리 따위에 적히는

길트-톱(gilt-top)[명] 양장(洋裝) 책의 도련을 친 윗머리에만 칠한 도금(鍍金).

길펀-하다[명][여불] 편편하고 넓다.

길=품[명] 남의 갈 길을 대신 가 주고 삯을 받는 일. ¶～ 팔다. go on an errand on hire

길품=삯[─싹][명] 남의 갈 길을 대신한 가 준 삯.

길-하다(吉─)[명][여불] 여러 가지 조짐이 썩 좋다. lucky

길항(拮抗)[명] 서로 버티고 겨룸. 맞서팀. rivalry 하[─]

길행(吉行)[명] 경사스러운 일에 감. attending to a celebration 하[─]　　　　　　　　「추고 감. 하[─]

길=호사(─豪奢)[명] 장가나 시집갈 때에 버젓하게 갖

길흉(吉凶)[명] 좋은 일과 나쁜 일. 《유》경조(慶弔).
good or bad luck

길흉 화:복(吉凶禍福)[명] 길흉과 화복.

값:=고[명](告)꾀가.

김:¹[명] ①액체가 높은 열을 만나서 기체로 변한 것. vapour ②입에서 나오는 더운 기운. breath ③음식의 냄새나 맛. ¶～나가다. flavour

김:²[명]〈식물〉홍조류(紅藻類)에 딸린 바다 풀. 해태(海苔). 해의(海衣). laver

김:³[명]〈농업〉논밭에 난 잡풀. Weeds

김:⁴[의] 어떤 일의 기회나 바람. ¶먹본 ～에 제사지낸다. occasion

김:=국[─국][명] 김을 장국에 넣고 끓인 국.

김나지움(Gymnasium 도)[명]〈교육〉독일의 전통적인 고등 학교의 하나.　　　　　　　「는 일. 제초(除草).

김=매기[명] 김매는 일. 논이나 밭에 나는 잡초를 뽑

김매는 데 주인이 아흔아홉 몫 맨다[명] 남을 부리어 하는 일에는 주인이 애쓴다.　　　　「다. Weeding

김-매다[명] 논밭의 잡초를 뽑거나 흙으로 묻어 버리

김=무침[명] 김을 무친 반찬.　　　　「반찬. fried laver

김=반대기[명] 김에 찹쌀 가루 죽을 발라 기름에 튀긴

김=밥[명] 김으로 싸서 동그랗게 만 밥.

김=볶음[명] 김으로 잣을 싸서 기름에 지진 반찬.

김=부각[명] 김에 찹쌀 가루 죽을 발라 말린 반찬.

김-빠:지-다[명] 더운 김이나 냄새가 빠져 없어지다.

김=쌈[명] 김으로 싸 먹는 쌈.　　　　　「loose flavour

김 안 나는 숭늉이 덥다[명] 공연히 떠벌리는 사람보다 침묵을 지키고 있는 사람이 도리어 무섭다.

김=의:털[명]〈식물〉포아풀과의 다년생 풀. 줄기 높이 30~50 cm로 잎은 바늘처럼 가늘게 무더기로 남. 여름에 최초록빛의 꽃이 이삭이 다닥다닥 붙어 남. 소나무 숲속에 남.

김=자:반(←─佐飯)[명] 김에다 고춧가루와 깨소금 간장을 발라서 볕에 말린 반찬.

김장[명] 겨울 동안 먹을 김치 등을 한목에 담가 두는 일. 또, 그 담근 것. 진장(陳醬). 침장(沈醬). pickled vegetables for the winter 하[─]

김장-감[─깜][명] 김장에 쓰이는 무·배추 같은 채소.

김장-값[─깝][명] ①김장거리를 사는 돈. ②김장하는 데 드는 경비.

김장=독[─똑][명] 김장을 담그는 데 쓰는 독.

김:=줄[─쭐][명]〈광물〉광맥이 거의 생겨지고 겨우 그 형상만 있어 탐광(探鑛)의 대중이 되는 줄.

김지 이:지(←金的李的)[명] 성명이 분명하지 아니한 사람을 셀 때에 쓰는 말.　　　　　「려 넣은 천국.

김:=천국[명] 초를 친 간장 물에 김달을 구워 부스러뜨

김치[명] 김장의 총칭. 무·배추 따위를 절이고, 고추·파·마늘·새앙 등의 여러 가지 고명을 버무려 담근 반찬. 침채(沈菜). pickles

김치-국[명] 김치국에 만 밥이나 국수 따위.

김치=주저리[명] 청이 달린 채로 소금에 절여서 담근 무나 배추 김치의 겉.

김치=찌개[명] 김치를 넣고 끓인 찌개.

김칫거리[명] 김치를 담글 재료. 무·배추 따위.

김칫국[명] 김치의 국물.
김칫국 먹고 수염 쓴다[속] 실속은 없으면서 겉으로 잘 난 체, 있는 체한다.
김칫국부터 마신다[속] 남의 속도 모르고 제 짐작으로 지레 그렇게 될 것으로 믿고 행동함.
김칫-독[명] 김치를 담아 두는 독.   [kles
김칫-돌[명] 김치를 눌러 두는 돌. stone to press pic-
김칫-소[명] 김치를 담그기 위하여 파·젓갈·무채 따위 의 고명을 고춧가루에 버무리어 절인 배추·무에 넣는 소.   [실. silk gauze
김:[명] 명주실로 짠 비단의 하나. 사라(紗羅). ¶~
·**김**[깁][명] 비단(緋緞).
김·누빔[명][고] 깁으로 누빔.
깁:-다[ㅂ불] ①해진 곳을 헝겊을 대어 때우다. sew ②부족한 점을 보태다. patch up
깁:-바탕[명] 글씨·그림·수 따위를 나타내는 바탕이 되는 깁. silkgauze
깁수위-다/깁스위-다[고] 깊숙하다.
깁스(Gips 도)[명] ①석고(石膏). ②[약]=깁스 붕대.
깁스 붕대(Gips 繃帶)[명] 〔의학〕 석고 가루로 굳혀 만든 붕대. 골질 따위의 경우 환부를 안정시키거나 고정시키기 위하여 씀. [약] 깁스(Gips)②.
깁:-창(一窓)[명] 깁으로 바른 창.
깁:-체[명] 깁으로 쳇불을 메운 체. 견사(絹簁)
깃[명] ①외양간·마구간·닭의 둥우리 등에 깔아 주는 마른 풀. litter ②새 날개의 털. ¶~plume ③[약]=옷깃. ④화살에 붙인 새 날개의 털. ¶~털. arrow feather ⑤[약]=부싯깃. ⑥나무들의 이름. share
·**깃**[명] 새집. 보금자리(巢).   [乙. share
깃-가지[명] 깃대에서 갈라져 깃털을 내고 있는 작은 관 모양의 가지. 우지(羽枝).
깃-간(一間)[명] 화살의 깃을 붙여 놓은 사이.
깃간 각명(一間刻銘)[명] 각명(刻銘)을 또렷하게 일컫는 말. 『터 끼 위까지는 쏜, 복숭아나무의 껍질.
깃간-도피(一間桃皮)[명] 〈제육〉 화살의 오늬 아래로부
깃간 마디 화살의 깃을 붙인 아랫 마디.
깃·거워-다[고] 기뻐하다.
깃-고대 옷깃을 붙이는 자리. [약] 고대!. neckband
깃-광:목(一廣木)[명] 바래지 않은 생광목. unbleached
깃구멍 막히-다[명](비) 기막히다.   [muslin
깃·굼[명] 기뻐함. 기쁨.
깃그-기/깃스-기[고] 기뻐함.
깃-기(一記)[명] ①[제도] 지주의 성명 및 조세액을 기록한 장부. ②자손에게 상속할 물을 적은 서류.
깃·-다[고] 기뻐하다.
·**깃:-깃-다/깃깃-다**[고] 깃들이다.
깃꼴=겹잎[一닢][명](동) 우상 복엽(羽狀複葉).
깃꼴=맥(一脈)[명](동) 우상맥(羽狀脈).
깃-다[자] 논밭에 풀이 많이 나다. be overrun with
깃·-다[고] 기뻐하다.   [weeds
깃:-다[고] 무성하다.
·**깃-다**[고] 무성하다. 나다.
깃-다듬-다[一따-] 새의 털을 가지런히 쓸어 주다. smooth down the feathers   [on a collar
깃-달이[명] 옷깃을 예쁘고 모양 있게 다 솜씨. sewing
깃-당목(唐木)[명] 바래지 않은 채로의 당목.
깃-대 새 깃의 줄기. 각질(角質)로 이루어지고 속 이 빔. shaft   [flag-pole
깃대(旗一)[명] 기를 달아서 세우는 장대. 기간(旗竿).
깃대-춤(旗一)[명] 농기(農旗)를 들고 추는 춤. flag-dance
깃동-잠자리〈곤충〉 잠자리과에 딸린 곤충. 가슴은 적갈색 또는 황색이고 측면에 갈색 또는 황색에 가까운 세 개의 검은 줄이 있다. 7~9월에 날아다님. 낭쟁이 잠자리.   [가 깃들다.
깃-들-다[자][고] 아늑히 서려 들다. 『어느덧 땅거미가
깃들이-다[자] ①짐승이 보금자리를 만들어 그 안에서 살다. put up nest ②속에 머물러 있다. 또, 자리

잡다. ¶건전한 정신은 건전한 신체에 깃들인다.
깃-머리[명] 소의 양에 붙어 있는 좁고 두꺼운 고기.
깃모양=겹잎[一닢][명](동) 우상 복엽(羽狀複葉).
깃모양=맥[一](동) 우상맥(羽狀脈).
깃-목(一木)[명] 바래지 않은 무명베.
깃-발(旗一)[명] ①기의 바탕이 되는 넓다란 부분. flag ②깃대에 매어 늘어지거나 바람에 펄럭이는 기의 끝부분. 기각(旗脚). 기면(旗面). 기엽(旗葉). flag
깃-봉(旗一)[명] 기를 꼭대기를 꾸미는 꾸밈새의 하나. 곧, 연꽃 봉오리 모양으로 된 것.
깃·비[고] 기쁘게.
깃옷[기돋][명] ①상중(喪中)에 입는 생무명으로 지은 옷. mourning dress ②[동] 우의(羽衣).
깃-저고리 깃섶을 달지 않은 갓난애의 저고리. 배내 옷. 배냇저고리. new born baby's clothing
깃-주-다 외양간·마굿간·닭의 둥우리 따위에 짚 또는 건초로 자리를 깔아 주다. litter a stall new
깃-털 ①깃과 털. ②깃에 붙어 있는 새의 털. 우모
깃흥-다[고] 깃들이다.   [(羽毛).
전-다[고] 기뻐하다. 깃다!.
길-다[고] 남다.
깊고 얕은 것은 건너 보아야 안다[속] 대소·우열·승부 는 실지로 겨루거나 겪어 보아야 안다.
깊-다[형] ①겉에서 속까지, 또는 위에서 아래까지의 사이가 멀다. deep ②사귄 정분이 두텁다. intimate ③밤이 이슥하다. late ④학문과 지식이 많다. ⑤ 마음이 침착하고 듬쑥하다. profound ⑥어떤 상태가 오랜 시간을 겪어 아주 정도가 더하다. (때) 얕다.   [deep
깊-다랗-다[형] 생각보다 매우 깊다. considerably
깊-드리 바닥이 깊은 논. lowlying paddy field
깊디-깊-다 매우 깊다. very deep
깊숙-하-다[여불] 깊고 으슥하다. deep **깊숙-이**[부]
깊은 사랑(一舍廊)[명] 여러 사람이 모여 놀게 만든 움과 같은 집.
깊이 ①겉에서 속 밑까지의 깊이. ¶우물의 ~가 한길이다. depth ②경솔하지 않고 듬직한 믿음성. ¶~가 있는 사람. ③풍부하고 충실한 내용이 지니고 있는 무게. ¶~ 있는 문학 작품.
깊이[부] ①깊게. 깊도록. ¶~ 잠들다. deeply ②잘. 자세히. ¶~ 연구하다.
깊이[부] 아주 깊게. ¶가슴 속에 ~ 사무치다.
끼[쌍기역][명] ㄱ의 된소리. 목청으로 콧길을 막으면서 목청을 닫고, 혀뿌리로 입처장을 닫았다가 떼 때에 나는 소리. double letter of "ㄱ"
까까-머리 ①빡빡 깎은 중의 머리. clean shaven head of a bonze ②중처럼 빡빡 깎은 머리. cropped
까까-중[명] 까까머리인 중. bonze   [head
까뀌[명] 나무를 외손으로 찍어 깎게 된 연장. adz(e)
까끄라기[명] 벼·보리 등의 낟알 겉껍질에 붙은 수염 농앙. [약] 까라기 까락. (른) 꺼끄러기. beard
까-놓-다 ①마음속의 비밀을 숨김없이 털어놓다. ¶까놓고 말해 봐라. ②껍데기를 까서 놓다. ¶조 개 껍데기를 ~.
까-다 몸의 살이나 재물 등이 줄다. injure [타] ①재물을 축내다. reduce ②셈에서 제하다. ¶이자를 ~. deduct
까-다 ①껍질을 벗기다. ¶콩까지를 ~. peel ②알을 품어 새끼가 되게 하다. ¶병아리를 ~. hatch ③(속) 남을 치거나 패다. ¶정강이를 ~. strike ④ 결함을 들추어 내어 비난·공격하다. ¶정부를 맹렬히 ~. expose ⑤눈을 부릅뜨다. ¶네가 눈을 까고 대들면 어쩔 테냐? glare, stare
까-다 말만 앞세워 입을 놀리다. ¶말만 까는 놈. wag one's tongue, chatter ¶실속 없이 입만 놀리는 버릇이 있다. ¶입만 깐 녀석.
까다롭-다[비불] ①낱낱이 간섭하려는 태도가 있다. strict ②일의 조건이 복잡하거나 엄격하여 맞추기가 힘든 상태에 있다. complicated, difficult ③성미

까닥거리다 가 너그럽지 못하다. fastidious

까닥로=이週 까다롭게.

까닥=거리-다 ①좋아서 까불다. ②분수없이 경솔하게 젠체하다. 까닥→까닥까닥 하타

까닥=거리-다² 머리를 자꾸 앞뒤로 흔들다. 《큰》끄덕거리다. 《센》까딱거리다. 까닥→까닥 하타

까닥=까닥³ 《센》→가닥가닥².

까닥-이-다 머리를 앞뒤로 꺾어 움직이다. 《큰》끄덕이다. 《센》까딱이다. nod

까닭 [-닥] ①이유. 곡절. ¶~ 없이 좋아하다. ②연고. 연유. 《의》때문. ¶그~에. reason

까닭수 [-닥-] (-數) 까닭의 수효. ¶~가 많다. number of reasons

까닭=표 (-標) 이유표 (理由標).

까대기 《건축》건물이나 담 등에 붙여 임시로 만든 허술한 건조물. temporary shed

까대=거리-다 고개를 앞뒤로 자주 움직이다. 《작》끄덕거리다. 《센》까땍거리다. 하타

까-뒤집=다 ①힘주어 벗겨 뒤집다. ¶양말을 훌렁 ~. ②《속》기분이 언짢아서 눈알이 튀어나오게 부릅뜨다. ¶눈을 까뒤집고 불호령하다.

까-뒤집히-다 눈이 절컥하게 되다. 피동 까뒤집음.

까드락=거리-다 《약》→가드락거리다. [을 당하다.

까들=거리-다 《약》→가드락거리다.

까들막=거리-다 《센》→가들막거리다.

까딱 ①고개를 앞으로 가볍이 꺾어 움직이는 모양. ¶고개를 ~한다. ②잘못 번통할지도 모르는 모양. 자칫. ¶~ 실수하면. ③조금 움직이는 모양. 미동하는 모양. ¶~도 않는다. 《큰》끄떡. 하타

까딱=거리-다 《센》→까닥거리다².

까딱=거리-다 《약》→까뜨락거리다.

까딱=수 (-手) 바둑이나 장기 따위에서 요행을 바라는 얕은 수. shallow trick

까딱=없-다 아무런 탈도 없다. 《큰》끄떡없다. intact, unperturbed 까딱=없이

까딱이-다 《센》→까닥이다.

까-뜨=하면 조금이라도 그르치면. 자칫하면.

까땍 ①공교롭게 조금 잘못 번통하는 모양. ¶~하면 큰일. nearly, within a hair's-breadth ②고개를 앞으로 조금 움직이는 모양. 《큰》끄땍. 하타

까땍=거리-다 《센》→까땍거리다.

까땍=없-다 《센》→까딱없다. 《큰》끄땍 없다. 까땍=없이 : 이週

까뜨락=거리-다 신이 나서 몹시 경망하게 행동하다. 《약》까딱거리다². 《센》끄드럭거리다. 까뜨락→까뜨

까라기 《약》→까끄라기. [락 하타

까라기-벼 《약》→까끄라기.

까라-지-다 기운이 풀어져서 축 늘어지다. be tired

까:락 《약》→까끄라기. [out

까르르 여러 사람이 한꺼번에 자지러지게 웃는 소리. ¶아이들이 ~ 웃었다. 《of infant 하

까르륵 젖먹이가 매우 놀라서 우는 소리. screaming

까르륵=거리-다 젖먹이가 자주 자지러지게 울다.

까르륵=까르륵 하타 [hoodlum, waif

까:리 《속》거리에 떠돌아다니는 부랑배. 《유》깡패.

까마귀 《조류》까마귓과의 몸이 온통 검은 새. 흔히 인가 근처에 살며 농업상의 해조 (害鳥) 이나 의 해충을 먹는 익조 (益鳥) 임. 자오 (慈鳥). 자조 (慈鳥). 한아 (寒鴉). 효조 (孝鳥). crow, raven ②몹시 까맣게 된 것을 이르는 말. ¶~발. ~손.

까마귀 검어도 살은 아니 검다 겉과 속이 다르니, 겉만 보고 속을 평할 것은 아니다. [하는 짓을 조롱

까마귀 고기를 먹었다 잘 잊어버리는 사람을 조롱

까마귀 날자 배 떨어진다 아무 관계 없이 한 일이 마침 서로 일과 공교롭게 때가 같아 그것으로 인하여 혐의를 받게 된다. 오비 이락 (烏飛梨落)

까마귀 메밀을 마다한다 평소에 즐겨하던 것을 뜻 밖에 사양한다.

까마귀밥=여름나무 [-녀-] 《식물》범의귀과 (凡耳科) 의 낙엽 관목. 높이 1m 가량이고 줄기는 가늘며 봄에 황록색의 꽃이 핀 후 빨간 열매가 달림. 관상용으로 심음. 붉두화나무.

까마귀 밥이 되다 주인 없는 시체가 되어 버려진다

까마귀=베개 《식물》갈매나무과 (鼠李科) 의 낙엽 관목. 6월에 황록색의 꽃이 피고 핵과 (核果) 는 8월에 빨갛게 익음.

까마귀 열두 소리에 하나도 좋지 않다 미운 사람이 하는 짓은 하나에서 열까지 다 밉다.

까마귀=쪽나무 《식물》녹나무과 (樟科) 의 상록 활엽 교목. 잎은 긴 타원형이고 10월에 흰 꽃이 핌. 바닷가 산록에 야생함.

까마득 -하-다헝 《약》→까마아득하다.

까마말쑥-하-다헝여 얼굴이 까맣고 말쑥하다. 《큰》 꺼머멀쑥하다. dark and neat

까마무트-하-다헝《센》→가마무트름하다.

까마반드르-하-다헝《센》→가마반드르하다.

까마반지르-하-다헝《센》→가마반지르하다.

까마아득-하-다헝여 《센》→가마아득하다.

까마-종이 《식물》가짓과의 일년생 풀. 높이 90 cm 정도로 5~7월에 흰 꽃이 피고 장과 (漿果) 는 구형임. 과실은 식용하며 줄기·잎은 약으로 씀. 강배. 용규 (龍葵). black nightshade

까막 →까막.

까막-거리-다 등불 같은 것이 꺼지려다 다시 살아나곤 하다. 꺼질 듯 깜박거리다. 《큰》끄먹거리다. flicker ②눈을 감았다 떴다 하다. 《큰》끄먹거리다. blink 까막→까막 하타

까막-과:부 -寡婦 뚜껑에 문상 과부 (奎門寡婦).

까막관자 (-貫子) 《제도》①당상관이 아닌 벼슬아치나 일반 백성이 쓰던 검은 뿔관자. ②옥관자나 금관자를 달지 못한 벼슬아치를 속되게 이르는 말.

까막-까:치 까마귀와 까치. 오작 (烏鵲). crow and magpie

까막-눈 무식한 사람의 눈. 문맹 (文盲). illiterate

까막눈-이 글을 모르는 무식한 사람. 문맹자 (文盲者).

까막잡기 술래가 눈을 손수건으로 가리고 딴사람을 닥치는 대로 잡아 다음 술래로 삼는 놀이. blind

까망 까만 빛깔. 흑색 (黑色). [man's buff 하타

까:말-다뺘 →까맣다.

까:말-다헝(ㅎ불) 《센》→가맣다².

까:매-지-다 →가매지다.

까-먹-다 ①껍데기를 벗겨 속에 든 것을 먹다. peel off and eat ②밑천을 다 없애다. ¶본전까지 ~. ruined, exhausted ③어떤 일을 잊어버리다. ¶약속을 ~. forget

까끄끄름-하-다 《약》→가무끄름하다.

까무-느-다타《으》→까뭉개다.

까무대대-하-다헝여 《약》→가무대대하다.

까무댕댕-하-다헝여 《약》→가무댕댕하다.

까무러-뜨리-다 몹시 까무러지게 하다. faint 타 까무러치게 하다. make one insensible

까무러-지-다 《약》→가무러지다.

까무러-치-다 《센》→가무러치다.

까무뢰-하-다 《센》→가무뢰하다.

까무숙숙-하-다헝여 《약》→가무숙숙하다.

까무스름-하-다헝여 《약》→가무스름하다.

까무잡잡-하-다헝여 《약》→가무잡잡하다.

까무족족-하-다헝여 《약》→가무족족하다.

까무칙칙-하-다헝여 《약》→가무칙칙하다.

까무퇴퇴-하-다헝여 《약》→가무퇴퇴하다.

까물=거리-다 《센》→가물거리다.

까뭇=까뭇 《센》→가뭇가뭇.

까뭇=하-다헝여 《센》→가뭇하다.

까-뭉개-다 높은 데를 깎아 무너뜨리다. dig down

까-바치-다 《속》비밀을 속속들이 드러내어 일러주다. inform [확히 드러내다. disclose

까-발리-다 겉에 것을 벌려 젖히고 속에 든 것을 정

까부라-지-다 ①부피가 점점 줄어지다. ②생기가

까부라지다 빠져 몸이 구부러지다. 《큰》꺼부러지다.
까부라-지-다 마음씨가 바르지 않다. wicked
까부르-다 키를 위아래로 흔들어 잡물을 날려 보내다. ¶쌀을 ~. 《약》까불다②. fan
까불-거리-다 《센》가불거리다.
까불-다 ①경망하게 행동하다. ②몸이 아래위로 흔들리다. 《큰》꺼불다. act flippantly ①몹시 위아래로 흔든다. move up and down, winnow ②까부르다. 《큰》꺼불다.
까불리-다 가진 재물을 아무렇게나 써서 없애다.
까불리-다 까부름을 당하다. be winnowed 까부르게 하다.
까불-이 몹시 촐랑대며 까부는 사람. flippant person
까붐-질 키로 곡식을 까부는 일. winnowing 하다
까슬-까슬 《센》가슬가슬.
까시(←ひやかし일) 남을 조롱하는 비아냥. 하다
까옥 까마귀의 우는 소리. 《약》깍. caw 하다
까옥-거리-다 까마귀가 까옥 소리를 자주 내다. **까옥-까옥** 하다
까지 ①동작이나 상태가 계속하여 미침을 나타내는 보조사. ¶가는 데~ 가 보자. to, till, until ②시간 또는 공간의 한도를 나타내는 보조사. ¶내일~ 오겠다. 부산~. ③‘다시 그 위에 더하여’의 뜻. ¶바쁜데 너~ 따라오다고…. even
까-지-다 ①겁질이나 옷이 벗겨지다. ¶무릎이 ~. be taken off ②몸의 살이나 재물이 줄어지다. decrease ③닳고 닳아 지나치게 약다. ¶몹시 까진 녀석.
까-지르-다 《속》 주책없이 싸대다. ¶돌 끄지르다
까짓 《약》 그까짓.
=까짓 대명사에 붙어 멸시하는 투로 ‘그만한 정도의’의 뜻을 표하는 말. ¶그~. 네~ 놈. fun of
까짜 올리-다 추어 올리는 말로 남을 놀리다.
까치 〈조류〉까마귀과 까치속(屬)의 새. 머리와 등은 광택 있는 흑색이고, 허리와는 회백색의 띠가 있음. 인가(人家) 부근에서 살며 해충을 잡아먹으므로 일컬어 유익하고, 한국에서는 길조(吉兆)로 여김. 희작(喜鵲). magpie
까치 걸음 두 발을 모아 뛰는 종종걸음. hopping
까치-깨 〈식물〉벽오동과의 일년생 풀. 높이 90 cm 내외로 여름에 황색 꽃이 핌. 산이나 들에 남.
까치-놀 ①불긋불긋 물결. colourful evening-glow ②석양에, 바다 멀리 수평선에서 희번덕이는 물결.
까치-눈 발가락 밑에 접힌 금의 살이 터져 갈라진 자리. 발 눈병. foot chilblains
까치 두루마기 까치 설빔으로 입는 오색으로 지은 두루마기. fine-coloured children's coat
까치-무릇 〈식물〉나리과의 다년생 풀. 봄에 두 개의 선형의 긴 잎이 나고, 종 모양의 흰 꽃이 핌. 약용. 뿌리는 식용됨. 산자고(山慈姑·山茨菰).
까:치 박공(─牌栱) 〈건축〉대마루의 머리에 ‘人’자 모양으로 붙인 널빤지.
까치 바달 〈식물〉자작나무과(樺木科)의 낙엽 활엽 교목. 골짜기 사이에 남. 초여름에 꽃이 핌. 재목은 건축·기구재(器具材)로 쓰임.
까치-발 〈건축〉선반의 무게를 받치기 위하여 버티어 놓은 직각 삼각형으로 된 물건. bracket
까치-발 〈식물〉엉거시과의 일년생 풀. 높이 1 m 가량이고 여름 8∼9월의 황색 꽃이 핌. 잎·줄기는 식용·한약재로 씀. Spanish needles
까치밥-나무 〈식물〉까치밥나무과의 낙엽 관목. 잎은 세 갈래로 얕게 갈라지고 뒤에 전철이 남. 봄에 꽃이 피고 장과(漿果)는 검붉게 익음. 깊은 산의 숲 속에 남.
까치 뱃바닥 같다 흰소리를 잘하는 사람의 비유.
까:치-복 〈어류〉참복과의 바닷물고기. 몸 길이 70 cm, 등은 청색, 배는 흼. 내장에 독(毒)이 있음.
까:치-상어 〈어류〉참상어과의 물고기. 몸 길이 60 cm 가량이고 머리와 꼬리가 편평하며 주둥이가 뭉 둑함. 연안에 서식하며 한국·일본·인도양에 분포, 식용함.
까치-선(─扇) 부채 바닥을 네 구역이 되게 ‘X’자 형으로 나누어, 붉은 빛·누른 빛·푸른 빛을 칠하고 중앙에 태극 모양을 넣은 부채. 태극선(太極扇). multi-coloured fan
까:치 설 ¶곧, 섣달 그믐날.
까:치 설:날 ‘설날의 전날’을 아이들이 이르는 말.
까:치 저고리 어린 아이들이 까치 설빔으로 입는 색동 저고리. children's multi-coloured gala dress
까치작=거리-다 《센》 가치작거리다.
까:치 저고리 어린 아이들이 까치 설빔으로 입는 색동 저고리. many coloured children's coat
까:치-콩 〈식물〉콩과[荳科]의 일년생 풀. 잎은 끝이 뾰족한 달걀꼴임. 여름에 흰빛 또는 자줏빛의 나비 모양의 꽃이 핌. 가늘고 긴 깍지 속에든 열매는 식용함. Egyptian bean
까:치-질 가치질. 《센》 가치질.
까:치-하-다 《센》 가치하다.
까:치-거리-다 《센》 가치거리다.
까:치-하-다 《센》 가치하다.
까탈 《센》 가탈².
까탈-부리-다 《센》 가탈부리다.
까탈-지-다 《센》 가탈지다.
까투리 암꿩. (대) 장끼. ¶낭감.
까풍-돈 엄지와 집게손가락으로 동그랗게 돈 모양같이 만든 장
까팡이 질그릇의 깨진 조각. fragment of pottery
까풀 여러 겹으로 된 껍질이나 깝대기의 격지. 《큰》꺼풀. skin
까풀-지-다 까풀을 이루다. 《큰》꺼풀지다.
깍 =까욱.
깍-깍-거리-다 까마귀나 까치가 자주 시끄럽게 울다.
깍두기 무를 모나게 썰어 고춧가루로 버무린 뒤 젓갈을 섞어 익힌 김치의 하나.
깍둑-거리-다 고르지 않게 마구 썰다. 《큰》꺽둑거리다. cut unevenly **깍둑=깍둑** 하다
깍듯-하-다 예의 범절의 태도가 극진하다. ¶인사성이 ~. well mannered **깍듯-이**
깍쟁이 ①성질이 뒤틀어져 꼬부라진 어린이. little devil ②인색하고 얄밉게 약빠른 사람. miser
깍정이 〈식물〉참나무·떡갈나무 등의 열매의 종지 모양의 밑받침.
깍지 ①콩·팥 등의 알맹이를 까낸 꼬투리. bean pod, shell ②《체육》활 쏠 때 엄지손가락에 끼는 뿔로 만든 기구. 각지(角指). archer's thimble
깍지-끼-다 ①두 손의 열 손가락을 서로 어긋매끼어 힘있게 바짝 끼다. cross one's fingers ②《체육》엄지손가락에 깍지를 끼다. put a thimble on the thumb ¶아당겨서 켕킹 시위를 탁 놓다.
깍지=떼:-다 《체육》 깍지를 낀 엄지손가락으로 잡
깍지-동 ①콩이나 팥의 깍지를 묶은 단. bundle of pea pods ②몹시 뚱뚱한 사람의 비유. fat man
깍지-손 깍지를 낀 손. ¶꿈치.
깍지손 꾸미 《체육》 활을 쏠 때 깍지를 낀 손의 팔
깍지손 회목 《체육》 깍지손의 팔목.
깍-낫 방망이 따위를 깎는 낫. whittling sickle
깎-다 ①얇게 베다. 조금씩 저미다. ¶연필을 ~. shave ②체면·명예를 손상하다. ¶스승의 체모를 ~. cut down ③값을 덜다. 삭감하다. ¶물건 값을 ~. beat down (the price) ④머리·털 등을 잘라내다. ¶머리를 짧게 ~. cut ⑤주었던 벼슬을 빼앗다. 벼슬을 ~. reduce
깎아-지르-다 반듯하게 깎아 가로 세우다.
깎아지른 듯하다 절벽이 깎아 세운 것같이 험하다. precipitous ¶년. neatly dressed young man
깎은 서방님(─書房─) 깨끗하고 단정하게 차린 청
깎은 선비 깨끗하고 얌전한 선비. refined scholar
깎음-질 나무 따위를 깎아 물건을 만드는 일. whittling 하다
깎이-다 깎음을 당하다. ¶예산이 ~. 바닥이 ~.

be carved 〔사동〕 깎게 하다. ¶수영을 ~.
깐:〔명〕 속으로 헤아려 보는 가늠. ¶제~에는 잘한 줄 안다. something in one's mind
깐깐오:월(―五月)〔명〕 음력 오월을 지루하게 지낸다「는 말.
깐깐이〔명〕 성질이 깐깐한 사람. rigid person
깐깐-하다〔형여불〕 성질이 찬찬하여 차지다. sticky ②성질이 깐작깐작하여 사근사근한 맛이 있다.〈큰〉끈끈하다. fastidious 깐깐=히〔부〕
깐닥-거리다〔자타〕〈센〉→간닥거리다
깐동-하다〔형여〕〈센〉→간동하다.
깐딱-거리다〔자타〕〈센〉→간딱거리다.「떠보다.
깐-보다〔타〕 ①마음속으로 가늠을 보다. guess ②속을
깐실=깐실〔부〕〈센〉→간실간실.
깐작-거리다〔자〕 ①성질이 깐작하여 무슨 일에서 얼른 손떼지 않고 자꾸 감작거리다. ②깐작하여 자꾸 달라붙다.〈큰〉끈적거리다. pertinacious 깐작=깐작 하다
깐작-이다〔자〕 안차게 달라붙다.〈큰〉끈적이다. stick
깐족-이-다〔자〕 쓸데없는 말을 수다스럽고 밉살스럽게 지절이며 짓궂게 이죽거리다. garrulity ⌈fastidious
깐-지다〔형〕 성질이 깐깐하고 다라지다.〈큰〉끈지다.
깐:-질다〔형〕 성질이 깐질기다.〈큰〉끈질기다.
깐질=깐질〔부〕〈센〉→간질간질②.「and sticky
깐질깐질-하다〔형여불〕 매우 깐질기다.〈큰〉끈질끈질
깔〔약〕→깔색.
깔〔명〕 앉거나 누울 자리에 까는 물건. matting
깔기-다〔타〕 함부로 밖으로 내쏘다. ¶나비가 알을 ~. 오줌을 ~. discharge at random
깔깔〔부〕 큰 소리로 되바라지게 웃는 거센 소리. ¶~ 웃다. ringing laughter 「껄껄거리다.
깔깔-거리다〔자〕 되바라지게 깔깔 소리 내어 웃다.〈큰〉
깔깔-매:미〔명〕〈곤충〉매미과의 곤충. 몸은 대체로 검고 황록색 또는 적갈색에 반문이 있음. 산지(山地)에 많으며 8월경에 나와서 운다.
깔깔-하다〔형여〕 ①물건이 말라서 보드랍지 못하다. ¶혓바닥이 ~.〈큰〉껄껄하다. rough ②마음이 맑고 곧고 깨끗하다.〈큰〉꿀꿀하다. upright
깔끄럽-다〔형ㅂ불〕 ①까끄라기 따위가 몸에 붙어서 자꾸 따끔따끔하다. prickly ②깔깔하여 미끄럽지 않다. ¶ 걸그럽다. rough
깔끔-거리다〔자〕 깔끔럽고 따끔거리다.〈큰〉껄끔거리다. prickle 깔끔=깔끔 하다 「smart 깔끔=히
깔끔-하다〔형여〕 깨끗하고 매끈하다.〈큰〉끌끔하다.
깔-다〔타르〕 ①밑에 놓다. spread under ②물건을 여기저기 벌려 놓다. ③늘어놓다. ④눈을 아래로 내리뜨다. ¶눈을 깔고 다소곳이 앉아 있다. look downward ⑤사람을 억눌러 꼼작 못하게 하다. oppress ⑥돈·물건을 여기저기 빌려 주어 놓다. ¶
깔대〔명〕 양잠보. 「외상을 ~.
깔따구〔명〕=하늘소.〔―쏘〕〈곤충〉하늘소과의 곤충. 몸 빛은 흑갈색에 회황색 털로 덮였음.
깔딱〔부〕 ①액체를 겨우 삼키는 소리. gulping ②곧 숨이 끊어질 듯한 모양. gasp ③깔팍하고 얇은 물건이 뒤집힐 때 나는 소리.〈큰〉껄떡. 하다
깔딱-거리다〔자〕 ①기력이 없어 입술을 놀리지 못하고, 목구멍의 액체를 조금씩 삼킬 때 소리가 자꾸 나다. ②얇고 팔팔한 물체의 바닥이 반복하여 뒤집힐 때 소리가 자꾸 나다. ¶약한 숨을 끊어질 듯 말 듯 겨우가 끌어가다. 또, 그런 소리를 자꾸 내다.〈큰〉껄떡거리다. 깔딱=깔딱
깔딱-질〔명〕→딸꾹질.
깔:딱-하다〔형여〕 ①고단하거나 배가 고파서 눈까풀이 걸어 매달리고 퀭하여 들어가다. hollow eyes ②얼이 빠지다.〈큰〉껄떡하다.
깔때기〔명〕 ①〈제도〉의식(儀式)을 차릴 때 녀자(女子)들이 머리에 쓰던 것. ②〈제도〉유지(油紙)로 부체 모양의 표주박. 군방들이 썼음. 군지(軍持). funnel made of oil paper ③병에 물 따위를 부을 때 쓰는 나팔꽃 모양의 그릇. 누두(漏斗). funnel

깔리-다〔자〕 흩어지다. 펴 놓은 것처럼 되다. ¶돌이 논바닥에 ~. be strewn with, covered with 〔피동〕밑에 깔아 놓음을 당하다. ¶밑에 깔린 사람.
깔밋-잖-다〔형〕 깔밋하지 아니하다.
깔밋-하다〔형여불〕 간단하고 깨끗하다.〈큰〉글밋하다. simple and neat ⌈ciate, underrate
깔-보다〔타〕 남을 호락호락하게 얕잡아 보다. depre-
깔-색〔―색〕(―色)〔명〕 ①물건의 바탕이나 맵시. ②물
깔-장〔―짱〕〔명〕 「품의 빛깔. 〈약〉깔.
깔-종〔―쫑〕〔명〕 미리 정한 무게의 금속 세공품을 만들 때, 재료의 무게에서 얼마를 빼야야 할지 미리 셈 잡는 종작.
깔종-잡다〔―쫑―〕〔타〕 깔종을 헤아려 미리 셈잡다.
깔짝-거리다〔자〕 풀기가 센 물체가 가벼이 앞뒤로 반복하여 뒤집히면서 자꾸 깔짝 소리가 나다. ruffle
깔짝=깔짝〔부〕 하다 「깔짝=깔짝〔부〕 하다
깔짝-거리다〔자타〕 감아 따작거리다.〈큰〉끌쩍거리다.
깔쭉-거리다〔자〕 거칠고 세게 깔쭉거리다.〈큰〉껄쭉거리다. feel rough 깔쭉=깔쭉 하다 「건.
깔쭉이〔명〕〈속〉둘레를 톱니처럼 깔쭉깔쭉하게 만든 물
깔-집〔명〕 밑에 까는 물건.
깔축-없:-다〔형〕 조금도 축나거나 버릴 것이 없다. 여축없다. flawless 깔축-없:이〔부〕
깔치〔명〕〈비〉여자. 특히, 처녀. 걸 프렌드.
깜깜 무소식(無消息)〔명〕 깜깜하게 소식이 없음. ¶그 후로는 ~이다. ⌈하는 무식한 사람.
깜깜 무식쟁이(―無識―)〔명〕 전혀 아무 것도 알지 못
깜깜 밤중〔―쫑〕〔명〕 까맣게 모른다는 뜻.
깜깜 부지(―不知)〔명〕 깜깜하게 아무 것도 모름.
깜깜-상자(―箱子)〔명〕〈물리〉사진술의 제구. 외부의 빛살을 막아 속이 깜깜하게 만든 상자. 암상(暗箱). dark box 「깜깜하게 모름.
깜깜 소식(―消息)〔명〕 ①〈센〉=감감 소식. ②무슨 일을
깜깜-하다〔형여불〕 ①몹시 어둡다.〈큰〉컴컴하다. ②아주 모르고 있다. ¶그 일에 대해서 ~. ③그 분야에 대해 전혀 지식이 없다.〈거〉캄캄하다.
깜냥〔명〕 일을 해내는 힘의 정도. ¶제 ~으로는 잘한 one's ability
깜냥깜냥-이〔부〕 저마다의 깜냥대로. each to his utmost
깜:-다〔―따〕〔형〕〈센〉→감다⁴.
깜둥-이〔명〕 ①피부가 검은 사람을 놀림조로 이르는 말. ②흑인(黑人)을 얕잡아 이르는 말. 니그로(negro).〈큰〉껌둥이.
깜박〔부〕 ①별·등불 따위가 잠깐 흐려졌다가 밝아지는 모양. twinkling ②정신이 잠시 흐릿해졌다가 반짝 드는 모양. ③눈을 잠깐 감았다가 뜨는 모양.〈큰〉껌 벅.〈센〉깜빡. winking 하다
깜박-거리다〔자타〕 자꾸 깜박하다.〈큰〉껌벅거리다.〈센〉깜빡=깜박〔부〕 하다 「투명한 눈.
깜박-눈〔―〕〔명〕〈동물〉물 속에서 볼 수 있게 된 개구리의
깜박-불〔―〕〔명〕 깜박거리는 불. twinkling light
깜박-이〔―〕〔명〕 자동차 따위의 점멸등.
깜박-이-다〔자〕 등불이나 별같은 밝은 물체가 잠깐 두어졌다가 밝아지다. ¶눈을 잠깐 감았다가 뜨다.〈큰〉껌벅이다.〈센〉깜빡이다.
깜부기〔명〕〈식물〉①흑수병(黑穗病)에 걸려 까맣게 이삭. smut, black ②〈약〉=깜부기불. 깜부기숯. ③얼굴빛이 까만 사람.
깜부기-병〔―뼝〕〔―病〕〔명〕〈동〉흑수병(黑穗病).
깜부기-불〔―불〕〔명〕 불꽃 없이 거의 꺼져 가는 불.《〈약〉깜부기②. dying fire ⌈숯.〈준〉깜부기.〈약〉깜부기.
깜부기-숯〔―〕〔명〕 줄거리 나무를 베고 난 뒤에 꺼서 만든
깜부기〔명〕〈약〉→깜박.
깜빡-거리다〔자타〕〈센〉→깜박거리다.
깜빡-이-다〔자〕〈센〉→깜박이다.
깜작〔부〕 눈을 감았다가 곧 뜨는 모양. ¶눈 ~할 사이.〈큰〉껌적.〈센〉깜짝². winking 하다
깜작-거리다〔자타〕 눈을 여러 번 잇따라 떴다 감았다 하

깜작깜작다. 《큰》 끔적거리다. 《센》 깜짝거리다². 깜작=깜작²
깜작=깜작¹囝 《센》→감작감작. 하囝
깜작이甽 《센》→눈깜작이.
깜작=이-다囧 눈을 잠깐씩 감았다 뜨다. 《큰》 끔적이다. 《센》 깜짝이다.
깜장囝囿 《센》→감장².
깜장이囝 《센》→감장이.
깜짝¹囝 《센》→감작. [in a fright 하囝
깜짝²囝 갑자기 놀라는 모양. ¶~ 놀라네. 《큰》 끔적. 깜짝-거리-다¹囿 《센》 연해 갑자기 놀랍다. 《큰》 끔적거리다¹. 깜짝=깜짝¹囝 하囝
깜짝-거리-다²囿 《센》→깜작거리다.
깜짝-야囝 《야》→깜작이야.
깜짝-이囝 《약》→눈깜작이.
깜짝-이야囝 깜작 놀랐을 때에 나오는 소리. ¶에그~! 《야》 깜작아. dear me! 찍스레囝
깜찍-스럽-다囿囧囧 보기에 깜찍하게 느껴지다. 깜찍-히囝
깜찍-하-다囿囧 ①몸집·나이에 비해 매우 영악하다. ②몹시 단작스럽다. cunning, frightening 깜찍-이囝
깝대기囝 ①밤·달걀·조개 등의 겉을 싼 단단한 물질. shell, peel ②알맹이를 빼내고 남은 겉의 물건. outer cover 《큰》 껍데기.
깝살리-다囧 ①찾아온 사람을 되쫓다. drive back ②재물을 호지부지 다 없애다. waste one's fund drive back 하囧囿
깝신囝 채신없이 가부는 모양. 《큰》 껍신. frivolously
깝신-거리-다囿 채신없이 까불거리다. 《큰》 껍신거리다. 깝신=깝신¹囝
깝작囝 방정맞게 깝신하는 모양. 《큰》 껍적. 하囧囿
깝작-거리-다囿 방정맞게 깝신거리다. 《큰》 껍적거리다. 깝작=깝작囝
깝죽囝 신이 나서 방정맞게 까부는 모양. 《큰》 껍죽. behaving frivolously 하囧囿
깝죽-거리-다囿 신이 나서 방정맞게 까불거리다. 깝죽=깝죽囝 하囧囿
깝질囝 딱하지 않은 물체의 거죽을 싼 질긴 물질의 켜. 《큰》 껍질. skin, cover, peel
깟=깟囝 까치 우는 소리. caw 하囝 [cussion cap
깡¹囝〈광물〉 뇌관(雷管)을 광부들이 이르는 말. per-
깡²囝 ①〈약〉 건달. ②囝 보리. ③〈약〉→깡다구.
깡³囝(←can 罐·鑵)囝 깡통.
깡그리囝 조금도 남김없이 온통. wholly
깡그리-다囧 일을 수습하여 끝을 마무리다. finish
깡깡-이囝 《속》 해금(奚琴).
깡다구囝 악착같이 버티는 힘이나 오기(傲氣). ¶~부리다. ~세다. 《약》 깡².
깡동囝 《센》→강동.
깡동-거리-다囿囧囿 《센》→강동거리다.
깡동-하-다囿囧囧 《센》→강동하다.
깡동이〈어류〉 망둑어과의 바닷물고기. 몸 길이 15~18cm 정도이며 몸 빛은 갈색에 흰점이 흩어져 있음. 짱뚱어. 짱뚱이.
깡-물리-다囧〈광물〉 뇌관(雷管)을 도화선에 끼워 물리다. connecting a fuse to the detonation cap
깡-밥囝 《속》 눋은밥. scorched rice
깡-집게囝 뇌관(雷管)과 도화선을 잇는 데 쓰는 집게.
깡장囝→강장.
깡짱囝→강장.
깡짱-거리-다囿 《센》→강장거리다.
깡쫑囝→강종.
깡쫑-거리-다囿→강종거리다.
깡창囝〈거〉→강장.
깡창-거리-다囿→강장거리다.
깡총-하-다囧囧囧 키에 비하여 다리가 길다. 《큰》 껑충하다. long-legged
깡충囝〈거〉→강충.
깡충-거리-다囿〈거〉→강충거리다.
깡통囝 ①생철로 만든 통조림통. cans ②《속》 아는 것이 없이 머리가 텅 빈 사람. empty-headed
깡=차-다囿 빌어먹는 신세가 되다. become beggars

깡패(←gang 牌)囝《속》 폭력을 써서 못된 짓을 하는 부랑배. 《유》 까리. terrorist [깨의 씨. seesam
깨囝〈식물〉 참깨·들깨를 통틀어 이르는 말.②참.
깨가 쏟아진다囧 특히 부부 사이가 오붓하여 몹시 재
깨개갱囝 개가 지르는 소리. 하囝 [미가 난다는 말.
깨갱囝 강아지가 매를 맞거나 하여 지르는 소리. 《큰》 끼깅. yelp! yelp! 하囝
깨갱-거리-다囿 강아지가 매를 맞거나 하여 연해 비명을 지르다. 《센》 끼깅거리다. 깨갱=깨갱囝 하囝
깨깟¹囝 몹시 여위어 마른 모양. ¶~ 마른 사람. haggard [screaming voice
깨깟²囝 어린 아이가 시끄럽게 우는 소리.
깨끔-스럽-다囿囧囧 깨끗하고 아담스럽다. 깨끔-스레囝
깨끔-찮-다囿囧 깨끔하지 않다. not neat
깨끔-하-다囿囧 깨끗하고 아담하다. neat 깨끔-히囝
깨끗-찮-다囿囧 깨끗하지 않다. not neat
깨끗-하-다囿囧 ①맑고 조촐하다. 더럽지 않다. ¶깨끗한 옷. clean ②말쑥하다. neat ③병 같은 것이 나아서 완전하다. 말짱하다. ¶그 병은 깨끗하게 나았다. recovered health ④아무 것도 남김없이 텅 비다. ¶깨끗이 먹어 치웠다. entirely ⑤마음이 순백하다. innocent ⑥정정 당당하다. ¶깨끗한 승리.
깨끗-이囝 ~을 짓는 일. 깨끗이.
깨기囝 ①사(紗) 종류로 안팎 솔기를 곱솔로 박아 옷
깨기-바지囝 깨기속으로 만든 바지. 《깨기②.
깨기=옷囝 옷의 솔기를 곱솔로 만들어 지은 옷. 깨기.
깨기=저고리囝 안팎 솔기를 곱솔로 박은 겹저고리.
깨기=출囝 난봉꾼의 멋스러운 출의 하나. [한다.
=깨나囝 '어느 정도의'의 뜻. ¶돈푼 ~ 있다. 말-
깨:-나-다囿 ①잠이나 꿈에서 평시의 의식 상태로 돌아오다. wake up ②취기가 사라지다. get sober ③숨이 잠깐 끊어졌다가 다시 살아나다. come to life again ④마취(痲醉)·혼절(昏絶) 따위로 잃었던 의식을 회복하다. regain one's consciousness ⑤방탕한 사람이 올바른 마음으로 돌아오다. 《센》 께어나다. come to one's senses [느른하다. languid
깨나른-하-다囿囧 맥이 풀려 늘척지근하다. 《큰》 께-
깨:-다¹囿 ①잠·꿈·취기가 사라지고 맑은 정신으로 되다. wake up, get sober ②배워서 알게 되다. ¶깬 친구. become sensible [~. 《약》 깨우다.
깨:-다²囿 ①자던 잠을 그치다. ¶기적 소리에 잠을
깨:-다³囧 ①단단한 것을 조각나게 하다. break ②일을 중간에서 이루지 못하게 하다. ¶산통 ~. put to nought ③어려운 벽을 뚫다. ¶작년 기록을 ~.
깨:-다⁴囧囧 ①살이나 재물 따위가 줄게 되다. be decreased, be emaciated ②앓이 당하다. be hatched ③《속》 남에게 맞거나 혼이 나다. ¶호되게
깨-다⁵자囿 앓을 까게 하다. hatch [깨었다.
깨단-하-다囧 오래 생각하지 않다가 어떤 실마리로 깨단하다. suddenly realize
깨닫다囿囿囿 심령이 진리에 통하다. attain higher truths 囿囿 ①앞일을 미리 알아차리다. foresee ②몰랐던 사정 따위를 알아채다. realize ③깨치어 환하게 알아내다. comprehend
깨달은-이囝〈불교〉 ①자각(自覺)·각타(覺他)·각행(覺行)의 세 덕을 갖춘 이. ②우주·인생의 진리를 깨달아 도통한 이. 자각(覺者). [break
깨-두드리-다囧 두드려 깨뜨리다. 《센》 께뜨리다.
깨드득囝 단단한 물체가 갈라져 깨지는 소리. crunch
깨-떡囝 깨고물로 한 시루떡. [하囝
깨-뚜드리-다囧 깨두드리다.
깨뜨러-지-다囿 '깨지다'의 힘줌말. be broken
깨뜨리-다囧 '깨³'의 힘줌말. break
깨물-다囧 깨지게 씹다. crunch
깨-보숭이囝 들깨 꽃송이에 찹쌀 가루를 묻혀 기름에
깨-보시기囝 《속》 첩 있는 중. [튀겨 낸 반찬.
깨-부수-다囧 ①깨어서 부수다. ②무슨 일이 안 되도록 방해하다. break
깨-새囝〈동〉 박새. 사십작(四十雀).

깨-소금〖명〗 참깨를 볶아 소금을 치고 빻은 양념. roasted sesame-seeds and salt

깨소금 맛〖명〗 ①고소한 맛. tastiness ②남의 불행이 통쾌하다는 말.

깨-알〖명〗 깨의 낱알. sesame seed

깨알 같-다〖형〗 깨알같이 매우 잘다. very small 깨알 「같이

깨어-나다〖자〗→깨나다.

깨어-지다〖타〗〈원〗→깨지다. 「진 사태.

깨어진 그릇(一粥)〖명〗 다시 수습할 수 없을 만큼 일이 망가

깨-엿〖명〗 볶은 깨를 묻힌 엿. Korean candy with sesame seeds 「깨다②. waken

깨우-다〖타〗 잠이나 술에서 깨게 하다. ¶잠을 ~. 〖약〗

깨우치-다〖타〗 이치나 사리를 깨닫게 하여 주다. enlight-

깨이-다〖피〗〖사〗 자라다 깨움을 당하다. be woken 〖en

깨작-거리-다〖자〗 글씨를 아무렇게나 갈겨쓰다. 〖큰〗끼 적거리다. scribble **깨작-깨작**〖부〗 하다〖자〗

깨작-거리-다〖자〗〖약〗→깨지락거리다.

깨-죽〖명〗 참깨로 쑨 죽.

깨죽-거리-다〖자〗 불평스러운 말로 자꾸 종얼거리다. grumble 〖타〗 음식을 먹기 싫은 태도로 자꾸 되씹다. 〖큰〗케죽거리다. eat with apparent disrelish **깨 죽-깨죽**〖부〗 하다〖자타〗

깨ː-지-다〖자〗 ①부딪혀 갈라지거나 쪼개지다. ¶돌에 유리창이 ~. be broken ②일이 틀어지다. ¶혼담이 ~. come to nothing ③기록 따위가 돌파되다. ④얻어맞거나 혼쭐이 나다. ¶된통 ~. ⑤〖속〗 패배 하다. 〖원〗깨어지다.

깨지락-거리-다〖타〗 먹는 일이나 하는 일을 탐탁하지 않게 여겨 게으르게 하다. 〖약〗깨작거리다. **깨지 락-깨지락**〖부〗 하다〖타〗 「돌려져 해봤자 소용없다.

깨진 그릇 맞추기〖관〗 한번 그릇된 일은 다시 전대로

깨치-다¹〖타〗 깨달아 알게 되다. realize

깨치-다²〖타〗 깨뜨리다. 부숴 버리다. break

깨=풀〖명〗〈식물〉 깨풀과의 풀. 줄기 높이 30 cm 내외로 여름에 갈색 꽃이 핌. 논밭이나 길가에 나며 어린 잎은 식용함. 철현채(鐵莧菜).

깩〖명〗 ①급소에 충격을 받아 잠자기 지르는 외마디 소리. shrieking ②목구멍이 막히어 나는 소리. 〖큰〗 꾁. screeching

깩깩〖부〗 깩깩거리는 소리. 깩깩. 〖큰〗 꾁꾁. 하다〖자〗

깩깩-거리-다〖자〗 '깩' 소리를 자주 내다. 〖큰〗 꾁꾁거리다.

깩=소리〖명〗 작은 반항의 소리. 뒤에 반드시 부정이나 금지하는 말이 옴. ¶내 앞에서 ~도 못 한다. 〖큰〗 꾁소리. even one word of protest

깰깰-거리-다〖자〗 숨이 막혔다가 터지면서 깰깰 소리를 자꾸 내다. 〖큰〗 껄껄거리다. **깰깰-깰깰**〖부〗 하다〖자〗

깰깰〖부〗 목구멍 속에서 드러나지 않게 웃는 소리. 〖큰〗 껄껄. giggle 하다〖자〗

깰쭉-거리-다〖자〗 입밖으로 드러나지 않게 목구멍 속으로 자꾸 껠쭉 웃다. 〖큰〗 껄쭉거리다. 〖거〗 켈쭉거리다. 「cake

깻-묵〖명〗 기름을 짜낸 깨의 찌꺼기. 유박(油粕). sesame

깻묵에도 씨가 있다〖관〗 없을 듯한 곳에도 혹 있을 수 「있다.

깻-송이〖명〗 들깨의 이삭.

깻-잎[一닙]〖명〗 깨의 잎. sesame leaf

깻잎-쌈[一닙一]〖명〗 들깻잎에 싸 먹는 쌈. 「큰〗 껭.

껭〖명〗 몹시 힘을 쓰거나 아프고 부패낄 때 내는 소리.

껭=껭〖부〗 껭껭거리는 소리. 〖큰〗 꿍꿍. 껑껑. 하다〖자〗

껭껭-거리-다〖자〗 몹시 힘을 쓰거나 부패낄 때 껭 소리를 자주 내다. 〖큰〗 껑껑거리다. 꿍꿍거리다.

껭껭이-풀〖명〗〈식물〉 매자나무과의 다년생 풀. 4~5월에 자홍색의 꽃이 잎보다 먼저 피며 삭과가 열림. 열매는 건위약(健胃藥)으로 씀.

껭비리〖명〗〈속〉 ①작은 사람이나 어린 아이. ②하잘것 없는 사람.

갸ː룩〖부〗 무엇을 내다보거나, 목구멍에 걸린 것을 삼키려고 할 때 목을 쭉 내미는 모양. 〖큰〗 끼룩. 하다〖자〗

갸ː룩-거리-다〖자〗 무엇을 내다보거나 목구멍에 걸린 것을 삼키려고 할 때 목을 자꾸 길게 빼어 내밀다.

갸ː룩-갸ː룩〖부〗 하다〖자〗 「큰〗→갸우듬하다.

갸우듬-하-다〖형〗〖여〗〖센〗→갸우듬하다.

갸우뚱-거리-다〖자타〗〖센〗→갸우둥거리다.

갸울-다〖자〗〖센〗→갸울다.

갸울어-뜨리-다〖타〗〖센〗→갸울어뜨리다.

갸울어-지-다〖자〗〖센〗→갸울어지다.

갸울-이-다〖타〗〖센〗→갸울이다.

갸웃-거리-다〖자타〗〖센〗→갸웃거리다.

갸웃-하-다〖형〗〖여〗〖센〗→갸웃하다.

꺅¹〖부〗 위급할 때 놀라서 부르짖는 소리. 하다〖자〗

꺅²〖부〗 먹은 음식이 목까지 찬 모양. 하다〖자〗

꺅=**깍**〖부〗 짐승 따위가 죽을 지경일 때 연해 지르는 소리. 하다〖자〗 「를 내다.

꺅꺅-거리-다〖자〗 짐승이 죽게 될 때 잇달아 꺅꺅 소리

꺅-차-다〖형〗 먹은 음식이 목까지 차다. 「소리.

꽉=**깔**〖명〗 암탉·갈매기 따위가 목청이 터질 듯 지르는

꽉-하-다〖형〗〖여〗 ①더 들어갈 수 없다. ②더 먹을 수 없이 부르다.

꺼끄러기〖명〗 벼·보리 등의 겉껍질에 붙은 수염. 또, 그 동강. 〖큰〗 꺼끄러기. 꺼럭. 〖작〗 까끄라기. awn

꺼끙-그리-다〖타〗 겉곡의 껍데기를 방아에 조금 쑗어내다. hull unhulled grain in a mill

꺼ː-내-다〖타〗〖약〗→끄어내다.

꺼ː-내리-다〖타〗〖약〗→끄어내리다.

꺼ː-당기-다〖타〗〖약〗→끄어당기다.

꺼덕-꺼덕〖부〗→끄덕끄덕.

꺼덕-치-다〖형〗〖센〗→거덕치다.

꺼ː-두르-다〖타변〗 움켜 쥐고 휘두르다. 〖약〗 꺼들다.

¶수염을 ~. be grasped and sway

꺼ː-둘-다〖타〗〖약〗→꺼두르다.

꺼ː-둘리-다〖자피동〗 꺼두름을 당하다. 꺼들리다. be grasped and swayed

꺼드럭-거리-다〖자〗〖센〗→거드럭거리다.

꺼들-거리-다〖자〗〖센〗→거들거리다.

꺼ː-들-다〖타변〗〖약〗→꺼두르다. 「를 ~. be pulled

꺼ː-들리-다〖자피동〗 꺼들을 당하다. 꺼둘리다. ¶머리채

꺼들먹-거리-다〖자〗〖센〗→거들먹거리다.

꺼ː-들이-다〖타〗〖약〗→끄어들이다.

꺼떡-꺼떡〖부〗〖센〗→꺼뜨럭꺼떡.

꺼뜨럭-거리-다〖자〗〖센〗→거드럭거리다.

꺼ː-뜨리-다〖타〗 잘못하여 불을 꺼지게 하다. extinguish

꺼러기〖명〗〖약〗→꺼끄러기.

꺼ː럭〖약〗→꺼끄러기. 「~. shun

꺼ː리-다〖타〗 두려워 피하거나 싫어하다. ¶만나 보기를

꺼림칙-하-다〖형〗 매우 꺼림하다. 께름하다. feel leery, feel uneasy 「있다. 께름하다. weigh

꺼림-하-다〖형〗〖여〗 마음에 뉘우쳐지는 언짢은 느낌이

꺼ː-매-지-다〖자〗〖센〗→꺼매지다.

꺼머멀쑥-하-다〖형〗〖여〗〖센〗→거머멀쑥하다.

꺼머무트름-하-다〖형〗〖여〗〖센〗→거머무트름하다.

꺼머번드르-하-다〖형〗〖여〗〖센〗→거머번드르하다.

꺼머번지르-하-다〖형〗〖여〗〖센〗→거머번지르하다.

꺼멓-다〖형ㅎ변〗〖센〗→거멓다.

꺼무데데-하-다〖형〗〖여〗〖센〗→거무데데하다.

꺼무뎅뎅-하-다〖형〗〖여〗〖센〗→거무뎅뎅하다.

꺼무레-하-다〖형〗〖여〗〖센〗→거무레하다.

꺼무스름-하-다〖형〗〖여〗〖센〗→거무스름하다.

꺼무접접-하-다〖형〗〖여〗〖센〗→거무접접하다.

꺼무죽죽-하-다〖형〗〖여〗〖센〗→거무죽죽하다.

꺼무축축-하-다〖형〗〖여〗〖센〗→거무축축하다.

꺼무충충-하-다〖형〗〖여〗〖센〗→거무충충하다.

꺼무칙칙-하-다〖형〗〖여〗〖센〗→거무칙칙하다.

꺼무튀튀-하-다〖형〗〖여〗〖센〗→거무튀튀하다.

꺼물-거리-다〖자〗〖센〗→거물거리다.

꺼뭇-꺼뭇〖부〗〖센〗→거뭇거뭇.

꺼벅-하-다〖형〗〖여〗〖센〗→거벅하다. 「벅. 〖큰〗→꺼벅 하다

꺼벅-거리-다〖자타〗 '꾸벅거리다'를 흉보아 하는 말. 꺼

꺼ː벙-하-다〖형〗 허우대는 크나 쩨이지 않고 엉성하다. ¶보기에는 꺼벙해도 마음은 곧다.

꺼병이 ① 꿩의 새끼. chick pheasant ② 외양이 어울리지 않고 거칠게 생긴 사람. man of unsightly appearance

꺼부러-지-다 ① 부피가 점점 줄어들다. ② 생기가 빠져 몸이 구부러지다. 《작》 까부라지다. bend

꺼불-거리-다 ① 위아래로 느릿느릿 흔들리다. ② 격에 맞지 아니하게 멋없이 경솔하게 행동하다. 《작》 까불거리다. 위아래로 느릿느릿 흔들다. 《작》 까불다.

꺼슬=꺼슬 거슬거슬.

꺼:-오-다 《약》→꺼오다.

꺼:-올리-다 꺼올리다.

꺼:-지-다 ① 불·거품 따위가 사라져 없어지다. go out ② 《속》 눈앞에서 사라지다. disappear

꺼:-지-다 속이 끓거나 비어서 우묵하게 들어가다. ¶ 땅이 ~. cave in

거치적=거리-다《센》→거치적거리다.

꺼칠=꺼칠《센》→까칠까칠.

꺼칠-하-다《센》→까칠하다.

꺼칫=꺼칫《센》→까칫까칫.

꺼칫-하-다《센》→까칫하다.

꺼펑이 무엇에 덧씌워 덮거나 가린 물건.

꺼풀 여러 겹으로 된 껍질이나 껍데기의 층. 《작》 까풀.

꺼풀=거리-다 꺼풀거리다. outer cover

꺼풀-지-다 껍질이나 껍데기 등이 뭉쳐 꺼풀을 이루다.

꺽 트림하는 소리. 《두: ~ 까풀지다.

꺽:=꺽 장끼가 우는 소리. cry of a cock pheasant

꺽:꺽=푸드덕 장끼가 울고 날개 치는 소리.

꺽둑-하-다 성질·품성이 억세어서 부드럽지 못하다.

꺽두기《약》→꺽두기②. [맛이 없다. rough, stiff

꺽두기《속》 아이들이나 여자들이 신는 기름에 결은 가죽신. 《비》 나막신. 《약》 꺽두.

꺽둑=거리-다 무 따위를 고르지 않게 대중없이 마구 썰다. 《작》 깍둑거리다. mince, chop at random

꺽둑=꺽둑 하다

꺽저기《어류》 농어과의 민물고기. 몸 길이 15 cm 내외이고, 몸 빛은 갈색 바탕에 적색 가로줄이 있음. 맛이 좋음. 《약》 꺽저.

꺽죽=거리-다 제가 잘난 듯이 몸을 흔들며 떠들다.

꺽지 《약》→꺽저기. [be puffed up with conceit

꺽지-다 억세고 용감하여 과단성이 있다. bold

꺽짓=손 억세어서 호락호락하지 않은 수단. bold means

꺽짓손 세-다 사람을 휘어 잡고 어려운 일을 감당할 만한 수단이 있다. tough and indomitable

껀=괄호(一括弧) 《동》 꺾쇠 묶음.

껀=꽂이 식물의 줄기나 가지를 잘라 땅에 꽂아서 살리는 일. 삽목(揷木). planting a cutting 하다

껀-다 ① 나뭇가지 따위를 휘어 부러뜨리다. ¶ 꽃을 ~. break ② 방향을 직각으로 바꾸다. turn ¶ 핸들을 왼쪽으로 ~. ③ 접다. 겹치다. fold ④ 말이나 행동을 제대로 하지 못하게 하다. ¶ 남의 기를 ~. ⑤ 마음을 굽히다. ¶ 고집을 ~.

껀=쇠 두 개의 수단이 떨어지지 않게 걸쳐 대는 'ㄷ'자 모양의 쇠토막. clamp

껀쇠=구멍 가랫날 위 양쪽의 껀쇠를 박는 구멍.

껀쇠 묶음 〈인쇄〉 문장이나 수식(數式)에 쓰는 '[ ]' 의 이름. 껀괄호. 대괄호. brace

꺾어-지-다 ① 부러져 동강이 나다. be broken ② 종이 따위가 접혀져서 금이 가다. be folded, be wrinkled

꺾은=선(一線) 〈수학〉 여러 가지 길이와 방향을 가진 선분(線分)을 순차로 접선(接線)하여 얻어지는 선. 절선(折線).

꺾은=채 가마 따위를 맨 채의 앞쪽에 가로지른 나무.

꺾이-다 꺾음을 당하다. ¶ 기세가 ~. be broken

꺾임=꺾힘 이러저리 꺾인 모양.

꺾임 망원경(一望遠鏡) 《동》 굴절 망원경(屈折望遠鏡).

꺾임=새 꺾인 모양새. broken form

껀-자(一字) ① 글의 어느 줄이나 글자를 지우기 위해 그리는 줄. ② 증서 같은 문서에 여백이 있을 때 이상(以上)의 뜻으로 쓰는 'ㄱ'자 모양의 부호.

껀자 놓-다(一字一) 글이나 글자 위에 그것을 지우기 위하여 껀자를 그리다. cross it out

껀자 치-다(一字一) ① 껀자 놓다. ② 중요한 문서 등의 여백에 껀자를 그리다. cross out

껀둥=그리-다 《센》→건둥그리다.

껀둥-하-다 《센》→건둥하다.

껄껄 큰 소리로 우렁차게 웃는 소리. 《작》 깔깔. laugh loudly

껄껄=거리-다 우렁찬 목소리로 참지 못할 듯이 자꾸 웃다. 《작》 깔깔거리다. laugh aloud

껄껄 웃-다 껄껄 소리 내어 웃다. 《작》 깔깔 웃다.

껄껄-하-다 ① 물건이나 성미가 부드럽거나 너그럽지 못하다. 《작》 깔깔하다①. rough

껄끄-다《센》→걸끄다.

껄끄럽-다《ㅂ》 ① 꺼끄러기 따위가 몸에 붙어 따금거리다. pricking ② 껄끄하여 매끄럽지 않다. 《작》 깔끄럽다. rough [hemp cloth

껄끄렁=베 올이 굵어서 바탕이 껄끄런 베. coarse

껄끄렁=벼 잘 몽글리지 않아 까끄라기가 많이 섞인 벼. husky rice grains

껄끔=거리-다 껄끄럽고 뜨끔거리다. 《작》 깔끔거리다. feel prickly **껄끔=껄끔 하다**

껄떡 ① 목구멍에 물을 굳이 겨우 삼키는 소리. with a gulp ② 숨이 끊어질 듯 말 듯한 숨소리. gaspingly ③ 말랑하고 얇은 물체의 바닥이 뒤집힐 때 나는 소리. 《작》 깔딱. with a snap 하다

껄떡=거리-다 ① 목구멍의 액체를 겨우 조금 넘기는 소리가 나다. ② 숨이 끊어질 듯 말 듯한 소리가 나다. ③ 말랑하고 얇은 물체의 바닥이 뒤집히는 소리가 나다. 《작》 깔딱거리다. **껄떡=껄떡 하다**

껄떡-이 음식이나 재물을 보고 껄떡거리는 사람. coveter

껄떡-하-다 ① 피로·병·굶주림으로 눈껍질이 걸어 달리고 눈알이 우묵 들어가다. sunken ② 열이 빠지다. 《작》 깔딱하다.

껄떼-기 〈어류〉 농어의 새끼.

껄렁껄렁-하-다 몹시 껄렁하다.

껄렁-이 뒤뭉이나 태도가 껄렁한 사람.

껄렁-패(一牌) 껄렁한 사람들의 패.

껄렁-하-다 속이 차지 않고 허술하여 끌답지 않다. good-for-nothing

껄-머리 혼인 때에 신부 머리에 크게 땋아서 그 위에 화잠을 꽂고 늘여 대는 덧머리.

껄쭉=거리-다 거칠고 세게 껄쭉거리다. 《작》 깔쭉거리다. feel prickly **껄쭉=껄쭉 하다**

껌(←gum) 고무에 설탕을 넣은 씹는 과자. 《원》 추잉껌. chewing gum

껌껌 나라-라 아주 어두운 곳. pitchdark place

껌껌-하-다 ① 아주 어둡다. 《작》 깜깜하다. pitchdark ② 마음이 결백하지 못하다. 《거》 껌껌하다.

껌:-다 [一따] 《센》→검다². [wicked

껌둥-이 ① 피부가 껌은 사람을 놀림조로 이르는 말. ② '검둥개'를 귀엽게 이르는 말. ③ 《속》 흑인. 《작》 깜둥이.

껌적=껌적 《센》→검적검적.

껌정 《센》→검정.

껌정-이 《센》→검정이.

껍데기 밤·달걀·조개 따위의 겉을 싼 단단한 물질. 각(殼). shell 《참》 껍데기에 무엇을 채우고 그 겉을 싼 것. 《작》 깜데기. 《비》 아버지.

껍신 채신없이 꺼부는 모양. 《작》 깝신. behave in a frivolous manner 하다

껍신=거리-다 채신없이 꺼불거리다. 《작》 깝신거리다. **껍신=껍신 하다** [frivolously 하다

껍적 방정맞게 접신거리는 모양. 《작》 깝작. behave

껍적=거리-다 방정맞게 접신거리다. 《작》 깝작거리다. **껍적=껍적 하다**

껍죽閉 신이 나서 주제넘게 껴부는 모양. 《작》깝죽. brag 하다타 [《작》깝죽거리다. **껍죽**=**껍죽**하다자
껍죽=**거리다**자타 신이 나서 주제넘게 껴불거리다.
껍질圈 단단하지 않은 물체의 겉을 싸고 있는 질긴 물질의 켜. ¶사과∼.《작》깝질. bark, rind
껍질=**눈**圈 피목(皮目).
껍질 상치 않게 호랑이를 잡을까관 ①힘들여 노력한 다음에도 이를 이룰 수 있다. ②불가능한 일을 이루려고 애쓰는 어리석음을 이름. [as much as
=껏回미 '있는 대로 다하여'의 뜻. ¶힘∼. 마음∼.
껑거리圈 길마를 얹을 때 마소의 꼬리 밑에 막대를 가로 대고, 두 끝의 길마에서 뻗어 온 줄을 좌우로 매어 길마를 고정시키게 됨. crupper
껑거리=**끈**圈 껑거리 막대 양끝에 매는 줄.
껑거리=**막대**圈 껑거리끈에 연결하여 마소의 궁둥이에
껑더리=**되다**자 →껑더리되다. [대는 막대.
껑뚱圈《센》→겅둥.
껑뚱=**거리다**자《센》→겅둥거리다.
껑뚱=**하다**형여동《센》→겅둥하다.
껑쩌=**지다**형 부끄럽고 어색하여 매우 거북하다. 면목이 없다. be put out of countenance
껑쩡圈 긴 다리로 힘있게 뛰는 모양.《작》깡쨍.《거》 겅정. with rapid strides
껑쩡=**거리다**자《거》→겅정거리다.
껑쭝圈 긴 다리로 힘있게 솟구어 뛰는 모양.《작》깡쭝.《거》겅중. leaping, jumping up and down
껑쭝=**거리다**자《거》→겅중거리다.
껑청圈→껑쩡.
껑청=**거리다**자《거》→겅청거리다.
껑충圈《거》→겅충. [senseless fellow
껑충=**이**圈 껑충하게 키가 크고 싱거운 사람. tall and
껑충=**하다**형여동 키가 큰 사람이 다리가 길다.《작》깡총하다. longlegged
께¹圈《공》에게.
=**께**접미 어떤 때나 곳을 중심 잡아 그 가까운 범위. ¶그믐∼. 공원∼. near, about
께끄름=**하다**형여 마음이 깨끗하지 못하고 꺼림하다.《약》께끔하다. feel uneasy about **께끄름**=**히**부
께끔=**하다**형여동《약》→께끄름하다.
께끼=**다**타 ①절구질할 때 가로 솟아오르는 곡식을 안으로 쓸어 붙다. shove in ②노래나 말할 때 옆에서 도와서 잘 어울리게 하다. lend a helping hand ③모르는 것을 앞에서 도와 일러주다. show, explain
께느른=**하다**형여동 맥이 풀려 늘어지근하다. ¶소풍을 갔다왔더니 ∼.《작》깨나른하다. languid
께름칙=**하다**형여동《동》꺼림칙하다.
께름=**하다**형여동《동》꺼림하다.
께서조《공》①주격 조사 '가'·'이'의 뜻으로 쓰임. ¶선생님∼ 출근하시다. ②보조사 '는'·'도'·'만'·'야'의 앞에 붙여 합성 보조사로 쓰임. ¶어머님∼도 건강하신가?
께옵서조《공》께서.
께저분=**하다**형여동《센》→게저분하다.
께적=**거리다**자《센》→게적거리다.
께적지근=**하다**형여동《센》→게적지근하다.
께죽=**거리다**자타 불평스러운 말로 되섞어 중얼거리다. grumble 타음식을 먹기 싫은 듯 자꾸 되씹다.《작》깨죽거리다. **께죽**=**께죽**부 하다자
께지럭=**거리다**자타 먹는 동작이나 하는 일을 탐탁하지 않게 여겨 게으르게 하다.《약》께적거리다. 께질 거리다.《작》깨지락거리다. idle about **께지럭**=**께지럭**부 하다자
께질=**거리다**자→께지럭거리다.
쨋쨋圈 칼부로 지르는 소리.
=**껜**《약》접미사 '=께'와 조사 '는'이 겹쳐 된 준말.
껴=**들다**타동 ①두 팔로 끼어서 들다. ②두 물건을 한데 끼어 들다. hold up in one's arms
껴=**안다**타 ①두 팔로 끼어서 안다. embrace ②혼자서 여러 가지 일을 안아 맡다. take upon oneself many things [clothes on
껴=**입다**타 옷을 겹쳐 입다. ¶내복을 ∼. put more
꼬기=**다**타《센》→고기다.
꼬기작=**거리다**타《센》→고기작거리다.
꼬김=**살**[-쌀]圈《센》→고김살.
꼬깃=**거리다**타《센》→고깃거리다.
꼬¹圈 때매.《동》꼬마. [때신. 고까신.
꼬²=**까**=**신**圈 빛이 알록달록하여 고운, 아기의 신.
꼬=**까**=**옷**圈 알록달록한 색을 넣어 곱게 지은 어린 아이의 옷. 고까옷. 때때옷. [어린이말.
꼬꼬圈 암탉이 우는 소리. cockadoodle-doo 圈 '닭'의
꼬꼬마圈《제도》군졸의 벙거지 뒤에 놀이던 붉은 털로 만든 길고 부풋한 삭모(槊毛). ②실 끝에 새털이나 종이 오리를 매어 바람에 날리는 아이들 장난감의 하나.
꼬꼬방=[一房]圈 닭을 파는 집.
꼬꾜圈《약》→꼬끼오.
꼬꾸라=**뜨리다**타《센》→고꾸라뜨리다.
꼬꾸라=**지다**자《센》→고꾸라지다.
꼬끼오圈 수탉 우는 소리.《약》꼬꾜. 하자
꼬는=**다**타으 ①무거운 물건의 한 끝을 쥐고 치켜올려 균형을 잡다. ¶한 손으로 자전거를 ∼. lift ②잔뜩 차려 가지고 벼르다. plan deliberately ③동 꼽다.
꼬¹=**다**타 ①여러 가닥을 한 줄이 되게 비비다. twist ②몸·다리·팔 등을 틀다. writhe ③《약》→비꼬다.
꼬다케부 불이 너무 세지도 않고, 꺼지지도 않고, 그대로 붙어 있는 모양. evenly, still
꼬드기=**다**타 ①남을 부추겨 마음이 움직이게 하다. incite ②연줄을 튀기어 솟구쳐 오르게 하다. jerk
꼬드러=**지다**자《센》→고드러지다.
꼬들=**꼬들**부《센》→고들고들.
꼬뚱부 맨 처음 차례. ¶∼ 수박. first
꼬락서니圈《속》꼴. appearance
꼬랑=**이**圈《속》꼬리.
꼬랑지圈《속》꽁지. tail
꼬르륵부 ①뱃속이나 대통의 진 따위가 끓는 소리. with a rumble ②액체가 작은 구멍으로 지나갈 때 나는 소리. 꾸르륵. with a gurgle 하자
꼬르륵=**거리다**자 연해 꼬르륵하다.《큰》꾸르륵거리다. **꼬르륵**=**꼬르륵**부 하자
꼬리圈 ①동물의 몸뚱이 끝에 가늘고 길게 내민 부분. ¶쇠∼. ②무·배추의 뿌리.《속》꼬랑이. tail
꼬리가 길면 밟힌다속 나쁜 일을 오래 두고 하다간 종당에는 들키고 만다.
꼬리=**고사리**圈《식물》꼬리고사리과의 다년생 상록양치류(羊齒類). 뿌리 줄기는 옆으로 번고 한 쪽 끝에서 여러 개의 잎이 나옴.
꼬리=**나비**圈《곤충》범나비과의 하나. 수컷은 암색(暗色)에 누른 빛의 무늬가 있고 암컷은 누른 빛·흰 빛·검은 빛의 얼룩무늬가 있으며 뒷날개에 긴 꼬리가 있음.
꼬리=**다**형 ①곯아 썩은 냄새가 있다. ill-smelling ②하는 짓이 용렬하고 더럽다. narrow-minded
꼬리 먼저 친 개가 나중 밥 먹는다속 무슨 일이나 먼저 서두르고 나서면 도리어 남보다 뒤지는 수가 많다.
꼬리=**밤나방**圈《곤충》꼬리밤나방과의 하나. 호랑나비와 비슷한데, 몸 빛은 회흑색이며 촉각은 빗살 모양임. 유충을 잡으면 악취액(惡臭液)을 분
꼬리=**별**圈《속》혜성(彗星). [비함.
꼬리=**보**圈《건축》도리에 닿도록 한쪽 끝이 흰 보.
꼬리=**뼈**圈《동》미골(尾骨)².
꼬리=**조팝나무**圈《식물》조팝나무과의 낙엽 관목. 여 름철에 붉은 잔꽃이 많이 픰. 과수원 울타리용으로 적합하며 어린 잎은 식용함. ¶러미. 미기(尾蕨).
꼬리=**지느러미**圈《어류》물고기의 꼬리를 이룬 지느
꼬리=**치다**타 ①꼬리를 좌우로 흔들다. wag the tail ②《속》유혹하다. 아양떨다. tempt
꼬리=**표**(一票)圈 화물을 부칠 때 다는 표로, 받을 사

람, 부치는 사람, 품명 등을 쓴 쪽지. tag, label
꼬마뗑 ①〖약〗→꼬마둥이. ②소형(小型). ¶~자동차.
꼬마-둥이(一童-)뗑 ①키나 몸집이 작은 사람. dwarf ②어린 아이. 〖약〗 꼬마뗑①. 꼬맹이. kid
꼬맹이뗑 〖약〗→꼬마둥이.
꼬무락-거리-다짜 〖센〗→고무락거리다.
꼬물=거리-다짜 〖센〗→고물거리다.
꼬바기뗑 고대로 끝내 기다리거나 밤을 새우는 모양. 〖약〗→꼬박이. ¶~ 이틀 밤을 새웠다. through
꼬박¹뗑 〖약〗→꼬바기.
꼬박²뗑 졸거나 절할 때 머리나 몸을 앞으로 숙이는 모양. 〖큰〗 꾸벅. 〖센〗꼬빡. nodding 하쟈
꼬박-거리-다짜 졸거나 절할 때 머리와 몸을 연해 숙였다가 들다. 〖큰〗 꾸벅거리다. 〖센〗 꼬빡거리다. 꼬박-꼬박뗑 하쟈
꼬박=꼬박뿌 ①어김없이 순종하는 모양. ¶~ 시키는 대로 한다. faithfully ②몹시 기다리는 모양. 〖큰〗 꾸벅꾸벅. eagerly
꼬부라-뜨리-다타 〖센〗→고부라뜨리다.
꼬부라-지-다짜 〖센〗→고부라지다.
꼬부랑 글자[一짜](-字) ①모양이 없이 서투르게 쓴 글씨. poor writing ②〖속〗 서양 글자.
꼬부랑-이뗑 〖센〗 고부랑이.
꼬부랑 늙은이뗑 허리가 꼬부라진 늙은이. old man
꼬부랑-이뗑 〖센〗→고부랑이. [bent with age
꼬부랑-하-다혱 〖센〗→고부랑하다.
꼬부리-다타 〖센〗→고부리다.
꼬부스름-하-다혱〖센〗→고부스름하다.
꼬부슴-하-다혱〖센〗→고부슴하다.
꼬부장=꼬부장뿌〖센〗→고부장고부장.
꼬부장-하-다혱〖센〗→고부장하다.
꼬불-거리-다짜 〖센〗→고불거리다.
꼬불탕=꼬불탕뿌〖센〗→고불탕고불탕.
꼬불탕-하-다혱〖센〗→고불탕하다.
꼬붓=꼬붓뿌〖센〗→고붓고붓.
꼬붓-하-다혱〖센〗→고붓하다.
꼬빡¹뗑〖센〗→꼬박².
꼬빡²뗑 어떤 상태를 끝까지 고스란히 계속하는 모양. 꼬바기. ¶부산까지 ~ 서서 갔다. without sleeping a wink 하쟈
꼬빡-거리-다짜〖센〗→꼬박거리다.
꼬빡-연[一년](-鳶)뗑 올라갈 때 머리를 꼬빡거리는 가오리 모양의 연. 가오리연.
꼬이-다짜 ①꼬아지다. be twisted ②일이 제대로 잘 안 되다. go wrong ③비위에 거슬려 마음이 비틀리다. 〖약〗 꾀다². be perverse
꼬이-다타짜 꾐을 당하다. 꼬아지다. 《약》 꾀다².
꼬장=꼬장뿌 ①가늘고 긴 물건이 곧은 모양. stiff ②늙은이가 허리도 곧곤 기운이 정정한 모양. ③사람됨이 곧고 결백한 모양. 〖큰〗 꾸정꾸정. 하쟈
꼬장-나비뗑 〈곤충〉 굴뚝나비과의 나비. 검은 날개의 앞쪽에 흰 점이 몇 개 박혀 있음.
꼬직(←Gothic) →고딕. [아이. 하쟈
꼬질-다혱 못생기고 잘 자라지 못한 모양. ¶~한
꼬집-다타 ①비틀어 집어 뜯다. pinch ②남의 흠점을 비꼬아서 말하다. ¶ 꼬집어 ~. be cynical about ③남의 비밀이나, 강조하려는 점을 명확히 드러내어 지적하다. find fault with [서 십는 모.
꼬창-모[一모]〈농업〉 꼬창이로 논바닥을 뚫으면
꼬챙이뗑 가느다란 대·쇠·나무 따위를 뾰족하게 깎은 것. 〖약〗 꼬치①. spit
꼬치뗑 ①→꼬챙이. ②음식물을 꼬챙이에 꿴 것. eatables threaded on skewers
꼬치=꼬치뿌 ①몸이 꼬챙이처럼 마른 모양. haggard ②자꾸 파고들며 물어 보는 모양. ¶~ 캐어묻는다. inquisitively
꼬치 백반(一白飯)뗑 꼬치를 반찬으로 한 백반.
꼬치-삼치[一三-]〈어류〉 동갈삼치과의 바닷물고기. 몸 길이 1.5m 가량으로 삼치와 비슷하고 남청색임. 열

대성으로 탐식성(貪食性) 어종임.
꼬치 안주(一按酒)뗑 꼬치로 된 술안주.
꼬투리뗑 ①〖약〗→담배 꼬투리. ②콩·팥 등의 깍지. pod ③일이 일어난 근본. cause
꼬푸리-다타〖센〗→고푸리다.
꼭뿌 ①힘주어 누르거나 죄는 모양. ¶~ 끝잡고 있거라. tightly ②피로움을 억지로 참고 견디는 모양. 〖큰〗 꾹. patiently ③어김없이. ¶약속은 ~ 지켜야 한다. without fail
꼭=꼭¹뿌 ①연해 힘주어 누르거나 죄는 모양. ¶~ 밟다. 〖큰〗 국죽. ②어김없이 완전하게. ③꽁꽁¹②.
꼭=꼭²뿌 암닭이 알겨는 소리. 하쟈
꼭꼭-거리-다짜 연해 꼭꼭 소리를 내다.
꼭대기뗑 ①맨 위쪽. ¶것대 ~. top ②맨 처음. beginning ③여럿 중의 우두머리. 고스라. head
꼭두-각시뗑 ①여러 가지 이상 야릇한 탈을 씌운 인형. 괴뢰. ②기피한 탈을 쓰고 노는 계집. puppet ③주체성 없이 남의 조종에 의하여 행동하는 사람.
꼭두각시=놀음뗑 ①여러 인형을 번갈아 내세우고, 무대 위층에서 인형을 조종하는 민속 연극의 하나. 박첨지 놀음. puppet show ②남의 뜻에 따라 피동적으로만 움직이는 일. 하쟈
꼭두 군사(一軍士)뗑 꼭두각시 놀음에 나오는 군사.
꼭두 놀리-다타 꼭두각시를 놀리다. manipulate puppets
꼭두 새벽뗑 첫새벽. 퍽 이른 새벽. dawn
꼭두서니뗑 〈식물〉 꼭두서니과의 다년생 덩굴풀. 줄기와 함께 가시가 있고, 검고 동그란 장과(漿果)가 열림. 뿌리는 염료 또는 진통제로 쓰고 어린 잎은 식용함. 모수(茅蒐). madder 꼭두서니를 원료로 한 빨간 물감. 또, 그 빛깔. madder-red
꼭두 식전(一食前)뗑 꼭두 새벽. early dawn
꼭둑=각시뗑 →꼭두각시.
꼭뒤뗑 ①뒤통수의 한복판. back of the head ②활의 도고지 붙은 뒤. nock
꼭뒤¹=누르-다타 위에 있는 세력이 아래 세력을 누르다.
꼭뒤¹=눌리-다피 ①남의 꼭뒤누름을 당하다. ②압제를 받다. ③남에게 앞을 빼앗기다. be oppressed
꼭뒤에 부은 물이 발뒤꿈치로 내린다뗑 ①웃사람의 잘못은 곧 아랫 사람에게 영향을 끼친다. ②조상이 남긴 풍습이 후손에게 이어진다.
꼭뒤¹=잡이-하-다타 꼭뒤를 잡아 잦히다. [stall
꼭뒤¹=지르-다타 ①압제하다. ②선손 쓰다. fore-
꼭뒤¹=질리-다피 꼭뒤지름을 당하다. be forestalled
꼭지뗑 ①그릇 뚜껑의 손잡이. knob ②잎이나 열매를 지탱하는 줄기. calyx ③거지나 딴꾼의 우두머리. boss ④연의 머리에 달같이 붙이는 표. moony mark ⑤도리께의 자루 머리에 꽂아 등을 걸어 돌게 하는 나무 비녀. peg on a kite 〖의〗 빨래나 미역 따위의 걸라래놓은 묶음을 세는 말. ¶미역 두 ~.
꼭지=눈뗑 〖동〗 정아(頂芽). [bundle
꼭지-딴뗑 딴꾼의 우두머리. [nning wheel
꼭지-마리뗑 물레를 돌리는 손잡이. handle of a spi-
꼭지-미역뗑 낱 묶으로 된 꼭지를 지은 미역.
꼭지-점(一點)뗑〈동〉 정점(頂點).
꼭차-다혱 빈틈 없이 가득 차다. be full [simple
꼭-하-다혱 정직하고 고지식하다. honest and
꼰질꼰질-하-다혱〖여〗 하는 짓이 지나치게 꼼꼼하여 갑갑하다. too meticulous
꼲-다타 잘되고 잘못됨을 살펴 정하다. 꼬느다. give [marks
꼴뗑 사물의 생김새나 됨됨이. 〖비〗꼬락서니. shape
꼴뗑 마소에게 먹이는 풀. 풀을 베다. fodder
꼴=겁지뗑 그 물건의 낱개로 따진 값을 나타내는 값. ¶한 개에 십 원~. ratio
꼴-간[一깐](一間)뗑 꼴을 두는 곳간이나 자리.
꼴-값[一깝]〖속〗 '얼굴값'을 좋지 못한 뜻으로 얕잡아 이르는 말. 하쟈
꼴=같-다혱 제 꼴과 같이 보기에 흉하다. of despicable state

꿀=같잖-다 생김새나 됨됨이가 같잖다. of despicable shape

꿀꺽 ①적은 물이나 침이 목이나 좁은 병목 같은 데를 힘들여 넘어가는 소리. 《거》콸칵. at a gulp ② 분함을 억지로 참는 모양. 《큰》꿀꺽. patiently 하타

꿀꺽=거리-다타 자꾸 꿀꺽하다. 《큰》꿀꺽거리다. 꿀꺽꿀꺽부 하타

꿀꿀¹부 물이 가는 줄기로 몰려 조금씩 흐르는 소리. 《큰》꿀꿀¹. 《거》콸콸. trickling 하자

꿀꿀²부 새끼돼지가 내는 소리. 《큰》꿀꿀². 하자

꿀꿀=거리-다자 물이 연해 꿀꿀 소리가 나다. 《큰》꿀꿀거리다.

꿀꿀=거리-다자 돼지가 연해 꿀꿀 소리를 내다. 《큰》꿀꿀거리다.

꿀꿀-하-다형여불 물기가 조금 뻣뻣하다.

꿀-낫명 마소에 먹일 꿀을 베는 낫. mower

꿀-리-다자 자지를 꼴리게 하다. make one's penis erect

꿀-답잖-다형 꿀이 보기에 흉하다. look funny, deformed

꿀딱 ①무엇을 힘차게 삼키는 소리. 《큰》꿀떡. gulping hungrily ②해가 서녘으로 완전히 지는 모양. ¶해가 ~ 넘어가다. ③무엇을 철저하게 관철하는 모양. ¶밤을 ~ 새다. 이름을 ~ 굶다. 하자

꿀딱=거리-다자 꿀딱 소리를 내며 삼키다. ② 그릇에 담긴 액체가 연해 꿀딱 소리를 내며 조금씩 넘치거나 흔들리다. 《큰》꿀떡거리다. 꿀딱꿀딱부 하자

꿀뚜기 〈동물〉소형의 낙지. 길이 20 cm 내외로 몸은 회색을 띤 적갈색임. 발은 여덟 개. 몸뚱이는 오돌도돌 거칠고, 내만(內灣)의 얕은 모래땅에서 식함. 골독어(骨獨魚). octopus [어채.

꿀뚜기 어채(一魚菜)명 꿀뚜기에 녹말을 버무려 데친

꿀뚜기 장수명 ①많은 밑천을 다 없애고 구차하게 사는 것을 빈댄 이름. ruined person ②꿀뚜기를 파는 장수. octopus dealer

꿀뚜기=질명 남을 욕할 때, 가운뎃손가락만 펴고 다른 손가락은 꼬부려 남의 앞에 내미는 짓. 하자

꿀랑부 ①그릇에 다 차지 않은 액체가 좀 흔들려서 나는 소리. ②착 달라붙지 않고 들떠서 부푼 모양. 《큰》꿀렁. 하자

꿀랑=거리-다자 ①통 속에 다 차지 않은 액체가 자꾸 꿀랑 소리가 나다. ②착 달라붙지 않고 부풀어 들썩들썩하다. 《큰》꿀렁거리다. 꿀랑꿀랑부 하자

꿀리-다자 ①생식기가 흥분하여 팽창하다. get erect ②성질이 불끈 일어나다. ¶뱉이 ~.

꿀-머슴명 농가의 잔일을 거들고, 땔나무와 꿀을 베는 어린 머슴. boy servant

꿀보-다타 외모를 살피다. observe [obnoxious

꿀-불견(一不見)명 꿀이 비위에 거슬려 볼 수가 없다.

꿀사:남-다형브 꿀이 비위에 거슬리다. disgusting

꿀-싸-다타 피륙을 양쪽 길이 같게 접다. double up

꿀짝 ①진득거리는 물건을 주무르거나 밟을 때 나는 소리. ②눈물을 조금씩 짜내는 모양. 《큰》꿀쩍. 하자타 [꿀짝=꿀짝부 하자

꿀짝=거리-다자타 자꾸 꿀짝하다. 《큰》꿀쩍거리다.

꿀찌명 맨 끝 차례. bottom

꿀찌락부 적은 물에 많은 물건을 넣고 주무르거나 빠는 모양. 《큰》꿀찌럭. splatter 하자

꿀찌락=거리-다자 연해 꿀찌락 소리를 내며 일하다. 《큰》꿀찌럭거리다. 꿀찌락꿀찌락부 하자

꿀용내-말(擬聲語).

꿈꿈-쟁이명 ①꿈꿈한 사람. scrupulous man ②일에 재빠르지 못한 사람. [꿈=히부

꿈꿈-하-다형여불 찬찬하여 빈틈이 없다. careful 꿈

꿈-바르-다형르 생각이 좁고 인색하여 박하다. niggardly

꿈바리명 꿈바른 사람의 별명. meticulous person

꿈바지런-하-다형여불 꿈꿈하고 부지런하여 놓지 않고 일하다. assiduous

꿈=수명 체계한 수단이나 방법.

꿈실=거리-다자 《센》→꿈실거리다.

꿈작부 《센》→꿈작.

꿈작=거리-다자타 《센》→꿈작거리다.

꿈지락부 《센》→꿈지락.

꿈지락=거리-다자 《센》→꿈지락거리다.

꿈질부 《센》→꿈질.

꿈질=거리-다자 《센》→꿈질거리다.

꿈짝부 《센》→꿈작.

꿈짝=거리-다자타 《센》→꿈작거리다.

꿈짝 달싹부 〈농〉옴쭉달싹. 하자

꿈짝 못하-다자타어불 ①몸을 조금도 움직이지 못하다. cannot move about ②힘이나 권세에 눌려 기를 못 펴다. 꿈짝 못하다. be in a fix

꿈짝 부득(不得)부 매우 어려운 고비에 빠져서 꿈짝할 수도 없음. unable to stir an inch

꿈짝 아니하-다자타어불 몸을 조금도 움직이지 아니하다. 꿈쩍 아니하다.

꿈짝=없-다형 ①꿈짝할 수가 없다. 조금도 움직일 수가 없다. ②꿈짝없다. ②어떻게 해볼 방도가 없다. 꿈짝=없이부 [move, stir

꿈짝-이-다자 약하고 느리게 움직이다. 《큰》꿈쩍이다.

꿈치명 ①작은 것. tiny thing ②적은 것.

꿈틀부 《센》→꿈틀.

꿈틀=거리-다자 《센》→꿈틀거리다.

꿈꿈-쟁이명 성질이 잘면서도 촉촉한 사람. niggard

꿈꿈-하-다형여불 조금 촉촉하다. 《큰》꿈꿈하다. somewhat dampish

꼽-다타 ①수를 셈하는 방법으로 손가락을 꼬부리다. count on one's fingers ②누구를 지목하다.

꼽실부 꼽실.

꼽실=거리-다자타 《센》→꼽실거리다.

꼽작부 《센》→꼽작.

꼽작=거리-다자 《센》→꼽작거리다.

꼽장-골명 앞 부리가 곱게 생긴 가죽신 골의 하나.

꼽장-선(一扇)명 겉살의 사북 근처에 굽은 뼈나 검은 나무쪽을 붙인 쥘부채. 곡두선(曲頭扇). kind of fan

꼽재기명 ①때나 먼지 따위가 조그맣게 엉겨 붙은 것. ¶때~. dirt ②아주 작거나 적은 물건. atom

꼽추명〈동〉곱사등이.

꼽-치다타 곱치다.

꼿꼿-하-다형여불 ①마음이 굳세고 곧다. firm ②길쭉하고 굽은 데가 없이 쪽 바르다. upright ③물건이 조금 굳어져서 거칠고 단단하다. 《큰》꿋꿋하다.
꼿꼿-이부

꽁꽁¹부 ①물체가 단단히 언 모양. thickly ②보이지 않게 단단히 잘 숨는 모양. 꼭꼭. successfully

꽁-꽁²부 힘겨거나 몹시 앓을 때 내는 소리. 《큰》꿍꿍². moaning 하자 [리다.

꽁꽁=거리-다자 자꾸 꽁꽁 소리를 내다. 《큰》꿍꿍거

꽁대/꽁대기/꽁댕이명 꼬리.

꽁무니명 ①동물의 등마루뼈가 끝난 부분. tip of the coccyx ②엉덩이를 중심으로 한 몸의 뒷부분. ¶호미를 ~에 찌르다. seat of one's pants ③위 또는 맨 끝. ¶~에 따라오다. end

꽁무니 바람명 뒤에서 불어오는 바람. tail wind

꽁무니-빼-다자 힘에 버거거나 두려워서 관계하던 일 따위에서 손을 떼려 하다. evade

꽁무니-뼈명 미골(尾骨). [〈純麥飯〉. boiled barley

꽁보리-밥명 보리쌀로만 지은 밥. 꿀삶이②. 순맥반

꽁수-멍명 연의 가운데 구멍 밑의 부분.

꽁숫-구멍[一꾸一]명 연의 꽁숫달 가운데 구멍 밑에 연줄이 통과할 만큼 뚫은 작은 구멍.

꽁:숫-달[一딸]명 연을 만들 때, 가운데에 길이로 붙이는 작은 대.

꽁지명 새의 꽁무니에 달린 긴 깃. 새의 꼬리. tail

꽁지=깃명 〈동〉새의 꽁지 깃. ②명 미우(尾羽).

꽁지=머리명 머리가 북방망이처럼 된 나무때기로, 도

꽁지벌레

꽁지-벌레[-] 〈곤충〉 왕파리의 유충. 여름에 뒷간에서 생기는데, 꼬리가 길며 발이 없음. 분충(糞蟲). maggot ②마음씨가 순직하지 못하고 비꼬인 사람의 비유. 〔尾〕

꽁지=부리[명] 배의 꼬리. 배의 위쪽. 고물. 선미(船

꽁지 빠진 새 같다[족] 끝이 초라하다는 뜻.

꽁지=점[-쩜](-點) 〈인쇄〉 가로글씨(橫書)의 문장에 휴식부로 쓰는 부호 ',' 의 인쇄상의 이름. 쉼표. 휴지부(休止符). comma 〔butt

꽁초(-草)[명] 피우다 남은 담배의 꼬투리. cigarette

꽁:치[명] 〈어류〉 침어과의 바닷물고기. 길이 30 cm로 몸은 납작하며 주둥이가 부리같이 뾰족 나옴. 등은 흑청색, 배는 은백색임. 맛이 좋음. saury

꽁:-하-다[형] 말이 없고 마음이 좁아, 무슨 일이나 마음에 담아 두고 언짢아 하다. ¶어제 다툰 일로 꽁해 있다. introvert and narrow minded

꽂개[명] 나무 막대기로 진흙에 깊이 꽂기를 겨루는 아이들의 놀이.

꽂-다[타] ①찔러 넣거나 박아 세우다. ¶안주머니에 볼펜을 ~. thrust ②꾀어져 있게 하다. ¶머리에 비녀를 ~. insert ③거꾸로 넘어 박히게 하다. ¶짐을 메어 ~. ④〔部〕→뒤쫓다.

꽃[명] ①〈식물〉 현화(顯花) 식물의 유성(有性) 생식 기관. 모양과 빛은 여러 가지이며, 꽃술과 화피(花被)의 두 부분으로 되어 있는 나뭇가지. flower ②꽃이 피어 있는 나뭇가지. ③아름답고 화려한 일. beauty ④아름다운 여자. woman ⑤평판이 좋거나 인망이 있는 그것. star ⑥흥역이나 마마 등을 앓을 때 몸 속에 쌀알같이 발긋발긋 돋는 것. 〔방. 꽃집〕

꽃=가:게[명] 생화·조화를 파는 가게. 화방(花房). 꽃

꽃=가루[명] 수꽃술의 꽃밥 속에 있는 가루 모양의 물질. 예분(蕊粉). 화분(花粉). pollen

꽃=게[명] 〈동물〉 꽃게과의 게. 모래땅에 흔하게 살며 딱지 길이 7 cm, 폭 15 cm 정도. 두흉갑(頭胸甲)과 넷째 다리는 푸른 빛 도는 암자색 바탕에 흰 구름무늬가 있음. 집게발이 크고 셈. 화해(花蟹). shore swimming crab

꽃-고비[명] 〈식물〉 꽃고비과의 다년생 풀. 산지(山地)에 나는데, 줄기 높이 60∼90 cm, 잎은 깃꼴 겹잎형임. 여름철에 자주색이나 흰색 꽃이 핌. 관상용. 화인(花茵). 〔하다

꽃-구:경[명] 만발한 꽃을 보고 즐기는 일. 방화(訪花).

꽃-구름[명] 여러 가지 빛을 띤 아름다운 구름. 〔便〕. calyx

꽃-국[명] 용수 안에 핀 술의 웃국.

꽃-꼭지[명] 〈식물〉 꽃이 달린 꼭지. 꽃자루. 화경(花

꽃=꽂이[명] 화초나 나무의 가지를 화기(花器)에 꽂아 자연미를 나타내는 기법. 〔수(花樹)〕

꽃-나무[명] 〈식물〉 꽃이 피는 나무. 화목(花木). 화

꽃-놀이[명] ①꽃을 구경하며 즐기는 놀이. 화유(花遊). flower viewing ②꽃이 피는 봄철에 산야(山野)에서 노는 일. ¶~ 가다. 〔하다 〔er bud

꽃-눈[명] 〈식물〉 자라서 꽃이 필 눈. 화아(花芽). flow-

꽃-다:지[명] →꽃받침.

꽃-다발[명] 생화나 조화(造花)를 묶은 다발. bouquet

꽃-다지[명] 〈식물〉 겨자과의 이년생 풀. 줄기 높이 20∼30 cm로 전체에 짧은 털이 빽빽하게 남. 4∼6월에 노란 십자화가 피고 열매는 타원형으로 맺음. 어린 잎은 식용함. whitlow grass 〔fruit

꽃-다:지[명] 오이·가지 따위의 첫 열매. first

꽃-달임[명] 〈식물〉 진달래꽃·국화 따위를 따서 적을 붙이거나 떡에 넣어 쪄서 여럿이 먹는 놀이. 〔하다

꽃-답-다[형][ㅂ불] ①꽃같이 아름답고 향기롭다. ¶한창 꽃다운 나이. lovely as a flower ②꽃으로서의 아름다움을 갖추다. 〔애의 다른신. 꽃신.

꽃-당혜(-唐鞋)[명] 여러 빛깔로 구며 곱게 만든 어린

꽃-대[명] 〈식물〉 꽃꼭지가 붙은 줄기. 화축(花

꽃-대님[명] →색대님. 〔軸). floral axis

꽃-덮이[명] 화피(花被)

꽃부리

꽃-도미[명] ①〈동〉 꽃돔. ②〈동〉 붉돔.

꽃-돔[명] 〈어류〉 농어과의 바닷물고기. 길이 20 cm, 몸은 달걀꼴로 납작하고, 후두부가 솟음. 주둥이는 짧고 둔하며 눈이 크고, 빛은 선홍색임. 꽃도미①.

꽃-돗자리[명] 꽃무늬를 놓고 짠 돗자리. 화문석. 〔야 꽃자리②. 〔garden

꽃-동산[명] 꽃이 만발한 동산. 화원(花園). flower

꽃-등(-燈)[명] 꽃무늬가 있는 종이 등.

꽃-등에[명] 〈곤충〉 꽃등에과의 곤충. 몸 길이 14∼15 mm로 몸 빛은 흑갈색, 복부는 확적색임. 유충은 오물에 살며 '꼬리구더기'라고도 함.

꽃-뚜껑[명] 〈식물〉 꽃부리와 꽃받침의 빛깔·모양이 같아서 구별하기 어려울 때, 이 둘의 총칭. 화개(花蓋).

꽃-마리[명] 〈식물〉 지치과의 월년생 풀. 줄기 높이 20∼30 cm로 흰빛의 잔털이 났음. 4∼7월에 담벽색(淡碧色) 꽃이 핌. 들이나 길가에 남.

꽃-말[명] 꽃의 특질에 따라 상징적 의미를 내포시킨 말. 장미는 순애, 월계수는 영광 따위. 화사(花詞). flower language

꽃-망울[명] 어린 꽃봉오리. 〔야〕 망울③. flower-bud

꽃-맞이[명] 〈민속〉 꽃이 필 무렵에 하는 굿. 〔하다

꽃-맷이[명] 꽃이 진 뒤에 바로 맺히는 열매.

꽃며느리밥-풀[명] 〈식물〉 현삼과의 일년생 풀. 잎은 길둥그렇고, 끝이 뾰족하며 꽃은 붉음.

꽃-무늬[명] 꽃 모양의 무늬. floral design

꽃-무지[명] 〈곤충〉 풍뎅이과의 갑충. 몸 길이 15 mm, 빛은 녹색에 백색 반문이 있고, 온몸에 갈색 털이 있음. 성충은 수액·과실·꽃에 모이고, 유충은 땅 속에서 부식토를 먹음. 꽃벌이. 〔thick soup

꽃-물[명] 고기를 삶고 맹물을 타지 않은 진한 국물.

꽃-바구니[명] ①꽃무늬를 놓고 짠 바구니. ②화초나 꽃가지를 담는 바구니.

꽃-바닥[명] 꽃받침 속의 바닥.

꽃-바지[명] 〈식물〉 지치과의 일년생 풀. 줄기 높이 20∼60 cm로 온몸에 잔털이 있으며 잎은 타원형임. 봄에서 가을까지 작고 푸른 꽃이 핌.

꽃-받기[명] 꽃꼭지의 맨 끝에 꽃이 붙은 불룩한 부분. 꽃턱.

꽃-받침[명] 꽃을 받쳐 싸고 있는 부분. 꽃을 보호하는 기관으로 녹색이나 갈색임. 악(萼). calyx

꽃발-게[명] 오키프로다메(Ocypoda 科)의 게. 등딱지가 사다리꼴로 되고, 집게발의 한 개는 훨씬 크며 한 개는 다른 발보다도 작음. 얕은 바다의 진흙 속에 삶. fiddler crab

꽃-밥[명] 〈식물〉 꽃가루주머니. 약(葯). anther

꽃-방(-房)[명] 꽃가게.

꽃-방망이[명] 꽃가지를 긴 꼬챙이에 둥글고 길게 둘러 묶어 방망이같이 만든 것.

꽃-반석(-方席)[명] 꽃무늬를 놓아 짠 왕골 방석.

꽃-밭[명] ①꽃이 많이 피어 있는 곳. 화원(花園). 화전(花田). flower garden ②〔야〕 미인이 많이 모인 곳.

꽃밭에 불 지르다[족] ①가혹한 짓을 한다. ②풍류를 모르는 짓을 한다. ③한창 행복할 때에 재액이 닥친다.

꽃-벼룩[명] 〈곤충〉 꽃벼룩과의 갑충. 갸름하고 작은 딱정벌레로 촉각은 실 모양이고, 뒷다리가 발달하였으며, 꼬리가 뾰족 나옴. 유충은 허약한 나무의 진을 빨아먹고 삶. 〔flower vase

꽃-병(-瓶)[명] 꽃을 꽂도록 만든 병. 화병(花瓶).

꽃-보라[명] 눈보라처럼 바람에 날려 떨어지는 많은 꽃잎. 〔어지지 못하는 것을 말함.

꽃 본 나비, 물 본 기러기[족] 남녀간의 정이 깊어 떨

꽃-봉[명] 〔야〕 →꽃봉오리①. ②부녀의 머리에 꽂는 장식품.

꽃-봉오리[명] ①망울만 맺히고 아직 피지 않은 꽃. 화뢰(花蕾). 〔약〕 꽃봉. flowerbud ②장래가 기대되는 어린 세대의 비유.

꽃-부리[명] 〈식물〉 꽃 한 송이의 꽃잎 전체의 가

장 아름다운 부분임. 화관(花冠)①. corolla
꽃=불圏 ①이글이글 타오르는 파란 불. blazing fire ②경축일에 축포로 쏘아 날리는 이향 불. firework
꽃=살문(—門)圏〈건축〉문살에 꽃무늬를 놓아 만든 문.　　　　　　　　　　　　　는 작은 삽.
꽃=삽(一鍤)圏 꽃 따위를 옮겨 심거나 가꾸는 데 쓰
꽃=샘圏 봄철 꽃 필 무렵의 추위. chilly weather in the blooming season 하다
꽃샘圏 꽃 필 무렵에 부는 쌀쌀한 바람.
꽃샘=잎샘圏 새봄에 꽃이 피고 잎이 나기 시작할 때의 추위.
꽃샘잎샘에 반늙은이 얼어 죽는다속 삼사월 꽃 피고 새잎 날 때 날씨가 춥다 하여 이르는 말.
꽃=소금圏 장을 담글 때, 위에 뜬 메주에 뿌리는 소금.
꽃=소주(一燒酒)圏 소주를 다는 처음에 아주 독하게 난 것.
꽃=송이圏 꽃꼭지 위의 꽃 전체. blossom
꽃=수레圏 꽃·풀·전등·그림 등으로 화려하게 꾸민 수레.
꽃=수염(一鬚髥)圏
꽃=술圏〈식물〉꽃의 생식 기관인 암술과 수술. 꽃수염. 화예(花蘂). flower-centre
꽃=식물(—植物)圏〈식물〉꽃이 피고 씨가 생겨서 씨로 번식하는 식물. 현화 식물(顯花植物).(대) 민꽃
꽃=잎圏 꽃잎덩이.　　　식물. flowering plant
꽃=실圏⑤ 화사(花絲).
꽃=쌈圏 ①각색 꽃을 들어, 수효의 많고 적음 또는 기하다는 장난. ②꽃술을 맞걸어 당겨, 끊어지고 안 끊어지는 것으로 승부를 정하는 장난. 화전(花戰). flower game 하다
꽃=양배추(—洋—)圏〈식물〉십자화과의 양배추. 관상용이며, 서양 요리의 첨가물로 식용함.
꽃=여뀌(—蓼—)圏〈식물〉마디풀과의 다년생 풀. 뿌리줄기로 번식하여 줄기는 가늘고 마디가 있음. 여름에 홍색 꽃이 핌. 논둑에 많이 남.
꽃은 꽃이라도 호박꽃이라속 못생긴 여자를 이름.
꽃은 목화가 제일이다속 목화꽃은 아름답지 못하지만 그 쓰이는 데가 많아 살림에는 매우 요긴하다는 뜻으로, 외모는 어떻든간에 실익(實益)만 있으면 된다는 말.
꽃이 좋아야 나비가 모인다속 상품이 좋아야 잘 팔리고, 자기편이 완전해야 좋은 상대를 구한다.
꽃=일=**다**[—닐—]자르 화학적 작용이나 발효의 과정 따위에서, 한창 순조로운 현상이 나타나 보인다.
꽃=잎[—닙]圏〈식물〉꽃부리의 낱 조각. 화판(花瓣). 화엽(花葉). petal　　　　　꾸민 자동차. floral car
꽃=자동차(—自動車)圏 경축 때 꽃그림·전구 따위로
꽃=자루圏⑤ 꽃자국.
꽃=자리圏 ①나무의 꽃이 떨어진 자국. ②의 꽃 자리.
꽃=전(—煎)圏 ①찹쌀 가루를 반죽하여 꽃 모양으로 만들어 기름에 지진 전병. griddle cakes made in flower patterns ②부주뒤에 대추·진달래 꽃잎이나 국화 꽃잎을 놓고 지진 것. 화전.
꽃=전=**차**(—電車)圏 경축 때 꽃·전구 따위로 아름답게 꾸민 전차. decorated streetcar
꽃=주일(—主日)圏〈기독〉아이들을 위하여 특별히 예배 보는 6월의 첫 주일. first Sunday of June
꽃=줄기(—)圏〈식물〉꽃이 피는 줄기. 화경(花莖). stem
꽃=집圏⑤ 꽃가게.　　　　　　　차. floral car
꽃=차(—車)圏 꽃·각색 전등 따위로 아름답게 꾸민
꽃=차례(—次例)圏⑤ 화서(花序).
꽃=창포(—菖蒲)圏〈식물〉붓꽃과의 다년생 풀. 줄기높이 80~95cm로 잎은 칼 모양임. 여름에 자색 또는 홍자색 꽃이 피는데 관상용으로 재배함. 마린(馬蘭).
꽃=철圏 꽃 피는 계절. flower season
꽃=턱圏⑤ 꽃받침.
꽃턱=잎[—닙]圏〈식물〉녹색의 비늘 모양의 잎으로, 꽃대나 꽃꼭지 밑에 붙어 있음. 포(苞).
꽃=파랑이圏〈식물〉꽃잎·줄기·잎·열매 등의 세포액 중에 퍼져 있는 색소. 화청소(花青素).
꽃=피우다자동 만발한 꽃처럼 활짝 피어나게 하다.

¶도자기 문화를 ~.
꽃=하늘지기圏〈식물〉방동사니과의 일년생 풀. 줄기는 가늘고 잎이 극히 가늚. 여름에 갈색 꽃이 핌.
콰르르圏 좁은 구멍으로 물이 급히 쏟아지는 소리.(거) 콰르르. gurglingly 하다
콰르릉圏 폭발물 따위가 터질 때에 요란하고 웅숭깊게 울리어 나는 소리.(거) 콰르릉. 하다
콰르릉=콰르릉圏 연해 콰르릉하는 소리. 하다
콰=리圏〈식물〉가지과의 다년생 풀. 잎은 꼭지가 길고 타원형임. 여름에 황백색의 작은 꽃이 피고 열매는 둥글고 붉게 익음. 약으로 쓰거나 아이들의 놀잇감으로 쓰임. ground-cherry ⑤수포(水胞)
콰=배기圏 밀가루 반죽을 엿가락같이 밀어 두 가닥을 꼬아 기름에 튀겨 설탕을 묻힌 유밀과의 하나.
콰배기圏 콰배기를 만들어 파는 장수.⑥⟪속⟫남을 몹시 비꼬는 사람의 별명.
콱圏 ①가득 찬 모양. fully ②단단하게 누르거나 묶는 모양. tightly ③피로움을 억지로 견디고 견디는 모양.　　써 가며 단단히 묶거나 누르는 모양.
콱=콱圏 ①모두가 다 가득한 모양. ②자꾸 힘을
팔팔圏 좁은 구멍으로 많은 물이 급히 쏟아지는 소리.(큰) 꿸꿸.(거) 팔팔. 하다
팔팔=거리다자 많은 물이 좁은 구멍으로 인해 팔팔 흐르다.(큰) 꿸꿸거리다.(거) 팔팔거리다.
꽝圏 제비뽑기에서 맞히지 못하여 배당이 안 나오는 것. 대포를 쏘는 소리나 다른 물건이 떨어지거나 부딪쳐서 나는 소리.(큰) 꽝.(거) 꽝. with a bang
꽝圏 단단하고 세차게 연해 나는 총포의 소리. 하다
꽝꽝=거리다자타 잇달아 꽝꽝 소리가 나거나 나게 하다. crack
꽝꽝=나무圏〈식물〉감탕나무과의 상록 관목(灌木). 높이 1~3m로 6월에 백록색의 잔 꽃이 피고 열매는 까맣게 익음. 재목은 관목(板木)이나 인재(印材) 및 빗을 만드는 데 씀. 정원수로 심음.
꽤圏 ①비교적. 매우. ②어지간히. 상당히. 제법. ¶
꽤기圏⟨약⟩→새꽤기.　　　　　[~ 넓다. quite, fairly
꽥圏 성이 나거나 남을 놀라게 할 때 크게 지르는 소리.(큰) 꽥. screamingly 하다
꽥=꽥圏 꽥꽥거리는 소리.(큰) 꽥꽥. 하다 리다
꽥=꽥=거리다자 연해 꽥 소리를 내다.(큰) 꽥꽥거
꽹圏 꽹과리를 치는 소리. gong! boom! 하다
꽹과리圏〈음악〉놋쇠로 만든 정보다 작은 농악기의 하나. 동고(銅鼓). 정(鉦). 소금(小金). small
꽹=그랑=꽹꽹圏 꽹과리를 마구 치는 소리.　　[gong
꽹=꽹圏 연해 꽹과리를 치는 소리. 하다
꽹꽹=거리다자 연해 꽹과리를 치다.
꽹하=다자⑤→꽹하다.
꾀圏 일을 잘 해결하거나 꾸며내는 묘한 생각. 지혜. 수단. 계책(計策). ¶~를 내다. ~쓰다. 하다
꾀=까다롭=다圏→까다롭다.
꾀=까닭스럽=다혼형⟨센⟩→꺼다닭스럽다.
꾀꼬리圏〈조류〉꾀꼬리과의 새. 몸 길이는 26cm정도로 온몸이 누르며, 꽁지와 날개 끝은 검음. 아름답게 울며 삼림의 해충을 포식하는 익조임. 창경(黃鳥). Korean nightingale, warbler
꾀꼬리=참외圏〈식물〉누런 참외의 한 종류.
꾀꼴圏 꾀꼬리 우는 소리. warble
꾀꼴圏 연해 꾀꼬리 우는 소리. 하다
꾀죄圏 얼굴이나 몸이 몹시 마른 모양. ¶종아리가 ~ 말랐다. haggard 하다　[먹다. at odd moments
꾀꾀=로圏 기회마다 틈을 타서 살그머니. ¶~ 얻어
꾀=다타 ①벌레 따위가 많이 모여 뒤끓다. swarms ②사람들이 한곳에 많이 모이다.
꾀=다⟨약⟩→꼬이다.	교⟨약⟩→꼬이다.
꾀=다타 그럴싸하게 남을 속여 이끌게 하다.
꾀=통圏 꾀로 누는 재주가 많음.
꾀=바르=다르말 ①약삭빠르다. ②어려운 일을 잘 피하거나 약게 처리하는 꾀가 많다. ③그럴 듯하게

꾀배 / 297 / 꾸지뽕나무

꾀배를 대는 재주가 있다. crafty
꾀=배[명] 거짓 앓는 체하는 배앓이. feigned stomach-ache
꾀=병[-病][명] 거짓 앓는 체하는 것. ¶~을 앓다. feigned illness
꾀=보[명] 꾀가 많은 사람. 꾀나 부리는 사람. cunning person
꾀=부리-다[자] 어려운 일이나 책임을 살살 피하다. 꾀 쓰다②. shirk
꾀=붕장어[명]〈어류〉먹붕장어과의 물고기. 붕장어와 비슷하나 길이 60 cm, 입이 작고 눈 뒤쪽에 서로 떨어진 상하 두 개의 농갈색 반점이 있는 것이 특징임. 몸빛은 담갈색의 은빛이며, 내만(內灣)에 삶. 붙어지.
꾀=쓰-다[자]① 일이 순순하게 잘 되도록 지혜를 내다. use brains ②[동] 꾀부리다.
꾀어-내다[타] 꾀어서 나오게 하다. ¶다방으로 ~.
꾐=꾐음[명] 남을 속여 호리는 모양. 하[타]
꾐이-다[자] 남에게 꾐을 당하다. be lured
꾀=자기[명] 잔꾀가 많은 사람. (비) 꾀퉁이.
꾀=잠[명] 거짓 자는 체하는 잠. sham sleep
꾀죄죄=하-다[형][여]] 몹시 꾀죄하다. very shabby
꾀죄:-하-다[형][여]① 옷이나 얼굴이 풀이 죽고 때가 끼고 더럽다. seedy ②마음이 쩨쩨하여 깨끗하지 않다. ③옹졸하고 착살스럽다.
꾀=중방(-中枋)[명]〈건축〉마루나 대청 귀틀을 끼우 [는 나무.
꾀=통이[명] 꾀자기.
꾀=피우다 제게만 유리하게 지혜를 쓰다. use tricks
꾀=하-다[타]① 계획하다. plot ②어떤 일을 하려고 애쓰다. try ③서로 의논하다. [temptation
꾐[명] 살살 달래어 끄는 속임수. ¶~에 넘어가다.
꾸기-다[자] 구기다¹.
꾸기-다²[타][센] →구기².
꾸기적-거리-다[타] 구기적거리다.
꾸김=살[-쌀][명][센]→구김살.
꾸김살-없:-다[-쌀--][센]→구김살없다.
꾸김-없:-다[약]→구김살없다.
꾸깃-거리-다[약]→구깃거리다.
꾸꾸꾸[센]→구구구.
꾸-다[타] 꿈을 보다. dream
꾸-다[타] 돈 따위를 빌리다. borrow
꾸덕[센]→구덕구덕.
꾸드러지-다[센]→구드러지다.
꾸들-꾸들[센]→구들구들.
=꾸러기[의] 명사 뒤에 쓰여 그 버릇·사물이 많은 사람을 나타낸다. ¶잠~. 장난~.
꾸러미① 꾸려서 뭉쳐 싼 물건. ¶돈 ~. ②짚으로 길게 묶어 중간 중간 동이는 것. ¶달걀 ~. [의][명] 꾸러미를 세는 단위. ¶달걀 두 ~.
꾸러미에 된 장 들었다[속] 외양은 보잘것없으나 속은 훌륭하다.
꾸르륵① 뱃속이나 대통의 진 따위가 끓는 소리. rumbling ②닭이 놀랐을 때 내는 소리. cackl ③물이 작은 구멍으로 가까스로 지나갈 때 나는 소리. 〈작〉꼬르륵. gurgling 하[자]
꾸르륵-거리-다[자] 자꾸 꾸르륵 소리가 나다. 〈작〉꼬르륵거리다. 꾸르륵-꾸르륵 하[자]
꾸리¹[명] 실을 감은 뭉치. [의][명] 실 따위를 감은 뭉치를 세는 단위. ¶복실 두 ~. spindle of thread
꾸리² 소 앞다리 무릎 위쪽에 붙은 살덩이. beef from upper part of fore-limbs
꾸리-다[타]① 물건을 보자기 등에 싸서 묶다. ¶짐을 ~. pack ②장소나 건물 등을 손질하여 차리다. ¶새 방을 ~. repair ③어떤 일을 짜고 수습하여 하다. ¶오붓한 가정을 ~. manage
꾸며-내:-다[타] 꾸며서 내놓다. 조작하다.
꾸며-내-다[타] 그럴 듯하게 꾸며 대다.
꾸무럭-거리-다[센]→구무럭거리다.
꾸물=거리-다[센]→구물거리다. [minced meat
꾸미[명] 국·찌개 등에 넣는 쇠고기의 작은 조각
꾸미-개[명]① 돗자리·망건 등의 가를 꾸미는 오리. ornamental strips along edges ②곱게 꾸미는 데 쓰이는 장식품. personal ornaments
꾸미 고기[명] 찌개나 국에 넣는 자잘한 고기 조각.
꾸미-다[타]① 장식하다. decorate ②거짓 것을 그럴 하게 만들어 대다. feign ③바느질을 하여 만들다. ¶이불을 ~. sew ④꾀어서 일을 짜고 꾀하다. plot
꾸민-잠[-簪][명] 진주·청강석·산호 등을 박아 꾸민 비녀. ornamental hairpin
꾸민 족두리[명] 밑에 옥판(玉板)을 받치고 구슬을 꿴 상투가 복판에 있는 족두리. (대) 민족두리. ornamental head dress
꾸밈[명]① 끝손질을 잘해서 잘 마무름. ②모양새가 좋게 잘 만듦. ③속이려고 거짓되게 만듦.
꾸밈=말[명][동] 수식어(修飾語). [ornamentation
꾸밈-새[명] 꾸민 모양새. ¶서세의 ~가 번듯하여라.
꾸벅 졸거나 절할 때 머리와 몸을 앞으로 숙였다가 드는 모양. 〈작〉꼬박. 〈센〉꾸뻑. nodding 하[타]
꾸벅이-다[자] 졸거나 절할 때, 머리와 몸을 자꾸 구부리다. 〈작〉꼬박거리다. 〈센〉꾸뻑거리다. 꾸벅-꾸벅¹ 하[자]
꾸벅-꾸벅[부]① 시키는 대로 순종하는 모양. 〈센〉꾸뻑꾸뻑. ② 몹시 기다리는 모양. 〈작〉꼬박꼬박. 하[자]
꾸벅이-다[자] 졸거나 절할 때, 머리와 몸을 앞으로 숙였다가 들다. 〈작〉꼬박이다. 〈센〉꾸뻑이다.
꾸부러-뜨리-다 〈센〉→구부러뜨리다.
꾸부러-지-다 〈센〉→구부러지다.
꾸부렁=꾸부렁[부] 여러 군데가 구부렁한 모양. 〈작〉고부랑고부랑. (여) 구부렁구부렁. 하[형]
꾸부렁-이[명]→구부렁이.
꾸부렁 하-다[형][여]→구부렁하다.
꾸부리-다[타][센]→구리다.
꾸부스-하-다[형][여]→구부스름하다.
꾸부슴-하-다[형][약]→구부스름하다.
꾸부정=꾸부정[부][센]→구부정구부정.
꾸부정-하-다[센]→구부정하다.
꾸불-거리-다[센]→구불거리다.
꾸불텅=꾸불텅[부][센]→구불텅구불텅.
꾸불텅-하-다[형][여]→구불텅하다.
꾸붓=꾸붓[부]〈센〉→구붓구붓.
꾸붓-이[부]〈센〉→구붓이.
꾸붓-하-다〈센〉→구붓하다.
꾸뻑〈센〉→구벅.
꾸뻑-거리-다〈센〉→꾸벅거리다.
꾸뻑=꾸뻑[부]〈센〉→꾸벅꾸벅².
꾸뻑이-다〈센〉→꾸벅이다.
꾸어다 놓은 보릿자루[부] 웃거 떠드는 축에서 혼자 묵묵히 앉아 있는 사람을 가리키는 말.
꾸역=꾸역[부] 한 군데로 많은 사람이나 물건이 몰려 들거나 나가는 모양. ¶~ 모여들다.
꾸이 디-다[타] 꿈에 나타나다. 〈약〉꾸다. dream
꾸이-다[타] 빌려 주다. 〈약〉꿔다. lend
꾸정=꾸정[부]① 가늘고 긴 물건이 곧은 모양. straight ②늙은이가 허리가 곧고 기운이 좋은 모양. hale ③남의 말을 좀처럼 듣지 않는 모양. 〈작〉꼬장꼬장. stubborn 하[형]
꾸정=모기[명]〈곤충〉장구모기과의 모기. 몸길이 2 cm 정도로 큰 편이며 몸 빛은 회갈색임. 유충은 벼·보리 등의 해충임. 대문(大蚊). crane-flies
꾸준=하-다[형][여] 끈기 있게 쉬임 없이 계속 되어가 [다. steady 꾸:준=히
꾸중[명][공] 꾸지람. 하[자]
꾸지 병기를 꾸미던 붉은 털.
꾸지[명]〈식물〉뽕나무과의 낙엽 교목. 닥나무와 비슷하나 연한 줄기에 짧은 털이 밀생함. 껍질은 제지 원료로 씀. paper-mulberry
꾸지람[명] 아랫사람의 잘못을 꾸짖는 말. scolding 하[자]
꾸지=뽕[명]〈식물〉꾸지뽕나무의 잎. [[명]
꾸지뽕-나무[명]〈식물〉뽕나무과의 낙엽 활엽 교목. 잎은 세 갈래로 갈라지고, 가시가 엉성하며 줄기에 숨 눈이 많음. 잎은 양잠 사료이며 열매는 식용.

꾸짖-다 꾸지람을 하다. scold
꾸푸리-다 (센)→구푸리다.
꾹 ①힘주어 누르거나 조르는 모양. tightly ②피로움을 참고 견디는 모양. ¶~ 참다. 《작》꼭. persistently deep
꾹=꾹 ①연해 힘주어 누르는 모양. ¶~ 눌러 담다. ②무엇을 자주 찌르는 모양. ③연해 힘주어 조르는 모양. 《작》꼭꼭.
꾹=꾹² 비둘기가 우는 소리.
꾼 (약)→길꾼.
=꾼 (접미) 어떤 일을 직업적·습관적으로 하는 사람의 뜻. ¶장사~. 씨름~. ②그 일에 모이는 사람의 뜻. ¶улар~. 상여~.
꿀 벌이 먹이로 간직한 당분. 봉밀(蜂蜜). 청밀(清蜜). honey
꿀-꽉 벌통에서 떠낸 그대로 꿀을 담는 큰 통.
꿀꺽 ①물이나 침 따위가 목이나 좁은 병목 같은 데를 힘들여 넘어가는 소리. gulpingly ②분함을 억지로 참는 모양. 《작》꼴깍. 《거》꿀컥. patiently hard
꿀꺽-거리-다 연해 꿀꺽하다. 《작》꼴깍거리다. 꿀꺽=꿀꺽 하다.
꿀꿀 물이 가는 줄기로 조금씩 흐르는 소리. 《작》꼴꼴¹. trickly 하다. |하다
꿀=꿀² 돼지가 우는 소리. 《작》꼴꼴². gruntingly
꿀꿀-거리-다¹ 물이 연해 꿀꿀 소리가 나다. 《작》꼴꼴거리다¹.
꿀꿀-거리-다² 돼지가 연해 꿀꿀 소리를 내다. 《작》꼴꼴거리다².
꿀꿀-이 ① (속) 돼지. pig ②돼지처럼 게걸스럽고 욕심이 많은 사람. 굶은 속.
꿀꿀이-죽 (一粥) 여러 가지 음식 남은 것을 모아서 끓인 죽.
꿀=단지 [ㅡ딴ㅡ] 꿀을 넣어 두는 단지. |한다.
꿀도 약이라면 쓰다 남에게 이로운 충언은 싫다.
꿀=떡 ①쌀가루에 꿀이나 설탕물을 내려서 밤·대추 등을 섞어 뿌리고 켜를 지어서 찐 떡. ②꿀이나 설탕을 섞어 만든 떡.
꿀떡 무엇을 힘차게 삼키는 소리. 《작》꼴딱. at a gulp
꿀떡-거리다 연해 꿀떡하고 삼키다. 《작》꼴딱거리다. 꿀떡=꿀떡 하다.
꿀렁 ①그릇에 담긴 물이 크게 흔들려 나는 소리. splashily ②착 달라붙지 않고 들뜨게 크게 부푼 모양. 《작》꼴랑. 《거》쿨렁. loosely 하다.
꿀렁-거리-다 ①물 같은 것이 연해 꿀렁 소리를 내며 흔들리다. ②착 달라붙지 않고 들뜨고 부풀어서 들썩들썩하다. 《작》꼴랑거리다. 《거》쿨렁거리다. 꿀렁=꿀렁 하다.
꿀리-다 ①느그러지거나 우그러져서 구김살이 지다. be creasy ②잘 붙지 않고 들뜨다. ③경계 형편이 나빠지다. ④살림이 ~. be hard up ④마음이 켕기다. be anxious ⑤기세나 형세가 남에게 눌리다. ¶힘이 ~. lose heart |는 사람.
꿀 먹은 벙어리 마음속에 지닌 말을 발표하지 못하다.
꿀=물 꿀을 탄 물. 밀수.
꿀=밤 (속) 가볍게 주먹을 쥐어 머리를 때리는 짓. ¶~ 먹다.
꿀=벌 (곤충) 꿀벌과의 곤충. 길이 14 mm로, 등은 암갈색이고 날개는 회색으로 투명함. 여왕봉을 중심으로 집단 생활을 하는데, 꿀을 저장하는 습성이 있음. 꿀을 얻기 위해 사육함. 밀봉(蜜蜂). 참벌.
꿀=범벅 꿀을 넣어 만든 범벅. |벌.
꿀보다 약과가 달다 꿀을 넣어서 만든 약과가 꿀보다 더 달기가 없다. 사리에 어긋남을 이름.
꿀=수 꿀의 꽉지를 도려내고 꿀이나 설탕과 얼음을 넣어, 숟가락으로 퍼먹게 된 수박. 서과청(西瓜清).
꿀은 적어도 약과만 달면 된다 비록 자본은 적더라도 이익만 얻을 수 있으면 그만이다.
꿀쩍 ①질거나 끈기 있는 물건을 주무르거나 밟을 때 나는 소리. squelching ②눈물을 조금씩 짜내는 모양. 《작》꼴짝. sniffling 하다.
꿀쩍-거리-다 ①연해 꿀쩍 소리가 나다. 또, 연해 꿀쩍 소리를 내다. ②눈물을 연해 조금씩 짜내다. 《작》꼴짝거리다. 꿀쩍=꿀쩍 하다.
꿀찌럭 적은 물에 많은 물건을 넣고 힘차게 주무를 때에 나는 소리. 《작》꼴찌락. splashing sound 하다.
꿀찌럭-거리-다 자주 꿀찌럭 소리가 나다. 또, 꿀찌럭 소리를 내다. 《작》꼴찌락거리다. 꿀찌럭=꿀찌럭 하다.
꿀컥 (거)→꿀꺽.
꿀팥 거피팥을 시루에 쪄서 어레미에 걸러 꿀을 치고 약한 불에 볶은 것. 떡고물로 씀.
꿀-풀 (식물) 꿀풀과의 다년생 풀. 길이 30~40 cm 로 더부룩이 남. 잎은 타원형이고 온몸에 털이 있으며 6월에 자주빛 꽃이 이삭 모양으로 핌. 약용하며 어린 잎은 식용. prunella asiatica
꿇-다 ①무릎을 구부려 바닥에 대다. kneel ②마땅히 자기가 할 차례에 거르고 넘어가다.
꿇리-다 ①무릎을 꿇게 하다. make one to kneel down ②눌러 아무 소리도 못하게 하다. force 자우격으로 복종시키다. 피됨 꿇음을 당하다.
꿇-앉-다 (약)→꿇어앉다.
꿇어-앉-다 무릎을 꿇고 앉다. 《약》꿇앉다.
꿇어-지-다 ①한 부분이 우묵하게 들어가다. ②다치지 않게 되다.
꿈 ①잠자는 중에 생시와 마찬가지로 여러 가지 사물을 보는 일. ②현실적이 아닌 착각이나 환각의 상태. dream ③현실을 떠난 사고(思考). vision ④마음의 지향을 잃음. impractical thought ⑤덧없음. transiency ⑥'꿈에도'로 쓰여 '전혀'의 뜻을 나타냄. ⑦실현시키고 싶은 바람이나 이상.
꿈-같-다 ①하도 이상하여 현실이 아닌 것 같다. ②과거·미래가 모두 덧없이 허무하고 막막하다. 꿈-같이.
꿈-결 [ㅡ껼] ①꿈꾸는 동안. in a dream ②세월이 덧없이 지나가는 동안. transiency
꿈-꾸-다 꿈을 꾸는 동안에 꿈이 보이다. dream 마음속으로 은근히 바라다. fancy
꿈-나라 꿈의 이상적인 세계. ②잠. ¶~로 가다.
꿈-땜 좋거나 나쁜 꿈의 조짐을 현실적인 일로 때우는 것. 하다.
꿈보다 해몽이 좋다 ①좋고 나쁜 것은 풀이하기에 달렸다. ②바탕은 좋지 않으나 그것을 다루는 솜씨에 따라 좋아질 수 있다.
꿈-속 [ㅡ쏙] 꿈을 꾸는 동안. 몽리(夢裡). 몽중(夢中). in one's dream
꿈실-거리-다 (센)→굼실거리다.
꿈-에도 '털끝만큼도·조금도·전혀'의 뜻. 뒤에 부정적인 말이 뒤따름. ¶~ 예상 못했다.
꿈에 본 돈이다 아무리 좋아도 손에 넣을 수 없다.
꿈에 서방 맞은 것 같다 꿈에 홀려 말았다.
꿈-자리 꿈에 나타났던 일. 몽조(夢兆). dream
꿈적 (센)→굼적.
꿈적-거리-다 (센)→굼적거리다.
꿈적-이-다 무겁고 느리게 움직이다. 《작》꼼작이다. (센)꿈쩍이다. move slowly
꿈지러기 음식 속의 구더기를 일컫는 벌레. worm
꿈지럭 (센)→굼지럭.
꿈지럭-거리-다 (센)→굼지럭거리다.
꿈질-거리-다 (센)→꿈지럭거리다.
꿈쩍 (센)→굼적.
꿈쩍-거리-다 (센)→굼적거리다.
꿈쩍 못:하-다 ①꿈쩍거리지 못하다. cannot move away ②힘이나 세력에 눌려 기를 펴지 못하다. 《작》꼼짝 못하다. be overpowered
꿈쩍-없:-다 조금도 움직이려는 빛이 없다. 《작》꼼짝없다. immovable 꿈쩍=없이.
꿈쩍-이-다 (센)→꿈적이다.
꿈쩍-하면 조금이라도 움직이면. ¶~ 돈이다. 《작》꼼짝하면.
꿈틀 (센)→굼틀.

꿈틀=거리-다㈇ ㈏→꿈틀거리다.
꼼꼼-하-다㈀㈎㈑ 조금 축축하다. 《작》꿈꿈하다. damp- [ish
꿈실=하-다㈀ ㈏→굼실.
꿈실=거리-다㈇ ㈏→굼실거리다.
꿈적㈎ ㈏→굼적.
꿈적=거리-다㈇ ㈏→굼적거리다.
꿋꿋-하-다㈀ ㈎①마음이 군세고 곧다. firm ②단단하고 진 것이 굽은 데가 없이 쪽 바르다. stiff ③물건이 굳어져서 거칠게 단단하다. 《작》꼿꼿하다. hard 꿋꿋-이㈁
꿍 ①물건이 땅에 떨어져 울리는 소리. bump ②북·총·대포 등이 크게 울려 나는 소리. 《센》쿵. boom
꿍-꽝 ①대포·북소리 따위가 크고 작게 섞바뀌어 나는 소리. boom ②마룻바닥 따위를 여럿이 급히 구를 때 요란스레 나는 소리. ③단단하고 큰 물건이 서로 부딪힐 때 나는 소리. 《거》쿵쾅. 하㈀
꿍꿍=거리-다㈇ 꿍꽝 소리가 잇따라 요란하게 나다. 《센》쿵쿵거리다. 꿍꽝=꿍꽝 하㈀
꿍꿍¹㈎ ①무거운 것이 잇달아 떨어질 때 울리는 소리. ②총포나 북이 잇달아 울리는 소리.
꿍:꿍²㈎ 힘겨울 때나 심하게 앓을 때 내는 소리. 《작》꽁꽁². moaningly 하㈀
꿍꿍=거리-다㈇ 총포나 북의 꿍꿍 소리가 자주 나다. 《센》쿵쿵거리다.
꿍꿍=거리-다㈇ 몹시 아프거나 피로할 때 자주 꿍꿍 소리를 내다. 《작》꽁꽁거리다.
꿍꿍이㈎ ㈏→꿍꿍이셈.
꿍꿍이=셈㈎ 속으로만 우물쭈물하는 셈속. 《야》꿍꿍
꿍꿍이=속㈎ 우물쭈물하여 도무지 모를 수작. ¶무슨 ~인지 모르겠다. secret design
꿈심㈎ 속으로만 은근히 꾸는 야심. secret design
꿍-하-다㈀㈎ 마음에 못마땅해 말이 없다. sullen
꿜꿜㈎ 좁은 구멍에서 물이 급히 쏟아져 나오는 소리. 《작》괄괄. gurgling, gushing 하㈀
꿜꿜=거리-다㈇ 연해 꿜꿜 소리를 내며 흐르다. 《작》괄괄거리다. 《거》퀄퀄거리다.
꿩㈎ 《조류》평과의 새. 닭과 비슷하며 몸 빛은 대체로 적갈색에 복잡한 무늬가 있음. 수컷은 장끼라 하며 털이 아름답고 꽁지가 있으며 꼬리가 길. 암컷은 까투리라 하며 작고 털도 곱지 못함. 한국의 특산종. 산계(山鷄). 야계(野鷄). pheasant
꿩 구워 먹은 자리다 일을 하고도 아무 흔적이 보이지 않는다.
꿩=김치㈎ 동치미 국물에 꿩 삶은 물을 알맞게 탄 뒤 꿩고기를 넣은 김치(雉菹).
꿩 대신 닭㈎ 적당한 것이 없을 때 비슷한 것으로 대신함을 이르는 말.
꿩=망태[-網-]㈎ 삶은 꿩을 넣으려고 사냥꾼이 메고 다니는 망태.
꿩 먹고 알 먹는다㈎ 한 가지 일로써 두 가지 이익을 얻는다.
꿩의밥[-에-]㈎ 《식물》골풀과의 다년생 풀. 줄기 높이 30 cm 가량으로 숙근(宿根)에서 흰 털이 있는 잎이 무성 남. 봄·여름에 잎 사이에서 꽃대가 돋아 구형의 적흑색 이삭꽃이 핌. Luzula capitata
꿩의비름[-에-]㈎ 《식물》돌나물과의 다년생 풀. 줄기 높이 50 cm 가량이고 전체가 회백을 띰. 8~9월에 붉은 빛을 띤 흰 꽃이 핌. 관상용임. Sodum alboroseum
꿩 잡는 것이 매㈎ 실력으로 목적을 달성하는 것이 [제일.
꿩=잡이㈎ ①꿩 사냥. ②꿩 잡는 사람. 한㈀
꿰:-다㈇㈊ ①실이나 끈을, 구멍이나 틈의 한 쪽에서 들여보내어 다른 쪽으로 나가게 하다. ¶바늘에 실을 ~. let pass ②옷을 입거나 신을 신다. ¶소매에 팔을 ~. put on ③꼬챙이 따위에 맞뚫리게 찔러서 꽂다. ¶꿰미에 ~. pass through ④내용이나 사정을 자세히 다 알다. know thoroughly ⑤skewer
꿰:-들-다㈇㈌ ①무엇을 꿰어서 쳐들다.

and hold up ②남의 허물을 꼬집어 말하다. expose a person's fault
꿰:=뚫-다㈇㈊ ①이쪽에서 저쪽으로 꿰어서 내뚫다. ¶총알이 벽을 ~. pierce through ②걸에서 속으로 뚫어 통하게 하다. ¶마음속을 꿰뚫어 보다. penetrate ③일에 익숙하여 환하게 통하다. ¶내막을 꿰뚫어 보다. be versed in
꿰:=뜨리-다㈇㈊ 문질러서 해지게 하거나, 뚫어지게 하다. wear out
꿰:=매-다㈇㈊ ①해지거나 터진 데를 깁거나 얽다. sew ②겨두기 어려운 일을 매만져 탈없게 하다. patch
꿰=맴질㈎ 옷 따위의 해지거나 뚫어진 곳을 바늘로 깁는 짓. 하㈀
꿰=미㈎ ①꿰어서 매는 노끈. string ②꿰서 묶어 놓은 분량. bundle
꿰=방㈎ 《건축》중방 구멍이나, 문살 구멍 같은 것을 아주 내뚫은 구멍.
꿰=비치-다㈇ 속까지 통하여 비치다. ¶살결이 꿰비치는 옷감.
꿰이=다㈇㈎ 꿰임을 당하다. be deceived
꿰:지-다㈇ ①내미는 물건의 힘으로 미어지거나 터지다. be torn ②제 안에서 탈이 나서 해지다. collapse ③틀어막았던 데가 밀리어 터지다. break
꿰:=지르-다㈇㈍ ㈀입다. 신다. [through
꿰:=찌르-다㈇㈍ 속으로 세게 푹 찌르다. thrust
꿱㈎ 남을 놀라게 할 때나 성이 났을 때 목청을 높여 지르는 소리. 《작》꽥. shriek 하㈀
꿱=꿱㈎ 소리를 연해 지르는 소리. 《작》꽥꽥. 꿱꿱거
꿱꿱=거리-다㈇ 꿱꿱 소리를 연해 내다. 《작》꽥꽥거
꾸-다㈇㈎→구이다. ㈊㈎→구이다². [리다.
꾸-다㈇㈎ 방귀를 내보내다. break wind
끄나풀㈎ ①끈붙이. 끈이 짧지 않은 도막. piece of string ②'연(緣)줄' 또는 '연줄'이 되는 사람. ③《속》남의 앞잡이.
끄느름-하-다㈀㈎ ①날이 흐리고 침침하다. cloudy ②아궁이에 타는 불이 약하다. 끄느름-히㈁
끄-는㈎ 힘[의] 인력(引力).
끄-다㈇㈌ ①불을 죽이다. put out ②전기나 동력 등이 통하는 길을 끊다. switch off ③덩이가 된 것을 이에서 헤뜨리다. break ④빚을 갚다.
끄-당기-다㈇㈊→끄어당기다.
끄덕㈎ 고개를 가볍게 앞으로 움직이는 모양. 《작》까닥. 《센》끄떡¹. nod 하㈀
끄덕=거리-다㈇㈊ 고개를 몇 번이고 잇따라 앞뒤로 꺾어 흔들다. 《작》까닥거리다. 《센》끄떡거리다. 끄덕=끄덕 하㈀
끄덕-이-다㈇㈊ 고개를 앞뒤로 꺾어 움직이다. 《작》까닥이다. 《센》끄떡이다. nod
끄덩이㈎ ①머리털 또는 실 따위의 한데 뭉친 끝. end of a tangle ②일의 실마리나 중요한 부분. clue
끄덱㈎ 고개를 앞으로 크게 꿈을 움직이는 모양. 《작》끄딱. 《센》끄떽². nod 하㈀
끄덱=거리-다㈇ 고개를 세게 끄덱거리다. 《작》까댁거리다. 《센》끄떽거리다. 끄덱=끄덱 하㈀
끄떡¹㈎ ㈏→끄덕.
끄떡²㈎ 조금이라도 탈이 있는 모양. ¶~하면 큰일. 《작》까딱. 하㈀
끄떡=거리-다㈇ 《센》→끄덕거리다.
끄떡=없-다㈀ 조금도 탈이지 않다. 아무런 탈도 없다. 《작》까딱없다. remain unmoved 끄떡=없-이㈁
끄떡-이-다㈇㈊→끄덕이다.
끄떽¹㈎ 조금이라도 꿈꿈하면서 탈이 있는 모양. 《작》까떽. 하㈀
끄떽²㈎ ㈏→끄덱. 《작》까떽. 하㈀ [백. 하㈀
끄떽=거리-다㈇ 《센》→끄덱거리다.
끄떽=없-다㈀ 어떠한 탈이나 변동도 생기지 아니하다. 《작》까딱없다. be all right 끄떽=없-이㈁
끄르-다㈇㈊㈍ ①맨 것이나 벗은 것을 풀다. untie ②단추 따위의 잠긴 것을 벗기다. unbutton
끄르륵㈎ 트림하는 소리. belching 하㈀

끄르륵거리다 자꾸 끄르륵 소리로 트림을 하다. 끄르륵=끄르륵 하다

끄먹-거리다 등불 따위가 꺼질 듯하다. glimmer ②눈을 감았다 떴다 하다. wink 끄먹=끄먹 하다

끄무러-지다 어둠침침하게 구름이 끼다. become cloudy

끄무레-하다 구름이 끼어 어둠침침하다. overcast

끄물=거리다 ⟨센⟩→그물거리다.

끄어-내다 ①끄어서 밖으로 내다. pull out ②이야기 따위를 시작하다. 《약》꺼내다. pull down

끄어-내리다 당겨서 아래로 내리다. 《약》꺼내리다.

끄어-당기다 당겨서 앞으로 당기다. 《약》꺼당기다. 끄당기다. draw near

끄어-들다 당겨서 추켜 들다. 《약》꺼들다. lift

끄어-들이다 당겨 안으로 들이다. 《약》꺼들이다. draw in, pull near

끄어-오다 앞으로 끄어서 오게 하다. 《약》꺼오다.

끄어-올리다 당겨서 위로 올리다. 《약》꺼올리다. pull up

끄지르-다 《속》공연히 싸대다. 《작》까지르다. going around aimlessly

끄집-다 끌어서 집다. grasp

끄집어-내다 ①속에 든 것을 밖으로 끌어내다. take out ②지난 일을 다시 이야기하다. bring up

끄집어-당기다 끄집어 앞으로 당기다. again

끄집어-들이다 끄집어 안으로 들이다. pull in

끄집어-올리다 끄집어 위로 올리다. pull up

끄트러기 ①쓰고 남은 자질구레한 물건. odds and ends ②짝아 내거나 끊어 내고 처진 자질구레한 나뭇조각. ③하다 남은 일. unfinished work

끄트머리 ①맨 끝이 되는 부분. tip ②단서(端緖)

끈 ①물건을 묶는 노나 줄 따위. string ②옷이나 보자기 같은 데 제몸에 달려 그 자체를 잡아매는 데 쓰는 부속물. string ③의지할 만한 힘이나 이어 줄. relation ④벌잇줄. 살아갈 길.

끈-기(-氣) ①단념하지 않고 그냥 이어 가는 끈끈한 기운. endurance ②질기게 차진 기운. energy

끈끈-이 작은 새나 벌레를 잡는 데 쓰는 끈끈한 물질. birdlime

끈끈이-귀:개 〈식물〉의 다년생 풀. 식충 식물(食蟲植物)로 줄기 높이가 15~30 cm 내외임. 6월에 흰 꽃이 피고, 점액을 분비하여 벌레를 잡음.

끈끈이-여뀌 〈식물〉 마디풀과의 일년생 풀. 줄기 높이 60 cm 가량이고, 상부의 마디 사이는 화경(花莖)과 함께 점액을 분비함. 7~8월에 홍백색 또는 엷은 홍색의 꽃이 핌.

끈끈이-주걱 〈식물〉 끈끈이귀개과의 다년생 풀. 식충 식물(食蟲植物)로 잎은 주걱 모양임. 엷은 홍자색 선모(腺毛)가 있어 점액을 분비하여 벌레를 잡음. 산이나 들의 양지 바른 습지에 남. 모드라기풀.

끈끈-하다 ①질기고 차지다. sticky ②성질이 끈적끈적하여 사근사근한 맛이 없다. 《작》깐깐하다. tenacious 끈끈-히

끈덕-거리다 〈센〉→근덕거리다.

끈덕-지다 꾸준하고 줄기차다. persevering

끈떡-거리다 〈센〉→근덕거리다.

끈-떨어지다 의지할 곳이 끊어지다. 《데》끈붙다. be helpless

끈떨어진 뒤웅박 혼자 뒤떨어져서 아무도 의지할 곳 없게 됨을 이름. 《쓰게 된 뜻》.

끈떨어진 망석중이 ①의지할 곳을 잃은 사람. ②못 쓰게 된 물건.

끈-목 여러 올의 실로 짠 끈의 총칭. 허리띠·대님 따위. braid

끈-불 의지하여 살아갈 길이 생기다. 《데》끈떨어지다. get a means of livelihood

끈-붙이다[-부치-] 살아갈 수 있는 방법과 길을 만들어 주다.

끈적-거리다 ①성질이 끈끈하여 무슨 일에 한 번 관계하면 얼른 손을 떼지 않고 자꾸 굼적이다. be pertinacious ②끈끈하여 자꾸 들러붙다. 《작》깐작거리다. be sticky 끈적=끈적 하다

끈적-이다 끈끈하여 잘 들러붙다. 《작》깐작이다.

끈지-다 버티는 끈기가 있다. 《작》깐지다. pertinacious

끈질-기다 끈덕지고 질기다. 《작》깐질기다. tough

끈질끈질-하다 매우 끈질기다. 《작》깐질깐질

끈치-톱 나무의 결을 가로 자르는 톱.

끈:히 끈끈한 고정으로 끊임없이. 끈질기게. steadily

끊기-다 끊음을 당하다. 《신용을 잃고 거래가 ~.

끊-다 ①한 줄로 이어져 있던 것을 잘라 내다. cut off ②이어 가면 관계에서 손을 떼다. break off ③목숨을 없애버리다. kill ④차표·배표·옷감 등을 돈을 주고 사다. buy ⑤하던 일에서 손을 떼다. have done with ⑥먹던 것을 먹지 아니하다. 《술을 ~. ⑦말을 마디있게 자르다. 《말한 마디씩 끊어서 말하다. ⑧수표·어음 등을 발행하다. 《만원짜리 수표를 ~. ⑨길을 막다. 《범인을 잡으려고 길을 cut down

끊어-뜨리다 이어졌던 것을 잘라 떨어지게 하다.

끊어 맡-다 일의 얼마를 잘라서 메어 맡다. take part in

끊어 주-다 갈아 줄 셈을 떼어서 내주다. pay

끊어-지다 ①이어 있던 것이 떨어지게 되다. break ②이어졌던 관계가 없어지다. have done with ③죽다. 《숨이 ~. die ④결단되다. 《소식이 ~.

끊음=음(-音) 〈음악〉음악을 연주할 때, 음을 한 음 한 음씩 끊는 것. 스타카토(staccato).

끊음=표(-標) 〈음악〉 음악을 한 음 한 음씩 끊어서 연주함을 나타내는 기호. 단음 기호(斷音記號). 스타카토(staccato).

끊이-다 ①끊어지게 되다. be cut ②뒤가 떨어져 없이 되다. be broken

끊임-없:-다 ①잇대어 떨어지지 않다. 꾸준하다. continual ②사물의 뒤가 떨어지지 않다. 끊임-없이

끌 나무에 구멍을 파는 연장. chisel 이미

끌-구멍[-꾸-] 목재에 다른 나무를 끼우기 위해 끌로 판 구멍.

끌꺽끌꺽-하다 먹은 것이 안 내려가 자꾸 트림을 하다. belch

끌:=끌 《약》끄르륵끄르륵.

끌끌 혀를 차는 소리. click

끌끌-하다 마음이 곧고 바르다. 《작》깔깔하다 ②. up right

끌끔-하다 깨끗하고 미끈하다. 《작》깔끔하다. neat 끌끔-히

끌:-다 ①바닥에 대고 당기다. draw ②마소·수레 등을 끌어 움직이게 하거나 부리거나 하다. drive ③어떤 신기 현상이나 감정 따위를 모아 쏠리게 하다. attract ④자기쪽으로 딸리어 오게 하다. pull ⑤에를 들기 위해 어떤 사실이나 말·글 등을 집어 오거나 집어 가다. 《명언을 끌어다 놓다. ⑥《약》→이끌다. ⑦길게 뻗도록 놀이다. 《물줄기를 ~. lengthen ⑧일이나 시간을 잇대어 미루다. prolong

끌러-지다 맨 것이 풀어지다. be unfastened

끌려-가다 억지로 상대방 쪽으로 딸리어 가다. 《경찰서로 ~. 《술에 ~.

끌려-들다 안으로 끌리어 들다. 《교묘한 화술에 ~.

끌리-다 ①저쪽으로 잡아당김을 당하다. ②옷가 이 늘어진 부분이 바닥에 끌다. ③남의 곁에 빠져 따라가다. ④날짜가 차일 피일 지체되다.

끌밋-하다 훤칠하게 생기다. 《작》깔밋하다. handsome

끌-밥[-빱] 끌로 구멍을 파낼 때 나오는 나무 부스러기. chips

끌-방망이[-빵-] 끌질을 할 때 끌 머리를 치는 나무 방망이. chisel hammer

끌어-내:-다 당겨 밖으로 내다. pull out

끌어=내리=다囸 끌어서 아래쪽으로 내리다. pull down
끌어=넣=다囸 잡아당겨 안으로 집어 넣다. drag in
끌어=당기=다囸 앞으로 당기다. drow near
끌어=대=다囸 ①돈 따위를 여기저기서 끌어다가 대다. ②끌이라도 맞대다. draw together
끌어=들이=다囸 끌어서 안으로 들게 하다. draw in
끌어=매=다囸 끌어서 한 조각을 끌어대어 꿰매다. sew together
끌어=안=다[—따]囸 끌어당겨 두 팔로 가슴에 껴안다. hug
끌어=올리=다囸 끌어서 위로 올라가게 하다. pull up
끌=영:창囸[—영—](—映窓)囸 한 짝을 젖히면 다른 한 짝에 붙어 가지고 함께 열리는 창.
끌=질囸 끌로 구멍을 파는 일. chiselling 하囸
끌쩍=거리=다囸 긁어 뜯적거리다. 《작》깔짝거리다. scratch successively 끌쩍=끌쩍囸
끌ɪ=채囸 수레의 멍에 목에 가로 대도록 만든 긴 채.
끌탕囸 애태우는 걱정. immense worry 하囸
끓는 국에 국자 휘젓는다(속) 불난 데 부채질하다.
끓는 국에 맛 모른다(속) 아무 분간도 없이 마구 덤비다.
끓는=점(—點)囸 비등점(沸騰點).
끓=다囸 ①열이 뜨거워서 부글부글 솟아오르다. boil ②열이 심하여 지나치게 뜨거워지다. ¶몸이 ~. heated ③어떤 심리 현상이 강한 흥분 상태로 되다. ¶분노가 끓어 넘치다. excited ④화가 나서 속이 몹시 상하다. irritated ⑤소화가 안 되어 뱃속에서 소리가 나다. ¶배가 ~. ⑥가래가 목구멍에 붙어서 숨쉬는 대로 소리가 나다. ¶가래가 ~. ⑦많이 모여 우글거리다. ¶사람이 뒤~. crowded
끓어=오르=다囸⑨ ①끓는 물이 솟아서 넘으려고 올라오다. ②열정·격정 따위가 솟아나다. ¶정열이 ~.
끓이=다囸 ①끓게 하다. boil ②음식을 익히다. cooked ③걱정을 지나치게 하며 속을 태우다. disturbed
끔벅囸 ①등불·별 따위가 빽하게 보이다가 잠깐 어두워지는 모양. go out suddenly ②맑았던 정신이 잠깐 흐려지는 모양. ③큰 눈을 잠깐 감았다가 뜨는 모양. 《작》깜박. 《센》끔빽. blinking 하囸
끔벅=거리=다囸 연해 끔벅이다. 《작》깜박거리다. 《센》끔빽거리다. 끔벅=끔벅 하囸
끔벅=이=다囸 빽하게 보이는 물체가 잠깐 어두워졌다가 밝아지다. 囸 큰 눈을 잠깐 감았다가 뜨다. 《작》깜박이다. 《센》끔빽이다.
끔빽囸 《센》→끔벅.
끔빽=거리=다囸 《센》→끔벅거리다.
끔빽=이=다囸 《센》→끔벅이다.
끔적囸 큰 눈을 감았다가 곧 뜨는 모양. 《작》깜작. 《센》끔쩍¹. blinking 하囸
끔적=거리=다囸 연해 끔적이다. 《작》깜작거리다. 끔적거리다¹. 셈석=끔적 하囸
끔적=이囸 《약》→눈끔적이①.
끔적=이=다囸 큰 눈을 잠깐 감았다가 뜨다. 《작》깜작이다. 《센》끔쩍이다.
끔쩍¹囸 《센》→끔적.
끔쩍²囸 별안간 놀라는 모양. 《작》깜짝. startled 하囸
끔쩍=거리=다囸 자꾸 갑자기 놀라다. 《작》깜짝거리다¹. 끔쩍=끔쩍囸 하囸 끔적거리다.
끔쩍=이=다囸 《센》→끔적이다.
끔찍끔찍=하=다囸ᇂ囸 너무 참혹하여 놀랄 만하다. [horrible
끔찍=스럽=다囸ᇂ囸 끔찍하게 느끼어지다. 끔찍=스레囸
끔찍=하=다囸ᇂ囸 ①보기에 너무 크거나, 많거나, 참혹하여 놀랄 만하다. frightful ②아주 극진하다. whole-hearted 끔찍=이囸
끗囸 ①접쳐서 파는 피륙의 접은 끝이를 세는 단위. ②점수(點數). ¶두... 다섯 ~. score
끗=다囸ᄉ 잡아 쥐고 자리를 다른 곳으로 옮기게 하다. ¶밧줄을 ~. [기세.
끗=발囸 노름 따위에서 좋은 끗수가 연하여 나오는
끗발 세다(干) ①노름 따위에서, 재수가 좋아 좋은 끗수가 연해 나오다. ②세도나 기세가 당당하다.
끗=수囸(—數) 끗의 수. 점수(點數)②. score
끙囸 앓거나 힘드는 일에 부대끼어 지르는 소리. 하囸
끙게囸 《농》 씨를 뿌리고 흙이 덮이게 하는 농구. farmming tool to cover earth over the seeds
끙=끙囸 끙끙거리는 소리. 하囸
끙끙=거리=다囸 앓거나 힘드는 일에 부대끼어 끙끙 소리를 연해 내다. groan
끝囸 ①일이나 차례의 맨 나중. ¶처음과 ~. end ②물건의 맨 가죽 부분. ¶바늘 ~. 장대 ~. ③일의 결과나 장래. ¶일의 ~. 말의 ~. ④어미(語尾).
의囸 주로 재래식 베틀에서 짠 피륙의 필. ¶무명 한 ~.
끝=가지囸(動) 접미사.
끝간=데囸 끝이 되는 데.
끝갈망囸 일의 끝을 수습하는 일. settlement 하囸
끝=구(—句)囸 ①시조 끝 장(章)의 맨 끝 구절. conclusion ②귀글의 맨 끝의 구. ③결구(結句). 낙구(落句). last phrase
끝까지囸 맨 나중까지. 끝까지. 내내. 종내(終乃). 《약》끝내. to the last
끝=나=다囸 ①일이 다 이루어지다. end ②시간적·공간적으로 이어져 있던 것이 없어지다. terminate
끝=남囸(動) 완료(完了).
끝=내囸 《약》→끝내.
끝=내:기囸 ①어떤 일의 끝을 맺는 일. ②바둑을 둘 때에 끝판에 가서, 끝마감으로 서로 놓는 일. 하囸
끝=내=다囸 ①일을 완전히 이루어지게 하다. finish ②시간적·공간적으로 이어져 있던 것을 없어지게 하다. finish
끝=닿=다囸 끝 끝까지 다다르다. get to an end
끝닿소리囸(動) 종자음(終子音).
끝=돈:囸 물건 값의 나머지를 끝으로 치르는 돈. 끝전. remainder
끝=동囸 ①옷소매의 끝에 이어서 댄 헝겊. ②(動) 두절목(頭切目).
끝마감囸 일을 끝내고 막음하는 일. closing 하囸
끝마무리囸 일의 뒤끝을 수습하여 뱃음. 또, 그 일.
끝마치=다囸 일을 끝내어 마치다. [하囸
끝=막=다囸 일의 끝을 내서 더할 나위가 없이 하다. close
끝=막음囸 일의 끝을 내어 완전히 뱃음. 종결(終結). [하囸
끝머리囸 끝이 되는 부분. 맨 끝. (대) 첫머리.
끝=물囸 과실·푸성귀 또는 해산물 등의 맨 나중에 나오는 차례. (대) 맏물. last products of the season
끝바꿈囸 《어학》 어미 변화(語尾變化). [share
끝반지囸 노느매기하는 데 맨 끝판의 차례. last
끝 부러진 송곳(干) 쓸모가 없이진 존재.
끝=빨=다囸 끝이 뾰족하다.
끝=소리囸(動) 말음(末音).
끝=손질囸 일의 나짐막 손질. 하(자)囸
끝=수:(—數)囸 《수학》 끝자리에 있는 수. 난수(端數). fraction
끝=신경(—神經)囸(動) 말초 신경(末梢神經).
끝=없=다囸 한이 없다. endless 끝=없:이囸
끝=일[끝닐]囸 ①맨 나중의 일. ②어떤 일의 끝마무리로 하는 일. [clusion
끝=장囸 ①(動) 결말(結末). ②일의 맨 마지막. con-
끝장 나=다囸 일이 다 마치어지다.
끝장 내=다囸 하는 일을 다하여 마치다.
끝=전(—錢)囸(動) 끝돈.
끝=판囸 ①일의 마지막 판. end ②장기·바둑 등의 오락이나 경기에서 결판이 나는 판. 종국(終局). 종말. last game
끼囸 끼니를 셀 때 쓰는 말. ¶하루 세 ~. meal
끼깅囸 강아지가 맞거나 하여 아파서 내는 소리. 《작》깨깽. whining 하囸
끼깅=거리=다囸 자꾸 끼깅 소리를 내다. 《작》깨갱거리다. 끼깅=끼깅囸 하囸

끼끗-하다[여][형] ①생기가 있고 깨끗하다. ¶끼끗한 얼굴. fresh and neat ②싱싱하고 걸차다. smart
끼끗=이[부]
끼니[명] 아침·점심·저녁에 먹는 밥. 또, 먹는 일. meal
끼니=때[명] 아침·점심·저녁으로 밥을 먹는 때. 식사(食時). meal time
끼닛=거리[명] 끼니로 할 감. 조석(朝夕)거리.
끼-다¹[자] ①연기·수증기 따위가 엉겨 흩어지지 않다. become smoky, hazy ②먼지나 때가 붙다. become dirty ③이끼·녹 따위가 생겨서 엉기다. become rusty ④어떤 표정이 얼굴이나 목소리에 어리어 섞이다. ¶노염이 껀 목소리. ⑤[타]→끼이다².
끼-다²[자타] ①좁은 사이에 빠지지 않게 밀어 넣다. ¶단추를 ~. insert ②끌어안거나 겨드랑이 같은 데에 넣어 빠지지 않게 죄다. ¶가방을 옆에 ~. hug ③장갑 같은 것을 착용하다. wear ④어떤 물건에서 떨어지지 않고, 그에 따라서 가다. ¶산을 끼고 돌다. nestle ⑤어떤 일을 하는데 남의 힘을 빌려 이용하다. ¶권력(權力)을 ~. take advantage of ⑥다른 것을 덧붙여 겸하거나 함께 겹치다. ¶덤으로 끼어 주다. add
·끼들-다[타][고] 껴들다. 부축하다.
끼-뜨리다[타] ①흩어지게 내던져 버리다. ¶물을 ~. scatter ②여기저기 퍼뜨리다. ¶소문을 ~. spread
끼루룩[부] 기러기의 우는 소리. 《약》끼룩¹. honk 하[자]
끼루룩-거리-다[자] 자꾸 끼루룩 소리를 내어 울다. 《약》끼루룩거리다¹. 끼루룩=끼루룩[부] 하[자]
끼룩[부]→끼루룩.
끼룩²[부] 끼웃거리거나 목구멍에 걸린 것을 삼키려고 할 때 목을 앞으로 쭉 내미는 모양. 《작》까룩. 하[자]
끼룩거리-다[자][여]→끼루룩거리다.
끼-룩=거리-다[자] 목을 길게 빼어 앞으로 자꾸 쭉쭉 내밀다. 《작》까룩거리다. 끼룩=끼룩[부] 하[자]
끼리[부] →끼리끼리.
=끼리[접] 함께 패를 짓는 뜻을 나타냄. ¶저희들~ 놀다. among
끼리-끼리[부] 패를 지어서 다 각각. ¶~ 모여 산다. 《유》당유(黨類). 《약》끼리.
끼무릇[명] 《동》반하(半夏).
끼=얹다 물건을 다른 것의 위에 흩어지게 내던지어 얹다. ¶물을 ~. pour on
끼우-다[타] 사이에 박혀 있게 하다. put in between
끼우듬-하다[형][센]→기우듬하다.
끼우뚱[부][센]→기우뚱.
끼우뚱-거리-다[자타][센]→기우뚱거리다.
끼울-다[타][센]→기울다.
끼울어-뜨리-다[타][센]→기울어뜨리다.
끼울어-지-다[자][센]→기울어지다①.
끼울-이-다[타][센]→기울이다.
끼움-질 목재의 옆 면에 다른 재목의 내민 끝을 끼워 고정시키는 방법. inserting
끼웃[명][센]→기웃.
끼웃=거리-다[자타][센]→기웃거리다.
끼웃-하다[형][센]→기웃하다.
끼이-다[타] 사람을 싫어하다. dislike
끼이-다²[자동] 끼워지다. 끼움을 당하다. get between [관] 틈에 들다. 사이에 박이다. ¶행렬에 ~. 《약》끼다¹⑤.

끼인=각(-角)[명] 《수학》두 직선 사이에 끼인 각. 협각(夾角). 《약》견각.
끼적-거리-다 글씨를 아무렇게나 갈겨 쓰다. 《작》깨작거리다. scribble 끼적=끼적[부] 하[자]
끼치-다[자] ①살가죽에 소름이 돋다. ¶소름이 ~. feel one's flesh creep ②무슨 기운이 덮치는 듯이 확 밀려오다.
끼치-다²[타] ①남에게 폐나 피로움을 주다. 신세를 지다. trouble ②잊지 못하게 후세에 남게 하다. hand down ③은혜를 베풀어 주다. bestow favours on
끽[부] ①목구멍이 막혀 나는 소리. ②힘을 잔뜩 들여 지르는 외마디 소리. 《작》꺅. screeching 하[자]
끽겁(喫怯)[명] 몹시 겁냄. fright 하[자]
끽경(喫驚)[명] 몹시 놀람. surprise 하[자]
끽고(喫苦)[명] 고생을 겪음. suffering 하[자]
끽긴(喫緊)[명] 매우 필요함. importance 하[형]
끽끽[부] 끽끽거리는 소리. 《작》꺅꺅. 하[자]
끽끽-거리-다[자] 힘을 다하여 외마디 소리를 계속 지르다. 《작》꺅꺅거리다. 《거》끽끽거리다. shout and [shout
끽다(喫茶)[명] 차를 마심. drinking tea 하[자]
끽다=점(喫茶店)[명] 《동》다방(茶房).
끽반(喫飯)[명] 밥을 먹음. 기반. ¶~처(處). have meal 하[자]
끽소리[명] 조그마한 반항의 소리. 뒤에 반드시 부정이나 금지하는 말이 옴. ¶~도 못한다. 《작》꺅소리.
끽수(喫水)[명] 《동》흡수(吃水).
끽연(喫煙)[명] 담배를 피움. 《데》금연(禁煙). smoking
끽연-실(喫煙室)[명] 담배 피우는 방.
끽착 부진(喫着不盡)[명] 입을 것과 먹을 것이 넉넉함.
끽파(喫破)[명] 먹어 없애 버림. 하[타]
끽해야 한껏 한다는 것이 겨우. ¶~ 그 정도다.
끽휴(喫虧)[명] 손해를 입음. suffer a loss 하[자]
낀=각(-角)[명] 《약》→끼인각.
낑끼[부] 《약》→끼끼²[부].
낑끼-거리-다[자] 숨이 막혀 목구멍이 꽉 찼다가 터지면서 끽끽 소리를 자꾸 내다. 《작》깽깽거리다. 낑끼[부]
낑낑[부] 나오는 웃음을 참아 가면서 내는 웃음 소리. 《작》깽깽. 《거》킹킬. giggle 하[자]
낑낑-거리-다[자] 계속 결걸 웃다. 《작》깽깽거리다. 《거》킹킬거리다. giggle
낑-줄[명] ①음식을 통째로 삼키려고 목을 빼고 연해 괴로워하는 모양. ②남의 물건을 가지고 싶어하는 모양. 하[자]
낌새[명] 일의 야릇한 눈치. 기미(幾微·機微). 기수(幾數). 전조(前兆). secret working
낌새-보-다[타] 낌새를 살펴보다.
낌새-채-다[타] 낌새를 살펴 알다. get an inkling of
낌-줄[-쭐][명] 《광물》광산의 광맥이 거의 끊어진 때의 탐광(探鑛)의 지침이 되는 줄.
낑[부] 몹시 힘쓸 때나, 못 견디도록 아프거나, 부대낄 때 내는 소리. 《작》깽. groaning
낑-낑[부] 낑낑거리는 소리. 《작》깽깽. 《거》킹킹. 하[자]
낑낑=거리다[자] ①못 견디도록 아프거나 부대끼거나 몹시 힘을 쓸 때 자꾸 낑낑 소리를 내다. ②어린애가 조르는 소리를 자꾸 낑낑 내다. 《작》깽깽거리다. 《거》킹킹거리다.

經世訓民正音圖說字 ㄴ ㄴ 訓民正音字

ㄴ¹[니은] 〈어학〉 ① 한글 자모의 둘째 글자. ② 자음 가운데 비음(鼻音)의 하나. 발음할 때에 목청이 떨어 울리는 울림소리(有聲音)임. 받침으로 쓰일 때는 혀끝을 떼지 아니함. the 2nd letter of the
ㄴ² 조 어 =는. ¶나~ 가오. ⌊Korean alphabet
=ㄴ 선어 현재 시제(時制) 표현의 선어말 어미. 받침 없는 동사 어간 뒤에 쓰임. ¶보~ㄴ다. 오~.
=ㄴ 어미 받침 없는 동사 어간에 붙어서 과거의 사실을 나타내며, 받침 없는 형용사 어간에 붙어 현재의 사실을 나타내는 관형사형 전성 어미. ¶가~ 사람. 희~ 옷.
ㄴ가 조 받침 없는 체언에 붙어 물음의 뜻을 나타내는 종결형 서술격 조사. ¶어디~. 저기~.
=ㄴ가 어미 받침 없는 형용사의 어간에 붙어 의문의 뜻을 나타내는 종결 어미. ¶기쁘~. →은가.
=ㄴ가보다 조 조사 'ㄴ가'에 보조 형용사 '보다'가 합쳐 짐작의 뜻을 나타내는 말. ¶강물 위에 떠 있는 것이 오리~.
=ㄴ가보다 어미 '=ㄴ가'에 보조 형용사 '보다'가 합쳐 짐작의 뜻을 나타내는 말. ¶정말 아프~.
=ㄴ거나 어미 받침 없는 용언의 어간에 붙어 '=ㄴ 것이냐'의 뜻을 나타내는 종결 어미. ¶네가 하~.
ㄴ거야 조 받침 없는 체언에 붙어 '인 것이야'의 뜻을 나타내는 종결형 서술격 조사. ¶저런 건물이 아파트~.
=ㄴ거야 어미 (약) =ㄴ 것이야. ¶그렇게 노력하여 출 〔세하~.
ㄴ걸 조 'ㄴ 것을'의 준말 형태로, 받침 없는 체언에 붙어 기정 사실을 감탄하거나, 상대자에게 회상시키는 뜻의 종결형 서술격 조사. ¶이건 황소~.
=ㄴ걸 어미 'ㄴ 것을'의 준말 형태로, 받침 없는 어간에 붙어 기정 사실을 감탄하거나, 상대자에게 회상시키는 종결 어미. ¶벌써 오~.
ㄴ고 조 'ㄴ가'의 예스러운 말투 또는 점잖은 말투의 종결형 서술격 조사. 받침 없는 체언에 붙어 스스로 묻는 뜻을 나타냄. ¶이건 뉘집 아이~. →인고.
=ㄴ고 어미 '=ㄴ가'의 예스러운 말투 또는 점잖은 말투의 종결 어미. 스스로 묻는 뜻을 나타냄. ¶얼마나 기쁘~. →인고. =은고.
ㄴ과니 조 'ㄴ고 하니'가 준 연결형 서술격 조사. ¶이게 뭐~. 돈이다.
=ㄴ-다 어미 받침 없는 동사 어간에 붙어 현재 신행 중임을 나타내는 종결 어미. ¶눈이 오~. =는다.
=ㄴ-다² 어미 ① 종결 어미 '-다.=다' 등에 붙어 '=고 한다'의 뜻으로 남의 말을 인용할 때 쓰는 말. ¶사장이 되었다~. 저 짐승이 우둥왕이란다~. ② 종결 어미 '-다.=라' 등에 붙어 가벼운 영탄을 포함한 단정을 나타내는 말. ¶너의 형은 성실했다~. 저 동
=ㄴ-·다² 어미 (고) =는다. ¶=앗느냐. ⌊물이 사자라~.
=ㄴ다고 어미 (약) =ㄴ다고 하는.
=ㄴ다니 어미 ① =ㄴ다느냐. ② (약) =ㄴ다고 하니.
=ㄴ다로도 어미 =ㄴ다므로.
=ㄴ다마는 어미 받침 없는 동사의 어간에 붙어 이미 한 동작을 말하면서 아랫말이 그 사실에 꺼리지 않음을 나타내는 연결 어미. ¶그가 오기는 오~. →
=ㄴ다마다 어미 =ㄴ다뿐이냐. ⌊=ㄴ다마는.
=ㄴ다손 치더라도 군 받침 없는 동사의 어간에 붙어 '=ㄴ다고 하더라도'의 뜻으로 쓰이는 말. ¶내가~ 어쩔 도리가 없소.
=ㄴ단 어미 (약) =ㄴ다고 한. =ㄴ다는.

=ㄴ·돈 어미 (고) =ㄴ데. =는 것은.
=ㄴ단-다 어미 (약) '=ㄴ다고 한다'.
=ㄴ달 어미 (약) =ㄴ다고 할. =ㄴ다 할.
=ㄴ·돌¹ 어미 (고) =는들.
=ㄴ·돌² 어미 (고) '=ㄴ것을'·'=ㄴ줄을'의 준 형태.
=ㄴ담 어미 받침 없는 동사의 어간에 붙어서 '어찌 그리 한단 말인가'의 뜻을 나타냄. ¶벌써 그만두~.
=ㄴ답니-다 어미 (약) =ㄴ다고 합니다.
=ㄴ답디-다 어미 =ㄴ다고 합디다.
=ㄴ답시고 어미 받침 없는 동사의 어간에 붙어 빈정거리어 말할 때 '=ㄴ다고 하여'의 뜻을 나타냄. ¶잘하~ 한 짓이 그리되었소.
=ㄴ대 어미 (약) =ㄴ다 해. =ㄴ다고 해.
=ㄴ·대 어미 (고) =ㄴ즉. =니까.
=ㄴ대서 어미 =ㄴ다고 하여서.
=ㄴ대서야 어미 =ㄴ다고 하여서야.
=ㄴ대야 어미 (약) =ㄴ다고 하여야.
=ㄴ·댄 어미 (고) =ㄴ즉대.
=ㄴ·딘 어미 (고) =ㄴ데. =는 것은.
=ㄴ·댜 어미 (고) =구나.
ㄴ데 조 ① 받침 없는 체언에 붙어 그 말이 나타내는 뜻을 당연한 사실로서 또는 기대에 어긋나는 원인으로서 다음 말로 넘겨 주는 연결형 서술격 조사. ¶이전 사과~ 왜 싫냐고 하니. ② 받침 없는 체언에 붙어 남의 반응을 기대하거나 미진(未盡)한 뜻을 남기거나 감탄의 뜻을 나타내는 종결형 서술격 조사. ¶최고급 시계~. →인데.
=ㄴ데 어미 ① 받침 없는 형용사 어간에 붙어 다음에 할 말을 끌어내기 위하여, 어떤 일을 먼저 베풀 때 쓰는 연결 어미. ¶값은 싼~. 맛이 없다. ② 받침 없는 형용사 어간에 붙어, 남의 생각을 듣고자, 스스로 감탄할 때 쓰벨는 종결 어미. ¶꽤 싱싱하~.
=ㄴ·뎌 어미 (고) =도다. =구나. [~. →=은데·=인데.
=ㄴ뎌이고 어미 (고) =구나. =는도다.
=ㄴ·동 어미 (고) =ㄴ지. =는지.
ㄴ들 조 받침 없는 체언에 붙어, 양보와 반문의 뜻을 겸하여 '라 할지라도 어찌'의 뜻을 나타내는 보조사. ¶보~ 별 수 있나. =인들.
=ㄴ들 어미 받침 없는 어간에 붙어 양보·반문을 겸하여 '=다고 할지라도 어찌'의 뜻을 나타내는 연결 어미. ¶가~ 아주 가랴.
=ㄴ 바 어미 받침 없는 동사의 어간에 붙어 무엇을 말하기 전에, 이미 있는 사실을 미리 나타낼 때 쓰이는 연결 어미. ¶가 보~ 사실과 다르다.
=ㄴ바에 어미 받침 없는 동사의 어간에 붙어 '이왕에 한 것이니'의 뜻을 나타내는 연결 어미. ¶그렇게 결심하~ 실행을 해야지.
=ㄴ·져이고 어미 (고) =ㄴ지고.
ㄴ줄 조 받침 없는 체언에 붙어 짐작의 뜻을 나타내는 조사. ¶그게 소~ 벌써 알았다.
ㄴ즉 조 받침 없는 체언에 붙어 '로 말하면 곧'의 뜻으로 쓰이는 연결형 서술격 조사. ¶글씨~ 명필이오.
=ㄴ즉 어미 받침 없는 어간에 붙어 이미 된 사실이나 까닭을 가볍게 조건삼는 연결 어미. ¶가 보~ 과연 좋더라. →은즉.
ㄴ즉슨 조 'ㄴ즉'의 뜻을 강조하는 연결형 서술격 조사. ¶말씀~ 보~ 미남이오.
=ㄴ즉슨 어미 '=ㄴ즉'의 뜻을 강조하는 연결 어미. ¶
ㄴ지 조 받침 없는 체언에 붙어 막연한 의문을 나타내는 연결형 또는 종결형 서술격 조사. ¶누구~ 모르겠다. →인지.

=**ㄴ지**[어미] 받침 없는 형용사의 어간에 붙어 막연한 의문을 나타내는 종결 또는 연결 어미. ¶얼마나 슬프~ 모르겠다. →=은지. =인지.

=**ㄴ지고**[어미] 받침 없는 형용사의 어간에 붙어 느낌을 강조하는 종결 어미. ¶귀여우~!

ㄴ지라[토] 받침 없는 체언에 붙어 이유나 사실을 나타내는 연결형 서술격 조사. ¶수재~ 문제없소.

=**ㄴ지라**[어미] 받침 없는 형용사의 어간에 붙어 장차하려는 말에 대하여 그 이유나 전제를 말할 때 쓰는 연결 어미. ¶키가 크~, 곧 눈에 띄었다. →=은지라.

나[명]자기 자신. I, me ②〈철학〉대상을 인식하는 주체(主體). 자아(自我). self [관] 제일인칭 대명사. 조사 '가'가 붙을 땐 '내'로 됨.

나[조] ①받침 없는 체언에 붙어 여럿 중에서 어떤 것을 선택하는 뜻으로 쓰이는 보조사. ¶공부~ 하자. ②받침 없는 체언에 붙어, 어림수를 나타내는 보조사. ¶아마 12시~ 되었겠지. ③받침 없는 체언에 붙어, 수량이 생각보다 많다는 느낌을 나타내는 보조사. ¶세 개~ 사느냐. ④받침 없는 체언에 붙어, 많지는 않으나 있음을 얕잡아 이르는 보조사. ¶오징어 마리~ 사오게. ⑤받침 없는 체언에 붙어, 강조·양보의 뜻으로 쓰이는 보조사. ¶강아지~ 가지고 놀자. ⑥부사어 아래에 붙어, 선택의 뜻으로 쓰이는 보조사. ¶흰밥을 실컷 먹어~ 봤으면.

나[감] 나아. ¶~가다. [종겠다.

=**나**[어미] ①받침 있는 어간에 붙어, 뒷말의 내용이 앞말에 따르지 아니함을 나타내는 연결 어미. ¶예술은 기~ 인생은 짧다. ②받침 있는 어간에 붙어, 어떤 동작이나 상태를 가리켜 말하는 연결 어미. ¶자~ 깨~ 임 생각. ③형용사를 과장하기 위하여, 어간을 겹쳐 쓸 때 붙이는 연결 어미. ¶머~먼 길.

=**나**[어미] 동사의 어간에 붙어, '=는가'의 뜻을 나타내는 종결 어미. ¶자네 어디가~? →=는가.

나-[접두] 밖으로 나가는 움직임을 나타냄. ¶~들이하다.

나-[어미] ¶①~거나. [다. ~가다. ~오다. out

나(螺)[고][동] 소라.

나(羅)[명] 명주실로 짠 피륙의 하나.

나(梛)[명] 굴뚝 위에 장식으로 얹은, 기와로 만든 지붕 모양의 물건. 연가(煙家).

나(鑼)[고][동] 대금(大金)②. 징.

나·ㄱ·내[명] =나그네.

나가-다[자] ①안에서 밖으로 가다. ¶거리로 ~. (대)들어도, go out ②살던 집이나 직장에서 옮기다. move from ③해져서 젖어지다. ¶오래 입은 옷이 다 ~. be worn out ④진출하다. 출석·출근·참가·입후보 따위를 하다. ¶정계로 ~. 회사에 ~. participate ⑤(약)~나아가다. ⑥값 또는 무게 따위가 어느 정도에 이르다. ¶값 나가는 물건. ⑦정전(停電)으로 전기·홋불 따위가 꺼지다. ⑧월급 따위가 지급되다. ⑨팔리다. ¶잘 나가는 물건. ⑩잡지·신문 따위가 출간되다. ¶5월호가 ~.

나가=둥그라-디다 뒤로 물러가면서 넘어져 구르다. (예)나동그라다. (큰)나가둥그러지다. be thrown down

나가=둥그러-디다 뒤로 물러가면서 넘어져 둥그러지다. (예)나동그러다. (작)나가동그러지다.

나가=떨어디-다 ①뒤로 물러나면서 넘어져 거꾸러지다. fall down on one's back ②(속) 마음먹은 일이 실패로 돌아가 용기를 잃다. be knocked down ③(속) 몸과 마음이 노곤하다. be dead tired

나가시[명]〈제도〉동네나 공청에서 집집마다 부담시키던 공전(公錢).

나가-자빠디다 [자] ①뒤로 물러나며 넘어지다. fall flat on one's back ②하던 일에서 관계를 끊다. (예)나락(螺角)[명] ¶소라². [자빠지다. back out of

나간 사람의 몫은 있어도, 자는 사람의 몫은 없다 무슨 혜택이 게으른 사람에게는 돌아가지 않는다는 뜻으로, 게으른 사람을 경계하는 말.

나간-에(那間)—[부] ①그 사이에. ②언제쯤에나. when

나갔던 며느리 효도한다 쓸모 없을 것 같던 것이 요긴하게 쓰인다는 말.

-나·갰·더시·니[어미][고] 나가 있으시더니.

나거·사[어] [고] 나가서야. 나간 뒤에야. →나가.

나-겁(愞怯·懦怯)[명] 마음이 여리고 겁이 많음. weak-spiritedness 하[형] 히[부]

나계(螺階)[고][동] 나사 층층대.

나-국(拿鞫)[명] 죄인을 잡아다가 국문(鞠問)함. arrest and torture 하[태]

나군(羅裙)[고][동] 엷은 비단 치마.

나-굴-다[자] ①이리저리 마구 뒹굴다. roll about ②검사하거나 관리하여야 할 물건이 함부로 흩어져 있다. lie around here and there

나귀[명] =당나귀.

나그네[명] ①제 고장을 떠나서 객지에 있는 사람. traveller ②여행 중에 있는 사람. 길손. 행객(行客). ¶외로운~. wayfarer ③오르다.

나그네-길[명] 여행을 하는 길. ¶동해안 일주의 ~에 오르다.

나그네 보내고 점심한다 ①일을 제때에 치르지 못하다. ②인색하여 말로만으로 대접하는 체하다.

나그네-새[명] 북쪽 번식지로부터 남쪽의 월동지(越冬地)로 이동하는 도중에 봄·가을 두 차례 한 지방을 지나가는 철새.

나근-거리-다[자] 가늘고 긴 물건이 힘있어 자주 움직이다. (큰) 느근거리다. swing lightly **나근=나근-하[형]**

나긋나긋-하다[연] ①갓난애의 살결이 보드랍다. soft ②음식이 연하다. tender ③사람을 대하는 태도가 친절하고 부드럽다. ¶나긋나긋하게 대하라.

나긋-나긋-이[부] 나긋하이. 기라(綺羅).

나기(羅綺)[명] ①아름다운 비단. ②엷은 비단과 무늬 를 놓은 비단.

나깨[명] 메밀의 속꺼풀. buckwheat husk

나깨-떡[명] 메밀의 속꺼풀로 만든 개떡.

나깨-만두(—饅頭)[명] 나깨로 빚은 만두.

나깨-수제비[명] 나깨로 만든 수제비.

나=꾸러기[명]〈속〉겉으로 보기보다 나이가 많은 사람. man older than his age

나나(NANA)[약] North American Newspaper Alliance 북미 신문 연맹(北美新聞聯盟). 특별통신.

나나니[고][동] =나나니벌.

나나니-벌[명]〈곤충〉나나니벌과의 곤충. 몸 길이 20~25㎜로 몸 빛은 흑색에 날개는 투명하며 조금 누른빛이 있음. 허리는 실같이 가늘고 길다. 여름에 땅을 파서 집을 짓고 삶. 세요봉(細腰蜂). 열옹. ¶나나니~. wasp

나날[명] 하루하루. 매일. ¶바쁜 ~을 보낸다. every day

=**나·늘**[어미][고] =거늘. [day 이[부]

나날-다(쩌)[자] 날아서 오락가락하다.

=**ㄴ·녀**[어미][고] =느냐. =는가.

나노(nano-)[접두] 미터법의 여러 단위의 이름 위에 붙여, 10억분의 1이라는 뜻을 나타내는 말. ¶~세컨드.

나:-농(懶農)[명] 농사일을 게을리함. 태농(怠農). neglecting one's farming 하[태]

=**나·늬**[어미][고] =느냐. [곱하기. division 하[태]

나누기[명]〈수학〉나눗셈을 하는 일. 제법(除法). (대)

나누-다[태] ①둘 또는 그 이상으로 따로따로 구별하다. ¶큰 것과 작은 것을 따로 ~. divide ②다른 것과 구별하다. distinguish ③분배하다. ¶이익금을 ~. distribute ④음식 따위를 함께 먹다. ¶친구끼리 식사를 ~. share ⑤〈수학〉나눗셈을 하다. divide ⑥서로 말이나 이야기 따위를 하다. ¶창시 시절의 이야기를 ~. ⑦즐거움·고생 등을 함께 하다. ¶슬픔을 서로 ~. ⑧ 같은 계통의 핏줄을 각각 받다. ¶피를 나눈 형제 자매. (대) 합치다.

나누어-떨어디다[자]〈수학〉나눗셈에서, 한 정수를 다른 정

수로 나눌 때, 그 몫이 정수가 되고 남음이 없게
되다. 「다. 《약》 나눠 주다.
나누어주-다[타] 몫을 지어서 갈라 주다. 분배하여 주
나누어=지-다[자] ①서로 떨어지다. be separated ②구
별되다. distinguished ③〈수학〉 어떤 수가 몇 개의
똑같은 몫으로 갈라지다.
나누이-다[피동] 나누어지다. 《약》 나뉘다. be divided
나눗=셈:[명] 〈수학〉 어떤 수로 다른 수를 나누기하는
셈. 제산(除算). 하[자][타] 「法). 《대》 곱셈법.
나눗셈:=법[―뻡](―法)[명] 나눗셈의 셈법. 제법(除
나눗셈:=표(―標)[명] 나눗셈의 기호 '÷'의 이름. 제호
나눗=수(―數)[명] 《동》 제수(除數). ⌊(除號).
나뉘-다[피동] 《약》→나누이다.
나뉨=수[―쑤](―數)[명] 나눗셈에서 나눔을 당하는 수.
'10÷2=5'에서의 10. 피제수(被除數).
나는 놈 위에 타는 놈 있다[속] 위에는 위가 있다.
나는 바담풍 해도 너는 바람풍 해라[속] 자기 스스로가
잘못하면서도 남에게는 잘하라고 요구한다는 뜻.
나는 새도 깃을 쳐야 날아간다[속] 순서를 밟아 나가야
만 목적을 달성할 수 있다.
나는 새도 떨어뜨린다[속] 권세가 당당하다.
나는 새도 움직여야 한다[속] 아무리 급한 일이라도 준
=ᄂᆞ니[어미] 《고》 =느냐. ⌊비가 없이는 안 된다.
나·니-·다[자] 《고》 나다니다.
ᄂᆞ·니-·다[자] 《고》 나닐다. 날아다니다.
=·ᄂᆞ니라[어미] 《고》 =느니라.
=ᄂᆞ니이-다[어미] 《고》 =나이다.
=ᄂᆞ니잇가[어미] 《고》=나이까. =습니까.
=ᄂᆞ·니잇·가[어미] 《고》 =나이까. =습니까.
=ᄂᆞ·니잇·고[어미] 《고》 '=ᄂᆞ니잇가'보다 깊은 뜻으로
묻는 어미.
나닐-다[자][ㄹ탈] 날며 오락가락하다. hover about
=·ᄂᆞ닛·가[어미] 《고》 =나이까. =ㅂ니까. =옵니까.
=·ᄂᆞ닝-·다[어미] 《고》 =나이다. =옵니다. ↔=ᄂᆞ니이다.
나-다[1][자] ①생겨나다. ¶먼지가 ~. come out ②결과
가 맺어지다. ¶결말이 ~. result ③명성이 드러나
다. ¶소문이 ~. become famous ④산출하다. ¶
금이 ~. produce ⑤따로 살림을 차리다. ¶세간을
~. ⑥태어나다. ¶서울에서 ~.
나-다[2][타] 동안을 지내다. ¶겨울을 ~. 일년을 ~.
나-다[3][조동] ①동사의 어미 '=아'나 '=어' 밑에 붙어
그 동작이 계속되어 나감을 나타내는 말. ¶자라나면
알겠지. become ②동사의 어미 '=고'의 밑에 붙어
그 동작의 완료를 나타내는 말. ¶일을 겪고 ~.
finish
·나-·다[자] 《고》 ①나가다. 나오다. ②되다. 이르다.
=나-다[접미] 《고》 =았다.
=ᄂᆞ-·다[어미] 《고》 =ㄴ다 =는다. =는구나.
나·다·나-·다[자] 《고》 나타나다.
나=다니-다[자] 밖으로 나가 이곳 저곳 다니다. go about
나다분=하-다[형][여불] ①지저분하게 뒤섞여서 갈피를
잡을 수 없다. in a mess ②듣기 싫게 수다스럽고
따분하다. 《큰》 너더분하다. **나다분=히**[부]
나·다잇-·다/나댓-다[자] 《고》 나타나 있다.
나닥=나닥[부] 여기저기 깁거나 붙은 모양. ¶~ 기운
옷. 《큰》 너덕너덕. in tatters 하[형]
나단(羅緞)[명] 주란사실로 짠 비단. gassed cloth
=나·ᄃᆞᆫ[어미] 《고》 =거든.
나달[1][명] 날과 달. 세월. ¶~ 가는 줄 모른다. time
나달[2][명] 나흘이나 닷새쯤. ¶한 ~ 있으면 오겠지.
나ᄃᆞᆯ[명] 《고》 날과 달. 세월. ⌊four or five days
나달=거리-다[자] ①여러 가닥이 늘어져서 작게 자꾸
흔들리다. dangle in tatters ②주제넘은 짓과 말을
함부로 하다. 《큰》 너덜거리다. 《거》 나탈거리다.
behave fresh **나달=나달**[부] 하[자][형]
나:대(挪貸)[명] 꾸어 온 것을 다시 남에게 빌려 줌.
sublease 하[타] 「《동》 나부대다.
나=대:-다[자] ①까불거리고 나다니다. gad about ②
나=대:반(羅大盤)[명] 나주(羅州)에서 나는 큰 소반.
나=대:접(一待接)[명] 《약》→나이 대접.
나:도(糯稻)[명] 《동》 찰벼.
나도=박달[명] 〈식물〉 단풍나무과의 낙엽 활엽 교목.
잎꼭지가 길고 3개의 쪽잎에 거친 톱니가 있음.
5월에 꽃이 피고, 긴 날개가 붙은 열매가 한 꽃꼭
지에 3개씩 달림. 목재는 기구재·신탄재로 씀.
나도=밤:나무[명] 〈식물〉 나도밤나무과의 낙엽 활엽 교
목. 잎은 긴 타원형이고, 여름에 백색의 꽃이 피며
열매는 9월에 붉게 익음. 우리 나라의 남쪽 지방
에 남.
나도=옥잠화(一玉簪花)[명] 〈식물〉 은방울꽃과의 다년
생 풀. 높이 30 cm 내외로 잎은 근생(根生)하며,
6~7월에 흰 꽃이 핌. 깊은 산에 남.
나=돌:-다[자][ㄹ탈] ①《약》→나돌아다니다. ②물건이나
소문 따위가 퍼지다. ¶위조품이 ~. spread ③기
운이나 정신이 표면에 드러나 보이다. appear
나=돌아다니-다[자] 집을 나가 여기저기 돌아다니다.
《약》 나돌다①. wander about
나=동그라지-다[자] 《약》→나가동그라지다.
나=둥그러지-다[자] 《약》→나가둥그러지다. 「behind
나=뒤쳐지-다[자] 별안간에 뒤처지다. suddenly fall
나=뒹굴-다[자][형][ㄹ탈] ①이리저리 마구 뒹굴다. ②여기
저기 어지럽게 널려 있다. ¶담배꽁초가 도처에 ~.
나=들-다[자][ㄹ탈] 《약》→드나들다.
나들이[명] ①나감과 들어옴. coming in and out ②곧
돌아올 생각으로 가까운 곳에 나감. 흔히, 부녀자
에게 쓰는 말. 출입(出入). going out 하[자]
나들이 고누[명] 열두밭 고누에서, 나며 들며 고누가
되는 경우.
나들이=옷[명] 나들이할 때에 입는 옷. 출입옷. 외출복.
one's best clothes 「clothes and shoes
나들잇=벌[명] 나들이에만 쓰는 옷과 신. one's best
나=뜨-다[자][으탈] ①공중이나 물위에 뜨다. float ②나
와 다니거나 나타나다. appear
나라[명] ①국가(國家). ②이 세상과는 다른 특별한 세
계. ¶별~. 꿈~. world, state
ᄂᆞᄅᆞ[명] 《고》 나루(津).
나라 글자[―짜](―字)[명] 《동》 국자(國字).
나라=꽃[명] 《동》 국화(國花).
ᄂᆞ·라·남-·다[타] 《고》 날아 넘다.
나라=님[명] 《동》 임금.
ᄂᆞ·라ᄃᆞᆫ·니-·다[자] 《고》 날아다니다.
나라=말:[명] 《동》 국어(國語).
나라미[명] 《속》 물고기의 가슴지느러미.
나라=일[명] 나라에서 계획하고 진행하거나, 나라의 이
해(利害)에 관계되는 일. 국사(國事).
나라=지-다[자] 맥이 풀리어 몸이 나른하여지다. 《큰》 늘
어지다. be languid
나라타:즈(narratage 프)[명] 〈연예〉 영화에서, 주인공
에게 과거의 일을 회상시키면서 이야기하게 하고
그 줄거리에 따라 화면·광경을 구성하여 가는 표현
나락[명] →벼. ⌊수법.
나락(奈落·那落)[명] 〈불교〉 지옥.
나란=하-다[형][여불] 줄지은 모양이 가지런하다. side
by side **나란=히**[부]
나란히=고래[명] 나란히 놓여 있는 방고래.
ᄂᆞ롯[명] 《고》 수레의 채. 멍에.
나·랏·말씀[명] 《고》 국어(國語). 우리 나라의 말.
나랏 무:당(―巫―)[명] 〈제도〉 왕실의 굿을 도맡아하
던 무당.
나래[1][명] ①〈농업〉 논밭을 고르는 데 쓰는, 써레 비슷
한 농구. harrow ②배를 젓는 데 쓰는, 노 비슷한
나래[2][명] →날개[1]①②. ⌊연장. oar
나:래(拿來)[명] 《동》 나치(拿致). 하[타]
ᄂᆞ래[명] 《고》 날개.
나래=꾼[명] 나래질을 하는 사람. leveler
나래=질[명] 나래로 논밭을 고르는 일. leveling 하[타]
나래=회나무[명] 〈식물〉 노박덩굴과의 낙엽 활엽 관목.
잎은 끝이 뾰족한 달걀 모양이고 톱니가 있으며,

느려나다 초여름에 흰빛을 띤 푸르스름한 꽃이 많이 핌. 산골짜기에 남.

느·려·나·다㉠ 탄생하다. 강탄(降誕)하다.

나력(瘰癧)명 〈한의〉 목·귀언저리·겨드랑이 같은 데 단단한 멍울이 생겨 쉽게 삭지 아니하는 병.

나:례(儺禮)명 〈제도〉 궁중·민가에서 베풀던 의식. 섣달 그믐밤에 악귀를 몰아내고 깨끗한 새해를 맞기 위해서 행하였음. =느·느·로㉠ㄹ로.

나로:드니키(Narodniki 러)명 〈사회〉 19세기 후반의 러시아에서 농본주의적 급진 사상을 부르짖은 인민주의자들의 파.

나루명 강이나 내나 좁은 바다 목의 배가 건너다니는 일정한 곳. 도진(渡津).

나루 건너 배 타기㉠ ①순서를 건너뛰어서는 안 된다. ②가까운 데 것을 버리고 먼 데 것을 취한다.

나루=지기명 〈동〉 나루터지기.

나루=질명 나룻배를 부리는 일. ferrying 하㉠

나루=재명 〈농업〉 봇줄을 잡아매는 써레 몸뚱이 앞면의 양쪽에 뻗치어 나오게 박은 나무. 「(津人).

나루=배명 예전에 나루에서 배를 부리던 사람. 진인

나루=터명 나룻배를 대어 사람을 태우고 내려놓고 하는 곳. 도선장(渡船場). ferry

나루터=지기명 나루터를 지키는 사람. 나루지기.

나루=턱명 나룻배가 들어 닿는 일정한 자리. ferry

나룻명 ①입가와 턱과 볼에 난 털의 총칭. 수염(鬚髥). whiskers ②≒구레나룻.

나룻=가명 나루터의 근처.

나룻=목명 나루를 건너다니는 물목.

나룻=배명 나루를 건너다니는 배. 도선(渡船). 진선(津船). ferryboat

나룻이 석 자라도 먹어야 샌님㈜ 먹지 않고는 아무 것도 못한다.

나르·다㉠ㄷ불 물건을 다른 곳으로 옮기다. carry

나르시시스트(narcissist) 자기 도취형인 사람. 잘난 체하는 사람.

나르시시즘(narcissism 프)명 〈심리〉 ①정신 분석학의 용어로, 자기의 치체에 성적 흥분을 느끼는 일 종의 자기 색정(自己色情). ②자기 도취.

나른=하·다㉠여 ①몸이 피곤하여 힘이 없다. 《데》 팔팔하다. languid ②힘없이 매우 보드랍다. 《큰》 느른하다. tender 나른=히㈜

나름의 명사나 동사 아래에 붙어, 그 됨됨이나 하기에 달림을 나타내는 말. ¶사람 ~. 말할 ~. depending on

나릅명 소·말·개 따위의 네 살의 나이를 일컫는 말. four-years-olds

나릇명 수레의 양쪽에 달린 긴 채. shaft

나릇=걸이명 멍에 양끝에 나릇을 거는 부분.

나리¹명 ①〈약〉→참나리. ②〈동〉 백합(百合).

나:리²명 〈제도〉 〈궁〉 아랫 사람이 당하관(堂下官)을 부를 때 이르는 말. master ②《곁》 저보다 지체 높은 사람을 부를 때 이르는 말. ③〈제도〉 왕자에 대한 존칭.

나리³명 〈고〉 내³. 나무.

나리=꽃명 〈식물〉 나리의 꽃. 백합화(百合花). lilies

느·리·다㉠ 내리다.

나:리=마늘명 〈궁〉 나리².

나립(羅立)명 벌이어 늘어섬. 하㉠

나릿=나릿㈜ ①하는 일이나 짓이 재지 못하고 더딘 모양. languidly ②눈이나 사이가 죄어 있지 않고 뜬 모양. 《큰》 느럿느릿.

나마조 받침 없는 체언에 붙어서, 마음에 덜 참을 나타내는 연결형 서술격 조사. ¶전화~ 걸어 주었으면. even

=나마어미 받침 없는 용언의 어간에 붙어, '=지만'의 뜻을 나타내는 연결 어미. ¶맛은 없으~ 많이 드시오. although

나마(喇嘛)명 〈동〉 라마(Lama).

나:마(裸馬)명 안장을 얹지 않은 말. unsaddled horse

나마(羅摩)명 〈식물〉 박주가리과의 다년생 만초(蔓草). 줄기는 3m, 여름에 담자색 꽃이 피고, 줄기와 잎에서 백색 유즙(乳汁)이 나옴. 산과 들에 남. 종자는 식용·약용. 박주가리.

나마:교(喇嘛敎)명 〈동〉 라마교(Lama 敎).

나마:이거나·메까나㈜ 받침 없는 체언에 붙어, '그것이거나 아니거나 메칸가지'·'그것이거나 아니거나를 따질 것 없이'의 뜻을 나타내는 부사형 서술격 조사. ¶부자~ 돈은 쓸 데가 있느니라.

=나:마:나어미 받침 없는 용언의 어간에 붙어, '그렇게 하거나 아니하거나' 또는 '그러하거나 아니하거나 메까나한가지'의 뜻을 나타내는 부사형 전성 어미. ¶보~.

나·므·라·다㉠ 나무라다. 책망하다.

느·묻새명 나무새.

=묻새명 나무새. 나물.

나마·자(羅摩子)명 새박덩굴의 열매. 보양제로 씀.

느·묻자나명 나무짐.

나막=신명 나무를 파서 앞뒤로 굽을 달아 진 땅에서 신도록 만든 신. 목극(木屐). 목혜. 목리(木履). clogs

나 많은 아저씨가 져러㈜ 어린애와 싸울 때 나이 많은 이가 양보를 해야 한다.

느·물명 〈고〉 나물.

느·뭇명 주머니.

느·뭇명 〈고〉 주머니. 자루.

나:맥(裸麥)명 보리의 한 종류로 수염이 짧고 껍질이 쉽게 벗겨지는 보리. 쌀보리. rye

나머지명 ①어느 한도에 차고 남은 부분. ¶먹다 남은 ~의 밥. excess ②마치지 못한 부분. ¶못한 ~의 일이 얼마나 되느냐? remainder ③마지막의 뜻을 나타내는 말. ¶흥에 겨운 ~ 덩실덩실춤을 추다. finality ④〈수학〉 나누어 똑 떨어지지 않고 남은 수. remainder

나 먹기도 싫고, 개 주자니 아깝다㈜ 인색하기 작이없다.

나모명 〈고〉 나무.

나모죽㈜ 〈고〉 하늘소 하눌소의 나무 주걱. 「짓을 이름.

나 못 먹을 밥에는 재나 넣지㈜ 매우 심술은 사나운

나무명 ①〈식물〉 줄기와 가지가 나무질로 된 다년생 식물. 줄기. 교목(灌木)과 교목(喬木)의 총칭. 수목(樹木). 《데》 풀. tree ②그릇이나 집을 만드는 재목. ③〈약〉→땔나무.

나무(南無←Namas 범)명 〈불교〉 부처에게 돌아가 의지한다는 뜻으로, 부처나 보살의 이름 앞에 붙이어 결대적인 믿음을 나타내는 말.

나무 거울명 겉모양은 그럴 듯하나 실제로는 아무 데도 소용이 되지 아니함을 비유하여 이르는 말.

나무=겉명 넓빤지 따위의 나무 껍질에 가까운 면.

나무 공이명 나무로 만든 공이.

나무 꽹이명 나무로 만든 꽹이.

나무=굼=벵이명 〈곤충〉 하늘소 무리의 애벌레. 목두충(木蠧蟲). larvae of a longhorned beetle 귀신.

나무 귀=신명 〈=鬼神〉〈민속〉 나무를 바탕 삼고 오는 토박.

나무=껍=이명 나뭇가지의 짤막한 토막. chip of a tree

나무=꾼명 땔나무를 하는 사람. 초동(樵童). 초부(樵夫). wood cutter

나무 눈명 나뭇가지에 막 돋아나려는 싹. bud

나무는 큰 나무 덕을 못 보아도 사람은 큰 사람의 덕을 본다㈜ 사람은 승수어든이나 옆에 있는 친척으로부터 도움을 받는 경우가 많다. 「wooden bridge

나무=다리¹명 나무로 만들어 놓은 다리. 목교(木橋).

나무=다리²명 다리를 자른 불구자의 다리에 나무로 만들어 대어, 걸어 다니게 된 물건. 의족(義足). peg

나무 달굿대명 나무로 만든 달굿대.

나무=딸기명 〈식물〉 장미과의 낙엽 활엽 관목. 산과 들에 나는데 가시가 밀생함. 여름에 흰 꽃이 피고, 열매는 검붉음. raspberry

나무=때기명 조그만 나뭇조각. piece of wood

나무라·다㉠ ①잘못함을 조금 꾸짖어 알아듣도록 말

나무람 나무라는 말. 또, 나무라는 일. reproof
나무람-타-다 나무람을 당하고 마음이 상하다.
나무 막대기 나무로 된 막대기.
나무 말미 오랜 장마 중에 날이 잠간 들어서 풋나무를 말릴 만한 겨를. interval of a long rain
나무-모 모로 쓸 나무. 묘목(苗木).
나무-모-밭 묘목을 심은 밭.
나무목-변(一木邊) 한자 부수(部首)의 하나 '校' · '材' 등의 '木'의 이름.
나무-못 되나무 따위의 야무진 부분을 깎아 만든 못. 목정(木釘). (대) 쇠못. wood peg
나무-발바리 〈류〉 나무발바리과의 새. 등은 옅은 회갈색에 희읍스름한 세로무늬가 있고 허리와 꽁지는 옅은 갈색을 띰. 아주 작고 아름다우며 벌레를 잡아먹는 익조임.
나무-배 나무로 만든 배. 목선(木船). wooden boat
나무 부처 〈불교〉 나무를 깎아 만든 불상. 목불(木佛).
나무 뿌리 나무의 뿌리.
나무 삼보(南無三寶) 〈불교〉 불보(佛寶) · 법보(法寶) · 승보(僧寶)의 삼보(三寶)에 귀의(歸依)함.
나무-새 ①여러 가지 땔나무의 총칭. firewood
나무새 =나숩. 나무의 숲. bush
나무-생쥐 〈동물〉 쥐과의 들쥐. 몸이 작으며 나무를 잘 타고 헤엄을 잘 침. 우리 나라 특산임.
나무-속 ①나무를 가로 잘랐을 때 가운데에 있는 연한 부분. pith ②널판지 따위의 양쪽 면(面) 중, 중심에 가까운 면.
나무-숲 나무가 우거진 숲. forest
나무-신 =나막신.
나무 아미타불(南無阿彌陀佛) 〈불교〉 아미타불에 귀의(歸依)한다는 뜻으로 염불하는 소리의 하나. May Buddha's blessing be upon us!
나무에 오르라 하고 흔드는 격 남을 더욱 곤경에 빠지게 하는 패설한 심사.
나무에 잘 잘 오르는 놈이 떨어져 죽고 헤엄 잘 치는 놈이 빠져 죽는다 흔히 그가 가지고 있는 재주만 믿고 실수하게 된다.
나무-잔(一盞) 나무를 깎아서 만든 잔. 목배(木杯). [wooden cup.
나무 장수 땔나무를 파는 것을 업으로 삼는 사람.
나무 접시 나무로 만든 접시.
나무 젓가락 나무를 깎아서 만든 젓가락. 목저(木箸).
나무-좀 〈곤충〉 ①나무좀과의 곤충의 총칭. 대개 몸은 작은 원통형이며 머리는 둥근데 명시엔 앉가슴에 감추어 둠. 나무에 서식하는 해충임. ②나무에 살는 나무굼벵이 · 가루좀 등의 총칭.
나무 주거 나무를 깎아서 만든 주거.
나무 주추 나무를 깎아서 놓은 주추.
나무 지저귀 무엇을 만들기 위하여 깎아 낸 나무 부스러기. scobs
나무-진디 〈곤충〉 나무진디과의 벌레의 총칭. 아주 작은 날벌레로 나무의 진을 빨아먹는 해충. 나무의 종류에 따라 많은 종류가 있음. 목슬(木蝨). wood louse [끼는 곳.
나무-집 물부리 · 담배통 · 물밀 따위에 설대를 맞추어
나무 집게 나무로 만든 집게.
나무-쪽 나무의 조각. piece of wood
나무-칼 나무로 만든 칼. 목검(木劍). 목도(木刀).
나무 타르(一tar) 〈화학〉 나무를 건류하여 얻는 타르. 성분은 초산 · 알코올 · 페놀 · 콜 · 나무 퍼치 따위.
나무 토막 나무의 토막.
나무-통(一桶) 나무로 만든 통. 목통(木桶).
나무-틀 ①나무로 만든 모형. ②나무로 된 기계. wooden mould
나무 판자(一板子) 〈동〉 널판지. 판자.
나무-하-다 산이나 들에 가서 땔나무를 장만하다. gather firewood [trial 하다
나-문(拿問) 죄인을 잡아다 신문하는 arrest and

나문-재 〈식물〉 명아주과의 일년생 풀. 줌고 긴 잎이 빽빽히 나며 여름에 잘고 푸른 꽃이 핌. 어린 잎은 식용함. 해변의 모래땅에 남. 해홍채. ¶~나물. sea-blite
나물 ①먹을 수 있는 풀과 나무의 잎. 또, 그것으로 만든 음식. vegetables ②채소 또는 잘게 썬 쇠고기 · 호박 등을 조미하여 무친 반찬. greens
나물-국[一꾹] 나물을 넣고 끓인 국.
나물-꾼 나물을 캐러 다니는 사람. gatherer of
나물-밥 나물과 쌀을 섞어 지은 밥. [greens
나뭇-가지 나무의 가지. [shed
나뭇-간(一間) 땔나무를 쌓아 두는 곳간. firewood
나뭇-갓 나무를 가꾸는 말림갓. 시장(柴場). forest reserve [of wood
나뭇-개비 나무의 가늘고 길게 쪼개진 조각.
나뭇-결 목재의 종단면에 연륜 · 섬유 · 도관(導管) 들의 배열에 의하여 나타난 무늬. grain
나뭇-고갱이 나무 줄기 속에 박힌 심. 목심(木心).
나뭇-광 땔나무를 쌓아 두는 광.
나뭇-길 나무꾼들이 나무하러 다니는 좁은 산길.
나뭇-단 단으로 묶어 놓은 땔나무.
나뭇-등걸 나무를 베어낸 그루. stump
나뭇-잎[一닢] 나무의 잎.
나뭇-재 나무를 태운 재.
나뭇-조각 나무를 잘게 쪼갠 조각.
나뭇-진 (一津) 나무의 진.
나뭇-짐 나무를 짊어진 짐. load of wood
나미(糯米) 찹쌀.
나미-밥(糯米一) 찹쌀밥. 찹쌀로 지은 밥.
나박-김치 무를 얇고 네모지게 썰어서 담근 물김치. 나복저(蘿葍菹). pickled white radishes
나발(←喇叭) 〈음악〉 옛날 악기의 하나. 쇠붙이로 긴 대통같이 만들되, 위가 빨고 끝이 퍼짐. 나팔①. 대평소(大平簫). 호적(號笛)①. bugle
나발-거리-다 〈속〉 말을 가볍고 수다스럽게 지껄이다. chatter
나발-대[一때] 〈속〉 ①나발의 몸체. stem of a bugle ②돼지의 입과 코가 달린 부리. snout
나발-불-다 ①나발을 불다. ②〈속〉 실토하다. 떠들다. 떠들다. [꾼. bugler
나발-수(一手) 〈喇叭手〉 군중(軍中)에서 나발을 부는 군
나방 〈곤충〉 나비목(目) 나방 아목(亞目)의 곤충의 총칭. 나비보다 통통하고 쉴 때는 비스듬하거나 수평으로 날게를 펌. 고치 속에 들어 있는 번데기로부터 나온 완전 변태하는 벌레. moth
나배(羅拜) 〈명〉 여럿이 늘어서서 절함. 하다
나-비①〈교〉 ①나비①. ②나비가. '나비'의 주격형.
나-비②(一의) 남의 원숭이의. '남'의 소유격적(所有格形).
나-배기 〈속〉 =나이배기.
나뱃뱃-하-다 작은 얼굴이 나부족하고 덕이 있어 보이다. 〈큰〉 너벳벳하다. have a flat little face
나뱃뱃-이
나번득-이 〈형동〉 껜 체하고 함부로 덤비다. arrogant
나:-변(那邊) ①그 곳. ②어느 곳. 어디. where
나:병-하-다 아주 멋떳하고 의젓하다. 〈큰〉 너 떳하다. stately 하다
나:-병(癩病) 〈동〉 문둥병.
나:=병=원(癩病院)① 나환자를 위한 의료 시설.
나:병-자(癩病者) 〈동〉 문둥이①.
나:병 환:자(癩病患者) 〈의학〉 나병에 걸린 사람.
나복(蘿葍) 〈동〉 무. [문둥이.
나복-자(蘿葍子) 〈한의〉 무씨. 건위제(健胃劑)나 기침 · 가래를 다스리는 약재로 쓰임.
나복자-유(蘿葍子油) 무의 씨를 짜서 내 기름.
나:-부(裸婦) 발가벗은 여자.   [으른 사람.
나:-부(懦夫) ①겁이 많은 사람. 겁부(怯夫). ②게
나부끼-다 얇고 가벼운 것이 바람에 흔들려 날리다. ¶태극기가 바람에 ~. flap [chatter
나부대-다 〈속〉 칠칠히 가볍게 남신거리다. 나대다②.

나부대대-하-다[형][여변] 얼굴이 동그스름하고 나부죽하다. [약] 납대대하다. [센] 너부데데하다. round and flat [큰] 너부러지다. languid

나부라-지-다 맥없이 바닥에 까부라져 늘어지다.

나부랑납작-하-다[여변] 평평하게 퍼진 듯이 납작하다. flat **나부랑납작-이**[부]

나부랭이[명] ①실·종이·헝겊 등의 자질구레한 오라기. ¶헝겊 ~. scrap ②하찮은 존재. ¶세간 ~. [큰]너부렁이. trifle

나 부를 노래를 사돈 집에서 부른다[관] ①자기가 하려고 하는 말을 상대방이 먼저 한다. ②자기가 남을 탓하려 했더니 오히려 그 쪽에서 먼저 자기를 허물한다.

나부시[부] ①좀 나부죽하게. gently ②천천히 땅으로 내려오는 모양. ③고개를 숙여 공손히 앉거나 엎드리는 모양. [큰] 너부시. politely

나부죽-이[부] 천천히 배를 아래로 하여 엎드리는 모양. [큰] 너부죽. flat

나부죽-하-다[여변] 얄팍하고 얕은 물건이 조금 넓은 듯하다. [큰] 너부죽하다. flattish

나분-하 다[형][여변] 공중을 낮게 날아 땅에 가깝다. flying low **나분-히**[부]

나불-거리-다[자] ①보드랍게 나붓거리다. [큰] 너불거리다. [게] 나불거리다. flutter ②경솔하게 입을 놀리다. **나불나불-하**[부]

나붓-거리-다 자주 나부끼어 흔들리다. [큰] 너붓거리다. wave **나붓-나붓-하**[부]

나붓-하-다 좀 나부죽하다. [큰] 너붓하다. nicely flattish **나붓-이**[부]

나-붙다[자] 어떤 곳의 밖에 붙어있다. ¶성명서가 ~. posted

나비¹[명]〈곤충〉나비목(目) 나비 아목에 딸린 곤충의 총칭. 머리에 한 쌍의 촉각과 두 개의 복안(複眼)이 있고 가슴에 앉은 날개가 두 쌍 있는데, 겉에 분가루가 많다. 꽃의 꿀을 빨아먹고 살며, 유충은 채소 따위에 해로움. 호접(胡蝶). butterfly

나비²[명] 피륙 따위의 넓이. 너비. 폭(幅). pussy

나비³[명] 고양이를 부르는 말. ¶~야 이리 오너라.

나비-강충이[명]〈곤충〉나비강충이과의 곤충. 나비와 비슷하나 몸이 작으며 벼의 해충임. 부접(蚨蝶).

나비-고르기[명]〈농업〉누에씨를 받기 위하여서 좋은 나비를 고르는 일. selection of good moths

나비-꽃부리[명] 접형 화관.

나비-나물[명]〈식물〉콩과의 다년생 풀. 줄기 높이 40~60cm 등 한 마디에서 두 개씩 남. 여름·가을에 자줏빛 나비 모양의 꽃이 핌. 어린 잎과 줄기는 식용함.

나비-난초(─蘭草)[명]〈식물〉난초과의 다년생 풀. 잎은 두서너 개 있으며, 6~7월에 담홍자색 꽃이 핌. 따뜻한 곳의 숲 속에 있는 나무에 붙어 삶.

나비 넥타이(─necktie)[명] 늘어뜨리지 않고 날개를 편 나비 모양으로 고를 내어 접은 넥타이. 보타이(bowtie). [둠] bowknot

나비 매듭[명] 나비처럼 양쪽으로 고를 내어 매듭.

나비-목(─目)[명]〈곤충〉유시 아강(有翅亞綱)에 속하는 곤충의 한 목(目). 두 쌍의 날개가 달렸고, 몸 전체가 가루와 같은 비늘로 덮임. 인시류(鱗翅類).

나비-물[명] 가로 쫙 퍼지게 끼얹는 물. flattened spray of water sleep with arms thrown up

나비-잠[명] 갓난아이가 팔을 위로 벌리고 자는 잠.

나비-잠(─簪)[명] 나비 모양의 비녀. 새색시가 예장할 때 머리에 덧꽂음. 접잠(蝶簪).

나비-잠자리[명]〈곤충〉잠자리과에 딸린 곤충. 날개 길이가 75mm 가량이고, 몸 빛은 대부분 검은 빛으로 광택이 나며 복안(複眼)은 적갈색임. 여름에는 독을 나비처럼 날아다님.

나비-장[명]〈건축〉재목을 서로 이을 때 쓰는 나비 모양의 나뭇조각. tenon of a dovetail joint

나비장-붙임[─부침][명] 나비 모양의 은장으로 쪽붙임. 또는 그 일. 하[타]

나비-질[명] 곡식에 섞인 검부러기나 먼지를 날리려고 키로 나비가 날개 치듯이 부치어 바람을 내는 짓. winnowing **하-다**[타]

나비-춤[명] ①나비가 춤을 추듯이 날개를 치며 날아다니는 것. ②소매가 큰, 긴 옷을 입고 나비처럼 추는 승무의 하나. butterfly dance

나비-치-다[자] ①나타나서 비치다. show ②나타나서 서성거리거나 참견하다. meddle in winnow

나비-키-다[타] 나비질을 하여 검부러기를 날리다.

나쁘-다[으변] ①좋지 않다. ¶오늘은 날씨가 ~. 요즘은 몸이 ~. bad ②마음이나 짓이 착하지 않다. ¶나쁜 버릇은 고쳐야 한다. bad ③양이 차지 않다. ¶음식은 좀 나쁘게 먹는 편이 좋다. [데] not enough

나쁜 술 먹기는 정승하기보다 어렵다[관] 음식, 특히 술은 양에 차지 아니하도록 알맞게 먹기가 어렵다.

나쁘 보-다[타] ①나쁘게 보다. 좋지 않게 보다. ②업신여겨 낮추어 보다. look down on

나쁘 알-다[ㄹ변] ①나쁘게 알다. 좋지 않게 알다. ②업신여겨 낮게 알다. think low of

나쁘 여기-다[타] ①나쁘게 여기다. 좋지 않게 여기다. ②업신여겨 나쁘게 여기다. think ill of

나사(螺絲)[명] ①약→나사못. ②소라처럼 비틀리게 고랑이 진 형상의 물건. spiral

나사(羅紗←raxa 포)[명] 양털에 무명·명주·인조 견사 등을 섞어 짜서 양복감으로 쓰는 모직물의 하나. woollen cloth

나사(NASA)[명] 〈약〉National Aeronautics and Space Administration 미국 국립 항공 우주국. 미국의 우주 개발의 일원화를 위해서, 1958년에 설립된 미국의 군사용을 제외한 우주 계획의 촉진 기관.

나-사가-다[자] 나아가다. ¶흠. [데] 나사산.

나사-골(螺絲─)[명] 나사의 고랑이 진 부분. 나사의 골.

나사-돌리기(螺絲─)[명] 나사못을 들어 돌려서 박거나 내는 기구. 드라이버.

나사면[명] 나아가면. [빼는 기구. 드라이버.

나사-못(螺絲─)[명] ①약] 나사 모양으로 만든 못. 나사정. [약] 나사(螺絲)①. screw 골.

나사-산(螺絲山)[명] 나사의 솟아나온 부분. [데] 나사

나사-선(螺絲線)[명] 〈수학〉①평면상에 있어서 소용돌이 모양의 곡선. ②공간(空間)에 있어서의 나사 모양의 곡선.

나사선 운-동(螺絲線運動)[명] 〈수학〉하나의 축(軸)의 둘레를 일정한 속도로 돌면서 축 방향으로 이동하는 운동. [곳. 도래 나사곳③. screw auger

나사 송-곳(螺絲─)[명] 끝이 나사같이 비비 틀린 송

나-사오-다[자] 나아오다.

나사-점(螺絲店)[명] 나사나 나사로 지은 옷을 파는 상점. [점.

나사-정(螺絲釘)[명] 〈동〉나사못.

나사 층층대(螺絲層層臺)[명] 〈건축〉나사 모양으로 만든 층층대. 나계(螺階). 나선 층층대. spiral stairs

=-는-다-[ㄷ변] [고] =는 것인가. =는다. =는다.

나-산병(糯散餠)[명] 찹쌀 가루로 만든 산병(散餠). 차산병. [다.

나-솔[고] ①나아갈. ②드릴. 진상(進上)할. [낮

나삼(羅衫)[명] ①사(紗)로 만든 적삼. ②혼례 때 신부가 활옷을 입을 때 입는 예복.

나-상(裸像)[명] [약] → 나체상(裸體像).

나-서(糯黍)[명] 〈동〉기장².

나-서-다[자] 나와 서다. ¶썩 ~. present oneself ②어떤 곳으로 나오다. ¶단상으로 ~. ③구하던 물건이 나타나다. ¶일자리가 ~. come out ④어떠한 데에 나타나서 그 일을 맡거나 간섭하다. ¶남의 일에 나서지 말라. volunteer to [타] 떠나다. [교문을 ~. feet

나-선(裸跣)[명] 알몸과 맨발. naked body and bare

나-선(裸線)[명] 겉에 아무 것도 싸지 않아 속의 쇠붙이 그대로 드러난 전선(電線). 알손. bare wire

나선(螺旋)[명] 나사 모양으로 빙빙 비틀린 것. spiral

나선(螺線)[명] 〈수학〉'나사선(螺絲線)'의 구용어.

나선=균(螺旋菌)[명] 〈의학〉 용수철처럼 생긴 균. 나선상균. 「용하여 항행(航行)하는 배. screw-ship
나선 기선(螺旋汽船)[명] 나선 추진기(螺旋推進器)를 사
나선=상(螺旋狀)[명] 《동》 나선형(螺旋形).
나선상=균(螺旋狀菌)[명] 〈의학〉 나선상으로 굽은 세균. 콜레라균 따위. 나선균. spirillum
나선 압착기(螺旋壓搾器)[명] 나선 장치를 하여 물건을 압착할 때에 쓰는 기구. screwpress
나선 운:동(螺線運動)[명] 〈수학〉 '나사선 운동(螺絲線運動)'의 구용어.
나선 추진기(螺旋推進器)[명] 기선 따위에 나선 장치를 하여서 물체를 추진시키는 기구. screw-propeller
나선 층층대(螺旋層層臺)[명] 《동》 나사 층층대.
나선=형(螺旋形)[명] 나선과 같은 모양. 나선상. spiral
나성(羅城)[명] ①성 밖의 주위. ②《동》 외성(外城).
나·소[부] 《고》 나아가.
나·소-다[타] 《고》 나수다. 높은 자리로 나아가게 하다.
나:속(糯粟)[명] 《동》 차조.
나:속=반(糯粟飯)[명] 차조밥. 차조로 지은 밥.
나·솜[1][자] 《고》 나음〔愈〕.
나·솜[2][타] 《고》 나아감. →나소다.
ᄂᆞ솟-·다[자] 《고》 솟아나다. 날아 솟다.
나:수(拿囚)[명] 죄인을 잡아 가둠. imprisonment **하**[타]
나수(鑼手)[명] 〈제도〉 취타수(吹打手)의 하나. 군대 안에서 나(鑼)를 치는 사람. 「가게 하다. promote
나수-다[타] ①내어서 드리다. lift ②높은 자리로 나아
나스닥(NASDAQS)[명] 〈경제〉 《약》 National Association of Securities Dealers' Automated Quotation System 전미(全美) 증권 협회가 관리하는 컴퓨터에 의한 장외 시장의 시세 보도 시스템.
나스르르=하-다[형][여불] 가늘고 짧은 털이나 풀 따위가 성기고 가지런해 보이다. 《큰》 너스르르하다.
=ᄂᆞ슨-다[어미] 《고》 =는 것인가. =는가. =느냐.
나슨=하-다[형][여불] ①늘어져 헐겁다. loose ②마음이 풀어져 긴장됨이 없다. 《큰》 느슨하다. **나슨=히**[부]
나슬나슬=하-다[형][여불] 보드랍고 짧고 가는 풀이나 털 같은 것이 곱게 성기다. 《큰》 너슬너슬하다. fluffy 「**나슬나슬=히**[부]
나·싀[명] 《고》 냉이.
=·나시·놀[어미] 《고》 =시거늘.
=·나시·든[어미] 《고》 =시거든.
나:신(裸身)[명] 《동》 나체(裸體).
ᄂᆞ·실[명] 《고》 내일.
나:쎄[명] 어느 정도로 먹은 나이. ¶그 ~에 그게 무슨 짓이람. 「아(多芽).
나:아(裸芽)[명] 〈식물〉 인편(鱗片)에 싸이지 않은 동
나아=가-다[자] ①하는 일이 점점 이루어지다. 점점 진전되다. progress ②앞으로 향하여 가다. advance ③병세나 하는 일이 점점 좋아지다. get better ④높은 자리로 향하여 가다. 《약》 나가다⑤. be promoted
나ᄋᆞ-다[자] 《고》 나아가다. →낫다.
나ᄋᆞ라[타] 《고》 드리러.
나ᄋᆞ며[자] 《고》 나아가며. →낫다.
나아=오-다[자] ①앞쪽으로 차츰차츰 오다. come near ②목적을 향하여 발전하여 오다. get better
나아=지-다[자] 차차 잘 되어가다. 좋아지다. improve
나:안(裸眼)[명] 안경 등을 쓰지 않은 맨 눈.
나:안 시:력(裸眼視力)[명] 5미터의 거리에서 육안으로 시력 검사표를 바르게 볼 수 있는 최소 지표(指標)의 값.
나=앉-다[자] ①어느 곳으로 다가 앉거나 물러앉다. sit forward ②나가거나 물러서거나 하여 자리잡다. ¶서울에서 조금 나앉은 교외로 이사가다. ③하던 일을 포기하거나 권리를 잃고 물러나다. relinquish 「effeminacy **하**[형]
나올[명] 《고》 나흘.
나:약(懦弱·懦弱)[명] 뜻이 굳세지 않음. 타약(惰弱).
나=엎어지-다[자] 갑자기 엎어지다. tumble down
나:열(懦劣)[명] 마음이 약하고 못남. **하**[형]
나열(羅列)[명] ①죽 벌여 놓음. 진열(陳列). array ②죽 열을 지음. stand in row **하**[자][타]

나:엽(裸葉)[명] 〈식물〉 양치류(羊齒類) 식물 등에서 동화 작용을 하는 푸른 잎. 자낭군(子囊群)이 없는 잎. sterile leaf
나=오-다[자][타] ①안에서 밖으로 오다. ¶방에서 ~. come out of ②속에서 바깥으로 나타나다. ¶싹이 ~. emerge ③어떤 곳에 그 모습을 나타내다. ¶회의장에 ~. appear ④어떠한 근원에서 발생하다. ¶이 이야기는 고사에서 ~. be derived ⑤일하던 곳에서 그만두다. ¶직장에서 ~. give up ⑥졸업하다. ¶대학을 ~. graduate
나=오르-다[자][르불] 소문이 퍼져 자꾸 입에 오르내리다. 「spread
나온[관] 《고》 즐거운. →라온.
나올(羅兀)[명] '너울'의 취음.
나옴=나옴[부] 차츰차츰.
나왕(羅王←lauan)[명] 〈식물〉 용뇌향과(龍腦香科)의 큰 교목. 또, 그 재목. 재목은 회백색·연붉은 색 또는 엷은 갈색으로 가구·건축용재 등으로 쓰임. 필리핀·인도·보르네오 등지에서 남.
ᄂᆞ외[부] 《고》 다시.
ᄂᆞ외·야[부] 《고》 다시. 다시는. 「**하**[타]
나:용(挪用)[명] 돈이나 물건을 한때 돌려씀. borrow
나우[부] 조금 많은 듯하게. ¶밥을 ~ 담다. bit more
나울=거리-다[자] ①큰 물결이 굽이지어 흐르거나 움직이다. swell ②춤추듯이 바람에 나붓거리다. 《큰》 너울거리다. rise and fall [타] 팔·날개 등을 보드랍게 굽이지게 하여 흔들거나 움직이다. 《큰》 너울거리다. flutter **나울=나울**[부] **하**[자][타]
나위[의명] 더할 수 있는 여유나 해야 할 필요. ¶더 말할 ~ 없다. 여지(餘地)③. (not) enough
나위(羅幃)[명] 엷은 비단으로 만든 포장.
나이[명] 사람이나 생물이 세상에 나서 지낸 햇수. 연(年). 연령(年齡). 연륜. 《약》 나[1]. 《공》 연세. 연치(年齒). 춘추(春秋). 《속》 낫살. 낫세. age
나:이(挪移)[명] 돈이나 물건을 임시로 돌림. **하**[타]
나이[명] 《고》 냉이.
=나이까[어미] 동사 및 '있다·없다·계시다·안 계시다'의 어간에 붙어 '하소서' 체에서 현재의 동작을 묻는 종결 어미. ¶무엇을 하시~?
나이=깨[명] 어느 정도 나이 먹은 나이를 낮추어 이르는 말. some years of age
=나이-다[어미] '하소서' 체에서 동사 및 '있다·없다·계시다·안 계시다'의 어간에 붙어 현재의 동작을 설명하거나 대답하는 종결 어미. ¶분부대로 시행하겠~.
나이 대:접(一待接)[명] 나이가 많다 하여 체면을 보아 주는 일. 《약》 나대접. **하**[자] 「대접을 받자는 뜻.
나이 먹이나 입자[속] 나이 많은 덕으로나 위해 주는
나이=떡[명] 정월 보름에 숟가락으로 식구의 나이 수효대로 쌀을 떠서 만드는 떡. 액막이로 먹음.
나이=배기[명] 외모보다 실제로 나이가 더 많은 사람. 《약》 나배기. man who is older than he looks
나이브(naive 프)[명] 순진함. 소박함. **하**[형]
나이스(nice)[명] ①좋음. 훌륭함. ②정묘함. ③맛이 좋음. ④재미 좋음. ⑤아름다움. 예쁨.
나이스 플레이(nice play)[명] ①훌륭한 솜씨나 재주. ②좋은 연기. ③훌륭한 경기.
나이 젊은 딸이 먼저 시집간다[속] ①나이가 젊은 사람이 시집가기 쉽다. ②나이가 젊은 사람이 사회에 잘 쓰인다.
나이키 (Nike)[명] ①〈군사〉 미국의 대공용(對空用) 유도탄. ②그리스 신화에 나오는 승리의 여신(女神).
나이터(nighter)[명] 〈체육〉 야구 등의 야간 시합.
나이=테[명] 《동》 연륜(年輪).
나이트(knight)[명] ①기사(騎士). ②영국에서 평민에
나이트(night)[명] 밤. 야간 「게 주는 작위(爵位).
나이트 게임(night game)[명] 야간 경기. 야간 시합.
나이트 드레스(nightdress)[명] 여자나 아이들이 밤에 잠옷 위에 입는 긴 겉옷.
나이트=캡(nightcap)[명] ①잠잘 때에 머리가 헝크러지

나이트 크림 지 않게 하기 위해 쓰는, 털실로 짠 모자. ②밤에 자기 전에 마시는 술. ③(속) 그날의 마지막 시합.

나이트 크림 (night cream)명 화장품의 하나. 밤에 자기 전에 바르는 영양 크림.

나이트 클럽 (night club)명 야간의 사교 클럽. 특히, 술과 댄스·음악을 즐기기 위해 동반하는 고급 음식점.

나이티 자기 나이에 어울리는 언행의 태도 habit. showing the age

나이팅게일 (nightingale)명 〈조류〉 지빠귀과의 작은 새. 유럽 중남부의 숲속에 사는데 꾀꼬리와 비슷하며 몸 길이 17 cm, 등은 적황색, 배는 황회색, 허리와 꽁지는 적갈색임. 밤꾀꼬리.

나이팅게일 상 (Nightingale 賞)명 훌륭한 간호원에게 국제 적십자사가 주는 상. 「배 쓰는 작은 칼.

나이프 (knife)명 ①주머니칼. ②서양식 음식을 먹을

나:인 (內人)명 (제도) 옛날 궁궐 안에서 대전(大殿)·내전(內殿)을 가까이 모시는 내명부(內命婦)의 총칭. 궁인(宮人). 궁녀(官女). 여시(女侍). court

나인 (拿引)명 동 죄인을 잡(拏)음. 「lady

나인 (Nein 도)형 아니오. 부(否). 노(no).

나인 (nine)명 ①아홉. 아홉 개. ②〈체육〉9명으로 된 ─팀명 야구팀.

나일론 (nylon)명 〈화학〉 석탄·물·공기를 원료로 한 합성 수지로 만든 인조 섬유. 비단보다 가볍고 질김.

나:입 (拿入)명 죄인을 법정으로 잡아들임. 하타

나잇값 나이에 어울리는 말이나 행동. conduct becoming a man of one's age

나잇살 "젊잖은 나이"를 얕잡아 일컫는 말. (약)

-ㄴ주기 (고) 나직이. 나직하게. 「낫살.

-ㄴ주기하다 (고) 나직이 하다.

나자빠지다 동 →나가자빠지다.

나:자 식물 (裸子植物)명 〈식물〉 배주(胚珠)가 자방(子房) 앞에 싸이지 않고 벗어져 드러나는데, 가루받이할 때는 꽃가루가 곧장 배주 위에 붙음. 소나무·전나무·잣나무 따위. 겉씨 식물. (대) 피자 식물(被子植物). gymnosperm

나:장 (裸葬)명 장사지낼 때에 관 없이 시체만을 땅에 묻음. 또, 그 일. burying without a coffin 하타

나장 (羅將)명 (제도) ①의금부(義禁府)의 하례(下隸). 죄인을 문초할 때, 매 때리는 구실을 맡음. ②군아 (郡衙)의 사령의 하나.

나전 (─錢)명 (민속) 신(神)이나 부처에게 복을 빌 때, 나이 수효대로 바치는 돈. offertory

나전 (螺鈿)명 (공업) 광채 나는 자개 조각을 박아 붙여 꾸민 공예품. mother-of-pearl, nacre

나전 (羅甸)명 '라틴(Latin)'의 취음.

나전 칠기 (螺鈿漆器)명 (공업) 광채 나는 농짝이나 나무 그릇 같은 것에 광채 나는 자개 조각을 갖가지 모양으로 박아 붙여서 장식한 공예품.

나절명 하루 낮의 절반쯤 되는 동안. ¶아침 ~. ─한 ~. half a day

나절=가웃 의명 →반나절.

나조 / 나죄 명 (고) 저녁.

나조반 (─盤)명 나좃대를 받쳐 놓는 쟁반. 나좃쟁반. tray for the reed candle

나졸 (羅卒)명 (제도) 조선조 때, 지방 관아에 딸렸던 군뢰(軍牢)·사령의 총칭.

나졸 (邏卒)명 (제도) 조선조 때, 포도청에 딸려 순라(巡邏)하던 병졸. patrol

나좃대명 납폐(納幣) 때 색시집에서 갈대를 묶어서 초처럼 불을 켜는 물건. reed candle

나좃쟁반 (─錚盤)명 동 나조반.

나 ㅊ한 (고) 석양(夕陽). 저녁 해.

나주 (螺舟)명 (고) 진시황(秦始皇) 때에 있었다고 전하는, 소라 껍질 모양으로 만든 배. 물 속으로 다녀도 물이 스미지 않았다고 함. 「(盤).

나주반 (羅州盤)명 나주에서 나는 소반. 호족반(虎足

나:중명 ①얼마의 시간이 지난 뒤. ②먼저 행한 일을 다한 뒤. 내종(乃終). afterwards

나중 난 뿔이 우뚝하다족 후진(後進)이 선배이보다 낫다.

나중 보자는 양반 무섭지 않다족 나중에 어떻게 하겠다고 미리 말로만 하는 것은 아무 소용이 없다.

나중에야 삼수 갑산을 갈지라도족 일이 최악의 경우에 이를지라도 우선 당행하여 봄을 이름.

나지라기 (속) 등급이나 직위가 낮은 사람이나 물건. menial 「recatingly

나:지리 부 낮게. 경멸하여. ¶ ~ 대하다. dep-

나지리 보다타 남을 경멸하다. 업신여기다. 나지리 여기다. look down upon

나지리 여기다타 나지리 보다. 「나지막=이형

나지막하다형 매우 나지막하다. somewhat low

나직 (羅織)명 없는 죄를 얽어서 꾸며 만듦. 하타

나직나직부 여럿이 다 나직하게. (대) 높직높직. 하형 이 ─형

나직하다형 위치나 소리 따위가 좀 낮다. somewhat low 나직=이부 「with

나쯔다어른의 앞으로 나아오다. have an audience

나차녀 (羅叉女)명 동 나찰녀.

나찰 (羅刹) ←Raksasa 범명 〈불교〉 악귀의 하나. 사람을 잡아먹으며, 지옥에서 죄인을 못살게 군다고 함.

나찰 나라 (羅刹─)명 〈불교〉 나찰이 산다는 세계.

나찰녀 (羅刹女)명 〈불교〉 나찰의 여자. 사람의 고기를 즐겨 먹는다는 귀신으로 섬 가운데 산다고 함.

나창 (癩瘡)명 나병의 부스럼. 「나차녀.

나:체 (裸體)명 발가벗은 몸. 나신(裸身). naked body

나:체상 (裸體像)명 〈미술〉 나체를 표현한 형상. 누드②. (약) 나상.

나:체화 (裸體畵)명 〈미술〉 나체의 인물화. 인체의 곡선, 색채의 명암 변화를 화제(畵題)로 한 그림. nude

나:출 (裸出)명 ①속의 것이 밖으로 드러남. ②살이 드러남. exposure 하타 「caterpillar

나:충 (裸蟲)명 털이 없고 날개가 없는 곤충의 총칭.

나:취 (拿就)명 죄인을 붙잡음. 또, 죄인을 붙잡아가는 일. 하타 「來). 나인(拿引). 하타

나:치 (拿致)명 죄인을 잡아 강제로 끌어옴. 나래(拿

나치스 (Nazis 도)명 히틀러를 당수로 했던 독일의 파시스트당. 제1차 세계 대전 후 대두되어 1933년에 정권을 장악함. 1939년에 제2차 세계 대전을 일으켜 1945년에 패전과 함께 몰락했음. 국민 사회주의 독일 노동당. (약) 나치. 「체제.

나치스 문학 (Nazis 文學)명 〈문학〉 나치스 정신을 주제로 한 문학.

나치즘 (Nazism)명 나치스의 정치 사상. 또, 그 정치

나침 (羅針)명 지남철(指南鐵)

나침반 (羅針盤)명 〈물리〉 자침(磁針)이 남북을 가리키는 특성을 이용한 나침의(羅針儀)의 하나. 방향을 잡는 데 씀. (약) 침반. compass

나침 방위 (羅針方位)명 〈지리〉 자침이 가리키는 남북선을 기준으로 하여 정한 방위.

나침의 (羅針儀)명 〈물리〉 배나 항공기 등에서 방위 측정에 쓰는 기구. 나침반과 자이로컴퍼스 등. compass

나침 자오선 (羅針子午線)명 〈지리〉 나침반의 지남철의 축(軸)을 거쳐 간 평면 위의 선. 곧, 나침반이 가리키는 남북선 (南北線).

나:타 (懶惰)명 동 나태(懶怠). 하타

나타나다 자 ①눈에 뜨이다. ¶하늘에 적기가 ~. ②일이 드러나서 알게 하다. 겉으로 나타나다. ¶근성이 ~. ③생겨나다. 발생하다. ¶새로운 상품이 ~. appear

나타내다 타 나타나게 하다. show

나탈거리다 자(거) →나달거리다.

나:태 (懶怠)명 게으름. 게으르고 느즈러짐이 있음. 나타(懶惰). 해태(懈怠). (대) 근면(勤勉). laziness 하타

나토 (NATO)명 (약) North Atlantic Treaty Organi-

나토다

zation 북대서양 조약 기구(北大西洋條約機構).
나·토·다 (고) 나타내다.
나트륨(natrium 도)명 〈화학〉금속 원소의 하나. 은백색의 연한 금속으로, 식염이나 가성 소다를 이용하여 전기 분해로 얻어짐. sodium
나트륨-아말감(natriumamalgam)명 〈화학〉나트륨과 수은(水銀)과의 합금(合金). 환원제로 씀.
나트륨 유리(natrium 琉璃)명 〈화학〉약간 청록색을 띤 보통의 유리.
나-틀 베를 뽑아 날아내는 기구. spining device
·나·틀·다 (口) 나이 들다. 나이 많다.
나티명 ①검숭으로 모양을 한 일종의 귀신. ②검붉은 곰.
나티-상(一相)명 귀신같이 망측하고 무시무시한 얼굴.
나팔(喇叭)명 〈음악〉 ①〈동〉 나발. ②금속으로 만든 관악기의 하나. bugle ③끝이 나팔꽃 모양으로 된 금속 악기의 총칭. brass-winds
나팔거리-다짜 가볍게 흔들리어 나붓거리다. 《큰》너펄거리다. flap **나팔=나팔-히** 하㈜
나팔-관(喇叭管)명 〈생리〉난소(卵巢)로부터 난자(卵子)를 밖으로 내보내는 나팔 모양의 관. 수란관(輸卵管) oviduct [염증으로 생긴 병. salpingitis
나팔관-염(一一炎)명 [喇叭管炎] 〈의학〉자궁 나팔관의
나팔관 임:신(喇叭管姙娠)명 〈생리〉자궁 외 임신으로 임신된 변태(變態) 임신의 하나. tubal pregnancy
나팔-꽃(喇叭一)명 〈식물〉메꽃과의 일년생 만초. 줄기는 덩굴로 뻗으며 잎은 세 갈래로 갈라졌음. 7~8월에 통 모양의 꽃이 아침에 피었다가 저녁에 시듦. 관상용으로 심으며 종자는 하제의 약으로 쓴다. 견우화(牽牛花). 구이초(狗耳草). morning glory
나팔-벌레(喇叭一一)명 〈동물〉나팔벌레과 동물의 하나. 길이 0.5mm 가량으로 몸 앞부분 또는 나팔 모양임. 수축성이 있으며 몸 표면에 섬모가 있음. 나팔충.
나팔불-다(喇叭一)티르불 〈속〉 ①객쩍거나 당치도 않은 말이나 미친 소리를 함부로 떠벌이다. ②어떤 사실을 터무니없이 과장하여 말하다. ¶ 대단치도 않은 일을 나팔불면 누가 믿겠는가?
나팔-수(喇叭手)명 나팔을 부는 사람. bugler
나팔-충(喇叭蟲)명 〈동〉나팔벌레.
나:포(拿捕)명 ①죄인을 붙잡는 일. arrest ②〈법률〉전시에 교전국의 군함이 적국 또는 중립국의 선박을 자기의 지배하에 두는 행위. seizure 하㈜
나:포-선(拿捕船)명 나포한 배. captured ship
나폴리 화:파(Napoli 畫派)명 〈미술〉16세기 말에 이탈리아 화단에 사실적인 경향을 띠고 나타난 파.
나푼거리-다 바람에 날려 가볍게 자꾸 흔들리어 나부끼다. 《큰》너푼거리다. flutter **나푼=나푼-히** 하㈜
나푼-거리다타 나붓거리다 하다.
나프타(naphtha 도)명 〈화학〉석유·목재(木材)·콜타르(Coaltar) 따위로 증류(蒸溜)되어 얻어 투명하고 불이 붙기 쉬운 기름. 석뇌유(石腦油). 석정(石精)
나프탈린(Naphthalene 도)명 〈화학〉콜타르를 높은 온도에서 증류해서 분리시킨 비늘 모양의 백색 결정체. 방부(防腐)·방충제로 쓰임.
나한(羅漢)명 → 아라한(阿羅漢).
나한에도 모래 먹는 나한이 있다(속) 높은 지위에 있는 사람에도 고생하는 사람이 있다.
나한-전(羅漢殿)명 〈불교〉십육 나한 또는 오백 나한을 모신 집.
나배(螺盃)명 소라잔.
나혜(裸彗)명 장치킬 때에 공이 금을 지나면, 높이 지르는 소리.
나:화(裸花)명 〈식물〉화관과 꽃받침이 갖추어지지 않은 불완전한 꽃. 무피화(無被花). achlamy-
나:획(拿獲)명 죄인을 잡음. 하㈜ [deous flower
나후 직성(羅喉直星)명 〈민속〉사람의 나이에 따라 그 해의 운수를 맡아본다는 아홉 직성의 하나. 9년만큼씩 돌아온다. 제웅 직성.
나흘-날명 ①넷째의 날. ②〈약〉나흘. ②초나흗날.
나흘명 ①4일 동안. four days ②〈약〉초나흗날.

낙망

낙(落)명 〈약〉→낙파.
낙(樂)명 ①즐거움. 재미. ¶ 인생의 ~. 《대》고(苦). pleasure ②위안이 되는 일. ¶ 자식을 ~으로 삼고 살다. [낙(駱)명 ❨←❩ 가리온.
낙명 (고)구실. 조세(租稅).
낙가(落痂)명 〈한의〉마마 또는 헌데가 다 나아서 딱지가 떨어지는 일. 또, 그 딱지. 하㈜
낙가(落價)명 ①값이 떨어짐. depreciation ②값을 깎음.
낙간(落簡)명 책의 원문이 일부 빠짐. omission in a 낙거로(駱一)명 낯익거루. [text 하㈜
낙경(樂境)명 〈동〉낙원(樂園)①.
낙공(落空)명 계획이 실패됨. 하㈜
낙과(落果)명 실과 열매가 채 익기 전에 떨어짐. 또, 그 과실. falling of unripe fruits 하㈜ [하㈜
낙과(落科)명 ①과거에 떨어짐. ②〈동〉패소(敗訴).
낙관(落款)명 글씨나 그림에 필자가 자기 이름을 쓰고 도장을 찍는 일. 관지(款識)②. signature 하㈜
낙관(樂觀)명 ①일이 잘 될 것으로 봄. ②세상을 즐겁게 봄. 《대》비관(悲觀). optimism 하㈜
낙관-론(一論)명 [樂觀論] 〈철학〉모든 일을 좋게 보아 장래에 희망적인 생각을 두는 견해. 《대》비관론. optimistic view [optimistic
낙관-적(樂觀的)명 낙관하는 (것). 《대》 비관적.
낙관-주의(樂觀主義)명 사물을 낙관적으로 대하거나 생활을 낙관적으로 즐기는 경향이나 태도. 낙천주의(樂天主義). optimism
낙구(落句)명 한시(漢詩)나 시부(詩賦)의 끝 구절. 끝구.
낙구적 표현(落句的表現)명 〈문학〉끝구를 따로 떼는 표현. 향가(鄕歌)의 표현법 따위.
낙질(落一)명 여러 권으로 된 길이 된 책에 빠진 책이 있음. 낙질(落帙). uncomplete set of books
낙낙하-다 혱 크기·무게·부피·수효 같은 것이 조금 크거나 남음이 있다. 《큰》넉넉하다. enough 낙-히 [하㈜
낙남(落南)명 서울 사람이 남쪽 지방으로 낙향함.
낙농(酪農)명 〈농업〉소나 염소를 길러 버터·치즈를 만드는 유기적인 농업. ¶ ~가(家). dairy farming
낙농품(酪農品)명 우유로부터 생산되는 모든 제품인 버터·치즈·연유·분유 등.
낙담(落膽)명 ①일이 뜻대로 아니 되어 마음이 몹시 상함. discouragement ②몹시 놀라서 간이 떨어지는 듯함. fright 하㈜
낙담 상혼(落膽喪魂)명 몹시 낙담하여 넋을 잃음. 상혼 낙담(喪魂落膽). 하㈜ [혼 낙담(喪魂落膽).
낙도(落島)명 육지에서 멀리 외따로 떨어져 있어서 문화 혜택을 제대로 받지 못하는 섬.
낙등(落等)명 등급이 떨어짐. 또, 등급에서 떨어짐. degradation 하㈜
낙락(樂樂)명 대단히 즐거운 모양. 안락한 모양. 하㈜
낙락 난합(落落難合)명 흩어져 모이기가 어려움. 하㈜
낙락 장송(落落長松)명 긴 가지가 축축 늘어진, 키가 큰 소나무. pinetrees with trailing branches
낙락 장송도 근본은 종자 아무리 훌륭한 인물이나 일도 캐어보면 처음에는 보잘것없었음을 이르는 말.
낙락-하-다(落落一)짜〔동〕여〕 ①수 늘어뜨리다. drooping ②아주 멀리 떨어지다. dispersed ③남과 어울리지 않다. do not mix ④작은 일에 얽매이지 않고 대범하다. broad-minded 낙락-히명
낙뢰(落雷)명 벼락이 떨어짐. 또, 그 벼락. falling of a thunderbolt
낙루(落淚)명 눈물을 떨어뜨림. 또, 그 눈물. 타루(墮淚). shedding tears 하㈜
낙루(落漏)명 ①등아 누락(漏落). 하㈜ [하㈜
낙마(落馬)명 말에서 떨어지는 일. falling from a horse
낙막(落寞)명 마음이 쓸쓸함. dreariness 하㈜
낙망(落望)명 ①희망이 없어짐. disappointment ②희망을 끊음. 실망(失望). 낙심(落心). 《대》희망(希望). disheartened 하㈜

낙매(落梅)[명] 떨어지는 매화. withered plum blossoms
낙면(落綿)[명] 솜을 틀 때 생기는 솜부스러기. pieces of cotton
낙명(落名)[명] 명성이 떨어짐. (대)양명(揚名). losing fame 하자
낙명(落命)[명] 생명을 잃음. 곧, 죽음. losing life 하자
낙목(落木)[명] 잎이 떨어진 나무. bare tree
낙목 공산(落木空山)[명] 나무의 잎이 다 떨어진 뒤의 쓸쓸하게 보이는 산.
낙미지:액(落眉之厄)[명] 눈앞에 닥친 재앙과 액운.
낙반(落盤)[명] 〈광물〉 광산 갱 안의 암석이나 토사(土砂)가 무너져 떨어짐. 또, 떨어진 그 암반. cave-in 하자
낙발(落髮)[명] ①(동) 삭발(削髮)①. ②머리털이 빠짐.
낙발 위승(落髮爲僧)[명] 머리를 깎고 승려가 됨. 삭발 위승(削髮爲僧). become a monk 하자
낙방(落榜)[명] 〈제도〉 과거에 떨어짐. 낙제(落第)①. (대) 급제. failure in an examination 하자
낙방 거:자(落榜擧子)[명] ①〈제도〉 과거에 떨어진 선비. ②(속) 무슨 일에 성공하지 못한 사람. 하자
낙백(落魄)[명] ①넋을 잃음. ②'낙탁(落魄)'의 잘못.
낙범(落帆)[명] 돛을 내림. lowering a sail 하자
낙법(一뻡)(落法)[명] 〈체육〉 유도에서 손을 먼저 짚지 아니하고 몸의 여러 부분이 동시에 땅에 떨어져 자기의 몸을 안전하게 유지하는 방법. 〔안지.
낙복-지(落幅紙)[명] 〈제도〉 과거에서 낙제한 사람의 답
낙본(落本)[명] 본전을 밑짐. 실본(失本). losing the principal 하자
낙부(諾否)[명] 승낙함과 승낙하지 아니함. yes or no
낙사(落仕)[명] (동) 낙직(落職). 하자
낙사(樂事)[명] 재미 붙일 만한 즐거운 일. pleasure
낙산(落山)[명] 〈광업〉 광석을 채광장에서 도광장(搗鑛場)으로 옮김. 하자
낙산(酪酸)[명] 〈화학〉 질이 낮은 지방산의 하나. 버터·치즈 속에서 시큼한 무색 액체. butyric acid
낙산-물(酪酸物)[명] 염소·소의 젖을 짜서 이를 원료로 하여 만든 산물. 〔son to death 하자
낙살(烙殺)[명] 사람을 단근질하여 죽임. brand a per-
낙상(落傷)[명] 넘어지거나 높은 곳에서 떨어져서 다침. 또, 그 상처. ¶ 선생님께서 ～하시다. injury from a fall 하자
낙서(洛書)[명] 옛날 중국 하우씨(夏禹氏)가 치수(治水)할 때에 낙수(落水)에서 나온 거북의 등에 있었다는 45개의 점 글씨. 팔괘의 법이 이에 의해 만들어졌다 함.
낙서(落書)[명] ①책을 베낄 때 잘못하여 글자를 빠뜨리는 일. omission in copying ②장난으로 아무 데나 함부로 글자를 씀. 또, 그 글자. scribbling 하
낙석(落石)[명] ①담쟁이덩굴. ②마삭나무.
낙석(落石)[명] 산 위나 벼랑 따위에서 돌이 떨어짐. 또는 그 돌. 하자
낙선(落選)[명] ①선거에서 떨어짐. (대) 당선(當選). failure in election ②출품한 작품 등이 심사에서 떨어짐. (대) 입선(入選). rejection 하자
낙설(落屑)[명] 〈의학〉 피부의 표피 각질층의 상층이 크고 작은 각질 조각으로 되어 탈락하는 현상. 곧, 비듬 따위.
낙성(落成)[명] 건축물을 완성함. 또, 건축물이 완성됨. 준공(竣工). (대) 기공(起工). 착공(着工). completion 하자
낙성(落城)[명] 성이 함락됨. falling 하자
낙성 계:약(諾成契約)[명] 〈법물〉 당사자 사이에 뜻이 서로 맞아야만 이루어지는 매매·도급(都給)·고용(雇傭) 따위의 계약. (대) 요물(要物) 계약. consensual contract 〔ceremony 하자
낙성-식(落成式)[명] 낙성을 축하하는 의식. completion
낙성-연(落成宴)[명] 낙성을 축하하는 잔치. 하자
낙세(落勢)[명] 물가 따위가 떨어질 기세. 내릴세. ¶ 주가(株價)가 ～에 있다. downward trend
낙세(樂歲)[명] 풍년이 들어 태평하고 즐거운 해. peaceful year

낙소(酪素)[명] 〈화학〉 젖에 함유되어 있는 단백질. 건락소(乾酪素).
낙속(落速)[명] 낙체(落體)가 떨어지는 속도. falling velocity
낙송(落訟)[명] (동) 패소(敗訴). 하자 〔velocity
낙송-자(落訟者)[명] 소송에서 진 사람.
낙송자 칭원(落訟者稱寃)[명] ①송사에서 진 자가 원통함을 들어 말함. ②'사리에 닿지 않는 억지 변명을 함'의 비유. 하자
낙수(落眉)[명] (동) 낙숫물.
낙수(落穗)[명] ①이삭이 떨어짐. 또, 그 이삭. gleaning ②일을 치르고 난 뒷이야기.
낙수(落水)[명] (동) 법신(法身).
낙수-받이[一바지](落水一)[명] 낙숫물이 한 곳으로 모여 흐르도록 추녀 아래에 댄 홈. 낙숫물받이.
낙숫-물(落水一)[명] 처마 끝에서 떨어지는 빗물이나 눈석임물. 낙수(落水). 옥루수(屋雷水). raindrop
낙숫물-받이[一바지](落水一)[명] 낙수받이.
낙숫물은 떨어지던 데도 떨어진다[관] 한 번 버릇이 들면 고치기 힘들다.
낙승(樂勝)[명] 경쟁에서 큰 힘을 들이지 않고 손쉽게 이김. easy victory 하자
낙심(落心)[명] 바라던 일이 이루어지지 않아 마음이 상함. 낙망(落望). (대) 분발(奮發). discouragement 하자
낙악(落萼)[명] 〈식물〉 꽃잎과 함께 떨어지는 꽃받침. falling calyx
낙안(落雁)[명] 열을 지어 땅으로 내려앉는 기러기. landing of wild-geese 〔하자
낙약(諾約)[명] 계약 신청을 승낙함. agree to a contract
낙약-자(諾約者)[명] 〈법물〉 ①로마법에서의 문답 계약에 의한 채무자. ②제삼자를 위하여 하는 계약에서, 제삼자에 대하여 채무를 부담하는 자. (대) 요약자(要約者).
낙양(落陽)[명] (동) 낙일(落日).
낙역 부절(絡繹不絶)[명] 오고 가는 것이 잦아 끊이지 아니함. 연락 부절. 하자 〔leaves
낙엽(落葉)[명] 잎이 떨어짐. 또, 그 나뭇잎. fallen
낙엽 관목(落葉灌木)[명] 〈식물〉 가을에 잎이 떨어져 겨울을 지내는 키 작은 나무. 진달래·철쭉·앵두나무 따위. 갈잎큰키나무.
낙엽 교목(落葉喬木)[명] 〈식물〉 가을에 잎이 떨어져 겨울을 지내는 키 큰 나무. 갈잎큰키나무. 참나무·밤 〔나무 따위.
낙엽-색(落葉色)[명] 낙엽과 같은 빛깔.
낙엽-송(落葉松)[명] 〈식물〉 전나무과의 낙엽 침엽(針葉) 교목. 줄기 높이 30 m, 큰 것은 직경 1 m 가량됨. 5월에 작은 잎가의 꽃이 피고 구과(毬果)가 달림. 건축재·펄프·선박재·전주 등이 됨. larch
낙엽-수(落葉樹)[명] 〈식물〉 가을에 잎이 지는 나무. 갈잎나무. (대) 상록수. deciduous tree
낙영(落英)[명] (동) 낙화(落花).
낙오(落伍)[명] ①대열(隊列)에서 뒤떨어져 처짐. straggling ②사회나 시대의 진보에 뒤떨어지게 됨. falling behind
낙오-병(落伍兵)[명] 〈군사〉 낙오된 병사. 〔하자
낙오-자(落伍者)[명] 낙오된 사람. straggler
낙원(樂園)[명] ①살기 좋은 즐거운 곳. 낙경(樂境). 낙지(樂地). ¶지상(地上) ～. ②인간 세상을 떠난 안락한 곳. 패러다이스. 천국(天國). paradise
낙월(落月)[명] 지는 달. 경월(傾月). setting moon
낙위(絡緯)[명] (동) 베짱이.
낙위지:사(樂爲之事)[명] ①즐거워서 하는 일. happy event ②즐거움으로 삼는 일
낙유(酪乳)[명] 탈지유(脫脂乳)에 유산균을 넣어 유산 발효를 한 우유. 식이(食餌)요법에 많이 쓰임.
낙의(諾意)[명] 승낙하는 뜻.
낙의(樂意)[명] 마음이 편안하고 즐거운 뜻. complacence
낙인(烙印)[명] ①불에 달구어 찍는 쇠도장. 화인(火印). brandmark ②씻기 어려운 좋지 못한 이름. ¶ 민족 반역자라는 ～이 찍히다. stigma 〔리다.
낙인-찍-다(烙印一)[타] 단근 쇠불이로 지져 그림을 가
낙일(落日)[명] 서쪽에 지는 해. 낙양(落陽). 석양(夕

陽). setting sun
낙자(落字)[명] 〈동〉탈자(脫字).
낙장(落張)[명] ①빠진 책의 장수. missing leaf ②노름판에서 이미 판에 내놓은 팻장.
낙장=거리[명] 팔·다리를 쭉 벌리고 벌떡 나자빠짐. 《큰》넉장거리.
낙장=본(落張本)[명] 한 책에서 책 장수(張數) 또는 책면수가 떨어지거나 빠진 것.
낙장 불입(落張不入)[명] 노름판에서 한 번 바닥에 내놓은 팻장은 다시 집어 들이지 못한다는 규정.
낙적(落籍)[명] ①호적이나 병적·학적 등에서 빠짐. ②어떤 단체에서 제명되어 물러남. withdrawal ③기적(妓籍)에서 이름을 뺌. retirement 하타
낙전(落箭)[명] 쏴 보낸 화살이 중간에서 떨어짐. 또, 그 화살. 하타
낙점¹(落點)[명] 쏜 탄환이나 포탄·폭탄 등이 떨어진 지점.
낙점²(落點)[명] 〈제도〉2품 이상의 대관(大官)을 선임할 때, 후보자 세 사람을 적어서 왕에게 추천하면 왕이 그 중 가장 적임자의 이름 위에 점을 찍어 뽑던 일. 하타
낙정미(落庭米)[명] ①마되질을 할 때 마당에 떨어진 곡식. ②변변치 못한 나머지 물건. ③수고한 끝에 얻는 ължу.
낙제(落第)[명] ①〈동〉낙방(落榜). ②시험에 떨어짐. failure ③성적이 나빠서 상급학교나 윗학년에 진학이나 진급을 못하는 일. 《대》급제(及第). repeating 하타 │ 사회 일반에서 뒤떨어지는 사람. straggler
낙제=생(落第生)[명] ①낙제한 학생. failing student ②
낙=제품(酪製品)[명] 우유나 양젖을 원료로 만든 제품. 버터·치즈 등. dairy products
낙조(落照)[명] 〈동〉석양(夕陽).
낙조(落潮)[명] 〈동〉썰물.
낙종(落種)[명] 〈동〉파종(播種). 하타
낙종(樂從)[명] 즐거이 좇음. willing obedience 하타
낙종(諾從)[명] 응낙하여 좇음. 하타
낙종=물(落種-)[명] 못자리 때에 맞추어 앞맞게 오는 봄비. rainfall in sowing season [를 놓은 대.
낙죽(烙竹)[명] 달군 쇠붙이로 지져서 여러 가지 무늬
낙지(絡蹄)[명] 〈동물〉두족류(頭足類)의 연체(軟體) 동물. 몸길이 60cm 가량으로 몸 빛은 회백색임. 몸은 길둥그렇고 머리에 8개의 발이 달렸으며 수많은 빨판이 살에 돋아 있음. 석거(石距). 장어(章魚). 낙제(絡蹄). 소팔초어(小八梢魚). 초어(梢魚·蛸魚·鮹魚). 해초자(解鮹子). octopus
낙지(落地)[명] 세상에 처음 태어남. birth 하타
낙지(落枝)[명] 축 늘어진 나뭇가지.
낙지(樂地)[명] 〈동〉낙원(樂園)①.
낙지=다리[명] 〈식물〉낙지다리과의 다년생 풀. 줄기는 높이가 70cm 가량으로 원추형이며, 잎은 피침형임. 7월에 황백색의 꽃이 피는데 물의 습지에 남.
낙지발=송[명] 장개구리[명] 〈동물〉참개구리과의 개구리. 한국 특산으로, 등은 암갈색에 흑색 반점이 있고, 배는 담회백색 또는 적등색임. 발이 긴 것이 특징.
낙지 백숙(-白熟)[명] 낙지를 고막과 껍질을 없애고 잘라서 끓는 물에 살짝 데친 음식. octopus boiled inplain water
낙지 저:냐[명] 저냐의 하나. 낙지의 껍질을 벗기고 잘라서 소금을 뿌렸다가, 밀가루를 묻히고 달걀을 씌워서 지진 음식. sliced and fried octopus
낙지=적(-炙)[명] 낙지를 양념한 뒤, 꼬챙이에 꿰어서 잠깐 구운 음식. [후(落地後).
낙지=전(落地前)[명] 세상에 태어나기 이전. 《대》낙지
낙지=초(落地初)[명] 세상에 태어난 뒤 처음. 난생 처음.
낙지=후(落地後)[명] 세상에 태어난 후. 난생후. 《대》낙지.
낙직(落職)[명] 관직에서 떨려남. 낙사(落仕). 하타
낙진(落塵)[명] 떨어지는 재.
낙질(落帙)[명] 〈원〉낙질. [head (of liquid)
낙차(落差)[명] 〈물리〉물이 떨어지는 높낮이의 차.

낙착(落着)[명] 일이 끝이 남. 결정됨. ¶당초 예정대로 ~되었다. settlement 하타
낙찰(落札)[명] 〈경제〉경쟁 입찰에서, 입찰한 물건이 자기에게 떨어짐. 입찰한 결과 그 권리를 얻음. successful bid 하타 [adversity 하타
낙창(落瘡)[명] 좋지 않은 환경에 빠짐. falling into an
낙천(落薦)[명] 천거(薦擧) 또는 추천에 들지 못하고 떨어짐. failing to be recommended 하타
낙천(樂天)[명] 세상이나 인생을 즐겁게 생각함. 《대》염세(厭世). optimism
낙천=가(樂天家)[명] ①인생을 즐겁게 여기는 사람. 《대》염세가. ②자기의 환경을 만족하게 여겨 악착스럽지 않은 사람. optimist
낙천=관(樂天觀)[명] 〈철학〉낙천주의를 받드는 철학이나 인생관. 《대》염세관(厭世觀). [세관.
낙천=적(樂天的)[관형] 낙천주의를 받드는(것). 《대》염
낙천=주의(樂天主義)[명] 〈철학〉세상과 인생을 가치 있는 것으로 긍정하는 세계관이나 인생관. 《대》염세주의. optimism [는 물체. falling body
낙체(落體)[명] 〈물리〉중력(重力)에 의해 땅에 떨어지
낙치(落齒)[명] 늙어서 이가 빠짐. falling off a tooth
낙-치-다(落-)[타] ~낙이다.
낙치 부:생(落齒復生)[명] 노인들의 빠진 이가 다시 남.
낙타(駱駝)[명] 약대. [하타
낙탁(落魄)[명] 〈동〉영락(零落)②. 하타
낙태(落胎)[명] 〈의학〉①달이 차기 전에 태아(胎兒)가 죽어 나옴. 유산(流産). ②태아를 인위적으로 모태로부터 분리시킴. 또, 그 태아. abortion 하타
낙태=죄(-罪)(落胎罪)[명] 〈법률〉태아를 인위적인 방법에 의하여 모체내에서 죽이거나, 조산(早産)시킴으로써 성립하는 죄. 타태죄(墮胎罪). criminal abortion [유.
낙태한 고양이 상[명] 얼굴을 잔득 찌푸리고 있음의 비
낙토(樂土)[명] 살기 좋은 땅. 낙경(樂境). 낙지(樂地). 낙원(樂園). paradise
낙토 건설(樂土建設)[명] 살기 좋은 땅을 이룩함.
낙판(落判)[명] 윷놀이할 때, 윷가락이 판 밖에 떨어짐. 《야》낙(落). 하타
낙필(落筆)[명] ①장난으로 쓰는 글씨. ②붓을 쥐고 그림을 그리거나 글씨를 씀. 또, 그 일. 하타
낙하(落下)[명] ①아래로 떨어짐. falling ②명성이나
낙-하-다(落-)[자] ~낙이되다. [지위가 떨어짐. 하타
낙하-산(落下傘)[명] 항공중의 비행기에서 안전하게 땅에 내리기 위해서 쓰는 우산 같은 기구. parachute
낙하산 부대(落下傘部隊)[명] 〈군사〉낙하산으로 적지에 내려 군사 활동을 하는 부대. 공수 부대(空輸部隊). 공정 부대(空挺部隊). airborne unit
낙하=율(落下律)[명] 〈물리〉물체의 낙하에 관한 정율(定律). 어떤 물체도 진공 속에서는 같은 속도이며, 물체의 떨어지는 거리는 그 시간의 평방에 비례한다 느 읕. [떨어지는 지점. 낙점(落點)¹.
낙하=점(-點)(落下點)[명] 총알이나 포탄 같은 것이
낙한(落汗)[명] 〈한의〉병명에 땀을 흘려 열이 내림. abatement of fever after perspiration 하타
낙함(落頷)[명] 〈한의〉아래턱이 어긋나서 위아랫니가 맞지 않는 병.
낙향(落鄕)[명] 서울에서 시골로 거처를 옮기거나 이사함. rustication 하타
낙형(烙刑)[명] 단근질하여 벌함. 또, 그 벌형. 단근질.
낙혼(落婚)[명] 문벌이 높은 집에서 낮은 데로 혼인함. 강혼(降婚). marry beneath one 하타 [홍(落
낙홍(落紅)[명] ①는 꽃잎. ②단풍이 떨어짐. 낙화.
낙화(烙畫)[명] 〈미술〉인두로 지져서 그린 그림. poker work
낙화(落火)[명] 불놀이 따위에서, 떨어지는 불. 하타
낙화(落花)[명] 떨어진 꽃. 또, 꽃이 떨어짐. 낙홍(落紅). 낙영(落英). fallen blossoms 하타
낙화=생(落花生)[명] 땅콩.
낙화생=유(落花生油)[명] 땅콩에서 짜낸 기름. 좋은 것

은 무색 또는 황색이며 무취임.
낙화 유수(落花流水)명 ①떨어지는 꽃잎과 흐르는 물. fallen petals ②남화에 정이 있으면 유수도 또한 정이 있어서 그것을 띄워서 흐를 것이란 뜻으로, 남녀 사이에는 서로 그리워하는 정이 있음을 비유한 말.
낙후(落後)명 뒤떨어짐. fall behind 하재
낙후−감(落後感)명 어떤 일에서 남에게 뒤떨어져 있다는 느낌.
낙휘(落暉)명 저의 저 가는 햇살.
낚−거루명(약)→낚싯거루.
낚−다타 ①낚시로 고기를 잡다. angle ②꾀를 써서 이익을 얻다. ③(속) 이성(異性)을 꾀어 끌어당기다. to tempt a woman
낚−대명(약)→낚싯대.
낚시명 ①물고기를 낚는 데 미끼를 꿰게 된 작은 갈고랑이. 조구(釣鉤). hook ②남을 꾀어 손아귀에 넣거나 이익을 보려고 쓰는 꾀나 수단. trick 하재
낚시−걸이명 ①무엇을 남에게서 많이 얻어낼 목적으로 먼저 조금 주고 그 대신 나중에 많은 이익을 꾀하는 일. bait ②(체육) 씨름에서, 자기의 다리로 상대의 다리를 걸어 당기는 기술.
낚시−꾼명 ①낚시질하는 사람. angler ②낚시질을 업으로 삼는 사람.
낚시−오랑캐꽃명(동) 낚시제비꽃.
낚시−제비꽃명(식물) 제비꽃과의 다년생 풀. 줄기는 20~30cm로 총생함. 3~4월에 작은 자색꽃이 피며 들이나 길가에 남. 낚시오랑캐꽃.
낚시−질명 ①낚시로 물고기를 낚는 일. angling ②잔꾀를 부려 남을 속여 이익을 보거나 또는 제 것으로 만드는 것. 하재
낚시−찌명 낚시가 물을 물면 곧 알 수 있게 만든 가벼운 물건. 부표(浮標). 부자(浮子). (약) 찌. buoy
낚시−터명 낚시질을 할 만한 자리. 어기(漁磯). 조기(釣磯). 조대(釣臺). fishing place
낚시−거루명 낚시꾼이 타는 거루배. 어주(漁舟). (약) 낚거루. fishing boat
낚싯−대명 낚싯줄을 매어 쓰는 길고 가는 장대. 조간(釣竿). (약) 낚대. fishing rod
낚싯−밥명 ①낚시 끝에 다는 미끼. ②이익을 보거나 제것으로 만들려는 수단으로 주는 계획적인 물건이나 건네는 말. bait
낚싯−배명 낚시질하는 데 쓰는 작은 배. fishing boat
낚싯−봉명 낚시를 가라앉게 하려고 낚싯줄 끝에 단 돌이나 납 따위의 조각. 몽깃돌. sinker
낚싯−줄명 낚시를 매어 단 줄. fishing line
낚아−채−다타 고기 낚듯이 잡아채다. hook up
낛명 ①구실. ②납세(納稅).
•**낮**명(고) ①갈고랑이. ②낚시.
•**낮−다**타(고) 낚다.
•**낮−대**명(고) 낚싯대.
•**낮−밥**명(고) 낚싯밥.
•**낛줄**명(고) 낚싯줄.
난(卵)명 반지·노리개·비녀 따위 장식품의 거미발 속에 물리어 박는 보석(寶石)의 총칭.
난:(亂)명(약)→난리(亂離).
난(暖)명→난소.
난(欄)명 ①인쇄한 것의 가장자리를 둘러서 박은 선. 또, 그 안 부분. ②신문·잡지에 있어서 기사(記事)를 종류에 따라 구분한 지면(紙面). 어린이~. 어머니~. column
난−(難)절미 어떤 명사 앞에 붙어서 '어려운'의 뜻을 나타내는 말. ¶~공사(工事). ~문제(問題).
−난(難)절미 어떤 명사 아래에 붙어서 '어렵다'는 뜻을 나타내는 말. ¶생활(生活). 자금(資金)~.
•**−논**(고) 는.
=**−논**어미(고) =는.
난:가(亂家)명 화목하지 못하고 어수선한 집안. family in turmoil
난가(難家)명 형세가 어려운 집. destitute family
난가(爛柯)명 옛 이야기에서 나온 말로, 나무꾼이 신선들의 바둑 두는 구경을 하는데 끝이 자루 썩는 줄도 모르는 데서 장기나 바둑 같은 오락에 정신이 팔려 날 가는 줄 모름을 이름.

난가(鸞駕)명(동) 연(輦).
난:각(卵殼)명 알 겉껍질. egg-shell
난간(欄干·欄杆)명(건축) 누각이나 층계나 다리 등에서 떨어지지 아니하도록 가장자리를 둘러막은 물건. 난함(欄檻). ¶~마루. railing
난간 궁창(欄干−)명(건축) 난간 동자 사이에 막아끼운 널.
난간 동:자(欄干童子)명(건축) 난간에 칸막이하는 작은 기둥.
난감(難堪)[−깜] 어기 견뎌 내기 어려움. 감당하기 어려움. hard to stand 하재 히재
난:개(爛開)명 꽃이 활짝 핌. 난발(爛發). full bloom
난객(蘭客)명 좋은 친구. good friend
난−거:지명(약)→난거지 든부자.
난거지 든부:자(−富者)명 겉으로는 거지꼴이나 실상은 부자인 사람. 든부자 난거지.《대》든부자 난거지.(약) 난거지.
난건[−껀](難件)명 감당하기 어려운 일. 처리하기 어려운 사건. 난사(難事). knotty problem
난:격(亂擊)명 ①피아(彼我)가 뒤섞이어 공격함. free fight ②겨냥없이 마구 쏨. random shooting 하재
난−경(−庚)[고] 다투어. 겨루어.
난경·기[−끼] 경쟁하기. 겨루기.
난경(難境)명 어려운 경우. 곤란한 경우. difficult situation
난계(蘭契)명(동) 난교(蘭交).
=**난고야**[−꼬야](고) =는구나.
난곡(難曲)명 부르거나 연주하기에 어렵거나 힘든 곡
난:공(亂供)명(동) 난초(亂招). 하재
난공(難攻)명 공격하기 어려움. 치기 어려움. impregnability
난공 불락(難攻不落)명 공격하기가 어려워서 쉽사리 함락되지 않음. impregnability
난−공사(難工事)명 장애물이 많아서 일하기가 매우 어렵고 힘드는 공사. hard construction
난관(卵管)명(동)→수란관(輸卵管).
난관(難關)명 ①지나가기 어려운 고비. grave difficulty ②일의 어려운 고비. deadlock
난:달 처:리(難處理)명 소홀히 대접하기 어려움. routine treatment 하재
난:괄−처(難捨處)명 푸대접하기 어려운 자리.
난:괴(卵塊)명 물고기·곤충 따위의 알덩어리. ovoid
난:괴(亂魁)명 반란군의 괴수. 반란군의 두목. leaders of an insurrection
난교(蘭交)명 뜻이 맞아 친하게 된 교분. 난계(蘭契). close friendship
난구(難句)명 이해하기 어려운 문구. 풀이하기 어려운 구절. difficult phrase, hard passage
난:국(亂局)명 어지러운 판국(版局). disturbing situation
난:국(亂國)명 어지러운 나라. 질서가 문란한 나라. 난방(亂邦). disturbed country
난국(難局)명 어려운 판국. 어려운 시국(時局). crisis
난:군(亂軍)명 ①기율(紀律)이 없는 군대. army without order ②적과 뒤섞이어 싸우는 군대. mixed fight ③명~반란군.
난:굴(亂掘)명 멋대로 파헤침. dig up at random 하재
난:기(暖氣·煖氣)명 따뜻한 기운. 온기. warmth
난:기류(亂氣流)명 방향과 속도가 불규칙하게 변동하면서 흐르는 기류.
난 나는 해 과거했다곳담 ①오래 바라 애쓴 한 일이 공교롭게도 소용없게 됨을 이름. ②제가 한 일을 자랑하며 그것은 아무 흔적이 없으니 말할 거리도 못 된다는 편잔.
난:낭(卵囊)명(생리) 알을 둘러싸고 있는 주머니.
난내(欄内)명 ①신문·서적 등의 둘레에 그은 줄 안. article column ②난간의 안쪽. (대) 난외(欄外).
=**−논−다**어미(고) =느냐. =는가.
난다 긴다−하−다자여 재주나 행동이 매우 민첩하고 비상하다. exceptionally able
난달명 ①여러 갈래로 통한 길. ②고누에서, 나들이 고누가 되는 법.
난:당(亂黨)명 난리를 일으키는 무리. bunch of rioters

난당(難當)[명] 대적하기 어려움. 당하여 내기 어려움. hard to endure 하[타]

난대(暖帶)[명] 〈지리〉 열대와 온대 사이에 걸쳐 있어 기후가 따뜻한 지대. 평균 온도 13~20℃ 가량임. subtropics

난대(暖帶林)[명] 〈식물〉 상록성의 활엽 교목림으로, 난대 지방에 번식하는 삼림. forest of the subtropical zone 「이 되는 지방.

난대 지방(暖帶地方)[명] 〈지리〉 열대와 온대의 중간

난데-없다[형] 별안간 쑥 나와서 어디서 나왔는지 알 수 없다. unexpected **난:데-없이**[부]

난도(亂刀)[명] ①칼로 함부로 침. ②칼로 잘게 다짐. 함부로 쓰는 칼. cutting at random 하[타]

난도(亂搗)[명] 함부로 찧음. 짓이김. 하[타]

난도(鑾刀)[명] 종묘 제향(祭享) 때 쓰는 짐승을 잡는 칼. 날의 끝과 등에 방울이 달렸음.

난도-질(亂刀-)[명] 칼로 마구 베는 짓. 하[타]

난독(亂讀)[명] 내용을 가리지 않고 아무 책이나 마구 읽음. desultory reading 하[타]

난독(難讀)[명] 읽기 어려움. unintelligible 하[형]

난-돌(暖-)[명] 따뜻한 구들방.

난:동(暖冬)[명] 평균 기온보다 높은 따뜻한 겨울. ¶ ~ 기. unusually warm winter

난:동(亂動)[명] 함부로 하는 사나운 행동. ¶~ 분자 (分子). thoughtless behavior 하[자]

난득(難得)[명] 얻기 어려움. unattainableness 하[형]

난든-벌[명] 나들이옷과 집에서 입는 옷. home wear and street wear

난든-집[명] 손에 익숙한 재주. practised skill

난든집-나다[자] 손에 익숙하여지다. get practised

난등(蘭燈)[명] 밝고 아름다운 등. 난촉(蘭燭).

난딱[부] 냉큼 하게. (큰) 넌떡. easily

난:로(煖爐)[명] 땔감을 태워 난방(煖房)을 꾀하는 기구. 난장이. stove

난로(難路)[명] 악도(惡道).

난:로-회(煖爐會)[명] 난로가에 둘러앉아 음식을 끓여 먹으며 즐기던 모꼬지.

난:류(暖流)[명] 〈지리〉 온도가 높은 해류(海流). (대) 한류(寒流). warm current 「undrels

난:류(亂類)[명] 불법한 행동을 함부로 하는 무리. sco-

난:류-성(暖流性)[명] 어류가 난류에 적응하는 성질.

난:류성 어류[-성-](暖流性魚類)[명] 해양 속에서 수온의 범위가 10~30℃ 사이에 드는 어류.

난륜(亂倫)[명] ①윤리를 어지럽게 함. immorality ② 남녀 관계에 있어서 사람의 도리에 어그러짐. 파륜(破倫). 패륜(悖倫). immoral conduct 하[타]

난:리(亂離)[명] 전쟁이나 분쟁으로 세상이 어지러워 사람들의 행동이 정상을 벗어나 모든 질서가 어지러워진 상태. (약) 난(亂). disturbance

난:립(亂立)[명] ①어지럽게 늘어섬. confusion ②후보자로 한꺼번에 여러 사람이 나섬. ¶입후보 ~. too many candidates 하[자] 「사물의 비유. chaos

난:마(亂麻)[명] 뒤엉킨 삼 가닥처럼, 어지럽게 된 상태나

난:막(卵膜)[명] 〈생리〉 수정란(受精卵)이나 태아(胎兒)를 싼 아주 얇은 막. chorion

난:만(爛漫)[명] ①꽃이 만발하여 화려함. ¶백화~. full blooming ②화려한 광채가 넘쳐 흐름. ¶천지~. glory, brilliance ③많이 흩어져서 성(盛)함. profusion 하[형] 되[타] 「서 한 통이 됨.

난:만 동귀(爛漫同歸)[명] 옳지 않은 일에 함께 어울려

난:만 상의(爛漫相議)[명] 여러 차례에 걸쳐 충분히 상의함. 하[타] 「~. unforgettableness

난망(難忘)[명] 잊기 어려움. 잊지 못함. ¶백골(白骨)

난망(難望)[명] 바라기 어려움. difficult hope

난:맥(亂脈)[명] ①〈한의〉 신체가 서지 않는 일. disorder ②〈한의〉 어지럽게 뛰는 맥박.

난면(難免)[명] 면하기 어려움. unavoidable 하[형]

난:명(亂命)[명] 숨이 지면서 정신 없이 하는 유언. (대) 치명(治命).

난:목(一木)[명] 가제나 붕대 등으로 쓰이는, 올이 무명실로 짠 얇고 부드러운 베. 외울베. gauze

난:무(亂舞)[명] ①어지럽게 춤춤. 또, 그러한 춤. boisterous dance ②함부로 날뜀. frivolity 하[자]

난문(難文)[명] 이해하기 어려운 문장. 난삽한 문장. 난문장(難文章).

난문(難問)[명] ①대답하기 어려운 질문. difficult question ②(약)→난문제(難問題).

난:문장(難文章)[명] →난문(難文).

난:문:제(難問題)[명] 풀기 어려운 문제. 《약》난문(難問)②. difficult question

난물(難物)[명] 처치하거나 다루기 어려운 물건이나 사람. difficulty

난:민(亂民)[명] 무리를 지어 나라의 질서를 어지럽히는 백성. riotous people

난민(難民)[명] ①생활이 곤궁한 백성. 궁민(窮民). poor people ②전쟁이나 천재 지변으로 곤경에 빠진 백성. 이재민. victims of a calamity ③전화나 정변을 피해서 다른 곳으로 옮기는 망명자 또는 피난민. refugees

난민 조약(難民條約)[명] 난민을 통상(通常)의 외국인과 구별하여 특별히 보호하고 여러 가지 권리를 인정함을 규정한 조약. 「off sea

난-바다[명] 육지로부터 멀리 떨어진 넓은 바다. far

난:반:사(亂反射)[명] 〈물리〉 빛이 거친 물체의 표면에 부딪쳐서 사방으로 흩어지는 현상. (대) 정반사(正反射). diffused reflection 하[타]

난:발(亂發)[명] ①탄환(彈丸)을 함부로 발사함. 난사(亂射). random firing ②증명서나 증권(證券) 따위를 함부로 발행함. 남발(濫發). excessive issue ③해서는 안 될 말을 함부로 지껄임. 하[타]

난:발(亂髮)[명] 헝크러진 머리털. dishevelled hair

난:발(爛發)[동] 난개(爛開). 하[자]

난:발-회(亂髮灰)[명] 〈한의〉 저절로 빠진 사람의 머리털을 태워서 만든 재. 지혈제·대소변 불통 등의 약

난:방(亂邦)[명] 난국(亂國). 「제로 씀.

난:방(暖房·煖房)[명] 방을 따뜻하게 함. 또, 따뜻한 방. (대) 냉방(冷房). warm room

난방(蘭房)[명] ①난초 향기가 그윽한 방. 맑고 그윽한 방. 난실(蘭室). ②부인이 쓰는 아름다운 방.

난방(蘭芳)[명] 난초의 향기로운 냄새. orchid's perfume

난:방 시:설(煖房施設)[명] 난방 시설.

난:방 장치(煖房裝置)[명] 〈건축〉방 안을 덥게 하는 장치. 난로·구들 따위. 난방 시설.

난:밖[명] 지정한 테두리 밖의 바다.

난:백(卵白)[명] 알의 흰자위. (대) 난황. albumen

난:백-분(卵白粉)[명] 난백의 가루. 난백소.

난:백-소(卵白素)[명] 난백분(卵白粉).

난:백-수(卵白水)[명] 달걀 흰자위를 물에 넣고 휘저어, 굴즙 따위와 설탕을 탄 음료.

난:번(-番)[명] 당직 등을 마치고 나오는 번. 하번. (대) 든번. off duty

난:벌(亂罰)[명] 남벌(濫罰). 하[타]

난병(難病)[명] 낫기 어려운 병. 고치기 어려운 병. incurable illness

난보(難保)[명] ①보존하기 어려움. difficult preservation ②보호하기 어려움. difficult to protect 하[타]

난:보(爛報)[동] 기별(奇別)①.

난보지:경(難保之境)[명] 보존하기 어려운 지경.

난:방(爛放蕩)[명] 허랑 방탕(虛浪放蕩)하게 구는 짓. 또, 그런 사람. dissipation 「어려움.

난:봉(難捧)[명] 꾸어 준 돈이나 물건 따위를 회수하기

난:봉(鸞鳳)[명] ①난조와 봉황. ②군자의 비유. ③뜻이 같은 친구. ④한 쌍의 아름다운 부부의 비유.

난봉-꾼[명] 난봉을 피우는 사람. 난봉쟁이. debauchee

난봉-나다[자] 허랑하고 방탕하여지다. be dissipated

난:봉(難捧)-지다[자] 빚으로 준 돈을 못 받게 되다.

난봉=부리다[자] 허랑 방탕한 짓을 함부로 하다. live fast

난봉 자식이 마음 잡아야 사흘이다⟦속⟧ 본성이 그릇된 자는 아무리 마음을 다잡아도 오래 가지 못한다.
난봉-쟁이(━)⟦명⟧ 난봉꾼.
난부(懶夫·惰夫)⟦명⟧ 게으른 남자.
난부 난부(懶夫懶婦)⟦명⟧ 게으른 남자와 여자.
난:부(一富者)⟦명⟧ 넉넉지 못한 집.
난:부:자 든거:지(一富者━)⟦명⟧ 겉으로는 부자 같으나, 집안 살림은 거지 형편인 사람. 든거지 난부자. ⟦대⟧ 난거지 든부자. ⟦약⟧ 난부자.
난:분(卵粉)⟦명⟧ 달걀을 말려 가루로 만든 식료.
난:분분-하-다(亂紛紛━)⟦여불⟧ 꽃잎이나 눈송이 등이 흩어져 어지럽게 휘날리다. ¶백설(白雪)이 난분분하니 필둥락둥하여라. scattering 난:분분-히⟦부⟧
난:분할(卵分割)⟦명⟧ 난할(卵割). ━하⟦타⟧
난:비(亂飛)⟦명⟧ 어지럽게 날아다님. fly wildly around
난:사(亂射)⟦명⟧ 화살이나 탄환을 마구 갈겨 쏨. ¶총을 ~하다. random firing 난:사━하⟦타⟧ cult thing
난사(難事)⟦명⟧ 처리하기 어려운 일. 난건(難件). difficulty
난=사람⟦명⟧ 뛰어나게 잘난 사람. ¶그는 ~이다. prominent person
난사─정⟦명⟧ 양미리 새끼로 담근 젓.
난:산(難山)⟦명⟧ 난립하여 있는 산. 어지럽게 우뚝우뚝 솟아 있는 산.
난산(難產)⟦명⟧ ①〈의학〉 어렵게 아이를 낳음. difficult delivery ②일을 이루기 어려움. ⟦대⟧ 안산(安產). 순산(順產). difficulty of attainment ━하⟦자⟧
난삼(幱衫)⟦명⟧〈제도〉 생원(生員)·진사(進士)에 합격된 때에 입는 예복. culties ━하⟦여⟧ ━히⟦부⟧
난삽(難澀)⟦명⟧ 어렵고 빡빡하여 부드럽지 못함. difficult
난:상(卵狀)⟦명⟧ 달걀꼴. 달걀 모양의 형상. 난형(卵形)①. article
난상(難上)⟦명⟧ 물품이 더할 수 없이 좋은 것. superb
난:상(爛商)⟦명⟧ 잘 의논함. exhaustive discussion ━하⟦타⟧
난:상 공론(爛商公論)⟦명⟧ 여러 사람이 모여서 잘 의논함.
난:상 토의(爛商討議)⟦명⟧ 빠짐없이 잘 의논함. ⟦약⟧ 난의(爛議). full discussion ━하⟦타⟧
난:색(暖色)⟦명⟧〈미술〉따뜻한 느낌을 주는 빛. 노랑. 빨강 따위. ⟦대⟧ 한색(寒色). warm color
난색(難色)⟦명⟧ ①난처한 기색. reluctance ②비난(非難)하려는 기색. showing disapproval
난:생(卵生)⟦명⟧〈생물〉물고기·벌레·새 등과 같이 알로 새끼를 낳는 일. ⟦대⟧ 태생(胎生). oviparity ━하⟦자⟧ 「에서 새끼가 나오는 동물. oviparous animal
난:생 동:물(卵生動物)⟦명⟧ 물고기·곤충·새와 같이 알
난:생 처:음(一生一)⟦명⟧ 세상에 나서 처음. for the first time in one's life
난:생 후:(一生後)⟦명⟧⟦부⟧ 세상에 태어난 뒤. 나기 이후(落地以後). since one's birth 「글씨. ━하⟦자⟧
난:서(亂書)⟦명⟧ 글씨를 함부로 막 갈겨씀. 또, 그런
난:선(亂線)⟦명⟧ 엉클어진 줄. 엉킨 줄.
난선(難船)⟦명⟧ 풍파를 만나 위험하게 된 배. ship in distress ━하⟦자⟧ bled times
난:세(亂世)⟦명⟧ 어지러운 세상. ⟦대⟧ 치세(治世). trou-
난:세:포(卵細胞)⟦명⟧〈생리〉동식물의 암컷의 생식기 안에 자라서, 장차 독립체가 될 유리(遊離) 세포. 난주(卵珠). 정세포(精細胞).
난:소(卵巢)⟦명⟧〈생리〉난자(卵子)를 만들어 내며 또한 호르몬을 분비하는 여자 생식기의 한 부분. ⟦대⟧ 정소(精巢). ovary
난소(難所)⟦명⟧ 험하고 가파른 곳. 왕래가 곤란한 곳.
난:소-염(卵巢炎)⟦명⟧〈의학〉난소에 생긴 염증.
난:소 호르몬(卵巢 hormone)⟦명⟧ 난소에서 분비되는 호르몬의 총칭. 발정(發精) 호르몬과 황체(黃體) 호르몬의 두 가지가 있으며, 뇌하수체 호르몬과 복잡한 관계를 가지면서 자성(雌性)의 생리 기능을 조정함. 「morals ━하⟦타⟧
난:속(亂俗)⟦명⟧ 풍속을 문란하게 함. corrupt public
난:수=표(亂數表)⟦명⟧ 0에서 9까지의 숫자를 무질서하게 늘어놓은 표. 암호 통신 등에 이용함.

난:숙(爛熟)⟦명⟧ ①무르녹게 익음. maturity ②충분히 발달함. ③모든 일에 숙달함. 숙란(熟爛). over-ripeness ━하⟦자⟧
난:시(亂時)⟦명⟧ 어지러운 시대. troubled times
난:시(亂視)⟦명⟧〈생리〉눈의 굴절(屈折) 이상(異常) 하나. astigmatism
난:시-안(亂視眼)⟦명⟧〈생리〉난시인 눈. astigmatism
난:신(亂臣)⟦명⟧ ①나라를 어지럽게 하는 신하. treacherous subject ②난세(亂世)의 충신. loyal subject in troubled times 「와 부모에게 반역하는 자식.
난:신 적자(亂臣賊子)⟦명⟧ 나라를 어지럽게 하는 신하
난:실(暖室)⟦명⟧ 따뜻한 방. 온실(溫室). heated room
난실(蘭室)⟦명⟧ 난방(蘭房)①.
난:심(亂心)⟦명⟧ 어지러운 마음. distracted mind
난안(赧顏)⟦명⟧ 부끄럼을 타서 얼굴빛이 붉어짐. 그 얼굴. ━하⟦여⟧ ━히⟦부⟧
난안(難安)⟦명⟧ ①마음놓기가 어려움. ②편안하지 못함.
난어(難語)⟦명⟧ 어려운 말. ¶~를 나열한다. difficult words
난:언(亂言)⟦명⟧ 난폭한 말. 난잡한 말. lousy talk
난언(難言)⟦명⟧ 말하기 어려움. ━하⟦타⟧
난언지:지(難言之地)⟦명⟧ 말하기 어려운 경우.
난:흥(亂興)⟦명⟧⟦동⟧ 연(鳶).
난:역(亂逆)⟦명⟧⟦동⟧ 모반(謀叛). ━하⟦타⟧
난:연(赧然)⟦명⟧ ①부끄러워 얼굴이 붉음. ②면괴스러움. ashamed ━하⟦여⟧
난:연(爛然)⟦명⟧ ①눈부시게 아름다운 모양. brilliant figure ②밝은 모양. brightness ━하⟦여⟧
난외(幱外)⟦명⟧ ①문서·잡지·서적 등의 둘레 줄의 바깥. ②난간의 바깥. ⟦대⟧ 난내(幱內). margin
난:용(亂用)⟦명⟧ 함부로 씀. 남용(濫用). abuse ━하⟦타⟧
난:용=종(卵用種)⟦명⟧ 알을 얻게 할 목적으로 기르는 닭의 품종. ⟦대⟧ 육용종(肉用種).
난:운(亂雲)⟦명⟧ ①난층운(亂層雲). ②어지러이 뒤섞여 떠도는 구름. nimbus
난:원세:포(卵原細胞)⟦명⟧〈생리〉난자의 근원인 난소 속의 어느 세포. ⟦대⟧ 정원세포(精原細胞).
난:원=형(卵圓形)⟦명⟧ 달걀처럼 둥근 모양. ovalness
난월(蘭月)⟦명⟧ 음력 7월의 딴이름. 난추(蘭秋).
난:육(卵育)⟦명⟧ 어미닭이 알을 품어서 기르듯이 사람을 품에 안아서 기름. 난익(卵翼). ━하⟦타⟧
난:음(亂淫)⟦명⟧ 음탕한 짓을 마구 함. lewdness
난:의(暖衣·煖衣)⟦명⟧ 따뜻한 옷. warm clothes ②의복을 충분히 입어 몸을 따뜻하게 함.
난:의(難議)⟦명⟧ 어렵고 의심스러움. difficult and doubtful
난:의(爛議)⟦명⟧(→)난상 토의(爛商討議). fully
난:의 문:답(難疑問答)⟦명⟧ 어렵고 의심스러운 점을 서로 묻고 대답함.
난:의 포:식(暖衣飽食)⟦명⟧ 잘입고 잘먹음. 사치하고 풍족한 생활. leading an easy life ━하⟦타⟧
난이(難易)⟦명⟧ 어려움과 쉬움. 간이(艱易). difficulty and ease
난이-도(難易度)⟦명⟧ 어려움과 쉬움의 정도.
난:익(卵翼)⟦명⟧⟦동⟧ 난육(卵育). ━하⟦타⟧
난:입(亂入)⟦명⟧ 어지럽게 함부로 들어감. intrusion ━하⟦자⟧
난입(幱入·闌入)⟦명⟧ 함부로 뛰어 들어감. 천입(擅入). intrusion ━하⟦자⟧
난:자(卵子)⟦명⟧ ①〈생리〉 성숙한 난세포(卵細胞). ⟦대⟧ 정자(精子). ovum ②(둘) 밑알. 「lently vio-
난:자(亂刺)⟦명⟧ 닥치는 대로 마구 찌름. stabbing vio-
난자(難字)⟦명⟧ 어려운 글자. difficult character
난:작(亂斫)⟦명⟧ ①잘게 쪼갬. splitting in pieces ②쇠연장으로 마구 쩍음. mincing ━하⟦타⟧
난작(難作)⟦명⟧ 만들기 어려움. ━하⟦여⟧
난:작(爛嚼)⟦명⟧ 음식을 충분히 씹음. ━하⟦타⟧
난작-거리-다⟦자⟧ 썩거나 삭아서 힘없이 처지다. ⟦큰⟧ 능적거리다. decomposed 난:작~난:작⟦부⟧ ━하⟦여⟧
난:잡(亂雜)⟦명⟧ ①뒤섞어 어수선함. confusion ②조촐하지 못하고 너저분함. irregular ━하⟦여⟧ 스럽 스레

난장(-場)〖광물〗굴이나 구덩이 안에서 하는 허드렛일.
난-장(-場)명 정한 장날 외에 특별히 터놓은 장.
난:장(亂杖)명 ①〖제도〗장형(杖刑)에서 마구 치는 매. indiscriminate flogging ②마구 때리는 매. random beating ③막 떠들어대는 장. ②하—난장판.
난:장(亂場)명 ①〖제도〗옛날 과장(科場)에서 선비들
난장=꾼명 굴이나 구덩이 속에 들어가서 허드렛일을 하는 사람. miner
난:장-맞다(亂杖-)자〖제도〗①장형(杖刑)을 당하다. ②함부로 마구 얻어맞다.
난:장-맞을(亂杖-)'난장맞을 만한'의 뜻으로, 사물이 못마땅하여 저주하는 말. ¶ ~, 강아지가 또 방에 들어왔구나. Damn it
난:장-질(亂杖-)명 아무 데나 마구 때리는 짓. 하자
난:장-치다(亂場-)자 함부로 마구 떠들다. make a noise wildly
난:장-칠(亂杖-)뜻에 맞지 않아 저주하는 말. ¶ ~, 날씨가 왜 이리 더운고. Damn it
난:장-판(亂場-)명 여러 사람이 어지러이 뒤섞여 마구 떠들어대거나 뒤죽박죽이 된 자. (약) 난장(亂場)②. chaotic scene
난:장-패(亂場-)명 난장치는 무리. chaotic group
난쟁-이명 기형적으로 키가 작은 사람. 왜인(矮人). 왜자(矮者). (대) 키다리. dwarf
난쟁이 교자꾼 참여하듯속 때가 처지나 힘은 생각지 않고 턱없는 일에 참여할 때 이름.
난쟁이-잠자리명〖동〗깃동잠자리.
난쟁이-춤명 난쟁이처럼 목을 움츠리고 두 어깨를 들썩거리며 허리를 구부리고 추는 춤. dwarf mimic dance
난:적(亂賊)명 나라를 어지럽게 하는 도둑. rebel
난:전(亂廛)명〖제도〗옛날 육주비전(六注比廛)에서 파는 물건을 몰래 파던 가게.
난:전(亂戰)명 전투나 경기 등에서 막 뒤섞여 어지러이 싸움. 또, 그렇게 싸우는 싸움. 혼전(混戰). scuffle 하자
난전(難戰)명 어려운 싸움. difficult fighting 하자
난전(蘭殿)명 왕후(王后)의 궁전(宮殿). queen's palace
난전 물리듯 한다속 급히 몰아저서, 그 당하는 사람이 정신을 차리지 못하게 된다.
난:전-치-다(亂廛-)자〖제도〗육주비전에 딸린 장수들이 난전을 덮쳐 물건을 빼앗고, 사람을 잡아가다.
난점[-쩜](難點)명 곤란한 점. 처리하기 어려운 점. 어려운 고비. difficult point
난:정(亂政)명 어지러운 정치. misgovernment
난정(難定)명 정하기 어려움. hard to decide 하형
난제(難題)명 ①어려운 문제. ②어려운 일. difficult problem
난:조(亂調)명 ①결도나 조화를 잃은 어지러운 상태. ¶ ~을 보이다. ②〖경제〗시세 변동이 심함. discord
난조(鸞鳥)명 봉황과 비슷하다는 전설상의 새.
난:중(亂中)명 난리가 한창 벌어진 동안. 난리 가운데. during a war
난중(難重)명 매우 어렵고도 중함. 중난(重難). 하형
난중지난(難中之難)명 어려운 가운데 가장 어려움.
난중지난사=난사(難中之難事)명 어려운 일 중에 가장 어려운 일.
난증(難症)명 낫기 어려운 병의 증세. incurable [case
난:지(暖地)명 따뜻한 곳. 따뜻한 지방. (대) 한지(寒地). warm area
난질-거리다자 속이 조금 굳고 겉은 징그럽게 물크러지다. (큰) 는적거리다. feel squashy **난지락-=난지락**하자 [woman
난:질-군여자의 오입질. adulterous behavior by a
난질-가명 계집이 난질하러 나가다.
난질-거리다자 물크러져 흐느적거리다. (큰) 는질거리다. squashy **난질=난질**하자 [하자
난:창(亂唱)명 각각 자기 멋대로 떠들썩하게 노래함.

난:처(難處)명 ①처지가 곤란함. ②처치하기 어려움. ¶ ~한 일. 하형
난청(難聽)명 ①청력이 저하 또는 상실되어 있는 상태. ②라디오 같은 것이, 잘 들리지 않음. ¶ ~ 지역. hard of hearing
난:초(亂招)명〖訊問〗에 대하여 죄인이 함부로 하는 진술. 난공(亂供). 하자
난:초(亂草)명 ①되는 대로 쓴 초서(草書). ②마구 갈겨쓴 초고.
난초(蘭草)명〖식물〗난초과의 다년생 풀. 잎은 좁고 긴 칼 모양이며 꽃은 석 장씩 핌. 원산은 열대 지방인데 종류가 많고 향기가 높으므로 관상용으로 재배함. (약) 난(蘭).
난촉(蘭燭)명 아름다운 촛불. 난등(蘭燈). beautiful
난추(蘭秋)명〖동〗〖음〗난월(蘭月). [lantern
난-추니〖조류〗새매의 수컷. 아골(鴉鶻). (대) 익더귀. [drunkenness 하자
난:취(爛醉)명 몹시 취함. 술에 흠뻑 취함. dead
난측(難測)명 헤아리기 어려움. immeasurability 하형
난:층-운(亂層雲)명 보통 비구름이라고 불리는, 온통 하늘을 뒤덮은 짙은 먹구름. 난운(亂雲)①. 비구름. nimbo-stratus
난치(難治)명 병이나 나쁜 버릇을 고치기 어려움. incurability 하형 [disease
난치-병[-뼝](難治病)명 고치기 어려운 병. incurable
난:침(-針母)명 제 집에서 남의 바느질을 맡아하는 침모. (대) 든침모(-針母). seamstress
난:타(亂打)명 ①함부로 마구 침. repeated knocking ②테니스·탁구에서, 카운트나 서브 없이 연습하는 일. random flows 하자
난타(爛打)명〖동〗나타(懶惰).
난-태생(卵胎生)명〖생물〗모체 안에서 알이 수정은 하나 태반이 없어 모체에서 영양을 취하지 못하고, 난황(卵黃)을 영양으로 사용하며 알을 낳는 생식. 바닷망성어·살무사 등. [런 싸움. free fight 하자
난:투(亂鬪)명 사정없이 마구 붙어 하는 싸움. 또, 그
난:투-극(亂鬪劇)명 ①난투가 벌어진 한국(版局). scene of violence and confusion ②〖연예〗난투하는 장면이 있는 극.
난티-나무명〖식물〗느릅나무과의 낙엽 교목. 잎은 긴 타원상 도란형이고, 4~5월에 담황록색의 꽃이 핌. 기구나 숯의 재료로 쓰이고 수피(樹皮)는 섬유용·약용으로 씀. 산유(山楡).
난:파(暖波)명〖지리〗대기 속에서 움직여 나가는 따뜻한 공기의 줄기. 온파(溫波). (대) 한파(寒波). warm wave [일. ¶ ~선(船). wreck 하자
난파(難破)명 항해 중에 폭풍우를 만나 배가 파괴되는
난면(難免)명 면하기 어려움. 편치 못함.
난:편 발생(卵片發生)명〖생리〗난핵(卵核)을 파괴하거나 제거한 난자에 정자가 침입하여 배(胚)가 발생하는 현상. 동정 생식(童貞生殖).
난:포(卵胞)명〖생리〗난소 속에서 알이 만들어질 때, 알의 주위를 싸는 여러 세포로 된 주머니.
난:포(亂暴)명〖동〗→난폭(亂暴).
난:포 자극 호르몬(卵胞刺戟 hormone)명〖생리〗뇌하수체 전엽에서 분비되는 생식선 자극 호르몬의 하나. 자성(雌性) 동물의 난포의 발육 성숙을 촉진하고 무게를 증가시킴. 여포 성숙 호르몬(濾胞成熟 Hormone).
난:폭(亂暴)명 몹시 포악함. 조포(粗暴). ¶ ~한 행동. (원) 난포(亂暴). violence 하형 [wind
난:풍(暖風)명 따뜻한 바람. (대) 한풍(寒風). warm
난풍(亂風)명 선박(船舶)의 항행을 괴롭히는 바람.
난:하-다(亂-)형여 ①빛깔·무늬 등이 지나치게 드러나 어지럽다. gaudy ②질서가 없고 단정하다. disorderly [하다.
난-하-다(難-)형여 ①어렵다. 힘들다. ②(약) 곤란

난:할(卵割)〈생리〉단세포의 수정란이 분열하는 현상. 난분할(卵分割).

난간(欄檻)〈동〉난간(欄干).

난:합(卵盒)〈동〉난합.

난항(難航)①폭풍우나 어떤 불리한 조건으로 항행이 순조롭지 못함. stormy voyage ②일이 순조롭게 되어가지 않음. ¶~에 ~을 거듭하다. deadlock 하[자]

난:해(卵醢)〈동〉알젓.

난:해(難解) 까다로워 풀기 어려움. difficult to understand 하[형]

난해시(難解詩) 뜻을 이해하기 어렵게 쓴 시. difficult poem

난:핵(卵核) 성숙한 알의 핵. 난세포의 핵.

난행(亂行)①난폭한 행동. ②음란한 소행. 추행(醜行). ¶짐단 ~. misconduct 하[자]

난행(難行)〈불교〉①극도로 고된 수행. penance ②행하기 어려움. (대)이행(易行). difficulty in practice 하[자]

난행 고행(難行苦行)〈불교〉정신적 수련을 쌓기 위하여 짐짓 고된 수행을 쌓음. 또, 그렇게 하는 수행. 하[자]

난행-도(難行道)〈불교〉계행으로 도를 닦아 깨달음에 이르는 방법. (대)이행도(易行道).

난향(蘭香) 난초의 향기. fragrance of orchid

난험(難險)〈동〉험난(險難). 하[형]

난:형(卵形)①달걀 모양. eggshape ②〈식물〉잎의 형상의 하나. 세로의 세로 자른 면과 같이 한쪽이 넓고 갸름하게 둥근 모양. 난상(卵狀). ovate shape

난형 난제(難兄難弟) 누구를 형이라 아우라 분간하기 어려움. 곧, 비슷비슷함. 막상 막하(莫上莫下). being hard to tell who is better 하[형]

논·호·다(고) 나누다.

논:혼(亂婚)〈동〉잡혼(雜婚).

난:화(暖和) 기후 등이 따뜻하고 화창함. warm

난화(難化) 교화하기 어려움. 하[형]

난화(蘭花)〈식물〉난초의 꽃. ¶~주(酒). 〈지민〉

난화지민(難化之民) 교화하기 어려운 백성. 난화지물(難化之物)

난화지물(難化之物) 교화시키기 어려운 동물이나.

난화지민(難化之民)〈동〉난화지물. ¶사람.

난:황(卵黃)〈생리〉알의 노른자위. (대)난백(卵白). yolk

난황-분(卵黃粉) 달걀·오리알 등의 노른자위를 말함.

난:획(亂獲) 함부로 잡음. random hunting 하[자]

난:후(亂後) 난리가 끝난 뒤. (대)난전(亂前). after war is over

·날(卵)(고) 낮.

날(冠) 곡식의 알.

놀(고) 낯.

날=가리 낟알이 붙은 채로 있는 볏단을 높이 쌓은 큰 더미. rick

날=가리-대〈민속〉음력 정월 열나흗날에 풍년을 비는 뜻으로 농가의 뜰에 만들어 놓는 낟가리의 모양.

날·다(고) 나타나다. [模作)

날부-다(고) 나쁘다. 양이 차지 아니하다.

날:알(冠)①곡식의 알맹이. grain ②〈동〉낟알.

날:알-기[—끼] 밥·죽·미음·떡 따위와 같이 곡식 성분으로 된 음식의 적은 분량. 곡기(穀氣). bit of cereal food

날 ①하루의 동안. 자정으로부터 시작하여 다음 자정까지의 사이. day ②〈약〉날씨. ③〈약〉날짜. ④경우. 때. ¶성공하는 ~에는 한턱내겠네. occasion ¶장마 ~.

날 칼이나 연장 따위의 날카로운 부분. edge 〈sion〉

날(冠) 세로 놓은 실. 피륙·돗자리 등을 짜거나 짚신·미투리 등을 삼을 때 세로 놓는 실이나 새끼. 經(경).

날(약) 나를. ¶~ 버리고 어디 가오? 〈씨〉. warp

날·다(冠) ①익거나 익히지 않은. ¶~잠자. uncooked ②가공하지 않은 것. ¶~두부. crude ③말리거나 마르지 않은 것. ¶장작. undried ④아주 지독한 것. worst

놀(고) 나무.

·놀(冠)〈동〉날[刃].

·놀(冠)(고) 날[經].

날(四)(고) 를.

날=가루(冠) 익히지 않은 곡식을 빻은 가루. raw flour

날=감(冠) 익지 않았거나 우리지 않은 감. unripe persimmon [같은 놈.

날=강:도(一强盜) 아주 뻔뻔스러운 강도. ¶이런 ~

날감목-치-다(冠)〈광물〉광물을 캐는 데, 조금도 얻은 것이 없어 헛일만 하다. make vain efforts ②공연히 헛수고만 하다.

날개(冠)①새나 곤충류의 몸에 붙어서 나는 데 쓰는 기관. wing ②비행기 동체의 좌우에 붙은 넓은 조각. ③어떤 물건에 붙어 바람을 일으키는 데 쓰는 것. ¶선풍기의 ~가 부서지다.

놀-개[—깨](고) 윷판의 쩰밭 다음의 둘째 밭.

놀·개(冠)(고) 날개.

날개 돋치-다 상품 따위가 시세를 만나 몹시 빠른 속도로 팔리다. sell like a hot cake [이름.

날개 부러진 매 기운을 못 쓰는 신세가 되었음을

날개=집(冠)〈건축〉주된 건물이 주위는 집채의 좌우로 쭉 뺀 집.

날갯-죽지(冠)①새의 날개가 몸에 붙어 있는 뿌리 부분. ②〈속〉날개¹.

날-거리(冠) 하루거리. [분. wings ②〈속〉날개¹.

날-걸[—껄](冠) 윷판의 쩰밭 다음의 셋째 밭. 세뿔.

날-것[—껏](冠) 말리거나 말리거나 가공하지 않은 것. 생것. uncooked thing [raw meat

날-고기(冠) 익히거나 가공하지 않은 고기. 생고기.

날-고추(冠)①말리지 아니한 고추. ②익히지 아니한 고추.

날-고치(冠) 물에 삶지 않은 고치. [풋고추.

날-공전(一工錢)(冠) 낱마다 계산하여 주는 품삯. daily

날-굴(冠) 익히지 않은 굴. [wages

날-귀[—뀌](冠) 대패나 끌 따위의 날의 양쪽 모. two corners of a blade on a plane

날-금(冠)〈동〉경선(經線).

날-기와(冠) 굽지 아니한 기와. raw tile

날-김치(冠) 익지 않은 김치. 생김치.

날-나-다(冠)①짚신 따위가 닳아서 날이 보이게 되다.

·놀-나-다(고) 날래다. [②겁나다. fail

날-다(冠)(타)①날개를 움직이거나 또는 다른 힘으로 몸이 공중에 뜨다. fly ②썩 빨리 가다. ¶약속 시간에 대려고 단숨에 날아갔다. go fast ③바람에 흩날리다. ¶바람에 날이는 낙엽. float ④낌새를 채고 피해 달아나다. fleet ⑤〈속〉어떤 좌석·모임 등에서 도중에 빠져 나가다. ¶술자리에서 날 아버린 놈이 누구냐? leave a meeting before others ⑥재빠르게 공중으로 몸을 솟구치다. ¶재빨리 획 날아 바위에 오르다.

날-다(冠)(자) ①빛깔이 바래어 없어지다. fade ②냄새가 흩어져 없어지다. lose odour

날-다(冠)(타) ①솜으로 실을 만들다. spin ②베틀에 날을 걸고 가고르게 벌어 치다. mount the warp

놀-다(고) 날다³.

날-다람쥐(冠)〈동물〉다람쥣과의 짐승. 다람쥐와 비슷하나 그보다 훨씬 크며 앞발과 뒷발 사이의 비막(飛膜)이 서로 높아 나무와 나무 사이를 날아 부어다님. 나무 위에 집을 짓고 삶. 청서(靑鼠). 오서(鼯鼠). flying squirrel

날-단:거리[—딴—](冠) 풀이나 나뭇가지를 베는 대로 곧 묶어서 말린 땔나무.

날-담비[—땀—](冠)〈동물〉족제비과의 짐승. 몸 길이 약 60cm로 등은 연회색, 목은 담황색이고 발바닥에 털이 났음. 모피는 부드럽고 빛깔은 고우나 질이 좋지 못함. 한국 특산임. 밀구(蜜狗).

날-도¹(冠)〈동〉경도(硬度). [(黃鼬).

날-도²[—또](冠) 윷놀이에서 쩰밭의 다음 밭.

날-도둑놈(冠) 남의 재물을 거리낌없이 빼앗아 먹는 놈. robber [하[자]

날-도둑-질 뻔뻔스럽게 남의 재물을 빼앗아 먹는 짓.

날-도래(冠)〈곤충〉날도래과에 딸린 곤충. 모기와 비슷한데 두흉부는 흑색에 갈색의 강모(剛毛)가 있

날들다[통] 눈이나 비가 개고 푸른 하늘이 보이다. ¶날이 들었으니 빨래나 해야지. become clear
날-땅[명] ①개간하지 않은 땅. uncultivated land ②[통]멘땅.
날-떠퀴〈민속〉그 날의 운기(運氣). daily fortune
날-뛰-다[자] ①날고 뛰다. move lively ②날듯이 높이 뛰다. ③함부로 덤비다. 거칠고 세차게 행동하다. make undue haste ④여기저기 세차게 돌아다니다. 날치다. move about too much
날뜀-판[명] 감정의 격동으로 어쩔 줄 모르고 막 뛰는 놀라다[명][고]날래다. 날카롭다. 예리(銳利)하다.
날라리[명]〈음악〉여덟 구멍 둘린 나무로 깔때기처럼 생긴 놋쇠를 달아 부는 악기. 태평소(太平簫)②. 호가(胡笳). 쇄납(瑣吶). 호적(胡笛). 철적(鐵笛). kind of clarinet ②[약]찌날나리. ③'기둥 서방'의 은어(隱語).
날라리-줄[명] 찌낚시에 낚시찌의 몸통 uffacture가는 줄.
날래-다[형] 움직임이 기운차고 빠르다. [대]굼뜨다.
날러는(고) 날더러는. 나에게는.[swift
날려 보내-다[타] ①날짐승을 쫓거나, 잡았다가 놓아주다. release ②밑천을 다 없애다. ¶노름으로 가산을 ~. lose ③날아버릇 물건을 바람에 내어 멀리 날아가게 하다. let fly away
날:렵-하-다[형][여]민첩하고 슬기롭다. agile **날:렵**[명]
날로[명] 날것인 채로. 생으로. ¶~ 먹다. uncooked
날로[부] 날이 갈수록. ¶~ 증가하다. every
날름[명][통]판(瓣). [day
날름[부] ①혀가 밖으로 빨리 나왔다 들어가는 모양. move quickly ②손을 빨리 내밀어 날쌔게 가지는 모양. [큰]늘름. 하[타]
날름-거리-다[자][타] ①혀끝이나 손을 날쌔게 자주 내었다 들였다 하다. let dart in and out ②남의 것을 탐내어 자꾸 고개를 내밀고 노리다. [큰]늘름거리다. 늘름거리다. be greedy for **날름-날름**[부] 하[타]
날름-막(-膜)[명][통]판막(瓣膜).
날름-쇠[명] ①무쇠추의 아래위 부분에 있는 판(瓣). valve ②물건을 퉁겨지게 하려고 장치한 쇠. spring ③총의 방아쇠를 걸었다가 떨어뜨리는 쇠. hammer
날리-다[타] ①공중으로 날게 하다. ¶종이 비행기를 ~. let fly ②놓아 달아나게 하다. ¶도둑을 ~. release ③지녔던 것을 헛되이 잃어버리다. ¶월급을 ~. waste ④공을 들이지 않고 어물쩍하게 빨리 해치우다. ¶일을 ~. scamp ⑤[자][속]명성이 드날리게 하다. 명성을 떨치다. ¶예전에 날리던 선수.
날리-다[자][피동] 공중으로 날게 함을 당하다. ¶콩가루가 바람에. flutter in the wind
날림[명] 아무렇게나 날려서 만드는 일. 또, 그 물건. ¶~공사. slipshod work
날림-치[명] 날림으로 만든 물건. thing of coarse man-
날-마다[부] 그날그날. 매일매일. every day
날망제〈민속〉사람이 죽은 뒤에, 지노귀새남을 받지 못한 혼령을 무당이 일컫는 말.
날-매[명] 날고 있는 매. flying hawk
날면 기는 것이 능하지 못하다[속] 재주는 겸해 있기가 어렵다. [soned wood
날-목(-木)[명] 마르지 아니한 나무. 생나무. unsea-
날-물[명] ①나가는 물. ebb-tide ②썰물.
날·물(고) 썰물. 홍수.
날-밑[명] 칼날과 칼자루 사이에 끼워 손을 보호하게 하는 데. sword guard [aded kneedle
날-바늘[명] 실을 꿰지 아니한 바늘. 맨 바늘. unthre-
날-바닥[명] 아무것도 깔지 않은 맨 바다. ¶~에 앉지 마라. uncovered floor
날바람-잡-다 바람이 들어서 함부로 헤매고 돌아다니다. take to amours [cold water with
날-반죽[명] 찬물에 되게 한 떡 반죽. dough kneaded with

날-받이(-바지)[명]〈민속〉길흉을 따져 날짜를 가리어 정하는 일. ¶~하거든 알려 주마. 하[타]
날-밤[명][동] 부질없이 새우는 밤. sleepless night
날-밤[명] 굽거나 삶거나 찌거나 말리지 않은 날대로의 생생한 밤. 생률(生栗)①. fresh chestnut
날밤 새-다[자][약]~날밤 새우다.
날밤 새우-다 공연히 뜬눈으로 밤을 새우다. [약] 날밤 새다. pass a night without sleep
날밤-집[-찝][명] 밤을 새면서 술을 파는 선술집. grog-shop open allnight
날-발[--빨][명] 윷판에서 말이 나가는 맨 끝 밭.
날-벌레[명] 날아다니는 벌레. [대] 길벌레. flying insects
날-벼[명] 갓 베어내어 마르지 아니한 벼. freshly reap-
날-벼락[명][동]생벼락. [ed rice
날벼락 맞-다[타] 뜻밖의 재난을 당하다.
날-변[-뼌](-邊)[명] 날수로 셈하는 변리. high-interest loan for daily interest
날-보리[명] 갓 베어내어 아직 마르지 아니한 보리.
날-불한당(-不汗黨)[명] 의젓한 체하면서 남의 재물을 빼앗아 먹는 무리. ~ 같은 놈. villain
날-붙이[-부치][명] 날이 서 있는 연장의 총칭.
날비[부](-飛部)[명] 한자 부수(部首)의 하나. '飜'자의 '飛'의 이름.
날-빛[명] 햇빛. sunlight
날-사리[명] 연안 가까이 들어와 알을 낳은 조기떼들이 먼 바다로 나가는 일. 또, 그 때를 이름. [days
날-새[-쌔][명] 지난 며칠 동안. [약] 날새. these
날-삯[-싹][명] 그날그날 한 일에 대해 보수로서 받는 품삯. 일급(日給)①. daily wages
날-삯꾼[-꾼][명] 날삯을 받고 일하는 일꾼.
날-상가[-쌍-](-喪家)[명] 장사를 아직껏 치르지 아니한 초상집. house in mourning
날-상제[-쌍-](-喪制)[명] 아직 초종(初終) 범절을 마치지 않은 상제.
날-새[-쌔][명][약]날사이. [다 마치지 않은 상제.
날 샌 올빼미 신세 외롭고 의지할 곳 없는 신세.
날새-낼[명] 날이 샐 무렵. ¶~에.
날-생[-쌩](-生部)[명] 한자 부수의 하나. '産'・'甥' 등의 '生'의 이름. [다. be edged
날-서-다[자] 갈거나 쓸어서 연장의 날이 날카롭게 되
날-성수[-쌍-](-星數)[명]〈민속〉그 날의 운수. 일수(日數)②. ¶ 날수③. day's fortune
날-세우-다 연장의 날을 갈거나 쓸어서 날카롭게 하다. put an edge on
날-소일(-消日)[명] 할 일 없이 그날그날을 지냄. 하[자]
날-솟-다[자] 날거나 또는 썩 빠르게 위로 향하여 솟아오르다. ¶날솟는 독수리. fly up
날-송장[명] ①죽은 지 오래지 않은 송장. fresh corpse ②염습(殮襲)을 아니한 송장. unwashed corpse
날-수[-쑤](-數)[명] ①날의 수. number of days ②[약]~날성수③. [-星數)
날-숨[-쑴][명] 내쉬는 숨. [대] 들숨. exhalation
날-실[-씰][명] 피륙 등의 세로로 놓인 실. [대] 씨실. warp
날-실[-씰][명] 삶지 아니한 실. 생사(生絲). raw silk
날-쌀[명] 익히지 아니한 쌀.
날쌍-날쌍[부] 물건이 모두 날쌍한 모양. 하[형]
날쌍-하-다[형][여] 물건의 올이 짜이거나 사이가 조금 뜨다. 엉성하다. loose
날쌔-다[형] 날래고도 민첩하다. ¶날쌔게 치닫다. quick
날-씨[명] 그 날의 일기. [약] 날①②. day's weather
날씨-없다[형] 모두 다 날씬한 모양. 하[형]
날씬-하-다[형][여] 몸이 가늘고 키가 커서 맵시가 있다. ¶날씬한 몸매. [대] 비둔하다. [큰] 늘씬하다. slim [씬]-히[부]
날아-가-다[자] ①공중을 날면서 가다. ②갑자기 날리어 없어져 나가다. ¶태풍에 지붕이 ~. ③허망하게 흩어져 없어지다. ¶빚에 드넓은 집이 ~.
날아 놓-다[타] 여러 사람이 낼 돈의 액수를 배정하다.

allot
날아=다니-다[재] 날면서 이리저리 다니다.
날아=들-다[재][르탈] ①공중에 떠서 안으로 들다. ②뜻하지 않은 것이 난데없이 닥쳐들다. ¶부고(訃告)가 ~.
ᄂᆞᆯ·아ᄫᆞ·니[명] 《고》 지위가 천한 이(사람). →ᄂᆞᆯ압다.
날아=오-다[재] 날면서 오다.
ᄂᆞᆯ·아·이[부] 《고》 천(賤)하게.
ᄂᆞᆯ압-·다[형] 《고》 천(賤)하다.
ᄂᆞᆯ애[명] 《고》 날개[1].
날연=하-다(苶然—)[형][여불] 노곤하여 기운이 없다. 나른하다. languid
날염(捺染)[명] 피륙이나 실 따위에 무늬를 물들이는 방법. printing **하**[타]
날오[명] 《고》 나룻배.
날옷[명] 《고》 나룻.
날=윷[—륟][명] 윷판의 쨀밭 다음의 넷째 밭.
날은 좋아 잘 웃는다마는 동남풍에 잇속이 그슬린다[속] 푸실푸실 웃기나 하고 아무 일도 못하는 사람에게 하는 말.
날음[명] 일정한 길이의 날실을 요구되는 올의 수만큼 서로 평행되게 도투마리에 감는 일. **하**[타]
날인(捺印)[명] 도장을 찍음. 날장(捺章). ¶서명 ~하다. stamping a seal **하**[재]
날=일 [—릴][명] 날삯을 받고 하는 일.
날일=변(—日邊)[명] 한자 부수의 하나. '明·時' 등의 '日'의 이름.
날=입[—립][명] 대팻날과 나무의 사이 부분.
날 잡은 놈이 자루 잡은 놈을 당하랴[속] 월등하게 유리한 조건에 있는 사람을 이겨 내기는 어렵다.
날장[—짱](捺章)[명] 《동》 날인(捺印). **하**[재]
날=장구[명] 일 없이 치는 장구. beating a drum aimlessly
날=장판(—壯版)[명] 기름에 결지 않은 장판. unoiled floor papering
날조[—쪼](捏造)[명] 사람을 모함하기 위하여 거짓 꾸밈. ¶허위(虛僞) ~. fabrication **하**[타]
날=종이[명] 기름을 먹이지 않은 종이. unoiled paper
날=줄[—쭐][명] 《동》 경선(經線).
날=짐승[—찜—][명] 날아다니는 짐승. 곧, 새의 종류. 비조(飛鳥). 비금(飛禽). 《대》 길짐승. fowls
날짜[1][명] ①어떤 일에 소용되는 날의 수효. date ②작정한 날. ③날의 차례. 일자(日字). 《약》 날[1]③.
날짜[2][명] ①일에 익숙하지 못한 사람. green-horn ②날것. 생짜. raw
날짜 변ː경선(—變更線)[명] 〈지학〉 지구 위의 각지의 지방시(地方時)는 경도(經度)에 따라 다르므로 동서를 왕래하는 사람이 사용하는 날짜를 일치시키기 위하여 정해 놓은 선.
날짝지근=하-다[형][여불] 몹시 나른하다. 《큰》 늘쩍지근하다. very languid
날짱=거리-다[재][타] 쉬엄쉬엄 좀 천천히 행동하다. 《큰》 늘쩡거리다. work leisurely **날짱=날짱**[부] **하**[재][타]
날찌[명] 엮어서 뱃간에 까는 나뭇가지. mat woven from shrub branches
날찍[명] 일한 결과로 생기는 이익. 소득(所得). profit
날찐[명] 〈조류〉 야생(野生)의 매. 길들지 않은 매. 《대》 수지니. wild hawk
날치[1][명] ①날아가는 새를 쏘아 잡는 일. shooting a bird on the wing ②날쌘 것의 비유.
날치[2][명] 날마다 변리를 치러 갚는 빚. money loaned at daily interest
날치[3][명] 〈어류〉 상날치과의 바닷물고기의 하나. 몸 길이 30~40 cm 몸 빛은 등쪽이 흑청색, 배쪽이 백색임. 난류성 어류인데 가슴지느러미가 커서 해면 상공을 날아 오름. flying fish
날=치기[명] 남의 물건을 재빨리 채가는 짓. 또, 그 사람. pickpocket **하**[타]
날치기=꾼[명] 상습적으로 날치기를 하는 사람.
날치=꾼[명] 날아가는 새를 쏘아 떨어뜨리는 사냥꾼. master shot
날치-다[재] 《동》 날뛰다.
날카롭-다[형][브불] ①끝이 뾰족하다. pointed ②서슬이 서 있다. 잘 들다. ¶날카로운 칼. sharp ③재능·기술 등이 뛰어나다. ¶머리가 ~. bright ④날렵하고 영민하다. 민감하다. ¶날카로운 감각. quick ⑤엄하다. 가차없다. strict ⑥기세가 힘차고 억세다. ¶날카로운 반박. violent ⑦깊숙히 내부까지 꿰뚫는 기세가 있다. ¶날카로운 눈초리. penetrating ⑧성질이 너그럽지 못하여 걸핏하면 남을 톡톡 쏘다. ¶날카로운 신경. 《대》 무디다. sharp **날카로=이**[부]
·ᄂᆞᆯ캅-·다/ᄂᆞᆯ캅-·다[형] 《고》 날카롭다.
날캉=거리-다[재] 썩 물러서 저절로 늘어져 자꾸 처지게 되다. 《큰》 늘컹거리다. **날캉=날캉**[부] **하**[형]
날캉=하-다[형][여불] 너무 물러서 저절로 늘어져 처지게 되다. 《큰》 늘컹하다. drooping
날큰=거리-다[재] 물러서 늘어지는 느낌이 있다. 《큰》 늘큰거리다. lithe **날큰=날큰**[부] **하**[형]
날큰=하-다[형][여불] 너무 물러서 늘어지다. 《큰》 늘큰하다. droop lithely **날큰=히**[부]
날탕[명] 아무 것도 가지지 않은 사람. good-for-nothing
날탕패에 건달 부랑자[속] 돈 한 푼 없는 건달 놈팡이.
날=틀[명] 베를 짤 때 날을 바로잡는 기구. warp adjuster
날=파람[명] ①빠르게 날아가는 결에 나는 바람. gust of wind ②열쌘 기세. high spirit
날파람=둥이[명] 주책없이 헐렁거리고 싸다니는 사람의 비유.
날=포[명] 하루 이상이 걸치어진 동안. several days
날=품[명] 날삯을 받고 일하는 수고. ¶~을 팔다. day labour
날품=팔이[명] ①날품을 파는 일. 일용(日傭). 일고(日雇). day labourer ②《약》→날품팔이꾼. **하**[재]
날품팔이=꾼[명] 날삯을 받고 품팔이 일을 하는 사람. 《약》 날품팔이②.
날피[명] 가난하고 허랑한 사람. poor and frivolous person
날=피리[명] 급히 쫓길 때에 물위로 뛰어 달음질하는 피라미.
날·호야[부] 《고》 더디게. 천천히.
날호여[부] 《고》 천천히. 더디게.
날혹ᄌᆞ녹ᄒᆞ-다[형] 《고》 찬찬하고 조용하다. 더디고 조용하다.
날=홈[명] 대팻날이 끼어 있는 홈. blade groove of a plane
날회-다[형] 《고》 천천히 하다. 더디다.
날·회·야[부] 《고》 더디게. 천천히.
날·회·야ᄒᆞ-·다[타] 《고》 천천히 하다.
날회여[부] 《고》 천천히. 더디게.
낡-다[낙—][형] ①물건이 삭아서 헐 정도로 오래 되다. ¶낡은 가방. old ②구식(舊式)이 되다. ¶낡은 습관. become old-fashioned
ᄂᆞᆰ-다[형] 《고》 낡다.
낡아=빠지-다[형] 매우 낡아서 쓸모없이 되다. ¶낡아빠진 생각.
낡은=이[명] 늙은이를 얕잡아 이르는 말.
남[명] ①자기 밖의 사람. 타인(他人). 《대》 나. other persons ②일가가 아닌 사람. unrelated person ③관계를 끊은 사람. 타인(他人). ④〈철학〉 '나'가 아닌 일체의 것. 비아(非我).
남(男)[명] ①《동》 사내. ②《약》→남작(男爵).
남(南)[명] 《약》→남쪽.
남(藍)[명] ①《약》→남빛. ②《동》 쪽⑤.
남=(男)[접두] 남자라는 뜻. ¶~동생. 《대》 여(女). man, boy
·ᄂᆞᆷ[명] 《고》 남. 사람.
남가(南家)[명] 마작(麻雀)에 쓰는 말로, 남쪽에 있어서 북가(北家)와 대면하는 사람. 《대》 북가(北家).
남가 일몽(南柯一夢)[명] 한때의 헛된 부귀와 영화. 당(唐)나라의 소설 남가기(南柯記)에서 유래한 말. 남가지몽(南柯之夢). ¶부귀와 영화도 ~이다. empty dream
남가지=몽(南柯之夢)[명] 《동》 남가일몽(南柯一夢).
남간(南間)[명] 〈제도〉 조선조 때, 의금부(義禁府) 안의 남쪽에 있던 사형수를 가두는 옥(獄).
남ː거(濫擧)[명] 현인(賢人)과 우인(愚人)의 구별이 없이 함부로 마구 사람을 씀. ¶~로 그 나라는 멸망했다. indiscriminate employment **하**[타]
남경(男莖)[명] 《동》 자지.
남경(南京)[명] ①〈역사〉 고려 때의 사경(四京) 중의 하나. 지금의 서울. ②〈역사〉 발해(渤海) 오경(五京)의 하나. 남해부(南海府). ③〈지리〉 중국에 있는 도

남경 북완(南梗北頑) 전부터 나라의 근심거리로 되어 있던, 남쪽의 일본과 북쪽의 여진(女眞)을 이르던 말. 「계(系). male line

남계(男系)[명] 남자의 계통. ¶~ 가족(家族). 《대》여계(女系).

남계(南界)[명] 〈생물〉동물 지리학상의 한 지역. 오스트레일리아 일대를 이름.

남공(男工)[명] 남자 직공. 《대》여공(女工). workman

남과(南瓜)[명] 〈동〉호박.

남:광(嵐光)[명] 산기(山氣)가 발하여 빛을 냄.

남교(南郊)[명] 서울의 남대문 밖. southern suburb

남구(南歐)[명] 〈지리〉유럽의 남부인 이탈리아·프랑스 남부·스페인·포르투갈 등지. 《대》북구(北歐). Southern Europe

남구 문학(南歐文學)[명]〈문학〉이탈리아를 중심으로 한 남쪽 유럽 여러 나라 문학의 총칭. 명랑하고 열정적인 것이 그 특색임. South European literature

남국(南國)[명] 남쪽에 위치한 나라. 《대》북국(北國). southern countries

남국 정서(南國情緖) 남쪽 나라의 정서. 남쪽 나라에 특유한 밝고 자극적이며 정열적 풍광이 자아내는 기분이나 분위기.

남군(南軍)[명] ①남쪽에 위치한 군대. ②〈역사〉미국 남북 전쟁 때의 남쪽 군대. 《대》북군.

남궁(南宮)[명]〈제도〉조선조 때의 예조의 딴이름.

남극(南極)[명] ①〈지리〉지축(地軸)의 남쪽 끝. South Pole ②〈물리〉자침(磁針)이 가리키는 남쪽 끝. 《대》북극(北極).

남극 거리(南極距離)〈천문〉천구(天球)에 있어서 남극으로부터 어떠한 천체까지의 자기리(角距離). 《대》북극 거리(北極距離).

남극계(南極界)[명]〈생물〉동물 지리학의 하나. 남극 일대를 포함하며 바다 동물이 풍부함. 《대》북극계(北極界). 「북극광.

남극광(南極光)[명]〈지리〉남쪽에 나타나는 극광. 《대》

남극권(南極圈)[명]〈지리〉남극을 중심으로 하여 남위 66도 33분의 지점을 연결한 위선. 또, 그 이남의 지역. 《대》북극권(北極圈). Antarctic Circle

남극 노인성(南極老人星)[명]〈천문〉남극 가까이 있어, 수명을 맡아본다는 별. 남극성(南極星). 《약》노인성(老人星). 극성(極星). South Pole Star

남극 대륙(南極大陸)[명]〈지리〉남극을 중심으로 한 대륙. Antarctic Continent

남극성(南極星)[명] 남극 노인성(南極老人星).

남극양(南極洋)[명]〈동〉남극해.

남극주(南極洲)[명] 남극 지방.

남극 지방(南極地方)〈지리〉남극을 둘러싼 바다와 육지의 지역. 남극주. 《대》북극 지방. Antarctica regions

남극 탐험(南極探險)[명] 남극 대륙의 지리적 조사와 과학적 연구를 목적으로 행하여진 탐험. Antarctic expedition

남극해(南極海)[명]〈지리〉남극권내에 있는 해양의 총칭. 태평양(太平洋)·대서양(大西洋)·인도양(印度洋)이 남극 대륙을 둘러싼 부분이며 1년내 얼음에 덮여 있음. 남극양. 남빙양(南氷洋). Antarctic Ocean

남근(男根)[명]〈동〉남자 자지.

남근 숭배(男根崇拜)[명] 남근같이 생긴 것을 생산의 힘이나 개운(開運)의 신으로 받드는 원시 신앙의 하나.

남:기(嵐氣)[명]~¹. 「나.

남기다(他①치처 있게 하다. ¶젓먹이를 집에 ~. leave ②남아 있게 하다. ¶유산을 ~. ③이 남게 보게 하다. ¶많이 남기고 팔다. make a profit

남기 북두(南箕北斗) 남쪽의 기성(箕星)은 쌀을 까불지 못하고, 북쪽의 두성(斗星)은 쌀을 되지 못하다는 데서, 유명 무실(有名無實)함을 이름.

남김=없이[이[] ①하나도 빼어 놓음이 없이 죄다. ②여유를 조금도 남기지 않고 있는 대로 전우.

남-날개 사냥꾼이 화약이나 탄알을 넣어 가지고 다니는 그릇의 총칭. ammunition pouch

남=남 남과 남. unrelated person 「ated persons

남=끼리[] 아무런 관계도 없는 사람들끼리. unrel-

남남동(南南東)[명] 남쪽과 남동쪽과의 사이의 방향.

남남북녀(南男北女) 우리 나라에서 남쪽 지방은 남자가 잘나고, 북쪽 지방은 여자가 아름답다는 말.

남남서(南南西)[명] 남쪽과 남서쪽과의 사이의 방향.

남남서풍(南南西風)[명]〈지리〉남쪽과 남서쪽과의 사이에서 불어오는 바람. 「을 수 없이 재잘거리다.

남남-하다(喃喃─)[형] 혀를 빨리 놀리어 알아들

남녀(男女)[명] 남자와 여자. man and woman

남녀 공:학(男女共學)[명]〈교육〉남녀를 한 학교 또는 한 학급에 수용하여 행함. co-education 하[타]

남녀 노:소(男女老少)[명] 남자와 여자와 늙은이와 젊은이. 「同權).

남녀 동권[─꿘](男女同權)[명]→남녀 동등권(男女

남녀 동등(男女同等)[명] 남녀의 차별 없이 지위가 꼭 같음. 남녀 평등(男女平等). equality of the sexes

남녀 동등권[─꿘](男女同權)[명]〈사회〉남녀가 차별 없이 똑같이 가지는 권리. 《약》남녀 동권.

남녀 동등시(男女同等視)[명] 남녀가 같은 지위에 있어, 높고 낮은 차별이 없다고 보는 일. 하[타]

남녀=별(男女別)[명] 남녀의 구별. sex distinction

남녀 상열지사(男女相悅之詞)―[―](男女相悅之詞)〈문학〉조선조 초기의 한학자들이 남녀의 애정을 주제로 한 고려 가요를 업신여겨서 부르던 이름.

남녀=악(男女樂)[명]〈음악〉남악(男樂)과 여악(女樂).

남녀=유:별(男女有別)[명] 남자와 여자와는 분별이 있음.

남녀=종(男女─)[명] 남자 종과 여자 종. 《약》하[종].

남녀 추니(男女─)[명] 남녀의 생식기를 모두 가진 사람. 반음양(半陰陽). hermaphrodite

남녀 칠세 부동석(男女七歲不同席)[명] 중국의 옛 도덕에서, 일곱 살만 되면 남녀 구별을 하여야 한다는 말.

남녀 평등(男女平等)[명]《동》남녀 동등(南同等). 「말.

남:녘(南─)[명] ①남쪽 방면. 남방(南方)². 남쪽①. south

남노(男奴)[명] 남자종. male slave

남 눈 똥에 주저앉고 애매한 두꺼비 떨돌에 치인다[] 남의 잘못으로 죄없는 사람이 애매하여서 화를 입는다는 말.

남:-다[―따]①[자]①어떤 한도를 넘다. 일정한 한도 밖에 더 있다. ¶~. remain ②따로 처져 있다. ¶끝까지 ~. be left ③뒤에까지 전하다. ¶이름이 ~. be inherited ④이익을 보다. ¶천 원이 ~. 《대》달리다

남-다[고] 넘다. 「다. profit

남-다르다[르][형] 다른 사람보다 특별히 다르다. unusual 「mity

남단(南端)[명] 남쪽 끝. 《대》북단(北端). south extre-

남단(南壇)[명]→남방 토룡단(南方土龍壇).

남-달리[] 남다르게. 특히. ¶그녀는 ~ 문학을 좋아한다. extraordinarily

남대(南臺)[명]〈제도〉학문과 덕행(德行)이 뛰어나서 추천을 받아 뽑힌 대관(臺官).

남=대되[] 남들은 죄다. 사람마다. 남같이.

남대문(南大門)[명] 숭례문을 남쪽에 있는 큰 문이라는 뜻으로 이르는 말. 숭례문(崇禮門).

남대문 구멍 같다[] 매우 큰 구멍을 이르는 말.

남대문 입납(南大門入納)[명] ①주소를 똑똑히 적지 않은 편지나 이름도 모르고 집을 찾는 것을 조롱하여 이름. ②요령을 알 수 없는 말.

남도(南道)[명] ①우리 나라의 남쪽 지방인 충청·경상·전라도 지방을 가리키는 말. 남중(南中)①. 《대》북도(北道). southern provinces ②〈종교〉대종교(大倧教)에서 백두산 이남의 땅. 곧, 조선 반도를 가리키는 말.

남도=소리(南道─)[명] 남도 지방, 특히 전라도 지방에서 전통적으로 이어져서 발전해온 노래들. 남도창(南道唱).

남도=창(南道唱)[명]《동》남도소리.

남:-독(濫讀)[명] 서책을 닥치는 대로 마구 읽음. ¶~의 버릇은 고쳐야 한다. 《대》정독(精讀). desul-

남동광(藍銅鑛)[명]〈광물〉공작석이 수분의 일부분을 잃고 변성한 함수(含水) 탄산광(炭酸鑛). 채색(彩色)의 원료로 쓰임.

남-동생(男同生)[명] 사내 아우. 《대》여동생. younger brother

남동-풍(南東風)[명]〈동〉동남풍.

남두-칠성(南斗七星)[명]〈동〉두성(斗星)②.

남 떡 먹는데 팥보숭이 떨어지는 걱정한다[속] 남의 일에 쓸데없는 걱정을 한다.

남려(南呂)[명]〈음악〉육려(六呂)의 다섯째로 십이율(十二律)의 열째 계단의 소리.

남록(南麓)[명] 남쪽 기슭.

남-루(襤褸)[명] ① 누더기. ② 옷 따위가 해져 지저분함. ¶∼한 행색(行色). raggedness 하다

남=마구리(南一)[명]〈광물〉남쪽으로 뚫린 광산 구덩이의 남쪽에 있는 마구리. 《대》북마구리.

남만(南蠻)[명] 사이(四夷)의 하나로서 옛날 중국에서 그 나라 남쪽에 사는 열리지 못한 민족들을 가리킴. 남이(南夷). Southern Barbarians

남만 북적(南蠻北狄)[명] 남쪽 오랑캐와 북쪽 오랑캐. southern and northern barbarians

남매(男妹)[명] 오라비와 누이. 오누이. brother and sister

남매-간(男妹間)[명] 오누이 사이.

남면(南面)[명] ① 앞面 남쪽으로 향함. facing the south ②〈제도〉임금이 앉는 자리의 방향. direction of a throne 하다

남명(南冥·南溟)[명] 남방에 있다는 대해(大海). ern sea

남묘(南廟)[명]〈민속〉서울 남대문 밖에 있는 관우(關羽)의 혼령을 모신 사당. 본명은 남관왕묘(南關王廟).

남무(男舞)[명] 옛날에 기생이 남창의 (藍氅衣)를 입고 추던 춤. 남무(男舞).

남무(男無)[명]〈원〉→나무(南無).

남문(南門)[명] 성곽(城廓)의 남쪽에 있는 문. 《대》북문(北門). south gate

남미(南美)[명]〈지리〉남아메리카.

남미 대=륙(南美大陸)[명]〈지리〉파나마 지협(地峽) 이남의 아메리카 대륙.

남-미주(南美洲)[명]〈지리〉남아메리카주.

남미 항=로(南美航路)[명] 북미 동해안이나 유럽 서남해안의 여러 항구에서 남미 동해안 항구에 이르는 항로.

남바위[명] 추울 때 머리에 쓰던 모자의 하나. 《로》

남반(南班)[명]〈제도〉고려 때, 액정국(掖庭局)과 내시부(內侍府)의 벼슬아치.

남-반구(南半球)[명]〈지리〉적도를 경계로 지구를 둘로 나눈 경우의 남쪽 부분. 《대》북반구(北半球). southern hemisphere

남=발(濫發)[명] 법령·지폐·탄환 등을 함부로 발포(發布)·발행·발사함. 난발(亂發)②. overissue 하다

남방(南方)[명] ① 남녘. ② 남녘. 《대》북방.

남방 불교(南方佛敎)[명] 아소카왕 이후 남인도 지방과 버마·타이·스리랑카 등지에 전파된, 소승(小乘)에 속하는 불교.

남방 셔츠(南方 shirts)[명] 여름에 양복 저고리 대신 입는 남양풍의 남자 옷옷. aloha shirts

남방 토룡단(南方土龍壇)[명]〈제도〉오방 토룡제(五方土龍祭)를 지내던 제단의 하나로 서울 남산의 남쪽 기슭, 한강 북쪽에 있음. 《약》남단(南壇).

남방 화=주(南方化主)[명]〈불교〉남방에서 중생(衆生)을 교화(敎化)하는 주인이라는 뜻으로, 지장 보살(地藏菩薩)을 가리키는 말. [男優]. actor

남-배우(男俳優)[명] 남자 배우. 《대》여배우. 《약》남우

남=벌(濫伐)[명] 함부로 나무를 벰. ¶∼ 금지(禁止). reckless deforestation 하다

남=벌(濫罰)[명] 이유 없이 함부로 벌을 주는 일. 난벌(亂罰). 《대》남상(濫賞). unlawful punishments 하다 [law 하다

남=법(濫法)[명] 법을 마구 어지럽힘. abuse of

남벽(藍碧)[명] 짙은 푸른 빛. [area

남변(南邊)[명] 남쪽 가장자리 부분. 남 가. southern

남=병사(南兵使)[명]〈제도〉남병영(南兵營)에 있던 병마 절도사(兵馬節度使). 「청」에 있던 업무도 같음.

남=병영(南兵營)[명]〈제도〉조선조 때, 함경도 북청(北

남복(男服)[명] ① 남자의 옷. 《대》여복(女服). men's wear ② 여자가 남자 옷을 입음. male attire 하다

남본(藍本)[명]〈동〉원본(原本). 원전(原典). 「다.

남-불정(─정)[명] 남을 대하여 볼 면목. 체면. ¶∼없

남=봉(濫捧)[명] 수량(數量)을 마구 더 받음. 하다

남부(南部)[명] ① 남쪽에 딸린 부분. 《대》북부. southern part ②〈제도〉서울 5부에서의 남부. 또, 그 곳을 관할하던 관아. 「남=부끄러이

남-부끄럽-다[르변] 남을 대할 낯이 없다. shameful

남-부럽-다[르변] 남의 훌륭한 점을 보고 그와 같이 되고 싶어하다. be envious of others

남-부럽잖-다[형]〈약〉→남부럽지 않다.

남-부럽지 않다[형] 형세가 좋아서 남이 부럽지 않을 만하다. 《약》남부럽잖다.

남부 여대(男負女戴)[명] 남자는 지고, 여자는 인다는 뜻으로, 가난한 사람이 이리저리 떠돌아다니면서 살아감을 이름. wandering life 하다

남북(南北)[명] 남쪽과 북쪽. north and south

남북=극(南北極)[명]〈지리〉남극과 북극. North and South poles

남북-나-다(南北一)[자] 머리통의 앞뒤가 툭 내밀다. poles a protruding head ¶벌스럽거나 또는 어울리지 않게 한 부분이 불쑥 나오다.

남북 대=화(南北對話)[명] 휴전선을 경계로 하여 대치하고 있는 상태를 해소하고, 조국의 평화적 통일을 궁극의 목적으로 하여, 우리 정부와 북한 공산 집단 사이에 이루어지는 정치적 회담. dialogue between South and North Korea 「은 광맥.

남북=맥(南北脈)[명]〈광물〉주향(走向)이 남북으로 뻗

남북 전쟁(南北戰爭)[명]〈역사〉아메리카 합중국의 남부와 남부 사이에서 노예 문제를 중심으로 일어났던 싸움. Civil war

남북-조(南北朝)[명]〈역사〉중국 국토 분열 시대(420∼589)의 남조(南朝)와 북조(北朝).

남북조 시대(南北朝時代)[명]〈역사〉중국 동진(東晉)이 분열하여 수(隋)에 이르러 통일하기까지의 약 270년간의 시대.

남북 조절 위원회(南北調節委員會)[명] 1972년 '조국의 자주적 평화 통일'을 이룩하기 위한 원칙을 성실히 이행하기 위하여 발족된 대한 민국과 북한과의 공동 위원회.

남북촌 편사(南北村便射)[명]〈제도〉조선조 고종(高宗) 13년 서울 남북촌에서 서대문까지의 큰 길을 경계로 남북이 갈려 활 쏘기의 승부를 겨루던 일.

남북 통=일(南北統一)[명] ① 남부와 북부를 합쳐 하나로 함. ② 제2차 대전 후 38°선으로 양단되어 있는 남한과 북한을 통일하여 하나로 뭉치는 일. 하다

남=분(濫分)[명] 분수에 넘침. ¶∼한 태도. extravagance 하다 「절약(節約). waste 하다

남=비(濫費)[명] 돈이나 물건 등을 함부로 소비함. 《대》

남비[←なべ 鍋][명]〈海〉.

남빙-양(南氷洋)/남빙=해(南氷海)[명]〈동〉남극해(南極海).

남-빛[─삔](藍─)[명] 푸른빛과 자줏빛의 사이 빛. 남색(藍色). indigo

남빛꽃-하늘소[─삗─쏘](藍─)〈곤충〉하늘소과에 딸린 곤충. 몸 길이 15mm 가량으로 몸 빛은 흑록색이며, 단단하고, 촉각과 다리는 흑람색임. 나무의 줄기를 갉아먹는 해충임.

남-사당(男寺黨)[명]〈민속〉사당 복색을 하고 이리저리 다니면서 소리나 춤을 팔던 남자. travelling clown 「of players

남사당=패(男寺黨牌)[명]〈민속〉남사당의 무리. troupe

남산(南山)[명] 남쪽에 있는 산.

남산골 딸깍발이[─꼴─](南山─)[명] 가난한 선비를 통하는 말. 옛날에 서울 남산골 선비들이 가난하여 나막신을 신은 데서 온 말. wretched scholar

남산골 샌:님[―꼴―](南山―) 가난하면서도 오기(傲氣)만 남은 선비를 비웃어 이르던 말. poor scholar

남산골 샌님이 역적 바라듯 ①가난하고 영락한 사람이 엉뚱한 일을 바란다는 말. ②불우한 처지에 있는 사람은 늘 불평을 품고 있다는 말.

남산 소나무를 다 주어도 서캐조롱 장사는 하겠다 소견이 좁고 옹졸하다는 말.

남산=수(南山壽) 시경(詩經), 천보(天保)의 편(篇)에 있는 말로 종남산(終南山)이 한결이 세상에 있는 것처럼, 장수(長壽)할 것을 비는 말. long life

남산=제:비꽃(南山―)〖식물〗제비꽃과에 딸린 다년생 풀. 줄기가 없으며 잎은 뿌리로부터 더부룩 나고 세갈래로 갈라졌음. 4~6월에 줄기 끝에 흰 꽃이 됨.

남산=종(南山宗)〖동〗계율종(戒律宗).

남:살(濫殺)〖명〗함부로 죽임. unlawful executions 하타

남삼=하:다(濫蔘―)〖여불〗머리채가 숱지고 치렁치렁하다.

남상(男相) 남자의 얼굴처럼 생긴 여자의 얼굴 모양. (대)여상(女相). woman with mannish features

남:상(濫觴)〖명〗마구 상을 줌. (대)남벌(濫罰). 하타

남:상(濫觴)〖명〗사물의 맨 처음. 시작. 근원(根源). ¶문학의 ~. origin

남상=거리-다〖자〗욕심이 나서 자꾸 갸웃거리다. 《큰》넘성거리다. covetous **남상=남상**〖부〗

남상=지르-다(男相―)〖여르〗여자가 사내 얼굴처럼 생기다. mannish-faced [마(菜麻). vegetables

남새(南塞) 무·배추 따위와 같이 심어서 가꾸는 나물. 채

남새=밭 남새를 심는 밭. 채소밭.

남색(男色)〖동〗비역.

남색(藍色) 남빛. [시. (대)홍쌍짜리.

남색=짜리(藍色―) 남색 치마를 입은 시집간 새색

남생이〖동물〗남생이과에 딸린 민물에 사는 동물. 거북이와 비슷한데 좀 작고 등은 평평하며 매우 굳으며 물고기·조개·물벌레를 먹고 삶. 수귀(水龜).

남생이=돼:지벌레〖동〗남생이잎벌레. tortoise

남생이 등 맞추듯 남생이 등은 둥글게 되어 있어 두 개가 서로 맞닿을 때에 맞추려는 데서 무엇을 갖다 맞추어서 꼭 맞지가 않았을 때에 쓰는 말.

남생이=잎벌레〖곤충〗잎벌레과에 딸린 곤충. 몸 길이 7mm 이내로 등은 회갈색 또는 흑색이고 배는 흑색임. 사탕무 등의 잎을 먹는 해충으로 한국

남상〖고〗남생이. [에도 분포함. 남생이돼지벌레.

남서(南西)〖명〗서남(西南).

남서=풍(南西風)〖동〗서남풍(西南風).

남선 북마(南船北馬) 중국의 남쪽은 강이 많아 주로 배를 이용하고, 북쪽에서는 주로 말을 이용한다는 데서, 사방으로 늘 여행함을 이르는 말. constant travelling

남=선생(男先生) 남자 선생. (대)여선생.

남섬=석(藍閃石)〖광물〗소다(soda)를 내포하고 있는 기다란 각섬석(角閃石). glaucophane

남섬 편암(藍閃片岩)〖광물〗남섬석이 주성분으로 된 편암.

남성(男性)〖명〗①사내. male sex ②남자의 성질이나 체질. ③〖어학〗인도 유럽어에서, 단어를 성(性)에 따라 구별하는 말. (대)여성(女性). masculine gender

남성(男聲)〖명〗①남자의 목소리. ②〖음악〗성악에서 남자의 성부(聲部). 즉, 버너·바리톤·베이스. (대)여성(女聲). male voice

남성(南星)〖명〗→천남성(天南星).

남성=국(南星麴)〖동〗남성의 새앙즙과 백반(白礬)과 천남성(天南星)을 섞어서 만든 누룩.

남성 대:명사(男性代名詞)〖어학〗일부 외국어 문법에서, 대명사를 성(性)으로 가른 하나.

남성 명사(男性名詞)〖어학〗일부 외국 문법에서, 명사를 성으로 가른 하나.

남성=미(男性美)〖명〗남성 특유의 남자다운 아름다움. (대)여성미(女性美). masculine beauty

남성=지-다(男性―)〖여〗여자가 남자의 성질과 비슷하다. mannish

남성=지르-다(男聲―)〖여르〗여자가 남자의 목소리와 같다. [for men's voices

남성 합창(男聲合唱)〖명〗남자만으로 하는 합창. chorus

남성 호르몬(男性 hormone)〖명〗〖생리〗남성의 정소(精

남세(濫―)〖약〗→남우세. [巢)에서 분비되는 호르몬.

남소(南小)〖역사〗조선조 시대의 사색 당파(四色黨)중 남인(南人)과 소북(小北)을 아울러 이름.

남:소(濫訴)〖명〗함부로 소송을 일으킴. 하타

남송(南宋)〖명〗북송(北宋)이 금(金)나라에 밀려 남쪽 항주(杭州)에 세운 나라. [vict

남수(男囚)〖명〗남자 죄수. (대)여수(女囚). male con-

남순 동:자(南巡童子)〖불교〗관세음 보살의 왼쪽에 있는 보처존(補處尊).

남=술(男―)〖명〗남자의 숟가락. (대)여술. man's spoon

남=스님(男―)〖명〗남자 스님. 남승(男僧). (대)여스님.

남=스란치마(藍―)〖명〗남빛의 스란치마.

남승(男僧)〖명〗남자 스님. 남스님. (대)여승(女僧). monk

남:식(濫食)〖명〗가리지 않고 함부로 막 먹음. ¶~했더니 배탈이 났다. intemperance in eating 하타

남실(濫實)〖동〗〈한〉의 쪽의 씨. 약재로 씀.

남실=거리-다〖자〗①탐이 나서 목을 빼고 넘겨다보다. look with one's neck stretched ②물결이나 긴 헛바닥이 나울거리다. 《큰》넘실거리다. surge **남실=남실**〖부〗 [경풍(輕風)

남실=바람〈지학〉초속 1.6~3.4미터로 부는 바람.

남십=자-가(南十字星)〖명〗남십자자리.

남십자=자리(南十字―)〖명〗남쪽 하늘 별자리의 하나. 켄타우스(Centaurus)자리의 남쪽에 보임. 4개의 밝은 별이 십자형으로 되어 있어 이 이름이 있음. 남십자성. [(女兒). boy

남아(男兒)〖명〗①남자. man ②사내 아이. (대)여아

남아 돌-다〖자르〗사람이나 물건이 아주 흔해서, 여분이 많다.

남아 수독 오거서(男兒須讀五車書)〖명〗남자는 모름지기 다섯 수레에 실을 만한 많은 책을 읽어야 한다.

남아 일언 중천금(男兒一言重千金)〖명〗남자의 한 마디 말은 천금과 같이 무겁다.

남악(男樂)〖제도〗외연(外宴) 때 무동(舞童)에게 시키던 정재(呈才). (대)여악(女樂).

남=여(藍輿)〖명〗의자 비슷하여 뚜껑이 없는 가마. ¶~완보(緩步). sedan chair without cover

남=옥저(南沃沮)〖역사〗함경 남쪽에 있었던 옛 부족. '북옥저'에 대하여 '옥저'라고도 이름.

남요(摘要)〖명〗요점을 추림. summary 하타

남:용(濫用)〖명〗함부로 씀. 낭비(浪費). ¶직권 ~. (대)절용(節用). abuse 하타 [actor

남우(男優)〖명〗남자 배우. 남배우. (대)여우(女優).

남우세 남에게 웃음과 조롱을 받게 됨. 〈약〉남세. disgrace 하타 스럽〖여〗 스레〖부〗

남위(南緯)〖지리〗지구의 적도로부터 남쪽의 위도. (대)북위(北緯). south latitude

남위=선(南緯線)〖지리〗적도 이남의 씨줄. (대)북위선(北緯線). south parallel

남을 물에 넣으려면 제가 먼저 물에 들어간다 남을 해치려고 하면 제가 먼저 그 같은 어려움을 당하게 된다.

남음(濫飮)〖명〗마구 마심. 하타

남의 고기 한 점 먹고 내 고기 열 점 준다 남의 것

남의나이[명] 환갑이 지난 뒤의 나이를 일컫는 말.
남의-눈[명] 여러 사람의 시선. 이목(耳目)③.
남의 눈에 눈물 내면 제 눈에는 피가 난다[속] 남에게 모질고 악한 짓을 하면 반드시 저는 그보다 더한 죄벌을 받게 된다 [하여 한 일이 되었다.
남의 다리 긁는다[속] 자기를 위하여 한 일이 남을 위
남의-달[명] 해산할 달 그 다음 달.
남의달 잡다[구] 아이를 달의달에 낳게 되다.
남의 떡에 설 쉰다[속] 남의 힘을 입어서 일을 이룬다.
남의 말 다 들으면 목에 칼 벗을 날 없다[속] 남의 말에 순종만 하면 낭패보는 일이 많으니 가려 들어야 한다. [나면 흐지부지 없어진다.
남의 말도 석 달[속] 아무리 떠들썩한 소문도 시일이 지
남의말이면 쌍지팡이 짚고 나선다[속] 남에게 시비를 잘 걸고 나선다. [지극히 쉽다.
남의 말하기는 식은죽 먹기[속] 남의 흠을 찾아내기가
남의 바지 입고 새 벤다[속] 남의 것을 소비하여서 제 일을 이룬다.
남의 밥에 든 콩이 굵어 보인다[속] ①제가 가진 것보다 남이 가진 것이 더 좋아 보인다. ②남이 가진 것이면 다 좋아 보여 가지고 싶어한다.
남의 밥은 맵고도 짜다[속] 남의 집에 가서 일을 해 주고 먹고 사는 것은 매우 고생스럽고 어려운 일이다.
남의 사돈이야 가거나 말거나[속] 자기에게는 아무런 이해 관계가 없어 상관할 게 없다.
남의 사위가 나갔다 들어갔다[속] 남이 무슨 일을 하거나 자기에는 아무 상관이 없다.
남의살-같다[형] 피부의 신경이 아주 무디게 되어 감각을 느낄 수 없다.
남의 싸움에 칼 뺀다[속] 자기와는 관계도 없는 일에 공연히 흥분하여 참섭(參涉)한다.
남의 아이 한 번 때리나 열 번 때리나 때렸단 소리 듣기는 마찬가지다[속] 잘못하지 않은 일은 조금 하나 많이 하나 꾸중 듣기는 마찬가지라는 말.
남의 염병이 내 고뿔만 못하다[속] 남의 큰 걱정이나 위험보다 제 작은 근심거리가 더 절박하게 느껴진다.
남의 옷 얻어 입으면 걸레감만 남고 남의 서방 얻어 가면 송장만 치운다[속] 남의 헛된 것이나 임기와 남의 남자에게 개가하는 일이 아니다.
남의 일이라면 쌍지팡이 짚고 나선다[속] 결딏하면 남에게 시비를 걸고 나선다.
남의 잔치에 감 놓아라 배 놓아라 한다[속] 남의 일에 부당한 참견을 한다.
남의 장단에 춤춘다[속] 넋 빠진 사람. 또는 관계없는 남의 일에 관심을 가진다.
남의집 살-다[자르] 남의 집 일을 도와 주며, 그 집에서 산다. works as a domestic servant
남의집-살이[명] 남의 집 일을 해 주면서 그 집에 사는 일. 또, 그 사람. 고용살이.
남의 친환에 단지[속] ①남의 일에 공연히 근심한다. ②남의 일에 쓸데없이 참견한다.
남의 흉이 한 가지면 제 흉은 열 가지[속] 자기는 더 많은 결점을 가졌으면서도 남의 흉을 들추어 나쁘게 말한다.
남이(南夷)[명] [동] 남만(南蠻). [말함을 이름.
남이야 내 상전을 두려워할까[속] 내가 두려워한다고 해서 관계없는 남이 그를 두려워할 까닭이 없다.
남이 장에 간다고 하면 거름 지고 나선다[속] 줏대없이 행동하거나 남의 일에 덩달아 행동한다.
남이 친 장단에 궁둥이 춤춘다[속] 줏대없이 행동하거나 관계없는 일에 남이 영달아 행동한다.
남인(南人)[명] 조선조 시대의 사색(四色) 당파의 하나. 북인에 대하여, 유성용(柳成龍)을 중심한 당파.
남인맞-다[자] 시집가다. [대] 북인(北人).
남자(男子)[명] [동] 사나이. [기개가 있다.
남자-답-다(男子-)[형르] 남자로서의 씩씩하고 강한
남자-색(藍紫色)[명] 남빛을 띤 보라색.
남작(男爵)[명] 오등작(五等爵)의 끝 작위(爵位). [약]

남(男)②. baron
남작(南鵲)[명] 집의 남쪽에 서 있는 나무 위에 집을 짓고 사는 길조(吉兆)의 까치.
남:작(濫作)[명] 글이나 시 같은 것을 함부로 지음. overproduction 하다
남 잡이가 제 잡이다[속] 남을 해하려고 한 일은 도리어 자기를 해하는 결과가 된다.
남장(男裝)[명] 여자가 옷이나 차림새를 남자와 같이 꾸밈. [대] 여장(女裝). male attire 하다
남:장(濫杖)[명] 죄인에게 규정 이외의 매를 더 때림. 또, 그 매. 하다
남장 미인(男裝美人) 남장을 한 아름다운 여인.
남적도 해:류(南赤道海流)[명] [지리] 남위 10도 부근을 동쪽에서 서쪽으로 흐르는 해류. [대] 북적도 해류. South equatorial current
남전 북답(南田北畓)[명] 남쪽의 밭과 북쪽의 논이라는 뜻으로, 가지고 있는 논밭이 여기저기 흩어져 있음을 이르는 말.
남점[-쩜](南點)[명] 지평(地平) 위에서 정남(正南)의 지점. [대] 북점(北點). south point
남정(男丁)[명] 열다섯이 넘은 장정. 젊은 남자. grown up boy of over fifteen
남정(南征)[명] 남쪽을 정벌함. 하다
남정(南庭)[명] ①집의 남쪽에 있는 뜰. south garden ②[제도] 성균관(成均館) 안의 명륜당(明倫堂) 남쪽에 있는 뜰. [말. men
남정-네(男丁-)[명] 하류 여자들이 남자들을 일컫는
남정 북벌(南征北伐)[명] 남쪽을 정복하고 북쪽을 토벌함. 하다
남정-석(藍晶石)[명] [광물] 삼사 정계(三斜晶系)에 딸린 규산 광물. 빛깔은 남정색 또는 백색으로, 고온 내화(高溫耐火) 재료로 쓰임.
남:제(濫製)[명] 품질은 생각지 않고 그저 많이 만들어 냄. 남조(濫造). careless manufacture 하다
남조(南朝)[명] [역사] 중국 남북조 시대에 남쪽에 자리잡았던 나라들의 조정(朝廷). [대] 북조(北朝).
남:조(濫造)[명] [동] 남제(濫製). 하다
남존 여비(男尊女卑)[명] 사회적 지위가 남자는 높고 여자는 낮다는 말. ¶~의 사상은 버려야 한다. [대] 여존 남비(女尊男卑). predominance of man over woman
남종(南宗)[명] ①[미술] 중국 당(唐)나라 왕유(王維)를 원조로 삼은 화파(畵派)의 한 파. ②[불교] 불교에서 중국 선종(禪宗)의 한 파.
남종=화(南宗畵)[명] [미술] 중국 당(唐)나라 왕유(王維)를 원조로 삼는 화파의 그림 유파. 먹물을 주로 하여 간소한 기교로 시적(詩的) 정서(情緖)를 표현하는 것이 특징임. [대] 북종화(北宗畵). [약] 남화(南畵).
남좌 여우(男左女右)[명] [민속] 음양설(陰陽說)에서 왼쪽을 양, 오른쪽을 음이라 하여, 남자는 왼쪽, 여자는 오른쪽을 중하게 여긴다는 말. 맥·손금·자리 따위도 이에 따라 취함.
남주 북병(南酒北餠)[명] 옛날에 서울을 남촌(南村)에는 술이, 북촌에는 떡이 좋았다는 말.
남중(南中)[명] ①[동] 남도(南道)①. ②[천문] 천체(天體)가 자오선(子午線)의 남쪽을 지나는 일. meridian passage, southing 하다
남중 일색[-쌕](男中一色)[명] 얼굴이 뛰어나게 썩 잘 생긴 남자. uncommonly handsome man
남지(南至)[명] 동지(冬至)의 딴이름. 추분(秋分)부터 태양이 남쪽으로 돌아서 동지에는 그 극(極)인 남회귀선(南回歸線)까지 이르기 때문에 일컫는 말. [대] 북지(北至).
남지(南枝)[명] 남쪽으로 뻗은 나뭇가지. [인 종이.
남지(藍紙)[명] 닭의 장물의 꽃을 짜낸 남색의 물로 물들
남:직(濫職)[명] 분수에 넘치는 벼슬. unproportioned position [thward advance 하다
남진(南進)[명] 남쪽으로 나아감. [대] 북진(北進). sou-

남진(男) 사내. 남편.
남진-계:집(~) 내외를 갖춘 남의 집 하인.
남진종(~) 사내종.
남짓-하다(~) 분량·수효 따위가 어떤 정도 보다도 조금 더 되다. slightly over **남짓-이**(副)
남:징(濫徵)(名) 돈이나 물건 따위를 마구 징수함. improper requisition 하다
남-쪽(南—)(名) 해가 뜨는 쪽을 향하여 오른쪽의 방향. 남녘. 남방(南方). (대) 북(北). south
남창(男唱)(名) ①여자가 남자 목소리로 부르는 노래. song by a woman in a male voice ②남자가 부르는 노래. (대) 여창(女唱).
남창(男娼)(名) 남색(男色)을 파는 남자. male prostitute
남창(南倉)(名) 〈제도〉금위영(禁衛營)·어영청(御營廳)에 딸렸던 곳간.
남창(南窓)(名) 남쪽으로 향하여 난 창문. (대) 북창(北窓). south-window
남천(南天)(名) ①남쪽 하늘. south-sky ②〈천문〉수대(獸帶) 남쪽의 하늘. (대) 북천(北天).
남천-촉(南天燭)(名) 〈식물〉매자나무과에 속하는 상록 관목. 줄기·잎에는 약용, 나무는 건축재임. 남촉(南燭草). (약) 남천(南天)③. 남촉(南燭).
남-천촉(南天竺)(名) 오천축(五天竺)의 하나로 남쪽 인도(印度).
남철릭(藍—)(名) 〈제도〉무관의 공복(公服)의 하나.
남첩(男妾)(名) 여자에게 얻어먹으면서 잠자리 벗하여 주는 남자.
남청(藍靑)(名) 짙고 검푸른 빛. dark blue
남체(男體)(名) 남자의 몸. (대) 여체(女體). man's body
남초(南草)(名) 〈식물〉담배의 딴이름.
남초(南椒)(名) 〈동〉산초나무.
남촉(南燭)(名) 멥쌀밥. (메)→남천촉.
남촉-반(南燭飯)(名) 남천촉(南天燭)의 잎을 넣고 지은 밥.
남촉-초(南燭草)(名) 〈동〉남천초(南天草).
남촌(南村)(名) ①동네 안의 남쪽 동네를 가리킴. southern part of Seoul ②남쪽에 있는 마을. (대) 북촌. southern village
남-취(嵐翠)(名) 푸른색의 산기(山氣).
남측(南側)(名) 남쪽.
남-치마(藍—)(名) 〈제도〉여자 예복의 하나인 남빛 치마
남침(南侵)(名) 남쪽을 침. ¶북괴의 ~. invade southward 하다
남탕(男湯)(名) 남자만이 사용하는 목욕탕. (대) 여탕(女湯). men's quarter of a public bath
남파(南派)(名) 남쪽으로 파견함. 특히 북한에서 남한으로 간첩 따위를 보내는 일. ¶~ 간첩. 하다
남편(男便)(名) 아내의 배우자. ¶~ 공경(恭敬). (대) 아내. (속) 부군(夫君). 부서(夫婿). (속) 서방. 사내. husband 「south part
남편(南便)(名) 남쪽을 차지한 편. (대) 북편(北便).
남포(名) 도화선(導火線) 장치를 하여 폭발시킬 수 있게 된 다이너마이트. dynamite
남포(←lamp)(名) 석유불을 켜는 등잔. 남포등(燈).
남포-꾼(名) 남포질을 하는 일꾼.
남포-등(←lamp 燈)(名) 남포².
남포-질(名) 남포로 바위 따위를 깨뜨리는 일. 하다
남폿 구멍(名) 남포로 바위 깨뜨리려고 뚫어 놓은 구멍.
남폿-돌(名) 남포를 놓아 캐낸 석재(石材).
남폿-불(名) 남포를 폭발시킬 때 도화선에 붙이는 불.
남풍(南風)(名) 남쪽에서 불어오는 바람. 마파람. (대) 북풍(北風). south wind
남-하(南下)(名) 남쪽으로 향하여 내려감. 또는 내려옴. (대) 북상(北上). advancing south 하다
남:-하-다(濫下—)(어) 관가에서 함부로 돈이나 곡식을 나누어 줌.
남:-하-다(濫—)(여) 〈동〉외람하다.
남학(南學)(名) 〈제도〉서울 안에 있던 사학(四學)의 하나. ②〈역사〉중국 남북조 때 남방의 학문.
남-학생(男學生)(名) 남자 학생. (대) 여학생(女學生).
남한(南韓)(名) ①한강(漢江)의 남쪽. ②동부 이남의 한국. ③8·15 해방 후 38선 이남의 한국. 이

남(以南). ④한국 동란 후 휴전선 이남의 한국. (대) 북한(北韓). South Korea
남-한대(南寒帶)(名) 〈지리〉지구의 남반구에 있는 한대. 곧, 남위(南緯) 66도 5분 이남의 지대. 남극권의 지대로서 이 지역에서는 반 년은 낮이고 반 년은 밤이 계속되는 몹시 추운 곳. (대) 북한대(北寒帶). south polar
남항(南航)(名) 남쪽으로 항행함. 하다 「southern sea
남해(南海)(名) 남쪽에 있는 바다. (대) 북해(北海).
남-해안(南海岸)(名) 남쪽에 있는 해안. southern seashore
남행(南行)(名) 남쪽으로 향하여 감. (대) 북행. going south 하다 「에 오름.
남행 초사(南行初仕)(名) 〈제도〉남행으로 처음 벼슬길
남향(南向)(名) 남쪽으로 향함. (대) 북향(北向). facing the south 하다
남향-집(—[ㅅ]—)(南向—)(名) 대청이 남쪽으로 향하여 있는 집. 「하게 될 곳.
남향-판(南向—)(名) 집 터나 묏자리 따위가 남쪽으로 향
남:-형(濫刑)(名) 가리지 아니하고 함부로 처형함. improper punishment 하다
남혼(男婚)(名) 아들의 혼사. 장가감. (대) 여혼. marriage of one's son 「은 시집감. 하다
남혼 여가(—녀—)(男婚女嫁)(名) 아들은 장가들고 딸
남화(南畫)(名) →남종화(南宗畫).
남화-장(覽火匠)(名) 〈공업〉도자기(陶瓷器) 가마에 불 때는 일을 맡아보는 사람.
남-회귀선(南回歸線)(名) 〈지리〉적도(赤道)의 남쪽 23 도 27 분의 위도(緯度)의 선. 동지(冬至)에 해가 이 선에 이르음. 동지선(冬至線). (대) 북회귀선(北回歸線). tropic of capricorn
남:-획(濫獲)(名) 마구 지나치게 많이 잡음. ¶물고기를 ~해선 안 된다. indiscriminate fishing(hunting) 하다
남흔 여열(—녀—)(男欣女悅)(名) 부부가 화락함. ¶~
납(名) 원숭이. 「은 행복의 근원이다. 하다
납(臘)(名) 납일(臘日).
납(蠟)(名) ①〈동〉밀랍(蜜蠟). ②〈동〉백랍(白蠟).
납(鉛)(名) 〈화학〉①보통 쇠붙이 가운데서 가장 무거운 회색의 무른 금속 원소. 연(鉛). 원소기호; Pb. 원자 번호; 82. 원자량; 207.2. lead ②맵납.
납가새(名) 〈식물〉남가새과의 일년생 또는 이년생 풀. 땅에 붙어서 덩굴로 벋으며 온몸에 가센 털이 있음. 잎은 긴 것 모양으로 한 꼭지에서 여러 잎이 나며 여름에 노란 꽃이 핌. 씨와 뿌리는 약용함. 질려
납-거리(拉去)(名) 잡아가 버림. 「(蒺藜). caltrop
납-거미(名) 〈곤충〉납거미과의 곤충. 몸은 작고 납작 하며 발은 비교적 굵음. 주로 집안의 벽에 집을 짓고 살며 해충을 잡아 먹는 이충이 벼겅(壁鏡). 벽전(壁錢).
납골(納骨)(名) 시체를 화장하여 그 유골을 그릇에 모심. 또, 유골을 납골당에 모심. laying one's ashes to rest 하다
납골-당(—[ㅅ]—)(納骨堂)(名) 유골을 모셔두는 곳.
납공(納貢)(名) 나라에 물건을 바침. paying tribute(tax)
납관(納棺)(名) 시체를 관에 넣음. 하다
납관(納款)(名) 은 마음을 다 바쳐 좋음. 성심으로 복종함. 하다
납금(納金)(名) 돈을 바침. 또, 그 돈. payment 하다
납기(納期)(名) 세금이나 공과금(公課金)을 바치는 기한. time for payment
납길(納吉)(名) 혼인 때 신랑집에서 신부집에 혼인날을 받아 알림. 하다 「일. 하다
납녀(納女)(名) 〈제도〉신하의 딸을 임금에게 바치던
납대-하다(—[ㅅ]—)(名) 〈형〉넓죽하게 반반하고 납작하다. (원) 나부대대하다. (큰) 넓데데하다. pleasantly flattish
납-덩이(鉛—)(名) 납으로 된 덩어리.

납덩이같다(鑞―)〖형〗 ①얼굴이 핏기가 없이 하얗게 되어 납덩이 빛깔 같다. ②몹시 피로하거나 몸이 몹시 무겁고 나른함의 비유. ③어떤 분위기가 어둡고 무거워 밝지 못함의 비유.

납-도리〖명〗〈건축〉모나게 만든 도리. (대) 굴도리.

납도리-집〖명〗접시 받침과 납도리로써 된 집.

납두(納頭)〖명〗남에게 머리숙여 굴복함. 하타

납득(納得)〖명〗어떤 사리를 이해함. ¶〜이 안 된다. understanding 하타 〜는 일. 하타

납-땜(鑞―)〖명〗구리·백동·철물 따위를 납으로 때우는 일. 하타

납량(納凉)〖명〗여름의 더울 때에 서늘하게 시원한 바람을 쐼. enjoying the cool air 하타

납뢰(納賂)〖명〗뇌물을 바침. offer a bribe 하타

납매(臘梅)〖명〗〈식물〉섣달에 꽃이 피는 매화.

납매(蠟梅)〖명〗《동》생강나무.

납밀(蠟蜜)〖명〗《동》밀초.

납배(拉杯)〖명〗〈공업〉도자기를 만들 때, 손물레로 그릇 몸을 본떠 만드는 일.

납배(蠟杯)〖명〗①술 종배(終杯). ②술잔치를 마침. finishing a banquet 하타

납배(納拜)〖명〗절하고 뵈움. making an obeisance 하타

납백(納白)〖명〗《동》자백.

납본(納本)〖명〗〈법률〉출판물을 간행하였을 때 그 본보기로 몇 부를 관계 관청에 바침. presentation of specimen copy 하타

납-봉(―封)〖명〗구멍이나 틈을 납으로 메우는 일. 하타

납부(納付·納附)〖명〗세금이나 공과금(公課金)을 관계 관청에 바침. 납입(納入). delivery 하타

납부-금(納付金)〖명〗납부하는 돈. 납입금(納入金). money due

납북(拉北)〖명〗북쪽으로 납치해 감. ¶〜 인사(人士).

납-빛(鑞―)〖명〗푸르스름한 잿빛.

납상(納上)〖명〗웃어른에게 드림. presentation 하타

납석(蠟石)〖명〗〈광물〉지방과 같은 광택이 있고 매끈매끈한 촉감이 있는 암석 및 광물질의 총칭. 곱돌. agalmatolite

납석 벽돌(蠟石甓―)〖명〗〈토목〉곱돌을 주원료로 하여 만든 내화(耐火) 벽돌.

납설(臘雪)〖명〗납일(臘日)에 내리는 눈.

납설-수(臘雪水)〖명〗〈한의〉납일에 내린 눈이 녹은 물. 살충(殺虫)·해독약(解毒藥)으로 씀. [taxes 하타

납세(納稅)〖명〗세금을 바침. 세납(稅納). payment of

납세 고지서(納稅告知書)〖명〗〈법률〉세금 금액·납부 기일 또는 장소를 지정하여 납부를 명령하는 문서.

납-세:공(鑞細工)〖명〗납을 재료로 한 세공. 또, 그 물품.

납세-액(納稅額)〖명〗〈법률〉부과된 세금의 액수.

납세 의:무(納稅義務)〖명〗〈법률〉세금을 납부하여야 할 국민의 의무. [서.

납세필-증(納稅畢證)〖명〗세금을 납부하였다는 증

납속(納贖)〖명〗죄를 면하기 위하여 돈을 바침. 또, 그 일. reparation 하타

납속 가자(納粟加資)〖명〗〈제도〉기근과 병란이 있을 때, 많은 곡식을 바친 이에게 정 3 품의 품계를 주어 포상하던 일.

납송(蠟松)〖명〗소나무의 송진이 많은 부분.

납수(納受)〖명〗①《동》수납(受納). ②소원을 들어 줌. grant a wish 하타 [는 쓰던 말.

납시-다〖자〗'나가시다'·'나오시다'의 뜻으로 임금에게

납신〖부〗남에게 굽신거리느냐고 허리를 낮게 구부리는 모양.

납신-거리-다〖자〗①입을 재빠르고 경망하게, 놀리며 재잘거린다. chatter ②윗몸을 가볍고 재빠르게 자꾸 수그리다. **납신납신**〖부〗

납약(臘藥)〖명〗〈제도〉납일에 임금이 가까운 신하에게 하사하던 환약. [sun

납양(納陽)〖명〗볕을 쬐어 따뜻하게 함. basking in the

납염(鑞染)〖명〗쇠붙이 그릇에 땜납을 올림. 납의(鑞衣). 하타

납월(臘月)〖명〗섣달. [衣). 하타

납-유리(―琉璃)〖명〗〈화학〉납과 칼륨의 규산염(硅酸鹽)으로 된 유리. 굴절률이 크고, 광택이 많음. 연초자(鉛硝子). 플린트 유리.

납육(臘肉)〖명〗①소금에 절인 돼지고기. ②〈민속〉납향(臘享)에 쓰는 산짐승의 고기.

납음(納音)〖명〗육십 갑자를 궁(宮)·상(商)·각(角)·치(徵)·우(羽)의 5음에 따라 나누면 12음(律)에 각각 5음이 있으며, 이를 육십 갑자에 배정하여 오행(五行)으로 나타낸 것.

납의(衲衣)〖명〗빛이 검은 승려의 옷. black garments

납의(鑞衣)〖명〗납염(鑞染). 하타 [of priests

납의-촉(蠟衣燭)〖명〗백납으로 겉을 입힌 쇠기름으로 만든 초.

납일(臘日)〖명〗납향(臘享)하는 날. 동지(冬至) 뒤에 셋째 미일(未日). 납평(臘平). (약) 납(臘).

납입(納入)〖명〗세금이나 회비 따위를 바침. (대) 징수(徵收). payment 하타

납입 고:지(納入告知)〖명〗조세 기타의 세입(歲入)에 관해 납입할 이에게 납부 금액·기일·장소 등을 통고하는 일. 〜서.

납입-금(納入金)〖명〗《동》납부금(納付金).

납입 자:본(納入資本)〖명〗〈경제〉납입을 끝낸 자본으로 사업의 경영에 활용되는 것. 곧, 주주(株主)가 실제로 납입한 자본금.

납자(衲子)〖명〗〈불교〉납의(衲衣)를 걸치고 다닌다는 뜻에서 승려를 달리 이르는 말. 특히 선승(禪僧)을 이름.

납작〖부〗①얇고 넓은 모양. ¶〜한 코. flat ②입을 재빨리 벌렸다가 닫는 모양. move lips quickly ③몸을 냉큼 바닥에 대고 엎드려 뻗치는 모양. (큰) 넙적. 하타 [(柿).

납작-감〈식물〉둥글납작한 감의 하나. 반시(盤

납작-거리-다〖자〗①말대답할 때나 또는 무엇을 받아 먹을 때에 입을 연해 냉큼냉큼 딱 벌렸다 닫았다 하다. ②몸을 연해 냉큼냉큼 바닥에 바짝 대고 엎드리다. **납작납작-거리다**〖자〗(큰) 넙적거리다.

납작-납작〖부〗여럿이 모두 다 납작한 모양. (큰) 넙적넙적. 하타

납작-보리〖명〗납작하게 누른 보리. 압맥(壓麥). pressed barley [다. **납작스름-히**〖부〗

납작스름-하-다〖형여〗좀 납작하다. (큰) 넙적스름하

납작-이〖부〗납작하게 생긴 사람의 별명. 〖부〗납작하게. (큰) 넙적이.

납작-코〖명〗콧등이 낮고 가로퍼진 코. flat nose

납전(臘前)〖명〗납일 전.

납전 삼백(臘前三白)〖명〗납일 전에 세 번 눈이 오는 일. 이듬해 풍년의 징조로 삼음.

납전-지(蠟箋紙)〖명〗중국산의 종이의 하나.

납정-어(拉丁語)〖명〗《동》라틴어.

납제(臘劑)〖명〗《동》납약(臘藥).

납조(臘鳥)〖명〗약에 쓰기 위하여 납일에 잡은 참새.

납주(納主)〖명〗제사를 마치고 신주(神主)를 감실(龕室)에 모셔 두는 일. 하타

납주(臘酒)〖명〗《동》노주(老酒)①.

납죽〖부〗갖쭉하게 넓은 모양. ¶〜 넓죽. thin and flat

납죽-거리-다①무엇을 받아 먹거나 말대답할 때, 입을 납죽하게 벌렸다 닫는 모양. move lips quickly to eat ②몸을 바닥에 대고 엎드리는 모양. ¶〜 엎드리다. (큰) 넙죽.

납죽-거리-다①무엇을 받아 먹거나 말대답할 때, 입을 냉큼냉큼 납죽하게 벌렸다 닫았다 하다. ②몸을 엎드리어 연해 바닥에 냉큼냉큼 납죽하게 내리쉬다. (큰) 넙죽거리다. **납죽납죽-하다**〖자〗(큰) 넙죽넙죽. 하타

납죽-납죽〖부〗여럿이 모두 다 납죽한 모양. (큰) 넙죽넙죽.

납죽-이〖명〗머리나 코가 납죽하게 생긴 사람. 또, 모양이 낮추한 물건. 〖부〗납죽하게. (큰) 넙죽이.

납지(蠟紙)〖명〗①밀을 올린 종이. ②파라핀을 바른 종이. wax paper

납지(鑞紙)〖명〗납과 주석의 합금을 얇게 종이처럼 누른 것. 과자나 궐련을 싸는데 씀. 은종이②. tin foil

납질(蠟質)[명] 납의 바탕. 납의 성질.
납징(納徵)[명][동] 납폐(納幣). 하다
납채(納采)[명] 신랑의 집에서 신부의 집으로 혼인을 구하는 의례(儀禮). 지금은 납폐(納幣)와 같은 뜻으로 통용됨. 하다
납청-장(納淸場)[명] 평북 정주군에 있는 납청 시장에서 나는 국수는 질기다는 소문에서, 남에게 몹시 맞거나, 눌리어 납작해진 사람이나 물건의 비유.
납촉(蠟燭)[명] 밀초.
납-축전지(-蓄電池)[명] 〈화학〉 묽은 황산에 이산화연의 양극판(陽極板)과 해면상(海綿狀) 납의 음극판(陰極板)을 넣은 보통 쓰이는 축전지. 연축전지. lead storage battery
납치(拉致)[명] 강제로 끌고 감. ¶~범(犯). seizure 하다
납평(臘平)[명] 납일(臘日). [by force
납평-치(臘平-)[명] 납평 때 비나 눈이 옴을 이르는 말.
납폐(納幣)[명] 혼인 때, 신랑집에서 신부집에 보내는 폐백. 흔히 푸른 비단과 붉은 비단으로 함. 납징(納徵). 하다
납품(納品)[명] 물품을 바침. 또, 그 물품. ¶~업(業). delivery of goods 하다
납함(納喊)[명] 여러 사람이 함께 소리를 크게 지름. 하다
납함(納啣)[명] 윗사람에게 명함(名啣)을 드림. presentation of one's card 하다
납향(臘享)[명] 〈제도〉 납일에 일년 동안의 농사 형편이나 그 밖의 일을 고하는 제사. 납평제(臘平祭).
납회(納會)[명] ①그 해의 마지막 모임. last meeting ②〈경〉 거래소에서, 그 해의 마지막 입회. (대) 발회(發會).
낫[명] 풀이나 나무·곡식 등을 베는 연장. sickle
낯[명] [고] 낯.
낫-감기[원]→낫갱기.
낫-다[다/ㄴ:동-] [고] 낫다(低).
낫-갱기[명] 낫자루에 휘감은 쇠. [원] 낫감기.
낫결오만[명] [고] 한낮 겨울 때.
낫-공치[명] 낫의 슴베가 휘어 넘어가는 덜미의 두꺼운 부분. bent part of a sickle
낯곶/낯꽃[명] [고] 낯빛. 얼굴모.
낫낫-하다[여][형] 나긋나긋하다.
낫-놀[명] 낫자루에 놀구멍을 뚫어 박는 쇠못. (약) 놀².
낫 놓고 기역자도 모른다[속] 낫이 기자처럼 생겼건만, 낫을 보고도 기자를 모른다는 데서 무식하기 짝이 없음을 이르는 말.
낫-다[다][스동] 병이 없어지다. ¶이 병이 나으면 좋겠다. recover
낫-다[다][스동] 서로 맞대어 한 쪽이 조금 더 좋다. ¶이것이 저것보다 ~. better
낫-다[다][동] ①나아가다(進). ②나타나다.
낫대[원] [고] 낫섯대.
낫-살[명] (약) 나잇살.
낫-세[의] 그만한 나이. ¶그 ~면 무얼 못하랴. age
낫-우다[타] 고치다. [원] 나잇세.
낫-잡-다[타] 좀 넉넉하게 치다. leave margin
낫-질[명] 낫을 가지고 풀이나 나무 등을 베는 일. cutting with a sickle 하다
낫-표(-標)[명] 〈인쇄〉 부호 「 」의 인쇄상의 이름. Korean quotation mark
낮-다[다][동] 나아가다. →낫다.
낯-다[다][동] 낳다.
낭[명] 낭떠러지.
낭간(琅玕)[명] 중국산 경옥(硬玉)의 하나. 암녹색 또는 청백색 반투명의 아름다운 돌.
낭객(浪客)[명] 허랑한 사람. libertine
낭관(郞官)[명] 〈제도〉 관청의 당하(堂下)의 벼슬아치.
낭군(郞君)[명] 젊은 아내가 자기의 남편을 사랑스럽게 이르는 말. my husband
낭기-마(郎騎馬)[명] 혼인할 때에 신랑이 색시 집에 타고 가는 말.
낭-하다(狼當-)[형] 감당하기 어렵다. 피곤하다.
낭도(郞徒)[명] (약)→화랑도(花郞徒). [다.

낭도(囊刀)[명] 주머니칼. [뿌리. 약재로 씀.
낭-독(狼毒)[명] ①〈동〉 오독도기². ②〈한의〉 오독도기의 ~. (대) 목독(默讀). recitation 하다
낭독(朗讀)[명] 글을 소리 내어 읽음. ¶독립 선언서 ~. (대) 목독(默讀). recitation 하다
낭독 연설[-년-](朗讀演說)[명] 미리 준비한 원고를 읽으면서 연설하는 일. 또, 그 연설.
낭-득 허명(浪得虛名)[명] 평판은 좋으나 아무 이득이 없는 일. [崖]. precipice
낭-떠러지[명] 뚝 떨어져 깎아지른 듯한 언덕. 현애(懸
낭:랑(浪浪)[명] ①정처없이 방랑하는 모양. roaming about ②눈물이 흐르는 모양. shedding of tears ③비가 계속 오는 모양. 하다 히
낭:랑(琅琅)[명] 옥이 부딪쳐서 울리는 소리. ringing
낭:랑(朗朗)[명] ①빛이 매우 밝은 모양. ¶~한 달빛. brightness ②소리가 매우 흥경하고 밝은 모양. ¶~한 목소리. clear voice 하다 히
낭만(浪漫)[명] 실현성이 적고 매우 정서적이면서 아름다운 미래를 지향하는 이상적·낙천적인 상태. 하다 「상적인(것). 로맨틱(romantic).
낭만-적(浪漫的)[명] 현실적이 아니고 환상적이며 공
낭만-주의(浪漫主義)[명] 〈문학〉 18세기 말에서 19세기 전반에 걸쳐 유럽에서 일어난 예술상의 한 경향. 고전주의에 대한 반동으로서 공상이나 꿈의 세계를 동경하여 개성·감정·정서를 중시했음. 로맨티시즘. (대) 고전주의(古典主義). romanticism
낭만-파(浪漫派)[명] 〈문학〉 낭만주의를 신봉하는 일파. (대) 고전파(古典派). romantic school
낭묘(廊廟)[명] 〈정〉 의정부(議政府).
낭:미-초(狼尾草)[명] 〈동〉 강아지풀.
낭배(囊胚)[명] 〈생물〉 후생(後生) 동물의 개체 발생 초기의 한 단계.
낭보(朗報)[명] 명랑한 보도. 반가운 소식. lucky news
낭비(浪費)[명] 돈이나 물건을 헛되이 씀. 객비(客費)①. ¶재물의 ~. (대) 검약(儉約). 저축. waste 하다 「버릇. habit of spendthrift
낭:비-벽(浪費癖)[명] 고치기 어렵게 굳어진 낭비하는
낭:사(浪士)[명] 〈동〉 낭인(浪人)².
낭:사(浪死)[명] 헛된 죽음. 하다
낭상(囊狀)[명] 주머니처럼 생긴 형상.
낭상 인대(囊狀靭帶)[명] 〈생리〉 관절(關節)의 둘레를 주머니 같은 모양으로 싸서 관절강(關節腔)을 이룬 질긴 끈.
낭선(郞扇)[명] 혼인 때 신랑이 가지는 붉은 부채.
낭:선(狼筅)[명] ①십팔기(十八技)의 하나. 낭선창(槍)을 가지고 하는 무예(武藝). ②낭선창.
낭:선-창(狼筅槍)[명] 대 또는 쇠로 만든 큰 창의 하나. (약) 낭선②. 하다. false rumour
낭:설(浪說)[명] 터무니없는 소문. ¶~이 자자(藉藉)
낭성-대[-때](←狼筅-)[명] 긴 대. 장대. 집에서 기구로 씀. bamboo-pole
낭:세-포(娘細胞)[명] 〈생물〉 세포 분열에 의하여 생긴 두 개의 세포. (대) 모세포(母細胞).
낭속(廊屬)[명] 종붙이의 총칭. men-servants
낭송(朗誦)[명] 소리를 내어 욈. ¶~시(詩). sonorous recitation 하다 「는 증세.
낭습-증(-症)[명] (囊濕症)[명] 〈한의〉 불알이 축축하여지
낭:아-초(狼牙草)[명] 〈식물〉 콩과의 낙엽 활엽 관목. 높이 30~50cm, 여름에 백색·홍자색 꽃이 핌. 들에 나며 뿌리는 약용함. ②〈동〉 짚신 나물.
낭:연(狼煙·狼烟)[명] 옛날 전쟁 때 신호로 쓰던 불. (유) 봉화(烽火)². torch signal
낭옹(囊癰)[명] 〈한의〉 불알에 나는 부스럼.
낭:월(朗月)[명] 밝은 달. [dissipation 하다
낭:유(浪遊)[명] 허랑하게 노는 일. ¶~도식(徒食).
낭:음(朗吟)[명] 시를 소리 높여 읊음. recitation 하다
낭이[명] [고] 냉이.
낭:인(浪人)¹[명] ①일정한 직업이 없이 헛되이 노는 사람. man out of employment ②방랑 생활을 하는 사람. 낭사(浪士). adventurer

낭:일(曩日)명 접때. 지난번. 낭자(曩者).
낭자명 ①여자의 예장에 쓰는 딴머리의 하나. 쪽진 머리 위에 덧얹고 긴 비녀를 꽂음. ②쪽. plaited bundle of hair 하타 「던 머리.
낭자(郞子)명 옛날에 남의 집 '총각'을 점잖게 이르
낭자(娘子)명 처녀. (대) 동녀(童女). maidens
낭:자(浪子)명 ①일정한 직업이 없이 빌빌 노는 사람. jobless man ② 일정한 주소가 없이 방랑 생활을 하는 사람. loafer ③도락을 일삼아 유흥에 빠진 사람. libertine ④천박하여 일정한 주견(主見)이 없는 사람. frivolous man
낭:자(狼藉)명 ①어지럽게 여기저기 흩어져 있음. ¶유혈이 ~하다. disorder ②나쁜 소문이 자자하게 퍼짐. full of rumours 하타
낭자(曩者)명 (同) 낭일(曩日).
낭자-군(娘子軍)명 ①여자로 편성된 군대. W. A. C. ②여자들의 무리. mass of women 「는 말.
낭:자 야:심(狼子野心)명 신의(信義)가 없음을 이르
낭잣-비녀명 낭자에 꽂는 긴 비녀.
낭재(郞材)명 신랑감. eligible young man
낭저(廊底)명 (同) 행랑(行廊).
낭:적(浪跡)명 유랑한 흔적.
낭:전(浪傳)명 함부로 말을 퍼뜨리거나 전함. spread false rumours 하타
낭중(郞中)명 〈민속〉 옛날 시체 남자 무당의 하나.
낭중(囊中)명 주머니의 안. in the pocket
낭중-물(囊中物)명 주머니 속의 물건. 곧, 자기 수중에 있는 물건.
낭중지:추(囊中之錐)명 주머니 속에 든 송곳. 곧, 제주가 아주 빼어난 사람은 숨어 있어도 저절로 뭇사람이 알게 된다는 뜻. Genius cannot be hid
낭중 취:물(囊中取物)명 주머니 속의 것을 집어 내듯이 손쉬운 일을 비유하는 말. as easy as to take out of a bag
낭:질(狼疾)명 성품이 아주 고약한 사람이 반성함이 없음을 비웃는 말. cruel like a hurried wolf
낭창(踉蹌)명 걸음걸이가 비틀비틀함. 하타
낭창=거리-다태 줄이나 막대기 등이 자꾸 휘어 흔들리다. (큰) 능청거리다. sway 낭창-낭창튀 하타
낭축-증[-쫑](囊縮症)명 〈한의〉 중병으로 말미암아 원기가 허약하여져, 불알이 오그라드는 증세.
낭충(囊蟲)명 〈곤충〉 촌백충의 애 벌레. 주머니 모양으로 생겼음. 「로 만듦. 하타
낭탁(囊橐)명 자기 것으로 만든 물건. 또, 자기 차지
낭:탕(莨菪)명 (同) 미치광이.
낭:탕-자(莨菪子)명 〈한의〉 미치광이의 씨. 처통이나 외과의 약제로 씀. 천선자(天仙子).
낭:태(浪太)명 양태².
낭태-어(浪太魚)명 (同) 양태². 「confusion 하타
낭:패(狼狽)명 ①일이 실패됨. failure ②허둥지둥됨.
낭:패 보-다(狼狽-)타 낭패를 견디다. 「허둥거리다가 낭패 볼라.
낭핍(囊乏)명 주머니가 빔. emptiness 하타
낭핍 일전[-쩐](囊乏一錢)명 가진 돈이 한 푼도 없 「음.
낭하(廊下)명 ①행랑. corridor ②복도(複道).
낭한(廊漢)명 (同) 행랑에 사는 사람.
낭화(浪花)명 밀국수의 하나.
낮명 해가 떠 있는 동안. (대) 밤. day
낮-각다귀명 〈곤충〉 각다귓과의 곤충의 하나. 몸 길이 6 mm 가량으로 몸 빛은 흑갈색에 황백색의 광택이 남. 덤불·풀밭 속에 살며 사람·짐승의 피를 빨아 먹음.
낮-거리명 낮에 하는 성교. 「(대) 밤에는 흘레성이.
낮-결명 한낮부터 해가 저물기까지의 전반(前半). early afternoon
낮-교대(一交代)명 밤과 낮으로 패를 지어 교대로 일하는 경우의, 낮에 하는 당번. (대) 밤교대.
낮-다[낟-]혭 ①높이가 작다. ¶낮은 지대. ②값이 높지 않다. ¶낮은 목소리. ③정도·지위 또는 능력·수준 따위가 아래로 되어 있다. ¶기술 수준이 ~. ④온도·습도·경도(硬度) 따위가 높지 않다. ¶오늘은 어제보다 온도가 ~. (대) 높다. low
낮=대:거리명 〈광물〉 광산에서 인부가 일을 밤낮으로 패를 지어 교대하는데, 낮에 일을 하는 대거리. (대) 밤대거리. day shift 하타
낮-도깨비명 ①낮에 나타난 도깨비. ②체면 없이 남잡은 짓을 하는 이의 비유. shameless fellow
낮-도둑명 자기 욕심만을 채우는 사람의 비유. greedy 「낮에 하는 동안. daytime「fellow
낮-동안명 낮에 하는 동안. daytime
낮-말명 낮에 하는 말.
낮말은 새가 듣고 밤말은 쥐가 듣는다족 ①아무도 안 듣는 데에라도 말을 삼가야 한다. ②비밀히 한 말도 반드시 남의 귀에 들어가게 된다는 말.
낮-물잡이명 낮에 새우를 잡는 일. 또, 낮에 잡은 새
낮-보다타 (약)→낮추보다. 「우.
낮-수라명 '점심'의 궁중말.
낮아-지:다재 낮게 되다. become low 「측한 사람.
낮에 난 도깨비족 인사 불성이고 체면 없는 기괴한 말. 천한 말. vulgar language
낮은-말명 ①낮게 하는 말. 비어(卑語). ②야비한 말. 천한 말. vulgar language
낮은음자리-표(一音一標)명 〈음악〉 보표(譜表)가 낮은음자리임을 나타내는 기호. 저음부 기호. (대) 높은음자리표.
낮-잠명 낮에 자는 잠. 오수(午睡). (대) 밤잠. nap
낮-잡-다타 본 값보다 낮게 치다. underrate
낮-참명 ①점심 전후의 쉬는 동안. ②일하다가 낮에 먹는 음식.
낮-추튀 낮게. low 「일손을 메고 먹는 점심밥.
낮추-다타 ①낮게 하다. ¶말소리를 ~. ②하대하는 말을 쓰다. lower
낮추-보다타 남을 자기보다 낮은 양으로 보다. (대) 도두보다. despise
낮춤명 ①(同) 비칭(卑稱). ②낮게 함. (대) 높임. drop
낮춤-말명 〈어학〉 낮춤으로 쓰는 말. '하게·해라' 따위. (面目). (대) 높임말.
낮-후[낟-](-後)명 한낮이 지난 뒤.
낯명 ①얼굴의 바닥. face ②남을 대할 만한 체면. 면목(面目). honour
낯(고)낮.
낯-가리다타 친하고 친하지 아니함을 갈라 보다. show preferences
낯-가림명 어린아이가 낯선 사람을 대하기 싫어하는 일. showing likes and dislikes toward a person 하타
낯-가죽명 ①얼굴의 겉껍질. ②체면 차리는 감각이 있어야 할 얼굴 가죽. (brazen) faced
낯-간지럽다혭 미안하거나 부끄러움을 스스로 느끼다. feel ashamed
낯-깎이-다재동 체면이 손상되다.
낯-나-다재 효과가 드러나다. 생색나다. get credit for
낯-내:다타 남이 자기를 고맙게 여기도록 하다. 생색내다. save one's face
낯-두껍-다혭 부끄러운 것을 모르도록 체면이나 염치가 전혀 없다. brazenfaced 낯-두꺼이튀
낯-뜨겁-다혭 남보기가 부끄러워 얼굴이 빨개지다.
낯-바닥명 (비) 낯. face
낯-바대기명 (비) 낯. face
낯-부끄럽-다[-끄-]혭 사리에 어긋나 체면에 부끄럽다. feel ashamed
낯-붉히-다자 부끄럽거나 성을 내어 얼굴빛이 붉어지다. 「낯선 사람의 얼굴. 안색.
낯-설:다[-썰-]자혭 ①얼굴이 눈에 서투르다. ¶낯선 사람. ②어떤 사물이 눈에 익지 아니하다. ¶낯선 외국. strange 「one's face
낯-알-다[날-]타혭 얼굴을 기억하다. remember
낯-없:다[-업-]혭 마음에 너무 미안하여 얼굴을 대하기 어렵다. ashamed 낯-없이튀
낯-익-다[-닉-]혭 ①얼굴이 눈에 익숙하다. ¶낯익은 얼굴. ②어떤 사물이, 여러 번 보아서 눈에 익어 친숙한 느낌이 있다. ¶낯익은 고장. familiar
낯-익히-다[-니-]타 낯익도록 남을 여러 번 대하

낱-짝[-짝]圈(며) 낯. face
낱:圈 셀 수 있게 된 물건의 하나하나. piece
낱=圈[조로] 물건을 세거나 헤아리는 단위가 되는 명사 위에 붙어 그 하나하나를 나타내는 말.
낱=**가락**圈 하나하나의 가락.
낱=**값**圈 낱개의 값. 단가(單價)
낱=**값-표**(一標)圈 낱값을 적은 표. 단가표(單價標).
낱=**개**(一個)圈 따로따로의 한 개 한 개 파는 상품.
낱=**개비**圈 따로따로의 개비. ¶~로 팔다.
낱=**권**(一卷)圈 따로따로의 한 권 한 권.
낱=**그릇**圈 따로따로의 한 그릇.
낱=**근**(一斤)圈 따로따로의 한 근 한 근.
낱근=**변**(一斤邊)圈 한자 부수의 하나. '斥·斯·斫'의 '斤'의 이름.
낱=**꼬치**圈 따로따로의 꼬치. each one
낱=**날**이[-나치]圈 하나하나마다. ¶~ 수를 세다.
낱=**낭쭝**(一兩一重)圈 따로따로의 한 낭쭝.
낱=**눈**圈 (동) 홑눈.
낱=**다**(고) 나타나다.
낱=**단**圈 따로따로의 한 단.
낱=**덩이**圈 따로따로의 한 덩이.
낱=**돈**圈 한 푼 한 푼의 돈.
낱=**돈쭝**圈 따로따로의 한 돈쭝.
낱=**동**圈 따로따로의 한 동.
낱=**되**圈 따로따로의 한 되.
낱=**뜨기**圈 낱으로 파는 물건. articles sold by the piece
낱=**마리**圈 따로따로의 한 마리.
낱=**말**圈 따로따로의 한 말[斗].
낱=**말**²圈 (동) 단어(單語).
낱=**뭇**圈 하나하나의 뭇.
낱=**벌**圈 하나하나의 벌.
낱=**상**(一床)圈 하나하나의 한 상.
낱=**섬**圈 따로따로의 한 섬.
낱=**셈**圈 〈수학〉 개수를 하나하나 세는 셈. 하타
낱=**소리**圈 (동) 단음(單音).
낱=**소리**=**글**圈 (동) 음소 문자(音素文字).
낱=**알**[낟-]圈 하나하나의 알.
낱=**이삭**[-니-]圈 하나하나의 이삭.
낱=**자**圈 자로 재어 한 자씩.
낱=**자**(一字)圈 ①낱말의 글자. ②(동) 자모(字母).
낱=**자루**圈 따로따로의 한 자루 한 자루.
낱=**잔**(一盞)圈 잔으로의 한 잔 한 잔.
낱=**장**(一張)圈 따로따로의 한 장.
낱=**짐**圈 따로따로의 한 짐.
낱=**축**圈 종이 낱낱으로의 축.
낱=**켤레**圈 낱낱으로의 켤레.
낱=**푼**圈 낱으로 된 푼.
낱=**푼쭝**圈 낱으로 포의 한 푼쭝.
낱=**흥정**圈 도거리로 하지 아니하고 낱으로 금을 치는 흥정. 하타
낳-**다**圈 ①사람이나 동물이 뱃속에 든 아이나 새끼나 알을 생리적으로 내어 놓다. bear, breed ②결과를 나타내다. ¶노력이 결국 그러한 결과를 낳게 하였다. produce ③배출하다.
낳-**다**圈 ①솜·털·삼껍질 따위로 실을 만들다. spin ②실로 피륙을 짜다. weave
=낳이[걸편] 아무 때에 낳은 피륙이라는 뜻으로, 땅이름이나 계절 밑에 붙어서 쓰임. ¶가을~. 남원(南原)~. made in weave
낳이-**하**-**다**圈 피륙 낳는 일을 하다. 길쌈하다.
내圈 연기 따위의 부엉고 매운 기운. smoke
내圈(川)~냇내.
내圈 (河). stream
내³圈 시내보다는 크고 강보다는 작은 물줄기. 천
내⁴[대] 조사 '가' 앞에서 쓰이는 제 1 인칭 대명사. ¶~가 하겠다. (대) '나의'의 준말. ¶ 그 책은 ~것이다.
내=圈 밖으로 내어 보내는 움직임을 나타내는 말. ¶~지르다. out ②'힘있게·힘주어'의 뜻을 더하는 말. ¶~쏘다.

-내圈回 '처음부터 끝까지'의 뜻. ¶가으~. 겨우~. throughout   학기. next
내-(來) 앞으로 오는 뜻을 나타내는 접두어. ¶~
내=圈①일정한 한계의 안. 안쪽. ¶한 달~로 끝내어라. within ②어느 것보다 아래. 이하(以下). (대) 외(外). not more than
닉圈(고) 내. 연기(煙氣). bring out
내:=**가**-**다** 안에서 밖으로 가져 가다. ¶이삿짐을 ~.
내가 중이 되니 고기가 천하다圈 자기가 필요하여 구할 때는 귀하더니 필요 없게 되니 흔하고 천해진다.
내가 할 말을 사돈이 한다圈 내가 마땅히 할 말을 도리어 남이 한다는 뜻.
내:=**각**(內角)圈 ①〈수학〉두 직선이 한 직선에 만날 때에 안쪽에 생기는 각. ②다각형의 안쪽에 있는 각. (대) 외각(外角). interior angle ③〈체육〉야구에서, 본루(本壘)의 타자에 가까운 쪽. in-cornor
내:=**각**(內殼)圈 속껍질. inside skin
내:=**각**(內閣)圈①〈제도〉'규장각(奎章閣)'의 딴이름. ②〈제도〉국무 대신들로 조직된, 국정(國政)을 집행하던 최고 관아. ③〈법률〉국무 위원으로써 조직한 행정권의 중추 합의체(合議體). cabinet
내:=**각사**(內各司)圈〈제도〉궁중에 있던 각사(各司).
내:**각 책임제**(內閣責任制)圈〈정치〉정부의 구성이 의회의 신임을 받는 것을 요건으로 하는 제도. 정부가 의회의 불신임을 받을 경우에는 총사직을 하거나 또는 의회를 해산시킬 수 있음. 의원 내각제(議院內閣制).
내:**각 회의**(內閣會議)圈 국무를 심의 결정하기 위해 내각에서 열리는 회의.
내:**간**(內間)圈 부녀자가 거처하는 곳. 안뇌①.
내:**간**(內艱)圈 어머니나 승중(承重)할머니의 상사. 내(內)~①. (대) 외간(外艱).
내:**간**(內簡)圈 여자끼리 주고받는 편지. 안편지.
내간(來簡)圈 보내온 편지.
내:=**간 문학**(內簡文學)〈문학〉안편지로 뛰어나 문학의 대상이 될 만한 것. 내간체(內簡體)로 된 문학.
내:=**간체**(內簡體)〈문학〉①부녀자들 사이에 오가는 편지의 글체 ②일상의 용어로써 말하듯이 써 나간 일기·수필 등의 글체.
내:=**갈기**-**다**①힘껏 갈기다. ¶뺨을 ~. let off ②글씨를 공들이지 않고 마구 쓰다. write with facility ③힘껏 내던지다. throw away
내:=**감**(內感)圈(악) 내부 감각(內部感覺).
내:=**감**:=**각**(內感覺)圈 내부 감각.   렴.
내:=**감창**(內疳瘡)圈〈한의〉입속 윗잇몸에 나는 부스
내:=**강**(內剛)圈 생김새보다 속마음이 굳음. ¶외유(外柔) ~. stout hearted 하타
내:=**강**(內腔)圈〈생리〉체내의 비어 있는 부분. 곧, 복강(腹腔)·흉강(胸腔) 따위.
내:=**개**(內開)圈 봉한 편지의 내용 purport of a letter
내:=**개**(內槪)圈 편지의 요긴한 큰 줄거리.
내:=**객**(內客)圈 여자 손님. 안손님.
내객(來客)圈 찾아온 손님. visitor
내 건너 배 타기圈 순서가 뒤집혔을 때에 이르는 말.
내:=**걸**-**다**圈 앞으로 향하여 걷다. step forward
내걸圈 냇가에 작답(作畓)한 기다란 논.
내:=**걸**:-**다**[걸러르] ①밖에 내어 놓다. hang ②문제나 조건 따위를 내어 놓다. ¶요구 조건을 ~. present conditions ③목숨 따위의 희생을 무릅쓰다. risk
내:=**결**(內決)圈 속으로 결정함. 내부에서 결정함. 하타
내:=**경**(內徑)圈〈수학〉'안지름'의 구용어. inside diameter ②총·포신의 지름. 기물(器物) 따위의 안쪽 치수. ¶총구(銃口)의 ~.
내:=**경험**(內經驗)圈〈철학〉의식내의 경험. 주관적인 경험. (대) 외경험(外經驗).
내:=**계**(內界)圈 ①내부의 세계. 마음 속의 범위. inner world ②〈철학〉의식의 안 세계. 마음과 뜻의 범위. (대) 외계(外界).
내:**계의 재화**(內界一財貨)圈 지덕(知德)·예능 따위와

같은, 형상이 없는 정신적인 재화.

내:고(內告)명 사적인 통고(通告). 비공식적인 통고.

내:고(內顧)명 ①집안 일을 살피고 돌봄. household cares ②처자를 생각하여 걱정함. care for one's family 하타

내―고공(耐高空)명 높은 공중에서 견디는 일. ¶~ 비행.

내―골격(內骨格)명〈생리〉몸의 속부분을 이루고 근육을 부착하게 하는 골격. outward

내―곱―다타 바깥쪽으로 곱히다. 《큰》내굽다. bend

내:공(乃公)명 ①나. 주로 아랫사람에게 myself ②그 사람. 저이. that man

내:공(內攻)명〈의학〉①병이나 병균이 몸의 표면에 나타나지 않고 내부에 퍼져 내장의 여러 기관을 침범함. 내향(內向)②. ②정신상의 결함이나 타격이 표면에 나타나지 않고 속으로만 퍼짐. 하타

내:공(內空)명 속이 비어 있음.

내:공(內供)명 ①[약]→내공목(內供木). ②옷 안에 받치는 감. 《대》외공(外供). lining

내:공(來貢)명 외국 정부나 개인이 와서 공물을 바침. coming to pay tribute with

내:공(耐空)명 땅에 한 번도 내리지 않고 비행을 계속함. ¶~ 비행(飛行). remaining in the air 하타

내:공―목(內供木)명 옷의 안감으로 쓰는 품질이 낮은 무명. 왜난목. 《약》내공(內供)①. coarse cotton cloth for lining

내:과(─과)명〈의학〉몸 안의 병에 관한 의술의 한 부문. 또, 그러한 치료를 하는 병원의 한 부서. 《대》외과(外科). internal medicine

내:과(內踝)명 두 발의 안쪽에 붙은 복사뼈. inside ankle

내:과―의(─과──)(內科醫)명〈의학〉내과를 전문으로 하는 의사. physician

내:―과피(內果皮)〈식물〉씨알갱이를 싸고 있는 껍질. 《대》외과피. endocarp

내:관(內官)명 안쪽 테두리. 《대》외곽(外廓). retrenchment

내:관(內官)명 ①[동] 내시(內侍)①. ②[동] 고자(鼓子).

내:관(內棺)명 관(棺)을 곽(槨)에 대하여 이르는 말. 곽속에 넣는 관. inner coffin

내:관(內觀)명 ①〈심리〉자신의 정신 상태나 그 동작을 내면적으로 관찰함. 자기 성찰(自己省察). introspection ②〈불교〉마음을 걱정(寂靜)하게 하여 내심(內心)을 관찰함.

내관(來館)명 영화관·도서관·박물관 등에 옴. 하타

내관(內觀)명 외국 구경. 하타

내:패(─)명 내가 피이하게 생각했더니 과연 그렇다는 뜻.

내:교(內敎)명〈불교〉불가(佛家)에서 자가(自家)의 교법인 불교를 이르는 말.

내교(內校)명 손님 등이 학교에 옴. ¶문교 장관의 ~

내:―교섭(內交涉)명 정식 교섭에 앞서 상대방의 의사를 알아보는 비공식 교섭. 하타

내:구(內寇)명 내부의 싸움. 〈유〉내란(內亂). 《대》외구(外寇). internal insurrection 는 말.

내:구(內屬)명 '의숙(外叔)'의 뜻으로 편지 따위에 쓰

내:구(內庭)명 [동] 내사복시(內司僕寺).

내구(來寇)명 도적이 와서 침범함. 하타

내:―구(耐久)명 오래 견딤. ¶~력(力). endurance 하

내:구 소비재(耐久消費財)명 내구재(財) 가운데서 장기간 사용에 견딜 수 있는 소비재. 자동차·주택·전기 냉장고 등. 내구재.

내:―구재(耐久財)명 [동] 내구 소비재.

내:―국(內局)명 ①중앙 관청의 국(局)으로서 장관·차관의 감독을 직접 받는 국. 《대》외국(外局). ②[동] 내의원(內醫院).

내:―국(內國)명 자기의 나라. 《대》외국(外國). home

내:국 공채(內國公債)명〈경제〉채권자가 자기 나라 사람인 공채의 총칭. internal loan

내:국 관세(內國關稅)명〈경제〉국내 관세(國內關稅)를 외국의 관세에 상대시켜 일컫는 말. 내지 관세(內地關稅). internal customs

내:국 무:역(內國貿易)명〈경제〉국내에 있는 외국인

과 하는 물품의 매매(賣買)를 이르는 말. internal trade

내:국―민(內國民)명 [동] 내국인(內國人).

내:국―법(─법)(內國法)명〈법률〉자기 나라의 법률. 《대》외국법. national law

내:국 법인(內國法人)명〈법률〉그 나라 법에 의하여 설립되고 그 나라에 주소를 가진 법인. 《대》외국 법인.

내:국―산(內國産)명 제 나라 생산품. 《대》외국산.

내:국―세(內國稅)명〈법률〉국세의 섭외 관계(涉外關係)의 조세·돈세(噸稅) 따위의 국세를 제외한 것의 총칭. 내지 관세(內地關稅). internal tax

내:국―인(內國人)명 자기 나라 사람. 내국민. 《대》외국인.

내:국인 대:우(內國人待遇)명 외국인을 차별하지 않고 자기 나라 사람과 동등하게 하는 대우.

내:국―제(內國製)명 외국제에 대하여 국내 제품을 이르는 말.

내:국―채(內國債)명〈법률〉나라 안에서 모집 발행되고 그 나라의 화폐로써 표시되는 공채나 사채. 내채(內債). 《대》외국채(外國債).

내:국―로(內國路)명 한 나라 영토 안의 항로.

내:국 화:물(內國貨物)명 외국산 화물로서 수입 절차를 마친 것과 내국산 화물로서 수출 절차를 취하지 않은 화물.

내:국―환(內國換)명〈경제〉환(換)거래에 있어서의 채권 채무가 그 나라 안에서 판상(辦償)될 수 있는 환. 《대》외국환(外國換). domestic exchange

내:―굽―다타 바깥쪽으로 굽어 꺾이다. 《대》둘이굽다. 《작》내깁다. bend outward

내:―규(內規)명 어떤 기관 안에서만 지키는 규칙(規則). 내칙(內則). private rule

내그애―의(─)[ㅁ] '나'의 여격형(與格形).

내:―근(內近)명 규방(閨房)과 가까움. 하타

내:―근(內勤)명 관청이나 회사의 안에서만 사무를 봄. 《대》외근(外勤). indoor service 하타

내:―금(內金)명〈법률〉치를 돈 가운데서 그 얼마를 미리 치르는 돈. part of the money to be paid

내:금―위(內禁衛)명〈제도〉조선조 때, 궁중을 지키고 임금을 호위하는 금군(禁軍)의 일을 맡던 관아.

내:금―위―장(內禁衛將)명〈제도〉내금위의 으뜸 벼슬.

내기 돈 따위를 태어 놓고 이기는 사람이 얻기를 다투는 일. ¶저녁 ~. betting 하타

―내기 접미 ①여러 사람이 함께 쓰도록 많이 만들어 놓은 물건. ¶전(廛)~. ②어떤 말에 붙어서 그 사람이 거기 태생이거나 거기서 자랐음을 나타내는 말. ¶서울~. 시골~. ③어떤 말에 붙어서 그러한 사람임을 나타내는 말. ¶풋~. 여간~. 《갓》~. 하타

내기(來期)명 ①기한이나 기일이 옴. ②앞으로 오는 시기.

내:―기(耐飢)명 굶주림을 참고 견딤. endurance of hunger 하타

내:―깔기―다타 밖이나 앞을 향하여 힘차게 깔기다. ¶개가 오줌을 아무 데에나 ~. let off last

내:―나타 결국은. 마침내는. ¶그도 ~ 돌아갔다. at

내:―낙(內諾)명〈원〉내약(內約).

내남―없:이[―엄―]타 나나 다른 사람이나 다 마찬가지로. ¶~ 다 착하다. any one

내:―내타 처음부터 끝까지. 줄곧. all the way

내:―내년(來來年)명 [동] 후년(後年).

내:―내―다타 ①연기를 내다. ②냄새를 내다.

내:―내월(來來月)명 내달의 다음달. 다음다음 달.

내년(來年)명 올해의 다음해. 명년(明年). coming year

내:―놓―다타 ①간직했던 것을 드러내 보이다. ¶시계를 내놓고 자랑하다. expose ②어떤 범위 밖으로 옮겨 놓거나 꺼내어 놓다. ¶짐을 밖으로 ~. ③가두는 짐승 따위를 밖으로 놓아 주다. ¶돼지를 우리에서 ~. release ④물건 등을 팔려고 남에게 드러내다. ¶집을 ~. exhibit ⑤가지거나 차지하고 있던 것을 내주다. ¶성금을 ~. ⑥빼놓다. ¶술을 내

내다 ... 놓고는 모두 먹을 수 있다. ⑦발표하다. ¶명작(名作)을 ~. ⑧희생을 무릅쓰다. ¶목숨을 내놓고 덤비다. ⑨시집보낼 곳을 구하다.　　　　[be smoky
내=다타 연기나 불氣가 아궁이로 되돌아 나오다.
내:=다타 ①안의 것을 밖으로 나오게 하다. put out ②따로 살게 하다. set up a home ③모를 심다. ¶모내기. transplant ④방 같은 것을 비게 하다. vacate ⑤편지 같은 것을 보내다. send a letter ⑥제출하거나 바치다. ¶시험지를 ~. submit ⑦주거나 대접하다. ¶ ~. treat ⑧나오게 하다. 산출하다. ¶인재(人材)를 ~. turn out ⑨윷놀이에서 말을 날밭 밖으로 나게 하다. finish ⑩출석하다. ¶얼굴을 ~. be present ⑪드러나게 하다. ¶소문을 ~. set afloat
내:=다타 곡식을 팔아 버리다. ¶쌀을 ~. sell
내=다타 체면을 세우다. ¶낯을 ~. save
내=다타 ①틈을 만들다. ¶틈을 ~. make ②길을 새로 만들다. open ③책·신문 등을 출판하거나 발행하다. publish ④구멍을 뚫다. bore ⑤어떤 일이나 영업을 처음 시작하다. ¶서점을 ~. start
내=다타 빚을 얻다. ¶빚을 ~. borrow
내:=다조 동사의 어미 '아'·'어' 아래에 붙어 그 것을 제힘으로 능히 끝냄을 보이는 말. ¶견디어 ~.
내:=다보=다타 ①안에서 밖을 보거나, 멀리 앞을 바라보다. ¶창밖을 ~. ⒟ 장차을 일을 헤아리다. ¶앞일을 ~. look out look forward into
내:다=보이=다태 ①안에 있는 것이 밖에서 보이다. ¶속이 ~. seen from within ②밖에서 안이 바라보이다. ¶바다가 내다보이는 창문. ③장차 이루어질 일이 짐작되다. ¶장래가 뻔한 ~. be foreseen　　　　　　　　　　　[명.
내=다지 〈건축〉기둥 따위에 마주 통하게 뚫은 구
내닫기는 주막집 강아지라속 무슨 일이 있을 때나 누가 찾아오거나 하면 곧 뛰어나와 참견하는 사람을 이르는 말.
내:=닫=다타도 갑자기 뛰어나가다. rush out
내:=달(來一)명 다음달.
내=달리=다자 힘차게 달리다.
내:담(內談)명 비밀한 이야기. 또, 비밀히 이야기함.
내담(來談)명 와서 이야기함. 하타　　　　　　[하타
내당(內堂)명 〈동〉 내실(內室).
내:=대=각(內對角)명 〈수학〉①삼각형의 한 외각에 대해 그 이웃하지 않는 내각. ②사각형의 한 외각에 대해 그 꼭짓점과 마주보는 꼭짓점에서의 내각. 안맞각.
내:=대=다타 밀리 하거나 냉대하여 거절하다. oppose
내=더위〈민속〉정월 보름날 더위 팔 때 하는 말.
내:=던지=다타 ①힘있게 던지다. ¶화가 나서 가방을 ~. throw away ②관계를 끊고 돌아보지 않다. ¶부장 자리를 ~. give up　　　　　[대] 외도(外道).
내도(內道)명 〈불교〉불도를 일컫는 말. 내교(內敎).
내도(來到)명 와서 닿음. arrival 하타
내도(來島)명 섬에 찾아옴. 하타
내:=도량(內道場)명 〈불교〉대궐 안에 불도를 닦던 집. 내원당(內願堂). 내도장.
내 돈 서 푼은 알고 남의 돈 칠 푼은 모른다속 제 것만 중히 알고 남의 것은 대수롭지 않게 여긴다.
내:=돈=다자 밖이나 겉으로 돌아나오다. ¶마마가 내돋다. come out
내=돌리=다타 물건을 함부로 내놓아 남의 손에 가게 하다. pass around indiscriminately
내동튀 지금부터 이제 닥치는 앞. 전두(前頭).　　　　　　　　　　　[구 내던지다.
내:=동댕이치=다타 아무렇게나 뿌리쳐 버리다. 힘껏 마
내:동헌(內東軒)명 《동》 내아(內衙).
내=두(來頭)명 《동》 내아(內衙).
내:=두르=다타 ①이리저리 휘어 흔들다. brandish ②남을 자기 마음대로 이리저리 움직이다.

동생이 형을 ~. push around
내두=사(來頭事)명 앞으로 닥쳐 올 일. thing to happen
내:=둘리=다자 정신이 아찔하여 어지러워지다.
내:=둘리=다자 머리를 당하다. be led by the bose
내:=디디=다타 ①걸음을 옮기다. step out ②사업 위를 시작하거나 착수하다.《약》내딛다. start
내 딸이 고와야 사위를 고른다속 조건이 갖추어져 있어야 원하는 것을 얻을 수 있다.
내:=떨=다타 ①붙은 물건이 떨어지도록 밖으로 대고 힘차게 떨다. shake off ②남을 뿌리쳐 붙잡지 못하도록 하다. tear oneself away from
내=뚫=다타 이 끝에서 저 끝까지 통하게 구멍을 내다.
내:=뚫리=다자 내뚫음을 당하다.　　　　　　　　[penetrate
내뛰기는 주막집 강아지라속 무슨 일에나 경솔히 잘 내뛰는 사람의 비유.
내:=뛰=다타 ①냅다 뛰어서 달려가다. leap out ②밖이나 앞으로 향하여 힘있게 뛰쳐나가다. leap forward
내:=뜨리=다타 사정없이 힘껏 던져 버리다. fling away
내:락(內諾)명 정식으로 하는 승낙이 아니고 우선 하는 승낙. (예) 내락(內諾). informal consent 하타
내:란(內亂)명 나라 안에서 일어난 난리. 중란(中亂).　　　　　　　　　　　civil war
내변(內變)명
내:란=죄(內亂罪)명 〈법률〉집단범의 하나. 국가의 정치적 기본 조직을 파괴할 목적으로 폭동을 일으키는 죄. rebellion
내:람(內覽)명 남 몰래 봄. private examination 하타
내:량(耐量)명 〈약학〉 약물의 한계량을 초과하여 사용하는 경우에 중독을 일으키나 죽음은 면할 수 있는 최대량.
내레이션(narration)명 ①서술. 이야기. ②〈연예〉영화·극영화에서, 희곡의 줄거리를 기교의 가교로 영화에서는 화면 외의 목소리로 화면에 가해지는 설명을 이르며, 방송극에서는 이야기 형식의 해설을 이름.　　　　　　　　　[레이션을 하는 사람.
내레이터(narrator)명 영화·방송극·연극 따위에 내
내려=가=다자 ①높은 곳에서 낮은 곳으로 향해 가다. ¶온도가 ~. get down ②서울에서 시골로 떠나다. ¶서울서 고향으로 ~. go down ③음식이 소화되다. digest (예) 내리다. ④값이 떨어지다. ¶ ~. fall
내려=다=다타 아래쪽으로 옮겨가다. ¶고개를 ~.
내려=긋=다타스 자리를 아래로 낮게 잡아서 긋다. draw a line downward　　　　　　　　[down
내려=놓=다타 위의 것을 아래로 내려서 놓다. put
내려다=보=다타 ①위에서 아래를 보다. look down ②저보다 아래 낮추어 보다. 내려보다. despise
내려=두=다타 위에 있는 것을 내려서 아래에 두다.
내려=디디=다타 발을 아래로 내려서 딛다.
내려=뜨리=다타 위에 놓인 것이나, 손에 쥔 것을 아래로 내리게 떨어뜨리다. let fall
내려=먹=다타 내리먹다.
내려=보=다타 《동》 내려다보다.
내려본=각(一角)명 〈수학〉 높은 곳에서 낮은 곳에 있는 지점을 내려다볼 때, 그 시선과 수평면을 이루는 각. 부각(俯角). (예) 올려본각.　　　　　　[down
내려=서=다자 높은 데서 낮은 곳으로 옮겨서 다. step
내려=쓰=다타 모자 따위를 이마보다 아래로 내려서 쓰다. ¶모자를 ~.
내려=앉=다자 ①아래로 옮겨 앉다. move down ②낮은 지위의 자리로 옮겨 앉다. degrade ③건물·다리·산 등이 무너져 떨어지다. ¶대들보가 ~. collapse
내려=오=다자 ①높은 곳에서 낮은 곳으로 향하여 오다. come down ②서울에서 시골로 떠나 오다. come back to the country ③긴 세월을 지나와서 오늘까지 전하여 오다. ¶대대로 내려오는 가보. descend ④아래쪽으로 옮겨오다. ¶ 2층에서 짐을 ~.
내려=제기=다타 밑에서 막 두들겨서 꺾여지거나 으스러지게 하다. ¶도끼로 통나무를 ~.　　　　　　[down
내려=지=다자 위에 있던 것이 아래로 떨어지다. fall

내려=질리-다 값이 얼마씩 싸게 치이다.

내려=쫓-다 ①높은 데서 낮은 데로 향하여 쫓다. ②서울에서 시골로 쫓다.

내려=찍-다 ①날붙이로 위에서 아래로 향하여 찍다. ②사진을 위에서 아래로 향해 찍다.

내려-치-다 ①아래로 힘껏 단단한 바닥에 부딪게 하다. fling down ②물이 흐르는 쪽으로 헤엄치다. swim downward ③칼 따위로 무엇을 단숨에 자를 기세로 치다. slash ④줄 따위를 아래쪽에다 치거나 그리다. underline ⑤셈이나 값을 함부로 내려 따지다. reduce the price ⑥바람·번개 등이 아래에 세차게 닥쳐오다. strike

내:력(內力)명 ①[동] 변형력. ②[물리] 물체 내부의 각 부분 상호간 미치는 힘. ③[지학] 지구의 내부에서 발원하여 땅의 거죽 형태를 변화시키는 힘.

내력(來歷)명 ①겪어 온 자취. ¶~을 캐어묻다. origin ②[동] 내림¹. history

내:력(耐力)명 견디어 내는 힘. 참아 나가는 힘.

내:료(內僚)명 ①[동] 내신(內臣)②. ②[제도] 고려 때, 액정국(掖庭局)의 벼슬아치들을 이르던 말.

내룡(來龍)명 [민속] 풍수 지리에서 쓰는 말로, 종산(宗山)에서 내려온 산줄기. 내맥(來脈)②. 〔inland

내:륙(內陸)명 〔지리〕바다에서 멀리 떨어진 지대.

내:륙-국(內陸國)명 〔지리〕정치 지리학상 나라의 영토가 바다에 닿지 않은 나라. 곧, 스위스와 같은 나라. inland country

내:륙 기후(內陸氣候)명 〔지리〕일년 또는 하루에도 기온의 차가 심하고 공기가 건조·청명하며 우량이 적은 기후. 내륙성 기후.

내:륙 분지(內陸盆地)명 대륙 내부에 있는 큰 분지.

내:륙 빙하(內陸氷河)명 〔지학〕넓은 육지를 덮고 있어 서서히 외곽으로 이동하는 빙체(氷體). 《데》 산악 빙하(山岳氷河). inland glacier

내:륙 사구(內陸砂丘)명 〔지학〕대륙 내부의 내륙 유역에 발달한 사구. 〔候).

내:륙성 기후(內陸性氣候)명 [동] 내륙 기후(內陸氣

내:륙성 하류(內陸性河流)명 내륙에서 바다로 흘러 들어가지 않는 하류.

내:륙 유역[-뉴-](內陸流域)명 〔지학〕기후가 건조하여 바다에 이르는 하류(河流)를 가지지 못한 지역. 〔리 떨어진 지방.

내:륙 지방(內陸地方)명 대륙의 내부로써 해안과 멀

내:륙 탄:전(內陸炭田)명 〔광물〕주로 대륙 내부의 소택지에 형성된 탄전. 《데》연안 탄전.

내:륙 평야(內陸平野)명 〔지학〕해안에서 멀리 떨어진 대륙의 내부에 있는 평야. inland plain

내:륙-하(內陸河)명 〔지학〕내륙의 분지로 흘러든 물이 증발이 심하여 말라 버리거나 용덩이에 괴어가 하는 상태로 바다까지 흘러 들지 못하는 강. inland river 〔이에 끼어서 이루어진 호수.

내:륙 호호(內陸河湖)명 〔지학〕내륙하의 물이 웅덩이

내:륙-호(內陸湖)명 〔지학〕내륙 지방에 있어서 바다와 연결되지 않은 호수. inland lake

내:륜-산(內輪山)명 〔지학〕이중 화산(二重火山)의 구화구(舊火口)나 칼데라(caldera) 안에 새로 생긴 원추(圓錐) 모양의 소화산체 (小火山體). 《데》외륜산.

내리 ①위에서 아래로 향하여 똑바로. downward ②줄곧. 늘. ¶~쓰다. always ③처음부터 끝까지. ¶다섯 시간이 걸리다. freely

내리=[두]①동사의 앞에 붙어서 '위에서 아래'로, 또는 '함부로'의 뜻을 나타냄. ¶~쫓다. downward ②'세차게·마구'의 뜻을 나타냄.

내리-갈기-다 위에서 아래로 후려치다.

내리=글씨[명] 세로글씨. 〔a line downward

내리=긋-다[-굳-][타ㅅ] 아래쪽으로 줄을 곧게 긋다. draw

내리-깎-다[타] ①값을 마구 깎아 내리다. beat down ②남의 체면이나 인격을 마구 손상시키다. injure

내리=깔-다[타ㄹ] ①윗눈시울을 반쯤 덮고 시선을 아래로 보내다. cast down one's eyes ②자리를 아래쪽에 깔다. 〔을 부리다. continuously

내리=내리[부] 잇달아서 내리. 언제까지나. ¶~십출

내리-누르-다[타르] ①위에서 아래로 누르다. press (down) ②남이 운신 못 하게 위세를 부리다. ③금력(金力)으로 내리누르려는 못된 버릇. hold (one) down

내리-다 ①높은 데서 낮은 데로 향하여 옮다. go down ②먹은 것이 삭아서 아래로 가다. digest ③졌던 살이 빠지다. lose flesh ④신(神)이 몸에 접하다. ¶신~. be possessed by ⑤뿌리가 나서 많으로 들어가다. ¶뿌리 ~. take root ⑥①높은 데서 낮은 데로 옮기다. bring down ②윗사람이 아랫사람에게 주다. ¶벌을 ~. give ⑦결정을 짓다. ¶결론을 ~. decide ④탈것에서 내려오다. get off

내리-다² 단단한 가루로 씨알 같은 것이 몹시 작다.

내리=다지-다[타] 칼로 다지듯이 함부로 막 때리다. strike(one) hard

내리=달-다[타ㄷ] 아래로 향하여 달리다. 《데》치닫다.

내리=달이[-다지][명] ①〔건축〕두 짝의 창이 오르내려 여닫는 창. sash window ②어린애 옷의 하나. combinations 〔다. cast a downward glance

내리=뜨-다[타으] 눈을 아래로 향해 뜨다. 《데》치뜨

내리-막[명] ①[동] 내리받이. ②사물의 한창때가 기울어 쇠퇴해 가는 판. 《데》오르막. 〔pass

내리막=길[명] 비탈진 길의 아래로 향하는 길. downhill

내리=매기-다 집의 번지 등을 위에서 아래로 차례로 매기다. number in reverse order

내리=먹-다 집의 번지·호 등의 차례가 위에서 아래로 정하여지다. 내려먹다. 《데》치먹다. be numbered downward

내리=밀-다[타ㄹ] 아래로 밀다. push down

내리=받-다[타] 아래로 받아 내리다. 'receive from above and pass down

내리=받이[-바지] 비탈진 곳의 내려가는 방향. 내리막①. 《데》치받이. descent

내리-비추-다[타] 위에서 아래로 비추다.

내리-비치-다 위에서 아래로 비치다.

내리=사랑[명] ①부모의 자식에 대한 사랑. parent's love of children ②위에서 자식에 대하여 차례로 옮겨 가는 사랑.

내리사랑은 있어도 치사랑은 없다[타] ①윗사람은 아랫사람의 작은 허물쯤은 잘 보아 주어야 한다. ②윗사람이 아랫사람을 사랑할 수는 있어도 아랫사람이 윗사람을 사랑하기는 어렵다. 〔long breath

내리=쉬-다[타] 크게 마셨던 숨을 길게 내어 보내다.

내리=쏘-다[타] 활이나 총을 위에서 아래로 쏘다.

내리=쏟-다[타] 액체나 낱알로 된 물건을 높은 곳에서 낮은 곳으로 한번에 나오게 하다.

내리=쏟아지-다 위에서 아래로 한꺼번에 와락 떨어지다.

내리=쓰기[명] 세로쓰기. 〔지거나 떨어지어 나오다.

내리=쓰-다[타으] 위에서 아래쪽으로 글을 쓰다. 《데》가로쓰다. 〔memory

내리=외-다 글을 보지 않고 줄줄 외다. recite from

내리-우[사동] 내리게 하다.

내리=읽-다[-익-][타] ①위에서 아래로 향해 글을 읽다. read downward ②쉬지 않고 계속해 책을 읽다. read without rest

내리-지르-다[타르] 물·바람 같은 것을 아래쪽으로 흐르게나 불다. flow down, blow down [타르] 따위를 아래로 지르다. ¶소매치기를 구둣발로 ~. kick down

내리=질리-다[동] 주먹·발 따위로 세게 얻어맞다.

내리=쪼-다[타] 햇빛이 강하게 내려 비치다. [타] 빛을 아래로 강하게 내려 비추다. shine upon

내리=치-다 ①계속해 마구 때리다. beat without stopping ②아래로 향하여 함부로 때리다. beat down

내리키-다[타] ①내려지게 하다. pull down ②낮은 데로 옮기다.

내리=패-다[타] 함부로 막 때리다.

내리=퍼붓-다 비·눈 따위가 계속하여 마구 오다. 물 따위를 위에서 아래로 마구 쏟다.

내리=훑-다 ① 위에서 아래로 훑다. survey (one) thresh down to foot ② 빠짐없이 살펴보다. 샅샅이 뒤지다. search

내릴=톱 재목을 세로 켜는 톱. 《예》 동가리톱. ripsaw

내림 유전되어 내려옴. 내력(來歷).

내림² 〈건축〉 건물의 정면으로 보이는 간수(間數). frontage

내=림(來臨) 찾아옴. 왕림(枉臨). presence

내림=굿 〈민속〉 무당이 되려 할 때 신이 내리기를 비는 굿. shaman's invocation rite

내림=내림 여러 대를 내려온 내림. inheritance

내림=대 〈민속〉 굿할 때나 경을 읽을 때, 신이 내리게 한다는 소나무나 대나무의 가지. rod used by a sorceress

내림=새 〈건축〉 한 끝에 반달 모양의 혀가 붙은 암키와. 《예》 새막. concave tile at the edge of eaves

내림석(來臨釋) 〈민속〉 굿을 시작할 때, 공양을 받으라고 무당이 신에게 비는 석. 《세》.

내림=세(一勢) 시세·물가가 내리는 기세. 《대》 오름세.

내림=장(一醬) 간장을 떠낸 뒷장에 다시 물을 붓고 우린 장. 《대》 울림조.

내림=조(一調) 〈음악〉 내림표로써 나타낸 조.

내림=차(一次) 〈수학〉 가장 높은 차(次)의 항으로부터 낮은 차의 항까지 차례로 배열하는 일. 강멱(降幕). 《대》 오름차.

내림차-순(一次順) 〈수학〉 다항식(多項式)에서 차수가 높은 순에서 낮은 차의 항까지 차례로 배열하는 일. 「보다 반음(半音) 내리는 기호. 플랫(flat)①.

내림=표(一標) 〈음악〉 음의 높이를 본위음(本位音)

내립떠=보-다 눈을 아래로 뜨고 노려보다. 《대》 쳐다보다.

=닉마는 《고》 =내마는. 떠보다. glare down at

내 마신 고양이 상 독이 나서 찡그린 얼굴.

내:막(內幕) 일의 속끝. inside facts

내:막(內膜) 〈생리〉 체내 기관의 안쪽의 막.

내 말은 남이 하고 남 말은 내가 한다 ① 누구나 제일은 젖혀 놓고 남의 말 하기를 좋아한다. ② 남도 내 허물을 말할 것이니 남의 허물을 탓잡아 말하지 말라.

내 말이 좋으니 네 말이 좋으니 하여도 달려 보아야 한다 탁상 공론(卓上空論)만 하는 것은 어리석다.

내:-맡기-다 ① 남이 하는 대로 해서 두다. 방임(放任)하다. give a free hand ② 일 따위를 위탁하다. 《예》 학교 일을 ~. entrust (a person) with

내:-매-다 ① 밖으로 내어다가 매다. fasten outside of a house ② 이리저리 자리를 옮겨 매다. fasten here and there 《예》 내용(來龍).

내맥(來脈) ① 일이 지나온 과정. course, process

내:-먹-다 속의 것을 밖으로 집어 내어다 먹다. take out and eat

내:면(內面) ① 안쪽. 속바닥. 《대》 외면(外面). inside ② 인간의 정신·심리에 관한 면.

내면 묘:사(內面描寫) 인간의 정신 상태·심리 상태·감정·기분 따위의 내적인 면을 그리는 일. inner description

내:면 생활(內面生活) 〈동〉 내적 생활(內的生活).

내:면 세:계(內面世界) 마음 속의 감정이나 심리.

내:명(內命) 내밀 인명. 《예》 내계(內界).

내:명(內明) ① 속셈이 밝음. 속에 슬기가 있음. estimating exactly ② 〈불교〉 오명(五明)의 하나. 사물의 원리를 연구하는 부문.

내=명년(來明年) 후년(後年).

내:명부(內命婦) 〈제도〉 옛날 궁중의 빈(嬪)·귀인(貴人)·소의(昭儀)·숙의(淑儀)·소용(昭容)·숙용(淑容)·소원(昭媛)·숙원(淑媛) 등의 총칭. 《대》 외명부(外命婦).

내:-몰-다 ① 밖으로 몰아 내쫓다. 《대》 들이몰다. expel ② 앞으로 빨리 달리도록 몰아대다. ¶ 차를 ~. drive ③ 일을 급히 다그치다. put spurs

내:=몰리-다 내몲을 당하다. be turned out

내:무(內務) ① 나라 안의 정무(政務). home affairs ② 어떤 기관에서의 내부의 사무. ③ 《약》→내무 행정(內務行政). 《대》 외무.

내:무(內舞) 여러 줄로 벌여 서서 춤출 때 안 줄에서서 추는 사람들.

내:무 규정(內務規程) 내무에 관한 규정.

내:무 내:문(乃武乃文) 문무(文武)를 아울러 갖다는 뜻으로, 임금의 덕을 기리는 말.

내:무 대:신(內務大臣) 군주제 나라에서 내무성(內務省)의 장관. 그 나라의 내무 행정을 주관하고 감독함.

내:무=반(內務班) 〈군사〉 병영(兵營)에서 군인들이 사는 방. soldier's quarters

내:무 사열(內務査閱) 〈군사〉 군에서 하는 내무 생활 전반의 검열.

내:무 생활(內務生活) 〈군사〉 군인의 부대 안에서의 일상 생활.

내:무=성(內務省) 〈법률〉 영국·에스파냐 등에서 내무 행정을 주관하는 최고 중앙 관청. 우리 나라의 행정 자치부와 같음.

내:-무주장(內無主掌) 살림할 안주인이 없음. There is no housewife (in one's house). 《하》

내:무 행정(內務行政) 국가 사회의 안녕 질서를 유지하고 복리 증진을 목적으로 하는 행정. 《약》 내무(內務)②.

내:문(內門) 안에 있는 문.

내 물건이 좋아야 값을 받는다 자기가 지킬 도리를 잘 지켜야 대우를 받는다.

내:=물리-다 밖으로 내어서 물러나게 하다. ¶ 울타리를 ~. put outside

내미=손 물건 흥정하러 온, 어수룩하고 만만하게 보이는 사람. simple customer

내:(內密) ① 속에 숨은 비밀. secrecy ② 남 몰래 넘기기 함. ¶ ~한 이야기. privacy 《하》 《히》

내:=밀-다 ① 한쪽 끝이 길쭉하게 나오다. ¶ 이마가 ~. project ② 한쪽으로 도드라지다. ¶ 이마가 ~. protrude 《타》 ① 안에서 앞이나 밖으로 밀다. ¶ 배를 ~. thrust out ② 남에게 미루어 버리다. ¶ 남의 책임으로 ~. refer to others ③ 물리쳐 쫓아내다. ¶ 거지를 문밖으로 ~. expel ④ 그대로 밀다. ¶ 자기 주장을 ~.

내:=밀리-다 밖으로 내밂을 당하다. be pushed 밖으로 또는 한쪽으로 쌓여 밀리다.

내:=밀치-다 밖으로 힘있게 밀다.

내:=밀=힘 ① 밖으로 밀고 나아가는 힘. push ② 자신있게 내세우는 기세. press forward

내 밀 들어 남 밀 보이기 자기 스스로의 부주의한 말이나 행동으로 자기의 부족함을 드러냄.

내:=박차-다 ① 발길로 힘있게 내차다. kick ② 힘있게 해쳐 물리치다. repulse ③ 깽기게 거부하다. reject decidedly

내:=박치-다 힘차게 집어 내던지다. ¶ 찾김에 책을 ~. throw, cast ② 발길로 힘있게 내밀어 차다. kick out

내:=반슬(內反膝) 〈의학〉 무릎이 바깥쪽으로 굽은 기형(畸形).

내:=받-다 ① 나가떨어지게 머리로 힘차게 받다. bunt ② 대항해 버티다. argue with

내:발(內發) 외부로부터 자극 없이 내부에서 자연히 일어나. 《하》

내 발등의 불을 꺼야 아들 발등의 불을 끈다 ① 사람은 급한 일을 당하면 제 일부터 먼저 처리한다. ② 아무리 자식이 귀여워도 사람은 저를 더 아낀다.

내:=발리-다 ① 마음이나 태도를 겉으로 드러나게 하다. reveal ② 겉으로 잘 드러나 보이다. disclose

내:-발뺌 어떤 일에 상관이 없음을 밝히는 일. self-vindication 《하》 《진》.

내:=발진(一疹)(內發疹) 〈의학〉 점막에 나타난 발진.

내:=밟-다(一밥-) 앞쪽을 향하여 옮겨 디디다.

내 밥 먹은 개가 발뒤축 문다 [속] 은혜를 입은 사람이 은혜를 갚기는커녕 도리어 해반한다.

내:방(內坊)[명] 태자비(太子妃)의 궁전.

내:방(內房)[명] 안방. inner room

내방(來訪)[명] 찾아와 봄. (대) 왕방(往訪). ~하다

내방 가사(內房歌辭)[명] 〈문학〉 조선조 말기의 부녀자의 가사. women's poems

내:-배다[자] 속에서 거죽으로 젖어 나오다. ooze

내 배 부르면 종의 밥 짓지 말라 한다 [속] 자신의 처지만 생각하고 다른 사람의 처지에 대하여 조금도 동정하지 않는다.

내:배엽(內胚葉)[명] 〈생물〉 동물의 발생 초기의 배(胚) 중 제일 안쪽의 세포층을 말함. 주로 소화기(消化器)를 형성함. (대) 외배엽(外胚葉). endoderm

내:배유(內胚乳)[명] 〈식물〉 배(胚)가 자랄 때 영양을 공급하는, 피자(被子) 식물 종자의 일부. 내유(內乳). (대) 외배유(外胚乳).

내:백호(內白虎)[명] 〈민속〉 맨 안쪽에 있는 백호. 단백호(單白虎).

내:-뱉다[타] ①입 밖으로 힘껏 뱉다. spit out ¶말을 함부로 내뱉지 말라. ②아무렇게나 말을 해치우다. speak disdainfully

내:버려 두다[타] 건드리지 않고 제대로 두다. leave alone

내:버리다[타] ①내던져 아주 버리다. throw away ②그냥 놔 두고 돌아보지 아니하다. abandon

내:버티다[자] 끝까지 대항하다. persist

내:번(耐煩)[명] 번거로움을 견딤. ~하다

내:벌=적(內罰=的)[관][명] 〈심리〉 뜻대로 안되거나 어려운 일이 있을 때, 자신의 책임으로 생각하는 (것). 자벌적(自罰的). (대) 외벌적(外罰的).

내:법(一뻡)[명] 〈불교〉 다른 종교에 대하여 불법(佛法)을 일컫는 말. (대) 외법(外法). Buddhist precepts

내:벽(內壁)[명] 안벽. (대) 외벽(外壁). inner wall

내:변(內變)[명] 나라 안에서 일어난 변고. (유) 내란(內亂). (대) 외변(外變). insurrection

내:병-성(耐病性)[명] 병해에 대한 저항성.

내:=병조(內兵曹)[명] 〈제도〉 조선조 때, 궁중에서 시위(侍衛)와 의장(儀仗)의 사무를 맡아보던 관아.

내:보(內報)[명] 내보(內包)¹.

내:보(內報)[명] 비밀히 하는 보고. 또, 내적으로 하는 보고. private information

내:보(內輔)[명][동] 내조(內助)². [되다]

내보(來報)[명] ①와서 보고함. ②[동] 내전(來電)①. ~하다

내:-보내다[타] ①안에서 밖으로 나가게 하다. turn out ②부리던 사람을 그만두게 하다. ¶가정부를 ~. dismiss

내:-보다[타] 넣어 두었던 것을 내어서 보다. see and know

내:복(內服)[명] ①속옷. underwear ②약을 먹음. 내용(內用)². (대) 외용(外用). using internally ~하다

내:복(內腹)[명] 내포(內包)¹.

내:복-약[一냑](內服藥)[명] 내치(內治)로 쓰이는 약. 내용약(內用藥). 내약(內藥). (대) 외용약(外用藥). internal medicine

내:복-하다(內福一)[형여] 속이 실하고 유복하다.

내:부(乃父)[명] 그 사나이의 아버지. his father [법 아버지가 아들에 대하여 쓰는 자칭. '네 아비', '이 아비'의 뜻. 내옹(乃翁).

내:부(內付)[명] ①속으로 붙음. ②[동] 내응(內應).

내:부(內部)[명] 안쪽의 부분. ¶~ 분열(分裂). (대) 외부(外部). inside

내:부(內部)[명] 〈제도〉 조선조 고종 때 내무 아문(內務衙門)을 고친 이름. ¶~ 대신(大臣).

내부(來附)[명] 와서 복종함. ~하다

내:부 감:각(內部感覺)[명] 〈심리〉 신체 내부의 감각. 내감각(內感覺). (대) 내감(內感). inner sense

내:부 기생충(內部寄生蟲)[명] 〈곤충〉 다른 동물의 몸 속에 잠복해 있으면서 양분을 빨아먹고 사는 벌레.

내:-부딪다[자] 나가 부딪게 하다. bump against

내:=부딪뜨리-다[타] 몹시 세게 부딪게 하다. strike

내:=부딪치-다[타] '내부딪다'의 힘줌말. (약) 내붙치다.

내:=부딪히-다[자] 내부딪음을 당하다. knocked

내:부 영역(內部營力)[명] 〈지학〉 지진·화산·지각 운동 등과 같이 내부로부터 작용하여 땅 모양을 바꾸어 버리는 힘. 내적 영력(內的營力). (대) 외적 영력(外的營力).

내:부 저:항(內部抵抗)[명] 〈물리〉 전지(電池)의 내부에 존재한다고 생각되는 저항. internal resistance

내:부 환경(內部的環境)[명] 〈사회〉 외부의 물리적 환경에 대한 사회적 환경.

내:부 지각(內部知覺)[명] 〈철학〉 지각의 주체인 자기 자신을 지각하는 일. (대) 외부 지각.

내:분(內分)[명] 〈수학〉 하나의 선분(線分)을 그 위의 임의의 한 점을 경계로 하여 두 개의 부분으로 나누는 일. (대) 외분(外分). internal division ~하다

내:분(內紛)[명] 집안이나 나라 안의 다툼. 내홍(內訌). (대) 외화(外禍). internal trouble

내:분-비(內分泌)[명] 〈수학〉 어떤 선을 내분했을 때 분점에서 좌우로 갈린 선의 길이의 비. (대) 외분비.

내:-분비(內分泌)[명] 〈생리〉 각종의 선(腺)에서 분비물(分泌物)을 도관(導管)에 의하지 않고 직접 혈관 또는 임파액(淋巴液) 속에 보내는 일. ¶~ 기관(器官). (대) 외분비(外分泌). internal secretion

내:분비-물(內分泌物)[명] 〈생리〉 내분비 작용으로 분비되는 물질. 호르몬.

내:분비-선(內分泌腺)[명] 〈생리〉 내분비 작용을 하는 선.

내:분-선(內分線)[명] 〈수학〉 각(角)을 내분하는 직선.

내:분-점[-쩜](內分點)[명] 〈수학〉 선분(線分)을 내분하는 점. (대) 외분점. point of internal division

내:붙치-다[약] → 내부딪치다.

내:불(內佛)[명] 〈불교〉 절의 본당 이외의 방안에 안치한 불상. ②거실에 안치한 불상.

내:-불다[타][르] ①바깥쪽을 향해 불다. blow out ②숨기고 있던 사실을 하는 수 없이 자백하다. ¶도둑이 범죄의 사실을 ~. confess

내:-불이-다[-부치-](不一)[타] ①밖이나 앞으로 내어서 내다. put out ③냅다 때리거나 던지다. throw ③쏘아 말하다. speak up ④목표를 향해 계속 빨리 걷다. rush to

내:-비치다[자] ①빛이나 빛깔 따위가 나타나게 비치다. transparent ②이야기 따위를 머리만 말하다가 그치다. ¶남의 단점을 ~. hint

내:빈(內賓)[명] ①안손님. lady visitor ②〈제도〉 잔치에 참여(參與)하는 명부(命婦)들.

내빈(來賓)[명] 어떤 모임에 청함을 받고 찾아온 손님. ¶~ 각위(各位). guest

내:빈(耐貧)[명] 가난함을 이겨 견딤. endurance of poverty ~하다

내빙(來聘)[명] 외국인이 예물을 가지고 찾아옴. ~하다

내:-빠-다[타] (속) 달아나다. (약) 빼다. run away

내:-빠오-다[자] 쫓기어 달아나다시피 오다. steal out of

내:-뻗다[자] ①쭉 뻗어 나가다. project ②힘차게 뻗대다. press forward ③바깥쪽으로 힘차게 빼다. ¶누워서 두 다리를 ~. [내빼게 하다.

내:-뻗치다[타] 힘차게 내뻗다. gush out

내:-뽑다[타] ①팔이나 목을 길게 빼다. pull ②힘을 들여 소리를 높고 길게 뽑아 올리다. raise one's voice ③안에서 밖으로 뽑아 내다. draw out ④가던 정도보다 지나치게 속력을 내다. speed up

내:-뿌리다[타] 나가떨어지게 힘차게 뿌리다. sprinkle

내:-뿜다[-따](一品)[타] 밖으로 세차게 뿜다. spout ¶기체·액체 따위가 세차게 밖으로 나오다.

내:사(內司)[명] → 내수사(內需司). [main house

내:사(內舍)[명] 주로 부녀자가 거처하는 집채. 안채.

내:사(內事)[명] 내부에 관한 일. 비밀로 덮어두는 일.

내:사(內査)[명] 안으로 비밀히 조사함. secret investigation ~하다

내:사(內賜)[명] 임금이 밖으로 내림(下). ~하다

내사(來社)[명] 회사나 신문사에 옴. ¶인사차 ~. ~하다

내:사복시(內司僕寺)[명] 〈제도〉 조선조 때, 궁내에 따로 두어 연여(輦輿)·승마를 맡던 관아. 내구(內廐).

내:살[명] 포장한 겉짐을 제외한 내용물의 용적. content

내:상(內相)[명] ①[공] 남의 아내. ②〈제도〉내부 버슬 (內部大臣)의 딴이름. 「wife

내:상(內喪)[명] 부녀자의 초상(初喪). death of one's

내:상(內傷)[명] 〈한의〉①몸이 쇠약하여 생긴 병. [대] 외감(外感). ②먹은 음식이 위에 걸려 내리지 않는 병.

내:색(一色)[명] 마음에 느낀 것이 얼굴에 드러나는 모양. ¶싫은 ~을 하다. expression of feeling 하다

내생(內生)[명] 〈생물〉포자(胞子) 등이 생물체 내부에 형성됨. 하다

내생(來生)[명] 〈불교〉죽은 후에 다시 살아남. 또, 그 생애. 후생(後生)②. [대] 전생(前生). future life

내:서(內書)[명] 〈동〉내간(內簡). 안전지.

내서(來書)[명] 내신(來信).

내:서(耐暑)[명] 더위를 견디어 냄. [대] 내한(耐寒). proof against heat 하다

내:선(內線)[명] ①내부의 선. inner line ②구내(構內)의 전화선. [대] 외선(外線). interior wiring

내:섬시(內贍寺)[명] 〈제도〉조선조 때, 여러 궁가(宮家)의 공상(供上)과 2품 이상에 주는 술과 일본인·여진인에게 주는 식물(食物)이나 직포(織布) 따위의 일을 맡던 관청. 덕촉고(德泉庫)를 고친 이름.

내:성(內省)[명] ①자기를 돌이켜 봄. 반성(反省). introspection ②〈심리〉자기 관찰. [대] 의모(外務). 하다 「inner castle

내:성(內城)[명] 외성 안에 있는 성. [대] 외성(外城).

내:성(耐性)[명] 〈의학〉병원균 따위가 어떤 약에도 죽지 않고 남는 성질. 곧, 저항성.

내:성균(耐性菌)[명] 〈생리〉어떤 약제에 대해서 강한 내성을 가지는 세균. ¶마이신 ~.

내:성 심리학(內省心理學)[명] 〈심리〉내성을 유일한 연구법으로 하는 심리학. 의식 심리학(意識心理學). [대] 객관 심리학(客觀心理學).

내세(來世)[명] 〈불교〉삼세(三世)의 하나. 죽은 뒤에 다시 태어나 산다는 미래의 세상. 당래(當來). [대] 현세(現世). 전세(前世). future life

내세 사상(來世思想)[명] 〈종교〉내세에 진정한 인간의 행복이 있다고 생각하는 종교적 사상. believing in the future existence

내:세우-다[타] ①나서게 하다. ¶앞에 ~. ②나와서 서게 하다. ¶키가 작은 학생을 앞줄에 ~. ③남이 보도록 내놓다. ¶간판을 ~. give backing to ④자기에게 유리한 재료로 삼아 내놓거나 크게 평가하다. ¶학벌을 ~. insist ⑤무엇을 제기하거나 제시하다. ¶포진을 ~. assert

내셔널(national)[명] ①국민적. 국가적. 민족적. ②국립(國立). 국정(國定).

내셔널 리그(National League) 미국의 직업 야구 기구에 속하는 큰 리그.

내셔널리스트(nationalist)[명] 민족주의자. 국가주의자.

내셔널리즘(nationalism)[명] 〈정치〉국가주의(國家主義). 민족주의(民族主義).

내셔널리티(nationality)[명] ①국민성. 민족성. ②국풍(國風). 국정(國情). ③국적(國籍). ④국민의 자주 독립. 「ting one's husband 하다

내:소(內疏薄)[명] 아내가 남편을 소박함. mistrea-

내:소 외:친(內疏外親)[명] 마음속으로는 소홀히 하고 겉으로는 친하게 함. skin-deep friendship

내:속(內屬)[명] 다른 나라의 속국으로 복종함. 또, 외국인이 내주(來住)하여 복종함. dependency ②〈철학〉사물의 여러 성질과 그 실체로서의 속성(屬性)의 관계. inherence 「孫

내손(來孫)[명] 현손(玄孫)의 아들. 곧, 오대손(五代

내 손톱에 장을 지져라 무엇을 장담할 때나 강력히 부인할 때 하는 말.

내:=솟-다[자] 위로나 바깥으로 세차게 나오다.

내:수(內水)[명] ①바다를 제외한 나라 안의 하천·호수·운하 따위. inland waters ②수문이 막히어 피어 있거나, 낮은 지대의 늪 따위에 비가 내려 된. 「수(外需). stagnated water 「수(外需).

내:수(內需)[명] 국내에서의 수요. ¶~용 물자. [대] 외

내:수(耐水)[명] 물에 견딤. water-proof 하다

내:수도(內修道)[명] 〈종교〉아낙네들이 하는 특별한 수도. 「는 어업

내수면 어업(內水面漁業)[명] 하천·호소(湖沼)에서 하

내:수=사(內需司)[명] 〈제도〉조선조 때, 궁중에서 쓰는 쌀 따위를 맡아보던 관아. [대] 내사(內司).

내:수 산:업(內需産業)[명] 〈경제〉국내 시장을 중심으로 하는 산업. [대] 수출 산업.

내:수-선(內水船)[명] 항상 내수 구역을 항행하는 선박.

내:수-성(-性)[명] 〈耐水性〉외계로부터 침입하는 수분이나 습기를 막아 견디어 내는 성질.

내:수용체(內受容體)[명] 〈심리〉생체 내부의 자극을 느껴 받아들이는 곳.

내:수장(內修粧)[명] 〈건축〉집 지을 때 내부의 꾸밈새. interior decoration 하다

내:수-지(耐水紙)[명] 내수력이 있도록 가공한 종이.

내:수-포(耐水布)[명] 내수성의 가공을 한 천.

내:순검(內巡檢)[명] 〈제도〉고려 때, 궁중(宮中)의 순경(巡警)을 돌던 병사(兵士).

내:승(←內乘)[명] 겉으로는 온유하게 보이나 속은 비 꼬여 위험함. tricky 하다 스럽 스레[접]

내:숭-떨-다[자] 몹시 내숭스러운 말이나 행동을 하다.

내:쉬-다[타] 숨을 밖으로 내보내다. [대] 들이쉬다.

내:습(來襲)[명] 습격하여 옴. attack 하다 「exhale

내:시(內示)[명] 비밀리에 알림. informal announcement 하다

내:시(內侍)[명] 〈제도〉①내시부(內侍府)의 관리. 노공(老公). ②내관(內官)①. 중관(中官). 환관(宦官). 환시(宦侍). 환자(宦者). 혼시(閣侍). 황문(黃門). ②불알이 없는 남자. eunuch 「하다

내시(來示)[명] ①와서 알림. ②저쪽에서 편지로 알림.

내:시경(內視鏡)[명] 〈의학〉신체의 내부를 보기 위한 기구의 총칭. 기관지(氣管支)경·식도(食道)경·질경·위경·복강경·방광경·직장경 등이 있음.

내:시경 검:사(內視鏡檢査)[명] 〈의학〉내시경을 사용하여 행하는 검사. 「report 하다

내:신(內申)[명] 비밀로 상신함. ¶~서(書). unofficial

내:신(內臣)[명] ①나라 안의 신하. internal subjects ②왕실의 측근한 신하. 승지(承旨) 따위. 내료(內僚). [대] 외신(外臣). close attendants

내:신(內信)[명] 나라나 학교 또는 집단 등의 내부에서 일어난 소식. ¶~란. [대] 외신(外信).

내:신(內腎)[명] 〈동〉콩팥②. 「receiving a letter

내신(來信)[명] 다른 사람에게서 온 편지. 내서(來書).

내:실(內室)[명] ①아낙네가 거처하는 방. 내당(內堂). 비긴등안②. ②[공] 남의 아내. 「虛.

내:실(內實)[명] 속의 참. ¶~을 기하다. [대] 외허(外

내:심[](內心)[명] 속마음. 심중(心中). ¶~을 털어놓다. one's inmost heart ② 내심으로. ¶미워하는 듯하면서도 ~ 좋아함. inner center

내:심[2](內心)[명] 〈수학〉다각형에 있어서 각각(各角)의 이등분선이 만나는 점. 「담을 ~.

내:=쌓-다 바깥쪽으로 나가게 쌓다. 밖에 쌓다. ¶

내:=쏘-다[타] ①거리끼지 아니하고 말을 함부로 쏘아 내지르다. speak boldly ②안에서 밖으로 대고 쏘다. ③갑자기 총알을 함부로 쏘다. shoot

내:=씹-다[타] ①먹는 음식이 당기지 않아 삼키지 않고 연해 씹기만 하다. chew food distastefully ②마음에 내키지 않는 말투로 되는 대로 말하다. ¶흥분한 태도로 상스러운 말을 ~.

내:아(內衙)[명] 〈제도〉지방 관청의 안채. 내동헌(內 「東軒).

내:안(內案)[명] 〈약〉내안산(內案山).

내:안-근(內眼筋)[명] 〈생리〉안구(眼球)의 내부에 있

는 안근(眼筋).
내:안:산(內案山)圕《민속》가장 안쪽으로 있는 안산. 단안산(單案山). 《약》내안(內案).
내:―앞―다 앞으로 나와 앉다. sit in the front
내:―앉히―다 ①앞에 앉게 하다. to make one sit at the front ②나아간 자리를 잡게 하다.
내알(來謁) 와서 뵘. visit 하다
내 앞도 못 닦는 것이 남의 걱정한다 제 일도 제힘으로 다 처리하지 못하면서 남의 일을 하겠다고 하는 체하며 간섭한다.
내:야(內野)圕《체육》야구에서, 본루(本壘)·1루·2루·3루를 연결한 선의 구역 안. 다이아몬드(diamond). 《대》외야(外野). infield
내:야―석(內野席) 야구장에서, 1루측·3루측의 본루(本壘)에 가까운 관람석.
내:야―수(內野手)圕《체육》야구에서, 내야를 맡아 지키는 선수. 《대》외야수(外野手). infielder
내:약(內約) 남 몰래 넌지시 하는 약속. tacit understanding 하다 미하고 허술함. 하다
내:야(內野) ①마음과 뜻이 악함. ②나라 안이 쇠
내:약(內藥)圕 ①《동》내복약(內服藥) ②여자의 처음 나오는 월경수(月經水). first menses
내양(內洋) 외양(外洋)에 대한 내해(內海). 《대》외양(外洋). inland sea
내:―어물전(內魚物廛)圕《제도》서울 종로에 집중해 있던 어물전. fishmongers at Chongno
내:역(內譯)圕 명세(明細).
내:연(內宴)圕《약》→내진연(內進宴).
내연(內緣)圕《법률》법적 절차를 밟지 않은 남녀의 혼인 관계. ¶ ～의 처(妻). informal marriage
내:연(內燃)圕 중유(重油)·가솔린 따위의 연료가 실린 내부에서 폭발 연소하는 일. 하다 하다
내연(來演) 그 곳에 와서 연기(演技)하거나 연주함.
내:연 기관(內燃機關)圕《물리》기관의 안에 불을 때 동력을 내는 원동기(原動機)의 총칭. 《대》외연 기관(外燃機關). internal-combustion engine
내:열(內劣)圕 겉보다 속이 좋지 않음. 하다
내:열(耐熱)圕 열을 견디어 냄. heat-proof
내:열―강(耐熱鋼)圕 800~1,200°C 의 고열에서도 사용할 수 있는 특수한 강철.
내:열 재료(耐熱材料)圕《공업》고온에서 큰 응력(應力)에 견디며 내산화성(耐酸化性)·내식성(耐蝕性) 등이 강한 재료. 내열강·내열 합금 등.
내:염(內焰)圕《화학》불꽃의 내부(외염과 염심 사이)에 있는 빛이 강한 부분. 《유》환원염(還元焰). 《대》외염(外焰).
내영(來迎)圕 ①와서 맞음. welcome ② 《불교》염불하는 사람이 죽을 때 아미타불이 와서 극락으로 데려감. 하다
내:―오―다 안에서 밖으로 가져오다. bring out
내온(內醞) 임금이 신하에게 주던 술. 법온(法醞).
내:―옹(乃翁)대《동》내부(乃父).
:내왈―다 《고》내밀다.
내왕(來往)圕 ①오고 감. coming and going ②서로 사귀며 상종함. 하다
내왕꾼(來往―)圕〈불교〉절에서 심부름하는 속인.
내왕―로(來往路)圕 오고 가는 길.
내:외[^1](內外)圕 ①안과 밖. inside and outside ②국내와 외국. ③《동》부부(夫婦). 《약》→내외간(內外間). 《피함》. 하다
내:외[^2](內外)圕 남녀간의 예의로 서로 얼굴 대하기를 꺼림. 하다
내:외―간(內外間)圕 부부(夫婦)의 사이. 내외지간. 부부간. 《약》내외①.
내:외―간(內外間)圕①국내외의 재난(災難). calamities at home and abroad ②내간상(內艱喪)과 외간상(外艱喪). death of parents or grand parents
내외간도 돌아누우면 남이다 부부 사이라 하더라도 일단 헤어지면 남과 같다는 말.

내외간 싸움은 칼로 물베기 부부는 싸워도 곧 화해(和解)되기가 쉬움을 이르는 말.
내:외―과[―꽈](內外科)圕 내과와 외과.
내:외―국(內外國)圕 제 나라와 남의 나라.
내:외―분(內外―)圕《공》내외(內外)①③.
내:외 사조(內外四祖) 아버지·할아버지·증조부 및 외조부를 통틀어 일컫는 말.
내:외 술집[―집](內外―)圕 접대부가 없이 술을 순배로 파는 집. 내외 주점(內外酒店).
내:외 어물전(內外魚物廛)圕《제도》육주비전(六注比廛)의 하나. 순조 원년(1801)에 내어물전과 외어물전을 합친 것임.
내:외 정세(內外情勢) 나라 안과 나라 밖의 세상 돌아가는 형편. domestic and foreign situation
내:외―종(內外從)圕 외종(外從)과 내종(內從) 사촌과 외종(外從) 사촌. 중표 형제(中表兄弟).
내:외 주점(內外酒店)圕《동》내외 술집.
내:외―척(內外戚)圕 본집에서 다른 성의 집으로 시집 가거나 장가들어서 된 척당(戚黨). relatives by marriage
내:용(內用)圕 안살림의 씀씀이. domestic use
내:용[^1](內用)圕《동》내복(內服)①. 하다
내:용[^2](內容)圕 ①사물의 속내. contents ②여러 가지 실질. 《대》형식(形式). 외관(外觀)①. matter ③책 따위에 쓰여진 줄거리. 말하는 사실. contents
내:용 교과[―꽈](內容敎科)圕 지리·역사·물리·화학 등과 같이 지식 내용의 학습을 주로 하는 교과.
내:용―물(內容物)圕 속에 든 물건.
내:용―미(內容美)圕《미학》예술품의 내용에 갖추어진 미(美). 곧, 예술품에 표현된 감정·힘 따위. 《대》형식미(形式美). beauty of substance
내:용 심리학(內容心理學)圕《심리》의식의 내용만을 다루는 심리학. psychology of substance
내:용―약[―냑](內用藥)圕《동》내복약(內服藥).
내:용 증명(內容證明)圕《동》내용 증명 우편.
내:용 증명 우편(內容證明郵便)圕《법률》글월의 내용을 우체국에서 증명을 받는 제도. 《약》내용 증명. contents certified mail
내:우(內憂)圕 ①《동》내간(內艱). ②나라 안의 온갖 걱정. 안의 환난(內患). internal troubles
내:우 외:환(內憂外患)圕 나라 안팎에서 일어나는 여러 가지 환난(患難). troubles both at home and abroad
내:원(內園·內苑) 궁성내의 정원. 《유》비원(祕苑)①. 《대》외원(外園·外苑). inner garden of a palace
내:원―당(內願堂)圕 내도량(內道場).
내:월(來月)圕《동》새달.
내:유(內乳)圕《동》내배유(內胚乳).
내:―유성(內遊星)圕《천문》돌아가는 궤도가 지구의 도는 궤도 안쪽에 있는 유성. 수성·금성 따위. 내혹성(內惑星). inferior (interior) planet
내:유 외:강(內柔外剛)圕 내부의 마음은 약하나 외부에 나타난 태도는 강하게 보임. 《대》내강 외유.
내:율(內率)圕《동》내항(內項).
내:응(內應)圕 몰래 서로 응함. 내부(內附)②. 내통(內通)②. ¶ 적과 ～하여 비밀이 탄로 났다. secret communication 하다
내:의(內衣)圕 속옷. underwear
내:의(內意)圕 속뜻. one's intention
내:의(內醫)圕《제도》내의원의 의관.
내:의―령(內議令)圕《제도》고려 내의성(內議省)의 장관. 뒤에 내사령(內史令)으로 고침.
내:의―성(內議省)圕《제도》고려 초기에 국정(國政)을 총찰(總察)하던 관청.
내:의―원(內醫院)圕《제도》삼의사(三醫司)의 하나. 의약을 맡던 관청. 내국(內局)②. 약방(藥房)②. 약원(藥院).
내:이(內耳)圕《생리》고막의 속 부분으로 고막의 진동을 신경에 전하는 곳. 미로(迷路)②. 안귀(安貴). 《대》

외이(外耳). internal ear

내:이(內移)图《제도》외적에서 내적 곧 중앙 관직으로 옮김. 내천(內遷). 하다

내:이-염(內耳炎)图《의학》내이에 생기는 염증. 여러 가지 장해에 기인하며 난청(難聽)·이명(耳鳴)·현훈(眩暈)·운동 실조 따위로 됨. inflammation of the internal ear

내:인(內人) ①원→나인. ②아낙네. wife

내:인(內因)图 내부에 있는 원인. (대) 외인(外因). inner cause

내인(來人)图 오는 사람. 또, 온 사람. visitor

내인 거:객(來人去客)图 자주 오고 가는 사람들. stream of visitors

내:인성 정신병(─性精神病)[─썽─뼝](內因性精神病) 《의학》 유전 소인(遺傳素因)으로 생기는 정신병. 정신 분열증·조울병 따위.

내일(來日)图 오늘의 바로 다음 날. 명일(明日). 명천(明天). (대) 어제. 작일(昨日). 준넬. tomorrow

내 일 바빠 한데 방아 ①자기 일이 바쁘므로 그 일을 하기 위하여 부득이 남의 일부터 한다. ②일이 바쁠 때에는 도구도 제대로 갖추지 못하고 서둘러 한다는 말.

내:입(內入)图 ①궁중에 물건을 들임. delivery of goods to the court ②갚을 돈의 액수(額數) 가운데 일부만 먼저 들여 놓음. partial payment 하다

내:입금(內入金)图 치를 돈 중에서 일부만을 먼저 들여 놓는 돈.

내:자(內子)图 자기의 아내를 남에게 이르는 말. my wife

내:자(內眥)图 눈초리.

내:자(內資)图 나라 안에서 조달되는 자본. (대) 외자(外資). domestic capital

내자(來者)图 찾아오는 사람. 또, 찾아온 사람.

내자 물금(來者勿禁)图 오는 사람을 막아서는 안 된다는 뜻.

내자 불가:대(來者不可待)图 장래의 일은 기대할 수 없다는 뜻.

내:자-시(內資寺)图 《제도》 궁정(宮庭)의 식품(食品)·직포(織布)·내연(內宴)에 관한 일을 맡던 관청.

내:장(內粧·內裝)图 집안을 모양 있게 꾸미는 일. 또, 집안을 꾸밈. ¶─재(材). internal decoration 하다

내:장(內障)图 ①《약》장안(內障眼)②

내:장(內臟)图 《생리》 ①소화기·호흡기·비뇨 생식기(泌尿生殖器) 따위의 몸속의 여러 기관. internal organs ②《동》내포(內包)¹.

내:장 감:각(內臟感覺)图 유기 감각(有機感覺).

내:장-근(內臟筋)图 《생리》 내장의 모든 기관을 이루고 있는 근육. 내장살. 내장 힘살.

내:장-병(內臟病)图 내장에서 일어나는 여러가지 병.

내:장-살(內臟─)图 내장근.

내:장-안(內障眼)图 《의학》 안구 안에 탈이 나서 잘 보이지 않는 병의 총칭. 내장(內障)².

내:장 하:수증(內臟下垂症)图 《의학》 복벽(腹壁)이 늘어지거나 장기(臟器)의 전위(轉位) 등의 원인으로 복강(腹腔) 안의 여러 장기가 아래로 처지는 증세.

내:장 힘살[─쌀](內臟─)图 내장근.

내:재(內在)图 철학 사물을 규정하는 원인이 그 사물의 속에 있음. inherence 하다 ¶─하는 곳.

내:─재봉소(內裁縫所)图 여염집에서 부녀자가 삯바느질 하는 곳.

내:재 비:평(內在批評)图 《문학》 문학 작품의 주제·형식·기교에 관한 주관적 비평. (대) 외재 비평. internal criticism ②《철학》사상·학설의 전제가 되는 것을 인정하여 비평하는 일.

내:재-율(內在律)图 《문학》 자유시나 산문시 등에서, 문장 안에 내포되어 있는 잠재적인 운율. (대) 외형률(外形律).

내:재-인(內在因)图 《철학》 사물의 운동·변화에의 그 원인이 자신 안에 있음을 말함. 아리스토텔레스의 '이데아는 개체에 내재한다'는 말에서 비롯됨. causal immanens

내:재-적(內在的)图图 《철학》 인식론상 가능적 경험의 한계 이내에 있는(것). immanent

내:재적 원리(內在的原理)图 《철학》 가능적 경험의 한계 내에서만 적용되는 원리.

내:재적 진리(內在的眞理)图 《철학》 표상(表象) 상호간의 일치에서 성립하는 진리.

내:재 철학(內在哲學)图 《철학》 모든 현상의 실재가 경험을 초월하는 것을 인정하지 않고, 의식에 내재하는 것만 존재한다고 하는 철학. immanentism

내:쟁(內爭)图 나라나 집안 안에서 저희끼리 싸움. 하다 ¶얄잖아 일컫는 말.

내저린(Nazarene)图 유태 사람에 의한 기독교도들.

내:─저:항(內抵抗)图 《물리》 전지(電池)의 두 극을 연결할 때 거기에서 생기는 일정한 저항. (대) 외(外)저항. internal resistance

내:적[─적](內的)图 ①내부에 관한(것). internal ②정신이나 마음속에 관한(것). (대) 외적(外的). mental ¶독이나 역적. (대) 외적(外賊).

내:적(內賊·內敵)图 어떤 나라나 사회 안에 있는 도적.

내:적 경험[─쩍─](內的經驗)图 《심리》 고뇌·번민처럼 마음속의 기복(起伏)·파란(波瀾) 등을 겪어 의식하게 되는 경험. inner experiences

내:적 생활[─쩍─](內的生活)图 ①내적 경험의 생활. 정신적인 방면의 생활. inner life ②겉으로 드러나지 않는 생활. 내면 생활(內面生活). private life

내:적 연관[─쩍─](內的聯關)图 《논리》 한 사물의 표상(表象)이 논리적으로 다른 사물의 표상을 합축하고 있는 경우의 두 사물의 관계. (대) 외적 연관(外的聯關). ¶似聯合).

내:적 연합(內的聯合)图 《동》 유사 연관(類─).

내:적 영력[─쩍 녁](內的營力)图 내부 영력(內部營力).

내:적 요구[─쩍뇨](內的要求)图 마음이나 신체의 내부에서 자연히 생기는 요구. 또, 정신상의 요구.

내:적 의:욕[─쩍─](內的意慾)图 정신적인 의욕. inner volition ¶意志).

내:적 자유[─쩍─](內的自由)图 《동》 자유 의지(自由意志).

내:전(內典)图 《동》 불경(佛經).

내:전(內殿)图 ①《약》왕비(王妃). ②《동》 안전(─殿).

내:전(內戰)图 국내의 싸움. 특히, 내란.

내전(來電)图 ①전보가 옴. 또, 온 전보. 내보(來報)② telegram ②전화가 옴. 또, 온 전화. 입전(入電). call 하다

내:전 보살(內殿菩薩)图 알고도 모르는 체하고 가만히 있는 사람을 이름. feigned ignoramus

내:절(內切)图 《동》 내접(內接). 하다

내:절-구(內切球)图 《동》 내접구(內接球).

내:절-원(內切圓)图 《동》 내접원(內接圓).

내:접(內接)图 《수학》 두 개의 원이 서로 맞닿을 때에 한 원이 다른 원의 내부에 있는 일. 내절(內切). (대) 외접(外接). be inscribed 하다

내:접-구(內接球)图 《수학》 ①한 구(球) 안에 다른 구면(球面)의 꼭 한 점에서 만나는 구. ②다면체 안에 있어서 모든 측면(側面)과 닿는 면. 내절구(內切球). inscribed sphere

내:접 다각형(內接多角形)图 《동》 내접형(內接形).

내:접-원(內接圓)图 《수학》 직선형(直線形) 안에 있어서 그 각 변에 닿게 된 원. 내절원(內切圓). (대) 외접원(外接圓). inscribed circle

내:접-형(內接形)图 《수학》 하나의 원 또는 다각형 안에 있어서 원주나 그 변 위에 정점을 둔 다각형. 내접 다각형. inner figure

내:─젓:─다[─저어─젓으니]타스불 ①앞이나 밖으로 내어서 휘두르다. ¶손을 ~. wag ②앞이나 밖으로 향하여 노를 젓다. row hard

내:정(內廷)图 궁정(宮廷)의 내부. inside of the court

내:정(內定)图 속으로 작정함. unofficial decision 하다

내:정(內政)图 ①집안의 살림살이. domestic affairs

②국내의 정치. 《대》외정(外政). home administration ③내무(內務)의 행정(行政).
내:정(內庭)圀 ①집의 안뜰. 안마당. 《대》외정(外庭). courtyard 《동》아낙②.
내:정(內情)圀 안의 정세. 속사정. 《대》외정(外情).
내:정 간섭(內政干涉)圀 《정치》한 국가나 몇 국가가 타국의 정치·외교 등에 관해서 간섭하고 강압적으로 그 주권을 속박·침해하는 일. 하타
내:정 돌입(內庭突入)圀 주인의 허락없이 남의 집안에 쑥 들어감. 하타
내:제(內題)圀 책의 안겉장이나 본문 첫머리 등에 쓴 제목. 《대》외제(外題). inside title
내:조(乃祖)圀 ①그이의 할아버지. one's grandfather ②인데 할아버지가 손자에 대하여 쓰는 자칭, '네 할아비'의 뜻.
내:조(內助)圀 ①내부에서의 원조. 《대》외원(外援). internal assistance ②아내가 남편을 도와 줌. 내보(內輔). ¶~의 공(功). wife's assistance 하타
내:조(來朝)圀 ①외국 사신이 찾아옴. visit of foreign envoy ②《제도》지방 관청의 신하가 임금을 뵈옴.
내:종(乃終)圀 나중. 하타
내:종(內從)圀《약》→내종 사촌(內從四寸).
내:종(內腫)圀 ①《의학》내장에 난 종기. 《대》외종(外腫). internal tumor ②《동》농옹(膿胸).
내:종 사:촌(內從四寸)圀 고모의 자녀. 《대》외종 사촌. 《약》내종(內從). cousins on the paternal side
내:종=내/내중내(고) 마침내.
내:주(內周)圀 ①안쪽에서 잰 둘레. ②이중으로 둘러 싼 선(線) 따위의 안쪽 부분. 《대》외주(外周).
내:주(內奏)圀 임금에게 내밀히 상주(上奏)함. 하타
내:주(內紬)圀 양단으로 쓰는 명주. silk for lining
내주(來住)圀 옮겨 와서 삶. visit 하타
내주(來週)圀 이 다음 주. 《대》작주(昨週). next week
내:-주다(…주다) 남에게 전네 주다. ¶책을 ~. turn over ②자기가 차지한 자리를 비워서 남에게 넘기다. ¶의자를 ~. vacate ③속에서 꺼내어서 주다. take out and give
내:주장(內主張·內主掌)圀 아내가 집안 일을 주장함. 《속》안주장. petticoat government 하타
내중ㄱ소리(…고) 종성(終聲). 받침.
내:증(內證)圀《불교》마음 속에서 종교적 진리를 깨달음. comprehension 하타
내:지(內旨)圀 임금의 은밀한 명령. king's secret order.
내:지(內地)圀 ①해안이나 변지(邊地)에서 멀리 들어간 안쪽 지방. inland ②《법》식민지에서 본국을 일컬음. ③한 나라의 영토. 《대》외지(外地). mainland 《속의 번뇌(煩惱)를 끊는 지(智)》.
내:지(內智)圀《불교》삼지(三智)의 하나. 자기 마음
내:지(乃至)图 ①순서나 정도를 나타내는 데 있어, 그 사이를 줄일 적에 쓰는 말. ¶한 시간 ~ 두 시간. from ~ to ②또는. 혹은. ¶우편 ~ 문방구로 갖추다. or
내:지(內地關稅)圀《동》내국 관세(內國關稅).
내:-지르다(르트) ①밖을 향하여 힘껏 지르다. ②갑자기 큰 소리를 길게 내다. shout loudly ③《비》오줌이나 똥 따위를 누다. ④《비》알이나 새끼 따위를 낳다.
내:지 잡거(內地雜居)圀《법률》어느 한 나라가 외국 사람에 대하여 거류지(居留地)의 제한이 없이 자기 안 어느 곳에서 거주(居住)함을 허락하는 일.
내:직¹(內職)圀 ①부녀자의 직업. work for housewives to do at home ②가족이 틈틈이 하는 품팔이. side work of the family members ③본직(本職) 이외에 갖는 생업. 《대》본직(本職).
내:직²(內職)圀《제도》①서울 안에 있는 각 관청의 벼슬. 《대》외직(外職). ②내명부(內命婦)와 외명부(外命婦)의 벼슬.
내:진(內診)圀 여성의 내생식기(內生殖器) 또는 장내의 진찰. 《대》외진(外診).

내진(來診)圀 의사가 환자의 집에 와서 진료함. 하타
내:-진:연(內進宴)圀《제도》내빈(內賓)을 모아서 베푸는 진연(進宴). 《대》외연(外宴).
내:질(內姪)圀 아내의 형제의 자녀. 처조카. nephews and nieces of one's wife
내:-집단(內集團)圀《사회》개인이 규범·가치·습관·태도 등에 공통점을 느껴 동지 의식을 갖고 집단에 대하여 애착·충성의 태도로 임하는 집단.
내:-쫓기다(…) 내쫓음을 당하다. be driven out
내:-쫓다(…) ①있던 자리에서 억지로 나가게 하다. ¶직장에서 ~. ②밖으로 내어 쫓다. ¶강아지를 ~. drive out
내:-찌르다(르트) 세게 찌르다. ¶창을 ~.
내:차(內借)圀 ①꿀레 돈을 빌림. ②받을 돈의 일부를 기일 전에 받음. 하타
내:-차다(…) 발길을 뻗쳐 냅다 차다.
내착(來着)圀 와서 닿음. 도착. arrival 하타
내:찰(內札)圀《동》안편지.
내:채(內債)圀《동》내국채(內國債).
나:처다(…) ①내친 바람에. ¶서울에 온 김에 ~ 자네 집에 들렀네. ②내쳐.
내:처(內處)圀 안방에 거처함. stay in 하타
내:처서(…) 그냥 내처. to the very end
내:척(內戚)圀 본집에서 다른 성(姓)의 집으로 시집 가서 이루어지는 친척 관계. 《대》외척(外戚).
내:천(內遷)圀《제도》내직(內職)으로의 이동(移動). 하타
내천-부(一川部)圀 한자 부수(部首)의 하나. '州'나 '巡' 등의 '巛'의 이름. 《巛(은 '川'의 고자(古字).
내:-청도(內聽道)圀《생리》두개골(頭蓋骨) 가운데의 통로로서, 내이(內耳)와 뇌수를 연락하는 신경이 통하고 있는 짧은 관(管). 내청문(內聽門). 《대》외 청도(外聽道). auditory canal
내:-청룡(內青龍)圀《민속》청룡 가운데 맨 안쪽에 있는 청룡. 단청룡(單青龍). 《대》외청룡(外青龍).
내:청:문(內聽門)圀《동》내청도(內聽道).
내:청 외:탁(內清外濁)圀 깨끗하고 곧은 마음으로 지러운 세상을 삶.
내:초(內哨)【속】①바보. 시골 사람. ②갓 나온 거지.
내:-촉(內鏃)圀 화살촉이 화살 몸체 안으로 들어가는 부분. 《대》외촉. root of an arrowhead
내:총(內寵)圀 ①궁녀(宮女)에 대한 임금의 사랑. king's love of a court lady ②꿈을 받는 첩.
내추(來秋)圀 내년 가을. 《대》작추(昨秋). coming autumn
내추럴(natural)圀 ①자연적. 자연적 상태. 천연. ②《음악》본위 기호. '♮'. 제자리표. 主義者.
내추럴리스트(naturalist)圀《문학》자연주의자(自然
내추럴리즘(naturalism)圀《문학》자연주의(自然主義). ②《철학》유리론(唯理論). 科學.
내추럴 사이언스(natural science)圀 자연 과학(自然
내추럴 셀렉션(natural selection)圀 자연 도태(自然淘汰).
내춘(來春)圀 내년 봄. 《대》작춘(昨春). next spring
내:-출혈(內出血)圀《의학》조직(組織)이나 체강(體腔)·복강(腹腔)·흉강(胸腔) 등의 안에서 출혈이 일어나는 일. 피하 출혈. 《대》외출혈(外出血). internal hemorrhage
내:취(內吹)圀《약》=겸내취(兼內吹).
내:측(內側)圀 안쪽. 안측. 《대》외측(外側). inside
내:-측(內廁)圀 안에 있는 뒷간. inner toilet
내:층(內層)圀 내부의 층. 《대》외층(外層). inlier
내:치(內治)圀 ①내복약을 써서 병을 고침. 《대》외치(外治). internal treatment ②나라 안의 정치. 《대》외교(外交). internal administration 하타
내:치(內痔)圀《동》암치질(一痔疾).
내치-다(…) 이미 일을 시작한 김에 더 연이어 하다.
내:-치다(…) ①못쓸 것으로 알거나 마음에 맞지 않아 물러가게 하다. abandon ②들었을 들어서 내던져 버리다. throw away ③힘껏 뿌리치다.

내:치락들이치락 ①마음이 이랬다 저랬다 변덕스러운 모양. by fits and stars ②병세가 더했다 덜했다 하는 모양. changeable 하다
내:칙(內則)[명] 내규(內規).
내:친(內親)[명] ①마음속으로 친히 함. feeling intimate ②조정(朝廷) 안에서 친목함. ③부계(父系)의 친척. ⑭ 외척(外戚). paternal relatives ④아내의 친척. 《俗 인척(姻戚)》. wife's relatives
내:친-걸음[명] ①이왕 일을 시작한 길. ¶~에. having crossed the Rubicon ②이왕 나선 길.
내:친김에[명] 이왕 일을 시작한 바람에.
내:친-말 이왕 시작한 말.
내:침(內寢)[명] 남편이 아내 방에 들어가서 자는 잠. sharing one's wife's bed 하다
내침(來侵)[명] 침입(侵入)하여 들어옴. 하다
내 칼도 남의 칼집에 들면 찾기 어렵다[속] 제 것도 남의 손에 들어가면 제 마음대로 할 수 없게 된다.
내:켠다[명] 내킨 김에.
내:켜-놓-다[타] 앞으로 물려 놓다. remove farther
내 코가 석 자[속] 남의 슬픔이나 고통을 돌볼 겨를이 없다.
내:키-다[자] ①하고 싶은 마음이 솟아나다. incline ②불이 방고래로 들지 않고 아궁이로 나오다. [타] 넓게 하려고 물러 내다. 《대》들이키다. extend farther ahead   nourishment 하다
내:타(內托)[명] 종기를 쨀 뒤에 외약하게 된 몸을 보함.
내:탄(耐彈)[명] 〈건축〉 어떤 구조물(構造物)의 구조가 특별하여 탄알을 맞아도 뚫어지거나 터지지 않고, 능히 견디어 냄. bullet-proof 하다
내:탐(內探)[명] 내밀히 염탐함. private inquiry 하다
내:탕(內帑)[명] →내탕고. ②임금의 재산.
내:탕-고(內帑庫)[명] 임금의 사사로운 재산을 두는 곳집. 《약》내탕(內帑)①. Imperial Treasury
내:탕-금(內帑金)[명] 내탕고에 둔 돈. 내탕전(內帑錢). imperial privy purse
내:탕-전(內帑錢)[명] 〈동〉내탕금(內帑金).
내:통(內通)[명] ①남녀가 몰래 통함. 사통(私通). secret communication ②〈동〉내응(內應). ③내밀히
내:-티-다-다[교] 내치다.   ·적과 통함. 하다[타]
내:팽개치-다[타] 내동댕이쳐 버리다. throw away
내:뻣-다[타]으로 냅다 버릇다.
내:편(內篇)[명] 주로 중국 서적에서, 저자의 요지(要旨)를 볼 놓은 편.
내편(來便)[명] ①오는 인편. by a person coming this way ②다음 편. next occasion
내:평(內一)[명] 일의 속 까닭. real state of affairs
내:평(內評)[명] 겉에 드러나지 않은 평판이나 비평. private criticism   [favourite mistress
내:폐(內嬖)[명] 임금에게 사랑을 받는 시녀. king's
내:폐-성[一性](內閉性)[명] 〈심리〉 자기 자신 속에 들어박혀 현실을 등지는 성.
내:포¹(內包)[명] ①식용(食用)하는 짐승의 내장. 내보(內─). 내복(內腹). 내장(內臟)②. entrails
내:포²(內包)[명] ①어떠한 것을 그 속에 포함함. contain ②〈논리〉 어떤 개념이 속에 가지고 있는 성질의 전체. 개념의 속에 들어 있는 속성(屬性). 《대》외연(外延). connotation 하다
내:포(內浦)[명] 바다가 육지로 만입한 부분.
내:포=량(內包量)[명] 〈심리〉 먼저 통일적 전체(統一的 全體)가 주어(表象)이 되어, 부분은 그것의 제한으로서만 표상되는 것을 말함.
내:폭(耐爆)[명] 〈건축〉 구조가 특별하여 폭탄을 맞아도 능히 견디어 냄. bombproof 하다
내폼-로[부] 내 마음대로. of one's own accord
내:피(內皮)[명] ①안쪽에 있는 가죽. 속껍질. 《대》외피(外皮)①. inside skin ②〈식물〉 식물 조직의 피층(皮層)과 중심주(中心柱) 사이의 한 층의 세포층(細胞層). endoderm ③내보개. ④〈동물〉 동물의 혈관이나 염통 따위의 내강벽(內腔壁)을 싸고 있는 조직.

내:핍(耐乏)[명] 부족함을 참고 견딤. austerity 하다
내:핍 생활(耐乏生活)[명] 물자의 궁핍을 견디고 참으며 하는 생활. 하다
내:하(內下)[명] 〈제도〉 임금이 물건을 신하에게 내려 줌. 내사(內賜). imperial gift 하다
내하(奈何)[명] '내하오'로 쓰여 '어찌하랴'의 뜻을 나타내는 말. how
내하(來夏)[명] 내년 여름.
내-학기(來學期)[명] 다음 학기.
내-학년(來學年)[명] 다음 학년.
내한(來韓)[명] 외국인이 한국에 옴. ¶~ 공연. 하다
내:한(耐寒)[명] 추위를 견딤. ¶~ 행군(行軍). 《대》내서(耐暑). coldproof 하다
내:한 비행(耐寒飛行)[명] 추위를 잘 견디는 힘을 기르거나 또는 그것을 시험하기 위하여 추운 가운데서 하는 비행. 하다
내 할 말을 사돈이 한다[속] 자기가 하려던 말이나 해야 할 말을 도리어 남이 한다.
내:합(內合)[명] 〈천문〉 유성(遊星)이 지구와 해 사이에 와서 한 직선이 되는 일. 하합(下合). 《대》외합(外合). inferior conjunction
내:항(內港)[명] 〈지리〉 항만(港灣)의 안쪽에 있어 배가 짐을 싣고 내리기에 편리한 항구. 《대》외항(外港). inner harbour
내:항(內項)[명] 〈수학〉 비례식(比例式)의 안쪽에 있는 두 항. 내율(內率). 중항(中項). 《대》외율(外率). 외항(外項). internal terms
내:항 동:물(內肛動物)[명] 〈동물〉 동물계의 한 문(門). 바다에만 사는 동물인데 체강(體腔)이 없고 항문은 촉수환(觸手環) 속에 있음. Endoprocta
내:해(內海)[명] 〈지리〉 ①육지에 에워싸인 바다. 입해(入海). 중해(中海). 《대》외해(外海). inland sea ②큰 호수. great lake
내:해 문화(內海文化)[명] 중세 때의 지중해·발트해·북해 따위가 바다를 둘러싸고 발달된 문화.
내:핵(內核)[명] 〈지학〉 지하 약 2,900 km 이하의 지구의 가장 깊은 중심 부분.
내:행(內行)[명] ①부인의 여행. woman's travelling ②가정에서의 아낙네의 행실.
내:-행성(內行星)[명] 〈천문〉 돌아가는 궤도가 지구 궤도의 안쪽에 있는 행성. 수성·금성 따위.   [하다
내:향(內向)[명] ①안쪽으로 향함. 내공(內攻) ②내공.
내:향-성[一性](內向性)[명] 〈심리〉 정신 발동이 주관에 치우치는 기질. 《대》외향성(外向性). introversion
내:향-지(內向枝)[명] 〈식물〉 안쪽으로 뻗는 나뭇가지.
내:향-형(內向型)[명] 〈심리〉 성격의 형의 하나. 모든 인격 활동이 주관적으로 내부에 집중하는 형. 《대》외향형(外向型). introversive type
내:허(內虛)[명] 속이 빔. emptiness 하다
내:허 외:식(內虛外飾)[명] 속은 비고 겉치레만 함.
내:형(乃兄)[명] ①그이의 형. his elder brother ②자기의 형을 이르는 말. 〔俗〕형이 동생에 비하여 자신을 이르는 말.
내:-형제(內兄弟)[명] ①외사촌 형제. maternal cousins ②아내의 형제. wife's brothers
내:-호흡(內呼吸)[명] 〈생물〉 호흡의 결과로 체액(體液)과 조직 세포 사이에 행하여지는 가스 교환. internal respiration
내:-혹성(內惑星)[명] 〈동〉내유성(內遊星).
내:혼(內婚)[명] 특정한 사회 집단내의 통혼(通婚)이 의무 또는 우선인 결혼의 형태.
내:홍(內訌)[명] 〈동〉내분(內紛).
내:화(內貨)[명] 제 나라의 화폐. 《대》외화(外貨). domestic currency
내:화(耐火)[명] 불에 견딤. fireproof 하다
내:화 건:축(耐火建築)[명] 〈건축〉 내화 재료를 써서 화재에 견디어 낼 수 있는 건축. fireproof architecture
내:화 구조(耐火構造)[명] 〈건축〉 불에 견딜 힘이 있도록 한 건물의 구밈새. fireproof construction
내:화 금고(耐火金庫)[명] 속의 물건이 불에 타지 않도

록 내화 장치를 해 놓은 금고.
내:화-도(耐火度)圈 내화의 정도를 나타내는 비율.
내:화 도료(耐火塗料)圈 방화(防火)할 수 있는 도료. 방화 도료.
내:화 목재(耐火木材)圈〈건축〉높은 온도에서도 견디어 낼 수 있게 처리한 목재.
내:화-물(耐火物)圈〈공업〉①고온(高溫)에 견디는 비금속(非金屬) 재료의 총칭. ②고온에서 사용되는 산화물(酸化物)이나 탄소질(炭素質) 등의 요업(窯業) 제품.
내:화 벽돌(耐火壁―)圈〈건축〉내화 점토(耐火粘土)로 구워, 화력에 견딜 힘이 강하게 만든 흰빛 또는 황백색의 벽돌. 내화 연와(耐火煉瓦). 백연와(白煉瓦). fire-brick
내:화-성[―성]〈耐火性〉圈 불에 견디는 성질.
내:화 연와(耐火煉瓦)圈⟨동⟩내화 벽돌.
내:화 장치(耐火裝置)圈 내화하도록 만든 장치. fireproof installation 하타
내:화-재(耐火材)圈〈약〉→내화 재료.
내:화 재료(耐火材料)圈〈건축〉높은 온도에서 견디어 낼 수 있는 재료의 총칭. 시멘트나 내화 벽돌·내화 점토·내화 모르타르 따위. 〈약〉내화재. fireproof material
내:화 점토(耐火粘土)圈 높은 열을 가해도 좀처럼 녹거나 타지 않는 점토.
내화-지(耐火紙)圈 정제한 석면 섬유에 식물 섬유를 가하고 규산소다액을 바른 종이.
내:환(內患)圈 ①아내의 병. one's wife's illness ②내부의 근심. 나라 안의 걱정. 내우(內憂). (대) 외환(外患). home troubles [three years hence
내:후:년(來後年)圈 후년의 다음 해. 명후년. 후후년.
내:훈(內訓)圈 ①내밀(內密)히 하는 훈령(訓令). secret order ②집안의 부녀자들에게 하는 훈령이나 훈시. internal order
내:흉(內凶)圈→내숭(內凶).
내:=흔들―다[―들]이리저리 함부로 흔들다. ¶창 밖
넬[약]―내일. [―한 솥들이로 된 그릇. pan
냄비圈 밑바닥보다 아가리가 벌어지고 운두가 나지막
냄:새圈 ①코로 맡을 수 있는 온갖 기운. 구린내·향내 등. smell ②풍기는 기운(氣韻). 어떤 사물·분위기 들이 가지는 색채·경향. 내ᅀᆞᆨ².
냄:새―나다圈 ①코로 냄새가 감각되다. smell ②신선하지 못한 맛이 있다. smell bad ③어떠한 사물이나 사람이 싫어지는 느낌이 있다. be sick of ④기미가 보이다.
냄:새―맡―다圈 ①냄새를 감각하다. ②낌새를 알아차리다. 눈치를 채다. [기미를 보이다.
냄:새―피우―다圈 ①냄새가 나게 하다. ②어떤 태도나
냅―다圈⟨브⟩연기가 목구멍이나 눈을 쏘라리게 하는 기운이 있다. 내구렵다. ¶사무실 안이 ~. smart
냅다圈 몹시 빠르고 세찬 모양. ¶~ 뛰다. violently
냅떠―서―다环 기운차게 앞질러 쑥 나오다. step in front of (a person) abruptly
냅―뜨―다环⟨으르⟩①앞질러 기운차게 쑥 나오다. venture forth ②참견하지 않을 일에 나서다. ¶남의 하는 일에 냅뜨지 말라. sally forth [daring
냅뜰―성[―성]〈―性〉활발하고 결단성이 있는 성질.
냅색(knapsack)圈 안 올 때에는 접어서 주머니에 넣을 수 있는 간단한 륙색(rucksack)의 하나.
냅킨(napkin)圈 양식을 먹을 때 쓰는 수건이나 종이.
냇―가圈 내의 번두리. 천변(川邊). riverside
냇―갈圈 연기의 냄새. smell of smoke
냇―둑圈 내 옆의 둑. bank
냇―물圈 내에 흐르는 물. water in the river
냇―버들圈〈식물〉버들과의 낙엽 아교목(落葉亞喬木). 잎은 긴 피침형이고 4월에 황록색의 이삭꽃이 핌. 흔히 냇가에 저절로 남. purple willow
냉:(冷)圈〈한의〉①아랫배가 항상 싸늘한 병. chill stomach ②하체를 차게 하면 발작하는 병. chill ③⟨동⟩대하증(帶下症). 하제
냉=(冷)圈[쿠]어떤 물질 명사 위에 붙어서 그 물질을

차게 했다는 뜻으로 쓰임. ¶~맥주. cold, iced
냉:=가리圈⟨속⟩①돼지. ②돼지고기. ③돼지발. ④고기.
냉:=가슴(冷―)圈 ①〈한의〉가슴을 차게 하여 생기는 가슴앓이. chill chest ②공연한 일을 가지고 썩히는 마음. ¶벙어리 ~ 앓듯. worrying oneself unnecessarily [하타
냉:각(冷却)圈 차게 식힘. (대) 가열(加熱). cooling
냉:각(冷覺)圈〈심리〉살가죽에 느껴지는 감각의 하나. 찬 것, 또는 찬 것을 닿았을 때의 감각. (대) 온각(溫覺). sensation of coldness
냉:각―기(冷却機)圈 물체의 열을 냉각·동결·액화(液化)시키는 기계나 기구. refrigerator
냉:각 기간(冷却期間)圈〈사회〉노동 쟁의(勞動爭議) 개시 전에 설정하는 유예 기간. 정쟁(政爭) 등의 일반 분쟁에도 쓰임. cooling-off period
냉:각 소화(冷却消火)圈 연소 물체의 온도를 저하시켜서 끄는 소화 방법.
냉:각―액(冷却液)圈 ①발열(發熱) 반응의 냉매(冷媒)에 쓰이는 액체 물질. ②기계 조작으로 쓰이는 절삭용(切削用) 액체. ③일반적인 냉각체를 통틀어 일컬음.
냉:각 장치(冷却裝置)圈 ①인공적으로 냉각시키는 장치의 총칭. cooling device ②⟨동⟩냉방 장치(冷房裝置).
냉:각―재(冷却材)圈〈물리〉원자로 속에서 발생하는 열에너지를 밖으로 이끌어 내어 방산시키기 위한 냉각용 재료.
냉:간 압연(冷間壓延)圈〈공업〉금속을 어느 온도 이하 또는 상온(常溫)에서 압연하여 관상·봉상(棒狀)으로 가공함. 〈약〉냉연.
냉:―갈령(冷―)圈 몰인정하고 쌀쌀한 태도. cold-heartedness
냉:갈령―부리―다环 매정스러운 태도로써 대하다. be indifferent
냉:감(冷疳)圈〈한의〉감병(疳病)의 하나. 입이 마르고 번조(煩燥)가 생기어, 찬 곳에 눕기를 즐기며 설사가 나고 점점 여위어지는 병증.
냉:감―증[―쯩]〈冷感症〉圈〈의학〉여자가 결혼 후에 점차적으로 드러나는 성적 욕망이 도무지 나타나지 않는 병증.
냉:감창(冷疳瘡)圈〈한의〉처음에는 입가에 부스럼이 나서 점점 퍼져 뼈까지 침범하는 어린아이의 병.
냉:건(冷乾)圈 냉각시켜서 말림. 하타 [charcoal
냉:―걸圈⟨속⟩찬밥.
냉:과리圈 덜 구워져서 연기와 냄새가 나는 숯. smoky
냉:관(冷官)圈 ①〈동〉벼슬. ②보수와 지위가 낮은 벼슬.
냉:광(冷光)圈 ①찬 빛. ②〈물리〉열 없이 빛을 발하는 현상. luminescence
냉:국[―국]〈冷―〉圈 찬국. cold soup
냉:국 국수[―국―]〈冷―〉圈 여름철에 온면(溫麵) 대신에 먹는 국수. 끓여서 식힌 맑은 장국에 국수를 말고 갖은 고명을 얹은 음식.
냉:기(冷氣)圈 ①찬 기운. ②찬 공기. cool air ③한랭(寒冷)한 기후. (대) 온기(溫氣). 열기(熱氣).
냉:=꾼圈→내왕꾼. [coldweather chill
냉:난(冷暖)圈⟨동⟩염량(炎凉).
냉:―난방(冷暖房)圈 냉방과 난방.
냉:담(冷淡)圈 ①태도나 마음이 쌀쌀함. cold-hearted ②열심하지 않음. (대) 열심. cool ③무관심함. indifferent 하타
냉:담(冷痰)圈〈한의〉담병(痰病)의 하나. 사지가 차고 마비되어서 근육이 굳세게 뭉치어 쑤시고 아픈 병증. 곧, 사지의 신경통과 같은 병을 일컬음. 한담(寒痰).
냉:대(冷待)圈 쌀쌀하게 대접함. 푸대접. cold reception
냉:대(冷帶)圈⟨동⟩아한대(亞寒帶). [tion 하타
냉:돌(冷埃)圈⟨동⟩냉방(冷房)①.
냉:―동(冷凍)圈 얼게 함. freezing 하타
냉:동 건조(冷凍乾燥)圈 진공 중에서 수분을 함유한 세로를 급히 냉각하여 얼게 한 다음, 승화시켜서 건

냉동 공장 / 냉초

조하는 방법. 「을 생산하는 공장.
냉:동 공장(冷凍工場)圏 냉동 장치를 갖추어 냉동품
냉:동-기(冷凍機)圏 인공적으로 물체로부터 열을 없애고 물체의 온도를 액화(液化)하거나 액체를 동결시키는 기계의 총칭. refrigerator
냉:동 마취(冷凍痲醉)〈의학〉사지를 절단할 때 절단하는 부분을 얼음에 채워 그 부분의 온도를 5~15℃로 내려서 통각을 없애는 특수한 국소 마취 방법.
냉:동-선(冷凍船)圏 냉동 화물을 나르는 설비를 갖춘 배.
냉:동 시:설(冷凍施設)圏 냉동을 하기 위한 시설. refrigerating equipment 「품.
냉:동 식품(冷凍食品)圏 냉동하여 보존·저장하는 식
냉:동 야:채(冷凍野菜)圏 동결점(凍結點) 이하의 냉온으로 저장한 야채. 「기. refrigerated fish
냉:동-어(冷凍魚)圏 부패를 막기 위하여 얼린 물고
냉:동-업(冷凍業)圏 ① 냉동기를 사용하는 영업의 총칭. 제빙(製氷)·냉장·식료품 냉동 등. ② 냉동으로 것을 냉각하거나 동결하고 또, 보관하거나 냉장하는 영업. cold-storage business

냉:락(冷落)圏 ① 영락하여 쓸쓸함. ② 서로의 사이가 멀어지서 쓰렁쓰렁함. 쌀쌀함. 하형
냉:랭(冷冷)圏 ① 매우 차가움. ② 무레접하는 태도가 심함. chilly 하형 히旺
냉:량(冷凉)圏 약간 차갑고 서늘함. cool 하형
냉:리(冷痢)圏〈한의〉차고 습한 곳에서 몸을 함부로 굴려 배가 아프고 곱똥이 나오면 뒤가 묵직하게 느껴지는 병.
냉:매(冷罵)圏 냉소하고 꾸짖음. abuse 하타
냉:면(冷麵·冷麺)圏 찬국이나 무 김치 국물에 말아서 먹는 메밀 국수. 대 온면(溫麵). cold noodle dish
냉:반(冷飯)圏 찬밥.
냉:받치-다(冷—)困 ① 몸 속에서 냉기가 올라오다. chill comes up from inside ② 논바닥의 냉기가 벼에 오르다.
냉:방(冷房)圏 ① 찬 방. 냉실(冷室). 냉돌. 대 난방. unheated room ② 방 온도를 시원하게 낮추는 일. air-conditioning
냉:방 장치(冷房裝置)圏 실내의 온도를 인공적으로 낮추어 덥지 않게 하는 장치. 냉각 장치. air-conditioning 하타 「냉복통(冷腹痛).
냉:배[—빼](冷—)圏〈한의〉냉병으로 생긴 배앓이.
냉:병(冷病)圏 하체를 차게 하여 생기는 병증. 냉증(冷症). 음병(陰病). illness resulting from body chill
냉:복통(冷腹痛)圏 냉배.
냉:비(冷痺)圏〈한의〉찬 기운이 스며들어 손발이 아무 감각이 없어짐. 또, 그렇게 된 병. 하형
냉산의 혼(冷山—魂)圏 갖은 고생을 하며 애쓰다가 뜻을 이루지 못하고 죽은 사람.
냉:상(冷床)圏 인공(人工)으로 따뜻한 열을 공급하지 아니하는 묘상(苗床). 대 온상(溫床). coldbed
냉:소(冷笑)圏 ① 쌀쌀한 웃음. cold smile ② 비웃는 웃음. sneer 하타
냉:수(冷水)圏 찬물. 대 온수(溫水). cold water
냉:수 마찰(冷水摩擦)圏 건강법의 하나. 찬물에 적신 수건 따위로 온몸의 피부를 세게 문질러 혈액 순환·호흡기의 작용 따위를 순조롭게 하고 신진 대사를 잘 되게 함. cold-water rubbing 하타
냉수 먹고 된똥 눈다 아무 건더기도 없는 재료를 가지고 실속 있는 결과를 만들어 낸다.
냉수 먹고 이 쑤시기 잘먹은 체하고 이를 쑤신다는 말. 실속은 없으면서 무엇이 있는 체하다.
냉:수-스럽-다(冷水—)圏[旺形] 사람이 성격上 재미가 없다는 뜻으로 쓰이는 말. insipid 냉:수-스레
냉:수-욕(冷水浴)圏 찬물에 몸을 씻는 일. cold-water bathing 하타
냉:습(冷濕)圏 ① 차고 축축함. cool and wet ②〈한의〉 냉기와 습기 때문에 생기는 병증. 하형

냉:시(冷視)圏 차가운 눈초리로 봄. 멸시함. 하타
냉:식자(冷植字)圏 사진 식자기나 타이프라이터 인자(印字)에 의한 조판 작업.
냉:신(冷神)圏〈생리〉피부 신경이 찬 것을 느끼는 기능. 평관(冷管)①. 대 온신(溫神).
냉:실(冷室)圏〈당어〉냉방(冷房)①.
냉:안(冷眼)圏 차가운 눈초리. 멸시하여 보는 눈. cold look
냉:안시(冷眼視)圏 차가운 눈초리로 봄. 멸시함. 하타
냉:어(冷語)圏 냉담(冷談)한 태도로 하는 말. 하타
냉:엄(冷嚴)圏 냉정하고 엄격함. 하형 히旺
냉:엄-법[—뻡](冷罨法)圏 〈약〉찬물이나 약을 헝겊에 적셔 아픈 데를 식히어 낫게 하는 법. 대 온엄법(溫罨法).
냉:연(冷延)圏〈약〉→냉간 압연. 「업법(溫罨法).
냉:연(冷然)圏 쌀쌀한 모양. cold 하형 히旺
냉:염(冷艶)圏 차갑고 고운 맵시. 눈[雪]·배꽃 등의 모양을 형용하는 말. icy beauty 하형
냉:온(冷溫)圏 ① 찬 기운과 따뜻한 기운. cold and warm ② 찬 온도.
냉:온대(冷溫帶)圏〈지학〉아한대(亞寒帶).
냉:온대 대:륙 기후(冷溫帶大陸氣候)圏〈지학〉여름에는 꽤 덥고 상당한 식물 생육 기간을 갖는 기후.
냉:우(冷雨)圏 찬 비. chilly rain
냉:우(冷遇)圏 푸대접. 대 후우(厚遇). inhospitality
냉:이(食)〈식물〉겨자과의 이년생 풀. 봄에 흰 꽃이 피며 열매는 삼각형임. 들이나 밭에 나는데 어린 잎은 식용함. 제채(薺菜). shepherded's purse
냉:이-벌레[圏 방배벌레.
냉:장(冷藏)圏 음식물·약 등을 신선한 채로 보관하거나, 차게 하기 위하여 냉온으로 저장함. refrigeration 하타
냉:장-고(冷藏庫)圏 식품의 냉장, 장기 저장을 위해 사용되는 냉각된 곳집이나 작은 상자. refrigerator
냉:장 수송(冷藏輸送)圏 화물의 변질 또는 부패를 방지하기 위하여 냉장 시설을 갖춘 교통 기관에 의하여 수송하는 일.
냉:재(冷材)圏〈한의〉찬 성질을 가진 약제. 찬약②.
냉:적(冷積)圏〈한의〉뱃속에 냉기가 든든하게 뭉쳐 아픔을 느끼는 냉병.
냉:전(冷戰)圏〈정치〉무기를 쓰지 않고 외교적으로 상대국이 불리하도록 꾀하는 일종의 신경전(神經戰). ¶ 미소(美蘇)의 ~은 언제나 해소될까. 대 열전(熱戰). ③ 한식(寒食)철. 「전(熱戰). cold war
냉:점[—쩜](冷點)圏〈생리〉감각점의 하나로 피부에 퍼져 있어, 찬 것을 느끼게 하는 점. 대 온점(溫點).
냉:정(冷情)圏 매정하고 쌀쌀한 마음. 대 온정(溫情). coldheartedness 하형 스레旺 스레旺 있음.
냉:정(冷靜)圏 침착하여 감정에 움직이지 않음. coolness 하형 히旺
냉:제(冷劑)圏〈한의〉찬 성질의 약제. 사람의 몸의 생리적 활동을 누르는 힘을 가진 약제. 양제(凉劑).
냉:조(冷嘲)圏 멸시하고 조롱함. 하타
냉:주(冷酒)圏 찬 술. iced wine
냉:증[—쯩](冷症)圏〈당어〉냉병(冷病).
냉:지(冷地)圏 ① 찬 기운이 도는 땅. ② 기후나 토질(土質)이 찬 땅. frigid zones
냉:차(冷茶)圏 얼음을 넣어 차게 만든 찻물. iced tea
냉:채(冷菜)圏 얼음을 넣어 차게 만들어 먹는 채. cold vegetable dish
냉:처(冷處)圏 찬 바에 거처함. 하타
냉:천(冷天)圏 추운 날씨. cold weather
냉:천(冷泉)圏 광물질이 많이 들어 있는 찬 샘. 대 온천(溫泉). cold mineral spring
냉:철(冷徹)圏 냉정하고 사리(事理)가 밝음. ¶ ~한 판단. clear and penetrating 하형 히旺
냉초(食)〈식물〉현삼과의 다년생 풀. 잎은 타원형으로 끝이 짧게 뾰족하고 털이 있으며, 6~8월에 홍자색의 꽃이 핌. 한국 중부 이북에 분포하며

냉치다 / 너무날

뿌리는 약용, 어린 잎은 식용함.
냉:-치-다(冷-)图 냉병을 고치다.
냉:-커피(冷 coffee)图 얼음을 넣어 차게 한 커피.
냉큼图 앞뒤를 헤아리지 않고 곧. 빨리. ¶~ 가거라. 《큰》닁큼. immediately
냉큼-냉큼图 앞뒤를 돌아보지 않고 연이어 빨리. 《큰》닁큼닁큼.
냉:-탕(冷湯)图 찬물의 탕. (대) 온탕(溫湯).
냉:-평(冷評)图 ①비웃는 태도로 하는 비평. sarcastic remark ②냉정하게 하는 비평. gibe 하타
냉:-풍(冷風)图 가을이나 이른 봄철에 불어오는 싸늘한 바람. (대) 열풍(熱風). chilly wind
냉:-하-다(冷-)[여불] ①찬 기운이 있다. cold ②〈의〉병으로 아랫배가 차다.
냉:-한(冷汗)图 식은 땀. cold sweat
냉:-해(冷害)图 ①한랭(寒冷)에 의한 피해. damages due to cold weather ②〈농업〉냉기(冷氣)가 보통 때보다 일찍 와서 입는 농작물의 피해. (대) 방지.
냉:-혈(冷穴)图 땅의 냉한 습기가 찬 무덤 속.
냉:-혈(冷血)图 ①외기(外氣)보다 체온이 낮음. (대) 온혈(溫血). ②〈동물〉냉혈 동물. ③냉담(冷淡)함. 박정(薄情)함. be cold ④〈한의〉찬 기운으로 뱃속에 뭉친 피. cold-blood
냉:혈 동:물(冷血動物)图 ①〈동물〉외기에 따라 체온이 바뀌는 동물. 변온 동물(變溫動物). (대) 온혈 동물(溫血動物). ②〈병〉냉혈. ②. cold-blooded animal ②인정이 없고 무정한 사람. cold-hearted man
냉:혈-한(冷血漢)图 인정없고 냉혹한 남자.
냉:-혹(冷酷)图 ①냉정하고 가혹함. ②온후(溫厚). heartlessness ②추위가 혹심함. 하타 히圓
냉:-회(冷灰)图 불이 꺼져서 싸늘한 재. cold ashes
냉:-훈법(冷燻法)图 식품 저장법의 하나. 수지(樹脂)가 적은 활엽수의 연기에 3～4주간 그을려서 하는 저장법.
냐图 받침 없는 체언에 붙어 '해라'할 자리에서 사물을 지정하며 물을 때 쓰는 종결형 서술격 조사. ¶고양이~? 호랑이~?
=냐[어미] '있다'·'없다'·'계시다'를 제외한 받침 없는 형용사나 체언의 어간에 붙어 '해라' 할 자리에 물는 뜻을 나타내는 종결 어미. ¶얼마~? 뭐~?
냐고[어미] (약) 냐 하고. ¶누구~ 묻는다.
냐는[어미] (약) 냐 하는. ¶뭐~ 물음.
=냐는[어미] (약) =냐고 하는.
냔①[약] 냐고 하는. ¶뭐~ 말이야. ②[약] 냐고
=냔[어미] (약) =냐고 한.
냠냠图 맛있는 음식의 어린이 말. ②어린이가 맛있게
냠냠-거리다邓 ①맛있게 먹다. ②냠냠 소리를 자주 내다.
냠냠-하다[여불] 먹고 싶어 하는 말. ¶~ 먹고 싶어 하다. 다시부터 먹고 싶어 하다.
냥(兩)[의] ①예전에 돈의 단위를 나타내던 말. ¶엽전 열닷~. ②무게의 단위를 나타내던 말. 1 냥은 10 돈. ¶금 한~. nyang
냥:-쭝(兩-)[의] 냥의 무게. 1.325 ounce weight
너¹[대] 친구나 손아랫 사람에게 쓰는 2 인칭 대명사. you
너²[관] ㄷ·ㅁ·ㅂ·ㅍ·ㅊ 따위를 첫소리로 한 몇몇 말 앞에서 '네' 대신에 쓰이는 말. ¶~ 말. ~ 돈.
너겁图 ①간혹 물 위에서 떠돌려 있는 티끌·잎사귀 같은 것. surface-muck on water ②물가에 흙이 패어 드러낸 나무 나무의 뿌리.
너구리图〈동물〉개과(犬科)의 짐승. 여우보다 작음. 발은 짧고, 주둥이는 뾰족하며 꼬리는 뭉툭함. 우리 나라·만주·중국에 널리 서식함. 산달(山獺). badger
너구리 굴 보고 피물 돈 내어 쓴다[속] ①될지 안 될지도 모를 일을 가지고 그 일에서 나올 이익을 당겨 쓴다. ②일을 너무 서둘러 한다.
너그럽-다[ㅂ불] 마음이 넓어 남의 잘못을 감싸 주는 성질이 있다. ¶누가 그를 ~고 하겠는가? (유) 마

음 좋다③. lenient **너그러-이**뷘 [largehearted
너글너글-하-다[여불] 마음씨가 확 풀려 너그럽다.
너·기·다/너기다뜨다[고] 여기다. 생각하다.
너끈-하-다[여불] 무엇을 하는 데 힘이 넉넉하여 여유가 있다. **너끈-히**뷘
너나들-이图 너니 나니 하고 부르게 터놓고 지내는 사이. intimate relations 하타 ┌나-없:-이图
너나-없:-다图 너나 나나 다름이 없다. any one 너나할것-없:-이[圓] 너는 어떠하고 나는 어떻다고 구별하여 말할 것이 없다. **너나할것-없:-이**图
너널图 솜 덧버선. waddey socks
너부룩-하-다[여불] ①떠들썩하던 것이 잠시 조용하다. becalmed ②심하던 병세가 잠시 가라앉다. (약) 너눅하다. be relieved 너부룩-히圓
너눅-하-다[여불] (약) =너부룩하다. ┌four or five
너더-댓[관] 넷이나 다섯 가량. ¶~ 사람뿐이다.
너더댓-새图 나흘이나 닷새. four or five days
너더분-하-다[여불] ①뒤섞이어서 지저분하다. ¶방이 ~. in disorder ②말이 번거롭고 길다. (작) 나다분하다. **너더분-히**圓
너덕-너덕图 여러 군데 기웠거나 붙은 모양. (작) 나닥나닥.
너덜('너덜것'→너덜길. ┌다나다. full of patches 하타
너덜-거리다[邓] ①여러 가닥이 늘어져서 자꾸 흔들리다. dangle in tatters ②주제넘은 말과 짓을 야단스럽게 하다. (작) 나달거리다. (거) 너털거리다①. flatter oneself **너덜-너덜**圓 하타圓
너덜-겅图 돌이 많이 흩어져 깔린 비탈. (약) 너덜.
너덜-나-다图 여러 가닥으로 어지럽게 찢어지다. get tattered
너덜-박:쥐图 〈동물〉 너덜박쥐과의 박쥐. 몸 빛의 위는 회갈색, 아래는 엷은 회백색임. 낮에는 굴·나무 구멍 같은 곳에 군접하여 쉬다가 해질 무렵부터
너덧[관] 넷 가량. ¶~ 사람. about four [활동함.
너도-나도图 서로가 뒤지거나 빠지지 아니 하려고 모두. ¶~ 불조심을 해야 한다.
너도밤:-나무图 〈식물〉 너도밤나무과의 낙엽 활엽 교목. 잎은 난상 타원형으로 6 월에 자웅 일가의 꽃이 피고 견과(堅果)는 10 월에 익음. 울릉도에서 나며 귀한 재목으로 씀. beech ②집안에 절서가 없고 막된 경우에 이르는 말. ┌[타벌. ~곧 오.
=너라[어미] 동사 '오다'의 어간에 붙어 명령의 뜻을 나타내는 불규칙 용언.
너라 벗어난 끝바꿈(-) 너라 불규칙 용언.
너라 변:칙(-變則)[언] 너라 불규칙 용언.
너라 불규칙 용:언(-不規則用言)[언] 〈어학〉 동사의 명령형 어미가 '=아라'·'=어라'로 되어야 할 것이 '=너라'로 되는 따위. 너라 벗어난 끝바꿈. 너라 변칙.
너러바위[고] 너럭바위. 너럭반석(盤石).
너럭-바위图 넓고 평평한 바위. 반암(盤岩). massive rock ┌and big
너르-다[르불] 넓고 크다. (대) 좁다. 솔다②. wide
너른-바지图 여자 바지의 하나. 통이 너른 겉옷과 같으나 밑이 막혔음. 주로 명주 따위로 만듦. 광파 (廣袴). wide pants
너름-새图〈음악〉 판소리·창극 등 극적 가장에서 노래의 내용에 직접적 의의를 가지는 동작.
너름-새图 떠벌려서 주선하는 솜씨. sociability
너리图〈한의〉 잇몸이 헐어 해지는 병. pyorrh(o)ea alveolaris
너리-먹-다图 잇몸이 헐어 해지어 들어가다.
너만[어미] ¶~ 나이에 출세했다.
너:-말图 한 말의 네 배(倍). ┌~ 마을. over
너머图 '집·담·산·고개' 같은 높은 것의 저쪽. ¶산~.
너무圓 정도에 지나치게. ¶~ 즈겁다. too
너무 고르다가 눈 먼 사위 얻는다[속] 무엇을 너무 지나치게 고르면 나쁜 것을 가지게 된다. ┌박이다.
너:무-나圓 '너무'의 뜻을 강조해서 쓰는 말. ¶뜻
너:무-날图 밀물과 썰물의 차이를 볼 때, 열사흘과 스무 여드레를 일컫는 말.

너벅선=선(一船)몡 너비가 넓은 배. 잉박선(仍朴船).
너벅-지몡 →자배기. [flatboat
너벳벳-하-다헹여튼 큼직한 얼굴이 너부죽하고 덕성스럽다. 《작》 나뱃뱃하다. 너벳벳-히튼
너볏-하-다혱여튼 아주 떳떳하고 의젓하다. 《작》 나볏하다. fair 너볏-이튼
너부데데-하-다혱여튼 얼굴 생김새가 둥글번번하고 너부죽하다. 《여》 넙데데하다. 나부대대하다.
너부러기몡 난잡하게 늘어진 물건. 《작》 나부라기. dangling odds and ends
너부러-지-다짜 ①너부죽이 바닥에 까부라져 늘어지다. 《작》 나부라지다. collapse ②죽어 넘어지다. lie dead
너부렁넓적-하-다[-넙-]혱여튼 평평하게 퍼진 듯이 넓적하다. 《작》 나부랑납작하다. flat 너부렁넓적-이튼
너부렁이몡 ①실·종이·헝겊 따위의 자질구레한 오라기. odds and ends ②어떤 부류 가운데서 그리 대단한 것이 못되는 존재. 《작》 나부랭이.
너부죽-하-다혱여튼 넓거나 얇은 물건이 조금 넓은 듯하다. 《작》 나부죽하다. flat and broad
너부죽-히튼 너부죽하게. flat ②천천히 배를 아래로 하여 엎드리는 모양. 《작》 나부죽이. lay oneself flat
너불=거리-다짜 부드럽고 크게 자꾸 나부끼다. 《작》 나불거리다. 《거》 너풀거리다. waver 너불너불튼 하몡
너-붐튼-다타 너붐. 너붐튼.
너붓-거리-다짜 설없이 나부끼어 흔들리다. 《작》 나붓거리다. flap 너붓너붓튼 하몡
너붓-이튼 ①천천히 내리는 모양. ②사뿐히 앉거나 엎드리는 모양. 《작》 나붓이. [and broad
너붓-하-다혱 좀 너부죽하다. flat
너비몡 (고) 너비. 폭.
너-비몡 ①가로의 길이. width ②피륙 등의 넓이. 광(廣). 나비². 폭(幅). 《대》 길이¹.
너-비튼 (고) 널리. 넓게.
너비-아니몡 저미어 양념하여 구운 쇠고기. slices of
너:삼몡 (식) →쓴너삼. 단너삼. [roast beef
너:새몡 〈건축〉 ①지붕의 마루에 지게 기와를 덮은 곳. 당나무. 옆에 기와를 이는 데 기와처럼 쓰는 돌 조각. →짐. 《변》 너와.
너:새²몡 〈조류〉 느새과에 딸린 물새의 하나. 기러기와 비슷하나 훨씬 더 크고 꽁무늬가 둥함. 모래땅·평야·논밭에서 서식함. 목표(獨豹). 야안(野雁). great bustard
너:새=기와몡 〈건축〉 합각머리 너새에 얹는 암키와.
너설몡 험한 바위나 돌 따위가 비쭉비쭉 내밀어 있는 곳. rock-ribbed place
너셀(nacelle)몡 ①비행석 ·기구(氣球)에 매달린 조롱 (用籠). ②비행기의 기관실 또는 승객실.
너스래미몡 물건에 딸린 군 너더기. fifth wheel
너스렡몡 ①남을 놀리려고 늘어놓는 말솜씨. trick ②흙구덩이나 그릇 아가리에 물건이 빠지지 않게 걸쳐 놓는 막대기.
너스르-하-다혱여튼 조금 굵고 긴 털이나 풀 따위가 성기고 어설퍼 보이다. 《작》 나스르하다. bushy
너슬너슬-하-다혱여튼 부드럽고 굵은 털이나 풀 따위가 거칠게 성기다. 《작》 나슬나슬하다. tousled
너시몡 (고) 너새².
너:와몡 =너새¹.
너:와-집몡 너와로 지붕을 인 집.
너울¹몡 ①여자가 나들이할 때에 쓰는 얇은 검정 집. thin hood worn by women for going out ②면사포를 잘못 이르는 말. veil ③별에 쬐어 시들어 오그라진 초목의 잎. whithering leaf
너울²몡 바다의 사나운 큰 물결. [포용성 따위.
너울-가지몡 남과 잘 사귈 수 있는 수단. 붙임성이나
너울거리-다짜 ①큰 물결이 굼이쳐 흐르거나 움직이다. wave ②춤추듯 바람에 너풀거리다. 《작》 나울

거리다. 타 팔이나 날개 따위를 크고 부드럽게 굼이쳐 움직이다. 《작》 나울거리다. sway 너울=너울튼 하몡
너울 쓴 거지속 몹시 시장해서 체면을 차릴 사이가 없이 된 처지. [거리다. swell
너울-지-다짜 멀리 보이는 바다 물결이 거칠게 넘실너:이몡 (방) 네 사람. ¶ ~ 온다. 튼 넷. four
너저분-하-다혱여튼 보잘것없고 지저분하다. ¶너저분한 거리. untidy 너저분-히튼
너절-너절튼 죽죽 늘어진 물건이 너저분하게 흔들리는 모양. ¶빨랫줄에 ~ 흔들리는 옷들. untidy 하몡
너절-하-다혱여튼 ①말쑥하지 못하고 추접스럽다. ¶너절하게 생긴 놈. untidy ②중요롭지 못하고 허름하다. worthless ③품격이 낮다. ¶너절한 사람. base 너절-히튼
너즈러-지-다짜 많이 흩어져 있다. tatter
너-출몡 (고) 넝쿨.
너-출-하-다타 (고) 넌출지다.
너클 볼:(knuckle ball)몡 야구에서, 손가락을 공의 겉면에 세워서 던지는 공.
너털-거리-다짜 ①(거)→너덜거리다. ②너털웃음을 자꾸 웃다. laugh aloud 너털=너털튼 하몡
너털-웃음몡 호기스럽게 웃는 웃음. broad laugh
너테몡 얼음 위에 덧얼어 붙은 더께 얼음. layers of ice
너트(nut)몡 ①가운데의 구멍에 암나사가 있어서, 볼트(bolt) 따위에 끼워 죄는 기구. 스패너로 돌림. 《대》 볼트. ②〈식물〉 호두·밤 따위와 같이 딱딱한 나무 열매.
너펄-거리-다짜 무겁게 흔들려 너붓거리다. 《작》 나팔거리다. flutter 너펄=너펄튼 하몡
너푼몡 가볍게 너붓거리는 모양. 《작》 나푼.
너푼-거리-다짜 가볍게 흔들려 너붓거리다. 《작》 나푼거리다. flutter 너푼=너푼튼 하몡
너풀-거리-다짜 《거》→너불거리다.
너:피-다타 (고) 넓히다.
너·홀-거리-다짜 널다². 불다. 섭다.
너희[대] '너'의 복수. you
너희=들[복] 너희 여럿. 여등(汝等). 여배(汝輩). you
녁[접] 수꾸형사 '네'의 뜻을 나타내는 말. ㄴ·ㄷ·ㅅ·ㅈ 등을 첫소리로 한 몇몇 말 앞에서 쓰임. ¶ ~ 냥. ~ 섬. ~ 장. four
녁-가래몡 곡식·눈등을 한 곳에 밀어 모으는 데 쓰는 연장. 목침(木枕). grain shovel
녁가래-질몡 티끌을 날리려고 녁가래로 곡식을 떠서 바람 있는 공중에 치뿌리는 일. 하몡
녁-걸이[-거지]몡 밭에 흩어져 있는 오이·호박 따위의 덩굴을 걸어 놓아는 일. raking out-vines 하몡
녁-팽이몡 밑낱 부분이 넓게 되어 흙을 떠 넘기는 데 쓰는 팽이.
-녁하이[-거지]=강(强). ¶ 핏피^. 《대》 빠둥.
녁녁-잡-다타 수량을 좀 많게 보다. ¶녁녁잡아 일년이다. at most
녁녁-하-다혱여튼 ①표준한 것보다는 꽤 남음이 있다. 모자람이 없다. 《작》 낙낙하다. enough ②살림살이가 유족하다. rich ③도량이 넓다. magnanimous 녁녁-히튼

녁 달 가뭄에도 하루만 더 갰으면 한다속 ①사람은 날씨에 대하여서 언제나 자기 본위다. ②아무리 기다리던 비일지라도 대사를 치르려면 그 비를 싫어한다.
녁더듬이-하-다타 물의 면을 세게 쳐서 고기가 뜨
녁=동몡 윷놀이에 쓰이는 네 개의 말. 또는 네 번째 나는 말. four markers used in playing yut
녁동-내기몡 녁동을 다 내야만 이기기로 된 윷놀이.
녁동 다 갔다속 일이 다 끝이 났다. [말.
녁=동무늬몡 윷놀이에 녁동을 한데 어울려 가는
녁:사-밀(一四一)몡 한자 부수(部首)의 하나. '罪·置

넉살 비위 좋게 언죽번죽하는 짓. ¶~멀다. slowness boldness 스뢥 스레덴

넉살-부리-다囘 넉살스러운 짓을 하다.

넉살-좋:-다囘 넉살부리는 비위가 좋다. be bold

넉살-좋은 강화년이다囘 체면도 염치도 없이 넉살이 좋은 여자를 욕하여 이르는 말.

넉:새=베囘 석새베보다 품질이 조금 나은 베.

넉:자囘 도장 적을 때 밑에 까는 폭신폭신한 녹비. deerskin chamois

넉:자=바기囘(―字―) ① 네 글자로 이루어진 말마디. ② 네 글자로 이루어진 시문(詩文). phrase of four characters

넉:장=거리囘 팔다리를 쭉 벌리고 뒤로 벌떡 자빠짐. (작)낙장거리. falling outstretched one's back 하囘

넉:점박이=돼:지벌레囘〈곤충〉잎벌레과에 딸린 곤충. 몸 길이 8~10mm로 몸은 가늘고 흑색이며 겉날 개는 황색에 흑색 무늬가 있음.

넉:줄=고사리囘〈식물〉고사리과의 다년생 양치 식물. 뿌리 줄기는 굵고 담갈색의 잔 비늘털이 있음. 한국·일본·중국에 분포하며 관상용으로 심음. 석모강(石毛薑). 해주골쇄보. 후강(猴薑).

넋[넉]囘 ① 몸뚱이와 함께 있으며 마음과 목숨을 주재한다고 생각되는 것. 혼백(魂魄). 영혼(靈魂). 얼. soul ② 기력(氣力) 이. 마음. 정신. spirit

넋=두리囘 ① 푸념. complaints ② 무당이 죽은 사람의 넋을 대신해서 이루는 말. 하囘

넋=없:-다[넉-]囘 아무런 의식이 없이 멍하니 있다. stand in a daze 넋-없:이囘

넋이야 신이야 한다囘 쌓이고 쌓였던 마음을 털어 말을 퍼붓는 데 비유하는 말.

넋=잃-다[넉―]囘 의식을 잃다. ¶넋잃고 멍하니 섰다. be absent-minded

년㈜ 너는. ¶~ 공부나 해라.

너더리囘 소름이 끼치도록 싫은 생각. (약)넌덜. (속)너덜머리. disgust

너더리=나-다㉴ 몹시 싫증나다. (약)넌덜나다. become disgusted with

너더리-대:-다㉴ 너더리가 나게 굴다. (약)넌덜대다. act disgustingly

너덕囘 너털웃음을 치면서 재치 있는 말을 솜씨 있게 늘어놓는 짓. smooth and witty talk 스뢥 스레덴

너덕 부리-다 너덕스럽게 행동하다. speak smoothly and humorously

너덜=거리-다㉴ 자꾸 너덜대다.

너덜=나-다㉴ →너덜이다.

너덜=대:-다 (약)→너덜이다.

너덜=머리囘 (약)너더리.

너떡囘 넝큼. 썩. ¶~ 물러가라. (작)낟딱. straight

넌센스(nonsense)囘 ① 무의미한 일. ② 어리석은 일. 또는 그런 언행. ③ 쓸데없는 말.

넌즈시㈜(고)넌지시.

넌지시㈜ ① 남이 모르게 슬그머니. tacitly ② 똑바로 말하지 않고 눈치를 챌 정도로. ¶~ 일러주다. (대)버젓이. in a round about way

넌출囘 등·등의 길게 너절너절하게 늘어진 줄기. vines

넌출=문(―門)囘 문짝 넉 장이 죽 달린 문. 사출문(四出門). fourfold door [린 분합문.]

넌출=분:합(―小分閤)囘 부엌문 위에 비 짝이 죽 달

넌출=지-다㉴ 치렁치렁하게 늘어지다. vines trail

널:囘 ① (←)널빤지. ② (통)관(棺) · 곽(槨). ③ 널 뛰기에 쓰는 널빤지. planks ④〈제도〉한림(翰林)이 사초(史草)를 넣던 궤(櫃). 관(棺)과 같은 크기

널²㈜ 너를. you [임. 한림궤(翰林櫃).

널:=감―감囘 ① 널을 만들 재료. material for a coffin ② 늙어서 죽을 때가 가까운 사람을 농담으로 하는 말. [귓하면 메를 쓰려고 한다.

널감을 장만한다囘 ① 죽을 때까지 끝장을 본다. ② 결

널:-다[럿티] 볕이나 바람을 쐬거나 드러내어 보이려고 펼쳐 놓다. ¶빨래를 ~. spread

널:-다[럿티] 쥐·개 따위가 쏠아서 부스러기를 늘어놓다. gnaw into small pieces

널:=다리囘 널빤지를 깐 다리. 판교(板橋). wooden

널:=대:문(―大門)囘 널빤지로 만든 대문. [bridge

널: 두께 같다囘 얇아도 될 것이 너무 두껍다.

널:=따랄-다[호]囘 생각보다 훨씬 넓다. (대)좁다랗다. wide [하囘

널:=뛰기囘 널을 뛰는 놀이. playing Korean seesaw

널:=뛰-다㉴ 널뛰기를 하다. play Korean seesaw

널려-지-다㉴ 흩어져 깔리다.

널름㈜ ① 혀끝이나 불길이 빨리 내밀었다 들어가는 모양. ② 손을 빨리 내밀어 날쌔게 가지는 모양. 하囘

널름-거리-다㉴ ① 혀끝이나 손 또는 불길이 빨리 나왔다 들어갔다 하다. ② 탐을 내어 자꾸 고개를 내밀고 엿보다. 널름-널름㈜ 하囘

널리㈜ ① 넓게. 광범하게. ¶~ 퍼지다. widely ② 너그럽게. ¶~ 이해하다. generously

널리-다㉴ ① 흩어서 널리다. spread ㉸되 펼쳐 놓아지다. ¶햇볕에 널린 빨래. spacious

널리-다㉴ ① 범위를 넓게 하다. ¶판매망을 ~. extend ② 폭(幅)을 넓게 하다. ¶마당을 ~. widen

널:=마루囘 널빤지로 놓은 마루. wooden floor

널:=문(―門)囘 널빤지로 만든 문. wooden gate

널:=반자囘 널빤지로 짠 반자. board ceiling

널:=밥[―빱]囘 널뛰기를 할 때 돋움에서부터 양쪽으로 각기 자지하는 널의 길이. ¶내 ~이 길다.

널:=방석[―빡](―方席)囘 곡식 같은 것을 너는 데 쓰기 위하여 짚으로 결은 큰 방석. straw-mat

널브러-뜨리-다㈛ 지저분하게 널리 퍼뜨리다. spread

널브러-지-다㈛ 지저분하게 널리 흩어지다. spread out

널:=빈지囘 한 짝씩 끼었다 떼었다 하게 만들어진 문. 가게 앞에 문 대신 흔히 씀. ¶빈지. shutter

널:=빤지囘 나무를 두껍게, 혹은 얇게, 판판하고 넓게 쪼갠 큰 조각. 나무 판자. 널판자. 판자(板子). (약)널²囘. plank

널어-놓-다㉸ 죽 벌여 놓다. lay out

널음=새囘 말이나 일을 늘어놓는 솜씨. facility

널이-다㉸ (고) 폐를 끼치다. 귀찮게 하다.

널:=장(―張)囘 널빤지의 장.

널:=조각囘 널빤지 조각. piece of board

널:=쪽囘 널조각. [한 모양. 하囘

널찍-널찍㈜ ① 여럿이 다 널찍한 모양. ② 매우 널찍

널찍-하-다㈛囘 조금 너르다. roomy 널찍-히㈜

널:=판대기囘 넓고 두껍고 기다란 널조각. big piece

널:=판자(―板子)囘 (통)널빤지. [of board

널:=판장(―板墻)囘 널빤지로 막은 울타리. 목판장(木板墻). board fence [en bed

널:=평상(―平床)囘 널빤지로 만든 평상(平床). wood-

넓:-다[널따]囘 ① 면적이 크다. 넓이가 크다. ¶마당이 ~. wide ② 마음이 너그럽다. ¶도량이 ~. broadminded ③ 내용이 풍부하고 범위가 크다. 넓은 의미로는. spacious ④ 골고루 미치다. ¶지식이 ~. erudite ⑤ 사귐이 많다. ¶발이 ~. (대) 좁다. having wide acquaintance

넓:=다듬이[녈―]囘 다듬잇돌 위에 넓적하게 개켜 놓고 하는 다듬이. (대)홍두깨 다듬이. fulling on a fulling stock 하囘

넓:데데-하-다[녑―]囘㈜ 얼굴 모양이 둥글번번하고 넓다. (작)납대대하다. broad and round

넓:=둥글-다[녑―]囘㈛ 넓죽하다. flat and round

넓:다-닳-다[널머널따]囘 더할 수 없이 매우 넓다.

넓:쭉-하-다[녑―]囘㈜ 넓고 삐죽하다. broad and tapering

넓:=살문[녑―](―門)囘 거친 널빤지로 살을 댄 문.

넓어-지-다㈛ 넓게 되다.

넓은날개=잠자리[넙―] 〈곤충〉 잠자리과의 곤충. 몸 길이 50mm, 날개 길이 96mm 가량이고 몸 빛은 황갈색임. 두 쌍의 날개는 투명하며 흑갈색의 무늬가 있음. [beef rib chuck

넓은=다대[넙―] 결랑에 붙은 쇠고기의 하나. 찍육에 씀.

넓은잎-비녀골풀[넙―닢―] 〈식물〉 골풀과의 다년생 풀. 잎과 줄기에는 광택이 있음.

넓은잎=천남성(―天南星)[넙―닢―] 〈식물〉 천남성과의 다년생 풀. 높이 20cm 내외이고, 5~6월에 자웅 이가의 꽃이 핌. 독성이 있고 구경(球莖)은 약용임.

넓이囘 ①넓은 정도. width ②동 면적(面積).

넓이=뛰기囘 폭이 넓게 멀리뛰기를 겨루는 경기. broad jump

넓적[넙―]튄 ①입을 넓게 넝큼 벌렸다가 닫는 모양. ¶~ 받아 먹다. with a wide mouth ②몸을 넝큼 바닥에 퍼며고 엎드리는 모양. 〈작〉 납작. flatly 하튄

넓적=거리-다[넙―]짜 ①입을 연해 넓게 벌리었다 닫았다 하다. 〈작〉 납작거리다. **넓적=넓적** 하튄

넓적=넓적[넙―넙―]튄 여럿이 다 넓적하게. ¶먹을~ 자르다. 〈작〉 납작납작. 하휑

넓적다리[넙―] 오금 윗마디의 다리. 대퇴(大腿).

넓적다리-뼈[넙―]囘 〈생리〉 대퇴골(大腿骨). [thigh

넓적-부리[넙―]囘 〈조류〉 오리과에 딸린 새. 날개 길이가 암컷은 20cm, 수컷은 25cm 내외임. 부리는 찻숟가락 모양이고 몸 빛은 암·수가 다름. shoveller

넓적사슴벌레[넙―]囘 동 넓적하늘가재.

넓적스름-하다[넙―]휑 좀 넓적하다. 〈작〉 납작스름하다. be somewhat flat **넓적스름=히**튄

넓적-이¹[넙―]囘 얼굴이 넓적한 사람의 별명. 〈작〉 납작이. person with flat face

넓적=하늘가재[넙―까―]囘 〈곤충〉 사슴벌레과의 곤충. 몸 길이가 암컷은 3cm, 수컷은 4cm 또 몸은 검고 광택이 있음. 유충은 썩은 나무에 살고 성충은 나무 진을 빨아먹고 삶. 넓적사슴벌레.

넓적-하-다[넙―]휑 넙믓하게 넓다. 〈작〉 납작하다. flat and wide **넓적=이**튄

넓죽[넙―]튄 ①입을 넝큼 넙죽하게 벌렸다가 닫는 모양. with a wide mouth ②몸을 넝큼 바닥에 내고 엎드리는 모양. 〈작〉 납죽. flatly

넓죽=거리-다[넙―]짜 ①입을 연해 넓죽 벌리었다 오므리었다 하다. ②몸을 연해 엎드리어 바닥에 내리대다. 〈작〉 납죽거리다. **넓죽=넓죽** 하튄

넓죽-버미재비[넙―]囘 〈곤충〉 사마귀과의 곤충. 소형(小形)의 사마귀로 몸이 짧고 눈이 튀어나왔으며, 몸 빛은 녹색임. 넓죽사마귀.

넓죽-사마귀[넙―]囘 동 넓죽버미재비.

넓죽-이[넙―]囘 얼굴이 넓죽한 사람의 별명. man with a flat face ㅣ다. flat and long **넓죽=이**튄

넓죽-하다[넙―]휑(연)튄 길쭉하게 넓다. 〈작〉 납죽하다.

넓히-다囝 넓게 하다. ¶집을 ~. widen

넘겨다-보-다囝 남의 것을 욕심내어, 마음을 그리로 돌리다. covet **넘겨** 넘어다보다③.

넘겨-쓰-다囝 남의 허물을 자기가 받아 지다. ¶남의 잘못을 ~. take upon oneself

넘겨=씌우-다囝 제 허물을 남에게 넘기다. ¶자기 책임을 남에게 ~. impute

넘겨-잡-다囝 어림대고 앞질러서 짐작하다. 건너짚다.

넘겨-짚-다囝 지레 짐작하다. guess [guess

넘:고=처:지-다囝 이 표준에는 지나치고 저 표준에는 못 미치다. either too long or too short

넘기-다囝(사) 넘게 하다. ¶수돗물을 ~. 囝(他)①낮은 데서 높은 데를 넘어가게 하다. ¶담 너머로 ~. bring a thing over ②바로 세워진 것을 쓰러뜨리다. ¶나무를 베어 ~. overthrow ③어떤 기회나 시기를 지나가게 하다. ¶마감 기일을 ~. miss ④죽을 고비를 ~. escape ⑤권리나 책임을 딴사람에게 옮겨 주다. ⑥회사를 다른 사람에게 ~. transfer ⑥나비가 있는 물건을 뒤집어서 것이다. ¶책장을 ~. beat [ingly

넘:-나囝 분수에 넘치는 것을 하다. act unbecom-

넘:나=들-다囝(르) 어떤 한계나 경계를 넘어간다 넘어왔다 하다. ¶국경을 ~. ②서로 이리저리 들락날락하다. ¶이웃끼리 서로 넘나들며 산다. go in and out

넘=나물囘 원추리의 잎과 꽃으로 만든 나물. 황화채.

넘:난=마음[―마] 囝〈고〉 성욕(性慾). 넘치는 마음.

넘:-내리-다짜 오르내리락하다.

넘:=노닐-다囝(르) 넘나들며 노닐다. stroll

넘:-놀-다囝(르) ①넘나들며 놀다. ramble ②(새가 위아래로 날다. fly high and low

넘늘=거리-다囝 길게 휘늘어져 흔들거리다. wave droopingly **넘늘=넘늘** 하튄

넘늘-다囝(르) 점잔을 지키면서도 언행을 흥취 있고 멋지게 하다. act humorously but gently

넘:늘어-지-다囝 아래로 길게 늘어지다. 휘늘어지다. droop at random

넘:-다囝[―따]囝 ①정한 범위·수량·정도를 초월하다. ¶한 말이 ~. go to excess ②때가 지나가다. ¶약속 시간이 ~. elapse ③칼날 따위를 지나치게 갈아 날이 한쪽으로 쏠리게 되다. ¶날이 넘었다. overdoing 囝 ①낮은 곳에서 높은 곳을 거쳐, 다른 낮은 곳으로 가다. ¶산을 넘고 강을 건너다. pass over ②어떤 물건의 위를 지나다. ¶밥상을 넘어다니지 말라. clear ③어떤 경계선을 거쳐 지나다. ¶국경을 ~. cross ④고비를 벗어나다. ¶ 죽을 고비를 ~. *exceed

넘버(number)囘 ①수. 번. 번호. 등급. ②차례를 붙인 패·폭지·표지(標識). number-plate ③차량 번호. 또, 그 번호판.

넘버링(numbering)囘 〈약〉→넘버링 머신.

넘버링 머신(numbering machine)囘 스탬프식으로 서류에 자동적으로 차례대로의 번호가 찍히는 사무용 기구. 자동 기호기. 번호 인자기(印字機). 〈약〉넘버링. [호.

넘버 원(number one)囘 첫째. 제일. 제일인자. 제1

넘:-보-다囝 남을 얕잡아 낮추보다. despise

:**넘:-삐=다**囝〈고〉 넘치다.

넘성=거리-다囝 탐이 나서 목을 쑥 빼어 늘이고 자꾸 넘어다보다. 〈작〉 남상거리다. covet **넘성=넘성** 하튄

넘실=거리-다囝 ①탐이 나서 목을 길게 빼고 넘어다보다. covet ②물결이 너울거리다. surge **넘실=넘실** 하튄

:**넘씨-다**囝〈고〉 넘치다.

넘어-가-다囝 ①쓰러지다. ¶나무가 ~. tumble ②때나 시기가 지나가다. ¶점심 시간이 ~. elapse ③해나 달이 지다. ¶서산으로 해가 ~. set pass into another's hand ④이쪽에서 저쪽으로 물건의 위나 공중을 지나가다. cross ⑤고비를 지나가다. ⑥속임수에 빠지다. ⑦권리·판심·세력 등이 옮겨가다. ¶체권자에게 집이 ~. ⑧다음 차례나 다음 경우로 옮아가다. ¶쉬운 대목은 넘어가며 책을 보다. ⑨음식물이 목구멍을 지나다. ¶국도 넘어가지 아니하다. ⑩나비가 있는 물건이 뒤집혀 잦혀지다. ¶바람에 책장이 ~.

넘어다-보-다囝 ①고개를 들어 가리운 물건의 위를 스쳐서 보다. ¶이웃집을 ~. look over (a fence) ②남의 재물을 탐내어 노리다. 넘겨다보다②. covet

넘어-뜨리-다囝 ①선 물건을 힘차게 쓰러지게 하다. ¶서 있는 나무를 ~. knock down ②남의 권세나 차지한 지위를 겪다. crush [in hard

넘어-박히-다囝 되게 넘어져 속에 박히다. be stuck

넘어-서-다囝 ①어떤 물건 또는 공중을 넘어서 지나가다. ②어떤 한계를 넘어서 지나다. cross

넘어-오-다囝 ①선 것이 쓰러져 이쪽으로 오다. ¶못더미가 ~. come over ②먹은 것이 입으로 도로

넘어지다

나오다. ¶먹은 것이 ~. throw up ③책임이나 권리가 제것이 되다. ¶재산의 소유권이 ~. come into one's hand 囤 저쪽에서 이쪽으로 넘어오다. ¶산을 ~. come over

넘어-지-다囤 ①한쪽으로 쓰러지다. ¶발이 걸려 ~. fall ②실패하다. ¶회사가 ~. fail ③쓰러져 죽다.

넘어-치-다→넘어뜨리다.

넘쳐-흐르-다[르]囤 ①액체가 가득 차서 밖으로 흘러 내리다. ¶개천이 ~. ②어떤 느낌·기운·힘이 가득 차서 넘치다. ¶매력이 ~.

넘:치-다囤 ①가득 차서 밖으로 세게 흘러 나오다. ¶강물이 ~. overflow ②샘의 표면에 벗어져 지나다. ¶분수에 ~. exceed ③감정 따위가 정도에 지나도록 세게 일어나다. ¶감격에 ~. be aggravated

넜더-·다囤 (고) 넘치다.

넙-다囤 (고) 너르다. 넓다.

넙데데-하-다囤 (약) 너부데데하다.

넙신대囤 ①윗몸을 가볍고 빠르게 수그리는 모양. ②입을 경망스럽게 놀리어 말하는 모양. 《작》 납신. chatter 화[하]다

넙치〈어류〉 가자미과의 바닷물고기. 몸이 위아래로 넓적하여 긴 타원형에 가깝고 두 눈이 다 왼쪽에 있음. 근해의 모래밭에 삶. 광어(廣魚)①. 비목어(比目魚). flatfish

넙치-눈이囤 ①넙치처럼 두 눈동자를 한 군데로 잘 모으는 사람. 광어눈이(廣魚-). crosseye ②눈을 잘 흘기는 사람. squinter

넛[귿]囤 아버지의 외숙이나 외숙모와 자기와의 관계를 나타낼 때 쓰는 말.

넛:-손자(一孫子)囤 누이의 손자. sister's grandson

넛:-할머니囤 아버지의 외숙의 외숙모(外叔母). father's maternal aunt

넛:-할아버지囤 아버지의 외숙(外叔). father's maternal uncle

넝마囤 오래 된 헌옷 따위. 마펭이囤. ¶~ 장수. rags

넝마-전(一廛)囤 넝마를 파는 가게.

넝마-주·이囤 넝마나 헌 종이 따위를 줍는 사람. rag picker

넝·우·리囤 (고) 수달(水獺).

넝쿨囤 (동) 덩굴.

녛-다囤 ①밖에서 안으로 들어보내다. put in ②돈을 납부하거나 은행에 입금하다. deposit ③수용(收容)하다. ¶감방에 죄수를 10명씩 ~. admit ④포함하다. ¶재료 값도 넣어서 계산하라. include ⑤염두(念頭)에 두다. keep in mind ⑥끼우다. ¶책갈피에 ~. insert ⑦단체나 학교나 직장 같은 곳에 들게 하다. ¶학교에 ~. send to

네囤 '너'가 변한 말로, 조사 '가' 위에서만 쓰임. you 團 《약》 너의. your

네:囤 '넷'의 뜻. ¶~ 사람. four

네³ ①존대하여 대답하는 말. '예'보다 뜻이 덜하다. ¶~, 그렇게 하겠습니다. yes ②존대하여 반문하는 말. ¶~, 그렇게 해야야 될까요? yes?

-네[어]囤 용언의 어간에 붙어 감동된 뜻을 나타내거나, 같은 연배의 손아랫 사람에게 쓸 때에 쓰는 종결 어미. ¶나는 가-. 벌써 해가 졌-.

-네[집미]囤 어떤 사람의 한 무리를 나타냄. ¶우리~. ②어떤 집안이나 가족 전체를 들어서 나타내는 말. ¶영순이~ 집.

네:-가래囤 〈식물〉 네가래과의 다년생 풀실. 네 개의 잎이 '田'자 모양으로 붙음. 엽액에 두 개의 타원형의 낭과(囊果)가 달리고 그 속에 포자가 형성됨. 깊은 산의 습지 또는 물가에 남.

네가囤 《약》→네가티브②.

네:-거리囤 '十'자 모양으로 한 점에서 네 방향으로 길이 갈라져 나간 거리. 사거리. 사가(四街). crossroads

네가티브(negative)囤 ①부정적. 소극적. ②빛의 강약이나 명암(明暗)이 실물과는 전혀 반대로 되어 있는 상(像). 사진의 원판 따위. 《약》 네가. ③전기의 음극판(陰極板). ④〈수학〉 음수(陰數). 《대》 포지티

브(positive).

네거 필름(nega film)囤 음화를 만드는 데 쓰이는 필름.

네:-겁(一劫)囤 〈불교〉 세계 변천의 사대기(四大期). 곧, 성겁(成劫)·주겁(住劫)·괴겁(壞劫)·공겁(空劫). 사겁(四劫). ¶~, 벼락맞을 놈. damn!

네:기囤 몹시 불만이 있을 때 욕지거리로 하는 소리.

네:기둥-안囤 ①각 궁(宮)이나 귀족의 접속. inside of a palace ②동] 내실(內室)①. 규중(閨中).

네-까지囤 '너처럼 하잘것없는'의 뜻으로 남을 깔보아 쓸. like of you

네:-년[인]囤 맞은편 여자를 욕하여 부르는 말.

네:-놈[인]囤 맞은편 남자를 욕하여 부르는 말.

네:-눈-박이囤 두 눈 위에 흰 점이 있는 개. 《약》 네눈.

네:-눈-이囤 《약》→네눈박이. [이].

네:-다리囤 〈속〉 팔다리. ¶을 뻬앗는 日.

네다바이(ねたばい 일)囤 교묘하게 남을 속이어 금품을 빼앗음.

네:-다섯囤 넷이나 다섯. four or five

네:-댓囤 넷이나 다섯. 네다섯. 너덧. four or five

네댓-새囤 나흘이나 닷새 가량. a few days

네:-동-가리[어류] 농어소돔과의 바닷물고기. 타원형의 몸의 길이 30cm 가량으로 조금 측편하고 입은 작고 몸에 빗비늘이 있음.

네 떡 내 먹었나囤 시치미 떼는 말.

네:-뚜리囤 ①새우젓 한 독을 넷으로 가른 한 몫. 또, 넷으로 가르는 일. ②사람이나 물건을 대수롭지 않게 보는 일. ¶남을 ~로 보다. slightly ㄷ

네루(←flannel)囤 '플란넬(flannel)'이 줄어서 변한.

네르친스크 조약(Nerchinsk 條約)囤 〈역사〉 1689년에 시베리아 네르친스크에서 러시아와 청(淸)나라 사이에 맺은, 국경을 정한 조약.

네:-모囤모囤 사각형의 각 모. 네 귀가 난 모. 사각(四角). four corners of a square

네:-모-꼴(一동)囤 사각형(四角形).

네:모-나-다囤 네모가 생기다. square [四角錐].

네:모-뿔囤 〈수학〉 밑바닥이 네모꼴인 모꼴. 사각추

네:모 송곳囤 네모진 송곳. quadrangular gimlet

네:모-지-다囤 네모가 되어 있다. square

네:미囤 《약》 너의 어미. ¶~에게 물어 보아라. 囤 ①(비) 맞대하여 욕으로 쓰는 말. son-of-a-bitch ②송아지를 부르는 소리. here calf!

네:-발囤 짐승의 네 개의 발.

네:-발-가지囤 네발 달린 짐승의 통칭. quadruped

네:발-걸음囤 두 손을 바닥에 짚고 엎드리어 기는 일. ¶~으로 달아났다. go on all fours

네:발-짐승囤 네 개의 발을 가진 짐승. 소·말·돼지·개 따위. ¶~가 나다.

네:발-타-다囤 네발짐승의 고기를 먹으면 두드러기가 나다.

네:-방향囤 앞뒤 쪽으로 방향이 있음을 잡고 여덟 사람이 메게서 상여. bier carried by eight men

네:발-고누囤 말밭이 넷으로 된 고누 놀이의 하나.

네버 마인드(never mind)囤 경기·시합 등에서 '괜찮다'·'걱정 말라'의 뜻으로 격려하는 소리.

네:발-상투囤 고를 네 번이나 넣겨서 찌는 상투.

네 병이야 낫든 안 낫든 내 약값이나 내라囤 남을 위해 한 일의 성부를 제처 놓고 보수만을 요구한다.

네 쇠뿔이 아니면 내 담이 무너지랴囤 다른 사람 때문에 손해 보았다라고 항의하는 말.

네스토리우스-파(Nestorius 派)囤 〈종교〉 5세기경에 네스토리우스가 창시한 기독교의 한 파.

네스트(nest)囤 보금자리. 소굴(巢窟).

네슬러 시:약(Nessler 試藥)囤 〈화학〉 요오드수은(水銀)과 요오드칼륨의 화합물을 가성칼륨 용액에 녹인 분석 시약의 하나.

네안데르탈-인(Neanderthal 人)囤 화석 인류의 하나. 제4세 빙하기에 생존했음. 현존 인류와 유인원의 중간 형질을 갖춤.

네오(neo)囤 '새로운' 또는 '현대의' 등의 뜻을 나타내는 접두어. 신(新)-. ¶~리얼리즘(realism).

네오-다:다(neo-dada) 〈미술〉 신(新)다다이즘. 1957

년경부터 미국 미술계에 나타난 새로운 경향의 전위적 예술 운동.

네오디뮴(Neodymium 도)명 〈화학〉 희토류(稀土類) 원소의 하나. 은백색의 금속으로 늘어나는 성질이 있고 뜨거운 물과 반응하여 수소를 방출함. 원소 기호; Nd. 원자 번호; 60. 원자량; 144.24.

네오=라마르키즘(Neo-Lamarkism)명 19세기 후반에 부활된 라마르크적 사상. 획득 형질의 유전·정행(定行) 진화·심리적 요인 따위에 중점을 둠.

네오=로맨티시즘(Neo-Romanticism)명 〈문학〉 신낭만주의(新浪漫主義).

네오마이신(neomycin)명 〈약학〉 방사균(放射菌)으로부터 얻어지는 항생 물질의 하나.

네오=살바르산(Neosalvarsan)명 〈약학〉 매독 주사용의 황색 분말의 비소제(砒素劑). 살바르산(606호)을 개량한 것으로 신606호라고도 함.

네오=오리엔탈리즘(Neo-Orientalism)명 〈철학〉 신동양주의(新東洋主義). 「新理想主義」.

네오=이데알리즘(Neo-Idealism)명 〈문학〉 신이상주의

네오=클래시시즘(Neo-Classicism)명 〈문학〉 신고전주의(新古典主義).

네온(neon)명 〈화학〉 ①희(稀)가스류 원소의 하나. 대기 중에서 극소량으로 존재하는 무색·무미·무취의 기체 원소임. 원소 기호; Ne. 원자 번호; 10. 원자량; 20. 183. ②略→네온 사인.

네온=관(neon 管)명 〈물리〉 진공의 유리관 속에 네온을 봉입하여서 방전시키는 것.

네온 사인(neon sign)명 〈물리〉 진공(眞空) 유리관에 네온 가스를 넣고 전기를 통하여 아름다운 빛을 내게 하여 광고에 쓰는 장치. 略 네온②.

네온 전=구(neon 電球)명 〈물리〉 나선상(螺旋狀)의 두 개의 전극(電極)을 1~2 mm 떨어지지 서로 맞세워 두고 적은 양의 네온을 넣은 전구.

네올로지(néologie 프)명 새 말을 지어 내거나 새 학설을 내세움. 「설을 내세우는 사람.

네올로지트(néologiste 프)명 신어를 사용하거나 새 학

네이밍(naming)명 명명(命名). 이름을 붙임.

네이블(navel)명 〈식물〉 브라질이 원산인 양귤(洋橘). 네이블 오렌지.

네이블 오렌지(navel orange)명 〈동〉 네이블.

네이비 블루(navy blue)명 영국 해군 제복의 진한

네이션(nation)명 국민. 국가. 민족. 〔감색(紺色)〕.

네이처(nature)명 ①자연. 천연. ②천성. 본성.

네이팜(napalm)명 가솔린의 젤리화제(Jelly 化劑). 나프텐산 알루미늄과 팔미늄 비누와의 혼합물로 소이탄 등의 폭탄 및 젤리화 연료로 쓰임.

네이팜=탄(napalm 彈)명 〈군사〉 강력한 유지 소이탄(油脂燒夷彈). 네이팜에 등유·석유 등을 혼합하여 만든 젤리 모양의 고성능 폭탄. napalm bomb

네임(name)명 ①이름. 명칭. ②명성(名聲) ③양품 등에 붙어 있는, 판매·제조 회사 등이 만들어 붙인 형질 조각. ④서적·잡지 등의 도판(圖版)의 설명문. ⑤略→네임 플레이트. 「선전 가치.

네임 밸류(name value)명 저명 인사의 이름이 지닌

네임 플레이트(name plate)명 ①문패. ②간판. ③명찰. 略 네임①.

네=줄=도마뱀(neckerchief)명 〈동물〉 무늬도마뱀과(金舵科)의 도마뱀의 하나. 몸 길이 10 cm 내외로 몸 빛은 등쪽이 감람색에 흑색의 반문이 있고 배는 백색임. Amur long-tailed lizard

네커치프(neckerchief)명 장식용 또는 보온용 목도리.

네 콩이 크니 내 콩이 크니 한다판 거의 같은 것을 두고 여러 말 하며 서로 우긴다.

네크=라인(neckline)명 양복의 목 둘레의 선. 목 둘레의 서수.

네크리스(necklace)명 〈동〉 목걸이② . 펜던트(pendant)①.

네크리트(necklet)명 가늘고 간략하게 만든 네크리스.

네트(net)명 ①그물. ②〈체육〉 배구·탁구·정구 등에

쓰이는 그물. ¶~ 터치(touch). ③경미(正味). ④ 略→네트 인(net in). ⑤略→헤어네트(hairnet).

네트=볼(netball)명 〈체육〉 네트를 사용하는 경기 중 공이 네트에 닿아 상대판 코트에 넘어가는 일.

네트=워=크(network)명 ①그물 모양으로 된 조직. ② 라디오·텔레비전의 방송망. 중계망(中繼網). ③데이터의 전송을 할 수 있도록 한 통신망.

네트 인(net in)명 〈체육〉 정구 따위에서, 서브한 공이 네트에 닿아 코트에 들어감. 略 네트④.

네트 플레이(net play)명 〈체육〉 ①정구에서, 네트에 접근하여 하는 공격적 플레이. ②배구에서, 공이 네트에 닿게 하여 반으로 넘기는 일.

네티즌(netizen)명 네트워크(network)와 시티즌(citizen)의 합성어. 지리적인 국경이나 인종을 넘어 컴퓨터상에서 자유롭게 대화하고 정보를 주고 받을 수 있도록 인터넷으로 연결된 가상 시민.

네프(NEP 러)명 〈경제〉 略 New Economic Policy 1921년 소련 정부가 발표한 신경제 정책.

네=활개명 〈속〉 넓게 벌린 팔과 다리. streched limbs

넥=타이(necktie)명 와이셔츠의 칼라 위에 매어 장식으로 하는 끈. 略 타이.

넥타이=핀(necktie-pin)명 넥타이가 날리지 않게 꽂는 바늘 또는 집게. 略 타이핀(tie-pin).

넨다=하=다타여 어린애나 아랫사람을 사랑하여 너그럽게 대하다. patronize

넨=장감略→넨장맞을. 넨장칠.

넨=장=맞을감〔古〕 '녜 난장(亂杖)을 맞을'의 뜻으로, 욕하는 말. 略 넨장. (by) gosh! 「말. 略 넨장.

넨=장=칠감〔古〕 '녜 난장(亂杖)을 칠'의 뜻으로, 욕하는

넵투늄(neptunium)명 〈화학〉 1940년 미국에서 인공적으로 발견한 방사성 원소의 하나. 화학적 성질은 우라늄과 비슷함. 천연적으로는 아직 발견되지 않았음. 원소 기호; Np. 원자 번호; 93. 원자량; 237.

넵툰(Neptune)명 〈天〉 ①〈천문〉 해왕성(海王星). ②로마 신화의 해신(海神).

넷셋에 하나를 더한 수. 사(四). four

=**녀**어미 〔고〕 =냐. =느냐.

=-**녀·가-**다어 〔고〕 가다. 다녀가다.

녀기-다타어 〔고〕 여기다. →너기다.

-**녀나-돈**어 〔고〕 다른. 남은.

녀나믄관 〔고〕 다른.

녀느관명 〔고〕 여느. 다른. 다른 사람.

녀느명 〔고〕 다른 사람. 다름.

·**녀-다**타어 〔고〕 가다. 다니다. 행하다.

녀롬명 〔고〕 여름.

녀러신고감 〔고〕 가 계시는가요. 가셨는가.

·**녀·러오-다**타어 〔고〕 갔다오다.

·**녀·름**명 〔고〕 여름.

·**녀·름**명 〔고〕 농사.

·**녀·름두외-다**타어 〔고〕 풍년들다.

·**녀·름·됴·타**판어 〔고〕 농사 잘 되다.

녀름디이명 〔고〕 농사.

녀·름지·스·다타어 〔고〕 농부. 농민. 농사지을 이.

녀·름지·솔아·비명 〔고〕 농부.

녀·름지·쇠명 〔고〕 농사.

녀름지으리명 〔고〕 농부. 농민. 농사지을 이.

녀름지이명 〔고〕 농사.

녀·름지·다·다/녀·름지·다타어 〔고〕 농사짓다.

녀미-다타어 〔고〕 여미다.

녀석의명 ①남자를 얕잡아 일컫는 말. guy ②사내아이를 귀엽게 일컫는 말. boy

녀·토-다타어 〔고〕 얕게 하다.

녀·름/녀·틈명 〔고〕 열음.

녁의명 〔고〕 녘. 편. around, about

년의명 여자를 멸시하거나 하대하여 일컫는 말. 〔대〕 놈. 「¶ 1987~. 기미~. year(s)

년(年)의 〔고〕 때를 재는 단위인 '해'의 뜻으로 쓰는 말.

년·듸/년·듸명 〔고〕 여느 데. 딴 데. 딴 곳.

년뫼 〖명〗 여느 메. 다른 산.
년내 〖명〗 다른 사람. 남. →너느.
널갑-다 / 널갑다 〖고〗 엽다.
널 〖명〗 가는. 지나가는.
널구름 〖명〗 〖고〗 지나가는 구름. 뜬구름.
널빈 〖명〗 〖고〗 지나가는 배.
널비 〖명〗 〖고〗 지나가는 비.
널손님 〖명〗 〖고〗 지나가는 손님. 행객(行客). →녀느.
념통 〖명〗 〖고〗 염통.
녑 〖명〗 옆.
녑구레 〖명〗 〖고〗 옆구리.
녘 〖의명〗 어떤 때의 무렵이나, 또는 어떤 방향 및 지역을 가리키는 말. ¶북~. 새벽~.
녈‥다 〖명〗 〖고〗 가다.
녜 〖감〗 ①손윗 사람의 말에 아주 깍듯이 대답하는 소리. ②윗사람에게 재우쳐 묻는 소리.
!녜 〖고〗 에. 옛적.
!녜‥넷글 〖명〗 〖고〗 옛말. 옛 세상의 글.
녜‥다 〖자〗 〖고〗 가다. 지나다.
볫 〖명〗 〖고〗 에.
노 〖명〗 실·삼껍질·헝겊·종이 등 섬유로 가늘게 비비거나 꼰 줄. 노끈①. ¶~벙거지. cord
노² 〖명〗 뱃사람들이 북쪽을 이르는 말.
노³ 〖약〗 →노승.
=노 〖어미〗 동사·형용사의 어간에 붙어서 물음이나 의심을 나타내는 종결 어미. ¶왜 우~?
노(奴) 〖명〗 남자 종. man servant
노(怒) 〖명〗 성내 쇠성.
노(櫓) 〖명〗 배를 젓는 기구. 놋대. ¶~를 젓다. oar
노(鑪) 〖명〗 불을 담아 덥게 하는 데나 물건을 데우고 끓이는 데에 쓰는 장치.
노:(老) 〖두〗 명사 위에 붙어 '늙은'의 뜻을 나타내는 말. ¶~처녀. ~총각. old
노가(櫓歌) 〖명〗 선부(船夫)들이 노를 저으면서 부르는 노래. boat song
노가다(←のかた 土方) 〖명〗 토목 공사장에서 일하는 사람. (유) 미장이.
노가리 〖농업〗 씨를 흩어 뿌리는 일. 산파(散播). seeding 하타
노가리-나무(-) 〖식물〗 향나무과의 상록 교목. 높이 10 m 내외로 잎은 가는 선형(線形)이고 5월에 녹 갈색의 꽃이 핌. 나무는 정원수·조각재, 과실은 약용·식용·향료로 쓰임. 노가주나무. 두송(杜松). juniper
노가리 〖명〗 ←나물. overripe cucumber
노:각(老-) 〖명〗 무르익어서 빛이 노랗게 된 오이. ¶~나물.
노:각(老脚) 〖명〗 늙은이의 다리. 늙은이의 걸음걸이.
노각주나무 〖명〗 노가주나무.
노감-석(鑪甘石) 〖광물〗 황화아연광과 동백광(銅脈鑛)으로서 나는 쇠·칼슘·마그네슘과 적은 분량의 카드뮴이 섞인 광석. 한방(漢方)에서 약약으로 씀. 노선생(老先生).
노-감투 노끈으로 엮어 만든 감투. string hat
노:갑 이을[-니-](怒甲移乙) 〖명〗 갑에게서 당한 노여움을 을에게 화풀이함. 하타
노:-감즙(露甘汁) 〖명〗 〖한의〗 밤이슬을 맞힌 새앙즙. 학질과 한열(寒熱)을 다스리는 데 씀.
노: 게임(no game) 〖명〗 〖체육〗 어떤 경기에서 시합이 무효가 되는 일.
노:견(露見) 〖명〗 비밀이나 나쁜 일이 드러남. 하타
노결(勞結) 〖명〗 노고(勞苦)로 기분이 개운하지 않음.
노겸(老謙) 〖명〗 늙은이를 청지기를 이름.
노:경(老境) 〖명〗 〖동〗 늙바탕.
노고(勞苦) 〖명〗 〖동〗 늙바탕.
노:고(老姑) 〖명〗 〖동〗 할미.
노:고(老苦) 〖명〗 〖불교〗 사고(四苦)의 하나. 늙어 감에 따라 닥치는 괴로움. pain of old age
노고(勞苦) 〖명〗 수고스럽게 애씀. 고로(勞勞). ¶~에 보답하다. toil 하타

노:고(路鼓) 〖명〗 〖음악〗 인제(人祭)에 쓰는 붉은 칠을 한 사면고(四面鼓).
노고지리 〖명〗 종달새. skylark
노:고-초(老姑草) 〖명〗 〖동〗 할미꽃.
노곤(勞困) 〖명〗 피로함. 고단함. fatigue 하타 히타
노:골(老骨) 〖명〗 ①늙은이의 뼈. old bone ②〖동〗 노구(老軀).
노:골(露骨) 〖명〗 조금도 숨김 없이 있는 그대로 드러냄. (대) 엄폐(掩蔽). undisguised
노골(顱骨) 〖명〗 〖생리〗 두골(頭骨). 두개골.
노:골 문학(露骨文學) 〖문학〗 남녀의 성생활을 노골적으로 묘사한 문학 작품.
노:골-적[-쩍](露骨的) 〖명〗 숨기지 아니하고 드러내는(것). ¶~인 표현. undisguised
노:골-파(露骨派) 〖명〗 예술 창작에서 남녀 관계를 노골적으로 드러내어 표현하는 일파.
노:골-화(露骨化) 〖명〗 노골적이 됨. 노골적으로 됨. 하타
노:공(老公) 〖명〗 ①늙은이. old man ②나이 지긋한 귀인. aged gentleman ③〖동〗 내시(內侍).
노공(勞工) 〖명〗 〖사회〗 노동과 공업. labour and industry
노:광(老狂) 〖명〗 늙은 나이에 상도(常道)에 벗어난 짓을 함. crazy old man 하타
노구(櫓) 〖약〗 →노구솥.
노:구(老軀) 〖명〗 할멈. (대) 노옹(老翁).
노:구(老軀) 〖명〗 늙어진 몸. 노체(老體). 노골(老骨)②.
노구(鑪口) 〖명〗 ①돌이나 흙을 써서 쌓은, 굴뚝의 아궁이. fuel hole ②용광로 같은 것의 아가리.
노구-거리(鑪口-) 〖명〗 쇠뿔의 이름. 둘이 다 안쪽으로 꼬부라졌으나 하나는 높고 다른 하나는 낮음.
노구-메 〖민속〗 산천의 신령에게 제사할 때 노구솥에 지은 메밥. rice boiled in a brass pot
노구메 정:성(一精誠) 〖명〗 노구메를 놓고 산천에 기도하는 정성.
노구-솥[-쏟] 〖명〗 놋쇠나 구리로 만든 작은 솥. (약) 노구.
노:구-쟁이(老軀-) 〖명〗 뚜쟁이 노릇을 하는 노파. old pocuress
노:국(露菊) 〖명〗 편 지 오래 되어도 빛이 낡고 시들어가는 국화.
노:굴(露掘) 〖명〗 〖동〗 노천굴(露天掘).
노:곷(露-) 〖명〗 콩이나 팥 따위의 꽃.
노: =굿(no-good) 〖명〗 좋지 않음.
노굿-일-다[-닐-] 〖자〗 콩·팥 따위의 꽃이 피다.
노권(勞倦) 〖명〗 피로하여 싫증을 냄. fatigue
노:권=상(老倦傷) 〖한의〗 맥이 풀리고 기운이 없어, 열이 생기고 땀이 나며 말과 동작이 게으르고 축이 나는 병.
노:규(蘆葵) 〖명〗 아욱.
노:균-병[-뼝](露菌病) 〖농업〗 채소에 생기는 병. 반점이 생기거나 잎이 말라 시듦.
노고라-지-다 〖자〗 ①일이나 정신이 피곤하여 풀어지다. be fatigued ②마음이 한 곳에 쏠려 정신을 못 차리다. be addicted to 하타. tender 노그름-히타
노그름-하다 〖형〗 노글노글하게 묽다. (큰) 누그름.
노근(露根) 〖명〗 나무 뿌리가 지상에 나타난 부분.
노근 노:골(露筋勞骨) 〖명〗 몸을 아끼지 아니하고 일에 힘씀. working faithfully 하타
노글노글-하다 〖형〗 ①아주 무르게 노굿노긋하다. soft ②몸이 빼가 없이 나슨보들하다. ③마음이 유순하다. (큰) 누굴누굴하다. tender
노굿노굿-하다 〖형〗 매우 노긋하다. (큰) 누굿누굿하다. 노굿노굿-이타
노굿-하다 〖형〗 ①물체가 메마르지 아니하고 늘 무름하고 부드럽다. ②성질이 유순하다. (큰) 누굿하다. tender 노굿-이타
노:기(老妓) 〖명〗 늙은 기생. old Keesaeng
노:기(老氣) 〖명〗 ①노련한 기운. ②나이가 왕성해지는 기백.
노:기(怒氣) 〖명〗 노여운 기색. 노색(怒色). anger
노:기 등등(怒氣騰騰) 〖명〗 노기가 얼굴에 가득 참. be in a great anger 하타
노기스(←Nonius 도) 〖명〗 〖공업〗 물체의 두께나 공이나 구멍의 지름을 재는 금속제의 자. 슬라이드 캘리퍼

스(Slide calipers). [with rage 하타]
노:기 충천(怒氣衝天)명 성이 잔뜩 나 있음. boiling
노:깃(櫓─)명 노질할 때 물속에 잠기는 노의 부분.
노깨명 밀가루를 뇌어 낸 뒤의 찌꺼기. flour draff
노=끈명 ①(동) 노. ②노의 토막. piece of cord
노−나무명 〈식물〉 능소화과의 낙엽 교목. 높이 6∼9m로 잎은 난형이고 담황색 꽃이 핌. 관상용으로 심고 수피(樹皮)는 약용함. 가목(榎木·檟木). 개오
노내−끈명→노г. Indian bean
노:넥타이 셔츠(nonecktie shirt)명 넥타이를 매지 않고 입는 셔츠. 개금 셔츠(開襟 shirts). (약) 노타이
노:녀(老女)명 늙은 여자. [셔츠.
노:년(老年)명 ①늙은 나이. 만년(晩年). 모년(暮年). 모치(暮齒). old age ②늙은 사람. 노창(老蒼)②. old man
노:년−기(老年期)명 ①나이 먹어 늙은 시기. ②〈지학〉지형의 침식 윤회의 최종 시기. old stage
노:년−학(老年學)명 노인의 병·불로 장수·노인의 직업·사회 복지 등에 관해 종합적으로 연구하는 학문. gerontology
노:노(老奴)명 늙은 종. 노복(老僕). old servant
노:노(呶呶)명 번명하는 뜻으로 여러 말을 함. dwell on 하타, 히타 [명환. 하타
노:노 발명(呶呶發明)명 여러 가지 말을 늘어놓아 변
노:농(老農)명 ①농사일에 경험이 많은 농부. ②늙은 농부. 농로(農老). old farmer
노농(勞農)명 노동자와 농부. labourers and peasants
노농 정부(勞農政府)명 〈정치〉 노동자·농민을 위주로 하는 정부. Soviet Government
노농−주의(勞農主義)명 노동자와 농민의 이권을 옹호할 목적으로 정치를 하려는 주의.
노−놓치다타 죄인을 잡았다가 슬쩍 놓아 주다. stealthily release the criminal arrested
노느−다타 같은 물건을 여러 몫으로 가르다. 《약》논다. divide [配]①. apportionment 하타
노느−매기명 물건을 여러 몫으로 노는 일. 분배(分)
노느−몫명 물건을 갈라 노느는 몫. [ded
노느−이−다자 노늠을 당하다. 《약》 노늬다. get divi−
노:는 계:집명 기생·갈보·색주가 등의 총칭. 유녀(遊女). harlot
노는 입에 염불하기족 하는 일 없이 그저 노는 것보다 무슨 일이든 하는 것이 나음.
노늬−다자타 《약》 노느이다.
노:니어미(고)→나니.
:노니−다자 노닐다. 놀며 다니다.
노:−닐다자(닐듸己) 한가롭게 이리저리 거닐며 놀다. =:노닛.가어미(고)→나이까. [ramble about
·노−·다형 (고) 드물다. 귀하다.
=노−·다어미 노라. =노라. =는구나.
노:다운(no down)명 〈체육〉 야구에서, 공격편이 한 사람도 아웃되지 아니한. 노 아웃. 무사(無死).
노다지(鑛物)①광물이 쏟아져 나오는 광맥. 보난자(bonanza). great source of wealth ②한군데서 이익이 많이 쏟아져 나오는 일.
노다지위→언제나. 늘.
노다−거리−다자 자꾸 노다이다. 노다−노다하타
노다=노다위 낡아서 해진 데를 집고, 또 덧붙인 모양. 《큰》 누덕누덕. patchily 하타
노다노다 기워도 마누라 장옷속 노다노다해도 비단일
노다노다해도 비단일세명 ①지금은 보잘것없으나 처음에는 좋았다는 뜻. ②본바탕이 좋은 것은 낡고 헐어도 그 볼품을 잃지 않는다.
노−닥다리(老−)명→늙다리.
노닥−거리−다자 좀 수다스럽고 익살맞게 잔소리를 늘어놓다. talk volubly
노:−당익장(老當益壯)명 ①늙어도 더욱 기운이 씩씩함. ②늙어서는 뜻과 기백을 더욱 굳세게 지녀야 한다는 뜻. 노익장(老益壯). vigour of old age 하타
노:대(老大)명 ①나이가 많고 경험이 풍부하여 권위

가 있음. ②한창때를 지나서 늙음. (대) 소장(少壯). 하타
노:대(露臺)명 ①〈건축〉 서양식 건물에서, 밖으로 달아낸 지붕이 없는 대. 발코니. balcony ②합성의 뒤에 있는 바라보는 곳. 전망대(展望臺). observatory ③연극을 하기 위해 만든, 판자를 깐 지붕이 없는 데. gallery
노:−대:가(老大家)명 나이가 많고 오랜 경험을 쌓아 그 방면에 권위가 있는 이. ¶서예의 ∼. veteran authority
노:대:국(老大國)명 번성하던 시기가 지나 형세가 그다지 펼치지 못하는 큰 나라. senile great nation
노:덕명 좁쌀을 엿기름에 얼마 동안 삭히어 번철에 지
노:덕(老德)명〈불교〉 노승(老僧). [진 떡.
노:도(怒濤)명 무섭게 밀려 오는 큰 파도. raging billows
노:도(路鼗)명〈음악〉 악기의 하나. 몸통이 긴 작은 북 둘을 어긋나게끼어 긴 자루를 꿴 북. 헌가악(軒架樂)을 시작할 때에 흔듬.
노도(櫓棹)명 노와 상앗대. oar and pole
노:독(路毒)명 여행에 시달려 생긴 피로나 병. 여독(旅毒). ¶∼으로 드러눕다. sickness from the
노:−돌−나무명 〈원〉→놀노나무. [fatigue of travel
노:−동(老童)명 ①〈동〉 오 비(O.B.). ②나이가 많은 운동 선수. aged athlete
노동(勞動)명 ①체력이나 정신을 써서 일함. toil ②〈경제〉 임금·이익을 얻기 위하여 몸과 마음을 써서 일함. labour
노동 가치설(勞動價値說)명 〈경제〉 노동의 양(量)으로써 상품의 가치가 규정된다는 경제학상의 학설. labour value theory
노동 경제학(勞動經濟學)명 〈경제〉 노동 문제를 경제학적으로 연구하는 분야. [는 사회의 계급.
노동 계급(勞動階級)명 노동을 하여 생활을 해 나가
노동 계:약(勞動契約)명 〈사회〉 근로자와 사용자 사이에 맺어지는 계약. contract
노동 공산주의(勞動共産主義)명 〈사회〉 정치적 방법에 의뢰하지 않고 오로지 노동자 조합주의로서, 노동자들의 직접 행동에 의하여 스스로 경제 운동을 하여 지위 향상을 도모하겠다는 주의.
노동 공:세(勞動攻勢)명 〈사회〉 노사 투쟁에 있어서 노동자가 요구를 관철시키기 위하여 취하는 공격 태세. [이 남는 상태.
노동 과:잉(勞動過剩)명 〈경제〉 노동력이 수요보다 많
노동−권(−권)(勞動權)명 〈사회〉 노동자 계급이 사회에 대하여 노동의 기회를 달라고 요구할 수 있는 권리. right to labour
노동 기본권(−권)(勞動基本權)명 노동자의 기본적인 권리로서, 헌법상 인정된 권리. 노동권·단결권·단체 교섭권·단체 행동권의 총칭하여 일컬음.
노동−력(勞動力)명 〈경제〉 생산물을 만들기 위하여 쓰여지는 정신적·육체적 여러 능력. labour power
노동력 인구(勞動力人口)명 14세 이상 총인구 중 노동 능력이 없는 사람과 직업에 종사할 의사가 없는 사람을 제외한 잔여 인구.
노동 문:제(勞動問題)명 〈사회〉 노동자와 사용자 사이의 이해 관계에서 생기는 문제.
노동−법(−법)(勞動法)명 〈법률〉 노동자의 복리를 위하여 그 보호 수단을 강구하거나 노동 쟁의·노동 운동의 문제를 해결하기 위하여 세운 법. labour laws
노동 보:호법(−뻡)(勞動保護法)명 노동자 생활의 여러 가지 보호 조치를 강구하려는 법규의 총칭.
노동−복(勞動服)명 노동할 때 입도록 만든 옷.
노동−부(勞動部)명 중앙 행정부의 하나. 노동에 관한 행정 사무를 주관하는 기관.
노동 분쟁(勞動紛爭)명 〈사회〉 노동자와 사용자 사이에 생기는 동맹 파업 따위의 대립 상태.
노동 불안(勞動不安)명 노임(勞賃) 저하·실업(失業)

노동 브로커(勞動 broker)[명] ①노동 쟁의 해결에 힘을 써서 노동자와 사용자에서 이익을 보는 사람. ②사용자와 노동자 사이에서 취직을 알선하고 보수를 취하는 사람.

노동 삼대권(-權)[-권](勞動三大權)[명] 〈법률〉 법률상 보장된 노동자의 세 가지 기본 권리. 단결권·단체 교섭권·단체 행동권.

노동 삼법(勞動三法)[-뻡] [명] 근로 기준법·노동 조합법·노동 쟁의 조정법의 총칭.

노동 생산력(勞動生産力)[-녁] [명] 단위 시간에 일정한 노동력을 들여 생산되는 생산량.

노동 시간(勞動時間)[명] 〈사회〉 노동자가 하루에 일하는 시간.

노동-요(勞動謠)[명] 〈문학〉 작업을 할 때 동작을 리드미컬하게 하고 흥취를 돋구기 위하여서 부르는 노래.

노동 운:동(勞動運動)[명] 〈사회〉 노동자가 자본가의 압박에서 자기들의 경제적·사회적 지위의 안전 향상을 확보하려는 운동. labour movement

노동 위원회(勞動委員會)[명] 〈법률〉 노동 행정의 민주화와 노사(勞使) 관계의 공정한 조절을 목적으로 설치된 기관.

노동 의:무(勞動義務)[명] 〈법률〉 모든 국민이 근로의 권리와 아울러 가지도록 헌법에 규정한, 근로의 의무. liability for labour

노동 인구(勞動人口)[명] 〈사회〉 생산 연령 인구 중, 노동 시장에 나올 수 있는 인구.

노동-일(勞動日)[명] ①노동하는 날. labour day ②하루 중 노동자가 일터에서 노동하는 시간. 생산 노동에 대한 계산의 단위로 쓰임.

노동 임:금(勞動賃金)[명] 노동에 대한 보수.

노동-자(勞動者)[명] ①육체 노동을 해서 그 임금으로 살아가는 사람. ②노동력을 자본가에게 제공하여 그 대가로서 임금을 받아 살아가는 사람. 사무를 보는 사람도 이에 포함됨.

노동자 혁명(勞動者革命)[명] 〈사회〉 노동자 계급이 사회주의 사회를 세우기 위하여 일으키는 사회 혁명.

노동 재해(勞動災害)[명] 〔동〕 산업 재해.

노동 쟁의(勞動爭議)[명] 〈사회〉 노동 관계의 당사자 사이에 노동 관계에 관한 주장이 일치되지 않아서 생기는 대립 상태. 《약》 노쟁. labour dispute

노동적 집약 농업(勞動的集約農業)[명] 일정한 면적의 땅에 자본보다 노동력을 더 들여 짓는 농업.

노동-절(勞動節)[명] ①노동자를 위해 특별히 설정한 날. 우리 나라는 3월 10일. Labour Day ② 《동》 메이 데이(May Day)②.

노동-제(勞動祭)[명] 〔동〕 메이 데이(May Day)②.

노동 조합(勞動組合)[명] 〈사회〉 노동자가 노동 조건의 개선을 목적으로 조직하는 단체. 노동 조합법에 의한 여러 가지 권리가 보장되어 있음. 《약》 노조. trade union

노동 조합주의(勞動組合主義)[명] 〈사회〉 노동 조합의 정치적 기능을 부정하며 사회주의나 공산주의를 배격하고, 조합을 통해 노동 조건의 개선을 달성하고자 하는 사상.

노동 협약(勞動協約)[명] 〈사회〉 사용자와 노동자와의 사이에 노동 조건 그 밖의 사항에 대하여 맺어지는 협정. 단체 협약(團體協約). labour agreement

노두(蘆頭)[명] 인삼·사삼(沙蔘)·도라지 따위의 뿌리 대가리에 붙은, 싹이 나는 부분.

노:두(露頭)[명] ①아무 것도 쓰지 않은 머리. 맨머리. bare head ②〔광물〕 바윗돌이나 광상(鑛床)이 땅거죽으로 드러난 부분. outcrop

노두-풍(顱頭風)[명] 〈한의〉 열이 심하여 두통이 나고 얼굴과 귀의 앞뒤가 부어 오르며, 때로는 목구멍 속에 벌집처럼 붓는 병. 대두온(大頭瘟).

노:둔(老鈍)[명] 늙어서 언행이 둔함. old and dull [하]형]

노둔(魯鈍·駑鈍·鹵鈍)[명] 미련하고 둔함. ¶~한 사람. stupid [하]형]

노:돗-돌[명] 말에 오르내릴 때에 발돋음으로 놓은 돌. 하마석(下馬石). horse block

노-뒤(櫓-)[명] 외쪽 뱃전.

노-드리듯[부] 빗발이 죽죽 퍼붓는 모양. in torrents

노:들-나루터[명] 〔지리〕 한강 남쪽인 노량진(鷺梁津)의 옛이름. 《원》 노돌나루.

=**노라**[어미] ①자기의 동작을 베풀어 말할 때의 종결 어미. ¶내가 가노라. ②각운(脚韻)을 세게 할 때 쓰는 어미. ¶목숨이 다하도록 외치겠~.

노룩[명] 〔고〕 누루.

=**노라고**[어미] 말하는 본인의 '한다고'의 뜻의 연결 어미로 쓰임. ¶하~ 한 것이 이리 되었다.

=**노라니**[어미] 자기의 동작을 말할 때의 연결 어미. '-려고 하니야' 와 같은 의도·원인을 합한 의미로 쓰임. ¶사~ 별일도 많다.

노루-**다**[형] 〔고〕 노랗다.

노라리[명] 건달을 부리는 일. idling

=**노라면**[어미] '계속한다면'의 뜻의 연결 어미. ¶사~ 잊을 날이 있겠지요.

노라이즘(Noraism)[명] 인습에 반항하여 인간으로서의 여성의 지위를 확립하려는 주의. 입센의 '인형의 집'에서 유래함.

노란-빛[명] 노란 빛깔. 누런빛. yellow

노:롯[명] 〔고〕 놀음놀이. 장난.

노:롯바-치[명] 〔고〕 재인(才人). 광대〔倡優〕.

노랑[명] 노란 빛이나 물감. 《본》 누렁. yellow

노랑가슴-담비[명] 〈동물〉 족제비과의 담비의 하나. 몸 길이 68cm, 꼬리 12cm 가량으로 몸은 암갈색에 적회색의 털이 섞여 남. 인가 부근에서 쥐 등을 잡아먹고 삶.

노랑-가오리[명] 〈어류〉 색가오리과의 바닷물고기. 길이 1m, 꼬리에 긴 가시가 하나 있는데 이에 찔리면 몹시 아프고 그 국부에 찔리면 절제(切除)해야 하는 경우도 있음. 여름에 태생됨.

노랑-가자미[명] 〈어류〉 붕넙치과에 딸린 가자미의 하나. 몸은 능형이고 몸 빛은 암갈색임.

노랑-감투[명] 상제(喪制)의 것을 농으로 하는 말.

노랑-나비[명] 〈곤충〉 흰나비과의 나비. 몸 빛은 수컷은 노란 빛, 암컷은 흰빛임.

노랑-담비[명] 〈동물〉 족제비과의 산짐승. 황초(黃貂).

노랑-대:합(-大蛤)[명] 〈조개〉 참조개과의 대형의 대합.

노랑-돈[명] 누른 빛깔을 띈 엽전. copper coins 〔합.

노랑-등에[명] 〈곤충〉 등에과의 곤충. 몸 길이 15mm 가량으로 몸 빛은 황갈색이며 등황색의 짧은 털이 있고 금속 광택이 남.

노랑-딱새[명] 〈조류〉 딱새과의 새. 날개 길이 6~7cm로 몸 빛은 수컷은 검고 날개에 흰 무늬가 있으며, 암컷은 감람 녹색에 허리에 누른 띠가 있음. 황웅(黃鶯).

노랑-만:병초(-萬病草)[명] 〈식물〉 철쭉과의 상록 활엽 관목. 고산에서 나는데, 여름에 노란 꽃이 핌. 관상용, 잎은 약용함.

노랑-말벌[명] 〈곤충〉 말벌과의 곤충. 날개 길이 4cm 가량으로 몸 빛은 흑갈색에 황갈색 털이 남. 나뭇가지 등에 타원형의 집을 짓는 것이 특징임. 한국·일본 등지에 분포함.

노랑-매:미꽃[명] 〈식물〉 애기똥풀과의 다년생 풀. 산기슭의 응달에 나고 줄기를 꺾으면 노랑 젖물이 나옴.

노랑-머리[명] 빛이 노란 머리. 또, 그런 사람의 별명.

노랑-묵[명] 치자(梔子) 물을 타서 쓴 녹말묵.

노랑-물봉선(-鳳仙)[명] 〈식물〉 봉선화과의 일년생 풀. 잎은 타원형이고 가을철에 핌.

노랑-바퀴[명] 〈곤충〉 바퀴과의 벌레. 몸 길이 12mm 가량이고 몸 빛은 황갈색에 정수리에 검은 가로무늬가 있음. 모직물이나 동물성 식물에 해를 끼치는 해충.

노랑부리-저어새[명] 〈조류〉 따오기과의 새. 저어새와 비슷한데 조금 크며 몸 빛이 새하얗고 목 앞의 것

노랑어리연꽃 團 만이 엷은 황갈색임. 부리는 회흑색인데 모양은 상하로 평평하고 가운데가 좁으며 끝 부분은 둥글넓적함. 보호조임. 가리새.

노랑-어리연꽃 團 〈식물〉 조름나물과의 다년생 풀. 잎은 두껍고 잎 가장자리는 구불구불함.

노랑-연새 團 〈조류〉 여새과의 새. 날개 길이 12 cm 가량이고 몸 빛은 갈색, 꼬리는 황색이며 머리에 우관(羽冠)이 있음. 와람(蠟臘).

노랑-이 團 ① 노란빛의 물건. (큰) 누렁이. yellow object ② 노락빛의 강아지. yellow pup ③ 마음이 좁고 인색한 사람. miser

노랑점박이=하늘소[一쏘] 團 〈곤충〉 하늘소과의 곤충. 등에 노랑점 무늬가 있음. 울도하늘소.

노랑-찍기기 團 〈곤충〉 매미과의 곤충. 몸 빛은 흑색에 노랑 무늬가 있으며, 7월에 낮은 산에 서식함.

노랑-참외 團 색이 노란 참외.

노랑-턱멧새 團 〈조류〉 참새과의 새. 날개 길이 8 cm 가량이고 몸 빛은 등은 밤색이며 머리는 흑색, 목은 황색, 그 외는 백색임. 들이나 얕은 산에 서식함.

노랑-퉁이 團 ④ 얼굴이 유난히 누르고 조금 부기가 있는 사람을 낮게 이르는 말. man with a deep

노랑-하늘타리 團 〈동〉 쥐참외. [yellow face

노랑-할미새 團 〈조류〉 할미새과의 새. 참새만한데 몸 빛은 옆색에 검은 무늬가 있으며 머리에서 등까지는 녹회색임. 물가에 살며 해충을 잡아먹는 익조임. Eastern grey wagtail [장을 댄 저고리.

노랑 회장 저고리 團 〈一回裝一〉 團 누른 바탕에 자주색 회

노랄-다 團 ① 매우 노르다. (큰) 누렇다. yellow ② (속) 매우 위축되거나 시들어 기세가 꺾여 있다. ¶ 하는 짓을 보니 싹수가 ∼.

노래 團 ① 곡조를 붙이어 부르는 소리나 말 또는 글. song ② 민요·속요·창가·시조·창·가요의 총칭. folksong ③ 시·시조 등과 같은 운문(韻文). poem verse 하다토 [age

노:-래(老來) 團 늙은 이래. 만래(晩來). in one's old

노래기 團 〈동물〉 절족 동물(節足動物) 가운데 다족류(多足類)의 한 벌레. 머리와 20∼30개의 환절(環節)로 되어 있으며 각 마디에는 두 짝의 짧은 발이 있음. 고약한 노린 냄새가 남. 마륙(馬陸). 마현(馬蚿). 망나니. 백족충(百足蟲). 향랑각시. millipede

노래기 회도 먹겠다 團 염치 체면을 모르고 치사스럽게 구는 자의 비유.

노래미 團 〈어류〉 쥐노래미과의 바닷물고기. 연안에 사는데 몸 길이 30∼60 cm, 머리는 뾰족하며 몸 빛깔은 황갈색에 암갈색을 띤 무늬가 있음.

노래 자랑 團 방송 프로 등에서 노래 경연을 공개적으로 행하는 놀이. [은 사람. 가척(歌尺).

노래-자이 團 〈제도〉 신라 때 노래를 부르는 구실을 맡

노래 잔치 團 노래 부르며 노는 산치. [가수.

노래-장이 團 (속) 노래 부르기를 업으로 하는 사람.

노:래-지다 團 노랗게 되다. (큰) 누레지다. turn yellow

노랫-가락 團 ① 노래의 곡조. ② 〈음악〉 중부 지방에서 많이 불리는 민요의 하나. 본디 무당이 부르던 노래임. ballad

노랫-소리 團 노래를 부르는 소리. sound of song

노랭이(團) ① → 노랑이 ③. ② (속) 금붙이.

노:략(擄掠) 團 떼를 지어 돌아다니면서 사람과 재물을 약탈함. plunder 하다토

노:략-질(擄掠一) 團 노략하는 행동. plundering 하다토

노:량 團 천천히. 느릿느릿.

노:량-목 團 목청을 높이고 멀어 부르는 노랫소리. trill

노:량-으로 團 어정어정하게. 느릿느릿. leisurely

노려-보다 團 눈에 매서운 기운을 띠고 보다. (속) 쩨리다. glare at

노:력(努力) 團 애를 쓰고 힘을 씀. 토. 그. 들인 힘.

노력(勞力) 團 ① 힘을 들이어 일함. trouble ② 물건을 생산하기 위한 몸과 마음의 활동. labour 하다토

노력 이전(勞力移轉) 團 〈경제〉 높은 급료의 노동자를

해고하고 싼 급료의 노동자를 고용하여 급료를 내리는 일. 하다토

노력적 기계(努力的機械) 團 〈공업〉 직물 기계 등과 같이 노동자(勞動者)의 숙련한 기술에 대신하는 기계. [치(의稚). experienced 하

노:련(老鍊) 團 익숙하고 능란함. 노숙(老熟). (대) 유

노렴(簾簾) 團 갈대로써 엮어 만든 발. reed blind

노령(奴令) 團 〈제도〉 지방 관청의 관노(官奴)와 사령

노:령(老齡) 團 늙은 나이. 노년. old age [(使令).

노:령(老齡鑑) 團 늙어서 오래 되어 낡은 군함.

노로(고) 團 노루.

노록(勞碌) 團 부지런히 힘을 다함. 하다토

노론(老論) 團 〈역사〉 사색 당파(四色黨派)의 하나. (대) 소론(少論).

노:론 사:대신(老論四大臣) 團 〈역사〉 조선조 경종(景宗) 원년(1721)에 세제(世弟)의 책봉(冊封)을 내세운 김창집(金昌集)·이이명(李頤命)·이건명(李健命)·조태채(趙泰采)의 네 대신.

노루(團) 〈동물〉 사슴과의 짐승. 사슴 비슷하나 겨울에는 궁둥이에 흰 점이 박힘. roe deer

노:루(老淚) 團 늙어서 기신없이 흐르는 눈물. tears of an old man

노루-귀(團) 〈식물〉 미나리아재비과의 다년생 풀. 잎은 세 갈래로 얕게 갈라졌으며 5월에 백색 또는 담홍색의 꽃이 핌. 약재로 씀. 장이 세신(獐耳細辛).

노루 꼬리가 길면 얼마나 길까 團 보잘것없는 재주를 너무 믿는 사람을 핀잔주는 말. [이 닥친다.

노루를 피하니 범이 온다 團 점점 더 어렵고 힘든 일

노루-목 團 노루가 지나다니는 길목. path frequented by roe deer [물건. ② (약) 노루발밭.

노루-발 團 ① 〈농업〉 쟁기의 볏 발면에 붙은 삼각꼴의

노루발-장도리 團 노루발처럼 되어 못을 빼도록 된 장도리. 장족 장도리. claw hammer

노루발-풀 團 〈식물〉 노루발과의 상록 다년생 풀. 산과 들의 나무 밑에 남. 관상용이며 잎과 줄기는 지혈제·해독제로 씀. 녹제초(鹿蹄草). (약) 노루발.

노루-벌 團 〈곤충〉 산노루의 가죽 속에서 생겨 가죽을 뚫고 나오는 벌과 비슷한 벌레.

노루 본 놈이 그물 짊어진다 團 무슨 일이나 직접 당한 사람이 그 일을 맡는다.

노루-삼 團 〈식물〉 성탄꽃과의 다년생 풀. 뿌리 줄기는 짧고 둥글둥글하며 수염 뿌리가 많다. 6월에 흰 꽃이 피고 씨가 많은 장과(漿果)를 맺음. 산 속에 남.

노루-오줌 團 〈식물〉 범의귀과의 다년생 풀. 높이 70 cm 가량에 갈색의 긴 털이 있고 잎은 타원형에 톱니가 있음. 분홍색 꽃이 피고 삭과(蒴果)가 달림. chinese astilbe [sleep

노루-잠 團 자주만 깨어 깊이 들지 못하는 잠. broken

노루잠에 개꿈이라 團 ① 아니 꾸고 같잖은 꿈 이야기를 한다. ② 계제에 맞지 않는 탈을 일 경우를 이름.

노루잠 자듯 團 깊이 들지 못하고 자꾸 깨는 잠의 비유. [사람은 사소한 것을 바라보지 않는다.

노루 잡는 사람에 토끼가 보이냐 團 큰 것을 바라보는

노루 제 방귀에 놀라듯 團 경솔하고 침착하지 않은 자를 이름.

노루-종아리 團 ① 소반 다리의 아래쪽의 새김이 없이 매끈한 부분. lower part of the legs of a table ② 문살의 두 칸살이 가늘게 있는 부분.

노루 친 몽둥이 삼년 우린다 團 한번 요행으로 일이 잘 되었다 하여 그 방법을 나중까지 덮어놓고 적용하려는 어리석은 행동을 이름.

노:류(路柳) 團 길가의 버들. street willow

노:류 장화(路柳墻花) 團 길가의 버들과 담 밑의 꽃이라는 뜻으로, 창부(娼婦)를 가리키는 말. prostitute

노르께-하다 團 꿈지도 질지도 않게 노르다. (큰) 누르께하다. yellowish

노르끄레-하다 團 → 노르께하다. [den

노르-다 團 황금빛같이 노랗다. (큰) 누르다. gol-

노르마(norma 러)명 ①규범·표준이나 규준. ②일반적인 근무·노동의 기준량. ③소련에서 각 개인에게 할당되는 노동의 기준량. 성별·연령·건강 상태에 따라서 결정됨.

노르만-인(Norman人)명 스칸디나비아 반도 및 덴마크 지방에 살던 게르만족의 한 파.

노르말(Normal 도)명 ①(화식 탄소(鎖式炭素) 화합물의 구조식에서 가지가 없는 직쇄상(直鎖狀)의 것. 기호;n. ②(의)용량 분석에서 용액의 농도를 나타내는 단위의 하나. 1리터 속에 용질의 1g 당량을 포함하는 농도를 1노르말이라고 함. 규정(規定). 노빌②.

노르무레-하다형여 옅게 노르다. 《큰》누르무레하다. slightly yellow

노르스름-하다형여 매우 옅게 노르다. 노릇하다. 《큰》누르스름하다. yellowish 노르스름-히튀

노르웨이 초석(Norway 硝石)명 질산칼슘.

노른-자명 《약》→노른자위.

노른-자위명 알의 흰자위에 둘러싸인 노란 부분. 《약》노른자. yolk

노름명 돈이나 재물을 걸고 따먹기를 다루는 내기. 도기(賭技). 도박(賭博)②. 돈내기②. gambling 하자

노:(norme 프)명 규격(規格). 규준(規準).

노름-꾼명 노름을 일삼는 사람. 박도(博徒). 도박군. 잡기군(雜技一).

노름-빚[-빋]명 노름을 하여 진 빚. gambling debt

노름-질명 노름하는 짓. 하자

노름-판명 노름이 벌어진 판. gambling place

노름-패(一牌)명 노름을 하는 무리. gamesters

노릇명 ①(속)직업이나 직책. ¶선생 ～. job ②할 이나 구실. ¶ ～ 하기도 힘들다. role ③'일'의 뜻을 나타냄. ¶맹랑한 ～이다. work

노릇-노릇[-륻-륻]튀 군데군데가 노르스름한 모양. 《큰》누릇누릇. yellow spotted 하다

노릇-하다형여 《동》노르스름하다.

노:리(老吏)명 나이 많은 아전. old official

노:리(老羸)명 늙은이. 또, 늙고 파리한 사람. old and weak   ┌trinkets ②동 장난감.

노리개명 ①금·은·주옥 등으로 만든 여자의 패물.

노리개-첩(一妾)명 젊고 아름다워서 귀엽게 데리고 노는 첩. 화초첩(花草妾). young and beautiful concubine

노리-다타 칼로 휘둘러서 가로 잘겨 베다. mow

노리-다타 ①눈독을 들여 겨누다. aim at ②기회를 잡으려고 잔득 눈여겨보다. keep an eye on

노리-다형 ①노린내가 나다. stinks somewhat of millipede ②마음 쓰는 것이 치사스럽다. 인색하다. mean

노리착지근-하다형여 조금 노린내가 나다. 《약》노리치근하다. 노착지근하다. 《큰》누리척지근하다. 노리착지근-히튀

노리치근-하다형여 《약》→노리착지근하다.

노린-내명 노래기 따위에서 나는 노린 냄새. fur-scorching smell   ┌푼 없다.

노린-동전(一銅錢)명 아주 작은 액수의 동전. ¶～한

노린재명 《곤충》떡정벌레목(目) 노린재과의 벌레. 몸길이 6~7mm 가량이고, 납작하면서 거의 육각형임. 잡으면 몸에서 고약한 냄새가 남. 오이·참외·박·호박 따위의 해충.

노린재-나무명 《식물》노린재나무과의 낙엽 교목. 높이 2.5m 가량으로 잎의 가장자리에는 톱니가 있음. 목재는 판재·지팡이·자 등을 만드는 데에 씀.

노림(勞淋)명 《한의》색(色)을 지나치게 써서 오줌 구멍이 바늘에 찌르듯이 아픈 증상.

노립(蘆笠)명 《동》갈삿갓.

노릿-하다형여 노린 냄새가 약간 나다. smell somewhat of fur-scorching

노마(駑馬)명 ①걸음이 느린 말. idle horse ②재능이 둔하고 남에게 빠지는 사람을 일컬음. 노태(駑駘). 《대》준마(駿馬).

노:망(老妄)명 늙어서 부리는 망령. dotage 하자

노:망태기《약》→노망태기.

노:망태기명 종이·노·가는 새끼 따위로 엮어서 만든 망태기. 《약》노망태. bag plaited with cord

노:매(怒罵)명 성내어 꾸짖음. furious abuse 하타

=**노매라**[어미] 교 =는구나.

=**노미라**[어미] 교 =구나. =는구나. →노매라.

노:말(Normal)명 ①규칙적임. 정상적임. 모범적임. ②동 노르말. 하자

노:멀 스쿨 (normal school)명 사범 학교.

노:면(路面)명 길바닥. face of the road

노:면(露面)명 얼굴을 드러냄. unveiling one's face

노명(奴名)명 종의 이름.

노명(露命)명 이슬과 같이 덧없는 목숨.

노명 소:지(奴名所志)명 《제도》주인이 종의 이름으로 소송을 제기함. 노명 정장.   하타

노명 정장(奴名呈狀)명 《동》노명 소지(奴名所志). 하

노:모(老母)명 늙은 어머니. 《대》노부(老父). old mother

노모그래프(nomograph)명 《동》노모그램.

노모그램(nomogram)명 《수학》여러 가지 계산·설계 등에 쓰이는 도표의 하나. 눈을 매긴 몇 개의 직선 및 곡선은 일정한 위치에 그려지며 각 선은 여러 가지 수량을 나타냄. 그 가운데의 임의의 두 선 위의 각 점을 이어 그 직선 또는 그 연장선과 다른 선과의 교점에 의하여 각 수량 사이의 관계를 알 수 있는 도표. 노모그래프(nomograph). 계산 도표(計算圖表).   ┌무어진 법률이나 규정(規定).

노모스(nomos 그)명 관습·사회 제도 등에 의하여 이

노:모어(no more)명 이 이상은 싫음. 이제 그만.

노:목(老木)명 늙은 나무. old tree

노:목(怒目)명 성낸 눈. angered eyes

노:목 시:지(怒目視之)명 성난 눈으로 봄. 하타

노무(勞務)명 보수를 제공하는 근무. labour

노무(蕪蕪·鹵莽)명 재질이 무디고 허름함. 하자

노무 관:리(勞務管理)명 노동자의 사용을 합리화하고 생산성을 높이기 위하여 경영자가 행하는 관리.

노무-대(勞務隊)명 노무자들로써 조직된 부대. labour

노:무-력(老無力)명 늙어서 힘이 없음. 하자 ┌party

노:무-용(老無用)명 늙어서 어떤 일에도 쓰일 수 없음. 하자

노무-자(勞務者)명 주로 육체적인 노동을 하는 사람.

노무 출자[-짜](勞務出資)명 《법률》합자 회사·합명 회사의 사원 또는 조합의 조합원이 공동의 사업 경영을 위하여 금전·물품 등의 출자 대신에 업무의 집행 그 외의 노무를 제공하는 일. 노무 대신. ┌iner 하타

노문(券問)명 임금이 신하를 위문함. console a reta-

노:문(路文)명 《제도》옛날 관아치가 공무로 지방에 여행할 때 관리가 이를 곳에 날짜를 미리 알리는 통지문.

노:문(露文)명 러시아말로 쓴 글.   ┌는 공문.

노:문-놓다(路文一)타 《제도》①노문을 보내다. ②당도할 때를 미리 알리다. give a previous notice

노:물(老物)명 ①《속》늙어서 쓸모없는 사람. dotard ②낡은 물건. old article

노:-뭉치명 한 덩이로 뭉쳐 놓은 노. bundle of cord

노미널(nominal)명 명목상. 액면상. 명의상.

노미널 레이트(nominal rate)명 환율(換率).

노미네이션(nomination)명 ①지명(指名). ②임명. 추천.

노박-덩굴명 《식물》노박덩굴과의 낙엽 활엽 만목(蔓木). 잎은 타원형으로 원형이며 5월에 녹황색 꽃이 핌. 산과 들의 숲에 나며 어린 잎은 식용, 수피(樹皮)는 섬유용으로 쓰임.

노박이-로튀 ①오래 계속해서 불박이로. ¶방안에서 만 한 달 동안 ～지내다. fixedly ②끊임없이 줄곧. ¶회사원으로 ～ 일생을 마치다.

노:-박히다자 ①줄곧 오래 박히다. ②한 가지 일에만 들러붙다. stick to one's work

노:반(路盤)명 ①도로를 포장하기 위해 땅을 파고 잘 다져 놓은 지반(地盤). 노상(路床). ②도로나 철로의 궤도를 가설하기 위한 토대. road bed

노:반(露盤)〖건축〗 탑의 층계(層階)의 하나. 비 모난 기와집의 지붕과 같음.
노:반 공사(路盤工事)〖토목〗 철도를 깔기 위해 길바닥을 다듬는 일. 「lent anger 하다
노:발 대:발(怒發大發)〖명〗 성을 몹시 내설치래. vio-
노:발 충관(怒髮衝冠)〖명〗 몹시 성난 용사의 모양.
노:방(路傍)〖명〗 ¶ ~ 전도(傳道).〖유〗 노변(路邊). 노상(路上). roadside
노:방 잔읍(路傍殘邑)〖명〗 높은 벼슬아치를 대접하느라고 피폐하여서 큰질가라의 작은 고을.
노방주(一紬)〖명〗 중국에서 나오던 명주의 하나. 가을 가슬하여 여자들의 여름 옷감으로 쓰임.
노:방청(奴房廳)〖명〗〖제도〗지방 관청의 관노들이 출
노:방초(路傍草)〖명〗 길가에 난 풀. 「근하던 집.
노배(奴輩)〖명〗 놈들. 자식들.
노:배(老輩)〖명〗 늙은이들. old men
노:법사(老法師)〖명〗〖불교〗법사의 법사. 법용사(法翁
노:벗거지〖명〗 노끈으로 만든 벙거지. 「師).
노벨(novel)〖문학〗 장편 소설.
노:벨륨(nobelium)〖화학〗인공 방사성 원소의 하나. 원소 기호; No. 원자 번호; 102. 원자량; 259.
노:벨 상(Nobel 賞) 1896년 노벨의 유언에 따라 인류의 복지에 가장 구체적으로 공헌하는 자에게 수여토록 설정된 상. 1901년 이후 실시. 물리학·화학·생리의학·문학·경제학·평화상의 6부문이 있음.
노:변(路邊)〖명〗 길가. 〖유〗 노방(路傍). wayside
노변(爐邊)〖명〗 화룻가. 난로의 주변. fireside
노변 담화(爐邊談話)〖명〗 노변에 둘러앉아 주고받는 친밀한 이야기. 〖유〗노변담.
노:병(老兵)〖명〗 늙은 병정. old soldier
노:병(老病)〖명〗 늙어 쇠함으로써 생기는 병. 노질(老疾)①.〖공〗 노화(老患). disease of old age
노병(勞兵)〖명〗①노동자와 병사. ②피로한 병사.
노:어야(櫓一)〖명〗 배의 노에 걸어 노질을 쉽게 하는 줄. oar-string
노복(奴僕)〖명〗 남자종. 노자(奴子)①. man servant
노:복(老僕)〖명〗 늙은 남자종. old man servant
노복(勞復)〖명〗〖한의〗 중병을 치르고 아직 완전히 회복되기 전에 과로로 다시 앓는 일.
노:봉(虜鋒)〖명〗 적군의 칼날. 「도록 쓰는 필법.
노:봉(露鋒)〖명〗 서도(書道)에서 붓끝의 흔적이 나타나
노:봉방(露蜂房)〖명〗〖한의〗 말벌의 집. 경간(驚癇)·치통(齒痛) 따위에 약으로 씀.〖약〗봉방(蜂房).
노:부(老父)〖명〗①늙은 아버지.〖대〗 노모(老母). old father ②윗사람에게 자기의 늙은 아버지를 일컬음. my father
노:부(老夫)〖명〗 늙은 남자. 〖대〗노부(老婦). aged man 〖유〗늙은 남자가 자기를 일컬음.
노:부(老婦)〖명〗 늙은 부인. 〖대〗 노부(老夫)①. old wo
노부(鹵簿)〖명〗〖제도〗거둥 때의 의장(儀仗). imperial equipage
노:부모(老父母)〖명〗 늙은 어버이. one's old parents
노:부부(老夫婦)〖명〗 늙은 부부.
노:부 지둔(老腐遲鈍)〖명〗 늙어서 느리고 둔함. 하다
노:불(老佛)〖명〗①노자와 석가. Laotzu and Buddha ②노자와 석가의 가르침. 도교와 불교. Taoism and Buddhism ③〖불교〗 늙은 부처. 오래된 부처. old image of Buddha ④〖중〗 늙은 중.
노비(knob)〖명〗 문의 핸들. 손잡이. 문고리. 「모양.
노: 브라(no brassiere)〖명〗 브래지어를 아니함. 또, 그
노:블(noble)〖명〗①고귀(高貴). ②고상(高尚). ③귀족. 하다 「male servants
노비(奴婢)〖명〗 남자종과 여자종의 총칭. men and fe-
노:비(老婢)〖명〗 나이 많은 여자종. old female servant
노:비(路費)〖명〗 노자(路資).
노: 뻔지(櫓一)〖명〗 노의 넓적한 부분.
노:사(老士)〖명〗①늙은 선비. old scholar ②늙은 무사(武士). old warrior
노:사(老死)〖명〗 늙어서 죽음. dying of an old age 하다
노:사(老師)〖명〗〖동〗 노선생(老先生).
노:사(弩師)〖명〗 쇠뇌를 쏘는 군대.
노사(勞使)〖명〗 노동자와 사용자. ¶ ~ 분규(紛糾). labourers and masters
노사(硇砂)〖명〗〖약학〗화산(火山)의 승화물(昇華物)로서 생기는 염화 암모늄. 망사(磠砂). 북정사(北庭砂). sal ammoniac
노사나:불(盧舍那佛)〖명〗〖불교〗삼신불(三身佛)의 하나. 광명불(光明佛)이라 함. 「어느는 문제.
노사 문:제(勞使問題)〖명〗 근로자와 사용자 사이에 일
노:사미(老沙彌)〖명〗 늙은 사미. 「learned man
노:사 숙유(老士宿儒)〖명〗 늙고 학식이 많은 선비. old
노사 협조(勞使協調)〖명〗 근로자와 사용자가 서로 협조함. 「one's old age 하다
노:산(老産)〖명〗 늙어서 아이를 낳음. delivery in
노:상〖부〗①언제나 변함없이. ②반드시. 늘.〖약〗노3.
노:상(路上)〖명〗 길 위. 노상(道上). on the road
노:상(路床)〖명〗 노반(路盤)①.
노:상(魯桑)〖명〗〖식물〗뽕나무의 하나. 중국 산서으로 붐누에와 가을누에의 먹이로 적당함. 중부 이남 지방에서 많이 가꿈. 당뽕.
노:상(露霜)〖명〗이슬과 서리. 이슬.
노:상 강:도(路上強盜)〖명〗 길 가는 이를 협박해 재물을 강탈하는 짓. 또, 그런 도둑.
노:상 안면(路上顏面)〖명〗 길에서 만나 보아서 아는 얼굴. casual acquaintance
노새〖동물〗 말과의 변종의 짐승. 수나귀와 암말과의 사이에서 난 잡종으로 크기는 말과 비슷하며 생김새는 나귀와 같음. 튼튼하며 병에 대한 저항력이 강하여 짐을 나르는 데 많이 이용됨. mule
노:색(老色)〖명〗 늙은이가 입기에 알맞은 옷의 빛깔.
노:색(怒色)〖명〗〖동〗 노기(怒氣).   「회색 따위.
노:생(老生)〖대〗 늙은 사람이 자기를 겸손하게 일컬음. 「단지공(單耶工).
노생지:몽(盧生之夢)〖명〗〖동〗 일취지몽(一炊之夢). 한
노서아(露西亞)〖명〗 '러시아(Russia)'의 음역.
노석(鹵石)〖명〗〖화학〗 염화물·브롬화물·요드화물의 총칭. ¶ ~ 광물(鑛物).
노:선(路線)〖명〗①한 지점에서 다른 지점에 이르는 도로·선로 따위의 교통선. line ②일정한 목표를 향하여 나아가는 길. ¶ ~도(圖). route
노:선생(老先生)〖명〗 나이 많고 교육에 오래 종사하신 스승. 노사(老師). old teacher
노:선생(爐先生)〖명〗〖동〗 노감석(爐甘石). 「하다
노:설(露洩)〖명〗 비밀이 드러남. 비밀을 드러나게 함.
노:성(老成)〖명〗①어른처럼 행세함. 나이 지긋해 보임. ②경험을 쌓아서 일에 익숙함. maturity 하다
노:성(老星)〖명〗〖동〗노인성(老人星).
노:성(怒聲)〖명〗 성난 목소리. angry voice
노낭황(老娘黃)〖명〗 누을 꼬아 석류황(石硫黃)을 빌다 쓰는 「성냥.
노:성인(老成人)〖명〗 노성한 사람.
노:소(老少)〖명〗 늙은 사람과 젊은 사람. 소장(少長).
노:소년(老少年)〖명〗①의젓한 어른티를 내는 젊은이. ②〖남〗(男女) ~. young and old
=**노소니**〖미〗〖고〗=나니.=나니.
=**노소니**〖미〗〖고〗=나니. ②〖동〗색 비름.
노:소 동락(老少同樂)〖명〗 노인과 젊은이가 함께 즐김.
=**노소라**〖미〗〖고〗=노라. =는구나. 「하다
노:소론(老少論)〖명〗〖역사〗 노론(老論)과 소론(少論).
노:소 부정(老少不定)〖명〗 죽음에는 노소가 다름.
노속(奴屬)〖명〗 종의 무리. 종의 족속. servants
노:손(櫓一)〖명〗 노의 손잡이.
노:송(老松)〖명〗①늙은 소나무. 고송(古松). 회목(檜木). aged pine-tree ②〖동〗노송나무.
노:송나무(老松一)〖명〗〖식물〗소나무과의 상목 교목. 껍질은 적갈색이며 잎은 작은 비늘 모양임. 내수력이 강하고 광택이 있어 목재로서 가장 널리 쓰임.
노송(老松)②. 편백(扁柏). Japanese cypress
노송나무 밀다〖명〗마음이 음충맞다.

노:쇠(老衰)[편] 늙어서 쇠약함. decrepitude 하[편]
노:쇠=기(老衰期)[편] ①사람의 노년기의 후기. ②사물이 오래 되어서 쇠해진 시기.
노:수(老手)[편] 노련한 수완·경험을 많이 쌓은 재간. 또, 그 사람. veteran
노:수(老叟)[편][동] 노옹(老翁).
노:수(老壽)[편] 오래 삶. 장수(長壽). 하[편]
노:수(老樹)[편] 오래 된 나무. 고목(古木). 「archer
노:수(弩手)[편] 쇠뇌를 잘 쏘는 사람. 사수(射手).
노수(勞嗽)[편]〈한의〉주색(酒色)이 너무 지나쳐 몸이 쇠약해서 기침·오한·도한(盜汗)·열이 생기는 병.
노:수(路需)[편][동] 노자(路資).
노수(滿水)[편] 잔수.
노:숙(老宿)[편] ①식견이 노성한 사람. veteran ②〈불교〉 불도에 지식이 많은 중. learned priest
노:숙(老熟)[편] 나이 많고 경험을 쌓아서 익숙함. 노련(老鍊). consummate skill 하[편]
노:숙(露宿)[편] 한데잠. 한둔(一屯). 초숙(草宿). camping out 하[편]
노:=스님(老一)[편]〈불교〉스님의 스님.
노:스모:킹(no smoking)[편] 금연(禁煙).
노스탤지(nostalgie 프)[편][동] 노스탤지어.
노스탤지어(nostalgia)[편] 고향을 그리는 마음. 향수(鄕愁). 향수병(懷鄕病). 노스탤지. 홈식(homesick).
노:승(老僧)[편] 나이 많은 중. (대) 소승(小僧). old priest
노:승 발검(怒繩拔劍)[편] 대단치 않은 일에 공들에 없이 크게 노하는 일. 견문 발검(見蚊拔劍). 하[편]
노:시(老視)[편] 노안(老眼).
노:신(老臣)[편] ①늙은 신하. old retainer ②중신(重臣). senior statesman
노:신(老身)[편] 늙은 몸. old body[인데] ①늙은이가 자기를 낮추어 일컫는 말. ②늙은이가 후배에 대하여 자기를 낮추어 일컫는 말. 「하[편]
노심(勞神)[편] 마음을 괴롭힘. 걱정을 함. anxiousness
노:=신랑(老新郎)[편] 나이가 많아서 혼인한 신랑. (대) 노신부(老新婦). 「노신랑(老新郎).
노:=신부(老新婦)[편] 나이가 많아서 혼인한 신부. (대)
노:실(老實)[편] 노성(老成)하고 성실함. skillful and faithful 하[편]
노심(勞心)[편] 마음으로 애를 씀. anxiety 하[편]
노심 초사(勞心焦思)[편] 애를 써 속을 태움. exertion of the mind 하[편]
노아(Noah 히)[편]〈기독〉구약 성서 '창세기'의 큰 홍수 전설 속의 주인공. 아담의 10세 손.
노아가=다(一)[편] ①배가 닿다. ②말이 빨리 달리다. run fast 「이 없음. 무사(無死).
노: 아웃(no out)[편]〈체육〉야구에서, 공격측에 아웃
노:악(露惡)[편] 자기의 결점을 일부러 드러내 보임.
노:안(老眼)[편] 늙은이의 안력(眼力). 원시안(遠視眼). 노시(老視). presbyopia
노:안(老顔)[편] 늙은 얼굴. 노쇠한 얼굴.
노:=안경(老眼鏡)[편][동] 돋보기.
노안 비:슬(奴顔婢膝)[편] 남에게 종처럼 굽실거리는 비굴한 태도. obsequiousness
노:안 유명(老眼猶明)[편] 노인의 시력이 오히려 밝음.
노=앞(櫓一)[편] 오른쪽 뱃전.
노:앵(老鶯)[편] 늦은봄에 우는 꾀꼬리.
노:야(老爺)[편][동] 늙은 남자.
노아기[편]〈식물〉꿀풀과의 일년생 풀. 줄기 높이 60cm쯤 되며 가을에 홍자색의 꽃이 핌. 향기로운 냄새가 나며 한약재로 씀. 향유(香薷). 향여(香茹).
노:약(老若)[편] 늙은이와 젊은이. 노소(老少).
노:약(老弱)[편] ①늙음과 약함. old and weak ②늙어서 쇠약함. ③늙고 약한 이. ¶~자(者). the old and the weak ④늙은이와 젊은이. the old and the young
노어(鱸魚)[편][동] 농어.
노어지=오(魯魚之誤)[편] 노(魯)자와 어(魚)자가 비슷

하여 틀리기 쉬운 데서 '글자를 잘못 쓰기 쉬움'을 이르는 말. 「Christmas hymns
노엘(Noël 프)[편] ①크리스마스. ②크리스마스 캐럴.
노여움[고] 다시. 전혀.
노여움[편] 노여운 마음. 노함(怒嫌). (약) 노염. anger
노여움은 호구 별성인가[편] 늘 화만 내는 사람을 두고 하는 말. 「offended at
노여워=하다[태여불] 마음에 분하고 섭섭하여 하다. be
노:역(老役)[편] 연기에서 하는 노인의 역.
노역(勞役)[편] ①몹시 수고로운 노동. hard labour ②노무(勞務)에 종사함. 하[편] 「노무를 하는 사람.
노역-자(勞役者)[편] 보수를 받고 남의 사업을 위하여
노역장 유치(勞役場留置)[편]〈법률〉벌금 또는 과료를 완납하지 못한 사람을 일정 기간 노역장에 유치하는 환형(換刑) 처분. 벌금의 경우는 1일 이상 3년 이하며, 과료의 경우는 1일 이상 30일 미만임.
노:=역혼(勞役婚)[편] 매매 결혼의 하나. 남자가 여자의 부모를 위하여 일정한 기간 일을 해줌으로써 허락되는 결혼. 「하[타]
노열(臚列)[편] ①글을 적어 벌임. ②〈동〉진열(陳列).
노:염(老一)[편] (약) 노여움.
노:염(老炎)[편][동] 늦더위.
노:염=타=다[타] 걸핏하면 노여워하다. 노험(怒嫌)타다. easily displeased
노:엽-다[형ㅂ불] 마음에 분하고 섭섭한 느낌이 있다. be offended
노:영(露營)[편]〈군사〉산이나 들에 편 진영. 야영(野營). (대) 사영(舍營). encampment 하[편]
노예(奴隷)[편] ①국법(國法)상의 보호를 받지 못하고 자유를 속박당하며 마소같이 부려지는 사람. ②어떤 이기적인 목적을 위해, 인격의 존엄성도 스스로 버리는 사람. ¶돈의 ~가 되어 살지 말자. ③종. (대) 자유민(自由民)①. slave
노예 경제(奴隷經濟)[편] 노예 제도를 기반으로 하는 경제 형태와 과정.
노예 근성(奴隷根性)[편] 무엇이든지 남의 말대로 의지하고, 자신의 생각으로 행동하지 아니하는 성질.
노예 제도(奴隷制度)[편]〈사회〉봉건 사회에서 주로 계급을 두고 노예를 생산 수단으로 삼던 사회 제도.
노예 해:방(奴隷解放)[편] 노예 제도를 철폐하고 자유인으로서의 권리와 능력을 줌. 「string
노:=오라기[편] 노끈의 작은 동강. (약) 노오리. piece of
노오리[편][약] 노오라기.
노:옥(老屋)[편] 낡은 집. old house
노:옥(露玉)[편] 구슬같이 맺힌 이슬.
노:온(老穩)[편] 늙은 부인. 할미. (대) 노옹(老翁).
노:옹(老翁)[편][동] 늙은 남자를 일컫는 말. 할아범. 노수(老叟). (대) 노구(老嫗). old man
노:와(露臥)[편] 비나 이슬을 가리는 설비가 없이 한데서 그대로 누움. sleeping in the open 하[편]
노:욕(老慾)[편] 늙은이의 욕심. old man's desire
노:용(路用)[편][동] 노자(路資).
노:유(老幼)[편] 나이 많은 사람과 어린 아이. ¶남녀(男女) ~. young and old
노:유(老儒)[편] 늙은 선비. old Confucian scholar
노:육(努肉)[편][동] 궂은살.
노은(勞銀)[편] 일하고 그 삯으로 받는 돈. wages
노을[편] 해 뜰 무렵이나 질 무렵에 공중의 수증기가 햇빛을 받아 하늘이 벌겋게 보이는 기운. (약) 놀.
노:-다[편][고] ①=나이다. ②=옵니다. 「glow
=-노:이-다[편][고] =나이다. =옵니다.
노이로제(Neurose 도)[편]〈의학〉신경 기능의 질환. 히스테리 신경증·강박 신경증·불안 신경증 따위.
노이 무공(勞而無功)[편] 애를 썼으나 효과가 없음. 도로 무공(徒勞無功). 「죽지 아니함.
노:이 불사[一ㅆ](老而不死)[편] 늙어서 죽고 싶으나
노이즈(noise)[편] 소음. 잡음.
노:=익장(老益壯)[편][동] 노당익장(老當益壯).
노:인(老人)[편] 늙은이. 늙은 분. 기애(耆艾). 숙기(宿

노:인(老人)명 치장(齒長). old man
노:인(路人)명 길을 가는 사람. passer-by
노인 인(路引)명 〈제도〉 관청에서 병졸이나 보통 장사꾼 또는 외국인에게 발행하던 여행권. [the aged
노:인-경(老人鏡)명 돋보기의 딴이름. spectacles for
노:인-단풍(老人丹楓)명 〈식물〉 단풍나무의 낙엽 활엽 교목. 잎은 손바닥 모양으로 9〜11 갈래로 깊이 째졌으며 가장자리에 톱니가 있음. 우리 나라 남부에 분포함. 관상용, 도구재로 쓰임.
노:인-성(老人星)명 〈약〉→남극 노인성(南極老人星).
노:인성 치매(老人性癡呆)명 〈의학〉 뇌의 노년성(老年性) 퇴행 변화로 말미암아 일어나는 정신병의 하나. 지능의 저하를 주증(主症)으로 함.
노:인 자제(老人子弟)명 나이 많은 사람이 낳은 아들. son born of old parents
노:인-장(老人丈)명 노인을 맞대고 부를 때 이르는 [말. 늙으신네.
노:인-직(老人職)명 〈제도〉 관원은 여든 살, 일반은 아흔 살 때, 각각 임금이 내리던 가자(加資)의 약 (略)칭(稱).
노임(勞賃)명 노동에 대한 보수. 삯임.
노임 기금설(勞賃基金說)명 〈경제〉 일정한 사회에 있어서는 근로자에게 주는 삯이 일정하므로, 한 사회의 평균적 품삯은 일정액의 노임 기금을 근로자의 수로 나누는 것과 같다는 학설. 임금 기금설(賃金基金說).
노임 철칙(勞賃鐵則)명 〈경제〉 임금은 노동자의 생활에 있어서 습관적으로 소용되는 생활비에 의해 결정되어야 한다는 학설. 임금 철칙(賃金鐵則).
노임 학설(勞賃學說)명 〈경제〉 임금을 정하는 것을 연구하는 이론. 임금이 어떻게 하여 이루어지는가에 대한 이론으로서 내세운 소득 이론(所得理論)의 한 부분. 임금 학설(賃金學說).
노자(奴子)명 ①동 노복(奴僕). ②마지기.
노자(勞資)명 ①근로자와 자본가. capitalist and labourer ②노동과 자본. labour and capital
노:자(路資)명 길떠나는 데 드는 돈. 노비(路費), 반비(盤費), 노수(路需). 노용(路用), 행비(行費). 행자(行資). travelling expenses
노자근-하-다형여 노곤하근하다.
노자 문:제(勞資問題)명 〈사회〉 근로자와 자본가 사이에 일어나는 경제 문제. problem between capital and labour
노자 협조(勞資協助)명 〈사회〉 근로자와 자본가와의 협동 조화를 기본으로 하여 노동 쟁의를 해결하며 산업을 육성시키는 데 보조를 같이함. cooperation of capital and labour
노작(勞作)명 ①입써 일함. hard work ②매우 힘들인 작품. 역작(力作). laborious work 하다
노작 가축(勞作家畜)명 마소 따위와 같이 힘들여 일하는 가축.
노작 교:육(勞作敎育)명 〈교육〉 학습자의 자발적·능동적인 정신 및 신체의 작업을 중심 원리로 하여 행하는 교육. education through labour
노작지근-하-다형여 매우 노곤하다. 준 노자근하다. weary [young and the old
노:장(老壯)명 늙은이와 젊은이. 노년과 장년.
노:장(老長)명 ①(공) 노승(老僧). ②약→노장중.
노:장(老莊)명 노자(老子)와 장자(莊子). Lao-tzŭ and Chuang-tzŭ
노:장(老將)명 ①나이 많은 장수. old general ②싸움에 많은 경험을 가져 노련한 장수. veteran general ③그 분야에 노련한 사람. veteran
노장(蘆場)명 갈대를 기르는 땅.
노:장(露場)명 측우소에서 기상 관측을 위해 마련한 [곳.
노:장군(老將軍)명 늙은 장수(將軍).
노:장 사상(老莊思想)명 〈철학〉 노자와 장자의 사상. 허무를 우주의 근원으로 무위(無爲)·자연(自然)을 도덕의 표준으로 함.
노:장-중(老長一)명 〈불교〉 덕이 높은 늙은 중. 고불(古佛). 약 노장(老長)②. old and virtuous priest
노:장지-학(老莊之學)명 〈철학〉 노자와 장자가 내세운 학설로, 무위(無爲)로써 도덕의 표준을 삼고, 허무로 우주의 근원을 삼음.
노쟁(勞爭)명 약→노동 쟁의.
노:적(露積)명 한데에 쌓아 둔 곡식. 야적(野積). stacking in the open air 하다
노:적-가리(露積—)명 한데에 쌓아 놓은 곡식 더미. stack of grain in the open air
노적가리 불지르고 싸라기 주워먹는다族 큰 것을 잃고 작은 것을 아끼는 이의 비유.
노:전(路奠)명 (동) 견전제(遣奠祭).
노전(蘆田)명 갈밭.
노전(爐殿)명 〈불교〉 대응전과 그 밖의 법당을 맡아 보는 임원의 숙소. 향각(香閣).
노전(爐殿)명 〈불교〉 법당의 향불을 받드는 스님.
노점(癆漸)명 〈한의〉 한방에서 일컫는 폐결핵(肺結核). 농동.
노점(蘆簟)명 (동) 삿자리.
노:점(露店)명 길가의 한데에 벌여 놓은 가게. streetstall
노:점[—쩜—](露點)명 〈물리〉 대기 중의 수증기가 냉각(冷却)하여 응결(凝結)을 시작할 때의 온도. 이슬점. dew point
노:점 습도계[—쩜—](露點濕度計)명 〈물리〉 노점의 공기의 온도를 재어서 습도를 구하는 습도계의 하나. 이슬점 습도계(濕度計). dew indicate
노:정(路程)명 ①길의 이수(里數). distance ②여행의 경로. 도정(道程). 노차(路次)①. 정도(程道). ¶〜기(記). route of travel
노:정(露井)명 지붕이 없는 우물.
노:정(露呈)명 드러냄. 나타냄. exposure 하다
노:제(老除)명 늙은 군인을 제대시킴. 하다
노:제(路祭)명 (동) 견전제(遣奠祭).
노조(怒潮)명 힘차게 밀어닥치는 조류. violent current
노조(勞組)명 약→노동 조합(勞動組合).
노:졸(老拙)형 늙고 못남. old and foolish 하다
노:졸(露拙)명 못나고 옹졸함을 드러냄. 하다
노:종(鹵簿)명 어사 출도(御史出—).
노주(奴主)명 종과 주인. master and servant
노:주(老酒)명 ①섣달에 담가서 해를 넘겨 거른 술. 납주(臘酒). old wine ②술로 늙어빠진 사람. [drunkard
노주-분(奴主分)명 종과 주인과의 분별.
노:중(路中)명 (동) 도중(道中).
노:즈 베일(nose veil)명 여성의 모자에 덮어 씌워서 코밑까지 닿는 베일.
노증(癆症·勞症)명 (동) 노점(癆漸).
노:지(露地)명 ①지붕이 있지 않은 땅. open ground ②〈불교〉 속계를 떠나 적정(寂靜)의 경지.
노:지 재:배(露地栽培)명 〈농업〉 밭이나 화단에 꽂이나 채소 따위를 심음.
노:직(老職)명 약→노인직(老人職).
노:직 당상(老職堂上)명 〈제도〉 정3품 이상의 노인직.
노:질(老疾)명 ①〈의학〉 늙고 쇠약해 생긴 병. 노병(老病). senile infirmity ②늙음과 병듦. being taken ill and old
노질(駑質·鶩質)명 노둔한 성질. dull nature
노:질(櫓—)명 노를 저어 배를 나아가게 하는 짓. sculling 하다
노:차(路次)명 ①(동) 노정(路程)①. ②(동) 도중(途中).
노:차(路次)명 한데서 잠. 노숙(路宿). 하다
노:차-병(老且病)명 늙고 또한 병이 듦. being old and ill
노착지근-하-다형여 약→노리착지근하다.
노:창(老蒼)명 ①얼굴에 나이가 들어 보임. ②(동) 노년(老年)②.
노창(臚唱)명 〈제도〉 의식을 행할 때, 그 절차를 인의(引儀)가 소리를 높여 읽던 일. 하다

노채(勞瘵)[명] 〈한의〉 말기에 이른 폐결핵.
노:처(老妻)[명] 늙은 아내. my old wife
노:처(露處)[명] 한데서 거처함. 하다
노:처녀(老處女)[명] 혼인할 나이가 훨씬 지난 처녀. (데) 노각. old maid
노:천(露天)[명] 한데. 지붕이 없는 곳. ¶~ 수업. open air [당 대용으로 쓰는 곳.
노:천 강:당(露天講堂)[명] 한데에 계단 등을 만들어 강
노:천굴(露天掘)[명] 〈광물〉광석 따위를 땅거죽에서부터 파냄. 노굴(露掘). open-air mining
노:천 극장(露天劇場)[명] 노천에 무대만을 가설한 극장. open-air theater
노:천상(露天商)[명] 길가에 물품을 진열하여 놓고 파는 장사. 또, 그 장수. street-trader
노:체(老體)[명] 늙은 몸. 늙은이. 「body 하다
노:체(露體)[명] 몸을 밖으로 드러냄. exposure of the
노:촌(路村)[명] 〈지〉도로를 따라서 발달한 농업 취락.
노:총(勞總)[명] 기일(期日)을 남에게 알리지 않아야 될 일. secret of a date
노총(勞總)[명] 〈약〉 노동 조합 총연합회.
노:총각(老總角)[명] 혼인할 나이가 훨씬 지난, 나이 든 남자. (데) 노처녀(老處女). old bachelor
노:총-지르다[타르] 노총을 남에게 알려 주다. disc-
노추(奴雛)[명] 종이 낳은 아이. [lose the secret date
노:추(老醜)[명] 나이를 먹어 추해졌음. 하다 [folks
노:축(老─)[명] 늙은 축. 늙은 패. 노패(老牌). old
노:출(露出)[명] ①드러냄. 쭉 비어짐. 현출(現出). ex-posure ②사진을 촬영할 때 셔터를 열어 광선을 건판·필름에 닿게 하는 일. exposure 하다
노:출계(露出計)[명] 사진을 촬영할 때 피사체(被寫體)의 밝기를 재어 노출 시간을 정하는 기계. actinometer
노:출-증(露出症)[명] ①성격 도착(性的倒錯)의 하나. 치부(恥部)를 노출시켜 그것을 남에게 보임으로써 성적 만족을 얻는 일. exposure mania ②의식적·무의식적으로 남에게 보이고 싶거나 칭찬 받고 싶은 경향.
노췌(勞瘁)[명] 고달파서 파리함. emaciation due to fatigue 하다
노:치(老齒)[명] 늙은 사람의 이. old man's teeth
노치(notch)[명] 'V'자형으로 새긴 눈금. 또, 그 모양으로 벤 자리.
노:친(老親)[명] 나이 많은 어버이. one's old parents
노: 친 시:하(老親侍下)[명] 나이 많은 부모를 모시고 있는 처지.
노: 카운트(no count)[명] 〈체육〉 ①정구·탁구 따위의 경기에서, 접수를 치지 않는 일. ②다시 세로함.
노커(knocker)[명] ①방문자가 쓰는, 문 두드리는 고리쇠. ②〈체육〉야구에서, 야수(野手)의 공 잡는 연습을 위해 공을 쳐 주는 사람. [는 뜻.
노: 코멘트(no comment)[명] 아무 것도 말할 것이 없다
노크(knock)[명] ①문을 가볍게 두드림. ②〈체육〉야구에서, 수비 연습을 하기 위해 공을 침. 하다
노킹(knocking)[명] ①문을 두드림. ②내연 기관(內燃機關)의 기통(氣筒) 안에서 연료가 너무 빨리 발화하거나 이상 폭발하는 현상.
노:타이 셔츠(no tie shirts)[명] 〈약〉→노넥타이 셔츠.
노: 타임(no time)[명] 〈체육〉경기를 정지한 후 경기를 다시 시작할 때에 쓰는 심판원의 선언 용어.
노탕전(蘆蕩田)[명] 갈대 따위를 가꾸는 밭.
노:태(老態)[명] 늙은이의 태도. looking like an old man ②늙어 보이는 모양. looking old
노: 터치(no touch)[명] ①손을 대지 못함. 촉수 엄금(觸手嚴禁). ②무슨 일에 관계하지 아니함. ③〈체육〉야구에서, 누수(壘手)·야수(野手)가 주자(走者)에게 공을 터뜨리지 못함.
노:퇴(老退)[명] 늙어서 맡은 자리로부터 물러감. retirement due to old age 하다
노:투(怒鬪)[명] 성이 나서 싸움. 하다

노:트(note)[명] ①기호(記號). ②필기(筆記). ③〈약〉→노트 북. ④수기. ⑤주해. ⑥〈음악〉음부(音符). 하다
노트(knot)[의명] 배의 속도에는 쓰는 단위. 한 시간에 1해리(약 1,852m)를 달리는 속도를 1 노트라 함.
노:트 북(note book)[명] 공책. 필기장. 〈약〉 노트③.
노:틀[명] 늙은 머리 중[명] 늙은이. old man
노:티(老─)[명] 늙어 보이는 모양. signs of old age
노:파(老婆)[명] 늙은 여자. (데) 노야(老爺). old woman
노파리[명] 삼·종이·짚 등을 노로 엮어 겨울에 집안에서 신는 신. cord houses shoes
노:파-심(老婆心)[명] 남의 걱정을 너무하는 마음. old-womanish solicitude [지.
노: 파킹(no parking)[명] 차를 세우지 못함. 주차 금
노:패(老牌)[명] 〈동〉 노축(老─).
노:띤(老) 늙이. [朽). superannuation 하다
노:폐(老廢)[명] 늙거나 낡아서 소용이 없음. 노후(老
노:폐-물(老廢物)[명] 〈생리〉 신진 대사(新陳代謝)에 의하여 생겨 몸 밖으로 배설되는 물질. ②쓸모없이 된 물건. ③'늙어서 아무 능력이 없는 사람'을 농으로 이르는 말.
노:폐 보:험(老廢保險)[명] 피보험자가 일정한 나이에 이르거나, 업무상 사유에 의하지 않은 폐질·사망에 대해 일정 금액을 지급하는 보험.
노:포(老鋪老舖)[명] 내대로 물려 내려오는 점포.
노포(弩砲)[명] 〈동〉 쇠뇌.
노:포-탑(露砲塔)[명] 〈군사〉 군함에서 포(砲)·포가(砲架)·포원(砲員)을 적의 공격으로부터 보호하기 위하여 선체에 시설한, 두꺼운 갑철(甲鐵)로 둘러싼
노:폭(路幅)[명] 도로의 넓이. [벽.
노:표(路標)[명] 〈동〉 도표(道標).
노피뇌코[명] 높이. 높게.
노:필(老筆)[명] ①노숙한 글씨. skillful hand ②늙어 힘없는 글씨. oldman's handwriting
노하(滷蝦)[명] 〈동〉 곤쟁이.
노:-하다(怒─)[자라] 〈공〉 성내다.
노: 하우(know-how)[명] 〈경제〉 ①특허를 받지 못한 기술에 있어서, 그 정보나 경험을 비밀로 하여 둠. 또, 그 같은 기술의 정보. ②기술 정보를 제공해
노하-유(滷蝦油)[명] 〈동〉 감동유. [준 기술 지도료.
노:학(老瘧)[명] 이을러감.
노:학(老學)[명] ①늙은 학자. ②늙어서 배움. 하다
노학(勞瘧)[명] 학기(瘧氣).
노:한(老漢)[명] 늙은 사내.
노해[명] 바닷가에 넓게 들판. seaside field
노해 작업(撈海作業)[명] 해저·해중의 침적물(沈積物)·부유물(浮游物) 등을 채집하는 작업. 하다
노행 사:람(명) 노해에서 사는 사람.
노:현(露見)[명] 〈동〉 노현(露顯). 하다
노:현(露顯)[명] ①겉으로 나타내어 보임. ②겉으로 나타나 알려짐. 노현(露見). 하다
노:혈(怒血)[명] 노여움.
노:혈=타다(怒血─)[자] 〈동〉 노염타다.
노:형(老兄)[대] 〈동〉 ①남자 동년배 사이에서 열 살 이상 더 먹은 이를 부르는 말. 아형(雅兄). ②어른들이 친밀하지 않은 사이에 부르는 말. you
노:호(怒號)[명] ①성내어 부르짖음. roar ②바람·물결 따위의 세찬 소리. howl 하다
노:혼(老昏)[명] 늙어서 정신이 흐리멍덩함. dotage 하
노:화(老化)[명] ①나이가 많아짐에 따라 신체의 여러 가지 기능이 쇠약해지는 현상. ②〈화학〉 콜로이드 따위의 교질(膠質) 용액이 시간이 지남에 따라 변화하거나, 고무를 공기 속에 오래 두어 산화하여 굳어지는 현상. 하다
노:환(老患)[명] 늙은이의 병. 노병(老病).
노회(老會)[명] 〈기독〉 장로교의 각 교구에 있는 목사와 장로의 총대가 모이는 모임. presbyterian meeting
노:회(老獪)[명] 경험이 많고 교활함. crafty 하다
노회(蘆薈)[명] 〈식물〉 백합과의 상록 관목. 줄기는 짧

노획(鹵獲)[명] 적의 군용품 등을 빼앗아 얻음. capture
노획-하다(鹵獲-)[타] 적을 사로잡아 옴. capture 하다
노획-물(鹵獲物)[명] 노획한 물건. 노획품. spoil
노획-품(鹵獲品)[명][동] 노획물.

노:-후(老朽)[명][동] 노쇠(老衰). 하다
노:-후(老後)[명] 늙어진 뒤. one's declining years
노: 히트 노: 런(no hit no run)[명]〈체육〉야구에서 무안타 무득점.
녹(祿)[명]→녹봉(祿俸).
녹(綠)[명] ①〈약〉→독록(銅綠). ②쇠붙이가 산화 작용으로 변한 빛. rust
녹각(鹿角)[명] 사슴의 뿔. antler 럼 만든 보약.
녹각-교(鹿角膠)[명]〈한의〉사슴의 뿔을 고아서 풀처
녹각-상(鹿角霜)[명] 사슴의 뿔을 고아서 말려 만든 가루로 된 보약.
녹갱(鹿羹)[명] 사슴의 고기를 넣고 끓인 국.
녹거(鹿車)[명]〈불교〉삼거(三車)의 하나. 연각승(緣覺乘)에 비유로 씀. 보약으로 먹음.
녹골-고(鹿骨膏)[명] 사슴의 뼈를 고아 만든 진한 국물.
녹곽(鹿藿)[명]〈식물〉콩과의 다년생 만초. 줄기와 잎은 갈색이고 8~9월에 황색 꽃이 핀 후 타원형의 협과(莢果)가 달림. 씨는 검고 광택이 있으며 식용함. 다. rust
녹=나다(綠-)[자] 산화 작용으로 쇠붙이가 빛이 변하
녹나무[명]〈식물〉녹나무과의 상록 교목. 잎은 타원형이며 광택이 나고 향기가 있음. 중국·일본·제주도에 분포하며, 장뇌의 원료·기구용재·선재(船材)로 쓰임. 장목(樟木). camphor tree
녹낭(鹿囊)[명] 사슴의 불알. 보양으로 씀.
녹=내(綠-)[명] 쇠붙이에 슨 녹의 냄새. rusty smell
녹=내:장(綠內障)[명]〈의학〉과로·수면 부족 등으로 시력이 감퇴되고 등불의 둘레에 무지개 같은 색륜(色輪)이 보이는 눈병.
녹녹-하다[형여] 물기나 기름기가 섞여서 딱딱하지 않고 좀 말랑말랑하다. 《큰》눅눅하다. flabby 녹녹-히[부]
녹느즈러지-다[자] 노긋하게 피곤하다. get weary
녹는=열(-熱)[명]〈물리〉융해열(融解熱).
녹는=점(-點)[명]〈물리〉융해점(融解點).
녹니-석(綠泥石)[명]〈광물〉비늘과 같이 엷은 조각으로 된 초록빛의 광물. chlorite 하는 결정 편암.
녹니 편암(綠泥片岩)[명]〈광물〉녹니석을 주성분으로
녹-다[자] ①굳은 물건이 높은 온도에서 물러지거나 물처럼 되다. ¶얼음이 ~. melt ②결정체가 액체 속에서 풀리다. ¶소금이 물에 ~. dissolve ③아주 혼이 나다. have a hard time of it ④주색 잡기나 노름에 몸과 마음이 판리어 빠지다. ¶술에 ~. indulge in ⑤등 먹은 일이 실패로 돌아가다. ¶장사하다가 완전히 녹았다. be defeated ⑥몹시 반하다. ¶그 노래에 녹아 떨어지다. be fascinated ⑦추워서 굳어진 몸이 풀리다.
녹다(綠茶)[명][동] 녹차.
녹=다운(knock-down)[명]〈체육〉권투 용어로서, 선수가 시합 중, 링(ring) 밖으로 나가거나, 시합을 할 의사가 없어 로프(rope)에 기대거나, 또는 매트(mat) 위에 앉거나 넘어지는 일. 10초 안에 일어나지 않으면 녹아웃이 됨.
녹다운 방식(knockdown 方式)[명] 부분품을 수입하여 제품을 조립하는 방식.
녹두(綠豆)[명]〈식물〉콩과의 일년생 재배 식물. 여름에 누른 꽃이 피며 열매는 둥글고 긴 꼬투리로 되어 있고 녹색의 씨를 식용함. ¶~묵. green-beans
녹두=국(綠豆麴)[명][동] 녹두 누룩.
녹두 누룩(綠豆-)[명] 녹두에 밀을 섞어 반쯤 말린 후에, 물에 불린 멥쌀과 함께 빻아서 만든 누룩. 녹두국(綠豆麴). 피.
녹두=대(綠豆大)[명]〈한의〉녹두 낱알만한 환약의 몸

녹두=밤(綠豆-)[명] 알이 잘고 동글동글한 밤. small chestnut
녹두=새(綠豆-)[명]〈조류〉①파랗고 작은 새. 길조(吉兆)를 상징함. 청조(靑鳥). ②파랑새과의 새우 하나.
녹두=전병(綠豆煎餅)[명] 빈대떡.
녹두=주(鹿頭酒)[명] 사슴의 대가리를 삶아 짓이긴 뒤에 즙을 내어, 그 물에 담근 술.
녹두=채(綠豆菜)[명][동] 숙주나물.
녹렴-석(綠簾石)[명]〈광물〉알루미늄의 규산염류(硅酸鹽類)의 녹색이나 누른색을 띤 광물.
녹렵(鹿獵)[명] 사슴 사냥. 하다
녹로(轆轤)[명] ①고패. ②〈공업〉오지 그릇 만드는 데 쓰는 연장. potter's wheel ③우산살을 한 곳에 모아서 폈다 접었다 하는 데 쓰는 물건. umbrella hub 지 않는 병.
녹로 전:관(轆轤轉關)[명]〈한의〉상하의 눈시울이 맞
녹록=하다(碌碌·錄錄-)[형여] ①하잘것없다. trivial ②소용이 없다. useless ③번둥번둥 놀고 있다. good-for-nothing 녹록-히[부]
녹리(鹿梨)[명]〈식물〉산돌배.
녹림(綠林)[명] ①푸른 숲. green wood ②도적의 소굴.
녹림 호객(綠林豪客)[명][동] '불한당이나 화적'을 달리 이르는 말. 녹림 호걸. 녹림객.
녹림 호걸(綠林豪傑)[명][동] 녹림 호객.
녹마(騄馬)[명]〈동〉→녹이(騄耳).
녹말(綠末)[명] ①녹두를 갈아 앙금을 말린 가루. ¶~ 전. green-bean starch ②[동] 전분(澱粉).
녹말(綠末)〈綠末食〉[명] 과자의 하나. 밀가루를 연지(臙脂)를 탄 오미자물로 반죽하여 그늘에 말렸다가 체에 쳐서 꿀을 치고 주물러서 판에 박아 만듦.
녹말=묵(綠末-)[명] 녹말로 쑨 묵. 녹말유.
녹말 비지(綠末-)[명] 전분의 찌꺼기.
녹말-유(綠末-)[명] 녹말묵.
녹-먹다(祿-)[자] 벼슬살이를 하여 녹봉을 받다.
녹명(祿命)[명] 사람이 타고난 관록(官祿)과 운명. predestined office or fortune
녹명(錄名)[명] 이름을 기록함. register 하다
녹모-색(鹿毛色)[명] 사슴의 털빛 같은 엷은 갈색. light brown
녹문(綠門)[명] 축전(祝典) 따위를 할 때 대나무 기둥에 소나무 잎으로 싸서 만든 문. arch of green leaves
녹-물(綠-)[명] 동록(銅綠)의 물. 녹물의 빛깔. rust stain
녹미(綠米)[명]〈제도〉녹봉(祿俸)으로 주는 쌀. ration of rice
녹미-채(鹿尾菜)[명]〈식물〉갈조류(褐藻類)에 속하는 바닷말의 하나. 바위돌에 붙어 자라는데, 부드러운 잎은 뜯어서 식용함. 녹2.
녹반(綠礬)[명]〈화학〉〈속〉황산제일철(黃酸第一鐵).
녹발(綠髮)[명] 푸른 머리. 검고 윤기있는 머리.
녹밥[명] 가죽이나 옷과 바닥을 꿰매는 실. thread used in sewing leather shoes
녹변(綠便)[명] 유아(乳兒)의 소화 불량에 의한 녹색 똥.
녹:-병:(-病)[명] 식물의 잎이나 줄기에 오랫동안 또는 갈색의 가루가 덩어리로 생기는 병.
녹봉(祿俸)[명]〈제도〉관원에게 연액(年額)으로 주는 쌀·콩·보리·명주·베 등의 통칭. 복록(福祿). 식록(食祿). ⑩ 녹(祿). stipend
녹=불중첩(祿不疊受)[명] 두 가지 벼슬을 맡은 사람이 한 가지 벼슬의 녹만 받음.
녹비(鹿皮)[명] 사슴의 가죽. deer skin
녹비(綠肥)[명] 생물을 그대로 갈아 거름으로 하는 거름. 풋거름. 초비(草肥). green manure
녹비에 갈(가)로 왈자[명] ①사람이 일정한 주견이 없이 남의 말에 좇아 행동함. ②일이 이리도 저리도 되는 형편.
녹비 작물(綠肥作物)[명]〈농업〉녹비에 쓸 목적으로 재배하는 식물. 자운영(紫雲英)·싸리·헤어리벳치

녹빈 홍안
===

등. green-manure crop

녹빈 홍안(綠鬢紅顏)圀 아름답고 젊은 여자의 얼굴. beautiful and young woman's face

녹사(祿仕)圀 녹봉(祿俸)을 받고 벼슬함. 봉급을 받고 일함. work for a stipend 하다

녹사(錄事)圀 〈제도〉 조선조 때, 의정부(議政府)·중추부(中樞府)의 한 벼슬.

녹사-의(綠簑衣)圀 도롱이.

녹새-풍(綠塞風)圀〔동〕높새.　　「青). green

녹색(綠色)圀 푸른 빛과 누른 빛의 중간 빛. 목청(木

녹=색맹(綠色盲)〔의학〕암적색과 녹색을 혼동하는 색맹. green blindness

녹색 신고(綠色申告)〔경제〕공개 법인·상장(上場) 법인 등 법에 정해지는 녹색 신고 법인이, 自己의 과세 표준 과세액을 신고하고 납세하는 제도. 일반 납세 신고서 용지를 백색으로 하고 자진 신고 납세자의 용지를 녹색으로 구분한 데서 생긴 이름.

녹색-조(綠色藻)圀〔동〕파랑말.

녹색 혁명(綠色革命)〔농업〕다수확 품종의 경작 등에 의하여 많은 수확을 올리는 농업의 혁명. green revolution

녹수(綠水)圀 푸른 물. 〈유〉 벽수(碧水). green water

녹수(綠樹)圀 푸른 나무. green tree

녹수 청산(綠水青山)圀 푸른 물과 푸른 산.

녹-슬다(綠—)囚 ①쇠붙이가 산화(酸化)하여서 빛이 변하다. ②사람에 관하여 남아가도 없게 됨을 이르는 말. rust

녹신(鹿腎)圀〔한의〕사슴의 자지. 양기(陽氣)를 돕는 데 먹음.　　「양. 〈큰〉 녹신녹신. 하다

녹신(綠新)圀 여럿이 다 녹신한 모양. 매우 녹신한 모

녹신-하다圀 섬유질 물건이 녹녹하여 질기지 않다. 《큰》 녹신하다. elastic 녹신=히튀

녹=실(綠—)圀〔건축〕단청에서 누른 줄과 나란히 나가는 녹색 줄. soft and flexible 하다

녹실녹실(綠新綠新)圀 아주 풀려서 녹신녹신한 모양. 《큰》 녹실

녹-십자(綠十字)圀 재해로부터의 안전을 상징하는 녹색의 십자 표지. ¶~운동.

녹쌀圀 메밀·녹두·소경수수 등을 갈아서 만든 쌀.

녹쌀-내:-다囦 메밀·수수 따위를 멧돌에 갈아서 쌀알이 되게 하다. hulling by a handmill

녹아(綠芽)圀〔동〕하아(夏芽).

녹=아웃(knockout)圀 ①야구에서, 상대편 투수가 던지는 공을 맹타하여 그 투수를 교체시키는 일. ②어떤 승부에서 상대방을 완전히 패배시키는 일. 케이.오. ③권투에서 상대가 때려 눕혀 10초 안에 다시 일어나지 못하게 하는 일.

녹야(綠野)圀 푸른 풀이 가득히 난 들. green field

녹야-원(鹿野苑)圀〔불교〕중인도(中印度)에 있던 임원(林園)으로, 석존(釋尊)이 처음으로 다섯 사람의 비구(比丘)를 위하여 설법한 곳. 《약》녹원(鹿苑) ②.

녹양(綠楊)圀 푸르게 우거진 버들. green willow

녹양 방초(綠楊芳草)圀 푸른 버들과 아름다운 풀.

녹엽(綠葉)圀 푸른 잎. 〈대〉 홍엽(紅葉). green leaves

녹용(鹿茸)圀〔한의〕사슴 뿔. 보혈 강심제. ¶인삼(人蔘)과 ~. 녹용(茸). antler

녹우(綠雨)圀 신록(新綠)의 무렵에 오는 비. 하우(夏雨). summer rain

녹운(綠雲)圀 ①녹색의 구름. green cloud ②여자의 검은 머리가 많고 아름다움의 형용. 취운. beautiful woman's hair　　「野苑).

녹원(鹿苑)圀 ①사슴을 기르는 곳. ②《약》→녹야원(鹿

녹위(祿位)圀 녹봉(祿俸)과 작위(爵位). 녹작(祿爵). fief and rank　　「venison

녹육(鹿肉)圀 사슴 고기. ¶~ 저냐. ~회(膾). broiled

녹음(綠陰)圀 우거진 푸른 나무의 그늘. 취음(翠陰). shade of green trees

녹음(錄音)圀 음성·음악·음향 등을 필름·레코드 등에 기계로 기록해 넣는 일. sound recording 하다·되다

녹음-기(錄音器)圀 녹음하는 기계. record

녹음 방:송(錄音放送)圀 라디오 방송에서 녹음 장치에 의하여 소리를 재생(再生)시켜서 하는 방송. transcription broadcasting 하다

녹음 방초(綠陰芳草)圀 우거진 나무 그늘과 꽃다운 풀이란 뜻으로, 여름철의 자연을 가리키는 말. green shades and fragrant plants

녹음 테이프(錄音 tape)圀 음성·음향 등을 기록하는 자기(磁氣) 테이프. 테이프. 《약》녹테이프.

녹음-판(錄音板)圀 녹음을 한 소리판. recorder

녹의(綠衣)圀 ①푸른 옷. green dress ②연두 저고리.

녹의(綠蟻)圀 술구더기.　　「green coat

녹의-메(綠衣)圀 넢의 메. 곧, 죽은이에게 정성드리는 밥.

녹의 홍상(綠衣紅裳)圀 연두 저고리와 다홍 치마. 곧, 젊은 여자의 옷차림. fancy dress of a young lady

녹이(騄駬·綠耳)圀 주(周)나라 목왕(穆王)의 팔준마(八駿馬)의 한 필. 좋은 말의 비유. 녹마(綠馬). ¶~ 상제(霜蹄).

녹이-다훈자 ①눈·얼음 등을 녹게 하다. liquefy ②고체를 액체로 바꾸게 하다. melt ③남의 기운을 꺾다. dispirit ④남의 마음을 빨아지게 하다. fascinate

녹자(綠瓷·綠磁)圀〔공업〕녹색을 띤 자기. green porcelain　　「유리.

녹자 유리(綠瓷琉璃)圀〔공업〕녹자를 이용하여 만든

녹작(祿爵)圀〔동〕녹위(祿位).

녹작지근-하다圀 전신에 맥이 풀리며 힘이 없고 몸시 나른하다. be very languid

녹정-혈(鹿頂血)圀〔한의〕사슴의 머리에서 나는 피.

녹제-초(鹿蹄草)圀 노루발풀.　　「강장제로 씀.

녹조(綠藻)圀〔동〕파랑말.

녹조 식물(綠藻植物)圀〔식물〕엽록소를 가지고 있어 푸른 빛이 나는 조류의 총칭.

녹존-성(祿存星)圀〔민속〕구성(九星) 중의 셋째 별.

녹주-석(綠柱石)圀〔광물〕육각 주상(六角柱狀)을 본 특롱·푸른빛 광물로 보석·베릴륨의 원료가 됨. beryl

녹주-옥(綠柱玉)圀 녹주석의 일종. 에메랄드.

녹죽(綠竹)圀 푸른 대나무. ¶~ 청송(青松).

녹지(綠地)圀〔동〕봉토(封土). fief　　「bamboo

녹지(綠地)圀 풀이나 나무가 나서 푸르게 된 땅. 특히 도시에서 미관·보건·방화의 목적으로 풀이나 나무를 심은 장소. green tract of land

녹지(錄紙)圀 남에게 보이기 위하여 사실의 대강만 적은 종이쪽. memo　　「green zone

녹지-대(綠地帶)圀 일대가 녹지로 되어 있는 지역.

녹지-채(綠地彩)圀〔미술〕녹색 바탕에 오채(五彩)를 베푼 채색. 〈동〉녹색(綠彩).

녹진녹진圀 여럿이 다 녹진한 모양. 몹시 녹진한 모양. 〈큰〉녹진녹진. 하다

녹진-하다圀 성질 또는 물건이 노긋하고 끈끈하다. 〈큰〉녹진하다. plastic

녹차(綠茶)圀 푸른 빛이 있도록 말린 보드라운 차나무의 잎. 또는 그것을 넣어 끓인 차. 녹다(綠茶). green tea

녹창(綠窓)圀 ①가난한 여자가 사는 곳. 〈대〉홍루(紅樓). poor woman's house ②부녀자의 거실(居室). woman's room ③초록색의 창문. green window

녹채(鹿砦)圀 적의 침입을 막기 위해 사슴 뿔 모양으로 가시나무를 엮어 친 방어물.

녹청(綠靑)圀〔동〕녹지(綠地).

녹청(綠靑)圀 ①〔동〕염기성 초산동(鹽基性醋酸銅). ②염기성 초산동으로 만든 녹색 도료. 또, 그 빛깔.

녹초(綠草)圀 아주 맥이 풀어진 상태. exhaustion ¶물건이 낡고 헐어서 결판이 난 상태. being worn-out

녹초(綠草)圀 푸른 풀. green grass

녹총(鹿蔥)圀 원추리.　　「dried tea leaves

녹-치(綠—)圀 잘 말린 푸른 빛의 부드러운 찻잎.

녹탕(鹿湯)圀 사슴 고기를 넣어 끓인 국.

녹태(鹿胎)圀 뱃속에든 사슴의 새끼.

녹태(祿太)圀〔제도〕녹봉으로 주는 콩.

녹태(綠苔)圀 푸른 이끼. 취태(翠苔) ①.

녹턴 (nocturne)명〈음악〉악곡 형식의 하나로 조용한 밤의 기분을 나타낸 서정적인 피아노곡. 야상곡(夜想曲). 몽환곡(夢幻曲).

녹토(綠土)명 ①근해(近海) 침전물. ②흑운모 등이 분해되어 생기는 녹색 광물의 일종.

녹토비전(noctovision)명〈물리〉공업용 텔레비전의 하나. 어둠·안개 등으로 인하여 맨눈으로 잘 보이지 않는 것을 적외선·마이크로파를 이용하여 보이도록 한 장치. 암시 장치(暗視裝置).

녹파(綠波)명 푸른 물결. green wave

녹패(鹿牌)명 사슴 사냥을 하는 사냥꾼 패.

녹패(綠牌)명〈제도〉녹을 받는 사람에게 증거로 주던, 종이로 만든 표. 〔補腎壯陽劑〕로 씀.

녹편(鹿鞭)명〈한의〉사슴의 자지 십출. 보신 장양제

녹편(錄片)명 간단한 적이(錄札). memo

녹풍(綠風)명 ①〈한의〉눈동자가 아프며 홍백의 섬광이 사는 안내종(眼內腫)의 하나. ②초여름의 푸른 잎 사이를 스치어 오는 바람.

녹피(鹿皮)명 (원)→녹비.   〔deer

녹혈(鹿血)명 사슴의 피. 강장제로 씀. blood of

녹화(綠化)명 나무를 심어서 산과 들을 푸르게 만듦. ¶~ 운동. afforestation 하타

녹화(錄畫)명 비디오(video) 테이프에 텔레비전의 상(像)을 기록하는 일. 또, 그렇게 한 것. 하타

녹훈(錄勳)명 훈공을 부첩(簿牒)에 기록함. recording of merit 하타

논명 물을 대고 벼를 심기 위하여 가꾸는 땅. 답(畓). 수전(水田). ¶~두렁. rice field

논(論)명 ①사물의 도리를 설명하는 일. explanation ②잘잘못을 따지어 말함. 다투어 말함. discuss ③의견. 견해(見解). opinion ④문제(文體)의 하나. 사물에 대하여 논술(論述)하는 문제. 사리의 옳고 그름을 논의·단정하는 체. treatise ⑤〈약〉→논설(論說)의. ⑥〈불교〉경(經)과 율(律)의 요의(要義)를 모은 것이나 이것을 널리 연구·해석하는 것.

논(non)접미 '비(非)·무(無)'의 뜻. ¶~스툼.

-논어리(論)〔고〕= 는   〔price 하타

논가[-까](論價)명 가격을 논함. bargain over the

논-갈이명 논을 가는 일. tilling of a rice field 하타

논감(論甘)명〈제도〉논박(論駁)하는 감결(甘結).

논강(論講)명〈불교〉경전(經典)을 연구하여 토론함. 하타   〔troversialist

논객(論客)명 변론에 능숙한 사람. 논사(論士). con-

논거(論據)명 ①논설이나 이론의 근거. basis of an argument ②〈논리〉논증(論證)에서 진위(眞僞)를 확정할 판단.   〔하타

논결(論決)명 토론하여 결정함. 논정(論定). decision

논결(論結)명 서로 의논하여 일을 끝냄. conclusion 하타   〔계함. 하타

논경(論警)명〈제도〉상관이 아래 관리의 잘못을 경

논계(論啓)명 임금에게 그 잘못을 탄하어 간함. remonstrance 하타   〔숙하여 밝힘. study 하타

논고(論考·論攷)명 여러 문헌을 고증하고 사리를 논

논고(論告)명 ①자기가 믿는 바를 논술하여 알림. statement ②〈법률〉형사 공판의 심리에서 검사가 법률의 적용에 관한 의견을 진술하는 일. prosecution 하타

논공(論功)명 공적의 유무·대소를 의논함. evaluation of services 하타   〔상을 논함. 하타

논공 행상(論功行賞)명 공의 유무·대소를 의논하여

논과(論過)명〈동〉논오(論誤). 하타

논관(論關)명〈제도〉윗관청에서 아래 관청에 내리는 경고서(警告書). written warning   〔tion 하타

논구(論究)명 사물의 이치를 캐어서 논술함. investiga-

논-귀(-귀)명 논의 귀퉁이. corners of a rice field

논급(論及)명 논하여 다른 데까지 미치게 함. reference 하타

논-길[-낄](-길)명 논 사이에 난 길. paddy path

논-꼬명 논의 물고. floodgate for irrigating a paddy〔field

논-냉이명〈식물〉겨자과의 다년생 풀. 잎은 원형 또는 타원형이고 4~5월에 줄기 끝에 흰 꽃이 핌. 어린 싹은 식용함.   〔농사. rice farming

논-농사(-農事)명〈농업〉논에서 짓는 농사. (데) 발

논=-**다**[-따]타(약)=노느다.   〔prostitute

논-다니명 웃음파는 몸을 파는 여자. 유녀(遊女).

논단(論壇)명 ①토론을 하는 곳. platform ②평론하는 사람들의 사회. 언론계·평론계 따위. world of criticism

논단(論斷)명 평론하여 판단함. conclusion 하타

논담(論談)명 논란(論難)하여 말함. discussion 하타

-논데(論)〔고〕=-는구나. =-는도다.

논-도랑[-또-](명) 논의 가장자리에 있는 도랑.

논-두렁[-뚜-](명) 물이 고여 있도록 논의 가를 흙으로 둘러막은 두둑. ridge

논두렁-하다[-뚜-]타여 모내기 직전에 논두렁 안쪽을 잘 다듬고 흙을 발라 바르다. mend the level   〔around a rice field

논-둑[-뚝](명) 논의 가장자리에 쌓아 올린 낙축. bank

논둑-외풀[-뚝-](명)〈식물〉현삼과에 속하는 풀의 하나. 줄기 높이 30cm 가량이고 8~9월에 담홍자색 꽃이 핌. 논둑에 잘 나며 열매는 고추 비슷함.

논-뜨기[-뜨-](명)〈식물〉사초과의 일년생 풀. 여름에 잎 사이에서 줄기가 솟아 나오는데 꼭대기는 갈라짐. 다 갈색에 광택이 있으며, 긴 타원형의 작은 이삭에 녹갈색 꽃이 핌.   〔criticism 하타

논란(論難)명 잘못된 것을 논하여 비평함. adverse

논리(論理)명 ①말이나 글의 줄거리를 이루는 이치. logic ②〈약〉→논리학(論理學).

논리 계산(論理計算)명〈논리〉사상의 종국적 요소와 그 기본 관계를 수학적 기호로 표시하여 논리적 법칙을 수학적 운산(運算)으로 규정하여 논리학의 방법. logistic

논리-성[-썽](論理性)명〈논리〉논리에 맞는 성질. logical ②논리적 확실성. logical certainty

논리 실증주의[-쭝-](論理實證主義)명〈철학〉직접 경험에 의하여 검증할 수 없다는 명제는 무의미하다는 실증주의. 논리 경험주의. logical positivism

논리-적(論理的)관명 ①논리학적 지식에 알맞은(것). logical ②논리의 법칙에 관한(것). 이론으로 따지는(것).   〔합한 사고.

논리적 사고(論理的思考)명 논리적 추리 형식에 적

논리적 유심론(論理的唯心論)명〈철학〉헤겔의 유심론이 논리성을 기본적으로 삼고 있다는 점에서 일컫는 말.

논리=주의(論理主義)명〈철학〉사물의 논리적 기초에 의존하여 논하려는 경향. 논리주의. logism

논리-학(論理學)명〈논리〉바른 인식을 얻기 위하여 좇아야 될 생각의 형식과 법칙을 연구하는 학문. 〈약〉 logic ②.

논-마늘명 누논에서 재배하는 마늘. (데) 발마늘.

논-마지기명 얼마 되지 않는 면적의 논. some acres of a rice field

논-매-다타 논의 김을 메다. weed a rice field

논-맹(論孟)명 논어(論語)와 맹자(孟子). Analects of Confucius and Mencius

논-머리명 논배미의 한쪽 가. corner of a rice field

논문(論文)명 ①의견을 논술하는 글. treatise ②연구한 내용과 결과를 발표하는 글. thesis

논-문서(-文書)명 논의 소유권을 증명하는 서류. title deed of a paddy field

논문-집(論文集)명 논문을 모아서 엮은 책. 〈약〉 논집

논문-체(論文體)명 의견·주장·견해 따위를 체계로 세워 이론적으로 대개 서론·본론·결론의 세 단계로 된 글.

논-물명 논에 피어 있는 물.   〔펴 나가는 문체.

논-바다[-빠-](명) 논의 바다.   〔하타

논박(論駁)명 잘못된 것을 공격하여 말함. refutation

논-발명 논과 발.

논발 전지(-田地)명 가지고 있는 모든 논과 발.

논:배미[-뻬-] 논의 한 구역. 논의 배미. (약) 배미. part of a field

논:벌[-뻘] 주로 논으로 된 벌. fields used for paddy

논법(論法) 논술하는 방법. logic

논변·논변(論辨·論辯) ①말하여 이치를 밝힘. argument ②의견을 베풀어 말하는 일. debate 하다

논보(論報) 하급 관청에서 상급 관청에 대하여 의견을 달아 보고함. official report 하다「하는 보리.

논-보리[-뽀-] 벼를 추수한 논에 이모작(二毛作)

논봉(論鋒) ①논박할 때의 격렬한 말씨. force of an argument ②의논의 방향. ¶예리한 ~으로 굴복시키다. direction of argument

논사(論士) (동) 논객(論客).

논설(論說) ①사물의 이치를 들어 의견을 말함. 또, 그 글. (약) 논(論)③. discourse ②신문의 사설(社說). editorial 하다「난. editorial column

논설-란(論說欄) 신문·잡지 따위에 논설문을 싣는

논설-문(論說文) 어떤 문제에 대한 자기의 주장을 펼쳐서, 독자의 생각이나 행동을 자기가 원하는 방향으로 이끌어감을 목적으로 하는 글. discourse

논설-반(論說班) 신문의 논설을 쓰는 논설 위원들로 구성되 반.「원.

논설 위원(論說委員) 신문의 논설을 맡아 쓰는 위

논술(論述) 의견을 진술함. 사물을 논하여 뜻을 설명함. ¶~ 고사(考査). statement 하다

논-스톱(nonstop) 멈추지 아니함. 멈추지 않고 바로 감. 직행 운행. 무정거(無停車).

논식(論式) 〈논리〉질과 양의 여하에 따라 생기는 삼단 논법의 형식. 추론식(推論式). syllogism

논심(論心) 속에 있는 생각을 서로 말함. 하다

논어(論語) 중국 사서(四書)의 하나. 공자의 언행, 제자와 그 당시의 사람들과의 문답, 제자들의 언행을 제자들이 모아 엮은 책. Analects of Confucius

논어-재(論語齋)〈제도〉조선조 초기에 성균관(成均館)에서 논어를 공부하던 분파.

논열(論列)〈제도〉죄목을 하나하나 들추어내어 말함. 하다「다.

논오(論誤) 잘못을 논함. 논과(論過). refutation 하

논외(論外) ①논의하고 있는 범위 밖의 것. beside the question ②논할 필요가 없는 것. 문제가 되지 아니 하는 것. out of the question

논의(論議) 서로 논란하며 토의함. discussion ②의논(議論)함. comment 하다

논 이기듯 신 이기듯 하다 한 말을 연해 되풀이하여 잘 알아듣도록 하다.

논인 장단(論人長短) 남의 잘잘못을 들어 논평함. comment on right and wrong 하다「하다.

논-일[-닐] 논에서 하는 일. work in the rice field

논자(論者) 의견을 세워 논하는 사람. disputant

논-자리[-짜-] 논이 차지하고 있는 자리.

논장(論藏)〈불교〉삼장(三藏)의 하나. 석가가 설(說)한 경 중에서 모든 법의 성질 따위를 논의·연구한 제자들의 저작.「判)②. dispute 하다

논쟁(論爭) 언론으로 다툼. 또, 그 논의. 논판(論

논저(論著) 논하여 저술함. 또, 그 저술. discourse

논전(論戰) 언론의 다툼질. 각자 자기의 의견을 주장하여 서로 싸움. 논하여 싸움. controversy 하다

논점(論點) 논의의 요점. point at issue

논정(論定) 논술하여 결정함. 논결(論決). 하다

논제(論題) ①논설의 제목. theme ②〈제도〉과거(科擧) 때 논(論)의 글제. subject ③〈제도〉하급 관청의 보고에 대하여 상급 관청에서 그 결점을 지적하여 발송하는 지령. 제제(提題). direction

논조(論調) ①논의하는 투. ②논설의 경향. tone of argument

논-종다리[-쫑-] 〈조류〉할미새과의 작은 새. 종달새와 비슷하며 등이 암갈색임.

논죄(論罪) 죄의 가벼움 무거움을 논란함. 논책(論責). verdict 하다

논증(論症) 병의 증세를 논술함. statement of disease 하다

논증(論證) ①옳고 그름을 논술하여 증명함. proof ②〈논리〉정확한 원리에 의하여 꼭 따질 것을 따져서 증명을 단정함. demonstration 하다

논증적 인식(論證的認識)〈철학〉논증으로써 그것이 참(眞)임이 증명되는 인식.「argument

논지(論旨) 논설의 취지. 이론의 요지. drift of an

논지-하다(論之—) ①자리를 따져 말하다. reason with (one) ②말이나 글로 다투다. (약) 논하다. comment on

논진(論陣) 논쟁하기 위한 사람들의 진용. 또, 변론자의 배치. 의론의 구성. personnel of the writers

논질(論質) 이론을 캐어 따짐. 하다

논집(論執) 논술하여 고집함. insistence 하다

논찬(論贊) ①남의 업적을 논하여 칭찬함. laud other person's achievement ②사전(史傳)을 기술한 끝에 필자가 가한 논평. writers comment

논찬(論纂) 의논하여 편찬함. 또, 그 책. 하다

논책(論責) 〈동〉 논죄(論罪). 하다

논총(論叢) 논문을 모은 책. collection of writings

논-타이틀(nontitle) 선수권의 방어나 쟁탈이 아님.

논 탄토(non tanto 이) 〈음악〉'너무 느리지 않게'의 뜻.「의 뜻.

논 트롭포(non troppo 이)〈음악〉'지나치지 않게'

논-틀길[-낄] 논두렁을 따라 난 꼬불탕한 좁은 길.

논틀-밭틀[-] 논두렁과 밭두렁을 따라 있는 꼬불꼬불한 좁은 길. winding path of the rice fields

논파(論破) 논술하여 다른 이의 설을 깨뜨림. refutation 하다

논판(論判) ①논의하여 옳고 그름을 판별함. discussion ②〈동〉논쟁(論爭). dispute 하다

논 팔아 굿하니 말며느리 춤추더라 당면한 어려운 일을 가장 뼈아프게 알아야 할 사람이 도리어 반대 방향으로 나갈 때의 비유.

논평(論評) 논술하여 비평함. criticism 하다

논-풀[-] 논에 나는 잡풀.

논-풀다 생땅과 밭 따위를 처음으로 논으로 만들다. cultivate into a paddy-field

논-프로(nonpro) 직업 선수가 아님. 비전문가임.

논-피〈식물〉논에 나는 피. deccan-grass

논-픽션(nonfiction) 실기(實記)나 기록 문학 또는 기록 영화.

논-하다(論—)타여 (약) 논지하다.

논핵(論劾) 허물을 들어 논박함. denunciation 하다

논핵-소(論劾疏) 논핵하는 상소.

논훈(論訓)〈제도〉하급 관청의 보고에 대하여 상급 관청에서 그 결점을 지적하여 내리는 훈령. official instructions 하다

논-흙 논에 있는 질고 고운 흙. 담벽에 바름.

논힐(論詰) 논술하여 힐난함. denunciation 하다

놀: (약)→노을.

놀: (약)→낯놀.

놀: 바다의 사나운 큰 물결. ¶~이 치다. billow

놀: 〈곤충〉벼 뿌리를 파먹는 아주 작고 흰 벌레.

놀 ① 노루. →느루.

놀-구멍[-구-] 낫의 슴베 끝을 꼬부려 둥글게 한 구멍. end hole of a sickle blade

놀-금[-끔] 팔지 않으면 그만둘 셈으로 아주 적게 부른 값. lowest bargain price

놀기 좋아 넉둥치기 심심할 때에는 소용없는 일이라도 하지 못해 한다.

놀놀-하다 털이나 싹 같은 것이 흐리게 노르스름하다. (큰) 눌눌하다. dull yellow

놀:다 ①흥이 나서 재미있게 지내다. amuse oneself ②놀이를 하다. play ③일 없이 세월을 보내다. be idle ④쓰이지 않다. ¶공장에서 노는 기계. not used ⑤직업을 삼다. ¶박힌 것이 헐거워 흔들리다. ¶나사가 ~. 이가 ~. be loose ⑦이리저리 돌아다니다. go about ⑧유흥에 빠지다. make

놀다 merry ⑨태아가 모체 속에서 꿈틀거리다. ¶뱃속의 아이가 ~. 타르탄 윷·주사위 따위를 던지거나 굴리다.

놀:다[르타] 귀하고 드물다. ¶자손이 ~. scarce

놀:-들-다[르타] 벼를 놀이 파먹어서 누렇게 되다.

놀:라다타 ①갑자기 무서움을 느끼다. be surprised ②뜻밖의 일을 만나서 가슴이 두근거리다. ¶사람 발소리에 ~. be startled ③신기하거나 훌륭한 것을 보고 매우 감동하다. ¶놀라운 솜씨.

놀:란 가슴 전에 혼난 일이 있어 툭하면 두근거리는 가슴. startled state of mind

놀:란-흙명 한번 파헤치 흙. ploughed soil

놀:랍-다[ㅂ따] ①놀랄 만하다. surprising ②장하고 갸륵하다. ¶너의 기술은 참으로 ~. wonderful

놀래-다타 남을 놀라게 하다. surprise

놀량명 속된 노래 곡조의 하나. kind of popular song

놀량-목명 목청을 틀어 속되게 내는 노랫소리. vulgar singing

놀리-다타동 ①놀게 하다. rest ②이리저리 움직이게 하다. move ③재주를 부리게 하다. play

놀리-다타 남을 조롱하다. banter

놀리-다타 빤 빨래를 다시 빨다.

놀림명 조롱하는 짓. raillery

놀림명 놀리어 빠는 빨래. 하타

놀림-가:마리[−까−]명 (속) 놀림감.

놀림-감[−깜]명 놀림의 대상이 되는 사람. 《속》놀림가마리. butt of ridicule

놀림-거리[−꺼−]명 놀림의 대상이 될 만한 거리. 또, 그런 거리가 되는 사람. butt of ridicule

놀림-대명 (속) 숟가락. (큰) 눈면서다. yellowish

놀면-하다형여 보기 좋을 만큼 좀 노르스름하다.

놀부명 흥부전에 나오는 주인공의 한 사람. 마음씨 나쁘고 심술궂음. ①마음씨 나쁜 사람의 비유.

놀부 부인(−夫人)명 《속》 염치없는 여자. cheeky woman wickedness

놀부 심사(−心思)명 인색하고도 심술궂은 마음씨.

놀부 타:령[−打令]명 《음악》 타령의 하나. 심술궂고 인색한 놀부가 그 동생 흥부를 학대하다가 벌을 받음을 주제로 한 노래. Nolbu ballad

놀-소리[−쏘−]명 젖먹이가 누워 놀면서 내는 군소리. baby's babble 하타

놀아-나다자 ①얌전하던 사람이 방탕하여지다. take to fast living ②실속없이 들뜬 행동을 하다.

놀아-먹-다타 ①놀고 먹다. ②방탕한 행동을 하다.

놀·애[고] 노래. lead a dissipated life

놀음[약]→놀음놀이.

놀음=놀이[반] 여럿이 모여 즐겁게 노는 일. 《약》 놀음. 놀이²⁾. merrymaking 하타

놀음놀이-판명 놀음놀이를 하고 있는 자리. 《약》 놀음판.

놀음-차명 ①놀아 준 데 대한 보수로서 기생이나 아공에게 주는 돈. tip ②잔치 해웃값.

놀음-판명 《약》→놀음놀이.

놀이¹명 겨울을 지낸 벌이나 새로 난 어린 벌들이 따뜻한 봄날에 떼를 지어 제 집 앞에 날아다니는 일. humming around 하타

놀이² ①노는 일. play ②《약》→놀음놀이. 하타

놀이-꾼명 놀음놀이를 하는 사람. merrymaker

놀이-딱지명 두꺼운 종이에 그림을 그리거나 글을 쓰거나 하여 만든 장난감의 하나.

놀이-터명 놀이하는 곳. 놀이할 만한 곳. playground

놀이-판명 놀이를 하는 곳. boat

놀이-배[고] 놀이를 하는 배. 유선(遊船) pleasure

놀:-지-다자 큰 물결이 일어나다. wave

놀:-치-다자 큰 물결이 사납게 일어나다. rise in great waves

놀키-다타 《속》 홍정을 이루다.

놈명 ①사내를 욕으로 이르는 말. ¶못된 ~. 《대》 년. fellow ②'사내아이'를 귀엽게 이르는 말. 《의명》 동물이나 물건을 가리켜 쓰는 말. ¶암~.

·**놈**명 《고》 보통의 사람. 종.

놈-팡이명 《속》 ①사나이를 비웃고 천하게 일컫는 말. fellow ②젊은 여자의 상대가 되는 사내를 얕잡아 이르는 말. ③직업 없이 빈둥빈둥 노는 남자.

놈-팽이명 →놈팡이.

놉명 식사를 제공하고 날삯으로 시키는 품꾼. ¶~을 시키다. ¶(유) 삯꾼. day-labourer labourers of day

놉-겪이명 놉을 먹여 치르는 일. employment of day

놉ㄴ가-빔명 《교》높낮이. 높고 낮음.

놉ㄴ가-빔명 《고》눈ㄴ가빔.

놋명 《약》→놋쇠. lazier

놋갓-장이명 놋그릇을 만드는 사람. 주장(鑄匠). br-

놋갓-점(−店)명 놋갓.

놋-그릇명 놋쇠로 만든 그릇. 놋기명. 유기(鍮器) brassware

놋-기명(−器皿)명 (동) 놋그릇.

·**놋**-ㄴ다다명 →놋쇠.

놋-대(−臺)명 (동) 노(櫓).

놋-대야명 놋쇠로 만든 대야. brass washbasin

놋-대:접명 놋쇠로 만든 대접.

놋-동이명 놋쇠로 만든 동이.

놋-방울명 놋쇠로 만든 방울.

놋-쇠명 《화학》 구리와 아연을 섞어서 만든 쇠붙이. 두석(豆錫). 진유(眞鍮). 《약》놋. brass

놋-숟가락명 놋쇠로 만든 숟가락. chamber pot

놋-요강[−뇨−](−尿綱)명 놋쇠로 만든 요강. brass

놋-점(−店)명 놋그릇을 만드는 공장. 놋갓점.

놋-젓가락명 놋쇠로 만든 젓가락.

놋-줏(櫓−)명 배의 뒤 끝의 뱃전에 자그맣게 내민 나무. pivot for twisting a scull on

놋-칼명 놋쇠로 만든 칼. 하타

농:(弄)명 ①실없는 장난. fun ②《약》→농담(弄談).

농:(弄)명 《음악》노래 곡조의 하나.

농(農)명 농사. 농업. ¶사~공상(士農工商).

농(膿)명 (동) 고름¹.

농(籠)명 ①버들채·싸리채 등으로 함처럼 만들어 종이로 바른 상자. 옷 따위를 넣어 둠. basket ②《약》→장롱(欌籠). wardrobe

농(濃)명 '진한·농후함'의 뜻을 나타내는 말. ¶~질산. 《대》희(稀). thick, undiluted ②빛의 질음을 나타내는 말. 《대》담(淡). deep

농가(農家)명 농사짓는 사람의 집. 전가(田家)

농가(農歌)명 《약》→농부가(農夫歌).

농가 보:유미(農家保有米)명 농가의 쌀 생산량 가운데서, 농가가 일년 동안 먹을 양과 종자(種子)용으로 보유하는 쌀. 것 같이 됨.

농가 성진(弄假成眞)명 장난삼아 한 것이 참으로 된

농:-간(弄奸)명 남을 속여 일을 변동시키려는 간사한 짓. 《속》농간질. trick 하타

농:간-부리-다(弄奸−)타 남을 농간하다. trick

농:간-질(弄奸−)명 《속》농간(弄奸). 하타

농-갈색(−色)(濃褐色)명 짙은 갈색.

농감(農監)명 (농업) 지주(地主)를 대신하여 소작인을 지도 감독하는 사람. farm overseer

농개(籠岕)명 《한의》 고름이 든 옴.

농거(農車)명 농사를 짓는 데 쓰는 수레. farm cart

농게(籠−)명 《동물》 바위게과의 게. 등딱지는 모나고 빛은 적회색. 특히 집게발에는 적갈색의 반점이 많고, 내면에는 털이 없음. 농해(籠蟹). 물맞이게. rock crab

농경(農耕)명 논밭을 갈아 농사를 지음. farming 하

농경-기(農耕期)명 농경할 시기. ploughing season

농경-지(農耕地)명 농사짓는 땅.

농고(農高)명 →농업 고등 학교.

농곡(農穀)명 농사지은 곡식. crop

농공(農工)명 농업과 공업. agriculture and industry ②농부와 직공. farmer and artisan

농공(農功)명 농사짓는 일. farming

농공 가무(農功歌舞)명 《민속》 삼한(三韓) 때부터 농사지을 때에 신에게 감사드리기 위하여 집단적으로 행하던 노래와 춤.

농공 병:진(農工並進)영 농업과 공업이 아울러 발전함. 하자

농공 병:행 정책(農工竝行政策)영 〈경제〉 농업과 공업을 경중 없이 병행시켜 나가는 경제 정책.

농공=업(農工業)영 농업과 공업. agriculture and industry

농공 협상 가격차(農工鋏狀價格差)영 농산물과 공산물의 가격차를 이르는 데서, '협상 가격차'를 특똑히 이르는 말.

농=과[—꽈](農科)영 〈교육〉 농업에 관한 전문 학술을 연구하는 분과. agricultural department

농과 대학[—꽈—](農科大學)영 〈교육〉 농업에 관한 전문적인 학술과 기예(技藝)를 가르치는 단과 대학. 준 농대. college of agriculture

농:과 성진(弄過成嗔)영 장난이 지나치면 노염을 이루게 됨.

농:교(弄巧)영 지나치게 기교를 부림. resorting to artifice

농:구(弄口)영 ①조리 없는 말. unreasonable saying ②거짓으로 꾸며 남을 참소함. false charge 하자

농구(農具)영 〈농업〉 농사짓는 연장. 농기(農器), 농기구. farming tools

농구(籠球)영 〈체육〉 운동의 하나. 다섯 사람씩 된 두 패가 일정한 시간에 서로 상대편 바스켓에 공을 넣어 득점을 다투는 경기. 광구(筐球). basketball

농구=화(籠球靴)영 농구 경기를 할 때 신는 운동화. sports shoes

농군(農軍)영 농사짓는 일꾼. 농민. 농부. 뭇인(畝人)

농군=살이(農軍—)영 농군으로 사는 일. farmer

농:권[—꿘](弄權)영 권력을 마음대로 부림. abuse of power 하자

농궤(膿潰)영 종기가 곪아서 터짐. bursting of a pus 하자

농극(農隙)영 〈동〉 농한(農閑·農閒).

농:기(弄技)영 재주를 부림. 하자

농기(農期)영 농사철.

농기(農旗)영 〈농업〉 풍년을 빌기 위하여 모낼 때나 추수할 때에, 농군이 풍악을 치며 세우는 기. 폭이 좀 넓고 길며 '농촌天下之大本也(농자천하지대본야)'라고 썼음. farm flags

농기(農器)영 농사일에 쓰이는 기구. 농구(農具).

농기(農機)영 농사짓는 데 쓰이는 기계. 탈곡기 따위.

농=기구(農器具)영 농업에 사용되는 기계나 도구의 총칭. 농구. farm implements

농노(農奴)영 ①농사일에 종사하는 노예. ②〈제도〉 봉건 사회에 있어 영주(領主)에게 종처럼 매여 지내던 농민. serf

농노 해:방(農奴解放)영 〈역사〉 봉건 사회가 무너질 무렵, 농노에게 토지 자유 처분권을 주어서 자유 활동을 승인한 일. emancipation of serfs

농뇨(膿尿)영 〈의학〉 고름이 섞인 오줌.

농다(濃茶)영 〈동〉 농차(濃茶).

농:단(壟斷·隴斷)영 ①이익을 독점(獨占)함. ②높은 언덕의 깎아지른 곳. precipice 하자

농:단(壟斷之術)영 독점하는 재주.

농:답(弄談)영 실없이 하는 웃음의 말. 농변(弄辯). 俶 배해(俳諧). 《대》진담(眞談). 《약》 농(弄)², joke 하자

농담(濃淡)영 짙음과 엷음. 진함과 묽음. density and thinness

농대(農大)영 《약》→농과 대학.

농대=석(籠臺石)영 비석의 받침돌. plinth

농:도(濃度)영 〈화학〉 혼합 기체나 용액 속에 존재하는 각 성분의 양의 비율. ¶—계(計). density

농독=증(膿毒症)영 〈의학〉 곪은 자리로부터 화농균이 혈액 속으로 퍼져서 부스럼이 되는 병.

농동부(農動部)영 나라의아재비.

농=들-다(膿—)자르 곪아서 고름이 생기다. suppurate

농땡이영 〈속〉 일을 잘 안하고 꾀부리는 사람. lazybones

농락(籠絡)영 남을 교묘한 피로 속이어 제 마음대로 놀림. 뇌롱(牢籠). ¶~하지 마라. coaxing 하자

농란=하다(濃爛—)영 여주 동 농익다.

농람(濃藍)영 짙은 남색. [ing season

농량(農糧)영 농사 때 먹을 양식. food for the farm-

농로(農老)영 ¶ 노농(老農)². [풀어 놓은 길.

농로(農路)영 농사를 짓는 데 이바지하기 위하여 베

농로 개설(農路開設)영 농로를 새로 만듦. 하자

농-록색(濃綠色)영 짙한 녹색.

농롱(瓏瓏)영 ①옥(玉) 같은 것이 서로 부딪혀서 나는 소리. ②광채가 선명하고 찬란함. 하자

농룡(曨曨)영 희미하게 어두움. 하자

농루(膿漏)영 〈의학〉 고름이 계속적으로 흘러 나오는 증상. purulent discharge

농루-안(膿漏眼)영 〈의학〉 고름이 눈 끝에서 흘러 나오는 병. 대개는 임질성 결막염임. pyorrhea eye

농류(膿瘤)영 〈의학〉 화농성염(化膿性炎)으로 생긴 고름이 모여 솟은 혹. abscess

농리(農利)영 농사로 생기는 이익. farming profit

농림(農林)영 ①〈~ 행정(行政). agriculture and forestry

농림 금융(農林金融)영 [금을 공급하는 금융.

농림(農林)영 농림 경영에 필요한 자.

농림=부(農林部)영 〈법률〉 농림에 관한 사무를 장리(掌理)하는 행정 각부의 하나. Ministry of Agriculture and Forestry

농림=업(農林業)영 농업과 임업.

농립(農笠)영 《약》→농림모. [모자. 《약》 농립(農笠)

농립-모(農笠帽)영 여름에 농사일을 할 때 쓰는 밀짚

농마(農馬)영 농사일에 부리는 말.

농막(農幕)영 〈농업〉 농사에, 편하도록 밭 근처에 간단하게 지은 집. farmer's hut [farming

농목(農牧)영 농업과 목축업. agriculture and stock

농목-민(農牧民)영 농업과 목축을 생업으로 삼는 사람.

농무(農務)영 ①농사일. farming ②농업에 관한 사무. agricultural affairs

농무(濃霧)영 짙튼 끼어 자욱한 안개. dense fog

농묵(濃墨)영 진한 먹물. thick black ink

농민(農民)영 농사짓는 사람. 농업을 생업으로 하는 사람. 농군. 농부. 뭇인. 전부(田夫).

농민 문학(農民文學)영 ①〈문학〉 농민의 생활을 소재로 한 문학. 俶 전원 문학(田園文學). farming life literature ②농민들이 노동 체험으로써 쓴 문학 작품. farmer's literary works [peasant art

농민 예:술(農民藝術)영 농민들이 만들어 낸 예술.

농민 운:동(農民運動)영 〈사회〉 농민의 생활 향상을 목적으로 하는 사회 운동. peasant movement

농민 이촌(農民離村)영 〈사회〉 농민이 농촌을 떠나 도회지로 일자리를 구하여 가는 현상. rural exodus

농민 전:쟁(農民戰爭)영 〈사회〉 봉건 사회가 무너질 무렵 각국에서 생긴 봉건 영주에 대한 농민의 집단적 반항 운동. peasant's uprising

농민 조합(農民組合)영 〈사회〉 농민이 지주나 정부에 대하여 소작료의 감세와 경작권의 확보를 요구하기 위하여 조직된 단체. farmer's association

농민 해:방(農民解放)영 농민을 봉건적인 인신적(人身的) 예속, 지대(地代) 부담 의무에서 해방시켜 자유롭고 완전한 토지 소유자로 전화시키는 일.

농민(濃密)영 진하고 빽빽한 정도. 하자 [고기의 말.

농밀 어군(濃密魚群)영 무리를 지은 물고기의 메를

농-바리[—ㅂㅏ—](籠—)영 농을 실은 것처럼 등에 두 아이가 매달리는 장난의 하나. playing 'basketload' 하자

농:(籠房)영 가구를 파는 집. [er's busyness

농번(農繁)영 농사일이 바쁨. 《대》 농한(農閑).

농번-기(農繁期)영 농사일이 가장 바쁜 철. 《대》 농한기(農閑期). [use of law 하자

농:법[—뻡](弄法)영 법을 제 마음대로 악용함. ab-

농:변(弄辯)영 〈동〉 농담(弄談). 하자

농병(農兵)영 ①평시에는 농사일을 하고 유사시에는 무장하여 군사가 되는 사람. militiaman ②농부들로 조직된 군대. 또, 그 군인. peasant soldiers

농병 [一兵][膿病][명] 〈농〉진물을 흘리고 죽는 누에 전염병의 하나. grasserie

농=병아리[一뼝一][명] 〈조류〉농병아리과에 속하는 물새의 하나. 몸은 비둘기만하고 목은 길며 꼬리는 짧은. 발가락이 판판하여 물갈퀴처럼 쓰임. grebe

농본(農本)[명] 농업을 산업의 근본으로 삼음. agriculturism

농본=국(農本國)[명] 농업을 산업의 근본을 삼는 나라. country on agricultural basis

농본=주의(農本主義)[명] 〈사회〉농업을 국가 산업의 근본으로 삼는 주의. physiocracy

농부(農夫)[명] 농사를 업으로 삼는 사람. 농군. 농사꾼. 농민. pl. farmer

농부(農父)[명] ①농사짓는 늙은 아버지. ②농사일로 늙은 사람.

농부(農婦)[명] 농사일을 하는 여자. farmerette

농부=가(農夫歌)[명] 농부들이 부르는 노래. 〔約〕농가.

농부는 두더지다 농부는 땅을 파고 산다는 말.

농부=한(農夫漢)[명] 〔俗〕농사꾼.

농불(農佛)[명] 〔俗〕채를 붙하.   「안 됨.

농=불실시[一씨](農不失時)[명] 농사일은 때를 어기면

농브르(nombre 프)[명] ①책에 매긴 페이지. 또, 그 부분. ②지폐·상품권 따위의 번호. 〔는 옥사(屋舍).

농사(農舍)[명] ①농부의 집. ②수확물의 처리를 행하

농사(農事)[명] 농업에 관한 일. 논밭을 갈아 유익한 농작물을 가꾸거나 동물을 사육하는 일. farming 하다

농사=꾼(農事─)[명] 〔俗〕농부(農夫).

농사꾼이 굶어 죽어도 종자는 베고 죽는다 ①담담하게 인색하기만 한 사람을 이름. ②농민은 종자를 소중히 여긴다는 말.

농사=력(農事曆)[명] 자연 현상이나 동식물의 상태에 의하여 농사짓는 절기를 나타낸 달력.

농사 시:험장(農事試驗場)[명] 농업상의 여러 가지를 시험적으로 연구하는 공적 기관.

농사=일(農事─)[명] 농사짓는 일. 하다

농사=짓:다(農事一)〔자〕〔스불〕농사를 업으로 삼아 일을 하다. engage in agriculture

농사=철(農事─)[명] 농사를 짓는 시기. 농기(農期). 농절(農節). 농시(農時). 〔約〕농철. farming season

농사=치(農事─)[명] 〔俗〕농산물.

농산 가공품(農産加工品)[명] 농산물에 수공을 더하여 형태나 질을 변화시킨 제품. 간장·밀가루 따위.

농산=물(農産物)[명] 〈농〉농사를 지어 생산한 곡식·야채·과실·달걀·가축·고치 따위. 〔約〕농산(農産). agricultural products

농산물 검:사법(農産物檢査法)[명] 〔법률〕농산물의 품종·품질·건조·조제·선별(選別)·용량·포장 등을 검사할 목적으로 제정한 법률.

농산어=촌(農山漁村)[명] 농촌·산촌·어촌의 총칭.

농산=업(農産業)[명] 〔同〕농업.   「자원.

농산 자:원(農産資源)[명] 토지를 경작하여 얻어지는

농산 제:조(農産製造)[명] 〈농업〉농산물에 가공하여 제품으로 하는 일. 삼·차·담배 등의 제조 따위. agricultural manufacture

농상=장[一쌍─][명] 상자를 넣으려고 삼노를 엮어 만든 맏태. 또, 그것을 싸려고 노끈을 엮어 만든 보. 삼정(三丁). 〔約〕삼장.

농상(農桑)[명] 농사일과 뽕나무를 가꾸어 누에 치는 일. agriculture and sericulture

농상(農商)[명] ①농업과 상업. ②농민과 상인. ¶ ~아문(衙門). agriculture and commerce

농상공=부(農商工部)[명] 〔제도〕조선조 고종(高宗) 32년에 농무 아문(農務衙門)과 공부(工務) 아문을 합한 관아.   「으뜸 벼슬.

농상공부 대:신(農商工部大臣)[명] 〔제도〕농상공부의

농상공부 협판(農商工部協辦)[명] 〔제도〕농상공부의 차관.

농색(濃色)[명] 짙은 빛. (대) 담색(淡色). dark colour

농=살랑(nonchalant 프)[명] 적극적인 관심이 없어 행동에 열의가 없는 모양.

농서(農書)[명] 농사에 관한 책. agricultural book

농서=지(籠扇紙)[명] 전라도 용담(龍潭)에서 나는 부채

농:설(弄舌)[명] 요설(饒舌). 하다   「만드는 종이.

농:성(弄聲)[명] 노래 곡조의 하나인 농의 성조(聲調).

농성(籠城)[명] ①군사가 있는 성(城)이 적군에게 에워싸임. being sieged ②성문을 굳게 닫고 성을 지킴. ③어떠한 목적을 이루기 위하여 한 자리에서 떠나지 않고 지킴. demonstration by confinement 하다

농소[一고](農巢)[명] 농막(農幕).

농수산(農水産)[명] 농업과 수산업.

농수산=부(農水産部)[명] 1973년 '농림부'를 고친 이름.

농숙(濃熟)[명] 무르녹듯이 익음. full maturity 하다

농시(農時)[명] 농사철.   「름. 하다

농시 바:구(農時方劇)[명] 농사철이 되어 일이 한창 바

농시 방:장(農時方張)[명] 농사일이 한창 바쁘게 벌어짐.

농신(農神)[명] 〔민속〕농업을 다스리는 신.

농아(聾啞)[명] ①귀머거리와 벙어리. ②발성기에는 고장이 없으나 귀머거리로 말을 배우지 못해서 된 병. deaf and dumb person

농아 교:육(聾啞敎育)[명] 〔교육〕귀머거리와 벙어리에 대한 특별 교육. deaf and dumb education

농:아사(弄兒詞)[명] 어린아이를 재우거나 달래며 어를 때, 긴 목청을 빼어서 노래처럼 하는 말.

농아=자(聾啞者)[명] 농아인 사람. 귀머거리와 벙어리인 사람. 또, 귀머거리와 벙어리인 사람의 병칭.

농아 학교(聾啞學校)[명] 〔교육〕벙어리에게 말을 가르치는 것을 중심으로 특별한 교육을 시키는 학교. deaf and dumb school

농악(農樂)[명] 농부들이 하는 우리 나라 특유의 음악. 기악(器樂)인 징·꽹과리·북·소고 등을 치고 노는 풍류를 이름. 두레③. farmer's music   「단.

농악=대(農樂隊)[명] 〈음악〉농악을 하는 사람들의 집

농악=무(農樂舞)[명] 〔연예〕주로 농민들 사이에서 행하여지는 꽹과리·날라리·징·북 따위의 소리에 맞추어 흥겹게 추는 춤.

농액(濃液)[명] 짙고 걸쭉한 액체. thick liquid

농액(濃液)[명] 〔同〕고름¹.

농약(農藥)[명] 농산물이나 가축의 병충해를 구제(驅除)하는 데 쓰는 약품. agricultural medicines

농양(膿瘍)[명] 〔의학〕신체 조직 내에 고름이 몰려 있는 병. gathering

농어[─鱼](魚類)[명] 〈어류〉농어과의 극기목(棘鰭目)의 바닷물고기. 몸 길이 80cm쯤 되며 몸 빛은 회색을 띤 청록색이고, 근해어로 우리 나라에 흔하여 맛이 좋음. 한국·일본·대만·각지 연해에 분포됨. 노어(鱸魚). ¶ ─체(菜). sea bass

농어=촌(農漁村)[명] 농촌과 어촌.

농:언(弄言)[명] 농담으로 하는 말. 하다

농업(農業)[명] ①농사짓는 직업. 정본(政本). agriculture ②냥음 이용하여 유용한 식물을 재배하거나 유용한 동물을 먹이는 유기적 생산업. 농(農). 농산업. farming

농업 경제(農業經濟)[명] 〈경제〉농업을 경영하여서 생산을 유리하게 하는 경제 행위. agricultural economy

농업 경제학(農業經濟學)[명] 〈경제〉농업 경영의 원칙과 방법을 연구하는 학문. agricultural economics

농업 고등 학교(農業高等學校)[명] 〈교육〉농업에 관한 지식과 기술의 전문 교육을 하는 실업 고등 학교. 〔約〕농고. agricultural school

농업 공:황(農業恐慌)[명] 〈경제〉농산물의 생산 과잉 또는 수요 감퇴에 의하여 농업 경영에 큰 지장이 생기는 일. agricultural panic

농업 교:육(農業敎育)[명] 〈교육〉농업에 관한 기술과 지식을 가르치는 교육. agricultural education

농업 노동자(農業勞動者)[명] 농사일 품팔이를 일삼는 사람.   「를 보상하기 위한 보험.

농업 보:험(農業保險)[명] 〈경제〉농작물에 대한 재해

농업 보:호 관세(農業保護關稅)[명] 국내 농산물의 값

농업 부:기(農業簿記)[명] 〈경제〉농업 경영에 사용하는 부기. agricultural book-keeping

농업 센서스(農業 census)[명] ①농수산부 장관이 농업 사업체의 구조를 계수로 파악하기 위하여 실시하는 조사. ②유엔 식량 농업 기구의 통일적인 조사 계획에 따라 실시되는 세계적 규모의 농업 국세 조사.

농업 시대(農業時代)[명] 〈경제〉생산의 방법을 표준으로 하여 경제의 시대를 나눈 것의 한 단계. 인류가 농업을 주요한 생업으로 삼고 어렵(漁獵)을 부업으로 하던 시대. [식물.

농업 식물(農業植物)[명] 〈식물〉사람이 심어 가꾸는

농업적 임업(農業的林業)[명] 토지에 자본과 노력을 투하하여 장기간에 임목(林木)을 재배 육성하는 임업.

농업 정책(農業政策)[명] 농업 경영·농업 재정·농업 인구 등 농업 전반에 걸친 경제 정책.

농업 지리학(農業地理學)[명] 〈지리〉농업 분포에 관한 경제 지리학의 한 부문. agricultural geology

농업 창고(農業倉庫)[명] 생산한 농산물을 가격의 안정과 수급(需給)의 조절을 목적으로 하여 공동적으로 보관시키는 농민의 자치적인 창고. agricultural storehouse [는 나라.

농업 축산국(農業畜産國)[명] 농업과 축산을 함주로 하

농업 토목(農業土木)[명] 토지의 농업상의 이용 가치를 영속적으로 올리기 위해 하는 개간·배수·관개 등 농업에 관계되는 토목 사업의 총칭.

농업 학교(農業學校)[명] 〈교육〉농업에 관계된 교육을 시키는 학교. agricultural school

농업 행정(農業行政)[명] 〈정치〉농사의 개량·발달을 꾀하여 농민의 행복과 이익을 유지함을 목적으로 하는 행정.

농업 혁명(農業革命)[명] 〈사회〉봉건적인 농업 경영으로부터 근대적인 농업 경영으로의 이행에 따른 변화의 총칭. agricultural revolution

농업 협동 조합(農業協同組合)[명] 〈사회〉농민들이 서로 협력하여 생산력의 증진과 경제적·사회적 지위 향상을 도모하기 위해 부락 단위로 조직하는 조합. (약) 농협(農協). agricultural cooperation

농염(濃艷)[명] 〈동〉요염(妖艷)[명]. 하(다)

농예(農藝)[명] ①농업과 원예(園藝). agriculture and horticulture ②농사에 관한 기예(技藝). agricultural technology

농예 화:학(農藝化學)[명] 〈화학〉농업 생산에 관한 화학적 문제를 연구하는 응용 화학의 한 분과. 비료·토양·식물의 영양 및 농산물 제조 등에 관한 여러 가지 화학적 작용을 연구함. agricultural chemistry

농:와지-경(弄瓦之慶)[명] 딸을 낳은 경사. 농와지희(弄瓦之喜). (대) 농장지경(弄璋之慶).

농:와지-희(弄瓦之喜)[명] 〈동〉농와지경(弄瓦之慶).

농:완(弄玩)[명] 가지고 놂. 하(다) [ers

농요(農謠)[명] 농부들이 부르는 민요. ballads of farm-

농용(農用)[명] 농사에 씀. ¶～림(林). used in farming

농우(農牛)[명] 농사일에 부리는 소. farming cattle

농원(農園)[명] 〈농업〉원에 작물을 심는 농장. farm

농:월(弄月)[명] 달을 바라보고 즐김. 하(다)

농음(濃陰)[명] 짙은 그늘. 짙은 녹음. strong shade

농이(膿耳)[명] 〈한의〉귓구멍에서 고름이 나는 병.

농:익-다[-닉-](濃-)[자] 무르익다. 농란(濃爛)하다. (대) 숙익다. be overripe

농인(農人)[명] 〈동〉농민(農民).

농자(農資)[명] 농사짓는 데 드는 자본. agricultural

농자(聾者)[명] 귀머거리. [fund

농작(農作)[명] 〈농업〉농사를 지음. farming 하(다)

농작-물(農作物)[명] 〈농업〉농사로서 논이나 밭에 심어서 가꾸는 식물. (약) 작물(作物). crops

농잠(農蠶)[명] 농업과 양잠. agriculture and sericulture

농:장(弄杖)[명] 〈동〉격구(擊毬)①.

농:장(弄璋)[명] →농장지경(弄璋之慶).

농장(農庄)[명] 농장 관리를 위하여 농장 근처에 모든 설비를 갖추어 놓은 집. farmery

농장(農庄)[명] 〈제도〉고려말·조선조 초에 세력가들이 많은 땅을 사유하고 여기에 노비와 소작인을 두고 경작하던 토지.

농장(農場)[명] 〈농업〉농사지을 땅과 농구·가축 및 그 밖에 농사에 필요한 모든 설비를 갖춘 곳. ¶～ 관리. farm

농장(濃粧)[명] 짙은 화장(化粧). thick make-up

농장(濃醬)[명] 〈동〉진간장.

농장[-짱](籠欌)[명] 옷을 넣어 두는 궤. clothes-box

농-장수[-짱-](籠-)[명] 근담배를 농에 담아 메고 다니면서 파는 사람. tobacco-peddler

농:장지-경(弄璋之慶)[명] 아들을 낳았을 때의 경사. 농장지희(弄璋之喜). (대) 농와지경(弄瓦之慶). (약) 농장(弄璋).

농:장지-희(弄璋之喜)[명] 〈동〉농장지경(弄璋之慶).

농:장-희(弄杖戲)[명] 〈동〉격구(擊毬).

농전(膿栓)[명] 혈관에 고름이 낌.

농절(農節)[명] 〈동〉농사철.

농정(農政)[명] 〈정치〉농사에 관계된 정책 또는 정무(政務). agricultural administration [subject

농:제(弄題)[명] 우스운 맛을 섞은 글의 제목. funny

농제(農祭)[명] 농사가 잘 되게 해달라고 지내는 제사.

농:조[-쪼](弄調)[명] 희롱하는 말투. mocking tone

농조(籠鳥)[명] ①새장에 가두어 기르는 새. caged bird ②¶～농중조(籠中鳥).

농조(籠彫)[명] 〈미술〉속을 비워 두고 겉을 파서 만든 [조각.

농조 연:운(籠鳥戀雲)[명] 갇힌 새가 구름을 그리워함. 속박을 받는 몸이 자유를 얻으려고 바라는 마음.

농주(農酒)[명] 농사지을 때에 먹기 위하여 농가에서 빚은 술. farmer's wine

농중-조(籠中鳥)[명] ①새장 속에 갇힌 새. bird in a cage ②자유롭지 못한 몸의 비유. (약) 농조(籠鳥)②.

농즙(膿汁)[명] 고름. [confined person

농지(農地)[명] 농사를 짓는 데 쓰는 땅. 농토(農土). 농처(農處). ¶～ 정리. farm land

농지 개:량 사:업(農地改良事業)[명] 농업 용지 및 농업 시설의 개량·보존·확장·집단화에 관한 사업.

농지 개:량 조합(農地改良組合)[명] 농지 개량 시설을 효과적으로 유지·관리하고 구획 정리 사업 또는 농사 개량 사업 등을 수행할 목적으로 설립된 조합.

농지 개:혁(農地改革)[명] 〈법률〉농촌의 민주화와 농업 경영의 합리화를 촉진하기 위하여 토지 소유권을 부재(不在) 지주로부터 경작자에게 이양하여 소작인의 보호에 충점을 두는 개혁.

농:-지거리[-찌-](弄-)[명] 점잖지 않게 자꾸 하는 농담. gross pleasantries 하(다) [관한 법령.

농지-법[-뻡](農地法)[명] 〈법률〉농지 조정(調整)에

농차(濃茶)[명] 농도가 짙은 차. 농다.

농찬(農饌)[명] 농사철에 일꾼을 먹이기 위하여 만든 반찬. side-dish for farm hands

농채(濃彩)[명] 짙은 빛깔. 또, 그 채색법. (대) 담채

농:-초(農-)[명] →농사철. [〈淡彩〉. deep colours

농초(農草)[명] 농부가 자기 집에서 쓰려고 심은 담배. [farmer's tobacco

농촌(農村)[명] 농사짓는 사람들이 모여 사는 마을. ¶～ 계몽 소설(啓蒙小說) ～ 문제(問題). (대) 도시. 도회지. farm village

농촌 계:몽(農村啓蒙)[명] 농촌의 생산과 생활 향상을 목적으로 공공 시설·주택 등의 규모·배치 등을 종합적으로 계획 건설하는 일.

농촌 공업(農村工業)[명] 농촌에 도입된 농산물의 가공 공업이나 일반 공업.

농촌 교:육(農村敎育)[명] ①농촌에 있어서 행해지는 각종 교육. ②농촌의 산업이나 생활 개선을 위한 성인 교육.

농촌 전:화(農村電化)[명] 농촌에 전기를 끌어서, 일상 생활에서 열원(熱源)이나 동력원으로 전력을 이용

농촌 진흥. 하는 일.
농촌 진흥(農村振興**)** 〈사회〉 농촌의 생산력과 생활 상태를 향상시키는 일. agrarian development
농촌 진흥청(農村振興廳**)** 농촌 진흥을 위한 연구 및 농민의 농사 지도와 수련(修鍊) 등의 일을 맡아 보는 농림부에 소속된 기관. agrarian development office
농축(農畜**)** 농가의 가축. farm animal
농축(濃縮**)** 진하게 엉기어 바짝 졸아듦. concentration 하圈
농축 우라늄(濃縮 uranium**)** 〈화학〉 천연 우라늄에 대한 U 235의 함유율을 인위적으로 높인 우라늄. 원자로의 연료로 씀.
농치-다 좋은 말로 풀어서 성난 것을 노그라지게 하다. 〈큰〉눅치다. soften
농탁(濃濁**)** 농사일 할 때에 먹는 막걸리. rice spirit made by farmers
농탁(濃濁**)** 몹시 걸쭉함. thick and muddy 하圈
농:탕(弄蕩**)** 남녀가 난잡하게 놀아대는 짓. obscenity
농탕(濃湯**)** 흐무러지게 흠씬 끓인 국물. thick soup
농:탕-지-다(弄蕩—**)** 남녀가 음탕한 짓과 말로 놀아대다.
농토(農土**)** 〈농〉 농지(農地).
농=투성이(農—**)** 〈농부〉의 낮춤말.
농:-트-다(弄—**) 재**자圈으로 사이가 스스럼없이 되어 놓을 하는 사이가 되다.
농:-판(弄—**)** 농이 벌어진 자리.
농:편(弄編**)** 〈음악〉 노래·곡조의 농과 편. puns
농포(農布**)** 농가에 쓰이기 위하여 짠 베. homespun
농포(農圃**)** 농작물을 재배하는 밭. 포장(圃場). farm
농:필(弄筆**)** ① 희롱조로 지은 글. writing in a mocking tone ② 멋을 부리고 흥청거려서 쓴 글씨. writing in sport ③ 사실을 왜곡(歪曲)하여 씀. dissemble in writing 하圈
농:-하다(弄—**)** 자圈여圈 ① 실없는 장난을 하다. ② 실없는 웃음의 말을 하다.
농-하-다(濃—**)** 형圈여圈〈동〉짙다①.
농학(農學**)** 〈농업〉 농업상의 생산 기술과 경제와 의 원리와 응용을 연구하는 학문. ¶—부(部). ~ 사(士). agricultural science
농한(農閑·農閒**)** 농사일이 바쁘지 않음. 농극(農隙). 〈반〉 농번(農繁). farmer's leisure
농한-기(農閑期**)** 농사일이 바쁘지 않은 시기. 농번 기(農繁期). farmers leisure season
농혈(膿血**)** 피고름.
농혈-리(膿血痢**)** 《동》 피고름.
농혈-리(膿血痢**)** 적리(赤痢) 또는 대장 카타르(大腸 Katarrh)에 걸려서 피고름 똥을 누는 병.
농협(農協**)** 〈농업〉 농업 협동 조합(農業協同組合).
농형(農形**)** 농사의 잘 되고 못 된 형편. 여사(年事). 연형(年形). agricultural conditions
농홍(濃紅**)** 짙은 붉은 빛. 진홍. dark scarlet 하圈
농화(濃化**)** 짙어짐. 질게 함. 하圈
농화(濃化**)** 하는 일이 무르녹듯이 되어 감. smooth progress 하圈
농황(農況**)** 〈농업〉 농작물의 되어 가는 형편. crop conditions
농회(農會**)** 〈농업〉 농업자의 이익을 도모하여 조직한 단체. 농업 협동 조합의 전신임. agricultural association
농-회색(濃灰色**)** 짙은 회색.
농후(濃厚**)** ① 빛깔이 매우 짙음. dark ② 가능성이 다분히 있음. ③ 액체가 걸쭉하게 진함. ④ 어떤 사상 따위에 물든 정도가 대단함. 〈반〉 희박(稀薄). thick 하圈
농후 사료(濃厚飼料**)** 단백질·지방·탄수화물이 풍부한 사료. 쌀겨·보리·귀리·옥수수 등. condenced fodder
농흉(膿胸**)** 〈한의〉 화농균의 전염으로 늑막강 안에 고름이 생기는 병. 내흉(內胸)②.
높-낮이 ① 높음과 낮음. 고저(高低). unevenness ② 한자(漢字) 음의 높음과 낮음. 곧, 상성(上聲)·거성 (去聲)·입성(入聲)은 높고, 평성(平聲)은 낮음.

평측(平仄**).** four tones of Chinese characters
높-다 자圈 ① 위로 향하여 멀다. ¶산이 ~. high ② 남이 공경할 만한 지위나 신분에 놓여 있다. lofty ③ 뛰어나다. 훌륭하다. ¶견식이 ~. eminent ④ 널리 알려져 있다. ¶명성이 ~. high ⑤ 값이 비싸다. ¶물가가 ~. expensive ⑥ 소리의 진동수가 많다. ¶높은 소리. loud ⑦ 온도·혈압·비율 등이 많아서 도수(度數)나 정도를 나타내는 숫자가 크다. ¶비율이 ~. ⑧ 기세가 힘차다. ¶파도가 ~. 〈반〉 **낮다.**
높-다랗-다 ㅎ 불圈 썩 높다. very high 〈반〉 **낮다랗다.** high
높-드리 ① 골짜기의 높은 곳. high part of the valley ② 메마르고 높아서 물기가 적은 부분에 있는 논밭. elevated fields
높새 '동북풍'의 뱃사람 말. 녹새풍.
높아-지-다 자圈 높게 되다. be elevated 하圈
높으락-낮으락 높낮이가 고르지 않은 모양. uneven
높은 가지가 부러지기 쉽다 높은 지위일수록 그 자리를 보전하기가 어렵다.
높은 기둥 대청의 한가운데에 있는 기둥. high pillar
높은-밥 → 고봉밥.
높은음자리-표(—音—標**)** 〈음악〉 5선상의 제 2선이 사(G)의 음계가 됨을 나타내는 기호. 사음자리표. 고음부 기호. 〈동〉 하圈
높은-절 체면 자기의 지위가 높은 듯이 꾸밈. 또, 그 행동.
높을고-부[—高—**](**—高部**)** 한자 부수(部首)의 하나. '䯤·髞' 등의 '高'의 부분.
높이 높은 정도. height 圈 높게.
높이-다 圈 ① 높게 하다. elevate ② 존경하는 마음으로 받들다. 존대하다. worship
높이-뛰기 〈체육〉 육상 경기의 하나. 일정한 거리를 달려 공중으로 높이 뛰어서 가로대의 높이를 넘는 것을 겨룸. 주고도(走高跳). 〈범. 죈뛰〉 (尊屬)
높임(—**)** 〈어학〉 상대자를 공경하여 높이 이름을 나타냄.
높임-말 〈어학〉 상대자를 높여 하는 말. 경어(敬語). 존칭어(尊稱語). 〈반〉 낮춤말. honorific term
높임-법[—뻡**](**—法**)** 〈어학〉 우리말에서 문장의 주체를 높이거나 말듣는 상대방을 높이어 말하는 법.
높지거니 아주 높직하게. somewhat high
높직-하-다 圈여圈 높은 듯하다. rather high 높직-히 圈
높-하늬 '서북풍'의 뱃사람 말.
놓-다 圈 ① 잡은 것을 잡지 아니한 상태로 되게 하다. ¶연필을 ~. set free ② 일정한 자리에 두다. ¶있던 자리에 ~. put ③ 총알 따위를 발사하다. discharge ④ 불을 지르다. set fire ⑤ 주사나 침 같은 것을 몸의 적당한 자리에 찌르다. vaccinate ⑥ 연락하는 사람을 중간에 두다. employ ⑦ 시설하다. 가설하다. ¶방을 장치를 ~. install ⑧ 덫을 짐승이 잡히게 하여 두다. trap ⑨ 수(繡)를 만들다. ¶수를 ~. embroider ⑩ 수판이나 산가지로 셈을 하다. calculate ⑪ 사려놓은 값으로 말을 내다. suggest ⑫ 정·돈·물건 등을 세나 이자를 붙이어 남에게 주다. lend ⑬ 있는 힘을 다하다. all-out effort ⑭ 말을 낮추어 하거나 거절하다. reject ⑮ 켕긴 상태나 간섭 관계를 풀어서 제대로 내버려 두다. ⑯ 꽃·수박 등을 심어 가꾸다. ¶알받이에 참외를 ~. ⑰ 하던 일을 그치다. ¶일손을 놓고 잠시 쉬어라. ⑱ 일정한 대상에 게 어떤 것을 해대다. ¶엄포를 ~. 도장 바둑에서, 하수(下手)가 미리 몇 점을 두다. ⑳ 문제의 대상으로 삼다. ¶그 문제를 놓고 논쟁이 벌어졌다.
놓-다 조圈 용언의 어미 '-아·-어'나 체언 뒤의 조사 '라'·'이라' 다음에 붙어, 이미 된 형상 그대로 있음을 조사 나타냄. ¶길이 워낙 작아 ~보니. 풀을 발라 ~. do for later, get it done
놓아-가-다 ① 배가 빨리 가다. ② 말이 빨리 달리다.
놓아 두-다 圈 ① 집었던 것을 바닥에 내버려두다. lay down ② 마음대로 하도록 내버려 두다. let alone
놓아 먹-다 보살피는 이 없이 제멋대로 자라다. grow up way wardly 〈하다〉. keep loose
놓아 먹이-다 지키는 사람 없이 제멋대로 자라나게

놓아 먹인 말 놓아 먹여서 기른 말과 같이 막 자라서 버릇없이 행동하거나 길들이기 어려운 사람의 비유.

놓아 주다 잡히거나 얽매이거나 갇힌 것을 풀어 주다. 용서하여 주다. release

놓이-다 ①얹히어 있다. be laid ②안심이 되다. 《약》놓다¹. feel at ease

놓이-다² 놓음을 당하다. 《약》놓다³. be released

놓치-다 잡거나 얻거나 닥쳐온 것을 도로 잃어버리다. let go

놓친 고기가 더 크다 흔히 지금 있는 것보다 먼저 것이 더 좋았다고 생각한다.

뇌(腦) 〈지학〉 땅 속의 무석돌로 이루어진 층.

뇌(腦) ①〈생리〉 다세포 동물의 머리 속에 있는 중추 신경계의 주요부. 대뇌·소뇌·연수로 구분됨. ②《약》→두뇌(頭腦)①.

뇌각(牢却) 아주 물리침. rejecting flatly 하다

뇌감(腦疳) 〈한의〉 영양이 나빠지나 선병질(腺病質)의 어린에 머리에 나는 헌데.

뇌개(腦蓋) 두개(頭蓋).

뇌개-골(腦蓋骨) 두개골(頭蓋骨).

뇌거(牢拒) 아주 거절함. flat refusal 하다

뇌격(雷擊) 〈군사〉 수뢰(水雷)로 적의 함선을 침. ¶~전(戰). attacking by torpedo 하다

뇌격-기(雷擊機) 〈군사〉 어뢰(魚雷)로 적의 군함을 공격하는 비행기. torpedo carrier

뇌고(牢固) 튼튼하고 굳셈. firm and fast 하다

뇌고(雷鼓) 〈음악〉 천제(天祭)에 쓰는 북.

뇌고(腦鼓) 북을 쉴 사이 없이 빨리 침. drumming

뇌공(雷公) ①〈동〉 뇌신(雷神). ②《동》 천둥.

뇌관(雷管) 탄알의 화약에 불이 붙도록 탕아쇠가 떨어지는 자리에 끼인 물건. percussion-cap

뇌교(腦橋) 〈생리〉 중뇌(中腦)와 연수(延髓)와의 사이에 있어 높이 부푼 부분.

뇌금(雷金) 〈화학〉 염화금(鹽化金)에 암모니아수를 가하여 만든 폭발성 화합물.

뇌-긴장형(腦緊張型) 〈심리〉 신경이 날카롭고 내성적이며 고독을 좋아하는 기질.

뇌=까리-다 불쾌하게 생각하는 남의 말을 그대로 되받아서 자꾸 뇌다. repeat **뇌-꼴-스레**

뇌-꼴-스럽-다 아니꼽고 잔지럽다. disgusting

뇌=농양(腦膿瘍) 머리의 외상(外傷)이나 그 밖의 이유로 뇌 안에 화농균(化膿菌)이 들어가서 일어나는 병.

뇌-다 《약》→놓이다¹.

뇌-다 ①더 보드랍게 하려고 가루를 다시 고운 체로 치다. pass through a sieve of finer mesh ②한 말을 자꾸 되풀이하다. repeat

뇌-다 《약》→놓이다².

뇌-덕(賴德) '소덕(所德)'의 뜻으로, 흔히 글에 씀. 남의 덕을 입음. indebtedness 하다

뇌동(雷同) 아무 생각이 없이 덮어놓고 찬성하여 함께 어울림. blind following 하다

뇌동(腦動) 천둥이 울리어 퍼지는 것처럼 시끄럽게 떠듬. 하다

뇌동 부:화(雷同附和) 《동》 부화 뇌동. 하다

뇌동 비:평(雷同批評) 딴사람이 말하는 대로 좇아 하는 비평.

뇌=두통(腦頭痛) 〈한의〉 눈병의 하나. 열독이 눈을 범하여 눈동자에 핏발이 서고 잘 보이지 않으며 두통이 심함.

뇌락(磊落) 성미가 너그럽고 활달하여, 작은 일에 거리끼지 아니함. open-heartedness 하다

뇌락 장:렬(磊落壯烈) 기상이 쾌활하고 도량이 넓으며 지기(志氣)가 썩썩함. 하다

뇌랗-다 몹시 생기가 없고 아주 노랗다. ¶얼굴빛이 ~. 《큰》 뉘렇다. languid

뇌량(腦梁) 〈생리〉 좌우의 대뇌 반구 사이를 연결하는 신경 섬유의 큰 집단. **빠름**.

뇌력 풍비(雷厲風飛) 일을 함에 벼락같이 날쌔고 빠름.

뇌력(腦力) 정신을 써서 생각하는 힘. mental capacity

뇌력(賴力) 남의 힘을 입음. 하다

뇌롱(牢籠) 《동》 농락(籠絡). 하다

뇌뢰낙낙-하다(磊磊落落-) 썩 뇌락하다.

뇌리(腦裡) 머리 속. ¶~에 박혀 있다. one's mind

뇌막(腦膜) 〈생리〉 두개골 속의 뇌를 싸고 있는 얇은 껍질. meninges

뇌막-염(-염)(腦膜炎) 〈의학〉 뇌막에 일어나는 염증. 유행성·화농성·결핵성의 세 가지가 있음. meningitis

뇌-매독(腦梅毒) 〈의학〉 뇌수가 매독균의 침해를 당하여 생기는 병. 정신 장애·반신 불수 등이 되는 수가 있음.

뇌명(雷名) 《약》→뇌성 대명(雷聲大名).

뇌명(雷鳴) 〈물리〉 전광 방전(電光放電)으로 우렛소리가 일어나는 현상. 천둥. 《유》 뇌성(雷聲). thunderclap

뇌문(雷紋·雷文) 발·돗자리 따위에 번개를 상징하여 그려 놓은 무늬. fretted pattern

뇌물(賂物) 사사로운 이익을 얻기 위하여 권력자에게 몰래 주는 정당하지 못한 돈이나 물건. 뇌사(賂謝). 뇌변(賂變) 나뢰의 변. [謝]. bribe

뇌-병(腦病) 〈의학〉 뇌수에 생기는 질환의 총칭. 협의(狹義)로는 신경 쇠약·히스테리와 같은 신경증과 대뇌 피질(皮質)의 장애로 일어나는 정신병을 제외함. brain disease

뇌-병:원(腦病院) 정신 병원.

뇌봉 전:별(雷逢電別) 우레같이 만났다가 번개같이 사라진다는 뜻으로, 갑자기 잠깐 만났다가 곧 이별함. 하다

뇌부(雷斧) 〈식물〉 대 뿌리에 기생하는 직경 1~2cm의 버섯. 겉은 검고 속은 흰 밤 모양임. 뇌환(雷丸). kind of mushroom

뇌-빈혈(腦貧血) 〈의학〉 심한 출혈이나 그 밖의 원인으로 뇌의 혈액량이 적어서 생기는 병. 증세는 갑자기 눈앞이 캄캄해지고 얼굴빛이 창백하여지며 식을 많을 흘리고 심하면 졸도하여 인사 불성이 됨. cerebral anemia

뇌사(牢死) 《동》 옥사(獄死). 하다

뇌사(牢辭) 《동》 서연(書筵).

뇌사(賂謝) 《동》 뇌물(賂物).

뇌산(雷酸) 〈화학〉 수소·탄소·산소·질소가 한 원자석으로 이루어진 시안산(cyan酸)의 이성체(異性體)의 불안정한 산.

뇌산 수은(雷酸水銀) 〈화학〉 수은을 질산으로 녹이고 에틸 알코올을 가하여 반응시켜서 만든 화합물. 건조 상태에서는 약간의 마찰 또는 충격으로 폭발하므로 기폭제로서의 뇌관에 쓰임. 뇌홍(雷汞). fulminating mercury

뇌살(腦殺) 《약》→뇌쇄(腦殺).

뇌성(雷聲) 우렛소리. 《유》 뇌명(雷鳴). thunder

뇌성 대:명(雷聲大名) ①세상에 크게 드러난 이름. resounding name ②《동》 남의 이름. 《약》 뇌명(雷名).

뇌성 벽력(雷聲霹靂) 우렛소리와 벼락. thunder and lightning

뇌성 소:아 마비(腦性小兒痲痺) 태아기에 뇌출혈·혈뢰 압박 또는 손상 등의 장애로 뇌실질에 변화가 생겨서 일어나는 소아 마비.

뇌쇄(牢鎖) 단단히 잠금. firm locking 하다

뇌쇄(腦殺) 몹시 아름다운 여자가 미모로 남자를 매혹시켜서 괴롭힘. ¶남자를 ~시키는 여자. fascination 하다

뇌수(牢囚) 단단히 가둠. 특히 그 죄수. prisoner 하다

뇌수(腦髓) 《동》 머릿골.

뇌=수면(腦睡眠) 수면의 초기이나 잠이 얕을 때의 수면 상태. 《반》 체수면(體睡眠).

뇌=수종(腦水腫) 〈한의〉 뇌실(腦室)과 뇌막(腦膜) 사이에 물이 피어서 생기는 병.

뇌신(惱神) 정신을 어지럽게 함. worry 하다

뇌신(雷神) 〈민속〉 우레를 맡고 있다는 귀신. 뇌공(雷公)①. god of thunder

뇌신(傀身) ①꼭투각시. 허수아비. 괴뢰(傀儡).

puppet ②실패하여 보잘것없이 된 몸. wretch
뇌=신경(腦神經)圀〈생리〉대뇌·연수(延髓)에서 얼굴·머리 등에 퍼진 운동 신경과 지각 신경. cerebral nerve
뇌실(腦室)圀〈생리〉두개골 안에 있는 뇌의 빈 곳.
뇌야russo(老)圀 노야る.
뇌약(牢約)圀 굳은 언약. firm promise 하다
뇌어(雷魚)圀〈동〉가물치①.
뇌염(腦炎)圀〈의학〉뇌수의 염증으로 일어나는 병.
뇌염 모기(腦炎—)圀〈곤충〉모기과에 속하는 집모기의 하나. 흥모기와 비슷하며, 몸 길이 4.5mm이며, 몸 빛은 암적색. 성충은 여름에 주로 활동하여 사람·동물에 붙어 흡혈하여 뇌염 등의 전염병을 매개함. 한국·일본 및 동아에 분포함. 종물 모기.
뇌옥(牢獄)圀 죄인을 가두는 곳. 옥방(獄房). prison
뇌우(雷雨)圀 우렛소리와 함께 오는 비. thundershower
뇌=일혈(腦溢血)圀〈의학〉뇌 속의 혈관이 터져 피가 뇌 속에 흘러 나오는 병. 갑자기 정신을 잃고 까무라치며 대개는 죽어 살아나도 반신 불수가 됨. 뇌출혈(腦出血). cerebral hemorrhage
뇌자(牢子)圀〈동〉군뢰(軍牢).
뇌장(腦漿)圀〈생리〉뇌척수액.
뇌전(雷電)圀 우렛소리와 번개. thunder and lightning
뇌정(牢定)圀 자리를 잡아서 확실하게 정함. 돈정(敦定). firm determination 하다
뇌정(雷霆)圀→뇌정 벽력(雷霆霹靂).
뇌정 벽력(雷霆霹靂)圀 격렬한 천둥과 벼락. 《약》뇌정(雷霆).
뇌조(雷鳥)圀〈조류〉들꿩과의 새. 날개 길이는 약 20cm, 꽁지는 대체로 검고 배는 흼. 두 눈 위에는 붉고 작은 벗이 있으며 발톱 사이까지 털이 남. 높은 산에 살며 철에 따라 털이 바뀜. moorfowl
뇌=졸중(一卒)[腦卒中]圀 뇌의 갑작스러운 혈액 순환 장애로 말미암은 증상. 갑자기 의식을 잃고 쓰러지며 팔다리의 수의 운동이 불가능해짐.
뇌=종(腦腫瘍)圀 뇌널로 뇌에서 발생하는 종양의 총칭. 두통·구토·경련·마비 등의 증상이 일어남.
뇌:주(酹酒)圀 땅에 술을 부어 강신(降神)을 비는 일. 하다
뇌증[-증](腦症)圀〈의학〉뇌에서 나타나는 각종의 증상. 중병 또는 고열의 자극이 원인이 되어 의식 장애가 일어나는 병증. brain fever ing 하다
뇌진(雷震)圀 천둥이 울리고 벼락이 내리침. thunder
뇌진:탕(腦震蕩)圀〈의학〉머리를 몹시 부딪친 때에 일어나는 현상. 의식을 잃거나 혹은 죽음. concussion of the brain
뇌장(腦漿)圀〈한의〉정수리에 난 헌데. 〔의 총칭.
뇌척수(腦脊髓)圀〈생리〉중추 신경계인 뇌와 척수
뇌척수막염[-넘](腦脊髓膜炎)圀 뇌막과 뇌수막에 포내 뇌막염 쌍구균(腦內膜炎雙球菌)이 들어 염증이 생기는 전염병의 하나. 《약》유행성 뇌척수막염. cerebro-spinal meningitis
뇌척수액(腦脊髓液)圀〈생리〉뇌장(腦漿)과 혈장과의 사이에 낀 임파액(淋巴液). 외부의 충격에 대하여 뇌를 보호하는 일을 함. 뇌장(腦漿).
뇌천(腦天)圀〈동〉정수리.
뇌=출혈(腦出血)圀〈동〉뇌일혈.
뇌=충혈(腦充血)圀〈의학〉뇌수의 혈액이 충혈됨으로써 일어나는 질환. 〔의 전류.
뇌파(腦波)圀 뇌에서 나오는 미약한 주기성(周期性)
뇌풍(腦風)圀〈한의〉머리가 아프고 어지러운 신경병.
뇌-하다(腦—)匢튐 천하고 더럽다. filthy
뇌=하=수체(腦下垂體)圀〈생리〉뇌실로 나온 콩알만한 내분비선. 전엽(前葉)·중엽·후엽의 세 부분으로 되었고 생식·발육에 밀접한 관계가 있음. 골밑샘. ¶ ~ 이식(移植). pituitary gland
뇌=혈전증(一전증)[腦血栓症]圀 동맥 경화로 말미암아 뇌의 혈관 속에 핏덩이가 막혀서 뇌가 연화(軟化)되어 일어나는 병.
뇌형(牢刑)圀 주리를 트는 형벌. torture
뇌홍(雷汞)圀 뇌산 수은(雷酸水銀).
뇌화(雷火)圀 ①우레와 번갯불. thunder and lightning ②낙뢰(落雷)로 인하여 일어난 불. lightning fire
뇌환(雷丸)圀〈생리〉뇌부(腦斧).
뇌후(腦後)圀 ①〈동〉뒤통수. back of the head ②무덤의 뒤쪽. rear part of a grave
뇌후=종(腦後腫)圀〈한의〉뒤통수에 나는 발찌.
넛:보(圀 품이 낮고 더러운 사람. mean fellow
=뇨로미(口)=뇨. =느냐.
누[인데 (약)→누구.
누(婁)圀 (약)→누성(婁星). 〔vement
누(累)圀 해를 입고 괴로움을 받음. trouble involvement
누(漏)圀 ①〈약〉→누수(漏水). ②〈약〉→각루(刻漏).
누(樓)圀 ①〈동〉다락집. ②〈약〉→누각(樓閣).
누[인데 (口)=느냐.
누:가(累加)圀 ①거듭하여 보탬. 거듭 보태짐. cumulation ②동일한 수를 거듭 더하여 합침. 《대》 누감(累減). 하다
누:가(累家)圀 대대로 이어 온 집안.
누가(nougat 프)圀 캔디 따위의 양과자. 사탕·물엿·전분·엿 등을 끓여서 땅콩·살구 등을 섞어서 만듦.
누가 복음(←Luke 福音)圀〈기독〉신약 성서 가운데 의 셋째 편. 예수의 행적(行蹟)을 적은 네 복음가 운데의 하나. Gospel of Luke
누가 흥이야 항이야 하랴관 관계없는 남의 일에 이래라 저래라 할 수 없다.
누:각(漏刻)圀 ①〈동〉각루(刻漏). ②누호(漏壺) 안에 세운 누전(漏箭)에 새긴 눈. 《약》 각(刻)②.
누각(樓閣)圀 사방이 탁 트이게 높이 지은 다락집. 대각(臺閣)②. 《약》누(樓)②. towered mansion
누각(鏤刻)圀 ①조각하는 것. carving ②글을 아름답게 꾸밈. embellishment 하다 〔던 관아.
누=각전(漏刻典)圀〈제도〉신라 때 각루의 일을 말
누:감(漏減)圀 ①여러 차례로 덜어 냄. repeated subtraction ②〈수학〉피감수(被減數)에서 동일한 수를 차례로 덜. 《대》누가(累加). 누증(累增). degression 하다
누:감-세[—세](累減稅)圀 과세물의 수량이나 화폐 가치가 증가함에 따라 세율을 낮추는 과세. 누퇴세(累退稅). 《대》누진세(累進稅). 누가세(累加稅).
누:거(陋居)圀 ①더럽고 좁은 거처. humble abode ②자기의 거처를 낮추어 일컫는 말. my house
누:=거(累巨)圀(累巨萬)圀 썩 많음. millions
누:거만=년(累巨萬年)圀 몹시 오랜 세월.
누:거만-재(累巨萬財)圀 굉장히 많은 재산.
누:견(陋見)圀 ①좁은 생각·의견. poor opinion ②의견이나 생각의 낮춤말. ¶~을 말씀 드리면. my opinion
누'경(耨耕)圀 호미만으로서 하는 경작. 〔opinion
누:계(累計)圀 몇 등 그때 그때까지 몰아서 계산함. 또는 그 계산액. 적산(積算). sum total 하다
누:고(漏告)圀 빼어 버리고 말하지 않음. omission 하다
누:고(漏鼓)圀〈제도〉시각을 알리기 위하여 치던
누:공(漏空)圀〈동〉투조(透彫). 〔북.
누공(鏤工)圀 쇠붙이·도자기에 무늬 따위를 아로새기는 일. 〔管〕. lachrymal duct
누:관(淚管)圀〈생리〉눈물이 흐르 나오는 맥관(脈
누관(樓館)圀 다락집 모양으로 높게 지은 관. tower
누:관(瘻管)圀〈의학〉깊이 곪은 자리에서 피부 밖으로 통한, 구멍이 난 줄기. 고름이 여기를 통하여 흘러 나옴.
누구[인데 ①모르는 사람 또는 그 이름을 밝힐 수 없는 그 어떤 사람. somebody ②남의 이름을 물을 때 쓰는 대명사. 수하(誰何). 《약》누. 뉘⁴. who
누구=누구[인데 여러 사람의 이름을 일일이 지적하여 말하지 않고 그들을 두루 가리켜서 이르는 말.
누구리圀=놀³.
누:국(漏局)圀〈동〉보루각(報漏閣).

누군 (略) 누구는. ¶~ 주고 ~ 안 주니? who
누굴 (略) 누구를. ¶~ 찾니? whom
누그러-뜨리-다 匣 누그러지게 하다. soften
누그러-지-다 성질·추위·값·병 따위가 높은 정도에서 낮은 정도로 내리다. ¶겨울 날씨가 ~. soften
누그름-하-다 阨 누글누글하게 묽다. 《작》노그름하다. thin **누그름-히** 甼
누글-누글 阨 ①무르눅어 누굿누굿한 모양. lithe ②몸이 뼈가 없이 부들부들한 모양. flexible ③마음이 유순한 모양. 《작》노글노글. mild 阨
누굿-누굿 阨 매우 누긋한 모양. 《작》노긋노긋. 阨
누굿누굿-이 甼 누긋누긋하게. 《작》노긋노긋이.
누굿-하-다 阨匣 물건·성질이 메마르지 않고 여유있게 부드럽다. lenient **누굿-이** 甼
누:기(陋氣) 阨 더러운 기운. dirtiness
누:기(漏氣) 阨 축축한 물기운. moisture
누:지(淚器) 阨 〈생리〉 눈물이 나오는 기관. 곧, 누선·누관·누낭·비루관 등의 총칭. lachrymal organ
누기-다 匣 녹이다. 늦추다. 용서하다.
누:기-차-다(漏氣-) 阨 축축한 기운이 많다. ¶누기찬 방. wet
누:기-치-다(漏氣-) 匣 축축한 기운이 나다. ¶방이 몹시 ~. damp
누깔 국자 국을 뜨는 제구. soup ladle
누꿈-하-다 阨匣 전염병이나 해충 따위가 좀 뜸해지다. abate **누꿈-히** 甼
누:-끼치-다(累-) 匣 남에게 누를 입게 하다. 남을 귀찮고 성가시게 하는 남에게 폐스럽게 하다.
누:나 阨 어린 사내 아이가 손위 누이를 부르는 말. elder sister
누:낭-염[-념](淚囊炎) 阨 〈의학〉결핵·매독·트라코마 등의 원인으로 누도(淚道)가 수축되어 폐색되었을 때 눈물이 눈물 주머니에 괴고, 그 눈물 속에 폐렴구균(肺炎球菌) 등의 세균이 번식하여 일어나는 염증.
누:네노리 阨 눈의놀이.
누:년(累年·累年) 阨 여러 해. 누세(累歲). many years
누:누-이(屢屢-) 甼 여러 번 자주. ¶~ 부탁하다. repeatedly
누:님 (累年) 阨 손윗 누이. one's elder sister
누-다 匣 생리적으로 똥·오줌을 속에서 몸 밖으로 내어 보내다. pass
누:-다 匣 피륙을 잿물에 넣어서 부드럽고 희게 하다. bleach
누-다락 (樓-) 阨 다락집의 위층. loft
누:대(累代·歷代) 阨 여러 대. 역대(歷代). successive generations
누대(樓臺) 阨 누각과 대사. 臺樹). towers
누:대 봉:사(累代奉祀) 阨 여러 대의 신주(神主)의 제사를 받듦. 阨匣
누:대 분산(累代墳山) 阨 여러 대의 무덤이 있는 곳.
누더기 阨 누덕누덕 기운 헌 옷. 또, 더럽고 몹시 해진 천으로 된 물건. 남루(鑑樓). tatters
누덕=누덕 阨 해진 데를 붙이고 또 덧붙인 모양. 《작》노닥노닥. full of patch 阨
누:도(淚道) 阨 〈생리〉눈물이 눈에서 코로 흐르는 길.
누:도(屢度) 阨 여러 차례. many times
누:-되-다(累-) 匣 귀찮고 폐(弊)스러워 성가시다. be bothersome
누두상 화관(漏斗狀花冠) 阨 〈식물〉나팔꽃 따위의 깔때기 같은 모양의 화관. funnel-shaped corolla
누:드(nude) 阨 ①벌거벗은 모양. 또, 그러한 사람. 나체. ②그림·조각·사진 등에 있어서의 나체상. 나상(裸像). 무대를 걷거나 춤추는 쇼.
누:드 쇼 (nude show) 阨 누드로 보이는 쇼. 나체쇼.
누:드 스타킹 (nude stocking) 阨 살빛과 같은 긴 비단 양말.
누:락(漏落) 阨 적바림에서 빠짐. 누루(落漏). omission 阨匣 갤때기 阨 . be bothersome
누:란(累卵) 阨 새알을 쌓아 놓은 것같이 대단히 위태로운 형세. imminent peril
누:란-지세(累卵之勢)/**누:란지-위**(累卵之危) 阨 새알을 쌓아 놓은 것같이 매우 위태로운 형세. 위여누란(危於累卵). 위여누란(危如累卵). be threatened with ruin
누:람-자(漏藍子) 阨 〈한의〉천오두(川鳥頭)의 맨 가장자리에 대추씨같이 잘게 붙은 뿌리. 이질·냉무창 위에 쓴. 목별자(木鼈子)①.
누렁 阨 누런 빛깔이나 물건. 《작》노랑. yellow
누렁=물 阨 ①색이 누런 물. yellow water ②색이 누르뜽뜽하고 더러운 물. 「well
누렁 우물 阨 물이 궂어서 먹지 못하는 우물. muddy
누렁-이 阨 ①〈속〉황금(黃金)①. gold ②털빛이 누런 개. 황구(黃狗). yellow-haired dog ③누른 빛깔의 물건. 《작》노랑이. yellow object
누렇게 뜨다 匣 ①오래 앓거나 굶주려서 안색이 누렇게 변하다. ②매우 난처한 일을 당해 어쩔 줄 모르고 안색이 누렇게 변하다.
누:렇-다 阨匣 매우 누르다. 《작》노랗다. deep yellow
누:레-지-다 匣 누렇게 되다. become yellow
누:로(淚路) 阨 〈동〉누도(淚道).
누룩 阨 밀을 갈아 반죽하여 띄워서 만든 술을 빚는 재료. 곡자(麯子). 주매(酒媒). malt
누룩=곰팡이 阨 〈식물〉누룩곰팡이과의 자낭균류(子囊菌類)의 하나. 균사(菌絲)는 빛이 없고 번창하게 퍼져 솜처럼 되었음. 양조용·다이스타제 등의 원료.
누룩=두레(-) 阨 〈공업〉도자기 가마로 만들 때 쓰는 누룩 덩이 같은 흙그릇.
누룩-밀 阨 홍국(紅麴)을 만드는 재료. 국모(麴母).
누룽-지 阨 솥 안에 눌어붙은 밥. 눌은밥①. 《속》깡밥. scorched rice 「노르께하다. yellowish
누르께-하-다 阨匣 곱지도 짙지도 않고 누르다. 《작》
누르-다 阨匣 ①힘을 들여 위에서 아래로 밀다. press down ②꼼짝 못하도록 윽박지르다. ¶기를 ~. oppress ③무거운 것을 얹어 놓다. ¶돌로 ~. press ④이기다. ¶강호(强豪)를 ~. overcome ⑤어떤 느낌이나 심리 작용을 막다. ¶슬픔을 ~.
누:르-다 阨匣 빛깔이 녹색 모양으로 조금 어둡게 노랗다. 《작》노르다. dark yellow 「누르다.
누르디-누르-다 阨匣 아주 누르다. 그 중에서 가장
누르락-붉으락 阨 성이 나서 얼굴빛이 누렇게 혹은 붉게 변하는 모양. flying into a passion 阨
누르락-푸르락 阨 성이 나서 얼굴빛이 누렇게 혹은 푸르게 변하는 모양. flaring up 阨
누르무레-하-다 阨匣 옅게 누르다. 《작》노르무레하다. slightly yellow
누르미 阨 (略) → 화양 누르미.
누르스름-하-다 阨匣 옅게 누르다. 《작》노르스름하다. yellowish
누르퉁퉁-하-다 阨匣 ①충충하게 누르다. sallow ②부은 살이 누른빛을 띠다.
누르황-부(-黃部) 阨 한자 부수(部首)의 하나. '黚'·'點' 등의 '黃'의 이름.
누른 (類) 〈조류〉도요새의 하나. 몸 빛은 적갈색에 도색과·흑색의 반문이 많음. 슛·연못가에 서식하며 수렵조로 맛이 좋음. 천조새(穿草鳥).
누른-빛[-빗] 阨 누른 빛깔. 황색. yellow
누른-돌 [-똘] 阨 물건을 꼭 눌러 두는 돌.
누른-적(-炙) 阨 달걀을 씌워 번철(爕鐵)에 지진 음식. 황적(黃炙). 「뜻. yellow spotted 阨
누룻-누룻 阨匣 군데군데 누르스름한 모양. 《작》노릇노
누리 〈곤충〉메뚜기과의 곤충. 몸 빛은 누른 갈색 또는 녹색이며 날개에는 검은 갈색의 큰 무늬가 있음. 농사에 해를 끼침. 비황(飛蝗). 황충(蝗蟲).
누리② 阨 우박(雨雹).
누:리 阨(古) 세상.
·**누리** 阨(古) 가리¹. 노적더미.
누리-다 匣 복을 받고 길살다. 향유(享有)하다. ¶부귀 영화를 ~. enjoy
누리-다 阨匣 ①누린내가 나다. stinking ②기름기가 많아 게스런 냄새가 나다. smell oil
누리장-나무 〈식물〉마편초과의 낙엽 관목. 산록 및 골짜기의 기름진 곳에 나며 줄기와 잎은 고약

누리척지근하다 냄새가 남. 가지와 잎은 약용함. 취목(臭木).
누리척지근하-다[어미] 조금 누린내가 나다. 누케하다. 《약》누리척지근하다. 《각》노리착. somewhat stinking
누리근=하 다[어미] 《약》→누리척지근하다.
누린-내[명] 짐승의 살코기에서 나는 기름진 냄새. 《각》노린내. stink of millepede
누린내=풀[명] 〈식물〉 마편초과(馬鞭草科)의 다년생 풀. 줄기 높이 1m 가량으로 타원형의, 끝이 뾰족한 잎이 맞 붙음. 고약한 냄새가 몹시 남.
누릿-하다[어미] 냄새나 맛 등이 조금 누리다. somewhat fetid
누=마루(樓一)[명] 다락처럼 드높은 마루. balcony
누:만(累萬)[명] 여러 만. 많음을 나타내는 말. tens of thousands ¶~은 액수의 돈.
누:만-금(累萬金)[명] ①여러 만 냥의 돈. ②굉장히 많은 금.
누:망(漏網)[명] 잡히게 된 죄인이 수사망을 빠져 도망감. escape of a prisoner 하다
누망(縷望)[명] 가냘픈 한 가닥의 희망. faint gleam of hope
누:명(陋名)[명] ①더러운 평판이 오르내리는 이름. ill fame ②억울하게 뒤집어쓴 불명예. 오명(汚名). false charge
누명을 벗다[句] 사실이 밝혀져 누명을 쓰지 아니하게 되다.
누명을 쓰다[句] 사실이 아닌 일로 말미암아 이름이 더럽혀지다.
누:문(漏聞)[명] 새어 나온 말을 얻어 들음. ring 하다 overhear
누문(樓門)[명] 다락집에 있어서 그 다락 밑으로 드나들게 된 문. door of the tower
누:범(累犯)[명] 〈법률〉 금고(禁錮) 이상의 형을 받은 자가 또 다시 죄를 범하는 일. 재범(再犯). repeated offence 하다 ¶형벌을 더하는 일.
누:범 가중(累犯加重)[명] 여러 번 죄를 범했기 때문에 형벌을 더하는 일.
누벨 바그(nouvelle vague 프)[명] 〈연예〉 새 물결이라는 뜻으로, 1958년경 프랑스에 등장한 아방가르드(avant-garde) 영화 운동. 현대를 안으로부터 주관적으로 묘사하려 하며, 행동에의 대담한 추구와 자유 분방한 섹스의 묘사가 특징임.
누:보(屢報)[명] 여러 번 보도함. frequent reports 하다
누보(nouveau 프)[명] ①새로움. 신기함. 신설(新設)·신조(新調). ②〈미술〉 20세기 초두에 프랑스에서 일어난 건축·공예의 신양식(新樣式) 도안. 굵기가 같은 단조한 선을 많이 쓰고, 여유 있고 소박한 맛을 가지고 있음이 특징우. ¶의 많이름.
누보 로망(nouveau roman 프)[명] '앙티로망(antiroman)'
누비[명] 피륙으로 안팎을 만들고 그 사이에 솜을 두어 줄이 죽죽 지게 바느질을 촘촘이 하는 홈질. quilting
누:비(陋鄙)[명] 천함. 촌스러움. baseness 하다
누비-다[타] ①두 겹으로 한 피륙 사이에 솜을 두어 죽죽 줄이 지게 박다. quilt ②요리조리 뚫고 나가다. thread one's way through ③'찡그리다'의 비유. ¶종일 얼굴을 누비고 앉아 있다. frown
누비-옷[명] 누비어서 만든 옷. quilted clothes
누비 이불[명] 누비이불감으로 지은 이불.
누:비·중(漏―)[명] 누비 옷을 누비 입은 중.
누비-질[명] 누비는 일. quilting 하다 ¶~인. 하다
누비 혼인(一婚姻)[명] 두 성 사이에 많이 겹쳐 된 혼인.
누:악(屢惡)[명] 여러 달. 누월(屢月).
누:산(累算)[명] 누계의 계산. aggregation
누=상(樓上)[명] 다락 위. ¶~(下). 《반》누하(樓下). upper storey ¶눈물샘. lachrymal gland
누:선(淚腺)[명] 〈생리〉 눈물을 내어 보내는 분비선.
누선(樓船)[명] 다락이 있는 배. houseboat
누:설(漏泄·漏洩)[명] ①물이 새어 나옴. leakage ②비밀을 밖으로 새어 나가게 함. ¶기밀(機密) ~. disclosure 하다
누:설(縲紲)[명] 포승(捕繩). ¶안
누설지-중(縲紲之中)[명] 포승에 묶여 끌려 다니는 동안
누성(累星)[천문] 28수(宿)의 열여섯째 별. 《약》누(婁).

누:세(累世·歷世)[명] 여러 세대(世代). many generations
누:세(累歲·歷歲)[명] 누년(累年·歷年).
누:송(淚誦)[명] 눈물을 흘리면서 시나 노래를 읊거나 함. ¶부름. 하다
누:수(淚水)[명] 눈물①.
누:수(漏水)[명] ①새어 내리는 물. leaking water ②수기(漏水器)나 각루(刻漏)의 물. 《약》누(漏)①.
누수(蘆蔌)[명] 파리.
누:수 공사(漏水工事)[명] 〈건축〉 수도관의 누수 부분을 수리하는 공사.
누:수기(漏水器)[명] 그릇에 담은 물의 흘러 내림을 보고 시간을 재는 옛날의 시계. water-clock 【智】
누:스(nous 그)[명] 〈철학〉 마음. 이성(理性). 이지(理智)
누:습(陋習)[명] 더러운 풍습. corrupt custom ②더러운 버릇. corrupt habit
누:습(漏濕)[명] 습기가 새어 나옴. oozing out 하다
누:승(累乘)[명] 〈수학〉'거듭제곱'의 구용어. 하다
누:승-근(累乘根)[명] 〈수학〉'거듭제곱근'의 구용어.
누:시(累時)[명] 시간을 거듭함. ①때때로. 종종. repeatedly 하다
누:시=누:험(屢試屢驗)[명] 여러 번 시험하고 경험함.
누:실(陋室)[명] ①더러운 방. squalid room ②자기 방의 겸칭.
누:실(漏失)[명] 빠뜨려 잃어버림. omission 하다
누심(壘審)[명] 〈체육〉 야구에서, 베이스(base)에 있어 주자가 죽고 사는 것을 판단하는 심판. 베이스 엄파이어. base umpire
누:안(淚眼)[명] ①눈물 어린 눈. tearful eyes ②〈의학〉 병으로 눈물이 자꾸 나오는 눈. sore eyes
누:액(淚液)[명] 눈물①.
누:액(漏液)[명] 〈한의〉 손발과 겨드랑이에 많이 흐르는 병.
누에[명] 〈곤충〉 누에나방의 유충(幼蟲). 몸 빛은 회색에 검은 무늬를 띠고 13개의 마디가 있음. 네 번 잠잘 때마다 껍질을 벗고 다 커서 잎에서 실을 토하고 고치를 지음. 《약》 蠶. silkworm
누에-고치[명] 고치¹.
누에-나방[명] 〈곤충〉 누에번데기에서 나온 나방. 암컷은 날개가 희고 비대하며 수컷은 조금 작고 날개는 회색임. 유충은 누에라 함. silkworm moth
누에-농사(一農事)[명] 〈농업〉 누에를 치는 일. 잠농(蠶農). sericulture
누에-늙은이[명] 누에가 늙은 것처럼 갈프르고 휘늘어진 사람. withered person ¶놓는 일.
누에-떨기[명] 〈농업〉 깨 나온 누에를 누에자리에 떨어 놓는 일.
누에-똥[명] 누에의 똥. 약제로 씀.
누에-머리[명] 누에머리 모양으로 쑥 솟은 산꼭대기. 잠두(蠶頭). silkworm a peak ¶가락의 손톱.
누에머리 손톱[명] 너비에 비해 길이가 퍼 짧은 엄지손톱.
누에-씨[명] 씨를 받을 누에 알. silkworm eggs
누에-올리기[명] 〈농업〉 고치를 지을 때가 된 누에를 섶에 올리는 일. 하다
누에-주거니[명] 〈교〉 백강잠(白殭蠶).
누에-파리[명] 〈곤충〉 누에파리과의 곤충. 누에구더기가 변하여 된 파리.
누에-구더기[명] 〈곤충〉 ①똥파리의 유충. 잠저(蠶蛆). ②누에파리의 유충. 향저(蠶蛆).
누-역(고)[명] 도롱이.
누역-차조[명] 〈식물〉 차조의 하나.
누:열(陋劣)[명] 비열(卑劣)함. meanness 하다
누:옥(陋屋)[명] ①초라하고 더러운 집. squalid hut ②자기의 집을 낮추어 일컫는 말. my house
누옥(漏屋)[명] 비가 새는 집. leaky house
누운-다리[명] 베틀다리. ¶garment
누운-단[명] 웃옷의 아랫단. lower hem of an upper
누운-목(一木)[명] 잿물에 삶아 물에 빨아 말린 무명. bleached cotton-cloth
누운-변(一邊)[명] 변리를 다달이 갚지 않고 본전과 같이 꺼서 한 때에 갚는 변리. 와변(臥邊). 장변(長邊). 《대》선변. 《약》 눌외. horizontal laths
누울-외(一根)[명] 〈건축〉 벽 속에 가로 대는 외. 《대》

누울 자리 봐 가며 발을 뻗어라 시간과 장소를 가려 행동하라는 뜻.

누워 떡 먹기 아주 쉬워 힘들지 않음.

누워-먹-다回 음식을 누워서 먹다. 团 놓고 먹다. 거저 먹다. live an idle life

누워서 떡을 먹으면 팥고물이 눈에 들어간다 제 몸 편할 것만 생각하면 도리어 해가 생긴다.

누워서 침 뱉기 남을 해치려다가 도리어 제가 해를 입음. 앙천이타(仰天而唾).

누:월(累月·屢月)圀 여러 달. 누삭(累朔·屢朔). many months

누의(囧)圀 누이.

누이圀 ①한 어버이에게서 난 사람 중 남자가 이 서 자기보다 나이가 많거나 적은 여자. 손위 누이와 손아래 누이. ②(옛)누이동생. 团(옛)누³. sister

누이-다¹①사람의 몸이나 긴 물체를 가로 되게 놓다. 团 눕히다. lay down ②이자는 받고 원금은 그냥 빚으로 두다. ③피륙을 잿물에 담갔다가 솥에 찌다. 团 뉘다¹. bleach

누이-다² 오줌이나 똥을 누게 하다. 团 뉘다².

누이-동생(-同生)圀 자기보다 나이 어린 누이. 여동생. 누이②. younger sister

누이 믿고 장가 안 간다 도저히 불가능한 일을 하려 하고 다른 방책을 세우지 않는다.

누이바꿈圀 누이들을 처남과 혼인시킴. 하团

누이 좋고 매부 좋다回 ①서로 다 좋다. ②좋은 데 한층 더 좋다.

누:일(累日·屢日)圀 여러 날. 연일(連日). many days

누임圀 피륙을 잿물에 담갔다가 솥에 찜. (약) 넘. bleaching 하团 [누]. accumulation 하团

누:적(累積)圀 포개져서 쌓임. 포개어서 쌓음. 적루(積累).

누:적(漏籍)圀 호적·병적·학적 등에서 빠짐. being left out of a register 하团

누:적 투표(累積投票)圀 누적투표의 일부 또는 전부를 한 사람에게 누적하여 투표할 수 있는 투표 방법. cumulative voting

누:전(漏電)囚〈물리〉전기 기구나 전깃줄 따위의 절연(絕緣)이 잘못 되었거나 또는 손상된 결과 전류가 다른 데로 새어 흐름. 또, 그 전류. electricity leak 하团

누:전(漏箭)圀 ①각루(刻漏)의 누호(漏壺) 안에 시간을 알아보도록 세운 화살. gnomon of waterclock ②알지 못하게 날아 와서 사람을 맞힌 것의 화살. stray arrow

누:점(漏點)圀 누수의 똑똑 떨어지는 물방울. drops

누:정(漏精)圀〈의학〉성행위(性行爲)에 의하지 아니하고 무의식 중에 정액이 흘러 나옴. 또, 그 정액. 〈유〉실정(失精). 백음(白淫). spermatorrhea 하团

누:정(漏睛瘡)圀〈한의〉눈자위에 종기가 나서 터지는 병.

누:조(累朝)圀 역조(歷朝). [저 고름이 나는 병.

누주(樓主)圀 길이 5 m 이상, 직경 50 cm 이상의 재목.

누:증(累增)圀 여러 차례로 더함. 차차 더하여짐. (대) 누감(累減). acceleration 하团

누:지(陋地)圀 ①누추한 곳. ②자기가 사는 곳의 겸칭.

누:지-다回 습기를 머어 축축하여지다. damp 圀 조금 축축하다. wettish

누:진(累進)圀 ①관위(官位)·등급 등이 점차로 올라감. successive promotions ②비율이 차차 늘어감. (대) 누퇴(累退). progressive increase 하团

누:진(漏盡)圀 다 새어 버림. leaking out 하团

누:진 과세(累進課稅)圀 누진 세율에 의하여 세금을 부과하는 일.

누:진-세(累進稅)圀〈법률〉누진 세율을 적용한 세(稅). (대) 누퇴세(累退稅). 비례세(比例稅). 역진세(逆進稅). progressive tax

누:진-율(-–뉼)(累進率)圀 가격이나 수량이 증가함에 따라 기하는 율.

누:차(屢次)圀 ①여러 차례. 수차(數次). many times ②가끔. 때때로. repeatedly

누:창(漏瘡)圀 감루(疳瘻).

누척지근-하-다[—] 団→누리척지근하다.

누:천(陋賤)圀 비천(卑賤)함. 신분이 낮음. humbleness 하团 ['이 웃음 가리키는 말. down-pour

누:천(漏天)圀 하늘이 샌다는 뜻으로, 비가 너무 많

누:-천년(累千年)圀 여러 천년.

누:최(屢催)圀 시계가 때를 재촉함. 하团

누:-추-하-다(陋醜—)[圀] 지저분하고 더럽다. (약) 누하다. squaliduness

누:출(漏出)圀 새어 나옴. leakage 하团

누치(圀)〈어류〉잉어과의 민물고기. 길이 50 cm 정도로 잉어와 비슷하며, 몸 빛은 은색 바탕에 등 쪽은 어두운 회색을 띰. 한국·중국 등지에 널리 퍼져 있음. 눌어(訥魚). cornet fish

누:치(瘻痔)圀〈동〉치루(痔漏·痔瘻).

누:칠(累七)圀〈불교〉사람이 죽은 뒤 49일까지, 7일마다 추선 공양(追善供養)하는 일.

누게-하-다[圀] 누리척지근하다.

누클레인-산(Nuclein酸)圀〈동〉핵산(核酸).

누:탈(漏脫)圀 새어 빠져 달아남. escape 하团

누:태(陋態)圀 보기에 흉한 모양. ill appearance

누:태(漏胎)圀〈한의〉아이를 밴 여자가 배도 아프지 않고 하혈함. 하团

누:택(陋宅)圀 ①쓸쓸하고 누추한 집. humble house ②자기 집을 겸손하게 일컫는 말. my house 「하团

누:토(累土)圀 흙을 쌓아 올림. 또, 그 흙. mound

누:퇴(累退)圀 ①관위·등급 등이 차차 내려감. ②비율이 차차 내려감. (대) 누진(累進).

누:퇴-세(累退稅)圀〈법률〉누퇴 세율을 적용한 세. 누감세(累減稅). (대) 누진세(累進稅). 비례세(比例稅). degressive tax

누:퇴 세:율(累退稅率)圀〈법률〉과세 표준(課稅標準)이 적어짐에 따라 차차 낮아지는 세율.《대》누진 세율. 비례(比例)세율. degressive rates of tax

누:표(漏杓)圀 석자.

누:풍(漏風)圀 넓은 뜻의 풍기(風紀). corrupt practice

누:풍-증[—쯩](—症)圀〈한의〉온몸에 땀이 많이 나고 열이 나며 목이 마르고 느른한 병. 주풍(酒風).

누:하(漏河)圀 넷물처럼 흐르는 눈물. flood of tears

누하(樓下)圀 다락 아래. 《대》 누상(樓上). down stairs

누:-하-다(陋—)[圀]《약》→누추하다.

누:항(陋巷)圀 ①좁은 길거리. narrow alley ②자기가 사는 곳의 겸칭. my place

누:혈(漏血)圀〈한의〉피가 나오는 치질(痔疾).

누:호(淚湖)圀 각막이나 결막 표면을 씻어 내린 눈물이 일단 괴는 부분.

누:호(漏戶)圀 호적에 빠진 집. unregistered family

누:호(漏壺)圀 각루(刻漏)의 물을 담는 그릇과 물을 받는 그릇.

누:회(屢回)圀 여러 번. many times

누:흔(淚痕)圀 눈물 자국. tear stains

누:-흘리다(圀) 마음이 흘러 게으르다.

눅눅-하-다[圀]①습기나 기름기가 있어 좀 무름하게 부드럽다. ②축축한 기운이 있다. (작) 녹녹하다. flabby **눅눅-히**[圀]

눅-느지러지-다[圀] 눅수하고 느지러지다. become flabby

눅-다[圀]①반죽이 무르다. ¶밀가루 반죽이 너무 ~. flabby ②성질이 누굿하다. generous ③뻣뻣한 것이 습기를 받아 부드럽다. soft ④춥던 날씨가 좀 풀리다. 날씨가 눅어지다. mild ⑤값이 싸다. ¶쌀값이 눅어지다. cheap

눅신-눅신 매우 눅신한 모양. (작) 녹신녹신. 하团

눅신-하-다[圀] 섬유질의 물건이 눅눅하여 질기지 않다. (작) 녹신하다. pliant **눅신-히**[圀]

눅실-눅실 썩 무르녹게 눅신눅신한 모양. (작) 녹실녹실. 하团

눅실-하-다[圀] 아주 물러서 눅신하다. (작) 녹실하다.

눅은-도리圀〈음악〉풍류의 곡조의 마디를 늦게 하는

눅이다 도막.
눅이-다[타] ①굳은 물건을 부드럽게 하다. ¶뻣뻣한 장판지를 물에 ~. soften ②굳은 마음을 풀리게 하다. ¶긴장된 마음을 ~. appease ③젖게 하다. 적시다. ¶마른빨래를 ~. wet ④목소리를 부드럽게 하다. ¶성난 목소리를 ~. soften voice
눅자지-다[자][고] 위로하다.
눅직-하다[형] 추운 날씨가 좀 풀리다. become mild
눅진=눅진[부] 매우 누긋하고도 끈끈한 모양. 하[혱]
눅진-하-다[형][어] 물체나 성질이 누긋하고도 끈끈하다. [작] 녹진하다.
눈[명]〈생리〉사람이나 동물의 감각기(感覺器)의 하나로 밖으로부터 들어오는 빛의 자극으로 모든 것을 볼 수 있는 감각 기관. 목자(目子). (비) 눈구멍②. 눈깔. eye 「또, 그 어린 싹. sprout
눈²〈식〉나무에 새로 막 터져 돋아나오는 자리.
눈³[명] ①자·저울 따위에 수나 양을 헤아리기 위해 새긴 금. graduation ②그물 따위의 매듭과 코. mesh
눈: [명] 기온이 0도 이하일 때, 대기의 상층에서 수증기가 응결하여, 땅에 떨어지는 흰 결정체. snow
눈-가[—까][명] 눈의 가장자리.
눈-가늠[명] 눈대중으로 어림 셈하여 목표를 정하는 일. 눈겨냥. eyemeasurement
눈-가다[자] 보는 눈이 향하여지다. see
눈-가루[—까—][명] 눈송이의 부스러진 가루. powdered snow
눈 가리고 아웅[부] 얕은 꾀를 써서 속이려고 함.
눈-가림[명] 겉만 꾸미어 남의 눈을 속임. deceit 하[타]
눈-가장[—까—][명] 눈의 가장자리.
눈-가죽[—까—][명] 눈두덩의 가죽. skin of eyelids
눈-감:-다[—따][자] ①위아래의 눈시울을 마주 붙이다. close one's eyes ②목숨을 거두다. 곧, 죽다. breathe one's last ③어떤 일을 묵인하다.
•**눈-곱·다·다**[자][고] 눈감다. 「tacitly
눈감아 주-다[타] 남의 잘못을 못 본 체하여 주다. allow
눈감으면 코 베어 먹을 인심 세상 인심이 험악하고 믿음성이 없음.
•**눈굿즈·기-다**[자][고] 눈을 갖추다.
눈-거칠-다[형][탈] ①눈에 거슬리어 보기 싫다. ②눈에 들지 아니하다. be unsightly
눈-길:[명][동] 눈가늠.
눈-겨룸[명] 서로 마주 보며 오랫동안 눈을 깜작이지 아니하기를 내기하는 어린아이의 장난. staring match ②[명] 먹어 치웠다. moment
눈-결[—껼][명] 눈에 슬쩍 뜨이는 잠깐 동안. ¶~에
눈-곱[—꼽][명] ①눈에서 나오는 더러운 즙액(汁液)이 말라 붙은 것. (비) 눈곱자기. eye-matter ②아주 작거나 적은 사물의 비유. whit
눈-괴불주머니〈식물〉양귀비과에 속하는 이년생풀. 줄기 높이 60 cm 가량이며 7~9월에 엷은 황색 꽃이 줄기 끝과 가지 끝에 핌.
눈-구덩이[—덩—][명] 눈이 많이 쌓인 곳. deep snow
눈-구름[명] 눈과 구름. ②눈을 머금은 구름.
눈-구멍[—꾸—][명] 눈알이 박힌 구멍. 안공(眼孔). 안와(眼窩). 안구(眼窟). eyehole (비) 눈②.
눈-구멍[—꾸—][명] 많은 눈이 쌓인 가운데. pit in heaped snow
눈-구석 [명] 눈의 코 쪽 구석. corner of the eye
눈구석에 쌍 가래톳 선다[구] 너무나도 분한 일을 당하여 어이없고 기가 막히다.
•**눈굿**[명] 눈구석. 「하여 어이없고 기가 막히다.
눈-금[—끔][명] ①저울·온도계 따위에 표시된 금. scale ②눈짐작으로 긋는 금. eye-measured line
눈-기운[——][—氣運][명] 눈이 올 듯한 기미.
눈-길[—껼][명] 눈으로 보는 방향. 눈 가는 곳. 시선 (視線). line of vision
눈-길:[—껼][명] 눈이 하얗게 덮인 길. snowy road
눈-까풀[명] 눈알을 덮는, 위아래로 움직이는 까풀. [준] 눈꺼풀. eyelid
눈깔[—][비] 눈¹.

눈깔 귀머리장군(—將軍)[명] 귀머리장군 삼각형 속에 동글고 좀 검은 두씩 박은 종이 연(鳶).
눈깔 머리동이[명] 머리동이의 양쪽에 둥근 점이 한 개씩 있는 연(鳶).
눈깔 바구니[명] 가는 대오리로 구멍이 많이 뚫어지게 만든 바구니. open work basket
눈깔 사탕(—砂糖)[명] 설탕을 끓여 눈알처럼 둥글고 단단하게 만든 사탕. toffee
눈깔 허리동이[명] 허리의 좌우쪽 검은 띠에 크고 동그란 점이 하나씩 있는 종이 연(鳶). [어] blinkard
눈-깜작이[명] 눈을 자주 깜작거리는 사람. [큰] 눈끔적이
눈-꺼:지-다[자] 눈이 움쑥 들어가다. be hollow-eyed
눈-꺼풀[명] 눈알을 덮는 꺼풀. 안검(眼瞼). 안포(眼胞).
눈-꼬리[명] →눈초리. [작] 눈까풀. eyelid
눈-꼴[명] ①눈의 생김새나 눈의 동작의 형태. ②부정적인 요소들과 결합하여 쓸 때의 눈. look of the eyes
눈꼴-사:납-다[비][①보는 눈이 순화롭지 못하다. have a dreadful look ②모양·차림이 흉하다. be unsightly
눈꼴-시-다[형] 비위에 거슬리거나 아니꼬워 보기가 싫다. [유] 눈꼴틀리다. be disgusting
눈꼴-틀리-다[자] 볼썽하도록 보기 싫다. [유] 눈꼴시다.
눈-꽁댕이[—][속] 눈초리. 「trees
눈:-꽃[—꼿][명] 나뭇가지 위에 얹힌 흰 눈. snow on the
눈-끔적이[명] 눈을 자주 끔적거리는 버릇이 있는 사람. [작] 끔적이. [작] 눈깜작이. blinkard ②인형극의 탈의 하나. mask 「같은 느낌이 되다.
눈-뇌다[—노이다][자] ①억울하다. ②놀라서 눈이 뒤어나올 것
눈-높-다[—][형] ①좋은 것만 보고 찾는 버릇이 있다. aim high ②감식(鑑識)하는 힘이 뛰어나다. 안식(眼識) 이 높다. have discernment
눈-다랭이〈어류〉고등어과의 바닷물고기. 외양성 어종으로 몸 길이는 2 m 가량, 머리가 크고 눈이 크며 가슴느러미가 길. 식용으로 많이 이용함.
눈-대중[—때—][명] 눈으로 보아 대강 수량을 어림잡아 헤아림. eye-measurement 하[타] 「covetous eye
눈-독[—똑][명] 눈여겨보는 일. 또, 그런 욕심의 기운.
눈독 들-다[자][랴] 눈독이 일어나다. 눈독이 쏘이다. feel inclined at the first sight 「eyes on
눈독 들이-다[타] 욕심을 내어 눈여겨보다. set one's
눈-동자[—똥—](—瞳子)[명] ①빛이 눈어가는 눈알 한가운데의 둥근 까만 작은 구멍. 동공(瞳孔). 모자(眸子). 안정(眼睛). 동자(瞳子). pupil of the eye ②가장 귀중한 것을 비유하여 이르는 말.
눈-두덩[—뚜—][명] 눈언저리의 두두룩한 곳.
눈두에[명][고] 눈두덩. 눈꺼풀.
눈-부리[명] 툭 비어지고 큰 눈. 또, 그런 눈을 가진 사람. (유) 딱부리. goggle eyes
눈-딱지[명] 보기에 흉한 눈. 또, 그런 눈매. eagle eyes
눈뜨고 도둑 맞는다[명] 번연히 속는 줄 알면서도 하는 수 없이 손해를 본다. 「무서운 세상이란 뜻.
눈뜨고 코 베어 갈 세상[명] 보는 데서 해를 받을 만큼
눈-뜨-다[자] ①눈을 열다. open the eyes ②이치를 깨닫다. be enlightened ③글자를 배워 알게 되다.
눈뜬 장:님[명] ①눈을 떴어도 사실은 보이지 않는 장님. blind fool ②[동] 문맹자. ③[속] 눈으로 보고도 알지 못하는 사람.
눈:-띄-다[자] 눈에 뜨이다. catch one's eyes
눈-망울[명] 눈동자가 있는 곳. 안주(眼珠). eyeball
눈-맞-다[자] ①두 사람의 눈치가 서로 통하다. reach a secret understanding ②[속] 남녀간에 서로 사랑하는 뜻이 통하다. fall in love with each other
눈-맞추-다[타] ①서로 눈을 마주 보다. look at each other ②서로 눈치를 보이다. make silent love to each other
눈매[약]→눈맵시. 「eyes
눈-맵시[명] 눈의 생긴 모양. (약) 눈매. shape of the
눈 먼 토끼 얼음 먹던 토끼가 다 각각[속] 사람은 자기가 겪어 온 환경이나 경우에 따라 그 능력을 달리한다.

눈먼 놈이 앞장 선다 못난 자가 남보다 먼저 나댄다.
눈먼 소경더러 눈멀었다 하면 성낸다㈜ 누구나 자기의 단점을 남이 말하는 것을 싫어한다.
눈먼 탓이나 하지 개천 나무라서 무엇하나㈜ 자기의 부족은 생각하지 않고 남을 원망할 것이 아니다.
눈ː=멀‑다[㊀] ①눈이 보는 힘을 잃다. 눈어둡다. lose one's sight ②어떤 일에 몸시 마음이 쏠려 이성을 잃다. ¶돈에 ～.
눈ː=모시[㊀] 뉘어서 빛깔이 아주 하얗게 된 모시.
눈ː=물[㊀]㈜〈생리〉눈알 위의 누선(淚腺)에서 나오는 물. 누수(淚水). 누액(淚液). tears ②깊은 동정의 마음. ¶～없는 무정한 사람. sympathy
눈ː=물[㊁]㈜ 눈이 녹아서 된 물. melted snow
눈물‑겹‑다[㊂] 몹시 가엽거나 처량하다. ¶눈물겨
눈물‑샘[㊀]㈜ 누선(淚腺). 광경. pathetic
눈물‑없‑다[㊂] 뼈에 사무치는 깊은 동정의 마음이 없다. 눈물없‑이[㊁]
눈물‑지‑다[㊂] 눈물이 흐르다. be moved to tears
눈물‑짓‑다[㊂]㊀ 눈물을 흘리다. 울다. shed tears
•**눈‧믈**[㊀][㉠] 눈물.
눈ː=바람[‑빠‑][㊀] 눈 위로 불어오는 찬 바람. 설풍(雪風). 설한풍(雪寒風). snowchilled wind
눈ː=바람[㊁] ①눈과 바람. 풍설(風雪). ②심한 고난. ¶～을 헤치며 살아갔는 인생.
눈ː=발[‑빨‑][㊀] 눈이 내릴 때 줄이 죽죽 서 보이는 눈. ¶～이 날리다. thick snow
눈ː발 서‑다[‑빨‑][㊂] 눈이 곧 올 듯하다. threaten to snow
눈ː=밝‑다[㊂] 시력이 좋다. [을 집중시키다.
눈밝히‑다[㊂] 눈을 크게 뜨고 보다. 또, 흥미나 관심
눈ː=방울[‑빵‑][㊀] 정기가 있어 보이는 또록또록한 눈알. lively eye‑ball
눈ː=벌[‑뻘][㊀](‑野)[㊀] ①눈이 깔린 땅. 설전(雪田). snow‑covered field ②높은 산이나 중턱에 녹지 않은 눈. snowcap
눈ː=병[‑뼝](‑病)[㊀]〈의학〉눈에 생긴 병. 안질. 안병. eye disease
눈보다 동자가 크다㈜ '배보다 배꼽이 크다'와 같은 뜻으로 쓰는 말로 주장되는 것보다 딸린 것이 더 크다는 말.
눈ː=보라[㊀] 바람에 불리어 몰아치는 눈. snow‑storm
눈ː=부리‑다[㊂] ①눈을 부릅뜨고 보다. ②눈망울을 굴리며 성난 눈으로 보다. glare at
눈ː=부시‑다[㊂] ①빛이 세어 바로 보기 어렵다. dazzling ②빛이 매우 황홀하다. brilliant
눈ː=부처[㊀] 눈동자에 비쳐 나타난 사람의 형상. 동인(瞳人•瞳人). 동자 부처(瞳子‑).
눈ː붙이‑다[‑부치‑][㊂] 잠을 잠시 동안 자다.
눈비야[㊀][㉠] 제비쑥. 암눈비앗.
눈ː=비음[㊀] 남의 눈에 들도록 겉으로만 꾸미는 일. putting on a fair show 하다
눈ː=빛[‑삩‑][㊀] ①눈에 나타나는 기색. ¶성난 ～. cast of one's eye ②눈에서 비치는 빛깔. 안광(眼光). [마음.
눈ː=빛[㊁][‑삩‑][㊀] 눈의 빛깔. 흰빛. ¶～ 같은 순결한
눈ː=사람[‑싸‑][㊀] 눈을 뭉쳐 만든 사람. snow‑man
눈ː=사태[‑샤汰‑][㊀] 많이 쌓인 눈이 무너지면서 비탈을 급속히 미끄러져 내리는 일. snowslide
눈ː=살[‑쌀][㊀] ①두 눈 사이에 있는 주름. 양미간(兩眉間). ¶～ 을 찌푸리다. furrow between one's eye brows ②㈜ 눈총.
눈살 찌푸리‑다[‑쌀‑][㊂] 못마땅한 마음에 양미간
눈ː=석이[㊀]㈜→눈석임물.
눈ː=석임[㊀] 눈이 속으로 녹아 스러짐. thaw 하다
눈ː=석임‑물[㊀] 눈이 녹아서 된 물. (약) 눈석이. water from the thawing snow [unfamiliar
눈ː=설‑다[㊂] 눈에 익지 아니하다. (‖) 눈익다.
눈섬[㊀](㉠) 눈썹. [게 하다. cheat
눈ː=속이‑다[㊂] 잠시 수단을 써서 보는 이로 하여금 속
눈ː속임[㊀] 눈을 속이는 짓. cheating 하다

려오는 눈. 설편(雪片). 설화(雪花•雪華). snow flake [목광(目眶). edge of an eyelid
눈ː=시울[‑씨‑][㊀] 눈의 가장자리의 속눈썹이 난 곳.
눈ː=싸움[㊀] 눈을 깜작거리지 않는 장난. 눈겨룸②. (약) 눈싸움¹. staring‑match 하다
눈ː=싸움[㊁][㊀] 눈을 뭉쳐 서로 던져 때리는 장난. 설전(雪戰). (약) 눈싸움². snowball fight 하다
눈ː=쌈[㊀](약)→눈싸움¹.
눈ː=쌈[㊁](약)→눈싸움².
눈ː=썰미[㊀] 한 번 보아 흉내낼 수 있는 재주. 목교(目巧). ¶～가 있어 보인다. quick eye
눈썹[㊀] 두 눈두덩 위에 가로줄로 모여 난 짧은 털. 미모(眉毛). eye‑brows
눈썹‑노리[㊀] 베틀에서 눈썹대의 끝 부분.
눈썹‑대[㊀]〈공업〉베틀 용두머리 두 끝에 앞으로 박아 내밀처 잉앗대를 매다는 가는 막대기.
눈썹‑바라지[㊀] 약게(藥榮)바라지 짝의 중턱에 가로 박힌 두 개의 작은 돌장. [생겼다.
눈썹에서 떨어진 액이라㈜ 뜻밖의 걱정거리가 갑자기
눈썹‑줄[㊀] 베틀의 눈썹대 끝에 잉앗대를 거는 줄.
눈썹‑차양(‑遮陽)[㊀] 처마 끝에 다는 좁은 차양. sunshade
눈ː=씨[㊀] 쏘아 보는 시선의 힘. force of one's stare
눈ː=아(嫩芽)[㊀] 새로 나오는 싹. new bud
눈ː=안개[㊀] 눈이 올 때 끼는 안개 같은 것. snow mist
눈ː=알[㊀]〈생리〉눈구멍 안에 있는 공 모양의 부분으로 시관(視官)의 주요부. 눈알(眼球). eyeball
눈ː=앞[㊀] ①눈에 보이는 바로 가까운 곳. 목전(目前). ¶～에 펼쳐진 광활한 대지. before one's eye ②가까운 장래. ¶결혼을 ～에 두다. [(眼鏡).
눈ː=약[‑냑](‑藥)[㊀] 눈병의 치료에 쓰는 약. 안약
눈ː=양태[‑냥‑][㊀] 눈양태과의 바닷물고기. 길이 30 cm, 빛은 주홍색, 아래쪽은 담색임.
눈ː=어둡‑다[㊂] ①시력이 좋지 못하다. ②어떤 일에 정신이 팔려 이성을 잃다.
눈어둡다 하더니 다홍 고추만 잘 딴다㈜ ①속이 음흉한 사람을 이름. ②제 일만 알고 남의 일은 돌지 않으려고 꾀부릴 때 이름.
눈ː=어리‑다[㊂] 눈의 감각이 흐리다. weak‑sighted
눈ː=어림[㊀] 눈으로 보아 대강 친 헤아림. 눈짐작. 목산(目測). 목측(目測). ¶～으로 대중하다. eye measure‑
눈ː=언저리[㊀] 눈의 가장자리.   [ment 하다
눈에놀이[㊀](‑昆蟲)[㊀] 눈에놀이과의 곤충. 모기와 비슷한데 몸 길이 1mm 가량이고, 몸 빛은 황갈색 또는 담회색임. 암컷은 동물의 피를 빨아먹는데 독이 있어 그 자리가 붓고 쓰림. 멸몽(蠓蠓).
눈에 밟히다㈜ 눈에 선하다. be vivid before one's eyes
눈에 헛가미가 잡히다㈜ 욕심 때문에 사물을 바로 보지 못하다.
눈엣=가시[㊀] ①몹시 미워 항상 눈에 거슬리는 사람. eye‑sore ②남편의 첩을 일컫는 말. 안중정(眼中釘).
눈여겨=보‑다[‑녀‑‑][㊂] ①눈에 띄도록 마음먹고 보다. observe closely ②눈주어 살피다. keep one's eyes open
눈ː=엽(嫩葉)[㊀] 새로 나오는 곱고 부드러운 잎. sprouts
눈 온 뒷날은 거지가 빨래를 한다㈜ 눈이 갠 날 일기가 따뜻하다.
눈ː=요기[‑뇨‑](‑療飢)[㊀] 눈으로 보기만 하고 얻지 못하는 일. feasting one's eye 하다
눈ː=웃음[㊀] 눈으로만 웃는 가만한 웃음. 목소(目笑). smile with one's eyes
눈웃음 치‑다[㊂] 남의 마음을 사려고 눈으로 조용히 웃는다. have a smile playing about one's eyes
눈 위에 서리친다㈜ 불행하거나 어려운 일을 당하고 있는 터에 또 괴로움이 닥치믈 이름. 설상가상(雪上加霜). [안목과 시견이 없다.
눈은 있어도 망울이 없다㈜ 사물을 정확하게 분별하는
눈을 떠야 별을 보지㈜ 어떤 결과를 얻으려면 실제로 그에 상당한 일을 해야 한다.

눈의 날[눈][目]에 대한 위생·보호·검진 등을 강조하는 날. 매년 11월 1일로 정했으나 1973년 3월 24일 '보건의 날'에 합침.

눈=익-다[-닉-]夕 눈에 익숙하다. (대) 눈설다. familiar

눈=인사(一人事)夕 눈짓으로 하는 인사. ¶~를 나누었다. greeting with one's eyes 하타

눈:=자라기夕 아직 곧추 앉지 못하는 어린아이. infant who cannot sit down by itself

눈주수夕 (고) 눈동자.

눈·주·슈/눈쯔·슈夕 (고) 눈동자.

·눈조·싀/눈즈의夕 (고) 눈동자. [of the eyes

눈=자위[--짜-]夕 눈알의 언저리. 안광(眼眶). rim

눈자위=꺼-지-다[---]자 (속) 사람이 죽다. die

눈재주夕 한 번 보고 잊지 아니하고 그대로 기억하는 능력. 눈재주. 눈정신. keenness of the eye

눈=정기[-껑-](一精氣)夕 눈의 광채. glitter of one's eye

눈=정신[-껑-](一精神)夕 ①눈에 재주가 드러나 보이는 기운. light in one's eye ②한 번 본 것을 잊지 않는 눈의 재주. keen eyes

눈=조리개夕 (동) 홍채(虹彩).

눈=주다타 약속의 뜻을 보여 가만히 눈짓하다. wink

눈:=진물이[-찐-]夕 눈이 진무른 사람의 별명. person whose eyes are old and flabby

눈=질[-찔]夕 눈으로 흘금 보는 짓. scowl at 하타

눈=짐작[-찜-]夕 (동) 눈어림. 하타

눈=짓[-찟]夕 눈을 움직여서 무슨 뜻을 나타내는 짓. winking 하타

눈=초(嫩草)夕 새로 눈이 터서 나온 풀. fresh grass

눈=초리夕 ①눈이 귀 쪽으로 째진 구석. 목자(目眥). 내자(內眥). ¶날카로운 ~. tail of the eye ②시선.

눈=총夕 ①눈에 독기를 올리어 쏘아 보는 기운. 눈살②. hostile look

눈=총기(一聰氣)夕 눈으로 보아 기억하는 재주.

눈총=맞-다타 몹시 미움을 받다. be hated

눈치夕 ①남의 마음을 알아낼 수 있는 기미·낌새. sense ②남이 마음을 알아채게 하는 태도. look ③속으로 남을 싫어하는 태도. air of dislike 하타

눈치가 빠르면 절에 가도 젓갈을 얻어먹는다夕 눈치가 있으면 어디를 가도 군색하지 않다.

눈치가 안는 암탉 잡아먹겠다夕 분별없이 행동하는 품이 무슨 당치 않은 엉뚱한 짓을 할는지 모르겠다.

눈치=꾼夕 남의 눈치만 보면서 행동하는 사람.

눈치=치레夕 실속은 가리지 않고 보는 대로 겉치레만 번지르르하게 하는 태도. mere show 하타

눈치=보-다타 남의 마음의 기미를 미리 살피다. study a person's face [aware of one's intention

눈치=채-다타 남의 마음의 기미를 알아채다. become

눈치 코치夕 '눈치'를 강조하여 흔하게 이르는 말.

눈치 코치도 모른다夕 남이 어떻게 하는지 요량(料量)도 못하다. ¶어쩐지 눈치하는 것 같다. [다.

눈치=하-다타자 마음속으로 귀찮게 여기어 싫어하다

눈칫=밥夕 눈치를 살펴 가면서 얻어먹는 남의 밥.

눈=코夕 눈과 코. [meals given unwillingly

눈코 뜰 새 없다形 몹시 바쁨을 이르는 말. 안비 막개(眼鼻莫開). have no leisure

눈=통夕 눈두덩의 불룩한 곳. eye-lid

눈=트-다으 나무나 풀의 새싹이 새로 나오다. [sprout

눈=표(一標)夕 눈에 잘 보이도록 한 표.

눈표 나다夕 눈에 얼른 보이다.

눈허리가 시어 못 보겠다夕 차마 볼 수 없을 만큼 하는 짓이 거만스럽고 메떨하여 매우 아니꼽다.

눈허리 시다形 하도 우스워서 콧등이 실 정도로 웃음 만하다. [쌓다.

눈=흘기-다자타 눈동자를 옆으로 굴려 언짢은 기색을

눉 두:베/눉두·에夕 (고) 눈두덩. 눈꺼풀.

·눉·물/눗·물夕 (고) 눈물.

눋:-다[눋도]자 누른빛이 나도록 조금 타다. scorch

눌 (약) 누구를. ¶~ 탓하라.

눌눌-하-다形여 털이나 싹 따위가 빛이 흐리게 노르스름하다. (작) 놀놀하다. light yellow 눌눌-히튀

눌:-러튀 ①그대로 곧 이어서. ¶하루 더 ~ 있기로 하다. continuously ②용서하는 생각으로. ¶부족한 점을 ~ 봐 주게. leniently

눌러 듣-다타ㄷ ①다소의 잘못을 탓하지 않고 너그러이 듣다. hear leniently ②그대로 계속하여 듣다.

눌러 보-다타 ①다소의 잘못을 탓하지 않고 너그러이 보다. ¶잘못된 곳이 있더라도 눌러 보십시오. ②그대로 계속하여 보다. treat with generosity

눌리-다 누름을 당하다. be pushed 사동 눋게 하다. burn [끈.

눌림-끈夕 베틀에서 눌림대에 걸어 베틀다리에 메는

눌림-대夕 베틀을 누르는 잉아 뒤의 막대. wooden piece used in a loom

눌림-줄[--풀]夕 베틀의 눌림끈.

눌면-하-다形여 좀 누르스름하다. (작) 놀면하다. somewhat yellow 눌면-히튀

눌변(訥辯)夕 더듬거리는 말솜씨. (대) 능변(能辯). 웅변(雄辯). slowness of speech

눌삽(訥澁)夕 말이 더듬거려 잘 나오지 아니함. stammering

눌어(訥魚)夕 (동) 누치. [mering 하타

눌어=붙-다자 ①타서 바닥에 붙다. scorch and stick to ②한 군데 오래 머물러 떠나지 아니하다. stick to [ing speech

눌언(訥言)夕 더듬는 말. (유) 삽언(澁言). stammer-

눌=외(一榎)夕 (약)→누울외.

눌은-밥夕 (동) 누룽지. ②누룽지에 물을 부어 불려서 끓은 밥. scorched rice

눌:-하-다(訥一)形여 말을 더듬다. stammering

눕:-다자ㅂ ①등이나 옆구리를 바닥에 대고 몸을 편하게 펴다. lie down ②자빠지다.

늅: -다타ㄷ 이자(利子)는 치르고 원금(元金)은 그대로 빚으로 있다. principal remaining loaned

눕:-다타ㅂ 무명·모시 따위의 생것을 잿물에 삶아서 물에 빨아 말리다. bleach

눞-다 (고) 높다.

눞히-다 (원)→누이다①.

눙치-다타 좋은 말로 풀어서 누그러지게 하다. (작) 낭치다. soothe

뉘 누위. [hulled rice

뉘:夕 (약)→누에.

뉘¹夕 찧은 쌀 속에 섞인 벼 알갱이. grain of un-

뉘²夕 자손에게서 받는 덕. piety by one's son

뉘³夕 (고) 누이.

뉘⁴대명 (약)→누구.

뉘:⁵ (약) 누구의. whose

:뉘¹夕 (고) ①세상. 평생. 한 대. ②적. 때.

·뉘² (고) 누구가. 누구의. '누'의 주격(主格), 소유격(所有格)형.

=뉘夕 (고) '뉘[世]'의 원뜻에서 온 것. 별로 대단하지 않은 것 뜨는 천한 것 등의 뜻을 나타내는 접미사. ¶뭣~.

:뉘·누·리夕 (고) ①물살. ②소용돌이.

뉘뉘夕 (고) 대대(代代).

뉘:-다자 (약)→누이다¹.

뉘:-다²사동 (약)→누이다².

뉘 덕으로 잔 뼈 굵었는고夕 남의 은덕을 입고 자랐음에도 그 은덕을 모를 때에 이름.

뉘렇-다形ㅎ 생기가 없이 아주 누렇다. (작) 뇌랗다. withered

뉘=반지기(一半--)夕 뉘가 많은 쌀. chaffy rice [son

뉘=보-다타 자손의 덕을 보다. be devoted by one's

뉘앙스(nuance 프)夕 ①한 빛깔에 있어서의 밝고 어두운 차이. ②같은 종류의 사물 사이의 미묘한 차이. ③음조(音調).

뉘엿=거리-다자 ①해가 곧 지려고 하다. be about to set ②자꾸 게울 듯이 속이 뒤집히다. feel sick 뉘엿=뉘엿튀 하타

뉘우쁘-다形으 뉘우치는 생각이 있다. repentant

:뉘우·츠-·다 (고) 뉘우치다. 「다. regret
뉘우치-다 제 잘못을 깨달아 후회하다. (약) 뉘웇
뉘우침 뉘우치는 일. 자기 잘못을 스스로 깨닫는
뉘웇-다 (약)→뉘우치다. 「일. repentance
뉘·으슴 뉘우침.
:뉘·으츠-다 (고) 뉘우치다.
:뉘으·치-다 (고) 뉘우치다.
:뉘웃다 (고) 뉘우치다.
뉘·웂브-다 (고) 뉘우쁘다.
뉘지근-하-다 (약)→뉘척지근하다.
뉘 집에 죽이 끓는지 밥이 끓는지 아나 여러 사람의 사정을 다 살피기가 어렵다.
뉘척지근-하-다 누린 맛과 누린내가 나다. 《약》 뉘지근하다. smell and taste of meat
쉼 (약)→누임.
뉴: 딜(New Deal) 〈정치〉 미국 대통령 루스벨트가 1933년 이후 행한, 무제한 경제적 자유주의에 반대하는 경제 부흥 계획.
뉴: 통(絹) 견(絹)섬유로 짠 옷감의 하나. 빛깔이 곱고 부드러우며 잘 구겨지지 않음.
뉴: 런(neuron) 〈생리〉 신경 세포와 이로부터 돌출되어 있는 신경 섬유의 딴이름.
뉴로틱 영화(Neurotic 映畫) 〈연예〉 전후(戰後)에 제작된 영화 중에 이상 신경(異狀神經)을 취급한 작품.
뉴·루크(new look) ①최신형. ②새로운 유행 양식.
뉴: 루크 정책(New Look 政策) 〈정치〉 아이젠하워 미국 대통령이 계획한 원자 무기 중심의 신방위 정책.
뉴매틱 케이슨(pneumatic caisson) 둘레와 천장이 있는 궤. 물 속에서 물바다의 일을 할 때에 쓴다.
뉴:스(news) ①새 소식. 보도. ②새로운 사건.
뉴:스 릴(news reel) 뉴스 영화(映畫).
뉴: 스 밸류(News Value) 보도 가치.
뉴:스 센스(news sense) 신문 기자의 취재상의 제 육감(第六感).
뉴:스 소:스(news source) 뉴스의 출처(出處).
뉴: 스 영화(news 映畫) 〈연예〉 사회 전반에 걸친 시사적(時事的)인 사건을 보도하기 위하여 정기적으로 제작·상영되는 기록 영화. 뉴스 릴.
뉴:스 캐스터(News Caster) 뉴스 담당자.
뉴: 스타일(new style) 신양식(新樣式). 신식. 신
뉴:스 페이퍼(news paper) 신문. 신문지. 「형.
뉴·슨스(nuisance) 소리·냄새·연기 따위로 남의 생활이나 재산을 범하는 행위.
뉴: 타운(new town) 대도시의 근교 및 그 일부에 계획적으로 건설되는 위성 도시의 하나.
뉴:턴(newton) 〈물리〉 힘의 실용[M. K. S.] 단위. 곧, 질량 1kg의 물체에 작용하여서 매초의 1m의 가속도를 생기게 하는 힘. 1뉴튼의 힘으로 물체를 힘의 방향으로 1m만큼 움직이는 동안에 한 일이 1줄(joule)인 10만 다인(dyne)에 해당함.
뉴:턴 법칙(Newton 法則) 〈물리〉 ①운동의 법칙. ②만유 인력의 법칙. ③냉각의 법칙.
뉴:턴 역학[-녁-](Newton 力學) 〈물리〉 뉴턴이 세 세 법칙(관성의 법칙·운동 방정식·작용 반작용의 원리)에 기초를 두어 세운 역학 체계.
뉴: 턴 원무늬(Newton 圓--) 〈물리〉 평판 유리 위에 곡률(曲率) 반지름이 큰 평볼(平凸) 렌즈를 놓고 위에서 빛을 투사할 때, 빛의 간섭에 의하여 접촉점을 중심으로 하여 나타나는 동심원(同心圓)의 아름다운 줄무늬.
뉴:트럴(neutral) 중립적 (中立的).
뉴:트론(neutron) 〈물리〉 중성자 (中性子).
뉴:트리노(neutrino) 〈물리〉 중성 미자 (中性微子).
뉴: 페이스(new face) 〈연예〉 영화·연극 등 연예계에 새로 등장하는 스타. 신인 (新人).
뉴: 프런티어(New Frontier) 1960년에 미국 케네디 대통령이 내세운 신적극 정책(新積極政策).

뉴: 헤비(new heavy) 〈연예〉 영화에 있어서의 신진(新進)의 악당역(惡黨役). 국민들의 자기 희생을 요구하고 정치 지도력의 강화에 의해 국내 개혁과 자유 세계에의 지도적 지위의 확립을 강조함.
뉴: 헤어 스타일(new hair style) 새로 유행되는 여자의 머리 모양.
느근-거리-다 길고 가느다란 물건이 힘없이 흔들거리다. (작) 나근거리다. swing 느근=느근 하
느글-거리-다 속이 자꾸 메스꺼워 곧 게울 듯하다.
느글=느글 하
느긋-거리-다 먹은 것이 잘 삭지 않고 자꾸 괴는 듯하다. nauseating 느긋=느긋 하
느긋-하-다 ①마음에 흡족하다. 흐뭇하다. 넉넉하다. be satisfied ②먹은 것이 소화가 되지 않아 속이 약간 느껴하다. ¶먹을 많이 먹었더니 속이 ~. (약) 늑하다. 느긋-이
느껍 어떠한 느낌이 생기다. feel
느끼-다 섧게 목메어 울다. ¶흑흑 ~. sob ①감각이 일어나다. ¶추위를 ~. feel ②바깥 사물의 영향을 마음에 받아 깨닫다. ¶여행 중 느낀 바가 많다. be affected ③마음이 움직이다. be moved
느끼-하-다 ①기름기가 많아 비위에 거슬리다. feeling too fatty ②느긋느긋한 느낌이 있다. greasy
느낌 느끼는 일. 감(感). 감상. 감각. 생각. feeling
느낌=꼴 감탄형(感歎形).
느낌=씨 감탄사 (感歎詞).
느낌=표(一標) 느낌이나 부르짖음 등을 나타낼 때, 그 말 다음에 쓰는 '!' 표의 이름. 감탄부(感歎符). 감탄 부호.
=느냐 동사나 '있다' '없다' '계시다'의 어간에 붙어 손아랫 사람에게 물음을 나타내어 한 문장을 종결형이 되게 하는 종결 어미. ¶가~? 먹~?
=느뇨 '느냐'의 예스러운 말. ¶했~?
=느니 ①동사나 '있다' '없다' '계시다'의 어간에 붙어 진리나 어떤 사실을 '하게'할 자리에 일러 주는 종결 어미. ¶날이 무더우면 비가 오~. ②이렇게 하기도 하고 저렇게 하기도 하여, 무엇이 있다 없다 함을 나타내는 연결 어미. ¶실력이 있~, 없~ 의견이 구구하다.
=느니라 동사의 어간에 붙어, '느니'를 해라 할 자리에 진리(眞理)나 으레 있을 사실을 가르쳐 줄 때, 손아랫 사람에게 쓰는 종결 어미. ¶그러면 못 쓰~. 「갑작스럽다. 느닷=없-이
느닷=없: -다 아무 겉세도 없이 나타나 퍽 뜻밖이고,
=느라고 동사나 '있다' '계시다'의 어간에 붙어, '-의 까닭으로'라는 뜻을 나타내는 연결 어미.
느러-땡이 끝매 노름의 하나. 「구경할~ 늦었다.
느럭-느럭 말하나 하는 짓이 매우 느린 모양. sluggishly
느런-히 죽 늘어놓은 모양. 가지런히 벌려진 모양.
느렁이 ①암노루. doe ②암사슴.
느렁이 (동) 느리광이.
느루 한 번에 몰아치지 않고 길게 늘여서 하는 모양. ¶쌀을 아껴 ~ 먹다. protractedly
느루 먹다 양식을 절약하여 예정보다 더 오래 먹다. 「보리쌀을 쉬어 앞는 쌀을 느루 먹어라다.
느루-배기 어린 아이를 낳은 다음 달부터 바로 월경이 있는 현상. 또는 그러한 여자.
느루 잡다 ①손에 잡은 것을 느슨하게 가지다. ¶가래줄을 느루 잡고 당기다. ②날짜나 시일을 느긋하게 예정하다. ¶졸발 날짜를 한 보름 느루 잡을 수 없을까?
느른-하-다 ①몸이 고단하여 힘이 없다. weary ②힘없이 매우 부드럽다. (작) 나른하다. supple
느른-히
느릅-나무 〈식물〉 느릅나무과의 낙엽 교목. 잎은 타원형이고 잎줄기의 어긋나며 가장자리는 거친 톱니 있음. 나무는 기구재(器具材)나 땔감으로 쓰이고 껍질은 약용 및 식용, 어린 잎은 식용 및 사료

느리개 용으로 쓰임. elm (tree)
느리개영〈건축〉서까래 뒷목을 눌러 박는 큰 중방.
느리-광이영 '행동이 느린 사람'을 얕잡아 이르는 말. 느림이². 느림보. 늘보. easy-going person
느리-다형 ①동작·말이 더디다. slow ②기새가 성글다. loose ③성질이 누그러져 아무지지 못하다.
느린 소도 설빌 적이 있다속담 성미가 느리고 무던해 보이는 사람이 성나면 무섭다.
느림영 장막 따위에 꾸밈새로 늘어뜨리는 헝겊이나
느림=보영[동] 늘보. 느림광이. tassel
느릿-느릿튀 ①힘없이 느리게. ¶~ 움직이다. slowly ②꼬임이나 짜임이 바싹 죄이지 아니하고 눈이 뜨게. (작) 나릿나릿. loosely 하형
느릿느릿 걸어도 황소 걸음속담 속도는 더디되 꾸준해 나가 믿음직스럽다.
느릿-하형 느린 듯하다.
느물=거리-다재 언행을 능글맞고 음침하게 하다. 능글능글하고 못되게 굴다. act craftly 느물-느물튀하형
느물-다자타 언행을 음흉하게 하다. treacherous
느슨-하형 ①늘어져서 헐겁다. ¶허리끈이 ~. loose ②마음이 늘어지다. (작) 나슨하다. relax 느슨-히튀
느정이영 [고] 말린 꽃.
느즈러-지-다재 ①졸렸던 부리 느슨해지다. ¶방학이 되니 마음이 ~. loosen ②마음이나 맥이 풀려 죄어질 힘이 없고 옹골차지 못하다. ¶졸라맨 끈이 ~. relax ③정한 기한이 늦추어지다. ¶병이 악화되어 퇴원 날짜가 ~. be put off
느·지튀 [고] 늦게. 느직이.
느지감-치튀 매우 늦게. (데) 일찌감치. rather late
느지거-니튀 꽤 느직하게. (데) 일찌거니. very late
느지막-하-다형여불 꽤 느직하다. fairy late 느지막-이튀
느직-하-다형여불 ①좀 늦다. little late ②좀 느슨하다. loose ③좀 느리다. little slow 느직-이튀
느치영〈곤충〉거저리과의 작은 갑충(甲蟲). 몸 빛은 흑갈색 또는 적갈색이며 몸은 펭펭한 장방형임. 쌀·보리 속에서 서식하는 해충임. cadelle
느치-다타 [고] 늦추다.
느침영 잘 끊기지 않고 길게 흐르는 침. ¶소가 ~을 흘리며 반추하고 있다.
느타리영〈식물〉송이버섯과에 속하는 먹는 버섯의 하나. 조개 껍데기와 비슷하며 빛은 갈색 또는 며
느탁영 [고] 느티나무. [색을] agaric
느티-나무영〈식물〉느릅나무과의 큰키 낙엽 교목. 줄기 높이 30 m 정도 2 m 사무으로 그늘이 넓어 정자 나무로 많이 심음. 재목은 단단하고 광택이 있어 실내 장식용·기계·차량 등의 재료로 쓰이고 어린 잎은 식용됨. 거목나무 규목(槻木). elm (tree)
느티-떡영 느티나무의 연한 잎을 넣어 찐 시루떡.
늑간(肋間)영〈생리〉갈빗대와 갈빗대 사이. intercostal
늑간-근(肋間筋)영〈생리〉늑골 사이에 붙은 근육. 안팎의 두 층이 있어 숨쉴 때 늑골을 끌어올리고 내리는 구실을 함. intercostal muscle
늑간 신경(肋間神經)영〈생리〉척수 신경 중에 늑골 부분에 분포하는 신경. 12쌍이 있음.
늑간 신경통(肋間神經痛)영〈의학〉늑간 신경이 아픈 병. intercostal neuralgia
늑골(肋骨)영 [동] 갈빗대.
늑골-근(肋骨筋)영〈생리〉갈빗대를 들게 하는 흉추(胸椎) 양쪽에 있는 11쌍의 근육.
늑급(勒給)영 남의 산소를 강제로와 가게 함. forced reinterment 하타 [노랗다으로 하다.
늑-놀-다자타 ①늑장을 부리면서 놀다. ②쉬얻쉬얻
늑대영〈동물〉개과의 짐승. 개 또는 이리와 비슷하며 몸 빛은 누른 갈색임. 성질은 사나워 작은 동물을 잡아먹으며 사람을 해치기도 함. 한국 특산종임. Korean wolf

늑막(肋膜)영〈생리〉허파의 표면과 흉곽의 내면을 싸고 있는 막. 흉막(胸膜). pleura
늑막-염(-念)영[肋膜炎]영〈의학〉늑막에 일어나는 염증. 건성과 습성이 있으며 전자는 염증뿐이나 후자는 늑막강에 삼출액(滲出液)이 괴. 흉막염(胸膜炎). pleurisy [sure 하타
늑매(勒買)영 억지로 물건을 삼. buying under pres-
늑명(勒銘)영 ①문자를 금석(金石)에 새김. inscribe ②비석 따위에 새긴 문자. inscription 하자타
늑목(肋木)영〈체육〉체조에 쓰는 기구. 매달리기·발 걸이·손걸이 등에 씀. Swedish bars
늑병(肋兵)영〈군사〉군사의 대오(隊伍)를 정돈시키고 간열(簡閱)하는 일. 하타
늑봉(勒捧)영 빚진 사람에게서 금품을 강제로 받아들임. compulsory collection 하타
늑살(勒殺)영 억지로 죽임. 하타
늑설(勒細)영 말의 고삐.
늑-연·골(肋軟骨)영〈생리〉갈빗대 끝에 붙어 있는 연한 뼈. 늑골과 흉골과의 사이를 이음. costal cartilage [거리는 일. delay
늑-영 붙일이 있는데도 딴 일을 하고 느릿느릿 구물
늑장(勒葬)영 남의 땅이나 남의 동네 가까이에 억지로 장사를 지냄. 하타
늑장-부리-다타 곧 할 일을 두고 딴 짓을 하다. linger
늑정(勒定)영 강제로 작정하게 함. compulsory settlement 하타
늑정(勒停)영 벼슬을 파면시킴. discharge 하타
늑주(勒住)영 억지로 가지 못하게 함. 하타
늑춤=주-다타 엄한 감독을 좀 늦추어 자유를 조금 주다. relax [tion 하타
늑징(勒徵)영 강제로 징수하거나 또는 징발함. extor-
늑탈(勒奪)영 강탈(强奪). 하타
늑표(勒票)영 폭력이나 위력으로 받아 낸 증서. deed
늑-하-다형여불 (약)→느긋하다. [gotten by force
늑한(勒限)영 위협하여 승낙을 받은, 빚 갚을 기한.
늑혼(勒婚)영 ①억지로 맺은 혼인. marrying by force ②혼인을 억지로 맺음. 하타
늑화(肋化)영 너무 추워 꽃이 피지 못함.
늑흔(勒痕)영 목을 졸라 죽인 흔적. marks of strangulation

는조 받침 없는 말에 붙어, 주격·보격·부사격 등으로 쓰이는 보조사. ¶키~ 크지만 여위었다. 《약》ㄴ².
=는어미 ①동사나 형용사 '있다'·'없다'의 어간에 붙어 그 동작이 현재 진행 중임을 나타내는 관형사형 전성 어미. ¶달리~ 육상 선수들.
=는어미 현재를 나타내는 시제(時制) 표현의 선어말 어미. 받침 있는 동사 및 형용사 '있다'의 어간 뒤에 쓰임. ¶유리를 닦~다.
=는가어미 동사나 형용사, '있다'·'없다'의 어간 또는 '-았-'·'-었-'·'-겠-'의 아래에 붙어, 현재의 움직임에 대한 스스로의 의심이나 '하게' 길 자리에 물음을 나타내는 종결 어미. ¶우리 집에 오겠~.
=는가=보다형 '-는가'에 의존 형용사 '보다'가 합쳐 집작의 뜻을 나타내는 말. '보다'에서 시작함.
는개영 안개보다 좀 굵고 이슬비보다 좀 가는 비. drizzle
=는걸어미 '-는 것을'이 줄어진 말. 동사나 형용사 '있다'·'없다'의 어간에 붙어, 어떤 움직임에 대한 자기의 느낌을 나타내는 종결 어미. ¶눈이 폐오~.
=는고어미 '-는가'의 옛 말투 또는 점잖은 말투. ¶왜 가지 않~?
=는고야 [고] '-는구나'. [=는군①.
=는구나어미 '-는'에 '-구나'가 합친 종결 어미. 《약》
=는구려어미 '-는'에 '-구려'가 합친 종결 어미. ¶일찍 오~. 일찍 오~. 《약》=는군².
=는구먼어미 '-는'에 '-구먼'이 합친 종결 어미. 《약》
=는군어미 ①《약》→=는구나. ②《약》→=는구먼.
=는-다어미 자음으로 끝나는 받침 있는 동사의 어간에 붙어, 그 움직임이 현재 진행 중임을 나타내는 종결 어미. ¶병든 닭을 잡~.

=는-다(어미)(고)=느냐. =는가.
=는다마는(어미) 받침 있는 동사의 어간에 붙어, 이미 한 동작을 말하면서 아랫말이 그 사실에 거리끼지 않음을 나타내는 연결 어미. ¶책을 읽는다마는 재미가 없다.
=는다손 치더라도(투) 받침 있는 동사의 어간에 붙어 '=는다고 하더라도'의 뜻으로 쓰이는 말. 죽~
=는단-다(어미)(약)=는다고 한다. |후회할 것은 없다.
=는담(어미) 받침 있는 동사의 어간에 붙어, '어찌 그리 한단 말인고'의 뜻을 나타내는 종결 어미. ¶어찌 그런 것을 먹~.
=는답시고(어미) 받침 있는 어간에 붙어 빈정거리며 말할 때, '=는다고'의 뜻으로 쓰는 연결 어미.
=는대서(어미)(약)=는다고 해서. ¶그가 죽을 먹~ 죽을 쑤었다.
=는대서야(어미)(약)=는다고 하여서야. |을 쑤었다.
=는대야(어미)(약)=는다 하여야.
=는데(어미) ①동사나 형용사 '있다'·'없다'의 어간 또는 '=았=='=겠='의 밑에 붙어, 다음 말을 끌어내기 위해 이에 관계 있는 사실을 미리 말할 때에 쓰는 연결 어미. ¶밥을 먹~ 전화가 오다. ②남의 의견을 듣고자 하는 태도로 스스로 무엇을 느낄 때 쓰는 종결 어미.
=는바(어미) 동사나 형용사 '있다'·'없다'의 어간 또는 '=았='·'=겠='의 밑에 붙어서, 할 말을 하기 전에 이미 진행 중에 있는 사실을 베풀 때 쓰이는 연결 어미. ¶구는 모양. 하(형)
는실-난실(투) 성적 충동을 받아 야릇하고도 잡스럽게 구는 모양. 하(형)
는적=거리-다(자) 썩어서 힘없이 처지다. 《작》난작거리다. be rotten 는적-는적(투) 하(형) 는적임(명)
는정=거리-다(자) 정도가 좀 강하게 느적거리다. 는정-는정(투)
=는-즉(족)(어미) 동사의 어간에 붙어 무슨 일이나 '=는 대로 모두'의 뜻을 나타내는 연결 어미. ¶사~ 없어진다.
=는지(어미) 동사나 형용사 '있다'·'없다'의 어간 또는 '=았='·'=겠='의 밑에 붙어, 막연한 의문의 뜻을 나타내는 연결 어미. ¶잘살고 있~ 궁금하다.
=는지라(어미) 동사나 형용사 '있다'·'없다'의 어간 또는 '=있='·'=었='·'=겠='의 밑에 붙어, 다음 말에 대한 이유나 원인이 될 만한 사실을 말할 때 쓰는 연결 어미. ¶시간이 늦었~ 빨리 가야겠다.
느직=거리-다(자) 속은 조금 굳고 겉은 징그럽게 뭉클뭉클하다.《작》난지럭거리다. be squashy 느지럭-느지럭(투) 하(형)
느지럭-이(명) 끈끈하고 느질거리는 액체. mucus
느질=거리-다(자) 물러서 물크러질 듯한 느낌을 주다. 《작》난질걸이다. 느질-느질(투) 하(형)
는커녕 '커녕'의 힘줌말로서 받침 있는 말에 붙음. ¶돈벌이~ 쓰기나 말라다.
늘 언제든지. 항상. 상상(常常). 상천(常川). 느루②. 매상(每常). 장근(將近). 장천. ¶~하던 일.
늘고 줄고 한다(구) 융통성이 있다는 말. [always
늘구-다(타)(속)늘리다.
늘그막(명) 늙어 가는 무렵. 《약》늙마. old age
늘-다(자)(ㄹ변) ①물건의 길이가 길어지다. ②잉어의 길이가 한 치나 ~. lengthen ②사물이 본디보다 많아지다. ¶세간이 ~. increase ③재주가 더하여지다. ¶말솜씨가 ~. make good progress ④퍼지다. spread ⑤부자가 되다. increase ⑥식구가 많아지다. ¶집안 식구가 하나 더 ~. increase ⑦날짜가 오래 걸리다. ¶방학 기간을 늘리다. be prolonged
늘름(투) ①혀끝이나 입술을 경망하게 빨리 내밀었다가 재빠르게 들이는 모양. ②두꺼비가 파리를 ~ 삼키다. ③손을 빨리 내밀어 재빠르게 무엇을 가지는 모양. 《작》날름. quickly 하(타)
늘름=늘름-대다(타) ①혀끝이나 손을 계속 날쌔게 놀리어 내밀었다 들였다 하다. ¶혀를 ~. let dart in and out ②남의 것을 탐내어 입맛을 다시고 자꾸 고개를 내밀어 기웃거리다. 《작》날름거리다. peep stretching one's neck 늘름-늘름(투) 하(타)

늘리-다(타) 본디보다 크게 하거나, 많게 하다. ¶수출을 ~. add
늘보(명) 느림광이.
늘비-하-다(형) ①죽 늘어서 있다. in a row ②늘어 놓이다. ¶서점들이 ~. 신간(新刊)이 ~.
=늘-삿갓(명) 부들로 만든 삿갓. cattail-hat
늘쌈(속) 늘.
늘썽-늘썽(투) 여럿이 모두 늘썽한 모양.《작》날쌍날쌍. 하(형)
늘썽-하-다(형) 짜인 물건의 사이가 뜨다.《작》날쌍하다. coarse 하(형)
늘씬-늘씬(투) 여럿이 모두 늘씬한 모양.《작》날씬날씬.
늘씬-하-다(형) ①몸이 가늘고 키가 커서 맵시가 있다.《작》날씬하다. slim ②기운이 없이 축 늘어지다. be dead tired 늘씬-히(투)
늘어-가-다(자) ①차차 불어서 커지거나 많아지다. ¶재산이 ~. go on increasing ②재주·솜씨·실력이 점점 나아가다. get better
늘어-나-다(자) 본디보다 커지거나 길어지다 많아지다. ¶인구가 ~. 시간이 ~. 줄어들다. lengthen
늘어-놓-다(타) ①줄을 지어 죽 벌여 놓다. ¶상품을 죽 ~. arrange ②여럿을 어지럽게 여기저기 두다. ¶방바닥에 장난감을 ~. spread ③사람을 여러 곳으로 보내어 연락을 짓다. ¶경비원을 여러 마을에 늘어놓아 도둑을 지키다. enumerate ④한 계통의 일을 여러 방면으로 벌여 놓다. ¶방계 회사를 여러 곳에 ~. carry on ⑤글이나 말을 이말저말 대어 끝이 없이 벌여 놓다. ¶거짓말을 ~. mention
늘어-떵이(명) 골패로 하는 노름의 하나.
늘어-뜨리-다(타) 물체의 한쪽 끝을 아래로 처지게 하다. hang down
늘어-붙-다(자) ①물건이 진득진득 들러붙다. adhere to ②끈덕지게 달라붙다. cling to
늘어-서-다(자) 줄을 지어 벌이어 서다. stand in a row
늘어-앉-다(자) 줄지어 벌이어 앉다. sit in a row
늘어-지-다(자) ①기운이 풀려 몸을 가누지 못하다. ¶사지가 ~. become limp ②물체가 길어지다. ¶고무줄이 ~. be lengthened ③물건의 끝이 아래로 처지다. ¶늘어진 수양버들. hang ④기한이 넘겨 되다. ¶공연 시간이 ~. be prolonged
늘어진-장대[-째,-(長-)](명)《식물》겨자과의 이년생 풀. 잎은 길둥그런 새알 모양이고 가장자리에는 톱니가 있음. 7~8월에 흰 꽃이 핌.
늘-옴치래기(명) 늘였다 줄였다 하는 물건. elastic thing
늘이(명)(이)(명)(延面積).
늘이-다(타) ①본디보다 더 길게 하다. ¶고무줄을 ~. lengthen ②아래로 처지게 하다. hang down
늘임-새(명) 말을 길게 늘이는 법. slow way of talk
늘임=표(-標)(명) 《음악》보통 그 기호를 붙인 음을 다음보다 길게 발성하는 음악 기호. '⌒'로 표시함. 연장 기호. 연음 기호.
늘-자리[-짜-](명) 부들로 짠 돗자리.
늘쩍지근-하-다(형)(여) 매우 느른하다. 《작》날쩍지근하다. dog-tired
늘쩡=거리-다(자) 쉬엄쉬엄 느리게 행동하다. 《작》날짱거리다. be sluggish 늘쩡-늘쩡(투) 하(형)
늘쩡-늘쩡(투) ①됨됨이나 성질이 몹시 느리고 야무지지 못한 모양. sluggishly ②쉬엄쉬엄 느리게 행동하는 꼴. 《작》날짱날짱. [merous
늘-채-다(자) 예정한 수효보다 많이 더 하다. supernu-
늘컹=거리-다(자) 썩 물러서 저절로 늘어져 처지게 되다. 《작》날캉거리다. be flabby 늘컹-늘컹(투) 하(형)
늘컹-하-다(형) 썩 물러서 저절로 늘어져 처지게 되다. 《작》날캉하다.
늘큰=거리-다(자) 너무 물러서 자꾸 축 늘어지게 되다. 《작》날큰거리다. flabby 늘큰-늘큰(투) 하(형)
늘큰-하-다(형)(여) 너무 물러서 늘어지게 되다. 《작》날큰하다. flaccid 늘큰-히(투)
늘키-다(자) 울음을 꿀꺽꿀꺽 참으면서 느껴 울다. sob
늘푸른-나무(명)《식물》상록수(常綠樹).
늘푸른-좀나무(명)《식물》상록 관목.

늘푸른큰키나무 〈식물〉 상록 교목.

늘-품(一品)圓 앞으로 좋게 발전할 품질. ¶하는 꼴을 보니 ~이 도무지 없다. capabilities

늙-다[늑-]젠 ①나이가 많아지다. advance in age ②늙은이가 되다. become old, grow old ③오래 되다. age

늙은-다리[늑-]圓 ①늙은 짐승. old animal ②(비) 늙은이.

늙-마[능-]圓 (약)→늘그막. (境). old age

늙은-바탕[늑-]圓 늙어 버린 판. 노경(老境). 모경(暮境)

늙수그레-하-다[-쑤-]혭어 늙어 보이다. ¶늙수그레한 여인. rather advanced in age

늙숙-하-다[늑-]혭어 약간 늙고 점잖은 태도가 있다. oldish 늙숙-이甲

늙어-빠지-다圓 아주 늙다. very old

늙으면 아이 된다囹 늙으면 모든 행동이 어린애 같아진다.

늙으신-네圓 (공) 늙은이.

늙은 말이 콩 마다할까囹 오히려 더 좋아한다.

늙은 말 콩 더 달란다囹 늙을수록 욕심은 커 간다.

늙은 소 콩밭으로 간다囹 ①늙으면 먹는 데에 많은 관심을 가지게 된다. ②오래 경험에 비추어 자기에게 유리한 일만 한다.

늙은-이圓 나이가 많은 사람. 노인(老人). 치장(齒長). (대) 젊은이. (공) 늙으신네. (비) 늙정이. 늙다리. 노다리리. old man or woman

늙을로-변(一老邊)圓 한자 부수(部首)의 하나. '考·耆'의 '耂·老'의 이름.

늙정이[늑-]圓 (비) 늙은이.

늙직-하-다[늑-]혭어 어느 정도 늙어 보이다. look much older than one's age

늙히-다屆 늙도록 하다. ¶총각을 ~. make (one) old

늠:(廩)圓 (약)→늠고(廩庫).

늠:고(廩庫)圓 곡식을 넣어 두는 창고. (약) 늠(廩).

늠-다[늠으] 곡식의 속껍질을 벗기다. hull

늠:렬(凜烈·凜冽)圓 ①추위가 살을 엘 듯함. severe ②위풍(威風)이 있음. 늠름(凜凜)². 늠연(凜然). majestic 하甲 히甲

늠:름(凜凜)圓 ①위엄이 있고 의젓함. ¶~한 모습. imposing ②(통) 늠렬(凜烈)². 하甲 스甲 스레甲 히甲

늠:름(懍懍)圓 위태로워 겁나며 두려움. 하甲 히甲

늠실-거리-다[-씰-] 멀리 딴가슴이 있어 슬픈슬픈 자꾸 살펴보다. leer 늠실-늠실[-씰늠실]甲 하甲

늠:연(凜然)圓 위엄이 있어 어엿함. 늠호(凜乎). 늠렬(凜烈)². 하甲 히甲

늠:연(凜然)圓 가장 기상. stern 하甲 히甲

늠:준(懍遵)圓 삼가 받들어 좋음. 하甲

늠:호(凜乎)圓 (통) 늠연(凜然). 하甲 **늡=히**甲

늡늡-하-다혭어 속이 너그럽고 활발하다. liberal 늡늡-이甲

능圓 여유 있도록 넉넉히 남김. ¶~을 두어 짓다. margin ②능력.

능(能)圓 ①재능. ¶빨리하는 것만이 ~이 아니다.

능(陵)圓 임금이나 왕후의 무덤. 능묘(陵墓)② 능상(陵上). 선침(仙寢). 능침(陵寢). imperial mau-soleum

능(菱)圓 〈수학〉 모서리. └soleum

능(綾)圓 얇은 비단의 하나. figured silk

능가(凌駕)圓 무엇에 비교하여 그보다 훨씬 뛰어남. ¶국제 수준을 ~하다. surpass ②어떤 수를 넘음. 남을 제압하고 그 위에 오름. exceed 하甲

능가경(楞伽經)圓〈불교〉대승(大乘) 불교 경전의 하나. 석가불이 능가산(楞伽山)에 한 설교.

능각(稜角)圓 ①(통) 모서리각. ②뾰족한 모. edge

능간(能幹)圓 일을 감당할 만한 능력과 재주. capa-bility 하甲

능갈-맞-다圓 얕밉게 능갈치다. cunning

능갈-치-다圓 교묘한 수단으로 재치 있게 잘 둘러대다. contrive well

능견 난사(能見難思)圓 ①잘 보고도 보통의 이치로는 추측할 수 없는 일. ②〈불교〉 전라 남도 순천(順天) 송광사(松廣寺)에 있는 쇠로 만든 그릇. └한 광물.

능경(菱鏡)圓 (통) 프리즘.

능고토-광(菱苦土鑛)圓 삼방 정계(三方晶系)의 투명

능곡-지변(陵谷之變)圓 높은 언덕과 깊은 골짜기가 서로 뒤바뀜. 곧, 세상 일의 극심한 변천을 이르는 말.

능관(陵官)圓〈제도〉 능을 지키는 관리의 총칭. 별검(別檢)·직장(直長) 따위. guard of the Imperial mausoleum

능구(陵丘)圓 언덕. hill

능-구렁이圓 ①〈동〉 살무사과에 속하는 뱀. 몸은 길고, 붉고 검은 점이 박혔음. yellow spotted serpent ②성질이 음흉한 사람의 비유. insidious person

능구렁이가 되었다囹 세상 일에 익숙해저 모르는 체 하면서도 속으로는 다 알고 있음을 비유하는 말.

능군(陵軍)圓→수릉군(守陵軍).

능군-보(陵軍保)圓〈제도〉 수릉군에게 주는 봉급.

능그-다圓 겉보리를 세 번째 찧어 보리쌀이 되도록 하다. └pudent 하甲

능글=**능글**圓 하는 짓이 능청스럽고 능갈진 모양. im-

능글-맞-다圓 능글능글한 태도가 있다. cunning

능금圓 능금나무의 열매. crab apple

능금-나무圓〈식물〉 능금나무의 낙엽 소교목(小喬木). 잎은 타원형이고 4~5월에 흰 꽃이 핀 후, 7~8월에 홍색 또는 황갈색의 열매가 익음. 그 과실을 능금이라 하며 사과보다 과즙이 많은데 맛이 덜함. 한국 특산으로 우리 나라 여러 곳에 있음. crab-apple tree └에 있으며, 향기가 있음.

능금-산(一酸)圓 유기산의 하나. 사과·능금·살구 등

능긍(凌兢)圓 (통) 전율(戰慄). 하甲

능꾼(能-)圓 (약)→능수군(能手-).

능-놀-다[래로]圓 ①일을 미루어 나가다. put off ②천천히 쉬어 가며 일하다. do slowly

능단(綾緞)圓 (통) 능라(綾羅).

능답(陵畓)圓 능에 딸려 있는 논. field belonging to the mausoleum

능답(陵踏)圓 (통) 능밀(陵蜜). 하甲 └the mausoleum

능당(能當)圓 능히 감당함. capable 하甲

능동(能動)圓 ①제 마음에 내키어 함. spontaneity ②〈어학〉 다른 곳에 동작을 미치게 하는 동사의 성질. active voice ③〈심리〉 어떤 성질이 다른 상태로 변저 나가려는 작용. (대) 수동(受動). 피동(被動). activity

능동=사(能動詞)圓〈어학〉 주어가 되는 주체가 목적을 향하여 스스로 행하는 동작을 나타내는 동사. '먹다·입다·쓰다' 따위. (대) 피동사(被動詞). active voice

능동-적(能動的)관圓 남의 작용을 받지 않고 자기편에서 상대편에게 작용하는(것). (대) 수동적.

능동-태(能動態)圓 〈어학〉 문장의 주어가 어떤 동작을 체결함으로 하는 관계를 나타내는 동작의 태(態). (대) 수동태. active voice

능-두-다屆 넉넉하게 여유를 두다. leave a margin

능라(綾羅)圓 두꺼운 비단과 얇은 비단. 능비단과 나비단. ¶~ 주단(綢緞). 능단(綾緞). figured silk and silk gauze

능라 금:수(綾羅錦繡)圓 명주실로 짠 피륙의 총칭.

능라-의(綾羅衣)圓 갖가지 비단으로 지은 아름다운 옷.

능라-장(綾羅匠)圓 능라를 짜는 사람. └다운 옷들.

능라 주의(綾羅紬衣)圓 비단옷과 명주옷.

능란-하-다(能爛一)혭어 능하고 익숙하다. skillful 능란-히甲

능락(陵落)圓 고삽(苦澁). └능란-히甲

능력(能力)圓 ①일을 감당할 수 있는 힘. ability ②〈심리〉 일정한 일을 할 수 있는 힘. facul-ty ③〈법률〉 자기의 권리를 능히 행사할 수 있는 자격. capacity └정 또는 부정하는 법.

능력 규범(能力規範)圓〈법률〉 법률 효과의 발생을 인

능력-급(能力給)圓〈사회〉 노동자의 연령·학력·경력 등을 기준하여 주는 급여. pay according to ability

능력 상실자(能力喪失者)圓〈법률〉 법률적으로 능력을 잃은 사람. 금치산자·한정 치산자 따위. person adjudged incompetent

능력-설(能力說)圓 ①〈통〉 능력 심리학. ②〈경제〉 조세 원칙(租稅原則)의 하나로 과세의 기준을 가 납세자

의 부담 능력에 두어야 한다는 설.
능력 심리학(能力心理學)[명] 〈심리〉 정신 현상을 내성(內省)에 의하여 여러 가지 능력으로 분석·기술하는 심리학. 능력설①.
능력=자(能力者)[명] ①잘 해 나갈 능력이 있는 사람. person of full capacity ②〈법률〉 법률상으로 능력을 가진 사람.
능률(能率)[명] ①일정한 시간에 해 낼 수 있는 일의 비율. efficiency ②〈경제〉 어떤 일에 소비한 힘과 시간에 대한 효과의 비율. ③《동》 모멘트③. 《약》 율(率). efficiency
능률=급(能率給)[명] 〈사회〉 일의 능률에 따라서 지급하는 임금. 《대》 생활급(生活給). efficiency wages
능률=적[一쩍](能率的)[관][명] 능률을 많이 내거나 능률이 많이 나는(것). 헛된 것이 적고 효율이 좋은(것).
능률 증진(能率增進)[명] 〈경제〉 될 수 있는 대로 시간과 힘을 덜 들이고 일의 효과를 빨리 또는 많이 내게 하는 일. 「official
능리(能吏)[명] 유능한 관리. 일에 능한 공무원. able
능리(鯪鯉)[명] 《동》 천산갑(穿山甲). 「ight 하[타]
능멸(凌蔑·陵蔑)[명] 깔보고 업신여김. 능답(陵踏). sl-
능모(凌侮·陵侮)[명] 깔보는 태도로 업신여김. contempt
능묘(陵墓)[명] ①능과 묘. ②《동》 능(陵). 「하[타]
능문(能文)[명] 글에 능숙함. skilled in writing 하[형]
능문 능필(能文能筆)[명] 글과 글씨에 다 능란함. 하[형]
능변(能辯)[명] ①능란하게 말을 잘함. 또, 그 말. 능언. 《대》 눌변(訥辯). eloquence ②《약》→능변가(能辯家). 하[형] 「변(能辯)②.
능변=가(能辯家)[명] 말을 능하게 잘하는 사람. 《약》 능
능복(陵復)[명] 〈제도〉 능의 비용으로 쓰던 복호결(復戶結).
능사(能士)[명] 재능이 있는 선비. talented scholar
능사(能事)[명] 자기에게 가장 알맞아 능히 잘 감당해 낼 수 있는 일. 잘하는 일. suitable work
능사(綾紗)[명] 명주실로 짠 얇은 비단. fine silk fabric
능상(陵上)[명] 《동》 능(陵).
능서(能書)[명] 글씨를 잘 씀. 또, 그 글씨. 능필①. 《대》 악필. 졸필(拙筆). skillful penmanship 하[자]
능선(稜線)[명] 산등성이를 따라 죽 이어진 선. ridge
능소(陵所)[명] 능이 있는 곳. 묘가 있는 곳. Imperial mausoleum
능소 능대(能小能大)[명] 모든 일을 두루 잘함. ¶ ~한 솜씨. able and adaptable 하[형]
능소니[명] 〈동물〉 곰의 새끼. bear's cub 「꽃.
능소=화(凌霄花)[명] ①《동》 능소화나무. ②능소화나무의
능소화=나무(凌霄花一)[명] 〈식물〉 능소화과(凌霄花科)의 갈잎 덩굴나무. 다른 물건을 타고 올라가며 잎은 난형(卵形)으로 가장자리에 톱니가 있음. 깔때기 모양의 줄기에는 많은 공기 뿌리가 있음. 황적색 꽃이 피고 관상용으로 심음. 능소화①. 자위(紫葳). trumpet flower
능소=회 (能所會)[명] 절에서 쓰는 '비역'의 변한 말.
능속(陵屬)[명] 능(陵)에 딸린 하인.
능수(能手)[명] 일에 능란한 솜씨. 또, 일에 능한 사람. ability 「《약》 능꾼(能一).
능수=꾼(能手一)[명] 일에 능란한 수완을 가진 사람.
능수=버들[명] 〈식물〉 버들과의 낙엽 교목. 줄기는 길게 늘어지고 잎은 피침형으로 좁음. 개울가나 들에 나며 풍치목·가로수로 심음. 한국 특산으로 중국·만주에도 분포함. 삼춘류(三春柳). 수사류(垂絲柳). weeping willow 「능숙=히[부]
능숙=하-다(能熟一)[형][여불] 솜씨가 익숙하다. skilled
능신(能臣)[명] 정사(政事)에 능숙한 신하.
능실(菱實)[명] 《동》 마름.
능언(能言)[명] 《동》 능변(能辯). 하[형] 「사람의 비유.
능언 앵무(能言鸚鵡)[명] 말은 잘하나 실제 학문이 없는
능에[명] 〈조류〉 능에과의 새. 모래땅·들·논밭에서 삶. 동시베리아·몽고·만주·한국 등지에서 번식하며 중국 중부에서 월동함. 머리와 목은 회색, 등은 황갈색 바탕에 검은 횡반(橫斑)이 있음. 너새.
능역(陵役)[명] 능에 관계된 역사(役事). grave keeping
능욕(凌辱·陵辱)[명] ①업신여기어 욕보임. insult ②《동》 강간(強姦). 하[타]
능원(陵園)[명] 능(陵)과 원(園). ¶~ 묘소(墓所).
능위(稜威)[명] 존엄스러운 위세.
능위=전(陵位田)[명] 〈제도〉 능에 딸린 논밭.
능음(凌陰)[명] 얼음을 쌓아 두는 방. ice room
능이(能栮)[명] 〈식물〉 먹는 버섯의 하나. 크고 넓죽하며 겉은 시커멓고 안은 분홍빛이 나며 잘게 갈라졌음. 박달나무 따위에 남. kind of edible mushroom
능이(陵夷)[명] 언덕이 점점 평평하여지듯이 사물이 차차 쇠퇴함. 능지②. decline 하[자]
능인(能仁)[명] 〈불교〉 능하고 어질다는 뜻. 곧, 불타의 칭호. Buddha
능장(稜杖)[명] ①궁궐 문에 함부로 드나들지 못하게 가새지른 둥근 나무. ②밤에 순찰을 돌 때 쓰는 지팡이. 「있는 사람. able person
능재(能才)[명] 어떤 일을 이루는 데 능력 또는 재능이
능쟁이[명] 〈동물〉 게의 하나. 서리가 온 뒤에 나타남.
능전(能戰)[명] 잘 싸움. 하[자]
능주-다[타] 넉넉하게 여유를 주다. leave margin to
능준-하-다[형][여불] 표준에 차고도 남다. sufficient 능준=히[부]
능증(崚嶒)[명] 산이 언틀먼틀하고 가파름. 하[형]
능지(陵遲)[명] ①《약》→능지 처참(陵遲處斬). ②《동》 능
능=지기(陵一)[명] 능을 지키는 사람. 「이(陵夷). 하[타]
능지 처:참(陵遲處斬)[명] 〈제도〉 머리·몸·손·발을 토막쳐서 죽이던 극형. 《약》 능지①. hacking a criminal to pieces 하[타]
능직(綾織)[명] 옷감을 짜는 방법의 하나. 날줄과 씨줄이 서로 연락되어 비스듬한 방향으로 나타나게 짜는 방식. 《대》 평직(平織). figured cloth 「벼슬.
능=참봉(陵參奉)[명] 〈제도〉 능을 맡아보던 종9품의
능참봉을 하니까 거둥이 한 달에 스물아홉 번이라[속] 모처럼 직업을 하나 잡으니까 별로 생기는 것 없이 「바쁘기만 하다.
능철(菱鐵)[명] 《동》 마름쇠.
능철=광(菱鐵鑛)[명] 〈광물〉 능상(菱狀) 또는 괴상(塊狀)으로 되어 있는 갈철(褐鐵)의 원광(原鑛)의 하 「나. siderite
능청[명] 능갈친 거짓. guile
능청=거리-다[자] 줄이나 막대기 등이 튀길 힘이 있게 흔들리다. 《작》 낭창거리다. sway 능청=능청[부] 하[자]
능청=떨-다[자][르탈] 능청맞게 속이거나 아무 일 없었다는 듯이 딴전을 부리다. deceitful
능청=맞-다[형] 얄밉도록 능청스럽다. sly
능청=스럽-다[형][ㅂ불] 능갈치게 남을 속이고도 예사롭다. be sly 능청=스레[부]
능청=이[명] 능청맞은 사람. ¶고약한 ~.
능침(陵寢)[명] 《동》 능(陵).
능통(能通)[명] 사물에 매우 통달함. ¶영어에 ~한 사람. thorough knowledge 하[형]
능필(能筆)[명] ①《동》 능서(能書). ②글씨 잘 쓰는 사람. 《대》 악필(惡筆). 졸필(拙筆). good penman
능=하-다(能一)[형][여불] 익숙하게 잘하다. ¶그녀는 불어에 ~. skillful 능=히[부]
능학(凌虐·陵虐)[명] 《동》 침학(侵虐). 하[타]
능=해자(陵垓子)[명] 능을 쓴 구역의 경계 안.
능행(能行)[명] 능하게 행동함. 하[타]
능행(陵幸)[명] 능에 거둥함. 하[자]
능형(菱形)[명] 《동》 마름모. 「부처나 보살.
능화(能化)[명] 〈불교〉 능히 중생을 교화하는 이. 곧,
능화(菱花)[명] 〈식물〉 마름꽃. water-caltrop
능화=지(菱花紙)[명] 마름꽃의 무늬가 있는 종이.
능화=판(菱花板)[명] 책 뚜껑에 마름꽃의 모양을 박아 내는 목판.
능활(能猾)[명] 능간 있고 교활함. cunning 하[형] 히[부]
늦=[접두] 명사나 동사 앞에 붙어 때의 늦음을 표시함.
늦[명] 《고》 조짐. 늧. 상서(祥瑞). 「late

늦-가을圕 늦은 가을. 만추(晩秋). late autumn
늦-갈이圕 제철보다 늦게 갈고 씨를 뿌리는 일. 하타
늦-거름圕 늦게 주는 거름. ②오래 된 후에 효력이 나타나는 비료. 퇴비·인분 따위.
늦게 배운 도둑이 날 새는 줄 모른다圕 늦게 시작한 일이 정작 시작한 일보다 더 재미 있게 된다.
늦=고추잠자리圕 〈곤충〉 잠자리과의 곤충. 날개 길이 3cm 가량으로 몸 빛은 갈색에 복부는 수컷 또는 황갈색이며 측변은 흑색임. 「고 담근 김치.
늦-김치圕 붉배추까지 먹을 수 있도록 젓갈을 넣어둔
늦-깎이圕 ①나이가 들어서 중이 된 사람. ②나이 들어서 장색(匠色) 따위가 된 사람. grown-up apprentice ③사리(事理)를 남보다 늦게 깨달은 사람. ④과실·채소 등이 늦게 익은 것.
늦-다圐 정한 때에 미치지 못하다. late
늦-다圐 시간적으로 이르지 못하다. (때) 이르다.
늦-다圐 ①졸라맨 것 늦게 되어 단단하지 못하다. loose ②곡조가 느리다. slow
늦=더위圕 늦여름의 더위. 절후가 가을철에 접어들었는 데도 가시지 않는 더위. 노염(老炎). 만염(晩炎). (때) 일더위. lingering summer heat
되-다圐 ①더디게 이루어지다. be slow in growing ②더디 지각(知覺)이 나다. ③늦게 익다. (때) 일되다. mature late 「하지 못한 사람. stupid person
둥이圕 ①늙어서 난 자식. ②철이 없고 도랑또랑
늦-마圕 (약)→장마.「late in transplantation
늦-모圕 철 늦게 내는 모. 만앙(晩秧). ricesprouts
늦-모내기圕 〈농업〉 늦게 모를 내는 일. 만이앙(晩移秧). late rice-transplantation
늦모내기에 죽은 중도 꿈쩍거린다圕 모낼 때는 분주하다. 바쁠 때는 누구나 다 움직여야 한다.
늦-바람圕 ①저녁 늦게 부는 바람. evening breeze ②나이가 들어 나는 난봉이나 호기(豪氣). dissipation in one's old years ③'빠르지 못한 바람'의 뱃사람의 말.「나면 걷잡을 수 없다.
늦바람이 곱새를 벗긴다圕 늙은 후에 한 번 바람이
늦-배圕 늦게 낳거나 깐 새끼. late breeding
늦-벼圕 늦게 익은 벼. (때) 올벼. kind of late-ripening rice
늦-복(-福)圕 ①늙바탕에 누리는 복. ②뒤늦게 돌아 오는 복. good fortune late in one's life
늦-부지런圕 뒤늦게나 늦게야 부리는 부지런. belated effort 「물. late harvesting 하타
늦-사리圕 철 늦게 농작물을 거두는 일. 또, 그 농작
늦-새끼圕 ①늙어서 난 짐승의 새끼. late litter ②여러 배 낳은 짐승의 늦배의 새끼.「는 일.
늦-심기[-끼]圕 곡식 또는 식물을 제철이 넘어서 심
늦-여름[-녀-]圕 늦은 여름. 계하(季夏).
늦은 밥 먹고 파장 간다圕 때를 놓치고 늦게야 행동을 시작한다.
늦은-불圕 ①종요롭지 않은 데 맞은 총알. ③심하지 않은 피로움이나 욕. mishap of little consequence
늦은=삼절(-三節)圕 화살의 상사머리 위의 살대의 셋째 마디.「ning late
늦-잠圕 아침 늦게까지 자는 잠. sleeping in the morn
늦잠-장이圕 아침 늦게 일어나는 잠을 자는 사람.
늦-잠자-다圐 긴장하지 못하고 늦게 잠도리를 하다. be easy with 「late rainy season
늦-장마圕 제철이 지난 뒤에 오는 장마. (약) 늦마.
늦추圖 ①켕기지 않고 느슨하게. ¶허리띠를 ~ 매다. loosely ②때가 늦게. ¶철이 ~ 들다. late
늦추-다囝 ①느슨하게 풀다. ¶옷매무시를 ~. loosen ②기한을 지나도록 하다. ¶약속 시간을 ~. postpone 「d-spell
늦-추위圕 겨울철이 거의 지나서 드는 추위. late col
늦을이=명주말이(-明紬-)圕 〈조개〉 명주말이과의 작고 납작한 바다 고둥. 논·늪·못 등에 많음.
늪圕 앞으로 어찌 될 것같이 미리 보이는 빌미. sign

늪圕 땅바닥이 저절로 즉직하게 둘러 빠지고 물이 많이 괸 곳. 소(沼). swamp
닐리리圕 퉁소·저·나발 따위 관악(管樂)을 운치 있게 부는 소리. sound of a pipe (wind) instrument
닐리리야圕 경기 민요의 하나. 본래 창부 타령에서 전화(轉化)된 것으로, 굿거리 장단으로 부름. kind of ballad
닁큼圖 앞뒤를 헤아리지 않고 곧. 빨리. (작) 냉큼. promptly 「냉큼냉큼.
닁큼-닁큼圖 앞뒤를 헤아리지 않고 연달아 닁큼. (작)
니圂 ①받침 없는 체언에 붙어 이것저것 여러 가지 사물을 열거할 때 쓰는 접속격 조사. ¶사과~ 배~ 과일이 지천이다. ②받침 없는 체언에 붙어, 원인·사유를 나타낼 때에 쓰는 연결형 서술격 조사. ¶그것이 좋은 수~ 여러 말아라. ③받침 없는 체언에 붙어, '이것이라 하기도 하고, 저것이라 하기도 한다'는 뜻을 나타내는 연결형 서술격 조사. ¶남자~ 여자~ 구별하지 말고. ④받침 없는 체언에 붙어, 어떤 사실을 다른 말로 끝맺거나 하고, 그 아래 다시 설명하는 말이 오게 하는 서술격 조사. ¶여덟 시~ 빨리 회사에 가야겠다. ⑤받침 없는 체언에 붙어, '하게'할 자리에서 진리나 으레 있을 사실을 말할 때 쓰는 종결형 서술격 조사. ¶늘기만 하다가는 낙제~. =이니.
니圂 '나'를 보다 더 친밀하고 부드럽게 말하는 종결형 서술격 조사. ¶이 곳이 너의 학교~.
·니¹圂 용언의 어간에 붙어, '~냐=느냐'를 보다 더 친밀한 물음으로 나타내는 종결 어미. ¶밥을 다 먹었느~? =느냐.
·니²圂 받침 없는 용언의 어간에 붙어, 으레 그래야 할 '이치'나 '일'을 일러 줄 때 쓰이는 종결 어미. ¶그럴 수는 없느~. →=으니.
·니³圂 ①받침 없는 용언의 어간에 붙어, 어떠한 사실을 하고 다시 이어 풀이할 때에 쓰이는 연결 어미. ¶백두산은 본디 신령하~, 나라의 주종 산으로 여겨지고 있다. ②받침 없는 용언의 어간에 붙어, 앞으로 하려는 말에 대하여 원인이나 근거가 되는 뜻을 나타낼 때 쓰이는 연결 어미. ¶너무 크~ 바꾸자. →=으니.
=니圂 받침 없는 형용사의 어간에 붙어, '이렇기도 하고 저렇기도 함'을 나타낼 때에 쓰이는 연결 어미. ¶느리~ 게으르~ 흉만 본다. →=으니.
=니圂 (선미) 믿음의 뜻을 나타내는 선어말 어미. ¶그것이 맞느~라.
·니¹圕 (고) 이(齒). 「이 맞느~라.
·니²圕 (고) 이(蝨).
·-니³圂 (고) =냐.
·니거-다圂 (고) 가다. 「=니다¹.
·니거-지이-다圂 (고) 가고 싶다. 가고 싶습니다. →
니건圂 (고) 간. 지나간.
니그로(Negro)圕 주로 중부 아프리카를 원주지로 하
니-기다圐 (고) 익히다. 「는 흑인종. 흑인(黑人).
니-키다圐 (고) 익히다.
·니까圂 '너'의 힘줌말. 「~ 집에 없다. (약) 니깐.
=니까는圂 '니까'에 '는'을 더한 힘줌말. ¶찾아보~니깐圂 =니까는.
·니닛-가圂 (고) 옵니까.
·니·다圐 (고) ①가다. ②지나다.
·니·다圐 (고) 이다. 「'니'는 '行'의 훈(訓)임.
=니-다圂 어떤 행동의 계속을 나타내는 어미임.
니라圂 받침 없는 체언에 붙어, '해라'할 자리에 진리나 보통의 사실을 가르쳐 줄 때 쓰는 종결형 서술격 조사. ¶그는 대학자~.
=니라圂 받침 없는 형용사 어간에 붙어, '해라'할 자리에 진리나 보통의 사실을 가르쳐 줄 때에 쓰는 종결 어미. ¶부모의 은혜는 크~.
니르-다圐 (고) 이르다[云].
니르-다圐 (고) 이르다[至].
니르왇-다囝 (고) 일으키다. →니르왇다.
니르히圖 (고) 이르도록. →니르히.

니·러나··다 (고) 일어나다.
니·려셔··다 (고) 일어서다.
니러ᄒᆞ니 (고) 일어나니. 일어난즉. →닙다.
니·르··다 (고) 이르다[至].
니르-다² (고) 이르다[云].
니·르-다 (고) 살갑다.
니·르·리 (고) 이르게. 이르도록.
니르바나(Nirvāna) (불교) 열반(涅槃).
니르왇 (고) 일으키다.
니르와·돔 (고) 일으킴.
니르왇-다 (고) 일으키다.
니르히 (고) 이르도록.
니르혀··니 (고) 일으키니. →니르뼈다.
니르혀-다 (고) 일으키다.
니·를··다 (고) 이르다[至]. 다다르다.
니·마 (고) 이마.
니·마좃··다 (고) 이마를 땅에 조아리다.
니·물·리 (고) 이물[船頭].
니블·리·기 (고) 헌 제집.
니믜츠-다 (고) 입다. 걸치다.
니·블 (고) 이불.
·니·발 (고) 입쌀.
니·서·티··다 (고) 이어 치다.
니·숨 (고) 이음. →닛다².
니스 (약) →아니스.
니·스거 (고) 이을 이[後繼者]. →닛다.
니·ᄉᆞ리 (고) 이을 이[後繼者]. →닛다.
니·ᄉᆞ취··다 (고) 잇대다. 연달다.
·니쏘·리 (고) 잇소리.   「接近.
니어 미스(near miss) 항공기 등의 이상 접근(異常
니어 볼:(near ball) (체육) 야구에서, 투수가 타자에게 아주 가깝게 던진 공.
니엄니어 (고) 잇고 이어서. 끊임없이 이어.
니오븀(Niobium 도) (동) 니오브.
니오브(Niob 도) (화학) 토산 금속(土酸金屬)의 하나. 회백색의 금속으로 융점이 높고 전성(展性)·연성(延性)이 강하며 산·알칼리에는 작용하지 않음. 각종 합금에 첨가용으로 쓰임. 니오븀. 원소 기호; Nb. 원자 번호; 41. 원자량; 92.91.
니으취-다 (고) 잇대다. →닛다.
니은 (어학) 한글의 자모 'ㄴ'의 이름.
=·니이··다 (어미) (고) =었으니다. =것입니다.
=·니잇·가 (어미) (고) =비니까. =ㅂ니까.
=·니·잇·고 (어미) (고) =ㅂ니까. =읍니까.
니죽 (고) 입사쿡.
니·지 (고) 잊어. 잊고서.
니치(niche) (건축) 서양 건축에서 벽면의 일부를 오목하게 하여 꽃병 따위를 둘 수 있게 만든 감상(龕狀)의 장치. 벽감(壁龕).
니켈(nickel 도) (화학) 금속 원소의 하나. 천연 광석으로 황산됨. 단단한 은백색의 금속으로 니켈강·크롬·양은·백동의 합금에 쓰이며, 도금(鍍金)에도 쓰임. 백동(白銅). 원소 기호; Ni. 원자 번호; 28. 원자량; 58. 69.
니켈=강(nickel 鋼) (화학) 니켈을 포함하는 강철.
니켈크롬=강(nickel chrome 鋼) (화학) 니켈과 크롬을 함유하는 강철.
니코틴(nicotine) (화학) 담배에 들어 있는 독소로 알칼로이드(alkaloid)의 일종.   「어나는 중독.
니코틴 중독(nicotine 中毒) 담배를 많이 피워서 일
니콜 프리즘(Nicol prism) (물리) 편광(偏光) 프리즘의 하나. 방해석을 그 둔각에 따라 끊고 두 개를 카나다발삼(Canadabalsam)으로 부착시킨 것.
니크롬(nichrome) (화학) 니켈 60~90%, 크롬 10~30%, 철 0~35%, 망간 1~2%를 함유하는 크롬의 합금.
니크롬=선(nichrome 線) 니크롬으로 만든 도선.
니탁쥬 (고) 입쌀로 만든 막걸리.
니트(knit) 뜨개질하여 만든 옷. 또, 그 복지(服地).
니트로=글리세린(nitroglycerin) (화학) 글리세린을 질산(窒酸)과 황산(黃酸)을 뒤섞은 액체에 반응시켜 만든 질산에스테르. 빛과 냄새가 없는 액체임.
니트로=벤젠(nitrobenzene) (동) 니트로벤졸.
니트로=벤졸(nitrobenzol) (화학) 엷은 황색의 액체. 벤졸을 강한 질산(窒酸)과 황산(黃酸)을 섞은 액체에 반응시켜 만듦. 니트로벤젠.
니트로=셀룰로오스(nitrocellulose) (화학) 솜 같은 셀룰로오스를 강한 황산과 질산을 뒤섞은 액체에 반응시켜 만든 질산에스테르. 질산 섬유소.
니트로 화합물(nitro 化合物) (화학) 니트로기(基)가 직접 탄소 원자(原子)에 결합하는 화합물.
니팅(knitting) 편물(編物).
니페(Nife) (지학) 지구 중심부를 이루고 있는 금속핵(金屬核). 니켈[Ni]과 철[Fe]로 이루어졌다고.
니·피··다 (고) 입히다.   「생각되어 이렇게 부름.
니힐(nihil 라) 허무(虛無). 하
니힐리스트(nihilist) 허무주의자(虛無主義者).
니힐리스틱(nihilistic) 허무적(虛無的). 허무주의적(虛無主義的). 절망적. ¶~한 사람. 하
니힐리즘(nihilism) (고) ①일체의 제도를 파괴하여 개인을 모든 속박으로부터 해방하려는 주의. ②(철학) 진리와 보편적 표준을 부정하는 주의. 허무주의.
닉=네임(nickname) 별명(別名). 애칭(愛稱).
닉·다 (고) 익다[熟].
닉수거리 (고) 익숙히. 익숙하여. 본래부터.
=·닌·댄 (어미) (고) =ㄴ데. →ㄴ댄.
닐곱 (고) 일곱.
닐·굽 (고) 일곱.
닐·다 (고) 일다. 일어나다.
불리리=쿵더쿵 관악과 타악(打樂)의 뒤섞인 소리.
닐·오··다 (고) 이르다. 말해 주다.
닐·오·티 (고) 이르되.
닐·온 (고) 이른바. 말하자면.
닐·웨 (고) 이레.
닐위··다 (고) 이루다.
닐·혼 (고) 일흔.
닑··다 (고) 읽다.
님 (의) 바느질에 쓰는 토막친 실을 세는 말. ¶여섯
~. pieces of thread
=·님 (접미) 사람의 호칭 밑에 붙여 높임을 나타냄. ¶선생~. 도련~. one's beloved
님 (고) 임.
:님·굼 (고) 임금.
님·금 (고) 임금.
·님·자 (고) 임자.
님자 (고) 임자가. '님즈'의 주격형(主格形).
님프(Nymph) ①그리스 신화에서 수풀·물·동굴 따위에 사는 초자연적 존재인 반인(半神半人)의 여자 정령(精靈)들. ②아름다운 소녀의 형용. 요정(妖精).
·닙 (고) 잎.
닙··다 (고) 입다.
닛고신 (태) (고) 잊으신 것이여. 잊으셨단 말인가.
닛·다 (고) 잇다.
닛-다 (고) 잇다. →닛위다.
:닛··다 (고) 잇다.
·닛므쥼 (고) 잇몸.
닛므음 (고) 잇몸.
닛믜임 (고) 잇몸.
·웃·우 (고) 잇달아.
닛·위··다 (고) 잇다.
닛위어여 (고) 이어. 잇달아.
닛집 (고) 잇몸.
닝금 (고) 능금. 사과.
닝·다 (고) 낫다.
닢 (의) 잎이나 쇠붙이로 만든 돈이나 가마니·멱서리 등을 낱낱의 뜻으로 세는 데에 쓰는 말. ¶멱서리한 ~.
ㄴㄴ[쌍니은] (고) 'ㄴ'의 된소리. 자음 동화로 'ㅎ·ㅅ·ㅊ'이 'ㄴ'으로 변한 것임. double letter of 'ㄴ'

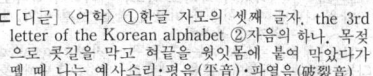

經世訓民正音圖說字　訓民正音字

ㄷ[디귿]〈어학〉①한글 자모의 셋째 글자. the 3rd letter of the Korean alphabet ②자음의 하나. 목젖으로 콧길을 막고 혀끝을 윗잇몸에 붙여 막았다가 뗄 때 나는 예사소리·평음(平音)·파열음(破裂音).

ㄷ벗어난 끝바꿈[디귿-]〈동〉ㄷ불규칙 활용.

ㄷ변:칙[디귿-](-變則)〈동〉ㄷ불규칙 활용.

ㄷ불규칙 활용[디귿-](-不規則活用)〈어학〉어간의 'ㄷ'이 모음 위에서 'ㄹ'로 바뀌는 현상. '걷다→걸어도·듣다→들으니'가 되는 따위. ㄷ벗어난 끝바꿈. ㄷ변칙(變則). [모양의 구조로 된 집.

ㄷ자:집[디귿--](-字-)〈건축〉종마루가 'ㄷ'자

다[樂] 〈음악〉음계의 제 1음인 도(do)의 이름. ¶~장조.

다:〈부〉①있는 것 전부. ②생각할 수 있는 한도의 끝. ¶부자냐~냐? ③있는 대로 모조리. 개시(皆是). ②남김없이. ③어떠한 것이든지. ④거의. ⑤'또 … 까지도(모두)'의 뜻으로, 가벼운 놀람, 새삼스런 감탄, 은근한 비꼼을 나타낸다. ¶그런 도서관이 ~ 있어. ⑥미래의 일을 부정하는 뜻. ¶배가 아프니 공부는 ~.

다[약] ①'다가'의 준말. ②받침 없는 체언에 붙어 사물을 지정하는 뜻을 나타내는 종결형 서술격 조사. ¶저것이 암소~.

=**다**[어미] ①어간에 붙어 기본형을 나타내는 어미. ¶오~. ②형용사의 어간에 붙어 현재형을 서술할 때 끝맺는 종결 어미. ¶맛이 달~. ③〈약〉=다고. ④〈약〉→다가.

다(茶)〈명〉①차. tea ②궁중 용어로서 숭늉을 말함.

다-(多-)〈접두〉명사 위에 붙어 많음의 뜻을 나타낸다.

·도[의명]〈고〉데(所). →디. [말. many, multi

다가〈조〉①두는 곳을 나타내는 부사격 조사. ¶어디~. ②타동사의 어미 '=아·=어'의 아래에 붙어 그 움직임을 그대로 가지고 옮기는 뜻을 나타냄. ¶잡아~. 다가③.

=**다가**[어미] 계속되던 상태나 동작이 그치고 다른 동작으로 옮기거나 다른 일이 생김을 말할 때, 그 그치는 동작을 나타내는 연결 어미. ¶공부하~ 잠들다. 〈약〉=다④. [나타냄. ~놓다. ~오다.

다가-〈접두〉동사 앞에 붙어서 앞으로 가까이 옮김을

다가-가다(자)어떤 대상 쪽으로 다가서 가까이 옮아가다. ¶학생은 선생님 앞에 다가가서 공손히 절을 했다. [다. put near

다가-놓다(타)어떤 대상이 있는 쪽으로 더 가까이 놓

=**다가는**[어미]①앞 동작을 경계하는 데 쓰이는 연결 어미. ¶말만 하~ 병난다. ②앞 동작 뒤끝과 함께 다음 일을 예상하는 데 쓰이는 연결 어미. ¶일을 하~ 딴전을 피우다. 〈약〉=다간.

다가 백신[--까-](多價 Vakzin 도)〈의학〉두 형 또는 두 종류 이상의 병원체에 대하여 효과가 있는 백신. polyvalent vaccine

다가-붙다(자)어느 물체에로 가까이 붙다. stick ne-

다가-서다(자)가까이 옮아 서다. come close [arer

다가-앉다(자)가까이 옮아 앉다. sit close

다가-오다(자)①앞으로 가깝게 옮아 오다. ¶검은 그림자가 한 걸음 한 걸음 다가왔다. ②세월이 촉박하다. ¶시험 날짜가~.

다가-채기(명)서로 버티고 있다가 갑자기 자기가 뒤로 물러서며 상대자를 잡아채어 엎드러지게 하는 씨름재주의 하나.

다가 함:수[--까-수](多價函數)〈수학〉독립 변수의 수치(數値)에 대하여 함수치가 둘 이상 존재할 때의 함수. 〈대〉일가 함수(一價函數). polyvalent function　　[방면. poly

다각(多角)〈명〉①〈수학〉모가 많음. ②여러 모. 여러

다각 경영(多角經營)〈경제〉다수의 사업 부문을 합쳐서 경영하는 일. many-sided enterprise 하타

다각=농(多角農)〈명〉=다각 농업(多角農業).

다각 농업(多角農業)〈농〉여러 가지 농작물을 심는 농업. 토지·노력(勞力)을 잘 배분(配分)함으로써 많은 종류의 작물을 재배하여 수익(收益)을 증진하도록 경영하는 농업. 다각 농업. 〈대〉단작 농업(單作農業). 〈약〉다각농. diversified farming [ways

다각-도(多角度)〈명〉여러 모. 많은 각도(角度). many

다각도-로(多角度-)〈부〉①여러 모로. ②여러 방면으로.

다각 묘:사(多角描寫)〈문학〉하나의 대상을 여러 모로 비추어서 여러 가지 기술로써 그려내는 표현 방법.

다각 무:역(多角貿易)〈경제〉셋 이상의 나라가 무역 결제 관계를 기초로 하여, 각 나라의 수출입의 균형을 유지하는 방식의 무역. 협정(協定) 무역. multilateral trade

다각 연:애[-년-](多角戀愛)〈명〉세 사람 이상의 남녀 사이에 서로 엇걸리는 연애. 삼각 연애.

다각 영농[-녕-](多角營農)〈명〉=다각 농업.

다각-적[-쩍](多角的)〈관〉여러 방면이나 부문에 걸친〈것〉. many-sided

다각적 결제[-쩨-](多角的決濟)다각 무역에서, 당사국끼리 채권·채무를 상쇄하여 전체적인 수지 균형(收支均衡)을 유지하는 결제 방식. multilateral settlement

다각적 통화 상쇄 협정(多角的通貨相殺協定)〈경제〉다수 국가를 포함하는 다각적 상호 결제에 관한 국제 협정. agreement on multilateral monetary compensation　　[집.

다각-집(多角-)〈건축〉추녀의 귀가 여러 개로 된

다각 측량(多角測量)〈공업〉측량 구역의 각 점을 연결하는 다각선을 설정하여, 그 각 변의 길이와 그 끼인각을 측량하여서 점의 위치를 정하는 측량법의 하나. [된 탑.

다각-탑(多角塔)〈명〉탑신(塔身)이 편면이 다각형으로

다각-형(多角形)〈수학〉많은 모로 된 평면형. 다=**다간**(준)=다가는.　　　　[변형(-邊形). polygon

다갈-색[-쌕](茶褐色)〈명〉조금 검은 빛을 띤 붉고 누른빛. 시색(柿色). 연색(戀色). brown　　[iron pot

다갈-솥(명)전이 있는 솥. 곧, 작은 솥은. little

다감(多感)〈명〉느낌이 많음. 감동하기 쉬움. ¶다정(多情) ~. ~ 다한(多恨). emotionality 하타

다-감:각(多感覺)〈생〉한 군데를 자극했을 때, 여러 군데의 자극으로서 느끼는 이상 지각(知覺).

다감 다정(多感多情)〈명〉=다정 다감. 하타

다겁(多怯)〈명〉=다겁증. timidness 하타

다-결정[-쩡](多結晶)〈명〉다수의 미소한 단결정(單結晶)이 구구 결정축의 방향으로 집합되어 있는 결정. 천연적인 결정체의 대부분이 이에 속한다. polycrystal

=**다고**[어미]'=다'에 조사 '고'가 합친 연결 어미. 〈약〉

다고[풀이]〈고〉다오.　　　[=다③.

다공(多孔)〈명〉구멍이 많음. porosity

다공=도(多孔度)[명]〈물리〉다공질 물질에서, 겉보기의 총체적(總體積)에 대한 공동(空洞) 부분의 체적이 차지하는 비율. porosity

다공=질(多孔質)[명]푸석푸석하게 된 바탕. porosity

다과(多寡)[명]수효의 많음과 적음. number, quantity, amount

다과(茶菓)[명]차와 과자. tea and cake ┌tea-party

다과=회(茶菓會)[명]차와 과자를 베푼 간단한 모임.

다관(茶館)[명]중국의 사교장. 서민들은 수박씨를 까먹고 점심을 들며, 상인들은 정보 교환처로 이용함. 다루(茶樓).

다관(茶罐)[명]①차를 끓이는 주전자. ②차관(茶罐).

다구(茶具)《동》차제구(茶諸具).

다구리[명]《속》①이들. ②몰매. ③말함.

다국적 기업(多國籍企業)[명]여러 나라에 계열 회사를 가지고, 세계적 규모로 활동하는 거대한 기업. 세계 기업. multinational corporation(enterprise)

다그=다[타으]①가까이 옮기다. draw near ②기한을 예정보다 앞당기다. ¶결혼식을 하루 다가가 하다. make earlier ③일은 마치려고 몰아치다. make haste with ④숨을 가쁘게 들이쉬다. pant 몰아 쉬다. ┌up

다그=치-다[타]바싹 다그다. (약) 닥궇다. draw close

다극(多極)[명]①극(極)이 많음. ②특출한 자가 없어 세력이 분산되어 서로 대립하고 있는 모양.

다극 진공관(多極眞空管)[명]〈물리〉이극 진공관에 한 개 이상의 그리드(grid)를 넣은 진공관의 총칭. multielectrode tube ┌석간주유(石間硃釉).

다금=유(茶金釉)[명]〈미술〉질이 좋은 석간주 잿물.

다급(多級)[명]〈교육〉전교의 학생을 두 학급 이상으로 편성한 학급. (대) 단급(單級). many classes

다급-스럽-다[형보]다급하게 보이다. 다급-스레.

다급-하-다[타여를]끌어당겨서 차지하다. draw in

다급-하-다[형여]바싹 닥쳐서 몹시 급하다. pressing

다굴-다(약)→다그다. ┌다급-히.

다기(多技)[명]많은 기예(技藝) 또는 많은 기예에 능통함. ¶~ 다예(多藝). versatility 하(형)

다기(多岐)[명]①여러 갈래. 갈래가 많음. ②다방면에 걸침. 또, 그 모양. divergence 하(형)

다기(多氣)[명]여간 일에는 두려움이 없이 마음이 단단함. courageous 하(형)

다기(茶器)[명]〈불교〉부처 앞에 물을 떠다 놓는 그릇.

다기 망양(多岐亡羊)[명]①학문의 길이 다방면으로 갈려 진리를 얻기 어려움. ②방침(方針)이 너무 많아 도리어 갈 바를 모름.

다기-지-다(多氣─)[형]보기보다 담력이 커서 좀처럼 겁을 내지 아니하다. 다기차다. daring

다기차-다(多氣─)[형]→다기지다.

다까=디어스타:제(たか Diastase 일)[명]〈화학〉일본의 생화학자 다까미네 조키치가 누룩곰팡이로부터 만들어 낸 황백색의 된 소화제. ┌단무지.

다꾸앙(たくあん 澤庵 일)[명]무로 담근 일본식 짠지.

다나(DANA)[명]Deutsche Allgemeine Nachrichten Agentur 서독(西獨)의 통신사.

다나에(Danae)[명]그리스 신화의 여신, 아르고스왕 아크리시오스의 딸.

다난(多難)[명]어려움이 많음. ¶국가 ~. 다사 ~. full of troubles 하(형) ┌many sons 하(형)

다남(多男)[명]아들이 많음. 다남자(多男子). having

다-남자(多男子)《동》다남(多男). 하(형)

다냥=하-다(형여를)(변)→당양(當陽)하다.

=다녔[어미]=다 하여.

다녀-가-다[자]어떤 곳에 왔다가 가다. drop in

다녀-오-다[자]어떤 곳에 갔다 오다. come back from

다년(多年)[명]여러 해. 다년간. many years

다년-간(多年間)[명]여러 해 동안.

다년-생(多年生)[명]〈식물〉뿌리가 남아 있어서 해마다 살아나는 식물의 기능. 여러해살이. (대) 일년생(一年生). perennation

다년생 초본(多年生草本)[명]여러해살이 풀.

다년생 풀(多年生─)[명]여러해살이 풀.

다-년호(←大年號)[명]〈제도〉군주 시대에 있어서, 임금이 자리에 오른 햇수에 붙이던 칭호. (약) 연호(年號). first year of reign ┌이 누는 중세.

다뇨-증(多尿症)[명]〈의학〉오줌을 병적으로 많

=다느니[어미]이러하다 하기도 하고, 저러하다 하기도 함을 나타낸 때, 형용사 어간에 붙는 연결 어미. ¶크~ 작~ 의견이 분분하다.

=다는[어미]=다고 하는. ¶꼭 온~ 사람. so-called

다능(多能)[명]재능이 많음. 재주가 많음. ¶다예(多藝)~. versatility 하(형)

=다니[어미]①용언의 어간에 붙어 이상하거나 의심되는 것을 되물어 볼 때 쓰는 종결 어미. ¶그 사람이 죽~. ②(약) =다 하니.

=다·니[어미](고) =더니.

=다니까[어미]①=다고 하니까. ②형용사 어간에 붙어, 사실이 그러함을 인식하지 못하거나 미심쩍어하는 상태에서 다그쳐서 깨우쳐 주는 뜻의 종결 어미. ¶그 책이 가장 재미있~.

다니-다[자재]①일정한 곳을 지나가고 지나오다. ¶한 길에 자동차가 ~. ②일정한 일터에 늘 나가다. ¶회사에 ~. attend ③어떤 목적 아래 왔다갔다 하다. ¶집을 보러 ~. ④어떠한 곳에 들러도 오다. ¶가게에 다니어 오너라. ⑤드나들다. ¶늘 다니던 미장원. ⑥근친(覲親)하다. ¶친정에 ~.

다니엘-서(Daniel 書)[명]〈기독〉다니엘이 기록한 책. 구약 성서의 하나.

다니엘 습도계(Daniell 濕度計)[명]〈물리〉1820년에 영국의 물리학자 다니엘이 발명한 노점(露點) 습도계. Diniell hygrometer

다니엘 전:지(Daniell 電池)[명]〈물리〉영국의 다니엘(John Daniell, 1790~1845)이 만든 전지. 묽은 황산에 아연판을 꽂고, 황산동 용액에 구리판을 넣어 만듦. Daniell cell ┌'街' 등의 '行'의 이름.

다닐행-변(─行邊)[명]한자 부수(部首)의 하나. '行'

다-님[명]'달'을 어린이들이 부르는 말.

다·느·니-라[어미](고) 낫느니라.

다다[부]아무쪼록 힘 미치는 데까지. 또 될 수 있는 대로. ¶~ 공부만 하면 된다. as much as one can

다다(多多)[명]많고 많음. 대단히 많음. 하(형) ┌트.

다다(dada 프)[명]①=다다이슴. ②(약)=다다이스트

다다귀-다다귀[부]꽃·열매 따위가 곳곳에 많이 붙은 모양. (큰) 다닥다닥. (큰) 더더귀더더귀. full of 하

다다기-오(약)→다다기찰.

다다기-외[명]〈식물〉눈마다 열리는 오이.

다다기-찰[명]〈식물〉늦게 익는 찰벼의 하나. (약) 다다기. kind of late-ripening glutinus rice

다다르-다[자러]①일정한 곳에 이르러 닿다. reach ②어떠한 경우에 부닥치다. face ③일정한 기준에 미치다. come up to

다다미(たたみ 疊 일)[명]속에 짚을 두껍게 넣어 만든 왜식 돗자리. straw-mat

다다밋-방(─房)[명]다다미를 깐 방.

다다-이스트(dadaïste 프)[명]다다이슴을 주장하는 사람. ≒다다(dada)②.

다다-이슴(dadaïsme 프)[명]〈문학〉제1차 세계 대전 말기에 일어난 예술상의 운동. 전통적인 형식미에 극단으로 반항한 초현실주의의 모태. (약) 다다(dada)①. ┌the better

다다 익선(多多益善)[명]많을수록 더욱 좋음. the more

다닥-냉이[명]〈식물〉겨자과의 이년생 풀. 줄기 높이 60cm 가량으로 잎은 피침형 또는 선형임. 5~7월에 흰 꽃이 피고 나물로 남. 어린 싹은 식용. 종자는 약용함.

다닥-다닥[부](약)→다다귀다다귀. ┌는 약용함.

다닥-닥닥[부]닿아 마주치다. touch

다닥-치-다[자]마주처서 부딪치다. 닿아 닥치다. coll-

다단(多段)[명]여러 단. ┌ide with

다단(多端)[명] 일이 흐트러져 가닥이 많음. 사전이 많음, 일이 바쁨. ¶다사(多事) ~. many things 하다

다-다듬다[타] 여러 단계를 거쳐 잘게 깨뜨리고 보드랍게 부수는 일.

다단 분쇄(多段粉碎)[명]〈광물〉여러 단계를 거쳐 잘게 깨뜨리고 보드랍게 부수는 일.

다단식 로켓(多段式 rocket)[명] 로켓의 기체(機體)를 몇 개로 나누고, 연료를 소비하여 불필요하게 된 부분은 차례로 분리시키어 나가는 방식의 로켓. multistage rocket

다단 증폭기(多段增幅器)[명] 여러 단으로 되어 있는 증폭기.

다달-[드](多達)→다다르다.

다돌--다[자](고) 다다르다.

다달-거리-다[자타] 말이 얼른 나오지 않아서 자주 더듬다. 《큰》더덜거리다. stammer 다달-다달 하다

다달-이[부] 달마다. 매달. 축월(逐月). 월차(月次)[부] every month

다 닳은 대갈마치라[관] 몸이 다부지고 닳을 대로 닳아 마음이 독한 사람의 비유.

다담(茶啖)[명]〈불교〉불가에서 손님 앞에 내는 다과(茶菓) 따위.

다-돔-다[타](고) 다듬다. 깎아 반반하게 하다.

다담-상(~床)[명] 손님 대접 때 차려 내는 교자상. 차담상.

다당-류(多糖類)[명]〈화학〉①가수 분해에 의하여 두 분자 이상의 단당류를 생성하는 탄수화물의 총칭. ②다당류 중에서 덱스트린같이 분자량이 크며, 물에 불용성 또는 교상액을 이루는 당류. 《비》단당류(單糖類). polysaccharide

다대-다[해진 옷에 덧댄 헝겊 조각. patch ②양지머리 배꼽 위에 붙은 고기. 편육으로 씀. flank

다대(多大)[명] 많고 큼. 《배》극소(極小). great deal

다대[명](고) 되[胡].

다대=수(大數)[명]〈동〉대다수(大多數).

다도(茶道)[명] ①차를 만드는 법. tea making method ②차에 관한 예의. tea ceremony

다독(多讀)[명] 책을 많이 읽음. extensive reading 하다

다독(茶毒)[명]〈동〉카페인.

다독-거리-다[타] ①흩어지는 물건을 그러모아서 차분히 하다. ¶화롯불을 ~. arrange ②어린아이를 재울 때나 귀여워할 때 가볍게 아이의 몸을 두드리다. ¶아이를 다독거려서 잠이 들게 하다. 《센》따독거리다. pat 다독-다독 하다

다: 되-다[형] ①완성되다. ¶짐이 ~. ②다하여지다. ¶다 된 구두.

다 된 농사에 낫 들고 나선다[관] 일이 다 끝난 뒤에 쓸데없이 그 일에 참견하여 시비를 걸고 떠든다.

다 된 죽에 코 빠뜨린다[관] 일이 거의 다 됐는데, 갑자기 장애가 생기어 실패함.

다듬-거리-다[자타] ①어두운 곳에서 연해 이리저리 만져 보다. fumble ②잘 모르는 길을 이리저리 찾아가다. grope one's way ③똑똑히 알 수 없는 일을 이리저리 생각하면서 말하다. stammer ④글을 읽는데 순하게 내려가지 않고 군데군데 막히다. stammer ⑤말이 자주 막히어 순하게 나오지 아니하다. 《큰》더듬거리다. 《센》따듬거리다. stutter 다듬-다듬 하다

다듬-다[~따][타] ①매만져서 맵시를 내다. 곱게 닦다. touch up ②부스러기 같은 것의 쓸 부분을 가리다. pick out ③옷감이나 종이 같은 것을 다듬이질하다. trim ④거친 땅바닥을 고르게 만들다. level ⑤날짐승이 깃을 매만져서 고르다. ⑥마지막으로 짜임새있게 손질하다.

다듬-이[명] ①다듬이질. ②《속》포주(抱主). 하다

다듬-질[명] 옷감 따위를 방망이로 다듬는 일. 《약》다듬이. 다듬이질. fulling 하다

다듬이=틀[명]〈동〉홍두깨틀.

다듬이=포대기[명] 다듬이감을 싸는 포대기.

다듬이=감[명] 다듬이질을 할 감. cloth to be fulled

다듬이=돌[명] 다듬이질할 때에 밑에 받치는 돌들. fulling-block 「나무 방망이. fulling club

다듬이=방망이[명] 옷감을 두드려서 다듬는 데 쓰이는 다듬이=방석(~方席)[명] 다듬잇돌 밑에 까는 방석. cushion under the fulling block

다듬잇-살[명] 다듬이질이 알맞게 되어서 옷감에 생기는 풀기와 윤기. polish of fulled cloth

다듬작-거리-다[자타] 느릿느릿하게 연해 다듬거리다. 《큰》더듬적거리다. 《센》따듬작거리다. slowly stammer 다듬작-다듬작 하다

다듬-질[명] ①무슨 일을 마지막으로 매만지는 일. finishing ②다듬이질. 하다

다디-달-다[형][ㄹ] 매우 달다. very sweet ②정이 두텁다. 《센》달디달다.

다디르-다/다딜-다[자] 들이받다. 찌르다. 범하다.

다따가[부] 중도에서 별안간. 갑자기. suddenly

다떠위-다[자] 여러 사람이 시끄럽게 떠들고 덤비다.

다-라[드][자] ①=다라. ②였노라. [rush

다-라-나-다[자](고) 달아오르다.

다라니(陀羅尼←Dharani 범)[명]〈불교〉①무량한 불법(佛法)을 잊지 않고 설법 자재(說法自在)함. ②주문을 외어 재액을 물리침. ③범문(梵文)을 그대로 외는 일. 총지(總持). 《약》타라니(陀羅尼).

다라니-주(陀羅尼呪)[명]〈불교〉제불 보살(諸佛菩薩)의 선정(禪定)으로부터 생겨난 진언(眞言).

다락-다[명](고) 다르다.

드-라-들-다[자](고) 달려들다.

드라-미[명](고) 다람쥐.

다라(多羅樹)[명]〈식물〉야자과의 상록 교목. 높이 20 m, 둘레 2 m 가량임. 아프리카·인도 원산으로, 목재는 건축재로 쓰이고 수액은 종려주(棕櫚酒)·사탕을 만듬.

다라-엽(多羅葉)[명]〈식물〉다라수의 잎. 탕을 만듬.

다라운 부자가 활수하는 가난뱅이보다 낫다[관] 인색한 부자라도 가난뱅이보다 나음을 이르는 말.

다:라지-다[형] 됨됨이가 단단하여 여간한 일에는 접내지 아니하다. ¶안차고 ~. fearless

다라진(~진)[명] 가늘고 무거수 화살. 세련된 화살. fine

드라-치[명](고) 다래끼. [arrow

다락[명]〈건축〉①《동》다락집. tower ②부엌 위에 이층처럼 만들어서 물건을 두는 곳. loft

다락-같-다[형] 물건 값이 매우 높다. ¶땅 값이 ~. very high 다락-같이[부]

다락-다락[부] 자꾸 대들어서 조르는 모양. 《큰》더럭더다락-마루[명] 다락처럼 생긴 마루. [럭. importunately

다락-방(~房)[명] 다락처럼 만들어서 꾸민 방.

다락=장지(~障~)[명] 다락에 달린 미닫이문.

다락-집[명]〈건축〉다락식으로 된 집. 다락(누(樓)①. 누각(樓閣). tower

다란(茶欄)[명]〈식물〉홀아비꽃대과의 상록 교목. 잎은 차나무 잎과 비슷하고 겨울에 황록색 꽃이 핌. 관상용으로 온실에서 재배함.

다람=쥐[명]〈동물〉다람쥐과의 짐승. 모양은 쥐와 비슷하나 털이 적갈색이며 등에 다섯 개의 검은 줄이 있음. 성질이 온순하여 손안에도 애완용으로 함. squirrel

다람쥐=꼬리[명]〈식물〉석송과(石松科)의 다년생 풀. 높은 산에 저절로 나며, 줄기는 비늘 모양의 곧은 잎이 많음.

다람쥐 쳇바퀴 돌 듯[관] 한없이 반복하나 결말이 없음.

다:람-다랍-다[형][ㅂ] ①아니꼽게 인색하다. mean ②거슬리는 느낌이 있다. 《큰》더럽다. be against the

다랑귀[명] 두 손으로 붙잡고 매달리는 짓. [grain

다랑귀-뛰-다[자] ①두 손으로 붙잡고 매달려서 놓지 않다. cling to ②남을 몹시 졸라 들러붙어 떨어지지 않다. stick close

다랑-논[명]〈동〉다랑전. [지 않다.

다람-어(~魚)[명]〈어류〉고등어과의 바닷물고기. 모양은 고등어와 비슷하며 살이 찌고 길이가 3 m 가량임. 등은 검고 배는 희며 한대성 어종으로 맛이 좋음. tunny [field

다랑이[명] 썩 좁고 작은 논배미. tiny strip of rice

다랑-전(~田)[명] 다랑이로써 이루어진 논. 다랑논. rice field divided into small strips

다랑=조개[명]〈조개〉다랑조개과의 바닷물조개. 두 개

=다랗다 의 딱지는 회백색 바탕에 갈색의 얇은 각피가 덮여 있음. 강어귀의 진흙 속에서 서식하며 맛이 좋음.

=다랗=다〖접미〗형용사의 어간 아래에 붙어서, 그 뜻을 확실히 나타내는 말. ¶굵~. 높~. 〖약〗=닿다. rather, sort of

다래¹〖식물〗①다래나무의 열매. ②목화의 아직 다 익지 않은 열매. cotton boll

다래² ①관(棺)의 천판(天板)과 지판(地板) 사이의 양 옆의 널. two side boards of a coffin ②≒말·드래〖고〗다래미.

다래끼¹〖명〗아가리가 작은 바구니. handbasket

다래끼²〖명〗눈시울에 나는 부스럼. 안검염(眼瞼炎).

다래-나무〖식물〗다래과의 덩굴 나무. 5~6월에 백색 꽃이 피고 녹황색의 다래라고 하는 열매가 익음. 열매와 줄기는 약용, 껍질은 노끈, 줄기는 지팡이감으로 쓰임. 깊은 산에 남. 등리(藤梨). 등천료(藤天蓼). 〖레〗clustering 하다

다래-다래〖명〗물건이 많이 매달린 모양. 〖큰〗드레드레.

다량(多量)〖명〗많은 분량. (대) 소량(少量). great deal

드·려〖고〗≒=다려〖고〗더러.

드·려들·다〖고〗달려들다.

다려=소리[—쏘—]〖명〗어부들이 그물을 당기면서 부르는 노랫소리.

다령(多靈)〖명〗한 인간이 다수의 영혼을 지닌다고 하는 견해. 복령관(複靈觀).

다례(茶禮)〖명〗차례(茶禮).

다로(茶爐)〖명〗차를 달이는 데 쓰는 화로. tea-brazier

드·로〖고〗까닭으로.

다로기〖명〗가죽 버선. 피말(皮襪). Korean leather-socks

=**=록**·드·록〖고〗=도록. =토록.

다롱디리〖고〗풍류 소리의 흉내말.

다료(茶寮)〖명〗다관(茶館).

다루(茶樓)〖명〗다관(茶館).

다루-다〖타〗①일을 처리하다. ¶큰 일을 다룰 능력이 없다. manage ②물건을 맡아서 처리하다. ¶물건이 커서 다루기 힘들다. take care of ③물건을 쓸 때 만져서 쓰기 좋도록 부드럽게 만들다. ¶가죽을 ~. handle ④사람을 대하다. 조종하다. ¶완고한 사람을 잘 ~. deal with ⑤겨루다. contest

다룸〖명〗다루는 일. handling 하다

다르-다〖형〗같지 않다. ②한 사물이 아니다. (대)

다르랑〖명〗코를 고는 소리. 〖큰〗드르렁. snoring

다르랑-거리다〖자〗연해 코를 길게 곤다. 〖큰〗드르렁거리다. 다르랑=다르랑 하다

다르르〖명〗①작은 물건이 구를 때 나는 소리. tinkle ②작은 물건이 연하게 떠는 모양. 〖큰〗드르르². 〖센〗따르르. shivering

다른-나〖명〗〖철학〗자기가 자기를 살필 때 그 살핌의 대상이 되는 자기. 타아(他我). alter self

다름 아니라〖명〗'딴 까닭은 없고·말하자면'의 뜻의 접속 부사. nothing but

다름=없:-다〖형〗다를 것이 없다. 다름=없:이〖부〗

다릅-나무〖식물〗콩과의 낙엽 활엽 교목. 잎은 깃 모양의 겹잎이며, 여름에 나비 모양의 흰 꽃이 핌. 산지에 나며 시탄재로 쓰이고, 수피(樹皮)는 염료용·섬유용으로 씀.

다리¹〖명〗①〖생리〗동물의 몸에 달린, 땅을 디디고 서며 걷거나 뛰거나 하는 일을 맡은 부분. leg ②물건의 아래에 붙어서 물건이 직접 땅에 닿지 않게 하는 부분. ③안경알의 테와 연결되어 귀에 걸게 된 길다란 부분. ¶안경 ~.

다리²〖명〗①〖토목〗개천이나 강의 양쪽 언덕 사이에 다닐 수 있게 걸쳐 놓은 물건. 교량(橋梁). bridge ②중간에 거치는 곳. 중개. 매개. ¶몇 ~를 거쳐서 겨우 일이 이루어지다.

다리³〖명〗여자의 머리 숱을 많이 보이게 하려고 덧넣는 딴머리. false lock of hair

드리〖명〗①다리. ②사다리. 사닥다리.

다리〖고〗달리. 다르게. 따로.

다리 꼭지〖명〗여자의 머리에 드리는 다리를 맺은 꼭지.

top of a clump of false hair

다리-다〖타〗옷 따위의 주름살을 펴느라고 다리미로 문지르다. ¶옷을 ~. iron

둗-다〖타〗〖고〗더불다. ¶데리다. 거느리다.

다리미〖명〗다림질을 하는 제구. 화두(火斗). 울두(熨 斗). iron ¶~ 다림질. ironing 하다

다리미-질〖명〗다리미로 옷이나 피륙 따위를 다리는 짓.

다리미-판(—板)〖명〗다림질을 할 때 밑에 바치거나 까는 판. ironing board

다리=밟이〖명〗답교(踏橋). 하다

다리 부러진 장수 성 안에서 호령한다(속) 못난 사람은 집에서나 큰소리치지 밖에 나가서는 꼼짝 못한다.

다리붉은-도요〖조류〗도요과의 새의 하나. 몸 빛은 등 쪽이 갈색에 검은 얼룩점이 있고, 허리 아래는 흰빛을 띰. 봄과 가을에 우리 나라에 옴. Eastern redshank

다리 뻗고 자다(관) 걱정과 시름을 잊고, 편한 마음으로

다리-뼈〖명〗퇴골(腿骨).

다리-살〖명〗〖생리〗넓적다리의 안쪽. flesh of a thigh

다리-쇠〖명〗화로 위에 걸치고 냄비 같은 그릇을 올려놓는 제구. 구멍쇠. trivet 〖약〗다리쉼. taking rest 하다

다리-쉼〖명〗걷거나 일할 때 잠깐 다리를 쉬는 일.

다리-쉼〖약〗=다리쉬임.

다리 씨름〖명〗둘이 앉아서 정강이를 서로 걸고 넘어뜨리는 장난. leg-wrestling 하다

다리 아래에서 원을 꾸짖는다(관) 직접으로는 말을 못하고 안 들리는 곳에서 불평이나 욕을 한다.

다리 아랫 소리〖명〗①아쉬운 경우에 남에게 동정을 얻으려고 비라리치는 말. 각하성(脚下聲). supplication ②엎드려 말하듯이 공손히 하는 말.

다·리·우·리〖명〗다리미.

다리=운동(—運動)〖체육〗다리를 굽혔다 폈다 하는 등의 다리를 움직이는 운동. leg exercise

다리 아이(一牙兒)〖체육〗씨름에서 다리를 쓰는

다리-통〖명〗다리의 둘레. 〖제관〗. leg trick

다리-품〖명〗①길을 걷는 노력. ②남의 심부름으로 먼 길을 다녀오는 삯. fee for going on an errand

다리품을 팔다(관) ①길을 많이 걷다. ②보수를 받고 먼 길을 남의 심부름으로 다녀오다.

다리-훅치기〖명〗〖체육〗씨름에서 상대자의 오른 다리에 오른 다리를 상대자의 오른 다리 사이에 넣어 걸고 닥쳐 쓰러뜨리는 것. double rightleg hook

다림〖명〗수평(水平)이나 수직(垂直)을 헤아려 보는 일.

드림〖명〗〖고〗다림. 저울추. plumbing

다림=방(—房)〖고〗〖명〗〖동〗푸줏간.

다림 보-다〖자〗①겨냥대어 살펴보다. estimate ②이해 관계를 따져서 살펴보다. measure

다림=줄[一쭐]〖명〗다림 볼 때에 수직(垂直)을 살피기 위하여 추를 달아 늘어뜨리는 줄. plumb line

다림-질〖명〗=다리미질.

다림=추(—錘)〖명〗다림 볼 때 쓰는 추. plumb bob

다림-판(—板)〖명〗기울어지지 않고 똑바른가를 다리는 제구. levelling instrument

다릿-골〖명〗다리뼈의 골. marrow of leg-bone

다릿-독[一똑]〖명〗썩 크게 만든 독. big jar

다릿골 빠지다(관) 많이 걸어서 다리의 골이 좋아하다.

다릿-돌〖명〗개천 따위를 건너기 위해 놓은 돌. 징검다리로 놓은 돌. stepping-stones

다릿-마댕이〖명〗≒다리³.

다릿-목〖명〗다리가 있는 길목. approach to a bridge

다릿-심〖명〗다리의 힘.

다릿-짓〖명〗다리를 흔드는 짓. shaking legs 하다

다마금(多摩錦)〖식물〗벼의 품종의 하나.

=**다마는**〖어미〗'다'에 조사 '마는'이 겹치어 '지마는'의 뜻을 나타내는 연결 어미. ¶반찬은 많으 먹을 게 없다. 〖약〗=다만.

다마다〖어미〗=ㄹ다마다.

다문사리〖고〗더부살이.「극. (대) 단막극(單幕劇)

다막=극(多幕劇)〖연예〗여러 막으로 나뉘어진

다:만 ① '오직 그뿐'의 뜻. only ② 앞의 말을 받아 조건부로 이와 반대되는 말을 할 때 그 말머리에 쓰는 접속 부사. 단지(但只). but
=**다만**[어미] (약)→다마는.
다문[명] (고) 다만.
다만당[명] (고) 다만. →다만지.
다만지[명] (고) 다만.
다뭇[명] (고) 더불어.
다·못 [부] (고) ①더불어. ②함께. 한가지로.
다·못을-다[자] (고) 같이 하다. 더불어 하다.
다망(多忙)[명] 일이 많아서 매우 바쁨. ¶공사(公私) ~. (대) 한산(閑散). pressure of business 하[형]
다망(多望)[명] 소망(所望)이 많음. great promise 하[형]
다매(多賣)[명] 많이 팖. ¶박리(薄利)~. quick sales
다·인다[타] 〔하타〕
=**다면**[어미] (약)=다 하면. ¶가졌~ 보내라.
다면(多面)[명] ①면이 많음. polyhedral ②많은 방면. (대) 일면(一面). many sides
다면-각(多面角)[명] 〈수학〉 입체각(立體角)의 하나. 많은 평면이 한 점에 모여 다면체(多面體)의 정점(頂點)처럼 보이는 모양으로 된 도형. 우각(隅角). polyhedral angle
=**다면서**[어미] ①〔형〕용사 어간 및 '-겠-' '-었-' '-였-' 등 미래나 과거를 나타내는 선어말 어미에 붙어서, '-다고 하면서'의 뜻을 나타내는 연결 어미. ¶곧 돌아오겠~ 떠났다. ②〔형〕용사 어간 및 '-겠-' '-었-' '-았-' '-였-' 등 미래나 과거를 나타내는 선어말 어미에 붙어서, 들어서 아는 사실을 다짐하거나 빈정거려 물을 때에 쓰는 종결 어미. ¶요즘 재미가 좋
다면-적(多面的)[관·형] =다방면적(多方面的). [~.
다면-체(多面體)[명] 〈수학〉 평면 여럿에 둘러싸인 입체(立體). polyhedron
다모(多毛)[명] 몸에 털이 많음. 하[형]
다모(茶母)[명] 〈제도〉 옛날에 관청의 심부름 노릇을 하던 여자종. ¶~사람. cunning fellow
다모-객(多謀客)[명] 잔꾀가 많은 사람. 핑계를 잘하는
다모-작(多毛作)[명] 〈농업〉 한 농토에서 1 년에 세 번 이상 경작·수확하는 일. (대) 일모작. 이모작. multiple cropping
다모-증[-증](多毛症)[명] 〈의학〉 털이 지나치게 많이 나는 질환. (대) 무모증(無毛症). hirsuteness
다모토리[명] 큰 잔으로 소주를 마시는 일. 또는, 큰 잔으로 소주를 파는 집. 선술집. drinking hard liquor in tumblers
다:목[명] 〈식물〉 콩과의 상록 교목. 온몸에 잔가시가 있고, 봄에 나비 모양의 노란 꽃이 핀 후 긴 타원형의 푸른 꼬투리가 달림. 활·약재·물감의 재료로 쓰임. 단목(丹木). [red leg
다:목-다리[명] 냉기로 살빛이 검붉어진 다리. dark
다목적-댐(多目的 dam)[명] 〈토목〉 전력 개발에만 그치지 않고, 공업지 조성·관개·홍수 방지·식림(植林)·관광지·양어·상수도·농공업 용수 따위의 많은 용도를 겸한 댐.
다문(多聞)[명] ①보고 들은 것이 많음. (대) 과문(寡聞). well informed ②〈불교〉 많은 법문(法文)을 외어 가지는 일.
다문 다독 다상량(多聞多讀多商量)[명] 많이 듣고, 많이 읽으며, 많이 생각함. 글을 잘 짓는 비결임.
다문-다문[부] occasionally ②띄엄띄엄. (큰) 드문드문. at places 하[형]
다문 박식(多聞博識)[명] 보고 들은 것이 넓고 아는 것
다문-천(多聞天)[명] 〈불교〉 사천(四天)의 하나. 북쪽의 천국(天國).
다문천-왕(多聞天王)[명] 〈불교〉 사천왕(四天王)의 하나. 북쪽의 천국을 수호하며, 복덕(福德)을 보호하며, 야차(夜叉)와 나찰(羅刹)을 맡아다 함. god of tre-
다물-다[타][르] 위아래 입술을 마주 대다. shut [asure
다물리-다[자][르] 입술이 꼭 맡게 되다. shut well
다·므·사·리[명] (고) 더부살이.

다미-씌우-다[타] (약)=안다미씌우다.
다박-나룻[명] 다보록하게 함부로 난 수염. 다박수염. bushy beard
다박-머리[명] 어린아이의 다보록하고 짧은 머리털. 또, 그 아이. 수자(竪子)①. (큰) 더벅머리. unkept
다박-수염(-鬚髥)[명] =다박나룻. [hair
다반(茶飯)[명] ¶항다반(恒茶飯).
다반-사(茶飯事)[명] 예사로운 일. ¶결석을 ~로 한다. every day affair [~. bundle
다발[명] 큼직하게 묶은 꽃. 푸성귀 따위의 묶음. ¶꽃
다발[의·명] 꽃·푸성귀 따위의 묶음을 세는 말. bunch
다발(多發)[명] ①많이 발생함. ②발동기(發動機)의 수가 많음.
다발-나무[명] 다발을 지어 묶은 땔나무. bundled fire-
다발-성[-씽](多發性)[명] ①여럿이 함께 일어나는 성질. ②〈의학〉두 곳 이상의 신체 부분에 동시에 병이 일어나는 성질. [wood
다발-식[-씩](多發式)[명] 항공기에 있어서 세 개 이상의 발동기를 가지는 구조. multy-engined
다발-장:리(多發將吏)[명] 〈제도〉 수령이 죄인을 잡으려고 포교(捕校)와 사령을 많이 내보내는 일.
다발(多發刑吏)[명] 〈제도〉 형조(刑曹)나 또는 한성부(漢城府)에서 죄인을 잡으려고 형리에게 많은 사령을 붙여서 내보내는 일.
다방(茶房)[명] 차를 마시면서 쉴 수 있게 된 영업집. 끽다점. 다실(茶室). 다점(茶店). 찻집. tea-house
다-방면(多方面)[명] 여러 방면. 여러 곳. many quarters [~(것). 다면적(多面的).
다방면-적(多方面的)[관·형] 여러 방면에 걸쳐 같은
다배 현(多胚現象)[명] 〈생물〉 한 개의 종자 속에 둘 이상의 배아가 형성되는 현상.
다번(多煩)[명] ①번거롭게 많음. 번다(煩多). ②매우 번거로움. [ness 하[형]
다변(多辯)[명] 말이 많음. 장광설(長廣舌). talkative-
다변(多變)[명] 변화가 많음. 또는 많은 변화. 하[형]
다변-성[-씽](多辯性)[명] 말이 많고 잘하는 성질.
다변-형(多邊形)[명] 〈수학〉 다각형(多角形).
다병(多病)[명] 병이 많음. 자주 앓음. (대) 무병. delicate health 하[형]
다보록-다보록[부] 낱낱이 다 다보록한 모양. (큰) 더부룩더부룩. 하[형]
다보록-하-다[형여] 머리털·나무·풀 등이 무성하여 위가 소복하다. (큰) 더부룩하다. bushy 다보록-이[부]
다보-여래(多寶如來)[명] 〈불교〉 동방 보정 세계(東方寶淨世界)에 나타난 부처. 석가 모니가 영취산(靈鷲山)에서 법화경(法華經)을 설법할 때에 그 진실함을 증명하였다 함.
다보-탑(多寶塔)[명] 〈불교〉 ①다보 여래(多寶如來)의 사리(舍利)를 공양하는 불탑(佛塔) 양식의 하나. ②경주(慶州) 불국사(佛國寺)에 있는 절탑.
다복(多福)[명] 복이 많음. 많은 복. (대) 박복(薄福). great happiness 하[형] ¶~을 스럽다
다복 다남(多福多男)[명] 팔자가 좋음. 복이 많고 자손이 많음. being favored with good luck 하[형]
다복-다복[부] 풀·나무 등이 여기저기 다보록하게 있는 모양. (큰) 더북더북. in clusters 하[형]
다·북-쑥[명] (고) 다북쑥.
다복-솔[명] 가지가 많이 퍼져 다보록하게 된 어린 솔. young pine tree with many twigs
다붇/다봊/다봋[명] (고) 다북쑥.
다부(多夫)[명] 한 여자가 둘 이상의 남편을 가짐. (대) 다처(多妻). polyandry [be amiable
다-부닐-다[자][르] 바싹 다붙어서 붙임성 있게 굴다.
다부지-다[형] ①힘드는 일에 능히 결정 지을 과단성이 있다. firm ②생김새가 굳세다. ¶다부진 몸매.
다북-쑥[명] 〈식물〉 엉거시과의 다년생 풀. 잎은 깃 모양으로 갈라지고 겉은 녹색, 뒤쪽은 흰 털이 덮었

다분 386 =다소라

음. 봄철에 어린 잎은 식용, 줄기는 약용함. 백호(白蒿). 봉애(蓬艾). 봉호(蓬蒿). (약) 쑥. wormwood

다분(多分)图 ①많은 분량. much ②어느 정도 그 비율이 나음을 이름. for the most part 하영 히曱

다-분야(多分野)图 많은 분야. many fields

다=불과(多不過)图 '많다 하여도 그밖에는 더 되지 못함'의 뜻. ¶~ 만원 미만이야. at most

다불=다불图 어린아이의 머리털이 늘어진 모양. 론

다붓=다붓图 여럿이 다 다붓한 모양. 하영 [tufts 하曱

다붓-하-다협여라 떨어진 사이가 멀지 아니하다. close, dense 다붓-이曱

다=불-다图 사이가 뜨지 않고 꼭 닿다. stick

다=불이-다[一부치—]曱 다가서 맞붙게 하다. bring together

다비(多肥)图 ①거름이 많음. ②비료분을 많이 요구

다비(茶毘←Jhapita 범)图 〈불교〉불에 태운다는 뜻으로, 화장(火葬)을 이름. 화장. 도유(闍維). 하영

=다-빙[어미] =답게. =대로.

다비 농업(多肥農業)〈농업〉농업 생산력의 증가를 목적으로, 일정한 경지(耕地)에 많은 비료를 주는 소규모의 농업 방법.

다비성 작물[一썽一](多肥性作物)图 양분에 대한 요구성이 강한 작물. 거름을 많이 주어야 많은 수확을

다비-소(茶毘所)图 화장터. 연울을 태우는 장소.

다빡图 앞 일을 헤아리지 않고 경솔히 덤비듯이 행동하는 모양. (큰) 더벅. rashly

다빡-거리(一) 앞뒤를 헤아리지 않고 경솔히 덥비듯이 자꾸 행동하다. 다빡=다빡협 하여 [full

다뿍图 분량이 기준에 조금 넘치는 모양. 하영 드룩.

=다=뿐[조] 모든 어간에 붙어 그 내용의 확실함을 적극적으로 인정하는 말. 그 밑에는 반드시 '이다'의 의문형으로 활용된 말이 붙음. ¶가~이겠습니까.

다사(多士)图 많은 인재(人材). many talents

다사(多事)图 ①일이 많음. 바쁨. pressure of business ②세상가 조용하지 않음. eventfulness ③긴하지 않은 일에 손대기를 좋아함. meddlesomeness 하영

다사(多思)图 ①많이 생각함. thoughtfulness ②생각이나 느낌이 많음. sentiment 하타영

다사(多謝)图 ①깊이 감사함. grateful ②깊이 사과함. deeply apologize 하타

=다사·니[어미] (고) =더니. =다소니.

다사 다난(多事多難)图 여러 가지로 일이나 어려움이 많음. 하영 [고 복잡함. 하영

다사 다단(多事多端)图 여러 가지로 일이나 사단이 많

다사 다망(多事多忙)图 여러 가지로 일이 많고 몹시 바쁨. 하영 (예) 따사롭다. mild 다사로=이曱

다사-롭-다협 따뜻한 느낌이 있다. 포근하다.

다스·리-다예 (고) 다스리다.

다사-스럽-다(多事一)협 ①쓸데없는 일에 간섭이 심하다. meddlesome ②바쁜 것 같다. busy 다사-스러이曱

=·다·수·이-다[어미] (고) =더이다. [스레영

다사 제:제(多士濟濟)图 뛰어난 인물이 많이 있음. galaxy of able men 하영

다사지-추(多事之秋)图 일이 가장 많은 때. 한가로이 있지 못하고 바쁜 때. in these eventful days

다사-하-다협여 좀 따뜻한 기운이 있다. (센) 따사-하다. warm

다산(多産)图 ①아이를 많이 낳음. fecundity ②동물이 새끼를 많이 낳음. multiparous ③물품을 많이 생산함. productiveness 하타영

다산-계(多産系)图 새끼나 알을 많이 낳는 품종의 계

다산 염기(多酸鹽基)图 〈화학〉수산근(水酸根)이 둘 이상이 되는 염기. [격.

다산-형(多産型)图 아이나 새끼를 많이 낳게 생긴 체

다솜图 거짓 것.

다솜아비图 (고) 의붓아비.

다·솜·어·미图 (고) 계모(繼母).

다솜즉식图 (고) 의붓자식.

다·솟ㄹ (고) 다섯.

다상(多相)图 여러 개의 상(相).

다상 교류(多相交流)〈물리〉주파수는 같으나 위상(位相)이 다른 둘, 또는 그 이상의 교류 방식. polyphase current

다색(多色)图 여러 가지 빛깔. (대) 단색(單色). several colo(u)rs [of tea

다색(茶色)图 ①갈색(褐色). ②차의 종류. kinds

다색-성(多色性)图 〈물리〉편광이 결정체를 통과할 때, 편광의 진동 방향에 따라 빛깔을 달리하는 현상. polychrome

다색 인쇄(多色印刷)〈인쇄〉세 가지 이상의 색을 겹쳐 박는 인쇄의 총칭. (대) 단색 인쇄(單色印刷).

다색-판(多色版)〈인쇄〉여러 가지 색으로 인쇄하는 판. (대) 단색판(單色版).

다색-훈(多色暈)图 〈광물〉흑운모(黑雲母)·각섬석(角閃石) 등의 속에 방사성 광물이 포함되어 있을 때, 그 주위에 생기는 다색성의 반점.

다생(多生)图 ①많이 남. growing in crowd ②〈불교〉차례차례로 태어나는 헤아릴 수 없이 많은 세상.

다서(多書)图 많은 서적. [metempsychosis 하영

다섯图 넷에 하나를 더한 수 또는 수효. (준) 닷. five

다섯-모图 〈수학〉물체의 둘레가 다섯으로 이루어진 그 모. five corners

다섯목 가래질图 〈농업〉다섯 사람이 하는 가래질. five-man plowing 하영

다섯목 한카래图 〈농업〉다섯목 가래질을 하기 위하여 수를 채운 인원수.

다섯무날图 무수기를 볼 때에 14일과 29일을 일컫는 말. days of high and low tide

다섯잎=꽃[一닙一]图 〈동〉오판화(五瓣花).

다섯=오图 오선(五線).

다섯=째图 넷째의 다음 차례. fifth [bles

다섯=콩图 장난감 공기를 재미있게 일컫는 말. marbles

다성부 음악(多聲部音樂)图 〈음악〉서로 독립된 성부를 이루는 둘 이상의 성부(聲部)로 성립되는 대위법적 음악. 근세의 화성적 단선율(單旋律) 음악이 발생하기 이전의 양식. polyphony

다성 잡종(多性雜種)图 〈생물〉형질이 다수 인자에 의해 결정될 잡종. 멘델 법칙이 적용되지 않음. (대) 단성 잡종(單性雜種).

다성-화(多性花)图 〈동〉잡성화(雜性花).

다세(多世)图 많은 시대. 많은 연대.

다세(多勢)图 많은 인원. 많은 세력. crowd

다-세:대(多世帶)图 한 건물 안에 세대가 여럿임.

다:세:포(多細胞)图 〈생물〉한 생물체에 세포가 여럿임. (대) 단세포(單細胞).

다세:포 동:물(多細胞動物)图 〈동물〉많은 세포로 개체를 이룬 동물. (대) 단세포 동물(單細胞動物).

다세:포 생물(多細胞生物)图 〈생물〉분화(分化)된 많은 세포가 모여한 개체(個體)를 만드는 생물의 총칭. 대다수의 생물이 이에 해당됨. (대) 단세포 생물(單細胞生物). multicellular organism

다세:포 식물(多細胞植物)图 〈식물〉많은 세포로 개체를 이룬 식물. (대) 단세포 식물(單細胞植物).

다소(多少)图 ①분량이나 정도의 많음과 적음. ②'조금이긴 하지만 어느 정도'의 뜻. ¶~나마 보탬이 되었으면 합니다. (약)=다소간(多少間). many

다소(茶素)图 〈동〉카페인(caffein). [or few

다소-간(多少間)图 많으나 적으나. 얼마쯤. (약) 다소(多少). more or less

다소곳-하-다협여 ①고개를 좀 숙이고 말이 없다. silent with one's head droped ②순종하는 태도를 보이다. obedient 다소곳-이曱

=·다·소·니[어미] (고) =더니.

다·소-득(多所得)图 많은 소득. 벌이가 많음.

=다소·라[어미] (고) =더라.

다소 불계(多少不計)[명] 많고 적음을 헤아리지 아니함. 하다

다손 치더라도[투] ①'ㄴ·는'과 어울려서 동사에 붙어 어떠한 동작을 하더라도의 뜻을 나타냄. ¶본-. though ②형용사의 어간에 붙어서 어떠한 상태에 있더라도의 뜻을 나타냄. ¶크-. no matter how

다솔(多率)[명] ①많은 사람을 거느림. leading a multitude ②식구가 많음. having a large family 하다

다솔 식구(多率食口)[명] 많은 식구를 거느림. 하다

두·솜[명][고] 사람함. →돗다.

다수(多數)[명] 수효가 많음. 과수(夥數). (대) 소수(少數). large number 하다 히다

다수 강화(多數講和)[명] 패전한 일국과 그 상대국 대부분간에 성립된 강화.

다수=결(多數決)[명] 회의에서 많은 사람의 의견에 좇아 가부(可否)를 결정함. 또, 그 일. decision by majority

다수=당(多數黨)[명] 〈정치〉의회 의석의 다수를 차지하고 있는 정당. (대) 소수당. majority party

다수 대:표제(多數代表制)[명] 〈정치〉다수인의 지지를 받은 자가 곧 전체의 의사를 대표한다고 보아 이를 당선자로 결정하는 선거 방법. majority system

다수 의:견(多數意見)[명] 많은 사람의 의견. (대) 소수 의견. majority's opinion

다수 정당제(多數政黨制)[명] 〈정치〉의회 정치 국가에서 정당이 여럿으로 분립된 체제. multiple party system

다수 증권(-券)[명] 〈경제〉같은 종류의 것이 다수 발행된 증권. (대) 각개 증권(各個證券).

다수파 공작(多數派工作)[명] 〈정치〉여당이 정책적으로 비슷한 정당이나 무소속 의원에게 동조 또는 입법을 권유하는 당 강화 공작.

다=수확(多收穫)[명] 많은 수확. 수확이 많음.

다수확 작물(多收穫作物)[명] 일정한 면적에서 다른 작물에 비해 더 많은 수확을 얻을 수 있는 농작물.

다:스(←dozen)[의명] 물품 12개를 한 묶음으로 세는 말. 타(打). ¶연필 두 -.

다스름[명] 〈음악〉음률을 고르려고 단소(短簫)를 부는 짧은 곡조. 조음(調音).

다스리·다[타] ①나라·사회·집안의 일을 보살피어 처리하다. govern ②사물이 문란하지 않도록 바로잡다. ¶노사의 분규를 -. rule ③벌을 주다. ¶죄인을 -. punish ④어지럽던 것을 평정하다. ¶난리를 -. govern ⑤병을 고치다. ¶높은 열을 -. cure ⑥學問을 닦다. cultivate

다스=하·다[여튼] 좀 다습하다. (큰) 드스하다. (센) 따스하다. somewhat warm

다슬기[명] 대사리.

다습(多濕)[명] 마소의 다섯 살. five year old (cow or horse)

다습(多濕)[명] 습기가 많음. moist 하다

다습=다[형] 알맞게 따뜻하다. (큰) 드습다. (센) 따습다. mild

다시[부] ①하던 것을 되풀이로. ¶~ 보다. again ②고쳐서 새로이. ¶~ 그려라. afresh ③두 번. 거듭. 또. ¶꺼진 불도 보자. repeatedly ④전과 같이. ¶~ 일해 보자. ⑤있다가 또. ¶오후에 그 장소에서 ~ 만나자. ⑥다음으로 해서 하거나 고쳐서 할 때에 이르는 구령 또는 명령의 말. ¶~. 받들어총.

다시(多時)[명] 많은 시간. 오랜 시일.

·다시[명][고] 듯이.

다·시·곰[명][고] 다시금.

다시금 '다시'의 힘줌말. again

다시-대다 무엇을 먹거나 또는 먹는 것처럼 입을 놀리다. ¶입맛을 ~. smack one's lips

다시마[명] 〈식물〉갈색 조류(藻類)에 속하는 미역 비슷한 바다 식물. 길이 20~30 cm로 길이 2~4 m 가량임. 황갈색 또는 흑갈색에 거죽이 미끄럽고 약간 쭈글쭈글한 무늬가 있음. 식용·공업용으로 이용함. 곤포(昆布). 해대(海帶). sea tangle [포삼.

다시마=쌈[명] 깨끗이 씻은 다시마 쪽으로 싸는 쌈. 곤

다시마=자:반(-佐飯)[명] →부각.

다시마=조림[명] 다시마를 썰고 북어 같은 것의 토막을 섞어서 간장에 조린 반찬.

다시=아버지[명] 제 아버지가 죽은 뒤에 들어온 남자.

다시=어머니[명] 의붓어미.

다시는-다[형] 그보다 더 나은 것이 없을 만큼 완전하다. unique 다시-없이[부] 「개로 보이는 병증.

다시=증[-症](多視症)[명] 〈의학〉한 개의 물체가 여러 =다시피[어미] 동사·형용사의 어간에 '사실과 마찬가지로'의 뜻을 나타내는 연결 어미. ¶알~ 완전하다. as (you know)

다식(多食)[명] 음식을 많이 먹음. (대) 소식(少食). gluttony 하다 「knowledge 하다

다식(多識)[명] 학식이 많음. ¶박학(博學) ~. wide

다식(茶食)[명] 콩·쌀·송화 가루 등을 엿이나 꿀에 반죽하여 다식판에 박아 낸 유밀과(油蜜菓)의 하나.

다식=과(茶食菓)[명] 밀가루·꿀·참기름·생강즙·소주를 한데 반죽하여 다식판에 박아서 기름에 지진, 유밀과의 하나. 「지나치게 많이 먹는 병증.

다식=증(多食症)[명] 〈의학〉식욕이 병적으로 높아져서

다식=판(茶食板)[명] 다식을 눌러 박아 내는 틀.

다신=교(多神敎)[명] 〈종교〉많은 신을 인정하고 이를 믿고 숭배하는 종교의 한 형태. (대) 일신교(一神敎). (교). polytheism

다실(茶室)[명] 〈특〉다방(茶房).

다심(多心)[명] 지나치게 걱정함을 생각함. over cautiousness 하다 스럽다 스레

다·쐐기[명] 닷새.

다·아[다][고] 다하여. 다 되어.

다-우-다[타][고] 다하다. 없애다.

다:옳=없-다[형] 다할 없다. 무궁하다.

다액(多額)[명] 많은 액수. ¶~ 납세자(納稅者). (대) 소액(少額). large sum

다양(多樣)[명] 여러 가지 모양. 종종(種種). (대) 일양(一樣). variety 하다

다양=성(多樣性)[명] 다양한 특성.

다언(多言)[명] 말이 많음. 여러 말. 《유》요설(饒舌). (대) 과언(寡言). garrulity

다언 삭궁(多言數窮)[명] 말이 많으면 자주 막힘. 하다

다언 혹중(多言或中)[명] 말이 많으면 혹 맞는 말이 있음.

다언(茶煙)[명] 차를 달일 때 나는 연기. [음. 하다

다염기=산(多鹽基酸)[명] 〈화학〉금속 원소와 바꾸어 놓을 수 있는 수소가 둘 이상 되는 산. 황산이나

다엿[명][고] 대여섯. 「산. polybasic acid

다예(多藝)[명] 많은 예능(藝能). 또, 많은 예능에 통함. varied accomplishments 하다

다:오[보조] '해라'할 자리에 직접 대해 무엇을 청하는 말. ¶이리 ~. give me

=다오[어미] 형용사의 어간에서 선어말 '-았=', '-었-' 밑에 붙어서 사실을 설명하며, 상대자를 좀 더 접하거나 친근한 맛을 나타내는 종결 어미. ¶그는 학창 시절의 친구가 많았~. 그가 내 일을 도와

다오-다[타][고] 다하여. 없애다. [주었-.

다옥-하-다[형][여튼] 무성하다. be thick

다올-대[-때][명] 베의 날을 풀기 위하여 도투마리를

다·음[명][고] 다함. [넘기는 막대.

다와기[명][고] 따오기.

다와-들다[자][고] 몹시 다조지다.

다와=티-다[타][고] 다그치다.

다왈-다[타][고] 다그치다. 무릎쓰다.

「grace 하다

다욕(多辱)[명] 욕됨이 많음. ¶수칙(壽則) ~. dis-

다욕(多慾)[명] 욕심이 많음. 또, 많은 욕심. (대) 과욕(寡慾). greediness 하다

다용(多用)[명] 쓰임이 많음. 쓰임이 많음. using much 하

다우(多雨)[명] 비가 많음. 또, 많은 비. ¶고온(高溫) ~. (대) 과우(寡雨).

다우닝-가(Downing 街)[명] ①런던의 외무성·수상 관저 등이 있는 시가. ②영국 정부의 별칭.

다우 메탈(Dow metal)[명] 〈화학〉미국 다우 케미컬 (Dow Chemical) 회사에서 만드는 경합금(輕合金).

다우치다 -다[타] 뒤를 쫓다. follow
다운(down)[명] ①내림. ¶코스트 ~. ②권투에서 링에 쓰러짐. 링에 쓰러뜨림. ③⑤완전히 지쳐서 떨어짐. 하자타
다원(多元)[명] 두 군데 이상의 방송국에서 수집한 자료를 중계선(中繼線)에서 정리하여 하나 (一元). plural
다원(茶園)[명] 차를 재배하는 밭. 차밭. 차나무밭.
다원론[─논](多元論)[명] 〈철학〉 우주의 모든 현상에서 각각 독립한 본체가 있다 하여 만유의 본원을 물피어 여러 본체의 아울러 있음을 인정하는 학설. (대) 단원론(單元論). pluralism
다원 묘사(多元描寫)[명] 〈문학〉 소설 구성에서, 몇 개의 시점을 고정시키고, 이 앞에 비치는 사건을 따로 묘사하여서 전체로서의 조화를 꾸미는 방법.
다원 방송(多元放送)[명] 두 군데 이상의 방송국에서 수집한 자료를 중계선(中繼線)에서 정리하여 하나의 라디오·텔레비전의 프로로 편성하여 하는 방송.
다원 방정식(多元方程式)[명] 〈수학〉 둘 이상의 미지수를 포함한 방정식. plural equation
다원적 국가(多元的國家)[명] 〈정치〉 통일적 주권자가 아니오 딴 부분 사회와 연합적 관계에 있어서 전체 사회를 구성하는 국가. pluralistic state
다원적 국가론(多元的國家論)[명] 국가 주권의 유일성에 반대하여 각 단체의 복수 주권을 주장하는 학설. 다원 국가관(多元的國家觀)
다원적 우주(多元的宇宙)[명] 〈철학〉 실재(實在)의 부분은 외적(外的)으로 관계하며 연접적(連接的)이며, 중개물을 통하여 간접적으로 연결되어 있어 항상 미완결(未完結)의 통일이라고 본 우주.
다·위니즘(Darwinism)[명] 〈동〉 진화론(進化論).
다·윈·설(Darwin 說)[명] 모든 생물들을 그 진화하는 과정에서 자연 도태·생존 경쟁이 주요한 원인이 되었다고 주장한 다윈의 학설.
다육(多肉)[명] 살이 많음. fleshiness 하형
다육·경(多肉莖)[명] 〈식물〉 식물에 수분이 많아서 두툼하게 된 줄기. 선인장 따위. succulent stem
다육·과(多肉果)[명] 단화과(單花果)의 하나. 살과 즙이 많은 열매. succulent fruit
다육 식물(多肉植物)[명] 〈식물〉 잎이나 줄기 등이 다육질로 된 식물. 수분이 적고 건조한 땅에서도 잘 자람. 다장(多漿) 식물. succulents
다육·엽(多肉葉)[명] 〈식물〉 살이 두껍고 양분이 많은 잎. succulent leaf
다육·질(多肉質)[명] 살이 많은 성질이나 품질.
다음(多音)[명] ①어떠한 차례의 바로 뒤. next ②둘째. second ③한층 낮은 자리. second ④버금. [약] 담².
다음(多淫)[명] ①과도한 음사(淫事). ②음욕(淫慾)이 지나치게 왕성함. ¶~[rank next to]
다음가·다[자] 표준 삼은 품위나 차례의 다음이 된 가다.
다음 기호(─音記號)[명] 〈음악〉 '다' 음의 위치를 정하는 기호. 시 클레프(C clef).
다음·날[명] 다음에 오는 날. 훗날. [약] 담날. next day
다음·다음[명] 다음의 다음. ¶~ 차례. [약] 담담.
다음·달[─딸][명] 다음에 오는 달. 훗달. [약] 담달.
다음·자[─짜](多音字)[명] 〈어학〉 둘 이상의 음가(音價)를 갖는 문자. 金 ; 김·금, 殺 ; 살·세, 度 ; 도·탁 등. [lysyllable
다=음절(多音節)[명] 〈어학〉 셋 이상으로 된 음절. po-
다음절어(多音節語)[명] 세 음절 이상으로 된 말. 음절이 많은 단어. polysyllable word
다음·주[─쭈](─週)[명] 다음에 오는 주. 내주(來週).
다음·해[명] 금년 다음에 오는 해. 이듬해. next year
다의(多義)[명] 한 언어가 많은 의미의 뜻. many meanings ②언어의 뜻이 분명하지 않음. 하형
다의(多疑)[명] 의심이 많음. 하형
다이[명] (속) ①돈. ②밥.
다이(多異)[명] 많이 다름. 차이가 많음. 하형
=다·이[명] [고] =담게. =되게. =대로.
다이내믹(dynamic)[명] ①역학(力學). ②동적(動的)인

모양. ③정력적(精力的)임. 하형
다이너마이트(dynamite)[명] 〈화학〉 니트로글리세린을 규조토·목탄·면화약 등에 흡수시켜 만든 폭약의 하나.
다이너모(dynamo)[명] 〈물리〉 직류 발전기(直流發電
다이너모 미·터(dynamometer)[명] ①동력계(動力計). 검력계(檢力計). ②악력계(握力計). ③망원경의 배율.
다이닝(dining)[명] 식사(食事). [계].
다이닝 룸(dining room)[명] 식당.
다이닝 카:(dining car)[명] 식당차(食堂車).
다이닝 키친(dining kitchen)[명] 식사를 할 수 있는 부엌. 식당 겸 부엌.
다이닝 테이블(dining table)[명] 식탁(食卓).
=다·이·다/=다·이·다이미[고] =더이다.
다이렉트 메일(direct mail)[명] 우편으로 보내는 광고. 수신인(受信人)을 표시한 광고.
다:=이를까 분명히 옳으므로 자세한 말을 할 필요가 없다는 뜻. ¶~, 우리의 자는 패한다는 것.
다이모니온(daimonion 그)[명] ①신령적(神靈的)인 것. ②예술적 창작 의욕.
다이버(diver)[명] 잠수부(潛水夫).
다이빙(diving)[명] ①높은 데서 물 가운데로 뛰어드는 헤엄법. ②비행기의 급강하. 하형
다이빙·대(diving 臺)[명] 다이빙을 할 수 있도록 일정한 높이로 만들어 놓은 대.
다이빙 패스(diving pass)[명] 〈체육〉 럭비에서, 스크럼 하프가 패스를 멀리 하기 위해 점프하여 행하는 패스.
다이스(dice)[명] ①주사위. ②주사위 놀이. ③작은 정방형. 주사위형. [끊는 연장.
다이스(dies)[명] 암나사의 일부가 칼날로 된 수나사를
다이아(dia)(약)→다이어그램. 다이아몬드.
다이아나(Diana)[명] 로마 신화에 나오는 달의 여신. 처녀성과 사냥의 수호신(守護神).
다이아몬드(diamond)[명] ①〈광〉 금강석. ②〈체육〉 야구장의 내야(內野). ③마름모의 붉은 무늬가 있는 트럼프 패. [약] 다이아.
다이아몬드 게임(diamond game)[명] 실내 오락 경기의 하나. 다이아몬드형의 여섯 꼭지점을 가진 말판에서 세 사람이 각각 자기 말밭에 있는 말을 건너쪽 자기 말밭에 먼저 이동시키는 놀이.
다이아몬드=혼식(diamond 婚式)[명] 결혼 후 만 60년에 행하는 축하식. 회혼례(回婚禮). diamond wedding
다이아진(diazine)[명] 〈약〉→술파다이아진.
다이어그램(diagram)[명] ①도표(圖表). ②도식(圖式). ③행사 예정표 및 진행표. ④열차 운행표. [약] 다이아.
다이어리(diary)[명] 일기(日記). [식이 요법.
다이어트(diet)[명] 비만 치료·체중 조절을 위한 규정식.
다이얼(dial)[명] ①시계·나침반 등의 지침면. ②계기류의 눈금판. ③자동 전화기의 숫자판. ④라디오의 주파수 이름을 눈금이 있는 판.
다이얼렉트(dialect)[명] 방언(方言). 지방 사투리. 토
다이얼렉틱(dialectic)[명] 변증법(辨證法).
다이얼로그(dialogue)[명] ①대화. 회화(會話). 문답. ②대화극(對話劇). ③반→모놀로그(monologue).
다이오:드(diode)[명] 〈물리〉 양극과 음극의 두 극만을 가진 진공관 또는 반도체(半導體). 정류기(整流器)·검파기(檢波器) 등에 씀.
다이제스트(digest)[명] ①적요(摘要). ②법률집. ③흥미 있는 읽을거리를 요약하여 편집한 잡지.
다이 캐스팅(die casting)[명] 〈공업〉 구리·알루미늄·주석·납 등의 주물용 합금을 녹여, 강철제 주형에 압력을 가하여 넣는 주조법. 주형(鑄型)을 붙여, 기압 또는 수압(水壓)으로 급하게 녹은 금속을 주입(注入)하는 주조 방법.
다인(dyne)[명] 〈물리〉 힘의 C.G.S. 절대 단위. 질량 1g의 물체에 작용하여 1초 동안에 1cm의 가속도를 내게 하는 힘.

다일(多日)〖명〗 여러 날. many days
다임(dime)〖의명〗 미국 은화의 단위. 1달러의 1/10. 10센트 은화.
다잇--**다**〖타〗 때리다. 치다.
다자(多者)〖명〗①많은 경대부(卿大夫). ②많은 남자. many men 〖하〗
다-자손(多子孫)〖명〗 자손이 많음. many descendants
다-자엽(多子葉)〖명〗 하나의 싹이 틀 때, 세 개 이상의 자연이 생기는 일. 〖세 가지 이상 가진 식물.〗
다자엽 식물(多子葉植物)〖명〗〈식물〉 배(胚)에 자엽이 여럿인 씨앗.
다자엽 종자(多子葉種子)〖명〗〈식물〉 배주(胚珠)에 자엽이 여럿인 씨앗.
다자인(Dasein 도)〖명〗〈철학〉 본질적 존재에 대한 구체적·개별적 존재. 생존(生存). 정재(定在).
다작(多作)〖명〗①〈문학〉작품이나 글을 많이 지음. prolificacy in writing ②농산물이나 물품을 많이 만듦. (예) 과작(寡作). productive 〖하〗
다잡-다〖타〗①감독하여 힘써 일하게 하다. ¶직원을 다잡아 일에 몰두하게 하다. control ②마음을 써서 일을 처리하다. ¶마음을 다잡아 어려운 일을 처리하다. discrete ③허탕한 마음을 버리다. ¶호트러진 마음을 ~. sober down
다잡-이〖명〗늦추어진 것을 바싹 잡아 죄는 것. tighten
다장-근(多漿根)〖명〗〈식물〉 저장근 중 무와 같이 즙액을 많이 함유하는 뿌리.
다장 식물(多漿植物)〖명〗〈식물〉 저수 조직이 있어 수분을 많이 함유하는 식물. 다육(多肉). 다즙(多汁). succulents 〖으로 하는 장조. 시 (C)장조.〗
다-장조[-쪼](-長調)〈음악〉 '다' 음을 기음(基音)
다재(多才)〖명〗 재주가 많음. versatile talents 〖하〗
다재 다병(多才多病)〖명〗재주가 많은 사람은 기혈이 약해서 잔병이 많음. man of talent is prone to illness 〖은 차를 그대로 섞어 먹게 되는 일.〗
다적(茶積)〖명〗〈한의〉차를 너무 좋아하여 나중에는 마
다전 선-고(多錢善賈)〖명〗밑천이 많으면 마음대로 장사를 잘 할 수 있음.
다점(多占)〖명〗〈경제〉완전 자유 경쟁과 독점의 중간에 일어나는 상품 매매의 한 형태. 공급자나 수요자가 많은 상품을 퇴장(退藏)하여 가격을 인위적으로 좌우하는 경우. 〖하〗
다점[一쩜](多點)〖명〗①점수가 많음. ②점이 많음. 〖하〗
다점(茶店)〖명〗 다방(茶房).
다정(多情)〖명〗①인정이 많음. warmheartedness ②사귄 정이 많음. close friendship ③사물에 대한 애틋한 정. passionate 〖하〗〖스럽〗 스레〖히〗 히〖히〗
다정(多精)〈생리〉한 개의 난자에 많은 정자가 들어가는 현상. (예) 단정(單精).
다정(茶亭)〖명〗①간단한 다방. ②〖약〗→다정자(茶亭子)
다정(茶精)〖명〗 카페인(Caffein).
다정 다감(多情多感)〖명〗생각과 느낌이 많음. 다감 다정(多感多情) sentimentality 〖하〗
다정 다한(多情多恨)〖명〗사물에 대하여 애틋한 정이 많아서 몹시 마음을 쓰러하. 〖하〗
다정 불심[-씸](多情佛心)〖명〗사물에 대한 애틋한 정이 많은 자비심. tender-heartedness
다정 수정(多精受精)〖명〗〈생리〉수태 과정에서 특수하게 두 개 이상의 정자(精子)로 되는 수정.
다정-자(茶亭子)〖명〗다구(茶具)를 올려놓는 탁자(卓子). 〖약〗 다정(茶亭)②. tea table 〖된 곡조.〗
다-조[-쪼](-調)〖명〗〈음악〉 '다' 음이 주음으로 구성
다조(多照)〖명〗농작물에 대한 볕의 쬐이 많음. much sunshine 〖하〗 〖기.〗
다조-기(多照期)〖명〗〈농업〉볕을 쬐는 시간이 많은 시
다-조성[-쏭](多調性)〖음악〗몇 개의 조성(調性)을 갖는 성부(聲部)가 동시에 진행하는 일.
다조지-다〖타〗 일을 급하게 조지다. 바싹 쩨치어 몰아치다. 〖약〗 다좆다. exercise strict control
다족(多足)〖명〗①많고 넉넉함. plenty ②발이 많음. myriapod 〖하〗
다족(多族)〖명〗 친족(親族)이 많음. 〖하〗

다족=류(多足類)〈동〉 백족지충(百足之蟲)¹.
다종(多種)〖명〗 여러 가지 종류. various kind 〖하〗
다종(茶鍾)〖명〗①차종. ②옛날에 차를 따라 마시던 그릇. tea-cup
다종-다-양(多種-)〖명〗→다조로다.
다좆-다〖타〗 몹시 다조지다. 〖약〗 다좇다.
다좇-다〖타〗①다급히 좇다. ②〖약〗→다좆다.
다죄(多罪)〖명〗 committed many crimes ②무례한 일이나 과언(過言)을 사과할 때 쓰는 말.
다죄-다〖타〗 다조여 죄다. tighten
다주-충(茶柱蟲)〖명〗〈곤충〉 다주류(茶柱類)의 벌레.
다-중(多重)〖명〗 여러 겹. 〖crowd〗
다중(多衆)〖명〗 많은 사람. 여러 사람. 대중(大衆).
다중 권선(多重捲線)〈물리〉나선형으로 여러 겹 감은 도선. 코일(coil).
다중 불해=산죄(多衆不解散罪)〖명〗〈법률〉폭행·협박·손괴의 행위를 할 목적으로 다중이 집합하여, 그를 단속할 권한이 있는 공무원으로부터 3회 이상의 해명 명령을 받고도 해산하지 않는 죄.
다중-성(多重星)〈천문〉천구(天球) 위에서 서로의 인력으로 근접하여 한 계(系)를 이루고 있는 두 개 이상의 항성(恒星). 복성(複星). 중성(重星)①.
다중식 방-송(多重式放送)〖명〗한 주파수로 복수의 프로그램을 동시에 내보내는 방송.
다중 전-신(多重電信)〖명〗〈물리〉한 회선을 이용하여 많은 전신을 동시에 하는 것.
다중 통신(多重通信)〖명〗한 통신로(通信路)의 회선을 사용하여 수많은 통신을 구성하는 유선 통신·무선 통신의 총칭.
다즙(多汁)〖명〗 물기나 즙이 많음. juiciness 〖하〗
다즙 사료(多汁飼料)〖명〗 물기가 많은 사료. 곧, 호박·무·재지감자 따위.
다지(多智)〖명〗 지혜가 많음. 〖하〗 〖harden〗
다지기〖명〗들썩하거나 무른 것을 단단하게 만드는 일.
다지-다〖타〗①일에 뒷일이 없도록 단단히 아뤄짓다. ¶약속 시간을 ~. settle definitely ②음식물에 고명을 더하여 차분하게 하다. ¶고기를 ~. mince ③눌러 단단하게 만들다. ¶짐터를 ~. harden ④수를 계산하여 따지다. calculate ⑤무른 땅을 단단하게 하다. ¶마당을 ~. harden ⑥뜻을 굳게 하다. ¶승리를 굳게 ~. 〖약〗 닺다. determine
다지르-다〖르트〗 다짐받기 위하여서 다지다. make sure of
다지 선-택법(多肢選擇法)〖명〗〈통〉 다항(多項) 선택법.
다지-증[-쯩](多指症)〖명〗〈생리〉 손가락이나 발가락의 수효가 5개 이상 되는 기형증(畸形症). polydactylism 〖at the best〗
다직〖부〗 기껏하여. at the best
다직-해야〖부〗 기껏해야. ¶~ 백원 밖에 더 되랴. at the most
다질리-다〖피〗 다지름을 당하다. be made sure of
다지-다〖자〗①단단히 다져서 확실한 대답을 받음. definite answer ②이왕에 한 일이나 앞으로 할 일이 틀림없음을 조건을 붙이어 말함. assurance 〖하〗
다짐=기(-記)〖명〗 다짐을 쓴 서류. written assurance 〖도록 단단히 하다.〗
다짐-두-다〖자〗①다짐기를 써서 올리다. ②틀림이 없
다짐-받-다〖자타〗①다짐기를 쓰게 하여 받다. ②단단히 다지어 틀림없이 그렇게 하겠다는 약속을 받다. secure a definite answer
다짜짜로-로〖부〗 옳고 그름을 묻지 않고 덮어놓고. ¶~ 덤비어들다. without the slightest warning
다채(多彩)〖명〗①여러 가지 빛깔이 어울려 아름다움. ②계획이나 일이 많고 호화스러움. 〖하〗
다채-롭-다(多彩-)〖ㅂ변〗①색채가 많다. colorful ②가지각색이 한데 어울려 호화롭고 아름답다. variegated ③여러 가지 계획이 한데 조화되어 변화하고 찬연하다. 다채로=이〖부〗
다채=유(多彩釉)〖명〗〈미술〉청자(靑瓷)·백자(白瓷)의 단색(單彩)이 아니고 삼채(三彩)·오채(五彩)인 여러 채색의 유약(釉藥).

다처(多妻)[명] 한 남자가 두 사람 이상의 아내를 가짐. ¶일부(一夫) ~. 《대》다부(多夫). many wives
다축(多畜)[명] 가축이 많음.
다축 농가(多畜農家)[명] 가축을 많이 기르는 농가.
다-취:미(多趣味)[명] 취미가 많음. 또, 그 취미. 《대》몰취미(沒趣味). many hobbies 하[자]
다층(多層)[명] 층이 많음. 여러 층.
다층-탑(多層塔)[명]〈건축〉탑신(塔身)이 여러 층으로 된 탑. 층의 수에 따라 삼층탑·오층탑 등으로 불림.
다치-다[자타] 부딪치서 상하다. 상함을 당하다. ¶부주의로 손을 다쳤다. get hurt
다 카포(da capo 이)[명]〈음악〉악곡을 처음으로 되돌아가서 되풀이하여 연주하라는 뜻. 반시(反始) 기호. 약호 ; D. C.
다 카포 알 피네(da capo al fine 이)[명]〈음악〉악곡을 처음으로 되돌아가서 피네(fine) 기호 있는 데까지 연주하라는 뜻.
다 카포 형식(da capo 形式)[명]〈음악〉다 카포의 형(形)을 취한 악곡의 형식. 메누엣(Menuett)·행진곡(行進曲) 등에 쓰임.
다큐멘터리(documentary)[명] ①중요한 의견이나 사건의 기록. ②인간 세계의 진실성을 추구(追求)한 기록 문학. ③〈연예〉기록 영화. 다큐멘터리 영화.
다큐멘터리 영화(documentary 映畫)[명]〈연예〉기록 영화(記錄映畫). documentary movies
다:크(dark)[명] 어둠. 어둠. 하[자]
다:크 에이지(Dark Ages)[명] 암흑 시대.
다:크 오:픈(dark open)[명]〈연예〉연극에서 어두운 채로 막을 엶. 약호 ; D. O. 하[자]
다:크 체인지(dark change)[명]〈동〉암전(暗轉).
다:크 호:스(dark horse)[명] ①경마(競馬)에서 아직 실력이 알려지지 않은 말. ②뜻밖의 않은 유력한 경쟁자나 후보자. ③유망주(有望株).
다탁(茶卓)[명] 차를 따라 마시는 탁자(卓子).
다탕(茶湯)[명] ①차와 과자 등의 간단한 음식.
다태(多胎)[명]〈생물〉포유 동물에 있어 한 개의 난자(卵子)가 수정된 뒤에 둘 이상으로 분리되어 별개의 개체로 되는 일. 한 배에 여럿을 낳는 일.
다태 동:물(多胎動物)[명]〈동물〉한 배에 여러 마리의 새끼를 낳는 동물. 돼지·개 따위.
다태-아(多胎兒)[명] 다태 임신에 의하여 된 태아. 서로 공통의 모래집을 쓰고 있음.
다태 임:신(多胎姙娠)[명] 둘 이상의 태아를 동시에 배는 일.
도·토·다[고] 다투다.
다투-다[자타] ①싸우다. dispute ②서로 겨루어 승부를 내다. compete
다툼[명] 다투는 일. ¶자리 ~. 하[자타]
다툼-질[명] 다투는 짓. quarrelling, dispute 하[자]
다티[명] 달리. 따로.
다티-·다[고] 스치다. 건드리다. 부딪치다.
다팔-거리-다[자] 짧은 머리털 같은 것이 날려서 흔들리다. 《큰》더펄거리다. flow in the wind 다팔-다팔[부] 하[자] 「펄머리. bouncing hair
다팔-머리[명] 다팔다팔하게 흔들리는 머리털. 《큰》더
다 팔아도 내 땅[속] 결국에는 제 이익이 되는 일.
다 퍼먹은 김칫독[속] 앓거나 굶주려서 눈이 움푹 들어간 사람의 비유.
다포 농업(多圃農業)[명]〈농업〉농토를 여러 가지로 구획하여, 경작지·휴경지·목초 재배지 등으로 수년 간씩 엇바꿔 경영하는 농업.
다포-약(多胞藥)[명]〈식물〉셋 이상의 약포(藥胞)로 된 약. 향나무꽃이나 낙엽송의 약 따위가 이에 속함. 《대》단포약. 「화한 요정(妖精).
다프네(Daphne)[명] 그리스 신화의 월계수(月桂樹)로
다-하-다[자타] ①다 소모되어 없어지다. use up ②끝이 나다. end ③물자나 실력을 있는 대로 들이다. exhaust ④마치다. finish
다한(多恨)[명] ①원한이 많음. many regrets ②섭섭하여 잊지 못하는 마음. ¶다정(多情) ~. unforget-tableness 하[형] 「많은 증세.
다한-증[一症](多汗症)[명]〈의학〉땀의 분비량이 너무
다항 선:택법(多項選擇法)[명]〈교육〉시험 방법의 하나. 한 문제에 대해서 여러 개의 해답을 늘어놓고, 그 중 맞는 답을 가려 내어 O표를 치게 하는 방법. 다지(多肢)선택법. multiple choice method
다항-식(多項式)[명]〈수학〉보행표 또는 뺄셈표로 몇 개의 단항식을 이어 놓은 정식(整式). 《대》단항식(單項式). polynominal expression
다핵 도시(多核都市)[명]〈도시〉도시 기능을 달리하는 여러 개의 도시가 결합하여 형성한 거대(巨大) 도시.
다핵 세:포(多核細胞)[명] 두 개 이상의 핵을 갖는 세포.
다행(多幸)[명] ①운수가 좋음. great fortune ②뜻밖에 잘됨. 《약》행. good luck 하[형] 스럽 스레[히] 히[부]
다행 다복(多幸多福)[명] 다행하고 다복함. 하[형]
다혈(多血)[명] ①몸에 피가 많음. 《대》빈혈(貧血). sanguineness ②인정이 많음. 정서가 풍부함. feeling heart ③혈기(血氣)가 많음. sanguineness
다혈구 혈증[一症](多血球血症)[명]〈의학〉단위 용적의 혈액 속에 적혈구의 수가 정상보다 많아서 혈구 소(血球素)의 분량이 증가된 상태. 생리적인 것과 병적인 것이 있음.
다혈-증[一症](多血症)[명]〈의학〉적혈구가 병적으로 많아지는 증세. 심장의 고동이 빨라지며 얼굴이 붉고 호흡의 곤란을 느낌. plethora, repletion
다혈-질[一質](多血質)[명]〈심리〉정서(情緖)의 발동이 빠른 기질(氣質). sanguine temperament
다혈-한(多血漢)[명] 감정에 치우치기 쉬운 사람. hot blood, hot head
다형 변:정(多形變晶)[명]〈광물〉같은 화학 조성을 가지면서 큰 압력이나 암장(岩漿)의 접촉으로 재결정되어 다른 모양을 이루는 일.
다형-화(多形花)[명]〈식물〉동일한 종에 속하는 식물의 다른 그루 또는 같은 그루 가운데서 서로 형태를 달리하는 두 종류 이상의 꽃. 국화 따위.
다호(茶壺)[명] 차를 담는 단지.
다호라[명] 다워하다. 같아라다.
다홉[고] 또한. 도리어.
다홍(一紅)[명] 산뜻하게 짙은 붉은 빛. crimson
다홍-색(一紅色)[명] 빨강에 노랑이 약간 섞인 짙고도 산뜻한 붉은 색. 다홍빛. 다홍.
다홍-실(一紅一)[명] 다홍빛 실.
다홍-치마(一紅一)[명] ①위의 반은 희고 아래 반은 붉게 만든 현(幢). ②동상(紅裳)②. 《약》홍치마(紅一). 「②소문(所聞)
다화(茶話)[명] ①차를 마시며 하는 이야기. tea talk
다화-성[一性](多化性)[명]〈곤충〉일년에 세 번 이상 알을 까는 누에 품종의 성질. 《대》일화성. 이화성.
다화-잠(多化蠶)[명]〈곤충〉다화성의 누에. 중국 남부·인도 등의 아열대나 열대 지방에서 침.
다화회(茶話會)[명] 차를 마시며 이야기하는 모임.
다황화-물(多黃化物)[명]〈화학〉황화알칼리 수용액을 방치하거나, 황화알칼리와 유황을 용해하여 만드는 화합물. 다유화물(多硫化物). polysulfide
다회[고] 떠. 대자(帶子).
=다·히[접미][고]=답게.=같이.=대로.
=다히[접미][고] =쪽.
=다히-다[고] 집승들을 잡다.
다·히·-다[고] 대다.
닥[명]①〈식〉→닥나무. ②종이 만드는 원료로서의 닥나무 껍질. pulp from a paper-mulberry
닥:²[부] ①금이나 돌을 힘있게 긋는 모양. 또는, 그 소리. forcibly ②물이 빨안간 바짝 오르는 모양. ③거세게 긁는 모양. 또는, 그 소리. 《큰》득.
닥-구멍[명] 닥 껍질을 벗기기 위하여 찌는 구멍이.
닥굿-하-다[자] 구멍이에 닥을 찌다.
닥-나무[식물] 뽕나무과의 낙엽 관목. 잎은 뽕잎과 같고 어린 잎에는 잔털이 많음. 껍질의 섬유는 종이의 원료가 되며 과실은 약재로 씀. 《약》닥1.

paper-mulberry

다다그르르[부] ①단단한 물건이 딴 물건에 부딪히며 구르는 소리. rolling or rumbling noise ②우레가 가까운 데서 갑자기 부딪는 소리. 〈큰〉 덕더그르르. 〈센〉 따다그르르. peel of thunder

다다글=다다글[부] 〈작고 단단한 물건이 딱딱한 바닥에 부딪히며 굴러가는 소리. rolling sound ②우레가 가까운 데서 갑자기 연해 울리는 소리. 〈큰〉 덕더글더글. 〈센〉 따다글따다글. rumbling noise

닥:=닥[부] ①금이나 줄을 연해 힘있게 긋는 모양. ②물이 모두 세차게 얼어 붙는 모양. ③소리가 나도록 연해 긁는 모양. 〈큰〉 득득.

닥=뜨리-다[자] 닥쳐오는 일에 마주 대서다. 직면하다. ¶어려운 사건에 ~. [타] 마구 다조지다. demand impatiently

닥스훈트(Dachshund 도)[명] 〈동물〉 몸통이 길고 다리가 짧은 독일종의 사냥개. 곰·여우 사냥에 쓰임.

닥작=닥작[부] 먼지나 때 같은 것이 두껍게 끼어 있는 모양. 〈큰〉 덕적덕적. thickly [하]타

닥지=닥지[부] 때가 끼거나, 먼지가 오른 모양. 《큰》 덕지덕지. thickly [하]타

닥=채[명] 껍질을 벗겨 낸 닥나무의 가느다란 가지. slender branch of paper-mulberry

닥쳐=오-다[자] 가까이 바싹 다다라 오다. close at hand

닥치-다[자] 가까이 바싹 다다르다. draw near

닥터(doctor)[명] ①박사. ②의사.

닥터 스톱(doctor stop)[명] 권투에서, 시합 중에 한쪽 선수가 부상하였을 때, 시합의 계속이 불가능하다고 의사가 인정하여 상대편 선수가 승리했다고 선언하는 일.

닥=풀[명] 〈식물〉 아욱과의 일년생 풀. 여름에 담황색의 꽃이 피고 열매는 타원형으로 거친 털이 있음. 뿌리는 물에 우리면 끈끈하고 풀을 갤 물 같아 종이를 뜨는 데 쓰임. 황촉규.

닦-다[타] ①문지르다. polish ②씻어 깨끗이 하다. wipe ③힘써 배우다. cultivate ④셈을 맞추어 명세를 밝히다. balance ⑤땅바닥을 평평하게 고루어 다지다. ¶집터를 ~. level ⑥기초·토대를 마련하다. ¶기초를 ~.

닦달[명] 몰아대서 닦아세움. [하]타

닦달-질[명] ①남을 심히 욱대기는 일. urging ②갈아서 다듬는 일. polishing [하]타

닦아=대-다[타] 남을 '마구' 훌닦다. rate (one) roundly

닦아=세우-다[타] 남을 훌닦아 꼼짝 못하게 하다. blow up (one) ¶roundly to task

닦아=주-다[타] 남을 훌닦아 꾸짖어 주다. take (one)

닦은 밭을 같다[속] 어린애가 영리하다.

닦음-질[명] 깨끗이 닦는 일. cleaning [하]타

닦이-다[피,사] ①닦음을 당하다. be polished ②〈약〉=훌닦이다. [사동] 낮게 하다.

닦이=장이[명] 닦이질을 업으로 삼는 사람. polisher

닦이-질[명] 헌 재목이나 낡은 집을 닦아서 깨끗이 하는 일. cleaning [하]타

단:[명] ①뭇·묶음·볏나무 따위의 묶음. [의미] 짚·뭇·묶음·볏나무 따위의 묶음을 세는 말. ¶두 ~. bundle

단:²[명] 〈약〉=웃단.

단[접미] 명사 위에 붙어서 달콤하거나 또는 감칠맛이 있는 뜻을 드러내는 말. sweet ¶~잠.

=**단**[어미] 〈약〉=다고 한. =다고 하는.

단(段)[명] ①서적·신문 같은 인쇄물의 지면(紙面)을 위아래로 가르고 줄을 친 부분. ¶삼 ~ 기사(記事). column ②유도·검도·당수 같은 운동이나, 바둑·장기 같은 잘하고 못하는 정도를 매긴 등급. rank ③계단. 단계. step [의미] 땅 300평의 넓이. 또는 그 넓이의 단위. tan

단(短)[명] ①화투놀이에서, 청단·홍단·초단을 통틀어 이르는 말. ②부족한 점.

단(緞)[명] 〈약〉→비단(緋緞).

단(壇)[명] ①높게 만든 자리. ¶교(敎)~. platform ②흙이나 돌로 쌓아 올린 제터. altar ③특수 사회를 일컫는 말. ¶문(文)~. circles

단(斷)[명] ①〈약〉=결단(決斷). ②〈약〉→단안(斷案).

단:(單)[관] 단지. 하나. 단. only

단(但)[부] 예외나 조건되는 말을 인도할 때 쓰는 접속 부사. 겨우. 오직. 다만. however

단:=(單)[접두] 하나. 홑. ¶~세포.

=**단**(團)[접미] 어떤 명사 아래에 붙어서 단체의 뜻을 나타냄. ¶소년(少年)~. 시찰(視察)~. party, corps

단가(單家)[명] 〈동〉 한가(寒家)②.

단:가(短歌)[명] ①〈문학〉 장가(長歌)에 대한 말로 시조를 이름. Korean ode ②판소리 앞에 부르는 단편의 소리. 〈대〉 장가(長歌). ballad

단가[-까](單價)[명] 낱 하나의 값(單位)의 값. 낱값.

단가(團歌)[명] 어떤 단체가 제정하여 단원으로 하여금 부르게 하는 노래. 「supporter of Buddhist temple

단가(檀家)[명] 〈불교〉 단가로 하는 사람이 있는 집.

단가=살이(單家-)[명] 식구가 많지 않은 홋홋한 살림. small family [하]타

단가=표[-까-](單價標)[명] 가로글씨의 부기(簿記)나 계산서 따위에서 단가를 보일 때 쓰는 부호. 숫자의 앞에 @(동그라미 에이)를 씀. 낱값표.

단각(丹殼)[명] 홍수피(紅樹皮).

단:각(短角)[명] 〈동〉 단각과(短角果).

단:각과(短角果)[명] 〈식물〉 열과(裂果)의 하나. 장각과(長角果)와 같으나, 넓이가 넓으며 작고 짧음. 냉이의 열매 따위. 단각(短角).

단간(單間)[명] 단 한 간. single room

단:간(短簡)[명] 〈동〉 단찰(短札).

단:간(斷簡)[명] 〈약〉→단편 잔간(短編殘簡).

단간 마루(單間-)[명] 꼭 한 간 되는 마루.

단간 방[-빵](單間房)[명] 단간의 방. 단 한 간 넓이의 방. foot square room

단간방에 새 두고 말할까[속] 한 집 식구처럼 친하게 지내는 사이에는 비밀이 있을 리가 없다는 말.

단간 살림(單間-)[명] 단간방으로 사는 살림. [하]타

단:간 잔면(斷簡殘篇)[명] 떨어져 나가고 빠지고 하여 조각이 난 문서나 글월. 단편 잔간(短編殘簡).

단갈(袒褐)[명] 어깨에 옷을 엇멤. shoulder tuck [하]타

단:갈(短碣)[명] 무덤 앞에 세우는 짤막한 비석. small tombstone 「persimmon

단-감[명] 단감나무의 열매. 단단하면서 맛이 담. sweet

단감:나무(-)[명] 〈식물〉 감나무과의 낙엽 관목. 감나무의 특수한 종류로 단감이 열림. sweet persimmon tree

단-감자[명] 〈속〉 고구마.

단강(鍛鋼)[명] 〈공업〉 단조(鍛造)한 강철.

단개(單個)[명] 단 한 개. only one

단거(單擧)[명] 오직 한 사람만을 천거함. [하]타

단-거리[명] ①오직 그것 하나뿐인 재료. only material ②〈동〉 단벌①. one's only suit

단:-거리[-꺼-](-)[명] ①단으로 묶어 말린 잎나무. bundle of faggot ②큰 단으로 흥정하는 땔나무. bundle of firewood   「short range

단:=거리(短距離)[명] 아주 짧은 거리. 〈대〉 장거리.

단:거리 경영(短距離競泳)[명] 〈체육〉 수영 경기의 한 종목. 50~200m 거리의 경영을 이름. short distance swimming race

단:거리 경:주(短距離競走)[명] 〈체육〉 짧은 거리의 경주. 400 m 이하의 경주. 스프린트. 〈대〉 장거리 경주. 중거리 경주. short distance race, dash

단거리 서방(-書房)[명] 정을 둔 여러 남자 사이에서 가장 마음에 드는 남자. best lover of a mistress

단:거리 선:수(短距離選手)[명] 〈체육〉 단거리 경주나 경영의 선수. sprinter

단:거리 탄:도 유도탄(短距離彈道誘導彈) 〈군사〉 사정 거리 80~80km 되는 유도탄. 'short-range ballistic missile' 약칭: S. R. B. M.

단거리 흥정[명] 뱃사공이 터주를 위하는 데 쓰려고, 남으로 만든 작은 다리미·가위·인두 같은 일을 하는 일.

하다.
단건(單件)[명] 《동》 단벌.
단걸음에(單—)[부] 단숨에. at a stretch
단:검(短劍)[명] 짧은 칼. 단도. 《대》 장검(長劍). dagger
단-것[명] 《동》 초(醋).
단:견(短見)[명] ①소견이 좁음. narrow view ② 자기의 의견이나 식견을 낮추어 이르는 말. my opinion
단:견(斷見)[명] ①《불교》 모든 법은 항상 있지만, 사람이 죽으면 영원히 없어진다고 보는 사(邪)된 생각. 《대》 상견(常見). stupid view ②우주의 진리가 아주 없다고 생각되는 망발된 생각. ignorant view
단결(團結)[명] 한데 뭉침. 단합. unity 하다
단:결(斷決)[명] 딱 잘라서 결정함. 하다
단:결(斷結)[명] 《불교》 세상 번뇌를 끊음. 하다
단결-권[―권](團結權)[명] 《법률》 근로자가 그 근로 조건을 유지·개선하기 위하여 단결하는 권리. right of organization
단-결에[명] ①열이 식지 않았을 판에. at a stretch ②좋은 기회가 지나기 전에. 단김에. ¶쇠뿔도 ~ 빼라. while the iron is hot
단경(丹經)[명] 신선의 글. calligraphy of hermits
단:경(短徑)[명] 《수학》 타원의 중심을 통하여 진지름에 수직되게 그은 가장 짧은지름. 단축(短軸)①. 《대》 장경(長徑). minor axis
단경(端境)[명] 《동》 단경기.
단경(斷經)[명] 여자가 늙어서 월경(月經)이 그침. menopause 하다
단경-기(端境期)[명] 묵은 것 대신에 새것이 나오는 철. 바뀌는 때. 단경. off-season, between season
단계(段階)[명] 일의 나아가는 과정. stage
단:계(短計)[명] 좁은 계책. 졸렬한 계획. 졸계(拙計). 졸책(拙策). clumsy plan
단계=석(端溪石)[명] 중국 광동성 단계(廣東省端溪) 지방에서 나는 벼룻돌. kind of Chinese ink-stone
단계-성[―썽](段階性)[명] 단계적인 성질.
단계-연(端溪硯)[명] 중국 광동성 단계 지방에서 나는 단계석으로 만든 벼루. 돌결이 아름다워 당송(唐宋) 이래 극히 진중히 여김.
단계-적(段階的)[명] 일정한 단계로 나누이거나, 또는 일정한 단계를 거치는 (것).
단고(單袴)[명] 홑바지의 袴衣(―).
단:곡(短曲)[명] 짧은 악곡. short piece
단:곡(斷穀)[명] 신앙이나 기원을 위하여 곡식으로 만든 음식물을 먹지 아니하는 일. 하다
단골[명] 《건축》 ①기와집 지붕을 이을 때에 쓰는 반동 강이 기와. half tile ②도리 사이 얹힌 서까래와 서까래 사이. between the rafters
단골[명] 늘 정해 놓고 거래하는 자리나 손님. regular customer
단:골(短骨)[명] 《생리》 길이·넓이·두께가 거의 비슷하게 작은 뼈. 《대》 장골(長骨). 편평골(扁平骨).
단골 서리(一書吏)[명] 《제도》 벼슬아치가 항상 관아의 사무를 보게 하던 이조(吏曹)와 병조(兵曹)의 서리.
단골-집[―찝][명] 단골로 다니는 집. one's favorite shop
단공(鍛工)[명] 금속을 단련함. 또, 그 사람. metal worker 하다
단공-로(鍛工爐)[명] 대장간에서 쇠를 가열하는 노.
단공-장(鍛工場)[명] 연철(鍊鐵)·강철의 소재(素材)를 필요한 형태로 만드는 작업장.
단과(單果)[명] 《동》 단화과.
단과 대학[―때―](單科大學)[명] 《교육》 다만 하나의 학부(學部)로만 이룬 대학. 대학②. 분과 대학. 《대》 종합 대학. college
단:과-지(短果枝)[명] 《식물》 길이 10cm 이내의 열매가 달린 가지.
단관(單關)[명] 《조류》 한 장으로 된 닭의 볏.
단=관절(單關節)[명] 《생리》 관절을 구성하는 뼈의 수에 따른 분류의 하나. 두개의 뼈로 이루어진 관절. 어깨·다리 등에 있는 관절 따위. 《대》 복관절(複關節).
단광(單光)[명] 《물리》 한 가지의 빛으로만 되어 프리즘에 흩어지지 않는 빛. monochromatic ray

단광(團鑛)[명] 《광업》 가루 모양의 것을 덩어리로 굳힌 광물. ~의 덩어리.
단괴(團塊)[명] 암층(岩層) 속에 있는 여러 가지 모양의 광물.
단:교(斷交)[명] ①교제를 끊음. 절교. break ②외교 관계를 끊음. break off diplomatic relation 하다
단:교(短郊)[명] 교외를 가로질러 달림. 하다
단:교-주(斷郊競走)[명] 《체육》 들을 가로질러 달리는 경주. crosscountry race
단:교 정책(斷交政策)[명] 외국과의 정치적·경제적 관계를 끊으려는 정책.
단구(丹丘)[명] 신선(神仙)이 산다는 가상적인 곳. hermits country
단구(段丘)[명] 《지학》 물에 쓸려 간 흙모래가 강과 바다에 지층(地層)을 이루어서 쌓인 토지. bench
단:구(短句)[명] 사륙문(四六文)과 장편 시의 글자 수가 적은 구절. 《대》 장구(長句). short phrase
단구(單球)[명] 《생리》 백혈구(白血球)의 하나. 혈액 속에 있는 둥글고 큰 세포로서, 핵(核)한 개를 가지고 있음. 탐식(貪食) 작용을 함. monocyte
단:구(短晷)[명] 짧은 해. 짧은 낮.
단:구(短軀)[명] ①→단구(單鉤法). stature
단:구(短軀)[명] 키가 작은 몸. 《대》 장구(長軀). short
단:구(斷口)[명] 단면(斷面). 《광물》 결정 광물의 벽개면(劈開面) 이외의 불규칙한 단면.
단구-법[―뻡](單鉤法)[명] 붓대 잡는 법의 하나. 엄지와 집게손가락으로 붓대를 걸쳐 잡음. 《대》 쌍구법(雙鉤法). 《약》 단구(單鉤). way of holding the brush
단-국[명] 맛이 달게 된 국물. sweet soup
단국(檀國)[명] 《역사》 우리 나라. ancient name of Korea 국지(復居地).
단국-지(檀國地)[명] 전화국이 하나뿐인 도시. 《대》 복단기.
단군(檀君)[명] 《역사》 우리 민족의 시조(始祖). 단군 왕검. founder of Korea, Tangun 운 일.
단군 개국(檀君開國)[명] 단군이 우리 나라를 처음 여는 일.
단군교(檀君敎)[명] 《종교》 우리 나라 시조 단군(檀君)을 교조(敎祖)로 하는 교. religious sect of which Tangun is the founder
단군 기원(檀君紀元)[명] 단군이 즉위한 해인, 기원 전 2333년을 원년(元年)으로 치는 우리 나라의 기원. 단기(檀紀). era of Tangun
단군 왕검(檀君王儉)[명] 《동》 단군.
단군 조선(檀君朝鮮)[명] 《역사》 단군이 기원 전 2333년에 건국한 고조선(古朝鮮). ancient Korea founded by Tangun
단:굴절[―쩔](單屈折)[명] 《물리》 빛이 유리에서 굴절할 때처럼, 입사광(入射光)에 대하여 굴절광(屈折光)이 하나 밖에 없는 굴절 현상. 《대》 복굴절(複屈折). simple refraction
단권(單卷)[명] 《약》→단권책.
단권 변:압기(單卷變壓器)[명] 《동》 오토 트랜스.
단권-책(單卷冊)[명] 한 권으로 이루어진 책. 《약》 단권. work in one volume
단궤(單軌)[명] 《동》→단궤 철도.
단궤 철도[―또](單軌鐵道)[명] 상행(上行)·하행(下行) 열차를 단선 궤도로 운행시키는 철도. 단선 철도 (單線鐵道). 《대》 복궤 철도(複軌鐵道). 《약》 단궤 (單軌). monorailway 로지는 짧은 귀를.
단:-귀틀(短一)[명] 《건축》 장귀틀과 장귀틀 사이를 가ㄴ (端扱이)[명] 우의성겨(右議政).
단극 전:위(單極電位)[명] 《물리》 고체·액체·기체 등의 단체(單體)와 그 이온(ion)을 포함하는 용액과를 접촉시킬 때 그 경계면에 나타나는 전위. singleelectrode potential
단근(單根)[명] ①《식물》 가랑이가 돋지 않고 외줄로 뻗은 뿌리. 《대》 복근(複根). simple root ②《화학》 한 원자(原子)로 된 근. simple radical
단:근-질(烙―)[명] 쇠붙이를 달구어 몸을 지지는 형벌. 낙형(烙刑). branding iron
단금(鍛金)[명] 쇠를 불에 달구어 두드림. 단련함.

단:금(斷金) 굳기가 쇠라도 자를 만하다는 뜻으로, 사귄 정의가 썩 깊음을 가리킴. close friendship 하

단:금-우(斷金友) 교분이 매우 두터운 친구.

단:금지-계(斷金之契) 극히 친밀한 우정.

단:금지-교(斷金之交) 매우 정의가 두터운 친구와의 교분. Damon-and-Pythias friendship

단급(單級)〈교육〉물 이상의 학년 또는 학급을 하나로 짠 학급. ¶~ 학교(學校). 〈대〉다급(多級). single class

단기(段碁) 초단(初段) 이상의 바둑 솜씨. 또, 그런 솜씨를 가진 사람. 단바둑.

단기(單技) 한 가지의 재주. single skill

단기(單記) ①낱낱을 따로따로 기입함. 〈대〉연기(連記). single entry ②그것 하나만을 기입함. write only one ③〈약〉→단기명 투표(單記名投票). 하

단:기(短氣) ①숨이 가쁨. out of breath ②힘이 떨어짐. weaken ③너그럽지 못하고 조급한 성질. impetuous 하 short term

단:기(短期) 아주 짧은 기간. 〈대〉장기(長期). sh-

단기(單機) 한 대의 비행기. single plane horseman

단기(單騎) 홀로 말을 타고 감. 또, 그 사람. single

단기(團旗) 어떤 단체를 상징하는 기. association

단기(檀紀)〈약〉→단군 기원(檀君紀元). banner

단기(壇旗) 짜던 베의 날을 끊음.

단-기간(短期間) 짧은 기간. 〈대〉장기간(長期間). short-term 算去來).

단:기 거:래(短期去來)〈약〉→단기 청산 거래(短期淸

단:기 공채(短期公債)〈경제〉일시적으로 부족한 재원(財源)을 보충하기 위하여 발행되는 공채. 그 상환의 기한은 흔히 1년이 원칙임. short term loan

단:기 금리(短期金利)〈경제〉갚아야 할 기한이 1년 이내의 대출에 대해 지급되는 이식. interest rate for short-term loan

단:기 금융[-늉](短期金融)〈경제〉단기 자금의 융자, 상업 금융을 주로 하는, 상환 기한이 비교적 짧은 금융. short-term loan

단:기 대:부(短期貸付)〈경제〉상환 기한이 짧은 대부. 보통 1년 이내를 말함. short-term loan

단기명 투표(單記名投票)〈법률〉선거인이 후보자 한 사람만을 지정하여 투표하는 일. 〈대〉연기명 투표(連記名投票). vote with single entry

단기 무기명 투표(單記無記名投票)〈법률〉피선거인의 이름만을 적는 선거법의 하나. single ballot

단:기 사:채(短期社債)〈경제〉단기 자금이 필요할 때 회사에서 발행하는 채권. short-term bond

단:기 시효(短期時效)〈법률〉5년 이하의 짧은 기간에 이루어질 수 있는 시효.

난:기 신:디(短期信託)〈경제〉보통 5년 이하의 단기간의 신탁. short-term trust

단:기 어음(短期一)〈경제〉일정한 시일에 지급되는 정기 출급 어음 중, 그 기한이 보통 30일 또는 60일 이내의 어음.

단:기 자:본(短期資本)〈경제〉①기업 운영 자본 가운데 단기간 내에 갚아야 하는 자본. ②기업에 단기간 투입 융자되는 자본.

단:기지-계(斷機之戒) 맹자(孟子)가 수학(修學) 도중에 돌아왔을 때 그 어머니가 베틀의 실을 끊어서 훈계하였다는 고사에서, 학문을 중도에 그만두는 것은 짜던 베의 날을 끊는 것과 같다는 뜻.

단:기-채(短期債) 1회의 연도 안에 끝내는 부채. 〈대〉장기채(長期債). short term debt

단:기 채:권[-권](短期債券) 상환 기한이 단기간인 채권. 단기 증권에 속함. short-term bond

단:기 청산 거:래(短期淸算去來)〈경제〉증권(證券) 거래소의 거래 방법의 하나. 매매 약정을 한 날부터 7일 이내에 수도(受渡)를 하는 거래임. 〈대〉장기 청산 거래(長期淸算去來). 〈약〉단기 거래

(短期去來).

단기 투표(單記投票)〈법률〉선거인이 후보자 한 사람만을 지정하여 투표하는 일. 〈대〉연기 투표(連記投票). vote with single entry

단:김-에 단결에.

단나(檀那・旦那←Dana 범)〈동〉시주(施主). wood

단-나무 단으로 묶어서 파는 땔나무. bundle fire-

단:-내 ①불에 놓여서 나는 냄새. burning smell ②신열이 높을 때 코에서 나는 냄새. warm breath

단:-너-삼(-蔘)〈동〉황기(黃芪)①.

단념(丹念)〈동〉단심(丹心).

단:념(短念)〈동〉단주(短珠).

단:념(斷念) 생각을 아주 끊어 버림. 절념(絶念). 도-니・다:다(ㄷ) 다니다. abandonment 하

단:막(一幕) 각막(角膜).

단:막(一膜) 각막(角膜).

단:단 무타(斷斷無他) 참되어 딴 뜻이 없음. 하

단:단 상약(斷斷相約) 굳게 서로 약속함. solemn promise 하

단단하기만 하면 벽이 물이 괴나〈속〉①인색하기만 한 사람을 이름. ②무슨 일이든지 한 가지 조건으로는 제대로 이루지 못한다.

단단-하다〔여〕①무르지 않고 굳다. hard ②약하지 않다. strong ③속이 썩 아무지다. 〈큰〉든든하다. 〈센〉딴딴하다. compact **단단-히**[-이]다.

단단한 땅에 물이 괸다〈속〉마음이 굳어야 재물이 모임.

단당(段當) 수확이나 비료 등의 농도 1단보(段步)에 대한 양. ¶~ 수확량.

단당-류(單糖類)〈화학〉가수 분해에 의하여 더 간단하게는 분해되지 않는 당류. 〈대〉다당류(多糖類). monosaccharide

단-대목(單一) ①명절이나 큰일이 바싹 다가온 때. most important time ②요긴한 자리나 기회. 〈약〉단목(單一). important point

단:덕(斷德)〈불교〉삼덕(三德)의 하나.

단:도(短刀) 한 자루의 칼.

단:도(短刀)〈동〉짧은 칼. 길이 한 자 이내의 것. 〈대〉장검(長劍). dagger

단도(檀徒)〈불교〉시주(施主)의 무리.

단도-기(端度器) 다른 것의 크기・길이를 측량하는 기준이 되는 계기(計器)의 하나. log

단-도목(單都目)〈제도〉수령(守令)의 치적(治績)이 나빠 벼슬한 뒤 첫번 출척(黜陟)에 파면(罷免)시키던 일.

단도 직입(單刀直入)〈동〉①한 칼로 적진을 거침없이 쳐들어감. charge singlehanded ②요점을 바로 돌이하여 들어감. straight forward ③군말을 빼고 바로 목적하는 것을 말함. without mincing matters 하

단독(丹毒)〈한의〉다친 곳으로 균이 들어가 생기는 급성의 병. 못담. erysipelas pendence

단독(單獨) 오직 하나. 혼자. 〈대〉공동(共同). inde-

단독 강:화(單獨講和)〈정치〉동맹국 가운데 한 나라가 적국과의 사이에 단독으로 하는 강화. separate peace 하

단독 개:념(單獨概念)〈논리〉어떤 일정한 사물(事物)을 나타내는 개념. 〈대〉일반(一般) 개념.

단독 결실(單獨結實)〈식물〉수정(受精)하지 않아도 열매가 맺는 현상. 종자는 생기지 않음. 단위 결과.

단독 경제(單獨經濟)〈경제〉개인・가족・단체 등과 같이 따로따로 독립하는 경제 단위. 〈대〉공동 경제(共同經濟). independent economy

단독 관부(單獨官府) 관제상(官制上) 한 사람의 우두머리로써 구성되는 관청.

단독-국(單獨國)〈정치〉단 하나의 주권 아래에서 독립된 나라. 단순국・단일국. independent country

단독 기관(單獨機關)〈법률〉각부 장관・서울 특별시장 및 도지사 등과 같이 단독으로 조직된 기관. 〈대〉합의 기관(合議機關). exclusive organization

단독 내:각(單獨內閣)〖명〗〈정치〉한 정당에 의하여 구성되는 내각. (대) 연립 내각(聯立內閣). one party cabinet

단독 메이커(單獨 maker)〖명〗〈경제〉생산 단계의 하나나 둘만을 단독으로 경영하는 업자. (대) 일관(一貫) 메이커. 「법인. (대) 공범(共犯). single offence

단독-범(單獨犯)〖명〗〈법률〉혼자서 행한 범죄. 또, 그

단독 법원(單獨法院)〖명〗〈법률〉단독 판사로서 조직된 법원. single judge court

단독 일신[―씬](單獨一身)〖명〗일가 친척이 없는 몸.

단독 재판(單獨裁判)〖명〗〈법률〉단독 판사에 의하여 성립되는 재판. trial by a single judge

단독 점유(單獨占有)〖명〗〈법률〉한 개의 물건을 한 사람이 단독으로 점유하는 일. 하다

단독 정당제(單獨政黨制)〖명〗공인된 단일 정당 이외의 딴 정당의 존립을 허용하지 않는 정당 정치의 형태. one-party system

단독 정:범(單獨正犯)〖명〗〈법률〉단독으로 구성 요건(構成要件)에 해당하는 범죄를 실행한 자.

단독-제(單獨制)〖명〗〈법률〉법원에 있어서 한 사람의 판사로 구성하는 제도. single-judge system

단독 책임(單獨責任)〖명〗〈법률〉혼자서 지는 책임.

단독 판사(單獨判事)〖명〗한 사람의 판사가 재판권을 행사할 때의 일컬음. single judge

단독 해:손(單獨海損)〖명〗〈법률〉해상의 위험으로 입은 선박이나 화물의 손해를 선주나 화주가 단독으로 부담하여야 하는 해손. particular average

단독 행동(單獨行動)〖명〗단체를 떠나서 각자 제 맘대로 하는 행동. individual action 하다

단독 행위(單獨行爲)〖명〗〈법률〉당사자 한쪽만의 의사 표시로 성립되는 법률 행위. 일방 행위. (대) 합동 행위(合同行爲). unilateral act

단독 회:견(單獨會見)〖명〗쌍방이 서로 단독으로 회견하는 일. exclusive interview 「some of money

단독-돈(單獨―)〖명〗극히 적은 돈. 다만 얼마간의 돈. small

단동(丹銅)〖명〗구리에 적은 양의 아연(亞鉛)을 가한 합금(合金). 건축용의 외장식이나 장식구로 쓰임.

단동(單一)〖명〗윷놀이에서 한 동.

단동 기관(單動機關)〖명〗왕복 원동기의 하나. 기통의 한쪽 공간만 작업 공간으로 쓰임. 증기 기관에는 거의 쓰이지 않음. 「름.

단동-무니(單―)〖명〗윷놀이에서, 한 동만 가는 말을 이

단동 불출(單一不出)〖명〗윷놀이에서, 한 동도 내지 못하고 지는 일. 하다

단동-치기(單一―)〖명〗단동으로 끝을 내는 윷놀이.

단:두(短頭)〖명〗〈생물〉두형(頭形)의 하나. 가장 큰 폭과 가장 큰 길이의 비(比)가 0.81 이상인 머리. 한국인·일본인·몽고인이 이에 딸림.

단:두(斷頭)〖명〗목을 자름. decapitation 하다

단:두-대(斷頭臺)〖명〗죄인의 목을 자르는 대. scaf-

단:-두(―)〖명〗다만 두 사람. 이 「fold, guillotine

·단·디〖명〗〈고〉이럴 것 같으면.

-단·디-다〖고〗〈고〉단지.

단락(段落)〖명〗①일정한 정도로 일이 일단 끝남. ¶ 일(一)~. end of a chapter ②긴 문장 중에 크게 끊는 갓.

단-락(短絡)〖명〗〈물리〉전기 저항을 끼우지 않고 직접 전원의 양극에 도선을 연결한 상태. short circuit 하다 「bring to a conclusion

단락-짓:-다(段落―)〖타〗〈스불〉일이 다 되게 끝을 짓다.

단란(團欒)〖명〗①매우 원만함. harmony ②집안 식구가 화목하게 모임. happy circle 하다

단량-체(單量體)〖명〗〈화학〉고분자의 화합물을 만드는 단위로 된 저분자의 물질. 중합체(重合體).

단:려(短慮)〖명〗소견이 모자라는 생각. 또, 모자라는 생각.

단:려(短欄)〖명〗〈원〉→단락. 「shallow view

단려(端麗)〖명〗행실이 단정하고 걸모양이 고움. gracefulness 하다

단련(鍛鍊)〖명〗①쇠붙이를 불에 달궈 두드림. temper

②몸과 마음을 닦아 익숙하게 함. discipline ③배운 것을 익힘. 연단(練鍛). practising 하다

단령(團領)〖명〗〈제도〉깃을 둥글게 만든 공복(公服).

단:짧(短簞)〖명〗짧지 않은 산기슭. 「명〗덜렁.

단류 전:신(單流電信)〖명〗〈물리〉직류(直流)를 사용하는 전신 방법의 하나. 전건(電鍵)의 개폐에 의하여 전류를 단속(斷續)하여 통신하는 전신 방법의 하나. 개전식(開電式)과 폐전식(閉電式)이 있음.

단리(單利)〖명〗〈경제〉원금에만 대하여 치는 이자. (대) 복리(複利). simple interest

단리-법[―뻡](單利法)〖명〗〈경제〉원금(元金)에만 대한 이자를 계산하는 방법. simple interest method

단립(團粒)〖명〗〈지학〉토양학(土壤學) 용어. 개개의 미세한 입자가 집합하여 덩이를 이룬 토양.

단-마비(單痲痺)〖명〗신체의 어느 한 부분만이 단독으로 일어키는 운동 마비. 주로 대뇌 피질(大腦皮質)에 병소(病巢)가 있을 때 생김. monoplegia

단막(單幕)〖명〗〈연예〉연극이나 희곡 따위에서 단 막으로 된 것. one act play

단막-극(單幕劇)〖명〗〈연예〉단 막으로 된 극. (대) 장막극(長幕劇).

단말(端末)〖명〗①전선 따위의 끝. periphery ②발단과 결말. 처음과 끝. ③중심이 되는 대형의 전자 계산기와 연결되어, 실제의 사무 처리의 창구가 되는 장치. peripheral equipment

단:-말마(斷末魔)〖명〗〈불교〉①숨이 끊어질 때의 고통. ¶~의 비명(悲鳴). death agony ②죽을 때.

단-맛〖명〗꿀이나 사탕 따위의 맛. 감미(甘味). sweet taste 「겪었다.

단맛 쓴맛 다 보았다〖관〗세상의 즐거움과 피로움을 다

단법(單法)〖명〗〈제도〉조선 초, 관리를 천거하던 방법의 하나. 삼망(三望)의 관례에 따르지 아니하고 한 사람만을 추천함.

단:망(斷望)〖명〗바라던 것이 끊어져 버림. despair

단:면(斷面)〖명〗〈수학〉끊어진 그 면. 자른 면. 단구(斷口)①. section

단:면-도(斷面圖)〖명〗물체를 어떤 부분에서 평면으로 절단한 모양으로 그려, 내부의 구조를 나타낸 그림. cross-sectional view

단:면-상(斷面相)〖명〗물체를 평면으로 자른 면의 모양.

단:면-적(斷面積)〖명〗물체를 하나의 평면으로 자른 그 면의 면적. 단면의 면적. cross section

단:멸(斷滅)〖명〗끊어져 아주 없어져 버림. 하다

단명(單名)〖명〗〈어학〉단일한 개념으로 되어 있는 명사. 소·돌·물 등. 단순 명사(單純名辭). simple noun

단:명(短命)〖명〗목숨이 짧음. 단수(短壽). short life 하다 「글귀.

단:명-구[―꾸](短命句)〖명〗글 뜻에 단명이 드러나는

단:명-수(單名數)〖명〗〈수학〉한 단위의 이름으로 나타내는 명수. (대) 복명수(複名數). simple denominative number

단명 어음(單名―)〖명〗〈경제〉어음상의 채무자가 한 사람인 어음 어음이나 확어음. 곧, 어음의 발행인·수취인·지급인의 삼자(三者)가 동일인인 경우에 발행하는 어음. single name 「paper

단모(旦暮)〖명〗①아침 저녁. 조석(朝夕). ②어떤 시기가 절박한 상태. 목숨이 얼마 남지 않은 것.

단-모(短毛)〖명〗짧은 털. 잔털. (대) 장모(長毛).

단:-모:음(單母音)〖명〗〈어학〉국어 모음 가운데 ㅏ·ㅓ·ㅗ·ㅜ·ㅡ·ㅣ·ㅐ·ㅔ·ㅚ·ㅟ의 아홉 소리. 처음부터 끝까지 같은 소리로 발음되는 모음. (대) 복모음(複母音). single vowel

단목(丹木)〖명〗〈동〉→단내목.

단목(單―)〖명〗〈악〉→단대목.

단목(檀木)〖명〗〈동〉박달나무.

단:-무:지〖명〗일본 '다꾸앙'의 우리 나라 이름.

단:무타려(斷無他慮)〖명〗조금도 다른 근심이 없음. there's nothing else to worry about

단문(袒免)〖명〗두루마기의 오른쪽 소매를 벗고 머리에

사각건(四角巾)을 쓰는 상예(喪禮). mourning
단:문(短文)圕 ①짤막한 글. (대) 장문(長文)①. short sentence ②글 아는 것이 그리 넉넉하지 못함. shallow learning 하연 「sentence
단문(單文)〈어학〉①홑 문장. ②간단한 글월. short
단문(端門) 정전(正殿)의 앞에 있는 정문. front-gate of the audience chamber
단:문(斷紋)圕〈동〉문쳑(紋皴).
단문 고증(單文孤證) 한쪽의 문서, 한 개의 증거라는 뜻으로, 불충분한 증거를 말함. insufficient evidence
단문-친(袒免親) 종고조부(從高祖父)·고대고(高大姑)·재종 증조부(再從曾祖父)·재종 증대고(再從曾大姑)·삼종 조부(三從祖父)·삼종 대고(三從大姑)·삼종 형제 자매(四從兄弟姉妹)의 일컬음. 무복친(無服親).
단물①圕 담수(淡水). ②단것에서 우러나는 물. sweet water ③〈동〉연수(軟水) ④알짜나 실속 있는 부분. ¶~만 빨아먹다.
단물-고기[-꼬-]圕 단물에서 먹고 사는 물고기. 담수어(淡水魚). 민물고기. (대) 짠물고기. 「다.
단물-나다匪 오래 된 옷 같은 것의 바탕이 해지게 되
단:미(斷尾)圕 모양을 좋게 하거나 질병에 대비하기 위하여 가축의 꼬리를 자름. 하연
단-바둑(段-)圕〈동〉단기(段棊).
단박/단박-에匪 한 번에 빠르게. 그 자리에서. 아주 쉽사리. instantly
단발(單發)圕 ①총알이나 포탄의 한 발. 단방(單放)①. ②어느 사항만을. ③발동기가 하나임. ④야구에서, 하나의 히트로 그쳐, 득점에 연결되지 않는 일.
단:발(短髮)圕 머리를 짧게 깎음. 짧은 머리털. (대) 장발(長髮). short hair
단:발(斷髮)圕 ①머리털을 짧게 자름. 또, 그 머리털. ¶~랑(娘). (대) 양발(養髮). bobbed hair ②여자의 머리 양식의 하나. Dutch cut 하연
단발-기(單發機)圕 발동기를 하나만 장치한 비행기. single engined
단:발-령(斷髮令)〈제도〉조선조 고종 때(1895)에 내린 머리를 깎으라는 명령. order to cut the long hair
단:발 머리(斷髮-)圕 여자의 머리털을 짧게 자른 머리. 또, 그런 머리 모양을 한 여자. bobbed hair, short hair
단:발 미인(斷髮美人)圕 머리털을 짧게 자른 미인.
단:발-식[-씩](斷髮式)圕 발동기를 하나만 장치한 구조의 비행기 양식.
단발 장치(單發裝置) 총을 쏠 때마다, 한 발씩 약실에 재게 된 장치. (대) 연발 장치(連發裝置).
단발-총(單發銃)圕 단발 장치로 된 총. 〔약〕단발②.
단밤(團-)圕 삶은밤(熟-). 「single-loader
단방(單方)圕 ①어느 한 가지 약을 섞지 않고 한 가지의 약만으로 처방한 방문(方文). 단방문(單方文). single medicine prescription ②더없이 신효한 약. very effective medicine ③〈약〉단방약(單方藥).
단방(單放)圕 ①단 한 방만의 발사(發射). 단발(單發)①. 일방(一放). (대) 쌍방(雙放)②. single shot ②듣는 데 단 한 번. ③〈동〉단번(單番).
단:방(單房)圕 하나밖에 없는 방. 단간방. ¶~ 처녀(居處). ~살이.
단:방(斷房)圕 동침을 금함. sexual abstinence 하연
단방-문(單方文)圕〈동〉단방(單方)①.
단방-약[-냑](單方藥)圕 한 가지만으로 병을 다스리는 약. 단방(單方)③. drug
단방-치기(單放-)圕 ①어떤 일을 단번에 해치움. ②마지막의 한 번. last time 하연 digestion
단배 음식을 달게 잘 받아들일 수 있는 배. strong
단배(單拜)圕 한 번 하는 절. 한 번 절함. single bow 하연 「식. 하연
단배(團拜)圕 여럿이 모여 단체로 하는 절. ¶신년 ~

단배(增排)〈불교〉불사(佛事)에 임시로 단을 설치하는 데에 드는 제구. 곧, 등상·널 따위.
단배=콜리-다匪 음식을 달게 받을 만한 배를 고프게 하다.
단배-주:리-다匪 음식을 달게 받을 만한 배를 굶주리다.
단:백(蛋白)圕 ①알의 흰자위. 난백(卵白). ②단백질로 된 물건. albumen
단:백-광(蛋白光)圕〈물리〉물체의 밀도 등으로 굴절률이 고르지 않을 때, 물체 내부에 입사한 광선이 산란되어 나타나는 산광(散光)의 하나.
단:백-뇨(蛋白尿)圕〈의학〉병으로 말미암아 단백질이 많이 섞여 나오는 오줌. 주로 신장병 등 기타 급성 전염병 따위에서 흔히 볼 수 있음. albuminuria
단:백 분해 효소(蛋白分解酵素)圕〈생물〉단백질 및 그 가수 분해 생성분(生成分)의 펩타이드 결합을 가수 분해하는 효소의 총칭. proteinase
단=사:위圕 윷놀이의 마지막 판에 이쪽에서 던지는 윷에 나지 못하며 저편 쪽에서는 도만 쳐도 낼 판에 있는 이편의 말.
단백사위 축 간다匪 ①무슨 일이든지 단수에 실패를 본다. ②궁지에 빠지다.
단:백-석(蛋白石)圕〈광물〉석영(石英)과 같은 바탕의 젖빛 또는 담황색의 돌. 오팔(opal).
단:백 소화 효소(蛋白消化酵素)圕〈생리〉인체의 소화액 중의 세 효소. 즉, 펩신(pepsin)·트립신(trypsin)·에렙신(erepsin)을 이름.
단:백-유(蛋白乳)圕 우유 속의 응고 단백질을 우락이나 탈지유에 섞어 만든 우유. protein milk
단:백 인견(蛋白人絹)圕 섬유소 대신 단백질을 원료로 하여 만든 인조견. 물고기·콩·우유 등이 그 원료임. protein rayon
단:백-질(蛋白質)圕〈화학〉동식물 세포의 원형질의 주성분. 탄소·수소·산소·질소·유황 등을 포함한 동물체의 주요 성분을 이루는 유기(有機) 화합물의 계란소. 흰자질. albumen
단:백철-액(蛋白鐵液)圕〈약학〉단백질·염화철을 주성분으로 한, 적갈색의 투명 액제(液劑). 위궤양 치료제·강장제 등으로 씀.
단:백호(單白虎)圕〈동〉내백호(內白虎). 「once
단:번-에(單番)匪 단 한번에. 단방(單放)③. only
단:벌(單-)圕 ①딴 것은 통 없고 오직 그것 하나뿐인 물건. 단거리②. only one suit(set) ②오직 그것뿐인 한 벌의 옷. 단건(單件). ¶~ 신사(紳士).
단벌 가:다(單-)匪 오직 그것 하나뿐으로, 그 이상은 그것뿐인 한 벌의 옷. 단건(單件).
단:벽(丹碧)圕 단청(丹靑)①. 「없다. single one
단별(段別)圕 어떠한 단계를 단위로 나누는 구별.
단:병(短兵)圕 가까운 거리에서 쓰이는 창·칼 따위의 병기(兵器). (대) 장병(長兵). short weapons
단:병 접전(短兵接戰)圕 짧은 병기로 가까이 서서 맞붙잡어 싸움. 하연 「of farm land
단보(段步)의 밭이나 논의 면적의 단위인 단. unit
단복(單複)圕 ①단수와 복수. ②단시합과 복시합. ③단식과 복식.
단복 고창(單腹鼓脹)〈한의〉배만 몹시 부어 오르고 사지(四肢)의 부은 것은 그리 대단하지 않은 병. 복막염(腹膜炎).
단-본위(單本位)/**단본위-제**(單本位制)圕〈경제〉한 가지의 금으로 본위화(本位貨)를 삼고 다른 것은 보조화로 쓰는 제도. monometallism
단-붓집(單-)圕 썩 간단히 차린 붓짐.
단봉-낙타(單峯駱駝)圕〈동물〉낙타과의 동물의 하나. 키는 약 2 m 가량으로 등에 혹이 하나며 발이 길고 털이 짧음. 보통 담갈색이며, 발바닥이 부드럽고 두꺼워 사막에서 알맞음. 속도가 빨라 승용·운반에 쓰임. 단봉약대. 단봉타(單峯駝).
단봉 던지기(短棒-)圕〈체육〉짤막하고 둥근 나무 막대기를 던지는 경기의 하나.
단봉-약대[-냐-](單峯-)圕〈동〉단봉낙타.

단봉 조양(丹鳳朝陽)〖명〗아침 해에 붉은 봉황을 그린 동양화의 화제(畫題).

단봉=타(單峯駝)〖명〗 단봉낙타.

단=분수(-分數)〖명〗〈수학〉분모·분자가 모두 정수형으로 된 분수. single fraction

단분자=층(單分子層)〖명〗〈물리〉어떤 물질의 표면에 특수한 물질의 분자가 한 겹으로 줄지어 있는 현상. 일분자층. monomolecular layer

단=불[-뿔]〖명〗 한창 괄게 타오르는 불.

단불에 나비 죽듯〖관용〗 맥없이 스르르하듯한 죽음.

단=불요대(斷不饒貸)〖명〗〖동〗 단불용대(斷不容貸).

단=불용대(斷不容貸)〖명〗 단연코 용서하지 않음. 단불요대(斷不饒貸).

단=비(-雨)〖명〗 꼭 필요한 때 알맞게 오는 비. 고맙게 내리는 비. 감우(甘雨). 영우(靈雨). 호우(好雨). beneficial rain 「복비(復比).

단비(單比)〖명〗〈수학〉단식으로 된 비. 단순한 비. 《대》

단비(單婢)〖명〗 단 한 사람의 여자종.

단비(團匪)〖명〗①떼를 지어 다니는 비도(匪徒). ②〖동〗 의화단(義和團). bandits

단=비:례(單比例)〖명〗〈수학〉단식 비례. 《대》복비례(複比例). simple proportion

단사(丹砂)〖명〗〖약〗주사(朱砂).

단사(單舍)〖명〗〖약〗→단사리별(單舍利別).

단사(單絲)〖명〗 외올로 된 실. 홑실.

단사(簞食)〖명〗 도시락밥.

단=사리별(單舍利別)〖명〗 흰 사탕 65%에 끓는 증류수 35%를 녹여 만든 사리별. 약제의 조미료로 씀. 《약》단사(單舍). simple syrup

단사 불성선[-썽-](單絲不成線) '외가닥 실은 아무 쓸모가 없다'는 뜻.

단사 자리(丹絲-)〖명〗 오라로 묶었던 자국.

단사 정계(單斜晶系)〖명〗〈지학〉광물 결정계의 하나. 결정의 세 축 중에서 두 축은 서로 사교(斜交)하며 다른 축은 그것에 직교(直交)하여, 세축의 길이가 각각 다른 결정축의 총칭. 휘석(輝石)·장장석(正長石)·석고 등의 결정 따위. monoclinic system

단사 표음(簞食瓢飮)〖명〗① '도시락밥과 표주박 물'의 뜻으로, 소박한 생활의 비유. ②구차한 생활. wretched life

단사 호장(簞食壺漿)〖명〗 '도시락밥과 단지에 넣은 음료수'의 뜻으로, 적은 분량의 음식물의 비유. ②백성들이 음식물을 차려 놓고 군대를 환영하는 일. ③길 갈 때 휴대하는 음식물.

단산(單産)〖명〗 동일 업종에 속하는 노동자로 조직된 단일 산업. 산업별 단일 노동 조합. local industrial union

단:산(斷産)〖명〗①아이를 낳던 여자가 아이를 못 낳게 됨. ②낳는 것을 끊음. stopping conception

단산 꽃차례(團繖-)〖명〗〈식물〉단산 화서.

단산 화서(團繖花序)〖명〗 취산 화서의 변태로 꽃꼭지 없는 꽃이 많이 모여 다보록하게 핌. 수국(水菊) 등. 단산 꽃차례. monochasium 에 쓰러뜨리다.

단=살(單-)〖명〗 활을 쏘아 댄 단 한 대의 화. ¶적을 ~

단삼(丹蔘)〖명〗①〈식물〉꿀풀과에 속하는 다년생 풀. 가을에 자주빛의 꽃이 핌. 분마초(奔馬草). salvia ②〈한의〉단삼의 뿌리. 길이 30cm 가량인데, 껍질은 붉고 속은 자줏빛임. 성질이 약간 차며, 보혈제로 여자에게 좋음.

단삼(單衫)〖명〗〖동〗적삼.

단=삼(短三)〖명〗 삼년상의 기한을 짧게 줄여 복을 한 해만 입는 일. short mourning

단상(壇上)〖명〗 단의 위. ¶의정(議政) ~. 《대》단하(壇下). on the platform

단:상(斷想)〖명〗①생각을 끊음. being free from thought ②단편적인 생각. fragmentary thought 하대

단상 교류(單相交流)〖명〗〈물리〉단 하나의 위상(位相)을 가진 교류. 가정의 전등선과 같은 것. single phase current

단색(丹色)〖명〗 붉은색.

단색(單色)〖명〗①한 가지 빛. 단조로운 채색. single colour, monochrome ②단일한 빛. 곧, 일곱 가지 원색. 「빛. monochromatic light

단색=광(單色光)〖명〗〈물리〉단색(單一)의 빛으로 된

단색 인쇄(單色印刷)〖명〗〈인쇄〉한 가지 빛으로만 한 인쇄를 통틀어 일컬음. 《대》다색 인쇄(多色印刷).

단생 보:험(單生保險)〖명〗 한 계약의 피보험자가 한 사람일 생명 보험. 《대》연생 보험(聯生保險). 「글씨.

단색(丹書)〖명〗 바위나 돌에다가 붉게 새겨 쓴

단:서(但書)〖명〗 본문 앞에 단(但)자를 붙여 어떤 조건이나 예외의 뜻을 나타내는 글. proviso

단:서=법[-뻡](斷敍法)〖명〗〈문학〉수사학(修辭學)에서 접속어를 생략하여 문구와 자구(字句)와의 관계를 끊고 문장을 강조하는 방법. anacoluthia

단석(旦夕)〖명〗①아침과 저녁. morning and evening ②위급한 시기나 상태가 절박한 모양. on the brink of death

단석(單席)〖명〗①뒤에 깐 것을 대지 않고, 외겹으로 된 듯자리. single rushmat ②단 한 결만 깐 자리.

단선(單線)〖명〗①외줄. ②복선(複線). single line ②〖약〗→단선 궤도.

단선(團扇)〖명〗 길이나 또는 종이로 된, 둥글게 생긴 부채. 《유》양선(涼扇). round fan

단=선(斷線)〖명〗①줄이 끊어짐. 줄을 끊음. 《대》접선(接線). snapping of a wire ②전선이나 선로(線路)가 통하지 못하게 되는 일. disconnection 하대

단선 궤:도(單線軌道)〖명〗〈토목〉차가 다니는 선로가 하나뿐인 철로(鐵路). 《대》복선 궤도(複線軌道). 《약》단선(單線). 「道).

단선 철도[-또](單線鐵道)〖명〗 ②한 단색 철도(單軌鐵

단설(單設)〖명〗①신주(神主) 하나만을 모셔 제사지냄. ②하나만을 장만함. 하대

단성(丹誠)〖명〗 우러나는 뜨거운 정성. 단정(丹精). 단충(丹衷). 단심(丹心). 적성(赤誠). sincerity

단성(單性)〖명〗〈생물〉생물이 암 또는 수의 어느 한 생식 기관만을 가지는 일. 홑성. unisexual

단성(單聲)〖명〗〈음악〉남성이나 여성 어느 한 쪽의 목소리. 《대》혼성(混聲).

단성 결실[-씰](單性結實)〖명〗〈식물〉수정 없이 어떤 자극으로 자방이 발달하여 씨 없는 과실을 맺는 일.

단성 생식(單性生殖)〖명〗〖동〗단위 생식(單爲生殖).

단성 음악(單聲音樂)〖명〗〈음악〉반주가 없이 단지 한 개의 성음만으로 된 음악 구성.

단성 잡종(單性雜種)〖명〗〈생물〉멘델식 유전을 하는 양친의 대립 형질 사이의 잡종. 《대》다성 잡종.

단성 합창(單聲合唱)〖명〗〈음악〉남성이나 여성만으로 하는 합창. 《대》혼성 합창.

단성=화(單性花)〖명〗〈식물〉한 꽃 안에 암술과 수술 중 어느 한쪽만 있는 꽃. 소나무·밤나무·은행나무·호박 등의 꽃. 《대》양성화(兩性花). unisexual flower

단세=택(單稅)〖명〗〈법률〉여러 가지 세종(稅種) 중 하나만을 골라 매기는 세금. 《대》복세. single tax

단세=포(單細胞)〖명〗〈생물〉몸체를 이루는 단 하나의 세포. 《약》단포(單胞). unicell

단세=포 동:물(單細胞動物)〖명〗〈동물〉한 개체가 한 개의 세포로 된, 가장 낮은 단계의 동물. 《대》다세포 동물. unicellular animal

단세=포 생물(單細胞生物)〖명〗〈생물〉한 개의 세포로 된 최하등의 생물. 아메바 따위가 이에 속함. 《대》다세포 생물. unicellular organism

단세=포 식물(單細胞植物)〖명〗〈식물〉단 한 개의 세포로 된 식물. 《대》다세포 식물. unicellular plant

단=소(短小)〖명〗①짧고 작음. ②키가 작고 몸이 작음. 《대》장대(長大). little 하대

단=소(短所)〖명〗〖동〗단처(短處). 「ort bamboo flute

단소(短簫)〖명〗〈음악〉퉁소보다 좀 짧은 관악기. sh-

단소(壇所)〖명〗 제단이 있는 곳.

단속(團束)〖명〗①경계를 단단히 하여 다잡음. 취체(取

단속(緞屬)[명] 비단붙이.
단:속(斷續)[명] 끊어졌다 이어졌다 함. 끊어짐과 이어짐. intermittence 하다 'of women's underwear
단:속-곳(單-)[명] 치마 속에 입는 여자의 속곳. kind
단:속-기(斷續器)[명][물리] 전자석(電磁石)이나 유도 코일 등을 전로(電路) 속에 끼워서 전로를 단속시키는 장치.
단:속-음(斷續音)[명] 끊어졌다 이어졌다 하며 나는 소리.
단:속-적(斷續的)[명] 끊어졌다 이어졌다 하는(것).
단:손(單-)[명] ①단 한 번 쓰는 손. single-hand ② [동] 혼잣손.
단:솥[명] 뜨겁게 달아 있는 솥. heated iron pot
단솥에 물 붓기[속] 형편이 이미 기울어 도와 주어도 보람이 없다.
단수[-쑤](段數)[명] ①유도나 바둑의 단의 수. grade ②술수를 쓰는 재간의 정도. ¶ ~가 높다.
단수(單手)[명] 바둑을 둘 때에 한 수로 적의 돌을 잡게 된 상태.
단:수(短袖)[명] 짧은 소매.
단:수(短壽)[명][동] 단명(短命). 하다
단수(單數)[명] ①단일한 수. 홑수. ②[어학] 문법에서 단 한 사람 또는 사물을 나타내는 명사. 또는 그 명사를 받는 동사·형용사·관사 등의 사형(詞形). ¶삼인칭 ~ 현재. [대] 복수(複數). singular number
단수[-쑤](端數)[명] ①[수학] '끝수'의 구용어. ②[동] 우수리.
단:수(斷水)[명] ①물길을 차단하여 물이 흐르지 못하게 함. 또, 흐르지 않음. cut off water-supply ②상수도(上水道)의 저수지나 수리 기관(水利機關)의 못물이 모자랄 때 수도의 급수를 끊음. suspension of water supply 하다
단:수로(短水路)[명][체육] 수영에 있어서 20~50m의 코스. [대] 장수로(長水路). short watercourse in swimming ¶~ 일백 미터 여력. [대] 복수-여력.
단수 여권[-꿘](單旅券)[명] 한 번만 사용할 수 있는 여권.
단순(丹脣)[명] ①붉고 고운 여자의 입술. woman's beautiful red lips ②연지를 바른 여자의 입술. 주순(朱脣). rouged lips
단순(單純)[명] ①어수선하지 않고 홑지다. 복잡하지 않고 간단 순일(簡單純一). simple ②조건이나 제한이 없음. [유] 단일(單一). ③복잡. unconditioned 하다 히[부]
단순 개:념(單純槪念)[명][철학] 더 분석할 수 없이 단순한 개념. [대] 복합 개념(複合槪念). simple concept
단순-국(單純國)[명][동] 단독국(單獨國).
단순 누:진율[-뉼](單純累進率)[명] 하나의 과세 표준에 대하여, 단일 세율을 적용하여 세액을 정하는 누진 세율.
단순 단 백질(單純蛋白質)[명][화학] 가수 분해하였을 때, 아미노산만으로 되는 단백질의 총칭.
단순-림(單純林)[명] 80% 이상이 한 종류의 나무만으로 이루어진 숲. [대] 혼효림(混淆林). pure forest
단순 명사(單純名辭)[명][동] 단명(單名).
단순 사:회(單純社會)[명][사회] 아직 직업 분업·분화가 이루어지지 않은, 낮은 형태의 사회.
단순 산:술 평균(單純算術平均)[명][수학] 몇 개의 수를 합하여 그 개수로 나누어 얻는 수. 단순 평균.
단순 상품 생산(單純商品生産)[명][경제] 근로자, 곧 직접 생산자가 스스로가 생산 수단(手段)을 가지고 상품을 만들어 내는 일. [대] 자본주의적 생산(資本主義的生産). simple production of commodity
단순 설립(單純設立)[명][경제] 주식 회사의 발기인이 주식의 총수(總數)를 도맡아 하는 회사의 설립. 동시 설립(同時設立). 발기 설립(發起設立). promotion of a company
단순 승인(單純承認)[명][법률] 상속인이 무제한으로 피상속인의 권리·의무의 승계를 승인하는 일. [대] 한정 승인(限定承認). absolute acceptance
단순-어(單純語)[명][동] 단일어(單一語).

단순 온천(單純溫泉)[명][지리] 늘 25°C 이상의 온도를 유지하며, 물 1kg에 유리 탄산 및 고형 성분의 함유량이 1,000mg 이하의 희박한 온천. 만성 뮤머티슴 등에 효험이 있음. single hot spring
단순-음(單純音)[명][물리] 상음(上音)이 섞이지 않은 단일 진동수의 음. 음차(音叉)의 소리와 같은 것.
단순 음표(單純音標)[명] 민음표. [복장(複葬)
단순-장(單純葬)[명] 한번 장사지내고 그치는 장법. [대]
단순 재:생산(單純再生産)[명][경제] 하나의 생산 과정을 그대로 되풀이하여 다시 하는 생산. [대] 확장(擴張) 재생산. simple reproduction
단순 평균(單純平均)[명][동] 단순 산술 평균.
단순 해방(單純解放)[명] 아무런 조건도 없이 포로를 놓아 줌.
단순 호치(丹脣皓齒)[명] 붉은 입술과 하얀 이. ②아름다운 여자의 얼굴 모양. 주순 호치(朱脣皓齒).
단순-화(單純化)[명] 단순하게 됨. 또, 단순하게 함. simplification 하다
단-술[명] 엿기름 우린 물에 밥을 넣어, 식혜처럼 담가서 술에 넣고 달여서 만든 음료. 감주(甘酒). 감차도(甘茶). 예주(醴酒).
도숨(悼) 단숨.
단숨-에(單-)[부] 한숨에 내쳐서. 쉬지 아니하고 곧장. 한번에. ¶~ 들이켜다. in one breath
단승(單勝)[명][약] → 단승식.
단승-식(單勝式)[명] 경마나 경륜(競輪)에서 1등만을 맞히는 일. 또, 그 무표권. [약] 단승.
단:시(短視)[명] ①소견이 좁아서 무슨 일에 정체나 앞일을 내다보지 못함. short-sightedness ②[동] 근시안. [장시(長詩). short poem
단:시(短詩)[명][문학] 짧은 시. 짧은 형식의 시. [대]
단:시-조(短時調)[명][동] → 단시조(短調詩).
단:-시간(短時間)[명] 짧은 시간. [대] 장시간(長時間). short space of time
단:시-일(短時日)[명] 짧은 시일. 단일월(短日月). [대] 장시일(長時日). short length of time
단:시-점(短時占)[명][민속] 간단하게 솔잎 따위를 뽑아서 치는 점. [동] 단점(短占). [divine
단:시-치-다(短著-)[타] 간단하게 솔잎 따위로 점치다.
단:시합(單試合)[명][체육] 양편이 한 사람씩 하는 시합. [대] 복시합(複試合). single game
단:식(單式)[명] ①단순한 방식. [대] 복식(複式). simple system ②[약] → 단식 부기. ③[수학] 한 항(項)으로만 된 산식(算式). simple expression ④[약] → 단식 정구. 단식 탁구. ⑤[약] → 단식 인쇄.
단:식(斷食)[명] 먹는 일을 끊음. 절곡(絶穀). ②[동] 절식. ③[종교] 종교 의식으로 일정 기간 먹지 않음. ¶~ 기도(祈禱). fast 하다
단식 경:기(單式競技)[명][체육] 테니스나 탁구 따위에서 양편이 한 사람씩 서서 싸우는 경기. [대] 복식 경기.
단:식 동맹(斷食同盟)[명][사회] 어떤 목적을 관철하기 위하여 일정수의 사단으로 음식을 먹기를 거부하는 동맹. 기아 동맹. hunger strike
단:식-법[-뻡](斷食法)[명] 위장의 건강을 회복하기 위하여 오래도록 단식하는 방법.
단식 부기(單式簿記)[명][경제] 계정 과목 사이에 일정한 연락 관계가 없이 재산의 출납·증감만을 기장하는 부기. [대] 복식 부기(複式簿記). [약] 단식(單式)②. single-entry book-keeping
단식-성(-性)[명][동] 단일종의 생물만을 먹는 동물의 식성. [대] 다식성(多食性).
단식 인쇄(單式印刷)[명][인쇄] 특수한 인자기(印字機)로 박은 것을 원지로 하여 평판 사진 제판을 하여 박는 오프셋 인쇄. [약] 단식(單式)⑤. single process offset printing
단:식-재(斷食齋)[명][기독] 사순절이 시작되는 수요일과 성주간의 예수 수난 금요일에 아침을 굶고 주 계하는 일. '대재(大齋)'의 딴 이름.
단식 정구(單式庭球)[명][체육] 양편이 한 사람씩 서서 하는 정구. [대] 복식 정구. [약] 단식(單式)①.

단식 탁구(單式卓球) 〖체육〗 양편에 각각 한 사람씩 서서 하는 탁구. (대) 복식 탁구. (약) 단식(單式). singles

단식 화:산(單式火山) 〖지학〗 간단한 원추형을 이룬 화산. single volcano [single person

단신(單身) 홑몸. ¶ ~ 부임(赴任). 혈혈(孑孑) ~

단:신(短信) ①간략하게 쓴 편지. line ②짧은 소식. ¶문화 ~.

단신 복엽(單身複葉) 〖식물〗복엽의 하나. 잎사귀는 하나나 잎꼭지에 마디가 있음. 귤잎 따위. 홀잎새겨잎. unifoliate compound leaf

단신:총(單身銃) 총신(銃身)이 하나인 엽총. single-

단실(單室) 단 하나뿐인 방. [barrelled gun

단실 자방(單室子房) 〖식물〗 단 하나로 된 자방. 콩·완두 따위. 홑씨방. (대) 복실 자방(複室子房).

단심(丹心) 정성스러운 마음. 단념(丹念). 적심(赤心). ¶아예 상대하여 이르는 말.

단아(單芽) 〖식물〗 하나만으로 된 싹. 잎눈 따위를 흔

단아(端雅) 바르고 아담함. elegance 하다

단악(丹壁) 붉은 칠을 한 벽.   [음. 하다

단:악(斷惡) 〖불교〗 나쁜 일·나쁜 행동을 하지 않

단:악 수선(斷惡修善) 〖불교〗 악업을 끊고 선업을 닦아 선도(善道)에 들어가는 일.

단안(單眼) ①단 하나의 눈. 외짝 눈. one-eye ②〖동물〗절지 동물·곤충류 등에 있는 간단한 구조의 소형(小型)의 시각기(視覺器). 홑눈. (대) 복안(複眼). stemma

단:안(斷岸) 깎아낸 듯한 언덕. precipice

단:안(斷案) 〖논리〗 옳고 그름을 판단함. ¶ ~을 내리다. decision ②어떤 안을 딱 잘라 정함. 또는 그 안(案). draw the conclusion ③〖논리〗 삼단 논법의 읽어서 이단(二段)의 전제로부터 미루어 얻은 판단. (약) 단(斷)②. conclusion

단:안:경(單眼鏡) 한 눈에만 대고 보는 안경 또는 망원경. (대) 쌍안경. monocle

단:안산(單案山) 〖불교〗내안산(內案山).

단안 시:야(單眼視野) 〖심리〗 한쪽 눈만으로 그 위치를 변경하지 않고 보는 외계의 범위. (대) 양안(兩眼) 시야.   [하다

단압(鍛壓) 금속 재료를 단련하거나 압연(壓延)함.

단압 기계(鍛壓機械) 〖공업〗 금속 재료를 자르거나 깎는 이외의 방법으로 성형(成形)·가공하는 데 쓰는 기계의 총칭.

단:애(斷崖) 깎아지른 듯한 낭떠러지. precipice

단:야(短夜) 짧은 밤. 곧, 여름 밤. short (summer) night

단야(鍛冶) 금속을 단련함. forging 하다

단약(丹藥) 〖동〗 선단(仙丹).

단양(端陽) 〖동〗 단오(端午).

단어(單語) 〖어학〗 언어의 내용적 단위가 되는 요소. 한 개 또는 몇 개의 음소로 구성되어 완전히 의미를 가진 언어의 최소 단위. 낱말². 단자(單字). ¶~집(集). word

단어 문자[--짜](單語文字) 〖어학〗 낱말의 글자가 원칙으로 문자에 해당하는 단위를 나타내는 문자. 보통 표의 문자라고 함. 한자 같은 것. 표어 문자. word writing

단:언(斷言) 딱 잘라서 하는 말. assertion 하다

단:언적[-쩍](斷言的) 〖동〗 정언적(定言的).

단:언적 명:령[-쩍--](斷言的命令) 〖동〗 정언적 명령(定言的命令).

단:언 판단(斷言判斷) 〖동〗 정언 판단(定言判斷).

단엄(端嚴) 단정하고 엄숙함. upright and solemn 하다   [음. 하다

단엄 침중(端嚴沈重) 단엄하고 침착하여 무게가 있

단:여[-녀](短椽) 〖건축〗 기둥 윗머리 사개통에 들보나 도리를 받치기 위하여 먼저 가로나 세로로 얹는 짧은 나무. 단연(短椽).

단:여의[-너--](單女衣) '속속곳'의 궁중어.

단역(端役) 〖연예〗 연극이나 영화의 대수롭지 않은 역. 또, 그런 역을 맡은 사람. (대) 주역(主役).

단:연(短椽) 〖동〗 단연(短椽).   [minor part

단:연(端然) 바르게 정돈된 모양. orderliness 하다

단:연(斷煙) 담배를 끊음. giving up smoking 하다

단:연(斷然) ①딱 잘라 변하지 않게. 단호(斷乎). positively ②결정적인 태도가 있는 모양. ¶ ~ 우세하다. firmly ③서로 거리가 멀어 들리는 모양. absolutely

단연 경고(單鉛硬膏) 〖약학〗 산화연으로 만든 경고. 다른 경고의 기초제로 쓰임.   [누른빛의 연고.

단:연(短軟) 밀랍 또는 깨기름을 원료로 한.

단:연-코(斷然-) 단 '단연'의 힘줌말.

단:연-하다(斷然--) 결단하는 태도가 있다.

단열(單列) 한 줄. 외줄.   [단:연-히(斷然-)

단:열(斷熱) 〖물리〗 열의 전도(傳導)를 막음. 하다

단열 기관(單列機關) 〖기계〗 실린더가 한 줄로 되어, 한 개의 크랭크축에 의하여 동력을 딴 곳으로 전달하게 된 기관.

단:열 변:화(斷熱變化) 〖물리〗 외부와의 사이에 열의 출입 없이 기체가 팽창 또는 수축하는 일. adiabatic change

단:열 압축(斷熱壓縮) 〖물리〗 열이 딴 데로 옮겨 가지 못하게 하고서 기체를 압축함. (대) 단열 팽창. adiabatic compression

단:열-재[--째](斷熱材) 〖물리〗 열을 섬세히 전하지 아니 하는 재료. 석면·유리 섬유·코르크·규조토 따위.

단:열 팽창(斷熱膨脹) 〖물리〗 열이 다른 데로부터 들어오고 아니하고서 기체가 팽창함. adiabatic expansion

단엽(單葉) 〖식물〗 ①외겹으로 된 꽃잎. 단판(單瓣). singleleaf ②배나무나 벚나무처럼 잎사귀 몸이 하나이며, 잎꼭지에 마디가 없는 잎. 홑잎. (대) 복엽(複葉). single-leaf

단엽-기(單葉機) 〖동〗→단엽 비행기.

단엽 비행기(單葉飛行機) 양쪽 날개가 하나씩으로 된 비행기. (약) 단엽기. monoplane

단:엽 함:수[--쑤](單葉函數) 〖수학〗 같은 값을 두 번 취하는 일이 없는 함수.

단영(單營) 〖제도〗 다른 영문(營門)의 절제를 받지 않는 독립한 군영. 독립 군영(獨立軍營).

단예(端倪) ①맨 끝. 한이 없는 가. ②일의 시초와 끝. ③추측하여 앎. 하다

단오(端午) 음력 오월 초닷새날의 명절. 천중절(天中節). 수릿날. 단양(端陽). 천중 가절(天中佳節). 단오날. 중오절(重五節). ¶ ~ 차례(茶禮). fifth day of May of the lunar month

단오-날(端午-) 음력 오월 초닷새날의 명절날. 천중절(天中節). 수릿날.   [든 절편.

단오-떡(端午-) 단오날 수리취를 넣어 둥글게 만

단오 부:적(端午符籍) 〖민속〗 단오날 문기둥에 붙여 액을 물리친다는 부적. (동) 단오부(端午符).

단오 부채(端午-) 〖동〗 단오선(端午扇).

단오-선(端午扇) 〖제도〗 단오날에 임금이 가까이하는 신하와, 서울 각사(各司)에 나누어 주던 부채. 단오 부채.   [리개.

단오-장(端午粧) 〖민속〗 단오날에 머리에 꽂는 노

단오-첩(端午帖) 〖제도〗 임금을 가까이 모시는 신하들이 단오날 궁전 기둥에 붙이던 축시(祝詩).

단:옥(斷獄) 중대한 죄인을 처단함. judgement of

단:운(斷雲) 조각 구름.   [a grave crime 하다

단원(單元) ①〖철학〗 단일한 실체(實體). monad ②〖교육〗 편의상 하나로 유동그린 학습 활동의 단위. 학습 단원. unit

단원(團員) 단 그 단체에 속하여 있는 사람. member

단원(團圓) ①빈 데가 없이 매우 원만함. 한 가정이 화합함. harmony ②둥근 것. round thing ③소

설·연극 등의 끝장. 종말. final 하[图]
단원=론[一論](單元論)[图] 〈철학〉①우주의 만상은 단 하나의 실체(實體)로부터 되었다는 학설. ②모든 생물은 전부 동일한 조상으로부터 생겨 나왔다고 하는 학설. (대) 다원론(多元論). manadology
단원 제도(單院制度)[图]→단원 제도(一院制度).
단원 제:도(單院制度)[图] 〈법률〉의회(議會)가 단 하나의 의원(議院)으로 성립되어 있는 제도. 일원 제도(一院制度). (대) 양원 제도(兩院制度). [습] 단원제. unicameral system 「습. single-class learning
단원 학습(單元學習)[图] 〈교육〉설정한 단원 중심의 학
단월[端月](端月)[图] 정월(正月)의 딴이름.
단월(檀越)《동》시주(施主)①.
단위¹(單位)[图] 한 위의 신주(神主). (대) 양위(兩位)①. one ancestral tablet
단위²(單位)[图] ①사물을 헤아리는 데 기초가 되는 표준. 하나치. unit ②모든 사물의 비교 계산의 기본이 되는 것. ③학업의 연수를 헤아리는 기준. ④조직을 구성하는 기본적인 집단.
단위 결과(單爲結果)[图] 단독 결실.
단위=계(單位系)[图] 한 기본 단위를 기본으로 딴 양의 단위를 유도할 때 생기는 계통적 단위의 집합. unit systems
단위 노동 조합(單位勞動組合)[图] 연합 단체를 구성하는 단위가 되는 노동 조합. local labor union
단위 면:적(單位面積)[图] 〈물리〉단위계에 있어서의 넓이의 단위 1인 면적. C.G.S. 단위계에서는 1 cm² 임. unit area
단위 상점(單位商店)[图] 〈경제〉한 가지나 두 가지의 상품을 다루는 독립한 한 상점.
단위 생식(單爲生殖)[图] 〈생물〉유성 생식의 하나. 난자가 수정을 하지 않고 발육하여 새로운 개체로 만드는 일. 단성 생식. 처녀 생식. (대) 동정(童貞) 생식. parthenogenesis
단음(單音)[图] ①〈어학〉더 나눌 수 없는 홑으로 된 소리. ㄱ.ㄴ.ㄷ.ㄹ.ㅁ.ㅂ.ㅅ.ㅇ.ㅈ.ㅊ.ㅋ.ㅌ.ㅍ.ㅎ. ㄲ.ㄸ.ㅃ.ㅆ.ㅉ.ㅏ.ㅑ.ㅓ.ㅕ.ㅗ.ㅛ.ㅜ.ㅠ.ㅡ.ㅣ. 등 24 자와 같은 음성의 최소 단위. 단모음·단자음이 이에 해당됨. single sound ②단일현 운동(單一弦運動)에서나 나는 소리. ③순순이 음악에서 내는 한 올만을 내는 소리. (대) 복음(複音). monotone
단:음(短音)[图] 〈어학〉짧은 소리. (대) 장음(長音). short sound
단:음(斷音)[图] ①음을 끊음. ②〈어학〉자음의 하나. 숨이 발음함과 동시에 끊어지는 소리. (대) 속음(續音). 하[찬]
단:음(斷飮)[图] 술을 끊음. abstinence from drinking
단:음계(短音階)[图] 〈음악〉둘째와 셋째, 다섯째와 여섯째 음 사이의 음정이 반음인 음계. (대) 장음계(長音階). minor scale
단:음 기호(斷音記號)[图] 〈음악〉음을 짧게 끊는 기호.
단음 문자[一짜](單音文字)[图] 〈어학〉각 글자가 자음과 모음으로 분석할 수 있는 단음만을 나타내는 글자. 한글, 영문자 따위. (대) 음절 문자. single sound letter
단=음악(單音樂)[图] 〈음악〉한 개의 선율을 주로 하여, 여기에 화성이 수반하는 음악. monophonous music
단음절=어(單音節語)[图] 〈어학〉한 음절로 된 단어. 곧, 하·개 따위. monosyllabic word
단:=음정(短音程)[图] 〈음악〉장음정을 반음 낮게 한 음정. minor interval
단:음 주법(斷音奏法)[图] 〈음악〉낱낱의 음을 끊어서 연주하는 법. [스타카투(staccato).
단:의(短衣)[图] 짧은 옷.
단의(單衣)[图] ①홑옷. ②《동》속곳.
단익공(單翼工)[图] 〈건축〉전각이나 궁궐처럼 포살미한 집의 기둥 위에 얹히는 개의 촛가지가 달린 나무. 단일공(單一工).
단일(單一)[图] ①단 하나. single ②복잡하지 않음. simple ③다른 것이 섞여 있지 않음. 단순(單純).

¶ ~ 민족. ~ 예술. unit 하[찬]
단일 경작(單一耕作)[图] 〈농업〉①한 땅에 한 작물만 경작하는 일. 단작(單作). ②독작.
단일 경제(單一經濟)[图] 〈경제〉경제 주체가 한 자연인인 경제. economy on the individual family basis
단일=국(單一國)[图] 단독국(單獨國).
단일 기계(單一機械)[图] 〈물리〉지레·도르래·축바퀴 따위와 같은 가장 간단한 기계. machine unit (약) 단일기(單一機).
단일 단위(單一單位)[图] 다만 하나로 되어 있는 구분의 기준. 「황란(內黃卵). (대) 복합란(複合卵).
단일=란(單一卵)[图] 난세포 안에 난황이 한 덩이. 내
단일 목적 댐(單一目的 dam) 〈토목〉농업·발전·수도용 중에 어느 한 가지 목적만을 위해 설비한 댐. 단독 목적 댐. single purpose dam [unity
단일=물(單一物)[图] 하나만으로 한 개체를 이룬 물건.
단:일 식물(短日植物)[图] 〈식물〉단일 성 식물.
단:일 식물(短日植物)[图] 〈식물〉꽃이나 과실을 만들기 위해 일정 시간 이상의 암흑 시간이 필요한 식물. 벼·옥수수·국화 따위. 단일성 식물.
단일신:교(單一神敎)[图] 〈종교〉여러 신의 존재를 인정하면서 그 중 특히 한 신만을 가장 높이 숭배하는 종교. (약) 단일교(單一敎).
단일=어(單一語)[图] 〈어학〉원래 한 낱말로 이루어진 단어. 앞뒤의 음절에 다른 뜻이 붙어 하나뿐인 말. 별·해·달 따위. 으로 구성된 어근이 하나뿐인 말. 별·해·달 따위. 단순어(單純語). (대) 합성어(合成語). 복합어(複合語). single word
단일 진:자(單一振子)[图] 〈동〉단진자(單振子).
단일현 운:동(單一弦運動)[图] 〈동〉단진동 운동(單振動運動).
단일=화(單一化)[图] 하나로 됨. 또, 하나로 만듦. 하
단일=입공(單入工·單入栱)[图] 〈동〉단익공(單翼工). [자타]
단자¹(單子)[图] 부조하는 물건의 수량이나 보내는 사람의 이름을 적은 종이. list of contributors
단자²(單子)[图] 〈철학〉①우주 만물을 조직한 개체적 (個體的) 실재(實在)의 요소. 비공간적(非空間的)·정신적(精神的)인 성질을 가짐. monad 《동》단자(單純). [론(單子論).
단자(單子)[图] 〈어학〉단어(單語). [론(單子論).
단:자(短資)[图] 〈경제〉단기 대부의 자금. 콜(call).
¶ ~ 회사. [단자병(單子餠). dumpling
단자(團子·團養)[图] 찹쌀가루 따위로 둥글게 만든 떡.
단자(端子)[图] 〈물리〉전기 기계에서 발생한 전력을 외부로 이끌어 내거나 또는 외부로부터 전기 기계에 공급하는 도입구(導入口). terminal
단:자:시:장(短資市場)[图] 〈경제〉주로 금융·보험·증권업자 사이에 대차되는 하루 이틀 정도의 단기 자금의 융자가 행해지는 시장. 콜시장. call market
단자(緞子)[图] 광택 있고 두꺼운, 무늬 있는 수자(繻子) 조직의 견직물.
단자=론(單子論)[图] 〈철학〉우주는 무수한 단자로 되어 있으며, 단자란 더 이상 분해할 수 없는 단일한 것으로 각자 독립해 있으며 물질이 아닌 정신적이 힘이라고 본 라이프니쯔(Leibnitz)의 학설. 난자²②. monadology
단=자방(單子房)[图] 〈식물〉단자에(單子蕊) 및 이생(離生) 자예의 자방. 완두의 자방 따위. 홀씨방. (대) 겹세방.
단-자엽(單子葉)[图] 〈식물〉배(胚)로부터 오직 하나인 자엽. 외떡잎. (대) 쌍자엽(雙子葉). 복자엽(複子葉). monocotyledon
단자엽 식물(單子葉植物)[图] 〈식물〉자엽이 하나인 식물. 외떡잎 식물. monocotyledones
단자엽 종자(單子葉種子)[图] 〈식물〉자엽이 하나인 씨앗. 보리·벼 따위. 외떡잎 씨앗.
단-자예(單子蕊)[图] 〈식물〉한 개의 심피(心皮)로 된 암꽃술. 완두·팥 따위의 꽃의 자예.
단-자음(單子音)[图] 〈어학〉더 나눌 수 없는 홑으로 소리나는 자음. ㄱ.ㄴ.ㄷ.ㄹ.ㅁ.ㅂ.ㅅ.ㅇ.ㅈ.ㅊ.ㅋ.ㅌ.ㅍ.ㅎ.

ㄸ·ㅃ·ㅆ·ㅉ의 열다섯 자. (대) 중자음(重子音).
단자 전:압(端子電壓)명 《물리》 부하(負荷)·전등(電燈)·전동기 등 전기 에너지를 소비하는 장치의 단자간(端子間)에 나타나는 실제의 전압. terminal voltage
단자 회:사(短資會社)명 단기 금융 회사의 속칭.
단작(單作)명《동》 단일 경작(單一耕作). ─하다
단작 농업(單作農業)명《농업》 한 종류의 농작물만을 재배하는 농업 경영 방식의 하나. (대) 다각 농업(多角農業). single crop farming
단:작-스럽다(─스러워)형ㅂ ① 보기에 다라운 태도가 있다. mean ② 보기에 아니꼽게 인색하다. (큰) 먼적스럽다. too stingy **단:작-스레**甲
단조(單袓)명 단헌(單獻)으로 드리는 잔. 홀잔.
단잠(單잠)명 흐뭇이 들어서 기분 좋게 자는 잠. sound sleep **내어 꾸밈.** **「집─. decoration ─하다**
단장(丹粧)명 ①《동》 화장(化粧)②. ②산뜻하게 모양을
단:장(短杖)명 ①짧은 지팡이. ②손잡이가 꼬부라진 짧은 지팡이. 개화장(開化杖). 개화지팡이. walking
단:장(短長)명 ①짧고 긺. ②단점과 장점. stick
단:장(短墻)명 나지막한 담. low and short wall
단장(團長)명 '단(團)'자가 붙은 단체의 우두머리. leader
단장(端裝)명 단정하게 차림.
단:장(斷章)명 ①토막을 지어 몇 줄씩 적은 글. 완전한 체재를 이루지 못한 단편적인 문장. literary fragments ②남의 시문의 일부를 함부로 가져다 쓰는 일. plagiarize ─하다
단:장(斷腸)명 창자가 끊어질 듯이 슬픔. heart-breaking
단장고 매(鷹)의 몸에 꾸미는 치장.
단:장-곡(斷腸曲)명 몹시 슬픈 곡조.
단장목명 죄인을 고문하는 데 쓰던 몽둥이. club for torturing a criminal
단장-실(丹粧室)명 단장하는 방. 분장실(扮裝室).
단:장 적구(斷章摘句)명 어떤 고전이나 원서의 일부를 인용한 글이나 구.
단:장=점(短長點)명 단정(短亭)은 5리(里), 장정(長亭)은 10리. 길의 이수(里數).
단:장-처(斷腸處)명 '몹시 슬퍼서 창자가 끊어지는 듯한 경우'를 이르는 말.
단:장 취:의(斷章取義)명 문장의 일부를 끊어서 작자의 본의에 구애하지 않고 제멋대로 사용함. ─하다
단장-포(單裝砲)명《군사》한 포탑(砲塔)에 일문(一門)만 갖춘 대포. **want of talent 명**
단:재(短才)명 재능이 변변하지 못함. 또, 그 재주.
단:재-기(斷裁機)명 제본을 할 때 종이나 책의 가장자리를 가지런히 자르는 기계. cutter
돈:장명《고》 진잔장.
단장고(고) 단장고. **「백허고 솔직한(것).**
단적[─쩍](端的)관 ①간단하고 분명한(것). ②명
단적-으로[─쩍─](端的─)부 경우에 따라서 닥치는 대로 여러 말할 것 없이 딱 잘라서. in short
단전(丹田)명 ①배꼽 아래. 하단전(下丹田). abdomen ②눈을 많이 이름. ③삼단전(三丹田). heart
단전(單傳)명 그 사람에게만 전함. personal delivery ②글자나 말에 의하지 않고, 직접 마음에서 마음으로 전함. telepathy ─하다
단:전(短箭)명 짤막한 화살. short arrow
단:전(斷電)명 전기의 부족·절약 등의 이유로 송전을 끊음. suspension of electric-supply ─하다
단:절(短折)명 ①일찍 부러짐. breaking early ②젊어서 일찍 죽음. 요절(夭折). early death ─하다
단:절(端切·斷切)명 ①끊음. breaking ②잘라 버림. 절단(切斷). cutting ─하다
단:절(斷折)명 꺾음. 부러뜨림. 절단(斷折). (대) 연속(連續). breaking ─하다
단:절(斷絕)명 관계를 끊거나 끊어짐. 절단. ¶국교(國交)~. break ─하다되
단:점[─쩜](短點)명 낮고 모자라는 점. 결점. (대) 장점(長點). weak point
단:접(鍛接)명 쇠를 불에 달구어 두 조각을 한데 붙임.
단정(丹精)명《동》 단성(丹誠). **─하다**
단정(端正)명 얌전하고 조촐함. decency ─하다 ─히부
단정(短艇·短艇)명 보트(boat).
단정(端整)명 깨끗하게 정돈되어 있음. trimness ─하다
단:정(斷定)명 ①딱 결단하여 작정함. judgement ② 《동》판단(判斷)③. ─하다
단:정(斷情)명 정을 끊음. breach ─하다
단:정-코(斷定─)부 딱 잘라서 말할 수 있게. decidedly
단정(丹頂鶴)명 단정두루미.
단정 화서(單頂花序)명《식물》유한(有限) 화서의 하나. 꽃대 꼭대기에 꽃 하나가 붙는 화서. solitary inflorescence
단조(單調)명 ①《음악》 아무 변화가 없는 외마루 장단. monotone ②사물에 변화가 없어 싱거움. dullness ③《수학》 실변수(實變數) x의 수치의 증가에 대하여 실함수(實函數) y의 수치가 증가 또는 감소할 뿐, 이에 반비례하는 변화를 나타내지 않는 일. 「(대) 장조(長調). minor key
단:조[─쪼](短調)명《음악》 단음계(短音階)의 곡조.
단조-공(鍛造工)명 금속의 단조 작업을 맡아 하는 사람. **「에의 물건을 만드는 기계.**
단조 기계(鍛造機械)명 금속에 타격을 가해 여러 형
단조-롭다(單調─)(─로워)형ㅂ 단조한 느낌이 있다. monotonous **단조-로이**부
단족(單族)명 세력이 없고 외로운 집안.
단족-국(單族國)명 동일 민족으로 구성된 국가.
단:종(斷種)명《생물》 생식 수관(生殖輸管)을 끊어 버리거나 생식소에 뢴트겐선을 비추거나 하여 생식 능력을 없애는 일. sterilization ─하다
단-종선(單縱線)명《음악》 악보에서 소절(小節)의 구분에 쓰이는 한 개의 종선. single bar
단:종 수술(斷種手術)명《의학》 유전성 병자에 대하여 단종시킬 목적으로 생식 능력을 없애는 수술.
단종진(單縱陣)명《군사》 외줄로 종선을 이룬 진. single column ─하다
단좌(單坐)명 ①혼자 앉음 ②단 하나의 좌석. ─하다
단:좌(端坐)명 ①단정하게 앉음. 정좌(正坐). sitting straight ②할 일 없이 그날그날을 그냥 지냄. idling away one's time ─하다
단좌(團坐)명 여러 사람이 둥글게 모여 둘러앉음. sitting in a circle ─하다 **「─안(案). conviction**
단:죄(斷罪)명 죄를 처단함. ¶
단주(丹朱)명 ① 붉은 빛. ②《동》 진사(辰砂). red
단주(短珠)명《불교》 54개 이하의 구슬로 만든 짧은 염주. **「염주. 단념(斷念).**
단주(短舟)명 조그마한 배.
단주(端株)명《경제》 거래 단위에 미달하는 수의 주(株), 보통 100주 미만. **「from alcohol ─하다**
단:주(斷酒)명 술을 끊음. 금주(禁酒). abstinence
단:주-법[─뻡](斷奏法)명《음악》 선율을 끊는 것처럼 연주하는 방법의 하나.
단죽(短竹)명《동》 곰방대.
단-줄기(單─)명《동》 외줄기. **「solemnity ─하다 ─히부**
단중(端重)명 단정하고 무게가 있음. elegance and
단지명 자그마한 항아리의 하나. pot
단지(但只)부 다만.
단:지(段地)명 층이 진 땅.
단:지(短枝)명 초목의 짧은 가지.
단지(團地)명 주택·공장 등이 집단을 이루고 있는 일정 구역. ¶주택~. 공업~. ~조성(造成).
단:지(斷指)명 ①손가락을 자름. ②부모나 남편의 병세가 위독할 때에 손가락을 잘라서 그 피를 먹게 하는 일. ③어면 굳은 맹세의 표시로 손가락을 자르는 일. cutting a finger ─하다
단:지(斷趾)명 예전에 형벌로 발뒤꿈치를 자르던 일. cutting a foot ─하다
단:지-증[─쯩](短指症)명《의학》 손가락 또는 발가락이 병적으로 짧을 증세. 단순히 짧은 경우와 지골(指骨) 또는 지골(趾骨)에 결손이 있는 경우가

단진동 운동

단진동 운동(單振動運動)〈물리〉한 점이 일정한 원주상(圓周上)을 같은 속도로 운동할 때, 임의의 지름 위에 비치는 정사영(正射影)의 운동. 단일원 운동(單一弦運動). simple harmonic motion

단:진:자(單振子)〈물리〉①무겁고 작은 물체를 가볍고 튼튼한 줄에 매달아 하나의 연직면(鉛直面)에서 움직이게 만든 장치. ②단진동 운동을 하는 질점(質點). 단일 전자(單一振子). simple pendulum

단짝 〈명〉 서로 친하여 떨어지기 어려운 사이. chum

단차(單差)〈명〉〈제도〉관원을 임명할 때 단망(單望)으로 차임(差任)하는 일. 하□

단:찰(短札)〈명〉①요긴한 말만 쓴 아주 짧은 편지. 단간(短簡). brief note ② 자기가 쓴 편지의 겸사. my humble letter

단참(單站)〈명〉 중도에 쉬지 않고 목적지까지 곧장 감.

단참-에(單站-)〈부〉 단숨에. 쉬지 아니하고 한꺼번에. at a stretch

단창(單窓)〈명〉 겹창이 달려 있지 아니한 외겹 창. single window

단:창(短槍)〈명〉 짧은 창. short spear

단채=식(段彩式)〈명〉 지도(地圖)에 있어서 지형·기복을 등고선에 따라 빛깔로 구분하여 나타내는 방법. 평지는 초록색, 조금 높은 데는 엷은 갈색, 높아짐에 따라 더 짙은 갈색을.

단:채=유(單彩釉)〈명〉〈미술〉유약과 채색이 한 빛깔로 된 자기. single colour glaze

단:처(短處)〈명〉①잘못된 곳. mistake ②모자라는 점. 단소(短所). (대) 장처(長處). weak point

단:척(短尺)〈명〉 정한 척수에 차지 못한 피륙. piece of cloth short of standard length

단철(單鐵)〈명〉〈약〉 →단선 철도(單線鐵道).

단철(鍛鐵·煅鐵)〈명〉①쇠를 두드려 단련한 것. 또, 그 쇠. wrought iron ②선철의 탄소분을 감소시켜 만든 쇠. 연철. 하□

단철-장(鍛鐵場·煅鐵場)〈동〉 대장간.

단:첨(短檐)〈명〉〈건축〉 끝이 짧은 처마. short eaves

단청(丹靑)〈명〉 붉은(赤)과 청(靑). 단색(丹色). red and blue ②집의 벽·기둥·천장 같은 데에 여러 가지 색으로 그림과 무늬를 그림. painting ③〈동〉 채색(彩色). 하□

단-청룡(單靑龍)〈명〉〈동〉 내청룡(內靑龍).「독판 넣.

단:청판(短廳板)〈건축〉 마룻 바닥에 짧게 깐 바

단체(單體)〈명〉〈화학〉 단일 원소로 된 물질. 금강석·산소 따위. simple substance

단체(團體)〈명〉①공동의 목적을 수행하기 위하여 결합한 두 사람 이상의 집단. 법인·정당 따위. organization ②집단. (대) 개인. group

단체 경:기(團體競技)〈체육〉 단체를 이루어 승부를 가리는 경기. 개인 경기. collective sports

단체 경:주(團體競走)〈체육〉 단체별로 각 단체에서 선수를 뽑아 단체 대항으로 하는 경주. 하□

단체 교섭(團體交涉) 공동 목적을 유지 또는 개선하기 위하여 단결하여 상대자와 하는 교섭. collective bargaining 하□

단체 교섭권[一權](團體交涉權)〈법률〉 근로자가 단체 교섭을 할 수 있도록 보장한 권리. collective bargaining right 「의 준칙을 정한 법규의 총칭.

단체=법(一법)(團體法)〈법률〉 단체의 조직과 활동

단체 보:험(團體保險)〈사회〉 여러 사람을 피보험자로 하여 하나의 보험 계약을 맺는 보험. group insurance 「석에서 분리시키는 일.

단체 분리(團體分離)〈광물〉 선별하려는 광물을 모

단체=상(團體賞) 우승한 단체에게 주는 상(賞). (대) 개인상.

단체 연금(團體年金) 사업주가 종업원의 퇴직 연금으로서 보험 회사와 단체 보험을 계약하고, 그 보험료의 전부 또는 일부를 부담하는 연금 제도.

단체 옹예(團體雄蘂)〈식물〉합생 웅예(合生雄蘂)의 하나. 한 꽃 가운데에 수꽃술이 서로 붙어서

한 몸으로 된 것. 동백나무 따위. 단체 수꽃술. monodelphous stamen

단체 자치(團體自治) 일정 지역 단체가 중앙 정부로부터 독립하여 그 지역 안의 행정 사무를 처리하는 일.

단체=전(團體戰)〈명〉 단체간에 행하여지는 경기. collective sports 「정신.

단체 정신(團體精神) 개인보다 단체를 중히 여기는

단체 행동(團體行動) 개인적 아닌, 집단이 통일적으로 하는 행동. collective action 하□

단체 행동권[一權](團體行動權)〈법률〉 노동자가 사용주에 대하여 노동 조건에 대한 그들의 의사를 관철하기 위하여 노동 조합이란 단체의 자격으로 여러 가지 쟁의 행위를 할 수 있는 권리.

단체 협약(團體協約)〈동〉 노동 협약(勞動協約).

단:=촉(短─)〈건축〉 촉이 짧은 장부촉의 하나.

단:촉(短促)〈명〉①앞으로 다가올 시일이 촉박함. ¶ 날짜가 ~하다. ②음성이 짧고도 급함. 하□

단:촉 껴쇠(短─)〈명〉 한쪽 끝은 구부러지고 뾰족하며 다른 쪽은 넓고 못 박는 구멍이 있는 껴쇠. (銃).

단:총(短銃)〈명〉①짤막한 총. revolver ②〈동〉 권총(拳

단총-박이 짚의 속대로 곤 총을 박아 감은 짚신.

단추(丹─)〈명〉①옷고름 대신으로 쓰는 제구. 단추고. ¶ 양복 ~. ②기계 장치 따위에서 어떤 현상을 일으키기 위하여 사용하는 작은 꼭지. button

단:추(短─)〈명〉 단으로 묶은 무성귀.

단:축(短軸)〈명〉①〈수〉 단경(短徑). ②〈광물〉 사방 정계(斜方晶系)에 속하는 결정의 전후축(前後軸).

단:축(短縮)〈명〉①짧게 줆. 짧게 함. (대) 연장(延長). shortening 하□

단:축 노동(短縮勞動) 실업 구제 대책의 하나. 불경기에 있어서 실업자의 발생을 방지하기 위하여 근로자 1인당의 노동 시간을 단축하는 일.

단출-하-다(單出─)〈형〉①식구가 적어 홀가분하다. small family ②간편하다. simple 〈동〉=히□

단춧=구멍 단추를 꿰게 된 구멍. 「alty

단충(丹忠)〈명〉 참된 마음에서 우러나는 정성. true loy-

단충(丹衷)〈명〉 속에서 우러나는 정성. 단성(丹誠).

단취(團聚)〈명〉 한 집안 식구가 친한 사람들끼리 화목하게 모임. happy gathering of close relatives 하□

단층(單層)〈명〉 단 하나의 층. (대) 고층(高層). one-storied

단:층(斷層)〈명〉〈지학〉 지진으로 인하여 생긴 지층의 어그러진 현상. fault

단:층=곡(斷層谷)〈명〉〈지학〉 지표에 드러난 단층면이 침식되어 이룬 골짜기. fault valley

단:층=면(斷層面)〈명〉〈지학〉 단층에서 양쪽 땅이 서로 닿은 면. fault plane 「기 분지. fault basin

단:층 분지(斷層盆地)〈명〉〈지학〉 단층의 운동으로 생

단:층 산맥(斷層山脈)〈명〉〈지학〉 양쪽이 모두 단층으로 형성된 산맥. fault mountain

단:층 산지(斷層山地)〈명〉〈지학〉 단층으로 인해 한쪽이 높게 되어 형성된 산지.

단:층=애(斷層崖)〈명〉〈지학〉 단층면이 지상에 급경사의 현애(懸崖)가 되어 노출되어 있는 낭떠러지.

단:층 절벽(斷層絶壁)〈명〉〈지학〉 깎아 세운 듯이 험한 벼랑. fault-scorp

단:층 지진(斷層地震)〈명〉〈지학〉 이웃한 두 땅덩이가 상대적으로 움직여서, 그 사이에 단층을 이루는 과정에서 일어나는 지진. fault earthquake

단:층=집[─집](單層─)〈명〉 단층으로 된 집.

단:층 해:안(斷層海岸)〈명〉〈지학〉 단층으로 형성된 해안. 「오목하게 꺼진 땅에 이루어진 호수.

단:층=호(斷層湖)〈명〉〈지학〉 단층 운동으로 말미암아

단:칠(丹漆)〈명〉 붉은 칠. red lacquer

단침(丹忱)〈명〉〈동〉 단성(丹誠).

단:침(短針)〈명〉 시계의 짧은 바늘. 시침(時針).

단칭(單稱)〈명〉 한 개만을 일컫음. (대) 복칭(複稱). singular

단칭 명:제(單稱命題)[명] 〈논리〉단칭적 판단을 언어로 표현하는 명제. singular proposition

단칭 판단(單稱判斷)[명] 〈논리〉정언적(定言的) 판단의 하나. 단칭을 주사(主辭)의 개념으로 하는 판단. singular conclusion

단칼-에(單—)[부] 칼을 꼭 한 번 써서. at a stroke

단타(單打)[명] 〈체육〉야구에서 타자나 주자(走者)가 일루(一壘)를 갈 수 있는 안타. 싱글 히트(single hit). 1루타(base hit).

단:타(短打)[명] 〈체육〉야구에서 장타를 목적으로 하지 않고 진루(進壘)를 위해 치는 타격.

단-탕:건(單宕巾)[명] 관에나 갓을 쓰지 않고 탕건만을 쓰는 것.

단:통(單—)[부] 그 때에 곧장. 대번에. 빠르게. 거침없[이]. immediately

단통-총(單筒銃)[명] 발사 때마다 장전하는, 총통이 하나로 된 엽총.

단-틀(單—)[명] ①다만 하나뿐인 기계. single machine ②[동] 단패(單牌).

단파(短波)[명] 〈물리〉파장(波長) 10～100m, 진동수 3～30메가헤르츠의 전자파(電磁波). (대) 중파(中波). 장파(長波). short-wave

단=파방(單—)[명] 단파.

단:파 방:송(短波放送)[명] 6～30메가헤르츠의 전파를 사용하는 방송. 주로, 원격지를 위한 국내 방송이나 해외에 대한 방송 등에 쓰임.

단:파 송:신기(短波送信機)[명] 단파 신호를 보내는 송신기.

단:파 수신기(短波受信機)[명] 단파 신호를 받는 수신기.

단:파 요법(短波療法)[명]〈의약〉단파의 열작용에 의하여 신경·관절·뼈·피부 등의 병을 치료하는 요법.

단파:의(單罷議)[명] 한 번만 의논하고 곧 정해 버림. 하다 [of short wave

단:=파장(短波長)[명] 〈물리〉단파의 파장. wave length

단판(單—)[명] 단 한 번에 승부를 작정하는 판. 단판방. single match

단판(單瓣)[명] 한 접의 꽃잎으로 된 일. 단엽(單葉)①. 홀잎. (대) 중판(重瓣). [와 접하는 곳.

단판(端板)[명] 〈생리〉운동 신경이 말단의 근육 섬유

단판-걸이(單—)[명] 단판으로 승부를 겨루는 일. single match

단판-씨름(單—)[명] 단 한 번에 승부를 내는 씨름.

단판-키(單板—)[명] 선박 따위에서 구조가 외쪽판으로 된 키.

단판-화(單瓣花)[명] 〈식물〉단판인 화판을 갖춘 꽃. 홑꽃.

단-팥묵[명] 엿에 설탕을 넣고 우무를 가하여 반죽하여 찐 과자. 호박 떡을 섞음. 양갱병(羊羹餠).

단-팥죽[명] 팥을 삶아 으깨어 설탕을 넣고, 찹쌀 새알 심을 넣은 음식. [single pair of friends

단패(單牌)[명] 단 두 사람의 단 유일한 짝패. 단둘①.

단패 교군(單牌轎軍)[명] 가마를 메고 가는데 교대로 멜 사람이 없이 단 두 사람만이 한 패로 메고 가는 교군. [편](長篇). short story ②〈약〉→단편 소설.

단:편(短篇)[명]〈문학〉①짤막하게 끝을 낸 글. (대) 장

단:편(斷片)[명] 조각. 끊어진 토막. fragment

단:편(斷編·斷篇)[명] 〈문학〉조각조각난 문장(文章). 연속되지 않고 따로 떨어져 짧은 글. fragment

단:편 소:설(短篇小說)[명] 〈문학〉 짧게 쓴 소설의 한 형식. (대) 장편 소설(長篇小說). 〈약〉단편(短篇)②. short story

단:편 영화(短篇映畵)[명] 비교적 영사 시간이 짧은 영화.

단:편 잔간(斷編殘簡)[명] 떨어지거나 빠져서 완전하지 못한 서간이나 책 따위. 단편 단간(斷簡).

단:편=집(短篇集)[명] 〈문학〉단편 소설을 모아 엮은 책.

단:평(短評)[명] 짤막한 비평. short comment

단포:어(單胞—)[명] →단세포(單細胞).

단포-약(單胞藥)[명] 〈식물〉한 개의 약포(葯胞)로 된 약(葯). 목화·부용 따위.

단표(單瓢)[명] ①도시락과 표주박. lunch box and gourd ②매우 양식이 적고 초라한 음식. humble food

단표 누:항(單瓢陋巷)[명] 초라한 음식과 누추한 거리라는 뜻으로, 소박한 시골 살림살이를 형용하여 이르는 말.

단-표주박(單瓢子)[명] 한 개의 표주박. single-gourd

단풍(丹楓)[명] ①〈약〉→단풍나무. ②늦가을에 붉게 물든 나뭇잎. red leaves

단풍-나무(丹楓—)[명] 〈식물〉단풍나무과의 낙엽 교목. 잎은 손바닥 모양이고 가을에 빨갛게 단풍이 듦. 〈약〉단풍①. maple [라보며 노는 놀이. 하다

단풍-도리다(丹楓—)[자] 단풍이 든 아름다운 경치를 바

단풍도 떨어질 때 떨어진다 무엇이나 제때가 있다.

단풍-들-다(丹楓—)[단탈] 가을철에 식물의 잎이 누렇게 혹은 빨갛게 물이 들다. turn red

단풍-마(丹楓—)[명] 〈식물〉마과의 다년생 만초. 잎은 단풍나무 잎과 비슷하며 7～8월에 담황록색의 꽃이 핌. 열매는 세 개의 날개가 있음. a kind of yam

단풍-잎[—닙](丹楓—)[명] ①단풍이 든 잎. ②단풍나무의 잎.

단피-화(單被花)[명] 〈식물〉꽃받침이나 화판의 어느 쪽을 갖추지 못한 꽃. 뽕나무·밤나무 따위의 꽃. (대) 양피화(兩被花). 무피화(無被花).

단:필(短筆)[명] 글씨 재주가 없음. poor penmanship

단필 정:죄(丹筆定罪)[명] 의율(擬律)의 서면에 왕이 주필(朱筆)로써 그 죄형을 정해 기록함.

단하(丹霞)[명] 햇빛에 비치는 붉은 빛의 운기(雲氣).

단학 흉배(單鶴胸背)[명] 〈제도〉당하관의 문관이 붙이던 학 한 마리의 무늬를 수놓은 흉배.

단합(團合)[명] 〈동〉단결(團結). 하다

단항(單桁)[명] 〈건축〉양쪽 끝만 받친 배다리. number of one figure

단항=식(單項式)[명] 〈수학〉단 하나의 상수(常數)나 변수(變數)로 된 식. 또, 몇 개의 상수나 변수의 멱(冪) 및 곱으로만 된 정식. 5 ab, 6 x²y³ 따위. (대) 다항식. monomial expression

단:행(丹杏)[명] 〈식물〉살구의 한 종류.

단행(單行)[명] ①혼자서 하는 여행. going alone ②혼자서 행함. 또, 그 행동. doing alone ③다만 한 번만 한 행동. single act ④단독으로 간행되는 출판. ⑤단일한 사물에 대한 행함. single publication 하다

단행(端行)[명] 올바른 행동. 단정한 행동. [다

단-행(斷行)[명] 결단성 있게 실행함. decisive action 하

단:행-범(單行犯)[명] 〈법률〉단 한 번의 위법 행위로 성립된 범죄. single offence

단:행-법(—뻡)(單行法)[명] 〈법률〉특수 사항에만 관하여 제정한 법률. 차가법(借家法)·차지법(借地法) 따위. special law [책. independent volume

단:행-본(單行本)[명] 한 권 한 권을 단독으로 출판한

단향(壇享)[명] 어떤 단(壇)에서 지내는 제사. memorial service

단향(檀香)[명] ①〈약〉→단향목(檀香木). ②단향목의 목재. [만 함.

단향-목(檀香木)[명] 〈식물〉자단(紫檀)이나 백단(白檀) 따위의 향나무. 진단(眞檀). 진단(栴檀). 〈약〉단향(檀香)①.

단헌(單獻)[명] 제사에 삼헌(三獻)할 술잔을 단 한 번만 함.

단:-현(斷絃)[명] ①현악기의 줄이 끊어짐. snapping of a string ②아내의 죽음을 비유하는 말. one's wife's death 하다

단현 운:동(單弦運動)[명] 〈약〉→단일현 운동(單一弦運動).

단:-호(短狐)[명] 〈동〉물여우. [動]

단:-호(斷乎)[명] 결심한 것을 과단성 있게 처리하는 모양. 단연(斷然)①. 하다 히

단호 흉배(單胡胸背)[명] 〈제도〉당하관의 무관이 붙이던 한 마리의 호랑이를 수놓은 흉배.

단혼(單婚)[명] 일부 일처의 결혼. (대) 복혼(複婚).

단:혼(斷魂)[명] 넋을 잃을 정도로 애통함.

단:-화(短靴)[명] 목이 짧은 구두. (대) 장화(長靴). shoes

단:-화(短話)[명] 짧게 하는 이야기. short tale

단화-과(單花果)[명] 〈식물〉한 개의 꽃에서 생긴 과실. (대) 복화과(複花果).

단화-과(單花果)[명] 단과(單果). single fruit

단환(團環)[명] 배목이 달린 둥근 문고리. door ring

단황=란(端黃卵)[명] 난황(卵黃)이 알의 한쪽 가에 치우쳐 있는 알.
단회(團會)[명] 원만(圓滿)한 모임. harmonious meeting
닫[명] [고] 닻.
・**닫²**[명] [고] 따로. [관] 딴. 다른.
닫는 데 발 내민다[속] 남이 열중하고 있는 일을 방해한다.
닫는 말에도 채를 친다[속] 형편이나 힘이 한창 좋을 때라도 더욱 마음을 채쳐야 한다.
닫는 사슴을 보고 얻은 토끼를 잃는다[속] 지나친 욕심을 부리다가는 도리어 손해를 본다.
돋・니・다[타][고] 달려 다니다.
돋-다[자][들] 빨리 가다. run
닫-다[타][고] 열었던 것을 도로 닫아서 제자리로 가게 하다. ¶문을 ~. 뚜껑을 ~. shut ②운영하면 것을 그만두거나 일을 하지 아니하다. ¶자금난으로 그 회사는 문을 닫았다.
돋-다[타][고] 달다. 달리다.
닫아-걸-다[타][르] 문이나 창을 닫고 빗장을 지르거나 고리를 걸다. lock
닫줄=닫-다 닻줄.
닫집[건축] 법전 안의 옥좌나 불좌의 위에 장식으로 만들어 다는 집의 모형. 감실(龕室). 당가(唐家). canopy
닫쳤다 shut
닫치-다[타] 문이나 창을 힘들어서 닫다. ¶문을 ~.
닫히-다[-치-][자] 문 따위가 열리어 있던 것이 닫아지다. ¶문이 저절로 닫혔다. be shut, be closed
닫힌 사:회[-친-](-社會)[명] 자기 집중(自己集中)・계급성(階級性)・수장(首長)의 강권(强權)을 특징으로 하는 인간의 자연적 사회. [대] 열린 사회.
달¹[명] ①〈천문〉지구의 위성. 월구(月球). moon ②한 해를 열둘로 나눈 것의 하나. month ③달빛. ¶~이 밝다. moonlight ④일 개월. ¶~에 한 번. month ⑤출산일. ¶~이 차지 않아서 낳은 아이. month of expected delivery
달²[명] 연을 만드는 데에 쓰이는 대오리. frame of a kite
달:[명]〈식물〉포아풀과의 다년생 풀. 잎이 갈대 비슷하며 마디에 잔털이 많음. 9월에 띠와 같은 꽃이 핌. 대개 강변・연못에 남.
=달[어미] [약] =다 할. ¶싫~ 사람은 없다.
・**돋**[명] [고] 달¹.
・**돋**[명] [고] 닫. 줄음.
=돋[명] [고] =들.
달가닥[부] 단단하고 작은 물건이 가볍게 맞부딪칠 때 잇달아 나는 소리. [약] 달각. [큰] 덜거덕. [센] 달까닥. 딸가닥. 딸까닥. [거] 달카닥. rattling, clattering 하[자][타]
달가닥=거리-다[자][타] 자주 달가닥하다. [약] 달각거리다. [큰] 덜거덕거리다. [센] 달까닥거리다. 딸가닥거리다. 딸까닥거리다. [거] 달카닥거리다. 달가닥=달가닥하[자][타]
달가당 쇠붙이 따위의 작은 물건이 가볍게 맞부딪칠 때 울리어 나는 소리. [큰] 덜거덩. [센] 달까당. 딸가당. 딸까당. [거] 달카당. clanging 하[자][타]
달가당=거리-다[자][타] 계속하여 달가당하다. 딸까당거리다. 딸까당거리다. [거] 달카당거리다. 달가당=달가당하[자][타]
달=가시=다 사람이 흉거나 궂은 일을 겪은 부정한 일이 지나가다. month of evil portent passes away
달각[부]→달가닥.
달각=거리-다[자][타] [약] =달가닥거리다.
달갑-다[형][ㅂ] ①흡족하다. 만족하다. satisfied ②거리낌 없다. satisfactory
달강[부] 단단하고 작은 물건이 부딪칠 때 울려 나는 소리. [큰] 덜겅. [센] 딸강. jingling 하[자][타]
달강=거리-다[자][타] 자주 달강거리다. [큰] 덜겅거리다. [센] 딸강거리다. 달강=달강하[자][타]
달강-달강 어린아이를 데리고 시장질할 때에 노래의 맨 끝에 부르는 후렴 소리.
달강-어(達江魚)[명]〈동〉달궁이.

달개[명] 집을 늘여 짓거나 차양을 달아서 원채에 잇대어 지은 의지간이나 집. penthouse
달개비[명]〈동〉닭의장풀.
달개=집[명] ①원채에서 달아낸 달개로 된 집. penthouse ②몸채의 뒤편 쪽에 낮게 지은 외양간. stable
달걀[명] 닭이 낳은 알. 계자(鷄子). 계란(鷄卵). [원] 닭의 알. egg
달걀 가루[-까-][명] 달걀의 기름을 빼고 말린 가루. egg powder
달걀=꼴[명] ①달걀 모양. 난상(卵狀). ②〈식물〉잎모양의 하나. 달걀을 세로 자른 면과 같이 한쪽이 넓고 가름하게 둥근 모양.
달걀 노른자[명] 달걀 속의 노란 부분. 계자황(鷄子黃). yolk
달걀을 굴러다가 서는 모가 있다[속] ①언제 끝날지 모르게 질질 끌던 일도 드디어는 끝장을 보게 된다. ②언제나 누구에게나 좋게만 대하는 사람을 때로는 성낼 때가 있다. [도리어 파멸하기에 이른다.]
달걀로 백운대 치기[속] 약한 것이 강한 것에 대항하면
달걀로 치면 노른자다[속] 가장 중요한 부분이다.
달걀 섬 다루듯[속] 무엇이나 매우 조심하여 다룸.
달걀지고 성 밑으로 못 가겠다[속] 너무 세심한 데 신경을 씀을 비유한 말. [white of an egg]
달걀 흰자[명] 달걀 속의 흰 부분. 계자백(鷄子白).
달-거리[명] ①한 달에 한 번씩 앓는 전염성 열병. monthly fever ②[동] 월경(月經). 하[자]
달거리 문학(──文學)[명] 우리 고유의 가사・민요 따위의 특수한 형식의 하나. 한 달 한 달을 단위로 절을 나눈 형식의 시가. 월령가(月令歌) 따위.
달:게 굴-다[자] 싫지 않다고 조르다. 보채면서 달라붙다. badger a person for [을 ~. submit to]
달:게 받-다 응분의 조처를 거리낌 없이 받다. ¶벌 달게 받는다고 생각한다.
달견(達見)[명] ①사리에 통달한 의견. 달식(達識). farsighted view ②뛰어난 의견. excellent views
돋・고・지[명] [고] 달구지.
달고질[명] [고] 달구질.
달고 치는데 안 맞는 장사가 있나[속] 장사라도 여러 사람의 합력에는 못 견딘다.
달곰삼삼=하-다[형][여] 조금 달고 삼삼한 맛이 있다.
달곰새금=하-다[형][여] 조금 달고도 새금한 맛이 있다. [거] 달콤새큼하다. somewhat sweet and sour
달곰쌉쌀=하-다[형][여] 조금 달고도 쌉쌀한 맛이 있다. somewhat bitter-sweet
달곰씁쓸=하-다[형][여] 조금 달고도 씁쓸한 맛이 있다. somewhat sweet and bitter
달곰=하-다[형][여] 맛이 알맞게 달다. 감칠맛이 있게 달다. [거] 달콤하다. sweet 달곰=히[부]
달관(達官)[명] 높은 관직. ¶~ 현직(顯職).
달관(達觀)[명] ①활달하여 탈속적 견식(見識). excellent view ②사물에 통달한 관찰. far-sighted view 하[자].
달구[명]〈건축〉집 지을 터의 땅을 다지는 데 쓰는 기구.
달구-다[타] ①쇠・돌 따위를 불에 대어 뜨겁게 하다. ②불을 때어 많이 뜨겁게 하다. heat
달구리[명]〈식물〉옻나무의 하나. 한식 때 심으며 수염이 없고 빛은 엷은 황색임. [dawn]
달-구리[명] 이튼 새벽의 닭이 울 무렵. [원] 닭울이.
달구=지[명] 소 한 필이 끄는 짐수레. oxcart
달구지[명]〈식물〉콩과의 다년생 풀. 줄기 높이 30cm 가량으로 5개의 피침형 잎이 한 곳에 흩어져 나서 달구지 바퀴살 같음. 가을에 나비 모양의 담홍자색 꽃이 핌. ¶~. pounding earth 하[자]
달구-질[명] 집 지을 터 또는 그 밖의 땅을 단단히 다지는 일.
달구=치-다[타] 꼼짝 못하게 몰아치다.
달굿-대[명]〈건축〉땅을 다지는 데 쓰는 두 개의 대가 달린 몽둥이. rammer
달궁이[명]〈어류〉극기류(棘鰭類)의 피갑족(被甲族)에 속하는 바닷물고기. 몸 길이 약 30cm 가량으로 가늘고 길며 대가리는 크고 검음. 등은 고운 홍색

달그락 작은 덩이로 된 단단한 물건이 맞부딪거나 서로 스쳐서 잇달아 나는 소리. 《큰》 덜그럭. 《센》 딸그락. rattling 하다타

달그락-거리-다자타 연해 달그락하다. 또, 그 소리를 내다. 《큰》 덜그럭거리다. 《센》 딸그락거리다. 달그락=달그락부 하다타

달그랑부 얇은 쇠붙이의 물건이 맞닿아서 잇달아 나는 작은 소리. 《큰》 덜그렁. 《센》 딸그랑. jingling 하다타

달그랑-거리-다자타 연해 달그랑하다. 또, 그 소리를 내다. 《큰》 덜그렁거리다. 《센》 딸그랑거리다. 달그랑=달그랑부 하다타

달근달근-하-다형 재미가 있고 마음에 들다. exciting 「름하다. sweetish 달금=희

달금-하-다형여 알맛게 달다. 《작》 달곰하다. 《거》 달

달기(疸氣)명[동] 황달(黃疸).

달기(達氣)명 귀하고 높게 될 기색. personal appearance that shows promise

달기-비짜루명[동] 닭의비짜루. 「shank

달기-살명 쇠바닥에 붙은 고기. 찌개 거리로 씀. beef

달기-씨깨비명〈식물〉달기씨깨비과의 일년생 풀. 많은 피침형이고 줄기는 마디가 크며 7~8월에 흰 꽃이 핌. 어린 잎과 줄기는 식용, 꽃은 염색용으로 쓰임. 밭가·길가에 저절로 남. (鷄距草). 계장초(鷄腸草). 닭의장풀. commelina cominne

달까닥부 《센》→달가닥.

달까닥-거리-다자타 《센》→달가닥거리다.

달까당부 《센》→달가당.

달까당-거리-다자타 《센》→달가당거리다.

달깍부 《약》→달가닥.

달깍-거리-다자타 《약》→달가닥거리다.

달나라명 달의 세계.

달-님명 달을 인격화하여 이르는 말. moon

달-다¹자르타 ①끓는 음식 따위가 지나치게 익다. be overboiled ②살이 뜨거워지다. get hot ③마음이 타다. fret ④추위에 살이 얼어 부르터 터지다. chap

달-다²타르타 ①높이 걸어 늘어뜨리다. hang ②저울로 무게를 헤아리다. weigh ③주(註)를 붙이다. annotate ④율관에 말을 쏟아 놓다. put ⑤물건을 일정한 곳에 붙이다. ¶단추를 ~. put up ⑥가설하다. construct ⑦셈을 기록하다. ¶외상 장부에 ~. record

달-다³형라타 ①맛이 가장 좋게 느끼어 꿀맛과 같다. sugary ②입맛이 당기게 좋다. have a good appetite ③마음에 즐거운 느낌이 있다. 《대》쓰다. pleasant

돌-다⁴자 《고》 살이 얼어서 부르터 터지다.

돌-다⁵타 《고》 ①저울에 달다. ② 매어 달다.

달달¹부 ①무섭거나 추워서 몸을 떠는 모양. tremblingly ②수레 바퀴나 단단한 바닥에 구르는 소리. 《큰》 덜덜. 《센》 딸딸. jingling

달달²부 ①콩·깨 따위를 이리저리 휘저어 가며 볶거나 맺돌에 가는 모양. stirring ②사람을 못 견디게 들볶는 모양. teasing ③물건을 들쑤셔 가며 뒤지는 모양. 《큰》 들들.

달달-거리-다자타 ①춥거나 무서워서 작은 몸을 자꾸 달달 떨다. ② 굳고 작은 바퀴가 단단한 바닥길에 굴러 자꾸 달달 소리가 나다. 《큰》 덜덜거리다. 《센》 딸딸거리다. 달달=달달¹부

달달 볶-다 ①깨나 콩 같은 것을 휘저어 가며 볶다. ②사람을 몹시 들볶다. roast

달:-대(-帶)명 달의 줄기. 갈대 줄기와 비슷함.

달덕[-떡](達德)명 사람이 마땅히 행하여야 할 덕.

달도 차면 기운다 온갖 것이 한 번 성하고 가득 차면 다시 쇠퇴한다.

달디-달-다형라타 《원》→다디달다.

달:=떡명 혼인 때 쓰는 달 모양으로 둥글게 만든 흰 떡. round rice-cake

달:=뜨-다자여 ①마음이 가라앉지 않고 떠 있다. become fickle ②기분이 방탕하여지다. 《큰》 들뜨다. become wanton

달:라부타 ①불완전 동사 '달다'의 명령형. '해라' 할 자리에 쓰여 자기에게 무엇을 줄 것을 상대편에게 요구하거나 청하는 명령의 뜻을 나타내는 종결형. ¶자유가 아니면 죽음을 ~. give ②'해라'할 자리에 쓰여 어떤 동작을 하여 줄 것을 요구하거나 청하는 명령의 뜻을 나타내는 종결형. ¶편지 받는 대로 곧 와 ~. come

달:라-다타 '달라고 말하다'의 뜻으로, 남에게 대하여 무엇을 주기를 청하다. ask for

달라-붙-다자 ①끈기 있게 바싹 달라붙다. ¶젖이 옷이 ~. stick to ②가까이 붙좇다. ¶달라붙는 아이들을 메어놓고 전근해 가는 선생님의 마음. cling to ③가까이 대들다. ¶그놈이 자기 집이라고 끝내 남게 달라붙어 혼이 났다. challenge ④끈기 있게 한가지 일에만 열중하다. ¶열심히들 달라붙어 하니까 몇 시간 안 걸린다. adhere to

달라-지-다자 변하여 다르게 되다. 변하다. change

달랑-하-다부 ①달다.

달랑부 ①작은 방울 따위가 자꾸 흔들려 나는 소리. jingling ②몹시 놀랐을 때 가슴이 따끔하게 울리는 모양. shivering ③갖거나 달린 것이 적어 단출한 모양. ¶보따리 하나만 ~ 들고 나갔다. ④여러 사람 가운데서 단 혼자 남아 있는 모양. 《큰》 덜렁. 《센》 딸랑. 하다자

달랑-거리-다자타 침착하지 못하고 연해 까불다. 《큰》 덜렁거리다. 《센》 딸랑거리다. jingle 달랑=달랑부 하다자 「소비되어 남은 것이 별반 없다.

달랑달랑-하-다형여 돈·식량·소모품 등이 거의 다

달랑-쇠명 덜렁쇠. 성질이 침착하지 못한 달랑거리는 사람. flippant person 「behave flippantly

달랑-이-다자 침착하지 못하고 까불다. 《큰》 덜렁이다.

달랑-하-다자여 겁나는 일을 당하여 가슴이 뜨끔하다. 《큰》 덜렁하다. 《센》 딸랑하다.

달래명 《속》 다리³.

달래명〈식물〉 나릿과(百合科)의 다년생 풀. 땅 속에 둥글고 흰 비늘 줄기가 있으며 잎은 가늘고 길. 파와 같은 냄새가 나며 양념 또는 나물로 식용함. 야산(野蒜). allium

달래-다타 ①마음을 즐겁도록 타이르다. soothe ②좋고 나쁜 말로 잘 이끌어 꾀다. induce

달러(dollar)명의 ①미국의 화폐 단위. 센트(cent)의 100 배. 불(弗). $. ②캐나다·홍콩·에티오피아·라이베리아 등의 화폐 단위.

달러 박스(dollar box)명 돈을 벌어 주는 물건이나 사람을 비유하여 이르는 말.

달러 불안(dollar 不安)명 국제 통화 달러에 대한 신뢰가 저락(低落)되는 데 따른 불안.

달러 블록(dollar bloc)명〈경제〉미국의 달러를 중심으로 결합한 일군(一群)의 국가들.

달러 지역(dollar 地域)명〈경제〉①미국 달러를 통화로 삼는 지역. ②자국 통화 가치를 달러에 결합시켜 달러로 대외 거래를 하는 지역. dollar area

달러-환(dollar 換)명〈경제〉액면 금액이 미국의 화폐 단위로 표시된 환.

달려-가-다자 뛰어가다. 달려서 가다. run

달려=나가-다자 뛰어나가다.

달려=들-다자 ①와락 대들다. 별안간 덤비다. jump on ②어떠한 일에 끼어들다. fly at

달려-오-다자 ①달음질하여 빨리 오다. run up to ② 급속히 오다. come in haste

달력(-曆)명 일년 중의 시령(時令)을 낱짜를 따라 기재해 놓은 것. 월력(月曆). calendar

돌·뢰무 《고》 달리². differently

달리(達理)[명] 이치에 통달함. reasoning 하[타]
달리기[명] 달음질하는 일. ¶100 m ~. running 하[자]
달리는 말에 채찍질[격] ①형편이나 힘이 한창 좋을 때 더욱 힘을 가함의 비유. ②힘껏 하는 데도 더 잘하라고 할 때 쓰는 말.
달리-다[타] 빨리 가다. 뛰어가다. run [타] 급히 몰아가 빨리 가게 하다. 급히 몰다. drive
달리-다²[자] ①느른하여 기운이 없어지다. feel languid ②피곤하여 눈이 뒤로 덮이다. be tired
달리-다³[자] ①힘에 부치다. 재주가 모자라다. be beyond one's power ②뒤를 대지 못하여 물건이 모자라다. be short of
달리-다⁴[자] ①매달리다. hang ②가설되어 있다. be installed 당하는 관계에 좌우되다. depend upon ④부양해야 할 어린애가 있다. have to support [타] ①어떠한 것에 걸려서 아래로 처지게 함을 당하다. ②저울에 닮을 당하다. be weighed ③신랑이 닮을 당하다.
달:리아(dahlia 스)[명]〔식물〕엉거시과의 다년생 풀. 줄기는 1.5 m쯤 자라고 땅 속에 구근이 많음. 여름과 가을에 품종에 따라 여러 가지 빛의 꽃이 핌. 양국(洋菊). 천축 모란(天竺牡丹). [지다.
달리-하다[타] 사정·조건 따위를 서로 다르게 하
달림-길[-낄][명]〔체육〕달리기 경기를 하기 위하여 만든 특별한 길. 흙과 모래가 깔린 길. race course
달림-대[명]〔속〕저울. [의 울거미 문짝.
달린-문골[-꼴](-門-)[명]〔건축〕돌쩌귀가 달린 쪽
달마←Dharma 범[명]교①진리·본체(本體)·궤범(軌範)·이법(理法)·교법(敎法)의 일컬음.
돌마·기[명] 단추¹. 〔야〕→달마 대사(達磨大師).
달마 대:사(達磨大師)[명]〔불교〕선종(禪宗)의 시조(始祖). 보리 달마(菩提達磨). 〔약〕다르마(보다). 달마(達磨)². Bodhi Dharma
달마띠까(dalmatica 라)[명]〔기독〕장엄 미사나 대례 미사 때 부제(副祭)가 입는 예복.
달=마중[명]〔동〕달맞이.
달막-거리-다[자][타] ①자꾸 달막이다. ②다친 메나 헌데가 곪느라고 욱신거리다. 《큰》들먹거리다. 《센》말싹거리다. 달막[부] 하[자]
달막-이-다[자][타] ①목직한 물건이 자꾸 아래위로 움직이다. move up and down ②기가 나거나 흥분되어서 마음이 울렁거리다. exhilarate ③값 따위에 변동을 가져 오르는 상태를 지속하다. ¶물가가 ~. [타] ①목직한 물건을 떠들었다 놓았다 하다. ②남의 마음을 흔들리게 하다. ③어깨·궁둥이를 위아래로 움직이다. ④흥에 겨워 궁둥이를 ~. ④남을 들추어 말하다. 《큰》들먹이다. 《센》말싹이다. tease
달망-이[명]〔광물〕폭약 구멍을 비스듬하게 가로 뚫으려고 쇠몽치를 가로 쳐서 움직이는 짓.
달망-지 다[형] 보기보다 실하고 당당하다. stout
달-맞이[명]〔민속〕음력 정월 보름날 저녁 달이 떠오르는 것을 맞는 일. 홰에다 불을 붙여 달집을 사름. 달마중. 영월(迎月). viewing the moon 하[자]
달맞이=꽃[명]〔식물〕바늘꽃과의 이년생 풀. 여름에 큼직한 흰빛의 꽃이 피는데 석양에 피었다가 다음날 해가 돋은 뒤에 오므라듦. 멕시코 원산으로 현재는 보기 드묾. evening primrose
달-머리[명]〔속〕달무리.
달-머슴[명] ①한 달을 한정하여 머슴살이하는 일. 또, 그 사람. servant paid monthly ②매월 그 달의 품삯을 정하고 하는 머슴살이 일.
달면 삼키고 쓰면 뱉는다[격] 신의나 지조를 돌보지 않고 자기에게 이로우면 잘 사귀어 쓰고 필요하지 않으면 배척한다.
·돌모·로[명]〔고〕옆으로 비스듬히 배척하다.
달목[명]〔건축〕천장을 보국에 달아 낸 나무못.
달-무늬[명] 초승달의 모양으로 된 무늬. crescent design
달-무리[명] 달 언저리에 생기는 둥근 고리 같은 것. 월훈(月暈). 《대》햇무리. halo
달무리한 지 사흘이면 비가 온다[격] 달무리가 지면 오래지 않아 비가 온다.

달문(達文)〔문학〕①익숙한 솜씨로 쓴 글. lucid style ②뜻이 분명하고 잘 통하는 문장.
달=물[명] 한 달에 얼마씩 값을 정하여 물장수에게 돈을 치르고 쓰는 물. water bought monthly
달-밑[명] 솥 밑의 둥근 부분. bottom of a pan
달=바자리[명] 달풀로 엮어 울타리를 만드는 바자. fence made of reed
달=밭[명] 달풀로 엮어 만든 밭.
달-밤[-빰][명] 달이 밝게 떠 있는 밤. [interest
달-변(-邊)[명] 달로 계산하는 변리. monthly
달변(達辯)[명] 썩 능란한 변설. eloquence
달-별[명]〔천문〕떠돌이별을 싸고 도는 작은 별. 위성
달-병[-뼝](疸病)[명] 황달(黃疸). 〔衛星〕
달 보고 짖는 개[속] 남의 언행에 대해 의심하며 소동하는 어리석은 사람. [하다. somewhat sweet
달보드레-하-다[여][형] 약간 달큼하다. 《큰》들부드레
달본(達本)[명][동] 신본(申本).
달-불이[명]〔민속〕농가에서 음력 정월 열나흗날 저녁에 콩 열두 알에 열두 달을 표시하여 수수깡 속에 넣어 우물에 넣었다가 그 콩이 물에 불은 정도를 보고 그 달의 가뭄과 비옴을 점치는 일. 월자(月滋). 윤월(潤月).
달-빛[-삧][명] 달의 비치는 빛. 월광(月光). moonlight
달·뜨·다[자][형] 뜨다. 젖어들다. 물기 있는 물건이 많이 담셔지거나 또는 마르지 못하여 여러 날이 될 때에 제 몸의 훈김으로 썩기를 시작하다.
달사[-싸][명]〔이치에 밝아서 사물에 얽매여 지내지 않는 선비. ¶지인(至人) ~.
달-삯[-싹][명] 달품으로 받는 품삯.
달상(達相)[명] 귀하게 잘 될 얼굴의 상. good physiognomy [다.
달성(達成)[명] 뜻한 바를 이룸. achievement 하
달-소수[명] 한 달이 좀 지나는 동안. little over a month
달-쇠[명]〔건축〕문짝 따위를 달아매기 위한 갈고리
달식[-씩][명]〔達識〕[명] 달견(達見)①. 〔쇠. hook
달싹[부] 붙었던 것이 약간 떠들리는 모양. 《큰》들썩. be in fidget 하[자]
달싹-거리-다[자][타] 자꾸 달싹거리다. 《센》말싹거리다. 달싹-달싹[부] 하[자]
달싹=배기기[명]〔체육〕발뒤축만 들릴 정도로 배기기하는 씨름 재간의 하나.
달싹-이-다[자][타] ①가벼운 물건이 위아래로 움직이다. move up and down ②마음이 약간 흔들리어 움직이다. be moved ③어깨나 궁둥이가 가볍게 위아래로 약간 움직이다. shake [타] ①가벼운 물건을 약간 떠들었다 놓았다 하다. ②마음을 약간 흔들어 움직이다. ③어깨나 궁둥이를 위아래로 약간 움직이다. 《큰》들썩이다. 《센》말싹이다.
달싹-하-다[여][형] 물건이 잘 덮이거나 가려지지 아니하여 조금 떠들려 있다. 《큰》들썩하다.
달·아[형][고] 달라. 달라서.
달·아-가다[자] 달음질하여 급히 가다. go at a run
달아나는 노루 보고 얻은 토끼를 놓았다[속] 큰 이익을 탐내면 이미 얻은 작은 이익도 잃는다.
달아나-다[자] ①쫓기어 빨리 가다. run ②몸을 피하여 도망치다. 〔속〕들고뛰다. 들고 부리다. 들고 빼다. run away
달아나면 이밥 준다[속] 달아나는 것이 상책이다.
달아-매-다[타] ①드리우도록 잡아매다. hang ②떠나지 못하도록 움직이지 않는 물건에 묶다. fasten
달아 보-다[타] ①사람의 드레를 시험해 보다. fathom ②저울로 무게를 떠보다. weigh
달아-오다[자] 달음질하여 급히 오다. come in haste
달아-오르-다[자] ①쇠불이 따위가 몹시 뜨거워지다. get hot ②얼굴이 화근해지다. flush
돌·애[명][고] 다래. 달래며.
달·애-·다[타][고] 달래다.
달야(達夜)[명] 밤을 새움. vigil 하[자]

달언(達言)圈 ①도리에 통한 말. 사리에 밝은 말. reasonable words ②어디에든지 통용되는 말. sensible saying
돌·오-다타(ㄱ) 다리³.
달음-질圈 급히 뛰어 달려가는 몸짓. 약 달음질③. 담박질
달음박질-치-다재 힘있게 달음박질하다.
달음-질圈 ①급히 뛰어 달려가는 발걸음. running ②(체육) 뛰어 달리는 경기의 총칭. race ③약→달음박질. 하다
달의(達意)圈 자기의 의사를 잘 드러내서 상대방에게 달리다
달이-다타 ①끓여서 진하게 만들다. ¶간장을 ~. decoct ②물에 넣고 끓여서 우러나도록 하다. ¶약을 ~. boil
돌이-다타(ㄱ) 달리다⁴.
달인(達人)圈 ①학술과 기예에 통달한 사람. expert ②하늘 이치와 사람의 일을 환하게 잘 아는 사람. 달자(達者). master mind
달인 대-관(達人大觀)圈 달인의 공명 정대한 관찰.
달인=**젖**圈 소젖을 달이어서 진하게 졸인 것.
달자[-짜](達者)圈(통) 달인(達人).
달자[-짜](韃子)圈 서북변(西北邊)의 오랑캐 이름. Tartar
달작[-짝](達作)圈 썩 잘된 훌륭한 작품. 걸작(傑作).
달장[-짱]圈 날짜가 거의 한 달이나 걸어짐. about a month
달-장:근[-짱-](-將近)圈 지나간 날짜가 한 달 가까이 됨. nearly a month
달재[-쩨](達才)圈 사리에 통달한 인재. master mind
달제-어[-쩨-](獺祭魚)圈 수달이 물고기를 잡아다가 벌여 놓고 제사를 지낸다는 뜻으로, 시문을 지을 때 많은 책을 벌여 놓고 참고함의 비유.
달조=**아매**圈(속) 대님.
달존[-쫀](達尊)圈 세상 사람이 모두 섬겨 받들만한 사람.
달주=**나무**圈(속) 팽나무.
달-증[-쯩](疽症)圈(통) 황달(黃疸).
달:집圈(민속) 음력 정월 보름날 저녁의 달맞이 행사 때 불을 질러 밝게 하기 위하여, 생솔 가지를 많이 엮어, 집채같이 둘러쌓은 무더기.
달짝지근-하-다웹 조금 달콤한 맛이 있다. (큰)들쩍지근하다. (거) 달착지근하다. sweetish
달차근-하-다웹(약)→달착지근하다.
달착지근-하-다웹(거)→달짝지근하다.
달창-나-다재 ①물건을 너무 오래 써서 닳아 해지거나 구멍이 뚫리다. wear through ②많은 것을 써서 다 없어지게 하다. become exhausted
달-첩(-妾)圈 한 달에 얼마씩 받기로 하고 몸을 부락하는 창녀. lashing 하다
달초(撻楚)圈 회초리로 볼기나 종아리를 때리는 일.
달-치-다타 ①뜨거운 기운이 지나치도록 달다. become too hot ②마음이 몹시 안타깝고 흥분되다. fret ③바싹 졸아들도록 끓이다. boil down
달카닥[-거]→닿가닥.
달카닥-거리-다재타(거)→달가닥거리다.
달카당[-거]→닿가당.
달카당-거리-다재타(거)→달가당거리다.
달칵[-거]→닿카닥.
달칵-거리-다재타(약)→달가닥거리다.
달캉[-거]→닿가당.
달캉-거리-다재타(약)→달가당거리다.
달콤새큼-하-다웹여 조금 달콤하면서 새큼한 맛이 있다.
달콤-하-다웹여(거)→달금하다.
달큼-하-다웹여(약)→달금하다.
달통(達通)圈 사리에 능숙하게 통함. mastery 하다
돌판이圈(ㄱ) 달팽이.
달-팔십[-썸](達八十)圈 주나라 강태공(姜太公)이 무왕(武王)을 만나 80세에 정승이 되어 80년을 호화롭게 살았다는 고사에서 온 말로, 호화롭게 삶을 뜻하는 말. (대) 궁팔십.
돌·팡·이圈(ㄱ) 달팽이.

달팽이〈동물〉①달팽이과의 연체 동물의 총칭. ②달팽이과의 연체 동물의 하나. 나선형의 껍질이 있으며 몸 빛은 흑갈색 바탕에 황색 띠가 있음. 암수 한 몸으로 각(殼) 안에 들어 있으며 머리에 두 쌍의 눈이 있음. 여우(蝸牛). 와우(蝸牛). 산와(山蝸)②. snail 매에 움직하고 기운을 펴지 못한다.
달팽이 눈이 되다판 편잔을 받거나 또는 겁이 날 때
달-포圈 한 달쯤 된 동안. 월여(月餘). 월경(月頃). 월래(月來). about a month
달-품圈 그 달 그믐께 삯을 받기로 작정하고 파는 품.
달:-풀圈 달의 꽃.
달피-나무〈식물〉피나무과의 낙엽 활엽 교목. 골짜기의 숲 속에서 나며 껍질은 새끼로 쓰고 재목은 가구제로 씀.
달필(達筆)圈 ①장래 귀하고 높이 될 기상이 있는 글씨. skillfull penmanship ②빠르고도 잘 쓰는 글씨. (대) 악필(惡筆). 졸필(拙筆). vigorous hand
달-하-다(達-)재타여울 ①뜻을 이루다. attain ②떠난 곳에 닿아서 이르다. reach ③복을 누리다. enjoy
달하다.
달화-주(達化主)〈제도〉종을 부려먹지 않는 대신에 그 종에게서 세금을 받는 주인.
달효(達孝)圈 한결같이 변함이 없는 효도. unfailing filial piety
달효(達曉)圈 새벽에까지 이름. 곧, 밤을 새움. 하다
돌회圈(ㄱ) 달개.
달히-다타(ㄱ) 달이다.
닭[닥]圈〈조류〉꿩과의 새. 가금(家禽)의 하나. 머리에 붉은 볏이 있고 잘 날지는 못하나 다리는 튼튼함. 수컷은 털 빛이 썩 아름답고 때를 맞춰 울며 암컷은 알을 낳음. 덕금(德禽). chicken
돍圈(ㄱ) 닭.
닭-고기[닥-]圈 닭의 고기. [말. stubborn fellow
닭-고집[닥-](-固執)圈 고집이 센 사람을 조롱하는
닭-국[닥-]圈 닭고기와 무조각을 함께 넣고 끓인 맑은 장국. 계탕(鷄湯).
닭-김치[닥-]圈 닭 내장을 빼고 그 안에 쇠고기·채로 썬 표고·석이를 두부와 함께 양념하여 넣고 삶아 내어 속에 든 것을 헤트려서 햇김칫국을 섞은 닭국물에 넣어 얼음을 띄운 음식.
닭도 제 앞 모이 긁어 먹는다쓸 제 앞 일은 제가 처리해야 한다.
닭-둥우리[닥-]圈 둥우리처럼 만든 닭의 어리.
닭-띠[닥-]圈 닭해에 난 사람을 이름. [동집.
닭-모래집[닥-]圈 닭의 알을 싼 얇은 막.[③닭의
닭-백숙[닥-](-白熟)圈 닭을 맹물에 삶은 음식.
닭벼슬이 될 망정 쇠꼬리는 되지 마라쓸 크고 훌륭한 자의 뒤꽁무니를 쫓아다니는 것보다는 차라리 작고 보잘것없는 데서 남의 우두머리가 되는 것이 좋다.
돍-뼈[닥-]圈 유시(酉時).
닭-살[닥-]圈 닭의 껍질 같은 살갗.
닭-서리[닥-]圈 주로 농촌에서 몇몇이 짜고 남의 집 닭을 몰래 훔쳐 먹는 장난.
닭 소 보듯, 소 닭 보듯쓸 ①서로 마주 보고도 모른 체한다. ②속으로는 마땅하지 않으나, 말은 못하고 노려보기만 한다.
닭-싸움[닥-]圈 닭, 특히 싸움닭끼리 싸우게 하여 승부를 결정하는 구경거리. 약 닭쌈.
닭-어리[닥-]圈 닭을 가두어 두는 제구. coop
닭유-변[닥유-](-酉邊)圈 한자 부수(部首)의 하나. 곧, 配·醉 등의 酉의 이름.
닭의-비짜루〈식물〉천문동과의 다년생 풀. 높이 1m, 가지가 많고 잎은 뾰족하며 촘촘하게 호생함. 초여름에 종 모양의 황백색 단성화가 피며 과실은 장과로 가을에 붉게 익음. 닭기비짜루.
닭의 새끼 봉이 되랴쓸 아무리 하여도 본디 타고난 성
닭의 알[닥-]圈 낳은 달걀. 닭을은 설 수 없다.
닭의-어리圈 싸리 등으로 엮은 닭을 넣어 두는 제구.
닭의-장(-欌)圈 ①닭을 가두는 집. ②밤에 닭이 들

닭의장풀 어가 쉬고 자게 만든 장치. 계사(鷄舍). 닭장. hen-house.
닭의장=풀(一藏)명⟨동⟩달기씨깨비.
닭의=홰명 닭장 속에 닭이 올라 앉게 가로지른 나무.
닭이 천이면 봉이 한 마리 있다족 여럿이 모이면 그 가운데는 뛰어난 이도 있다.
닭 잡아 겪을 나그네 소 잡아 겪는다족 처음에 소홀히 하여 나중에 큰 손해를 본다.
닭 잡아먹고 오리발 내어 놓는다족 어색하게 자기 행동을 숨기려 하되 그 솜씨가 드러난다.
닭=장[닥—](一藏)명⟨동⟩닭의장.
닭=잦혀-다[닥—]재 닭이 새벽에 재우쳐서 울다. crow at down
닭=조림[닥—]명 닭의 고기에 여러 가지 양념을 쳐서 조린 반찬.
닭 쫓던 개 지붕 쳐다보듯족 일이 실패되어 어쩔할 수 없음.
닮-다[담따]재재 ①자연적으로 그것과 비슷하게 생기거나 변하여서. be similar to ②어떠한 것을 본떠서 그와 같아지다. resemble
닮은=꼴명⟨수학⟩크기만 다른 똑같은 꼴. 상사형(相似形). similar figures
닮음명⟨수학⟩두 개의 기하학 도형의 모양에 관한 주된 성질. 상사(相似). similar
닮음 변:환(一變換)명⟨수학⟩어떤 도형 F에서 도형 F'로의 변화에 있어서, F와 F'가 닮음꼴일 때의 일컬음.
닮음=비(一比)명 닮은꼴에서 대응하는 부분의 비. 상사비(相似比). ratio of similarty
닳고=닳-다재 ①몹시 닳다. ②세상에 시달려서 약아빠지다.
닳-다재 ①갈려서 작아지다. 마멸(磨滅)되다. be worn out ②액체가 졸아들다. be boiled down ③살가죽이 얼어서 붉어지다. be frozen
닳리-다재 닳게 하다.
담¹명 흙이나 돌 따위로 쌓아 집의 둘레를 막은 물건. 담장. 장원(牆垣). 장옥(牆屋). 장리(牆籬). wall
담:²명⟨약⟩→다음.
담:³명 머리털을 빗기는 머리털의 결.
-담어미 '-단 말인가'의 뜻의 종결 어미. ¶어찌 이리 아름답~.
담(毯)명 짐승의 털을 물에 빨아 짓이겨서 편평하고 두툼하게 만든 조각. 담요 따위.
담:(痰)명 ①⟨생리⟩가래². ②몸의 분비액이 순환하다가 어느 국부에 응어리 접질렸을 때 거기에 응결되어 결리고 아픈 증상. ③⟨약⟩=담병(痰病).
담:(膽)명 ①⟨생리⟩쓸개. ②⟨약⟩=담력(膽力).
담(淡)관무 빛의 엷음을 형용하는 말. ¶~홍색. (대) 농(濃)=. light
=담(談) '담화·이야기'라는 뜻을 나타냄. ¶감상~. 경험~.
담가(擔架)명⟨동⟩들것.
담가(譚歌)명⟨음악⟩전설·신화·익사 따위의 이야기를 제재로 지은 가곡.
담=가라명⟨동물⟩털 빛이 거무스레한 말. blackish
담:=갈색(淡褐色)명 엷은 갈색. horse
담=결(痰結)명⟨한의⟩가래가 뭉쳐 목구멍에 붙어서, 뱉을 수도 삼킬 수도 없는 병.
담=결석(一石)(膽結石)명⟨약⟩담석(膽石).
담=관(膽管)명⟨약⟩→수담관(輸膽管).
담=괴(膽塊)명 몸의 각부의 살가죽에 군데군데 생기는 종독(腫毒)처럼 된 덩이.
담:교(淡交)명 담박한 교제. disinterested friendship
담구(擔具)명 어깨에 메고 물건을 나르는 기구의 총칭.
담그-다[으타] ①액체 속에 넣어 두다. soak ②술·김치·장장 따위를 만들어 익게 하다. brew ③조기·게 같은 것에 소금을 쳐서 넣은 것을 만들다. preserve
담금-질명 쇠붙이를 물에 달구었다가 찬물 속에 넣는 일.
담=기[一끼](膽氣)명⟨동⟩담력(膽力). ¶접시에 담긴
돔-기-다[고]⟨自⟩잠기다². 모과. be put in
담배 담=꾼(擔—)명 무거운 물건을 들가락에 메어서 운반하는 품팔이꾼. carrier
담=날[약]→다음날.
담:낭(膽囊)명⟨생리⟩간장에서 나오는 담즙을 일시적으로 담아 두는 얇은 주머니. 쓸개. gall-bladder
담:낭=염[-념](膽囊炎)명⟨의학⟩담즙의 배설에 장애가 생긴 경우, 혈액이나 장에 세균의 감염으로 일어나는 담낭의 염증.
담:=녹색(淡綠色)명 엷은 녹색. 연두색.
담-다[—따]라 ①그릇에 넣다. put a thing in ②욕하는 말을 입으로 내다. ¶입에 욕을 ~. use (bad language) ③작품 속에 사상 따위를 나타내다.
돔—:다[—따]⟨약⟩→담다. express
담:-달[一딸]명⟨약⟩→다음달.
담:-다음명⟨약⟩→다음다음.
담:-하-다형여 마땅히 말할 만한 자리에서 아무 말도 없이 있다. ¶담함하게 앉아 있다. 담담-히부
담:담-하-다(淡淡—)형여 ①물이 맑다. clear ②맛이 싱겁다. unseasoned ③음식이 느끼하지 않다. light ④달빛이 선명하게 맑다. bright ⑤마음이 고요하고 맑다. unconcerned 담:담-히부
담당(擔當)명 어떤 일을 넘겨 맡음. 담착(擔着). ¶~검사(檢事). charge 하타
담당=관(擔當官)명 ①중앙 행정 기관의 장을 보좌하여 정책의 기획 및 연구·조사를 담당하는 2~5급의 공무원. ②어떤 부문의 일을 담당하여 처결하는 공무원.
담당-자(擔當者)명 일을 담당한 사람.
담:대(膽大)명 겁이 없이 용기가 대단한. (대) 담소(膽小). bold 하타
담:대 심소(膽大心小) 배짱은 크게 가져도 주의는 세심하게 가져야 한다는. being bold but careful
담:=두시(一豉)명⟨한의⟩콩을 쪄서 젖을 덮고 띄워서 겉에 생긴 곰팡이를 볕에 쬐어 없앤 약재(藥材). 열병의 약으로 씀.
담:=들리-다재 담이 엉겨 병이 나다.
담락(湛樂)명 오래도록 즐김. 하타
담:략(膽略)명 ①담력과 모략(謀略). ②담이 크고 꾀가 많음. courage and resourcefulness
담:력(膽力)명 겁이 없고 용감한 기운. 담기(膽氣). 담혼(膽魂). 담(膽)². pluck
담론(談論)명 ①담화와 의는. talk ②⟨동⟩언론(言論). discourse 하타
담륜=동물(擔輪動物)명⟨동물⟩윤형 동물(輪形動物).
담륜=자(擔輪子)명⟨생물⟩환형 동물이나 연체 동물의 변태하기 전의 어린 시기를 이르는 말. 작은 팽이 모양이고 투명하여 배 속에 매듭이 보임.
담:=묵(淡墨)명⟨미술⟩그림을 그릴 적에 묽게 쓰는 먹물. thin Indian ink
담바귀명⟨고⟩담배.
담:박(淡泊·澹泊)명 ①욕심이 없고 마음이 깨끗함. indifference ②맛이나 빛이 산뜻함. 담박(淡白). lightness 하타
담:=밀(膽蜜)명⟨약학⟩약재로 쓰는 황산동(黃酸銅). 석담(石膽).
담:=반(膽礬)명⟨약학⟩약재로 쓰는 황산동(黃酸銅).
담방명 작은 물체가 물에 가볍게 빠지는 소리. (큰) 덤벙. splash 하타
담방-거리-다재타 연해 담방 소리가 나다. 또, 연해 담방 소리를 내게 하다. 담방=담방¹ 하타재
담방-거리-다재 연해 들뜬 행동으로 간섭하며 까불다. (큰) 덤벙거리다. 담방=담방² 하타재
담방-이-다재 들머서 무엇에나 덤비어 까불다. (큰) 덤벙이다. behave frivorously
담방-하-다재 작은 물체가 물 위에 가볍게 닿았다가 뜨다. (큰) 덤벙하다. splash
담:배명⟨식물⟩가지과의 일년생 재배 식물. 높이 1.5~2m 가량으로 잎은 난상 피침형으로 매우 넓음. 6~7월에 담홍색 꽃이 피고 난형의 삭과(果)가 달리는데는 매우 작음. 가을에 잎을 딸 때 말려서 담배의 재료로 쓰며, 니코틴 성분이

담배꼬투리 있어 농업용 살충제로 씀. ②담배잎을 말려서 만든 살담배·잎담배·궐련의 총칭. 연초(煙草). 남초(南草). tobacco

담:배-꼬투리[-][똥] ①담배 잎의 줄기 되는 때. 《약》 꼬투리. unusable refuse of tobacco leaves ②→담배꽁초.

담:배-꽁초[똥] 궐련을 피우다 남은 도막.

담:배-풍초[-뿌-][똥] 담뱃대의 물부리. 《약》 물부리.

담:배-밤나방[똥] 〈곤충〉 담배밤나방과의 곤충. 날개 길이 30 mm 정도로 몸 빛은 회갈색에 갈색의 줄이 있으며 고리 모양의 작은 무늬와 콩팥 모양의 큰 무늬가 있음. 유충은 담배·콩·옥수수 등의 해충.

담:배-벌레[똥] 〈곤충〉 담배밤나방의 유충. 누에 비슷.

담배벨의 언 쥐를 쬐어 가며 벗길 놈[똥] 담합하고 어리석은 사람을 이름.

담:배-설대[-때][똥] 담뱃통과 물부리 사이에 맞추는 가느스름한 대. 간죽(竿竹). 《약》 설대. bamboo stem of a pipe

담:배-쌈지[똥] 살담배나 잎담배를 담는 주머니. tobacco pouch

담배 씨로 뒤웅을 판다[똥] 잔소리를 심히 하여 미주알고주알 캔다.

담:배-질[똥] 일삼아 담배만 늘 피우는 일. indulgence in smoking 하다

담:배-칼[똥] 잎담배를 썰어서 살담배를 만드는 데 쓰이는 칼. tobacco cutter

담:배-통(-桶)[똥] 담뱃대의 아래에 맞추어서, 담배 담는 통. 대통. ¶ ~ 받침. bowl of a tobacco pipe

담:배-풀[똥] 〈식〉 여우오줌풀.

담:배-합(-盒)[똥] ①담뱃 서랍. ②담배를 담는 쇠붙이로 만든 합.

담:백(淡白)[똥] 담박(淡泊). 하다

담:배-갑(-匣)[똥] 담배를 넣는 갑. cigarette case

담:배-값[똥] ①담배의 가격. ②담배 살 돈. ¶ ~도 없다. ③(속) 약간의 사례금. ¶ ~이나 주고 시키자.

담:뱃-귀[똥] 담배 잎을 엮으려고, 원추기에서 마지막 딸 때, 줄기의 한 부분을 메어, 잎 꼭지에 붙게 한 부분. stem-end of tobacco leaf

담:뱃-귀[똥] 담뱃귀를 따는 데 쓰는 작은 낫.

담:뱃-대[똥] 담배를 피우는 제구. 연관(煙管). 연대(煙臺). 연죽. ¶ ~ 꽂이. 《약》 대①②. pipe

담:뱃-갑[똥] 담배를 담는 그릇. 《약》 담배합①. cigarette box

담:뱃-순(-筍)[똥] 담배의 원순과 곁순. tobacco buds

담:뱃-재[똥] 담배의 타고 남은 재.

담:뱃-진(-津)[똥] 담배에서 나오는 진. nicotine

담:벼락[-뻐-][똥] ①담 또는 벽의 겉으로 드러난 부분. wall ②사물을 아주 이해 못하는 사람의 비유. 담벽. stupid fellow

담벼락하고 말하는 셈이다[똥] 알아듣지 못하는 사람과는 말해야 소용없다.

담:벽(-壁)[똥] 담벼락.

담:벽(淡碧)[똥] 엷은 푸른색. greenish blue

담:병(--癖)[똥] 〈한의〉 몸의 분비액이 큰 열을 만나서 일어나는 온갖 병. 담증. 담③.

담보(擔保)[똥] ①맡아서 보관함. custody ②〈법률〉 빚진 사람이 빚을 갚지 못할 경우가 있을 때에 그 대신 맡기는 물건이나 승권. 보증(保證)③. 인당(引當). (때) 무담보(無擔保). security 하다

담보 가:(-)(價) (-擔保價格)[똥] 〈경제〉 담보물의 시가(時價)와 이에 대한 대부금의 비율. value of collateral security

담보 계:약(擔保契約)[똥] 〈법률〉 당사자의 일방(담보자)이 상대방(피담보자)에게 손해를 주지 않을 것을 약정하는 계약. warranty

담보-권(-權)(擔保權)[똥] 〈법률〉 채무자가 채무를 이행하지 않았을 때, 채권자가 그 이행을 확보하는 권리. security right

담보 대:부(擔保貸付)[똥] 〈법률〉 담보물을 받고서 돈을 대부하는 일. loan on security 〔보물. security

담보-물(擔保物)[똥] 〈법률〉 담보로 제공하는 물건. 담

담보 물권(-權)(擔保物權)[똥] 〈법률〉 채권의 담보로 제공하는 것을 목적으로 하는 물권. 곧, 유치권(留置權)·선취득권(先取得權)·질권(質權)·저당권(抵當權) 따위가 있음. real rights granted by way of security 〔행하는 공채. mortgage bond

담보부 공채(擔保付公債)[똥] 〈법률〉 담보물을 붙여 발

담보부 대:부(擔保付貸付)[똥] 〈법률〉 은행이 담보물을 잡고 하는 대부. mortgage loan

담보부 사채(擔保付社債)[똥] 〈법률〉 회사가 담보를 제공하여 발행하는 채권. secured debentures

담보 조약(擔保條約)[똥] 〈법률〉 조약국의 일방이 조약 내용 실현에 관하여 특히 담보 또는 보장을 상대국에게 약속하는 조약.

담보 책임(擔保責任)[똥] 〈법률〉 계약의 당사자로부터 급부(給付)한 목적물에 흠이 있을 때에 부담하는 손해 배상과 그 밖의 책임. responsibility for mortgage

담보 청구권(-)(擔保請求權)[똥] 〈법률〉 법률 규정 또는 특약에 의하여 담보의 공여를 청구할 수 있는 권리.

담보-품(擔保品)[똥] 담보물(擔保物).

담:복(禫服)[똥] 상중에 있는 사람이 담제 뒤 길제(吉祭) 전에 입는 흰 옷. 또는 오색 옷.

담:뇌[똥] 《약》 뇌담.

담부(擔夫)[똥] 짐꾼.

담부(擔負)[똥] 등에 지고 어깨에 멤. 하다 〔막일.

담부지역(擔負之役)[똥] 짐을 메기도 하고 지기도 하는

담북-장(-醬)[똥] ①메주 가루에 쌀가루·고춧가루를 섞고 세상을 이겨 띄운 전 된장. ②삶은 콩을 두어 방에서 띄운 다음 양념을 치고 익힌 음식. 청국장. kind of bean paste

담불[똥] 곡식 쌓은 곡식의 무더기. stack of grain 의명 벼 백 섬을 세는 단위. rick 〔of animals

담불[똥] 마소의 열 살을 일컫는 말. ten years of age

담비[똥] 〈동물〉 족제비과에 딸린 담비속의 짐승을 일컬음. ②족제비과의 네발짐승. 족제비와 비슷하면서 좀 크고 빛깔이 고움. 사지는 짧고 날카로운 발톱이 있음. 주둥이가 길, 모피는 질이 좋아 널리 쓰임. marten

담:뿍[똥] 깊은 생각 없이 가볍게 행동하는 모양. 《큰》 덥뻑. recklessly

담뿍[똥] ①그릇에 가득하게 수북한 모양. brimful ②낙박으로. 《큰》 듬뿍. full 하다

담뿍-담뿍[똥] 모두 담뿍하게. 여러 곳에 담뿍한 모양. 《큰》 듬뿍듬뿍. 하다

담뿍-하다[똥] 그릇에 가득하게 수북하다. 《큰》 듬뿍하다. brimful 담뿍-이

담:사(禫祀)[똥] 담제(禫祭).

담:-살이[똥] ①머슴. farmer's foreman ②더부살이. servant ③머슴살이. life of farm hand

담상-담상[똥] 평면상(平面上)으로 빼지 않고 드물고 성긴 모양. 《큰》 듬성듬성. sparsely 하다

담:색(淡色)[똥] 엷은 빛깔. (때) 농색(濃色). light colour

담석(儋石)[똥] ①담은 두 섬, 석은 한 섬으로 분량의 단위. ②얼마 되지 않는 곡식. small amount of grains ③얼마 되지 않는 분량. small quantity

담:석(膽石)[똥] 〈생리〉 사람·소·양의 담낭 혹은 수담관(輸膽管)에 생기는 결석(結石). 담결석. gall stone

담:석-증(膽石症)[똥] 〈의학〉 수담관이나 담낭에 결석이 생겨 몹시 통증을 느끼는 병. 담석통.

담석지록(儋石之祿)[똥] 얼마 안 되는 봉록.

담:석-통(膽石痛)[똥] 〈의학〉 수담관(輸膽管)이나 담낭(膽囊)에 결석(結石)으로 인하여 생기는 병. 담석증. 인황병(人黃病). chololithiasis 〔나는 병.

담:설(痰泄)[똥] 〈한의〉 담증(痰症)으로 인하여 설사가

담:성(痰聲)[똥] 〈한의〉 가래가 목구멍에서 끓어오르는 소리.

담:성(膽星)[똥] 《약》→우담 남성(牛膽南星). 〔wheezing

담세-의무(擔稅義務)[똥] 담세의 의무를 짐.

담세-력(擔稅力)[똥] 조세를 부담하는 능력.

담세-자(擔稅者)[똥] 담세의 의무를 실제로 지는 사람. taxpayer 〔simple 하다

담:소(淡素)[똥] 담담하고 소박함. disinterested and

담소(談笑)[똥] 웃으면서 이야기함. 경해②. 언소(言笑).

담:소(膽小)[명] [동] 담약(膽弱). 하타

담소 자약(談笑自若)[명] 놀라거나 근심함이 있어도 평시의 태도를 잃지 않음. self-possession 하타

담:수(淡水)[명] 짠맛이 없는 맑은 물. 민물. 단물①.

담:수(痰嗽)[명] 〈한의〉 위 속에 습담이 있어서 그것이 폐로 올라올 때에는 기침이 나고, 담이 나올 때에는 기침이 그치는 병.

담수(潭水)[명] 깊은 못이나 늪의 물. pond

담:수란(淡水卵)[명] 꽃을 뿌란.

담:수 양:식(淡水養殖)[명] 민물에서 굴·다시마·조개 등

담:수-어(淡水魚)[명] 민물고기. [을 키우는 일.

담:수 어업(淡水漁業)[명] 강·저수지·논 등의 민물에 물고기를 길러 식용으로 공급하는 어업. fresh-water fishery

담:수-장(淡水醬)[명] [동] 무장. [ter fishery

담:수-조(淡水藻)[명] 민물에서 자라는 조류(藻類). fresh-water algal

담:수 진주(淡水眞珠)[명] 담수에서 생산되는 진주. 해산(海産) 진주보다 광택이 덜하며 양산(量産)이 가능함. fresh-water pearl

담:수-호(淡水湖)[명] 〈지리〉 물에 염분이 없는 호수. (대) 함수호(鹹水湖). fresh lake

담:습(痰濕)[명] 〈한의〉 담으로 말미암아 생기는 습기.

담시(譚詩)[명] 자유로운 형식의 서사시(敍事詩). ballade

담시-곡(譚詩曲)[음악] ①서사적인 가곡. ②어떤 이야기를 나타낸 자유 형식의 기악곡. ballade

담:식(淡食)[명] ①싱겁게 먹음. taking food not salty ②느끼한 고기 따위를 적게 먹음. light food 하타

담심(潭心)[명] 깊은 못의 중심이나 바다. bottom of the deep pond

담심(潭深)[명] ①물이 깊음. ②학문이 깊음. [with

담-쌓:-다[타] 서로 사이의 관계를 끊다. break relations

담쑥 손으로 탐스럽게 쥐거나 정답게 팔로 안는 모양. (큰) 듬쑥. heartily   [쑥듬쑥.

담쑥-담쑥 여러 번 담쑥 쥐거나 안는 모양. (큰) 듬

담:-아(淡雅)[명] 맑고 아담함. refined 하타

담:액(膽液)[명] 담즙(膽汁).

담:약(膽弱)[명] 담력이 적음. 겁이 많음. 담소(膽小). (대) 담대. timidity 하타

담어(鱣魚)[명] [동] 반대롱.

담여(談餘)[명] 이야기의 뒤. 용건 밖의 이야기. chat unrelated with business

담:연(淡然)[명] 욕심이 없고 깨끗함. 하타 히

담:연(淡煙)[명] 엷게 낀 연기. 부연 연기. light haze

담:연(痰涎)[명] [동] 가래침.

담:열(痰熱)[명] 〈한의〉 얼굴이 붉어지고, 열·기침·호흡 곤란 등을 일으키는 어린아이의 병.

담:염(淡鹽)[명] [동] 엽간①.

담예(擔舁)[명] 가마·상여 따위를 어깨에 멤. 하타

담:-요[-뇨](-料)[명] 털 따위로 만들어 깔거나 덮을 수 있도록 만든 물건. 담자(毯子). 탄자. blanket

담:용(膽勇)[명] ①담과 용기. courage ②대담하고 용맹스러움. (대) 겁나다른. pluck and courage 하

담:운(淡雲)[명] 곱게 살짝 낀 구름. light cloud [타

담:월(澹月·淡月)[명] 으스름한 달. hazy moon

담:장(痰瘀)[명] 담(痰)·장(腸)·위(胃)에 담이 막히어 있어서, 출렁출렁 소리가 나고 가슴에 담답한 병.

담의(談義)[명] ①사물의 도리를 설명함. explanation of the reason ②〈불교〉 불교의 교리를 논(論)함. 설교(說敎). 하타

담임(擔任)[명] 책임을 지고 맡아봄. 또, 맡아보는 사람. 담책(擔責). ¶ ~ 선생. teacher in charge of a class 하타

담:자(淡姿)[명] 맑고 깨끗한 자태. refined figure

담자(毯子)[명] [동] 담요.

담자균-류(擔子菌類)[명] 〈식물〉 적균류(直菌類)의 한

강(綱). 자실체(子實體)에 담자기가 되며 유성 생식 때 특별한 포자낭을 형성함. basidiomycetes

담:자리-나무[명] 〈식물〉 장미과의 고산 식물의 하나. 줄기는 땅 위에 붙어서 가로퍼지고, 잎은 원형 또는 타원형임. 여름에 황백색의 여러 겹 꽃이 피어 관상용으로 심음.

담:-자색(淡紫色)[명] 엷은 자줏빛.

담장(-墻)[명] [동] 담!.

담:장(淡粧)[명] 엷고 깨끗한 화장. light toilette 하타

담:장이(-匠-)[명]→토담장이.

담쟁이[명] (약)→담쟁이덩굴.

담:쟁이(痰-)[명] 담병(痰病)을 앓는 사람.

담쟁이-덩굴[명] 〈식물〉 포도과의 다년생 덩굴성 식물. 줄기는 다른 물건을 감아 올라가며 잎은 세 갈래로 갈라졌음. 잎이 아름다워 관상용으로 심음. 낙석(絡石)①. 석벽려. 원의(垣衣). 용린 벽려(龍鱗薜荔).

·담장(*)[고] 담쟁이. ivy

담:제(禫祭)[명] 대상(大祥)을 지낸 그 다음다음 달에 지내는 제사. 담사(禫祀). [로를 일컫는 말.

담:제-인(禫制人)[명] 담제(禫祭)를 지낸 사람이 스스

담:종(痰腫)[명] 〈한의〉 담(痰)이 몰려서 된 종기.

담:즙(膽汁)[명] 〈생리〉 간장에서 분비되는 소화액. 담액(膽液). bile

담:즙-산(膽汁酸)[명] 〈생리〉 간장(肝臟)에서 분비되는 소화액 중의 한 성분. 음식물의 소화와 지방·비타민의 흡수에 중요한 역할을 함. 간장에서 나오는 산물. bile

담:즙-질(膽汁質)[명] 〈심리〉 침착·냉정하고 인내력·의지력이 센 기질. bilious temperament

담:증[-쯩](痰症)[명] [동] 담병(痰病).

담:집(-)[명] (약)→토담집.

담:-차:다(膽-)[명] 담대(膽大)하다. plucky

담:채(淡彩)[명] 〈미술〉 엷은 채색. ¶ ~화(畫). (대) 농채(濃彩). light colouring

담:채(淡菜)[명] ①[동] 홍합(紅蛤). ②[동] 섭조개.

담책(擔責)[명] [동] 담임(擔任).

담:천(痰喘)[명] 가래가 끓어서 숨이 가쁨.

담:천(曇天)[명] ①흐린 하늘이나 날씨. ②구름이 전 없이가 하늘의 80% 이상인 날씨. (대) 청천(晴天).

담:-청색(淡靑色)[명] [동] 하늘빛. cloudy weather

담:체(痰滯)[명] 〈한의〉 담이 몰려 뭉쳐 생긴 병.

담:초자(曇硝子)[명] 투명하지 않은 유리.

담총(擔銃)[명] 총을 어깨에 멤. shouldering a gun 하

담:치(淡-)[명] [동] 섭조개. [타

담:타(痰唾)[명] 가래와 침. spittle

담타기[명] 허물이나 걱정거리를 남에게 씌우거나, 넘겨 맡음. (큰) 덤터기. imputation

담타기-쓰-다[자](-으로) 남의 걱정이나 허물을 넘겨 맡다. (큰) 덤터기쓰다. be imputed

담타기-씌우-다[타] 허물이나 걱정거리를 남에게 억지로 쓰우다. impute   [모음. 하타

담:-탕(淡蕩)[명] ①맑고 넓음. ②날이 맑게 개어 화기

담틀(-)[명] (약)→토담틀.

담판(談判)[명] 서로 의논해 판단함. negotiation 하타

담하고 말하는 셈이다[타] 이해할 줄 모르는 사람과 더불어 말함이 소용이 없다.

담:-하:다(淡-)[형] ①산뜻하다. clear ②느끼하지 않다. light ③빛이 엷다. light ④취미가 없다. disinterested ⑤욕심이 적다. unselfish

담:학(痰瘧)[명] 〈한의〉 학질(瘧疾)의 하나. 감기·위병 등으로 두통과 구토를 심하게 일으키고 심하면 정신이 혼미하여 까무러치기도 하는 병. [람. be scared 하타

담:한(膽寒)[명] 담이 써늘함. 두려워하도록 몹시 놀

담합(談合)[명] ①[동] 상의(相議). ②〈법률〉 입찰할 때에 입찰자가 서로 상의하여 미리 입찰 가격을 협정하는 일. 사격적 행위임. collusion with others 하타

담합 행위(談合行爲)[명] 〈법률〉 어떤 목적으로 경쟁자 사이에 미리 입찰 가격, 낙찰시킬 사람 등을 사전 협의하는 행위.

담:-해(약)→다음해.

담:해(痰咳)图 가래와 기침. spittle and cough
담:향(淡香)图 맑고 산뜻한 향기. fragrance
담:향(淡響)图 가래가 끓는 소리.
담호-호:지(談虎虎之)图 호랑이도 제 말하면 온다. 곧, 좌중에서 이야기에 오른 사람이 마침 그 자리에 나타났을 때 하는 말.
담:홍색(淡紅色)图 엷은 홍색. (약) 담홍. pink
담:화(淡畫)图 〈미술〉한 가지 채색을 써서 담담하게 그린 그림.
담:화(淡火)图 〈한의〉담으로 해서 나는 열 또는 담.
담화(談話)图 ①이야기. ②어떤 사물에 대해 개인 또는 단체가 그의 의견이나 태도를 분명히 하기 위하여 하는 말. talk 하타
담화(曇華)图 ①〈동〉칸나(canna). ②〈동〉우담화.
담화-랑(擔花郞)图 탐화랑(探花郞).
담화-체(談話體)图 〈문학〉담화로 된 문장 수법. conversational style
담:황색(淡黃色)图 엷은 황색. lemon yellow
담:후-청(曇後晴)图 날이 흐렸다가 갬.
담:훈(痰暈)图 〈한의〉담이 많아져 구역질이 나고 어지러운 병.
담:=흑색(淡黑色)图 엷은 흑색. (약) 담흑.
답:图 논. paddy field
답(答)图 ①〈약〉→대답. ②〈약〉→해답.
답간(答簡)图 〈동〉답장(答狀). 하타
답결(畓結)图 논에 대한 세금.
답곡(畓穀)图 벼. rice
답교(踏橋)图 〈민속〉재앙을 물리친다 하여 음력 정월 보름날 다리를 밟는 일. 다리밟이. 인교(人橋). 하타
답구(踏臼)图 図 디딜방아.
답권(畓券)图 논의 면적·소유권자 따위를 적은 서류.
답농(畓農)图 논농사. cultivation of a rice field
=**답-다**[图] 명사 밑에 붙어서 '무엇과 같다' 또는 '얼마만한 값어치가 있다'의 뜻을 나타내는 형용사로 만듦. ¶사나이~. 남자~. worthy of
=**답-다**[图] 의 図 디딜방아.
답답-하다(畓沓─)[图图] ①병·근심으로 가슴 속이 갑갑하다. heavy ②숨이 막힐 듯하여 피롭다. unpleasant ③시원한 느낌이 없다. irritating 답답-히
=**답답까**[图] (약) →답고 합디까.
=**답답다**[图] →답고 합디다.
답례(答禮)图 남에게 받은 예(禮)를 도로 갚는 일. ¶~품(-品). return salute 하타
답무(踏舞)图 발장단을 맞추면서 추는 춤. 하타
답방(答訪)图 남의 방문을 받은 데 대하여 그 답례로 방문함. 하타
답배(答─)图 천한 사람에게 보내는 답장. 하타
답배(答盃)图 술잔을 받고 답으로 주는 술잔. returning the offered cup 하타
답배(答拜)图 답례로 하는 절. return salute 하타
답변(答辯)图 물음에 대해 대답하는 변명. ¶~서(書). answer 하타
답보(答報)图 〈동〉회보(回報). 하타
답보(踏步)图 제자리걸음. marking time 하타
답사(答謝)图 사례하는 뜻을 나타내는 대답. expressing one's thanks 하타
답사(答辭)图 ①식장에서 식사나 축사에 대한 대답의 말. address in reply ②〈동〉답언(答言). 하타
답사(踏査)图 실지로 그 곳에 가서 보고 조사함. exploration 하타
답사-히[图] 늘비하고 어수선하게.
답삭图 왈칵 덥석 움키는 모양. ¶손을 ~ 쥐다. (큰) 덥석. quickly 하타
답삭=답삭图 답삭거리는 모양. (큰) 덥석덥석. 하타
답산(踏山)图 무덤 자리를 잡으려고 산지(山地)를 조사함. exploring for a good burial site 하타
답살(踏殺)图 밟아 죽임. trampling to death 하타
답상-다[图] 첩첩이 쌓다.

답서(答書)图 〈동〉답장(答狀). 하타
답습(踏襲)图 뒤를 이어 맡음. 선인(先人)의 행적을 그대로 따라 행함. 도습(蹈襲)®. following 하타
=**답시고**[图] 용언(用言) 아래 붙이어 제법 무엇을 하려고 한다는 뜻으로 빈정거리는 연결 어미. ¶영어깨나 한~ 도도하기 그지없다.
답신(答申)图 상사(上司)의 물음에 대답하는 신고(申告). report of an inquiry 하타
답신(答信)图 회답의 통신. answer 하타
답신-서(答申書)图 물음에 대하여 답신하는 글.
답신-안(答申案)图 상부의 질문이나 자문에 대하여 답하는 안. →답신안. [답신하는 안건.
답=쌓-이다图 ①한군데로 덮쳐 쌓이다. be piled up ②한꺼번에 들이몰리다.
답안(答案)图 ①시험 문제의 해답. ¶~지(紙). examination paper ②답의 안건. draft of a report
답언(答言)图 대답하는 말. 답사(答辭)®. answer 하타
답엽(踏葉)图 낙엽을 밟고 감. flower-viewing 하타
답월(踏月)图 달밤에 거닒. 하타
답배(踏排)图 답례로 읊음. returning a salute 하타
답응(答應)图 〈동〉응답(應答). 하타
답인(踏印)图 〈동〉개인(蓋印).
답작-거리다[图图] ①어떤 일에나 간섭하기를 좋아하다. ②남에게 붙임성 있게 굴다. (큰) 덥적거리다.
=**답작-이다** 하타
답작-이-다[图图] 무슨 일에나 간섭을 잘하다. meddle some 붙임성 있게 굴다. (큰) 덥적이다.
답장(答狀)图 회답 편지. 답찰(答札). 답간(答簡). 답서. 회서(回書). 회첩(回帖). answer 하타
답전(答電)图 ①회답의 전보. reply telegram ②축전(祝電)·조전(弔電)에 대한 답례의 전보. 회전(回電). telegram in thanks 하타
답주(畓主)图 논 임자. landlord
답지(遝至)图 한군데로 몰려듦. rush in 하타
답지 못:하다(图图回图) 명사 뒤에 붙어서 '무엇과 같지 않다'·'얼마만한 값어치가 없다'의 뜻을 형용하는 말. ¶사나이~. 남자~.
답지 않-다[图图] 〈동〉답지 못하다.
답찰(答札)图 〈동〉답장(答狀). 하타
답척(踏尺)图 무덤 자리의 거리를 잴 때에 줄을 땅에 붙이고, 자수를 헤아리는 일. 하타
답청(踏靑)图 봄날 푸른 풀을 밟고 거닒. 하타
답청-절(踏靑節)图 삼월 삼짇날.
답치기图 덮어놓고 함부로 하는 짓. rash act
답치기-놓-다[图图] 질서 없이 함부로 덤벼들다. act recklessly
답토(畓土)图 논으로 된 땅. paddy-field
답통(答通)图 통문(通文)에 대한 회답(回答).
답파(踏破)图 먼 길이나 험한 길을 다 걸어 나감. travelling on foot 하타
답패(答牌)图 '답배(答─)'의 취음.
답포(答砲)图 외국 군함으로부터 받은 예포(禮砲)에 대한 답례로 군함이나 포대(砲臺)에서 예포를 발사함. 또, 그 예포. ¶~를 쏘다. 하타
답품(畓品)图 〈동〉답험(踏驗). [품. 하타
답험(踏驗)图 〈제도〉논밭에 가서 실지로 조사함. 답품.
답-갑-다[图] [고] 답답하다.
닷图 〈약〉다섯.
닷[图] 〈고〉 닷다. 까닭.
=**닷**[图] 〈고〉 ①-듯. ②하다가 바로. 곧. 하자마자 바로.
닷곤두[图] 〈고〉 닦은 메.
닷-곱[图] 닷 홉.
닷곱[图] 다섯 홉. 반되. five hop
닷곱-되[图] 다섯 홉들이 되. five-hop measure
닷곱에도 참여, 서 홉에도 참여 사소한 일까지 간섭하다.
닷곱 장:님[图] 시력(視力)이 아주 약한 사람의 별명. extremely weaksighted person
닷-다[图图] 〈고〉 닦다. →닷다.

돗-다다 (고) 사랑하다.
:돗-다다 (고) 사랑하다. →돗다.
닷 돈 추렴에 두 돈 오 푼 내었나늬 여러 사람 앞에서 업신여김을 당하거나 제 권리를 제대로 누리지 못하게 할 때 반박하는 말.
닷돔흡团 오경어. 돗놀돔.
닷붓다团 '닷(磨) 붓다(拂拭)'. 곧, 닦은.
닷분团 한 치의 반. →오푼(五分).
닷새团 ①다섯 날. five days ②(약)→초닷샛날.
닷새를 굶어도 풍잠 벗고 굶는다图 체면을 지키기
닷샛-날团 (약)→초닷샛날. [위해서 어려움을 참는다.
닺-다団 닦다.
:돗·오·다다 (고) 사랑하다.
·돗·온돔团 (고) 사랑하는, 사랑스러운. →돗다.
:돗·옴돔-다텔 (고) 사랑함. 사랑.
돗움돔-다다휄 (고) 다스리다.
돗옹-다다휄조 둣하다.
당(약)=망건당(網巾-).
당(唐)〈역사〉중국 수(隋) 다음의 왕조.
당(堂)团 ①(약)→당집. ②대청(大廳). ③서당.
당(幢)团 ①〈음악〉헌천화(獻天花) 춤에 쓰는 기(旗)의 하나. ②신라 때의 영문(營門). ③〈불교〉큰 절의 문 앞에 그 절의 이름난 일을 세상에 알리기 위하여 세우는 깃대. ④〈불교〉신불 앞에 세우는 기(旗)의 하나.
당(糖)团〈화학〉①물에 녹아 단맛을 내는 탄수화물. ②이당. ③(약)→사당(蔗糖).
당(黨)团 ①무리. faction, party ②인척. relatives in blood and law ③(약)→정당(政黨). ④(약)→붕당(朋黨).
당(唐)접투 중국 물건을 말함. ¶~모시. ~황모(黄毛). [~팔사(八絲).
당(堂)접투 사촌(四寸) 형제나 오촌(五寸) 숙질 관계를 표하는 말. ¶~고모. ~형.
당(當)접투 어떤 말 위에 붙어서 '그·바로 그·이·지금의'등의 뜻을 나타냄. ¶~회사. this ②그 당시의 나이를 나타냄. ¶~19세. at the time
=당(當)접미 점포(店舖)의 이름이나 아호(雅號) 밑에 붙어서 쓰는 말. ¶순천(順天)~. 매월(梅月)~.
-당(當)접미 어떤 말 아래에 붙어서 '앞에'·'마다'의 뜻을 나타냄. 근 그램~. 일인(一人)~. per
당가(唐家)团 당집.
당가(當家)团 ①집안 일을 주관함. household ②그 집. this family 하团
당-가화(唐假花)团 중국에서 만든 가화(假花).
당각(當刻)团 그 시각. 즉각(卽刻). moment, at once
당간(幢竿)团 团 깃대.
당간 지주(幢竿支柱)团 깃대 기둥.
당감(약)团 당감잇줄.
당감잇-줄团 짚신·미투리 등의 총에 꿰어 줄이고 늘 당-개나리**(唐-)团〈식물〉나릿과의 다년생 풀. 잎은 가늘고 줄기 끝이 뾰족하고 7~8월에 황적색의 꽃이 핌. 한국 각지에 남. 권단(卷丹). tiger-lily
동·기-다다団 당기다.
당견(黨見)团 당(黨)의 의견. opinion of a party
당경(唐鏡)团 금속으로 만든 당나라 때의 거울. 무늬가 매우 화려함.
당고(堂鼓·唐鼓)团〈음악〉큰 북의 하나. 중국의 현대극, 주로 무극(武劇)에 사용함.
당고(當故)团 부모의 상사를 당함. 조간(遭艱). 당상(當喪). losing one's parent 하团
당-고금(一痼-)(唐-)团〈한의〉이틀거리 학질.
당-고모(堂姑母)团 종고모(從姑母).
당-고모부(堂姑母夫)团 종고모부(從姑母夫).
당과(當窠)团 그 사람에게 알맞은 벼슬 자리. [관원.
당과(糖菓)团 엿·사탕(candy).
당관(唐官)团〈제도〉명나라에서 우리 나라에 파견된
당구(堂狗)团 서당에서 기르는 개.
당구(撞球)团 우단을 깐 대(臺) 위에 붉고 흰 상아(象牙)로 된 공을 놓고, 큐로 쳐서 굴려 맞히는 놀 이. billiards 하团
당구(鐺口)团〈불교〉절에서 밥 짓는 큰 솥.
당구=대(撞球臺)团 당구를 치기 위하여 만든 대. bil-
당구=봉(撞球棒)团〈동〉큐(cue). [liard table
당구 삼 년에 폐풍월图 무식한 사람도 유식한 사람들과 오래 함께 있으면 견문이 넓어진다는 말.
당구=자(業毬子)团 아가위. [liard room
당구=장(撞球場)团 당구를 치며 놀게 마련한 곳. bil-
당-구:혈(一-久穴)团〈광물〉옛날 광산(鑛山)의 갱도(坑道).
당국(當局)团 ①어떤 일을 맡아봄. 또, 그 곳. authorities ②(약)→당국자. ③어떤 정무를 맡아보는 관청. ¶~에 알리다. ④(동) 대국(對局)①. 하团
당국(黨國)团 ①직접 관계 있는 나라. powers concerned ②나라의 정무(政務)를 맡음. 하团
당국-자(當局者)团 그 일을 직접 맡아 처리하는 자리에 있는 사람이나 기관. ¶관계 당국(當局)②. autho-
당-국화(一菊-)(唐菊花)团〈동〉과꽃. [rities
당권(一-)(黨權)团 당의 주도권. ¶~ 투쟁(鬪爭).
당귀(當歸)团〈한의〉승검초의 뿌리. 약제로 씀.
당귀-주(當歸酒)团 승검초를 으깨어 담근 술.
당귀-차(當歸茶)团 승검초의 순을 꿀물에 넣은 차.
당규(黨規)团 당의 규칙(黨則).
당극(幢戟)团〈제도〉기(旗)가 달린 창(槍).
당근团〈식물〉미나릿과의 이년생 풀. 줄기 높이 1m 가량으로 온몸에 거친 털이 있고, 뿌리는 긴 원뿔 꼴로 적황색임. 뿌리는 맛이 달고 향기가 있어 식용함. 홍나복(紅蘿蔔). 홍당무. carrot
당금(唐錦)团 중국에서 나는 비단. [days
당금(當今)团 당면한 이제. 현금(現今). now a
당금 같다(當今-)图 매우 훌륭하고 귀하다.
당금 아기(唐錦-)团 아주 귀하게 기르는 아기. apple of the eye [올 금하는 땅.
당금지지(當禁之地)团 판사람이 들어와서 장사지냄
당기(當期)团 ①이 시기. ②어떤 법률 관계를 여러 기로 나눈 경우에 현재 경과중에 있는 기간. ¶~의 결산.
당기(黨紀)团 당의 풍기. 당의 규율. party discipline
당기(黨旗)团 당의 표지로 정하여진 기.
당기-다다団 ①마음이 움직여 끌리다. ¶마음에 당기는 소설. fascinate ②입맛이 돋구어지다. ¶입맛이 ~. ③불이 다른 것에 옮아 붙다. ¶①끌어서 가까이 오게 하다. ¶줄을 잡아~. draw ②시일을 줄여서 미리 하다. ¶예정을 앞~. shorten ③줄을 팽팽하게 하다. tighten ④어떤 방향으로 잡아 끌다. ¶방아쇠를~. [밑문.
당길-문(一-門)团 밖에서 잡아당겨 열게 된 문.
당길-심(一-心)团 자기편으로만 끌어당기려는 욕심. desire to pull
당-까마귀(唐-)团〈조류〉까마귓과의 새. 까마귀와 비슷한데 몸 빛이 새까맣고 자줏빛 광택이 남. 부리 밑에 털이 없는 것이 특색임.
당-나귀(唐-)(唐-)团〈동물〉말과의 짐승. 말과 비슷한데 좀 작고 앞 머리의 긴 털이 없음. 힘이 세고 질병에 저항력이 강하며 지구력이 강하여 부리기에 적당함. 나귀. ass
당나귀 귀 치레团 쓸데없고 어울리지 않게 낸 모양.
당나귀-기침(唐-)团〈한의〉백일해 따위로 나귀의 울음소리와 같은 소리를 하는 기침병.
당나귀 못된 것은 생길님만 업신여긴다图 천하고 못된 자가 인품 좋고 점잖은 사람을 괴롭힌다.
당나귀 찬 물 건너가듯图 글을 막힘 없이 읽음.
당나귀 하품한다图 귀머거리를 조롱하는 말.
당-나발(唐-)团 큰 나발의 하나.
당나발 불다图 터무니없는 거짓말을 하다.
당내团 ①자기가 살아 있는 동안. during one's life ②벼슬을 살고 있는 동안. one is in the office
당내(堂內)团 팔촌 이내의 친척. one's near relatives
당내(黨內)团 당의 내부.

당내 지친(堂內至親)명 ①팔촌(八寸) 이내의 친척. ②가장 가까운 일가.
당녀(唐女)명 중국 여자.
당년(當年)명 ①그 해. that year ②그 연대. those years ②한 해 동안만을 쓰는 물건의 비유.
당년-초(當年草)명 ①동 일년생 초본(一年生草本).
당년-치(當年一)명 그 해에 생긴 물건. things made in that year
당년-치기(當年一)명 그 해밖에 견딜 수가 없음. 또, 그 물건. things with only a year's life
당노명 말의 이마에 치레로 꾸미는 물건. ornament for the forehead of a horse
당뇨(糖尿)명 〈생리〉 포도당분이 많이 섞여 나오는 오줌. glucose urine
당뇨-병(糖尿病)명 〈의학〉 췌장(膵臟)이 침해되어 혈액 또는 오줌에 당분이 증가하는 병. diabetes
당=단:백질(糖蛋白質)명 〈화학〉 탄수화물과 단백질이 결합한 복합 단백질.
당단=부단(當斷不斷)명 마땅히 끊을 것을 끊지 아니함.
당닭[-딱](唐-)명 ①〈조류〉 꿩과의 완상용 닭. 몸이 매우 작고 다리는 땅에 닿아 발이 보이지 않음. 벗이 크고 꽁지는 길며 벗에 닿도록 직립함. 중국 원산으로 일본 등지에서 기름. 왜계. ②키가 작고 몸이 통통한 사람의 별명. bantam
당당 입선(堂堂入選)명 어엿번듯하게 뽑힘. 하자
당당-하다(堂堂一)혱여러 ①의젓하다. ¶ 몸가짐이 당당한 청년. stately ②버젓하고 정대(正大)하다. ¶ 당당하게 싸워 이겨라. ③형세나 위세가 응대하거나 대단하다. ¶ 그의 기세가 ~. **당당-히**튀
당대(當代)명 ①그 시대. 〈유〉 현대(現代). 〈대〉 선대(先代). those days ②일생. 일세(一世). one's whole life
당대 발복(當代發福)명 어버이를 좋은 땅에 장사하여 곧 그 아들이 부귀를 누리게 됨. 하자
당도(當到)명 목적한 곳이나 때에 이름. arrival 하자
당도(當塗)명 동 당로(當路).
당도리명 바다로 다니는 큰 나무배. barge
당돌-하다(唐突一)혱여러 올차고 다부져 어려워하는 마음이 없다. daring **당돌-히**튀
당동 벌이(黨同伐異)명 의견이 같은 사람끼리는 돕고 의견이 다른 사람은 배척함. 동당 벌이(同黨伐異). Like attracts like 하자
당두(當頭)명 ①〈불교〉 절의 큰 방에 '청산 백운(靑山白雲)'을 써 붙인 것. ②가까이 닥침. drawing near 하자
당-두루마리[-뚜-](唐-)명 당지(唐紙)로써 만든 두루마리. 당주지(唐周紙).
당락(當落)명 당선과 낙선. success or failure [election
당랑(堂郎)명 〈제도〉 같은 관청에 있는 당상관(堂上官)과 당하관(堂下官).
당랑(螳螂)명 동 버마재비. [官]
당랑 거:철(螳螂拒轍)명 당랑이 수레를 막음. 곧 힘이 미치지 못하는 일을 함을 이름. 당랑지부(螳螂之斧). It is like a fly trying to bite the tortoise
당랑-력(螳螂力)명 아주 약한 군력(軍力).
당랑 재:후(螳螂在後)명 눈앞의 욕심에만 눈이 어두워 멈비면 곧 해를 입는다는 뜻.
당랑지:부(螳螂之斧)명 동 당랑 거철(螳螂拒轍).
당래(當來)명 동 내세(來世).
당래(倘來)명 혹은 또는.
당래지사(當來之事)명 마땅히 돌아올 일.
당래지:직(當來之職)명 마땅히 돌아올 신분에 알맞은 직.
당략(黨略)명 당의 계략. party policy
당량(當量)명 ①적당한 양. proper amount ②〈화학〉 원소의 당량. 일정량(一定量)의 수소(水素)와 직접 또는 간접으로 화합하는 다른 원소의 양. ③〈화학〉 산으로 작용하는 1당량의 수소를 함유한 산의 양. 또는 이 산과 중화하는 염기의 양. 등가량(等價量). chemical equivalent
당량 농도(當量濃度)명 〈화학〉 용적 안에 포함되는 어떤 물질의 당량수.

당로(當路)명 ①요로(要路)에 나아감. ②정권을 잡음. 당도(當塗). ¶ ~자(者). person in authority 하자
당로(當爐)명 술청에 앉아 술을 팖. 하자
당록(堂錄)명〈약〉→도당록(都堂錄).
당론(黨論)명 ①당유(朋黨)에서 논의된 의논. opinion of the party ②당의 의견이나 의논. party platform
당료(糖料)명 설탕의 원료.
당료 식물(糖料植物)명〈식물〉 설탕의 원료가 되는 식물.
당류(糖類)명 가용성(可溶性)이 있는 탄수화물. 곧, 단당류(單糖類)·이당류(二糖類)·다당류(多糖類)의 총칭. 〈약〉 당(糖)②. saccharoid
당류(黨類)명 한 무리의 동류(同類). 아당(阿黨). 《유》 끼리끼리. partisans
당륜[-뉸](黨倫)명 당의 윤리. party principle
당률(黨律)명 범죄에 걸맞는 형률(刑律). appropriate
당리(棠梨)명 동 팥배. [provision
당리(黨利)명 당의 이익. 〈유〉 당략(黨略).
당마(塘馬)명〈제도〉 척후(斥候)의 임무를 띤 말 탄 군사.
당-마루(堂一)명 너새①.
당망(排網)명 동 후릿그물.
당먹(唐一)명 중국에서 만든 먹. 또, 중국먹. 당묵
당면(唐麵)명 감자 가루로 만든 마른국수. 잡채의 원료가 됨. 호면(胡麵). Chinese vermicelli
당면(當面)명 ①일을 눈앞에 당함. ¶ ~ 과제(課題). facing ②동 대면. 하자
당-멸치(唐一)명 당멸치과의 바닷물고기. 몸은 길쭉하고 크며 부리는 뾰족하고 입이 큼. 몸빛은 등쪽은 남빛, 배쪽은 은백색임.
당명(唐名)명 중국에서 쓰이는 명칭.
당-모시(唐一)명 중국에서 나는 모시. 또, 그와 같이 만든 모시. 당저(唐苧). 당포(唐布).
당목(唐木)명 굵게 꼬은 무명실로 짠, 바다이 고은 피륙. 생목(一木). 당목면. 서양목. 양목. fine cotton cloth [nder
당목(撞木)명 종이나 징을 치는 나무 막대. bell pou-
당망(瞠目)명 당시(瞠視). 하자
당-목면(唐木綿)명 당목(唐木).
당목-어(撞木魚)명 귀상어.
당무(當務)명 어떤 사무나 근무 등을 맡음. 또, 당면하여 맡은 사무.
당무(黨務)명 당의 사무. Party affairs
당무-자(當務者)명 그 직무를 맡은 사람. person con-
당-묵(唐一)명 당먹. [cerned
당-물화(唐物貨)명 중국에서 가져 온 온갖 물건. 당화.
당미(唐米)명 수수쌀. Indian millet [속(唐苽).
당-미꾸라지(唐一)명〈어류〉 기름종개과의 민물고기. 몸 길이 7cm 가량으로 몸 빛은 황갈색에 체측은 짙은 감박색이고 배쪽은 암색임. 낙동강 이서(以西)의 각 하천에 분포됨.
당밀(糖蜜)명 ①사탕을 제조할 때에 결정당(結晶糖)을 분리한 나머지의 액체. molasses ②사탕을 녹인 액체. syrup
당밀[-주](唐一)명 럼주(-酒). (rum)
당방(當方)명 이쪽. 우리쪽. this side
당-방초(唐防草)명 중국식(式)의 벽돌.
당배(黨輩)명 합께 어울리는 무리들. companions
당백(當百)명〈약〉→당백전.
당-백사(唐白絲)명 ①중국에서 나는 흰 명주실. ②당사로 만든 연줄.
당백-전(當百錢)명〈제도〉 한 푼이 엽전 백 푼과 맞먹던 돈. 조선조 고종(高宗) 3년(1866)에 경복궁을 지을 때 만들었음. 〈약〉 당백(當百).
당번(當番)명 차례의 번이 됨. 또, 번에 당한 사람. 〈대〉 비번(非番). on duty 하자
당벌(黨閥)명 ①출신 당의 계벌. ②같은 당의 사람이 단결하여 다른 당을 배척하는 일. faction
당-병(唐餠)명〈공업〉 중국에서 나는 청화 백자(靑華白瓷)의 병(甁)을 본떠 만든 병.
당보(塘報)명〈제도〉 척후(斥候)하는 군사가 적(敵)

당보군(塘報軍)圈 당보수(塘報手).
당보-기(塘報旗)圈 〈제도〉 당보수가 적의 형편을 신호하는 기. 〖군사. 당보군(塘報軍).
당보-수(塘報手)圈 〈제도〉 척후(斥候) 임무를 가진 보수 병졸.
당보 포:수(塘報砲手) 〈제도〉 척후(斥候)의 사명을 가진
당본(唐本)圈《동》당책(唐冊).
당봉(撞棒)圈 당구(撞球)에서 공을 치는 장비. cue
당봉지-물(當捧之物)圈 당연히 받아들일 물건.
당부(當付) 말로써 꼭 하여 주기를 부탁함. 또, 그 부탁. request 하回
당부(當否)圈 ①마땅함과 마땅찮음. right or wrong ②적당함과 부적당함.
당-부당(當不當)圈 사리에 맞거나 맞지 아니함.
당분(糖分)圈 사탕질의 성분. sugar
당분-간(當分間)圈 앞으로 얼마 동안. for the time being
당붕(黨朋)圈《동》붕당(朋黨).
당비(黨比)圈 같은 무리끼리 서로 가깝고 두텁게 사귀는 일. coalition between parties
당비(黨費)圈 ①당원이 당 규약에 따라 매달 의무적으로 바치는 돈. ②당의 비용.
당비름[一一](唐一)圈 〈식물〉 비름과[莧科]에 속하는 일년생 풀. 줄기는 원주형이고 잎은 맨드라미와 같은데 홍색·황색의 반문이 있어 아름다움. 8~9월에 엷은 녹색 또는 담황색의 꽃이 됨. 열대 지방 원산으로 잎이 고와서 관상용으로 재배함.
당비상(唐砒霜)圈 중국에서 나는 비상. 당신석(唐信石). 〖비파.
당-비파(唐琵琶)圈 〈음악〉 네 줄과 열두 기둥으로 된
당-뽕(唐一)圈《동》 노상(弩桑).
당사(唐絲)圈 중국에서 나는 명주실.
당사(堂舍)圈 당과 사. 큰 집과 작은 집.
당사(當寺)圈 이 절. 우리 절(當山).
당사(當社)圈 이 회사. 우리 회사.
당사(當事)圈 일에 당함. confronting a problem 하回
당사(黨舍)圈 정당의 사무소로 쓰는 건물. party office
당사-국(當事國)圈 그 일에 관계한 그 나라. country concerned
당사-국(當事國)圈 그 일에 직접 관계한
당사-자(當事者)圈 그 일에 당한 사람. 〖약〗 당자(當者). person concerned
당사자 참가(當事者參加) 제삼자가 남끼리의 소송에 당사자로서 참가하는 일.
당=사:주[一ㅅ一](唐四柱) 중국에서 유래한 그림으로 보는 사주법의 하나. 또, 그 책. 〖사항.
당=사:향[一ㅅ一](唐麝香)圈 〈한의〉 중국에서 나는
당삭(當朔)圈 ①그 달. that month ②아이 밴 여자가 해산할 달을 당함. month of parturition 하回
당산(堂山) 〈민속〉 토지나 부락의 수호신(守護神)이 있다고 이르는 곳. shrine of a guardian deity
당산(當山)圈《동》당사(當寺).
당산(糖酸)圈 〈화학〉 여러 가지 당류를 질산으로 산화하여 만들면 생기는 고무 모양의 물건. 물과 알코올에 잘 녹으며 더 산화하면 수산·주석산이 됨. saccharic acid
당산-제(堂山祭)圈 〈민속〉 산신에게 지내는 산제(山祭). 〖瓷器〗의 하나.
당=삼채(唐三彩)圈 〈공업〉 당(唐)나라 때 3색 이상의 도
당상(堂上)圈 ①대청 위. ②〈제도〉정 3품 이상의 벼슬아치. ③〈제도〉이례(吏隷)의 상관에 대한 칭호.
당상(當喪)圈《동》당고(當故). 하回 〖(대)당하온.
당상-관(堂上官)圈 〈제도〉 당상의 벼슬아치. 〖사람.
당상 수:의(堂上繡衣)圈 당상관으로 암행 어사가 되는
당색(糖塞)圈《동》방색(防塞).
당서(唐書)圈《동》당책(唐冊).
당석(當席)圈 앉은 그 자리. that seat
당선(唐扇)圈 중국에서 나는 부채.
당선(當選)圈 ①뽑힘에 듦. ②선거에서 뽑힘. 〖대〗낙

선(落選). being elected 하回
당선-권[一一권](當選圈)圈 당선될 수 있는 범위.
당선 무효(當選無效)圈 〈법률〉 당선자가 선거법 위반으로 인하여 그 당선이 무효가 되는 일. invalidity of election returns 〖뜻을 나타내는 일. 하回
당선 사:례(當選謝禮)圈 당선자가 선거인에게 감사의
당선 소송(當選訴訟) 〈법률〉 낙선자가 당선 효력에 이의가 있을 때 제기하는 소송.
당선-작(當選作)圈 당선된 작품. 〖사람.
당선 작가(當選作家)圈 작품 모집에서 당선작을 지은
당설(溏泄)圈 〈한의〉 설사가 나는 병의 하나. 한설(寒泄).
당성(黨性)圈 자기가 속한 당의 이익을 철저히 옹호하며 그를 위하여 적극적으로 활동하는 충실성.
당세(當世)圈 ①그 시대의 세상. present day ②지금
당세(當歲)圈 그 해. 금년. 〖세상.
당세(黨勢)圈 당파의 세력. party influence
당세-어(當歲魚)圈 부화한 후, 그 해 겨울을 나기 전의 어린 물고기.
당세지-풍(當世之風)圈 ①그 시대·그 세상의 풍조(風潮). ②지금 세상의 풍조. 〖약〗당세풍. latest fashion 〖'소'가 붙는 기관의 가칭.
당소(當所)圈 ①이 곳. ②'이 출장소'의 준말.
당속(唐屬)圈《동》당물화(唐物貨).
당속(糖屬)圈 설탕에 조려 만든 음식.
당송(唐宋)圈 중국의 당(唐)나라와 송(宋)나라.
당송 팔대가(唐宋八大家)圈 〈문학〉 당송 시대의 뛰어난 문장가. 한유(韓愈)·유종원(柳宗元)·구양수(歐陽修)·왕안석(王安石)·증공(曾鞏)·소순(蘇洵)·소식(蘇軾)·소철(蘇轍)을 일컬음. eight great writers of Tang and Sung
당수(唐水) 곡식 가루에 술을 쳐서 미음과 비슷하게 쑨
당수(當手)圈 자기 고유의 호신 무술의 하나. 〖식.
당수(黨首)圈 당의 우두머리. party leader
당=수복(唐壽福)圈 담뱃대의 하나. 백동(白銅)에 은이나 오금(烏金)으로 수(壽)자나 복(福)자를 입사
당숙(堂叔)圈《동》종숙(從叔). 〖(入絲)하여 만듦.
당-숙모(堂叔母)圈《동》종숙모(從叔母).
당-쉬(唐一)圈《동》다후.
당승(唐僧)圈 ①당나라 때의 중. ②중국의 중.
당시(唐詩) 〈문학〉 중국 당나라 때에 지은 시. Chinese poetry of the Tang period
당시(當時)圈 일이 생긴 그때. that time
당시(瞠視)圈 매우 놀라 눈을 휘둥그렇게 뜨고 바라봄. 당목(瞠目). straining one's eyes 하回
당시(黨是)圈 당의 정책상의 기본 방침.
당시 승상(當時丞相)圈 그 때의 큰 세도가(勢道家).
당신(當身)回 ①웃어른을 극히 높여 일컫는 데 쓰는 제삼인칭 대명사. he, she ②'하오'할 자리에 상대되는 사람을 일컫는 제이인칭 대명사. you ③부부가 서로 싱배낭을 일컫는 말.
당=신:석(唐信石)圈《동》당비상(唐砒霜).
당실(唐室)圈 신이 나서 연해 춤추며 다리팔을 나부거리는 모양. 〖큰〗덩실. dancing for joy
당실-거리다(唐室一)자 신이 나서 연해 춤추다. 〖큰〗덩실거리다. 〖당실=당실하다〗回 〖랖다.
당실-하다[一하一]圈 맵시 있게 덩그렇다. 귀엽고 동그
당싯-거리다(唐室一)자 어린애가 팔다리를 춤추듯 부드럽게 놀리다. 〖큰〗덩싯거리다. 〖당싯=당싯하다〗回
당아-리回 ①깍정이. ②딱지. 게나 소라 등의 몸을 싸고 있는 뼈와 같이 단단한 물질로 된 껍데기.
당-아욱(唐一)圈 〈식물〉 아욱과의 이년생 풀. 키 1m 내외. 잎은 5~7 갈래로 얕게 째진 손바닥 모양이며, 초여름에 불그스름한 고운 꽃이 핌. 관상용으로 재배함.
당악(唐樂)圈 ①〈음악〉당대(唐代)의 음악. ②〈제도〉삼악(三樂)의 하나. 당(唐)·송(宋) 이후의 중국 음률(音律)에 의거하여 제정한 풍류.
당-악기(唐樂器) 〈음악〉 ①당대의 악기. ②당악을

연주하는 악기.
당안(唐雁)〖명〗 거위.
당야(當夜)〖명〗 그날 밤. that night
당약(唐藥)〖명〗 한약.
당악(唐樂)〖명〗 당악(唐樂).
당:약(瞠若)〖명〗〖동〗당연(瞠然). 하〖형〗
당양지−**지**(當陽之地) 햇볕이 잘 드는 곳.
당양−**하다**(當陽−) 햇볕이 바로 잘 들다. [⟨반⟩다양하다. sunny
당언(讜言)〖명〗 바른 말.
당업(糖業)〖약〗=제당업(製糖業).
당업−**자**(當業者) 그 사업을 직접 경영하는 사람.
당여(黨與)〖명〗 한 편이 되는 당류(黨類). 도당(徒黨)
당연(唐硯)〖명〗 중국에서 만든 벼루. 또는 중국식의 벼루. Chinese ink-stone
당연(當然)〖명〗 이치로 보아 마땅히 그럴 것임. ¶~한 일이다. 하〖형〗 히〖부〗 약. 하〖형〗 히〖부〗
당연(瞠然)〖명〗 눈을 휘둥그렇게 뜨고 보는 모양. 당
당연−**시**(當然視)〖명〗 당연한 것으로 간주함. 하〖타〗
당연−**지사**(當然之事) 마땅한 일.
당오(當五)〖명〗①〖동〗당오전. ②〖약〗→당오평.
당오−**전**(當五錢)〖제도〗 다섯 푼이 엽전 백 푼과 맞서는, 고종 20년(1883)에 만들어 쓰이던 돈. 당오 (當五)①.
당오−**평**(當五坪)〖제도〗 당오전(當五錢)의 값어치가 떨어져 엽전(葉錢) 다섯 보의 낭화 당오전 다섯 냥이 같은 값으로 된 셈편. 〖약〗당평(當坪). 당오(當五)②.
당용(當用)〖명〗①마땅히 씀. ②당장의 소용에 씀. ¶~ 한자(漢字). 하〖타〗 「곧, 요순(堯舜) 시대를 말함.
당우(唐虞) 중국 도당씨(陶唐氏)와 유우씨(有虞氏)의
당우(堂宇)〖명〗 큰 집과 작은 집. 안채와 바깥채.
당우(黨友)〖명〗 같은 당파에 소속되어 있는 사람. fellow members of the party
당우 삼대(唐虞三代)〖명〗 요순(堯舜) 시대에다 하(夏)·은(殷)·주(周) 삼대(三代)를 합쳐 부르는 말.
당원(黨員)〖명〗 당을 구성하고 있는 사람. 당인(黨人). member of the party
당원−**질**(糖原質)〖명〗〖동〗 글리코겐(glykogen).
당월(當月)〖명〗①일이 생긴 그 달. that month ②〖동〗대기(大期). [oughtness, what should be
당위(當爲)〖명〗〖윤리〗마땅히 하여야 됨. 졸렌(Sollen).
당위 법칙(當爲法則)〖명〗〖철학〗마땅히 하여야 할 도덕 법칙. 〖대〗존재 법칙(存在法則).
당위−**성**[−생](當爲性)〖명〗〖윤리〗당위적인 성질. 마땅히 하여야 할 성질.
당위−**적**(當爲的)〖명〗〖관〗마땅히 그렇게 하여야 하는 (것).
당위−**학**(當爲學)〖명〗〖철학〗윤리학·논리학·미학(美學) 따위와 같이 규범(規範)의 법칙을 연구하는 학문.
당유(糖乳)〖명〗 연유(煉乳). 콘덴스트 밀크.
당의(唐衣)〖명〗 여자의 예복의 하나. 당저고리. full dress of a lady 「싼 것. sugar coating
당의(糖衣)〖명〗 약을 먹기 좋게 겉을 당분 있는 물질로
당의(黨意)〖명〗 당의 의사. ¶~를 따르다.
당의(黨議)〖명〗 당에서 주장하는 의논. party decision
당·의·아·지(고) 버마재비.
당의−**정**(糖衣錠)〖명〗〖약〗먹기 좋게 겉을 당의로 싼 정제. sugar-coated pill
당인(唐人)〖명〗 중국 사람. Chinese
당인(黨人)〖명〗 당원(黨員).
당일(當日)〖명〗 일이 생긴 바로 그 날. that day
당일−**치기**(當日−) 그 날 하루에 끝을 내는 일. day's work 하〖자〗
당자(當者)〖명〗〖약〗→당사자(當事者).
당장(堂長)〖명〗 서원(書院)에 딸린 하인(下人).
당장(當場)〖명〗 무슨 일이 일어난 바로 그곳. 그 자리. 〖부〗바로 그 자리에서 곧. ¶~ 해치우다.
당장 먹기엔 곶감이 달다(속) 당장에 좋은 것은 한순간뿐이고 참으로 좋고 이로운 것이 못된다.
당장 판비(當場辨備)〖명〗 그 자리에서 일을 갑자기 장만하고 차림. hasty preparation

당재(唐材)〖명〗〖한의〗중국에서 가져 오는 한약재.
당쟁(黨爭)〖명〗 당파의 싸움질. 당파 싸움. party strife
당저(唐苧·唐苧)〖명〗 당모시. 「하〖형〗
당저(當宁)〖명〗 그 때의 임금. king of that age
당−**저고리**(唐−)〖명〗〖동〗당의(唐衣).
당적(唐笛)〖명〗〖음악〗저의 하나. 소금(小笒)보다 소리가 높은. 저. Chinese flute
당적(黨籍)〖명〗①당원의 성명·주소 등의 기록. party register ②당원으로서의 소속. party membership
당전(堂前)〖명〗 집 앞. 대청 앞.
당절(當節)〖명〗 당철. 제철.
당점(當店)〖명〗 이 점포. 이 상점.
당정(黨情)〖명〗 당의 사정. 당내의 정세.
당제(黨籍)〖명〗 그 병에 맞는 약. 〖명〗당나라 왕조.
당조(唐朝)〖명〗〖역사〗중국 역사상의 당나라의 조정.
당조(當朝)〖명〗①현재의 아침. ②현재의 왕조.
당조짐−**하다**(當−−) 정신을 차리도록 단단히 조지다. teach one a lesson 「spot ③〖약〗→당좌 예금.
당좌(當座)〖명〗①좌상(座上). ②그 당장. 그 장소. the
당좌 계:정(當座計定)〖명〗〖경제〗부기에서, 당좌 예금의 예입·인출·차월·대월의 발생과 소멸을 기록 정리하는 계정. 「간 빌리는 일.
당좌 대(當座貸)〖명〗〖경제〗기간을 정하지 않고 당분
당좌 대:부(當座貸付)〖명〗〖경제〗미리 기한을 정하지 않고 은행의 요구가 있을 때 마다 차주(借主)의 수의(隨意)에 의해 갚기로 한 대부. call loan
당좌 대:월(當座貸越)〖명〗〖경제〗예금 잔고 이상의 액면 수표의 발행을 허락하는 대부(貸付). overdraft
당좌 수표(當座手票)〖명〗〖경제〗은행에 당좌 예금을 가진 사람이 그 예금을 기초로 하여 그 거래하는 은행 앞으로 발행하는 수표. check
당좌 예:금(當座預金)〖명〗〖경제〗예금자가 발행한 수표에 의하여 언제든지 치러 주도록 되어 있는 예금. 〖대〗보통 예금. 정기 예금. 〖약〗당좌③. current account 「르는 말. over draft
당좌 차:월(當座借越)〖명〗'당좌 대월'을 차주편에서 이
당주(堂主)〖민속〗 나라의 기도(祈禱)를 맡아서 하는 사람.
당주(堂主)〖명〗 당내의 호주. 댁내 주장. 댁 소경.
당주(幢主)〖명〗〖제도〗신라(新羅) 때 무관(武官)의 이
당−**주지**[−−주−](唐周紙)〖명〗당두루마리. 「름.
당−**줄**[−−줄]〖명〗〖약〗→망건당줄.
당중(當中)〖명〗 어떤 곳의 꼭 가운데가 되는 곳. 또, 그 자리.
당지(唐只) '댕기'의 취음. 「렇게 되게 함. 하〖타〗
당지(唐紙)〖명〗 중국에서 나는 종이의 하나. Chinese paper 「②자기가 있는 곳. this place
당지(當地)〖명〗①일이 생긴 그 땅. place in question
당−**지기**(堂−)〖명〗서당(書堂)이나 사당을 맡아서 보살피는 사람. 당직(堂直). shrine keeper
당지다〖자〗곳곳이 단단히 굳어지다. harden
당−**지질**(糖脂質)〖명〗〖화학〗당을 구성 성분으로 포함하는 복합 지질(複合脂質). 무정형의 흰 가루임.
당직(堂直)〖명〗〖동〗당지기.
당직(當直)〖명〗 근무하는 곳에서 번드는 차례가 됨. 상직(上直). on duty 하〖자〗
당직(黨職)〖명〗①이 직무. ②현재의 직업. ③직무를 담당함. 또, 그 사람. 하〖타〗
당직(讜直)〖명〗 말이 충성되고 곧음. 하〖형〗
당직−**청**(當直廳)〖명〗〖제도〗의금부(義禁府)에 딸렸던
당질(當直)〖명〗 종질(從姪). 「한 직소(職所).
당−**질녀**(堂姪女)〖명〗〖동〗종질녀(從姪女).
당−**질부**(堂姪婦)〖명〗〖동〗종질부(從姪婦).
당−**질서**[−−써](堂姪婿) '종질서(從姪婿)'를 친근하게 일컫는 말. 「「하면 일. 하〖타〗 shrine
당−**집**[−−집](堂−)〖명〗 신(神)을 모셔 놓고 위하는 집.
당차(當次)〖명〗 돌아가는 차례로 당함. coming of one's turn 하〖자〗
당차(當差)〖명〗〖제도〗신분에 따라 차역(差役)에 복종
당차−**다** ①몸짐이 작고도 힘이 세다. be of stocky build ②나이·몸집 등에 비하여 마음씀이나 하는 것

당착(撞着·撞著)[명] 앞뒤가 서로 맞지 않음. 모순됨. ¶자가(自家) ~. contradiction 하타

당-참-다[형] →당치 아니하다.

당참(堂參)[명] ①조선조 때, 새로 수령이 되거나 또는 다른 고을로 옮길 때, 의정부에 가서 신고하던 일. ②(약)→당참채(堂參債).

당참-전(堂參錢)[명] (동) 당참채(堂參債).

당참-채(堂參債)[명] 〈제도〉 수령(守令)을 하거나, 또 딴 고을로 옮길 적에 달문 서리(書吏)에게 주던 돈. 당참전. (약) 당참.

당창(唐瘡)[명] 창병(瘡病).

당-창포(唐菖蒲)[명] 글라디올러스(gladiolus).

당-채련(唐─)[명] ①중국에서 만든 나귀 가죽. Chinese donkey skin ②때가 몹시 오른 옷의 비유. dirty clothes

당책(唐册)[명] 중국에서 박아 낸 책. 당본(唐本). 당서

당처(當處)[명] ①일이 생기고 그 곳. actual spot ②(준)→당해처(當該處).

당천(當千)[명] 한 사람이 천 사람을 당함. ¶일기(一騎) ~. match for a thousand 하타

당-철(當─)[명] 꼭 맞출 계절. 당철. 제철. proper season

당첨(當籤)[명] 제비에 뽑힘. ¶~자(者). drawing the winning number 하타

당청(唐靑)[명] 〈미술〉 중국에서 만든 푸른 물감.

당체(唐體)[명] ①중국 글씨체의 하나. Chinese style of calligraphy ②(동) 명조체(明朝體).

당초(唐草)[명] (약)→당초문(唐草紋).

당초(唐椒)[명] 〈식물〉 고추. pepper

당초(當初)[명] 애초. beginning

당초 무늬(唐草─)[명] (동) 당초문(唐草紋).

당초-문(唐草紋)[명] 〈미술〉 무늬의 이름. 여러 가지의 덩굴풀이 비꼬여 벋어 나가는 모양을 그린 무늬. 당초 무늬. (약) 당초. arabesque design

당초-에(當初─)[부] 애초에. 맨 처음에. (약) 당최. at first

당초-와(唐草瓦)[명] 〈건축〉 당초문을 그린 기와.

당초-화(唐草繪)[명] (동) 만달.

당최[부] →당초에.

당-추자(唐楸子)[명] (동) 호두.

당춘(當春)[명] 봄을 당함. 봄이 됨. 하타

당-치(黨治)[명] 한 당(黨)이 정권(政權)을 전단(專斷)하는 일. party government ¶~을 만드는 일.

당-지석(唐遲石)[명] 중국 사람이 옥돌을 다뤄서 물건

당치 아니하다(當─)[형] 이치에 맞지 아니하다. (준) 당찮다. 당치않다. unreasonable

당치 않-다[형] →당치 아니하다.

당칙(黨則)[명] 당의 규칙. 당규(黨規). party rules

당침(唐針)[명] 중국에서 생산된 바늘.

당코[명] 여자의 저고리 깃의 뾰족하게 내민 끝.

당-탄(唐─)[명] 씨를 탄 몸은 대마.

당탑(堂塔)[명] 당과 탑. 선방(禪房)과 탑고(塔庫).

당-태(唐─)[명] 중국에서 나는 솜.

당토(唐土)[명] ①당(唐)나라 땅. ②옛날의 중국의 호칭.

당-파(撞破)[명] 쳐서 깨뜨림. crashing 하타

당파(鎲鈀·鎲把)[명] ①십발이의 하나. 보졸이 당파창으로 하는 무예. ②(약)→당파창.

당파(黨派)[명] 당 안의 나뉘어진 갈래. 붕당(朋黨). 파당. faction

당파 싸움(黨派─)[명] (동) 당쟁(黨爭). 하타

당파-창(鎲把槍·鎲把槍)[명] 〈군사〉 군기(軍器)의 하나. 삼지창(三枝槍). (약) 당파². trident

당판(唐板)[명] 중국에서 판각한 목판. 또, 목판으로 찍은 책. Chinese printing blocks

당판(堂板)[명] 마루청의 널빤지. floor board

당=팔사[─씨](唐八絲)[명] 중국에서 생산된 팔사(八絲).

당평(當坪)[명] (약)→당오평(當五坪).

당평-전(當坪錢)[명] 〈제도〉 당오평(當五坪)으로 환산(換算)된 돈.

당폐(黨弊)[명] 당쟁으로 인한 폐단. evils of party system

당포(唐布)[명] (동) 당모시.

당품(當品)[명] 〈제도〉 정·종2품에 상당하는 벼슬을 종2품에, 종2품·정3품에 상당하는 벼슬을 정3품에 임명하던 일.

당풍(黨風)[명] 당의 기풍.

당-피:리(唐─)[명] 〈음악〉 당악기(唐樂器)의 하나. 목관 악기인데 피리와 같고 구멍은 여덟 개인데 그 중 하나는 뒤에 있음.

당-피마자(唐皮麻子)[명] 〈한의〉 중국에서 생산되는 아주까리씨. 풍열(風熱)·건망증·종창 등의 약으로 쓰고, 통경제(通經劑)로도 씀.

당필(唐筆)[명] 중국에서 생산된 붓. Chinese writing brush

당하(堂下)[명] ①당(堂)의 아래. ②〈제도〉 정3품 이하의 벼슬아치. ③(동) 당하관. ↔당상(堂上).

당하(當下)[명] 당면(當面)한 그 자리. 그 때. present

당하-관(堂下官)[명] 〈제도〉 당하의 벼슬아치. 조선조 정3품 통훈 대부 이하의 문관. 당하③.

당-하-다(當─)[자여] 이르러 맞닥뜨. 타여 ①어떠한 일을 직접 만나거나 겪다. face ②대적하여 이겨 내다. face ③감당하다. undertake [형여] 사리(事理)에 맞다.

=당하-다(當─)[접미 여타] 동작을 받거나 또는 명사에 붙어 그 동작이 수동적임을 보이는 동사를 이루는 말. ¶꾸지람~. to be (done)

당하 수:의(堂下繡衣)[명] 당하관으로서 암행 어사(暗行御史)가 된 사람.

당학(唐瘧)[명] (동) 이틀거리.

당학(唐學)[명] ①당나라 때의 학문. ②중국의 학문.

당한(當限)[명] ①기한이 닥쳐옴. becoming due ②〈경제〉청산 거래(清算去來)에 있어서 그 달 월말에 수도(受渡)하기로 하는 약정(約定)의 매매. 하타

당한(當寒)[명] 추위가 다가옴. approach of cold winter 하타

당-항:라(唐亢羅)[명] 중국에서 생산된 항라(亢羅).

당해(當該)[명] 명사 위에 붙어 '바로 그것에 해당하다'의 뜻을 나타내는 말. ¶~ 사무(事務).

당헌(黨憲)[명] 〈제도〉 '선화당(宣化堂)'의 예스러운 말.

당헌(黨憲)[명] 정당의 강령이나 기본 방침.

당-형제(堂兄弟)[명] (동) 종형제(從兄弟).

당혜(唐鞋)[명] 가죽신의 하나. 앞부에 당초문을 새김. kind of leather shoes (동) 별호(別號).

당호(堂號)[명] ①당우(堂宇)의 호. name of a hall ②

당-호(幢號)[명] 〈불교〉 건당(建幢)할 때에 받는 법호(法號). '막혀 어지할 바를 모름. confusion 하타

당혹(當惑)[명] 무슨 일에 부딪혀 정신이 없고 생각이

당혼(當婚)[명] 결혼할 나이가 됨. ↔실혼. deep red

당홍(唐紅)[명] 중국에서 나는 자줏빛을 띤 붉은 물감.

당-화(唐畵)[명] ①당대(唐代)의 그림. ②중국 풍의 그림. 동양풍의 그림.

당화(糖化)[명] 〈화학〉 전분(澱粉)이 당류(糖類)로 바뀜. saccharification 하타

당화(黨禍)[명] 당파로 인한 화난(禍難). party evils

당-하기(唐畵器)[명] 〈공업〉 채화(彩畵)를 그린 중국에서 생산된 사기 그릇.

당화-소(糖化素)[명] (약)→전분 당화소(澱粉糖化素).

당-화:적(唐畵籍)[명] 중국에서 만든 화주역(畵周易).

당황(唐皇)[명] 성황.

당황(唐惶·唐慌)[명] 놀라서 어찌할 줄을 모름. (원) 창황(怠惶). confusion 하타 하여

당-황련(唐黃連)[명] 〈한의〉 중국에서 나는 황련의 뿌리. 건위제(健胃劑)로 쓰임.

당-황모(唐黃毛)[명] 중국에서 나는 족제비의 꼬리 털.

당회(堂會)[명] 〈기독〉 장로 교회에 있어서 목사와 장로들이 모이는 회합. presbytery

닻-다[타] →다치다.

닻[명] 배를 멈추어 서게 하는 기구. 갈고리가 줄에 달려 있어 물에 던지게 되어 있음. anchor

닻-가지[명] 닻에 달린 갈고리. arms of an anchor

닻=감-다[─까─](─파)[타] ①닻줄을 감아 끌어올리다. weigh an anchor ②하던 일을 단념하다.

닻-고리[명] 닻줄을 매는 고리.

닻=꽃[명] 〈식물〉 용담과의 이년생 풀. 줄기 높이 30~

60 cm로 8~9월에 담황색 꽃이 핌. 산지에 남.

닻:나비 〈곤충〉 닻나비과의 나비. 몸과 날개는 흑갈색인데 앞날개에 무늬가 있고, 가장자리의 털은 녹색으로 아름다움. 보통 밤에 날아다님. 룰나비나방.

닻-돌 나무로 만든 닻에 잡아맨 돌. anchor stone

닻-별 〈천문〉 카시오페이아자리의 딴이름.

닻올리-다[단―] 닻을 배 위로 올리다.

닻-장目 닻채 위로 가로 박아 닻줄을 메는 나무. stock

닻-주-다 닻줄을 풀어서 닻을 물 가운데 넣다. cast

닻-줄目 닻을 매단 줄. cable ‖anchor

닻-채目 닻의 자루가 되는 부분. shank

닻-혀[―터] 닻가지의 맨 끝. bill

닿-다目 ①서로 접(接)하다. ¶치마가 땅에 닿아서 거북스럽다. touch ②가서 이르다. ¶목적지에 ~. reach ③뻗어지다. ¶인연이 ~. be in connected with ④어떤 곳·정도에 미치다. ¶인정의 손길이 ~. 图(目) 닿다.

닿-다[길目|ㅎ图] ⇒닿다.

닿-소리 〈目〉 자음(子音).

닿치-다 '닿다'의 힘줌말.

대¹ 〈目〉 ①식물의 줄기. stem ②〈약〉→담뱃대. ③막대 같은 가늘고 긴 물건. pole

대² 〈目〉 人됨. ¶~가 센 사람. conviction ②품성(性)이나 성정(性情). ¶~가 바른 사람. nature

대³ 〈식물〉 대과에 속하는 다년생 상록 목본(木本)을 통틀어 이르는 말. 줄기는 꼿꼿한데 마디가 있고 속이 비었음. 지하경(地下莖)은 가로 벋어 춤추한 마디마다 근로와 순이 남. 드물게 황록색 꽃이 피는데, 꽃이 피고 나면 죽음. 어린 순은 식용으로만 분포함. 순은 식용하며, 줄기는 세공용으로 쓰임.

대⁴ 〈의目〉 ①대를 때리는 번수를 세는 말. ¶매 열 ~. stroke ②대통에 담배를 넣은 분량 또는 담배를 피우는 번수를 세는 말. ¶담배 한 ~. stick

대⁵ 〈양수사(量數詞)〉 '자' 앞에 얹어 '다섯'의 뜻을 나타내는 말. ¶대 척(五尺). five

=대目|目 〈약〉 =다 하여. ¶일주일 전에 갔~요.

대-〈目〉 관형사(冠形詞) '한'의 뜻과 같은 뜻으로 쓰이는 말. ¶~번.

대:(大)目 큼. 큰 것.

대:(代)目 〈약〉→대신(代身). ②가계(家系)나 지위를 이어 그 자리에 있는 동안. generation ③임금의 치세(治世). ¶세종의 ~를 잇다.

대(垈)目〈약〉=대지(垈地).

대(隊)目 ①일정한 목적 아래에 조직된 집단의 하나. ¶소~. 연~. unit ②대오나 대열. ¶일렬 횡~로 서라. party

대:(對)目 ①같은 종류로 이루어진 짝. pair ②상대(相對)되는 뜻을 나타냄. ¶우리 팀 ~ 외국 팀. versus 〈의目〉 두 짝으로 한 벌이 되는 물건을 세는 말. ¶주련(柱聯) 한 ~.

대:²(對)目 〈제도〉 경의(經義) 같은 것을 시험삼아 문대(問對)하는 데 쓰이는 그 대답. answer

대(臺)目 ①높이 쌓은 큰. stand ②그릇의 밑받침. saucer 〈의目〉 비행기·자동차·기계 따위를 세는 단위.

대:(大)- 명사 위에 붙어서 그것이 큼을 나타냄. ¶~기업(企業). 目 소(小)-. big

대:=(貸)- 명사 앞에 붙어서, '빌려 주다'의 뜻을 나타내는 말. ¶~점포.

=대(代)目 ①'값'의 뜻. ¶음식~. ②지질 시대를 나타내는 말. ¶신생(新生)~. ③연대나 연령의 대 강을 나타내는 말. ¶10~의 소년. ¶호주(戶主)가 어떤 지위를 이어받은 순서를 나타내는 말. ¶제 3 ~ 자손.

=대(帶)目 '지대(地帶)'의 뜻이나 띠 모양의 부분을 나타내는 말. ¶열(熱)~. 지방. 주파수~.

=대(臺)目 수(數)·값 따위 말에 덧붙여, 그 대체의 범위를 나타낼 때 쓰이는 말. ¶300~까지 계산하다.

·뒤目 (고) 되. ¶80 접~로 오르다.

=·뒤[지|지] 〈고〉 =되.

대:가(大加) 〈제도〉 고구려 때의 각 부(部)의 으뜸 벼슬. 곧. 부족장.

대:가(大家)目 ①큰 집. big house ②〈동〉 거가 대족(巨家大族). ③학문·예술·기술의 어떤 부문에서 권위(權威)를 이룬 사람. 거장(巨匠). 대방가(大方家). authority

대:가(大駕)目 〈동〉 보가(寶駕).

대:가(代價)[―까] 物건의 값. 대금(代金). pricecost ②노력이나 한 일에 대한 보수. ③무엇을 희생하여 얻은 결과. ¶피의 ~.

대:가(貸家)目 셋집. 〈대〉 차가(借家). house to let

대:가(對價)[―까]目〈법률〉 자기의 노무·재산 등을 남에게 제공하거나 이용시킨 보수로서 얻은 재산상의 이익. consideration

대가(臺駕)目 고귀한 사람이 타는 탈것.

대:-가극(大歌劇)目 그랜드 오페라(grand opera).

대:가-다目 ①시간을 맞추어 목적한 곳에 이르다. get in time ②배를 '오른쪽으로 저어 가다'의 뱃사람의 말. 目 나가다.

대:=가람(大伽藍)目 큰 가람. 큰 절.

대가리目 ①〈속〉 머리. head ②동물의 머리. ③길쭉한 물건의 머리가 되는 부분. 目 대갈¹.

대가리를 잡다가 꽁지를 잡았다 큰 것을 바라다가 작은 것밖에 얻지 못하였다.

대가리에 쉬 쏜 놈 어리석고 둔한 사람의 비유.

대:가사(大家舍) 굉직하게 지은 집.

대:가연(大家然)(大家然)-**하다** 그 방면에 뛰어난 사람인 체하다. ¶대가연하고 거드름을 피우다.

대:가족(大家族)目 ①식구가 썩 많은 가족. large family ②〈사회〉 씨족 사회에서 근세국 소가족의 형성에 이르기까지의 과도적 혈통(血統) 단체. large family system

대:가족 제:도(大家族制度)目 〈사회〉 가부장권(家父長權)이라는 집권적 통제 권력하에 지배되는 여러 세대의 혈족과 그 배우자로 이루어지는 공동 생활 조직. 우리 나라에서는 아직도 그 편모(片貌)를 엿볼 수 있음.

대:가족=주의(大家族主義)目 〈사회〉 집단의 전 구성원을 주일 가족이라는 전제하에 그 단체의 이익을 도모하는 주의.   ¶~로 피함. 하目

대:가 파천(大駕播遷) 임금이 도성을 떠나 딴 곳으로 감.

대각目 올차고 작은 물건이 부딪쳐서 나는 소리. 〈큰〉 떼격. 〈센〉 대까지. 때깍. clattering 하目目

대:각¹(大角)目 〈음악〉 옛날 악기의 하나. 군중(軍中)에서 사용하던 것과 아악에 쓰이는 것 두 종류가 있음.

대:각²(大角)目 너비 30 cm 이상의 각재(角材).

대:각³(大角)目 〈천문〉 북두성의 남쪽에 등색(橙色)으로 빛나는 별. 오래부터 방위나 역일(曆日)을 헤아리는 데 기준이 되었음.

대:각(大覺)目 ①〈불교〉 도(道)를 닦아 크게 깨달음. 또, 그 사람. higher perception ②〈불교〉 '부처'의 딴이름. ③크게 꿈을 깨침. 또, 그 사람. 하目

대:각(對角) 〈수학〉 서로 맞선 각(角). 맞각. opposite angle

대각(臺閣)目 ①〈제도〉 사헌부(司憲府)·사간원(司諫院)의 총칭. ②〈동〉 누각(樓閣). ③정치를 행하는 관청. 내각(內閣).   ¶~름. 대각발탁.

대:=각간(大角干)目 〈제도〉 신라 때의 높은 벼슬 이

대각-거리-다目 대각대각하다. 〈큰〉 떼격거리다. 대각거리다. 대각거리다. 〈센〉 대까지리다. 대까지리다. 때깍거리다. **대각-대각**目 하目目

대:각 묘:사(對角描寫)目 〈문학〉 대상과 반대되는 각도(角度)로 묘사하여, 그 대상을 나타내는 표현법. diagonal description

대:각-선(對角線)目 〈수학〉 다각형의 같은 변 위에는 다면체의 같은 면 위에 있지 아니하는 두 개의 정점(頂點)을 잇는 직선(直線). 맞모금. diagonal

대:각 세:존(大覺世尊)目 ¶불타(佛陀). ‖line

대:각-수(大角手)目 〈제도〉 취타수(吹打手)의 하나.

대:간(大奸·大姦)명 아주 간사스러운 사람. wicked
대:간(大簡)명 겉고 넓게 만든 편지지(紙). | person
대간(臺諫)명 《제도》 사헌부(司憲府)·사간원(司諫院) 벼슬의 총칭.
대:간 사:충(大奸似忠·大姦似忠) 매우 간사한 사람은 아첨하는 수단이 매우 교묘하여, 흡사 크게 충성된 사람처럼 보임.
대갈¹명 ㈜→대가리. [성낸 사람처럼 보임.
대갈²명 말굽에 편자를 신기는 데 박는 징. horseshoe nail
대:갈(大喝) 큰 소리를 내어 꾸짖음. [rebuke 하타
대갈-놀음명 ①때리며 싸우는 짓. ②두목으로 행세하는 짓. 하자 'er's hammer ②아주 야무진 사람.
대갈-마치명 ①말굽에 대갈을 박는 작은 마치. farri-
대갈-머리명 ㈜ 머리. head
대갈-못명 대가리가 뚱뚱하고 큰 쇠못. rivet
대갈-빼기명 ㈜ 머리.
대갈-빼기명 ㈜ 머리.
대갈-통명 ㈜ 머리통. head
대:감(大監)명 ①《제도》 정2품 이상의 벼슬아치를 높여 부르는 말. ¶ ~ 마님. His(or Your) Highness ②《민속》 집·터 그 밖의 여러 곳의 신을 이르는 당의 말. ③㈜ 대신·장관 지위에 있는 관리의 총칭.
대:감(大鑑)명 그 한 책만으로 어느 부문에 관한 전체의 지식을 찾아볼 수 있게 만든 책.
대:감-굿[-굿](大監-)명 ㉱ 대감놀이. 하자
대:감-놀이(大監-)명 《민속》 무당이 티우 앞에서 하는 굿. 대감굿. 하자
대:감독(大監督)명 ①많은 경험으로 감독의 일을 잘하는 감독. ②《기독》 성공회(聖公會)나 영국 교회 최고의 성직. [신에게 올리는 제상(祭床).
대:감-상(大監床)명 《민속》 무당이 대감에게 대:감-제(大監祭)명 《민속》 무당이 대감에게 신을 받들어 올리는 제사.
대감 죽은 데는 안 가도 대감 말 죽은 데는 간다 제 이익만 차리어 체면과 돈을 저울질하여 더 무거운 쪽으로 움직이게 된다. [개석(蓋石).
대-갑석(臺甲石)명 탑의 대중석(臺中石)에 얹은 대-갓끈[-깓-](-冠-)명 가는 대(竹)의 도막을 꿰어서 만든 갓끈. 죽영(竹纓). hat string of beaded bamboo pieces
대:-가(大家)-집[-집](大家-)명 대대로 살림이 큰 집안. 집이 크고 가족이 많은 집안.
대:강(大江)명 큰 강. large river
대:강(大綱)명 ㈜→대강령(大綱領). ㈜ 일의 중요한 부분만으로. 대충. 대개. 대략. roughly
대:강(代講)명 남의 대신으로 강의나 강연을 함. tea-
ching as a substitute 하자
대:-강:당(大講堂)명 ①절이나 학교의 큰 강당. big auditorium ②《불교》 절의 큰 강당. 불교를 강의하는 곳. main hall of a temple
대강-대강(大綱大綱)명 여러 가지를 다 대강. 대충대충. ¶ 시간이 없으니 ~하시오.
대:-강령(大綱領)명 일의 중요한 부분을 추린 강령. 《약》 대강(大綱). general principles
대강이명 ㈜ 대가리.
대:강 장류(大江長流)명 큰 강의 흐름. 「return 하자
대:-갚음[-갚-]명 은혜나 원한을 그대로 갚는 일.
대:개(大概)명 대체적인 사연. ㈜ 그저 웬만한 정도로. ¶ ~ 알고 있다.
대:개(大蓋·大盖)명 일의 큰 원칙으로 말하건대.
대:-개:념(大概念)명 《논리》 삼단 논법에 있어서 대전제의 빈개념(賓槪念). major concept
대:객(待客)명 손을 대접함. reception 하자
대:객(對客)명 손을 마주 대함. 하자
대객 초인사(對客初人事)명 손을 맞은 첫인사. 곧, 담배를 권하는 일. offering cigarettes to the guest
대:거(大擧)명 ①여러 사람을 움직이어 일을 일으킴. united effort ②널리 인재(人材)를 천거함. recommend many persons ③크게 서둘러서 일함. great
enterprise ㈜ 한꺼번에 많이. in great force 하타
대:거(帶鉅)명 ㉱ 띠톱.
대:-거(貸去)명 물건을 남이 꾸어 감. loan 하타
대:-거리(代-)명 밤낮으로 일하는 사람의 교대함을 일컫음. shift 하자
대:-거리(對-)명 ①남에 입은 일에 대하여 그대로 갚는 행동. retaliation ②상대하여 대듦. measure for measure 하타
대:-거처(大居處)명 도회지(都會地).
대:검(大劍)명 ㈜→대검찰청. [하자
대:검(帶劍)명 칼을 참. 패검(佩劍). wearing a sword
대:검-찰청(大檢察廳)명 《법률》 대법원에 대응하여 설치된 검찰청. 《약》 대검(大檢).
대:겁(大怯)명 크게 두려워함.
대:-것기(大-)명 무수기를 볼 때 6일과 21일을 이르는 말.
대:견(大犬)명 《천문》 남쪽 하늘에 자리잡은 성좌(星座)의 하나. 큰개별자리.
대:견(對見)명 마주 대하여 봄. 하자
대견-스럽-다[어ㅂ] 대견하게 보이다. 대견-스레
대견-하-다[어여] ①흐뭇하도록 마음에 흡족하다. sufficient ②견디기가 힘들다. intolerable ③무던히 대단하거나 소중하다. very valuable 대견-히
대:결(代決)명 대리로 결재함. approve for the manager 하타
대:결(對決)명 ①맞서서 결정함. showdown ②《법률》 원고·피고를 무릎맞춤시켜서 심판함. 하타
대:겸(大歉)명 흉년이 크게 듦. great famine
대:겸-년(大歉年)명 크게 흉년이 든 해.
대:경(大經)명 ①큰 법칙. ②《교》 가장 근본이 되는 경전. ③예기(禮記)와 춘추 좌씨전(春秋左氏傳)
대:경(大慶)명 큰 경사. ㉠을 아울러 일컫는 말.
대:경(大驚)명 크게 놀람. great astonishment
대:경 대:법(大經大法)명 공명 정대한 원리와 법칙.
대:경 소:괴(大驚小怪)명 매우 놀라서 좀 괴상스럽게 여김. 하자
대:경 실색[-색](大驚失色)명 몹시 놀라 얼굴빛이 질림. turn pale with horror 하자 [하타
대:-경장(大更張)명 제도를 크게 고쳐 새로 마련함.
대:-경주인(大京主人)명 《제도》 경주인을 대신하여 매를 맞던 사람.
대:계(大系)명 ①대략적인 체계. ②하나의 주제 밑에 주요한 것을 계통 세워서 엮어 만든 총서(叢書) 따위. ¶문화사 ~. (成).
대:계(大戒)명 《불교》 비구(比丘)들이 가지는 250계
대:계(大計)명 큰 계획. long-range plan
대:계(大薊)명 《약》 엉겅퀴의 뿌리. 지혈제 또는 외과약(外科藥)으로 씀. [의 제사(啓辭).
대계(臺啓)명 《제도》 사헌부(司憲府)·사간원(司諫院)
대:교-수(大溪水)명 《민속》 갑자(甲子)·을묘(乙卯)의 납음(納音). ¶갑인·을묘 ~.
대:고명 무르다하게 자주. ¶ ~ 조른다. forcibly
대:고(大故)명 ①어버이의 상사(喪事). death of one's parent ②큰 사고. great accident
대:고(大鼓)명 ①큰 북. big drum ②《음악》 국악기의 하나. 용고(龍鼓) 비슷하게 생긴 북의 하나.
대:고(大賈)명 큼직하게 장사하는 사람.
대고(貸庫)명 창고를 빌려 주고 임대료(賃貸料)를 받는 일. 하자
대-고리명 ①대로 엮어 만든 고리. ②대오리로 만든 옷을 넣는 상자. trunk made of split bamboo
대:-고모(大姑母)명 할아버지의 자매(姉妹). 왕고모. grandaunt on the father's side
대:-고모부(大姑母夫)명 대고모의 남편.
대:-고풍(大古風)명 《문학》 칠언(七言) 18구로 되고, 운(韻)을 달지 않은 우리 나라 특유의 한시체(漢詩體).
대:곡(大哭)명 큰 소리로 슬프게 욺. wailing 하자
대:곡(代哭)명 《제도》 남이 상주(喪主)를 대신하여 곡하는 일. 하자

대:곡(對曲) 〈지리〉 방향이 다른 산맥의 끝이 서로 이어지는 일. 하다

대:곤(大棍) 〈제도〉 곤장(棍杖)의 하나.

뒷굴대(⁊) 머리통. 「한 기둥. king post

대공(⁊)〈건축〉들보 위에 세워 마룻보를 받치는 짤막

대공(大工) 솜씨 좋은 장색(匠色). skillful artisan

대공(大公) ①유럽에서, 군주(君主) 일문(一門)의 남자를 이르는 말. ②유럽에서, 소국(小國)의 군주를 일컬음. 「복(大功服).

대:공(大功) ①큰 공적. great merit ②〈약―

대:공(大空) 크고 넓은 공중. 하늘. 천공(天空). sky

대:공(對共) 공산주의·공산주의자에 대하는 것. anti-Communism

대:공(對空) 공중의 적에 대하는 것. anti-aircraft

대:공국(大公國) 대공을 군주로 하는 나라.

대:공 미사일(對空 missile) 공중 목표에 대하여 지상에서 발사하는 미사일.

대:공복(大功服) 대공친의 상사에 9개월간 입는 굵은베로 지은 상복. 〔약〕대공(大功).

대:공사(大公使) 대사와 공사.

대:공 사격(對空射擊) 〈군사〉 지상(地上)이나 함정에서 공중의 적기에 대하여 하는 사격. anti-aircraft fire 하다 「full justice 하다

대:공 지정(大公至正) 아주 공변되고 지극히 바름.

대:공 지평(大公至平) 아주 공변되고 지극히 평등함. 하다

대:공친(大功親) 종형제자매·중자부(衆子婦)·중손(衆孫)·중손녀(衆孫女)·질부(姪婦)와 남편의 조부모·남편의 백숙 부모(伯叔父母)·남편의 질부 등 겨레붙이의 총칭.

대:공포(對空砲) 〈군사〉 지상(地上)이나 함정에서 격기를 사격하는 포. anti-aircraft gun

대:공 화기(對空火器) 〈군사〉 적의 항공기에 대한 사격에 쓰는 화기. anti-aircraft weapon

대:과(大科) 〈제도〉 ⇒대과 급제. 「serious error

대:과(大過) 큰 허물. ¶~ 없이 임기를 마치다.

대:과(待窠) 벼슬 자리가 비기를 기다림. 하다

대:과·거(大過去) 〈어학〉 과거에 있어서의 완료, 계속을 나타내는 시제. past perfect tense

대:과·괘(大過卦) 〈민속〉 육십사괘의 하나. 태괘와 손괘가 거듭된 것으로, 못물이 나무를 멸함을 상징함.

대:과 급제(大科及第) 〈제도〉 문과 급제(文科及第)를 장하게 부르는 말. 〔약〕대과(大科). 하다

대:관(大官) 〈제도〉 큰 버슬에 오른 사람. high official 「응당한 판탕. magnificent view 하다

대:관(大觀) ①국면을 널리 관찰함. general view

대:관(代官) 어떤 벼슬의 대리로 일하는 관리.

대한(臺官) 〈제도〉 사헌부(司憲府)의 대사헌(大司憲) 이하 지평(持平)까지의 벼슬아치.

대:관(戴冠) 왕관을 씀. coronation 하다

대:관·식(戴冠式) 유럽 제국의 제왕(帝王)이 즉위를 공포하기 위하여 전하여 내려오는 왕관을 쓰는 의식. coronation ceremony

대:─관절(大關節) 일의 중요한 마디. main point 〔관〕 요점만 말하건대. 도대체. what on earth

대:괄호(大括弧) 〈수학〉 꺾쇠 묶음을 이르는 말. 곧, 〔 〕 표. bracket

대:광 반:응(對光反應) 〈생리〉 눈에 빛을 비추면 동공이 반사적으로 수축되는 현상.

대:괴(大魁) ①두목. chieftain ②장원 급제. first on the list of successful candidates

대:괴(大斛) 곡류(穀類) 20 말[斗]로 되는 양기(量器). 〔대〕소괵(小斛).

대:교(大敎) 〈불〉 ⇒화엄경(華嚴經).

대:교(待敎) 〈제도〉 ①예문관(藝文館)의 정8품 벼슬. ②조선조 때, 규장각(奎章閣)의 정7품으로부터 정9품까지의 벼슬.

대:교(對校) ①학교와 학교가 대항하는 일. ¶~ 경기(競技). interscholastic ②〈인쇄〉원고(原稿)나 전의 교정쇄(校正刷)를 대조하여 교정하는 일. proofreading 하다 「계(法階).

대:−사:(大─師) 〈불교〉중에게 주는 최고의 법

대:교 학인(大敎學人) 〈불교〉 대방광불 화엄경(大方廣佛華嚴經)을 공부하는 사람.

대구(大口) 〈동〉 대구과의 한대성 바닷물고기. 몸 길이 70~75 cm 가량으로 머리와 입이 썩 크고 아래턱에 수염이 하나 있음. 몸 빛은 담갈색이고 배쪽은 희게 얼룩이 있음. 잔창은 간유의 원료로 씀. 대구어(大口魚). ¶~축(鱐). ~포(脯). codfish

대:−구(帶鉤) 혁대의 자물 단추. clasp

대:구[─구](對句) 〈문학〉 대(對)를 맞춘 시의 글귀. 나란히 짝을 맞춰 표현한 어격(語格)이나 의미가 상대되는 둘 이상의 구(句). antithesis

대구루루 작고 단단한 물건이 딱딱한 바닥에 떨어져 구르는 소리나 모양. 〔큰〕데구루루. 〔센〕때구루루

대구−덩이(⁊) 대통의 굵은 구멍.

대:구:법[─구뻡](對句法) 〈문학〉 뜻이 상대되는 말이나 어조가 비슷한 문구를 나란히 벌이어 그 격조(格調)의 균제(均齊)로써 병렬(竝列)·대치(對峙)의 미(美)를 표현하는 수사법. antithesis

대구−어(大口魚) 〈동〉 대구(大口).

대:구−주의(待球主義) 〈체육〉 야구에서 투수를 피곤하게 하거나 사구(四球)를 얻을 목적으로, 될 수 있는 한 타격하지 않는 주의.

대:−구치(大臼齒) 〈생리〉 뒤어금니.

대:구−탕(大臼湯)(⁊) ⇒대구 탑반.

대구 탑−반(大臼湯飯) 파와 고춧가루를 많이 넣어 얼큰하게 끓인 붉은 빛의 장국밥. 〔약〕대구탕.

대:−구품(大九品)(⁊) 〈불교〉 불가에서 가사(袈裟) 여든한 벌을 만드는 일.

대:국(大局) ①대체의 판국(版局). general situation ②바둑·장기에서 판면을 전체적으로 본 형세. great occasion

대:국(大國) ①크고 넓고 강대한 나라. 〔대〕소국(小國). large country ②옛날에 우리 나라에서 중국을 가리켜 부르던 말.

대:국(對局) ①어떠한 국면에 대함. 당국(當局)④. confrontation ②상대하여 바둑이나 장기를 둠. ¶~자(者). having a game 하다

대:국−적(大局的)⁊ 넓은 견지(見地)에서 사실을 판단하거나 그에 대처하는(것).

대:군(大君) 〈제도〉①중전이 낳은 왕자. prince ②고려 때 종친(宗親)의 정1품 봉작(封爵). 왕자 대군(王子大君). 「(大兵). 「심박(十萬)~.

대:군(大軍) 병사의 수효가 아주 많은 군대. 대병

대:군(大郡) 면적이 넓고 인구가 많은 군.

대:군(大群) ①큰 떼. ②많은 무리. large crowd

대:−군물(大軍物) 〈군사〉 기치(旗幟)·창검(槍劍) 따위의 여러 가지를 갖춘 군물(軍物).

대굴−대굴 작고 단단한 물건이 연해 굴러가는 모양. 〔큰〕데굴데굴. 〔센〕때굴때굴. rolling continuously 하다 「밥. plate-scraps

대궁⁊ 밥 그릇 안에 먹다 남은 밥. 잔반(殘飯). 군

대:궁(大弓)⁊ 〈동〉 예궁(禮弓).

대:궁(對弓)⁊ 장기 놀이에서 양쪽 궁이 그 사이에 딴 장기짝을 놓지 않고, 직접 맞서는 그런 말밭에 놓인 관계.

대:궁−시(大弓乘矢) 예궁(禮弓)과 예전(禮箭)을 이름.

대:궁 장군(對弓將軍) 장기 놀이에서 대궁이 된 때 부르는 장군. 이 장군을 받지 못하면 비기게 됨.

대:권(大卷)⁊ 페이지 수가 많은 책.

대:권[─꿘](大圈)⁊ ①〈수학〉 구(球)의 중심을 통과하여 평면으로 자른 면. 대원(大圓). great circle ②〈지리〉 지구 표면에 그린 대원(大圓).

대:권[─꿘](大權)⁊ 〈법률〉 국가의 원수(元首)가 국가를 통치하는 헌법상의 권한. supreme power

대:권 코:스[─꿘─] (大圈course)⁊ 〈동〉 대권 항로.

대:권 항:로[―쩐―](大圈航路)圓〈지리〉지구의 대원(大圓), 즉 대권을 따라 설정한 항로. 출발점과 종착점을 연결하는 최단 거리. 대권 코스. great(globular) circle route

대:궐(大闕)圓 궁궐. 전사(殿舍). imperial palace

대:구(對句)圓〈詩〉대구(對句).

대:규(大叫)圓 크게 소리쳐 부르짖음. cry 하타

대=규모(大規模)圓 일의 범위가 넓어서 아주 큰 규모. large scale

대규환 지옥(大叫喚地獄)〈불교〉팔대 지옥의 다섯째인 구화 지옥 가운데에서 가장 고초(苦楚)가 심한 지옥.

대그락圓 단단하고 작은 물건들이 잇달아 서로 맞닿아서 나는 소리. (큰)데그럭. (센)때그락. rattling 하타

대그락―거리―다재타 연해 대그락 소리가 나다. 또, 그 소리를 내다. (큰)데그럭거리다. (센)때그락거리다. 대그락―대그락튀.

대그르르튀 여러 개의 가늘거나 작은 물건 가운데에서 조금 굵은 모양. (큰)디그르르. (센)때그르르.

대=그릇圓 대를 결어 만든 그릇. bamboo ware [하영]

대=극(大戟)圓〈한의〉버들옷의 뿌리. 만성으로 통변(通便)·부증(浮症) 따위 병증에 한방약으로 씀.

대:극(大極)圓 임금의 지위. imperial throne

대:극(對極)圓 극단적으로 서로 대가 됨.

대:극=적(對極的)관圓 극과 극으로서 맞서고 있는(것).

대:근(代勤)圓 대신 근무함. 하타

대근―하다[―근―]혦업 견디기에 힘들다. ¶공사장에서 하는 일이 생각보다 ~. unbearable

대글=대글튀 가늘거나 작은 물건들 가운데에 몇 개가 좀 굵은 모양. (큰)더글더글. (센)때글때글. 하타

대=금(大金)圓①많은 돈. (배)소액(小額). large sum of money ②〈음악〉놋쇠로 만든 정보다 조금 작은 악기. (나)(鑼), (징)(鉦). [데서 제일 큼. large flute

대:금(大笒)圓〈음악〉피리의 하나. 삼금(三笒) 가운

대:금(大禁)圓①전국적으로 금함. ②중한 금제(禁制). 하타 [로 치르는 돈. (약)대. price

대:금(代金)圓①값①. ②물건과 바꾸는 형식으

대:금(貸金)圓①빌려 준 돈. loan ②돈놀이로 함. 또, 그 돈. lending money 하타

대:금 교환 우편(代金交換郵便)〈경제〉우체국이 수취인에게 물건을 전하고 돈을 받아서 발송인에게 보내 주는 우편 제도. collect on delivery mail

대:금 상:환(代金相換)〈경제〉대금을 받음과 동시에 물건을 상대방에게 넘겨 주는 일.

대:금=업(貸金業)圓[동]돈놀이.

대:금 추심(代金推尋)〈경제〉은행이 고객이나 수취인의 의뢰에 의해 수수료를 받고 어음·배당금·예금 증서의 대금을 수수(收受)하는 업무. collection

대:급(貸給)圓 대여(貸與). 하타

대:기(大忌)圓 크게 꺼리어 싫어함. (비)소기(小忌).

대:기(大起)圓 한사리. [(忌). abomination 하타

대:기(大氣)圓①공기(空氣). air ②〈지리〉천체의 표면을 둘러싸고 있는 기체. 분위기. atmosphere

대:기(大朞)圓[동]대상(大祥).

대:기(大期)圓 아이를 낳을 달. 당월(當月)②. 임월(臨月). parturition month

대:기(大旗)圓(약)대오방기(大五方旗).

대:기(大器)圓①큰 그릇. large vessel ②훌륭하게 될 사람의 됨됨이. (대)소기(小器). great talent ③[동]신기(神器).

대:기(待期)圓 시기를 기다림. waiting for a chance

대:기(待機)圓①기회 오기를 기다림. ¶~실(室). waiting for a chance ②〈군사〉출동 명령을 기다림. stand by ③공무원의 대명(待命) 처분. awaiting orders 하타

대:기(對機)圓〈불교〉①설법을 듣는 사람. ②선가(禪家)에서 스승이 학인의 물음에 대답하는 일. 하타

대:기(對鰭)圓〈어류〉물고기에 있어서, 가슴지느러미·배지느러미 등과 같이 몸 양쪽에 쌍을 이루는 지느러미. 수평 방향으로 나고 보통 고등 동물의 네 다리에 해당함. (대)수직기(垂直鰭).

대:기 가사(大起家舍)圓 집을 훌륭히 크게 짓기 시작함. 하타

대:기=권[―꿘―](大氣圈)圓〈지리〉지구를 싸고 있는 대기의 구역. 공기. 기권. atmosphere

대:기 만:성(大器晩成)圓 크게 될 인물은 오랜 공적을 쌓아 늦게 이루어짐. Great talents mature late

대기=명(待機命令)圓〈관사〉언제나 출동할 수 있는 자세로 대기하고 있으라는 명령. stand-by order ②(법물)공무원을 무보직(無補職) 상태로 놓아 두는 발령(人事發令). [(된 곳.

대:기=소(待機所)圓 시간을 기다리느라고 앉아 있게

대:기 속도(對氣速度)圓 항공기의 공기에 대한 속도.

대:기=수(大旗手)圓〈제도〉대기치(大旗幟) 따위를 받들던 군사.

대:기=압(大氣壓)圓〈물리〉대기의 압력.

대:기 오:염(大氣汚染)圓 산업·교통 등, 인간의 활동에 의하여 만들어지는 유독(有毒) 물질이 공기를 더럽힘. [療法).

대:기 요:법[―뻡](大氣療法)圓[동]개방 요법(開放

대:기운(大氣運)圓 좋은 기회나 운수.

대:기 조석(大氣潮汐)圓 기압의 변화로 나타나는 대기의 조석 현상.

대:기=차(大氣差)圓〈천문〉광선(光線)의 대기(大氣) 속에서의 굴절로 말미암아 다는 보이는 방향과 그 천체의 참 위치와의 사이에 생기는 차. refraction

대:기=치(大旗幟)圓〈제도〉진중(陣中)에서 방위(方位)를 표시하던 깃발.

대:기=후(大氣候)圓 기후대(氣候帶) 계절풍 기후·대륙 기후 등처럼 지구상의 넓은 범위의 기후. 생물의 지리적 분포에 큰 영향을 미침. [하영]

대:길(大吉)圓 매우 길함. 매우 좋음. excellent luck

대=까지(屈)〈곤충〉대개미지내의 벌레. 몸은 녹색 흑갈색으로 촉각은 짧고 모양은 길쭉하여 대통 모양 비슷함. 날개는 없이 발만 세 쌍 달렸음.

대깍튀 (센)→대각.

대깍―거리―다재타 (센)→대각거리다.

대쪼깨이로 째는 소리를 한다튀 매우 날카로운 소리

대:꾸(對句)圓 (준)→대꾸.

대:꾸튀 (센)→대꾸.

대:꾸―질(對句)圓 대꾸하는 짓. retort 하타

대:꾼―하―다[―꾼―]혦업 기운이 아주 쑥 들어가고 맥없이 보이다. ¶독감을 앓더니 눈이 대꾼해졌다. (큰)데꾼하다. (센)때꾼하다. exhausted

대 끝에서도 삼 년이라튀 어떤 역경에 처하여 참고 견딘다.

대끼―다타①무슨 일에 경험을 얻을 만큼 많이 시달리다. be schooled 타②수수나 보리 따위 곡식을 마지막으로 깨끗이 쓿다. polish well

대:니(大膩)圓〈제도〉설달 그믐 전날 밤 궁궐 둘에서 행하던 악귀(惡鬼) 쫓아내기. Devil Driving

대=나무圓 '대'를 목본(木本)으로 일컫는 말.

대=나물圓〈식물〉너도개미자리과의 다년생 풀. 줄기 높이 1m 가량으로 잎은 피침형 혹은 선형임. 6~7월에 흰 꽃이 핌. 어린 잎은 식용, 뿌리는 약용하며 관상용으로 심기도 함. [식.

대:나―의(大儺儀)圓〈제도〉대나(大儺)를 행하던 의

대낚=대낚싯대를 써서 하는 낚시질. 대낚시.

대=낚시圓[동]대낚.

대:난(大難)圓 큰 재난(災難). great misfortune

대:남(對南)圓 남쪽 또는 남방에 대함. ¶~ 간첩.

대:납(代納)圓①남을 대신하여 납부함. pay for another ②다른 물건으로 대신하여 납부함. payment in kind 하타

대:납회(大納會)圓〈경제〉거래소에서 실시하는 그 해의 최종 입회(立會). (대)대발회(大發會).

대:낯圓 환히 밝은 낮. 백일(白日). (유)한낯. broad daylight

대낮에 도깨비에게 홀렸나 도무지 이해가 되지 아니하는 일을 당하였을 때 하는 말.

대:내(大內) 임금이 거처하는 곳. imperial palace

대내(隊內) 부대·군대 등의 안.

대:내(對內) ①내부(內部)에 대한 것. internal ②국내(國內)에 대함. 《데》 대외(對外). domestic

대=내리-다(약) →손대 내리다.

대:내-적(對內的) 내부에 상관되는(것). 《데》 대외적(對外的). internal

대:내 주권[一꿘](對內主權) 〈법률〉 나라 안에 대하여 행사하는 주권.

대:녀(代女) 〈기독〉 영세(領洗) 성사와 견진(堅振) 성사를 받는 여자로, 그 대모(代母)에 대한 친분(親分). 《데》 대자(代子).

대:년(待年) 약혼자가 결혼할 해를 기다림. 하타

대:년-군(待年軍) 〈제도〉 군역(軍役)에 있는 사람이 죽거나 복무하지 못하게 되는 때에 그 뒤를 이을 16세 미만의 남자.

대:=년호(大年號) 〈원〉→대년호.

대:=놀음(대) 기생이 풍악을 갖추어 노는 놀음.

대=농(一籠) 대로 엮어 만든 농.

대:농(大農) ①큰 규모로 짓는 농사. 《데》 소농(小農). 중농(中農). large-scale farming ②자산이 풍족한 농부. wealthy farmer

대:=농(大籠) 크게 만든 장농(欌籠).

대:농가(大農家) 〈농업〉 규모가 큰 농사를 짓는 집. 《데》 소농가(小農家). 세농가(細農家).

대:=농지(大農地) 〈농업〉 크게 농사를 짓는 땅. 《데》 소농지(小農地).

대:뇌(大腦) 〈생리〉 척추(脊椎) 동물의 뇌의 일부.

대:뇌-각(大腦脚) 〈생리〉 중추에 있어, 큰뇌와 다른 것과의 연락을 하는 곳. peduncle of the brain

대:뇌 생리학(大腦生理學) 〈생리〉 대뇌 기능을 연구하는 생리학의 한 분야. cerebrophysiology

대:뇌 수질(大腦髓質) 〈생리〉 대뇌 피질 밑에 있는 신경 섬유의 집단.

대:뇌 피질(大腦皮質) 〈생리〉 동물체의 신경 작용을 조절하는 기관으로 대뇌 표면을 둘러싼 회백질(灰白質)의 부분.

대님 바짓가랑이 끝을 접어서 졸라매는 끈. pant-leg ties

대:-다 시간을 어기지 않고 정한 목적에 이르도록 하다. ¶기차 시간에 ~.

대=다 ①서로 맞닿게 하다. bring into contact ②맞닿아서 서로 견주다. compare ③어떤 일에 손을 붙이다. touch, meddle ④물을 흘려서 들어가 닿게 하다. water ⑤말이나 손짓 따위로 알려 주다. inform ⑥물질적으로 뒤를 보살펴 주다. supply ⑦노름·내기 따위에서 일정한 돈이나 물건을 걸다. ¶만원을 ~. bet ⑧무엇으로 연결시키다. ¶연락을 ~. connect ⑨무엇을 목표로 하여 겨누거나 향하다. ¶총을 ~. aim be in time ⑩일부 명사와 결합하여 그 명사가 나타내는 뜻을 들고 나서다. ¶핑계를 ~. find ⑪대면(對面)시키다. ⑫의지하다. 기대다. ¶등을 ~. 차조에 차를 ~.

대=다 움직임의 정도가 심함을 보임. 받드시 동사의 어미 '=아-=어-=여' 다음에서 쓰임. ¶먹어 ~. lot, like mad

=대:-다(복)(동) =거리다.

대대리(대) 구두창에 갑피(甲皮)를 대고 맞꿰매는 가죽.

대:다수(大多數) ①많고 큰 수효. large majority ②거의 다. 다배수(多倍數). most

대:단(大緞) 〈피〉 한단(漢緞).

대:단나(大檀那) 〈불〉 큰단나.

대:=단원(大單元) 〈교육〉 단원 학습에 있어서 생활 경험을 종합적으로 장시간을 요하게 형성한 단원. 《데》 소단원(小單元).

대:=단원(大團圓) ①〈연예〉 연극 따위에서 얽힌 사건의 실마리를 풀어 결말을 짓는 결정적인 고비. 카타스트로프 (catastrophe). ②엔딩. 대미(大尾).

대:단찮-다(=대) 대단하지 아니하다. ¶상처가 ~. not so severe 대:=단찮=이(旦)

대:단-하-다(형) ①매우 심하다. severe ②크고도 많다. many ③아주 중요하다. serious ④출중하게 뛰어나다. excellent 대:단-히(旦)

대:담(大談) 큰 장담. 큰소리. 하타

대:담(大膽) 모든 일에 겁없이 하는 용기. 《데》 소담(小膽). boldness 하다 스럽 스렁다 히(旦) 「하타

대:담(對談) 서로 마주 보고 의논함. 대화(對話). talk

대:답(對答) ①물음에 대해서 자기 뜻을 나타냄. answer ②부름에 응함. 《데》 답(答)①. reply 하타

대:답 양:단(對踏兩端) 서로 상반되는 양끝을 밟음. 곧, 서로 다른 길을 감. 하타

대:당(大唐) 당(唐)나라의 미칭.

대:당(對當) ①서로 걸맞음. correspondence ②〈약〉→대당 관계(對當關係). 하타

대:당 관계(對當關係) 〈논리〉 주사(主辭)와 빈사(賓辭)가 같지만 양(量)과 질(質) 중의 한 쪽 또는 양쪽이 다 다른 두 개의 판단의 참과 거짓의 관계.

대:당-액(對當額) 상당한 액. 《약》 대당②.

대:대(大帶) 〈제도〉 남자의 심의(深衣)와 여자의 원삼(圓衫)에 띠는 넓은 띠. big belt

대:대(大隊) ①〈제도〉 군사로 신성된 사람의 한 떼. ②〈군사〉 4개 중대(中隊)로 편성된 군대의 단위. battalion ③많은 사람으로 조직한 일단(一團). large group

대:대(代代) 거듭된 세대(世代). 세세(世世). 열대(列代). 자자 손손(子子孫孫). successive generations

대대 곱사등이(대) 아비의 잘못을 자식이 닮아서 그 잘못이 대대로 내려온다는 말.

대대로(旦) 형편이 되어가는 대로. ¶무리하지 말고 ~ 하여라. accordingly as the situation goes 「짓다.

대:대=로(代代-) 여러 대를 계속하여. ¶~ 농사를

대:대 손손(代代孫孫) 자자 손손(子子孫孫).

대:대=장(大隊長) 〈군사〉 대대를 지휘 통솔하는 사람.

대:-적(大-的) 규모가 썩 큼직한(것). large-scale

대:덕(大德) ①높고도 큰 인덕(仁德). great virtue ②〈불교〉 중덕 법계(中德法階)를 받고, 두 해 이상 교리(敎理)를 연구한 중에게 주는 법계(法階). ③

대:도(大刀) 「덕이 높은 중. 준덕(峻德).

대:도(大度) 도량이 큼. 또, 큰 도량. generosity

대:도(大都) 〈약〉→대도회(大都會).

대:도(大盜) 큰도적. 거도(巨盜). 「하타

대:도(大道) ①큰 길. 대로(大路). highway ②사람이 마땅히 행하여야 할 바른 길. ¶~을 깨닫다. great principle ③행정 구역에서 큰 도. ¶경기도는 ~이다. large province

대=도(帶刀) 〈복〉 패검(佩劍). 하타

대:=도:교(大道敎) 최제우(崔濟愚)를 교조로 하는 동학 계통의 한 교.

대:=도:구(大道具) 〈연예〉 무대(舞臺) 장치에서 무대의 정경(情景)을 설명하거나 연기(演技)를 돕기 위하여 만든 비교적 큰 속조물의 총칭. sets

대:=도:사(大道師) 〈종교〉 시천교(侍天敎)를 대표하고 교의 모든 사무를 통할하는 직무.

대:=도시(大都市) 큰 도시. 지역이 넓고 인구가 많으며 경제·문화·정치·교육 등의 중심이 되는 도시. 대도회.

대:=도시=권[一꿘](大都市圈) 하나의 대도시를 이루는 데 밀접한 관계가 있는 지역적인 범위.

대:=도:정(大道正) 〈종교〉 천도교를 총리(總理)하고, 중앙 종리원(中央宗理院)의 중요한 교무(敎務)를 협의하는 직무. representative of Chundokyo

대:=도:주(大道主) 〈종교〉 천도교를 대표하는 직무.

:대도흔(고) 온. 모든.

:대도·호-이(고) 통틀어.

대:=도호=부(大都護府) 〈제도〉 예전 행정 구획의 하나.

대:도회(大都會) 큰 도회. 대도시. 《약》 대도(大都).

대:대·도·히(고) 모두. 통틀어.

대:=독(大毒) 지독한 독물.
대:독(代讀) 남의 글을 대신해서 읽음. reading by proxy 하다
대돈:변(一邊)(一邊) 돈 한 냥에 대하여 매달 한 돈씩 느는 변돈. interest of ten percent per month
대동물(大) 푸줏간에서 쇠고기를 파는 사람. butcher
대:동¹(大同) ①대체로 보아 같음. general similarity ②큰 세력이 합동함. union ③천하가 번영하여 화평하게 됨. 하다
대:동²(大同) 〈제도〉 삼세(三稅)의 하나. 땅에 따라 쌀·무명 따위를 바치게 하던 제도. 「라. Korea
대:동(大東) 우리 나라의 딴 전부. 동방의 큰 나
대:동(大洞) ①한 동네의 전부. whole town ②큰 동네. large town
대:동(帶同) 함께 데리고 감. accompaniment 하다
대:동 단결(大同團結) 많은 사람이 같은 이념 아래 합동하여 뭉침. combination 하다
대:동 당상(大同堂上) 〈준〉 선혜 당상(宣惠堂上).
대:=동:맥(大動脈) ①〈생리〉 심장 좌실(心臟左室)에서 나와 순환되는 동맥의 으뜸 줄기. 《대》 대정맥(大靜脈). main artery ②교통의 큰 간선로(幹線路)를 비유하여 이르는 말. biggest trunk line
대:동:맥-판(大動脈瓣) 〈생리〉 염통에서 일단 나간 피가 역류(逆流)하지 못하도록 방지하는 판. 날름막.   「거두던 법.
대:동-목(大同木) 〈제도〉 대동법에 의하여 쌀 대신
대:동-미(大同米) 〈제도〉 대동법(大同法)에 따라서 물리어 거두던 쌀.
대:동-법(一法)(大同法) 〈제도〉 현물로 바치던 공물(貢物)을 미곡으로 환산하여 거두어 들이던 법. 선조(宣祖) 때 제정하여 고종(高宗) 31년까지 시행함.
대:=사(代動詞) 〈어학〉 영어에 있어 동일한 동사의 반복 사용을 피하기 위하여 대용하는 동사. 'do' 같은 것. pro-verb   「경.
대:동 사:목(大同事目) 〈제도〉 대동법(大同法)의
대:동-선(大同船) 〈제도〉 대동미(大同米)를 실어 보내는 데 쓰던 관청의 배.
대:동 소:이(大同小異) 어숫비슷함. 거의 같음. 동공 이곡². general similarity 하다
대:동지-론(大同之論) 여러 사람의 공론. 공공지론(公共之論). consensus of public opinion
대:동지-역(大同之役) 모든 사람이 다 함께 하는 부역. public labor service   〔(患難).
대:동지-환(大同之患) 뭇사람이 두루 당하는 환난
대되 (고) 모두. 대저. 통틀어.
대:두(大斗) 열 되들이 말. 《대》 소두(小斗). large size dry measure
대:두(大豆) 〈동〉 콩.
대:두(對頭) 〈동〉 대적(對敵). 하다(다)
대두(擡頭) ①어떠한 현상이나 세력이 머리를 쳐들고 일어남. rise ②여러 줄로 써 나가는 글 속에서 사람의 이름 등 경의를 표시해야 할 때만 줄을 잡아서 올려 쓰는 일. assume greater prominence ③다른 것을 물리치고 세력을 떨침. becoming influential 하다(다)
대두리(對一) ①일이 크게 벌어진 판. scene of confusion ②큰 다툼. 큰 시비. 큰 야단. hot argument
대:두-박(大豆粕) 〈동〉 콩깻묵.
대:두-유(大豆油) 〈동〉 콩기름.   「큰 쇠못.
대:-두정(大頭釘) 대문짝 따위에 박는 대가리가 썩
대둔-근(大臀筋) 궁둥이에 붙은 살.
대:득(大得) 뜻밖에 좋은 성과를 얻음. big hit 하
대:-들다(다)[로) 요구하거나 반항하느라고 세차게 달려들다. ¶형에게 ~. challenge
대:들보[一보](大一) 〈건축〉 큰 들보. 대량(大樑). girder ②한 나라나 집안의 중심이 되는 중요한 사람을 비유하는 말. ¶년 우리 집안의 ~다.
대:등(大登) 큰 풍년이 듦. rich harvest
대:등(代登) 대신으로 등장함. 대신 나타남. appearance in substitution 하다(다)

대:등(對等) 양쪽이 서로 엇비슷함. equality 하다
대:등거리 옷에 덤이 배지 않게 대를 엮어서 만든 등거리. bamboo sweat-shirt
대:등-문(對等文) 〈어학〉 대등적 연결 어미에 의하여 맞섬의 관계로 대등하게 이어지는 글. 나란히월. coordinate sentence
대:등-법(一法)(對等法) 〈어학〉 어미 변화의 하나. 둘 이상의 술어(述語)를 대등하여 벌이는 법. 나란히법.
대:등-절(對等節) 〈어학〉 한 문장 중에서 대등한 자격을 가지고 결합하여 있는 절. 나란히마디. 대립절(對立節). ¶산은 높고 물은 깊다. 나비는 춤추며 새는 노래한다. 《대》 종속절(從屬節). coordinate clause
대:등 조약(對等條約) 〈법률〉 국제적으로 양쪽의 권리와 의무가 대등한 조약. treaty on equal terms
대:=露이 담뱃대를 훑는 노 또는 그 밖의 물건. pipe-cleaner
대뜰 댓돌 위의 뜰. 댓돌에서 집채 쪽으로 있는 좁고 긴 뜰. terrace lawn
대뜸 헤아릴 것 없이 닥치는 대로. 그 자리에서 얼른. at once
대:란(大亂) ①큰 난리. ②크게 어지러움. 하다
대:래(貸來)(圈) 돈을 꾸어 옴.
대:략(大略) ①〈동〉 경개(梗槪). 개요(概要). ②대체의 개략(槪略). 큰 모양. great plan ③뛰어난 지략(智略). ④ 대체의 개략으로. 개요. 대강. about
대:량(大量) ①많은 분량. great quantity ②큰 도량(度量). 《대》 소량(小量). generosity
대:량(大樑) 〈동〉 대들보①.
대:량-목(大樑木) 대들보가 될 만한 큰 재목.
대:량 생산(大量生產) 〈경제〉 단가(單價)를 싸게 하기 위하여 많은 물건을 한꺼번에 생산하는 일. 《약》 양산(量產). massproduction 하다
대:려(大呂) 〈민속〉 십이율(律) 중의 음려(陰呂)의 하나. 방위로는 축(丑)에 해당하고, 절후(節候)로는 음력 십이월에 딸림.   「사람.
대:력(大力) 대단히 강한 힘. 또, 그런 힘이 있는
대:련(對聯) ①〈문학〉 대가 되는 연(聯). couplet ②문·기둥에 써 붙이는 대구(對句).
대:렴(大殮) 소렴한 다음날 송장에게 옷을 거듭 입히고 이불로 싸서 베로 묶는 일. 하다(다)
대:렴-금(大殮衾) 대렴 때에 쓰는 이불.
대:렵(大獵) 사냥한 것이 많음. 새나 짐승이 많이 잡힌 일.
대:령(大領) 〈군사〉 육·해·공군에서 영관(領官)의 최상급 무관. colonel ②〈종교〉 천도교에서 모든 교무를 총리하는 직무.   「〔靈〕.
대:령(大靈)(圈) ①근본되는 신령. ②위대한 신령(神
대:령(待令) 명령을 기다림. awaiting orders 하다(다)
대령 목수(待令木手)(圈) 〈제도〉 호조(戶曹)에 딸려서 나라의 목수 일을 늘 맡아 하던 목수.
대:례(大禮) ①혼인을 지내는 예. 관혼상제 등의 의식. important ceremony ②조정의 중대한 의식. 대사(大事). state ceremony
대:례 미사(大禮彌撒) 〈기독〉 천주 교회의 미사 중 가장 장엄한 미사.   「던 예복. full dress
대:례-복(大禮服) 〈제도〉 국가의 중대한 의식에 입
대:로 閉 ①그 모양과 같이. ②서로 따르따르. ¶너는 너는 나는 나는. as 의 ③그 모양과 같이 시키는 ~ 하다. ②할 때마다. ¶가져오는 ~ 먹어 치우다.   「ed old man
대:로(大老) 존경을 받는 어진 노인. well respect-
대:로(大怒) 크게 성냄. wild rage 하다(다)
대:로(大路) 폭이 넓고 큰 길. 대도(大道). 《대》 소로(小路). main street
대:로(大鷺) 《약》=대백로(大白鷺).
대:로(代勞)(圈) 남을 대신하여 일을 함. 하다(다)
대:록(大綠) 〈공업〉 청자(靑瓷)의 푸른 깟물의 하나.

대:록(帶綠)[명] 녹색을 띠고 있음.
대:론(大論)[명] ①크게 논의함. ②웅대하고 고원한 의론. 하―[쟁](論爭). 하―
대론(對論)[명] ①서로 마주 대하여 논의함. ②[동] 논
대론(臺論)[명] 〈제도〉 사헌부(司憲府)나 사간원(司諫院)에서 하는 탄핵(彈劾).
대롱[명] 가느스름하게 생긴 통대의 토막. slender bamboo tube
대롱=거리―다[자] 매달린 물건이 가볍게 흔들리다. 《큰》 디룽거리다. dangle **대롱 대롱**[부] 하―
대:뢰(大牢)[명] 〈제도〉 나라 제사에 소를 통째로 제물로 바치던 일. 「의정(議政)을 일컫던 말.
대:료(大僚)[명] 〈제도〉 보국(輔國) 이하의 버슬아치.
대:료(代料)[명] ①[동] 대금(代金). ②대신 사용하는 재료(材料).
대:루(對壘)[명] 〈군사〉 보루(堡壘)를 구축(構築)하고 적군과 상대하는 일. fortification 하―
대:루―원(待漏院)[명]/**대:루―청**(待漏廳)[명] 〈제도〉 이른 아침 대궐 안으로 사진(仕進)하려고, 대궐 문이 열리기를 기다리던 곳.
대:류(對流)[명] 〈물리〉 온도가 고르지 못하여 기체·액체가 순환되는 운동. convection
대:류―권[―꿘](對流圈)[명] 〈지리〉 기상학(氣象學)에서 지구 표면에 가까운 대기(大氣)의 범위를 이름. 《대》 성층권. troposphere
대:류 방:전(對流放電)[명] 〈물리〉 반대 전기를 띤 두 금속판을 마주 세울 때 전기가 중화되는 현상. convective discharge
대:류 전:류(對流電流)[명] 〈물리〉 대전된 물질 자체가 운동할 때에 나타나는 전류. 보통 기체 또는 액체 속의 이온 전류를 가리킴. convective electric current 「(大洋). continent
대:륙(大陸)[명] 〈지리〉 지구 위의 큰 육지. 《대》 대양
대:륙간 탄:도 유도탄(大陸間彈道誘導彈)[명] 〈군사〉 대형 원수폭(大型原水爆)을 적재(積載)하고 대륙간을 착륙하지 않고 나는 장거리 유도 병기(誘導兵器). 아이 시 비 엠(ICBM). 대륙간 탄도 병기. Intercontinental Ballistic Missile
대:륙 기후(大陸氣候)[명] →대륙성 기후(大陸性氣候)
대:륙 대지(大陸臺地)[명] 〈지리〉 대륙 내부에 넓은 면적을 이루고 있는 반반한 평지.
대:륙―도(大陸島)[명] 〈지리〉 대륙의 일부가 단층(斷層)·수식(水蝕)으로 말미암아 잘려지거나, 바다 밑의 융기(隆起)로 말미암아 이루어진 섬. 분리도(分離島). 《대》 대양도(大洋島). 《약》 육도(陸島). continental island
대:륙 문학(大陸文學)[명] 〈문학〉 ①넓은 대륙을 배경으로 하여 이루어진 규모가 큰 문학. ②대륙에서 이루어진 작품의 총칭. continental literature
대:륙―법(大陸法)[명] 〈법률〉 독일·프랑스를 중심으로 하는 유럽 대륙 여러 나라의 법 체계. 로마법의 영향이 강하고, 성문법(成文法)을 중심으로 성립됨. 《대》 영미법(英美法). continental law
대:륙 봉쇄령(大陸封鎖令)[명] 〈역사〉 프랑스의 나폴레옹 1세가 칙령을 내려 영국과 유럽 대륙과의 통상 단절을 시킨 일.
대:륙―붕(大陸棚)[명] 〈지학〉 대륙의 주위 해심이 200m 까지의 얕은 경사면. 《약》 육붕(陸棚). continental shelf
대:륙 빙하(大陸氷河)[명] 〈지학〉 설선(雪線)이 극히 낮은 지역에 형성되는 빙하. 광대한 지역을 덮고 서서히 해안으로 이동함. 《대》 산악 빙하(山岳氷河). continental glacier
대:륙 사면(大陸斜面)[명] 〈지학〉 대륙붕에서 대양저(大洋底)에 이르는 경사면(傾斜面). 평균 경사도는 2~4°로 하면 아래 200~3000m임. 대륙판(大陸坂). continental slope
대:륙―성(大陸性)[명] 민족성은 인내력이 강하고 끈기가 있으며, 기후는 춥고 덥고 따뜻하며 습(濕)한 차가 심한 현상 따위. 대륙적 성질. 《대》 해양성(海洋性). 도서성(島嶼性). continental
대:륙성 기후(大陸性氣候)[명] 〈지리〉 대륙 내부의 기후. 대륙의 비열(比熱)과 열용량(熱容量)이 적기 때문에 밤과 낮 또는 여름과 겨울의 기온의 차가 큼. 내륙성 기후(內陸性氣候). 《대》 해양성 기후. 《약》 대륙 기후. continental climate
대:륙 이동설(大陸移動說)[명] 〈지리〉 대륙이 태양·달의 인력 및 지구 자전의 원심력(遠心力)으로 말미암아 약한 선에 따라 갈라져서 동쪽에서 서쪽으로, 극(極)쪽에서 적도쪽으로 이동하여 지금과 같은 분포를 이루게 되었다는 설. 베게너(A. Wegener)가 제창했음. 대륙 표이설(大陸漂移說). continental drift theory
대:륙―적(大陸的)[관][명] ①대륙의 특유한 (것). peculiar to continent ②대륙답게 규모가 큰(것). continental ③넓적하고 인내력이 강한 사람을 일컬음.
대:륙―판(大陸坂)[명] [동] 대륙 사면.
대:륜(大倫)[명] 인륜(人倫)의 대도(大道).
대:륜(大輪)[명] 꽃송이가 따위의 큰 것.
대:륜―도(大輪圖)[명] 방위(方位)를 소상하게 가리켜 보이는 큰 윤도. 「다시 보이던 시험.
대:륜―차(大輪次)[명] 〈제도〉 과거에 낙방한 사람에게
대:리(大利)[명] ①큰 이익. great profit ②큰 승리. great victory
대:리(代理)[명] ①남을 대신하여 일을 처리함. agency ②〈법률〉 남을 대신하여 법률 효과를 발생시키는 일. procuration ③[동] 대청(代廳). 하―
대:리 공사(代理公使)[명] 〈법률〉 외교 사절의 제4급. 어떤 국가의 외무부 장관으로부터 다른 국가의 외무부 장관에게 보내는 신임장을 휴대한다. chargé d'affaires
대:리―관(代理官)[명] 〈법률〉 어떤 관리를 대신하여 그 소관 직무를 처리하는 관리. deputy official
대:리 광:주(代理鑛主)[명] 광주의 소관 업무를 대리로 맡아보는 사람. acting mine holder
대:리 교환(代理交換)[명] 〈경제〉 어음 교환소의 가맹 은행이 비가맹 은행의 위임을 받아 그 대리인이 되어 어음 교환을 하는 일.
대:리―권[―꿘](代理權)[명] 〈법률〉 대리인과 본인 사이의 법률 관계로서 대리인의 행위가 직접으로 본인에 관해 효과를 발생시키기 위하여 대리인에게 부여된 자격. agency 「서 등에 기명하는 일. 하―
대:리 기명(代理記名)[명] 대리인이 본인을 대신하여 증
대:리―상(代理商)[명] 〈경제〉 독립된 상인으로서 일정한 상인을 위해 상행위의 대리 또는 매개를 하는 사람. agent
대:리―석(大理石)[명] 〈광물〉 석회암이 높은 열과 압력을 받아 변질된 돌. 보통은 흰빛이나 여러 가지 색이나 무늬가 있음. 조각·건축 등에 쓰임. marble
대:리 소:관(大利所關)[명] 큰 이익에 관여되는 바.
대:리 소:송(代理訴訟)[명] 대리인으로서 어떠한급하는 소송. lawsuit by proxy 「sion agency
대:리―업(代理業)[명] 〈경제〉 대리상의 영업. commis-
대:리 의:사(代理意思)[명] 〈법률〉 자기가 행한 법률 행위의 효과를 본인에게 귀속시키려는 대리인의 의사. 「사람.
대:리―인(代理人)[명] 〈법률〉 대리권을 행사할 수 있는
대:리―자(代理者)[명] 대리권이 있는 사람.
대:리 전:쟁(代理戰爭)[명] 전쟁 또는 내란에 있어서 분쟁 당사자가 아닌 강대국이 그 어느 한편을 원조하여 마치 강대국의 대리로 전쟁이 행하여지는 것처럼 보이는 상황을 이름. 「는 영업소.
대:리―점(代理店)[명] 장사하는 일을 대리 또는 매개하
대:리 점유(代理占有)[명] 남을 대리하여 물건을 한때 점유하는 일. 《대》 자기 점유(自己占有).
대:리 판사(代理判事)[명] 〈법률〉 법원의 판사 가운데 사고로 인하여 사건 심리를 담당하지 못할 경우에, 대리하여 그 사건을 담당하는 판사.

대:리 행위(代理行爲)圓 〈법률〉 ①민법상 대리인이 하는 행위. ②행정법상 행정 주체(主體)의 의사 표시가 그 당사자 상호간의 법률 관계를 형성하기 위해 행하여지고, 그 효과는 직접으로 그들 당사자에게 귀속되는 행정 행위.

대림-끝圓 활의 아래아귀와 받은오금의 사이.

대:립(代立)圓 공역(公役)에 사람을 대신 보내는 일. employing a substitute 하타

대:립(代笠)圓 대신으로 빌려 쓰는 갓.

대:립(對立)圓 ①마주 섬. opposition ②〔동〕 대치(對

대:립 의:무(對立義務)圓 〈법률〉 권리와 대립하는 의무. 〔대〕 고립 의무(孤立義務).

대:립 인자(對立因子) 〈생물〉 대립 형질을 지배하는 유전자. allelomorphic gene

대:립적 범:죄(對立的犯罪)圓 대향범(對向犯).

대:립-절(對立節)圓〔동〕대등절(對等節).

대:립-처(對立處)圓 맞서는 곳.

대:립 형질(對立形質)圓 〈생물〉 멘델 유전에서 대립 인자(對立因子)에 의하여 지배되는 한 쌍의 서로 대응(對應)하는 형질. 우성 형질(優性形質)과 열성 형질(劣性形質)이 있음. allelomorph

대리-골[一똑]圓 중매가 부르고 아주 잘게 만든 떡.

대:마(大馬)圓 바둑을 두는 데서 많은 점으로 자리를 [널리 잡은 말.

대:마(大麻)圓〔동〕삼.

대:마-구종(大馬驅從)圓 대가(大家)의 마부(馬夫)의 우두머리.

대-마루圓 ①지붕 위의 가장 높게 마루진 부분. ridge ②〔약〕→대마루판.

대-마루-판圓 일이 결판나는 마지막 판. 〔약〕대마루②. decisive moment

대:마 불사(大馬不死)圓 바둑두는 데 대마는 필경 쉽게 죽지 않고 살길이 생겨난다는 말.

대:마-비(對麻痺)圓 〈의학〉 다리가 좌우 대칭적으로 운동 마비를 일으킨 상태.

대:마-사(大麻絲)圓 대마의 섬유를 원료로 한 실.

대:마 상전(大馬相戰)圓 바둑에서, 대마끼리 서로 싸움. [oil.

대:마-유(大麻油)圓 삼씨에서 짠낸 기름. hemp-seed

대:마-인(大麻仁)圓 〈한의〉 삼씨의 알맹이. 강장제(強壯劑)로 쓰임. [나 잎.

대:마-초(大麻草)圓 환각제로 쓰이는 대마의 이삭이

대-막대기圓 대로 된 막대기. bamboo stick

대:-막리지(大莫離支)圓 〈제도〉 고구려 후기의 정권(政權)과 병권(兵權)을 함께 쥔 가장 우두머리 벼

대-만두(大饅頭)圓 크게 만든 만두. [슬.

대만-미(臺灣米)圓 대만에서 생산되는 쌀.

대:-만원(大滿員)圓 혼잡을 이룰 정도의 만원.

대만-차(臺灣茶)圓 대만에서 생산되는 차.

대-말圓 아이들이 말놀음할 때, 두 다리로 걸터타고 다니는 대막대. 죽마(竹馬). bamboo stilts

대:망(大望)圓 큰 희망. ambition

대:망(大蟒)圓〔동〕이무기.

대:망(代網)圓 망건을 고칠 때에 그 동안 망건방에서 빌려 주는 망건.

대:망(待望)圓 바라고 기다림. waiting 하타

대:매圓 마지막으로 이기고 짐을 결정하는 일. final game 하타 [blow of a whip

대:매圓 단 한 번에 모지게 때리는 매. single strong

대:매(大罵)圓 몹시 욕하여 꾸짖음. 하타

대:-매:출(大賣出)圓 많은 물건을 마련하여 싸게 많이 팜. ¶대축-. sale 하타

대:맥(大脈)圓 〈의학〉 맥동파(脈動波)의 폭이 큰 맥박. 흔히 고혈압·심장 비대·발열(發熱) 때에 볼 수 [있음.

대:맥(代脈)圓〔동〕〈한의〉의원 대신에 맥을 진찰하는 일. 또, 그 사람. 하타 [담곶 간장.

대:-맥(大麥醬)圓 보리와 검은 콩으로 메주를 쑤어 담근

대:맹-선(大猛船)圓 옛날 수영(水營)에 있었던 전선(戰船)의 하나.

대:=머리圓 머리털이 빠져서 벗어진 머리. 독두(禿頭). 독정(禿頂). 돌독(突禿). 민머리.〔속〕민대머리. 빈머리. bald head 〔頭腦〕.

대:=머리(大一)圓 일의 가장 중요한 부분. 대두뇌(大

대:-머릿장(大一欌)圓 매우 크게 만든 머릿장.

대면(對面)圓 얼굴을 마주 보고 서로 대함. 당면(當面)②. meeting 하타 [로 반대쪽으로 하는 통행.

대:면 통행(對面通行)圓 보행자와 차마의 통행을 서로

대:면(大名)圓 널리 소문이 난 이름. 고명(高名).

대:명(大命)圓 천자의 명령. 칙명(勅命).

대:명(大明)圓 ①해. 햇빛. sun ②환하게 밝음. ③지덕(知德)이 밝고 높음. sagacity ④〔동〕명(明)나라 조정. Ming dynasty 〔殺〕. 하타

대:명(大命)圓 ①남을 대신하여 죽음. 대살(代

대:명(待命)圓 〈법률〉 ①판리가 잘못을 저질렀을 때 처분의 명령을 기다림. awaiting orders ②공무원이 보직 받기를 기다림. being placed on the wait-

대명(臺命)圓 귀인의 명령. [ing list 하타

대:명-매(大明梅)圓 〈식물〉 매화나무의 하나. 꽃이 흩으로 붉음.

대:-명사(大名辭)圓 대개념을 언어로 나타낸 것.

대:=명사(代名詞)圓 〈어학〉 사람·사물·방향·처소 등의 이름 대신 그것을 가리키는 품사. 인칭 대명사와 지시 대명사가 있음. 대이름씨. pronoun

대:명-일(大名日)圓 큰 명절날. great festival

대:명-죽(大明竹)圓 〈식물〉 대의 하나. 키는 160 cm 가량, 겉피는 자줏빛을 띤 녹색임. 퉁소 등을 만드는 데 씀.

대:명 천지(大明天地)圓 아주 환하게 밝은 세상.

대:명 휴:직(待命休職)圓 공무원의 신분을 유지시키면서 보직을 전제로 대명 기간을 정하고 그 기간 중 휴직급을 주는 제도.

대:모(大母)圓 할머니뻘 되는 여자. grandmother

대:모(大謀)圓 큰 모의(謀議).

대:모(代母)圓 〈기독〉 성세(聖洗) 성사와 견진(堅振) 성사를 받은 여자와의 신친 후견녀(神親後見女).〔대〕 대부(代父). godmother

대:모(玳瑁·瑇瑁)圓 〈동물〉 바다거북과에 속하는 거북의 하나. 머리는 뾰족하고 알부은 누런 빛깔 겉피기는 누른 바탕에 검은 점이 있음. 등 겉피기는 대모 또는 대모갑이라 하여 공예품·장식품 등에 쓰임. hawk's bill turtle

대:모-갑(玳瑁一)圓 대모의 겉피. tortoise shell

대:모 갓끈(玳瑁一)圓 패옥(貝瓔)의 하나. [자.

대:모 관자(玳瑁貫子)圓 대모갑(玳瑁甲)으로 만든 관

대:모-테(玳瑁一)圓 대모갑으로 만든 안경테. tortoise rim of eyeglasses

대:모 풍잠(玳瑁風簪)圓 대모갑으로 만든 풍잠(風簪).

대:모-한 대강령이 되는 소중한. important

대목圓 ①가장 요긴한 고비. very time ②설이나 추석을 앞둔 기긍 고긴한 동안. ③글이 한 도마.

대:목(大木)圓 ①〔동〕목공(木工). ②규모가 큰 건축 일을 하는 목수. carpenter ③큰 나무. tall tree

대목(臺木)圓 〈식물〉 접을 붙이는 데 그 바탕이 되는 뿌리가 있는 나무. 접본(接本). stock

대목-장(一場)圓 큰 명절을 바로 앞두고 서는 장. fair at the very end of the year [peg

대-못圓 대로 만든 못. 축정(竹釘).〔대〕쇠못. bamboo

대:-못(大一)圓 길고 굵은 못. 대정(大釘). large nail

대못-박이圓 대못이 물건을 뚫지 못한다는 뜻으로 가르쳐도 깨닫지 못하는 어리석은 사람의 뜻함. simpleton [큰 이상이나 꿈.

대:몽(大夢)圓 ①크게 길한 꿈. auspicious dream ②

대:묘(大廟)圓〔동〕종묘(宗廟).

대:무(大霧)圓〔동〕농무(濃霧).

대:무(代務)圓 대신 대리(代理). 하타

대-무(隊舞)圓 〈음악〉 여러 무열(舞列)을 갖추고 군무(群舞)하는 무악(舞樂). [dance 하타

대:-무(對舞) 〈음악〉 마주 서서 추는 춤. contra-

대:무-인(代務人)圈 대신 사무를 보는 사람.
대:무지-년(大無之年)圈 아주 몹시 흉년. 대살년(大殺年).
대묵(臺墨)圈 [공] 남의 편지.
대문(大文)圈 ①글의 동강. 분단(分段). passage ②주해(註解)가 붙은 책의 본문. text
대:문(大門)圈 큰 문. 집의 정문. (대) 소문(小門).
대:문(大蚊)圈 [동] 꾸정모기. [main gate
대:문(大文)圈 큰 무늬.
대:문(帶紋)圈 띠 모양으로 된 무늬. 띠무늬.
대:문(臺聞)圈 '듣는다'는 뜻의 존경어.
대:문-가(對門家)圈 문이 서로 마주 선 건넛집.
대:문-간(―깐)(大門間)圈 대문 안쪽의 빈 간. inside the gate
대:문-띠(大門―)圈 대문짝의 널과 가로 대고 못을 박는 네모진 나무. crosspiece on the door of a gate
대문 밖이 저승이라圈 사람은 언제 죽을지 모른다.
대문이 가문圈 가문이 높아도 가난하여 집체나 대문이 작으면 위엄이 없다.
대:문자(―짜)(大文字)圈 ①웅대한 글. ②서양 글자의 큰 체로 된 글자. 대자②. capital letters
대:문장(大文章)圈 웅대한 글. 또, 그러한 글짓기에 능한 사람. grand composition, great master of
대:문-짝(大門―)圈 대문의 한 짝. [style
대:문-채(大門―)圈 대문이 있는 집채.
대문 턱 높은 집에 정강이 높은 며느리 들어온다圈 일이 잘 되어 가려면 다 경우에 맞게 되어 가는 법
대:물(代物)圈 대신되는 물건.
대:물(貸物)圈 빌려 준 물건. [하圈
대:물(對物)圈 어떠한 물건에 대함. 또, 그 물건. real
대:물경(對物鏡)圈 동 대물 렌즈.
대:물 담보(對物擔保)圈 〈법률〉특정의 재산에 의한 채무의 담보. (대) 대인 담보. security against a thing
대:물 렌즈(對物 lens)圈 〈물리〉현미경과 망원경 따위의 물체로 향한 쪽의 렌즈. 대물경. (대) 접안(接眼). objective lens
대:-물리-다(代―)目 무엇을 자손에게 남겨 이어 주다. ¶대물린 책. hand over
대:물 변:제(代物辨濟)圈 〈법률〉채무자가 채권자의 승낙을 얻어 채권의 목적 이외의 다른 급부(給付)에 의하여 채무를 변제하는 일. payment in substitutes 하圈
대:물부리(―뿌―)圈 대로 만든 담배 물부리.
대:물-세(―쎄)(對物稅)圈 물세(物稅).
대:물 신:용(對物信用)圈 〈법률〉질권·저당권 등의 담보에 대한 신용. (대) 대인 신용. real credit
대:미(大米)圈 쌀.
대:미(大尾)圈 맨 끝. end
대:미(對美)圈 미국에 대한 일. ¶~ 교섭.
대:미사(大彌撒)圈 〈기독〉성례히 지내는 미사. 미사의 일정한 부분을 노래로 부름. 장엄 미사. high mass
대:미사일 방어(對 missile 防禦)圈 〈군사〉비행중인 적의 미사일을 탐지·포착·파괴하는 제반 수단.
대:민(對民)圈 지네가 있는 시골 사람. country general
대:-바구니(―꾸―)圈 대를 엮어 만든 바구니.
대:바늘圈 참대로 만든 뜨개 바늘.
대:박(大舶)圈 ①큰 배. large ship ②큰 물건을 일컬음. large thing
대:반(大半)圈 태반(太半). greater part
대:반(大盤)圈 ①큰 소반. 큰 목판. large tray ②많이 잘 차린 음식. bountiful table
대:반(對伴)圈 구식 혼인을 거행하는 집에서 새신랑이나 색시가 후행한 이의 옆에서 접대하는 사람.
대:=반석(大盤石)圈 ①큰 바위. large rock ②아주 견고하여 움직이지 않음의 비유.
대:반석(臺盤石)圈 돌탑을 세울 때 기단의 밑바닥에 까는 반석.
대:=반야(大般若)圈 (동) 대반야경(大般若經).

대:=반야경(大般若經)圈 〈불교〉반야를 설명한 여러 경전을 집성한 것으로, '반야경(般若經)'을 종요롭게 일컫는 말. 대반야. 대반야 바라밀다경. 대반야 바라밀다 심경. [대반야경.
대:=반야 바라밀다경(―따―)(大般若波羅蜜多經)圈(동)
대:=반야 바라밀다 심경(―따―)(大般若波羅蜜多心經) 圈 (동) 대반야경.
대:반 열반경(大般涅槃經)圈 〈불교〉석존(釋尊)의 입멸(入滅)에 대하여 설명한 경전. 한역(漢譯)에는 소승과 대승의 두 경전이 있음. 열반경.
대:벌(大閥)圈 큰 대벌.
대:-받-다目 남의 말에 대항하여 대거리하다. retort
대:-받-다(代―)目 ①앞사람의 일을 뒷사람이 이어받다. ②부조(父祖)의 일을 물려받다. succeed to
대:-발圈 대를 결어 만든 발.
대:-발회(大發會)圈 〈경제〉거래소에서의 신년 최초의 입회(立會). '발회'의 미칭. (대) 대납회(大納會). [술. 또, 그 의원.
대:방(大方)圈 〈한의〉한의에서의 소아과가 아닌 의
대:방(大邦)圈 큰 나라.
대:방(大房)圈 ①큰 방. large room ②〈불교〉대중이 많이 모여 밥을 먹는 절의 큰 방. (공) 할아비 할어미
대:방(貸方)圈 (동) 대변(貸邊). [니·할머니.
대:방-가(大方家)圈 (동) 대가(大家).
대방광불 화엄경(大方廣佛華嚴經)圈 〈불교〉불교의 가장 높은 교리를 말한 불경의 하나.
대:방-군(帶方郡)圈 〈역사〉후한 때, 요동후(遼東侯) 공손강(公孫康)이 진번(眞番) 땅에다 설치했던 군(郡). 한강 이북 자비령(慈悲嶺) 이남의 땅이었음(196~220년). [卿]이 있음.
대:방(大方朕)圈 큰 상여. 옛날에 주로 공경(公
대:방전(大方甎)圈 〈건축〉성벽이나 담을 쌓는 데 쓰는 네모꼴의 벽돌.
대:-밭圈 대를 심은 밭. 대 수풀이 있는 땅. 죽전(竹
대:배(大杯·大盃)圈 (동) 대백(大白). [田].
대:배(大拜)圈 〈제도〉의정(議政) 벼슬을 받음. 하圈
대:배-심(大陪審)圈 〈법률〉배심제에서, 기소를 행하는 일. 기소 배심. grand jury
대:백(大白)圈 큰 술잔. 대배(大杯). large cup
대:백(戴白)圈 머리에 백발이 남. 또, 그런 노인. silver hair
대:백-로(大白鷺)圈 〈조류〉백로과의 새. 몸은 희며, 생식 계절에는 머리에서 등까지 장식 깃털이 생김. 날개 40cm, 꽁지 16cm, 부리 13cm 가량임. (약) 대로(大鷺). [음의 하나.
대:=백의(大白衣)圈 〈불교〉백의를 입은 관음. 33관
대번圈 서슴지 않고 당장. 한 번에. (약) 대번. at [other person 하圈
대:번(代番)圈 남의 번을 대신함. doing duty for an [once
대:범(大犯)圈 큰 범죄.
대:범(大凡)圈 무릇. on the whole
대범圈 큰 범. 큰 호랑이. ¶범=스레圈
대:범-스럽-다(大凡―)圈(브레) 대범한 태도가 있다. 대
대:범-하-다(大凡―)圈여圈 사물에 대하여 까다롭거나 잔잔하지 않고 예사롭다. 대:범-히圈
대:법[1](大法)圈 ①가장 소중한 부분이 되는 법. law of the land ②(약) 대법원.
대:법[2](大法)圈〈불교〉 ①뛰어난 부처의 가르침. ②'대승(大乘)'의 딴이름.
대:=법관(大法官)圈 〈법률〉국법상 법관의 명칭을 가지는 공무원으로서 대법원에 소속되어 재판 사무를 담당하는 사람. 대법원 판사. 대법원 판사(大法院判事). justice of the Supreme Court
대:=법원(大法院)圈 〈법률〉우리 나라의 최고 법원. 대법원장을 포함한 16명 이하의 대법원 판사로 구성하며, 법령 심사권·상고심 재판권·국회 의원 선거 소송 심판권·행정 심판권을 가지며 군법 회의 상고심을 관할한다. (약) 대법②. Supreme Court
대:법원-장(大法院長)圈 〈법률〉대법원의 일반 사무

대:법원 판사(大法院判事)[명] 〈동〉 대법관(大法官).
대:법회(大法會)[명] 〈불교〉 경전(經典)을 강설하는 큰 법회.
대벽(大辟)[명] 무거운 형벌. 곧, 사형(死刑). capital punishment.
대변(大便)[명] 사람의 똥. (대) 소변(小便). excrement
대:변(大辯)[명] 아주 뛰어난 언변. 달변. 능변.
대:변(大變)[명] 크나큰 변고. grave disturbance
대:변(代辯)[명] ①남을 대신하여 변상함. compensation by proxy ②남을 대신하여 사무를 처리함. 하다
대:변(代辯)[명] ①어떤 개인·기관의 의견·입장·태도 등을 대신하여 말함. ¶형의 생각을 ~하다. ②어떤 내용을 대신하여 나타냄. ¶젊음을 ~하는 울긋불긋한 옷차림. 하다
대:변(待變)[명] 병세(病勢)가 몹시 위중하여 살아날 가망이 없게 됨.
대:변(貸邊)[명] 〈경제〉 부기법의 장부에 출금을 적는 부분의 일컬음. 대방(貸方). (대) 차변(借邊). credit side 맞변. opposite edge
대:변(對邊)[명] 〈수학〉 한 변 또는 각과 맞보는 변.
대:변(對辯)[명] 맞서서 변호하는 변. answer 하다
대:변 불리(大便不利) 대변이 고르지 않고 시원하지 않음. 하다
대:변 불통(大便不通) 똥이 쉽게 잘 나오지 않음.
대:변인(代辯人)[명] 대변하는 일을 맡은 사람. 대변자. spokesman
대:변자(代辯者)[명] 〈동〉 대변인(代辯人).
대:변 장:자(大辯長者)[명] 〈불교〉 지장 보살(地藏菩薩)의 오른쪽에 있는 보처존(補處尊).
대:변중(待變中)[명] 병세가 위독하여 살아날 가망이 없이 된 중.
대:변지(代辯紙)[명] 어떤 기관의 의견과 태도를 대변하는 신문·잡지. ¶당(黨) ~.
대:별(大別)[명] 크게 나눔. (대) 소별(小別). general
대:별(大兵)[명] 〈동〉 대군(大軍). [classification 하다
대:병(大柄)[명] 큰 권력. great power
대:병(大病)[명] 아주 큰 병.
대:보(大寶)[명] ①〈동〉 지보(至寶). ②〈불교〉 가지(加持)에 사용하는 호마단(護摩壇). ③〈동〉 옥새(玉璽).
대보(臺輔)[명] 〈제도〉 중국에서, 삼공(三公)의 지위로서 천자를 돕던 사람을 이르는 말.
대:=보-다[타] 서로 견주어 보다. ¶키를 ~. compare
대:보름(大-)[명] (약)→대보름날.
대:보름-날(大-)[명] 음력 정월 보름의 상원(上元)을 특별히 일컫는 말. 준말 소보름이라고 함. (약) 대보름. 15th of January(lunar)   [살.
대:=보살(大菩薩)[명] 〈불교〉 지혜와 덕(德)이 많은 보
대:보-수(大補修)[명] ①크게 보수함. ¶ 공사(工事). ②〈경제〉 비교적 장기간에 걸쳐 고정 재산(固定財産)의 많은 부분을 동시에 교체하거나 또는 그의 가장 기본적인 부분을 교체(交替)하는 일.
대:보-탕(大補湯)[명] (약)→십전 대보탕(十全大補湯).
대:보-훈(大寶訓)[명] 후세에 전하는 귀중한 교훈. ¶예수의 산상 ~.
대:복(大福)[명] 큰 복. great happiness
대:북덕(大-)[명] 큰 북덕.   [(梆) 열매의 씨.
대:북-자(大腹子)[명] 종려과(棕櫚科)에 딸린 빈랑(檳
대:북-피(大腹皮)[명] 〈한의〉 대복자(大腹子)의 겉껍질. 부종·곽란(霍亂) 따위의 약재로 씀.
대:본(大本)[명] ①같은 종류의 물건에서 가장 큰 본식. biggest thing ②크고 요긴한 근본. great foundation
대:본(大本)[명] 〈제도〉 세책(貰冊).
대본(臺本)[명] 〈문학〉 ①연극·영화의 각본. ¶연극 ~. playbook, scenario ②어떤 토대가 되는 책.
대:본산(大本山)[명] 〈불교〉 같은 종파의 여러 절을 통할(統轄)하는 큰 절. cathedral
대:=본원(大本願)[명] 불타(佛陀)가 중생을 제도하려는 큰 염원.
대:본(大封)[명] 큰 봉토(封土).
대:봉(代捧)[명] 꾸어 준 돈을 다른 것으로

대신해 받음. collecting in substitute 하다
대:봉-치-다(代捧-)[타] 다른 돈이나 물건으로 대신 보충하다. fill up in substitute
대:부(大夫)〈제도〉 벼슬 품계(品階)의 칭호.
대:부(大父)[명] 할아버지와 한 항렬(行列)이 같은 유복친 외의 남자. grandfather
대:부(大部)[명] 책의 분량이 큼. ¶ ~의 저술.
대:부(大富)[명] 재물이 썩 많은 부자. millionaire
대:부(大父)[명] 〈기독〉 성세(聖洗) 성사(堅振) 성사를 받은 남자의 신친 후견 남자(神親後見男子). (대) 대모(代母). godfather
대:부(貸付·貸附)[명] ①변리와 기한을 정하고 돈·물건 등을 꾸어 줌. ②반환의 언약으로 어떤 물건을 남에게 빌려 주어 사용과 수익을 허락함. loaning 하다
대:부-금(貸付金)[명] 대부하여 주는 돈. 대부한 돈. loan money
대:부등(大不等)[명] 매우 큰 아름드리의 굵은 재목. (대) 소부등(小不等). big round timber
대부등에 곁낫질이라 아주 큰 아름드리 나무를 베는 데 낫을 사용한다는 뜻으로, 아주 큰 일에 감당해 낼 수 없는 작은 것으로 대함을 이르는 말.
대:부-료(貸付料)[명] 대차 계약(貸借契約)의 이행에 있어서 차주(借主)가 대주(貸主)에게 치르는 요금. 곧, 지대(地代)·가임(家賃) 등. loan charges
대:=부모(大父母)[명] 할아버지와 할머니.
대:부분(大部分)[명] 반이 훨씬 지나는 수효나 분량. [부] 거의 다. 태반(太半). (대) 일부분. majority
대:부-탁(貸付信託)[명] 〈경제〉 신탁 은행이 대부 증권을 발행함으로써 모인 자금을 대부하면서 그 이익을 증권 소유자에게 분배하는 제도. loan trust
대:부-이(貸付利子)[명] 일정한 담보물을 제공받고 금전을 대부해 준 데 대해서 받는 이자.
대:=부인(大夫人)[명] ①〈공〉 남의 어머니. 모부인(母夫人). 모당(母堂). your mother ②천자를 낳은 어
대:=부양(大父行)[명] 조항(祖行).   [머니.
대:북(大北)[명] 〈제도〉 조선조 때, 당파(黨派)의 하나. (대) 소북(小北).
대:=분수(-分數)[명] 〈수학〉 정수와 진분수로 이루어진 분수. 혼수(混數). mixed number
대:분재(貸盆栽)[명] 값을 받고 빌린 분재(盆栽).
대:불(大佛)[명] 〈불교〉 큰 부처.
대:불 개안(大佛開眼)[명] ①〈불교〉 불상을 조성하여 다 이루어져 갈 때 행하는 의식. ②최후의 완성을 가리키는 말.   [불경을 이르는 말.
대:불-경(大不敬)[명] 대단한 불경. 특히 왕실에 대한
대:불 공:양(大佛供養)〈불교〉 대불을 공양하는 일. 하다
대:불-전(-殿)[명] 〈불교〉 대불을 모신 법당.
대:불핍인(代不乏人)[명] 어느 시대나 인재가 없지 아니함.
대:불행(大不幸)[명] 큰 불행.   [large phoenix
대:붕(大鵬)[명] 하루에 구만 리를 난다는 상상의 큰 새.
대:비(-)[명] 가는 댓가지나 또는 잘게 쪼갠 대오리를 엮어서 만든 비.
대:비(大-)[명] 마당 따위를 쓰는 큰 비. 「dowager
대:비(大妃)[명] 선왕(先王)의 후비(后妃). empress
대:비(大悲)[명] 〈불교〉 중생의 고통을 구제하는 부처의 큰 자비. ¶대자 ~. 하다
대:비(貸費)[명] 〈교육〉 학교·국가에서 학비를 빌려 줌. loan scholarship 하다
대:비(對比)[명] ①맞대어 비교함. comparison ②《言》 대조(對照). ③〈심리〉 어떤 자극에 대한 순응이 다른 자극에 대한 감각을 더 강하게 함. contrast 하다
대:비(對備)[명] 무엇에 대응할 준비를 함. preparation 하다
대:비 가격[-까-](對比價格)[명] 〈경제〉 일정한 기간에 있어서의 어떤 생산물의 가격 변동을 밝히기 위하여, 그 기초로 설정하는 가격. ¶신 불당.
대:비-각(大悲閣)[명] 〈불교〉 관세음 보살의 불상을 모

대:비 관음(大悲觀音)/대:비 보살(大悲菩薩)團 〈불교〉 '관세음 보살'의 딴이름.

대비-생(貸費生)團 〈교육〉학비를 학교나 국가에서 빌려 주어서 공부하는 학생. loan scholarship student

대비-자(大悲者)團 〈불교〉대자 대비한 사람이란 뜻으로, 특히 관세음 보살을 일컬음.

대비 착시(對比錯視)團 〈심리〉현상의 모양이나 크기에 착오를 일으키는 대비. 두 도형에 어떤 것에 이웃하는 도형은 작게 보이는 것 같은 것.

대비 현:상(對比現象)團 〈심리〉시간적으로나 공간적으로 가까운 다른 자극의 영향으로 먼저 받은 자극의 감수성이 변하는 현상.

대빈(大賓)團 〈貸賓〉높이 공경할 손님. 큰손님. honour

대-빗團 대로 만든 빗. 죽소(竹梳). bamboo comb

대빗(davit)團 닻을 끌어올리거나 선측(船側)에 보트를 달아올리고 내리기 위한, 끝이 직각으로 굽은 기둥.

대뿌리-골團 댑싸리.

대쪽團 〈고〉 댑싸리.

대:사(大士)團 〈불교〉불법에 귀의하여 믿음이 두터운 이. devoted Buddhist

대:사(大寺)團 큰 절.

대:사(大使)團 〈법률〉나라를 대표하여 외국에 파견되어 외교·조약 기타 사무를 맡아보는 외교 사절. ambassador

대:사(大事)團 ①큰 일. great thing ②<통> 대례(大禮).

대:사(大祀)團 <통> 태사(太社).

대:사(大祀)團 종묘(宗廟) 따위의 제사.

대:사(大師)團 ①<불교> 불보살(佛菩薩). ②<공> 덕이 높은 중. ③<통> 태사(太師).

대:사(大赦)團 〈법률〉나라에서 경사스러운 일이 있을 때 죄수들을 석방하거나 감형하는 은전(恩典)을 베푸는 일. amnesty 하다

대:사(大蛇)團 큰 뱀.

대:사(大寫)團 〈연예〉영화에서 사람의 얼굴이나 편지의 문면(文面) 따위를 화면(畫面)에 크게 비치는 일. 클로즈업(close-up). 하다 term

대:사(大辭)團 〈논리〉대개념. (대) 소사(小辭). major

대:사(射射)團 〈제도〉 무재 시예(試藝)에 남에게 대신 응하기도 하던 일. 하다

대:사(代謝)團 〈약〉→신진 대사(新陳代謝).

대사(臺詞·臺辭)團 〈연예〉 각본(脚本)에 따라 배우가 무대에서 하는 말. lines of a play

대사(臺樹)團 누각(樓閣) 또는 정각(亭閣)의 높고 큰.

대:-사간(大司諫)團 〈제도〉사간원의 정 3품의 으뜸 벼슬.

대:-사객(待使客)團 〈제도〉옛날 중국 및 일본·여진 등지에서 오는 사신과 객을 접대하던 일. 하다

대:사공(大司空)團 공조 판서(工曹判書).

대:사-관(大使館)團 〈정치〉대사가 주재국에서 사무를 집행하는 집. 「영국 ~. embassy

대:사구(大司寇)團 형조 판서(刑曹判書)의 예스러운 말.

대:사 기능(代謝機能)團 〈생리〉동물체의 세포 안의 원형질이 노폐물을 내보내고, 다시 자양분을 섭취하여 그 부족을 채우는 작용. metabolism

대:사도(大司徒)團 <통> 호조 판서(戶曹判書).

대:사-령(大赦令)團 〈법률〉대사(大赦)를 베풀리는 대통령의 명령. decree of amnesty

대:사-례(大射禮)團 〈제도〉임금이 성균관에 나아가 선성(先聖)에게 제향(祭享)하고 나서 활을 쏘는 예.

대사리團 〈조개〉다슬기과의 고둥. 흔히 냇물에 사는데 우렁이 같되 접에기는 작고 길쭉하며 빛은 흑갈색임. 다슬기. 와라.

대:-사립團 대로 엮어서 만든 사립문.

대:사마(大司馬)團 병조 판서(兵曹判書)의 예스러운 말.

대:사문(大沙門)團 〈불교〉 ①석가 모니(釋迦牟尼)의 딴이름. ②큰 사문(沙門). ③비구(比丘)의 일컬음.

대:-사미(四美)團 <통> 사미(四美).

대:-사성(大司成)團 〈제도〉조선조 때, 성균관의 정 3품의 으뜸 벼슬. 반장(泮長).

대:사-전(大赦典)團 대사의 은전(恩典). grace of amnesty 「예수 그리스도. ②<통> 대제사장.

대:-사제(大司祭)團 〈기독〉 ①사제의 장이므로 근원인

대:사-초(一莎草)團 〈식물〉방동사니과의 다년생 풀. 줄기에서 가로 벋어나는 가지로 번식함. 높이 30 cm 가량으로 꽃은 늦은 봄에 핌.

대:-사헌(大司憲)團 〈제도〉조선조 때, 사헌부의 으뜸 벼슬. 도헌(都憲). 〈약〉 대헌(大憲)①.

대:-살團 〈통〉 마늘.

대:살(代殺)團 사람을 죽인 사람을 사형에 처함. 대명(代命). execution of a murderer 하다

대:-살년(大殺年)團 아주 큰 흉년. 대무지년(大無之年). very poor harvest ulant

대살-지-다團 몸이 강마르고 야무지다. lean and pet-

대:-살판(大一)團 관사(官射)에 있어서 화살 50대. 곧, 10 순(巡)을 쏘는 데에 25 대를 맞히는 일.

대:-삼작(大三作)團 여자의 노리개의 하나. ¶ ~ 노리개.

대:-삿갓團 ①죽로 엮어 만든 삿갓. ②중이 쓰는 삿갓. 〈통〉 갈삿갓.

대:상(大常)團 옛 중국에서 쓰던 해·달·별·용을 그린 임금의 깃발.

대:상(大商)團 큰 상인. wealthy merchant

대:상(大祥)團 죽은 뒤에 두 돌 되는 제사. 대기(大朞). 상사(祥事). (대) 소상(小祥). second anniversary of one's death

대:상(大喪)團 임금의 상사(喪事). death of a king

대:상(大賞)團 예술 활동에서 한 부문에서, 그 연도의 가장 우수한 성적을 올린 예술인에게 주는 상. 그랑 프리.

대:상(代償)團 ①다른 물건으로 대신 물어줌. compensation ②남을 대신하여 갚아 줌. compensation for another 하다

대:상(帶狀)團 좁고 길어서 띠와 같은 모양. belt like

대:상(貸上)團 〈경제〉중앙 은행이 정부에 대하여, 국고금의 부족을 메우기 위하여 일시(一時) 또는 장기로 대여하는 일. 하다

대:상(隊商)團 사막 지방에서 볼 수 있는, 낙타를 끌고 다니며 하는 원시적인 상업 단체. caravan

대상(臺上)團 ①높은 대의 위. on the platform ②하인이 주인을 존대하여 부르는 말. my master

대:상(對象)團 ①목표가 되는 것. ②〈철학〉인식 작용(認識作用)의 목적이 되는 객관의 사물. 맞은 쪽. 〈유〉 대경(對境). object

대:상 감:정(對象感情)團 〈심리〉인지(認知)의 대상에서 느껴지는 감정. 빛·소리·모양을 비롯하여 예술미(藝術美)에 이르기까지 가지각색임. objective feeling

대:상 개:념(對象概念)團 〈철학〉사물 및 대상을 나타내는 개념으로 판단의 주사(主辭)가 될 수 있는 개념. (대) 속성 개념(屬性槪念). objective concept

대:상-금(貸上金)團 중앙 은행이 정부에 대여하는 돈.

대:상 도시(帶狀都市)團 한 줄의 도로에 따라 길쭉하게 퍼져버린 도시.

대:상-론(對象論)團 〈철학〉대상 일반에 대한 문제를 밝히는 학문적 학설. theory of object

대:상-물(對象物)團 대상이 되는 물건. 〈다름. 하다

대:상 부동(大性不同)團 조금도 비슷하지 않고 아주

대:상-성(對象性)團 〈철학〉인식론(認識論)에 있어서의 지식의 객관 타당성(妥當性).

대:상 수입(代償輸入)團 어떤 사정이나 행위에 대한 대상으로 물건을 수입하는 일. 하다

대:상 스펙트럼(帶狀 spectrum)團 〈물리〉많은 흡수선(吸收線)과 광년선(光年線)이 모여 띠 모양을 이룬 스펙트럼.

대:상-애(對象愛)團 리비도(libido)가 자기 이외의 대상으로 향하여 발산되는 사랑. (대) 자기애(自己愛).

대:-상자(-箱子)團 대로 엮어 만든 상자.

대:상 포진(帶狀疱疹)團 〈의학〉일종의 바이러스에 의

한 수포성 질환. 몸에 띠 모양으로 수포가 생기며 열이 남.
대:상 행동(代償行動)〖심리〗욕망을 그 처음 대상으로 충족시키지 않고 비슷한 다른 것으로 적응시키는 적응 동작. substitutive activity
대:생(對生)〖식물〗잎이 서로 반대쪽으로 남. 마주나기. 《대》호생(互生). opposition 하타
대:생-치(代生齒)〖乳齒〗유치(乳齒)가 빠진 다음에 대신 나는 이. 영구치(永久齒).
=대서어미 《약》=다고 하여서. ¶눈이 크~ 왕눈이.
대:서(大書)〖〗크게 씀. featuring 하타
대:서(大暑)〖〗①몹시 심한 더위. great heat ②이십사 절기의 하나. 7월 24일경임. Korean midsummer day 문. 하타
대:서(代序)〖〗남을 대신하여 서문을 씀. 또, 그 서.
대:서(代書)〖〗남을 대신하여 글씨를 씀. 《대》대필(代筆). 하타「기록함. signing for another 하타
대:서(代署)〖〗남을 대신하여 이름을 쓰거나 무엇을
대서(袋鼠)〖동〗캥거루(kangaroo).
대:-서-다(對--)①뒤를 따라 서다. stand in the wake of ②항거(抗拒)하다. oppose ③사이가 뜨지 않게 바싹 가까이 서다. stand closely behind
대:-서발하다(大舒發翰)〖동〗대각간(大角干).
대:서-방(貸書房)〖빽〗대서소(代書所).
대:서-사(代書士)〖〗남의 부탁에 따라 관공서에 낼 서류를 만들어 주는 일을 직업으로 하는 사람. 대서인(大書人)②. scrivener
대:서-소(代書所)〖〗대서인이 대서를 맡아 하는 곳. 대서방(代書房). scrivener's office
=대서야어미 《약》=다고 하여서야. ¶혼자 간~ 말이 되나.   「로 하는 합네.
대:서양 함:대(大西洋艦隊)〖〗대서양을 작전 구역으
대:서양 항:로(大西洋航路)〖〗대서양을 건너는 항로.
대:서양 헌:장(大西洋憲章)〖정치〗1941년 8월 14일에 발표된 미국·영국의 공동 선언(共同宣言). 국제 연합 헌장의 기본적 이념이 됨. Atlantic Charter
대:서-업(代書業)〖〗대서해 주고 보수를 받는 직업. scrivenery
대:-서-인(代書人)〖〗①대필(代筆)하는 사람. ②《동》대서사(代書士). scribe   「타
대:서 특서(大書特書)〖〗《동》대서 특필(大書特筆). 하
대:서 특필(大書特筆)〖〗큰 글자를 써서 특히 뚜렷이 드러나게 함. 대서 특서. special mention 하타
대:석(貸席)〖〗세를 받고 빌려 주는 좌석.
대석(臺石)〖건축〗건축할 때 집의 토대로 둘러 놓은 돌. pedestal stone   「일.
대:석(對石)〖〗한 마지기의 논에서 벼 한 섬이 나는
대:석(對席)〖〗마주 앉음. taking opposite seats 하타
대:석 도지(對石賭地)〖〗논 한 마지기의 소작에 벼 한 섬씩을 지주에게 바치는 도지.
대:석 판결(對席判決)〖법률〗소송 당사자의 양쪽이 다 법정에 참가한 자리에서 심리하여 내리는 판결. 대심(對審) 판결. 《대》궐석 판결(闕席判決). confrontation
대:선(大仙)〖〗①뛰어난 신선. ②〖불교〗'여래(如來)'.
대:선(大船)〖〗큰 배.
대:선(大選)〖〗고려·조선조 때 승과(僧科)에 합격한 중의 법계(法階). 「級)의 법계(法階).
대:선(大禪)〖〗〖불교〗선종(禪宗)에 있어서 초급(初
대:-선거구(大選擧區)〖정치〗둘 이상의 의원을 선출하는 선거구. ¶~제(制). 《대》소선거구(小選擧區). greater electoral district 「장 높은 법계.
대:-선사(大禪師)〖〗〖불교〗선종(禪宗)에 있어서 가
대:설(大雪)〖〗①많이 내린 눈. 장설(壯雪). heavy snow ②입동 절후의 21째. 12월 8일경. 장설(丈雪). 《대》소설(小雪).
대:-설날[-때] 《동》→담배 설대.   「pletion 하타
대:성(大成)〖〗크게 이루거나 크게 이루어짐. com-

대:성(大姓)〖〗①겨레붙이가 번성한 성(姓). 큰 성. family name of a prosperous clan ②지체가 좋은 성. 거성(巨姓). family name of a clan of good
대:성(大盛)〖〗크게 번성함. 「〖〗lineage
대:성(大聖)〖〗①가장 덕행이 높은 성인. great sage ②《동》공자. Confucius
대:성(大聲)〖〗큰 소리. 《대》소성(小聲). loud voice
대:성 가문(大姓家門)〖〗번성하고 세력 있는 집안.
대:-성공(大成功)〖〗큰 성공. 크게 성공함. great success 하타   「말.
대:성-마(戴星馬)〖동물〗흰 털의 점이 이마에 박힌
대:성성(大猩猩)〖동물〗영장목(靈長目)의 원숭이의 하나. 키는 2m, 몸무게 280kg 가량으로 유인원 가운데 가장 큼. 성질은 온순한 편이나 힘이 셈. 아프리카 적도 부근 삼림에만 분포함. 고릴라. gorilla
대:성-악(大晟樂)〖음악〗중국 송나라 때의 음악. 고려·조선의 아악의 기초가 됨. 「는 전각.
대:성-전(大成殿)〖〗문묘 안에 공자의 위패를 모시
대:-성:지-행(戴星之行)〖〗객지에서 부모의 부음(訃音)을 받고 밤을 새워 집으로 돌아가는 일.
대:성 질호(大聲叱呼)〖〗큰 소리로 꾸짖음. 하타
대:성 통:곡(大聲痛哭)〖〗큰 소리로 목놓아 슬피 욺. wailing 하타
대:성-황(大盛況)〖〗큰 성황. prosperity
대:세(大勢)〖〗①대체의 형세. general situation ②세상 일이나 하는 일의 되어 가는 형편. trend of affairs ③큰 세력. great power
대:세(代洗)〖기독〗정식 부세자(附洗者)를 대신하여 어떤 이가 예식을 생각하여 주는 세를 주는 일.
대:-세:권[-권](對世權)〖〗《동》절대권(絶對權).
대:=세지(大勢至)〖약〗=대세지 보살(大勢至菩薩).
대:세지 보살(大勢至菩薩)〖불교〗삼불(三佛)의 하나로 아미타불의 오른쪽에 있어 지혜를 대표함. 《약》대세지.
대:-소(大小)〖〗사물의 크고 작음. large and small
대:소(大笑)〖〗소리 내어 크게 웃음. roar of laughter 하타 「으로. litigation by proxy 하타
대:소(代訴)〖법률〗당사자를 대신하여 송사를 일
대:소(對訴)〖〗맞고소. 하타
대:-소-가(大小家)〖〗①큰집과 작은집. main and branch families ②큰마누라 집과 작은마누라 집. 《동》대소택(大小宅). one's wife's and concubine's
대:-소:각(大小脚)〖〗대소상.   「dwellings
대:소 기업(大小企業)〖〗크고 작은 기업.
대:=소동(大騷動)〖〗큰 소동. turmoil
대:-소:민(大小民)〖〗모든 국민. whole nation
대:-소:법[-빱](對消法)〖수학〗분수의 형식으로 아래위의 수를 통약하는 법. reduction of a fraction to the lowest   「crements and urine
대:-소:변(大小便)〖〗똥과 오줌. 대수피(大小避). ex-
대:-소:사(大小事)〖〗큰 일과 작은 일. matters great and small
대:-소:상(大小祥)〖〗대상과 소상. 대소기. the first and the second anniversaries of one's death
대:=소:-수(帶小數)〖수학〗정수와 소수가 합쳐 된 수. 3.14 따위. mixed number
대:-소:역(大小疫)〖〗마마와 홍역(紅疫). smallpox and
대:-소:월(大小月)〖〗큰 달과 작은 달. 「measles
대:소 인원(大小人員)〖〗높은 벼슬아치와 낮은 벼슬아치. officials high and low
대:-소:장(大小腸)〖〗대장과 소장.
대:-소:종(大小宗)〖〗대종과 소종.
대:-소쿠리〖〗대로 결어 만든 소쿠리.
대:-소:택(大小宅)〖〗《동》대소가(大小家).
대:소:피(大小避)〖〗《동》대소변(大小便).
대:-속(代贖)〖〗①〖기독〗예수가 십자가의 보혈(寶血)로 만민의 죄를 대신 씻어 구원한 일. redemption ②남의 죄나 고통을 대신 당함. ③대신 속죄(贖罪)함. 하타

대:손(貸損)[명] 외상 매출금·대부금 등이 반제(返濟)되지 않고 입는 손실.

대=솔(大一)[명] 큰 소나무. 대송(大松). great pine-tree

대솔(帶率)[명]→대솔 하인(帶率下人).

대솔 장작(大一長斫)[명] 큰 소나무로 된 장작.

대솔=하라비(一)[명] 대솔 가지로 만든 장작.

대솔 하:인(帶率下人)[명] ①하인을 거느림. accompanied by followers ②귀한 사람이 거느리고 다니는 하인. [약] 대솔. follower of a dignitary 하다

대:송(大松)[명][동] 대솔.

대:송(代送)[명] 딴 것으로 대신 보냄. sending a substitute 하다

대:송(代誦)[명][기독] 정규(正規)의 경문을 대신하여 다른 경문을 욈. 하다 suit 하다

대:송(對訟)[명][법률] 송사(訟事)에 응함. counter-

대:수(大水)[명] 장마 때문에 생긴 큰 물. 홍수(洪水).

대:수(大事)[명] 주로 의문문으로 쓰이며 대수로운 일이라는 뜻을 나타내는 말. ¶한 끼쯤 굶은 들 ~냐.

대:수(大壽)[명] 장수(長壽).

대:수(大綬)[명] 무궁화 대훈장 및 각종 1등급의 훈장을 패용할 때, 어깨에서 허리에 걸쳐 드리우는 큰 수(綬). eat number ②큰 운수. good luck

대:수(大數)[명] ①[수학] 큰 수. [대] 소수(小數). gr-

대:수(大囚)[명][제도] 죄수의 근친이나 관계되는 사람을 대신 가두어 둠. 하다

대:수¹(代數)[명] [약]→대수학(代數學).

대:수²[一수][명] 세대의 수효. number of gen-

대:수(帶水)[명] 물기를 띰. [erations

대:수(對手)[명][동] 적수(敵手).

대:수(對數)[명] 로가리듬.

대=수(臺數)[명] 차(車)나 기계 등의 수.

대:수 곡면(代數曲面)[명]〈수학〉삼차원에서, 한 개의 대수 방정식의 자취가 나타내는 곡면. algebraic curved surface

대:수 곡선(代數曲線)[명]〈수학〉직각 좌표의 방정식으로 나타낼 수 있는 곡선. algebraic curve

대:수 기하학(代數幾何學)[명]〈수학〉대수 방정식의 자취·대수 곡면·대수 곡선에 대해 연구하는 해석기하학의 부분. algebraic geometry

대:수 대:명(代數代名)[명]〈민속〉재액을 다른 사람에게로 ело내는 무당의 말.

대:수-롭다(一大事一)[형][ㅂ불] 소중하게 여길 만하다. important [대:수=로이]

대:수롭지 않다(一大事一)[형] 중요하지 않다. 시들하다

대:수 방안지(對數方眼紙)[명][동] 로그(log) 모눈종이.

대:수 방정식(代數方程式)[명]〈수학〉몇 개의 미지수에 관하여 두 개의 대수식을 등호(等號)로 연결한 방정식. algebraical equation

대:수 법칙(大數法則)[명]〈수학〉대수의 규율성에 의하여 나타나는 법칙. 동전을 적은 횟수 던졌을 때는, 겉면이 나타나는 비율이 구구해도, 몇 천 번이나 몇 만 번 던졌을 때 겉면이 나타나는 비율은 일정하여진다는 법칙. law of great numbers

대:=수술(大手術)[명]〈의학〉큰 규모로 하는 수술. major surgical operation

대:=수식(代數式)[명]〈수학〉연산의 부호로써 숫자·문자를 결합한 식(算式). algebraic expression

대:=수척(對數尺)[명][동] 로그(log)자.

대:=수표(對數表)[명][동] 로그(log)표.

대:=수학(代數學)[명]〈수학〉숫자 대신 문자를 써서 수와 그 계산 법칙을 일반적으로 연구하는 수학의 한 분과(分科). [약] 대수¹. algebra

대:수 함수(對數函數)[명][동] 로그(log) 함수.

대:-순환(大循環)[명][동] 체순환(體循環).

대:-숲[명] 대가 많이 우거진 숲. bamboo grove

대:습 상속(代襲相續)[명][법률] 법정 상속권자가 어떤 사유로 상속권을 상실하였을 경우, 그의 직계 비속이 대신 상속하는 일. [대] 본위(本位) 상속.

대:승(大乘)[명]〈불교〉널리 인간의 전반적 구제를 목표로 한 교법(教法)을 주장하여 이가 열반을 이루도록

진실한 대도(大道)라고 하는 것. ¶~계(戒). [대] 소승(小乘). Mahayana

대:승(大勝)[명] ①썩 나음. ②크게 이김. 대첩(大捷). [대] 대패(大敗). great victory 하다

대:승(代承)[명] 대(代)를 이음. 하다

대:승(戴勝)[명]〈동〉오디새.

대:승-경(大乘經)[명]〈불교〉화엄경(華嚴經)·대집경(大集經)·반야경(般若經)·법화경(法華經)·열반경(涅槃經) 등의 불경. 대승 오부(大乘五部). [대] 소승경(小乘經). Mahayana Sutra

대:승=교(大乘教)[명]〈불교〉화엄경(華嚴經)·대집경(大集經)·반야경(般若經)·법화경(法華經)·열반경(涅槃經)의 대승경(大乘經)을 풀이한 대승의 교법. [대] 소승교(小乘教).

대:승(大勝利)[명] 아주 크게 이김. great victory 하

대:승 불교(大乘佛教)[명]〈불교〉대승의 교리를 주지로 하는 교파의 통칭. [대] 소승 불교.

대:승 오:부(大乘五部)[명]〈불교〉대승경(大乘經) 다섯 가지를 합쳐 일컬음. 대승경(大乘經).

대:승-적(大乘的)[관형]〈불교〉①대승의 정신에 맞는 (것). in the spirit of Mahayana ②사사로운 정이나 눈앞의 일에 사로잡히지 않고 대국에 서서 사물을 봄. [대] 소승적(小乘的). broader viewpoint

대:승정(大僧正)[명]〈종교〉영국 국교(國教)의 최고위의 승직자(僧職者). 승정의 위임. archbishop

대:시(大始)[명][동] 태초(太初).

대:시(待時)[명] ①시기를 기다림. waiting one's time ②기회가 오기를 기다림. waiting for a chance 하다

대시(臺侍)[명]〈제도〉대간(臺諫)이 되어 시종(侍從)

대시(dash)[명] ①무릎러 나감. ②〈어학〉구와 구 사이에 넣는 접속 기호 '一'. ③〈수학〉따위에서 쓰는 부호 '′', 곧, a′·3′·5′ 등.

대:식(大食)[명] ①아침·저녁의 끼니 밥. ②[약]→대식가. ③많이 먹음. gluttony 하다 [르는 말.

대:식(帶蝕)[명]〈천문〉일대식과 월대식을 아울러 이

대:식(對食)[명] 마주 앉아서 음식을 먹음. 하다

대:식-가(大食家)[명] 음식을 남달리 많이 먹는 사람. [약] 대식(大食)². glutton

대:식-한(大食漢)[명] 음식을 많이 먹는 사나이.

대:신(大臣)[명]〈제도〉①의정(議政)의 통칭. ②임금이 있는 나라의 정치상 중임을 맡은 으뜸 벼슬. 아형(阿衡). 정승(政丞). 정승(政丞). 정(鼎臣). minister

대:신(大神)[명]〈민속〉무서운 귀신. ¶천등 ~. 지등 ~. ②근본되는 귀신 또는 원조(元祖).

대:신(代身)[명] ①남을 대리함. [대] 몸소. in place of ②어떤 것을 딴 것으로 갈아 치움. substitution ③응당 그리하여야 할 것이지마는 그와는 다른 수단. instead of ¶ '대신하여'의 뜻을 나타냄. [약] 대(代)①. 하다

대신(臺臣)[명]〈제도〉사헌부(司憲府)의 대사헌(司憲) 이하 지평(持平)까지의 관원의 총칭.

대신 대 송사 배정 무서운 줄 모른다 제가 의지하는 세력을 믿고 안하 무인(眼下無人)으로 거만한 자를 이름.

대:실(貸室)[명] 세를 받고 빌려 주는 방. 셋방. [하다

대:실 소:망(大失所望)[명] 바랐던 소망을 아주 잃음.

대:심(對審)[명]〈법률〉당사자를 대립 면서시켜서 행하는 소송의 본격적인 심리의 장면(場面). 곧, 민사 소송에서는 구두 변론, 형사 소송에서는 공판기일의 절차를 의미함. confrontation 하다

대:심-원(大審院)[명] ①미국의 대법원. supreme court ②일본의 최고 재판소.

대:심 판결(對審判決)[명][동] 대석 판결(對席判決).

대:아(大牙)[명] 큰 어금니.

대:아(大我)[명]〈철학〉①우주의 유일 절대(唯一絶對)의 실재(實在). absolute ego ②〈불교〉우주의 본문. 참 본 나. [대] 소아(小我). freed ego

대:아(大雅)[명] ①훌륭하고 고상함. ②평교간(平交間)

이나 문의에 대하여 편지 겉봉 이름 밑에 쓰는 말.
대:아(大衙)〖제도〗지방관(地方官)으로있는 아버지나 형에게, 그 아들이나 아우가 편지할 때에 편지 겉봉에 쓰던 말.
대:아라한(大阿羅漢)〖명〗〖불교〗①아라한 중에서 지위가 가장 높은 사람. ②〖준〗아라한.
대:아사리(大阿闍梨)〖명〗〖불교〗수법(修法)의 단(壇)에서 주(主)되는 중. 이에 따르는 중을 '소아사리'라 이름.
대:아찬(大阿飡)〖명〗〖제도〗신라 때 5등급의 벼슬 이름.
대:악(大惡)〖명〗크게 악한 짓. 또, 그 사람. most wicked person
대:악(大嶽·大岳)〖명〗큰 산.
대:악 무도(大惡無道)〖명〗크게 모질고 großなし이 없음. 무지막지하고 도리를 모름. most heinous brutality 하다
대:악절(大樂節)〖명〗〖음악〗두 개의 소악절이 합친것. 보통 8소절 또는 12소절로 형성됨. 〖대〗소악절(小樂節).
대:안(大安)〖명〗평간(平交間)의 편지에서 안부(安否)를 묻는 말.
대:안(代案)〖명〗대신할 안(案). counter-proposal
대:안(對岸)〖명〗건너편 언덕. other side of a river
대:안(對案)〖명〗상대의 안(案)에 대하여 이쪽에서 내는 안. 하다
대:안(對顏)〖명〗서로 마주 보고 앉음. 또는 마주 봄. facing 하다
대안(臺顏)〖명〗존안(尊顏).
대:안-경(對眼鏡)〖명〗대안 렌즈(對眼 lens).
대:안 렌즈(對眼 lens)〖물〗광학 기계의 눈으로 보는 쪽에 장치된 렌즈. 대안경, 접안 렌즈(接眼 lens). 〖대〗대물 렌즈(對物 lens).
대:안-작(大眼雀)〖조류〗지빠귀과에 속하는 새. 몸은 참새반하고 등·가슴·옆구리는 감람색이며 눈 위와 볼에는 흰 줄이 있고 배는 흰. 농조(籠鳥)로 기름.
대애기=나리〖식물〗은방울과의 다년생 풀. 가지는 두 개쯤으로 갈라지고 잎은 타원형으로 끝이 뾰족함. 4~5월에 초록색과 백색의 꽃이 핌. 어린 잎은 식용함.
대:액(大厄)〖명〗몹시 사나운 운수. 큰 재액(災厄). great misfortune
대:야〖명〗물을 담아 얼굴과 손발을 씻는 그릇. 세면기.
=대야〖어미〗〖약〗=다고 하여야. wash-basin
대:야(大約)〖명〗사물의 골자. 〖대〗대략(大略). 〖洗面器〗
대:양(大洋)〖지리〗큰 바다. 〖대〗대륙(大陸). ocean
대:양(對揚)〖명〗①임금의 칭찬에 대답함. ②군명(君命)을 받들어 그 마음을 하민(下民)에게 알림. 하다
대:양-도(大洋島)〖명〗〖지리〗대륙과 지리상의 관계없이 육붕(陸棚)에서 떨어져 대양(大洋) 가운데에 있는 섬. oceanic island
대:양-만(大洋灣)〖명〗외해(外海)가 바로 대양인 만.
대:양 문화(大洋文化)〖명〗내해(內海)의 문명을 받아 대서양·태평양을 중심으로 발달한 오 비다 중심의 문화. oceanic culture
대:양적 기후(大洋的氣候)〖명〗해양성 기후(海洋性氣候).
대:양-주(大洋洲)〖명〗오세아니아주(Oceania 洲).
대:어(大魚)〖명〗큰 물고기. large fish
대:어(大漁)〖명〗물고기가 많이 잡힘. 〖대〗불어(不漁).
대:어(大語)〖명〗큰소리③. 하다 large catch
대어(對語)〖명〗①상대하여 말함. 상하(上下)·대소(大小)·장단(長短) 등.
대:언(大言)〖명〗①큰소리. loud voice ②크게 장담하는 말. bragging 하다
대:언(代言)〖명〗①남 대신으로 말함. speaking for another ②〖제도〗왕명(王命)을 전하는 벼슬인 승지(承旨).
대:언(對言)〖명〗마주 대하여서 말함. talk 하다
대:언 장:담(大言壯談)〖명〗제 주제에 당치 않은 말을 희떱게 지껄임. 또, 그런 말. 대언 장어. 호언 장담(豪言壯談). loud boasting 하다
대:언 장:어(大言壯語)〖명〗=대언 장담. 하다
대:업(大業)〖명〗①큰 사업. great achievement ②나라를 세우는 일. founding a country

대:여(大興)〖제도〗나라에서 쓰이던 큰 상여.
대:여(貸與)〖명〗빌려 줌. 대급(貸給). 〖대〗차용(借用). lending 하다
대:여-꾼(大興-)〖명〗〖제도〗대여를 메던 여사꾼(輿士軍).
대:=여섯〖명〗다섯이나 여섯. 《약》대엿. five or six
대:역(大役)〖명〗큰 책임 있는 일. an important task
대:역(大逆)〖제도〗①나라에 반역하는 죄명의 하나. high treason ②심히 인도에 어그러지는 죄악.
대:역(代役)〖명〗연극 따위에서 사고로 출연하지 못하는 사람의 대신으로 출연하는 일. 또, 그 사람. substitute 하다
대:역(對譯)〖명〗원문(原文)과 꼭 대조하면서 번역함. 또, 그 번역. translation with original 하다
대:역 부도(大逆不道)〖명〗인도로서 사람의 도리에 크게 어그러짐. 또, 그런 행위. 대역무도(大逆無道). 하다
대:역-죄(大逆罪)〖명〗대역을 범한 죄. 〖특히 군역 대신 바치던 베.
대:역-죄(代役罪)〖명〗〖제도〗조선조 때, 신역(身役)
대:역-토(大驛土)〖명〗〖민속〗육십 갑자(六十甲子)에서 무신(戊申)·기유(己酉)에 붙이는 납음(納音). ¶무신·기유 ~.
대:연(大宴)〖명〗크게 베푼 잔치. grand feast
대:연-수(大衍數)〖명〗〖민속〗역(易)에 있어 하늘의 생긴 수를 셋, 땅의 생긴 수를 둘로 잡아 천지의 생긴 수(生數)인 다섯을 각각 열까지 늘리어 이룬 수를 일컫는 말. maneuvers
대:연-습(大演習)〖명〗대규모의 연습. 총연습. grand 하다
대:열(大悅)〖명〗아주 기쁨. 썩 좋아함. exultation 하다
대:열(大閱)〖명〗임금이 몸소 친히 행하는 열무(閱武).
대:열(大熱)〖명〗①매우 뜨거움. great heat ②몹시 높은 기운. high fever
대열(隊列)〖명〗대를 지어 늘어선 행렬. ranks
대:=염:불(大念佛)〖불교〗많은 사람이 모여서 큰 소리로 하는 염불.
대:=엿〖명〗=대여섯.
대:=엿새〖명〗닷새나 엿새. five or six days
대:영(大營)〖명〗큰 군영(軍營). great camp
대:영(大瀛)〖명〗대해(大海).
대:영(代詠)〖명〗대신하여 시나 시가를 읊음. 또, 그 시가
대:영(對英)〖명〗영국에 대하는 일. ¶~ 무역(貿易).
대:=예참(大禮懺)〖명〗〖불교〗부처·보살의 이름을 잇대어 부르면서 절을 많이 하는 예(禮).
대:오(大悟)〖명〗①〖불교〗번뇌를 벗고 진리를 깨달음. 도통(道通). divine enlightenment ②크게 깨달음. 똑똑히 앎. 하다
대:오(隊伍)〖명〗군대의 항오(行伍). ranks
대:=오공(大蜈蚣)〖명〗왕지네. come in time
대:=오-다〖동〗정한 시간에 맞추어 오다. 〖대〗대늦다.
대:-오리(-)〖명〗가늘게 쪼갠 댓개비. narrow strip of bamboo
대:=오방기(大五方旗)〖제도〗주작기·청룡기·등사기·백호기·현무기의 다섯 가지로 된 대기치(大旗幟)의 하나. 대기(大旗).
대:오 철저(-徹底)〖불교〗①크게 깨달아서 번뇌(煩惱)와 의혹이 없어짐. ②우주의 대아(大我)를 남김없이 다 앎. great crime
대:옥(大獄)〖명〗큰 옥사(獄事). 〖火砲〗
대:=완구(大碗口)〖명〗〖군사〗조선조 때 가장 큰 화포
대왕-풀〖명〗〖식물〗난초과의 다년생 풀. 넓고 긴 잎이 원추리와 비슷하며 세로로 쭈글쭈글한 무늬가 있음. 유월에 꽃대 끝에서 서너 개의 희거나 붉은 꽃이 핌. 뿌리는 백급(白芨)이라 하여 약으로 쓴. 자란(紫蘭).
대:왕(大王)〖명〗①큰 왕(王). ②〖명〗선왕(先王).
대:왕-대:비(大王大妃)〖명〗왕의 살아 있는 할머니를 지칭하는 말.
대:왕-란(大王卵)〖명〗술안주의 하나로 달걀을 깨뜨려 유지(油紙) 주머니에 넣어서 우물 속에 하루 동안 담갔다가 꺼내 그대로 삶아 먹는 요리.

대:왕생(大往生)명 〈불교〉 편안히 죽음. death in peace 하자

대:왕 수술(大王手術)명〈동〉제왕 절개 수술(帝王切開手術).

대:외(對外)명 외부 또는 외국에 대한. ¶~정책(政策). (대) 대내(對內). foreign

대:외-경(對外硬)명 〈정치〉정치상 외국과의 관계에 대하여 강경책을 가짐. (대) 대외연(對外軟).

대:외-연(對外軟)명 〈정치〉정치상 외국과의 관계에 대하여 연약한 태도를 가짐. (대) 대외경(對外硬).

대:외-적[-쩍](對外的)관명 외부에 상관되는 (것). foreign

대:외 투자(對外投資)명 〈경제〉외국에 대한 자본의 투자.

대:요(大要)명 대체의 요지. summary

대:욕(大辱)명 큰 치욕(恥辱). deep disgrace

대:욕(大慾·大欲)명 ①큰 욕망. ¶~ 소관(所關). avarice ②원대한 희망. greed

대:용(大用)명 ①크게 씀. great use ②큰 벼슬에 등용됨. appointment to a high office 하자

대:용(代用)명 대신으로 씀. substitution 하타

대:용(貸用)명 구어서 씀. borrowing 하타

대:용-물(代用物)명 대신으로 쓰는 물건.

대:용-식(代用食)명 주식 대신으로 먹는 음식. substitute food

대:용-작(代用作)명 〈동〉대파(代播).

대용 작물(代用作物)명 중작하려던 곡식을 심을 수 없을 경우, 그 대신 심은 농작물.

대:용-품(代用品)명 대신으로 쓰는 다른 물품. ¶~ 노릇을 하다. (약) 대품(代品).

대우명 〈농업〉이른봄에 보리나 밀을 심은 밭이랑에 콩·팥·깨 등을 심는 일. ¶~콩. ~팥. ~깨 간작(間作). catch cropping 하타

대:우(大雨)명 크게 내리는 비. 심우(甚雨). heavy rainfall

대:우(大愚)명 대단히 어리석음. (대) 대지(大智). great fool

대:우(大憂)명 ①큰 근심. great worry ②부모의 상(喪). 친상(親喪). death of parents

대:우(待遇)명 ①갖추어 신분에 맞게 대우함. ②직장 등에서 받는 지위·봉급 따위의 수준. ¶~ 개선(改善). treatment 하타

대:우(對偶)명 ①둘이 서로 짝을 지음. pair ②〈논리〉한 명제에 대하여 그 종결을 부정한 것을 가설로 하고 가설을 부정한 것을 종결로 한 명제가 옳으면 그 대우도 옳아야 함. A 아니면 B에 대한, B 아니면 A가 되는 것 따위. contrapositive proposition 하자

대우-갈이명 갓이나 모자를 갈아서 고치는 일. 하타

대:우-법[-뻡](對偶法)명 수사학(修辭學)상 어떤 두 개의 관념을 상대시켜 대립의 미를 나타내는 법.

대:=우:주(大宇宙)명〈철학〉넓고 크게 본 우주. 자기·자아(自我)를 소우주라 일컬음에 대한 말. (대) 소우주(小宇宙). macrocosm

대우-파-다타 〈농업〉다른 농작물을 심은 사이에 밭이랑에 콩·팥·깨 따위를 심다.

대:운(大運)명 ①큰 행운. 굉장히 좋은 운수. ¶~ 트이다. good luck ②하늘과 땅 사이에 돌아가는 기수(氣數).

대:울-대울타리.

대:울-타리명 ①굵은 대를 쪼개어 엮어 만든 울타리. ②대를 심어 만든 울타리. 죽리(竹籬). (약) 대울.

대웅-성(大熊星)명 대웅좌의 별. great bear

대:웅-전(大雄殿)명 〈불교〉본존 불상(本尊佛像)을 모신 법당(法堂).

대웅-좌(大熊座)명 〈천문〉주성(主星)이 북두 칠성인 큰별자리. great bear

대:원(大願)명 대권(大圈)①.

대:원(大願)명 ①큰 소원. great desire ②〈불교〉부처가 중생(衆生)을 구하고자 하는 소원.

대:원(代遠)명 세대의 수가 멂.

대:원(代願)명 ①남을 대신하여 원함. ②남을 대신하여 신불에게 비는 일. 또, 그 사람. 대참(代參). 하자

대원(隊員)명 한 대(隊)를 이루고 있는 사람. member of a party

대:원경=지(大圓鏡智)명〈불교〉사지(四智)의 하나. 큰 거울에 만물이 비치듯이 세상 만법을 비치는 지혜임.

대:원-군(大院君)명 〈제도〉방계(傍系)로서 대통(大統)을 이은 임금의 친아버지의 봉작(封爵). 국태공(國太公).

대:원-근(大圓筋)명 〈생리〉겨드랑이의 근육.

대:원 본존(大願本尊)명〈불교〉지장 보살(地藏菩薩)을 말함. 모든 중생을 제도하고 나중에 부처가 되겠다는 대원(大願)을 지니고 있다는 보살(菩薩).

대:=원수(大元帥)명 〈군사〉①전군(全軍)을 통솔하는 대장. 최고 통솔자. marshal ②군사상의 가장 높은 통솔자로 육·해·공군을 통수하는 원수(元首). chief of the state commander-in-chief of the Army, Navy and the Air Force

대:월(大月)명 큰달. long month

대:월(貸越)명〈동〉→당좌 대월(當座貸越).

대:-월지[-찌](大月氏)명〈역사〉기원 전 3세기 중엽, 중앙 아시아 아무강(Amu 江) 유역에 터키계 민족이 세운 나라. 또, 그 민족. [급. captain

대:위(大尉)명〈군사〉육·해·공군 위관(尉官)의 하나.

대:위(代位)명 ①권리를 남의 대신으로 이어받음. substitution ②〈법률〉제삼자로서 당사자가 할 행위를 하고, 그 결과로 권리자의 지위를 가지게 되는 일. ¶~ 상속(相續). subrogation 하타

대:위 개:념(對位概念)명〈동〉동위 개념(同位概念).

대:위-법[-뻡](對位法)명〈음악〉작곡에 있어서 정선율을 (定旋律)에 다른 선율을 조합시키는 법. (대) 화성법(和聲法). counterpoint

대:위 변:제(代位辨濟)명〈법률〉제삼자(第三者)가 채무(債務)를 변제함으로써 채권자의 채권이 그 제삼자에게로 넘어가는 일. 대위 판제(代位辨濟). subrogation

대:위 소권[-꿘](代位訴權)명〈법률〉채권자가 자기의 채권을 보전한 목적으로, 채무자의 대신으로 그 권리를 행사할 수 있는 실체법상의 권리. 채권자 대위권(債權者代位權).

대:위 소:료(大違所料)명 생각하는 바와 매우 틀림.

대:위 판제(代位辨濟)명〈동〉대위 변제(代位辨濟).

대:유(大有)명〈역〉→대유괘(大有卦).

대:유(大儒)명〈동〉거유(巨儒).

대:유-괘(大有卦)명〈민속〉육십사괘의 하나. 이괘(離卦)이 건괘(乾卦)가 거듭된 것인데, 불이 하늘에 있음을 상징함. (약) 대유(大有).

대:유-년(大有年)명 큰 풍년이 든 해. fruitful year

대:유-법[-뻡](代喩法)명〈문학〉수사법에서 비유법의 하나. 사물의 한 부분으로 전체를 나타내거나, 사물의 속성이나 부속물 따위로 그 사물 자체의 뜻을 나타내는 표현법.

대:-유성(大遊星)명〈천문〉큰 떠돌이별. 아홉 개의 유성 중에서 목성(木星)·토성(土星)·천왕성(天王星)·해왕성(海王星)의 일컬음. 대행성(大行星). 대혹성(大惑星). the major planets

대:율(大率)명〈동〉대체(大體).

대:은(大恩)명 홍은(鴻恩).

대:은(大隱)명 대오 철저(大悟徹底)한 은자(隱者).

대:은 교:주(大恩教主)명〈불교〉〈공〉석가 모니(釋迦牟尼). 불타(佛陀)가 중생(衆生)을 건져 주는 은혜가 크고 높다는 뜻임.

대:음(大飮)명 술을 많이 마심. heavy drinking 하자

대:음(對飮)명〈동〉대작(對酌). 하자

대:읍(大邑)명 큰 고을. 웅읍(雄邑). big town

대:응(對應)명 ①마주 대함. 상대(相對)함. facing each other ②서로 같음. 상등(相等)함. correspondence ③〈수학〉서로 짝이 되는 것. 합동되는 두 도형을 포개어서 맞는 부분을 일컬음. homology ④〈수학〉상사(相似)인 도형을 확대 또는 축소하여 포갤 때, 포개어서 맞는 부분을 말함. symmetry 하자

대:응=각(對應角)명〈수학〉합동(合同) 또는 상사(相

似)인 다각형 등에서 대응하는 각. homologous angles

대:응-변(對應邊)圓 《수학》 합동(合同) 또는 상사(相似)인 다각형 등에서 대응하는 변. homologous sides

대응 원리(對應原理)圓 《물리》 보어(Bohr)가 전기(前期) 양자론을 만들 때에 쓴 원리로, 그 후 하이젠베르크(Heisenberg)가 매트릭스 역학(matrix 力學)을 만들 때에 더욱 확장되어 중요한 역할을 한 지도 원리. 양자론적인 양은, 고전 물리학의 양과 기본적으로 다름에 관계없이 그 사이에 대응이 이루어져 양자 수가 클 적에는 각각의 사이에 있어서의 방정식은 같게 된다는 취지임. correspondence principle

대:응-점(對應點)[一쩜] 圓 《수학》 합동(合同) 또는 상사(相似)인 다각형 등에서 대응하는 점. 짝진점. homologous points

대:응-책(對應策)圓 어떤 사태에 대하여서 취할 방책.

대:의(大衣)圓 《불교》 삼의(三衣)의 하나.

대:의(大義)圓 바르고 큰 의리. great duty

대:의(大意)圓 대강의 의미. 대지(大旨). 「하다

대:의(大疑)圓 크게 의심함. 또, 그 의심. 큰 의혹.

대:의(大醫)圓 의술이 뛰어난 의사. 명의(名醫). great physician

대:의(代議)圓 ①다른 사람을 대신하여 의논함. representation ②《정치》 의원(議員)이 국민을 대표하여 정무 평의(政務評議)에 참여함. ③의원이 당원을 대표해 전당 대회에 참여함. 「결.

대:의-결(代議決)圓 《법률》 남의 대리로서 하는 결.

대:의 멸친(大義滅親)圓 큰 의리를 위해서는 사사로운 정의(情誼)를 버림.

대:의 명분(大義名分)圓 사람이 지켜야 할 도리와 분수. 떳떳한 명목. great moral obligation

대:의-원(代議院)圓 《정치》 대의원(代議員)으로써 조직되어 중요한 정무에 참여하는 회의 기관. 곧, 민의원·참의원. representative house

대:의-원(代議員)圓 《정치》 국민의 공선(公選)으로 국민을 대표하여 국회에 나가서 입법에 관여하는 사람. representative

대:의 정치(代議政治)圓 《정치》 대의 제도에 따라서 행하는 정치. representative government

대:의 충절(大義忠節)圓 인물의 큰 의리에 대한 충절.

대:-이름씨(代一)圓 《동》 대명사(代名詞).

대:인(大人)圓 ①다 큰 사람. 어른. 성인(成人). adult ②《약》→대인 군자(大人君子). ③《물》 남. you ④《공》 아버지. father ⑤《동》 거인①. ⑥높은 관직에 있는 사람. higher officials ⑦《공》 남의 아버지. 《대》 소인(小人). your father

대:인(代人)圓 남을 대신함. 또는 대신한 사람.

대:인(代印)圓 남을 대신하여 도장을 찍음. 또, 그 도장. signing per procuration 하다

대:인(待人)圓 사람을 기다림. 기다리는 사람. waiting for a person

대:인(對人)圓 사람을 마주 대함. ¶~ 관계(關係). ~ 신용(信用). ~ 주권(主權). personal 하다

대인 군자(大人君子)圓 도량이 넓고 덕행이 있는 점잖은 사람. 《약》 대인①. man of virtue

대:인-권(對人權)[一꿘] 圓 《법률》 채권 따위와 같이 특정한 사람에 대하여 갖을 수 있는 권리.

대:-인기(大人氣)[一끼] 圓 《大人氣》 대단한 인기. 굉장한 인기.

대:인-난(待人難)圓 약속하고 제때에 오지 않는 사람을 기다리기가 퍽 힘듦. It's hard to wait for somebody

대:인 담보(對人擔保)圓 《법률》 보증(保證) 따위와 같이 인적 신용(對人的信用)을 가지고 채무 담보로 하는 일. 《대》 대물(對物擔保). personal security

대:-인물(大人物)圓 훌륭한 기량·성격을 갖춘 사람. 뛰어난 사람. 큰 인물. 위인(偉人). great character

대:인-세(對人稅)圓 《대人稅》 인세(人稅).

대:인 신:용(對人信用)圓 《법률》 채권자가 채무자의 인물·지위 등을 믿고 따로 담보물을 취하지 않는 일. 「는 국가 최고 권력.

대:인 주권(對人主權)圓 《법률》 사람에게 행사

대:일(對日)圓 일본에 대한 일. ¶~ 교섭(交涉). towards Japan 「는 낱은 말.

대:-일수[一쑤] 圓 《大一數》 《제도》 돈 일만 냥을 일컬

대:임(大任)圓 중대한 임무 또는 책임. 《유》 중임(重任). great task 「사람.

대:임(代任)圓 남의 임무를 대신하여 처리함. 또, 그

대:임(貸賃)圓 물건을 빌려 주고 받는 돈. 《대》 차임(借賃). rent

대:입(代入)圓 《수학》 식에 들어 있는 문자에 여러 가지 수를 넣어서 식을 계산함. substitution 하다

대:입-법[一뻡] 圓 《代入法》 《수학》 어떤 특정된 수치(數値) 대신으로 다른 수나 글자를 써서 푸는 대수식의 운산법(運算法). substitution

대:-자圓 다섯 자. five feet

대:자²圓 대로 만든 자. 죽척(竹尺). bamboo foot rule.

대:자(大字)圓 ①큰 글자. ②《동》 대문자.

대:자(大慈)圓 《불교》 가엾은 사람을 크게 사랑하는 일. great mercy

대:자(代子)圓 《기독》 영세(領洗) 성사와 견진(堅振) 성사를 받은 남자의 그 대부(代父)에게 대한 친분(親分). 《대》 대녀(代女). godson

대:자(代赭)圓 《약》→대자석(代赭石). ②《약》→대자색(代赭色). ③《동》 석간주(石間朱).

대:자(帶子)圓 끈의 하나. 곧 실로 너비가 좁고 길이는 길며 두껍게 짠 것. 또, 그 직물로 짠 허리띠. belt

대:자 대:비(大慈大悲)圓 《불교》 크고 넓어 그지없는 자비. great mercy and compassion 하다 「boo

대:-자리圓 대오리로 만든 자리. mat woven of bam-

대:자-색(代赭色)圓 대자석(代赭石)의 빛과 같은 빛깔. 《약》 대자(代赭).

대:자-석(代赭石)圓 《광물》 적철광(赤鐵鑛)의 하나. 잘 부서지며 빛깔은 적색임. 혈사(血師). 철주(鐵朱). 토주(土朱)①. 《약》 대자(代赭)①. raddle

대:-자연(大自然)圓 넓고 큰 자연. 위대한 자연. nature

대:-자재(大自在)圓 ①속박이나 장해를 받지 않고 자유로운 것. 커다란 자유. ②《약》→대자재천(大自在天). 「의 주(主). 《약》 대자재(大自在)②.

대:-자재천(大自在天)圓 《불교》 대천 세계(大千世界)

대:-자적(對自的)圓 자기 자신에 대한 것.

대:작(大作)圓 ①《공》 남의 잘된 작품. masterpiece ②내용이 방대한 문예 작품. great work ③《미술》 크게 세워진 건축물이나 미술품. 걸작(傑作). masterpiece ④마른·그믐·이우·상 소리 등이 크게 일남. ¶광풍이 ~하다. 하다자타 「of firewood

대:작(大斫)圓 굵은 장작. 《대》 소작(小斫). big chops

대:작(大爵)圓 지체 높은 작위(爵位). high rank

대:작(代作)圓 ①남을 대신하여 만듦. making for somebody ②남을 대신하여 지은 글. writing for another ③《동》 대파(代播). 하다

대:작(對酌)圓 마주하여서 술을 마심. 대음(對飮). 《대》 독작(獨酌). drinking face to face 하다자타

대:장圓 《약》→대장장이.

대:장圓 많은 논밭. 큰 전답(田畓). large farm

대:-장(大壯)圓 《약》→대장패(大壯牌).

대:장(大將)圓 ①《제도》 도성(都城)에 상비(常備)하던 각 영의 장수. 장신(將臣). 《군사》 중장(中將) 바로 위, 원수(元帥) 아래 계급. general

대:장(大腸)圓 《생리》 소장(小腸)의 끝에서부터 항문에 이르는 소화 기관. ¶~염(炎). 《동》 대장. large intestine 「선주기(船主旗)의 게양에 쓰임.

대:장(大檣)圓 기선에서 두 개의 돛대 중 뒤쪽 돛대.

대:장(代將)圈 ①〈제도〉남의 책임을 대신하여 출전(出戰)한 장수. ②圈 준장(准將).
대:장(帶仗)圈 병기(兵器)를 몸에 지님. 하타
대장(隊長)圈 한 부대를 지휘 통솔하는 우두머리. commander
대장(臺長)圈 ①기상대(氣象臺)의 책임자. director of observatory ②〈제도〉사헌부(司憲府)에서 장령(掌令)과 지평(持平).
대장(臺狀)圈〈인쇄〉신문의 한 면을 조판한 다음에 준장(準張)과 맞대 보기 위하여 박아 내는 종이. 교정지(校正紙). 준지(準紙). galley
대장(臺帳)圈 토대가 되는 원부(原簿). register
대:장-간[-깐](-間)圈 풀무를 놓고 쇠우리를 다루어 온갖 연장을 만드는 집. 노호(鑪戶). 야장간(冶匠間). 단철장. black-smith's shop
대장간에 식칼이 논다圈 마땅히 있음직한 곳에 오히려 없는 경우가 많다.
대:장경(大藏經)圈〈불교〉불경의 총칭. 일체경(一切經). ㈜ 장경(藏經). complete collection of Buddhist scriptures
대:장경 목판(大藏經木版)〈불교〉합천(陝川) 해인사에 간직된 대장경의 목판.
대:장-패(大壯卦)圈〈민속〉육십사패(卦)의 하나. 진패(震卦)와 건패(乾卦)가 거듭된 것인데, 우레가 하늘에 있음을 상징함. ㈜ 대장(大壯).
대:장군(大將軍)圈 ①〈제도〉고려 무관의 상장군(上將軍)과 장군(將軍)의 사이가 되는 벼슬. ②〈제도〉신라 무관의 으뜸 벼슬. ③〈민속〉팔장신(八將神)의 하나. 「가 6자가 되는 철전(鐵箭).
대:장군-전(大將軍箭)圈〈제도〉무게가 50근, 길이
대:장부(大丈夫)圈 늠름하고 씩씩한 남자. ㈜ 대장부(捕丈夫). brave man 「고 있는 나무.
대:-장선(大長線)圈〈건축〉마루 밑의 장선을 덧받치
대:장-일[-닐](-日)圈 대장간에서 하는 온갖 일. forging 하타
대:장-장이圈 대장일을 하는 사람. 노호(鑪戶)③. 야장(冶匠). ㈜ 대장. smith
대장-준(臺狀準)圈〈인쇄〉조판한 뒤에 박아낸 대장에 대하여 준장을 가지고 맞대 보며 하는 교정.
대:장-패(大將牌)圈〈제도〉포도 대장(捕盜大將)이 차던 패.
대:장 풍악(大張風樂)圈 풍류의 놀이를 크게 벌여서 차림. 「eat abilities
대:재(大才)圈 크게 뛰어난 재주. 또, 그런 사람. gr-
대:재(大災)圈 큰 재앙. serious calamity
대:재(大材)圈 거대한 재목이나 석재(石材).
대:재(大齋)圈〈기독〉금요일에 육식(肉食)과 주육(酒肉)을 금하고, 아침밥과 점심은 조금 먹고 저녁은 충분히 먹는 의식. 단식재(斷食齋). Lent 「기의 하나.
대:쟁(大箏)圈〈음악〉당악기(唐樂器)에 속하는 현악
대:뎡이덩굴(大-)圈〈식물〉포도과(葡萄科)의 다년생 덩굴. 줄기는 푸르고 바구니를 엮는 데 쓰임.
대:저(大著)圈 내용이 방대하고 규모가 큰 저서.
대:저(大抵)圓 대체로 보아. 무릇. 대전.
대-저울圈 저울의 하나. 대의 한 쪽에 접시와 고리가 있고 그 가까이에 손잡이가 있음.
대:적(大賊)圈 ①큰 도둑. formidable robber ②무리가 많은 도둑. large pack of robbers ③크게 잘못하는 나쁜 사람. consummate villain 「rival
대:적(大敵)圈 큰 적수(敵手). ㈜ 강적(强敵). great
대:적(對敵)圈 ①적과 맞섬 ②세력이 맞서서 서로 겨룸. 적수(敵手)를 삼음. 대두(對頭). 적적(抵敵)①. facing the enemy 하타
대:적-색(帶赤色)圈 붉은 빛을 띤 빛깔.
대:전(大全)圈 ①완전하여 모자람이 없음. completeness ②어떤 사물에 관한 것을 모두 합쳐서 엮은 책. ¶의학(醫學) ~. ③언해(諺解)가 있는 책의 본문에 대한 ву[본문]. 「시조(時調)~. complete work ①. great ceremony ②중대한 법전. 하타
대:전(大典)圈 ①나라의 큰 의례(儀禮). 중전(重典)
대:전(大殿)圈 ①圈 임금. ②임금이 거처하는 궁전. 대내(大內). 「㈜. 〈대〉소전(小篆).
대:전(大篆)圈 고전 서체(古篆書體)의 하나. 전류(篆
대:전(大戰)圈 큰 싸움이나 전쟁. great war 하타
대:전(代錢)圈 물건 대신으로 주거나 받는 돈. price
대전(垈田)圈 ①圈 텃밭. ②터와 밭. plot and the fields 「(荷電). electrification
대:전(帶電)圈〈물리〉물체가 전기를 띠는 작용. 하전
대전(臺前)圈 대의 앞.
대:전(對戰)圈 맞서 싸움. fight 하타
대:전=마:마(大殿媽媽)圈 圈 임금.
대:전 별감(大殿別監)〈제도〉임금에게 딸린 별감.
대:전제(大前提)圈〈논리〉삼단 논법에 있어서 대개념(大概念)을 내포한 첫째 전제. 〈대〉 소전제(小前提). major premise
대:전-차:포(對戰車砲)圈〈군사〉전차를 공격하는 데 쓰이는 대포. anti-tank gun
대:전-체(帶電體)圈 전기를 띠고 있는 물체. charged body
대:절(大節)圈 ①나라를 위하여 죽음으로써 지키는 절개. ②크게 빛나는 절개. great principle
대:절(貸切)圈 '전세(專貰)'의 구칭. 하타
대:절(大漸)圈 임금의 병세가 위중함.
대:점(貸店)圈 세를 주는 가게. shop to lend
대:점[-쩜](對點)圈〈수학〉원이나 구(球)의 두 끝에 있는 반대의 점. opposite point
대:-점포(貸店鋪)圈 점포를 세놓음. 또, 그 가게.
대:접圈 위가 넓고 운두가 낮은 숭늉·국을 담는 그릇. large bowl 의圈 '대접'의 수를 세는 단위. ¶물 두~.
대:접圈 소의 사타구니에 붙은 고기
대:접(待接)圈 ①음식을 제공함. entertainments ②예를 차려 대우함. reception 하타
대:접-감(-柿)圈 색 굵은 종류의 반시(盤柿).
대:접-무늬圈 크게 놓은 비단의 무늬. ㈜ 대접문. large design on silk
대:접-받침圈〈건축〉기둥 머리를 장식하는 넓적한 네모진 나무. 대접소로. 주두(柱枓·柱頭).
대:접-소:로(-小櫨)圈 ㈜ 대접받침.
대:접-쇠圈 대문 장부가 들어가는 둔테의 구멍 가에 박는 말굽 같은 쇠. 마제철(馬蹄鐵)①. horseshoe
대:접-자루圈 쇠고기의 대접에 붙은 고기의 하나.
대정(大定)圈 ㈜→대제야(大正子).
대:정(大定)圈 일을 딱 결정함. decision 하타
대:정(大政)圈 ①도목 정사(都目政事). ②〈제도〉십이월의 도목 정사. 〈제도〉서임(敍任)의 수효가 많은 정사(政事). ③천하의 정치.
대:정-각(對頂角)圈〈수학〉'맞꼭지각'의 구용어.
대:-정맥(大靜脈)圈〈생리〉몸의 모든 기관에서 흘러져 있는 소정맥이 모여 심장 우실(心臟右室)로 들어가는 중요한 정맥. 〈대〉대동맥(大動脈). vena cava
대:정-자:(大正字)圈 서양 글자의 활자체의 하나. 해서(楷書)의 대문자. 흔히 인쇄물의 글귀의 첫머리에 쓰는 자체. ㈜ 대정(大正). roman capital
대:정-코(大定-)圈 단정코. 기어이. ¶~ 해뒤야지 겠다.
대:제(大帝)圈 ①하늘. heaven ②역대 임금 중 특히 성덕(盛德)한 임금. ㈜ 황제(皇帝). great emperor
대:제(大祭)圈 ①성대히 거행하는 제사. ②〈제도〉종묘에서 네 철과 섣달에 지내던 제사와, 사직에서 햇곡식 때와 섣달에 풍년을 빌어 지내던 제사. 대향(大享). 대제사(大祭祀).
대:제(待制)圈〈제도〉규장각의 한 벼슬.
대:제-사:(大祭祀)圈 ㈜ 대제(大祭).
대:제-사:장(大祭司長)圈〈기독〉구약 시대의 신에게 제사하는 일을 맡은 성직자(聖職者). 대사제(大司祭)②.
대:제학(大提學)圈〈제도〉①홍문관·예문관의 으뜸 벼슬. 문형(文衡). ②성균관 정2품의 벼슬.

대:조(大棗)[명] 대추¹.
대:조(大朝)[명] 〈제도〉 왕세자가 섭정하고 있을 때의 임금을 일컬음.
대:조(大潮)[명] 조수의 차가 가장 큰 때의 밀물과 썰물. floodtide
대:조(帶潮)[명] 때까치.
대:조(對照)[명] ①내용의 검토나 참고를 위하여 둘 이상의 대상을 맞추어 봄. 비준(比準). contrast ②서로 반대적으로 대비됨. 또, 그러한 대비. 대비(對比)². 조합(照合). ③〈음악〉서로 상반되는 성격을 가진 부분들을 대치시키는 음악 구성 원칙의 하나. contrast [명]
=대:조(代祖)[끝] 숫자 밑에 붙어서, 위로 거슬러 쳐서 몇 대째의 선조임을 나타내는 말. ¶육~는 고조의 할아버지이다.
대:조-법(對照法)[-뻡][명] 〈문학〉예술가가 어떤 인간의 성격·대상·현상 등의 특징과 속성들을 두드러지게 표현하기 위하여 그것들을 다른 것들과 대립시키는 예술적 언어 수단의 하나.
대:조-전(大造殿)[명] 창덕궁(昌德宮) 안에 있는 곤전(坤殿)의 정당(正堂).
대:조 조각(大棗彫角)[명] 대추 주악. 「ful family
대:족(大族)[명] 자손이 많고 세력이 있는 겨레. power-
대:졸(大卒)[명](약) 대학 졸업(大學卒業).
대:종(大宗)[명] ①대종가의 계통. lineage of the head family ②사물의 주류. ¶쌀이 농산물의 ~을 이룬 [다.
대:종(大鐘)[명] 큰 종기.
대:종(大鐘)[명] 쇠로 만든 큰 종. large bell
대:종가(大宗家)[명] 가장 큰 종파의 집안.
대:종계(大宗契)[명] 같은 파(派)의 여러 겨레가 맺은 종계(宗契).
대:종-교(大倧敎)[명] 〈종교〉단군을 교조(敎祖)로 하는 종교. 삼일교. Korean religious sect to worship *Tangun*
대:종백(大宗伯)[명] 〈제도〉예조 판서(禮曹判書).
대:종사(大宗師)[명] ①〈종교〉대종교에서 성통 공완(性通功完)의 사람. ②〈불교〉불교 조계종(曹溪宗)에서 비구(比丘) 법계의 1급. ③〈불교〉태고종(太古宗)에서 선정(禪定)을 닦은 승려의 법계의 1급.
대:종손(大宗孫)[명] 대종가의 맏자손. heir of the general head family
대:종중(大宗中)[명] 큰 종중. 대개 5대 이상의 선조에서 갈려 자손들을 일컬음.
대:좌(對坐)[명] 마주 대하여 앉음. 우좌(偶坐). sitting face to face 하다 「crime
대:죄(大罪)[명] 크고 중한 죄. 거죄(巨罪). serious
대:죄(待罪)[명] 죄인이 벌 주기를 기다림. waiting punishment 하다
대:죄 거:행(戴罪擧行)[명] 〈제도〉죄과(罪科)가 정해질 때까지 그 자리에 그대로 있게 하여 일을 보게 함. 하다 「일컫는 말.
대:주(大主)[명] 〈민속〉무당이 단골집의 바깥 주인을
대:주(大柱)[명] 방아의 굴대를 떠받치고 있는 네 기둥.
대:주(大酒)[명] 호주(豪酒).
대:주(大註)[명] 경서(經書)의 원주(原註).
대:주(大簇)[명] 〈음악〉십이율의 하나인 양률(陽律).
대:주(貸主)[명] 빌려 준 사람. lender
대:주객(大酒客)[명] 주량이 아주 많은 술꾼.
대:주교(大主敎)[명] 〈기독〉천주교에서 관구(管區)를 주관하는 직책. archbishop
대:주-다[타] ①끊이지 않고 잇대어 주다. ¶식량을 ~. supply ②방향이나 주소 등을 가르쳐 주다. ¶전화 번호를 ~. ③물건을 넣도록 그릇 따위를 가져다가 대다. ¶자루를 똑바로 ~.
대:-줄거리(大一)[명] 사실의 중요로운 골자(骨子).(약)
대:-줄기(大一)[명](약)→대줄거리. 「대줄기.
대중[명] ①겉대강의 헤아림. 미리 쳐보는 가량. conjecture ②어떠한 표준. standard 하다
대:중(大衆)[명] ①수가 많은 모든 사람. 군중(群衆)². 민서(民庶). masses ②〈불교〉많이 모인 승려(僧侶). all priests ③〈사회〉노동자·농민 등의 일반 근로 계급. general public
대:중 공:양(大衆供養)[명] 〈불교〉불교의 신자들이 중들에게 여러 음식을 차려서 먹게 하는 일. 하다
대:중 과:세(大衆課稅)[명] 수입이 적은 근로자 등 일반 대중의 부담이 되는 조세.
대:중-말(一)[명] 표준어(標準語).
대:중 매체(大衆媒體)[명] 매스 미디어(mass media).
대:중 문학(大衆文學)[명] 〈문학〉문학적 교양이 없는 대중에게 읽히기 위하여 이루어진 문학. 곧, 사회·가정·시대·탐정·계몽 소설 등으로 이루어짐.(대) 순수 문학. popular literature 「된 사회.
대:중 사:회(大衆社會)[명] 대중을 기반으로 하여 성립
대:중 산림(大衆山林)[명] 〈불교〉절의 대소사를 중들의 결의에 의해서 처리하는 일.
대:중=삼-다[一따][타] ①표준으로 하다. standardize ②어림 짐작의 기준으로 하다. base
대:중=석(臺中石)[명] 탑기단의 중간 부분을 이루는 돌.
대:중-성(一썽)(大衆性)[명] ①일반 대중이 다 같이 갖추어 있는 성질. ②대중에게 맞는 성질. popularity
대:중 소:설(大衆小說)[명] 〈문학〉일반 대중에게 읽히기 위하여 흥미 위주로 지은 소설. popular novel
대:중 식당(大衆食堂)[명] 대중을 상대로 하여 값이 싸게 식사할 수 있는 간편한 식당. restaurant
대중=없-다[一따][형] ①미리 헤아릴 수가 없다. unpredictable ②어떠한 표준을 잡을 수가 없다. lack a standard ③일정한 주견이 없다. 주책없다. inconsistent 대중-없이[부].
대:중 오:락(大衆娛樂)[명] 대중의 흥미를 위주로 한 오락.
대:중 운:동(大衆運動)[명] 일정한 정치적·경제적·사회적 목적을 달성하기 위하여 일반 대중이 주체가 되어 집단적으로 행하는 운동. mass movement
대:중 작가(大衆作家)[명] 〈문학〉대중 소설을 쓰는 사람. popular writer
대:중=잡-다[타] 기준을 정하다. make a rough estimate
대:중 잡지(大衆雜誌)[명] 신문·방송·출판물 등을 통하여 대중에게 사상·지식·소식 등을 널리 전하는 일. 매스컴. 대량 전달(大量傳達). mass communication 「있는 절.
대:중 처:소(大衆處所)[명] 〈불교〉대중·승려가 많이
대:중-판(大衆版)[명] 〈문학〉일반 대중을 상대로 한 값싼 출판물. popular edition
대:중-화(大衆化)[명] ①일반 민중에게 널리 퍼지거나 그 기호(嗜好)에 알맞게 됨. ②특수 계급의 행세를 하지 않고 일반 민중과 마찬가지의 행동을 하게 됨. popularization 하다
대:중(對證)[명] ①〈법률〉대질(對質)시켜 증기 조사를 함. ②상대(相對)하여 서로 증거를 내세우는 일. 하다 「에 임시로 보이던 과거.
대:증광(大增廣)[명] 〈제도〉왕실에 큰 경사가 있을 때
대:증-식(帶證式)[명] 〈논리〉대소 전제(大小前提) 중 한쪽 또는 양쪽에 이유가 부대(附帶)되어 있는 삼단 논법(三段論法).
대:증 요:법(對症療法)[명] 〈의학〉병의 근원(根源)까지는 고치기 곤란한 경우에, 겉으로 나타난 질병의 증상만을 고치는 치료법. (대) 병인 요법(病因療法). allopathy
대:지(大旨)[명] 대강의 의미. 대의(大意). outline
대:지(大地)[명] 넓은 대자연의 땅. 곤여(坤輿). 대괴(大塊). great earth 「ambition
대:지(大志)[명] 크고 원대한 뜻. 희망. 홍지(鴻志).
대:지(大指)[명] 엄지손가락.
대:지(大智)[명] 뛰어난 슬기. (대) 대우(大愚). great wisdom 「사무창(蛇眉瘡).
대:지(代指)[명] 〈한의〉손가락 끝에 나는 독한 종기.

대지(垈地)圈 집터. (약) 대(垈). site
대:지(帶紙)圈 물건을 싸고 그 위를 두르는 좁고 긴 종이. paper wraping ribbon
대:지(貸地)圈 세를 받고 빌려 주는 땅. (대) 차지(借地). land to let
대지(臺地)圈〈지〉 주위의 지형보다 높고 평평한 땅. 탁상지. terrace
대지(臺紙)圈 그림이나 사진 따위를 붙이기 위한 두꺼운 종이.
대:지 공격(對地攻擊)圈 공중에서 하는 지상에 대한 공격.
대=지르-다(자르톨) 찌를 듯이 날카롭게 대들다. thrust at
대:지 속도(對地速度)圈 비행기의 지면에 대한 속도. anti-ground speed
대:=지주(大地主)圈 큰 지주. big landowner
대:지 측량(大地測量)圈 지구를 타원체로 보는 구체(球體)로서 취급하는 측량. (대) 평면 측량(平面測量).
대:지팡이(大一)圈 대로 만든 지팡이. 죽장(竹杖). bamboo cane
대:직(大稷)圈〈동〉[cane
대:직(大職)圈 높은 직위. ¶~을 맡다.
대:진(大陣)圈 많은 군사로 된 진영.
대:진(大震)圈 큰 지진.
대:진(代診)圈 주치의(主治醫)의 대리로 진찰함. 또, 그 사람. examination of the patient on behalf of a doctor 하타 [가 다함. 친진(親盡).
대:진(代盡)圈 사당(祠堂)에 제사지내는 베수(代數)
대:진(對陣)圈〈군사〉두 편의 군사가 서로 대하여 진을 침. ¶~표(表). confrontation of armies 하타
대:질(大質)圈〈동〉무릎맞춤. 하타
대질리-다[자] 태직[太稷].
대:질 심문(對質審問)圈〈법률〉원고·피고·증인 들을 대질시켜서 심문함. 하타
대:=집행(代執行)圈〈법률〉행정상 강제 집행의 하나. 행정 처분의 명을 받은 사람이 복종하지 않을 경우, 관청이나 타인을 시켜서, 처분의 명을 받은 사람에게서 그 비용을 징수하는 일. 대체 집행. execution by proxy
대:=짜(大一)圈 큰 것. big one [king-size article
대:=짜=배기(大一)圈 대짜인 것. 그 중 제일 큰 것.
대:=짜배기=로(大一)閉 ①벌어지는 일이 엄청나게 크게. on a large scale ②엄청나게 큰 것으로. in a big one
대=쪽(大一)圈 ①대를 쪼갠 조각. ②성미·절개 등의 곧은 것의 비유.
대:차(大車)圈 ①소 두 마리가 끄는 큰 수레. large cart ②보통보다 큰 짐수레. ③(약)→대차륜(大車輪).
대:차(大差)圈 몹시 어긋남. 큰 차이. (대) 소차(小差). much difference
대:차(大借)圈 약가(藥價)의 하나. 매우 독한 약을 먹어 힘을 굳세게 하는 일. 하타
대:차(貸借)圈 ①꾸어 줌과 꾸어 옴. borrowing and lending ②돈이나 물건의 들어오고 나감. receipts and disbursement ③〈법률〉계약의 하나. 사용 대차·소비 대차·임대차의 총칭. ④〈경제〉부기의 대변과 차변, 또는 그 분개(分介). debt and credit 하타
대:차 대:조표(貸借對照表)圈〈경제〉결산 때에 자산과 부채를 명백하게 나타낸 기록. balance sheet
대:=차륜(大車輪)圈〈체육〉철봉이나 평행봉에서 대회전하는 것. (약) 대차(大車)③. giant swing
대차=매듭圈 끈으로 채반처럼 맺은 매듭.
대:차 차액(貸借差額)圈〈경제〉대변의 액수와 차변의 액수의 차액.
대:=찬(代撰)圈 제찬(制撰). 하타
대:=찰(大札)圈〈공〉남의 편지.
대:찰(大刹)圈〈불교〉큰 절. 이름난 절. 거찰(巨刹). grand temple [animals
대창 큰 짐승의 대장(大腸). large intestine of big
대:창(大昌)圈 앞날이 몹시 잘. great flood 하타
대:=창옷(大一)圈〈제도〉향리(鄕吏)가 입던 웃옷.
대:책(大冊)圈 큰 저술(著述)의 책. bulky volume
대:책(大責)圈 몹시 꾸짖음. 큰 꾸지람. good scolding

하타 [방에 응하는 계책. counter-measure
대:책(對策)圈 ①시국에 대한 방책. measure ②상대
대:처(大處)圈〈동〉도회지(都會地).
대:처(帶妻)圈 아내를 둠. matrimony 하타
대:처(對處)圈 어떤 일에 대한 적당한 대비. disposal
대:처:네[圈 이불을 쌓고 그 위에 덮는 보. [하타
대:처=승(帶妻僧)圈〈불교〉살림을 차리고 가권(家眷)을 거느린 중. (대) 비구승(比丘僧). married Buddhist priest [metrically opposite
대:척(對蹠)圈 어떤 일에 대하여 정반대가 됨. dia-
대:척=적(對蹠的)圈 정반대가 되는(것). antipodism
대:척=점(對蹠點) / 대:치=지(對蹠地)圈〈지〉지구 표면상의 한 지점에 대하여 그 지점과 지구의 중심점과를 결합하는 선 위에 있는 반대측의 지구 표면의 지점.
대:천(大川)圈 큰 내. 이름난 내. big river
대:천(大闡)圈〈제도〉문과 급제(文科及第).
대:천(戴天)圈 하늘을 머리에 임. 곧, 이 세상에 생존하고 있음. ¶불공(不共)~의 원수.
대:=천명(待天命)圈 타고난 운명을 기다림. ¶진인사(盡人事)~. 하타
대:=천문(大天門)圈〈생리〉머리의 정중부(正中部)에서 전두골(前頭骨)과 두정골(頭頂骨) 사이의 가장 큰 천문.
대:천 세:계(大千世界)圈〈불교〉삼천 세계(三千世界)의 셋째. 곧, 중천 세계(中千世界)의 천 곱절이 되는 세계.
대:천지=원수(戴天之怨讐)圈(약)→불공대천지수(不共
대:첩(大捷)圈〈동〉대승(大勝). 하타 [戴天之讐]
대-첩圈 대 속의 흰 꺼풀. membranous layer
대:청(大靑)圈〈식물〉겨자과의 이년생풀. 줄기 높이 70cm 가량으로 잎은 피침형이며 5~6월쯤에 노란 꽃이 핌. 과실은 해독제·해열제로 쓰이고 잎과 줄기는 남색 염료로 쓴다. 요람(蓼藍). woad
대:청(大廳)圈 집채 가운데 있는 마루. 당(堂)②. 청(廳). 대청 마루. hall
대:청(代廳)圈〈제도〉왕세자가 왕을 대신하여 임시로 정치를 행하던 일. 대리(代理)③. 하타
대청(臺廳)圈〈제도〉사헌부나 사간원에서 진계(陳啓)할 일이 있을 때, 모여 회의하던 곳.
대청 마루(大廳一)圈〈동〉대청(大廳).
대:청=소(大淸掃)圈 대규모로 하는 청소.
대:체(大體)圈 일이나 사물의 기본적인 큰 줄거리. ¶이야기의 ~. outline 閉 대관절. 대을. ¶~웬일이냐? on earth
대:체(代替)圈 다른 것으로 바꿈. alternation 하타
대:체(對替)圈〈경제〉어떤 계산 자리의 금액을 다른 계산 자리에 옮겨 적는 일. 전체(振替). transferring 하타
대체 계:정(對替計定)圈〈경제〉어떤 금액을 한 계정에서 딴 계정으로 대체하는 일. 또, 그 계정.
대:체=로(大體一)閉 대강의 요점만 말해서.
대:체=물(代替物)圈〈법률〉같은 질(質)과 양(量)으로서 다른 것으로 바꿀 수 있는 목적물. 쌀·화폐 따위. 부대체물(不代替物). substitute
대:체 식량(代替食糧)圈 쌀의 대체물로서의 식량.
대:체 원칙(代替原則)圈〈경제〉같은 성질의 물건을 생산하는 데 있어서 되도록 비용이 적게 드는 생산요소를 비용이 많이 드는 그것에 대신하는 원칙. principle of substitution
대:체=재(代替財)圈 시장에서 어떤 하나의 대(對)로 서로 대체할 수 있는 재. 홍차와 엽차, 만년필과 연필, 버터와 마가린 따위.
대:체 저:금(對替貯金)圈〈경제〉우편 저금의 절차에 따라 금전을 거래하려는 사람이 계좌 소관청(計座所管廳)의 계좌에 가입 예금하여 그와 거래하는 사람에게 우체국을 통하여 금전을 대체하는 제도. 먼 곳에 있는 사람에 대한 송금이 편리함. 진체(振替) 저금. transfer savings

대:체 전표(對替傳票)[명] 〈경제〉 대체할 때 쓰는 전표.
대:체 집행(代替執行)[명] 대집행.
대:초(大─)[명] 썩 큰 초. large candle
대:초(大草)[명] 〈어학〉서양 글자의 큰 체로 흘리어 쓴 글씨. 글자나 고유 명사 따위의 첫머리에 씀. (대) 소대·초(小草)¹. italic capitals
대·초(고 대추¹. [초(小草)². italic capitals
대:초열 지옥(大焦熱地獄)[명] 〈불교〉팔대 지옥(八大地獄)의 일곱째. 초열 지옥보다 고통이 더 심한 지옥.
대:촉(代促)[명] 대(代)가 짧음. 하재
대:촌(大村)[명] 큰 마을. large village
대:총(大塚)[명] 규모가 큰 옛 무덤. 큰 무덤.
대:총재(大冢宰)[명] 〈제도〉'이조 판서(吏曹判書)'의 딴이름.
대쵸[명] (고) →대초. [딴이름.
대:추[명] 대추나무의 열매. 목밀(木蜜)². 대조(大棗).
대:추²[명] 남이 쓰다가 물려 낸 물건. jujube
대:추(大酋)[명] 야만인들의 우두머리.
대:추=나무[명] 〈식물〉갈매나무과의 낙엽 교목. 가지에는 무딘 가시가 있으며 여름에 황백색의 작은 꽃이 피고 열매는 익으면 붉은 빛깔임. 열매는 식용·약용하며 나무는 단단하여 판목·달구질 재료로 쓰임. 조목(棗木). jujube tree [비유.
대추나무 방망이다[용] 모질고 단단하게 생긴 사람의
대추나무에 연 걸리듯[용] 여러 곳에 빚이 많이 걸렸음.
대:추=벼[명] 〈식물〉늦벼의 하나. 까끄라기가 없고 빛이 붉음. [이 없는 사람의 비유.
대추씨 같다[형] 키는 작으나 야무지고 단단하여 빈틈
대:추 주(大酋)[명] 대추를 넣어 만든 주악. 대조 주악.
대:추 편포(─片脯)[명] 쇠고기로 대추처럼 만든 편포.
대:축(大祝)[명] 〈제도〉종묘(宗廟)나 문묘(文廟) 제향(祭享)에 축문(祝文)을 읽던 벼슬.
대:축(對軸)[명] 대폭(對幅).
대:축(對畜)=패(大畜卦)[명] 〈민속〉육십사괘의 하나.
대:춘(待春)[명] 봄을 기다림. waiting for the spring 하재 [ity
대:춘지수(大椿之壽)[명] 오래 삶. 장수(長壽). longev-
대:출(貸出)[명] 꾸어 주어 지출함. ¶~금(金). ~ 이자(利子). loan 하재
대:출 초과(貸出超過)[명] 〈경제〉오버론(over-loan).
대:충(大蟲)[명] 〈동〉범. [ment in substitutes 하재
대:충(代充)[명] 다른 것으로 대신하여 채움. supple-
대충(←大總)[부] 건성으로. roughly
대충=대충[부] 〈동〉대강대강.
대:충 자:금(對充資金)[명] 〈경제〉제2차 대전 후 미국의 원조 물자로 얻은 원조 물자가 정부가 국내에서 팔아 얻은 국내 화폐의 대금. counterpart fund
대:취(大醉)[명] 크게 취함. 〈유〉만취(滿醉). dead drunkenness 하재
대:─취:타(大吹打)[명] 〈음악〉취타(吹打)와 세악(細樂)을 갖춘 대규모의 군악(軍樂). grand brass-winds and percussion instruments 하재
대:치(大熾)[명] 크게 기세가 성함. great prosperity
대:치(代置)[명] 어떤 물건을 대신하여 다른 물건으로 바꾸어 놓음. 개치(改置). replacement 하재
대:치(對峙)[명] 마주 대하여 버팀. 대립(對立)². 하재
대:치(對置)[명] 마주 놓음. 하재
대:치사=관(代致詞官)[명] 〈제도〉영의정이 올리는 치사문(致詞文)을 대신 읽던 임시 벼슬.
대:칙(大則)[명] 근본이 되는 규칙. 큰 원칙.
대:침(大針)[명] 큰 바늘. big needle [cture needle
대:침(大鍼)[명] 끝이 조금 둥글고 긴 침. large acupun-
대:칭(大秤)[명] 근까지 달 수 있는 큰 저울. 근칭(斤秤). large balance
대:칭(對稱)[명] ① 〈수학〉도형의 모양이 어떤 기준을 중심으로 하여 같은 관계에 있는 일. ② 〈물리〉결정면(結晶面) 사이에 존재하는 규칙적인 관계의 하나. symmetry ③ →대칭 대명사.
대:칭 대:명사(對稱代名詞)[명] 〈어학〉인칭 대명사의 하나. 상대편의 이름 대신으로 쓰는 대명사. 제 2 인칭(第二人稱) 대명사. second person pronoun

대:칭 도형(對稱圖形)[명] 〈수학〉하나의 점이나 직선을 중심으로 하여 양편이 같은 모양. 대칭꼴. 대칭형. [일컫는 말. symmetric law
대:칭=률(對稱律)[명] 〈수학〉a=b이면 b=a인 관계를
대:칭=면(對稱面)[명] 어떤 두 입체가 도형이 한 면에 대하여 대칭될 때 그 면의 일컬음. 맞선면. symmetric plane
대:칭 배:사(對稱背斜)[명] 〈지학〉양측의 지층이 반대 방향으로 경사가 지고 그 대응 경사의 정도가 같은 배사 구조.
대:칭=식(對稱式)[명] 〈수학〉한 식 가운데의 어떤 두 문자를 바꾸어도 값이 변하지 않는 식의 그 문자에 대한 일컬음. symmetrical expression
대:칭 위치(對稱位置)[명] 〈수학〉2등분된 선분에 대해 서로 대칭되어 있는 자리.
대:칭 이동(對稱移動)[명] 〈수학〉도형을 점·선·면에 대해 대칭의 위치로 옮기는 일.
대:칭=점(─[一]점)(對稱點)[명] 〈수학〉두 도형이 한 점에 대하여 대칭될 때 그 점의 일컬음. 맞선점. 대칭 중심. symmetrical point
대:칭 중심(對稱中心)[명] →대칭점.
대:칭=축(對稱軸)[명] 〈수학〉두 도형이 한 직선에 대하여 대칭될 때 그 직선의 일컬음. 맞선축. axis of symmetry
대:칭=형(對稱形)[명] 〈약〉→대칭 도형.
대:칼[명] 대로 만든 작은 칼. bamboo knife
대컨[부] 〈동〉무릇.
대:타(代打)[명] 〈체육〉야구에서 차례가 아닌 사람이 타자(打者)가 됨. 하재
대:탁(大卓)[명] 아주 잘 차린 음식상. bountiful table
대:탈(大頉)[명] 큰 탈. 매우 큰 사고.
대:탑(對榻)[명] 책상을 대하여 마주 앉음. 하재
대:택(大宅)[명] 천지(天地).
대:테[명] 대를 쪼개어 결어 만든 테. 죽고(竹箍). bamboo hoop
대:토(代土)[명] ① 팔고 대신 장만하는 땅. ② 땅을 서로 바꿈. changing lands ③ 소작권을 옮기고 대신 주는 땅. substitute land 하재
대:─톱(大─)[명] ① 큰 동가리톱. ② 큰 톱. 《대》중톱. 소톱. 세톱. large saw
대:통(─桶)[명] 담뱃대의 담배를 담는 부분. bowl of a tobacco pipe
대:통(一筒)[명] 쪼개지 않고 짧게 자른 대의 토막. bambootube
대:통(大通)[명] 막히지 않고 크게 트임. ¶운수(運數) ~. be in luck's way 하재
대:통(大桶)[명] ① 큰 통. large pale ② 소금을 많이 담은 큰 섬. full salt bag
대:통(大痛)[명] 심한 고통. 대단한 아픔.
대:통(大統)[명] 제위(帝位)를 계승하는 계통. 홍통(洪統). 황통(皇統). Imperial line
대:통령(大統領)[명] 〈정치〉공화국의 원수(元首). 모든 행정을 총람하고 주권을 대표함. president
대:통령 거:부권(─[一]권)(大統領拒否權)[명] 〈법률〉통과 법안(通過法案)의 대한 서명을 거부하고 반환하는 헌법상의 대통령의 권한.
대:통령=령(大統領令)[명] 대통령이 헌법에서 부여한 권한으로 발하는 명령. 법률과 동일한 효력을 가짐.
대:통령=제(大統領制)[명] 〈정치〉행정부의 수반인 대통령으로 하여금 국회로부터 독립하고 그 기능을 발휘할 수 있게 하는 정부 형태. 대통령 중심제. 대통령 책임제. 《대》내각 책임제(內閣責任制).
대통 맞은 병아리 같다[용] 남에게 얻어맞거나 의외의 일을 당하여 정신이 멍하다.
대:통─운(大通運)[명] 크게 터진 운수. best fortune
대:퇴(大腿)[명] 넓적다리.
대:퇴─골(大腿骨)[명] 〈생리〉넓적다리의 뼈.
대:퇴─근(大腿筋)[명] 〈생리〉넓적다리에 달린 근육. femural muscle

대:퇴 동:맥(大腿動脈)[명]〈생리〉하지(下肢)로 피를 보내는 연필만한 굵기의 동맥.
대:퇴 정맥(大腿靜脈)[명]〈생리〉대퇴 동맥에 수반하여 하지(下肢)의 피를 거의 전부 모으는 정맥.
대:-투매(大投賣)[명] 대대적인 투매. 하다
대:=틀(大一)[명] ①큰 틀. large frame ②틀이 큰 사람. broadminded man
대:파(大波)[명] 큰 파도.
대:파(大破)[명] ①심한 파손. great damage ②많이 깨짐. heavy damage ③적을 크게 처부숨. (대)소파(小破). going a crushing defeat 하다타
대:파(代播)[명] 모를 내지 못한 논에 다른 곡식을 뿌림. 대용작(代用作). 대작(代作)③. sowing in substitution 하다타 [띤파(麵).대패.
대:-판(大一)[명]〈약〉=대판거리. ②큰 도가니. 「대:판(大板)[명]넓고 큰 널 조각. [「거리로'의 뜻.
대:판(大版)[명]①사진·인쇄물 따위의 큰 판. ②책의 크기가 큰 판. large size
대:판(大辦)[명]대신 사무를 처리함. 대무(代務). 자판(自辦). ¶ ～업(業). agency 하다 「large scale
대:판(大販)[명]크게 벌어짐. (대)대판①.
대:패〈공업〉나무를 밀어 깎는 연장. plane
대:패(大敗)[명]①크게 실패함. ②싸움에 크게 짐. (대)대승(大勝). crushing defeat 하다
대:패 아가리[명]대팻밥이 나오는 구멍.
대:패-밥[명]대패로 나무를 밀어 깎는 일. planing 하다
대:패-질-꾼[명]대패질을 업으로 하는 사람.
대:패-침(一鐵)[명]〈동〉바소.
대:팻-날[명]대패에 끼우는 날쇠의 날. plane blade
대:팻-밥[명]대패에 깎이어 나온 아주 얇은 나뭇 조각. 포설(鉋屑). ¶ ～ 모자(帽子). shavings
대:팻-손[명]대패의 손잡이. handle of a plane
대:팻-집[명]대팻날을 박는 틀. plane stock
대:평-소(大平簫)[명] ①〈동〉나발. ②〈동〉날라리①. ③〈제도〉나발을 울던 군사. 태평수.
대:평-수(大平手)[명]〈동〉대평소③. [「原」.
대:-평원(大平原)[명]큰 평원. 대초원의 大草
대:폐(大弊)[명]큰 폐해(弊害). [일. grog 하다
대포[명]별다른 안주 없이 큰 그릇으로 술을 마시는
대:포(大砲)[명]〈군사〉화약의 힘으로 포탄을 멀리 쏘아 보내는 큰 화기. 호총. (약) 포(砲). gun ②'거짓말'의 곁말. lie [수. gunner
대:포-수(大砲手)[명]〈군사〉대포를 쏘는 사람. 호총
대:폭(大幅)[명]나비가 큰 폭. full width ② 썩 많이.
대:폭(大爆)[명]대판으로 폭격함. 하다
대:폭(對幅)[명]한 쌍의 서폭(書幅)이나 화폭(畫幅). 대축(對軸). [(것).
대:폭-적(的)[관·형]수량·금액 따위의 차이가 큰
대:폿-잔(一盞)[명]대폿술을 마실 때 쓰는 큼직한 잔.
대:폿-집[명]대폿술을 전문으로 파는 집.
대:표(代表)[명]①여러 사람이나 단체를 대신하여 책임을 지고 나서는 일. 또, 그 사람. ¶～단(團). ～위원(委員). representation, representative ②〈약〉→대표자. ③전체를 대신할 만한 한 가지 사물 또는 한 부분. ④〈법률〉갑(甲)이 한 짓의 법률상 갑은 효과가 생기는 행위를 을(乙)이 함. agent 하다타
대:표-값[―깝](代表一)[명]〈수학〉통계에서, 몇 개의 계급으로 된 변량을 대표하는 값.
대:표-권[―꿘](代表權)[명]남을 대표하는 권한.
대:표 민주제(代表民主制)[명]〈법률〉국민이 자기들이 선거한 대변자인 의원이나 퓌선 기관을 통하여 간접적으로 정치에 참여한다고 생각되는 민주 제도. representative democracy
대:표 번호(代表番號)[명]여러 전화 번호 가운데, 교환데의 구실을 하는 번호.
대:표-부(代表部)[명]정식으로 국교를 맺지 않은 나라 또는 국제 기구 등에 설치하는 재외 공관의 하나. 공관장은 특명 전권 대사 또는 특명 전권 공사임.
대:표 사:원(代表社員)[명]〈법률〉합명 회사의 각

합자 회사의 각 무한 책임 사원, 또는 양자의 업무 집행 사원으로서 정관이나 총사원의 동의를 얻어 회사를 대표하는 사원. representative partner
대:표 이:사(代表理事)[명]이사회에서 선임되어 회사를 대표하는 이사. [대표(代表)②.
대:표-자(代表者)[명]여러 사람을 대표하는 사람. 〈약〉
대:표-작(代表作)[명]〈문학〉한 작가의 작품 가운데서 역량을 가장 뚜렷이 나타내어 대표가 될 만한 작품.
대:표-적(代表的)[관·형]어떤 집단이나 분야에서 두드러진(것). representative
대:-푼[명]돈 한 푼. a penny [thing
대:-푼거리질[명]멜나무를 푼거리로 사들이는 일. 하다
대푼-변[―뻰](一邊)[명]백 분의 일 되는 변리. (대)대율(大率). one percent rate of interest
대푼-짜리[명]값이 돈 한 푼에 상당하는 물건. worthless
대푼-중[명]돈 한 푼의 무게. a penny weight
대:=품(代一)[명]받은 품 대신에 갚아 주는 품. ¶～을 갚다. substitute work
대:품(代品)[명]〈약〉=대용품(代用品).
대:풍(大風)[명]큰 바람. 흑풍(黑風). strong wind
대:풍(大豐)[명]곡식이 썩 잘된 풍년. (대)대흉(大凶). abundant harvest [장이 등을 불고 치는 음악.
대:풍-류(大風流)[명]〈음악〉피리·저(笛)·장구·북·깡
대:풍-수(大風樹·大楓樹)[명]〈식물〉산유자과(山柚子科)의 낙엽 관목. 줄기는 가늘고 잎은 긴 타원형으로 광택이 남. 꽃은 대황색(帶黃色)으로 향기가 있으며 자웅 이주임. 열매는 구형으로 종자는 약재임.
대:풍-자(大風子·大楓子)[명]〈한의〉대풍수(大風樹)의 열매의 씨. 문둥병·매독에 약용함.
대:풍-창(大風瘡)[명]〈동〉문둥병.
대:피(待避)[명] ①난을 피하여 때를 기다림. taking refuge ②한 열차가 다른 열차를 피하여 통과하는 것을 피하여 기다림. ¶～선(線). shunting 하다
대:피-소(待避所)[명]비상시에 대피하도록 설치하여 놓은 곳. shelter ②철교나 터널 속 따위에 기차의 통과를 기다리도록 만들어 놓은 곳.
대:피-호(待避壕)[명]적의 폭격이나 포격 등을 피하기 위하여 파놓은 구덩이. 방공호.
대:필(大筆)[명] ①큰 붓. big writing-brush ②붓으로 크게 쓴 글씨. ③썩 잘 쓴 글씨. 또는 그 사람.
대:필(代筆)[명] ①대서한 글씨. writing of a scribe ②남을 대신하여 글을 씀. 대서(代書)②. writing for another 하다
대:하(大河)[명] ①큰 강. big river ②중국의 황하(黃河).
대:하(大夏)[명]〈역사〉①중국 역사에 나타난 서역 지방의 한 나라. 발크(Balkh) 지방. ②중국 오호 십육국(五胡十六國)의 하나.
대:하(大廈)[명]〈동〉광하(廣廈).
대:하(大蝦)[명]〈동물〉참새우과의 큰 새우의 하나. 큰 것은 길이가 30 cm 나 되며 온몸이 분홍빛이 돌고 있이 좋음. 왕새우. 홍하. 해하(海蝦). spiny lobster
대:하(帶下)[명]〈의학〉①여자의 생식기에서 나오는 병적인 액체의 분비물. ②대하증(帶下症).
대:하(貸下)[명]〈경제〉경제 발전과 국제 수지 개선을 위하여 민간에 융자하도록 정부가 금융 기관에 돈을 꾸어 줌. 하다타 [stand
대하(臺下)[명] 대의 아래. (대) 대상(臺上). below the
대:하 고루(大廈高樓)[명] 규모가 큰 집과 높은 누각.
대:=하다(對一)[자타]〈여불〉①마주 보다. ¶ 얼굴을 서로 ～. face ②상대하다. associate with ③접대하다. ¶공손히 ～. receive ④대항하다. 적대하다. ¶적군과 ～. stand against ⑤겨루다. 비교하다. ¶너에 대한 나의 힘. compare with ⑥이야기하거나 생각하는 바의 대상이 됨. 행위의 대상을 제시하다. ¶그 일에 대한 네 생각은? concerning ⑦체언 다음에 와서 '대한'형으로 쓰여 그 체언이 뜻하는 사람·사물·대상을 말함. ¶국민에 대한 정부의 시책. for
대:하 소:설(大河小說)[명]〈문학〉대장편 소설(大長篇

대:하증[-症] [帶下症] 團 〈한의〉 냉(冷)의 하나. 여자의 음부(陰部)에서 흰 또는 붉은 액이 흐르는 병. 대하②. 냉③. leucorrhea
대:학(大學) 團 〈교육〉 ①최고급의 학교. university ②〈옛〉단과 대학.
대:학-가(大學街) 團 대학이 있는 거리. 대학 주변의 거리.
대:-학교(大學校) 團 종합 대학을 단과 대학과 구별하여 부르는 말. university 〜는 사람.
대:학 교:수(大學敎授) 團 대학에서 학생들을 가르치
대:학 병:원(大學病院) 團 의과 대학 등에 부속되어 있는 병원. 〜술.
대:-학사(大學士) 團 〈제도〉 홍문관(弘文館)의 으뜸 벼
대:학-생(大學生) 團 대학에서 공부하고 있는 학생. university undergraduate
대:학-원(大學院) 團 〈교육〉 대학의 일부로서, 대학을 졸업한 자가 한층 더 높은 정도의 학술(學術)·기예(技藝)를 연구하여 석사(碩士) 또는 박사(博士)의 학위를 얻는 학교. university post-graduate course
대:학-자(大學者) 團 학식이 아주 뛰어난 학자.
대:학-재(大學齋) 團 〈제도〉 구재(九齋)의 하나. 조선 초에 성균관(成均館)의 대학을 공부하는 한 분과.
대:한(大汗) 團 몽고 민족의 황제에 대한 칭호.
대:한(大旱) 團 큰 가뭄. severe drought
대:한(大寒) 團 이십사 절기(節氣)의 마지막 절후. 〈대〉 소한(小寒). coldest season 〔대한 제국(大韓帝國).
대:한(大韓) 團 〈역사〉→대한 민국(大韓民國). ②→
대:한(對韓) 團 한국에 관한 일. ¶ 〜 원조(援助).
대:한 민국(大韓民國) 團 우리 나라의 이름. 1945년 8월 15일 광복 후 민주 공화국을 수립하고 1948년 8월 15일 완전 독립을 선언함. 〈약〉 대한①. 한국②. Republic of Korea; R.O.K. 〔하다팀.
대:한 불갈(大旱不渴) 圀 크게 가물어도 마르지 않음.
대:한 약전(大韓藥典) 團 보건 사회부 장관이 공포한 우리 나라의 약전. 〈약〉 약전(藥典).
대:한 제:국(大韓帝國) 團 〈역사〉 조선조 말 고종 34년(1897)에 정했던 우리 나라 국호. 구한국. 〈약〉 한국②. Empire of Korea
대한 철년 비 바라듯團 몹시 간절히 바람.
대:함(大喊) 團 〈동〉 고함(高喊).
대:합(大蛤) 團 〈역〉 대합 조개.
대:합-실(待合室) 團 정거장 따위에서 차를 기다릴 때에 쉬는 곳. waiting room 〔해(大蛤醢).
대:합-젓(大蛤-) 團 대합조개의 살로 담근 젓. 대합
대:합-조개(大蛤-) 團 〈조개〉 대합조개과(大蛤科)에 속하는 바닷조개. 빛은 회백갈색에 적갈색의 세로 무늬가 있으며 겉은 매끈매끈한 각피로 덮였음. 살이 좋으며 껍질은 바둑돌을 만드는 데 쓰임. 〈약〉 대합. clam
대:항(對抗) 團 ①서로 맞서 대적함. 저항(抵抗). ¶ 〜 시합(試合). rivalry ②어떤 힘에 대하여 그것을 막을 힘. counter action 〔하다팀.
대항 圀 항아리. 큰 항아리.
대:항-력(對抗力) 團 서로 맞서는 힘.
대:항-로(對抗路) 團 공새전(要塞戰)에서, 공격하는 편에서 갱도(坑道)를 뚫는 데 대항하기 위하여 방어하는 편에서 만드는 갱도. counter-approach
대항 연:습(對抗演習) 團 〈군사〉 군대를 두 가지로 갈라서 서로 그 편을 적군으로 가정하고 실지로 행하는 연습. 대항 운동(對抗運動)②. maneuver
대항 요건[-껀] (對抗要件) 團 ①대항하기 위하여 필요한 조건. ②〈법률〉 이미 성립되어 있는 권리 관계를 남에게 대하여 주장하는데 필요한 사항.
대:항 운:동(對抗運動) 團 ①무엇을 대항하느라고 일으키는 운동. ②〈동〉 대항 연습(對抗演習).
대:항-책(對抗策) 團 대항하는 방책(方策). counter-plot
대:해(大害) 團 큰 손해. great harm
대:해(大海) 團 넓은 바다. 대영(大瀛). ocean

대:해=수(大海水) 團 〈민속〉 육십 갑자(六十甲子)에서 임술(壬戌)·계해(癸亥)에 붙이는 납음(納音). ¶ 임술·계해 〜. 〔(粟).
대:해 일적(大海一滴) 圀〈동〉 창해 일속(滄海一
대:행(大行) 團 ①큰 덕행. great deeds ②〈제도〉 제왕이나 후비(后妃)가 돌아간 뒤 시호(諡號)를 아직 올리기 전의 존칭.
대:행(大幸) 團 크게 다행한 일. great fortune 〔하다.
대:행(代行) 團 대신하여 행함. 섭행(攝行). acting for
대:행 기관(代行機關) 團 어떤 업무를 대행하는 기관.
대:행-리(大行李) 團 〈군사〉 군대가 숙영(宿營)하는 데에 쓰는 모든 군수품. 이를 나르는 거마(車馬)를
대:행-성(大行星) 團 〈동〉 대유성(大遊星). 〔부대.
대:향(大享) 團 〈동〉 대제(大祭). 〔대한 잔치.
대:향(大饗) 團 특별한 경축 행사에 임금이 베푸는 성
대:향-범(對向犯) 團 〈법률〉 범죄의 성립에 상대방을 필요로 하는 범죄. 대립적 범죄.
대:헌(大憲) 團 ①〈역〉→대사헌(大司憲). ②천도교의 교법. ③큰 법규.
대:헌:장(大憲章) 團 〈역사〉 영국 입헌 정치의 근원이 된 헌법 문서. 1215년 존(John) 왕이 인정함. Magna Carta
뒤혀두-다[-따] (고) 대어 두다. 물대다. 〔革命.
대:혁명(大革命) 團 〈역〉→프랑스 대혁명(France 大
대:현(大絃) 團 〈음악〉 거문고의 넷째 줄.
대:현(大賢) 團 두드러지게 뛰어난 현인(賢人). 현형(賢兄). man of great wisdom
대:협곡(大峽谷) 團 거대한 산의 골짜기.
대:형(大兄) 團 ①편지에서, 벗을 높여 쓰는 말. 존형(尊兄). 〈대〉 소제(小弟). Mr. ②〈종교〉 대종교(大倧敎)에서 사교(司敎)·정교(正敎)의 교직을 가진 이를 높이는 말. ③〈제도〉 고구려 때 벼슬의 하나.
대:형(大刑) 團 ①무거운 형벌. ②무거운 형.
대:형(大型) 團 물건의 큰 형체. large size
대:형-기(大型機) 團 수송기·여객기 등과 같이 비교적 기체(機體)가 큰 비행기.
대:형=주(大型株) 團 〈경제〉 자본금이 큰 회사의 주(株). 〔됨. 또는 크게 함. 하다팀.
대:형-화(大型化·大形化) 團 사물의 형체·규모가 크게
대:호(大戶) 團 가족이 많고 살림이 넉넉한 집안. large and rich family
대:호(大呼) 團 큰 소리로 부름. loud cry 하다.
대:호(大虎) 團 큰 호랑이.
대:호(大湖) 團 큰 호수.
대:호(大豪) 團 큰 부호(富豪).
대:호(對壕) 團 〈군사〉 적의 진지를 공격하기 위하여 만든 참호(塹壕). counter-approach
대:호-지(大好紙) 團 조선 종이의 하나. 창호지보다 질이 조금 낮음.
대:혹(大惑) 團 무엇에 몹시 반함. be mad on 하다.
대:-혹성(大惑星) 團 〈동〉 대유성(大遊星).
대:혼(大婚) 團 임금·황태자의 혼인. royal wedding
대:혼 기간(待婚期間) 團 여자가 전혼(前婚)이 해소 또는 취소된 뒤 재혼이 금지되는 기간.
대:홍(大紅) 團 〈공업〉 자기(瓷器)의 몸에 덧씌우는 잿빛의 하나.
대:화(大火) 團 큰 화재. 〈대〉 소화(小火). great fire
대:화(大禍) 團 큰 재앙. great disaster
대:화(帶化) 團 대상(帶狀)으로 변하는 일. 식물 줄기에서 봄. 하다팀. 〔대담(對談). conversation 하다팀.
대:화(對話) 團 서로 대면하여 이야기. 또는 그 이야기.
대:화-교(大華敎) 團 〈종교〉 최제우(崔濟愚)를 교조(敎祖)로 하는 동학 계통의 한 교.
대:화-극(對話劇) 團 〈연극〉 대화의 형식으로 된 극.
대:화 만:담(對話漫談) 團 두 사람 이상이 대화식으로 하는 만담.
대:화-문(對話文) 團 대화의 형식으로 된 글.
대:화-법[-뻡] (對話法) 團 ①대화하는 방법. ②소크라테스의 철학적 방법의 호칭.

대:=화상(大和尙)〈불교〉〈공〉 승려를 일컫는 말. 화상(和尙)이 높이는 말. 승려(僧侶).
대:화자(對話者)명 대화를 하는 사람. interlocutor ②〈법률〉의사 표시를 하면 곧 그것을 깨달아 알 수 있는 상태에 있는 사람. (대) 격지자(隔地者)
대:화체(對話體)명〈문학〉두 사람이 주고받고 하는 말로써 각자의 사상과 감정을 표현하는 문학 형식. dialogue style 「난(患難). great calamity
대:환(大患)명 ①큰 근심이나 걱정. disaster ②큰 환
대:환영(大歡迎) 성대하게 환영함. 또, 그러한 환영. 하타 「barb
대:황(大黃)명〈한의〉장군풀의 뿌리. 장군풀. rhu-
대:황락(大荒落)명〈민속〉고갑자(古甲子) 십이지
대:황봉(大黃蜂)명 말벌. 〔(十二支)의 여섯째.
대:황신(大皇神)명〈동〉한배검.
대:회(大會)명 ①많은 사람이 모임. 성대한 모임. 〔~장(場). mass meeting, rally ②국부적인 회합에 대한 전체적인 회합. general meeting ③부문(部門)의 대표자가 전부 모이는 회합. 〔전당(全黨) ~. convention 하다
대:회전 경기(大回轉競技) 스키 경기 종목의 하나. 활강과 회전을 겸한 것임.
대:회향(大茴香)명〈한의〉목란과(木蘭科)에 속하는 교목, 혹은 관목의 열매. 산증(疝症)·각기(脚氣)에 약으로 쓰임.
대:효(大孝)명 ①지극한 효도. 또, 그런 효자. great filial duty ②부모상(父母喪)을 당한 사람에 대하여 편지에서 쓰는 존대말.
대:효(大效)명 큰 효험. 〔~를 얻다.
대:후(待候)명 웃어른의 명령을 기다림. 하다
대:후비개(명) 대통 속의 후비는 데 쓰는 조그만 쇠갈고리. pipestem poke made of bamboo
대:훈(大訓)명 ①본받을 만한 훌륭한 교훈. ②임금이 국민에게 주는 훈교. imperial instructions
대:훈(大勳)명 ①〈略〉대훈로(大勳勞). ②가장 높은 훈위(勳位). Grand Order
대:훈(帶勳)명 훈위·훈장을 갖고 있음. 하다
대:=훈로(大勳勞)명 매우 큰 공로. 대공(大功)①. 〔약〕 대훈(大勳)①.
대:=훈위(大勳位)명〈동〉대훈(大勳)②. 「되는 휴식.
대:휴(代休)명 공휴일에 일을 한 대신 평일에 쉬게
대:흉(大凶)명 ①아주 흉악함. great evil ②심한 흉년. (대) 대풍(大豊). very bad crop 하다
대:흉근(大胸筋)명〈생리〉가슴의 살가죽 안에 있는 세모꼴의 힘줄. pectoralis major
대:=흉일(大凶日)명 매우 언짢은 날.
대:흑(黛黑)명 눈썹 그리는 먹.
대:흑=색(帶黑色)명 거무스름한 빛깔.
대:희(大喜)명 큰 기쁨. 크게 기뻐함. exultation 하다
댁(宅)①명 남의 집. your house ②남의 부인이라는 뜻. lady ③양반이 하인에게 자기 집을 일컫던 말. (인대) 상대를 가리키는 말. 제 이인칭의 동등이나 그 이하 사람에게 쓰는 말. you ②명 ①남편의 성과 직함 밑에 붙어서 그의 아내라는 뜻을 나타내는 명칭. ②부인의 칭정이나 출신 지방 이름 밑에 붙어 바로 그 부인을 친근한 관계에서 부름을 나타냄. 〔진주 ~. 부산 ~.
댁:내(宅內)명 상대자의 집안을 일컬음. 남의 집안. your family 「one's junior
댁:내(宅來)명 손아랫 사람의 아내를 이름. wife of
댁대=구루루명 작고 단단한 물건이 몹시 부딪혀서 굴러가는 소리. (큰) 떽떼구루루. (센) 댁대구루루. rolling
댁대굴=댁대굴명 작고 단단한 물건이 다른 물건에 부딪쳐서 튀며 구르는 소리나 그 모양. (큰) 떽데굴떽데굴. (센) 댁대굴댁대굴. rolling
댁:=대:령(宅待令)명 부르기를 기다릴 것 없이 자주 드나드는 일. 하다 「사람. familiar figure
댁:사:람(宅一)명 큰 집안에 늘 가까이 자주 드나드는 사람.

댁:=하:인(宅下人)명 큰 살림집에서 부리는 하인.
댄디(dandy)명 멋쟁이.
댄디이즘(dandyism)명 멋을 부림. 치장.
댄서(dancer)명 ①무용가. ②춤추는 사람. ③남자의 상대가 되어 춤추는 직업여성.
댄스(dance)명 무도(舞蹈). 무용. 춤.
댄스 홀:(dance hall)명 영업적으로 사교춤을 추게 하는 무도장.
댐(dam)명〈토목〉수력 발전소·수도·관개(灌漑)의 저수지를 만들기 위하여, 강물을 막아 돌·콘크리트 등으로 쌓아 올린 둑. 언제(堰堤). 제언(堤堰).
댐=나무명 목기·가구 등에 마치질할 때 마치 자국이 나지 않게 대는 나무.
댑=싸리명〈식물〉명아주과의 일년생 풀. 줄기는 1m 가량 자라고 가지가 많이 잘라지며 가늘고 긴 잎이 어긋남. 줄기째 잘라서 비를 매어 쓰며 씨는 약용
댑싸리=비명 댑싸리로 만든 비. 「지부(地膚).
댓:관 '다섯 가량'의 뜻. 〔~ 명 about five
댓:=가지명 대나무 가지.
댓:가:치명〈고〉때까치.
댓=개비명 대를 잘게 쪼개서 깎은 꼬챙이.
댓:=고리명 대오리로 만든, 옷을 넣는 상자.
·댓고의(명)〈고〉속곳 껍질.
댓구멍으로 하늘을 본다(속) 좁은 지역에 있으면서 너른 사회 형편을 다루는 사람을 빗대어서 하는 말.
댓:=닭 一다(명)〈조류〉닭의 한 종류. 대개 몸집이 크고 뼈대가 튼튼하며 근육이 발달되었음. 싸움은 잘 하나 알을 많이 낳지 못함. kind of fighting cock
댓:=돌(臺一)명 ①섬돌. stone steps ②지붕의 낙숫물 이 떨어지는 곳에 놓은 돌. 첨계(檐階). 뒷돌.
댓두러기명〈고〉늙은 매.
댓딜:위명〈고〉매절베. 해당(海棠).
댓무:명〈고〉무.
댓무수명〈고〉무.
댓=바람명 맨 첫 번으로. in the first place
댓:=새명 닷새 가량. about five days 「bamboo
댓:=조각명 대를 쪼갠 조각. 죽편(竹片). piece of
댓:진(一津)명 담뱃대 구멍에 껸 진. nicotine
댓진:구새(一津一)명〈광물〉빛이 검고 윤택하여 댓진과 같은 구새.
댓진 먹은 뱀(속) 이미 운명이 결정된 사람을 이름.
댓:=집명 담뱃대 물부리와 통의 설대를 맞추는 큰 구
댓:=째명 다섯째로 되는 차례. fifth 「멍.
―댔자 어미 선어말 어미 '앗·었'으로 다음에 쓰여 '다 하였자'의 뜻을 나타내는 연결 어미. 〔게~게 벌 수 없다.
댕 얇고 작은 쇠붙이의 그릇이나 종을 가볍게 칠 때 에 나는 소리. (큰) 뎅. (센) 땡². tinkling
댕:=가리명 씨가 달린 채 말리는 장다리. 「evildoing
댕:가리-지-다형 깜찍하게 다라지다. hardened
댕글댕글명 맑고 높은 소리가 벽이나 문틈을 사이에 둔 쪽에서 지껄이는 모양. 또, 그 소리. (큰) 뎅글뎅글. clanging voice
댕강명 ①작은 쇠붙이 따위가 부러지거나 부딪치면서 맑게 나는 소리. clanging ②작은 물방울이 양철 따위에 떨어지면서 나는 소리. (큰) 뎅강. (센) 땡강. 하다
댕강-거리-다자동 자꾸 댕강 소리가 나다. 또, 그런 소리를 내다. (큰) 뎅강거리다. (센) 땡강거리다. 댕강=댕강 위 하다
댕그랑명 ①방울이나 풍경 등이 흔들리거나 부딪쳐서 울려 나는 소리. tinkling ②작은 쇠붙이 따위가 맞부딪쳐서 맑게 울려 나는 소리. (큰) 뎅그랑. (센) 땡그랑. 하다
댕그랑=거리-다자동 자꾸 댕그랑 소리가 나다. 또는, 그런 소리를 내다. (큰) 뎅그랑거리다. (센) 땡그랑 거리다. 댕그랑=댕그랑 위 하다
댕글댕글명 거침새 없이 책을 잘 내리 읽는 소리. (큰) 뎅글뎅글. with a ringing voice

댕기圀 여자나 아이들의 땋은 머리 끝에 드리는 끈. ribbon

댕기-다因 불이 옮아 붙다. 团 불을 옮겨 붙이다. [catch fire

댕기(-)다圀 관례(冠禮)를 지난 이가 뒷달에 한칵 내는 일. celebrating one's coming of age 하因

댕=댕團 작은 쇠붙이의 그릇을 연해 두드릴 때에 나는 소리. 《큰》 뎅뎅. 《센》 땡땡.

댕댕-거리-다困团 연해 댕댕 소리가 나다. 또, 연해 댕댕소리를 나게 하다. 《큰》 뎅뎅거리다. 《센》 땡땡거리다.

댕댕이-나무圀 〈식물〉 인동과(忍冬科)의 낙엽 관목. 높이 1~2m로 잎은 타원형 또는 긴 타원형임. 5월에 담황색의 꽃이 피며 열매는 흑색으로 익음. 열매는 식용함.

댕댕이-덩굴圀 〈식물〉 새모래덩굴과의 낙엽 활엽 만초. 줄기는 목질(木質)로 잔털이 났으며, 6월에 황백색의 작은 꽃이 핌. 줄기와 뿌리는 약용, 덩굴은 바구니 만드는 데에 쓰임. 상춘등(常春藤). 토고등(土鼓藤).

댕댕-하다閻 ①느즈러지지 않고 켕기어 팽팽하다. strained ②빈 구석이 없이 옹골차다. solid ③무르지 않고 약간 딴딴하다. 《센》 땡땡하다. firm

댓돌¹=갈-다閻 만든 것이 돌과 같이 매우 탄탄하다. as hard as a brick **댓돌²=갈이**團

댕큐(thank you)圀 고맙습니다. 원뜻은 '당신에게 감사합니다'.

댜륵-다閻 [고] 짧다.
댱가·돌·다다[고] 잠가들다.
댱짙[고] 장낏[長釰]. 긴 것. 긴 날개.

더閁 ①보다 많이. still more ②보다 심하게. ③보다 오래. ④더욱. 《대》 덜. some more

=더[선미] 주로 '-라'·'-냐'·'-니'·'-구나' 등의 어미와 결합하여, 직접 체험한 사실을 객관적으로 말하여 나타낼 때 쓰이는 선어말 어미. ¶정말 예쁘~구나. 집에 있~라.

더 가-다困 대중삼은 것에서 목적삼은 것을 지나가다.
더구나閁 《약》→더군다나.

더구나‖ 받침 없는 체언에 붙어 '해라'할 자리에 지난 일을 도로 생각하여 느낌을 나타낼 때에 쓰이는 종결형 서술격 조사. ¶가죽이라더니 고무~. 《약》 더군①.

=더구나團 '해라'할 자리에 지난 일을 알리거나 회상하여 느낌을 나타내는 종결 어미. ¶꽃이 퍼곰~. 일을 잘 하~. 《약》=더군①.

더구려‖ 받침 없는 체언에 붙어 '하오'할 자리에 지난 일을 다시 생각하여 느낌을 나타내는 종결형 서술격 조사. ¶그게 바로 신부~.

=더구려團 '하오'할 자리에 지난 일을 다시 생각하여 느낌을 나타내는 종결 어미. ¶달이 밝~.

더구먼‖ 받침 없는 체언에 붙어 혼잣말이나 반말에 지난 일을 생각하여 느낌을 나타내는 종결형 서술격 조사. ¶박사~. 《약》 더군②.

=더구먼團 혼잣말이나 반말에 지난 일을 생각하여 느낌을 나타낼 때에 쓰이는 종결 어미. ¶얌전한~. 잘먹~. 《약》=더군②.

더군團 ①《약》→더구나². ②《약》→더구먼.
=더군[어미] ①《약》→더구나. ②《약》→더구먼.

더군다나閁 그 위에 또. moreover

더그레〈제도〉①영문(營門)의 군사와 마상재군(馬上才軍)·사사원의 갓도(喝道)와 의금부의 나장(羅將)들이 입던 세 자락의 웃옷. ②단령(團領)의 안 접. 호의(號衣).

더그매圀 지붕과 천장 사이의 공간. attic

더금=더금閁 조금씩 자꾸 더하여 또 더하는 모양. 《센》 더끔더끔. on and on

더기圀 고원(高原)의 평평한 곳. 《약》 덕². plateau

더깨비[동] 덮게 되. ┌거품. scum 《동》 더께.

더껑이圀 걸쭉한 액체의 거죽에 엉겨 붙어 굳어진 물건.

더께圀 덮어서 매우 찌든 물건에 잔 때. 더껑이④.

더끔=더끔[센]→더금더금. [filthy crust

더냐團 받침 없는 체언에 붙어 '해라'할 자리에 지난 일을 회상하여 물을 때 쓰는 종결형 서술격 조사. ¶그게 쌀이~, 보리~? 《약》 더니¹.

=더냐[어미] 해라할 자리에 지난 일에 대한 것을 돌이켜 생각하여 물을 때 쓰는 종결 어미. ¶일을 하~? 《약》 =더니. =리.

더넘圀 넘겨 맡는 걱정거리. troubles acquired from others

더넘=스럽-다閻[ㅂ불] 쓰기에 알맞은 정도 이상으로 크다. little too big **더넘=스레**閁 [little too big

더늠-차-다閻 쓰기에 알맞은 정도 이상으로 벅차다.

더뇨團 받침 없는 체언에 붙어서 지난 것을 회상하며 물을 때 쓰는 종결형 서술격 조사. ¶비가 수수~?

=더뇨[어미] 지난 일을 돌이켜 생각하며 물을 때에 쓰는 종결 어미. ¶좋~ 싫~?

더느-다다[고] 끈·실 등을 두 가닥으로 하여 접으로 드리다. spin

더니¹《약》→더냐.

더니²団 ①받침 없는 체언에 붙어서 지난 일을 회상하는 종결형 서술격 조사. ¶전에는 큰 행야~. ②받침 없는 체언에 붙어 지난 일을 회상하여 감상조로 현재의 사실을 서술하는 연결형 서술격 조사. ¶전에는 황무지~ 지금은 옥토가 됐다.

=더니[어미] '해라'할 자리에 지난 일을 회상하여 일러주거나 감상조로 말할 때에 쓰는 종결 어미. ¶전에는 살결이 참 좋~.

=더니[어미] 어떤 원인이나 조건을 만들고 다음에 다른 말이 오게 하는 연결 어미. ¶무덥~ 비가~.

=더니[고]→더냐. └오는구나.

더니라団 받침 없는 체언에 붙어서 '해라'할 자리에 과거의 일을 회상하여 일러줄 때 쓰는 종결형 서술격 조사. ¶여기가 학교~.

=더니라[어미] 해라할 자리에 과거에 원칙적으로 있었던 일을 회상하여 일러줄 때 쓰는 종결 어미. ¶학생들이 많~.

더니=마는団 '더니²'를 힘주어 하는 말. 《약》 더니만.

더니만《약》→더니마는.
=더니만《약》→=더니마는.
더니잇가[고]→ㅂ디까. 《약》→더잇가.

더-더구나閁 《약》→더더군다나.
더더구나閁 '더군다나'의 힘줌말. 《약》 더더구나.

더더귀-더더귀閁 꽃·열매 등이 곳곳에 많이 붙은 모양. 《약》 더더덕. 《작》 다다귀다다귀. in clusters

더더-이閁 말을 더듬거리며 하는 사람. stammerer

더덕〈식물〉 초롱꽃과의 다년생 풀. 감는 줄기가 있으며 잎은 타원형임. 8~9월에 종 모양의 자색 꽃이 피며 뿌리는 식용·약용함. 사삼(沙蔘)①. Codonopsis lanceolata

더덕-더덕閁→더더귀더더귀.

더덕 바심圀 더덕을 두드리어 잘게 바수는 일. 하因

더덕 북어(-北魚)圀 가장 좋은 북어. 얼부풀어서 더덕처럼 마른 북어.

더덕-이圀 한 군에 더더머더 엉겨 붙은 물건.

더덕=장(-醬)圀 더덕을 넣어서 만든 장.

더덜=거리-다困因 말이 얼른 나오지 않아서 자꾸 더듬다. 다닥거리다. stammer **더덜-더덜**閁 하因

더덜못-하-다閻[여] 결단성이나 단속하는 힘이 모자라다. indecisive **더덜못-이**圀

더-덜이圀 더함과 덜함. 또, 그 일. addition and subtraction 하因 ┌다. 두둥실.

더덩실閁 위로 가볍게 떠오르는 모양. ¶~춤을 춘

더데圀 ①화살촉의 중간에 둥글고 두두룩한 부분. middle part of an arrowhead ②[옛]→더더기.

더뎅이圀 부스럼 딱지나 때의 더께. 더떼②. scab

더뎌두-다困[고] 먼저 두다. 버려 두다. 맡겨 두다.

더-도리[고] 절에서 음식을 품묵이 도르고 남을 때, 다시 도르는 일이나 그 음식. 하因

더도 말고 덜도 말고 늘 가윗날만 같아라圀 잘먹고 잘입고 놀기만 지냈으면 하고 바라는 말.

더두어리-다団[고] 더듬거리다.

=더든 어미 (고) =거든. =으면.
더듬-갑:각-(—感覺)圈〈생물〉살갗이 다른 물건에 닿을 때에 생기는 감각. tactual sense
더듬-거리-다재타 ①어두운 곳에서 손으로만 이리저리 연해 만져 보다. grope one's way ②잘 모르는 길을 이리저리 찾아가다. grope about ③똑똑히 알 수 없는 일을 이리저리 생각하여 가면서 말하다. speak haltingly ④글을 읽는데 순하게 내려가지 않고, 군데군데 막힌다. read unsteadily ⑤말이 자꾸 막혀서 순하게 나오지 않다. (작) 다듬거리다. (센) 떠듬거리다. stammer 더듬=더듬 하타
더듬-다타 ①…따 ①손으로 이리저리 만져 보며 찾다. grope about ②말이 자꾸 막히어 순순히 나오지 아니하다. stammer ③속으로 짐작하여 헤아리다. ¶어린 시절을 더듬어 생각해 본다. think about
더듬-이圈 (약)→말더듬이.
더듬-이圈 (동) 촉각(觸角). 하타
더듬이-질圈 더듬어 찾는 짓. (약) 더듬질. grope for
더듬적-거리-다 느릿느릿하게 자꾸 더듬거리다. (작) 다듬작거리다. (센) 떠듬적거리다. grope 더듬
더듬-질圈 (약)→더듬이질. 적=더듬적圈 하타
더디圈 느리게. 더디게. slowly
더디-다圈 움직임이 오래 걸리다. ¶행동이 ~. slow
더·디·다(고) 던지다.
더디=더디圈 몹시 느리게.
더라조 받침 있는 체언에 붙어서 '해라'할 자리에 지난 일을 회상하거나 감상조로 말할 때 쓰는 종결형 서술격 조사. ¶강가더라. →이더라.
=더라어미 '해라'할 자리에 지난 일을 회상하거나 감상조로 말할 때 쓰는 종결 어미. ¶경치가 좋~.
더라도조 받침 없는 체언에 붙어 그 사실을 인정하되 그 다음 말과는 상관이 없음을 가정하여 쓰는 연결형 서술격 조사. ¶박사~ 모를 거다. even →이더라도.
=더라도어미 '=어도'나 '=아도'의 뜻에다가 가정의 뜻을 더하여 나타내는 연결 어미. ¶춥~ 가겠다. even if
더라면조 받침 없는 체언에 붙어 지난 일을 가정하거나 희망하는 말로서 말할 때 쓰는 연결형 서술격 조사. ¶내가 가~. (약) 더면. →이더라면.
=더라면어미 모든 어간에 붙어서 과거의 일을 가정하거나, 희망하는 말투로 쓰는 연결 어미. ¶있었~ 좋았을 텐데. (약) =더면. if
=더라 삼아도어미 '=더라도'의 힘줌말.
더라손 치더라도어미 받침 없는 체언에 붙어 양보하자 정의 뜻을 나타낼 때 씀. ¶그가 박사~. even if
=더라손 치더라도어미 양보적으로 가정의 뜻을 나타낼 때 씀. ¶재주가 있~ 항상 노력해야 한다.
더러圈 ①얼마만큼. 얼마쯤. some ②흔하지 않게. occasionally
더러조 같은 끼리나 그 이하의 경우에, '아무에게 대하여'의 뜻을 나타내는 부사격 조사. ¶저 사람~ 말하시오. (particle) to
더러=더러圈 '더러'를 힘있게 쓰는 말.
:더러-빙-다타 (고) 더럽히다.
더:러움圈 더러워지는 일. 더러워진 자국. (약) 더럼.
더:러워지-다재 ①때가 묻다. become dirty ②보기 싫게 되다. become ugly ③명예가 떨어지다. be blemished ④지조나 정조를 잃다. be disgraced
:더러·이·다타 (고) 더럽히다. 「나다. suddenly
더럭圈 한꺼번에 많이. ¶~ 의심이 났다. 겁이 ~
더럭=더럭圈 자꾸 매들어서 조르는 모양. (작) 다락다락
더:럼圈 (약)→더러움. 「락. pertinaciously
더:럼-타-다타 더러워지기 잘하다. be easily soiled
더:럼圈 ~타-다 더럽게 느껴질 정도로 철저하게. ¶~ 때 기다. ~ 인색하다.
더:럽-다ㅂ도 ①때묻다. dirty ②마음이 천하다. base ③보기 싫다. ugly ④추잡하다. (작) 다랍다. indecent
·더럴-·다ㅎ (고) 더럽다.
더:럽히-다타 ①더럽게 하다. make unclean ②명예나 정조를 상하다. disgrace ③흉하게 만들다. (약) 더:레-다타 ①→더럽히다. [더메다.
더루-라타 (고) 멀다.
더리-다圈 ①격에 안 맞아 좀 떠름하다. awkward ②싱겁고 어리석다. silly ③마음이 야비하고 다랍다. mean
더면圈 (약)→더라면.
=더면어미 (약)→더라면.
더미圈 많이 모여 쌓인 큰 덩어리. pile
더미(dummy)圈 ①〈연예〉영화 따위에서 트릭(trick)의 하나로 사람 대신 사용되는 인형. ②고무로 만든 여자의 젖꼭지. ③〈체육〉축구나 럭비에서, 가지고 있는 공으로 상대편의 주의를 끌고 그 틈에 몸을 날쌔게 놀려 상대방의 공격을 피하는 짓. ④양복점이나 양장점에서 선전을 위해 견본을 걸어 놓는 마네킹. ⑤사격·총검술의 연습용 표적 인형.
더미-씌우-다타 남에게 책임이나 허물을 넘기다. ¶허물을 형에게 ~. (작) 다미씌우다. impute
더받이타 (—마지)圈 (동) 덤받이.
더버기圈 ①무더기로 쌓인 상태. 또, 그런 물건. piled up ②덕지덕지 붙은 모양. covered with
더벅-거리-다 앞을 자세히 살피지 않고 함부로 자꾸 걷다. walk at random 더벅=더벅圈 하타
더벅-머리圈 ①아이의 더부룩하고 흩어진 머리털. 또, 그런 아이. (작) 다박머리. boy with dishevelled hair 「street
더벅-머리圈 웃음과 몸을 파는 여자. woman of the
더부룩-하-다圈 ①머리털·풀·나무 등이 무성하여, 위가 수북하다. thick ②배가 그들먹하게 부르다. (작) 다보록하다. feel heavy on one's stomach 더부룩-히圈
더부-살이圈 ①영업집이나 남의 집에 거처하며, 품삯을 받고 시중드는 사람. resident servant ②덧끼어 기식하는 사람. 담살이. hanger-on 하타
더부살이 환자 걱정圈 쓸데없는 걱정. 격에 어울리지 않는 걱정.
더북=더북圈 풀·나무 등이 곳곳에 더부룩하게 있는 모양. (작) 다복다복. clumping here and there 하
더불-다자초 함께 또는 한 가지로 하다. 圈
더불어圈 ①함께. 같이. 한 가지로. ¶그와 ~ 즐기다. together ②상대로 하여. ¶형과 ~ 경쟁하다.
더붐圈 (고) 더움. 더위. 「with
더·뷔圈 (고) 더위.
더·브러圈 (고) 더불어.
더블(double)圈 ①겹. 이중. (대) 싱글. ②배. 갑절. ③(약)→더블즈. ④〈의〉위스키 따위의 양의 단위. 두 잔.
더·불·다타圈 (고) ①더불다. ②메리다. 「60ml.
더블=(double role)圈 배우 한 사람이 두 사람의 역(役)을 맡음. 「ciation 세계 권투 협회.
더블류 비:에이(W. B. A.)圈 (약) World Boxing Asso-
더블류 시:(W. C.) (약) water-closet 변소. 화장실 (化粧室).
더블류 시: 오: 티: 피(W. C. O. T. P.)圈 (약) World Confederation of Organizations of Teaching Profession 세계 교직자 연맹.
더블류 시: 피: 피(W.C.P.P.)圈 (약) World Congress Partisan of Peace 세계편 평화 평의회.
더블류 에스 피:(W. S. P.)圈 (약) Women's Strike for Peace 평화를 위한 부인의 스트라이크. 미국의 평화 단체의 하나.
더블류 에이 더블류 에프(W. A. W. F.)圈 (약) World Association of World Federalists 세계 연방주의자 세계 협회.
더블류 에이치 오:(W. H. O.)圈 (약) World Health Organization 세계 보건 기구.
더블류 에프 티: 유(W.F. T. U.)圈 (약) World Federation of Trade Unions 세계 노동 조합 연맹.

더블류 엠 오:(W.M.O.) 〈약〉 World Meteorological Organization 세계 기상 기구(世界氣象機構).

더블류 이: 유:(W.E.U.) 〈약〉 Western European Union 서구 연합(西歐聯合).

더블 베드(double bed) 부부용 침대. 2인용 대형 침대. (대) 싱글 베드.

더블 베이스(doublebass) 〈동〉 콘트라베이스.

더블 샤:프(double sharp) 〈음악〉 겹올림표.

더블 스틸:(double steal) 〈체육〉 야구에서 주자(走者) 두 사람이 동시에 베이스를 빼앗음. 하자

더블 익스포:저(double exposure) 〈연예〉 ①이중 노출(二重露出). ②사진 및 영화의 이중 촬영(二重撮影).

더블즈(doubles) 〈체육〉 정구 또는 탁구에 있어서 복식(複式) 경기. 복시합(複試合). 〈약〉 더블 ②.

더블 칼라(double collar) 두 겹으로 된 칼라.

더블 파울(double foul) 〈체육〉 농구(籠球)에서 양편 팀의 두 플레이어가 거의 동시에 범하는 퍼스널 파울.

더블 펀치(double punch) 〈체육〉 권투에서 두 번 연달아 치는 펀치.

더블 폴:트(double fault) 〈체육〉 정구에서 서브를 두 번 다 실패하는 일.

더블 플레이(double play) 〈체육〉 야구에서 두 사람의 주자(走者)를 한꺼번에 아웃시키는 일. 병살(竝殺). 〈엇어처 있는 작품〉

더블 플롯(double plot) 〈문학〉 두 가지의 이야기를 엇어서 짓는 작품.

더블헤더(double-header) 〈체육〉 야구에서 어느 한 팀이 같은 날, 같은 구장에서 두 번 계속하여 경기하는 일.

더:비(Derby) ①영국 사람이 엡섬(Epsom)에서 해마다 행하는 경마(競馬). ②대경마(大競馬).

더:빙(고) 덤게. 크게.

더빙(dubbing) ①필름 녹음이 끝난 필름·베이프에 대사·음악·효과음 등을 더하는 일. 또, 수입 필름 자국어(自國語)로 재녹음하는 일.

더뻑 앞일을 헤아리지 아니하고 쑥 내닫는 모양. (작) rashly

더뻑=거리다(자) 경솔하게 덮치듯이 행동하다. (작) 더빡거리다. 〈약〉 더뻑더뻑 하자

더뿌룩=하다(여블)→더부룩하다.

더새:다(타) 길을 가다가 어디에 들어가서 밤을 지내다. stay for the night

더스트 슈:트(dust shoot) 근대적인 아파트 따위의 각 층에서 쓰레기 따위를 내버리게 만든 설비.

=더시니(여미)(고)=시더니.

=·더시·다(미)(고)=시더라. =으시더라.

=·더·신·가(미)(고)=시던. =으시던.

=더신·가(미)(고)=시던가. =으시던가.

더아니라(약) 너욱 아니.

더·우(미)(고) 더하여.

더·없이(부) 다시 더 말할 나위 없이. ¶너희를 만날 ~

더욱(고) 더욱.

더욱기(부)→더욱이.

더욱기나(부)→더욱이나.

더욱(부) 오히려 더. 가장 심히. 한층 더. 우극(尤極).

더욱=더(부) 더 ~ 노력하라. [more

더욱=더욱(부) 점점 더 정도가 높게. ¶~ 분발하여라.

더욱이(부) 그러한 위에다가 더 특별히. moreover

더욱이나(부) 그러한 위에다가 그러한 위에다가 더욱 또.

더운=같이(부) 〈농업〉 가뭄 때에 소나기 빗물로 논을 가는 일. tillage during a passing rain in dry weather 하자

더운 무대(지리) 맑고 짠맛이 많고 비교적 더운 물의 흐름. 난류(暖流). (대) 찬 무대. warm current

더운=물 덥게 하는 물. 덥게 메운 물. (대) 찬물. hot water

더운=약[-냑](−藥) 〈한의〉 더운 성질이 있는 약.

더운 점·심(-點心) 새로 지은 점심. hot lunch

더운=죽(−粥) 쑨 지 얼마 안 되는 뜨거운 죽.

더운죽에 혀 대기(속) 꼼짝할 수 없게 된 형편.

더운=찜질 더운물이나 약물을 헝겊에 적시어 아픈 자리에 대는 찜질. 온엄법(溫罨法).

더운=피 동물의 피가 외기보다 더운 상태. 온혈(溫血) ②. 찬피. warm blood

더운피 동·물(−動物) 〈동물〉 체온이 외기의 온도보다 늘 높은 동물. (대) 냉혈 동물(冷血動物).

더·움(고) 더함.

더움=다(타)→덥다.   [sensitive to the heat

더위=하다(여블) 더움을 느끼다. (대) 추위하다. be

더위(명) ①여름철의 더운 기운. (대) 추위. heat ②(한의) 몹시 더워서 생기는 병. 서증(暑症).

더위=먹·다 더위에 지쳐서 헛헛하고 헛배가 부른 병에 걸리다. be affected by the heat

더위먹은 소 달만 보아도 헐떡인다(속) 한 번 크게 욕을 본 사람은 그와 비슷한 것만 보아도 항상 의심하며 두려워한다. [다. clutch

더위=잡·다 높은 데로 올라가려고, 무엇을 끌어 잡

더위=치·다(동) 더위를 치다.

더위=타·다 더위를 견디기 어려워하다. (대) 추위타다. feel the heat

더위팔·기 정월 보름날 이른 아침에 누구든지 불러서 대답하면 '내 더위' 하면서 더위를 판다.

더으·다(자)(고) 더하다.

=더이·다(어미)(고) =ㅂ디다.

=더잇가(어미)(약)→더니잇가.

더지·다(고) 던지다.   [grow worse

더치·다(타) 병세가 도로 더하다. ¶파로로 병세가 ~.

더치 페이(Dutch pay) 비용을 각자 부담하는 일.

더·틀·다(고) 말을 더듬다.   [하자

더퍼리(부)→더펄이.

더펄가·히(부) 더펄게.

더펄=개(동) 온몸에 털이 다북다북 길게 나서 더펄거리는 개. shaggy dog

더펄=거리·다(자) 짧은 머리털 같은 것이 날려서 흔들거리다. (대) 다팔거리다. flow in the wind 더펄=더펄 하자

더펄=머리 더펄더펄 흔들리는 머리털. (작) 다팔머리. hair flowing in the wind

더펄이 성미가 덕석덕적하여 활발한 사람.

더·품(고) 거품.   [adding

더=하·기(수학) 덧셈으로 하는 계산. 더하는 일.

더·하·다(자타블) 본디보다 심하여지다. worse 타여블 있는 것에 더 가져다 붙이다. add

더=하·다(자블) 한 쪽이 더 많다. exceed in number

더=한층(−層) 한층 더. 더욱더. more

더할 나위 없·다(최상) 더 이상 뭐라고 말할 것이 없다. 더할 나위 없이(부)

덕[1] ①나뭇가지 사이 따위에 걸쳐 맨 시렁. ¶~목(木). shelf ②물 위에 걸쳐 놓아 낚시질할 수 있도록 설치한 발판 모양의 대(臺).

덕[2] 〈약〉→더기.

덕(德) ①마음이 올바르고 인도(人道)에 합당한 일. virtue ②〈윤리〉 도덕적 이상 혹은 법칙에 좇아 확실하게 의지를 결정할 수 있는 인격적 능력. ③은혜. ④이익. 이득. ⑤〈약〉→덕택(德澤). 공덕(功德).

덕(고) 언덕.   [hings

덕교(德敎) 도덕(道德)의 교훈(敎訓). moral teac-

덕국(德國) 도이칠란트(독일)의 옛이름. Germany

덕금(德禽) 닭. hen   [과 얼굴빛. grace

덕기(德氣) ①덕스러운 기색. ②어질고 두터운 마음

덕기(德器) ①덕(德)과 기량(器量). talent and virtue ②덕이 있는 사람. virtuous person

덕담(德談) 물 속에 미끼를 타고 하는 낚시질.

덕담(德談) 잘되기를 바라는 말. (대) 악담(惡談). felicitations 하자

덕대 아이의 시체를 허술하게 묻는 일. 또, 그 무덤. child's roughdug grave 하자

덕대²〈광업〉남의 광산 일부의 채굴권을 얻어 혼자 경영하는 사람. mining contractor

덕대-갱(-坑)〈광업〉덕대가 맡아 채굴하는 구덩이. rented part of a mine

덕=되-다(德-)砠 덕(德)을 이루는 일이 되다. 이익이 되다. 도움이 되다. ¶덕되는 행동. be profitable

덕량(德量)囮 덕이 있고 너그러운 아량(雅量). broad-mindedness

덕-론(德論)囮 〈윤리〉덕의 본질·종류 및 덕을 닦는 방법을 주요 문제로 하는 윤리학의 한 부문.

덕망(德望)囮 덕이 높고 인망(人望)이 있음. high moral repute ②많은 사람이 그의 덕을 경모하여 따르는 일. moral influence

덕목(德目)囮 인(仁)·의(義)·효(孝) 등 덕(德)을 분류하여 붙인 이름. elements of morals

덕문(德門)囮 덕행(德行)이 높은 집안. family of fair name

덕-보다(德-)砠 이득·혜택을 얻다.

덕분(德分)囮 남에게 베푸는 고마움. 《유》 덕택(德澤). indebtedness, favour

덕=불고(德不孤) 덕이 있는 사람은 반드시 남을 감화시켜 따르게 하므로 외롭지 않음.

덕색(德色)囮 ①조금 고마운 일을 하고 자랑하는 얼굴색. trying to gain one's gratitude ②덕망과 아름다운 용모. moral repute and good countenance

덕색-질(德色-)囮 덕색을 드러내는 짓. 하砠

덕석囮 추울 때 소등에 덮는 멍석. 웃(牛衣). straw mat for the back of an ox

덕석-밤囮 넓적하고 큰 밤. big chestnut

덕성(德性)囮 어질고 너그러운 성질. ¶~스럽게 긴 처녀. 스劒 스레劒

덕성(德星)囮 ①〈천문〉〈동〉목성(木星). ②서상(瑞祥)의 징조로 나타나는 별. auspicious star

덕-스럽-다(德-)劒砠 어질고 너그럽다. 덕이 있어 보이다. look virtuous 덕~스레劒

덕-아웃(dugout)囮 야구에서 선수 대기석. 1루 쪽과 3루 쪽에 있는데, 명지막을 파서 만듬.

덕업(德業)囮 ①덕을 세우는 사업. virtuous work ②〈불교〉삼업(三業成)의 하나. 뜻으로 짓는 죄업(罪業). ③〈동〉덕행(德行).

덕용(德用)囮 ①덕이 있고 응용(應用)의 재능이 있음. virtuous and practical ②쓰기에 편하고 이득이 많음. economical

덕용-품(德用品)囮 다른 물품보다 이득이 많은 물품. economical packet

덕우(德友)囮 ①덕의(德義)로써 사귄 벗. virtuous friend ②덕이 있는 벗.

덕육(德育)囮 〈교육〉도덕 의식을 높이고 인격을 도야를 주로 하는 교육. 도덕 교육(道德教育). 《대》체육. 지육. moral training 「남.

덕-윤:신(德潤身)囮 덕이 쌓이면 반드시 겉으로 나타

덕음(德音)囮 ①도리에 맞는 말. reasonable words ②칭찬하여 들리는 말. praise ③임금의 말씀.

덕의(德義)囮 덕성(德性)과 신의(信義). moral character and loyalty ②도덕상의 의무. moral duty ③덕행을 닦아서 의리를 행하는 일. morality

덕의-심(德義心)囮 덕의를 지키는 마음. sense of integrity

덕인(德人)囮 ①덕이 있는 사람. 인격자. virtuous man ②유복(裕福)한 사람. 부자(富者). rich man

덕-장囮 물고기 따위를 말리기 위하여 덕을 매어 놓은 곳. 또 그렇게 맨 덕. fish-drying shelf

덕적=덕적囮 먼지나 때 같은 것이 두껍게 붙어 있는 모양. 《작》닥작닥작. thickly covered 하劒

덕정(德政)囮 백성이 잘 살 수 있도록 어질고 바르게 다스리는 정치. benevolent administration

덕조(德操)囮 변함이 없는 굳은 절개. chastity

덕지=덕지囮 때가 끼거나 먼지가 오른 모양. 《작》다지닥지. thickly covered with (dust)

덕치=주의(德治主義)囮 도덕적으로 눈뜨지 않은 사람을 지도 교화함을 정치의 요체로 하는 중국의 옛 정치 사상. 《대》비덕치주의. 「〈여〉덕⑤. favour

덕택(德澤)囮 남에게 미치는 은혜. 《유》덕분.

덕풍(德風)囮 도덕의 교화(教化). 인덕(仁德)의 풍화(風化). virtuous teaching

덕행(德行)囮 어질고 두터운 행실. 덕업(德業)③. 《대》악행(惡行). virtuous conduct

덕화(德化)囮 덕행으로써 감화시킴. 《대》위복(威服). moral influence 하砠 「붙다. be stained

덖-다砠 때가 올라서 몹시 찌들다. 때가 덕지덕지

덖-다砠 물기가 있는 고기나 약재 따위를 물을 더하지 않고 냄비 따위에 덖이어 익히다. roast

=던砠 모든 어간에 붙어 지난 일을 회상하거나 동작이 완결되지 못함을 나타내는 관형사형 전성 어미. ¶어게 깊~ 물이 오늘은 얕다.

던가砠 ①받침 없는 체언에 붙어 '하게'할 자리에서 나스스로 물을 때 쓰는 종결형 서술격 조사. ¶수석 합격자는 누구~. ②지난 일에 대하여 일반적인 의심을 나타낼 때 쓰는 연결형 서술격 조사. ¶무슨 영화를 봤~ 생각이 안 난다.

=던가砠 ①'하게'할 자리나 또는 스스로 일을 회상하여 물을 때 쓰는 종결 어미. ¶내가 왜 왔었~? ②지난 일에 대해 일반적으로 의심함 때 쓰는 연결 어미. ¶그것이 좋~ 잘 모르겠다.

던걸(←먼 것을) 지난 일을 회상하여 말할 때 받침 없는 체언에 붙어 자기 생각으로는 이러러하다고 스스로 감탄하는 종결형 서술격 조사. ¶참 좋은 회사~.

=던걸砠 (←먼 것을) 지나간 일을 돌이켜 말할 때, 자기 생각은 이러러하다고 스스로 감탄할 때 쓰는 종결 어미. ¶과연 좋~.

던고砠 ①받침 없는 체언에 붙어, '하게'할 자리나 또는 스스로 물을 때 에스러운 말투로 쓰이는 종결형 서술격 조사. ¶싸울 만한 상대자~. ②받침 없는 체언에 붙어, 지나간 일에 대하여 의심을 나타낼 때 에스러이 쓰이는 연결형 서술격 조사. ¶무슨 운동을 하는 선수~ 잊겠소.

=던고砠 ①'하게'할 자리나 또는 스스로 지나간 일에 대해 물을 때 쓰는 종결 어미. ¶얼마나 고달프~. ②지나간 일에 대하여 의심을 나타낼 때 쓰는 어미. ¶언제 가는~.

=던다砠〈고〉=던가. 「는 종결 어미. ¶왜 왔~.

던데砠 ①받침 없는 체언에 붙어, 다음 말을 끌어내기 위하여 어떤 관련될 만한 지난 일이나 사실을 먼저 회상해서 말할 때 쓰이는 연결형 서술격 조사. ¶몹시 좋아 보이는 회사~ 일은 어떤가~? ②받침 없는 체언에 붙어, 다른 사람의 의견을 듣고자 하는 태도로 스스로 감탄하여 보일 때 쓰이는 종결형 서술격 조사. ¶그녀는 좋은 여자~.

=던데砠 ①모든 어간에 붙어 다음 말을 끌어내기 위하여 관련된 지난 일을 먼저 말할 때 쓰이는 연결 어미. ¶그이가 아까 가~, 아직 못 보았소? ②남의 의견도 듣고자 스스로 감탄하여 보일 때 쓰이는 종결 어미. ¶꽤 잘 하~.

=던·덴砠〈고〉=던들. 〉더면.

던들砠 받침 없는 체언에 붙어, 현재에 나타난 결과와 반대되는 어떤 사실을 가정으로 희망할 때 쓰이는 연결형 서술격 조사. ¶그가 실력 있는 학자~ 그런 글은 안 썼을 것이오.

=던들砠 모든 어간에 붙어 지난 일을 되생각하여 사실이 아닌 가정을 양보적(讓步的)으로 나타낼 때 쓰이는 연결 어미. ¶빨리 의사에게 보였~ 안 죽었을 것이다.

던:적-스럽-다劒砠 ①보기에 더러운 태도가 있다. ②보기에 아니꼽게 인색하다. 《작》단작스럽다. mean
던:적-스레劒

던져 두-다砠 물건이나 일을 돌아보지 아니하다. neglect 「지 않는 경우의 비유.

던져 마름쇠砠 익숙하지 않은 사람이 오히려 실패하

던지(토) 받침 없는 체언에 붙어, 지나간 일을 회상하여 막연한 의심을 나타낼 때 쓰이는 연결형 서술격 조사. ¶헤어진 곳이 어디~ 잘 모르겠다.

-던지(어미) 모든 어간에 붙어 지난 일을 회상(回想)하여 막연하게 의심을 나타내는 연결 어미. ¶얼마나 되었~ 생각이 안 난다.

던지-다(타) ①물건을 들어 힘껏 공중을 향하여 내어 보내다. ¶공을 ~. throw ②물건 따위를 높은 곳에서 아래로 떨어지게 하다. ¶강에 몸을 ~. throw ③말이나 웃음 따위를 상대자에게 보내다. ¶미소를 ~. give ④비치다. ⑤제물이나 목숨 따위를 아낌없이 내어 놓다. ⑤사업에 막대한 자금을 ~. contribute ⑥내버리다. give up ⑦소문 따위를 일으키다. ¶화제를 ~. give rumour

던:지럽-다(형)(ㅂ변) 언행이 더럽다. mean

덛(명) 덫. 동안. 잠시.

덛멀흥-다(형)(ㅎ변) 멋멋하다.

덜(부) 일정한 수준에 다 차지 못함. ¶아침을 ~ 먹었더니 시장하다. (대) 더. less

덜거덕(부) 단단하고 큰 물건이 맞닿아서 잇달아 나는 소리. (약) 덜걱. (작) 달가닥. (센) 떨거덕. (거) 덜커덕. rattling 하(자타)

덜거덕-거리다(자타) 연해 덜거덕 소리가 나다. 또, 그 소리를 나게 하다. (약) 덜걱거리다. (작) 달가닥거리다. (센) 떨거덕거리다. (거) 덜커덕거리다. **덜거덕=덜거덕** 하(자타)

덜거덩(부) 큰 물건이 맞닿아 부딪쳐서 나는 소리. (작) 달가당. (센) 떨거덩. (거) 덜커덩. rattling 하(자타)

덜거덩-거리다(자타) 연해 덜거덩 소리가 나다. 또, 그 소리를 나게 하다. (작) 달가당거리다. (센) 떨거덩거리다. **덜거덩=덜거덩** 하(자타)

덜걱(약)→덜거덕.

덜걱-거리다(자타)→덜거덕거리다.

덜걱-마루〈건축〉긴 널조각을 가로 놓아서 함부로 만들어 덜걱덜걱 소리가 나는 마루. (센) 떨걱마루. irregular rattling floor

덜겅 단단한 물건이 가볍게 부딪칠 때 울려 나는 소리. (작) 달강. (센) 떨겅. rattling 하(자타)

덜겅-거리다(자타) 자꾸 덜겅거리다. (작) 달강거리다. (센) 떨겅거리다. **덜겅=덜겅** 하(자타)

덜겅이(명)→덜게기.

덜 게임(dull game)(명) 지쳐서 맥이 빠진 시합.

덜그럭(부) 작은 덩어리로 된 단단한 물건이 맞부딪쳐 잇달아 나는 소리. (작) 달그락. (센) 떨그럭. clattering 하(자타)

덜그럭-거리다(자타) 자꾸 덜그럭거리다. (작) 달그락거리다. (센) 떨그럭거리다. **덜그럭=덜그럭** 하(자타)

덜그렁(부) 단단하고 큰 물건이 맞부딪치거나 서로 스쳐서 나는 소리. (작) 달그랑. (센) 떨그렁. 하(자타)

덜그렁-거리다(자타) 연해 덜그렁 소리가 나다. 또, 연해 덜그렁 소리를 나게 하다. (작) 달그랑거리다. (센) 떨그렁거리다. **덜그렁=덜그렁** 하(자타)

덜커덩(센)→덜거덩.

덜께기(명) 늙은 장끼. 늙은 수꿩. old cock-pheasant

덜-다(타) 감하다. 떨다³². decrease

덜덜(부) ①추워서 몸을 떠는 모양. trembling ②수레바퀴가 단단한 바닥에 구르는 소리. (작) 달달. (센) 떨떨. clattering

덜:되-다(자) ①잘 되지 못하다. (대) 잘나다. incomplete ②됨됨이가 못나다. halfwitted

덜:-뜨리다(타) 위세를 드러내서 뽐내보다. stand upon one's dignity

덜렁(부)=단령(團領).

덜렁(부) ①큰 방울이 흔들리어 자꾸 나는 소리. jingling ②갑자기 놀라 가슴이 두근거리게 울리는 모양. feel a shock ③얘해 까불다. (작) 달랑. (센) 떨렁. behave flippantly 하(자타)

덜렁-거리다(자타) 침착하지 못하고 자꾸 덜렁거리다. ②덜렁 소리가 잇따라서 나다. 또, 덜렁소리를 연해 나게 하다. (작) 달랑거리다. (센) 떨렁거리다.

덜렁=덜렁(부) 하(자타)

덜렁거리는 말. 광당마(光唐馬). horse jolting

덜렁-쇠/덜렁-이(명) 성질이 침착하지 않고 덜렁거리는 사람. frivolous person

덜렁-이다(자) 침착하지 못하고 까불다. (작) 달랑이다. behave flippantly

덜렁-하다(자여) ①방울 소리같이 덜렁 소리가 나다. jingle ②겁나는 일을 당하여 가슴이 뜨끔하다. (작) 달랑하다. (센) 떨렁하다. feel a shock

덜레-덜레(부) 건들건들 걸거나 행동하는 모양. ¶송아지가 어미소의 뒤를 ~ 따라간다. (작) 달레달레. flippant ¶짧다. rather short

덜룸-하다(자여) 입은 옷이 아랫도리가 드러나도록 짧다. rather short

덜리-다(자) 덞을 당하다. (자) 덜하게 되다. be reduced

덜:=먹-다(자) ①피륙 따위의 올의 짜임이 성기다. ¶이 명주는 씨가 덜먹었다. loose ②하는 짓이 온당하지 못하여 제멋대로 함부로 나가다. act at random (타) ①다 먹지 않다. ②싫컷 먹지 않다.

덜미(명) ①목덜미와 뒷덜미. scruff ②몸의 아주 가까운 뒤쪽. back ¶처해 있다.

덜미에 사장밥을 짊어졌다(관) 생사(生死)의 갈림길에.

덜미-잡이(명) 사람의 덜미를 움켜 잡고 몰아가는 행동. 하(타)

덜미-짚다(타) ①덜미잡이를 하다. ②덜미를 누르듯이 몹시 재촉하다. press hotly

덜:밉지 않다(자) 보기에 그다지 미울 것이 없다. 그리 흉하지 아니하다. not so ugly

덜미:=문(一大門)(명) 집의 대청채 뒤쪽에 있는 문. rear-gate

덜어-내:-다(타) 많은 것 중에서 얼마큼 떼어 내다. set a part of

덜커덕(거)→덜거덕.

덜커덕-거리다(자타)→덜거덕거리다.

덜커덩(거)→덜거덩.

덜커덩-거리다(자타)→덜거덩거리다.

덜커(약)→덜커덕.

덜컥(부) 갑작스레 놀라거나 겁에 질려 가슴이 내려앉는 모양.

덜컥-거리다(자타)→덜커덕거리다.

덜컹(약)→덜커덩.

덜컹-거리다(자타)→덜커덩거리다.

덜퍽-부리-다(자) 큰 소리를 질러 무지게 심술부리다. shout loud act meanly

덜퍽-스럽-다(형)(ㅂ변) 떨퍽진 태도가 있어 보이다. corpulent 덜퍽=스레히

덜퍽-지-다(자) 푸지고 탐스럽게 보이다. portly

덜:-하다(자타여) ①전보다 심하지 아니하다. 정도가 낮아지다. ¶병세가 ~. do less ②어떠한 한도에 다 차지 않다. ¶일을 ~. do less (타)(여) 줄이다. 더 적게 하다. 감(減)하다. less

덜:=하다(자여) 비교해 보기에 적다. (대) 더하다.

:덜-다(타) 더러워지다. 물들다.

덤(명) 제 값어치의 물건 외에 더 없어 주는 것. premium ②바둑에서, 호선인 경우 흑이 백에게 몇 집을 더 주는 일. 공제(控除)②.

덤덤-탄(dumdum 彈)(명) 〈군사〉소총탄의 하나. 탄두에 구멍을 뚫었거나 피갑탄의 납을 노출시킨 것. 인체에 명중하면 심한 상처가 난다. dumdum bullet

덤덤-하다(자여) ①말할 자리에 아무 말이 없이 있다. keep dumb ②탐탁한 맛이 없이 그저 평범하다. common ③밍밍하고 싱겁다. ¶술맛이 ~. not tasty enough 덤덤-히(부)

덤:-받이[-바지](명) 여자가 전남편에게서 낳아 데리고 온 자식. 떠자식.

덤벙(부) ①큰 물건이 물 위에 가볍게 닿았다가 뜨는 모양. float ②크고 묵직한 물체가 물에 잠길 때 나는 소리. 또, 그 모양. (작) 담방. (거) 덤범. plop 하(자타)

덤벙-거리다(자) 침착하지 아니한 행동으로 연해 까불다. (작) 담방거리다. **덤벙=덤벙**(부) 하(자타)

덤벙-거리다²(자타) 연해 덤벙 소리가 나다. 또, 연해 덤벙 소리를 나게 하다. (작) 담방거리다. (거) 덤범

덤벙이다 거리다. 덤벙=덤벙²⁅🕐⁆ 하⁅다⁆.
덤벙=이-다⁅자⁆ 침착하지 않게 함부로 하다. 《작》담방이다. behave flippantly
덤벙=하-다⁅자⁆ 큰 물체가 물 위에 가볍게 닿았다가 뜨다. 《작》담방하다. fall plop into
덤=벨(dumbbell) 아령(啞鈴)
덤벼=들-다⁅자⁆ 《약》→덤비어들다.
덤부렁=듬쑥⁅부⁆ 수풀이 우거지고 깊숙한 모양. in luxuriant growth 하⁅다⁆
덤불⁅명⁆ 어수선하게 엉클어진 수풀. thicket
덤불=김치⁅명⁆ 무의 잎과 줄기 또는 배추의 지스러기로 담근 김치.
덤불이 커야 도깨비가 난다⁅속⁆ 무슨 일이나 조건이 갖추어져야 성사가 된다.
덤불=지-다⁅자⁆ 덤불이 생기다.
덤불 혼인(—婚姻) 인척 관계가 있는 사이에서 하는 혼인. consanguineous marriage 하⁅다⁆
덤비다 마구 달려들다. go at
덤비어=들-다⁅자⁆ 함부로 달려들다. 덤벼 들어오다. 《약》덤벼들다. go at 《담빡》. recklessly
덤뻑⁅부⁆ 앞을 헤아리지 않고 왈칵 내닫는 모양. 《작》담빡.
덤터기 다른 사람에게 넘겨 씌우거나 넘겨 맡는 걱정거리. trouble laid upon one
덤터기=쓰-다⁅자⁆ ①남의 걱정거리를 넘겨 맡다. have the blame shifted on to oneself ②오명(汚名)이나 누명(陋名)을 쓰다. 《작》담타기 쓰다. 《스레》
덤턱-스럽-다⁅형⁆⁅ㅂ변⁆ 푸지고 매우 크다. ample 덤턱
덤프-차(dump 車) 짐실은 상자를 기계의 힘으로 기울여, 실은 짐을 부리게 된 트럭. 돌·모래 등을 싣는 데 씀. dump car
덤핑(dumping)⁅명⁆〈경제〉상품을 파는 나라가 국제 시장의 판로(販路)를 개척하기 위하여, 의식적 또는 계획적으로 부당한 가격으로 다른 나라에 싸게 파는 일. 해외 투매. 투매(投賣).
덤핑 방지 관세(dumping 防止關稅)⁅명⁆〈경제〉외국의 덤핑으로 인한 국내 시장의 혼란을 방지하기 위하여 부과하는 높은 율의 부가(附加) 관세.
덥가나무⁅명⁆⁅고⁆ 떡갈나무.
덥·갈나모⁅명⁆⁅고⁆ 떡갈나무.
덥-다⁅형⁆⁅ㅂ변⁆ ①더운 기운을 느끼게 되다. ②온도가 높다. hot
덥석⁅부⁆ 왈칵 덤버서 움켜 쥐거나 입에 무는 모양. 《작》담삭. quickly
덥석=거리-다⁅자⁆ 연해 손에 움켜 쥐거나 입에 물다. 《작》담삭거리다. 덥석=덥석 하⁅다⁆.
덥수룩-하-다⁅형⁆⁅여⁆ 약간 텁수룩하다. tufty
덥쑤룸-다/덮쑤룸-다⁅고⁆ 담담하다.
덥적-거리-다⁅자⁆ ①무슨 일에나 간섭을 잘하다. ②남에게 붙임성 있게 굴다. 《작》답작거리다. 덥적-덥적 하⁅다⁆.
덥적-이-다⁅자⁆ ①왈칵 더부서 급히 움직이다. fall upon ②간섭을 잘하고 붙임성이 있다.
덥절덥절=하-다⁅여⁆ 하는 짓이 남에게 붙임성이 있다. agreeable
덧⁅명⁆〈시간〉얼마 아니 되는 동안. 퍽 짧은 시간. ¶어느~. short time
덧-⁅접두⁆'거듭'·'더함'의 뜻을 나타내는 말. over
덧-가지⁅명⁆ 하나가 더 난 가지.
덧-거름⁅명⁆ 자라는 농작물에 주는 거름. 《대》밑거름. manure for growing plant
덧-거리⁅명⁆ ①덧붙인 물건. superfluity ②보태서 말하는 일. exaggeration 하⁅다⁆
덧거리-질⁅명⁆ 덧거리로 하는 행동. 하⁅다⁆
덧-거칠-다⁅자⁆ 일이 거칠게 글러 나가다. go wrong
덧-걸-다⁅타⁆⁅ㄹ변⁆ ①걸은 위에 덧붙여 걸다. hang again ②〈체육〉씨름에서 상대편의 다리 바깥 쪽으로 자기의 다리를 얹어서 걸어 당기다.
덧-걸리-다⁅자⁆ ①한 가지 일에 다른 일이 겹쳐 걸리다. ②걸리어 있는 것 위에 겹쳐 걸리다.
덧-걸이⁅명⁆ 씨름에서 연장설이 할 때 아울러 상대방의 뒷덜미를 오른팔로 덮는 일.
덧게비⁅명⁆ 딴 것 위에 덧엎어 대는 짓. 더께비.

덧장판 unnecessary supplement
덧게비-치-다⁅자⁆ ①딴 것 위에 덧엎어 대다. ②남의 연이 서로 얽힌 위에 더 얹어 얼리다. 「overshoes
덧-구두⁅명⁆ 비 오는 날 구두 위에 덧씌워 신는 신.
덧-그림⁅명⁆ 그림 위에 덮어 대고 본떠 그린 그림.
덧-깔⁅다⁆⁅타⁆ 깐 위에 다시 덮어 깔다. ¶요 위에 돗자리를 ~.
덧-나-다⁅자⁆ ①덧붙어 나다. grow double ②남의 건드림을 받아서 노염이 일어나다. be offended ③잘못 건드려서 병이 더해지다. get worse
덧-날⁅명⁆ 대팻 날 위에 덧붙여서 끼운 가짜 날. extra blade on top of a plane
덧날-막이⁅명⁆ 대패 덧날 위에 가로 끼워 있는 쇠붙이.
덧-나-다⁅자⁆ 덧나도록 만들다. cause to take a bad turn
덧-널⁅명⁆ (속) 곽(槨). turn
덧-니⁅명⁆ 뱃니 곁에 포개어 난 이. snag tooth
덧니-박이⁅명⁆ 덧니 난 사람을 이름. person with a snaggletooth
덧-대-다⁅타⁆ 댄 위에 다시 또 대다. ¶옷에 천을 덧 「대고 깁다.
덧-덮-다⁅타⁆ 덮은 위에 겹쳐 덮다.
덧-두리⁅명⁆ 물건을 바꿀 때, 그 값을 쳐서 서로 모자람을 채우는 액수. money in addition
덧-들-다⁅자⁆⁅ㄹ변⁆ 잠이 깨어 다시 들지 않다. pass a wakeful night
덧-들이-다⁅타⁆ ①남의 감정을 건드려 노하게 하다. offend ②잠을 덧들게 하다. disturb one's sleep ③병세 따위를 더치게 하다. cause to take a bad turn
덧-머리⁅명⁆ 배우가 무대에서 어떤 인물을 나타내기 위하여 자기 머리에 덧쓰이 만든 머리. wig
덧-문(—門)⁅명⁆ ①겉창. ②문짝 곁쪽에 덧단 문의 통
덧-닫-다⁅타⁆ 닫은 위에 겹쳐 닫다. 칭. outer door
덧-물⁅명⁆ 얼음 위에 괴어 있는 물. water gathering on the ice
덧-바지⁅명⁆ 속바지 위에 덧입는 큰 바지.
덧방-나무⁅명⁆ 수레의 양쪽 변쪽에 덧댄 나무. wooden pieces on either side of a wagon
덧방-붙이-다⁅타⁆⁅-부치-⁆ 덧조각을 더 대어 붙이다. 「patch
덧-버선⁅명⁆ ①버선 위에 겹쳐 신는 큰 버선. ②양말 위에 덧신는 목 없는 버선.
덧-붙-다⁅자⁆⁅-부치-⁆ 있는 위에 겹쳐 붙다. add to
덧-붙이-다⁅타⁆⁅-부치-⁆ 《약》→덧붙이다.
덧-붙이기⁅명⁆⁅-부치-⁆ 덧붙여야 하는 일. 또, 그러한 물건. 《약》덧붙이. addition
덧-붙이-다⁅타⁆⁅-부치-⁆ 있는 위에 겹쳐 붙게 하다. 넉넉하게 하느라고 다시 더 넣다. add
덧-빗⁅명⁆ 이발 기계의 날 밑바닥에 덧끼는 빗 모양으로의 쇠 붙이. overcomb of a hair-clipper
덧-새벽⁅명⁆ 덧붙여 바르는 새벽. third coating of a wall
덧-셈⁅명⁆〈수학〉몇 개의 수나 식을 합치는 셈. 《대》뺄셈. addition
덧셈=법(—-法)⁅명⁆⁅-뻡⁆⁅—-法⁆ 덧셈의 셈법. 가법(加法).
덧셈=표(—標)⁅명⁆〈수학〉덧셈의 부호인 '+'의 이름. 가표(加標). 덧셈 부호. 양호(陽號). 《대》뺄셈표. plus sign 「은 소금.
덧-소금⁅명⁆ 소금에 절일 때 밴 위에 소복히 얹어 놓
덧-수(—數)⁅명⁆〈수학〉덧셈에서 A에 B를 더할 때, B를 일컫는 말. addend
덧-신⁅명⁆ 구두에 덧신는 신.
덧-신-다⁅타⁆ 신은 위에 겹쳐 신다.
덧-씌우-다⁅타⁆ 씌운 위에 겹쳐 씌우다. 「양말.
덧-양말(—洋襪)⁅명⁆ 양말 위에 덧신는 짧은
덧-양판(—-)⁅명⁆ 나뭇 조각에 대패질할 적에 양판 위에 덧놓고 쓰는 좁고 길쭉한 나무.
덧-없-다⁅형⁆⁅—없-⁆ ①세월이 속절없이 빠르다. fleeting ②무상(無常)하다. transient ③자취도 없다. traceless ④확실하지 않다. uncertain ⑤근거가 없다. groundless 덧-없이⁅부⁆
덧-입-다⁅타⁆⁅—닙—⁆ 옷 따위를 입은 위에 더 겹쳐 입
덧-장판(—壯板)⁅명⁆ 장판이 해졌을 때에 그 헌 장판 위

덧저고리 445 데구루루

에 덧바른 장판.
덧=저고리圏 저고리 위에 겹쳐 입는 저고리.
덧=정(-情)圏 한 곳에 깊은 정을 붙이면 그에 딸린 것까지 사랑스럽게 여겨지는 정. accompanying affection
덧=줄圏〈음악〉다섯 줄만으로 훨씬 높고 낮은 음표를 적을 수 없을 때, 다섯 줄 위나 아래에 덧붙여 그은 줄. additional line
덧=줄圏 낚싯대의 길이보다 훨씬 길게 맨 낚싯줄.
덧=창(-窓)圏[동] 겉창. 「over the other
덧=토시圏 토시 위에 겹쳐 끼는 토시. wristlet worn
덧=폭圏 도포(道袍) 뒷자락에 덧댄 딴 폭.
덧괘圏 공주(公主)나 옹주(翁主)가 타면 가마.
덧거칠-다匣圉 초목이 덩굴이 지게 거칠다. thick with vines
덩굴圏〈식물〉물건에 감기거나 땅바닥에 버지며 벋어 나가는 식물의 줄기. 넝쿨. ¶칡~. vine
덩굴=걷이[-거지]圏 ①덩굴을 걷어 치우는 일. removal of vines ②덩굴을 걷으면서 따내는 열매. 하甲
덩굴 뒤집기圏〈농업〉밭에 심은 오이·호박 등의 덩굴을 뒤집는 일.
덩굴=딸;기圏〈식물〉장미과의 작은 낙엽 관목. 줄기는 가시가 많고 땅 위로 가로 벋으며, 잎에는 톱니가 있음. 여름에 담홍색 꽃이 피고 7월에 열매가 빨갛게 익음. 열매는 식용됨. 「creeping
덩굴=성[-성](-性)圏〈식물〉덩굴져 벋는 성질.
덩굴=손圏〈식물〉식물체의 한 부분이 변하여 실같이 된 것으로, 물건에 감겨 그 몸을 의지함. 권수(卷鬚). tendrils
덩굴손=깃곁잎[-닙]圏 깃곁잎의 하나. 잎꼭지에 붙은 작은 잎이 변하여 된 덩굴손을 가진 잎.
덩굴 식물[-싱-](-植物)圏〈식물〉덩굴이 지고 줄기가 다른 물체를 감거나, 또는 덩굴손 따위로 다른 물체에 붙어 올라가는 식물. 고구마나 완두 따위. 만성 식물(蔓性植物).
덩굴-지-다匣 식물의 줄기가 덩굴이 되어서 가로 벋다. grow creepers
덩그렇-다圉圉 ①높이 솟아 우뚝하다. conspicuous ②큰 건물의 안이 텅 비어 쓸쓸하다. lonely
덩=달-다匣 남이 하는 대로 따라 하다. follow suit
덩=달아甲 실속도 모르고 남이 하는 대로 좇아서. ¶영문도 모르고 ~ 나선다. following suit
덩더=꿍圏 북을 칠 적에 나는 소리. rataplan
덩더꿍이 소출圉 그때그때 돈이 생기면 드려 쓰고, 없으면 어렵게 지냄을 이름.
덩=더럭圏 장구를 칠 적에 나는 소리. tap of a long snare drum 하甲 「kempt hair
덩덕새=머리圏 빗지 아니한 더부룩한 머리. long un-
덩덜=덩圏 북·장구 따위를 칠 때에 나는 소리. boom boom
덩그렇-다圉圉 아주 덩그렇다. prominent
덩덩하니 굿만 여겨圉 무엇이 얼쩐만 하면 좋은 수라도 생기는 듯이 떠벌리려 한다.
덩두렷-하-다圉圉 썩 뚜렷하다. in striking contrast
덩두렷-이甲 「stupid
덩둘-하-다圉 매우 어리석다. 아주 둔하다. very
덩드럭-거리-다匣 ①잘난 체하다. be high-hatted ②기뻐서 으드럭거리다. give oneself airs 덩드럭-덩드럭甲 하甲 「dance merrily
덩실圏 신이 나서 연해 춤을 추는 모양. (작) 당실.
덩실-거리-다匣 나 연해 춤추다. (작) 당실거리다. 덩실-덩실甲 하甲 「실하다.
덩실-하-다圉圉 건물 따위가 웅장하게 높다. (작) 당
덩싯-거리-다匣 누워 있는 어린아이가 팔과 다리를 부드럽게 놀리다. (작) 당싯거리다. loll about lazily 덩싯=덩싯甲 하甲
덩우리圏 크게 뭉쳐진 덩이. 주버기. lump
덩어리-지-다匣 덩어리가 되다.
덩이圏 작게 뭉쳐진 뭉텅이. lump
덩이=덩이圏 여러 덩이. 덩이마다.

덩이=뿌리圏〈식물〉저장뿌리의 하나. 토란처럼 둥글로 생긴 뿌리. root tuber 「괴경(塊莖). tuber
덩이=줄기圏〈식물〉덩이를 이룬 땅속 줄기의 하나.
덩저리圏 ①물건의 부피. bulk ②(속) 덩치.
덩치圏 몸의 부피. 몸집.
덩치=값圏 덩치에 어울리는 말과 행동.
덫圏 짐승을 꾀어 잡는 기구. snare
덫에 치인 범이요, 그물에 걸린 고기라圉 헤어날 길이 완전히 막힌 처지를 이르는 말.
덮개圏 ①뚜껑. cover ②덮는 물건인 이불·처네 따위의 총칭. coverlet 「憾)이나 진심(嗔心).
덮개²圏〈불교〉착한 마음을 덮어서 가리는 탐욕(貪
덮개=유리(-琉璃)圏〈물리〉현미경 대물 렌즈 밑에 끼우는 깔유리 위에 덮어 합치는 유리 조각.
덮=걸이甲(체육〉씨름에서 상대편의 한 쪽 다리를 공격하는 체하다가 갑자기 다른쪽 다리를 걸어 넘어뜨리는 법.
덮-다匣 ①무엇을 씌우거 없어 안 보이게 하다. cover ②가리어 감추다. shut ③그릇의 뚜껑을 씌우다. put on the lid ④펼쳐진 책 따위를 닫다. ¶공책을 덮어라. ⑤한정된 범위나 공간·지역을 휩쓰다. ¶비구름이 온 하늘을 ~. 「fondle
덮-두들기-다匣 사랑스러워서 어루만져 두들기다.
덮어=놓고圏 옳고 그름·좋고 나쁨을 가리지 않고. without giving any reason 「나 판단함.
덮어놓고 열넉·냥 금圉 내용을 살피지 않고 아무렇게
덮어=놓-다匣 ①드러난 것을 가려 놓다. ②일의 내용을 가리지 않다. ③비밀에 부치다.
덮어=두-다匣 ①가리어서 놓아 두다. cover up ②시비 곡직을 초들어 말하지 않다. overlook
덮어=쓰-다匣 ①속 글자를 본으로 하여 덮어서 글씨를 쓰다. trace an undercopy ②억지로 억울한 누명을 쓰다. take another's guilt on oneself ⑧받쳐 쓰다.
덮어=우-다匣 ①모자나 뚜껑 따위를 마구 쓰게 하다. cover with ②속 글을 덮어서 글씨를 쓰게 하다. let copy ③누명 따위를 씌워서 얼입게 하다. accuse unjustly 「覆' 등의 而'의 이름.
덮을아甲(-而部)圏 한자 부수(部首)의 하나. '要·
덮이-다匣回 ①위에 다른 물건이 얹히어 보이지 않게 가려지다. be covered ②알지 못하게 감추어지다. be concealed ③그릇 위에 뚜껑 따위가 씌워지다. have a lid on
덮=장圏(속) ①이불. 담요. ②옷. 신사복.
덮치기圏 새를 잡는 큰 그물. large fowler's net
덮치-다匣 ①덮쳐 누르다. lay one upon another ②여러 가지 일이 한꺼번에 닥치다. have many irons in the fire ③뜻밖에 또는 갑자기 엄습하다. ¶추위가 ~ 덮쳐 누르다. 또, 갑자기 엄습하다.
대¹圉 ①곳. 장소. ¶높은 ~가 어디냐? place ②상태. 처지. 경우. ¶배 아픈 ~는 이 약이 좋다. condition ③것. 일. ¶노래 부르는 ~도 소질이 있다. thing
데²圉 ①받침 없는 체언에 붙어 지난 일을 돌이켜 생각하여 말하는 종결형 서술격 조사. ¶잘 쳐다보니 그이~. ②받침 없는 체언에 붙어 지난 일을 생각하고 물을 때 쓰는 종결형 서술격 조사. ¶그이는 아직도 교수~? →이데.
-데回①어간에 붙어 지난 일을 돌이켜 생각하여 말하는 종결 어미. ¶산이 높~. ②어간에 붙어 지난 일을 생각하고 물을 때 쓰는 종결 어미. ¶그 여자는 아직도 곱~?
데-匪 덜됨을 나타냄. ¶~삶기다.
데걱圏 울차고 좀 큰 물건이 부딪쳐서 나는 소리. (작) 대각. (센) 데꺽①. clattering ①.
데걱-거리-다匣 연해 데걱 소리가 나다. 또, 그 소리를 나게 하다. (작) 대각거리다. (센) 데꺽거리다. 데걱거리다. 데걱=데걱圏 하甲
데구루루圏 조금 크고 단단한 물건이 딱딱한 바닥에

데굴데굴 떨어져 구르는 소리나 모양. 《작》 대구루루. 《센》 떼구루루. rolling

데굴=데굴[∼] 조금 크고 단단한 물건이 연해 굴러가는 모양. 《작》 대구루루. 《센》 떼굴떼굴.

데그럭[∼] 단단하고 큰 물건들이 서로 맞닿아서 나는 소리. 《작》 대그락. 《센》 떼그럭. rattling 하∼다

데그럭=거리다[자타] 《센》 떼그럭거리다. 데그럭=데그럭[∼] 하∼다

데꺽[∼] ①=데꺼덕. ②서슴지 아니하거나 솜씨 빠르게 곧. ¶∼ 시작하다. 하∼다

데꺽=거리다[자타] 《센》 떼꺼덕거리다.

대:=하다[자여] 기운이 지쳐서 눈이 쑥 들어가고 멍청하다. 《작》 대군하다. 《센》 떼꾼하다. sunken

데니어(denier 프)[의] 생사(生絲)나 인조 견사의 굵기를 재는 단위. 450 m의 실의 무게가 0.05 g일 때 1 데니어라 함.

데님(denim)[명] 튼튼한 능직(綾織)의 면직물.

데:=다[자] ①뜨거운 것으로 살이 상하다. ¶난롯불에 ∼. get burnt ②몹시 놀라거나 고통을 겪어 진저리가 나다. ¶그 아이한테는 정말 데었다. have a bitter experience ③붙이나 뜨거운 것에 살을 상하다.

=다다[타] 《약》=데우다. [다. ¶얼굴을 ∼.

데=하다[타여] 보잘것없다. 시시하다. of no account

데=되다[자] 됨됨이가 잘 이루어지지 못하다. lack short of perfection

데드[∼] (dead)[체육] ①럭비·배구 등에서 공이 경기선 밖에 있는 일. ②골프에서 클럽으로 친 뒤에 구르지 않고 땅에 떨어짐. [하는 일.

데드=다이브(dead dive)[명] 비행기가 급강하(急降下)

데드=라인(dead line)[명] ①사선(死線). 사살선(射殺線). ②그 이상 넘을 수 없는 한계. ③신문 원고의 마감 시간. [③대논(暗礁).

데드=로크(deadlock)[명] ①정돈(整頓). ②난국(難局).

데드마스크(deathmask)[미술] 죽은 사람의 얼굴에서 직접 본을 떠서 만든 탈. 사면(死面). 《약》 마스크④.

데드 볼(dead ball)[명] ①구기 등에서, 경기가 일시 정지된 상태. ②(동) 사구(死球).

데드 볼: 라인(deadball line)[명] 《체육》 경기장(競技場)의 장방형(長方形)의 짧은 쪽의 두 끝을 가리키는 줄.

데드 히:트(dead heat)[명] 경마 따위에서 둘 이상이 동시에 도착하는 일. 우열의 판정이 곤란할 만큼 치열한 다툼.

데려=가다[타] 데리고 가다. take a person along with one [with one

데려=오다[타] 데리고 오다. bring a person along

데리=다[타] 아랫 사람을 옆에 있게 하거나, 또는 따라 다니게 하다. take with

데릴=사위[−싸−][명] 처가에서 데리고 있기로 한 사위. 예(預壻).

데릴사윗=감[−싸−][명] ①성행이 얌전한 남자. model young man ②남에게 귀염을 받지 못할 사람을 조롱하여 이름. [follower

데림=추[−추][명] 주견이 없이 남에게 끌려 다니는 사람.

데마[∼] 《약》=데마고기. [선동 연설가.

데마고그(demagogue)[명] 선동 정치가. 자파를 위한

데마고기(demagogy)[명] ①사실과 반대되는 선동적인 선전. ②밑도 끝도 없는 인신 공격. 중상. 《약》 데마.

데먼스트레이션(demonstration)[명] 시위 운동. 《약》 데모.

데면데면=하다[자여] ①성질이 매방하여 사물에 깊은 조심성이 없다. careless ②대하는 태도가 친속성이 없고 범상하다. indifferent **데면데면=히**[부]

데면−스럽다[−따][형] 데면데면하다. **데면=스레**[부]

데모[∼] 《약》=데먼스트레이션.

데모니즘(Démonisme 프)[명] 귀신을 믿는 일. 사신교(邪神敎).

데모크라시(democracy)[명] ①민주 정치. ②민주주의.

데민포름(Deminform)[명] Democratic Information Bureau 코민포름에 대항하기 위하여 미국에서 제창된 민주주의 정보국(民主主義情報局).

데:=밀다[−밀−][타르] 들어가게 밀다. push in

데:−배(−杯)[명] 《약》=데이비스컵(Davis cup)

데본=기(Devon 紀)[지학] 지질 시대 고생대의 실루리기(silurian 紀)의 뒤, 석탄기의 앞의 시대. 양서류(兩棲類)·육생 식물(陸生食物)이 나타났음. Devonian period

데뷔(début 프)[명] 사교계·문단·무대(舞臺) 등에 처음 나옴. 첫무대. 하∼다

데:뽀=−다다[교] 뜨다.

데=삶기다[−삼−][자동] 덜 삶기다. be half-boiled

데=삶다[−삼따][타] 덜 삶다. parboil

데생(dessin 프)〈미술〉 ①단색으로 그리는 그림. ②소묘(素描). rough sketch ③구도(構圖).

데생각=하다[자여] 겉으로 서투르게 생각하다.

데=생기다[자] 덜 이루어지다. be immature

데설=굿=−하다[형여] 성질이 자상하지 않고 털털하다. rude

데설데설=하다[자여] 털털한 성질이다.

데스크(desk)[명] ①책상. ②신문사 편집국의 각 부차장(部次長). 호텔 등의 접수대.

데스퍼티즘(despotism)[명] ①전제 정치. ②학정(虐政).

데시(deci 라)[접두] ①라틴 말의 10분의 1을 나타내는 뜻. ②미터법의 각 단위의 앞에 놓여서 그 10분의 1의 뜻을 나타냄. 기호; d. [dg.

데시=그램(decigramme)[의] 1g의 10분의 1. 기호;

데시간=하다[자여] 언행이 미적지근하다. half-hearted

데시기−다[타] 싫은 것을 억지로 먹다. eat unwillingly ②도무지 맛이 없게 먹다. eat with apparent disrelish ③먹을 마음이 없어 억지로 먹다. lack appetite

데시=리터(deciliter)[의] 1ℓ의 10분의 1. 기호; dl.

데시=미터(decimeter)[의] 1m의 10분의 1. 기호; dm.

데시=벨(decibel)[의] 〈물리〉 ①음의 강도를 표준음의 강도에 비교한 수량의 단위. ②증폭 또는 감쇠 회로의 도수를 나타내는 단위. 기호; db.

데시=아:르(deciare)[의] 1 아르의 10분의 1. 곧 10m². 기호 ; da.

데식=다다[자] 기운이나 맥이 빠지다. ¶일이 벌써 ∼. exhausted

데아트르(théâtre 프)[명] ①극장. ②영화관.

데=알다[타르] 덜 알다. 반쯤 알다. have half knowledge

데억−지=다다[형여] 정도에 지나치게 크거나 많다. too big

데우=다[타] 찬 것을 덥게 하다. 《약》 데다². warm

데우스(Deus 라)[명] 천체(天帝). 신(神).

데우스 엑스 마키나(deus ex machina 라)〈연예〉 연극에서 위급한 장면을 구하기 위하여 나타나는 초자연력(超自然力). 또는 부자연스러운 해결책(解決策). [prerilla oil

데유(−油)[명] 걸쭉한 들기름. 《변》 도유(塗油). scalded

데이(day)[의] 날. 낮. ②기념하거나 행사가 있는 날.

데이비스=컵(Davis cup)[명] 《체육》 미국의 선수였던 데이비스(Dwight F. Davis)가 1900년에 기증한, 정구의 세계 선수권을 얻은 사람에게 주는 우승배(優勝杯). 《약》 데배.

데이비스컵=전(Davis Cup 戰)[명] 〈체육〉 데이비스컵을 얻으려고 겨루는 국제 정구 시합.

데이크론(Dacron)[명] 양털과 비슷한 폴리에스테르사의 합성 섬유. 상표 이름임.

데이터(data)[명] ①의론(議論)의 기초가 되는 사실. ②관찰에서 획득한 사실. ③컴퓨터에서, 프로그램을 운용할 수 있는 형태로 기호화·숫자화한 자료.

데이트(date)[명] ①일부(日附). ②모임의 약속. ③이성간(異性間)의 만날 약속. 또, 그 상대방. 하∼다

데−익=다다[자] 덜 익다. 설다. haf cooked

데:치=다[타] ①슬쩍 데우다. scald ②정계를 단단하게

데카=(deca)겹두 ①그리스 말로 10의 뜻. ②미터법의 각 단위의 앞에 놓여 그 10배의 뜻을 나타냄. 기호；D.

데카그램(decagramme)의명 1g의 10배에 해당하는 질량의 단위명. 기호；Dg

데카당(décadent 프)명〈예술〉데카당파의 문인·예술가. ②퇴폐적이며 자포 자기적으로 방종한 생활을 하는 사람. 廢文學

데카당 문학(décadent 文學)〈문학〉퇴폐 문학(頹

데카당스(décadence 프)명①퇴폐·타락 또는 이 퇴폐적·세기말적·자포 자기의 생활을 하는 사람. ②예술 양식에 있어서 말초적 기교에 떨어지는 악마적·탐미적·예술 지상적 경향. 퇴폐미(頹廢美).

데카르(decare)의명 아르의 10배에 해당하는 면적의 단위명. 의 세 사람을 한꺼번에 이르는 말.

데칸=쇼(de-kan-scho)〈인명〉데카르트·칸트·쇼펜하우어

데칼린(Dekalin 도)〈화학〉환원 니켈 촉매를 써서 나프탈린과 수소를 가압하여 가열하여 얻는 액체. 용제·발동기 연료로 사용함.

데코레이션(decoration)명 장식(裝飾). 훈장(勳章).

데크레셴도(decrescendo, decresc 이)명〈음악〉①점점 약해지는 음의 일절(一節). ②'점점 약하게'의 뜻. 기호；＞. (데) 크레센도. 布告).

데클러레이션(declaration)명 선언(宣言). 성명(聲明).

데클러메이션(declamation)명①열변(熱辯). ②낭송(朗誦). ③〈연예〉곱고 과장하는 말투로 대사(臺詞)를 읊는 연기술(演技術).

데타셰(détaché 프)명〈음악〉음절을 분리시켜서 연주하는 일. 분리음(分離音).

데퉁=맞=다형 매우 데퉁스럽다. clumsy

데퉁=바리 명 데퉁스러운 사람. clumsy person

데퉁=스럽=다혭브뵤 ①번모없이 일을 저질러서 거친 동작이다. gawky ②데퉁하게 보이다. clumsy

데퉁=스레뷔

데퉁=하=다혭여불 무엇이 거칠고 융통성이 없어 미련하게 보이다. gawky and clumsy

:데·티·다타 (고) 데치다.

데:퍼:지(de-purge)명〈정치〉추방 해제(追放解除).

데포(dépôt 프)명①창고(倉庫). ②탄약고(彈藥庫). ③보관소(保管所). ④백화점 따위가 물건을 보내 주는 배달 중계소.

데포르마시옹(déformation 프)명 작품에서 대상을 의식적으로 확대하거나 변형시켜 묘사함으로써 오히려 작품의 본질을 명확히 하거나 미적 효과를 올리려는 방법. 가는 약.

데포=제(depot 劑)명 단 한번의 주사로 효과가 오래

덱(deck)명 ①갑판(甲板). ②기차나 전찻간의 바닥. ③기차·전차 등의 승강구의 발판.

덱=데구루투루분 ①크고 단단한 물건이 굴러가는 소리. rolling ②우레가 멀리서 맹렬하게 부딪치는 듯이 일어나는 소리.《작》댁대구루루. 《센》떽떼구루루.

덱데굴=덱데굴분 크고 단단한 물건이 다른 물건에 부딪치어 튀며 구르는 소리나 그 모양. 《작》댁대굴댁대굴. 《센》떽떼굴떽떼굴. rolling

덱스트린(dextrin)명〈화학〉인지(印紙)나 우표 따위를 붙이는 데 쓰는 흰 빛깔의 가루.

덴::=가슴명 한번 어떤 일에 몹시 혼이 나 그와 비슷한 일에도 놀라 두려워하는 가슴. bitter memory

덴겁=하=다재여불 뜻밖의 일을 당하여 놀라서 허둥지둥하다. fluster oneself

덴덕=스럽=다혭브뵤 더러운 듯하여 개운하지 못하다. disgusting 덴덕=스레뷔 sting

덴덕지근=하=다혭여불 매우 덴덕스럽다. quite disgu-

덴:=둥이명 ①불에 덴 사람. person who has been burned ②미운 사람을 욕하는 말.

데마:크 체조(Denmark 體操)명〈체육〉20세기 초 덴마크 사람 부크(Nierus Bukh)에 의해 완성된 체조. 신체의 미(美)와 자연적인 움직임을 기본으로 한 율동적 체조임. 정말 체조.

덴:=바람명 '북풍'의 뱃사람 말.

덴뿌라(←tempero 포·てんぷら일)명 ①튀김. Japanese fry ②겉으로만 훤하고 훌륭하게 보이는 물건을 이르는 말. ¶그 시계 이제 보니 ～구나.

델리카토(delicato 이)명〈음악〉미묘(微妙)함. 부드럽고 아름다움.

델리커시(delicacy)명 ①섬세(纖細). 우미(優美). 우아(優雅). ②미묘(微妙). ③가냘픔. 연약(軟弱). ④동정심. 다정 다감.

델리키트(delicate)명 ①미묘함. ②민감함. ③섬세함. ④다루기 어려운. 까다로움. 하형

델린저 현:상(dellinger 現象)명〈물리〉태양 복사(輻射)의 변화의 의하여 전리층(電波)의 전파(傳播) 상태가 불규칙하게 변화하는 현상.

델타(delta 그)명〈지학〉삼각주(三角洲).

뎁드=봄(depth-bomb)명〈군사〉잠수함(潛水艦)을 처 가라앉히는 폭탄. 수중 폭탄.

뎅분 조금 큰 쇠붙이 따위의 그릇을 칠 때에 울려 나는 소리.《작》댕.《센》뗑.

뎅걸=뎅걸분 벽이나 문 따위를 사이에 둔 저쪽에서 지껄이는 소리. 또 모양.《작》댕갈댕갈. 하형

뎅겅분 ①쇠붙이 따위가 부러지거나 부딪치면서 나는 소리. boom ②물방울이 양철 따위에 떨어지며서 나는 소리.《작》댕강.《센》뗑껑. clinking 하형타

뎅겅=거리=다재타 자꾸 뎅겅하다.《작》댕강거리다. 《센》뗑껑거리다. 뎅겅=뎅겅분 하형타

뎅그렁분 ①방울이나 풍경 따위가 흔들리면서 울려 나는 소리. clangour ②쇠붙이 따위가 부딪치면서 울려 나는 소리.《작》댕그랑.《센》뗑그렁. jangling 하형타

뎅그렁=거리=다재타 자꾸 뎅그렁하다.《작》댕그랑거리다.《센》뗑그렁거리다. 뎅그렁=뎅그렁분 하형타

뎅글=뎅글분 거침새가 없이 책을 잘 읽는 소리.《작》댕글댕글. fluently

뎅뎅분 쇠붙이로 된 그릇을 연해 두드릴 때 나는 소리.《작》댕댕.《센》뗑뗑. 하형타

뎅뎅=거리=다재타 연해 뗑뗑 소리가 나다. 또, 연해 뗑뗑 소리를 나게 하다.《작》댕댕거리다.《센》뗑뗑거리다.

뎌1관 (고) 저(笛).

·뎌2명 (고) 저.

뎌고·리명 (고) 딱따구리.

뎌구리명 (고) 딱따구리.

뎌·기명 (고) 제기. 장난감의 하나.

뎌르·다혭 (고) 짧다.

뎌르=다혭 (고) 짧다.

뎌링공명 (고) 저렇게.

·뎔명 (고) 절.

·뎡·바기명 (고) 정수리.

뎨관 (고) 저 사람이. 제가.

녜1스ᄀ (고) 저기.

도명 옳가락이 한 짝만 잦혀진 때의 이름.

도조 보조사의 하나. ①주격·목적격·보격·부사격 등으로 두루 쓰임. ¶영회～공부를 잘 한다. 내 것～먹어라. 그는 학생～아니다. 그런 꽃은 집에～있다. ②사물을 한꺼번에 들 때에 씀. ¶꽃～피고 잎～핀다. and, as well as ③반대되는 개념을 한꺼번에 들 때 씀. ¶싫지～않다. 좋지～않다. neither nor ④극단적인 예를 들고 나머지는 말할 필요가 없다는 뜻을 나타낼 때 씀. ¶쥐～새～모른다. even ⑤보통 이상 또는 예상 이상의 뜻을 나타낼 때 씀. ¶만 명～도 된다. more than ⑥다음에 부정의 말과 또는 이하 또는 예상 이하의 뜻을 나타낼 때 씀. ¶심히～못 가서. less than ⑦뜻을 강조할 때 씀. ¶재미～없다. by any means ⑧느낌을 나타낼 때 씀. ¶달～밝다. oh ⑨특정의 사물을 들어 그것과 유사(類似)한 사물이 다른 데도 있음을 암시(暗示)할 때 쓰임. ¶거기～추운 곳이다. ⑩양보의 뜻을 나타냄. ¶싼 것～괜찮소.

도¹(度) ⓝ ①정도(程度). 한도(限度). ¶~를 지나친 행동. degree ②기으(器度). 성품. character ③물건의 길이나 폭을 재는 기구. 곧, 온갖 자(尺)의 총칭.

도:(道) ⓝ ①도리(道理). truth ②종교상으로, 교의에 깊이 통하여 알게 되는 이치, 또는 깊이 깨달은 지경. ③기예나 방술(方術)·무술 등에서의 방법.

도:²(道) ⓝ <제도> 중국 당나라의 최고 행정 단위. ②우리 나라의 지방 행정 구역의 하나. province

도(櫂) ⓝ <미술> 각도(角掏).

도(鼗) ⓝ <음악> 북의 하나.

도²(度) ⓝⓔ ①<수학> 각도(角度)의 단위. ②온도의 단위. degree ③<지학> 지구의 경도·위도의 단위. ④횟수의 단위. ⑤안경의 강약을 나타나는 단위.

도(都) ⓚⓖ '우두머리'의 뜻. ¶~지사.

=**도(度)** ⓚⓖ 어떤 해의 一년 밑에 붙어 그 해의 연도(年度)를 나타냄. ¶금년~. fiscal year, school year

=**도(島)** ⓚⓖ '섬'의 뜻. ¶울릉~.

=**도(徒)** ⓚⓖ '사람'·'무리'의 뜻을 나타내는 말.

=**도(渡)** ⓚⓖ '나루'의 뜻. ¶양화(楊花)~. ferry

=**도(圖)** ⓚⓖ '그림'의 뜻. ¶도감~.

도(do が) ⓝ <음악> 장조 음계(長調音階)의 첫째 음.

도가(都家) ⓝ ①같은 장사를 하는 상인들이 모여서 계(契)와 공의(公議)를 하는 집. guildhall ②세물전(貰物廛). ③도매상. ④쌀~.

도가(棹歌) ⓝ <동> 뱃노래.

도가(道家) ⓝ ①도교를 믿는 사람. Taoist ②(약)→도가자류(道家者流).

도가(道歌) ⓝ ①<문학> 인도적·교훈적·격언적인 단가(短歌). didactic poem ②<종교> 시천교(侍天教)에서 의식 때에 부르는 노래.

도가(導駕) ⓝ <제도> 거동 때에 길을 쓸고 황토를 까는 일.

도가니 ⓝ ①<공업> 쇠붙이를 녹이는 데 쓰는 흑연으로 만드는 그릇. 감과(坩堝). melting-pot ②소의 볼기에 붙은 고기. round of beef ②(약)→무들모니.

도:가-뜨-다(導駕—) ⓔ <제도> 거동 때에 도가(導駕)가 들을 닦아 나오다.

도가머리 ⓝ ①<조류> 새의 대가리에 길고 더부룩하게 난 털. 또, 그러한 새. 관모(冠毛). crest ②머리털이 부수수하게 일어선 것을 놀리는 말. person with crested hair

도:가 사:령(導駕使令) ⓝ <제도> 도가하는 벼슬아치

도가자-류(道家者流) ⓝ 도교를 닦아서 일가를 이룬 사람. (유) 도사(道士). (약) 도가(道家). 도류(道流). Taoist

도가 적간 지나간 듯하다 ⓔ 일한 것이 시원스럽고 묘하다.

도:각(倒閣) ⓝ 반대파가 내각(內閣)을 넘어뜨림. ¶~운동(運動). unseating the Cabinet ⓗⓔ

도감(島監) ⓝ <제도> 울릉도를 다스리던 버슬. 도장(島長)

도감(都監) ⓝ ①<제도> 국장(國葬)·국혼(國婚) 따위를 맡아보던 관청. ②<불교> 절에서 돈이나 곡식을 맡아보는 일.

도감(圖鑑) ⓝ 그림이나 사진을 많이 실어 이해하기 쉽게 설명한 책. ¶국학 ~. 어류(魚類) ~.

도=감고(都監考) ⓝ <제도> ①감고의 우두머리. ②말 감고의 우두머리. 시장이나 곡식이 집산(集散)하는 곳에서 말감고들을 거느렸음.

도감관(都監官) ⓝ <제도> 궁방(宮房)의 논밭의 도조를 감독·수납하던 이역(吏役)의 우두머리.

도감 당상(都監堂上) ⓝ <제도> 도감의 사무를 지휘·감독하던 제조(提調).

도감 포수(都監砲手) ⓝ <제도> 훈련 도감(訓練都監)

도감 포수 마누라 오줌 짐작 ⓔ 무엇에나 정확하지 않게 짐작으로만 믿다가는 낭패하기 쉽다.

도갓-집 [—집](都家—) ⓝ ①도가로 삼은 집. guildhall ②물건을 만들어서 도매하는 집. wholesale merchant

도갓집 강아지 같다 ⓔ 사람을 많이 쳐러 내서 온갖 일에 눈치가 빠르다.

도:강(渡江) ⓝ 강을 건넘. 도하(渡河). crossing a river ⓗⓔ

도강(都講) ⓝ ①글방에서 여러 날 배워 익힌 글을 선생 앞에서 외는 일. recitation ②군사(軍事)를 강습(講習)함. ⓗⓔ

도강-선(渡江船) ⓝ 강을 건너는 데 쓰는 배.

도개(陶) ⓝ <공업> 질그릇·오지그릇 따위를 만들 때에 그 그릇의 속을 매만지는 데 쓰는 방망이.

도개-교(跳開橋) ⓝ <토목> 다리의 한 끝이 들리면서 열리게 된 가동교(可動橋). bascule bridge

도갱이 ⓝ 짚신이나 미투리의 뒤축에서 돌기총까지 이르는 부분.

도:거(逃去) ⓝ 도망하여 감. escape ⓗⓔ [너간 줄.

도거리 ⓝ ①각각 나누어 처리할 것을 편의상 한데 합쳐서 주고받는 일. (by) the gross ②모두 byrcokh. bulk

도검(刀劍) ⓝ 칼이나 검의 총칭. [말함.

도결(都結) ⓝ <제도> 아전이 결세(結稅)를 정액(定額)

도:경(道境) ⓝ 도의 경계선. [이상으로 보다.

도경(圖經) ⓝ 산수(山水)의 지세(地勢)를 그린 책

도:계(到界) ⓝ <제도> 감사(監司)가 임소(任所)에 다다름. ⓗⓔ

도:계(道界) ⓝ 행정 구역상의 도(道)와 도(道)의 경계. boundary of a province [(上奏文).

도:계(道啓) ⓝ <제도> 각도 감사(各道監司)의 상주문

도고(都庫) ⓝ 도거리로 혼자 맡아서 파는 일. sole agency ⓗⓔ haughty ⓗⓔ

도:고(道高) ⓝ 도덕이 높음. 또는 높은 체하여 교만

도고지 ⓝ 활의 시위에 심고를 맨 것이 닿는 부분.

도곤(圖) ⓐ 보다.

도공(刀工) ⓝ 칼을 만드는 사람. 도장(刀匠). sword-smith

도공(陶工) ⓝ <동> 옹기장이(甕器匠—). [smith

도공(圖工) ⓝ ①도화(圖畵)와 공작(工作). ②제도공(製圖工).

도:과(倒戈) ⓝ 부하의 병졸이 반란을 일으킴. mutiny

도:과(道科) ⓝ <제도> 감사에게 명하여 각 도에서 보이던 과거. 도시(道試).

도관(陶棺) ⓝ 오지로 만든 관(棺). 옹관(甕棺). coffin made of earthenware [by an ascetic

도:관(道冠) ⓝ 도사(道士)가 쓰는 건(巾). hood worn

도:관(道觀) ⓝ 도사(道士)가 수도하는 산과 물이 맑고 깨끗하고 으슥한 곳.

도:관(導管) ⓝ <식물> ①물관. ②뿌리로 흡수한 수분과 양분을 줄기나 잎으로 들러쓰고 보내는 관상(管狀)의 조직. ⓗⓔ

•**도·관(陶)** ⓐ 도가나니. [직. (대) 사관(簿管).

도광-지(塗壙紙) ⓝ 장사지낼 때 무덤 속의 네 벽에 대는 흰 종이. white paper pasted on the walls of a grave

도:괴(倒壞) ⓝ 무너뜨림. 무너짐. collapse ⓗⓔ

도:괴(掉困) ⓝ <동> 씨아손.

도:교(道交) ⓝ 도의상의 교제. moral intercourse

도:교(道教) ⓝ <종교> 노자(老子)를 교조(教祖)로 하는 무위(無爲) 자연설에 음양 오행설(陰陽五行說)과 신선 사상(神仙思想)을 가미한 교의(教義). 도학(道學)③. 황로학(黃老學). 도덕교(道德教). Taoism

도:구(渡口) ⓝ <동> 나루.

도:구(渡歐) ⓝ 유럽으로 건너감. ⓗⓔ

도구(道具) ⓝ ①일에 쓰이는 연장. 기재(器材)②. 제구(諸具). tool ②<불교> 불도를 수행하는 데 필요한 기구.

도구(賭具) ⓝ 노름판에 쓰이는 물건. 골패(骨牌)·화투 따위. articles used for betting

도국(島國) ⓝ 섬나라. ¶~민(民). ~성(性). island country

도국(都局) ⓝ <민속> 흔히 음양가(陰陽家)에서 많이 쓰는 말로 산수가 둘러싸고 돌아서 이루어진 땅의 형국.

도국(圖) ⓝ 본보기. 모범(模範). [형국. valley

도국 근신(島國根性) ⓝ <동> 도서성(島嶼性).

도굴(盜掘) ⓝ ①<광업> 광업권의 허가를 받지 않거나, 광주(鑛主)의 승낙 없이 몰래 광물을 채굴하는 일. clandestine mining ②고분(古墳) 따위를 허가

없이 파내는 일. digging out a grave by stealth
도:궤(倒潰)图 넘어져서 무너짐. collapse 하다 [하다
도규(刀圭)图 ①〈제도〉약을 뜨던 숟가락. pharmaceutist's spoon ②의술(醫術). medicine
도규-가(刀圭家)图 의술(醫術)로 병을 고치는 사람.
도규=술(刀圭術)图〈동〉의술(醫術). [의사(醫師).
도규=계(刀圭界)图 의사들의 사회.
도그 레이스(dog race)图 경마를 본뜬 개의 경주.
도그르르图 작고 무거운 것이 대번에 구르는 모양. 《큰》두그르르. 《센》또그르르. rolling
도그마(dogma)图 ①독단(獨斷). ②교회에서 부동의 진리로 인정되는 교의(敎義). 교리(敎理). 신조(信條). [론(獨斷論).
도그머티즘(dogmatism)图 독단주의(獨斷主義). 독단
도:극=경(倒戟鯨)图 범고래.
도근-거리-다图 겁이 나 가슴이 뛰놀다. 《큰》두근거리다. palpitating 도근=도근 하다
도근점(一點)[一쩜](圖根點)图〈토목〉평판측량(平板測量)의 기초가 되는 측점(測點). ¶~ 측량(測量).
도근 측량(圖根測量)图〈토목〉평판측량(平板測量)의 밑바탕이 될 측점(測點). 곧, 도근점의 위치를 결정하기 위하여 하는 측량.
도글-도글图 작고 무거운 것이 자꾸 굴러가는 모양. 《큰》두글두글. 《센》또글또글. rolling
도금(淘金)图 금을 골라서 가름. 하다
도:금(鍍金)图 ①쇠붙이에 금(金)을 올리는 일. gilding ②겉만 번지르하게 꾸밈. borrowed plume 하다
도:금-액(鍍金液)图 도금을 할 때에 쓰는 금속 염류(鹽類)의 수용액(水溶液). plating solution
도급(都給)图 어떠한 공사에 드는 비용을 미리 셈하서 도맡아 하게 하는 일. contract
도급-기(稻扱機)图〈동〉벼훑이.
도:기(到記)图〈제도〉성균관(成均館)의 유생(儒生)의 출석을 보기 위하여 식당에 수효를 적힌 [부책(簿冊).
도기(陶器)图〈동〉오지그릇.
도기(賭技)图〈동〉노름. 하다
도기 사진(陶器寫眞)图 도자기에 밀착시킨 사진. photoceramics
도깨 그릇(독·바탱이·항아리 등의 그릇을 통틀어 일컫는 말. 《약》독그릇. earthen pots
도깨비(图 잡귀 귀신의 하나. 망량(魍魎)①. ghost
도깨비-놀음图 잡귀를 잡을 수 없도록 괴상하게 되어가는 일. strange condition
도깨비는 방망이로 떼고 귀신은 경으로 뗀다图 귀찮은 존재를 물리치는 데는 특수한 방법이 있다.
도깨비도 수풀이 있어야 모인다图 의지할 곳이 있어야 무슨 일이나 이루어진다.
도깨비 땅 마련하듯图 무엇을 하기는 하나 결과은 첫 일이다. [늘어감을 이름.
도깨비를 사귀었나图 까닭 모르게 재산이 부쩍부쩍
도깨비-바늘图〈식물〉엉거시과의 일년생 풀. 열매에 갈고리 같은 털이 있어 옷에 잘 붙음. 흩어서 앞은 식용 및 약용함. 귀침초(鬼針草). spanish needles
도깨비-불图 ①어두운 밤에 묘지나 습지에서 자연적으로 발생하는 불꽃. elf-fire ②원인 모르게 일어나는 화재. 도깨비가 놓는 불이라 하는 말.
도깨비 사건 셈이라图 귀찮게는 늘 따라다님을 이름.
도꼬마리图〈식물〉엉거시과의 일년생 풀. 줄기 높이 1.5m 가량으로 잎은 넓은 삼각형이고 가에 톱니가 있음. 씨는 갈고리 모양의 가시가 많아 사람의 옷에 잘 붙음. 한약재로 씀. ¶~먹. cocklebur
도꼬마리-벌레图〈곤충〉명충나방과의 곤충. 도꼬마리의 줄기에 기생함. 한약재로 씀. 정종(疔腫)·창종(瘡腫)·창종(捻腫)의 독종(毒腫)에 특효가 있음. 창이충(蒼耳蟲).
도-꼭지(都-)图 그 방면에 으뜸가는 사람. 《유》비괴.
도:끼图 나무를 찍거나 패는 연장의 하나. axe

도끼가 제 자루 못 찍는다图 제 허물을 제가 알아서 고치기는 어렵다.
도끼 가진 놈이 바늘 가진 놈을 못 당한다图 작더라도 적절한 것을 가진 편이 유리하다. ¶(a euphemism)
도:끼 나물图 절에서 쇠고기 같은 육류를 이름. meat
도:끼-눈图 미워서 노려보는 눈. glaring eyes
도끼 등에 칼날을 붙이다图 서로 맞지 않는 것을 붙이에 하나 그것은 안 되는 법이다.
도끼로 제 발등 찍는다图 남을 해치려고 했던 것이 결국 자기를 해친 결과가 되었다. [을 놀리는 말.
도끼를 베고 잤다图 밤잠을 편히 못자고 일찍 일어남
도:끼-벌레图〈곤충〉도끼벌레과의 벌레. 몸 빛은 검으며 광택이 남. 유충은 원통형으로 모래땅에 사는데 보리에 해로움. [것.
도:끼-밥图〈건축〉원목을 산판에서 도끼로 제재한
도:끼-질图〈건축〉도끼로 나무 따위를 찍거나 패는 일. wielding an axe 하다
도:끼-집图 온갖 연장을 쓰지 않고, 거칠게 걷만 다듬어서 지은 집. roughly built house
도나-캐나图 무엇이나.
도난(盜難)图 도둑을 맞은 재난(災難). 《변》도란. theft
도남(圖南)图 붕새가 날개를 펴고 남명(南冥)으로 가려고 한다는 뜻에서 응대한 일을 계획함을 말함. ambitious enterprise
도:내기图〈건축〉①창을 끼었다 메웠다 하기 위해 창들 위쪽의 흠통을 창짝 넓이보다 더 깊이 파낸 고랑. ②중방 같은 갓을 드릴 적에 기둥 한쪽에 중방 운두보다 훨씬 걷게 파낸 굴 구멍.
도:넛(doughnut)图 밀가루 반죽을 고리 모양으로 만들어 기름에 튀긴 서양 과자.
도:넛 레코:드(doughnut record)图 1분간에 45회전(回轉)하는 장시간(長時間) 레코드. [레코드.
도:넛-판(doughnut板)图 지름이 7인치되는 조그만
도:넛 현:상(doughtnut 現象)图 도심부의 땅값이 높아 거주하는 사람이 적어지는 반면, 그 주변의 땅에 주택이 증가하는 현상.
도:념(道念)图 ①도를 구하는 마음. pursuit of truth ②도덕의 관념. moral sense
도:뇨(導尿)图〈의학〉방광 속에 피어 있는 오줌을 카테테르(katheter)로 뽑아 냄. 하다
도:능독(徒能讀)图 글의 깊은 뜻은 모르나 다만 읽기 :도니·다图.〈고〉돌아가다. [만 잘함. 하다
도니(逃匿)图 도망하여 숨음. shirking 하다
도:닐-다图 가로 빙빙 돌아다니다. ramble about
=도·다图.〈고〉 [go back hastily
도:다녀-가·다图 갈 길을 지체하지 않고 빨리 가다.
도:다녀-오·다图 지체하지 않고 빨리 오다. come back hastily
도:=닦-다(道-)图 종교의 교의(敎義)를 터득하거나 수양하기 위하여 힘쓰다.
도:달(道斷)图〈약〉=언어 도단(言語道斷).
도:달(到達)图 윗사람이 알지 못하는 사정을 아랫 사람이 파면로 넘겨서 알려 줌. 하다 ¶~도달한 결과.
도:달=점[一쩜](到達點)图 도착한 지점이나 최후의
도:달=주의(到達主義)图〈법〉사법상(私法上) 의사 표시는 상대방에게 도달되었을 때 효력이 발생한다는 주의. 《대》발신주의(發信主義).
도담-도담图 어린아이 탈없이 잘 자라는 모양. grow up in good health [althy 도담=스레图
도담-스럽-다图[ㅂ변] 매우 도담하게 보이다. look he-
도담-하다图 어린아이 따위가 아무지고 탐스럽다. in good health
도당(徒黨)图 떼를 지은 무리. 당여(黨輿). clique
도당(都堂)图〈역사〉의정부(議政府)의 딴이름. ② 〈민속〉시골에서 수호신을 제사하는 단(壇). ¶~굿. ~제(祭). village shrine altar
도당-록(都堂錄)图〈제도〉홍문관 교리(弘文館校理) 이하의 벼슬을 시킬 적에 영의정(領議政)이 다시

골라 뽑던 일. 《약》당록(堂錄).

도=대:체(都大體)團 ①'대체'보다 뜻을 더 넓게 강조하여 쓰는 말. 대관절. ②여러 말할 것 없이. in the world

도:덕(道德)團 ①사람으로서 마땅히 행해야 할 바른 도리인 것. morality ②노자(老子)가 설한 학문. Laotzu's learning

도:덕-가(道德歌)〈문학〉조선조 중종 때 주세붕(周世鵬)이 지은 엄연곡(儼然曲)·도동곡(道東曲)·육현가(六賢歌)·태평곡(太平曲) 등 도덕적인 경기체가를 말함. 「실현될 세계. moral world

도:덕-계(道德界)〈윤리〉도덕률(道德律)이 완전히

도:덕 과학(道德科學) 도덕상의 사실을 사회학적 사실과 관련시켜 해명하려는 학문. 프랑스의 레비부륄(Lévy-Bruhl)이 제창.

도:덕-관(道德官)〈윤리〉도덕상의 선악(善惡)·사정(邪正)을 분별하여 내는 인간 본유의 심적 기관(器官). 「moral sense

도:덕 관념(道德觀念)〈윤리〉도덕에 관련된 관념.

도:덕관-설(道德官說)〈윤리〉선악(善惡)·사정(邪正)을 분별하는 직각(直覺)의 능력을 사람이 본디 갖추어 있다고 주장하는 학설.

도:덕 교:육(道德敎育)〈교육〉도덕을 이해시키고 도덕적 감정을 기르는 교육.

도:덕 군자(道德君子)團〈동〉도학 군자(道學君子).

도:덕-률(道德律)團 도덕적 행위의 규준(規準)이 되는 법. 도덕법(道德法).

도:덕-법(道德法)團〈동〉도덕률(道德律).

도:덕 사:회학(道德社會學)〈사회〉도덕 현상을 사회학적으로 연구하는 학문.

도:덕-성(道德性)〈윤리〉도덕의 본성, 선악의 견지에서 본 인격·판단·행위 등에 관한 가치(價値). morality

도:덕-심(道德心)〈윤리〉도덕을 힘써 지키고 받드는 마음. 선악·정사(正邪)를 판별하여 선을 행하려는 마음. moral sense

도:덕 원리(道德原理)〈철학〉도덕의 통일적 최고의 근본 명제(命題). moral principle

도:덕 의:무(道德義務)〈윤리〉도덕 현상에 관해 선악·정사(正邪)를 분별하고 정선(正善)을 행하여야 할 의무.

도:덕 의:식(道德意識)〈윤리〉도덕 현상에 대해 선악·정사(正邪)를 분별하고, 정선(正善)을 지향하며 사악(邪惡)을 멀리하려는 마음. 양심(良心).

도:덕 재:무:장 운:동(道德再武裝運動)團〈동〉엠 아르 에이 운동(M. R. A. 運動).

도:덕-적(道德的)團 ①도덕에 의하여 사물을 판단하려고 하는(것). moral ②도덕에 적합한(것).

도:덕적 당위(道德的當爲)〈윤리〉의지(意志) 행위에 관하여 '하라·하지 마라'의 의식을 일으키는 것.

도:덕적 세:계 질서(道德的世界秩序)〈윤리〉세계에 엄연히 존재하여 세계의 근저와 본질이 되어 이를 지배하는 도덕적 질서.

도:덕적 신학(道德的神學)〈철학〉자연에 있어서 이성적 존재인 인간의 도덕적 목적에서 자연의 최고 원인인 신과 그 성질을 끌어내려는 신학.

도:덕적 이:성(道德的理性)團〈철학〉행위의 정사(正邪)·선악(善惡)을 판단하는 동시에, 행위의 원천인 모든 감정 욕구를 그 판단으로써 통어(統御)하는 이성.

도:덕적 자유(道德的自由)團〈윤리〉의지가 도덕법에 완전히 복종함으로써 모든 물욕이나 양심에 복종하려던 충동이 이성의 명령에 따르게 되는 상태.

도:덕적 정조(道德的情操)〈심리〉도덕적·사회적 생활에 있어서 인정되는 신용·불신용·명예·불명예·선악 따위의 감정.

도:덕적 증명(道德的證明)團〈신〉신(神)의 존재를 도덕적 인식 및 도덕적 가치의 근본적 요구에 의하여 증명하려는 칸트의 입장. moral argument

도:덕적 판단(道德的判斷)〈윤리〉도덕적 가치 또는 반가치(反價値)를 승인 혹은 부인하는 작용.

도:덕 철학(道德哲學)〈철학〉인간의 행위 또는 실천의 본질과 그 기준을 설명하려는 철학의 한 부문. moral philosophy

도:덕 통:계(道德統計)〈사회〉도덕적 의의를 가진 사회 현상 또는 도덕적 견지에서 볼 수 있는 사회 상태의 통계. 「하는 학문.

도:덕-학(道德學)〈윤리〉도덕의 근본 원리를 연구

도도(陶陶)團 매우 화락한 모양. pleased with oneself and others 하團 히⽥

도도(滔滔)團 ①거셀 것 없이 물이 질펀하게 흐르는 모양. flowing in a broad expanse ②물 흐르듯 말을 거침없이 잘하는 모양. fluent 하團 히⽥

도:도-다:다(고) 돋우다.

도도록-도도록團 모두가 도도록한 모양. 《약》도독독. 《큰》두두룩두두룩. 하團

도도록-하-다團여團 가운데가 조금 솟아 소복하다. 《약》도독하다②. 《큰》두두룩하다. 도도록-이團

도:도-하-다團여團 주제넘게 거만하다. haughty 도:-히團 「바퀴의 독.

도독(茶毒) ①몹시 심한 해독. heavy poison ②쓴

도독(盜讀)團 ①남의 편지를 몰래 읽음. read one's article secretly ②남이 읽고 있는 것을 옆에서 몰래 읽음. steal a glance at ③사람이 없는 데에서 몰래 읽음. surreptitious reading 하타

도독=도도록《약》→도도록도도록.

도독-하-다團여團 ①조금 두껍다. bulky ②《약》→도도록하다. 《큰》두둑하다. 도독-이團 「령(挑鈴).

도돌=방울(계뢰)격구(擊毬)하는 동작의 하나.

도돌이-표(-標)團〈음악〉마침마딧줄에 두 개의 점을 적은 표. 곧, 1, 2, 악곡을 되풀이하여 주창(奏唱)할 것을 표시함. 반복 기호.

도두團 위로 돋아서 높게. to a greater extent

도두(刀豆)團 작두콩.

도두(桃蠹)團〈한의〉복숭아나무를 파먹는 벌레. 사기(邪氣)를 물리치는 데 약으로 씀.

도:두(渡頭)團〈동〉나루. 「can

도두-뛰:다团 한결 높이 뛰다. jump as high as one

도두-머리(都頭領)團 두령 가운데 우두머리 두령. head

도두-보:다团 실제보다 더 좋게 보다. 《약》돋보다. see in a favorable light

도두-보이:다目 실제보다 크게 또는 한결 좋게 보이다. 《약》도두뵈다. 돋뵈다. be improved

도두-뵈:다目 《약》→도두보이다. 「in appearance

도둑團 남의 물건을 훔치거나 빼앗거나 하는 짓. 또는 그러는 사람. 적도(賊盜). thief

도둑=고양이團〈동물〉집에서 기르지 않는 고양이. stray cat 「물을 모으지는 못한다.

도둑괭이가 살찌랴團 남의 것을 빼앗아 가진다고 재물

도둑-글團 남이 배우는 옆에서 몰래 주워들어 아는

도둑-놈團 ⑦도둑. 「글.

도둑놈 개 꾸짖듯團 남이 알아 두려워서 입 속으로 우물우물하다. 「아무 말 못한다.

도둑놈 개에게 물린 셈團 제 잘못으로 봉변을 당하면

도둑놈 문 열어 준 셈團 나쁜 사람에게 좋은 기회를 주어 제가 도리어 손해를 입음을 이르는 말.

도둑놈은 한 죄, 잃은 놈은 열 죄團 잃은 사람은 간수를 잘못 한 죄, 또, 무고한 사람을 의심하는 잘못을 저지르기 때문임.

도둑놈의=갈고리團〈식물〉콩과의 다년생 풀. 줄기는 60~90 cm 가량으로 뿌리는 목질(木質)이고 잎은 난형임. 열매는 표면에 잔가시가 있어 사람 옷에 잘 붙음. 사료(飼料)로 쓰임.

도둑-눈團 밤에 사람이 모르는 동안에 온 눈. night snow 「한다.

도둑맞고 사립 고친다團 시기를 놓치고 때늦게 준비

도둑맞고 죄 된다團 도둑을 맞으면 공연히 무고한 사

도둑맞다 / 도련님 천량

라까지 의심하게 됨을 경계하는 말. [stolen
도독=맞다㉠ 도둑에게 빼앗기다. have a thing
도둑맞으려면 개도 안 짖는다㊀ 운수가 막히면 모든 것이 잘 안된다.
도둑맞으면 어미품도 뒤져 본다㊀ 도둑을 맞고 나면 누구나 다 의심스럽게 여겨진다.
도둑에게 열쇠 준다㊀ 믿을 수 없는 사람을 신용하여 일을 맡기는 어리석음을 이름.
도둑을 앞으로 잡지 뒤로는 못 잡는다㊀ 증거를 잡아야 일을 밝힐 수 있다.
도둑의 때는 벗어도 자식의 때는 못 벗는다㊀ 자식의 잘못은 부모가 어쩔 수 없이 책임져야 한다.
도둑의 때는 벗어도 화낭의 때는 못 벗는다㊀ 화낭질을 한 번만 하여도 누명을 영원히 벗을 수 없다.
도둑의 묘에 잔 부어 놓기㊀ ①대접받을 수 없는 사람에게 과분한 대접을 한다. ②경우에 맞지 않는 처사를 한다. [이 아니다.
도둑의 씨가 없다㊀ 도둑질은 유전성이 있는 것
도둑이 매를 든다㊀ 죄를 범한 사람이 도리어 기세를 올리고 남에게 벌을 주려 한다.
도둑이 제 발이 저리다㊀ 지은 죄가 있으면 자연히 마음이 조마조마하여진다.
도둑=장가㊀ 남에게 알리지 않고 몰래 드는 장가. informal marriage [하㊉
도둑=질㊉ 남의 물건을 훔치거나 빼앗는 행동. theft
도둑질은 내가 하고 오라는 네가 져라㊀ 자기가 한 일에 대한 책임을 남에게 넘겨 씌우다.
도둑질을 하다 들켜도 변명을 한다㊀ 어떤 잘못을 저질렀다 하더라도 변명을 하려면 할 수가 있다.
도둑질을 하다라도 사모 바람에 거드럭거리다㊀ 나쁜 짓을 하면서도 권세를 믿고 큰소리 친다.
도둑질을 해도 손이 맞아야 한다㊀ 무슨 일이든지 협력자가 있어야 할 수 있다. [wedding 하㊉
도둑=합례(─合禮)㊉ 어른 몰래 지내는 합례. private
도둔(逃遁)㊉ 숨어서 몰래 달아남. shirking 하㊉
도둔 부득(逃遁不得)㊉ 숨어서 도망할 수가 없음. 하㊉
도드라=지㉠ 겉으로 드러나게 또렷하다. ㉓ 도도록하게 내밀다. show clearly
도드미㊉ 구멍이 큰 체. riddle [하㊉
도득(圖得)㊉ 꾀하여 얻음. acquire by stratagem
도듬㊉ 〈건축〉 박장문이나 맹장지들을 화류(樺榴) 같은 나무로 꾸민 가의 테. [up the wick 하㊉
도등(挑燈)㊉ 등잔의 심지를 돋우 결을 밝게 함. turn
도떼기=시장(─市場)㊉ 정상적 시장이 아닌 일정한 곳에서 상품·중고품·고물 따위의 도산매·투매·비밀 거래로 북적거리는 시장.
도=뜨=다㉠[으로] 말과 행동의 정도가 높다. be wise
도:라㉭㉑ ㊀ 다오. [above one's age
도라=젓㊉ 숭어 창자로 담근 것.
도라지㊉〈식물〉 초롱꽃과의 다년생 풀. 뿌리는 굵고 높이 60∼100cm 되 잎은 난형 또는 타원형임. 7∼8월에 자주 꽃이 피고 뿌리는 식용 및 약용함. 길경(桔梗). ⑪ 도랑. garden rampion
도락허/도락=㊉ ㊀ 도리어.
도:락(道樂)㊉ ①취미로 즐기는 오락. hobby ②좋지 못한 유흥(遊興)에 빠짐. dissipation ③색다른 일을 좋아함. whim ④도(道)를 깨달아 스스로 즐김.
도란(盜難)㊉ ㊀ 도난. [enjoying morality
도:란(Dohran 도)㊉ 유성(油性) 화장품의 하나. 주로 연극에서 배우들이 분장에 사용함.
도란-거리-다㉠ 나직한 목소리로 정답게 이야기하다. ㊀ 두런거리다. whisper to each other 도란=도란㊉㊀ 하㊉
도:란=형(倒卵形)㊉ 달걀을 거꾸로 세운 형상.
도:람㊉〈고〉 사실. 하소연.
도:랃㊉〈고〉 도라지.
도랑㊉ 폭이 좁은 개울. ditch
도랑(跳踉)㊉ ㊀ 도랑 방자.
도랑도랑=하=다㉨ (跳踉跳踉─)㊉[여] 몹시 도랑 방자하

도랑 방:자(跳踉放恣)㊉ 너무 똑똑하게 굴어서 아무 거림이 없는 모양. ⑪ 도랑. self-indulgence 하㊉
도랑에 든 소㊉ 먹을 것이 많음. [nge
도랑(跳浪)㊉ 개의 살가죽에 생기는 옴과 비슷한 병. ma-
도랑=창㊉ 깨끗하지 아니한 도랑. ⑪ 돌창. ditch
도랑 치고 가재 잡는다㊀ ①한 가지 일을 하는 데 따라서 어떤 부수적 이익을 본다. ②일의 순서가 뒤바뀜을 비유.
도랑=치마㊉ 다리가 드러날 만큼 짧은 치마.
도랒㊉ ⑪ ㊀ 도라지.
도래¹㊉ ①문단속에 쓰는 갸름한 나뭇개비. bar ②고삐가 자유로이 돌 수 있도록 하기 위해, 굴레 혹은 목사리와 고삐와의 사이에 있는 쇠나 나무로 된 고리 비슷한 물건.
도래²(─)㊉ 둥근 물건의 둘레. circumference
도:래(到來)㊉ 이르러서 옴. arrival 하㊉
도:래(渡來)㊉ 외국의 것이 물을 건너서 옴. introduction 하㊉
도래=걸이[─거지]㊉ 〈건축〉 둥근 기둥에 얹히는 보 목의 어깨의 안통을 움파서 기둥의 면(面)을 휩싸도록 하는 꾸밈새. 하㊉ [떡.
도래=떡㊉ 초례상(醮禮床)에 놓는 큼직하고 둥근 흰
도래떡이 안팎이 없다㊀ 두루뭉수리로 되어 구별하여 판단하기 어렵다.
도래 매듭㊉ 두 번 거듭 맨 매듭. double carrick bend
도래 목정㊉ 소의 목덜미 위쪽에 붙은 고기. neck-beef
도래 방석(─方席)㊉ 둥그스름한 방석. [untain
도래=샘㊉ 빙 돌아서 흐르는 샘물. meandering fo-
도래=소나무㊉ 무덤 가에 늘어선 소나무.
도래 송:곳㊉ ①붓두껑의 반쪽같이 생긴 송곳. 통송곳. spiral-drill ②나사 송곳.
도랭이=피㊉〈식물〉 포아풀과의 다년생 풀. 줄기는 약 50cm, 잎에 흰 털이 있음.
도:량(度量)㊉ ①너그러이 마음과 깊은 생각. generosity ②일을 잘 다루는 품성(稟性). managing ability ③길이와 부피. 또는 이를 재는 자나 되. measures
도량(跳梁)㊉ 함부로 날뜀. ¶ 도둑이 ∼하다. rampancy 하㊉ 스럽 스레하
도:량(道場)㊉〈불교〉 ①석가(釋迦)가 성도(成道)한 땅. ②불도를 닦는 곳. 도장(道場)②.
도량 교:주(道場教主)㊉〈불교〉⑪ 관세음 보살.
도량 대:승(道場大乘)㊉〈불교〉⑪ 두두마기.
도량 천수(道場千手)㊉〈불교〉 도량을 돌며 천수경(千手經)을 외는 일.
도:량=형(度量衡)㊉ 길이·분량·무게. 또는 이를 재고 다는 자·되·저울. weights and measures
도:량형=기(度量衡器)㊉ 도량형을 셈하는 기구. 곧, 자·되·저울 따위. measuring instruments
도:량형 동맹(度量衡同盟)㊉ 여러 나라가 통일된 도량형을 쓰자는 동맹.
도:량형 사:무국(度量衡事務局)㊉〈제도〉 도량형기에 관한 사무를 맡은 관청.
도:량형 원기(度量衡原器)㊉ 도량형의 통일과 정확을 기하기 위하여 그 기본 단위의 기준으로서 제작하여 보존되는 원체.
도려(闍黎)㊉ ㊀ 도리(闍梨)①.
도려 내:다㉠ ⑪ ㊀ 도리어 내다.
도려 버리다㉠ ⑪ ㊀ 도리어 버리다.
도려 빠:지=다㉠ 한 곳에 널리 온통 빠져 나가다. ㉓ 두려 빠지다. cut a hole through [precious savings
도:련(刀鍊)㊉ 종이를 가지런하게 베는 일. trim paper
도련(道力)㊉ 불도를 깨달은 힘. occult power
도:련㊉ 저고리 자락의 가장자리. hem [하㊉
도련(─)㊉①〈공〉 도령. young master ②〈공〉 결혼한 시동생.
도련님은 당나귀가 제 격이라㊀ 무엇이나 서로 결맞아야 한다.
도련님 천:량㊉ 낭비하지 않고 오붓하게 모은 돈.

도련님 풍월에 염이 있으랴 어리고 서투른 사람이 하는 일에 너무 가혹한 평을 할 것은 아니다.

도:련-지(搗鍊紙)명 다듬잇돌에 다듬은 종이.

도:련-치-다(刀鍊--)타 종이의 가장자리를 본새 좋게 베내다. trim paper

도:련-칼(刀鍊-)명 도련을 치는 데 쓰이는 칼. knife [for trimming paper]

도령-도령[-녕녕] 부 ①여럿이 다 도렷한 모양. ②매우 도렷한 모양. (큰) 두렷두렷. (센) 또렷또렷. 하다 형

도령-하다[-녕--] 형여 엉클어지거나 흐리지 않고 낱낱이 분명하다. (큰) 두렷하다. (센) 또렷하다. clear 도령-이 부

도:령¹(道令)명 ①(공) 총각. master ②(변)→도리(闍梨)².

도:령²(導令)〈민속〉무당이 지노귀를 할 때 문을 세우고 돌아다니는 의식. shamanist ceremony

도령(桃鈴)명(동) 도롱방울.

도령(都令)명 도승지(都承旨).

도:령(道令)명〈법속〉행정 기관인 도(道)에서 공포하는 법령. provincial ordinance

도:령 귀:신(-鬼神)〈민속〉장가들지 못하고 도령으로 죽은 귀신. 몽달 귀신. ghost of a bachelor

도:령 담혜(-唐鞋)명 나이가 좀 많은 사내아이들이 신던 가죽신. boy's shoes 「올 세우고 돌아다님.

도:령 돌-다[르다]〈민속〉무당이 지노귀를 할 때 문

도령 상에 구방상명 지나치게 사치하여 경우에 맞지 않음을 이름.

도:령-차(-車)명 장기(將棋)의 졸을 농으로 일컫는 말.

도로부 ①도다시. ②(앞 피우다고 담배를 끊었다가 ~ 피우는. ③되짚어. ¶가다가 ~ 오다. ③먼저대로. ¶아까 준 것 ~ 다오. as ever (before)

도로(徒勞)명 헛된 수고. vain effort 하다 [road.

도:로(道路)명 사람이나 차가 다닐 수 있도록 만든 길.

도:로-교(道路橋)명〈토목〉길을 잇기 위하여 놓은 다리. land bridge

도로래(道路-)명 도날밥도둑.

도:로-령(道路令)명〈법속〉도로에 관한 온갖 법령.

도:로-망(道路網)명 그물처럼 여러 갈래로 얽혀진 도로. highway network [없음. 하다 자

도로 무공(徒勞無功)명 헛되이 수고만 하고 효과가

도로 무익(徒勞無益)명 헛되이 수고만 하고 이로움이 없음. 하다 형

도로 아미타불(-阿彌陀佛)명 애쓴 일이 효과 없이 되어 처음과 같음을 일컬음. set-back 「교통량.

도:로 용량(道路容量)명 도로가 수용할 수 있는 최대

도:로 원표(道路元標)명 도로 노선의 기점・종점 또는 경과지를 표시하는 표지.

도:로 이:정표(道路里程標)명 길의 이수(里數)를 적어서 길가에 세운 푯말.

도:로 표지(道路標識)명 교통 안전 표지.

도로혀-다타(고) 돌이키다.

=도록어미 용언의 어간에 붙어서 '=ㄹ 때까지・=ㄹ 수 있게・=게 하기 위하여'의 뜻으로 쓰이는 연결 어미. ¶나를 가~ 내버려 두시오.「적은 목록.

도록(都錄)명 사람의 이름이나 물건 이름을 통틀어

도록(都錄)명 남의 것을 따서 기록함. 하다 타

도록(圖錄)명 설명하기 위한 그림이나 사진을 모은 책.

도론(徒論)명 쓸데없는 의론. useless argument

도통-고리(식물)명 조(粟)의 하나. 줄기와 열매가 희읍스름하고 까라기가 없으며 가을에 익음.

도롱-뇽(동물)명 도롱뇽과의 파충(爬蟲)의 하나. 몸 길이 15 cm 가량이며 머리는 납작하고 꼬리는 평평함. 몸통은 둥글고 발가락이 앞발은 넷, 뒷발은 다섯 있음. 겨울・봄・습지에 살며 한국 특산임. 산초어(山椒魚). 석룡자. salamander

도롱이명 띠 따위로 엮어 어깨에 걸쳐 두르는 우장(雨裝)의 하나. 녹사의. 초사장부. straw raincoat

도롱태¹명 ①바퀴. wheel ②간단한 나무 수레. simple wooden-cart

도롱태²(조류)명 수리과의 새. 몸 빛은 청회색이며 깃에는 검은 선이 있음. 등에 세모꼴의 검은 점이,

배는 흰 바탕에 검고 긴 점이 있음. 비하야(飛下野). 「보냄. imputation 하다 타

도뢰(圖賴)명 말썽을 일으키고 허물은 남에게 돌려

도료(塗料)명 썩지 않도록 물건의 겉에 바르거나 또는 채색에 쓰는 재료. 안료(顏料)². paints

도루(盜壘)〈체육〉야구에서 주자가 상대편의 틈을 타서 타격(打擊) 없이 날쌔게 다음 베이스를 점령하는 짓. base stealing 하다 자

도루-묵(-項)명 중국에서 생산되는 풀의 하나.

도루-묵(어류)명 도루묵과의 바닷물고기. 몸 길이 15 cm 가량으로 비늘이 없고 눈과 입이 큼. 등은 황갈색에 불규칙한 회갈색의 무늬가 있고 배는 은백색임. 동해에서 많이 남. 목어². 은어(銀魚). 은조어. 환목어(還木魚). sandfish

도루(島流)명〈법속〉도류(島流). 하다 타

도류(徒流)명〈제도〉도형(徒刑)과 유형(流刑).

도:류(道流)명(야)→도가자류(道家者流).

도:류-공(導流工)명〈토목〉물의 흐르는 방향을 같게 하기 위하여, 설치한 구조물(構造物).

도륙(屠戮)명 모두 무찔러 죽여 버림. slaughter 하다 타

도르-다[르다]타 ①먹은 것을 게우다. vomit ②몫몫이 나눠 돌리다. distribute ③사물을 변통하다. ④돈 등을 융통하다. contrive

도르-다[르다]타 이치에 그럴 듯하게 하여 남을 속이다. (큰) 두르다. deceive

도르래명 어린애 장난감의 하나. 얇고 가름한 대쪽 끝의 북판에 자루를 박아 두 손바닥으로 비비다가 날리거나, 붓두껍 같은 데 꽂고 자루에 실을 감아 양쪽으로 돌림. bamboo propeller

도르래²(물리)명 홈을 걸어 돌게 된 바퀴. 두레박・기중기에 쓰임. 고정된 것과 회전에 따라 이동하는 것이 있음. 활차(滑車). pulley

도르르 부 ①말렸던 종이 따위가 풀렸다가 다시 절로 말리는 모양. ②작고 동그스름한 것이 가볍게 구르는 소리. 또, 그 모양. (큰) 두르르. (센) 또르르. rolling round and stand

도르리명 ①음식을 돌려 가며 제각기 내는 일. standing treat by turns among friends ②똑같이 나눔. equal division 하다 타

도리(건축)명 기둥과 기둥 위에 건너 얹는 나무. 그 위에 서까래를 얹음. cross beam

도리(桃李)명 ①복숭아와 자두. peach and damson ②남이 천거하여 얻은 좋은 사람의 비유.

도:리(道里)명(동) 이정(里程).

도:리(道理)명 ①사람이 마땅히 지켜야 할 바른 도. reason ②사물의 정당한 이치. truth ③방도(方道)와 사리(事理). way

도리(闍梨)(불교)명 ①중들에게 덕행을 가르치는 스승. 도려. senior priest ②고려 때, 귀한 집 아들로서 절에 들어와 중이 된 아이를 대접하여 부르던 말. (변) 도령¹². (동) 도리님(闍梨-).

도리-금(-金)(제도)명 정 2품의 벼슬아치가 붙이던 금관자(金貫子). 환금(還金).

도리기명 여러 사람이 제각기 돈을 추렴하여 음식을 나눠서 먹는 일. dutch treat 하다 타

도리깨명〈농업〉곡식의 이삭을 두드려서 알갱이를 떠는 데 쓰는 농구의 하나. 긴 작대기 끝에 휘추리를 잡아맬 것. 연가(連枷). flail (동) 쇠도리깨.

도리깨-꼭지(농업)명 도리깨채에 열을 달 옥에 끼우는 작은 나무 비녀. [flailing 하다 자

도리깨-질명 도리깨로 곡식 따위를 두드려 떠는 일.

도리깨-채명(동) 도리깻장부.

도리깨-침명 먹고 싶어서 삼키는 침. saliva [자편.

도리깨-열[-녈]명〈농업〉도리깨채에 달린 휘추리.

도리깻-장부명〈농업〉도리깨의 자루인 장대. 도리깨채.

도리님(闍梨-)명(공) 도리(闍梨)².

도리-다타 ①둘레져 베내다. gouge ②글이나 장부의 어떤 줄에 꺾자를 쳐서 지워 버리다. strike out

도리-도리명 둥글고 또렷한 모양. 하다 형

도리=도리=도리[감] 어린아이에게 도리질을 시킬 때 쓰
는 말.
도리=머리[명] ①머리를 좌우로 흔들어 허락하지 않는
뜻을 표하는 짓. shaking head in denial ②《동》 도
도리=목(一木)[명] 도리로 쓰는 재목. ⌊리질①.
도리반=거리-다[자] 어리둥절하여 여기저기를 휘둘러
보다. 《큰》 두리번거리다. looking round uneasily
도리반=도리반[부] **하**[자]
도리=사(一紗)[명] 중국에서 생산되는 베의 하나.
도리스=식(Doris 式)[명] 《동》 도리아식.
도리아=식(Doria 式)[명] 〈건축〉 고대 그리스를 처음
정복한 도리아 민족에 의하여 이루어진 고대 그리
스의 건축 양식의 하나. 도리스식.
도리암직=하-다[형][여불] 키가 좀 작고 얼굴이 나부죽하
며 몸맵시가 있다. handsome 「ary
도리어[부] ①오히려. ②반대로. 차라리. on the contr-
도리어 내:-다[타] ①돌려서 베내다. ¶상한 데를 ~.
②우비어 파내다. ③장부나 글씨의 어떤 줄에 꺾자
를 쳐서 지우다. 《약》 도려 내다.
도리=옥(一玉)[명] 〈제도〉 정·종 1품의 벼슬아치가 붙
이던 옥관자(玉貫子). 환옥.
도리=질[명] ①말귀를 겨우 알아듣는 아이가 어른이 시
키는 대로 머리를 흔드는 재롱. 도리머리②. ②'부
(否)'의 뜻으로 머리를 좌우로 흔드는 일. **하**[자]
도리·채[명] 《고》 도리깨.
도:리=천(忉利天)[명] 〈불교〉 육욕천(六慾天)의 둘째 하
늘. 수미산(須彌山) 맨 꼭대기에 있으며, 제석천(帝
釋天)이 그 가운데 있음. 「정표.
도:리=표(道里表)[명] 이정(里程)을 적은 표. 도로 이
도린=곁[명] 사람이 별로 가지 않는 외진 곳. secluded
도림[명] 《동》 묶음표. ⌊place
도림=장이[명] 도림질로써 업을 삼는 사람. artisan of
fretwork
도림=질[명] 실톱으로 널빤지를 오리거나 새겨서 여러
가지 모양을 만드는 일. fretwork **하**[자][타]
도림=표(一票)[명] 《동》 괄호(括弧).
도:립(倒立)[명] 거꾸로 섬. 물구나무를 섬. standing
on one's head **하**[자]
도:립(道立)[명] 도에서 세움. 또는 도에서 설립 운영
하는 일. ¶~ 병원. provincial government insti-
tution 「chopping-board
도마[명] 칼질을 할 때에 받치는 두꺼운 나무 토막.
도=마름(都一)[명] 큰 전장(田庄)에 있는 우두머리 마
름. head supervisor of tenant farmers
도·마·빅·얌[명] 《고》 도마뱀.
도마=뱀[명] 〈동물〉 도마뱀과의 파충류. 온몸이 비늘로
덮이고, 짧은 네 발이 있음. 몸 빛은 암갈색이며,
암컷은 등 쪽에 녹색의 세로줄이 뻗어 있음. 긴 꼬
리는 위험을 당하면 저절로 끊어졌다가 새로 남.
산 속의 풀섶이나 돌 사이에 삶. 석척(蜥蜴). 산룡
자(山龍子). 석룡자(石龍子). lizard
도마에 오른 고기[속] 어찌할 수 없이 된 운명의 비유.
도마 위에 고기가 칼을 무서워하랴[속] 죽을 지경에 이
른 사람이 무엇이 무서우랴. 「는 접.
도마=접[명] 그루터기를 약간 쪼개어 가지를 끼워 붙이
도마=질[명] 도마 위에 요리할 것을 놓고 식칼로 다짐.
chopping **하**[자][타]
도막[명] 작고 짤막한 동강. small piece [의명] '짧고 작
은 동강'을 세는 단위. ¶생선 두 ~.
도막=도막[부] ①여러 도막으로 끊는 모양. ¶~ 자르
다. cut in pieces ②도막마다. every piece
도막이[명] 시골의 지주나 늙은이.
도말(塗抹)[명] ①발라서 가림. painting over ②이리
저리 미봉하여 겉모양만 나게 함. **하**[타]
도말 연:고(塗抹軟膏)[명] 피부의 표면에 바르는 연고.
도맛=밥[명] 도마질할 때 나오는 나무 부스러기.
도망(逃亡)[명] ①몰래 피해 달아남. escape ②쫓겨 달
아남. 도주(逃走). 줄행랑②. flight **하**[자]
도망(悼亡)[명] 망인(亡人)이나 죽은 아내를 생각하여
슬퍼함. mourning **하**[자]
도망(稻芒)[명] 벼의 까끄라기. awn 「away
도망=꾼(逃亡一)[명] 남 모르게 도망질치는 사람. run-
도망망자=집[一짜一](逃亡亡字一)[명] 〈건축〉 집의 구
조가 한자(漢字)의 '亡'자 같이 된 집. 《약》 망자집.
도망 범:죄인(逃亡犯罪人)[명] 〈법률〉 ①죄(罪)를 짓고
도망한 사람. fugitive from justice ②외국에서 죄
를 짓고 본국에 도망하여 온 사람.
도망 범:죄인 인도(逃亡犯罪人引渡)[명] 〈법률〉 외국
에서 죄를 짓고 본국에 도망하여 온 자를 붙잡아
서 그 나라 정부에 인도함.
도망=질(逃亡一)[명] 도망가는 짓. flight **하**[자]
도망질=치-다(逃亡一)[자] 남 모르게 달아나다. 《약》 도
도망=치-다(逃亡一)[자] 《약》→도망질치다. ⌊망치다. flee
도=맡-다[타] ①모든 책임을 혼자 맡다. ②도거리로 몰
아서 맡다. take charge of
도매(都買)[명] 도거리로 사들임. 《대》 소매(小買). 산
매(散買). bulkpurchase **하**[타]
도매 (都賣)[명] 물건을 도거리로 팖. ¶~ 가격(價格).
wholesale **하**[타]
도매(盜賣)[명] 남의 물건을 훔쳐서 파는 일. 투매(偸
賣). selling one's stealing **하**[타]
도매 물가 지수[一까一](都賣物價指數)[명] 〈경제〉 도
매 단계에 있어서 물가 수준의 변동을 나타내는 지
수. 일정한 시기를 100으로 하여 백분율로 나타냄.
도매=상(都賣商)[명] 도매하는 장사. 또, 그 가게나 장
수. wholesale dealer 「게들이 있는 시장.
도매 시:장(都賣市場)[명] 물건을 도거리로만 파는 가
도매=업(都賣業)[명] 생산자와 소매 상인과의 중간에 있
어서 상품의 매매를 중개하는 업. 《대》 산매업(散賣
業). commission agency 「산매점(散賣店).
도매=점(都賣店)[명] 물건을 도거리로 파는 가게. 《대》
도면(刀麵·刀麪)[명] ①《동》 칼싹두기. ②칼국수.
도면(圖免)[명] 책임을 벗으려고 꾀함. 도피(圖避). 모
면(謀免). 규면(規免). contriving escape **하**[타]
도면(圖面)[명] 기계·건축 따위의 설계 또는 토지 같은
것의 기하학적인 그림. 도본(圖本). plan
도명(刀銘)[명] 도검(刀劍)에 새겨 놓은 도공(刀工)의
이름이나 글. signature(on a sword) 「하는 목숨.
도명(徒命)[명] 기약 없는 목숨. 아무 소용이 되지 아니
도명(逃命)[명] 목숨을 보전하기 위하여 도피함. **하**[자]
도모(圖謀)[명] 일을 이루려고 꾀함. scheme **하**[타]
도목 정사(都目政事)[명] 〈제도〉 해마다 음력 유월과
섣달에 관리의 성적을 평가하여 출척(黜陟)을 행하
는 일. 대정(大政)①.
도묘(稻苗)[명] 볏모. young rice plants
도무(蹈舞)[명] 《약》→수무 족도(手舞足蹈).
도=무덤(都一)[명] 〈제도〉 옛날에 전사한 병사의 시체
를 한데 몰아서 묻은 무덤.
도무지[부] ①이러니 저러니 할 것 없이 아주. ②이것
저것 할 것 없이 모두. ③도내체. 도시(都是).
도묵(塗墨)[명] 먹을 칠함. **하**[자]
도:문(到門)[명] ①〈제도〉 과거에 급제하여 홍패(紅牌)
를 타 가지고 집에 돌아옴. ¶~연(宴). ②문에 다
다름. arrival at a gate **하**[자]
도:문(倒文)[명] 《동》 도어(倒語).
도:문 잔치(到門一)[명] 〈제도〉 과거에 급제한 사람이
집에 돌아와 베푸는 잔치.
도:문 질욕(到門叱辱)[명] 남의 집 문 앞에서 꾸짖어 욕
도물(盜物)[명] 훔친 물건. 장물(贓物). ⌊함. **하**[타]
도:미[명] 〈어류〉 감성돔과의 바닷물고기. 분홍색을 띠
었으나 배는 희고 비늘은 둥글며 맛이 좋음. 동분
어(銅盆魚). 해즉(海鯽). 《약》 돔. sea-bream
도미(掉尾)[명] ①꼬리를 흔듦. wagging the tail ②사
물의 마지막 기세가 왕성함. making a final effort
하[자] 「[자]
도미(渡美)[명] 미국으로 건너감. going to America **하**
도미(稻米)[명] 《동》 입쌀. 「다 5도(度)가 높은 음.
도미넌트(dominant)[명] 〈음악〉 음계 기음(音階基音)보

도미노(domino)[명] 상아로 만든 28장의 패를 가지고 노는 서양 골패.

도미노 이론(domino 理論)[명] 도미노의 골패짝이 줄지어 넘어지듯이 어떤 지역이 공산화되면 차례로 인접 지역에 번져 간다는 이론.

도미니카=단(Dominic 團)〈기독〉 스페인의 수도자 도미니크(St. Dominic, 1170∼1221)가 창건(創建)한 설교와 영성(靈性)의 수양을 임무로 하는 수도원. 흑의 승단(黑衣僧團).

도민(島民)[명] 섬에서 사는 사람. 섬사람. islander
도:민(道民)[명] 그 도 안에서 사는 사람. native of a province
도박〔식물〕 백바리풀과의 홍조류(紅藻類). 해안의 바위틈에서 남. 높이 15~40cm, 적자색·녹색의 혁질이나 마르면 자줏빛으로 됨.
도:박(到泊)[명] 배가 와 닿음. anchorage 하다
도박(賭博)[명] ①동 노름. ②요행수를 바라고 위험한 일이나 가능성이 없는 일에 손을 대는 일. 하다
도박 개장죄[―죄](賭博開場罪)[명]〈법률〉돈을 딸 목적으로 노름판을 만들어 놓았거나, 혹은 노름꾼을 모아 들이거나 또는 노름을 하여 성립되는 죄.
도박=꾼(賭博―)[명][동] 노름꾼.
도박=장(賭博場)[명] 노름을 하는 곳. gambling house
도박=죄(賭博罪)[명]〈법률〉 재물을 걸고 노름을 한 죄.
도반(桃盤)[명]《약》→선도반(仙桃盤).
도발(挑發)[명] 집적거려서 일을 일으킴. 하다
도방(都房)[명]〈제도〉고려 때(1179년) 경대승(慶大升)에서 비롯하여 최충헌(崔忠獻)이 썼던 사병제(私兵制)의 하나.
도:방(道傍)[명] 길가. 노방(路傍). roadside
도:배(到配)[명]〈제도〉 배소(配所)에 유배 죄인(流配罪人)이 가 닿음.
도배(島配)[명]〈제도〉 죄인을 섬에 유배함. 도류(島流).
도배(徒配)[명]〈제도〉 도형(徒刑)에 처한 뒤에 귀양을 보냄. banishment after penal servitude 하다
도배(徒輩)[명] 함께 어울려 같은 짓을 하는 사람.
도:배(道配)[명]〈제도〉 귀양갈 사람을 그 도(道) 안에 정착시킴. 하다
도배(塗褙)[명] 벽이나 반자를 종이로 바름. facing with [wall-paper 하다]
도배=반자(塗褙―)[명] 도배의 반자.
도배=장이(塗褙匠―)[명] 도배일로 업을 삼는 사람. paper hanger
도배=장판(塗褙壯版)[명] 도배와 장판. 하다
도배=지(塗褙紙)[명] 도배에 쓰는 종이. wallpaper
도:백(道伯)[명] ①[명]동 관찰사(觀察使). ②[동] 도지사(道知事).
도벌(盜伐)[명] 산의 나무를 몰래 벰. 도작(盜斫). 투작(偸斫). secret felling of trees 하다
도범(盜犯)[명] 도둑질한 범죄. 또, 그 범인. theft
도법[―뻡](圖法)[명]《약》→작도법(作圖法).
도벽(陶壁)[명] 오지 벽돌.
도벽(盜癖)[명] 물건을 훔치는 버릇. kleptomania
도벽(塗壁)[명] 벽에다 흙을 바름. plastering a wall 하다 [province
도:별(道別)[명] 각 도마다 따로 나눔. classification by
도:병(刀兵)[명]〈군사〉 군기(軍器)와 군사.
도=병마사(都兵馬使)[명]〈제도〉 고려 현종 때, 서북면·동북면의 병마사를 지휘 감독하던 중앙 기관.
도보(徒步)[명] 타지 않고 걸어감. walk 하다
도보(塗褓)[명]〈군사〉 군대가 행군 중에 이야기할 수 있는 일. march at ease
도보(圖譜)[명] 같은 종류의 동·식물의 그림을 모아서 분류하여 설명한 책. 도감(圖鑑). ¶식물 ∼.
도보 경:주(徒步競走)[명]〈체육〉걸어서 빨리 가는 시합. foot race 하다
도보 순례(徒步巡禮)[명] 도보로 하는 순례. 하다
도보 여행(徒步旅行)[명] 걸어서 하는 여행. 하다
도보장수(―)[명]〈고〉도부 장수.

도보=전(徒步戰)[명] ①〈군사〉기병(騎兵)이 도보로 싸우는 일. dismounted fighting ②〈체육〉 일정한 거리를 빨리 먼저 걸어가 닿는 경기. 하다
도보=주의(徒步主義)[명] 건강을 위하여서 될 수 있는 대로 걸어다니기를 주장하는 주의.
도:복(道服)[명] ①도사(道士)가 입는 옷. garment of a Taoist ②무도 수련 때 입는 운동복.
도본(圖本)[명]동 도면(圖面). [하다
도봉(都封)[명] 많은 물건을 한데 모아 하나로 봉함.
도봉(盜蜂)[명] 꿀벌치기에서, 꽃에서 꿀을 얻지 못하고 남의 벌통에서 꿀을 도둑질해 오는 꿀벌.
도봉=색(都捧色)[명]〈제도〉각 고을에서 수세(收稅)에 종사하던 아전. 지방 세리(地方稅吏).
도:부(到付)[명] ①공문이 와 닿음. arrival of a document ②돌아다니며 물건을 파는 일. peddling 하다
도부(都府)[명] 서울. municipality
도:부=꾼(到付―)[명] [속] 도부 장수.
도:부동(道不同)[명] 각 사람이 닦는 도(道)가 서로 같지 않음. 하다 [사.
도부=수(刀斧手)[명]〈제도〉큰 칼과 큰 도끼를 쓰는 군
도:부 장사[―짱―](到付―)[명] 도부치는 장사. 행상(行商). 하다
도:부 장수[―짱―](到付―)[명] 물건을 가지고 다니며 장사하는 사람. 행상인(行商人). 《속》도부꾼.
도:부=치:다(到付―)[자] 장사치가 물건을 가지고 이리저리 팔러 다니다. peddle
도분(塗粉)[명] 분(粉)을 바름. [음. 하다
도:불습유(道不拾遺)[명] 길에 떨어진 물건을 줍지 않
도비(徒費)[명] 헛되이 씀. ¶∼ 순설(脣舌). waste 하다 [provinces
도비(都鄙)[명] 서울과 시골. 경향(京鄕). capital and
도비(茶毘)[명] 다비(茶毘).
도비 심력(徒費心力)[명] 마음과 힘을 기울여 애쓰되 보람이 없음. 하다
도사(島司)[명]〈제도〉 섬의 지방관(地方官). 군수(郡守)와 같은 벼슬. headman of an island
도사(盜死)[명]동 개죽음. 하다
도:사(倒死)[명] 넘어져 죽음. 하다
도:사(徒事)[명]동 허사(虛事).
도:사(陶砂)[명] 도벽(塗壁).
도사(悼詞)[명] 사람의 죽음을 추도하는 글. 조사(弔詞). [대] 축사. 하사(賀詞). funeral address
도사(都肆)[명] 도붓.
도:사(道士)[명] ①도를 닦는 사람. ascetic ②〈불교〉 불도(佛道)를 깨달은 사람. spiritually enlightened person ③도교(道敎)를 닦는 사람. 도인(道人)①.〈유 도가자류(道家者流). Taoist ④〈속〉무슨 일에 도가 트이어서 썩 잘하는 사람.
도:사(道師)[명]〈종교〉 시천주(侍天敎)의 신앙을 통일하며 포덕(布德)하는 사람.
도:사(導師)[명]〈불교〉 ①중생을 제도하는 부처·보살의 일컬음. spiritual father ②의식을 행하는 중.
도=사경회(都査經會)[명]〈기독〉 예수교에서 각 파가 합동하여 베푸는 사경회.
도=사교(都司敎)[명]〈종교〉 대주교(大主敎)에서 덕망이 있는 사람에게 칭하여 주는 교직(敎職).
도=사:령(都使令)[명]〈제도〉 못 사령의 우두머리.
도사리[명] ①저절로 떨어진 풋실과. fruit fallen unripe ②못자리에 난 어린 잡풀.
도사리―다[자] ①두 다리를 꼬부려 모아 한 쪽 발을 다른 무릎 아래에 꾀고 앉다. squat ②둥셍거리는 마음을 차분히 가라앉히다. calm down ③긴 물건을 사리다. ¶도사리고 앉은 뱀을 보고 놀라 달아났다. lie in a coil ④일정한 곳에 자리잡고 들어박혀 있다. be confined ⑤일이나 일의 뒤끝을 조심하여 갈무다. [산.
도:산(刀山)[명]〈불교〉 지옥에 있다는, 칼을 심어 놓은
도:산(到山)[명] 행상(行喪)이 산소에 이름. ¶∼ 후.

도산(行下). arrival at the grave 하다
도산¹(倒產) 가산을 탕진함. 파산. 하다
도산²(倒產) 〈의학〉 아이를 거꾸로 낳음. 역산(逆產) ①. cross birth 하다
도산(逃散) 산산이 도망하여 흩어짐. dispersion 하
도산 검수(刀山劍水) 몹시 험악하고 가파른 지경 (地境). 「tail 하다
도산-매(都散賣) 도매와 산매. wholesale and re-
도-산지기(都山一) 산지기 가운데의 우두머리. head of forest rangers
도살(屠殺) ①마구 죽임. 도륙(屠戮). ②가축을 잡아 죽임. 재살(宰殺). slaughter without licence 하다
도살(盜殺) ①〈동〉 암살(暗殺). ②허가 없이 가축을 잡아 죽임.
도살-장(一場)(屠殺場) 〈동〉 도수장(屠獸場).
도상(刀傷) 칼에 의한 상처. 「가.
도:상(途上) ①길 위. ②중도. 도중. ¶개발 ~ 국
도상(陶像) 흙을 구워서 조각한 상(像)을 만드는 일. 또, 그 작품(作品). 하다
도상(都相) 도체조(都提調).
도:상(道上) 〈동〉 노상(路上).
도상(道床) 〈토목〉 철도 궤조(軌條)를 깔 때에 노반(路盤) 위에 깔아 놓는 자갈. roadbed
도상(圖上) 지도나 도면의 위. ¶~ 연습(演習).
도상(圖像) 그려진 사람이나 형상. drawing
도색(桃色) ①복숭아 빛깔과 같은 빛깔. pink ②남녀간에 얽힌 색정적인 일. ¶~ 잡지. ~ 영화. love affairs
도색 유희[―뉴―](桃色遊戱) 도덕적으로 건전하지 못한 남녀간의 색정적(色情的)인 짓. flirtation
도:생(倒生) 거꾸로 생겨 남. anatropous 하다
도:생(圖生) 살아감을 꾀함. ¶구명(苟命) ~. making a living 하다
도서(島嶼) 크고 작은 섬들. islands
도:서(道書) 도교에 관한 책. 「and books
도서(圖書) 글씨·그림·책 따위의 총칭. pictures
도서(圖書) 〈圖書〉에 찍는 온갖 도장. seal
도서=관(圖書館) 많은 도서를 모아 보관하여 일반에게 열람시키는 시설. library 「healing
도:서-다 마마의 진물이 꺼덕꺼덕하여지다.
도:서-다 ①가던 길에서 돌아서다. turn back ②바람이 방향을 바꾸다. shift ③해산할 때에 태아가 자리를 떠서 돌다. veer ④해산 후 젖멍울이 풀리고 젖이 나기 시작하다.
도서-성(島嶼性) 섬나라 국민의 성격. 민족성은 배타적(排他的)이고, 단결성과 독립성이 강하나, 너그럽지 못하고 옹졸하며, 기후는 해양성 기후임. 도국 근성(島國根性). 〈대〉 대륙성(大陸性).
도서-실(圖書室) 도서를 보관하거나 열람시키는 방. library 「슬퍼함. lamentation 하다
도석(悼惜) 죽은 사람을 아깝고 애처롭게 여기어
도석(道釋) 도교와 불교. Taoism and Buddhism
도선(徒善) 착하기만 하고 주변성이 없음. 하다
도선(徒跣) 맨발. 「〈옛〉
도:선(渡船) 〈동〉 나룻배.
도:선(導船) 항구·내해(內海) 등의 수역을 출입·통과하는 선박에 탑승하여 그 배를 안전한 수로로 안내하는 일. 수로 안내. 하다
도선(導線) 전기가 통하는 쇠붙이 줄. leading wire
도선(徒善)이 불여악(不如惡) 착하기만 하고 주변성이 없는 것은 도리어 악한만 같지 못함.
도선-장(渡船場) 나룻배를 타고 내리는 곳.
도설(圖說) 그림을 넣어 설명함. 또, 그런 책. explanation by diagrams 하다
도:섭 능청스럽고 수선스럽게 변덕을 부리는 짓. fickleness 스레 스럽다
도섭(徒涉) 도보로 물을 건넘. wading 하다
도섭(渡涉) 물을 건넘. cross a stream 하다

도성(都城) 서울. capital city
도성(屠城) 성(城)이 함락됨의 비유.
도성(道成) 도를 닦아 이룸. 「waves
도성(濤聲) 물결치는 소리. 파도 소리. sound of
도:성 덕립(道成德立) 도를 이뤄 덕이 섬. 하다
도성=지(都城址) 성곽 자리의 유적.
도:세(渡世) 세상을 살아감. 하다
도:세(道稅) 〈법률〉 도에서 도민에게 부과하는 지방세. 보통세와 목적세가 있음. provincial tax
=·도소·니[어미] 〈고〉 =더니. =으니. =는데.
=도소라[어미] 〈고〉 =더라.
=·도·소이·다[어미] 〈고〉 =더이다. =옵디다.
도소-주(屠蘇酒) 설날 아침에 마시면 사기(邪氣)를 물리친다는 약초를 넣어 빚은 술. spiced liquor
도소지=양(屠所之羊) 도살장으로 끌려가는 양. 막바지에 이른 처지.
도:속(道俗) ①도인(道人)과 속인(俗人). ascetic and layman ②도를 닦는 일과 속된 일.
도손(稻孫) 벼를 베고 난 뒤에 그루터기에서 다시 난 움.
도솔(兜率) 〈어〉→도솔천.
도솔-가(兜率歌) 〈문학〉 신라 제 3대 유리왕(儒理王) 5년(서기 28)에 지었다는 노래. 신라 가요로는 가장 처음 작품임.
도솔-천(兜率天) ①〈불교〉 육계 육천(慾界六天) 가운데의 넷째 하늘. ②도가(道家)에서 태상 노군(太上老君)이 있다는 곳이라는 하늘. 〈약〉 도솔.
도:수(一數)(度數) ①거듭하는 횟수. times ②각도·온도·광도 따위의 크기를 나타내는 수. degrees ③어떠한 정도.
도수(徒手) 맨손. bare hands
도:수(導水) 물을 어떠한 곳으로 흐르도록 이끌어 댐. ¶~관(管). conduct water into 하다
도:수-거(導水渠) 도수를 위해 만든 암거(暗渠).
도수 공권(徒手空拳) 도수의 강조어. ¶~으로 성공하다. 「하기 위해 만든 시설.
도:수-교(導水橋) 계곡·도로 등을 횡단하여, 도수
도:수-로(導水路) 상수도(上水道)의 송수관(送水管). raceway 「물을 떼는 구멍.
도수리-구멍 〈공업〉 도자기를 굽는 가마의 옆으로
도:수=사(都師司) 〈제도〉 관찰사(觀察使)·병마사(兵馬使)·수군 절도사(水軍節度使)의 총칭.
도수-장(屠獸場) 소·돼지 등을 잡는 곳. 도살장. 〈준〉 도장(屠場). slaughter-house
도:수-제(一制)(度數制) 전화 요금을 사용 횟수에 따라 계산·징수하는 제도.
도:수-제(導水堤) 유수(流水)를 일정한 방향과 적당한 속도로 하기 위해 만든 둑.
도수 체조(徒手體操) 〈체육〉 기계·기구를 쓰지 않는 맨손 체조. free gymnastics 「〈약〉 숙날다.
도숙-불다 머리털이 내리 나서 이마가 좁게 되다.
도순(都巡) 〈제도〉 군영의 순라(巡邏)의 부지런함과 게으름을 조사하던 일. 하다
도=순찰사(都巡察使) 〈제도〉 군직(軍職)의 하나.
도:술(道術) 도가(道家)의 방술(方術). magical arts
도스르-다[타] 무슨 일을 이루려고 별러 마음을 안정시키다. brace oneself
도습(蹈襲) ①〈동〉 인습(因襲). ②〈동〉 초습(剿襲). ③〈동〉 답습(踏襲). 하다
도:승(道僧) 〈불교〉 도를 깨달은 중. 도통한 중.
도=승지(都承旨) 〈제도〉 ①고려 때 광정원(光政院)의 종 5품 벼슬. ②조선조 때 승정원(承政院)의 으뜸 벼슬. 품계는 정 3품. 도령(都令).
도시(都市) 사람이 많이 모여 사는 번잡한 곳. 도회지. 〈대〉 촌락. urban area 「봄.
도시(盜視) 몰래 엿봄. ②남이 것을 몰래 훔쳐
도시(都試) 〈제도〉 무경(武經)·관무서(訓鍊院)의 당상관(堂上官)이나 감사(監司)·병사(兵使)가 매년 봄과 가을에 무재(武才)를 시험하여 뽑던 과시(科

도:시(道試)명 (동) 도과(道科).

도시(圖示)명 그림으로 그려 보임. illustration 하타

도시(都是)부 (동) 도무지.

도시 가스(都市 gas)명 공업적으로 생산되어 도시의 가정이나 공장에 시판(市販)되는 가스.

도시 경제(都市經濟)명 〈경제〉 중세 도시를 중심으로 한 응수(應需) 생산이나 직접 교환의 경제 형태. (대) 농촌 경제. urban economy

도시 계:획(都市計劃)명 도시 생활에 필요한 교통·위생·보안(保安)·경제·문화·주택 등에 관한 계획.

도시 공학(都市工學)명 공해·인구 집중·대기 오염 등을 감안, 도시의 설계·건설·근대화에 관한 기술적인 문제를 종합적으로 연구하는 학문.

도시 국가(都市國家)명 〈정치〉 도시 그 자체가 정치적으로 독립하여 하나의 국가를 이루고 있는 공동체. city state

도시-다[―따] 칼로 물건의 거친 면을 깎아 곱게 다듬다. shave

도시락 명 ①고리버들이나 대오리로 엮은 작은 고리짝. 점심밥을 넣는 그릇이나 그릇. 점심 그릇이나 밥의 통칭. lunch box ②〈약〉→도시락밥.

도시락-밥 명 도시락에 반찬을 끼워 담은 밥. 《약》 도시락.

도시미:터(dosimeter)명 〈물리〉 인체가 받은 방사량.

도시-병[―뼝](都市病)명 공해·교통 혼잡, 불량한 근로 조건 등, 도시의 과밀(過密) 상태에서 생기기 쉬운 일종의 정신 질환.

도시 사:회학(都市社會學)명 〈사회〉 도시의 인구·직업·관습·심리적·육체적 특징 따위를 문제로 하는 사회학.

도:시:위(一侍衛)명 〈제도〉 가교(駕轎)나 연(輦)의 머리를 들어 모시라는 뜻으로, 봉도(奉導)에 쓰던 말. urbanite

도시-인(都市人)명 도시에서 사는 사람. 도시 사람.

도시 재:개발(都市再開發)명 건축물이 전반적으로 낡은 지역이나, 건축물의 배치와 지구(地區) 전체의 설계가 나빠 건전한 활동이나 생활의 터전으로서 충분한 조건을 갖추지 못하는 지역의 기존 건물을 철거, 시가지를 정리하여 토지의 고도 이용을 꾀하는 일.

도시 집중(都市集中)명 도시를 중심 삼고 모여듦. (대) 지방 분산(地方分散). 하타태

도:식(徒食)명 ①놀고 먹음. idle life ②육식(肉食)을 아니함. abstain from meat 하타

도:식(倒植)명 〈인쇄〉 인쇄물에 있어서 글자가 거꾸로나 앞뒤로 바뀌어 된 식자(植字). transposed letters 하타

도:식(都食)명 도맡아서 혼자만 먹음. eating all 하타

도:식(盜食)명 ①음식을 훔쳐 먹음. ②다른 사람 몰래 음식을 먹음. 하타타

도:식(塗飾)명 칠하고 꾸밈. painting 하타

도:식(圖式)명 ①그림으로 그린 양식(樣式). schema ②그림의 형식. 도형(圖形)③.

도:식-병(倒植病)명 〈한의〉 사물이 뒤죽박죽 거꾸로 보이는 병. 술 취한 뒤에 일어남.

도식 역학[―녁―](圖式力學)명 〈공업〉 역학상의 여러 가지 도형으로써 풀도록 연구하는 학문.

도:식-화(圖式化)명 도식으로 만듦. schematization 하타타

도:신(刀身)명 칼의 몸. sword blade

도신(逃身)명 몸을 피함. 도망침. 하타

도실(桃實)명 복숭아 열매. ¶~주(酒).

도심(悼心)명 마음이 아픔. 비통한 마음. bitter heart

도심(都心)명 도회의 중심. ¶~지(地). (대) 교외(郊外). center of the city

도:심(道心)명 도학질하려는 마음.

도:심(道心)명 ①〈윤리〉 의리로서 생긴 마음. moral sense ②〈불교〉 불교를 믿는 마음. faith in Buddhism

도:심-자(道心者)명 〈불교〉 불문에 들어간 사람.

도심 지대(都心地帶)명 도회의 중심이 되는 지대.

《약》 도심지. heart of the city

도심=질(―質)명 칼 같은 연장으로 물체를 도려 내는 일.

도아(掏兒)명 (동) 소매치기. whittling 하타

도안(刀眼)명 확도의 끝이 자루에서 빠지지 않게 슴베와 아울러 자루에 비녀장을 박는 구멍.

도안(圖案)명 미술 공예품을 만들 때의 여러 가지 채색과 모양의 배합에 대한 고안. design 하타

도안-가(圖案家)명 도안을 전문으로 하는 사람.

도:액(度厄)명 (동) 액막이. 하타

도야(陶冶)명 심신(心身)을 닦아 기름. cultivation of fine personality 하타

도야-성[―썽](陶冶性)〈교육〉 도야할 수 있는 피교육자의 품성. docility

도약(跳躍)명 뛰어오름. ¶~ 운동. spring 하타

도:야(擣藥)명 〈한의〉 환약(丸藥) 재료를 골고루 섞어 반죽하여 빻음. 하타

도약 경:기(跳躍競技)명 〈체육〉 육상 경기의 하나로, 넓이뛰기·높이뛰기·장대뛰기·삼단뛰기 등의 총칭. jumping

도약-대(跳躍臺)명 도약의 발판이 되는 대나 기회. springboard

도-약정(都約正)명 〈제도〉 조선조 때, 향약(鄉約) 단체의 우두머리.

도약-판(跳躍板)명 〈체육〉 수영 또는 도약 운동에서 뛰는 기세를 돕기 위해 쓰는 발판. 구름판. springboard

도:양(渡洋)명 바다를 건넘. sail across the sea 하타

도:양 작전(渡洋作戰)명 〈군사〉 바다를 건너가 싸움. 또, 그 싸움. 화타

도-어(徒御)명 거마(車馬)와 종복(從僕)의 총칭.

도:어(倒語)명 〈어학〉 어법상 차례가 거꾸로 된 말. 도문(倒文). inversion

도어(鮑魚)명 〈어류〉 갈치.

도어(door)명 문. 문짝.

도:어=법[―뻡](倒語法)명 〈어학〉 뜻을 강하게 하기 위하여 도어(倒語)를 쓰는 법. inversion

도어 엔진(door engine)명 전차 따위의 문짝을 압축 공기를 써서 자동적으로 여닫는 장치.

도어 체크(door check)명 문을 자동적으로 조용히 닫는 장치.

도언(徒言)명 헛된 말. 보람 없는 말. empty talk

도업(陶業)명 〈공업〉 요업(窯業).

도연(刀煙)명 〈한의〉 대나무를 굽는 연기에 칼날을 쬘 때, 칼날에 묻은 대나무 진. 약으로 씀.

도연(陶硯)명 〈공업〉 자기로 만든 벼루. 자연(瓷硯).

도연(陶然)명 술이 얼큰하게 취한 모양. 하타

도연-하다(徒然―)형여 아무 일이 없이 멍하니 있어서 심심하다. leisurely **도연-히**부

도:열(逃熱)명 열이 식음. ¶난방은 ~을 방지해야 한다. 하타

도열(堵列)명 죽 늘어섬. lining up 하타

도열-병[―뼝](稻熱病)명 〈농업〉 벼에 생기는 병의 하나. 이삭이 나오지 않음. rice-plant fever

도염-서(都染署)명 〈제도〉 고려·조선조 때 염색하는 일을 맡던 관청.

도:영(到營)명 ①〈제도〉 감사(監司)가 감영에 도임(到任)함. ②〈군사〉 영문(營門)에 와서 닿음. 하타 하타

도:영(倒影)명 ①그림자가 거꾸로 비침. 거꾸로 비친 그림자. inverted image ②해질 무렵의 그림자. shadow at sunset ③거꾸로 촬영한 모양. inverted picture

도:영(渡英)명 영국으로 건너감. 영국으로 감. going to England 하타

도:영(導迎)명 잘 인도하여 맞이함. meeting 하타

도:영 화기(導迎和氣)명 온화한 기색으로 남의 기꺼움을 사는 일. 하타

도예(陶藝)명 도자기의 미술·공예. ¶~ 전시회.

도옥(陶玉)명 〈공업〉 중국 당(唐)나라 때에 도씨(陶氏)가 구워 옥같이 곱게 만든 흰 자기.

도와(陶瓦)명 (동) 질기와.

도·와리 (코) 곽란(癨亂).
도와 주·다 (타) 도움을 주다. 남을 위해 힘써 주다.
도:왜(渡倭) (명) 일본으로 건너감. 하자
도:외(度外) (명) ①법도의 밖. 범위의 밖. (유) 제외(除外). beyond the rule ②마음에 두지 아니함. leave out of consideration
도외-다 (자) (코) 되다. →드외다.
도:외-시(度外視) (명) 문제로 삼지 않고 가외 것으로 보아 넘김. (대) 중요시. 문제시. taking no account 하자 「내버려 둠. 치지 도외. 하타
도:외치(度外置之) (명) 문제 삼지 않고 생각 밖으로
도요(陶窯) (명) 도기를 굽는 가마. kiln
도요-새 (명) 〈조류〉 도요과의 큰 새의 총칭. 몸 빛은 대체로 잿갈색이며 등 또는 흑갈색의 세로무늬가 있음. 강변·바다·하구 등의 질척질척한 곳에 서식하고 계절에 따라 이동함. 휼조(鷸鳥). longbill
도요 시절(桃夭時節) (명) ①복숭아 꽃이 요염하게 핀 봄철. spring time ②시집갈 시기. marriageable time
도용(盜用) (명) 몰래 훔쳐서 씀. using by stealth 하타
도우(屠牛) (명) 소를 잡음. slaughtering cattle 하자
도우-탄(屠牛坦) (명) 소를 잡는 백정. butcher
도움 (명) 남을 도우는 일. 도와 줌. 조력. aid
도움-그·림씨 (동) 보조 형용사.
도움-닫기 도약(跳躍)·투척(投擲) 따위 육상 경기에서 가속을 내기 위하여 일정한 선상까지 뛰어가는 일. 조주(助走).
도움-말 (동) 조언(助言). 「는 일. 조주(助走).
도움-움직씨 (동) 보조 동사(補助動詞).
도움-줄기 〈어학〉 어간. 어간(補助語幹).
도움-토씨 (동) 보조사(補助詞).
도원(桃源) (명) →무릉 도원(武陵桃源).
도원(桃園) (명) 복숭아 나무가 많이 있는 정원. 또는 복숭아밭.
도원 결의(桃園結義) (명) 의형제를 맺음. 하자
도원-경(桃源境) (명) ①무릉 도원처럼 아름다운 곳. ② 이상향(理想鄕).
도·원수(都元帥) (명) 〈제도〉 ①고려 이후 전쟁 때 군무(軍務)를 통괄하던 장수. commander-in-chief ②한 지방의 병권(兵權)을 도맡은 장수. military commander
도위(徒爲) (명) 무익한 일. useless thing
도위(都尉) (명) →부마 도위(駙馬都尉).
도유 (屠維) (명) 〈민속〉 고감자(古甲子) 십이지의 여섯째.
도유(塗油) (변) →데우.
도:유(導諭) (명) 유도(誘導). 하타
도유림(道有林) (명) 도(道)의 소유인 산림(山林).
도:-유:사(都有司) (명) 〈제도〉 ①향교(鄕校)·서원(書院)·계중(契中)의 일을 맡던 우두머리. ②종중(宗中) 일을 맡아보던 우두머리.
도:음(導音) (명) 〈음악〉 주음(主音)의 반음(半音) 아래의 음. 주음에 아래위로 인접한 두 개의 음. 주음으로 끌리는 성질이 있음.
도읍(都邑) (명) 서울. ¶ ~지(地). capital
도의(道義) (명) 도덕상의 의리. morality
도의(擣衣) (명) 다듬이방망이로 옷을 다듬음. fulling
도·의(道衣) (명) 도부(到付). 「cloth
도·의-다 (자) (코) 되다.
도·의-심(道義心) (명) 도의를 지키려는 마음. 도념(道念). moral sense
도:-의원(道議員) (명) 도의회의 의원.
도·의적(道義的) (관)(명) 도의에 맞는 (것). ¶ ~ 책임.
도:-의회(道議會) (명) 지방 자치 단체인 도(道)의 의결 기관. 도민에 의하여 선출된 도의원으로 구성됨.
도이(島夷) (명) 섬나라의 오랑캐. island barbarian
=도이 (코) (코) →되게.
도인(刀刃) (명) ①칼날. edge of a sword ②칼의 총칭.
도인(島人) (명) 섬에 사는 사람.
도인(桃仁) 〈한의〉 복숭아 씨의 알맹이. 파혈(破血)·어혈(瘀血)·해소·변비 등에 약제로 씀. kernel of a peach
도인(陶人) (명) 도자기를 만드는 사람.
도인(陶印) (명) 질그릇의 재료가 되는 흙으로 만든 도장. porcelain seal
도:인(道人) (명) ①(속) 도사(道士)③. ②천도교를 믿는 사람.
도:인(導人) (명) 어떤 사태를 이끌어 낸 원인. 직접으로 원인. direct cause
도:인-법(導引法) (명) 도가(道家)에서 행하는 일종의 치료·양생법(養生法). 정좌·마찰·호흡을 행함.
도:일(渡日) (명) 세월을 보냄. passing the time 하자
도:일(渡日) (명) 일본으로 건너감. going to Japan 하자
도:임(到任) (명) 지방관이 임소(任所)에 이름. 상관(上官)². arrive at one's new post 하자
도:입(導入) (명) ①끌어들임. introduction ②〈교육〉 학습 의욕을 돋우기 위한 단원(單元) 전개의 예비적
도자(刀子) (명) 작은 칼. 손칼. knife 「단계. 하자
도자(陶瓷·陶瓷) (명) 도기와 자기. ceramic ware
도자(屠者) (명) 소·돼지 따위를 잡는 사람. butcher
도자(韜藉) (명) 신주(神主)를 씌우는 집.
도자-기(陶瓷器·陶瓷器) (명) 질그릇·오지그릇·사기그릇의 총칭. ceramics 「haberdashery
도자-전(刀子廛) (명) 작은 칼과 패물 따위를 팔던 가게.
도작(盜作) (명) 남의 작품을 자기가 지은 듯이 대강 고쳐서 자기 글로 만듦. 또, 그 작품. plagiarism 하자
도작(盜斫) (명) 도벌(盜伐). 하자
도작(稻作) (명) 벼농사. 하자
도적 (명) (코) 도둑.
도장 (명) →도장방.
도장(刀匠) (명) 도공(刀工).
도장(島長) (명) 도감(島監).
도장(徒長) (명) 〈식물〉 지나치게 많이 자람. 하자
도:장(倒葬) (명) 조상의 묘지 윗자리에 자손의 묘를 씀.
도·장(屠場) (명) →도수장(屠獸場). 「하타
도장(盜葬) (명) 암장(暗葬). 하자
도·장(道場) (명) ①무예를 닦는 곳. ②〈동〉 도량(道場)
도장(塗裝) (명) 칠 따위를 발라서 치장함. coating with paint 하타
도:장(圖章) (명) 개인·단체·관직 등의 이름을 나무·뼈·수정 따위에 새겨 인주를 묻힌 후 서류에 찍어 증거로 삼는 물건. 인(印). 인신(印信). 인장(印章). seal
도:장(導掌) (명) 〈제도〉 궁둔전(宮屯田)·궁둔전(宮屯田) 또는 개인의 땅을 관리하여 풍흉(豊凶)을 가리지 않고 일정한 도조(賭租)를 관(官)·궁(宮) 또는 땅 임자에게 바치던 일.
도장(도) (코) 안방(閨房).
도장-나무(圖章一) (명) 회양목.
도장-방(一房) (명) 아낙네가 거처하는 방. 규방(閨房). 규실(閨室). (동) 도장. boudoir
도장-방(圖章房) (명) 도장포.
도장-얼자[一짜](一日字) (명) (속) 아무 일에나 나서서 간능 체하는 사람.
도·장=원(都壯元) (명) 〈동〉 경원(壯元).
도장집[一집](圖章一) (명) ①〈동〉 도장포(圖章鋪). ② 도장을 넣어 두는 주머니. seal case
도장-포(圖章鋪) (명) 도장을 새기는 집. 도장 가게. 도장방. 도장집①. seal engraver's shop
도:저-하(到底-) 〈구〉 ①완벽한 정도에 가깝다. excellent ②끝까지 훌훌하다. 축지(築底)하다. 도:저-히(부)
도적(盜賊) (명) 도둑. ¶ ~질. robber
도적(圖籍) (명) 지도와 호적. ②그림과 책.
도적-게(桃赤-) 〈동물〉 바위게과의 게. 해안·강변에서 사는데, 배갑의 깊이 약 3cm, 폭 약 4cm, 집게발이 크고 붉으며, 보각에는 검은 털이 나 있음.
도적-잠(盜賊一) (명) 몰래 자는 잠. sleeping by stealth
도전(挑戰) (명) ①싸움을 걸거나 돋움. ②비유적으로 어려운 사업이나 기록 경신에 맞섬. challenge 하자
도:전(渡田) (명) 〈제도〉 도진(渡津)에 딸렸던 논밭.
도전(盜電) (명) 전기를 훔쳐 씀. steal of electricity
도:전(導電) (명) 〈물리〉 전기의 전도(傳導). 하자 「city
도:전-율[-뉼](導電率) (명) 〈물리〉 전기의 전도율. 그 수치는 비저항(比抵抗)의 역수(逆數)임.

도정(都正)[명] 〈제도〉 조선조 때 종친부(宗親府)·돈령부(敦寧府)·훈련원(訓鍊院)의 정 3품 벼슬.
도:정(道程)[명] 노정(路程). ¶~계 milling 하다
도정(搗精)[명] 곡식을 찧어 정하게 함. ¶~업(業).
도제(徒弟)[명] ①어려서부터 스승을 따라서 기술을 배우는 제자. apprentice ②제자. 문인(門人). disciple
도제 제:(徒弟制度)[명] 〈사회〉봉건 시대에 수공업자가 도제를 두던 제도. apprentice system
도:제조(都提調)[명] 〈제도〉 조선조 때 승문원(承文院)·봉상시(奉常寺)·훈련 도감(訓鍊都監) 등 여러 관소(官所)에 각각 딸렸던 벼슬. 의정(議政)이나 관정을 지낸 사람에게 시켰음. 도상(都相).
도:제직회(都諸職會)[명] 〈기독〉예수교에서, 여러 교회의 교직자들이 연합하여 가지는 회의.
도조(賭租)[명] 남의 논밭을 부치고 그 세로 내는 벼. 도지(賭地)②. rice paid as ground rent
도죄(徒罪)[명] 〈제도〉 도형(徒刑)을 받을 범죄.
도주(逃走)[명] 도망(逃亡). 하다
도주(棹舟·櫂舟)[명] 상앗대를 대어 저음. 하다
도주 방조죄(逃走幇助罪)[명] 〈법률〉죄수·피구금자를 도망하게 함으로써 성립되는 죄.
도주=죄(逃走罪)[명] 〈법률〉법률에 의하여 체포 또는 구금된 자가 그 구속을 벗어나거나 또는 벗어나게 해 준 죄. escape from prison
도중(島中)[명] 섬의 안.
도중(徒衆)[명] 사람의 무리. 무리①. crowd of people
도:중(途中)[명] ①길을 가고 있는 동안. 하차(下車). ②왕래하는 사이. on the way ③일이 미처 끝나지 못한 사이. 곧, 일의 중간. 노차(路次)②. half way
도중(都中)[명] 계원(契員)의 전체 또는 그 가운데. all members concerned
도:중(道中)[명] 길 가운데. 노중(路中). on the road
도지(賭地)[명] ① 도조를 무는 논밭이나 집터. rented field, rented ground ② 도조(賭租).
도지개[명] 트집진 활을 바로잡는 틀.
도지개 틀다[편] 몸가짐을 단정히 하다. 자세를 바로
도:지·계[명] [고] 도끼가.   잡다.
도지기 기생과 세 번째 상관하는 일.   field
도지=논(賭地-)[명] 도조를 내고 짓는 논. rented rice-
도:지-다[자] 나아가거나 나았던 병이 다시 덧나다. relapse   [은 놈이 꽤 ~. sturdy
도지-다[형] ①심하다. severe ②몸이 단단하다. ¶작
도지-돈[-똔](賭地-)[명] 한 해 동안에 벼리를 일마씩 내기로 작정하고 구어 쓰는 돈. ②도조로 내는 돈.
도지-밭[-빝](賭地-)[명] 도조(賭租)를 내고 짓는 밭.
도지 볼:(dodge ball)[명] 〈체육〉구기(球技)의 하나. 두 패로 나뉜 한 패가 다른 한 패를 한 개의 큰 공으로 서로 던져 적을 맞춤.
도:지사(知事)[명] 도(道)의 행정 관청인 도청(道廳)에 있어서의 직책상의 우두머리. 도백(道伯)②. 《약》지사(知事)   [리는 소. rented cattle
도지-소[-쏘](賭地-)[명] 도조를 내고 빌려 부
도:진(渡津)[명] [동] 나루.
도차(陶車)[명] [동] 물레.
도차지[명] [동] 독차지. 하다
도:착(到着·到著)[명] 목적지에 다다름. (대) 출발(出發). 발송(發送). 《약》 착(著·着). arrival 하다
도:착(倒錯)[명] 위아래가 뒤바뀌어 어긋남. ¶~증(症). 성적(性的)의 ~. perversion 하다
도:착 가격(到着價格)[명] 〈경제〉상품이 어느 지역에 도착할 때까지의 비용을 원가에 계산한 값.
도:착=순(到着順)[명] 도착한 차례. order of arrival
도찬(逃竄)[명] [동] 도피(逃避). 하다
도찬(圖讚)[명] 그림의 여백에 써 붙은 찬사 또는 시가(詩歌). 화찬(畵讚).
도찰(刀擦)[명] 잘못된 글자를 칼로 긁어 내어 고침. rub off wrong words with a knife 하다

도찰(塗擦)[명] 바르고 문지름. embrocation 하다
도찰-원(都察院)[명] 〈제도〉 벼슬아치들을 규찰(糾察)하기 위하여 둔 의정부(議政府)의 한 관청.
도찰=제[-쩨](塗擦劑)[명] 〈의학〉국부의 소염(消炎)·진통 따위의 목적으로 피부에 도찰하는 외용약. 수은 연고(水銀軟膏) 따위. 《약》도제. liniment
도참(圖讖)[명] 장래의 길흉을 기록한 책. 도참기·미래기(未來記)·정감록 따위. prophetic book
도창(刀槍)[명] 칼과 창. knife and lance
도:치[명] [고] 도끼.   [삼는 사람. painter
도채(塗彩)[명](塗彩匠-)[명] 채색을 올리는 일을 업으로
도:처(到處)[명] 가는 곳. 여러 곳. everywhere 위 가는 곳마다. 《유》 촉처.   하다
도:처 낭:(到處狼狽)[명] 하는 일마다 모두 실패함.
도:처 선화당(到處宣化堂)[명] 가는 곳마다 대접을 잘
도척(刀尺)[명] 칼질.   [받음을 이름.
도척(盜跖)[명] 몹시 악한 사람의 비유.
도=척근(都尺文)[명] 몇 차례 벌려서 바친 조세의 영수증을 한데 몰아서 발행하여 줌.
도:천(渡天)[명] 천축(天竺)에 건너감. ¶~승(僧). 하
도천(盜泉)[명] ①중국 산동성에 있는 샘 이름. 도둑 도(盜)자가 붙은 샘이라, 아무리 목이 말라도 마시지 않는다 함. ② '불의(不義)'의 뜻으로 쓰임.
도:천(道薦)[명] ①〈제도〉감사가 도내(道內)의 학덕(學德)이 높은 이를 뽑아서 상주(上奏)하던 일. ② 도(道)에서 뽑아 올림. 하다
도:첩(度牒)[명] 〈제도〉새로 중이 되었을 때 나라에서 주던 허가증. priest's licence
도첩(圖牒)[명] 그림첩.   [안쪽으로 나는 병.
도:첩 권:모증[-쯩](倒睫卷毛症)[명] 〈한의〉속눈썹이
도청(淘淸)[명] 흐린 물 따위를 가라앉혀서 맑고 깨끗하게 만듦. sedimentation 하다
도청(都請)[명] 여러 가지를 한데 모아서 청구함. request en bloc 하다
도청(盜聽)[명] ①몰래 엿들음. eavesdropping ②금지하는 것을 몰래 들음. listening secretly 하다
도:청(道廳)[명] 그 도의 행정을 처리하는 관청. provincial government office   [소문. town talk
도:청 도설(道聽塗說·途聽途說)[명] 길거리에 떠도는 뜬
도:체(道體)[명] 도를 닦는 몸. disciplinant
도체(圖遞·圖遞)[명] 스스로 벼슬 갈리기를 도모함. seeking to be transferred to other post 하다
도:체(導體)[명] 〈물리〉열이나 전기 따위를 전하는 물체. 《어》 부도체. conductor   [〈군대〉하나.
도:체찰사[-싸](都體察使)[명] 〈제도〉전시 군직(戰時
도촉(圖囑)[명] 청촉(請囑)을 꾀함. 하다
도총(都總)[명] 도(都)의 합(合). 도합(都合).
도:총=관(都摠管)[명] 〈제도〉조선조 때, 오위 도총부(五衛都摠府)의 정 2품 벼슬.
도:총=섭(都摠攝)[명] 〈제도〉조선조 때, 북한산성에 딸렸던 승군(僧軍)의 우두머리.
도:최(到彘)[명] [동] 도끼.
도축(屠畜)[명] 가축을 도살함. 하다
도출(挑出)[명] 시비를 일으키거나 싸움을 돋움. 하다
도충(蜂蟲)[명] [동] 촌충(寸蟲).
도충(稻蟲)[명] 〈곤충〉벼를 해치는 유시류(有翅類)의 유문목(有吻目)·인시목(鱗翅目)의 벌레의 총칭.
도취(陶醉)[명] ①무엇에 마음이 쏠려 열중함. fascination ②거나하게 술이 취함. intoxication 하다
도취(盜取)[명] 훔쳐 가짐. stealing 하다
도:취-경(陶醉境)[명] 도취되어 기분이 좋거나 황홀하여 자기를 잃어버리는 경지.
도치(어류)[명] 도치과의 바닷물고기. 두 눈 사이에 원추형의 흑 모양의 돌기가 있음.
도:치(倒置)[명] ①뒤바꾸어 둠. inversion ②위치나 차례가 뒤바뀜. confused ③거꾸로 되거나 거꾸로 둠. up side down 《동》 도치법(倒置法). 하다 되다
도치(陶齒)[명] 사기로 만든 의치(義齒).
도:치=법[-뻡](倒置法)[명] 〈문학〉글의 순서를 뒤바

꿈으로써 효과를 노리는 문장상의 한 법식. '나가자 앞으로' 따위의 표현법. 도치④.

도칠-기(陶漆器)圀 〈공업〉 오지물에 옻을칠한 그릇. lacquered pottery

도침(陶枕)圀〈공업〉 ①〔동〕 자침(瓷枕). ②도자기 오지 그릇을 구울 때 괴는 물건. stand

도침(搗砧·擣砧)圀 피륙이나 종이 따위를 다듬어서 반드럽게 하는 일. fulling 하타

도침=맞-다(搗砧─)재 피륙이나 종이 따위가 다듬어져서 반드럽게 되다. be fulled

도=개 윷놀이의 도나 개. 또는 도와 개.

도카=간(一間) 윷놀이에서 도나 개 중의 하나.

도=컬 윷놀이에서 도나 걸. 또는 도와 걸.

도컬=간(一間) 윷놀이에서 도나 걸 중의 하나.

도킹(docking)圀 ①우주선끼리 우주 공간의 궤도상에서 서로 결합하는 것. ②배를 독(dock)에 넣는 일.

도타(逃躱)圀 도주하여 피신함. 하타

도탁(陶卓)圀〔口〕 명아주.

도탄(塗炭)圀 몹시 곤고(困苦)함의 비유. dire distress

도탈(逃脫)圀 도망하여 벗어남. 하타

도탑-다圈 인정·정의·사랑 등이 많고 깊다. 《원》두텁다. affectionate 도타-이튀

도탕(tutanage 로)圀〈화학〉 ①아연(亞鉛). ②철판에 아연을 도금한 것.

도태(淘汰)圀 ①많은 것 가운데서 불필요한 부분을 줄임. weeding out ②물에 일어 쓸데없는 것은 흘려 버림. washing out useless element ③〈생물〉 적자 생존(適者生存)의 이치에 따라 생물이 죽어 없어지는 현상. selection 하타

도태=법[─뻡](淘汰法)圀〈광물〉 비중의 차를 이용하여 광립(鑛粒)·광사(鑛砂) 등을 선별하는 방법.

도토(陶土)圀〈지학〉 화강암·석영들이 풍화되어 이룬 진흙. 도자기를 만드는 감이 됨. 자토(瓷土). porcelain clay

도토리圀 떡갈나무의 열매. 괴실(槐實). ¶ ~ 수제 [비. acorn

도토리 깍정이圀 도토리 밑을 싸 받치는 깍정이. 도

도토리-나무圀 떡갈나무. [토리 받침.

도토리=묵圀 도토리로 만든 묵.

도토리=받침圀 ⇨ 도토리 깍정이.

도토마리圀 베를 짤 때 날을 감는 틀. warp beam

도토마리 잘라 넉가래 만들기囝 만들기가 아주 쉬움을 이르는 말.

도트 맵(dot map)圀 점의 대소나 조밀(粗密)로써 인구·산물의 분포를 나타내는 지도.

도·파(道破)圀 끝까지 다 말함. 딱잘라 말함. 설파(說破). clear statement 하타

도·파=관(導波管)圀〈물리〉 마이크로파(波)의 발진(發振)에 쓰이는 가운데가 빈 금속관.

도파니圀 여러 말할 것 없이 죄다 몰아서. ¶동전 지전 할 것 없이 ~ 이것뿐이다. altogether

도판[圖版]圀 책에 실린 그림.

도편(刀鞭)圀 무관(武官)이 찬 칼과 채찍. sword and whip

도=편수(都─)圀 목수의 우두머리. 건축의 지휘 책임자. chief carpenter

도포(塗布)圀 약 같은 것을 바름. application 하타

도·포(道袍)圀 옛날에 보통 때의 예복으로 입던 옷음. Korean ceremonial dress

도포를 입고 논을 갈아도 제멋이다圈 격(格)에 맞지 않으나, 자기가 좋아하는 일이니 상관할 바가 아니다.

도=포수(都砲手)圀 포수의 두목. huntsmaster

도포 입고 논 썰기圈 경우에 맞지 않게 사치하여 도리어 우스운 모양.

도포-제(塗布劑)圀 ①피부·점막(粘膜) 따위에 바르는 약제. ointment ②나무의 가지나 줄기의 상한 곳에 발라 충해(蟲害)를 막는 약제.

도·포-증[─쯩](倒飽症)圀〈한의〉 먹은 것이 다 삭아 내릴 만한 뒤인 데도 계속 배가 부른 병.

도·포-짜리(道袍─)圀 도포 입은 이를 가리켜 조롱하는 말.

도=선(導爆線)圀 폭약을 금속관이나 종이·실 등으로 싸서 끈처럼 만든 도화선.

도·표(道標)圀 길가에 세워 행선(行先)·이정(里程) 등을 나타내는 것. 노표(路標). guide post

도표(圖表)圀 그리어 나타낸 표. 그림표. graph

도품(盜品)圀 훔친 물품. stolen goods

도플러 효·과(Doppler 效果)圀〈물리〉 파동원(波動源)과 관측자가 서로 상대적인 관계에서 운동할 때 진동수(振動數)가 정지되어 있을 때와는 달리 관측되는 현상. Doppler's effect

도피(逃避)圀 도망하여 몸을 피함. 도찬(逃竄). escape

도피(逃避)圀〔동〕 도년(逃年). 하타

도피 문학(逃避文學)圀〈문학〉 현실을 멀리하고 소극적인 향락을 즐기려는 태도의 문학. escapist literature

도피 사상(逃避思想)圀 현실 사회를 멀리하고 소극적인 향락을 누리려는 생각. 은둔 사상(隱遁思想). escapism

도피-행(逃避行)圀 ①도망하여 피해 감. ②도피하여 떠나는 길. ¶사랑의 ~.

도필(刀筆)圀 옛날 중국에서 죽간(竹簡)에 문자를 기록하던 붓과 그 틀림을 깎아 내던 칼.

도필-리(刀筆吏)圀 예전에 아전을 얕잡아서 이르던 말.

도-하(都下)圀 ①서울 지방. metropolitan district ②서울 안. in the metropolis

도·하(渡河)圀 흐르는 것을 건넘. 도강(渡江). crossing a river 하타

도-하·기(都下記)圀 지출한 돈을 한데 적은 기록. disbursement record ¶ ─을 ~.

도-하·다(賭─)囹 성패를 전제로 하여 걸다. ¶목숨

도·하 작전(渡河作戰)圀〈군사〉 강(江)이나 내를 건너기 위한 작전. river-crossing operations

도·학(道學)圀 ①도덕에 관한 학문. morality ②중국 송나라 때 정주학파(程朱學派)의 심성(心性)·이기(理氣)의 학(學). study of human nature ③〔동〕 도교(道敎).

도·학 군자(道學君子)圀 도학이 있는 점잖은 사람. 도덕 군자(道德君子). moralist

도·학 선생(道學先生)圀 도덕의 이론만 캐고 실사의 일에 어두운 사람을 조롱하는 말. 도학자③.

도·학-자(道學者)圀 ①유교에서 정주(程朱)의 학을 받는 사람. scholar of the orthodox school of Confucianism ②도덕을 설명하여 베푸는 사람. moralist ③〔동〕 도학 선생.

도·학-파(道學派)圀 조선조 때, 한 학계의 한 갈래로, 사장과(詞章派)를 비평하고 도학을 중시하였음. 《대》사장파.

도한(盜汗)圀〈한의〉몸이 쇠약하여 잠자는 중에 나
도한(屠漢)圀〈동〉역졸. 는 식은땀. nightsweat
도:=함:수[도—수](導函數)圀〈수학〉여러 함수를 미분
하여 낼 수 있는 함수. derived function, derivative
도합(都合)圀 전부를 다 합한 셈. 공계(共計). 도통
(都統)①. 도총(都總). total 圀 모두 한데 합해서.
¶ ~ 얼마냐.

도:항(渡航)圀 배를 타고 바다를 건넘. passage 하㉰
도:해(渡海)圀 바다를 건넘. crossing the sea 하㉰
도해(圖解)圀 ①글로 된 설명을 보충하기 위하여 그
림을 그려 풀이함. 또는 그런 풀이나 책자. expla-
nation by diagrams ②그림으로만 한 풀이. ③그림
의 내용에 대한 설명. 하㉰   [서 시행함. 하㉰
도:행(倒行)/도:행 역시(倒行逆施)圀 차례를 바꾸어
도:행=장(導行帳)圀〈제도〉조선조 초에 각 고
을에 갖추어 두었던 결세(結稅)의 장부.
도:헌(都憲)圀〈동〉대사헌(大司憲).
도:현(倒懸)圀 ①거꾸로 매달림. hanging upside do-
wn ②위험이 박두함. pressing danger 하㉰
도혈(逃穴)圀 소굴에서 도망함. 하㉰
도형(徒刑)圀〈제도〉오형(五刑)의 하나. 1~3년간
복역하는 형벌. 5등급으로 나눔. penal servitude
도:형(道兄)圀〈종교〉⑤ 대종교의 도사관(都司敎).
도형(圖形)圀 ①그림의 형상. 그림꼴. ②〈수학〉입체
·면·선·점 등이 모여서 이루어진 것. figure ③〈동〉
도식(圖式). [族]의 통제를 맡아보던 벼슬.
도호(都護)圀〈제도〉중국에서 변경의 여러 번족(藩
도:호(道號)圀〈불교〉승도에게 들어간 뒤의 이름. Bu-
도호(塗糊)圀〈동〉호도(糊塗).   [ddhist's name
도호=부(都護府)圀〈제도〉조선조 고종(高宗) 32년
(1895)까지 있었던 지방 관청의 하나.
도호부=사(都護府使)圀〈제도〉도호부의 으뜸 벼슬.
도:혼(倒婚)圀 역혼(逆婚). 하㉰
도홍(桃紅)圀〈약〉→도홍색.   [도홍색의 술띠.
도홍=띠(桃紅—)圀〈제도〉당상관이 웃옷 위에 띠던
도홍=색(桃紅色)圀 복숭아 꽃 같은 엷은 빛깔. 도
홍(桃紅). pink   [blossom
도화(桃花)圀 복숭아 꽃. ¶ ~주(酒). ~채(菜). peach
도화(挑禍)圀 화(禍)를 일으킴. bringing about dis-
도:화(道化)圀 도법으로 교화함. 하㉰   [tress 하㉰
도화(圖畫)圀 ①그림과 도안. picture and design ②
도:화(稻禾)圀 벼의 꽃.   [그림을 그림. drawing
도:화(導火)圀 ①화약을 터뜨리게 하는 불. fuse ②
사건 발생의 동기. cause
도화=반(桃花飯)圀 흰 밥을 매홍지(梅紅紙)에 펴놓고
뒤섞어서 복숭아 꽃 빛깔로 된 밥.   [powder
도화=분(桃花粉)圀 복숭아 꽃 빛깔의 분. pink face
도화=서(圖畫署)圀〈제도〉조선조 때 그림에 관한 일
을 맡아보던 관청.
도:화=선(導火線)圀 ①화약을 터뜨리게 하는 심지. 화
약 심지. fuse ②사건 발생의 직접 원인.
도화=지(圖畫紙)圀 그림을 그리는 데 쓰는 종이. dra-
도회¹(都會)圀〈약〉→도회지(都會地).   [wing paper
도회²(都會)圀〈제도〉계회(契會)·종회(宗會)·유림회
(儒林會) 따위의 총회. general meeting 하㉰
도회(韜晦)圀 종적을 숨기어 감춤. 하㉰
도:회:계(都會計)圀 모두 합친 계산. 총계산. total
도회 문학(都會文學)圀〈문학〉도회지 생활을 소재(素
材)로 한 문학.
도회=병[—뼝](都會病)圀 ①신경 쇠약·성병 등 도회
사람에게 걸리기 쉬운 병. urban disease ②시골
사람이 도회지를 동경하는 병통. yearning for city
도회=지(都會地)圀〈동〉도시(都市).   [life
도회=처(都會處)圀〈동〉도회지(都會地).
도회=풍(都會風)圀 도회지의 생활 풍속을 풍기는 맛.
또는 그런 방식.
도흔(刀痕)圀 칼날에 베인 혼적. 도창(刀創). sword
도=횡정(都—)圀 물건을 모개로 흩아서 사고 파는 일. whole-
sale 하㉰   [cut

독(毒)圀 운두가 높고 중배가 약간 부르며 전이 달린 큰
오지 그릇이나 질그릇 따위. jar
독(毒)圀〈약〉→독해(害毒).
독(讀)圀〈약〉→주독(主犢).
독(犢)圀〈음악〉옛날 관악기의 하나. 길이 1~2m
의 대통으로 되었음.   [자지.
독=(獨)[초]군 '단독(單獨)'의 뜻을 나타내는 말. ¶ ~
독(dock)圀 ①선거(船渠). ②〈약〉→인갓 독.
독=가스(毒 gas)圀〈화학〉독가가 있어 생물에 큰 해
가 되는 가스. 독와사(毒瓦斯). poison gas
독가스=탄(毒 gas彈)圀〈군사〉독가스를 넣어 만든
폭탄. 독와사탄. 독 가스탄. poison bomb
독각(獨脚)圀 외짝 다리.
독각 대:왕(獨脚大王)圀 ①〈민속〉귀신의 하나. ②말
썽 많은 사람의 비유. trouble-maker
독감(毒感)圀 ①아주 독한 감기. bad cold ②인플루
엔자(influenza).
독거(獨居)圀 홀로 삶. ¶ ~ 감방(監房). solitary life
독경(篤敬)圀 언행을 참되어 하여 삼감. be discreet
in word and deed 하㉰
독경(讀經)圀〈불교〉경문을 소리 내어 읽음. ¶염불
(念佛) ~. (내) 간경(看經). Sutra chanting 하㉰
독경=대(讀經臺)圀〈불교〉경전(經典)을 올려놓고 읽
는 대(臺).
독계(毒計)圀 악독스러운 계교. wicked design
독공(獨工)圀 홀로 공부 또는 일을 함. 하㉰
독공(篤工)圀 학업에 독실하게 힘씀. hard work 하㉰
독공(篤恭)圀 인정이 두텁고 공손함. 하㉰
독과(督過)圀 허물을 꾸짖음. 하㉰
독=(獨寡占)圀 독점과 과점.
독과=점 사:업(獨寡占事業)圀〈경제〉어떤 사업 분야
의 시장을 전적으로 또는 대부분 독차지하여 지배
함으로써 실질적으로 경쟁을 제한하고 있는 단독 또
는 소수의 사업.   [managed by one person
독광(獨鑛)圀〈광물〉혼자서 경영하는 광산. mine
독교(獨轎)圀 ①말 한 마리가 끄는 가마. ②소의 등
에 싣고 뒤에서 몰이꾼이 길잡이를 하여 가는 가마.
독=(毒菌)圀 유독한 균류(菌類).
독=그릇圀〈약〉→도깨 그릇.
독금=법[—뻡](獨禁法)圀 독점(獨占) 금지법.
독기(毒氣)圀 ①독의 성분이 들어 있는 기운. poison-
ous character ②사납고 모진 기운. 독살스러운 기
운. acrimoniousness
독=나비(毒—)圀〈약〉독나비과.
독=나비(毒—)圀〈곤충〉독나비과의 나비. 몸 빛은
황색이며 날개는 둥그스름하고 앞 날개에 넓은 갈
색의 띠가 있음. 날개에서 떨어진 가루가 사람의 몸
에 붙으면 가려운 병이 생김. 독나방. 독아(毒蛾).
독납(督納)圀 세금을 바치도록 독촉함. pressing tax
payment 하㉰
독녀(獨女)圀 외딸. ¶무남(無男) ~. only daughter
독농(篤農)圀 부지런하고 부지런하여 농부 또는 농가.
독농가. most efficient farmer
독=니(毒—)圀 독(毒)이 있는 이. poisonous teeth
독단(獨斷)圀 ①남과 의논하지 않고 혼자서 결단함.
arbitrary decision ②〈논리〉근본적인 연구로서가
아니고 주관적 편견으로의 판단. dogmatism 하㉰
독단=론(獨斷論)圀〈철학〉주관적 편견으로써 된 이
론(理論). dogmatism
독단 비:평(獨斷批評)圀〈문학〉자기의 주견대로 판
단하는 객관성 없는 비평. dogmatic criticism
독단=주의(獨斷主義)圀〈철학〉근본적 연구를 하지 않
고 일의(任意)로 정한 원리에서 연역(演繹)한 주의.
(내) 비판주의. dogmatism
독담(獨擔)圀〈약〉→독담당(獨擔當)
독=담당(獨擔當)圀 혼자서 담당함. 〈약〉독
담(獨擔). 독당(獨當). be in sole charge of 하㉰
독담=통(毒痰痛)圀〈한의〉잇몸이 매우 아프고 기쳐

독당 가래가 나오는 이앓이.
독당(獨當)튀《약》→독담당(獨擔當).
독대(獨對)튀→받두.
독대(獨對)튀《제도》신하가 혼자 임금을 뵙고 상주함. 하타
독도=법[一뻡](讀圖法)튀 지도가 표시하고 있는 내용을 해독하는 방법. map reading
독=동이튀 모양이 똑같이 생긴 동이.
독두(禿頭)튀《동》대머리.
독두=병[一뻥](禿頭病)튀《의학》머리털이 차차 빠져서 대머리가 되는 병. alopecia
독두산(獨頭蒜)튀 외톨 마늘.
독락(獨樂)튀 홀로 즐김. self-pleasure 하타
독란(黷亂)튀 정치 또는 인륜을 더럽히고 어지럽게 함. disorder 하타
독려(督勵)튀 감독하며 장려함. encouragement 하타
독력(獨力)튀 혼자의 힘. one's own efforts
독로 시:하(篤老侍下)튀 일흔이 넘은 어버이를 모시고 있음.
독립(獨立)튀 ① 남에게 의지하지 않고 체힘으로 따로 섬. standing alone ② 남의 원조나 동료가 없어서 단독으로 하는 일. self-help ③《정치》한 나라가 완전한 주권 행사의 능력을 가짐. independence 하타 《법률》개인이 한 집안을 이루어 완전한 사권(私權) 행사의 능력을 가짐. self-supporting 하타
독립 가옥(獨立家屋)튀 ① 주변에 집이 없고, 단독으로 서 있는 집. ② 단독 주택.
독립격 조:사(獨立格助詞)튀《어학》호격 조사.
독립 관청(獨立官廳)튀《법률》헌법상의 원칙에 의거하여 법원·감사원과 같은 특수 지위가 인정된 관청. independent government office
독립=국(獨立國)튀《정치》독립권을 가지는 나라. 자유국(自由國). independent state
독립=군(獨立軍)튀 나라의 독립을 위하여 싸우는 군사. army for national independence
독립=권[一꿘](獨立權)튀《정치》다른 나라의 간섭을 받지 않고, 내치(內治)나 외교(外交)를 자유롭게 할 수 있는 권리. autonomy
독립 기관(獨立機關)튀《법률》다른 기관의 지휘 감독을 받지 않고 오직 헌법과 법률에 의해서만 직무를 수행하는 기관. 국회·법원·감사원이 해당됨.
독립 독보(獨立獨步)튀 ①《동》독립 독행(獨立獨行). ② 달리 겨룰 만한 것이 없음.
독립 독행(獨立獨行)튀 남에게 의지함이 없이 독자적으로 행동함. selfreliance 하타
독립=문(獨立門)튀《역사》서울 서대문 밖 교북동(橋北洞)에 있는 문. 건양(建陽) 원년(1896)에 독립 협회(獨立協會)에서 세움. Independence Gate
독립 법칙(獨立法則)튀《생리》멘델(Mendel) 법칙의 하나. 두 쌍 이상의 유전자를 생각할 때, 각각 대를 이루는 유전자가 서로 독립하여 유전한다는 법칙.
독립 변:수(獨立變數)튀《수학》다른 수의 변화와는 관계없이 스스로 변하는 수. 자변수(自變數). 《대》종속 변수(從屬變數). independent variable
독립 불기(獨立不羈)튀 독립하여 어떤 것에도 매이지 아니함.
독립 사:건[一껀](獨立事件)튀《수학》어떤 사건이 일어나느냐 않느냐에 의하여 다른 사건이 일어나는 확률(確率)이 변화하지 않는 경우의 사건. 《대》종속 사건. independent events
독립 사:상(獨立事象)튀 '독립 사건'의 구용어.
독립 생산자(獨立生産者)튀《동》직접 생산자(直接生産者).
독립 선언(獨立宣言)튀 국가가 독립함에 있어 그 뜻을 내외에 널리 선언하는 일. 하타
독립 선언서(獨立宣言書)튀《역사》기미 운동 때 독립을 선언한 글. Declaration of Independence
독립=성(獨立性)튀 자립하려고 하는 성향(性向)이나 성질. 자존성(自存性). nature of independence
독립=세(獨立稅)튀《법률》지방 자치 단체가 따로 부과 징수하는 조세. independent tax
독=심(獨立心)튀 남에게 의지하지 않고 세상을 살아 나가려는 마음.
독립=어(獨立語)튀《어학》문 안의 다른 성분들과 독립해서 문 전체에 작용하는 말. 감탄사·제시어·접속 부사·호격 조사가 붙은 명사 따위.
독립 운:동(獨立運動)튀 독립을 쟁취하려는 정치 운동(政治運動).
독립=인(獨立人)튀《법률》체힘으로 생계를 세우고 사권 행사(私權行使)의 능력이 있는 사람. independent person
독립 자영(獨立自營)튀 독립하여 스스로 경영함. 하타
독립 자존(獨立自存)튀 독립하여 스스로 살아 나감. 하타 [격과 위엄을 보전함. 하타
독립 자존(獨立自尊)튀 독립하여 행세하며 자기의 인
독립 자활(獨立自活)튀 독립하여 체힘으로 생활함.
독립 채:산제(獨立採算制)튀《경제》어느 한 부분이 다른 부분과는 독립하여 결손이 없도록 경영하는 체제. independent accounting system
독말풀(毒一)튀《식물》가지과(茄科)의 일년생 풀. 줄기 높이 1~2m 가량으로 자색이며, 6~7월에 자색 꽃이 핌. 종자와 잎은 진통제·최면제 등의 약재로 쓰임.
독=메(禿一)튀 외딴 산. solitary mountain
독목(禿木)튀 잎이 다 시들어 떨어진 나무. bare trees
독목-교(獨木橋)튀《동》외나무다리.
독목=주(獨木舟)튀 마상이. [ster of the stage
독=무:대(獨舞臺)튀 독차지 판. 독장치는 판. sole ma-
독=물튀 빛깔이 진한 반물. dark blue
독물(毒物)튀 ① 악독한 사람. brute ② 독기가 들어 있는 물건. poisonous substance
독물=학(毒物學)튀《의학》독물의 작용 및 중독의 예방·치료 방법을 연구하는 학문. toxicology
독=바늘(毒一)튀 뱀·물고기·벌·독벌레 등의 꼬리지느러미 꽁무니에 있는 독이 있는 살. 독침(毒針). poisonous needle
독박(督迫)튀 몹시 독촉함. urging 하타
독방(獨房)튀 홀로 거처하는 방. ¶~ 거처(居處). room to oneself
독배(毒杯·毒盃)튀 독주·독약이 담긴 술잔.
독백(獨白)튀 ①《연예》연극에서 배우가 혼자 하는 말. 모놀로그(monologue). ¶~제(體). ② 홀로 중얼거림. 《대》대화(對話). talking to oneself 하타
독=버섯(毒一)튀《식물》독이 있는 버섯. 독이(毒栮). poisonous mushroom [poisonous bee
독=벌(毒一)튀《곤충》독이 있는 벌. 독봉(毒蜂).
독=벌레(毒一)튀《곤충》독이 있는 벌레. 독충(毒蟲). noxious insect
독법(讀法)튀 글을 읽는 법. way of reading
독별=나:다(獨別一)彎 혼자서만 특별나게 드러나다.
독별이튀 유다르게. 특별히. [conspicuous
독보(獨步)튀 ① 홀로 걸음. ② 남이 따를 수 없게 뛰어남. 하타
독=보(櫝褓)튀 주독(主櫝)을 덮는 데 쓰는 보. 신주보(神主褓). [어난(것).
독보-적(獨步的)튀 남이 따를 수 없을 만큼 홀로 뛰
독본(讀本)튀 글을 배우는 데 읽어서 익히는 책. reader
독봉(督捧)튀 남세를 독촉하여 거두어들임. 독쇄(督刷).
독부(毒婦)튀 몹시 악독한 계집. vampire [刷].
독부(獨夫)튀 ① 인심을 잃어서 남의 도움을 받지 못하게 된 사람. person left out ② 독신인 남자.
독불 장군(獨不將軍)튀 ① 한 무리 중에 들지 못하고 사람들에게 따돌림을 받은 외로운 사람. person left out ② 무슨 일이나 혼자 처리하는 사람. man of self-assertion ③ 혼자서는 장군이 될 수 없다는 뜻으로 남의 사람과 협조하여야 한다는 말.
독비=곤(犢鼻褌)튀《동》쇠코잠방이. [하타
독사(毒死)튀 독약에 의하여 죽음. killing by poison

독사(毒砂) 〈광물〉 비소의 중요 광석의 하나.

독사(毒蛇) 〈동물〉 독이 있는 뱀. 보통 머리는 삼각형이고, 몸이 굵으며 꼬리가 짧은 것이 많음.

독사(讀史) 사서(史書)를 읽음. 하타 [viper

독=사진(獨寫眞) 혼자서 찍은 사진. portrait

독산(禿山) 〈동〉 민둥산.

독산(獨山) ①동산소(同山所)가 아니고, 홀로 따로 쓴 산소. solitary grave ②의따로 떨어져 있는 조그마한 산.

독=산림(獨山林) 〈불교〉 한 사람의 중이 관리하는 절.

독살(毒殺) ①독약을 먹여서 죽임. 독해(毒害). poisoning ②악독한 마음을 품은 살기(殺氣). 〈약〉 독(毒). virulence 하타 스럽 스레

독=살림(獨─) ①부모나 다른 사람의 힘을 빌리지 않고 혼자서 따로 사는 살림. independent living ②〈불교〉 본사(本寺)에 의존하지 않고 말사(末寺)에서 독립하여 하는 살림. self-supporting temple 하타 「해하다.

독살 부리―다(毒殺─) 악한 성질로 남을 못되게 방

독살=풀이(毒殺─) 독하고 모진 살기를 부림. 《약》 독풀이. virulent tongue 하타

독살 피우―다(毒殺─) 악독하고 모진 살기를 나타내다. act spitefully

독심=탕(獨蔘湯) 〈한의〉 맹물에 삼(蔘) 하나만으로

독상(獨床) 혼자 먹게 차린 음식상. 외상(外床). 《대》 겸상(兼床). table for one person

독상(獨相) 〈제도〉 의정(議政) 세 사람 중 어느 한 사람만이 자리에 있어 겸무하던 일.

독새=풀 〈식물〉 화본과(禾本科)의 이년생 풀. 줄기는 원주형이고 20~40 cm로 녹색이며 5월에 담록색 꽃이 핌. 녹비용(綠肥用)・사료용임.

독생=자(獨生子) 〈기독〉 예수가 하느님의 외아들이라는 말. only begotten son

독사(禿─) 〈교〉 독사(毒蛇).

독서(讀書) 책을 읽음. reading 하타

독서=당(讀書堂) 〈제도〉 조선조 세종 8년에 나이 젊은 문관(文官)에게 겨를을 주어 글을 읽히느라고 베풀었던 집의 이름. reading-room

독서당 개가 맹자 말 한다 어리석은 사람도 늘 보고 듣는 일은 능히 할 줄 안다.

독서 망양(讀書亡羊) 글을 읽다가 기르는 양(羊)을 잃어버렸다는 뜻으로, 마음이 다른 곳에 쏠림을 이름. 독서지양(讀書之羊).

독서 백편 의:자통(讀書百遍義自通) 글을 백번 되풀이하여 읽으면 뜻이 저절로 통함. 독서 백편 의 자현(讀書百遍義自見). 「의자통.

독서 백편 의:자현(讀書百遍義自見) 〈동〉 독서 백편

독서 삼도(讀書三到) 독서법에서의 구도(口到)・안도(眼到)・심도(心到). 《약》 삼도(三到).

독서 삼매(讀書三昧) 오직 책 읽기에만 골몰하는 일. be absorbed in reading

독서 삼여(讀書三餘) 독서하기에 적당한 세 여가(餘暇). 곧. 겨울・밤・비올 때. 삼여(三餘). three proper leisure times for reading

독서 상우(讀書尙友) 책을 읽음으로써, 옛날의 현인(賢人)과 벗이 될 수 있다는 뜻.

독서=실(讀書室) 글을 읽으려고 따로 차려 놓은 방.

독서지:양(讀書之羊) 목동이 글을 읽다가 치는 양을 잃어 딴생각을 하다가 낭패를 봄. 독서 망양(讀書亡羊), being absorbed in one's study

독서=회(讀書會) 책을 서로 돌려보며, 읽은 감상과 의견을 서로 말하는 모임.

독선(毒腺) 〈생리〉 독을 분비하는 선(腺).

독선(獨船) 남과 타지 않고, 혼자 삯을 주고 빌린 배. chartered boat

독선(獨善) ①자기만을 좋게 함. 자기만이 옳다고 생각하는 일. ②⇨독선기신(獨善其身). self-righteousness 「하여 감. 《약》 독선(獨善)②.

독선=기신(獨善其身) 혼자서 그 몸만 온전하게 잘

독=선생(獨先生) 글방에서 따로 주인집 아이만을 가르치는 스승. private teacher

독선=적(獨善的) 독선에 치우친(것). self-righteous

독선=주의(獨善主義) ①〈윤리〉 남의 이해에는 상관하지 않고 제가 착한 행하는 주의. ②저 혼자만이 옳다고 주장하는 주의. self-righteousness

독설(毒舌) 남을 해치는 모진 말. ¶~을 퍼붓다. poisonous tongue

독성(毒性) 독한 성질. virulence

독성(篤性) 인정이 두터운 성향.

독성(獨聖) 〈불교〉 천태산(天台山)에서 홀로 도를 깨쳤다고 하는 나쁜 존자(那畔尊者)를 이르는 말.

독성(瀆聖) 신성한 것을 모독함. 하타 「말.

독성=각(獨聖閣) 〈불교〉 독성 곧, 나쁜 존자(那畔尊者)를 받들어 모셔 두는 전각. 「는 화상.

독성 탱:화(獨聖幀畫) 〈불교〉 독성을 그려 벽에 거

독소(毒素) 〈화학〉 유기 물질, 특히 고기 등이나 단백질 따위가 섞어서 생기는 독이라는 화합물. poisonous matter ②해로운 요소. harmful matter

독술(督率) 감독하여 인솔함. 감독하며 통솔함. 하타

독・솔 〈교〉 보독솔.

독송(讀誦) ①책을 읽어서 읽음. 외어 읽음. recitation ②〈불교〉 소리를 내어 경문을 읽음. 송독(誦讀). reading the sutras 하타

독쇄(督刷) 몹시 독촉함(督捧). 하타

독수(毒水) 독기가 있는 물. poisonous water

독수(毒手) 악독스러운 수단. 독아(毒牙)②. evil design

독수(獨守) ①혼자서 지킴. guard by oneself ②〈동〉 독수 공방(獨守空房).

독수(獨修) 〈불교〉 독숙(獨宿).

독수 공방(獨守空房) 〈동〉 독숙 공방(獨宿空房).

독=수리(禿─) 〈조류〉 독수리과의 새. 매와 비슷하며 큰 새로, 날개 길이 70~90 cm임. 몸 빛은 암갈색에 부리는 흑갈색, 다리는 회색임. 삼림에 서식하며 작은 새나 쥐 등을 먹고 삶. 독취(禿鷲). vulture

독수리―자리(禿─) 〈천문〉 톨레미(Ptolemy) 별자리의 하나. 여름 하늘의 대표적인 별자리. 「하타

독숙(獨宿) 홀로 잠. 독수(獨守)②. living by oneself

독숙 공방(獨宿空房) 〈동〉 시집간 여자가 남편 없이 혼자 지냄. 독수 공방. living in solitude

독순=법(─法) 〈동〉 독순술(讀脣術).

독순―술(讀脣術) 벙어리가 상대방의 입술의 움직임과 형상 등을 관찰하여, 그가 하는 말을 이해하는 기술. 독순법. lip reading

독습(獨習) 스승이 없이 혼자 배워서 익힘. 독수(獨修). selfteaching 하타

독습(讀習) 글을 읽어서 익힘. studying 하타

독시(毒矢) 독약을 묻힌 화살. poisoned arrow

독시(毒弑) 독약으로 윗사람을 죽임. poisoning a superior 하타

독식(獨食) ①혼자서 먹음. eat by oneself ②이익을 혼자 차지함. monopoly 하타

독신(獨身) ①홀몸. bachelor ②동기가 없는 사람. person who has no brothers and sisters ③배우자가 없는 몸. bachelorism 「devotion style

독신(篤信) 독실하게 믿음. 열성으로 깊이 믿음.

독신(篤愼) ①혼자서 스스로 근신함. be on one's good behavior ②〈법〉 옥칙(獄則)을 어긴 죄수를 독방에 가두어 근신시키는 일. solitary confinement

독신―자(篤信者) 어떠한 종교나 주의를 독실하게 믿는 사람. devotee 「려는 주의.

독신=주의(獨身主義) 결혼하지 않고 독신으로 지내

독실(獨室) 혼자서 거처하는 방.

독실(篤實) ①무엇에나 성실하고 극진함. sincerity ②인정 있고 친절함. warmhearted 하여

독심(毒心) 독살스러운 마음. malice

독심(篤心) 인정이 독실(篤實)한 마음.

독심―술(讀心術) 얼굴의 표정이나 근육의 운동을 통

독아

하여 남의 생각을 알아내는 술법. mind reading
독아(毒牙)명 ①독이 들어 있는 이. poison-fang ②
독아(毒蛾)명 〈동〉독나방.   [독수(毒手).
독아-론(獨我論)명 〈철학〉실재(實在)하는 것은 다만 자아(自我)뿐이라는 학설.
독안에 든 쥐판 아무래도 벗어날 수 없는 처지를 이름.
독안-타(獨鞍駝)명 〈동〉단봉 약대(單峯-).
독액(毒液)명 독기 있는 액체. poisonous liquid
독야 청청(獨也靑靑)홀로 푸르름. 곧, 홀로 높은 절개를 드러내고 있음. standing alone with constant fidelity 하타
독약(毒藥)명 독기가 있는 약. 극약(劇藥). poison
독어(毒魚)명 혼잣말. 독언(獨言). monologue 하다
독어¹(獨語)명 〈동〉독어(獨言).
독어²(獨語)명 〈동〉독일어(獨逸語).
독언(獨言)명 〈동〉독어(獨語)¹.
독연(獨演)명 혼자하는 연예나 강연. (대) 공연(共演). sole performance 하다
독염(毒焰)명 독기가 있는 불꽃. poisonous flame
독-오르다(毒-)자르 독 기운이 치밀다. become spiteful
독-올리다(毒-)타 남을 건드리어 독기가 일어나게 하다. make a person spiteful
독와(獨臥)명 홀로 누움. 하다
독와사(毒瓦斯)명 독가스 (毒 gas).
독와사-제(毒瓦斯除)명 방독면(防毒面).
독왕(毒王)명 독가스탄.
독왕(獨往)명 스스로의 힘과 생각으로 떳떳이 행동함. going one's own way 하다
독우(篤友)명 ①매우 도타운 우애(友愛). close-fraternal love ②정이 두텁고 성실한 벗. intimate friend   [정(甕井).
독우(犢牛)명 송아지.
독-우물명 밑바닥이 없는 독을 묻어서 만든 우물. 옹
독음(讀音)명 ①글을 읽는 소리. voice of reading ②한자의 음(音). sound of a character
독이(毒栮)명 〈동〉독버섯.
독-이(獨-)목 혼자서. 단독으로. alone   [sin
독인(毒刃)명 흉한의 악독한 칼. dagger of an assas-
독일(獨逸)명 〈지리〉중부 유럽에 있는 나라 이름. 도이칠란트. 독국(獨國). 덕국(德國). Germany
독일 무이(獨一無二)명 유일 무이. only one
독일 문자(獨逸文字)명 독일에서만 쓰는, 로마자보다 더 발달된 글자.
독일어(獨逸語)명 〈어학〉인도 유럽 어족(語族) 중 게르만 어파(語派) 서게르만 어군(語群)에 속하는 언어. 독어(獨語)².
독일=주의(獨一主義)명 〈동〉고정주의(固定主義).
독일 철학(獨逸哲學)명 〈철학〉내관적(內觀的), 사변적(思辨的), 유심론적(唯心論的), 자아 중심주의적(自我中心主義的), 이상주의적(理想主義的) 특징을 가진 철학.   [자서 맡음. 하다
독임(獨任)명 한 사람에게 일을 전부 맡김. 또는 혼
독자(獨子)명 외아들. only son
독자(獨自)명 ①혼자. individual ②그 자체에만 특유함. ¶ ~성(性). ~적 특성. originality
독자(讀者)명 책이나 그 밖의 출판물을 읽는 사람. 간객(看客). ¶ ~층(層). reader
독-자배기명 독 굽는 가마에서 구워 만든 자배기.
독자-적(獨自的)명 남과 어울리지 아니하고 저 혼자만이 따로 행동하는(것). individual
독작(獨酌)명 혼자 술을 마심. (대) 대작(對酌). drink-
독장(獨장)명 〈동〉고장(孤掌). ing by oneself 하다
독장(獨場)명 〈동〉고장 난명(孤掌難鳴).
독장 난:명(獨掌難鳴)명
독장수-셈명 쓸데없이 허나 치는 셈이나, 또는 헛수고로 애 쓸 비유. 옹산(甕算). vain effort
독장-치다(獨場-)자 판을 혼자서 휩쓸다. 판치다.
[어] 장치다. have the stage to oneself
독재(獨裁)명 ①독단으로 사물을 재결해 나감. absolution ②→독재 정치. 하다

독재=론(獨在論)명 〈동〉유아론(唯我論).
독재 정치(獨裁政治)명 〈정치〉국가의 모든 권력을 한 사람이 장악하여 다른 기관의 협력을 얻지 않고 모든 정치를 하는 일. (대) 민주 정치. (약) 독재². despotic government
독재-주의(獨裁主義)명 독재를 주장하는 주의.
독전(督戰)명 전투를 독려함. urge the soldiers to fight 하다
독전-대(督戰隊)명 〈군사〉전투에 있어서 자기쪽의 군사를 감시·독려하는 군대. supervising army
독-점(-店)명 〈공업〉도개그릇을 만드는 곳.
독점(獨占)명 ①〈동〉독차지. monopoly ②〈경제〉개인 또는 단체가 다른 경쟁자를 배제하여서 시장을 지배하고 이익을 자기만이 보는 경제 현상. 과점(寡占). 하다
독점 가격[-까-](獨占價格)명 〈경제〉파는 사람 또는 사는 사람이 시장을 독점하여 자신이 유리하게 되도록 정한 가격. monopoly price
독점 사:업(獨占事業)명 〈경제〉혼자 차지하여 경쟁 대상이 없는 사업. monopolistic enterprise
독점 자:본(獨占資本)명 ①〈경제〉카르텔·트러스트·콘체른·콤비네이션 등의 형식을 취한 거대한 기업 자본(企業資本)의 총칭. (유) 금융 자본. ②거대한 산업 기업가. 또, 그 계급. monopolistic capital
독점-적(獨占的)관 독점하는 경향이 있는(것).
독정(毒政)명 혹독한 정치.
독정(獨政)명 〈제도〉이조 판서(吏曹判書)에게 사고가 있을 경우, 참판(參判) 또는 참의(參議) 가운데서 한 사람이 대신 정무를 잡아 하던 일. 하다
독제(毒劑)명 〈한의〉독성이 있는 약제. poison
독존(獨存)명 홀로 존재함. 하다 [importance 하다
독존(獨尊)명 홀로 존귀함. ¶유아(唯我) ~. self-
독종(毒種)명 아주 악성인 부스럼. malignant tumor
독종(毒種)명 ①악독한 사람. person of fierce character ②성질이 독살스러운 사람이나 짐승의 품종.
독좌(獨坐)명 혼자 앉음. sitting alone 하다 [brute
독좌-상(獨坐床)명 혼인날에 신랑·신부가 교배(交拜)할 때에 차려 놓은 음식상. 또, 그 상태.
독주(毒酒)명 ①맛이 매우 독한 술. strong liquor ②독약을 탄 술. poisoned liquor
독주(獨走)명 ①경기 따위에서 홀로 달림. running alone ②다른 것과 관계없이 혼자서 마음대로 활동함. having a free hand 하다
독주(獨奏)명 〈음악〉기악(器樂)을 혼자 연주함. ¶~회(會). (대) 합주. 중주(重奏). play solo 하다
독지(篤志)명 인정이 많고 친절한 마음. 열성(熱誠)으로 쓰는 마음. benevolence
독지-가(篤志家)명 ①마음이 독실한 사람. charitable person ②사회 사업에 특별한 마음을 쓰거나 협력·원조하는 사람. benefactor   [직죄(瀆職罪). 하다
독직(瀆職)명 ①직책을 더럽힘. corruption ②(약)→
독직-죄(瀆職罪)명 〈법률〉공무원으로서 의무를 위반하고, 옳지 못한 행위로 직무를 더럽힌 죄. 독직(瀆職)². bribery   [fort
독진(獨鎭)명 〈제도〉독립한 진영(鎭營). independent
독질(毒疾)명 지독한 병. terrible disease
독질(毒質)명 독한 성질. venomous disposition
독질(篤疾)명 위독한 병. dangerous illness
독=차지(獨-)명 혼자 모두 차지함. 독점(獨占)¹. 도차지. monopoly 하다
독창(禿瘡)명 〈의학〉머리에 생기는 피부병의 하나. 홍색 반점이 생겨 그 자리의 모발이 빠짐.
독창(毒瘡)명 ①독성이 있는 종기. malignant tumour ②다쳐서 생긴 독한 부스럼.
독창(獨唱)명 〈음악〉다른 사람 어우러지 않고 혼자 노래를 부름. ¶ ~회(會). (대) 합창(合唱). vocal solo 하다
독창(獨創)명 혼자서의 생각으로 창조함. (대) 모방(模倣). originality 하다   [힘. creative talent
독창-력(獨創力)명 혼자의 생각으로 창조할 수 있는

독창-성[-썽](獨創性)[명] 독창하려는 성향이나 성질. ¶~을 살리다.

독창-적(獨創的)[명][관] 혼자 생각으로 창조할 수 있는 (것). creative

독재(獨裁)[명] 독립적으로 따로 된 집체. independent

독책(督責)[명] 재촉을 몹시 함. urging 하[타]

독처(獨處)[명] 홀로 거처함. 하[자]

독천(獨擅)[명] 혼자서 자기 마음대로 함. being one's own master 하[타] [unrivalled sphere of activity

독천-장(獨擅場)[명] 자기 마음대로 행동하는 장소.

독청 독성(獨淸獨醒)[명] 혼탁(混濁)한 세상과 술취한 무리 가운데서 혼자만이 깨끗하고 정신이 맑음. 하[자]

독초(毒草)[명] ①매우 독한 담배. strong tobacco ②독이 있는 풀. poisonous plant

독촉(督促)[명] 독려하여 재촉함. urging 하[타]

독촉 수수료(督促手數料)[명] 체납된 세금이나 그 밖의 공과금(公課金) 따위를 독촉할 때에 거기 덧붙여 받는 요금. [house

독축(讀祝)[명] 축문이나 제문을 읽음. 하[자][는 요금.

독충(毒蟲)[명] ①독한 벌레. ②〈동물〉살무사.

독충(篤忠)[명] 도타운 충성. loyalty

독취(禿鷲)[명] 〈동〉독수리.

독취(毒嘴)[명] 악독한 말을 옮기는 주둥이.

독칙(督飭)[명] 감독하고 계칙(戒飭)함. 하[타]

독침(毒鍼)[명] 〈동〉독바늘. [ing alone 하[자]

독침(獨寢)[명] 같이 자지 않고 혼자서 잠을 잠. sleep-

독타-이그노란티아 (docta ignorantia 라)[명] 〈철학〉'현명한 무지(無知)'란 뜻. 본디 신학자 보나벤투라 (Bonaventura)가 처음 쓴 말로, 오성적(悟性的)인 식의 극한에서 스스로 무지를 자각할 때, 신(神)의 절대적 인식에 도달하는 현명한 방법이 된다는 것임. 지적 무지(知的無知).

독탕(獨湯)[명] 혼자 쓰도록 설비한 목욕탕. (대) 공동탕(共同湯). private bath 하[자]

독트린(doctrine)[명] ①교리(敎理). 교의(敎義). 교훈(敎訓). 교서(敎書). ②주의. 학설. ③가르침. 교훈.

독특(獨特)[명] 특별히 다름. peculiarity 하[형] 히[부]

독파(讀破)[명] ①막힘없이 읽음. 끝까지 읽음. reading through ②월씬 뛰어남. 하[타]

독-판(獨一)[명] 혼자서 판치는 판. 독장치는 판. 독무

독판-치-다(獨一-)[자] 〈동〉독장치다. [대(獨舞臺)

독-풀(毒-)[명] 독이 있는 풀.

독-풀이(毒-)[명] 〈약〉→독살풀이.

독필(禿筆)[명] 끝이 거의 닳은 붓. stumped writing brush [글. spiteful pen

독필(毒筆)[명] 악독한 뜻을 가지고 놀린 붓끝. 또는

독-하-다(毒-)[여형] ①남을 해칠 독기가 있다. poisonous ②마음이 몹시 모질고 성질이 잔인하다. cruel ③아무리 어려운 일이라도 견디는 힘이 굳세다. indomitable ④맛이나 냄새가 지나치게 진하다. (대) 순(順)하다. strong

독학(督學)[명] 학사(學事)를 감독함. supervision of study 하[타] [者]. selfteaching 하[자][타]

독학(獨學)[명] 스승이 없이 혼자 힘으로 배움. ¶~자

독학(篤學)[명] 독실하게 배움. devotion to one's studies 하[자] [는 기관.

독학 기관(督學機關)[명] 학사(學事)의 감독을 맡아보

독항-선(獨航船)[명] 원양 어업에 있어서 고기를 잡아 모선에서 넘기는 어선. catcher boat

독해(毒害)[명] 〈동〉독살(毒殺)①. 하[타]

독해(獨害)[명] 혼자서만 해를 입음. be harmed alone

독해(讀解)[명] 글을 읽어서 이해함. comprehension 하[타] [comprehension

독해-력(讀解力)[명] 글을 읽고 이해할 수 있는 힘.

독행(篤行)[명] 부지런하고 진실한 행동. good deeds

독행(獨行)[명] ①혼자 길을 감. going alone ②혼자 힘으로 일을 처리함. independent actions ③세속을 따르지 않고 높은 지조로써 혼자 나아감. ¶~步(獨步). 하[자]

독혈(毒血)[명] 〈한의〉독이 있는 피. bad blood

독호(獨戶)[명] ①늙고 자식이 없는 구차한 집안. old

and childless person ②온전한 한 집 몸으로 세금이나 추렴을 내는 집. (대) 반호(半戶). household

독화(讀畫)[명] 그림을 음미하면서 봄. enjoying pictures 하[타]

독화(獨貨)[명] 옳지 못한 수단으로 얻은 돈.

독활(獨活)[명] ①〈동〉멧두릅. ②〈한의〉멧두릅의 뿌리. 토당귀(土當歸). [reading

독회(讀會)[명] 의회에서 중요 의안을 심의하는 모임.

독효(篤孝)[명] 지극하고 도타운 효행. filial piety

독후(篤厚)[명] 독실하고 인정이 두터움. sincerity 하[형]

독후(讀後)[명] 책 따위를 읽은 뒤. after reading

독후-감(讀後感)[명] 책을 읽고 난 뒤의 느낌. 또, 그 감상을 적은 글. [이 흉작임.

독흉(獨凶)[명] 풍년에, 한 지방이나 한 사람의 논밭만

독-흉년(獨凶年)[명] 한 곳만이 만난 흉년. 독흉.

돈:[명] 〈경제〉①금전(金錢). ②재산.

돈:[의](명] ①엣날 엽전의 열 푼. ten old Korean copper coins ②한 푼의 열 곱절의 무게. former unit of

돈:[順][의](명] money (ton). [weight

돈:-가스(←豚 cutlet)[명] 빵가루를 묻힌 돼지고기를 기름에 튀겨서 서양식 요리.

돈:-견(豚犬)[명] ①돼지와 개. pig and pig ②못난 사람의 비유. ugly person ③자기 아들의 남에게 대한 겸칭. 돈아(豚兒). [지.

돈:-고기[명] 돈 모양으로 둥글게 썰어서 말린 호박고

돈:-관[-꽌](-貫)[명] 일관(一貫) 엽전 한 관 가량의 액수. 전관(錢貫).

돈:-괘(遯卦)[명] 〈민속〉육십사괘의 하나.

돈:교(頓敎)[명] 〈불교〉장기(長期)의 수행을 겪지 않고 단도직입적으로 불과(佛果)를 성취하고 오입(悟入)하는 교(敎). (대) 점교(漸敎).

돈:-구멍[-꾸-](명] 돈이 생기는 길. source of revenue ②돈에 뚫린 구멍. perforation in a coin

돈:-굴리-다[자] 이자놀이를 하다. [chest

돈:-궤[-꿰](-櫃)[명] 돈을 넣어 두는 상자. money

돈:-길[-낄](명] 돈을 융통할 수 있는 길. circulation of money

돈:-꿰미[명] 엽전을 꿰는 꿰미. string of coppers

돈:-끈[명] 엽전을 꿰어 묶는 끈.

돈:-끽(頓喫)[명] 한 번에 많이 먹음. eating voraciously

돈-나 모롱이[명] 돈벌기 어려움. [betting 돈[

돈:-내기[명] ①돈을 걸고 다투는 내기. ②도박(賭博). [兩). small sum of money

돈:-냥(-兩)[명] 그다지 많지 않은 돈. 돈전. 전냥(錢

돈:-놀이[명] 남에게 돈을 빌려 주고 이자 받는 것을 업으로 삼는 일. 대금업(貸金業). 방채(放債). moneylending 하[자]

돈:-놀이-꾼[명] 돈놀이로 업을 삼는 사람. 대금업자.

돈:-단(頓斷)[명] (頓斷無心) 사물에 대하여 탐탐하게 여기지 않는 마음. 돈담 무심(頓淡無心). indifference 하[형]

돈:담 무심(頓淡無心)[명] 〈동〉돈단 무심(頓斷無心). 하[형]

돈:-답-다[형] 돈으로서의 가치가 있다. ¶돈답지도 못한 돈으로 무엇을 사라.

돈대(墩臺)[명] 조금 높직하고 평평한 땅. heights

돈:-더미[-떠-](명] 돈을 쌓아 놓은 더미. [되다.

돈더미에 올라 앉다[관] 갑자기 많은 돈을 벌어 부자가

돈:-도지[-또-](-賭地)[명] 빚돈을 쓰고 한 해에 얼마씩 얼마의 변리를 내거나, 또는 곡식으로 갚는 도조(賭租). [되는 좋지 않은 경향. mercenariness

돈:-독[-똑](-毒)[명] 돈에 대하여 지나치게 밝히게

돈독(敦篤)[명] 〈동〉돈후(敦厚). 하[형] 히[부]

돈:-돈[-똔](-頓)[명] 몇 돈으로 헤아릴 만한 적은 돈. small sum of money

돈:돈-쭝[-돈-](-頓-)[명] 저울로 달아서 몇 돈이 될 만한 무게. weight of several *don* [vated ground

돈들-막[명] 돈대(墩臺)의 가파르게 된 바닥. slope of ele-

돈:-등화(-燈花)[명] 촛불이나 등잔불의 심지 끝에 동그렇게 앉은 불꽃. end of a burning candlewick

돈령(←敦寧) 〈제도〉 왕실의 가까운 친척.

돈령-부(敦寧府) 〈제도〉 돈령의 친밀(親密)을 꾀하여 베풀었던 관청. 돈령사(敦寧司). 돈령원(敦寧院).

돈-만(—萬) 만으로 헤아릴 만한 많은 돈. 전만(錢萬). tens of thousands of coppers

돈만 있으면 개도 멍첨지라 천한 사람도 돈이 있으면 남들이 귀하게 대접해 준다.

돈만 있으면 귀신도 부릴 수 있다 돈만 가지면 세상에 못할 일이 없다.

돈-맛[—맏] 돈을 벌어 모으는 재미. pleasure of money-making [의 분량. sum of money

돈-머리 돈의 액수. 곧, 얼마라고 이름을 붙인 돈

돈모(頓牟) 〈동〉 호박(琥珀).

돈 모아 줄 생각 말고 자식 글 가르쳐라 자식을 교육시키는 것이 가장 좋은 유산이다.

돈목(敦睦) ①정이 두텁고 화목함. intimacy ②〈동〉 돈친(敦親). 하다

돈바르-다[—르] 성정(性情)이 너그럽지 못하고 몹시 까다롭다. narrow minded

돈박(敎迫) 자주 재촉함. urging 하다

돈-반(一半) 한 돈에 오 푼을 더한 돈 또는 무게. one *don* and a half [voraciously

돈-반(頓飯) 단번에 많은 분량의 밥을 먹음. eating

돈반 밥 먹고 열네 닢 볼고 사정한다 돈 닢을 갚을 때 부족한 것을 사정하면 채권자는 들어주게 마련이다.

돈-방석[—빵—](一方席) 〈속〉'돈을 썩 많이 가지고 있음'을 앉아 있기 편한 방석에 비유하는 말.

돈-백[—빽](一百) 백으로 헤아릴 만한 돈. 전백(錢百). hundreds of coppers

돈-:벌다[—르다] 돈을 벌다. make money [하다

돈-:벌이[—뻐—] 돈을 버는 일. earning money

돈벼락 맞다[—뻐—] 갑자기 돈이 많이 생기다. get rich interest

돈-:변[—뻔](一邊) 〈명〉→돈변리. [약] 돈변.

돈-:변리[—뼌—](一邊利) 빚돈에 있어서의 변리.

돈-복[—뽁](一福) 돈을 타고난 복.

돈-복(頓服) 약 따위를 한 번에 먹음. ¶~ 관장(灌腸). (대) 분복(分服). taking a dose at once 하다

돈-:불고견(頓不顧見) 도무지 돌아보지 않음. 아주 돌보지 않음. 하다

돈-:사(意) 돈을 몇 냥이라고 셀 때에 남는 돈. ¶두 냥 ~. 일곱 냥 ~. little sum of money

돈사(豚舍) 돼지 우리.

돈-사(頓死) 〈동〉 급사(急死). 하다

돈-세(遜世) 〈동〉 돈세(遁世)①.

돈-수(頓首) ①공경하여 머리가 땅에 닿도록 굽힘. making a deep bow ②편지에서 상대방을 존경하여 쓰는 말. 계수(稽首). yours very respectfully 하다

돈-수 재:배(頓首再拜)[—쑤—] 머리를 땅에 대고 두 번 절함. 하다

돈신(惇信) 두텁게 믿음. 든든히 믿음. 하다

돈실(敦實) 인정이 많고 진실함. sincerity 하다

돈-:썩-다 ①돈의 가치가 떨어지다. ②반어적으로 돈이 많다.

돈아(豚兒) 남에게 대하여 자기의 아들을 낮추어 일컫는 말. 미련하고 철없는 아들이라는 뜻으로 씀. 가돈(家豚).

돈-:약과[—낙—](一藥果) 돈짝만한 크기의 약과.

돈어(豚魚) ①돼지와 물고기. pig and fish ②못생긴 사람의 비유. ugly person

돈역(豚疫) 돈역균(豚疫菌)이 원인이 되는 돼지의 전염병. hog diseases [unregarded 돈:연=없다

돈-:연-하다(頓然—) 조금도 돌보는 일이 없다.

돈-오(頓悟) ①별안간 깨달음. casual understanding ②〈불교〉 불교의 참된 뜻을 문득 깨달음. 하다

돈유(豚油) 돼지기름.

돈유(敦諭) 〈제도〉 의정(議政)과 유현(儒賢)에게 면 [려를 권하던 임금의 말씀.

돈육(豚肉) 돼지고기. pork

돈은 더럽게 벌어서 깨끗이 쓰면 된다 천한 일을 해 서 번 돈이라도 깨끗하게 쓰면 허물될 것이 없다.

돈이 돈을 번다 돈이 많아야 이익을 많이 남길 수 있다.

돈이 없으면 적막 강산이요, 돈이 있으면 금수 강산이다 경제적으로 넉넉해야 삶을 즐길 수 있다.

돈-:잎[—닙] ①주조된 돈의 낱개. coins ②〈동〉 돈푼.

돈장(敦牂) 〈민속〉 고갑자(古甲子)의 십이지(十二

돈-:장사→돈놀이. [支)의 일곱째. 오(午)와 같음.

돈-:저냐 쇠고기·돼지고기·생선 따위를 두부와 밀가루와 달걀을 씌워 지진 저냐. [쌀떡.

돈-:전병(—煎餅) 잘게 썬 대추를 박은 돈짝만한 찹

돈-절(頓絕) 딱 끊어짐. sudden ceasing 하다

돈-:점[—쩜](一點) ①몸에 돈짝만한 점(點)이 박힌 말. mottled horse ②표범. leopard ③논바닥에 돈짝만한 점이 있는 먹조.

돈정(敦定) 확실하게 자리잡음. settlement 하다

돈종(敦宗) 친척끼리 화목함. harmony among relatives 하다

돈-좌(頓挫) 도중에 갑자기 꺾임. sudden cease 하다

돈-:주-다 돈치기할 때 맞힐 것을 손가락으로 짚어

돈-:주머니[—주—](囊) 돈을 넣는 주머니. [가리키다.

돈-:줄[—쭐](囊) 돈을 융통해서 쓸 수 있는 연출. source [豚脂) 돼지의 비계. [rce of a loan

돈지(豚脂) 돼지의 비계.

돈지(頓智) 썩 민첩한 슬기. 기지(機智). 즉지(卽

돈-:지갑[—찌—](一紙匣) 돈을 넣는 지갑. [智).

돈-:지랄[—찌—] 분수에 맞지 않게 돈을 마구 쓰는 짓. 또는 돈을 가지고 야비하게 구는 짓. squandering 하다 [the money in gambling 하다

돈-질[—] 노름판에서 돈을 주고받는 일. handling

돈-짝 엽전의 둘레 만큼의 크기. coin-sized

돈-중(—重) 약이나 금·은 따위의 무게를 다는 저울의 단위. 1돈중은 3.75g임. donjoong, unit of weight

돈책(豚柵) 〈동〉 돼지 우리.

돈-:천(一千) 천(千)으로 헤아릴 수 있는 돈. 전천(錢千). thousands of coppers

돈-치기 돈치는 내기. 땅바닥에 작은 구멍을 파고 뼈 가운쯤 떠어서 금을 긋고, 그 금에서 세 걸음을 물러서서 구멍 속에 몇 잔의 동전을 던진 뒤에 상대편이 지정한 동전을 목대로 맞힘. game of throwing coins 하다 [wing coins

돈-:치-다 돈치기를 하다. play a game of thro-

돈친(敦親) 친척끼리 화목함. 화목(和睦). 돈목②. (대) 돈불(不睦). harmony among relatives 하다

돈-:타:령(—打令) 돈이 없어 푸념을 하거나 돈 일을 늘어놓는 사설. 하다 [이.

돈-:팔이(—) ①돈벌이만 위주로 하는 일. ②〈원〉→돌팔

돈-표(—票) 〈경〉 수표·어음 등 현금과 바꿀 수 있는 표. 전표(錢票).

돈-푼 얼마 안 되는 돈. 돈잎②. small amount of money

돈피(豚皮) 돼지 가죽. pig-skin

돈피(獤皮) ①노랑담비의 노비(毛皮), 담비(貂皮). fur of marten ②담비 종류의 모피의 총칭. marten

돈피 옷 잣죽에 자랐느냐 ①생활을 매우 호사스럽게 하여 온 사람. ②기혈(氣血)이 약한 사람을 이름.

돈-하-다[여] ①매우 도되고 세다. very strong ② 엄청나게 무겁다. very heavy [문.

돈화-문(敦化門) 〈지리〉 서울 창덕궁(昌德宮)의 정

돈후(敦厚) 인정이 두터움. 돈독(敦篤). warmheartedness 하다 히다

돈 후안(Don Juan 스) ①방탕 생활을 한 스페인의 전설적인 귀족. ②방탕아. 오입쟁이. debauchee

돌[명] 〈고〉 돼지.

돌가-이폐[도] 도탑게.

돌구-다 더 높게 하다. ¶흙을 ~. 목청을 ~.

돋-다[돋] ①생겨 나오다. ¶소름이 ~. bud out ②해·달 따위가 하늘에 솟아나다. ¶해가 ~. rise ③어떤 기색이 표정에 나타나다. ¶분노의 기색이 ~. [appear

돋-되기 〈사회〉 사물이 돋됨에 따라서 점점 좋은

돋보기 노인이 쓰는 알의 배가 부른 안경. 노안경(老眼鏡). 확대경(擴大鏡). ¶~ 안경. convex glasses.
돋보다 →도두보다.
돋보이다 →도두보이다.
돋:뵈-다 [이 생기다.
돋아-나다 ①싹이 밖으로 나오다. ②종기 같은 것이 나다.
돋우고 뛰어야 복사뼈라 기껏하여도 얼마 더 하지 못한다.
돋우-다 ①높아지게 하다. raise ②심지를 끌어올리다. turn up ③성이 나게 하다. provoke ④싸움을 하게 하다. incite ⑤입맛을 좋아지게 하다. (약)돋다².
돋움 높아지도록 밑을 괴는 물건. support
돋을-볕 처음으로 솟아오르는 햇볕. morning sunshine
돋을-새김 《미술》 모양이나 형상을 도드라지게 새긴 조각. 부상(浮上). 양각(陽刻). 철모(凸摸). 초각(峭刻)①. 부각(浮刻)①. relief
돋을-양지 〔-량-〕 〔-陽地〕 돋을볕이 비치는 양지. spot where morning sunshine
돋음-갱이 판 줄을 덧대고 총짱기를 친 미투리. kind of hemp sandals [trude
돌치-다 ①값이 오르다. rise ②돋아서 내밀다. pro-
돌¹ ①난 뒤에 한 해씩 차서 해마다 돌아오는 그 날. ¶~날. anniversary ②(약)→첫돌. ③어느 정한 동안이나 여러 번 거듭되는 경우의 그 한 동안. 주년(周年). ¶창립 예순 ~. anniversary
돌² 도랑. ditch [석제(石材). 돌²) 바둑돌.
돌³ ①바위의 조각으로 모래보다 큰 것. stone ②
돌⁴ 품질이 낮은 것. 또는 야생(野生)의 것을 나타낼 때에 명사 위에 붙이는 말. wild
·돌 《교》 ①도랑. ②다리.
돌-가시나무 《식물》 장미과의 갈잎 좀나무. 찔레와 비슷하며 향기 좋은 흰 꽃이 핌.
돌-감 《식물》 돌감나무의 열매. wild persimmon
돌감-나무 《식물》 산이나 들에 절로 나서 자란 감나무. wild persimmon-tree
돌개-바람 《동》 회오리바람.
돌격(突擊) 《군사》 ①불시에 냅다 침. assault ②《군사》 진하여 공격함. (유) 돌관(突貫). charge 하다
돌격-대(突擊隊) 《군사》 돌격하는 부대. shock troops
돌격-장(突擊將) 불시에 덤벼들기를 잘하는 사람. rusher
돌격-전(突擊戰) 《군사》 돌격하여 맞붙어 싸우는 전
돌-결〔-껼〕 돌의 결. grain [투. assault
돌-경(-磬) 《음악》 돌로 된 경쇠. 아악기(雅樂器)의 하나. 석경(石磬). [barren woman
돌-계집 아이를 못 낳는 여자. 돌치. 석녀(石女).
돌-고드름 《광물》 석회 동굴(石灰洞窟)의 천장에 고드름 비슷하게 달려 있는 첫돌. 석종유(石鍾乳). 종유석(鍾乳石). stalactite
돌-고래 《동물》 돌고래과의 바닷물고기의 하나. 생 김새는 소형으로 몸 길이 1.7~1.8 m 가량이고 주둥이의 부리는 길고 뾰족함. 전 세계의 온대 해에 있음. 해돈(海豚). 진해돈(眞海豚). 저(海猪). dolphin [고래.
돌-고래 흙을 섞지 않고 돌만 써서 쌓아 놓은 방
돌곰-다다 종기가 겉은 딴딴하나 속은 몹시 곪다. generate pus forming a hard tumor
돌-공이〔-꽁-〕 돌로 만든 공이.
돌관(突貫) 《군》 고함을 지르며 적진으로 뛰어들어감. 돌격(突擊). rush ¶꿰뚫음. 하다
돌-구멍〔-꾸-〕 바위에 뚫린 큰 구멍.
돌구멍-안〔-꾸-〕《속》 서울 성안. 돌로 쌓은 성문(城門) 안이라는 뜻. within the walls of Seoul

돌궐(突厥) 《역사》 6세기경, 몽고·중앙 아시아에 대제국을 세운 터키계의 유목민.
돌기(突起) ①불쑥 솟음. projection ②갑작스럽게 일어남. rising suddenly ③뾰족하게 나온 부분. protruding part 하다
돌:-기둥 돌을 깎아 만든 기둥. stone pillar
돌:-기와 지붕을 잇는 데 쓰는 얄팍한 돌 조각.
돌기와-집 돌기와로 이은 집. [은 총.
돌:-기총 짚신이나 미투리의 중턱 양편에 박은 굵
돌-길¹〔-낄〕 ①자갈이 많은 길. ②돌을 깐 길.
돌-길²〔-낄〕 돌아가는 길. 궤도(軌道).
돌-김 《식물》 바닷물 속의 돌에 뿌리를 박고 자란 김. 석펀(石苔). under water stone moss
돌:-꼇 실을 감고 푸는 데 쓰는 기구. reel
돌:꼇-잠 누운 자리에서 자지 않고, 빙빙 돌면서 자는 잠. tossing in one's sleep
돌-나물 《식물》 돌나물과의 다년생 풀. 줄기는 땅 위로 벋으며 마디마다 뿌리가 남. 잎은 피침형이고 황색 꽃이 핌. 어린 잎과 줄기는 식용, 엽액(葉液)은 약재로 씀. 불갑초(佛甲草). sedum
돌-날 ①첫돐이 돌아온 날. one's first birthday ② 돌이 되는 날. [무에서 열린 능금.
돌:-능금 《식물》 산이나 들에 저절로 나서 자란 나
돌:-다 ①한 중심에서 둥글게 움직이다. turn around ②가까운 길을 두고 먼 길을 가다. go far round ③새 정신이 들다. come to oneself ④소문이 널리 퍼지다. spread ⑤둘레를 따라 움직여 가다. ⑥현기증이 나다. feel dizzy ⑦돈이 융통되다. circulate ⑧차례차례 하나씩. ¶전국을 ~. make a round ⑨한 기운이 널리 퍼지다. ¶화기가 ~. take effect ⑩정신 이상이 생기다. ¶머리가 ~. go mad [bridge over a brook
돌-다리¹〔-따-〕 도랑에 놓은 조그마한 다리. low
돌:-다리² 돌로 놓은 다리. stone bridge
돌다리도 두들겨 보고 건너라 모든 일에 세심한 주의를 하여라.
돌-단풍(-丹楓) 《식물》 범의귀과의 다년생 풀. 줄기는 땅으로 벋고 비대하며 꽃줄기의 높이는 30 cm 가량임. 흰 꽃이 피는데 관상용으로 심기도 한다. 암
돌:-담 돌로 쌓은 담. stone wall [홍연.
돌담 배부른 것 쓸모없고 도리어 해로운 존재. 석장 포복(石墻飽腹). [더기. piles of stones
돌:-담불〔-땀-〕〔-덤-〕 산이나 들에 쌓여 있는 돌의 무
돌:-대〔-때〕《물》 회전축(回轉軸).
돌대가리 ①머리가 둔한 머리. 또, 그러한 머리를 가진 사람. stupid person ②《속》 융통성이 없고 완고한 사람. 석두(石頭). stubborn person
돌-덩이〔-멍-〕 바위보다 작고 돌멩이보다 약간 크게 생긴 것. piece of stone
돌:-도끼 《역사》 석기 시대의 유물인 돌로 만든 도끼. 석부(石斧). stone-axe
돌:도끼-장이〔-匠-〕 날이 무딘 자그마한 도끼로, 돌을 조개고 다루는 일로 직업을 삼는 사람. stone mason
돌도 십 년을 보고 있으면 구멍이 뚫린다 무슨 일이든지 끈기 있게 노력하면 안 될 일이 없다.
돌독(突禿) 《동》 대머리.
돌돌 ①물건을 여러 겹으로 마는 모양. rolling ② 물건이 가볍게 빨리 구르는 소리. (큰)둘둘. (세)똘 똘. whirling
돌돌〔-똘〕(매매) ①놀라면서 이상 하는 소리. surprisedly ②입을 벌려 하는 소리. ③신음하는 소리. moanning ④꾸짖는 소리. scolding ⑤우는 소리. (세)똘똘. exclaim [bright 돌돌-히
돌돈-하다〔-또-〕 똑똑하고 영리하다. (세)똘똘.
돌:-딱죽〔-때-〕 《체육》 한 발 뒤축만 디디고, 획 돌아서 머 딴발로 걸어치는 딱죽. 세틈 같은 데 쓰는 재주.
돌-떡 첫돌에 만들어 먹는 떡.
돌:-띠 어린아이의 두루마기나 저고리 따위의

돌라가다

뒤로 돌려 매게 된 긴 고름. coat strings that go around a child's waist
돌리=가-다<u>타</u> 남의 물건을 슬쩍 빼돌려 가져가다. take by fraud
돌리=내:-다<u>타</u> ①남의 물건을 슬쩍 빼돌리다. ②<u>동</u> 돌라내다①.
돌리=놓-다<u>타</u> ①여러 개를 뺑 돌라 둥글게 벌여 놓다. put in a circle ②각기의 몸으로 둥글게 벌여 놓다. ③방향을 바꾸어 놓다. 돌려놓다. <u>큰</u> 둘러놓다. change the direction
돌리=대-다<u>타</u> ①돈·물건 등을 변통하여 대다. manage to get a loan ②그럴 듯한 말로 꾸며대다. 돌려대다. <u>큰</u> 둘러대다. put up good reason
돌리=막-다<u>타</u> 가장자리로 돌아가며 가려서 막다. <u>큰</u> 둘러막다. fence around
돌라=맞추-다<u>타</u> 다른 물건으로 대신 그 자리에 맞추다. <u>큰</u> 둘러맞추다. substitute
돌리=매:-다<u>타</u> ①한 바퀴를 돌려서 두 끝을 맞매다. <u>큰</u> 둘러매다. bind around ②변리를 본전에 얹어 매다.
돌리방:치-다<u>타</u> 소용되는 것을 슬쩍 빼돌리고 다른 것으로 대신 넣다. <u>여</u> 돌라방치다.
돌리-버리-다<u>타</u> 먹은 것을 일부러 게워버리다. vomit
돌리-보-다<u>타</u> 이모저모 골고루 살펴보다. <u>큰</u> 둘러보다. observe all the phases
돌리-붙-다<u>자</u> 눈치를 보고 이로운 쪽으로 돌아서 붙쫓다. <u>큰</u> 둘러붙다.
돌리-서-다<u>자</u> 여러 사람이 둥글게 서다. <u>큰</u> 둘러서다. stand in a circle
돌리=싸-다<u>타</u> 안에 넣고 언저리를 둥글게 싸다. 둥글게 포위하다. <u>큰</u> 둘러싸다.
돌리-쌓-다<u>타</u> 둘레를 무엇으로 둥글게 쌓다. <u>큰</u> 둘러쌓다.
돌리-앉-다[-따]<u>자</u> 여러 사람이 둥글게 앉다. <u>큰</u> 둘러앉다. sit in a circle
돌리=주-다<u>타</u> 몫몫이 나누어 여러 군데로 도르다. distribute
돌리-치-다 《<u>약</u>》 → 돌라방치다.
돌려나기<u>명</u> 〈식물〉 줄기의 한 마디에 세 개 이상의 잎이 돋아나는 현상.
돌려-내:-다<u>타</u> ①남의 것을 속여서 슬그머니 가져다. 돌라내다②. obtain by fraud ②한 동아리에 들이지 않고 빼돌리다. leave out in the cold
돌려=놓-다<u>타</u> 방향을 다른 편으로 바꾸어 놓다. 돌라놓다③. turn
돌려=보내-다<u>타</u> ①가져온 것을 도로 보내다. return ②찾아온 사람을 그냥 보내다. send back
돌려=보-다<u>타</u> 돌려가며 여럿이 다 보다. observe
돌려=쓰-다<u>타</u>[으로] ①돈이나 물건을 변통하여 쓰다. borrow ②여러 가지로 용도를 바꾸어 쓰다. substitute
돌려=주-다<u>타</u> ①도로 보내 주다. return ②돈을 융통하여 주다. lend
돌려=짓:기<u>명</u> 〈농업〉 해마다 한 땅에 다른 곡식을 바꾸어 심음. 윤작(輪作). rotation <u>하다</u>
돌로로소(doloroso 이)<u>명</u> 〈음악〉 '슬픈 기분으로'의 뜻.
돌로 치면 돌로 치고, 떡으로 치면 떡으로 친다<u>관</u> 욕은 욕으로, 은혜는 은혜로 갚는다.
돌리(dolly)<u>명</u> 〈연예〉 영화나 텔레비전의 카메라의 대(臺). 바퀴가 달려 있어 전후 좌우로 움직임.
돌리-다<u>자</u> 이치에 그럴 듯한 일로 남에게 속다. 《<u>큰</u> 둘리다¹. be cheated
돌리-다²<u>자</u> ①병의 위험한 고비를 면하게 되다. turn the corner ②노염이 풀리거나 풀게 하다. cool down ③물건을 변통하거나 융통하다. borrow
돌리-다³<u>타</u> ①돌게 하다. turn ②방향을 바꾸다. change the direction ③여기저기 보내다. pass round ④마음을 달리 먹다. change one's mind ⑤급한 일을 미루다. put off ⑥책임이나 공을 남에게 넘기다. attribute ⑦경영하다. run
돌리-다⁴<u>타</u> ①따돌려 대접하다. cold treatment ②한 패에 끼지 못하게 고립시키다. leave out in the cool ③이치에 그럴 듯한 일로 남을 속이다. cheat
돌림<u>명</u> ①한 바퀴를 차례차례 돌아가는 일. ②전염성

돌솜

(傳染性). something passed round
돌림=감:기<u>명</u>(一感氣)<u>명</u> 전염성이 있는 감기. 시감(時感). 윤감(輪感). 유행성 감기. influenza
돌림=구덩이<u>명</u>(건축) 벽과 기둥을 통해 그 밑에 길게 돌려 판 구덩이.
돌림=노래<u>명</u> 〈음악〉 같은 노래를 일정한 소절의 사이를 두고 뒤따르며 부르는 합창. 윤창.
돌림=띠<u>명</u> 〈건축〉 처마 또는 건물 중간 부위 등에 수평으로 띠같이 돌려 붙인 장식적 돌출부. cornice
돌림=병 [-뼝] (一病) <u>명</u> <u>동</u> 유행병(流行病).
돌림=자[—짜] (一字) <u>명</u> <u>동</u> 항렬자(行列字).
돌림=쟁이<u>명</u> 한 패에 끼이지 못하고 빼돌림을 당하는 사람. person left out in the cold
돌림=턱<u>명</u> 여럿이 돌려가며 음식을 대접하는 턱. giving a treat by turns
돌림=통<u>명</u> 돌림병이 돌아다니는 시기. 또는 그 병. epidemic
돌림=판(一板)<u>명</u> ①물건을 얹어서 돌리는 판. ②자동식 전화기 따위의 다이얼(dial) 등.
돌림=편:지(一片紙)<u>명</u> 여러 사람에 돌려 가며 보도록 보내 온 편지. 또는 보내는 편지. circular letter
돌마나-기<u>명</u> 첫돌이 될락말락한 어린애. baby hood
돌=말:<u>명</u>〈식물〉 돌말과의 말의 하나. 민물과 바닷물에서 나며 세포는 규소 화합물(硅素化合物)로 됨.
돌=맞이<u>명</u> 돌이 다가와 맞는 일. <u>하다</u>
돌=매<u>명</u> 맷돌. (대) 목매. hand-mill
돌멘(dolmen)<u>명</u> 고인돌.
돌=멩이<u>명</u> 돌덩이보다 좀 작은 돌. 괴석(塊石). pebble
돌=멩이-질<u>명</u> 돌멩이를 던지는 짓. 《<u>약</u>》 돌질. throwing stones <u>하다</u>
돌=무더기<u>명</u> 돌덩이가 쌓인 무더기.
돌=문(一門)<u>명</u> ①돌로 된 문. stonegate ②돌이나 바위 따위가 자연적으로 문처럼 된 것.
돌=물<u>명</u> 소용돌이치는 물의 흐름. whirl-pool
돌물레<u>명</u> 바나 고삐를 꼴 때 새끼를 길게 늘이고 한 끝을 물레에 매고 다른 한 끝을 잡고 돌려 꼬아지도록 만든 장치. rope-spinning wheel
돌=미륵(一彌勒)<u>명</u> 〈불교〉 돌로 만들어 세운 미륵불. stone Buddha
돌=반지기<u>명</u> 잔돌이 많이 섞인 쌀. sandy-rice
돌발(突發)<u>명</u> 일이 갑자기 일어남. sudden happening <u>하다</u> [은(것). sudden
돌발=적[-쩍](突發的) 갑자기 일어나는 일과 같
돌=방:(一房)<u>명</u> 바위를 파서 만든 방. hollow in a rock 돌로 된 방. 석실(石室)②. room built of
돌=방축(一防一)<u>명</u> 돌로 쌓은 방축. [stone
돌변(突變)<u>명</u> 갑작스럽게 변함. sudden change <u>하다</u>
돌=보-다<u>타</u> ①힘써 도와 주다. help ②남의 일을 걱정하다. care for ③뒤를 보살펴 주다. 보호하다. 돌아보다③. protect
돌=부리[—뿌—]<u>명</u> 뾰족뾰족 내민 돌의 귀. projection of stone [머 자기만 해롭다.
돌부리를 차면 발부리만 아프다<u>관</u> 쓸데없이 성을 내
돌=부처<u>명</u> ①〈불교〉 돌로 새긴 불상(佛像). 석불(石佛). (대) 목불(木佛). stone Buddha ②감각이 편하고 고집이 센 사람의 비유. stubborn person
돌=비<u>명</u> 돌로 만든 비. 석비(石碑).
돌비(突飛)<u>명</u> 힘있게 쩔쩔 뛰어나옴. 또는 날쌤. <u>하다</u>
돌비늘<u>명</u> <u>동</u> 운모(雲母).
돌=비알[—삐—]<u>명</u> 깎아 세운 듯한 돌의 언덕.
돌=사다리<u>명</u> 돌덩이가 많아 아주 험상한 산길. 돌각다리. stony mountain path
돌=산(一山)<u>명</u> 바위나 돌이 많은 산. stony mountain
돌=상(一床)<u>명</u> 돌 때 차려 놓는 상. [mountain
돌=샘<u>명</u> 돌 틈에서 나오는 샘. stone spring
돌=소금〈광물〉 염소와 소다의 화합물. 빛은 희거나 잿빛이고 광택이 있음. 암염(岩鹽). rock salt
돌=솜〈광물〉 사문석(蛇紋石)이나 각섬석(角閃石) 따위가 섬유질로 변한 광물. 방한(防寒)·방열(防熱), 소방수나 화부(火夫)의 옷을 만드는 데 씀. 석

면(石綿). 석융(石絨). asbestos
돌송(-誦)[명] 글을 거침없이 줄줄 잘 욈. 하자
돌:=**솥**[명] 돌로 만든 솥. stone pot
돌:=**싸움**[명] 두 편이 서로 돌팔매질을 하며 싸우는 싸움. 석전(石戰). 〈약〉 돌쌈. stone slinging fight 하자
돌:=**쌈**[명] 〈약〉→돌싸움.
돌아:**가**:**다**[자] ①사물이 본디의 자리로 다시 가다. go back ②여러 군데를 들러 가다. call at ③가까운 길을 두고 먼 길로 가다. take a round about way ④어느쪽으로 뒤틀어지다. twist ⑤〈공〉죽다. die ⑥차례가 되다. go round ⑦물러가다. leave ⑧제 수중으로 들어가다. fall into one's hand ⑨기계 따위가 움직이다. turn ⑩끝장을 보다. ¶수로로 ~. ended
돌아:**내리**:**다**[자] ①속으로 당기면서 겉으로는 그렇지 않은 체하다. pretend to hesitate ②연(鳶) 따위가 빙빙 돌면서 주저 앉다. glide down 〔one's side
돌아:**눕**:**다**[ㅂ불] 방향을 돌리어 눕다. roll over on
돌아:**다니**:**다**[자] ①여기저기 쏘다니다. walk about ②널리 유행되다. prevail
돌아:**들**:**다**[ㄹ불] 돌아서 다시 제자리에 돌아오다. return ②굽이를 잡아서 들어오다. come round
돌아:**보**:**다**[타] ①고개를 뒤로 돌리어 보다. look back ②지난 일을 다시 생각하여 보다. 반성하다. ¶젊은 시절을 ~. recollect ③〈동〉돌보다③. ④순시하다. ¶사무실 안을 ~.
돌아:**서**:**다**[자] ①뒤로 향하여 서다. turn one's back ②병세(病勢)가 조금 나아지다. 회복하다. get better ③남과 등지다. break up with
돌아:**앉**:**다**[자] 방향을 고치어 앉다. 〈약〉돌앉다. sit the other way round
돌아:**오**:**다**[자] ①자기 집으로 도로 오다. come back ②가던 길로 오다. return ③자기 수중으로 들어오다. fall into one's hand ④차례가 되다. come round ⑤곧장 아니오고 돌아서 오다. ⑥본디로 다
돌아:**앉**:**다**〈약〉→돌아앉다. 시 오다.
돌:=**알**[명] 수정으로 만든 안경알. crystal lens
돌:=**알**[명] 삶은 달걀. 숙란(熟卵). boiled egg
돌연(突然)[부] 갑작스러움. 별안간. 뜻밖에. 돌여(突如). 돌홀(突忽). suddenly 甲 갑자기. 별안간에. 뜻밖에. 돌연히. 돌연 하다
돌:=**연모**[명] 돌로 만든 연모. 석기(石器).
돌연 변:**이**(突然變異) 〈생물〉 어버이 계통에 없었던 새로운 형질(形質)이 돌연히 자식에게 나타나 그것이 유전하는 일. 우연 변이. mutation
돌연 변:**이설**(突然變異說) 〈생물〉 생물의 진화(進化)를 설명하는 학설(學說)의 하나. 우연 변이에 의하여서만 신형질(新形質)이 생기고 이것이 환경에 적응한 경우에 신종(新種)이 형성되며, 따라서 생물의 진화는 반드시 연속적이 아니라는 설(說). 네덜란드의 드 브리스(De Vries)가 1901~1903년에 최초로 발표하였음. 우연 변이설.
돌올(突兀)[명] 우뚝 솟음. loftiness 하자
돌:=**옷**[명] 돌에 난 이끼. moss growing on a rock
돌을 차면 발부리만 아프다[속] 아무 관계없는 일에 분풀이하면 오히려 자기에게 해롭다.
돌이:**금**(一金) 〈제도〉 정2품의 벼슬아치가 붙이던 금관자(金貫子). 〔음. 회심(回心).
돌이:**기**(一己)[명] 〈불교〉 사심(邪心)에서 착하여 돌아간 마
돌이:**옥**(一玉) 〈제도〉 정·종1품의 벼슬아치가 붙이던 옥관자(玉貫子).
돌이:**키**:**다**[타] ①머리나 몸을 돌리다. turn one's face ②지난 일을 다시 생각하다. 마음을 고치어 다시 생각하다. reflection ③본래의 상태로 되게 하다. recover
돌입(突入)[명] 함부로 뛰어들어가거나 들어감. ¶~ 내정(內庭). inrush 하자
돌:**잉**:**어**[―링―] 〈어류〉 잉어과의 민물고기. 길

이 30 cm 가량으로 잉어와 비슷하며 입가에 한 쌍의 수염이 있음. 몸 빛은 위쪽은 암갈색 밑은 은백
돌:**잔치**[명] 돌날에 베푸는 잔치. 〔색임.
돌잡히:**다** 돌잡히는 일. celebration of a child's first birthday 하자
돌:**잡히**:**다** 여러 가지 물건을 상에 차려놓고 돌쟁이에게 제 마음대로 물건을 집게 하다.
돌:=**장이**[명] 돌을 다루는 것으로 업을 삼는 사람. 석수(石手). 석공(石工).
돌:=**쟁이**[명] 첫돌이 된 아이. baby one year old
돌전(―戰)(突戰)[명] 〈군사〉 돌격(突擊)하는 싸움.
돌:=**절구**[명] 돌을 파서 만든 절구. 〔assault
돌절구도 밑 빠질 때가 있다[속] 아무리 튼튼한 것이라도 많이 쓰면 결딴난다.
돌제(―堤)(突堤)[명] 〈토목〉 바다로 들어가는 강어귀에 쌓은 바다로 내민 제방. jetty
돌:=**중방**(―中枋)[명] 골목 어귀에 가로질러 놓은 좁다란 돌. stone sill at the entrance to an alley
돌진(―進)(突進)[명] 갑자기 나아감. 거침없이 나아감. 〔rush 하자
돌:=**질**[명] →돌멩이질.
돌:=**집**[명] 돌로 쌓아서 지은 집.
돌:=**짬**[명] 갈라진 돌과 돌의 틈. crevice between rocks
돌:=**쩌귀**[명] 문짝을 여닫기 위해 붙이는 쇠붙이로 된 암수 두 개의 물건. hinge
돌:=**쩌귀**[명] 지연(紙鳶)의 하나. 전면을 네 개의 사각형으로 나누어 두 가지 빛깔의 종이로 귀걸어서 만든 연.
돌쩌귀에 녹이 슬지 않는다[속] ①항상 쓰이는 물건은 썩지 않는다. ②부지런히 하면 탈이 안 생긴다.
돌차(咄嗟)[명] 혀를 차며 애석(愛惜)히 여김. 하자
돌차:**간**(咄嗟間)[명] 썩 짧은 동안. 얼마 못되는 사이. 〔in an instant
돌:=**창**[명] 〈약〉→도랑창.
돌창자[명] 〈생리〉 빈창자[空腸]의 아래에, 맨 끝에선 창자와 닿은 작은 창자의 한 부분. 굽이가 심함.
돌체(dolce 이)[명] 〈음악〉 '부드럽게'의 뜻.
돌출(突出)[명] ①갑자기 뛰어나옴. projection ②쑥 내밀어 있음. protrusion ③닮은 데가 없이 특별하게 생김. singularity 하자
돌:=**층계**(一層階)[명] 돌로 쌓아 만든 층계.
돌:=**치**(―齒)[명] 돌로 만든 돌겟집. 〔뜻.
돌치시모(dolcissimo 이)[명] 〈음악〉 '아주 부드럽게'의
돌:=**칼**[명] 돌로 만든 석기 시대의 칼.
돌:=**콩**[명] 〈식물〉 콩과의 일년생 풀. 잎은 세 개의 잔 잎으로 되고 줄기와 잎에는 털이 많음. 꽃은 붉은 빛깔의 작은 나비 모양임.
돌탄(咄嘆)[명] 혀를 차며 애달프게 여기는 탄식. clicking one's tongue with regret 하자
돌:=**탑**(―塔)[명] 돌로 만든 탑. 석탑(石塔).
돌턴 플랜(Dalton plan)[명] 〈교육〉 개성에 중점을 두어 협동을 기초로 하고, 실험·작업(作業)을 시키어 창조 능력의 개발에 목적을 둔 교육 방안.
돌통튀[명] 흙이나 나무로 만든 담뱃대.
돌:=**퇴**(―退)[명] 〈건축〉 건물의 둘레에 쭉 붙여 지은 툇간(退間).
돌파(突破)[명] ①꿰뚫고 나감. 냅다 쳐서 깨뜨림. breaking through ②목표에 도달함. 어떠한 기준 정도를 깨뜨리고 넘음. surmounting a difficulty 하자
돌파:=**구**(突破口)[명] ①쳐서 깨뜨려 탈출하거나 공격을 위한 부분. breakaway ②곤란한 문제 따위를 해결하는 실마리. ¶새로운 ~를 모색하다. 〔wing
돌:=**팔매**[명] 멀리 날려서 던지는 돌멩이. stone thro-
돌:**팔매**:=**질**[명] 돌멩이를 멀리 날려서 던지는 것. 하자
돌:=**팔이**[명] ①일정한 주소가 없이 떠돌아다니며, 기술이나 물건을 파는 사람. 〈원〉 돈팔이②. peddler
돌팔이 글방(―房)[명] 변변하지 못한 글방. poor private classroom
돌:=**팔이 무**:**당**(―巫―)[명] 일정한 주소가 없이 각처로 돌아다니면서 점이나 수주는 변변하지 못한 무당.
돌팔이 선생(―先生)[명] 돌팔이 글방의 스승.

돌:팔이 의원(一醫員) 의술이 변변하지 못하면서 이 곳 저곳으로 돌아다니며 병을 고치는 의원. quack doctor
돌팔이 점:님 돌아다니면서 점(占)을 치는 장님.
돌:팥 〈식물〉 알이 잘고 단단하여 품질이 낮은 야생의 팥. wild redbean
돌풍(突風) 갑자기 세차게 일어나는 바람. gust of wind
돌:피 〈식물〉 포아풀과의 일년생 풀. 대개는 피와 같으나 피보다 훨씬 작음. wild millet
돌핀(dolphin) ①〈동물〉돌고래. ②배를 잡아매는 바닷가의 말뚝.
돌:함(一函) 돌로 만든 함. stone box
돌:합(一盒) 돌로 만든 합. 「판 물건.
돌:확(一) ①돌절구. stone mortar ②돌을 오목하게
돐→돌.
돐:날→돌날.
돐비늘 〔교〕 운모(雲母).
돔 〔약〕→도미.
돔(dome) ①〈건축〉 반구형(半球形)으로 된 지붕. ②사원(寺院) 따위의 대건축. ③위가 반구형으로 된 산봉우리.
돔발:상어 〈어류〉 돔발상어과〔魚鮫科〕에 속하는 태생(胎生)의 바닷물고기. 길이 1 m 가량인데, 주둥이가 길고 뾰족하며 몸에는 윤빛이 없고 가슴지느러미가 긺.
돕:다 〔ㅂ불〕 ①남을 위하여 힘을 쓰다. help ②위험에서 벗어나게 하다. save ③남의 피로움이나 어려움을 덜어 주다. relieve ④남의 일이 잘 되도록 응원하여 주다. support ⑤구원하여 주다. save ⑥어떤 상태를 촉진·증진시키다. promote ⑦넘어지지 않게 하다. support ⑧이끌어 잘못됨이 없도록 하다. stand by
·**돌:-다** 〔교〕 돕다.
돕지 갑옷·마고자 따위의 섶.
돗¹→돗자리.
돗² 〔교〕 돗자리.
=·**돗**〔접미〕 감탄형 선어말 어미.
돗: 가락뜸 을 뜨기 전에 손에서 윷가락 하나가 잘못 흘러 떨어지면 그것이 '도'가 난 징조라 하여 농으로 이르는 말.
·**돗:가비** 〔교〕 도깨비.
·**돗고마리** 〔교〕 도꼬마리.
·**돗귀** 〔교〕 도끼..
·**돗:바·놀** 〔교〕 돗바늘.
돗:바늘 돗자리 따위를 꿰매는 데에 쓰는 큰 바늘.
돗:밭 윷판의 맨 첫발. 「big needle
돗:양태 〔一〕 〈어류〉 동갈양태과의 바닷물고기. 길이 18 cm 가량으로 몸 빛은 회갈색에 흰점과 검은 섬이 신비롭게, 식용함.
돗:자리 왕골로 짠 자리. 석자(席子). rush mat
돗:총이 〈동물〉 털빛이 검푸르고 센기한 말.
돗:틀 돗자리를 짜는 틀. rushmat weaving machine
돍〔교〕 돗. 돗자리.
동 ①사물을 잇는 마디나 조리. ¶~이 안 닿는 말. joint ②두루마기 소매 끝. ¶~선(線)이 곱다. edge of a sleeve ③사물의 끝장. ¶~나다. last ④언제 서 언제까지의 한동안. ¶~ 나다. duration
동갓 상추의 줄기. stem of a lettuce
동(銅) 〈광물〉 ①광맥에 성분 함유량이 적은 부분. ② 뚫는 돌의 굳은 부분.
동 〔의명〕 묶어서 한 덩이로 만든 묶음. 또, 그 단위. 붓 10 자루, 베 50 필, 비웃 2,000 마리 등을 일컬음. bundle 윷놀이에서 끝 밭을 나가기까지의 한 차례. one round
동 〔의명〕 북·거문고 등의 소리. 〔큰〕 둥⁴. rataplan
동(東) 〔명〕 동쪽. ¶~녘. east 「밑에 둠.
동(垌) 크게 쌓은 둑.
동(洞)〔의명〕 지방 행정 구역의 하나. 시·읍·구(區)의

건. trunk armor ②몸통. 동부(胴部). trunk
동(童) 〔명〕 족보(族譜)에 있어서 결혼 전의 사나이를 일컬음. (대) 관(冠). unmarried boy
동(棟) 〔명〕 〈건축〉 종마루 등 지붕 위에 있는 마루.
〔의명〕 집 따위를 세는 단위. ¶세 ~.
동(銅) 〔명〕 〈광물〉 구리.
동(同) 명사 위에 붙어서 '같은'의 뜻을 나타내는 말. ¶~거리(距離). ~거취(去就). same
동(소) 〔명〕 동(同).
동가(同家) 같은 집안. 같은 집. 그 집.
동가(一價)(同價) 〔명〕 같은 값. same price
동가(東家) 〔명〕 ①동쪽에 있는 이웃. one's east neighbour ②머물러 있는 집의 주인. master
동:가(動駕) 어가(御駕)가 대궐 밖으로 나감. 하자
동:가(童歌) 〔명〕 동요(童謠). ¶톱. cross cut saw
동가리:톱 가로로 자르는 톱. (대) 내릴톱. 《약》 동
동가식 서가숙(東家食西家宿) 〔명〕 떠돌아다니며 얻어먹고 지내는 사람. 또, 그 일. man who has no fixed abode 하자
동가 홍상(一一)(同價紅裳) 〔명〕 같은 값이면 다홍치마. 곧, 같은 값이면 좋은 물건을 가지려는 뜻. choosing the best thing if the prices are the same
동간(胴間) 〔명〕 〈생리〉 동부(胴部)의 길이.
동갈(恫喝) 〔명〕 위협하여 무렵게 함. 하자
동감(同感) 〔명〕 느낌이 같음. 남과 같게 느낌. 하자
동갑(同甲) 〔명〕 나이가 같음. 같은 나이. 동경(同庚). 갑장(甲長). same age 「는 계. 동경계(同庚契).
동갑:계(同甲契) 〔명〕 동갑끼리 친목을 꾀하기 위하여 맺
동:갓(冬一) 〔식물〕 십자화과의 〔十字花科〕 갓의 하나.
동강 물건이 잘라진 그 토막. part of a thing
동강-나:다 긴 물건이 동강이 나다. be cut off
동강-내:다 한 물건을 여러 동강으로 자르다. 모양.
동강-이 동강난 물건.
동강-치:다 동강으로 자르다. break into pieces
동강-치마 치마의 단이 무릎까지 오는 짧은 치마. miniskirt 「quiver
동개(筩箇) 활과 화살을 넣어 메는 기구. 동아(筒介).
동개:살 깃을 크게 낸 화살. arrow with a large feather
동개-철(一鐵) 〈건축〉 문짝의 위아래에 장부가 쪼개지지 못하게 하느라고 싸서 댄 넓은 쇳조각.
동개:활 활과 살을 동개에 넣어 등에 지는 전시용의 활. 「는 구덩이. copper mine
동갱(銅坑) 〈광물〉 동광(銅鑛)에서 구리를 캐어 내
동거(同居) 〔명〕 ①한 집에서 함께 삶. living in the same house ②다른 가족과 같은 집에서 함께 생활함. 동처(同處). (대) 별거(別居). living with another
동-거리 담뱃대 물부리 끝에 달린 쇠. 「er's family 하자
동-검구(銅拌口) 〈공업〉 구리로 도자기의 아가리에 구밈. 동철환(銅綴環).
동격(一格)(同格) 〔명〕 ①같은 사격. same rank ②〈어학〉 한 글월 가운데서 어떤 단어나 문절이 다른 단어나 문절과 문장의 구성상 같은 기능을 갖는 일. apposition
동:결(凍結) 〔명〕 ①얼어 붙음. 빙결(氷結). freezing ② 〈경제〉 자산·자금 등의 사용 및 이동을 금지함. 또, 그 상태. 하자
동경(同庚) 〔명〕 동(同) 동갑(同甲). 「타
동경(同慶) 〔명〕 함께 경축함. mutual congratulation 하
동경(東京) 〔명〕 〈제도〉 고려 때 사경(四京)의 하나. 지금의 경주. ②〈제도〉 발해(渤海) 때 오경(五京) 의 하나. 지금의 훈춘성(琿春城). ③〈지리〉 일본의 수도 이름.
동경(東經) 〔명〕 〈지리〉 본초 자오선(本初子午線)을 영도(零度)로 하고 동쪽 180도까지 사이의 경선. (대) 서경(西經). east longitude
동경(動徑) 〔명〕 〈수학〉 점의 위치를 나타내는 면 있어, 기준의 점으로부터 그 점에 그은 직선을 벡터(vector)로 한 선분(線分). 경선(徑線) 벡터. radius

vector mirror
동경(銅鏡)명 구리로 만든 거울. 석경(石鏡). copper
동:경(憧憬)명 무엇이 그리워서 생각함. aspiration 하다
동경-계(同庚契)명 동갑계(同甲契).
동경-이(東京-)명 경주 지방에 많았다고 하는 꼬리가 짧은 개.
동:계(冬季)명 동기(冬期).
동계(同系)명 같은 계통. of the same stock
동:계(洞契)명 동네의 일을 위하여 만든 계.
동:계(凍鷄)명 내장을 빼고 꺼꾸로 얼린 닭.
동:계(動悸)명 〈생리〉 심장의 고동이 심하여 가슴이 울렁거림. 동기(動氣). quick palpitaton 하다
동계 교배(同系交配)명 〈생물〉 동·식물의 유전자 조성을 균일하게 하기 위하여 인위적으로 연분이 가까운 것끼리 교배시키는 일.
동고(同苦)명 같이 고생함. (대) 동락(同樂). sharing the hardships of life 하다
동고(銅鼓)명 〈음악〉 꽹과리.
동고 곡선(同高曲線)〈동〉 등고선(等高線).
동고 동락(同苦同樂)명 같이 고생하고 같이 즐김. 하다
동고-리(동구리)명 동글납작한 작은 버들 고리. wicker suitcase
동고-병[—뼝] (胴枯病)명 〈식물〉 균의 침입으로 과수나 임목(林木)의 줄기에 오목하고 큰 고사반(枯死斑)이 생기는 병.
동=고비명 〈조류〉 동고비과의 새. 몸 빛과 등은 청회색이며 배는 흰 빛깔임. 부리는 길고 꽁지는 짧음. 오십작(五十雀). nuthatch
동고 서저(東高西低)명 한국 부근의 기압 배치의 하나, 동쪽의 오호츠크해 방면의 기압이 높고 서쪽인 시베리아 방면의 기압이 낮은 상태. 전형적인 여름형(型) 기압 배치임.
동고-선(同高線)명 등고선(等高線).
동:곡(童曲)명 아이들의 연주에 알맞게 지은 악곡.
동골 무문(銅骨無紋)명 〈미술〉 송(宋)나라 여요(汝窯)에서 나던 구릿빛의 무늬 없는 도자기.
동골=태(銅骨胎)명 〈미술〉 황갈색의 구릿빛 도자기.
동곳명 상투가 풀어지지 않도록 상투에 꽂는 물건.
동곳-빼:-다재 잘못을 인정하고 항복하다. submit
동곳-잠(—簪)명 동곳 모양의 옥비녀의 하나. gem hairpin
동공(同工)명 제주나 솜씨가 같음.
동공(同功)명 공이 서로 같음.
동:공(瞳孔)명 〈생리〉 눈동자에 있어 광선의 강약에 따라 커졌다 작아졌다 하는 구멍. 눈동자. 수막(水膜).
동공-견(同功絹)명 〈동〉 쌍고치.
동:공 반:사(瞳孔反射)명 〈생리〉 빛이 밝으면 반사적으로 동공이 작아지고 어둡게 하면 동공이 반사적으로 커지는 현상. reflection of pupil
동공 이:곡(同工異曲)명 ① 시문(詩文) 등의 재주는 같으나 그 취지가 다름. ② 명 대동 소이(大同小異).
동공 이:체(同工異體)명 서로 재주는 같으나 취미는 다름.
동공 일체(同功一體)명 ① 공훈과 지위가 서로 똑같음. ② 일의 공효(功效)가 서로 같음. same effect
동과(冬瓜)명 동아.
동과[一꽈](同科)명 ① 동등한 등급. same rank ② 과거 시험에 같이 급제한 사람. same class ③ 죄과(罪科)가 같은 일. same crime
동:과-자(冬瓜子)명 〈한의〉 동아의 씨. 부종·소갈에 약으로 쓰임.
동관(同官)명 같은 관청 같은 등급의 관리. official fellow
동관(彤管)명 붉은 칠을 한 붓대. 흔히 여자가 씀.
동관왕묘(東關王廟)명 관왕(關王). 곧, 중국 삼국 시대 촉(蜀)나라의 장군 관우(關羽)를 제사하는 묘. 서울 동대문 밖에 있음. (약) 동묘(東廟).
동관-이[—니] (彤管貽)명 여자가 글을 보내어 은근한 정을 통하는 짓. woman's love letter
동광(銅鑛)명 〈광물〉 ① 구리를 캐는 광산. 동점(銅店). copper mine ② 구리 많이 광석. copper ore
동교(東郊)명 동쪽의 들바깥 밖. suburbs outside of East Gate of Seoul ② 동쪽의 교외(郊外). eastern suburbs ③ 봄의 들. spring fields 나무.
동교-치(東郊一)명 동교로부터 서울로 들어오는 바리
동구(東歐)명 〈약→〉 동구라파.
동:구(洞口)명 ① 동네 어귀. entrance to a village ② 〈불교〉 절로 들어가는 산문(山門)의 어귀.
동-구라파(東歐羅巴)명 〈지리〉 '동유럽'의 취음(取音). (준) 동구(東歐). eastern Europe
동구래명 ① 〈약→〉 동구래깃. ② 〈약→〉 동구래저고리.
동구래-깃명 깃부리를 반원형으로 하는 웃깃 만듦새의 하나. (대) 목판깃. ① circular collar
동구래-저고리명 길이가 짧고 앞 섶이 좁으며, 앞도련이 동글고 뒷길이보다 좀 길게 만든 여자의 저고리. (준) 동구래②.
동:-구안 대:궐(—때—)(洞口一大闕)명 '창덕궁(昌德宮)'의 속칭.
동국(東國)명 동방(同邦).
동국(東國)명 ① 우리 나라가 중국 동쪽에 있다고 해서, 옛날에 중국에 대한 우리 나라의 호칭. Korea ② 동쪽에 있는 나라. eastern country 연전.
동국 중:보(東國重寶)명 〈제도〉 고려 숙종 때에 만든
동국 통보(東國通寶)명 〈제도〉 고려 숙종 때에 만든 엽전의 하나. coins of the *Koryo* period
동군(東君)명 ① 청제(青帝). ② 태양.
동:군(洞君·洞軍)명 마을 안의 젊은 남자. young man of the village
동:굴(洞窟)명 깊고 넓은 굴. 동혈(洞穴). cavern
동:굴 미술(洞窟美術)명 〈역사〉 동굴 안에 그려진 석기 시대의 그림·조각. 한 유적.
동:굴 유적(洞窟遺跡)명 〈역사〉 동굴을 인간이 사용
동:굴 인류(洞窟人類)명 〈역사〉 동굴에서 살던 구석기 시대의 인류.
동궁(彤弓)명 붉은 칠을 한 활.
동궁(東宮)명 〈제도〉 ① 왕세자(王世子). crown prince ② 왕세자의 궁. 진궁(震宮). palace of the crown prince ③ 〈동〉 황태자(皇太子). ④ 〈동〉 태자궁.
동권[一꿘](同權)명 같은 권리. 평등한 권리. equal right
동궐(東闕)명 〈동〉 창덕궁(昌德宮).
동귀 일철(同歸一轍)명 같은 결과로 돌아감.
동귀 일체(同歸一體)명 〈종교〉 천도교에서, 인간의 정신적 결합을 뜻하는 말. spiritual unity
동-귀틀명 〈건축〉 마루의 장귀틀과 장귀틀 사이가 로질러서 청널의 잇몸을 받는 짧은 귀틀.
동:규(冬葵)명 〈식물〉 아욱.
동:귤(童橘)명 〈동〉 금귤(金橘).
동그라미명 ① 중심에서 같은 거리의 점들을 이은 선으로 둘러싸인 평면의 도형. (큰) 둥그러미. (센) 똥그라미. circle ② (속) 돈.
동그라미-표(—票)명 'O'표의 이름. 맞음을 나타내어 지르는 표. 공표. (대) 가새표. circle symbol
동그라-지다자 넘어지면서 구르다. (큰) 둥그러지다.
동그람=시(—C)명 copyright 저작권 〈작권藉〉의 국제약기호(國際略記號). 즉, Ⓒ만국 저작권 조약의 가맹국(加盟國) 사이에 공통(共通)으로 쓰임.
동그람=에이(—a)명 〈인쇄〉 부기(簿記)나 계산서 따위의 단가표(單價表)로 쓰는 부호 @의 인쇄상의 이름. 단가표.
동그랑-땡명 〈속〉 엽전 크기의 저냐. 돈저냐.
동그랑-쇠명 ① 굴렁쇠. hoop ② 삼발이.
동그랗-다@ 아주 동글다. (큰) 둥그렇다. (센) 똥그랗다. round 둥그래지다. become round
동그래-지다재 동그랗게 되다. (큰) 둥그래지다. (센)
동그마니① 외롭게. ② 둥글게 따로 떨어져 있는 모양.
동그스름-하다혱 대강으로 좀 동글다. (큰) 둥그스름하다. (센) 똥그스름하다. (약) 둥긋하다. roundish
동:-극(童劇)명 〈약→〉 아동극.
동근(同根)명 ① 근본이 같음. same root ② 같은 뿌리가 같음. from the same root ③ 형제(兄弟).
동-근고(同勤苦)명 일하기와 고생을 같이 함. 하다
동글-갸름-하다혱 동글면서 좀 긴 듯하다.
동글납대대-하다혱 여형 생김새가 동글고 납작스름하다.

둥글납작하다

다. 《큰》동글넓데하다. round and flat
둥글납작-하-다[여尺] 형상이 둥글고 운두가 납작하다. 둥글넓적하다. round and flat
둥글다[르] 동그라미나 공 모양과 같다. 《큰》둥그렇다①. round
둥글=둥글[-] ①여러 개가 모두 둥근 모양. all round ②동그라미를 그리며 연해 돌아가는 모양. 《큰》둥글둥글. go round 하다
둥글리-다 ①둥글게 만들다. make round ②물체를 도르로 굴러가게 하다. 《큰》둥글리다. roll
둥글반반-하-다[여尺] 둥그스름하고 반반하다. 《큰》둥글번번하다. round and flat **둥글번번-히**다
둥글-붓 끝이 뾰족하지 않고 둥그스름하게 생긴 붓.
둥글=수시렁이 〈곤충〉수시렁이과의 벌레. 몸 길이 3mm 가량이며 몸 빛은 흑색에 회고 누른 인모(鱗毛)가 있다. 동물 표본의 해충임.
동금(同衾·同衾)[-] 《동》동침(同寢). ②남녀의 약속. 하다 〈대〉의 폐.
동금(胴金) ①쇠가락지. ②자루에 끼우는 둥근 쇠
동급(同級)[-] ①같은 등급. same grade ②같은 계급. same rank ③같은 학급. 동등(同等). same class
동급=생(同級生)[-] 같은 학급의 학생. classmate
동굿-하-다[여尺] →둥그스름하다.
동기(冬期)[-] 겨울철. 동계(冬季). ¶~ 방학(放學). winter time
동기(同氣)[-] ①형제 자매. 친 동기(親同氣). brothers and sisters ②같은 마음. same mind ③같은 종류. same kind
동기(同期)[-] ①같은 시기. same period ②학교나 훈련소 따위에서의 같은 기(期). ¶~ 동창(同窓). same class ③《약》→동기생(同期生). ④동기 검정기(同期檢定器)로 측정되는 교류 장치에 있어서의 주파수의 일치. ¶~ 전동기(電動機). synchronism
동:기(動機)[-] ①일의 실마리. beginning ②〈심리〉어떤 행위의 원인이 되는 마음의 상태. 〈대〉결과(結果). motive ③〈윤리〉행동·의욕의 규정 근거(規定根據). incentive ④〈문학〉작품을 만들게 된 직접적인 원인(原因). motif(프) ⑤〈음악〉악곡의 단위가 되는 가장 짧은 악구(樂句)나 한 악곡의 주제(主題). motif(프)
동:기(童妓)[-] 어린 기생. young Gisaeng girl
동기(銅器)[-] 구리 그릇. copper vessel
동기-간(同氣間)[-] 형제 자매의 사이. sibling relationship
동기-간(同氣間)[-] 비바 듣는 소리.
동:기-론(動機論)[-] 《동》동기설(動機說).
동기 상구(同氣相求)[-] 같은 유(類)끼리 서로 통하여 함. 동성 상응(同聲相應). birds of a feather flock together 하다
동기-생(同期生)[-] 한 학교를 같은 해에 졸업한 사람.
동:기-설(動機說)[-] 〈윤리〉행위의 도덕적 판단에 있어, 동기를 유일한 대상으로 삼는 윤리 학설. 동기론(動機論). 〈대〉결과설(結果說). motivism
동기 시대(銅器時代)[-] 〈역사〉순동(純銅)으로 만든 기구를 썼던 시대. 금속 병용 시대.
동기 일신[-신](同氣一身)[-] 동기간은 한 몸과 같음.
동기 휴가(冬期休暇)[-] 겨울철의 휴가. 〈대〉하기 휴가. 동계 휴가(冬季~).
동-끊기-다 ①동안이 끊이지다. cut off ②뒤가 계속되지 못하고 끊이지다. discontinue 하다
동-나-다 ①쓰던 물건이 다 떨어져 없어지다. run out of stock ②상품이 다 팔리다. be sold out
동-나무 단으로 묶어 파는 땔나무. bundle of fagots
동-남(東南)[-] ①동쪽과 남쪽. east and south ②동쪽과 남쪽의 중간 방위. south-east
동:남(童男)[-] 사내아이. 동자(童子). 〈대〉동녀(童女). 진녀(振女). boy south-east
동남-간(東南間)[-] 동쪽과 남쪽과의 사이 되는 쪽.
동-남동(東南東)[-] 동쪽과 남쪽(南東)과의 중간되는 방위. 〈대〉서북서(西北西). south by east

동닿다

동:남 동:녀(童男童女)[-] 사내아이와 계집아이.
동남 아시아(東南Asia)[-] 〈지리〉아시아의 동남부. 대개 인도지나 반도 및 인도네시아·필리핀, 그 밖의 지역을 가리킴. 《약》동남아(東南亞).
동남-풍(東南風)[-] 동남쪽에서 불어오는 바람. 경명풍(景明風). 남동풍(南東風). south-east wind
동남-향(東南向)[-] 서북쪽에서 동남쪽을 바라보는 면.
동-납월(冬臘月)[-] 음력 동짓달과 섣달. November and December fourhood
동:내(洞內)[-] 동네 안. 동중(洞中). in the neighbe-
동:냥(←動鈴)[-] ①거지나 중들이 이집 저집 돌아다니며 먹을 것이나 돈을 얻는 일. 구걸. begging ②〈불교〉수도하는 중이 곡식을 얻으려고 이집 저집 돌아다니는 일. religious mendicancy of the priests 하다 [beggar
동:냥-아치 동냥을 하러 다니는 사람. 《약》동냥치.
동냥은 안 주고 쪽박만 깬다요구하는 것은 주지 않고 나무라기만 한다. [자루. beggar's sack
동:냥 자루[-짜-] 동냥질할 때에 가지고 다니는
동냥 자루도 마주 벌려야 들어간다보잘것없는 일이라도 협조해야 이룰 수 있다.
동냥 자루를 찢는다이익이나 공을 더 차지하려고 다투어 도리어 해를 본다.
동:냥-젖[-젇] 남의 젖을 얻어먹는 일. 또는 그 젖. ¶심청이는 ~으로 자랐다. [priest
동:냥-중[-쯩-] 〈불교〉동냥을 다니는 중. begging
동:냥-질[-] 동냥하러 다니는 짓. begging 하다
동:냥-치[-] 《약》→동냥아치.
동냥치가 동냥치 꺼린다 자기가 구하는 것을 다른 사람도 청하면 혹 제 몫이 덜할까 하여 싫어한다.
동:-네(洞-)[-] 마을. 동중(洞中). village
동네 개 짖는 소리만 못하게 여긴다 남의 말을 듣고도 무시한다.
동네 북 이 사람 저 사람이 달려들어 함부로 친다.
동네 색시 믿고 장가 못 든다 될성 싶지도 않은 것을 바라다가는 낭패를 본다.
동:네-조리(洞-)[-] 동네에서 죄진 사람을 조리돌림.
동:넷-집(洞-)[-] 동네에 있는 집.
동:녀(童女)[-] 계집아이. 〈대〉동남(童男). girl
동년(同年)[-] ①같은 해. same year ②같은 나이. 동령(同齡). 동치(同齒). same age ③《동》동방(同榜).
동년-계(同年契)[-] 동방(同榜) 급제한 사람끼리 맺던 계. [same age
동년-배(同年輩)[-] 나이가 같은 또래. 같은 연배.
동-녘(東-)[-] 동쪽의 방향. ¶~ 하늘.
동녘이 훤하면 세상인 줄 안다날이 새면 낮인가 하는 것처럼 밤만이 밖에 모르는 어리석은 사람.
동:-뇌(凍餒)[-] 《동》동아(凍餓).
도:-니(銅泥)[-] 구릿가루를 아교와 섞어 만든 채료(彩 [料).
동단(東端)[-] 동쪽 끝. eastern end
동-달이(-)[-] 〈제도〉옛날 군복의 하나. 김은 두루마기인데, 안을 다홍으로 하고, 붉은 소매를 달았으며, 뒤를 터서 지었음. 협수(夾袖).
동-달이[명의](-)[-] 《속》군복의 소매 끝에 가늘게 댄 줄로 그 등급을 분변하여 부르던 말. stripes
동:-답(洞畓)[-] 동네 사람들의 공동 소유의 논. village-owned rice-fields [ed rice-fields
동:답(堋畓)[-] 바닷가에 둑을 쌓고 만든 논. reclaim-
동당 작은 북이나 장구 따위를 연해 쳐서 내는 소리. 《큰》둥둥. continuous sound of a drum
동당(同堂)[-] 아버지 형제의 아들. 곧, 사촌 형제.
동당(同黨)[-] ①같은 당. ②같은 무리. [cousin
동당-거리-다[-] 작은 북 따위를 계속 쳐서 소리를 내다. 《큰》둥둥거리다. **동당=동당**하다
동당 벌이(同黨伐異)[-] 당동 벌이(黨同伐異).
동당-치다(-)[-] 투전 따위로 하는 노름의 하나.
동-닿-다(-)[-] ①차례가 끊이지 않고 이어지다. continue ②조리(條理)가 맞다. be reasonable

동:대구(凍大口)몡 겨울에 열린 대구.
동:대-다[-]囚 ①차례가 끊이지 아니하고 잇대게 하다. continue ②잇달려서 이음해 제벌까지 떨어지지 않게 하다. connect ③사물의 조리가 맞게 하다.
동댕이-치-다[-]囚 ①힘차게 내던지다. throw away ②하던 일을 결단코 그만두다. stop doing something resolutely
동덕(同德)몡 천도교인끼리 서로 부르는 호
동도(同道)몡 같은 방법. same way
동도(同道)몡 ①같은 도(道) 안에서 삶. live in the same province ②이 도. 그 도. that province ③《동》 동행(同行)①. 하재
동도 서말(東塗西抹)명 이리저리 겨우 꿰매어 감. mangle somehow 하재
동도-주(東道主)몡 한 방면에서 일정한 곳으로 다니는 손을 늘 유숙시키는 주인.
동-도지(東桃枝)몡《민속》동쪽으로 벋은 복숭아나무의 가지. 귀신을 쫓는 데씀.
동:독(董督)몡 감시하고 독촉함. superintendence 하
동-돌[-돌]몡《광물》①한두 개 이상은 더 저서 나올 수 없는 큰 버럭. ②광물을 캐 들어가는 중에 갑자기 굳어진 모양(母岩).
동동¹튀 작은 북 따위를 잇달아 칠 때 나는 소리. 《큰》둥둥¹.
동동²튀《악》동실동실.
동동³(憧憧)튀 걱정스러운 일이 있음. 하재
동동⁴튀 발을 자주 구르는 모양.
동동-거리다튀 잇따라 동동 소리가 나다. 태 ①춥거나 애가 탈 때 발을 가볍게 자주 구르다. stamp one's feet ②몹시 서두르게 발을 자주 구르다. ③잇따라 동동 소리를 내게 하다.
동동-걸음[-]몡 일이 급하거나 추워 발을 동동거리며 걷는 걸음. stamping walk
동동-다리[-]몡《음악》동두무를 출 때에 부르는 노래. 동동사(動動詞)의 후렴.
동:동-무(動動舞)몡 고려 때 나라 잔치에 추던 춤의 하나. 《동》동-동무(動動舞).
동동-주(-酒)몡 밥알이 담기어 동동 뜨 있는 채의 술으럽음.
동-동 촉촉(洞洞燭燭)몡 공경하고 삼가서 매우 조심스러움. 하재
동:동-하-다(憧憧-)圓몡묾 마음이 들떠 있다. restless
동:두민(洞頭民)몡 동네의 어른.
동:-두부(凍豆腐)몡《동》언두부.
동두 철신[-][銅頭鐵身]《동》동두 철액(銅頭鐵額).
동두 철액[銅頭鐵額]몡 고집통이고 거만하며 모진 사람. 동두 철신.
동등(多等)몡 등급을 춘하추동(春夏秋冬)의 넷으로 나눈에의 녯째 등(等).
동등(同等)몡 ①같은 등급(等級). ②자격·수완·처지 등이 같음. 평등(平等)②. equality 하재
동등-권[-][同等權]몡 서로 맞서는 같은 권리. equal right
동-떨어지-다[-]囚 ①둘 사이가 아무 관계가 없이 떨어지다. have nothing to do with each other ②서로 거리가 멀게 떨어지다. be far apart
동떨어진 소리[-]몡 ①남에게 대하여 '하오'도 아니고, '하게'도 아니고 어리벙벙하게 대접하는 말씨. ②조리가 닿지 않는 말. unreasonable words
동-는-다[-]囚 다른 것보다 뛰어나다. eminent ②
동라(銅鑼)몡《동》징(鉦). 《약》동날 뜨다.
동락(同樂)몡 다른 사람과 같이 즐김. 함께 즐김. ¶동고(同苦)-. sharing joy 하재
동:란(動亂)몡《①동》전쟁. ②난리가 일어나 세상이
동래(東來)몡 동쪽에서 옴. 하재 소란함. upheaval
동량(棟樑·棟梁)몡 ①기둥과 들보. beam and pillars ②《약》→동량지재(棟樑之材).
동량지-재(棟樑之材)몡 한 집안이나 나라의 기둥

이 될 만한 큰 인재(人材). 《약》동량(棟樑)②. 동량재(棟樑材). pillar of the state or the family
동려(同侶)몡《동》반려(伴侶).
동:력(同力)몡 같은 힘. 힘을 같이 씀. same strength
동:력(動力)몡 ①《물리》열·바람·전기 등의 힘을 이용하여 기계를 움직이는 힘. 원동력(原動力). motive power ②어떤 사물을 움직여 나가는 활동능력. motivity
동:력 경운기(動力耕耘機)몡 자동 경운기.
동:력-계(動力計)몡 원동기·발동기 따위의 동력을 측정하는 기계. dynamometer
동:력-로(動力爐)몡《물리》《광물》지각 수축의 압력으로 암석이 변질하는 일.
동:력-변:질(動力變質)몡《광물》지각 수축의 압력으로 암석이 변질하는 일.
동:력-삽(動力-)몡 동력으로 흙 따위를 푸는 삽.
동:력-선(動力師)몡《동력》《물리》배전선 가운데, 일반 전동기에 전력을 공급하는 회로(回路). 《대》전등선.
동:력-원(動力源)몡 동력의 근원이 되는 것. 수력·전력·화력 따위. 「력·석탄·석유 등.
동:력 자:원(動力資源)몡 동력을 일으키는 자원. 수
동:력-차(動力車)몡 원동기가 있어 스스로 움직이는 철도 차량. 동차(動車)와 기관차.
동렬(同列)몡 ①같은 줄. 같은 동아리. same line ②같은 반열(班列)이나 항렬(行列). same degree of relationship 「and tear 하재
동:렬(凍裂)몡 얼어서 쪼개짐. 얼어서 터짐. freeze
동:렴(凍殮)몡 무덤 속의 송장이 땅의 찬 기운으로 얼어서 오래 되어도 썩지 않는 일.
동:령(多嶺)몡 겨울 산마루.
동령(同齡)몡《동》동년(同年)②.
동령(東嶺)몡 동쪽의 재. eastern ridge
동:령(動令)몡《군사》구령(口令)에서, 예령(豫令)에 대해, 그 동작을 바로 행동으로 옮기게 하는 구령.
동:로(凍露)몡 이슬이 동결한 서리의 일종.
동록(銅綠)몡 구리에 슨는 푸른 녹. 동청(銅靑). 상록(霜綠). 《약》녹(綠)①. copperrust
동록-슬-다(銅綠--)囚 동록이 생겨서 빛깔이 변하다. form copperrust
동뢰(同牢)몡 부부가 음식을 같이 먹는 일.
동뢰-연(同牢宴)몡 교배(交拜)를 마치고 신랑과 신부가 술잔을 나누는 잔치. wedding reception
동뢰인 과:(同牢寡婦)몡 혼인을 하자마자 곧 홀로 된 과부. 「료(朋僚). colleagues
동료(同僚)몡 같은 자리에서 함께 일을 하는 사람. 붕
동류(同流)몡 ①같은 유파(流派). 같은 흐름. same school ②같은 유풍(流風). same style ③《동》동배(同輩). 「동종(同種). same class
동류(同類)몡 ①같은 무리. same kind ②같은 종류.
동류(東流)몡 동쪽으로 흘러 내림. 또, 그 흐름. flowing eastwards 하재
동류 의:식(同類意識)몡《철학》타인이 자기와 동류임을 의식하고, 그 의식 아래 사람들이 서로 동포적(同胞的)인 친화감(親和感)을 가지는 것을 말함.
동류-항(同類項)몡《수학》문자 인수(文字因數)가 같은 항. similar term
동:륜(動輪)몡《공업》실린더나 원동기의 주력을 동력(走力用動力)의 작용에 의하여 기관차를 움직이게 하는 차륜(車輪). driving wheel
동률(同率)몡 같은 율. 같은 비례. same rate
동리(東籬)몡 ①동쪽의 울타리. ②'국화'의 이칭. Dong and Ri ②마을. village 「chrysanthemum
동리 군자(東籬君子)몡《식물》국화(菊花)의 이칭.
동-마구리(東--)몡《건축》마루의 「tiled roof
동-마루(棟-)몡《건축》기와집의 지붕 마루. ridge of
동-마:마(東媽媽)몡 '황태자'의 궁중 말.
동:작(動作)몡《생리》생기고 고체가 닿아서 운동할 때에 그 닿는 면에서 생기는 저항.
동:-막이(洞一)몡 둑을 막는 일. embanking 하재

동:매 물건을 가로 동이는 매끼. 《대》 장매. straw rope

동:맥(動脈)📖 ①〈생리〉심장에서 혈액을 몸의 각 부분에 보내는 맥관 계통. 《대》정맥(静脈). artery ② 주간(主幹)이 되는 계통로(系統路). ¶경부선은 한국의 ~이다. arterial roads

동맥 경화(動脈硬化)📖〈의학〉동맥의 벽이 변성(變性)하여 탄력성을 잃은 상태. 노인에게 걸리는 병으로 동맥이 굳어지고 뇌출혈이 일어나는 원인이 됨. arteriosclerosis 〔혈관(血管)〕

동:맥-관(動脈管)📖〈생리〉동맥혈(動脈血)을 보내는 관.

동:맥-망(動脈網)📖〈생리〉동맥의 말초(末梢)가 여러 갈래로 갈라져서 그물 모양을 이룬 부분.

동:맥-벽(動脈壁)📖〈생리〉동맥관(動脈管) 안쪽의 벽.

동:맥 주:사(動脈注射)📖〈의학〉동맥에 놓는 주사. arterial injection

동:맥-혈(動脈血)📖〈생리〉동맥에 의하여 심장으로부터 몸의 각 부분으로 운반되는 곱게 붉은 빛을 띤 피. arterial blood

동맹(同盟)📖〈사회〉같은 목적이나 이익을 위해 같이 행동하기로 약속하는 일. alliance 하다타

동맹(東盟)📖〈제도〉고구려 때 해마다 시월에 농사를 마치면 온 나라 백성들이 모여서 하늘에 제사하고 노래와 춤으로 밤낮 즐기던 풍속으로, 일종의 추수 감사제(秋收感謝祭). 동명(東明). thanksgiving festival of Koguryo 〔의 집단.

동맹-가(同盟家)📖 훈록(勳錄)을 같이한 공신(功臣).

동맹-국(同盟國)📖〈정치〉동맹한 당사국(當事國). ally

동맹 조약(同盟條約)📖〈정치〉둘 이상의 나라가 공동의 이익이나 군사적 목적을 위하여 서로 원조를 약속하여 맺는 조약. treaty of alliance 하다

동맹 태업(同盟怠業)📖〈사회〉어떤 목적을 이루기 위해 단결하여 일을 일부러 게을리 하는 일. go-slow strike 하다

동맹 파:업(同盟罷業)📖〈사회〉근로자가 단결하여 근로 조건의 유지·개선 등에 관한 주장을 관철시킬 목적으로 일제히 작업을 중지하는 일. 동맹 휴업. 《약》맹파(盟罷). strike 하다

동맹 해:고(同盟解雇)📖〈사회〉기업주들끼리 서로 동맹하고서 일제히 노동자들의 요구를 거부하거나, 많은 노동자를 해고시키는 일. general lockout 하

동맹 휴교(同盟休校)📖 동맹 휴학. 하다

동맹 휴업(同盟休業)📖〈동〉동맹 파업.

동맹 휴학(同盟休學)📖〈교육〉학생이 단결하여 어떤 조건을 내걸고 일제히 등교를 하지 않는 일. 동맹 휴교. 《약》맹휴(盟休). strike of students 하다

동=먹-다〔—먹따〕〈광업〉쇳줄에 동이 낀 상태이다.

동=메달(銅 medal)📖 구리로 만든 상패. 흔히 삼등(三等)의 입상자에게 수여함. 동패(銅牌)

동면(冬眠)📖〈동물〉동물이 땅속 또는 구멍 속에 숨어 겨울을 나는 일. 겨울잠. 《대》하면(夏眠). hibernation 하다

동면(東面)📖 ①동쪽 면. ②동쪽을 향한 면(面).

동면 요법〔—쩝〕(冬眠療法)📖〈의학〉약품을 사용하여 인공적으로 동면 상태로 만들어 환자를 치료하는 법.

동명(同名)📖 이름이 같음. 같은 이름. same name

동명(東明)📖〈동〉동맹(東盟).

동:명(洞名)📖 동네의 이름. name of village

동:=명사(動名詞)📖〈어학〉동사와 명사의 기능을 겸한 품사. 우리말에서는 '먹음·걷기' 등 동사의 명사형을 말함. gerund

동명-수〔—쑤〕📖 같은 수효의 사람.

동명 이:인(同名異人)📖 이름은 같으나 사람이 다름. different person of the same name

동:명태(凍明太)📖 겨울에 잡아 얼린 명태. 《약》동태(凍太). frozen pollack 〔털.

동모(多毛)📖 겨울에 대비해서 가을철에 나는 동물의

동모(同母)📖 같은 어머니. 한 어머니. 《대》이모(異母). same mother

동=모란(冬牡丹)📖 겨울에 피는 모란. 〔제(母弟).

동=모:제(同母弟)📖 한 어머니한테서 난 아우. 《약》모

동:-몽(童蒙)📖〈동〉소년(少年).

동:몽 교:관(童蒙教官)📖〈제도〉아이들을 가르쳐서 이끌어 주는 교관. 《약》교관(教官)①.

동묘(東廟)📖《대》→동관왕묘(東關王廟).

동무📖 ①벗. 친구. friend ②늘 같이 하고 가깝게 지내는 벗. companion ③어떤 일을 하는 데 서로 짝이 되거나 함께 일하는 사람. 동지(同志). comrade 《광》《동》업의 덕대 아래 일하는 인부. collier 하다

동무(東廡)📖 문묘에서 유현(儒賢)을 배향(配享)하는 동쪽 행각(行閣). 《대》서무(西廡).

동무-놀이📖 아이들이 추는 놀이.

동무니📖 윷놀이에서 몇 동인가를 나타내는 말. ¶한 ~. 두 ~. round 〔끌려간다.

동무 따라 강남 간다📖 가고 싶지도 않은데 동무에게

동무 몰래 양식 내기📖 비용과 노력을 들이고도 남이 알아 주지 않아 공적이 나타나지 않을 때.

동무 분철(一分鐵)📖〈광물〉분광(分鑛)에 있어서 자본주가 없이 인부끼리 채광하여 이익을 분배하는 일.

동무 장사(一)📖 동업(同業). 하다②. 〔일. 하다

동무 장수(一)📖 동무 장사를 하는 장수들. trader in partnership

동문(同文)📖 ①같은 문자나 문장. same sentence ②《약》→동문 전보(同文電報).

동문(同門)📖 ①같은 스승에게 배운 사람. 동문생(同門生). ¶~ 동학(同學). ②같은 문중(門中)이나 종파(宗派). 또는 그 사람. same family or sect ③같은 문. same door 〔ern gate

동문(東門)📖 동쪽을 향한 문. 동쪽에 있는 문. east-

동:문(洞門)📖 ①동굴의 입구. ②동네 입구에 세운 문. cave

동문 동종(同文同種)📖 두 나라의 문자와 인종이 같음. 〔low pupil

동문-생(同門生)📖 한 스승에게서 같이 배운 사람. fel-

동문 서답(東問西答)📖 물음에 대하여 엉뚱한 대답을 함. 문동 답서(問東答西). irrelevant answer 하다

동문 수학(同門受學·同門修學)📖 한 스승 밑에서 같이 학업을 닦고 배움. 동문 동학(同門同學). studying under the same teacher 하다

동문 전:보(同文電報)📖 발신인이 같은 착신국(着信局)의 관할 안의 여러 곳이나 사람에게 같은 글귀로 보내는 특별한 전보. 《약》동문(同文)②. identical telegram

동:물(動物)📖〈생물〉스스로 움직일 수 있으며 지각·생장·생식의 기능을 가진 생물. 활동물(活動物). 《대》식물(植物). ¶~ 애호(愛護). animal

동:물 검:역(動物檢疫)📖 동물 및 축산물 등의 수출입에 있어 해항(海港)이나 공항에서 검역하는 일. 전염병 예방을 위하여 행함.

동:물-계〔—계〕(動物界)📖 동물의 세계. 《대》식물계(植物界). animal kingdom

동:물 공포(動物恐怖)📖〈심리〉작은 벌레도 보아도 공연히 무서움을 느끼는 강박 관념.

동=물림📖 가늘고 긴 물건을 서로 맞대고 그 이은 틈에 대는 장식. 하다

동:물-상(—쌍)(動物相)📖〈생물〉어느 지역에 사는 동물의 모든 종족. fauna 〔식물성. animality

동:물-성〔—썽〕(動物性)📖〈생물〉동물 본바탕의 성질. 《대》

동:물성 기관〔—썽—〕(動物性器官)📖〈생리〉감각·신경·운동 기관 등 동물체에서 고도로 발달된 기관.

동:물성 기능〔—썽—〕(動物性機能)📖〈생리〉운동·감각 기능, 특히 동물에 뚜렷한 기능.

동:물성 섬유〔—썽—〕(動物性纖維)📖 누에고치 실이나 털로 만든 섬유.

동:물성 식품[-썽-](動物性食品)[명] 사람이 먹을 수 있는 동물(動物)의 식품. 고기·알 등.

동:물 숭배(動物崇拜)[명]〈민속〉미개인들이 어떠한 동물을 거룩하게 보고 신으로 여겨서 우러러 섬기는 일. 하자

동:물 시:험(動物試驗)[명] 세균학(細菌學)이나 면역학(免疫學)을 연구하기 위하여 동물을 시험하는 일. biological test

동:물 심리학(動物心理學)〈심리〉사람 이외의 온갖 동물의 의식 상태와 특질을 연구하여 정리 서술하는 학문. animal psychology

동:물암(動物岩)[명]〈광물〉동물의 해골 또는 동물의 생리 작용의 산물로서 이루어진 퇴적암.

동:물 우:화(動物寓話)[명]〈문학〉동물을 의인화(擬人化)하여 주인공으로 삼는 우화.

동:물=원(動物園)[명] 온갖 동물을 길러 두고 여러 사람에게 구경시키는 곳. zoo

동:물=유[-류](動物油)[명] 동물의 몸에서 짜낸 기름.

동:물=적[-쩍](動物的)[관형] ① 동물의 성질을 가지는 (것). animal ② 행동이 동물과 닮은 (것). 저급한 미나 야만스러운 행동 따위. beastly

동:물 전:기(動物電氣)〈동물〉동물의 몸에서 일어나는 전기. animal electricity

동:물 지리학(動物地理學)[명] 동물의 분포 상태를 지역적으로 연구하는 학문.

동:물=질[-찔](動物質)[명] 동물의 몸을 이루는 물질. ¶~ 비료(肥料). [대] 식물질. animal matter

동:물=체(動物體)[명] 동물의 형태. animal form

동:물=학(動物學)[명]〈동물〉동물의 형태나 구조·생리·변천과 동물 상호간의 환경 따위를 연구하는 학문. zoology

동:물 학대(動物虐待)[명] 동물에게 몹시 모질게 굴거나 부림. 하자

동:민(洞民)[명] 한 동네에 사는 사람. inhabitants of the village

동:바[명] 짐을 실을 때 동이어 매는 밧줄. string used to fasten the load

동:바리[명] ①〈건축〉뒷마루나 좌판 밑을 받치는 짧은 기둥. 〈약〉동발②. short pillar ②〈광물〉갱내의 양쪽에 세워서 버티는 통나무 기둥. ③ 조루미.

동박-새[명]〈조류〉동박새과의 익조(益鳥). 참새와 비슷하며 등은 황록색, 허면은 백색임. 울릉도·제주도에 많이 번식하며 농조(籠鳥)로 기르는 익조(益鳥)임. 백안작(白眼雀). 수안이수(繡眼兒).

동반(同伴)[명] 어디를 같이 데리고 감. 수반(隨件).

동반(同班)[명] 서로 같은 반. company 하자

동반(東畔)[명] 동쪽 두둑. [대] 서반(西畔).

동반(東班)[명]〈제도〉문관(文官)의 반열. 문반(文班).

동반(銅盤)[명] 구리로 만든 쟁반.

동반(銅礬)[명] 담녹색의 덩이 또는 막대 모양의 약품. 황산동·초석·명반의 가루를 섞어 만드는데, 부식제·눈약 등으로 씀.

동반=구(東半球)[명]〈지리〉지구를 동경 160도, 서경 20도 선에서 동서 두 쪽으로 나눌 때 동쪽 부분. [대] 서반구(西半球). Eastern hemisphere

동반 문학(同伴文學)[명]〈문학〉1900년경 소비에트에 신문학이 일어나서 끝 날 때까지 작은반에 커다란 세력을 가지고 있던 우익 문학에 붙여진 명칭.

동반-자(同伴者)[명] ① 동반하는 사람. companion ② 어떤 운동 따위에 어느 정도의 조력(助力)을 하는 사람. 동조자(同調者).

동반 작가(同伴作家)[명]〈문학〉프로 문학에 거의 보조 역할로 맞추어 나가는 작가. semi-proletarian writer

동:반장(洞班長)[명] 동장과 반장.

동발[명] ① 지겟다리 pair of crutches ②〈약〉→동바리①. lower part of an A-frame

동발(銅鈸)[명]〈음악〉① 자바라(啫嘩囉). 제금·향발(響鈸) 등의 총칭. ② 제금.

동방(同邦)[명] 같은 나라. 동국(同國).

동방(同榜)[명] 과거에 동시에 급제하여 방목(榜目)에 같이 오름. 또, 그 사람. 동년(同年)③.

동방(東方)[명][대] 동쪽.

동방(東邦)[명] ① 동쪽에 있는 나라. eastern country ② 우리 나라. Korea

동:방(洞房)[명] ①[동] 침실(寢室). ②〈약〉→동방 화촉(洞房華燭).

동방 교회(東方教會)[명] 그리스 교회.

동:방구리(洞-)[명] 동이보다 배부른 질그릇의 하나. kind of large jar 에 급제함. 하자

동방 급제(同榜及第)〈역사〉같은 때에 대과(大科)

동방 내:각(同傍內角)[명]〈수학〉두 직선에 제3의 직선이 교차하였을 때 두 직선 안에서 마주 대하고 있는 것.

동방 박사(東方博士)[명]〈기독〉예수가 베들레헴에 탄생하매 동쪽으로부터 별을 보고 와서 아기 예수에게 경배하고 황금·유향·몰약의 세 가지 예물을 바쳤다고 하는 세 점성술가(占星術家).

동방삭이는 백지장도 높다고 하였단다[속] 매사에 세심한 주의를 해야 한다.

동방 예:의지국(東方禮儀之國)[명] 동쪽에 있는 예의를 잘 지키는 나라. 옛날 중국에서 우리 나라를 가리키던 말. Eastern Land of courtesy; Korea

동:방 화촉(洞房華燭)[명] 신랑이 첫날밤에 신부 방에서 자는 일. 〈약〉동방(洞房)②. consummation of marriage 을 갈라딘는 일.

동배[명] 사냥에서 물이꾼과 목을 지키는 이가 그 구실

동배(同輩)[명] 나이나 신분이 서로 같거나 비슷한 사이의 사람. 동류(同類)③. 등배(等輩). 배류(輩流). ¶~간(間). fellow

동백(冬柏)[명] 동백나무의 열매. camellia seed

동백(東伯)[명]〈제도〉조선조 때, 강원도 관찰사를 이르던 말.

동백=나무(冬柏-)[명] 동백으로 짠 기름. 머릿기름·등잔 기름 등으로 씀. camellia oil

동백-나무(冬柏-)[명]〈식물〉후피향나무과의 상록 교목. 높이는 7m 가량이고 잎은 긴 타원형으로 두꺼우며 광택이 남. 4~5월에 홍색·자색의 꽃이 피고 구형의 열매는 홍색으로 익음. 관상용으로 씨는 기름을 짬. 산다(山茶). camellia

동:백-새우(冬栢鰕)[명] 겨울에 잡히는 잔 새우.

동백-화(冬柏花)[명] 동백나무 꽃.

동법(-법)(同法)[명] ① 같은 방법. ② 같은 법률.

동벽=토(東壁土)[명]〈한의〉한약으로 쓰는, 오래 된 벽에 쏘이는 동쪽 벽의 흙.

동변(東邊)[명] 동쪽 변두리.

동:변(童便)[명]〈한의〉12살 미만의 어린 사내아이의 오줌. 두통·육혈(衄血)·학질·번갈(煩渴)·해수·골절상·종창 등의 병에 약으로 씀.

동-별영(東別營)[명]〈제도〉훈련 도감의 본영(本營). 〈약〉동영(東營)③.

동병(同病)[명] 성질이 같은 병.

동:병(動兵)[명] 군대를 움직여 일으킴. mobilization 하자

동병 상련(同病相憐)[명] ① 같은 병을 가진 사람끼리 서로 가엾게 여김. ② 처지가 어려운 사람끼리 서로 동정한다는 뜻. Fellow-sufferers sympathize with each other 하자

동보 무선(同報無線)[명] 통신사에서, 뉴스를 지국으로 계약된 신문사에 속보하는 방법.

동복(冬服)[명] 겨울에 입는 옷. [대] 하복. winter clothes

동복(同腹)[명] 한 어머니의 배에서 난 동기. 한배. [대] 이복(異腹). uterine brothers

동:복(童僕;僮僕)[명] 사내아이 종. 동수(童竪)②.

동복각-선(同伏角線)[명]〈지학〉지구 표면 위에 있어서 지자기(地磁氣)의 복각(伏角)이 같은 여러 지점을 연결한 선. 등복각선(等伏角線).

동복 누이(同腹-)[명] 한 어머니에게서 난 누이. 동모 누이. [대] 이복(異腹) 누이. uterine sister

동복 동생(同腹同生)[명] 한 어머니에게서 난 언니·아우·오라비·누이의 총칭. [대] 이복 동생(同母弟).

동복 아우(同腹-)[명] 한 어머니에게서 난 아우. 동모 아우. [대] 이복 아우.

동본(同本)[명] 같은 본관(本貫). ¶동성 ~.

동봉(同封)[명] 같이 넣어 함께 봉함. enclosure 하자

동:봉(動蜂)[명]〈곤충〉수벌·암벌에 대해, 집을 지으며 애벌레를 기르고 꿀을 치며 일을 하는 벌. 일벌. 직봉(職蜂). (대) 장수벌. working bee

동부(식물)[명] 콩과의 익은 열매. ¶~ 고물. ~묵. ripe cowper ②[동] 광저기. sanguinean

동부(同父)[명] 아버지가 같음. (대) 이부(異父). con-

동부(同符)[명] ①같은 신표(信標). same mark ②제도·신표와 같음. coincidence ③꼭 같이 들어맞음. one and the same 하다

동부(東部)[명] ①동쪽 부분. eastern part ②서울 5부의 동쪽을 관할하던 관청.

동부(胴部)[명] ①생물체의 몸뚱이·팔·다리·머리 부분을 뺀 곳의 등걸. ②몸통. 구간(軀幹). 동(胴). trunk

동·부(動斧)[명] 움직이는 부분.

동부〈식부〉구리나 청동으로 만든 도끼.

동:부동(動不動)[부] 꼭. 반드시. without fail

동부레기[명] 뿔이 날 만한 나이의 송아지. grown calf

동·부새(東―)[명] 동풍(東風)을 농가에서 일컫는 말.

동부=**숭지**(同副承旨)[명]〈제도〉승정원의 정3품 벼슬.

동=부인(同夫人)[명] 아내와 같이 나들이함. with one's wife 하다

동=북(東北)[명] ①동쪽과 북쪽의 한가운데 쪽. 간방(艮方). north-east ②동쪽과 북쪽. east and north

동북간(東北間)[명] 동쪽과 북쪽과의 사이가 되는 쪽. north-east

동북 아시아(東北 Asia)[명]〈지리〉아시아의 동북부 지역.

동북=풍(東北風)[명] 동북간에서 불어오는 바람. 뒤새바람. 북동풍. northeast wind

동북=향(東北向)[명] 동북쪽을 바라보는 면.

동분(同分)[명]〈화학〉성질이 서로 다른 물질이 원소 및 그 화합의 비례를 같이함. isomerism ②똑같게 나눔. 하다

동=분리(同分利)[명] 같은 장사를 하는 사람들이 이익을 똑같이 서로 나누는 일. 하다

동=분모(同分母)[명]〈수학〉같은 분모를 가진 분수가 두 개 이상인 경우의 분모. same denominator

동분 서주(東奔西走)[명] 바쁘게 이리저리 돌아다님. 동서 분주. 동치 서주(東馳西走). busy oneself about 하다

동분=어(銅盆魚)[명]〈동〉도미.

동분 이:성체(同分異性體)[명]〈화학〉꼭 같은 분자식의 성질이 다른 둘 또는 그 이상 화합물의 총칭.

동:빙(凍氷)[명]〈동〉결빙(結氷). 하다

동:빙고(東氷庫)[명]〈지리〉서울 동남방의 한강 연안에 있었던 빙고의 하나. 저장한 얼음을 나라 제사에 썼음.

동:빙-제(凍氷祭)[명]〈비〉사한제(司寒祭). [에 썼음.

동:빙 한설(凍氷寒雪)[명] 얼어 붙은 얼음과 차가운 눈. 곧, 심한 추위. bitter cold

동사(同死)[명] 죽음을 같이 함. die together 하다

동사(同社)[명] ①같은 회사. ② 그 회사. [하다

동사(同事)[명] 같이 장사함. 동무 장사. joint enterprise

동사(東史)[명] 옛날에 우리 나라 역사를 간단히 일컫던 말. Korean history

동·사(洞祠)[명]〈민속〉마을 공동으로 섬기는 동신(洞神)을 모시가 위해 지은 사당.

동·사(凍死)[명] 얼어 죽음. freeze to death 하다

동·사(動詞)[명]〈어학〉사물의 동작이나 작용을 나타내는 품사. verb

동사(銅絲)[명]〈동〉구리 천사. 내는 품사. verb

동=사:무소(洞事務所)[명] 행정 구역의 하나인 동(洞)의 사무를 맡아보는 곳.

동·사(動詞文)[명]〈어학〉서술어가 동사인 문장.

동산 집 뒤에 있는 언덕이나 숲. 소구(小丘). hill behind a house

동·산(動産)[명]〈법률〉토지 및 정착물 이외의 모든 유체물. 형상·성질을 변하지 않고 움직일 수 있는 재산. (대) 부동산(不動産). movables

동광산(銅鑛山)[명] 구리 광산. 동광(銅鑛).

동:산 금융[―늉](動産金融)[명]〈경제〉동산을 담보로 하는 금융. economic resources

동산 금혈(銅山金穴)[명] 풍성풍성한 재원(財源). rich

동:산 물권[―권](動産物權)[명]〈법률〉동산을 목적으로 하는 물권.

동산-바치 동산의 꽃이나 나무 따위를 가꾸고 순이나 가지를 잘라 예쁘게 손질함을 업으로 삼는 사람. 원예사(園藝師).

동=산소(同山所)[명] ①두 집안의 무덤을 한 땅에 같이 함. ② 같이 한 땅에 있음. 하다

동·산 은행(動産銀行)[명]〈경제〉동산을 담보로 하고, 자금 공급(資金供給)을 목적으로 하는 은행. property mortgage bank

동·산 저:당(動産抵當)[명]〈법률〉동산을 채무자가 스스로 점유 사용하면서, 이것에 담보권을 설정하는 일. chattel mortgage

동=살[―쌀]〈건축〉창짝 따위의 가로지른 문살. cross-pieces of a lattice

동=살[―쌀]〈명〉동이 트면서 비치는 훤한 햇살. sunbeams of the morning

동살-잡히-다[―쌀―][자] 동살이 비치기 시작하다. beginning to dawn

동=삼(多三)[명]〈약〉→동삼삭(多三朔).

동=삼(童蔘)[명]〈약〉→동자삼(童子蔘).

동=삼삭(多三朔)[명] 겨울철. 곧, 음력(陰曆)으로 시월·동짓달·섣달의 석 달. 〈약〉동삼(多三). winter season ditto

동상(同上)[명] 위에 적힌 조항과 같음. 상동(上同).

동상(東上)[명] 동쪽에서 떠오름. 하다 [말.

동상(東床·東牀·東廂)[명]〈공〉남의 새 사위를 일컫는 말.

동:상(凍上)[명] 추운 지방에서, 흙 속의 수분이 얼어 지면이 솟아오름. 하다

동:상(凍傷)[명] 얼어서 살가죽이 상함. frost-bite 하다

동상(銅像)[명] 국가나 공중(公衆)에 큰 공로가 있는 사람을 오래 기념하기 위하여 구리쇠로 만든 사람의 형상. bronze statue

동상(銅賞)[명] 금·은·동으로 상의 등급을 이름지었을 때의 3등상.

동상 각몽(同牀各夢)[명]〈동〉동상 이몽(同牀異夢).

동-상:갑(多上甲)[명] 입동이 지난 뒤에 돌아오는 첫번 갑자일(甲子日).

동상=례(東床禮)[명] 혼인 지낸 뒤에 새신랑이 신부 집(東床)에서 벗들에게 음식을 대접하는 일. 하다

동·상=방(東上房)[명] 상향 대청 원쪽에 안방으로 만든 집. (대) 서상방(西上房).

동상 이:몽(同牀異夢)[명] 같은 자리에 있으면서 생각은 서로 다름. 동상 각몽(同牀各夢).

동·상=전(東床廛)[명] 서울 종로의 종각 뒤에 재래의 잡살뱅이 물건을 팔던 가게.

동상전에 들어갔다[속] 먼저 말을 해야 할 경우에 말없이 웃기만 한다.

동색(同色)[명] ①같은 빛깔. (대) 이색(異色). same colour ② 같은 파벌. [구: 한 당파의 친구.

동색 친구(同色親舊)[명] 같은 색목(色目)에 속하는 친

동생(同生)[명] 자기보다 나이가 적은 형제, 아우나 손아랫 누이. younger brother(sister)

동생 공:사(同生共死)[명] 서로 생사를 같이함. sharing one's fate with one

동생 줄 것은 없어도 도둑 줄 것은 있다[속] 가난하여 제 손으로 남에게 줄 것은 없어도 도둑이 가져갈 만한 것은 있다.

동서(同書)[명] ①같은 책. ② 그 책. same book

동서(同棲)[명] ①한 집에서 같이 삶. living together ② 법적인 부부가 아닌 남녀가 한 집에서 함께 살면서 부부 관계를 유지함. sharing bed and board 하다

동서(同壻)[명] ①자매의 남편끼리 서로 일컬음. wife of one's husband's brother ② 형제의 아내끼리 서로 일컬음. 요서(僚壻). husband of one's wife's sister

동서(東西)[명] ①동쪽과 서쪽. east and west ②동쪽에서 서쪽으로 향하는 방향. ③동양과 서양. ④공산 권과 자유 진영.

동서 고:금(東西古今)[명] 동양이나 서양에 있어서의

예나 지금. 곧, '어디서나·언제나'의 뜻. ¶~을 통해 그 유례가 없다. all ages and countries

동서ː교(東西郊)[명] 동교(東郊)와 서교(西郊). 각사(各寺)

동서=남북(東西南北)[명] ①동쪽·서쪽·남쪽·북쪽의 사방(四方). four cardinal points ②동쪽과 서쪽. 그리고 남쪽과 북쪽의 방향. direction

동서 대ː취(東西貸取)[명] 동추 서대(東推西貸).

동서=맥(東西脈)[명] 〖광물〗주향(走向)이 동쪽에서 서쪽으로 뻗은 광맥.

동서=무(東西廡)[명] 동무(東廡)와 서무(西廡).

동서 무ː역(東西貿易)[명] 자유 진영과 공산 진영 사이의 무역 거래.

동서=반(東西班)[명] 〖제도〗동반(東班)과 서반(西班).

동서 분ː주(東西奔走)[명] 동분 서주(東奔西走).

동서 불변(東西不辨)[명] 동서를 분별 못할 정도로 아무 것도 모름. do not know chalk from cheese

동서=양(東西洋)[명] 〖지리〗동양과 서양. the Orient and the Occident

동서 육주(東西六洲)[명] 〖동〗육대주(六大洲).

동서=전(東西銓)[명] 〖제도〗동전(東銓)과 서전(西銓).

동서 체제(東西體制)[명] 〖정치〗제 2 차 세계 대전 후, 자유 진영과 공산 진영으로 양분된 세계 질서.

동석(同席)[명] ①같은 석차(席次). same order of seats ②자리를 같이 함. 〈대〉별석(別席). sitting together 하타

동ː석(凍石)[명] 〖광물〗몸이 썩 고운 활석(滑石)의 하나. 곱돌이나 석필돌 따위. steatite

동ː선(冬扇)[명] 겨울 화로에 동선하로(冬扇夏爐).

동선(同船)[명] ①같은 배. same ship ②그 배. 이 배. that ship ③배를 같이 탐. 동주(同舟). taking the [same ship 하타

동선(銅線)[명] 구리 철사.

동선 하ː로(冬扇夏爐)[명] '겨울철에 부채와 여름철에 화로'라는 뜻으로, 때에 맞지 않는 물건. 곧, 쓸데없이 됨. 동선(冬扇). useless things

동설(同說)[명] ①같은 학설. same theory ②같은 의견. same opinion ③그 설. 이 설. that theory

동설(銅屑)[명] 구리의 가루. 약으로 씀.

동섬 서홀(東閃西忽)[명] 동에서 번쩍, 서에서 얼씬한다는 뜻으로, 바쁘게 이리 갔다 저리 갔다 함. elusiveness 하타

동성(同性)[명] ①성질이 같음. homogeneity ②성별이 같음. 〈대〉이성(異性). same sex

동성(同姓)[명] 같은 성. 또, 성씨가 같음. 〈대〉이성(異性). same surname

동성(同聲)[명] 같은 소리. same voice

동성 동명(同姓同名)[명] 성과 이름이 같음. 〈약〉동성명(同姓名). same family and personal name

동성 동본(同姓同本)[명] 성도 같고 본관도 같음. same surname and family origin

동ː성:명(同姓名)[명]→동성 동명(同姓同名).

동성 불혼(同姓不婚)[명] 같은 부계(父系) 혈족간의 혼인을 피하는 일.

동성 상응(同聲相應)[명] 같은 무리끼리 서로 통하여 응함. 동기 상구(同氣相求). like draws to like 하타

동성 아주머니(同姓-)[명] 《속》 aunt

동성 아주머니 술도 싸야 사 먹지[명] 아무리 친분이 있다 하더라도 제게 이익이 없는 일은 하지 않는다.

동성=애(同性愛)[명] 동성끼리의 사랑. homosexual love

동성 연ː애(同性戀愛)[명] 남자와 남자, 여자와 여자끼리 서로 사랑하는 일. 흔히 동성애를 비하하여 쓰는 말.

동세(同勢)[명] 함께 가는 사람들. 함께 일하는 사람들. company [직이는 몸가짐.

동ː세(動勢)[명] 〖미술〗미술 작품에 그려진 인물의 움

동소(同所)[명] ①같은 장소. ②그 장소.

동소(同素)[명] ①같은 소질. same character ②〖화학〗한 원소가 두 가지 이상의 다른 형태로 나타나는 [현상.

동ː소(洞訴)[명] 동네의 송사(訟事)

동소=체(同素體)[명] 〖화학〗같은 원소이면서도 성질이 다른 물체. allotrope [항손(抗拮)

동손(銅損)[명] 전기 기기의 코일 속에서 발생하는 저

동ː솔(董率)[명] 같이 일하여 거느림. 하타

동ː수(同數)[명] 같은 수효. same number

동ː수(洞首)[명] 동장(洞長).

동ː수(童竪)[명] ①어린이. boy ②[동] 동복(童僕).

동=수어(凍秀魚)[명] 〈원〉→동수어.

동숙(同宿)[명] ①한 방에서 함께 잠. 반침(伴寢). roommate ②여관이나 호텔 또는 하숙집에서 함께 묵음. 〈대〉별숙(別宿). 하타

동ː숭어(←凍秀魚)[명] 〖어류〗겨울에 잡아 얼린 숭어.

동승(同乘)[명] 같이 탐. riding together 하타

동시(同時)[명] ①같은 시간 같은 때. same time ②같은 시기나 시대. contemporary 〈약〉→동시에.

동시(同視)[명] ①한가지로 봄. ②똑같이 대우함. 동일시(同一視). treat alike 하타 [corpse

동ː시(凍屍)[명] 얼어 죽은 시체. 강시(殭屍). frozen

동ː시(童詩)[명] 〖문학〗어린이의 심리와 감정을 제재로 하여 쓴 시. children's verse

동시 녹음(同時錄音)[명] 〖연예〗영화 촬영에 있어 촬영과 동시에 녹음하는 일. synchronous recording 하타

동시 대ː비(同時對比)[명] 〖심리〗서로 다른 감정·감각·관념 등을 동시에 비교하면 그 특성이 한층 명백해지는 일.

동시 설립(同時設立)[명] 《동》단순 설립(單純設立).

동시ː에(同時-)[I] ①같은 시간에. 같은 시기에. ②함께. 한편으로는. 〈약〉동시(同時).

동시 통역(同時通譯)[명] 국제 회의 등에서 상대가 이야기를 시작함과 동시에 하는 통역.

동ː식=물(動植物)[명] 동물과 식물. animals and plants

동ː신(童身)[명] 동정(童貞)인 몸.

동신(銅神)[명] 구리 귀신.

동ː신=제(洞神祭)[명] 〖민속〗정월 대보름날 동민들의 연중 무병(年中無病)과 명운 무사 및 풍년을 위하여 행하는 제사. [floating

동실(同室)[명] ①같은 방. ¶~ 生(居生). same room ②방을 같이 하는 사람들의 뜻으로 부부(夫婦)를 일컬음. married couple ③그 방. 이 방. that room

동실=동실[부] ①동그스름하고 토실토실한 모양. round and plump ②작은 물체가 떠서 가볍게 움직이는 모양. 〈큰〉둥실둥실. adrift 하면

동실동실=하ː다[형] 동글고 토실토실하다. 〈큰〉둥실둥실하다. round and plump

동심(同心)[명] ①마음을 같이 함. 또, 그 마음. accord ②〖수학〗중심을 같음. concentricity 하타

동ː심(動心)[명] 마음이 움직임. being inclined to 하타

동ː심(童心)[명] ①어린이의 마음. child's mind ②어린이와 같은 순진한 마음. ③어릴 적 마음.

동심=결(同心結)[명] 두 고를 내고 맞죄어서 매는 매듭. 납폐(納幣)에 쓰는 실 또는 염습(殮襲)의 띠를 매는 매듭 따위. butterfly-tie

동심 협력(同心協力)[명] 마음과 힘을 같이함. 하타

동심=원(同心圓)[명] 〖수학〗중심이 같은 원. concentric circle

동ː씨(同氏)[명] '앞에서 말한 그 사람'이란 뜻.

동ː아〖식물〗박과의 일년생 풀. 줄기가 굵으며 권수(卷鬚)로 다른 것에 기어오름. 여름에 황색 꽃이 피고, 열매는 호박과 비슷한 타원형으로 식용함. 동과(冬瓜). ¶~김치. Benicasa hispida

동아(冬芽)[명] 〖식물〗여름이나 가을에 생겨 겨울을 넘기고 그 이듬해 봄에 자라는 싹. 겨울눈. 인아(鱗芽). winter buds

동ː아〖지리〗아시아주의 동부. 동아시아. [Eastern Asia

동ː아(凍餓)[명] 얼벗고 굶주림. 동뇌(凍餒). hunger

동ː아(童牙)[명] 어린이. [and cold

동아(筒阿)[명] 동개. [drop

동아=따ː다《속》떨어지다. part [타](속)떨어뜨리다.

동아리[명] ①긴 물건의 한 부분. ¶아랫~. 윗~. part ②목적을 같이 하는 패를 이룬 무리. ¶~끼리 모이다. faction

동아-섞박지[명] 동아로 담근 섞박지.

동:아-선(-膳)[명] 동아를 잘게 썰어 기름에 묶고 잣가루를 묻혀 겨자를 찍어 먹는 술안주. 동아선(冬瓜膳).

동아 속 썩는 것은 밭 임자도 모른다[속] 남의 속에 깊은 걱정이 있는 것은 아무리 가깝게 지내는 사람도 알 수 없다.

동-아시아(東 Asia)[명] 〈지리〉 아시아주의 동부. 곧, 한국·중국·일본을 포함하는 지역. 《약 동아(東亞)》. Eastern Asia

동아-줄[명] 굵고 튼튼하게 꼰 줄. 동앗줄. thick and durable rope

동안[명] 어느 때부터 어느 때까지의 사이. while

동안(同案)[명] ①같은 안건. ②그 안건.

동안(東岸)[명] 동쪽에 있는 강가. 또, 바닷가 동쪽 연안. 《대》서안. eastern coast

동:안(童顏)[명] ①어린아이의 얼굴. boy's face ②어린아이와 같은 얼굴. boyish face

동:-안거(多安居)[명] 〈불교〉 해마다 음력 시월 열엿샛날부터 이듬해 정월 보름날까지 석 달 동안 일정한 곳에 있어서 수도하는 일. 《대》하안거. 하타

동안-뜨다[으불] 거리가 오래다. take long time ②사이가 멀다. 《약》 돋뜨다. distant

동:안 신경(動眼神經)[명] 〈생리〉 중뇌에서 나와 안와(眼窩)의 근육에 분포하여 눈알을 움직이는 제3뇌 신경.

동:-압(動壓)[명] 〈물리〉 흐르는 유체(流體)를 막아 정지시키는 데 필요한 압력. dynamic pressure

동:앗-바[명] 동아줄.

동액(同額)[명] ①같은 액수. same sum ②돈머리가 같음. 같은 금액. same amount of money

동야(多夜)[명] 겨울 밤.

동야(同夜)[명] ①같은 날 밤. same night ②그날 밤.

동:-야(凍野)[명] 툰드라(tundra).

동양(同樣)[명] 같은 모양. likeness

동양(東洋)[명] 〈지리〉 아시아의 그 부근. 《유》 극동(極東). 원동(遠東). 《대》 서양(西洋). Orient

동:양(動陽)[명] 양기가 동함. 하타

동양 먼로주의(東洋 Monroe 主義)[명] 〈정치〉 동양의 자주 독립을 목표로 구미 각국의 동양에 대한 일체의 침략을 배격하는 주의. Oriental Monroe Doctrine

동양 문학(東洋文學)[명] 동양의 여러 나라의 문학. 《대》서양 문학.

동양-적(東洋的)[관·명] 동양의 특수한(것). 또, 그것의 범위나 규모가 전 동양에 걸쳐있는(것). 《대》서양적(西洋的). oriental

동양-학(東洋學)[명] 동양의 언어·문학·역사·철학·기예·종교·음악·미술 등을 연구하는 학문. 《대》서양학(西洋學). Oriental studies

동양-화(東洋畵)[명] 〈미술〉 동양에서 발달한 그림으로 먹이나 안료(顔料)로써 종이나 헝겊에 그리는데, 흔히 산수화를 제재로 함. 《대》서양화(西洋畵). oriental painting

동어(一魚)[명] 〈어류〉 숭어의 새끼. young stripped mullet

동어(同語)[명] 같은 말.

동어 반:복(同語反覆)[명] 〈논리〉 정의(定義)에 있어서 정의하는 말이 정의되는 것을 되풀이하는 것에 불과함.

동업(同業)[명] ①같은 종류의 직업이나 영업. same trade ②두 사람 이상이 공동으로 경영하는 영업. ¶~하다. 동무 장사. joint enterprise ③그 영업. 그 사업. that business 하타

동업 조합(同業組合)[명] ①〈경제〉 공동이익을 위하여 중소 공업자가 자위 기관(自衛機關)으로 조직하는 조합. trade association ②〈법〉 한 지방의 물산의 생산과 제조 및 판매에 종사하는 기업주들끼리 규정을 정하고 조직한 법인(法人) 조합. guild

동에 번쩍 서에 번쩍[속] 정처가 없이 종적을 걷잡을 수 없을 만큼 왔다갔다 함. 하타

동:여(動輿)[명] 〈제도〉 왕세자가 대궐 밖으로 행차함.

동여-매:-다[타] ①묶어서 흩어지거나 떨어지지 않게 하다. ¶머리를 ~. ②어떤 규칙으로써 행동의 자유를 제한하다. 속박하다.

동:역(童役)[명] 역사(役事)를 보살피며 독려함. 하타

동:-역학[-녁-](動力學)[명] 〈물리〉 물체의 운동과 힘의 관계를 연구하는 역학의 한 부문. 《대》 정역학(靜力學). kinetics

동연(同硯)[명] 동접(同接). 하타 [하]명 히타

동연(同然)[명] 다름이 없음. 똑같이 그러함. similarity

동연 개:념(同延槪念)[명] 〈논리〉 등가 개념(等價槪念).

동-연배[-년-](同年輩)[명] 나이가 같은 또래. 같은 연배.

동영(多營)[명] ①진영(陣營)을 구축하고 겨울을 넘기는 일 또는, 겨울의 진영. ②월동(越冬)을 위한 겨세상의 준비.

동영(東營)[명] 〈제도〉 ①강원도의 감영(監營). ②창덕궁과 경희궁의 동쪽에 있던 어영청의 분영(分營). ③창덕궁의 동쪽에 있던 총융청(摠戎廳)의 분영. ④《약》→동별영(東別營).

동온 하:정(多溫夏淸)[명] 부모를 섬기는 도리. 겨울에는 따뜻하게, 여름에는 시원하게 함. 자식된 자로 부모에게 효도함. 《약》 온정(溫淸). 하타

동-옷[명] 남자가 입는 저고리. 동의(胴衣). 《동저고리.

동와(童瓦)[명] 수키와. ¶~바람. man's coat

동왕(同王)[명] 같은 그 임금. same king

동:요(動搖)[명] ①움직여서 흔들림. 흔들려서 움직임. trembling ②불안. 근심. 《대》 안정(安定). unrest 하타

동:요(童謠)[명] ①어린이의 정서를 표현한 노래. children's song ②아이들이 부르는 노래. 동가(童歌). singing of the children

동용(動容)[명] 동작과 몸가짐. 거동과 차림새. behaviour

동용 주선(動容周旋)[명] 몸가짐과 주선하는 솜씨. 행동 거지.

동우(多雨)[명] 겨울 비. winter rain

동우(同友)[명] 뜻이 같은 벗. friend of the same mind

동:우(凍雨)[명] 겨울에 내리는 찬비. 진눈깨비. chilly rain ②〈천문〉 빙점하의 한랭층을 통과하여 얼어서 떨어지는 비. hail

동:운(凍雲)[명] 겨울의 매우 찬 구름. clouds floating in winter sky

동:-원(凍原)[명] 툰드라(tundra).

동:-원(動員)[명] ①〈군사〉 군대를 전시 편제로 고침. 《대》 복원(復員). mobilization ②〈전시에 나라 안의 자원·공장 등을 정부의 관리 아래 집중시킴. ③어떤 행사를 위하여 사람들을 모아 그 쪽으로 돌림.

동:-원령[-녕-](動員令)[명] 군대를 동원시키는 명령.

동월(冬月)[명] 겨울 밤의 달. winter moon

동월(同月)[명] ①그 달. ②그 달. same month

동위(同位)[명] 같은 지위. 같은 위치. same rank

동위-각(同位角)[명] 〈수학〉 한 직선이 두 개의 직선과 만날 때에 생기는 여덟 개의 corresponding angles

동위 개:념(同位槪念)[명] 〈논리〉 한 개의 유개념(類槪念)에 딸린 모든 종개념(種槪念). 대위 개념(對位槪念). coordinate concept

동위 원리(同位原理)[명] 〈논리〉 동일률·모순율·배중률의 총칭. principle of identity and difference

동위 원소(同位元素)[명] 〈화학〉 원자 번호와 화학적 성질이 같고 원자량이 다른 원소. isotope

동유(同遊)[명] 같이 놂. 하타

동유(桐油)[명] 오동(梧桐)의 씨에서 짜낸 기름. 인쇄 잉크·도료의 원료로 씀. tung oil

동:-유(童幼)[명] 어린이. child

동-유럽(東 Europe)[명] 〈지리〉 유럽 동부의 총칭. 동구라파.

동유-지(桐油紙)[명] 동유(桐油)를 짜서 결은 종이. oil paper

동음(同音)[명] ①같은 소리. 같은 성음(聲音). same sound ②동일한 자음(子音). same consonant ③같은 높이의 음. ④같은 소리를 동시에 내는 일.
동음-어(同音語)[명] 〈어학〉 음은 같으나 뜻이 다른 말. 동음 이의어. homonym
동음 이:의(同音異義)[명] 글자의 음은 같으나 뜻이 다름.
동음 이:의어(同音異義語)[명] 〈동〉 동음어(同音語).
동음 이:자(同音異字)[명] 발음은 같으나 글자가 다름. 또, 그 글자.
동:음(同邑)[명] 같은 읍내. 그 읍. same town
동의(多衣)[명] 겨울철에 입는 옷.
동:의(同意)[명] ①같은 의미. 동의(同義). ②의견이나 의사를 같이함. same opinion ③어떠한 의견에 찬성함. 동의(異意). agreement ④〈법〉 남의 행위를 보충 또는 승인하는 의사 표시. 하타
동:의(同義)[명] 〈동〉 동의(同意)①.
동:의(同議)[명] 같은 의논. 그, 그 의논. [대] 이의(異議).
동:의(胴衣)[명] ①옷 동옷. ②조끼. vest
동:의(動議)[명] 토의(討議)에 붙이기 위하여 의원이 의제를 제출함. 또, 그 의제. motion 하타
동-의대(一衣襨)[명] 저고리의 궁중어.
동=의:리(同義理)[명] 의리를 같이 함.
동의-머리[명] 〈속〉 어여머리.
동:의-어(同義語)[명] 〈어학〉 뜻이 같은 말. 《대》 반대어. 반의어(反意語). synonym
동이[명] 모양은 둥글고 배가 부르며 아가리가 넓고, 양옆에 손잡이가 있는 그릇. ¶물～. round jar
=동이(童이)[명] →동이.
동이(同異)[명] 《동》 이동(異同).
동이 기둥(東夷)[명] 옛날 중국의 동쪽 나라의 족속들을 멸시하여 일컫던 말. 서융(西戎)·북적(北狄)·남만(南蠻) 등과 더불어 사이(四夷)라고 했음. eastern barbarians
동이-나물[명] 〈식물〉 모랑나(毛茛科)의 다년생 풀. 잎은 염통 모양이고 줄기는 속이 비었으며 황금빛의 아름다운 꽃이 핌. 독(毒)이 있음.
동이-다[타] ①물건을 묶어서 매다. bind ②몸을 둘러 매서 묶다. fasten
동이-배지기[명] 〈체육〉 씨름 재주의 하나. 물동이를 들어 이듯이 냉큼 들어올리는 배지기.
동인(同人)[명] ①딴사람이 아닌 그 사람. ②뜻을 같이하는 사람. comrade ③동문(同門)의 사람. alumnus ④《동》 동인괘(同人卦).
동인(同仁)[명] 천소의 차별 없이 널리 평등하게 사랑함.
동인(同寅)[명] 신분으로서 다 같이의 경외(畏敬)함. '동관(同官)'의 뜻으로 전용(轉用)하는 말.
동인(東人)[명] ①〈역사〉 조선조 때 사색 당파(四色黨派)의 하나. ②옛날 과문(科文)의 고풍(古風)을 모은 책.
동:인(動因)[명] 어떤 사물을 발동하여 일으키는 원인.
동:인(銅人)[명] 〈한의〉 구리를 써서 만든 사람의 형상. 온몸에 침 구멍을 뚫어서 침술을 익힐 때에 씀.
동인(銅印)[명] 구리에 새긴 인장(印章). 동장(銅章)①.
동인(瞳人·瞳仁)[명] 《동》 눈부처. copper seal
동인-괘(同人卦)[명] 〈민속〉 육십사괘의 하나. 하늘과 불을 상징. 하천화(和).
동인-도(銅人圖)[명] 침술을 배우는 데 쓰는 인체도.
동인 잡지(同人雜誌)[명] 〈문학〉 주의·경향·뜻을 같이하는 사람들끼리 편집·발행하는 잡지. 《약》 동인지(同人誌). organ magazine
동인-지(同人誌)[명] 《약》→동인 잡지.
동:-인형(胴人形)[명] ①내장 같은 것이 보이도록 만든 인형. ②〈연예〉 소도구(小道具)의 하나. 배우 대신으로 사용하는 인형.
동일(冬日)[명] 겨울 날. 동천(冬天)②. 《대》 하일(夏日). winter day
동일(同一)[명] ①똑같음. one and the same ②〈철학〉 차별이 없이 서로 같음. 평등함. 《대》 부동(不同). ¶～자(者). equal 하타

동일(同日)[명] 같은 날. 그 날. same day
동일 개:념(同一概念)[명] 〈논리〉 외연(外延)과 내포(內包)가 똑같은 개념.
동일-률(同一律)[명] 〈논리〉 어느 것과 딴 것이 동일하다고 긍정하는 기초가 되는 원리. 자동률(自動律).
동일 원리(同一原理)[명] principle of identity
동일-법(同一法)[명] 〈수학〉 'A=B'라는 정리(定理)에서 가정(假定)의 A와 결론(結論)의 B가 어느 쪽도 각각 하나일 때는 그 정리의 역(逆)도 성립된다고 보는 일종의 추리 증명법. law of identity
동일-설(同一說)[명] 동일 철학(同一哲學).
동일-시(同一視)[명] 똑같은 것으로 봄. 동시(同視). identification 하타
동일 원리(同一原理)[명] 《동》 동일률(同一律).
동일 철학(同一哲學)[명] 〈철학〉 물질과 정신, 주관과 객관은 본질적으로 다른 것이 아니고, 하나의 절대적 실체의 그 나타나는 방법으로써만 다를 뿐이며, 실상은 같은 것이라고 하는 철학. 동일설(同一說). philosophy of identity
동일-체(同一體)[명] 동일한 형체. 또, 같은 물체.
동:(洞任)[명] 동리의 공무에 종사하는 사람. staff of a Dong office
동자[명] 밥짓는 일. ¶～질. 새벽 ～. cooking of rice
동자(同字)[명] 같은 문자. 하타
동자(童子)[명] 사내아이. 동남(童男). 《대》 동녀(童女).
동:자(瞳子)[명] 《동》 눈동자①.
동자-군(童子軍)[명] 중국의 소년군. Boy Scouts of China
동자 기둥(童子一)[명] 〈건축〉 들보 위에 세우는 짧은 기둥. 쪼구미.
동:자-꽃(童子一)[명] 〈식물〉 석죽과(石竹科)의 다년생 풀. 줄기 높이 1 m 가량으로 6～7월에 적색에 백색 또는 적백색의 무늬가 있는 꽃이 핌. 관상용임.
동-자르다[타르] ①깊게 토막을 내서 끊다. cut in long pieces ②관계를 끊다. disconnect
동:자-목(童子木)[명] 장롱 따위의 사이를 칸막아서 짜는 좁은 나무.
동자 보살(童子菩薩)[명] 〈민속〉 ①어린 사내아이의 죽은 귀신을 무당이 이르는 말. soul of a deceased boy ②사람의 양쪽 어깨에 있다는 귀신.
동자 부처(瞳子一)[명] 《동》 눈부처.
동자 삭발(童子削髮)[명] 〈불교〉 어릴 적에 출가(出家)하여 중이 됨. entering Priesthood as a child 하타
동:자-삼(童子蔘)[명] 어린아이 모양처럼 생긴 산삼(山蔘). 《약》 동삼(童蔘).
동자-석(童子石)[명] ①무덤 앞에 세워 놓는 돌로 만든 동자의 형상. stone image of a child ②난간의 기둥 사이에 죽석(竹石)을 받치는 돌. 동자주(童子柱)②. base
동자-아치[명] 밥짓는 일을 맡아 하는 여자 하인. 동자중(童子一)②. 찬비(饌婢). 《약》 동자차. maidservant
동:자-주(童子柱)[명] ①〈건축〉 쪼구미. ②동자석(童子石)②.
동자-중(童子一)[명] 〈불교〉 ①《동》 동자아치.
동자-치[명] 《약》 →동자아치. Buddhist disciple ②나이가 어린 중. young
동작(東作)[명] 봄철에 농사를 지음.
동:작(動作)[명] ①몸과 손발을 움직이는 행동. action ②〈윤리〉 의식적인 행위. act 하타
동:작-상(動作相)[명] 〈어학〉 동사가 의미하는 동작의 양상·성질을 나타내는 문법 형태. 한국어에는 완료상(完了相)·진행상(進行相)·예정상(豫定相)이 있음.
동:적 전:류(動電電流)[명] 〈생물〉 생물체가 흥분하거나 활동할 때 일어나는 전기적 변화.
동:잠(動箴)[명] 사물잠(四勿箴)의 하나. ②예(禮)가 아니거든 움직이지 말라는 규계(規戒).
동:장(洞長)[명] ①동사무소의 우두머리. chief of a Dong office ②한 동네의 우두머리. 동수(洞首).
동장(銅章)[명] ①《동》 동인(銅印)①. ②구리로 만든 기념장(紀念章)의 총칭. bronze medal

동:=장군(多將軍)〖명〗몹시 추운 '겨울'을 일컫는 말.
동:=장:대(東將臺)〖명〗〈제도〉산성 동쪽에 베풀어 놓은 높은 대.
동재(同齋)〖명〗〈불교〉절에서 밥짓는 일. cooking in a temple 하타
동재(東齋)〖명〗〈제도〉성균관(成均館)이나 향교(鄕校)의 명륜당(明倫堂) 앞의 동쪽에 있는 집. 유생(儒生)이 거처하며 글을 읽던 곳.
동재 차례(同齋次例)〖불교〗절에서 밥을 짓는 당차(當次).
동저(東儲)〖명〗왕의 자리를 이을 왕자.
동:저(凍猪)〖명〗내장을 빼고 뒤혀서 얼린 돼지고기.
동-저고리〖명〗〖속〗동옷.
동저고릿-바람〖명〗의관(衣冠)을 갖추지 않은 차림새.
동:적[—적](動的)〖관〗움직이는 (것), 활동력이 풍부한(것). 〈대〉 정적(靜的). dynamic
동:적 위험[—적—](動的危險)〖명〗〈경제〉사업 경영이나 사회 사정의 변동으로 인한 위험.
동=적전(東籍田)〖명〗〈제도〉서울 동쪽에 있던 적전(籍田).
동전(同前)〖명〗먼저와 같음. ditto
동전(東銓)〖명〗〖동〗이조.
동:전(動轉)〖명〗이동하면서 전변(轉變)함. 하타
동전(銅錢)〖명〗구리로 만든 돈. 동화(銅貨). 적동전. copper coin
동:-전:기(動電氣)〖명〗〈물리〉유동하고 있는 전기. 〈대〉 정전기(靜電氣). dynamic electricity
동:-전력(動電力)〖명〗〖동〗전동력(電動力). 기전력(起電力).
동:절(冬節)〖명〗겨울철. winter season
동점[—점](同點)〖명〗같은 점수. tie
동점(東漸)〖명〗동쪽으로 점차 옮김. ¶불교(佛敎) ~. 〈대〉 서점. eastward advance 하타
동점(銅店)〖명〗동광(銅鑛)①.
동접(同接)〖명〗한 곳에서 학업을 닦음. 또, 그런 벗. 동연(同硯). 동학(同學). 동창(同窓) ①. fellow student 하타
동정〖명〗한복 깃 위에 조붓하게 덧붙인 흰 헝겊 오리. neckband
동정(同情)〖명〗① 남의 어려운 형편을 생각하고 따뜻한 마음을 씀. sympathy ②남을 이해하여 그와 같은 느낌을 가짐. compassion 하타
동정(東征)〖명〗동방을 정벌함. eastern expedition 하타
동정(東庭)〖명〗①집안의 동쪽에 있는 뜰. ②성균관(成均館) 명륜당(明倫堂)의 동쪽에 있는 뜰. 승학시(陞學試)를 받는 유생(儒生)이 앉던 곳.
동:정(動靜)〖명〗①사람의 행동·일·병세 따위가 벌어져 나가는 꼴새. 형편. movements ②움직이는 일과 가만히 있는 일. motion and rest ③〖동〗기거(起居)①. ④〖동〗사정.
동:정(童貞)〖명〗①사내나 계집이 이성과 성적 접촉이 없이 지키고 있는 순결. chastity ②〈기독〉 천주교에서 수도자를 지칭하는 말. sister
동:-정:굴(洞庭橘)〖명〗좋은 종류의 귤을 이르는 말.
동정-금(同情金)〖명〗남의 어려운 행편에 대하여 돕는 뜻으로 주는 돈. alms
동:정-남(童貞男)〖명〗동정 그대로인 남자. 〈대〉 동정녀 (童貞女).
동:정-녀(童貞女)〖명〗①동정 그대로 있는 여자. 〈대〉 동정남. virgin ②성모 마리아. the Virgin
동정 못 다는 며느리 맨물 발라 머리 빗는다〖속〗일 솜씨는 없는 주제에 겉치레만 꾸미려 함을 비꼬아 이르는 말.
동:정 생식(童貞生殖)〈동〉메로고니(merogony).
동정 서벌(東征西伐)〖명〗여러 나라를 이리저리 정벌함. 하타
동정-설(同情說)〖명〗〈사회〉동류(同類) 사이의 동정이 사회 결합을 생성시킨다는 설.
동:정-설(童貞說)〖명〗〈기독〉성모 마리아가 동정녀로서의 감응으로 임태하여 예수를 낳았다는 설. Virgin Birth
동정 스트라이크(同情 strike)〖명〗〖동〗동정 파업(同情罷業).
동:정-식(冬鼎食)〖명〗솥의 밥을 먹음. 곧, 한 옷에서 같이 산다는 뜻. breaking bread with 하타
동정 칠백리에 희환 사실한다〖속〗상관없는 일에 간섭하여 시비를 거는 사람을 이름.

동정 파:업(同情罷業)〖명〗〈사회〉근로자가 파업중인 딴 직장의 근로자를 동정하여 행하는 파업. 동정 스트라이크.
동제(東帝)〖명〗①동방의 황제. ②〖동〗청제(靑帝).
동제(銅製)〖명〗구리로 만든. 또, 그 물건. made of copper
동제-품(銅製品)〖명〗구리로 만든 물건. copper manufactures
동조(同祖)〖명〗조상이 같음. 같은 조상.
동조(同調)〖명〗①〈음악〉같은 가락. same tune ②보조를 같이 함. ③시 따위의 운율이 같음. ④〈물리〉어떤 진동체 고유의 진동수를 밖으로부터 오는 진동력의 진동수에 일치시켜 공명을 일으키는 것. alignment 하타
동조=자(同調者)〖명〗어떤 사상 또는 운동에 적극적으로 참가하지는 않으나 그것을 이해하고 어느 정도 협력하는 사람. fellow traveller
동조 회:로(同調回路)〖명〗〈물리〉동조를 이용하여 특별한 주파수의 진동 전류만을 골라내는 회로. tuning circuit
동족(同族)〖명〗①같은 겨레. 동일한 종족. same clan ②그 혈족(血族). that clan ③〖동〗동종(同宗).
동:-족(凍足)〖명〗언발.
동:-족 방:뇨(凍足放尿)〖명〗언발에 오줌 누기. 곧, 어떠한 사물이 한때의 도움이 될뿐이며, 바로 효력이 없어짐을 일컫는 말. internal strife 하타
동족 상잔(同族相殘)〖명〗동족이 서로 싸우고 죽임.
동족-애(同族愛)〖명〗동족끼리의 사랑. fraternity
동족 제:도(同族制度)〖명〗동일 가족에서 갈린 분가들이 본가를 중심으로 하나의 사회를 이루는 제도.
동족-체(同族體)〖명〗〈화학〉동족 계열(同系列)의 화합물. homologue
동존(同存)〖명〗동시에 생존함. 공존(共存). 하타
동종(同宗)〖명〗①같은 종파(宗派). 성(姓)과 본(本)이 같은 일가. 동족(同族) ③. ②그 종파. 〈대〉 이종(異種).
동종(同種)〖명〗①같은 종류. 동류(同類). ②같은 인종. ③그 종류. samekind
동종 동문(同種同文)인종도 문자도 같음.
동좌(同坐)〖명〗자리를 같이하여 앉음. sit together 하타
동죄(同罪)〖명〗①같은 죄. same crime ②그 죄. 이 죄. that crime
동주(同舟)〖명〗〖동〗동선(同船). 하타
동주(東珠)〖명〗〖동〗명주(明珠) ②.
동죽〖명〗→동죽조개.
동죽=조개〖명〗〈조개〉개량조개과의 바닷조개. 개량조개와 비슷하며 껍데기는 황갈색임. 맛이 좋아 식용함.
동:종(同宗)〖명〗같은 무리.
동-중(洞中)〖명〗동내(洞內).
동중-체(同重體)〖명〗〈화학〉원자핵을 구성하고 있는 핵자(核子)의 수가 같은 원자.
동지(冬至)〖명〗이십사 절기중 스물두째 절후로 대설(大雪)의 다음임. 밤이 가장 길고 양력 12월 22일경. 아세(亞歲). 이장(履長). 지일(至日). 〈대〉 하지(夏至). winter solstice
동지(同旨)〖명〗취지가 같음.
동지(同地)〖명〗같은 땅. 딴 데 아닌 그 땅. same place
동지(同志)〖명〗①뜻이 서로 같음. 또, 그런 사람. 여당(與黨) ②. comrade ②〖어〗→동지자(同志者).
동:지(動止)〖명〗①움직이는 일과 서는 일. 거동(擧動). movements ②〖동〗기거(起居)①.
동지 두죽(冬至豆粥)〖명〗동짓날 팥죽.
동지-받이[—바지](冬至—)〖명〗동짓달 보름에 합경남도로 근해에 몰려드는 명태의 떼. 「보내면 서신.
동지=사:(冬至使)〖명〗〈제도〉해마다 동짓달에 중국으로 동지 상:사(冬至上使)〖명〗〈역사〉동지사의 우두머리.

동지=선(冬至線)[명] 〈천문〉 '남회귀선(南回歸線)'의 딴 이름.

동지 섣:달(冬至─)[명] 동짓달과 섣달을 아울러 이르는 말. the 11th and 12th months of the lunar

동지 시식(冬至時食)[명] 〈동〉 동지 팥죽. calendar

동지=자(同至者)[명] 뜻이 같은 사람. 목적과 희망이 같은 사람. 〈약〉 동지②.

동지=점[─點](冬至點)[명] 〈천문〉 황도(黃道) 위의 두 지점(至點)의 하나. 해가 이 점에 이르면 동짓날이 됨. Winter Solstice Point

동지 팥죽(冬至─粥)[명] 〈민속〉 동짓날 쑤는 팥죽. 찹쌀 새알심을 넣어 먹는데 나이 만큼 넣어 먹는다 함. 동지 두죽(冬至豆粥). 동지 시식(冬至時食).

동직(同職)[명] ①같은 직업이나 직무. ②그 직무.

동진(東進)[명] 동쪽으로 나아감. 하다

동:진(童貞)[명] 〈불교〉한 평생 여자와 관계하지 않은 사람.

동질(同質)[명] ①동일한 성분. same nature ②같은 성질. same quality ③같은 물질. 〈대〉 이질(異質). same substance

동질 이:상(同質異像)[명] 〈광물〉 같은 화학 성분을 가진 결정체로서 서로 결정계를 달리하는 것. 탄산칼슘은 방해석으로서 육방 정계로, 산석(霰石)으로서는 사방 정계로 결정하는 따위. allotropy, dimorphism

동짓-달(冬至─)[명] 음력 11월. 지월(至月). November of the lunar calendar

동쪽(東─)[명] 해가 떠오르는 쪽. 동녘. 동(東). 동방(東方)②. 〈대〉 서쪽.

동차(同次)[명] 〈수학〉 다항식의 각 항의 차수가 어떤

동차(同車)[명] ①같은 차. same car ②같은 차에 함께 탐. ride together 하다

동:차(動車)[명] 〈약〉 기동차.

동:차(童車)[명] 어린아이를 태워서 끌고 다니는 조그마한 수레. 유모차(乳母車). perambulator

동차=식(同次式)[명] 〈수학〉 각항(各項)의 차수(次數)가 같은 모양인 다항식(多項式). homogeneous expression

동착(同着)[명] 동시에 결승점에 도착함. 하다

동참(同參)[명] ①같이 참례함. attend together ②신도·승려가 한 법회에 참례하여, 같이 정업(淨業)을 닦는 일. worshipping together 하다

동참 불공(同參佛供)[명] 〈불교〉 여러 사람이 적은 돈을 모아서 한 번에 드리는 불공. joint Buddhist mass 하다 ─로 동참하여 정업을 닦는 일.

동참 재자(同參齋者)[명] 〈불교〉 한 법회에 적은 돈을

동창(同窓)[명] ①한 학교에서 공부함. 또는 그러한 사람. 동접(同接). 동연(同硯). fellow-student ②〈약〉→동창생(同窓生).

동창(東窓)[명] 동편으로 난 창. window facing east

동:창(凍瘡)[명] 〈한의〉 독한 추위로 인하여 살가죽이 얼어서 생기는 헌데.

동:창(童唱)[명] 〈음악〉 아이들이 부르는 판소리 창법(唱法).

동창-생(─生)[명] ①한 학교를 졸업한 학생. 생도. ②한 학교를 같은 동기(同期)에 졸업한 사람. 〈약〉 동창(同窓)②. fellow-student

동창-회(─會)[명] 동창생이 모이는 회. 교우회(校友會). alumni association 하다

동처(同處)[명] ①같은 곳. 그 곳. ②〈동〉 동거(同居).

동:척(尺尺)[명] 짧은 나무자. short wooden ruler

동천(冬天)[명] 겨울 하늘. winter sky 동일(冬日).

동천(東天)[명] 동쪽 하늘. 〈대〉 서천(西天). eastern sky

동천(東遷)[명] ①동쪽으로 옮김. move to the eastward ②〈역사〉 중국 주(周)나라가 장안(長安)에서 동쪽 낙양(洛陽)으로 서울을 옮김. 하다

동천(洞天)[명] 산천으로 둘러싸인 경치가 좋은 곳. 동학(洞壑). beauty spot 「ding power

동:천(動天)[명] 하늘을 움직일 만큼 세력이 성함. wiel-

동:천지 감:귀:신(動天地感鬼神)[명] 천지 귀신을 움직이고 귀신을 감동하게 함. 곧, 시문(詩文)을 썩 잘 지었음의 비유. 「이나 못. crampons

동:철(冬鐵)[명] 겨울에 나막신굽이나 말편자에 박는 징

동:철(銅鐵)[명] 구리와 쇠. copper and iron

동:철환(銅鐵環)[명] 동첨구(銅尖口).

동:첩(童妾)[명] ①나이 어린 첩. young concubine ②동기(童妓) 출신의 첩.

동:청(冬靑)[명] 〈동〉 사철나무.

동청(銅靑)[명] 〈동〉 동록(銅綠).

동체(同體)[명] ①한몸. 같은 몸. ②같은 물체. 같은 본체(本體). 〈대〉 이체(異體). same body

동체(胴體)[명] ①목·팔·다리를 제외한 부분의 몸. 몸통. trunk ②함선·비행기 등의 몸체 부분. ¶~ 착륙.

동:체(動體)[명] ①움직이는 것. moving body ②〈물〉 유동체(流動體).

동:초(動哨)[명] 〈군사〉 경계선(警戒線)을 순찰하는 초병(哨兵). 〈대〉 입초(立哨). patrol

동촌(同村)[명] 같은 마을. 그 마을.

동촌(東村)[명] 서울 안의 동쪽으로 치우쳐 있는 동네.

동총(冬葱)[명] 〈동〉 움파. 「eastern village

동추 서대(東推西貸)[명] 여기저기 빚을 짐. 동서 대취. 동서 서대. 하다

동취(銅臭)[명] ①구리 돈에서 풍기는 냄새. stench of copper coin ②재물로 출세한 사람을 야유하는 말.

동:치(東峙)[명] 동쪽 잣대. 「upstart

동취 서대(東取西貸)[명] 〈동〉 동추 서대(東推西貸). 하다

동치(同値)[명] ①같은 값. 또는 같은 수치. equal value ②〈수학〉 두 개 또는 두 벌의 방정식이 같은 근(根)을 가진 일. 등치(等値). equivalent

동치(同齡)[명] 같은 연령.

동:치(童穉)[명] 어린아이. 「ether

동치-다[타] 쥡싸서 동이다. 〈큰〉 둥치다. tie up tog-

동:치미(冬─)[명] 무를 통으로 넣고 국물을 많이 부어 심심하게 담근 무김치. chopped radishes pickled in

동치 서주(東馳西走)[명] 〈동〉 동분 서주(東奔西走). 하다 「salt water

동:침(─鍼)[명] 〈한의〉 가늘고 긴 침의 하나. large

동침(同寢)[명] 부부 또는 남녀가 한 이불 속에서 잠. 동금(同衾)①. 잠자리②. sleeping together 하다 「needle

동키 펌프(donkey pump)[명] 왕복식 증기 펌프의 하나. 주로 선박의 급수(給水)에 쓰임.

동키호테-형(Don Quixote 型)[명] 현실을 무시하고 과대 망상적인 공상을 실현하고자 하는 인간형. 〈대〉 햄릿형.

동:탁(童濯)[명] ①산에 나무나 풀이 없음. baldness ②씻은 듯이 아주 깨끗함. cleanliness 하다

동:탄-부득(動彈不得)[명] 곤란한 지경에 빠져서 꼼짝할 수 없음. 꼼작부득.

동:탕-하:다(動蕩─)[형여] 얼굴이 두툼하고도 아름답게 잘생기다. plump and handsome

동:태(凍太)[명] 〈약〉→동명태(凍明太).

동:태(動胎)[명] 〈한의〉 태아가 놀라 움직여서, 배와 허리가 아프고, 낙태될 염려가 있는 병. 태동(胎動)②. fetal movement 「態). movement

동:태(動態)[명] 움직여 나아가는 상태. 〈대〉 정태(靜

동:태 경제(動態經濟學)[명] 〈경제〉 여러 요소간의 균형이 파괴되고 변화·발전하는 동적인 경제 상태. 〈대〉 정태 경제(靜態經濟).

동태나 북어나[속] 이것이나 저것이나 매일반이다.

동:태 집단(動態集團)[명] 일정 기간에 발생한 사물의 시간적 상태를 내용으로 하는 통계 집단.

동:태 통계(動態統計)[명] 동태 집단의 조사 결과인 통계. 인구 변동에 대한 통계 따위.

동토(東土)[명] ①동쪽의 땅. land in the east ②동방에 있는 나라. ③중국에 대하여 한국. Korea

동:토(凍土)[명] 언 땅. 얼어 붙은 땅. frozen land

동:토(凍土)圏 원→동토.
동:토-대(凍土帶)圀 툰드라(tundra).
동-톱예→동가리톱.
동:통(疼痛)圀 신경의 자극으로 몸이 쑤시고 아픈 느낌. pain 하타
동퇴 서비(東頹西圮)圀 허술한 집이 이리저리 쏠림.
동=트-기(東—)圀 동쪽 하늘이 밝아 올 새벽녘. dawn
동=트-다(東—)ㄷ벼(으로) 동쪽 하늘이 밝아 오다. dawn
동-티(←動土)圀 ①민속〉 흙을 다루어 역사(役事)를 하다가 지신(地神)의 성냄을 입어 재앙을 받음. ② 건드리지 않을 일을 공연히 건드려 스스로 걱정을 만듦의 비유. incurring evil
동:티-나-다圀 ①동티가 생겨서 집안에 변고가 일어나다. ②공연히 건드려 일이 잘못되다. meet with misfortune
동:티-내-다圀 ①일을 잘못 건드려서 그르치게 만들다. mismanage ②남에게 손해를 끼치다. damage
동:파(冬派)—圀 →음파.   sect ②그 파. that sect
동:파(同派)圀 ①같은 종파(宗派)나 유파(流派). same
동-파(凍破)圀 얼어서 터짐. 하타
동-판(-板)圀 〈광물〉광산에서 방아확 앞에 비스듬히 깔아 놓은 널빤지.
동판(銅版)圀 〈인쇄〉구리 조각의 평면에 그림이나 글씨를 새긴 인쇄 원판. copperplate 「인쇄된 그림.
동판-화(銅版畫)圀 동판에 새긴 그림. 또, 동판으로
동-팔참(東八站)圀 〈제도〉압록강과 산해관(山海關) 사이의 여덟 군데의 역참.
동패(銅牌)圀 구리로 만든 메달. copper medal
동패 서상(東敗西喪)圀 이르는 곳마다 실패하고 패망함. 하타
동편(東便)圀 동쪽 방면. 동변(東邊). 예 서편(西便).
동-(洞便軒)圀 〈민속〉굴뚝사. 하타
동:폐(洞弊)圀 동네 안의 폐단.   「brethren
동포(同胞)圀 ①형제. brothers ②한 국민. 한 겨레.
동:포(洞布)圀 〈제도〉조선조 철종(哲宗) 이후 동네에 바치던 군포(軍布).
동표(同表)圀 ①도표(圖表). ②그 표(表).
동표(同標)圀 ①같은 표시. ②그 표(標).
동표 서랑(東漂西浪)圀 정처없이 이리저리 떠돌아다님을 이르는 말. ② 물결.
동품(同品)圀 ①같은 품계. same rank ②같은 물품.
동풍(東風)圀 동쪽에서 불어오는 바람. 봄바람. 명새풍(明庶風), 양풍(陽風). 예 서풍(西風). ③ 샛바람. east wind 「에 경련이 일어남. spasm
동:풍(動風)圀 〈한의〉병으로 온 몸 또는 몸 한 부분
동풍 닷 냥이다圀 난봉이 나서 돈을 함부로 쓴다.
동풍-삭임(東風—)圀 동풍이 불다가 사라진 뒤.
동필(同筆)圀 같은 사람의 필적.
돌:-하-다(動—)짜여활 ①가만히 움직이다. move ② 느끼다. feel ③마음이 일다. ¶ 입맛이 ~ stimulate
동:-(荷重)圀 운동체가 구조물에 주는
동학(同學)圀 동접(同接). 하타   「힘.
동학(東學)圀 ①〈종교〉천도교의 딴이름. 서학과 구별하기 위하여 생긴 이름. ②(-운동)圀. 예 서학(西學)③. ②〈제도〉서울 사학(四學)의 하나. 동부(東部)에 있었음.
동:-(洞壑)圀 동천(洞天).
동학-교(東學敎)圀 최제우(崔濟愚)를 교조(敎祖)로 하는 동학 계통의 교의 하나. 천도교(天道敎).
동학-군(東學軍)圀 〈역사〉동학당(東學黨)으로 조직된 군사. ②동 동학당(東學黨).
동학-당(東學黨)圀 〈역사〉동학교(東學敎)를 믿는 사람들의 무리. 동학군(東學軍)② *DongHak* sectaries
동학-란(東學亂)圀 〈역사〉조선조 고종 31년에 일어났던 동학당의 난리. 동학 혁명. the *Donghak Rebellion*
동한(多寒)圀 겨울의 추위. coldness of winter
동:한(凍寒)圀 얼음 얼을 정도의 심한 추위.
동항(同行)圀 겨레붙이의 같은 항렬(行列).

동:항(凍港)圀 겨울에 바닷물이 얼어 붙어 선박이 출입할 수 없는 항구. 예 부동항(不凍港). freezing port
동해(東海)圀 ①동쪽의 바다. 예 서해(西海). the East Sea ②〈지리〉한국 동쪽의 바다. the sea east of Korea ③황해 남쪽의 바다. the sea in the south of the Yellow Sea ④중국에서 남지나해를 일컫는 말. the Sea of south China
동:해(凍害)圀 추위로 얼어서 입는 피해. damages
동:해(童孩)圀 어린아이.   [caused by cold
동히(同이)〈고〉동이.
동해 부인(東海夫人)圀 '홍합(紅蛤)'의 딴이름.
동:해-안(東海岸)圀 ①동쪽 해안. ②우리 나라 동해의 연안. east sea coast
동행(同行)圀 ①길을 함께 감. 동도(同道)⑧. ②부역(賦役)에 함께 감. 반행(伴行). going together 하타
동행(同行)圀 〈불교〉불교의 수행이 같음. 또, 같은 수행. practising together
동행(同行)圀 문장에서 글자의 같은 줄. 또 그 행.
동행-중(同行衆)圀 같은 종파의 사람이나 신자.
동행 친구(同行親舊)圀 길동무.
동향(同鄕)圀 같은 시골. 고향이 같음. 향천(鄕天). 예 이향(異鄕). same province
동향(東向)圀 서쪽에서 동쪽을 향함. eastern exposure 하타 「(察). 경향(傾向). trend
동:향(動向)圀 움직임. 움직이는 방향. ¶ ~ 사찰(査
동향 대:문(—大門)(東向大門)圀 동쪽으로 난 대문.
동:향 대:제(冬享大祭)圀 〈제도〉겨울철에 지내던 종묘 및 경모궁(景慕宮)의 제사.
동:향 사찰(動向査察)圀 사상·행동의 경향·상태를 조사하고 살핌. 하타   「집. house facing east
동향-집(—집)(東向—)圀 대청이 동쪽을 향하게 지은
동향(東向—)圀 동쪽을 향해 있는 터전. side facing east
동헌(東軒)圀 〈제도〉고을 원이나 감사·병사·수사 등이 공사를 처리하던 대청이나 집.
동헌에서 원님 칭찬하듯圀 실상 칭찬할 거리가 없는 것을 헛칭찬함을 이름.
동혈(同穴)圀 ①같은 구멍이나 구덩이. same hole ② 부부가 한 구덩이에 묻힘. being buried together
동:혈(洞穴)圀 깊고 넓은 굴의 구멍. cave
동:혈(動血)圀 희로애락의 감정을 몹시 드러냄. expressiveness of feelings 하타
동협(東峽)圀 〈지리〉경기도의 동쪽 지방과 강원도 지방을 아울러 일컫는 말.
동-협문(東夾門)圀 궁궐이나 또는 관아의 세 문 가운데에서 동쪽으로 있는 문. 동대문.
동형(同形)圀 ①사물의 형상이 같음. same form ② 형식이 같음. ③〈화학〉서로 다른 물질이 같은 결정형을 나타내어, 그 서로 인력의 비율로 혼합되어 정용체(晶溶體)를 만드는 일.
동형(同型)圀 ①타입(type)이 같음. 또, 그 타입. ② 〈수학〉두 계의 대수계(代數系)가 오로지 같은 구조를 갖는 일.
동형 배:우자(同形配偶子)圀 〈생물〉생리적으로는 자웅의 구별이 있으나 형태상으로는 구별이 안 되는 배우자. 예 이형 배우자(異形配偶子).
동:호(同好)圀 ①어떤 사물을 같이 좋아함. 또, 그 사람. ②취미를 같이함. 또, 그런 사람. same taste 하타타
동:호-인(同好人)圀 어떤 사물에 대하여 같은 취미를 가지고 함께 좋아하는 사람. 동호자(同好者).
동:호-회(同好會)圀 동호인의 모임. 또, 그 조직. ¶ 낚시 ~.
동혼-식(銅婚式)圀 결혼 15주년째를 기념하는 의식.
동화(同化)圀 ①같은 성질로 변함. assimilation ②완전히 자기의 지식으로 만듦. assimilation ③〈어학〉서로 다른 앞뒤 소리의 영향을 받아 서로 닮아지는

동화 일. (대)이화(異化). assimilation ④〈심리〉어떤 의식의 요소가 다른 요소를 자기의 것과 같이 만듦. ⑤생물이 외계에서 섭취한 영양물을 자체 고유의 성분으로 변화시키는 일. animation

동화(同和)〖동〗 같이 화합함. be in harmony 하다

동화(動畫)〖동〗〈연예〉만화 영화와 같이 화면의 한 장면 장면을 그려 촬영한 그림.

동화(童畫)〖동〗 ①아동이 그린 그림. 아동화(兒童畫). juvenile picture ②아동을 위한 그림.

동:화(童話) 어린이를 상대로 하고 동심(童心)을 기조로 해서 지은 이야기. nursery tale

동화(銅貨)〖동〗 동전(銅錢).

동화교(東華敎)〖동〗〈종교〉증산(甑山) 강일순(姜一淳)을 교조(敎祖)로 하는 흠치교(吽敎) 계통의 교의 하나.
〔연극. juvenile play

동:화-극(童話劇)〖동〗〈연예〉각본이 동화로 꾸며진

동화-근(同化根)〖동〗〈식물〉편평하고 엽록체를 갖추고 있는 뿌리의 하나. 동화뿌리.

동화-력(同化力)〖동〗 동화하는 힘. 또, 동화시키는 힘.

동화-뿌리(同化-)〖동〗납작하고 잎파랑이를 갖추고 있는 뿌리. 동화근(同化根).

동화 작용(同化作用)〖동〗 ①동화를 하는 작용. ②〖동〗탄소 동화 작용.

동화 전:분(同化澱粉)〖동〗〈식물〉탄소 동화 작용에 의하여 엽록체 내에서 생성하는 전분. assimilation starch

동화 정책(同化政策)〖동〗〈정치〉식민지 원주민의 고유한 언어·문화·생활 양식 등을 말살하고 그것을 자국민과 동화시키기 위하여 쓰는 정책.

동화 조직(同化組織)〖동〗〈식물〉세포 속에 많은 엽록체를 가지고 있어 탄소 동화 작용만 하는 조직.

동:-활차(動滑車)〖동〗 움직 도르래.

동황(東皇)〖동〗 청제(靑帝).

동홰(東-)〖동〗 큰 홰. big torch

동회(冬灰)〖동〗 여회(藜灰).

동:회(洞會)〖동〗 ①동(洞)의 사무를 맡아보는 기관. 동사무소. dong office ②동내의 일을 협의하는 모임.

동:회(動悔)〖동〗 ①회가 꿈틀거림. ②입맛이 당기어 먹고 싶음. have appetite 하다

동휴(冬休)〖동〗 겨울 휴가(多期休暇).

돛〖동〗 바람의 힘을 받아 배가 밀려 가게 하는 제구.

돛²〖동〗 → 닻.〔sail

돛-단-배〖동〗 돛을 단 배. 범선(帆船). 돛배. sailing-ship

돛-달-다〖동,ㄹ변〗 배에 돛을 달다. hoist a sail

돛-대〖동〗 돛을 달기 위한 기둥. 장간(檣竿). mast

돛-배〖동〗 돛단배.

돝〖고〗돼지.

돠르르〖부〗〈셈〉따르르. gurgling

돨:돨〖부〗 먹은 것이 잘 삭지 아니하여 배가 끓는 소리. 〈셈〉딸딸.

돼:지〖동〗①〈동물〉산돼지과의 가축. 머리는 작고 목이 굵으며 사지는 짧음. 몸은 비대한데 고기는 맛이 좋아 널리 식용함. pig ②욕심이 많고 몹시 미련한 사람의 비유. piggish person ③윷놀이에서 '도'의 별칭.

돼지가 깃을 물어 들이면 비가 온다 돼지도 일기를 미리 안다는 뜻으로, 미련한 사람의 직감이 사실에 들어맞음의 비유.

돼:지-감자(-甘-)〖동〗엉거시과의 다년생 풀. 줄기 높이 1.5~2.5m 가량으로 잔털이 나고 가지 끝에 누른 꽃이 핌. 관상용이고 지하 괴경(地下塊莖)은 식용도 되는 사료용임. 뚱딴지¹.

돼:지-고기〖동〗 돼지의 고기. 돈육(豚肉). pork

돼:지-떡〖동〗 지저분한 물건. rubbish

돼:지-벌레〖동〗〈곤충〉돼지벌레붙이의 벌레의 총칭. 몸은 소형(小形)의 타원형에 몸 빛은 흑색·갈색·적색·황색이고 촉각은 곤봉 모양임. 성충·유충이 모두 농작물·과수의 잎을 갉아먹는 해충임. 엽충(葉蟲).

돼:지벌레-붙이〖동〗〈곤충〉돼지벌레붙이과의 벌레. 몸 길이는 1cm 가량이며 몸 빛은 흑색에 배는 갈색이며 암색의 털이 밀생함. 성충·유충 모두 농작물·나뭇잎을 갉아먹는 해충임. 위엽충(僞葉蟲). Lagrianigricollis
〔부분. pork fat

돼:지-비계〖동〗 돼지고기의 속 껍질 쪽의 기름기로 된

돼:지-우리〖동〗 돼지를 가두어 키우는 곳. 돈사(豚舍). 돈책(豚柵).

돼:지-주둥이〖동〗〈광물〉광산에서 쓰는 무자위의 하부 판(下部瓣)을 장치한 부분.

돼:지-콜레라(-cholera)〖동〗돼지에 걸리는 급성 전염병. 전염성이 강하여 사망률이 높음.

되¹〖동〗곡식이나 액체 따위의 분량을 되는 데에 쓰는 그릇. 됫박¹. measure 의제 곡식이나 액체 따위를 헤아리는 단위. 한 말의 10분의 1. 홉의 10배.

되:-²〖동〗 오랑캐.

되³〖조〗 받침된 임의 체언에 붙어 그 말을 인정하면서 조건을 붙이거나 뒷말의 사실이 앞말의 사실에 구속되지 않음을 나타내는 연결형 서술격 조사.

-되〖어미〗 용언의 어간에 붙는 연결 어미. ①앞말의 사실을 인정하면서 뒷말로 조건을 붙여 한정할 때. ¶먹기는 먹~ 미안하다. but ②대립되는 두 개념을 들어 말할 때. ¶바람은 불~ 춥지는 않다. but

되-〖접〗 용언의 어근에 붙는 접두사. ①도리어. 반대로. ②도로. back ③다시. again

되-가웃〖명〗 되로 되고 남은 반 가량의 분량.

되:-갈:-다〖동, ㄹ변〗①논밭을 다시 갈다. replow ②가루 따위를 다시 갈다. grind again

되-감고/**되:-강구**〖동〗 말감고(-監考).

되강-오:리〖동〗〈조류〉농병아리.

되-개고마리〖동〗〈조류〉때까치.

되-거리〖동〗 되넘기.

되-걸리-다〖동〗①나았던 병에 다시 걸리다. ②〖동〗되치이다①. relapse

되:게〖부〗몹시. 된통. ¶~ 춥다. very

되글을 가지고 말글로 써먹는다〖속〗글을 조금 배워 가지고도 가장 효과 있게 써먹는다.

되:-깎이〖동〗〈불교〉퇴속(退俗)하였던 사람이 다시 중이 되는 일. 또, 그 중. 재삭(再削). 환삭(還削). 중삭(重削).〔caught under again

되:-깔리-다〖동〗①다시 밑에 깔리다. ②다시 깔리다. be

되-내기〖동〗손을 쳐서 많아 뫼되를 다시 묶은 멜나무.

되-넘기〖동〗물건을 사서 곧, 도로 넘겨 파는 일. 되거리. ¶~장사. brokerage

되-넘기-다〖동〗되넘기를 하다. sell at profit

되:-놈〖비〗 중국 사람. Chinese

되:-놓-다〖타〗 도로 놓다.

되:-뇌-다〖타〗 같은 말을 되풀이하다. repeat

되-다〖자〗①어떤 지위·신분을 얻다. ¶국회 의원이 ~. become ②어떠한 때가 오다. ¶올 시간이 ~. come ③번하다. ④파랗게 ~. turn ⑤성립하다. 구성되다. ¶한 반이 60명으로 ~. consist of ⑤일이 성취되다. ¶일이 잘 ~. succeed ⑥결과를 가져오다. ¶거짓말이 ~. result ⑦어떠한 수량에 미치다. ¶의연금이 모두 만 원이 ~. reach ⑧어떤 구실을 하다. ¶반장이 ~. act ⑨시일이 지나다. 경과하다. ¶죽은 지 10년이 ~. pass ⑩나이 따위를 먹다. ¶세 살이 ~. attain ⑪시작하다. ¶사랑하게 ~. begin to ⑫자라다. ¶곡식이 ~. grow ⑬물건이 다 만들어지다. ¶집이 다 ~. ⑭소용에 쓰이다. ¶알코올은 소독약으로 ~. serve as ⑮가능하다. ¶될 수 있으면. be able to

되-다²〖타〗 말이나 되 등으로 분량을 헤아리다. measure

되:-다³〖형〗①물기가 적어 빡빡하다. ¶반죽이 ~. thick ②줄 따위가 몹시 켕기어 팽팽하다. ¶허리띠가 너무 ~. strained ③힘에 벅차다. ¶일하기가 퍽 ~. hard ④심하다. ¶되게 춥다.

=되-다〖접미〗①'하다'가 붙을 수 있는 명사에 붙어 그 동작이 스스로 이루어짐을 나타내는 말. ¶염려~.

②형용사적 명사나 부사적 어근(語根)에 붙어서 형용사를 이루는 말. ¶참~. 헛~.
되:다랗-다[형][ㅎ불] 묽지 않고 매우 되다. thick
되=대:패[명] 바닥과 날의 가운데가 볼록하여 둥근 바닥을 깎기에 좋은 대패. semi-circular plane
되도록[부] 될 수 있는 대로. as far as possible
되=돌:-다[자][르탈] 돌던 방향에서 되짚어 다시 돌아오다.
되=돌아가-다[자] 오던 길로 다시 되짚어가다. 다시 돌아가다. go back
되=돌아들-다[자][르탈] 떠난 곳으로 되짚어 다시 돌아들다.
되=돌아보-다[자][타] 앞서 보던 것을 다시 돌아보다.
되=돌아서-다[자] 먼젓번에 섰던 방향으로 다시 돌아서다.
되=돌아오-다[자] 되짚어서 다시 오다. ¶원점으로 ~. come back
되돌이=운:동(一運動)[명] 〈생리〉 ①감각 신경을 지나서 오는 자극이 의식 작용을 거치지 않고 중추 신경과 운동 신경에 전하여져서 힘살이나 샘〔腺〕의 활동을 일으키는 작용. ②호흡 운동이 염통의 뛰는 것과 같이 밖에서 오는 자극과 관계없이 일어나는 운동.
되되=이[부] 되마다.
되=두부(一豆腐)[명] 콩을 불려서 갈아 죽처럼 만들고 호박이나 그 순을 넣고 끓인 음식. 반두부(半豆腐).
되드리[의명] 《고》 한 홉의 10분의 1.
되들고 되나다[구] 많은 사람이 계속해 출입하다. throngs in and out
되=들-다[자][르탈] ①보기에 얄밉도록 얼굴을 쳐들다. raise one's face defiantly ②다시 들거나 도로 들다. raise again
되:디=되:-다[형] 몹시 되다. very thick
되:=때까치[명] 〈조류〉 때까치과의 산새. 날개·꽁지의 길이는 8 cm, 머리·등·꽁지는 회색 바탕에 적갈색 반점, 복부는 흼.
되똑=거리-다[자] 작은 물체가 중심을 잃고 한 쪽으로 기울어지다. 《큰》 뒤뚝거리다. unsteady **되똑=되똑**[부] **하**[자]
되똥=거리-다[자] 작고 묵직한 물체가 중심을 잃고 가볍게 흔들리다. 《큰》 뒤뚱거리다. **되똥=되똥**[부] **하**[자]
되=뜨-다[형][으탈] 이치에 어긋나다. unreasonable
되:레[부] 《약》→도리어.
되로 주고 말로 받는다[속] 남을 조금 건드렸다가 크게 갚음을 당한다.
되록=거리-다[자][타] ①또렷한 눈알이 계속 열기 있게 움직이다. roll (one eyes) ②몸이 통통하여 둔하게 계속 움직이다. ambling ③성낸 빛을 얼굴에 계속 나타내다. 《큰》 뒤룩거리다. 《센》 뙤록거리다. **되록=되록**[부] **하**[자][타]
되롱=거리-다[자] 가벼운 물건이 따로 매달려 잇달아 흔들리다. 《큰》 뒤룽거리다. dangle **되롱=되롱**[부] **하**[자]
되롱이/되롱[명] 《고》 도롱이.
되룡[명] 《고》 도롱뇽.
되룽=거리-다[자] 제가 젠체하고 뽐내어 거만을 부리다. 주제넘게 거만을 부리며 젠체하다. 《큰》 뒤룽거리다. be haughty **되룽=되룽**[부] **하**[자]
되:리[명] 음모(陰毛)가 없는 여자.
되=매기[명] 참빗의 헌 살을 골라 다시 맨 빗. remade comb
되=먹-다[타] 먹지 않다가 다시 먹다.
되=먹히-다[자] 남에게 도리어 해를 입다. suffer damage
되모시[명] 이혼하고 처녀 행세를 하고 있는 여자. divorce who pretends to be a virgin
되=묻:-다[타][ㄷ불] ①되받아 묻다. ask back ②다시 묻다.
되=밑[명] 곡식을 되로 되고 남는 부분. grain left over when measuring
되=바라지-다[형] ①웅숭깊은 맛이 없다. undignified ②너그럽지 않아 포용성(包容性)이 적다. narrow-minded ③어수룩한 구석이 없고 지나치게 똑똑하다. sharp
되=박-다[타] 다시 박다.
되=박이-다[피동] 다시 박이다.
되=받-다[타] ①잘못한 것을 꾸짖을 때 도리어 반항하다. resist ②도로 받다. 《큰》 뒤받다. receive again
되=받이[一바지][명] ①얻어들은 말을 다시 써 먹는 일. ②남이 받은 물건을 다시 곧 넘겨 받는 일. **하**[타]
되=벗어지-다[자] 덮었거나 입었던 것이 도로 벗어지다.
되=부르-다[타][르불] 다시 부르다.
되사[명] 말을 단위로 하여 셀 때에 남는 한 되 가량. 가웃. ¶두 말 ~. 닷 말 ~.
되=살:-다[자][르탈] ①먹은 것이 삭지 않고 도로 붙어 오르다. ②거의 기력이 없던 것이 다시 살아나다. revive ③감정 기분 등이 다시 생기다. ¶슬픔이 되살아나다. resuscitate ④부부가 갈라졌다가 다시 살다. unite again
되:=새[명] 〈조류〉 참새과의 새. 날개 길이 9 cm 가량이고 몸 빛은 등이 흑색, 허리는 백색, 배와 어깨는 황적갈색임. 가을에 떼를 지어 와서 곡식을 먹어 해를 끼침.
되=새기-다[타] ①배가 부르거나 입맛이 없어 음식을 내씹다. 되씹다③. eat with apparent disrelish ②소 같은 동물이 먹은 것을 내씹다. 반추(反芻)하다. ruminate ③골똘하게 자꾸 생각하다. ¶성현(聖賢)의 교훈을 ~. 《약》 새기다. think over
되=새김[명] 《동》 반추(反芻).
되새김=질[명] 반추하는 짓. **하**[자][타]
되술래=잡-다[타] ①범인이 도리어 순라(巡邏)를 잡다. turn the tables on ②마땅히 잘못을 빌어야 할 사람이 도리어 남을 나무라다. counter-attack
되술래=잡히-다[피동]나무라야 할 사람이 도리어 나무람을 당하다.
되=쏘:-다[타] ①도로 쏘다. 반사하다. ②다시 쏘다.
되=쏨 [명] ①'반사'의 풀어 쓴 말. ②되쏘는 일.
되=씌우-다[타] ①제가 당할 일을 도리어 남에게 넘기다. lay the blame on another ②도로 씌우다. cover again
되=씹-다[타] ①씹은 음식을 고쳐 자꾸 씹다. chew again ②말을 잇대어 하지 못하고 한 소리를 연해 하다. repeat ③《동》 되새기다①.
되알=지-다[형] ①힘주는 맛이나 억짓손이 매우 세다. aggressive ②무슨 일이 힘에 벅차다. beyond one's power
·되야·기[명] 《고》 두드러기. 땀띠.
되양되양=하-다[형][여불] 언행이 무게가 없이 경솔하다.
되어=가-다[자] ①일이나 물건이 점점 다 이루어지는 지경에 이르다. ¶일이 잘~. turn out ②어떠한 때가 거의 다 되다. it is almost time
되어=지-다[자] 일이 이루어지다.
되=올라가-다[자] ①낮은 데로 내려오다가 도로 올라가다. ②값이 내리다가 다시 올라가다.
되우[부] 매우. 몹시. 심하게. 된통. ¶~ 끓다. ~ 앓다. severely
되우=새[명] 《동》 가창오리.
되작=거리-다[타] 물건을 찾느라고 이리저리 뒤집어 가며 뒤지다. 《큰》 뒤적거리다. 《거》 되착거리다. **되작=되작**[부] **하**[타]
되작=이-다[타] 물건을 이리저리 들추어서 뒤지다. 《큰》 뒤적이다. 《거》 되착이다. rummage
되잖-다[형] 하는 짓이 얄밉다. is no good
되=잡히-다[자] 《동》 되치이다②.
되=지기¹[명] 찬밥으로 다시 지은 밥. reheated rice
되=지기²[의명] 씨 한 되를 뿌릴 만한 논밭의 넓이. 열 되지기가 한 마지기가 됨. wide enough to plant one *doi* of seed
되지 못:하-다[형][여불] ①잘 이루어지지 못하다. be no good ②사람답지 못하다. failure
되지 못한 풍잠이 갓 밖에 어른거린다[속] 좋지도 못한 것이 흔히 잘 나타나 번쩍인다.
되직=하-다[형][여불] 묽지 아니하고 조금 되다. somewhat thick **되직=히**[부]
되=질[명] ①곡식을 되로 되어서 헤아리는 일. ②《약》→됫박질. **하**[자][타]
되=짚어[부] 되돌아서서. turn back soon
되짚어 가-다[자] 오던 곳으로 곧 되돌아가다.
되짚어 보내-다[타] 온 사람이나 물건을 그 길로 곧 돌려보내다. send back at once

되짚어-오-다 어느 곳까지 갔다가 곧 되돌아오다.
되착-거리-다 《게》→되작거리다.
되착-이-다 《게》→되작이다.
되-찾-다 다시 찾다. ¶웃음을 ~.
되-채-다 ①혀를 제대로 순하게 놀려서 말을 분명히 하다. speak clearly ②되받아 채다.
되처(再處) 또 다시. 재차(再次). ¶~ 묻다.
되-치이-다 ①남에게 덮어씌우려다가 도리어 제가 당하다. be counterattacked ②이렇게 해야 할 일이 뒤집혀서 저렇게 되다. 되질리다②. 되잦히다.
되-퉁-스럽-다 찬찬하지 못하여 일을 잘 저지르다. 《큰》뒤퉁스럽다. be imprudent 되퉁-스레
되=틀-다 ①가볍게 약간 뒤틀다. twist slightly ②반대쪽으로 들다.
되-풀이 같은 말이나 몸짓을 자꾸 함. doing over again 하다
되-풀이 ①꼭식 한 되의 값이 얼마씩 치인 것을 풀어 보는 셈. calculate so much per doi ②곡식을 되 되씩 풀어서 남에게 팔아 버리는 일. selling by the doi 하다
된: ① '물기가 아주 적은'의 뜻. ¶~밥. ②'몹시 심한·모진'의 뜻. ¶~서리. ③《어학》할 때 '성문 파열음이 따르는'의 뜻. ¶~소리.
=된 명사에 붙어, 그 자격·요소·상태를 지니고 있음을 나타내는 관용사를 이루는 말 ¶자식 ~ 도리.
된:=동 물기가 적어서 덩이져 나오는 똥. hard feces
된=마 《어》된마파람.
된:=마파람 동남풍의 뱃사람 말. 《약》된마.
된:=바람 ①북풍의 뱃사람 말. north wind ②빠르고 세게 부는 바람. gale
된:=밥 ①고들고들하게 지은 밥. hard boild rice ②국이나 물에 말지 아니한 밥.
된:=불 ①바로 급소를 맞히는 총알. 《대》선불. ②호된 타격.
된:=비알 아주 몹시 험한 비탈. steep slope
된:=비읍 《어학》①되게 발음되는 비읍 소리. ②한글의 첫소리로 쓰이는 자음의 왼쪽에 붙여 '쁘'는 비읍.
된:=새 《약》→된새바람. ②쌀. 벼[米]의 '비' 따위로.
된:=새바람 동북풍의 뱃사람 말. 《약》된새. wind northeasterly
된:=서리 늦가을에 되게 내린 서리. 《대》무서리. heavy frost ②모진 재앙이나 타격을 비유하여 이르는 말. 숙상(嚴霜). 엄상(嚴霜). great calamity
된:서리 때리-다 ①나무나 풀에 된서리가 몹시 내리다. ②야무지게 치다. strike a blow
된:서리 맞-다 ①된서리를 맞다. suffer from a heavy frost ②흉악한 압박이나 재앙을 치르고 나서 풀이 꺾이다. receive a great below
된:=서방(一書房) 퍽 까다롭고 횡포한 남편. harsh husband
된:서방 맞-다(一書房一) ①퍽 까다롭고 횡포한 남편을 만나다. marry a tyrannical husband ②《속》몹시 까다롭고 어려운 일을 당하다.
된:=소리 《어학》 'ㄲ.ㄸ.ㅃ.ㅆ.ㅉ'처럼 되게 나는 소리로 단자음(單子音)의 한 갈래. 경음(硬音). 농음(濃音).
된:=소리-되기 《어학》 울림 없는 예사소리가 둘이 이어 될 때에 뒤의 소리가 된소리로 바뀌는 현상. 경음화(硬音化). 농음화(濃音化).
된:=시옷 《어학》①되게 발음되는 시옷 소리. ②한글의 첫소리로 나는 자음 왼쪽에 붙여 쓰는 'ㅅ'.
된:=장(一醬) ①간장을 담가서 장물을 떠먹고 찌꺼기. 토장. bean paste ②메주에 소금을 부어 익혔다가 간장을 뜨지 않고 그냥 쓰는 장. 장재(醬滓).
된:장-국(一醬一) 된장을 걸러 넣고 끓인 국. 토장국.
된:장-찌개(一醬一) 된장을 넣어 끓인 찌개.
된장에 풋고추 박히듯 어떤 한 곳에 가서 자리를 떠나지 아니하고 꼭 붙어박혀 있음. 〔인 찌게.
된:장 찌개(一醬一) 찌개 거리를 된장에다 섞어 끓

된:=지읒 《어학》되게 발음되는 지읒 소리. 곧, ㅉ·ㅉ의 발음.
된:=침(一針) ①몹시 아프게 놓는 침. ②놓다·주다 따위와 결합하여 상대방이 뜨끔하게 느끼게 하는 말.
된:=통 되게. 되우.
된:=풀 물을 타지 않은 풀. thick paste
된:=하늬 서북풍의 뱃사람 말.
될뻔-댁(一宅) 무슨 일이 될 뻔하다가 안 된 사람을 농으로 일컫는 말. ¶진사(進士)~. 〔다.
될성-부르-다(一성一) 무엇으로 잘 될 가망이 있다.
될성부른 나무는 떡잎부터 알아본다 장래성이 있는 사람은 어릴 적부터 남다른 데가 있다. promising
됨됨-이 사람이나 물건의 생긴 꼴. appearance
됫-밀이 싸전에서 되질을 하고 조금 남는 곡식. 《유》됫밀. 〔used as a measure
됫-박 ①《동》되. ②되를 대신하는 바가지. gourd
됫박-질 ①양식을 남의 조금씩 팔아 들이는 일. buying grain in small quantity ②됫박으로 되는 일. 《약》됫질. 하다 〔from a doi of raw rice
됫-밥 한 되 가량의 양식으로 지은 밥. cooked rice
됫-수(一數) 되로 된 수효. number of doi
됫-술 ①한 되 가량의 술. ②되로 되어서 파는 술.
됫-파람 《고》 휘파람.
=됴.쿠.즘《됴쿠즘》《고》좋고 궂음. 길흉(吉凶).
=둏·다《고》좋다.
두:¹ 둘의 뜻. ¶~ 권. ~ 사람. two
두:² 돼지 따위의 짐승을 쫓는 소리.
=두 《고》→도.
=두의 《고》→도.
두(斗) 《약》→두성(斗星). 《의》곡식이나 액체를 되는 분량의 단위. 말. 〔제기(祭器)의 하나.
두(豆) 하니일 위에 만들고 굽이 높으며, 뚜껑이 달린
두(頭) 《의》소·말 따위 짐승을 세는 단위. 필(匹). ¶농우 삼 ~. head
두가(痘痂) 마마 딱지의 조각.
두가리 나무로 된 식기.
두각(頭角) ①머리 끝. top of the head ②우뚝하게 뛰어남. ¶~을 나타내다. conspicuousness
두개(頭蓋) 《생물》 두뇌의 뚜껑이 된 부분. 뇌개(腦蓋). 두로(頭顱). cranium
두개-골(頭蓋骨) 《생리》 두개를 이룬 뼈. 사람의 것은 23개의 뼈로 됨. 뇌개(腦蓋). 뇌개골(腦蓋骨). 두해(頭骸). 두골(頭骨). 머리뼈.
두개-근(頭蓋筋) 《생리》 머리에 있는 근육.
두건(頭巾) 상중에 관처럼 머리에 쓰는 것. 효건(孝巾). 《어》건(巾). mourner's hempen cap
두겁 ①자루와 같이 가늘고 길게 생긴 물건의 끝에 씌우는 물건. ornamental cap ②《동》붓두껍.
두갑-조상(一組上) 조상 중에서 가장 이름난 사람.
·두:-겨시-다 《고》 두어 계시다. 가지시다.
두견(杜鵑) ①《동》두견이. ②《동》진달래.
두견-새(杜鵑一)/두견-이(杜鵑一) 《조류》두견이 과의 새. 뻐꾸기와 같으나 몸이 작음. 집을 짓지 못하여 다른 새들의 알을 낳아 번식함. 불여귀(不如歸). 두견(杜鵑). ①자규(子規). cuckoo
두견 전병(杜鵑煎餠) 진달래꽃을 듬성듬성 박아서 만든 전병.
두견-주(杜鵑酒) 진달래꽃을 넣어서 빚은 술.
두견-화(杜鵑花) 진달래꽃.
두:-고(고) 보다.
두고-두고 《고》 긴 세월을 두고 여러 차례로 동작하는 뜻을 나타내는 말. ¶~ 누리는 영광. ②영구히. for a long time
두곡(斗斛) ①곡식을 되는 말과 휘. ②되질하는 일.
두곡(斗穀) 말곡식.
두·곤(고) 보다. 〔두골(牛頭骨)
두골(頭骨) 《생리》 ①머리뼈. cranium ②《어》→두:-골밀이(一一) 《건축》 홈을 두 줄로 파서 만든 장지틀이나 창틀. windowsill(doorsill)

두공(枓栱·杜栱)명 〈건축〉 공청(空廳)·불벽(佛壁)에 있어서 장화반(長花盤)을 쓰지 않는 대신으로 쓰는 나무.
두구(頭垢)명 〈동〉 비듬.
두구리(약)→약두구리.
두국(頭局)명 〈제도〉 군대의 행렬(行列)을 지은 그 앞머리.
두그르르 튀 크고 무거운 것이 대번에 세게 구르는 모양. 《작》도그르르. 《센》뚜그르르. rolling
두근=거리-다재 몹시 놀라거나 겁이 난 때 가슴이 자꾸 뛰놀는다. 《작》도근거리다. throb 두근=두근튀 하재
두글=두글튀 크고 무거운 물건이 자꾸 굴러가는 모양. 《작》도굴도굴. 《센》뚜글뚜글. rolling
두기(-起)명 우뚝 솟음. loftiness 하자
두=기(斗箕)명 〈천문〉 두성(斗星)과 기성(箕星).
두:길-보기[-끼]명 일을 하는 데 두 가지 마음을 품고 양쪽에 다리를 걸쳐 놓고 제게 유리한 쪽으로 기회를 보는 일. 《약》두길보기. sitting on the fence
두:길-보기[-끼]명 《약》→두길마보기.
두꺼비명 〈동물〉 두꺼비과의 양서 동물. 개구리와 비슷하나 크고 살갗이 두꺼우며 온몸에 사마귀가 돋아 있다. 섬여(蟾蜍). 풍계(風鷄). toad
두꺼비-기름명 두꺼비에서 받아 낸 기름. 피부병 약. toad oil
두꺼비 같지만하다형 아주 작아서 거의 없는 듯하다.
두꺼비=씨름명 이겼다 졌다 하여 승부가 나지 않음을 이름. seesaw match 나지 않음.
두꺼비씨름 누가 질지 누가 이길지됨승부의 결말이
두꺼비-집명 ①〈동〉두꺼비닥. ②〈농업〉보습의 술바닥이 닿아서 더 빈 속. ③〈속〉스위치 장치인 안전 개폐기(開閉器). switch-box
두꺼비 파리 잡아먹듯됨 아무 것이나 닥치는 대로 늘름늘름 받아 먹는 모양.
두껍-다형[-ㅂ·보] 두께가 크다. 《대》얇다. thick
두껍-다랗-다[형][-ㅎ-] 생각보다도 더 두껍다. 《대》얇다랗다. rather thick
두껍-다리명 골목 안 도랑이나 또는 시궁창에 걸쳐 놓은 돌다리. stone bridge over a ditch
두껍-닫이[-다지]명 〈건축〉 미닫이를 열 때에 창작이 들어가 가리게 된 곳. 두껍비집①.
두껍디-두껍-다형 몹시 두껍다. 《대》얇디 얇다. thickness
두껍=단명 약→두껍단이.
두께명 넓적한 물건의 운두. 두꺼운 정도. ¶밥~.
두께-머리명 층이 지지 잘아 두루 두껍을 얹은 것 같은 머리. 두께머리. poorly cut hair
두께-버선명 바닥이 다 해지고 발등만 덜게 된 버선. 《센》뚜께버선. socks worm out at bottom
두-끼명 하루에 두 번 먹는 끼니.
두남(斗南)명 북두 칠성의 남쪽 천지. 곧, 온 천하. whole world 도와 주다. sympathize
두남=두-다태 ①곁들다. be partial to ②불쌍히 여겨
두뇌(頭腦)명 ①사물을 슬기롭게 판단하는 힘. 「명석(明晳). 《약》뇌(腦). ②뇌. ③머릿골. brain
두뇌 유출(頭腦流出)명 과학자·기술자 등 지식 수준이 높은 사람이 국외로 이주하는 현상.
두눈-박이명 두 눈이 달린 갓.
두-다태 ①정한 곳에 놓다. put ②머무르게 하다. stay ③마음속에 넣고 잊지 않다. cherish ④바둑·장기를 놓다. play ⑤관계를 끊다. break with ⑥밥이나 떡에 콩·팥을 섞다. mix ⑦고용하다. employ ⑧수결(手決)을 쓰다. sign ⑨일정한 시간이 미치는 동안도 있게 하다. ¶사흘을 두고 먹었다. for (three days) ⑩간격이 생기게 하다. ¶100미터를 사이에 두고 지친다. leave some space ⑪마음을 어떤 대상물에 쏟아 붙다. ¶연정을 ~. interest ⑫설치하다. establish ⑬솜을 넣다. ¶저고리에 솜을 ~. stuff ⑭마음속에 오래 지니다. ¶두고두고 잊지 않겠다. bear
두-다조동 타동사의 어미 '-아'나 '-어'에 붙어 그 동작의 결과를 그대로 지니어 감을 뜻하는 말. ¶미리 쌓아 ~.

· 두-다미(고) =도다. =구나.
두담(斗膽)명 아주 큰 쓸개.
두:대-박이명 돛대 둘을 세운 배. two-master
두더지명 〈동물〉 두더지과의 작은 짐승. 쥐와 비슷하나 좀 크고 다리는 짧으며 주둥이는 뾰족함. 몸빛은 암갈색. 또는 흑갈색으로 털이 부드러워 모물(毛物)로 쓰임. 한국 특산종임. 전서(田鼠). mole
두더지 혼인 같다됨 제 본분을 지키지 않고 엉뚱한 .
두·덤(고) 두덩. 둔덕. 「희망을 가지다.
두덜=거리-다재 불평을 혼잣말로 하다. 《센》뚜덜거리다. 《게》투덜거리다. grumble 두덜-두덜튀 하재
두덩명 두두룩한 곳. ¶눈~. ridge 「음.
두덩에 누운 소됨 아무 일도 없이 편하여 팔자가 좋
두덩=톱명 듬양이 짧고, 배가 둥근 톱. 널빤지에 홈을 팔 때에 씀. semi-circular saw
두:도막 형식(一形式)명 〈음악〉 한 개의 곡이 두 개의 부분으로 이루어지는 형식.
두독(蠹毒)명 남에게 끼치는 해독. 하자
두돈(斗頓)명→두돈.
두:동-그르-다형[-르로] 〈동〉두둥지다. 「말.
두:동-무니명 윷놀이에서 두 동이 한데 어울려 가는
두:동-지-다형 ①서로 모순되어 앞뒤가 맞지 않다. contradictory ②앞뒤의 이가 맞지 않다. 두동그르다. inconsistent
두:-튀 돼지 따위의 짐승을 연해 쫓는 소리. sooeysooey 「도록. 하자
두둑=두둑튀 계속 두두룩한 모양. 《작》도도록도독
두두룩-하-다형[-ㅎ-] 가운데가 솟아서 수북하다. 《약》두둑하다②. 《작》도도록하다. swollen 두두룩-히튀
두둑명 ①밭가의 지경을 이루어 두두룩하게 된 언덕. balk ②밭을 갈아서 흙을 타 만든 우뚝한 바닥. ridge
두둑=두둑튀 계속 두둑한 모양. 《작》도독도독. 하자
두둑-하-다형[-ㅎ-] ①매우 두껍다. very thick ②〈약〉→두두룩하다. ③풍부하다. 《작》도독하다. abundance 두둑-히튀
두둔(←頓)명 약자를 편들어 보호해 줌. favouring 하자 「둥실.
두둥게-둥실튀 가볍게 떠오르거나 떠가는 모양. 두둥
두=둥둥튀 북 따위를 연해 치는 소리. rub-a-dub
두=둥실튀 〈동〉두둥둥실.
두:-둥실명 물 위의 배나 공중의 달 따위가 반듯이 떠오르는 모양. floating to the surface
두둥실-거리-다재 물 위나 공중에 떠서 자꾸 둥실둥실 움직이다.
두드러기명 〈한의〉 약제(藥劑)나 음식의 자극으로 생기는 급성 피부병. 은진(癮疹). nettle rash
두드러지-다재 파물하지 아니하고 드러나서 뚜렷하다. 《작》두둑하게 내밀다. 《작》도드라다. prominent
두드럭-메뚜기명 〈곤충〉 메뚜기과의 곤충. 몸 길이 30~60 cm이며 몸 빛은 회색이나 임색임.
두드-레명(고) 차꼬. 수갑. 「knock
두드리-다태 톡톡 치다. 자꾸 때리다. 《센》뚜드리다.
두들겨=질명 맞방이 따위로 두드리는 짓. beating 하자
두들기-다태 함부로 마구 쳐서 때리다. 막 두드려서
두-들명(고) 두둑. 둔덕. 「치다. 《센》뚜들기다. beat
두디기명 ①→두더기. ②→두더지.
두·디-쥐명(고) 두더지.
두락(斗落)의명 〈동〉마지기¹.
두랄루민(duralumin)명 〈화학〉 알루미늄·동(銅)·망간·마그네슘으로 되는 단단하고 가벼운, 비행기를 만드는 합금(合金).
두량(斗量)명 ①알이나 혹은 되로 곡식의 분량을 되어서 헤아림. 또, 그 양. measuring by pecks ②어떤 일을 두루 헤아려서 처리함. 하자
두럭명 ①노름이나 놀이로 여러 사람이 모인 떼. crowd gamblers ②여러 집들이 한데 모인 떼. hamlet ③〈속〉→집¹².

두런=거리다 여러 사람이 나직한 소리로 수선스럽게 말로 지껄이다. 《작》도란거리다. murmur 두런두런 하타

두렁명 논가에 둘러쌓은 작은 둑. levee

두렁-길[-껠]명 논두렁 위로 난 길. levee path

두렁이명 어린아이의 배로부터 그 아래를 둘러 가리는 치마같은 옷. baby's skirt

두렁=허리[-어류]명 두렁허리과의 민물고기. 몸 길이 40 cm 내외로 뱀장어와 비슷함. 아시아 열대의 하천으로서 연못·도랑에 서식하며 일본·중국·대만에 분포함. 사선(蛇鱔). paddy-field eel

두레명 ①〈농업〉논밭에 물을 퍼붓는 연장. water scooper ②농사군들이 모내기·김매기를 공동으로 협력하여 체계 있게 하기 위하여 이룬 모임. 《동》

두레=꾼명 두레에 참가한 농군. 『농악(農樂)』

두레 농사(-農事)명 ①두레를 짜서 하는 농사일. 《동》②두레 그스름이.

두레=먹-다태 ①음식을 장만하여 농군들이 모여 놀다. make merry ②여러 사람이 둘러앉아 먹다.

두레-박명 줄을 길게 매어 우물물을 긷는 바가지. 두 레박②. 타래박. water-bucket

두레박=줄명 두레박에 달아 맨 줄. rope attached to a well-bucket

두레박-질명 두레박으로 물을 긷는 일. drawing water from a well with a bucket 하타

두레박=틀명 우물 가에 기둥을 세우고 그 위에 긴 나무를 가로질러 한 끝에는 돌을 메달고 다른 한 끝에는 두레박을 메달아서 돌을 문 위에 돌이 내려오는 힘을 이용하여 두레박을 올리는 데 힘이 덜 들게 하든 장치. 길고(桔槔). well-sweep

두레-상(-床)명 여러 사람이 둘러앉아서 먹을 수 있는 상. round dining table

두레-우물명 두레박으로 물을 긷는 우물. 또, 깊은 우물. 《대》박우물. deep well

두레-질명 두레로 물을 푸는 일. 하타

두렛-날명 두렛일을 하는 날.

두렛-논명 두레로 일을 하는 논.

두렛-일[-닐]명〈농업〉여럿이 두레를 짜서 힘을 같이 하는 농사일. 두레 농사②. farmer's cooperative work 하타

두-려-빗투(고) 뚜렷이. 온전히. 두려이.

두려-빠:지-다자 한 곳이 운동 빠져 나가다. 《작》도려빠지다. be completely deficient in part

두려워-하-다타여 두려운 느낌을 가지다. be afraid

두려-이투 두렷이. 온전히.

두-렬=ㅎ-다형(고) 둥글다.

두렵-다형⃞ㅂ ①마음에 꺼려 무섭다. fearful ②염려하다. anxious ③조심스럽다. be awed

두-렵-다형(고) 둥글다. 온전하다. →두렵다.

두-렵-다형(고) 둥글다. 온전하다. →두렵다.

두렷=두렷⃞ 계속 두렷한 모양. 《작》도렷도렷. 《센》뚜렷뚜렷. 하타

두렷-하-다형여 엉클어지거나 흐리지 않고 분명하다. 《작》도렷하다. 《센》뚜렷하다. distinct **두렷-이**투

두령(頭領)명 여러 사람을 거느린 두목. leader

두로(頭腦)명 두개(頭蓋).

두루⃞ 골고루. 널리. 『~ 쓰다. all over

두루-두루⃞ 이리저리 두루. 『~ 살피다. all around

두루-마기 남자가 평상시 외출할 때 입는 한국 고유의 웃옷의 하나. 소매에 앞뒷길과, 무·섶·깃이 갖추어 있으며, 솜·겹·홑박이의 다름이 있어서 철에 따라 입는다. 주의(周衣). 주막의(周莫衣). korean overcoat

두루-마리명 ①종이를 길게 이어서 가로로 둥글게 만든 물건. 주지(周紙). roll of paper ②〈인쇄〉윤전기 등에 쓰는 둥글게 이어 만든 종이. 한 뭉치에 신문지 2만 5천 장이 나옴. 《유》권취지(卷取紙). roll paper

두루-막명 →두루마기.

두루-뭉수리명 ①어떠한 일이나 형체가 꼭 이루어지지 못한 사물. 《유》뭉수리. mass ②번번하지 못한 사람을 조롱하는 말. good-for-nothing

두루뭉실-하-다형여 ①아주 둥글거나 모나지도 않고 그저 둥그스름하다. somewhat round ②언행·성격이 또렷하지 못하다. ambiguous

두루미명〈조류〉섭금류(涉禽類)의 큰 새. 온몸이 흰빛이며 부리가 길며 녹색임. 동부 아시아의 특산으로 보호조임. 백학(白鶴). 선학(仙鶴). 선금(仙禽). 야학(野鶴).

두루미=꽃명〈식물〉나릿과의 다년생 풀. 높은 산의 침엽수림 밑에 나며 흰빛의 작은 꽃이 핌.

두루미-냉이명〈식물〉겨잣과의 재배 식물. 줄기 높이 60 cm 가량으로 잎과 줄기에 잔털이 있음. 가을에 흰노란 빛의 꽃이 피고 감자 모양의 근경은 식용함.

두루 쓰-다[-으로] 널리 일반적으로 쓰다.

두루=이름씨명 (동) 보통 명사(普通名詞).

두루=일컬음명 ①공통되는 일컬음. common name ②일반에 널리 통해서 부르는 일컬음.

두루-주머니명 아가리에 잔주름을 잡고 끈 두개를 좌우에 꿰어서 여닫는 작은 주머니. 염낭. pouch

두루 춘풍(-春風)명 늘 좋은 얼굴로 누구에게든지 호감을 사는 일. 사면 춘풍(四面春風). being everybody's friend

두루-치기명 한 가지의 물건을 이리저리 돌려쓰는 짓.

두루-치기명 조갯살·낙지 등을 슬쩍 데쳐 만든 음식.

두룸-박명 《동》뒤웅박. 《경》두레박.

두룽-다리명 모피로 둥글고 길게 만들어서 머리에 쓰는 방한구(防寒具). fur cap

두류(逗遛·逗留)명 ①머물러 있음. ②여행지에서 오래도록 머무름. staying 하타

두:르(Dur 도)명〈음악〉장조(長調).

두르-다타르 ①싸서 가리다. enclose ②사물을 이리저리 변통하다. 『돈을 ~. accommodate ③사람을 농락하다. cajole ④둘러막다. enclose ⑤프라이팬·냄비 등에 기름을 고르게 바르다. ⑥바로 가지 아니하고 멀리 피하여 돌다. 『쉬운 길로 둘러 가다.

두르-다타르트 이치에 그럴 듯하게 하여 남을 속이다. deceive

두르르⃞ ①말렸던 종이 따위가 풀렸다가 절로 다시 말리는 모양. rolling ②작고 둥그스름한 것이 가볍게 구르는 소리. 또, 그 모양. rumbling ③바퀴가 굴러갈 때 울리는 소리. 《작》도르르. 《센》뚜르르. rumbling

두르-풍(-風)명 추위를 막느라고 둘러 덧입는 옷옷의 하나. 모양은 망토와 비슷함. mantle

두르-혀-다타 돌이키다. 뒤치다.

두르-혀-다타 돌이키다. 뒤치다.

두름명 물고기·나물 따위를 엮어 엮은 것. 『명태 ~. strings of fish or bunches of vegetable

두름-길[-낄]명 돌아서 가는 길. roundabout way

두름-성[-생](-性)명 주변성. 『~이 없다. versatility

두릅명 두릅나무의 애순. 『~ 나물.

두릅-나무명〈식물〉두릅나무과의 아관목(亞灌木). 줄기와 잎에 가시가 있고 황록색 꽃이 초가을에 핌. 수피·뿌리·과실은 약재로 쓰이고 잎은 식용함.

두리명 두리반에 음식을 놓고 둘러앉아 먹는 일. dining together

두리=기둥명〈건축〉둥근 기둥. 원주(圓柱). 《대》모기둥. round column 『many persons

두리기=상(-床)명 한데 차린 음식상. table set for

두리넓적-하-다[-넙-]형여 어떤 모양이 둥그스름하고 넓적하다. round **두리넓적-히**투

두리-다타 →두르다.

두리두리-하-다형여 둥글 생김이 크고 둥글다. 『두리두리한 얼굴이 사내답다. round

두리=둥실명 물건이 떠서 둥실둥실 움직이는 모양.

floating along
두리-목(一木)[명] 둥근 재목. round timber
두리-반(一盤)[명] 둥근 소반. (대)모반. round dining-table
두리번-거리-다[자] 어리둥절하여 여기저기를 휘둘러 보다. (작)도리반거리다. look about wonderingly
두리번-두리번 하다
두리-다[타](고) 두려워. →두립다. 「는 계집 하인.
두리-하님[명] 〈민속〉 혼행(婚行) 때 새색시를 따라가
두리-함지박[명] 둥근 함지박. round tray of wood
두·립-다[형] 두렵다.
두·립-다[고] 두렵다. →두립다.
두:-말[명] 이랬다 저랬다 하는 말. double-tongue 하다
두:-말-다[명][로] 이러니저러니 여러 말 하지 않다.
두:-말-없이[이] 이러니저러니 여러 말 할 것 없이. 여러 말 하지 않고. without saying anything further
두:-매 한짝[명] 다섯 손가락을 가리키는 말. five fingers
두멍[명] 물을 길어 붓고 쓰는 큰 가마. 또, 큰 통. cauldron 「협(山峽). 〈산〉(邊山)②. 산골. 산
두메[명] 깊은 산골에 있는 마을. 벽읍(邊邑)②. 산골. 산
두메 산골[-꼴](一山一)[명] 도시에서 멀리 떨어진 궁벽한 산골짜기. 「미투리. twig-bark sandals
두메-싸립[명] 바닥을 싸리 껍질로 삼은 두멧 사람들의
두메 앉은 이방이 조정일 알듯[명] 출입 없이 집에만 들어앉은 사람이 세상 풍조나 먼 데 일을 잘 안다는 뜻.
두멧 구석[명] 두메의 궁벽한 곳. depths of mountain
두멧-길[명] 두메 산골에 난 길. backwoods road
두멧-놈[명] ①(비) 두메에서 사는 사람. mountain folks ②세상 풍조나 유행에 어두운 사람.
두멧 사:람[명] 두멧 구석에서 사는 사람. (비)두멧놈.
두면(痘面)[명] 얽은 얼굴. 「backwoods man
두면(頭面)[명] ①머리와 낯. head and face ②갓의 중말.
두목(頭木)[명] ⇒두절목(頭切木).
두목(頭目)[명] ①좋지 못한 집단의 우두머리. boss ②〈제도〉중국 국사(國使) 중 무역을 목적으로 따라온 북경 상인의 일컬음.
두묘(痘苗)[명] 〈한의〉종두(種痘)의 병독. vaccine
두무-일[명] 조수 간만(潮水干滿)의 차에 따라 음력 11일과 26일을 일컫는 말.
두문 불출(杜門不出)[명] 집 속에만 박혀 있어서 세상밖에 나가지 않음. keeping indoors 하다
두-문자[-짜](頭文字)[명] 첫머리에 오는 글자. capital
두미(頭尾)[명] ①표와 꼬리. head and tail. letter
두미-다[타](頭尾-)[명] 말의 앞뒤의 조리가 닿지 않다. ¶그의 말은 두미가 없다. desultory
두미-없이[이]
두박(豆粕)[명] 콩기름을 짜내고 남은 찌끼. 콩깻묵.
두발(頭髮)[명] 머리털. hair
두발-당성[명] 두 발로 하는 발길질. 「하다
두발 부여(頭髮扶曳)[명] 서로 머리털을 움켜잡고 싸움.
두발 제기[명] 두 발로 번갈아 차는 제기. (대)외발 제기.
두:-반중[-쭝](一中)[명] ⇒한밤중.
두:-벌[명] 초벌 다음에 두번째로 하는 일. 재벌. second time
두:벌-갈이[명] 〈농업〉논·밭을 두번째 가는 일. 재경(再耕). second ploughing 하다
두:벌-대(一臺)[명] 두 벌 장석대.
두:벌-솎음[명] 두번째로 솎은 무싹귀. 또, 그 솎는 그 일. vegetables thinned out for the second time 하다
두:벌-일[명] 처음 일이 잘못되어 다시 하는 일. doing (a thing) over again
두:벌-잠[명] 한 번 들었던 잠이 깨었다가 다시 드는 잠. ¶~이 들었다. second sleep
두:벌-장대(一長臺)[명] 장대석(長臺石)을 두 커로 모아 쌓은 대(臺). (약)두벌대.
두:벌-주검[명] ①해부(解剖)하거나 검시(檢屍)를 한 송장. dissected corpse ②옛날에 죽은 송장을 파내어 극형하던 일. dying a second death

두병(斗柄)[명] 〈천문〉북두 칠성의 자루가 되는 세 개 의 별.
두병(痘病)[명] 〈동〉두창(痘瘡).
두부(豆腐)[명] 콩으로 만든 음식의 하나. 물에 불린 콩을 맷돌에 갈아 자루에 넣고 짜서 간수를 넣어 엉기게 한 것. 두포(豆泡). bean curd
두부(頭部)[명] ①〈생리〉사람의 윗부분. (대)미부(尾部). head 는 부분. ②눈운동의 윗부분. (대)미부(尾部). head
두부 껍질 비빔(豆腐-)[명] 익어 가는 두부의 겉을 긁어 말려서 물에 불려 기름과 초를 치고, 마른 새우살·해삼·버섯·죽순 따위를 불려 넣어 만든 음식. 두부피 골동(豆腐皮骨董).
두부 먹다 이 빠진다[명] ①마음을 놓는 데서 실수를 한다. ②틀림없는 데서 뜻밖의 실수를 한다.
두부 비빔(豆腐-)[명] 두부에다 고기를 넣어 볶거나 살고, 썬 김치와 양념을 넣어 주물러서 만든 음식.
두부-살(豆腐-)[명] 회고 무른 사람의 살. muscles soft as bean curd
두부살에 바늘 뼈[명] 아주 허약하여 조금만 아파도 몸시 엄살을 부리는 사람을 놀리는 말.
두부-선(豆腐膳)[명] 두부에다 난도질한 쇠고기를 섞고 양념을 하여 부친 뒤에, 증편 틀에 증편 앉히듯이 하여 쪄내어 초장에 찍어 먹는 음식.
두부-어(杜父魚)[명] 〈어류〉①〈동〉천징어. 볼락. ②〈동〉회젓이. 찻귀. 「반찬.
두부-장(豆腐醬)[명] 두부를 고추장에 묻었다가 먹는
두부피 골동[-똥](豆腐皮骨董)[명] 〈동〉두부 껍질 비빔.
두비(豆肥)[명] 콩을 썩여서 쓰는 거름. bean-manure
두사(頭詞)[명] ①표(表) 또는 전문(箋文) 등의 허두(虛頭)가 되는 말. head-word
두-사이[명] 두 물건 또는 두 사람 사이.
두삭-동:물(頭索動物)[명] 〈동물〉두삭류에 속하는 동물. 두무 동물(無頭動物). cephalochordate
두상(頭上)[명] ①머리. head ②머리 위. over head
두상(頭狀)[명] 사람의 머리와 비슷하게 생긴 모양. headlike form
두상-화(頭狀花)[명] 〈식물〉꽃대 끝에 많은 꽃이 붙어 머리 모양을 이룬 꽃. 국화 따위. capitate flower
두상 화서(頭狀花序)[명] 〈식물〉무한 화서의 하나. 여러 꽃이 꽃대 끝에 모여 붙어 머리 모양을 이루어, 한 송이의 꽃처럼 보임. capitulum
두서(頭書)[명] ①머리말. preface ②본문(本文) 앞에 쓴 글자. superscription
두서(頭緖)[명] ①일의 실머리. beginning ②〈동〉순서. :-씨[명](고) 두어의.
두:-서너[관] 둘이나 서넛 가량의. ¶돈 ~ 냥쭘. a few
두:-서넛[명] 둘이나 서넛 가량. ¶참외 ~은 먹을 수 있다. a few 「난잡하다. 두서-없이[이]
두서-없:-다(頭緖-)[형] 말이 조리(條理)가 닿지 않다.
두석(豆錫)[명] 〈동〉놋쇠.
두설(頭屑)[명] 〈방〉비듬.
두성(斗星)[명] 〈천문〉①이십팔수(二十八宿)의 여덟째 별. (약)두(斗). ②북두 칠성(北斗七星)의 벌칭.
두:-세[관] 둘이나 셋의. ¶오리 ~ 마리요. a few
두:-셋[명] 둘이나 셋 가량. ¶~만 오너라. a few
두:-손-들-다[자][로] '손들다'의 힘주어 하는 말.
두:손-매무리[명] 성질이 거칠거나 황급하여 무슨 일을 함부로 거칠게 얼버무려 냄. slapdash 하다
두 손뼉이 맞아야 소리가 난다[명] ①양쪽의 손이 서로 맞아야 일을 할 수 있다. ②서로 같아야 맞다툼이나 싸움이 된다.
두 손뼉이 울어야 소리가 난다[명] ①무슨 일을 맞잡는 사람이 있어야 하기는 어렵다. ②서로 같아야 싸움이 된다.
두손에 떡[명] 어느 것을 먼저 해야 할 지 모름의 비유.
두송(杜松)[명] 〈동〉노간주나무.
두수(斗數)[명] 〈동〉말수.
두수(杜撒)[명] 〈불교〉①속세를 떠나 중이 됨. ②집집이 다니며 구걸함. ③깨끗이 털어 버림. 하다

두수(頭首)圀 ①우두머리. boss ②〈불교〉선사(禪師)의 직명(職名). 법당(法堂)의 서쪽에 서열(序列)하는 직위의 총칭. 「of cattle ②〈동〉인수(人數)
두수(頭數)圀 ①소·말·돼지 따위의 마리 수효. head
두:수=없:-다囹 달리 주선하거나 변통할 여지가 없음. **두:수=없:이**用
두수-류(頭菜類)圀 〈식물〉셋을 먹는 콩과 식물의 총칭.
두:습 마소의 두 살. ¶～짜리 소.
두시(豆豉)圀 약전국.
두시(杜詩)圀 두보(杜甫)의 시(詩).
두식(蠧蝕)圀 ①좀이 먹음. being motheaten ②좀먹듯이 개먹음. encroachment 하㉠
두신(痘神)圀 〈동〉호구 별성(戶口別星).
두신 지수(頭身指數)〈의학〉신장을 머리의 길이로 나눈 몫.
두실(斗室)圀 썩 작은 방. 두옥(斗屋).
두아(豆芽)圀 콩나물.
두약(杜若)圀 〈식물〉양하과의 다년생 숙근초. 따뜻한 지방의 산 밑 응달에 남. 높이 30 cm, 잎은 긴 타원형. 황적색 꽃이 여름에 핌.
두어 '둘 가량'의 뜻. ¶～ 사람. about two
두어(蠹魚)圀〈동〉반대좀.   「keep
두어=두-다回 가만히 두고 돌보지 않다. 《약》둬두다.
두억-시니圀〈민속〉사나운 귀신의 하나. 야차(夜叉). female demon
두엄圀〈농업〉구덩이를 파고 풀과 온갖 잡살뱅이를 섞인 거름. 퇴비. barnyard manure   「ure shed
두엄-간(-間)圀 두엄을 쌓아 두는 헛간. man-
두엄 걸:채圀 두엄을 실어 내는 소의 걸채.
두엄 더미圀 두엄을 쌓은 더미. 「muck bog
두엄-발치圀〈농업〉두엄을 넣어서 썩이는 웅덩이.
두엄-자리[-짜-]圀 두엄을 쌓아 모으는 자리. 두엄터.
두엄-터圀〈동〉두엄자리.   「터.
두엄-풀圀 두엄으로 쓰는 풀. compost grass
두엇 '둘 가량'의 뜻. ¶일꾼 ～만 구해 주게. about two
두·에(고) 뚜껑.
두여머-조자기圀〈동〉남성(南星). 천남성(天南星).
두역(痘疫)圀 무창(痘瘡).
두연(斗然)囹 큰 모양. 우뚝하게 솟은 모양. towering 문들. 왈칵. 갑자기. 하㉠ 히用
두엽-장(豆葉醬)圀 콩잎장.   「(斗室) hut
두옥(斗屋)圀 ①아주 작은 방. ②아주 작은 집. 두실
두옥-신(斗玉神)圀 두억시니의 취음.
두우(斗牛)圀〈천문〉이십팔수(二十八宿) 가운데의 북두 칠성(北斗七星)과 견우성(牽牛星).
두우(斗宇)圀 온 세상. 우주(宇宙).
두우(杜宇)圀 소쩍새.   「따위의 살충약으로 씀.
두=우슬(杜牛膝)圀〈한의〉여우오줌풀의 뿌리. 회충
두우쟁이圀〈어류〉잉어과의 민물고기. 하천의 모래 펄에 삶. 길이 20～25 cm. 원통형으로 가늘고 길며, 등이 황갈색, 배는 은백색임.
두운(頭韻)圀 구(句)의 첫머리에 같은 음을 갖는 글자를 되풀이해서 쓰는 수사법. 《대》 각운(脚韻).
두위(頭圍)圀 머리 둘레.   「alliteration
두위잇-다回〈고〉번드치다.
두위잊-다回〈고〉번드치다.
두위티-다回〈고〉번드치다.
두유(豆乳)圀 진하게 만든 콩국. 우유·모유(母乳)의
두유(豆油)圀 콩기름. bean oil 「대용품. bean soup
두음(頭音)圀〈어학〉음절의 머리에서 나는 첫소리. 곧, '아버지'의 세 음절에서는 'ㅏ·ㅂ·ㅈ'가 됨. 머리소리.《대》말음(末音). alliteration
두음 경화(頭音硬化)圀〈어학〉첫소리가 된소리로 변하는 발음 경향의 한 현상. '가마귀'가 '까마귀', '번다'가 '번다'로 되는 따위.
두음-법[-뻡](頭音法)圀〈문학〉한 구절 또는 한 구절을 걸러서 두 구절마다 첫머리를 같은 음으로 하여 짓는 시의 형식.
두음 법칙(頭音法則)〈어학〉낱말의 첫머리에 어떤 특정한 자음을 발음하지 않는 관계로 된 법칙. 자음 중 'ㄹ'과 'ㅇ'은 단어의 첫소리로는 쓰이지 않고, 구개 음화된 'ㄴ'이 모음 'ㅣ'나 'ㅑ·ㅛ·ㅟ' 등의 반모음 'ㅣ' 앞에 나타나지 않는 현상. 머리소리 법칙.
두:이-레圀 아기가 태어난 지 14일째 되는 날. 이칠일(二七日). fourteenth day of a baby's life
두:의-부(-部)圀 한자 부수(部首)의 하나. '亏·互' 등의 'ㅗ'의 이름.
두:의-변(-人邊)圀 한자 부수(部首)의 하나. '待·得' 등의 'ㅓ'의 이름. 중인변(重人邊).
두입(斗入)圀 산세가 유난히 바다쪽으로 쑥 들어간
두자(骰子)圀 주사위.   「형세.
두자-골(骰子骨)圀 주사위뼈.
두장(豆醬)圀〈동〉콩장.
두장(痘漿)圀 천연두(天然痘)의 농즙(濃汁).
두전(頭錢)圀 거간꾼이 받는 구전. 구문(口文).
두절(杜絶)圀 교통이나 통신이 막혀서 끊어짐.《유》불통(不通).《대》개통(開通). stoppage 하㉠
두절(頭切)圀〈약〉→두절 목(頭切木).
두:절=개[一깨]圀 두 절을 왔다 갔다 하는 개는 두 절에서 다 얻어먹지 못함. 곧, 두 가지 일을 하다가는 한 가지도 이루지 못함의 비유.
두절-목(頭切木)圀 제목의 대가리를 잘라낸 토막. 끝동.《약》두목(頭木). 두절(頭切). cut of timber
두:점박이=강충이(一點-)圀〈곤충〉강충이과의 벌레. 몸 길이 4 mm 내외로 몸 빛은 담회황색임. 포아풀과 식물의 해충임.
두정(蠹政)圀 백성을 해롭게 하는 정치.
두정-골(頭頂骨)圀〈생리〉두개골 중 대뇌의 뒤쪽 위쪽 덮은 뼈 조각. 천령개(天靈蓋). parietal
두족(頭足)圀 소의 머리와 네 발. head and limbs of an ox ②두족류의 뜻. foot of a cephalopod
두족-류(頭足類)圀〈동물〉연체 동물(軟體動物)의 하나. 머리의 임 주위에 8개 또는 10개의 발이 있음. 오징어·앵무조개 등. cephalopod
두주(斗酒)圀〈동〉말술①.
두주(頭註)圀 본문의 위쪽에 적은 주석(註釋).《대》각주(脚註). head-notes
두주 불사[一싸](斗酒不辭)圀 말술도 사양하지 않음. 곧, 주량이 매우 큼. being ready to down kegs
두죽(豆粥)圀 팥죽.   「of rice wine 하㉠
두중=각경(頭重脚輕)圀 정신이 어찔하여 넘어지다. 하㉠
두지(痘指)圀 집게손가락.   「allpox pustules
두진(痘疹)圀 두창(痘瘡)의 겉으로 드러난 증세. sm-
두:집(-輯)圀 두 무릎맞춤. 하㉠   「문.
두:짝 열:개[一넫一]圀〈건축〉두 짝으로 여닫게 된
두:-째用 열을 넘은 한에의 다음 차례.
두:-쪽用 ①두쪽. ②두쪽.
두찬(杜撰)圀〈문학〉①전거(典據)가 확실하지 못한 저술. unreliable ②틀린 곳이 많은 작품. carelessly compiled book
두창(痘瘡)圀〈한의〉법정 전염병의 하나. 바이러스가 매개균으로 특유한 발진이 나타나고 예방법은 종두(種痘). 두병(痘病). 역신(疫神)②. 두역(痘疫). 천연두(天然痘). 천포창(天炮瘡). 포창. smallpox
두창(頭瘡)圀 머리에 나는 온갖 부스럼의 총칭. 두병(頭病).
두초(斗筲)圀 ①한 말과 말 두 되 들이의 그릇이라는 뜻에서, 나라의 봉록(俸祿)이 얼마 되지 않는다는 뜻. ②도량이 좁음. 하㉠   「콩과 식물의 총칭.
두초-류(荳草類)圀 가축의 사료나 녹비(綠肥)로 쓰는
두초 소:인(斗筲小人)圀 아주 변변하지 못한 사람. 도량이 좁은 사람.   「(斗筲).
두초지=재(斗筲之才)圀 아주 변변하지 못한 작은 재
두:출(斗出)圀 산줄기가 유난히 바다쪽으로 내민 형세.
두충(杜沖)圀〈식물〉두충과의 낙엽 교목. 높이 20 m, 봄에 잔 꽃이 핌. 수피를 자르면 백색의 고무질 우유가 나옴. 껍질은 약용임.
두타(頭陀)圀〈불교〉①속세의 번뇌(煩惱)를 버리고

두탁 아무런 탐심(貪心)이 없이 청정하게 불법(佛法)을 닦는 중. ②들로 다니면서 온갖 피로움과 쓰라림을 무릅쓰며, 불도(佛道)를 닦는 중.

두탁(斗-)圈→투탁(投託).

두태(豆太)圈 ①팥과 콩. ②콩팥. kidney

두태-쥐(豆太-)圈 소의 콩팥 속에 생긴 쥐. 전골에.

두터-비/두텁圈回 두꺼비.

두텁-다团 인정·정의·사랑 따위가 많고 깊다. 《작》도탑다. affectionate 두터=이图

두텁-다因 두껍다.

두텁-다因 두껍다. →두껍다.

두텁-떡圈 찹쌀 가루로 둥긴 떡의 하나. 후병(厚餠).

두-톨박이圈 알이 두 톨만 생겨서 여문 밤송이. 보통은 알이 세 톨임.

두통(頭痛)圈 머리가 아픈 증세. headache

두통-거리[-꺼-](頭痛-)圈 ①처리하기에 머리가 아프도록 귀찮게 된 일. ②다루기가 힘들고 걱정이 되는 사람. headache

두통-고(頭痛膏)圈 머리에 붙이는 고약.

두툴=두툴 물건이 움쑥움쑥 들어가기도 하고, 울룩불룩 나오기도 하여 면이 고르지 않은 모양. 《작》도톨도톨. ruggedly 하团

두툼-하-다图回 ①조금 두껍다. thickish ②어지간히 넉넉하다. 《작》도톰하다. **두툼=히**图

두-편(一便)圈 이편과 저편. 두쪽.

두-쪽(一便-)圈 이쪽과 저쪽. 두편쪽.

두폐(杜弊)圈 폐단을 막음. putting an end to corrupt practices 하团

두포(豆泡)圈回 두부(豆腐).

두풍(頭風)圈〈한의〉①머리가 늘 아프거나 부스럼이 나는 병. ②回 백설풍(白屑風).

두-피족(頭皮足)圈 소의 머리와 가죽피 네 발.

두한 족열[-녈](頭寒足熱)圈 건강법의 하나. 머리는 차게 하고, 발은 덥게 하는 일.

두해(頭骸)圈 回 두개골(頭蓋骨).

두해-살이圈〈식물〉생긴 지 두 해 만에 죽는 식물의 형태. 이년생(二年生). ¶~ 뿌리.

두해살이-풀圈回 이년생 초본(二年生草本).

두호(斗護)圈 남을 두둔하여 보호함. patronage 하团

두황(豆黃)圈 콩가루.

두후 잡증(痘後雜症)圈〈한의〉천연두(天然痘)를 앓은 후 조리를 잘못하여 생긴 여러 가지 병증.

두흉-부(頭胸部)圈 ①두부와 흉부. head and chest ②回 두부와 흉부가 꼭 들러붙어 하나로 된 부분.

두흔(痘痕)圈 마마의 헌데 자국. pock mark

둑[圈 웅덩이에서. 똑.

둑²(土木)圈 ①큰물이 넘쳐 흐르지 못하게 가장자리로 막아 쌓은 언덕. 방구(防口). 제방(堤防). 축답(築畓). bank ②높은 땅에 높이 길을 내기 위해 돌과 흙으로 쌓아 올린 언덕. ¶철로~. embankment

둑(纛)圈〈제도〉대가(大駕) 앞에나, 군중(軍中)에서 대장(大將)의 앞에 세우던 기(旗)의 종류.

둑-가다곤 울둑에서 두 동째 가다.

둑-길圈 둑 위로 난 길.

둑-제(←纛祭)圈〈제도〉군중(軍中)의 큰 기(旗)인 둑에 지내는 제사.

둔(屯)圈〈약〉→둔쾌(屯卦). [둑에 지내는 제사.

둔-각(鈍角)圈〈수학〉직각(直角)보다 큰 각. 《대》예각(銳角). obtuse angle

둔각 삼각형(鈍角三角形)圈〈수학〉한 각이 둔각(鈍角)인 삼각형. 《대》예각 삼각형. obtuse angled triangle

둔감(屯監)圈〈제도〉둔토(屯土)를 감독하던 사람.

둔감(鈍感)圈 감각이 둔함. 예민하지 못한 무딘 감각. 《대》민감(敏感). 예감(銳感). insensibility 하团

둔갑(遁甲)圈 재주를 부려 변신하는 술법. occult arts 하团

둔갑=법(遁甲法)圈 둔갑을 하는 술법. 둔갑술.

둔갑=술(遁甲術)圈回 둔갑법(遁甲法).

둔갑 장신(遁甲藏身)圈〈민속〉둔갑의 술법으로 몸을 감추어서 옆사람도 보지 못하게 함. art of invisibility 하团 [긴 모양의 하나. 둠니 모양임.

둔-거지(鈍鋸齒)圈〈식물〉톱날 일의 가장자리의 생

둔-괘(屯卦)圈〈민속〉육십사괘(卦)의 하나. 구름과 우레를 뜻함. 《약》둔(屯).

둔근(鈍根)圈 성질이 우둔함. 또, 그 사람. 《대》이근(利根). stupidity

둔-기(鈍器)圈 ①무딘 칼 따위의 연장. 《대》이기(利器). blunt weapon ②날이 붙어 있지 않은 도구. 사람을 상해하기 위해 사용한 곤봉·벽돌 따위.

둔답(屯畓)圈〈제도〉①과전법(科田法)의 실시 이후 각 지방 주둔병(駐屯兵)의 군량(軍糧)을 지급하기 위한 논. ②각 궁과 관아에 딸린 논.

둔덕 논밭 등의 두두룩하게 언덕진 곳. ridge

둔덕-지-다团 지면이 두두룩하게 언덕이 생기다.

둔-도(鈍刀)圈 날이 무딘 칼. blunt blade

둔-도(遁逃)圈 도망쳐 달아남. escape 하团

둔-땅(屯-)圈 둔전(屯田)과 둔답(屯畓). 둔토(屯土).

둔-리(鈍利)圈 ①무딤과 날카로움. ②불운과 행운.

둔-히(鈍-)图 무디고 순박하게. **둔-히**

둔병(屯兵)圈〈군사〉어느 곳에 머물러 있는 군사. stationary troops ②〈동〉둔전병. 하团

둔-보(鈍步)圈 느리고 굼뜬 걸음. slow paces

둔부(臀部)圈 엉덩이. hips [는 말. excuse

둔-사(遁辭)圈 관계 하는 책임을 회피하려고 꾸며 대

둔석(窀穸)圈 무덤 구멍.

둔-세(遁世)圈 ①세상을 피하여 삶. 돈세(遯世). seclusion from the world ②〈동〉둔속(遁俗). 하团

둔-속(遁俗)圈〈불교〉세속을 피하여 불문(佛門)에 들어가는 일. 둔세(遁世)②. escape from life 하团

둔-열하-다(鈍劣-)图回 둔하고 용렬하다. 둔하고 어리석다. stupidity

둔영(屯營)圈〈군사〉군사가 주둔한 곳. military camp

둔옹(臀癰)圈回 둔종(臀腫). [智〉②. stupidity

둔-재(鈍才)圈 재주가 둔함. 또, 그 사람. 둔지(鈍

둔-적(遁迹)圈 종적을 드러내지 않고 감춤. withdrawing into hiding 하团

둔전(屯田)圈〈제도〉①주둔병의 군량을 자급(自給)하기 위하여 마련된 밭. ②각 궁과 관아에 딸린 밭.

둔-전답(屯田畓)圈 둔전(屯田)과 둔답(屯畓). 둔토(屯土).

둔전=병(屯田兵)圈〈제도〉변경에 주둔·토착시켜 평시에는 농사도 짓게 하던 병사. 둔병(屯兵)②. [癰].

둔종(臀腫)圈〈한의〉볼기짝에 나는 종기. 둔옹(臀

둔-주(遁走)圈 도망쳐 달아남. escape 하团

둔-주-곡(遁走曲)圈〈음악〉서양 음악의 하나. 주요 주제(主題)를 각 성부(聲部)가 규칙적으로 반복하여 진행시키는 악곡의 한 형식. 푸가(fuga).

둔-중(鈍重)图 ①성질·동작이 둔하고 느림. ¶육중한 몸매에 ~한 걸음걸이. ②소리가 둔하고 무거움. ¶멀리에서 들려오는 ~한 폭성. ③주위의 상태가 께느른하고 활발하지 못함. ¶비보에 접한 실내의 ~한 공기.

둔-지(鈍智)圈 ①우둔한 지혜. stupid idea ②〈동〉둔

둔-질(鈍質)圈 굼뜬 재주와 성질. [재(鈍才).

둔-총(鈍聰)圈 총명하지 못한 기억력.

둔취(屯聚)圈 여러 사람이 한 곳에 모여 있음. assemblage 하团 [terside

둔치 물이 있는 곳의 가장자리. 물가의 언덕. waterside

둔=치-다(屯-)团 군중이 한 곳에 떼지어 머무르다. 因 사람들을 어떤 곳에 떼를 지어 놓다. assemble

둔-탁하-다(鈍濁-)图回 ①성질이 굼뜨고 흐리터분하다. ②소리가 굼뜨고 탁하다. [다. ②소리가 둔하고 탁하다.

둔테〈약〉→문둔테. [다. ②소리가 둔하고 탁하다.

둔토(屯土)圈回 둔땅.

둔-통(鈍痛)圈 둔하고 무지근하게 느끼는 아픔. 《대》극통(劇痛). [리석다. stupid

둔-투-하-다(鈍-)图回 미련하고 무디다. 굼드고 어

둔-패기〈약〉→아둔패기. [음. 하团

둔폄(窀窆)圈 장사지낼 때 하관(下棺)하여 시체를 묻

둔:피(遁避)〔명〕 속세에 나서서 덤벙이지 아니하고 숨어서 피함. 하다

둔:피 사상(遁避思想)〔명〕 세속의 일을 버리고 한적한 곳으로 피하여 숨어 살려는 사상. 은둔 사상(隱遁思想). escapism

둔:필(鈍筆)〔명〕 ① 서투른 글씨. 굼뜬 글씨. poor handwriting ② 글씨가 서투른 사람. poor hand

둔:필 승총(鈍筆勝聰)〔명〕 무딘 붓이 총명한 것보다 낫다는 뜻으로, 서투르더라도 글로 남기는 것이 기억하는 것보다는 훨씬 오래 보전됨을 이르는 말.

둔:하-다(鈍一)〔형〕〔ㅎ변〕① 영리하지 못하고 무디다. ② 제주가 없다. ③ 언행이 미련하고 느리다. ④ 감수성이 무디다. ⑤ 소리가 무겁고 무디다.

둔:한(鈍漢)〔명〕 아둔하고 미련한 사람. 아둔패기. du-

둔:화(鈍化)〔명〕 둔하여짐. 하다 [llard

둘:겁-다〔형〕〔ㅂ변〕 짙다. 두껍다.

둘:겁-다〔형〕 두껍다. 두텁다. 짙다.

둘:〔관〕 하나에 하나를 더한 수. 하나의 갑절인 수효. 양(兩). two

둘〔접두〕 새끼 알을 배지 못하는 짐승의 암컷을 일컬을 때, 짐승의 이름 앞에 붙이는 말. ¶~암소. ~암탉. barren

둘:도 없:다〔형〕 ① 오직 하나뿐이고 더는 없다. unique ② 그 이상 더 없을 만큼 지극히 귀중하다. precious

둘-되다〔형〕 미련하고 어리석고 둔하다. stupid

둘둘〔부〕 ① 물건을 여러 겹으로 마는 모양. in coils ② 물체가 가볍게 빨리 구르는 소리. 〔작〕돌돌. 〔센〕뜰뜰. rolling

둘러-놓-다〔타〕 ① 여럿을 둥글게 벌여 놓다. put around ② 각각의 몫으로 둥글게 벌여 놓는다. ③ 방향을 바꾸어 놓다. 〔작〕돌라놓다. change the direction

둘러대-다〔타〕 ① 돈이나 물건 따위를 변통하여 대다. accommodate ② 그럴 듯하게 꾸며 대다. 〔작〕돌라대다. excuse

둘러-막-다〔타〕 가으로 돌아가며 가려서 막다. 〔작〕돌라막다. enclose

둘러-맞추-다〔타〕 다른 물건으로 대신 그 자리에 맞추어 대다. 〔작〕돌라맞추다.

둘러-매-다〔타〕 한 바퀴를 둘러서 끝을 맞대다. 〔작〕돌라매다. bind ¶짐을 ~.

둘러-메-다〔타〕 조금 가벼운 물건을 번쩍 들어서 어깨에 메다.

둘러방-치-다〔타〕 가져오는 것을 슬쩍 빼돌리고 다른 것으로 대신 넣다. 〔작〕돌라방치다.

둘러-보-다〔타〕 ① 두루 살펴보다. look about ② 순시하다. 〔작〕돌라보다. patrol

둘러-붙-다〔자〕 이로운 쪽으로 돌아서 붙좇다. 〔작〕돌라붙다. follow the favourite sides

둘러-빠-지-다〔자〕 땅바닥이 빙 둘러서 움푹 꺼지다.

둘러-서-다〔자〕 여러 사람이 둥글게 늘어서다. 〔작〕돌라서다. surround

둘러-싸-다〔타〕 빙 둘러서 에워싸다. envelop

둘러-싸이-다〔자,타〕 빙 둘러서 에워싸이다.

둘러-쌓-다〔타〕 빙 둘러서 쌓다. heap around

둘러-쓰-다〔타〕〔으변〕 ① 둘러서 뒤집어쓰다. cover oneself with ② 물건이나 돈을 변통하여 쓰다.

둘러-앉-다〔자〕 여러 사람이 둥글게 앉다. 〔작〕돌라앉다. sit in a circle

둘러-엎-다〔타〕 ① 들이부수어 엎어 버리다. destory ② 하던 일을 중단하고 떠없어 버리다. give up

둘러치나 메어치나 일반〔속〕 수단과 방법은 어떻든 결과는 마찬가지다.

둘러-치-다〔타〕 ① 병풍이나 그물 등을 죽 둘러서 놓다. enclose ② 물건 따위를 휘둘러서 세차게 내던지다. fling down ③ 매·몽둥이 따위를 휘둘러서 세게 떼다. 〔으변〕〔주위(周圍).〕

둘레〔명〕 ① 가으로 둘린 테두리. 바깥 언저리. border

둘레-둘레〔부〕 사방을 살피는 모양. around ② 여러 사람이 빙 둘러앉은 모양. 하다 [be cheated

둘리-다〔자〕 이치에 그럴 듯한 일로 속다. 〔작〕돌리다.

둘리-다〔자,타〕 ① 둘러서 막히다. 둘러막히다. enclosed

② 둘러 쌓여서 가려지다. be surrounded ③ 남에게 휘두름을 당하다. be trifled [cow

돌-소〔명〕 새끼를 낳지 못하는 암소. 둘암소. sterile

둘-암캐〔명〕 〔동〕 둘소.

둘-암캐〔명〕 새끼를 낳지 못하는 암캐.

둘-암탉〔명〕 알을 낳지 못하는 암탉.

둘-암퇘지〔명〕 새끼를 낳지 못하는 암퇘지.

둘-어〔자,타〕〔고〕 둘러. 에워싸.

둘-에〔자,타〕〔고〕 둘레.

둘:-이〔명〕 두 사람. two persons 〔부〕두 사람이서.

둘이 먹다가 하나가 죽어도 모르겠다〔속〕 음식의 맛이 대단히 좋다.

둘-잡이〔명〕 장기에서, 말 하나로 상대방의 말 두 개를 잡는 수. 양득(兩得). double gain 하다

둘-째〔명〕 첫째의 바로 다음. 제이(第二). second

둘째 가라면 섧다〔관〕 자타(自他)가 공인하는 첫째다.

둘째-가리킴〔명〕 제이인칭(第二人稱).

둘째며느리 삼아 보아야 맏며느리 착한 줄 안다〔속〕 비교할 것이 없으면 진가(眞價)를 알기 어렵다.

둘째=손가락[―까―]〔명〕 '집게손가락'을 차례를 따라 이르는 말.

둘째=아버지〔명〕 결혼을 한 둘째 삼촌.

둘째=어머니〔명〕 둘째아버지의 아내.

둘째-치고〔부〕 이차적인 것으로 돌리거나 대수롭지 않은 것으로 치고.

둘쩻-집〔명〕 둘째 동생의 집. 또는 둘째 아들의 집.

둘-치〔명〕 새끼를 낳지 못하는 암짐승. sterile(dog)

둘친(Dulzin 도)〔명〕 감미료(甘味料)의 상품명. 설탕의 250배의 단맛이 있다.

둘-하-다〔형〕〔여변〕 둔하고 미련하다. stupid

둠〔명〕〔고〕 약탕관.

둡게-다〔고〕 무겁게. 덮개.

둡-다〔타〕〔고〕 덮다. →둪다.

둡덥-다〔타〕〔고〕 두둔하다. 덮다. 뒤덮다.

둣-다〔타〕〔고〕 두었다.

둥〔명〕〔음악〕 우리 나라 고유 음악에 있어서 음계(音階)의 하나인 제이음(第二音).

둥〔의〕 무슨 일을 하는 듯도 하고 안 하는 듯도 함을 나타내는 말. '둥'을 잇달아 두 번 쓰이되, 앞의 것은 어미 '-ㄴ, -은, -는, -ㄹ, -을' 따위의 다음에 쓰이고, 뒤의 것은 '만·마는·말' 다음에만 씀. ¶온 ~ 만 ~. barely

둥〔의〕 관형사형 어미 '-는' 밑에 붙어 말이 다름을 뜻하는 말. ¶A가 옳다는 ~ B가 옳다는 ~.

둥〔부〕 북 따위를 치거나 거문고 따위를 뜯는 소리. 〔작〕둥⁵. rataplan

둥개-다〔자〕 일을 감당하지 못하고 쩔쩔매다. ¶그 일 하나 가지고 어떻게 둥개고 있나? find difficulty to deal with

둥개-둥개〔부〕 '둥둥'을 더 재미나게 하는 소리.

둥구-나무〔명〕 크고 오래된 정자나무. big and old tree

둥구미〔명〕 〔약〕=멱둥구미. [levelling stick

둥굴〔명〕〔―때〕 둥글게 만들어 굴리는 평미레. round

둥굴-다〔형〕〔식물〕 백합과의 다년생 풀. 6~7월에 녹백색의 꽃이 피고 구형의 장과는 흑색으로 익음. 지하경과 어린 잎은 약용·식용함. 선인반(仙人飯). 위유(萎蕤)①. 토죽(菟竹).

둥굴이〔명〕 껍데기를 벗긴 통나무.

둥그래-지-다〔형〕 둥그렇게 되다. 〔작〕동그래지다.

둥그래지-다〔형〕 become round

둥그래-미〔명〕〔수학〕 중심에서 같은 거리의 점들을 이은 선으로 둘러싸인 평면의 원(圓)²⁰. 〔작〕 동그라미 ① circle ② 둥글게 된 모양. [tumble

둥그러-지-다〔자〕 넘어지어서 구르다. 〔작〕동그라지다.

둥그렇-다〔형〕 크게 둥글다. 〔작〕동그랗다. 〔센〕뚱그렇다. circular

둥거-모종〔명〕〔농업〕 볏모 내 음을 한데 묶은 단.

둥그스름-하-다〔형〕 대강으로 좀 둥그렇다. 〔약〕둥긋하다. 〔작〕동그스름하다. 〔센〕뚱그스름하다. round-

둥근귀[명]〈건축〉재목의 귀를 둥글게 귀접이한 면
둥근-끝[명] 날이 호형(弧形)으로 된 끝. [(面).
둥근-톱[명] 둥근 모양의 둥근 기계톱의 하나. 《데》머뮴. circular saw
둥글넓데데-하-다[―넙―][형여타] 얼굴의 생김새가 둥글고 넙적스름하다. 《작》둥글납대대하다. broad and round
둥글넓적-하-다[―넙―][형여타] 모양이 둥글고 운두가 넓적하다. 《작》둥글납작하다. round and flat 둥글넓적-히[부]
둥글-다[형ㄹ타] ①중심에서 둘레까지의 거리가 어느 곳이나 똑같다. 원형 또는 구형으로 되어 있다. 《작》동글다. round ②모가 없이 원만하다. ¶성격이 ~. perfect
둥글-둥글[부] ①여러 개가 모두 둥근 모양. globularly ②=둥그러미를 그리며 연해 돌아가는 모양. 《작》동글동글. round and round ③모가 없어 원만한 모양. 《센》둥글둥글. harmoniously 하[타]
둥글리-다[타] ①모난 곳을 잘 손질하여 둥글게 만들다. make round ②둥근 물체를 두르로 굴리거나 하다. 《작》동글리다. roll
둥글무늬-바퀴[명]〈곤충〉바퀴과[蜚蠊科]의 벌레. 몸길이 40~45 mm 가량으로 몸빛은 적갈색에 담황갈색을 띰. 적리(赤痢)·페스트균을 전파한다. Periplaneta americana, Linnaeus [ndish
둥글뭉수레-하-다[형여타] 끝이 둥글고 뭉툭하다. roundish
둥글번번-하-다[형여타] 둥그스름하고 번번하다. 《작》동글반반하다. round and smooth 둥글번번-히[부]
둥글-부채[명] 둥그스름하게 만든 부채. 단선(團扇).
둥굿-하-다[형여타] 《약》=둥그스름하다. [round fan
둥당[부] 악기(樂器)를 연달아 울리고 두드리고 하여 나는 소리. 《센》둥땅. play music 하[자타]
둥당-거리다[자타] 온갖 악기의 소리를 한데 내다. 온갖 악기를 불르거나 두들기며 흥겹게 놀다. 《센》둥땅거리다. 둥당=둥당[부] 하[자타]
둥덩-거리다[자타] 큰 북을 연해 쳐서 소리를 내다. 《작》동당거리다. 둥덩=둥덩[부] 하[자타]
둥덩산 같-다(―山―)[형] ①수북하게 쌓여 많다. mountainous ②아이를 배거나 옷을 두텁게 입어 배가 불룩하게 나온 모양을 일컫는 말. 둥덩산같이[부]
둥덩실[부] 물건이 공중으로 높이 떠 있는 모양. floatingly
둥덩이[명] 소의 앞다리에 붙은 살.
둥둥[부] 북소리 따위가 잇달아 나는 소리. 《작》동동¹. rub-a-dub 하[자타]
둥둥²[부] =둥둥실.
둥둥³[감] 어린아기를 어르는 소리. 'rockabye-baby!'
둑이=김치[명] 국물이 많아서 건더기가 둥둥 뜨게 담근 김치. 부부지(浮浮汁). kind of pickle with much juice
둥둥[부] 물건이 동동 떠 있는 모양. 《작》동실. buoyantly [plump
둥실²[부] 둥그스름하고 투실투실한 모양. 《약》둥실².
둥실-둥실¹[부] 물건이 떠서 움직이는 모양. 《약》둥실². [실둥실². 《작》동실동실.
둥실-둥실-하-다[형여타] 둥글고 크고 투실투실하다. 둥-실실실²
둥실=거리-다[자] ①몸을 거추장스럽고 둔하게 움직이다. move slowly ②배 같은 것이 둔하게 둥실둥실 떠나가다. 둥실=둥실[부] 하[자타]
둥우리=막대[명] 길마 둥글막대 아래에 수숫잎처럼 들어막아서 맨 나무. stick attached to a packsaddle
둥우리[명] 대싸리나 짚으로 엮은 바구니 비슷하게 만든 그릇. 둥우리. basket [파는 장수. hawker
둥우리=장수[명] 둥우리에 쇠고기를 담아서 돌아다니며
=둥이[접미]①명사 뒤에 붙어, 어떤 특징을 가지는 것이나 사람임을 나타내는 접미사. ¶귀염~. 쌍~.
둥주리[명] 짚으로 크고 두껍게 엮은 둥우리. 둥우리. large straw-basket
둥주리-감[명] 모양이 둥근 감.

둥지[명] 둥우리 모양의 새의 보금자리. nest
둥지 치-다[타] 보금자리를 치다.
둥치[명] 큰 나무의 밑동. butt
둥치-다[타] ①칩써서 동이다. 《작》동치다. tie up together ②너절너절한 것을 몰아서 깎아 버리다. trim
둥-하다[조형여조동여] 하는 모양과도 같고 아니하는 모양과도 같다. '만·마는·말' 등의 아래에만 쓰인다.
둣-다[타ㄷ] 《고》덮다. [¶할 둣 말 ~.
뒤-두-다[타] 《약》뒤두어두다.
뒤:=뒤[감] 집을 나간 벌떼를 몰아 넣을 때 부르는 소리.
뒤:=뒤:[감] 돼지를 몰거나 쫓는 소리.
뒈-쓰-다[자으] 《속》→뛰어쓰다.
뒈-지-다[자] 《속》죽다.
뒊-박[명](부)→뒤웅박.
뒵-벌[명]〈곤충〉꿀벌과에 딸린 벌의 하나. 몸 빛은 암갈색이고 검은 가로줄이 있으며, 날개는 흑갈색임. 몸이 뚱뚱함.
뒤:[명] ①등이 있는 쪽. rear ②미래(未來). 장래(將來). ¶~사일을 맡긴다. ③대(代)를 이을 자손. ¶~를 잇다. succeed ④뒤쪽으로. after ⑤일정한 기준에 미치지 못한 정도나 상태. outstripped ⑥자취나 흔적. traces ⑦결과. ¶일의 ~가 깨끗하여. ⑧연장되는 감정의 작용. effect ⑨겉으로 드러나지 않은 배후나 이면. back ⑩의지하는 배경(背景). 배후(背後). backing ⑪엉덩이. hip ⑫사람의 똥. excrement ⑬《약》→망겟터. ⑭(부)→뒤웅.
뒤:[부] ①함부로. 몹시. much ②뒤집어 반대로.
뒤[명](고) 북. [upside down ③전부. 온통. all
·뒤²[고] 북쪽.
뒤:=걸이[명] 노름판에서 바닥에 깐 여럿 중 맨 끝의 것에 돈을 거는 일. 도, 그 돈.
뒤:=구르-다[자르] ①일의 뒤끝을 말썽 없도록 단단히 다지다. make assurance ②총포를 쏜 뒤에 그 자체가 반동으로 몹시 울리다.
뒤=까불-다[타르] 몸을 뒤흔들면서 행동을 방정맞게 하다. behave rashly [ck yard
뒤:=꼍[명] 뒤편·뒷마당의 통칭. 뒤안. 후정(後庭). ba-
뒤:=꼭지=치-다[자] →뒤통수치다.
뒤:=꽁무니[명] 똥구니.
뒤:=꽂=다[타] 윷놀이에서 말을 뒷밭에 놓다.
뒤:=꽂이[명] 쪽진 머리 뒤에 덧꽂는 비녀 이외의 장신구. 연봉·귀이개 등. hair-ornament
뒤:=꾸머리[명] 《약》→발뒤꾸머리.
뒤:=꿈치[명] 《약》→발뒤꿈치.
뒤:=끓-다[자] 뒤섞여서 마구 끓다. boil up ②사람이나 동물의 많은 수가 같은 곳에서 움직이다. seethe
뒤:=끝[명] ①일의 맨 나중이나 끝. end ②어떤 일이 있은 바로 그 뒤. ¶비온 ~.
뒤끝(을) 보다[자] 일의 나중 결과를 보다.
뒤:=내-다[자] 함께 일을 하다가 중도에서 싫증을 내다. recede
뒤:내려=굿=다[타시] 한글의 모음 'ㅏ·ㅑ·ㅓ·ㅕ·ㅗ·ㅛ·ㅜ·ㅠ·ㅡ·ㅣ' 따위의 오른편에 'ㅣ'를 붙여 긋다. [뒤집어없다. upset
뒤:=넘기=치-다[자] ①뒤로 넘어뜨리다. tumble down ②
뒤:=넘김[명]〈체육〉상대편을 넘김 들어 어깨 뒤로 넘기는 씨름 재간의 하나. throw on one's back
뒤:=넘-다[자―따] 뒤로 엎어지다. 뒤집히어 넘어지다. fall on one's back
뒤넘-스럽-다[형ㅂ] ①되지 못하게 건방지다. haughty ②어리석고 주제넘다. cheeky ③신분에 넘치는 일을 하다. impudent 뒤넘-스레[부]
뒤:=놀-다[자] 이리저리 몹시 뒤흔들려 움직이다. shake ②멋떨어져 돌아다니다. wander
뒤:=놓-다[타] 뒤집어 놓다. upset
뒤:=눕-다[자] →뒤놀다.
뒤눕-다[자] 《약》→발뒤꿈치.
뒤늗-다[형] 제때가 지나서 새삼스럽게 늦다. ¶뒤늦게 무슨 소리냐? be too late

뒤-다[1][자] 곧지 않고 구부러지다.
뒤-다[2][타] 《약》→뒤지다[1].
뒤ː=달리-다[자] 뒤를 댈 힘이 없어지다. unable to continue
뒤ː=대[명] 어느 지방을 중심하여 그 북쪽 지방을 일컫는 말. 《대》 앞대. northern area
뒤=대ː-다[1][타] ①비뚜로 말하다. make ironical remarks ②거꾸로 가르치다. make a false state(e)ment
뒤ː=대ː-다[2][타] ①뒤를 돌보아 주다. serve ②뒷돈을 이어 주다. supply (one) with money
뒤=대ː패[명] 굽은 재목의 안바닥을 깎는 대패. plane used to cut the inner part of curved wood
뒤=덮-다[타] 가려서 덮다. 덮어서 싸다. cover
뒤=덮이-다[피동] 뒤덮음을 당하다.
뒤ː=돌-다[타][르탈] 뒤로 돌다.
뒤ː=돌아보-다[자] ①뒤를 돌아보다. look back ②지난 일을 돌이켜 생각하여 보다.
뒤ː=두-다[타] ①뒤를 생각하여 여유를 두다. leave for the future ②보류하다. hold
뒤=둥그러지-다[자] ①뒤틀려서 우그러지다. be distorted ②생각이나 성질이 비뚤어지다. become crooked
뒤듬=바리[명] 투미하고 거친 사람. silly fellow
뒤ː=따라가-다[타] 뒤를 따라가다.
뒤ː=따라오-다[타] 뒤를 따라오다.
뒤ː=따르-다[타][으탈] ①뒤를 따르다. ¶아버지를 뒤따라 나도 의사가 되겠다. ②어떤 일의 과정에 부수되거나 결과로서 생기다. ¶많은 어려움이 뒤따른
뒤ː=딱지[명] 시계 따위의 뒤에 붙은 뚜껑. ⌊일.
뒤ː=땅[명] 윷놀이에서, 상대편의 말이 다 앞선 뒤의
뒤=떠들-다[타][르탈] 왁자하게 떠들다. ⌊말밭들.
뒤=떨ː-다[타][르탈] 몹시 흔들다. tremble
뒤ː=떨어지-다[자] ①뒤에 처지다. be backward ②뒤에 남아 있다. get behind ③남만 못하다. fall behind ④시대에 맞지 아니하다. 《대》 앞지르다. get behind (the times)
뒤뚝[부] ①큰 물체가 중심을 잃고 기울어지는 모양. tottering ②코끝 따위가 우뚝 솟은 모양. 《작》 되똑. pointed nose
뒤뚝=거리-다[자] 쓰러질 듯이 이쪽저쪽으로 연해 흔들리며 기울어지다. 《작》 되똑거리다. 뒤뚝=뒤뚝[부] 하[자]
뒤뚱[부] 크고 묵직한 물체가 중심을 잃고 한쪽으로 기울어지는 모양. 《작》 되똥. twisted
뒤뚱=거리-다[자] 물건이 이쪽저쪽으로 느리게 기울어지며 흔들리다. 《작》 되똥거리다. 뒤뚱=뒤뚱[부] 하[자]
뒤뚱=발이[명] 걸음을 뒤뚱거리며 걷는 사람. one who walks with tottering steps
뒤=뜨-다[자][으탈] ①뒤틀려서 들뜨다. warp and become loose ②뒤받아서 버티어 겨루다. resist
뒤ː=뜰[명] 집채의 뒤에 있는 뜰. 뒤곁. back garden
뒤ː란[명] 집채 뒤의 울안. backyard
뒤로 오는 호랑이는 속여도 앞으로 오는 팔자는 못 속인다[속] 사람은 운명에 따라서 사는 것이지 그것을 제 마음대로 할 수 없다.
뒤룩[부] ①두리두리한 눈알이 열기 있게 움직이는 모양. goggling ②몸이 둔하게 움직이는 모양. moving slowly ③성낸 빛을 행동에 나타내는 모양. 《작》 되룩. 《센》 뛰룩. looking with glaring eyes
뒤룩=거리-다[자][타] ①두리두리한 눈알이 열기 있게 번쩍이다. ②뚱뚱한 몸이 둔하게 움직이다. ③성낸 빛을 행동에 나타내다. 《작》 되룩거리다. 《센》 뛰룩거리다. 뒤룩=뒤룩[부] 하[자][타]
뒤룽[부] 무거운 물건이 따로 매달려 느리게 흔들리는 모양. 《작》 되룽. swing
뒤룽=거리-다[자] 무거운 것이 매달려 느리게 흔들리다. 《작》 되룽거리다. 뒤룽=뒤룽[부] 하[자]
뒤ː무릎=치기[명] 〈체육〉 상대자의 뒤로 내디딘 다리의 무릎을 치는 씨름 재주.
뒤ː=미처[부] 그 뒤에 곧. soon after
뒤ː=미치-다[자] 뒤이어 곧 한정한 곳에 이르다.
뒤ː=밀치기[명] 〈체육〉 앉았다가 일어설 때에나 일어서서 있을 때에 갑자기 상대편을 뒤로 넘어뜨리는 씨
뒤=바꾸-다[타] 뒤집어 바꾸다. invert ⌊름 재주.
뒤=바꾸이-다[피동] '뒤바꾸다'의 피동형. 《약》 뒤바뀌
뒤=바뀌-다[피동] 《약》→뒤바꾸이다. ⌊다.
뒤ː=바람[명] 《동》 북풍(北風).
뒤=바르-다[형][르불] 거칠 것이 없이 함부로 아무 데나 바르다. paste all over
뒤ː=받-다[타] ①잘못한 것을 나무랄 때 도리어 반항하다. answer back ②남의 의견에 반대되는 말로 다시 받다. 《작》 되받다. retort
뒤ː=받치-다[타] ①남이 한 말에 맞받아 더 보태다. augment ②뒤에서 지지하고 도와 주다. support
뒤발=하-다[타][여불] 무엇을 온몸에 뒤집어써서 바르다.
뒤ː=밟-다[—밥따][타] 상대자의 자취를 알려고 슬그머니 뒤를 따르다. follow along back of 「다.
뒤ː=방이-다[타] 윷놀이에서 말을 뒷밭을 거쳐 방에 놓
뒤=버무리-다[타] 뒤섞어서 아무렇게나 버무리다. mix up
뒤=범벅[명] 함부로 뒤섞여서 또렷또렷하지 못한 상태. being mixed up 「게 되다.
뒤범벅=되-다[자] 함부로 뒤섞여서 또렷또렷하지 못하
뒤범벅 상투[명] 짧은 머리털로 아무렇게나 뭉뚱그려 맨 상투. 「렵다. very carpricious 뒤변ː덕=스레[부]
뒤변ː덕=스럽-다(—變德—)[형][ㅂ불] 수선스럽고 변덕스
뒤ː=보-다[1][자] 똥누다. ease nature
뒤=보-다[2][타] 착각으로 잘못 보다. make a mistake
뒤ː=보-다[3][타] 《약》→뒤보아 주다.
뒤ː보아 주-다[타] 뒤에서 돌보아 주다. 남의 뒤를 보호하다. 《약》 뒤보다[3]. take care of
뒤ː뿔=치기[명] 자립할 힘이 없어 남의 밑에서 고생함. hack work 하[자] 「와 주다. support
뒤ː뿔=치-다[타] 남의 밑에 있어서 그 뒤를 거두어 도
뒤ː=서-다[자] ①남과 같이 되지 못하고 뒤떨어져서 겨우 따르다. fall behind ②《동》 뒤지다[2]①.
뒤=섞-다[타] ①물건을 한데 모아 섞다. mix up ②함부로 섞다. mingle together ③질서를 없게 하다. 《대》 추리다. disarrange
뒤=섞이-다[자] 물건이 한데 모여서 섞여지다.
뒤숭숭=하-다[형][여불] ①정신이 어수선하다. restless ②물건이 어수선하게 흩어져 있다. confused
뒤스럭=거리-다[자] ①손을 연해 이리저리 뒤치며 놀리다. fumble ②번거롭게 변덕을 부리다. fickle 뒤스럭=뒤스럭[부] 하[자]
뒤스럭=스럽-다[형][ㅂ불] 말과 몸가짐이 침착하지 못하고 늘 부산하다. restless 뒤스럭=스레[부]
뒤스르-다[타][르불] 사물을 정리하느라고 이리저리 바꾸거나 변통하다. fumble about
뒤안[명] 《고》 뒤곁. 뒤터. 뒷동산.
뒤안=길[—낄][명] ①한길이 아닌 뒷골목의 길. ②햇볕을 못 보는 초라하고 음침한 생활. 「치(大臼齒).
뒤ː=어금니[명] 〈생리〉 어금니의 바로 다음의 이. 대구
뒤어=내ː-다[타]→뒤져내다.
뒤어=쓰-다[타][으탈] 눈을 위로 흡뜨다. 《약》 뒈쓰다. cast an upward glance
뒤어=지-다[자] 《속》 죽다.
뒤=엎-다[타] 뒤집어엎다. ¶계획을 ~. upset
뒤에 난 뿔이 우뚝하다[속] →나중 난 뿔이 우뚝하다.
뒤에 볼 나무는 그루를 돋우어라[속] 뒷일을 미리부터
뒤여=나-·다[자] 《고》 뛰어나다. →뛰어나다. ⌊생각하라.
뒤ː=울[명] 갑피(甲皮) 중에서 발꿈치를 싸는 뒷부분의 가죽.
뒤웅=박[명] 쪼개지 않고 꼭지 근처에 구멍을 뚫고 속을 파낸 바가지. 표호(瓢壺). gourd cut at the top
뒤웅박 차고 바람 잡는다[속] 허무 맹랑한 말을 떠벌이고 돌아다닌다.
뒤웅=벌[명] 〈곤충〉 꿀벌과 뒝벌에 속하는 벌. 거의 꿀벌과 비슷하나, 몸 길이 2cm 가량으로 통통하고,

뒤웅스럽다

몸 빛깔은 암컷과 수컷이 다름.
뒤웅-스럽다[日비] 뒤웅박처럼 생겨 미련하다. silly
뒤웅-스레[日]
뒤:잇-다[타스] 뒤가 끊어지지 않도록 잇다.
뒤잇-다[꼬] 뒤집다. 뒤적이다.
뒤재주-치-다[타] ①물건을 함부로 내던지다. throw away ②물건을 함부로 뒤집어 놓다. turn over
뒤적-거리-다[타] 물건을 찾느라고 자주 뒤적이다. 《작》되작거리다. 《거》뒤척거리다. **뒤적=뒤적**[月] 하다
뒤적-이-다[타] 물건을 이리저리 뒤지다. 《작》되작이다. 《거》뒤척이다. rummage
뒤져-내-다[타] 샅샅이 뒤져서 찾아내다. search out
뒤져-보-다[타] 샅샅이 뒤지어서 찾아보다.
뒤:조지-다[타] 일의 뒤끝을 단단히 다지다. settle
뒤:좇-아-가-다[자] 뒤를 지체하지 않고 따라가다. run after ②남의 뜻을 따라 그대로 하다. follow (others)
뒤:좇-아-오-다[자] 지체하지 않고 뒤를 따라오다.
뒤주[日] 쌀을 담아 두는 세간. rice chest
뒤죽-박죽[日][月] ①이것저것이 뒤섞인 모양. topsyturvy ②차례가 없이 엉망이 된 모양. in disorder
뒤:-쥐[日] 〈동〉뒤쥣과의 동물. 보통 쥐보다 주둥이가 뾰족하고 철에 따라 빛깔이 변함. shrew mouse
뒤:-지(-紙)[日] 밑씻개로 쓰는 종이. toilet-paper
뒤:-지-다[자] ①남의 뒤에 처지거나 남보다 훨씬 멀어지다. 뒤서다②. ¶대오에서 ∼. be backward ②미치지 못하다. come short of
뒤지-다[타] ①눈에 뜨이지 않는 물건을 찾다. 들추어찾다. ¶서랍을 ∼. ransack ②파서 헤치다. ¶두더지가 땅을 ∼. dig up ③속속들이 수색하다. ¶그 대목을 뒤으려고 책을 ∼. 《약》뒤다. search
뒤집개-질[日] 사물을 뒤집어 놓는 짓. turning up
뒤집고-할-다[타] 속속들이 자세하게 알다. know thoroughly
뒤:-집-다[타] ①안과 겉을 뒤바꾸다. turn inside out ②일의 차례를 바꾸다. reverse ③일을 아주 들어잎게 하다. upset ④조용하던 것을 어지럽게 하다. seethe ⑤위와 밑을 바꾸다. turn upside down ⑥딴 것으로 바꾸어 놓다. replace ⑦제도 따위를 폭력이나 기타 방법을 써서 바꾸어 놓다. change
뒤집어-쓰-다[타] ①머리에 얹어 쓰다. ¶털벙거지를 ∼. turn over and put on ②남의 허물을 떠말다. be imputed ③온몸을 가려서 내리 덮다. draw something over ④물을 뒤집어쓰듯이 온몸에 받다. be poured on ⑤부득이 책임을 넘겨 맡다. be forced to answer for
뒤집어-씌우-다[사동] 남에게 뒤집어쓰게 하다. cover [with
뒤집어-엎-다[타] ①물건의 위아래가 뒤집히도록 엎어놓다. overturn ②물건을 뒤집어서 그 속에 담긴 것을 잎지르다. overthrow ③어떤 일이나 상태를 전혀 딴 것으로 바꾸어 놓다. upset ④폭력이나 그밖의 방법을 써서 없애거나 딴 것으로 바꾸다. overthrow ⑤소란하게 떠들고 볶아대다. throw into confusion ②야단나다. ③집안이 발칵 ∼.
뒤:-집히-다[자] 일이나 물건이 뒤집어지다. be upset
뒤:-쪽[日] 어떠한 사물의 뒷방면. 후방(後方). 《대》앞쪽.
뒤:-좇-다[타] 뒤를 좇다.
뒤:-차(-車)[日] 다음 번에 오는 차. next rain ②뒤쪽에서 오는 차. 《대》앞차. following car
뒤:-창[日] 신이나 구두의 뒤꿈치에 대는 창. 뒤축. 《대》앞창.
뒤:-창(-窓)[日] 방 뒤쪽의 창. 《대》앞창. back window
뒤:-채[日] 뒤쪽에 있는 집채. 《대》앞채. back house
뒤:-채²[日] ①가마채의 뒷부분. ②《동》뒷자구리.
뒤:-채-다[타] ①매우 많아서 쓰고도 남다. be in excess ②합부로 늘어놓아서 발길에 걸리다. be superabundant [리. 뒷갈망. 하다
뒤:-처리(-處理)[日] 일이 벌어진 뒤나 끝난 뒤끝의 처리
뒤척-거리-다[타] 《거》뒤적거리다.
뒤척-이-다[타] 《거》뒤적이다.

뒷간에 갈 적 맘 다르고, 올 적 맘 다르다

뒤처서[日] 일이 사리에 뒤집혀서. [over
뒤쳐-지-다[日] 물건이 뒤집혀서 젖혀지다. be turned
뒤:-초리[日] 갈퀴의 여러 발의 아랫가지가 한데 모여서 엇갈려진 곳. base where prongs of rake join
뒤:-축[日] ①신·버선의 발뒤축이 닿는 부분. heel ②:-**축**[日] 뒤의 축.
뒤치-다[타] ①자빠진 것을 젖히다. turn upside down ②젖혀진 것을 엎어 놓다.
뒤:-치다꺼리[日] 뒤에서 일을 보살펴서 도와 주는 일. taking care of ②어떤 일이 끝난 뒤에 남은 일을 마저 처리하는 일. 뒷수쇄. fix up 하다
뒤치락-거리-다[타] 자빠진 것이나 젖혀진 것을 자꾸 젖히거나 엎어 놓다.
뒤:-탈(-頃)[日] 어떤 일 뒤에 생기는 탈. 후탈. ¶∼없이 수습되다. later trouble
뒤:-터지-다[日] 몹시 앓아 거의 죽게 된 때에 똥이 함부로 나오다. lose the control of the anus
뒤:-턱[日] ①두 턱이 진 물건의 뒤쪽에 있는 턱. 《대》앞턱. ②노름판에서 남에게 붙여서 돈을 태어 놓는 짓. ∼에게 붙여 돈을 태어 놓다.
뒤:턱-놓-다[日] 노름판에서 따로이 한 몫을 보지 않고 남
뒤:-통수〈생리〉머리의 뒤쪽. 뒷골. 뒷머리④. 뇌후(腦後). 옥침관(玉枕關). 후수(後頭). 《대》더수구니. back of the head [검을 보이다.
뒤통수 보이다[日] ①져서 달아나다. ②상대방에게 약
뒤:통수-치-다[日] 바라던 일이 낭패되어 갑작스럽게 일이 없어 낙심하다. discouraged
뒤:통-스럽-다[日][月] 찬찬하지 못하여 일을 잘 저지르다. 《작》되통스럽다. imprudence 뒤:통=스레[日]
뒤:-트기(衣)[日] 창의(氅衣).
뒤:-틀[日] 《동》매화를.
뒤:-틀-다[日] ①꼬아서 비틀다. twist ②이치에 어긋나게 하다. make (something) unreasonable ③서로 결고 버티다. ④일이 공교롭게 나가지 못하게 하다. thwart [어지다. be crossgrained
뒤:-틀리-다[자] 감정이나 심사가 사납고 험하게 비틀
뒤:-틀리-다[자] ①꼬여서 뒤틀어지다. be twisted ②이치에 어그러지다. go wrong
뒤틀어-지-다[日] 일이 올곧은 채로 있지 못하고 저절로 뒤틀리다. be distorted [fellow
뒤틈-바리[日] 어리석고 하는 짓이 거친 사람. rough
뒤:-편(-便)[日] ①《동》뒤편짝. ②《동》후편(後便).
뒤:-편짝(-便—)[日] 뒤로 있는 쪽. 뒤편①. 《대》앞편짝. back side
뒤:-폭(-幅)[日] ①옷의 뒤편 조각. 후폭(後幅). back of a garment ②나무로 짜는 세간의 뒤쪽에 대는 널조각. 《대》앞폭. back part ③물건의 뒤의 너비.
뒤:-풀이[日] 남이 지은 글의 말이나 글 아래에, 그 뜻을 잇대어서 풀이 비슷이 노래체로 만들어서 붙인 말. ¶천자(千字) ∼. annotation
뒤:-품[日] 옷의 뒤 셔드핑이 밑의 넓이. 후폭(後幅). shoulder width of a garment
뒤:-흔들-다[日] ①합부로 마구 흔들다. shake violently ②큰 파문을 일으키다. ③거침없이 마음대로
뒤:-흔들리-다[자동] 마구 흔들리게 되다. [하다.
뒨장-질[日] 어떤 것을 뒤내는 짓. 하다
뒨장-하-다[日] 뒨장질하다.
뒵들-다[자르] 서로 덤벼들어 말다툼하다. quarrel
뒷:-가슴마디[日] 〈곤충〉곤충의 세 가슴마디의 뒷마디로서, 한 쌍의 뒷다리가 달렸고 등에는 뒷날개가 달렸음. 후흉절. metathoracic appendage
뒷:-가지[日] 접미사(接尾辭). [branches
뒷:-가지[日] 길마 가지의 뒷부분이 되는 나무. back
뒷:-간(-間)[日] 똥·오줌을 누게 된 곳. 변소. 측간(厠間). 혼측(溷厠). 회치장. toilet room
뒷간과 사돈집은 멀어야 한다[日] 뒷간은 가까우면 냄새가 나고 사돈집이 가까우면 말이 많으니 서로 멀리 있는 것이 좋다.
뒷간에 갈 적 맘 다르고, 올 적 맘 다르다[日] 제 사정

뒷갈망 일이 벌어진 뒤끝에 하는 처리. 뒤처리. 뒷감당. settlement 하타

뒷:갈이 (동) 이작(裏作).

뒷:갈기 (원)→뒷갱기.

뒷:갑당(-堪當) (동)→뒷갈망.

뒷:개 ①윷놀이 판에 첫밭으로부터 앞밭에 꺾이지 않고 일곱째 되는 밭. ②섯기지.

뒷:갱기 짚신 또는 미투리의 도갱이를 감아서 싼 물건. (대) 앞갱기. (원) 뒷갱기. 하타

뒷:거래(-去來) 뒷구멍으로 하는 부정한 거래.

뒷:거름 곡식을 심은 뒤에 주는 거름. additional fertilizer

뒷:거리 ①도읍지의 뒤쪽 길거리. back-street ② 어떠한 처소의 뒤쪽 길거리. (대) 앞거리. by-street

뒷:걱정 뒤에 벌어질 일이나 또는 뒤에 남겨 둔 일에 대한 걱정. 하타

뒷:걸 윷놀이의 첫밭으로부터 앞밭에 꺾이지 않고 여덟째 되는 밭. (원) 뒤로(退步)①.

뒷:걸음 ①뒤로 걷는 걸음. moving backward

뒷:걸음-질 ①뒷걸음을 치는 짓. 하타

뒷:걸음질-치-다 ①뒤로 물러서다. shrink back ② 발을 뒤로 떼어 놓으며 걷다. step backward ③퇴보하다. (약) 뒷걸음치다.

뒷:걸음-치-다 (약)→뒷걸음질치다.

뒷:결박(-結縛) (약)→뒷짐 결박.

뒷:경과(-經過) 어느 시간의 뒤에 이루어지는 경과.

뒷:고대 깃고대의 뒤쪽에 닿는 부분.

뒷:골 (동) 뒤통수.

뒷:골·목 큰길 뒤에 있는 좁은 골목. alley

뒷:공론(-公論) ①일이 끝난 뒤에 하는 쓸데없는 공론. 후언(後言). gossip ②뒤에서 이러니저러니 수군거리며 쓸데없이 하는 공론. backbiting

뒷:구멍 ①어떤 일의 이면(裏面)에서 행동하는 짓. backstairs channels ②뒤에 있는 구멍. back door

뒷구멍으로 호박씨 깐다 겉으로는 어리석은 체하면서도 속심이 엉큼하여 딴 짓을 한다.

뒷:귀-먹-다 어리석어서 사리를 잘 판단하지 못하다. slow of understanding

뒷:길 ①뒤에 있는 길. backstreet ②앞으로 있을 과정이나 희망. ¶ ~이 순탄하다. prospect ③정상적이 아니거나 공개적이 아닌 수단이나 방법. ¶~로 빼내다. informal way

뒷:길 ①남도 지방에서 서북도(西北道)를 일컬음. north-western province ②집채 또는 마을의 뒤쪽에 있는 길. alley

뒷:길 웃옷의 뒤쪽에 있는 길. back piece of

뒷:나무 밑씻개로 쓰는 나뭇가지 또는 나뭇잎. 측목(厠木). stick used for toilet paper

뒷:날 ①앞으로 다가올 세월. days to come ②다음날. another day

뒷:눈-질 뒤쪽으로 눈을 흘긋흘긋하는 짓. 하타

·뒷-·다 (고) 두어 있다. 두었다.

뒷:다리 ①짐승의 몸의 뒤쪽에 붙은 다리. 후지(後肢). hind leg ②두 다리를 앞뒤로 벌렸을 때의 뒤에 놓인 다리. ③책상·걸상 따위의 뒤쪽 다리.

뒷다리 잡-다 벗어나지 못하도록 상대방의 약점을 잡다.

뒷다리 잡히-다 굽히는 일이 있어서 상대자에게 꼭 잡혀 벗어나지 못하게 되다. be caught tripping

뒷:담 집의 뒤쪽에 있는 담.

뒷:담당(-擔當) 일이 벌어진 뒤끝을 맡아 처리함. after adjustment 하타

뒷:대·문(-大門) (건축) 정문(正門) 밖에 집 뒤.

뒷:대야→뒷물대야. [로 따로 난 대문. rear gate

뒷:덜미 (생리) 목덜미 아래 어깻죽지 사이. nape of the neck [여섯째 밭.

뒷:도 윷판의 첫밭으로부터 앞밭에 꺾이지 않고

뒷:도장(-圖章) 약속 어음의 뒷보증을 설 때 찍는 도장. seal stamped on back of a check

뒷:돈 ①뒤에 연해 잇대어 쓰는 밑천. continuing fund ②장사판·노름판에서 뒤를 대주는 밑천.

뒷:동 일의 뒤에 관련된 도막. last part of an affair [of one's house(of the village)

뒷:동산 집 뒤에 있는 동산. hill at the back

뒷:들 집이나 마을 뒤에 있는 들.

뒷:등 등의 ह중앙. (대) 앞가슴. back

뒷:마감 일의 뒤를 마물러서 끝내는 일. 뒷처리. 뒷막이②. settlement 하타

뒷:마구리 결체의 뒤에 가로 댄 나무. 뒤체②. rear crossbar of a saddle rack [yard

뒷:마당 집 뒤에 있는 마당. (대) 앞마당. back

뒷:마루 〈건축〉 집 뒤편에 있는 마루. back floor

뒷:마무리 일의 뒤끝을 마무름. 또, 그 마무르는 일. 하타 [나무. ②(동) 뒷마감.

뒷:마이 ①나무로 만든 가구의 뒤쪽에 대서 막는

뒷:말 ①일이 끝난 뒤에 이러니저러니 하는 딴말. malicious gossip ②뒷공론으로 하는 말. 뒷소리①. back-biting talk

뒷:맛 ①음식을 먹은 뒤에 입속에 남은 맛. 뒷입맛. 여미(餘味). after-taste ②일이 끝난 다음의 느낌. ¶ ~이 쓰다. [one's back

뒷:맵시 뒤로 드러나는 고운 모양. 뒷모양①. of

뒷:머리 ①넓이가 있는 크고 긴 물건의 뒤쪽. backside ②행결의 뒷부분. (대) 앞머리. back-part ③머리의 뒤쪽에 난 머리털. hair on the back of the head ④(동) 뒤통수.

뒷:면(-面) 뒤쪽의 면. (대) 앞면. back-side

뒷:면도(-面刀) 뒷머리털이 난 가장자리의 잔털을 깎는 일.

뒷:모개 윷판의 뒷밭에서 안으로 꺾인 둘째 밭.

뒷:모도 윷판의 뒷밭에서 안으로 꺾인 첫째 밭.

뒷:모양(-貌樣) ①뒤로 드러난 모양. 뒷맵시. one's appearance from the back ②일이 끝난 뒤의 체면. result

뒷:목 타작할 때에 벼를 되고 마당에 처진 찌꺼기 곡식. leavings after threshing

뒷:몸 몸의 뒷부분.

뒷:문(-門) ①집의 뒤쪽이나 옆으로 난 문. 편문(便門). 후문(後門). (대) 앞문. back entrance ②정당하지 않은 방법으로 해결하는 길의 비유. irregular route ③정당하지 않게 입학하거나 취직하는 길의 비유. [하타

뒷:물 국부나 항문을 씻는 물. 또, 그 일. hip bath

뒷:물-대야 뒷물할 때 쓰는 대야. bidet

뒷:밀이 ①수레 따위의 뒤를 밀어 주는 일. 또, 그 사람. pushing (pusher) [shoe sole

뒷:바닥 신바닥의 뒤쪽. (대) 앞바닥. back of a

뒷:바라지 뒤에서 도와 주는 일. 뒤치다꺼리. supporting 하타

뒷:바퀴 수레 같은 것의 뒤에 있는 바퀴.

뒷:받침 뒤에서 받쳐 주는 일. 또, 그 사람이나 물건. backing 하타

뒷:발 ①네발 가진 짐승의 뒤쪽에 있는 발. hind legs ②두 발을 앞뒤로 벌렸을 때 뒤쪽에 놓인 발. 후족(後足). (대) 앞발. ③뒤로 내밀어 차는 발길.

뒷:발-굽(-굽) 마소 같은 짐승의 뒷발의 굽.

뒷:발-걸(-걸) 뒷발로 걸어가는 기운.

뒷:발막 뒤가 발막처럼 솔기가 없이 된 남자의 가죽신. [하타

뒷:발-질 뒷발로 차는 짓. kicking with a hind leg

뒷:방(-房) 〈건축〉 ①몸채 뒤쪽에 있는 방. back room ②집의 큰 방에 딸려 있는 방.

뒷:방 마·누라(-房-) 첩에게 권리를 빼앗기고 밀려나 뒷방에서 쓸쓸히 늙어 가는 본마누라.

뒷:방이-다 윷놀이에서 말을 뒷발을 거쳐 방이다.

뒷:배-보-다 겉으로 드러나지 않게 뒤에서 일을 보

살펴 주다. help behind the scenes
뒷:=배포(—排布)[명] 〈체육〉 검도(劍道)에서 적을 치거나 찌르고도 더욱 마음을 다잡는 일. 후비심(後備心).
뒷:=벽(—壁)[명] 뒤쪽의 벽.
뒷:=보:증(—保證)[명] ①〈경제〉 증권이나 어음 뒤에 아무에게 양도한다는 뜻을 글로 적는 일. 배긴(背書). endorsement ②정보증인이 의무를 이행하지 못한 경우, 뒤에서 대신 보증인의 의무를 이행하는 일. 하다
뒷:보:증 금:지(—保證禁止)[명] 〈법률〉 어음 발행인 또는 소유자가 뒷보증을 금지한다는 뜻을 적어 두는 일.
뒷:=볼[명] 버선의 뒤꿈치에 덧대는 두 쪽의 헝겊. heel [patch for Korean sock's
뒷:북치—다[자] 어떤 일이 끝난 뒤에 쓸데없이 수선을 떨다. doing something after it is done
뒷:=사람[명] ①뒤에 오는 사람. 후인(後人). person coming after another ②뒤에 오는 세대(世代)의 사람. future generations ③뒤에 있는 사람. persons behind
뒷:=산(—山)[명] 집이나 마을 뒤에 있는 산. 《대》 앞산.
뒷:=생각[명] ①나중에 대한 생각. ②일이 끝난 다음에 일어나는 마음 또는 느끼의 의견.
뒷:=설거지[명] 설거지①. ②큰 일을 치른 다음에 하는 뒤처리. 하다
뒷:=세상(—世上)[명] 앞으로 다가올 시대. 후세(後世).
뒷:=셈[명] 어떤 일이 끝난 다음에 그 얽힘새를 잡음. 또, 그런 일.
뒷:=소리[명] ①〈동〉 뒷말②. ②뒤에서 응원하는 소리. cheering ③정면으로는 말을 못하고 뒤에서 치는 큰 소리. ¶—치다. shouting from behind 하다
뒷:=소:문(—所聞)[명] 일이 끝난 뒤에 거기에 관하여 들리는 여러 가지 소문. gossip
뒷:=손[명] 걸으로는 사양하는 체하고 뒤로 슬그머니 벌려서 받는 손. accept something on the sly
뒷:=손가락질[—까—][명] ①남을 뒤에서 손가락으로 가리키는 짓. point to somebody from behind ②남을 돌려 쉽새 없이 욕하는 일. 뒷손질. backbiting 하다
뒷:=손:벌:리—다[자] 걸으로는 사양하는 체하고 뒤로 슬그머니 손을 내밀어 받다. receive surreptitious bribes
뒷:=손:보—다[타] 뒷수세하는 잔손질을 하다. rearrange
뒷:=손:없:—다[형] 일의 뒤끝을 마무르는 성질이 없다. slovenly 뒷손—없이
뒷:=손질[명] ①남 몰래 뒤로 손을 쓰는 짓. making a secret move ②손을 뒤로 돌리어 하는 동작. ③일을 기본적으로 마치고 나서 다시 손을 대어 잘 매만지거나 뒷일을 처리하는 짓. 뒷수세. making finishing touch ④직접 맞대어 하지 않고, 뒤에서 흉보기에 비난하는 짓. 뒷손가락질—. back-criticising 하다 [습. 뒷손질③. readjustment 하다
뒷:=수쇄(—收刷)[명] 뒷일의 정돈. 뒤치다꺼리②. 뒷수
뒷:=수습(—收拾)[명] 〈동〉 뒷수쇄. 하다
뒷:=심[명] ①뒤에서 도와 주는 힘. supporting behind one's back ②끝판에 가서 회복하는 힘. ¶—이 세다. last spurt
뒷:=욕(—辱)[명] 일이 끝난 뒤에 하는 욕. back abuse ②남이 없는 데서 하는 욕. 하다
뒷:=울(—울)[명] 울관의 첫째 발에서부터 앞발에 걸리지 않고 아름편 발.
뒷:=일[—닐][명] 뒷날에 생기는 일. 후사(後事). ¶~을 걱정하지 마라. future affairs
뒷:=입맛[—납—][명] 먹은 뒤의 입맛. 뒷맛③. [taste
뒷:=자락[명] 옷의 등뒤에 늘어진 자락. rear train
뒷:=자손(—子孫)[명] 〈동〉 후손(後孫).
뒷:=전(—殿)[명] ①〈민속〉 무당의 열두 거리 가운데 마지막 거리. last stage of an exorcism ②뒤쪽이 되는 부근. ¶~으로 물러났다. rear part ③눈에 뜨이지 않는 배후나 이면. ¶~에서 쑥덕공론하다. inside ④선후차로 보아 나중의 위치. ¶~으로 돌리
다. later ⑤뱃전의 뒷부분. ¶배의 ~에 올라앉다. stern ⑥등한히 여겨 뒤로 미루는 짓. ¶공부는 ~이다. put off [을 이르는.
뒷:=전(—殿)[명] 종묘(宗廟) 안에 있는 영녕전(永寧殿)
뒷:=전:놀—다[자] ①〈민속〉 무당의 열두 거리의 굿 가운데 마지막 거리를 놀다. ②일의 뒤치다꺼리를 하다. 뒷전놀다②. settle [뒷전놀다②.
뒷:=전:보—다[자] ①뒤에서 슬며시 딴 짓을 하다. ②〈동〉
뒷:=정리(—整理)[명] 일의 뒤끝을 바로잡는 일. 하다
뒷:=조사(—調査)[명] 은밀히 조사하는 일. 또, 그런 일. 내사(內査). 하다
뒷:=줄[명] ①뒤쪽의 줄. ②배후의 세력. 셋줄. ¶나는 ~이 든든하다. hidden influence
뒷지느러미[명] 〈어류〉 물고기의 항문 뒤에 있는 지느러미. caudal [질. pitching 하다
뒷:=질[명] 물에 뜬 배가 앞뒤로 흔들리는 짓. 〈데〉 옆
뒷:=짐[명] 두 손을 허리 뒤로 돌려 마주 잡는 짓. ¶~지다. holding one's hands behind one's back
뒷:=짐 결박(—結縛)[명] 죄인의 두 팔을 뒤로 묶음. 《약》 뒷결박(—結縛). 하다
뒷:=집[명] 집 뒤쪽으로 이웃해 있는 집. 《대》 앞집. house right back of one's house
뒷집 마당 벌어진 데 솔뿌리 걱정한다[속] ①쓸데없이 남의 걱정을 한다. 솔뿌리는 벌어진 항아리나 바가지 등을 기울 때 씀. ②탁상 공론으로 일을 수습하려 한다.
뒷집 짓고 앞집 뜯어내란다[속] ①사리(事理)는 따지지 않고 제 욕심만 채우려 한다. ②제게 조금 해롭다고 해서 저보다 먼저 한 사람의 일을 못하게 한다.
뒹굴—다[자] ①누워서 몸을 이리저리 구르다. tumble about ②한 곳에 늘어붙어서 편히 놀다. idle away ③여기저기 어지럽게 널려 구르다. roll on one's sides
듀공(dugong)[명] 〈동물〉 듀공과의 열대 짐승. 얕은 바다에 삶. 해우(海牛) 비슷한데, 길이 2.7 m, 청회색으로 끄리지느러미가 갈라지고, 몸에 털이 없음. 새끼를 가슴에 안고 젖을 먹임. 인어(人魚).
듀나미스(dunamis 그)[명] 〈철학〉 능력 또는 가능성. 모든 사물이 발전하여 한층 높은 형상(形相)을 실현하는 소질.
듀렛[명] 〈전〉 ①놋쇠. ②〈책〉(錫).
듀:—스(deuce)[명] 〈체육〉 ①탁구·배구 등의 결승점에서 양편이 같은 경우 먼저 연속하여 두 점을 득점하는 편이 이김. ②정구에서 양쪽이 3 대 3인 경우.
듀:스 어게인(deuce again)[명] 듀스가 다시 한 번씩을 같이 득점한 경우. [重唱].
듀엣(duet)[명] 〈음악〉 ①이중주(二重奏). ②이중창(二
듀:테론(deuteron)[명] 〈화학〉 중양자(重陽子).
듀:테륨(deuterium)[명] 〈화학〉 중수소(重水素). heavy hydrogen
듀:티(duty)[명] ①본분(本分). 의무. ②직무.
듕(고)[명] 중(僧).
듕긴[명] 〈고〉 증기.
듕신[명] 〈고〉 중매.
드—[접두] 정도가 한층 높음을 나타내는 말. ¶~높다.
드나드는 개가 꿩을 문다[속] 부지런히 활동하는 사람이라야 일을 이루고 재물을 얻을 수 있다.
드나—들—다[자][ㄹ변] ①일 새 없이 들어갔다 나왔다 하다. going in and out frequently ②이것저것이 자주 갈아들다. change frequently ③고르지 못하고 들쭉날쭉하다. ¶~나들다. be indented [ice box]
드난[명] 드나들며 고용살이를 하는 일. domestic servant
드난—꾼[명] 드난살이하는 사람. servant
드난—살:—이[명] 남의 집에서 드난으로 살다. be in domestic service [vant 하다
드난—살이[명] 드난으로 살아가는 생활. life of a ser-
드—날리—다[타] ①손으로 들어 날리다. 들날리다②.
드넓—다[—널따][형] 활짝 틔어서 아주 넓다. 《대》 비

좁다. spacious

드=높-다형 매우 높다. lofty

드는 돌에 낯 붉는다속 들이는 노력이나 밑천이 있어야 그것에 해당하는 표가 있다.

드는 정은 몰라도 나는 정은 안다속 정이 들 때는 드는 줄 모르게 들어도 싫어질 때는 차차 정이 멀어져 가는 것을 알 수 있다.

드티-다자 (고) 더디다. →드디다.

드티여타 (고) 드디다.

드더지-다타 (고) 들어 던지다. ┌at random

드=던지-다타 물건을 함부로 들어 내던지다. throw

드듸-다타 (고) 앞의 말을 받아 이어 말하다. ②더

드듸여면 (고) 드디어. ┌다.

드디어면 그 결과로. 마침내. 결국. at last

드라마(drama 드) ①〖문학〗연극. 각본. 희곡. ¶라디오 ~. ②어떤 극적인 사정.

드라마티스트(dramatist)명 극작가.

드라마틱(dramatic)명 감동적·인상적인 모양. 극적인 것. ¶~한 인생. 하형

드라이(dry)명 ①말라 있음. ¶~밀크. ②무미 건조. ③알코올이 있지 않음. ④금주(禁酒). ⑤(略)~드라이 클리닝. ⑥(속) 극히 현실적인 사고 방식이나 행동의 경향. 하형

드라이 독(dry dock) 명 건선거(乾船渠).

드라이 리허:설(dry rehearsal)명 텔레비전 방송에서, 카메라를 사용하지 아니하고 의상과 장치를 갖추고 하는 연습.

드라이버(driver)명 ①운전사. 조종사. ②〖체육〗골프에서, 공을 치는 원거리용의 타구봉(打球棒). ③나사 돌리개.

드라이브(drive)명 ①자동차 따위를 운전하거나 타고 돌아다님. ②〖체육〗정구·골프·크리켓 등에서, 공을 깎아서 뒤로 세게 침. 하형

드라이브웨이(driveway)명 드라이브에 적합한 길.

드라이브-인(drive-in)명 주로 자동차에 타고 있는 사람을 대상으로 한, 대로변에 있는 각종 서비스 시설. 식당·선물 가게·음식 따위. ┌體二酸化炭素).

드라이 아이스(dry ice) 명〖화학〗고체 이산화탄소(固

드라이어(drier·dryer)명 ①건조기(乾燥器). ②건조제(乾燥劑). ③젖은 머리털을 말리는 기구.

드라이 클리:닝(dry cleaning)명 물 대신 벤젠으로 때를 빼는 세탁. 건조(乾燥)세탁. (略) 드라이⑤.

드램(dram)의 영국에서 쓰는 저울 눈의 단위. 보통 1.8g, 약을 다는 데에는 3.88g.

드러그(drug)명 약품. 약제.

드러그스토어(drugstore)명 간이 백화점(簡易百貨店).

드러-나다자 ①겉으로 나타내다. become known ②감추었던 것이 밝혀지다. be revealed ③비밀이 폭로되다. be exposed

드러난 상놈이 울 막고 살랴속 ①세상이 다 아는 일을 새삼스럽게 감추들 무슨 소용이 있겠는가. ②사람은 어떤 천한 일이라도 경우에 따라서는 할 수 있다.

드러-내:다타 ①세상에 알려지도록 하다. ¶이름을 ~. show ②겉으로 나타내다. ¶본성을 ~. reveal ③노출하다. ¶가슴을 ~. expose

드러-눕다자(ㅂ불) ①제 마음대로 편히 눕다. lie down ②앓아서 자리에 눕다. ┌piled up

드러-쌓이다자 썩 많이 쌓이다. (약) 드러쌔다.

드러-쌔-다자 (약) 드러쌓이다. '히 놓다. →얼다.

드러-얼이-다타 (고) 어우르게 하다. 들어 가지런

드러장이-다자 물건이 가지런히 차곡차곡 쌓이다. ¶창고에 물건이 ~. be piled up in order

드·러·치·다타 (고) 떨치다. ┌로 치는 북.

드럼(drum)명〖음악〗양악(洋樂)에서 가는 채 두 개

드럼-통(drum 桶)명 ①가솔린 따위 액체를 넣는 길둥근 강철통. ②(속) 키가 작고 동뚱한 사람을 놀리어 일컫는 말. drum can

드렁-거리-다자타 ①우렁차게 울리는 소리를 연해 내

다. ②코를 짧게 고는 소리를 연해 내다. 《큰》드렁거리다. 드렁=드렁부 하자타

드렁-취〖식물〗들판·산기슭에 나는 칡.

드렁허·리명 드렁허리.

드레명 인격적으로 점잖은 무게. dignity

드·레명 (고) 두레박. ┌sen

드레-나다자 (고) 기계 바퀴가 헐거워져서 흔들거리다.

드레-드레부 물건이 매달려 흔들리는 모양. 《작》다래다래. dangling 하자

드레드레투 분풍(分蜂)할 때 수봉기(受蜂器)를 대고 벌떼를 부르는 소리의 하나.

드레스(dress)명 ①옷. 의복. ②여성복(女性服). ③예복. 야회복(夜會服).

드레스 폼:(dress form)명 목에서 허리까지의 사람 형상으로 만든 틀. 양복점에서 시침 바느질을 한 양복을 입혀 놓고 모양을 고치는 가슴통 모양의 틀.

드레시(dressy)명 여성복의 선과 형이 우아하고 부드러움. 성장(盛裝). (때) 스포티(sporty). 하형

드레싱(dressing)명 ①복장. ②장식(裝飾). ③화장. ④식품에 치는 소스의 하나. ┌입는 방.

드레싱 룸:(dressing room)명 ①화장실. ②옷을 갈아

드레저(dredger)명〖공업〗준설기로 쓰이는 기중기의 하나. 바다 밑·강 밑의 흙을 파 올리는 기계.

드·레·줄명 (고) 두레박줄.

드레지-다형 ①됨됨이가 점잖아 무게가 있다. ②물건의 무게가 가볍지 않다. dignified

드레질명 남의 인격이 무겁고 가벼움을 떠보는 짓. person's prudence 하자

드로:어즈(drawers)명 여성의 팬츠. (변) 즈로스.

드로:잉(drawing)명 ①제도(製圖). ②〖체육〗경기의 상대방을 고르는 추첨. ┌室.

드로: 룸(drawing room)명 ①응접실. ②화실(畫

드로:잉 페이퍼(drawing paper)명 제도에 쓰는 종이.

드론: 게임(drawn game)명 ①승부를 내지 않고 중지하는 일. ②〖체육〗무승부로 끝내는 시합.

드롭(drop)명 ①향료를 넣어 만든 서양 사탕. 드롭스. ②〖체육〗야구에서, 투수(投手)가 던진 공이 타자(打者)의 앞에 와서 급히 아래로 떨어지는 커브. (약) 드롭(drop)②.

드롭 커:브(drop curve)명〖체육〗야구에서, 투수(投手)가 던진 공이 타자(打者)의 앞에 와서 급히 아래로 떨어지는 커브. (약) 드롭(drop)②.

드롭 킥(drop kick)명〖체육〗럭비에서, 손에 들고 있는 공을 땅에 떨어뜨려 튀어 오르는 순간에 차는 법. drop kick

드롭트 골:(dropped goal)명〖체육〗럭비에서, 드롭킥 한 공이 골의 횡목(橫木)을 넘어서 된 골.

드·르명 (고) 들의 칠판.

드르렁부 코를 고는 소리. 드르릉. snoring heavily

드르렁-거리-다자타 코를 연해 골아서 소리를 내다. 《작》 다르랑거리다. 드르렁=드르렁부 하자타

드르르부 무슨 일을 하거나 글을 읽는 데 막힘이 없이 해내는 모양. (센) 뜨르르. smoothly 하형

드르르부 ①큰 물건이 미끄럽게 구를 때 부드럽게 나는 소리. rolling ②큰 물건이 부드럽게 떠는 모양. 《작》 다르르. (센) 뜨르르. trembling

드르륵부 코가 막혔을 때의 코고는 소리. 하자타

드르륵부 ①방문 따위를 거침없이 열 때 나는 소리. ②총 따위를 연해 쏠 때 나는 소리. 또는 그 모양.

드르륵-거리-다자타 코가 막혀 연해 코를 골며 드르륵 소리를 내다. 드르륵=드르륵부 하자타

드르릉부 코고는 소리. 드르렁. 《작》 다르랑. 하자타

드르릉-거리-다자타 자꾸 드르릉하다. 드르릉=드르릉부 하자타

드릉-거리-다자타 ①우렁차게 울리는 소리를 연해 내다. ②코를 연방 짧게 골며 소리를 내다. 《작》 드렁거리다. 드릉=드릉부 하자타

드리-다타 멀어 놓은 곡식을 바람에 날리어 검불이나 티 같은 것을 털어 버리다. winnow

드리-다타 ①몇 가닥의 끈이나 실 따위를 하나로 꼬거나 땋다. ¶동아줄을 ~. braid ②어떤 끈이나

실에 다른 끈이나 실 따위를 섞어서 땋거나 함께 꼬
다. ¶머리에 댕기를 ~. plait
드리-다³[타] ①웃사람에게 인사나 물건을 건네다. offer
②신불(神佛)에게 비는 일을 하다. ¶정성을 ~.
devote 「造)를 만들다. ¶방을 ~. install
드리-다⁴[타] 집을 지을 때 방·마루·창 등의 구조(構
드리-다⁵[타] 팔기를 그만두고 가게의 문을 닫다. close
드리-다⁶[타] 《약》→드리우다. ⌊the shop
드리-다⁷[조동] 동사의 어미 '=아·=어·=여' 아래에 쓰
이어 윗사람을 위하여 동작함을 나타내는 말. ¶도
와 ~. 「다.
드리돋-다[자] 《고》 들이닥치다. 들이닫다. 달려 들어가
드리블(dribble)[명] 〈체육〉 ①축구·럭비에서, 공을 두
발로 차며 달리는 법. ②배구에서, 경기 중에 한
사람이 두 번 이상 공을 치는 반칙. ③농구에서, 공
을 손으로 몰면서 달리는 법. 하[자]
드리=없ː-다[형] ①경우에 따라 변하여 일정하지 않다.
unfixed ②내중없다. uncertain 드리=없ː이[부]
드리우-다[타] ①아래로 늘어지게 하다. hang down ②
이름을 후세에 전하게 하다. hand down ③교훈을
아랫 사람에게 주다. give lessons ④땋은 머리 끝에
댕기를 물리다. 《약》 드리다⁶.
드·리·ᄎ-다[자] 《고》 들이차다.
드·리·티-다[자] 《고》 들이치다. 「들이마시다.
·드·리·혀-다/드·리혀-·다[타] 《고》 들이끌다. 들이켜다.
드릴(drill)[명] ①맨 끝에 송곳날을 붙인 공작용 구멍
뚫는 기구. 보르반(Bohr 盤). ②기본적인 것을 되
풀이하여 연습하는 일.
드림[명] ①길게 매달아 늘어지게 하는 물건. hangings
②《약》→기드림. ③책 따위에 증정(贈呈)의 뜻으로
적는 말. ¶편자(編者) ~.
드림=셈[명] 몇 차례로 나누어 주는 셈. payment by
installments 「늘어뜨린 줄.
드림=줄[―쭐][명] 마루에 오르내릴 때 붙잡을 수 있게
드림=추(―錘)[명] 〈건축〉 벽·기둥 따위의 수직을 살펴
보는 기구. plumb line
드림=흥정[명] 물건을 팔고 살 적에 값을 여러 차례에
나누어 주기로 하고 하는 흥정. transaction by
installments 하[타]
드링크=제(drink 劑)[명] 조그만 병에 넣은 청량제나 약
액제(藥液劑).
드=맑-다[형] 매우 맑다. very clear
드문=드문[부] ①시간으로 잦지 않게. 이따금. occasio-
nally ②공간으로 띄엄띄엄. 《작》 다문다문. 《센》 뜨
문뜨문. sparsely 하[형]
드문드문 걸어도 황소 걸음[속] 속도는 느리나 오히려
믿음직스럽고 알차다.
드무=솔방울[―빵―][명] 〈식물〉 사초과(莎草科)의 다
년생 풀. 줄기 높이 60~90 cm 로 잎은 선형이며 빳
빳함. 물가에 저절로 남.
드물-다[형][ㄹ탈] 시간이나 공간이나 또는 어떠한 관계
가 서로 떨어진 것이 아무 표준 없이 멀다. 흔하지
않다. 잦지 않다. rare
드므[명] 〈공업〉 넓적하게 만든 독. flat jar
·드므·리[부] 《고》 드물게.
드믈-다[형] 《고》 드물다. 「건이.
드바쁘-다[형][으탈] 몹시 바쁘다. ¶드바쁜 농촌의 가을
드브룩=하-다[형][여불] →더부룩하다.
드·뵈[명] 《고》 뒤웅박. 「brimfully
드뿍[부] 분량이 좀 범위에 넘치는 모양. 《작》 다뿍.
드뿍=드뿍[부] 여럿이 드뿍 넘치는 모양. 《작》 다뿍다뿍.
드=새ː-다[형] ①불편한 대로 밤을 지내다. stay for
the night ②뜬눈으로 밤을 지내다. sit up overnight
③길을 가다가 집을 찾아 들어서 밤을 지내다.
드세-다[형] ①세력이 아주 세다. influential ②집터를
지킨다는 신이 몹시 딱딱하다. ③사람의 성질 따위
가 세거나 사납다. ¶드센 여자.
드스=하-다[형][여불] 조금 드습다. 《작》 다스하다. 《센》
뜨스하다. warm

드습-다[형][여불] 알맞게 뜨뜻하다. 《작》 다습다. 《센》 뜨
드위잇-다[자] 《고》 번드치다. →드위티다. ⌊습다. warm
드위잊-다[자] 《고》 번드치다. →드위티다.
드위티-다[타] 《고》 뒤치다. 번드치다.
드위혀-다[타] 《고》 뒤집다.
드위힐후-다[타] 《고》 되풀이하다.
드위혀[부] 《고》 번드쳐. 뒤집어.
드위혀-·다[타] 《고》 ①뒤집다. ②반(反)하다. 어긋나다.
드잡이[명] ①서로 머리나 멱살을 끌어 잡고 싸우는 짓.
scuffle ②빚을 갚지 못하여 채권자가 솥을 떼어 가
거나 그릇 따위를 가져 가는 짓. attachment ③교
군꾼을 쉬게 하려고 다른 두 사람이 들장대로 가마
채를 받쳐 들고 가는 짓. relief 하[타]
드틀[명] 《고》 티끌. 「slightly away
드티-다[자][타] 자리나 날짜가 조금씩 옮겨지다. move
드팀=새[명] 드틴 정도나 기미. 「store
드팀=전(―廛)[명] 온갖 피륙을 파는 가게. draper's
득ː[부] ①금이나 줄을 세차게 긋는 모양. 또, 그 소
리. with a stroke ②물이 갑자기 부쩍 어는 모양.
fast ③세차게 긁는 모양. 《작》 닥. scratching
득¹(得)[명] 〈민속〉 풍수 지리(風水地理)의 혈(穴) 또
는 내명당(內明堂) 안에서 흐르는 물.
득²(得)[명] 《약》→소득(所得).
득가(得暇)[명] ①겨를을 얻음. having leisure ②말미
를 받음. 득유(得由). getting time 하[자]
득계(得計)[명] 《동》 득책(得策)②. 하[자]
득공(得功)[명] 성공(成功)함. 공을 이룸. success 하[자]
득군(得君)[명] 임금의 신임(信任)을 얻게 됨. winning
the confidence of a king
득남(得男)[명] 아들을 낳음. 생남(生男). 하[자]
득남=례(得男禮)[명] 득남한 것을 스스로 축하하기 위
하여 한턱내는 일. 생남례(生男禮).
득녀(得女)[명] 딸을 낳음. 생녀(生女). 하[자]
득달(得達)[명] 목적지에 다다름. arrival 하[자]
득달=같-다[형] 잠시도 지체하지 않는다. without loss
of time 득달=같이[부]
득담(得談)[명] 《동》 득방(得謗). 하[자]
득당=하-다(得當―)[형][여불] 틀리거나 잘못됨이 없이 아
주 마땅하다. reasonable
득도(得度)[명] 〈불교〉 불문(佛門)에 들어가 부처의 제
도(濟度)를 얻음. attaining Nirvana 하[자]
득도(得道)[명] ①도를 깨침. attainment of salvation
②오묘(奧妙)한 뜻을 깨침. finding the truth 하[자]
득돌=같-다[형] ①뜻에 꼭꼭 잘 맞다. satisfactory ②
시간에 맞게 빠르다. 득돌=같이[부]
득ː=득[부] ①금이나 줄을 연해 세차게 긋는 모양. 또,
그 소리. ②물이 갑자기 부쩍 얼어 붙는 모양. 또,
그 소리. ③세차게 긁는 모양. 또, 그 소리. 《작》
닥닥.
득력(得力)[명] 숙달하거나 깊이 깨달아서 확실한 힘을
얻음. acquiring selfconfidence in oneself 하[자]
득롱 망ː촉(得隴望蜀)[명] 한(漢)나라 때 광무제(光武
帝)가 농(隴)나라를 평정한 뒤에 다시 촉(蜀)나라
를 쳤다는 고사에서, 사람의 욕심은 끝이 없음을
이르는 말. 《약》 망촉(望蜀).
득리(得利)[명] 이익을 얻음. making a profit 하[자]
득리(得理)[명] 일의 묘한 이치를 깨달음. 하[자]
득면(得免)[명] 좋지 않은 일이나 책임을 피하여 면하
게 됨. being exempted from 하[타]
득명(得名)[명] 명성이 높아짐. 이름이 널리 알려짐.
making a name 하[자]
득문(得聞)[명] 얻어들음. hearing of 하[타]
득물(得物)[명] ①물건을 얻음. 수렵하여 얻은 새나 짐
승 따위. getting things ②손에 익은 무기. famil-
iar weapon
득민(得民)[명] 학덕이 높거나 정치를 잘하여 백성들이
충심으로 붙좇게 됨. winning popularity
득방(得謗)[명] 남에게 비방이나 구설을 들음. 득담(得
談). being scolded 하[자]

득배(得配)圓 배필(配匹)을 얻음. marriage 하다
득병(得病)圓 병을 얻음. 병에 걸림. getting ill 하다
득보기圓 몹시 못난 사람. fool
득부 실부(得斧失斧)圓 얻은 도끼나 잃은 도끼나 매한가지라는 말로, 곧 얻음과 잃음이 없다는 말. 하다
득분(得分)圓 ①얻은 부분. gain ②영주(領主) 따위가 토지에서 연공(年貢)으로 받은 수익.
득=불보:실(得不補失)圓 얻은 것으로는 그 잃은 것을 보충하지 못함. 곧, 손(損)이 됨을 이르는 말.
득상(得喪)《동》득실(得失)③.
득색(得色)圓 일이 뜻대로 되어 뽐내는 빛. triumphant ant look
득세(得勢)圓 ①세력을 얻음. acquiring influence ②세세가 좋게 됨. turning to one's advantage 하다
득소 실다[一다](得少失多)圓 적게 얻고 많이 잃음. 소득보다 손실이 큼.
득송(得訟)圓 송사(訟事)에 이김. 승소(勝訴). 하다
득수(得數)〈수학〉어떤 수를 어느 수로 나누어 얻은 값. 상(商)①.
득수 득파(得水得破)〈민속〉산 속에서 흘러 나와 산 속으로 흘러 가는 물을 풍수설(風水說)에서 일컫는 말. 하다
득승(得勝)圓 싸움이나 경쟁에서 이김. 승리를 얻음. [obtaining a victory 하다
득승지=회(得勝之會)〈기독〉구원을 받아 하늘에 올라가 사람이 천당(天堂)에 모임. 영승지회(榮勝之會). [portunity 하다
득시(得時)圓 때를 얻음. 때를 만남. finding an op-
득시글=거리-다 사람이나 동물이 한 페로 모여 자꾸 움직이다. 《약》득실거리다. in swarms 득시글=득시글圓 하다
득신(得辛)〈민속〉정월의 맨 처음 신일(辛日)을 말함. 초하루면 일일 득신, 열흘날이면 십일 득신이라 하여, 그 해 농사의 잘 되고 잘못 됨을 점침.
득신(得伸)圓 ①뜻을 펴게 됨. realizing one's aspiration ②소송에 이김.
득신=기정(得伸其情)圓 그 뜻을 펼 수가 있음. 하다
득실(得失)圓 ①얻음과 잃음. ¶~ 상반(相半). loss and gain ②성공과 실패. success and failure ③이(利)와 손(損). 득상(得喪). ④장점과 단점.
득실=거리-다圓=득시글거리다.
득실 상반(得失相半)圓 이로움과 해로움이 서로 반반임.
득심(得心)圓 득의(得意)의 마음. 득의②.
득업(得業)圓 ①〈교육〉일정한 학업을 끝마침. ②〈불교〉정해진 불도 수행을 끝내는 일. 또, 그 사람. 하다
득업=사(得業士)圓 학교를 마치고 면허장을 얻은 사람.
득유(得由)圓 말미를 얻음. 득가(得暇)②. getting time 하다 [름. being melodious 하다
득음(得音)圓 노래의 곡조가 썩 아름다운 지경에 이
득의(得意)圓 ①뜻을 이룸. satisfaction ②뜻대로 되어 뽐냄. 득심(得心). triumph 하다
득의 만:면(得意滿面)圓 뜻을 이루어 기쁜 표정이 얼굴에 꽉 참.
득의 양양(得意揚揚)[一냥](得意揚揚)圓 뜻하는 바를 이루어서 뽐내고 우쭐거림. being triumphant 하다
득의지=추(得意之秋)圓 바라던 일이 뜻대로 이루어질 좋은 기회. [person 하다
득인(得人)圓 쓸 만한 사람을 얻음. getting a right
득=인심(得人心)圓 인심을 얻음. winning the hearts of the people 하다
득점(得點)圓 시험이나 경기 등에서 점수를 얻음. 또, 그 점수. getting a score 하다
득점=타(得點打)圓 야구에서, 득점에 연결된 안타.
득정(得情)圓 죄(罪)를 저지른 정상을 알아냄. getting at the facts of a crime 하다
득제(得題)圓〈제도〉소장(訴狀) 또는 청원서(請願書)에 이로운 판결 제사(題辭)를 받음. 하다
득죄(得罪)圓 잘못되어 죄를 지음. committing a crime 하다 [하다
득중(得中)圓 지나치거나 부족함이 없이 꼭 알맞음.
득지(得志)圓 소원(所願)을 이룸. 마음먹은 대로 됨. attaining one's purpose 하다
득진(得眞)圓 ①참다운 경지에 이름. reaching the real condition ②사물의 진상(眞相)을 알게 됨. getting at the truth 하다 [take part 하다
득참(得參)圓 참여(參與)할 수 있음. being able to
득책(得策)圓 ①좋은 계책. good policy ②유리한 계책을 얻음. 득계(得計). finding out the best way 하다 [lic service examination 하다
득첩(得捷)圓 과거에 급제함. passing the higher pub-
득체(得體)圓 체면을 유지함. preserving one's honour 하다 [one's favour 하다
득총(得寵)圓 남에게 알뜰한 사랑을 받음. winning
득탈(得脫)〈불교〉교리를 깨달아 괴로움에서 벗어남. salvation 하다
득통(得通)圓 통력(通力)을 얻음. 하다
득표(得票)圓 투표에서 표를 얻음. 또, 그 표수(票數). ¶~수(數). number of votes obtained 하다
득:-하다〈형여〉얻다. 날씨가 갑자기 추워지다. grow clod suddenly
득-하다(得一)〈타여〉얻다. 이익을 얻다. gain
득행(得幸)圓 임금의 알뜰한 사랑을 받음. winning the Imperial favour 하다 [ve effective 하다
득효(得效)圓 약의 효력을 봄. 《대》실효(失效). pro-
든《약》→들든.
=든어미《약》=→든지.
든:지圓〈一富者〉圓 집안 살림은 가난한 형편이면서 겉으로는 부자와 같이 보이는 사람. 《대》난거지 든부자. 든부자 난거지. 《약》든거지. vain person
든난=벌圓 든벌과 난벌. home wear and street dress
든든-하다〈형여〉①무르지 않고 굳다. firm ②약하지 않고 굳세다. strong ③속이 배서 여무지다. solid 《작》단단하다. ④마음에 흡족함을 느껴서 미덥다. 《예》든든하다. reliable [었다.
든버릇 난버릇圓 후천적 습성이 선천적 성격처럼 되
든:-번圓〈一番〉圓 나왔다가 다시 차례가 되어 들어가는 번(番). 《대》난번. on duty [번. home wear
든-벌圓 집 안에서만 쓰는 신이나 옷 등의 총칭. 《대》
든부:자 난거:지圓〈一富者〉圓 집안 살림은 풍족하면서도, 겉으로는 거지같이 보이는 사람. 《대》든거지 난부자. 난부자 든거지. 《약》든부자. rich
든-손圓 일을 시작한 손. ¶~에 이것도 마저 하게. hand at work
든손〈부〉서슴지 않고 곧. 주저하지 않고 얼른. ¶~으로 해치우세. without hesitation
든지圓 받침 없는 체언에 붙어 무엇이나 가리지 않음을 나타내는 조사. 《약》든. either ...or →이든지.
=든지어미 용언의 어간에 붙어 무엇이나 가리지 않음을 나타는 연결 어미. =거나. ¶~ 오~. 《약》=든. [nified 든직=히〈부〉
든직-하다〈형여〉①타여〉사람됨이 듬직하고 묵직하다. dig-
든-침:모(一針母)圓 남의 집에 묵으면서 바느질을 말아 하는 침모(針母). 《대》난침모. resident needle-woman
듣거니=맺거니圓 눈물이 글썽거리고 방울방울 떨어짐을 형용하는 말.
듣-그럽-다〈ㅂ〉떠드는 소리가 퍽 듣기 싫다. 《대》조용하다. noisy
듣기圓 (그〉티끌.
듣기 좋은 노래도 장 들으면 싫다〈관〉아무리 좋은 말이라도 여러 번 들으면 싫다.
듣-다¹〈타ㄷ〉①물이 방울방울 떨어지다. ②눈물이 흘러 내리다. drip
듣-다²〈자ㄷ〉①약 따위가 병에 효험이 있다. be efficacious ②기계 따위가 제대로 작용하다. work

들-다[타동] ①소리를 귀로 느끼다. ¶총소리를 ~. hear ② 명령이나 지시, 칭찬이나 꾸지람 등을 받다. follow ③소식 따위를 알다. ④허락하다. 승인하다. grant ⑤이르는 말대로 따라 하다. ¶어머니 말씀을 잘 듣는 착한 어린이.

:들-·다[타][고] 떨어지다.

듣다 못해해[타] 무슨 말을 듣고 참을 수 있는 데까지 참다가 더 참을 수가 없어서. unable to tolerate the criticism any longer

듣보기 장사[명] 들어박힌 장사가 아니고, 시세를 듣보아 가며, 요행수를 바라고 하는 장사. 투기상(投機商). speculative business

듣보기 장사 애 말라 죽는다[속] 요행수를 바라느라고.

듣=보-다[타] 어떠한 조건 아래에서 무엇을 찾아 고르느라고, 뜻을 두어 듣고 보고 하다. search

듣=잡-다[타][브] 《공 듣다³.

듣:줍·다/들:줍·다[타][고] 듣잡다.

들[명] 벌판. 광야. field

들²[의명] 둘 이상의 명사를 벌어 말할 때 맨 끝에 쓰는 말 등. ¶김씨·이씨·박씨 ~. and so forth

들-[접두] ①들입다·몹시·몽창히의 뜻. ②~뛰다.

=들[접미] 체언에 붙어 여럿을 나타낸다. ¶너희~.

들:-개[깨][명] ①주인 없이 돌아다니며 자라는 개. 야견(野犬). stray dog ②(속) 빽없이 쏘다니는 사람.

들:-것[-껃][명] 흙이나 환자 등을 담아서 나르는 기구. 담가(擔架).

들고-나-다[자] 연(鳶)의 줄을 주다가 실이 떨어졌을 때 얼레를 들고 연을 따라 나가다.

들고-나-다[자] ①남의 일에 참견하여 일어나다. interfere ②집안의 물건을 팔려고 가지고 나가다. carry

들고-뛰-다[자] 《속》 달아나다. [someting out for sale

들고-버리-다[자] 《속》 달아나다.

들고-일어나-다[자] ①세차게 일어나다. ②어떤 일에 항의하여 궐기의 의사를 주장하고 나서다.

들고-주-다[자] 《속》 달아나다. ¶ 난봉이 나서 재물을 함부로 쓰다. squander

들고-튀-다[자] 《속》 달아나다.

들고-파-다[타] 한 가지만 가지고 열심히 연구하다. 공부를 열심히 하다. ¶영어만 ~. study hard

들국화(-菊花)[명] 《식물》 산이나 들에 저절로 나는 산국화. 야국(野菊). chrysanthemum

굴[명] 《고》 ①떼. ②등걸[株].

들궐[명] 《고》 등걸.

들그릅[명] 《고》 그물의 하나.

들추어-내-다[타] 속에 든 물건들을 함부로 들썩이어 끄집어내다. rummage out at random [perilla oil

들-기름[명] 들깨를 볶거나 그대로 짠 기름. 법유(法油).

들까부르-다[타][르] 몹시 흔들리게 까부르다. 《약》 들까불다. toss about

들까불-거리[자] 자꾸 들까부르다. move up and down briskly 들까불-들까불[부] 하다

들=까불-다[자] 《약》=들까부르다.

들까불리-다[자] 들까붊을 당하다.

들=깨[명] ①《식물》 꿀풀과[脣形科]의 일년생 재배 식물. 온몸에 털이 있고, 잎은 알꼴로 대생함. 독특한 냄새가 있고 양념으로 쓰임. 백소(白蘇). ¶~죽(粥). perilla frutescens ②들깨의 씨. 수임(水荏). 야임(野荏). 임자(荏子). seed of perilla

들깨-풀[명] 《식물》 꿀풀과[脣形科]의 일년생 풀. 들에 나며 가을에 자줏빛 꽃이 핌.

들깻-잎[-닢][명] 들깨의 잎사귀.

들-나비[명] 들의 여럿이 모여들다. ¶날파리들이 ~. swarm

들:-꿩[명] 《조류》 꿩평과에 속하는 새. 날개 길이 17cm 가량으로 암수가 비슷. 꺽갈색 무늬가 있고 꽁부는 백색인데 흑색과 적갈색의 반문이 있다. 고산지대에 서식하며 나무순과 열매를 먹음. 한국 특산 종으로 보호조임. wild pheasant

들=꿇-다[자] 여럿이 한 자리에 많이 모여서 물끓듯이 움직이다. ¶관광객으로 ~. crowd

들-나무[명] 마소의 편자를 신기는 곳에 세운 기둥. post where horseshoes are put on

들나니-다[자] 《체육》 씨름할 때, 다리를 상대편의 다리 안으로 넣어서 위로 들면서 안낚시를 거는 재주.

들-날리-다[자] ①세력이나 이름이 드러나서 널리 떨치다. be wellknown ②(동) 드날리다.

들-내[명] 들깨나 들기름에서 나는 냄새. smell of perilla

들:-녘[명] 산에서 멀리 떨어져 평야가 많이 있는 곳. open field [ay

들=놀-다[자][ㄹ불] 들썩거리면서 이리저리 흔들다. sw-

들=놀리-다[타] 남을 함부로 몹시 놀려 주다.

들-놀이[명] 들에서 노는 놀이. 야유회(野遊會). 하다

들=놓-다[자] 끼니때가 되어 논밭의 일손을 멈추고 쉬거나, 집으로 헤쳐 가다. take a rest from work for lunch

들=놓-다[타] 들었다 놓았다 하다. take up and down

들-다[자][ㄹ불] ①안이나 속으로 오거나 가거나 하다. go into ②안에 담기거나 포함되거나 하다. ¶비밀이 들어 있는 문서. contain ③어떠한 곳을 정하고 거기에 있게 되다. dwell ④절기나 풍·흥년이 돌아오다. set in ⑤물감·빛 따위가 물건에 스며들다. be dyed ⑥맛이 아주 맞다. be satisfied with ⑦무슨 일에 어떤 물건이 쓰이다. need ⑧병이 생기다. be attacked ⑨음식의 맛이 알맞도록 되다. have a taste ⑩버릇이 생기다. ¶절도. take to ⑪단체의 성원으로 되다. join ⑫어느 정도 많은 나이에 달하다. grow older ⑬식물의 뿌리·열매 등이 살이 올라 굵어지다. grow thick ⑭어떤 상태에 빠지거나 처하다. fall into ⑮어떤 행동을 하다. act ⑯애써 하려고 하다. try hard ⑰안이 속에 생기다. get [다. ¶칼이 잘 ~. cut

들-다[자][ㄹ불] 쇠붙이 연장의 날이 날카로워 잘 베어지다.

들-다[자][ㄹ불] ①비가 그치거나 굿은 날씨가 좋아지다. ¶날이 ~. clear up ②맑이 그치다.

들-다[타][ㄹ불] ①놓인 것을 손에 쥐어 위로 올리다. hold up ②땅에서 떨어지게 손에 쥐다. take ③《공》 먹다. eat ④실지 예나 증거로 사실을 끌어 말하다. ¶확실한 증거를 ~. give an example

들-대[명] 가까운 들녘. near hand

들-도리[-또-][명] 《건축》 들연이 얹히는 도리. 곧, 가에 선 기둥 위의 도리인데, 상량(上樑) 도리와 구벌하여 일컫는 말. 《돔》상량 도리. tie beam

들-돌 [-똘][명] 《체육》 사람의 힘을 늘리기 위하여 들었다 놓았다 하는 돌. 역도(力道)에 쓰임. barbell stone [ssly

들-두드리-다[타] 함부로 자꾸 두드리다. beat reckle-

들-두들기-다[타] 함부로 자꾸 두들기다. beat recklessly

들들[부] ①콩·깨 따위를 갈거나, 또는 이리저리 휘저으며 볶는 모양. stirring ②사람을 견디지 못하게 볶는 모양. ¶~ 볶다. harshly ③감춘 물건을 이리저리 뒤지는 모양. 《약》 달달. ransacking

들-볶-다[타] ①깨나 콩을 이리저리 휘저으며 볶다. parch with stirring ②사람을 견디지 못하도록 몹시 볶다. tormenting to the extreme

들어-때리-다[타] 몹시 때리다. strike (one) hard

들에-밀[명] 권세 있는 대가(大家)의 고약한 하인.

들-떠들-다[자][ㄹ불] 여럿이 들끓으며 떠들다. make a fuss [indirectly

들-떼놓고 남의 감정을 일으켜 덧내다. ¶~ 빈정거리다.

들-떼리-다[타] 남의 감정을 일으켜 덧내다. hurt a person's feeling

들-뛰-다[자] 몹시 뛰다. run quickly

들-뜨-다[자][으불] ①단단한 데 붙은 얇은 물건이 안쪽으로 떨어져 들고 일어나다. ¶장판지가 ~. become loose ②마음이 가라앉지 않고 들썽거리다. ¶마음이 ~. be restless ③살의 빛깔이 누렇고 부석부석하게 되다. sallow and swell

들=뜨리-다[타] 《약》=들이뜨리다.

들-뜨이-다 어떤 충동이나 자극을 입어 마음이 들썽거려지다. feel impatient

들락-거리-다 들락거리다.

들락-날락 연거푸 들어왔다 나갔다 하는 모양. 들랑날랑. going in and out 하다

들랑-거리-다 자꾸 드나들다. 자꾸 들락날락하다. 들락거리다. going and out

들랑-날랑 들락날락. 하다

들러-가-다 지나는 길에 어떤 데를 들렀다가 가다. drop in at

들러리 신식 결혼식에서, 신랑 신부를 보살펴 식장(式場)으로 인도하여 곁에 서는 사람. groomsman, bridesmaid 다리 구실을 하는.

들러리-서-다 ①들러리의 구실을 하다. ②남의 곁

들러-붙-다 끈기있게 바짝 붙다.《원》들어붙다.《작》달라붙다. adhere

들레-다 야단스럽게 떠들다. make a noise

들려-주-다 듣도록 하여 주다.

들르-다 지나는 길에 잠깐 거치다. drop in

들리-다 ①소리가 귀청을 울려 감각이 일어나다. ¶소리가 ~. be audible ②소문이 퍼져서 남들이 듣게 되다. 사동 남을 시켜 듣게 하다. be heard

들리-다 ①못된 귀신이 덮치다. ¶귀신이 ~. be possessed by ②병이 덮치다. be attacked

들리-다 물건이 뒤가 끊어져 다 없어지다. ¶밑천이 ~. run out

들리-다 남에게 들음을 당하다. ¶몸이 번쩍 ~. be lifted 사동 남을 시켜서 들게 하다. ¶국기를 들~. let a person hold

들마 가게의 문을 닫을 무렵. ¶외상값은 ~에 주지. closing time 다. humor

들-맞추-다 겉으로 얼렁뚱땅하여 남의 비위를 맞추

들=머리 들어가는 첫머리. entrance last stage

들머리-판 다 들어먹고 끝장 나는 판. 들판'.

들먹-거리-다 자꾸 들먹이다.《작》달막거리다.《센》뜰먹거리다. 들먹=들먹 하다타 crooked

들먹-다 못생기고 마음이 올바르지 못하다.

들먹-이-다 ①묵직한 물건이 들렸다가 가라앉았다 하다. rise and fall ②마음이 흔들리거나 어깨나 궁둥이가 위아래로 움직이다. exhilarate 타 ①묵직한 물건을 들먹었다 놓았다 하다. move up and down ②남의 마음을 흔들거나, 어깨나 궁둥이를 위아래로 움직이다. shake another's mind or one's shoulders and hips ③남을 들추어 말하다.《작》달막이다. talk about someone

들메 벗어지지 않도록 신을 발에 들메는 일. fas-

들메=끈 신을 들메는 끈. tening one's shoes 하다

들메-나무〈식물〉 물푸레과의 낙엽 교목. 높이 20 m 가량으로 이른봄에 누른 빛깔의 작은 꽃이 핌. 산의 습지에 나며 목재는 건축재·기구재로 씀.

들메-다 신을 발에 동여매다. fasten one's shoes

들무새[명] ①뒷바라지로 쓰이는 물건. material needed in backing ②어떤 일에 쓰이는 감이나 물건. material heavy work 하다

들무새² 남의 막일을 힘껏 도움. help a person's

들=바람[―바람]〈동〉들에서 불어오는 바람. wind that arises in the field

들-배지기〈체육〉상대자의 배를 껴안고 자기 몸을 돌리면서 넘어뜨리는 씨름 재주.

들병 장수[―뼝―](一甁一)〈동〉병술을 받아 들고 다니면서 파는 장사치. peddler who sells wine

들-보¹[―뽀]〈건축〉간(間)과 간 사이의 두 기둥을 건너지르는 나무.〈약〉보. cross-beam

들-보²[―뽀] 사내의 자지나 똥구멍에 병이 생겼을 적에 샅에 차는 헝겊. loin-cloth

들-볶-다 남을 몹시 못 살게 굴다. annoy

들부드레-하-다 조금 연하게 들큼하다.《작》달보드레하다. sweetish

들-부딪-다 함부로 막 부딪다.

들부셔-내-다 지저분하고 너절한 것을 깨끗하게 말끔히 치워내다. clear away

들-부수-다 들부수다.

들-붓-다〈약〉→들이붓다.

들빼[명]〈고〉들깨.

들-쌀[―쌀]〈건축〉쓰러져 가는 집을 살잡이할 때 처음에서 바로잡는 지레. prop field birds

들²=새[―쌔][명] 들에서 사는 새. 야생(野生)의 새.

들²=소[―쏘]〈동물〉열대 지방에 있는 소의 하나. 보통 소와 비슷하나 몸 길이 3 m 가량으로 거대함. 삼림이나 평원에 떼를 지어 서식하며 고기 맛이 좋고 가죽이 좋아서 널리 쓰임. 야우(野牛). wild ox

들=손[―쏜] 그릇에 달린, 반달 모양의 손잡이. handle

들=쇠[―쐬][명] ①세간에 달린 손잡이. 조철(銚鐵). handle ②걸방·분합 등을 떠올려 거는 갈고리.

들숨[―씀][명] 안으로 들이쉬는 숨.〈배〉날숨. inha-

들숨 날숨 없다 꼼짝달싹할 수 없다. lation

들썩[명] 붙었던 것이 떠들리는 모양.《작》달싹.《센》들썩. rising and falling

들썩-거리-다 지주 들썩이다.《작》달싹거리다.《센》뜰썩거리다. 들썩=들썩 하다자타

들썩-이-다 ①가벼운 물건이 들렸다 가라앉았다 하다. move up and down ②마음이 흔들리어 움직이다. stir up ③어깨나 궁둥이가 가볍게 아래위로 움직이다. be restless 타 ①가벼운 물건을 떠들었다 놓았다 하다. move up and down ②마음을 흔들어 움직이다. disturb ③어깨나 궁둥이를 아래위로 가벼이 움직이다.《작》달싹이다.《센》뜰썩이다. shake

들썩-하-다[여]형 ①《약》→떠들썩하다. noisy ②하는 말이 이치에 닿아 그럴 듯하다. plausible

들썽-거리-다] 하고 싶은 것을 못한 때에 움직이는 마음이 가라앉지 않고 자꾸 일어나다. be impatient 들은 마음이 가라앉지 않고 자꾸 드르다. 들썽=들썽 하다 지 않다. be restless

들썽-하-다[여]형 하고 싶은 마음이 일어나서 가라앉지 않다.

들-쑤시-다[타]《약》→들이쑤시다.

들-쏟-다[타] ①이불 같은 것을 위로부터 아래로 덮어쓰다. pull over ②온몸에 물을 받다. pour on oneself ③모자를 되는 대로 쓰다. out on ④남의 허물·책임을 넘겨 맡다. take upon oneself

들-씌우-다[타] 들쓰게 하다. cover

들-앉-다[자]《약》→들어앉다.

들-앉히-다[타]《약》→들여앉히다.

들어-가-다[자] ①안으로 향해 가다. enter ②틈에 이다. join ③취직·입학을 하다. enter ④비용·재료 노력 등이 어떤 용도에 쓰이다. ⑤말이나 글의 내용이 잘 이해되다. ⑥새로이 시기나 상태가 시작되다.

들어-가-다[타] 물건을 들어서 가져 가다. take away

들어-내-다[타] ①물건을 들어 밖으로 내놓다. lift out ②있던 곳에서 쫓아내다.

들어-뜨리-다[타] 집어서 속에 넣다.

들어-맞-다[자] 틀림없이 꼭 맞다. 빈틈이 없이 맞추어지다. fit

들어-맞추-다[타] 꼭 맞게 하다. ¶장부 숫자를 ~.

들어-먹-다[타] 있는 재물이나 밑천을 모조리 털어 버리다. ¶장사 밑천을 ~. dissipate

들어-박히-다[자]동 ①빈틈이 없이 촘촘히 박히다. be packed ②떠날 줄을 모르고 한곳에만 꼭 붙어 있다. be confined to

들어-붓-다[자]스불 비가 퍼붓듯이 쏟아지다. fall heavily 타[불] ①술을 많이 많이 마시다. guzzle ②다른 그릇에 옮겨 쏟다. pour into

들어-붙-다[자]《원》→들러붙다.

들어-서-다[자] ①안쪽으로 다가서다. step in ② 막대 들고 버티고 서다. face ③다 제자리 안에 자리잡다. be full ④교통로를 잇다. ⑤어느 시기에 접어들다.

들어서 죽 쑨 놈 나가도 죽 쑨다 [속] 집에서 늘 일하는 사람은 다른 데 나가서도 일만 하게 된다.

들어앉다 집에서 하던 버릇은 밖에 나가서도 못 버린다.

들어=앉-다目 ①안쪽으로 다가앉다. sit inside ②자리를 차지하고 앉다. be installed ③직장을 그만두고 집안에 있다. stay at home

들어=열:개명〈건축〉위쪽으로 들어 열게 된 문.

들어=오-다자 ①밖에서 안쪽을 향하여 오다. come in ②어떤 자리에 끼려고 오다. join ③일자리로 오다. enter ④수입 등이 생기다. ⑤말이나 글의 내용이 이해되어 기억에 남다. (약) 들오다.

들어온 놈이 동네 팔아 먹는다(속) 도중에 끼어 든 사람이 그 본래의 전체의 위(位)를 끼친다. 「grant

들어=주-다目 청원(請願)하는 것을 허락하여 주다.

들어=차-다자 많이 들어서 꽉 차다. become full

들엉의 장사치가 물건을 사라고 외칠 때 '들'의 뜻으로 하는 말. ¶배추 ~ 사례.

들=엉기-다자 착 들러붙어서 엉기다. coagulate

들=엎드리-다자 집에만 들어앉아서 활동을 아니하다.

들에-다目 들레다. 떠들다. 「keep in doors

들·에·움(고) 떠듦.→들에다.

들·에·윰(고) 떠듦.

들여=가-다目 ①밖으로부터 안으로 가지고 가다. ¶비에 안 맞도록 물건을 ~. carry in ②가게에서 물건을 사서 집으로 가져 가다. ¶연탄을 ~.

들여=놓-다目 ①밖으로부터 안으로 가져다 놓다. ¶밖에 있는 것을 방에 ~. bring in ②안으로 들어오게 하다. ¶아무도 방을 들여놓지 말라. let in ③물건을 사서 집에 가져다 놓다. ¶책을 월부로 ~. ④관계를 맺다. 진출하다. ¶정계에 발을 ~.

들여다=보-다目 ①밖으로부터 안을 엿보다. look in ②가까이 대고 자세히 보다. gaze ③상세하게 관찰하여 속을 알다. ④안에 들어가서 찾아보다. ¶앓는 친구를 ~. see through

들여다=보이-다/들여다=뵈-다자동 속에 있는 것이 눈에 뜨이다. ¶속셈이 훤히 ~.

들여=대-다目 바싹 가까이 대다. ¶차를 ~.

들여=디디-다目 안쪽을 향하여 발을 옮겨 디디다. 「하다. send in

들여=보내-다目 밖으로부터 안이나 속으로 들어가게

들여=세우-다目 비어 있는 자리의 계통을 잇기 위해 적당한 후보를 구하여 들어서게 하다. appoint somebody to fill a vacancy

들여앉히-다目 ①여자의 나다니는 직업을 그만두게 하여 집안에 있게 하다. settle ②첩을 아주 자기 집에서 살도록 하다. install ③안으로 들어보내어 자리에 앉히다. let one come in ④안쪽으로 다가 앉히다. let one sit inside ⑤일정한 자리나 직에 앉히다. ¶공장장으로 ~. ¶깊이 들앉히다. appoint

들여=오-다目 밖으로부터 안으로 가져 오다. bring in

들=연[-련](一椽)명〈건축〉오량(五樑) 더 되는 집에서 도리에 걸친 끝의 서까래. 장연(長椽). 평연(平椽). rafter

들=오-다자 (약) →들어오다.

들온=말(돌)명 외래어(外來語).

들음/들음음(고) 들림.

들우·다目(고) 돕다.

들으면 병이요 안 들으면 약이다 걱정되는 일은 차라리 아니 듣는 것이 낫다.

들은=귀명 ①들은 경험. memory ②이로울 말을 듣고, 그 기회를 놓치지 않으려고 함을 이르는 말. taking time by the forelock

들은=풍월(一風月)명 남에게서 들은 것을 그대로 흉내냄. picked-up knowledge

들음=들음명 가끔 조금씩 들음. hearing occasionally

들음직-하-다형여 흥미가 있어 들을 만하다. ¶그 이야기는 →들음직하다.

들이目 ① '들이닥·몹시·함부로·마구'의 뜻. ¶~덤비다. ~받다. ~부수다. at random ②'별안간. 급작이'. ¶~닥치다. suddenly ③안쪽. 안을 향하여. ¶~몰다. ~비추다. inwards

=들이접미 그릇의 담기는 용량(容量)을 나타내는 말. ¶한 되~ 그릇. vessel which can hold…

들이=곱-다자 안쪽으로 꼬부라지다. 《큰》들이굽다.

들이=굽-다자 안쪽으로 구부러지다. 《작》들이곱다.

들이=긋-다자目(ㅅ) ①안으로 줄을 긋다. draw inwards ②병독(病毒)이 몸 안으로 몰리다. strike inwards ③숨을 들이켜 마시다. ¶크게 숨을 한 번 ~. inhale ④계속하여 자꾸 긋다. ¶파란 줄만 ~. draw continually

들이=끌-다目(ㄹ) 안쪽으로 잡아당기다. pull in

들이=끼우-다目 틈으로 들여보내서 끼우다. put between

들이=끼이-다자 틈으로 들어가서 끼워지다. 「tween

들이-다目 ①안으로 들어오도록 하거나, 또는 들어가도록 하다. let in ②맛을 붙이다. get a taste for ③잠을 이루게 한다. make one sleep ④종이·피륙에 염색을 하다. dye ⑤일에 대하여 힘을 쓰거나 돈을 쓰다. expend ⑥잘 가르쳐서 길이 들도록 하다. tame ⑦하인을 두어서 집에 있게 하다. ¶식모를 ~. employ 「~. dry sweat

들이-다目 땀을 그치게 하다. ¶그늘에 앉아 땀을

들·이·다目(고) 들리다.

들이=닥치-다자 바싹 가까이 닥치다. close in upon

들이=대-다目 ①버릇없이 자꾸 대들다. oppose ②물건을 마주 대다. ¶증거를 ~. thrust a thing before ③돈이나 물건으로 남의 뒤를 잇대어 주다. ¶보증으로 ~. support ④바싹 가져다 대다. ¶증서를 다잡아 쥐고 ~. thrusty before ⑤물을 끌어들이어 대다. draw in water 자 그 지점에 급히 가서 닿다. ¶기차 시간에 ~. be in time for

들이=덤비-다자 남에게로 마구 덤벼들다. challenge

들이=뜨리-다目 안쪽을 향하여 아무렇게나 집어 넣다. (약) 들뜨리다. put in at random

들이=마르-다자目(ㄹ우) ①밖에서 안으로 말라 들다. roll up inside ②몹시 마르다. ¶목구멍이 속속까지 ~. dry up 타여 ①옷감 따위를 안쪽으로 말라 들어가다. cut ②들입다 마르다. ¶수천 벌을 만들려고 ~. cut roughly

들이=마시-다目 ①액체나 기체를 빨아들여서 목구멍으로 넘기다. ¶숨을 ~. inhale ②나오는 코를 도로 들어가게 하다. suck in 「fit in

들이=맞추-다目 제자리에 가져다 대서 꼭 맞게 하다.

들이=몰-다目(ㄹ) ①안쪽을 향하여 몰다. drive in ②거세게 몰다. drive violently

들이=몰리-다자 ①안쪽으로 몰려가다. be driven in ②한 쪽으로만 몰리다. be driven to

들이=밀-다자目(ㄹ) ①안으로 향하여 밀다. push in ②함부로 냅다 밀다. push violently ③안으로 들여 보내다. ¶얼굴을 ~. put in ④어떤 일에 돈이나 물건을 함부로 제공하다. ¶노름판에 돈을 ~. keep on spending ⑤어떤 문제를 해당 기관에 억지로 제기하다. (약) 디밀다. press

들이=밀리-다자 안으로 또는 한쪽으로 밀리다. 피동 안쪽으로 들이밀음을 당하다.

들이=박-다目 ①깊이 들어가도록 박다. ¶못을 깊숙히 ~. strike in ②안쪽으로 들여박다. push in ③들입다 박다. ¶말뚝을 ~. strike in strongly

들이=받-다目 ①머리를 가져다 대고 받다. knock against ②함부로 냅다 받다. run into

들이=부수-다目 마구 두들겨 깨뜨리다. (약) 들부수다. destroy 「②바람이 마구 불다. sweep along

들이=불-다자目(ㄹ) ①바람이 안쪽으로 불다. blow in

들이=붓-다目(ㅅ) 그릇 속으로 쏟아 붓다. ¶물을 독에 ~. (약) 들붓다. pour into 「차게 비치다.

들이=비치-다자 ①밖에서 안으로 비치다. ②잇따라 세

들이=빨-다目(ㄹ우) 힘을 들여 빨다. suck in

들이=세우-다目 ①안으로 들여다가 세우다. put inward ②빈자리에 들어가 서게 하다. let in

들이=쉬:-다目 숨을 들이켜 쉬다. (대) 내쉬다. breathe in

들이=쌓다 ①안에 쌓다. 《데》내쌓다. pile up inside ②마구 쌓다. pile up a great deal
들이=쌓이다 한 곳에 많이 쌓이다. be piled up high
들이=쏘다 ①안으로 쏘다. shoot into ②연거푸 쏘다. shoot furiously
들이=쑤시다 들입다 쑤시듯이 아프다. ¶귀가 ~. ache ②남을 가만히 있지 못하게 들썩이다. agitate ②무엇을 찾으려고 살살이 헤치다. 《약》들쑤시다. search
들이=울다 들이대르고 들입다 울다. bawl
들이=웃다 들입다 웃다. guffaw
들이=지르다 ①들이닥치며 세게 지르다. ②닥치는 대로 많이 먹다. ③큰 소리를 마구 내다.
들이=찧다[-찌타] 들입다 찧다. pound relentlessly
들이=치다 비·눈 따위가 바람에 불리어 안쪽으로 세차게 뿌리다. sweep into
들이=치다 막 들이밀면서 세차게 치다. strike a blow
들이=켜다 세게 들이마시다. gulp down
들이=키다 안쪽을 향하여 다그다. drawnear
들이=퍼붓다[-붇-]스불 비나 눈이 마치 먹어서 붓듯이 마구 쏟아지다. 몹시 내리다. 《스불》액체를 그릇에 마구 퍼붓다.
들=일[-릴]명 밭이나 논에서 하는 일. 《데》집일.
들입다부 막 무리하게 힘을 들여서. ¶~ 때리다. 《약》딥다. forcibly
들=장대[-짱때](一長一)명 길 가는 교군꾼의 어깨를 쉬어 주기 위하여 판가마가 양 옆에서 가마채 밑을 받쳐서 들어 주는 장대.
들=장지[-짱-](一障-)〈건축〉떠들어 매달아 놓게 된 장지. paper door which can be hanged up
들재간[-째간](一才幹)《체육》씨름할 때에 부리는 재주의 하나. 배지기의 총칭.
들=짐승[-짐-]명 들에서 사는 짐승. wild animal
들쩍지근=하다형여불 조금 들큼한 맛이 있다. 《작》달짝지근하다. 《거》들척지근하다. sweetish
들쭉=나무명《식물》석남과의 낙엽 활엽 관목. 높이 2m 이상이며, 줄기는 암갈색이고 잎은 타원형임. 7월에 녹백색 또는 담홍색 꽃이 피고 과실은 잼과 양주용으로 씀. 수홍화(水紅花). blueberry
들쭉=날쭉명 조금 들어가기도 하고 나오기도 하여 고르지 못한 모양. unevenly 하형
들=차다형 굳세고 몸이 튼튼하다. sound in mind and body
들=창(一窓)명〈건축〉벽의 위쪽에 자그맣게 만든 창. window which can be raised
들창=눈이(一窓-)명 늘 눈의 위겨풀을 쳐드는 사람.
들창=코(一窓-)명 끝이 위로 들려서 콧구멍이 드러나 보이는 코. 또, 그런 사람. turned up nose
들척=거리다자타 무엇을 찾으려고 이리저리 쑤시어 뒤지다.
들척지근=하다형여불 →들쩍지근하다. 《다나.
들추=다타 자동차·마차 등이 위에 실리거나 놓인 물건을 위로 처들었다 내려앉게 하게 들까불다. ¶자동차가 ~. 타 ①안이 나타나게 고집어 헤치다. reveal ②무엇을 찾으려고 자꾸 뒤지다. ransack ③곁에 있는 것을 들어 올리다. lift up ④나타나지 않은 것을 드러나게 하다. reveal 「내다. expose
들추어=내:=다타 들추어서 나오도록 하다. 《약》추어
들추어=보:다타 ①물건을 들추어서 찾아보다. ②드러내어 살펴보다. ③시험삼아 들추다. ransack
들치근=하다형여불 들척지근하다.
들치기명 낱물건을 훔쳐가는 좀도둑. 또, 그러한 짓. 《유》날치기. snatcher 하자
들치=다타 물건의 한쪽 머리를 쳐들다.
들큰=거리다자타 불쾌한 말로 남의 비위를 거슬리게 건드리다. provoke 들큰=들큰부 하자
들큼=하다형여불 맛이 조금 달다. 《작》달큼하다. sweetish
들키=다타 숨기려던 일이나 물건이 남의 눈에 뜨이다. 속이려던 일이 남에게 알려지다. be found out

들:=타:작(一打作)명 들에서 하는 타작. threshing in the fields 하자
들통명 들머리판이 되어 복잡하게 된 판세.
들=통(一桶)명 둘손이 달린 쇠물이 또는 법랑제(琺瑯製) 그릇. pail 「들판나다.
들통=나:다자 ①숨긴 일이 드러나서 발각되다. ②(동)
들통=내:다타 ①들통나게 하다.
들티=다타 (고) 수습(收拾)하다.
들=판명《약》→들머리판.
들:=판명 들을 이룬 벌판. 야외(野外). field
들판나다타 ①다 들어먹고 끝장이 나다. ②노름에서 밀천을 죄다 잃다. 하자다②. 「hunger
들피명 굶어서 몸이 쇠약해지는 일. emaciation from
들피=지다자 주려서 몸이 몹시 여위고 기운이 쇠약해지다. weaken from hunger
=듭=다타 돕다.
듭뻬명(고) 들깨.
듭·쌔명(고) 들깨.
·듭썸=다/듭일=다자 (고) 거들거리다. 들까부르다.
듬부기명(고) 뜯부기.
듬뿌룩=하다형여불 →더부룩하다.
듬뿍부 ①그득하게 수북한 모양. full ②넉넉히. 《작》담뿍. fully
듬뿍=듬뿍부 그릇마다 듬뿍하게. 《작》담뿍담뿍. 하자
듬뿍=하다형여불 그릇 같은 데에 많이 담겨 수북하다. 《작》담뿍하다. 듬뿍=히부
듬성=듬성부 배지 않고 드물고 성긴 모양. 《작》담상담상. sparsely 하형 「담쑥. warmly
듬쑥부 손으로 탐스럽게 쥐거나 팔로 안는 모양. 《작》
듬쑥=듬쑥부 여러 번 듬쑥 쥐거나 안는 모양. 《작》담쑥듬쑥.
듬쑥=하다형여불 속이 깊숙하고 차 있다. full
듭시=다타(꽁)들어가다¹. go in
듯의 그러한 것과도 같고 않은 것과도 같은 것을 추상적으로 나타내는 말. ¶비가 올 ~ 말 ~하다.
듯²부 《약》→듯이. 「likely
듯의 《의》→듯이.
듯=다타(고) 듣다. 떨어지다.
듯드르며부(고) 떨어지며. →듯다. 뜯드다.
듯들=다타(고) 듣다.
듯듯=다자(고) 떨어지다. →뜯드다.
듯=싶다조형 '것 같다·성싶다'의 뜻으로 주관적인 추측을 나타내는 말. ¶비가 올 ~. likely
듯이부 듯하게. ¶칠 ~ 덤빈다. 《약》듯². as if
=듯이조《어간(語幹)》의 밑에 붙어 '그 어간의 듯하는 내용과 거의 같게'의 뜻을 나타내는 연결 어미. ¶눈물이 비오 ~ 흐른다. 《약》=듯.
듯=하:다조자(고) '것 같다'의 뜻으로, 객관적 사리에 따른 추측을 나타낸다. ¶겨울이 온 ~. look like
등명 ①《생물》사람이나 짐승의 가슴과 배의 반대편. 《속》잔등이. back ②물건의 밑바닥의 반대편. 《속》등패기. top ③물건의 허리.
등:¹(等)명 ①《약》→등급(等級). ②《약》→등내(等內).
등(燈)명 불을 켜서 어두운 곳을 밝히는 기구. lamp
등(橙)명《식물》등자(橙子)와 등자나무의 총칭. bitter orange
등(籐)명《식물》종려과(棕櫚科)의 덩굴성. 길이는 매우 길며 꽃은 썩 잘고 이삭 모양으로 핌. 줄기는 윤이 나고 질기며 잘 휘므로 수공품의 재료로 씀. rattan
등:(等)의 같은 종류의 것이 여럿 있는 중에서 한 예로서 보이는 뜻을 나타내는 말. and so on
등가(登假)명(동) 등하(登霞·登遐).
등:가(一價)(等價)명 가치 혹은 가격이 같음. 또, 그러한 가치와 가격. equivalence
등가(登架)명 등가(登架).
등:가 개:념[一까一](等價槪念)명《논리》고찰점(考察點)을 달리하는 데 따라 그 내포(內包)는 일치하

등:가구(藤家具)圀 등으로 만든 가구.

등:량[―까―]圀(價量)圀 당량(當量).

등:가속도 운:동(等加速度運動)圀《물리》가속도가 항상 일정한 운동. unitormly accelerated motion

등:각[―까―]圀 등에 붙어 있는 각.

등:각(等角)圀《수학》서로 같은 각. 상등(相等)한 각. equal angles

등각(登閣)圀 누각에 오름. ㅎ타 [정각(等正覺).

등각(等覺)圀《불교》불타와 같이 깨달은 진리. 등

등:각 다각형(等角多角形)圀《수학》내각(內角)이 다 같은 다각형. equiangular polygon

등:각 사다리꼴(等角―)圀《동》등변 사다리꼴.

등:각 삼각형(等邊三角形)圀《동》이등변 삼각형.

등간(燈竿)圀《동》등대(燈―)③. [에 솟은 갈비.

등:갈비〈생물〉갈비의 등쪽에 붙어 있는 부분.

등갈키나무〈식물〉콩과의 다년생 풀. 줄기는 잔털이 많고 6월에 남자색의 꽃이 핌. 어린잎은 식용함.

등:갓(燈―)圀 ①등불 등의 촛불 위를 가려서 그을음을 받아 내는 제가. lamp-shade ②전등이나 램프 등의 위를 씌워서 반사시키어 밝게 하는 갓 모양의 것. shade [된 홀옷. sleeveless jacket

등:거리 소매나 깃이 없이 일할 때에 등에 걸치는

등:걸 나무를 베고 난 그루터기. stump

등글문(一文)圀 등글월문.

등:걸발 나무 등걸이 박혀 있는 밭.

등:걸불圀 ①나무의 등걸을 태우는 불. stump fire ② 타다가 남은 불.

등걸숯圀 나무 등걸을 구워 만든 숯. 근탄(根炭). 골탄(骨炭). charcoal produced by burning stumps

등걸음―치―다타 ①시체는 누워서 가므로, '송장을 옮기어 질을 간다'는 뜻으로 쓰이는 말. remove a corpse ②등덜미를 잡아 쥐고 몰아가다. pull by the neck

등걸잠 옷 입은 채로 덮개 없이 아무 곳에서나 쓰러져서 자는 잠. sleeping with clothes on

등검은물뱀圀〈동물〉바다뱀과에 속하는 독사의 하

등겨圀 벼의 겨. 왕겨와 쌀겨. ricebran and chaff

등겨 먹던 개가 말경에는 쌀을 먹는다智 버릇은 점점 나빠지기 쉽다.

등겨 먹던 개는 들키고 쌀 먹던 개는 안 들킨다智 큰 죄지은 자는 교묘히 빠지고, 그보다 덜한 자는 애매하게 남의 죄까지 뒤집어쓴다.

등경(燈檠)圀 →등잔.

등경―걸이(燈檠―)圀 →등잔걸이.

등고(等高)圀《동》등척(登陟). ㅎ타

등:꼬圀 등이 꼬부랑하게 꼬부라진 사람.

등:고 곡선(等高曲線)圀《동》등고선(等高線).

등:고선(等高線)圀〈지리〉지도상, 해수면에서 같은 높이의 지점을 이은 선. 동고선(同高線). 등고 곡선(同高曲線). 등고 곡선(等高曲線). 수평 곡선(水平曲線). contour line curve, contour line

등고 자비(登高自卑)圀 ①높은 곳에 오르려면 낮은 곳에서부터 오른다는 뜻으로, 곧, 모든 일에는 차례를 밟아야 함을 일컫는 말. To reach the heights one must begin from the bottom ②지위가 높아질수록 스스로를 낮춤.

등:곧―다웗 풍병으로 등이 빳빳하다.

등―골[―꼴]圀《동》등골뼈. ②《동》척수(脊髓).

등―골[―꼴]圀 등 뒤 한가운데로 기다랗게 고랑이 진 곳. spinal column

등골―나물〈식물〉엉거시과의 다년생 풀. 줄기와 잎에 잔털이 있으며 가을에 흰빛이나 자줏빛의 꽃이 핌. 애순은 식용함. [접질막.

등골―막[―꼴―]〈―膜〉〈생물〉등골을 싸고 있는

등골―빠지―다 견디기 어려울 정도로 힘이 심이 들게 되다.

등골―뼈[―꼴―]圀〈생물〉등마루를 이루는 뼈. 등골¹圀. 등뼈. 척추골(脊椎骨). 척량골(脊梁骨). 추골(椎骨). backbone

등끌―뽑―다[―꼴―]困 ①등마루의 뼛속의 골을 뽑아 먹다시피 한다는 뜻으로, 노는 계집이 오입쟁이의 재물을 훑어 먹다. squeeze money from ②애써 번 돈이 딴사람에 의하여 낭비되다. screw money out of (one)

등과(登科)圀〈제도〉과거에 급제함. 등제(登第). ㅎ타

등관(登官)圀 관직에 오름. ㅎ타

등광(燈光)圀 등불의 빛. light [to school ㅎ타

등교(登校)圀 학교에 나감. (대) 하교(下校). going

등귀(騰貴)圀 물건 값이 뛰어오름. 상귀(翔貴). 앙귀(昻貴). (대) 하락(下落). rise ㅎ타 [sion 하타

등국(登極)圀 임금의 자리에 오름. 등조(登祚). acces-

등개―첩(―妾)圀 늙은이가 데리고 사는 젊은 첩. 란 뜻으로, 늙은이가 데리고 사는 젊은 첩.

등―글기 그림을 그리는 데 새로 초장아 그리지 않고 남의 그림이나 다른 데 쓰인 그림을 그대로 본 뜨는 일. copy of a picture

등글월―문(―文)圀 한자(漢字) 부수(部首)의 하나. '敍·改' 등의 '攵·攵'의 이름. 《약》등글문.

등―긁이 등을 긁는 데 쓰는 기구. scratchback

등:급(等級)圀 ①위아래를 구별한 등수. 등위(等位)①. rank ②눈높이의 차례를 분별한 정수. 제급(梯級). 《약》등(等)①. grade

등:급 개:념(等級概念)圀《동》동위 개념(同位概念).

등:급 선:거(等級選擧)圀〈정치〉선거 제도의 하나. 납세액·교육 정도 등에 따라 등급을 정하여 각 등급이 독립하여서 의원을 뽑는 일.

등기(登記)圀〈법률〉①일정한 사항을 등기부에 기재하여 권리 관계와 기타 사실을 안전 또는 명확하게 하는 제도. registration ②《약》→등기 우편(登記郵便). ㅎ타

등:기(等棄)圀 대수롭지 않게 여기어 버림. ㅎ타

등기(謄記)圀 등초(謄抄).

등기 공무원(登記公務員)圀〈법률〉등기에 관한 사무를 맡아보는 공무원. registrar

등기―료(登記料)圀〈법률〉등기할 때에 내는 수수료. registration fee [기재되어 있는 명의.

등기 명의(登記名義)圀〈법률〉등기 우편에 권리자로서

등기―부(登記簿)圀〈법률〉등기 사항을 적어서 등기소에 갖추어 둔 공공(公共)의 장부. registration book

등기―소(登記所)圀〈법률〉등기 사무를 보는 관청. registry

등기 우편(登記郵便)圀〈법률〉우편물 특수 취급의 하나. 우체국에서 우편 취급을 확실하게 하기 위하여 우편물의 인수·배달까지의 기록을 하는 우편 제도. 《약》등기(登記)②. registered mail

등꼽―쟁이[―꼽―]圀 등이 꼬부랑한 사람. hump-back

등―꽃(藤―)圀 등나무의 꽃.

등꽃―나무(藤―)圀 등꽃으로 만든 나물. 등화채(藤花). [木).

등―나무(藤―)圀〈식물〉콩과[荳科]의 낙엽 활엽 만목. 4~5월에 나비 모양의 자색 또는 흰 꽃이 핌. 동양 특산이며 특히 관상용으로 심음. wisteria

등―날〈생리〉등마루의 날카롭게 선 줄. line of the backbone [안. 《약》등(等)¹②.

동:내(等內)圀〈제도〉벼슬아치가 그 벼슬에 있는 동

등―널圀 의자(椅子)의 뒤에 붙이는 널빤지. 배판(背板). backboard of a chair

등년(登年)圀 여러 해가 걸림. taking many years

등단(登壇)圀 ①연단(演壇)이나 교단에 오름. (대) 하단(下壇). going on the platform ②〈제도〉대장 벼슬에 오름. ③어떤 사회적 분야에 등장함. ¶신춘 문예를 통해 ~하다. ㅎ타

등:―달―다[―달(ㄷ불)]困 일이 몹시 달려서 등이 화끈하도록 열(熱)이 오르게 되다. be flurried

등―달―다[―달(ㄷ불)]困 ①뒤로 세력이 있는 곳에 의지하게 되다. rely upon ②마소들의 등가죽이 닳아 벗어지다. be grazed [waiting ㅎ타

등:대(等待)圀 미리 갖추어 두고 기다림. 등후(等候).

등:대(等對)[명] 같은 자격으로 마주 대함. rivalry 하다

등-대(一떼、燈一)[명] ①〈민속〉관등절(觀燈節)에 등불을 달기 위해 세운 대. ②선출집의 술등을 달기 위해 세운 대. ③과유(科儒)들이 동접(同接)의 표치(標幟)로 장내에 가지고 가는 대. 등간(燈竿).

등대(燈臺)[명] 해안이나 섬에 탑을 쌓고 밤에 등불을 비쳐놓아 뱃길의 목표나 위험한 곳을 알리는 대. 광탑(光塔). light house

등=대다:-다[타] 뒤로 세력 있는 곳에 의지하다. lean on

등대=불(燈臺一)[명] 등대에서 비치는 불.

등대=수(燈臺手)[명]〈동〉등대지기.

등대=지기(燈臺一)[명] 등대를 지키는 사람. 등대수. lighthouse keeper

등대-풀(燈臺一)[명]〈식물〉대극과(大戟科)의 이년생 풀. 5월경에 다섯 잎이 나오고 다섯 가지가 갈라져서 담황색의 작은 꽃이 피는 독풀.

등=덜미[-멀-][명] 뒷등의 윗부분.

등-덮개(燈一)[명] ①겨울에 등 솜추고리 같은 것. coat ②소나 말의 등을 덮어주는 거적대기. back cover

등도(登途)[명]〈동〉등정(登程). 하다

등돈(登頓)[명]〈동〉등척(登陟).

등-돌리-다[자] 무관심한 태도를 보이다. 책임을 피하다. 상대를 하지 아니하다.

등-뒤[명] 등의 뒤. 배후(背後).

등(等)[의명] 여러 사물을 죽 들어 말할 때에 체언이나 용언 아래에 붙어서 여럿 밖의 몇 가지 더의 뜻을 나타내는 말. etc

등=등거리(縢一)[명] 등덩굴을 가느스름하게 오려서 엮어 만든 등거리. 여름에 적삼 밑에 입어 땀이 배지 아니하도록 함.

등등-하다(騰騰一)[형여]뽐내는 의기가 아주 높다. 서슬이 푸르다. ¶기세가 ~. triumphant

등=때기[명]〈하〉등.

등락(登落)[명] 급제와 낙제.

등락(騰落)[명] 값이 오르고 내림. rise and fall 하다

등=량(一量)(等量)[명] 같은 분량. equal quantity

등=렬(等列)[명] 서로 대등되는 신분이나 등급의 차례. same rank

등록(登錄)[명] ①문서에 올림. ②〈법률〉법령의 규정에 의하여 일정한 사항을 관청 장부에 기재하여 관력으로 증명하는 일. registration 하다

등:록(謄錄)[명] ①선례(先例)를 적은 기록. ②베끼어 기록함. written precedent 하다

등록 공채(登錄公債)[명]〈법률〉공채 증권부(公債證券簿)에 채권자와 채권액을 등록할 뿐 증권(證券)은 발행하지 않는 공채. 장부 등록. registered bond

등록=금(登錄金)[명] ①등록할 때 바치는 돈. registration fee ②학교 등록할 때 내는 수업료. tuition

등록 상표(登錄商標)[명]〈법률〉등록의 절차를 마친 상표. 전용권이 생김. registered trade-mark

등록=세(登錄稅)[명]〈법률〉지방세의 하나. 등기나 등록할 때에 치르는 세금. registration tax

등록 의:장(登錄意匠)[명]〈법률〉등록의 절차를 마친 의장. registered design

등롱(燈籠)[명] 등불을 켜서 어두운 곳을 밝히는 기구. 걸어 놓거나 들고 다님. hanging lantern

등롱=꾼(燈籠一)[명] 등롱을 드는 사람.

등롱=대(一떼、燈籠一)[명] 등롱을 걸어서 드는 대.

등롱-초(燈籠草)[명]〈동〉꽈리.

등루(登樓)[명] ①다락에 오름. going up a tower ②창루(娼樓)에 놀러감. visit a brothel 하다

등루 거:제(登樓去梯)[명] 사람을 꾀어서 어려운 곳에 빠지게 함.

등-류(一類)(等類)[명] 같은 종류.

등림(登臨)[명] ①〈약〉등산 임수(登山臨水). ②높은 곳에 올라 내려다봄. mounting an eminence ③임금이 즉위하여 나라를 다스림. 하다

등무럭[명] 등마루.

등=마루[명]〈생물〉등의 가운데 등골뼈가 있어 두두룩하게 줄이 진 부분. ridge of the spine

등-멍석(縢一)[명] 등덩굴을 가늘게 오려서 엮어 만든 멍석.

등메(縢一)[명] 헝겊으로 가의 선을 두르고 뒤에 부들자리를 대서 만든 돗자리의 하나. figured mat

등명(燈明)[명]〈종교〉신불(神佛)에 바치는 등불. sacred light

등문-고(登聞鼓)[명]〈동〉신문고(申聞鼓).

등-밀이(燈一)[명] ①함지박이나 나막신 따위의 구붓한 등 바닥을 밀어 깎는 연장. ②〈건축〉등을 대패로 오목하게 밀어서 만든 연장.

등-바대[-빠-][명] 홀옷의 깃고대 속쪽으로 길고 넓게 덧붙여 등거리 걸치게 된 조각.

등반(登攀)[명] 높은 곳에 오름. climbing 하다

등반=대(登攀隊)[명] 산이나 높은 곳에 올라갈 목표를 세우고 그것을 이루기 위하여 조직한 무리. ¶~를 편성하다.

등-받이[-바지][명] 의자 따위에 앉을 때 등이 닿는 부분. 등널. 배판(背板). back

등방=성(一썽)(等方性)[명] ①〈철학〉공간(空間)은 모든 방면에 있어서 성질이 같아 특이성(特異性)이 없음. ②〈물리〉방향에 따라 물질의 물리적 성질이 변하지 않는 성질. isotropy

등방위각=선(等方位角線)[명]〈지리〉자기 자오선(磁氣子午線)의 방위각이 같은 지점을 지도 위에 이은 선.《약》등방위선(等方位線). isogonic line

등방=위선(等方位線)[명]〈약〉→등방위각선.

등방=체(等方體)[명]〈물리〉등방성(等方性)을 가지고 있는 물체.《대》이방체(異方體). isotropic body

등배=수(等倍數)[명]〈수학〉공통 배수를 갖는 몇 개의 수의 하는.

등배 운:동(一運動)[명]〈체육〉체조의 하나. 다리를 벌리고 서서 허리를 젖혔다 굽혔다 함.

등-변(等邊)[명]〈수학〉다변형(多邊形)에 있어서 각 변의 길이가 또, 그 같은 변. equilateral

등변 다각형(等邊多角形)[명]〈수학〉각 변의 길이가 서로 같은 다각형. 정다각형. equilateral polygon

등변 사다리꼴(等邊一)[명]〈수학〉평행이 나 두 변의 길이가 같은 사다리꼴. isosceles trapezoid

등변 삼각형(等邊三角形)[명]〈수학〉각 변의 길이가 같은 삼각형. 정삼각형(正三角形).

등-변선(等變線)[명]〈지리〉기압・기온 따위의 변화도가 같은 지점을 일기도(日氣圖) 상에 이은 선.

등:복각=선(等伏角線)[명]〈지리〉자침(磁針)의 복각(伏角)이 같은 지점을 지도 위에 이은 선.《약》등복선(等伏線). isoclnic line

등:복-선(等伏線)[명]〈약〉→등복각선(等伏角線).

등본(謄本)[명] ①원본을 베껴서 쓴 서류.《대》원본(原本). 초본(抄本). copy 하다 ②호적 등본. 하다

등부(登付)[명] 이부 가격(利附價格).

등부 톤수[-쑤](登簿ton數)[명] 실지로 짐을 실을 수 있는 배의 용적. registered tonnage

등-분(等分)[명] 똑같이 나눔. divison into equal parts

등분(等盆)[명] 땅에 심었던 화초(花草)를 화분에 옮겨 심음.《대》퇴분(退盆). transplanting to the pot 하다

등-불(一燈一)[명] ①등잔에 켠 불. 등잔불. ②등불. light

등불-베찡이(一쭝一)(燈一)[명]〈곤충〉여치과의 곤충. 촉각은 몸보다 갈절이나 길며,몸 빛은 녹색(綠色)임.

등불-여:치(一燈一)(燈一)[명]〈곤충〉여치과의 곤충. 몸의 길이 30~37 mm 내외로 몸 빛은 진한 녹색에 암갈색의 가는 점이 있음. 8~9월에 나와 '찌찌찌' 하고 욺. 에쩐 불. 불. ②light

등:비(等比)[명]〈수학〉두 개의 비가 서로 특같게 됨. equal ratio

등:비 급수(等比級數)[명]〈수학〉등비 수열(數列)의 각 항(各項)을 플러스(plus) 기호 '+'로 연결한 것. 기하(幾何)급수.《대》등차(等差)급수. geometrical progression

등:비 수:열(等比數列)[명]〈수학〉각항(各項)에 일정한 수를 곱하여 다음의 항을 얻는 수열. geometrical sequence

등빙(等氷)[명] 얼음 위를 건너감. passing over the ice 하다
등=뼈(等—)[명] 등골뼈.
등사(藤絲)[명] 사립(絲笠)에 있어서 싸개 대신에 촘촘하게 늘어놓아 둘이는 명주실. silk-thread
등사(謄寫)[명] 〈인쇄〉①등사판으로 박음. mimeographing ②[동] 등초(謄抄).
등=사:기(謄寫機)[명] 등사판(謄寫板).
등사 원지(謄寫原紙)[명] 등사판에 적어낼 원고를 쓰는 기름 종이. 등사지(謄寫紙). stencil paper
등사 잉크(謄寫 ink)[명] 등사기로 서화를 박아 내는 데 쓰는 잉크. 사기. 속사판. mimeograph
등사=판(謄寫板)[명] 〈인쇄〉간편한 인쇄기의 하나.
등산(登山)[명] 산에 오름. ¶~가(家). ~모(帽). ~복(服). (대) 하산(下山). mountain climbing 하다
등산 임수(登山臨水)[명] 산에 오르고 물에 다다름. 《약》등림(登臨)①. climbing and swimming 하다
등산 지팡이(登山—)[명] 등산 때 쓰는 곡괭이 같은 손잡이가 달린 지팡이. 피켈.
등산 철도(登山鐵道)[노—][명] 등산객을 위하여 관광 겸용으로 부설된 철도. railway up a mountain
등=살[—쌀][명] 등에 있는 근육. flesh of one's back
등살=바르다[—쌀—][르불] 등의 근육이 신경의 장애로 뻣뻣하여 펴고 구부리기가 거북하다. feel heavy
등:상(等像)[명] 등신(等神). [in one's back
등상(凳床·凳狀)[명] 발판이나 걸상으로 쓰이게 된 나무로 만든 세간. stool
등상(藤牀)[명] 등의 줄기로 만든 걸상. cane chair
등색(橙色)[명] 익은 귤 껍질의 빛깔. 등자색. 오렌지색. 울금색. orange
등서(謄書)[명] 등초(謄抄). 하다
등석(燈夕)[명] 〈불교〉관등절(觀燈節)날의 저녁.
등=선(等—)[명] 마루의 선. ①물건의 밑바닥의 반대쪽이나 입체의 뒤쪽이.
등선(登仙)[명] ①신선이 되어 하늘로 올라감. flight up into the sky ②존귀한 사람의 죽음을 일컬음. death 하다
등선(登船)[명] 배에 오름. taking a ship 하다
등선(登禪)[명] 양위(讓位)를 받아 임금의 위(位)에 오름. 하다
등선(燈船)[명] 항로 표지(航路標識)의 배. 등대선(燈臺船). light ship
등성(登城)[명] 성(城) 위에 오름. going to the castle
등성=마루(等—)[명] 등마루의 거죽 쪽. 척량(脊梁). ¶~뼈. top of the back [back ②약=산등성이.
등성이(等—)[명] 사람이나 동물의 등마루가 되는 부분.
등세(騰勢)[명] 물건의 값이 오르는 형세. rising market
등=세:공(藤細工)[명] 등의 줄기로 세공을 하는 일. 또, 그 세공품. 하다
등=소(等訴)[동] 등장(等狀). 하다 [locity
등=속(等速) 속도가 같음. 같은 속도. uniform ve-
등=속(等屬)[명] 명사에 붙어서 그것과 비슷한 것들을 몰아서 이르는 말. 따위. 붙이. ¶과일 ~. and so on
등속도 운:동(等速度運動)[명] 〈물리〉속도가 일정한 운동. 물체가 운동할 때 같은 시간 안의 속도가 늘고 줄이 없이 진행되는 운동. (대) 부등속운동. uniform—[—쏠—][명] =등솔기. [form motion
등=솔
등=솔기[—쏠—][명] 옷의 뒷길을 맞붙여 꿰맨 솔기. 《약》등솔. seam down the back [하여 만든 톱.
등=쇠[—쐬][명] 아주 가늘고 좁은 톱을 메는 활등같이
등=수(—수)(等數)[명] 차례를 매기는 수. grade
등시(登時)[명] ①[동] 즉시(卽時). ②죄를 저지른 그 때 그 자리.
등:시=성[—씽—](等時性)[명] 〈물리〉단진자(單振子)의 진동(振動)이 일정한 시간에 똑같은 운동을 하는 물체의 성질. isochronism
등시 타:살(登時打殺)[명] 죄를 저지른 사람을 현장에서 때려 죽임. [에서 잡음. 하다
등시 포:착(登時捕捉)[명] 죄를 저지른 그 때 그 자리

등=식(等式)[수학] 두 개 이상의 식을 같음표 '='로 묶어 그것이 서로 같음을 나타내는 관계식(關係式). 등분식. equality
등=신(等身)[명] 제 키와 똑같은 높이. life-size
등=신(等神)[명] 쇠·돌·풀·나무·흙 따위로 만든 사람의 형상의 우상으로, 어리석은 사람, 또는 어림없는 사람을 일컬음. 등상(等像). fool
등:신=대(等身大)[명] 사람의 크기와 같은 크기.
등:신=불(等身佛)[명] 〈불교〉자기의 발원을 위하여 자기의 키와 똑같게 만든 불상. [이나 그림.
등:신=상(等身像)[명] 크기가 실물과 같은 초상(肖像)
등심(—心)[명] 소의 등골뼈에 붙은 고기. 연하고 기름기가 많음. 심육(心肉). 배심(背心).
등심(橙心)[명] ①[동] 심지. ②〈한의〉골풀의 속. 황달(黃疸)·후증(喉症)·부종(浮腫) 등의 약재로 쓴다.
등심=대[—때](—心—)[명] 〈생물〉등골뼈로 구성된 등마루.
등심=머리(—心—)[명] 방아살 위에 붙은 쇠고기. 구이·전골 등에 씀.
등:=선(等深線)[명] 〈지리〉지도 위에 바다·호수·강 등의 깊이가 같은 점을 이은 곡선. isothermal line
등심=초(燈心草)[명] 〈동〉골풀.
등쌀[명] 몹시 귀찮게 수선부리는 짓. ¶아이들 ~. botheration [리라. bother
등쌀=대:—다[—때—][자타] 남에게 몹시 귀찮게 굴거나 수선부리다.
등씨[명] 산의 낙맥에 두두룩하게 선 줄.
등아(燈蛾)[명] 《동》부나비.
등압=선(等壓線)[명] 기압이 같은 지점을 이어 그린 지도상의 선. isobar [great authority 하다
등양(騰揚)[명] 기세와 지위가 높아서 드날림. having
등=어=선(等語線)[명] 〈어학〉방언 조사(方言調査)를 할 경우, 같은 언어 현상을 가진 지점을 지도상에서 연결한 선.
등에(等—)[명] 〈곤충〉등에과의 곤충의 총칭. 파리보다 좀 큰데 온몸에 털이 많고 촉각이 큼. 마소의 피를 빨아먹음.
등연(登筵)[명] 중신이 임금에게 나아가 뵘. audience
등영(燈影)[명] 등잔불의 그림자. shade of the lamp light
등=영주[—녕—](登瀛洲)[명] 영예스러운 지위에 오름.
등=온(等溫)[명] 꼭 같은 온도. 온도가 똑같음. equal temperature
등=온=선(等溫線)[명] ①〈지리〉온도가 같은 지점을 이은 지도상의 선. isotherm ②〈물리〉일정한 물질의 일정한 온도에서 압력의 변화를 받았을 때의 압력과 체적(體積)과의 관계를 보는 특성 곡선(特性曲線). isotherm
등=온=층(等溫層)[명] 〈동〉성층권(成層圈).
등=외(等外)[명] 등급 밖. below the regular grades
등=외=상(等外賞)[명] 정한 등급에 들지 않은 우수한 작품이나 사람에게 주는 상.
등=외=품(等外品)[명] 등급 안에 들지 못하는 물품.
등용(登用·登庸)[명] 인재를 골라 뽑아서 임용함. appointment 하다
등=용문(登龍門)[명] ①용문은 황하(黃河) 상류에 있는 급류(急流)의 곳으로 잉어가 여기를 올라가면 용이 된다는 전설이 있음. ②입신 출세의 관문. 운명을 결정짓는 중요한 시험의 비유. ¶문단의 ~. gate to all honours
등=우량=선(等雨量線)[명] 〈지리〉우량이 같은 지점을 지도상에 이은 선.
등원(登院)[명] 국회 의원이 국회에 나감. 하다
등=원(等圓)[명] 〈수학〉반지름이 같은 원.
등=위(等位)[명] ①[동] 등급(等級)①. ②[동] 동위(同位).
등=위(邉)[명] 등에.
등=위=각(等位角)[명] 〈동〉동위각(同位角).
등유(燈油)[명] 등잔에 부어서 불을 켜는 데 쓰는 기름. lamp-oil
등=의(—衣)[명] 등에.
등의자(藤椅子)[명] 등의 덩굴로 결어 만든 의자.

rattan chair

등:인(等因)〖제도〗 공문 회답(公文回答)에 있어서 그 첫머리에 저번에서 말한 뜻을 받아서 먼저 쓰되, '=이라 함에 의하여'라는 뜻으로 쓰는 말.

등자(橙子)〖식〗 등자나무의 열매. 오렌지. bitter orange

등자(鐙子)〖식〗 말을 탔을 때 두 발로 디디는 제구. stirrups ding hoe

등자=걸이〖식〗 자루가 짧은 호미의 하나. kind of weeding hoe

등자=나무(橙子-)〖식〗〖식물〗 운향과의 작은 상목 교목. 여름에 흰 꽃이 피며, 과실은 맛이 시고 쓰므로 조미료·발한제·건위제·향수의 원료로 씀. orange tree

등:자력=선(等磁力線)〖식〗〖지학〗 지구 표면에서 지자

등자=색(橙子色)〖식〗〖동〗 등색(橙色).

등자=치-다(鐙子-)〖타〗 무슨 글이나 조목(條目)을 상고하거나 맞추어 볼 때에, 글의 서두(書頭)에 틀림이 없거나 맞는다는 뜻으로 '△'표를 하다. check

등잔(燈盞)〖식〗 기름을 담아 등불을 켜게 된 그릇. lampoil container

등잔=걸이(燈盞-)〖식〗 등잔을 걸어 놓는 기구. 등가(燈架).

등잔 밑이 어둡다〖속〗 가까이 있는 것이 도리어 알기 어렵다. 곧, 가까운 곳에서 생긴 일을 잘 모른다. 등하 불명(燈下不明). 등불. lamplight

등잔=불[-썰](燈盞-)〖식〗 등잔에 켠 불. 등화(燈火).

등잔불에 콩 볶아 먹을 놈〖숙〗 어리석고 옹졸하여 하는 짓마다 보기에 답답한 일만 하는 사람.

등장(登場)〖식〗 ①무대 같은 데에 나옴. ¶배우가 ~하다. entrance ②연극·영화 따위에 일정한 활동 인물로 나타남. entrance ③무슨 일에 어떤 인물이 나타남. appearance ④새 작품 같은 것이 세상에 처음으로 나옴. (대) 퇴장(退場). 하자

등:장(登狀)〖식〗 두 사람 이상이 연명(連名)하여 소원이나 억울한 일을 관청에 호소하는 일. 등소(等訴). group petition under joint signature 하자

등:장(登張)〖식〗 두 용액의 삼투압(滲透壓)이 서로 같음. 하자

등:장-액(等張液)〖화학〗 삼투압이 서로 같은 액체.

등장 인물(登場人物)〖식〗 ①무대(舞臺)나 영화 장면 위에 나타나는 사람. characters ②어떤 사건에 관련하여 나타나는 사람. ③소설·희곡 따위의 작품 속에 나타나는 사람. 하자

등재(登梓)〖식〗 출판물을 판에 새김. wood-engraving

등재(登載)〖식〗 ①서적 또는 잡지 같은 데에 올리어 적음. registration ②일정한 사항을 장부나 대장에 올림. 하자

등적=색(橙赤色)〖식〗 등자빛을 띤 붉은 빛. reddish-orange

등전(燈前)〖식〗 등불 앞.

등절(燈節)〖약〗→연등절(燃燈節).

등정(燈頂)〖식〗 정상에 오름.

등정(登程)〖식〗 여정(旅程)에 오름. 길을 떠남. 등도(登途). departure 하자

등:-정(等正覺)〖불〗 등각(等覺).

등제(登第)〖식〗〖동〗 등과(登科). 하자

등조(登祚)〖식〗〖동〗 등극(登極). 하자

등:족(等族)〖식〗 같은 신분이나 계급의 무리. people of the same

등-종이[-종-]〖인쇄〗 양장 제본에서 표지를 씌우기 전에 책 등에 붙이는 종이. 등지. back paper of a book

등종자(燈鍾子)〖식〗 등불을 켜는 기름을 담는 종자.

등-줄기[-쭐-]〖식〗〖생물〗 등마루의 두두룩한 전체 줄기. line of the backbone

등지(一紙)〖식〗〖동〗 등종이.

등:지(等地)〖의〗 어떠한 지명(地名) 밑에 붙어서 '그러한 곳들'이라는 뜻을 나타내는 말. and like places

등-지느러미〖어류〗 물고기의 등에 있는 지느러미. 척기(脊鰭). dorsal fin

등-지-다〖타〗 남과 서로 사이가 나빠지다. be estranged from 하〖자〗 ①무엇을 등 뒤에 두고 의지하다. lean

one's back against ②무엇을 뒤로 두다. at the back ③관계를 끊고 멀리하다. turn one's back on ④떠나다. ¶이제까지 살던 고향을 등지고 차에 오르다. 하자

등진 가재〖식〗 뒤에서 남의 세력을 의지하고 있는 사람.

등:진=**선**(等震線)〖지리〗 지도 위에 지진의 강도(强度)가 같은 지점을 이은 선. isoseismic line

등:질(等質)〖식〗〖물리〗 물·유리 따위와 같이 어떤 부분을 다루어 보더라도 물리적·화학적으로 동등(同等)의 성질을 갖는 것. 균질(均質). homogeneity

등:질=체(等質體)〖식〗〖물리〗 등질의 물체. homogeneous substance

등:짐[-찜]〖식〗 ①등에 진 짐. pack on one's back ②짐을 등으로 지는 것.

등짐=장수[-찜-]〖식〗 등짐을 등에 지고 팔러 다니는 사람.

등:차(等差)〖식〗 ①등급에 따라 생기는 차이. 《유》 품계(品階). ②〖수학〗 차(差)가 똑같음.

등:차 급수(等差級數)〖식〗〖수학〗 등차 수열(數列)의 각 항(各項)을 플러스(plus) 기호 '+'로 연결한 것. 등차 수열. 산술 급수(算術級數). (대) 등비(等比) 급수. arithmetical series progression

등:차 수:열(等差數列)〖식〗〖수학〗 각항(各項)에 일정한 수를 더하여 다음의 항을 얻는 수열. 등차 급수(等差級數). (대) 등비(等比) 수열.

등창(一瘡)〖한의〗 등에 나는 큰 종기. 배창(背瘡).

등-채(籐-)〖식〗 옛날 무장(武裝)의 하나로 쓰던 체찍. 등편(籐鞭).

등척(登陟)〖식〗 높은 데 오름. 등고(登高). 등돈(登頓). ascension 하자

등천(登天)〖식〗 하늘에 오름. 승천(昇天). 하자

등-천료(籐天蓼)〖식〗 다래나무.

등철(登徹)〖식〗 어람(御覽)에 올림. 입철(入徹). 하자

등청(登廳)〖식〗 관청에 출근함. (대) 퇴청(退廳). reporting at the office 하자

등초(謄抄·謄草)〖식〗 원본에서 베껴 냄. 등기. 등출(謄出). 등사(謄寫)②. copying 하자

등-촉(燈燭)〖식〗 등불과 촛불. light of lamp and candle

등촉-계(燈燭契)〖식〗 부처 앞에 등불을 켜기 위하여 모은 계. 말아보면 내관(內官)의 직소.

등촉-방[-빵](燈燭房)〖식〗〖제도〗 대궐 안의 등불의 축이 같음.

등-축(等軸)〖식〗 결정체 결정체(結晶體)의 축이 같음.

등-축(等軸)〖식〗 〖광〗 결정계(結晶系)의 하나. 서로 직교(直交)인 세 개의 결정축을 가지며 축의 길이 1:1:1인 결정군. 금강석·방연광(方鉛鑛)·황철광 등. cubic system

등:출(謄出)〖식〗〖동〗 등초(謄抄). 하자

등:측=도(等測圖)〖식〗〖수학〗 직육면체 따위와 같이 세로·가로·높이의 세 방향이 서로 직각인 도형을 그 한 대각선의 방향에서 보고 그린 그림.

등:치(等値)〖식〗〖동〗 동치(同値).

등치고 간 내먹는다〖속〗 겉으로는 가장 위해 주는 체하면서 속으로는 해를 끼친다. ¶임이다.

등치고 배 문지른다〖속〗 겉으로 위하는 체하면서 해를 끼친다.

등-치기〖체육〗 손을 상대자의 어깨너머로 넘겨서 잡고 메어치는 씨름 재주.

등:치-다〖타〗 ①위협하여 남의 재물을 빼앗아 먹다. blackmail (one) of his money ②등을 두드리다. strike (one) at the back

등:치=법[-뻡](等値法)〖식〗〖수학〗 연립(聯立) 방정식 해법(解法)의 하나. 각 방정식에서 각각 어떤 미지수를 다른 미지수로 같은 관계식을 만들어, 그 두 개의 값을 같게 하여 풀다. (대) 대입법(代入法).

등:치선(等値線圖)〖식〗〖지리〗 지도에서 동일수량 분포(雨量分布)이와 같이 같은 수치의 지점을 연결한 분포도.

등:칭(籐-)〖식〗→등나무.

등침=대(籐寢-)〖식〗 등나무 덩굴을 걸어서 만든 침대.

등-타다(山-)〖식〗 산등성이로만 가다. go along the ridge (of a mountain)

등태〖식〗 짐을 질 때 등에 걸치는 물건.

등-토시(籐—)圕 등나무 줄기를 오리어 엮어 만든 토시. 여름에 땀이 옷에 배지 아니하도록 낌. pair of rattan wristlet

등-판圕 등을 이룬 넓적한 부분.

등판(登板)圕 야구에서, 투수가 마운드에 서는 일. 하자 [감독하던 사람.

등-패(等牌)圕〈제도〉역사(役事)를 할 적에 일꾼을

등패(籐牌)圕〈제도〉등으로 엮은 둥근 방패의 하나. ~쓰기 또는 이십사반 무예의 하나.

등편(籐鞭)圕〈동〉등채(籐—).

등:표(等標)圕 ①양편 말의 내용이 같음을 보일 때, 그 사이에 줄의 복판을 타서 쓰는 부호. sign of equality ②〈동〉등호(等號). 「=.등표. lamp signal

등표(燈標)圕 암초(岩礁)나 얕은 곳의 위치를 표시하

등-피(—皮)圕 등가죽. 「lamp chimney

등피(燈皮)圕 램프의 위에 덧씌우는 유리 꺼펑이.

등피-유(橙皮油)圕 감귤류의 과피(果皮)를 건조하여 수게혈간 물에 담가 두었다가 증류하여 얻은 무색 혹은 등화색의 향유. orange oil

등하(登遐·登霞)圕 황제(帝王)가 죽음. 붕어(崩御). 등가(登假). death of a king 하자

등하(燈下)圕 등불 아래, 등잔 밑. under a lamp

등하 불명(燈下不明)圕 '등잔 밑이 어둡다'는 뜻으로, 가까이 있는 것이 도리어 알아내기 어려움을 이르는 말. At the foot of the candle it is dark

등하-색(燈下色)圕 불빛 아래에서 방사(房事)하는 일.

등:한(等閑)圕〈開視·閑視〉대수롭지 않게 보아 넘김. negligence 하자

등:한-하(等閑—)〈開一·閑一〉어떤 일에 마음을 두지 아니하고 대수롭지 않게 여기거나 무심하다. neglect **등:한-히**튀

등:-할(等割)圕 크기가 같은 할구(割球)로 분열되는 난할(卵割). 섬게·활유어 같은 등황란(等黃卵)에서 볼 수 있음. 균등 난할(均等卵割).

등행(登行)圕 높은 곳으로 올라감. 하자

등=허리圕 ①등과 허리. ②등과 허리의 사이.

등-헤염圕〈동〉배영(背泳).

등현-례[—녜](登舷禮)圕〈군사〉승무원(乘務員) 전 원이 양쪽 뱃전에 벌여 서서 행하는 해군 예식의 하나. 귀빈의 마중과 배웅 또는 멀리 가는 군함에 대해 경의를 표하는 일. manning the side 하자

등:호(等號)圕〈수학〉수나 식 등이 서로 같음을 나타 내는 부호. '='표. 같음표. 등표(等標)②. [대] 부등호(不等號). equality sign

등호(燈號)圕〈동〉과정(科目)에 들어가는 사람들이 각각 등대의 초롱에 표하여 쓴 글자.

등화(燈火)圕 등불. light

등화(燈花)圕 불심지 끝이 타서 맺힌 불똥. wick

등화(藤花)圕 등나무의 꽃. 등꽃.

등화 가:친(燈火可親)圕 가을이 들어 서늘하면, 밤에 등불을 가까이하여 글을 읽기에 싱기(心氣)가 좋다는 말. good season for reading

등화 가:친지절(燈火可親之節)圕 밤에 등불을 가까이하여 글 읽기에 싱기(心氣)가 좋은 시절. 곧, 가을 철을 이름.

등화 관제(燈火管制)圕〈군사〉적기의 공습에 대비하여, 경계 경보(警戒警報)·공습 경보가 내려진 경우에 불을 가리거나 끄는 일. control of lights 하자

등화 신:호(燈火信號)圕 등불로 이루하는 일. 하자

등화-앉-다(燈火—)짬 심지 끝에 등화가 생기다. 등 [화지다.

등화-지-다(燈火—)짬〈동〉등화앉다.

등화榮(藤花榮)圕 등꽃나물.

등:활 지옥(等活地獄)圕〈불교〉팔열 지옥(八熱地獄) 의 하나. 여기 떨어지면 갖은 형벌로 죽게 살았다가 다 한다고 함.

등황(橙黃)圕〈동〉자황(雌黃).

등:-황란(等黃卵)圕〈동물〉황란이 극히 적어 미립상(微粒狀)을 이루어서 등분하여 분포하고 있는 알.

등황-색(橙黃色)圕 등색(橙色)보다 조금 누런 빛을 띤 빛깔. reddish-yellow

등황-석(橙黃石)圕〈광물〉등황색의 광석의 하나.

등:-후(等候)圕〈동〉등대(等待). 하자

등-힘(—)圕 활을 쓸 때 손목에서 어깨까지 뻗는 되이[의](고) 데[의]. 「힘.

=디어미圕 형용사의 뜻을 세게 나타내기 위하여 어간 을 겹쳐 쓸 때 첫 줄기에 붙이는 연결 어미. ¶크 ~ 크다. 차~ 차다. 〈약〉=더나. =디니.

디(고) 것이.

-=디[의](고) ①-지. ②-기.

디굴-디굴튀 작고 단단한 것이 자꾸 굴러가는 모양. 〈작〉데굴데굴. rolling

디그르르튀 여러 개의 가늘거나 작은 물건 가운데서 조금 굵은 모양. 〈작〉대그르르. 〈센〉띠그르르. 하자

디그리(degree)圕 ①등급. 정도. ②지위. ③학위.

디귿[의](어학) 한글의 자모 'ㄷ'의 이름. third letter of Korean alphabet

디글-디글튀 여러 개의 가늘거나 작은 물건 가운데서 몇 개가 좀 굵은 모양. 〈작〉대글대글. 〈센〉띠글띠글. rather big among all the small things 하자

디기탈리스(digitalis 라)圕〈식물〉현삼과(玄蔘科)의 이년생 혹은 다년생 풀. 여름에 붉은 빛을 띤 자줏 빛의 꽃이 핌. 유럽 원산으로 잎은 약재로 쓰이고 관상용으로 심음.

:디-나가·다[다]퉁퉁(고) 지나가다.

:디-나다·다[다]퉁퉁(고) 지났다. →거다.

디나건[의](고) 지난. 지나간.

:디-나다·다[다]퉁퉁(고) 지나다.

디내·다[디]퉁(고) ①지나게 하다. ②지내다. 겪다.

디내히[부](고) 지나게. 지나도록.

디너(dinner)圕 오찬(午餐). 향연(饗宴). 만찬(晩餐).

디너 파:티(dinner party)圕 오찬회. 만찬회.

디노미네이션(denomination)圕〈경제〉화폐의 호칭 [단위명의 변경.

디·니-다[다]퉁(고) 지니다.

디-다[다]퉁(고) 지다(負).

·디-다[다]퉁(고) ①거꾸러다. ②지다. 떨어지다.

:디-다[다]퉁(고) ①쇠를 끓여 녹이다. ②쇠를 부어 만

디-다[다]퉁(고) 지다 싸다. 값싸다. [들다.

디:-데이(D-day)圕 행동(行動)을 개시하는 날. 작전 (作戰) 개시 날. deadline day

디디-다[다]퉁 ①발을 올려놓고 서거나 발로 내리누르다. ¶발을 조금씩 옮겨 ~. ②누룩이나 메주의 반죽한 것을 보자기에 싸서 내리눌러 덩이를 짓다. 〈약〉딘다. step on

디디램브(dithyramb)圕〈문학〉그리스 서정시(抒情 詩)의 한 형식. 열광적인 시·연설·문(文).

디:디·티:(D. D. T.)圕〈약〉dichloro-diphenyl-trich- loroethane 클로로벤젠과 클로랄에 황산을 딸 수제(脫水劑)로 하여 화합시켜서 생기는 결정(結晶).

디-딜[디](고) 치질. [살충제(殺蟲劑).

디딜-방아[—빵—]圕 발로 디디어서 찧는 방아. 답구 (踏臼). treading motor

디딜-풀무圕 발로 디디어 바람을 내는 풀무. treading

디딤-널圕 발로 디디어 놓는 널.

디딤-돌[—똘]圕〈건축〉섬돌의 하나. 마루 아래 같 은 데 놓아 디디고 오르내림. stepping stone

디루-다[다]퉁(고) 찌르다. [하자

디-럭스(de luxe 프)圕 '호화판·사치물'의 뜻. ¶ ~판.

디렉터(director)圕 ①지도자(指導者). 지휘자(指揮 者). ②지배인(支配人). ③〈연예〉영화 감독(監督). ④〈음악〉악장(樂長).

=디르미[의](고) =ㄹ수록.

디룽-거리-다[다]퉁 매달린 물건이 가볍게 흔들리다. 〈작〉대롱거리다. dangle **디룽-디룽**튀 하자

디르-다[다]퉁(고) 임(臨)하다. 다다르다. 굽어보다.

디르-다[다]퉁(고) 지르다.

디르-다[다]퉁(고) 찌르다.

디-마나히[의](고) 지망지망하게. 경솔하게. 소홀하게.

디-만-호-다[다]퉁(고) 지망지망하다.

디멘션(dimension)圕 ①용적(容積). ②차원(次元).

디몬기술[명][고] 송이술.

디 몰토(di molto 이)[명] 〈음악〉 '아주'의 뜻.

디미누엔도(diminuendo 이)[명] 〈음악〉 '차차 약하게'의 뜻. 기호 ; dim.

디미누엔도 알 피아니시모(diminuendo al pianissimo 이)[명] 〈음악〉 '피아니시모까지 차차 약하게'의 뜻. 기호 ; dim. al pp.

디미누엔도 에 리타르단도(diminuendo e ritardando 이)[명] 〈음악〉 '차차 약하면서 차차 느리게'의 뜻. 기호 ; dim. e rit. 부호 ; >.

디-밀-다[타][르불] [약]→들이밀다.

디바이더(divider)[명] 분할기. 개폐할 수 있는 두 개의 각침(脚針)을 단계도·괘선(罫線) 긋기에 쓰는 용구. 선의 등분·길이의 측정에 쓰임.

디밸류에이션(devaluation)[명] 〈경제〉 평가 절하(平價切下). 「도록 짜인 무도곡(舞蹈曲)의 하나.

디베르티멘토(divertimento 이)[명] 〈음악〉 오락에 알맞=디·빙[명](고) =지. =지마는.

디새[명] [고] 기와.

디식-다[타][르불][고] 지새다.

디스-인플레이션(disinflation)[명] 〈경제〉 인플레이션 상태에서 벗어나기 위하여 통화량 증발을 억압하나, 디플레이션까지는 이르지 않는 정도의 경제 정책.

디스-카운트(discount)[명] 할인(割引). 또는 할인율(割引率). 하[타] 「(出). 할인 판매(割引販賣).

디스카운트 세일(discount sale)[명] 염가 매출(廉價賣

디스커션(discussion)[명] 토론. 토의. 하[타]

디스커스(discus)[명] 〈체육〉 경기용 원반(圓盤).

디스코(disco)[명] →디스코테크.

디스코 댄스(disco dance)[명] 디스코 음악의 리듬에 맞춰 분위기를 즐기며서 자유롭게 추는 춤.

디스코테크(discothèque 프)[명] 생연주(生演奏)가 아니고 디스크를 들어놓고 춤을 추게 하는 댄스 홀.

디스크(disc·disk)[명] ①원반(圓盤). ②축음기의 레코드. ③〈생물〉 추간(椎間) 연골. ④〈속〉 추간 연골 헤르니아.

디스크 자키(disk jockey)[명] 라디오 방송에서 레코드 음악을 보내면서 해설이나 삽화(挿話) 또는 감상을 들려 주는 음악 프로. 또, 그 담당 아나운서.

디스턴스 레이스(distance race)[명] 〈체육〉 스키에서 장거리 경주. 15∼18 km 까지는 단거리, 30∼50km 까지를 장거리라 함.

디스-템퍼(distemper)[명] ① 〈의학〉 개, 특히 강아지에 걸리는 급성 전염병. ②풀가루를 섞은 진흙 같은 그림 물감.

디스토마(distoma 라)[명] 〈동물〉 흡충류(吸蟲類)의 하나. 몸 길이 0.1 mm∼10 mm 로 원통상·원반상·엽상(葉狀) 등이 있음. 자웅 동체(雌雄同體)이며, 사람이나 말의 간·폐에 기생하여 병을 일으킴.

디스포-저(disposer)[명] 주방에서 음식 찌꺼기를 하수도에 버릴 수 있도록 잘게 부수는 전기 기구(電氣器具).

디스프로슘(dysprosium)[명] 〈화학〉 희토류 원소의 하나. 자성(磁性)이 세고 이온색은 황색, 산화물은 무색임. 원소 기호 ; Dy. 원자 번호 ; 66. 원자량 ;

디:시:이(D. C.)[명] 〈군사〉 [약] 카포(dacapo). |162. 46.

디아스타-제(Diastase 도)[명] 〈화학〉 엷은 황백색의 냄새나 맛이 없는 가루. ①약용〉 백아(麥芽)로 만든 가루약. 소화제로 쓰임. ③전분을 당분으로 바꾸는 효소(酵素). 「(景氣動向指數).

디:아이(D. I.)[명] [약] diffusion index 경기 동향 지수

디: 아이 엔 감:광도(DIN感光度)[명] [약] Deutsche Industrie−Normen 도이칠란트 규격에 의한 사진 감광 재료의 감광 성능을 나타내는 수.

디: 엠 제트(DMZ)[명] [약] Demilitarized zone 군사 비무장 지대(軍事非武裝地帶).

디: 오:(D. O.)[명] [약] Defense Order 미국 국방(國防) 당국이 민간 제조업자로부터 군수품을 배입(買入)하는 경우의 지령(指令).

디오니소스(Dionysos 그)[명] 그리스 신화에 나오는 생성(生成)의 신(神). 포도 재배의 신 또는 주신(酒神). 로마 신화의 바커스(Bacchus).

디오니소스-형(Dionysos 型)[명] 〈문학〉 예술 활동에 있어서 정적(情的)·동적(動的)·군집적(群集的)인 특징을 가진 유형으로 심리학상 도취(陶醉)의 영역에 속함. 니체가 예술론에서 쓴 말. (대) 아폴로형. Dionysos genre

디오덜라이트(theodolite 프)[명] 망원경을 수직축과 수평축과의 둘레에 회전할 수 있게 장치한 기계. 경위의(經緯儀).

디오라마(diorama 프)[명] 〈미술〉 깊고 큰 마포(麻布)에 연속된 광경을 그린 유화(油畵)의 앞쪽에 여러 가지 물건을 놓고, 그것을 잘 조명하여 실물을 보는 듯한 느낌을 일으키게 하는 일. 투시화(透視畵).

디옵트리(Dioptrie 도)[의학][물리] 안경의 강도를 나타내는 굴광(屈光)의 단위. 초점 거리를 미터로 나타낸 값의 역수. 디옵터(diopter).

=디·옷[어미][고] =ㄹ수록. =을수록.

=·디·외[어미][고] =지. =지마는.

디우-다[타][고] 쇠를 끓여 녹이다. 쇠를 끓여 녹여 부어 쇠그릇을 만들다. →디다.

디우레틴(diuretin 도)[명] 〈약학〉 빛이 희고 냄새가 없는 가루약. 이노제(利尿劑)로서 극약(劇藥)임.

=·디·웨[어미][고] =지. =지마는.

디·원[의명](고) 경계(境界).

디·위[의명](고) 빈(番).

=·디·위[어미][고] =지. =지마는. →더 비.

디:이즘(deism)[명] 자연신교(自然神敎). 자연신론(自然神論). 이신론(理神論). 「신교(唯一神敎).

디:이즘(thesm)[명] 〈종교〉 ①유신론(有神論) ②유일

디자이너(designer)[명] ①설계자. ②도안가(圖案家). ③양복·양장이나 직물의 의장이나 도안을 입안(立案)하는 사람.

디자인(design)[명] ①도안(圖案). 고안(考案). ②설계도. ③무늬. 본. ④음모(陰謀). 하[타]

디저-트(dessert)[명] 양식을 먹은 뒤에 먹는 과자나 과실 따위.

디저-트 코-스(dessert course)[명] 식후 과일 따위의

디:젤 기관(Diesel 機關) 〈물리〉 1897 년 도이칠란트의 디젤이 발명한, 중유(重油)를 사용하는 내연 기관(内燃機關)의 하나. 디젤 엔진. 중유 기관.

디:젤 엔진(Diesel engine)[명] [약] 디젤 기관(機關).

디:젤 카:(Diesel car)[명] 디젤 기관을 장비한 철도 차량. 「뜻으로, 경제학을 가리킴.

디즈멀 사이언스(dismal science) '음울한 학문'이란

디지털 계:산기(digital 計算機)[명] 정보를 모두 숫자로 나타내어 처리하는 계산기.

디지털 시계(digital 時計)[명] 바늘을 사용하지 아니하고 숫자로 시간을 나타내는 시계.

디캐들론(decathlon)[명] 〈체육〉 십종 경기(十種競技).

디: 케이(D. K.)[명] ①[약] dining kitchen 조리실을 겸한 주방. 주방 겸 식당. ②[명]→디 케이 그룹.

디: 케이 그룹(D. K. group)[명] [약] don't know group 여론 조사(輿論調査) 따위의 질문에 대하여 '모른다·모르겠다'라고 대답하는 계층(階層). [약] 디 케

디키-다[타][고] 지키다. →딕흐다. |이.

디터:미니즘(determinism)[명] 〈철학〉 결정론(決定論).

디텍터(detector)[명] 〈물리〉 ①검파기(檢波器). ②검전기(檢電器). 「(部門). 국(局).

디파:트(←department)[명] ①백화점(百貨店). ②부문

디파:트먼트(department)[명] [원]→디파트.

디펜스(defence)[명] 방어(防禦). 수비(守備). 특히 단체 경기의 일컬음.

디프레션(depression)[명] 〈경제〉 불가 저락(物價低落).

디프서:메이니어(dipsomania)[명] 음주광(飮酒狂). 술 주정꾼.

디프테리아(diphtheria)[명] 〈의학〉 어린아이의 급

디플레 성 전염병. 디프테리아균과 화농성균(化膿性菌)이 섞여 전염함. 마비풍(馬脾風). ¶~균(菌).

디플레[명] 〈약〉→디플레이션.

디플레이션(deflation)[명] 〈경제〉 인플레이션에 의하여 저락한 화폐 가치를 등귀(騰貴)시킬 수단으로 화폐를 수축시키는 방법. 또, 그 현상. 통화 수축(通貨收縮). (대) 인플레이션(inflation). 준디플레.

디플로매트(diplomat)[명] 외교가(外交家). 외교관(外交官).

디플로머시(diplomacy)[명] 외교(外交). 외교술(外交術).

디: 피(D. P.)[명] 〈약〉 displaced person 전재(戰災)나 통치자의 변경 때문에 피난하려는 사람.

디: 피: 이:(D. P. E.)[명] 〈약〉 developing, printing, enlarging 사진의 현상·인화·확대. 또, 그런 일을 하는 가게.

딕누-리[명] 징두리.

딕-디-다[타] [고] 찍다. 점찍다. 쪼아 먹다.

딕먹--다[타] [고] 찍어 먹다.

딕셔너리(dictionary)[명] 사전(辭典).

딕터폰(dictaphone)[명] 말을 녹음한 수화통(受話筒)을 필요할 때 축음기에 걸어 말을 재생시켜 듣는 기계. 구수(口授). 축음기. 속기(速記) 축음기.

딕테이션(dictation)[명] ①구술(口述). ②받아쓰기.

딕-흥--디다[타] [고] 지키다. ¶명령. 지시(指示). 하다.

딕-희--다다[타] [고] 지키다.

=딘·댄[지미] [고] =진대.

딛-다다[자] [고] →더디다.

딛-다/섶-다다[타] [고] 불때다. 때다[焚火].

딜[고] 질그릇.

딜가마[고] 질가마. 진흙으로 구워 만든 가마솥.

딜것[명] 질것. 질로 된 것.

딜굽--다다[타] [고] 질그릇 굽다[陶].

딜동·힁[명] [고] 질동우.

딜: 러(dealer)[명] ①업자. 상인. ②특약점. 소매점. ③트럼프 카드를 나누어 주는 사람.

딜레마(dilemma 라)[명] ①양도 논법(兩刀論法). ②진퇴 양난(進退兩難). ③궁경(窮境). ¶~에 빠지다.

딜레잉 더 게임(delaying the game)[명] 〈세우〉 배구·농구에서, 경기자가 쓸데없이 경기의 진행을 더디게 하는 행동.

딜레탕트(dilettante 프)[명] ①문학이나 예술을 취미로 하는 사람. ②무슨 일이든지 위안과 취미를 본위로 하는 사람.

딜레탕티슴(dilettantisme 프)[명] ①향락적 문에 취미. ②예술이나 문학 등을 취미로 하는 입장.

딜=목(一木)[명] 〈광물〉 광 구덩이의 천장을 떠받치는 나무. prop

딜: 물[명] 질물.

딜병/딜병드리[고] 질병. 질로 만든 병.

딜엇[명] [고] 질것. 질로 된 것.

딜·뒤-[명] [고] 뒷세. →댓딜위.

=딤·질흥--다다[타] [고] 지어붓다.

딤·치[명] [고] 김치.

딥다[부] →들입다.

딥--다다[타] [고] 짚다.

딥지(짚)[고] 짚으로 짠 기직.

딧-다다[타] [고] 짓다. →딛다.

딩[고] [고] 징.

딩딩·하-다다[형] [여불] ①힘이 세다. strong ②마주 켕겨서 팽팽하다. strained ③본바탕이 튼튼하다. sturdy hard ④군다. ¶딩딩하다 부자. 《작》 댕댕하다. 〈센〉명명하다. (거) 텅텅하다.

딭--다다[타] [고] 질다. 깊다.

-딮[고] 질.

딮--다다[타] [고] 짚다.

딯--다다[타] [고] 찧다.

ㄸ[쌍디귿] 〈어학〉 'ㄷ'의 된소리[硬音]. double letter

따갑-다다[형] [ㅂ변] ①몹시 더운 느낌이 있다. 《큰》뜨겁다. unbearably hot ②날카로운 끝으로 쑥쑥 쑤시는 듯한 느낌이 있다. prickly ③비판·충고 등이 심하고 날카로워서 심한 자극을 줄 만큼 아프다. scathing

따개[명] 병이나 깡통 따위를 따는 물건.

따개비[명] 〈동물〉 따개비과에 속하는 절족 동물의 하나. 직경이 1~1.5 cm의 원추형이고, 표면은 광택이 나는 암회자색임. 바위나 나무에 붙어서 삶.

따: 귀[명] 〈약〉→뺨따귀.

따귀 떨--다다[속] 뺨따귀를 때리다.

따까리[속] 모자. ¶내는 짓. gnawing 하다

따깜-질[명] 큰 덩이의 일이나 물건에서 조금씩 들어내는 일.

따끈-따끈[부] 연해 따끈한 모양. 매우 따끈한 모양. 《큰》뜨끈뜨끈. 하다[형] ¶끈하다. hot **따끈-히**[부]

따끈-하-다다[형] [여불] 조금 따뜻한 느낌이 있다. **따끔-히**[부]

따끔-거리-다다[자] 무엇에 찔리거나 얻어맞은 곳이나, 또 결리는 곳이 바늘 같은 것으로 찌르는 것처럼 자주 아프다. **따끔-따끔**[부]

따끔-나-리[명] 옛날에 순검(巡檢)을 조롱하여 일컫던 말. startling order

따끔-령(一令)[명] 정신을 바짝 차리도록 내리는 명령.

따끔-하-다다[형] [여불] ①찔리거나 맞아서 아프다. prickly ②몹시 자극되어 따가운 듯한 느낌이 있다. tingle **따끔-히**[부]

따낸-돌[명] 바둑 둘 때에 때려 낸 돌.

따: 니[명] 돈치기의 하나. 쇠돈을 가지고 함. kind of moneytossing game

따-니치-다다[타] 따니의 내기를 하다. daughter

따님[명] 〈공〉 남의 딸. 규애(閨愛). 영애(令愛). your

따-다다[타] ①무엇에 붙었거나, 매달렸거나 돋은 것을 잡아떼다. ¶배를 ~. pick ②어떤 사실 또는 남의 말·글에서 필요한 부분을 가져 뽑아서 취하다. ¶~ 쓰다. take ③경기·노름·내기 등에서 이겨 돈을 얻는다. gain ④점수를 얻다. ¶100점을 ~. get ⑤〈속〉 속어에서 여자의 정조를 짓밟다. deflower ⑥꽉 봉한 것을 뜯다. ¶깡통을 ~.

따-다다[타] ①무엇이나 핑계하여 오는 사람을 만나 주지 아니하다. ¶손님을 ~. deny oneself to a caller ②싫어하는 사람에게 알리지 않거나, 돌려내서 그일에 관계하지 않게 하다. exclude

따-다다[타] ①진집을 내거나 찔러 터뜨리다. ¶곰은 데를 ~. open ②한 부분을 떼어 내다. ¶모서리를 ~. take off ③땅바닥의 한 부분을 갈라 파거나 홈이 지게 파내다. ¶쟁기로 밭이랑을 ~. dig out ④물꼬 따위를 터서 물이 흐르게 하다. ¶물꼬를 ~.

따-다다[타] 상관 없이 다르다. different ¶~. open

따다닥[부] 기관총을 쏘는 소리.

따다-대다[타] [고] ①무엇을 뜯어내서 죽 벌여 놓다. scatter about ②입살스럽게 이야기를 늘어놓다. ¶듣어빌이다. talk to a tedious length

따다 쓰-다다[타] 남의 말이나 글의 한 부분을 가려 떼어서 제 것으로 삼아 쓰다. quote

따독-거리-다다[센] →다독거리다.

따-돌리-다다[타] 무슨 일을 그 폐에 밀거나 싫은 사람을 그 일에 관계를 못하게 하다. exclude

따들싹-하-다다[형] [여불] 물건의 어느 한 부분이 착 달라붙지 아니하고 조금 떠서 들리다. 《큰》 떠들썩하다. corner is lifted up

따들썩-하-다다[형] [여불] ①여러 사람이 크게 지껄이어 시끄럽다. be noisy ②소문이 떠들어서 왁자하다. 《큰》 떠들썩하다. become talk of the town

따듬-거리-다다[센] →다듬거리다.

따듬작-거리-다다[센] →다듬작거리다.

따뜻-하-다다[형] [여불] '따뜻하다'를 부드럽게 한 말. 《큰》뜨듯하다. warm **따듯-이**[부]

따-따-따[부] 나팔을 부는 소리. sly 하다

따따부따[부] 딱딱한 말씨로 시비하는 모양. clamorou-

따뜻-하-다다[형] [여불] ①알맞게 덥다. warm ②감정이나 분위기가 친근하고 포근하다. ¶따뜻한 충고. 《큰》뜨듯하다. soft **따뜻-이**[부]

따라 따라서. 좇아서. according to

따라-가-다다[자] ①남의 뒤를 좇아 가다. follow ②남이

따라다니다 510 딱새

하는 짓이나 되는 일을 좇아 하다. take after
따라-다니-다￼ ①남의 뒤를 좇아다니다. ¶여자 꽁무니를 ~. ②뒤를 좇듯이 서로 붙어 다니다. ¶자유와 책임은 서로 따라다닌다.
따라-붙-다￼ 앞지른 것을 따라가서 바싹 붙다. overtake
따라서￼ 그러므로의 뜻의 접속부사. therefore
따라-오-다￼ ①남의 뒤를 좇아서 오다. follow ②남이 하는 대로 좇아서 오다. ¶국의 기술을 ~.
따라-잡-다￼ 앞지른 것을 따라가 잡다. ¶선진
따라지￼ ①보잘것없이 키와 몸이 작은 사람. 주유(侏儒)②. 딸보③. dwarf ②노름판에서 한 끗을 일컫는 말. ③하찮은 존재. trifle
따라지 목숨￼ 자유 없이 사는 목숨. slavish life
따로￼ ①한데 어울리지 않고 떨어져서. ¶고양이와 개는 ~. apart ②서로 다르게. 딴 셈으로. 별도로. ¶밥값을 ~ 내다. separately
따로-나-다￼ 가족의 일부가 딴살림을 벌이다. establish a branch family
따로-내:-다￼ 가족의 일부를 딴살림을 벌이게 하다.
따로-따로¹￼ 서로 어울리지 않고 다 각각 떨어져서. 제각각 딴 셈으로. separately
따로-따로²￼ ⟨약⟩→따로따로 따따로.
따로따로 따따로￼ 어린아이가 처음으로 따로 서기를 배울 때 어른이 붙들었던 손을 떼며 하는 소리. 섬마섬마. ⟨약⟩따로따로².
따로 서-다￼ ①어린아이가 처음으로 저 혼자 서다. 홀로 서다. stand alone ②한데 뒤섞이지 않고 멀어져서 서다. stand apart
따르-다¹￼ ①남의 뒤를 좇다. ¶어머니를 따라 시장에 갔다. follow ②남이 하는 짓을 본뜨다. ¶형의 행동을 따라 하라. imitate ③남을 그리워하며 붙좇다. ¶그 아이는 선생님을 무척 따른다. adore ④병행(竝行)하다. 또, 수반하다. ¶큰길을 따라 집들이 들어섰다. ⑤관례나 법규 따위를 좇다. 본떠서 하다. ¶법에 따라 처리하겠다. ⑥복종하다. ¶아버지의 말씀에 ~. ⑦목적·입장에 각기 의거하다. ¶교수의 견해에 따라 이론이 구구하다.
따르-다²￼ 액체를 기울여서 붓거나 쏟다. ¶물을 컵에 ~. pour
따르릉￼ 다르르.
따르릉￼ 작은 종이 급하게 울리는 소리.
따름￼ 어미 'ㄹ'이나 '을' 아래에 쓰이어 '그뿐'의 뜻을 나타내는 말. ¶쓰기에 편하게 할 뿐이다. only ¶격한 나무판. blade of a rudder
따리¹￼ 키의, 물 속에 잠기는 아래 부분에 달린 넓
따:리²￼ 아첨. 아첨하는 말. flattery ⟨속⟩따리.
따:리-꾼￼ 따리를 잘 붙이는 사람. flatterer ⟨리.
따:리 붙이-다￼ 아첨하다. 살살 꾀다.
따-먹-다￼ ①과일을 따서 먹다. pluck and eat ②바둑·장기·고누 따위에서 남의 말·돌을 잡아 없애다. take ③⟨속⟩속어에서 처녀의 정조를 짓밟다. deflower
따:-바라다￼ 동통하고 키가 작다. stumpy
따발-총(一銃)￼⟨속⟩ 소련제의 소형 경기관총(輕機關銃). submachine-gun
따분-하-다￼ ①가쁘다고서 힘이 없다. 느른하다. tired ②아무런 재미도 없이 지루하고 답답하다. boring ③처치하기 거북하다. 난처하다. embarrassing ④생기가 없어 처량하다. helpless 따분-히￼
따비￼⟨농업⟩ 풀 뿌리를 뽑거나 밭을 가는 농구의 하나. weeder ⟨acreage
따비-밭￼ 따비로나 갈 만한 좁은 밭. field of small
따사-롭-다￼ ⟨센⟩→다사롭다.
따사-하-다￼ ⟨센⟩→다사하다.
따삽-다￼ 알맞게 따뜻하다. 따뜻한 기운이 있다.
따스-하-다￼ ⟨센⟩→다스하다.
따습-다￼ ⟨센⟩→다습다.
따오기￼⟨조류⟩ 따오기과의 새. 모양이 해오라기와 비슷하며 부리가 크고 온몸이 흼. 동부 시베리아·만주·한국·일본 등지에 서식하며 희귀하여 천연 기념물로 보호함. 주로(朱鷺). crested ibis

따옥=다옥 따오기의 우는 소리.
따옴-말 ⟨동⟩ 인용어=인용어(引用語).
따옴-법[-뻡]⟨-法⟩⟨동⟩ 인용법(引用法).
따옴-월⟨동⟩ 인용문(引用文).
따옴-표〈-標〉⟨어학⟩ 남의 말이나 글의 인용 및 그 글의 제목 또는 특별한 뜻이 있는 글이나 낱말의 인용이거나, 또는 어떤 말을 강조하거나 두드러이 나타내려 할 때에 그 말이나 글의 앞뒤에 적는 " ", ' '표. 인용부(引用符). quotation marks
따위 ⟨의⟩ ①다른 말 아래에 붙어서 그와 같은 무리라는 뜻을 보임. and others ②사람의 이름이나 '이·그·저·나' 등의 대명사 아래에 쓰여 경멸·겸손의 뜻을 나타냄. ¶네 ~가 무엇을 알겠느냐? like of
따지기￼ 이른봄에 얼었던 흙이 풀리려고 하는 무렵. thawing season
따지기-때⟨동⟩ 얼었던 흙이 풀리기 시작하는 때.
따지-다 ①옳고 그른 것을 밝혀 가리다. ¶따지고 덤비다. inquire into ②값을 쳐보다. ¶이자(利子)를 ~. calculate ③계획이나 일을 이모저모로 타산하고 검토하다. examine
따짝-거리-다 손톱 따위로 뜯어 진집이 나게 하다. ⟨큰⟩뜯적거리다. scratch 따짝-따짝¹ 하다
따통￼⟨약⟩ 자연 경사를 이용하여 벤 나무를 산 아래로 내려보내기 위하여 땅에 낸 길. ②⟨속⟩아편(阿片).
딱¹ ①단단한 물건이 부딪거나 부러질 때에 나는 소리. with a crack ②단단히 들러붙거나 들러붙은 모양. ⟨큰⟩먹⁴. ⟨거⟩탁. stick to 하다
딱² ①일을 결기 있게 작성하는 모양. ¶~ 잘라 말하다. definitely ②몹시 싫거나 언짢은 정도로 싫거나 언짢은 모양. ¶~ 그치다. completely
딱:³ ①활짝 바라지는 모양. ②완전히 들어맞는 모양. accurately ③굳세게 버티는 모양. firmly ④크게 입을 벌린 모양. widely ⑤양견한 모양이 보이는 모양. ⟨큰⟩먹⁵.
딱다그르르 ⟨센⟩→다다그르르.
딱다글-딱다글 ⟨센⟩→다다글다다글.
딱다기 ①밤에 나무 토막을 치며 마을 도는 야경꾼. 또, 그 나무 토막. wooden clappers ②극장 따위에서 막을 올릴 때 신호로 치던 나무 토막.
딱다기 ⟨동물⟩ 딱다기과의 새우. 해안의 모래밭에 삶. 길이 5cm, 빛은 담황색, 첫째 발이 매우 큼. 낚시밥으로 손.
딱다-깨비 ⟨곤충⟩ 메뚜기과의 곤충. 몸은 가늘고 길며 몸 빛은 황록색임. 열대 지방에 널리 분포하고 중국·한국·일본 등지에도 서식함.
딱다구리 ⟨조류⟩ 딱다구리과의 새의 총칭. 종류가 여러 가지로, 몸 빛은 녹색·흑색 등이고 반문이 있음. 날카롭고 단단한 부리로 나무를 쪼아 구멍을 내고 그 속의 벌레를 잡아먹는 익조임. 탁목조. woodpecker
딱딱 ①단단한 물건이 연해 마주치는 소리. ¶손뼉을 ~ 치다. ②단단한 물건이 계속해서 꺾어지는 소리. 또, 그 모양. ¶나뭇가지를 ~ 부러뜨리다.
딱딱-거리-다 거센 말씨로 을러대다. blame loudly
딱딱-하-다￼ ①몹시 단단하다. hard ②보기에 부드럽지 않고 사납다. stiff ③온순한 느낌이 없고 거세다. rigid 딱딱-히￼
딱-바라지-다 ①몸이 동뚱하고 키는 작달막하여 옆으로만 바라지다. ⟨큰⟩먹벌어디①. ②물건의 형체가 얕고 넓다.
딱-부릅뜨-다￼ 성이 나서 눈을 크게 뜨고 깜짝거리지도 아니하여 보다. ¶눈을 딱 부릅뜨고 노려보다.
딱-부리￼⟨약⟩→눈딱부리.
딱-새 ⟨조류⟩ ①딱새과·지빠귀과의 딱새속(屬) 새의 총칭. flycatcher ②지빠귀과에 딸린 새의 한 가지. 참새보다 좀 크며 몸 빛은 암컷은 감람갈색에 꽁지는 등황적색이고, 수컷은 복부·가슴이 등황적색이고 흑색 날개에 백색 반문이 있음. 상딱새. 응새. redstart

딱선 = 선(扇)명 살이 적은 쥘부채. kind of fan
딱-성냥명 성냥의 하나. 아무 데에나 그어도 불이 일어남. friction match
딱-잡아떼:-다타 확고한 태도로 결기 있게 아니라고 또는 모른다고 우기다.
딱장[-짱]명 나무. 장작. 판자.
딱장-개비명(속) 지게꾼.
딱장-대[-때]명 ①온화한 맛이 없고 성질이 딱딱한 사람. stern person ②성질이 사납고 군센 사람. rough person ｜를 불도록 하다. torture
딱장-받-다타 도둑에게 온갖 형벌을 가하여 가며 죄를 대게 하다.
딱정-벌레명〈곤충〉딱정벌레과의 곤충. 몸 길이 13 mm 내외로 몸 빛은 금록색 또는 등적색에 광택이 나며 촉각은 실 모양임. 다른 곤충을 먹고 살며, 성충은 땅속·썩은 나무 등에서 서식함. beetle
딱정-이[-쩡-]명(속) 나무.
딱지¹명 ①상처나 헌데에 피·진물·고름이 나와 말라 붙은 조각. scab ②종이에 붙은 티. spot ③시계의 겉 뚜껑. case ④거북·소라 등의 몸을 싸고 있는 단단한 껍데기. shell ⑤딱정벌레의 날개 같은 단단한 물질.
딱지²명 ①(속) 거절(拒絶). refusal ②(속) 퇴짜. ③
딱지³명(속) 지각(知覺). ¶ ~가 덜 떨어졌다.
딱지⁴(-紙)명 ①우표나 증지 또는 어떤 마크를 그린 조각 따위의 총칭. label ②(→)놀이에 쓰이는 쥘련 딱지. ④(속) 지갑. 차표.
딱지-꽃명〈식물〉장미과의 다년생 풀. 일의 안 바다에 선모(腺毛)가 많이 나고 6~7월에 황색 꽃이 핌. 해변이나 개울가에 나며 어린 잎은 식용함. 위
딱지-꾼명 도둑질 하는 사람.   ｜릉채(萎陵菜).
딱지-맞-다(속) 퇴짜맞다. refused
딱지-붙임[-부침]명 얇은 널빤지에 아교를 발라서 다른 두께의 데에 붙이는 일. 하다타   ｜사람.
딱지 장수(-紙-)(속) ①달러 장수. ②암표를 파는
딱지-치기(-紙-)명 종이 딱지를 바닥에 놓고 다른 딱지로 쳐서 뒤집히면 따서 먹는 놀이. 하다타
딱-총(-銃)명 화약을 넣고 싸서 부딪치면 터지게 만든 장난감 총. 지총(紙銃). 지포(紙砲). firecracker
딱총-나무명〈식물〉인동과(忍冬科)의 나무. 잎은 피침형으로 톱니가 있으며 황록색 꽃이 피고 붉은 구슬 같은 열매가 달림. 말린 가지는 약재, 어린 잎은 식용함. redberried elder
딱-하-다형여 ①가엾다. pitiable ②처리하기가 어렵다. awkward
딴¹관(약) 딴군.
딴²의 자기의 생각에는 아무쪼록 잘한다는 주제. 까닭이 될 만한 생각. ¶ 내 ~은. 제 ~은. in one's own estimation
딴³ 관계없이 다른. 틀리는. ｜
딴-것명 다른 것. ¶~은 젖혀 놓고.
딴기(-氣)명 냄을 기운. ¶ ｜적다. be weak
딴기-적:-다(-氣-)형 세차지 못하여 냄을 기운이.
딴:-꾼명〈제도〉포교(捕校)의 심부름하던 사람. (약) 딴¹. assistant of the old Korean police ②말이나 하는 짓이 짓궂은 사람.
딴딴-하-다형여(센)→단단하다.
딴-마음명 ①딴 일을 생각하는 마음. some other intension ②배반할 생각을 가진 마음. treacherous intension   [marks
딴-말명 아무 상관 없는 말. 딴소리. irrelevant remarks
딴말 쓰기명 윷판 없이 말만으로 말을 쓰는 윷놀이.
딴-맛명 ①본디의 맛과 달라진 맛. changed taste ②색다른 맛. special taste   ｜본디리. 딴.
딴-머리명 여자의 머리에 덧얹어 없는 머리털. (대)
딴-사람명 ①다른 사람. another person ②알아보지 못하게 된 사람. 전과 달라진 사람. ¶~이 되었다. changed being   ｜다. ③신분이 달라지다.
딴사:-되-다재 ①얼굴이 변하다. ②마음이 달라지다.

딴-살림명 따로 벌어 사는 살림. living apart 하다타
딴-상투명 자기 머리털이 아닌 다른 머리털로 만들어 없은 상투. false topknot
딴-생각명 다른 데로 쓰는 생각. 엉뚱하게 품은 생각. some other intention 하다타
딴-소리명(속) 딴말. 하다타
딴-솥명 방고래와 상관없이 따로 걸어 놓고 쓰는 솥. pot which is separate from the heated floor
딴-요대[-노-](-腰帶)명 허리띠의 하나. 여러 실가닥을 어긋비슷하게 땋아서 넓적하게 만들고, 땋아서 만든 술을 양 끝에 닮. kind of belt
딴은튀 남의 말을 긍정하는 뜻을 나타냄. 하기야. ¶ ~ 그렇군. indeed
딴-이명〈어학〉한글 자모의 'ㅣ'가 다른 모음에 붙었을 때의 'ㅣ'의 일컬음. ¶ '아'자에 ~를 더하면 '애'가 된다.
딴-전명 그 일과는 아주 딴 짓으로 하는 일. 딴청. quite another matter   [름 채주. leg-bracket
딴죽명〈체육〉발로 상대편 다리를 쳐 쓰러뜨리는 씨
딴죽-걸:-다자타르 상대자의 다리를 걸어 당기다.
딴죽-치-다타 ①발로 남의 다리를 후려치다. kick other's legs ②동의하였던 일을 딴전으로 어기다. break one's word
딴-채명 본체와 별도로 메어서 지은 집채. 별채.
딴-청명(속) 딴전.
딴-판명 ①다른 판. different ②아주 다른 모양. different figure ③아주 다른 판국. different situation
딸명 여자로 태어난 자식. 여식(女息). 여아(女兒).
딸-가닥부(센)→달가닥.   (대) 아들. daughter
딸가닥-거리-다자타(센)→달가닥거리다.
딸가닥-딸가닥부(센)→달가닥달가닥.
딸가당부(센)→달가당.
딸가당-거리-다자타(센)→달가당거리다.
딸각부(센)→달각.
딸각-거리-다자타(약)→딸가각거리다.
딸강부(센)→달강.
딸강-거리-다자타(센)→달강거리다.
딸그락부(센)→달그락.
딸그락-거리-다자타(센)→달그락거리다.
딸그랑부(센)→달그랑.
딸그랑-거리-다자타(센)→달그랑거리다.
딸-기명 장미과에 속하는 나무딸기·양딸기 등의 총칭. 또, 그 열매. strawberry   ｜은 소주.
딸:기-소주(-燒酒)명 고무딸기 열매의 즙을 짜서 넣
딸기-술명 ①딸기에 설탕을 넣어 발효시켜 만든 술. ②딸기의 즙을 짜서 넣은 술.
딸기-코명 코끝이 빨갛게 된 코.
딸기-편명 고무딸기로 만든 음식의 하나.
딸기-혀명(동) 매설(苺舌).
딸:기-물명 딸기에서 짜낸 물.
딸까닥부(센)→달가닥.
딸까닥-거리-다자타(센)→달가닥거리다.
딸까당부(센)→달가당.
딸까당-거리-다자타(센)→달가당거리다.
딸까닥부(약) 딸까닥.
딸까닥-거리-다자타(약)→딸까닥거리다.
딸깍-발이명 신이 없어서 늘 나막신만 신는다는 뜻으로, 가난한 선비를 일컬음. poor scholar
딸꼭부 딸꼭질의 소리.
딸꼭-거리-다자 연해 딸꼭질 소리를 내다. 딸꼭-딸꼭
딸꼭-질명 횡격막의 경련으로 호흡근과 성대가 동시에 경련을 일으켜 일어나는 숨이 방해되어 소리나는 증세. 액역(呃逆). 폐기(肺氣). 흘역(吃逆). hiccough 하다자
딸-내미명 어린 딸을 귀엽게 일컫는 말. (대) 아들내미.
딸-년명 ①(낮) 딸자식. ②자기 딸. my daughter
딸따니명 어린 딸을 귀엽게 이르는 말. my little daughter   [ughter
딸딸부(센)→달달¹².
딸딸-거리-다자타(센)→달달거리다.
딸딸-이명 ①자명종에서 종을 때리는 작은 방울쇠.

②도시 변두리 지역에서 물역 운반용으로 쓰이는 자가제(自家製)의 무련히 간이 화물 자동차.

딸랑[부]→달랑.
딸랑-거리-다[자타](셈)→달랑거리다.
딸랑-하-다[자타여][셈]→달랑하다.
딸리-다[자] ①어떠한 것에 부속되어 붙어 있다. ¶내게 딸린 식구. belong to ②남의 밑에 들다. 밑에 있다. ¶간호부가 딸리어 있다. attend on
딸림-마디[명][동] 종속절(從屬節).
딸림-월[명][동] 종속문(從屬文).
딸막-거리-다[자타][셈]→달막거리다.
딸막-이-다[자타][셈]→달막이다. ②[동] 따라지①.
딸:보[명] ①속이 좁은 사람. narrow-minded person ②딸 셋을 여의면 기둥뿌리가 뽑힌다[속] 딸을 길러 시집보낼 때에 비용이 많이 든다.
딸싹-거리-다[자타][셈]→달싹거리다.
딸싹-이-다[자타][셈]→달싹이다.
딸-아이[명] 남에게 자기 딸을 이르는 말. (대) 아들아이. (약) 딸애. little daughter
딸-애[명] (약)→딸아이.
딸 없는 사위 인연이나 관계가 끊겨 거의 쓸모 없이 된 대상을 이름. ¶─라도 제 엇속을 차린다.
딸의 굿에 가도 전대가 셋 남을 위하여 하는 일이
딸의 시앗은 바늘 방석에 앉히고, 며느리 시앗은 꽃방석에 앉힌다 딸의 시앗은 밉고, 며느리 시앗은 귀엽다는 시어머니의 심정.
딸의 집에서 가져 온 고추장[속] 무엇이나 아껴 씀.
딸의 차반 넘어가고 며느리 차반 농 위에 둔다[속] 딸에게는 무엇을 주나 아깝지 않고, 며느리에게 주는 것은 아까워 한다는 뜻으로, 며느리보다 딸을 더 생각한다는 말.
딸이 셋이면 문 열어 놓고 잔다[속] 딸이 여럿이면 재산이 다 없어진다. ¶─ 는 말. my daughter.
딸-자식(-子息)[명] 남에게 대하여 자기의 딸을 일컬음.
땀1[명] ①사람 또는 동물의 살가죽에 분비되는 액체. sweat ②노력의 것.
땀2[명] 바느질할 때에 바늘에 한 번 뜬 그 눈. ¶구멍.
땀-구멍[─꾸─][명] 살갗의 몸 밖으로 땀을 내보내는 구멍.
땀-국[─꾹][명] 땀 낀 옷이나 몸에 흠뿍 젖어든 땀물. sweat ¶perspiration
땀-기[─끼](─氣)[명] 땀이 약간 나는 기운. slight
땀-나-다[자] ①땀이 나다. ②몹시 힘이 들다. ¶땀나는 일.
땀-내[명] 땀이 난 뒤에 몸에서 나는 냄새. ②땀에서 ¶─는 냄새.
땀-내-다[타] 땀을 많이 흐르게 하다. perspire
땀-들이-다[자] ①땀이 날 때에 몸을 서늘하게 하다. dry sweat ②잠시 휴식하다.
땀-등거리[─뜽─][명] 베로 지어서 여름에 등과 가슴에만 걸쳐 입는 옷. sleeveless undershirt
땀땀-이[부] 바느질할 때에 바늘에 든 땀마다. at each stitch ¶진(汗疹). prickly heat
땀-띠[명](한의) 여름철에 땀 때문에 생기는 발진. 한
땀-받이[─바지][명] ①땀에 옷이 젖지 않도록 겨냥는 속옷. sweat shirt ②땀을 받아 내기 위하여 적삼 뒷깊 안에 받친 헝겊. ¶sweat
땀-발[─빨][명] 땀이 흘러 내리는 줄기. stream of sweat
땀-방울[─빵─][명] 땀의 물방울. beads of sweat
땀-빠:지-다[자] ①진땀이 나다. sweat ②진땀이 나도록 애를 많이 쓰다. work hard ¶─게 욕을 보다.
땀-빼:다[자] 매우 힘들거나 어려운 고비를 당하여 크
땀-샘[명] 한선(汗腺).
땀-수[─쑤](─數)[명] 바느질의 땀의 수.
땀-수건[─쑤─](─手巾)[명] 땀을 씻는 수건.
땀지근-하다[형여] 마음이 느긋하면서 느리어 땀직하다. (큰) 뜸지근하다. slow
땀직-땀직[부] 말마다 또는 행동마다 한결같이 아주 땀직한 모양. (큰) 뜸직뜸직.
땀직-하-다[형여] 언행이 보기보다는 무게가 있어 보이다. (큰) 뜸직하다. look self-possessed **땀직-히**[부]

땅=질 끝이나 칼로 필요하지 않은 곳을 떼내는 일. cut out 하[자타]
땅[명] ①바다를 제외한 지구의 겉면. earth ②농토를 두루 이르는 말. ¶기름진 ~. soil ③영토. ¶독도는 우리의 ~이다. territory ④바둑 따위에서 차지한 집들로 이루어진 영역. ⑤물. 육지. land ⑥곳. 지방. place
땅2[명] ①총알 따위가 터져 나는 소리. bang ②쇠붙이나 딴딴한 물건이 세게 부딪힐 때에 울려 나는 소리. (큰) 떵. (거) 탕. clank 하[자]
땅-가뢰[─까─](昆蟲)[명][地膽科] 벌레의 총칭. 모양은 가뢰와 비슷함. 농작물에 해로우나 한방에서 약재로 쓰임. 지담. 토반모. 토반묘. kind of blister beetle
땅-가물[명] 가물어 푸성귀가 마르는 재앙. drought
땅-강아지[─깡─][명] 하늘밥도둑.
땅-개[─깨][명] ①키가 몹시 짤막한 개. dog with short legs ②키가 작고 뜀뜀이가 단단하며 잘 싸다니는 사람. ¶twilight
땅-거미1 해가 막 떨어져 어스레한 때. 박모(薄暮).
땅-거미2[─꺼─](動物) 땅거미과의 거미. 몸 빛은 갈색으로 머리가 크고 턱이 밖으로 나왔음. 마른 땅속에 집을 짓고 서식함. ground spider
땅-걸[─껄][명] 뒤집힌 걸의 뜻으로, 윷놀이에서 '도'를 농으로 하는 말.
땅-고름[명] 땅바닥을 평평히 고르는 일. 하[자]
땅-고집[─꼬─](─固執)[명] 변통성 없는 심한 고집.
땅-굉[─꽝](數) 지하실(地下室). obstinacy
땅-굴[─꿀](─窟)[명] ①땅속으로 뚫린 굴. 토굴(土窟). ②땅을 파서 굴처럼 만든 곳. tunnel
땅-그네[명] 땅에 기둥을 세우고 맨 그네.
땅기-다[자] 몹시 켕기다. be strained
땅-까불[명] 암탉이 혼자 땅에다 흩뿌리는 짓. scratching
땅-깨비[명][동] 방아깨비. ¶about of a hen 하[자]
땅-뜻이[名](地理) 지구가 자전하는 중심의 직선. 곧, 남북 양극 사이의 직선. 지축(地軸). axis
땅-꾼[명] 뱀을 잡아 파는 사람. snake dealer ②매우 인색하고 이기적인 사람을 모욕하는 말. miser
땅-내[명] 흙의 냄새. smell of soil
땅내-말-다 동물이나 식물이 직접 땅에 닿아서 삶을 얻다. strike root ¶고 마른 사람의 비유.
땅 넓은 줄은 모르고 하늘 높은 줄만 안다[속] 키 크
땅-덩이[─명─][명] ①국토. territory ②대륙. continent ③지구. earth
땅-두릅[─뚜─][명] 땅두릅나무의 어린 순.
땅-두릅나무[─뚜─](植物) ①두릅나무과의 낙엽 관목. 줄기 위 뒤에 가시가 있고 잎은 홀잎임. 애순은 식용하며 줄기와 가지는 약용함. 오가(五加). 오갈피나무. ②땅두릅나무의 애순.
땅-두멍[─뚜─](工業) 도자기 만드는 흙의 앙금을 앉히기 위하여서 땅을 파서 만든 구덩이.
땅딸막-하-다[형여] 키가 짤막하고 옆으로 딱 바라지다. stocky
땅딸-보[명] 키가 작고 깡똥한 사람. stocky person
땅-딸[명] 연달아 총이나 포를 쏠 때에 나는 소리. (거) 탕탕.
땅-땅[부] 쇠붙이를 연해 몹시 칠 때에 나는 소리.
땅땅2[부] 기세 좋게 으르대는 모양. ¶큰 소리만 ~ 치다. (큰) 떵떵.
땅땅-거리-다[자] ①세력이나 재물을 자랑하며 호화롭게 거드럭거리며 지내다. live in extravagance ②내용은 없이 큰소리만 연해 치다. talk big [자타] ③연이어 땅땅 소리가 나다. 또, 연이어 땅땅 소리를 내게 하다. (큰) 떵떵거리다.
땅-뙈:기[명] 논밭의 얼마 못 되는 조각. small piece
땅-뜸[명] 무거운 것을 들어 땅에서 뜨게 하는 일. lifting off the ground
땅뜸-못하-다[자여] ①들어서 땅에 뜨게 못하다. can not lift up ②조금도 알아내지 못하다. can not

understand at all ③조금도 손댈 수 없다. Nothing can be done

땅-마지기[-\-] 논이나 밭 몇 마지기.

땅-말벌[-\-] 〈곤충〉말벌과의 벌. 땅속에 집을 짓고 삶. 빛은 흑색, 유충은 비대하고 귀중한 식용충임. 바다리②.

땅-문서(-文書) 땅의 소유권을 등기 증명한 문서.

땅-바닥[-\-] 땅의 바닥. bare ground

땅-버들[-\-] 《동》갯버들.

땅-버섯[-\-] 땅에 나는 버섯의 총칭.

땅-벌[-\-] 〈곤충〉땅에 집을 짓고 사는 벌의 총칭. 토봉(土蜂). digger wasp

땅-벌레[-\-] 〈곤충〉땅풍뎅이의 유충(幼蟲). grub

땅-보탬[-\-] 사람이 죽어서 땅에 묻힘. 하관(下棺).

땅-볕[-\-] 〈농업〉낮의 날이 땅으로 닿는 볕.

땅-볼[-\-](-ball) 야구·축구에서, 땅 위로 굴러가도록 치거나 찬 공.

땅-빈대[-\-] 〈식물〉대극과에 속하는 풀. 높이 25 cm 가량으로 잎은 타원형이며 8~9월에 황갈색의 작은 꽃이 핌. 초절감. 혈전수. 혈풍초. spurge

땅-뺏기[-\-] 정한 땅을 말을 튕겨 금을 긋고 뺏어 나가는 어린이의 놀이. 여흥의 하나. 하관

땅-설법[-\-](-説法)〈불교〉중들이 땅에서 하는.

땅-속[-\-] 지하. 지중. ¶~에 묻히다.

땅-울림[-\-] ①지면이 울려서 소리가 나는 일. ②땅이 흔들리는 일. 하관

땅-임:자[-\-님-] 논밭의 소유자.

땅-자리[-\-자-] 참외나 호박의 거죽이 땅에 닿아 빛이 변한 부분. underside of a melon

땅-재주[-\-제-](-才-) 광대가 땅에서 뛰어넘는 재주. tumbling

땅 짚고 헤엄치기 ①매우 쉽다. ②무슨 일이 틀림이 없고 의심할 여지가 없다.

땅-콩[-\-] 〈식물〉콩과의 일년생 재배 식물. 나비 모양의 노란 꽃이 피고 열매는 땅속에 고치 모양으로 달림. 열매는 단백질과 지방이 많아서 맛이 좋으며 기름을 짜기도 함. 낙화생. 호콩②. ground-nut

땅-파기[-\-] 땅을 파는 일. digging ②사물을 깨닫지 못할 만큼 어리석은 사람. block-head

땅파-먹-다[-\-] 농부나 광부의 생활을 영위하다. engage in farming or mining

땅-풍뎅이[-\-] 〈곤충〉풍뎅이과의 벌레. 몸 길이 15 mm 가량으로 몸 빛은 아름다운 금속 광택이 나며 종류에 따라 여러 가지 빛깔이 있음. 유충은 농작물에 해충임. kind of ground beetle

땋-다[-\-] 머리털이나 실 같은 것을 세 가닥으로 갈라 서로 엇걸어 짜 엮어서 한 가닥으로 하다. braid

때¹ ①시간상의 일정한 점이나 부분. ¶~를 맞추다. time ②시기·시대·연대의 뜻. 그 당시. ¶젊었을 ~. days ③좋은 기회나 운수. ¶~를 맞이하다. opportunity ④끼니 또는 끼니를 먹는 시간. ¶두 ~를 굶다. mealtime ⑤어떤 경우. ¶~에 미쳐서는 그럴 수도 있다. occasion ⑥운이 트여 누리는 행복. chance

때² ①몸이나 물건에 묻어서 끼이는 더러운 물질. ¶~가 끼다. dirt ②인색한 짓. ¶하는 짓에 ~가 묻었다. mean ③가끔씩이 쓰는 더러운 이름. 오명(汚名). ¶죄인의 ~를 벗다. stigma ④시골티나 어린티. ¶아직 ~도 벗지 못하다. mark of

때:-가-다[-\-] 잡혀가다.

때각 〈센〉대각.

때각-거리-다 〈센〉대각거리다.

때구루루 〈센〉대구루루.

때군=때군 말소리가 또렷하고 센 모양. clearly 하관

때굴=때굴 〈센〉대굴대굴.

때그락 〈센〉대그락.

때그락-거리-다 〈센〉대그락거리다.

때그르르 〈센〉대그르르.

때글=때글 〈센〉대글대글.

때-까치 〈조류〉때까치과의 새. 까치보다 작고 등이 회색임. 대조(帶鳥). 백설조. 연작(練雀). bull-headed shrike

때깍 〈센〉대각.

때깍-거리-다 〈센〉대각거리다.

때깔 피륙 같은 것이 선뜻 눈에 비치는 태와 빛깔. shape and colour of cloth

때꾼 술래잡기에서, 잡히지 않고 제자리에 돌아오면서 술래를 놀리는 소리.

때-끔자기 더럽게 엉긴 때의 조각이나 부스러기.

때-끔하-다 〈센〉대끔하다.

때-늦-다 정한 시간보다 늦다. be caught

때:-다 〈속〉도둑이 잡히다. ¶도둑질하다 때가다.

때:-다 아궁이에 불을 넣다. ¶군불을 ~. burn

때:-다 〈약〉때우다.

때매 〈약〉→때매옷. then

때때로 한때 한때마다. 시시로. 〈유〉가끔. now and again

때때-신 빛이 알록달록하여 고운, 아이의 신. 꼬까신. 때때. gala dress of children

때때-옷 어린애의 고운 옷. 고까옷. 꼬까옷. 〈약〉때때.

때때-중 나이가 적은 중.

때려-눕히-다 때려서 쓰러지게 만들다. 타도하다.

때려-치우-다 하던 일을 그만두고 결판내다.

때로 ①경우에 따라서. 때에 따라서. occasionally ②갖다 울게. 이따금. sometimes

때로-는 '때로'를 강조한 말. at times

때리는 시어머니보다 말리는 시누이가 더 밉다 직접 해치는 사람보다 가장 자기를 위해 주는 듯이 거짓 꾸미는 사람이 더 밉다.

때리-다 ①사람·동물·물건 등을 맨손으로나 손에 쥔 물건으로 치다. strike ②딴 사람의 잘못을 말이나 글로 치다. criticize ③옳게 맞추다. hit ④심한 충격을 주다. stroke ⑤물건을 살 사람이 그 물건 값을 놓아 부르다. fix the price ⑥먹줄을 놓다. ¶먹줄을 ~. mark ⑦〈속〉도둑질하다.

때린 놈은 가로 가고 맞은 놈은 가운데로 간다 가해자(加害者)는 마음이 불안하나, 피해자는 마음이 평안하다.

때린 놈은 다릴 못 뻗고 자도 맞은 놈은 다리를 뻗고 잔다 남에게 해를 입힌 사람의 마음은 불안하다.

때림-끌 자루 위에 쇠 가락지가 끼어 있는 끌.

때림-도:끼 불이 좁고 자루가 길어, 굵은 장작이나 벗목을 패는 도끼. hatchet

때-마침 그때에 마침. luckily just at that time

때-맞-다 늦지도 이르지도 않아서 때가 꼭 알맞다.

때=매김 〈동〉시제(時制). right in time

때문-의 뜻 어떤 원인. ¶너 ~에 많이 당했다. reason

때-묻-다 ①때가 신체나 물건에 묻다. dirty ②지나치도록 인색한 짓을 하여 때가 묻은 것처럼 마음이 더럽다. filthy ③명예나 지위가 깎여 낮게 여겨지다. mean

때물 북 트이지 못한 때깔. ¶~을 빛다. boorishness

때-벗-다 ①때물을 벗다. ②촌티가 없어지다. ③누명이나 혐의를 벗다.

때-손[-\-] 음식점에 끼니때 오는 손님.

때-아닌 제때가 아닌. 뜻하지 아니한. ¶~ 장마.

때-없:이 일정한 때가 없게 언제나. any moment

때우-다 ①뚫어지거나 해진 데에 다른 조각으로 대어 집다. ¶솔을 ~. tinker up ②다른 음식으로 끼니를 넘기다. ¶국수로 ~. eat as substitute food ③불충분한 것으로 치러 넘기다. ¶술로 세운한 때 ~. ④숙명적인 액운을 다른 작은 고생을 겪음으로써 면하다. ¶액운을 ~. 〈약〉때다³. make up for

때음-질 〈유〉뱀질.

때죽-나무 〈식물〉때죽나무과의 낙엽 활엽 교목. 깔때기 모양의 흰 꽃이 피며 열매는 10월에 녹백색으로 익음. 열매는 제유(製油用), 과피는 세탁용, 목재는 지팡이·기구재 등으로 쓰임. snowball

때=찔레 〈식물〉장미과의 낙엽 관목. 가지에 가시

때찔레꽃 514 떠오다

가 많고 자줏빛 꽃이 피며 열매는 익으면 붉어짐.
때찔레=꽃명 때찔레의 꽃. [해당화.
땍대구루루명(센)→땍대구루루.
땍대굴=땍대굴부(센)→땍대굴땍대굴.
땔:감[-깜]명 불때기에 쓰이는 온갖 것. 땔거리.
땔:거리[-꺼-]명(용) 땔감. 「땔나무. firewood
땔:나무명 불때기에 쓰는 나무. 땔감. 시목(柴木).
시신(柴薪). 신초(薪樵).(약) 나무③. firewood
땔:나무—꾼명 아주 순박하기만 하고 꾸밀 줄 모르는
사람을 농으로 이름.
땜¹명 어떠한 액운(厄運)・액운(厄運)을 넘기거나 또
는 다른 고생으로 대신 겪는 일. (원) 때움. escap-
땜:명(약)→땜질. [ing evil 하다
땜:납명 남과 석(錫)과의 합금(合金). solder
땜:일[-닐]명 쇠붙이에 땜질하는 일. soldering 하다
땜:장이명 땜일을 업으로 삼는 사람. tinker
땜:쟁이명 목 따위에 큰 혹이 있는 사람의 별명.
땜:질명 ①깨어지거나 뚫어진 것을 때워 고치는 일.
②떨어진 옷을 깁는 일. ③한 부분만 고치는 일.
(약) 땜². tinkering 하다
땜:통명(속) 머리의 흠집.
땟:국명 ①때찌죄죄하게 묻은 때. dirt ②때를 씻고 난
구정물. 뗏물②. dirty water ③때에 껜 물기.
땟:물명 ①겉으로 나타나는 자태. 몸매. ¶시골 ~을
벗었다. appearance ②때. 땟물을 씻어 낸 물. 때가 섞인
더러운 물. 뗏국②. dirty water
땟:솔명 몸의 때를 문지르는 솔. dirt wash-brush
땡¹명(약) 땡땡구리. ②(속) 우연히 굴러 든 복이
나 뜻밖에 생긴 좋은 수. ¶ ~ 맞다. unexpectedly
땡²명(센)→댕. [good luck
땡—감명 익지 아니한 떫은 감. green persimmon
땡강명(센)→댕강.
땡강—거리—다자타(센)→댕강거리다.
땡그랑명(센)→댕그랑.
땡그랑—거리—다자타(센)→댕그랑거리다.
땡글—땡글몡 땡땡하고 둥글둥글한 모양. 하다
땡—땡명(센)→댕댕.
땡땡—거리—다자타(센)→댕댕거리다.
땡땡—구리명 투전 따위의 노름에서 많은 끗수를 잡는
일의 하나. 땅땅구리. (약) 땡①.
땡땡—이명 ①둥근 대틀에 종이를 바르고 양쪽에 구
슬을 단 손잡이 장난감의 하나. ②(속) 종(鍾).
땡땡—이명(속) 공사판 등에서 인부 따위가 감독자의
눈을 피해 게으름을 피우는 일. [다.
땡땡이—부리—다자(속) 맡은 일을 열심히 아니하
땡땡이—중명〈불교〉 꽹과리를 치며 동냥을 다니는
땡땡이명 끝판. [중.
땡땡—하다형여(센)→댕댕하다.
땡—잡다자 뜻밖에 수가 나다. hit a jackpot
땡추명(약)→땡추중.
땡추—절명 땡추중이 있는 절.
땡추—중명 중답지 않은 중. 이름만을 가진 중. (약)
땡추. [구름이 ~.
떠—가—다자 하늘이나 물 위를 떠서 가다. ¶하늘에
떠구지명 큰머리를 틀 때, 머리 위에 얹는 나무로 만
떠꺼—머리명(약)→떠꺼머리 총각. [든 머리틀.
떠꺼머리 처:녀(-處女)명 과년한 여자로서 머리를
땋아 놓은 처녀. pigtailed old maid
떠꺼머리 총:각(-總角)명 과년한 남자로서 장가를
들지 않은 총각. (약) 떠꺼머리. pigtailed old bach-
elor [이를 싸는 두꺼운 종이.
떠껑—지명 조선 종이 백 권을 한 덩이로 하고, 그 덩
떠나—가—다자 본디 자리를 떠서 옮겨 가다.
떠나—다자타 ①다른 곳으로 옮겨 가다. ¶고국을 ~.
leave ②어떠한 일과 관계를 끊다. ¶염두에서 떠
나지 않는다. part from ③죽다. ¶세상을 ~. die
④있던 것이 없어지다. ¶손에 책이 떠날 새 없다.
be without
떠—내:—다타 ①액체의 얼마를 퍼내다. dip up ②나무

같은 것을 흙과 함께 파내다. dig up ③살이나 다
른 고체의 얼마를 도려 내다. cut off ④거짓으로
꾸미어 말대답하다. give a false answer
떠=내려—가다 물 위에 둥둥 떠서 내려가다.
떠=놓—다타 액체・가루・곡식 따위를 떠서 놓다.
떠다니—다자 ①하늘이나 물 위를 떠서 오고 가고 하
다. drift ②떠돌다. wander about
떠다—밀—다타타ㄹ ①손을 대고 밀다. push ②일을
남에게 떠넘기다. hand over
떠다—박지르—다타르 떠다밀어 넘어뜨리다.
떠대:—다타 거짓으로 꾸미어 말대답하다. give a
false answer [der about
떠—돌:—다자타ㄹ 정처 없이 이리저리 굴러다니다. wan-
떠—돌아다니—다자 정처 없이 이리저리 굴러다니다.
wander about
떠돌이명 정처 없이 떠돌아다니는 사람.
떠돌이—별명(배) 유성(遊星). [다. lift and push
떠둥그—뜨리—다타 떠들어 밀어 버리다. (약) 떠둥그리
떠둥—그리다타 (약)→떠둥그뜨리다.
떠드—다자 ①시끄럽게 지껄이다. make a noise
②소문이 떠돌아다니다. be talked about ③매우
술렁거리다. be alarmed 「들치거나 잦히다. raise
떠—들다²타타 덮거나 가린 것을 한 부분만 걷어
떠들썩—거리—다자 여러 사람이 큰 목소리로 자꾸 시
끄럽게 지껄이다. (약) 들썩거리다. clamour 떠들썩
=떠들썩 하다
떠들썩—하—다형여 잘 덮이거나 가려지지 않아 조
금 떠들려 있다. (적) 따들싹하다. raised
떠들썩—하—다형여 ①여러 사람이 큰 목소리로 지
껄여서 시끄럽다. noisy ②소문이 퍼져서 왁자하다.
(약) 들썩하다. (적) 따들싹하다². be on everybody's
lips [mour
떠—들어—대:—다타 매우 시끄럽게 떠들다. raise a cla-
떠—들치—다타 ①힘있게 들치다. pull up ②숨은 일을
들추어내다. disclose
떠듬—거리—다자타(센)→더듬거리다.
떠듬적—거리—다자타(센)→더듬적거리다.
떠름—하—다형여지 ①조금 떫다. slightly astringent
②떨떨한 느낌이 조금 있다. weigh on one's mind
③마음에 달게 여기는 것이 없다. indisposed 떠름
—히틘 [또, 그러한 물건.
떠리—미명 팔다가 조금 남은 것을 다 떨어서 싸게 팖.
떠릿—보명〈건축〉 대청 위의 큰 보.
떠—맡기—다타 자기가 할 일을 억지로 남에게 넘기다.
force work on (one) [undertake
떠—맡—다타 남이 할 일을 자기가 맡아서 처리하다.
떠—먹—다타 떠서 먹다. ¶국을 ~.
떠—메:—다타 ①땅에 닿지 아니하게 들어서 어깨에 메
다. shoulder ②어떤 일이나 책임을 떠맡아 지다.
take charge of ③어떤 말거리나 일거리를 지니다.
떠—밀—다타(원)→떼밀다. [④떠받들다. lift
떠—받—다타타 ①뿔이나 머리로써 받아 치밀다. toss up
②대항하여 들이받다. run into ③쓰러지거나 주저
앉지 못하게 밑에서 위로 받치다. prop up
떠—받들—다타타ㄹ ①번쩍 쳐들어서 올리다. hold up
②소중하게 다루다. 공경하여 섬기다. revere
떠—받치—다타 주저앉거나 쓰러지지 않도록 밑에서 받
쳐 버티다. support
떠버리—다명 언제나 시끄럽게 떠드는 사람. braggart
떠—벌리—다타 ①지나친 과장으로 떠들어대다. talk
big ②굉장한 규모로 차리다. prepare on a large
scale
떠—보:—다타 ①저울로 달아 보다. weigh ②말과 행동
으로 헤아려 보다. weigh a person in the bal-
ance ③남의 속마음을 넌지시 알아보다. sound a
person out on
떠세명 돈이나 세력을 믿고 젠체하고 억지를 쓰는 짓.
making use of another's influence 하다
떠=오—다자 물 위나 공중에서 떠서 이쪽으로 오다.

떠-오르-다 ①뜨거나 솟아서 위로 오르다. ¶해가 ~. rise to the surface ②기억이나 생각이 되살아나다. 생각이 나다. ¶옛모습이 ~. recall
떠죽-거리-다 ①젠체하고 뽐내다. talk big ②거짓으로 싫은 체하고 사양하다. 떠죽=떠죽 하
떠지껄-하 떠들썩하게 큰 소리로 지껄이다. be noisy
떠지-다 눈이 뜨이게 되다. one's eye come open
떡 곡식 가루를 시루에 앉혀 찌거나, 굽거나, 혹은 솥에 부쳐서 익혀 만든 음식의 총칭. ¶~소. ~산적(散炙). rice cake
떡 마음이 푸근 유순하고 좋은 사람.
떡 틈이 생기지 않도록, 인방이나 기둥에 접처 대는 나무.
떡 ①단단한 물건이 부딪치거나 부러질 때에 나는 소리. ②매우 들러붙거나 그런 모양. 《작》딱¹. sticky
떡: ①활짝 벌어진 모양. wide apart ②완전히 들어맞는 모양. exactly ③굳세게 버티는 모양. firmly ④크게 입을 벌린 모양. wide open ⑤점잖거나 엄한 모양. 《작》딱³. with graces
떡-가래 가래떡의 낱개.
떡-가루 떡 만드는 곡식 가루.
떡갈-나무 〈식물〉너도밤나무과의 낙엽 활엽 교목. 높이 10 m 가량에 어린 가지엔 잔털이 많고, 4~5월에 잎과 꽃이 함께 나옴. 목재는 침목·선박재·기구재로 쓰이고, 열매는 도토리라 하여 목을 만들어 먹음. 가랑나무. 견목(樫木). 도토리나무. 역목(檪木). 포목(抱木). 작목(柞木). 《약》갈나무.
떡갈-잎 떡갈나무의 잎. 《한》柞葉. oak leaves
떡갈잎=풍뎅이 〈곤충〉풍뎅이과의 곤충. 몸 길이 30 mm 가량이고, 몸 빛은 적갈색에 회백색의 잔털이 있고, 가슴 아래는 긴 털이 많음. 참나무 등의 잎을 갉아먹는 해충(害蟲).
떡-값 ①음력설이나 추석 때, 회사 등에서 직원에게 주는 특별 수당. ②공사 입찰에서 담합하여 낙찰된 업자가 다른 업자들에게 분배하는 담합 이익금.
떡=고물 ①떡 거죽에 묻히는 고물. coating for rice cake ②어떤 일을 부정하게 보아 주고 생긴 돈. ¶~이 생기다.
떡=고추장(-醬) 멥쌀가루를 넣고, 흰무리를 섞어 담근 고추장. [(餠湯) ricecake boiled in soup
떡국(-) 가래떡을 가늘게 썰어 넣고 끓인 국. 병탕
떡국이 농간한다 본래 재간이 없어도 나이 들면 경험으로 제법 능숙한 솜씨를 보이게 되다.
떡국=점(-點) 떡국에 넣는 떡을 얇게 썬 조각. rice-cake slices 「는 차례. 새해 차례.
떡국 차례(-茶禮) 설날 메 대신에 떡국으로 지내
떡도 떡이려니와 합이 더 좋다 내용뿐만 아니라 형식도 훌륭하여 이 두 가지가 다 갖추어졌음을 이름.
떡-돌 떡을 칠 때에 안판 대신으로 쓰는 넓적한 돌.
떡-돌멩이 바둑 둘 때 다다닥대 붙은 바둑돌.
떡-되-다 일이 엉키어 크게 곤혹을 보다.
떡두꺼비 같-다 아기가 보기에 허여멀겋고 실팍하게 생겼다. ¶떡두꺼비 같은 아들.
떡=떡 ①여럿이 다 맞닿거나 들어맞는 모양. ¶아래윗니가 ~ 마주치다. ②물이 금방 금방 얼어 붙는 모양.
떡-마르미 〈어류〉마르미보다 작은 붕어 새끼.
떡-메 떡을 치는 메. 흰떡·인절미 따위를 칠 때 쓰임. mallet used to pound rice for rice-cake
떡-무거리 떡가루를 체로 치고 남은 찌꺼기. rough rice flour 「찧는 일. rice-flour mill
떡=방아 떡가루를 만들기 위하여 물에 불린 쌀을
떡=벌어지-다 ①딱 벌어진 어깨. 《작》딱바라지다①. be broad ②소문이 널리 나다. spread ③틈이 크게 나다. widen ④잔치가 크게 열리다. hold
떡=벌-이-다 ①넓게 퍼지게 하다. broaden ②소문을 널리 내다. spread ③틈을 크게 내다. open wide ④잔치가 크게 열리다. hold a feast
떡=보 떡을 즐겨서 많이 먹는 사람. one who eats much rice-cake 「하여 싸는 보자기.
떡-보(-褓) 떡을 칠 때에 흩어지는 것을 막기 위
떡-볶이 쌀떡을 토막토막 자른 것에 쇠고기와 나물을 섞고 여러 가지 양념과 고명을 얹어 볶은 음식.
떡 본 김에 제사지낸다 하려고 하던 중 마침 본 김에 해 버린다.
떡-부엉이 ①〈동〉부엉이. ②행동이 촌스럽고 상스러운 사람의 비유. boorish man
떡-살 흰떡 따위를 눌러 방형(方形) 또는 원형(圓形)이 되도록, 무늬를 찍는 데에 쓰는 판. ricecake form 「또는 일을 같이 한다는 말.
떡 삶은 물에 중의 데치기 한 가지 일을 하면서
떡-소 송편 따위의 떡 속에 넣는 팥이나 콩고물. stuffing for rice-cake
떡-심 ①억세고 질진 근육. strong and tough muscles ②끈질긴 사람의 비유. stubborn person
떡심-풀리-다 낙망하여 힘이 풀리다. disappointed
떡-쌀 떡을 만들 쌀.
떡-쑥 〈식물〉국화과의 이년생 풀. 온몸에 흰 솜털이 있으며 5~7월에 줄기 끝에 황색 꽃이 핌. 잎과 어린 싹은 식용함. 불이초(佛耳草). 서국초. mugwart 「암죽.
떡-암:죽(-粥) 흰무리를 빻아서 가루로 만들어 쑨
떡을-할 못마땅함을 표시하거나 아무 뜻 없이 하는 말. Damn it! 「deaf
떡-잎[-닙] 〈식물〉처음으로 터져 나오는 싹. see-
떡-조개〈조개〉썩 작은 전복. small abalone
떡-줄 떡을 치러 가는 연의 줄.
떡 줄 놈은 생각도 않는데 김칫국부터 마신다 경솔하게도 지레 짐작으로 일이 다 될 줄 알고 행동함.
떡-집 떡을 만들어서 파는 집.
떡-충이 →떡보.
떡-치-다 떡을 떡판에 놓고 떡메로 치다. 「판다.
떡-판(-板) 재수가 좋은 판. 또는 흐뭇하고 만족스러운
떡-판²(-板) ①기름틀의 한 부분으로 기름떡을 올려놓는 판. ②흰떡이나 인절미를 만들려고 떡메로 칠 때, 찐 쌀을 쏟아 놓는 두꺼운 나무판. thick rice pounding board ③절편판. ④〈속〉여자의 엉덩이. 「beans
떡-팥 떡고물이나 떡소로 쓸 삶은 팥. boiled red
떡-풍이 〈동〉어린박각시.
떡해 먹을 세상 고사를 지내야 할 만큼 뒤숭숭한 집 굿을 해 먹을 집안. 「집안.
떡해 먹을 집안 가족의 마음이 서로 맞지 않는
떤-꾸밈음(-音) 〈음악〉어떤 음을 연장하기 위하여, 그 음과 이도(二度) 높은 음과를 교대로 빠르게 연주하여 파상(波狀)의 음을 내는 꾸밈음.
떨거덕 〈센〉덜거덕.
떨거덕-거리-다 〈센〉덜거덕거리다.
떨거덕-대-다 〈센〉덜거덕.
떨거덩 〈센〉덜거덩.
떨거덩-거리-다 〈센〉덜거덩거리다.
떨거지 제 붙이에 속하는 한 무리. one's kith and
떨걱 〈센〉덜걱. [kin
떨걱-거리-다 〈약〉떨거걱거리다.
떨걱-마루 〈센〉덜걱마루.
떨걱-대-다 〈센〉덜걱.
떨겅 〈센〉덜겅.
떨겅-거리-다 〈센〉덜겅거리다.
떨구-다 〈속〉고개·눈길 따위를 아래로 떨어뜨리다.
떨그럭 〈센〉덜그럭.
떨그럭-거리-다 〈센〉덜그럭거리다.
떨그럭-대-다 〈센〉덜그럭.
떨그렁 〈센〉덜그렁.
떨그렁-거리-다 〈센〉덜그렁거리다.
떨기 풀이나 나무의 한 뿌리에서 여러 줄기가 나와 더부룩하게 된 덩치 전체. ¶한 ~. cluster
떨꺼둥-이 의지하던 곳에서 쫓겨난 사람. outcast
떨:-다 ①흔들려 움직이다. ¶문풍지가 파르

르 ~. termble ②몹시 인색하여 좀스럽게 굴다. ¶차 한 잔에 너무 떨지 말라. stingy
떨ː-다²[자][타][르탈] 몹시 춥거나 무섭거나, 분할 때 몸의 한 부분을 벌벌 흔들다. tremble
떨ː-다³[타][르탈] ①붙었던 것을 떨어지게 하다. ¶흙을 ~. 《거》 털다. shake ②얼마를 덜어내다. deduct ③남은 물건을 죄다 팔다. clear off ④애교·아양 따위를 몸짓으로 나타내다. ¶아양 ~. display ⑤주어야 할 셈속에서 받을 셈을 빼다. ⑥어떤 생각 따위를 없애다. ¶잡념을 떨쳐내다. get rid of
떨떠름=하-다[형][여불] ①매우 떠름하다. astringent ②마음이 내키지 않다. ¶떨떠름한 표정. **떨떠름=히**[부]
떨떨[부] 《센》→덜덜.
떨떨=하-다[형][여불] ①어울리지 않아 조금 천하다. awkward ②마음에 차지 않다. indisposed **떨떨=히**[부]
떨ː=뜨리-다[타] 거만하게 뽐내다.
떨렁[부] 《센》→덜렁.
떨렁=거리-다[자][타] 《센》→덜렁거리다.
떨렁=하-다[자][여불] 《센》→덜렁하다.
떨리-다¹[자] 매우 춥거나 무섭거나 또는 분하여 몸이 재게 흔들리다. shake
떨리-다²[자] ①붙었던 곳에서 떨어져 나오다. be shaken off ②떨려 나오다. be fired
떨ː=새[명] 목걸이의 과판이나 족두리의 꾸밈새의 하나.
떨어 가-다[타] ①팔다 남은 것을 몽땅 사다. ¶도매값으로 ~. ②지닌 것을 빼앗아 가다.
떨어=내ː-다[타] 떨어져서 나오게 하다. clear away
떨어=뜨리-다[타] ①위에서 아래로 내려지게 하다. drop ②붙었던 것을 따로 갈라지게 하다. take off ③가졌던 물건을 빠뜨리다. drop ④값을 싸게 하다. bring down the price ⑤뒤로 처지게 하다. leave
떨어=먹-다[타] →털어먹다. 「¶걱정을 ~.
떨어=버리-다[타] 어떤 생각이나 걱정 따위를 없애다.
떨어=지-다[자] ①위에서 아래로 내려지다. ¶지붕에서 ~. fall ②붙었던 것이 따로 되어 갈라지다. ¶잎이 ~. come off ③헤어지다. ¶친구와 ~. part ④시험·선거 따위에 뽑히지 못하다. be defeated in ⑤뒤에 처지다. ¶후방에 ~. fall off ⑥낙태(落胎)되다. ¶밴 아이가 ~. be aborted ⑦형세·수준·상태 따위가 낮아지거나 못하여지다. ¶값이 ~. go down ⑧좋지 않은 상태·처지에 처하게 되거나 굴러 빠지다. ¶고독한 처지에 ~. fall into ⑨성·진지 등이 적에게 빼앗기다. ¶요새가 적의 손에 ~. be captured ⑩꾐에 넘어가다. ¶감언 이설에 ~. be tempted ⑪지시·명령·구령 등이 내리다. ¶집합 명령이 ~. be ordered ⑫일정한 사이에서 거리를 가지고 있다. ¶서울에서 백 리나 떨어진 내 고향. be away from ⑬병이나 버릇이 없어지다. ¶속병이 ~. be shaken off ⑭쓰던 물건이 없어지다. ¶돈이 ~. run out of ⑮손안에나 자기에게 넘어오다. ¶복권이 그에게로 ~. be handed over ⑯옷·신 따위가 해어지다. ¶신이 떨어져서 걷기에 힘이 든다. be worn out ⑰남아 있다. ¶비용을 빼고 이것이 ~. remaining ⑱나누기 셈에서, 나머지가 남지 아니하다. ⑲숨이나 관계가 끊어지다. ¶숨이 ~. expire ⑳가졌던 것이 흘러서 빠지다. fall ㉑시간적·공간적으로 사이가 멀어지다. be off ㉒하던 일이 끝나다. finish
떨어짐=대이름씨[명] 《동》 중칭 대명사(中稱代名詞).
떨어=치-다[타] 힘을 내어서 세차게 떨어지게 하다. throw down 「하[타]
떨이[명] 다 떨어서 싸게 파는 나머지 물건. remnant
떨ː=잠(一簪)[명] 여자의 예장(禮裝)에 꽂는 비녀의 하나. 떠는잠. 「②소리가 높이 울리다. sound
떨치-다¹[자] ①위세나 명성 따위가 널리 퍼지다. wield
떨치-다²[타] 세게 흔들어서 떨어지게 하다. shake off
떫ː-다[떨따][형] ①날감 맛과 같이 거세어서 입속이 부덕부덕하다. astringent ②하는 짓이나 행동이 덜되고 떨떨하다. failure

떫ː디=떫ː-다[떨띠떨따][형] 매우 떫다. very astringent
떰치[명] 소의 덜미 아래 덮은 짚방석 비슷한 깔개. saddle-blanket
떳떳=하-다[형][여불] ①굽힐 것이 없고 어그러짐이 없다. just ②당연하다. reasonable **떳떳=이**[부]
떵[부] 두꺼운 쇠붙이나 딴딴한 물건이 세게 부딪칠 때에 울리어 나는 소리. 《작》 땅②. 《거》 텅. clang
떵떵[부] ①헛된 장담을 예사롭게 하는 모양. talking big ②기세 좋게 으르대는 모양. with a lordly air ③쇠붙이를 몹시 쳐서 울리는 소리. 《작》 땅땅. boom
떵떵=거리-다[자] ①세력이 있어 매우 호화롭게 지내다. live in splendor ②연해 떵 소리를 내다. 《작》 땅땅거리다. make booming noise
떼¹[명] ①사람·동물 또는 어떤 사물이 많이 몰린 것. ¶양 ~. group, herd ②목적과 행동을 같이하는 무리. group
떼²[명] 뿌리째 떠낸 잔디. ¶~를 뜨다. sod
떼³[명] ①긴 나무 토막이나 대토막을 엮어 물 위에 띄워서 타고 다니거나 물을 건너게 된 물건. ②원목(原木) 따위를 일정하게 엮어서 물에 띄우는 것. raft 「로 주장하는 짓. impossible demand
떼⁴[명] 부당한 말이나 행동으로 의견이나 요구를 억지
떼⁵[명] 그물을 칠 때 윗가장자리에 달아서 물에 띄우는 물건. netfloat
떼=거리[명] 《속》 떼⁴. impossible demand
떼=거ː지[명] 떼를 지어 다니는 거지. 재변 따위로 한목에 생긴 거지. band of beggars
떼걱[부] 울차고 큰 물건이 부딪쳐서 나는 소리. 《작》 때각. 《예》 데걱. 《센》 떼꺽. **하**[자][타]
떼걱=거리-다[자][타] 계속 떼걱 소리가 나다. 또, 그 소리를 나게 하다. 《작》 때각거리다. 《예》 데각거리다. 《센》 떼꺽거리다. **떼걱=떼걱**[부] **하**[자][타]
떼ː=걸ː-다[타][르탈] 손을 떼고 관계를 끊다. break with
떼=과ː부(一寡婦)[명] 전쟁이나 재난으로 말미암아 한 집안 한 마을에서 한꺼번에 떼로 생기는 과부.
떼=관음보살(一觀音菩薩)[명] 떼지어 행동하는 무리.
떼구루루[부] 《센》→데구루루.
떼굴=떼굴[부] 《센》→데굴데굴.
떼그럭[부] 《센》→데그럭.
떼그럭=거리-다[자][타] 《센》→데그럭거리다.
떼꺽[부] 《센》→떼걱. 데꺽②.
떼꺽=거리-다[자][타] 《센》→떼걱거리다.
떼=꾸러기[명] 늘 떼를 쓰는 버릇이 있는 사람.
떼꾼=하-다[형][여불] 《센》→데꾼하다.
떼=꿩[명] 떼를 지어 날아다니는 꿩. flock pheasants
떼꿩에 매를 놓다[속] ①욕심을 너무 부리면 하나도 이루지 못한다. ②일정한 목표 없이 많은 것을 걸어 놓고 갈팡질팡하다가는 어느 하나도 성공하지 못한
떼논=당상(一堂上)[명] 《약》→떼어논 당상. 「다.
떼ː-다¹[타] ①붙었던 것을 떨어지게 하다. ¶광고판을 ~. take away ②사이나 동안이 벌어지게 하다. ¶사이를 ~. separate ③유산(流産)을 시키다. ¶아이를 ~. to make miscarry ④주었던 권리를 빼앗다. ¶소작권을 ~. deprive ⑤있던 직위나 직책에서 물러나게 하다. ¶자리를 ~. dismiss ⑥발이나 걸음을 옮기어 놓기 시작하다. ¶첫걸음을 ~. make the first steps ⑦말을 하기 위하여 입을 열다. ¶입을 ~. open ⑧제(除)하다. 갈라내다. 덜다. ¶월급에서 ~. deduct ⑨수표·어음 따위를 발행하거나 받다. ¶만원짜리 수표를 ~. 영수증을 ~. draw(a bill) ⑩관계를 끊다. ¶우정을 ~. sever ⑪하던 일을 그만두다. ¶일손을 ~. stop ⑫일정한 양을 다 배우거나 쓰거나 읽거나 하여 끝마치다. ¶천자문을 ~. complete ⑬요구를 거절하다. ¶청을 뗄 수가 있어야지. refuse ⑭봉한 것을 뜯다. ¶편지를 ~. unseal ⑮먹던 것을 못 먹게 하다. ¶젖을 ~. wean
떼ː-다²[타] 남에게 빌려 준 것을 다시 받을 수 없게 되다. fail to get the debt paid

떼:-다[타] 하고서도 아니한 체하다. ¶시치미를 ~. pretend
떼:-도둑[명] 떼를 지어 다니는 도둑.
떼-도망(一逃亡)[명] 한 집안이 모두 도망함. 하자
떼돈[명] 즐거서 한꺼번에 많이 생긴 돈. ¶사업이 성공하여 ~을 벌다.
떼떼[명] '말더듬이'를 조롱하는 말. stammerer
떼:-다[타] [어]→떼어먹다.
떼:-밀다(←떠밀다)[타][르불] 힘을 들여 밀어내다. push
떼:-버리다 [약]→떼어버리다.
떼-보[명] →떼무러기.
떼-새[명] <동물> ①도요과의 작은 새 종류의 통칭. 일반적으로 도요새보다 몸이 작음. 물가에 살며 떼를 지어 날아다님. ②[약]→물떼새.
떼-송장[명] 갑자기 한때에 많이 죽어서 생긴 송장.
떼-쓰-다[자][으불] 부당한 말로 제 의견이나 요구만을 억지로 주장하다.
떼어논 당상(一堂上)[명] 으레 자기가 꼭 차지할 것이 틀림없음을 일컫는 말. [약] 떼논당상.
떼어-놓-다[타] ①뒤에 처지게 하다. ②집에다 떼어놓고 오너라. ②붙은 것을 갈라놓다. ¶두 연인 사이를 ~.
떼어둔 당상 좀 먹으랴[속] 일이 확실하여 조금도 틀림 없다.
떼어-먹-다[타] ①남에게 갚을 것을 갚지 않다. bilk ②남에게 가는 도중 중간에서 자기의 것으로 하다. embezzle ③남의 직위나 직업을 더 지니지 못하게 하다. dispossess ④남의 덩어리의 한 부분을 잘라 먹다. ¶빵을 한 입 ~. [약] 떼먹다.
떼어-버리다[타] ①붙었던 것을 떼어 밀리다 ¶벽보를 ~. ② 거절하다. [약] 떼버리다.
떼이-다[자동] ①남에게 빌려 준 것을 못 받게 되다. be bilked ②돈이나 물건을 도둑맞다. be stolen ③직업이나 지위를 빼앗기다. be deprived of
떼-쟁이[명] 늘 떼를 쓰는 버릇이 있는 사람.
떼적[명] 둘러치는 거적 따위. coarse straw-mat
떼전[명] 떼를 이룬 사람들. ¶~이 되다. crowd
떼-전(一田)[명] 한 물꼬에 딸려, 한 집에서 경작하게 된, 여러 배미로 크게 메지어 있는 논.
떼-짓:-다[자][스불] 여럿이 모이어 떼를 이루다. ¶아이들이 메지어 몰려오다.
떼-치다[타] ①떼어 물리치다. drive away ②굳이 붙잡는 것을 억지로 뿌리치다. turn down ③부탁·요구 등을 딱 잘라 거절하다. refuse ④정의·생각 등을 딱 끊어 버리다. reject
떼:-데구루루[부] [센]→떼데구루루.
떼데굴=떼떼굴[부] [센]→떼데굴떼데굴.
뗏:-말[명] 떼를 지어 다니는 말.
뗏말에 망아지[속] 여럿 속에 끼어 그럴 듯하게 엄벙덤 벙 지내는 사람.
뗏-목(一木)[명] 하천(河川)에서 떼로 엮어 띄워 내리 는 목재나 화목 따위. raft
뗏-밥[명] 떼가 잘 살라고 한식 때 묘지 위에 뿌려 주는 흙. dirt scattered over the turf of a grave
뗏밥-주-다[자] 묘지에 난 떼에 흙을 뿌려 주다.
뗏:일[一닐][명] <토목> 제방을 보호하기 위하여 떼를 입히는 일. covering with turf
뗏-장[명] 흙을 붙여 떠낸 잔디의 조각. sod
뗑[부] [센]→뗑.
뗑겅[부] [센]→뗑겅.
뗑겅-거리-다[자타] [센]→뗑겅거리다.
뗑그렁[부] [센]→뗑그렁.
뗑그렁-거리-다[자타] [센]→뗑그렁거리다.
뗑-뗑[부] 큰 쇠붙이의 그릇을 연해 때릴 때 나는 소리. ¶학교 종을 ~ 친다.
또[부] ①'그뿐 아니라 다시 더'의 뜻의 접속 부사. ¶~ 무슨 일이냐? too, also ②사물이나 동작이 거듭하여. ¶~ 사고가 났다. again ③그렇도. ¶모르고 한 짓이라면 ~ 모르지만 알고 한 짓이라 용서할 수 없다. or
또그르르[부] [센]→도그르르.

또글=또글[부] [센]→도글도글.
또깡=또깡[부] 언행이 흐리지분하지 않고 분명한 모양.
또는 '그렇지 않으면·혹은'의 뜻의 접속 부사. ¶내일 ~ 모레. or
또-다시[부] ①두 번째. 재차. twice ②한 번 더. once [again
또닥=거리-다[자타] 잘 울리지 않는 물체가 두드림에 따라 가볍게 여러 소리가 나다. 또, 또닥 또닥 소리를 내다. (큰) 뚜닥거리다. (게) 토닥거리다. tap, patter 또닥=또닥[부] 하자
또드락=거리-다[자타] 마치 따위로 가락이 있게 두드림을 따라 소리가 나다. 또, 그런 소리를 나게 하다. (큰) 뚜드럭거리다. rap-a-tap 또드락=또드락[부] 하자
또드락-장이[명] 금박(金箔)을 두드려서 만드는 사람. gold-beater
또라-젓[명] 숭어 창자로 담근 젓. salted intestines of grey mullet
또랑또랑-하-다[형][여불] 조금도 흐린 점이 없이 아주 똑똑하다. ¶또랑또랑한 눈동자. clear
또래[명] 나이나 어떤 정도가 같거나 어금지금한 무리. ¶같은 ~의 애들. of about the same age
또렷[부] [센]→도렷도렷.
또렷-하-다[형][여불] [센]→도렷하다.
또르르[부] →도르르.
또박-기[부] 항상 한결같이. 꼭 그렇게. without failure
또박-거리-다[자타] 교만한 걸음으로 점잔을 빼며 걸어가다. (큰) 뚜벅거리다. 또박=또박[부] 하자
또순이[명] (속) 함경도 여자.
또아리[명] 똬리.
또야-머리[명] 내의 명부(內外命婦)가 첨지에 때에 따리처럼 트는 머리.
또이-부(一而部)[명] 한자 부수(部首)의 하나. '耐·耎' 등의 '而'의 이름. 교육용 기초 한자에서는 말이을-이.
또한 마찬가지로. 한가지로. 역(亦). ¶너도 ~ 어리석다. too
똑[부] '아주 틀림없이'의 뜻으로 형용사 위에 붙어 쓰이는 말. exactly
똑[부] ①작고 단단한 물건이 가볍게 떨어지거나 부러지거나 끊어질 때에 나는 소리. 또, 그 모양. snappingly ②단단한 물건을 가볍게 한 번 두드리는 소리. rap, tap-tap ③작은 물방울 따위가 떨어지는 소리. flop ④계속되던 종소리가 갑자기 그치는 모양. ¶뚝. suddenly 하자[부]
똑=같-다[형] 조금도 틀림이 없이 같다. exactly the same
독-도기 자:반(一佐飯)[명] 살코기를 저며 볶고, 흰 깨를 뿌려 만든 반찬.
똑딱=거리-다[자타] 단단한 물건을 잇달아 두드릴 때와 같은 소리가 나거나, 또는 그와 같은 소리를 내다. clatter (큰) 뚝딱거리다. 똑딱=똑딱[부] 하자
똑딱-단추[명] 단추의 하나. 끼고 뺄 때 똑딱 소리가 남. snap fastener
똑딱-선(一船)[명] 발동기로 움직이는 작은 배. steam [launch
똑-떨어지다[자] 꼭 일치하다. 맞아 떨어지다.
똑=똑[부] ①작은 물건이 연해 떨어져 나는 소리. ②작은 물건이 연해 부러지며 나는 소리. ③조금 단단한 물건을 연해 두드려서 내는 소리. (큰) 뚝뚝2. 하자
똑똑-하-다[형][여불] ①분명히 알 수 있다. 조금도 흐린 점이 없이 맑다. clear ②생긴 모양이 또렷하다. 보기에 영리하다. clever 똑똑-히[부]
똑-바로[부] ①옥은 데가 하나 없이 아주 곧바로. straight ②틀림이 없이 바른 대로. frankly
똑-바르-다[형][르불] ①어느 쪽에도 기울지 않고 아주 바르다. ¶똑바른 길. straight ②도리나 이치에 맞다.
똑-하-다[형][여불] ①거짓이 없이 고지식하다. straight forward ②틀림이 없이 아주 정직하다. honest
돌기[명] 채 익지 아니한 과실. green fruit
돌돌[부] [센]→돌돌.

똘똘-이명 똑똑하고 영리한 아이. smart boy
똘똘-하다형여 센→돌돌하다.
돌마니명속 ①왕초의 부하. ②어린 거지 아이.
돌-배명 돌배나무의 열매. 산리(山梨). wild pear
돌배-나무명 〈식물〉 야생하는 돌배나무의 총칭. 잎은 난형 또는 원형이고 가지는 갈색임. 흰 꽃이 피고 지름 1.5cm 가량의 열매가 달림. 과실은 식용함. wild pear
똥명 ①사람이나 동물이 먹은 음식을 삭이고 똥구멍으로 내보내는 찌끼. 분(糞). ¶~거름. excrement ②갈아 쓰던 먹물이 벼루에 말라서 붙은 찌끼.
똥구멍명 온몸에 똥을 뒤집어씀.
똥-값명 -[깝]명 아주 싼 값.
똥-개명 -[깨]명 잡종의 개. stray dog
똥거름-장수명 도시에서 각 집의 뒷간을 쳐내다가 거름으로 파는 일을 업으로 삼던 사람.
똥겨-주다자 모르는 것을 일러 깨닫게 해 주다. hint
똥-구멍명 -[구-]명 ①생리 사람이나 동물의 똥을 밖에 내보내는 소화 기관의 맨 끝 부분. 항문(肛門). anus
똥구멍으로 호박씨 깐다속 의뭉스럽게 우물쭈물한다.
똥구멍이 찢어지게 가난하다속 아주 가난하다.
똥그라미명 센→동그라미①.
똥그랗-다형ㅎ 센→동그랗다.
똥그래-지다자 센→동그래지다.
똥그스름-하다형여 센→동그스름하다.
똥글-똥글부 센→동글동글.
똥기-다타 일러주어서 깨닫게 하다. awaken
똥-끝명 똥구멍에서 먼저 나오는 똥자루의 끝 부분. tip of excrement
똥끝-타다자 ①애를 몹시 쓸 때에 뱃속에서 말라 똥끝이 굳어지고 빛이 까맣게 되다. ②몹시 마음을 쓰이다. be much worried
똥 누고 밑 아니 닦은 것 같다속 일한 뒤가 꺼림칙하다.
똥-독명 -[똥똑]명 뒷간의 똥을 담는 독. faeces
똥-독명 -[똑]-(毒)명 똥 속에 있는 독기. poison of
똥-되다자 면목·체면이 형편없이 되다.
똥똥-하다형여 ①키보다 몸집이 굵다. ¶똥똥한 사람. thicket ②잔뜩 부르다. 큰 뚱뚱하다. 거 통통-히!
똥마려운 계집 국거리 썰듯속 제 일이 급하면 하는 일을 아무렇게나 함.
똥-마렵-다형ㅂ ①똥이 나올 듯한 느낌이 나다. feel a bowel urge ②속 난처하다.
똥 묻은 개가 겨 묻은 개 나무란다속 제 흉은 더 많으면서 대단치 않은 남의 허물을 흉본다.
똥-물명 ①똥이 섞인 물. excremental water ②토할 것이 다 나온 뒤에 나오는 누르무레한 물.
똥-받기명 짐승의 똥을 받아 내는 그릇. droppingsbag
똥-배명 -[빼]속 똥똥하게 나온 배. big paunch
똥-싸개명 ①똥을 가누지 못하는 아이. pants-soiler ②잘못하여 똥을 싼 아이를 놀리는 말. ¶오줌싸개 ~. ③지지리 못난 사람을 욕하는 말. stupid fellow
똥싸고 성낸다속 자기가 잘못 하고도 도리어 화를 낸다.
똥-싸다자 ①미처 참을 새도 없이 똥이 나오다. stool involuntarily ②비 힘이 몹시 들다. have a hard time ③질겁을 하다. be frightened
똥싼 주제에 매화 타령한다속 잘못하고도 부끄러운 줄 모르고 비위 좋게 날뛴다.
똥-오줌명 똥과 오줌. 분뇨(糞尿). feces and urine
똥은 건드릴수록 구린내만 난다속 악한 사람을 건드리면 더 불쾌한 일이 생긴다.
똥이 무서워 피하랴속 악하거나 더러운 사람은 상대하여 겨루는 것보다 피하는 것이 낫다.
똥-자루명 -[짜-]명 굵고 긴 똥덩이. long thick turd
똥-주머니명 -[쭈-]명 몹시 못나서 아무 데도 쓸모가 없는 사람. good-for-nothing person
똥-줄명 -[쭐]명 급작스럽게 내깔기는 똥의 줄기.
똥줄-당기다자 -[당-]자 몹시 두려워서 겁내다. fear

똥줄-빠지다자 -[-빠-]자 몹시 혼이 나서 급히 달아나다. be frightened
똥-집명 -[찝]명 ①비 대장(大腸). large intestine ②비 몸무게. 체중. weight of the body ③밥통. 위. stomach
똥차(-車)명 ①똥을 실어 나르는 차. ②속 자동 고장 나는 차.
똥창명 소의 창자 가운데 세창의 한 부분. 국 끓이는 데 씀.
똥친 막대기속 천하게 되어 가치가 없다.
똥-칠(-漆)명 ①똥을 묻히는 짓. ②더러운 망신의 비유. disgrace 하자
똥-탈(-頉)명 배탈. ¶~나다. stomach-ache
똥-털명 똥구멍 가에 붙은 털.
똥-통(-桶)명 ①뒷간에 똥이 담기는 통이나 쳐내는 통. night-soil pail ②속 좋지 않거나 낡아 빠진 것을 비유하는 말.
똥통-장이(-桶-)명 똥통을 메고 다니며 똥을 치는 사람.
똥-파리명 〈동물〉 똥에 잘 덤비는 파리. gadfly
똥풍이명 〈동〉 풍뎅이¹.
똥-항아리명 ①똥요강. night-soil pot ②지위만 높고 아무 재능이 없는 사람의 별명. puppet
뙤르르부 센→돼르르.
뙤리명 짐을 일 때 머리 위에 받치는 고리 모양의 물건. 누수(蔂藪). head-pad of straw
딸=**뙬**日 센→딸달.
때=**기**명 ①옷감의 한 구획을 셀 때 쓰는 말. patch ②작은 한조각. piece
때=**기**명 〈동〉 때².
뙤-다자 ①물건의 한 귀가 조금 떨어지다. break ②바느질한 자리의 올이 터지거나 끊어지다. get unsewn
뙤-다자 말려든는 소리.
뙤뙤-거리다자 연해 뙤뙤하여 말을 더듬다.
뙤록-거리다자 센→되록거리다.
뙤약-볕명 내리쬐는 뜨거운 볕. burning sun
뙤-창(-窓)명 약 뙤창문.
뙤창-문(-窓門)명 작은 창을 낸 방문. 약 뙤창. small window
뚜¹부 기적이나 나팔 따위의 외마디 소리. with a tool
뚜그르르부 센→두그르르.
뚜글-뚜글부 센→두글두글.
뚜껑명 〈식물〉 마타리과의 다년생 풀. 가을에 흰빛의 작은 꽃이 피고 나물을 무쳐 먹음.
뚜껑명 ①그릇의 아가리를 덮는 제구. lid ②남의 모자를 깔보고 하는 말. cap
뚜껑=밥명 ①겉으로만 잘 먹이는 체하는 음식. ②사발 바닥에다 다른 것을 그릇이나 접시를 엎어 놓고 담는 밥. ③밑에는 잡쌀을 담고 위만 이밥을 담은 밥.
뚜껑=이불명 -[-니-]명 홑이불을 시치지 않은 솜이불. padded quilts without sheets
뚜께-머리명 센→두께머리.
뚜께-버섯명 센→두께버섯.
뚜덕-거리다타 잘 울리지 않는 물건을 조금 세게 연해 뚜드려서 소리를 내다. 작 또닥거리다. 거 투덕거리다. rap 뚜덕=뚜덕 하자타
뚜덜-거리다자 센→두덜거리다.
뚜드럭-거리다타 마치 따위로 가락이 있게 두드림을 하다가 나는 소리가 나다. 작 또드락거리다. rattle 뚜드럭=뚜드럭 하자
뚜드려-내다타 끝·대패 따위의 날이 있는 연장을 속내기 위해서 날 안쪽을 뚜드려서 우묵하게 하다. knock out
뚜드리-다타 센→두드리다.
뚜들기-다타 센→두들기다.
뚜=**뚜**부 기적·나팔 따위를 연해 부는 소리.
뚜렷-뚜렷부 센→두렷두렷.
뚜렷-하다형여 센→두렷하다.

뚜르르 〈센〉→두르르.
뚜벅=거리-다㉾ 점잔을 부리며 걸어가다. 《작》 또박거리다. swagger **뚜벅=뚜벅**㉾ 하㉾
뚜쟁이㊂ 중매쟁이. 《약》 뚜¹. pander
뚝㊂ ①큰 물건이 갑자기 떨어지거나 부러지거나 할 때에 나는 소리. 또, 그 모양. thud ②조금 단단한 물건을 한 번 두드리는 소리. ③굵은 물방울 따위가 떨어지는 소리. thump ④flump 하㉾
뚝㊂ ①계속되던 소리가 갑자기 그치는 모양. ¶아이가 울음을 ~ 그치다. 《작》똑². suddenly ②그네·순위·성적 같은 것이 현저하게 떨어지는 모양. ¶성적이 ~ 떨어지다. ③언행 또는 일 처리 따위를 망설이지 않고 단호히 하는 모양. 《작》똑². ¶시치미를 ~ 떼다.
뚝갈이 →뚜깔.
뚝-딱㊂ ①단단한 물체를 함부로 이리저리 두드릴 때에 울려 나는 소리. clattering ②무슨 일을 거침없이 쉽게 해치우는 모양. easily
뚝딱=거리-다㊅ ①조금 단단한 물건을 연해 두드릴 때와 같은 소리가 나거나 또는 그와 같은 소리를 내다. ②겁나거나 놀라서 가슴이 뛰다. 《작》똑딱거리다. **뚝딱=뚝딱**㊂ 하㊅
뚝-뚝㊂ ①큰 것이 연해 떨어지는 모양이나 소리. ¶눈물을 ~ 흘리다. ②굵거나 큰 물건이 연해 부러지며 나는 소리. 하㊅ 【똑. 하㊅】
뚝=뚝㊂ 단단한 것을 연해 두드려 내는 소리. 《작》똑뚝
뚝뚝=치-다㉾ 〈속〉 도둑질하다.
뚝뚝-하-다㊊ ①나긋나긋한 맛이 없이 거세고 딱딱하다. rigid ②인정미가 없이 굳기만 하다. 《약》둑하다. coldhearted **뚝뚝-이**㊍
뚝바리㊂ 〈속〉 ①소. 쇠고기. ②상이 군인.
뚝=받이㊂ 〈약〉 절록받이.
뚝배기㊂ 찌개나 지짐이 등을 끓이는 오지 그릇. earthen bowl
뚝배기보다 장 맛이 좋다 겉모양보다 내용이 훨씬 낫다. 실속이 있다.
뚝별-나-다㊊ 걸핏하면 불뚝불뚝 성을 내는 성질이 있다. quick-tempered
뚝별=스럽-다㊊ 뚝별난 경향이 있다. **뚝별=스레**㊍
뚝별=씨㊂ 걸핏하면 불뚝불뚝 성을 내는 성질. 또, 그런 사람. quick temper
뚝=심㊂ ①굳세게 버티어 가는 힘. staying power ②딱딱하게 당해 내는 힘.
뚝정이㊂ 〈동〉 똑받이.
뚝-하-다㊊㊇→뚝뚝하다.
뚤돌㊂ 〈센〉→둘돌.
뚫-다㊅ ①힘을 들여 구멍의 틈을 내게 하다. bore ②길을 내다. open ③난관이나 장애 등을 헤치다. put through ④연구하여 깊은 이치를 깨닫거나 통하다. master ⑤어떤 끝을 알아내다. ¶살 길을 ~. ⑥틈을 비집다. push through
뚫리-다㊊㊇ 뚫어지다.
뚫린=골㊂ 통하여 있는 좁은 골목. narrow alley
뚫어=내-다㊅ ①구멍이 나게 하다. make hole ②틈이 벌게 하다. make gap ③길이 나게 하다. open ④이치를 깨닫게 되다. master ⑤어떤 끝을 끝내 알아내다. find out 【hole
뚫어=뜨리-다㊅ 힘을 들여 뚫어지게 하다. make a **뚫어 새기-다**㊅ 조각에서 구멍이 통하게 새기다. carve
뚫어지게 보-다 정신을 모아서 자세히 들여다보다. 다른 생각 없이 한 군데만 들여다보다. stare fixedly at
뚫어-지-다㊊ ①구멍이나 틈이 생기어지다. be pierced ②틈이 생기다. be cracked ③길이 통하여 지다. be opened ④이치를 깨닫게 되다. master ⑤어느 곳을 찾게 되다.
둥그렇-다㊊ 〈센〉→둥그렇다.
둥그스름-하-다㊊ 〈센〉→둥그스름하다.
둥글=둥글㊍ 〈센〉→둥글둥글.
둥기-다㊅ ①튀기는 탄력으로 퉁겨지게 하다. spring ②깨닫지 못하거나 모르는 사실을 눈치챌 정도까지 깨우쳐 주거나 일러주다. bring(one) to his senses
둥기-치-다㊅ 세차게 퉁기다. spring back
둥-딴지㊂ 〈동〉 퉤지감저.
둥-딴지²㊂ ①무뚝뚝하고 우둔한 사람. stiff person ②멋쟁이. dandy ③둥보. fatty ④전기의 절연체로 쓰는 사기로 만든 통. insulator
둥딴지 같다㊊ 엉뚱하다. preposterous
둥땅㊂ 〈센〉→둥당.
둥땅=거리-다㊅ 〈센〉→둥당거리다.
둥둥=보㊂ 〈동〉 둥둥이.
둥둥-이㊂ 살이 쪄서 둥둥한 사람. 살찐 사람을 놀리는 말. 둥둥보. 둥보². 〈때〉 올쪽이. plump fellow
둥둥-하-다㊊㊇ ①부피나 덩치가 굵고 크다. plump ②살이 쪄서 몸집이 굵다. 《작》 동통하다. fat **둥둥-이**㊍
둥-보㊂ ①시술 난 것처럼 둥한 사람. glum person ②〈동〉 둥둥이.
둥-하-다㊊㊇ ①말수가 적고 묵직하다. taciturn ②마음이 쾌활하지 않다. displeased ③근심이 있어 보이다. mopish ④못마땅하여 시술이 드러나 보이다. sullen
뛰:㊂ 기적 소리.
뛰=놀-다㊊㊇ ①이리저리 뛰어다니며 놀다. gambol ②맥박 따위가 세게 뛰다.
뛰는 놈 위에 나는 놈이 있다 아무리 재주가 뛰어나다 하더라도 그보다 더 뛰어난 사람이 있다.
뛰-다㊊ ①물방울·진흙덩이 따위가 공중으로 흩어지다. spatter ②〈속〉 달아나다. run away ③별안간 놀랐을 때에 가슴이 두근거리다. throb ④값 따위가 갑자기 오르다. ⑤어떤 사실이 몹시 억울하거나 아주 당치 않아서 이를 이기지 못하거나 단호한 태도를 나타내다. fly into a passion ⑥일하다. ¶열심히 ~.
뛰-다㊅㊊ ①달음질치다. run ②몸을 솟구쳐 넘어가다. jump over ③그네나 널을 가지고 놀다. play Korean seesaw ④〈속〉 싸우다. ⑤순서 따위를 거르거나 넘기다.
뛰다녀-다㊅ ①그네에 올라 앞뒤로 왔다갔다 하다. ②널에 올라 공중으로 오르내리다. ¶널을 뛰고 놀다.
뛰룩㊂ 〈센〉→뒤룩.
뛰룩=거리-다㊅ 〈센〉→뒤룩거리다.
뛰어=가-다㊅ 달음박질로 빨리 가다. 【rush out
뛰어=나가-다㊅ 몸을 솟구쳐 빨리 달려서 나가다.
뛰어=나-다㊊ 여럿 중에서 훨씬 낫다. be superior to
뛰어=나오-다㊅ 몸을 솟구치면서 빨리 달려 밖으로 나오다.
뛰어=내리-다㊅ ①높은 곳에서 몸을 솟구쳐 아래로 내려오다. leap down from ②달리고 있는 차에서 뛰어서 내리다. jump off a running car
뛰어=넘-다㊅ 【피】㊇ ①몸을 솟구쳐 놓은 것의 위를 넘다. jump over ②순서를 거르고 진행하다. skip over
뛰어다니-다㊅ 경충경충 뛰면서 여기저기 돌아다니다. 이리저리 바삐 돌아다니다.
뛰어=들기㊂ 〈체육〉 헤엄칠 때, 일정한 높이에서 물에 뛰어드는 방법.
뛰어=들-다㊅【로】 ①몸을 던져 위험한 속으로 들어가다. plunge in ②높은 데서 물 속으로 몸을 내어 던지다. dive ③갑자기 들어오다. 느닷없이 뛰어들어 사람을 놀라게 하다. rush in ④스스로 어떤 사건에 관련을 가지다. ⑤〈속〉→뛰어들어오다.
뛰어=들어오-다㊅ 몸을 솟구쳐 빨리 들어오다. 《약》뛰어들다⑤. run into 【running
뛰어=오-다㊅ 달음질쳐 달려오다. 급히 오다. come
뛰어=오르-다㊅【르】 ①몸을 솟구쳐서 높은 데에 오르다. spring up ②달리고 있는 차에 뛰어올라서 타다. jump up
뛰엄=젓㊂ 개구리로 담근 젓.
뜀㊂ ①두 발을 모으고 앞으로 뛰어나가는 짓. jump-

뜀뛰다 ing ①몸을 날려 넘는 짓. jumping over ③빨리 뛰는 짓. running ④두 발을 번갈아 뛰어가는 짓. skipping ⑤달아나는 짓. flight

뜀-뛰-다 두 발을 모으고 앞으로 뛰어나가거나 높은 곳으로 오르다. jump

뜀박-질[명] ①뜀뛰는 짓. jumping ②달음박질. 《뜀질. running 하타

뜀-질[명] 《약》→뜀박질.

뜀-틀[명] 기계 체조 용구의 하나. 찬합처럼 여러 층으로 포개 놓을 수 있는 상자 모양으로 만든 나무틀.

뜨개-것[−것][명] 뜨개질하여 만든 물건. 편물(編物). knitted work

뜨개-질[명] ①털실 따위로 셔츠·양말·장갑 등을 결어서 만드는 일. knitwork ②떠서 만드는 일. 하타

뜨개질 바늘[명] 뜨개질에 쓰이는 대나 쇠바늘.

뜨거워-지-다 차차 뜨겁게 되다.

뜨거워-하-다[여벨] 뜨거움을 느끼다. feel hot

뜨겁-다[ㅂ변] ①몹시 더운 느낌이 있다. 《작 따갑다. hot ②부끄럽거나 무안할 때 얼굴이 몹시 화끈하다. blush ③열정에 차다. 감격에 넘치다. ¶뜨거운 사랑. passionate

뜨겁디-뜨겁다[ㅂ변] 몹시 뜨겁다.

=**뜨기**[의미] 명사 아래 붙어서 그 사람을 조롱하여 이름. ¶시골~. 촌~.

뜨께-질[명] 남의 마음 속을 떠보는 짓. sounding 하타

뜨끈-뜨끈[부] 매우 뜨뜻한 느낌이 연해 일어나는 모양. 《작》따끈따끈. 하타

뜨끈-하-다[형][여벨] 매우 뜨뜻한 느낌이 있다. 《작》따끈하다. feel hot 뜨끈-히[부]

뜨끔-거리-다 무엇에 찔리거나 얻어맞거나, 또는 결려서 아픈 느낌이 연해 일어나다. 《작》따끔거리다. 뜨끔-뜨끔[부]

뜨끔-따끔 뜨끔거리고 따끔거리는 모양. 하타

뜨끔-하-다[형][여벨] ①찔리거나 맞아서 아픈 느낌이 있다. prick ②양심에 자극을 받아서 뜨거운 듯한 느낌이 있다. 《작》따끔하다. smart

뜨내기[명] ①일정한 처소 없이 떠돌아다니는 사람. tramp ②어쩌다가 간혹 하는 일. odd job 「tomer

뜨내기 손님[명] 뜨내기로 찾아오는 손님. stray cus-

뜨내기 장사[명] 뜨내기의 장사. peddler 하다

뜨-다¹[으변] ①가라앉지 아니하고 물에 떠있다. ¶종이배가 물 위에 ~. float ②구름 따위가 공중에 있다. ③해나 달이 돋아 나타나다. ¶해가 ~. rise ④연줄이 끊어져서 연이 제멋대로 날아가다. fly ⑤공중에서 움직이거나 머물러 있어, 땅으로 떨어지지 아니하다. ¶비행기가 ~. take wing ⑥착달라붙지 아니하고 틈이 생기다. ¶장판이 ~. come off ⑦공간적으로 사이가 벌어지다. be apart ⑧어떠한 동안이 멀어지다. be apart ⑨남에게서 꾸어온 것을 받지 못하고 잃어버리다. lose ⑩안착되지 아니하고 들썽하게 되다. become loose ⑪어떠한 표정이 나타나다. be expressed ⑫잊었거나 생각하지 있지 않던 것이 다시 생각나다. recollect ⑬무슨 병으로 기운이 쇠미하여 오다. ⑭《약》뜨이다.

뜨-다²[태][으변] ①물기 있는 물건이 제 훈김으로 썩으려고 변한다. grow moldy ②누룩·메주 따위가 발효하다. ferment ③메주가 ~. ③병으로 얼굴빛이 누렇게 변하다. ¶얼굴이 누렇게 ~. sallow

뜨-다³[태][여벨] ①다른 곳으로 옮기려고 있던 자리나 곳을 내놓거나 떠나다. move ②자리를 비우다. leave

뜨-다⁴[으변] ①감았던 눈을 벌리다. ¶눈을 크게 ~. open ②귓것에 소리가 울리다. ¶가는 귀가 ~. hear

뜨-다⁵[태][여벨] ①어떠한 속에 담겨 있는 물건을 퍼내거나 덜어내다. scoop out ②음식을 조금 먹다. ¶점심을 한술 뜨고 곧 집을 나섰다. take ③잔디·바위·얼음 등을 전체에서 일정한 크기의 조각으로 떼어내다. ¶구들장을 ~. cut ④피륙에서 옷감을 끊어서 사다. ¶천을 ~. cut ⑤죽거나 죽인 짐승의 살갗을 일정한 크기로 떼어 내다. 또는 해체하다. ¶각~. curve in several parts ⑥고기나 물고기의 살을 얇게 저미다. slice ⑦지통(紙筒)에 발을 넣어서 종이를 만들어 내다. make paper ⑧못자리에서 모를 뽑다. ¶못자리판에서 모를 ~. take out ⑨물에 가라앉지 않은 것을 걸어 내거나 건저내다. scoop ⑩쓴 흙을 덩이로 만들다.

뜨-다⁶[태][으변] (한의) 병을 다스리는 한 방법으로 병난 자리나 거기에 관계되는 혈(穴)의 약쑥을 비벼 놓고 불을 붙여 태우다. ¶뜸을 ~. cauterize with moxa

뜨-다⁷[태][으변] ①실 따위로 얽히어 만들다. ¶그물을 ~. net ②실을 꿴 바늘로 한 땀 한 땀 바느질을 하다. knit ③먹실로 살갗을 꿰어 글자·그림·표적 등을 남기기 위하여서 흔적을 내다. tattoo

뜨-다해[으변] ①본을 받아 그와 같게 하다. ¶본~. pattern ②〈인쇄〉지형·연판 등을 만들거나 도면을 그리다. 지형을 ~. cast

뜨-다⁹[태][으변] ①소가 뿔로 때밀어 내밀다. gore ②씨름할 때 상대방을 번쩍 들다. ¶배지기를 ~. lift

뜨-다¹⁰[태][으변] ①저울로 무게를 헤아리다. ¶저울로 ~. weigh ②상대방의 속을 알아보기 위하여서 에두르는 말이나 행동을 넌지시 걸어 보다. ¶속을 ~. sound

뜨-다¹¹[으변] ①예민하지 못하여 느리고 더디다. ¶걸음이 ~. slow ②감수성이 둔하다. dull ③말수가 적다. 입이 무겁다. taciturn ④쇠붙이가 불에 뜨거워지는 성질이 둔하다. not easily heated ⑤칼날 같은 것이 무디다. blunt ⑥발육·성장이 더디다. slow ⑦공간적으로 동안이 오래다. 또는 동안이 생기다. long

뜨더귀[명] 조각조각 뜯어내는 짓. 갈가리 찢어 내는 짓. 도, 조각. tearing to pieces 하타

뜨더귀-판[명] 사물을 여럿에 뜯어내는 마당. 여러 갈래로 찢어 내는 판.

뜨덤-뜨덤[부] ①글이 서툴러 뜻을 간신히 뜯어보는 모양. with difficulty ②말을 자주 더듬는 모양. falteringly 하타

뜨듯-하-다[형][여벨] '뜨듯하다'의 부드러운 말. 《작》따뜻하다. warm 뜨듯-이[부]

뜨뜻미지근-하-다[여벨] ①차지도 않고 뜨겁지도 않다. ¶목욕물이 ~. ②결단성과 적극성이 없다. ¶뜨뜻미지근한 태도.

뜨뜻-하-다[형][여벨] 견디기에 알맞게 덥다. 《작》따뜻하다. warm 뜨뜻-이[부]

뜨르르¹[부] 《센》→드르르.

뜨르르²[부] 《센》→드르르.

=**뜨리-다**[접미] 동사의 어간이나 어미에 붙어 동작의 힘줌을 나타내어 타동사를 만드는 말. =트리다. ¶울라~. 떨어~.

뜨막-하-다[여벨] 한참 동안 뜨음하다.

뜨문-뜨문[부] 《센》→드문드문.

뜨물[명] ① [동] 것닷물. ②곡식을 씻고 난 뿌연 물. water in which rice has been washed

뜨물 먹고 주정하다[속] 종한 체하고 행패하다.

뜨스-하-다[여벨] 《센》→드스하다.

뜨습-하-다[형][ㅂ변] 《센》→드습다.

뜨악-하-다[여벨] 마음에 그다지 당기지 않다. unwilling

뜨음-하-다[여벨] 잦거나 심하던 것이 한동안 뜨다. 《약》뜸하다. unfrequent

뜨이-다 ①감긴 눈이 열리다. wake ②몰랐던 사실이나 숨겨졌던 본능을 깨닫게 되다. ¶귀에 번쩍 뜨이는 이야기. ③두드러지게 드러나다. ④물건이 눈에 보이다. 《약》뜨다. catch one's eyes

뜬-것[명] 〈민속〉떠돌아다니는 못된 귀신. 뜬귀신. 부행신(浮行神). demon ②[동] 뜬계집.

뜬-계집[명] 우연히 어쩌다가 상관하게 된 여자. 뜬것②. casual mistress

뜬-구름[명] ①하늘에 떠다니는 구름. 부운(浮雲). floating cloud ②덧없는 세상 일의 비유. this evane-

뜬귀신 scent world
뜬=귀신(一鬼神)圏 뜬것①.
뜬=눈圏 밤에 잠을 자지 못한 눈. wakeful eyes
뜬=돈圏 우연히 어쩌다가 생긴 돈. casual income
뜬뜬=하-다혱여 <문> ←든든하다.
뜬=말圏 <동> 뜬소문.
뜬물=식물(一植物)圏 <식물> 물에 떠서 사는 식물. aquatic plant
뜬=벌:이圏 어쩌다가 닥치는 벌이. casual job 하자
뜬=세:상(一世上)圏 덧없는 세상. transient world
뜬=소:문(一所聞)圏 근거 없는 소문. 뜬말. groundless rumour
뜬쇠도 달면 힘들다쬑 무뎌해 보이던 사람이 한번 성이 나면 무섭다.
뜬=숯圏 장작을 때서 만든 숯. 또는 피웠던 참숯을 꺼 놓은 숯. cinders
뜬=용(一龍)圏 <건축> 궁전 등의 천장에 만들어 놓은 용 모양의 장식.
뜬=잎(一一)圏 <식물> 뜬물식물의 잎. leaves of a hydrophite plant
뜬=재물(一財物)圏 ①수고를 들이지 않고 우연히 생긴 재물. casual income ②빌려 주고 받지 못하는 재물.
뜬=저울圏 <물리> 비중계(比重計)의 하나. 부칭(浮秤). floating balance
뜯게圏 헐어서 못 입게 된 옷 따위. worn-out garment 「out clothes 하자
뜯게-질圏 뜯게 옷의 솔기를 뜯는 일. unsewing worn-
뜯글-뻑/뜯글=뻑튀 티끌과 때.
뜯-기다타 ①벼룩·빈대이 등에 물리다. get bitten ②남에게 무엇을 빼앗기다. be extorted ③노름판에서 돈을 잃다. lose 자동 소나 말에게 풀을 뜯어 먹게 하다. graze
뜯-다타 ①조각조각 떼어 내다. 붙은 것을 잡아떼다. take to pieces ②노름판에서 돈을 얻다. take a tip from each gambler ③현악기의 줄을 퉁겨서 소리를 내다. ¶거문고를 ~. play on ④남을 졸라서 물건이나 돈 같은 것을 조금씩 얻어 오다. extort ⑤이로 물어 떼다. bite off ⑥손가락으로 비틀어 자르다. ¶봄 나물을 ~. pick
뜯어-고치-다타 근본적으로 새롭게 고치다. ¶제도를 ~. remake
뜯어-내:-다 ①붙어 있는 것을 떼어 내다. pick off ②조각조각 떼어 내다. take to pieces ③남을 졸라서 얻어내다. take ④손가락으로 비틀어 잘라내다.
뜯어-말리-다타 ①어울려 싸우는 것을 각각 떼어서 못하게 말리다. pull apart ②풀 등을 베어 말리다. make hay
뜯어-먹-다타 ①붙은 것을 떼어먹다. pluck and eat ②남을 졸라서 얻어먹다. sponge ③이로 물어서 조금씩 갉아먹다. gnaw off ④마소가 풀을 뜯어내어 먹다.
뜯어-버리-다타 붙은 것을 뜯어서 치우다.
뜯어-벌이:-다타 ①무엇을 뜯어내서 죽 벌려 놓다. take up to pieces ②밉살스럽게 이야기를 늘어놓다. (작) 따다바리다. narrate in a disagreeable manner
뜯어-보-다타 ①여러 모로 갈라 가며 자세히 살펴보다. examine minutely ②봉한 것을 헤치고 그 속을 살피다. open a letter and read it ③서투른 글뜻을 이리 풀고 저리 풀고 하여 간신히 알아내다. read with difficulty
=뜯이[뜨지]접미 어떠한 명사 아래에 붙어 거기에서 뜯어내거나 또는 그것만으로 뜯어낸 물건의 뜻을 나타내는 말. ¶빽~. 앝~.
뜯적圏 손톱이나 날카로운 칼날 따위로 조금씩 뜯거나 긁어 떼어 진집을 내다. (작) 따짝거리다. tear **뜯적=뜯적**圏 하자

뜰圏 집안의 마당. yard

뜰뜰 ①비탈진 곳으로 수레가 빨리 구르는 소리. rolling ②명령이나 위세가 아주 잘 시행되는 모양.
뜰먹=거리-다재타 <센>→들먹거리다.
뜰먹-이-다타 <센>→들먹이다.
뜰썩튀 <센>→들썩.
뜰썩=거리-다재타 <센>→들썩거리다.
뜰썩-이-다타 <센>→들썩이다.
뜰아래=채圏 한 집안에서 몸채 밖의 집채. (약) 아래채. out house
뜰아랫=방(一房)圏 안뜰을 사이에 두고 그 건너편에 위치한 방. (약) 아랫방. detached room 「달린 채.
뜰=채圏 물고기를 뜨는 데 쓰는 오구 모양의 그물어
뜰=층계(一層階)圏 뜰에서 마루에 올라가도록 만든 층계. steps from the yard to the verandah
뜸¹圏 띠·부들로 엮어 볕을 가리는 물건. 초둔. cattail-mat
뜸²圏 <한의> 쑥을 몸의 경혈(經穴)에 놓고 선향(線香)으로 불을 붙여 태우는 자극 요법의 하나. 육구(肉灸). 구(灸). cautery
뜸³圏 찌거나 삶은 것을 그대로 두어 속속들이 익게 하는 일. steaming
뜸⁴圏 한 동네 안에서 따로따로 몇 집씩 한데 모여 있는 구역. block
뜸=깃[一낀]圏 <한의> 거적 모양의 뜸을 엮어 만드는 데 쓰이는 재료. 곧, 떠나 부들 따위. material for a mat ②뜸의 겉에 넘슬어지게 내민 풀잎.
뜸-단지[一딴一]圏 부항 단지.
뜸-들-다재 음식물에 뜸이 들다. 밥·떡·감자 따위를 삶거나 찔때 속까지 푹 익다. well steamed
뜸-들이-다타 ①뜸들게 하다. 잘 익게 하다. ②일하는 도중이나 하던 일을 단단히 하기 위하여 잠시 일을 중단하고 가만히 있음을 이르는 말. give a necessary pause
뜸-뜨-다재(으)炬 <한의> 약쑥을 비벼서 경혈(經穴)에 놓고 불을 붙여 살이 타게 하다. cauterize with moxa
뜸베-질圏 소가 뿔로 물건을 몹시 받아 내는 일. horning 하자
뜸부기圏 <조류> 뜸부기과의 새. 등은 다갈색, 날개는 흑색이고 넓은 가로 무늬가 있음. 연못·풀밭·논에 서식하며 잘 날지는 못함. moorhen
뜸=새끼圏 길마와 걸채를 얼러 잡아메는 새끼. straw rope used to the load over a saddle
뜸=손圏 뜸을 엮는 줄.
뜸씨圏 <동> 효소(酵素).
뜸직근-하다혱여 마음이 느긋하며 느리게 뜸직하다. (작) 땀지근하다. show but dignified
뜸직-뜸직圏 말이나 행동이 모두 한결같이 매우 뜸직한 모양. (작) 땀직땀직. 하자
뜸직-히 디[一히]圏 언행이 경솔하지 않고 무게가 있어 보이다. (작) 땀직하다. **뜸직-히**튀
뜸=질圏 <한의> ①뜸을 뜨는 일. cautery ②찜질. stupe 하자
뜸[一씸]圏 아주 간단하게 짓고 뜸으로 지붕을 인 움집. hut
뜸팡이圏 ①<동> 효모(酵母). ②<동> 효소(酵素).
뜸=하-다재여 <야>→뜸스름하다.
뜻圏 ①무엇을 하리라고 먹은 마음. intention ②글이나 말이 가진 속내. 의미(意味). meaning 하자
뜻과 같이 되느냐 입맛이 변해진다쬑 오래 바라던 것이 이루어지느냐가 싫증을 느낀다.
뜻=글자[一짜](一字)圏 <동> 표의 문자(表意文字).
뜻=대로튀 일정한 대로. 생각과 같이. as expected 의미와 같이. like the meaning
뜻=맞-다재 두 편의 뜻이 서로 틀림이 없다. be congenial ②마음에 들다. suit one's fancy
뜻=매김圏 어떠한 사물의 뜻을 밝히어 정함. 정의(定義). definition 하자
뜻=밖圏 생각 밖. ¶~의 일.

뜻밖=에㉿ 생각지도 않은 지경에. 마음먹지 아니한 사이에. unexpectedly

뜻=받−다㉿ 남이 이르는 대로 그 뜻을 받다. obey

뜻=하−다㉿ ①무엇을 할 마음을 먹다. ¶뜻한 바 있어. plan ②의미하다. ¶무엇을 뜻하는지 알겠다.

띠:−다㉿ 〈약〉→뜨이다. ㉿ 〈약〉→띄우다.

띄어−쓰기㉿ 〈어학〉글을 쓸 때에 조사 이외의 각 단어를 띄어쓰는 일. writing with space (between the words)

띄엄=띄엄㉿ ①드물게 있는 모양. sparsely ②순서 없이 여기저기 있는 모양. scattered ③느릿느릿한 모양. slow

띄엄띄엄 걸어도 황소 걸음㉿ 더디게 하여도 틀림없이 확실한 일.

띄우−다㉿ ①물건과 물건 사이를 뜨게 하다. ¶포기와 포기의 사이를 ~. leave a space ②편지를 부치거나 전해 줄 사람을 보내다. post ③물에나 공중에 뜨게 하다. float ④물건에 훈김이 생겨서 뜨게 하다. ⑤밖으로 나타내게 하다. ¶입가에 미소를 ~. 《약》띄다. ferment

띠¹㉿ ①허리를 둘러매는 끈. girdle ②띠와 같이 생기거나 띠와 같이 쓰는 물건의 총칭. long narrow strip ③〈인쇄〉책의 겉장에 겉장보다 좁게 입힌 종이 따위. half wrapper ④아이를 업을 때 띠는, 나비가 좁고 기다란 천. band ⑤청색·홍색의 다섯 끗짜리 사각형을 가운데에 덧그린 화투의 패.

띠²㉿ 사람이 난 해의 지지(地支)를 동물 이름으로 상징하여 이르는 말. ¶말~. 호랑이~. zodiacal sign one was born under

띠³㉿ 활터에서 한쪽 중에서 몇 사람으로 나눈 패. subteam in archery

띠⁴㉿〈식물〉포아풀과의 다년생 풀. 줄기는 직립하여 80~100 cm 정도며 5~6월에 백색 또는 흑자색의 꽃이 핌. 근경은 약재로 쓰임. 모초(茅草). kind of reed

띠=구름㉿ 길게 띠처럼 공중에 떠 있는 구름.

띠=그래프(−graph)㉿ 띠 모양으로 그린 그래프의 하나. 좁고 긴 직사각형의 가로의 길이를 100으로 하고 각 퍼센트의 길이와 면적으로 크기를 표시함.

띠그르르㉿ 〈센〉→디그르르.

띠글=띠글㉿ 《센》→더글더글.

띠−다㉿ ①띠를 두르다. ¶허리띠를 ~. tie the girdle ②물건을 몸에 지니다. ¶편지를 띠고 가다. wear ③용무·직책·사명을 가지다. ¶중대한 사명을 띠고 왔다. be charged with ④빛깔 등을 약간 가지다. ¶붉은 빛을 ~. be tinged with ⑤기운·감정 등을 약간 나타내다. ¶노기를 띤 어조(語調). assume

띠=동갑(一同甲)㉿〈동〉자치동갑.

띠무늬메뚜기=붙이㉿〈곤충〉메뚜기과의 벌레의 하나. 콩중이붙이.

띠방(一枋)㉿〈건축〉판장에 가로 덴 띠 모양의 나무. 대방(帶枋).

띠살문(一門)㉿〈건축〉상·중·하의 문살이 띠 모양으로 된 세전문(細箭門)의 하나.

띠=씨름㉿〈체육〉허리에 띠를 매어 그것을 잡고 하는 씨름. 하㉿

띠앗=머리㉿〈약〉→띠앗머리.

띠앗−머리㉿ 형제 자매 사이의 정의(情誼). 《약》띠앗. fraternal love

띠엄=띠엄㉿ →떡엄띄엄.

띠열장=붙임[−짱부침]㉿〈건축〉반대기의 뒤쪽에 띠의 한쪽을 열장으로 만들어 박아서 반대기가 떨어지지 않도록 하는 방식.

띠우−다㉿㉿ →띄우다.

띠=톱㉿ 띠와 같이 바퀴 모양으로 되어 빙빙 돌아가며, 나무를 자르게 된 톱의 하나. 대거(帶鋸). 《대》둥근톱. band saw

띳=과(一銙)㉿〈제도〉공복(公服)의 띠의 꾸밈새. 금은(金銀) 따위로 되었음.

띳=돈㉿〈제도〉관복의 띠에 칼을 차게 된 갈고리 같은 쇠.

띳=술㉿〈제도〉공복의 품대(品帶)에 다는 술.

띳=장㉿ ①〈건축〉판장(板墻) 따위에 가로 대는 나무. ②〈광물〉광산에서 굿을 드릴 때, 좌우 기둥 위에 가로 걸치는 나무.

띳=집㉿ 지붕을 띠로 이은 집. 모옥(茅屋). house with reed thatched roof

띵:−㉿ ①속 깊게 아픈 모양. ②머리가 아파서 정신이 흐릿한 모양. ¶머리가 ~하다. 하㉿

띵띵㉿ 속에서 켕겨 겉으로 불어난 모양. 《작》땡땡. 《게》팅팅. inflated

띵띵=하−다㉿㉿ 《센》→딩딩하다.

띵−하−다㉿㉿ ①머리가 속으로 울리듯 아프다. have a dull headache ②머리가 아파서 정신이 흐릿하다.

經世訓民正音圖說字 ㄹ 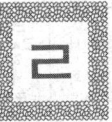 ㄹ 訓民正音字

ㄹ¹[리을]〈어학〉①한글 자모의 넷째 글자. the 4th letter of the Korean alphabet ②자음의 하나. 혀끝을 윗잇몸에 가볍게 대었다가 떼거나 혀끝을 윗잇몸에 댄 채 공기를 그 양 옆으로 흘려 보내면서 내는 소리인 유음(流音)이며, 발음할 때 목청이 떨어 울리므로 울림소리(有聲音)이고, 단어의 첫소리로
ㄹ²[조](약)=를.　　　　　　　는 쓰이지 않음.
=**ㄹ**[어미] ①받침 없는 어간에 붙어서 그 말이 일반적 사실을 나타내는 관형사형 전성 어미. ¶그 곳에 가~ 적마다 김군을 만난다. ②받침 없는 어간에 붙어서 그 말이 미래의 뜻을 나타내는 관형사형 전성 어미. ¶내일 하~ 예정이다.
=**ㄹ값에**[—갑세][어미] =ㄹ망정.
=**ㄹ거나**[—꺼—][어미] 받침 없는 동사의 어간에 붙어서 영탄조로 '그렇게 하자꾸나'의 뜻을 나타내는 종결 어미. ¶산으로 가~.
=**ㄹ거나**[—꺼—][어미] 받침 없는 어간에 붙어 '=ㄹ것이냐'의 뜻을 나타내는 종결 어미. ①그가 오~.
=**ㄹ거다**[—꺼—][조] 받침 없는 체언에 붙어 '일 것이다'의 뜻을 나타내는 종결형 서술격 조사. ¶그는 교수~.
=**ㄹ거다**[—꺼—][어미] 받침 없는 용언의 어간에 붙어 '=ㄹ것이다'의 뜻을 나타내는 종결 어미. ¶그 사실을 알게 되~.
=**ㄹ거야**[—꺼—][조](←ㄹ 것이야) 받침 없는 체언에 붙어 '일 것이야'의 뜻을 나타내는 종결형 서술격 조사. ¶저 남자는 화가~.
=**ㄹ거야**[—꺼—][어미](←ㄹ것이야) ①받침 없는 동사의 어간에 붙어 상대방의 의사를 묻는 종결 어미. ¶자~ 안 자~. ②받침 없는 동사의 어간에 붙어 자기의 의사를 표시하는 데 쓰는 종결 어미. ¶이제 하~. ③받침 없는 용언의 어간에 붙어 사실에 대한 가능성이나 추측을 나타내는 종결 어미. ¶내일은 비가 오~.
=**ㄹ걸**[—껄][조] 받침 없는 체언에 붙어 불확실한 추측을 나타내는 종결형 서술격 조사. ¶저 남녀는 부부~.
=**ㄹ걸**[—껄][어미] ①받침 없는 어간에 붙어서 불확실한 추측을 나타내는 종결 어미. ¶우리 집이 더 크~. ②(←ㄹ것을) 받침 없는 어간에 붙어 이미 지나간 일에 대한 뉘우침의 뜻을 나타내는 종결 어미. ¶문방구점 말고 서점으로 갈 보~.
=**ㄹ게**[—께][어미] 받침 없는 동사의 어간에 붙어 어떤 행동을 한 데 대하여 의사를 표시하면서 상대방에게 약속하는 뜻을 나타내는 종결 어미. ¶내가 전화 거~ 그만 자~.
=**ㄹ까**[조] 받침 없는 체언에 붙어 미래·현재의 일을 추측할 때 의문·반문을 나타내는 종결형 서술격 조사. ¶누구~.
=**ㄹ까**[어미] 받침 없는 어간에 붙어서 미래나 현재의 일을 추측할 때 의심·의문 또는 자기의 의사를 나타내는 종결 어미. ¶그가 내일 오~.
=**ㄹ까말까**[어미] 받침 없는 어간에 붙어서 행동을 망설이는 뜻을 나타내는 말. ¶돈을 주~.
=**ㄹ까보냐**[조] 받침 없는 체언에 붙어 '어찌 그러할 리가 있겠느냐'의 뜻을 나타내는 말. ¶노래를 잘한다고 다 가수~.
=**ㄹ까보냐**[어미] 받침 없는 어간에 붙어서 '어찌 그러할 리가 있겠느냐'의 뜻을 나타내는 말. ¶지~.
=**ㄹ까보다**[조] 받침 없는 체언에 붙어서 '=ㄹ까'에 보조 형용사인 '보다'가 뒤따라 추측이나 막연한 제

의향을 나타내는 말. ¶차라리 그만두~.
=**ㄹ꼬**[조] 받침 없는 체언에 붙어 현재·미래의 일을 깊이 추측할 때 의문이나 의심을 나타내는 종결형 서술격 조사. ¶이게 뭐~.
=**ㄹ꼬**[어미] 받침 없는 어간에 붙어서 현재·미래의 일을 깊이 추측할 때 물음이나 의심을 나타내는 종결 어미. ¶세계 평화가 언제나 오~.
=**ㄹ 나위 없다**[어미] 받침 없는 동사의 어간에 붙어서 '더 어찌할 수 있는 힘이나 필요가 없다'는 뜻을 나타냄. 말하~.
=**ㄹ낫—다**[어미]〈고〉=렷다.
=**ㄹ는지**[어미] 받침 없는 체언에 붙어, 막연한 의문·추측 등을 나타내는 종결형 또는 연결형 서술격 조사. ¶그 어린애의 병은 감기~ 몰라.
=**ㄹ는지**[어미] 받침 없는 어간에 붙어 의문의 뜻을 나타내는 종결 어미. ①추측의 뜻을 나타냄. ¶내일 돌아오~. will (guess) ②의지의 뜻을 나타냄. ¶내 뜻을 알아 주~. will (intention) ③가능성의 뜻을 나타냄. ¶외국에 갈 수도 있~. will (possibility)
=**ㄹ—·다**[어미]〈고〉=겠느냐.
=**ㄹ—·다/=ㄹ싸**[어미]〈고〉=다. =로다. =ㄹ 것인가.
=**ㄹ·돌**[어미]〈고〉=ㄹ 것을. =ㄹ 줄을.
=**ㄹ띠나**[어미]〈고〉=ㄹ지나.
=**ㄹ띠니**[어미]〈고〉=ㄹ지니.
=**ㄹ띠니라**[어미]〈고〉=ㄹ지니라.
=**ㄹ띠라**[어미]〈고〉=ㄹ지라.
=**ㄹ띠라도**[어미]〈고〉=ㄹ지라도.
=**ㄹ띠어—다**[어미]〈고〉=ㄹ지어다.
=**ㄹ띤댄**[어미]〈고〉=ㄹ진대.
=**ㄹ띤젠**[어미]〈고〉=ㄹ진저.
ㄹ라[조] 받침 없는 체언에 붙어 행여 그것일까 염려함을 나타내는 종결형 서술격 조사. ¶그 돈이 위조지폐~.
=**ㄹ라**[어미] ①받침 없는 어간에 붙어서 행여 잘못 될까 염려함을 나타내는 종결 어미. ¶꼭 잡아라, 놓치~. may ②동사의 어간에 붙는 분리적·병렬적 접속형 어미. ¶밥 하~, 빨래하~ 몹시 바빠다. what with … what with
=**ㄹ라구**[어미] 용언의 어간에 붙는 종결 어미. ①의심의 뜻을 나타냄. ¶그가 오~. will (question) ②반문(反問)의 뜻을 나타냄. ¶그리 쉽게 되~? will (cross question) ③추측·논박의 뜻을 나타냄. ¶그럴 리가 있으~. can be (doubt)
ㄹ라른[어미] →=ㄹ라은.
ㄹ라와[조] =ㄹ랑은.
=**ㄹ라치면**[어미] 받침 없는 동사 어간에 붙어서 몇 번 경험한 일을 추상적으로 가정함을 나타내는 연결 어미. ¶비가 오~ 몸바닥가 된다. when
=**ㄹ락—말락**[어미] 받침 없는 동사 어간에 붙어서 거의 되려다 말곤 함을 나타내는 부사형 전성 어미. ¶
ㄹ·란[어미]〈고〉=ㄹ랑. =ㄹ랑은. ¶꽃이 피~하다. →=락.
=**ㄹ란—다**[어미]〈고〉=련다.
ㄹ랑[조] ①'는'의 뜻을 특히 강조하여 쓰는 주격 조사. ¶그거~ 이리 주고 이거~ 너 가져라. ②조사 '서'의 밑에 붙어서 그 뜻을 좀더 똑똑하게 강조하는 보조사. ¶지금~ 놓지 마라.
ㄹ랑-은[조] 'ㄹ랑'의 힘줌말.
ㄹ러는[조]〈고〉에게는. 더러는.
ㄹ러니[어미] 받침 없는 어간에 붙어 '겠더니'의 뜻을 나타내는 연결형 서술격 조사.
=**ㄹ러니**[어미] 받침 없는 어간에 붙어서 '=겠더니'의

뜻을 나타내는 연결 어미. ¶속마음을 모르~ 이제야 깨달았다.
ㄹ러라 받침 없는 체언에 붙어 '겠더라'의 뜻을 나타내는 종결형 서술격 조사.
=**ㄹ러라**[어미] 받침 없는 어간에 붙어서 '-겠더라'의 뜻을 나타내는 종결 어미. ¶아무리 생각해도 모르~.
ㄹ런가㊀ ①받침 없는 체언에 붙어, '겠던가'의 뜻으로 물음을 나타내는 종결형 서술격 조사. ②'런가'의 뜻을 더 강조하는 종결형 서술격 조사. ¶꿈이 생시~.
=**ㄹ런가**[어미] ①받침 없는 어간에 붙어서 '-겠던가'의 뜻을 나타내는 종결 어미. ¶교섭은 잘 되~. ②'-런가'의 힘줌말. ¶꿈은 아니~.
ㄹ런고㊀ 받침 없는 체언에 붙어서 '런고'의 뜻으로 '런고'를 강조하여 쓰는 종결형 서술격 조사.
=**ㄹ런고**[어미] ①'-런고'의 뜻을 예스럽고도 점잖게 표현하는 종결 어미. ¶얼마나 걸리~. ②'-런고'의 힘줌말. ¶이 무슨 변덕이~.
=**ㄹ럿**-[어미] =려다.
ㄹ레㊀ 받침 없는 체언에 붙어서 '겠네'의 뜻을 나타내는 종결형 서술격 조사. ¶그가 명사수~.
=**ㄹ레**[어미] 받침 없는 어간에 붙어서 '-겠네'의 뜻을 나타내는 종결 어미. ¶서툴러서 일이 더디~.
ㄹ레라㊀ 받침 없는 체언에 붙어 막연히 여겨 '겠더라'의 뜻으로 감탄을 나타내는 종결형 서술격 조사.
=**ㄹ레라**[어미] 받침 없는 어간에 붙어서 '-겠더라'의 뜻을 나타내는 종결 어미. ¶아직도 모르~.
=**ㄹ로**㊀ (고) 로.
=**ㄹ로**-**다**[어미] (고) =겠도다.
=**ㄹ만명**/=**ㄹ만정**[어미] (고) =ㄹ망정.
=**ㄹ 말로는**[구] 받침 없는 어간에 붙어서 '-ㄹ 것으로 말하고 보면'의 뜻을 나타내는 말. ¶그것이 꼭 되~ 오죽 좋겠소.
=**ㄹ 말로야**[구] 받침 없는 어간에 붙어서 '-ㄹ 것으로 말하고 보면야'의 뜻을 나타내는 말. ¶정말 백만장자이~ 그만한 일을 못하겠소.
ㄹ망정㊀ 받침 없는 체언에 붙어서, '비록 그러하지만 그러나'의 뜻을 나타내는 연결형 서술격 조사. ¶웃는 낯이~ 마음만은 곱다.
=**ㄹ망정**[어미] 받침 없는 어간에 붙어서 '비록 그러하지만 그러나'의 뜻을 나타내는 연결 어미. ¶키는 작으~ 담은 크다. although
=**ㄹ 바에**[-빠-]㊀ 받침 없는 어간에 붙어서 '어차피 그렇게 하기로 된 이면'의 뜻을 나타내는 말. ¶싸우~ 최후까지 싸워라.
=**ㄹ 바에야**[-빠-]㊀ 받침 없는 어간에 붙어서 '어차피 그렇게 하기로 된 일이면야'의 뜻을 나타내는 말. ¶이왕 가~ 어서 떠나시오. If…at all
=**ㄹ밖에**[-빡-][어미] 받침 없는 어간에 붙어서 '-ㄹ 수밖에 다른 수가 없다'는 뜻을 나타내는 종결 어미. ¶듣지 않았으니 모르~. it is quite natural that
ㄹ-벗어난끝바꿈[리을-]㊀㊀ ㄹ불규칙 활용.
ㄹ불규칙 활용[리을--](-不規則活用)㊀㊀ ㄹ탈락 현상(-脫落現象).
=**ㄹ 뿐더러**[구] 받침 없는 어간에 붙어서 어떤 일이 그것만으로 그치지 않고 그 밖에도 다른 일이 더 있음을 나타내는 말. ¶값이 비싸~ 귀하다. not only…but also
=**ㄹ손**[어미] =ㄴ 것은. =ㄴ 것은.
=**ㄹ솔**/=**ㄹ쏠**[어미] =ㄴ 것을. =ㄹ 것을.
ㄹ새[-쎄]㊀ 받침 없는 체언에 붙어 그 일의 전제 또는 원인으로서 이미 사실화된 것이나 진행중인 일을 설명하는 연결형 서술격 조사.
=**ㄹ새**[-쎄][어미] 받침 없는 어간에 붙어 그 일의 전제 또는 원인으로서 이미 사실화된 것이나 진행중인 일을 설명하는 연결 어미. ¶그곳에 이르~ 해는 이미 저물었더라.

=**ㄹ시**[어미] (고) =ㄹ새. =므로.
=**ㄹ샤**[어미] (고) =도다. =네. =구나.
ㄹ세[-쎄]㊀ 받침 없는 체언에 붙어서 '하게'할 자리에서 자기 생각을 풀어 말할 때 쓰이는 종결형 서술격 조사. ¶그가 바로 나~.
=**ㄹ세**[-쎄][어미] 받침 없는 어간에 붙어서 '하게'할 자리에서 자기의 생각을 설명하는 종결 어미. ¶이것은 진짜가 아니~.
ㄹ세라[-쎄-]㊀ 받침 없는 체언에 붙어 행여 그리 될까 염려하는 뜻을 나타내는 연결형 또는 종결형 서술격 조사. ¶행여 감기~ 덮어놓고 약을 먹인다.
=**ㄹ세라**[-쎄-][어미] 받침 없는 어간에 붙어 행여 그리 될까 염려하는 뜻을 나타내는 종결 어미. ¶행여 물가에 가~. lest…should
ㄹ세말이지[-쎄--]㊀ 받침 없는 체언에 붙어서 남이 예상하고 말한 전제 조건을 객관적으로 부인하는 종결형 서술격 조사. ¶나를 의심하니 글쎄 그게 나~.
=**ㄹ세-말이지**[-쎄--][어미] 받침 없는 어간에 붙어서 남이 예상하고 말한 전제 조건을 객관적으로 부인하는 종결 어미. ¶비가 오~. if
=**ㄹ-셔**[어미] =도다. =구나.
=**ㄹ-셩**[어미] (고) =ㄹ지익정.
=**ㄹ션정**[어미] (고) =ㄹ지언정.
=**ㄹ셰라**[어미] (고) =ㄹ세라.
=**ㄹ소냐**[어미] (고) =ㄹ 것인가.
=**ㄹ손**[어미] (고) =ㄹ 것은. =ㄴ 것은.
=**ㄹ쇼다**[어미] (고) =로구나.
=**ㄹ수록**[-쑤-][어미] 받침 없는 어간에 붙어서 일의 정도가 더하여 감을 나타내는 연결 어미. ¶가~ 태산이다. the more…the more
=**ㄹ슨**[어미] (고) ①=ㄴ 것은. ②=ㄹ 것인가.
ㄹ시[-씨]㊀ 받침 없는 체언에 붙어서 일 것이다·인 것이'의 뜻으로, 추측하여 판단한 사실이 틀림 없음을 나타내는 연결형 서술격 조사. ¶기록 착오~ 분명하다.
=**ㄹ시**[-씨][어미] '아니다'의 어간에 붙어 '-ㄹ 것이·-ㄴ 것이'의 뜻으로, 추측하여 판단한 사실이 틀림없음을 나타내는 연결 어미. ¶네 것이 아니~ 분명하다.
=**ㄹ싸**[어미] (고) =겠냐.
=**ㄹ쏭**[어미] (고) =ㄹ는지.
=**ㄹ띈명**[어미] (고) =ㄹ지언정.
=**ㄹ쑨명**[어미] (고) =ㄹ지언정.
=**ㄹ쑨이언명**[어미] (고) =ㄹ지언정.
=**ㄹ싸**[어미] (고) =도다. =구나. =네.
=**ㄹ씨**[어미] (고) =ㄹ새. =므로.
=**ㄹ쌰**[어미] (고) =도다. =네. =구나.
=**ㄹ·쎠**[어미] (고) =도다. =구나.
=**ㄹ쎼라**[어미] (고) =ㄹ세라.
=**ㄹ쏘냐**[어미] (고) =ㄹ 것인가.
=**ㄹ쏜**[어미] (고) =ㄹ 것은. =ㄴ 것은.
=**ㄹ쏜가**[어미] (고) =ㄹ 것인가.
=**ㄹ쐬**[어미] (고) =ㄹ세. =리로구나. =ㅂ니다.
=**ㄹ씨**[어미] (고) =ㄹ시.
=**ㄹ씨고**[어미] (고) =구나.
=**ㄹ 양으로**[구] 받침 없는 동사 어간에 붙어서 '-ㄹ 예정으로'의 뜻을 나타내는 말. ¶너를 만나~ 갔었다. with the intention of
=**ㄹ 양이면**[구] 받침 없는 동사 어간에 붙어서 '-ㄹ 예정이면'의 뜻을 나타내는 말. ¶기왕 가~ 아예 간다고 하지 그래. if one intends to
=**ㄹ에**[어미] (고) =르. =게.
=**ㄹ 이만큼**[의관] '-ㄹ 사람만큼'의 뜻을 나타내는 말.
=**ㄹ작시면**[-짝-][어미] 받침 없는 동사 어간에 붙어서 '어떠한 입장에 이르게 되면'의 뜻을 나타내는 연결 어미. ¶그 꼴을 보~ 가관이야. if
=**ㄹ작이면**[어미] (고) =ㄹ작시면.
ㄹ지[-찌]㊀ 받침 없는 체언에 붙어 추측으로 의심을 나타내는 연결형 또는 종결형 서술격 조사. ¶

=ㄹ지[—찌][어미] 받침 없는 어간에 붙어서 추측으로 의심을 나타내는 연결 어미. ¶누가 이 크~ 몰라.

ㄹ지나[—찌—][조] 받침 없는 체언에 붙어 '마땅히 그러할 것이나'의 뜻을 나타내는 연결형 서술격 조사. ¶비록 공부는 꼴찌~ 운동은 첫째다.

=ㄹ지나[—찌—][어미] 받침 없는 어간에 붙어서 '마땅히 그러할 것이나'의 뜻을 나타내는 연결 어미. ¶엄벌에 처할~ 이번만은 불문에 부친다. ought to …but

ㄹ지니[—찌—][조] 받침 없는 체언에 붙어 '마땅히 그러할 것이니'의 뜻을 나타내는 연결형 서술격 조사. ¶조국 통일이 우리의 목표~ 모두 한마음 뜻으로 나아가세.

=ㄹ지니[—찌—][어미] 받침 없는 어간에 붙어서 '마땅히 그러할 것이니'의 뜻을 나타내는 연결 어미. ¶마땅히 가야 할~ 어서 떠날 채비를 하자. as one ought to

ㄹ지니라[—찌—][조] 받침 없는 체언에 붙어서 '마땅히 그러할 것이니라'의 뜻을 나타내는 종결형 서술격 조사. ¶효도가 우리의 도리~.

=ㄹ지니라[—찌—][어미] 받침 없는 어간에 붙어서 '마땅히 그러할 것이니라'의 뜻을 나타내는 종결 어미. ¶공부에 힘쓰~. should

ㄹ지라[—찌—][조] 받침 없는 체언에 붙어 '마땅히 그러할 것이라'의 뜻을 나타내는 종결형 서술격 조사. ¶그 일이 급선무~.

=ㄹ지라[—찌—][어미] 받침 없는 어간에 붙어 '마땅히 그러할 것이라'의 뜻을 나타내는 종결 어미. ¶그렇게 하~. must

ㄹ지라도[—찌—][조] 받침 없는 체언에 붙어 '비록 그러하더라도' 뜻으로 미래의 일을 양보적으로 가정하는 연결형 서술격 조사. ¶부자~ 검소해야 한다.

=ㄹ지라도[—찌—][어미] 받침 없는 어간에 붙어서 '비록 그러하더라도'의 뜻으로 미래의 일을 양보적으로 가정하는 연결 어미. ¶힘은 약하~ 뜻은 굳어야 한다. however

=ㄹ지어다[—찌—][어미] 받침 없는 동사의 어간에 붙어서 '마땅히 그러하여라'의 뜻을 나타내는 종결 어미. ¶다녀오~. should

ㄹ지언정[—찌—][조] 받침 없는 체언에 붙어, 소망되는 두 가지 일 중 그 하나를 취하고, 특히 강조하여 '차라리 그러하다'고 시인하는 뜻을 나타내는 연결형 서술격 조사. ¶어린애~ 그것도 모를까.

=ㄹ지언정[—찌—][어미] 받침 없는 어간에 붙어서, 그러하다고 시인하는 뜻이나 차라리 그렇게 하는 것이 옳다고 택하겠음을 나타내는 연결 어미. ¶직장을 그만두~ 그 일은 못하겠다. rather

ㄹ진대[—찐—][조] 받침 없는 체언에 붙이 '일 것 같으면'의 뜻을 나타내는 연결형 서술격 조사. ¶기왕 낙제~ 멋지게 놀아나 보자.

=ㄹ진대[—찐—][어미] ①받침 없는 어간에 붙어서 '가령 그러한 터이면'의 뜻을 나타내는 연결 어미. ¶공부는 못 할 바~ 운동이나 하자. ②받침 없는 어간에 붙어서 'ㄹ 것 같으면'의 뜻을 나타내는 연결 어미. ¶내가 생각하~ 그는 거짓말할 사람이 아니다.

ㄹ진댄[—찐—][조] 'ㄹ진대'의 힘줌말. [if not

=ㄹ진댄[—찐—][어미] '=ㄹ진대'의 힘줌말.

ㄹ진저[—찐—][조] 받침 없는 체언에 붙어 '아마 또는 마땅히 그러할 것이다'의 뜻을 나타내는 종결형 서술격 조사. ¶당신이 바로 구세주~.

=ㄹ진저[—찐—][어미] 받침 없는 어간에 붙어서 '아마 또는 마땅히 그러할 것이다'의 뜻을 나타내는 종결 어미. ¶더욱 독실히~. should

ㄹ탈락 현상[리음—](—脫落現象)[명] 〈어학〉 어간의 'ㄹ' 받침으로 끝나는 말이 뒤에 붙는 일정한 어미 앞에서 'ㄹ'이 탈락되는 현상. '살다·돌다·멀다' 등. [같은 말. ㄹ불규칙 활용.

=ㅀ[어미][고] =ㄹ.

=ㅀ—·다[어미][고] =려느냐.

=ㅀ·디어—다[어미][고] =ㄹ지어다.

=ㅀ·디언·명[어미][고] =ㄹ지언정.

라[조] ①(어)→라고. ②(약)→라서. ③받침 없는 체언에 붙어서 서술하는 종결형 서술격 조사. ¶그게 장부의 지조~. ④받침 없는 체언에 붙어 아랫말의 전제적 사실을 서술하는 연결형 서술격 조사. ¶군면한 농부~ 소득도 높다.

=라[어미] ①받침 있는 동사 어간에 붙어 명령을 나타내는 종결 어미. ¶가~. 보~. ②(약)→라고①. ③'아니다'의 어간에 붙어서 서술하는 종결 어미. ¶인간이 할 짓이 아니~. ④'아니다'의 어간에 붙어서 아랫말의 전제적 사실을 서술하는 연결 어미. ¶낮이 아니~ 밤같이 어둡군요.

라(la이)[명] 〈음악〉 ①장조 음계(長調音階)의 여섯째 음. ②가음(音)의 이탈리아 음명.

라[고][고] =라고. =로.

=·라[어미][고] =려고. ②=다. =다가.

라·거(Lager 도)[명] ①야영(野營). 진영(陣營). 캠프. ②수용소. ③정치적 투쟁 단체.

라고[조] 받침 없는 체언에 붙어 그 일컫는 내용을 가리키는 연결형 서술격 조사. ¶개~ 하는 짐승. (약)①. which is called

=라고[어미] ①받침 없는 동사의 어간에 붙어 그 시키는 내용을 가리키는 연결 어미. ¶곧 오~ 일러라. (약)=라고②. tell one that ②'아니다'의 어간에 붙어서, 미심하여 여기거나 해피하게 여기는 제삼자에게 되물어 확인시키는 뜻을 나타내는 연결 어미. ¶진짜가 아니~ 우기다.

=라구[어미] 받침 없는 동사의 어간이나 일부 형용사의 어간에 붙어 명령의 뜻을 나타내는 종결 어미. '=라·=어라·=여라'보다는 더 완곡한 뜻을 나타냄. ¶이에, 그만 가~.

라·귀[명] 당나귀.

라놀린(lanoline)[명] 〈화학〉 양털에 있는 지방질로 만든 기름. 자극성이 없고 피부에 잘 흡수되므로 고약이나 좌약(坐藥)의 기제(基劑)로 씀. 양모지(羊毛脂).

=라느냐[어미] (약)=라 하느냐.

라는[조] (약) 라고 하는.

=라는[어미] (약)=라고 하는.

라니 ①받침 없는 체언에 붙어 미심한 말을 되묻거나 해피하게 느끼는 표정을 나타내는 종결형 서술격 조사. ¶김씨~ 누구~. ②(약) =라고 하니.

=라니[어미] ①'아니다'의 어간에 붙어 미심한 말을 되묻거나 해피하게 느끼는 감정을 나타내는 종결 어미. ¶그 여자가 아니~. ②(약) =라고 하니.

=라·니[어미][고] =러니. =더니.

라니까[조] 받침 없는 체언에 붙어서 미심하게 여기거나 해피하게 여기는 상대자에게 재차 확인하는 뜻을 나타내는 종결형 서술격 조사. ¶그게 나~.

=라니까[어미] ①'아니다'의 어간에 붙어서 미심하게 여기거나 해피하게 여기는 상대자에게 재차 확인하는 뜻을 나타내는 종결 어미. ¶내 차가 아니~. ②(약) =라고 하니까.

=라도[조] 받침 없는 체언에 붙어서 같지 않은 사물을 구태여 가리지 않음을 나타내는 보조사 또는 연결형 서술격 조사. ¶너~ 좋다. even if, either…or

=라도[어미] '아니다'의 어간에 붙어서 설사 그렇게 된다고 가정하여도 상관없음을 나타내는 연결 어미. ¶당신이 아니~ 일할 사람은 많소.

라돈(radon)[명] 〈화학〉 희(稀)가스에 속하는 방사성 원소의 하나. 라듐의 붕괴 때에 생기는 기체. 원소 기호; Rn. 원자 번호; 86. 원자량; 222.

라두[명] 나두.

라듐(radium)[명] 〈화학〉 19세기 말엽에 퀴리(Curie) 부인이 발견한 금속 원소. 알파·베타·감마의 세 가지 방사선을 방사하는 대표적인 방사성(放射性) 원소. 원소 기호; Ra. 원자 번호; 88. 원자량; 226.0254.

라듐=에마나티온(Radiumemanation 도)圓〈화학〉라돈(radon)의 동위체의 하나.

라듐 요법[一뼙](radium 療法)圓〈의학〉라듐 방사선의 조직 파괴성을 응용하는 치료법. 악성 종양(腫瘍)에 쓰임. radium treatment

라듐=천(radium 泉)圓 라듐 함유량(含有量)이 많은 광천. 류머티즘에 특효가 있다 함. radium spring

라:드(lard)圓 돼지의 지방을 정제한 반고체의 기름. 식용·약용·화장품용으로 쓰임. 돼지 기름.

라든지至 받침 없는 체언에 붙어서 '라 하는 것이든지'의 뜻을 나타내는 연결형 서술격 조사. ¶부 ~ 명에~.

=라든지어미 받침 없는 동사 및 '아니다'의 어간에 붙어서 '~라 하든지'의 뜻을 나타내는 연결 어미. ¶오~ 가~ 말좀 하시오.

라디안(radian)의圓〈수학〉각도의 이론상의 단위. 원의 반지름의 길이와 같은 호(弧)의 길이가 원의 중심에서 이루는 각. 1라디안은 약 57°17′44.8″.

라디에스테지스(Radiesthesis 도)圓〈물리〉어떤 물체든지 그 자체에서 발사(發射)하는 기운을 가지므로 그 물체를 구별하여 병(病)이나 광물의 부위 또는 깊고 얕음과 무겁고 가벼움 따위를 알 수 있다는 학설(學說).

라디에이터(radiator)圓 ①방열기(放熱器). ②자동차·비행기의 냉각 장치. ③복사 난방기(輻射煖房器). ④무전의 전파 발생기. ④무전의 안테나.

라디오(radio)圓 ①방송국으로부터 일정한 시간내에 뉴스나 음악의 음성을 전파로 방송하여 수신 장치를 갖추고 있는 여러 청취자에게 듣게 하는 것. ¶~방송. ②무선 전화. 무선 전신. ③(약)→라디오 수신기. 하는 오락·문답 등의 게임.

라디오 게임(radio game)圓 라디오 방송에 의하여 행

라디오 공학(radio 工學)圓 라디오에 관한 것을 연구하는 전자 공학의 한 분과.   진.

라디오=그래프(radiograph)圓 방사선 사진. 뢴트겐 사

라디오=뉴:스(radionews)圓 라디오로 방송하는 시사(時事) 소식.   극.

라디오 드라마(radio drama)圓〈연예〉라디오 방송

라디오=디텍터(radiodetector)圓〈물리〉무선 검파기(無線檢波器).

라디오=로케이터(radiolocator)圓〈물리〉전파 탐지기.

라디오=미터(radiometer)圓〈물리〉방사선(放射線)의 세기를 측정하는 기계. 방사계.

라디오 바서(Radio Wasser 도)圓〈약학〉라듐 수용액(水溶液)으로 무색 투명한 액체. 라돈을 함유하고 있어 신경통·류머티즘 같은 데에 온욕(溫浴)이나 점질의 재료로 쓰임.

라디오=별(radio—)圓〈천문〉전파별.

라디오 비:컨(radio beacon)圓 일정한 지점으로부터 특정의 방향성을 갖는 전파를 발하여서 항공기·선박 따위에 그 지점에 대한 위치·방향을 가리키는 장치. 무선 표지(無線標識).

라디오=성(radio 星)圓 별 단파의 전파를 세게 방사하고 있는 거대한 천체(天體). 그 항성의 빛은 극히 약하나 전파 망원경으로 관측할 수 있음. 현재까지 수천 개가 발견되었음. 전파(電波)별. 라디오 스타.   〔機〕.

라디오 세트(radio set)圓(동) 라디오 수신기(受信

라디오 송:신기(radio 送信機)圓 라디오 방송의 전파(電波)를 내보내는 기계 장치.

라디오 수신기(radio 受信機)圓 라디오 방송을 수신하는 기계 장치. 라디오 세트. (약)라디오.

라디오 시티(radio city)圓 뉴욕에 있는 유락가(遊樂

라디오=아이소토:프(radioisotope)圓〈화학〉방사성 동위 원소.

라디오 인터뷰(radio interview)圓 방송국의 아나운서가 방문한 사람과의 회담을 방송하는 프로그램.

라디오 체조(radio 體操)圓〈체육〉라디오의 방송에 맞추어 하는 맨손 체조.

라디오 컴퍼스(radio compass)圓〈물리〉항공기나 선박이 라디오 비컨에 의하여 일정한 장소로부터 발하여지는 신호 전파를 수신하여 항행 중의 위치 방향을 가리키는 장치. 무선 방향 지시기(無線方向指示器).   「송 희극.

라디오 코미디(radio comedy)圓〈연예〉라디오의 방

라디오=텔레그램(radiotelegram)圓 무선 전보.

라디오=텔레폰(radiotelephone)圓 무선 전화이나 전화기.

라디오 통신(radio 通信)圓 라디오로 하는 통신.

라디오 팬(radio fan)圓 라디오를 특별히 즐겨 듣는 사람.   「무대극(舞臺劇).

라디오 플레이(radio play)圓 라디오 방송에 알맞는

라디칼(radical)圓 ①근본적. ②급진적(急進的). 하

라디칼리즘(radicalism)圓 급진주의(急進主義).

라라(LARA)圓 (약)Licensed Agency for Relief of Asia 아시아 구제 연맹. 1946년에 미국에서 종교·교육·사회 사업 단체를 중심으로 조직된 아시아 구제(救濟) 공인 단체.   「넓게'의 뜻.

라르간도(largando 이)圓〈음악〉'점점 느리고 폭이

라르게토(larghetto 이)圓〈음악〉①연주(演奏)의 좀 느린 속도. 또, 그 곡조. ②'라르고(largo)보다는 좀 더 빠르게'의 뜻.

라르고(largo 이)圓〈음악〉①연주의 극히 느린 속도. 또, 그 곡조. ②'폭이 넓고 느리게'의 뜻.

라르기시모(larghissimo 이)圓〈음악〉'가장 폭이 넓고 느리게'의 뜻.

라르 푸르 라르(l'art pour l'art 프)圓 예술을 위한 예술. 예술 지상주의(藝術至上主義).

라마(Lama)圓〈불교〉티베트말로 무상자(無上者)의 뜻. 라마교의 고승(高僧). 나마(喇嘛).

라마(lama)圓〈동물〉낙타과의 동물. 낙타와 비슷하나 훨씬 작으며, 남아메리카에 분포함. 승용(乘用)으로 쓰이며 털은 직물, 지방은 등유, 가죽은 구두, 고기는 식용임.

라마=교(Lama 敎)圓〈불교〉불교의 한 파. 판세음을 신앙하는 티베트와 몽고 등지에서 발달한 종교. 나마교(喇嘛敎). Lamaism

라마르크=설(Lamarck 說)圓(동) 용불용설(用不用說).

라:멘(Rahmen 도)圓〈건축〉여러 구조물이 한데 합하여 한 몸을 이룬 결구(結構).

라멘타빌레(lamentabile 이)圓(동) 라멘토조.

라멘토조(lamentoso 이)圓〈음악〉'슬픈 듯하게'의

라면圓 '라 하면'의 뜻. (약)=람②. ¦뜻. 라멘타빌레.

=라면어미 '=라 하면'의 뜻. (약)=람②.

라면(拉麵 중)圓 ①밀가루를 주재료로 한 중국식 국수의 하나. ②중국식 국수를 개량하여 조리하기에 간편하도록 만든 건면(乾麵). 인스턴트 라면.

라미(ramie)圓〈식물〉모시풀.

=롭ㅂ-다[어미](고) =롭다.

=롭빈·옴[감미](고) =로움.

=롭친[감미](고) =모온.

라베카(rabeca 포)圓〈음악〉악기의 하나. 현악기로서 줄이 넷으로 되어 있고 활로 켬.

=롭친[감미](고) =로이. =롭게.

라사(羅絲)圓 =라야.

라서至 받침 없는 말에 붙어서 주격(主格) 조사 '가'에 '감히·능히'의 뜻이 포함된 주격 조사 또는 연결형 서술격 조사. ¶너~ 지리오. (약)=람②.

=라서어미 '아니다'의 어간에 붙어 '때문에'의 뜻으로 뒤의 사실을 포함해 쓰이는 연결 어미. ¶내 돈이 아니~ 못 주겠다.

라셔至(고) 라서.

라스트(last)圓 마지막. 끝.   「장면.

라스트 신(last scene)圓〈연예〉영화·연극의 마지막

라스트 이닝(last inning)圓〈체육〉야구 경기에 있어서 마지막 회(回). 일반적으로 9회(回).

라스트 헤비(last heavy)圓 최후의 노력·분발.

라야圄 받침 없는 체언에 붙어 사물을 지정하거나 꼭 그러해야 함을 나타내는 보조사 또는 연결형 서술격 조사. ¶남자~이 일을 할 수 있다.

=**라야**어미 '아니다'의 어간에 붙어서 꼭 그러해야 함을 나타내는 연결 어미. ¶격자가 아니~채용됨 [다.

라야-만어미 '라야'의 힘줌말.

=**라야-만이**어미 '=라야'의 힘줌말.

라오圄 ①[약] 라 하오. ②받침 없는 체언에 붙어 서술의 뜻을 나타내는 종결 조사. ¶그는 대단한 학자~.

라오메돈(Laomedon 그)圄 그리스 신화에 나오는 옥심이 많은 트로이의 임금.

라오주(老酒 중)圄 조·수수·찹쌀 따위로 만든 중국산의 술.

·**라온**[고]圄 즐거운.

라-와[고]圄 보다.

라완(lauan)圄 〖원〗→나왕.

·**룩외-다**[고]圄→롭다. →우뢰다.

·**룩외-옴**[고]圄→로움.

·**룩외**[고]圄→로운. =**로 빈**.

라우드-스피커(loudspeaker)圄 확성기. 〖약〗스피커.

라우에 반점[―쩜](Laue 斑點)圄〈물〉라우에 점무늬.

라우에 점무늬(Laue 點―)圄〈물리〉엑스선을 결정체(結晶體)에 대어 간접된 결과로 사진 건판에 대칭적(對稱的)으로 생기는 검은 반점. 라우에 반점. Laue spot

라우탈(Lautal 도)圄〈화학〉알루미늄 합금의 하나. 알루미늄·구리·규소·망간 따위를 성분으로 하고 두랄루민처럼 단단함.

라운드(round)圄 ①연속(連續). ②과정(課程). ③일주(一周), 순환(循環). ④〈체육〉한 승부. 한 시합. [권투 경기의 한 회. 5골프에서 18홀을 한 바퀴 도는 한 코스. ⓖ으로 끝이 나는 숫자.

라운드 넘버(round number)圄 우수리가 붙지 않고 끝이 똑 떨어지는 수.

라운지(lounge)圄 호텔 같은 데의 휴게실. 사교실(社交室). ¶스카이 ~.

라이거(liger)圄〈동물〉사자의 수컷과 호랑이의 암컷과의 교배 잡종. 사자보다 약간 크며 몸 빛은 사자와 비슷한데 갈색 무늬가 있음.

라이너(liner)圄 ①〈체육〉야구에서, 타자가 친 공이 거의 지면과 평행으로 날아가는 센 공. ②정기선(定期船). ③경기 항공기. ④코트 안에 대는 천·털 따위. ¶~코트. ⑤함께 하는 기계.

라이노-타이프(linotype)圄〈인쇄〉활자 제작과 제판

라이벌(rival)圄 ①연애의 경쟁자. ②호적수(好敵手). ¶~의식.

라이브러리(library)圄 도서관(圖書館). 문고.

라이브 액션(live action)圄〈연예〉만화 영화의 제작에서, 작화(作畵)에 앞서 대사·주제가 음악의 녹음, 특수한 동작 등을 배우의 실연(實演)이나 실경(實景) 촬영으로 하는 일.

라이선스(licence)圄 ①행정상(行政上)의 허가(許可)·면허(免許). 또, 그 문서. ②수출입(輸出入)·대외 거래(對外去來)의 허가. 또, 그 허가증(許可證).

라이스(rice)圄 ①쌀. ②음식점에서의 쌀밥.

라이스-지(rice紙)圄 썩 얇은 종이의 하나. 궐련을 마는 데 쓰임. rice paper

라이스 카레(←rice curry)圄 ①〖동〗카레 라이스(curried rice). ②〖속〗숟가락이 계워 놓은 것.

라이온(lion)圄〈동물〉사자(獅子).

라이온스 클럽(Lions Club 미)圄 자유(自由; liberty), 지성(知性; intelligence), 우리 국민의 안전(our nation's safety)의 머리 글자를 딴 클럽 이름. 유력한 실업가(實業家)를 회원으로 1917년 창립된 사회 봉사 단체. 본부는 미국 시카고에 있음.

라이카(Leica 도)圄〖약〗→라이카 카메라.

라이카 카메라(Leica Kamera 도)圄 독일 라이츠사(社) 제조의 35mm 고급 카메라의 상품명. 〖약〗라이카.

라이카-판(Leica 判)圄 가로 36mm, 세로 24mm의 사진판.

라이터(lighter)圄 담뱃불을 붙이기 위하여 쓰는 점화기(點火器).

라이터(writer)圄 ①작자(作者). 필자(筆者). 저자(著者). ②기자(記者).

라이터-돌(lighter―)圄 라이터에 쓰는 발화석. 보통 철 30%, 세륨 70%의 합금.

라이트(light)圄 ①빛. 광선. ②등불. 등(燈). ③가벼움. 경쾌(輕快).

라이트(right)圄 ①오른쪽. ②권리. ③정의(正義). 정당(正當). ④〖약〗→라이트 필드. ⑤우익(右翼). ⑥〖약〗→라이트 필드.

라이트-급(light 級)圄〈체육〉권투·레슬링 등에서 선수를 체중에 따라 나눈 등급의 하나. 페더급 다음으로 아마추어 권투에서는 57~60kg, 프로 권투에서는 58.98~61.23kg, 레슬링에서는 64~67kg, 역도에서는 61~67.5kg임. 경량급. light weight

라이트 레드(light red)圄〈미술〉등양화의 석간주(石間硃)와 빛깔이 같은 서양화 채료(彩料)의 하나.

라이트모티프(Leitmotiv 도)圄〈음악〉철주적(節奏的)·화성적(和聲的)·선율적(旋律的)으로 반복되는 특정한 악구(樂句)로서, 어떤 악곡의 중요한 관념이나 극중의 인물·물상(物象)·행위 따위를 상징하는 동기.

라이트 스트레이트(right straight)圄〈체육〉권투에서 오른팔을 오른쪽 몸의 회전과 동시에 똑바로 뻗쳐 상대편의 얼굴이나 턱을 치는 위력 있는 타격.

라이트식 건축(Wright 式建築)圄〈건축〉프랭크 로이드 라이트가 창시한 건축 양식의 하나. 수평선을 강조하며 굵은 창틀·느린 경사의 지붕·깊숙이 들어간 추녀·특유한 세부 조각 등으로 구성됨. Wright style

라이트 오페라(light opera)圄〈연예〉희가극(喜歌劇).

라이트 웨이트(light weight)圄〈체육〉라이트급 선수(選手). 경량급 선수(輕量級選手).

라이트 윙(right wing)圄〈체육〉축구에서 포워드 중 오른쪽 끝 위치의 선수.

라이트 체인지(light change)圄〈연예〉연극에서 조명의 색채를 변화시킴으로써 무대의 전환을 꾀하는 방법. 「(右翼手). 〖약〗라이트(right)⑥.

라이트 필:더(right fielder)圄〈체육〉야구의 우익수

라이트 필:드(right field)圄〈체육〉야구의 우익(右翼). 〖약〗라이트(right)④.

라이트 하:프(right half)圄〈체육〉축구·하키 등에서 하프백 중 오른쪽 위치의 선수. 〖미〗레프트 하프.

라이트 헤비급(right heavy 級)圄〈체육〉권투·레슬링 등에서 선수를 체중에 따라 나눈 등급의 하나. 미들 웰터급 다음으로 아마추어 권투에서는 75~81kg, 프로 권투에서는 72.58~79.38kg, 레슬링에서는 80~87kg 임.

라이프(life)圄 ①생명. ②생활. ③인생. 생애(生涯).

라이프-보:트(lifeboat)圄 구명정(救命艇).

라이플(rifle)圄 ①탄환에 회전성을 주어, 나가는 힘을 강하게 하기 위해 총신(銃身) 내부에 나선을 판 총. ②소총.

라인(line)圄 ①선(線). 줄. ②행(行). ③항로. 철도 노선. ④선(線). 양장의 선(線). ⑤계열. 계통. 혈통. ⑥기준이 되는 일정한 높이나 수량. 레벨. ⑦기업 조직 중 국(局)·부(部)·과(課)·계(係)의 상하 직선적 조직. ⑧기업에서 구매·제조·운반·판매 등 기본적인 활동을 분담 수행하고 있는 부문. ⑨일관 작업에 의하여 물건을 생산하는 과정.

라인-업(line-up)圄 ①야구에서 출전하는 선수의 배트를 치는 차례. ②축구의 시합 개시 때의 정렬(整列). ③어떤 공동의 목적을 이루기 위해 모인 사람들의 구성. 진용(陣容).

라인즈-맨(linesman)圄〈체육〉선심(線審).

라일락(lilac)圄〈식물〉목서과(木犀科)의 낙엽 활엽 소교목. 5월에 품종에 따라 백색·적색·청색 꽃이 피는데 향기가 좋아 관상용으로 심음. 릴락. 자정향(紫丁香).

라임(rhyme) 〈문학〉 운(韻). 압운(押韻).
라임라이트(limelight) 몡 ①〈화학〉석회 막대기를 산수소(酸水素)의 불꽃 속에서 가열했을 때 생기는 강렬한 백광(白光). 석회광(石灰光). ②명성(名聲).
라-장조[─쪼](la 長調) 몡 〈음악〉'라'음이 기음(基音)이 되는 장조.
라지 '라 하지'의 뜻으로, 받침 없는 체언에 붙어 의문을 나타내는 종결형 서술격 조사. ¶이게 유명한 약수~.
=**라지** 어미 받침 없는 동사의 어간에 붙어서 '=라 하지'의 뜻으로 의문이나 반문을 나타내는 종결 어미. ¶빨리 오~.
라카(lacca 포) 몡 통 래커(lacquer). 「을 치는 체.
라켓(racket) 몡 〈체육〉 테니스·탁구·배드민턴에서 공
라켓 볼(racket ball) 몡 라켓으로 치는 공.
라크(lac) 몡 라크깍지진디의 암컷이 분비한 물질. 노르스름한 수지상 도료(樹脂狀塗料). ¶~칠.
라크-깍지진디(lac─) 몡 〈곤충〉 둥근깍지진디과의 곤충. 보리알만하며 암컷은 거의 동그람. 보리수·고무나무에 기생하여 진을 빨며 라크를 분비함. 「는 말.
라테(Ratte 도) 몡 '흰쥐'를 의학 실험용으로 이를
라텍스(latex) 몡 〈화학〉 고무의 원료. 고무나무의 껍질에서 나는 유유 모양의 액즙. 생고무를 만듦.
라틴(Latin) 몡 〈약〉=라틴어. 관 라틴이나 라틴 민족 계통의.
라틴 동맹(Latin 同盟) 〈역사〉 1865년에 프랑스·벨기에·이탈리아·스위스의 비 나라와 뒤에 그리스가 가입한, 화폐 제도에 관한 동맹.
라틴 문학(Latin 文學) 로마 제국의 문학. 그리스 문학에 스스로의 특색을 가미한 문학으로 근대 유럽 문학의 기초를 이룸.
라틴 민족(Latin 民族) 남부 유럽에 분포된 아리안 인종(Aryan 人種)의 민족.
라틴 아메리카(Latin America) 〈지리〉 라틴계 언어를 사용하는, 스페인 및 포르투갈의 식민지였던 중앙아메리카와 남아메리카를 일컫음.
라틴-어(Latin 語) 〈어학〉 지금은 사어(死語)가 되어 학술어로만 통용되는 인도 게르만 어족에 속하는 말. 엣 로마에서 쓰이고, 로마 제국 전성기에는 유럽 전토에 쓰이던 오늘날의 이탈리아·프랑스·스페인·포르투갈·루마니아어의 근원이 됨. 라틴.
라파엘 전파(Raphael 前派) 몡 〈미술〉 19세기 중엽, 영국에서 신중세주의(新中世主義)의 미술 운동으로 일어난 화파(畫派).
라피다멘테(rapidamente 이) 〈음악〉 '빠르게'의 뜻.
-**락** 어미 동사나 형용사의 받침 없는 어간에 붙어 두 가지 동작이나 상태가 번갈아 되풀이됨을 나타내는 부사형 전성 어미. ¶오~하~.
=**락말락** 어미 동사의 받침 없는 어간에 붙어서 좀하다가 그치고 또 하다가 그치고 함을 나타내는 부사형 전성 어미. ¶비가 오~하~. off and on
락토-겐(Laktogen 도) 몡 가루 우유.
락토-제(Laktose 도) 몡 통 유당(乳糖).
란 조 ①〈약〉 라고 한다. ¶철수~ 학생. who is called ②〈약〉 라고 하는 것은. ¶경제~ 무엇인가? what is called 「가 했소?
=**란** 어미 〈약〉 =라고 한. ¶누구~ 말을 누
-**란** 조 〈고〉 =랑. 라른은.
란-다 조 ①〈약〉 라고 한다. ¶자기 말로는 부자~. ②받침 없는 체언에 붙어 '란 말이다'의 뜻으로 사실을 친근하게 서술하는 종결형 서술격 조사. ¶내 말이 곧 진리~.
=**란-다** 어미 ①〈약〉 =라고 한다. ¶빨리 오~. 이제 일을 하~. ②형용사 '아니다'의 어간에 붙어 '=라 말이다'의 뜻으로 친근하게 서술하는 특별한 종결 어미. ¶사실은 그게 아니~.
=**란-딘** 어미 〈고〉 =전네. =련네.
란도셀(ransel 네) 몡 주로 초등 학교 학생들이 책·학용품을 넣어서 메고 다니는 네모난 가방. Knapsack

란제리(lingerie 프) 몡 여성의 양장용 속옷.
란치(launch) 몡 ①군함에 실려 있는 대형 보트. ②증기는 기동정(機動艇).
란타늄(lanthanum 라) 몡 〈화학〉 희토류 원소의 하나. 잿빛으로 단단하나 공기 중에서 산화하기 쉬움. 라탄. 원소 기호 ; La. 원자 번호 ; 57. 원자량 ; 138. 9055.
란탄(lanthan 라)《통》란타늄.
랄 〈약〉 라고도. ¶도저히 숙녀~ 수가 없다.
=**랄** 〈약〉 =라고 할.
롤렌탄도(rallentando 이) 몡 〈음악〉 '점점 느리게'의
람 ①받침 없는 체언에 붙어서 '란 말인가'의 뜻을 나타내는 종결형 서술격 조사. 어떤 사실에 대한 가벼운 비난과 핀잔의 뜻을 가짐. ¶그게 무슨 인사~. ②〈약〉→람면.
=**람** 〈약〉 ①받침 없는 동사 및 '아니다'의 어간에 붙어 '라 말인가'의 뜻을 나타내는 종결 어미. 손아랫 사람에게나 혼잣말로 쓰는 말. ¶이래도 바쁘것이 아니~. ②〈약〉→람면.
랍니까 〈약〉 라고 합니까.
=**랍니까** 어미 〈약〉 =라고 합니까.
랍니-다 〈약〉 ①〈약〉 라고 합니다. ¶키는 작아도 기운이 장사~. ②받침 없는 체언에 붙어, 어떤 사실을 친근하게 단정하여 말하는 뜻을 나타내는 종결형 서술격 조사. ¶이 사진이 어릴 적 저~.
=**랍니-다** 어미 ①〈약〉 =라고 합니다. ¶버스를 타~. ②형용사 '아니다'의 어간에 붙어 어떤 사실을 친근하게 다져서 설명하는 종결 어미. ¶작다고 얕볼게 아니~.
=**롭-다** 어미 〈고〉 =롭다.
랍디까 〈약〉 라고 합디까. ¶그이가 교수~.
=**랍디까** 어미 〈약〉 =라고 합디까. ¶나를 왜 오~.
랍디-다 〈약〉 라고 합디다. ¶기운이 장사~.
=**랍디-다** 어미 〈약〉 =라고 합디다. ¶자기 것이 아니~.
랍비(rabbi 히) 〈기독〉 유태교에서 '심령상의 스승'이라는 뜻으로, 율법자(律法師)에게 쓰이던 존칭. 신약에서는 스승이라 하였음.
랍시고 조 받침 없는 체언에 붙어서 어떤 근거를 빙자하여 말하는 뜻을 나타내는 연결형 서술격 조사. ¶박사~ 거만하다. being
=**랍시고** 어미 형용사 '아니다'의 어간에 붙어, 스스로 그러함을 자처하는 꼴을 빈정거리는 연결 어미.
랑 조 받침 없는 체언에 붙어 두 개 이상의 사물을 동등 자격으로 열거할 때 쓰이는 접속격 조사. ¶바나나~ 사과~ 많이 먹어라. and
-**랑** 조 〈고〉 =란. 랑은.
랑데-부(rendez-vous 프) 몡 ①약속하여 만남. 특히 남녀의 밀회. ②인공 위성이나 우주선이 도킹 비행을 하기 위해 우주 공간에서 만나는 일. 하다
래 조 〈약〉 라 해. ¶그 아이의 아버지는 부자~.
=**래** 어미 〈약〉 =라 해. ¶그냥 가시~요.
-**래**(來) 조 그 때부터 지금에 이르기까지.
래글런(raglan) 몡 어깨 솔기 없이 깃에서 소매까지 통으로 붙여 재단한 외투.
래드(rad) 의명 〈물리〉 방사선 흡수량을 나타내는 단위. 1래드는 피조사 조직(被照射組織) 1 g에 흡수되는 100 erg의 에너지량(量).
래비트(rabbit) 〈물리〉 공기관을 통해 원자로(原子爐) 안팎으로 견본을 운반하는 궤. ②토끼.
래비트 안테나(rabbit antenna) 〈기술〉 근거리의 텔레비전 수신용으로 수신기 위에 장치된 소형의 안테나. 토끼의 귀같이 붙은 두개의 안테나.
래서 조 〈약〉 라 하여서. ¶선배~ 편드는 것이 아니다.
=**래서** 어미 〈약〉 =라 하여서. ¶그를 오~ 함께 가자.
래서야 조 〈약〉 라 하여서야. ¶무자격자~ 채용되길 바랄 수 있나.
=**래서야** 어미 〈약〉 =라 하여서야. ¶손해 보~ 되겠소.
래야 조 〈약〉 라 하여야. ¶기술자~ 이야기가 되겠소.
=**래야** 어미 〈약〉 =라 하여야.

=래요[어미] 《약》 =라 하여요.
래커(lacquer)[명] 셀룰로오스 유도체(誘導體)를 용제(溶劑)에 녹이고, 수지(樹脂)·가소제(可塑劑)를 가하여 만든 도료(塗料). 가구·자동차 칠에 널리 쓰임.
래크(rack)[명] 〈공업〉 평판에 이가 붙은 것으로, 작은 톱니바퀴를 맞물려서 회전 운동을 직선 운동으로 바꾸는 데 쓰임. 〔標本調査〕
랜덤 샘플링(random sampling)[명] 〈경제〉 표본 조사.
랜턴(lantern)[명] 등(燈). 작등(角燈). 제등(提燈).
램-제트(ram-jet)[명] 〈물리〉 제트 엔진의 하나. 회전식 공기 압축기를 갖지 않고, 고속으로 빨아들인 공기를 단순한 통속에서 압축하고 연료를 분사(噴射)하여 점화·연소시켜서 추진력을 얻음.
램프(lamp)[명] ①〈원〉→남포². ②알코올 램프 같은 가열용(加熱用) 장치.
램프식 교환기(lamp式交換機)[명] 전화 교환기의 하나. 가입자가 교환수를 호출하였을 때, 또는 가입자의 통화가 끝났을 때, 전등이 켜지거나 꺼지거나 하여 교환수가 알아볼 수 있도록 장치한 교환기.
랩(lap)[명] ①〈체육〉 경기장의 트랙을 도는 경기의 한 바퀴. ②〈체육〉 풀에서 수로(水路)의 한 왕복. ③비행기의 항정(航程).
랩소디(rhapsody)[명] 〈음악〉 다소 관능적인 자유로운 형식을 갖는 환상적·기교적인 악곡. 광상곡(狂想曲). 광시곡(狂詩曲).
랫지[약] 〈하〉 라고 했지. ¶그는 수학의 천재~.
랭크(rank)[명] 순위(順位). 순위 매기기.
랭킹(ranking)[명] 등급 지정(等級指定). 성적 순위(順位). ¶~ 1위.
랴[어미] 받침 없는 체언에 붙어서, 이치로 미루어 '어찌 그러할 것이냐' 하는 뜻을 나타내는 종결형 서술격 조사. ¶이것이 아니 스승의 도리~.
-랴[어미] ①받침 없는 용언의 어간에 붙어서 '어찌 그러할 것이냐'의 뜻으로 쓰이는 종결 어미. ¶숨는다고 살아보~. ②받침 없는 동사 어간에 붙어서 장차 자기가 할 일에 대하여 상대자의 뜻을 묻는 종결 어미. ¶먹을 주~. 나는 몇 시에 가~.
-러[어미] 받침 없는 동사의 어간에 붙어 동작의 직접 목적을 나타내는 연결 어미. ¶책 사~ 간다.
러그(rug)[명] 주로 방바닥에 까는 작은 양탄자.
러너(runner)[명] ①뛰는 사람. 경주자. ②〈체육〉 주.
·러뇨[종미] 〈고〉=냐. 〔자로, 녀로〕.
러니[어미] 받침 없는 체언에 붙어 '머니'의 뜻으로 엣스럽게 서술하는 연결형 서술격 조사. ¶전에는 여기가 바다~ 되었으며.
러니 '아니다'의 어간에 붙어서 '머니'의 뜻으로 엣스럽게 서술하는 연결 어미. ¶그는 진실한 교인이 아니~ 끝내 개종(改宗)했다.
러니라[종미] 받침 없는 체언에 붙어 '머니라'의 뜻으로 엣스럽게 쓰이는 종결형 서술격 조사. ¶전에는 좋은 친구~.
러니라[어미] '아니다'의 어간에 붙어서 '=머니라'의 뜻으로 엣스럽게 쓰이는 종결 어미. ¶절대로 신을 저버릴 내가 아니~.
러니이까[어미] 받침 없는 체언에 붙어서 '머니이까'의 뜻으로 엣스럽게 쓰이는 의문형 종결 서술격 조사. ¶〈약〉 리이까.
=러니이까[어미] '아니다'의 어간에 붙어서 '=머니이까'의 뜻으로 엣스럽게 쓰이는 의문형 종결 어미. ¶노형은 교육자가 아니~. 《약》=리이까.
러니이다[종미] 받침 없는 체언에 붙어 '머니이다'의 뜻으로 엣스럽게 쓰이는 종결형 서술격 조사. ¶옛날에는 여기가 평야~.
=러니이다[어미] '아니다'의 어간에 붙어 '=머니이다'의 뜻으로 엣스럽게 쓰이는 종결 어미. ¶거짓이 아니~. 〔-로, 환갑(滑降)〕. ③〈어〉→러닝 셔츠.
러닝(running)[명] 〈체육〉 ①경주(競走). ②스키 용어.
러닝 메이트(running mate)[명] ①미국에서 헌법상 밀
접한 관계에 있는 두 관직 중 차위(次位)의 직의 선거에 출마한 입후보자. 특히, 부통령 입후보자. ②어느 일에 보조격으로 종사하는 동료. ③어느 특정한 사람과 항상 상종하여 늘 함께 놀수 있는 사람. ⑤ 소매 없는 메리야스 셔츠. 《약》 러닝③.
러닝 셔츠(running shirt)[명] 흔히 경주·경기할 때 입.
러닝 슈즈(running shoes)[명] 〈동〉 스파이크 슈즈.
러라[종미] 받침 없는 체언에 붙어 시가나 기타의 특수한 글에 쓰이는 종결형 서술격 조사. ①과거에 경험한 사실을 회상하면서 단정하여 서술할 때. ¶찬비 내리던 새벽이~. ②회상하지 않고 현재 존재하는 사실을 감탄하여 말할 때.
=러라[어미] 〈고〉=더라.
러버(lover)[명] 사랑하는 사람. 애인. 특히, 남자 애인.
러-벗어난끝바뀜[명] 〈동〉 러불규칙 활용.
러-변:칙(一變則)[명] 〈동〉 러불규칙 활용.
러불규칙 활용(一不規則活用)[명] 〈어학〉 어간 '르' 뒤에서 어미 '어/아'가 '러'로 바뀌는 용언. 동사 '이르다(到·至)'가 '이르러'로 바뀌는 따위. 동사는 '이르다', 형용사는 '푸르다·누르다(黃)'뿐임. 러벗어난끝바뀜. 러변칙(變則). irregular declension of '러'.
러브(love)[명] ①사랑. 연애. ②애인. 연인. 주로, 여자에 대하여 씀. ③비너스 경기에서, 무득점.
러브 게임(love game)[명] 〈체육〉 정구의 승부에 있어서 한 편의 득점이 제로(zero)인 경우. ②연애에서 득점이 없는 경우.
러브 레터(love letter)[명] 연애 편지. 〔유희〕.
러브 스토리(love story)[명] 연애 소설. 사랑 얘기.
러브 신:(love scene)[명] 〈연예〉 무대 장면. 연극·영화 따위에서 남녀간의 애정·연정을 연출하는 장면.
러비[명] 〈고〉 널리.
러스크(rusk)[명] 빵·카스텔라 따위를 얇게 썰어서 버터와 설탕을 발라서 구운 과자.
러슬-차(Russel車)[명] 제설차(除雪車). Russel plough.
러시(rush)[명] ①돌진(突進). ②쇄도(殺到). ③축구에서 공을 가지고 적팀을 돌파하는 골로 향해 여럿이 쇄도하는 일. 또, 그것을 하는 전위선(前衛線)의.
=러시니[어미] 〈고〉=시러니. 하였.
=러시-다[어미] 〈고〉 '=시더라'의 뜻으로 지정하는 어간에 붙는 말.
러시 아워(rush hour)[명] 출퇴근이나 통학으로 교통이 혼잡한 시간.
러·울[명] 〈고〉 너구리.
러이까[어미] 〈약〉=러이까.
=러이까[어미] 《약》→=러니이까.
러키(lucky)[명] 행운. 행복.
러키 세븐(lucky seven)[명] 〈체육〉 야구 시합의 9회 중 7회째. 이 회를 행운의 회라 하여 득점이 있기를 기대함.
러키 존:(lucky zone)[명] 〈체육〉 야구에서, 외야(外野)의 좌우익(左右翼)이 넓은 경기장은 본루타(本壘打)가 나기 어려우므로 일악식의 경기장 안에 울타리를 만들어 본루에서의 거리를 단축시켜 그 안에 처서 온 공을 본루타로 하는 것.
러키 펀치(lucky punch)[명] 권투에서 우연히 맞아 상대를 다운시키거나 케이오시키는 펀치. 행운의 타격.
러프(rough)[명] ①거칢. ②감축이 거칠거칠함. ③경구(硬球)용 라켓의 장식장선(裝飾腸線)이 있는 쪽.
럭비(Rugby)[명] 〈약〉→럭비 축구. 〔하[명]
럭비 축구(Rugby蹴球)[명] 〈체육〉 각 15명씩의 두 팀이 럭비공을 손으로 넘겨 발로 차면서 서로 빼앗아 상대방 진지의 문의 안에서, 그 공을 대면 득점함. 러거(rugger). 《약》 럭비.
럭스(lux)[의명] 〈물리〉 조도(照度)의 단위. 1럭스는 1촉광의 빛이 1m 거리에 있는 1m²의 넓이를 비추는 밝기임. 미터 촉광. 기호 ; Lx.
런(run)[명] ①흥행이 계속됨. ¶롱~. ②흥행의 순번. ¶세컨드~. ③야구에서 베이스의 한 순(巡). ①점나.

¶두~ 흠뻑.
런가囯 받침 없는 체언에 붙어 '던가'의 뜻으로 예스럽게 쓰는 의문형 종결 서술격 조사. ¶꿈이~ 생시~. was it
-런가어미 '아니다'의 어간에 붙어서 '-던가'의 뜻으로 예스럽게 쓰는 의문형 종결 어미. ¶꿈은 아니-
=런고어미(고) →런고. ¶~.
런들囯 받침 없는 체언에 붙어, 양보하는 조건을 붙인 '던들'의 뜻으로 예스럽게 쓰는 연결형 서술격 조사. ¶비록 깨진 도자기~ 줄 리가 있나. even
-런들어미 '아니다'의 어간에 붙어, 양보하는 조건을 붙인 '던들'의 뜻으로 예스럽게 쓰는 연결 어미. ¶서예가는 아니~ 문패야 못 쓰랴.
=·런마·룬어미(고) =련마는. [(time).
런치(lunch)명 서양식의 간단한 점심. ¶~ 타임
럼(rum)명 당밀이나 사탕수수의 찌꺼기에 물을 부어 발효시켜 얻는, 주정(酒精) 성분이 썩 강한 증류주. 서인도 제도의 특산. ¶~주(酒).
레(re 이)명 〈음악〉①장조 음계(長調音階)의 둘째 음, 단조(短調) 음계의 넷째 음. ②라음(=D음)의 이탈리아 음명.
레가토(legato 이)명 〈음악〉두 개 이상의 음을 끊지 않고 부드럽게 이어서 주창(奏唱)하는 일.
레가티시모(legatissimo 이)명 〈음악〉'가장 원활하게'의 뜻.
레겐데(Legende 도)명 〈음악〉서사곡(敍事曲).
레구민(Legumin 도)명 〈화학〉콩·팥 따위의 속에 들어 있는 단백질.
레귤러(regular)명 ①규칙적. ②정규(正規). ¶~ 멤버(member). ③〈약〉→레귤러 플레이어.
레귤러 포지션(regular position)명 〈체육〉각운동 선수의 정식 위치. ¶~선수(選手), 또, 그 직위.
레귤러 플레이어(regular player)명 〈체육〉정선수(正-
레귤레이션 게임(regulation game)명 〈체육〉야구에 있어서 정규의 경기.
레그 가:드(leg guard)명 〈체육〉운동을 할 때 정강이를 보호하기 위하여 대는 도구.
레그혼(leghorn)명 〈조류〉알을 잘 낳는, 흰빛을 띤 닭의 한 품종.
레깅스(leggings)명 ①가죽으로 만든 각반(脚絆). ②털실로 짠 아동용의 좁은 바지.
레노(leno 이)명 〈음악〉'조용하게'의 뜻.
레늄(rhenium)명 희유 원소(稀有元素)의 하나. 백금광·휘수연광(輝水鉛鑛) 등에 함유되어 있는 흑색 또는 암회색 가루. 질산과 황산에 잘 녹고 여러 가지 반응의 촉매제로 쓰임. 원소 기호; Re. 원자 번호; 75. 원자량; 186. 21.
레닌주의(Lenin主義)명 〈사회〉마르크스에서 출발하여 다ول 발전시킨 베닌의 주의·사상. 프롤레타리아 혁명 및 독재에 관한 이론과 전술을 주로 하는 공산주의의 이론심. Leninism
레더(leather)명 ①무두질한 가죽. ②〈약〉→레더 클로스.
레더 클로스(leather cloth)명 ①방수포의 하나. 가죽에 칠을 하여 가죽처럼 보이게 만든 튼튼한 면포. 모조 가죽. ②벨턴(melton) 가공을 한 면모(綿毛) 교직물. 〈약〉레더②.
레드(red)명 ①붉은 색. 적색(赤色). ②공산주의적. 혁명적. 또는 그런 사상·운동·정당 따위.
레디(ready)명 '준비(準備)'의 뜻. 경주·경기·작업·영화 촬영 등에서 시작을 예고하여 준비를 환기시키는 구호.
레디니스(readiness)명 〈교육〉아동이 학습에 대하여 준비된 상태에까지 성장되어 있는 일. 곧, 심신의 준비가 갖추어지고 교육을 받을 준비가 이루어진는 일. 유전의 성숙과 외적인 영향도 이에 관계됨.
레디-메이드(ready-made)명 ①기성품(旣成品). ②창의성이 없음. ¶~ 인생(人生).
레모네이드(lemonade)명 레몬 과즙에 물·설탕·시럽·탄산 등을 탄 청량 음료. 레몬수②.

레몬(lemon)명 〈식물〉운향과의 작은 상록 교목. 열매는 북 모양이며 익으면 노란 빛을 띰. 향기가 좋고 신맛이 있어 음식 향기를 돋구는 데 쓰임.
레몬-산(lemon 酸)명 〈화학〉구연산(枸櫞酸).
레몬-수(lemon 水)명 ①레몬유를 푼 물. ②〈동〉레모네이드.
레몬 스쿼시(lemon squash)명 레몬즙을 탄 소다수.
레몬 옐로(lemon yellow)명 〈미술〉곱고 연한 누런 빛. 서양화의 채료의 하나.
레몬-유(lemon 油)명 레몬 껍질에서 짜낸 기름. 음식물의 향료로 쓰임.
레몬-차(lemon 茶)명 레몬즙을 타서 먹는 홍차. 레몬티.
레몬 티:(lemon tea)명 〈동〉레몬차.
레미콘(remicon)명 〈약〉 ready mixed concrete 물·모래·시멘트를 믹서차(mixer車)로 배합한 콘크리트.
레:버(lever)명 지렛대. [노, 그 믹서차.
레벌루:션(revolution)명 혁명(革命). 대변혁(大變革).
레벨(level)명 ①수준(水準). 표준. ②수평면. ③수준기(水準器). [관 잡기.
레뷰(review)명 ①비평. 평론. ②서평(書評).
레뷰(revue 프)명 〈연예〉희극·오페라·발레·재즈 등의 요소를 취하고 음악과 무용을 뒤섞어 호화로운 연출을 하는 희극 형식의 오락극. ¶~ 걸(girl).
레스비언(Lesbian)명 여성의 동성애. 또, 그런 경향이 있는 여자. 〈대〉호모.
레스토랑(restaurant 프)명 서양 요리점. 음식점.
레슨(lesson)명 ①일과(日課). 교과(敎科). 학과. ②수업. 연습. [기.
레슬링(wrestling)명 〈체육〉씨름 비슷한 서양식 경기.
레시타티브(recitative)명 〈음악〉가극·종교극 등에서 서술이나 대화적 부분에 쓰이는 낭독조의 가창(歌唱).
레시틴(Lecithin 도)명 〈화학〉인(燐)을 함유하고 있는 일종의 유지질(類脂質). 뇌·척수·혈구·난황(卵黃) 따위에 많이 함유되어 있음.
레알리테(réalité 프)명 〈동〉리얼리티.
레위-기(←Levi 記)명 〈기독〉구약 성서의 셋째 권. 모세 5경의 하나로 레위 사람들이 행하던 제사에 관한 기록임. [꽃목걸이.
레이(lei)명 하와이 사람들이 목에 거는 화륜(花輪).
레이놀즈 현:상(Reynolds 現象)명 〈화학〉외력(外力)에 의하여 교질(膠質)이 졸(Sol)에서 겔(Gel)로 변하는 현상. 물을 머금은 모래땅을 휘저으면 굳어지는 현상이 이에 속함.
레이더(radar)명 〈약〉 radio detecting and ranging 마이크로파(波)를 발사하여 그 반사를 받아서 상대방의 상태나 위치를 수상관(受像管)으로 목표물을 찾아내는 탐지기. 전파 탐지기(電波探知機).
레이더: 망(radar 網)명 레이더를 많이 갖추어 그 가시(可視) 범위로 뒤덮은 방비 태세.
레이덴-병(Leiden 甁)명 〈물리〉축전기(蓄電器)의 하나. 1745년 네덜란드의 레이덴에서 발명된 것으로 유리병 안팎에 석박(錫箔)을 바르고 병마개의 금속 막대기를 꿰뚫어 꽂아 만든 것. Leiden jar
레이디(lady)명 귀부인. 숙녀. 〈대〉젠틀맨.
레이디 퍼:스트(lady first)명 여성을 존중하여서 모든 면에서 우선권을 주는 태도 또는 풍습.
레이블(label)명 상표(商標).
레이스(lace)명 실을 바늘로 떠서 여러 가지 구멍 뚫린 무늬를 나타낸 서양식의 수예 제품. 각종 장식에 쓰임.
레이스(race)명 ①경주(競走). ②경조(競漕).
레이스 코:스(race course)명 〈체육〉경주로(競走路). 경조로(競漕路).
레이아웃(layout)명 ①서적이나 신문·잡지 등의 지면의 정리와 배치. 제책. ②양지에서 패턴 종이의 배열. ③정원 같은 것의 설계.
레이온(rayon)명 인조 견사(人造絹絲). 또, 그것으로 짠 피륙.

레이윈(rawin)圓〈약〉radio-wind finding 전파를 사용하여 상공의 바람을 관측하는 기계 또는 방법.

레이저(laser)圓〈물리〉〈약〉light amplification by stimulated emission of radiation 유도 방출에 의하여 마이크로파(波)보다 파장이 짧은 가시(可視)광선을 증폭·발진(發振)하는 장치. 전자기학적으로 증폭된 특수한 평행 광선. 초원거리(超遠距離) 통신·물성(物性) 연구·의료 등 다방면에 응용됨.

레이저 광선(laser 光線)圓〈물리〉레이저에서 방출되는 단색성(單色性)의 광선. 우주 통신·정밀 공작 등에 널리 응용됨.

레이콘(racon)圓〈항공〉레이더용 비컨(beacon). 신호 전파를 발사하여 항공기나 선박에 그 위치와 방향을 알림.

레이크(lake)圓 철·크롬·알루미늄 등의 수산화물(水酸化物)과 물감을 결합시킨 불용성(不溶性)의 안료(顔料).

레이크(rake)圓〈농업〉갈아 놓은 땅을 고르거나 풀을 긁는 데 쓰는 쇠갈퀴. 또는 난로불을 일구는 부....

레인(rain)圓 비. [지갱이.

레인 슈:즈(rain shoes)圓 비신. 우화(雨靴).

레인지(range)圓 ①오븐(oven) 위에 풍로를 얹은 조리(調理) 기구. ②영역(領域).

레인·코:트(rain-coat)圓 비 올 때에 입는 우비. 비옷.

레인 해트(rain hat)圓 비 올 때 쓰는 방수제(防水劑)를 칠한 모자.

레일(rail)圓 ①철도 차량이나 전차 등을 달리게 하기 위하여 땅위에 까는 가늘고 긴 강철제. ②궤도(軌道). [행락(行樂).

레저(leisure)圓 여가(餘暇). 여가를 이용하는 휴식이나

레저 산:업(leisure 產業)圓 대중의 여가 이용에 관련된 산업. 여행·스키·해수욕 등을 알선하는 관광업이나 그 공급 기관 및 레저용품의 제조·판매업 등.

레전드(legend)圓 ①〈기독〉첨혜날 읽기 위하여 만든 성인(聖人)·성녀(聖女)들의 약전(略傳). ②전설(傳說). 신화(神話).

레제드라마(Lesedrama 도)圓〈문학〉상연하기에는 적당하지 않은, 문학적 가치가 많아 읽기를 위주로 하는 희곡. (대) 뷔넨드라마(Bühnendrama).

레조르신(résorcine 프)圓〈화학〉수지(樹脂)에 가성 칼리를 작용시켜서 만드는 무색 사방(斜方) 주상(柱狀)의 결정. 맛은 달고 독특한 취기가 있음. 기관지 카타르의 방부 살균 치료·염료 제조에 쓰임.

레종 데트르(raison d'être 프)圓 ①존재 가치(存在價值). 존재 이유. ②〈철학〉충족 이유론.

레지(←register)圓 다방 같은 데서 손님을 접대하며, 차를 나르는 젊은 여자.

레지던트(resident)圓 인턴 과정을 마친 수련의(修鍊 [醫).

레지쇠:르(régisseur 프)圓 ①〈연예〉무대 감독(舞臺監督). ②발레단 따위에서 난천의 훈련을 담당하는 사람.

레지스탕스(résistance 프)圓 ①저항(抵抗). 저항 운동. ②〈사회〉제2차 대전 중 독일군 점령하의 프랑스에서 전개된 항독(抗獨) 지하 운동.

레지스터(register)圓 ①기록. 등록. 등록부. ②금전 등록기. [뜻.

레지에로(leggiero 이)圓〈음악〉'가볍게·경쾌하게'의

레코드(record)圓 ①축음기의 소리판. ②운동 경기의 기록. ③기록. ④녹음. 하다

레코:드 홀:더(record holder)圓 경기에서 최고 기록을 올린 사람. 기록 보유자.

레크리에이션(recreation)圓 휴양(休養). 오락(娛樂). 원기 회복. 기분 전환.

레터(letter)圓 ①편지. ②서류. ③로마자의 자모.

레테(Lethe 그)圓 그리스 신화에 나오는 명계(冥界) 의 강. 죽은 자가 건너면 인간계의 일을 잊는다는 망각(忘却)의 시내.

레터네:(letter네)圓 상표.

레토르트(retort)圓〈화학〉고체를 가열하여 가스나 김을 낼 때에 쓰는 실험 기구. 증류기.

레토릭(rhetoric)圓 수사학(修辭學).

=려더라

레트(let)圓〈체육〉서브한 공이 그물을 스치고 코트에 들어가는 일.

레퍼렌덤(referendum)圓〈정치〉국민 투표(國民投票).

레퍼리(referee)圓 축구·농구 등의 심판원.

레퍼터리(repertory)圓〈연예〉상연 목록(上演目錄). 연출 예정표.

레프라(lepra 라)圓〈의학〉문둥병.

레프트(left)圓 ①왼쪽. ②〈약〉=레프트 윙. 레프트 필드. 레프트 하프. ③좌익. [의 레프트②.

레프트 윙(left wing)圓〈체육〉축구의 좌익(左翼).

레프트 잽(left jab)圓〈체육〉권투에서 왼쪽 어깨로부터 왼쪽을 똑바로 뻗쳐서 상대편의 얼굴이나 덕을 치는 타격의 일종. 권투의 가장 기초적으로 필요한 기술임. [(左翼手).

레프트 필:더(left fielder)圓〈체육〉야구의 좌익수

레프트 필:드(left field)圓〈체육〉야구의 좌익. 〈약〉레프트②.

레프트 하:프(left half)圓〈체육〉축구에서 왼쪽에 있는 하프백(half-back)의 위치. 또는 그 위치의 선수. (대) 라이트 하프.

렉시콘(lexicon)圓 사전(辭典). 자휘(字彙). 특히, 그리스어·라틴어·히브리어 따위의 사전.

렌즈(lens)圓〈물리〉구면(球面)과 구면, 또는 구면과 평면(平面)을 두 측면(側面)으로 한 투명체. 볼록렌즈와 오목렌즈가 있음. [돌리는 공구(工具).

렌치(wrench)圓 너트나 볼트 또는 파이프를 비틀어

렌탄도(lentando 이)圓〈음악〉'차차 느리게'의 뜻.

렌토(lento 이)圓〈음악〉'느리게'의 뜻.

렌트(Lent 라)圓 사순절(四旬節).

렌트·카(rent car)圓 세를 내는 자동차. 임대 자동차.

렌티시모(lentissimo 이)圓〈음악〉'아주 느리게'의 뜻.

렐리지오소(religioso 이)圓〈음악〉'경건하게'의 뜻.

=려어미〈약〉=려고.

=·려어미〈고〉=랴.

=려거든어미〈약〉=려고 하거든. ¶가~ 일쩍 떠나라.

=려고어미 받침 없는 동사 어간에 붙어서 장차 하고자 하는 뜻을 나타내는 연결 어미. ¶비가 오~ 한다. 〈약〉=려.

=려고 들~어미〈약〉 받침 없는 동사 어간에 붙어서 곧 시작할 듯이 행동함을 나타내는 말. ¶때리~.

=려기에어미〈약〉=려고 하기에. ¶그냥 떠나~ 만류하였다.

=려나어미〈약〉=려 하나. ¶언제 다시 오~

=려네어미〈약〉=려 하네. ¶나는 곧 가~.

=려느냐어미〈약〉=려 하느냐. ¶언제 가~.

=려는어미〈약〉=려 하는. ¶물건을 사~ 사람이 왔다.

=려는가어미〈약〉=려 하는가. ¶언제 떠나~.

=려는고어미〈약〉=려 하는고. ¶왜 싸우~. [다.

=려는데어미〈약〉=려 하는데. ¶막 나가~ 손님이 왔

=려는지어미〈약〉=려 하는지. ¶무엇을 하~ 알 수가 없다.

=려니어미 받침 없는 체언에 붙어서 혼자 속으로 추측하는 '그러하겠거니'의 뜻으로 쓰이는 연결형 서술격 조사. ¶아버지~ 하고 문을 열었다.

=려니어미 받침 없는 어간에 붙어서 혼자 속으로 추측하는 '그러하겠거니'의 뜻으로 쓰이는 연결 어미. ¶도와 주~ 하고 은근히 믿었다.

=려니와어미 받침 없는 체언에 붙어서 '그러하겠거니와'의 뜻으로 미래의 일이나 가정적으로 말할 때에 쓰이는 연결형 서술격 조사. ¶그도 그~ 그 가족의 입장도 생각해 봐라.

=려니와어미 받침 없는 어간에 붙어서 '그러하겠거니와'의 뜻으로 미래의 일이나 가정적(假定的)으로 말할 때에 쓰이는 연결 어미. ¶취직도 하~ 결혼도

=려다어미〈약〉→ =려다가.   [도 하겠다.

=려다가어미〈약〉=려고 하다가. =려다.

=려고하더라어미〈약〉=려고 하더라.

=려더라어미〈약〉=려고 하더라.

=려던가[어미] 《약》=려 하던가.
=려도[어미] 《약》=려 하여도.
=려며[어미] 《약》=려고 하며는.
=려면[어미] 《약》=려고 하면.
=려면야[어미] 《약》=려고 하면야.
=려면은[어미] 《약》=려고 하면은.
=려무나[어미] 받침 없는 동사의 어간에 붙어서 아랫사람에게 제뜻대로 하라는 뜻을 나타내는 종결어미. ¶빨리 가~. 《약》=렴.
=려서는[어미] 《약》=려고 하여서는.
=려서야[어미] 《약》=려고 하여서야.
=려야[어미] ①《약》=려고 하여야. ②'=려도'의 힘줌말.
=려오[어미] 받침 없는 동사의 어간에 붙어서 '=려 하오'의 뜻을 나타내는 종결 어미. ¶나는 안 가~.
-력(力)[접미] 어떤 명사 밑에 붙어서 '능력·힘' 등의 뜻을 나타냄. ¶경제~. 생활~.
=렵[어미] 《약》→《언제 오~》.
련곳/련곶[명] 《고》 연꽃〔蓮花〕.
련-다[어미] 《약》=려 할. ¶집을 떠나.
련다[어미] 받침 없는 체언에 붙어서 '= 일 것이겠마는'의 뜻이나 미래의 일이나 가정의 사실을 말할 때에 쓰이는 연결형 서술격 조사. ¶벌써 결혼할 나이~. 련만.
=련마는[어미] 받침 없는 어간에 붙어서 '=겠건마는'의 뜻으로 미래의 일이나 가정의 사실을 말할 때에 쓰이는 연결 어미. ¶오라면 가~. 《약》=련만.
련만[조] 《약》→련마는.
=련만[어미] 《약》→련마는.
=렬[어미] 《약》=려 할.
=렴[어미] 《약》→려무나.
렴은[명] 《고》=려무나.
=렵니까[어미] 《약》=려고 합니까.
=렵니다[어미] 《약》=려고 합니다.

렷-다[어미] 받침 없는 체언에 붙어서 사실이 으레 그러할 것이나 그리 될 것을 추상(推想)으로 인정할 때 쓰는 종결형 서술격 조사. ¶저 둥지 속의 것이 까치~.
=렷-다[어미] ①받침 없는 어간에 붙어서 사실이 으레 그러할 것이나 그리 될 것을 추상(推想)으로 인정할 때 쓰는 종결 어미. ¶내일몸은 눈이 오~. ②추상되는 사실에 대하여서 인정하는 뜻을 다지는 데 씀. ¶너는 말 못 하~.
-령(令)[접미] '법령·명령'의 뜻. ¶계엄~.
=령(領)[접미] 나라 이름 밑에 붙어서 그 나라 영토임을 나타내는 말. ¶영국~. 보르네오~.
-령(嶺)[접미] 재나 산의 이름. ¶추풍~.

로[조] 받침이 없거나 ㄹ받침으로 끝나는 체언에 붙어서 그 아래의 동작에 대한 어떤 뜻을 나타내는 부사격 조사. ①방향. ¶어디~ 가나. to ②기준. ¶품성을 날 수~ 친다. by ③원인·이유. ¶추위~ 고생했다. because of ④재료. ¶나무~ 만든 책상. from ⑤연장. ¶도끼~ 쩍어내다. with ⑥수단. 방편. ¶배~ 건너가다. by ⑦신분. 지위. ¶사위~ 삼다. as ⑧변화. ¶연기~ 사라지다. into ⑨시간. ¶오늘~ 끝내다. by ⑩행동의 결과. 양식. ¶가기~ 결정하다. 선배~ 맞이하다. that with ⑪《약》=로서①. ⑫《약》=로세.
-로(路)[접미] ①'길'의 뜻. ¶교차~. ②도회지의 큰 도로를 동·서의 방향으로 이루는 접미어. ¶종~.
로가리듬(logarithm)[명] 《수학》 정수(正數) a와 N이 주어졌을 때 N=a^b 라는 관계를 만족시키는 실수(實數) b의 값을, a를 밑으로 하는 N의 로가리듬이라 하며, b=log_a N 으로 나타냄. 대수(對數). 《약》 로그(log).
로고[조] 받침 없는 체언에 붙어서 '로군'의 뜻으로 혼자 피어의 느낌을 나타내는 종결형 서술격 조사. ¶해끠 망측한 이야기~.
=로고[어미] '아니다'의 어간에 붙어서 '=로구'의 뜻으로 혼자 피어의 느낌을 나타내는 종결 어미. ¶여간 불쾌한 일이 아니~.
로고[조] 《고》 고.
로고스(logos 그)[명] ①말. 언어. ②〈철학〉만물간의 질서를 구성하는 조화적·통일적 원리로서의 이성(理性). ③〈기독〉 3위 일체의 제2위, 곧, 성령(聖靈).
로구나[조] 받침 없는 체언에 붙어서 '해라'할 자리에나 또는 스스로 새삼스러운 감탄을 나타내는 종결형 서술격 조사. ¶참 좋은 영화~.
=로구나[어미] '아니다'의 어간에 붙어서 '해라'할 자리에나 또는 스스로 새삼스러운 감탄을 나타내는 종결 어미. ¶생화(生花)가 아니~. =로군①.
로구려[조] 받침 없는 체언에 붙어서 '하오'할 자리에 새삼스러운 감탄을 나타내는 종결형 서술격 조사. ¶참 좋은 개~.
=로구려[어미] '아니다'의 어간에 붙어서 '하오'할 자리에 새삼스러운 감탄을 나타내는 종결 어미. ¶개인 소유가 아니~.
로구먼[조] 받침 없는 체언에 붙어서 반말이나 혼잣말에 새삼스러운 감탄을 나타내는 종결형 서술격 조사. ¶벌써 다섯 시~. 《약》 로군②. 구먼.
=로구먼[어미] '아니다'의 어간에 붙어서 반말이나 혼잣말에 새삼스러운 감탄을 나타내는 종결 어미. ¶내 사람이 아니~. 《약》=로군②.
로군[조] ①《약》→로구나. →로구먼.
=로군[어미] ①《약》→로구나. ②《약》→로구먼.
로그(log)[명] 《약》→로가리듬(logarithm).
로-다[조] 받침 없는 체언에 붙어서 '로구나'의 뜻을 예스럽게 나타내는 종결형 서술격 조사. ¶과연 좋은 차~.
=로-다[어미] '아니다'의 어간에 붙어서 '=로구나'의 뜻을 예스럽게 나타내는 종결 어미. ¶예(禮)가 아니~.
로티[조] 《고》=로되.
로-더불어[조] 받침 없는 체언에 붙어서 '와 함께'의 뜻을 예스럽게 나타내는 부사격 조사. ¶날~ 몸이 건강해지다.
로도[조] 받침이 없거나 ㄹ받침으로 끝나는 체언에 붙는 '로'와 '도'가 겹친 부사격 조사. ¶이 길~ 갈 수 있다. by (this road)
로되[조] ①받침 없는 체언에 붙어 앞말의 사실을 인정하면서 뒷말로 조건을 덧붙여 한정하는 뜻으로 '되' 보다 힘있게 쓰는 연결형 서술격 조사. ¶장사는 장사~ 믿지는 장사라. ②받침 없는 체언에 붙어 뒷말의 사실이 앞말의 사실에 구애되지 않음을 나타내는 연결형 서술격 조사.
=로되[어미] ①'아니다'의 어간에 붙어 앞말의 사실을 인정하면서 뒷말로 조건을 덧붙여 한정하는 뜻으로 '=되'보다 힘있게 쓰는 연결 어미. ¶친형은 아니~ 동생을 사랑하다. ②'아니다'의 어간에 붙어서 뒷말의 사실이 앞말의 사실에 구애되지 아니함을 나타내는 연결 어미. ¶친구~ 의리가 없다.
로듐(rhodium)〈화학〉 금속 원소의 하나. 회색을 띤 굳은 희유 금속으로 연성(延性)·전성(展性)이 풍부함. 약간의 비율로 백금광이나 금광 중에 있음. 백금과 합금으로 하여 열전대(熱電對) 온도계나 열전지(熱電堆)의 제조에 쓰임. 원소 기호; Rh. 원자번호; 45. 원자량; 102. 9055.
로:드(Lord)[명] ①군주(君主). 영주(領主). ②영국의 상원 의원. 귀족. 경(卿).
로:드(road)[명] 길. 도로(道路).
로:드 로:러(road roller)[명] 길바닥이나 광장(廣場) 같은 곳을 편편하게 고르고 굳게 다지는 데 쓰이는 무거운 롤러. 쇠나 콘크리트로 만들었는데 손으로 굴리는 것과 동력(動力)을 이용하는 것들이 있음. 《약》 롤러(roller).
로:드 사인(road sign)[명] 도로에 상품명·상품 따위 풀로 쓴 그리는 새 광고술의 하나.
로:드 쇼:(road show)[명] 〈연예〉 신영화(新映畫)의 일반 상영에 앞서서 특정의 극장에서 행하는 예약 독점의 개봉 흥행.
로:드 스탬프(road stamp)[명] 도로상에 소석회 가루

로라 받침 없는 체언에 붙어서 말하는 사람이 자기의 동작을 의식적으로 초들어 말할 때 '=다'의 뜻을 나타내는 연결형 서술격 조사. ¶제법 내~ 하고 뽐낸다.

=로라[어미] '아니다'의 어간에 붙어서 말하는 사람이 자기의 동작을 의식적으로 초들어 말할 때 '=다'의 뜻을 나타내는 연결 어미. ¶사기꾼이 아니~ 억지·로라[고] =노라.

로렌츠=수축(Lorentz 收縮)[명] 〈물리〉 물리학상의 한 가설. 아인슈타인의 특수 상대성 이론의 기초가 됨.

로렐라이(Lorelei 도)[명] 라인강 중류의 큰 바위. 그 바위에 사는 물의 요정(妖精)이 아름다운 노래로 뱃사람을 꾀어 빠져 죽게 한다는 전설이 있음.

로:마=교(Roma 教)[명] →로:마 카톨릭교.

로:마 교:황(Roma 教皇) 〈기독〉 로마 카톨릭 교회의 최고위 성직자의 뜻으로, '교황'을 분명히 일컫는 이름.

로:마 교:황청(Roma 教皇廳)[명] 〈기독〉 로마 바티칸시(市)에 있는 교황 직할(直轄)의 천주교회의 최고 기관. 《약》로마의 거청(居廳).

로마나이즈(romanize)[명] ①로마화(化)함. ②로마자(字)로 표기하기. 하다

로마네스크(Romanesque)[명] ①〈건축〉11~12세기 전반(前半)에, 유럽의 라틴계 각국에서 성행하던 미술·건축 양식. 고전적 양식과 고딕 양식과의 중간에 위치하는 건축 양식임. ②소설적인 맛. ③〈음악〉이탈리아의 민속 무곡. 3/4 박자.

로:-법[=法][一法]〈법〉 〈법률〉 ①고대 로마 시대에 제정된 법률 및 규정의 총칭. ②6세기경, 동로마 제국의 유스티니아누스 황제에 의하여 편찬 완성된 대법전. 현재 유럽 각국의 법률의 근원이 됨.

로:마 법왕(Roma 法王)[명] 법왕(法王).

로:마 숫:자[一字](Roma 數字)[명] 로마 시대에 생긴 숫자. Ⅰ, Ⅱ, Ⅲ, Ⅳ, Ⅴ 따위. Roman numerals

로:마=자[一字](Roma 字)[명] 옛 로마자의 글자로 오늘날 유럽 각국에서 쓰이는 표음 문자. A, B, C 따위. Roman alphabet

로:마 제:국(Roma 帝國)[명] 〈역사〉 서양의 고대 최대의 제국. 이탈리아 반도에서 일어난 도시 국가가 국가로, 처음에는 왕정이 실시되었으나 기원 전 510년에 공화정이 되고 2차의 3두 정치를 거쳐 기원 전 27년에 통일하여 제정(帝政)을 실시, 395년에 동로마 제국과 서로마 제국으로 갈림.

로:마 카톨릭교(= Roman Catholic 教)[명] 〈기독〉 정통파 로마 카톨릭 교회의 교의(教義)를 신봉하는 기독교. 《약》로마교.

로망(roman 프)[명] 〈문학〉 소설. 장편 소설.

로망티슴(romantisme 프)[명] 로맨티시즘.

로망 플뢰브(roman fleuve 프)[명] 〈문학〉 대하 소설(大河小說).

로맨스(romance)[명] ①남녀간의 연애 이야기. 정화(情話). ②〈문학〉중세(中世) 시대의 전기(傳奇) 소설. 현대에 와서는 자연주의적인 소설에 대하여 공상적·공상적인 것이 더해진 소설을 이름. ③〈음악〉감미로운 정조(情調)를 가진 자유 형식의 소야곡(小夜曲). ④연애 사건. ⑤〈음악〉유영(遊咏) 시인들이 부른 서정적·서사적인 노래 곡조.

로맨스 그레이(romance grey)[명] 머리가 희끗희끗한 초로(初老)의 신사. 또, 그 머리.

로맨스 시:트(romance seat) 극장이나 자동차 같은 데서 남녀 한 쌍이 같이 앉게 된 좌석.

로맨스=어(Romance 語)[명] 〈어학〉 공용어(公用語)인 라틴말에 대하여 로마 제국에 속한 각 지방에서 발달한 여러 가지의 언어의 총칭.

로맨스 카:(romance car)[명] 로맨스 시트를 설비한 자동차.

로맨티시스트(romanticist)[명] ①로맨티시즘을 주장 또는 신봉하는 사람. 낭만주의자. 낭만파. ②공상가. 몽상가.

로맨티시즘(romanticism)[명] 〈문학〉 낭만주의(浪漫主義).

로맨틱(romantic)[명] 〈문학〉 현실적이 아니고 공상적·감정적인 것. 낭만적(浪漫的). 하다

로봇(robot)[명] ①전기·자기(磁氣)를 이용하여 교묘한 동작을 규칙적으로 하게 만든 인조 인간. ②자주적으로 활동하지 못하는 명색만의 사람. 허수아비. ¶그 사람은 사장이나 실은 ~이다.

로=부터[토] 받침이 없거나 ㄹ받침으로 끝나는 체언에 붙어 '에서부터'의 뜻을 나타내는 부사격 조사. ¶할아버지~ 물려받는 유물. 서울~은 편지.

로브(robe 프)[명] ①의복(衣服). ②부인복(婦人服). ③법복(法服). 성직자의 제의(祭衣).

로비(lobby)[명] ①복도. 대합실. ②국회 의사당 같은 곳에 있는 의원 휴게실. ③미국에서, 늘 의회의 로비에 드나들면서 특정 단체·그룹의 이해를 대표하여 압력을 가하는 원외단(院外團).

로빈슨 풍속계(Robinson 風速計)[명] 〈물리〉 풍속계의 하나. 수평으로 회전하는 직립축(直立軸)에 3~4개의 풍배(風杯)를 부착하여 직립축의 회전수(回轉數)로 풍속을 구함. 구조가 간단하여 널리 사용됨.

로빙(lobbing)[명] 〈체육〉 ①테니스에서, 공을 높이 쳐서 상대편의 머리 위를 넘기어 코트의 구석에 떨어뜨리는 일. ②축구에서, 완만한 포물선을 그리듯이 차올린 공. 하다

로사리오(rosario 포)[명] 〈기독〉 ①성모 마리아에 대한 기도. ②기도에 사용하는, 십자가가 달려 있는 염주.

로·새[로] 〈一〉 노새. [一는 묵주(默珠).

=로새라[어미][고] =로구나.

로서[토] ①받침이 없거나 ㄹ받침으로 끝나는 체언에 붙어서 어떠한 '지위나 신분 또는 자격을 가지고'의 뜻으로 쓰이는 부사격 조사. ¶교사~ 그런 말을 하나니. 《약》로⑪. as ②받침이 없거나 ㄹ받침으로 끝나는 체언에 붙어서 어떤 동작이 '그곳으로부터' 시작됨을 나타내는 부사격 조사. ¶바람이 남쪽 바다~ 불어온다.

로세[토] 받침 없는 체언에 붙어 '=세'의 뜻으로 감탄을 나타내는 종결형 서술격 조사. ¶참 놀라운 솜씨~.

=로세[어미] '아니다'의 어간에 붙어서 '=르세'의 뜻으로 감탄을 나타내는 종결 어미. ¶쉽은게 아니~.

로:션(lotion)[명] 주로 알코올분이 많은 화장수(化粧水).

·로소·니다[토] 〈고〉 니. [미안수(美顔水). ¶스킨 ~.

로쇼이-다[토][고] 옵시다.

로슈미트=수(Loschmidt 數)[명] 〈화학〉 ①섭씨 0도 1기압의 1 cm³의 기체 속에 포함되는 분자수(2.6869×10¹⁹). ②아보가드로수(Avogadro 數).   「기.

로:스=구이[명] 고기를 불에 굽는 일. 또, 그렇게 한 고기.

로스카=상(Roscar 賞)[명] 〈연예〉 하버드 대학생이 발행하는 램푼지(Lampoon 誌)가 영화의 가장 나쁜 작품·감독·배우를 뽑아, 주는 상. Roscar prize

로:스터(roaster)[명] 로스트에 쓰이는 전기 기구.

로:스트(roast)[명] ①고기를 불에 슬쩍 굽는 일. ②불고기감에 알맞은 소·돼지·양의 어깨나 허리에 이르는 고기. 하다

로스트 타임(lost time)[명] 〈체육〉 럭비에서 쓰는 말. 경기하는 가운데 지체된 시간.

로써[토] 받침이 없거나 ㄹ받침이 붙는 체언에 붙어서 '로'와 같은 뜻이로되 좀더 강하게 '글 가지고서'의 뜻을 나타내는 부사격 조사. ¶열과 성의~ 상대편을 설득한다. 《약》로⑫.

로아[로] 로라야. 라야.   「도(王道).

로:열 로:드(royal road) 가까운 길. 쉬운 수단. 왕

로:열 젤리(royal jelly)[명] 일벌의 특수한 분비물로서 여왕벌 유충의 먹이. 불로 장수(不老長壽)의 영약이라 함. 왕유(王乳).

로:열티(royalty)[명] 특허권이나 저작권(著作權)의 사용료. 외국에서의 기술 원조의 대가(對價) 등 권리 사용의 대상(代償).

=로이[접미] 접미어 '-롭다'가 붙는 형용사의 부사형을 만드는 접미어. ¶한가~. 새~.

로이터(Reuters)[명] 독일인 로이터가 1851년 영국에 귀화하여 런던에 설립한 세계적 대통신사.

로제트(rosette)[명] ①로즈형 다이아몬드. ②〈공업〉배전 기구의 하나. 전등 코드를 천정 위의 배선과 접속시키는 부분.

로직(logic)[명] 논리. 논리학.

로카(ROKA)[명] Republic of Korea Army 대한민국 육군. 우리 나라의 보병placeholder용.

로:컬(local)[명] ①지방적(地方的). 국부적(局部的). ②[약]→로컬 방송. 하ㅡ

로:컬 뉴:스(local news)[명] 지방 소식(地方消息).

로:컬 방:송(local broadcast)[명] 각지의 방송국이 자국(自局) 관내의 청취자를 대상으로 하는 지역적 방송. [약] 로컬(local)②.

로:컬 컬러(local colour)[명] 향토적 색채(鄕土的色彩).

로케[약]→로케이션.

로케이션(location)[명]〈연예〉영화 촬영소 밖인 들이나 가두(街頭) 등에서 실경(實景)을 배경으로 하는 촬영. 하ㅡ

로케이션 세트(location set)[명]〈연예〉로케이션을 할 곳의 자연 풍경을 그대로 배경으로 한 세트.

로케이션 헌팅(location hunting)[명]〈연예〉그 영화에 알맞는 로케이션 장소를 찾아 돌아다니는 일. 하ㅡ

로켓(rocket)[명] 고체 또는 액체 연료의 폭발로 다량의 가스를 분산시켜 그 반동으로 추진시키는 장치.

로켓-탄(rocket 彈)[명]〈군사〉가스를 후방으로 분출시켜 그 반동으로 발사되는 탄환. 유도탄으로 발전함.

로켓-포(rocket 砲)[명]〈군사〉로켓탄을 발사하는 포.

로코코(rococo 프)[명]〈미술〉프랑스의 루이 15세 시대(18세기)에 유행하던 건축·미술 양식.

로쿤(rockoon)[명]〈기상〉로켓과 기구(氣球)를 결합하여 로켓을 고공(高空)까지 운반하여 거기서 발사하는 장치. 우주선·지자기(地磁氣) 연구용.

로크-아웃(lockout)[명] 노동 쟁의에서 고용주(雇用主)가 고용한 근로자를 굴복시키기 위하여 하는 공장의 폐쇄.

로큰-롤(rock'n-roll)[명]〈음악〉미국에서 유행하기 시작하여, 강렬한 리듬에 맞추어 추는 열광적인 댄스. 또, 그 재즈곡.

로키(Loki)[명] 북유럽 신화(神話) 중의 화신(火神).

로:키: 톤(low-key tone)[명]〈연예〉영화에서 화면이 암조(暗調)로 통일되어 어두운 감을 많이 주게 되는 일.

로:터리(rotary)[명] ①회전기(回轉機). 윤전 인쇄기. ②여러 갈래의 길이 사방에서 엇갈리는 곳에, 돌아가게 한 교통로. 교통 광장(交通廣場).

로:터리 클럽(Rotary Club)[명] 1905년에 미국에서 창립된 국제적 사교 단체. 사회 봉사를 모토로 하고 본부가 시카고에 있음.

로:터 펌프(rotor pump)[명]〈물리〉회전자(回轉子)가 돌아서 회전에 진공 상태를 만들어 이로 인하여 물을 끌어올리는 장치. 주로 관개용 회전 진공 펌프.

로:테이션(rotation)[명] ①순환 교류. 교대. ②야구에서 투수의 등판 순위. ③6인조 배구에서 서브를 넣는 팀의 선수가 차례로 시계 방향으로 자리를 옮김. 하ㅡ

로트 생산(lot 生産)[명] 일정한 양(量)을 한 달에 한 번 또는 두 번 경기적으로 생산하는 방법(形態).

로:프(rope)[명] 굵은 밧줄.

로:프-웨이(ropeway)[명] 주로 화물 운송용으로 쓰이는 공중 삭도(架空索道).

로-하여금[조] 받침이 없거나 ㄹ받침으로 끝나는 체언에 붙어서 '를·에게'의 뜻을 나타내는 조사. ¶그녀 ~ 마음을 변하게 한 요인이 무엇인가.

로: 허:들(low hurdle)[명]〈체육〉육상 경기 종목의 하나. 200m 코스에 높이 62cm의 허들 열 개를 놓고 하는 경기.

-록(錄)[접미] '기록'의 뜻. ¶비망~.

록-클라이밍(rock-climbing)[명] 등산에서 험한 암벽을 기어오르는 일. 또, 그 기술. 암벽 등반. 〈준〉클라이밍. 하ㅡ

[石綿]의 대용품.

록 파이버(rock fibre)[명] 화산암으로 만든 섬유. 석면

론[약]→로케이션.

-론(論)[접미] ①그것에 관해 논술한 것임을 나타내는 말. ¶작가~. ②'주장·의견·이론'의 뜻. ¶유물~.

론:(lawn)[명] ①잔디. 잔디밭. ¶~ 코트(court). ②한랭사(寒冷紗).

론도(rondo 이)[명]〈음악〉①독창과 합창이 섞여 있는, 프랑스에서 일어난 2박자 계통의 경쾌한 무곡(舞曲). ②악곡의 각 부분 사이에 두 개의 부(副)주제가 삽입되는 형식의 기악곡. 회선곡(回旋曲).

론디(고) 론지. 원지.

론: 모워(lawn mower)[명] 잔디를 깎는 기계. 회전축에 평행한 나선 칼날이 회전하여 잔디·풀을 베게 되어 있음.

론치(launch)→란치

론: 테니스(lawn tennis)[명]〈체육〉'테니스'의 정식 명칭.

롤:러(roller)[명] 회전시켜서 쓰는 원통형의 물건. 금속 등의 압연(壓延), 정지용(整地用)의 굴림대, 인쇄할 때 잉크칠을 하는 굴림대 등 용도가 많음.

롤:러 스케이트(roller skate)[명] 바닥에 바퀴 네 개가 달린 스케이트.

롤:링(rolling)[명] ①배나 비행기가 좌우로 흔들리는 동요. 옆질. 〈대〉피칭. ②회전하는 일. 하ㅡ

롤: 반:지(roll 半紙)[명] 한쪽만 윤이 나는 질이 거친 인쇄지.

롤:백 정책(Roll-Back 政策)[명]〈정치〉방어하는 입장에서 벗어나 적극적으로 공세에서 상대자를 물려 치는 정책. 미국의 대소 정책(對蘇政策)의 하나.

롤: 오:버(roll over)[명]〈체육〉높이뛰기에서, 횡목(橫木)위에 몸을 옆으로 눕고 뛰어넘는 방법.

롤: 인쇄기(roll 印刷機)[명] 활판 인쇄기의 하나. 반반한 판면(版面)을 롤로 눌러 인쇄하는 방식의 기계.

롬:(loam)[명]〈지학〉①점토(粘土)에 석영(石英)·운모(雲母) 등의 가루와 수산화철(水酸化鐵) 따위가 섞인 황갈색(黃褐色) 흙덩어리. ②주형(鑄型)을 만드는 데 쓰는 모래와 점토의 혼합물. 「壤」의 별명.

롬바르드 가(Lombard 街)[명] 런던의 금융 시장['金融市']

-롭다[접미][ㅂ불]어떤 명사나 어간 밑에 붙어서 형용사를 만들어 그러함을 인정하는 말. ¶향기~.

롱(long)[명] ①길. 장거리. ②탁구의 기술의 하나. 탁구대에서 멀리 서서 길게 치는 법.

롱도(rondeau 프)[명] ①〈문학〉13행 2운(韻)의 단시(短詩). ②〈음악〉론도(rondo)의 프랑스 이름.

롱 런(long run)[명]〈연예〉영화나 연극의 장기 흥행.

롱슈[고] 용수.

롱 숏(long shot)[명]〈연예〉영화에서, 카메라를 멀리 떨어뜨려서 넓은 장면을 촬영하는 일. 원사(遠寫). 〈대〉클로즈업. 하ㅡ

롱 슛(long shoot)[명]〈체육〉농구·축구 따위에서 멀리서 공을 골(goal)에 넣는 일. 하ㅡ

롱 스커:트(long skirt)[명] 긴 치마.

롱 톤(long ton)[명] 영국에서 쓰는 중량의 단위. 1.016 킬로그램.

롱 패스(long pass)[명]〈체육〉축구·핸드볼·농구 등에서, 공을 길게 차거나 던져서 하는 패스.

롱플레잉 레코:드(long-playing record)[명]〈음악〉장시간 연주하는 레코드. 엘피반(LP盤).

롱 히트(long hit)[명]〈체육〉장타(長打). 야구에서의

=롸[약]'노라'. [다―3루타·흘런의 총칭.

뢴트겐(Röntgen 도)[명]〈물리〉①뢴트겐선. ②[약]→뢴트겐 사진. [의약]〈물리〉X선이나 γ선의 세기

를 나타내는 단위. 기압 760 mb, 온도 0°C의 공기 1 cm³내에 1cgs 정전 단위의 포화 전류를 일으키는 방사선의 양(量). 기호; R.

뢴트겐 사진(Röntgen 寫眞)<명> 엑스선 사진(X 線寫眞). 《약》뢴트겐②. ⌐트겐①.

뢴트겐선(Röntgen 線)<명> 엑스 광선(X 光線). 《약》된

=**료(料)**<접미> '대금·요금'의 뜻. ¶수업~. 숙박~.

=**료(寮)**<접미> 기숙사의 명칭을 이루는 접미어. ¶대학~. ⌐경회~.

=**루(樓)**<접미> '높은 건물·다락집·요릿집' 등의 뜻. ¶

루골=액(Lugol 液)<명> 《약학》 요오드·요오드화칼리·글리세린의 혼합액. 인두(咽頭) 카타르·바제도씨병 따위에 쓰임. ⌐노는 오락장.

루:나 파:크(lunar park)<명> ①월세계. ②놀음놀이하는 데에 들어가

루니크(Lunik)<명> 《물리》 소련이 발사한 달 로켓.

루데=삭(roed-zak 네)<명> 론도.

루:멘(lumen)<명> 《물리》 광속(光束)의 단위. 1 촉광의 광원으로부터 반지름 1 m의 구면상 1 m²의 면적을 통과하는 광속. 기호; lm.

루미날(Luminal 도)<명> 《약학》 페노바르비탈의 상품명. 융점(融點) 174~178 도의 물에 잘 녹지 않는 백색 결정. 강력한 진정 최면제.

루미놀(Luminol 도)<명> 《생리》 혈액 속에서 과산화수소를 작용시키면 파란 형광을 내는 유기 물질로서 혈흔(血痕)의 감식에 이 반응을 이용함.

루바시카(rubashka 러)<명> 러시아인의 남자 웃저고리. 풍신하게 만들어 것을 세우고 왼쪽 앞가슴에서 단추로 어깨 허리로부터 길게 둘러맴. ⌐페이카뿐.

루:블(rouble)<의명> 소련의 화폐 단위. 1루블은 100 카

루:블 블록(rouble bloc)<명> 경제적으로 소련의 통화(通貨)인 루블에 의하여 지배되는 소련 위성국들의 진영.

루:비(ruby) <명> ①《광물》 강옥석(鋼玉石)의 하나로 붉은 빛을 띤 보석. 홍옥(紅玉). ②《인쇄》 7호 활자.

루비듐(rubidium) <명> 《화학》 알칼리 금속 원소의 하나로 은백색의 회유 금속. 방사능이 있으며 β선을 방사함. 원소 기호; Rb. 원자 번호; 37. 원자량; 85. 47.

루:스(loose)<명> 헐렁함. 방종함. 느슨함. 마음이 해이

루:스 리:프(loose leaf)<명> 용지를 자유롭게 바꾸어 끼울 수 있게 만든 장부 또는 공책.

루:스 스크럼(loose scrum)<명> 《체육》 럭비에서, 공의 둘레에 둘 이상의 양편 선수가 밀집해 있을 때 서로 짓는 스크럼.

루스티카나(rusticana 이)<명> 《음악》 '목가풍(牧歌風)으로·민요적(民謠的)으로'의 뜻. 루스티코.

루스티코(rustico 이)<동> 루스티카나.

루스티히(Lustig 도)<명> 유쾌하고 활기가 있음.

루이스=건(Lewis-gun)<명> 《군사》 미국 육군 대령 루이스(L. N. Lewis)가 발명 했던 기관총.

루:즈(rouge 프)<명> ①입술 연지. 립스틱. ②연지의 총

루키(rookie 미)<명> ①《체육》 신인(新人) 선수. ②《군사》신병(新兵). ③신출내기. 신인.

루테늄(Ruthenium 도)<명> 《화학》 백금족 원소의 하나. 회백색 또는 은백색이며 단단하고 부서지기 어려운데 접촉 작용이 커서 촉매로 쓰임. 파라듐과의 합금은 장식·만년필의 펜촉 등에 쓰임. 원소 기호; Ru. 원자 번호; 44. 원자량; 101.07.

루:트(root)<명> ①뿌리. 근본. 소근. ②《음악》근음(根音). 화음의 기초가 되는 음. ③<어학> 어근(語根). ④<수학> 근(根). 근수. √.

루:트(route 프)<명> ①길. 통로(通路). ②경로(經路). 진로(進路). 코스(course). ¶판매 ~. 정상 ~로 등반하다.

루:틴(rutin)<명> 《생물·화학》 담배의 잎이나 토마토의 줄기 따위에 들어 있는 배당체(配糖體)의 하나. 엷은 황색의 결정. 모세 혈관이 약해지는 것을 방지하고 고혈압·뇌일혈의 예방약으로 쓰임.

루페(Lupe 도)<명> 확대경. 돋보기.

루:프(loop)<명> ①고리. ②퍼엉(避妊) 용구의 하나. 자궁내에 장치하는 금속제·플라스틱제의 고리. ③베니스에서 부드러운 호(弧)를 이루는 타구(打球). ④<약>~루프 안테나. ⑤<약>~루프선(線). ⑥스케이팅에서 한 쪽 스케이트 끝으로 그린 곡선.

루:프르(roeper 네)<명> 음성을 먼 곳까지 들리게 하기 위하여 만든 동제(銅製)의 통. 나팔상이며 길이는 약 1 m. 메가폰 따위.

루:프=선(loop 線)<명> 《토목》경사가 심한 곳에 철로를 부설할 경우, 고리 모양의 선로로써 같은 지점을 고도를 달리하여 통과시켜 차츰 높은 곳으로 올라가게 하는 선로. 환상선(環狀線). <약> 루프⑤.

루:프 안테나(loop antenna) <명> 《물리》 라디오 수신기의 환상(環狀) 안테나. 실내용. <약> 루프⑥.

루:피(rupee)<의명> 인도·버마·파키스탄의 화폐 단위.

루:핑(roofing)<명> 《건축》 지붕의 기와 밑에 까는, 섬유품에 아스팔트를 가공한 방수지.

룩작(Rucksack 도)<동> 륙색.   ⌐켓탄.

룬:(loon)<명> 《군사》 미국 육·해군의 수평 사격용 로

룰:(rule)<명> ①규칙. 법칙. 흔히 운동 경기의 규칙을 말함. ②지배. 통치.

룰:러(ruler)<명> ①지배자. 통치자. ②자.

룰레트(roulette 프)<명> 회전하는 원반(圓盤) 안에 숫자를 박은 구멍이 있어 그 위를 구르는 공이 들어간 구멍의 숫자에 의하여 승부(勝負)를 겨루는 도박(賭博) 도구의 하나.   ⌐램프.

룸:(room) <명> 방(房). 실(室). ¶~라이트(light). ~

룸바(rumba스) <명> 《음악》 쿠바 원주민의 춤에서 유래된 것으로 2/4 또는 4/4박자의 리듬이 경쾌하고 야취(野趣)가 있는 무도곡(舞蹈曲). 또는 그에 맞춰 추는 사교 댄스의 하나.

룸펜(Lumpen 도)<명> 부랑자. 실업자. ¶~ 생활.

룸펜 인델리겐치아(Lumpen intelligentsiya 도)<명> 실직한 지식 계급의 사람.

룸펜 프롤레타리아:트(Lumpen proletariat 도)<명> 실직하여 떠돌아다니는 무산 계급. 자유 노동자.

룻:기(←Ruth 記)<명> 《기독》 구약(舊約) 가운데 한 편(編)의 이름.   ⌐긴 휴지(休止). ②연음(延音).

룽가(lunga 이)<명> 《음악》 ①한 소절 쉬기 휴지(休止). 1.

뤼셍코 학설(Lysenko 學說)<명> 《생물》 소련의 과학자 뤼셍코가 제창(提唱)한 생물 진화(生物進化)에 관한 신 학설. 환경에 의하여 유전 인자(遺傳因子) 자체가 변화한다고 주장함.   ⌐'자기~. ¶자기~.

=**류(流)**<접미> 어떤 사람·유파의 특유한 방식·풍류에

=**류(類)**<접미> ①그와 같은 종류에 속하는 것을 가리키는 말. ¶금속~. ②<생물> 생물 분류학 용어. 곤충류·양치류 등에서와 같이 '강(綱)' 대신에, 식육류·박시류 등에서 '목(目)' 대신에 관용으로 쓰는 접미어.

류거흘(<고> 배탈 흰 검정말.

류:머티즘(rheumatism)<명> 《의학》 급성·만성의 관절 류머티즘 및 근육 류머티즘의 총칭. 관절이나 근육이 붓고 쑤시며 열이 남.

륙색(rucksack)<명> 등산·하이킹 때에 필요한 물건을 넣어 등에 지는 배낭. 룩작.

=**률(律)**<접미> ㄴ받침 이외의 받침 있는 명사 밑에 붙어 법칙의 뜻을 나타내는 말.

르(르)<고>   ⌐어 법칙의 뜻을 나타내는 말.

르네상:스(Renaissance 프)《동》 문예 부흥(文藝復

르:벗어난부뿜<명>~르블규칙 활용.   ¶興).

르=변:칙(―變則)<동> 르블규칙 활용.

르블규칙 활용(―不規則活用) 《어학》 어간의 끝 '르'가 '아'나 '어' 위에서 'ㄹ'이 탈락하고 '르'가 첨가되는 불규칙 활용. 흐르다→흘러, 부르다→불러(동사), 그르다→글러, 이르다→일러(형용사) 따위. 르벗어난뿜. 르변칙(變則). irregular conjugation of '르'

르블랑=법[一 一法](Leblanc 法)<명> 《화학》 프랑스의 화학자 르블랑이 1790 년에 고안한 소다의 제조법. 1870 년경부터 발달한 암모니아 소다법에 압도되어 근래에는 사용되지 않음.

=르싸[어미](고)=겠느냐.

르클랑셰 전:지(Leclanché 電池)[명]〈물리〉전지의 하나. 염화암모늄 용액이 든 유리병 속에 수은을 바른 아연 막대기를 세우고, 한쪽에는 탄소 가루와 이산화망간과의 혼합물을 넣은 탄소 원통을 꽂아 놓은 것. 탄소 막대를 양극, 아연 막대를 음극으로 함.

르포[명](약)→르포르타주.

르포르타:주(reportage 프)[명] ①현지 보고. 보고문. ②사회적인 현실을 보고자의 주관을 가미하지 않고 객관적으로 서술한 문학. 기록 문학. 보고 문학. (약) 르포.

를[조] 받침 없는 체언에 붙어 목적격을 만드는 목적격 조사. (약)ㄹ². ¶과학 공부~한다. 그대~보내리.

리[의] 어미 아래 붙어서 '까닭·이치'의 뜻으로 쓰이는 의존 명사. 반드시 부정 또는 반문하는 말로 뒤가 이어짐. ¶안될~가 없다.

=**리**[선어미] 미래를 나타내는 시제(時制) 표현의 선어말 어미. ¶오~다. 아니~라.

=**리**[어미] ①(약)=리라. ②(고)=리오.

=**리**[접미] 르불규칙 어간 끝의 '으'소리가 줄어진 말에 붙어서 부사를 만듦. ¶널~. 빨~. 달~.

=**리**[어학] 어간의 끝 음절이 '르'·'르' 또는 '르'인 동사를 사역(使役) 또는 피동(被動)으로 만드는 어간 형성 접미사. ¶굴~다. 돌~다. 실~다.

리(里)[의][명] ①거리의 단위. 대략 0.4 km를 됨. ri, distance of 0.4 km ②지방 행정 구획의 가장 작은 단위.

=**리**(利)[의][명] 이자의 뜻. ¶3푼~.

리(哩)[의](동) 마일(mile).

=**리**(裡·裏)[접미] 가운데. 속에. ¶성황~에 끝나다.

리게이터(regatta)[명]〈체육〉보트(요트) 경주. 보트 레이스(boat race).

리거리즘(rigorism)[명] ①엄숙. 엄격. ②엄숙주의. 엄격주의.

리고동(rigaudon 프)[명]〈음악〉프랑스 프로방스(Province) 지방에서 시작된 무곡(舞曲)에서 추연 2/4 또는 3/4 박자의 쾌활한 무곡.

리고로소(rigoroso 이)[명]〈음악〉'박자를 정확하게'의 뜻.

리골레토(rigoletto)[명] 3/4 박자의 이탈리아 무곡. 또는 그것에 맞춰서 추는 춤.

리:그(league)[명]〈체육〉야구·축구·농구 등의 경기 연맹(競技聯盟). ②맹약. 동맹. 연맹.

리그닌(lignin)[명] 목재 속에 존재하는 다당류(多糖類)의 하나. 목질소(木質素).

리그로인(ligroin)[명]〈화학〉석유 벤젠의 하나. 석유를 100~200도로 유분(溜分)한 용제(溶劑)로서 고무풀 따위의 제조에 쓰임.

리:그전(league 戰)[명]〈체육〉각 단체가 번갈아 가면서 번씩 각기 다른 팀과 대전하는 것. 가장 많이 이기는 팀이 승리하게 되는 경기 방식. 연맹전.

리기다:소나무(rigida—)[명]〈식물〉소나무과의 상록침엽 교목. 북미 원산으로 베어도 다시 움이 나므로 일반 조림(造林)에 유용함. 수지용(樹脂用)·재목용·시탄용·정원수로 쓰임.

=**리까**[어미] 받침 없는 동사의 어간에 붙어 손윗사람에게 미래의 일을 묻는 종결 어미. ¶어떻게 하~.

리넨(linen)[명] '린네르'의 영어식 명칭. ¶~장색.

리놀륨(linoleum)[명] 서양식 건물의 바닥에 까는 재료.

=**리니**[어미] 받침 없는 용언의 어간에 붙어 '~ㄹ 것이니'의 뜻을 나타내는 연결 어미. ¶비가 오~우산을 가져 가게.

=**리니라**[어미] 받침 없는 용언의 어간에 붙어 '~ㄹ 것이니라'의 뜻을 나타내는 종결 어미.

=**리-다**[어미] ①받침 없는 동사 어간에 붙어서 '하겠오'의 뜻으로 자기 의사를 서술하는 종결 어미. ¶곧 돌아오~. ②(약)=리이다. ③'그러할 것이오'의 뜻으로 상대자에게 경계·경고하는 뜻을 나타내는 종결 어미. ¶그러다가 지각하~.

리댁션(redaction)[명] ①편집. 교정(校訂). ②개정(改訂).

리:더(leader)[명] ①지도자. 지휘자. 수령(首領). ② 신문의 사설(社說)이나 논설(論說). ③〈연예〉영화에서 실제 장면에 동작으로 표현할 수 없는 사건을 설명하는 자막. 설명 자막.

리:더(reader)[명] ①독본. ¶영어~. ②독자.

리:더-십(leadership)[명] ①지휘자로서의 지위 또는 임무. ②지도. 지휘. ③통솔. 통솔력.

리:드(lead)[명] ①선두에 섬. 지휘. 인도. ②〈체육〉경기에서 점수를 몇 점 앞서 있음. ③연극의 주역 배우. ④야구에서 주자(走者)가 도루하려고 베이스에서 멀어짐. ⑤신문의 뉴스 기사에서 본문의 앞에 그 요점을 추려서 쓴 짧은 문장. 하[자타]

리:드(reed)[명]〈음악〉①하모니카·피리·리드 오르간·오보에·클라리넷 등의 악기에 장치하는 얇은 떨림판. ②바순·클라리넷 등 리드를 가지는 악기의 총칭. '(律的). 하[형]

리드미컬(rhythmical)[명] 율동적(律動的). 음률적(音律的).

리:드 오르간(reed organ)[명]〈음악〉건반 악기의 하나. 페달을 밟고 건반을 누르면 구리로 만든 떨림판이 진동하여 소리가 나는, 음역(音域)이 좁은 (小) 오르간. 우리가 흔히 보는 풍금임.

리듬(rhythm)[명]〈음악〉멜로디(旋律)·하모니와 더불어 음악의 세 가지 요소 중의 하나. 율동(律動). ②〈문학〉운문의 음악적인 가락. 운율(韻律). ③율동. ④선(線)·형·색의 비슷한 요소를 반복하여 이루는 통일된 율동감.

리:딩(reading)[명] ①낭독. ②독서. 읽어·붙어 등 국어의 읽기.

리:딩 배터(leading batter)[명]〈체육〉야구에서 타율이 가장 우수한 타자. 리딩 히터.

리:딩 히터(leading hitter)[명](동)리딩 배터.

리라[어미] 받침 없는 체언에 붙어서 '~ㄹ 것이다'의 뜻으로 추측이나 미래의 의사를 나타내는 종결형 서술격 조사. ¶저 사람이 교수~.

=**리라**[어미] 받침 없는 용언의 어간에 붙어서 '~ㄹ 것이다'의 뜻으로 추측이나 미래의 의사를 나타내는 종결 어미. ¶이 일은 내가 하~. (약)리①. will

리라(lira 이)[명] 이탈리아의 화폐 단위.

리라이트 맨(rewrite man)[명] 신문 편집에 있어서의 =**:리랔-다**[어미](고)=리로다. [정리 부원.

리:-레코:딩(re-recording)[명]〈연예〉영화의 재녹음(再錄音). 하[자]

=**리로-다**[어미] 받침 없는 어간에 붙어서 '~리라'의 뜻으로 감탄을 나타내는 종결 어미. ¶천당에 가~.

=**리로소냐**[어미](고)=르소냐.

=**리로소녀**[어미](고)=르소녀.

·**리로:소:이:다**[어미](고)이옵시다. =ㄹ 것입니다.

리르-다[고] 이르다. '를 나타내는 서정시적 기능.

리리시즘(lyricism)[명]〈문학〉서정주의. 주관적 정서

리리컬(lyrical)[명] 서정적. 하[형]

리릭(lyric)[명] ①〈문학〉서정시. ②서정적. 하[형]

리:만 기하학(Riemann 幾何學)[명]〈수학〉리만이 세운 기하학. 비(非)유클리드 기하학의 한 분야. Riemann geometry

=**리만큼**[어미] 받침 없는 동사 어간에 붙어서 '그러한 정도만큼'의 뜻을 나타내는 연결 어미. ¶싫증이 나~기다렸다. so much as to

리:머(reamer)[명]〈공업〉구멍의 지경을 정확하게 맞추고, 다듬는 공구.

=**리·며**[어미](고)=리며.

리무진(limousine)[명] ①공항과 시내 사이를 왕복하는 여객 송영용(送迎用) 소형 버스. ②운전석과 객석 사이에 유리 칸막이가 있는 상자형 자동차.

리밋(limit)[명] 한계. 한도. 경계. 극한. 제한.

리바운드(rebound)[명] ①배구에서, 상대편의 방어벽에 공이 맞고 되돌아올 경우에 공격을 되풀이하는 일. ②럭비에서, 공이 손·발·다리 이외의 곳에 맞고 상대편의 방향으로 나아가는 일. ③농구에서, 슛을 한 공이 끝입하지 않고 튀어나오는 일.

리바이벌(revival)[명] ①부활(復活). 소생(蘇生). ②〈연예〉오래된 영화·연극 등의 재상영(再上映)·재상연(再上演). ③〈기독〉신앙 부흥.

리버럴리스트(liberalist)[명] 자유주의자.
리버럴리즘(liberalism)[명] 자유주의.
리버럴 아ː트(liberal arts)[명] ①대학의 교양 학과. 학예. 문리과(文理科). ②동양에 있어서의 사서 삼경(四書三經)과 같이 중세기 유럽의 전통적인 교양 내용이 되는 학에 또는 문예 자체.
리버티(liberty)[명] 자유. 해방. 석방.
리ː베(Liebe 도)[명] 애인(愛人). 연인(戀人).
리베이트(rebate)[명] ①〈경제〉어떤 가격으로 일단 판 후에, 사례금·보상금의 형식으로, 일정 비율의 금액을 산 사람에게 돌려주는 일. 또, 그 돈. ②지 하여, 수수료.   「모양의 굵은 못.
리벳(rivet)[명]〈건축〉대가리가 둥글고 두툼한 버섯
리보솜 Ribosome 도)[명]〈생물〉세포질 속의 막상 구조(膜狀構造)에 많이 달라붙는 둥글고 자질구레한 소 과립(小顆粒). 단백질의 생성(生成)과 합성을 행함.
리보플라빈(riboflavin)[명]〈약학〉비타민 B_2의 미국에 서의 딴이름.
리보 핵산(ribo 核酸)[명]〈화학〉오탄당(五炭糖)의 일종인 리보오스를 함유하는 핵산. 단백질과 결합하여 세포질 속의 리보솜의 중요한 성분을 이룸. 알칼리에 분해되기 쉬우며 단백질 합성(合成)에 관여함. 〈약〉아르 엔 에이(RNA). ribonucleic acid
리본(ribbon)[명] ①머리·모자 등에 장식으로 매다는 폭이 좁게 짠 예쁜 헝겊 끈. ②훈장의 수장(綬章). ③타이프라이터에 쓰는 잉크 먹인 좁은 띠 모양의 것.
리볼버(revolver)[명] 회전식 연발 권총.   「물건.
리ː봅(rebop)[명]〈음악〉미국에서 유행된 새로운 리듬의 음악. 즉흥적.
리비도 (Libido 도)[명]〈심리〉애욕(愛慾). 정신 분석학(精神分析學)에서 인간 행동의 밑바탕을 이루는 성적(性的)의 욕망.   「修正派社會主義).
리비저니즘(revisionism)[명]〈철학〉수정파 사회주의
리ː비히 냉ː각기(Liebig 冷却器)[명] 액체를 증류할 때에 쓰이는 냉각기. 독일의 리비히가 고안함.
리빙 키친(living kitchen)[명]〈건축〉주방과 식당과 거실을 겸하도록 시설된 방.
리사이틀(recital)[명]〈음악〉독창회(獨唱會). 독주회 (獨奏會).
리셉션(reception)[명] ①접견(接見). ②초대회(招待會).
리소그래피(lithography)[명] 석판술(石版術). 석판 인쇄.
리솔루토(risoluto 이)[명]〈음악〉'힘차고 분명하게'의 뜻.   「레프트(cleft).
리스(Riss 도)[명] 등산 용어로, 바위의 갈라진 틈. 클
리ː스 산ː업(lease 産業)[명]〈경제〉일반 기업이나 상점에 부동산을 제외한 각종 산업 설비(전자 계산기 등의 사무 기계·공작 기계·자동 판매기 등)를 임대 하는 산업.   「능성.
리스크(risk)[명] ①위험. ②보험에서 손해를 입을 가
리스테소 템포(listesso tempo 이)[명]〈음악〉'먼저와 같은 속도'의 뜻.   「명세서.「블랙 ~.
리스트(list)[명] 목록. 표(表). 명부. 일람표. 거래 선
리시ː버(receiver)[명] ①영수인(領收人). ②수화기(受話機). 수신기. 이어폰. ③〈체육〉정구·탁구·배구 따위에서 서브한 공을 받는 사람.
리시ː브(receive)[명] ①접수(接受). ②수신(受信). ③〈체육〉구기(球技) 종목에서 서브한 공을 받아넘김.
리시ː트(receipt)[명] 영수증(領收證).   「하안.
리아스식 해ː안(Rias式海岸)[지학] 침강(沈降) 해 안의 하나. 해안이 심히 굴곡이 많고 굴곡이 심하고, 뒤에 산이 급박하여 갑(岬)과 후미가 극히 복잡한
=**리어**[어미][고] 잉어라.   「해안선.
리어카(rear-car)[명] 자전거 뒤에 달거나 사람이 직접 끌어서 짐을 운반하는, 바퀴가 둘 달린 작은 수레. 후미차(後尾車).   「적(寫實的). 하[형]
리얼(real)[형] ①사실적. 현실적. ②진정한 모양. 사실
리얼리스트(realist)[명] ①현실주의자. ②〈문학〉사실 주의자. 사실파(寫實派)에 속하는 사람. ③〈철학〉

실재론자(實在論者).
리얼리즘(realism)[명] ①현실주의(現實主義). ②사실 주의(寫實主義). ③실재주의(實在主義).
리얼리티(reality)[명] ①진실성. 현실성(現實性). 사실성. 박진감(迫眞感). ②실재성(實在性). 베알리테
리ː여[어미][고] =랴. =ㄹ 것인가. =리요.
리온(lyons 프)[명] 얇은 우단.
리올로지(rheology)[명]〈물리〉물질의 변형과 유동(流動)에 관한 과학.
리요[접] 받침 없는 체언에 붙어 '라'의 뜻으로 혼자 스스로 묻거나 단원을 나타내는 종결형 서술적 조사. ¶얼마나 깊은 고뇌~.
=**리요**[어미] 받침 없는 어간에 붙어서 '=랴'의 뜻으로 혼자 스스로 묻거나 단원을 나타내는 종결 어미. ¶누구를 원망하~. 〈약〉리②.
리을[어학] 한글 자모의 자음 'ㄹ'의 이름.
=**리이-다**[어미][고] =리다.
=**리이-다**[어미][고] =리라. =ㄹ 것입니다.
=**리잇-가**[어미][고] =리이까. =ㄹ 것입니까.
=**리잇고**[어미][고] =ㄹ 것입니까.
=**리의-고**[어미][고] =ㄹ 것입니까.
리저ː브(reserve)[명] 좌석·호텔·방 따위의 예약. 하[타]
리ː젠트 스타일(regent style)[명] ①영국 상류 계급의 점잖은 풍채. ②앞머리를 높게 하여 위로 빗어 넘 기고, 옆머리를 붙인 남자의 머리형.
리졸(Lysol 도)[명]〈화학〉크레솔을 칼륨 비누에 녹인 것. 살균제(殺菌劑)임.   「팔의 길이.
리ː치(reach)[명]〈체육〉권투에서, 상대방까지 닿는
리케차(rickettsia)[명]〈생물〉박테리아보다 작으며 바 이러스보다 큰 미생물. 발진 티푸스 병원체임.
리콜ː제(recall 制)[명]〈정치〉국민 또는 주민(住民)의 발의(發議)·투표(投票)에 의한 공무원의 만기전(滿期前) 해임제(解任制). 소환제(召還制). recall system
리퀘스트 프로그램(request program)[명] 라디오·텔레비전 방송에서, 청취자나 시청자의 희망에 응하여 방송하는 프로그램.
리ː크(leak)[명] 비밀(祕密) 따위가 새어 나감. 「누설. 누출. 누전(漏電). 리키지(leakage). 「는 좌석.
리클라이닝 시ː트(reclining seat)[명] 뒤로 젖힐 수 있
리ː키지(leakage)[명] 누출(漏出). 누전(漏電).
리타르단도(ritardando 이)[명]〈음악〉'점점 느리게'의 뜻. 리트(rit).
리터(liter)[명] 미터법에 의한 용량의 단위. 4°C의 물 1 kg의 부피를 1ℓ라고 함.   「정 또는 가필.
리ː터치(retouch)[명]〈미술〉회화·조각·사진 따위의 수
리턴ː 매치(return match)[명]〈체육〉선수권을 빼앗긴 사람이 선수권자와 다시 하는 시합. 설욕전. 복수전.
리토폰(lithopone)[명]〈화학〉황산바륨과 황화아연으로 된 흰 안료(顏料). 고무 공업·에나멜 공업에 사용함.
리튬(Lithium 도)〈화학〉알칼리 금속 원소의 하나. 은백색 광택이 나며 금속 중 가장 가벼움. 양은 적으나 분포는 넓음. 원소 기호: Li, 원자 번호: 3. 원자량: 6,939.
리튬 폭탄(Lithium 爆彈)[명]〈군사〉수소화리튬의 열핵 (熱核) 반응을 이용한 융합형 원자 폭탄. Lithium bomb   「된 서정적 성악곡. 가곡.
리ː트(Lied 도)[명] 독일에서 발달된 시와 음악이 융합
리트르(litre 프)[의명] '리터'의 프랑스말.
리트머스ː이끼(litmus~)[명] 리트머스이끼 종류에서 짜낸 자줏빛 색소. 알칼리를 만나면 청색, 산(酸)을 만나면 붉은색이 됨.
리트머스 시ː험지(litmus 試驗紙)[명]〈화학〉리트머스 수용액에 적시어 푸르게 또는 붉게 물들인 종이. 산·알칼리성의 판별에 쓰임. litmus paper
리트머스-이끼(litmus~)[명]〈식물〉이끼의 하나. 높이 4~8 cm의 담황색 혁질(革質)로 몸은 나뭇가지 모양으로 갈라지고 끝이 뾰족함. 지중해 지방 및

리트믹(Rhythmik 도)명 시(詩)나 음악의 율동법(律動法).

리틀=병[─뼝](Little 病)명 〈의학〉 뇌성 소아마비의 하나. 주로 선천적인 원인에 의한 것을 말하는데 양쪽 아랫다리의 강직성(强直性) 마비가 주증(主症)이며 때로는 지적(知的) 장애가 따름.

리파아제(Lipase 도)명 〈화학〉 상온에서 지방유를 글리세린과 지방산으로 가수 분해시키는 효소.

리퍼블릭(republic)명 공화국(共和國). 공화 정체(共和政體).

리포:터(reporter)명 ①취재 기자(取材記者). ②보고자(報告者). ③통신원(通信員).

리포:트(report)명 ①보고(報告). 보고서. 학술 연구 보고.

리프(약)→리플렉터.

리프레인(refrain)명 〈음악〉 후렴(後斂). 반복 구절.

리:프로덕션(reproduction)명 ①모사(模寫). 복사(複寫). 복제(複製). ②재생산. ③서적의 번각(飜刻).

리:프린트(reprint)명 ①사진·자료 등을 복사하는 일. ②서적 등을 사진적(寫眞的)인 수법으로 판을 되만들어 원본대로 복제하는 일. 또, 그 판(版). ③녹음 테이프를 복제하는 일. 하인.

리프트(lift)명 ①기중기. ②스키장이나 관광지에서 낮은 곳으로부터 높은 곳으로 사람을 실어 나르는 의자식의 탈것. ③〈광업〉 갱내용 양수 펌프. ④펌프의 양정(揚程). 양력(揚力). ⑤엘리베이터.

리플레(약)→리플레이션.

리플레이션(reflation)명 〈경제〉 디플레이션에서 벗어나기 위하여 계획적으로 통화량을 팽창시키는 정책. (약) 리플레.

리플렉터(reflector)명 ①반사경(反射鏡). ②영화 따위의 촬영에 쓰는 은종이나 금종이를 바른 반사판(反射板). (약) 리프.

리:플릿(leaflet)명 ①종이 한 장을 몇 페이지로 접은 간단한 인쇄물. ②광고·선전 등에 쓰는 작은 인쇄물. 전단(傳單).

리:허빌리테이션(rehabilitation)명 〈의학〉 신체 장애자나 정신 박약자 등을 교정(矯正) 치료 또는 훈련함으로써, 사회인(社會人)으로서 알맞게 살 수 있도록 지도하는 일. 사회 복귀를 위한 지도·훈련.

리허:설(rehearsal)명 음악·연극·방송 등에서, 공개를 앞두고 하는 연습. 질둘음총칭.

리네르(←linière 프)명 아마(亞麻)의 섬유로 짠 얇은 천.

린스(rinse)명 머리털을 헹구는 세제. 머리털을 부드럽고 광택이 있게 해줌.

린치(lynch)명 ①미국에서 흑인에 대한 백인의 사형(私刑). ②사형(私刑). 사적 제재(私的制裁).

린포르차토(rinforzato 이)/**린포르찬도**(rinforzando 이)명 〈음악〉 '특별히 그 소리를 강하게'의 뜻.

릴:(reel)명 ①실·철사 등을 감는 얼레. ②낚싯대의 밑 부분에 달아, 낚싯줄을 풀고 감을 수 있게 한 장치. 감개. ③〈음악〉 스코틀랜드 고지인(高地人)의 무용(舞曲). 또, 그에 맞추어 추는 춤. (의) 영화용 필름 길이의 단위. 약 300m. 권(卷).

릴:낚시(reel─)명 낚싯대에 릴을 장치하고, 릴의 꼭지마리를 돌려서 줄을 풀었다 감았다 하여 잡는 낚시.

릴라(lilas 프)명 〈동〉 라일락.

릴레이(relay)명 ①교대. 중계(中繼). ②계전기(繼電機). ③(약)→릴레이 경주.

릴레이 경:주(relay 競走)명 〈체육〉 육상 경기. 달음질의 하나. 네 사람 또는 그 이상의 사람이 연달아 각각 일정한 거리를 분담하여 달려 마지막 사람이 골로 들어가는 경기. 계주(繼走). (약) 릴레이③.

릴리(lily)명 〈식물〉 백합(百合). 나리.

릴리 얀:(lily yarn)명 특수 편사(編絲). 인견사로 베리어스 식으로 짠 윤상(輪狀)의 실. 부드럽고 광택이 있으며, 레이스 따위의 수에 재료로 쓰임.

릴리:프(relief)명 ①〈미술〉 부조(浮彫). 돋을새김. ②〈체육〉 야구에서 구원을 위한 투수. ③교대(交代). 교체자(交替者). ④구조. 구원.

=**릴·심**어미 (ㄹ) ㄹ 것이미.

=**릴·씬**어미 (ㄹ) ㄹ 것이매.

=**림**(林)접미 '숲·삼림'의 뜻. ¶원시~.

림(rim)명 자동차·자전거 등의 고무 타이어를 고정시키는 수레바퀴의 쇠테.

림금(ream)의명 양전지(洋全紙)를 세는 단위. 한 첩에 24 매짜리 20 첩. 480 매.

림빈명 (ㄹ) 앞배(前腿). (대) 곰비.

림프(limph)명 〈생리〉 임파(淋巴).

립 서:비스(lip service)명 사탕발림하는 일. 마음에 없는 말로 상대를 추켜 세우는 일. 하인.

립=스틱(lipstick)명 여자들이 화장할 때 입술에 바르는, 손가락만한 막대기 모양으로 된 연지. 입술 연지. 루즈(rouge).

링(ring)명 ①반지. ②고리. 고리 모양의 물건. ③〈체육〉 권투 경기장. ④원형의 경기장. ⑤악당(惡黨)의 일단. ⑥퍼기무루의 하나. 자궁에 삽입함.

링거 액(Ringer 液)명 생리적 식염수.

링거 주:사(Ringer 注射)명 〈의학〉 피하(皮下)나 정맥에 링거 액(液)을 놓는 주사. 출혈·쇠약·중독 때에 수분의 손실 및 혈액의 부족을 보충함. injection of Ringer's solution.

링귀:폰(Linguaphone)명 어학(語學) 자습용의 베코드.

링 노:트(ring note)명 (동) 링 북(ring book).

링 북(ring book)명 고리가 달려 있어서 종이를 마음대로 더 끼게 된 공책. 링 노트.

링=사이드(ringside)명 〈체육〉 권투 경기장에서, 링에 가까운 앞줄의 관람석.

링크(link)명 ①연결하는 일. ②연동 장치. ③(약)→링크 제도. (의) 측량에서 거리의 단위. 1체인의 백분의 일. 약 0.2m 임.

링크(rink)명 〈체육〉 실내 스케이트장.

링크스(links)명 골프장.

링크 제:도(link 制度)명 〈경제〉 ①제품의 수출과 그 원료의 수입을 연계(連繫)시키는 제도. ②통제 경제에서 수출한 한도 안에서 수입하게 하는 제도. 상표 link system.

링크 트레이너(link trainer)명 지상에서 비행 연습을 하기 위한 장치.

링키지(linkage)명 ①〈생리〉 유전학상 유전자가 항상 연락을 가지고 행동을 같이하는 현상. 연관. 연쇄. ②외교 교섭에서, 쌍방의 양보를 교묘하게 연결시키어 교섭을 성립시키는 전략.

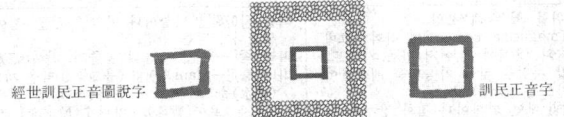

經世訓民正音圖說字　訓民正音字

ㅁ [미음] 〈어학〉 ①한글 자모의 다섯째 글자. the 5th letter of the Korean alphabet ②자음의 하나. 입술을 다물어 입 속을 비우고 목에서 나오는 소리를 콧구멍으로 보내어 내는 울림소리[有聲音] 중 비음(鼻音)에 속함.「어미. ¶오~. 가~.
=ㅁ [어미] 받침 없는 용언의 어간에 붙는 명사형 전성
=ㅁ세 [어미] 받침 없는 동사의 어간에 붙어 '하게' 할 자리에 자기가 기꺼이 하겠다는 뜻을 나타내는 종결 어미. ¶그렇게 하~.
=ㅁ에도 [어미] 명사형 어미 'ㅁ'에 조사 '에'와 '도'가 붙은 것으로 주로 '불구하고'와 연결되어 쓰이는 연결 어미. ¶비가 오~ 불구하고 그는 떠났다.「든 어미라, 어차피 가게 될 곳이~.
=ㅁ에야 [어미] 반문의 뜻을 가지는 종결 어미. ¶좀 ~.
마 [麻] 남쪽. ¶~파람.
마² [식물] 마과의 다년생 덩굴풀. 담황록색의 꽃이 피고 과실은 세 개의 깃이 있는 열과(裂果)가 달림. 뿌리는 강장제로 쓰임.
=ㅁ [어미] 받침 없는 동사의 어간에 붙어 '해라' 할 자리에 자기가 기꺼이 하겠다는 생각을 나타내는 종결 어미. ¶내가 가~.
마(麻)[식물] 삼.
마(魔)[명] ①일에 생기는 해살. ¶~가 끼다. evil influence ②몹시 일어나는 장소나 때를 일컫는 말. ③〈약〉→마귀. 악마.
마(碼)[의명] 영국의 길이의 단위. 91.44cm. yard
=마:[馬] 〈제도〉 내시집 하인들이 상전을 부를 때 쓰던 말.
=마(魔)[접미] '악마'의 뜻. ¶병~. 살인~.
마[코] 마하륜.
마²[명] 장마[霖雨].
마가린(margarine 프)[명] 인조 버터.
마:가목(명) 장미과의 낙엽 교목. 높이 6~8m 정도로 첫여름에 흰 꽃이 핌. 지팡이 재료로 쓰이며 껍질과 과실은 약용됨(石南藥).
마가 복음(Mark 福音)[기독] 신약 전서(新約全書)의 둘째 편. 사복음(四福音)의 하나.
마각(馬脚)[명] ①말의 다리. horse's legs ②간사하게 숨기고 있던 일. ¶~을 드러내다.
마:각 노출(馬脚露出) 숨기고 있던 간사한 꾀가 부지중에 드러남. revealing one's true character
마각이 드러나다[관] 숨기려던 정체가 드러나다.
마:간-석(馬肝石)[광물] 벼루를 만드는 데 쓰는 붉
마:간-홍(馬肝紅)[명] 짙붉은 빛깔.「은 돌.
마갈-궁(磨竭宮·磨羯宮)[명] 〈천문〉 십이궁(十二宮)의 열째. 대부분이 궁수(弓手) 자리 자리에 있으며, 동지에서 태양이 이 궁에 있음. 염소자리(座). Capricorn 「(大道)를 이룬 나라.
마갈타(摩竭陀—Magadha 범)[명] 〈불교〉 석가가 대도
마감[명] 어떤 한도의 끝을 막음. ¶원서 접수 ~. closing 하다 「던 제도. 하다
마감(馬監)[명] 옛날 중국에서 관리들의 행적을 고사하
마:갑(馬甲)[명] 말에 입히는 갑옷. armour for a horse
마개[명] 병 아가리 같은 데 끼워 막는 물건. ¶병~. cork 하다
마개=뽑이[명] 마개를 뽑는 기구. corkscrew
마:거리-트(marguerite)[명] 〈식물〉 엉거시과의 다년생 풀. 여름에 국화 비슷한 흰 꽃이 핌.
마:경(馬耕)[명] 〈농업〉 말을 부려서 논밭을 갊. tillage 「with horses
마경(麻莖)[명] 삼대.
마경(魔境)[명] 〈약〉 마계(魔界). 「계(契).
마:계(馬契)[제도] 말을 세주는 일을 업으로 삼던

마계(魔界)[명] 악마의 세계. 마경(魔境). devildom
마:계 도가(馬契都家) 〈제도〉 마계의 일을 처리하던 도가.
마:곗-말(馬契—)[명] ①마계(馬契)에서 세주던 말. ②마계에서 기르는 늙은 말. ③〈속〉 교태가 있는 늙은 여자.
마고(麻姑)[약] →마고할미①.
마고자[명] 저고리 위에 덧입는 옷. 마괘자(馬褂子).
마고-할미(麻姑—)[명] ①늙은 신선 할미. 〈약〉 마고. ②'노파'의 이칭.
마광(磨光)[명] 옥이나 돌 등을 갈아서 광을 냄. burnishing 하다
마괘-자(馬褂子)[명] 〈동〉 마고자.
마구[명] ①앞뒤를 헤아리지 않고 외곬으로 세차게. 닥치는 대로. thoughtlessly ②아무렇게나 되는 대로. 함부로. 〈약〉 막①. slip-shod
마:구(馬具)[명] 말을 부리는 데 쓰는 연장. horse-equ-
마:구(馬廐)[명] 〈약〉→마구간(馬廐間). ipment
마:구-간(—間)(馬廐間)[명] 말을 기르는 집. 구사(廐舍). 〈약〉 마구(馬廐). 말간. stable
마구리[명] ①물건의 양쪽 머리의 면. side ②길쭉한 물건의 두 끝에 덮어 끼우는 쇠붙이 따위.
마구리-판[명] 나무 토막의 마구리를 직각으로 깎는 틀.
마구-대[명] 법도(法度) 없이 함부로 하는 언행. rude speech and wild conduct 하다
마:구-발치(馬廐—)[명] 마구간의 뒤쪽. 「act
마구-잡이[명] 이것저것 따지지 않고 마구 하는 짓. blind
마:군(馬軍)[명] ①〈동〉 기병. ②〈제도〉 총융청의 별효사(別驍士). 또, 무사와 영문의 기병.
마군(魔軍)[불교] 불도(佛道)를 방해하는 일체의 악사(惡事)를 비유하여 일컫는 말.
마굴[명] ①마귀가 있는 곳. pandemonium ②못된 무리가 있는 곳. den of rascals ③매음부가 모여 있는 곳. brothel 「표권. pool-ticket
마:권(馬券)[명] 경마할 때에 파는 승마(勝馬) 투
마권(魔圈)[명] 마(魔)의 세력 범위.
마:권-세(—稅)(馬券稅)[명] 마권에 대는 세금. horse race tax 「를 기다림. 하다
마권 찰장[광] 〈魔拳擦掌〉 힘을 모아 돌진할 기회
마귀(魔鬼)[명] 요사스럽고 못된 잡귀의 총칭. 악마. ¶~를 쫓다. 〈약〉 마(魔). devil
마그나 카르타(Magna Carta 라)[명] 〈역사〉 영국 입헌 정치의 근원이 될 헌법 문서. 1215년 6월 존왕(John 土)이 봉건 귀족들의 탄원하여 개인의 권리, 자유를 침해하지 않을 것을 약정함. 대헌장(大憲章). 「磁探鑛法).
마그나 플럭스(magnaflux)[광물] 전자 탐광법(電
마그날륨(magnalium)[명] 〈화학〉 마그네슘이 1.75~10% 들어 있는 알루미늄의 합금(合金). 가볍고 강하나 부식(腐蝕)하기 쉬움.
마그네사이트(magnesite)[명] 〈광물〉 육방 정계의 반투명한 광물. 시멘트·내화 벽돌·마그네슘의 원료.
마그네슘(magnesium 도)[명] 〈화학〉 은백색의 가벼운 금속 원소. 산에 잘 녹는데 수소를 발생시키고 염류를 이루며, 공기 중에서 가열하면 강한 흰빛을 내면서 연소하므로 사진술·발화 신호·불꽃 놓이 등에 씀. 원소 기호: Mg. 원자 번호; 12. 원자량; 24. 31. 「네슘이 함유된 경합금.
마그네슘 경합금(magnesium 輕合金)[명] 〈화학〉 마그
마그네시아(magnesia 도)[명] 〈동〉 산화마그네슘.
마그네시아 벽돌(magnesia 甓—)[명] 염기성(鹽基性) 내화(耐火) 벽돌의 하나. 제철·제강·석회 질소로

마그네시아 시멘트(magnesia cement)[명] 산화마그네슘을 염화마그네슘의 용액에 섞어서 만든 시멘트. 나뭇조각이나 톱밥 따위를 섞어 아름다운 세공물이나 건축 재료를 만드는 데 씀.

마그네토(magneto)[명] 내연 기관이나 점화 장치에 쓰는 영구 자석식의 소형 자석 발전기.

마그네트론(magnetron)[명] 〈물리〉자전관(磁電管).

마그네틱 스피:커(magnetic speaker) 영구 자석으로 만든 확성기의 하나.

마그넷(magnet 도)[명] 자석(磁石). 자기체(磁氣體).

마그녹스(magnox)[명] 〈화학〉마그네슘을 주성분으로 하여, 1%의 알루미늄과 각각 0.05% 정도의 칼슘·베릴륨으로 된 잘 타지 않는 합금.

마그누스 효:과(Magnus 效果)[명] 회전하고 있는 공이 공기 속을 비행할 때 그 진로가 어떤 방향으로 솔리는 현상.

마그니튜:드(magnitude)[명] 〈지학〉지진의 규모의 크기를 나타내는 수. 기호; M.

마그데부르크 반:구(Magdeburg 半球)[명] 〈물리〉금속으로 만든 두 개의 반구로 대기의 압력을 실험하는 장치.

마그마(magma)[명] 〈지학〉땅속 깊은 곳에서 암석이 융해하여 된 고온의 조암(造岩) 물질. 이것이 지각 상층 또는 지표에 올라와 냉각·고결(固結)되면 화성암이 됨. 암장(岩漿).

마:극(馬克)[의명] '마르크(Mark)'의 취음(取音).

마근(麻根)[명] 〈한의〉삼 뿌리. 오래 된 학질에 복용함.

마기(馬技)[명] =마술.

마:기(馬技)[명] 〈동〉마상재(馬上才).

마기(馬機)[명] 쇠붙이로 만든 두겁. 쇠두겁.

마기말로 실제라고 가정하는 말로. ¶ ~ 그렇게 되면 큰일이다. 막상말로. supposing that

=**마ᄂᆞᆫ**[어미][고] =마는.

마:나:님[명] 늙은 부인. madam

=**마ᄂᆞᆫ**[어미][고] =마는.

마:놀[명] [고] 마늘.

마냥 ①욕심에 부족함이 없이. as much as one wishes ②전과 다름없이 언제나. always

마냥=모[명] 늦게 심는 모. late rice transplantation

마네킹(mannequin)[명] ①상점에서 옷·장신구 등을 입혀 놓은 인체 모형. ②〈약〉=마네킹 걸.

마네킹 걸(mannequin girl) 유행되는 옷·장신구 등을 착용하고 손님의 구매심을 끄는 직업 여성. 〈약〉마네킹. 「귀. she-devil

마녀(魔女)[명] ①마력을 가진 여자. witch ②여자 마

마노(瑪瑙)[명] 〈광물〉차돌의 하나. 윤이 나고 빛이 고와 비슷품을 만드는 데 씀. 문석(文石). agate

마노=미터(manometer)[명] 유체(流體)의 압력을 재는 계기의 총칭.

마노=유(瑪瑙釉)[명] 〈공업〉마노 빛깔의 잿물.

마:뇨=산(馬尿酸)[명] 말이나 초식 동물의 오줌 속에 있는 무색의 결정. hippuric acid 「woman

마:누라[속] ①아내. my wife ②늙은 여자. old

마누 법전(Manu 法典)[명] 〈역사〉기원전 200년경에 된 인도의 법전. 힌두교의 성전(聖典)으로 인도인의 권리와 의무 및 생활 조건을 규정했음.

마누하님[명] 마나님. 고려한 사람의 부인.

마는 종결 어미에 붙어 이미 있는 사실을 말하면서 다음 말에 의문이나 불가능 또는 어긋나는 뜻을 나타낼 때 쓰는 접속 조사. ¶공부하기는 한다~ 장래성이 없다. though

마늘[명] 〈식물〉백합과의 다년생 재배 식물. 서아시아 원산으로 잎·뿌리·화경(花莖)은 냄새가 강해서 향신료·강장제·양념에 많이 쓰임. 호산(胡蒜). garlic ②바둑에서 입구(口)자로 놓는 모양.

마늘=모[명] 마늘의 쪽과 같이 세모진 모양. trihedron

마늘모=부(一ᄂᆞ部)[명] 한자 부수(部首)의 하나. '広'·'参'의 'ᄉᆞ'의 이름.

마늘 장아찌 마늘이나 마늘종·잎을 절여 진간장에 넣었다가 먹는 반찬. 「garlic

마늘=종[—종][명] 마늘의 꽃줄기. 산대(蒜薹). stem of

마니(摩尼←Mani)[명] ①악을 제거하고 탁수(濁水)를 맑게 하여 염화(炎禍)를 없애는 공덕이 있다는 보주(寶珠). 마니주(摩尼珠). ②〈동〉여의보주(如意寶珠).

마니:교(摩尼敎)[명]〈종교〉3세기 경에 페르시아 사람 마니(Mani)가 페르시아의 배화교(拜火敎)를 바탕으로 하고, 기독교와 불교의 요소를 가미하여 만든 종교. Manichaenism

무니:다[타][고] 만지다. 「는 종교.

마니아(mania)[명] ①어떤 한 가지 일에 몹시 열중하는 사람. ②열광(熱狂). 열중(熱中). ¶야구의 ~.

마니에:르(manière 프)[명] 〈문학〉특수한 표현 방법. 자기의 기분을 강하게 표현하는 일.

마니:주(摩尼珠)[명] 마니(摩尼)①. 「격(撇).

마니페스트(Manifest 도)[명] 선언. 성명서. 포고(布告).

마닐라 로:프(Manila rope)[명] 마닐라삼의 섬유를 원료로 만든 로프. 매우 질겨 선박용으로 사용함.

마닐라=삼(Manila—)[명] 〈식물〉파초과의 다년생 풀. 키는 2~7m, 바나나와 비슷한데 줄기에서 많은 섬유로 로프·그물·제지(製紙) 및 해저의 전선 따위를 짜는 원료로 씀. Musa texilis ②마닐라삼에서 채취한 섬유. 「어서 만든 종이.

마닐라:지(Manila 紙)[명] 목재 펄프로 마닐라삼을 섞

마:님[명] 지체가 높은 집의 부인. lady

=**마:님**[접미] 귀인(貴人)에 대한 존대. ¶대감~.

마:-다[타] 짓찧어 부스러뜨리다. smash

마:-다[타] 싫다. ¶너는 왜 ~고 하느냐?

마:다[조] '낱낱이 다 그러함·모두'의 뜻을 나타내는 보조사. ¶사람~. 해~. every

마:다—다[타] 싫다고 거절하다. refuse

마:다-하—다[타] 마다고 말하다. 「안주인.

마담(madame 프)[명] ①부인. ②술집·다방·여관 등의

마당[명] ①집 앞 뜰이에 고르게 닦아 놓은 뜰. yard ②어떤 일이 일어나거나, 일을 하는 그 때.

마당 맥질[명] '흙을 이겨 우둘투둘한 마당을 고르게 하는 일. ground leveling 하—

마당=밭[명] 볼이 넓은 밭. 〈대〉채밭. wide foot

마당=밟이[명] 〈민속〉 농악 그음이나 섣에 풍물을 치며 집집이 돌아다니며 노는 놀이.

마당 빌리다 신랑이 신부의 집에 가서 초례식(醮禮式)을 지내다.

마당 삼을 캐었다[관] 힘들이지 않고 일을 쉽게 성공시키다.

마당 쓰레기[명] ①마당을 쓸어서 모은 쓰레기. rubbish ②마당의 쓰레기가 섞인 곡식.

마당=여[—너][명] 물에 잠겨 보이지 않는 넓고 평평한

마당=조개[명] 〈조개〉참조개과의 바닷물 조개. 모서조개와 비슷하나 더 납작하고 빛이 흼. 서해에서 많이 나며 살은 식용함. 「脫穀). threshing 하—

마당=질[명] 곡식의 이삭을 터는 일. 타작(打作). 탈곡

마당 터진 데 솥뿌리 걱정한다 당치 않은 공론으로 수습하려 한다. 「되어 받아 제 차지로 하는 섬.

마당=통[명] 마름이 소작료를 받아들일 때에 넉넉하게

마:대(馬隊)[명] 말을 탄 군대(軍隊)의 대열. 기병대(騎兵隊). 「of wardrobe

마:대(馬臺)[명] 장농의 맨 밑 발침다리의 전부. feet

마대(麻袋)[명] 거친 삼실로 짠 자루.

마디[명] 단위. 마위.

무딘[명] [고] 마디.

마도(磨刀)[명] 칼을 갊. 하— 「마의 세계.

마도(魔道)[명] ①부정한 도리. 나쁜 길. ②〈불교〉

마도=로[명] 만도. 만큼도. 「원(船員).

마도로스(←matroos 네)[명] 뱃사람. 수부(水夫). 선

마도로스 파이프(matroos pipe 네)[명] 뱃사람이 쓰는, 담배 타는 통이 뭉툭하고 크며 대가 짧은 담뱃대.

마도=수(磨刀水)[명] 〈한의〉칼을 간 숫돌 물. 각막염(角膜炎)에 약으로 씀.

마=도요[명] 〈조류〉도요과의 새. 도요새 중 가장 크고

여러 가지 빛깔의 줄무늬가 있는데, 해안에서 물고기를 먹고 산다. 아시아의 동북부에서 번식하며 한국 동해안·일본·중국 남부 등지에서 겨울을 지냄.
마-도위(馬—)圓 말을 사고 파는 데의 흥정꾼. horse broker
마돈나(Madonna 이)圓 ①성모 마리아. 또, 그림이나 조각한 초상. ②기품 있는 여자나 애인.
마되圓 말과 되.
마되-질圓 말이나 되로 곡식 따위를 되는 일. meas-urement **하다**
마:두(馬頭)圓〈제도〉 역마(驛馬)에 관한 일을 맡아보는 사람. ②〈불교〉 지옥의 옥졸(獄卒).
마:두 관세음(馬頭觀世音)圓〈불교〉 육관세음(六觀世音)·팔대명왕(八大明王)의 하나. 보관(寶冠)에서 말 머리를 이고 성난 얼굴을 하고 있고 머리 위에 보통 삼면이고 여덟 개의 팔이 있음. 분노상(忿怒相)을 보이고 있는 유일한 관음상(觀音相)임. 마두 명왕(馬頭明王). **하다**
마:두 납채(馬頭納采) 혼인날에 가지고가는 납채.
마:두 출령(馬頭出令)圓 갑자기 명령을 내림. sudden order
마:두-층(麻蠹蟲)圓〈동〉 삼벌레.
마:두-희(馬頭戲)圓〈민속〉 줄다리기.
마드리갈(madrigal 프)圓〈음악〉 목가(牧歌). 연가(戀歌).
마드무와젤(mademoiselle 프)圓〈동〉 미스(miss).
마들-가리圓 ①나무의 가지가 없는 줄기. ②멧나무의 잔 줄거리. twigs ③해진 옷의 남은 솔기. seam of a worn clothes ④새끼나 실 등이 흩어 맺힌 마디. tangled knot ②일이 잘못되다. go wrong
마:-들다(魔—)재로 ①마가 생기다. be thwarted
마디圓 ①나무 줄기에 가지나 잎이 나는 곳. knar ②일정한 사이를 두고 잘룩잘룩 하거나 불룩불룩 도드라진 곳. joint ③새・게 등이 벗겨지거나 얽힌 곳. knot ④말이나 노래 곡조의 한 토막. ⑤〈동〉절(節)—. ⑥뼈심이나 생각이 걸리는 곳. ¶마음에 뱃힌 ~. unsolved problem ⑦뼈와 뼈가 맞물는 곳. 관절(關節). ⑧노래의 한 곡. ⑨〈음악〉 악보의 세로줄로 구분된 작은 부분. 소절(小節). ⑩〈음악〉 정상(定常) 진동 또는 정상파(定常波)에서 진폭이 0 또는 극소가 되는 곳을 이름.
마디-다형 ①쓰기에 오래 가다. durable ②자라는 속도가 더디다. slow
마디-마디圓 마디마디. ¶~가 쑤시다. every joint
마디발 동·물(—動物)圓 절지 동물(節肢動物).
마디게 옹이圓 ①일이 공교롭게도 난처하게 되었다는 말. ②일마다 잘 안 된다는 뜻.
마디-지 다邢 마디가 있다. knot 재 마디가 생기다.
마디촌-부(—部)圓 한자 부수(部首)의 하나. '封·寸'의 '寸'.
마디-충(—蟲)圓〈곤충〉 ①식물의 줄기 속을 파먹는 곤충의 총칭. pearl-moth ②명아(螟蛾)의 유충. 명충(螟蟲) ①이명충. larvae of chilo simplex
마디충-나비(—蟲—)圓〈동〉 명충나방.
마디-풀圓〈식물〉 마디풀과(蓼科)의 일년생 풀. 6~7월에 홍백색을 띤 작은 꽃이 핌. 어린 잎은 식용하며 줄기와 잎은 황달·곽란·복통에 약으로 쓰임. 편축(扁蓄). 편축(扁竹). knot-grass
무디圓 쥐부스럼.
마따나[조] '말' 밑에만 붙어 '말한 바와 같이'의 뜻을 나타내는 부사격 조사. ¶네 말~. as--say
마땅-하다형 마땅하지 아니하다.
마땅-하:다[여]형 ①제자리에 알맞게 들어서서 잘 어울리다. suitable ②그렇게 하는 것이 옳다. 당연하다. deserved **마땅히**튀
마똑-찮다[여]형 마뜩하지 아니하다.
마뜩-하:다[여]형 마음에 마땅하다. satisfactory **마**
무륵[고] 圓 ①마루. ②마룻대. 圓③의(義)로운 것.
=무륵논[어미] [고] =마는.
무륵-다[형] [고] 마르다(乾).
무륵-다[형] [고] 마르다(裁).
마라:카스(maracas)圓〈음악〉 라틴 아메리카 음악에

쓰이는 리듬 악기의 하나.
마라톤(marathon)圓→**마라톤 경주**①.
마라톤 경:주(marathon 競走)圓 ①〈체육〉 육상 경기의 한 종목으로 42.195 km를 뛰는 장거리 경주. (약) 마라톤. marathon race ②내구 경쟁(耐久競爭).
마라톤 금융[—늉](marathon 金融)圓〈경제〉 마라톤처럼 자금을 다음에서 다음으로 굴려가는 부정 금융의 한 방법.
=마:-론[어미]圓=마는.
마람[고] 圓 마름.
뭇롯실[고] 圓 머릿줄. 모자.
마람-대圓 중국 청나라 때 관리들이 쓰던 투구 비슷한 모자.
마:래미圓〈어류〉 방어의 새끼. young yellowtail
마:량(馬糧)圓〈동〉 말먹이.
마:련(磨鍊)圓 쇠나 돌 따위를 문질러 갊. grinding **하다**
마력(魔力)圓 사람을 현혹시키고 매혹하는 이상한 힘. 괴상한 힘. magical power
마:력(馬力)의圓〈물리〉 공업상 공률(工率)을 나타내는 실용 단위. 말 한 필의 능력에 해당하는 것으로 1초당 75kg·m의 일이나 746W의 전력에 상당함. 기호; HP 또는 IP. horsepower
마련圓 ①무슨 일을 하려고 하는 속셈이나 속궁리. 또, 그런 궁리를 함. arrangement ②준비하여 갖춤. preparation **하다**
마련(2)[어미] '=게·=기' 따위 용언의 어미 아래에 쓰여 '그렇게 되도록 되어 있음'의 뜻을 나타내는 말. ¶무슨 일이든지 힘들기~이다. in such a way that ②'=았게(=었게)·=았기(=었기)' 따위 용언의 부사형 어미 아래에 쓰여 '망정'의 뜻을 나타내는 말. but for **하다**
마:렵(馬鬣)圓 말의 목덜미에서 등까지 난 긴 털. 말갈기.
마렵-다[비] 대소변이 나오려는 기미가 있다. have an urge
마:령(馬齡)圓〈동〉 마치(馬齒)①.
마:령-서(馬鈴薯)圓〈동〉 감자.
마로니에(marronnier 프)圓〈식물〉 너도밤나무과의 낙엽 교목. 초여름에 종 모양의 붉은 꽃이 피며 과실은 식용함. 구라파에서는 가로수나 관상용으로 심음.
마:록(馬鹿)圓〈동물〉 고라니.
마롱(marron 프)圓 마로니에의 열매.
마:루(馬驢)圓 말여귀.
마루圓〈건축〉 집채 안의 바닥에 널을 깐 곳. floor
마루(2)圓 ①길게 등성이가 진 지붕이나 산의 꼭대기. ridge ②일의 한창의 고비. climax ¶우 빠르다.
마루 넘은 수레 내려가기圓 사물의 진행 속도가 배.
마루 높이圓 지면으로부터 용마루까지의 높이.
마루-방[—房](—房)圓〈건축〉 구들을 놓지 않고 널을 깔아 꾸민 방. (대) 구들방. board-floored room
마루 운:동(—運動)圓〈체육〉 경기 종목의 하나. 12m²의 평면 위에서 텀블링을 중심으로 예술미가 가미되어 연기를 하여 승부를 겨름.
마루 적심(—積心)圓 용마루의 뒷목을 눌러 박은 서까래 동강이.
마루-청(—廳)圓 마룻 바닥에 깐 널조각. floor boards
마루-턱圓 산이나 지붕 마루의 두드러진 턱. 마루턱.
마루-턱圓 (약)=마루(2)①. 마루턱.
마루-폭(—幅)圓 바지나 고의의 허리와 사폭(邪幅)에 대는 긴 헝겊.
마룻-구멍圓 서까래와 보, 또는 서까래와 도리와의 사이에 있는 구멍. joist of floor
마룻-귀圓 마루청을 꺼내고 얹게 된 걸고 튼튼한 나무.
마룻-대圓〈건축〉 용마루 밑에 서까래가 걸리게 된 도리. 상량. 기축(機軸)①. purlin
마룻-바닥圓 마루의 아무것도 깔지 않은 바닥. floor
마룻-보圓〈건축〉 ①두 줄로 얹는 보에 있어서 마룻대가 되는 보. ②마룻대의 밑까지 높이 쌓아 올린 보.
마룻-줄圓 배의 돛을 올리고 내리는 데 쓰는 줄. 용총줄. halyard
마:륙(馬陸)圓〈동〉 노래기.
마르(Maar 도)圓〈지학〉 화산의 폭발로 말미암아 생

=마르는

진 화구(火口) 지형의 하나. 폭발이 한 번만으로 끝났기 때문에 화산체(火山體)를 채 이루지 못하고 냄비 모양의 지형을 나타낸 것을 일컬음.

마르는 〔어〕 마치는.

마르-다〔르르〕 ①물기가 날아가다. dry ②야위어서 살이 없다. become thin ③입 속에 물기가 없다. 목이 타다. be thirsty ④〔속〕 돈이 없다. ⑤내 같은 곳에 물이 없어지다. 「베고 자르다. cut out

마르-다〔르르〕 옷감이나 재목 등을 치수에 맞추어

마르멜로(marmelo 포)〔명〕 〈식물〉 장미과의 낙엽 교목. 봄에 백색 또는 담홍색의 꽃이 피고 과실은 단맛과 향기가 있어 생식하거나 잼을 만들어 먹음.

마르모트(marmotte 프)〔명〕 〈동물〉 마르모트과의 쥐. 애완용 또는 의학 실험용으로 씀. 천축서. 마멋 (marmot).

마르세일 비누(Marseille—)〔명〕 냉수에 풀리기 쉬운 중성 비누. 올리브유·낙화생유 따위로 만드는 데 전직물이나 모직물 따위의 세탁에 씀.

마르스(Mars)〔명〕 로마 신화의 군신(軍神).

마르치알레(marciale, marziale 이)〔명〕 〈음악〉 '행진곡조로'의 뜻.

마르카토(marcato 이)〔명〕 〈음악〉 '한 소리 한 소리를 똑똑 끊어서'의 뜻.

마르크(Mark 도)〔명〕 독일의 화폐 단위. 마극(馬克).

마르크스 레닌주의(Marx-Lenin 主義)〔명〕 〈사회〉 마르크스가 확립한 이론을 레닌이 제국주의 단계에 대응시켜서 발전시켰다고 하는 사상의 경향. Marxism-Leninism

마르크스-주의(Marx 主義)〔명〕 〈사회〉 마르크스가 제창한, 사회 발전에 관한 혁명적 사회주의 이론 체계. 공산주의(共產主義). 마르크시즘. ¶~자(者). Marxism

마르크스주의 국가관(Marx 主義國家觀)〔명〕 〈사회〉 국가 발전의 결정적 요소는 사회적 생산력과 생산 관계이며 이것이 국가의 형태 및 기능의 조건이라고 보는 국가관. 「르크스주의자.

마르크시스트(Marxist)〔명〕 마르크스주의의 신봉자. 마

마르크시즘(Marxism)〔명〕 ⇨마르크스주의.

마르틀레(martelé 프)〔명〕 〈음악〉 ①사망치로 침. ②현악기를 활로써 켜며 연주함. 하다〔타〕

마르티니 칵테일(martini cocktail)〔명〕 가장 많이 보급된 칵테일의 하나. 진(gin)과 베르뭇(vermouth)이 주성분임.

마·른(고) 마는.

마른-갈이〔명〕 〈농업〉 논에 물을 대지 않고 가는 일. 《대》 진갈이. tillage of a dry rice field 하다

마른-걸레〔명〕 물기가 있는 걸레. 《대》 진걸레.

마른-고기〔명〕 보존하기 위하여 물기가 없게 말린 물고기나 짐승의 고기. dried fish (meat)

마른-과자(一菓子)〔명〕 수분이 없이 바싹 마르게 만든 과자. 건과자(乾菓子). 《대》 진과자.

마른-구역(一嘔逆)〔명〕 〈동〉 헛구역.

마른-국수〔명〕 ①뽑은 그대로 말려 놓은 국수. ②국에 말거나 비비지 아니한 국수.

마른-금점(一金店)〔명〕 〈광업〉 다른 사람이 벌써 파낸 광물을 사고 팔거나, 광산을 사고 파는 데에 대한 구문 등의 중간 이득을 보는 일. 하다〔자〕

마른-기침〔명〕 가래가 나오지 않는 기침. 건수(乾嗽). dry cough 하다〔자〕

마른-나무〔명〕 물기가 없는 나무. 《대》 생나무.

마른나무에 물 터지듯〔관〕 있을 수 없는 것을 억지로 해 내려 함을 이름.

마른나무에 좀 먹듯〔관〕 건강이나 재산이 모르는 동안에 점점 쇠하거나 없어짐을 이름. 「day

마른-날〔명〕 눈비가 내리지 않고 갠 날. 《대》 진날. dry

마른-논〔명〕 〈동〉 건답(乾畓).

마른-눈〔명〕 비가 섞이지 않고 오는 눈. 《대》 진눈깨비. snow

마른-바가지〔명〕 물에 넣지 않은 바가지. 곡식을 담거

마리

나 퍼내는 데 씀. gourd dipper for rice

마른-반찬(一飯饌)〔명〕 말린 물고기·포육 등의 바싹 마른 반찬.

마른-밥〔명〕 ①국이 없이 반찬만으로 먹는 밥. rice eaten without soup ②주먹같이 뭉쳐서 단단하게 만든 밥. rice-ball

마른-버짐〔명〕 〈한의〉 피부병의 하나. 얼굴에 까슬까슬하게 번지는 흰 버짐. 건선(乾癬). 풍선(風癬). 《대》 진버짐. 「lightning in the clear blue sky

마른-번개〔명〕 비가 내리지 않는 하늘에서 치는 번개.

마른-빨래〔명〕 ①흙 묻은 옷을 말리어 비비는 일. ②옷의 이를 남에게 옮겨 없애는 일. 하다〔타〕

마른-신〔명〕 ①기름으로 결지 않은 가죽신. unoiled leather shoes ②마른 땅에 신는 신. shoes for the dry ground 「술안주.

마른-안주(一按酒)〔명〕 포나 과자 등과 같이 물기가 없는

마른-열매〔명〕 〈식물〉 익으면 껍질이 목질(木質)·혁질(革質)로 되는 열매. 건조과(乾燥果). dry fruit

마른-옴〔명〕 〈한의〉 피부병의 하나. 몹시 가려워서 굶으면 허물이 벗어지는 옴. 건개(乾疥). 《대》 짐옴. itch 「을 가리키는 말.

마른 이 죽이듯〔관〕 무슨 일이든지 곰상스럽게 하는 짓

마른-일〔一닐〕〔명〕 바느질이나 길쌈 등과 같이 물에 손을 넣지 아니하고 하는 일. 《대》 진일. woman's roomwork 하다

마른-입〔一닙〕〔명〕 ①국물을 먹지 아니한 입. dry mouth ②아침에 일어나서 아직 아무 것도 먹지 않은 입. 잔입. 「place

마른-자리〔명〕 물기가 없는 자리. 《대》 진자리. dry

마른-장(一醬)〔명〕 가루로 된 장이며. 물에 타면 간장이 됨. 건장(乾醬). powdered soy sauce 「찬합.

마른-찬=합(一饌盒)〔명〕 마른반찬을 담는 찬합. 《대》 진

마른-천둥〔명〕 비가 오지 않는 하늘에서 치는 천둥. thunder in a clear blue sky 하다

마른-침〔명〕 음식물을 대했을 때나, 몹시 긴장했을 때에 무의식중에 힘들어 삼키는, 물기 적은 침.

마른-타=작(一打作)〔명〕 벼를 베어서 바싹 말린 뒤에 하는 타작. 《대》 물타작. 진타작. 하다〔타〕

마른-편포(一片脯)〔명〕 바싹 말려서 딱딱하게 된 편포.

마른-풀〔명〕 꼴로 쓰기 위하여 베어 말린 풀. 건초(乾

마른-하늘〔명〕 비가 개인 하늘. clear sky 「草). hay

마른하늘에 생벼락〔관〕 뜻밖의 재앙.

마른-행주〔명〕 물에 적시지 아니한 행주. 《대》 진행주.

마른-홍두깨〔명〕 다듬이에 약간 물기가 있게 하여 홍두깨에 울리는 일. 《대》 진홍두깨.

마름〔명〕 이엉을 엮어서 말아 놓은 단. bundle

마름〔명〕 지주의 위임을 받아 소작권을 관리하는 사람. 사음(舍音). land owner's agent

마름〔명〕 〈식물〉 ①마름꽃과의 일년생 풀. 뿌리는 흙에 박았으나 줄기는 물 속에서 길게 자라 물 위에 나와 잎이 뜸. 마름모 꼴로 된 단단한 과실이 열리는데 식용함. ②열매. 능실(菱實). water-

마름-〔어〕 '마르다'의 명사형. 「chestnut

마름개-질〔명〕 〈동〉 마름질. 하다〔타〕

마름-다시(一茶食)〔명〕 마름으로 만든 다식. 「이.

마름 둥글이〔명〕 필요한 만큼의 길이로 마름질한 둥글

마름-모〔명〕 〈수학〉 네 변의 길이가 같으나 모든 각이 직각이 아닌 사각형. 능형(菱形).

마름-새〔명〕 마름질하여 놓은 모양. 또는, 상태.

마름-쇠〔명〕 도둑이나 적군을 막기 위하여 흩어 두는 마름 모양의 무쇠. 능철(菱鐵). 여철(藜鐵). caltrap

마름쇠도 삼킬 놈〔관〕 아무거나 닥치는 대로 먹어 치우는 몹시 탐욕적인 사람을 가리키는 말.

마름-자〔명〕 마름질하는 데 쓰는 자. measure

마름 재목(一材木)〔명〕 일정한 치수로 말라 놓은 재목.

마름-질〔명〕 옷감 따위를 치수에 맞추어 마르는 일. cutting 하다〔타〕

마리〔의〕〔명〕 짐승 따위의 수효를 셀 때 쓰는 말. head

마·리 〈고〉 ①머리털. ②수(首). ③머리.
=마리 〈어미〉 ①=니. ②=며. [流蘇].
마리사기 〈고〉 여자 옷·머 따위를 꾸미는 술. 유소
마리아(Maria 그) 〈기독〉 성모(聖母).
마리오네트(marionette 프) 〈영〉 ①피뢰(傀儡). ②〈연예〉 인형극에 쓰이는 실로 조정되는 인형.
마리화나(marihuana) 삼의 이삭·잎을 말려 가루로 빻은 마약의 일종. 주로 담배에 섞어 피움.
마·린(馬鱗) 〈명〉〈동〉 꽃창포.
마림바(marimba) 〈음〉 멕시코에서 유행되는 타악기의 하나. 목금(木琴)의 일종으로 음판 밑에 공명관이 장치되어 낮은 음부도 잘 울림. 음역이 넓어 독주에 합주에 널리 쓰임.
마립간(麻立干) 〈제도〉 신라 임금의 칭호의 하나.
마:마(媽媽) 〈명〉 ①아주 높은 사람. 곧, 왕족을 부를 때 칭호로서 붙이는 말. ¶상감 ~. Your Highness ②높은 벼슬아치의 첩을 대접하여 부르는 말. ③〈약〉→별성(別星) ④마마님. 손님마마. 역신(疫神).
마마(mamma) 〈명〉 '엄마'의 어린이 말. **하접**
마마 그릇되듯 불길한 징조가 보인다는 뜻.
마:마-떡(媽媽一) 〈명〉 마마할 때에 꽃이 잘 솟으라고
마:마-떡(媽媽一) 〈명〉 마마한 때에 꽃이 잘 솟으라고
마무룩-다이 〈고〉 메마르다. [먹는 떡. 마마병.
마:마-병(媽媽病) 〈명〉 마마병.
마:마-자국[一짜一](媽媽一) 〈명〉 마마를 앓고 난 뒤의 얽은 자국. 두흔(痘痕).
마:멀레이드(marmalade) 오렌지나 레몬 따위의 겉껍 [질로 만든 잼.
마:멋(marmot) 〈명〉 마르모트(marmotte).
마면-사(麻綿絲) 삼에 면사를 섞어서 만든 실. hemp and cotton thread **하접**
마멸(磨滅·摩滅) 갈리어 닳아서 없어짐. wearing
마:모(馬毛) 〈명〉 말의 털.
마모(磨耗) 기계의 부품이나 도구 등이 닳음. **하접**
마모니스트(mammonist) 〈명〉 배금주의자(拜金主義者). 황금 만능주의자.
마모니즘(mammonism) 〈명〉 배금주의(拜金主義). 황금 만능주의.
마모로-다 〈고〉 마무르다.
마모트(mammot) 〈명〉 매머드①.
마목 〈광물〉 광맥 속에 광석이 될 것 이외의 것이 섞여 있는 광물의 총칭.
마:목(馬木) 〈명〉 가마나 상여 등을 올려놓을 때 괴는 받침돌. coffin or litter stand
마목(麻木) ①근육이 굳어져 감각이 없어지며 굴신이 잘 안 되는 병. ②문둥병 증세가 피부에 나타나기 시작할 때에 살갗이 허는 자리. ③오래 앉아서 다리가 저린 것.
마:목-지기(馬木一) 〈명〉 상여를 메고 갈 때, 상여에 딸린 마목을 지고 가는 상여꾼의 한 사람. coffin-st
마무(摩撫) 〈명〉 무마(撫摩). [and carrier
마무르-다 〈타로불〉 ①물건의 가장자리를 꾸미어 마치다. hem ②일의 뒤끝을 뱉다. give the final touch
마무리 일의 끝단속. ¶일을 ~ 짓다. settlement
마:무-재(馬舞災) 〈명〉 화재(火災). **하접**
마:묵(馬墨) 〈명〉 마황(馬黃).
마묵(磨墨) 〈명〉 벼루에 먹을 갊. **하접**
마물(魔物) 요망하고 간사한 사물. bogy
마:미(馬尾) 〈명〉 ①말의 꼬리. horse-tail ②〈동〉 말총.
마:미-군(馬尾裙) 〈명〉 말총으로 짜서 바지 모양으로 만든 옛날 여자의 옷.
마:미-단(馬尾緞) 〈명〉 서양 피륙의 하나.
마:미-전(馬尾廛) 〈제도〉 말총을 팔던 가게.
마:-바리(馬一) 〈명〉 ①짐을 실은 말. 또, 말에 실은 짐. horse of burden ②〈농업〉 한 마지기에 두 섬 곡식이 남을 이르는 말.
마:바리-꾼(馬一) 마바리를 몰고 다니는 사람.
마:바리-집(馬一一) 〈명〉 =마방집. [pack-horse driver
마발(痲勃) 〈명〉 삼꽃.
마:방(馬房) 〈명〉 ①마구간이 갖추어 있는 주막집. inn with stabling facilities ②절의 말을 매어 두는 곳.
마:방-집[一점](馬房一) 〈명〉 말을 두고 삯짐 싣는 일로 업을 삼는 사람의 집.
마방집이 망하려면 당나귀만 들어온다 일이 잘 안 되려면 해롭고 귀찮은 일만 생긴다.
마법(魔法) 〈명〉 마력(魔力)을 작용시켜, 불가사의한 일을 행하는 술법. 요술(妖術). magic
마법-사(魔法師) 〈명〉 요술을 부리는 사람. magician
마:병(馬兵) ①〈명〉 기병(騎兵). ②〈제도〉 훈련도 [감에 딸렸던 기병.
마:병 장수 허름한 물건을 가지고 돌아다니며 파는 사람. junk-dealer
마:보-병(馬步兵) 〈제도〉 마병과 보병.
마:봉(馬蜂) 〈명〉〈동〉 말벌.
마:부(馬夫) 〈명〉 ①말구종. ②말을 부리는 사람.
마:부(拜送) 길 떠날 때에 싸리말을 모는 사람.
마:부-대(馬夫臺) 〈명〉 마부가 앉는 자리.
마:부 타(馬夫打令) 〈민속〉 역신(疫神)을 배송할 때 싸리말을 몰며 부르는 타령. **하접**
마:분(馬分) 〈명〉 마삯.
마:분(馬糞) 〈명〉 말의 똥.
마분(麻粉) 〈한의〉 ①삼씨. ②삼꽃의 화분. 맛이 쓰고 독한 성질이 있음. [이]. mill-board
마분-지(馬糞紙) 짚을 원료로 하여 만든 누른 종
마:불(marble) 〈명〉 ①〈광물〉 대리석(大理石). ②〈미술〉 대리석의 조각물(彫刻物).
마비(痲痺·麻痺) 〈명〉 ①신체의 일부분 또는 전체의 감각이 없어짐. palsy ②신경이나 심줄이 그 구실을 못하거나 없어져서 생기는 병. paralysis ③어떤 기관·물체가 제대로 작용을 못함. be benumbed **하접**
마비성 치매[一성一](痲痺性癡呆) 〈의학〉 신경 계통 질환의 하나. 흔히 매독에서 옴. 진행 마비. dementia paralytica [전염성 종양. 비저(鼻疽).
마:비-저(馬鼻疽) 주로 말이나 당나귀에 유행하는
마비-탕(痲沸湯) 〈한의〉 삼의 잎·줄기·뿌리를 달인 물. 피하에 일어나는 출혈이나 골절통 따위의 약으로 쓰임.
마:비-풍(馬脾風) 〈동〉 디프테리아(diphtheria).
마빛-다 비집어 내다. force open
마:사(馬事) 〈명〉 ①말을 기르고 부리는 데 관한 모든 일. ②말에 관한 일. horse affairs
마사(痲絲) 〈명〉 베실.
마사(磨砂) 금속제의 기물을 닦는 데에 쓰는 점성(粘性) 없는 백악(白堊). 녹이나 때를 벗겨 광이
마:사-니 추수할 때에 곡식을 되는 사람. [나게 함.
마사-지(massage 프) ①안마(按摩). ②피부를 문질러 곱고 건강하게 하는 미용법의 하나. 흔히 콜드크림으로 함. **하접**
마:사-회(馬事會) 〈명〉 말의 품종 개량과 부리고 다루는 법 따위를 연구 장려하는 단체. horse raiser's association
마삭-나무 〈식물〉 마삭나무과의 상록 활엽 만목(蔓木). 첫여름에 흰 꽃이 피는데 향기가 좋아 관상용으로 재배함. 경엽(莖葉)은 해열·강장제로 씀. 낙
마삭-줄 〈명〉 마삭나무. [석(絡石). 마삭줄.
마:-삯(馬一) 말을 세내는 삯. 마분(馬分). 마세(馬貰). charge for hiring a horse
마·손 〈고〉 마흔.
마·솔(馬率) 〈명〉 관청(官廳).
마솜 〈고〉 마음.
마솜 〈고〉 마음.
마솜조·초 〈고〉 마음대로. [seback
마:상(馬上) 〈명〉 말의 등 위. 말을 타고 있는. on hor-
마:상-객(馬上客) 〈명〉 말을 타고 있는 사람.
마:상 봉:도(馬上奉導) 〈제도〉 임금이 능(陵)으로 갈 때 마상(馬上)에 오르면 일산(日傘)을 우긋하게 잘 받쳐 들게 하고 편히 모시라고 지휘·감독하던 직분.

마:상 유삼(馬上油衫)[명] 말을 탈 때 입는 유삼.

마:상이[명] ①거루 따위의 작은 배. boat ②통나무를 파서 만든 아주 작은 배. 독목주(獨木舟). canoe

마:상-재(馬上才)[명]〈제도〉달리는 말 위에서 부리는 온갖 재주. 각 영문(營門)의 마군(馬軍) 가운데에서 뽑아 행함. 마기(馬技). 마예(馬藝). 원기(猿騎). ¶~군. horsemanship

마:상-전(馬床廛)[명]〈제도〉마구(馬具)·관복(官服) 등을 팔던 가게. harnessry

마:상-치(馬上-)[명] 말 탈 때에 신는 가죽신이나 입는 우장옷. riding boots or raincoat

마:상 편곤(馬上鞭棍)[명]〈제도〉완전히 무장한 무사가 말을 타고 편곤을 가지고 하는 무예.

마상이[명]〈口〉마상이.

마석(磨石)[명] ①돌 맷돌. ②반드럽게 하기 위해 돌을 갊. grinding the stone [하다]

마-석기(磨石器)[명]〈약〉→마제 석기(磨製石器).

마:선(馬癬)[명]〈동〉말버짐.

마성(魔性)[명] ①악마의 성질. ②사람을 미혹시키는, 악마가 가지고 있는 것과 같은 성질.

마세(一貰)[명] 추수해 마름이 소작료 외에 마질삯으로 더 받는 벼.

마세(馬貰)[명]〈동〉마삯.

마세(massé 프)[명]〈체육〉당구에서 큐(cue)를 수직으로 세워 가지고 공을 치는 방법.

마:설 플랜(Marshall Plan)[명]〈경제〉1947년에 미국 국무 장관 마셜이 제안한 총합적인 대구주 원조 계획(對歐洲援助計劃).

마소[명] 말과 소. horses and cattle

마소의 새끼는 시골로 사람의 새끼는 서울로[속] 사람은 도회지에서 배우고 견문을 넓혀야 한다.

마=속(馬-)[명] 곡식을 되는 말의 용량(容量). capacity of one *mal* [음. [하다]

마손(摩損·磨損)[명] 금속 표면 따위가 서로 쓸리어 닳음. [하다]

마쇼[명]〈口〉말과 소.

마수[명] ①첫번에 팔리는 것으로 미루어 말하는 그 장사나 그 날의 운수. luck of the day ②〈약〉→마수걸이. measured in *mal*

마-수(一數)[명] 말로 헤아린 수량(數量). quantity

마수(魔手)[명] ①악마의 손. ②흉악하고 음흉한 사람의 소행. evil influence

마수-걸:-다[르불] 영업을 시작할 때나 또는 어떤 날에 처음으로 물건을 판다. make the first sale of the day [the day

마수-걸이[명] 마수거는 일.〈약〉마수⑦. first sale of

마수륨(masurium)[명]〈화학〉원소의 하나. 1925년 레뉴(rhenium)과 함께 발견되었으나, 현재는 43번 원소로서 인공 원소 테크네튬(technetium)이 확인되었음.

마:술(馬術)[명] ①말을 타는 기술. horsemanship ②말 위에서 하는 온갖 재주. 승마술. feats of horsemanship

마술(魔術)[명]〈동〉요술(妖術).

마술-사[一싸](魔術師)[명] 마술을 행하는 일을 업으로 삼는 사람.

마술-쟁이(魔術一)[명]〈동〉요술쟁이.

마스카:라(mascara)[명] 여자 화장품의 하나. 속눈썹을 짙게 하는 데 씀.

마스코트(Mascotte 프)[명] 행운을 가져온다고 믿고 고이 간직하는 물건. 행운의 신.

마스크(mask)[명] ①병균 또는 먼지 등을 막기 위하여 입이나 코를 막는 일마개. ②탈. 가면(假面). ③〈체육〉야구에서 포수가 얼굴을 가리기 위하여 쓰는 기구. →메드 마스크.

마스크(masques 프)[명]〈연예〉16세기에 궁정에서 행하여진 가면(假面) 극악의 하나. 오페라의 선구가 되었음.

마스크 워:크(mask work)[명]〈연예〉영화 촬영에서, 배우가 일인 이역으로 한 화면에 나와야만 할 경우에 화면의 일부를 잘라서 두 번 세 번으로 촬영하여서 합치는 일.

마스크 플레이(mask play)[명]〈연예〉가면극(假面劇).

마스터(master)[명] ①주인. ②우두머리. 주장하거나 숙달함. 또, 그 사람. ④선장(船長). ⑤석사(碩士).

마스터베이션(masturbation)[명] 수음(手淫). [하다]

마스터슬레이브 조작기(master-slave 操作機)〈물리〉방사능(放射能)에 강한 물질을 다루기 위하여서 사용하는 기기.

마스터 오브 로:(Master of Law)[명]〈교육〉영국·미국의 대학에서 법학을 수업한 사람에게 수여하는 칭호. 엠 엘(M. L.).

마스터 오브 아:츠(Master of Arts)[명]〈교육〉영국·미국의 대학에서 문학부를 졸업하여 배철러 오브 아츠(B. A.)의 칭호를 얻은 후 약 1년을 경과하여 논문을 제출한 사람에게 심사한 후 수여되는 학위. 엠 에이(M. A.).

마스터 키:(master key)[명] ①여러 가지 자물쇠에 모두 맞는 열쇠. ②난문제(難問題)의 해결법.

마스터 플랜(master plan)[명] 전체의 기본이 되는 설계도. 기본 계획. 기본 설계.

마스터피:스(masterpiece)[명] 걸작(傑作). 명작(名作).

마스터-하다(master-)[타] 정복하거나 숙달하다.

마스토돈(mastodon 그)[명]〈동물〉화석(化石)으로 발견되는 큰 코끼리로 10여만 년 전에 지구에 살았음.

마스트(mast)[명] 돛대.

마스티프(mastiff)[명]〈동물〉개의 한 품종. 영국 원산. 크고 사나워 집을 지키거나 투견·호신용 등으로 씀.

마승(麻繩)[명] 삼껍질로 꼰 바. 삼노끈. [로 씀.

마:시 검:출법[一뻡](marsh 檢出法)〈화학〉미량의 비소(砒素), 특히 아비산(亞砒酸)을 검출하는 방법. drink ②공기 따위를 빨아들이다.

마시-다[타] ①물 따위 액체를 목구멍으로 넘기다.

마:식(馬食)[명] 말처럼 많이 먹음. eat like a horse [하다]

마식(磨蝕)[명]〈지학〉물·바람·얼음장 등에 운반되는 부스러기 물질에 의하여 암석(岩石)이 깎이는 현상.

마신(魔神)[명] 재앙을 주는 마의 신. devil

마온[명]〈口〉마훈.

마옹[명]〈口〉마훈. 관청(官廳). [하다]

마야(磨崖)[명] 석벽에 글자나 그림 또는 불상을 새김.

마애-불(磨崖佛)[명]〈불교〉자연 암벽(岩壁)에 새긴 불상.

마야(Māyā 범)[명] 고대 인도에서 환영(幻影)·허위(虛僞)에 충만된 물질계를 의미함. 또, 그것을 주는 여신(女神).

마야 문화(Maya 文化)[명] 6세기 경에 중앙 아메리카의 마야족에 의해서 발달된 문화. 잉카 문화와 더불어 인디언 문화의 쌍벽을 이루는데, 상당한 정도의 금속 문화를 가졌으며 일종의 상형 문자도 사용하였음.

마야 부인(摩耶夫人)[명]〈불교〉정반왕(淨飯王)의 아내. 로 석가 모니의 생모.

무아-지[명]〈口〉맞아지.

마약(痲藥·麻藥)[명] 마취 작용을 하며 습관성을 가진 약으로, 장기 복용하면 중독 증상을 나타내는 물질을 통틀어 일컬음. 마취약(痲醉藥)②. ②아편.

마약 중독(痲藥中毒)[명]〈의학〉①마취약으로 인한 중독 증상. ②아편 중독. 모르핀 중독.

마에스토소(maestoso 이)[명]〈음악〉'장엄하게'의 뜻.

마:역(馬疫)[명] 말의 역병(疫病).

마:연(馬煙)[명] 말이 달릴 때 일어나는 흙먼지.

마연-지(磨研紙)[명] 염마(研磨). [하다]

마연-지(磨研紙)[명] 유리 가루나 금강사(金剛砂)를 두꺼운 종이에 발라 쇠(鐵)·금속 등의 면을 가는 데 쓰는 종이. 사포(砂布). sand-paper

마염(魔焰)[명] 악마가 뿜는 화염(火炎). [씀.

마엽(麻葉)[명]〈한의〉삼의 잎. 오래된 학질에 약으로

마:예(馬藝)[명]〈동〉마상재(馬上才).

마오라기[명]〈口〉마래기.

마오려[조][고] 말구려. 말진저.

마왕(魔王)[명] ①마귀의 임금. ②<불교>천마(天魔)의 왕으로 정법(正法)을 해치고 중생이 불도에 들어가는 것을 방해하는 귀신. Satan

마요네:즈(mayonnaise 프)[명] 주로 야채 요리에 쓰이는 샐러드용 소스. 달걀 노른자·샐러드유·식초·소금 등을 섞어 만듦.

마우스(Maus 도)[명] 의학 실험용으로 기르는 생쥐.

마우스=피:스(mouthpiece)[명] ①<음악> 관악기의 입에 대고 부는 부분. 나팔 꼭지. ②전화기의 송화구(送話口). ③<체육> 권투 경기를 할 때 선수가 이를 보호하기 위하여 입 속에 무는 것. 흔히 스펀지가 많이 쓰임.

마:-우전(馬牛廛)[명] 말과 소를 매매하는 곳.

마운드(mound)[명] <체육> 야구에서, 투수가 서는 곳. 투수판(投手板).

마:위-답(馬位畓)[명] <제도> 조선조 때 추수하는 곡식을 역마(驛馬)의 먹이로 쓰이던 논. 마위논.

마:위-땅(馬位-)[명] <제도> 마위답(馬位畓)과 마위전(馬位田).「먹이로 쓰기 위하여 곡식을 가꾸던 밭.

마:위-전(馬位田)[명] <제도> 조선조 때 역마(驛馬)의

**마:-율[-율](馬-)[명] 마위답(馬位畓).

마:유(馬乳)[동] 매화틀.

마유(麻油)[명] 삼씨 기름. hemp seed oil

마유(馬乳)[생리] 남녀의 구별 없이 생후 3∼4일경부터 신생아의 유방에서 나오는 초유(初乳)와 비슷한 액체. 귀유(鬼乳).

마:-육(-肉)[명] 말의 고기. 말고기.

마을①<제도> 옛날에 관원이 모여 나랏일을 다스리던 곳. 관부(官府). 관서(官署). 관아(官衙). 공서(公署)②. government office ②시골에서 여러 집이 모여 사는 곳. 교리(郊里). 동네. 촌락(村落). 촌리(村里). ⑧ 도시. ⑭ 말⁷. village ③이웃에 놀러 가는 일.「neighbour

마을-가다[자] 시골서 이웃에 놀러 가다. visit one's

마을-꾼[명] ①마을 다니는 사람. man visiting his neighbours ②살림은 돌보지 않고 밤낮 마을만 다니는 여자.

마을리-변(-里邊)[명] 한자 부수(部首)의 하나. '重'「'野'등에서 '里'의 이름.

마음[명] ①사람의 지(智)·정(情)·의(意)의 움직임. 또, 그 움직이는 근원이 되는 정신적 상태의 총체. mind ②생각하고 있는 일. ¶네 ∼을 모르겠다. thinking ③선악을 분별하는 힘. mind ④기분. ¶∼이 상쾌하다. mood ⑤인정. ¶아주 후한 사람. consideration ⑥의미. 의의. ¶그 글의 ∼을 모르겠다. meaning ⑦성의(誠意). 넋②. ¶∼-껏 하다. 나는 어머니의 ∼으로 그것을 이루었다. ⑩ 맘. sincerity

마음=가짐[명] ①마음의 태도. attitude of one's mind ②결심. ¶∼을 굳히다. ⑭ 맘가짐.

마음=-결[-껼](-景)[명] 마음의 움직이는 바탕. ⑭ 맘결. disposition 「정신적인 고생. anxiety

마음 고생[-꼬-](-苦生)[명] 마음속으로 하는 고생.

마음 공부[-꽁-](-工夫)[명] 정신적인 수양. character improvement

마음-껏[명] ①열심으로. 성의껏. ¶나는 ∼했다. with one's whole heart ②하고 싶은 대로. ¶∼ 먹어라. ⑭ 맘껏. as much as one pleases

마음 끌리-다[자] 유혹이나 매혹이 되어, 마음이 그리로 당기어서 쏠리다.

마음-내키다[자] 하고 싶은 마음이 들다. ⑭ 맘내키다.

마음=놓다[자] 믿고 의심하거나 염려하지 않다. 안심하다. 믿다. ¶이젠 마음놓겠네. ⑭ 맘놓다. feel easy

마음-눈[명] 마음속으로 사물을 관찰하고 식별하는 힘. 도, 그 작용. 심안(心眼). intuition 「말달다.

마음-달-다[자] 마음이 매우 조급하여서 타다. ⑭ 맘달다.

마음=대로[부] 생각나는 대로. 하고 싶은 대로. ¶비 ∼ 놀아라. ⑭ 맘대로. as one pleases

마음=먹다[타] ①하고 싶은 생각을 가지다. intend ②마음을 작정하다. ⑭ 맘먹다. resolve

마음=보[-뽀](-)[명] 마음을 쓰는 본새. ⑭ 맘보. nature

마음 붙이-다 마음을 기울이어 전념(專念)하다.

마음 사-다[자] 흥미를 끌어 근심을 갖게 하다. 호감을 품게 하다.

마음-성[-씽](-性). ⑭ 맘성. nature

마음-성[-씽](-性)[명] 마음을 쓰는 성질. 심성(心

마음-속[-쏙](-)[명] 마음의 속. 심중(心中). ⑭ 맘속.

마음=쓰-다[자타] ①생각하다. 연구하다. think ②유의하다. mind ③동정하다. ¶마음쓰는 체하다. ⑭ 맘쓰다. sympathize

마음=씨[명] 마음을 쓰는 태도. ⑭ 맘씨. disposition

마음씨가 고우면 옷 앞섶이 아문다[속] 아름다운 마음씨는 그의 겉모양에도 나타난다.

마음 없는 염불 마지못하여 한다. 「꿈도 안 꾼다.

마음에나 있어야 꿈을 꾸지[속] 생각이 없으면

마음은 굴뚝 같다[속] 속으로는 하고 싶은 마음이 많다.

마음을 잘 가지면 죽어도 옳은 귀신이 된다[속] 착한 마음씨를 지니고 살면 죽은 뒤에도 좋은 일이 있다.

마음이 맞으면 삶은 도토리 한 알을 가지고도 시장 멈춤을 한다[속] 마음이 맞으면 역경을 잘 극복할 수 있다.

마음이 흔들 비쭉이다[속] 심지가 굳지 못하고 감정에 좌우되어 행동하는 사람의 비유. 「맘자리. heart

마음-자리[명][-짜-](-)[명] 마음의 본바탕. 심통(心統). ⑭

마음 잡아 개 장사라[속] 방황하던 사람의 일시적인 안정 상태의 비유. 「맘졸이다. be anxious about

마음=졸이-다[자] 걱정되어 마음이 많이 쓰이다. ⑭

마음=좋-다[형] ①인정이 있다. 동정심이 많다. sympathetic ②양심적이다. conscientious ③너그럽다. lenient 「맘죄다. feel uneasy

마음=죄-다[자] 마음이 조마조마하여 걱정되다. ⑭

마음 한 번 잘 먹으면 북두 칠성도 굽어보신다[속] 마음이 착한 사람은 하늘이 보살피신다.

마:의(馬醫)[명] 말의 병을 고치는 의사.

마의(麻衣)[명] 삼베 옷. hemp clothes

마이[고] 매우. 아주.

마이(minor)[명] <음악> ①단조(短調). ②단음계(短「音階).

마이너 리:그(minor league)[명] <체육> 미국 프로 야구에서 메이저 리그(major league) 외의 모든 리그의 총칭.

마이너스(minus)[명] ①<수학> 기호 '-'의 이름. 음호(陰號). ②<수학> 뺄셈. 감산(減算)함. ③<속> 부족(不足)함. 손해(損害)함. ④<수학> 음(陰). ⑭ 플러스(plus). 하①.

마이너스 성장(minus 成長)[명] <경제> 경제 성장률이 마이너스로 되는 것. 곧, GNP의 실질 규모가 전해에 비하여 적어지는 일.

마:이 동풍(馬耳東風)[명] 남의 말을 귀담아 듣지 않고 곧 흘려 버림을 이르는 말. utter indifference

마이스타징거(Meistersinger 도)[명] <문학> 15세기 초부터 활약했던 도이칠란트의 직업 시인(職業詩人).

마이신(mycine)[약] →스트렙토마이신(streptomycine). 「실린의 복합제. 페니마이.

마이실린(mycillin)[명] <약학> 스트렙토마이신과 페니

마이카(mica)[명] <광물> 운모(雲母).

마이 카(my car)[명] 자기 소유의 승용차. 자가용차.

마이카나이트(micanite)[명] <물리> 열 및 전기 절연물질의 하나. 운모의 얇은 조각을 결합시켜 다시 고압·고온을 가하여 잘 붙인 것.

마이카=족(my car 族)[명] 통근·행락(行樂)·여행에 자기의 차를 스스로 운전하고 즐기는 족속(族屬).

마이카 콘덴서(mica condenser)[명] <물리> 금속판(金屬板) 사이에 전기 용량을 크게 하기 위하여 운모를 끼운 축전기. 「마이크로폰.

마이크(mike)[명] →마이크로폰.

마이크로(micro)[명] 어떤 단위의 100만 분의 1을 표시하는 말. ⑰ ①아주 작은 것의 뜻. ②소형 사진기의 하나.

마이크로=그램(microgram)[의명]〈물리〉미터법에서의 극미 질량(極微質量)의 단위. 100만분의 1g.

마이크로=마이크로=(micro-micro)[접두]'100만분의 1의 100만분의 1'을 나타내는 말.

마이크로=미터(micrometer)[명]〈물리〉물건의 내경(內徑)·외경·직경·두께 등을 정밀하게 재는 기구. 100분의 1mm 까지 잴 수 있음. 측미계(測微計).

마이크로=밸런스(microbalance)[명] 화학 실험 등에서 1 mg 이하의 적은 양을 재는 천칭.

마이크로=버스(microbus)[명] 소형의 버스.

마이크로=웨이브(microwave)[명]〈물리〉파장이 1 m 이하의 전자파. 레이더·텔레비전에 이용되며, 물질의 분자 구조 연구에 중요한 역할을 함. 마이크로파. 극초단파(極超短波).

마이크로=카드(microcard)[명] 서적 따위를 사진으로 축사(縮寫)하여 인화지(印畫紙)에 구워 붙인 카드. 필요에 따라 리더로 확대하여 읽음.

마이크로카=드 리더(microcard reader)[명] 마이크로 카드에 박혀 있는 매우 작은 글자를 24배로 확대 시켜서 읽도록 한 장치.

마이크로=퀴리(microcurie)[의명] 방사성을 가진 물질의 양을 나타내는 단위. 1 퀴리의 100만분의 1.

마이크로=톰(microtome)[명] 생물 조직을 현미경용 표본으로 얇게 자르는 장치. 「wave」

마이크로=파(micro 波)[명] 마이크로웨이브(micro-

마이크로=패럿(microfarad)[의명]〈전기〉전기 용량의 단위. 1 패럿의 100만분의 1. 기호; pF.

마이크로=폰(microphone)[명] ①확성기(擴聲器). ②〈물리〉음파의 주파수를 그대로 전류의 파동으로 변환시키는 장치. 전화기에서는 보통 송화기라 함. (약) 마이크.

마이크로=필름(microfilm)[명] 신문·서적 등을 축사(縮寫)하여 보존하는 35mm 의 불연성(不燃性) 필름.

마이크롬(microhm)[의명]〈물리〉전기 저항의 단위. 1 옴(Ω)의 100만분의 1.

마=인(馬印)[명] 말의 산지(産地)를 표시하기 위하여 말의 볼기에 찍는 낙인(烙印). horse-brand

마인(麻仁)[명]〈한의〉삼의 씨.

마일(mile)[의명] 영국의 육지 거리를 재는 단위. 1 마일은 1.609km. 리(哩).

마일=포스트(milepost)[명] ①배의 속력을 계산하고 측량하기 위하여 해안에 설치해 놓은 표주(標柱). ②길가에 세워 놓은 이정표(里程標).

마자(麻子)[명] 삼의 씨.

무즈[고] 마저!.

마자=유(麻子油)[명] 삼씨로 짠 기름.

마작(麻雀)[명] 중국에서 생긴 실내 오락의 하나. mah-jongg 하다

마작=꾼(麻雀一)[명] 마작을 잘하거나 즐기는 사람.

마=잡이[명] →말잡이. 「댓서 쓰는 말. ¶3 ~.

마장[의명] 오리나 십리가 못 되는 거리를 이를 때 '리'

마=장(馬場)[명] ①말을 놓아 먹이는 곳. grazing land ②경마장(競馬場). race track

마장(魔障)[명] 어떠한 일에 마가 생기는 일. 마회(魔戱). 스럽다 스레다 「peddler with a horse

마=장수[명] 상품을 말에 싣고 다니며 파는 사람.

마=잡이[명] →말잡이.

마저¹ 남기지 말고 마지막까지. ¶이것도 ~ 먹어라. also 「¶이것~ 먹어라. even

마저² 남김없이 그것까지의 뜻을 나타내는 보조사.

마:적(馬賊)[명] 말을 탄 도둑의 무리. mounted bandits

마적(馬笛)[명] 마법의 피리. 마력을 가진 피리.

마:적=굴(馬賊窟)[명] 마적들의 소굴.

마:전[명] 피륙을 바램. 포백(曝白). 표백(漂白)②. hadadadadad

마전[명] 저자에서 파는 말이나 나귀. bleaching 하다

마:전(馬田)[명]〈제도〉조선조 때, 역마(驛馬)를 기르는 각 역(驛)에 주던 토지. 마위전(馬位田)과 마위 답(馬位畓)이 있었음.

마:전(馬錢)[명]〈식물〉마전과의 상록 교목. 동인도 원산으로, 높이 4~5m 가량이고 잎은 난형임. 사과보다 좀 큰 노란 종과(漿果)를 맺음. 씨는 마전자(馬錢子)라고 하여 약으로 씀. Stychnos naxvo-

마전(麻田)[명] 삼밭. 「mica

마:전=자(馬錢子)[명]〈약학〉마전의 씨. 알칼로이드 성분을 가지고 있어 스트리키닌(strychnine)과 브루신(brucine)을 만드는 원료가 되며, 엑스와 정기(丁幾)는 자기 충심(脚氣衝心)과 혈관 마비에 유효함. 번목별(番木鼈). 「bleacher

마전=장이[명] 피륙을 바래는 일을 업으로 삼는 사람.

마전=터[명] 피륙을 바래어 말리는 곳. 「하다

마접(魔接)[명] 귀신에 접함. 신이 내림. 신접(神接).

마:정(馬政)[명]〈법률〉말을 기르고 개량하고 번식시키는 데 관한 행정.

마:제(馬蹄)[명]〈동〉말굽².

마제(磨製)[명] 갈 같은 것을 곱게 갈아서 물건을 만드는 일. 또, 그 물건. 하다

마:제금 토시(馬蹄一)[명] 윗부리를 말굽처럼 만들어 손등을 덮는 토시. 말굽 토시. (약) 마제 토시.

마:제=석(馬蹄石)[명]〈광물〉창흑색(蒼黑色)으로 표면에 말굽과 같은 무늬가 있는 돌.

마제 석기(磨製石器)[명]〈역사〉석기 시대의 중기 이후 돌을 갈아서 만든 도구. 도끼·칼·창·활촉 등이 있음. (약) 마석기.

마:제=신(馬蹄腎)[명]〈의학〉신장의 선천성 기형의 하나. 척추 양쪽에 하나씩 있어야 할 것이 유합하여 말굽 모양으로 된 신장. horseshoe kidney

마:제=연(馬蹄椽)[명]〈동〉말굽 추녀.

마:제=은(馬蹄銀)[명]〈동〉말굽은.

마:제=철(馬蹄鐵)[명] ①〈동〉대접쇠. ②〈동〉말편자.

마:제=초(馬蹄草)[명]〈동〉참쇠.

마:제 추녀(馬蹄一)[명]〈동〉말굽 추녀.

마:제 토시(馬蹄一)[명]〈약〉→마제금 토시.

마:제=형(馬蹄形)[명] 말굽처럼 생긴 모양.

마:제형 자:석(馬蹄形磁石)[명] 말굽 자석.

마젤란=운(Magellan 雲)[명]〈천문〉남반구 하늘에 빛나는, 맨눈으로 볼 수 있는 은하계의 불규칙형(型) 성운. Magellanic clouds

마·조[一조](一調)[명]〈음악〉'마' 음(音)을 주음으로 「하여 구성된 음조.

마·조(馬蜩)[명] 말매미.

마·보=보·다[조][고] 마주 보다.

마조=장이(磨造一)[명] 도자기의 모양이 된 뒤에 매만져 맵시를 내는 사람. finisher of ceramic wares

마조히스무스(Masochismus도)[명] 매저키즘(maso-chism).

마졸(磨卒)[명] 마왕의 졸개. 마귀의 하졸(下卒).

마졸리카(majolica)[명]〈공업〉이탈리아에서 15세기에 발달한 특수 도자기. 유색(有色)의 도질 바탕에 백색 불투명의 겉물을 입히고, 금속 광택의 그림으로 장식하는 것임. 또, 이를 모방하여 만든 도자기를 일컬음.

마주 서로 똑바로 향하여. opposite 「컬음.

마:주(馬主)[명] 말의 주인.

마주=나기[명]〈식물〉잎이 두 개씩 마주 붙어서 남. 대생(對生). (-에) 어긋나기.

마주=나무[명] 말이나 소를 매어 놓는 나무. 「맞놓다.

마주 놓다[동] 서로 똑바로 향하여 물건을 놓다. (약)

마주르카(mazurka)[명]〈음악〉폴란드의 무도곡. 또, 거기에 맞추어 추는 댄스. 3/4 박자의 야성적이고 경쾌한 리듬이 특색임. 「다.

마주 보·다[동] 서로 똑바로 향하여 보다. (약) 맞보

마주 서·다[동] 서로 똑바로 보고 서다. (약) 맞서다.

마주 앉·다[동] 서로 똑바로 보고 앉다.

마주 잡·다[동] ①서로 손을 잡다. ②마주 보고 물건을 잡다. ¶밥상을 마주 잡고 나르다. ③어떤 일에 서로 협력하다. (약) 맞잡다.

마주=잡이[명] 두 사람이 앞뒤에서 마주 메는 상여(喪輿)나 들것. bier carried by two bearers

마주치·다[동] ①서로 정면으로부터 부딪치다. collide head-on with ②뜻하지 않게 만나다. meet(face) with

마주=하다🄫 마주 대하다. ¶얼굴을 ~.
마:죽(馬粥)🄫 말의 먹이. boiled horse feed
마중🄫 오는 사람이 이르기 전에 나아가 맞는 일. 출영(出迎). (대) 배웅. going to meet a person 하다
마중=물🄫 펌프에서 물이 안 나올 때에 물을 이끌어 내기 위하여 위로부터 붓는 물.
마중지봉(麻中之蓬)🄫 삼밭에 난 쑥대. 곧, 좋은 환경에서 자란 사람은 주위의 감화를 받아 선량해진다는 말. ⌜hempen paper
마지(麻紙)🄫 마피(麻皮)나 마포(麻布)로 만든 종이.
마지(麻旨)🄫〈불교〉부처에게 올리는 밥. boiled rice offered to Buddha
마:=지기🄫〈제도〉내수사(內需司)와 각 궁방(宮房)의 하인(下人). 노자(奴子)의 딴 말.
마=지기²🄫 논밭의 넓이의 단위. 한 말의 씨를 뿌릴 만한 넓이. 논은 150~300평, 밭은 100평 내외임. 두락(斗落). patch of field requiring one *mal* of seed
마지노=선(Maginot 線)🄫〈지리〉독일•프랑스 국경의 프랑스 쪽의 요새선(要塞線). 1936년에 완성. 근대 축성(築城)의 획기적인 것이라 불리었으나, 제2차 세계 대전 중 독일 공군에 의하여 돌파되었음.
마지막🄫 일의 끝파. 최후. ¶~ 판. last
마지막 숨🄫 숨이 질 때 마지막으로 쉬는 숨.
마:지-못=하다🄬 마음이 내키지는 않으나 아니하려야 아니할 수가 없다. ¶마지못하여 외출을 허락해 주었다. be compelled to
마지 불기(摩旨佛器)🄫〈불교〉마지를 담는 그릇.
마지=쇠(摩旨-)🄫〈불교〉마지를 올릴 때 치는 종.
마지=쌀(摩旨-)🄫〈불교〉마지를 짓는 데 쓰는 쌀.
마:지아니=하다🄭 소망이나 의지를 나타내는 동사 밑에 붙어, 충심으로 그렇게 함을 강조할 때 쓰는 말. ¶바라 ~. cannot help···ing
마:직(馬直)🄫 →마지기².
마=직물(麻織物)🄫 삼으로 짠 피륙.
마진(痲疹)🄫 홍역(紅疫).
마:진(margin)🄫〈경제〉①원가(原價)와 매가(賣價)와의 차액(差額). 이익금. ②증거금. ③수수료.
마:진 머니(margin money)🄫〈경제〉은행이 업자에게 신용을 준 경우에 보증금으로 징수하는 현금.
마진 폐:렴(痲疹肺炎)🄫〈의학〉마진과 합병하여 생기는 폐렴. 마진 환자의 약 10%가 이에 걸리는데, 두 살 이하의 어린아이에게 특히 많음. measles pneumonia
마:=질🄫 곡식을 말로 되는 일. (원) 말질. measuring
마:질(痲疾)🄫⟨동⟩말거머리. ⌜with *mal* 하다
마쯔빙🄫
마:=쪽🄫'남쪽'의 뱃사람 말.
마:=차(馬車)🄫 말이 끄는 수레. carriage
마=차:꾼(馬車-)🄫 (하) 마부(馬夫).
무•츠•다다🄬 (고) 마치다.
무•츠•매:다🄬 (고) 마치내. 마지막.
마:차부=자리(馬車夫-)🄫〈천문〉북쪽 하늘의 오리온자리 북쪽에 있는 별자리. ⌜일반. similarity
마찬가지(←마치 한가지)🄫 서로 같음. 매한가지. 매
마찰(摩擦)🄫 ①두 물건이 서로 닿아서 비빔. friction ②뜻이 맞지 않아서 옥신각신함. ③〈물리〉한 물체가 다른 물체 위에서 운동하려 할 때에, 그 닿는 면에서 받는 저항. 하다
마찰 계:수(摩擦係數)🄫〈물리〉두 물체의 접촉면 사이에 생기는 마찰력과 두 물체의 사이에 작용하는 법선(法線) 방향의 압력의 비(比). 마찰 상수. co-efficient of friction
마찰=력(摩擦力)🄫〈물리〉마찰할 때 일어나는 두 물체의 저항력. frictional force
마찰 브레이크(摩擦 brake)🄫 제동기의 하나. 마찰에 의하여 차를 제동시키는 것의 총칭. friction brake
마찰 상수(摩擦常數)🄫 ⟨동⟩마찰 계수(摩擦係數).
마찰 손:실(摩擦損失)🄫〈물리〉마찰에 의하여 없어지는 에너지의 총칭. frictional loss
마찰=열(-熱)(摩擦熱)🄫〈물리〉물체를 마찰할 때에 생기는 열. friction heat
마찰=음(摩擦音)🄫〈어학〉조성관(調聲管)의 일부가 매우 좁아서 공기가 통과하는 숨이 마찰하여 일으키는 소리. s•h 등의 자음이 이에 속하는데, 우리말에서는 ㅅ•ㅎ 등. fricative
마찰 저:항(摩擦抵抗)🄫〈물리〉흐르는 유체 속에 있는 물체 표면에 작용하는 마찰 응력의 합력으로서 나타나는 저항.
마찰적 실업(摩擦的失業)🄫 노동의 수요와 공급의 일시적 부조화에 의해서 일어나는 실업. friction unemployment
마찰 전:기(摩擦電氣)🄫〈물리〉두 물체가 서로 마찰할 때에 생기는 전기. 정전기(靜電氣). frictional electricity ⌜동을 단속(斷續)시키는 클러치의 총칭.
마찰 클러치(摩擦 clutch)🄫 마찰을 이용하여 회전 운
무•춤🄫 (고) 마침. 마지막.
무•춤내🄬 (고) 마침내.
마천(摩天)🄫 하늘을 만질 만큼 높음.
마천=각(摩天閣)🄫⟨동⟩마천루(摩天樓).
마천=루(摩天樓)🄫 하늘에 닿을 듯이 아주 높은 고층 건물. 마천각. sky-scraper
마=천우(摩天牛)🄫⟨동⟩삼하늘소.
마:=철(馬鐵)🄫⟨동⟩말편자.
마:철=계(馬鐵契)🄫〈제도〉공물(貢物)로서 말편자를 바치던 계.
마:=초(馬草)🄫 말에게 먹이는 풀. 말꼴. green feed
마:=초-다🄬 (고) 견주어 보다. 맞추어 보다. ⌜추다. 합하다.
마:-초•아/마초와🄬 (고) 마침. ⌜추다. 합하다.
마초와/마쵸와🄬 (고) 마침. 우연히.
마추-다🄬 →맞추다.
마춤🄫 →맞춤.
마충(麻蟲)🄫⟨동⟩삼벌레.
마취(痲醉•麻醉)🄫 독물•약물로 인해 감각을 잃고 자극에 반응할 수 없게 하는 일. 몽혼(矇昏). anaesthesia 하다
마:취=목(馬醉木)🄫〈식물〉철쭉과의 상록수. 키 2~3m임. 잎은 가늘고 길며 가장자리에 톱니가 있음. 이른봄에 탑 모양의 자디잔 흰 꽃이 핌. 잎은 독(毒)이 있어 달여서 살충제로 씀. 관상용으로 심음. Pieris japonica
마취=법(-[一])(痲醉法)🄫〈의학〉의료상(醫療上) 수술 같은 것을 할 때, 고통을 덜기 위하여 전신 또는 국부를 마취시키는 방법.
마취=약(痲醉藥)🄫 ①〈약학〉아픔을 없애기 위하여 피하•정맥•기관(氣管)에 도입하여 마취시키는 약. 몽혼약(矇昏藥). 마취제. ②⟨동⟩마약(痲藥)①. anesthetic
마취=제(痲醉劑)🄫⟨동⟩마취약(痲醉藥)①. ⌜hetic
마치🄫 못을 박는 데 쓰는 연장. small hammer
마치¹🄬 ①거의 비슷하게. 흡사. ¶언행이 ~ 노인 같다. as if ②틀림없이. ⌜말.
마:치(馬齒)🄫 ①말의 나이. 마령(馬齡). age of a horse ②자기의 나이를 낮추어이르는 말.
마:치(march)🄫〈음악〉①행진곡(行進曲). ②행진.
마치가 가벼우면 못이 솟는다🄫 윗사람의 위엄과 무게가 없으면 남이 순종하지 않고 오히려 반항하는 듯.
마치-다🄬 ①무엇을 박을 때 밑에 무엇이 받치어 딱딱 버티다. hit ②무엇이 박히는 것같이 아프다. ¶가슴이 ~. ⌜지막으로 끝내다. finish
마치-다²🄬 일 따위가 마지막으로 끝나다. 다 일을 마
마치-다³🄬 ①거의 맞히다(射).
마치=질🄫 마치로 무엇을 박는 일. hammering 하다
마침🄫 ①꼭 알맞게. ¶~ 잘 왔다. luckily ②우연히 공교롭게도. ¶만나려고 벌렸으면, ~ 잘 만났다. accidentally ⌜ce
마침=[一](一)🄫 ⟨동⟩딱 들어맞음. coincidence
마침=구이🄫 자기를 만들 때, 애벌구이한 것을 유약을 발라서 아주 구워 내는 공정. (대) 설구이. 하다
마침내🄬 ①드디어. 종내(終乃). 기어이. at last ②

마침 몰라 맨 마지막에.

마침 몰라 그 때를 당하면 혹시 어찌 될지 모르니. ¶서너 끼 굶은들 ~ 설마 도둑질이야 하겠소. I am not quite sure but

마침-법(―法)[명][동] 종지법(終止法).

마침-표(―標)[명][동] 종지부(終止符).

마카로니(macaroni 이)[명] 밀가루를 끓는 물로 반죽하여 가는 대롱처럼 속이 비게 만든 서양식 국수. 이탈리아의 명물임.

마카로니 인견사(macaroni 人絹絲)[명] 마카로니처럼 섬유의 속이 비게 만든 특수한 인조 견사. 보온성이 큼. 중공(中空) 인견사.

마카롱(macaron 프)[명] 편도(扁桃)·밀가루·난백(卵白)·설탕 등을 넣고 만든 소형의 고급 과자.

마카오 신:사(Macao 紳士)[명] ①마카오나 홍콩 등의 외국산 물품으로 몸치장을 하고 다니는 남자. ②외국산 물품을 좋아하여 화려한 몸치장으로 뽐내고 다니는 남자.

마갈 바람[명] 뱃사람들이 '북서풍'을 일컫는 말.

마:케팅(marketing)[명] 〈경제〉 제화나 서비스의 생산으로부터 소비까지의 유통 과정.

마:케팅 리서:치(marketing research)[명] 시장 조사.

마:켓(market)[명] 시장.

마:크(mark)[명] ①상표. 휘장. ②기호. ③럭비에서, 프리 킥 또는 페널티 킥이 되었을 때 차는 사람이 발뒤꿈치로 땅위에 표시하는 표. ④축구·농구에서, 상대편에 접근하여 드리블링·슈팅 등을 견제하고 방해하는 일. ⑤주목함. 주목하여 노림. 하

마크닌(Macnin)[명] 〈약학〉 해인초에서 뽑아 낸 구충 [약(驅蟲藥)].

마크라메 레이스(macramé lace 프)[명] 릴리 얀·명주실 따위를 재료로 하여 여러 가지 무늬가 나타나도록 하는 수예의 하나. 손가방·테이블보·전등 커버 따위에 응용.

마크로-코스모스(Makrokosmos 도)[명] 〈철학〉 대우주.

마키(maquis 프)[명] ①밀림. 미궁(迷宮). ②제 2 차 대전 때에 독일군에 잡혀 갔던 프랑스의 애국분자.

마키-다[타][고] 메기다.

마키아벨리즘(Machiavellism)[명] 〈정치〉 이탈리아의 마키아벨리가 주장한 국가 지상주의. 목적을 위해서는 수단을 가리지 않는 주의.

마타리[명] 〈식물〉 마타리과의 다년생 풀. 산과 들에 저절로 나는데, 7~8월에 노란 꽃이 핌. 어린 잎은 식용함. [스파이를 일컫는 말.

마타 하리(Mata Hari 도) 태양의 눈. 여자

마탁(磨琢)[명][동] ①옥이나 돌 따위를 빛나게 갊. ②학문을 연구하고 다듬음. ③시문을 지을 때, 고치고 다듬어 정묘하게 함. 하

마:태(馬太)[명] 말먹이의 콩. beans for horse feed

마:태(馬駄)[명] 말에 실린 짐. 말의 짐바리. horse load

마태 복음(Matthew 福音)[명] 〈기독〉 신약 전서(新約全書)의 첫째 편. 사복음(四福音)의 하나.

마테(―matrix)[명] 〈인쇄〉 활자의 모형을 만드는 데 쓰이는 황동(黃銅)의 각봉(角棒).

마테리알리슴(matérialism 프)[명] 유물론(唯物論).

마투리[섬]을 단위로 하여 셀 때 남는 몇 말. 말 합(末合). ¶두 섬 ~. odd measure

마티네(matinée 프)[명] 〈연예〉 토요일·일요일 오후에 행하는 공연. 보통 오후 1시에서 5시까지 행함. ②여성들이 아침 나절에 입는 실내복.

마티네 포에티크(matinée poétique 프)[명] 〈연예〉 시를 낭독하기 위한 마티네. 배우들이 무대에서 저명 시인들의 시를 낭독하여 들려줌.

마티에:르(matière 프)[명] 〈미술〉 ①재료. 제재(題材). ②채색(彩料)을 쓰는 경우의 재질적(材質的) 효과.

마:파람[명] 남쪽에서 불어오는 바람. 앞바람. 오풍(午風). 마풍(麻風). south wind

마파람에 게눈 감추듯[숙] 음식을 어느 결에 먹었는지 모를 만큼 빨리 먹어 버림을 이름.

마파람에 곡식이 혀를 빼물고 자란다[숙] 가을에 남풍이 불면 곡식이 놀랍게 잘 자란다.

마:판(馬板)[명] ①마구간 바닥에 깐 판자. floor board of a stable ②마소를 매어 두는 터. paddock

마:패(馬牌)[명] 〈제도〉 지름이 10cm쯤 되게 만든 구리쇠의 둥근 패. 대소 관원이 공사로 지방에 나갈 때 역마를 징발하는 표로 씀.

마:편(馬鞭)[명] 말을 모는 채찍. whip

마:편-초(馬鞭草)[명] 〈식물〉 마편초과의 다년생 풀. 줄기는 모가 지고 키는 0.5~1m. 잎은 깃 모양으로 돋나가 있고 잎의 윗면에는 잔주름이 많음. 연푸르고 백자색의 작은 꽃이 줄기 끝에서 가늘고 긴 이삭 모양으로 핌. 한방에서 약재로 씀. verbena officinal

마포(麻布)[명] 삼실로 짠 피륙. 삼베.

마-풀[명] 〈식물〉 바다 속에 나는 조류(藻類). 바닷말.

마풍(麻風)[명][동] 마파람.

마풍(魔風)[명] '악마가 일으키는 바람'이라는 뜻으로, 무시무시하게 휩쓸어 일어나는 바람의 비유.

마:피(馬皮)[명] 말의 가죽. horse-hide

마피(麻皮)[명] 삼의 껍질. hempen bark

마:필(馬匹)[명] 말. horse

마하(摩訶)[―Maha 범][명] 〈불교〉 불가사의(不可思議)한 일. 위대함. 훌륭함. 뛰어남. 큼.

마하(Mach)[명] 음속(音速)에 대한 비율을 나타내는 단위. 마하 1 은 시속(時速) 1,224km 의 속도. 마하수. 기호; M.

마하 반야 바라밀다 심경[―따―] 〔摩訶般若波羅蜜多心經〕[명] 반야 심경(般若心經).

마하-살(摩訶薩)[명] 〈불교〉 ①큰 법. ②큰 보살. ③큰

마하-수(Mach 數)[명][동] 마하(Mach). [성인(聖人).

마:한(馬韓)[명] 〈역사〉 삼한의 하나. 지금의 충청 남도와 전라 남북도에 걸쳐 있던 부족 국가. *Ma Han*, one of the three ancient states

마:합(馬蛤)[명][동] 재갈.

마:합(馬蛤)[명] 〈조개〉 돌조개과의 조개. 민물 조개로는 가장 큼. 살은 식용, 껍데기는 세공용. 말씹조개.

마헤(Mache 도)[의][명] 〈물리〉 공기·온천수 따위에 함유되어 있는 라듐이나 라돈의 농도의 단위.

마:현(馬絃)[명] 노래가락.

마혜(麻鞋)[명] 삼 껍질로 삼은 신. 미투리.

마호가니(mahogany)[명] 〈식물〉 단향과의 상록 교목. 높이 20~30m 로 목재는 암자색이며 치밀하고 내수성이 강하여 기구를 만드는 데 많이 쓰임. 북아메리카 동남부·서인도 제도 원산의 교목임.

마호메트-교(Mahomet 敎)[명][동] 회회교(回回敎).

마호메트-력(Mahomet 曆)[명] 회회 국가에서 통용되는 역력. 이슬람력. 회교력. [인(驛人).

마:=호:주(馬戶主)[명] 〈제도〉 역마를 맡아 기르던 역

마:황(馬黃)[명] 〈한의〉 말의 뱃속에 생기는 우황(牛黃)에 비슷한 응어리(凝結物). 마묵(馬墨).

마황(麻黃)[명] 〈식물〉 마황과의 상록 관목. 모양이 속새에 비슷하고, 여름에 흰 꽃이 핌. 줄기는 해열·오한·해수·백일해 등의 한약재로 씀.

마흔[명] 열의 네 곱절. 사십(四十). forty

마:희(魔戱)[명] 귀신의 해롱, 마귀의 장난이란 뜻으로, 앞에 마가 드는 것을 일컫는 말. 마장(魔障). trick of the devil

막[명] ①맨.→마구. ②건잡을 수 없이. 몹시. violently

막[명] ①이제 방금. just ②바로 그 때.

막(幕)[명] ①임시로 지은 집. hut ②무대에 치는 물건. curtain ③〈동〉장면. ④끝. end 〈연예〉연극의 연기의 일단락. ¶일~ 이장. act

막(膜)[명] ①〈생리〉얇은 꺼풀. 고막·복막·세포막 등. membrane ②모든 물건의 걸 쪽을 덮고 있는 물건.

막-가내:하(莫可奈何)[명][동] 무가내하(無可奈何). 막무가내(莫無可奈).

막:=가-다[동] 막되게 행동하다. 앞뒤를 생각하지 않고 행패를 부리다. behave recklessly

막간(幕間)[명] ①〈연예〉 연극에 있어서, 한 막이 끝나

막간극(幕間劇)[명] ①인테르메초(intermezzo). ②여흥(餘興)으로서 상연되는 짧은 극. side show
막강(莫强)[명] 매우 강함. being very strong 하[형]
막강지국(莫强之國)[명] 아주 강한 나라. most powerful country
막강지궁(莫强之弓)[명] 〈동〉 막막 강궁(莫莫强弓).
막강지병(莫强之兵)[명] 〈동〉 막막 강병(莫莫强兵).
막객(幕客)[명] 비장(裨將).
막=걸:다[걸더라] 노름에서 돈을 다 걸고 단판으로 내기하다. bet all the money one has
막=걸리[명] 청주를 떠내지 않고 그대로 걸러내어 빛이 탁한 술. 탁주(濁酒). (대) 백주(白酒). 맑은 술.
막=걸리[명] 막걸이를 당하다. be hooked at random
막골(膜骨)[명] 〈생리〉 척추 동물의 경골(硬骨). 피부의 결체 조직으로 이루어진 뼈임. 피골(皮骨). 제이차골. 覆骨(覆骨).
막=깎기[명] 머리털을 바짝 깎는 일. close-clipping 하
막=깎-다[타] 머리털을 아주 싹 깎다. crop the hair
막=나이[명] 거칠거나 짠 막치 무명. cotton cloth coarsely woren
막내[명] 맨 마지막으로 난 아이. youngest child
막내=동이[명] '막내'를 귀엽게 일컫는 말. 막동이②.
막내=딸[명] 맨 끝으로 난 딸. youngest child
막내=며느리[명] 막내아들의 아내.
막내=아들[명] 맨 끝으로 낳은 아들.
막내=아우[명] 맨 끝의 아우.
막내=누이[명] 맨 끝의 누이동생.
막내=동생(一同生)[명] 맨 끝의 동생.
막내=사위[명] 막내딸의 남편.
막내=삼촌(一三寸)[명] 맨 끝의 삼촌.
막내=손자(一孫子)[명] 맨 끝의 손자.
막내=자식(一子息)[명] 맨 끝에 낳은 아들이나 딸.
막=노동(一勞動)[명] 〈동〉 막일.
막=놓-다[타] 노름에서 몇 번 진 판에 잃은 돈머리를 전부 합쳐서 한 목에 내기를 걸다.
막능당(莫能當)[명] 능히 당할 수 없음.
막-다[타] ①통하지 못하게 하다. stop up ②앞이 트이지 않게 둘러싸다. wall up ③어떤 행동을 못하게 하다. block ④지키어 버티다. guard or keep off ⑤어떤 일을 미치지 못하게 하다. ⑥어떤 현상이 일어나지 못하게 하다. prevent
막-다른-다[으로] 더 나아갈 수 없도록 앞이 막히다. ¶막다른 골목. come to the end of the alley
막다른 골[명] 〈약〉→막다른 골목.
막다른 골:목[명] ①길이 막히어 빠져 나갈 수가 없는 골목. blind alley ②일이 절박하여 조금도 변통할 수 없는 관. 〈약〉막다른 골. impasse
막다른 끝이 되면 돌아선다[관] 어떻게 할 수 없는 지경에 이르면 또 다른 계교가 생긴다.
막다른 집[명] 막다른 골목 끝의 집. house at the end of an alley
막-다-히[부] 〈고〉막대기.
막-달[명] 해산할 달. month of parturition
막=담:배[명] 품질이 좋지 못한 담배. crude tobacco
막대(莫大)[명] 〈약〉→막대하다.
막대(莫大)[명] ①더할 수 없이 큼. enormousness ②극히 크고 많음. (대) 큰소. immense 하[형] 히[부]
막디하[고] 막대기.
막대 그래프(一graph)[명] 여러 가지 사물의 양(量)의 크기를 막대기의 길이로 나타내어 보기 쉽도록 표시한 그래프.
막대기[명] 가늘고 긴 나무나 대. 《약》막대. stick
막대 자석(一磁石)[명] 〈물리〉 막대 모양으로 생긴 자석. 쇠·니켈 따위의 길죽한 토막을 다른 자석으로 마찰하여 만듦. bar magnet
막대=잡이[명] ①〈속〉길라잡이. ②소경에게 말할 때 그의 오른손을 이르는 말. right hand
막대=찌[명] 막대기 모양으로 밋밋한 낚시찌.
막대=패(一牌)[명] 제목을 애벌 깎는 대패. foreplane
막대=패질(一牌一)[명] 막대패로 대충대충 미는 일. 하[자타]
막댓=가지[명] ①가는 막대기. ②막대기를 얄팍하 쓰는 말. 〈인의 도장.
막=도장(一圖章)[명] 인감을 내지 않은 늘 사용하는 개
막-돌[명] 막 임는 구멍나 생긴 돌.
막돌:기초(一基礎)[명] 〈건축〉 막돌로 쌓은 기초.
막돌:주추(一柱一)[명] 〈건축〉 대청 밑 같은 보이지 않는 곳에 막돌로 기둥을 받친 주춧돌.
막돼=먹-다[형][속] 막되다.
막-되-다[형] 말이나 행실이 거칠고 사납다. rude 「son
막된=놈[명] 언행이 난폭하고 무법한 사람. ill-bred per-
막-둥이[명] ①잔심부름을 시키기 위하여 두는 어린아이. boy servant ②〈동〉막내둥이.
막론(莫論)[명] ①의논을 그만둠. stop argument ②말할 나위도 없음. beyond dispute
막료(幕僚)[명] 〈제도〉 ①〈동〉비장(裨將) ②유막(帷幕)의 속료(屬僚). ③임를의 유막(帷幕) 또는 각군 참모 총장·사령관 등에 직속하는 참모 사무 및 부관(副官) 임무를 맡은 장교. staff-officer
막리지(莫離支)[명] 〈제도〉 고구려 후기에 군사(軍事)와 정치를 총리(總理)한 버슬. prime minister of ancient *Koguryo*
막막(寞寞)[명] ①쓸쓸하고 괴퍅함. ¶~ 강산(江山). loneliness ②의지할 데가 없어서 담담하고 외로움. forlorn 하[형] 히[부]
막막(漠漠)[명] 넓고 멀어서 아득함. vastness 하[형] 히
막막 강궁(莫莫强弓)[명] 더할 수 없이 위력이 센 활. 막강지궁(莫强之弓).
막막 강병(莫莫强兵)[명] 더할 나위 없이 강한 군사. 막강지병(莫强之兵). most powerful army
막막 궁산(寞寞窮山)[명] 적막하도록 깊고 높은 산.
막막 대:해(漠漠大海)[명] 넓고 멀어 아득하는 큰 바다. boundless sea
막막도[고] 급하고 센 곡조. 마지막 막막는 곡조.
막막조(邈邈調)[명] ①〈음악〉고려 때 악곡의 이름. 음조가 강하고 급함. ②강직한 사람을 가리킴.
막-말:[명] ①뒷일을 헤아리지 않고 잘라서 하는 말. blunt speech ②나오는 대로 함부로 하는 말. rough speech 하[자] 「어 포(包)를 쓰지 않고 지은 집.
막-매기[명] 〈건축〉전각(殿閣)·신당(神堂) 따위에 있
막무가:내(莫無可奈)[명] 어찌할 수 없음. 막가내하(莫可奈何). 무가내하(無可奈何). nothing can be done [부] 아무리 해서도 보아도 도무지.
막-물태(一太)[명] 맨 끝물에 잡은 명태.
막-미로(膜迷路)[명] 〈생리〉안귀의 주요 부분. 골미로(骨迷路) 속에 내임파선이 가득 차있는 관(管). 막실 미로(膜質迷路). (대) 골미로(骨迷路).
막-바지[명] ①더 갈 수 없는 막다른 곳. end ②일의 마지막 단계.
막=백토(一白土)[명] 석회비를 많이 함유하는 백토.
막=벌[명] 마지막 벌. ¶~ 논을 매다. (대) 애벌.
막벌=이[명] 막 임는 일. ¶~로 입을 을을 사다.
막-벌:-다[으로] 힘드는 막일을 하고 삯을 받다. earn by doing rough work 「rough work 하[자]
막=벌-이[명] 힘드는 막일로 돈을 버는 일. earning by
막벌:이=꾼[명] 막벌이로 생계를 이어 나가는 사람. 인무(人夫). drudge
막벌:이=판[명] 거칠게 짜낸 단세.
막-베:먹-다[타] 밑천을 마구 잘라 쓰다. lavishly cut into one's capital
막벽(幕壁)[명] 〈토목〉 부벽식(扶壁式) 언제(堰堤)·수문(水門) 따위의 정면에 있는 물이 닿는 부분의 벽.
막벽(膜壁)[명] 막질(膜質)로 된 벽.
막부(幕府)[명] 일본의 가마쿠라 시대 이후에 쇼군(將軍)이 정무를 맡아보던 곳.
막-부득이(莫不得已)[부] 하는 수 없이. 마지 못하여. '부득이'의 힘줌말. inevitably 하[형]

막=불겅이(莫불겅이)圓 ①질이 낮은 썬 담배. 불겅이의 다음 가는 것. rough shred tobacco ②잘 익지 않은 고추. unripe red pepper
막=불탄:복(莫不嘆服)圓 탄복하지 않을 수 없음. 하타
막비(幕裨)圓〈동〉비장(裨將).
막=비명:야(莫非命也)圓 모든 것이 다 운수에 달려 있음.
막=비왕신(莫非王臣)圓 왕의 신하 아닌 사람이 없음.
막=비왕토(莫非王土)圓 왕토 아닌 땅이 없음.
막빈(幕賓)圓 비장(裨將).
막사(幕舍)圓 ①임시로 허름하게 지은 집. camp ②〈군사〉해병대 편제상의 부대 단위의 하나. barracks ③군대가 머무는 건물. before it is frozen
막사리圓 얼음이 얼기 전의 조수(潮水). tidewater
막사이사이=상(Magsaysay 賞)圓 전 필리핀 대통령 고(故) 막사이사이의 업적을 추모 기념하기 위하여 설치한 국제적인 상. Magsaysay prize
막=살-다[라타]圈 생활을 아무렇게나 닥치는 대로 살다. lead a rough sort of life
막=살이圓 마구살이. 아무렇게나 닥치는 대로 사는 살림살이. hand-to-mouth living 하타
막상圓 어떤 일에 실제로 당하여. when one comes to
막상(莫上)圓〈동〉극상(極上)①.
막상 막하(莫上莫下)圓 낮고 못한 차이가 없음. 우열(優劣)의 차이가 없이 비슷함. neck and neck 하타
막상=말로(句)〈동〉마기말로.
막새〈건축〉처마 끝을 잇는 수키와. 끝에 반달 모양의 혀가 달린 기와로서 전자(篆字)·풀형의 무늬가 있음. (대)내림새. convex tiles at the edge of eaves ②보통 기와로 처마끝에 나온 암키와와 수키와. 막새 기와. 묘두와(猫頭瓦). 화두와(花頭瓦).
막-서-다自 ①싸울 것같이 대들다. rise against ②노소를 가리지 않고 함부로 겨루며 대항하다. lift a hand against one's master
막설-하-다(莫說-)[타타에]他 말하기를 그만두다. stop talking.
막=술圓 마지막째로 드는 밥숟갈.
막술에 목이 멘다圐 지금까지 순조롭게 되어오던 일이 마지막 단계에 이르러 탈이 남을 이르는 말.
막시(膜翅)〈곤충〉얇은 막질(膜質)의 날개. 개미·벌 등의 날개 따위.
막시=류(膜翅類)圓〈곤충〉곤충강(昆蟲綱) 무시아강(無翅亞綱)에 딸린 한 목(目). 날개는 얇고 투명한 막으로 되었으며, 시맥(翅脈)이 적고 앞뒤 날개가 날개에 해당된다. 나비·벌 따위의 무리. Hymenoptera
막심-하-다(莫甚-)[여]冏 더할 나위 없이 몹시 심하다. tremendous **막심히**圖
막아 내-다티 ①막아서 물리치다. drive away ②능히 막다. stop well ③맡아 방어하다. defend
막아비닐(莫兒比尼)圓〈화학〉모르핀(morphin).
막엄(莫嚴)圓 더없이 엄함. supreme sternness 하타 히타 금의 앞이나 임금의 처소를 일컫던 말.
막엄지지(莫嚴之地)圓 더없이 몹시 엄한 곳. 곧, 임금의 처소.
막역(莫逆)圓 서로 허물없이 썩 친함. closest friendship 하타 히타
막역=간(莫逆間)圓(약)→막역지간(莫逆之間).
막역지=간(莫逆之間)圓 벗으로서 아주 허물없이 친한 사이. (약)막역간.
막역지=교(莫逆之交)圓 아주 허물없는 사귐.
막역지=우(莫逆之友)圓 아주 허물없는 벗.
막연(漠然·邈然)圓 ①아득한 모양. far distant ②똑똑하지 못하고 어렴풋함. vagueness 하타 히타
막연=부지(漠然不知)圓 막연해서 알 수 없음. 하타
막영(幕營)圓〈군사〉①천막을 치고 진사(陣舍). camp ②장군의 본진(本陣). 진영(陣營). main camp
막왕 막래(莫往莫來)圓 서로 왕래가 없음. 하타
막이圓 막음. 또는 막음에. partition
막이=산지〈건축〉열십자로 끼워 맞춘 재목에 빠지거나 흔들리지 않도록 하기 위하여 박는 나무못.
막=일[-닐]圓 아무거나 가리지 않고 닥치는 대로 하는 육체적 노동. 막노동.〈유〉상일. chore
막일:꾼[-닐-]圓 막일로 돈을 버는 사람.
막자圓 가루약을 가는 데 쓰이는 사기로 만든 작은 방망이. pestle 만드는 데 쓰는 사기 그릇.
막자 사발(-沙鉢)圓 약막 같은 것을 갈아서 가루로
막=잡이圓 ①허름하게 함부로 쓰는 물건. coarse article ②골라내고 남은 찌꺼기. remainder
막장(-場)〈광업〉①갱도의 가장 깊은 정면(正面). front of the pit ②광물을 캐는 작업. mining 하타
막장=꾼(-軍)圓 광산에서 직접 정을 대고 돌구멍을 뚫거나 망을 파는 광부. pitman 우게 한 긴 장부촉.
막=장부촉(-鏃)〈건축〉다른 재목에 마구 뚫어 끼
막장=일(-)圓 막장에서 하는 일. mining work 하타
막전(幕電)〈물리〉전광(電光)의 하나. 먼 하늘의 밑대가 번개는 보이지 않고 훤히 밝아지는 현상. sheet lightning
막=전:위(膜電位)圓〈물리〉①막의 존재에 의하여 발하는 전위차. membrane potential ②도난(Donnan)의 막평형(膜平衡)에 의하여 막의 양쪽에 분포하는 이온의 농도차로 말미암아 발생하는 전위차.
막중(莫重)圓 ①매우 귀중함. extremely precious ②매우 중요함. very important 하타 히타
막중(幕中)圓〈동〉비장(裨將).
막중 국사(莫重國事)圓 아주 중요한 나랏일.
막중 대:사(莫重大事)圓 아주 중대한 일.
막지(漠地)圓 사막처럼 거칠고 메마른 땅.
막지 동서(莫知東西)圓 동서를 분간하지 못함. 곧, 사리를 모르는 어리석음.
막=지르-다티 ①앞길을 막다. stand in one's way ②마구 냅다 지르다. kick at random
막지(-)〈식물〉밀의 한 품종. 가시랭이가 길고 씨가 누르게 찧이 낮음. 목직하다. heavy
막직-하-다(-)[여]冏 작은 부피에 비하여 무겁다.(큰)
막질(膜質)〈생리〉①막으로 된 성질이나 성분. 곧, 그러한 물체. scarious dom
막짜이-다티 막짜임을 당하다. be kicked at random
막질 미로(膜質迷路)圓〈동〉막미로(膜迷路).
막=차(-車)圓 그 날의 마지막으로 떠나거나 들어오는 차. 종차. last train
막차=위심(莫此爲甚)圓 이에 더할 수 없이 심함. 하타
막=창자圓〈동〉맹장(盲腸).
막천 석지(幕天席地)圓 하늘로 막을 삼고, 망으로 자리를 삼음. 곧, 기개가 호탕하고 주저함이 없음.
막=초(-草)圓 품질이 아주 낮은 썬 담배. coarse shred tobacco
막=치圓 막갈이로 만든 물건. crude article
막=토(-土)〈건축〉마구 쓰는 보통 흙. 막흙. loam
막=판(-)圓 ①마지막 판. last phase ②일이 아무렇게나 마구 되는 판. sely made brush
막=필(-筆)圓 마구 쓰는 못 붓. coarse
막-하(幕下)圓〈제도〉①주장(主將)이 거느리던 아랫 장교와 종사관(從事官). ②지휘관·책임자가 거느리고 있는 사람. 또, 그 지위.
막=해야圓 최악이나 최하의 경우라도. ¶ ~ 밑질 것 없네. 서의 이면적인 상황.
막후(幕後)圓 어떤 단체간 특히 정치적인 면에 있어 서의 이면적인 상황.
막후 교섭(幕後交涉)圓 단체간에 있어서 막후에서 행하여지는 교섭.
막=흙圓〈동〉막토.
막히-다[-]冏 ①모르는 대목에 부딪쳐 순조롭게 말하지 않거나, 잘 풀려지지 아니하다. be stuck for ②꼭 막혀 죄어들어 하려던 것을 하지 못하게 되다. be stopped
막히-다²[타타에] 막음을 당하다. ¶ 숨이 ~.
만¹[-닐]圓 동안이 얼마 계속되었음을 나타내는 말. ¶ 1년 ~에 돌아왔다. after(an absence of)
만²圓 ①어떤 사물을 홀로 일컫는 보조사. ¶ 너 ~ 가거라. only ②무엇에 견주어 그와 같은 정도에 미

침을 나타내는 보조사. ¶산더미~한 고래. as…as
③'겨우 그 정도 되는'의 뜻을 나타내는 보조사.
만(蠻)[약]=마는. ㄴ. ㅣ~ 돈이야 있겠지. so trifling
만(卍)〖불교〗①불교의 표지(標識). ②인도에 전하여 오는 길상(吉祥)의 표상. ③석가의 가슴 복판에 나 있었다는 표지. swastika
만(滿)[접][관]①제 돌이 꼭 참을 나타내는 말. ¶~으로 두 살이다. ②가득 차 있음의 뜻.
만(蠻)[명]〖역사〗남쪽 오랑캐.
만(灣)[명]〖지리〗바다가 육지로 쑥 들어간 곳. 바닷가의 큰 물굽이. ¶아산~. bay
만:(萬)[수]천(千)의 열 곱절. ten thousand
만가(挽歌·輓歌)[명]①상여를 메고 갈 때 부르는 노래. dirge ②죽은 사람을 애도(哀悼)하는 노래. elegy
만가(滿家)[명]①집에 가득 참. houseful ②천량이 많이 있음. 하자
만각(晚覺)[명]늦게야 깨달음. 늦게 지각이 남. 하자
만-간(滿干)[명]만조와 간조. 간만(干滿).
만감[명](광물)광맥에 고루 들어 있는 감돌.
만감(萬感)[명]여러 가지 느낌. 온갖 생각. flood of emotions
만강(萬康)[명]《동》만안(萬安). 하자 히니 [emotions
만강(滿腔)[명]가슴 속에 가득 참. whole-heartedness
만개(滿開)[명]《동》만발(滿發). 하자 [수레.
만거(挽車·輓車)[명]수레를 끎. 죽은이를 배우고 끄는
만:=건곤(滿乾坤)[명]천지에 가득 참. ¶백설이 ~하다. full everywhere 하자 [eternity
만겁(萬劫)[명]〖불교〗영원한 시간. 한없이 긴 시간.
만경(晚景)[명]①저녁 경치. 모경(暮景). evening
만경(晚境)[명]《동》늙바탕. [scene ②늦경치.
만경(萬頃)[명]백만 이랑이란 뜻으로, 지면(地面)·수면(水面)이 한없이 너르고 넓음을 이름. vast extention
만경(蔓莖)[명]덩굴로 된 줄기. ¶~ 식물.
만경-되-다[자]눈에 정기(精氣)가 없어지다. become
만:경 유리[-뉴-](萬頃琉璃)[명]아름답고 반반한 넓은 바다를 비유하는 말. boundless expanse of glassy sea
만:경 징파(萬頃澄波)[명]넓고 넓은 바다의 맑은 물결.
만:경 차사(萬頃差使)[명]〖제도〗외관(外官)의 비위(非違)를 적발하기 위하여 정처없이 보내는 사신.
만:경 창파(萬頃蒼波)[명]한없이 너르고 너른 바다. ¶~의 일엽 편주(一葉片舟). boundless expanse of water
만:경 출사[-싸](萬頃出使)[명]〖제도〗포교(捕校)가 정처없이 돌아다니면서 죄인을 붙잡음. 하자
만경 타령(一打令)[명]중요한 일을 미리 피함. [바땅의 일을 미리 피함. 하타
negligence
만계(晚計)[명]뒤늦은 계획. belated planning ②늘
만계(灣溪)[명]연안(沿岸)의 후미진 계곡. 만곡(灣曲)한 계곡. valley reaching the coast
만:고(萬古)[명]①아주 오랜 옛적. antiquity ②한
만:고(萬古)[부]온갖 고로움. [세월. eternity
만:고 강산(萬古江山)[명]오랜 세월을 통하여 변함이 없는 산천(山川). ¶~을 유람하다.
만:고 미색(萬古美色)[명]세상에 비길 데가 없이 뛰어난 미색(美色). 만고 절색(萬古絕色). most beautiful face [지 않음. lasting forever 하자
만:고 불멸(萬古不滅)[명]오랜 세월을 두고 길이 없어
만:고 불변(萬古不變)[명]만고에 변함이 없음. 만고 불역(萬古不易). 만대 불변. 만세 불변. unchangeable
만:고 불역(萬古不易)[명]《동》만고 불변. 하자
만:고 불후(萬古不朽)[명]오랜 세월을 두고 그 가치나 의의가 변하거나 없어지지 아니함. 만대 불후. 만세 불후. imperishability 하자 [「언제나 푸름. 하자
만:고 상청(萬古常靑)[명]오랜 세월을 두고 변함없이
만:고 역적(萬古逆賊)[명]만고에 죄를 벗을 수 없을 만큼 반역한 사람. worst traitor in history
만:고 잡놈(萬古雜一)[명]말할 수 없이 장스러운 놈. thorough-going scoundrel
만:고 절담[-땀](萬古絕談)[명]만고에 유(類)가 없을

만큼 훌륭한 말. immortal saying
만:고 절색[-쌕](萬古絕色)[명]만고의 미색(美色). 만고 미색(萬古美色). unsurpassed beauty
만:고 절창(萬古絕唱)[명]만고에 다시 없을 명창. unparalleled singer [한 세월
만:고 천추(萬古千秋)[명]천만년의 기나긴 세월. 영원
만:고 풍상(萬古風霜)[명]오래오래 겪어 온 많은 쓰라린 고생. all kinds of hardships and privations
만곡(彎曲)[명]활처럼 굽음. 만굴(彎屈). curve 하자
만:골(萬骨)[명]수많은 사람의 뼈. soldier's tombs
만:-공산(滿空山)[명]빈 산에 가득 참. ¶명월이 ~하니 쉬어 간들 어떠리. 하자 [하자
만:-공정(滿空庭)[명]달빛 같은 것이 빈 뜰에 가득 참.
만:-과(滿科)[명]〖제도〗많은 수효의 인원을 시험보여
만과(瞞過)[명]속여서 넘김. 하자 [서 뽑던 과거.
만:과 낙방(萬科落榜)[명]〖제도〗만과에서 떨어짐. 하자 [달하는 말. 만과방.
만:관(滿貫·滿款)[명]①마작에서 점수가 최대 한도에
만관(瞞官)[명]〖제도〗관가(官家)를 속임. 하자
만:관-날(一日)(滿款一)[명]마작에서 만관이 되었을 때의 약(約). (약) 만관일.
만광-**一**(一鑛)[명]〖광물〗광주(鑛主)가 직접 채광하지 아니하고, 덕대에게 채굴권을 나누어 주고 분철(分鐵)을 수입하는 경영 방식의 광산. tenanted mine 하자
만광-트-다(一鑛—)[자]〖광물〗광산을 직영하지 않는 광주가 분쟁 덕대에게 채광할 것을 승락하다.
만:교(晚交)[명]①늦게 사귄 친구. friend one has in late life ②늘바탕에 사귐. 하자
만:-구(萬口)[명]①많은 사람의 입. myriad mouths ②많은 사람이 하는 말. popular voices
만구(灣口)[명]만의 어귀. mouth of a bay
만:구 성비(萬口成碑)[명]여러 사람이 칭찬하는 것은 비를 세움과 같다는 말. [일치함.
만:구 일담[-땀](萬口一談)[명]많은 사람의 의견이
만:구 전파(萬口傳播)[명]여러 사람의 입을 통하여 온 세상에 널리 퍼짐. spreading widely 하자
만:구 칭송(萬口稱頌)[명]《동》만구 칭찬. 하자
만:구 칭찬(萬口稱讚)[명]여러 사람이 한결같이 칭찬함. 만구 칭송. 하자 [nations
만:국(萬國)[명]세계의 모든 나라. 만방(萬邦). all
만:국-기(萬國旗)[명]세계 각 나라의 국기. flags of all nations
만:국 미터 조약(萬國 meter 條約)[명]《법률》1875년 미터(meter)법 도량형(度量衡)의 제정 보급을 꾀하여 체결한 국제 조약. international convention of meter
만:국 박람회(萬國博覽會)[명]1928년에 파리에서 체결된, 국제 박람회 조약에 따라 가맹국이 자기 나라의 물산이나 기술 따위를 전시하는 박람회. 1851년 런던에서 맨 처음으로 개최되던 것이 그 기원임. international exhibition, Expo
만:국 복본위제(萬國複本位制)[명]'국제 복본위 제도'의 구용어. international double-standard system
만:국 선박 신:호(萬國船舶信號)[명]배와 배, 또는 배와 육지 사이에 쓰이는 국제적인 신호. 《약》만국 신호. international code signal
만:국 우편 연합[-년-](萬國郵便聯合)[명]국제 연합의 전문 기구의 하나. 세계 각국 상호간의 의사의 소통, 경제·문화의 교류를 용이하게 함을 목적으로 함. International Postal Union
만:국 음성 기호(萬國音聲記號)[명]'국제 음성 기호'의 구용어. 만국 음표 문자. international phonetic alphabet (I. P. A)
만:국 음표 문자[-짜](萬國音標文字)[명]《동》만국 음성 기호(萬國音聲記號). [의 이전 이름.
만:국 적십자 조약(萬國赤十字條約)[명]'적십자 조약'
만:국 전:신(萬國電信)[명]만국 전신 조약을 맺고 이에 참가한 나라가 서로 보내고 받는 전보.

만:국 지도(萬國地圖)圈 《동》 세계 지도(世界地圖).
만:국 촉광(萬國燭光)圈 '국제 촉광'의 구용어.
만:국 통신(萬國通信)圈 만국 전신 조약의 체결로서 가입국이 전시국 상호(相互)간에 발송·접수하는 전신. International news service
만:국 평화 회의(萬國平和會議)圈 〈역사〉 러시아 황제 니콜라스 2세의 주창으로 이루어진, 세계 평화를 도모하기 위하여 개최된 국제 회의. 제1회(1899)는 26개국, 제2회(1907)는 44개국의 대표가 네덜란드의 헤이그(Hague)에 모여 군비 축소와 평화 유지책에 대하여 협의했음. International Peace Conference
만:국 표준시(萬國標準時)圈 학술상 또는 항해상(航海上)에서 쓰는 세계 공통의 표준 시간. 그리니치 시간을 표준으로 함. universal standard time
만:국 회:의(萬國會議)圈 세계 모든 나라의 대표자를 망라한 국제 회의.
만:군(萬軍)圈 ① 많은 군사. thousands of soldiers ② 〈기독〉 이스라엘 민족 전체를 가리키는 말. ③ 〈기독〉 만유(萬有), 모든 천사(天體).
만:군(滿軍)圈 〈역사〉 제2차 세계 대전 전, 일제(日帝)의 피뢰로인 구만주국의 군대.
만군(蠻軍)圈 오랑캐의 군사. 야만인의 군대.
만:군의 주(萬軍─主)圈 〈기독〉 하늘과 땅의 만유(萬有)를 지배하는 하느님. 주님. 천주.
만:군지:중(萬軍之中)圈 많은 군사가 집결한 진을 친
만굴(彎屈)圈 《동》 만곡(彎曲). 하터   [가운데.
만궁(彎弓)圈 활을 당김. drawing a bow 하터
만:권(萬卷)圈 많은 책.
만:권당(萬卷堂)圈 〈역사〉 고려 26대 충선왕(忠宣王)이 원나라 연경(燕京)에 세웠던 독서당. 많은 서적을 비치하고 원(元)의 여러 학자와 교유하던 곳으로, 뒤에 원(元)·영(麗)의 문화 교류의 중심 기관이었음.
만:권 시서(萬卷詩書)圈 많은 책.
만:귀 잠잠하-다(萬鬼潛潛─)재圓 깊은 밤에 온갖 것이 다 잠들어 고요하다. dead of night
만:근(萬斤)圈 매우 무거운 무게.
만근(輓近)圈재 몇 해 전부터 지금까지. 근래(近來).
만근 이:래(輓近以來)圈재 몇 해 전으로부터 지금까지 계속하는 상태.
만:금(萬金)圈 ① 《동》 만냥(萬兩). ② 대단히 가치가 있음. ¶ 가서(家書) ~. 《동》 말기(末期).
만:기(晩期)圈 ① 만년(晩年)의 시기. late years ②
만:기(萬機·萬幾)圈 ① 여러 가지 정사(政事). state affairs ② 여러 가지 정치상 긴요한 기밀. various decisive moments in politics ③ 온갖 비밀. all secrets
만:기(滿期)圈 ①정한 기한이 참. 또, 그 기한. expiry ②〈경제〉 어음 금액이 지급될 날로 어음상에 기재된 날짜. 하터   [되는 군인.
만:기-병(滿期兵)圈 〈군사〉 현역의 기한이 차서 제대
만:기 어음(滿期─)圈 〈경제〉 지불해야 할 기한이 다 가온 어음.
만:기-일(滿期日)圈 ① 만기가 되는 날. date of maturity ② 〈경제〉 어음이나 수표 따위에 기재되어 있는 지불 기일. due date
만:기 제대(滿期除隊)圈 〈군사〉 현역의 복무 기한을 마치고 제대하는 일. 하터
만:기 출옥(滿期出獄)圈 형(刑)의 복역 기한을 마치고 출옥하는 일. 하터   [히 보살핌. 하터
만:기 친람(萬機親覽)圈 임금이 온갖 정사(政事)를 친
만:기 퇴:영(滿期退營)圈 〈군사〉 현역 복무 기간이 차서 군영에서 나옴. 하터
만:끽(滿喫)圈 ①마음껏 먹음. eating one's fill ②욕망을 충분히 만족시킴. 하터
만나(manna)圈 〈기독〉 모세가 이스라엘 민족을 이집트에서 구원하여 고국으로 돌아갈 때 아라비아의 황야에서 여호와로부터 받은 음식물.
만나-다재티 ①서로 마주 보게 되다. meet ②재앙이나 화를 입다. suffer ③때를 당하다. be time for ④사람을 대하여 용선을 말하다. have an interview ⑤인연으로 관계가 맺어지다. become acquainted
만:-나이(滿─)圈 만으로 세아린 나이. 만연령. [with
만나자 이별圈 만나자 곧 헤어짐을 이르는 말.
만:난(萬難)圈 온갖 고난. ¶~ 극복(克服). all obstacles
만난-각(─角)圈 《동》 교각(交角).
만:날圈 언제나. 늘. 항상. ¶ ~ 놀기만 한다. all the time
만날 떡그릇圈 생활이 넉넉하여 만사에 걱정이 없음.
만:내(灣內)圈 만(灣)의 안.   [money
만:냥(萬兩)圈 ① 동》 많은 돈. 만금(萬金). large sum of
만:냥 태수(萬兩太守)圈 녹봉(祿俸)을 많이 타는 원.
만:냥-판(萬兩─)圈 아주 호화로운 판국. luxurious
만:년(晩年)圈 《동》 노년(老年)①. [circumstances
만:년(萬年)圈 ①아주 많은 햇수. 오랜 세월. thousand years ② 만년필의 준말.
만:년 불패(萬年不敗)圈 오래 되어도 절대로 폐하지 않음. permanent prosperity 하터
만:년-빙(萬年冰)圈 《동》 만년설(萬年雪). ②오래 되어도 녹지 않는 얼음.
만:년-설(萬年雪)圈 〈지학〉 설선(雪線) 이상의 저온(低溫) 지대에서 해마다 내려서 쌓인 눈이 압축되어 거대한 빙괴(冰塊)가 된 것. 만년빙(萬年冰)①.
perpetual snow   [은 집.
만:년지-택(萬年之宅)圈 오래가도록 튼튼하게 잘 지
만:년-필(萬年筆)圈 펜대 안의 잉크가 끝에 꽂은 펜으로 흘러 나오게 된 펜. fountain pen
만:능(萬能)圈 ①온갖 것에 다 통하므로 능함. almightiness ②모든 것에 효능이 있음. omni-efficiency 하터
만:능 공작 기계(萬能工作機械)圈 〈공업〉 구조상 여러 가지 작업이 가능한 공작 기계. 많은 공정(工程)을 소수의 공작 기계로 할 수 있는 것이 특징임. all-purpose tool
만:능 급혈자(─者)圈 여하한 혈액형인 사람에게도 급혈할 수 있다는 뜻에서, 혈액형이 O형(型)인 사람.
만다라(曼茶羅·曼陀羅←Mandala 범)圈 ①〈불교〉 모든 부처와 보살의 만덕 원만(萬德圓滿)한 경지. 또, 그 그림. ②온갖 빛깔. all colours
만다라-화(曼茶羅華←mandarava 범)圈 ①〈불교〉 성화(聖花)로서의 흰 연꽃. white lotus flower ②《동》 자주색꽃을주나. ③《동》 흰꽃. ④《동》 흰독말풀.
만:단(萬短)圈 화투에서 청단(靑短)·초단(草短)·홍단(紅短) 등의 온갖 약(約).
만:단(萬端)圈 ①여러 가지 얽크러진 일의 실마리. all and everything ②갖은 방법. ¶ ~의 준비. every means available ③온갖.
만:단 개유(萬端改諭)圈 갖은 방법으로써 타이름.
repeated admonition 하터
만:단 설화(萬端說話)圈 온갖 이야기.
만:단 수심(萬端愁心)圈 가슴 속에 서리고 서린 온갖 근심 걱정. 하터   [들어 애걸함. 하터
만:단 애걸(萬端哀乞)圈 남에게 여러 가지로 사정을
만:단 정회(萬端情懷)圈 온갖 정과 회포.
만달〈미술〉 엉킨 덩굴의 모양을 그린 그림. 당초회(唐草繪). arabesque painting
만:달-하다(晩達─)풀재 늘바탕에 버슬과 명망이 높아짐. 하터
돋-다-다[코] 만들다.
만:담(漫談)圈 재미있고 우숭게 세상과 인정을 풍자하는 이야기. ¶ ~가(家). comic chat
만:답(漫答)圈 만담처럼 익살스럽게 하는 대답. 함부로 하는 대답. answer at random
만:당(晩唐)圈 한시(漢詩)에 있어서 당대(唐代)를 사분(四分)한 맨 끝 시대.
만:당(滿堂)圈 집이나 마루에 사람이 꽉 참. 또는, 가득 찬 사람들. house full of people 하터
만:당 귀:빈(滿堂貴賓)圈 방이나 회의장 등에 가득

찬 귀한 손님.
만:당 추수(滿塘秋水)명 못에 가득 찬 가을의 맑은 [물.
만:대(萬代)명 아주 오랜 세대. 만세(萬世). eternity
만:대 불변(萬代不變)명동 만고 불변. 하자
만:대 불역(萬代不易)명 오래도록 바뀌지 아니함. 만고 불역. 만세 불역. 하자
만:대 불후(萬代不朽)명동 만고 불후. 하자
만:대 영화(萬代榮華)명 여러 대를 계속 누려 오는 영화. eternal prosperity ~롭다록 하자
만:대 유전(萬代遺傳)명 대대를 전하여 내려옴. 오래
만:덕(萬德)명 많은 덕행.
=**만명어미**[ㄴ]미 =망경. ────────────하자
만:도(晩到)명 시간이 지난 뒤에 옴. late attendance
만:도(滿都)명 온 장안. 온 도시. ¶ ~의 인기 집중(人氣集中). whole city
마도리(마-)〈농업〉명 벗논의 맨 끝에 하는 김매기. last weeding in a rice field 하자
만돌린(mandoline)명〈음악〉통의 배가 블록하고 비줄이 달린 비파(琵琶)와 비슷한 서양 악기.
만:동(晩冬)명 늦은 겨울. 늦겨울. 모동(暮冬). 《대》조동(早冬). 초동(初冬). late winter
만두(饅頭)명 밀가루를 반죽하여 소를 넣고 삶거나 찌거나 기름에 띄워 지져 만든 음식. ¶ ~국. bun with bean jam stuffing
만두-소(饅頭-)명 만두 속에 넣는 음식.
만드릴(mandrill)명〈동물〉개코원숭이의 한 종류. 몸집이 개만하고 꼬리는 짧음. 빨은 블록 돌아, 깊은 주름이 많음. 아프리카의 기니 밀림에 메지어 사는데 성질이 매우 사나움. Mandrillus sphinx
만:득(晩得)명 ① 늦게 자식을 봄. 또, 그 자식. 만생 having a child in one's late years ② 약→ 만득자(晩得子). 하자
만득이 북 짊어지듯(족)짊어진 물건이 둥글고 커서 보기에 매우 불편해 보이는 모양의 비유.
만:득-자(晩得子)명 늦어서 얻은 자식. 만생자. 약 만득②. child begotten in one's later years
만들-다[─드─] 卵[르] ① 기술이나 힘을 들여 목적하는 사물을 이루다. make ② 글·노래·시 따위를 다듬어 짜다. compose ③ 설정하거나 편찬하다. ¶ 사전을 ~. make ④ 법·규칙 등을 제정하다. enact ⑤ 조직체·기관 등을 조직하거나 결성하다. organize ⑥ 허물·상처 등을 생기게 하다. ¶ 흠집을 ~. inflict ⑦ 돈을 마련하거나 장만하다. raise ⑧ 톰이나 시간을 짜내다. ⑨ 평생·일 등을 일으키거나 꾸미다. cause ⑩ 조사 '로-를'을 가진 일부 체언 또는 용언이나 부사 아래에 쓰이어 무엇으로 되는, 또는 어떻게 되게 함을 나타내는 말. turn into
만들-다[─드─]조동[르] 용언의 어미 '=게→=도록'의 아래에 붙어 조동사 '하다'의 뜻으로 쓰는 말. ¶ 일을 못 하게 ~. 마음에 들도록 ~.
만듭새명 물건의 만들어진 본새나 짜임새. make
만:래(晩來)명 늙은 이래. 노래(老來).
만:량(晩凉)명 저녁때의 서늘한 기운. evening cool
만:려(萬慮)명 여러 가지로 생각함. 또는 그 생각. various thoughts 하자
만:력(萬力)명〈공업〉나사 작용으로써 공작 재료를 꽉 죄어 움직이지 못하게 하는 공구(工具). vice
만:력(萬曆)명 약→만세력(萬歲曆).
만력(變力)명 ① 함부로 날뛰는, 용맹의 힘. violence ② 등 완력(腕力). 「⑤ 산록(散綠). stray notes
만:록(漫錄)명 만필(漫筆)로 된 기록. 수필(隨筆).
만록 총중 홍일점[─쩜─](萬綠叢中紅一點)명 전체가 푸른 숲 가운데 핀 한 송이 붉은 꽃이라는 뜻. ① 평범한 수많은 것 가운데 특히 돋보이는 뛰어난 경우를 이르는 말. ② 많은 남자들 가운데 단 한 사람의 여자가 낀 경우를 이르는 말. (약) 홍일점(紅一點).
만:뢰(萬籟)명 ① 많은 우레. many thunders ② 많은 소리가 크게 움리는 모양. many loud noises
만:뢰(萬籟)명 자연이나 환경에서 일어나는 온갖 소리. 중뢰

(衆籟). voices of winds
만:뢰 구적(萬籟俱寂)명 밤이 깊어 모든 움직임의 소리가 그치어 아주 고요하고 조용해짐. 하자
만:료(滿了)명 기한이나 한도가 꽉 차서 끝남. expiration 하자 [(走者)가 있음. full base 주자
만:루(滿壘)명〈체육〉야구에서 세 베이스에 다 주자
만류(挽留)명 붙들고 말림. 미주(挽住). 만지(挽止). 만집(挽執). detention 하자
만류(灣流)명 '멕시코 만류'의 일컬음. gulf stream
만:리(萬里)명 ① 천리의 열 곱절. thousands of miles ② 매우 먼 길. long distance
만:리-경(萬里鏡)명〈동〉망원경(望遠鏡).
만:리 동풍(萬里同風)명 넓은 지역에 걸쳐 같은 바람이 분다는 뜻으로, 천하가 통일되어 태평함을 비유하는 말.
만:리 변성(萬里邊城)명 멀리 떨어진 국경 부근의 성.
만:리=수(萬里愁)명 끝없이 스며드는 시름.
만리의 길도 한 걸음으로 시작된다족 아무리 큰 일도 작은 일로부터 시작된다는 말.
만:리 장서(萬里長書)명 사연이 긴 편지.
만:리 장설(萬里長舌)명 퍽 장황하게 말을 늘어놓는 말.
만:리 장성(萬里長城)명〈역사〉중국 북쪽에 있는 큰 성벽. Great Wall of China 「high and vast sky
만:리 장천(萬里長天)명 드넓고 아득한 하늘. 구만리 장천.
만:리지-임(萬里之任)명 서울에서 멀리 떨어진 지방에 나가서 맡아보는 임무.
만:리 타국(萬里他國)명 멀리 떨어져 있는 다른 나라.
만:리-풍(萬里風)명 먼 곳에서 불어오는 바람.
만:리-화(萬里花)명〈식물〉목서과의 낙엽 활엽 관목. 잎은 넓고 끝이 뾰족한 달걀 모양이며, 3〜4월에 노란 꽃이 잎보다 먼저 핌. 열매는 사과(蘋果)로 10월에 익음. 정원수에 저적화 나는 우리 나라 특산 식물임. 관상용으로 심음. Forsythia ovata
만마(輓馬)명 수레를 끄는 말. pack-horse
만:만(滿滿)명 ① 가득 참. ¶ 자신 ~. be full of ② 부족함이 없이 아주 넉넉함. plenty of 하자 히
만:만(漫漫)명 ① 끝이 없이 지루함. ② 구름이 길게 낀 모양. ③ 한가로운 모양. ④ 매우 느린 모양. 하자 히
만:만(萬萬)부 대단히. 매우. 천만(千萬). ¶ ~ 감사하옵니다.
만:만 다행(萬萬多幸)명동 천만 다행(千萬多幸).
만만-디(慢慢的 중)명 천천히. 느리게. slow
만:만 부당(萬萬不當)명동 천만 부당(千萬不當). 하자
만:만 불가(萬萬不可)명 천만 불가(千萬不可). 하자
만:-만:세(萬萬歲)명 만세를 더 힘주어 부르는 말. hurrah
만만쟁이명 세력과 능력이 없거나 뭇생겨서 남에게 만만하게 보이는 사람. pushover 「무함.
만만찮기는 사돈집 안방족 어렵고 거북하여 자유롭지
만만-하다(慢慢-)여 만만하지 아니하다.
만:만 출세[-쎄](萬萬出世)명〈불교〉순서를 따라 여러 부처가 이 세상에 나타나는 일. 하자
만만-하-다영 ① 연하고 보드랍다. soft ② 우습게 보이다. absurd ③ 불 데 없다. (준) 만타. negligible, insignificant 만만히위
만:망(萬望)명 꼭 바람. ardent desire 하자
만매(漫罵)명 상대방을 깔보고 꾸짖음. abuse 하자
만맥(蠻貊)명 중국에서 일컬던 남쪽과 북쪽의 오랑캐.
만:면(滿面)명 ① 온 얼굴. whole face ② 얼굴에 가득 함. all over the face 하자
만:면 수색(滿面愁色)명 얼굴에 가득히 나타난 근심의 빛. face full of anxiety
만:면 수참(滿面羞慚)명 얼굴에 가득 찬 부끄러움. face filled with shame 하자
만:면 춘색(滿面春色)명동 만면 회색(滿面喜色).
만:면 회:색(滿面喜色)명 얼굴에 가득히 나타나는 기

쁜 빛. 만면 춘색. face beaming with joy
만:명(萬明)圀〈민속〉무당이 받들어 모시는 신(神)의 하나. 신라의 김유신(金庾信) 어머니를 신격화한 것임. 말일①.
만모(慢侮·謾侮)圀튄 교만한 태도로 남을 업신여김. [contempt 하타
만목(萬目)圀 많은 사람의 눈. 많은 사람이 봄. in public
만:목(滿目)圀 ①눈에 가득 차 보임. whole view ②눈에 보이는 데까지의 한계. as far as one can see
만목(蔓木)圀〈식물〉덩굴로 뻗어 나가는 나무.
만:목 수참(滿目愁慘)圀 눈에 띄는 것이 모두 시름겹고 참혹함. wretched and sorrowful 하옌
만:목 황량(滿目荒涼)圀 눈에 띄는 것이 모두 거칠고 처량함. bleak and desolate 하옌
만:몽(滿蒙)圀〈지리〉만주와 몽고. Manchuria and Mongolia
만:무(萬無)圀튄 만무 시리(萬無是理).
만:무방(萬無妨)圀 뭇 잡놈의 무리. 제멋대로 되어 먹은 사람. outlaws
만:무 시:리(萬無是理)圀 그럴 이치가 전혀 없음. 〔약〕만무(萬無). 하옌
만:무 일실(一失)圀(萬無一失) 실패가 도무지 없음. 또, 그러할 염려조차 없음. 하옌
만:문(漫文)圀 ①한문. ②사물의 특징을 과장하여 우습고 재미있게 가벼운 필치로 쓰는 글. 만필(漫筆). causeries
만:문(滿文)圀튄 만주 문자(滿洲文字). 「음. 하타
만:문(漫問)圀튄 생각나는 대로 아무렇게나 함부로 물
만:물(挽物)圀 맨 끝으로 논의 풀을 훑어 없애는 일. final weeding of a rice paddy 〔留〕. all things
만:물(萬物)圀 온 세상에 있는 모든 물건. 만류(萬
만:물·상(一像)圀(萬物相)圀 ①〈지리〉금강산에 있는 암산. 만물초(萬物草). ②〈속〉꼼보.
만:물·상(一商)圀(萬物商)圀 일상 생활에 필요한 잡화를 파는 장사. 또는 그 가게. general market
만:물지·령(萬物之靈)圀튄 ①〈동〉만물지영장(萬物之靈長). ②온갖 물건의 정령(精靈).
만:물지영장(萬物之靈長)圀 만물 가운데서 가장 영지(英智)가 있고 으뜸간다는 뜻으로, 사람을 일컫는 말. 만물지령(萬物之靈)①.
만:물·초(萬物草)圀 금강산에 있는 바위를 형용하여 일컫는 말. 만물상(萬物相).「재료를 넣고 끓인 국.
만:물·탕(萬物湯)圀 고기(魚肉)와 채소(菜蔬)로 각종 가지
만:미(滿尾)圀튄〈동〉종국(終局). [whole nation
만:민(萬民)圀 모든 백성. 만성(萬姓)②. 증민(蒸民).
만민(蠻民)圀튄〈동〉야인(野人).
만:민·법(一法)圀(萬民法)圀〈법률〉로마가 지중해에 군림하던 시대에, 로마 법사(法史)의 제2기에, 로마 시민권이 없는 외인에게도 적용하던 법률. (jus gentium 라) 〔대〕시민법(市民法).
만:반(萬般)圀 ①온갖 것. 빠짐없이 전부. all things ②여러 관계되는 일. 제반(諸般). ¶~의 준비. all sorts of matters
만:반(一飯)圀 소반에 가득 담은 밥. 「〔식〕.
만:반 진수(滿盤珍羞)圀 상에 가득히 차린 맛있는 음
만:발(滿發)圀튄 많은 꽃이 활짝 다 핌. 만개(滿開). full bloom 하옌
만:발 공:양(萬鉢供養)圀〈불교〉많은 바리때에 밥을 수북수북 담아 대중에게 베푸는 공양. 하타
만:방(萬方)圀 ①여러 방면. 모든 면. all directions ②마음과 힘이 쓰이는 여러 군데. all difficulties
만:방(萬邦)圀 모든 나라. 만국(萬國). 만역(萬域). all countries
만:=백성(萬百姓)圀 모든 백성. all the people
만:=벌탕(一湯)圀 광산에서 캐어내고자 하는 감돌 위에는 버력을 모두 파내는 일.
만:범(滿帆)圀 바람이 돛에 차서 가득하다. 하옌
만:법(萬法)圀〈불교〉①우주간의 모든 법. all kinds of laws ②물질 및 정신적인 일체의 존재. ¶~귀일(歸一). 「함. 하옌
만:벽(滿壁)圀 그림 등이 걸리거나 붙여져 벽에 가득

만:벽 서화(滿壁書畫)圀 벽에 가득하게 걸거나 붙인 글씨와 그림. 「(萬化). great variety
만:변(萬變)圀튄 온갖 변화. 여러 가지로 변화함. 만화
만:별(萬別)圀 온갖 차이. infinite variety
만:병(萬病)圀 온갖 병. all kinds of diseases
만:병=초(萬病草)圀〈식물〉철쭉과의 상록 활엽 관목. 높은 산에 저절로 나며 잎은 만병엽(萬病葉)이라 하여 약제로 씀.
만:병 통치(萬病通治)圀 약효가 여러 가지 병을 다고칠 수 있음. cure of all diseases 하옌
만보=표(一票)圀 노동 인부에게 일 하나를 할 때마다 한 장씩 주는 표. 그 일을 마친 뒤에 그 표쪽에 의해 삯을 치르게 됨.
만:보(漫步)圀튄 한가롭게 거니는 걸음. ramble 하타
만:보(瞞報)圀 거짓으로 내는 보고. 속여서 하는 보고. 무보(誣報). 하타
만:복(晩福)圀 늘바람에 터지는 복.
만:복(萬福)圀 많은 복. all sorts of good fortune
만:복(滿腹)圀 배에 가득하게 참. 배가 부름. 《대》공복(空腹). satiety
만:복 경륜(滿腹經綸)圀 마음속에 가득히 찬 경륜.
만:부(萬夫)圀 ①많은 남자. ②많은 장정. many men
만:=부당(萬不當)圀〈약〉천부당 만부당(千不當萬不當). 하옌
만:부당 천부당(萬不當千不當)圀튄〈동〉천부당 만부당.
만:=부득이(萬不得已)圀튄 '부득이'의 힘줌말. inevitably 하옌 「해낼 수가 없음.
만:부부:당(萬夫不當)圀 많은 사람으로도 도저히 당
만:부(萬分)圀 ①대단함. great ②만(萬)으로 나눔. ten-thousandth 「매우 다행함. fortunate 하옌
만:분 다행(萬分多幸)圀 뜻밖으로 일이 썩 잘 되어서
만:분 위중(萬分危重)圀 병이 짙어서 위태한 지경에 빠짐. be critically ill 하옌 [ten-thousandth
만:분지:일(萬分之一)圀 매우 적은 것을 일컫는 말.
만:=불근:리(萬不近理)圀 도무지 이치와는 전혀 비슷하지도 않음. 하옌 [unreasonable talk
만:=불성설(一說一)圀(萬不成說)圀 말이 말답지 아니함.
만:=불성양(一樣一)圀(萬不成樣)圀 전혀 꼴이 이루어지지 않음. 하옌 「조금도 틀림이 없음. 하옌
만:=불실일(一失一)圀(萬不失一)圀 조금도 과실이 없음.
만:사(萬死)圀 ①〈의학〉아무리 하여도 구하여 낼 수 없고 정신이 혼동하여지는 병. jaws of death ②아무리 해도 목숨을 건질 수 없음. risking one's life [(庶事). all things
만:사(萬事)圀 많은 여러 가지 일. 백사(百事). 서사
만:사(輓詞)圀튄〈동〉만장(輓章).
만:사 무석(萬死無惜)圀 죄가 무거워 조금도 용서할 여지가 없음. 곧, 죽어도 아까울 것이 없음. 하옌
만:사 무심(萬事無心)圀 ①걱정으로 딴 일에 경황이 없음. ②무슨 일에든지 정신을 안 씀. 하옌
만:사 여의(萬事如意)圀 모든 일이 뜻같이 됨. turning out well as one wishes 하옌
만:사 태평(萬事太平·萬事泰平)圀 ①모든 일이 잘 되어서 어려움이 없음. Everything is all right ②어리석어서 모든 일에 아무 걱정이 없이 지냄을 비웃는 말. golden dreams 하옌
만:사 형통(萬事亨通)圀 모든 일이 거리낌없이 잘 됨. Everything goes all right 하옌
만:사 휴:의(萬事休矣)圀 '더 손을 쓸 수단도 없고 모든 것이 끝장났다·모든 일이 전혀 가망 없다'의 뜻. All is hopeless 「nth of parturiency 하옌
만:삭(滿朔)圀 아이 낳을 달이 참. 만월(滿月)①. mo-
만:산(晩產)圀 ①늘막에 아이를 낳음. late childbearing ②〈의학〉임신에 벗다른 이상이 없이 수가 연장되어, 태아가 너무 커지는 일. 《대》조산(早產). 하타[早產]
만:산(滿山)圀 ①온 산에 가득 차 있음. whole mountain ②〈불교〉절 전체. 절에 있는 모든 중. 하옌
만:산(蹣跚)圀 절뚝거리는 걸음. limping

만:산 편:야(滿山遍野)[명] 산과 들에 그득하게 덮임. 하[타]
만:살-창(滿-窓) 〈건축〉 창살의 격자가 가로 세로 촘촘한 창. lattice window
만삼(蔓蔘) 〈식물〉 초롱꽃과의 다년생 만초. 전체에 흰 털이 흩어져 났고, 뿌리는 구근(球根). 덩굴 줄기로 다른 물체를 감아 올라감. 깊은 산에 나는데, 구근은 약용 또는 식용됨. Codonopsis pilosula
만:상(晚霜)[명] 늦봄에 내리는 서리. 뽕나무 따위의 새 싹을 해침. 늦서리.
만:상(萬狀)[명] 많고 많은 여러 가지의 모양. diversity
만:상(萬祥)[명] 온갖 상서로운 일.
만:상(萬象)[명] ①모든 물건의 형상. all visible things ②세상에 있는 것이나 일어나는 일 전부. 만물(萬有).
만상(灣商)[명] 옛날 평안 북도 의주 사람으로서 중국 [인과 교역하던 큰 장사치.
만:생¹(晚生)[명] 늙바탕에 아들을 낳음. 만득(晚得)①. ¶ ~자(子). 하[타]
만생(蔓生)[명] 식물의 줄기가 덩굴짐. vine 하[자]
만:생²(晚生)[명] 선배에게 대한 자기의 겸칭.
만:생-종(晚生種)[명] 같은 식물 중에서 특별히 늦게 익는 종류. (대) 조생종(早生種). (유) 만종(晚種)①.
만:서(萬緖)[명] 여러 가지 얼크러진 일의 실마리. various clues [는 크지~. although
만서도[조] 조사 '마는·만'을 강조하여 쓰는 말. ¶키
만:석(萬石)[명] 벼 만 섬. 10,000 sum of rice
만:석-꾼(萬石-)[명] 벼 만 섬 가량의 수입이 될 만한 논밭을 가진 부자. rich landowner
만:석-들이(萬石-)[명] 곡식 만 섬이 날 만한 넓은 땅.
만:선(萬善)[명] 온갖 착한 일.
만:선(滿船)[명] 고기가 배에 가득 차있음. 또, 그 배.
만:선-두리[명] 옛날 벼슬아치가 겨울에 예복을 입을 때에 머리에 쓰던 휘양 비슷한 방한구(防寒具).
만:성(晚成)[명] ①늦게야 이루어지거나 이룸. (대) 속성(速成). belated finish ②늙어서 성공함. belated success 하[자] [만민(晚民).
만:성(萬姓)[명] ①온갖 성. various surnames ②〈동〉
만성(慢性)[명] ①〈의학〉 급히 악화되지도 않고 쉽사리 낫지도 않는 병의 성질. (대) 급성(急性). chronicity ②어떤 성질이 버릇이 되어 고치기 힘든 성.
만성(蔓性)[명] 〈식물〉 식물 줄기의 덩굴지는 성질. vine
만성²(蠻性)[명] 야만스러운 성질. savage disposition
만성=병[-뼝](慢性病)[명] 〈의학〉 급격한 증세가 없고 비교적 경미한 증후로 좀처럼 낫지 않고 오래 지속하는 병. (대) 급성병. chronic disease [책.
만성-보(萬姓譜)[명] 온갖 성씨의 계보를 모아 엮은
만성 식물(蔓性植物)[명] 〈식물〉 줄기나 권수(卷鬚)을 이 다른 물체를 감아 덩굴져 올라가는 식물. 덩굴 식물.
만성-적(慢性的)[관] 만성인(것). [성 식물.
만성적 불황(慢性的不況)[명] 〈경제〉 좀처럼 회복세에 오르지 아니하고 오래 끄는 불황.
만성적 실업(慢性的失業)[명] 〈사회〉 만성적 불황에 대응하는 장기적으로 고율적(高率的)인 실업. 경기적(景氣的) 실업 다음에 오는 것임. 마찰적 실업.
만성 전염병[-뼝](慢性傳染病)[명] 〈의학〉 결처 신체의 각 기관을 침범하는 전염병. 결핵·매독·나병을 삼퍼 만성 전염병이라 함. chronic epidemic
만:세(萬世)[명] 오랜 세상. 영원한 세월. 만대(萬代). 만세(萬歲)①. 만엽(萬葉). 천고. 후세(後世). all ages
만:세(萬歲)[명] ①〈동〉 만세(萬世). ②영원히 번영함을 이름. eternity ③귀인(貴人)의 죽음. death of a noble man [자] 경축의 뜻을 나타내는 말. 어떤 축복이나 영원한 번영을 비법하는 외치는 소리. ¶대한 민국 ~. hurrah 하[자] [하[타]
만:세 동락(萬歲同樂)[명] 영원히 오래도록 함께 즐김.
만:세-력(萬歲曆)[명] 앞으로 백 년 동안의 일월 성진·절후를 추산하여 만든 책력. (유) 만력.
음. ②〈동〉 만수 무강(萬壽無疆). 하[타]
만:세-보(萬歲報)[명] 광무 10년(1906)에 오세창(吳世昌)·이인적(李人稙) 등이 발행한 국한문 혼용 신문. 후에 정부 기관지의 '대한 신보(大韓新報)'로 변하였음.
만:세 불망(萬世不忘)[명] 오랜 세대까지라도 은덕을 잊지 않음. keeping in mind forever 하[타]
만:세 불변(萬世不變)[명] 〈동〉 만고 불변(萬古不變). 하
만:세 불역(萬世不易)[명] 〈동〉 만대 불역(萬代不易). 하[타]
만:세 불후(萬世不朽)[명] 〈동〉 만고 불후(萬古不朽).
만:세-옹(萬歲翁)[명] 〈동〉 임금. [하[타]
만:세-후(萬歲後)[명] 천자의 죽은 뒤. [ous customs
만:속(蠻俗)[명] 야만스러운 풍속. 만풍(蠻風). barbar-
만:수(萬水)[명] 여러 갈래로 흐르는 많은 내.
만:수(萬殊)[명] 모든 것이 여러 가지로 다름.
만:수(萬壽)[명] 오래오래 삶. longevity
만:수(滿水)[명] 물이 가득 참.
만:수(滿數)[명] 일정한 수효에 가득 참. full number
만:수 가사(滿繡袈裟)[명] 〈불교〉 산빛·초목·인물·글자를 가득하게 수놓아서 지은 가사. [뜻.
만:수-무(萬壽舞)[명] 나라 수나 지은 사람이라는
만:수-무(萬壽舞)[명] 〈음악〉 나라 잔치 때에 추는 춤의 하나.
만:수 무강(萬壽無疆)[명] 수명의 길이가 한이 없음. 만세 무강(萬世無疆)②. long life 하[타]
만:수-받이[-바지][명] ①온갖 말과 짓으로 아주 귀찮게 구는 것을 싫증내지 않고 좋게 잘 받아 주는 일. putting up with misbehaviors ②〈민속〉 무당이 굿할 때 하나가 소리하면 다른 사람이 따라서 같은 소리를 받아서 하는 짓. 하[타]
만:수받이-하다[타여][동] 온갖 말을 잘 받아 주다. [자]
[여] 무당이 서로 소리를 받다.
만:수 운환(漫垂雲鬟)[명] 가닥가닥이 구름처럼 헝클어져 드리워진 쪽찐 머리. 〈상〉이 한 이치로 돌아감.
만:수 일리(萬殊一理)[명] 온 세상의 천태 만상(千態萬).
만:수-향(萬壽香)[명] ①선향(線香)의 하나. ②〈불교〉 부처 앞에 피우는 향의 이름.
만:숙(晚熟)[명] ①열매가 늦게 익음. ripen slowly ②시기나 일 따위가 늦게 되어감. slow maturity ③생물이 늦게 발육함. (대) 조숙(早熟). mature slowly 하[자] [께 여무는 품종.
만:숙-종(晚熟種)[명] 같은 작물 가운데서도 특별히 늦
만습(蠻習)[명] 야만스러운 풍속과 습관. (유) 만속. 만풍. savage customs
만:승(萬乘)[명] ①일반 채의 수레. ten thousand chariots ②천자 또는 천자의 자리.
만:승지-국(萬乘之國)[명] 병거(兵車) 일만 채를 갖추어서 낼 만한 힘이 있는 천자의 나라.
만:승지-군(萬乘之君)[명] 만승지국의 임금. 곧, 천자나 황제. 만승지주(萬乘之主).
만:승지-위(萬乘之位)[명] 천자나 황제의 높은 지위.
만:승지-존(萬乘之尊)[명] 황제를 일컫는 말.
만:승지-주(萬乘之主)[명] 〈동〉 만승지군(萬乘之君).
만:승 천자(萬乘天子)[명] 천자를 이르는 말. being sovereign [too late
만:시(晚時)[명] 정한 시간이나 시기보다는 좀 늦음.
만시(輓詩)[명] 〈동〉 만장(輓章).
만:시지-탄(晚時之歎)[명] 기회를 놓친 탄식.
만:식(晚食)[명] 때를 어겨 늦게 먹음. 또, 그 식사. late dinner 하[타]
만:식(晚植)[명] 모 따위를 늦게 심음. 늦심기. 하[타]
만:식 당육(晩食當肉)[명] 배가 고플 때에는 먹으면 맛이 있어 마치 고기를 먹는 것과 같음.
만:신(-)[명] 〈민속〉 여자 무당을 대접하여 이름.
만:신(滿身)[명] 온몸.
만:신-창(滿身瘡)[명] 〈한의〉 온몸에 퍼진 부스럼. blotches covering the whole body
만:신 창이(滿身瘡痍)[명] ①온몸이 흠집 투성이가 됨.

②어떤 사물이 엉망진창이 됨. 백공 천창(百孔千瘡). utter confusion

만:실(滿室)명 방에 가득함. roomful

만:실 우환(滿室憂患)명 한 집안에 앓는 사람이 많음.

만심(慢心)명 ①〈불〉자신을 지나치게 믿고 자랑하며 남을 업신여기는 마음. pride ②거만한 마음. self-conceit

만:심(滿心)명 만족하게 여기는 마음. satisfaction

만:심 환희(滿心歡喜)명 마음에 만족하도록 기뻐함.

만안(蠻顔)명 〔고〕 만뢴. 하다

만:안(滿安)명 아주 평안함. 웃어른의 안부를 물음에 씀. 만강(萬康). peacefulness 하다

만안(灣岸)명 만의 연안.

만앙(晩秧)명(동) 늦모.

만:약(萬若)명〔동〕만일(萬一).

만:양(晩一)명〔약〕만양판(晩秧一). 「때

만:양(晩陽)명 ①〔동〕석양(夕陽). ②석양 무렵. 저녁

만양(蠻樣)명 여러 가지 모양. ¶천태 ~.

만:양-모(晩一)명〈농업〉늦게 심는 모.

만:어(蠻語)명〔동〕만주어. 「of savages

만어(蠻語)명 오랑캐의 말. 야만인의 언어. language

만:억(萬億)명 아주 많은 수효. great number

만:억-년(萬億年)명 한없는 햇수. 억만년(億萬年). eternity

만언(漫言)명 깊이 생각하지 않고 하는 말.

만:역(蠻域)명〔동〕만방(萬邦).

만연(漫然)명 ①목적이 없이 덮어놓고 되는 대로 하는 모양. at random ②주의를 기울이지 않는 모양. absentmindedly ③길고 멀어서 질편한 모양. ④벗힌 데가 없이 헤벌게 풀어지기만 하는 모양. 하다히

만연(蔓延)명 널리 뻗어서 퍼짐. spreading 하다

만연-경(蔓延莖)명 덩굴로 된 줄기.

만연-체(蔓衍體)명〈문학〉문장 표현의 하나. 특정한 사상을 문장 전면에 널리 전개시키는 문체. 〔대〕간결체(簡潔體). loose style 「delight 하다

만:열(滿悅)명 만족하여 기뻐함. 또, 그 기쁨. great

만:염(晩炎)명 늦더워. 노염(老炎). lingering summer heat

만:왕(萬王)명 ①우주 만물의 왕. ②〈기독〉만인(萬人)을 구원하는 임금이란 뜻으로, 예수를 이르는 말.

만:왕(萬旺)명 ①원기가 매우 왕성함. 상대자의 안부를 물을 때 씀. 만중(萬重)². be full of vigour ②〔동〕평안(平安). 하다

만외(灣外)명 만의 바깥쪽. 〔대〕만내(灣內).

만용(蠻勇)명 사리를 분간하지 못하고 주책없이 날뛰는 용맹. barbarous courage

만:우 난회(萬牛難回)명 만 필이나 되는 소가 끌어도 능히 돌리기가 어려움. 곧, 고집이 센 사람을 가리키는 말.

만:우-절(萬愚節)명 4월 1일. 서양 풍속에서, 이 날 하루는 거짓말을 하여도 괜찮다고 하여 서로 호의로 속이고 즐거워함. April Fool's Day 「는 행운.

만:운(晩運)명 ①늙어서의 운수. ②늙바탕에 돌아오

만:원(滿員)명 ①정원이 다 참. no vacancy ②사람이 꽉 차서 그 이상 더 들어갈 수 없음. ¶~ 사례(謝禮). full 「이 끝나는 날. 하다

만:원(滿願)명 정한 기한이 차서 신불(神佛)에의 기원

만:월(滿月)명 ①〔동〕만삭(滿朔). ②가장 완전히 둥근 달. 보름달. 영월(盈月). 〔대〕휴월(虧月). full moon 「crescent

만월(蠻月)명 굽게 되게 된 달. 초승달이나 그믐달.

만:유(萬有)명 우주간에 존재하는 온갖 물건. 만상(萬象)². ¶~ 의식(意識)

만:유(漫遊)명 목적한 일이 없이 여러 곳을 두루 돌아다니면서 노는 일. pleasure trip 하다

만:유루-없-다[-뉴-](萬遺漏-)형 만반으로 갖추어져서 비고 빠짐이 없다. 물샐 틈이 없다. 만:유루-없:이튀

만:유신=교(萬有神敎)명〈종교〉신은 만물 속에 있고 만물은 신이라고 보는 종교. 범신교(汎神敎).

만:유신-론[-는](萬有神論)명〈철학〉신은 만물 속에 있고 만물은 신이라는 주장. 범신론(汎神論).

만:유심-론(萬有心論)명〈철학〉만물에 마음이 있다는 학설. 범심론(汎心論).

만:유=유=기체설(萬有有機體說)명〈철학〉우주 만물을 하나의 유기체라고 보는 설.

만:유 인력(萬有引力)명〈물리〉온갖 물체가 서로 끌어 잡아당기는 힘. 뉴턴이 발견함. 우주 인력(宇宙引力). universal gravitation 「데에 있다는 주장.

만:유 재-신론(萬有在神論)명〈철학〉만유가 신 가운

만윤(灣尹)명〈역사〉의주 부윤(義州府尹).

만은조 '만'의 힘줌말.

만:음(漫吟)명 일정한 글제가 없이 생각나는 대로 시를 지어서 읊음. rambling poems 하다 「나.

만:웅-고(蔓應膏)명〈한의〉부스럼에 쓰는 고약의 하

만:의(滿意)명〔약〕→심만 의족(心滿意足).

만:이(晩移)명〔동〕만이앙(晩移秧).

만이(蠻夷)명 옛날 중국 사람이 일컫던 남쪽 오랑캐와 동쪽 오랑캐. 번이(蕃夷). barbarians

만:=이앙(晩移秧)명〈농업〉늦모내기. 〔약〕만이(晩移). 만양(晩-). late transplanting of young riceplants

만:이-봉(萬二千峰)명 금강산의 산세를 일컬음.

만:인(挽引)명 끌어당기거나 잡아당김. traction 하다

만:인(萬人)명 수효가 썩 많은 사람. ¶~ 평등(平等). 「every one

만:인(晩人)명〔동〕만장(萬丈). 「(番人).

만:인(滿人)명 만주 사람. Manchurian 「(蕃人).

만인(蠻人)명 미개한 종족의 사람. 만민(蠻民). 번인

만:인-계(萬人契)명 민속이 천 사람 이상의 계원을 모아서 각각 돈을 걸게 하고, 계알을 흔들어 뽑아서 등수에 따라 돈을 태우는 계. mutual financing association of large scale

만:인-교(萬人轎)명〈제도〉백성들이 메로 일어나서 악한 원을 둘러메고 태우던 가마.

만:인-산(萬人傘)명〈제도〉선정을 베푼 원에게 송덕 기념으로 그 고을 사람이 주던 물건. 모양은 일산과 같은데, 비단으로 꾸미고 가장자리에 비단으로 낙영(絡纓)처럼 된 여러 조각을 늘였는데, 그 전체에 유지(有志)의 성명을 기록함.

만:인-적(萬人敵)명 ①군사를 쓰는 책략이 두드러지게 뛰어난 사람. man of tactics ②한 사람이 능히 많은 적군과 대항할 만한 지용(智勇)을 갖춘 사람.

만:인 주지(萬人周知)명 많은 사람이 두루 앎.

만:인지-상(萬人之上)명 의정의 지위. 영의정·좌의정·우의정의 자리. ¶일인지하 ~. premiership

만:인지-심(萬人之心)명 모든 사람의 마음.

만:일(萬一)명 뜻밖의 일. 만분의 일. if 튀 '혹 그러한 경우에는'의 뜻으로 어떤 조건을 저제하는 말. 만혹(萬或). 만약(萬若). 약혹(若或). 여혹(如或).

만:일(滿溢)명 가득 차서 넘침. 하다

만:일-회(萬日會)명〈불교〉정토종(淨土宗)에서, 극락 세계 아미타불회에 가서 나기를 주장하고 천 날 또는 만 날을 한정하고 큰 소리로 '나무 아미타불'을 외며 도를 닦는 불교의 법회.

만입(彎入·灣入)명 흘러가는 물이 뭍으로 들어와서 활 당긴 모양처럼 휘어듦. embayment 하다

만:=자[-짜](卍字)명 ①〈불교〉불심(佛心)에 나타나는 길상 만덕(吉祥萬德). swastika ②卍자 모양의 무늬. 완자². fylfot

만:자[-짜](滿字)명〔동〕만주 문자.

만:자-기[-짜-](卍字旗)명〈불교〉만자(卍字) 모양을 붉은 빛으로 그려 넣은 기. swastika flag

만:자-창[-짜-](卍字窓)명〔略〕→완자창.

만:자 천홍(萬紫千紅)명〔동〕천자 만홍(千紫萬紅).

만:작(晩酌)명 저녁에 저녁 먹을 때 술을 마심. 또, 그 술. evening drink 하다

만:작(滿酌)명 술잔이 가득하도록 술을 부음. 하다

만:작-거리-다[-짜-]《약》→만지작거리다.

만:잠(晩蠶)圈 늦게 치는 누에. late silk-worms
만:장(蠻丈)圈 만 길이나 되도록 몹시 높음. 만인(萬仞). heaven-kissing
만:장(萬障)圈 온갖 장애. all obstacles
만장(輓章)圈 죽은 이를 슬퍼하여 지은 글. 장사 때 비단 또는 헝겊에 적어서 기를 만들어 상여 뒤를 따름. 만사(輓詞). 만시(輓詩). lament
만:장(滿場)圈 회장에 가득 모인 사람. 또, 그 회장. entire audience 하다 「우 공평하게 한 일. impartiality
만:장 공도(萬丈公道)圈 조금도 사사로움이 없이 바
만:장 기염(萬丈氣焰)圈 몹시 기세를 올리는 어세(語勢). grand splurge
만:장봉(萬丈峰)圈 썩 높은 산봉우리. lofty peak
만:장 생광(萬丈生光)圈 ①한없이 빛이 남. great honour ②고맙기 짝이 없음. thousand thanks
만장이(圈) 이물이 뾰족하면, 큰 나무배. big wooden vessel 「sel
만:장 일치(滿場一致)圈 회장에 모인 여러 사람의 뜻이 한결같음. one consent 하다
만:장 절애(萬丈絶崖)圈 매우 높은 낭떠러지.
만:장 중(滿場中)圈 많은 사람이 모인 곳. 만장판(滿場—). assembly of many persons
만:장중(滿場中)圈 만장중(滿場中).
만:장 홍진(萬丈紅塵)圈 ①만 길이나 되도록 하늘 높이 뻗쳐 오른 먼지. 홍진 만장(紅塵萬丈). ②한없이 구차스럽고 속된 이 세상.
만:재(滿載)圈 ①가득 실음. full cargo ②가득 기재(記載)함. 하다
만:재 흘수선[—一수一](滿載吃水線)圈 배가 사람 또는 어획물·화물을 싣고 안전하게 항해할 수 있는 최대한의 흘수선을 나타내는 선.
만적(蠻賊)圈 오랑캐. vandal
만:전(萬全)圈 ①아주 안전함. perfection ②조금도 실수가 없음. faultlessness 하다
만:전지-계(萬全之計)圈 아주 안전한 계책(計策). 만전지책(萬全之策). perfect plan
만:전지-책(萬全之策)圈 ⑧ 만전지계(萬全之計).
만:전-향(滿殿香)圈 술의 하나.
만:절(晩節)圈 ①늦은 절기. late season ②나이가 늙은 시절. late years ③늦게까지 지키는 절개. honourable old age
만:절 필동[—동](萬折必東)圈 충신의 절개는 아무리 꺾이려 하여도 본뜻대로 나감이 확하(黃河)가 이리저리 꺾이어도 필경에 동쪽으로 흘러감과 같다는 말.
만:점[—쩜](滿點)圈 ①규정한 점수의 최고 점(點). 영점(零點). full marks ②완전함. perfection
만:정(滿廷)圈 조정이나 법정에 꽉 차 있음. 또, 그 곳에 있는 모든 사람들.
만:정(滿庭)圈 뜰에 가득 참. whole garden
=만정(어미) (니)=망정.
만:정 도화(滿庭桃花)圈 뜰에 가득히 핀 복숭아꽃.
만:정 제신(滿廷諸臣)圈⑧ 만조 백관(滿朝百官)
만:조(滿朝)圈 온 조정. whole court
만:조(滿潮)圈 바닷물이 가장 꽉 차게 들어 있을 때의 밀물. (대) 간조(干潮). high tide 「신(滿廷諸臣)
만:조 백관(滿朝百官)圈 조정의 모든 관리. (대)= 만조제
만:조-선(滿潮線)圈 밀물로 바닷물이 밀린 때의 수위(水位)의 선. 고조선(高潮線). (대) 간조선.
만조-하-다(滿凋—)圈 얼굴이 모습이 초라하고 채신머리없다. shabby
만:족(滿足)圈 조금도 언짢음이 없음. 흐뭇함. 마음이 흡족함. satisfaction 하다 스럽다 히 하다
만족(蠻族)圈 야만스러운 겨레. barbarians
만:족-감(滿足感)圈 만족하게 여기는 느낌. feeling of satisfaction
만:종(晩種)圈 ①〔약〕=만생종(晩生種). ②늦벼.
만:종(晩鐘)圈 저녁때, 절이나 교회에서 치는 종. 저녁 종(暮鐘). 혼종(昏鐘). evening bell 「ians
만종(蠻種)圈 오랑캐붙이. 야만스러운 종족. barbar-
만:종-록(萬鍾祿)圈 매우 후한 봉록. much pay

만:좌(滿座)圈 여러 사람이 가득히 늘어앉은 자리. whole company 하다 「데. 또, 그 사람들.
만:좌-중(滿座中)圈 좌석에 꽉 늘어앉은 사람들 가운
만주(挽住)圈⑧ 만류(挽留).
만:주(滿洲)圈〔지리〕중국 동북 지방 일대를 이르는 말. 중국인 자신은 일반적으로 동북(東北)이라 부름. Manchuria
만:주-국(滿洲國)圈〔역사〕1932년 일본 군부(軍部)에 의해 세워졌던 피뢰국. 일본 군부가 만주 사변을 일으켜서 중국의 동북부와 열하(熱河)에 사는 일부를 메어 그 판도로 삼았으나 1945년 2차 대전에 일본의 패망과 함께 해체되었음.
만:주-문자(滿洲文字)圈〔—자〕(滿洲文字)圈 만주 사람들이 쓰던 글자. 만문(滿文). 만자(滿字).
만:주—뿔종다리(滿洲—)圈〈조류〉종달이과의 새. 종달이와 비슷하나 온몸이 담회갈색이며 가슴에 무늬가 있고 이마에 우관(羽冠)이 있음. 우는 소리가 아름다워 애완용으로 기름. 봉두조(鳳頭鳥).
만:주-어(滿洲語)圈〔어학〕만주족이 쓰는 말. 우랄·알타이 어족(語族)의 퉁구스계(系)에 딸림. 만주말. 만어(滿語). Manchurian 「람. 만주인(滿人).
만:주-인(滿洲人)圈⑧ 만주족. ②만주에 사는 사
만:주-족(滿洲族)圈 중국의 동북 만주 일대에 거주하던 종족으로, 남방 퉁구스계에 속하는데, 금(金)·청(淸) 등의 국가를 세웠음. 만주인(滿洲人). 여진족(女眞族).
만:중(萬重)圈 썩 많은 여러 겹. 만첩(萬疊). many folds
만:중²(萬重)圈⑧ 만왕(萬旺)①. 하다 「folds
만:즉—일(滿則溢)圈 가득 차면 넘친다는 뜻으로, 모든 사물이 오래도록 번성하기는 어렵다는 말.
만지(挽止)圈⑧ 만류(挽留). 하다
만:지(蠻地)圈 땅에 가득 참. ②(界). savage land
만:지(蠻地)圈 야만족이 사는 땅. 번지(蕃地). 이계(夷
만지-다圈 ①여기저기 자주 손을 대어 주무르거나 쥐다. finger ②다루거나 손질하다. ¶자동차를 ~.
문·지·다圈⑧ 맛지다. 「handle
만지작—거리다圈 ①끈질기게 자주 만져 보다. finger ②장난하다. (약) 만작거리다. play with 만지작-지작하다 「letter
만:지 장서(滿紙長書)圈 사연이 많고 적은 편지. long
만질만질-하다圈 만져서 부드러우이 주무르기가 좋다. soft
만집(挽執)圈⑧ 만류(挽留). 하다 「하다
만찬(晩餐)圈 사람의 눈을 속여 넘김. 사람을 속이다.
만:찬(晩餐)圈 저녁 식사. 석찬(夕餐). supper, dinner
만:찬-회(晩餐會)圈 저녁 잔치. 손님을 초대하여 저녁 식사를 겸하여 베푸는 연회. 디너 파티(dinner party). 하다
만:천(滿天)圈 하늘에 가득함. 온 하늘. whole sky
만:천판(滿天板)圈〔광물〕두어 발 이상되는 천장까지 텅 빈 버력 바닥.
만:—천하(滿天下)圈 온 천하. 온 세계. whole world
만:첩(萬疊)圈⑧ 만중¹. many folds
만:첩 청산(萬疊靑山)圈 산이 첩첩이 둘린 깊은 산.
만:청(晩晴)圈 저녁 무렵에 날이 갬. 또, 그 하늘. becoming clear in the evening
만청(蔓菁)圈⑧ 순무.
만청-자(蔓菁子)圈〔한의〕순무의 씨.
만초(蔓草)圈 줄기가 덩굴진 풀. vine
만:추(晩秋)圈 늦가을. 모추(暮秋). 잔추(殘秋). (대) 조추(早秋). late autumn 「춘(早春). late spring
만:춘(晩春)圈 늦봄. 모춘(暮春). 잔춘(殘春). (대) 조
만:취(晩翠)圈 소나무가 늦게 푸르름. 겨울이 되어도 초목의 푸른 빛이 변함 없음. 곧, 늙어서도 지조를 바꾸지 않음의 비유.
만:취(漫醉·滿醉)圈 술이 잔뜩 취함. dead drunken-
만치의圈⑧ 만큼. 「ness 하다
만큼의圈 ①‘-르’이나 ‘-을’, ‘-ㄴ’이나 ‘-은’ 밑에 쓰이어, 그 말과 거의 같은 수량이나 정도 또는 ‘실컷’의 뜻을 나타냄. ¶땅을 칠 ~ 피로운 일이었다.

만:타(萬朶) 온갖 꽃가지. all the branches of flowers

만:태(萬態) 여러 가지 형태. ¶천상(千狀) ~.

만:탱크(滿 tank) 액체나 가스 따위가 가득 차 있는 탱크.

만틸라(mantilla) ①스페인·멕시코·이탈리아 등지서, 부인들이 머리에서부터 어깨까지 덮게 되어 있는, 베일이나 스카프. ②부인용의 짧은 망토.

만:파(晩播) 씨를 늦게 뿌림. 하다

만파(晩波) 한없이 밀려오는 파도. rolling waves

만파(萬派) 여러 갈래. 많은 갈래. many groups

만파니(輓把尼) 논과 밭을 고르게 하는 갈퀴와 비슷한 농구(農具). rake

만판 ①흐뭇하고 흥겹게. ¶~ 먹기만 하다. to one's satisfaction ②마냥. 욕심을 채워 실컷. ¶과자를 ~ 먹다. to one's heart's content

만:패 불청(萬覇不聽) ①아무리 집적거려도 못 들은 체하고 고집함을 이르는 말. ②바둑에서, 큰 패가 생겼을 때 상대자가 어떠한 패를 써도 듣지 않음. 하다

만:평(漫評) ①어떠한 주의나 체계 없이 생각나는 대로 하는 비평. rambling criticism ②만화로 인물이나 사물을 비평함. 하다

만폭(滿幅) 정한 너비에 꽉 참. 온폭. full width

만:풍(晩風) 날이 저물어서 부는 바람. evening

만풍(蠻風) 동 만속(蠻俗). [breeze

만:필(漫筆) 동 만문(漫文)②.

만필·화(漫筆畫) 동 만화(漫畫)①.

만:하(晩夏) 늦은 여름. 대 초하(初夏). late summer

만:하(晩霞) ①저녁놀. sunset colours ②해질 무렵에 끼는 안개. mist in the evening

만:-하다 조 ①어미 '-을·-ㄹ'의 아래에 쓰여, 동작이나 상태가 거의 어떤 정도에 미치어 있음을 나타내는 말. ¶날씨가 소풍갈 ~. so (good) that ②어미 '-ㄹ·-을'의 아래에 쓰이어 어떤 사물의 값어치나 힘의 넉넉한 정도를 나타내는 말. ¶그저 ~. good enough

=만하-다 조보용언 ①무엇에 비교하여 그와 같은 정도임을 나타내는 말. ¶내 것~. as (good) as ②어떤 정도에 그치어 더하지 아니함을 나타내는 말. :만·흐·다 ㉠ 많다. [¶그~.

만:추바탕 돼지의 지라에 붙은 고기. sweetbread

만:학(晩學) 나이가 들어서 늦게야 배움. learning late in life 하다

만:학(萬壑) 첩첩이 겹쳐진 깊고 큰 산골짜기. deep

만:학 천봉(萬壑千峰) 첩첩이 겹쳐진 깊고 큰 골짜기와 봉우리. [valley

만함-식(滿艦飾) ①함수로부터 함미에 걸쳐 신호기가 잇달아 걸고, 마스트 꼭대기에 군함기를 달아 군함을 화려하게 장식하는 일. 흔히 의식 때에 행함. full dressing ②성장(盛裝). full dress

만:=항하사(萬恒河沙) 천측(天竺) 동계(東界)의 항하(恒河; 지금의 갠지스 강)의 모래라는 뜻으로, 무한(無限)·무수(無數)한 것을 비유한 말. 항사(恒沙). 항하사(恒河沙). [하다

만:행(萬幸) 아주 다행함. 지행(至幸). good luck

만행(蠻行) 야만스러운 행동. brutality 하다

만:행-루(萬行淚) 한없이 흐르는 눈물.

만형(蔓荊) 동 순비기나무. [경련에 약으로 씀.

만형-자(蔓荊子) 한의 순비기나무의 열매. 두통·

만:호(萬戶) ①썩 많은 집. numerous houses ②제도 고려 충렬왕 때 몽고의 병제를 이식하여 둔 군직의 하나. ③제도 조선조 때 각도의 여러 진(鎭)에 둔 무관직의 종 4품 벼슬.

만:호 장안(萬戶長安) 집들이 썩 많은 서울.

만:호 중생(萬戶衆生) 썩 많은 중생. 억조 창생(億

만:일(萬一) 동 만일(萬一). [兆蒼生).

만:혼(晩婚) 나이가 들어 늦게 혼인함. 또, 그런 혼인. 늦혼인. 대 조혼(早婚). late marriage 하다

만:홀(漫忽) 한만(汗漫)하고 소홀함. carelessness 하다

만:화 /생리 비장과 췌장의 통칭. sweetbread

만:화(晩花) ①늦은 철에 피는 꽃. ②제철을 지나 늦게 피는 꽃. late-blooming flower

만:화(萬化) 약→천변 만화(千變萬化).

만:화(萬貨) 온갖 물품. 온갖 재화. many goods

만:화(慢火) 뭉근하게 타는 불.

만:화(滿花) 가득 피어 온갖 꽃. blossoms in full

만:화(漫畫) ①붓이 움직이는 대로 그린 그림. 카툰(cartoon). ②사물의 특징을 과장하여 단순하고 경묘하게 그리어 인생의 풍자와 비평을 암시한 그림. 만필화(漫筆畫). caricature

만:화-가(漫畫家) 만화를 주로 그리는 화가. caricaturist

만:화-경(萬華鏡) 원통 속에 몇 개의 거울과 색유리 조각을 장치하고 또 사각형의 유리판을 세모지게 짠 장난감으로, 돌리면서 보면 온갖 형상이 대칭적으로 나타나게 됨. kaleidoscope

만:화 기자(漫畫記者) 신문사나 잡지사에서 만화를 그리는 일을 맡은 기자. [서 짠 방석.

만:화 방석(滿花方席) 여러 멀기의 꽃무늬를 놓아

만:화 방창(萬化方暢) 따뜻한 봄날에 온갖 물건이 나서 자람. all things grow luxuriantly 하다

만:화-석(滿花席) 여러 멀기의 꽃무늬를 줄을 지어 놓아서 짠 돗자리.

만:화 영화(漫畫映畫) 〈연예〉 만화를 사용하여 촬영한 영화의 하나. cartoon film

만:화-책(漫畫冊) 만화를 그린 책.

만환(彎環) 둥근 모양. 둥근 물건. [stupid

만:황-씨(萬黃氏) 속 둣나고 어리석은 사람. Mr.

만회(挽回) 글러 가는 일을 바로잡아서 돌이킴. recovery 하다

만:휘 군상(萬彙群象) 온갖 일과 물건.

만:흥(漫興) 특별한 느낌을 받지 않고 저절로 일어나는 흥취. spontaneous joy

많:-다 기수와 양이 일정한 기준 이상이다. ¶자식 많고 돈 많은 사람. many ②어느 표준점을 넘다. ¶실수가 ~. 대 적다. abundant 많:

맏 태어난 차례의 첫 번. 첫째. eldest [이다

맏 마당. [고

몯 고 말.

맏-간(一間) 고 배의 고물에서 간으로 잡자는 곳.

몯누의 고 만누이. [cabin in the stern

맏-누이 맨 먼저 난 누이. 큰누이. 백자(伯姉).

맏-딸 맨 먼저 낳은 딸. 큰딸. 장녀(長女). first

맏-며느리 맏아들의 아내. 큰며느리. wife of one's

맏-물 맨 먼저 나온 푸성귀나 논 첫째로 딴 과실 따위. 선물(先物). 신출(新出)②. 대 끝물. first crop

맏-배 짐승의 첫째로 낳은 새끼. 또, 낳는 처음 번.

맏-사위 맏딸의 남편. 큰사위. [first born

맏-상제(一喪制) 주장되는 상제. 상주(喪主). 주상(主喪). chief mourner

맏-손녀(一孫女) 맨 먼저 낳은 손녀. 큰손녀. 장손녀(長孫女). eldest grand daughter

맏-손자(一孫子) 맨 먼저 낳은 손자. 큰손자. 장손(長孫). eldest grandson [장자(長子).

맏-아들 맨 먼저 낳은 아들. 큰아들. 장남(長男).

맏-이 맞이하다 맏딸을 이르는 말. [eldest child

몯아자·비 고 큰아버지. [eldest son

맏-잡수 동 맏형수.

맏-양·반[-냥-] (一兩班) 속 남의 맏아들. your eldest ②나이가 남보다 많은 것. 또, 그 사람. ol-

말=잡이〖속〗맏아들이나 맏며느리. one's eldest son or his wife
말=派〈一派〉〖명〗맏아들의 갈래. 곧 맏아들의 손자들. 장파(長派). main stock
말=兄〈一兄〉〖명〗맨 먼저 난 형. 첫째 형. 큰형. eldest brother
말=兄嫂〈一兄嫂〉〖명〗맏형의 아내. 큰 형수. 맏아주머니. 큰형수. wife of the eldest brother

말¹〈동물〉〖명〗①말과 짐승의 총칭. ②말과에 속하는 동물의 하나. 어깨 높이 1m 가량이고 몸 빛은 회흑색·담갈색이 많음. 힘이 세고 인내력이 강하며, 달리기를 잘함. horse

말²〖명〗곡식·액체·가루 따위의 분량을 되는 데 쓰는 그릇. 의⃝ 곡식·액체·가루 따위의 분량을 되는 단위. measure containing about 18 liters

말³〖명〗①장기·고누·윷 따위에 쓰는 패. chessman ②장기짝의 하나. 낱 일자(日字)로 다님.

말⁴〈식물〉〖명〗①민물이나 바닷물 속에 사는 은화 식물의 총칭. ②가래과의 다년생 수초(水草). 전체가 녹갈색이며 줄기는 30cm 이상이고 5∼6월에 꽃줄기가 나와 황녹색 꽃이 핌. 줄기·잎은 식용함. duckweed ③약⃝→바닷말

말:⁵사람의 사상·감정을 나타내는 소리. 언사(言辭). 언설(言說)①. 언어(言語). 혀³. language 하⃝자⃝

말:⁶〖조〗'이'와 결합하여, ①'ㄴ' 아래 숨어 쓰일 때의 앞의 사실을 강조하거나, 확인하는 의사를 나타냄. ¶오겠단 ∼인지, 안 오겠단 ∼인지 알 수 없다. mean ②'망정이지'의 뜻을 나타냄. ¶늦었으니 ∼이지 큰일 날 뻔했다. ③'∼ㄹ 것 같으면'의 뜻을 나타냄. ¶합격했을 ∼이면 그렇지 않을 것인데. ④삽입어처럼 속뜻 별다른 뜻이 없는 군말로 쓰임. ¶그가 ∼이지. 글쎄 ∼이지.

말:⁷〖약〗→말①②. sawhorse
말:⁸〖명〗톱질하거나 먹줄을 그을 때 밑에 대는 물건.

말〖접두〗어떤 명사 위에 붙어서 그 물건이 큼을 나타내는 접두사. ¶∼벌. ∼매미. big

=말(末)〖명〗①끝. 끄트머리. ¶세기(世紀)∼. 학년∼.
말〖명〗말뚝. end ②가루. 자디잔 가루. powder
몰¹〖명〗〖고〗똥과 오줌.
몰²〖명〗〖고〗마름〔藻〕.
몰³〖명〗〖고〗말〔馬〕.

말가亨-다〖형〗말갛다.
말:=간[-깐]〈一間〉〖명〗〖약〗→마구간.
말:=갈〈一〉〖명〗어학(語學).
말갈〈靺鞨〉〈역사〉〖명〗퉁구스(Tungus)계의 일족. 만주 동북 지방에 살던 종족. 이들이 발해와 여진국을 세웠음. [rse's mane
말:=기〖명〗말의 목덜미에서 등까지 나는 긴 털. ho-
말 갈 데 소 간다〖관〗아니 갈 데를 간다.
말 갈 데 소 갈 네 다 다녔다〖관〗함부로 온갖 군데를 다 쫓아다녔다.

말:=갈품〖명〗말의 뒷수염. ¶∼도 못할 주제에 아예 침묵을 지켜라. conclusion
말감고〈一監考〉〖명〗곡식을 팔고 사는 장판에서 되질말로 되어 주는 일을 업으로 하는 사람. 약⃝ 감고(監考). [겉다. pure
말갛-다〖형⁽ᴴ⁾〗조금도 섞인 것이 없이 맑다. 큰⃝ 멀
말개=지-다〖자〗말갛게 되다. 큰⃝ 멀게지다. become
말거〈抹去〉〖명〗말소(抹消). 하⃝ [clear
말:=거듭말〈一〉〖명〗첩어(疊語標).
말:=거리[-꺼-]〖명〗①말썽이 될 만한 일. ②이야기의 재료. topic
말:=거머리〈동물〉〖명〗거머리과의 환형 동물. 몸 빛은 짙은 녹색으로 등이 넓적하며 길이가 10cm 쯤 됨.
말=거미〈동물〉〖명〗왕거미. [런 말이 나왔나? occasion
말:=거리[-꺼-]〖명〗무슨 말을 하는 기회. ¶무슨 ∼에 그
말결〈末境〉〖명〗말년의 지경. 늙바탕. end
말=결[-껼]〖명〗말하는 김에. 말하는 서슬. ¶∼에 일러 주다.
말:=결[-껼]〖명〗남이 말하는 연에서 당달아서 하는 말. ¶쓸데없이 ∼을 하지 말라. word chimed in
말계〈末計〉〖명〗궁계(窮計).

말고〖조〗'아니고'의 뜻을 나타내는 보조사. not…but
말=고기〖명〗말의 고기.
말고기를 다 먹고 무슨 냄새가 난다고 한다〖관〗①배고 플 때는 가리지 않고 먹고 나서 후에 배부른 소리 한다. ②처음에는 아쉬워하다가 제 욕망을 채우고는 도리어 흉본다.
말고기 자:반〈一佐飯〉〖명〗술이 취하여 얼굴이 붉은 사람을 조롱하는 말. rubicund drunkard
말=고삐〖명〗말굴레에 매어 끄는 줄. reins
말=곡식[-곡-]〈一穀食〉〖명〗한 말쯤 되는 곡식.
말=곰〈一〉〈동물〉〖명〗곰과(熊科)에 속하는 짐승의 하나. 만주 특산으로 몸은 크고 빛은 적갈색임. 고기는 식용, 모피는 방석 재료로 씀. [다. 하⃝
말곳〈一〉〖명〗또렷또렷. 또렷하게. ¶아가의 눈이 ∼하
말=공대〈一恭待〉〖명〗말을 공손히 함. 하⃝
말관〈末官〉〖동〗말직(末職).
말=괄량이〖명〗얌전하지 않고 덜렁거려 여자답지 못한 여자. hussy
말=광〖명〗말의 광. 곧, 사전을 일컫는 말.
말:=괴불〖명〗매우 큰 괴불 주머니. [diameter
말=구(末口)〈一〉〖명〗재목의 끝머리의 직경(直徑). wood-end
말구디히-다〖자〗더듬거리다.
말·구·시〖명〗말구유.
말=구유〖명〗말먹이를 담는 그릇. manger
말=구종〈一驅從〉〖명〗말을 탈 때에 고삐를 잡고 끌거나 하는 하인.
말국〈一國〉〖명〗〖뒤에 따라오는 하인. 마부⃝.
말국(末局)〖명〗①어느 사건이 벌어지다 끝판. ②바둑 같은 것을 둘 때의 끝판.
말=굳-다〖형〗말을 더듬는 병이 있다. 말할 때 혀가 부드럽지 못하다. 어눌(語訥)하다. 어둔(語鈍)하다. stammer [씌우는 물건. bridle
말=굴레〖명〗가죽 끈이나 또는 삼줄로 얽어 말대가리에
말=굽[-꿉-]〖명〗약⃝→말굽 추녀.
말=굽[-꿉-]〖명〗말의 발굽. 마제(馬蹄). horse-hoof
말굽=도리[-도-]〖명〗끝이 말굽 모양으로 생긴 도리.
말굽쇠 자석[-꿉-]〈一磁石〉〖명〗말굽 자석.
말굽=옹두리[-꿉-]〖명〗말굽 모양으로 생긴 소의 옹두리뼈.
말굽=은[-꿉-]〈一銀〉〖명〗은으로 말굽 모양같이 만든 중국 화폐(貨幣)의 하나. 보은(寶銀). 마제은(馬蹄銀). 문은(紋銀). sycee
말굽 자석[-꿉-]〈一磁石〉〖명〗U 모양으로 된 자석. 마제형 자석(馬蹄形磁石). 말굽쇠 자석. 말굽 지남철. horse-shoe magnet
말굽 지남철[-꿉-]〈一指南鐵〉〖명〗말굽 자석.
말굽 추녀[-꿉-]〈一〉〈건축〉〖명〗안쪽 끝이 말굽 모양으로 만들어진 추녀. 마제연(馬蹄椽). 마제 추녀. 《대》선자 추녀. 약⃝ 말굽①. U-shaped eaves
말굽 토시[-꿉-]〈一〉〖명〗마제꼴 토시.
말:=귀[-뀌]〖명〗①말의 뜻. purport of one's saying ②말을 알아듣는 총기. sense
말 귀에 염불〖관〗쇠 귀에 경 읽기
말그름-하-다〖형여〗조금 말갛다. 큰⃝ 멀그름하다. somewhat clear 말끔=하⃝ [하형]
말굿말굿〖명〗액체 속에 덩어리가 섞인 모양. lumpy
말=기〖명〗치마나 바지 따위의 허리에 돌려 댄 부분. waist band of a Korean skirt
말기(末技)〖명〗하찮은 잔재주. 딸에(末藝). 하기(下技). trifling art
말기(末期)〖명〗①일정한 기간의 끝장이 되는 시기. 만기(晚期)②. last stage ②말기의 일기(末期). 죽을 무렵. 종기(終期). 《대》초기(初期). ending
몰·기-다〖타〗말하다.
말:=길[-낄]〖명〗남에게 소개하는 말이 트이는 것.
말에 실었던 것을 나귀에 실을까〖관〗약한자나 어리석은 자에게 무거운 짐, 중대한 일을 실릴 수 없다.
말:=꼬〖명〗①말의 끝부분. ②돌⃝ 말꼬투리.
말꼬리에 파리가 천리 간다〖관〗남의 세력에 의지하여 세력을 편다. [꼬리②.
말:=꼬투리〖명〗말로서 사단(事端)이 되는 꼬투리. 돌⃝

말=꿀圈 말의 먹이 풀.
말=꾸러기圈 말썽을 부리는 사람. troublemaker
말=꾼圈(약)→말씨름꾼.
말=꾼圈 사랑방 같은데 모여 노는 마을 사람. caller
말끄러미圈 눈을 똑바로 뜨고 오직 한 곳만 바라보는 모양. (큰) 물끄러미. fixedly
말끔圈 하나도 남김없이 모두. wholly
말끔=하다圈圈 아무 것도 없이 깨끗하다. smart
말끔=히圈 「다. ending
말=끝圈 말의 단락짓는 끝. 말꼬리. ¶그는 ~을 맺었
말=나-다圈 ①이야기거리로 말이 시작되다. be brought into conversation ②비밀한 일이 다른 사람의 말에 드러나다. 소문나다. be revealed
말=나리圈〈식물〉백합과의 다년생 풀. 높이 80cm 가량. 잎은 갸름한 타원형이고, 어름철에 자갈색의 무늬가 있는 주황색 꽃이 줄기 끝에 핌. 산지에 저절로 나는데 관상용으로 심기도 함.
말=날圈〈민속〉①일진(日辰)이 말로 된 날. ②음력 10월 중의 오일(午日). 이 날은 말의 건강을 위하여 팥시루떡을 만들어 마구간에 놓고 제사를 지냄.
말남(末男)圈 맨 끝에 난 아들. (대) 장남(長男).
말=내-다圈 ①이야기거리로 삼아 말을 시작하다. bring into conversntion ②비밀한 일을 남에게 말로 드러내다. reveal
말=냉이圈〈식물〉겨자과의 이년생 풀. 높이 60cm 가량으로 잎과 줄기가 광택이 있고 열매는 부채 모양임.
말녀(末女)圈 막내딸. (대) 장녀(長女). 「ughter
말년(末年)圈 ①일생의 말기. 늘그막. (대) 초년(初年). ②말엽(末葉)의 마지막 몇 해 동안.
말-녹피(一鹿皮)圈 무두질한 말가죽. 「last years
말놀이=질圈 막대기나 동물들의 등을 말삼아 타고 달리는 아이들 놀이. playing horse riding 하다
말=놓-다圈 존대하던 말씨를 반말 또는 '하게' 혹은 '해라'로 고치어서 말한다. 「suggestion
말=눈치圈 말하는 가운데 은연히 나타내는 말의 뜻.
말-다圈圈 종이·피륙 따위를 제 몸을 싸서 돌아가게 하다. roll
말-다圈圈 밥이나 국수 따위를 물이나 국물 등에 넣어 풀다. mix rice with soup or water
말:-다圈圈 할 일이나 하던 일을 그만두다. give up
말:-다圈圈 ①동사의 어미 '-지' 아래에 와서 앞의 동사가 뜻하는 행동이나 상태를 금지하는 뜻을 나타내는 말. do not ②명사 아래나, 또는 일부 '-아·-어' 어미를 갖는 동사 아래에 쓰여 '말지 말다'의 뜻을 나타내는 말. ③'아니하다'의 뜻을 나타내는 말. barely managed to ④'그만두다'의 뜻을 나타내는 말. stop ⑤동사의 어미 '-고·-고야' 아래에 쓰여 그 용언의 뜻하는 행동이나 상태가 반드시 실현되거나 또, 그 행동이나 상태를 실현하는 뜻을 나타내는 말. finally ⑥동사의 어미 '=고'형으로 쓰인 단어 다음에 쓰여 그 뜻을 긍정하며 강조하는 뜻을 나타내는 말. ¶그렇고 말고. certainly ⑦동사의 어미 '=다'로 쓰인 단어 다음에 쓰여 그 뜻을 긍정하며 강조하는 뜻을 나타내는 말. ¶먹다~. certainly ⑧동사의 어미 '=지'형으로 쓰인 단어의 행동이나 상태가 실현되는 뜻을 나타내는 말. as soon as ⑨체언 아래에 '말고'형으로 쓰여 대상이 아님을 나타내는 말. neither …nor ⑩일부 보조 조사를 붙인 일부 부사 아래에 쓰여 거듭의 뜻을 나타내는 말. just
말다(抹茶)圈 곱게 찧어서 만든 가루차. powder tea
물-다圈 (교) 마르다(裁).
말=다래圈 말의 배 양쪽에 달아 늘어뜨리어 진망의 흙이 튀는 것을 막아 내는 제구. 장니(障泥). (약) 다래²②. mudguards hanging on either side of a horse
말=다툼圈 사리(事理)를 말로 하여 옳고 그름을 가리는 다툼. 입다툼. 언쟁(言爭). dispute 하다

말단[一딴](末端)圈 ①사물의 끄트머리. 맨 끝. 말미(末尾)②. ②조직의 가장 아랫 부분의 자리. end
말단 가격[一딴](末端價格)圈〈경제〉생산자가격(生産者價格)·도매 가격에 대한 소매 가격의 일컬음. 「administration of terminal office
말단 행정[一딴](末端行政)圈 하급 관청의 행정.
말-달리-다圈 말을 몰거나 타고 뛰다.
말=답(一畓)圈 입답.
말=대(一때)圈 몰레질할때 솜을 둥글고 길게 말아 내는 막대기. 수수깡을 잘라 사용함. cotton roller
말대(一代)圈(末代)시대의 끝. 말세(末世)①.
말=대가리圈(속) 제봉침. [타네]는 말. (약) 말대구. 하다
말=대꾸(一對一)圈 남의 말을 되받아 자기 의사를 나
말=대답(一對答)圈 손윗 사람의 이유를 들어 반대하는 뜻으로 말하는 대답. answering back 하다
말=더듬-다[一따]圈 말을 더듬거리다. stammer
말=더듬이圈 말을 더듬는 사람. (큰) 더듬이¹. stam-
말=동무(一同一)圈(동) 말벗. 하다 「merer
말=되-다圈 ①말거리가 되다. be called in question ②말하는 것이 이치에 맞다. be reasonable ③걱정이 생기다. get into trouble 「등의 '斗'의 이름.
말두-자(一斗部)圈 한자 부수(部首)의 하나. '料·斜'
말디자(圈) 말을 마치자. 말이 끝나자.
말=떼圈(동) 어군(語群).
말=똥圈 말의 똥. horse droppings
말똥=가리圈〈조류〉수리매과의 새. 쥐·개구리·두더지 등을 잡아먹는 농업상 익조임. korean buzzard
말똥-구리圈〈조류〉풍뎅이과의 벌레. 몸길이 18mm 가량으로 빛이 검고 광택이 나며 여름에 말똥·쇠똥 따위를 굴려다 그 속에 알을 낳아 새끼를 기름. 강랑(蜣蜋), 길강(蛣蜣). 쇠똥구리. 퇴화(堆禾). sacred scarabs
말똥=굼-벵이圈〈곤충〉말똥구리의 유충(幼蟲).
말똥도 모르고 마의 노릇 한다圈 아무 것도 모르는 사람이 중요한 일을 맡음을 조롱하는 말.
말똥=말똥圈 ①정신이나 눈알이 맑고 생기 있게 도랑도랑한 모양. ②눈만 둥글게 뜨고 정신없이 말끄러미 쳐다보는 모양. (큰) 멀뚱멀뚱. dropings with one's eyes wide open 하다
말똥에 굴러도 이승이 좋다圈 아무리 고생스럽고 욕되게 살더라도 죽는 것보다는 낫다.
말똥이 밤알 같으냐圈 못 먹을 것을 먹으려 하는 사람을 놀리는 말.
말똥-지기圈 연을 띄울 때 연을 놓는 사람.
말뚝圈 땅에 두드려 박는 몽둥이. stake
말뚝圈 금·은으로 된 뒤꽂이의 하나. 위는 굵고 아래는 가늘며 네모짐. 쪽찐 머리에 꽂는 장식품임. pin
말뚝=댕기圈 말뚝이에 매는 댕기의 하나. 길고 넓죽한데 윗부분이 말뚝처럼 삼각형임.
말뚝=둥이圈〈어류〉망둥이과의 바닷물고기. 몸 길이 6〜20cm 가량으로 가늘고 길며 머리는 둥글고 큼. 가슴지느러미의 근육이 발달하여 습지 위에서는 걸어나닐 수도 있음.
말뚝=모圈 →꼬창모.
말뚝 박-다圈 ①울타리를 치다. 경계를 굿다. ②고정시키다. ③어떤 지위에 오랫동안 머무르다.
말뚝=벙거지(一제도)圈 마부(馬夫)·구종(驅從)들이 쓰던 전립(戰笠)의 하나.
말뚝=잠圈 꼿꼿이 앉은 채로 자는 잠. doze
말뚝=잠(一簪)圈 금물이로 만든 비녀의 하나. 좀 납작하고 끝이 빨때, 대가리에 여러 가지 무늬를 새겼음. ornamental hairpin
말:-뜨-다圈 말이 술술 나오지 않고 굼뜨다. shu-
말=띠圈〈민속〉오생(午生)을 말의 속성의 상징으로써 일컫는 말.
말라게냐(malaguena 스)圈〈음악〉스페인의 판당고(fandango)의 하나. 말라가(Malaga) 지방의 무용곡으로 즉흥적인 것이 그 특징임.
말라=깽이圈(속) 몸이 바싹 마른 사람. lean man

말라리아(malaria)៧〈동〉학질(瘧疾).
말라리아-모:기(malaria-)៧〈동〉학질모기.
말라리아-열(malaria 熱)៧〈의학〉말라리아에 걸려서 발작적으로 나타나는 신열. 흔히 하루 걸러, 또는 이틀 걸러서 발생함. malarial fever
말라리아 요법[-뻡](malaria 療法)〈의학〉발열 요법(發熱療法)의 하나. 말라리아의 병원균을 주사하여 40도의 열을 10회 이상 반복하게 함으로써 매독균을 죽이고, 나중에 키니네로 말라리아를 치료하는 방법임. malaria therapy
말라리아 원충(malaria 原蟲)〈동물〉원생 동물의 하나. 말라리아 병원체로서 학질모기의 침과 함께 인체의 모세관 속에 들어가 적혈구에 기생함. plasmodium
말라-붙다国 액체가 바싹 졸거나 말라서 붙다.
말라-빠지-다国 몸이 몹시 여위다. become skinny
말랑-거리-다国 매우 말랑한 느낌을 주다. 〈큰〉물렁거리다. become soft **말랑-말랑**国 하다
말랑-하다国〈형〉①감이나 토마토 같은 것이 익어서 물기가 있고 야들야들하게 보드라워 보이다. soft ②성질이 뱃뱃한 데가 없이 만만하다. 〈큰〉물렁하다.
말랭이៧〈약〉⇒말랭이. [tender
말려-들다国 ①감기어 안으로 들어가다. ¶기계 속으로 ~. ②본인이 원하지 않는 관계 또는 위치에 끌리어 들어가다. ¶이상한 사건에 ~.
말로(末路)៧ ①생애의 최후. 사람의 만년(晚年). last days ②영락(零落)한 끝판. ¶독재자의 ~. miserable end ③가는 길의 끝. end of the journey
말로 온 동네를 다 겪는다国 ①음식으로 대접하는 대신 말로 때운다. ②말을 잘하면 처세에 이롭다.
말롱-질៧ ①남녀가 말의 교미를 흉내내어 하는 장난. imitating the mating horses ②아이들이 말의 모양으로 타고 노는 장난. playing horse riding 하国
말류(末流)៧ ①기울어가는 형통의 끝. 여예(餘裔). end of a pedigree epigone ②뒤갈은 유파(流派). ③유파(流派)의 끝. lower class ④〈동〉말세(末世)①. ⑤하류(下流).
말루지=폐(末流之弊)끝판에 생기는 폐단. [ofit
말리(末利)៧ 눈앞의 작은 이익. quick but small pr-
말리(茉莉)៧〈식물〉목서과의 상록 관목. 여름에 나팔 모양의 흰 꽃이 핌. 관상용 또는 향유 원료로 심으며 잎은 식용함. 소형(素馨). ¶~채(茶). jasmine
말리-다国 얇고 편편한 물건이 돌돌 감기다. 또는 말음을 당하다. roll up
말리-다国 하는 것을 하도록 못하게 하다. dissuade
말리-다国 젖은 것을 마르게 하다. dry
말린-고추៧〈짜〉철에서 쫓겨난 중.
말림៧ ①나무나 풀 따위를 함부로 베지 못하게 말려 가꾸는 일. 금양(禁養). reservation ②〈약〉말림갓. 하国
말림-갓[-깓]៧ 나무나 풀을 함부로 베지 못하게 말리는 땅이나 산. 〈약〉말림②. reserved forest
말-마당៧ 말하기를 익히고 겨루는 곳.
말-마디៧ 마음먹은 생각을 나타내는 말의 토막. ¶~에 힘을 주다. words [등의 '馬'의 이름.
말마-변(-馬邊)៧ 한자 부수(部首)의 하나. '馴·馳'
말-막음៧ 남의 나무람을 꺼리어 어름어름하는 일로 그 책망을 막음. apology 하国
말만 잘하면 천 냥 빚도 가린다国 ①말할 때는 애써 조심하라. ②말 잘하는 사람은 처세에 유리하다.
말-많-다国 말수가 많다. 수다스럽다. 말썽이 많다. 소문이 많다. 말많은 사람.
말많은 집은 장 맛도 쓰다国 가정에 잔말이 많으면 [살림이 잘 안 된다.
말:-말៧ 이런 말 저런 말. 여러 가지 말의 끝에.
말말 끝에 단 장 달라란다国 어떤 말이 벌어지기가 무섭게 그것을 요구한다.
말-말뚝៧ 말을 매는 말뚝. stake
말-맛[-맏]៧ 말이 주는 느낌. 어감(語感). linguistic sense

말망(末望)៧〈제도〉삼망(三望)의 끝자리. [緣].
말·미៧〈교〉말미. 사유(事由). 수유(受由). 인연(因
말:-미[미]៧〈곤충〉매미과(蟬科)의 벌레. 한국산 중 최대형의 매미로 몸 길이 45 mm 가량으로 빛이 검고 광택이 남. 마조(馬蜩). [말의 방향. 화제.
말-머리៧ ①말의 첫머리. beginning of speech ②
말머리 아이៧ 혼인한 뒤에 곧 배서 낳은 아이. child born right after wedlock
말머리에 태기가 있다国 말타고 시집갈 때 이미 태하였다. 곧, 일의 시초부터 이익을 볼 기회를 얻었 [fodder
말-먹이៧ 말을 먹이는 꼴이나 곡식. 마량(馬糧).
말:-명៧〈민속〉①〈동〉만명(萬明). ②무당의 열두거리 굿 중의 하나.
말-목(抹木)៧ 가늘게 다듬어 무슨 표가 되게 박는 말뚝. 말장(抹杖). stake
말:-몫៧ ①〈농업〉병작법(倂作法)으로 타작 마당에서 타작한 곡식을 나를 때, 마당에 처져서 소작의 차지가 되는 곡식. ②말장이의 몫으로 주는 곡식.
말:-몰이៧ 말을 몰고 다니는 일. driving a horse ②〈약〉⇒말몰이꾼. 하国
말몰이-꾼៧〈약〉말몬!. 말몰이②. packhorse driver
말:-못-되-다国 형편이 말로는 도저히 나타낼 수 없도록 못되다. beyond description
말:-못-하-다国 형편이 차마 말로는 도저히 나타낼 수 없다. 형용할 수 없다. [등의 '母'의 하나.
말-무=**부**(-母部)៧ 한자 부수(部首)의 하나. '每·毒'
말:-문(-門)៧ ①말할 적에 나는 입. one's mouth ②말을 꺼내는 실마리.
말문 막다(-門-)国 말을 하지 못하게 하다.
말문 열다(-門-)国 입을 벌리어 말을 시작하다. 말
말의(미)៧ 말미. 인연(因).
말미៧ 직업에 매인 사람이 다른 일로 말미암아 얻는 겨를. 수유(受由). 휴가(休暇). leave
말-미(末尾)៧ ①말·문장·번호 등의 연속되어 있는 것의 맨 끝. ②〈동〉말단(末端)①.
말미-받-다国 휴가를 얻다. have leave
말미암-다国(-아)国 ①거처로 오다. be due to ②인연이 되다. 관계되다. be derived
말미잘៧〈동물〉분홍말미잘과의 강장 동물. 몸 빛은 녹색 또는 담황색에 백색 반점이 있으며 몸은 대통 꼴로 한가운데에 입이 있음. 바닷가 모래 속, 바위 위에 붙어 살며 게와 전복 껍질에 붙어 살기도 함. sea-anemone
말-밀៧ 어떤 분량의 곡식을 말로 되고 남는 부분.
말:-밑៧ ①말의 어원(語源). ②〈약〉⇒말밑천.
말:-밑천៧ 말할 재료. 〈약〉말밑②. one's stock of words
말-바꿈-표(-標)៧ '바꾸어 말하면·즉·곧' 따위의 뜻으로 十(句)과 十 사이에 삽입하는 '―'의 기호. 줄표. 환언부(換言符). dash
말-박៧ ①큰 바가지. 말 만한 바가지. large gourd ②말 대신으로 쓰는 바가지. gourd used in place of a *mal* measure
말반(末班)៧ 지위가 낮은 벼슬아치. lower officials
말-발[-빨]៧ 말이 먹히어 들어가는 형세.
말-발굽[-꿉]៧ 말의 발굽.
말발도리-나무៧〈식물〉고광나무과의 낙엽 관목. 잎은 길둥글고 톱니가 있음. 바위틈에 나서 자라는 데, 과실은 약으로 쓰임.
말:-발-서-다[-빨-]国 말하는 대로 시행이 잘 되다.
말-밤៧〈교〉마름쇠. [rice
말반[-빤]៧〈한〉쌀 한 말로 지은 밥. a *mal* of cooked
말-방울៧ 말의 목에 다는 방울. horse bell
말-발[-빨]៧ 옮을나라 고누·장기 따위에서 말이 다 말패(末牌)៧〈동〉종패(終牌). [나는 길.
말-배뱃대끈៧ 말의 배에 졸라매는 띠.
말-버둥질៧ 말이 땅에 누워 등을 대고 네 발로 버둥

거리는 짓. 《얕》 버둥질. pawing the air
말=버릇[—뻐—]圈 늘 하여 습관이 된 말의 투.
말=버짐圈〈한의〉피부병의 하나. 흰 점이 생기고 가려움. 마선(痲癬). psoriasis
말벌圈〈곤충〉말벌과(胡蜂科)의 큰 벌. 몸 빛은 황색과 흑색 또는 갈색의 얼룩무늬와 줄무늬가 있으며, 독침도 있음. 대황봉(大黃蜂). 마봉(馬蜂). 작봉(雀蜂). 호봉(胡蜂).   [우리.
말=벌:의=집圈〈한의〉강장제의 약재로 씀. 말벌의 둥
말=법[—뻡]圈(—法)圈〈불〉어법(語法).
말법[—뻡]圈(末法)圈〈불〉석가가 죽은 뒤 1500 년 뒤의 1 만 년 동안. ②圈 말세(末世)②.
말:벗圈 서로 같이 이야기할 만한 친구. 말동무. companion 하다
말=벗김圈 마름이 도지어 병작벼를 높이 되어서 받고 그것을 소작인에게 바칠 적에는 박하게 되어서 그 나머지를 사사로이 먹는 짓. 하다
말:=보[—뽀]圈 보통 때 말이 없는 사람의 입에서 막 힘없이 터져 나오는 말. talkativeness from a usually taciturn person
몰보·기圈(고) 오줌과 똥을 누는 것.
말복[末伏]圈 삼복(三伏)의 하나. 입추 지난 뒤 첫째 경일(庚日). 《대》초복(初伏). 중복(中伏). third of the dog days
말:=본[—뽄]圈①圈 문법(文法). ②圈 말본새①.
말:=본새[—뽄—]圈①말의 원래부터의 생김새. 말본②. ②圈 말본새②.   [바탕. one's late years
말분(末分)圈 사람이 한 세상 사는 동안의 끝판.
말불=버섯圈〈식물〉말불버섯과의 버섯. 지름이 2~3 cm 되는 기둥 모양의 줄기 위에 둥그런 머리가 있으며 줄기가 아닌 부분의 표면에는 작은 혹이 많은데, 먹지는 못함. 마발(馬勃).
말=붙이−다[—부치—]困 상대방에게 말을 걸다.
말:=비치−다囧 상대방이 알아들을 수 있을 만큼 넌지시 말을 하다.   [는 짓. excuse
말=빼기圈 제 말에 약점이 있어 그 애기에서 빠져 나오
말:=뼈圈①말의 뼈. horse's bones ②성질이 고분고분하지 못하고 뻣뻣한 사람의 별명. rough fellow
말사[—싸](末寺)圈〈불교〉본사의 지휘를 받는 부속 사찰. branch temple
말살[—쌀](抹殺·抹剎)圈①있는 사실을 없애 버림. erasure ②남의 존재를 면목 없이 하여 버림. liquidation 하다   [쌀다. cold-hearted **말살=스레**
말살스럽다[—따](抹殺—)圈 모질고 독하기 짝이
말살에 쇠살(圈)전혀 조리가 서지 않음을 일컬음.
:말−솜圈(고) 말씀.   [quite unreasonable
말 삼은 소 신이라圈 말이 만든 신을 소가 신는다. 곧, 도저히 불가능함의 비유.
말:=삼키−다囧 하려던 말을 그만두다.
말−상(—相)圈 얼굴이 긴 사람의 별명. extremely long
말석[—썩](末席)圈①맨 끝의 자리. 말좌(末座). bottom ②지위의 맨 끝. 《대》상석(上席). 수석(首席). lowest seat
말=선두리圈〈곤충〉말선두릿과의 벌레. 몸 길이 35~40 mm이고, 등은 흑색에 녹색·황갈색을 띠며 다리는 황갈색임. 연못·무논에 많이 삶. 선두리. 물방개.
말세[—쎄](—稅)圈 말감고가 받아 먹는 구문.
말세[—쎄](末世)圈①쇠퇴하고 망해 버린 세상. 계세(季世). 말대(末代). 말류(末流)④. 말조(末造). 숙계(叔季). corrupt age ②〈불교〉말법(末法)의 세상. 말법②. ③〈기독〉예수가 탄생한 때부터 재림할 때까지의 세상.
말소[—쏘](抹消)圈 있는 사실을 흐리거나 지워 버림. 말거(抹去). erasure 하다
말소 등기[—쏘—](抹消登記)圈《법률》일단 등기된 사항의 말소를 목적으로 하는 등기. cancellation of registration   [《동》음성(音聲). voice
말:=소리[—쏘—]圈①말하는 소리. 어성(語聲). ②

말:소리=갈[—쏘—]圈《동》음성학(音聲學).
말소−부(抹消符)圈 내리글씨(縱書)에 여러 조항으로 열기하여 놓은 가운데에서 어떤 조항을 지워 버림을 보일 때 쓰는 부호. 그 머리로부터 ㄱ(꺾자)를 써워 그음. 지움표.
말−소수圈 한 말 남짓한 양의 곡식.
말=속[—쏙]圈 말의 깊은 속뜻. intended sence
말속[—쏙](末俗)圈①말세(末世)의 풍속. manners and customs of a degenerate age ②악독하고 타락된 풍속.
말손[—쏜](末孫)圈《동》원손(遠孫).
말=솔圈 말의 털을 씻거나 빗기는 솔. horse-brush
말:−솜씨[—쏨—]圈 말하는 재주. 말재주. art of speaking
말:=수¹[—쑤](—數)圈 말로 되어 본 수량. 두수(斗數). number of mal   [가 많은 사람. words
말:=수²[—쑤](—數)圈 입으로 하는 말의 수효. ¶~
말:=술[—쑬]圈 한 말 가량의 술. 두주(斗酒). mal of wine ②많이 마시는 술.
말=승냥이圈〈동물〉'늑대'를 승냥이에 비해 큰 종류라는 뜻으로 일컫는 말. wolf ②키가 큰 사람. tall man
말:=시(—是非)圈 말로 하는 시비. 하다
말:=실수[—쑤](—失手)圈 잘못된 말. slip of the
말:=솜(고) 말솜.   [tongue 하다
말썽圈 사단(事端)을 일으키는 말이나 짓. trouble
말썽=거리[—꺼—]圈①말썽이 일어날 만한 사물.
말썽−꾸러기[—꾸—]圈(속) 말썽꾼.
말썽−꾼圈 걸핏하면 말썽을 부리는 사람.
말썽 부리다圈 트집을 잡아 일을 버르집어 놓다.
말쑥−하다囿변 모양이 저저분함이 없이 깨끗하다. neat 말쑥−히튀
말:=씀圈①《끝》높은 사람의 말. words ②상대방을 높이어, 자기가 하는 말을 낮추어 이르는 말. my words ③〈기독〉하느님의 명령이나 복음.
말:=씀연(−言)−변(—言邊)圈 한자 부수(部首)의 하나. '語·誌' 등의 '言'의 이름. (辭). way of speaking
말:=씨圈 말하는 태도나 버릇. 구기(口氣). 어사(言
말:=씨름圈《동》말다툼.
말씬−거리다困 연하고 말랑한 느낌을 주다. 《큰》물씬거리다. **말씬−말씬**(旧) 하다
말씬−하다圈(变) 삶거나 쪄서 익힌 것이 파삭파삭하게 무르다. 《큰》 물씬하다. 말씬−히튀
말씹−조개圈〈조개〉말씹조개과의 조개. 껍질은 녹갈색을 띠고 광택이 남. 살은 식용하고 껍질은 세공용으로 씀.
말:=아니−다圈①말이 이치에 맞지 않다. unreasonable ②형편이 말할 수 없게 되다. in very bad shape
말=아웃圈 한 말 하고 반 말. 곧, 한 말 반. one and a half mal
말:=안 되다圈 말하는 것이 사리에 맞지 않다.
말 안 하면 귀신도 모른다圈 혼자 속을 태우지 말고 시원스럽게 말을 하라.
말액(抹額)圈 '마내기'의 취음.
말약(末藥)圈→가루약.
말언(末言)圈 그다지 번변찮은 말. worthless words
말:−없−는圈 말수가 매우 적다. ¶말없는 사나이.
말없음=표(—標)圈 한 문장에서 말이 있어야 할 경우에 말없이 침묵하고 있음을 보일 때 쓰는 부호. 글줄의 복판을 타서 '……[점줄]'을 씀. 무언표(無言標). sign of silence
말:=이:음圈①말도 아니하고, ¶~사라지다. ②아무 사고 없이. 말썽 없이. ¶그 일이~잘 해결되어야 할 텐데.
말여뀌圈〈식물〉마디풀과의 일년생 풀. 줄기 높이 60 cm 가량이고 보통 홍자색을 띰. 6~9 월에 홍자색 꽃이 줄기 끝과 가지 끝에 핌. 마료(馬蓼).   [도리가 없다.
말여지=하(末如之下)圈 아주 엉망이 되어서 어찌할
말엽(末葉)圈①맨 끝의 시대. 《대》초엽(初葉). 중엽

(中葉). end ②《동》 자손①.
말예(末裔)[명] 《동》 원손(遠孫).
말예(末藝)[명] 《동》 말기(末技).
말오줌=나무[명] 〈식물〉 겨우살이덩굴과의 낙엽 활엽 관목. 가지는 건조하여 약용하며 어린 잎은 식용함. 삭조(蒴藋). 접골목. red-berried elder
말:=옮기-다[—옴—][자] 남에게서 들은 말을 다른 사람에게 전하여 퍼뜨리다.
말왐[명] 《고》 ①마름〔藻〕. ②개구리밥〔浮萍〕.
말운(末運)[명] 기울어져 막다른 운수. 말세(末世)의 시운(時運). end of one's luck
말위(末位)[명] ①맨 끝자리. lowest seat ②맨 끝의 지위. 《대》 수위. lowest position
말 위에 말을 얹는다[속] 욕심이 많은 사람을 이름.
말은(抹銀)[명] 도자기나 쟁물 표면에 은가루 같은 것을 발라서 광채가 나게 함.
말은 보태고 떡은 덴다[속] 말은 전해 갈수록 더 보태어지고, 먹을 떡은 돌아가는 동안에 없어진다.
말은 앵무새[속] 말은 잘하지만 실천하지 않는 사람을 빈정대어 하는 말. 「한다.
말은 이 죽이듯 한다[속] 말은 조금도 빠짐없이 자세히
말은 청산 유수 같다[속] 거침없이 유창한 말씨를 이름.
말은 할 탓이라[속] 말이란 같은 것이라도 좋게 이야기할 수도 있고 나쁘게 이야기할 수도 있다.
말은 해야 맛이고, 고기는 씹어야 맛이다[속] ①무슨 일이거나 참맛은 실제로 해 보는 데서 얻을 수 있다. ②할 말은 해야 된다.
말음(末音)[명] 〈어학〉 한 음절에서 맨 나중에 나는 소리. 곧, '동'에 있어서의 'ㅇ' 따위. 받침 소리. 종성(終聲). 끝소리. 《대》 두음(頭音). end sound
말음 법칙(末音法則)[명] 〈어학〉 음성 규칙의 하나. 어떤 종성(받침)이 허사(독립적인 뜻이 없는 말)의 모음과 만나는 경우를 제외하고는 본디의 음가를 유지하지 못하고 다른 소리로 발음되는 현상. ㅋ·ㄺ·ㄲ 등의 받침은 대표음 ㄱ으로 발음(엌→억, 닭→닥, 깎→각 따위)하는 것. 종속적인 모음이 연결하면 홑받침은 아래 음절에 자리를 옮겨 음가(音價)를 나타내고, 둘 받침인 때는 둘 다 발음하게 되니, 곧 잎이→이피, 맑은→말근 따위와 같음. 종성 규칙(終聲規則). principle of end sounds
말=이-다¹[감] 체언이나 용언의 어미에 붙어, 듣는 사람의 주의를 끌려고 할 때에 쓰는 군말. ¶오지 말란 [~.
말·이-·다²[타] 《고》 말리다.
말이 많으면 쓸 말이 적다[속] 말을 너무 하면 효과가 적다. 「에 그 내용이 과장되고 변한다.
말이 말을 만들다[속] 말은 옮겨지는 동안 모르는 사이
말이 씨 된다[속] 늘 말하던 것이 마침내는 어떤 사실을 결과하게 된다. 「믐날. last day
말일(末日)[명] ①마지막 날. ②그 달의 마지막 날. 그
말:=일키-다[자] 시킨 일을 아니하거나, 하지 않아도 좋을 일을 하거나 하여 여러 말이 나오도록 하다. 《원》 말일으키다. cause trouble
말자[—짜](末子)[명] 막내아들. youngest son
말 잘하고 징역가랴[속] 말만 잘하면 일을 그르칠 리가 있겠느냐. 「이름.
말 잘하기는 소진 장의로군[속] 구변이 썩 좋은 사람을
말=잠자리[명] 〈곤충〉 말잠자리과〔蜻蜓科〕의 곤충. 몸빛은 흑색 바탕에 앞머리는 녹황색이며 가슴에는 누른 줄이 있고, 그 뒤쪽에는 T자 모양의 융기가 있음. 「각없이 무엇을 제공하게 됨.
말 잡는 집에 소금이 해좌라[속] 부득이한 처지에서 생
말=잡이[명] 곡식을 될 때 마질을 하는 사람. one who
말장[—짱](抹杖)[명] 《동》 말목(抹木). [measures
말장=목[—짱—](抹杖木)[명] 말뚝으로 쓰는 나무.
말=장이[명] 마질을 하여 주는 사람. measurer
말:=재간[—째—](—才幹)[명] 《동》 말재주. 「maker
말:=재기[명] 쓸데없는 말을 꾸며 내는 사람. gossip
말:=재주[—째—](—才—)[명] 말을 잘하는 재주. 언변(言辯). 말재간.
말:=쟁이[명] ①말수가 많은 사람. talkative person ②말을 묘하게 잘하는 사람. fluent speaker
말:=전주[명] 이쪽 저쪽 다니며 말을 전하여 이간질을 하는 짓. 언사질(言事—). talebearing 하[자]
말:전주=꾼[명] 말전주하는 사람. mischief maker
말절[—쩔](末節)[명] 여러 동강으로 나눈 끝 부분(部分). 맨 끝 절. last part
말제[—쩨](末弟)[명] 막내아우.
말제[—쩨](末劑)[명] 《동》 가루약.
말조[—쪼](末造)[명] 《동》 말세(末世)①. 「서캐조롱.
말=조롱[명] 〈민속〉 사내아이가 차던 밤톨만한 조롱. 《대》
말:=조:심(—操心)[명] 말이 잘못되지 않게 하려는 조심. care in speaking 하[자]
말좌[—쫘](末座)[명] 《동》 말석(末席)①.
말:=주변[—쭈—][명] 말을 이리저리 척척 잘 둘러대는 재주. gift of gab
말=죽(—粥)[명] 콩·겨·여물 따위를 섞어 쑨 말의 먹이. 마죽(馬粥). boiled feed for a horse 「粥桶).
말죽=통(—粥桶)[명] 말죽을 담는 작은 구유. 마죽통(馬
말=쥐치[명] 〈어류〉 객주리과의 바닷물고기. 몸 길이 24 cm 가량의 긴 타원형으로 몸 빛은 청갈색임. 맛이 좋으며 한국 및 일본 근해에 분포함. 긴쥐치.
말즘[명] 〈식물〉 가래과의 다년생 풀. 물 속에 나며 보통 군생(群生)하여 녹갈색을 띰. 여름에 담황갈색의 꽃이 이삭 모양으로 핌.
말증[—쯩](末症)[명] 고치기 어려운 나쁜 병. 고황지질(膏肓之疾). 말질(末疾). incurable disease
말직[—찍](末職)[명] 가장 끝 자리의 벼슬. 말관(末
말=질¹[명] 《원》→마질. [官). small post
말:=질²[명] 이러니저러니 하고 시비를 말하는 짓. dis-
말질[—찔](末疾)[명] 《동》 말증(末症). [pute 하[자]
말=집[—찝][명] 〈건축〉 추녀가 사방으로 뺑 돌아가게 지은 집. house with eaves on all sides
말짜(末—)[명] 가장 나쁜 물건이나 버릇없는 사람. ¶인간 ~. 《원》 말자(末者). lowest character
말짱=구슬[명] 중국에서 만든 여러 빛깔의 유리 구슬.
말짱말짱=하-다[형][여불] 사람의 성질이 물러서 만만하다. 《큰》 물쩡물쩡하다.
말짱=하-다¹[형][여불] ①흠이 없어 온전하다. 《큰》 멀쩡하다. ¶말짱한 물건을 왜 버리느냐? sound ②깨끗하다. ¶방안을 말짱하게 치워라. clean
말짱=하-다²[형][여불] 성질이 야무지지 못하고 무르다. 《큰》 물쩡하다. tender
말=째(末—)[명] 맨 끝의 차례. last
말:=참견(—參見)[명] 남의 말에 곁달아 하는 짓. 말참례(—參禮). cutting in 하[자]
말:=참례(—參禮)[명] 《동》 말참견. 하[자]
말=채[명] 《약》→말채찍.
말채=나무[명] 〈식물〉 층층나무과의 낙엽 활엽 교목. 5월에 흰 꽃이 가지 끝에 피며 핵과는 붉게 익음. 우리 나라 특산종으로 중부·남부에 많이 분포하고 기구재로 쓰임. 「말채. horse whip
말=채찍[명] 말을 때리어 모는 채찍. 편책(鞭策). 《약》
말초(末梢)[명] ①끝으로 갈리어 나간 가는 가지. twig ②끝 부분. end ③사소한 일. 하찮은 일.
말초 신경(末梢神經)[명] 〈생리〉 신경 중추(神經中樞)로부터 갈라져 몸의 각 부분에 퍼져 있는 신경. 끝신경. nerve-ending
말초=적(末梢的)[관][명] 사물의 근본에서 벗어나 사소한 모양. 또, 문제삼을 가치가 없는 하찮은 (것). distal 「hair
말=총[명] 말의 갈기나 꼬리의 털. 마미(馬尾). horse
말총=벌[명] 〈곤충〉 고치벌과의 곤충. 몸 길이가 암컷은 2 cm, 수컷은 1.5 cm로 몸 빛은 황적갈색인데, 촉각은 흑색임. 암컷은 말총 모양의 긴 산란관이 있음. Eunrobracont yokohamae
말총=체[명] 쳇불을 말총으로 짠 체. 「하[자]
말:=추렴[명] 남들이 말하는 데 한몫 끼어 말하는 일.
말:=치레[명] 실속 없는 말로 꾸밈. 하[자]

말캉-거리-다 연해 말캉한 느낌을 주다. 《큰》물컹거리다. **말캉=말캉강** 하❶ 《큰》물컹하다. soft

말캉-하-다 너무 익거나 끓어서 좀 무르다. 《큰》

말코대 베를 갈는 베틀의 한 부분. 길쌈할 때 부티끈을 그 양쪽에 잡아맴. cloth beam

말=코² ① 말코처럼 생긴 사람의 코. 또, 그런 코를 가진 사람의 별명. horse-nosed person ② 말의 코. horse's muzzle

말=코지 물건을 거는 나무 갈고리. wooden hook

말 타면 경마 잡히고 싶다 사람의 욕심은 한이 없다. 〖도둑으로 가수 분해하는 효소.〗

말타아제(Maltase)〖화학〗맥아당을 두 분자의 포

말 태우고 버선 깁는다 준비가 늦었다.

말토오스(maltose)〖화학〗맥아당.

말=투(一套)圀 말버릇. 말본새⑩. one's manner of [speaking

말=파·리피〖곤충〗말파리과의 파리. 몸 길이 13 mm 안팎. 암컷은 말 앞다리 털에 알을 슬고, 유충은 말의 위속에 기생하여 뒤벽에 붙어 살다가 성숙하면 똥에 섞여 나와 흙에 들어 있다가 번데기로 됨. 말·당나귀·개 또는 사람에게도 기생함. 〖판. board〗

말=판(一板)圀 윷·고누·쌍륙 같은 것의 말 가는 길을 그린

말판 쓰다〖자동〗말판에 말을 수에 따라 놓다.

말패(末牌)圀 화투나 카드 놀이에서, 맨 끝에 주거나 받는 패. 〖철(馬鐵). horse shoe〗

말=편자圀 말굽에 대칠을 박아 붙인 쇠. 마제⑩. 마

말피·기=관(Malpighi 管)圀〖생물〗곤충류 및 다족류의 소화기에 붙어 있는 긴 모양의 맹관(盲管). Malpighi's tubes

말피·기 소·체(Malpighi 小體)圀〖생리〗척추 동물의 콩팥 속에 들어 있는 기관. 오줌의 배설에 중요한

말하(末夏)圀〖고〗지하. 〖구실을 함.〗

말=하-다 ❶느낌과 생각을 말로 나타내다. speak ❷통지하여 알리다. inform ❸논하거나 평하다. comment ❹어떤 현상을 나타내 보여 주다. ¶이 그래프는 근무 성적을 대신 말해 준다. show ¶'알기 쉽게 다른 말로 한다면'의 뜻을 나타내는 동사. in other words

말=하자면 말로 나타내기로 하면. ¶∼ 산송장과 같다. 《유》이를테면. for example

말학(末學)圀 후학(後學).

말 한 마디에 천 냥 빛 갚는다圀 말만 잘하면 어려운 일이나 불가능한 일도 해결된다.

말=할 수 없이圀 이루 말할 수 없을 정도로.

말합(末合)圀 ①〖동〗자투리. ②〖동〗마무리.

말항(末項)圀 끝으로 적히 조항. 끝 항목. 《대》초항 (初項). last item

말행(末行)圀 글의 끝 줄. last line

말향(抹香)圀 주로 불공 때 사용하는 가루 향. 침향 (沈香)과 전단(栴檀)의 가루를 썼으나, 지금은 한 가지의 잎과 껍질로 대용함.

말향=경(抹香鯨)圀〖동〗향유고래.

말향=고래(抹香一)圀〖동〗향유고래.

말=혁(一革)圀 말 안장 양쪽에 꾸민새로 늘어뜨린 고삐. 〖혁. reins〗

말홍(抹紅)圀 도자기나 젯물 위에 철적 채료(鐵赤彩料)를 바름. ¶∼ 금채(金彩).

맑-다❶〖형〗①딴 것이나 더러운 것이 섞이지 않다. clear ②일이 터분하지 않다. tidy ③살림이 넉넉하지 못하다. indigent ④날씨가 흐리지 않다. 《대》흐뭇다. 《준》말다. 《리더라》. clear

맑디=맑-다[막—막—]형 썩 맑다. 더할 수 없이 맑다.

맑스그레-하-다[막—]형연어 조금 맑은 듯하다. somewhat clear

맑은=대쑥圀〖식물〗엉거시과의 다년생 풀. 줄기 높이 30∼70 cm 쯤으로, 쑥과 같은 향기가 있고 담황색의 꽃이 핌. 어린 잎은 식용함. 개제비쑥. Artemisia Keiskeana

맑은 물에 고기 안 논다冏 ①너무 청렴하면 뇌물이 없다. ②사람이 너무 깔끔하면 재물이 따르지 않는다.

맑은 소리圀 ①맑고 깨끗한 소리. 청음(清音). ②무성음(無聲音). 《대》흐린 소리.

맑은=술圀 다 익은 술을 용수를 박아 떠내거나 술주자에 짜낸 술. 약주. 청주. 《대》막걸리. refined wine

맑은 장=국[一꾹](一醬—)圀 쇠고기를 잘게 썰어 양념하여 맑은 장에 끓인 국. clear meat soup

맑은=지圀〖고〗마음이나 태도에 맑은 티가 있다. clear

맑히-다①흐린 것을 맑게 하다. clear ②사업이나 금전상 셈을 갈무리하여 처리하다. ¶항상 뒤는 맑혀 두어야 한다. settle ③깨끗하게 만들다. purify

맘圀〖약〗마음.

맘=가짐圀〖약〗마음가짐.

맘=결[—껼]圀〖약〗마음결.

맘=껏圀〖약〗마음껏.

맘=내키-다〖약〗→마음내키다.

맘=놓-다〖자동〗〖약〗→마음놓다.

맘=달-다〖르동〗〖약〗→마음달다.

맘=대로〖약〗→마음대로.

맘=대로=근(—筋)圀〖생물〗등뼈 동물의 힘살 가운데 의식적으로 잡아늘치 운동을 할 수 있는 힘살.

맘마圀 어린애가 먹을 것을 가리키는 말. mama

맘=먹-다〖자동〗〖약〗→마음먹다.

맘=보[一뽀]圀〖약〗→마음보.

맘보(mambo 스)圀〖음악〗1943년경 창안된 라틴 아메리카 댄스 음악의 하나. 빠른 리듬은 룸바를 기본으로 하였으며 강력한 화음과 명확한 율동을 갖는 야성적인 무용곡. 또, 그 춤.

맘보 바지(mambo—)圀《수》통을 좁게 하여 몸에 꼭 맞게 한 바지.

맘=성[一쌩]圀〖약〗→마음성.

맘=속[一쏙]圀〖약〗→마음속.

맘=쓰-다〖으동〗〖약〗→마음쓰다.

맘=씨圀〖약〗→마음씨.

맘=자리圀〖약〗→마음자리.

맘 잡아 개 장사라冏 방탕하던 사람이 마음을 다잡은 체하면서, 가끔 전과 같은 행동을 한다.

맘=졸이-다〖자〗〖약〗→마음졸이다.

맘=죄이-다〖자〗〖약〗→마음죄이다.

맛❶圀 ①음식을 혀에 댈 때에 느끼는 감각. ¶∼없다. ∼있다. taste ②어떤 사물이나 현상에 느껴지는 느낌이나 분위기. ¶신선한 ∼. something(fresh) ③재미스러운 느낌. ¶ 무슨 ∼으로 사느냐? relish

맛圀〖조개〗가리맛과와 긴맛과의 조개의 총칭.

·맛圀〖고〗만큼. 만치.

맛圀〖고〗가장.

맛=곯-다〖자동〗〖고〗응(應)하다. 대답하다. 응답하다.

맛=곯-다〖자동〗〖고〗대답하다. 응답하다.

=맛감[一깜]圀〖고〗①=맛. ②=막을.

맛갚-다〖고〗알맞다. 적당하다.

맛=깔圀 음식 맛의 성질. taste

맛깔=스럽-다[ㅂ변]〖고〗①맛이 입에 맞다. tasty ②마음에 들다. satisfactory **맛깔스레**圀

맛나-다[—나—]圀 음식이 입 안에서 감도는 맛이 생기다. ¶맛이 좋다. 맛있다. taste

맛나-이圀 ①음식의 맛을 돋우기 위해 치는 분말이나 액체. flavouring ②맛있는 음식. delicious food ③《수》화학 조미료.

· 뭇놋가·붇소·리圀〖고〗평성(平聲). 가장 낮은 소리.

맛=나-다〖자동〗〖고〗못내. 끝내.

맛내-다〖자동〗음식의 맛을 입에 맞도록 하다.

·뭇노·꾼소·리圀〖고〗거성(去聲). 가장 높은 소리.

맛닐-다〖자동〗〖고〗만나다.

맛-다〖자동〗〖고〗말다.

뭇-다〖자동〗〖고〗마치다.

맛다이-다〖자동〗〖고〗맞아 오다.

맛=대가리圀《수》맛¹.

맛·뎌-다〖자동〗〖고〗말기어. 말겨.

맛멸직후-다〖자동〗〖고〗맡김직하다.

맛·도리·라[-도리-]⦗고⦘맛기리라. [come tasty
맛·들·다[-들-]⦗자⦘익어서 자체 안에 맛이 생기다. be-
맛·들이·다[-들-]⦗타⦘들게 하다. make tasty ②재미를 붙이다. ¶바둑에 ~. get a taste for
맛·디·다⦗고⦘맛기다.
맛보·으로⦗부⦘①맛보기로. ②여러 가지 음식을 바꾸어 가며 조금씩 색다른 맛으로. ¶한 가지만 먹지 말고 이것저것 ~ 먹어라. ③마음이 내키는 대로. according to one's taste
맛문·하·다⦗여⦘몹시 지치다. dead tired
맛·바르·다[-르-]⦗르⦘맛난 음식이 양에 차기도 전에 없어지다. ¶특히나 차린 음식.
맛·보기⦗명⦘맛맛으로 먹기 위하여 양을 적게 하고 바뿐 음식.
맛·보·다⦗타⦘①음식의 맛을 알아보려고 시험 삼아 먹어 보다. taste ②몸소 겪어 보다. ¶쓴맛 단맛을
·맛보·다⦗타⦘⦗고⦘만나다. ¶다 맛보았다. experience
맛·부리·다⦗자⦘①맛을 피우다. 맛을 내다. adorn oneself ②맛없이 싱겁게 굴다. behave in an insipid manner
맛붙이·다[-부치-]⦗타⦘재미를 붙이다.
맛·살⦗명⦘가리맛의 속 살. flesh of a razor-clam
맛=소금(-)⦗명⦘글루탐산(酸) 나트륨이나 핵산계(核酸系) 조미료를 첨가한, 조리용(調理用)의 식염(食鹽).
맛없는 국이 뜨겁기만 하다⦗속⦘①사람답지 못한 자가 교만하고 까다롭다. ②쓸데없이 도(度)만 지나치다.
맛·없·다[맛-]⦗형⦘①음식의 맛이 나쁘다. untasty ②재미·흥미 따위가 없다. uninteresting ③하는 짓이 성겁다. insipid 맛-없이⦗부⦘
맛있는 음식도 늘 먹으면 싫다⦗속⦘아무리 좋은 일이라도 되풀이하면 싫증이 난다.
맛·있·다[맛-]⦗형⦘①맛이 좋다. 맛나다. sweet ②재미가 있다. interesting
맛=장수⦗명⦘싱거운 사람. insipid person
맛·적·다⦗형⦘①싱겁다. tasteless ②재미나 흥미가 적다. insipid
맛·젓⦗명⦘맛살로 담근 것.
맛 좋고 값싼 갈치 자반⦗속⦘한 가지 일이 두 가지로 이롭다는 말.
맛·피우·다⦗자⦘맛없이 굴다. 맛부리다. ¶름다는 말.
망갈퀴나무 따위를 담아 짊어지도록 만든 큰 망태기. large mesh bag
망:¹(望)⦗명⦘①바라보아 남의 동정을 살핌. ¶~을 보다. watch ②⦗약⦘→명망(名望). ③⦗동⦘명망(望望).
망:²(望)⦗명⦘①음력 보름. 망일(望日). ②⦗천문⦘지구를 중심으로 해와 달의 위치가 180°되는 때. 만월(滿月). 망월(望月). full month ¶는 물건. net
망(網)⦗명⦘그물같이 만들어서 가려 두거나 치거나
=망(網)⦗접미⦘사물의 정연하고도 치밀한 조직·짜임새 따위를 나타내는 말. ¶수사~.
망가(亡家)⦗명⦘①망한 집. ruined family ②집안을 결딴냄. downfall of a family 하⦗타⦘
망가닌(Manganin 도)⦗명⦘동 84%에 망간 12%·니켈 4% 가량의 합금. 전기 저항의 온도에 의한 변화가 적기 때문에 전기 저항기·전열기를 만드는 데 쓴.
망가·뜨리·다⦗타⦘짜인 물건을 찌그러뜨려 아주 못 쓰
망가·지·다⦗자⦘→망그러지다. [도록 만들다.
망:각(妄覺)⦗명⦘⦗심리⦘외계의 자극을 잘못 지각하거나, 없는 자극을 있는 것처럼 생각하는 지각의 병적(病的) 현상. 착각(錯覺)과 환각(幻覺)으로 나
망각(忘却)⦗명⦘①잊어버림. oblivion ②⦗심리⦘기억에서 아주 사라진 상태. 망실(忘失)②. 망치(忘置). ⦗대⦘기억(記憶). 상기(想起). lapse of memory 하⦗타⦘
망각 곡선(忘却曲線)⦗명⦘⦗심리⦘기억한 것이 시간의 경과에 따라 망각되어 가는 양(量)을 표시한 곡선.
망:간(望間)⦗명⦘보름께. [forgetting curve
망간(Mangan 도)⦗명⦘⦗화학⦘금속 원소의 하나. 철과 비슷하나 철보다 단단하고 부서지기 쉬우며 화학성도 강함. 원소 기호; Mn. 원자 번호; 25. 원자량; 54. 94. [度)가 매우 높음.
망간-강(Mangan 鋼)⦗명⦘망간을 함유한 강철. 경도(硬

망간 청동(Mangan 青銅)⦗명⦘동 88%, 주석 10%, 망간 2%의 비율로 된 청동.
망:거(妄擧)⦗명⦘망령된 짓. reckless deed
망건(網巾)⦗명⦘상투 있는 사람이 머리에 두르는 그물처럼 생긴 물건. 말총·곱소리·머리카락으로 만듦.
망건-골[-골](網巾-)⦗공업⦘망건을 들 때 또는 고칠 때에 대고 쓰는 골.
망건골에 앉았다⦗속⦘어떤 일에 얽매여 꼼짝을 못 한다.
망건 꾸미개(網巾-)⦗명⦘망건을 꾸미는 형겊.
망건-당(網巾-)⦗명⦘망건의 윗부분. ⦗약⦘당.
망건 당줄[-줄](網巾-)⦗명⦘망건에 달린 줄. 망건당에 꿰는 아랫당줄과 상투에 동여매는 윗당줄이 있음. ⦗약⦘당줄.
망건-뒤(網巾-)⦗명⦘망건의 양끝. 말총으로 촘촘히 빈틈없이 얽어 든 것으로, 머리에 두르면 뒤로 가게 되어 있음. ⦗약⦘뒤.
망건 쓰고 세수한다⦗속⦘앞뒤 순서가 뒤바뀌었다.
망건 쓰자 파장⦗속⦘일이 늦어져서 소기의 목적을 달성하지 못하게 되다.
망건-앞(網巾-)⦗명⦘망건의 이마에 닿는 자리. ⦗약⦘앞.
망건 자국[-짜-](網巾-)⦗명⦘망건을 썼던 부분이 하얗게 된 자국.
망건-장이(網巾-)⦗명⦘망건 만들기를 업으로 삼는 사람. maker of head band
망건-쟁이(網巾-)⦗명⦘망건을 쓰고 다니는 사람.
망건-집[-찝](網巾-)⦗명⦘망건을 넣어 두는 갑.
망건-편자(網巾-)⦗명⦘망건을 졸라매는 띠. ⦗약⦘편자②.
망:-견(望見)⦗명⦘멀리 바라봄. looking out over 하⦗타⦘
망:계(妄計)⦗명⦘그릇된 계책(計策). reckless scheme
망고(-)⦗명⦘①연을 날릴 때 얼레의 실을 죄다 풀어 주어 남은 것이 없음. ②마지막 판에 이름. coming to the end ③살림을 다 떨게 됨. 파산(破産). squandering 하⦗자⦘
망고(mango)⦗명⦘⦗식물⦘동남아 원산으로 높이 30 m 가량인 옻나무과의 상록 교목. 과실 '망고'는 맛이 좋은 열대의 진과임.
망:곡(望哭)⦗명⦘①임금이나 부모상(喪)에 직접 가지 못하고 그 쪽을 향하여 멀리서 하는 애곡(哀哭). ②국상을 당해 대궐문 앞에서 백성들이 모여 우는 일. 하⦗자⦘ [gh fellow
망골(亡骨)⦗명⦘아주 주책없는 사람. 망물(亡物). rou-
망꼿-살⦗명⦘연을 날릴 때, 실이 다 풀어지고 없는 연
망:-구(望九)⦗명⦘⦗동⦘망구순(望九旬). [레의 살.
망구-다⦗타⦘망하게 하다. ruin ②파괴하여 못 쓰게 하다. destroy [한 살. 망구(望九).
망:-구순(望九旬)⦗명⦘아흔을 바라보는 나이. 곧, 여든
망국(亡國)⦗명⦘①망하여 없어진 나라. ruined country ②나라를 망침. ⦗대⦘흥국(興國). ruin the country 하⦗자⦘ [아치.
망국 대:부(亡國大夫)⦗명⦘망해서 없어진 나라의 버슬
망국-민(亡國民)⦗명⦘⦗동⦘망국지민.
망국 민족(亡國民族)⦗명⦘나라가 망하여 없어진 나라의 민족. ruined people [itor
망국-배(亡國輩)⦗명⦘나라를 망치는 무리. national tra-
망국-사(亡國史)⦗명⦘나라가 망하기까지의 전말을 기록한 역사. history of the fall of a country
망국-지민(亡國之民)⦗명⦘망한 나라의 백성. 망국민.
망국지본(亡國之本)⦗명⦘나라를 망칠 근본(根本).
망국-지성(亡國之聲)⦗명⦘⦗동⦘망국지음(亡國之音).
망국-지음(亡國之音)⦗명⦘나라를 망칠 음악이란 뜻으로, 저속하고 잡스러운 음악을 이르는 말. 망국지성(亡國之聲). [망국지한(亡國之恨).
망:국-지탄(亡國之歎)⦗명⦘나라가 망한 데 대한 한탄.
망:국-지한(亡國之恨)⦗명⦘⦗동⦘망국지탄(亡國之歎).
망군(亡君)⦗명⦘죽은 임금.
망:-군(望軍)⦗명⦘⦗동⦘요망군(瞭望軍).
망그-뜨리·다→망가뜨리다.
망그러·뜨리·다⦗타⦘짜인 물건을 찌그러뜨려 아주 못 쓰도록 만들다. ⦗약⦘망그뜨리다. destroy

망그러-지-다 짜인 물건이 찌그러져 못 쓰게 되다. be damaged

망그-지르-다[르트] 짜인 물건을 찌그러뜨려 못 쓰게 만들다. be destroyed

망극(罔極)꾑 ①임금이나 어버이의 은혜가 그지없음. immeasurable great benefit ②(약)→망극지통. 하쩡

망극지-은(罔極之恩)꾑 더할 수 없이 큰 은혜.

망극지-통(罔極之痛)꾑 한없는 슬픔. 어버이나 임금의 상사(喪事)에 쓰는 말. (약)망극②. great grief

망기(忘棄)꾑 속세(俗世)의 일을 잊음. 욕념(慾念)을 잊음. 「알아냄. 하쩡

망:기(望氣)꾑 엉겨 있는 기운을 바라보아 조짐을

망:-기[-끼]**(望記)**꾑 (동)망단자(望單子).

망:기(望旗)꾑 ①망대에 걸어 놓는 기. ②망대에서 척후병에 신호하는 기.

망:-꾼(望-)꾑 망보는 사람. watchman

망나니 ①옛날에 죄수의 목을 베던 사람. executioner ②성질이 아주 못된 사람의 별명. scoundrel ③(동)노래기. 「(骨)의 계집. jade

망녀(亡女)꾑 ①죽은 딸. dead daughter ②망골(亡

망년(忘年)꾑 ①그 해나 나이를 잊음. forgetting the year ②그 해의 온갖 괴로움을 잊음.

망년지-교(忘年之交)꾑 망년지우(忘年之友).

망년지-우(忘年之友)꾑 ①늙은이와 사귀는 젊은 벗. young friend of an old man ②나이에 구애됨이 없이 사귀는 벗. 망년지교.

망년-회(忘年會)꾑 가는 한 해의 모든 괴로움을 잊자는 뜻으로, 연말에 베푸는 연회. year end party

망:-념(妄念)꾑 (동)망상(妄想)②. 「께까지의 동안.

망:-념간(望念間·望念間)꾑 음력 보름께부터 스무날

망:-녕(-놓)꾑 꿩·토끼 따위를 잡는 그물. hunting net

망:-다례(望茶禮·望茶禮)꾑 음력 보름날에 지내는 사당차례. 보름차례. 「clusion 하쩡

망:-단(妄斷)꾑 망령된 판단. 그릇된 판단. rash con-

망:-단(望斷)꾑 바라던 일이 실패로 돌아감. despair 하쩡 「는 단자(單子). 망기(望記).

망:-단자[-딴-](望單子)꾑 《제도》 삼망(三望)을 기

망단-하-다[-터-]回兦 ①일을 뒤탈 없이 끝냈다. ②망단

망:-담(望談)꾑 망령된 말. 「(斷產)하다.

망:-대(望臺)꾑 적의 동태를 살펴보는 높은 대. 관각(觀閣). 망루(望樓). 후루(候樓). watch-tower

망덕(亡德)꾑 ①자기 몸과 집안을 망칠 못된 짓. ②망골(亡骨)의 행동. 「복을 깊이 누리기를 바람.

망:-덕(望德)꾑 (기독) 천주의 은총으로 천당에서의 행

망:-돌림(-)꾑 (체육) 원숨으로 상대방의 허리춤을 잡고 오른손으로 목덜미를 잡아 뺑 돌려 넘어뜨리는 씨름 재주의 하나.

망:동(妄動)꾑 아무 분별 없이 망령되이 행동함. ¶경거(輕擧) ~. blind action 하쩡

망:-두석(望頭石)꾑 (동)망주석(望柱石).

망-둥이(-)꾑 (어류) 망둥잇과의 바닷물고기. 몸 길이는 15 cm~40 cm 가량이고 대체로 지느러미가 가늘고 비늘이 빗살 같음. 우리 나라와 일본 근해에 많이 분포함. goby 「좋아하니卒 덩달아 날뛴다.

망둥이가 뛰니까 전라도 빗자루도 된다(齊) 남이 뛰매

망둥이 제 동무 잡아먹는다(齊) 친척간에 서로 싸운다.

망라(網羅)꾑 ①물고기나 새를 잡는 그물. net ②널리 구하여 모조리 휘몰아 들임. bringing all together ③큰 그물과 작은 그물. various nets 하쩡

망량(魍魎)꾑 ①도깨비. ②(약)→이메 망량(魍魎魍魎).

망령(亡靈)꾑 죽은 이의 넋. departed spirit

망:령(妄靈)꾑 늙거나 정신이 흐려서 언행이 정상을 벗어난 상태. dotage 스뻬 스뻬꾑

망:령되-다[-되·-]**(妄靈-)** 언행이 보통 사람과 어그러지다. 망:령-되이卒

망:령-들-다(妄靈-)困(ᄅ탈) 망령이 일어나다. be in one's second childhood 「an absurd action

망:령-부리다(妄靈-)困 망령된 짓을 하다. commit

망:론(妄論)꾑 망령된 이론. 되지 못한 언론. absurd opinion

망:료(望燎位)꾑 능(陵)에서 축문(祝文)을 불사르「는 곳.

망:-루(望樓)꾑 (동)망대(望臺).

망:-륙(望六)꾑 예순을 바라봄. 곧, 쉰한 살.

망릉(芒稜)꾑 ①(동)위엄(威嚴). ②날카로운 칼날.

망리(網利)꾑 이득을 독차지함. monopoly of the gains 하쩡 「없음. boundless 하쩡

망막(茫漠)꾑 ①넓고 멂. extensive ②뚜렷한 구별이

망막(網膜)꾑 《생리》 〈안구(眼球)의 가장 안쪽에 있어 시신경(視神經)의 세포가 막상(膜狀)으로 층을 이룬 부분. 사진기의 감광판 구실을 함. ②복강(腹腔) 안에 달려 있는 복막의 한 부분. retina

망막-염[-념-](網膜炎)꾑 《의학》 망막에 일어나는 염증. 시력이 약해지고 망막이 흐려지며 출혈 등이 생김. retinitis

망망(茫茫)꾑 넓고 멀어 아득함. 하쩡 히卒

망망 갸역(網驍)꾑 광막한 천지(天地).

망망 대:해(茫茫大海)꾑 한없이 넓고 먼 큰 바다. boundless ocean

망:-망연(茫然-)꾑 (型)(兽)①아득히 먼 곳을 바라보는 것 같다. ②수줍어서 얼굴을 반듯이 들지 못하고 흘긋흘긋 바라보는 기색이 있다. 망:연-히卒

망:-바쁘다(忙-)回(ᄇ불) 매우 바쁘다. very busy

망매(亡妹)꾑 죽은 누이동생. 「망매-히卒

망매(茫昧)꾑 식견이 좁아서 세상 일에 어두움. 몽매(蒙昧). ignorance of the world 하쩡

망:명(亡命)꾑 ①정치적 이유 등으로 남의 나라로 몸을 피하여 옮김. flee from one's own country ②(약)→망명 도주. 하쩡

망:명-가(亡命家)꾑 (동)망명자(亡命者).

망명-객(亡命客)꾑 망명한 정객(政客). political exile

망:명 도생(亡命圖生)꾑 망명하여 삶을 꾀함. 하쩡

망:명 도주(亡命逃走)꾑 죽을 죄를 지은 사람이 멀리 도망감. 『망명②. flight from one's own country for criminal reasons 하쩡

망:명 문학(亡命文學)꾑 정치적 이유 등으로 외국에 망명한 작가들이 쓴 문학. 「생활. 하쩡

망:명 생활(亡命生活)꾑 다른 나라에 망명하여 사는

망명-자(亡命者)꾑 망명한 사람. 망명가(亡命家).

망명 정부(亡命政府)꾑 외국으로 망명한 정객들이 조직한 정부. government-in-exile

망:명-죄[-쬐](亡命罪)꾑 외국으로 망명하지 않으면 죽음을 면할 수 없는 큰 죄.

망:명 죄:인(亡命罪人)꾑 죄를 면하기 위해 다른 나라로 망명한 죄인. 「ther

망모(亡母)꾑 죽은 어머니. (대)망부(亡父). late mo-

망목(芒目)꾑 〈공업〉 빛과 무늬가 두드러지게 나타난 방버(-)꾑. 「가 없음. 하쩡

망:-무두서(茫無頭緖)꾑 정신이 아득하여 두서(頭緖)

망:-무애반(茫無涯畔)꾑 아득히 멀어 끝이 없음. 일망무제(一望無際). 망:무제애(茫無際涯). 하쩡

망:-무제애(茫無際涯)꾑 (동)망무애반(茫無涯畔). 하쩡

망:-문 과:부(望門寡婦)꾑 정혼한 남자가 결혼 전에 죽어서 된 과부. 까막과부.

망:-문 상전(望門床廛)꾑 《제도》 십삼상전(十三床廛)의 하나. 옛날 서울 종로 서쪽편에 있던 잡화 가게.

망:-문 투식(望門投食)꾑 여비가 떨어졌을 때 남의 집을 찾아가서 얻어먹음. 하쩡

망물¹(亡物)꾑 (동)망물(亡骨).

망물²(亡物)꾑 《불교》 죽은 중들의 남긴 물건.

망:-물(妄物)꾑 도리에 벗어난 짓을 하는 사람. evil

민민(罔民)꾑 백성을 속임. 하쩡 「fellow

망밀(網密)꾑 그물눈처럼 극히 작고 좁음. 곧, 법률이 정교 매우 엄함. rigid law

망:박(忙迫)꾑 일에 몰려 아주 바쁨. busyness 하쩡

망:-발(妄發)꾑 ①잘못하여 자기나 조상에게 욕되게 말함. ②망언(妄言). 하쩡

망:-발-풀이(妄發-)꾑 망발한 것을 씻기 위하여 그 말을 들은 사람에게 한턱내는 일. 하쩡

망:배(望拜)꾑 멀리 떨어진 곳에서 연고가 있는 쪽을

망백 향하여 하는 절. 요배(遙拜). distance-worship 하다. [one years of age
망:백(望百)圈 백을 바라봄. 곧, 아흔한 살. ninety-
망=변초(忘百草)圈 몸이 아주 건강하여 아무런 약도 쓰이지 않음. 하다. [명. 하다
망:변(妄辯)圈 ①망령된 언변. ②조리에 닿지 않는 변
망변(芒變)圈 《공업》도자기 요변(窯變)의 하나. 유약으로 짙게 줄지 무늬를 넣었음. [watch
망:-보-다(望-)재타 남의 동정을 멀리서 살피다.
망부(亡父)圈 죽은 아버지. (대) 망모(亡母). late father
망부(亡夫)圈 죽은 남편. (대) 망처. late husband
망:부석(望夫石)圈 정렬(貞烈)한 아내가 남편을 기다리다가 죽어서 되었다는 돌. 또, 그 위에 서서 기
망:사(忘死)圈 《약》→망사생(忘死生)。 [다렸다는 돌.
망:사(望士)圈 명망이 높은 선비. scholar of high repute [우러러 그 신령에게 제사를 지냄.
망:사(望祀)圈 제물을 차려 놓고 멀리 산천(山川)을
망사(磠砂)圈 화산(火山)의 승화물(昇華物)로서 생기는 염화암모늄. 노사(磠砂).
망사(網紗)圈 그물코같이 생기게 짠 깁. gauze
망:-사-생(忘死生)圈 죽고 사는 것을 돌보지 아니함. 《약》망사(忘死). disregarding one's life 하다
망사지:죄(罔赦之罪)圈 용서할 수 없는 큰 죄. heinous crime
망:상(妄想)圈 ①이치에 맞지 않는 생각. ¶~에 젖어들다. phantasm ②근거 없는 일을 굳게 믿음. 망념(妄念). wild fancy ③《심리》객관적으로 불합리한 그릇된 주관적 신념이 병적인 원인에 의하여 생기는 일. 피해 망상·과대 망상·죄과(罪過) 망상 등이 있음.
망상(網像)圈 낯이 푸르고 몸과 털이 붉은 물귀신.
망:상(望床)圈 잔치에 불품으로 차린 음식상. large table full of various eatables [ape
망상(網狀)圈 그물처럼 된 형상. ¶~ 조직. net sh-
망:-상=광(妄想狂)圈 《약》 망상에 빠지는 정신병. 또는, 그 병에 걸린 사람.
망상=맥(網狀脈)圈 《식물》주맥과 지맥 사이가 그물코 모양으로 된 엽맥(葉脈). reticulum
망상맥=엽(網狀脈葉)圈 망상맥(葉脈)이 그물코처럼 된 잎. 배나무·벚나무 등의 잎. (대) 평행맥.
망상-스럽-다(妄想-)圈보 ①요망스럽고 깜찍하다. crafty ②망령되고 경솔하다. frivolous 망상-스레图
망:-상-증(妄想症)圈 ①《약》《의학》정신 이상(精神異常)으로 오는 망상된 사고(思考) 경향(傾向). ②객관적으로는 잘못인 데도 자기는 옳다고 확신하고 고집하는 증세.
망:상 치매(妄想癡呆)圈 《의학》정신 분열증의 한 유형. 30~40대의 중년에게 흔히 일어나며, 환각과 망상이 심하게 드러나고 피해 망상으로 실무심이 많아짐.
망새《건축》①전각·문루(門樓)와 같은 큰 건물의 지붕 대마루 양쪽 머리에 얹는 기와. ridge-end tile ②전각의 합각 머리나 너새 끝에 얹는 용의 머리처럼 생긴 장식. 용두(龍頭)②. gargoyle
망:-색(望色)圈 안색을 바라봄. 기색을 살핌. 하다
망색(網索)圈 멍석.
망:석-중(-中)圈→망석중이①.
망:석-중이图 ①《민속》나무로 만든 꼭두각시의 하나. 팔다리에 줄을 매어 그것을 움직여 놀음을 추게 함. 《약》망석중. puppet ②남의 응충에 잘 노는 사람.
망:석중이-극(-劇)圈《동》망석중이놀이.
망:석중이-놀이图 우리 나라 민속 무언(無言) 인형극의 하나. 망석중·노루·사슴·잉어·용 따위의 인형들을 줄에 매어 달아 놀리는데, 각본이 없음을 특징으로 삼음. 초파일 밤에 연등(燃燈)에서 이를 놀렸음.
망:설(妄說)圈《동》 망언(妄言). 하다. 망설중이극.
망설-거리-다图 자꾸 머뭇거리고 뜻을 정하지 못하다.
망설=망설 하다

망설-이-다图 머뭇거리고 뜻을 결정하지 못하다. 주저하다. hesitate
망:성-어(望星魚)圈〈어류〉양망성어과의 바닷물고기. 몸 길이 약 25cm의 길둥근 모양이고 옆으로 매우 납작하며 머리와 입은 작음. 몸 빛은 사는 곳에 따라 다르나 보통은 푸른 쇠빛이거나 붉은 구릿빛임.
망:쇄(忙殺)圈 몹시 바쁨. terribly busy 하다
망승(亡僧)圈 죽은 승려. late priest [disgrace 하다
망:신(亡身)圈 잘못하여 자기의 지위나 명예를 망침.
망:신(妄信)圈 옳지 못한 것을 그릇 믿음. credulity [ill luck to bring disgrace
망:신-살[-쌀-](亡身煞)圈 망신을 당할 연줄은 운수.
망신살 뻗치다[-쌀-](亡身煞-)圈 망신살이 잇달아 심하게 일어나다. have a run of ill luck
망:신-스럽-다(亡身-)圈보 망신을 당하는 느낌이 있다. 망신-스레图 [욕을 보도록 하다. disgrace
망:신-시키-다(亡身-)타 남의 지위나 명예에 대하여
망:실(亡失)圈 잃어버려 없어짐. loss 하다
망:실(亡室)圈 죽은 아내. 망처(亡妻).
망:실(忘失)圈 ①잃어버림. ②《동》 망각(忘却)②. 하다
망실 공:비(亡失共匪)圈 1950년대의 공비 토벌에서 사망이 확인되지 않거나 색출되지 않아 거취가 묘연한 공비. [번뇌(無明煩惱). (대) 진실(眞心).
망:심(妄心)圈《불교》허망하게 분발하는 마음. 무명
망:심(亡身)圈《동》죽은 마음.
망아(忘我)圈 어떤 일에 몰두하여 자기 자신을 잊음. 또, 그런 상태. 《~지경(之境). self oblivion 하다
망아지图 말의 새끼. foal
망야(罔夜)圈 밤을 새움. 철야. all-night vigil 하다
망야 도주(罔夜逃走)圈 밤을 새워서 달아남. 하다
망양(茫洋·茫漾)圈 ①끝없이 넓은 바다. boundless expanse of water ②넓어서 갈피를 잡을 수 없음. boundless expanse 하다
망양 보:뢰(亡羊補牢) '양을 잃고 나서 양의 우리를 고친다'는 뜻으로, 이미 실패한 뒤에 뉘우쳐도 소용없다는 비유. '소 잃고 외양간 고친다'와 같은 뜻.
망양 조직(網樣組織)圈《생리》임파선(淋巴腺)·용선(胸腺)·비장·편도선 따위에서 볼 수 있는 결체 조직(結締組織)의 하나. [는 병.
망양-증(亡陽症)圈〈한의〉몸의 양기가 없어지
망양지-탄(亡羊之歎)圈 갈래길 앞에서 양을 잃고 탄식하였다는 고사에서, 학문의 길도 여러 갈래라 길을 바로잡기 어렵다는 뜻. 다기 망양(多歧亡羊).
망양-탄(望洋之歎)圈《동》힘이 미치지 못할 데에서
망:어(亡魚)圈《동》삼치. [는 탄식.
망:어(妄語)圈 ①《불교》5계의 하나. 남의 마음을 어지럽게 하는 헛된 말. ②거짓말.
망:언(妄言)圈 망령된 말, 망발(妄發)②. 망설(妄說). thoughtless words 하다 [추어 겸손히 이르는 말.
망:언 다사(妄言多謝)圈 편지 등에서, 자기의 글을 낮
망-울(罔-)圈 노로 그물 뜨듯이 얽은 물건. net of ropes
망연(茫然)圈 ①아득히 멀어서 아득한 모양. ②멍거니 있는 모양. 하다 희다 [cuity 하다
망연 자실(茫然自失)圈 정신을 잃어 어리둥절함. va-
망:외(望外)圈 바라던 것보다 낳은 결과임. unexpectedness
망요(芒耀)圈《공업》망박(芒粕)과 요변(曜變)이 합쳐서 된 도자기의 요변(窯變).
망:우(亡友)圈 죽은 친구. deceased friend
망:우(忘憂)圈 근심을 잊음. forget one's worry
망우-물(忘憂物)圈 시름을 잊게 하는 물건이란 뜻으로 술을 달리 이르는 말.
망우-초(忘憂草)圈 ①《동》 원추리. ② 담배를 달리 이르는 말. [fortune
망:운(亡運)圈 망할 운수. (대) 호운(好運). decline of
망:운(望雲)圈 ①구름을 바라봄. viewing the cloud ②타향에서 고향의 부모를 생각함. yearning for one's parents

망:운지:정(望雲之情)명 객지에서 부모를 생각하는 마음. 어버이를 그리워하는 심정. yearning for one's parents

망울명 ①작고 둥글게 뭉쳐서 굳어진 덩이. lump ②〈의학〉임파액이 몰려 부은 것. 임파선종(淋巴腺腫). ③멍→꽃망울. 《준》멍울.

망울=망울명 망울하다.

망울멍울 우유나 풀 같은 데에 망울이 잘고 둥글게 엉기어 뭉쳐진 모양. 《큰》멍울멍울. 하타

망:원:경(望遠鏡)명 먼 곳에 있는 물체를 확대하여 크게 볼 수 있는 안경의 하나. 천리경(千里鏡). 만리경(萬里鏡). telescope

망:원 렌즈(望遠lens)〈물리〉먼 거리의 것을 촬영하기 위한, 초점 거리가 긴 렌즈. 「하는 사진.

망:원 사진(望遠寫眞)명 망원 렌즈를 사용해서 촬영

망월(忙月)명 농사일이 바쁜 달. 《대》한월(閑月).

망:월(望月)명 ①달을 바라봄. viewing the moon ②《준》보름달. 하타

망유=기극(罔有紀極) 기율(紀律)에 몹시 어그러짐.

망은(忘恩)명 은혜를 모름. 은혜를 잊음. forget a grace 「를 소중히 여김. 하타

망의=자중(妄意自重) 망령된 뜻으로 자기 자신의 몸

망인(亡人)명 죽은 사람. the dead

망인(鋩刃)명 날카로운 칼날.

망일(亡逸)명 도망하여 사라짐. flight 하타

망:일(望日)명 ①달이 되는 날. ②음력 보름날. full

망자(亡子)명 죽은 자식. one's dead son | moon day

망자(亡者)명 죽은 사람. dead person

망자(芒刺)명 까끄라기나 가시 같은 것. thorn

망:자 존대(妄自尊大)명 종작없이 함부로 잘난 체함. self conceit 하타

망자=증[—症](芒硝症)명〈의학〉쇠 바늘이 서는 병.

망자:집[—짜—](亡字—)명《약》→도망망자집.

망:작(妄作)명 자신의 작품이나 저작(著作)을 겸손하게 일컫는 말. 《유》졸작(拙作). 졸저(拙著)

망:전(望前)명 음력 보름날이 되기 이전. days before the full moon 「사. 삭전(朔奠).

망:전(望奠)명 상중에 매달 음력 보름날에 지내는 제

망정의명 '=기에·—니' 뒤에 '망정이지'의 형으로 쓰여 다행함의 뜻을 나타내는 말. ¶지금 왔기에 〜이지 큰일을 뻔했다.

망:정(望定)명〈제도〉조선조 때, 관원 후보로 세 사람을 우선 지명하던 일.

망제(亡—)명〈민속〉'죽은 사람'의 뜻으로 무당이 쓰

망제(亡弟)명 죽은 동생. 「는 말.

망:제(望帝)명 ①죽어서 두견이가 되었다는 촉왕(杜宇)의 호. ②두견이.

망:제(望祭)명 ①먼 곳에서 조상의 무덤이 있는 쪽을 향해 지내는 제사. ②〈제도〉음력 보름날 종묘에서 지내는 제사.

망:제=혼(望帝魂) 망제의 죽은 넋. 즉, 두견새의 별

망조[—조](亡兆)명《약》→망징 패조. 「칭.

망조(罔措)명《약》→망지소조(罔知所措). 「family

망족(望族)명 명망(名望)이 높은 집안. illustrious

망종(亡終)명 사람의 목숨이 끊어지는 때. time of

망종(亡種)명 아주 몹쓸 놈의 종자. bad seed | death

망종(芒種)명 ①까끄라기가 있는 곡식. 벼·보리 등. awned corns ②이십사 절기의 하나. 6월 5일경으로 보리는 먹게 되고, 볏모는 자라서 심게 됨. one of the 24 seasonal divisions

망종-길[—낄](亡終—)명 사람이 죽어서 가는 길. 저 승길. one's last journey

망:주(望柱)명《약》→망주석.

망:주-석(望柱石)명 무덤 앞 양쪽에 세우는 두 개의 여덟 모진 돌기둥. 망두석(望頭石). 화표주(華表柱).《약》망주(望柱).

망:주야(罔晝夜)명 밤낮 없이 부지런히 일함. 하타「명

망:중(望重)명 명망이 매우 높음. high reputation 하

망중-에(忙中—)명 바쁜 가운데에. during one's busy hours 「음.《약》망중한(忙中閑).

망중 유:한(忙中有閑)명 바쁜 중에 한가한 짬이 있

망중 투한(忙中偸閑)명 바쁜 중에 한가한 짬을 얻어 마음을 즐김. have a break

망중-한(忙中閑)명《약》→망중 유한(忙中有閑).

망:지-불사[—시](望之不似)명 태도가 남이 보기에 사나움. 하타

망지-소:조(罔知所措) 어찌할 바를 모름. 허둥지둥 함.《약》망조(罔措). being at a loss 하타

망:진(望診)명〈의학〉환자를 비롯하여 눈·귀·코·혀 들을 살핌으로써 병세의 진전과 증세를 판단하는 진단법. sight examination 하타

망:집(妄執)명 ①〈불교〉망상을 버리지 못하고 고집을 세움. ②망령된 고집을 세움. 하타

망징 패조(亡徵敗兆)명 망할 조짐.《약》망조(亡兆).

망:참(望參)명〈불교〉한달 보름날 사당에 배례하는 일.

망참(茫참)명 큰일을 당하여 아무 계획이 아직 서지 않아 당황하고 아득함. being at a loss 하타 하타

망처(亡妻)명 죽은 아내. 망실(亡室).《대》망부. one's deceased wife

망초[식물] 엉거시과의 이년생 풀. 북미 원산의 귀화종으로 들어나 잔가에 나는 데, 어린 잎은 식

망초[1](芒硝)명《동》황산나트륨. 「용함.

망초[2](芒硝)명〈한의〉박초(朴硝)를 두 번 달여서 만든 약재. 변비·적취 등에 씀. 마아초(馬牙硝).

망축(亡祝)명〈불교〉죽은이의 명복(冥福)을 비는 일.

망:춘(望春)명 개나리[1].

망측(罔測)명 이치에 맞지 않아 뭐라고 헤아릴 수 없음. ¶아이구—해라. inordinate 하탄 스럽 스레히 하타 「쇠릇 연장의 하나. hammer

망치 단단한 물건이나 달군 쇠를 두드리는 데 쓰는

망치[1](忘置)명《동》망실(忘失). 「〜. spoil

망치-다 일을 못 되게 만들다. 결딴내다. ¶집안을

망치-질 망치로 두들기는 일. hammering 하타

망친(亡親)명 죽은 부모. 「의 유품.

망:칠(望七)명 일흔을 바라보는 나이. 곧, 예순한 살.

망침(網針絨)명 망을 엮어 짜는 바늘.

망타(網打)명 ¶일망 타진(一網打盡).

망:탄(妄誕)명 터무니없는 거짓말.

망태(網−)명《약》→망태기.

망태(網太)명 그물로 잡은 명태. 「태. mesh bag

망태기(網−)명 새끼나 노로 엮어 만든 그릇.《약》망

망토(manteau 프)명 소매가 없이 어깨로부터 내려 걸치는 외투의 하나. mantle

망투씨 반:응(Mantoux 氏反應)명〈의학〉투베르쿨린액(Tuberkulin 液)의 희석액(稀釋液)을 피부 속에 주사하여 그 반응의 유무 정도에 따라 결핵 감염(感染)의 판정을 행하는 일.

망판(網版)명〈인쇄〉사진과 같은 원(原)그림의 농담(濃淡)을 망점(網點)의 크고 작음에 의하여 나타낸 철판(凸版)의 총칭. 그물판. 사진판. phototype

망:팔(望八)명 여든을 바라보는 나이. 곧, 일흔한 살.

망:패(妄悖)명 망령되고 도리에 어그러짐. 하타

망:평(妄評)명 그릇된 비평. abusive remarks 하타

망:포(亡逋)명 도망하여 숨음. 하타

망포(蟒袍)명《동》곤룡포(袞龍袍).

망:풍(望風)명 ①바람(風采)을 우러러 바라봄. ②명망을 우러러봄. 하타 「어저 달아남. 하타

망풍-이:미(望風而靡)명 풍문에 놀라 싸우지 않고 흩

망-하:다(亡—)명 단체·개인 또는 사물이 꺾어져서 못 쓰게 되거나 없어지다.《대》흥하다. be ruined

망:해 도법[—뻡](望海島法)명 바다 가운데에 있는 섬을 뭍에서 보고 그 거리를 헤아리는 산법(算法).

망:행(妄行)명 망령된 행동.

망:향(望鄕)명 고향을 그리워함. homesickness 하타

망:향-가(望鄕歌)명 고향을 그리워하며 부르는 노래. song longing for one's home

망:형(亡兄)명 죽은 형. one's deceased elder brother

망형교(忘形交)명 마음으로 사귀는 친밀한 교제.
망혜(芒鞋)명《동》 미투리. close friendship
망혼(亡魂)명 죽은 사람의 혼. spirit of the dead
망: 제도(制度) 공사(公私)의 대례(大禮) 도는 의정(議政) 이상의 공행(公行) 때, 그 앞길에 켜던 큰 횃불. 망거(望炬).
망회(忘懷)명 생각을 버림. 사물(事物)에 마음을 두지 아니함. indifference 하다타
망:후(望後)명 음력 보름날 이후. 《대》 망전(望前). days after the full moon
맞(접두)① 어떤 말 앞에 붙어서 마주 대하는 뜻을 나타냄. ¶~서다. ~바꾸다. opposite ②서로 우슷비슷함을 나타냄. ¶~먹다. equal
맞-각(一角)명《동》 대각(對角).
맞-갖다① 마음에 맞다. pleasant ②입맛에 맞다. good to the taste 「입맛에 바로 맞지 않다.
맞갖잖다① 마음에 바로 맞지 않다. disagreeable
맞-걸-다타(로) 노름판에서 서로 돈을 걸다. stake against ②물건이나 시비를 서로 걸다.
맞-걸리다 양쪽이 서로 걸리다. linked together
맞걸이(체육) 씨름 기술의 하나. 안나서는 걸린 쪽이 다시 상대편을 안나서 거는 일. 하다
맞-결리-다 양쪽이 서로 마주 결리다.
맞기소(一告訴)명《수학》 피소(被訴)된 사람이 고소한 사람을 상대로 마주 고소하는 일. 대소(對訴). 하다
맞-교군(一轎軍)명 두 사람이 마주 메는 가마.
맞-구멍명 마주 뚫린 구멍. hole on the opposite side
맞기 싫은 매는 맞아도 먹기 싫은 음식은 못 먹는다 속 음식이란 먹기 싫으면 못 먹는다.
맞꼭지-각(一角)명《수학》 두 직선이 교차할 때 생기는 네 각 중 상대하는 두 개의 각. 그 크기가 같음. 대정각(對頂角). opposite vertical angles
맞-남여(一籃輿)명 두 사람이 메는, 볕 멎지 않은 작은 가마. 「통으로 ~. strike
맞-닥다 겨누는 것이 목표에 똑바로 닿다. 화살이 정
맞-다①틀리거나 어긋남이 없다. ¶시간이 ~. right ②적합하다. 어울리다. ¶격에 맞는 생활. suitable ③마음·감정·입맛 따위에 들다. ¶입맛에 ~. agreeable ④물건과 물건이 서로 빈틈 없이 닿다. ¶옷이 몸에 ~. fit ⑤손해가 되지 않다. ¶수지가 ~. pay ⑥곡조가 서로 잘 어우러 나오다. in tune ⑦서로 통하다. ¶눈이 맞다.
맞-다①손님을 받아들이다. receive ②혼례를 갖추어 데려오다. ¶며느리를 ~. marry ③자연히 돌아오는 철이나 날을 당하다. be in ④불려서 오게 하다. ¶손님을 ~. invite ⑤비·바람·눈 따위를 몸으로 받다. be exposed to ⑥때리는 매나 총알 따위를 그대로 몸으로 받다. be shot ⑦어떤 일을 당하다. ¶도둑을 ~. have a thing stolen ⑧주사·침 따위의 놓음을 당하다. inoculate against ⑨서명·날인 따위를 찍어 받다. ¶검사를 ~. have (the paper) signed ⑩어떤 성적의 점수를 받다. ¶백 점을 ~. get
-맞다(접미) 어떤 말에 붙어 형용사를 만듦. ¶궁상~.
맞-닥뜨리-다 서로 마주 부딪치도록 닥치다. come face to face
맞-닥치-다①이것과 저것이 함께 닥치다. approach together ②서로 마주 닥치다. encounter
맞=단추명 암단추와 수단추를 맞추어 쓰는 단추. set buttons 「the two houses
맞=담명 돌멩이를 마주 대어 쌓은 담. wall between
맞=담-배명 마주 보고 피우는 담배.
맞담-배-질명 마주 보고 담배를 피우는 짓. 흔히 나이 차가 많은 경우의 말. 하다
맞-당기-다 양쪽으로 끌리다. be pulled from both sides ¶서로 잡아당기다. draw each other
맞-달-다 마주 닿다.
맞-대-다 마주 대다. ¶무릎을 ~. 얼굴을 ~.
맞-대매명 두 사람이 마지막 승부를 겨루는 일. play-

off 하다 「는 일. 하다
맞:-대:면(一對面)명 당사자끼리 서로 마주 보며 대하
맞:대:하-다(一對一)여타 서로 마주 만나다.
맞:-돈명 물건을 팔고 살 때에 그 자리에서 치르는 돈. 즉전(卽錢). 직전(直錢). 현금③. 《대》 외상. cash on delivery
맞-두다 장기·바둑 따위를 대등한 실력과 자격으로서 두다. play on equal terms
맞-두레명 두 사람이 마주 서서 물을 푸는 두레의 하나. two-men water-pail
맞-들다①두 사람이 물건을 마주 들다. hold up together ②힘을 합하다. 협동하다. ¶백지장도 맞들면 낫다.
맞-매-다 논밭을 마지막 매다. last weeding
맞-먹다①입이 어슷비슷하다. equally matched ②어떤 물건이 서로 비질 말하다. matchable
맞모-금명《동》 대각선(對角線).
맞-물-다타 마주 물다.
맞-물리다자 마주 물리다.
맞-미닫이(一다지)명 홈에 두 짝을 맞닿게 한 미닫이.
맞-바꾸-다 물건과 물건을 그대로 서로 바꾸다. interchange
맞-바느질명 실을 꿴 바늘 두개를 한 구멍에 마주 넣어서 꿰매는 바느질. double-sewing 하다 「(先).
맞-바둑명 실력이 같은 사람끼리 두는 바둑. 호선(互
맞-바라보-다 마주 바라보다. ¶강을 사이에 두고 ~. 「맞은바람. head wind
맞-바람명 마주 들어오는 바람. 정면으로 받는 바람.
맞-바래기(가)~바라기.
맞-바리명 남이 팔려 가는 땔나무를 중간에서 사가지고 시장에 가서 파는 일. retail of firewood
맞-받다①정면으로 받다. ¶햇빛을 ~. get direct ②어떤 말이나 노래를 곧 호응하여 받다. relay songs impromptu ③마주 들이받다. run into each other ④상대의 공격 따위를 피하지 않고 되받다.
맞-받이(-바지)명 맞은편에 마주 바라보이는 곳. opposite side 「exchange of documents
맞-발기명 매매 쌍방이 다 같이 간수해 두는 문서.
맞-배지기〈체육〉 한편이 들었다가 놓으려 할 때 상대자가 같이 맞배기하는 씨름 재주. counter-lifting in wrestling
맞배-지붕명〈건축〉 지붕의 완각이 잘린 듯이 '八'자 모양을 이룬 지붕.
맞배-집명〈건축〉 맞배지붕으로 된 집.
맞-버티-다 서로 마주 버티다. oppose each other
맞-버팀명 서로 버티고 대항함. confrontation 하다
맞-벌이명 부부가 모두 일하여 생계를 세우는 일. ¶~부부. 하다
맞=벽(一壁)명〈건축〉 토벽을 칠 때에 안쪽에서 먼저 초벽을 하였다가 그것이 마른 뒤에 겉쪽에서 마주 붙이는 벽 합벽(合壁). ¶~질.
맞=변(一邊)명《동》 대변(對邊).
맞-보명 옥심주(屋心柱)에 두 개의 보가 마주 끼어 걸린 블보.
맞-보기명 도수가 없는 안경. 평경(平鏡). plane glas- 「sses
맞-보다(-다)타 마주 보다.
맞-부딪뜨리-다 마주 부딪뜨리다. run into each other ¶다. ¶서로 ~. dash against each other
맞-부딪치-다 마주 부딪치게 하다. 타 마주 부딪치
맞-부패〈광물〉 광업에 있어서 두 사람이 동업하는 조직. joint operation
맞-불①불이 타는 맞은편 방향으로 마주 놓은 불. opposite fires ②남의 담뱃불에 마주 대고 붙이는 불. lighting a cigarette on some body else's ciga- 「rette
맞-불다 마주 불다.
맞-붙-다① 마주 붙다. ②싸움·내기 따위에서 마주 붙어 싸우다. grapple with each other
맞-붙이(-부치)명 ①직접 대면함. facing each other ②제철이 아닌 때에 입는 겹옷. 《대》 솜붙이.
맞비겨 떨어지-다 두 가지 셈이 상쇄되어 서로 남고 모자람이 없게 되다. offset

맞=상(-床)→겸상.

맞=상대(-相對)圈 마주 상대함. 또, 그리하는 상대. 하타

맞=서-다目 ①[약]→마주 서다. ②서로 겨루다. 서로 굽히지 않고 버티다. make head against ③어떤 현실에 직면하다. be faced with [보다.

맞=선圈 당사자끼리 서로 직접 대하여 보는 선. ¶~

맞선²[-](數)〈수학〉두 점이나 두 선, 또는 두 그림끝이 한 점이나 한 선, 또는 한 평면에 대하여 서로 마주 보는 자리에 있는 일. symmetry

맞선=꼴(-)동 대칭 도형(對稱圖形).

맞선=면(-面)圈 대칭면.

맞선-식(-式)圈〈수학〉식 가운데의 어떤 글자를 바꾸어 놓아도 전혀 수치에 변함이 없는 대수식. symmetrical expression

맞선=옮김[-음-]圈〈수학〉그림꼴의 점·선·면에 대하여 맞선자리를 옮기는 일. [제를 일컫는 말.

맞선=율[-늎](-率)圈〈수학〉a=b이면 b=a인 관

맞선=자리(-)圈〈수학〉이동선로 선분에 대하여 서로, 맞선=점(-點)동 맞선 중심. [서 있는 자리.

맞선 중심(-中心)〈수학〉점맞선에서 맞선의 중심이나 또는 정점(定點). 맞선점.

맞=소리圈 동시에 서로 응하는 소리. shouts to each

맞=수(-手)圈 →맞적수(-敵手). [other

맞=쐬:-다目 서로 비교하여 대어 보다. 대조하다. 쐬다. compare with each other [match 하타

맞=씨름圈 단둘이서 맞붙어 하는 씨름. wrestling

맞아=들이-다目 오는 사람을 맞아 안으로 인도하다.

맞아=떨어지-다目 셈이 어떤 표준에 꼭 맞추어서 남는 것이 없게하다. offset each other

맞=연귀(-)(-귀)圈 문짝 같은 것의 귀 끝을 맞추어 짜는 방법의 하나.

맞=욕(-辱)圈 맞대고 하는 욕. backchat, counter-abuse 하타

맞은=바람(-)동 맞바람.

맞은=바래기圈 앞으로 마주 바라보이는 곳. [약] 맞바래기. opposite side

맞은=쪽圈 마주 보이는 쪽. 맞은편①. opposite side ②동 상대자. 대상.

맞은=편(-便)圈 ①마주 상대되는 편. 맞은쪽①. opposite side ②동 상대자. [side

맞은편=짝(-便-)圈 마주 상대되는 쪽짝. opposite

맞이圈 ①오는 사람을 맞아들이는 일. meeting ②아내·며느리·사위로 될 사람을 희. have ③어떤 날이나 철을 기다려서 맞는 일. ¶달~. come 하타

맞=자라-다目 서로 같이 자라다.

맞=잡-다目 [약]→마주 잡다.

맞=잡이圈 ①서로 힘이 비등하는 두 사람. equal ②서로 같다는 뜻을 나타냄. ¶그때 돈 2만원은 지금 돈 20만원~요. equal [일.

맞=장구圈 남의 말에 그렇다고 덩달아 같이 말하는

맞장구=치-다目 ①서로 마주 만나다. come across ②남의 말에 덩달아 편들다. chime in with [chess

맞=장:기(-將棋)圈 서로 수가 같은 장기. even-match

맞장부(-)圈 이으려는 석재나 목재의 두 끝에다가 각각 장부를 만들어 맞추는 이음.

맞=적수(-敵手)圈 제주나 힘이 비슷비슷한 두 상대 (相對). [약] good match

맞=절圈 상대편과 동등한 예를 지켜 서로 마주하는 절. bowing to each other 하타 [상.

맞=조:상(-弔喪)圈 안상제와 발상제가 마주하는

맞=줄임圈〈수학〉분수의 분모와 분자를 공약수로 나누는 일. 약분(約分). reduction of a fraction 하타

맞=질리-다目 양쪽 사물이 서로 내뻗치어 마주 지름을 당하다.

맞추-다目 ①날개의 어떤 부분을 제자리에 맞게 갖다 연결시키다. ¶짝을~. set ②서로 틀리거나 어긋남이 없도록 일치하게 하다. agree ③'보다'와 함께 쓰이어 틀리거나 어긋남이 없는가를 알아보기 위하여 마주 대어 보다. ¶현품과 장부를 맞추어 보다. check ④요구하는 답을 맞게 대다. ¶현상 문제를 ~. guess correctly ⑤일정한 치수나 정도에 맞게 하다. ¶음식에 간을~. suit ⑥물건을 만드는 일 등 시킬 일을 약속하여 부탁하다. ¶양복~. order

맞춤=법[-](-法)圈〈어학〉①글자를 일정한 규칙에 맞추어 쓰는 방법. 철자법. correct spelling ② [약]→한글 맞춤법. [경우. tie

맞=통圈 노름에서, 물주와 애기패의 끗수가 같이 된

맞=폴레이(-play)圈[축] 일대일의 싸움.

맞=혼:인(-婚姻)圈 혼수 부담을 양쪽이 똑같이 하는 혼인. marriage on equal terms 하타

맞=흥정圈 거간 소개하는 사람이 없이 매매 쌍방이 직접 하는 흥정. first hand (direct) deal 하타

맞히-다目 물음에 옳은 답을 하다. guess

맞히-다²[-](ㅏ동) ①목표에 맞게 하다. hit ②눈·비 또는 매·칭·도둑 따위를 맞게 하다. expose

맡圈 ①부근. 곁. [어미]. by ②조사 '에·으로'가 붙어 일부 동사의 관형사형 아래 쓰이어 '그 길로 바로'의 뜻을 나타내는 말. as soon as

맡圈 [口] 마다.

맡기-다目 ①자기가 할 일을 남에게 부탁하다. entrust ②물건의 보관을 남에게 의뢰하다. ¶가방을~. deposit ③하게 내버려 두다. ¶상상에 맡기겠다.

맡-다目 ①책임지고 담당하다. take charge of ②무엇을 받아 보관하다. ¶물건을~. keep ③어떤 사물·자리 따위를 차지하다. ¶그 자리까지 맡아 앉아라. undertake ④부탁·주문·위임 따위를 받다. ¶주문을~. accept ⑤냄새를 코로 들이마시다. smell ⑥껍새를 눈치채다. scent ⑦면허·허가·증명 따위를 얻다. ¶졸업 증서를 맡아 오시오. get ⑧ [口] 마다.

맡아=보-다目 어떤 일을 맡아서 하다. ¶반장직을~.

매¹圈 사람 또는 짐승을 때리는 모든 기구. 곤장·막대기·몽둥이·회초리 등의 총칭. whip

매²圈 [약]→매홈.

매³圈 ①[약]→맷돌. ②[약]→매통.

매⁴圈 口. 고기나 살담배를 작게 갈라 동여매어 놓고 팔 때, 그것을 세는 단위. ②젓가락의 한 쌍. bundle

매:⁵圈〈조류〉수리매과의 매류(鷹類)의 총칭. 등과 날개는 회색이고 정수리는 검으며 눈의 뒤쪽과 뒷머리는 희다. 나는 힘이 강하며 사냥용으로 사육하기도 함. 송골매. 해동청. hawk [매는 형겁.

매⁶圈 소렴(小殮) 때에 시체의 옷을 입히고 그 위를

매:튀 정도가 몹시 심하게. ¶~ 삶다. ~ 찧다. exceedingly

매:⁸圈 양이나 염소의 울음 소리. bleating

=**매**어미 받힐 없는 용언의 어간에 붙어 어떤 사실을 전체적으로 인정함을 나타낸다. ¶그렇게 말씀하시나는 꼭 믿었더니.

매=튀 명사 앞에 붙어서 결국은 같음을 나타냄. ¶~일반이다. ~한가지. be the same

=**매튀**[口] 명사 아래에 붙어서 '맵시·모양'의 뜻을 나타냄. ¶몸~. look [every

매:=(每)로위 '마다·각각'의 뜻을 나타냄. ¶~달.

:**매**로 [口] 어찌.

매:가(每家)圈로 집집마다.

매가(姉家)圈 시집간 누이의 집. family into which one's sister has married

매:가[-](買價)圈 사는 값. purchase price

매:가(賣價)圈 파는 값. 집을 꽘. house for sale 하타

매:가(賣家)圈 파는 값. sale price

매가리圈〈어류〉매가리과의 바닷물고기. 고등어와 비슷하며 등은 암청색, 배는 누르스름한 흰빛임. 온대성어로 맛이 좋음. 전갱이의 치어(稚魚).

매:=가오리圈〈어류〉매가오리과의 바닷물고기. 머리 모양이 날개를 편 매와 비슷하며 눈이 머리의 양쪽 옆쪽으로 붙었으며 꼬리가 채찍 모양으로 몹시 김.

연분(鉛墳).
매:가 육장(賣家鬻莊) 집과 전장(田莊)을 죄다 팔아 없애. 매관 매직. dissipating one's fortune 하다
매:각(賣却)명 물건을 팔아 버림. sale 하다
매:갈이명 벼를 매통에 가는 일. 조미(糙米). wood-
매:갈이-꾼명 매갈이하는 사람. 「en rice-mill 하다
매갈이-간(一間)명 매갈이하는 곳. 매조미간.
매개명 사물의 되어가는 형편. course
매:개(每個·每箇)명 한 개의 개. 낱낱. each, per
매개(媒介)명 ①중간에서 관계를 맺어 줌. medium ②전파하는 일. ¶쥐가 페스트균을 ~한다. propagation ③〖철학〗헤겔 변증법에서 자(自)와 타(他)가 서로 매립되어 연관되는 작용. ④〖법〗타인간의 법을 행위의 체결에 진력하는 사실 행위. 하다
매개 가치(媒介價値)명 교환의 매개자로서 평가될 때의 그 대상이 가지는 가치. exchange value
매개 개:념(媒介槪念)명 〖동〗매개념.
매개=개:념(媒介槪念)명 〖논리〗삼단 논법에서 대소 전제들의 중개된 개념. 중개념(中槪念). 매개 개념.
매개 모:음(媒介母音)명 〖동〗조음소(調音素).
매개=물(媒介物)명 매개가 되는 물건. medium
매개 변:수(媒介變數)명 〖수학〗몇 개의 변수 사이의 함수 관계를 간접으로 나타내기 위하여 쓰이는 변수. 조변수(助變數). 모수(母數). parameter
매개 바:다(-)명 일이 되어 가는 형편을 살펴보다. watch which way the wind sets
매개=자(媒介者)명 ①매개하는 사람. mediator ②매개를 업으로 삼는 사람. middleman
매개 자음(媒介子音)명 〖어학〗어간 모음과 어미 모음 사이에 삽입하는 자음. 된+[j]+아→ㅎ야'에서 [j], '흐리+[j]+어→흐리어'에서 [j] 따위.
매개=체(媒介體)명 둘 사이에서 어떤 일을 맺어 주는 구실을 하는 물건. 매개물. agent
매:거(枚擧)명 낱낱이 들어서 말함. enumeration 하다
매거진(magazine)명 ①잡지. ②화약고(火藥庫). ③필름을 감는 원통형의 틀. ④보고(寶庫).
매거진: 래크(magazine rack)명 들어 옮길 수 있는 잡지·신문꽂이 틀.
매:고(賣高)명 〖동〗→매상고(賣上高).
매:고르-다타 ①모두 비슷하다. of a sort ②모두 가지런하다. alike
매꼴명 사람의 꼴이 못되었을 때의 모양. ¶죽을 ~
매골(埋骨)명 뼈를 묻음. interring the bones 하다
매골 방자(埋骨-)명 죽은 사람이나 짐승의 뼈를 어디 남을 방자하는 일. 하다
매:관(賣官)명 ⟨약⟩→매관 매직(賣官賣職).
매:관 매:직(賣官賣職)명 돈이나 재물을 받고 벼슬을 시킴. 매관 육작(賣官鬻爵). ⟨약⟩매직(賣職). 매관(賣官). sale of offices 하다
매광(煤鑛)명 〖동〗탄광(炭鑛).
매:광(賣鑛)명 광석을 팖. 하다
매괴(玫瑰)명 ①〖광〗구슬의 이름. 중국 남방에서 나는 붉은 빛깔의 구슬. ②〖식물〗장미과의 낙엽 관목. 해당화의 하나로 줄기에는 잔가시가 많고 붉은 꽃이 피는 떨기나무.
매괴-유(玫瑰油)명 해당화에서 짜낸 향유.
매괴-화(玫瑰花)명 해당화의 꽃.
매괴-회(玫瑰會)명 〖기독〗은사회(恩赦會)의 하나.
매:구(-)명 〖민속〗천 년 묵은 여우가 변하여 된다는 괴이한 짐승.
매:국(賣國)명 ①나라를 팖. selling one's country ②사리를 위해 국가의 명예 및 복리를 적국에 팖. betrayal of one's country 하다 「ntry
매:국-노(賣國奴)명 매국하는 놈. traitor to one's cou-
매:국-적(賣國賊)명 매국하는 역적. betrayer of one's
매:권(每卷)명 한 권 한 권마다. 「country
매귀(埋鬼)명 〖민속〗농촌의 민속 행사의 하나. 음력 정월 2일부터 15일 사이에 농악대들이 농악을 울리면서 부락을 한 바퀴 돈 다음, 집집마다 들어가 악

귀를 진압시키고 영복(迎福)을 빌어 줌. 「일. 하다
매:기(-)명 집을 지을 때 서까래 끝을 가지런히 자르는
매:기2명 수돼지와 암소가 흘레하여 낳는다는 짐승.
매:기(每期)명 일정한 기간마다. every time
매:기(買氣)명 상품을 사려는 기운. 또, 살 사람들의 인기. buying disposition 「〖동〗석탄 가스.
매:기(煤氣)명 ①그을음이 섞인 공기. smoky air ②
매:기(黴氣)명 장마 때 슬기 있는 곳에 생기는 검푸른 곰팡이. mould
매:기 끼:다(黴氣-)자 물건에 검푸른 곰팡이가 생기다. mould 「다⑨. put a price on
매기-다타 값이나 차례·등수 등을 정하다. ⟨약⟩매
매기단-하다타타 일의 끄트을 깨끗하게 마무리가 나 뺏다. bring to a conclusion 「rosene well
매기-정(煤氣井)명 등유(燈油)를 퍼내는 구멍이. ke-
매김달(-)명 조각달. 음력 월의 일자말 초순말만으로 되지 않고 매김달을 가졌을 때의 그 조각.
매김-법(-法)(-法)명 〖어학〗끝바꿈의 하나. 매김
매김-씨(-形)명 관형사(冠形詞). 「말이 되게 하는 법.
매김-자리(-)명 관형격(冠形格).
매김자리-토씨명 관형격 조사(冠形格助詞).
매:-꾸러기명 잘못을 저질러 어른에게 늘 매를 맞는 아이. mischievous boy
매끄러-지다자 매끄러운 곳에서 밀려 나가거나 넘어지다. 〖큰〗미끄러지다. slip
매끄럽-다형ㅂ변 거침없이 저절로 밀려 나갈 만큼 반드럽다. 〖큰〗미끄럽다. smooth
매끈-거리다자 바닥이 반드러워 자꾸 밀려 나가다. 〖큰〗미끈거리다. be slippery 매끈=매끈명 하다
매끈둥-하다형여 퍽 매끄러운 맛이 있다. 〖큰〗미끈둥하다.
매끈-하다형여 흠이나 거친 데가 없이 부드럽고 반들하다. ¶매끈한 다리. 〖큰〗미끈하다. smart 매끈-히튀
매끌-매끌명 퍽 매끄러운 모양. very slippery 하다
매 끝에 정든다(-) 매를 맞는 자 구지람을 듣는다 한 후에 도리어 정이 드는 수가 많다.
매끼(-)명 섬이나 곡식 등을 묶는 데 쓰는 새끼. ⟨약⟩매⁴. straw-rope
매:끽(賣喫)명 물건을 팔아 먹음. 하다
매나니명 ①일하는 데 아무 제구도 없이 맨손뿐임. empty hand ②반찬이 없는 밥. plain diet
매너(manner)명 ①태도. ②버릇. ③예절.
매너리즘(mannerism)명 〖문학〗예술 창작에서, 독창성을 잃고 평범한 경향으로 흘러 예술의 생기와 신선미를 잃는 일. ¶~에 빠지다.
매:년(每年)명 해마다. 매해. 매세. every year
매뉴스크립트(manuscript)명 ①사본. 원고. ②영화
매뉴팩처(manufacture)명 제조업(製造業). 「각본.
매니저(manager)명 ①관리인(管理人). 지배인(支配人). 감독(監督). ②연예인·프로 권투 선수 등에 딸리어, 섭외 교섭이나 그 밖의 시중을 하는 사람.
매니저-병(-病)(manager病)명 고급 관리·중역·교수들, 주로 두뇌 신경을 쓰는 사람에게 많은 병. 노이로제·협심증·뇌출혈·위장 장애 따위.
매니지(manage)명 관리함. 처리함. 취급함. 하다
매니지먼트(management)명 관리. 지배. 경영.
매니큐어(manicure)명 손톱을 아름답게 꾸미는 화장술. 또, 그 화장품. 미조술(美爪術).
매:-다¹타 ①잡아 동여 묶다. tie ②논밭의 풀을 뽑다. weed ③베를 짜려고 날아 놓은 실을 풀어 풀을 먹여 고루 쓰다듬어 말리어 감다. starch ④⟨약⟩→매다⁶. ⑤다치지 못할 관계를 가지다. become closely connected ⑥여러 장의 종이를 겹쳐 책을 만들다. ⑦가죽 등을 달아나지 못하도록 뚝뚝 같은 메에 붙잡아 묶어 두다.
민-다(-)《고》 매다[繫]. 동여매다.
·민-다²《고》 매다. 김매다[除草]
매:달(每一)명 달마다. 다달이. 매삭. 매월(每月).

each(every) month, monthly

매달(媒達)圏 어떤 물리 작용이 물체 사이에 있는 물질의 도움으로 전달되는 일. 하团 「에게 의지하다.
매ː달-다 탄표 ①묶어서 걸다. hang ②제 몸을 남
매ː달리-다 찬되 ①손이나 발로 붙들고 늘어지다. hang on ②줄기나 주장이 되는 것에 따라붙다. 또, 어떤 주장되는 사람에게 붙어 힘을 입다. be hung 매 닮을 당하다. 「서 남을 오히려 비웃는다.
매달린 개가 누워 있는 개를 웃는다 남보다 못하면
매ː대기-다 ①진흙·똥 따위를 손에 묻혀 함부로 아무 데나 뛰바르는 짓. be over ②정신을 잃고 아무렇게나 하는 몸짓.
매ː대기-치-다(-爲) ①진흙·똥간에 질벅질벅한 것을 함부로 아무 데나 뛰바르다. smearing all ②정신을 잃고 함부로 몸짓을 하다.
매ː덕(邁德)圏 뛰어난 덕행(德行).
매ː도(罵倒)圏 몹시 꾸짖어 욕함. abuse 하団
매ː도(賣渡)圏 물건을 팔아 넘김. 매여(賣與). sale and delivery 하団
매ː도 담보(賣渡擔保) 채권 담보로서 질권·저당권과 같이 담보물을 설정하는 대신, 특정한 재산권을 채권자에게 신탁(信託)하여 소유권을 양도하여 주는 행위.
매도 맞으려다 안 맞으면 서운하다 무엇이나 하려고 하다가 못하면 섭섭하다.
매도 먼저 맞는 것이 낫다 어려운 일을 뒤로 미루지 말고 남보다 먼저 해치우는 것이 좋다.
매ː도 저ː당(賣渡抵當) 담보권자에게 그 점유를 옮기지 아니한 매도 담보. (대) 매도질(賣渡質).
매ː도 증서(賣渡證書) 〈법률〉매도한 사실을 증명하는 서류. bill of sale 「도 담보.
매ː도-질(賣渡質) 담보권자에게 그 점유를 옮긴 매
매독(梅毒) 〈의학〉 스피로헤타의 감염에 의하여 일어나는 만성 전신성 성병. 창병(瘡病). syphilis
매동=그리-다 매만져서 몽뚱그리다.
매ː=되(每一)圏団 한 되 되. 되질할 적마다. 매승(每升)圏団 매달.
매ː=두(每斗)圏団
매ː=두락(每斗落)圏団 한 마지기마다. 매마지기.
매ː두 몰신[-쏜](埋頭沒身)圏 ①일에 파묻혀 헤어나지 못함. devotion ②일에 멈버러서 물러날 줄을 모름. absorption 하団
매ː두피(-皮) 매를 산 채로 잡는 기구. device used in catching a falcon alive [(買入). 하団
매ː득(買得)圏 ①싼 값으로 삼. bargain ②동 매입
매ː득(賣得)圏 물건을 팔아서 그 값을 얻음. 하団
매ː득-물(買得物)圏 ①싸게 산 물건. ②산 물건.
매듭 실·끈 따위를 잡아맨 자리. knot
매듭 자ː반(-佐飯)圏 다시마를 잘라 후추 한 개씩을 써서 동여매고 기름에 지진 반찬.
매듭=짓-다[-짇-]団 매듭을 만들다. make a knot ②일을 한 가지의 결말을 내다. settle
매듭-풀圏 〈식물〉 콩과의 일년생 풀. 들·길가에 남. 높이 40 cm, 잎겨드랑이에 작은 나비 모양의 꽃이 핌. 목초와 비료로 쓰임. 계안초(鷄眼草). Japanese
매ː려(賣戾)圏 '환매(還買)'의 구용어. 하団 [clover
매력(魅力)圏 이상하게 사람의 눈이나 마음을 호리어 끄는 힘. charm
매ː력(賣力)圏 힘을 팖. 노동을 함. labour
매련 어리석고 둔하여 맵다는 힘을 부리는 행동이나 태도. (큰) 미련. dullness 하園 스圏 스레하다
매련-쟁이圏 매련한 사람. (큰) 미련쟁이. 「khead
매련-퉁이圏 매련한 사람의 별명. (큰) 미련퉁이. thic-
매료(魅了)圏 완전히 매혹됨. 호림. 흘림. ¶독자의 마음을 ~하다. 하団 「앉다.
매를 꿩으로 보았다団 사나운 사람을 순하게 잘못 보
매ː리(罵詈)圏 욕하고 꾸짖음. abuse 하団
매림(梅霖)圏 장마 매우(梅雨).
매립(埋立)圏 ①땅을 메워 올림. 묻어 쌓음. reclamation ②동 매축(埋築). 하団
매ː=마(每馬)圏団 한 마마다.

매ː=마지기(每—)圏団 《동》 매두락.
매ː만지-다団 ①어루만지다. fumble about ②잘 가다듬어 손질하다. adjust
매ː=말(每—)圏団 한 말마다. 매두(每斗).
매ː=맛圏 매를 맞아 아픈 느낌. pain of a whip
매ː=맞-다 매리는 매를 얻어맞다.
매ː매圏 몹시 심하게 자주. ¶~ 떨다. exceedingly
매ː매(罵罵)圏 양이나 염소가 연해 우는 소리.
매ː매(賣買)圏 물건을 팔고 삼. 고판(沽販). 매수(買售). 홍정. ¶~ 계약(契約). buying and selling 하団
매ː매(每每)圏団 번번이. 매번(每番).
매ː매 결혼(賣買結婚) 〈사회〉 신부집에 돈이나 물건을 주는 조건으로 하는 혼인. (약) 매매혼(賣買婚). marriage by purchase [margin
매ː매=익(賣買益) 재물을 매매하는 데서 얻는 이익.
매ː매-장(-場)(賣買場) 매매의 내용을 적은 장부.
매매-하다(昧昧—)園団 세상 일에 어둡다. 지각이 없다. ignorant 매매-히団
매ː매-혼(賣買婚)圏 《준》 매매 결혼(賣買結婚).
매ː=사람(每事人)圏団 각 사람. 매인(每人). everyone
매ː명(買名)圏 재물을 써서 명예를 얻음. buying the honour 하団 「명예를 팖. selfadvertisement 하団
매ː명(賣名)圏 재물이나 권리를 얻어려고 이름이나
매ː명-하(每名下) 사람마다. 앞앞이. 매인전(每人前). to everyone
매목(埋木)圏 ①페 목 따위의 갈라진 틈이나 구멍을 메우기 위하여 깎아서 만든 나무 쐐기. ② 지질 시대의 수목이 물이나 흙 속에 오랜 세월 묻혀 있어서 화석처럼 된 것. 「그 세공품.
매목 세ː공(埋木細工) 매목으로 세공하는 일. 또,
매ː몰(埋沒)圏 파묻음. burying 하団
매ː몰-림(埋沒林) 예전에 땅 위에 있었던 삼림이 후대에 파묻은 것. 「몰=스레기
매ː몰-스럽-다園 보기에 매몰한 태도가 있다. 매
매ː몰-차-다園 아주 매몰하다. cruel [cold-hearted
매ː몰-하-다圏園 인정이 없이 아주 쌀쌀하고 독하다.
매무새 매무시한 뒤의 모양새. 모습. personal appearance [¶~을 고치다. tidy dress 하団
매무시 옷을 입을 때 매만져 여미는 뒷단속. ¶옷
매ː문(賣文)圏 글을 지어 주고 돈을 받음. 지은 글을 팖. literary hackwork 하団
매ː문 매ː필(賣文賣筆) 돈벌이를 위하여, 실속없는 글을 짓거나 글씨를 써서 팔아먹음. 하団
매ː=물(每物)圏 간하게 쓰는 온갖 물건. every thing
매ː물(賣物)圏 팔 물건. article for sale
매ː미圏 〈곤충〉 매미과의 곤충의 총칭. 몸 길이 3.5 cm 가량으로 측각에 긴 주둥이가 있어 수액을 빨아먹음. 수컷은 홈부 복부의 뒷쪽에 발성기와 공명기가 있어 소리를 냄. cicada
매ː미-채圏 매미를 잡는 데 쓰는 채.
매ː바라-지圏 매의 바라지이.
매ː발톱-나무圏 〈식물〉 매자나무과의 낙엽 활엽 관목. 가시가 있고 4~5월에 노란 이삭꽃이 피어 열매는 붉게 익음. 가지와 잎은 약재·염료 및 울타리의 재료로 씀. [방마다. every shot
매ː=방(每放)圏団 총이나 대포를 쏠 때마다. 한 방
매ː=방울圏 사냥할 때, 매의 다리에 다는 방울. hawk [bell
매ː=방 초ː시(每榜初試) 〈제도〉 과거 볼 때마다 번번이 초시(初試)에는 급제하고, 복시(覆試)에는 낙방함. 하団
매ː매圏団 번번이. 매번(每番). very often
매병(梅甁)圏 아가리는 좁고 어깨 부분은 크며 아래는 홀쭉하게 생긴 병.
매ː복(埋伏)圏 ①몰래 숨어 있음. lie concealed ②〈군

매복 573 미야미

사) 복병(伏兵)을 둠. ambush 하다
매:복(賣卜)명 돈을 받고 점을 쳐 줌. selling fortunes
매:복-자(賣卜者)명(동) 점장이.
매복-치(埋伏齒)명〈생리〉치관(齒冠)의 전부 또는 대부분이 잇몸 속에 매몰된 이. impacted tooth
매부(妹夫)명 누이의 남편. one's sister's husband
매:-부리명 매사냥에 쓰는 매를 맡아 기르고 부리는 사람. falconer
매:-부리명 매의 주둥이. hawk's beak
매:-부리-징명 신 축에 박는 매의 부리처럼 생긴 징. hobnail attached to heels
매:-부리-코명 매부리처럼 아래로 끝이 삐죽하게 내리숙은 코. 또, 그런 사람. aquiline nose
매부 밥그릇이 클싸해 한다곽 처가(妻家)에서 사위는 가장 대접을 잘 받으므로 오라비되는 이는 늘 이것을 샘하고 부러워한다. minute
매:-분(每分)명 일 분 일 분마다. every (each)
매비(埋庇)명 묻어서 감춤. conceal by burying 하다
매:사(每事)명 일마다. 모든 일. every thing
매사(昧事)명 사리(事理)에 어두움. ignorance 하다
매:사 가:감(每事可堪) 매사를 감당할 만함. 하다
매:-사냥명 길들인 매로 꿩이나 그 밖의 새를 잡는 일. hawking 하다
매사는 간주인이라곽 무슨 일이나 주인이 몸소 맡아 해야 한다. failing in every attempt 하다
매:사 불성[一成](每事不成)곽 하는 일마다 실패함.
매:-삭(每朔)명 다달이. 매달. every month
매상(昧爽)명 먼동이 틀 무렵. ¶〜 미사(彌撒). dawn
매:상(買上)명 물건을 사들임. 매입(買入). 《대》매상(賣上). 불하(拂下). purchase 하다
매:상(賣上)명 ①《약》→매상고. ②상품을 팖. 《대》매상(買上). sale 하다
매:상(賣常)명 늘. 항상. always
매:상 계:정(賣上計定)명〈경제〉매상에 관한 거래를 정리하는 계정. sales account
매:상-고(賣上高)명 상품을 판 수량이나 대금의 합계. 《약》매상고(賣上高)①. amount of sales
매:상-곡(買上穀)명 정부가 농민에게서 사들이는 양곡. cereals bought up by the government
매:상-금(買上金)명 물건을 판 돈.
매:상-미(買上米)명 정부가 농민으로부터 사들이는 쌀.
매:상 상환(買上償還)명 정부에서 발행한 공채·채권 등을 주식·상환기(時償期)로 사들여 상환하는 일.
매:-색(賣色)명(동) 매음. 매음(賣淫). 하다
민상명 [고] 매상. 늘.
매:-서(賣暑)명 →더위팔기
매:서-인(賣書人)명 ①책을 파는 사람. bookseller ②〈기독〉기독교에서 각처로 돌아다니며 전도하는 책을 파는 사람. 권서(勸書)
매:-석(每石)명 한 섬 한 섬마다. 매섬.
매:석-시기(賣惜時期)명〈경제〉시세가 오를 것을 예측하고 팔기를 꺼림. ¶매점(買占)〜. indisposition to sell 하다
매:설(苺舌)명〈의학〉성홍열(猩紅熱)의 한 증상. 고열로 인해, 혀끝 표면처럼 혀가 빨갛고 절쭉절쭉하게 되는 현상. 딸기혀. strawberry tongue
매설(埋設)명 지뢰·수도관·전선 따위를 지하에 파묻어 가설함. laying 하다
매설 지선(埋設地線)명 접지(接地)를 위하여 지중에 묻은 선. underground cable
매:-섬(每一)명(동) 매석(每石).
매:-섬지기(每一)명 한 섬지기마다.
매섭-다형[ㅂ변] 남이 겁을 낼 만큼 성깔이 되됨이가 모질고 독하다. 《준》무섭다. fierce
매:-세(每歲)명 해마다.
매:세(賣勢)명 ①남의 세력을 의지하여 기세를 부리는 일. strutting about in borrowed plumes ②물건이 팔리는 상태. 팔림세. 하다 prostitution 하다
매:소(賣笑)명 손님에게 몸과 웃음을 팖. 賣淫).

매:=소래명 큰 소래기. kind of large saucer
매:소-부(賣笑婦)명(동) 매음부.
매:수[一쑤](枚數)명 몇 장이라 세는 수효. 장수(張數). number of sheets
매:수(買收)명 ①물건을 사들임. purchase ②금품 등으로 남의 마음을 사서 제 편의 사람으로 만듦. ¶뇌물로 〜하다. buying over 하다
매:수(買受)명 물건을 사서 넘겨 받음. acquire by purchase 하다
매:수(買售)명(동) 매매(賣買). 하다 「위의 시장.
매:수 시:장(買手市場)명〈경제〉물건을 사는 사람 본
매:수인(買受人)명 ①물건을 사서 받은 사람. ②매수한 사람. purchaser
매스(mass)명 ①덩어리. ②대중(大衆). 군중(群衆). ③다수(多數). 다량(多量). 질량(質量).
매스 게임(mass game)명〈체육〉①단체 경기. 집단 경기. ②많은 사람이 일제히 동일한 체조나 무용 등을 행하는 일. 《동》매스게임.
매스껍-다형[ㅂ변] 구역질이 날 것처럼 속이 아니꼽다.
매스 미디어(mass media)명 많은 사람에게 어떠한 사실이나 사상을 전달하는 구실. 또, 그 전달의 매체가 되는 기구. 곧, 신문·방송·출판·영화 따위. 대중 매체(大衆媒體)
매스 소사이어티(mass society)명 대중 사회. 매스 커뮤니케이션의 발달로 간접 접촉의 사회를 확대하여 대량적이고 획일적인 대중이 형성하는 현대 사회.
매스 커뮤니케이션(mass communication)명 신문·방송·영화들에 의한 공중 의사(公衆意思)의 사회적 전달 및 교환. 《약》매스컴.
매스=컴(mass com)명(약)→매스 커뮤니케이션.
매스 패션(mass fashion)명 대중에게 지지(支持)를 받는 유형. 곧, 대량 생산으로 만들어지는 패션.
매스 프로(mass pro)명(약)→매스 프로덕션.
매스 프로덕션(mass production)명 대량 생산(大量生產). 《약》매스 프로.
매슥-거리-다재 메스꺼운 느낌이 자꾸 나다. 《큰》메슥거리다. feel nausea 매슥=매슥이다 하다
매:-승(每升)명(동) 매되.
매:-시(每時)명(약)→매시간(每時間). 「every hour
매:시간(每時間)명(약) 한 시간마다. 《동》매시(每時).
매시근-하다형(예) 몸이 노곤하여 기운이 없고 나른하다. languid 매시근=히튀
매:식(買食)명 ①음식점에서 사서 먹는 음식. paid meal ②음식을 사 먹음. eating out 하다
매:-신(賣身)명 ①몸을 팖. ②《동》매음(賣淫). prostitution 하다 「for a plum-tree
매실(梅室)명 매화를 기르는 온실(溫室). hot-house
매실(梅實)명 매화나무의 열매. plum
매실매실-하다형(예) 사람이 얄밉도록 보바지고 반드럽다. sophisticated 매실매실=히튀
매:실-주(一쭈)(梅實酒)명 매실을 담가 만든 술.
매-싸리명 종아리를 때리는 데 쓰는 가느다란 싸릿가지. bush-clover whip
매씨(妹氏)명 ①《공》남의 누이. your sister ②자기의 손윗누이. my elder sister
매안(埋安)명 신주를 무덤 앞에 파묻음. 하다
매암(昧暗)명 제자리에서 몸을 뺑뺑 돌리는 장난. 《약》맴. turning round
매암 돌-다재 ①제자리에서 뺑뺑 돌다. ②원을 그리면서 빙빙 돌다. ③어떤 테두리 안에서 잇달아서 돌이하다. 《준》맴돌다.
매암 돌리-다타 ①남의 몸을 제자리에서 뺑뺑 돌아가게 하다. turn (one) round and round ②남을 여러 곳에 돌아다니게 하다. 《약》맴돌리다. whirl
매암:(昧暗)명 매미 우는 소리. 《약》맴.
매-암쇠명 맷돌 위짝의 한가운데 박힌 쇠. 구멍이 위 수쇠를 끼우게 됨. 《대》맷수쇠.
매:-야(每夜)명 밤마다. 매일 밤. 야야(夜夜). every night
미야:미명[고] 매미.

믜야흐·다 〖고〗 매정하다. 매몰하다. 박정하다.
믜야히 〖고〗 매정하게. 박정하게.
매:약(賣約)몡 팔기로 약속함. sale contract 하다
매:약(賣藥)몡 ①약을 팖. patent medicine ②약전(藥典)에 의해 미리 만들어 놓고 파는 약. 하다
매:약-상(賣藥商)몡 매약을 파는 장사. 매약하는 장사.
매:양(每)몡 번번이.
매:양(每樣)몡 항상 그 모양으로. always
매:여(賣與)몡 팔아 넘김. 매도(賣渡). selling 하다
매연(媒緣)몡 중간에 서서 매개(媒介)가 되고 인연(因緣)이 됨. forming connection
매연(煤煙)몡 ①그을음이 섞인 연기. smoke ②검댕. 철매. soot
매연-물(媒緣物)몡 중간에서 이리저리 관계를 맺어 주는 물건.
매염(媒染)몡 물감이 섬유에 직접 먹어들지 않을 때, 매염제를 써서 물을 들이는 일. 하다
매염-료(媒染料)몡 매염제(媒染劑).
매염 염료(媒染染料)몡 〖화학〗 매염제의 도움으로 섬유를 염색하는 염료. 알리자린 등. mordant dye
매염-제(媒染劑)몡 〖화학〗 섬유에 물이 잘 들게 하는 약제. 명반·철·크롬·타닌 따위. 매염료(媒染料). mordant
매옥(埋玉)몡 ①옥이 땅에 묻힘. buried gems ②잘난 사람이 죽어 땅에 묻힘을 아까와하여 이르는 말.
매올다 〖고〗 매울다. 사나울. 맹렬할.
매옴-하-다혱 혀가 알알한 맛을 느낄 만큼 맵다. 〈큰〉매움하다. somewhat hot
매옵-다 〖고〗 맵다. 사납다. 맹렬하다.
매왕(邁往)몡 용감하게 나아감. 용진(勇進). dashing
매:욕(罵辱)몡 꾸짖고 욕하여 창피하게 함. 후욕(詬辱). derision 하다
매용-제(媒熔劑)몡 〖공업〗 유약(釉藥)을 빨리 녹도록 하는 재료. 알칼리 ②. solvent
매우뷔 표준 정도보다 훨씬 넘게. 대단히. ¶품질이 ~ 좋다. exceedingly
매우(梅雨)몡 유월 중순께부터 칠월 초순 사이에 오는 장마. 매림(梅霖).
매우-기(梅雨期)몡 매우가 내리는 철. rainy season
매우-치-다〈제도〉 메를 때릴 때 좀 지나치게 치다. over beating
매욱-스레
매욱-스럽-다혭 매욱하게 보이다. 〈큰〉 미욱스럽다.
매욱-하-다혱 됨됨이가 어리석고 둔하다. 〈큰〉 미욱하다. stupid
매운 바람 살을 에는 듯한, 몹시 찬바람.
매운-재몡 진한 잿물을 내릴 수 있는, 참나무 재와 같은 독한 재. caustic ashes
매운-탕(湯) 생선·고기·채소 따위를 넣어 맵게 끓인 찌개. hot chowder
매울신-부(辛部)〈한자 부수(部首)의 하나로, '辭'나 '辯'등의 '辛'의 이름.
매움-하-다혱 혀가 얼얼한 감각. hot taste
매옴-하-다혱 혀가 얼얼한 맛을 느낄 만하다. 〈작〉매음하다. be hot
매워-하-다타의 매움을 느끼다. taste hot
매원(埋怨)몡 원한을 품음. bearing a grudge 하다
매원(梅園)몡 매화나무 밭. plum orchard
매:원(買怨)몡 어떤 일로 말미암아 남의 원한을 삼. cause a grudge 하다
매:-월(每月)몡뷔 매달(每).
매일 장동(每日章動)몡 〖천문〗해의 적위(赤緯)의 변화로 인하여, 황도(黃道)에 대한 지구의 자전축이 반달을 주기(週期)로 하여 변화하는 현상. lunar rotation
매 위에 장사 없다쪽 메로 때리는 데는 견딜 사람이 없음.
매유통(桶)몡 매화틀을 들고 다니는 벗기.
매:음(賣淫)몡 여자가 돈을 받고 아무 남자에게나 몸을 바치는 일. 매색(賣色). 매소(賣笑). 매신(賣身). 매춘(賣春). prostitution 하다
매:음-굴(賣淫窟)몡 갈보들의 소굴. brothel
매:음-녀(賣淫女)몡 〈동〉 매음부.

매:음-부(賣淫婦)몡 돈을 받고 정조를 파는 여자. 매소부(賣笑婦). 메눌녀. 매춘부. 추업부(醜業婦). harlot
매이(枚移)몡 〖제도〗 관아끼리 공문을 서로 주고받음. 하다
민이뷔 〖고〗 매우. 몹시.
매이-다재 ①맴을 당하다. be bound up ②얽매여 딸려 부림·구속을 받게 되다. ¶직장에 ~. depend on
매:인(每人)몡 한 사람마다. 매명(每名). each man
매:인당(每人當)몡 한 사람마다의 몫으로. per capital
매인 목숨 남에게 매여 사는 신세. slavery life
매:인 열지(悅之)몡 사람마다 모두 기뻐함. 하다
매인 이름씨 〖어학〗 '형식 명사'를 풀어서 쓴 이름.
매:인-전(每人前)몡 각 사람 앞. 매명하(每名下).
매:-일(每日)몡 날마다. 하루하루. every day
매:-일명(每名)몡 한 사람마다. each man
매:일반(般)몡 결국에는 같은 형편. 마찬가지. 매한가지. same
매:일-열(每日熱)몡 〖의학〗말라리아에서 열이 매일 일어나는 증세. quotidian (fever)
매:일 운동(每日運動)몡 일주 운동(日週運動).
매:입(買入)몡 사들임. 매득(買得)②. buying 하다
매:입 상환(買入償還)〖경제〗 국가나 회사가 자기가 발행한 공채·사채 및 주식을 시가로 도로 사서 소멸시킴으로써 시가의 유지를 꾀하는 일.
매:입 소각(買入消却)〖경제〗 회사가 자기가 발행한 주식을 시가로 도로 사서 채무를 소각시키는 일.
매:입 원가(價)〖경제〗매입했을 때의 값. 운임·수수료 등을 합산하지 아니함. 〈반〉 원가(原價).
매:입-장(買入帳)〖경제〗 상품이나 원재료의 매입에 관한 내역 명세를 발생순으로 기록하는 보조 기입장(補助記入帳).
매입처 원장(買入處元帳)〖경제〗 매입처에 대한 외상 채무의 발생·소멸 따위를 자세히 기록하는 보조 원장(補助元張).
자(子)몡 어리석고 둔한 사람. silly person
매자(媒子)몡 〈동〉 중매(中媒).
매:자(賣字)몡 자손이 가난한 집에서 아이의 장수들을 해 큰 바위·부처·큰 나무 등에 글자를 새기는 일.
매자기 〖식물〗 방동사니과의 다년생 풀. 여름에 이삭 모양의 꽃이 피고, 잎에는 녹색을 띠어 단단한. 뿌리는 약용됨. 삼릉초(三稜草). 형삼릉(荊三稜).
매자-나무 〖식물〗 매자나무과의 낙엽 활엽 관목. 높이 약 1.5m, 줄기에 가시가 있으며 봄에 누런 꽃이 피는데, 잎은 유독품. 산록에 남.
매:자루(每)몡뷔 한 자루마다.
매:자-목(子木)몡 〖식물〗 쪽두서니과의 상록 관목. 줄기 높이 1m 가량으로 잎은 꼭지가 없고 도란형이며, 꽃은 붉고, 둥근 열매가 잘게 열림. 요자무. snowbell
매자 십이(梅子十二)몡 매화나무는 심은 지 12년 만
매작(媒的)몡 중매(中媒). 하다
매작지근-하-다혱 조금 더운 기운이 있는 듯하다. 〈큰〉 미적지근하다. be lukewarm 매작지근히뷔
매-잡이①몡 매듭의 단단한 상새. hard joint ②일을 끝맺어 마무름. settle matter
매:잡이①몡 매를 잡는 사람. hawk hunter ②매를 잡는 사냥. hawk hunting 하다
매:장(每場)몡뷔 장마다.
매:-장(場)몡 장(場)이 서는 날마다. every market day ②시장마다. every market
매장(埋葬)몡 ①송장을 땅에 묻음. bury ②사회에서 몰아냄. banish from society 하다
매장(埋藏)몡 ①묻어서 감춤. burying under ground ②광물 같은 것이 땅 속에 묻혀 있음. deposit 하다
매:장(買贓)몡 도둑질한 물건을 삼. buying stolen goods 하다
매장-꾼(埋葬)몡 매장하는 일꾼. gravedigger

매:장-량(埋藏量)[명] 광물 따위가 파묻혀 있는 분량. estimated amount of deposits

매:장 문화재(埋藏文化財)[명] 지하나 물밑, 그 밖의 사람의 눈에 띄지 않는 곳에 매장되어 있는 유형 문화재. 고고학에서 말하는 유적·유물에 상당하는 물건. buried cultural properties

매:장 봉적(買贓逢賊)[명] 장물을 산 사람과 도둑 맞은 사람.

매장-비(埋葬費)[명] 시체를 묻는 데 드는 비용.

매:장이-치-다(買贓一)[타] 샀던 장물을 관청에 빼앗기다.

매장-지(埋葬地)[명][하] 장지(葬地).

매:장-치기(每場一)[명] 장날마다 장보러 다니는 일. 또, 그런 사람. marketing on every market day

매저키즘(masochism)[명] 변태 성욕의 하나. 이성에게서 학대를 받음으로써 성적 쾌감을 얻는 이상 성욕. 피학증. 마조히스무스. 피학대 음란증(被虐待淫亂症).

매적(埋積)[명][하] 매축(埋築). 하다.

매적-곡(埋積谷)[명]〈지학〉퇴적물로 곡상(谷床)이 메워진 골짜기. 퇴적물이 상당히 두꺼워서 넓은 골자기.

매전(煤田)[명][하] 탄전(炭田).

매=절(每節)[명] ①결기마다. ②음절마다. ③구절마다.

매-절[명] —는다는 약속으로 몰아서 사는 일.

매:절(買切)[명] 상인이 팔다가 남더라도 반품하지 않음.

매:절(買切)[명][하] 절품(切品).

매:점(買占)[명] 물건 값이 오를 것을 짐작하고 물건을 휩쓸어 사둠. ¶ ~ 매석(買惜). cornering 하다.

매:점(賣店)[명] 어떤 기관이나 단체 안에서 물건을 파는 작은 가게. stall

매정-스럽-다[르] 얄미울 정도로 인정머리가 없는 듯하다. 매정스럽다. 매정-스레[하]. [른] 무정스럽다.

매정-하-다[형] 얄미울 정도로 인정머리가 없다. [른] 무정하다. 매정-히[하]

매제(妹弟)[명] 손아래 누이의 남편.〈대〉매형(妹兄). one's younger sister's husband

매:=조(每朝)[명] 매일 아침. 아침마다. every morning

매조미(一糙米)[명][하] 매갈이. 하다.

매조미-간(一間)(一糙米間)[명][하] 매갈잇간.

매조미-겨(一겨)(一糙米一)[명] 매갈겨.

매조미-쌀(一糙米一)[명][하] 현미(玄米).

매조이[명] 맷돌이나 맷돌의 닳은 이를 정으로 쪼아서 날카롭게 하는 일. sharpening the stone handmill 하다.

매-조이-다[하] 맷돌의 닳은 이를 정으로 쪼아서 날카롭게 하다. [약] 매죄다. sharpen the stone handmill

매조지[명] 일의 끝을 단단히 뻣어 조지는 일. finishing touches

매-조지[하] 일의 끝을 단단히 뻣어 조지다.

매죄:-다[하][약] →매조이다.

매죄료 장수[명] 매조이는 일을 업으로 삼고 돌아다니는 사람. sharpener of the handmill

매:=주(每週)[명][부] 각 주. 또, 주간마다. weekly

매:주(買主)[명] 물건을 사는 사람. buyer

매:주(賣主)[명] 물건을 파는 사람. seller

매:주(賣酒)[명] ①파는 술. ②술을 팖. 주매(酒賣). ¶~점. selling wine 하다. [매(every) week, weekly

매:-주간(每週間)[명][부] 매 주일(週日). 일주일마다. each

매:주 시:장(買主市場)[명]〈경제〉공급이 수요보다 많아, 파는 이보다 사는 이가 유리한 시장.

매:주 시:장(賣主市場)[명]〈경제〉수요가 공급보다 많아서 사는 이보다 파는 이가 유리한 시장.

매:죽(梅竹)[명] 매화나무와 대나무. plum tree and bamboo

매죽-잠(梅竹簪)[명] 매화와 댓잎 모양을 꾸며 새긴 비녀.

매:지 구름[명] 비를 머금은 검은 구름. rain cloud

매지근-하-다[형] 더운 기가 조금 있는 듯하다. [른] 미지근하다. (be) lukewarm 매지근-히[하]

매지-매지[부] 좀 작은 물건을 여럿으로 나누는 모양. [른] 메지메지. portion by portion

매:지(賣買)[명][약] —매적. 매적(賣買賦).

매직(magic)[명] ①마법(魔法). 마술. 요술. ②이상한 매력. 마력(魔力). [mirror]

매직 글라스(magic glass)[명]〈동〉매직 미러(magic

매직 넘버(magic number)[명]〈체육〉프로 야구에서, 2위 팀이 승수(全勝)하더라도, 수위(首位)팀이 우승하지 되는 승수(勝數)의 수효.

매직 미러(magic mirror)[명] 한쪽에서는 보통 유리처럼 비치나 반대쪽에서 보면 거울처럼 되어 있는 특수 유리. 매직 글라스(magic glass).

매직 아이(magic eye)[명]〈공업〉삼극 진공관과 음극선에 의한 형광 발생 장치를 조합시킨 진공관.

매직 잉크(magic ink)[명] 어디에서나 쓸 수 있는 속건성(速乾性) 잉크. 펜대 속에 장치한 심 끝으로 스며 나오게 하여 사용하는 펠트 펜(felt pen)의 상품명. [ulater)

매직 핸드(magic hand)[명]〈동〉머니퓰레이터(manip-

매:진(枚陳)[명] 일일이 진술함. giving a detailed statement 하다.

매:진(賣盡)[명] 모조리 팔림. sell-out 하다 [ard 하다

매:진(邁進)[명] 힘써 씩씩하게 나아감. dashing forw-

매:질[명] 매나 방망이로 때리는 일. whipping 하다.

매질(媒質)[명]〈물리〉한 곳에서 다른 곳으로 물리적 작용을 전하여 주는 매개물(媒介物). medium

매질-꾼[명] 사람을 잘 치고 싸움을 잘하는 사람.

매:집(買集)[명] 물건을 사서 모음. 사서 쌓음. hoarding 하다.

매:집-상(買集商)[명] 생산자로부터 어떤 물품을 사 모아서 도시의 시장에 반출하는 지방의 상인. 또, 그 장사.

매:-찌[명] 매〈鷹〉의 똥. hawk droppings

매:-차(每次)[명][부] 차례마다. every time

매:-척(每尺)[명] 한 자 한 자마다. every foot

매:-첩(每貼)[명] 한 첩 한 첩마다. every dose [um

매체(媒體)[명]〈물리〉매질(媒質)이 되는 물체. medi-

매:-초(每秒)[명][부] 한 초 한 초마다. every second

매:초(賣草)[명] 가게에서 파는 담배. tobacco on sale

매초롬-하-다[형] 한창 때에 건강하여 토실토실하고 윤이 돌아 아름다운 태가 있다. [른] 미추름하다. be charmingly healthy 매초롬-히[하]

매축(埋築)[명]〈토목〉강가나 바닷가를 메워서 물을 만드는 일. 매립(埋立)②. 매적(埋積). reclamation 하다. [로 만드는 공사.

매축 공사(埋築工事)[명] 바닷가나 강가를 메워서 육지

매축-지(埋築地)[명] 매축한 땅.

매:춘(賣春)[명][하] 매음(賣淫). 하다.

매:춘-부(賣春婦)[명]〈동〉매음부(賣淫婦).

매:출(賣出)[명][하] 방매(放賣). 하다.

매:출 원가(賣出原價)[명]〈경제〉일정한 매상을 올리기 위하여 쓰여진 비용.

매:출 원장(一帳)(賣出元帳)[명]〈경제〉거래처의 상호나 이름을 계좌(計座)로 하여 판매 내용에 관한 일체 세목(細目)을 정리·기록하는 장부.

매:출-장(一帳)(賣出帳)[명] 상품 등의 판매에 관한 명세를 기재한 장부.

매:-치[명] 매를 놓아 잡은 새나 짐승. 〈대〉불치. prey caught by hawking [일치하는 일. 하다

매치(match)[명] ①시합(試合). 경기. ¶타이틀 ~. ②

매치-광이[명] ①매친 사람. madman ②미친 것처럼 언행이 방정맞은 사람. 〈준〉미치광이. rash person

매치-다[자] ①정신에 이상이 생겨 하는 짓이 보통 사람과 다르다. go mad ②격렬한 흥분으로 정신이 보통 때와 다르게 방정맞게 날뛰다. 〈준〉미치다. be frenzied

매치 포인트(match point)[명] 테니스·배구 등에서, 경기의 승패를 결정하는 최후의 일점.

매카:시이즘(McCarthyism)[명] 극단적인 반공주의 또는 이와 관련된 사상·언론·정치 활동에 대한 억압.

매캐-하-다[형] 연기 냄새나 곰팡내가 나다. 〈큰〉 매케하다. smoky [ewhat hot

매콤-하-다[형] 매운 느낌이 코나 입에 돌다. som-

매크로코즘(macrocosm)[명] 대우주(大宇宙).

매큼-하다 〖형〗〖여불〗 매운 냄새가 있다. somewhat hot
매탕-다 〖고〗 곰팡이 끼다.
매탁(媒託) 〖명〗 미리 맺어 두는 굳은 언약. 하타
매탄(煤炭) 〖명〗 석탄(石炭).
매탄-요(煤炭窯) 〖공업〗 석탄을 때어서 그릇을 만드는 가마. 매요(煤窯). coal kiln
매태(苔) 〖명〗 이끼.
매:토(買土) 〖명〗 땅을 삼. purchase of land 하타
매:토(賣土) 〖명〗 땅을 팖. sale of land 하타
매=통 벼를 갈아 겉겨를 벗기는 나무 매. 목마(木磨). 목매. 《약》매³². wooden handmill
매트(mat) 〖명〗 ①〈체육〉 도약·회전 같은 운동을 할 때 위험을 방지하기 위해 바닥에 까는 폭신한 깔개. ②현관이나 사무실의 입구에 신발의 흙을 떨기 위한 깔개.
매트리스(mattress) 〖명〗 침대용 요.
매트리스 역학(matrix 力學) 〖물리〗 1926년경 양자 역학이 이루어지기 전까지의 양자론의 곤란을 타개하기 위하여 보어(Bohr)의 양자론은 하이젠베르크(Heisenberg)가 대응 원리를 지도 원리로서 발전시킨 역학.
매:파(一派) 강경파나 무력 해결파를 비유적으로 일컫는 말. 《대》비둘기파.
매파(媒婆) 〖명〗 혼인을 중매하는 할멈. female matchmaker 「글고 전이 없는 방석. under mat
매=판 매갈이 또는 맷돌질할 때에 바닥에 까는 둥
매:판(買辦) 〖경제〗 ①1770년경 이래 중국에 있던 외국 상관(商館)·영사관 등에서 중국 상인과의 거래(去來)의 수단으로서 고용한 중국인. comprador ②외국 자본에 붙어 사리(私利)를 탐하여 자기 나라의 이해를 잊어버리는 일. 또, 그런 사람.
매:판 자:본(買辦資本) 〖경제〗 일반적으로, 식민지나 후진국 등에서 외국 자본과 결탁하여 자국민의 이익을 억압하는 토착 자본을 이름. 예속 자본. comprador capital
매:판=적(買辦的) 〖관형〗 식민지나 반(半)식민지에 있어서, 외국 제국주의의 이익에 봉사하는(것).
매:팔짜(一一字) (八字) 놓기는 싫어도 먹고 사는 일에 걱정이 없는 경우를 일컫는 말. easy circumstances
매폄(埋窆) 〖명〗 관(棺)을 땅 속에 묻음. burying a coffin
매=평(每坪) 〖명〗 한 평마다. 「하타
매:표(買票) 〖명〗 표를 삼. 하타
매:표(賣票) 〖명〗 표를 팖. issuing tickets 하타
매:표=구(賣票口) 〖명〗 표 파는 창구. ticket window
매:품(賣品) 〖명〗 파는 물건. 《대》비매품(非賣品). article for sale
매:품-팔-다 〖자불〗 남의 매를 대신 맞아 주고 삯을 받다. getting flogging for money 「head
매:필(每疋) 〖명〗 마소·논밭 등의 한 필마다. every
매:필(每疋) 〖명〗 피륙의 한 필 한 필마다. every roll
매:필(賣筆) 글씨를 써 주고 보수를 받음. 「매문(賣文) ~. 하타
매하(梅夏) 6월경의 장마지는 여름. rainy summer
매=한가지 마찬가지. 매일반(一一般). same after
매=함지 맷돌을 올려놓는 함지. 「all
매합(媒合) 〖명〗 혼인을 중매하거나 남녀를 맞대 줌. matchmaking 하타 「집에 같이 머무르게 함. 하타
매합 용:인(媒合容認) 남자와 여자를 중매하여 자기
매:=해(每一) 〖명〗〖동〗 매년(每年).
매핵-기(梅核氣) 〖한의〗 침을 삼키기도 뱉기도 어려운 목구멍 병의 하나.
매향(埋香) 내세(來世)의 복을 빌기 위하여 향(香)을 강물이나 바닷물 속에 잠가 묻는 일. 하타
매향(梅香) 〖명〗 매화 향기. fragrance of plum-blossoms
매향-비(埋香碑) 매향한 사실을 기념하기 위하여 세운 비석. 「을 삼. blood buying 하타
매:혈(買血) 수혈에 대비하여, 제공자로부터 혈액
매:혈(賣血) 〖명〗 피를 팖. blood selling 하타
매:형(妹兄) 〖명〗 손위 누이의 남편. 자형(姉兄). elder sister's husband
매:=호(每戶) 〖명〗 집집마다. 호호(戶戶).
매:=호(每號) 〖명〗 신문·잡지 등의 호마다. 각호(各號).
매혹(魅惑) 〖명〗 남을 호리어 현혹시킴. fascination 하타
매혹-적(魅惑的) 〖관형〗 매혹할 만한 매가 있는(것).
매혼(埋魂) 혼백(魂帛)을 무덤 앞에 묻음. 하타
매:=홉 각 홉마다. every hop
매홍-지(梅紅紙) 중국에서 나는 붉은 빛깔의 종이.
매화(梅) 똥의 궁중말.
매화(梅花) 〖명〗 매화나무와 매화꽃의 범칭. plum-tree 민화(고) 매화(梅花). 「and plum-blossoms
매화-나무(梅花一) 〖식물〗 앵도과의 낙엽 활엽 교목. 이른봄에 붉거나 흰 꽃이 핀 뒤에 잎이 나며, 열매는 '매실'이라 하여 약용·식용임. plumtree
매화-차(梅花茶) 〖명〗 매화 봉오리를 따서 말려 끓인 차.
매화 매듭(梅花一) 〖명〗 동양 매듭의 기본형의 하나. 다섯 꽃잎의 매화 모양으로 얽어 맺은 납작한 매듭.
매화-산(梅花一散) 〖명〗 유밀과의 하나. 매화 같은 튀밥을 묻히어 붙임.
매화 육궁(梅花六宮) 〖명〗 바둑에서, 적에게 포위된 말의 빈 집이 여섯 개가 '십(十)자'로 있을 때의 일컬음. 새발 육공.
매화-잠(梅花簪) 〖명〗 머리에 매화꽃을 새긴 비녀.
매화=점(一點) (梅花點) 〖명〗 매화 무늬를 곁으로 찍어 그린 무늬. 「에 담갔다가 꺼낸 술.
매화-주(梅花酒) 〖명〗 매화를 주머니에 넣어서 싸서 술
매화-총(梅花銃) 〖명〗〖동〗 매화포(梅花砲).
매화 타:령(梅花打令) 〖명〗 ①조선조 때 속된 노래의 하나. 판소리 12마당의 하나. 강릉 매화가(江陵梅花歌). ②(비) 뒤 뜀. ③(비) 주제에 어울리지 않게 갈 잖은 언행을 하는 사람을 조롱하여 일컫는 말. 하타
매화-틀(梅花一) 궁중에서 똥 눌 적에 쓰는 변기(便器). 뒤틀. 마유(馬輸).
매화 편-문(梅花片紋) 〖미술〗 도자기의 겟물에 금이 크게 나도록 만든 무늬.
매화-포(梅花砲) 종이로 만든 딱총의 하나. 불똥 튀는 것이 매화가 떨어지는 것과 비슷함. 매화총. popgun
매:=회(每回) 〖명〗 한 회(回)마다. every time
매:휴(賣休) 〖명〗 아내를 남에게 팔아 남편된 권리를 버림. 하타 「《대》grey loam
매:흙 벽의 거죽에 바르는 잿빛의 보드라운 흙. 《약》
매흙-질(一質) 매흙을 벽 거죽에 바르는 일. 《약》매질. plastering a wall with loam 하타
맥(脈) 〖명〗 ①피가 돌아다니는 줄기. blood vessel ②맥박이 뛰는 자리. pulse ③→광맥. 《약》맥락(脈絡)². ⑤기운이나 힘. spirit ⑥풍수 지리에서, 용(龍)의 살기가 죽기 전에 흐르는 것. ⑦《약》→엽맥(葉脈).
맥(貊) 〖역사〗 ①상고 시대에 요하(遼河) 부근에 있던 나라. ②상고 시대에 강원도 지방에 있던 나라. 예(濊)와 섞여 살아 '예맥'으로 아울러 일컬음.
맥(貘) 〖동물〗 맥과의 동물의 총칭. 말레이맥·아메리카맥 등. 중국 전설에서 인간의 악몽을 먹는다는 동물. 형태는 곰, 코는 코끼리, 눈은 코뿔소, 꼬리는 소, 발은 범과 비슷하다 함.
맥각(麥角) 〖명〗 맥각균이 벼과 식물에 기생하여 이룬 번식체. 단단하며 검은 뿔 모양으로 됨. ①맥각균의 균사(菌絲)를 말린 것. 독이 있으며, 지혈제로 씀.
맥각-균(麥角菌) 〖식물〗 밀·보리·귀리 등의 자방(子房)에 기생하여 병을 일으킴.
맥각-병(麥角病) 〖식물〗 맥각균에 의한 맥류(麥類)의 병. 깜부기. 「【독소】(毒素)》. ergot poison
맥각-소(麥角素) 〖약학〗 맥각에 함유되어 있는 극
맥간 세:공(麥稈細工) 밀짚·보리짚을 염색하거나 잘라서 하는 세공.
맥결(脈結) 안은 줄기로 죽 연결된 것.
맥고(麥藁) 〖명〗 밀·보리의 짚. straw

맥고 모자(麥藁帽子)명 밀짚이나 보릿짚으로 결어서 만든 여름 모자의 하나. 밀짚 모자. (약) 맥고자.
맥고-자(麥藁子)명 (약)→맥고 모자. [straw hat
맥고-지(麥藁紙)명 밀짚·보릿짚의 섬유로 만든 종이.
맥곡(麥穀)명 보리나 밀 따위의 곡식. 하곡(夏穀).
맥관(脈管)명 (동) 혈관(血管).
맥관-계(脈管系)명 순환기.   [은 활.
맥궁(貊弓)명 소수맥(小水貊)에서 나던 품질이 썩 좋
맥=낚시명 낚싯줄을 쓰지 아니하고 낚싯대·낚 싯줄·손을 통하여 느껴지는 감촉으로 물고기를 낚 는 방법. (대) 찌낚시.
맥노(麥奴)명 밀·보리의 깜부기. smut in barley
맥-놀이(脈一)명 〈물리〉 진동수의 차이가 극히 작은 소리굽쇠를 때릴 경우, 두 가지 소리가 서로 간섭하여 주기적(週期的)으로 강약을 반복하는 현상. beat
맥농(麥農)명 보리농사.
맥=놓-다(脈一)자 ①긴장을 풀다. ②맥이 풀려 멍해
맥대다(麥岱)명 |지다. 의욕을 잃다.
맥도(脈度)명 맥박이 뛰는 정도. pulse-rate
맥도(脈道)명 (동) 혈관(血管).   [다.
맥도 모르고 침통 흔든다관 일의 속내도 모르고 덤빈
맥동(脈動)명 ①맥박이 뜀. ②〈물리〉 거의 같은 두 주파수의 간섭에 의하여 일어나는 전기의 파동.
맥=동지(麥同知)명 (동) 보리농자.
맥락(脈絡)명 ①〈생리〉 혈맥이 서로 연락되어 있는 계통. connection of blood vessels ②줄과 기맥을 서로 통하는 일. (약) thread of connection
맥락 관-통(脈絡貫通)명 사리(事理)가 명확하여 환하게 통함. penetration 하다(여)
맥락-막(脈絡膜)명 〈생리〉 안구벽(眼球壁)의 막. choroid
맥랑(麥浪)명 다 자란 보리나 밀이 바람에 물결처럼 나부끼는 모양. waving barley field
맥량(麥凉)명 보리가 익을 무렵의 서늘한 날씨. 또, 그 계절. 맥추(麥秋). cool weather at the barley harvest season
맥량(麥糧)명 여름철의 양식으로 삼는 보리. 보리 양 식. barley for summer provisions
맥령(麥嶺)명 (동) 보릿고개.
맥류(脈流)명 〈물리〉 흐르는 방향은 일정하나 그 크기가 시시로 변하는 전류. 흔히 교류를 정류(整流) 하였을 때의 전류임.   [리·호밀 따위.
맥=류(麥類)명 보리 종류. 곧, 보리·쌀보리·참밀·귀
맥리(脈理)명 ①문맥(文脈)의 이치. contextual connection ②맥을 짚어 어느 병을 짐작하는 이치.
맥립-종(麥粒腫)명 〈의학〉 다래끼.
맥망(麥芒)명 보리·밀 등의 수염. awn
맥맥-이(脈脈一)부 죽 이어져서 끊임없이. ¶~ 이어 온 우리의 전통.
맥맥-하다형여 ①코가 막혀 숨이 잘 안 통하다. nose of stuffy ②생각이 잘 눌지 않다. ¶이렇게 하여야 좋을지 도무지 ~. perplexed 맥맥-히부
맥=못-추-다(脈一)자 기운이나 힘을 내지 못하다. (대) 맥추다.
맥문-동(麥門冬)명 ①〈식물〉 맥문과에 비과의 다년생 풀. 뿌리는 짧고 굵으며, 줄기의 높이는 35cm쯤, 여름에 담자색의 작은 꽃이 핌. 산의 나무 그늘에서 남. 겨우살이풀. 마구(馬韭). 오구(烏韭). ②〈한의〉 맥문동의 뿌리. 보음(補陰)·청폐(淸肺)·거담(祛痰) 등의 약으로 씀.
맥박(脈搏)명 〈생리〉 심장이 오므라졌다 퍼졌다 함에 따라 일어나는 혈관벽의 파상 기록(波狀起伏). pulsation   [는 기계 장치. pulsimeter
맥박-계(脈搏計)명 〈의학〉 맥박의 횟수와 강약을 재
맥박 곡선(脈搏曲線)명 〈의학〉 맥박수가 변화하는 상태를 그래프로 표시한 곡선. sphygmogram
맥박 부정(脈搏不整)명 〈의학〉 맥박이 불규칙한 상태.
맥박-치-다(脈搏一)자 ①맥박이 뛰다. pulsate ②힘차게 약동하다. ¶불굴의 투지가 ~.
맥반(麥飯)명 보리밥. boiled barley

맥-보-다(脈一)자 ①〈의학〉 맥박의 빠르고 느림을 살펴보다. feel the pulse ②다른 사람의 눈치나 뜻을
맥부(麥麩)명 밀기울. |살피다. sound one's view
맥분(麥粉)명 ①밀가루. 보릿가루.   [은 병(病).
맥비(脈痺)명 〈한의〉 피가 엉겨 순환이 순조롭지 않
맥-빠지-다(脈一)자 ①기운이 빠지다. ②긴장이 풀리다.
맥상-상(陌上桑)명 〈음악〉 농촌 풍경을 목가적(牧歌的)으로 부른 소박한 중국 한대(漢代)의 민요.
맥석(脈石)명 〈광물〉 광맥(鑛脈) 속에 섞여 있으나 광석으로서의 가치(價値)가 별로 없는 돌. vein-stuff
맥소(脈所)명 ①짚어서 맥박이 뛰는 것을 알 수 있는 곳. ②사물의 급소. vital point
맥수지-탄(麥秀之嘆)명 고국의 멸망을 한탄함.
맥시(maxi)명 롱 스커트를 달리 일컫는 말. (대) 미니.
맥시-목(脈翅目)명 〈곤충〉 풀잠자리목(目). 연하고 약한 몸을 가진 원시적인 곤충으로 날개에 그물 같은 줄이 있음. neuropterous insects
맥시멈(maximum)명 ①최대 한도. 최대량. 최고. 최고 가격. ②〈수학〉 극대(極大). (대) 미니멈.
맥심(maxim)명 ①격언(格言). 금언(金言) ②격률
맥아(麥芽)명 (동) 엿기름.   [(格率). 최대의 전제.
맥아-당(麥芽糖)명 〈화학〉 전분이나 글리코젠에 산이나 다이아스타제와 같은 효소를 작용시켜, 가수 분해할 때 생기는 당류의 하나. 호정(糊精)과 함께 엿의 주성분이 됨. maltose
맥암(脈岩)명 〈광물〉 스며든 암장이 굳어져 맥(脈)을 이룬 화성암(火成岩).   [폭(脈幅).
맥압(脈壓)명 〈생리〉 최고 혈압과 최저 혈압의 차.
맥압-계(脈壓計)명 혈압계(血壓計).
맥엿(麥蘖)명 (동) 엿기름.
맥-없-다(脈一)형 기운이 없다. dejected   [연히.
맥-없-이(脈一)부 ①기운 없이. ¶~ 돌아오다. ②공
맥우(麥雨)명 보리가 익을 무렵에 오는 비. rain coming in the barley ripening season
맥작(麥作)명 보리농사. 맥농.
맥주(麥酒)명 엿기름 가루물 물과 함께 가열하여 당화시킨 다음, 홉(hop)을 넣어 향기와 쓴맛이 들게 한 위에 효모를 넣어 발효시킨 술. 비어. 비르. beer
맥주-병(一甁)(麥酒甁)명 ①맥주를 담아 파는 병. beer bottle ②헤엄칠 줄 모르는 사람을 놀려 이르는 말. poor swimmer
맥주 효-모균(麥酒酵母菌)명 맥주를 만드는 데 필요한 효모균. 기름 속에 있는 당분을 발효시켜 알코올과 이산화탄소로 분리시킴.
맥-줄(脈一)명 맥의 줄기. artery (tube)
맥진(脈診)명 ①〈동〉 집맥(執脈). ②맥박의 수나 강약으로 병세를 판단하는 일. 하다(자)
맥진(脈盡)명 맥이 풀리고 기운이 빠짐. ¶기진(氣盡)~하다. exhaustion 하다(자)
맥진(驀進)명 좌우를 돌보지 않고 힘차게 나아감.
맥질(약) →매흙질.   [rush 하다(자)
맥-쩍-다(脈一)형 ①심심하고 무료하다. tedious ②대할 낯이 없다. 열적다. ashamed
맥차(麥茶)명 (동) 보리차.
맥추(麥秋)명 보리가 익는 철. 보릿 가을. 맥량(麥凉).
맥치(脈痔)명 〈의학〉 치질의 하나. 항문(肛門) 속에 좁쌀 같은 것이 돋고 피가 나는 병.
맥탁(麥濁)명 보리로 담근 막걸리.
맥탕(麥湯)명 (동) 보리 숭늉.
맥파-계(脈波計)명 〈의학〉 맥박 곡선을 자동적으로 그려내는 장치. sphygmograph
맥폭(脈幅)명 (동) 맥압(脈壓).
맥-풀리-다(脈一)자 ①기운이 스르르 없어지다. 긴장이
맥피(麥皮)명 밀기울. |풀어지다.
맥황(麥黃)명 보리·밀에 황이 내려 누렇게 되는 병. 황증(黃蒸).
맥후(脈候)명 〈의학〉 맥박의 횟수·강약 등에 나타나

는 증후(症候). symptoms indicated by pulse
맨[매]뎐 순전하게 다만 그것뿐인 뜻을 나타내는 말. 맨탕. ¶~ 아이들뿐이다. only
맨:²[매]뎐 '더할 수 없이 가장'의 뜻을 나타내는 말. ¶~ 끝. very (last)
맨-[매]튀 '다른 것이 섞이지 않고 그것뿐'임을 나타냄. purely
맨(man)명 ①사람. ②남자.
맨-꼭대기[명] 맨 위. 제일 위.
맨-꼴찌[명] 맨 끝이 되는 사람.
맨-꽁무니[명] 밑천 없이 어떤 일을 함. 또, 그런 사람.
맨:-끝[명] 제일 끝. empty hand
맨:-나중[명] 제일 나중.
맨-눈[명] 안경이나 현미경 등을 이용하지 않고 직접 보는 눈. 육안(肉眼). naked eye
맨-대가리[명] 맨머리.
맨대가릿-바람[명] 〈하〉 맨머릿바람.
맨둥맨둥-하-다[형][여불] 산에 나무가 없어 뺀뺀하다. 〈큰〉민둥민둥하다. bald 맨둥맨둥-히[튀]
맨:-뒤[명] 제일 뒤.
맨드라미[명] 〈식물〉 비름과의 일년생 풀. 가을에 닭의 볏 모양의 꽃이 핌. 아시아 열대 지방 원산으로 전 세계 각지에서 관상용으로 재배함. 계관(鷄冠)②. cockscomb
맨드리[명] ①물건을 만든 모양새. workmanship ②옷을 입고 매만진 맵시. style of dressing
맨-땅[명] ①아무 것도 깔지 아니한 땅. bare land ②거름을 주지 아니한 생땅.
맨망-떨-다[재][르] 요망스럽게 까불다. act rashly
맨망-스럽-다[형][ㅂ불] 맨망한 듯하다. 맨망-스레[튀]
맨망-하-다[형][여] 요망스럽고 까부는 태도가 있다. frivolous 맨망-히[튀]
맨-머리[명] ①아무 것도 쓰지 않은 머리. 노두(露頭). bare head ②낭자를 하지 않고 쪽진 머리. 〈하〉 맨대가리. bare head. 〈반〉 맏머리.
맨머릿-바람[명] 맨머리로 나선 차림새. 〈하〉 맨대가릿바람.
맨-몸[명] ①벌거벗은 몸. naked body ②아무 것도 지니지 않은 몸. 〈하〉 맨몸둥이. empty hand
맨-몸뚱이[명] 〈하〉 맨몸. bare floor
맨-바닥[명] 아무 것도 깔지 않은 바닥. ¶~에 눕다.
맨-발[명] 아무 것도 신지 아니한 발. ¶~로 뛰다. bare
맨-밥[명] 반찬 없는 밥. ¶~을 먹다. foot
맨션(mansion)명 ①넓은 고급 아파트. ②대저택.
맨-손[명] ①아무 것도 가지지 않은 손. 빈손. 적수(赤手). ②도수(徒手). empty hand
맨손 체조(一體操)[명] 〈체육〉 기계·기구를 쓰지 않고 맨손으로 하는 체조. 도수 체조(徒手體操). free gymnastics
맨송맨송-하-다[형][여] ①털이 날 자리에 털이 없다. bald ②산에 나무나 풀이 없이 맨둥맨둥하다. bare ③술을 먹어도 취하지 아니하다. 〈큰〉민숭민숭하다. sober 맨송맨송-히[튀]
맨숭맨숭-하-다[형][여]→맨송맨송하다.
맨-입[―닙]명 아무 것도 먹지 않은 입. without taking any food ¶이 겹친다는 뜻.
맨입에 앞 교군 서라 한다[속] 힘든 때에 거듭 힘든 일
맨:-재-준:치[명] 소금에 절여 매운재의 빛처럼 파랗게 된 자반 준치.
맨-주먹[명] 아무 것도 가지지 아니한 주먹. 공권(空拳). ¶~으로 싸우다. naked fist
맨: 처음[명] 제일 먼저. 〈대〉맨 나중. 〈약〉맨 첨. first
맨: 첨[명] 《약》→맨 처음. of all
맨체스터 학파(Manchester 學派)[명] 〈경제〉 19세기 전반부터 영국의 공업 도시 맨체스터를 중심으로 중상주의(重商主義)와 자유 무역 사상을 고취한 사람들.
맨탕[명] 〈동〉맹탕.
맨-털터리[명]→매나니①.
맨-투-맨(man-to-man)[명] 1대 1로 하는 일.
맨투맨 디펜스(man-to-man defense)[명] 〈체육〉 구기(球技)에서, 경기자가 각각 자기의 상대를 정하여

책임지고 이를 방어하는 방법. 대인 방어.
맨틀(mantle)[명] ①백열(白熱) 가스등의 화염을 싸고 화광(火光)을 발하는 기구. ②지구의 지각과 핵 사이에 있는 층으로 된 부분.
맨틀피ː스(mantlepiece)[명] 벽난로(壁煖爐)의 윗면과 측면을 두는 장식의 구조.
맨해턴 계:획(Manhattan 計劃)[명] 제 2 차 대전 중의 미국의 원자 폭탄 제조 계획에 비밀로 붙인 이름. Manhattan project
맨홀(manhole)[명] ①땅 속에 묻은 하수관(下水管)·수도관·포도(鋪道)·지하 케이블 등의 검사나 수리·청소를 하기 위하여 인부가 드나드는 구멍. ②광산의 굴속에 사람이 드나드는 곳. ③기차굴·철교 등의 옆에 사고를 피하기 위하여 만들어 놓은 구멍이나 자리. ④똑딱선에 사람이 앉도록 만든 구멍처럼 된 자리.
맬서스-주의(Malthus 主義)[명] 〈경제〉 인구는 기하 급수적으로 느나 식량은 산술 급수적으로 불어나는 까닭으로 인구의 과잉(過剩)을 막기 위하여 여러 가지 억제책(抑制策)을 강구해야 한다는 주장. 맬
맬:¹[약]→매암. 서스 인구론. Malthusianism
맬:²[약] 매미가 울음을 그칠 적에 내는 소리. chirping
맴:-돌-다[재][ㄹ불]→매암 돌다.
맴:-돌리-다[사동] 《약》→매암 돌리다.
맴:-돌이[명] ①맴을 도는 일. turning round and round ②〈수〉 회전체(回轉體). ③〈물리〉 소용돌이. 와동(渦動).
맴:돌이 전:류(─電流)[명] 〈물리〉 변화하고 있는 자장(磁場) 내의 도체 안에, 전자 유도에 의하여 일어나는 전류. 푸코 전류. Foucault's Current
맴:-맴[부] ①매미 울음 소리. ②아이들이 맴을 돌 적에 부르는 소리. 또, 그 모양. ¶고추 먹고 ~ 담배 먹고 ~. turning round and round
맵-다[형][ㅂ불] ①맛이 고추의 맛과 같이 혀가 알알하다. hot ②인정이 없고 몹시 독하다. ¶사람이 ~. severe ③몹시 춥다. ¶날씨가 ~. severely cold
밉-다/맵다[형]《교》맵다.
맵디-맵-다[형][ㅂ불] 몹시 맵다.
맵살-스럽-다[형][ㅂ불] 남에게 미움을 받을 만한 데가 있다. 《대》밉살스럽다. (be) hateful 맵살-스레[튀]
맵시[명] 곱게 매만진 모양. 태(態). ¶~ 내다. 웃음 ~ 있게 입다. good figure
맵-싸-하-다[형][여] 고추나 겨자처럼 맵고 싸한 맛이 있다.
맵-쌀-하-다[명] 찐 메밀을 말려서 쪻어 껍질을 벗긴 메밀. unhulled buckwheat nonglutinous rice
맵자-다[형]→맵자하다. wellshaped
맵자-하-다[형][여] 모양이 꼭 체격에 어울려서 맞다.
맷-가[마리]가 마땅히 맞을 사람. naughty boy who deserves the rod sold by retail
맷-고기[명] 조금씩 떼를 지어서 파는 쇠고기. meat
맷-담:배[명] 조금씩 떼어서 파는 살담배. tobacco sold by retail. 〈磨〉. 《약》매(新)③.
맷-돌[명] 곡식을 가는 데 쓰이는 기구. 돌매. 석마(石
맷돌-중쇠(──)[명] 맷돌에 위아래짝을 고정시키기 위하여 복판에 박는 쇠. 위쪽의 것은 암쇠, 아래쪽의 것은 수쇠라 함. 《약》맷중쇠. 중쇠. pivot and gudgeon of millstone
맷돌-질[명] 맷돌로 곡식을 가는 일. grinding 하[자]
맷맷-하-다[형][여] ①아무 것도 거침새 없이 길고 곧다. slim ②흠이 없이 아담하게 밑지 않게 생기다. 〈큰〉밋밋하다. slender 맷맷-이[튀]
맷-방석(一方席)[명] 맷돌 아래에 까는 짚으로 만든 둥근 방석. round mat ②매질하는 세고 여린 정도.
맷-손[명] ①맷돌을 돌리는 손잡이. handle of the quern
맷-중쇠[명] 맷돌 중쇠의 하나. 맷돌 아래짝 복판에 박힌 쇠. 《대》매암쇠.
맷-중쇠(一中─)[명] 《약》→맷중쇠.
맷집 좋-다[하][속] ①심하게 매를 맞아도 끄떡없다. ¶맷집 좋은 권투 선수. ②때려 볼 만하게 살졌거나

다. ¶맹집 좋은 청년.
맹:=(猛)[접두] 명사 위에 붙어 '맹렬한'의 뜻을 나타내는 말. ¶~훈련(訓練). fierce
딩·굴·-다[고] 만들다.
맹:격(猛擊)[명] 〔약〕→맹공격(猛攻擊).
맹견(猛犬)[명] 몹시 사나운 개. fierce dog
맹:공(猛攻)[명] →맹공격(猛攻擊).
맹:-공:격(猛攻擊)[명] 맹렬한 공격. 〔약〕맹격. 맹공. violent attack 하困
맹관(盲管)[명] 〈생리〉한쪽 끝이 막힌 관강(管腔). 맹
맹관 총창(盲貫銃創)[명] 〈의학〉총알이나 파편이 들어간 총구는 있고 나온 구멍이 없는 총상. 〔대〕관통총창(貫通銃創). bullet lodged in the flesh 「도랑.
맹구(盲溝)[명] 물이 잘 빠지도록 파서 조약돌로 묻은
맹귀 부목(盲龜浮木)[명] →맹귀 우목(盲龜遇木).
맹귀 우목(盲龜遇木)[명] 눈먼 거북이 우연히 떠내려오는 나무를 만남. 곧, 어려운 판에 좋은 일을 만남. 맹귀 부목(盲龜浮木). good luck
맹근=하·다[맹ː근―][형여] 좀 매지근하다. 〔큰〕밍근하다. somewhat warm 맹근히[부]
맹:금(猛禽)[명] 〈조류〉맹금류의 새. 매와 수리 따위. 「bird of prey
맹:금류(猛禽類)[명] 〈조류〉매목(目)과 올빼미목(目)의 총칭. 몸과 날개가 크고 부리와 발톱이 날카로우며 강인하고 성질이 용맹함. 다른 새나 작은 동물을 잡아먹고 삶. 매·부엉이·수리 등이 이에 속함.
맹:꽁(猛―)[명] 맹꽁이가 우는 소리. croaking 하困
맹:꽁·이(猛―)[명] ①〈동물〉맹꽁이과의 개구리. 개구리보다 앉으며 머리의 폭이 넓고 주둥이가 짧으며 몸집이 둥동함. 흐리거나 비 오는 날에 논이나 개울에서 맹꽁맹꽁하고 시끄럽게 욺. cacopides tornieri ②말이나 행동이 아주 답답한 사람. dull man ③〔속〕고집을 부리거나 맹추 같은 사람. 또, 키가 작고 배가 부른 사람을 놀으로 이르는 말. short man
맹꽁·이(猛―)[명] ①〔속〕자물쇠. ¶~ 따다. ②〔속〕수갑. ¶~ 채우다.
맹:꽁·이=덩이[명] 김맬 적에 호미로 떠서 덮는 흙덩이.
맹:꽁·이 자물쇠[―쇠][명] 서양식 자물쇠의 하나. 반타원형의 고리와 몸통의 두 부분으로 되어, 열쇠로 열면 고리의 한쪽 다리가 몸통에서 빠져 나옴.
맹도:견(盲導犬)[명] 장님의 길 안내를 하는 개. seeing-eye dog
맹:독(猛毒)[명] 건강이나 목숨을 위태롭게 하는 맹렬한 독. 「early winter
맹:동(孟冬)[명] ①초겨울. ②음력 시월. 중동(仲冬).
맹:동(萌動)[명] 생각이나 일이 일어나기 시작함. germination 하困
맹:랑―하·다(孟浪―)[맹ː낭―][형여] ①생각하던 바와 아주 다르게 허망하다. unreliable ②매우 똘똘하거나 까다로워 허수로이 볼 수 없다. ¶맹랑한 아이. not negligible ③처리하기가 매우 어렵고 묘하다. **맹:**
맹려(萌黎)[명] 백성. 국민. the people 「량=히[부]
맹:렬―하·다(猛烈―)[형여] 기세가 몹시 사납고 세참. 〔유〕통렬. violent 하困 히[부] 「교육.
맹롱 교:육(盲聾敎育)[명] 〈교육〉맹아와 농아에 대한
맹:―모(孟母)[명] 맹자(孟子)의 어머니. 현모(賢母)의 귀감(龜鑑)으로 불림. wise mother 「機(之敎).
맹:모 단:기(孟母斷機)[명] →맹모 단기지교(孟母斷
맹:모 단:기지교(孟母斷機之敎)[명] 맹자가 학업을 중단하고 돌아왔을 때, 그 어머니가 짜던 베를 칼로 끊어 훈계한 일. 〔약〕맹모 단기. 「遷之敎).
맹:모 삼천(孟母三遷)[명] →맹모 삼천지교(孟母三
맹:모 삼천지교(孟母三遷之敎)[명] 세 번 이사를 하여 악건문(惡見聞)을 막은 맹자 어머니의 교육. 〔약〕맹모 삼천(孟母三遷).
맹목(盲目)[명] ①먼눈. ②사리에 어두운 눈. blindness
맹목 비행(盲目飛行)[명] 목표가 보이지 않는, 구름 속같은 데를 계기(計器)에만 의존하여 비행하는 일. blind flying 하困
맹목-적(盲目的)[관명] 사리를 따지거나 분별함이 없이

무턱대고 하는(것). 〔유〕무비판적. 〔대〕이성적(理性的). blind 「된다. situation
맹문(盲門)[명] 일의 시비나 경위(經緯). ¶~도 모르고 날
맹:문-이[명] 맹문을 모르는 사람. outsider
맹:-물[명] ①아무 것도 타지 않은 물. clear water ②하는 짓이 싱겁고 야물지 않은 사람. silly fellow
맹물에 조약돌 삶은 맛[속] 전연 아무 맛도 없다.
맹반(盲斑)[명] 〔동〕맹점(盲點)①.
맹방(盟邦)[명] ①동맹을 맺은 나라. ②목적을 같이하여 서로 친선을 도모하는 나라. ally
맹사(盲射)[명] 목표물 없이 또는 목표물을 겨누지 않고 함부로 사격함. blind shooting 하困 「다.
맹사(猛射)[명] 맹렬한 사격. 맹렬히 쏨. heavy fire 하
맹:―삭(孟朔)[명] 음력 1월·4월·7월·10월의 넉 달. 맹월(孟月).
맹산 서:해(盟山誓海)[명] 산이나 바다를 두고 맹세한다는 뜻으로, 굳은 맹세를 이름. solemn oath
맹서(盟誓)[명] 〔약〕→맹세.
맹석(盲席)[명] 무늬 없는 돗자리. plain mat
맹:-성(猛省)[명] 깊이 반성하여서 살핌. serious reflection 하困 「ction 하困
맹:-세(猛勢)[명] 맹렬한 기세. ferocity
맹세(←盟誓)[명] ①신불 앞에 약속함. oath ②장래를 두고 약속함. pledge 하困타
맹세-지거리[명] 점잖지 못한 말로써 맹세하는 모양으로 하는 말씨. '거짓말이면 성을 간다' 따위. profane oath 하困
맹세-코[부] 다짐한 대로 꼭. ¶~ 실천하겠다.
맹:수(猛獸)[명] 사나운 짐승. fierce animal 「하困
맹:습(猛襲)[명] 맹렬한 습격. 맹렬히 습격함. assault
맹신(盲信)[명] 옳고 그름을 가리지 아니하고 덮어놓고 믿음. blind belief 하困타
맹아(盲兒)[명] 눈이 먼 아이. blind child
맹-아(盲啞)[명] 소경과 벙어리. blind and dumb
맹아(萌芽)[명] ①식물에 새로 트는 싹. sprout ②사물의 시초가 되는 것. base
맹아-기(萌芽期)[명] ①식물의 싹이 틀 무렵. embryo ②사물이 비롯하는 때. beginning
맹아-자(盲啞者)[명] 맹자(盲者)와 농아자(聾啞者).
맹아 학교(盲啞學校)[명] 〈교육〉맹인과 농아자에게 특수한 교육을 하는 학교. school for the blind and the dumb
맹:악(猛惡)[명] 매우 사납고 모짊. ferocity 하困
맹약(盟約)[명] ①맹세하여 맺은 굳은 약속. pledge ②동맹국 사이의 조약. treaty of alliance 하困타
맹약-국(盟約國)[명] 맹약을 맺은 나라. 〔유〕동맹국(同盟國). allied country 「calendar
맹:-양(孟陽)[명] 음력 정월의 딴이름. January of lunar
맹어(盲魚)[명] 〔어류〕①빛이 없는 곳에 살아서 시각기관이 퇴화하여 없어진 물고기의 총칭. ②미국 동부 매머드 케이브에 사는 시각(視覺)이 없어진 물
맹언(盟言)[명] 맹세하는 말. oath 「고기.
맹:―연습[―년―](猛練習)[명] 맹렬하게 하는 연습. heavy training 하困
맹완 단청(盲玩丹靑)[명] 〔동〕맹자 단청(盲者丹靑).
맹:용(猛勇)[명] 굳세고 용감함. 용맹(勇猛). intrepidity 하困
맹:우(猛雨)[명] 세차게 쏟아지는 비. heavy rain
맹우(盟友)[명] 어떤 일을 서로 굳게 맹세한 벗. ally 하困
맹:-월(孟月)[명] 맹춘(孟春)·맹하(孟夏)·맹추(孟秋)·맹동(孟冬)의 총칭. 맹삭(孟朔). 「치다. ferocity
맹:위(猛威)[명] 사나운 위세. 맹렬한 위력. ¶~를 떨
맹:의(猛意)[명] 뜻이 강한 모양. 하困
맹이[명] 말 안장의 몸통이가 되는 물건. 그 위에 안갑(鞍匣)을 씌움. frame of a saddle
맹인(盲人)[명] 〔동〕소경.
맹인 교:육(盲人敎育)[명] 〈교육〉소경에게 행하는 특수 교육. education for the blind
맹인 직문(盲人直門)[명] 〔동〕맹자 정문(盲者正門).

맹자(盲者)명 소경. blind person
맹자 단청(盲者丹靑)명 소경의 단청 구경이란 뜻. 곧, 사물을 감정할 능력이 없이 보는 것을 가리키는 말. 맹완 단청(盲玩丹靑).
맹자 실장(盲者失杖)명 소경이 지팡이를 잃음. 믿고 의지할 것이 없어짐. becoming helpless
맹자 정문(盲者正門)명 소경이 문을 바로 찾아 들어간다는 말로, 우매한 사람이 우연히 이치에 들어맞는 일을 함을 일컬음. 맹자 직문. 맹인 직문(盲人直門). mere coincidence
맹자 직문(盲者直門)명 [동] 맹자 정문(盲者正門).
맹장(盲腸)명 《생리》 척추 동물의 대장의 한 부분으로 소장과의 사이에 있는 맹관(盲管). 막장자. blind gut   ∼**염**[whipping]하타
맹:장(猛杖)명 몹시 호되게 치는 장형(杖刑). severe
맹:장(猛將)명 용맹스러운 장수. brave general
맹장=염(―炎)명 《의학》 ①충양 돌기염(蟲樣突起炎)에 부수하여 일어나는 염증. ②충양 돌기염
맹=장자(盲障子)명 [동] 맹장지. ―의 잘못 쓰는 말.
맹=장지(盲障―)명 햇빛을 막기 위하여 안과 밖을 두꺼운 종이로 겹바른 장지. 맹장지. 명장지(明障―). blind
맹장=질(盲杖―)명 장님이 매질하듯 대중없이 일을 함을 비유하는 말. blind whipping 하타
맹전(盲錢)명 구멍이 없는 돈. 무공전(無孔錢). 유공전(有孔錢). coin without a hole
맹:전(盲箭)명 사납고 세찬 화살.
맹:전(猛戰)명 [동] 격전(激戰). 하타
맹점[―점](盲點)명 ①《생리》 시신경(視神經)이 망막(網膜)으로 들어오는 곳에 있는 희고 둥근 유두 상 돌기(乳頭狀突起). 맹반(盲斑). scotoma ②주의가 미치지 못하여 모순되어 있는 점. blind spot
맹:조(猛潮)명 거센 조수(潮水).
맹:졸(猛卒)명 용감스러운 병졸(兵卒). brave soldier
맹종(盲從)명 맹목적으로 남을 따름. blind obedience 하타
맹:종-죽(孟宗竹)명 《식물》 대과에 속하는 상록 아교목. 높이 12m. 잎은 피침형임. 꽃은 7∼10월에 원추화서로 피고 영과는 11월에 익음. 죽순대.
맹주(盟主)명 맹약을 맺은 사람이나 단체의 우두머리. 맹수(盟首). 우이(牛耳)②. leader
맹=중:(孟仲季)명 ①맏과 둘째와 셋째의 형제 자매(兄弟姉妹)의 차례. ②첫째와 둘째와 셋째. ③맹월. 곧 맹춘·맹하·맹추·맹동과 중월. 곧 중춘·중하·중추·중동과 계월. 곧 계춘·계하·계추·계동.
맹:지(猛志)명 억센 의지(意志).
맹진(盲進)명 무턱대고 나아감. ¶저돌(豬突) ∼. 하
맹:진(猛進)명 매우 힘차게 나아감. dash 하타
맹:차(猛差)명 용맹스러운 차사(差使). [家].
맹청(盲廳)명 소경들이 모여 공의(公議)하는 도가(都
맹추(鈍) 총기가 없고 흐리멍덩한 사람. 《은》맹추. thick-headed person   [calendar
맹:추(孟秋)명 ①초가을. ②음력 칠월. July of lunar
맹:춘(孟春)명 ①초봄. ②음력 정월. January of lunar calendar
맹:타(猛打)명 맹렬한 공격. 몹시 때림. heavy blow ②《체육》야구에서, 상대 팀에게 계속 장단타(長短打)를 먹임. heavy hit 하타
맹탐(盲探)명 알지 못하면서 함부로 찾음. looking for bli-
맹탕(盲湯)명 ①맹물같이 싱거운 국. unseasoned soup ② 싱거운 사람의 일컬음. insipid person 튀 맹탕으
맹탕-으로(盲湯―)튀 [로. 으로.
맹:투(猛鬪)명 사납게 싸움. furious fight 하타
맹파(盟罷)명《약》→동맹 파업(同盟罷業). [하타
맹:포(猛暴)명 맹렬하고 사나움. 매우 포악함. ferocity
맹:포화(猛砲火)명 맹렬하게 퍼붓는 포화.
맹폭(盲爆)명 ①목표를 겨누지 않고 함부로 퍼붓는 폭격. blind bombing ②무차별 폭격(無差別爆擊). 하타

맹:폭(猛爆)명 맹렬하고 심한 폭격. heavy bombing
맹풍(盲風)명 《동》질풍(疾風).   [하타
맹:풍(猛風)명 맹렬하게 부는 바람. furious wind
맹풍 열우[―녈―](猛風烈雨)명 아주 억센 비바람.
맹:하(孟夏)명 ①초여름. ②음력 사월. April of lunar calendar   [맞는 학교. school for the blind
맹=학교(盲學校)명 《교육》 소경에게 보통 교육을 베
맹:한(猛悍)명 몹시 사납고 거칢. 하형
맹:호(猛虎)명 몹시 사나운 범. ferocious tiger
맹:호 복초(猛虎伏草)명 풀숲에 엎드려 있는 사나운 범. 영웅은 일시적으로는 숨어 있지만, 때가 되면 반드시 세상에 나타난다는 뜻.
맹:화(猛火)명 맹렬하게 붙는 불. raging fire
맹:=활동[―똥](猛活動)명 맹렬한 활동. vigorous activity 하타
맹:=활약(猛活躍)명 눈부신 활약. eminent activity
맹:=훈련(猛訓練)명 맹렬한 훈련. hard training 하 [(同盟休業).
맹휴(盟休)명 《약》→동맹 휴학(同盟休學). 동맹 휴업
맺고 끊은 듯하―[맫―끈는 드타다] 사리가 분명하다. 조리가 뚜렷하다. be sensible   맺고 끊은 듯이(튀)
맺―다타 ①옷고름이나 끈나풀 등을 얽어 매듭 짓게 하다. tie ②나무나 풀이 열매를 이루다. bear ③인연을 지키거나, 원한을 품다. ¶인연을 ∼. form ④약속을 굳게 하다. ¶계약을 ∼. contract ⑤일을 맞―다[맫―] ―끝내다. ¶끝을 ∼. close
맺음명 ①매듭. ②뱃는 일.
맺음-말명 글의 뱃음 부분. 결론.
맺이―만(―巾)명 말총으로 그물코 맺듯이 눈눈에서 만든 관. horsehair hat
맺히―다자 ①꽃망울이나 열매가 생기다. bear ②눈물·이슬 따위가 방울지다. change into drops ③마음 속에 풀처 잊혀지지 아니하다. ¶원한이 ∼. smoulder ④꼬집히거나 얻어맞아 피가 품쳐 있다. congest 피풍 뱃음을 당하다.
맺힌―데명 ①꽁하고 야무져 한 번 품은 감정이 좀처럼 풀어지지 않는 성질. deep-rooted rancour ②피가 뱃혀 있는 부분. condensed place
먀련명 '매련'을 알잡아 쓰는 말. 하형
먀:욱―다―하명《고》매우 하다.
말짝―다형 확하게 말짝하다. 《큰》밀짝다. be clear
머:(呪)꾆《약》―무엇.
머준 반말 섞어 메씰 적에 말 끝에 붙이어 쓰는 어린이나 여자들의 말. ¶과자 사 줘∼. 난안 갈래∼.
머구―리밥명 《고》개구리밥. 마름(藻).
머구―리명 《고》개구리.
머―굼―다타 《고》머굼다.
머:―귀(梧)명 오동(梧桐).
머귀―나무명 오동나무.
머귐명 《고》먹임. 먹여 기름.
머금―다[―따] 타 ①입 속에 넣고 다물다. hold in mouth ②생각을 담다. ¶애정을 ∼. bear in mind ③눈물을 글썽거리다. be filled with tears ④초목이 이슬 따위의 물기를 받고 있다. ¶이슬을 담뿍 머금은 풀잎. wet with dews ⑤어떤 기운을 머금거나 자체 안에 받아 가지다. ¶그으한 향기를 머금은 난초. have
머:―나―먼관 멀고도 먼.《약》먼먼. far away
머:―나―멀:―다[―다] 멀고도 멀다. very far
머니 론(money loan)명 《경제》 주식(株式) 구입(購入)을 위한 대부(貸付).
머니 서플라이(money supply)명 중앙 은행과 시중 금융 기관에 의한 민간에의 통화 공급량.
머니퓰레이터(manipulator)명《물리》방사능 물질이나 원자로로 취급할 때 다른 곳에서 방어복을 입고 원격 조정하는 기계적 장치. 매직 핸드(magic hand).
머:다―란관 매우 멀고 큰.
머:―다랗―다형 매우 먼 느낌이 있다. far
머드러기명 무더기로 있는 과실이나 생선 따위 중에

머루 머들다

머루 圏 《식물》 ①포도과의 낙엽 덩굴나무. 잎은 심장형에 들러나기 있음. 황록색의 꽃이 피며 열매는 검은 빛이 나는데 먹기도 하고 약에도 씀. ¶~ 정과(正果). wild grapes ②머루나무의 열매. 산포도. 야포도(野葡萄)

머루=다람쥐 圏 《동물》 다람쥣과에 딸린 다람쥐의 하나. 몸 빛은 대체로 적갈색이나 겨울털은 암색을 띠고 여름털은 꼬리가 다소 흑색을 띠고 비발은 금적색임. 한국·일본·남미주 등지에 분포함.

머름 圏 《건축》 모양을 내느라고 미닫이 문지방 아래나 벽 아래 중방에 대는 널조각. wainscot

머리¹ 圏 ①동물의 목 위가 되는 부분. 두부(頭部). 두상(頭上). ¶~꼭지. head ②두 또는 집단에서 지위가 가장 높은 자. 우두머리. ③물건의 꼭대기. 톱 기사. top ④일의 시작. ¶첫~부터 잘해라. beginning ⑤《약》=머리털. ⑥두뇌. 사고력. ¶천재적인 ~. brain ⑦어떤 때가 시작될 무렵. ¶해질 ~.

머리² 圏 ①덩어리를 이룬 수량의 크기를 일컫는 말. ②《약》=돈머리.

=**머리** 젉미 ①한쪽 끝이나 한쪽 가장자리의 뜻을 나타내는 말. ¶책상~. edge ②어떤 철의 첫 시기를 나타내는 말. ¶삼복~. beginning

머·리리 圏 (고) 멀리.

머리가 가볍다 囝 상쾌하여 마음이나 기분이 거든하다.

머리가 굳다 囝 ①생각하는 바가 보수적이거나 완고하다. ②기억력이나 슬기 등이 무디다.

머리가 돌다/머리가 돌아가다 囝 ①생각이 어떤 요구에 맞게 그때그때에 잘 움직이거나 미치다. ②정신이나 의식이 정상적 상태를 잃다.

머리가 모시 바구니가 되었다 囝 머리가 희게 되도록 오랜 세월이 지났다.

머리가 무겁다 囝 기분이 침울하거나 골이 띵하다.

머리가 빠질 지경이다 囝 별 필요가 없는 일을 두고 곰곰이 걱정하다.

머리가 수그러지다 囝 존경하는 마음이 일어나다.

머리=가지 圏 《약》 접두사(接頭辭). hair

머리 감·다 囘 〔-따〕 머리를 물로 씻다. wash one's hair

머리 검은 짐승은 남의 공을 모른다 囝 사람은 짐승보다도 배은망덕한 경우가 많다.

머리곰 圏 (고) 멀리.

머리 기사(一記事) 圏 신문·잡지 따위의 첫머리에 싣는 중요한 기사.

머리=끄덩이 圏 머리의 한데 뭉친 끝. lock of hair

머리=끝 圏 머리털의 끝. end of a hair

머리끝에서 발끝까지 囝 온몸 전부. 위에서 아래까지 운동. 하나에서 열까지 전부.

머리끝이 쭈뼛쭈뼛하다 囝 두려움이나 추위 때문에, 섬뜩해져서 머리털이 꼿꼿이 서는 느낌이다.

머리는 끝부터 가르고 밑은 밑부터 한다 囝 말은 처음부터 차근차근 해야 한다.

머리=동이 圏 ①머리를 종이로 바른 연. coloured kite ②두통이 날 때 머리에 동여매는 물건. head band

머리를 굽히다 囝 굴복(屈服)하다.

머리를 내밀다 囝 일정한 장면이나 자리에 존재를 나타내다.

머리를 삶으면 귀까지 익는다 囝 한 가지 큰일을 하면 거기에 딸린 부분도 저절로 된다.

머리=말 圏 ①책의 첫머리에 그 책에 대하여 쓴 글. 권두언(卷頭言). preface ②글의 첫머리 부분. 서두(序頭). 두서(頭書). ③《비》꼬리말.

머리=맡 圏 누웠을 때 머리의 옆이나 윗자리. ¶책상~에 놓고 있다. ④《비》 발치. one's bedside

머·리림·놈 圏 (고) 대머리.

머리=방(一房) 圏 〔동〕 미장원.

머리=빡 圏 (비) head

머리=빼기 圏 머리가 향한 쪽. head of one's bed

머리=새 圏 머리쓰개를 쓴 모양. style of wearing a headpiece

머리셔 (고) 멀리서.

머리=소리 圏 〈어학〉 '두음(頭音)'의 풀어쓴 말.

머리수=부(一首部) 圏 한자 부수(部首)의 하나. '賊·頁' 등의 '首'의 이름. 부首의 총칭. headpiece

머리=쓰개 圏 머리에 여자들이 쓰는 치마나 수건

머리약 쓰·다 〔으로〕 속 끓이다.

머리 없·다 囘 ①여자의 머리를 들어서 없다. put up one's hair ②여자가 시집가다. woman gets married

머리 얹히·다 囘 ①처녀를 시집 보내다. marry off a girl ②어린 기생과 내연(內緣) 관계를 맺어 머리를 쪽찌게 하다. deflower

머리 없는 놈 댕기 치레한다 囝 ①본바탕은 볼 것 없는데 지나치게 겉만 꾸민다. ②못생긴 놈이 몸치장을 더 한다.

머리=쪽 圏 머리 둔 방향. head of one's bed

머리=채 圏 늘어뜨린 머리털. hair

머리=처네 圏 시골 여자가 나들이할 때에 장옷처럼 머리에 쓰던 쓰개. 《약》 처네. woman's hood

머리=초(건축) 기둥이나 돌보 같은 것의 머리 부분에 그린 단청. 《장》. hairdressing

머리 치장(一治粧) 圏 머리를 곱게 꾸미려고 하는 치장.

머리=카락 圏 머리털의 낱개. 《약》 머리칼. hair

머리카락 뒤에서 숨바꼭질하다 囝 얕은 꾀를 써서 속이려고 한다.

머리=칼 《약》→머리카락.

머리=털 圏 머리에 난 털. 두발(頭髮). 모발(毛髮). 《약》 머리①. hair

머리=통 圏 머리의 둘레. ¶~이 큰 아이. head

머리 핀(一pin) 圏 여자의 머리 치장에 쓰는, 꼽쳐 만든 핀. 「頭' 등의 '頁'의 이름.

머리혈=부(一頁部) 圏 한자 부수(部首)의 하나. '頁·

머린=코 (Marine Corps) 圏 《군사》 해병대(海兵隊).

머릿=골 圏 ①《생리》 머리의 뼈 속에 있는 골. 뇌수(腦髓). ②골머리. ③기름을 짤 때에 떡판과 쐐날을 끼는 돌. brains

머릿=기름 圏 머리 단장에 흔히 바르는 기름. hair oil

머릿=니 圏 〈곤충〉 이과의 곤충. 사람의 머리에서 피를 빨아먹고 사는데 보통 이와 비슷함. hair louse

머릿=돈 圏 종이 연의 머리에 붙인 돈. upper frame

머·릿닫귀 圏 (고) 해골. 대가리. 대갈통. of a kite

머릿=방(一房) 圏 안방 뒤에 붙은 방. small back room

머릿=병풍(一屛風) 圏 머리말에 치는 작은 병풍. 곡병. 침병(枕屛). bed-screen

머릿=살 圏 머리 속에 있는 신경의 줄. nerve in the head ②《비》 머리. 정신. ¶~ 아픈 일. head

머릿살 어지럽다 囝 마음이 어수선하다. be troubled

머릿=수(一數) 圏 돈머리 따위의 수. number

머릿=수:건(一手巾) 圏 ①부녀자가 추위를 막기 위하여 머리에 감는 흰 수건. woman's headpiece ②머리에 쓰는 수건.

머릿=장(一欌) 圏 머리말에 갖추어 두는 단층으로 짠 장. chest set the bedside

머릿=줄 圏 ①종이 연의 머릿달 양끝을 잡아당겨 맨 줄. ②글자의 머리 위에 그은 긴소리표. hyphen on top of a letter

머무르·다 図团 ①남의 집에서 임시로 묵다. ¶여관에, stay ②멈추어 있다. standstill ③처져 남아 있다. remain ④쉬다. 지체하다. ¶일손을 ~. stop ⑤조사 '에' 아래 쓰이어 체언이 뜻하는 범위에 그치다. ¶초창기에 머무르고 있다. 《약》 머물다. remain

머무름=표(一標) 圏 뜻이 좀 중단되므로 읽을 때에 잠깐 쉬어 머물러야 할 자리에 쓰는 부호. 곧, ':' 표임. 정류부(停留符).

머무적거리·다 囘 결단성 있게 딱 잘라서 하지 못하고 주저하다. 《약》 머뭇거리다. hesitate 머무적=머

머물·다 図团 → 머무르다. 「무적圏 하芋.

머뭇=거리·다 《약》 → 머무적거리다.

머뭇=하·다 여타자 말이나 행동을 할 듯하면서 선뜻 아니하고 망설이다. hesitate

머·믈·다 재 (고) 머무르다.

머미(mummy)〖명〗〈동〉미라(mirra).

머:서라이즈 가공(mercerize 加工)〖명〗면사·면포의 가공법. 목면을 알칼리액에 담가 줄어든 것을 물로 씻어 말림. 이렇게 하면 빨아도 그다지 줄지 아니하며 광택이 남.

머스크멜론(muskmelon)〈식물〉멜론의 하나. 향기가 좋고 곁에 그물 무늬가 있음.

머스터드 소:스(mustard sauce)〖명〗겨자를 넣은 소스. 고기나 생선 요리에 씀.

머슬머슬-하다〖형〗탐탁스럽게 사귀지 않아 어색하다. inharmonious 머슬머슬-히〖부〗

머슴〖명〗농가에서 고용(雇傭)살이하는 사내. 《약》멈. 《비》머슴꾼. farm labourer 〖hand 하〖...

머슴=살이〖명〗머슴 노릇을 하는 생활. life of a farm

머슴살이 삼 년에 주인 성 묻는다〖속〗응당 알고 있어야 할 것도 모르는 사람을 이르는 말.

머슴=애〖명〗①머슴살이하는 아이. boyservant ②〈비〉사내아이. boy

머슴=찌〖명〗어신(魚信)찌에 대하여, 던질 때 무게를 주기 위하여 다는 큼직한 보조(補助) 낚시찌.

머시〖대〗어떤 사물의 이름이 미처 생각나지 않을 때에 그 이름 대신으로나 군소리로 하는 소리. something, somebody

머:시²〖대〗무엇이. ¶～ 어째. what

머신:(machine)〖명〗기계.

머쑥=하:다〖형〗①어울리지 않게 키가 크다. lank ②기가 죽어 있다. dejected 머쑥-히〖부〗

머위〖명〗〈식물〉엉거시과의 다년생 풀. 잎꼭지의 길이는 70 cm 가량 되며 외벽에 둥근 잎사귀가 됨. 초봄에 뿌리 줄기에서 꽃송아리가 나와 누른 꽃이 핌. 잎·잎꼭지는 데치거나 삶아서 먹음. ¶～쌈. butt-erbur

머의외-다〖형〗①나쁘다. ②궂다.

머줍=다〖형〗동작이 미련하고 느리다. slow sluggish

머즉흔-다〖고〗머츰하다.

머즌일〖명〗〖고〗궂은 일. 재화(災禍).

머즐-다〖형〗〖고〗궂다. 「break off

머:=지-다〖자〗연줄이 바람에 끊어져 연이 떠나가다.

머추-다〖타〗〖고〗멈추다.

머츰=하:다〖형〗〖고〗잠깐 그치다. stop for a while

머캐덤 도:로(macadam 道路)〖명〗도로 포장할 때, 밤자갈을 펴고 다져서 만든 길. 〈제로 쓰이는 약재.

머:큐로크롬(mercurochrome)〖명〗〈약학〉소독제·살균

머:큐리(Mercury)〖명〗①로마 신화의 상업과 도둑 등의 수호신(守護神). 주피터의 아들. 그리스 신화의 헤르메스. ②〈천문〉수성(水星).

머:큐리 계:획(Mercury 計劃)〖명〗미국이 행한 1인승 유인 위성(有人衛星) 계획의 한 단계. 1958～1962년에 완료. 2인승인 제미니 계획으로 옮김.

머플러(muffler)〖명〗①목도리. ②권투용 장갑. ③소음 〖기(消音器)

머흘-다〖형〗힘(險)하다.

먹〖명〗①벼루에 갈아 글씨를 쓰거나 그림을 그리는 물감. 묵(墨). ink-stick ②《약》→먹물.

먹²〖관〗〈속〉통.

먹=간〖명〗〈속〉「〖는 물건.

·먹·갈〖고〗먹칼. 돌이나 재목 위에 표를 할 때 쓰

·먹=감〖명〗햇볕을 받는 쪽의 껍질이 거멓게 되는 감. 흑시(黑柿). tanned persimmon

먹감:-나무〖명〗여러 해 묵어 속이 검은 감나무의 심재(心材). 오시목(烏柿木). 〖팔로～.

먹고=살:다〖자〗생활하다. 생계를 유지하다. ¶팔로～.

먹고즌〖명〗〖고〗먹물.

먹=구렁이〖명〗〈동물〉뱀과의 파충류의 하나. 몸 길이는 1 m 가량으로 몸 빛은 갈색 바탕에 검은 점이 많음. 오사(烏蛇). 오초사(烏梢蛇). blacksnake

먹=구름〖명〗빛이 몹시 검은 구름. dark clouds

먹국〖명〗주먹 속에 쥔 물건의 수효를 알아맞추는 아이들의 장난. 하〖...

먹=그림〖명〗〈미술〉①먹으로만 그린 그림. 목화. ②먹으로 먼저 윤곽을 그리고 색칠을 한 그림. paint-ing in Indian ink

먹기는 파발이 먹고 뛰기는 역마가 뛴다〖속〗애쓴 사람은 제쳐놓고 애쓰지 아니한 사람이 보수를 받는다.

먹기 싫은 밥에 재나 뿌리자〖속〗제가 싫다고 하여 남도 못하게 방해를 놓는 심술을 이름. 〖이 연.

먹=꼭지〖명〗머리에 검은 종이를 둥글게 오려 붙인 종

먹=놓다〖타〗제목 을 낸 다리에 치수에 맞추어 먹·연필 또는 금색 따위로 금을 긋다. drawing a line

먹는 개도 아니 때린다〖속〗음식을 먹는 사람을 때리거나 꾸짖지 말라. 〖모양 좋게 잘하는 것이 좋다.

먹는 떡에도 살을 박으라 한다〖속〗이왕 하는 일이면

먹는 소가 똥을 누지〖속〗공을 들여야 효과가 있다.

먹-다〖타〗①대패·톱 따위가 잘 들다. cut well ②맷돌이 곡식을 잘 갈다. grind well ③액체가 섬유의 물체에 배어 들어 꽉 차다. spread well ④말이 효과가 있다. be effective ⑤귀가 잘 안 들리다. become deaf ⑥이가 든 값이 있다. ¶집짓는 비용이 얼마～. cost ⑦벌레에 의하여 혈어 들어 가다. ¶벌레～. gnaw into ⑧바르는 분·칠 따위가 배어 들거나 고르게 퍼지다. ¶화장이 잘～. absorb well ⑨옷아가 숨을 잘 받다.

먹-다〖타〗①음식을 씹어서 삼키다. 〈공〉잡숫다. eat ②담배 따위를 피우다. smoke ③남의 것을 제 것으로 만들다. ¶남의 돈을～. embezzle ④욕을 당하다. ¶욕을～. be abused ⑤나이를 더하다. ¶한 살 더～. grow older ⑥하려는 결심을 하다. ¶마음～. intend ⑦겁을 느끼다. ¶겁을～. fear ⑧물이나 술을 마시다. drink ⑨운동 경기 따위에서 상대편에게 점수를 주다. ¶한 골～. ⑩내기에서 이겨서 판돈이나 상금을 타다. ¶먹어내다. ⑪더위나 냉기 등의 병에 걸리다. ¶더위～. ⑫어떤 물질을 몸 안으로 들어오게 하다. ¶종이가 물을～. ⑬두 섬. ¶두 섬～. ⑭논밭을 지어 곡식을 얻다. ¶두 섬～. ⑮봉록 따위를 받다.

먹-다〖조동〗①용언의 '-아(-어)' 아래 쓰이어 '버리다·치우다' 등과 같은 뜻을 나타내는 보조 동사. ¶할 일을 잊어～. completely forgotten ②주로 의문문이나 부정문의 용언의 '-아(-어)' 아래에서 주로 '-겠-'과 함께 쓰이어 앞에 오는 동사의 뜻을 강조 '내다·배기다' 등과 같은 뜻을 나타내는 보조 동사. ¶정말 못해 먹겠다. cannot do

먹=당기기〖건축〗먹으로 금을 당겨 그어 머리초를 구획하는 검은 줄.

먹=도:미〖명〗〈어류〉감성돔. 《약》먹돔.

먹=돔〖명〗《약》→먹도미.

먹=두루마기〖명〗먹물이 묻어 더러워진 옷. garment smeared all over with ink

먹=뗑=벌〖명〗〈곤충〉뱅벌과(九花蜂科)에 속하는 벌. 몸빛은 흑갈색이며 온몸에 검고 긴 털이 밀생함. 집과 애벌레는 약으로 쓰임.

먹=통〖명〗①먹물이나 잉크가 말라 붙은 찌꺼기. ②먹물이 묻어서 난 자국. Indian ink spot

먹=머리동이〖명〗검은 종이를 머리에 붙인 연.

먹먹-하:다〖형〗귀가 갑자기 막힌 듯이 소리가 잘 들리지 않다. have difficulty in hearing 먹먹-히〖부〗

먹=물〖명〗①먹을 갈아서 만든 검은 물. 《약》먹¹②. Indian ink ②잉크 같은 검은 물. 〖를 붙인 연.

먹=반=달(-半-)〖명〗머리에 반달같이 오린 검은 종이

먹=병(-甁)〖명〗먹물을 담은 병. inkpot

먹=보〖명〗①욕심 ②욕심이 많은 사람. ③〈귀머거리.

먹=빛〖명〗먹처럼 검은 빛. 먹같이 새까만 빛. inky black 〖이 매우 됨.

먹=사과〖명〗〈식물〉참외의 하나. 껍질은 검푸르며 맛

먹새〖명〗《약》→먹음새①. 〖appetite

먹성〖명〗음식을 먹는 성미나 분량. 식욕. ¶～이 좋다.

먹=수건(-手巾)〖명〗글씨 쓴 분판(粉板)을 닦는 헝겊. ②먹물을 묻히는 헝겊. writing-brush cloth

먹=실〖명〗먹물을 묻히거나 칠한 실. string died black

먹실:넣−다 먹실을 꿴 바늘로 팥뚝 같은 데의 살갗을 떠서, 먹을 살 속에 넣다. 입묵(入墨)하다. tattoo
먹어=나−다 먹어 버릇하다. 자꾸 먹어서 습관이 되게 하다. 「하려고 헐어 맏하다.
먹어=대:−다 ①자꾸 계속해서 먹다. ②남을 해롭게
먹은=금 물건을 살 적에 든 돈. cost price.
먹은 금새 물건 살 때에 든 값의 높고 낮은 정도. cost price. 「먹은 죄는 그리 대단치 않다.
먹은 죄는 없단다 배가 고파서 남의 음식을 훔쳐
먹을=광 〈광물〉 금이 많이 박힌 광맥이나 광석. superior gold vein ②그다지 힘들이지 않고 생기거나 차지하게 되는 소득.
먹을 콩으로 알고 덤빈다 만만한 것으로 알고 차지
먹음=먹이→먹음새①. 「하거나 이용하려고 든다.
먹음−새 ①음식을 먹는 태도. 《예》먹세. table manners ②음식을 만드는 법절. 식품(食稟). manner of cooking 「레
먹음직−스럽−다 먹음직하게 보이다. 먹음직−스
먹음직하−다 음식이 보기에 맛이 있을 듯하다. look delicious
먹이 ①먹을 거리. 먹을 양식. ¶~ 식물(植物). ~ 작물(作物). food ②〈동〉 사료(飼料).
먹이−다 ①음식 따위를 먹게 하다. give food to ②짐승 따위를 기르다. 《예》돼지를 ~. feed ③금품(金品)을 주어 육성을 채워 주다. 「뇌물을 ~. offer a bribe ④욕을 얻어먹게 하다. insult ⑤더위를 먹게 하다. 물 따위를 마시게 하다. drink ⑥겁을 집어먹게 하다. inflict
먹이−다 ①피륙 따위에 물감·풀·기름·물 따위를 묻히거나 배어 들게 하다. dye starch ②씨아에 솜을 넣다. gin ③물건을 장만하는데 돈을 들이다. spend ④작두 따위의 연장에 깎일 것을 대주다. feed ⑤주먹 따위로 타격을 가하다. 「한 대 ~.
먹이 사슬 〈동〉 먹이 연쇄.
먹이 연쇄(一連鎖) 초식 동물을 육식 동물이, 그 육식 동물을 다른 육식 동물이 잡아먹는 것과 같이 먹이를 중심으로 이어진 생물간의 관계. 먹이 사슬. 먹이 연쇄.
먹이=통(一桶) 가축에게 먹이를 주는 통. manger
먹이=풀 사료로써 짐승에게 먹이는 풀.
먹=자 목수가 먹으로 금을 그을 때 쓰는 'ㄱ' 자 모양의 긋는 자. 목척(墨尺). inking line
먹자−판 ①우선 있는 대로 먹고 보자는 향락주의적인 생각. dissipated life ②여러 사람이 한자리에 모구 먹고 마시며 노는 자리. eating at will
먹=장 먹의 조각. ink stick
먹장−구름 먹빛같이 시커먼 구름. dark clouds
먹장삼(一長衫) 검은 물을 들인 장삼.
먹장−쇠 마소의 배 앞에 덧는 짧은 멍에.
먹장어(一長魚) 〈어류〉 꾀상어과의 바닷물고기. 몸 길이 50~60cm 가량으로 몸 빛은 엷은 자갈색이며 뱀장어와 비슷하나 눈이 없음. 성질이 횡포하여 다른 물고기에 붙어서 살과 내장을 먹음.
먹=종이 검정색의 복사지. 먹지.
먹−줄 ①먹통 줄. 승묵(繩墨). inked string ②먹줄을 쳐서 낸 줄.
먹줄−꼭지 먹줄 끝에 달린 뾰족하게 된 나무토.
먹줄 친 듯하다 먹줄이 한결같이 쭉 곧고 바르다.
먹−중 〈연예〉 산대놀음에 쓰이는 탈의 하나.
먹−중 먹장삼을 입은 중. monk wearing a black coat
먹지다 돈치기 따위서 돈내기에서 이긴 사람. [coat
먹=지(一紙) 〈동〉 먹종이.
먹지도 못할 제사에 절만 죽도록 한다 아무 소득도 없는 일에 힘들여 수고한다.
먹지 못할 풀이 오월에 겨우 나온다 되지 못한 것이 거세는 체한다. 「벌리기만 한다.
먹지 않는 씨아에서 소리만 난다 일하는 체하고 떠
먹지 않는 종, 투기 없는 아내 ①실제 이치와 반대되는 일을 이름. ②실상은 그렇지 못하나 그랬

먹−집게 두 개의 나뭇조각 틈에 닳아서 짧게 된 먹을 끼워서 쓰는 제구. holder for an ink stick
먹−초 꺾지만 남기고 전체가 검은 연. black kite
먹−치마 아래쪽만 검게 만든 종이 연.
먹−칼 댓개비의 한 끝을 얇게 깎아 먹을 적셔서 목재에 표를 하거나 글씨를 쓰는 기구. 목필(墨筆). inking spatula
먹−통(속) 멍청이. 바보. stupid person
먹−통(一桶) ①먹물을 담아 두는 통. inkpot ②먹줄을 치는 데 쓰는 나무로 만든 먹물 통. carpenter's inkpad case
먹−투성이 온몸에다 먹물을 묻혀서 더러워진 물건.
먹−팥 〈식물〉 팥의 하나. 속이 검고 껍질이 흼.
먹−피 멍들어 검게 죽은 피.
먹−황새 〈조류〉 황새과[鸛科]의 새. 황새와 비슷하나 좀 작고 몸 빛은 대체로 검음. 높은 나무 위에 집을 짓고 삶.
먹히−다 먹게 되다. 먹히이다. have a good appetite ②먹음을 당하다. be eaten up 「는 일.
먼−가래−질 객사(客死)한 송장을 그 곳에 임시로 묻
먼−가래(一−) 가래질을 해서 멀리 먼지 흙. earth thrown far by shovels
먼 거불(−−) 먼 데 거북.
먼−나무 감탕나무과의 상록 활엽 교목. 산이나 들에 저절로 남. 여름에 황백색 꽃이 피며, 정원수로도 사용됨. 우리 나라 제주도 및 일본·대만·중국에 분포함.
먼−눈 ①시력(視力)을 잃어 보이지 않는 눈. blind eye ②먼 곳에나 먼 곳을 바라보는 눈. looking
먼=눈 팔−다 〈동〉 한눈 팔다. [aside
먼−데 ①거리가 먼 곳. ②더러운 느낌이 나지 않게 하기 위하여 '뒷간'을 완곡하게 이르는 말. privy
먼데 단 냉이보다 가까운 데 쏜 냉이 먼데의 친척보다 가까이 있어 사정을 잘 알아 주는 남이 더 낫다. 「사람은 도중에 여긴다.
먼데 무당이 영하다 잘 아는 사람보다 새로 만난
먼−동 날이 밝아 올 무렵의 동쪽. dawning eastern sky 「dawn
먼−동 트−다 날이 새어 먼동이 훤히 밝아 오다.
먼로(Monroe 主義) 〈정치〉 아메리카 대륙과 유럽은 서로 간섭하지 말자고 미국 대통령 먼로가 1823년에 주장한 미국의 외교 정책. Monroe Doctrine
먼−물 먹을 수 있는 우물물. 먼우물 《예》 누렁물. drinkable water
먼−발치 좀 멀리 떨어진 곳. distant place
먼발치−기 〈동〉먼발치.
먼=빛−으로(−−) 먼발치서 보는 검보양으로. from a dis-
먼 사촌보다 가까운 이웃이 낫다 남이라도 가까이 사는 쪽이 더 낫다.
먼−산(一山) 먼 곳에 있는 산. 멀리 보이는 산.
먼=산−바라기(一山−)/먼=산−바래기(一山−) 눈동자나 혹이 언제나 먼 곳을 바라보는 것같이 보이는 사람. person with a far away look in the eye
먼−쇠 〈오금〉활의 한오금과 삼사미의 사이.
먼−우물 〈동〉먼물. 「remote future
먼−일 [−닐] 먼 앞날의 일. something in the
먼−장−질 먼발치로 총·활 따위를 쏘는 일. 하
먼저 시간적으로 앞서서. formerly, first
먼저−께 며칠 전의 어느 한때. other day
먼저 난 놈 재라 먼저 먹는 다** 먼저 서두른 사람이 뒤떨어진다.
먼저 먹은 후 답답 남보다 먼저 먹고 나서 먹는 데에는 답답하게 바라만 보고 있을 뿐이다.
먼젓−번(一番) 지난번. ¶~에 만났던 사람.
먼지 가늘고 보드라운 티끌. dust
먼지−떨음 ①어린애를 때릴 때에 겨우 옷의 먼지를

먼지떨이 명 먼지를 떠는 기구. duster

먼지=잼 명 비가 겨우 먼지나 일지 않을 정도로 조금 옴. rain just enough to settle the dust 하다

먼:=촌(一寸) 명 촌수(寸數)가 먼 일가. 먼 친척. distant relatives

먼:=촌(一村) 명 외따로 떨어져 있는 촌(村). solitary village

멀: (약) 무엇을. ¶~ 보고 있나. which, what

멀거니 튀 정신 없이 물끄러미 보고 있는 모양. ¶~ 먼 산만 바라보다. blankly

멀건=이 명 정신이 흐리멍덩한 사람. dull man

멀=겯-다 휑(ㄷ) ①흐릿하게 맑다. 《작》말갛다. somewhat clear ②매우 묽다. ¶국물이 ~. thin

멀게=지-다 짜 멀겋게 되다. 《작》말개지다. become thin

멀:고=멀-다 휑(ㄹ)(ㄷ) 매우 멀다.

멀그스름-하-다 휑예) 조금 멀겋다. 《작》말그스름하다. 멀그스름히 튀

멀꿀 명 〈식물〉 으름과의 상록 덩굴나무. 5~6월에 흰 꽃이 피고 열매는 자색을 띰. 꽃향기가 좋아 관상용으로 심으며 과육은 생식함.

멀끔-하-다 휑예) 아무 티도 없이 맑고 깨끗하다. 《작》말끔하다. clean 멀끔히 튀

멀:-다 짜 눈이 보이지 않게 되다. ¶눈이 ~. go blind

멀:-다 휑(ㄹ)(ㄷ) ①공간적·시간적으로 사이가 떨어져 있다. ¶백 리가 ~. distant, remote ②현재를 기준으로 다른 때에 이르는 시간의 동안이 길다. ¶기차 시간이 멀었다. remote ③사이가 친하지 않다. ¶요즈음 그와의 사이가 멀어졌다. distant ④같은 조상의 자손이지마는 촌수를 따지기 어렵다. ¶먼 일가. distant ⑤시간·거리를 나타내는 말 다음에 쓰이어 '그 시간·거리가 채 못 되어서'의 뜻을 나타냄. ¶하루가 ~ 하고. 《대》가깝다.

멀:대=같다[-ㄸ-] 휑 사람이 장대처럼 멀쑥하게 크기만 하고 싱겁다.

멀떠구니 명 식도(食道)의 한 부분이 주머니처럼 생겨서 먹이를 일시 저장하는 새나 곤충류(昆蟲類)의 소화기. 모이주머니. 소낭(嗉囊). crop, craw

멀-뚱 멀뚱 튀 ①멀거니 눈만 뜨고 정신없이 있는 모양. 《작》말똥말똥. blankly ②국물 따위가 묽어서 어울리지 않는 모양. dilution 튀

멀:리 튀 멀게. 《대》가까이. far away

멀:리=뛰기 명 〈체육〉 앞으로 넓게 뛰기를 겨루는 경기.

멀:리-보기 명 〈동〉 원시(遠視). 《경기》

멀:리-하-다 타여) ①멀리 떨어져 있게 하다. ¶표적을 멀리하고 보아라. ②접촉이나 교섭을 피하다. ¶책을 ~.

멀-마늘 명 〈식물〉 수선화의 한 품종. 제주도에서 남.

멀미 명 ①배·차·비행기 등의 흔들림을 받아서 일어나는 어질 증상. ¶배~. (sea) sickness ②진저리가 나게 싫은 증세. ¶~ 나다. dislike 하다

멀쑥-하-다 휑예) ①지저분함이 없이 말고 깨끗하다. neat ②멋없이 크고 묽게 생기다. lank ③물기가 많이 되지 않고 묽다. ¶죽이 ~. 《작》말쑥하다. 멀 쑥우-다 타 눈을 멀게 하다. 쑥=히 튀

멀위 명 머루.

멀쩡-하-다 휑예) ①흠이 없이 온전하다. ¶사지(四肢)가 ~. perfect ②부끄러워하는 빛이 뻔뻔스럽다. ¶멀쩡한 거짓말. cheeky

멀찌가니 튀 멀찍이. 멀찌감치. [멀쩡=히 튀]

멀찍김치 명 멀찍이. 멀찌가니.

멀찌막-하-다 휑예) 매우 멀찍하다. far **멀찌막-이** 튀

멀찍-멀찍 튀 여러 개의 사이가 다 멀찍하게. 하다 휑

멀찍-하-다 휑예) 약간 멀다. far **멀찍-이** 튀

·멀텁-·다 휑(ㄷ) 굵고 거칠다.

·멀·테 명 〈고〉 거칠게 대충.

·멀·테·로 튀 〈고〉 대체로.

멀험 명 〈고〉 마구(馬廄).

멈 명 〈약〉→머슴.

멈추-다 짜타 ①오던 비가 그치다. ②행동을 그만두게 되다. ¶버스가 ~. 타 ①하던 일을 잠깐 그치다. ¶일손을 ~. stop ②한 곳에 두다. ¶시선을 ~.

멈칫 튀 하면 동작을 갑자기 멈추는 모양. stop suddenly 하다

멈칫=거리-다 짜타 자꾸 멈칫하다. 멈칫=멈칫 튀 하다

멋 명 ①풍치 있는 맛. elegance ②세련된 맛. dandyism ③온갖 사물의 참맛. taste ④그린 물체의 형태가 본 물건과 거의 같이 나타난 데 대한 기분.

멋=거리 명 멋이 있는 것거리. dandification

멋거리-지-다 짜 멋이 깊숙이 들다.

멋=대가리 명 (비) 멋.

멋=대로 튀 마음대로. 하고 싶은 대로.

멋=들다 짜(ㄹ) 멋이 생기거나 멋을 알다. come to follow fashion

멋들어지-다 휑 아주 멋이 있다. 멋지다. nice

멋모르-다 짜(르) 아무 것도 모르다. 전혀 눈치가 없다. ¶멋모르고 덤벼들었다가 크로 다쳤다. be without the least knowledge of it

멋=없-다[먿업-] 휑 멋이 없고 격에 맞지 않아 싱겁다. not smart 멋=없-이 튀

멋에 치여 중 서방질한다 자기 몸을 망치면서도 흥에 이기지 못해 방탕에 빠진다. 「는 스타일. nice

멋=있-다[먿-] 휑 썩 좋거나 훌륭해 보이다. ¶멋있

멋=쟁이 명 멋이 있거나 멋을 잘 부리는 사람. dandy

멋-지-다 휑 ①매우 멋이 있다. 멋들어지다. very nice ②썩 훌륭하다. become dandified

멋=질리-다 짜 방탕한 몸매나 기분을 가지게 되다.

멋쩍-다 휑 ①하는 짓이나 모양새가 격에 맞지 아니하다. 멋없다. ¶옷이 몸에 맞지 않아 ~. ②어색하고 쑥스럽다. ¶멋쩍은 표정. awkward

멋:=하-다 휑예) 〈약〉→무엇하다.

멍 명 ①부딪혀서 피부 속에 퍼렇게 뱃힌 피. bruise

멍[2] 명 〈약〉→멍군. [②일의 내부에 생긴 탈. flaw

멍[3] 명 〈동〉 두릅웨미.

멍-구럭 명 성기게 떠서 만든 큰 구럭. large-meshed

멍군 명 장기를 둘 적에 장군을 받아 막아 내는 일. 〈약〉멍[2]. defensive move against a checkmate 하다

멍군 장군 두 사람이 다툴 때에 시비를 가리기 어려움을 이름.

멍덕 명 짚으로 바가지 비슷하게 틀어 만든 벌통 뚜껑.

멍덕=꿀 명 멍덕 안에 박힌 질 좋은 흰 꿀. 《속》멍청꿀.

멍덕=딸:기 명 〈식물〉 장미과의 낙엽 관목. 줄기에 잔가시가 많으며, 잎은 세 쪽으로 된 겹잎임. 열매는 붉은 곡식으로 되는 데 식용 또는 약재로 씀. European raspberry

멍덕뜯기 명 〈고〉 멍덕뜯기.

멍=들-다 짜(ㄹ) ①피부 속에 퍼렇게 피가 뱃히다. be bruised ②일이 속으로 탈이 나다. be spoiled

멍멍 튀 개가 짖는 소리. 또, 그 모양. bow-wow 하다

멍멍=거리-다 짜 개가 자꾸 멍멍 짖다.

멍멍-이 명 〈속〉 개. [. 다. 멍멍=히 튀

멍멍-하-다 휑예) 아득하여 정신이 빠진 것같이 얼떨하

멍석 명 짚으로 새끼 날을 씨워 엮은 큰 자리. 흔히 곡식을 너는 데 씀. 망석(網席). straw mat

멍석=딸:기 명 〈식물〉 장미과(薔薇科)의 덩굴나무. 가지가 많으며 잎의 후면은 회고 잔털이 남. 5~6월에 꽃이 핀 후 반원형의 붉은 열매가 달림. 열매는 크고 맛이 달아 식용함. Rubus triphyllus

멍석-말이 명 옛날 세가(勢家)에서 둘둘 만 멍석에 사람을 엎쳐 놓고 볼기를 치던 사형(私刑)의 하나.

멍석 자리 명 멍석을 깔아놓은 자리. [하다

멍석=짝 명 멍석의 낱개.

멍에 명 ①수레나 쟁기를 끌게 하기 위하여 마소의 목에 얹는 'ㅅ'모양의 가로 나무. yoke ②자유가 없는 고통스러운 구속이나 무거운 짐을 비유하여 일컫는 말. ¶고통의 ~. ~을 짊어지다.

멍에-목[명] 다리를 걸친 언덕의 목이 되는 곳.
멍에-창방[명] 〈건축〉 이층으로 지은 집에서 아래층 서까래의 위 끝을 받쳐 가로질러 놓은 제목.
멍에-하다[자여] 멍에를 없다.
멍에-상처(―傷處)[명] 멍에에 닿아 쓸리어 생긴 상처.
멍에-줄[명] 〈인쇄〉 인쇄물의 가에 두른 줄. border line of a printed page
멍울 ①풀이나 우유 따위의 엉기어 굳은 작은 덩이. 《작》망울. curd ②〈의학〉임파선종(淋巴腺腫). lymphatic gland
멍울-멍울[부] 멍울이 작고 둥글게 엉기어 뭉쳐진 모양. 《작》망울망울. **-하다**[형] phatic gland wells
멍울 서-다[자] 몸의 어느 부분에 멍울이 생기다. lymph
멍이야 장이야-다→멍군 장군. [바보. fool
멍청-이[명] 어리석고 정신이 흐릿한 사람. 『멍텅구리②.
멍청-하다[형여] 어리석어 사물을 바로 보는 힘이 없다. stupid **멍청=히**[부]
멍추[명] 총기가 없고 흐리멍덩한 사람. 바보. 《작》맹추. weak-minded person
멍키 스패너(monkey spanner)[명] 〈공업〉 스패너의 목에 나사를 돌림으로써 자유로이 조절해서 사용할 수 있도록 된 공구(工具). 자재(自在) 스패너.
멍덜-멍덜[부] 칙칙하게 멍울멍울한 모양. **-하다**[형]
멍텅구리[명] ①목이 두툼한 한 되들이 병(瓶). large ugly bottle ②멍청이.
멍텅구리 낚시[명] 여러 개의 낚시를 미끼의 주위에 달아서, 거기에 문기가 걸리게 하는 낚시.
멍=하니[부] 멍하게. 『~ 하늘만 쳐다보고 있네. absent-mindedly [아서 정신이 ~. abstracted
멍-하다[형여] 정신이 빠진 것 같다. 『충격을 받
멎-다[자] 비나 눈 따위가 멈추다. 그치다.
멎-다[자] 곱다. 아름답다.
메→모이. [의 궁중말.
메[명] 제사 때 신위(神位) 앞에 올리는 밥. 『~밥
메[명] 〈식물〉 메꽃과의 다년생 덩굴풀. 근경은 식용 및 약용으로 씀. ②메의 뿌리. 메꽃③. root of a bindweed [망망이. maul
메[명] 어떤 물건을 치거나 박을 때 나무나 쇠로 만든
메[명] '산(山)'의 예스러운 말. mountain
메-[접두] 차지지 않고 메진 것을 뜻하는 말. 『~떡. ~조. ~벼. 《대》차-. 찰-. nonglutinous
메가(mega)[명] 어떤 단위의 백만 배. 기호; M.
메가바(megabar)[명] 〈물리〉 1cm²에 대하여 100만 다인의 힘이 가해질 때의 압력이 1메가바임.
메가사이클(megacycle)[의명] 〈동〉 메가헤르츠.
메가 전:자 볼트(mega 電子 volt)[명] 〈물리〉 백만(百萬) 전자(電子) 볼트. 기호; MeV.
메가톤(megaton)[명] 〈물리〉 핵융합(核融合)에 의한 폭발력을 나타내는 단위. 1메가톤은 T.N.T 폭탄 백만 톤의 폭발력에 해당한다. 기호; Mt
메가폰(megaphone)[명] 확성 나팔(擴聲喇叭).
메가-헤르츠(megahertz)[의명] 〈물리〉 주파수의 단위. 1초에 대하여 100만 사이클의 진동수. 메가사이클. 기호; MHz.
메간트로푸스(Meganthropus)[명] 화석 원생 인류의 하나. 자바의 솔로 강 지류 못가에서 발견되었음. 피테칸트로푸스와 비슷하나, 한층 더 원시적임.
메갈로폴리스(megalopolis)[명] 거대 도시(巨大都市). metropolis가 발전하여 몇 개의 대·중도시가 띠 모양으로 연속된 도시 형태. 초거대 도시.
메고 나면 상두꾼[관] 『제 몸이 이미 영락(零落)하였으니 무슨 일인들 못하겠으냐. 사람이란 어떤 천한 일이라도 경우에 따라서는 할 수 있다.
메-공이[명] 메great이 만든 절굿 공이.
메:기[명] 〈어류〉 메기과의 민물고기. 비늘이 없고 입이 몹시 크고 길이 1m, 입아귀에 네 개의 긴 수염이 있음. 점어(鮎魚). wels
메기-다[타] ①두 편이 노래를 주고받을 때 한 편이 먼저 부르다. lead the song ②마주 잡고 톱질을 할 때, 한 사람이 톱을 밀어 주다. push ③윷놀이에서 말을 날밭까지 옮겨 놓다. move ④화살을 시위에 물리다. fix an arrow
메:기-입[명] ①메기의 입. ②입아귀가 길게 째져 넓적하게 생긴 입. 또, 그런 사람. cavernous mouth
메:기장[명] 〈식물〉 차지지 않고 메진 기장. 《대》찰기장. nonglutinous millet
메:기 주둥이[명] 메기입.
메:까치[명] 〈조류〉 까마귀과의 새. 몸 빛은 포도색을 띤 청색이며 머리는 검고 뒷머리와 목에 흰 무늬가 있음. 울는 소리가 아름답고 사람을 잘 따라서 애완용으로 사육됨.
메:꽃[명] 〈식물〉 ①〈동〉 메³. ②메의 꽃. bindweed
메꽃-다[형] 고집이 세고 심술궂다. cantankerous
메나리[명] 〈농업〉 농부들이 흥겨워 부르는 노래의 하나. [엔(men).
메노(meno 이)[명] 〈음악〉 '좀 덜·보다 덜'의 뜻. 〈악〉
메노 알레그로(meno allegro 이)[명] 〈음악〉 '알레그로 보다 좀 더 느리게'의 뜻.
메누엣(Menuett 도)[명] 〈음악〉 3박자의 느리고 우미(優美)한 프랑스의 옛 무도곡.
메뉴(menu)[명] 요리의 품목표(品目表). 식단(食單).
메:-다[자] 구멍이 막히다. be blocked [타] 〈악〉→메우다.
메:-다[타] 물건을 어깨에 지다. 『상여를 ~. carry
메:다-꽃-다[타] 메어다 꽃다. [on the shoulder
메달(medal)[명] 공적을 표창하거나 무슨 일을 기념하기 위하여 납작한 쇠붙이에 여러 가지 모양을 새겨 넣은 패. [선수(選手).
메달리스트(medalist)[명] 입상(入賞)하여 메달을 받은
메더디스트(Methodist)[명] 〈종교〉 기독교 신교(新教)의 한 파, 감리교 교파. 교육·사회 사업에 중점을 둠. [중동 방위 기구(中東防衛機構).
메도(MEDO)[명] Middle East Defence Organization
메들리(medley)[명] 〈음악〉 접속곡. 혼성가(混成歌). ②〈체육〉혼합 계주(繼走). 혼계영(混繼泳).
메디신 볼:(medicine ball)[명] 〈체육〉 많은 사람이 나란히 세로 줄져 서서 큰 공을 차례차례로 뒤로 보내는 경기.
메디안(median)[명] 〈수학〉 변량(變量)이 N개의 값을 취할 때, 그것을 크기의 차례로 배열한 경우의 중앙의 값(中央値). [음(音).
메디안테(mediante 이)[명] 〈음악〉 음계(音階)의 셋째
메디컬 센터(Medical Center)[명] 보건 사회부 산하의 국립 종합 의료 기관. '국립 의료원'의 전신(前身).
메-딱따구리[명] 〈조류〉 딱따구리과(啄木鳥科)의 새. 날개 길이 15cm, 꽁지 10cm 내외로 등이 상면(上面)은 황갈색, 복면은 녹색을 띤 회백색인데, 꽁지에 V자형의 압색 반문이 있음. 산림의 해충을 먹는 익조임.
메-떡[명] 메진 곡식으로 만든 떡. 《대》찰떡. [rustic
메:-떨어지-다[형] 모양이나 행동이 어울리지 아니하다.
메뚜기[명] 〈곤충〉 메뚜기과의 곤충의 총칭. 몸 빛은 초록색이나 차차 황갈색으로 변하는 보호색을 띠며 대체로 뒷다리가 발달하여 잘 뜀. 벼에 해를 끼치는 해로운 곤충임.
메뚜기²[명] 탄궁(彈弓)·책갈피·활의 팔찌 등에 달아서 물건이 벗어지지 못하게 하는 기구. 흔히 풀을 깎아서 만듦.
메뚜기도 유월이 한철이라[관] ①제때를 만난 듯이 날뛰는 자를 풍자하여 이름. ②모든 것이 전성기는 짧다. [추장 담그듯 하여 만든 음식.
메뚜기-장(―醬)[명] 말린 벼메뚜기를 가루를 내어 고
메뚜기 팔찌[명] 뿔 같은 것을 깎아서 만든 메뚜기를 달아 끼는 활의 팔찌.
메-뜨다[형여] 밉살스럽도록 동작이 굼뜨다. sluggish
메로고니(merogony)[명] 〈생리〉 인공적 단성 생식(人工的單性生殖)의 하나. 핵(核)을 제거한 알(卵)에

정자(精子)를 넣어 발생시킴. 난편 생식(卵片生殖). 동정 생식(童貞生殖). 동성 생식(同性生殖).

메룽 '그럴 줄 몰랐지'의 뜻으로 상대방을 놀리는 어린이 말.

메르카토르 도법[—빱](Mercator 圖法)團〈지리〉벨기에의 지리학자 메르카토르가 고안한 제도법(製圖法). 경선(經線)과 위선(緯線)이 직각으로 교차되고 위선 사이는 적도에서 멀수록 넓은 원통(圓筒) 도법임. 메르카토르 투영법.

메르카토르 투영법[—빱](Mercator 投影法)團〈동〉메르카토르 도법(Mercator 圖法).

메르헨(Märchen 도)圈〈문학〉설화 문학의 한 형태.

메리-고:라운드(merry-go-round)圈 커다란 회전대의 둘레에 목마·자동차·비행기 따위를 붙여, 사람을 태워 빙빙 돌리게 된 오락용 기구. 회전 목마(回轉木馬).

메리노(merino 스)圈〈동물〉면양의 한 품종. 에스파냐 원산으로, 털은 최우량종임.

메리노 모사(merino 毛絲)圈 메리노의 털로 만든 실.

메리야스(←medias 스, meias 포)圈 면사나 모사 따위로 짠 직물. 막대소(莫大小). hosiery

메리 크리스마스(Merry Christmas)圈 '즐거운 성탄절'이라는 뜻으로 성탄절을 축하하는 인사말.

메리트(merit)圈 ①공적. 공훈. ②〈경제〉가격이나 임금·보험료 등에 있어서 그 차이를 두는 일. ③〈경제〉사용 가치. 경제 효과.

메리트 시스템(merit system)圈 근무 상태·능력·능률 등을 고려하여 급여에 차별을 두어 실시하는 제도. 능률급제.

메리스(merinos 스)圈 얇고 부드럽게 짠 모직물. 모

메-마르다[—따]團 ①물이 물기가 없고 기름기가 없다. ¶메마른 땅. sterile ②거칠고 보송보송하다. ¶메마른 피부. ③느낌이 몹시 무디고 정서가 메마르다. ¶감정이 ~.   「음. 메모.

메모(memo)圈 ①〈약〉=메모랜덤. ②주의할 점을 적

메모랜덤(memorandom)圈 ①주의서. ②각서(覺書). ③비망록(備忘錄). 「圀 메모①.

메모리(memory)圈 ①기억. 기억력. ②회상(回想). 추억. ③기념. 기념품. 메모아르.

메모리 북(memory book)圈 추억이나 기념되는 일을 적거나, 그러한 그림·기사 등을 오려 붙인 책.

메모아:르(mémoire 프)圈 메모리.

메밀〈식물〉마디풀과의 일년생풀. 잎은 세모 꼴이고 꽃은 흰빛이나 붉은 빛임. 열매는 흑색으로 뾰족하면서 세모졌는데 식용 또는 사료용으로 쓰임. 목맥(木麥). 교맥(蕎麥). ¶~ 국수. =목. buckwheat

메밀-꽃圈 ①메밀의 꽃. ②파도가 일 때의 하얗게 부서지는 물보라.   「기.

메밀 나깨圈 메밀 가루를 치고 난 뒤에 체에 남는 찌

메밀떡 굿에 쌍장구 치랴공연히 일을 크게 벌일 때나, 가난한 자가 처첩(妻妾)을 거느리고 사는 경우 등 어울리지 않음을 빗대어 쓴다.   「밥.

메밀-밥圈 메밀을 찧어서 나깨를 벗겨 버리고 지은

메밀-새〈광물〉광석 가운데 끼어 있어 산화(酸化)된 다른 광물질의 잔 알이 메밀 모양과 같이 된 것.

메밀 응이圈 메밀 가루를 묽게 하여 국수보다 되게 쑨 것.   「plants

메-벼圈 메진 벼. 갱도. 「대 찰벼. nonglutinous rice

메부수수-하다團 말과 하는 짓이 메떨어지고 시골티가 있다. boorish **메부수수-히**團

메:-붙이다[—부치—]團 둘러메어 힘껏 내어던지다.

메:사(mesa 스)圈〈지리〉꼭대기가 평탄하고 둘레가 급경사를 이룬 탁상 지형(卓狀地形).

메소 기상학(meso 氣象學)圈〈기〉뇌우(雷雨)·집중 호우(集中豪雨)·선풍(旋風) 등, 비교적 좁은 지역에 일어나는 기상 현상을 다루는 학문.

메소-토륨(mesothorium)圈〈화학〉토륨계 방사성 원소. 라듐의 대용품으로서, 의료용·발광 도료(塗料)

에 이용. 기호 ; MsTh.

메소-트론(mesotron)圈〈동〉메손.

메손(meson)圈〈물리〉중간자(中間子). 메소트론.

메-숱다團 산에 나무가 울창하다. thick

메스(mes 네)圈 ①〈의학〉해부(解剖)·절개(切開) 등에 쓰이는 작은 칼. 해부도(解剖刀). scalpel ②화근(禍根)을 없애기 위하여 쓰는 비상 수단.

메스껍-다[ㅂ변]團 토할 것처럼 속이 아니꼽다. 《작》매스껍다. feel sick   「술대(手術臺).

메스-대(mes 臺)圈〈의학〉수술을 행하는 대. 수

메스 실린더(←measuring cylinder)圈 내경(內徑)이 같은 유리로 만든 둥근 통에 눈금을 매긴 액량계(液量計).

메스티조(mestizo)圈 라틴 아메리카에 있어서, 스페인계의 백인과 토착 인디언의 혼혈 인종.

메스토(mesto)圈〈음악〉'슬프게·우울하게'의 뜻.

메스 플라스크(←measuring flask)圈〈화학〉용적 눈금이 있는 플라스크.

메슥-거리다園 메스꺼운 느낌이 연해 나다.《작》매슥거리다. feel sick **메슥=메슥**[—]하여

메시아(Messiah)圈〈기독〉①구세주(救世主). 예수 그리스도. ②초인적인 예지와 능력을 지닌 이스라엘의 해방자를 지칭함.

메시아니즘(Messianism)圈〈종교〉악(惡)과 불행에 찬 현세를 멸망시키고 정의와 행복을 약속하는 새로운 질서를 가져 올 구세주가 나타날 것으로 믿는 종교적 신앙.

메시지(message)圈 ①통고(通告). 전언(傳言). ②자기의 의견이나 태도를 신문·잡지·라디오 등을 통해 밝히는 성명. ③대통령이 의회나 일반 국민에게 보내는 교서(敎書).   「심부름꾼.

메신저(messenger)圈 메시지를 전달하는 사자(使者).

메아리圈 산에서 소리를 지를 때, 되울려 나는 소리. 산울림. 反반향(反響). echo

메어-꽂다團 어깨 너머로 휘둘러서 땅에 내리꽂다.

메어-붙이다[—부치—]團 어깨 위로 휘둘러서 땅에 내려 부딪치게 하다. 《약》메붙이다. throw one over one's shoulder   「리치다. 《약》메치다.

메어-치다團 어깨 위로 휘둘러서 땅에 힘있게 내

메에르샤움(Meerschaum 도)圈〈광물〉담배 파이프를 만드는 데 쓰는 광물. 해포석(海泡石).

:메왓-다團〈고〉어깨를 벗다.   「fill up

메우-다團 빈 곳에 무엇을 넣어 채우다. 《약》메다.

메우다團 ①통 따위의 테나, 쳇바퀴에 쳇불 등을 끼우다. put a hoop on ②북통에 가죽을 씌우다. cover ③마소의 목에 멍에를 얹어서 주다. yoke ④활에 활시위를 얹다. 《약》메다.

메이-다[자동]團 통·북틀·체 등을 메우게 하다. have a person fix a sieve

메이 데이(May Day)〈사회〉①1890년 이래, 해마다 5월 1일에 행하는 국제적 노동절(勞動節). 우리 나라 '근로자의 날'은 3월 10일. ②고대 서양에서 5월 1일에 베풀던 오월의 축제.

메이드 인(made in)圈 나라 이름 앞에 붙어서 그 나라의 제품임을 나타내는 말. ¶~ 코리아.

메이저¹(major)圈 육군 소령.

메이저²(major)圈〈음악〉장조(長調). 장음계(長音階).

메이저 리:그(major league)圈 미국의 직업 야구 최고의 연맹. 내셔널 리그 및 아메리칸 리그.

메이커(maker)圈 제작자(製作者). 특히 유명한 제품의 제조 업자.   「든 확실한 제품. maker's goods

메이커 품(maker 品)圈 유명한 제조업자·제작자가 만

메이 퀸(May Queen)圈 오월의 여왕. 5월 1일 축제에서 여왕으로 뽑히는 처녀.

메이크-업(make-up)圈 ①구조(構造). 조립(組立). 신문 따위의 활판 인쇄의 조판. ②분장(扮裝). 배우의 화장(化粧), 또는 그에 따르는 여러 가지 기술의 총칭. 图화장술. 분장술.

메이트(mate)圈 친구. 동료. ¶클래스(class) ~.

②짝. 배우자의 한 편.
메인 로:드(main road)명 본가도(本街道).간선 도로.
메인=마스트(mainmast)명 함선의 제일 큰 돛대.
메인 빌딩(main building)명 본관(本館).
메인 샤프트(main shaft)명 주축(主軸).
메인 스탠드(main stand)명 특별 관람석. 경기장의 정면에 있는 관람석.
메인 스트리:트(main street)명 중심가(中心街).
메인 오피스(main office)명 본사(本社).
메인 이벤트(main event)명〈체육〉프로그램 중의 제일 중요한 시합. 권투·레슬링에서 최종적인 시합 따위에서 씀.
메인 타이틀(main title)명〈연예〉주자막(主字幕). 영화의 첫머리 부분에서 제명(題名) 등을 나타내는 자막.〔대〕서브 타이틀.
메인 테이블(main table)명 주빈 식탁(主賓食卓).
메인 폴(main pole)명 경기장 따위의 깃대에서 가장 높은 주된 깃대.
메일(mail)명 우편. 우편물. 우편물 수송 기관.
메일 슈:트(mail chute)명 고층 건물의 각 위층에서 일층으로 우편물을 내려 보내게 설비한 상하층(上下層) 연결관(管).
메자 보체(mezza voce, mv. 이)명〈음악〉'약한 소리로 조용하게'의 뜻. 소토 보체(sotto voce).
메저링 실린더(measuring cylinder)명〔원〕→메스 실린더.
메저링 플라스크(measuring flask)명〔원〕→메스 플라스크.
메:조(mezzo)명 차지가 않고 메진 조.〔대〕차조.
메조(mezzo 이)명〈음악〉'거의·약간'의 뜻.
메조=소프라노(mezzo soprano)명〈음악〉소프라노와 알토의 중간 음역(音域). 또, 그 음역의 목소리를 가진 여자 가수.
메조 포르테(mezzo forte, mf 이)명〈음악〉'좀 강하게'의 뜻.
메조 피아노(mezzo piano, mp 이)명〈음악〉'좀 약하게'의 뜻.
메주명 간장을 담그려고 콩을 삶아 찧어서 뭉쳐서 말린 것. 훈조(燻造). soybean malt
메주콩명 메주를 쑤는 데 쓰는 콩. [pause
메주알=고추장명→미주알고추장.
메지명 일의 한 가지 한 가지가 끝나는 단락(段落). 먹을 ∼ 나누다.〔작〕매지매지. divide up portion by portion ▥▥▥▥▥ 히명
메지(이 일)명 벽돌이나 석재(石材)를 쌓을 때에 그 이어 닿는 부분. joint
메지=나다자 일의 한 단락이 나다. end
메지=내:다타 한 가지 일을 끝내다. finish
메지:다형 쌀이나 좁쌀 따위가 끈기가 적다.〔대〕차지다. nonglutinous
메지=치:다타 한 가지 일을 끝내 치우다.
메지메지무 좀 큰 물건을 여럿으로 나누는 모양.
메:질명 메로 물건을 내리치거나 때려 박는 시루역. ha-
메=찰떡명 찹쌀과 멥쌀을 섞어서 만든 시루떡. 반나병.
메추라기명〈조류〉꿩과의 새. 몸은 병아리와 비슷하나 꽁지가 짧고, 몸 빛은 황갈색에 갈색과 흑색의 가는 반문이 있음. 중요한 엽조의 하나로 맛이 좋음.
메추리명→메추라기. [음. 山椒魚.
메추리=노린재명〈곤충〉노린재과[椿象科]의 곤충. 몸 길이가 9 mm쯤 되며 빛깔은 누렇고 머리통의 끝이 뾰족함. 이의 해충임.
메추리=도요명〈조류〉도요과[鷸科]의 새. 몸은 메추라기와 비슷하며 적갈색과 황갈색의 무늬가 섞이고 등은 검은색에 가까운 암보색임. 중요한 엽조의 하나.
메:치=다타〔약〕→메어치다. [나로 맛이 좋음.
메카(Mecca)명〈지리〉①사우디아라비아의 홍해 연안의 도시. 회교의 교조 마호메트의 탄생지. ②〈종교〉귀의(歸依)·숭배의 대상이 되는 곳.
메커니즘(mechanism)명 ①기구(機構). 기계 장치. ②〈문학〉작품의 질적 내용을 지탱하는 기교(技巧).

수법(手法). ③〈철학〉기계론. ④〈심리〉어떤 행위를 성취시키는 의식적·무의식적 심리 과정.
메케=하:다[여]형 연기 냄새나 곰팡내가 나다.《작》매캐하다. musty
메타모르:제(metamorphose)명 변화. 변형. 동물의 생장 과정에서 어떤 시기에 그 형태가 다른 성체(成體)로 변하는 현상.
메타=크로머시(metachromasy)명〈생물〉세포(細胞)를 색소(色素)로 염색(染色)할 때 염색된 세포의 빛깔이 본디의 색소와 다른 현상. 또, 같은 세포 가운데의 각 부분이 동일한 색소에 의하여 다른 빛깔을 나타내는 현상.
메타포(metaphor)명〈문학〉수사학(修辭學)에 있어서의 비유적 표현. 은유(隱喩). 암유(暗喩).
메탄(Methan 도)명〈화학〉유화 냄새가 있는 기체 화합물로서 탄화수소 중 가장 간단한 물질이며 가장 가벼운 가스. 연료·화학 약품·수소 등을 만드는 데에 쓰임. 소기(沼氣). 메탄 가스.
메탄올(Methanol 도)명〔동〕메틸알코올.
메탈리콘(metallicon)명〈공업〉금속 방식법(防蝕法)의 하나. 피스톤 모양의 분사기에 금속선을 넣고 전열 또는 가스로 녹여서 잔가루로 하고 압축 공기 또는 수소로 목적물에 불어 붙이는 방법. 유리와 금속과의 접합에도 쓰임.
메:탕(—湯)명 ①[궁] 국. soup ②갱(羹).
메토(METO)명〈약〉Middle East Treaty Organization 중동 조약 기구(中東條約機構)
메톤=기(Meton 期)명〈천문〉배달년(太陰年)을 계절에 알맞게 하기 위하여, 19태남년에 일곱 번의 윤달을 두는 역법(曆法)상의 순환 기간. B. C. 433년 그리스의 메톤이 발견.
메틀(metol)명 사진 현상약의 하나. N-메틸-아미노 페놀의 약품명. 미세(微細)한 백색 침상(白色針狀)의 결정(結晶)으로 강력한 작용을 하는 강렬한 독물(毒物)임. [지하 철도.
메트로(métro 프)명〈약〉chemin de fer métropolitain
메트로놈(métronome 프)명〈음악〉악곡의 박자(拍節)를 재거나 템포를 지시하는 기계. 박절기.
메트로폴리스(metropolis)명 ①대도시(大都市). 수도(首都). ②중심지. 주요 도시. [律學].
메:트릭(Metrik 도)명〈문학〉시학(詩學). 운율학(韻
메티오닌(Methionin 도)명 유황을 함유하는 아미노산의 하나. 독성 간장염 치료제.
메틸=기(methyl 基)명〈화학〉탄소 1개와 수소 3개로 되어 있는 1개의 원자단. 기호. CH_3.
메틸렌 블루(methylene blue)명〈화학〉심청색(深靑色)의 염기성 염료(鹽基性染料). 결정성(結晶性)을 가지며 물에 녹음.
메틸 바이올렛(methyl violet)명〈화학〉곱고 값싼 보랏빛의 연기성 염료(鹽基性染料). 여필·잉크·타이프라이트·물감 등에 많이 쓰임.
메틸=알코올(methyl alcohol)명〈화학〉목재를 건류(乾溜)할 때 생기는 향기가 있는 액체. 독성이 강하여 술로는 쓰지 못하고 공업용으로 쓰임. 메탄올. 목정(木精).
메틸 오렌지(methyl orange)명〈화학〉등황색으로 물에 녹는 결정 성분. 수용액이 산성(酸性)에서는 빨간빛을, 중성(中性) 및 알칼리성에서는 노란빛을 나타내므로 지시약으로 쓰임.
멕기(めっき 일)명 도금(鍍金). 하다
멘(men 이)명〈약〉→메노(meno).
멘델레븀(mendelevium)명〈화학〉인공적으로 만든 초(超)우라늄 원소. 원소 기호: Md. 원자 번호: 101. 원자량: 258.
멘델리즘(Mendelism)명〈동〉멘델 법칙.
멘델 법칙(Mendel 法則)명〈생물〉1865년에 멘델이 발표한 유전(遺傳)의 법칙. 멘델리즘(Mendelism).
멘셰비즘(Menshevism)명〈사회〉멘셰비키의 정치적 사상 및 주의.〔대〕볼셰비즘.

멘셰비키(Mensheviki 러)명 《사회》 1903년 러시아 사회 민주 노동당의 볼셰비키와 분열된 우익적 소수파. 《대》 볼셰비키.

멘스(←Menstruation 도)명 《생리》 월경(月經).

멘쓰(面子 중)명 면목(面目). 체면. 명예. ¶~가 선다. face

멘탈(mental)명 심리적. 정신적.

멘탈 테스트(mental test)명 《심리》 실험 심리학을 응용하여 간단한 방법으로 심리 작용 및 지능의 발달 정도를 검사하고 개인적 차이를 측정하는 시험. 지능 검사.

멘톨(menthol)명 《화학》 박하뇌(薄荷腦). 흥분제(興奮劑)·청량제(淸凉劑)로 쓰임.

멘히르(Menhir 도)명 《동》 선돌. 『긴 나무로 pole

멜=대[-때-]명 양쪽 끝에 물건을 걸어 어깨에 메는

멜라닌(melanin)명 《생리》 유색 인종의 피부·모발 따위의 색소(色素). 이것을 포함한 세포를 멜라닌 세포 또는 흑색 세포(黑色細胞)라 함.

멜라민(melamine)명 《화학》 석회 질소를 원료로 하는 합성 물질. 포르말린과 축합하여 멜라민 수지를 만들며, 도료·교착제로 사용됨.

멜라민 수지(melamine 樹脂)명 《화학》 멜라민을 포르말린과 축합시켜 만든 열경화성(熱硬化性) 플라스틱의 하나. 내수·내열성이 강하여 식기·기계·전기 부분품으로 쓰임. melamine resin

멜랑콜리(melancholy 프)명 우울. 침울. 우울증(憂鬱症)

멜로드라마(melodrama)명 《연예》 ①18세기 이탈리아에서 일어난 극 음악 반주 밑에 대사를 낭독하던 오락성이 강한 음악극. ②줄거리에 변화가 많아 관객을 감상적·통속적인 분위기로 이끄는 대중극.

멜로디(melody)명 《음악》 선율(旋律). 가락.

멜로디오소(melodioso 이)명 《음악》 '선율적(旋律的)으로·가요적으로'의 뜻.

멜로스(melos 그)명 《음악》 노래. 선율(旋律).

멜론(melon)명 《식물》 박과의 만성 식물·서양종의 참외로, 과실은 타원형 또는 구형, 녹색 과피(果皮)에 잔 그물 무늬가 있음. 부드럽고 치밀한 과육으로 향기롭고 맛이 닮.

멜빵명 ①집을 걸어 어깨에 메는 끈. rope for shouldering ②소총을 어깨에 걸어 메기 위하여 단 모양의 줄.

멜턴(melton)명 방모사(紡毛絲)를 써서 평직(平織) 또는 사문(斜紋)으로 짠 모직물. 양복지로 쓰임.

멤버(member)명 단체를 구성하는 일원. 회원. ¶구성 ~. 『나 자격.

멤버=십(membership)명 단체의 구성원. 또, 그 지위

멥=새명 《조류》 참새과의 새. 참새와 비슷한데 몸빛은 짙은 밤색임. 야산·풀밭·숲·논밭에 서식함. 멧새②. meadow bunting 《교》 산새.

멥쌀명 메벼에서 나는 차지지 아니한 쌀. 경미(粳米) ¶~밥. 《대》 찹쌀. nonglutinous rice

멧=갓명 산에 있는 말림갓. 산판(山坂). forest preserve

멧=고추잠자리명 《곤충》 잠자리과(蜻蛉科)의 곤충. 몸 길이 6cm 가량으로 머리는 등색이고, 복부는 적색 또는 등색이며, 암컷에는 흑색 반문이 있음. 한국·일본에 분포함. 『아 이름. wild fellow

멧괴: 새끼명 들고양이같이 성질이 거친 사람을 얕잡

멧=굿명 농악(農樂)으로 하는 굿.

멧=나물명 산이나 들에 저절로 나는 나물. 산채(山菜)②. wild vegetables

멧=노랑나비명 《곤충》 흰나비과의 나비. 수컷은 온몸이 짙은 황색, 암컷은 청백색임. 유충은 녹색이고 6~7월경에 발생하며 이듬해에 산란함.

멧=누에명 →산누에.

멧누에=고치명 →산누에고치.

멧=누에나방명 →산누에나방.

멧=닭명 《조류》 들꿩과의 새. 닭의 원종(原種)으로 날개 길이 20cm 내외임. 수컷은 흑색에 남색 광택이 나고 흰색 벗이 있으며, 암컷은 황색을 띤 적갈색에 흑색 가로 띠가 있음. 평지 야산의 초원 등지에서 서식함. black grouse

멧=대:추명 멧대추나무의 열매. 산조(酸棗).

멧=돌명 《동》 산돼지.

멧=돼:지명 《동물》 멧돼지과의 산짐승. 돼지의 원종으로 빛은 흑색 또는 흑갈색임. 주둥이가 매우 길고 목은 짧고 강대한 엄니가 내밀었음. 농작물을 해침. 고기는 맛이 좋음. 산돼지.

멧=두릅명 《식물》 미나리과의 다년생 풀. 여름에 담록색을 띤 흰 꽃이 피고 열매는 어두운 자줏빛임. 뿌리는 말려서 한약재로 씀. 장생초(長生草). 독활(獨活)①. ¶~ 나물.

멧=미나리명 《식물》 미나리과의 다년생 풀. 미나리와 비슷한데 산미가 남. 『peak

멧=부리명 산의 봉우리나 등성이의 가장 높은 꼭대기.

멧=부엉이명 깊은 산의 부엉이같이 생긴 메부수수하게 생긴 시골뜨기. countryman, poor

멧=새명 ①《동》 산새. ②《동》 멥새①.

멧=소명 《동》 도짓소.

멧=종다리명 《조류》 바위종다리과의 새. 이마로부터 머리 꼭대기까지에 흑갈색 띠가 있고 턱·가슴·옆구리는 엷은 황갈색임. 시베리아에서 번식하고 한국·중국·일본에서 월동함.

멧=짐승명 '산짐승'의 에스러운 말. mountain beasts

며(어미 두 가지 이상의 사물을 이어서 말할 때 쓰임. ¶옷이~ 구두~ 잔뜩 쌓여 있다. and

=며(어미 ①모음으로 끝나는 어간에 붙어서 둘 이상의 움직임이나 상태를 아울러 말할 때 쓰임. ¶할 일은 해가~ 이야기하게. ②《야》→=면서.

며가기명 『먹.

며느리/며느릴(명 (고) 머느리.

며느=님명 《공》 남의 며느리. your daughter-in-law

며느리명 아들의 아내. 자부(子婦). daughter-in-law

며느리가 미우면 발뒤축이 달걀 같다고 나무란다 공연히 트집을 잡아서 억지로 허물을 지어 낸다.

며느리가 미우면 손자까지 밉다 한 사람이 미우면 그에 딸린 사람까지도 밉게 보인다.

며느리 고금명 《한의》 날마다 앓는 학질. 축일학(逐日瘧). malaria

며느리 늙어 시어미 된다 ① 시어머니에게 학대받던 며느리가 시어머니가 되면 더 심하게 군다. ②남의 아래 있던 이가 조금 높은 자리에 오르면 한층 더 심하게 대한다.

며느리=미씨깨명 《식물》 마디풀과의 일년생 풀. 6~7월에 줄기 끝에 담홍색의 작은 이삭꽃이 핌. 들이나 길가에 나며 어린 잎은 식용함. kind of water-pepper

며느리=발톱명 ①새끼발톱 바깥 쪽에 덧박힌 작은 발톱. spur ②길짐승이나 새의 다리 뒤쪽에 달린 발톱.

며느리=밥풀명 《식물》 현삼과(玄蔘科)의 일년생 풀. 자줏빛 꽃이 핌. kind of cowwheat

며느리=배꼽명 《식물》 마디풀과의 일년생 풀. 줄기는 덩굴지며 잔 가시가 많고 잎은 거의 세모꼴의 긴 은 흰빛인데, 짧은 이삭 모양임. 어린 잎은 식용함.

며느리 사랑은 시아버지, 사위 사랑은 장모 며느리는 시아버지에게 귀염을 받고, 사위는 장모가 귀여워한다.

며느리=서까래명 《동》 부연(婦椽). 『원한다.

며느리 시앗은 열도 귀엽고 자기 시앗은 하나도 밉다 제 남편이 첩을 두는 것은 싫어하면서도, 아들이 첩을 두는 것은 좋아하는 비뚤어진 마음을 이름.

며느리 자라 시어미 되니 시어미 티를 더 잘한다 자기가 당한 피로움을 생각하지 않고 아랫사람에게 더 몹시 군다.

며래명 《식물》 쐐기풀과에 딸린 풀. 줄기는 모가 졌으며 4월경에 잎겨드랑이에서 꽃줄기가 나오고 담녹색의 꽃이 핌. 산·들에 저절로 남. 산귀래(山歸來). 트비해. 『자. 자방충.

며루명 《곤충》 구정모기의 유충(幼蟲). 마디충. 부전

며쥬 〖고〗 메주.

며친-날 그 달의 몇째 날. ¶입학식은 ~이냐. 《약》 며칠②. what day of the month

며칠 〖약〗 ①몇 날. how many days ②《약》→며친날.

멱¹ ①목의 앞쪽. (비) 머가치. throat ②《속》 목구멍.

멱² 〖將〗 장기 둘 때에 마(馬)와 상(象)이 다닐 수 있는 길.

멱³ 〖약〗 →멱서리. [길목.

멱⁴ 〖약〗 →미역¹.

멱⁵ 〖약〗 →미역².

멱 〖冪〗 〖수학〗 같은 수의 상승적(相乘積)을 보이는 지수(指數). 5², 6³ 따위. 승멱. power

멱=감다[-따] 〖자〗 〖약〗 →미역 감다.

멱=근(冪根) 〖명〗 승근(乘根).

멱=나-다 말의 목구멍이 통통 부어오르다.

멱=둥구미 〖명〗 짚으로 둥글게 엮어 곡식을 담는 데 쓰는 그릇. 둥구미. straw basket

멱=따-다 (비) 목을 찌르다. cut throat

멱가리 〖고〗 명베기. 는 헝겊. 모자(帽子).

멱목(幎目) 〖명〗 소렴(小殮) 때 송장의 얼굴을 싸서 매는.

멱미레 〖명〗 소의 턱밑 고기. dewlap

멱법(冪法) 〖명〗 〖수학〗 어느 수 또는 식 a에서 그 멱 a⁰를 구하는 산법. 멱승법(冪乘法).

멱=부리 〖명〗 턱밑에 털이 많이 난 닭.

멱부리 암탉이다 '턱밑에 털이 많이 나서 아래를 못 본다'는 뜻으로 자기 가까이에 있는 것도 잘 모르는 사람을 농조로 이르는 말.

멱-부지(一不知) 〖명〗 ①장기의 멱도 모르는 사람. ②사리에 익숙하지 못한 사람. blockhead [웃깃. throat

멱살 〖명〗 ①사람의 목 아래의 살. ②목 아래에 여민

멱서리 〖명〗 짚으로 날을 촘촘히 속으로 넣고 결어 만든, 곡식을 담는 그릇. 〖약〗 멱³. straw-bag

멱수(冪數) 〖명〗 〖수학〗 어떤 정수(整數) a의 자연수인 n 승력(乘冪)에 해당되는 정수. power

멱=신 짚 또는 삼으로 멱서리 엮듯이 만든 신. strawshoes [하자].

멱=씨름 〖명〗 서로 멱살을 잡고 싸우는 일. hand-grip

멱=지수(冪指數) 〖명〗 〖수학〗 멱이 몇 자승(自乘)으로 된 것임을 나타내는 수. 〖약〗 지수. exponent

멱 진 놈 섬 진 놈 〖관〗 가지가지로 틀린 모양을 한 여러 놈을 이름.

멱=찌르다[르로] (비) 목찌르다.

멱=차-다 ①더 들어갈 수 없게 한도가 차다. full ② 일이 끝나다. finish ③다 되다. 완전히 되다. perfect

멱-통 〖약〗 →산멱통.

면¹ 〖명〗 개미나 쥐가 파내어 놓은 보드라운 흙. earth

면² 〖名〗 남색(男色)의 상대자. sodomite

면 모음으로 끝나는 어간에 붙어서 가정적 사실을 나타내는 연결형 서술어 조사. ¶쇠고기~다 같은 줄 아느냐.

=면 〖어미〗 모음으로 끝나는 어간에 붙어서 가정적인 조건을 나타내는 연결 어미. ¶비가 오~못 간다. if

면¹(面) 〖명〗 ①얼굴. 낯. 안면(顔面). face ②물건의 거죽. surface ③《약》 체면(體面). ④평면. ⑤검도를 수련할 때 얼굴을 피하기 위하여 얼굴에 쓰는 제구. ⑥겉으로 드러난 쪽의 바닥. 표면(表面). ⑦ 〖수학〗 선(線) 다음가는 단순한 도형의 요소. 정하여진 위치에, 넓이 및 폭의 두 차원(二次元)의 연속체. 평면·곡면 등의 구별이 있음. surface ⑧신문의 지면(紙面). ¶문화~. ⑨관련되는 것을 포함한 부면(部面). 전적인 ~. [~사무소. myon

면²(面) 〖명〗 군(郡)을 몇몇 행정 구획으로 나눈 구역. 누에가 머리를 쉬고 탈피 준비를 하는 기간. 잠. (대) 영(齡).

면(麪) 〖명〗 국수. noodle

면-각(面角) 〖명〗 〖수학〗 인접한 두 평면이 이루는 각. 이면각(二面角). face angle ②〖광물〗 광물의 인접한 두 결정면(結晶面)이 이루는 각. ③안면각.

면-간 교대(面間交代) 〖명〗 반대하여 서로 마주보는 자리에서 사무를 인계(引繼)함. 하자.

면:강(面講) 〖제도〗 과거를 볼 때에 시관(試官) 앞에서 글을 외어 읽던 일. 하자.

면:강(勉强) 〖명〗 억지로 시킴. force 하자.

면:검(免檢) 〖명〗 검사(檢閱)를 면함. 하자.

면:견(面見) 〖명〗 직접 봄. ②면회(面會). 하타.

면견(綿繭) 〖명〗 풀솜을 뽑는 허드렛 고치.

면:결(面決) 〖명〗 면전(面前)에서 결정함. 하타.

면:경(面鏡) 〖명〗 〖동〗 면종(面腫).

면:경(面鏡) 얼굴이나 볼 정도의 작은 거울. 석경(石鏡). hand mirror

면:계(面界) 〖명〗 행정 구획인 면(面)의 경계. border [of myon

면곡(麪麯) 〖명〗 〖동〗 민국(麪麯).

면:관(免官) 〖명〗 관리된 신분을 소멸시킴. 면직(免職)②. (대) 임관(任官). dismissal 하타.

면:관(免冠) 〖명〗 관을 벗음. taking off one's hat 하자.

면:관 돈:수(免冠頓首) 관을 벗고 이마가 땅에 닿도록 절을 한다는 (첨(點))광원.

면:광원(面光源) 〖물리〗 면이 빛나는 광원. (대)

면:괴(面愧) 〖명〗 남을 대면하기가 부끄러움. 면구(面灸). abshedness 하겠 스렙 스레기.

면:구(面灸) 〖동〗 면괴(面愧). 하겠 스렙 스레기.

면국(麪麯) 〖명〗 밀가루로만 만든 누룩. 교맥국(蕎麥麯). 면후(麪醭). 분효(粉麴). wheat noodle

면:-군역(免軍役) 〖명〗 군무에 복무함을 면함. 하자.

면:궁(免窮) 〖명〗 가난을 면함. emerging from poverty 하자. [danger 하자.

면:급(免急) 〖명〗 위급한 경우를 면함. escape from

면:급(面給) 〖명〗 재물 등을 서로 보는 앞에서 내어 줌. spot delivery 하타. [ing season

면기(眠期) 누에가 잠자는 기간. silkworm's molt-

면:-나-다(面一一) 〖명〗 ①체면이 서다. save one's face ②외면이 빛나다. shine [짐. blush 하겠

면:난(面赧) 〖명〗 남을 대할 때에 부끄러워 낯빛이 붉어

면:내(面內) 〖명〗 한 면(面)의 구획 안. in a myon

면:내-다(面一一) ①개미나 쥐가 구멍을 뚫느라고 보드라운 가루를 파내다. make a burrow and dig out soft earth ②남의 물건을 조금씩 훔쳐내다. steal bit by bit [②외면을 빛나게 하다.

면:-내:다(面一) 〖동〗 ①체면을 세우다. save one's face

면:담(面談) 〖명〗 서로 만나서 이야기함. 면어(面語). 면오(面晤). 면화(面話). interview 하자.

면:당(面當) 〖동〗 면대(面對).

면:대(面對) 〖명〗 서로 얼굴을 마주 대함. 면당(面當). 면접(面接). facing each other 하자.

면:대 양:증[-쯩](面戴陽症) 〖한의〗 신경병으로 말미암아 얼굴이 벌겋게 되는 증세.

면:대-칭(面對稱) 〖명〗 〖수학〗 입체 도형에서 각각의 면이 서로 맞섬. 평면 대칭(平面對稱). (대) 접대칭(點對稱). planer symmetry

면:도(面刀) 〖명〗 ①《약》→면도칼. ②얼굴의 잔털이나 수염을 깎는 일. shaving 하자타.

면:도-날(面刀一) 〖명〗 ①면도칼의 날. ②안전 면도에 끼게 된 날이 선 얇은 쇳조각.

면:도-질(面刀一) 〖명〗 면도하는 일. shaving 하자타.

면:도-칼(面刀一) 〖명〗 면도하는 데에 쓰는 칼. 〖약〗 면도(面刀). razor [하타.

면:독(面督) 〖명〗 직접 만나서 독촉함. direct pressing

면:려(勉勵·勔勵) 〖명〗 ①스스로 힘씀. ②힘쓰게 함. diligence 하자타.

면력(綿力) 〖명〗 권세나 세력이 없고 힘이 약함. 하자.

면련(綿連) 〖명〗 ①이어져 끊이지 아니함. continuance ②줄기차게 벋어 나감. 하자 히자.

면:례(緬禮) 〖명〗 무덤을 옮겨서 장사를 다시 지냄. (공) 면봉(緬奉). 하자. [rown

면-류관(冕旒冠) 〖명〗 임금이 정복(正服)에 갖추어 쓰는 (面馬). crown

면:마(面馬) 〖명〗 장기에서, 마(馬)를 궁(宮)의 바로 앞밭에 놓음. 또. 그 마. horse

면:마(面痲) 〖명〗 얼굴의 마마자국. 곰보. pock marks

면마(綿馬)[명]〖식물〗꼬리고사리과의 다년생 양치 식물. 뿌리·줄기는 땅속에 있고 잎만 위로 나옴. 뿌리는 구충제·지혈제 등 약재로 쓰임.

면마-정(綿馬精)[명]〖약학〗면마(綿馬)의 뿌리에서 빼낸 걸쭉한 액체. 구충제로 쓰임.

면말(綿襪)[명] 매우 멂. 하타

면말(綿襪)[명] 솜버선. cotton socks

면:매(面罵)[명] 면전(面前)에서 꾸짖음. scold to one's face 하타

면=먹-다(面─)[여러 사람이 내기 따위를 할 때, 어떤 두 사람만은 서로 이기고 质 따지지 않는다. ②편되다.

면(面面)[명] ①여러 면(面). many directions ②제각기의 여러 사람. 여러 얼굴. many faces ③여러 방면.

면면(綿綿)[명] 잇달아 끊어지지 않음. continuous 하타 히타

면:면 상고(面面相顧)[명] 서로 맞대어 얼굴만 물끄러미 바라봄. looking at each other 하타

면-이(面─)[명] ①저마다. 각자(各自). 앞앞이. every one ②행정 구획의 각 면마다. each *myon*

면:모(免侮)[명] 모욕을 면함. 하타

면:모(面毛)[명] 얼굴의 잔털. downy hair on the face

면:모(面貌)[명] ①얼굴의 모양. countenance ②사물의 겉모양. 겉모습. appearance

면모(綿毛)[명] 솜털. (대) 조모(粗毛). down

면:목(面目)[명] ①체면. 낯. ②얼굴의 생김새. countenance ③사물의 모양. 일의 상태. ¶~을 일신하다.

면:목 가:증(面目可憎)[명] 얼굴의 생김새가 밉살스러움. 하타 「함. 하타

면:목 부지(面目不知)[명] 서로 얼굴을 전혀 알지 못

면:목-없:다(面目─)[형] 부끄러워서 남을 대하기 어렵다. be ashamed **면:목-없:이**[부]

면:무식(免無識)[명] 무식을 겨우 면할 정도의 학식밖에 없음. little learning 하타

면:무안(免無顏)[명] 간신히 무안을 면함. 하타

면:무인색(面無人色)[명] 놀라거나 무서워 변한 얼굴. 면여토색(面如土色). 하타

면:문(免問)[명] 처벌을 면함. escape punishment 하타

면:민(面民)[명] 면내(面內)의 주민.

면:밀(綿密)[명] 생각이 소홀하지 아니하고 일에 찬찬함. 자세하고 빈틈이 없음. 세밀(細密). 치밀①. (대) 소홀(疎忽). 소잡(疎雜). minuteness 하타 히타

면:-바르다(面─)[형] 거죽이 반듯하다. smooth

면:박(面駁)[명] 마주 보고 꾸짖어 나무람. abusing to one's face 하타

면:박(面縛)[명] 양손을 등 뒤로 돌려 결박하고, 얼굴을 처들게 하여 사람에게 보임. 하타

면방(綿紡)[명] 솜에서 실을 뽑음. 면방적(綿紡績).

면방적(綿紡績)[명] (동) 면방(綿紡).

면:배(面拜)[명] 만나 뵙고 절함. 하타

면:백(面白)[명] (약)←면백두(免白頭).

면:=백두(免白頭)[명] 늙은 뒤에 처음으로 번번하지 못한 벼슬을 함. (약)면백. 「punishment 하타

면:벌(免罰)[명] 처벌당함을 면함. exemption from

면:벗(面─)[명] 활 도고지의 거죽을 가로 싼 벚나무의 껍질. ¶~ 참선(參禪).

면:벽(面壁)[명]〖불교〗벽을 향하여 앉아 참선하는 일.

면:벽 구:년(面壁九年)[명]〖불교〗선종(禪宗)의 개조(開祖)인 달마 대사(達磨大師)가 숭산(嵩山)에서 9년 간이나 면벽 참선하였다는 고사(故事). 「돌.

면:-벽돌(面甓─)[명] 건물 표면에 쌓는 질이 좋은 벽

면병(麵餠)[명] ①밀가루 떡. ②〖기독〗성체(聖體)를 이루는 떡.

면보(←麵麭)[명] 빵. 「루기 위하여 쓰는 밀떡.

면:-보다(面─)[타] 체면을 차리다.

면:복(冕服)[명] 옛날 제왕(帝王)의 정복인 면류관과 곤룡포(袞龍袍).

면복(綿服)[명] (동) 솜옷.

면복(綿服)[명] 선친(先親)의 면례(緬禮)를 지낼 때에 입는 시마복(緦麻服).

면복(麵腹)[명] 빨리 소화되는, 국수 먹은 배. 쉽게 생긴 북은 오래가지 못함의 비유. lightly come, lightly go

면:봉(緬奉)[명] (동) 면례(緬禮). 하타

면:부(面部)[명] 얼굴 부분. face

면:부득(免不得)[명] 아무리 애써도 면할 수 없음. 하타

면:분(面分)[명] 얼굴이나 알 정도의 친분. acquaintance

면:붕(面朋)[명] (동) 면우(面友).

면:비로드(綿 veludo 포)[명] 무명실을 섞거나 또는 무명실만으로 비로드같이 짠 직물. 「梳).

면:빗(面─)[명] 살쩍을 빗어 넘기는 작은 빗. 면소(面

면:사(免死)[명] 간신히 죽음을 면함. escape from death 하타

면:사(面謝)[명] 직접 만나서 사과하거나 감사함. 하타

면사(綿絲)[명] (동) 무명실.

면:사:=무소(面事務所)[명] 한 면의 행정을 처리하는 말단 관청. 면청(面廳). (약) 면소(面所). administrative office of *myon*

면:사-포(面紗布)[명] 혼인 때에 신부가 쓰는 흰 사(紗). wedding veil

면:상(免喪)[명] 부모의 3년 상기(喪期)를 마치는 일.

면:상(面上)[명] ①얼굴의 위. ②얼굴 바닥. face

면:상(面相·面像)[명] 얼굴의 생김새. 용모. countenance 「놓는 일. 또, 그 상(像).

면:상(面像)[명] 장기 둘 때에 상(象)을 궁의 앞밭에

면:상 육갑[─육─](面上六甲)[명] 얼굴만 보고 나이를 짐작함. 하타

면상-필[─筆](一筆)[명] 세자용의 細字用의 붓의 하나.

면:-새(面─)[명] ①펀펀한 물건의 겉모양. surface ②(속) 체면(體面).

면:색(面色)[명] 얼굴빛. 안색. complexion

면서:=법(綿書法)[명] 발침 없는 체언에 붙어, 두 가지 이상의 사실을 겸하여 나타내는 연결형 서술격 조사. ¶그녀는 교수~ 시인이다.

=면서[어미] 모음으로 끝나는 어간에 붙어서 두 가지 이상의 동작·상태의 동시성(同時性)을 나타내는 연결어미. ¶먹으~ 이야기하자. (약) =며②.

면:=서기[─씨─](面書記)[명] 면의 사무를 맡아보는 서기. clerk of administrative office of *myon*

면:세(免稅)[명] 세금을 면제함. exemption from taxation 하타 「세. appearance

면:세(面勢)[명] ①한 면의 형세. ②외면에 나타난 형

면:세-점[─쩜](─點)[명] 〖법률〗과세를 면제할 때, 그 기준이 되는 한도. exemption limit

면:세-지(免稅地)[명] 〖법률〗세금이 면제된 땅.

면:세-품(免稅品)[명] 〖법률〗①관세를 면제한 수출입품. ②면세된 상품. duty free goods

면:소(免訴)[명] 〖법률〗일단 발생한 형벌권의 소멸을 언도하는 일. acquittal 하타

면:소(面所)[명] (약)←면사무소(面事務所).

면:소(面梳)[명] (동) 면빗.

면:소(面訴)[명] 직접 만나서 호소함. 하타

면:-솔(面─)[명] 수염이나 머리털을 솔질하는 작은 솔. hair brush

면:수(免囚)[명] 형기를 마치고 감옥에서 나온 사람. discharged prisoner

면:수(俛首)[명] 머리를 숙임. 하타 「자.

면:수(面首)[명] ①(동) 미역. ②여자처럼 곱게 생긴 남

면:수[─쑤](面數)[명] ①물체의 면이나 책의 페이지 수. ②행정 구획의 면의 수효.

면:숙(面熟)[명] 서로 낯이 익음. familiarity 하타

면:술(面述)[명] 면대하여 진술(陳述)함. 면진(面陳). making a direct statement 하타 「ination 하타

면:시(免試)[명] 시험을 면함. exemption from exam-

면:시(面試)[명] 면전에서 시험함. oral examination 하타

면:식(面識)[명] 얼굴을 서로 앎. acquaintance [답타

면식(眠食)[명] (동) 침식(寢食). 하타

면:식-범(面識犯)[명] 얼굴을 아는 범인.

면:신(免新)[명] 〖제도〗관아에 신임한 관원이 전부터

있는 관원에게 한턱내어 낯섦을 씻는 일. 허참(許參). ¶~-례(禮). 하타
면실(棉實)图 목화의 씨. cottonseed
면실-유[-류](棉實油)图 목화씨 기름. 면화씨 기름. 《약》 면유(棉油). cottonseed oil
면ː-싸대기(面-)图《속》낯.
면ː-(面-)图《공업》집 간살이나 나무 그릇 따위의 넓이를 잴 적에, 마주 대한 두 쪽 가의 안쪽끼리의 사이.
면ː안(面眼)图[동] 안목(眼目)①. [ence 하타
면ː알(面謁)图[동] 귀인을 만나 뵈옴. 배알(拜謁). audi-
면ː앙(俛仰)图[동] 부앙(俯仰). 하타
면ː액(面厄)图 면괴를 당함. 하타
면ː약(面約)图 마주 보고 약속함. direct promise 하타
면양(緬羊·綿羊)图《동물》소과에 속하는 가축. 양이라 함. 몸은 대체로 회백색의 섬세한 털로 덮였음. 건조지를 좋아하며 초식성으로 소화력이 강함. 털은 모직물의 원료, 기름은 비누 제조용으로 쓰임. sheep
면ː어(面語)图[동] 면담(面談). 하타
면ː억(緬憶)图[동] 지나간 일을 생각함. recollection 하타
면업(綿業)图 ①방적·직조·날염·가공을 포함하는 일체의 면사·면직 공업. ②방적업. [같이 벌함.
면ː여-도토색(面如土色)图 몹시 놀라 얼굴빛이 흙빛과
면ː역(免役)图 ①부역 따위의 품을 면함. ②병역을 면함. ③정역수(定役囚)가 복역을 면함. 제역(除役). discharge from service 하타
면ː역(免疫)图 ①《의학》병균 따위가 몸 안에 들어와도 병을 막아내는 힘이 있는 것. immunity ②어떤 사물이 자주 되풀이됨에 따라 그에 익숙하여지는 일. ¶그런 일에는 이제 ~이 되었어. 하타
면ː역-성(免疫性)图 어떤 전염병에 걸리지 아니하는 성질.
면역성 전염병[-뼝](免疫性傳染病)图 한 번 앓고 나거나 예방하면 자연 감염하더라도 경증(輕症)으로 그치거나 또는 아주 발병 안하는 전염병.
면ː역-원(免疫原)图[동] 항원(抗元·抗原).
면ː역-질(免疫質)图《의학》면역성이 있는 체질. immunity [zing body ②[동] 항체(抗體).
면ː역-체(免疫體)图《의학》①면역이 된 몸. immuni-
면ː역-혈청(免疫血淸)图《의학》병원균이 내는 독소 또는 그 균체에 대한 면역체를 함유하는 혈청. 전자는 항(抗)독소 혈청, 후자는 항균 혈청이라 하며 혈청 요법에 쓰임. immune serum
면연(綿延)图 끊임없이 이어져 늘임. continuation 하타
면ː열(面熱)图《의학》신경 쇠약·히스테리·위장병 따위로 피가 머리에 몰리어, 얼굴에 열이 올라 얼굴빛이 붉어지는 병. [심(誠心)이 적음.
면ː열 불충(面譽不忠)图 눈앞에서 칭찬하는 사람은 성
면ː오(面唔)图[동] 면남(面談). 허타
면ː옥(面玉)图 ①[동] 관옥(冠玉)②. ②버릇집·손궤 따위의 기물의 위를 아름답게 꾸미는 옥.
면ː요(免夭)图 요사(夭死)를 면한다는 뜻으로, 쉰 살을 넘기고 죽음을 말함. one's death after one's age of 50 하타
면ː욕(免辱)图 치욕을 면함. escape from an affront
면ː욕(面辱)图 마주 대하여 욕하거나 망신을 당하는 personal insult 하타 [(面朋). (대) 싀우(心友).
면ː우(面友)图 얼굴이나 알고 지낼 정도의 벗. 면붕
면원(綿遠)图 여러 세대가 걸치어 오래 이루는. prolonged succession of generations 하타
면ː유(面諭)图 면대하여 타이름. personal admonition
면유(棉油)图 ㉮면실유(棉實油).
=면은[어미] '-면'의 힘줌말.
면ː의(面議)图 ①[약]→면의회(面議會). ②면대하여 상의함. personal consultation 하타
면의(綿衣)图 ①무명옷. ②솜옷.
면ː-의원(面議員)图《정치》지방 자치법에 의하여, 면민이 선출한 면의회의 의원. 1975년에 폐지됨.

면ː=의회(面議會)图《정치》지방 자치법에 의한 최하급의 자치 단체인 면의 의결 기관. 《약》면의①.
면ː임(面任)图《제도》지방의 동리에서 호적 기타의 공공 사무를 맡아보던 사역(使役)의 하나.
면ː자(面刺)图[동] 면책(面責).
면자(麵子)图 국수. vermicelli, noodle
면ː자(綿子)图《제도》목화를 파는 가게. 면화전(棉花廛). cotton shop
면작(棉作)图《농업》목화 농사. raw cotton growing
면ː장[-짱](免狀)图 ①《약》→면허장(免許狀). ②《약》→사면장(赦免狀). [myon chief
면ː장(面長)图《법률》면(面) 행정 기관의 우두머리.
면ː장(面帳)图 앞에 놓인 휘장. front rattan blind
면ː장(面墻)图 ①집 앞면에 쌓은 담. front fence ②무식함을 비유하는 말. illiteracy
면ː장 우피(面張牛皮)图 얼굴에 쇠가죽을 발랐다는 뜻으로, 몹시 뻔뻔스러움을 이르는 말. 철면피(鐵面皮).
면장 탕·반(麪醬湯飯)图 국수물 말고 장국밥. [面皮].
면ː쟁(面諍)图 면전에서 그 잘못을 간(諫)함. 면쟁 기단(面諍其短).
면ː쟁 기단(面諍其短)图[동] 면쟁(面諍). 하타
면ː적(面積)图《수학》일정한 평면이나 구면의 크기. 넓이. area [imeter
면ː적-계(面積計)图 면적을 측정하기 위한 기계. plan-
면ː적 그래프(面積 graph)图 수량의 비율을 면적으로 나타내는 그래프.
면ː적 속도(面積速度)图《천문》운동하는 물체와 좌표 원점을 잇는 직선이 동경(動徑)이 단위 시간에 스치고 지나가는 면적. 혹성(惑星)의 궤도 운동에서는 면적 속도가 일정함. velocity constancy
면ː전(面前)图 눈앞. 면대한 앞. 보는 앞. presence
면ː전(面傳)图 마주 보고서 전하여 줌. 하타
면전(緬甸)图《지리》'버마(Burma)'의 한자 이름.
면ː절(面折)图 대면하여 심하게 꾸짖음. 하타
면ː절 정쟁(面折廷爭)图 임금의 앞에서 그 잘못을 간함. [②《약》→면접 시험. 하타
면ː접(面接)图 직접 만나 봄. 면대(面對). interview
면ː접 시ː험(面接試驗)图 직접 만나 보고 그 인품·언행 등을 시험하는 일. 《약》면접(面接)②. interview, oral test 하타 [함. 턱과 턱이 닿음.
면ː정(面疔)图《의학》얼굴에 난 정(疔). 특히 윗입
면ː정(面政)图 면의 행정.
면ː정(面情)图 면분(面分)과 정의(情誼).
면ː제(免除)图 ①[책임을 면함. exemption ②채무(債務)를 면함. 제면(除免). 하타
면제(綿製)图 ①무명으로 만듦. ②《약》→면제품. 하타
면ː제-세[-쎄](免除稅)图《법률》국가에 대한 의무를 면제한 대가로 부과하는 조세(租稅).
면ː제-품(綿製品)图 무명으로 만든 물품. 《약》면제(綿製). cotton goods [함. tax exemption 하타
면ː조(免租)图《법률》조세의 일부 또는 전부를 면제
면ː조-지(免租地)图《법률》민간의 소유로서 지조(地租)의 부과가 면제된 토지. 학교 대지·묘지·연못 등. land exempted from taxation
면ː종(面從)图 보는 데서만 순종함. eye service 하타
면ː종(面腫)图《한의》얼굴에 난 부스럼. 면창(面瘡). swelling on the face
면ː종(勉從)图 마지못하여 복종함. 하타
면ː종 복배(面從腹背)图 표면으로는 복종하는 체하면서 내심으로는 배반함.
면ː종 후ː언(面從後言)图 보는 앞에서는 복종하는 체하면서 뒤에서는 이러쿵저러쿵 말함. 하타
면ː죄(免罪)图 죄를 면함. acquittal 하타
면ː죄-부(免罪符)图《역사》중세 카톨릭 교회에서, 금전·재물을 바친 자에게 그 죄를 면한다는 뜻으로 교황이 발행하던 증서. indulgence
면주(綿紬)图[동] 명주(明紬).
면주(麵酒)图《기독》예수의 죽음을 기념하는 의식 때에 쓰는 밀떡과 포도주. sacramental wafer and

wine
면주-실(綿紬—)[명] 명주실.
면:-주인[—主—][명](面主人) 〈제도〉 주(州)·부(府)·군(郡)·현(縣)의 면(面)과의 사이에 오가면서 심부름을 하던 사람.
면주廛(綿紬廛)[명] 〈제도〉 조선조 때의 육주비전의 하나로 명주를 팔던 가게. 명주전.
면:-줄[—]—][명](面—)[명] 장기판의 앞 끝으로부터 셋째 줄.
면:지(面—)[명] 죽은 사람의 위패에 쓴 이름을 가리키는 오색 종이. ②〈인쇄〉 책의 앞뒤 겉장과 안겉장 사이에 넣는 종이. end-paper
면:직(免職)[명] ①일자리를 물러나가게 함. 해고(解雇). (유) 파면(罷免). (대) 임명(任命). dismissal ②[동] 면관(免官). 하타
면직(綿織)[명] ①무명실로 짬. ②[약]→면직물. (대) 견직(絹織). cotton weaving   [직②.
면직-물(綿織物)[명] 무명실로 짠 피륙의 총칭. (약) 면
면:-질(面叱)[명] 바로 마주 보고 꾸짖음. personal rebuke 하타   [춤. put a question 하타
면:-질(面質)[명] 면대하여 질문함. 대질(對質).
면:-창(面瘡)[명] 면종(面腫).
면:-책(免責)[명] ①책망이나 책임을 벗어남. exemption from responsibility ②〈법률〉채무의 전부 또는 일부가 소멸하여, 채무자로서 법률상의 의무를 면함.
면:-책(面責)[명] 마주 대한 자리에서 책망함. 면자(面刺). 면처(面斥). personal reproof 하타
면:-특권(免特權)[명] 〈법률〉국회 의원이 국회내에서 발표한 의견과 표결에 관하여는 원외(院外)에서 책임을 지지 않는 특권.
면:-척(面斥)[명][동] 면책(面責). 하타
면:-천(免賤)[명][동] 천민을 면하고 평민이 됨. becoming a citizen 하타
면:-청(面請)[명] 면대하고 청함. 몸소 보고 요구함.
면:-청(面廳)[명][동] 면사무소. ｜personal request 하타
면:-추(面醜)[명] 여자의 얼굴이 겨우 추할 정도를 면함. being free from ugliness 하타 |tion 하타
면:-출(免黜)[명] 벼슬을 갈고 지위를 떨어뜨림. demo-
면:=치-다(面—)[타] 나무·돌의 면을 여러 가지 모양으로 파다. carve
면:=치레(面—)[명] 속은 어쨌든지 겉으로만 꾸며 체면을 세움. 외면치레. 사당 치레. showing 하타
면:-탁(面託)[명] 직접 만나서 부탁함. personal request 하타   [ment 하타
면:-탈(免脫)[명] 죄를 벗어남. escape from punish-
면:-파(面破)[명] 면전하여서 파의(破議)함. breaking off
면:=판(面—)[명] (속) 낯. face ｜in person 하타
면:-포(面包)[명] 장기에서, 포(包)를 궁의 앞밭에 놓음. 도, 그 포.
면포(綿布)[명] 무명. cotton cloth
면포(麪麭)[명] →wine. | 명을 팔던 전.
면포-전(綿布廛)[명] 조선조 때, 육주비전의 하나. 무
면:-포플린(綿 poplin)[명] 날실 씨실을 가스사(gas絲)·면사로 짠, 실켓트(silket)로 한 직물. cotton poplin
면:-품(面稟)[명] 높은 어른 앞에서 사룀. making a verbal report 하타 | 넬. cotton flannel
면-플란넬(綿 flannel)[명] 무명실로 짠 플란넬. (약) 면
면:-피(免避)[명] 면하여 피함. 하자타   [tenance
면:-피(面皮)[명] ①남을 대하는 면목. ②낯가죽. coun-
면:=하-다(免—)[자] ①책임이나 의무에서 벗어나다. escape from ②재앙을 피하다. avoid ③벌을 받거나 욕을 당하지 않게 되다. be allowed ④그 일을 아니하게 되다. ¶낙제를 ~. be exempted
면:=하-다(面—)[자여] ①어떤 방향·대상을 정면으로 향하다. 또, 향하여 있다. ②어떤 일에 부닥치다.
면:-학(勉學)[명] 배움에 힘씀. study 하자 |다.
면:-한(面汗)[명] 얼굴에 나는 땀. sweat in the face
면:-한(面寒)[명] 〈의학〉히스테리나 위경(胃經)의 한증(寒濕)으로 얼굴이 시린 신경병의 하나.
면:-행(勉行)[명] 힘써 행함. 하타
면:-허(免許)[명][동] 〈법률〉행정상, 일정한 경력·자격·시험 등에 의하여 인정하여 주는 자격. ¶운전~. ②국가 기관에서, 소정의 조건을 갖춤으로써 기업·영업의 활동을 할 권리를 허가하는 행정 행위. ¶사업 ~. license 하타
면:허 감찰(免許鑑札) 관청에서 면허의 증명으로 내주는 감찰. license   [nse fee
면:-허료(免許料)[명] 면허를 받는 데 드는 요금. lice-
면:-허세(免許稅)[명] 〈법률〉지방세의 하나. 특수한 행위나 영업을 면허할 때 부과하는 세금. license tax   [어지는 어업. licensed fishing
면:허 어업(免許漁業) 면허에 의하여 어업권이 주
면:허 영업(免許營業)[명] 변호사·공증인·의사 등과 같이 면허를 얻지 않으면 할 수 없는 영업. licensed business
면:-허장(免許狀)[명] 〈법률〉면허된 내용을 기재한 증서. 면허증. (약) 면장(免狀). ｜ lice-
면:-허증(免許證)[명][동] 면허장(免許狀). ｜nse
면:-호(免戶)[명] 호세(戶稅)의 부과를 면함. 하타
면:-화(免禍)[명] 재앙을 면함. escape from a mishap
면:-화(面話)[명][동] 면담(面談). 하타
면화(棉花)[명] 목화(木花).
면화-씨(棉花—)[명] 목화의 씨. 목화씨.
면화씨 기름(棉花—)[명] 면화씨에서 짜낸 기름. 면실유(棉實油).
면:-화약(綿火藥)[명][동] 솜화약.
면화자-유(綿花子油)[명][동] 면화씨 기름.
면화자-전(棉花廛)[명] 면자전(棉子廛).
면화-창(棉花瘡)[명] 〈한의〉부스럼의 하나. 면화 송이가 터지듯이 터지는 부스럼의 총칭.
면:-환(免鰥)[명] 홀아비가 재혼하거나 홀어미를 아내로 맞음. remarriage of a widower 하자타 ｜회. 하타
면:-회(面灰)[명] 담이나 벽의 겉에 회를 바름. 또, 그 회.
면:-회(面會)[명][동] 면대하여 만나 봄. (유) 면대(面對). 면접(面接). interview 하자타
면:회 사절(面會謝絶)[명] 면회하기를 거절함.
면:-회소(面會所)[명] ①면회하는 곳. 또는 그 건물. ②(유) 면회실. |마련한 방. 면회소◎.
면:-회실(面會室)[명] 면회하는 사람들을 위하여 따로
면:-회 흙손(—灰—)(面灰—) 〈건축〉면회할 때에 쓰는 박달 나무의 단단한 나무로 만든 흙손. float
면:-흉(免凶)[명] 흉년을 면함. 면겸(免歉). escape from a crop failure 하타
멸[명] 〈식물〉 삼백초과(三白草科)의 다년생 풀. 잎과 줄기는 피부병과 치질에 약으로 씀.
멸가치[명] 〈식물〉엉거시과의 다년생 풀. 뿌리에서 난 잎은 머위와 같으며 여름에 줄기 끝에 작은 꽃이 더부룩하게 남. 산림 지대의 나무 그늘에 남.
멸각(滅却)[명] 없애 버림. extinction 하타
멸공(滅共)[명] 공산주의 또는 공산주의자를 멸시킴. destroying communism 하타
멸구 〈곤충〉멸구과의 곤충의 하나. 몸 길이 1cm 가량이며 빛은 녹색에 배와 다리는 황백색 또는 오황색(汚黃色)임. 과수·농작물에 병해를 줌. 왕강충이.
멸구(滅口)[명] 비밀을 감추기 위하여 그 일을 아는 사람을 죽이거나 가두거나 쫓아냄. 하타   ｜하자타
멸균(滅菌)[명] 세균을 죽여 없앰. 살균. sterilization
멸도[—또](滅度)[명] 〈불교〉부처가 되어 생사계를 초월함. 열반(涅槃). 입적(入寂). Nirvana
멸도[—또](滅道)[명] 〈불교〉도를 터득하는 수행(修行). 멸제(滅諦)와 도체(道諦).

멸렬(裂滅)圈 찢기어 형체조차 없어짐. ¶저리(支離)~. disruption 하다
멸륜 패:상(滅倫敗常) 오륜(五倫)과 오상(五常)을 깨뜨려 없앰. 하다
멸망(滅亡)圈 멸하여 없어짐. (때 흥음(興隆). downfall
멸몰(滅沒)圈 멸하여 없어짐. ruin 하다
멸문(滅門)圈 한집안을 다 죽여 없앰. extermination of the whole family 하다
멸문지:화(滅門之禍)圈 멸문을 당하는 큰 재앙. 멸문환(滅門患).
멸문지:환(滅門之患)圈 멸문될까 하는 두려움. 멸문지화(滅門之禍).
멸=법(滅法)圈〈불교〉사제(四諦) 중의 하나. 모든 상(相)을 적멸(寂滅)하고 모든 인연의 조작(造作)을 떠난 법. law 하다
멸법(蔑法)圈 법을 업신여김. contempt of the law 하다
멸사(滅私)圈 사욕(私慾)이나 사정(私情)을 버림. 사사로운 이해(利害)를 떠남. disinterestedness 하다
멸사 봉:공(滅私奉公)圈 사를 버리고 공을 위하여 힘씀. 하다
멸살(滅殺)圈 씨도 없이 죽여 버림. annihilation 하다
멸상(滅相)圈〈불교〉업(業)이 다하고 목숨이 끊어져서, 몸과 마음이 모두 없어짐.
멸성(滅性)圈 친상(親喪)을 당하여 지나치게 슬퍼하므로 자기의 생명을 잃음.
멸시(蔑視)圈 업신여김. 낮추어 봄. 깔봄. (때 존경. looking down upon 하다
멸입(滅入)圈 점점 멸하여 들어감. 하다
멸자(滅字)圈〈인쇄〉인쇄물에 있어서 잉크가 잘 묻지 않거나 하여 없어진 글자.
멸적(滅敵)圈 적을 쳐서 무찌름. destruction of the enemy 하다 [없애 버림. extinction 하다
멸절(滅絶)圈 멸망하여 끊어져 버림. 또, 아주
멸제(滅諦)圈〈불교〉사제(四諦) 중의 하나. 피로움이 소멸한 열반(涅槃)의 경지를 이상(理想)이라고 풀이하는 진리.
멸족(滅族)圈 가족이나 종족이 망하여 없어짐. 또, 멸하여 없앰. extermination of a clan 하다
멸종(滅種)圈 씨가 없어짐. 한 종류가 모두 없어짐. 또, 멸하여 없앰. extermination of a race 하다
멸죄(滅罪)圈〈종교〉참회나 선한 일을 행함으로써 일체의 죄악을 없애 버림. atonement 하다
멸죄 생선(滅罪生善)圈〈불교〉부처의 힘으로 현세의 죄장(罪障)을 없애고 뒷 세상의 선근(善根)을 도움. 하다
멸진(滅盡)圈 멸해서 없어짐. 또, 없앰. 하다
멸천(蔑賤)圈 신분이 미약하고 비천함. 미천(微賤).
멸치〈어류〉멸치과의 바닷물고기. 몸 길이 13 cm 가량으로 길고 원통상임. 등 빛은 검푸르고 배는 은백색임. 짓·포태 따위를 민둥어 먹음. 야어(鯷魚). ¶~젓. anchovy
멸치=**고래**〈동물〉큰고래류의 고래. 몸 길이 16 m 가량씩 등에는 검푸르고 흰 점이 있으며 복부는 백색에 가까움. 고기는 맛이 좋고 기름은 공업용으로 쓰임. Balaenoptera borealis
멸치=수제비 멸치의 살을 발라서, 달걀·장·후춧가루를 넣고 이긴 것을 수제비처럼 맑은 장국에 떼어 넣고 끓인 음식.
멸칭(蔑稱)圈 경멸하여 일컬음. 또, 그 칭호. 하다
멸퇴(滅退)圈 쳐서 멸하여 물리침. 하다
멸패(滅覇)圈 ①재단이 생길 만한 자리를 미리 막아 버림. prevention against evils ②바둑 둘 적에 상대편에게 잡힌 팻감을 미리 없애 버림.
멸-하다(滅~)라태에 멸망하다. 처부수어 없애 버리다. perish [죽은 뒤. 불멸후(佛滅後).
멸후(滅後)圈〈불교〉입멸한 후. 곧, 석가(釋迦)의
멱던(고)圈 몇 딘. 바로. 벌써.
명(冖)〈약〉→무rogs.
명:(命)圈 ①목숨. 수명. one's natural span of life

②〈약〉→운명(運命). ③〈약〉→명령(命令)①.
명¹(明)圈〈역사〉중국 왕조의 하나로 주원장(朱元璋)이 원(元)나라를 멸하고 세운 나라. Ming of China
명²(明)圈〈불교〉→진언(眞言).
명(銘)圈 ①그릇 또는 쇠·돌 따위에 새긴 글귀. inscription ②공덕을 기리는 글이나 경계의 말. 좌우(座右)~. ②기물(器物)에 제작자의 이름을 새기거나 쓴 것. [number of persons
명(名)圈 사람의 수효를 나타내는 단위. ¶한 ~.
명:(名)圈접뒤 명사 위에 붙어 '유명한·훌륭한·우수한'의 뜻을 나타냄. ¶~선수. ~연기. great
=**명**(銘)團의.
명가(名家)圈 ①동 명문(名門). ②명망이 높은 사람. ③〈제도〉중국 춘추 전국 시대에 궤변을 일삼던 한 학파.
명가(名歌)圈 이름난 노래. famous song [학파.
명가(~가)圈 名價圈 명에의 성가(聲價). 이름과 값어치. reputation
명가(冥加)圈 ①신불(神佛)의 힘에 의하여 남 모르게 가호(加護)를 받는 일. divine protection ②〈약〉→명가금. [서 내는 돈. 〈약〉명가².
명가-금(冥加金)圈 신불(神佛)의 명가에 대한 사례로
명가수(名歌手)圈 유명한 가수. renowned singer
명가 자제(名家子弟)圈 이름난 집안의 자제.
명간(銘肝)圈 동 명심(銘心). 하다
명감(名鑑)圈 동 명부(名簿).
명감(明鑑)圈 ①높은 식견. perspicacity ②좋은 거울. pattern ③올바른 감정(鑑定). right judgement
명감(冥感)圈 드러나지 않는 중에 은연히 감응함. 신앙심이 신불에 통함. inward sympathy 하다
명감(銘感)圈 동 명사(銘謝).
명=감독(名監督)圈 이름난 감독. 뛰어난 영화 감독.
명개圈 갯가나 흙탕물이 가라앉은 자리에 앉은 검고 보드라운 흙. riverside black earth
명거(明渠)圈〈토목〉땅 위로 시설한 배수용의 도랑. (때 암거(暗渠). draining ditch
명:건(命巾)圈 동 명다리. [검(寶劍).
명검(名劍)圈 이름난 검. 훌륭한 칼. 명도(名刀). 보
명검(名檢)圈 유리에 의거하여 어긋남이 없도록 언행을 조심함. 하다
명견(名犬)圈 이름난 개. 이름난 개. famous dog
명견(明見)圈 ①사물을 내다봄이 밝음. sagacity ②밝은 견해. 현명한 의견. clear view
명견 만:리(明見萬里)圈 총명해서 만리 밖을 내다본다는 뜻으로, 사물의 관찰과 정세의 판단, 장래에 대한 통찰력이 날카롭고 정확함을 비유하여 이르는 말. deep insight 하다
명결(明決)圈 동 명단(明斷). 하다
명경(明鏡)圈 동 강경(講經)①.
명경(明鏡)圈 ①맑은 거울. clear mirror ②사람의 맑은 본성. pure soul ③분명한 증거. definite proof
명경=대(明鏡臺)圈〈불교〉저승길의 입구에 있다는 거울. 생전의 착한 일과 악한 일을 여실히 비춘다(한).
명경 지수(明鏡止水)圈 맑은 거울과 잔잔한 맑은 물. 맑고 깨끗한 마음을 이름. ¶~와 같은 심경. as bright as stainless mirror
명계(冥界)圈 동 명도(冥途).
명계(銘誡)圈 마음에 새기어 경계함. 하다
명고(鳴鼓)圈 ①북을 울림. ②〈제도〉성균관의 유생(儒生)이 죄를 졌을 때, 북에 그 이름을 써서 둥에 메고 관(館) 안으로 치고 돌아다니며 널리 알리던 일. 하다 [곡. famous music
명곡(名曲)圈 유명한 악곡(樂曲). 뛰어나게 잘 된 악
명공(名工)圈 이름난 장인(匠人). famous artisan
명공(名公)圈 이름난 재상(宰相). famous premier
명공(名公)圈 귀인(貴人). noble man
명공 거:경(名公巨卿)圈 이름난 재상과 높은 벼슬아치. famous premier and high dignitaries
명과(銘菓)圈 매우 맛이 좋은 과자.
명과(銘菓)圈 특별한 제법으로 만들고 독특한 상표가

붙은 좋은 과자.

명:과:기실(名過其實)명 이름만 좋을 따름이고 실상은 그렇지 못함. be good only in the name 하형

명:과:학(命課學)명 ①운명·길흉·화복을 연구하는 학문. ②〈제도〉조선조 때, 음양과(陰陽科) 초시(初試)의 시험 과목. [magistrate

명관(名官)명 행정을 잘하는 이름 높은 관원. famous

명관(名貫)명 성명과 본관(本貫). name and one's ancestral home town

명:관(命官)명〈제도〉조선조 때, 임금이 친림(親臨)하여 보이는 과거를 주재하던 시관(試官).

명관(明官)명 어진 정치를 베푸는 관리. ¶구관(舊官)이 ~이라. wise governor

명관(冥官)명 저승의 관원. 염마청(閻魔廳)에 있다는 관원. officials of the under-world

명관(鳴管)명 〈동〉울대.

명광(明光)명 밝은 빛. [teaching ②유교(儒敎).

명교(名敎)명 ①인륜의 명분을 밝히는 가르침. moral

명:교(命橋)명 〈동〉명다리.

명구[-구](名句)명 뛰어나게 잘된 글귀. 또, 유명한

명구(鳴鳩)명 〈동〉산비둘기. [글귀.

명구 승지(名區勝地)명 이름난 지역과 경치 좋은 곳. 명소지. noted place and beauty spot

명군(名君)명 총명하고 뛰어난 군주(君主). 명주(名

명군(明君)명 〈동〉명주(明主). [主).

명궁(名弓)명 ①활 잘 쏘기로 이름난 사람. expert archer ②유명한 활. 유서 깊은 활. noted bow

명:궁(命宮)명 ①사람의 생년월일시(生年月日時)의 방위(方位). ②〈민속〉십이궁(十二宮)의 하나. ③인상학(人相學)에서 양미간(兩眉間)을 말함.

명귀(冥鬼)명 저승에 가 있는 귀신. one's soul in Hades

명:근(命根)명 ①생명의 근본(根本). in most self 의 〈식물〉땅속으로 곧장 뻗은 근본 뿌리. 주근(主根).

명금(鳴金)명 징·바라를 쳐서 울림. 하타 [mainroot

명금(鳴禽)명 ①고운 목소리로 우는 새. song bird ②〈조류〉연작(燕雀) 따위의 날짐승.

명금-류[-뉴](鳴禽類)명 〈동〉연작류(燕雀類).

명기(名技)명 〈연〉명연기(名演技).

명기(名妓)명 이름난 기생. famous Keesaeng [sel

명기(名器)명 진귀한 그릇. 유명한 기물. novel ves-

명기(明記)명 뚜렷하게 기록함. writing clearly 하타

명기(明氣)명 ①맑고 아름다운 산천의 기운. beauty of a landscape ②환하고 명랑한 얼굴빛. cheerful countenance

명:기(命期)명 수명(壽命)의 기한. [물(器物).

명기(明器)명 장사지낼 때에 무덤 속에 묻는 여러 기

명기(銘記)명 〈동〉명심(銘心). 하타

명기(銘旗)명 장례식에 쓰이는, 죽은 사람의 성명을 적은 기. 〈유〉명정(銘旌). [官).

명기(鳴器)명 〈생물〉매미 따위의 소리내는 기관(器

명기 누골(銘肌鏤骨)명 마음에 간직하여 잊지 않는 것. 〈유〉명심(銘心). imprint upon one's mind

명:길-다(命―)[―따―](冖)다 ①생명을 유지하는 기간이 길다. ②어떤 물건의 수명이 길다.

명낭(鳴囊)명 〈생물〉개구리·맹꽁이 등의 수컷의 아래턱에 있는 주머니처럼 생긴 소리내는 기관. 울 때 불룩하게 되어 울림(共鳴)함.

명년(明年)명 내년(來年).

명념(銘念)명 〈동〉명심(銘心). 하타

명:-다리[―따―](命―)명 〈민속〉신불에게 소원을 비는 사람의 생년월일을 써서 천장 가까운 곳에 매다는 모시나 무명. 명건(命巾). 명교(命橋).

명단(名單)명 관계자의 이름을 죽 적은 표. 〈유〉명부(名簿). list of names

명단(明旦)명 내일 아침. 명조(明朝). [하타

명단(明斷)명 현명한 판단. 명결(明決). clear decision

명달(明達)명 총명하여 사리에 밝고 통달함. sagacity

하타 [담(格談). wise saying

명담(名談)명 ①사리에 맞고 멋있는 말. ②유명한 격

명답(名答)명 격에 들어맞게 썩 잘한 대답. excellent answer [답변.

명답(明答)명 아주 알맞고 똑똑한 대답. proper reply

명-답변(名答辯)명 분명한 답변.

명당(明堂)명 ①명당 자리①. ②무덤 앞에 있는 평지. front yard of a grave ③임금이 조현(朝見)을 받는 정전(正殿). state chamber

명당-손[―쏜](明堂孫)명〈유〉명당 자손(明堂子孫).

명당 자리[―짜―](明堂―)명 〈민속〉풍수설에서 나온 말로, 그 자리에 뫼를 쓰거나 집을 짓고 살면 부귀 영화를 누리는 자리. 명당①. ②썩 좋은 장소나 지위의 비유.

명당 자손[―짜―](明堂子孫)명 〈민속〉①명당에 묻힌 사람의 자손. ②잘 된 집안의 자제들. 〈약〉명당손.

명덕(明德)명 ①밝고 인도에 맞는 행동. 공명한 덕행. high virtue ②사람이 태어나면서부터 부여받은 밝은 심성(心性). ¶재명(在明) ~. inherent virtue

명도(名刀)명 이름난 칼. 명검(名劍). noted sword

명도(明度)명 〈미술〉색상·채도와 더불어 색의 3요소의 하나. 색의 밝기의 정도. 검정이 가장 낮고 흰색이 가장 높음. ②밝기. 밝은 정도.

명:도(命途)명 〈동〉명수(命數)①.

명도(明渡)명 ①성(城)이나 집을 비워 남에게 넘겨줌. evacuation ②〈법률〉토지·건물·선박 따위의 주인이 그 점유권을 남에게 넘겨 줌. eviction 하타

명도(明鑑)명 〈민속〉무당이 수호신(守護神)으로 삼고 위하는 청동 거울. 명두(明斗)①. ②대주.

명도(冥途)명〈불교〉사람이 죽어서 그 영혼이 간다는 암흑의 세계. 지옥·아귀·축생의 삼악도(三惡道)가 있다는 말. 명계(冥界). 명토(冥土). 황천(黃泉). 천하(泉下). Hades

명도(銘刀)명 명(銘)을 새긴 칼. [도하라는 명령.

명도-령(明渡令)명〈법률〉집이나 토지·선박 등을 명

명도 신청(明渡申請)명〈법률〉집주인에게 들어 있는 이들이 집을 비워 주지 않을 적에, 집주인이 집달리로 하여금 집을 비워 놓도록 법원에 청원하는 일. petition for eviction 하타

명도 할미(明圖―)명 →대주 할미.

명동(鳴動)명 울려서 진동(振動)함. ¶태산 ~에 서 일필(一匹). rumbling 하타

명두(明斗)명 ①〈동〉명도(明圖)①. ②〈동〉대주.

명두(鳴頭)명 →대주 할미.

명라(鳴螺)명 소라를 불어 울림. 하타

명란(明卵)명 명태의 알. pollack roe

명란(鳴鑾)명 임금의 수레에 달았던 방울.

명란-젓(明卵―)명 명란을 절여 담근 것.

명랑(明朗)명 마음·표정·목소리 등이 밝고 쾌활함. 〈대〉우울. 음울. brightness 하다 하타

명랑-보(明朗報)명 명랑한 소식. 〈약〉낭보(朗報).

명량(明亮)명 〈동〉양명(亮明). 하형 [하다. 하타

명려(明麗)명 산수의 경치가 밝고 고움. ¶산천이 ~

명:령(命令)명 ①윗사람이 아랫사람에게 내리는 분부. 〈약〉명(命)③. 영(令)①. 〈공〉하명(下命). command ②〈법률〉관청이 그 권한에 의하여 국민에게 발하는 법력. ordinance ③〈동〉처분령(處分令). ④〈법률〉재판장이나 법원의 기관인 법관이 그 권한에 속하는 사항에 관하여 행하는 재판. 하타

명령(蜈蛉)명〈곤충〉빛깔이 푸른 나방과 나비의 애벌레. ②양자(養子). [는 권한.

명:령-권[―꿘](命令權)명〈법률〉명령을 발할 수 있

명:령 규법(命令規範)명〈법률〉단순히 명령 또는 금지를 규정한 규범. 경찰 범규 따위.

명:령-문(命令文)명 ①명령하는 내용을 적은 글. ②〈어학〉'가거라·불을 꺼라·오지 말라' 등 명령을 나타내는 문장.

명:령법[一뻡][命令法]〈어학〉명령이나 요구의 뜻을 나타내는 화법(話法). 원칙적으로 이인칭에만 쓰이며, 우리 말에는 용언을 활용하여 씀. imperative mood [사람에게 주는 문서.
명:령-서(命令書)圈 명령의 내용을 써서 명령을 받는
명령-자(螟蛉子)圈〈동〉양아들.
명:령-조[一조](命令調)圈 명령하는 것 같은 어조. 「order tone
명:령 하:달(命令下達)圈 상관의 명령을 부하에게 전달함. giving order 하다
명:령 항:로(命令航路)圈 정부의 필요에 따라 해운업자에게 보조금을 주거나 세금을 면제하는 특권을 주어 가면서 그 경영을 명령하는 항로. government-directed service
명:령-형(命令形)圈〈어학〉명령·요구를 표시하는 동사 또는 조동사의 활용형. imperative form
명론(名論)圈 이름난 논문이나 이론. excellent opinion
명론 탁설(名論卓說)圈 이름난 논문과 탁월한 학설.
명료(明瞭)圈 분명하고 똑똑함. 명백. ¶간단(簡單)~. 하게 히튄
명류(名流)圈 명사(名士)의 무리. 또, 그런 사람. prominent figures
명륜-당(明倫堂)圈 성균관·향교(鄕校) 안의 유학(儒
명률(明律)圈〈제도〉조선조 때, 율학청(律學廳)의 한 벼슬. 「profit
명리(名利)圈 명예와 이익. 성리(聲利). fame and
명마(名馬)圈 이름난 말. fine horse
명막(冥漠)圈 까마득히 멀고도 넓음. vastitude 하튄
명:만-천하(名滿天下)圈 명문천하(名聞天下).
명망(名望)圈 널리 퍼진 이름과 인망. (약)망(望)②. good repute 「putation
명망-가(名望家)圈 명망이 높은 사람. person of re-
명=망천하(名望天下)圈〈동〉명문천하(名聞天下).
명매기(鳥類〉칼새과의 새. 제비와 비슷하나 좀 크며 등은 흑갈색, 허리에는 흰빛의 띠가 있고 턱 아래는 암갈색을 띰. 더운 지방에서 서식함. 호연(胡燕). needletailed swift
명:맥(命脈)圈 ①목숨과 맥박. string of life ②목숨을 이어가는 근본. something vital to life
명:맥 소:관(命脈所關)圈 목숨에 관계되는 바. fatal
명면(名面)圈 이름과 얼굴. name and face 「accident
명면 각지(名面各知)圈 이름과 얼굴을 각각 따로 앎. 하다
명멸(明滅)圈 ①불이 켜졌다 꺼졌다 함. 깜박임. flickering ②보였다 안 보였다 함. appearing and vanishing 하다
명:명(命名)圈 이름을 지어 붙임. naming 하다
명명(明明)圈 아주 환하게 밝음. 분명하여 의심할 바 없음. as clear as day 하다
명명(冥冥)圈 ①어두운 모양. darkness ②고원(高遠)하여 이해하기 어려움. difficult in understanding ③자연히 마음 가운데 느끼는 모양. 하다
명명 백백(明明白白)圈 아주 명백함. obvious 하다 히튄
명:명-식(命名式)圈 배·비행기 등에 이름을 붙이면서 베푸는 의식. christening ceremony
명명지-중(冥冥之中)圈 ①듣거나 볼 수 없이 은연 중. 조용하고 정성스러운 가운데. ②어두운 저승.
명모(明眸)圈 밝은 눈동자. 맑고 아름다운 눈동자. 미인(美人)을 형용하는 말.
명모 호치(明眸皓齒)圈 눈동자가 맑고 이가 희다는 뜻으로 미인을 형용(形容). beauty
명목(名木)圈 ①어떤 유서가 있어 이름난 나무. ②매우 훌륭한 향목(香木).
명목(名目)圈 ①표면상으로 내세우는 이름이나 명칭. 명호(名號)②. 제목(題目). appellation ②핑계. 이유. 구실. pretext 「음. death 하다
명목(瞑目)圈 ①눈을 감음. closing one's eyes ②죽
명목=론(名目論)圈〈동〉유명론(唯名論).
명목 소:득(名目所得)圈〈경제〉물가에 비하여 소득이 실질적으로 저하되었을 경우의 소득.
명목 임:금(名目賃金)圈〈경제〉화폐 금액으로 나타낸 임금액. 액수는 전과 같더라도 물가가 오르면 실질적으로 임금이 내린 셈이 됨. (대)실질(實質) 임금. nominal wages
명목 자:본(名目資本)圈〈경제〉실체 자본에 대한 투하 자본의 명칭. nominal capital
명목 장담(明目張膽)圈 두려워하지 아니하고 용기를 내어 분발하여 일함. make strenuous efforts 하다
명목-적(名目的)圈 사정이 따르지 않고 표면상의 명목만 갖추어져 있는(것). 또, 명목을 중히 여기는(것). (대)실질적(實質的). nominal
명목 화:폐(名目貨幣)圈〈경제〉실질적 가치와는 관계없이, 표시되어 있는 가격으로 통용되는 화폐. 지폐·은행권 따위. nominal money
명묘(名墓)圈 자손을 번창하게 하는 명당의 묘.
명무(名武)圈 지체가 높은 무반(武班).
명문(名文)圈 ①유명한 글. noted composition ②썩 잘된 글. fine composition 「(名閥). famous family
명문(名門)圈 문벌이 좋은 집안. 명가(名家)①. 명벌
명문(明文)圈 ①명백하게 증거될 문서. 증서. ②사리를 명확히 밝힌 글. express provision
명:문(命門)圈 ①(동〉명치. ②몸을 지탱하는 물질을 다루는 기관(器官).
명문(銘文)圈 ①글을 새김. ②마음속에 새겨 두어야 할 문장이나 말.
명문 거:족(名門巨族)圈 이름난 집안과 크게 번창한 겨레. powerful clan 「이 물에 빠진 사람.
명문 집어먹고 휴지 통 눌 놈쥐 염치를 모르며 언행
명=문천하(名聞天下)圈 이름이 천하에 널리 퍼짐. 명만천하(名滿天下). 명망천하. worldwide fame 하다 「stipulation
명문-화(明文化)圈 문서로 작성하여 명백하게 함.
명물(名物)圈 ①그 지방 특유의 이름난 물건. speciality ②특징이 있어 인기 있는 사람. famous man ③유명한 사물.
명:-수(名物數)圈 명목(名目)·사물(事物)·법식(法式)·수량(數量)의 총칭. 「ty 하다
명미(明媚)圈 곱고 아름다움. ¶풍광(風光)~. beau-
명민(明敏)圈 총명하고 민첩함. sagacity 하다
명반(明礬)圈〈화학〉황산알루미늄과 황산칼륨과의 복염(複鹽). 무색 투명의 결정. 수렴성이 있음. 매염제·제지 등에 쓰임. alum
명반-석(明礬石)圈〈광물〉칼륨과 알루미늄의 함수 황산염으로, 화성암이 변질한 것. 명반의 원료임.
명반-수(明礬水)圈 명반을 물에 풀어 녹인 액체. 소
명발(鳴鈸)圈〈동〉바라(哱囉). 「독·살충제로 씀.
명-배우(名俳優)圈 연기를 잘하여 이름난 배우. (약)명수(名優).
명백(明白)圈 아주 분명함. 명료. (대)애매. clear 하다
명백-성(明白性)圈 명백한 성질이나 특성. 튄 히튄
명벌(名閥)圈〈동〉명문(名門).
명벌(冥罰)圈 신불이 내리는 벌.
명법[一뻡](明法)圈 명백하게 되어 있는 법.
명변(明辨)圈 명백하게 변설. 명백히 말함. plain terms
명보(名寶)圈 이름난 보물. rare treasure
명복(名卜)圈 이름난 점쟁이. famous fortune-teller
명:복(命服)圈〈제도〉사대부(士大夫)의 정복(正服).
명복(冥福)圈 ①죽어서 그 사람을 위하여 불사(佛事)를 행하는 일. blessing for the dead ②죽은 뒤에 저승에서 받는 행복.
명부(名簿)圈 관계자의 성명을 기록한 장부. 녹적(錄籍). 명감. 명적(名籍). register of names
명:-부(命婦)圈〈제도〉종친의 딸과 아내. 문무관(文武官)의 아내들로 내(內)명부와 외(外)명부의 총칭. 봉호(封號)를 받은 부인.
명부(冥府)圈 저승. 황천(黃泉).
명부-전(冥府殿)圈〈불교〉지장 보살을 주로 하여 염

라 대왕 등 십대왕(十大王)을 봉안(奉安)한 절 안의 전각(殿閣).

명=부지(名不知)圀 이름을 모름. 또, 그런 사람. unknown first name 하타

명부지 성:부지(名不知姓不知)圀 이름도 성도 모름. 하타

명분(名分)圀 ①도덕상 반드시 지켜야 할 사람된 행위의 한계. 본분(本分). moral duty ②표면적인 평계. 명목(名目). justification

명:분(命分)圀 운수(運數).

명=불허전(名不虛傳)圀 이름이 헛되이 전하여진 것이 아니고, 마땅히 전하여질 만한 실상이 있어서 전하여짐.

명사(名士)圀 사회에서 널리 알려진 사람. celebrity

명사(名師)圀《동》명풍(名風).

명사(名詞)圀〈어학〉사물의 이름을 나타내는 품사. 이름씨. noun

명사(名辭)圀〈논리〉하나의 개념을 언어로 나타낸 것. term

명사(明沙)圀 매우 희고 깨끗한 모래. fine sand

명사(明絲)圀 명주실.

명사(榠楂)圀《동》모과.

명사(鳴謝)圀 깊이 감사함. 하타

명사(銘謝)圀 마음에 깊이 새겨 감사함. 명감(銘感).

명사(螟蛇)圀 양아들. heart felt thanks 하타

명사 고:불(名士古佛)圀 과거의 문파에 급제한 사람의 아버지. ㈜ 고불(古佛)④.

명사-관(明査官)圀 조선조 때, 중요한 사건을 밝게 조사하려고 감사(監司)가 특별히 보내던 임시 관리.

명사-구(名詞句)圀〈어학〉명사의 구실을 하는 구(句). noun phrase

명사-길(鳴沙-)圀 밟으면 첫소리가 울린다는 강원도 동해안의 고운 모랫길.

명사 어:미(名詞語尾)圀〈어학〉①체언 뒤에 붙어 쓰이는 조사를 독립된 품사로 인정하지 않는 체계의 학설에서 일컫는 말. ②독일어 따위에서 명사가 성·수·격에 따라 변화하는 부분. ending of a noun

명사-절(名詞節)圀〈어학〉명사의 구실을 하는 절(節). noun clause

명사-형(名詞形)圀〈어학〉용언(用言)에 '음' 또는 '기'를 더하여 용언의 구실을 하면서, 한편으로는 명사의 자격을 가지는 활용형. 죽음·죽기, 밝음·밝기 따위. 이름꼴. gerund

명산(名山)圀 이름난 산. noted mountain

명산(名産)圀《동》명산물.

명산 대:찰(名山大刹)圀 ①이름난 산에 있는 큰 절. ②이름난 산과 아주 큰 절.

명산 대:천(名山大川)圀 이름난 산과 큰 내. noted mountains and rivers

명산-물(名産物)圀 이름난 산물. ㈜명산(名産).

명산-지(名産地)圀 명산물이 나는 땅. 또, 그 지방.

명-삼채(明三彩)圀〈미술〉적(赤)·녹(綠)·황(黃)이나 적·녹·백(白)의 세 가지 잿물을 바른 명(明)나라 때의 도자기. 명자 삼채.

명상(名狀)圀 ①이름과 형상(形狀). name and form of a thing ②물건의 형상을 나타내어 말함. 형용(形容)함.

명상(名相)圀 ①이름난 재상(宰相). well known premier ②이름난 관상장이. famous physiognomist

명상(瞑想·冥想)圀 고요히 눈을 감고 생각함. meditation 하타

명상-곡(瞑想曲)圀〈음악〉명상적인 소곡(小曲).

명상-록(瞑想錄)圀 명상을 적은 글. meditations

명색(名色)圀 ①이름과 빛깔을 아울러 부르는 이름. ¶~이 호텔이지 여관만 못하다.

명색(明色)圀 밝은 빛. 환한 빛깔. ㈜암색(暗色).

명색(暝色)圀 해질 무렵의 어둑어둑한 빛. 모색(暮色).

명서-풍(明庶風)圀《동》동풍(東風).

명석(明夕)圀 내일 저녁.

명석(明晳)圀 분명하고 똑똑함. clearness 하타

명성(名聲)圀 세상에 널리 멀치 이름. 성명(聲名).

596

명아주

홍명(鴻名). fame

명성(明星)圀 ①《동》샛별. ②여러 사람이 그 덕행이나 기능을 우러러볼 만큼 뛰어난 사람의 비유.

명세(名世)圀 세상에 이름난 사람. noted person

명세(明細)圀 ①분명하고 자세함. minute ②셈하거나 셈한 속수량. 또, 내용을 자세히 밝힘. 내역(內譯). specification 하타 히타

명세-서(明細書)圀 어떤 내용을 자세하게 적은 문서.

명:세지:재(命世之才)圀 ①세상을 구원할 만한 인재. ability fit to save the people ②맹자(孟子)의 일컬.

명소(名所)圀 경치나 고적 따위로 이름난 곳.

명:소(命召)圀〈제도〉조선조 때, 임금의 뜻밖의 명령을 받고 곧 몰래 입궐하는 의정(議政)의 표.

명수(名手)圀《동》명인(名人)①. 이 차던 표.

명:수(名數)圀 ①사람의 수. number of persons ②〈수학〉단위의 이름과 수치(數値)를 붙인 수. 곧, 10원·10m 따위. ㈜불명수(不名數). denominate number

명:수(命數)圀 ①타고난 수명(壽命). 명도(命途). one's natural span of life ②운명과 재수. destiny

명:수-법(命數法)圀〈수학〉정수(整數)를 셀 때, 그 다소에 의하여 수단(數團)으로 나누어 간단한 말로 조직적으로 명명(命名)하는 방법. 십진법(十進法)이 그것. system of numeration

명-수:사(名數詞)圀〈어학〉명사의 구실을 하는 수사(數詞). 양수사나 量數詞). noun numeral

명-수죽백(名垂竹帛)圀 이름이 청사(靑史)에 길이 빛남.

명-순응(明順應)圀〈심리〉어두운 데서 밝은 데로 나갔을 때, 처음에는 눈이 부시다가 차차 정상 상태로 돌아가는 현상. ㈜암순응(暗順應). light adaptation

명승(名勝)圀 이름난 경치. ¶~고적(古蹟). ㈜경승(景勝). scenic beauty

명승(名僧)圀 학식(學識)과 덕망(德望)이 높아서 이름난 중. distinguished priest

명승-지(名勝地)圀 경치로 이름난 곳. 명구지(名區勝地). beauty spot

명시(名詩)圀 유명한 시. 아주 잘 지은 시. famous poem

명시(明示)圀 분명히 드러내 보이거나 가리킴. ㈜암시(暗示). clear statement 하타

명시(明視)圀 밝게 봄. 옳게 봄. clear vision 하타

명시 거:리(明視距離)圀〈물리〉눈을 정상으로 유지하면서 피로를 느끼지 않고 물체를 똑똑히 볼 수 있는 거리. 건강한 눈은 약 25 cm임.

명시-선(名詩選)圀 유명한 시를 모아 엮은 책. collection of famous poems

명신(名臣)圀 이름난 신하. 훌륭한 신하. eminent subject

명-실(名實)圀 이름과 실상. 소문과 실제. name and reality

명:-실(-命-)圀 명복(冥福)을 빌 때, 발원(發願)하는 사람이 쌀 담은 밥그릇에 꽂은 숟가락에 잡아맨 실.

명실 공히圀 이름과 실상이 같게. 소문과 사실이 다 같이. both in name and reality

명실 상부(名實相符)圀 이름과 실상이 어긋나지 않고 들어맞. being true to the name 하타

명심(銘心)圀 마음에 새겨 둠. 명간(銘肝). 명기(銘記). 명념(銘念). 명인(銘印). ㈜망각(忘却). impression on one's mind 하타

명심 불망(銘心不忘)圀 명심하여 오래오래 잊지 않음. engraving on one's memory 하타

명-씨=박이-다圀 눈동자에 하얀 점이 생겨 시력을 잃다. lose one's sight by cataract

명아(螟蛾)圀《동》명충나방.

명아자-여뀌圀〈식물〉마디풀과에 속하는 일년생 풀. 줄기 높이 1m 가량으로 홍색을 띄고, 6~9월에 홍자색 꽃이 가지 끝에 핌.

명아주圀〈식물〉명아주과의 일년생 풀. 줄기 높이 1~2m 가량이고 어린 잎은 선홍색으로 아름다움. 여름과 가을에 담녹색의 작은 꽃이 핌. 어린 잎과

종자는 식용하고 줄기로는 지팡이를 만듦. goose-
명아줏대(—대)명 명아주의 줄기. [foot
명안(名案)명 훌륭한 안(案). 좋은 생각. good idea
명-암(明暗)명 ①밝음과 어두움. light and darkness ②〈미술〉색의 농담(濃淡)과 밝음의 정도. shading ③기쁜 일과 슬픈 일. 명함. honour
명암(冥闇)명 캄캄함. 어두움. darkness 하명
명암 감:각(明暗感覺)명〈동〉무색 감각(無色感覺).
명암-등(明暗燈)명 신호등의 하나. 일정한 시간의 간격을 두고 명멸(明滅)하는 등불. occulting light
명암-법(—法)[—뻡]명〈미술〉회화(繪畫)에서, 명(明)과 암(暗)의 대비나 변화가 가져오는 효과를 노리는 화법(畫法). 음영법(陰影法).
명암 순:응(明暗順應)명〈심리〉명순응과 암순응.
명야(明夜)명 내일 밤. tomorrow night
명:야 복아(命也福也)명 연거푸 생기는 행복. series of happiness [remedy
명약(名藥)명 효력이 뛰어나서 소문난 약. wonderful
명=약관화(明若觀火)명 불을 보듯 환함. 뻔함. ¶~한 사실. as clear as the light 하명 [wise saying
명언(名言)명 이치에 맞게 썩 잘한 말. 유명한 말.
명언(明言)명 분명하게 말함. declaration 하명
명역(名譯)명 매우 훌륭하게 된 번역. 또, 그 작품.
명연(名演)명 훌륭한 연기·연출·연주.
명=연:기(—演技)명 아주 훌륭한 연기.《약 명기(名技). excellent performance
명예(名譽)명 ①세상에서 훌륭하다고 일컬어지는 이름. (대) 치욕(恥辱) ②〈윤리〉도덕적 존엄에 대한 자각, 또는 도덕적 존엄이 남에게 승인되고 존중·상찬되는 일. ③〈법률〉사람의 사회적인 평가 또는 가치. honour
명예 고립(名譽孤立)명〈역사〉1902년 영일(英日) 동맹을 맺기까지 영국이 세계 열강과 동맹을 맺지 않고 고립 정책을 썼던 것.
명예 교:수(名譽敎授)명 학술상이나 교육상으로 특별한 공로가 있는 이에게 대학에서 명예로 주는 교수 칭호(稱號). emeritus professor
명예-롭:—다(名譽—)[타여브]명예가 되다. **명예-로이**분
명예 박사(名譽博士)명 학술과 문화 연구에 뛰어난 공헌을 하였거나 인류 문화 향상에 특히 이바지한 사람에게 주는 학위. Honorary Doctor
명예 시:민(名譽市民)명 그 시에 거주하지 않는 사람으로서 그 시에 공적이 현저하거나, 깊은 연고가 있거나 하여 그 시의 시민권을 받은 사람. honorary citizen [honorary mayor
명예 시:장(名譽市長)명 명예직으로 담당하는 시장.
명예-심(名譽心)명 명예를 떨치려는 욕심. love of fame
명예 영사(名譽領事)명 본국에서 파견되지 않고 그 나라에 있는 본국인 또는 접수국(接受國)의 국민 중에서 위촉에 의하여 선임된 영사. honorary consul
명예-욕(名譽慾)명 명예를 얻으려는 욕망. lust of fame
명예 제대(名譽除隊)명〈군사〉전상(戰傷)이나 공상(公傷)을 입고 하는 제대. (대) 불명예 제대. honorable discharge 하명
명예-직(名譽職)명 봉급을 받지 않고 명예만으로 담당하는 공직. (대) 유급직(有給職). honorary post
명예 영사(名譽領事)[—녕—]명 본국의 영사의 사무를 촉탁받은 사람. 파견국으로부터 파견되지 않고 접수국에 거주하는 사람 가운데서 선임함. honorary consulate general
명예 퇴:직(名譽退職)명 20년 이상 근속한 공무원이 정년 전에 자진 퇴직함. 또, 그 일. 하명
명예 혁명(名譽革命)명 1688년 영국 국회가 제임즈 2세를 추방하고 윌리엄 3세를 옹립하여 권리 선언(權利宣言)을 하고 입헌 정치의 기초를 세운 혁명. Glorious Revolution
명예=형(名譽刑)명〈법률〉명예를 떨어뜨리는 형벌.

명작 소설

자격 정지·훈장의 박탈 따위. degradation
명예 회복(名譽回復)명 잃었던 명예를 다시 찾음.
명예 훼:손(名譽毁損)명 남의 체면을 더럽히고 떨어뜨림. ¶~죄(罪). libel [그러한 힘.
명오(明悟)명〈기독〉사물에 대하여 밝게 깨달음. 또,
명완(命頑)명 죽지 않고 모질게 삶. 하명
명원(冥園)명 사리에 어둡고 완고함. 하명 [ruler
명왕(名王)명 이름 높은 군주. 뛰어난 군주. wise
명왕(明王)명 ①정사에 밝은 어진 임금. wise king ②〈불교〉악마를 굴복시키는 무서운 얼굴을 한 신
명왕(冥王)명 염라 대왕(閻羅大王). [장(神將).
명왕-성(冥王星)명〈천문〉태양계의 가장 바깥쪽을 도
명:운(命運)명 운명(運命).
명월(明月)명 ①밝은 달. 백월(白月). bright moon ②음력 팔월 보름달. ¶중추(仲秋) ~. full moon
명월 위촉(明月爲燭)명 밝은 달빛으로 촛불을 대신함.
명월 청풍(明月淸風)명 밝은 달과 맑은 바람.
명월-포(明月砲)명 공중에 올라가 터지면서 밝아지는 딱총의 하나. firework
명:위(命位)명〈수학〉열치[寸]를 한 자[尺], 육십 분을 한 시간으로 정하는 따위와 같이 여러 등수(等數)에서의 한 등급의 단위 몇 개가 모여서 다른 등급의 단위가 되는 것을 정하는 일. numeration
명유(名儒)명 이름난 선비. famous Confucianist
명유(明油)명 들기름에 무명석(無名石)을 넣어 끓인 기름. 칠하거나 물건 결을 때 씀.
명윤(明潤)명 환하게 맑고 있는 윤기. 함명
명의(名義)명 ①명분과 의리. ②문서상의 이름. 명하(名下). 칭호. name
명의(名醫)명 병을 잘 고쳐 이름난 의사. noted doctor
명의(明衣)명 염습할 때, 죽은 사람에게 맨 먼저 입히는 옷.
명의 변:경(名義變更)명〈법률〉권리자가 변경되었을 때에, 그것에 대응하여 증권상 또는 장부상의 명의인(名義人)의 표시를 고쳐 쓰는 일. transfer of name
명의-인(名義人)명 ①법적 문서에 정식으로 이름을 내세운 사람. nominal person ②외형(外形)에 표시되는 표면상 명목(名目)의 주체.
명이(明夷)명〈역〉→명이괘.
명이-괘(明夷卦)명〈민속〉육십사괘의 하나. 곤괘(坤卦)와 이괘(離卦)가 거듭된 것으로, 밝음이 땅속에 들어감을 상징함. 《약 명이(明夷).
명이-주(明耳酒)명〈동〉귀밝이술.
명인(名人)명 ①이름이 난 사람. 명수(名手). ②기예에 능한 사람. master
명인 방법(明認方法)명〈법률〉입목(立木)·뽕·감 등의 미분리(未分離) 과실에 관하여 관례에 따라 등기 대신으로 하는 대항 요건으로서 효력을 인정받는 특수한 공시(公示) 방법. 뽕나무 밑의 기입인 나뭇 -새끼줄을 치고 팻말을 세우는 일 따위.
명일(名日)명 ①〈원〉→명절. ②명절·국경일의 통칭.
명일(明日)명〈동〉내일(來日). [〈동〉명결①.
명:일(命日)명〈동〉기일(忌日).
명-자[—짜](名字)명 ①이름 자(字). name ②세상에 널리 소문난 평판. ¶~ 났다. fame
명자(名刺)명〈동〉명함(名銜).
명자(明瓷)명 중국 명나라 때의 자기(瓷器).
명자-나무(榠樝—)명〈식물〉능금나무과의 낙엽 활엽 관목. 이가 근처에 심는데 가시가 있으며, 봄에 흰 꽃이 가지 끝에 핌. 과실은 약용·식용함.
명:—자리[—짜—](命—)명〈동〉급소(急所)①.
명자 사미[—짜—](名字沙彌)명〈불교〉스무살 이상으로 수행(修行)을 못 마친 중.
명자 삼채(明瓷三彩)명〈동〉명삼채(明三彩).
명작(名作)명 뛰어난 작품. masterpiece
명작 소:설(名作小說)명〈문학〉뛰어난 소설. fine piece of literature

명장(名匠)〖명〗 ①이름난 장인(匠人). skillful workman ②유명한 조각가·건축가. 《유》명공(名工). famous artist

명장(名將)〖명〗 이름이 높은 장군이나 장수. famous general 〖법칭〗(汎稱).

명장(明匠)〖명〗 ①학문·기술에 뛰어난 사람. ②'중'의 높임말.

명=장자(明障子)〖건축〗얇은 종이를 바르거나 유리를 끼어 환하게 만든 장지. 《대》맹장자.

명재(名宰)《약》→명재상.

명:=재:경각(命在頃刻)〖명〗목숨이 곧 끊어질 지경에 이름. being on the brink of death

명재:명=간(明在明間)〖명〗내일이나 모레 사이.

명=재:상(名宰相)〖명〗명성이 높은 재상. 《약》명재.

명저(名著)〖명〗훌륭한 저술(著述). 유명한 저서. notable work

명적(名籍)〖명〗명부(名簿).

명적(鳴鏑)〖명〗우는살.

명전(明轉)〖명〗〈연예〉연극에서 막을 내리지 않고 조명이 되어 있는 채 무대를 전환하는 일. 《대》암전(暗轉). revolving the stage in the light

명절(名節)〖명〗 ①명일(名日) 때의 좋은 시절. 명일(名日)②. gala day ②명예와 절조(節操). honour and integrity ③명분과 절의(節義).

명정(明正)〖명〗올바르게 밝힘.

명정(明淨)〖명〗밝고 맑음. 하타

명정(酩酊)〖명〗몸을 가눌 수 없도록 술에 몹시 취함. 대취. intoxication 하타 [기(旗).

명정(銘旌)〖명〗죽은 사람의 품계·관직·성씨를 기록한

명정=거리(銘旌—)〖명〗죽은 뒤에 명정에라도 올릴 재료라는 뜻으로, 번번하지 못한 사람이라면 지나친 행동을 비웃는 말. [집어냄. 하타

명정 기죄(明正其罪)〖명〗명백하게 그 죄명(罪名)을 꼭

명정 언순(名正言順)〖명〗뜻이 바르고 말이 이치에 맞음. 하타

명정 월색(明淨月色)〖명〗밝고 맑은 달빛.

명:제(命題)〖명〗 ①글의 제목을 정함. 또, 그 제목. give a subject ②〈논리〉논리적 판단을 언어나 기호로 표현한 것. proposition ③〈수학〉정리(定理)와 작도제(作圖題)의 총칭. proposition 하타

명조(明條)〖명〗직접적으로 어떤 사항을 규정한 명문(明文).

명조(明朝)〖명〗 ①내일 아침. 명단. 《대》작조(昨朝). tomorrow morning ②명나라 조정. ③《약》→명조체(明朝體). [favor

명조(冥助)〖명〗은근히 입는 신불(神佛)의 도움. divine

명조(冥曹)〖명〗죽은 사람을 거두는 곳에 있다는 관청. 명부(冥府).

명=조상(名祖上)〖명〗세상에 이름난 조상.

명조지=손(名祖之孫)〖명〗이름난 조상의 자손.

명조=체(明朝體)〖인쇄〗중국 명나라 때의 서풍(書風)을 따른 활자체. 내리긋는 획은 굵고 건너긋는 획은 가늚. 활자체의 당체(唐體)②. 명조 활자. 《약》명조(明朝)③. Ming-style printing type

명조 활자(—活字)〖명〗명조체(明朝體).

명족(名族)〖명〗이름난 집안의 겨레. 또, 유명한 족속(族屬). 저성(著姓). famous family

명존 실무(名存實無)〖명〗이름뿐이고 실상은 없음. 유명 무실(有名無實). 하타 [moment of death

명=즉지=추(命卒之秋)〖명〗거의 죽게 된 때.

명종(鳴鐘)〖명〗종을 쳐서 울림. ringing the bell 하타

명좌(瞑坐)〖명〗눈을 감고 조용히 앉음. 하타

명주(明主)〖명〗총명한 임금. 명군(明君). 《대》암군(暗君). wise lord

명주(明珠)〖명〗 ①아름다운 구슬. bright pearl ②두만강·대동강에서 나는 방합(蚌蛤) 속의 진주. pearl in a calm shell

명주(明紬)〖명〗명주실로 무늬 없이 짠 피륙. 면주(綿紬). silks without figures

명주(溟州)〖명〗큰 바다 가운데에 있는 섬.

명주(銘酒)〖명〗특별한 제법으로 빚고 독특한 상표를 붙인 좋은 술. superior rice wine

명주고름 같다(明紬—)〖명〗성질이 매우 곱고 보드랍다.

명주-바람(明紬—)〖명〗가냘픈바람.

명주-불이[—부치](明紬—)〖명〗명주실로 짠 각종 피륙.

명주-실(明紬—)〖명〗누에고치에서 뽑아 낸 실. 면주실. 명사(明絲). 주사(紬絲). silk thread

명주옷은 사촌까지 덥다〖속〗친근한 사람이 부귀한 몸이 되면 그 도움이 자기에게도 미친다.

명주 자루에 개똥〖속〗겉치장은 그럴 듯하나 속은 더럽고 우악한 사람을 이름.

명주-전(明紬廛)《동》면주전(綿紬廛).

명주=조개(明紬—)〖동〗개가죽조개. [쓰이는 줄.

명:=줄[—쭐—]〖명〗쟁기에 딸린 것으로 탕개를 트는 데

명:=줄[—쭐](命—)《속》수명(壽命). [하타

명:중(命中)〖명〗겨냥한 곳에 바로 맞음. 쏘아 맞힘.

명:중=률(命中率)〖명〗목표물에 명중하는 비율.

명:=탄(命彈)〖명〗목적물에 바로 들어맞은 탄환. (direct) hit

명증(明證)〖명〗 ①명백한 증거. clear evidence ②명백히 증명함. 명징(明徵). clear proof ③〈철학〉간접적인 추리에 의하지 아니하고 직관적으로 진리임을 알 수 있는 일. 직접적 확실성. evidence 하타

명지(名地)〖명〗이름난 땅. noted place

명지(名紙)〖명〗《동》시지(試紙).

명지(明知)〖명〗확실히 앎. 하타

명지(明智)〖명〗총명한 지혜. sagacity

명지(銘誌)〖명〗묘비에 적는 글. 지명(誌銘).

명지-바람(明—)〖명〗보드럽고 흐느적거리는 바람. 《원》명주바람. gentle breeze

명지 적견(明智的見)〖명〗 ①밝은 지혜와 적실(的實)한 견해. wisdom and insight ②환히 알고 적실하게 봄. 하타

명질〈←名日〉〖명〗해마다 음력으로 정해 놓고 민속적으로 즐기는 날. 설·단오·한가위 등. a gala day

명징(明徵)《동》명증(明證)②. 하타

명징(明澄)〖명〗밝고 맑음. lucidity 하타 [함. 하타

명:찬(命撰)〖명〗임금이 신하에게 책을 찬술하도록 명

명찰(名札)〖명〗이름·소속을 써서 가슴에 다는 표. 명패(名牌)③. name plate

명찰(名刹)〖명〗이름난 절. 유명한 절. famous temple

명찰(明察)〖명〗분명히 살핌. penetration 하타

명창(名唱)〖명〗뛰어나게 잘 부르는 노래. 또, 그 사람. ¶ ~ 대회. excellent singing, great singer

명창(明窓)〖명〗볕이 잘 드는 창. sunny window

명창(明暢)〖명〗 ①목소리가 밝고 시원함. ②논지(論旨)가 분명하고 조리가 있음. 하타 히타

명창 정:궤(明窓淨几)〖명〗밝은 창에 정결한 책상. 곧, 검소하게 꾸민 깨끗한 방.

명천(名川)〖명〗유명한 하천(河川). noted river

명천(明天)〖명〗 ①내일. ②공명 정대(公明正大)한 하느님. Heaven ③밝은 하늘.

명=천자(明天子)〖명〗총명한 천자. [한 세상.

명천지-하(明天之下)〖명〗총명한 임금이 다스리는 태평

명철(明哲)〖명〗현명하여 사리에 밝음. wisdom 하타

명철 보:신(明哲保身)〖명〗일을 처리함에 있어서 잘 생각하여 자기 일신을 그르치지 않고 보존함. 하타

명첩(名帖)〖명〗명함(名銜)①. [《속악》.

명청-악(明淸樂)〖명〗〈음악〉명나라와 청나라의 속악

명:초(命招)〖명〗임금의 명령으로 신하를 부름. calling a subject 하타

명촉(明燭)〖명〗밝은 촛불. bright candle

명추(明秋)〖명〗내년 가을. next autumn

명춘(明春)〖명〗내년 봄. next spring

명충(螟蟲)〖명〗《동》마디충②. 《약》→명충나방.

명충=나방(螟蟲—)〖명〗〈곤충〉명충나방과의 곤충. 몸 길이 약 1 cm, 편 날개 길이 2.5 cm, 몸 빛은 담회갈색에 앞날개는 좀 짙고 황갈색 또는 암회갈색이며, 뒷날개와 북부는 힘. 마디충나비. 명아(螟蛾). 《약》명충②. pearl-moth

명:치〈생리〉가슴 한가운데 우묵하게 들어간 곳. 명문(命門)①. 구미(鳩尾). 심와. pit of the stomach
명:치-끝图〈생리〉명치뼈의 아래쪽.
명:치-뼈图〈생리〉명치에 내민 뼈.
명칭(名稱)图 사물을 부르는 이름. 호칭(號稱). 기호(記號)④. name
명-콤비(名 combination)图 호흡이 아주 잘 맞는 사이.
명쾌(明快)图 ①말이나 글의 조리가 분명하여 시원스러움. clarity ②기분이 상쾌함. lucidity 하다 히다
명:탁(命濁)图〈불교〉오탁(五濁)의 하나. 인생의 수명이 짧아서 백 년을 채우기 어려움.
명태(明太)图 맑게 거른 막걸리.
명태(明太)图〈어류〉대구과의 바닷물고기. 몸은 대구와 비슷하나 홀쭉하고 길며 길이가 60 cm 가량됨. 한류성 어종(魚種)으로 동해에서 잡히며, 중요 수산물의 하나가 됨. pollack
명토(名-)图 일부러 꼭 잡아 말하는 이름이나 설명. 따위り. indication
명토(冥土)图《冥途》.
명토-박-다(名-)图 누구라고 꼭 지명하다. indicate
명투(明透)图 분명하고, 빤함. conversance 하다
명판(明判)图 훌륭하게 내린 판결·판단. 图《약》→명판관(名判官)
명판(名板)图 ①기관(機關)·회의(會議) 등의 명칭을 적어서 여러 사람이 볼 수 있는 자리에 달아 놓는 판. ②기계·기구 등에 붙이는 상표 따위와 함께 공장·기호 등의 이름을 적은 조각. 图→명찰(名札)②
명-판관(名判官)图 훌륭한 제판관. 이름난 판관. 《약》→명관(名官)
명패(名牌)图 ①이름이나 직위를 써서 책상 위에 놓는 세모진 나무의 패. ②문패. 图《동》명찰(名札). name plate
명:패(命牌)图〈제도〉①임금이 높은 신하를 부를 때 보내는 '命'자 쓴 나무 패. ②형장으로 보내는 사형수의 목에 걸던 패.
명패(銘佩)图《동》명함(銘心). 하다
명편(名片)图 명함.
명편(名篇)图 썩 잘된 책이나 작품.
명품(名品)图 뛰어난 물건이나 작품. 이름난 물건이나 작품.
명풍(名風)图 이름난 지관(地官). 명사(名師).
명필(名筆)图 ①잘 쓴 글씨. excellent writing ②글씨 잘 쓰기로 이름난 사람. good hand
명하(名下)图 이름. 명의(名義)②.
명-하-다(名-)[匣](巨)이름을 붙이다.
명:-하-다(命-)[匣]①명령하다. ¶양심이 명하는 바. ②임명(任命)하다. order, appoint ③명령(命名)하다. name 「맞이 높은 사람. master
명하-사(名下士)图 문예(文藝)에 재주가 있거나, 명
명하-전(名下錢)图 돈을 거둘 때, 앞앞이 배당된 돈.
명:한(命限)图 목숨의 한도. limit of one's life
명함(名銜·名啣)图 ①자기의 성명·주소·직업·신분 등을 적은 종이쪽. 명자(名刺). 명첩(名帖). 명편(名片). visiting-card ②《공》남의 성명. 성함(姓銜): your name
명함-지(名銜紙·名啣紙)图 ①명함. visiting-card ②명함 박는 데 쓰는 종이. paper used for visiting-card
명함-판(名銜判·名啣判)图 크기가 명함만한 사진판. 길이 8.3 cm, 너비 5.4 cm 쯤 됨. carte-de-visite
명해(明解)图 분명하거나 풀이함. clear interpretation
명해(溟海)图 망망(茫茫)한 바다.
명향(鳴響)图 소리가 메아리처럼 울려 퍼짐. 「하다
명현(名賢)图 이름난 어진 사람. man of great wisdom
명현(明賢)图 밝고 현명함. 또, 그러한 사람. sage
명현(瞑眩)图 어지럽고 눈앞이 킴킴함. bitter
명호(名號)图 ①이름. 이름과 호. title, name and penname ②《동》명목(名目)①. 「tion 하다
명호(明護)图 드러나지 않게 보호함. divine protec-
명화(名花)图 이름난 꽃. celebrated flower ②이름난 기생. 아름다운 기생. celebrated Keesaeng
명화(名華)图 '명문(名門)'의 딴이름.
명화(名畵)图 ①잘된 그림이나 영화. excellent picture ②유명한 그림. famous picture ③그림을 잘 그리는 사람. master painter
명화(明火)图〈건축〉장지문의 한가운데에 종이가 한 겹만 발라서, 불이 밝게 비치게 한 부분.
명화-적(明火賊)图 ①图 불한당(不汗黨). ②〈역사〉조선조 25대 철종 연간에 횡행하던 도둑의 무리.
명확(明確)图 아주 확실함. 뚜렷함. clearness 하다 히다 「government post
명환(名宦)图 중요한 자리에 있는 벼슬. important
명후-년(明後年)图《동》내후년(來後年).
명후-일(明後日)图《동》모레.
명훈(名訓)图 훌륭한 교훈(敎訓). good lesson
명훈(明訓)图 사리에 올바른 교훈.
명희(名姬)图 '명기(名妓)'를 달리 이르는 말.
몇图 확실하지 않은 수효. how many 图 수효가 확실치 않음을 나타내는 말. ¶모두 ~ 명인가.
몇몇[면면]图 적은 수효를 막연하게 이르는 말. ¶~이 놀러 갔더니 보다. some
메구(袂口)图《동》소맷부리. 「하다
메별(袂別)图 작별함. 섭섭히 헤어짐. leave-taking
모[1]图 ①옮겨 심기 위하여 가꾸어 기른 벼의 싹. rice-sprouts ②모종. 묘목(苗木). seeding
모[2]图 윷가락의 네 짝이 다 엎어진 때의 일컬음. 끗수는 다섯 끗임.
모[3]图 ①물건이 겉죽으로 쑥 나온 끝. angle ②〈수학〉둘 이상의 직선이나 평면이 만나 이룬 도형(圖形). 각(角). angle ③성질이나 사물의 특히 표나게 된 점. ¶~가 나다. angularity ④图→모서리②. ⑤사물의 어떤 측면이나 각도. ¶여러 ~로 살피다. ⑥두부나 묵을 비모나게 지어 놓은 물체. ¶두부 ~가 크다.
모[4][의명] 두부나 묵 따위의 수효를 세는 말. ¶두부 세 ~. cake of (bean curd)
모(母)图 어머니. 어미. mother
모(茅)图 제사의 강신(降神) 때 쓰는 모사(茅沙) 그릇에 꽂는 때 또는 솔잎의 묶음.
모:(某)图 아무개. ¶김(金)이 아무라고 말하더라. 图 아무. ¶~처(處). certain (Mr. —, place)
모(毛)图 십지 급수의 하나로서 '이(厘)'의 10분의 1, '분(分)'의 100분의 1. [의명] '이(厘)'의 아래로서 10분의 1을 나타내는 단위로 길이에서는 치·촌(寸)의, 무게에서는 돈의, 금전에서는 냥(兩)·원의 각각 1000분의 1임.
모:(mho)[의명]〈물리〉전기 전도도(傳導度)의 단위. 단면적 1 cm², 길이 1 cm의 물체의 전기 저항이 1Ω일 때에 그 물체의 전도도를 가리킴.
모图 (고) 뫼. 산(山). 「[리. boss
모가图 막돌이군이나 광배 같은 낮은 패의 우두머
모-가새(名-)图〈농업〉모 한 춤의 3분의 1을 가리킴.
모가-쓰-다[-쓰다][불규] 옷놀에서, 모개로 한꺼번에 쓰다.
모가지图 ①목. neck ②해고(解雇). ¶당직 ~다.
모가지图 제 차지로 돌아오는 몫. ¶이것은 내 ~다. one's share
모각(模刻)图 원본(原本)을 모사(模寫)하여 판목(版木)에 새김. copied engraving 하다
모각-본(模刻本)图〈인쇄〉대본(臺本)인 사본(寫本)을 본떠서 각각(刻刻)한 인쇄본.
모간(毛茛)图《동》미나리아재비.
모간(毛幹)图〈생리〉모근(毛根)이 벗어나 피부 밖으로 나온 털의 부분. 图→모근.
모감(耗減)图《동》모손(耗損).
모감-주(식물)图 모감주나무의 열매. soapberry
모감주-나무(식물)图 무환자과(無患子科)의 낙엽 교목. 줄기 높이 10 m 가량으로 잎은 난형이고 여름에 누른 꽃이 핌. 사원·묘지·촌락 부근에 심는데, 종자는 염주(念珠)로 쓰임. soapberry plant
모감주 염-주(-念珠)图〈불교〉모감주로 만든 염주. 빛은 검고 알이 연납 같음.
모:강(母薑)图 씨로 쓰는 새앙.

모개(고)명. 통로의 가장 중요한 길목.

모개-로뿐 한데 몰아서. in the lump

모개-흥정명 모개로 흥정하는 일. dealing in the lump

모갯-돈명 액수가 많은 돈. 모개로 된 돈. 목돈. 뭉돈. lump sum

모:건[―껀]〈某件〉명 어떤 일. 사건. 『―는 것.

모:걷기〈建築〉명 목재의 모를 깎아 건어 둥글게 하―

모걸음명 앞이나 뒤로 걷지 아니하고 모로 걷는 걸

모걸음-질명 모로 걷는 걸음질이. ―을.

모:경〈冒耕〉명 임자의 허락 없이 남의 땅에 농사지―. cultivating in other's land without permission

모:경〈暮景〉명 저녁 때의 경치. 만경(晩景). ―하타

모:경〈暮境〉명 늘그막.

모:계〈母系〉명 어머니의 계통. 『~ 혈족. ~ 친족. 《대》 부계(父系). maternal line

모계(牡桂)〈식물〉육계(肉桂)의 하나. 껍질은 얇고 기름과 살이 적음. 껍질은 건위 강장제(健胃強壯劑)로 씀. 목계(木桂). 『어 적을 속이는 것. ―하타

모계(謀計)명 ①꾀와 계교. ②군사상의 이익을 위한

모:계 가족(母系家族)명 어머니 쪽의 혈연 계통을 이은 가족. 《대》 부계 가족.

모:계 부화(母鷄孵化)명 어미닭에 알을 품겨 병아리를 까게 함. hatching

모:계 제:도(母系制度)〈사회〉혈통이나 상속 관계가 어머니의 혈통을 따라 구성되는 원시적 사회 제도. maternal system

모:계 중심 사:회(母系中心社會)〈사회〉어머니의 혈통을 중심으로 한 원시 사회. maternal system

모:계-친(母系親)명 어머니 쪽의 혈족. 모계 혈족. 《대》 부계친.

모:계 혈족(母系血族)명 모계친.

모곡(耗穀)〈제도〉환자(還子)를 받을 때 미리 축낼 것을 짐작하고 매섬에 몇 되씩을 더 받던 곡식.

모골(毛骨)명 터럭과 뼈. hair and bone

모골이 송연하다명 끔찍스러운 느낌으로 몸이 으쓱하여지고 뼈가 쭈뼛하다. 『모골이 송연해하다.

모공(毛孔)명 털구멍. pores 『참혹한 광경.

모과(―菓)명 네모나게 만든 과줄. 방과(方菓). 방약과(方藥菓). square cake [quince

모:과(木瓜)명 모과나무의 열매. 명사(榠楂). Chinese

모:과-나무(木瓜―)〈식물〉능금나무과의 낙엽 활엽 교목. 높이 6m 가량으로 4월에 담홍색 꽃이 핌. 과실은 커다란 타원형으로 방향(芳香)이 나며 가을에 누렇게 익음. 과실은 모과라 하여 약재로 쓰임. Chinese quince

모:과-수(←木瓜熟)명 ①모과를 꿀에 담가 삭힌 음식. sliced Chinese quince in honey ②파인애플의 껍질을 벗기고 썰어서 설탕물에 담근 통조림. canned pineapple 『떡.

모:과-편(木瓜―)명 모과 가루에 녹말을 섞어 만든

모관(毛冠)명 ①〈기독〉성직자가 미사 때에 쓰는 사각 모자. 추기경은 홍색, 신부 이하는 흑색임. ②더부룩한 털로 된 새의 벼슬.

모관(毛管)명(―부치)→모세 혈관(毛細血管).

모관(某官)명 어떠한 벼슬. 아무 벼슬.

모관-수(毛管水)명 ①〈건축〉토질내에서 지하 수위보다 높이 올라와 있는 물. ②〈지리〉지표 근처의 토양의 입자 사이를 채우고 있는 지하수의 하나. 식물의 뿌리의 의하여 빨아들여짐. 《대》 중력수(重力水). [力).

모관 인:력(毛管引力)명〈약〉→모세관 인력(毛細管引

모관쥬(고)〈모감주.

모:교(母校)명 자기의 출신 학교.

모:교(毛敎)명(―부치) [tection against cold

모구(毛具)명 털로 만든 방한구(防寒具). woolen pro-

모구(毛球)〈생리〉작은 구상(球狀)의 도독한 모양. 모근(毛根)의 최심부(最深部).

모구(毛毬)명 옛 사구(射毬)에 쓰이던 공. 지름 28 cm 가량의 공을 채로 결어서 털가죽으로 싸고 고리를 달아 긴 끈을 꿰었음.

모:국(母國)명 ①주로 외국에 있는 사람이 자기가 출생한 나라를 가리키는 말. ②따로 떨어져 나간 나라가 그 본국(本國)을 가리킴. mother country

모:국-어(母國語)명 ①자기 조국의 말. ②여러 민족 국가에서 국어 또는 외국어에 대하여 자기 민족 고유의 언어를 가리키는 말. one's mother language

모군(募軍)명 ①(―동) 모군꾼. ②(―동) 모병. ―하타

모군-꾼(募軍―)명 토목 공사 같은 데서 삯을 받고 품팔이하는 사람. 모군(―).

모군-삯[―싹](募軍―)명 모군의 품삯. wages

모군-서-다(募軍―)타 모군(募軍)이 되어 일을 하다. work as an earth worker

모군-일[―닐](募軍―)명 토목 공사 같은 일. ―하타

모:권[―꿘](母權)명 ①어머니로서의 권리. maternal rights ②원시 가족 제도에서 어머니가 행사하던 지배권. (대) 부권(父權). matriarchy

모:권-설[―꿘―](母權說)〈사회〉고대에 있어서 부권의 존재에 선행하여 어머니가 가정뿐 아니라 사회의 지배권도 가졌던 시대가 있었다고 하는 설. theory of metronymy

모:권-제[―꿘―](母權制)〈사회〉여자가 사회·경제·정치·종교 등 모든 분야에서 남자의 상위에서 지배권을 장악하는 제도. 《대》 부권제(父權制). matriarchal system

모규(毛竅)명 털구멍. pores 「서 피가 나오는 병.

모규 출혈(毛竅出血)〈한의〉온몸의 여러 털구멍에

모극(矛戟)명 쌍날 창과 창날 두 갈래로 갈라진 창. halberd 《대》 모간(毛幹). root of hair

모근(毛根)〈생리〉털구멍 속에 박힌 터럭의 뿌리.

모근(毛菫)명(―동) 미나리아재비. 「씀.

모근(茅根)명〈한의〉띠의 뿌리. 지혈제(止血劑)로

모금의명 물 따위가 입 안에 차는 분량. 『물 한 ~. draught

모금(募金)명 기부금을 모음. money raising ―하타

모:기〈곤충〉모기과[蚊科]와 구정모기과의 곤충의 총칭. mosquito 〈대〉 모기과에 딸린 곤충의 하나. 몸 길이 0.5~1.5 cm 가량으로 몸 빛은 흑갈색임. 투명한 한 쌍의 날개가 있고 주둥이는 뾰족함. 암컷은 사람과 가축의 피를 빨며, 유충은 장구벌레라 하며 세균·미생물을 포식함.

모기(毛起)명 놀랐을 때에 두려울 때 몸의 털이 곤두섬. 또는 소름이 끼침. hair raising 「까지의 나이.

모기(耄期)명 ①아흔 살의 노인. ②여든 살에서 백 살

모기 다리의 피 빤다관 교활한 수단으로 딱한 사람을 착취한다. 「〈수학〉각기둥. 《대》 원기둥.

모-기둥명 ①〈건축〉모가 난 기둥. ②되리기둥.

모기-떼명 모기가 많이 모여 달려드는 떼.

모:기 발순[―쑨](―發順)〈발―〉어둑어둑한 무렵 모기떼가 웡웡거리면서 빙빙 도는 일. ―하타

모기 보고 칼 빼기관 하찮지 아니한 일에 너무 성을 내어 덤비다. 전문 발검(見蚊拔劍).

모:기-붙이[―부치](―곤충〉모기붙이과의 곤충. 모기와 비슷한데 몸이 연약하고 다리는 길며, 황갈색임. 흡혈하지는 않고 물에 사는데 낚싯밥에 사용함.

모:기-작(冒耭作品)(명) 감작(膺作).

모:기-장(―帳)명 모기를 막으려고 치는 장막. 문장(蚊帳). mosquito net

모:기-향(―香)명(―부치) 모기를 쫓기 위하여 피우는 제충국(除蟲菊)을 원료로 하여 만든 향. mosquito incense stick

모:깃-불명 연기를 피우어서 모기를 쫓는 불. smudge

모:깃-소리명 ①모기의 날아다니는 소리. buzzing ②아주 가냘픈 소리의 비유. thin voice

모꼬지명 놀이나 잔치 따위의 일로 여러 사람이 모임. gathering of people ―하타

모:끌[명〈수학〉모 또는 끝이 진 형상. angle

모-끼[명 나무 모서리를 우리는 데 또는 대패.

모-끼-연(―椽)명〈건축〉지붕 양쪽 마루리에 대는 부

모나다

연(婦戀)의 서까래.
모=나=다囯 ①물건의 거죽에 모가 생기다. ¶모난 돌. be pointed ②하는 일에 남다름이 있다. be unusual ③언행이 원만하지 못하고 남을 찌름이 있다. ¶모난 성격. be rough ④돈이나 물건이 아주 보람있다. ¶돈을 모나게 쓰다. be useful ⑤일이나 말에 특히 유표(有表)한 점이 있다.
모나드(monad)명 ①〈철학〉실제(實在)를 구성하는 궁극의 물적·심적 요소. 단자(單子). ②〈화학〉일가 원소(一價元素). 원자가(原子價) 단위.
모나드=론(monad 論)명 라이프니츠의 단자론(單子論). 실제를 비공간적 정신적 단자로 보고 이 형이상학적 점(點)으로서의 모나드는 상호 독립의 실체로서 활동력(活動力)이라고 규정하여 모나드 상호간의 조화 관계는 신(神)이 예정한 것이라고 하는 설.
모나 리자(Mona Liza)명〈미술〉1500년경 이탈리아의 화가 다빈치가 그린 여인상. 신비적(神祕的)인 미소로 유명함.
모=나무명 모가 되는 어린 나무. 묘목(苗木). 나무모.
모나미(mon ami 프)명 ①나의 벗. ②나의 애인.
모나즈=석(monaz 石)명〈광물〉세륨·토륨·지르코늄·이트륨 따위를 포함한 광석. 단사 정계(單斜晶系)로 주상 결정(柱狀結晶). 괴상(塊狀) 또는 사상(砂狀)으로 색은 황·갈·적색. 희토류 원소(稀土類元素)의 중요 원소로, 경도(硬度)는 5 내지 5.5임.
모난 돌이 정 맞는다囯 ①두각(頭角)을 나타내는 사람이 남에게 미움을 받게 된다는 말. ②강직한 사람은 남의 공박을 받는다는 말.
모낭(毛囊)명〈생리〉모근(毛根)을 싸고 털의 영양을 맡아보는 주머니. hairfollicle
모낭=충(毛囊蟲)명〈곤충〉모낭에 기생하는 병원충.
모=내=기명〈농업〉모를 내는 일. 이앙(移秧). 모심기. planting of young rice plants 하다
모=내=다囯 ①모를 옮겨 심다. transplant rice plants ②모심을 내다. 모심다.
모=내=다囯 모나게 고르다. make angular
모델 메탈(Monel metal)명〈화학〉니켈 67%, 구리 28% 외에 철·망간·규소를 포함하는 합금의 상품명.
모:녀(母女)명 어머니와 딸. mother and daughter
모:녀=간(母女間)명 어머니와 딸 사이.
모:년(冒年)명 나이를 속임. 하다
모:년(某年)명 아무 해. ¶~ 모월 모일(某月某日)
모:년(暮年)명〈동〉노년(老年). certain year
모:념(慕念)명 사모하는 생각. 모심(慕心).
모노=그래프(monograph)명 하나의 문제만을 대상으로 하는 연구 논문. 전공 논문.
모노=그램(monogram)명 두 개 이상의 글자를 한 글자 모양으로 도안하한 것. 합일 문자(合一文字).
모노=드라마(monodrama)명〈연예〉①단 한 사람의 배우가 하는 연극. 18세기 말 독일의 배우 브란데스(J. K. Brandes 1735~99)가 유행시킴. ②러시아의 상징주의 극작가 에프레이노프(N. Evreinof)가 주창한 희곡의 형식. 희곡은 내적 개아(個我)의 객관화이어야 하고, 등장 인물은 모두가 한 사람의 온갖 측면을 구체적으로 나타내어야 한다는 주장.
모노럴(monaural)명 방송·녹음·레코드 등에서, 입체 음향이 아니고 하나의 스피커로 재생하는 보통의 방식. (대) 스테레오(stereo).
모노럴 레코:드(monaural record)명 입체 음향 방식에 의하지 않은 보통 음반. (대) 스테레오 레코드 (stereo record).
모노=레일(monorail)명 외줄 선로의 철도. 현수식(懸垂式)과 고가식(跨座式)의 두 가지식이 있음.
모노=마니아(monomania)명 어떤 일에 집착하여 상식으로는 판단할 수 없는 것을 태연히 해내는 정신병자. 편집광(偏執狂).
모노=크롬(monochrome)명 ①〈미술〉단색화(單色畫). ②〈연예〉단색 영화. 흑백 영상·텔레비전·사진 따위의 총칭.
모노클(monocle)명 단안경(單眼鏡).

모던 아트

모노=타이프(monotype)명〈인쇄〉자동적으로 활자를 한 자씩 주조하면서 식자하는 인쇄 기계의 상품명.
모노=톤(monotone)명 ①단조(單調). ②〈미술〉그림에서, 흰색·회색·검은색 따위와 같이 한 가지 색조(色調)로 나타내는 일.
모노=포니(monophony)명〈음악〉단성부 음악(單聲部音樂). 주요한 성부(聲部)에 대하여 다른 것이 종속적인 지위에서 반주하도록 구성된 화성적 음악(和聲的音樂).
모노폴리(monopoly)명 ①독점(獨占). 전매(專賣). ②독점권. 전매권. ③전매 특허. ④독점 회사. ⑤독점품. monopole
모놀로그(monologue 프)명〈연예〉①독백(獨白). ②배우가 상대 없이 이야기하거나 자문 자답하는 대사(臺詞). (통) 다이얼로그.
모눈(數)명 모눈종이에 그려진 사각형. 방안(方眼).
모눈=종이명 방안지(方眼紙).
모니(牟尼)명〈불교〉선인(仙人)이라는 뜻으로, 석가를 일컫는 말.
모니=불(牟尼佛)명〈약〉석가모니불.
모니터(monitor)명 ①기계 등이 항상 정상적인 상태를 유지하는가를 감시·조정하는 장치. 또, 거기에 종사하는 기술자. ②텔리비전의 영상·음성을 송신에 알맞게 조정하는 기술자. ③일반인에 서신을 의뢰되어 방송의 비평·감상을 보고하는 사람. ④〈물리〉방사능 검출기(放射能檢出機). ⑤생산 업체의 의뢰를 받아, 상품을 써 보고 그 결과를 보고하는 사람.
모닐리아(monilia)명〈식물〉자낭균류(子囊菌類)에 속하는 곰팡이의 하나. 균, 백선균(白癬菌) 따위는 인체에 기생하여 무좀 따위의 여러 가지 병이 나게 함.
모:닝(morning)명 ①아침. 오전. ②〈약〉→모닝 코트.
모:닝 커:피(morning coffee)명 아침 식전에 마시는 커피.
모:닝 코:트(morning coat)명 남자의 예복(禮服). 〈약〉모닝②.
모=다=다囯 →모으다. ¶~욱. heap
모다기(一숨)명 한꺼번에 쏟아져 내리는 명령. 또, 뭇사람의 공격. orders given in the gross
모다기=모다기튀 여러 무더기가 있는 모양.〈약〉모다기모다기. 무더기무더기. all at once
모다깃=매명 뭇사람이 한꺼번에 내리는 뭇매.
모다기모다기튀 →모다기모다기.
모닥=불명 ①잎나무나 풀을 태운 불의 더미. bonfire ②=동(東)=그모든. ②숯 부스러기의 더미로 피운 불.
모=당(一糖)명〈약〉→모사탕.
모:당(母堂)명〈동〉대부인(大夫人).
모:당(母黨)명 어머니 편의 일가. mother's relatives
모대(帽帶)명 ①사모(紗帽)와 각대. ②모자의 띠.
·모·다=다튀 반드시.
모대=관(帽帶官)명 모대의 관복을 입은 비천한 관원.
모대=하=다(帽帶一)囯 관대를 입고 사모를 쓰다.
모너놀로지(modernology)명 고현학(考現學).
모더니스트(modernist)명 ①모더니즘을 신봉하는 사람. ②근대주의자. ③현대적 경향을 좋는 사람.
모더니즘(modernism)명 ①현대풍(現代風). 현대주의. ②〈종교〉천주교의 신앙과 근대 과학과의 조화를 꾀하려는 근대적 신학 사조. ③〈미술〉미술·문학에서 전통주의에 대립하여 현대적 문화 생활을 반영한 주관주의적(主觀主義的) 경향의 통칭.
모더레이터(moderator)명〈물리〉원자로 가운데에서 중성자(中性子)의 속도를 늦추는 물질. 감속재(減速材). 감속 물질.
모던(modern)명 ①현대. 근대. ②현대적인 것. 현대인(現代人). 현대적 기질·생각. 하다
모던 걸(modern girl)명 현대적 여성. 멋쟁이 여자.
모던 댄스(modern dance)명 새로운 예술 무용. 전통 발레에 대항하여 개성적 표현을 추구하는 무용.
모던 보이(modern boy)명 현대적 기질에 젖은 청년. 멋쟁이 청년.
모던 아:트(modern art)명〈미술〉초현실주의·추상

모던 재즈(modern jazz)〈음악〉고도로 진보된 현대적인 재즈. 1940년대에 시작됨.

모데라토(moderato 이)🅟〈음악〉'보통의 속도로'의 뜻.

모델(model)🅟 ①모형(模型). 본보기. ②〈미술〉미술가가 제작하는 데 대상으로 쓰는 사람이나 물건. ③〈문학〉문학 작품의 인물 중 실제(實在)가 되는 사람. ④조각에서, 진흙으로 만든 원형(原型). ⑤〈약〉패션 모델.

모델링(modeling)🅟〈미술〉①원형을 만드는 일. ②그림이나 조각에서 실체감(實體感)을 표현하는 일. 「위하여 쓰는 세트의 모형(模型).

모델 세트(model set)🅟〈연예〉세트에 대한 연구를

모델 스쿨(model school)🅟〈교육〉시범 학교. 실험 학교. 「베(事例).

모델 케이스(model case)🅟 본보기가 될 만한 사건. 사

모델 하우스(model house)🅟 아파트 등을 지을 때 실제와 똑같이 지어 놓은 견본용 집.

모뎀(MODEM)🅟〈약〉modulator demodulator 일반 전화 회선을 이용하여 컴퓨터 통신을 가능하게 해 주는 장치.

모:도(母道)🅟 어머니로서의 마땅히 지켜야 할 도리.

모도🅟🅟 🅟 모두. 「motherhood

모·도·다🅟 🅟 모으다. 「양. densely 하🅟

모도록🅟 풀이나 푸성귀 따위의 싹이 빽빽하게 난 모

모도리 빈틈 없이 여무지게 생긴 사람. shrewd fellow thickly 하🅟

모:도시(母都市)🅟〈지리〉가까이 있는 외곽 도시에 대하여 경제적·사회적으로 지배적 기능을 가지는 도시. (대 위성(衛星) 도시.

모·독(冒瀆)🅟 신성·존엄한 것을 침범하여 욕되게

모:둥’(暮春)🅟 「함. profanity 하🅟

모:되 비모가 반듯하게 된. 목판되. square measure

모두🅟 사물(事物)의 수효나 양(量)을 한데 합한 여. 전부. ¶~. all

모두(毛頭)🅟 털끝. (대) 모근(毛根). tip of hair

모:두(冒頭)🅟 말이나 글의 처음에 내놓는 말. beginning 「plump 하🅟

모두=거리🅟 두 다리를 한데 모으고 넘어짐. falling

모두=뛰기🅟 →모두뜀. 「both feet 하🅟

모두=뜀🅟 두 발을 같이 모으고 뛰는 뜀. leaping on

모두=머리🅟 여자의 외자락으로 땋아서 쪽진 머리.

모두=먹기🅟 ①내 것 비 것 할 것 없이 뭇사람이 덤 벼 먹는 일. eating something all together ②돈치기에서 맞히는 사람이 판돈을 다 먹는 내기.

모:두 절차(冒頭節次)🅟〈법률〉형사 소송에서 1회 공판 기일의 최초에 행하여지는 절차.

모:두 진:술(冒頭陳述)🅟〈법률〉형사 소송의 모두 절차에서 재판장의 인정 신문에 이어, 검사가 공소 장에 의해 기소의 요지를 진술하는 것.

모두=충(毛蠹蟲)🅟〈동〉사면발이.

모둠=매🅟 뭇매. sound thrashing

모둠=발🅟 두 발을 가지런히 같은 자리에 모은 발.

모듈레이션(modulation)🅟〈음악〉전조(轉調).

모:드(mode)🅟 ①방법. 형식. 유행. ②〈음악〉선법(旋法). ③〈수학〉통계 자료의 대표값의 하나. 최대 도수를 가지는 변량의 수값.

모드라기=풀🅟〈동〉끈끈이주걱.

모드레=짓다🅟〈체육〉팔을 번갈아가며 앞으로 내밀며 윗몸을 약간 기울이고, 내민 팔을 물어 당기다.

모든🅟 여러 가지의. 전부의. all 「면서 헤아리다.

모들=뜨기🅟 두 눈동자를 안쪽으로 몰아 떠서 보는 사람. crosseyed person

모들=뜨다🅟🅟 두 눈의 동자가 안으로 쏠려 가지고 앞을 바라보다. look with cross eyes

모:·딜·다🅟🅟 모질다. 사납다. 사갑다.

모:뜨·다🅟🅟 ①남이 하는 것을 꼭 그대로 흉내내어 본뜨다. trace, copy ②🅟 모(模)하다.

모라(帽羅)🅟 사모(紗帽)의 겉을 싸는 얄팍한 집.

모·루·다🅟🅟 모르다.

모라토리엄(moratorium)🅟〈법률〉법령에 의하여 일정 기간 채무의 변제(辨濟)를 유예하는 일. 지급 유예(支給猶豫). 지급 연기.

모락-모락🅟 ①힘차게 잘 자라는 모양. vigorously ②연기·냄새 따위가 지밀어 일어나는 모양. ¶김이 ~ 나다. (큰) 무럭무럭. thickly

모란(牡丹)🅟〈식물〉작약과의 낙엽 관목. 5월에 여러 겹의 꽃이 피는데 꽃 빛은 품종에 따라 다름. 중국 원산으로 관상용으로 재배하며, 뿌리의 껍질은 약재로 씀. 부귀화(富貴花). ¶~꽃. treepeony

모란=병(牡丹屛)🅟 모란을 그린 병풍.

모란=병(牡丹餠)🅟 모란꽃처럼 만든 떡의 하나.

모란=채(牡丹菜)🅟〈식물〉겨자과의 이년생 풀. 양배추의 한 변종으로 잎은 둥그스름한데 단백질·철분이 많아 식용함.

모랄(moral)🅟 ①도덕(道德). 윤리(倫理). ②살아 나가는 데 대한 진지한 반성(反省). 「탐구가.

모랄리스트(moraliste 프)🅟 도덕론자. 도덕가. 인생

모랄리티(morality)🅟 ①도덕. ②윤리학. ③〈음〉모랄 플레이.

모랄 센스(moral sense)🅟 도덕에 대한 의식.

모랄 플레이(morality play)🅟〈연예〉중세의 종교극의 영향이 강한, 선악·허영·자비 따위의 이름을 갖는 우의적 인물을 등장시키는 교훈적 세속극(世俗劇). 도덕극(道德劇). 교훈극(敎訓劇). 모랄리티 ③.

모람🅟〈식물〉뽕나무과의 상록 덩굴나무. 산록의 양지에 나며, 관상용으로 과실은 식용함.

모:람(冒濫)🅟 버릇없이 윗사람에게 덤빔. pert 하🅟

모람=모람🅟 가끔가끔 한데 몰아서. in the gross

모래🅟 자연히 잘게 부서진 돌 부스러기. sand

모래 강변(─江邊)🅟 ①모래가 질펀하게 깔려 있는 강가. ②모래 사장.

모래=땅🅟 모래흙으로 된 땅. 사지(沙地).

모래로 방천한다🅟 방법이 틀렸기 때문에 아무리 노력을 해도 효과가 없음.

모래=메뚜기🅟〈곤충〉메뚜기과의 곤충. 몸 빛은 회색 또는 회흑색으로 강변의 자갈밭·모래밭에서 살며 자갈·모래와 비슷한 보호색임.

모래=무지🅟〈어류〉잉어과의 민물고기. 몸 길이 15 ~25cm로 홀쭉하고 머리가 크며 입가에 한 쌍의 수염이 있음. 몸 빛은 은백색 바탕에 등 쪽은 검고 배 쪽은 흰. 모래 위나 속에서 살며 맛이 좋음. 사어(沙魚). false goby minnow

모래=밭🅟 모래로 덮이어 있는 곳. sands

모래 사장(─沙場)🅟〈동〉모래톱. 「탕. sugar

모래 사탕(─砂糖)🅟 입자가 모래알같이 좀 굵은 설

모래 시계(─時計)🅟 작은 구멍을 통해서 모래를 조금씩 흘러 내리게 하여, 그 흘러 내린 분량으로 시간을 측정하는 시계. sandglass

모래 위에 물 쏟는 격🅟 소용없는 일을 함.

모래 주머니🅟 ①모래를 넣은 주머니. sand bag ②〈동〉사낭(沙囊).

모래=지치🅟〈식물〉지치과의 다년생 풀. 줄기 높이 30cm 가량으로 백색 솜털이 많음. 여름에 백색 꽃이 피고 핵과(核果)는 구형임. 해변의 모래땅에 남.

모래=집🅟 포유 동물의 태아를 싸는 얇은 막(膜). 양막

모래집-물🅟〈생리〉모래집 안에 들어 있는 걸쭉한 액. 태아의 발육을 도우며, 해산(解産)할 때는 흘러 나와서 해산을 쉽게 하게 함. 양수(羊水). 포의수(胞衣水). amuitic fluid

모래=주(湯)🅟 여름에 뜨거운 모래땅에 몸을 묻고, 땀을 내어 병을 고치는 한증(汗蒸)의 하나. sand bath

모래찜=질🅟 모래찜을 하는 일. 하🅟 「sandbank

모래=톱🅟 강가에 있는 넓은 모래 벌판. 모래 사장.

모래=펄🅟 모래가 덮인 개펄. 「sandy soil

모래=흙🅟 80% 이상이 모래로 된 흙. 사토(沙土).

모랫-길[명] ①모래밭의 길. ②모래가 깔린 길.
모략(謀略)[명] ①지모(智謀)와 방략(方略). ②좋지 않은 계책으로 남을 못되게 구렁에 몰아 넣는늠. strategy 하다

모레[명] 내일의 다음날. 명후일(明後日). day after tomorrow
모:레즈(mores)[명] ①도덕적 관습(慣習). ②집단 생활의 태도·행동을 규제하는 도덕적 규칙.
모렌도(morendo 이)[명] 〖음악〗'차차 느리고 약하게'의 뜻.
모려(牡蠣)[명] 굴조개.
모려(茅廬)[명] 〖동〗모암(茅庵).
모려(謀慮)[명] 어떠한 꾀와 여러 가지 생각. 지모(智謀)와 사려(思慮). resources and prudence
모:련(慕戀)[명] 사모하고 그리워함. love 하다
모:렴(冒廉)[명] 〖동〗모염(冒沒廉恥).
모:령(耄齡)[명] 70세, 또는 80세. seventy or eighty years of age
모령 성:체(領聖體)[명] 〖기독〗죄인이 죄의 사함을 받지 않고, 성체를 받아 먹는 독성(瀆聖) 행위.
모:로 ①모난 쪽으로. aslant ②가로와 세로의 사이로. obliquely ③옆쪽으로. sideways
모·로(고) 무리. 앎고, 목적의 이루면 된다.
모로 가도 서울만 가면 된다[관] 수단과 방법을 가리지 않고.
모로기(고) 문득. 갑자기.
모로 던저 마름쇠[관] 아무렇게나 하여도 실패가 없다.
모·로·매(고) 모름지기.
모:록(冒錄)[명] 사실이 아닌 것을 기록함. false description 하다
모:록-하다(老碌—)[여벗] 늙어 빠지다. be senile
모롱이[명] ①산모롱이의 휘어 돌린 곳. spur of a mountain ②〈어류〉웅어의 새끼. ③모쟁이.
모루[명] 대장간에서 달군 쇠를 올려놓고 두드릴 때 쓰는 받침쇠. 철침(鐵砧). anvil
모루-채[명] 달군 쇠를 모루 위에 놓고 메어칠 적에 쓰는 쇠메. hammer
모:류(毛類)[명] ①털 가진 짐승의 총칭. 모족(毛族). hairy beasts ②솜털이나 강모를 가진 곤충. 모충(毛蟲). ③신문사의 자료실.
모르그(morgue 프)[명] ①거대한 풍(風). ②시체 공시장(公示場). ③신문사의 자료실.
모르-다[타르] ①알 수 없다. 깨치지 못하다. do not know ②부사 '어찌'와 같은 어미 '-지'뒤에서 쓰이어 앞의 동사의 뜻을 강조하는 말. ¶어찌 좋은 지 모르겠다. (대) 알다.
모르면 모르되[관] 판단하기 어려운 경우에 그래도 얼마만큼 자신이 있을 때 쓰는 말. I am not sure but
모르면 약이요 아는 게 병[관] 아무 것도 아는 것이 없으면 도리어 마음이 편하여 좋으나, 무얼 좀 알고 있으면 걱정거리만 되어 해롭다.
모르모란도(mormorando 이)[명] 〖음악〗'고요하게 음을 억제하여 가만가만히 이어가 하듯이'의 뜻.
모르몬-교(Mormon 敎)[명] 〖기독〗기독교의 한 파. 모르몬 경(經)을 성전으로 함. 1830년 미국인 요셉 스미스가 창립하였으며, 정식 명칭은 '말일 성도 예수 그리스도 교회'임.
모르-쇠[명] 아는 것이나 모르는 것이나 다 모른다고만 하는 주의. ¶곤란한 경우에는 ~가 제일이다. knownothingism
모르스-기(Morse 機)[명] 모르스 부호를 써서 통신하는 전신 기계.
모르스 부:호(Morse 符號)[명] 모르스가 고안한 전신용 부호. 모르스기(機)에 의하여 송수신하며, 점과 선을 배합하여 글자를 대신하려 한다.
모르타르(mortar)[명] 〖건축〗 소석회와 모래를 섞어 물에 갠 것. 석재와 벽돌을 접합시키는 물건. 교니(膠泥).
모르핀(Morphin 도)[명] 〖화학·약학〗 아편의 주성분(主成分)인 알칼로이드의 하나. 마취제·진통제로 쓰이나.
모르핀 중독(Morphin 中毒)[명] 〖의학〗모르핀의 일시적 대량 주사 또는 남용에서 오는 중독증. 급성인 경우에는 신경 장애를 초래함.
모른-체[명] ①어떤 일에 관계를 짓지 않는 태도. ②알면서도 모르는 듯이 하는 태도. ¶~하고 판연히 부리

모름지기 마땅히. 차라리. ¶~우리는 국산품을 애용하여야 할 것이다. by all means
모름-하다 〖어벗〗 생선이 싱싱한 맛이 없고 조금 타분하다. somewhat stale
모릉(帽綾)[명] 사모(紗帽)의 겉을 싸는 바탕이 얇은 능(綾)의 하나.
모리[명] 무전 노름에서 여섯 장 가운데 넉 장과 두 장이 각각 같은 글자로 모아 맞추어진 경우.
모리(謀利·牟利)[명] 도덕과 의리는 아랑곳없이 재리(財利)만을 꾀함. 〈유〉탐리(貪利). profiteering 하다
모리-배(謀利輩·牟利輩)[명] 모리하는 사람들. 또, 그 무리. 모리지배.
모리지-배(謀利之輩)[명] 〖동〗모리배.
모린(毛鱗)[명] ①털과 비늘. ②털 가진 짐승과 물고기. beasts and fish
모립(毛笠)[명] 옛날 하인들만이 쓰던 벙거지.
모-막이[명] 육면이 직사각형으로 된 기구의 아래위 두 모통이에 대는 넙조각.
모:만(侮慢)[명] 남을 업신여기고 저만 잘난 체함. insult 하다
모:만-사(冒萬死)[명] 만 번 죽기를 무릎씀. 만난을 무릎씀. risking of one's life 하다
모-말[명] 곡식을 되는 네모진 말. 방두(方斗). square measure
모말(毛襪)[명] 털로 크게 만든 버선. 털버선.
모말-집[짐] 〖건축〗추녀가 사방으로 뺑 돌려져 있는 모말 모양으로 된 집. 〈경〉모롬.
모망(茅芒)[명] 도가기의 잎 전두리에 있는 흠. 모멸
모:매(母妹)[명] 동복(同腹) 누이.
모멸(侮蔑)[명] 업신여겨 꾸짖음. scorn 하다
모맥(麰麥·牟麥)[명] 밀과 보리.
모멘탈리즘(momentalism)[명] 찰나주의(利那主義).
모멘트(moment)[명] ①어떤 일을 일으키는 기회. 계기(契機). 원인. ②순간. 찰나. ③〖물리〗어떠한 벡터의 크기와 정점(定點)에서 그 벡터에 내려그은 수선(垂線)의 길이와의 상승적(相乘積).
모면(謀免)[명] 꾀를 써서 벗어남. 어려운 고비에서 겨우 벗어남. 도면(圖免). escape 하다 〈동〉의 하나.
모면-지(毛綿紙)[명] 중국서 생산되는 품질이 낮은 종이.
모:멸(侮蔑)[명] 업신여겨 얕봄. contempt 하다
모멸(茅蔑)[명] 〖동〗모망(茅芒).
모:명(冒名)[명] ①거짓 대는 이름. ②이름을 꾸며 댐. assumed name 하다 〈동〉 의 하나
모:명(慕名)[명] 이모저모. 모모이.
모:모(某某)[대] 아무아무. ¶~의 추천. Mr. So-&-So [명] 아무아무. ¶~인사. ~회사.
모모-이[명] 모마다. 이모저모로.
모:모 인(某某人)[명] 모모한 사람. certain person
모:모 제인(某某諸人)[명] 모모한 여러 사람.
모:모-한(某某—)[명] 아무아무라고 손꼽을 만한. prominent
모:몰(冒沒)[명] 〖동〗모몰 염치.
모몰 염치(冒沒廉恥)[명] 염치를 무릎쓰고 함. 모몰(冒沒). 모렴(冒廉). at the risk of one's honour 하다
모몽(牡蒙)[명] 〖동〗자삼(紫蔘).
모물(毛物)[명] ①털이 붙은 대로 만든 가죽. ②털로 만든 물건의 총칭. furs
모물-전(毛物廛)[명] 갖옷과 털로 만든 방한구 등을 팔던 견전.
모밀-잣:밤나무[명] 〖식물〗너도밤나무과의 상록 교목. 줄기 높이 10∼20 m 가량의 잎은 긴 타원형이고 꽃봉오리 이삭꽃이 핌. 과실은 식용, 목재는 건축재·기구재로 쓰임.
모-반[명] 육각의 반. hexagonal table
모반(一盤)[명] 여섯 또는 여덟 모로 된 목판. (대) 두모반.
모:반(母斑)[명] 〖생리〗선천적으로 일어나는 피부 이상·점·주근깨 따위. birth mark
모반(謀反)[명] ①반역을 꾀함. 난역(亂逆). treason ②배반하기를 꾀함. 〈동〉의 (罪). 하다
모반(謀叛)[명] 자기 나라를 배반하고 반역(叛逆)을 꾀함. ¶~죄(罪). 〈대〉구국(救國). rebellion 하다
모발(毛髮)[명] ①사람의 몸에 난 털의 총칭. ②사람의 머리털. hair
모발 습도계(毛髮濕度計)[명] 〖물리〗모발이 습도에 따

모방(-房)[명] 안방의 한 모퉁이에 있는 작은 방. inner room

모방(模倣)[명] 본받음. 본뜸. 모습(模襲). 모본(摹本)③. 의(模仿·模擬). [대] 독창(獨創). 창작(創作). imitation 하다

모방기(毛紡機)[명] 털(毛線)을 방적하는 기계.

모방 본능(模倣本能)[심리] 예술이나 문화의 발생과 발달의 요인으로서 모방을 하는 인간의 본능.

모방-색(模倣色)[명] 《동물》 유독(有毒)·악취 또는 날카로운 가시나 단단한 껍데기 등을 가지고, 적의 습격을 모면하는 동물과 비슷한 몸 빛을 가지는 어떤 딴 동물의 몸 빛. 뱀·벌·나비 등에서 볼 수 있음. color imitation

모방-설(模倣說)[명] 모든 사회 현상의 근원이 모방에 있다고 하는 사회 학설. imitation theory

모방 예:술[—네—](模倣藝術)[명] 자연의 자태를 모방해서 예술적 가치를 불어 넣는 예술. 회화(繪畵)·조각 따위. imitative arts

모방 유희[—뉴—](模倣遊戱)[명] 주위의 생활을 모방하여 활동함을 즐기는 유희의 하나. 소꿉장난·학교놀이 따위. nursery

모=밭(農業) 묘목(苗木)을 기르는 밭. 묘포(苗圃).

모:법(冒法)[명] 일부러 불법(不法)한 언행을 무릅쓰고 함. violation 하다

모범(模範)[명] 본받을 만함. 본보기③. 모해(模楷). 전의(典法). model

모범-림(模範林)[명] 조림의 모범을 보이기 위하여 들어 놓은 숲. model forest

모범 부락(模範部落)[명] 모범촌.

모범-생(模範生)[명] 모범이 될 만한 학생. exemplary student

모범-수(模範囚)[명] 교도소의 규칙을 잘 지켜 다른 죄수의 모범이 되는 죄수.

모범-촌(模範村)[명] 모범이 될 만한 동네. 모범 부락. model village

모:법(一法)[명] 《법률》 외국의 법을 계수(繼受) 채용했을 때의 그 외국법. [대] 자법(子法). mother law

모:변(某邊)[명] 아무 데의 곳. certain place 모아무 한 사람. certain person

모병(募兵)[명] 병정을 뽑음. 모군(募軍)②. recruiting 하다

모보(謀甫)[명] [동] 모보.

모본(摸本)[명] ① [동] 본보기②. ② [동] 모형④. ③ 모방.

모본-단(模本緞)[명] 품질이 정밀하고 윤이 나고 무늬가 있는 비단의 하나.

모:부인(母夫人)[명] 대부인(大夫人)①.

모:불사(—似)[명] 《貌不似》 ① 끝이 끝나지 못함. ② 몸 악착하게 생긴 사람.

모:붓-다[—ㄷ][스] 못자리를 만들고 씨를 뿌리다. sow rice seeds

모브(mob)[명] ① 어중이떠중이의 군중(群衆). ② 폭도.

모브 신(mob scene)[명] 《연예》 군중(群衆)이 아우성치며 나오는 장면.

모:빌(mobile)[명] 《미술》 움직이는 조각. 3차원의 입체에 시간이라는 새로운 차원을 넣은 4차원의 조각. ②모빌유.

모:빌-유(mobile 油)[명] 《화학》 급회전하는 기계의 마찰과 마멸 및 열을 덜하게 하기 위하여 쓰는 윤활유. [유의 하나]. 윤활유.

모뿔(—)[명] 각뿔대.

모뿔-대(—臺)[명][동] 각뿔대.

모사(毛紗)[명] 털실을 써서 짠 얇다란 사(紗). gauze

모사(毛絲)[명] 털실. woolen yarn knitted wool

모사(茅沙)[명] 강신(降神)할 때에 쓰는 그릇에 담은 띠의 묶음과 모래.

모사(茅舍)[명] ① 자기 집을 겸손하게 일컫는 말. my humble cottage ② [동] 모옥(茅屋)①.

모:사(某事)[명] 아무 일. 《유》 모건(某件). certain affair

모사(帽紗)[명] 사모에 장식으로 쓰는 사(紗).

모사(模寫)[명] ① 본받아 그대로 그림. copying ② 인물을 그대로 그림. portraying 하다

모사(謀士)[명] 온갖 꾀를 잘 내는 사람. strategist

모사(謀事)[명] 일을 꾀함. 모회. plan 하다

모사-그릇(茅沙—)[명] 모사를 담는 그릇. 보시기같이 생겼으며 굽이 매우 높음. 모사기.

모사-기(茅沙器)[동] 모사그릇.

모사는 재인이요, 성사는 재천이라[관] 성공을 예기하기는 어려우나, 모름지기 노력은 해야 한다는 말.

모사-본(模寫本)[명] 원본을 본떠서 베낀 책.

모사-설(模寫說)[명] 《인식(認識)》 주관(主觀)을 떠나 우리가 지각(知覺)하는 실제계(實在界)가 있다는 인식론상의 견해. realism

모사 전:송(模寫電送)[명] 화면·문자 등을 전송하여 딴 지점에서 이것을 재현하는 수단. 복사 전송. facsimile

모-사탕(—砂糖)[명] 네모진 사탕. 각사탕(角砂糖). 《약》 모당(—糖). lump sugar

모산(暮山)[명] 저물녘의 산.

모산지-배(謀算之輩)[명] 꾀를 부리어 이해 타산을 잘 삼는 무리.

모살(謀殺)[명] 꾀하여 사람을 죽임. ¶ ~범(犯). [대] 고살(故殺). murder 하다

모살 미:수(謀殺未遂)[명] 모살하려다가 이루지 못함. 또, 그 행위. 살인 미수. 하다

모상(毛上)[명] 《법률》 지반 위의 산물을 지반과 구분하여 이름. 곧, 산림·원야에 있어서의 수목·풀 따위.

모:상(母喪)[명] 《유》 ≫ 모친상. [본] 떠서 나타낸 것.

모상(模狀)[명] 대상의 외부적인 형상을 있는 그대로.

모새[명] 몹시 잘고 고운 모래. 세사(細沙). finesand

모새-나무[명] 《식물》 석남과의 상록 관목. 높이가 2~5m이고 잎은 타원형으로 광택이 남. 6월에 흰색 꽃이 피며 과실은 구형으로 까맣게 익음. 관상용으로 심으며 과실은 식용·양조용으로 씀.

모-색(毛色)[명] ① 털빛. hair colour ② 검은 비단의 빛. colour of black silk

모색(茅塞)[명] 마음이 물욕(物慾)에 어둡도록 가리움. mind blinded with worldly desires 하다

모색(摸索)[명] 더듬어 찾음. groping 하다

모:색(暮色)[명] 날이 저물어 갈 때의 어스레한 빛. ¶ ~창연(蒼然). evening twilight

모생-약[—냑](毛生藥)[명] [동] 양모제(養毛劑).

모서(—書)[명] 어머니가 자녀에게 주는 편지 끝에 쓰는 말. from your mother

모서(謀書)[명] 거짓으로 만든 문서. forged document

모서-다[—ㄷ][스] 날카롭게 머 생기다. angled

모서리[명] ① 물건의 날카로운 가장자리. ② 《수학》 다면각(多面角)으로 된 물체의 가장자리. 《약》 모③④. angle

모서-인(謀書人)[명] 모서를 만들어서 남을 속게 하는 사람. forger

모선(毛扇)[명] 벼슬아치가 겨울에 비단으로 만들어 얼굴을 가리던 방한구(防寒具)의 하나.

모:선(母船)[명] ① 거룻배로 다른 배나 뭍 사이를 왕래해야 하는 큰 배. ② 독항선(獨航船)을 이끌고 활약의 중심이 되는 배. mother-ship(vessel) ③ 우주선 중에서, 사령선(司令船)과 기계선(機械船)이 이 연결된 것.

모:선(母線)[명] ① 《수학》 직선의 운동으로 말미암아 어떤 곡면(曲面)이 나타날 적에 각각의 위치에 있어서의 선을 곡면에 대하여 일컫는 말. ② 전선(電線)에 전류를 분배하는 간선(幹線). generation line

모:선-망(母先亡)[명] 어머니가 아버지보다 앞서 죽음. [대] 부선망(父先亡). 하다

모:선식 어업(母船式漁業)[명] 어획물의 처리·저장 시설을 갖춘 모선과 부속 어선으로만 영위하는 어업.

모:설(冒雪)[명] 눈이 오는 것을 무릅씀. braving a snow 하다

모:설(暮雪)[명] 저물 무렵에 내리는 눈.

모:성(母性)[명] 여성이 어머니로서 갖는 감정. maternity 가지는 애정. [대] 부성애(父性愛).

모:성-애(母性愛)[명] 어머니가 자녀(子女)에 대하여

모:성-형(母性型)[명] 가정에서 자녀를 기르기에 맞도록 한 성질을 가진 여자. [띠. 세모. end of a year

모:세(暮歲)[명] 저물어 가는 해. 그 해가 저물어 가는

모세=관(毛細管) ①〈약〉→모세 혈관(毛細血管). ② 모세관 현상을 볼 수 있는 가느다란 관. 〈약〉 모관(毛管). capillary tube

모세관 인:력(毛細管引力)〈물리〉고체(固體)에 접근된 액체면의 분자를 고체가 잡아 끄는 힘. 〈약〉 모관 인력. capillary attraction

모세관 현:상(毛細管現象)〈물리〉가는 유리관을 물에 세웠을 때, 관(管) 속에 있는 물이 대기(大氣)의 압력 관계로 관 밖의 수면(水面)보다 높아지거나 낮아지는 현상. 모관 현상(毛管現象). capillarity

모세=교(Mose 敎) 구약(舊約) 시대에, 모세를 종교적 민족적 영웅으로 숭배하고, 모세 오경(五經)을 중심으로 여호와를 신봉하던 교. 천주교의 고교(古敎). Judaism

모세 오:경(Mose 五經) 〈기독〉 구약(舊約) 성서의 처음의 다섯 편. 곧, 창세기·출애굽기·레위기·민수기·신명기. 〔세로(娘細型)

모=세=포(母細胞) 〈생물〉 분열 전의 세포. 〈대〉 낭

모세 혈관(毛細血管) 〈생물〉 동맥(動脈)과 정맥(靜脈)과의 사이를 이어 주는 아주 가느다란 혈관. 실핏줄. 〈약〉 모관(毛管). 모세관(毛細管)①. capillary blood vessel

모:션(motion) ①동작. 행위. ②자세(姿勢). 몸짓.

모:션 픽처(motion picture) 영화. 활동 사진.

모:소(某所) 〈동〉 모처(某處).

모:소(侮笑) 남을 업신여기어 비웃음. 하다

모:소주(藝燒酒) 〈동〉 밀소주.

모손(耗損) 닳아 없어짐. 모감. friction loss 하다

모=송곳 모지 송곳.

모:수(母數) 〈수학〉 ①보합산(步合算)에서의 원금(元金). ②매개 변수(媒介變數). parameter

모:수(母樹) 식물 재배의 근원이 되는 종자를 산출 〔세포(娘細型)

모수(茅蒐) 〈동〉 꼭두서니①. 〔하는 나무.

모:수(某數) 어떤 수. 밝히지 않은 수. certain number 〔묘목을 채취하는 숲. seed forest

모:수=림(母樹林) 〈농업〉 임업용(林業用)의 종자나

모수 자천(毛遂自薦) 조(趙)나라 때 모수(毛遂)가 자진(自進)하여 초(楚)나라에 가서 구원을 청한 옛 일에서 제가 저를 천거함을 이르는 말. self-recommendation

모순(矛盾) ①창과 방패. ②말이나 행동의 앞뒤가 서로 어긋나 맞지 않음. 〈옛무〉 서로 부정하여 중간에 제삼자를 용인하지 않는 관계. contradiction

모순 감:정(矛盾感情) 〈심리〉 논리적으로 서로 용납하지 않는 표상(表象)의 결합으로 생기는 지적(知的) 감정의 하나.

모순 개:념(矛盾槪念) 〈철학〉 삶과 죽음, 있음과 없음 따위와 같이 서로 부정하여 중간에 제삼자를 용인하지 않는 개념. 삶과 죽음, 있음 없음 따위. contradictory concept

모순 당착(矛盾撞着) 〈동〉 자가 당착(自家撞着·自家矛盾).

모순 대:당(矛盾對當) 〈논리〉 두 판단이 다 같이 참(眞)이거나 또는 다 같이 거짓(僞)이 될 수 없음을 나타내는 관계. contradictory opposition

모순 명:사(矛盾名辭) 〈철학〉 모순 개념을 나타낸 명사. contradictory term

모순=법(―법) 〈옛무〉 모순율(矛盾律).

모순=성(矛盾性) 〈철학〉 ①모순의 본디의 성질. ② 모순의 확실한 성질.

모순 원리(矛盾原理) 〈동〉 모순율(矛盾律).

모순-율(矛盾律) 〈논리〉 동일한 사물을 긍정도 또 부정하면서 동시에 부정 또는 긍정할 수 없다는 논리학적 원리의 하나. 모순법. 모순 원리. law of contradiction 〔¶풀 한 ～. lock

모숨 한 줌 안에 드는 가늘고 긴 물건의 수량.

모스크(mosque) 〈종교〉 회교 사원, 또는 예배소.

모슬(毛膝) 〈동〉 사면발이.

모슬렘(Moslem) 〈동〉 회교도(回敎徒).

모슬린(mousseline 프) 〈동〉 메린스(merinos).

모습 생긴 모양. 양상(樣相). 양자(樣姿). 자용(姿容). one's figure

모습(慕襲) 〈동〉 모방. 하다

모시(毛詩) ①모시풀의 껍질로 짠 피륙. 저포(苧布·紵布). ramie cloth ②〈옛무〉→모시풀.

모시(毛詩) 시전(詩傳)을 한(漢)나라 때의 모형(毛亨)이 전하였다는 데서 이르는 말.

모:시(某時) 아무 시간. 아무 때. ¶모일(某日) ～. certain time

모시-나비 〈곤충〉 모시나비과의 곤충. 유충은 암탉 개비라 하며 한국·만주·중국·시베리아·일본 및 북미의 한랭한 지방에 서식함.

모:시-다 ①존경하는 이를 받들고 함께 있다. attend upon ②웃어른의 제사나 장사·환갑 등을 지내다. serve

모시=떡풍이 〈곤충〉 박각시과의 곤충. 날개 길이 44 mm 가량이고 몸 빛은 투명한 황갈색임. 한국에도 분포함.

모시=류(毛翅類) 〈곤충〉 곤충류의 한 목(目). 날개는 두 쌍이 있으며 가는 털로 덮임. 유충은 ‘물어 우라 함. 날도래 따위. trichoptera

모시-전(―廛) 〈제도〉 〈속〉 저포전(苧布廛·紵布廛).

모시=조개 〈조개〉 참모시조개과의 바닷 조개. 둥글고 몸 빛은 갈색을 띰. 바닷가의 모래 속에 서식하며 한국·중국·일본 등지에 많이 분포함. 살은 식용함. 황합(黃蛤). short-necked clam

모시-풀 〈식물〉 쐐기풀과의 다년생 귀화(歸化) 식물. 줄기는 원주형으로 1～2 m 가량이고 잎은 난형임. 발에 재배하며 껍질은 모시를 짜는 원료가 됨. 저마(苧麻). 〈약〉 모시②. ramie

모시 항:라(―亢羅) 모시로 짠 항라(亢羅)의 하나.

모식(模式) 표본이 될 전형적인 형식.

모식-도(模式圖) 사물의 본·진행·조직 등을 도식적(圖式的)으로 정리·배열한 그림.

모:사(謀士) 꾀가 많아 모사(謀事)를 잘하는 신하. 유악(帷幄)③. strategist

모:심(慕心) 그리워하는 마음. affection

모:심-기(―기) 〈동〉 모내기. 하다

모:심-다(―따) 〈동〉 모내다.

모시(―꽃) 〈식물〉 잎이 도라래 같은 풀의 하나.

모시-빛(―빛) ①모시의 빛. ②엷은 노랑. 〔mother

모:씨(母氏) 흔히 아랫 사람의 어머니를 이름. your

모:씨(某氏) 〈동〉 아무 양반. 아무개. certain person

모아-들:다 여럿이 한 곳으로 모여 오다. throng

모아-찌-다 여럿을 모아서 한 덩이가 되게 하다.

모:악 동:물(毛顎動物) 열대나 온대 자웅 동체(雌雄同體)인 바다에서 사는 작고 투명한 부유 동물(浮游動物). 몸 길이 1～3 cm 로 가늘고 배와 꼬리에 지느러미가 있음. 〔ther rock

모:암(母岩) 〈광물〉 광맥(鑛脈)을 품은 바위. mo-

모암(茅庵) 떠나 이엉 지붕의 초막. 모옥(茅庵).

모:애(慕愛) 사모하며 사랑함. 하다 〔thatched hut

모:액(母液) 용액(溶液) 중에서 용질(溶質)이 결정(結晶)한 후. 또는 침전물(沈澱物)을 제거한 나머지의 액(液). mother liquor 〔짚다랗게 된 헝겊.

모액(帽額) 여름철에 치는 발의 윗머리 언저리에

모:야(暮夜) 이슥한 밤. ¶～간(間). midnight

모야 모양.

모:야(某也) 〈옛무〉 아무개.

모:야=무지(暮夜無知) 깊숙하고 아는 일이라서 보고 는 사람이 없음. 〔조②. certain style

모:양(暮樣) 일정하지 않은 양식: 아무런 방식. 모

모양(模樣·貌樣) ①사람이나 물건의 걸에 나타난 꼴. 됨됨이. 생김새. 형상. 맵시. 상황(狀況). 자용(姿容). 양자(樣姿). 체제①. appearance ②어떠한 형편이나 상태. ¶사는 ～. ③체면. ¶～이 아니다. ④겉에 나타난 판국으로 미루어 그렇게 짐작됨을 나타내는 말. ¶회사를 옮길 ～이로군.

모양=다리(模樣―) 〈속〉 모양새. form

모양사:납-다[模樣─]〖혭〗[ㅂ변] 모양새가 흉하다. 《유》눈꼴사납다. unsightly, disgraceful 「태(態).

모양-새(模樣─)〖명〗 ①꼴의 생김새. figure ②체면.

모양이 개잘량이라〖속〗 체면과 명예를 완전히 잃었다.

모양-좌(牡羊座)〖명〗 양자리.

모양-체(毛樣體)〖명〗〈생리〉안구(眼球)를 싸는 막(膜)의 일부. 수정체의 두께, 곧 초점 거리를 조절하는 작용이 있음. ciliary body

모양체-근(毛樣體筋)〖명〗〈생리〉모양체의 내부에 있는 평활근. ciliary muscle

모:어(母語)〖명〗①자기 나라 말. 〈어학〉어떤 말이 이루어진 근본이 되는 말. ③어머니 품에서 배운 바탕이 되는 말. mother tongue

모여-들:다〖자불〗〖약〗→모이어 들다.

모여:오-다〖타〗 '가져 오다'의 궁중말.

모역(謀逆)〖명〗①반역을 꾀함. rebellion ②종묘·궁전·능묘 등을 파괴하기를 꾀한 죄의 이름. 하다타

모연(募緣)〖명〗〈불교〉중이 시주(施主)에게 재물을 기부하게 하여 선연(善緣)을 맺게 함. 하다타

모:연(暮煙)〖명〗저녁 무렵의 연기. smoke in the evening

모연-문(募緣文)〖명〗〈불교〉모연하는 데 쓰는 글.

모열(慕悅)〖명〗사모하여 기뻐함. longing and delight

모영(毛穎)〖명〗〖동〗털붓. [하다

모오리-돌〖명〗 모나지 않은 둥근 돌. round stone

모옥(茅屋)〖명〗①이엉이나 띠로 이은 집. 초가(草家). 모사(茅舍)②. 모자(茅次)①. thatched house ②자기 집을 낮추어 일컫는 말.

모욕(侮辱)〖명〗깔보아 욕되게 함. insult 하다타 [insult

모욕-감(侮辱感)〖명〗모욕을 당하는 느낌. feeling of

모욕-죄(侮辱罪)〖명〗명예 훼손죄의 하나. 공연한 자리에서 남을 모욕함으로써 성립되는 죄. contempt

모용(毛茸)〖명〗식물의 표면에 생기는 자질구레한 털.

모용(貌容)〖명〗얼굴 모양. 용모. 「hair

모우(牡牛)〖명〗〖동〗수소.

모우(牦牛)〖명〗〖동물〗중국의 서북 지방과 서남 변경 밖에서 나는 소의 하나. 형상은 무소 비슷하며 몸이 검고 힘이 셈.

모:우(冒雨)〖명〗비를 무릅씀. braving rain 하다자

모:우(暮雨)〖명〗 저녁때 내리는 비. 《대》 효우(曉雨).

모:운(暮雲)〖명〗저녁때의 구름. [evening rain

모:-월(某月)〖명〗 아무 달. ¶ ～ 모일(某日). certain

모:유(母乳)〖명〗어머니의 젖. mother's milk [month

모유(謀猷)〖명〗멀고도 큰 꾀. 원대(遠大)한 꾀. farseeing scheme

모:유 영양법[─뻡](母乳營養法)〖명〗어머니가 스스로 젖을 먹이는 자연 영양법의 하나.

모으-다〖타으〗①여럿을 한 곳으로 모이게 하다. gather ②많이 벌어 가지다. save ③나무쪽을 한데 잇대어서 배를 만들다. build ④쌓아 올리다. accumulate ⑤수집하다. ¶인형을 ～. 〈약〉모다.

모:음(母音)〖명〗〈어학〉허파에서 내쉬는 숨이 목청을 떨어 울려 나올 때 큰 막음을 입 안에서 받지 않고 순하게 홀로 나는 소리. 곧, ㅏ·ㅑ·ㅓ·ㅕ·ㅗ·ㅛ·ㅜ·ㅠ·ㅡ·ㅣ 따위. 홀소리. 《대》자음(子音). vowel

모:음 도표(母音圖表)〖명〗 모음 삼각형.

모:음 동화(母音同化)〖명〗〈어학〉모음이 서로 접촉(接觸)할 때에 한 모음이 다른 모음에 동화하는 현상. 앞 음절의 모음 'ㅏ·ㅓ·ㅗ·ㅜ'가 뒤 음절에 전설 모음 'ㅣ'를 만나 전설 모음 'ㅐ·ㅔ·ㅚ·ㅟ'로 변하는 현상.

모:음 변:화(母音變化)〖명〗〈어학〉모음이 동화·조화 현상으로 변하는 현상. vowel gradation

모:음 삼각형(母音三角形)〖명〗모음을 발음할 때 혀의 위치와 입의 벌림 및 음색(音色)의 다름을 도시(圖示)한 삼각형. 모음 도표. vowel triangle

모:음 조화(母音調和)〖명〗〈어학〉한 어절 안에서 양성 모음은 양성 모음끼리, 음성 모음은 음성 모음끼리 각각 어울리려는 현상. 달랑달랑-덜렁덜렁·발발-벌벌 따위. 홀소리 어울림. vocal harmony

모의(毛衣)〖명〗갖옷.

모의(模依)〖명〗〖동〗모방(模倣). 하다타

모의(謀議)〖명〗①일을 꾀하여 의논함. consultation ②〖법률〗여럿이 같은 의사로써 범죄의 계획 및 실행 수단을 의논함. conspiracy 하다타

모의 고사(模擬考査)〖명〗모의 시험.

모의 국회(模擬國會)〖명〗국회를 모방하여 의사의 진행 및 토론 등을 학교 같은 데서 연습하는 모임.

모의 시:험(模擬試驗)〖명〗실제의 시험과 똑같은 방식으로 보는 시험. 모의 고사(模擬考査). trial exami-

모의-장(毛衣匠)〖명〗갖옷장이. [nation

모의-장이(毛衣匠─)〖명〗 모물전에서 갖옷붙이를 만드는 직공. 모의장. leather-clothing maker

모의 재판(模擬裁判)〖명〗재판을 모방하는 그 과정(過程)을 연습하는 일. moot court

모의-전(模擬戰)〖명〗〈군사〉군대에서 실지의 전쟁을 본떠서 하는 가상의 전투. sham fight

모의-점(模擬店)〖명〗들놀이나 원유회(園遊會) 때 임시로 꾸며 벌려 놓는 음식점.

모이〖명〗닭이나 날짐승의 먹이. 〈약〉뫼². feed

모이-다〖자〗①여럿이 한 곳으로 오다. ②사물이나 돈이 들어와 쌓이다. 저축되다. 〈약〉뫼다. gather

모이-다〖혭〗작고도 아무지다. stout

모이어 들다〖몸〗여럿이 어떤 범위 안으로 향하여 오다. ¶학생들이 모이어 들기 시작한다. 〈약〉모여들다.

모이-주머니〖명〗조류 소낭(嗉囊). 멀떠구니. [작물.

모이-작물(一作物)〖명〗모이로 쓸 목적으로 재배하는

모이-통(─桶)〖명〗모이를 넣어 두는 통.

모:-인(─押印)〖명〗→무인(拇印).

모:인(某人)〖명〗아무 사람. certain person [to 하다

모:인(冒認)〖명〗제 것처럼 꾸며 댐. laying false claim

모인(墓印)〖명〗팔체(八體)의 하나. 옥새(玉璽) 글자에 쓰는 고전(古篆).

모:-일(某日)〖명〗아무 날. ¶모월(某月) ～. certain

모임〖명〗여러 사람이 어떤 목적을 위하여 한 곳에 모이는 일. 회(會). meeting

모임-이름씨〖명〗집합 명사(集合名詞).

모잇-그릇〖명〗모이를 넣어 두는 그릇. 또는 담아 두는 그릇. feed holder 「ther and son

모:자(母子)〖명〗어머니와 아들. 《대》부녀(父女). mo-

모:자(母姉)〖명〗어머니와 누나. mother and elder sis-

모:자(母慈)〖명〗어머니의 사랑. [ters

모자(茅茨)〖명〗①띠로 이은 모옥(茅屋)①. ②이엉으로 이은 채의 방. room of a thatched house

모자(眸子)〖명〗눈동자.

모자(帽子)〖명〗〈약〉→갓모자. ①예의를 갖추거나 머리 위·추위를 막기 위해 머리에 쓰는 것의 총칭. hat ③바둑에서, 변(邊)에 있는 상대의 돌을 위로 한 칸 사이를 두고 걸치어 포위하는 수.

모:자 가정(母子家庭)〖명〗아버지가 없는 가정.

모:자-간(母子間)〖명〗어머니와 아들 사이.

모자-걸이(帽子─)〖명〗 모자를 거는 기구.

모:자라-다〖자〗①어떤 표준에 미치지 못하다. 《대》자라다. be short of ②어떤 수효나 분량에 미치지 못하다. 《대》자라다. ③머리의 기능이 보통 이하이다. 저능(低能)하다. ¶좀 모자란 사람 아니야?

모자란-이〖명〗모자란 사람.

모자라는 움직씨〖명〗불완전 동사(不完全動詞).

모자-란(─蘭)〖명〗〖식물〗 모자란과의 바닷풀. 줄기 길이 1m 이상에 잎은 긴 끈꼴형임. 말리면 빛이 푸르며 식용 또는 비료로 쓰고 태워서 칼륨을 만듦. gulf weed 「돋은 자석(磁石). 약에 씀.

모:자-석(毛磁石)〖명〗〈한의〉겉에 털처럼 생긴 것이

모:자-원(母子院)〖명〗응급 구호를 받지 아니하면 생존을 유지할 수 없는 부녀와 그 자녀들을 일정 기간 동안 수용 보호하고 직업을 보도하기 위하여 설치한 보건 사회부 소속의 시설.

모자이크(mosaic)〖명〗〈미술〉나무·돌·색유리 따위

모자이크=란(mosaic 卵)〈생물〉세포의 각 부분이나 할구(割球)가 특정한 기관만을 만드는 동물의 알. 감공란(嵌工卵).

모자이크=병(mosaic 病)명 식물에 바이러스가 기생하여 잎에 반점(斑點)이 생겨 끝내 말라 버리는 병.

모자=챙(帽子-)명 모자에 달리어 있는 챙.

모자=표(帽子標)명 모자에 붙이는 일정한 표. 이화. (준) 모표. cap badge

모:자갑(母子匣)명 큰 것과 작은 것이 겹져 있는 합.

모작(模作)명 남의 작품을 그대로 본떠서 만듦. 또, 그 작품. 하타

모작=패〈광업〉광산에서 광부들이 채광하여 광주(鑛主)에게 분철(分鐵)을 주고 남는 광석에서 나는 이익을 덕대와 광부들이 함께 먹는 일.

모-잡이〈농업〉모낼 적에 모만 심는 일꾼. seedling planter

모장(毛帳)명 모피(毛皮)로 만든 방에 치는 휘장. fur

모:장(冒葬)명 권력을 써서 남의 땅에 억지로 장사(葬)함. 모장(冒葬)명 모표.

모장이〈농업〉모낼 적에 모숨을 별러 돌리는 일꾼.

모:재(母材)명 ①주요한 재료. 특히, 콘크리트에 있어서의 시멘트. ②용접할 대상으로 되는 금속.

모재(募財)명 여러 방면으로 돈을 얻어 모음. collection of contributions 하타

모쟁이(어류〉숭어의 새끼. baby gray mullet

모적(蟊賊)명 백성의 재물을 함부로 빼앗는 탐한 오리를 가리키는 말.

모전(毛廛)명 과물전(果物廛).

모전(毛氈)명 ①짐승의 털을 가공하여 만든 요(褥). fur carpet ②통 양탄자.

모전=태(毛氈苔)명 (통) 모드라기 풀. 끈끈이주걱.

모:점(-點)명 〈인쇄〉종서(縱書)의 문장에 휴식부로 쓰는 부호. '、'의 인쇄상의 이름. 휴식부(休息符). comma

모:정(母情)명 어머니가 자식을 사랑하는 마음. maternal affection

모정(茅亭)명 짚이나 띠 따위로 이은 정자. thatched arbor

모:정(慕情)명 사모하는 심정. yearning

모:제(母弟)명 (약)→동모제(同母弟).

모제비=헤엄〈체육〉모로 누워서 치는 헤엄. swimming at side stroke

모:조(毛彫)〈미술〉털이나 실처럼 가는 선으로 나무나 쇠붙이에 새긴 조각. hair-line engraving

모:조[-쪼](某條)명 ①어떠한 조건. certain item ②(통) 모양(某樣). 「지. 하타

모조(模造)명 ①본떠서 만듦. imitation ②(약)→모조

모조=금(模造金)명 금과 비슷한 빛깔과 광택을 가지며, 내식성(耐蝕性)이 있는 합금의 총칭.

모조 대리석(模造大理石) (통) 스토니(stony).

모조리 하나도 빼지 않고 모두. 처음부터 끝까지

모조=석(模造石)명 (통) 너리돌. 「최다. entirely

모조-지(模造紙)명 양지(洋紙)의 하나. 인쇄용으로 쓰임. (준) 모조②. vellum paper

모조=품(模造品)명 모조한 물건. imitation

모족(毛族)명 모류(毛類)①.

모종 옮겨 심기 위해서 기른 새앗의 싹. seedling 「타

모:종(某種)명 어떠한 종류. 아무 종류. certain kind

모:종(暮鐘)명 해질 무렵에 치는 종. 만종(晚鐘). (대) 효종(曉鐘). evening bell

모종-내:다타모종을 옮겨 심다. plant a seedling

모종-비[-삐]명 모종하기 알맞은 때에 내리는 비.

모종-순[-쑨](-筍)명 모종할 화초나 나무의 애순.

모종-판명 모종을 가꾼 자리.

모:주(약)→모주망태.

모:주(母主)명 (통) 어머니. mother

모:주(母酒)명 (통) 밑술①.

모:주(謀主)명 일을 주장하여 꾀하는 사람. plotter

모:주(謀酒)명 술 마시기를 꾀함. 하타

모:주=꾼(母酒-)명 모주망태.

모:주-망태(母酒-)명 '술을 늘 대중없이 많이 마시는 사람'을 놀림조로 이르는 말. 모주꾼. (약) 모주. drunkard

모즙(茅葺)명 이엉으로 지붕을 이음.

모:지(←捫指)명→무지(拇指).

모:지(某地)명 아무 땅. certain place

모-지다명 ①형상이 둥글지 않고 모가 있다. in angled ②태도가 원만한 맛이 없고 지나치게 딱딱하다. stiff 「(큰) 무지러지다. be worn down

모지라-지다 물건의 끝이 닳거나 잘려져 없어지다.

모지락-스럽다 (ㅂ불) 억세고 거세어 아주 모질다. ¶성질이 ~. rough 모지락-스레(부)

모지랑-붓명 끝이 다 닳은 붓. worn-out brush

모지랑-비명 끝이 다 닳은 비. worn-out broom

모지랑이명 끝이 닳아 없어진 물건. something worn to a stump 「의 손자.

모:지-자손(某之子與之孫)명 아무의 아들, 아무

모직(毛織)명 짐승의 털로 짠 피륙. woolen fabrics

모직-물(毛織物)명 모직으로 된 물건의 총칭. woolen goods 「하타

모진(耗盡)명 줄거나 해져 없어짐. wear and tear

모진 년의 시어미 밥내 맡고 들어온다명 며느리에게 몹시 구는 시어머니가 끼니때면 돌아온다는 뜻으로 미운 사람은 미울 짓만 한다.

모진 놈 옆에 있다가는 벼락 맞는다명 모진 사람과 같이 있다 그 사람에게 내린 화가 자기에게도 미친다.

모:진-목숨명 죽지 못해 살아 있는 목숨. 죽을 듯 말 듯 목숨이 붙어 있는 목숨. hard life

모:진-바람명 몹시 세차게 부는 바람. 악풍(惡風).

모질(媢嫉)명 시기함. 질투함(嫉妬). 하타 「strong wind

모:질-다(ㄹ활)타 ①사람으로서는 차마 못할 짓을 함부로 하는 성질이 있다. brutal ②보통 사람으로서는 참고 견디지 못할 일을 잘 배겨내다. persevering ③정도가 세다. hard

모:질음명 고통에 대항하여 모질게 쓰는 힘. 모진 성질. indomitableness 「다. indefatigable

모:질음-쓰다(ㅡ활)재 고통을 당하여 힘을 모질게 쓰

모집(募集)명 널리 모음. ¶사원(社員)~. 학생 ~. 회원 ~. recruitment 하타

모집 공채(募集公債)〈경제〉발행에 수반하는 자금을 수납시키는 보통 공채. (대) 교부(交付) 공채.

모집-다타 ①잘못되거나 허물을 분명하여 들어 가리키다. point out clearly ②모조리 집다. hold all

모:집단(母集團)명 〈수학〉통계학의 용어. 측정이나 조사 할 때에 몇 개의 표본의 출처가 되는 집단. population

모집 설립(募集設立)〈경제〉발행 주식(株式)의 일부만 발기인이 인수하고 나머지는 주주(株主)를 모아서 주식 회사를 세우는 일, (대) 발기 설립(發起設立). floating by subscription

모짝 한 번에 죄다 몰아서. (큰) 무짝.

모짝-모짝 ①한쪽에서부터 차례를 좇아 모조리 뽑는 모양. root up all(seedlings) ②조금씩 개먹어 들어가는 모양. 「목 무쩍무쩍. wear down gradually

모:쪼록 아무쪼록. by all means

모쪽-하-다(형여)→목직하다.

모:지기명 모판에서 모를 뽑는 일.

모지-떡(もち-일)명 찹쌀로 만들어 단팥을 넣은 일본식의 떡. 찹쌀떡.

모초라기(고) 메추라기.

모착(帽着)명 바둑에서 번에 있는 상대의 말에 한 칸 사이를 두고 높게 걸치어 세력을 꺾는 일. 하타

모착-하-다(형여)위아래를 찍어 낸 듯이 짧고 똥똥하다. stocky 「raising 하타

모채(募債)명 공채(公債)나 사채(社債)를 모음. loan

모책(謀策)명 일을 처리하는 스티러지엄. stratagem 하타

모:처(某處)명 아무 곳. 모소(某所). certain place

모처럼부 ①일껏. 오래간만에. after a long time ②벼르고 별러서 처음. 벼른 끝에. for the first time

모처럼 능참봉을 하니까 한 달에 거둥이 스물아홉 번ील 소원이 이루어지기는 하였으나 도리어 번잡스럽게 되었다. 〔허사가 되다.〕

모처럼 태우는 것이 턱이 떨어져 〔모처럼 얻은

모:처=혼(母處婚)囹《사회》 모계 씨족 사회에서, 신랑이 신부의 씨족(氏族)에 가서 살게 되는 결혼. (때) 부처혼(父處婚).

모:천(暮天)囹 저문 때의 하늘. evening sky

모험(茅簷)囹 초라한 초가 지붕 처마. eaves of a thatched house 〔이 되는 토대. parent body

모:체(母體)囹 ①어머니의 몸. mother's body ②바탕

모:체 공장(母體工場) 분공장(分工場)이나 새로 난 공장의 모체가 되는 공장.

모:체 전염(母體傳染) 병원체가 모체를 통하여 다음 세대에 전염되는 일.

모초(毛綃)囹(동) 모초단(毛綃緞).

모초(茅草)囹(동) 띠4.

모초=단(毛綃緞)囹 중국에서 나는 비단의 하나. 모초

모초리囹(동) 메추라기.   〔(毛綃).

모추(暮秋)囹 만추(晩秋).

모추-자(毛錐子)囹(동) 털붓.

모:춘(暮春)囹(동) 만춘(晩春).

모춤囹《농업》 서너 움큼씩 되게 모를 묶은 단. small bundle of rice-plants 〔남다. little too much

모춤-하-다(해여) 길이나 분량이 한도에 차고 조금

모충(毛蟲)囹(동) 모류(毛類).

모충(謀忠)囹 남을 돕기 위하여 꾀를 내어 줌. devising a plan for others 하타

모:측(母側)囹 ①어머니 곁. 어머니 슬하. mother's side ②어머니의 친정편. maternal side

모치(牡痔)囹(동) 수치질.

모:치(暮齒)囹(동) 노년(老年)①.

모:친(母親)囹 어머니. mother

모:친=상(母親喪)囹 어머니의 상사. (때) 부친상(父親喪). 《예》 모상(母喪).   〔하타

모침(貌侵·貌寢)囹 몸가짐이 활발하지 못함. dullness

모칭(冒稱)囹 이름을 거짓 꾸며 댐. misrepresentation 하타   〔질이 좋은 커피.

모카 커:피(Mocha coffee)囹 예멘의 모카에서 나는

모케트(moquette)囹 모직물의 하나. 벨벳과 비슷하며, 털이 긴 파일직(pile 織). 의자에 쓰임.

모코囹 옛날에 길이 짧은 저고리.

모탕囹 ①나무를 쪼개거나 팰 때, 밑에 받쳐 놓는 나무 토막. wood chopping block ②곡식이나 물건을 땅바닥에 쌓을 때, 밑에 괴는 나무 토막.

모탕-세[―쎄]**(―貰)**囹 여각(旅閣)이나 장터에서 남의 곡식 따위를 보관하여 주고 받는 셋돈. depositary fee

모타이囹 인절미나 흰떡 따위를 안반에 놓고 한 차례에 쳐서 낼 수 있는 한 덩이. lump of steamed rice cake   〔일의 맨 처음. beginning

모:태(母胎)囹 ①어머니의 태 안. mother's womb ②

모태-끝囹 떡가락을 썰고 난 나머지 토막.

모터(mortar)囹(동) 유발(乳鉢).

모터(motor)囹 ①발동기의 총칭. ②전동기(電動機).

모터-바이시클(motor bicycle)囹 가솔린 엔진을 장치하여 자동적으로 움직이게 된 자전거. 모터바이크. 모터사이클.

모터-바이크(motor bike)囹(동) 모터바이시클.

모터-보:트(motor boat)囹 모터를 추진기로 사용하는 보트.

모터 사이클(motor cycle)囹(동) 모터바이시클.

모터 스쿠:터(motor scooter)囹(동) 스쿠터.

모터 카:(motor car)囹 자동차.

모터 풀:(motor pool) 자동차 집합 장소. 주차장. 수리 시설 및 주유 시설 등을 갖춤.   〔(笠).

모테《제도》 벼슬아치가 비 올 때에 쓰던 우장(雨

모:텔(motel)囹 자동차 여행자용 여관.

모:토(母土)囹 무덤을 팔 때에 바닥에 관(棺)이 들어가 놓일 자리를 깎아 낸 흙. earth of a grave

모토(moto 이)囹《음악》 악곡의 진행(進行).

모토(motto)囹 ①표어(標語). ②신조(信條). ③격언 (格言).   〔ve in the earth

모:토=뽑-다(母土―)巨 모토를 깎아 내다. dig a gra-

모토-지(母土紙)囹 중국에서 생산되는 종이의 하나.

모투저기-다囹 돈이나 물건을 조금씩 모으다. save

모퉁이囹 ①구부러지거나 꺾어져 돌아간 자리. ¶담 ~. corner ②중앙이나 복판을 중심으로 하여 주변이나 구석진 곳. nook ③적은 범위의 어떤 부분. 우각(隅角). corner

모퉁잇-돌囹《기독》 건물의 모퉁이에 놓는 큰 주춧돌의 뜻으로, 예수를 비유하여 일컫는 말.

모:티브(motive)囹(동) 모티프.

모:티비즘(motivism)囹 동기론(動機論).

모:티프(motif 프)囹 ①동기. ②예술 작품에서 표현의 동기가 되는 중심 사상. 주제(主題). ③《음악》 악곡 형식을 구성하는 가장 작은 단위. ④《미술》 그림의 주제. 모티브.

모-판(―板)囹《농업》 못자리의 사이사이를 메어 가 들어 놓은 조각조각의 구역(區域). 묘상(苗床).

모포(毛布) 담요. blanket   〔nursery

모표(帽標)囹(약)―모자표.

모-풀囹 못자리에 거름으로 넣는 풀. grass used as a fertilizer for the rice seed-beds 〔wind 하타

모풍(冒風)囹 바람을 무릅쓰고 맞음. braving the

모피(毛皮)囹 털이 붙어 있는 짐승의 가죽. 털가죽. fur

모피(謀避)囹 꾀를 부려 피함. evasion 하타

모피수(毛皮獸類) 모피가 여러 가지로 이용되는 짐승들. 족제비·물개·너구리·여우 따위. fur

모필(毛筆)囹 짐승의 털로 맨 붓. writing brush

모필-화(毛筆畫)囹《미술》 붓으로 그린 그림.

모:하(暮夏)囹 늦은 여름. 만하(晩夏). late summer

모=하-다(模―)巨 ①그림이나 글씨 위에 투명하거나, 반쯤 투명한 종이를 대어 그대로 그리다. copy ②본보기 대로 그리다. ③모방하다. 모뜨다②.

모하메드:교(←Mohammed·Mohamet 教)囹 →마호메트교.

모:한(冒寒)囹 심한 추위를 무릅씀. braving the cold

모:함(母艦)囹(약)―항공 모함.   〔trapping 하타

모함(謀陷)囹 꾀를 써서 남을 어려움에 빠트림. en-

모:항(母港)囹 배의 근거지가 되는 항구.

모해(模楷)囹(동) 모범.

모해(謀害)囹 꾀로써 남을 해침. doing harm 하타

모:험(冒險)囹 ①위험을 무릅씀. 범법. adventure ②덮어놓고 무슨 일을 하여 봄. ¶~성(性). 하타

모:험-가(冒險家)囹 모험을 즐기거나 자주 하는 사람. adventurer   〔이야기.

모:험-담(冒險談)囹 모험적인 사실이나 행동에 대한

모:험 사:업(冒險事業)囹 위험스러우나 성공은 운명에 맡기고 시작하는 사업. hazardous enterprise

모:험 소:설(冒險小說)囹《문학》 모험을 흥미의 중심으로 삼는 소설. adventure novel

모:험-심(冒險心)囹 위험을 무릅쓰고 행동하려는 마음.

모:험-적(冒險的)囹 위험을 무릅쓰고 하는(것). ¶~인 행동.

모:험-주의(冒險主義)囹 우연적인 성공을 바라고 모험하는 경향.

모헤어(mohair)囹 ①앙고라 염소의 털. 고급 복지(服地)에 많이 쓰임. ②모헤어로 짠 윤이 나고 얇은 피륙. ③모헤어로 짠 부인용 고급 오버지(over地)의 하나.   〔털.

모혈(毛血)囹 옛날 제사에 쓰던 희생(犧牲)의 피와

모형(母型)囹《인쇄》 활자에 납을 부어 만드는 판. 모형(模型)⑤. 자모(字母). matrix

모형(牡荊)囹《식물》 마편초과의 낙엽 관목. 높이 3 m 가량으로 더부룩한 것이 특징이며, 여름에 담자색의 꽃이 주렁주렁 핌. 관상용으로 심으며 한

모형(模型·模形)[명] ①똑같은 모양의 물건을 만들기 위한 틀. mould ②물건의 원형대로 줄여 만든 본. 추형(雛型). miniature ③그림른. 수본. pattern ④〈미술〉작품을 제작하기 전에 미리 만들어 보는 안보기. 모본(模本)②. (대)실물(實物). model

모형=도(模型圖)[명] 모형을 본떠 그린 그림. model picture

모형 비행기(模型飛行機)[명] 비행기를 본떠서 만든 장난감이나 교육용 비행기. model airplane

모형 지도(模型地圖)[명] 실제의 모양을 작게 그린 지도. relief map

모호=하다(模糊)[형여든] 흐리어 똑똑하지 못하하다. [dim

모화(帽花)〖동〗어사화(御賜花).

모:화(慕化)[명] 덕(德)을 사모(思慕)하여 감화됨. 하[타]

모:화(慕華)[명] 중국의 문물(文物)·사상(思想)을 섭김. worship of Chinese civilization 하[타]

모=관(慕館·慕華館)[명]〈제도〉조선조 때, 중국 사신(使臣)을 영접하던 곳. (襟)의 총칭.

모=화대(帽靴帶)[명] 사모(紗帽)·목화(木靴)·각대(角帶).

모화 사상(慕華思想)[명] 중국의 문물을 홈모하여 따르려는 사상.

모:=회:사(母會社)[명]〈경제〉자본에 참가, 임원을 파견하거나 하청(下請)을 통하여 다른 기업을 지배하는 회사. (대) 자회사(子會社).

모획(謀劃)[명][동] 모사(謀事). 모략(謀略). 하[타]

모후(母后)[명] 임금의 어머니.

모:훈(母訓)[명] 어머니의 교훈. 모교(母敎). 자훈(慈訓). mother's teachings

목¹[명] ①〈생리〉머리와 몸을 이은 잘록한 부분. neck ②〈악〉→목구멍. ③무릇 물건에서 목과 비슷한 부분. neck ④다른 곳으로 빠져나갈 수 없는 길의 중요한 곳. ¶길~. 바다~.

목²[명]〈광물〉함지질할 때에 나오는 납·은 따위가 섞여 있는 가루 광석(鐵石).

목³[의명]〈제도〉조세(租稅)를 계산하기 위한 토지 면적(面積) 단위(單位)의 하나.

목(木)[명] ①〈민속〉오행(五行)의 하나. 방위로는 동쪽, 철로는 봄, 색으로는 청색 등을 나타냄. ②무명실을 짤으로 이르는 말. cotton ③[준]→목요일(目).

목(目)[명] ①〈생물〉생물 분류학상의 한 단계. biological order ②예산을 꾸미는 끝 단위. item

목=(木)[접두] 나무로 된 뜻을 나타내는 말. ¶~도장. ~제기(祭器). wooden 무명으로 된 뜻을 나타냄.

목=(四) 꿰미. 뭇. [타는 말. ¶~양말. cotton

목가(牧歌)[명] ①목동·목자(牧者)의 노래. shepherd's song ②전원(田園) 생활을 주제로 한 시가. pastoral song [연성(可燃性)가스. wood gas

목=가스(木gas)[명] 목재를 전류(乾溜)할 때 생기는 가

목가=적(牧歌的)[명] 소박하면서 전원다는 맛이 있는 (것). pastoral

목각(木刻)[명] ①나무에 새김. wooden carving ②[약]→목각 활자. ③[약]→목각화. 하[타] [oodcut

목각=화(木刻畵)[명] 나무에 새긴 그림. [약]목각②. w-

목각 활자[-짜](木刻活字)[명] 나무에 새긴 문자. [약]목각②. block letter

목간(木幹)[명] 나무의 줄기. trunk [적 편지.

목간(木簡)[명] 글을 적은 나무 조각. 종이가 없던 엣

목간(沐間)[명] ①[약]→목욕간. ②목욕탕에서 목욕함. bathing 하[자]

목간=통(沐間桶)[명] 목욕탕에 시설하여 놓은 목욕통.

목갑(木匣)[명] 나무로 만든 갑(匣). wooden casket

목강(木强)[명] 어거스럽게 세고 강함. stiffness 하[타]

목=거리[명]〈한의〉목이 부어 아픈 병.

목=걸이[명] 목에 거는 장식품. necklace

목검(木劍)[명]〈체육〉연마할 때 쓰는 나무로 만든 칼. 목도(木刀). wooden sword [vation 하[타]

목격(目擊)[명] 제 눈으로 직접 봄. 목도(目睹). obser-

목격=담(目擊談)[명] 목격한 것에 대한 이야기.

목격=자(目擊者)[명] 자기의 눈으로 직접 본 사람. eye-

목견(目見)[명] 눈으로 봄. witness 하[타] [witness

목계(木枅)[명]〈건축〉박공(牔栱) 위에 얹어 기와를 받

목계(木階)[명] 나무로 만든 층층대. (대)된 나무.

목=곧다[형] 어거지가 아주 세다. stiff-necked

목=곧이[一고지][명] 목곧은 사람. 어거지가 센 사람. stiff-necked person [골(鐵骨).

목골(木骨)[명]〈건축〉건축에서 목조된 뼈대. (대)철

목=골통이(木—)[명] 나무로 파서 만든 담뱃대 통. wooden pipe head

목공(木工)[명] ①나무로 물건을 만드는 사람. 목수(木手). woodworker ②나무로 물건을 만드는 일. 대목(大木)①. woodwork carpenter

목공 기계(木工機械)[명] 나무를 가공하는 데 쓰이는 기계. woodworking machine

목=공단(木貢緞)[명] 무명실로 짠 공단.

목공 선반(木工旋盤)[명] 목공 일에 쓰이는 간단한 선반. [만드는 곳.

목공=소(木工所)[명] 목재를 가공하여 가구·창문 등을

목공=품(木工品)[명] 나무를 다루어 만든 가공품.

목과(木瓜)[명]〈한의〉모과(木瓜)의 한약명(漢藥名). 성질이 온(溫)하여 각기(脚氣)·곽란·구락 등에 씀.

목관(木棺)[명] 나무로 짠 관(棺). wooden casket

목관(木管)[명] 나무로 만든 관(管). wooden pipe

목관(牧官)[명]〈종교〉목사(牧使).

목관 악기(木管樂器)[명]〈음악〉나무로 만든 관악기.

목괴 포장(木塊鋪裝)[명]〈토목〉나무 토막을 길에 깔아 포장하는 일. wood block paving

목교(木橋)[명] 나무 다리①.

목교(目巧)[명][동] 눈썰미.

목구(木毬)[명]〈체육〉격구(擊毬)할 때 쓰는 붉은 칠한 나무공. 목구자. 목화(木丸). wooden ball

목=구멍[명] 입속에서 기도(氣道)와 식도(食道)로 통하는 곳. 후문(喉門). [약]목②. throat

목구멍=소리[명] 후음(喉音).

목구멍이 포도청[명] 먹는 일 때문에 못할 일까지 한다.

목궁=자(木毬子)[명] 목구(木毬). [bow

목궁(木弓)[명] 애끼찌나 산뽕나무로 만든 활. wooden

목귀(木—)[명] 나무의 귀퉁이를 깎아서 면(面)을 접어 장식. [한 것.

목귀 대:패(木—)[명] 목귀질하는 데 쓰는 대패.

목귀=질(木—)[명] 목귀로 하기 위하여 나무를 다듬는 짓.

목균(木菌)[명] 말려서 나무 꼬치에 꿴 버섯. skewer of

목극(木屐)[명] 나막신. [dried mushrooms

목=극토(木克土)[명]〈민속〉오행(五行)의 운행(運行)에, 목(木)은 토(土)에 이긴다는 뜻.

목근(木根)[명] 나무 뿌리.

목근(木槿)[명][동] 무궁화.

목금(木琴)[명] 실로폰(xylophone).

목금(日今)[명] 목하(目下). [은 나무 토막.

목기(木機)[명] 기름틀의 챗날개와 머리를 사이에 끼는 목침 같

목기(木器)[명] 나무로 만든 그릇. wooden vessel

목=기러기(木—)[명] 나무로 깎아 만든 기러기. 구식 혼인 때 씀. 목안(木雁). wooden wildgoose

목기=법[—뻡](木寄法)[명]〈미술〉조각술(彫刻術)의 하나. 기본법(寄本法). wooden mosaic [ware store

목기=점(木器店)[명] 나무 그릇을 파는 점. wooden-

목=날아가다[동] ①목이 잘리다. 죽임을 당하다. ②파면되다. 해고되다. 목달아나다.

목낭청(睦郞廳)[명] 주견이 없이 이래도 응하고 저래도 응하는 사람을 조롱하여 일컫는 말. yes man

목낭청=조[—쪼](睦郞廳調)[명] 분명하지 않은 태도나 어름어름한 말씨. dubious attitude

목내이(木乃伊)[명] 미라(mirra).

목=놀림[명] 목구멍을 축일 만큼 적게 먹이거나 나오는 젖의 분량. inadequate amount of milk

목농(牧農)[명][약]→목축 농업.

목=놓다[동] 마냥 울다. 큰 소리로 울다. cry loudly

목=누름[명]〈체육〉상대편의 목덜미를 팔로 눌러 쓰러

목놀 드리는 씨름 재주의 하나. throttling

목놀(木訥)圈 순직(純直)하고 느리며 말재주가 없음. simplicity 하圈 「지관이. 협장(脇杖). crutches

목-다리(木一)圈 절름발이가 겨드랑이에 끼고 걷는

목단-피(牧丹皮)圈〈한의〉모란 뿌리의 겉질. 월경(月經)을 고르게 하며 혈증(血症)과 울노증(鬱怒症)

목단-화(牧丹花)圈 모란꽃. 목단(牧丹).

목=달구(木一)圈 크고 굵다란 나무 토막으로 만든 달

목=달아나-다圈 목날아가다. 「구. wooden rammer

목-달이圈 ①버선목의 안짝 헝겊이 겉으로 넘어와 목이 된 버선. necks of socks ②바닥이 다 해져 발등만 덮이는 버선. worn-out socks 「돌로 쌓은 담.

목담圈〈광물〉광석(鑛石)을 캐ने 굴에서 나온 버력

목대圈 돈치기할 때 준 돈을 맞히는 데에 쓰는 물건. 목자. 「데는 가는 나무.

목대圈 멍에 양쪽 끝의 구멍에 꿰어, 소의 목 양쪽에

목=대야(木一)圈 나무를 쪼아서 만든 대야. wooden wash-basin 「rintend

목대-잡다圈 여러 사람을 거느리고 지휘하다. supe-

목대-잡이圈 목대잡아 일을 시키는 사람. superinten-

목=대:접(木一)圈 나무로 파서 만든 대접. 「dent

목=덜미圈 목의 뒷부분. nape

목도圈 무거운 물건을 밧줄에 얽어 멜 때 쓰는 굵은 몽둥이. 또, 그 일. pole for shouldering 하圈

목도(木刀)圈〈동〉목검(木劍). 「ssing 하圈타

목도(目睹)圈 제눈으로 직접 봄. 목격(目擊). witne-

목도-꾼圈 목도로 물건을 나르는 일군.

목=도리圈 추위를 막거나 모양을 내려고 목에 두르는 물건. muffler

목-도장(木圖章)圈 나무로 만든 도장. 목인(木印).

목도-질圈 목도를 하는 일. 하圈

목도-채圈 목도할 때에 쓰는 굵은 몽둥이. ¶~를 맞메고 발을 맞춰 나아간다.

목독(目讀)圈〈동〉묵독(默讀). 하圈

목-돈圈 ①푼돈이 아닌 한목의 돈. 모갯돈. 뭉칫돈. lump sum ②〈민속〉굿할 때 무당에게 먼저 주는

목-돌림圈〈한의〉목이 아픈 돌림병의 총칭. 「돈.

목둣圈 줄의 목도에 터에 쓰이는 밧줄.

목동(牧童)圈 마소에게 풀을 뜯기는 아이. 목자(牧者)①. 목수(牧竪). ¶~가(歌). shepherd boy

목두(木頭)圈 나무를 깎거나 매만질 적에 끄트머리를 잘라 낸 도막. chip of wood

목두-개비[一께−](木頭−)**圈 치목(治木)할 때에 잘라 버린 나뭇개비. 〈약〉목두①. cut of wood

목두기圈 ①〈약〉→목두개비. ②알 수 없는 귀신. nameless ghost ③〈동〉목침(木枕).

목두-채(木頭菜)圈 두릅나물.

목두-충(木蠹蟲)圈〈동〉나무굼벵이.

목등-뼈圈〈생리〉등심대의 맨 위 일곱 개의 뼈. 경추(頸椎). cervical vertebra

목란(木蘭)圈〈동〉목련(木蓮).

목랍(木蠟)圈 옻나무・황로(黃櫨)의 열매에서 채취한 납랍. 목초. vegetable wax

목력(目力)圈 안력(眼力).

목련(木蓮)圈〈식물〉①자목련(紫木蓮)・백목련 등의 총칭. ②목련과의 낙엽 활엽 교목. 자목련과 백목련이 있으며 3～4월에 크고 향기가 있는 꽃이 잎사귀보다 먼저 핌. 나뭇결이 치밀하여 기구재・건축재로 쓰이고 꽃망울은 약에 씀. 목란(木蘭). 목필(木筆)②. magnolia

목련-화(木蓮花)圈〈식물〉목련의 꽃.

목렴(木廉)圈 무덤 속의 송장에 나무 뿌리가 감기는 「재앙.

목례(目禮)圈 눈으로 가볍게 하는 인사. nod 하圈

목로(木壚)圈 ①선술집. grog shop ②선술집에 잔술을 벌여 놓는 상(床). 주로(酒壚). drinking stall

목로 술집[一찝](木壚−)圈 목로를 놓고 술을 파는 집. 목로 주점. 〈약〉목로집. stand-up bar

목로-집[一찝](木壚−)圈〈약〉←목로 술집.

목록(目錄)圈 ①책 첫머리에 그 책의 제목을 차례대

로 적은 발기나 조목. ¶~ 카드. table of contents ②죽 벌이어 적은 물건의 이름. catalogue

목류(木榴)圈〈동〉옹두리.

목리(木理)圈 ①〈동〉나뭇결. ②〈동〉연륜(年輪).

목리(木履)圈〈동〉나막신. 「무늬.

목리-문(木理紋)圈〈미술〉도자기에 나뭇결같이 놓은

목마(木馬)圈 ①어린아이들의 오락 유희나 기계 체조에 쓰는 기구의 하나. vaulting horse ②건축할 때 쓰는 발돋움의 하나. wooden horse

목마(木魔)圈〈동〉목팔이 하는 짓. 「rising 하圈

목마(牧馬)圈 말을 먹여 기름. 또, 그러한 말. horse-

목므루-다圈(ㄹ) 목마르다. 갈하다.

목-마르다圈(ㄹ르)①물을 먹고 싶어하다. thirsty ②가진 것이 없어서 주기를 매우 바라다. desire eagerly

목마른 놈이 우물 판다俗 제가 급해야 서둘러 일을 시작하며.

목마-장(牧馬場)圈 말을 먹여 기르는 곳.

목-마패(木馬牌)圈〈제도〉나무로 만들었던 마패.

목-말圈 남의 어깨 위에 두 다리를 벌리고 앉거나 늘여놓고 서는 장난. riding another's shoulders

목말(木末)圈 메밀 가루. buckwheat flour

목말-타다圈 남의 어깨 위에 올라서 목뒤로 걸터앉다. ride the shoulders of

목말-태우-다圈 목말타게 하다.

목망(木網)圈〈동〉등에.

목-매(木一)圈 목매 맴돌.

목-매기圈〈약〉→목매기 송아지.

목매기 송아지圈 아직 코를 꿰지 않고, 목에 고삐를 맨 송아지. 〈약〉목매기. tethered calf

목-매:다재타른 죽으려고 목을 줄에 걸어 매어 달다. 〈약〉목매다. hang oneself

목-매아지圈 아직 굴레를 씌우지 아니하고 고삐로 목을 맨 망아지. 〈약〉목매지. tethered colt

목맥(木麥)圈〈동〉메밀.

목-맺히-다재〈약〉→목메이다.

목-메(木一)圈 나무로 만든 메. (대)돌메.

목-메:다재 ①목구멍에 음식물 따위가 막히다. be choked with ②설움이 복받치어 목구멍이 막히는 듯하다. be filled sorrow

목멘 개 겨 탐하듯俗 감당할 힘도 없으면서 과분한 일을 하려 하거나 욕심을 부리다.

목면(木綿・木棉)圈 ①무명. ②〈동〉목화(木花).

목면-공(木棉公)圈 목화를 중국에서 가져와 퍼뜨린 문익점(文益漸)을 이름.

목면-사(木綿絲)圈〈동〉무명실.

목면-직(木綿織)圈〈동〉면직.

목면-포(木綿布)圈〈동〉무명.

목목-이圈 중요한 길목마다. at each corner

목무장(木一)圈〈체육〉상투와 턱을 잡아둘러 넘기는 씨름 재주. 〈약〉무장!.

목-문(木紋)圈 나무 무늬. 재목의 단면에 연륜・섬유・고갱이・결 따위가 여러 가지의 모양으로 나타난 무늬. grain of wood 「지(洋紙)의 하나.

목문-지(木紋紙)圈 나무의 빛깔과 무늬를 나타낸 양

목-물(木−)圈 ①사람의 허리에서 다리 아래까지의 몸. water ②몸의 윗몸을 물로 씻는 일. bust bath 하圈

목물(木物)圈 나무로 만든 온갖 물건. ¶~전(廛). things made of wood 「뜻. government 하圈

목민(牧民)圈 임금이나 원이 백성을 다스려 기른다는

목민-지(牧民之官)圈〈제도〉백성을 다스리던 원이

목밀(木蜜)圈 ①대추. ②〈동〉→나 수정.

목밀-샘圈〈생리〉목구멍 알 아래쪽 목관의 위쪽에 있는 내분비선. 갑상선(甲狀腺).

목반(木盤)圈 목판(木板).

목-반자(木一)圈〈건축〉①널조각만 대고 종이를 바르지 않은 반자. board ceiling ②〈동〉소란 반자.

목-발(木−)圈 ①〈속〉목다리. ②〈동〉동발①.

목방(木房)[명] 목수들의 일터. carpenter's workshop
목방 모군(木房募軍)[명] 목방에 딸려 일하는 노군.
목=배(木杯)[명] 나무로 만든 잔. wooden cup
목백(牧伯)[명]〖동〗목사(牧使).
목별(木鼈)[명]〈식물〉박과(葫蘆科)에 속하는 다년생 덩굴풀. 잎은 일곱씨가 없고 마주 나며 5월경에 누른빛의 작은 꽃이 핌. 씨는 8월경에 따서 약용.
목별=자(木鼈子)[명]〈한의〉목별의 씨.「재로 씀.
목본(木本)[명]〈식물〉목질(木質)의 줄기를 가진 식물. 곧, 나무. ¶~경(莖). (대) 초본(草本). arbor
목봉(木棒)[명] 몽둥이.
목부(牧夫)[명] ①목장에서 말·소·양 등을 기르는 사람. shepherds ②〈제도〉고대 목민(牧民)의 벼슬.
목=부용(木芙蓉)[명]〈식물〉무궁화과의 낙엽 관목. 초가을에 흰 빛 혹은 담홍색의 꽃이 피며 열매는 구형(球形)의 사과(蒴果)가 열림. 관상용으로 재배. 부용(芙蓉)②. 거상(拒霜). kind of rose mallow
목불(木佛)[명]〈불교〉나무를 조아 만든 부처. 《대》석불(石佛). wooden image of Buddha
목=불식정(目不識丁)[명] 낫 놓고 기억조차 모른다는 뜻. 목불 지식(目不知書). 일자 무식(一字無識). sheer illiteracy [하다]
목=불인견(目不忍見)[명] 눈으로 차마 볼 수 없음. 《약》불인견. can not beat to see
목=비(木碑)[명] 모낼 무렵에 한목 오는 비.
목비(木碑)[명] 나무에 새기거나 글을 써서 만든 비.
목사(木絲)[명]〖동〗무명실.「wooden monuments
목사(牧使)[명]〈제도〉고려 및 조선조 때의 정 3품 외직(外職) 문관. 목관(牧官). 목백(牧伯).
목사(牧師)[명]〈기독〉교회에서 예배(禮拜)를 인도하고 교회를 다스리는 교역자. 목자(牧者)②. pastor
목사=리[명] 소 굴레의 한 부분. 소의 목에 거는 줄. ox bridle 「획. (대) 심산(心算). estimation
목산(目算)[명] ①눈어림. sight calculation ②예상. 계
목살(木煞)[명] 나무에 붙어 있는 귀신.
목상(木商)[명] 뗏목 또는 장작·재목 등을 도매로 매매하는 장사치. ②《약》→제목상(材木商).
목상(木像)[명]〖동〗목우(木偶). ②〈미술〉나무로 만든 불상·신상(神像) 또는 인물의 형상 등의 조각. wooden image
목=상자(木箱子)[명] 나무로 만든 상자.
목새¹[명] 물에 밀려 쌓인 보드라운 모래. fine sand
목새²[명]〈농업〉벼의 줄기와 잎이 누렇게 시드는 병. rice plant fever
목새=들다[자]〈농업〉벼에 목새가 걸리다.
목=생화(木生火)[명] 오행(五行)의 운행(運行)에서, 나무에서 불이 생김을 이름.
목서(木犀)[명]〖동〗물푸레나무.
목석(木石)[명] ①나무와 돌. trees and stones ②감정이나 인정이 둔한 사람. insensible person
목석 간장(木石肝腸)[명] 나무와 돌과 같이 아무런 감정도 없는 마음씨.
목석 난부(木石難傅)[명]〖동〗목석 불부.
목석 불부(木石不傅)[명] 가난하고 외로워 나무에도 돌에도 붙일 메가 없음. 목석 난부.
목석연=하다(木石然-)[형여]〖동〗나무나 돌같이 감정이 없는 체하다. insensible **목석연=히**[부]
목석 초화(木石草花)[명] 나무·돌·풀·꽃이라는 뜻으로, '자연'을 일컫는 말.
목석=한(木石漢)[명] 나무나 돌처럼 인정이 없고 감정이 둔한 사나이. insensible person
목선(木船)[명]〖동〗나무배.
목설(木屑)[명] 톱밥.
목성(一聲)[명] 목소리.
목성(木性)[명] 나뭇결. grain of wood
목성(木姓)[명]〈민속〉오행(五行)의 목(木)에 딸린 성. 곧, 김(金)·고(高)·박(朴)·최(崔) 등.
목성(木星)[명]〈천문〉태양계의 다섯째 유성(遊星). 덕성(德星)①. 세성(歲星). 태세(太歲). Jupiter

목성(木聲)[명] 오행(五行)의 음성 가운데 목이 선 소리. 관상(觀相)용어.
목=소(木梳)[명] 나무를 써서 만든 빗.
목소(目笑)[명] 눈웃음. 하다
목=소리(-)[명] ①음성. 《유》후음. voice ②말소리의 음색(音色). ¶익은 ~. tone ③어떤 뜻을 나타내거나 내세우고 싶은 의견이나 주장. 성음(聲音). voice
목송(目送)[명] 가는 사람의 뒷모양을 바라보며 멀리 보냄. (대) 목영(目迎). follow with one's eyes 하다
목수(木手)[명] 목공(木工)①.「다.
목수(木隨)[명]〖동〗고갱이.
목수(牧守)[명]〈제도〉지방 장관(地方長官). 목(牧)은 주(州)의 장관, 수(守)는 군(郡)의 장관.
목수(牧竪)[명]〖동〗목동(牧童)
목수가 많으면 집을 무너뜨린다 [속] 제각기 주장하는 의견이 너무 많으면 탈을 낸다.
목숨[명] 살아 있는 힘. 생명. 수명(壽命). life 「다.
목숨 도모(一圖謀)[명] 죽을 지경에서 살길을 찾음. 하
목=쉬다[자] 목이 잠겨 소리가 제대로 나오지 않다. become hoarse 「을 먹음. living on fruits 하다
목식(木食)[명] 화식(火食)을 하지 않고 실과와 열매만
목=신(木一)[명] 나막신.
목신(木神)[명]〖동〗나무 귀신.
목신(木腎)[명]〈한의〉신(腎)이 힘 없이 일어나고 따끔따끔 쑤시는 병. 척추(脊椎)의 외상(外傷)으로부터 흔히 옴.
목신(牧神)[명] 로마 신화 중의 임야와 목축의 신.
목=실(木一)[명] 무명실.
목실(木實)[명] 나무 열매. fruit
목·사무명(木一)[명] 목구멍.
목=안(木雁)[명] 목구멍 속.
목안(木雁)[명] 목기러기.
목야(牧野)[명] 가축을 놓아 기르는 들.
목약(目藥)[명]〖동〗안약(眼藥).
목양(牧羊)[명] 양을 기름. sheep-farming 하다
목양(牧養)[명]〖동〗목축(牧畜). 하다
목양=견(牧羊犬)[명] 목장에서 양을 지키는 개. 주로 콜리종이 이용됨.
목=양말(一一)[명](木洋襪) 무명실을 써서 짠 양말.
목양=자(牧羊者)[명] 양을 치는 사람.
목양제(木洋製)[명]〈건축〉나무로 지은 서양식 건물.
목어¹(木魚)[명]〈불교〉①〖동〗목탁(木鐸)①. ②나무를 잉어처럼 만들어 경전을 읽을 때 두드리는 기구.
목어²(木魚)[명] 도루묵.
목엽(木葉)[명] 나무의 잎사귀. leaves 「아 있는 돌.
목염(木葉石)[명]〈광물〉식물의 흔적이나 모양이 남
목영(木纓)[명] 옻칠한 나무 구슬을 꿰어 만든 갓끈. wooden beads hat strings 「(目送). 하다
목영(目迎)[명] 오는 것을 보고 맞음. (대) 목송(目送).
목왕지=절(木旺之節)[명] 오행(五行)에 목기(木氣)가 성하는 봄철. 「째 되는 날. 《약》목(木)③. Thursday
목=요일(木曜日)[명] 칠요(七曜)의 하나. 칠요의 넷
목욕(沐浴)[명] 머리를 감고 몸을 씻는 일. ¶~물. bathing 하다 「bathroom
목욕=간(沐浴間)[명] 목욕실로 쓰는 방. 《약》목간(沐).
목욕=날(沐浴一)[명]〈불교〉목욕하는 일정한 날.
목욕=실(沐浴室)[명] 목욕하는 시설을 갖춘 방. 《약》욕실.
목욕 재계(沐浴齋戒)[명] 목욕하여 몸을 깨끗이 하고 더러운 것을 피하는 일. 하다
목욕=탕(沐浴湯)[명] 여러 사람이 목욕할 수 있도록 꾸민 곳. 《약》욕탕(浴湯). bath-house
목욕=통(沐浴桶)[명] ①목욕간에 설치해 놓은 사람이 들어가게 된 곳. 목간통. 《약》욕통(浴桶). bath-tub ②목욕물을 담는 통.
목우(木偶)[명] 나무로 만든 사람의 모양. 목상(木像). 목인(木人). wooden figure
목우(沐雨)[명] 비를 흠뻑 맞음. being wet to the skin 하다

목우(牧牛)⦗명⦘ 소를 침. 또, 그 소. cattle farming 하

목우(睦友)⦗명⦘ 형제의 사이가 좋음. good brothers 하

목우-인(木偶人)⦗명⦘ ①나무를 쪼아서 사람 형상을 만든 것. wooden figure ②재주와 능력이 없는 사람. good-for-nothing

목우-장(牧牛場)⦗명⦘ 소를 놓아 기르는 곳.

목-운동(一運動)⦗명⦘〈체육〉머리와 목을 운동시키는 도수(徒手) 체조의 하나. neck exercise 하다

목월(睦月)⦗명⦘ 음력 정월의 딴이름. January of lunar calendar

목=유경[―뉴―](木鍮檠)⦗명⦘ 나무로 만든 유경.

목이(木耳·木栮)⦗명⦘〈식물〉①나무에 돋은 버섯. ②《애》→목이버섯.

목이-버섯(木耳―)⦗명⦘〈식물〉목이과의 버섯의 하나. 가을에 뽕나무·말오줌나무 등의 죽은 나무에서 많이 남. 안쪽은 적갈색, 겉은 연한 갈색이며, 흰색의 짧은 털이 빽빽이 나 있음. 말려서 저장하여 두고 식용함.

목인(木人)⦗명⦘〈동〉목우(木偶).

목인(木印)⦗명⦘ 나무 도장. wooden seal

목인(牧人)⦗명⦘ 목장에서 소·말 등을 사육하는 사람.

목자⦗명⦘〈동〉목내¹.

목자(木子)⦗명⦘ 눈.

목자(目眥)⦗명⦘〈동〉눈초리①.「사람. ¶~ 위전(位佃).

목자(牧子)릴〈제도〉나라의 목장에서 말을 먹이던

목자(牧者)⦗명⦘①양을 치는 사람. 목동. shepherd ②〈기독〉신자를 보호하고 지도하는 성직자(聖職者). minister 〔解雇〕하다. dismiss

목-자르다⦗타르ㄷ⦘①목을 베다. behead ②〈비〉해고

목자-사납다(目子―)⦗형비⦘ 눈매가 몹시 심술궂게 생기다. has wicked eyes

목잔(木棧)⦗명⦘ 나무로 사닥다리처럼 놓은 길. stairway wooden

목=잘리다⦗타⦘ ①목자름을 당하다. ②〈속〉해고당하

목감(木葛)⦗명⦘ 목석의 이사이나 굶주려 말라 죽는 병. 口ㅁ.

목잠(木簪)⦗명⦘ 나무로 만든 비녀. ornamental hair-pin made of wood   〔become hoarse

목=잠기다⦗자⦘ 목이 쉬어서 목소리가 잘 나오지 않다.

목-잠다⦗광물⦘ 합치질할 때에 나오는 납·은·새 따위가 섞이어 있는 가루 광물을 따로 모으다.

목장(木匠)⦗명⦘〈제도〉조선조 때, 선공감(繕工監) 따위에서 나무를 다루던 공장(工匠).

목장(牧場)⦗명⦘ 말·소·양 등을 놓아 기르는 넓은 들이나 산 같은 초지(草地). pasture

목재(木材)⦗명⦘ ①〈동〉제목(材木). ②나무로 된 재료. 《대》석재(石材). 철재(鐵材).

목재 건류(木材乾溜)⦗명⦘ 목재를 열분해하여 여러 가지 생성물을 얻는 일.

목재=상(木材商)⦗명⦘ 목재를 파는 장사. 또는 그 장수.

목재 송=류(木材送流)⦗명⦘ 목재를 시내나 강물에 띄워 보냄.

목재=업(木材業)⦗명⦘ 목재를 대상으로 하는 기업.

목재 펄프(木材 pulp)⦗명⦘ 목재 섬유의 제지(製紙) 원료로 되는 물질. wood pulp

목저(木杵)⦗명⦘ 나무로 만든 달굿대. wooden rammer

목저(木箸)⦗명⦘ 나무로 만든 젓가락. wooden chopsticks

목적(木賊)⦗명⦘ ①〈동〉속새. ②속새의 줄기.

목적(目的)⦗명⦘①일을 이루는 목표. purpose ②의지에 따라 행위를 규정하는 방향. end 하다

목적(牧笛)⦗명⦘ 목동이 부는 피리. shepherd's pipe

목적-격(目的格)⦗명⦘〈어학〉명사나 대명사가 타동사의 목적어로 될 때의 격. 객격(客格). 부림자리. 빈격(賓格). objective case

목적격 조=사(目的格助詞)⦗명⦘〈어학〉주어 아래에 붙어서 그것이 타동사의 대상이 됨을 보이는 격조사로서 '을·를'이 있음. 부림자리토씨.

목적-관(目的觀)⦗명⦘〈동〉목적론(目的論).

목적-론(目的論)⦗명⦘〈철학〉우주의 사물은 모두가 어떤 목적을 실현하기 위하여 존재한다는 주장. ②〈윤리〉행위나 의사의 성질이 인생의 최고 목적에 도달할 경향을 아니 가졌느냐에 따라 선악을 판단하려는 학설. 목적관. 《대》기계론. teleology

목적론적 세=계관(目的論的世界觀)⦗명⦘〈철학〉목적론적 견지에서 세계 현상을 설명하려는 세계관. 《대》기계론적 세계관(機械論的世界觀). teleological view of the world

목적론적 유심론(目的論的唯心論)⦗명⦘〈철학〉목적 관념(目的觀念)을 형이상학적 존재의 근본 원리로 하는 논설.

목적-물(目的物)⦗명⦘①목표로 삼는 물건. objective ②〈법률〉법률 행위의 목적이 되는 물건. ③총포로 겨냥하는 대상. 표적물.

목적-범(目的犯)⦗명⦘〈법률〉형법상의 범죄를 성립시킴에 있어 고의(故意) 이외에 목적을 필요로 하는 범죄. 내란죄·국가에 관한 죄 따위.

목적 사=회(目的社會)⦗명⦘ 일정한 목적을 위하여 결합된 인간적 사회 집단. 주식 회사 따위.

목적-세(目的稅)⦗명⦘ 특정한 목적을 위하여 징수하는 세금. 도시 계획세·공동 시설세 따위. 특별세. 《대》보통세. objective tax

목적 소=설(目的小說)⦗명⦘〈문학〉예술성보다는 어떠한 직접적인 목적을 전제(前提)하고 지은 소설.

목적-시(目的詩)⦗명⦘ 어떤 정치적·사회적 목적을 수행하려는 공리적 입장에서 쓴 시. 《대》순수시.

목적-어(目的語)⦗명⦘〈어학〉문장에서 동작의 대상이 되는 사물을 가리키는 말. 객어(客語). 부림말. object

목적 의=식(目的意識)⦗명⦘ 행위(行爲)에 관하여 명확한 자각(自覺). 「유가 지배하는 도덕적 세계.

목적의 왕국(目的의―王國)⦗명⦘〈철학〉자율적 의지의 자

목적-지(目的地)⦗명⦘ 목표로 삼는 곳. one's destination

목적 지향성(目的志向性)⦗명⦘ 무엇을 목적하고 지향하는 경향이나 상태.

목적형-론(目的刑論)⦗명⦘〈법률〉형벌은 범죄가 행하여졌기 때문에 가하여지는 것이 아니라 범죄가 행하여지지 않게 하기 위하여 가해지는 것이라고 하는 설. 《대》응보형론(應報刑論).

목전(木栓)⦗명⦘〈동〉코르크(Kork).

목전(木箭)⦗명⦘ 무과 시험에 쓰던 나무로 만든 화살. wooden arrow

목전(目前)⦗명⦘①눈앞. under one's nose ②지금. 당장. this moment   〔dient

목전지=계(目前之計)⦗명⦘ 일시적인 계. 얕은 꾀. expe-

목전-질(木栓質)⦗명⦘〈동〉코르크 질(Kork 質).

목전-층(木栓層)⦗명⦘ 보굿켜.

목-절뼈⦗명⦘〈농업〉소의 멍에와 목대를 얽어 매는 끈.

목-접이⦗명⦘ 목이 접질려서 부러짐. 또, 목을 접질리어 부러지게 함. breaking one's neck bone 하다

목정⦗명⦘ 소의 목덜미에 붙은 고기.

목정(木釘)⦗명⦘ 나무못. peg

목-정강이⦗명⦘〈생리〉목덜미의 뼈. neck bone

목조-골(一骨)⦗명⦘ 소의 목덜미의 뼈. neck bone

목젖⦗명⦘〈생리〉목구멍의 위로부터 고드름처럼 아래로 내민 둥그스름한 살. uvula

목젖-떨어지다⦗자⦘ 너무 먹고 싶어하다. gluttonous

목젖-살⦗명⦘ 천육으로 쓰는 최고기의 한 부분. 맛이 좋음. kind of beef 접두

목제(木製)⦗명⦘〈동〉목조(木造). 하다

목-제=기(木祭器)⦗명⦘ 나무를 쪼아 만든 제기(祭器).

목조(木造)⦗명⦘ 나무로 만듦. 또, 그 물건. 목제(木製). 《대》석조(石造). built of wood 하다

목조(木彫)⦗명⦘〈미술〉나무에 어떤 모양을 새기는 일. 또, 그 작품. wood carving

목조(木槽)⦗명⦘ 나무로 만든 구유. wooden manger

목-조카⦗명⦘ 가슴조카.

목조롱-벌⦗명⦘〈곤충〉말벌과[胡蜂科]에 속하는 벌의 하나. 몸 길이 2.5 cm, 날개 길이 4cm 가량임. 몸빛은 대체로 흑갈색이나 누른 부분과 황갈색 부분도 있음.

목족(睦族) 동족(同族)끼리 화목하게 지냄. harmonious life of a tribe 하다

목=종(木鐘) 집을 나무로 꾸며 만든 시계. clock covered with wooden case

목주(木主) 〈동〉 위패(位牌).

목=주련(木柱聯) 나무로 만든 족자(簇子).

목-주추(木柱-) 나무로 된 주춧돌.

목-죽(木竹) 나무 와 대.

목줄-띠 〈생리〉 목구멍에 붙은 힘줄. muscles of a throat

목지(木芝) 〈식물〉 영지(靈芝)의 하나. 산 속의 썩은 나무에 기생하며 모양이 날아다니는 새 같기도 하고 또는 연꽃 같기도 함.

목지(牧地) 목장이 있는 토지. 좋은 목장을 만들 수 있는 땅.

목지-성(木直星) 〈민속〉 아홉 직성(直星)의 하나. 좋은 조짐을 가져 온다고 함.

목지-하다(-) 물건의 무게가 보기보다 조금 무겁다. 《큰》묵직하다. rather heavy

목질(木質) 〈식물〉 ① 나무와 같이 단단한 성질. ② 나무를 이룬 속 부분. ③ 목재와 비슷한 성질.

목질 섬유(木質纖維) 〈식물〉 식물의 목질부를 이루는 동물성의 가름하며 양끝이 뾰족한 세포 또는 세포의 모임.

목-찌르다 목을 칼로 찌르다. stab one in the throat

목차(目次) 목록이나 조목의 차례. 벼리. 차례. 속관①. table of contents

목찰(木札) ① 지저깨비. ② 목침(木枕).

목채(木寨) 〈동〉울짱. wooden barricade

목책(木柵) 나무 말뚝을 박아 만든 울타리. 울짱.

목척(木尺) 자 나무 자.

목첩(目睫) ① 아주 가까이 매나 곳을 이르는 말. 목전(目前). close at hand ② 눈과 눈썹. eye and eyebrow

목청 〈생리〉 ① 후두(喉頭)의 가운데에 있는 소리를 내는 부분. 성대(聲帶). vocal chords ② 목에서 울려 나오는 소리. voice

목청(木靑) 〈동〉녹색(綠色).

목청-껏 있는 힘을 다하여 소리를 질러. ¶~ 외치다.

목청=문(-門) 〈생리〉 두 목청의 사이.

목청 소리(-) 〈어학〉 목청 사이에서 나는 소리. 'ㅎ' 이나 울소리 같은 것. 성문음. 후음. 후두음.

목체(木體) ① 나무의 형체(形體). ② 〈민속〉 오행(五行)에 나누어 목(木)에 딸린 사람의 성격(性格).

목-초(木-) 〈동〉 목랍(木蠟).

목초(牧草) 소·양·말 등을 먹이는 풀. pasturage

목-초산(木醋酸) 〈화학〉 목재(木材)를 건유(乾溜)하여 얻은 초산.

목-촉대(木燭臺) 나무 촛대.

목-촛대(木-臺) 나무로 만든 촛대. 목촉대.

목추(木樞) 씨아의 가락. breeding 하다

목축(牧畜) 마소나 양 등을 기름. 목양(牧養). cattle

목축=가(牧畜家) 목축을 업으로 삼는 사람

목축=농(牧畜農) 목축 농. 토. 도, 영위자.

목축 농업(牧畜農業) 〈농업〉 목축을 전문으로 하는 농업. 〈한〉 목축. stock farming

목축 시대(牧畜時代) 〈경제〉 목축을 생업(生業)으로 삼던 시대. pastoral age

목축=업(牧畜業) 목축을 업으로 삼는 일. stock-breeding

목-축이다(-) 목이 마르지 않게 하다. 또, 물과 위를 조금 마시다. measurement 하다

목측(目測) 눈대중. 눈어림. 《대》 실속(實測). eye

목침(木枕) 나무 토막으로 만든 베개. 나무 베개. 목두기②. wooden-pillow

목침=돌림(木枕-) 〈동〉 차례에 당한 사람이 노래나 옛이야기를 하며 즐기는 놀이의 하나. 하다

목침=뜸질(木枕-) 〈동〉 목침질(木枕-).

목침=제(-題)(木枕題) 아주 어려운 시문(詩文)의 글제.

목침=찜(木枕-) 목침으로 마구 패리는 일. 목침뜸.

목-타다(木-) 목이 마르다. 「질. beating with a pillow

목-타르(木 tar) 〈화학〉 목재를 건유(乾溜)하여 얻는 타르. 연료와 도료(塗料)로 쓰이며, 크레오소트를 얻기도 함.

목탁(木鐸) ①〈불교〉 나무를 둥그스름하게 파서 두드리면 '똑똑'하는 소리가 나게 된 물건. 중이 염불할 때 씀. 목어(木魚)①. wooden bell ② 세상 사람을 가르치고 이끌 만한 사람이나 기관을 가리키는 말. ¶언론은 사회의 ~이 되어야 한다. leader of populace

목탁-귀(木鐸-) 〈불교〉 목탁 소리를 듣고 모이는 행동으로의 귀. 얻어먹는다.

목탁귀가 밝아야 한다 귀가 어두우면 먹을 밥도 못

목탁 귀:신(木鐸鬼神) 목탁만 치다가 죽은 중의 귀신. ② 목탁 소리만 나면 모여든다는 귀신.

목탁 동:냥(木鐸-) 중이 목탁을 치면서 하는 동냥. beggar carrying an wooden bell

목탁-석(木鐸夕) 〈불교〉 아침 저녁으로 도량(道場)으로 돌아다니면서 목탁을 두드리고 천수 경문(千手經文)을 외는 일. 서 쓰는 숯. fusain

목탄(木炭) ① 숯. ¶~ 가스. charcoal ② 서양화에

목탄-지(木炭紙) 〈미술〉 목탄화(木炭畵)를 그리기에 알맞은 흰빛 종이. charcoal paper

목탄-차(木炭車) 숯을 때어 동력을 일으켜서 가는 자동차. charcoal engine car

목탄-화(木炭畵) 〈미술〉 목탄으로 목탄지에 그리는 소묘화(素描畵). charcoal drawing

목토(木兎)(木-) 부엉이.

목통(木通) ① 목구멍의 넓이. throat ② 욕심이 많은 사람을 놀리는 말. ③ 돈이나 물건을 아끼지 않고 푸지게 쓰는 태도. ¶~이 크다. liberality

목통(木通) 〈한약〉 으름덩굴의 말린 줄기. 성질은 차고 이수도(利水道)하는 약. 임질과 부증에 씀. 초(通草).

목통(木桶) 〈동〉나무통.

목통-대 골통대.

목판(木板) ① 음식을 담아 나르는 나무로 만든 그릇. 목반(木盤). wooden tray ② 널판. 널조각. board

목판(木版·木板) 나무에 글자나 그림을 새긴 인쇄용의 판. block printing

목판-깃(木板-) 넓적하고 끝사납게 단 웃깃.

목판-되(木板-) 〈동〉모되.

목판-본(木板本) 목판으로 만든 책. 판각본(板刻本). book by blockprinting

목-판장(板墻) 〈동〉 널빤지.

목판-차(木板車) 〈수〉 무게 화차.

목판-화(木版畵) 목판에다 직접 조각한 그림. 또는, 조각한 목판에 잉크·물감을 묻혀서 종이 따위에 찍어 낸 그림.

목-팔사[ㅡ싸](木八絲) 몇 오리씩 합쳐 무명실 여덟 가닥으로 꼰 둥그런 끈목.

목패(木牌) 나무로 만든 온갖 패. 목찰(木札)②.

목편(木片) 나무 조각. (木)의 옷감.

목포(木布) 〈동〉 포목(布木). 〈불교〉 부목(負

목=포:수(-砲手) 짐승이 다니는 목을 지키는 포수. hunter lying in wait for game animals

목표(目標) ① 어떤 일을 완수하거나 어떤 지점까지 도달하기 위한 대상. ② 〈심리〉 개인의 행동이 그 방향으로 진행되는 최종의 결과. 하다

목피(木皮) 나무 껍질. bark

목필(木筆) ① 〈동〉 연필. ② 〈동〉 목련(木蓮).

목하(目下) 당장의 형편 아래. 지금. 목금(目今). 현금(現今). at present

목합(木盒) 나무로 만든 합(盒).

목향(木香) 〈식물〉 엉거시과의 다년생 풀. 온몸에 잔털이 빽빽하게 나고 7~8월에 누른빛의 꽃이 핌. 뿌리는 한의에서 약재로 씀. elecampane

목험(木杴) 〈동〉 넉가래.

목협(木鋏) 나뭇가지를 치는 큰 가위. pruning shears

목형(木型) 어떤 것을 나무로 만든 꼴. wooden model

목화(木靴) 나막신.

목홀(木笏) 〈제도〉 5품 이하의 벼슬아치가 조복

목홍(朝服)할 때 가지는 나무로 만든 홀(笏).
목홍(木紅)명 다목을 끓여 우려낸 붉은 물.
목홍=빛[-삧](木紅-)명 목홍을 들인 붉은 빛.
목화(木花)명 〈식물〉무궁화과의 일년생 풀. 줄기는 자색으로 60〜90 cm 가량이고 잔털이 났음. 잎은 3〜5 갈래의 손 모양이고 담황색·백색·홍색 꽃이 핌. 씨에 붙은 면화(棉花)는 피륙이나 실의 원료가 되며 씨에서 기름을 짬. 목면(木綿). 면화(棉花). 양화(凉花). cotton plant
목화(木靴)명 검은 녹비로 만든 신. 모대(帽帶)할 때에 신음. 화자(靴子). deer-skin boots 「tton ball
목화=송이(木花-)명 목화가 익어서 피어난 송이. co-
목화=수(木火獸)명 포문이 범 아가리처럼 된 대포(大
목화=씨(木花-)명 ⑤국 면화씨. 「砲)의 하나.
목환(木丸)명 〈동〉목구(木毬).
목=활자[-짜](木活字)명 〈인쇄〉나무로 새겨 만든 활자. wooden printingtype
목회(木灰)명 나무가 탄 재. wood ash 「감.
목회(牧會)명 〈기독〉목사가 교회를 인도하는 일. 하
목회=유(木灰釉)명 목회를 원료로 한 도자기.
목후(木猴)명 〈동〉미후(獼猴).
목후이=관(沐猴而冠)명 의관을 갖추었으나 사람다운 행실을 못 하는 사람을 가리키는 말. 「의 젯물.
몫명 여럿으로 분배하여 가지는 각 부분. ¶이것은 네 〜이다. share 명 나누어 가질 때의 일정 가지는 수량.
몫[一](數學)명 나눗셈에서 나뉘수를 나누수로 나누어 「얻은 수. divison
몫몫=이명 한 몫 한 몫마다. 각 몫마다. in portion
몬명 〈고〉물건.
몬다위명 ①마소의 어깨죽지.영안무(迎鞍項). should-ers ②약대의 등에 두두룩하게 솟은 살. hump
몬닥명 썩거나 질척질척한 물건이 덩이로 뚝 떨어지는 모양. 〈큰〉문덕. 〈거〉몬탁. fall flop softly
몬닥=몬닥명 자주 몬닥하는 모양. 〈큰〉문덕문덕. 〈거〉몬탁몬탁. 하타
몬드 가스(mond gas)명 〈화학〉질이 낮은 석탄을 낮은 도에서 공기 및 다량의 수증기를 통하여서 만드는 가스. 주성분은 수소·일산화탄소·메탄 따위. 야금·발동기 연료로 쓰임.
몬순(monsoon)명 〈동〉계절풍(季節風).
몬순=지대(monsoon地帶)명 〈지리〉계절풍(季節風)이 부는 지대. 약 반년을 주기로 겨울에는 대륙에서 대양으로, 여름에는 대양에서 대륙으로, 바람의 방향이 반대로 바뀌는 대륙 변두리 지대. 계절풍 지대.
몬저명 〈고〉먼저.
몬존=하-다명여럽 성질이 가라앉다. calm
몬탁명 〈거〉→몬닥.
몬탁=몬탁명 〈거〉→몬닥몬닥.
몬티=새명 〈조류〉참새과의 새.날개 길이 90〜93 mm로 몸 빛은 등은 흑색, 허리는 백색, 배와 아래는 황적갈색임. 가을에 메를 지어 와서 벼 따위의 곡식을
·몰[一](古)명 〈고〉〜을 먹여 해를 끼침. 화게(禍鷄).
:몰[一](古)명 못.
몰게라조동 (고) ①못하겠노라. ②못하였노라.
몰게이-다조동 (고) ①못하겠나이다. ②못하였나이다.
:몰=내명 (고) 못내. 끝없이.
몬-다타 (고) 모이다.
몰[一] '모조리·전부'의 뜻. all
몰(歿)명 죽다. die 하타
몰=(沒)년접 없음의 심한 뜻. ¶〜가치(價値).
몰(mol 마)명 〈화학〉그램 분자. 의명 〈화학〉물질의 한 분자량(分子量)을 그램으로 표시한 단위(單位). 줄말 M.
몰(Moll 도)명 〈음악〉①단조(短調). ②단음계(短音階).
몰=가죽(mogul一)명 두껍고 잔 주름이 있는 가죽의 일종.
몰각(沒却)명 ①없애 버림. forgetting ②무심(無心)함. disregarding 하타

몰각(沒覺)명 〈약〉→무지 몰각(無知沒覺).
몰강-스럽-다[-따]명비 성질이 거세어서 차마 못할 짓을 함부로 하다. cruel 몰강=스레명 「못함. 하타
몰-경계(沒經界)명 시비 선악의 경계를 가려 차리지 못함. 「아주 없음. 하타
몰-경위(沒經渭)명 경위가 없음. 옳고 그름의 구별이 아주 없음. 하타 「니다. unshapeliness 스럽 스레타
몰골명 볼품이 없고 굴곡진 모양새. ¶〜이 말이 아
몰골-법[一뻡](沒骨法)명 〈미술〉동양화에서, 윤곽이나 선(線)을 그리지 않고 곧 채색을 하는 그림의 한 방법. 〈대〉구륵법(鉤勒法). 「지 않음. 하타
몰-교섭(沒交涉)명 ①아무런 교섭이 없음. ②간섭하
몰끽(沒喫)명 다 먹어 버림. 몰식(沒食). 몰탄(沒呑). eating up 하타 「(卒年). one's age at death
몰-년(沒年)명 죽은 해. 또는, 죽은 해의 나이. 졸년
몰-농도(mol 濃度)명 〈화학〉용액 1리터 중에 녹아 있는 용액의 몰 수(數)를 표시하는 방법. 분자 농도(分子濃度). mol concentration
몰닉(沒溺)명 물에 빠져 가라앉음. drowning 하타
몰:-다타〈르〉 ①짐승 따위를 바라는 곳으로 가게 하다. drive ②차·자전거 따위를 타고 운전하다. drive ③쫓된 죄명(罪名)을 씌우다. 「도둑으로 〜. den-ounce ④기를 펴지 못하게 몹시 나무라거나 구박하다. maltreatment ⑤한데 모으거나 합치다. gather ⑥그렇게 인정하다. consider 「being devoted 하타
몰두[一뚜](沒頭)명 무슨 일에 열중함. 전념(專念).
몰두 몰미[一뚜一](沒頭沒尾)명 밀도 끝도 없음. 두무미(無頭無尾). indistinct 하타
몰두-배[一뚜一](沒頭拜)명 뒷짐지고 머리가 땅에 닿도록 하는 절. 「무리지.
몰:라-보다타 ①기억하지 못하고 잊어버리다. ¶나를 몰라보다니. ②잘 분간하지 못하다. ¶몰라보게 자랐다. 알아보다.
몰:라-주다타 알아주지 아니하다. 〈대〉알아주다.
몰락(沒落)명 ①죄다 떨어짐. downfall ②멸망하여 없어짐. 〈대〉흥왕(興旺). ruin 하타
몰랑-거리-다타 몰랑한 느낌을 주다. 〈큰〉물렁거리다.
몰랑=몰랑명 하타
몰랑-하-다형여 ①물기가 있고 야들야들하게 보드라워 보이다. soft ②성질이 야무지지 않다. 〈큰〉물
몰래튀 남 모르게 가만히. secretly 「렁하다. tender
몰려-가다자 ①쫓겨 가다. be driven away ②여럿이 한쪽으로 밀리어 가다. throng
몰려-나다자 ①쫓겨 나가다. be expelled ②여럿이 뭉쳐 나가게 되다. go about crowds 「나오다.
몰려-나오다자 ①쫓기어 나오다. ②여럿이 메를 지어
몰려-다니다자 ①억지로 쫓겨 다니다. be driven ②한 메를 지어 다니다. walk about in groups
몰려-들다자〈ㄹ〉 ①쫓겨 들어오다. be driven into ②여럿이 뭉치어 들어오다. rush in
몰려-오다자 ①억지로 쫓겨 오다. be driven to ②여럿이 한편으로 밀려오다. rush to
몰렴(沒廉)명 〈약〉→몰염치.
몰록(Moloch 그·Molech)명 〈종교〉고대 셈족(Sem族)이 섬기던 신. 아이들을 불에 먼저 제사함.
몰-료량(沒料量)명 →몰요량.
몰리(沒利)명 이익이 없음. sinking one's personal interest 하타
몰리-다자 ①여럿이 한쪽으로 밀려 들치다. be driven together ②일이 몰리어 매우 바빠지다. be pressed ③물건 따위가 모자라 곤란을 당하다. ¶자본의 몰리어 생산을 중단하다. ④말이나 경위가 추궁을 당하여 변명할 수 없게 되다. ¶내 답에 〜. 타여 ①어떤 주의나 무리 따위로 인정을 받다. be driven ②쫓된 죄명(罪名)을 쓰게 되다. ¶억울하게 잔적으로 〜. be denounced
몰리브덴(molybdän 도)명 〈화학〉강한 은백색의 크롬과 비슷한 원소의 하나. 수연(水鉛). 원소 기호, Mo. 원자번호 ; 42. 원자량 ; 95. 94.
몰=매(沒-)명 뭇매.
몰=몰아모두 몰아서. altogether

몰미(沒味)명 〖약〗→몰취미.
몰=밀-다(━라) 모두 밀다.
몰=밀어낸 한꺼번에 냅다 모두 밀어서. pushing together
몰=박-다탄 한 곳에만 박다. put all in one place
몰발(沒發)명 ①한 곳을 향하여 한꺼번에 쏨. volley firing ②〖광물〗남호 따위가 한꺼번에 터짐. simultaneous explosion 하다타
몰방-질(沒放-)명 총을 몰방으로 마구 쏘는 짓. 하다자
몰=분:수(沒分數)명 어리석어 아무 요량이 없음. 몰요량(沒料量). indiscretion
몰=분자(mol 分子)명 〖동〗몰(mol).
몰=분자수(mol 分子數)명 〖동〗아보가드로수.
몰비:판(沒批判)명 옳고 그름을 판단하지 않음. 무비판(無批判).
몰사[-싸](沒死)명 죄다 죽음. extinction 하다자
몰살[-쌀](沒殺)명 죄다 죽임. annihilation 하다타
몰=상식[-쌍-](沒常識)명 상식이 전혀 없음. senselessness 하다형
몰서[-써](沒書)명 ①투고(投稿)한 것을 게재하지 않는 일. rejected contribution ②주소·성명이 적히지 아니하여 전할 수도 돌려보낼 수도 없는 편지. dead letters death 하다타
몰세[-쎄](沒世)명 ①세상을 떠남. ②영구(永久)함.
몰소[-쏘](沒燒)명 송두리째 타서 버림. burning 하다자
몰속[-쏙](沒-)부 〖동〗몰수(沒收). 하다타
몰송[-쏭](沒誦)명 깡그리 욈. complete recitation 하다타
몰수[-쑤](沒收)명 ①빼앗아 들임. ②〖법률〗형벌법상(刑法上) 재산형(財産刑)의 하나. 범죄에 관련된 제물을 무상(無償)으로 빼앗는 조치. 몰속. confiscation 하다타
몰수[-쑤](沒數)명 수량(數量)의 온통. whole
몰수 게임[-쑤-](沒收 game)명 〖동〗몰수 경기.
몰수 경:기[-쑤-](沒收競技)명 구기(球技)에서, 경기의 지각, 경기의 계속 거부, 고의적인 지연 행위, 거듭되는 악질적인 반칙, 선수의 정원 부족 등의 사태가 발생하였을 경우, 심판에 의하여 과실이 없는 팀에 승리가 선고되는 경기. 공몰수. 몰수 게임. 시합 몰수.
몰수-이[-쑤-](沒數-)부 모두. 온통. 죄다. entirely
몰식[-씩](沒食)명 〖동〗몰끽(沒喫). 하다타
몰식-자[-씩-](沒食子)명 〖한의〗페르시아 지방에서 나는 참나무과의 어린 잎에 산란(産卵)한 어리상수리혹벌의 알이 부화(孵化)할 때에 생기는 혹 같은 물질. 무식자(無食子). gall
몰식자-산[-씩-](沒食子酸)명 〖약학〗내복의 수렴제(收斂劑)로 방광염·백뇨 등에 씀. gallic acid
몰실[-씰](沒實)명 〖동〗무실(無實). 하다형
몰씬 뛰①냄새가 갑자기 코를 찌르는 모양. smell caustic ②연기 따위가 나는 모양. 《큰》물씬①. smoky
②잘 익거나 물러서 몰랑한 모양. 《큰》물씬②. soft 히 부
몰씬-거리-다(자) 푹 익은 물건이 무르고 건드리는 대로 자꾸 쪼그라지다. 《큰》물씬거리다. 몰씬-몰씬하다
몰씬-몰씬뛰 ①계속해서 냄새가 코를 찌르는 모양. ②계속해서 연기 따위가 나는 모양. 《큰》물씬물씬. 하다자
몰씬-하다형여 푹 익은 물건이 건드리는 대로 쪼그라지다. 《큰》물씬하다. 몰씬-히부
몰아뛰 가리지 않고 모두 한꺼번에. altogether
몰아(沒我)명 자기를 잊고 있는 상태. self-effacement
몰아-가-다(타) ①몰아서 데리고 가다. drive ②있는 대로 죄를 뒤집어 씌우다. take away the whole lot
몰아-내:-다타 억지로 몰려 나가게 하다. expel
몰아-넣-다타 ①있는 대로 휩쓸어 들어가게 하다. crowd into ②몰아서 들어가게 하다. ¶소를 외양간에 ~. push in
몰아-들이-다타 ①억지로 몰려 들어오게 하다. ②있는 대로 휩쓸어 들어오게 하다. drive in
몰아 받-다타 ①한꺼번에 받다. receive altogether ②여러 사람의 것을 한 사람이 합쳐서 받다. receive everybody's things 다. put all to one side
몰아-붙이-다[-부치-]타 한편으로 모두 밀어서 붙이다.
몰아 사-다타 ①이것 저것을 모두 한꺼번에 사다. ②여러 번에 나누어 살 것을 한 번에 사다.
몰아-세:-다타 〖약〗→몰아세우다. strongly
몰아-세우-다타 마구 나무라다. 《준》몰아세다. rebuke
몰아-애(沒我愛)명 자기 자신을 잊고 오로지 대상의 가치 고양만 추구하는 사랑.
몰아-오-다타 한 곳으로 한목 밀려오다. besiege 타②모두 한꺼번에 휩쓸어 오다. come all together
몰아-주-다타 여러 번에 나누어 줄 것을 한꺼번에 주다. give all together
몰아-치-다타 ①한 곳으로 한꺼번에 몰리게 하다. drive in ②한꺼번에 급작스럽게 하거나 급히 서두르다. make haste with
몰·애명 〖고〗모래.
몰=염치(沒廉恥)명 염치가 없음. 《약》몰렴(沒廉). 하다형
몰=요량[-뇨-](沒料量)명 〖동〗몰분수. 하다형
몰-의:의(沒意義)명 의의가 없음. 의미가 없음. 무의의(無意義). 〖약〗. chase 하다형
몰이명 사냥할 때나 물고기를 잡을 적에 짐승을 모는 일.
몰이-꾼명 몰이를 하는 사람. 구군(驅軍). chaser
몰이 포:수(-砲手)명 몰이만이 포수. chaser
몰-이:해(-理解)명 이해성이 없음. 하다형
몰=인격(沒人格)명 인격이 없음. 하다형
몰=인정(沒人情)명 인정이 없음. inhumanity 하다형
몰입(沒入)명 ①빠져 들어감. immersion ②몰수하여 들여옴. confiscation 하다자타
몰-자:비(沒字碑)명 ①글자가 없는 비. ②글 모르는 사람을 놀리는 말. illiterate
몰자-한(-字漢)명 글을 전혀 모르는 사람. 문맹자(文盲者).
몰-지각(沒知覺)명 지각이 전혀 없음. 하다형
몰책(沒策)명 계책(計策)이 아주 없음. 하다형
몰촉(沒鏃·沒簇)명 〖체육〗활을 심히 당겨 살촉이 줌통을 지나 안으로 들어옴. overdrawing the arrow 하다자
몰-취:미(沒趣味)명 아무런 취미가 없음. 취미가 얕음. 무취미(無趣味). 《약》몰미. tastelessness 하다형
몰칵부 갑자기 냄새가 코를 찌를 듯이 많이 나는 모양. 《큰》물컥. stink 물칵. 하다자
몰칵-몰칵부 냄새가 연해 몰칵 나는 모양. 《큰》물컥물컥. 하다자
몰캉-거리-다자 몰캉한 느낌을 주다. 《큰》물컹거리다.
몰캉-몰캉하다형여 〖무르다. 《큰》물컹하다. mushy
몰캉-하-다형여 너무 익거나 곯아서 물크러질 듯이 몰랑하다. 《큰》물컹하다.
몰큰부 연기나 냄새가 갑자기 끼치는 모양. 《큰》물큰. smoky 하다자 물큰물큰.
몰큰-몰큰부 연기나 냄새가 연해 풍겨 나는 모양. 《큰》물큰물큰.
몰탄(沒呑)명 〖동〗물끽(沒喫). 하다타
몰토(molto 이)명 〖음악〗'아주·매우'의 뜻.
몰판(沒板)명 바둑판에 산 말이 하나도 없이 지는 일. complete defeat 하다자
몰패(沒敗)명 아주 패함. 대패함. complete defeat 하다자
몰풍(沒風)명 풍치가 없음. 하다형 스럽 스레하다
몰-풍정(沒風情)명 풍정(風情)이 아주 없음. 하다형
몰-풍치(沒風致)명 풍치가 없음. 하다형
몰-하-다[졷-]자여 생각보다 부피가 적은 듯하다. look small
몰-하-다[歿-]자타여 죽다.
몰후(沒後)명 죽은 뒤. ¶~백이십 년. after death
몸명 ①사람이나 동물의 머리에서 발까지에 딸린 것의 총칭. 육체(肉體). 신체(身體). 형구(形軀). body ②물건의 원 둥걸. body of a thing 《약》몸집. 〖약〗. ④사람을 이르는 말. ¶귀하신 ~. 늙은 ~. person ⑤조사 '의'가 붙은, 사람을 나타내는 명사 아래 쓰이어 그 뜻을 강조하는 말. ¶군인의 ~. as (a soldier) ⑥〖공업〗쟁물을 올리지 않은 도자기의 덩

몸가지다 / 못박다

치. 이태(耳胎). 「하다. have the menses
몸=가지-다囨 ①아이를 배다. conceive ②(俗) 월경을
몸=가짐囘 말하거나 행동하는 품. 거동. 태도. ¶~
이 바르다. manner
몸=가축囘 몸을 매만져 거두는 일. dressing 하다
몸=값[-깝]囘 팔려 온 몸의 값어치. ransom
몸굿[-꾿]囘《민속》처음 무당이 될 때 하는 굿. 하다
몸=꼴囘 몸의 생긴 모양. personal appearance
몸=나-다囨 살이 쪄서 몸이 굵어지다. grow fat
몸=놀림囘 몸의 움직임. ¶~이 둔하다.
몸=닦금囘 어려운 고비를 참으면서 받는 몸의 훈련.
training 하다
몸=단속(一團束)囘 몸가짐을 주의함. taking care of
one's appearance 하다 「게 구밈. 몸치장. 하다
몸=단장(一丹粧)囘 몸 차림새를 잘 매만져서 맵시 있
몸=달-다囨 마음이 조급하여 안타까워하다. 속달
다. impatient 「조직이나 업에 종사하다.
몸=담-다囨 …따라 생활 수단을 마련하기 위하여 어떤
몸=두-다囨 ①일을 하고, 살아가도록 몸을 의지하다.
rely on ②머무는 자리에 있다.
몸=때囘 월경하는 때. menstrual period
몸=뚱어리囘《비》몸뚱이.
몸=뚱이囘 사람이나 짐승의 몸의 덩치. 체구. body
몸=매囘 몸의 모양새. style
몸=맨두리囘 몸의 모양과 태도. style 「¶~.
몸메(匁:もんめ)의[일]몐 '돈쭝'의 일본말. ¶금 한
몸=무게囘 몸의 무게. 체중(體重).
몸=바탕囘《동》체질(體質).
몸=받-다囨 윗사람 대신으로 일을 하다. ¶아버지의
사업을 아들이 몸받아 하다. take another's place
몸=부림囘 ①감정의 격동을 이기지 못하여, 온몸을
흔들고 부닷는 짓. ¶~ 치다. ②잠짓 몸에 이리 저
리 뒹구는 일. kicking and screaming 하다
몸=불이-다囨 기숙하다. 몸담다 ¶친구 집에 ~.
몸빠진=살囘 가느다란 화살. 「tigue
몸살囘 몹시 피로하여 일어나는 병. illness from fa-
몸살 나-다囨 ①몸살로 인하여 몸아프다. ②어떤 일을 하
고 싶어 안달이 나서 못 견디다.
몸상[-쌍](一床)囘 환갑 잔치 같은 때에, 큰상 앞에
놓인 간단하게 차린 음식상.
몸=서리囘 지긋지긋하게 싫증이 나는 마음. ¶~나다.
~치다. shuddering
몸소囲 ①스스로. for oneself ②친히. ¶그 어른이 ~
마중을 나왔다. 「(대) 대신(代身). personally
몸=소지[-쏘-](一燒紙)囘《민속》부정 소지 다음에
세계의 이의 몸을 위해 사르는 소지. chback
몸=솔[-쏠]囘 몸의 가려운 곳을 긁는 기구. scrat-
몸=수색(一搜索)囘 무엇을 찾아내려고 남의 몸을 뒤
지는 일. 하다
몸=시계[-씨-](一時計)囘 호주머니에 넣을 수 있게
만든 작은 시계. 회중 시계. pocket watch
몸신=변(一邊)囘 한자 부수(部首)의 하나. '躬·軀'
등의 '身'의 이름. 「feat
몸=쓰-다囨 몸으로 재간을 부리다. perform a
몸알리囘(고) 지기(知己).
몸=약[-냑](一藥)囘《광물》광산에서 폭발할 다이너
마이트를 이름. 몰약②. exploded dynamite
몸엣=것囘 ①월경으로 나온 피.《약》몸② menstrual
blood ②월경(月經).
몸=있-다囨 월경이 있다. have one's period
몸저=눕-다囨[비] 병이 위중하여 누워 있다.
몸=조리(一調理)囘 몸을 잘 보살피고 기력을 배양함.
taking care of health 하다
몸=조:심(一操心)囘 ①몸을 함부로 쓰지 아니함. ②
언행을 삼감. behaving oneself 하다
몸=종(一종)囘 아녀네에게 딸리어서, 잔심부름을 하는
계집종. lady's maid
몸=주체[-쩨]囘 몸을 거두는 일. disposal of oneself
몸=집[-찝]囘 몸의 부피. build

몸=짓[-찓]囘 몸을 놀리는 모양. gesture 하다
몸=차림囘 몸을 꾸민 모양새. dress 하다
몸=채囘 주장되는 집채. 정방(正房). main wing of a
house 「oneself up 하다
몸=치장(一治粧)囘 몸을 꾸며 치장하는 일. trimming
몸=통囘 사람이나 동물의 몸에서, 머리·팔·다리·날개
·꼬리 등 딸린 것들을 제외한 가운데 부분. 동부(胴
部).
몸=뼈囘《동》구간골(軀幹骨). 「하다.
몸=팔-다囨 매춘부 노릇을 하다. 매춘하다. 매음
몸=팽창(一膨脹)囘《동》체팽창(體膨脹).
몸=풀-다囨 ①아기를 낳다. deliver a child ②몸
의 피로를 덜다. take a rest
몸피囘 ①몸 둘레의 굵기. build ②활의 몸의 부피.
몸=하-다囨 경도가 나오다. 월경을 치르다.
몸=흙囘 삼포(蔘圃)에 거름을 섞은 흙. 「도구의 하나.
몹(mop)囘 'T'자 모양의 자루 끝에 걸레를 단 청소
몹:시囷 심하게. ¶~ 기분 좋다. very
몹:쓸관 악착스럽고 고약한. ¶~ 놈. ~ 짓. wicked
못¹囘 천연 또는 인공적으로 파인 땅에 늘 물이 피어
있는 곳. 늪보다 작음. 연못. 둠. 지당(池塘). pond
못²囘 쇠나 대로 뾰족하게 만들어 걸쳐 박는 데 쓰는
물건. nail 「은 덩이. 굳은살. corn
못³囘 손이나 발 등의, 많이 스치는 살갗에 생기는 굳
못¹:囷 동사(動詞) 앞에 있어서, 그 말에 대하여 할
수 없거나, 말리거나, 잘 되지 않는 뜻을 나타내는
말. ¶~ 온다. not
못=가새囘〈농업〉모 한 춤의 삼분의 일을 가리킴.
못:=갖춘-마디囘〈음악〉박자표에 제시된 박자에 부족
한 마디. (대) 갖춘마디.
못:=갖춘-마침囘〈음악〉악곡이 완전히 끝났다는 느낌
을 우리에게 주지 않는 마침. (대) 갖춘마침.
못=걸이囘 무엇을 거는 데 쓰는 물건. peg
못:-나-다囨 지능·성질 또는 생김새가 보통보다 썩
떨어지다. ugly, stupid
못난 놈 잡아다 이르면 없는 놈 잡아간다囹 가난하면
남의 집 대접 밖에 못 받는다.
못:=난-이囘 ①못난 사람. ugly person ②바보. fool
못:=내囷 ①잊지 못하여 항상. as ever ②그지없이.
못:=는囹 모판을 만드는 논. 모를 심은 논. 「endless
못:-다囷 동사 앞에 쓰이어 '다하지 못함'을 나타내는
말. ¶그 먹을 ~ 먹었다. cannot(eat) all
못=대가리囘 못의 상부에 망치로 쳐서 박거나 장도리
등으로 다시 뺄 수 있도록 만든 부분.
못=둥(一壙)囘 광산에서 파 들어가는 구덩이에 갑자
기 나타난 딴딴한 부분. dead wall
못:=되-다囨 ①되지 못하다. is not done ②모진 성
질을 가지고 있다. ¶참 잘되다. vicious
못된 나무에 열매만 많다囹 ①가난한 집에 자식만 많
다. ②못된 것이 번성하고 아름다운 것은 도리어
적다.
못된 바람은 수구문으로 들어온다囹 궂은 일이나 실
패한 일의 책임은 자기에게만 돌아온다고 항변하
는 말.
못된 송아지 엉덩이에 뿔이 난다囹 사람이 교만한 행동을 한다. 「놓다.
못된 일가가 항렬만 높다囹 쓸데없는 친척이 거만을
못:=마땅-하-다휑囨 마음에 맞갖지 않다. unsatisfa-
ctory 못:=마땅=히囷 「실술을 부려 헤방한다.
못 먹는 감 찔러나 본다囹 일이 제게 불리할 때에
못 먹는 씨아가 소리만 난다囹 변변치 못한 자가 도
리어 큰소리치며 떠든다.
못 먹는 잔치에 갓만 부순다囹 아무 이득도 없는 일
에 손해까지 입는다는 말.
못=바늘囘 종이나 헝겊 등을 꿰는 데 쓰는 못같이 생
긴 바늘. 무공침(無孔針). pin
못=박-다囨 ①물건에 못을 박다. drive a nail in ②
남의 마음속에 상처를 일히다. ¶남의 가슴에 못박
지 마라. hurt ③다짐하다.

못박이 쇠간에 박힌 염통 줄기나 그 간. liver of an ox

못=박이-다 ①손이나 발에 딴딴한 굳은 덩이가 생기다. have a corn ②원통한 생각이 마음속에 깊이 뱃히다. feel bitter

못=밥 모내기를 할 적에 들에서 먹는 밥.

못=비 모를 다 낼 만큼 흡족하게 오는 비.

못=뽑이 못을 뽑는 기구. pincers

못:=사-다 ①잘하게 살다. ②기를 못 펴다.

못:=생기-다 제대로 잘나지 못하다. ugly

못샛긴 며느리 제삿날에 병난다 미운 사람이 더 미운 짓만 저지른다.

못=서-다 세로 열을 지어 서다. form a column

못:=쓰-다 좋지 아니하다. 안 되다.

못=자리 ①볏모를 기르는 논. 묘상(苗床)②. ②논에 볍씨를 뿌리는 일. planting rice seeds 하다

못=정 ①못대가리를 깊숙하게 박는 데 쓰는 연장. hammer ②〈광물〉길이가 다섯 치 가량 되는 끝이 날카로운 정. pointed chisel

못정:=떨이 〈광물〉바위에 구멍을 뚫고 폭발시켜서 깨뜨려진 돌을 대고 정을 망치로 쳐서 떨어지게 하는 일. 하다 「정으로만 들어낼 수 있는 버력.

못정:=버력 〈광물〉화약으로 폭발시키지 않고, 못

못=주-다 버그러진 것에 튼튼하도록 하려고 못을 박다. drive a nail

못=줄 〈농업〉모를 심을 때 줄을 맞추기 위하여 대고 심는 줄. guide line for setting out rows of rice seedlings 「지 않이다

못:지 않다-다 못하지 아니하다. as good as 못:

못:=질 못을 박는 일. nailing 하다

못:=하-다 할 수 없다. ¶술로 ~.

못:=하-다 〈조동·보동〉동사 어미 '=지' 아래에 붙어 능히 할 수 없음을 나타냄. ¶달리지 ~. be unable to

못:=하-다 바탕이나 부피나 정도가 다른 것에 비해 낮다. inferior to

못:=하-다 〈조동·보동〉①형용사 어미 '=지' 아래에 붙어 능히 미칠 수 없음을 나타냄. ¶아름답지 ~. not ②아프다·고프다·춥다 등의 형용사 다음에 쓰이어 정도가 극도에 달한 나머지의 뜻을 나타내는 말. ¶배가 고프다 못하여 속이 쓰리다.

몽 〈약〉→몽니.

몽(蒙) 〈약〉→몽괘(蒙卦).

몽=가-몽개 〈고〉몽글게. densely

몽개-몽개 연기나 구름이 잇달아 자꾸 나오는 모양.

몽경(夢境) 꿈속. in a dream

몽고(矇瞽) 〈동〉소경.

몽고-말(蒙古—) 〈동물〉말과의 짐승. 어깨 높이 1.3m, 머리가 크며 귀는 작고 갈기와 꼬리털이 많음. 말의 원종으로 승용·운반용임.

몽-고:문(蒙古文) 옛사람의 날카를 내고 옮겨서 적음. copy of ancient letters 하다

몽고-반(蒙古斑) 어린아이의 엉덩이나 배부(背部) 따위에 나타나는 푸른색의 반점.

몽고-소(蒙古牛) 몽고산 소. 짐승의 털로 짠 담요.

몽고 인종(蒙古人種) 몽고 사람의 종족. 대체로 피부가 누르고 곧은 털이 있으며, 얼굴은 편두형(扁頭形)에 속함.

몽고-족(蒙古族) 몽고 사람의 족속(族屬). mongolian race 「(品種).

몽고-종(蒙古種) 몽고에서 나는 씨. 몽고산의 품종

몽고-풍(蒙古風) ①〈지리〉몽고의 고비 사막으로부터 만주와 중국 북쪽으로 부는 바람. ②몽고의 풍속. 몽고 양식.

몽-괘(蒙卦) 〈민속〉육십사괘의 하나. 간괘(艮卦)에 감괘(坎卦)가 거듭된 것으로, 산 밑에 샘이 남을 상징함. 〈약〉몽(蒙).

몽구리 ①바싹 깎은 머리. closecropped head ②중의 딴이름. 〈른〉몽구리. priest 「그러지다. cave-in

몽그라-지-다 쌓인 물건이 무너져 주저앉다. 〈른〉

몽그작-거리다 나아가지 않고 제자리에 앉아서 느리게 비비적대다. 〈큰〉몽긋거리다. 〈른〉뭉그적거리다. **몽그작=몽그작** 하다 「속거.

몽근-겨(毛) 곡식의 결꺼가 벗겨진 뒤에 나온 고운 겨.

몽근-벼 까끄라기가 없는 벼. awnless rice

몽근=짐 부피에 비하여 무게가 무거운 짐. 〈대〉부픈짐. small but heavy load

몽글=거리-다 뭉쳐진 물건이 물랑물랑하고 미끄러워 손에 잡히지 아니하다. 〈른〉뭉글거리다. slimy **몽글=몽글** 하다 「awnless

몽글-다 곡식이 허섭스레기가 없이 깨끗하다.

몽글리-다 ①곡식의 까끄라기나 허섭스레기를 떨어 깨끗하게 하다. take beard off ②옷맵시를 가든히 차려 모양을 내다. adjust oneself ③어려운 일에 견디어 내게 하다. train

몽-금척(夢金尺) 〈음악〉①금척무(金尺舞)에 쓰는 기구. 조선조 태조(太祖)가 건국하기 전에 꿈에 신선(神仙)이 나타나 주었다는 것을 상징하여 만든 금빛의 자. gold measure ②〈동〉금척(金尺).

몽긋-거리-다 〈른〉몽그작거리다.

몽깃-돌 ①낚싯봉. sinker ②밀물과 썰물 때에 밀려 나가지 않도록 배 고물에 다는 돌. weight

몽니 심술궂게 욕심부리는 성질. 〈약〉몽. greed

몽니=궂-다 짓궂게 몽니를 부리는 성질이 있다. greedy

몽니=부리-다 심술궂게 욕심부리다. 〈약〉몽부리다.

몽니-사:납-다 몽니가 몹시 세다. 〈약〉몽사납다.

몽니=쟁이 몽니를 함부로 부리는 사람. greedy fellow

몽달-귀(-鬼) 총각이 죽은 귀신. 도령 귀신.

몽당=붓 잘라 놓은 듯이 끝이 많이 닳아서 쓰기 어려운 정도가 된 붓. stumpy brush

몽당=비 모지라져서 자루만 남은 비. stumpy broom

몽당-솔 키가 작고 몽똑한 소나무. 왜송(矮松). scrub pine-tree

몽당=연필(-鉛筆) 끝이 닳아서 쓰기 어려운 정도가 된 연필. 〈유〉몽당붓. stumpy pencil

몽당이 ①끝이 닳아 떨어져서 쓰기 어려운 정도가 된 물건. stump ②실 등을 공 모양으로 감은 뭉치. ball of thread

몽당=치마 ①몹시 모지라져서 아주 짧게 된 치마. stumpy skirt ②짧은 치마. short skirt

몽동(艨艟) 〈동〉병선(兵船).

몽동-발이(-) 붙었던 것이 다 없어지고 몸뚱이만 남은 물건. ¶우산이 바람에 날려 ~가 되었다. worn-down stump 「리던 베.

몽두(蒙頭) 〈제도〉예전에 죄인의 얼굴을 씌워 가

몽둥이 조금 길고 굵은 막대기. 간봉(杆棒). 목봉(木棒). club 「ence of being clubbed

몽둥이=맛 〈집〉정신이 날 만큼 얻어맞는 경험. experi-

몽둥이 세:례(-洗禮) 몽둥이로 마구 두들겨 패는 일. drubbing

몽둥이-질(집) 몽둥이로 때리는 일. 하다

몽둥이-찜(집) 몽둥이로 마구 때리는 짓. 몽둥이 찜질. clubbing 하다

몽둥이=찜질(집) 〈동〉몽둥이찜.

몽둥잇-바람 몽둥이로 얻어맞는 바람.

몽:-따-다 알고 있으면서 일부러 모르는 체하다. ¶자기가 저지른 일을 ~. feign ignorance

몽:=땅 ①꼐 많은 부분을 함께에 자르는 모양. with a stroke 〈큰〉뭉텅. 〈거〉몽탕. ②전부. ¶~ 도둑 맞았다. altogether 〈큰〉몽텅몽텅. 〈거〉몽탕몽탕.

몽땅=몽땅 연해 상당한 부분을 대번에 자르는 모양.

몽똑 끝이 짧아서 끊은 듯이 무단 모양. 〈큰〉몽툭. 〈거〉몽톡. dully 하다 「〈거〉몽톡몽톡. 하다

몽똑=몽똑 여럿이 다 몽톡한 모양. 〈큰〉뭉툭뭉툭.

몽똥-그리-다 되는 대로 뭉쳐 싸다. ¶이삿짐을 ~. 〈른〉뭉뚱그리다. wrap at random

몽롱(朦朧) ①흐리멍덩하여 아득함. dimness ②의식(意識)이 분명하지 않음. ③사물(事物)이 분명하

몽롱 세계

지 않음. 《대》분명(分明). 하뙤
몽롱 세:계(朦朧世界)명 ①술에 취하거나 졸음이 와서 몽롱하게 된 판. ②아는 것이 분명하지 못하고 몽롱하게 된 판.
몽롱 창망(朦朧蒼茫)어 어슴푸레하고 넓고 멀어 아득
몽리(蒙利)명 이익을 입음. gaining 하뙤 [함. 하휑
몽:리(夢裡)명 《동》 꿈속.
몽리 구역(蒙利區域) 수리(水利)가 닿는 구역. land under irrigation
몽매(蒙昧)명 어리석고 어두움. 망매(汒昧). 미거(未
몽:매(夢寐)명 잠을 자며 꿈을 꿈. dreaming
몽:간(夢寐間)명 꿈을 꾸는 동안. 《~에도 잊을 수 없다. even while asleep [히뙤
몽몽(濛濛)어 안개가 자욱한 모양. dense 하휑
몽방(蒙放)명 죄인이 놓임을 받음. 하뙤
몽법(蒙泛·濛泛)명 해가 지는 곳.
몽:부리-다(魚) 몽니부리다
몽비(蒙批)명 상소에 대하여 임금의 비답(批答)을 받음. being criticized 하뙈
몽:사(夢事)명 꿈에 본 일. dream
몽:=사남-다(夢—)어 《약》→몽니사납다.
몽상(蒙喪) 상복을 입음. mourning 하뙤
몽:상(夢想)명 ①꿈속의 생각. ②뒷된 생각. 실현될 가능성이 없는 생각. fancy 하뙈
몽:상-가(夢想家)명 꿈 같은 허황된 생각을 잘하는 사람. 공상가(空想家). dreamer
몽:상-곡(夢想曲)명 〈음악〉 몽상에 잠기는 것과 같은 가락을 연주하는 기악용의 곡조.
몽=상:문(蒙上文)명 〈문학〉 한 문장 속에 둘 이상의 어구(語句)가 있을 때에 그 어구에 공통되는 어구나 글자를 이름. 즉, '여름에는 비가, 겨울에는 눈이 온다.'의 '온다' 따위.
몽:상-부도(夢想不到)명 꿈에도 생각할 수 없음. 하뙤
몽색(蒙色)명 《동》 몽상(夢喪).
몽:설(夢泄) 〈의학〉 여자를 가까이 하거나 이상한 꿈을 꾸고 자다가 저절로 정액(精液)이 나오는 것. 몽색. 몽정. 몽유(夢遺). 설정(泄精). wet dream 하뙈
몽소 승천(蒙召昇天)명 〈기독〉 천주님의 복음을 입어 성모(聖母) 마리아가 하늘에 오름.
몽송(霿凇)명 《동》 상고대.
몽:수(蒙首)명 부녀자가 나들이할 때 남에게 얼굴을 보이지 않게 하기 위하여 얼굴에 덮어쓰던 것. wimple
몽수(矇瞍)명 장님으로서 점치는 일을 업으로 삼는 사람. blind fortuneteller
몽실=몽실(—)어 살지고 기름져 보드라운 느낌을 주는 모양. 《큰》 뭉실뭉실. plump 하휑 히휑
몽:압(夢魘)명 잘 때의 가위 눌림. 귀압(鬼魘). 《원》 몽
몽애(夢魘)명 《동》 미거(未擧). [염. nightmare
몽:엽(夢魘)명 《원》→몽압.
몽:예(夢囈)명 《동》 잠꼬대.
몽:외(夢外)명 꿈에도 생각지 않았던 일. 천만 뜻밖.
몽:외지=사(夢外之事)명 천만 뜻밖의 일.
몽우(濛雨)명 보슬비. drizzle
몽우리 꽃망울. flower bud [하뙤
몽:유(夢遊)명 꿈속에 헤맴. 꿈 같은 기분으로 유람함.
몽:유(夢遺)명 《동》 몽설(夢泄).
몽:유-병(—病)(夢遊病) 〈의학〉 자다가 갑자기 일어나서 깨었을 적과 마찬가지의 짓을 하다가 다시 자는 병태적 심리 작용의 병. 이혼병(離魂病). 수중 유행. sleep-walking [ssion
몽윤(蒙允) 임금의 허가를 얻음. emperor's permi-
몽은(蒙恩)명 은혜를 입음. 몽혜(蒙惠). receiving a favours 하뙤
몽:정(夢精)명 《동》 몽설(夢泄).
몽:조(夢兆)명 꿈에 나타난 길흉의 징조. 꿈자리.
몽:중(夢中)명 《동》 꿈속. [dream
몽=중:몽(夢中夢) 이 세상이 덧없는 것을 비유하는 말. transient life [종잡을 수 없는 말. nonsense
몽:중 설몽(夢中說夢) 꿈속에 꿈이야기를 하듯이.

몽진(蒙塵)명 임금이 난리를 만나 피함. flight from the imperial palace 하뙤 [스휑 스래퓌
몽짜 마음이 음침함. 또, 그 사람. crafty fellow
몽짜-치 겉으로는 어리석은 체하면서 속은 딴생각을 가지다. crafty
몽충-하-다(—)휑 ①부피나 길이 등이 모자라다. stumpy ②푸접없이 냉정하다. coldhearted 몽총=히
몽치 짤막한 몽둥이. club
몽치-다(자) 여럿이 합쳐서 한 덩어리가 되다. 타 여럿을 합쳐 한 덩어리로 만들다. 《큰》 뭉치다. lump
몽클몽클-하-다(어)휑 덩이진 물건이 속은 단단하고 겉은 부드럽고 미끄럽다. 《큰》 뭉클뭉클하다. round and smooth
몽클-하-다(어)휑 ①먹은 것이 소화가 되지 않고 가슴에 뭉쳐 있다. feel choked at the stomach ②슬픈 생각이 치솟아 풀리지 아니하다. 《큰》 뭉클하다. befilled with(sorrow)
몽키-다 여럿이 모여서 덩어리가 되다. 《큰》 뭉키다.
몽타:주(montage 프)명 〈연예〉 따로 따로 촬영된 화면을 효과적으로 메어 붙여서, 화면 전체의 유기적인 구성을 이룩하는, 영화나 사진의 편집 구성의 한 수법. 화면 구성.
몽타:주 사진(montage 寫眞)명 여러 사람의 사진에서 각 부분을 따서, 합쳐 만들어, 어떤 사람의 형상을 이룬 사진. 흔히 범죄 수사에 씀. montage photogr-
몽탕(뭐)(동) 몽땅. [aph
몽탕=몽탕(뭐)(동)→몽땅몽땅.
몽:태-치-다 슬쩍 훔쳐 가지다. steal
몽톡(뭐)(동)→몽똑.
몽톡=몽톡(뭐)(동)→몽똑몽똑. [obliged
몽-하-다(蒙—)(타) 은혜나 도움 등을 입다. being
몽학(蒙學)명 ①어린아이의 공부. elementary studies ②몽고학. study on Mongolia ③몽고의 어학. science of Mongolian language
몽학 훈:장(蒙學訓長)명 어린아이나 가르칠 만한 선생. teacher who can teach only children
몽한-약(—약)(蒙汗藥)명 《동》 마취약(痲醉藥).
몽혜(蒙惠)명 《동》 몽은(蒙恩). [痲醉)
몽혼(矇昏)명 《동》 마취(痲醉). 하뙤
몽혼-약(—약)(矇昏藥)명 마취약(痲醉藥).
몽혼-제(矇昏劑)명 《동》 마취제(痲醉劑). [nsience
몽:(夢—)(—)(—) ①꿈과 같음. fantasy ②덧없음. tra-
몽:환-곡(夢幻曲)명 《동》 야상곡(夜想曲).
몽:환-극(夢幻劇)명 〈연예〉 현실보다도 꿈속에 인생의 진실이 있다고 하는 신념으로 쓰여진 희곡. 또, 그런 연극. fantasy play
몽:환 상태(夢幻狀態)명 〈심리〉 중독 따위에 보는 꿈과 같은 상태. 의식이 흐려지고 환시(幻視)가 일어남. [것).
몽:환-적(—적)(夢幻的)(관) 몽환스러운 생각을 가진
뫼:¹(墓) 사람의 무덤. 묘(墓). 산처(山處). 탑처(塔處).
뫼적(—)→모이.[grave
뫼:²(墓)명 진지. 밥.
:뫼:(고) 산.
뫼:-다(타)(—)→모이다¹.
뫼뛰기/뫼뛰기/뫼뜨기(명)→메뚜기.
뫼비우스의 띠(Möbius—)명 〈수학〉 기다란 직사각형의 종이를 한 번 비틀어 양쪽 끝을 붙이었을 때에 생기는 면(曲面). 이 면은 표리의 구분이 없이 영구히 계속됨.
·뫼·뿔(고) 멧살.
뫼·사·리/뫼수리(고) 메아리.
:뫼숩-다(고) 모시옵다.
뫼시·-다(고) 모시다. [the grave
뫼:=쓰-다(타)(—) 묏자리를 잡아 매장하다. consign to
뫼올히(고) 물오리.
뫼·호·다(고) 모으다.
묏:-골/뫼앝(고) 산골.
·묏·괴(고) 살쾡이.

묏기슭 圈 (고) 산기슭.

묏·도·기 圈 (고) 메뚜기. 「도리어 손해를 보게 된다.

묏 돌 잡으려다 집 돌 잃었다⊕ 지나친 욕심을 내면

:묏돌흠 圈 (고) 맷돌짝.

묏봉오·리 圈 (고) 산봉우리.

묏·부리 圈 (고) 멧부리.

묏·생 圈 (고) 꾸지뽕나무.

묏언덕 圈 (고) 산언덕.

묏ː-자리 圈 뫼를 쓸 자리. site for one's grave

묘(卯) (민속) ①십이지(十二支)의 넷째. sign of hare, 4th of the 12 Earth's Branches ②(약)→묘방(卯方). ③(약)→묘시(卯時).

묘(妙) 圈 ①말할 수 없이 빼어나고 훌륭함. ¶구상(構想)의 ~. wonderful ②십원한 도리. ¶운용(運

묘(墓) 圈 뫼¹.

묘(廟) 圈 ①(동) 종묘(宗廟). ②(동) 문묘(文廟).

묘(畝) 圈 땅 넓이의 단위. 곧, 1묘는 30평임.

묘:각(妙覺) 圈 〈불교〉 보살(菩薩)의 52위(位)의 가장 위의 자리. 곧, 불과(佛果)·정각(正覺)·종각(終覺)

묘:간(妙揀) 圈 묘하게 잘 골라서. selection 하圈 「등.

묘:갈(墓碣) 圈 뫼 앞의 작은 비. tomb-stone

묘:갈·명(墓碣銘) 圈 묘갈에 새겨 놓은 글. epitaph

묘:결(妙訣) 圈 묘한 비결. strange secret

묘:경(妙境) 圈 ①말로써 다 형용할 수 없는 예술의 극치. divine skill ②신묘(神妙)한 경지. superb view

묘:계(妙計) 圈 (동) 묘책(妙策). 「무덤의 구역.

묘:계(墓界) 圈 〈제도〉 품계(品階)를 따라서 정하던

묘:-계(廟啓) 圈 〈제도〉 조정에서 임금에게 상주(上奏)함. 하圈

묘:곡(妙曲) 圈 기묘한 곡조. sweet melody

묘공(妙工) 圈 묘기(妙技).

묘:구(妙句) 圈 묘한 글귀. 썩 잘 된 글의 구절. fine 「phrase

묘:구 도적(墓丘盜賊) 圈 ①무덤 속의 물건을 훔쳐 가는 도둑. ②시체를 파다 감추고 돈을 요구하는 자도. (약) 묘적(墓賊). 「skill

묘:기(妙技) 圈 기묘한 기술. 묘공(妙工). exquisite

묘:기(妙技) 圈 얼굴에 에쁘고 몸매가 날씬한 기생.

묘:기(描記) 圈 묘사하여 기록함. 하圈

묘:기 백출(妙技百出) 圈 여러 가지 묘한 기술과 재주가 쏟아져 나옴. performing a wonderful feat 하圈

묘:년(卯年) 圈 〈민속〉 태세(太歲)의 지지(地支)가 묘(卯)인 해. 토끼해.

묘:년(妙年) 圈 (동) 묘령(妙齡).

묘:노(墓奴) 圈 (동) 묘지기.

묘:답(墓畓) 圈 묘위답(墓位畓).

묘:당(廟堂) 圈 〈제도〉 ①의정부(議政府)의 딴이름. cabinet, court ②종묘와 명당(明堂)의 뜻.

묘:달 공론(廟堂公論) 圈 조정의 군신들이 모여 국사를 논의하는 일.

묘:도 문자(墓道文字) 圈 산소의 표(表)·지(誌)·비(碑)·갈(碣)에 새긴 글자. characters engraved

묘:두-와(貓頭瓦) 圈 막새. 「on a monument

묘:두 현:령(貓頭懸鈴) 圈 고양이 목에 방을 달기,곧, 실행할 수 없는 헛된 의논. useless argument

묘:략(妙略) 圈 묘한 계략(計略). 또, 책략(策略). ingenious trick

묘:려(妙麗) 圈 묘하고 화려함. charming 하圈

묘:령(妙齡) 圈 젊은 여자의 꽃다운 나이. 20전후의 여자 나이. 방년. 묘년(妙年). blooming age

묘:리(妙理) 圈 오묘한 이치. knack

묘:막(墓幕) 圈 뫼 가까운 곳에 지은 집. 병사(丙舍). hut built near by a grave 「직전.

묘:-말(卯末) 圈 묘시의 맨 끝. 곧, 상오 일곱 시 일

묘:망(渺茫) 圈 끝없이 넓고 아득함. vast 하圈

묘:맥(苗脈) 圈 일의 나타난 실마리. clue

묘:명(杳冥) 圈 아득하고 어둠. darkness 하圈

묘:모(廟謨) 圈 나라를 다스리는 방략(方略). 묘산(廟算). court's politics

묘:목(苗木) 圈 옮겨 심기 위하여 가꾸는 어린 나무. 모나무. saplings

묘:목(墓木) 圈 (동) 구목(丘木). 「히圈

묘:묘-하·다(杳杳─) 圈間圈 아득하다. far off 묘:묘=

묘:묘-하·다(森森─) 圈間圈 물이 끝없이 넓고 아득하다. boundless 묘:묘=히圈

묘:무(妙舞) 圈 신묘하게 잘 추는 춤. 「grave

묘:문(墓門) 圈 묘로 들어가는 어귀. entrance to a

묘:미(妙味) 圈 미묘한 취미. 묘한 맛.

묘:박(錨泊) 圈 이십사 방위의 하나. 정동쪽을 중심으로 한 방위. 하圈

묘:방(妙方) 圈 ①교묘한 방법. excellent method ②훌륭한 약방문. 신묘한 처방.

묘:법(─빱) 〈妙法〉 圈 영묘스러운 방법. clever means ②〈불교〉 신기하게 좋은 법문. supreme law of Buddha

묘:법 연화경(─뺍─) 〈妙法蓮華經〉 圈 〈불교〉 법화(法華) 3부경(部經)의 하나. 8권 28품(品). (약) 법

묘:복(眇福) 圈 미미한 복. 하圈 「화경.

묘:비(墓碑) 圈 무덤 앞에 세우는 비석. 묘석(墓石). (약) 비(碑). tomb-stone

묘:비-명(墓碑銘) 圈 묘비에 새긴 글.

묘:사(妙思) 圈 기묘한 생각. bright idea

묘:사(描寫) 圈 ①사물을 있는 그대로 그리어 냄. ¶심리 ~. delineation ②예술 작품에 있어서 어떤 대상을 객관적 구체적으로 표현하여 옮김. 하圈

묘:사(廟社) 圈 종묘(宗廟)와 사직(社稷).

묘:사-곡(描寫曲) 圈 표제 음악의 하나로, 어떤 경경·기분 등의 현상을 소리로써 연듯 머리에 떠오를 수 있도록 묘사한 곡.

묘:사 유:由(描寫由由) 圈 〈제도〉 관원이 묘시(卯時)에 사진(仕進)하였다가 유시(酉時)에 사퇴(仕退)하는 일. 하圈 「모방·묘사한 음악.

묘:사 음악(描寫音樂) 圈 자연의 음이나 현실의 음을

묘:사적 현:상(描寫的現象) 圈 어떠한 대상이나 형상의 본질적 측면을 있는 그대로 예술적으로 서술하거나 그린 것. 「殿)·경모궁(景慕宮)의 총칭.

묘:사-전:궁(廟社殿宮) 圈 종묘·사직 및 영회전(永禧)

묘:사·체(描寫體) 圈 어떠한 대상을 객관적·구체적으로 표현하는 문체.

묘:산(妙算) 圈 (동) 묘책(妙策).

묘:산(廟算) 圈 (동) 묘모(廟謨).

묘:상(苗床) 圈 〈농업〉 ①모종을 키우는 자리. seed-bed ②(동) 못자리①. 「는 뜻집.

묘:상-각(墓上閣) 圈 장사(葬事) 때 임시로 굿 위에 짓

묘:생(卯生) 圈 〈민속〉 십이지(支) 가운데 묘년(卯年)

묘:석(墓石) 圈 (동) 묘비(墓碑). 「에 난 사람.

묘:선(妙選) 圈 잘 골라 뽑음. selection 하圈

묘:성(昴星) 圈 〈천문〉 이십팔수(宿)의 18째 벌. (약)

묘:소(妙所) 圈 묘하고 좋은 곳. beauty 「묘(昴).

묘:소(墓所) 圈 (동) 산소(山所). 「boy

묘:-소:년(妙少年) 圈 예쁘게 생긴 소년. good looking

묘:수(卯睡) 圈 새벽잠. sleeping at dawn

묘:수(妙手) 圈 ①뛰어난 기술을 가진 사람. 명인. 명수. excellent skill ②바둑에서, 어려움을 타개하는 묘한 수. adept

묘:수(妙數) 圈 사람의 기묘한 운수. mysterious luck

묘:술(妙術) 圈 ①교묘한 술법. capital plan ②교묘한 꾀. ingenious trick 「안. 묘(妙)⑧.

묘:시(卯時) 圈 상오 다섯 시로부터 일곱 시까지의 동

묘:시(妙諦) 圈 엄신하고. 갈을. 하圈

묘:아-자(貓兒刺) 圈 묘아자나무의 열매. 구골(枸骨).

묘:악(廟樂) 圈 종묘(宗廟)의 제전(祭典) 때 연주하는 아악(雅樂).

묘:안(妙案) 圈 썩 잘 된 생각. happy idea

묘:안-석(猫眼石) 圈 〈광물〉 ①녹백색의 섬유 석영(纖維石英)의 일종. 잘련 고양이의 눈과 같은 단백질(蛋白光)을 냄. 묘정석(猫睛石). ②보석의 하나.

단백광을 내는 금록옥(金綠玉).
묘:알(廟謁)[명] 임금이 종묘에 나가 참배함. 하타
묘:약(妙藥)[명] 썩 잘 듣는 약. 비약(祕藥)[. 효약. specific
묘역(墓域)[명] 묘소(墓所)로서 정한 구역. site for [grave-yard
묘연(杳然)[어] ①오래 되어 까마득함. remote ②오래 되어서 정신이 얄쏭달쏭함. uncertain ③전혀 소식이 없다. hear nothing from 하[여] 히[여]
묘연(渺然)[어] 멀고 넓어 아득함. remote 하[여] 히[여]
묘예(苗裔)[명] 먼 후대(後代)의 자손. distant offspr-
묘:예(妙譽)[명] 아름다운 영예(榮譽). [ing
묘:완(妙腕)[명] 교묘하고 놀라운 수완.
묘:우(廟宇)[명] 신위를 모신 집. mausoleum
묘:원(渺遠)[어] 눈이 미치지 않을 만큼 까마득하게 멂. 하[여] 히[여] [곧, 음력 2월.
묘:월(卯月)[명] 〈민속〉월건(月建)이 묘(卯)로 된 달.
묘:위답(墓位畓)[명] 땅의 추수로 제사 비용을 쓰는 논. (약) 묘답(墓畓). [밭. (약) 묘전(墓田).
묘:위전(墓位田)[명] 땅의 추수로 제사 비용을 쓰는
묘:위토(墓位土)[명] 묘제(墓祭)의 비용으로 쓰는 논밭. (약) 위토(位土).
묘:유(卯酉)[명] 동과 서. 동서(東西).
묘:유-선(卯酉線)[명] 〈천문〉 자오선에 직각으로 큰 원. 곧, 동서점(東西點)과 천정(天頂)을 지나는 평면이 천구(天球)와 만나는 금. 묘유권(卯酉圈).
묘:음(妙音)[명] 묘한 소리. 훌륭한 음악. musical voice
묘:의(廟議)[명] 조정의 회의(會議). 정의(廷議). cabinet meeting [토끼날.
묘:일(卯日)[명] 〈민속〉 일진(日辰)이 묘(卯)로 된 날.
묘:입신(妙入神)[명] 썩 정묘(精妙)하여 신통한 지경에 들어감. splendid feat 하타
묘:적(墓賊)[명] (약) 묘구 도적(墓丘盜賊).
묘:전(墓前)[명] (약) 묘위전(墓位田).
묘:전(墓前)[명] 무덤 앞. at a grave
묘:절(妙絶)[명] 더할 수 없이 교묘함. exquisite 하[여]
묘:정(卯正)[명] 〈민속〉 묘시(卯時)의 중간. 곧, 상오 여섯 시. hour of the hare, 6 a. m.
묘:정 배:향(廟庭配享)[명]〈제도〉공적이 많은 신하가 죽은 뒤에 그 종묘(宗廟)에 제사하던 일. (약) 정향
묘:제(墓祭)[명] 산소에서 지내는 제사. [庭享).
묘:족(苗族)[명] 중국의 운남(雲南)·귀주(貴州)·호남(湖南) 등지에 많이 사는 토족(土族). 대체로 몸집이 왜소하고 살갗이 누렇고 성질이 몹시 급하며 강함.
묘:좌 유향(卯坐酉向)[명] 〈민속〉 묘방(卯方)에서 유방(酉方)을 바라보는 좌향. 곧, 동쪽에서 서쪽을
묘:주(酒酒)[명] [동] 조주(酒). [하고 앉은 터의 판국.
묘:지(妙旨)[명] 묘한 뜻. excellent meaning
묘:지(墓地)[명] 무덤이 있는 땅. 또, 그 구역. 북망산(北邙山). 한림(寒林). ¶ 공동 ~. ② [동] 장지(葬地). graveyard
묘:지(墓誌)[명] ①죽은 사람의 행적 따위를 돌에 새겨 관(棺)과 함께 묻는 글. inscription-plate ② 죽은 사람의 업적 따위를 묘비에 적은 글. 택조(宅兆). 광지(壙誌). inscription on a gravestone
묘:지(錨地)[명] 배가 닻을 내리고 정박하는 곳. anchorage
묘:지기(墓-)[명] 남의 산소를 지키고 거기에 관계되는 일을 보살피는 사람. 묘노(墓奴). 묘직(墓直).
묘:지-명(墓誌銘)[명] 묘지에 새긴 명문(銘文). (약) 묘명(墓銘). epitaph
묘:직(墓直)[명] [동] 묘지기.
묘:진(墓陳)[명] 묘지에 딸려 있어 조세를 면제받은 [밭.
묘:책(妙策)[명] 썩 묘한 꾀. 묘계(妙計). 묘산(妙算). ingenious trick [principles
묘:체(妙諦)[명] 묘한 진리. 뛰어난 진리. cardinal
묘:초(卯初)[명] 〈민속〉 묘시(卯時)의 처음. 곧, 상오 다섯 시가 지난 바로 뒤. beginning of the hour,
묘:촌(墓村)[명] 조상의 산소가 그 마을에. [5 a. m.
묘:출(描出)[명] 어떠하 대상을 그려 드러냄. depiction 하타
묘:취(妙趣)[명] 기묘한 취미. 미묘한 취향. 묘미(妙味). strange taste [의 탑. pagoda
묘:탑(妙塔)[명] 〈불교〉불상을 안치해 두는 묘우(廟宇)
묘:태(妙態)[명] 아름다운 모양. 묘자(妙姿). beautiful
묘:판(苗板)[명] ①못자리. ②모판. [figure
묘:포(苗圃)[명] 묘목(苗木)을 심어서 기르는 밭.
묘:표(墓表)[명] 무덤 앞에 세우는 푯돌. 관직·성명 등을 새김. 표석(表石). grave stone
묘:품(妙品)[명] 정묘(精妙)한 작품. fine article
묘:품(妙稟)[명] 뛰어나게 훌륭한 품성. 또, 그런 품성을 가진 사람.
묘:필(妙筆)[명] ①아름답게 잘 쓴 글씨. excellent writing ②아름답게 잘 그린 그림. excellent picture
묘:하(墓下)[명] 조상의 산소가 있는 땅.
묘:=하-다(妙一)[어여불] ①이상야릇하다. strange ② 인력(人力)이 미치지 못할 만큼 기이하다. mysterious ③기이하고 잘되다. excellent ④간드러지게 예쁘다. delicate [grave
묘:혈(墓穴)[명] 무덤 구멍. 곧, 시체를 묻는 구멍.
묘혈을 파다[관] 자기의 행위가 원인이 되어 파멸하다. 스스로 멸망의 길로 나아감의 비유.
묘:호(廟號)[명] 임금의 시호(諡號). posthumous epithet for a king
묘:화(描畫)[명] ①그림을 본떠서 그대로 그림. 또, 그러한 그림. copying picture ②그림을 그림. 하타
묘:휘(廟諱)[명] 임금이 죽은 뒤에 지은 휘(諱).
무[명] 웃옷의 양쪽 겨드랑이 아래에 댄 딴 폭.
무[명] 〈한의〉급성 화농성 골막 골수염 혹은 뼈의 부위의 염증이 점점 골막을 범하여 곪는 병. 나중에 살이 헐어 구멍이 생기고 고름이 늘 나옴. 부골저(附骨疽).
무:[명] 겨자과의 일·이년생 풀. 잎은 깃꼴로 가에 톱니가 있고 봄에 담자색 혹은 흰빛의 네잎 꽃이 핌. 뿌리는 희고 살이 많아 잎과 함께 식용하고 비타민·단백질의 함유량이 많아 약용으로 쓰임. 나복(蘿蔔). ¶ ~김치. ~나물.
무:(戊)[명] 〈민속〉 천간(天干)의 다섯째.
무(無)[명] ①없음. 현존하지 않음. ¶ ~방비 상태(防備状態). (대) 유(有). nothing ②공허(空虛). ③〈철학〉 일반적으로 유(有)에 대한 비존재. 곧, 상대적인 무. non-existence 하[여]
무=(無)[접두] 없음을 뜻하는 말. non
무:가(巫歌)[명] 무당의 노래. witch's song
무:가(武家)[명] 대대로 무관(武官)의 벼슬을 하는 집안. 무관직. military family
무가(無價)[명] ①값어치가 없음. worthlessness ② 격을 매길 수 없을 만큼 귀중한 것. invaluableness
무가-내(無可奈)[명] (약) →무가 내하(無可奈何).
무가-내하(無可奈何)[명] 처치할 수단이 없음. 어찌할 수가 없는 일. 막가내하(莫可奈何). 막무가내(莫無可奈). ¶ 타일러도 듣지 않으니 ~다. hopeless [음.
무가-불가(無可不可)[명] 옳지도 않고 그르지도 않
무가-보(無價寶)[명] 값을 매길 수 없이 귀중한 보배. 무가지보(無價之寶). priceless treasure
무가-산(無價散)[명] 〈한의〉 무좀에 쓰는 개똥 가루.
무가지-보(無價之寶)[명] [동] 무가보(無價寶).
무-가치(無價值)[명] 아무 가치가 없음. 하[여]
무각 무인(無覺無認)[명] 느끼지 아니하고 인식하지 아니함. 하타
무간(無間)[명] 썩 가까이 친하여 서로 사이에 막힘이 없음. ¶ ~한 친구. intimate 하[여] 히[여] [報).
무간 죄:보(無間罪報)[명] 한없는 죄악에 대한 과보(果
무간 지옥(無間地獄)[명] 〈불교〉 팔열 지옥(八熱地獄)의 하나. 사바 세계의 아래로, 고통을 간단없이 받는 지옥의 하나. 아비 지옥(阿鼻地獄). (유) 극열 지옥(極熱地獄).
무:-감(武監)[명] (약) →무예 별감(武藝別監).

무=감:각(無感覺)圓 아무런 감각이 없음. insensibility 하타
무감:각증(無感覺症)圓 〈의학〉 신경성 또는 심인성(心因性) 원인에 의하여 감각을 소실하는 증세.
무=감사(無鑑査)圓 미술 전람회 등에서 심사 위원의 감사를 거치지 않는 일. 또, 그 사람. ¶ ~ 작품. not subject to the jury [~. endless 하타
무강(無疆)圓 한이 없음. 끝이 없음. ¶ 만수(萬壽)
무=강즙(一薑汁)圓 무를 갈아 짜낸 물. [cover
무개(無蓋)圓 뚜껑이 없음. 지붕이 없음. without
무개=차(無蓋車)圓 ① 지붕이 없는 차량. 스포츠 카 따위. ② 〖동〗 무개화차.
무개 화:차(無蓋貨車)圓 지붕이 없는 화차. 목판차(木板車). 무개차(無蓋車) ②. 〖대〗 유개 화차.
무거(無據)圓 ① 근거가 없음. 터무니없음. 무계(無稽). 무근(無根) ②. ② 의지할 데가 없음. groundless
무거리圓 가루를 체로 쳐낸 찌끼. screening [하타
무거리 고추장(一醬)圓 메줏 가루의 무거리로 담근 고추장.
무거 불측(無據不測)圓 ① 언행이 상규를 벗어나 몹시 흉함. ② 근거가 없어 헤아리기 어려움. absurd
무걱圓 활터의 과녁 뒤에 흙으로 둘러싼 곳. mound in the rear of a target
무겁(無怯·無㥘)圓 겁이 없음. fearless 하타
무겁-다圓 ① 무게가 많다. 가볍지 않다. ¶ 무거운 짐. heavy ② 언행(言行)이 신중하다. prudent ③ 병이나 죄가 심하거나 많다. ¶ 병이 ~. serious ④ 부담·책임·비중이 중대하다. heavy ⑤ 기분이 언짢고 우울하다. ¶ 마음이 ~. gloomy
무겁디=무겁-다圓 몹시 무겁다. very heavy
무겁 활량圓 무겁을 보살피며 검사하는 활량.
무게(圓) ① 물건의 무거운 정도. 중량(重量). 근량(斤量·斤兩). weight ② 언행의 침착하고 의젓한 정도. dignity ③ 가치나 중대성의 정도. ¶ ~ 있는 작품. importance [는 말.
무게가 천근이나 되네圉 아주 무게 있는 이를 칭찬하
무=격(巫覡)圓 무당과 박수.
무격 신:앙(巫覡信仰)圓 무당·박수를 신과 인간과의 매체(媒體)로 생각하는 신앙. [~. perfect 하타
무결(無缺)圓 결점(缺點)이 없음. ¶ 완전(完全)
무결(武經)圓 군사 및 병법에 관한 책.
무경계(無經界)圓 옳고 그름의 구별이 없음. 하타
무경위(無涇渭)圓 옳고 그름을 분간하지 않음. 경위(涇渭)가 서지 않음. 물경위(沒涇渭). 하타
무계(無稽)圓 〖동〗 무거(無據) ①. 하타
무계 야반 생일자(戊癸夜半生日子)圓 〈민속〉 일진(日辰)의 천간(天干)이 무(戊)나 계(癸)로 된 날의 첫 시(時)는 임자(壬子)시로 시작된다는 말.
무계지년 갑인두(戊癸之年甲寅頭)圓 〈민속〉 태세(太歲)의 천간(天干)이 무(戊)나 계(癸)로 된 해는 정월의 월건(月建)이 갑인(甲寅)달로 시작된다는 말.
무=계:출(無屆出)圓 무신고(無申告).
무=계:획(無計劃)圓 계획이 없음. planless 하타
무:고(武督)圓 무당과 박수. [하타
무:고(巫蠱)圓 무술(巫術)로서 남을 저주함. curse
무고(無告)圓 괴로운 처지를 하소연할 곳이 없음. 또, 그런 사람. nobody to appeal to 하타
무고(無故)圓 ① 아무런 연고가 없음. without relation ② 아무 사고 없이 평안함. 무사(無事). 〖대〗 유고 (有故). peace 하타 히타
무고(無辜)圓 아무 죄가 없음. innocence 하타
무고(誣告)圓 〈법률〉 없는 사실을 거짓으로 꾸며 남을 관청에 고발 또는 고소함. false charge 하타
무고(舞鼓)圓 ① 나라 잔치 때 기생들이 북춤에 치던 북. 또, 그 때의 일. drums ② 북춤.
무:고-감(無辜疳)圓 〈한의〉 어린아이의 얼굴이 누렇게 뜨고 팔다리가 바짝 마르는 감병(疳病)의 하나.
무고 부진(無故不進)圓 아무 이유 없이 나오지 아니함. 하타

무고 작산(無故作散)圓 아무 허물이 없는데, 벼슬 자리에서 물러나게 함. 하타
무=고=죄[—罪](誣告罪)圓 〈법률〉 남을 죄인으로 몰기 위하여 무고함으로써 성립되는 죄. calumny
무고지=민(無告之民)圓 ① 늙어서 아내 혹은 남편이 없고, 어려서 부모가 없는 사람. lonely persons ② 어디다 호소할 길이 없는 어려운 백성. helpless person
무=곡(貿穀)圓 ① 장사하려고 곡식을 많이 사들임. 또, 그 곡식. ② 〖동〗 무미(貿米). importation of grains 하타 [〖동〗 무도곡(舞蹈曲).
무:곡(舞曲)圓 ① 춤과 악곡. dancing and music ②
무:곡=성(武曲星)圓 〈천문〉 구성(九星) 중의 여섯째 별. [잃고 갈피를 잡을 수 없는 어지러운 문장.
무골(無骨)圓 ① 뼈가 없음. boneless ② 체격이 서 있지
무골=충(無骨蟲)圓 ① 뼈가 없는 벌레. boneless worm ② 됨됨이가 물렁물렁하게 생긴 사람. spineless fellow
무골=총(건축)圓 기둥·문얼굴 따위의 모서리에 줄을 두드러지게 친 상사.
무골 호:인(無骨好人)圓 뼈없이 좋은 사람. 아주 순하여 남의 비위에 두루 맞는 사람. good-natured man
무:공(武功)圓 나라를 위해서 싸운 군사상의 공적. 무훈(武勳). 무열(武烈) ②. military exploits
무공(無功)圓 공로가 없음. 〖대〗 유공(有功). without
무공(無蹤)圓 발자국 소리가 없음. 하타 [merit 하타
무:공(誣供)圓 〈제도〉 거짓말로 꾸미는 공초(供招).
무공=전(無孔錢)圓 〖동〗 맹전(盲錢). [pearl
무공=주(無孔珠)圓 구멍을 뚫지 아니한 진주. holeless
무공=침(無孔針)圓 귀가 없는 바늘.
무:공 포장(武功褒章)圓 국토 방위에 끼친 공적이 두렷한 사람에게 주는 포장.
무:공 훈장(武功勳章)圓 전시나 비상 사태 아래서 전투에 참가하여 뛰어난 무공을 세운 사람에게 주는 훈장.
무:과(武科)圓 〈제도〉 무예(武藝)와 병서(兵書)에 능통한 사람을 골라 뽑던 과거. 〖대〗 문과(文科). military examination
무과=실 책임(無過失責任)圓 〈법률〉 손해를 발생시킨 사람에게 고의·과실이 없어도 법률상 손해 배상 책임을 지우는 일. 결과 책임. absolute liability
무:과 중시(武科重試)圓 〈제도〉 무관의 당하관에게 십년마다 병년(丙年)에 보이던 과거의 이름.
무:관(武官)圓 ① 〈제도〉 무과(武科) 출신의 벼슬아치. 무변(武弁). 〖대〗 문관(文官). military officer ② 무사(武事)와 군사(軍事)를 맡아보는 관리. military
무관(無官)圓 벼슬이 없음. [officer
무관(無冠)圓 〖동〗 무위(無位).
무관(無關)圓⇒무관계(無關係).
무=관계(無關係)圓 아무 관계가 없음. 〖약〗 무관(無關). no connection 하타
무:관=석(武官石)圓 〈민속〉 능(陵) 앞에 세우는 무관 형상의 석상(石像). 무석인(武石人). 〖대〗 문관석(文官石). [rence ② 거리끼는 마음이 없음. indiffe-
무관심(無關心)圓 마음에 두고 있지 않음.
무관 유:배 식물(無管有胚植物)圓 〈식물〉 꽃도 씨도 없고 포자(胞子)로나 또는 분열에 의하여 번식하는 식물. 고사리·버섯·곰팡이 따위. 고등 은화 식물. 홀씨 식물. [라는 뜻으로, 언론인을 가리킴.
무관의 제왕(無冠一帝王)圓 '왕관 없는 제왕'이
무:관 학교(武官學校)圓 〈제도〉 구한국 때 군부(軍部)에 딸렸던 사관 학교. 육군을 양성했음. military cadet school [사람.
무:과(武魁)圓 〈제도〉 무과(武科)에 첫째로 급제한
무괴(無怪·無恠)圓 괴이할 것이 없음. undoubting 하타 히타
무괴(無愧)圓 〈불교〉 세상을 두려워하지 아니하는 포악한 짓. 또, 그런 짓을 하는 사람. [하타
무괴-심(無愧心)圓 부끄러워하지 않는 마음. [하타
무괴=어심(無愧於心)圓 마음에 부끄러울 것이 없음.
무교육자(無教育者)圓 교육을 받지 못한 사람. 교양

이 전혀 없는 사람.

무교회주의(無敎會主義)[명]〈기독〉현재의 교회 제도에 반대하고 성서(聖書)의 올바른 연구와 인식으로부터 출발하여 성서 속의 복음(福音) 곧 진리에 입각한 신앙에 의해서만 인류가 구원됨을 강조하는 주장.

무-구(武具)[명] 무기(武器)와 그 밖에 전쟁에 쓰이는 기구(器具). armoury

무구(無垢)[명] ①[동] 유마(維摩). ②순수함. 순박함. ¶순진(純眞)~. purity ③몸과 마음이 깨끗함. purity ④죄가 없음. innocent 하[형] 히[부]

무:구(誣構)[명] 죄 없는 사람을 죄 있는 것처럼 속여서 꾸며댐. 하[타]

무구-조충(無鉤條蟲)[명][동] 민촌충.

무구-촌충(無鉤寸蟲)[명][동] 민촌충.

무구-포(無口鉋)[명] 아가리가 없는 박이라는 뜻으로 입을 다물고 말을 아니함.

무구-호(無口湖)[명]〈지학〉물이 빠지는 데가 없는 호수. 카스피 해·사해(死海) 따위. 《대》 유각호(有脚湖). 유구호(有口湖).

무=국적(無國籍)[명]〈법률〉어느 나라의 국적도 가지지 않는 일. ¶~자(者). denationalization

무궁(無窮)[명] ①한이 없음. 공간 또는 시간이 다함이 없음. infinity ②한없이 영원히 계속함. eternity 하[형] 히[부]〔無盡〕. infinitude 하[형] 히[부]

무궁 무진(無窮無盡)[명] 한이 없고 끝이 없음. 무진

무궁-세(無窮世)[명] 끝이 없는 세상.

무궁-아(無窮我)[명]〈종교〉천도교에서 도를 닦아 천인 합일(天人合一)의 경지에 이른, 소아(小我)를 벗어난 대아(大我).

무궁-화(無窮花)[명]〈식물〉아욱과의 낙엽 활엽 관목. 높이 3m 가량으로 가지가 많고 7~8월에 백색·자색·홍색 등의 꽃이 핌. 관상용·울타리용으로 심고 꽃과 근피(根皮)는 약재로 쓰임. 우리 나라의 국화(國花)임. 근화(槿花). 목근(木槿). Hibiscus syiacar Limne 〔훈장. 대통령에게 수여함. 〕

무궁화 대:훈장(無窮花大勳章)[명] 우리 나라의 최고

무궁화 동산(無窮花~)[명] 우리 나라를 아름답게 일컫는 말. land of Mugoonghwa, Korea

무권 대:리(━━━)(無權代理)[명]〈법률〉대리권이 없는 사람에 의해 행하여지는 대리 행위. rightless agency

무궤:도(無軌道)[명] ①사상이나 행동에 일정한 방향이 없음. eccentric ②레일이 없음. railless ③상규(常規)에 벗어나 있음. eccentric 하[형]

무-규각(無圭角)[명] ①규각이 없음. ②언행이 모나거나 어긋남이 없음. 하[형]

무-규율(無規律)[명] 일정한 규율이 없음. 하[형] 「아.

무-균(無菌)[명] 균이 없음. 또는, 그런 상태. ¶~ 발

무극(無極)[명] ①끝이 없음. endless ②〈철학〉우주의 근원인 태극(太極)의 처음 상태. ③〈물리〉전극(電極)이 없음. 하[형]

무극 결합(無極結合)[명][동] 공유 결합(共有結合).

무극 대:도(無極大道)[명]〈종교〉우주 본체인 무극의 영능(靈能).

무극 분자(無極分子)[명]〈화학〉분자 내의 양전하 및 음전하의 중심이 일치하여서 전기 이중극(電氣二重極)의 성질을 나타내지 않는 분자. non-polar molecule

무근(無根)[명] ①뿌리가 없음. ②근거가 없음. 무거(無據). ¶사실(事實)~. 하[형]

무근지:설(無根之說)[명] 근거가 없는 뜬소문. 낭설(浪說). groundless rumour

무급(無給)[명] 직무에 대하여 급료가 없음. 무료(無料)②. 《대》유급(有給). non-salaried

무-기(武技)[명][동] 무예(武藝).

무기(武氣)[명] 무인의 굳센 기상. military spirit

무기(武器)[명] 전쟁에 직접 쓰이는 온갖 기구. 병장기(兵仗器). weapons 「공기가 없음. 하[형]

무기(無氣)[명] ①기운이 없음. 기력(氣力)이 없음. ② 무기(無記)[명]〈철학〉선(善)도 아니고, 악(惡)도 아닌. 스토아 철학에서, 현인(賢人)의 철학적 생활 태도를 반영하는 개념임.

무기(無期)[명]〈약〉→무기한(無期限).

무기(無機)[명] ①생활력을 가지고 있지 않음. inorganic ②〈약〉→무기 화학(無機化學). ③〈약〉→무기 화합물(無機化合物). 《대》 유기(有機). 「cing girl

무:기(舞妓)[명] 나라 잔치 때에 춤을 추는 기생. dan-

무:기(誣欺)[명] 거짓 꾸미어 남을 속임. deception 하[타]

무:기-고(武器庫)[명] 무기를 간직하여 두는 창고.

무기 공채(無期公債)[명]〈경제〉원금 상환의 기한을 미리 정하지 아니한 공채. 《대》 유기 공채(有期公債). perpetual loan

무기 금(無期禁錮)[명]〈법률〉정역(定役)을 과하지 않고 종신토록 감금하는 형벌. 《대》 유기 금고(有期禁錮). life imprisonment

무기 도형(無期徒刑)[명]〈제도〉평생 섬에 가두는 옛 무기형의 하나. 《대》 유기 도형(有期徒刑). banishment of life

무-기력(無氣力)[명] 기운과 힘이 없음. enervation 하[형]

무-기명(無記名)[명] ①성명을 쓰지 않음. unsigned ② 무기명식. [명] 기명(記名).

무기명-식(無記名式)[명] 증권 및 투표 등에서 권리자의 성명 또는 상호 등을 쓰지 않는 서식(書式). 《대》기명식. 무기명(無記名式)②.

무기명 투표(無記名投票)[명] 투표자의 이름을 쓰지 않고 하는 투표. 비밀 투표(祕密投票). 《대》 기명 투표(記名投票). secret vote 하[타]

무기-물(無機物)[명]〈화학〉생활 기능이 없는 물질 및 그것을 원료로 하여 인공적으로 만든 물질의 총칭. 무기질. 《대》 유기물(有機物). inorganic substance

무기 비:료(無機肥料)[명]〈화학〉무기물을 성분으로 하는 비료. 황산암모니아·질산암모니아·염산카리·과인산석회 등. inorganic fertilizer

무기-산(無機酸)[명]〈화학〉황산·염산·질산 등과 같이 무기 물질에서 얻을 수 있는 산(酸)의 총칭. 《대》 유기산. inorganic acid 「죄수.

무기-수(無期囚)[명] 무기 징역을 선고 받고 복역 중인

무기 연기(無期延期)[명] 기한을 정하지 않은 연기. indefinite postponement 하[타]

무기-음(無氣音)[명]〈어학〉소리낼 때에 입김이 거세게 나지 아니하는 소리. 곧, ㅊ·ㅋ·ㅌ·ㅍ을 이외의 모든 자음들. 《대》 유기음(有氣音). unaspirated sounds 「inorganic

무기-적(無機的)[명][관] 생명 및 생활력이 없는(것).

무기-질(無機質)[명][동] 무기물(無機物).

무기질 섬유(無機質纖維)[명] 규석·석회석·화산암 같은 광석을 녹여서 실로 만든 화학 섬유.

무기 징역(無期懲役)[명]〈법률〉종신토록 교도소에 가두는 무기형의 징역. penal servitude for life

무기-체(無機體)[명]〈화학〉생활하는 기능이 없는 물체. 돌, 광석·물·공기 등. 《대》 유기체(有機體). inorganic matter

무-기탄(無忌憚)[명]〈약〉→무소기탄(無所忌憚).

무기한(無期限)[명] 일정한 기한이 없음. 무한년(無限年). 〈약〉 무기(無期). limitless 하[형]

무기-형(無期刑)[명]〈법률〉형기가 정해지지 않은 종신 무기형(無期刑). indefinite penalty

무기 호흡(無氣呼吸)[명]〈생물〉생물이 산소 없이 하는 호흡. 산화 작용이 아니고 세포내의 분해에 의해 생활에 필요한 에너지를 얻는 현상. 발효도 같은 현상임. 분자내 호흡(分子內呼吸).

무기 화:학(無機化學)[명]〈화학〉순수 화학의 한 분과. 탄소 화합물 이외의 모든 원소 및 화합물을 연구 대상으로 하는 화학. 《대》 유기 화학(有機化學). 〈약〉 무기(無機). inorganic chemistry

무기 화:합물(無機化合物)[명]〈화학〉탄소 화합물이 아닌 천연으로 나는 화합물 및 탄소가스 등과 같은 간단한 탄소 화합물의 총칭. 《대》 유기 화합물(有機化合物). 〈약〉 무기(無機)③. inorganic compound

무:김치 지지미[명] 무김치를 잘게 썰어 고기과 따위를 넣고 끓인 반찬.

무꾸리〈민속〉무당·판수 그 밖의 신령을 모신 사람에게 길흉을 점치는 일. divination 하[자]

무꾸리-질[명] 무꾸리하는 것. 하[자]

무난(無難)[명] ①아무 어려울 것이 없음. 쉬움. easy ②큰 말썽 없음. 안전함. safety ③뚜렷한 결점이 없음. faultless 하[형] 히[부]

무남 독녀(無男獨女)[명] 아들이 없는 집안의 외딸.

무낭=마(無囊馬)[명] 등말을 가서 없앨 말.

무너-뜨리-다[타] 무너지게 하다. destroy, break

무너-지-다[자] ①포개어 쌓인 물건이 떨어져 흩어지다. collapse ②질서나 체계 따위가 파괴되다. 어떤 계획이나 구상 따위가 이루어지지 못하고 깨어지다. ¶질서가 ~. break ③방어선이 돌파되다.

무-넘기[명] ①물이 괴어 저절로 아래 논으로 흘러 넘어가게 논두렁의 한 곳을 낮은 부분. 〈유〉물꼬. ②봇물을 대기 위하여서 도랑을 걸쳐 막은 부분.

무:녀(巫女)[동] 무당.

무녀리(←門열이)[명] ①태로 낳는 짐승의 맨 먼저 나온 새끼. first of a litter(of pigs) ②〈속〉언행이 좀 모자라는 듯한 사람의 비유.

무념(無念)[명] ①〈불교〉무아(無我)의 경지에 이르러 망상(妄想)이 없음. ②마음속에 아무런 생각이 없음. freedom from all thoughts 하[자]

무념 무상(無念無想)[명] 무상 무념(無想無念).

무:-논(水-)[명] ①물이 있는 논. 수답(水畓). 수전(水田). peddy-field ②쉽게 물을 델 수 있는 논.

무뇨-증(無尿症)[명] 〈의학〉신장(腎臟) 기능의 장애·수뇨관(輸尿管) 폐쇄 따로 방광(膀胱)에 오줌이 전혀 없는 병상(病狀). 〔약〕묻다. break

무느-다[타] 쌓이어 있는 물건을 흩어지게 하다.

무는 개를 돌아본다[속] 말이 많은 사람을 두려워한다는 뜻. 또는 온순하면 주의를 해 주지 않는다는 뜻.

무는 개 짖지 않는다[속] 무서운 사람일수록 말이 없다.

무는 말 있는 데 차는 말 있다[속] 나쁜 사람이 있는 곳에는 같은 무리가 모인다.

무는 호랑이는 뿔이 없다[속] 한 사람에 여러 재주나 조건을 완전히 다 갖출 수는 없다.

무능(無能)[명] ①능력이 없음. incompetency ②재능이 없음. ③〈약〉→무능력(無能力)①. 〈대〉유능(有能). 하[형]

무=능력(無能力)[명] ①일을 처리해 나갈 만한 힘이 없음. 〔약〕무능(無能)③. lack of ability ②〈법률〉법률상의 행위 능력이 없음. incompetence 하[형]

무능력자(無能力者)[명] ①능력이 없는 사람. ②〈법률〉단독으로 완전한 법률 행위를 할 수 없는 사람.

무능 무력(無能無力)[명] 아무런 능력이 없음. 하[형]

무능 자처(無能自處)[명] 능력이 없음을 스스로 인정함.

무능-태(無能胎)[명] 〈속〉무능력자. 〔빈〕. 하[자]

무능-화(無能化)[명] 능력이 없게 됨. 또는 그리 되게 함. 하[자] 하[타]

무늬[명] ①여러 가지 형상이 어울러 이룬 모양. 문(紋). 문채(文彩)②. figure ②옷감·조각 따위를 장식하는 여러 가지 모양. pattern

무늬 놓-다[자] 무늬를 그리거나 수를 놓다.

무늬말벌[명] 〈곤충〉말벌과에 속하는 벌 하나이. 몸길이 25 mm, 날개 길이 61 mm 가량으로 몸 빛은 흑갈색. 두부에는 갈색 털이 밀생함. 날개는 투명하고 담황색을 띰.

무:단(武斷)[명] ①무력에 의하여 정무(政務)를 단행하는 일. militarism ②힘으로써 강력하게 일을 처리함. enforcement

무단(無斷)[명] ①결단심이 없음. without reason ②미리 승낙을 얻지 않음. without leave 하[자]

무단 결근(無斷缺勤)[명] 사전에 아무런 연락이나 허락 없이 하는 결근. absence without due notice 하[자]

무단 정치(武斷政治)〈정치〉무력으로 전체적으로 말이 베푸는 정치. military government 하[자]

무단 출입(無斷出入)[명] 관계없는 사람이 승낙 없이 함부로 드나듦. coming in and out without permission 하[자] 〔을 권세로 억압하는. 하[타]

무:단 향곡(武斷鄕曲) 시골에서 세가(勢家)가 백성

무단-히(無端一)[부] 아무 까닭없이. without warning

무:담(武談)[명] ①전쟁 이야기. ②무도에 관한 이야기. ③〈동〉무용-담. 하[자]

무-담보(無擔保)[명] ①담보물이 없음. ②담보물을 제

무:당(巫-)[명] 〈민속〉신(神)과 인간의 중개 구실을 한다 하여 길흉을 점치고 굿을 하는 여자. 무자(巫子). 무녀(巫女). 사무(師巫). (female) shaman

무:당-가뢰[명] 〈곤충〉길앞잡이과의 곤충. 몸 길이 13 mm 내외로 전신이 암갈색이며, 표면은 구리색이고 하면은 금속 광택이 남. 쇠길앞잡이.

무:당-개구리[명] 〈동물〉무당개구리과에 속하는 개구리의 하나. 등은 녹색에 얼룩이 있고 배는 홍적색 또는 황적색에 흑색의 구름 무늬가 있으며 피부에 작은 혹이 많음. 비단개구리. 〔없음.

무당 무파(無黨無派)[명] 어느 당, 어느 파에도 속하지

무:당-벌레[명] 〈곤충〉초시류(鞘翅類)의 무당벌레과의 곤충. 진딧물을 잡아먹는 익충(益蟲)임. 병표충(並瓢蟲). ladybug

무:당 서방(巫-書房)[명] ①무당의 남편. witch's husband ②공것을 좋아하는 사람을 비웃는 말.

무:당-선두리[명] 〈곤충〉물매암이과의 곤충. 물방개와 비슷하나 몸 길이 7 mm 내외로 몸 빛은 흑색에 광택이 남. 보통 연못·도랑에서 서식하며 물 위를 는 습성이 있음. 물매암이. 물무당. water spider

무당 연유(無糖煉乳)[명] 우유를 1/2.5로 농축하여 통에 넣고 가열하여서 균을 죽인 유제품(乳製品). 가장 소화가 잘 됨.

무당의 영신인가[속] 맥없이 있다가도 어떤 일을 맡기면 기쁘게 받아들여 날뛰는 사람을 이름.

무당이 제 굿 못하고 소경이 저 죽을 날 모른다[속] 자기 일은 자기가 처리하기 어렵다.

무:대[명] 〈지리〉무역풍(貿易風)이나 온도 차이로 말미암아 일정한 방향으로 흐르는 바닷물. 해류(海流). current

무:대[명] ①지지리 못난 사람. fool ②투전·골패에서 열 또는 스무 곳으로 딱 차서 무효가 됨을 일컬음.

무:대(舞臺)[명] ①〈연예〉노래·춤·연극 등을 하는 장소. stage ②마음껏 활동할 수 있게 된 판. stage ③운장 재주나 기술 등을 시험하는 판.

무:대 감독(舞臺監督)〈연예〉①무대 위에서의 극의 진행, 관객에 대한 주의, 흥행에 이르기까지의 모두를 지도하는 일. 또, 지도하는 사람. stage director ②연출자(演出) 또는 연출가. producer

무:대=극(舞臺劇)[명] 〈연예〉무대에서 연출하는 극. stage drama

무:대 미:술(舞臺美術)〈연예〉무대의 정경(情景)과 분위기를 꾸며서 연극이나 무용 등의 연출에 기를 돕는 무대 장치·무대 조명·의상 따위의 총칭. theatrical art 〔아니하. without payment

무:대=상(無代償)[명] 어떤 일에 그 대가(代價)를 받지

무:대=소(無大小)[명] 탄력성에 늘었다 줄었다 하는 고무풍이 큰 물건. elastic fabrics

무:대 연:극(舞臺演劇)[명] 무대에서 연출하는 연극.

무:대 예:술(舞臺藝術)〈연예〉①연극을 구성하는 예술 전체. theatrical art ②무대 장치에 관한 예술. art of stage setting

무:대 의상(舞臺衣裳)[명] 무대 예술에서 사용되는 의복들이의 총칭. 〔에 관한 의장.

무:대 의:장(舞臺意匠)[명] 무대의 설비·의상·조명 등

무:대 장치(舞臺裝置)[명] 〈연예〉무대 예술(舞臺藝術)의 하나로서 배경·대도구와 소도구를 구성하는 무대의 온갖 설비. stage setting 하[자]

무:대 조:명(舞臺照明)[명] 〈연예〉무대 미술(舞臺美術)의 하나로, 광선을 응용하여 무대면의 명암을 조절함으로써 연극적 효과를 높이는 일. stage illu-

mination 하다. 계하여 방송하는 일. 하다
무:대 중계(舞臺中繼)명 극장에서 상연 중인 극을 중
무:대 효:과(舞臺效果)명 〖연예〗 무대 위의 연극의 진행에 효과를 돕는 일. 특히 음향 효과 따위. stage effect
무더기명 많은 물건을 수북이 쌓은 더미. heap
무더기=무더기명 각각의 무더기. ②여러 가지 무더기가 여기저기 많이 있는 모양. ¶흙이 ~ 쌓인다. 《약》무더무덕. heaps
무-더니·기·다《고》불 속에 묻어 익히다.
무=더위명 찌는 듯한 더위. 증열(蒸熱). sultriness
무덕(武德)명 ①무인(武人)이 갖춘 위덕(威德). military virtue ②무도(武道)의 덕. 《대》 문덕(文德). ③〖제도〗 백제 때 13품의 벼슬 이름.
무덕(無德)명 덕행(德行) 또는 덕망이 없음. 《대》유덕(有德). lack of virtue 하다
무덕=무더기(약)→무더기무더기.
무덕=지-다《약》→산소. grave
무던=하-다형 ①마음씨가 너그럽다. ¶무던한 성품. generous ②정도가 어지간하다. sufficient 무던히분
무던흥-다《고》 아깝지 않다. 던하
무덤명 송장·유골을 땅에 묻은 곳. 분묘(墳墓). 구묘(丘墓). 구분(丘墳). 《공》산소. grave
무덥-다형ㅂ변 찌는 듯하게 덥다. ¶날씨가 매우 ~. sultry
무:도(武道)명 ①무인이 지켜야 할 도리. chivalry ②무술과 무예. 《대》문도(文道). military art
무도(無道)명 ①도의심이 없음. inhumanity ②인도에 벗어나서 무지함. 하다 히분
무:도(舞蹈)명 ①춤을 춤. ②음악에 맞추어 몸을 움직임으로써 감정이나 의사를 표현하는 신체적인 예술. 무용. 댄스. 하다 〖舞曲〗②. dance music
무:도-곡(舞蹈曲)명 무도를 위한 악곡의 총칭. 무곡(舞曲).
무:도-리(無道理)명 어찌할 도리가 없음. 하다
무도 막심(無道莫甚)명 더할 수 없이 무도함. 하다
무:도-병(舞蹈病)명 〖의학〗얼굴·손·발·허 등의 몸 부분이 마음대로 움직이지 못하고 저절로 움직여지는 신경병의 하나. St. Vitus's dance
무:도-자(舞蹈者)명 춤추는 사람.
무:도-장(武道場)명 무예·무술을 연습·시합하는 곳.
무:도-장(舞蹈場)명 여러 사람이 모여서 무도하는 곳. dance hall
무:도-화(舞蹈靴)명 춤출 때에 신는 가볍고 간편한 신. 〖임〗. dance party
무:도-회(舞蹈會)명 여러 사람이 사교춤을 추는 모임.
무독(無毒)명 살에 독기가 없음. ②〖대〗유독(有毒). ②성질이 착하고 순함. gentle 하다 히분
무-동(舞童)명 ①나라 잔치 때 가무를 하던 아이. ②걸립패(乞粒牌)에서 남의 어깨 위에 올라가서 춤을 추던 아이.
무두-귀(無頭鬼)명 참형(斬刑)으로 목을 베이어 죽은 사람의 귀신. spirit of the beheaded
무두 무미(無頭無尾)명 밑도 끝도 없음. 처음과 나중이 없음. 몰두 몰미(沒頭沒尾). incoherence 하다
무:두장이(武頭-)명 가죽을 다루어 만드는 것을 업으로 삼는 사람. tanner
무:두-질명 ①모피를 칼로 훑어서 털과 기름을 뽑고 가죽을 부드럽게 다루는 일. tanning ②몹시 시장하거나 병으로 속이 쓰라림을 가리키는 말. hunger 하다라
무:돗-대(-)명 무두질할 때에 쓰는 칼. tanning knife
무뒤-하다《고》 무디다. 둔하다.
무:드(mood)명 기분. 정서. 분위기.
무드-기분 두두룩하게 많이. 무덕지게. abundantly
무드럭지-다형 두두룩하게 많이 쌓여 있다. 《약》무더지다. plentiful
무:드 음악(mood 音樂)명 부드러운 선율의, 무드를 조성하기 위한 음악.
무득(약)→문득.
무득=무득(약)→무득무득.

무득 무실(無得無失)명 얻은 것도 잃은 것도 없음. 무해 무득(無害無得). 하다
무-득점(無得點)명 득점이 없음. ¶~ 경기.
무들·기명 〖교〗①개미의 무둑. ②무더기.
무등(無等)명 등급이 그 위에 더할 나위 없음. incomparatibility 분 등급이 그 위에 더할 나위 없이. unsurpassed 하다
무등 호:인(無等好人)명 더할 수 없이 좋은 사람. 〖peerless good-natured person
무디명〖고〗무더기.
무디-다형 ①끝이나 날이 날카롭지 않다. ¶면도날이 ~. blunt ②느끼어 깨닫는 힘이 모자라다. ¶감정이 ~. dull ③말이 무지하고 무뚝뚝하다. 《대》 날카롭다. blunt
무따래기명 함부로 훼방 놓는 사람들. obstructionists
무뚝뚝-하다형 성질이 쾌활하지 않고 인정스러운 데가 없다. 아기자기한 맛이 없다. blunt
무뚝=무뚝분 ①이로 음식을 뚝뚝 떼어먹는 모양. large lumps ②말을 이따금 사리에 맞게 하는 모양.
무뚝(약)→문뚝.
무뚝=무뚝분(약)→무뚝무뚝.
무-뜯-다(약)→물어 뜯다.
무람-없-다형 어른이나 친한 사이에 예의를 지키지 아니하다. impolite 무람-없이분
무랍명 굿을 하거나 물릴 때에 귀신을 위하여 물에 말아 문간에 내어 두는 한술 밥.
무:략(武略)명 전략(戰略)①.
무량(無量)명 ①〖동〗 무한량(無限量). ②〖기독〗 한도(限度)가 없는 일. 천주의 소극적 품성의 하나. 〖기철〗기겁(阿僧祇劫).
무량-겁(無量劫) 〖불교〗무한(無限)한 시각. 아승(阿僧祇劫).
무량-광(無量光) 〖불교〗십이광(十二光)의 하나. 그 빛이 한량없이 삼세(三世)에 미치어 끝이 없음.
무량 대:복(無量大福)명 한량없이 큰 복덕(福德). immeasurable bliss 〖수 없이 많음. 하다
무량 무변(無量無邊)명 그지없이 크고 넓음. 헤아릴
무량 상:수(無量上壽)명 한없이 오랜 수명.
무량 세:계(無量世界)명 그지없이 크고 넓은 세계.
무량-수(無量壽)명 ①한량이 없는 수명. constant life ②〖불교〗 아미타불 및 그 국토의 백성의 수명이 한량이 없는 일. 〖부처. 곧, 아미타불(阿彌陀佛).
무량수-불(無量壽佛) 〖불교〗수명이 한량이 없는
무럭-무럭분 ①동물이나 식물이 힘차게 잘 자라는 모양. vigorously ②연기·냄새 따위가 치밀어 일어나는 모양. 《작》 모락모락. densely
무럭-이분 수두룩하게.
무럼-생선(一生鮮)명 ①'해파리'를 식료품으로 일컫는 말. ②몸이 허약하거나 줏대 없는 사람을 비웃는 말. inconstant person 〖럽다. itch
무럽-다형ㅂ변 모기·빈대·벼룩 따위에 물것에 물어 가
무려[1](無慮)분 미뤄어 염려할 것이 없음. reliability 하다
무려[2](無慮)분 큰 수효 앞에 붙어 '그 만큼은 넉넉히 됨'의 뜻을 나타냄. ¶~ 10만 명. about
무:력(武力)명 ①마구 욱대기는 힘. force ②군사상(軍事上)의 위력. 병력(兵力). 실력(實力). ¶~ 발(挑發). military power
무력(無力)명 ①육체적 힘·세력이 없음. powerlessness ②능력·활동력이 없음. 《대》 유력(有力). 하다
무:력 간섭(武力干涉)명 무력으로써 하는 간섭. ¶남의 내정에 ~을 하다.
무력-감(無力感)명 자신이 무력한 것을 깨달았을 때의 허탈하고도 맥빠진 듯한 느낌. ¶~에 빠지다.
무력성 체질(無力性體質)명 〖의학〗 가슴과 배가 편편하며 피부도 약하고 근육·골격의 발육이 나쁜 체질. 〖없는 소치.
무력 소:치(無力所致)명 힘에 부치는 까닭. 능력이
무력=심(一)명 활의 양냥고자에 감은 물건. 〖각.
무력-전(一節)명 활의 양냥고자 밑에 단 작은 전조
무:력-전(武力戰)명 무력을 써서 하는 전쟁. armed

무력증(無力症)[명] 늙거나 오래 앓거나 굶주린 까닭 「으로 쇠약하여 힘이 없는 증세.
무:력 침범(武力侵犯)[명]무력으로써 행하는 침범. 하타
무력=피(一皮)[명] 활의 양냥고자 밑에 장식으로 끼는 가죽. ¶적의 공세를 ~시키다. 하타
무력=화(無力化)[명] 힘이 없게 됨. 또는, 그러하게 함.
무렴(無廉)[명] ←shamelessness ②염치가 없는 줄을 느끼어 마음에 거북함. 하타
무렵[명] 바로 그 때쯤. 즈음. ¶달이 뜰 ~. about the time (when) 「rudeness[명] 히[형]
무례(無禮)[명] ①예의가 없음. ②[동] 실례(失禮).
무:로(霧露)[명] 안개와 이슬.
무:로이(霧露異)[명]①안개가 몹시 짙거나 오랫동안 낌. ②감로(甘露)가 이상하게 많이 내림.
무록=관(無祿官)[명](제도) 나라의 봉록이 없이 다니 던 벼슬아치.
무론(毋論·無論)[동] 물론(勿論). [↳ 버는.
무:롱(舞弄)[명]〈약〉→무문 농필(舞文弄筆).
무뢰-가-다[자르][약]→무르와내다
무뢰-내-다[타르][약]→무르와내다.
무뢰=배(無賴輩)[명] 일정한 직업이 없이 불량한 짓을 하는 무리. ¶~들이 우글거리는 암흑의 거리. rogue
무뢰=한(無賴漢)[명] 일정한 직업이 없고 불량한 짓을 하는 사람. rogue
무료(無料)[명] ①값이나 요금이 들지 않음. ¶~ 승차 (乘車). ~ 제공(提供). [대] 유료(有料). ②[동] 무급(無給). free of charge
무료(無聊)[명] ①심심함. ennui ②열적은 생각이 생김. ③탐탁하게 어울리는 맛이 없음. awkwardness 하[형] 히[부]
무료 숙박소(無料宿泊所)[명] 가난한 사람을 국가나 단체 등에서 돈을 받지 않고 거저 재우는 곳.
무료 승차권(無料乘車券)[명](동) 무임 승차권 (無賃乘車券).
무료 우편물(無料郵便物)[명]〈법률〉 요금이 필요하지 않은 우편물. 곧, 우편용·전기 통신 사무상의 우편물이 이에 속함. free postal matter
무료 입장(無料入場)[명] 극장·회장·운동장 등에 무료로 들어가는 일. admission free 하[타]
무료 진:정(無料進呈)[명] 무료로 물건을 자진하여 드림. 하타 「person
무롱-태[명] 능력은 없고 착하기만 한 사람. soft-headed
무루(無漏)[명]〈불교〉 번뇌를 떠남. [대] 유루(有漏). [파] 짐없이. ¶~ 밥사 요망. without omission
무릎/무릎[명][고] 무릎.
· **무뤼**[명][고] 우박.
· **무뤼**[명][고] 꼽고 가는 길.
무류(無類)[명] 유례가 없음. 비길 데가 없음. 무비(無比). incomparable 하[형]
무류(無謬)[명] 오류가 없음. having no mistake 하[형]
무릅 무척(無欠無怀)[명] 일에 차례가 없음. 하[형]
무르녹-다[자] ①과일이나 음식 따위가 익을 대로 익어서 흐무러지다. ripen ②무슨 일이 한창 이루어지려는 고비에 이르다. mature ③그늘이 매우 짙다. ¶녹음이 ~. shady
무르-다[자르][르] 굳던 물건이 푹 익어 녹실녹실하게 되다. mellow
무르-다[타르][르] ①샀던 물건을 도로 주고 치른 돈을 찾다. take back ②도로 삭히다. cancel ③장기·바둑에서 한 번 둔 것을 안 둔 것으로 다시 두다. ¶장기의 수를 ~.
무르-다[형르][르] ①단단하지 않다. soft ②바탕이 성글어 힘이 적다. soft ③마음이나 힘이 약하다. ¶남자는 여자에 ~. soft-hearted
무르와-가-다[자][약] 물러가다.
무르와-내:-다[타] ①웃어른의 앞에 있는 것을 들어내오다. ②웃어른에게 무엇을 타내다. [약] 무뢰내다.
무르-익-다[자] ①익을 대로 푹 익다. ripen ②사물이 적당한 시기에 이르다. 사물이나 시기가 충분히 성숙하다. ¶시기가 ~. [약] 무릅하다. stop short
무르춤-하-다[자여] 행동을 갑자기 멈추어 물러서다.

무르팍(속)[명]무릎. (약) 물팍.
무른=돌[명] 물러서 잘 부서지는 돌. 연석(軟石).
무른 감도 쉬어 가면서 먹어라[관] 무슨 일이든지 틀림이 없더라도 조심해야 한다.
무른 땅에 낙이 박고 잿고리에 말뚝이기[관] ①세도 있는 자가 힘없는 사람을 압제함을 이름. ②매우 하기 쉬운 일.
무를 문서(一文書)[명] 부동산을 사고 팔 때, 정한 기한 안에는 무를 수 있고, 기한이 넘으면 아주 처서 주기로 약국하는 문서. repurchase agreement
무름=병(一病)[명](一病) ①누에 같은 곤충의 소화관이나 혈액 속에 세균이 번식하여서 몸이 굼뜨게 되고 연약하여져 산 채로 꺼멓게 썩는 병. 연화병(軟化病). ②〈식물〉 식물에 생기는 병의 하나. 즙(汁)이 많은 식물 조직이 침식되어 고약한 냄새가 나는 잿곰팡이가 생겼다가 검은 곰팡이로 변하면서 물렁물렁하게 썩는 병. 호박·고구마·배추 등에서 볼 수 있음. 연부병(軟腐病).
무름-하-다[형여] 알맞을 정도로 무르다. mellow
무릅-쓰-다[타으] ①어려운 일을 그대로 견디어 해내다. ¶고난을 ~. risk ②위로부터 덮어 내려오는 것을 그대로 받아 당하다. ¶비를 ~. brave
무릇[명]〈식물〉 백합과의 다년생풀. 잎에 비늘줄기[鱗莖]에서 선연(線葉)이 두세 개 나고 가을에 담자색 이삭꽃이 핌. 들이나 밭에 저절로 나며 비늘줄기는 고아 먹음. squill
무릇[부] 모든 사리를 종합적으로 살펴보건대. 대체로 보아. 대저. 대범(大凡). 대컨. ¶~ 인간이란. generally
무릇-하-다[형여] 무른 듯하다. somewhat soft
무:릉 도원(武陵桃源)[명] ①신선이 살았다는 전설적인 중국의 명승지. 도연명(陶淵明)의 도화원기(桃花源記)에 나오는 벌천지. [유] 선경(仙境). (약) 도원(桃源). Arcadia
무릎[명] 정강이와 넓적다리 사이의 관절(關節)의 앞쪽. 슬두(膝頭). 《속》 무르팍. knee
무릎=걸음[명] 무릎을 꿇고 모로 걷는 걸음.
무릎=깍지[명] 앉아서 두 무릎을 세우고 판 안에 그것 안기도록 깍지를 낌.
무릎=께[명] 무릎이 있는 부분.
무릎=꿇림[명] 두 손을 뒤로 젖혀 매고 들에 두 무릎을 꿇어앉히는 벌. getting a person kneel down 하타
무릎=도가니[명] ①소의 무릎의 종지뼈와 거기에 붙은 고깃덩이. beef from around the knee ②〈속〉 종지뼈. 도가니²[명]. 「The knee
무릎=도리[명] 무릎의 바로 아래쪽. place just below
무릎=마디[명] 〈생리〉 대퇴골(大腿骨)과 경골(脛骨)을 잇는 마디. 슬관절(膝關節). knee joint
무릎=맞춤[명] 두 사람의 말이 서로 어긋날 때 제삼자나 말전주한 사람과 맞대어 전에 한 말을 되풀이시켜 따지는 일. 면질(面質). 대질(對質). 두질(頭質). confrontation 하타
무릎 베개[명] 남의 무릎을 베게 삼아 베는 일. pillowing one's head a person's knee 하타
무릎=장단(一長短)[명] 무릎을 치며 장단을 맞추는 일. beating time on one's knee
무릎-치기[명] ①〈체육〉 상대편의 무릎을 손으로 쳐서 넘기는 씨름 재주. ②무릎까지 내려오는 아주 짧은 바지.
무리[명] ①여럿이 모여 한 동아리를 이룬 사람들. 또, 짐승의 떼. 도중(徒衆). ¶~ 죽음. group ②어떤 일을 함께 하는 사람들이 한목 메로 나오는 떼. colleague ③생산물 따위가 한목 많이 나오는 시기. season
무리[명] 쌀을 물에 불리어 매에 갈아 체에 받아서 가라앉힌 앙금. 수미분(水米粉). 수분(水粉). ¶~ 떡. ~ 송편. powdered rice 「달~. halo
무리[명] 〈천문〉 달과 달의 둘레에 생기는 등근 테. ¶
무리(無理)[명] ①억지로 우겨냄. compulsion ②사리

무리=고치 깨끗하지 못한 고치. 《대》쌀고치. foul cocoon
무리 난:제(無理難題)圈 ①무리하게 떠맡기는 까다로운 문제. difficult problem ②터무니없는 시비.
무리=떡圈 무리로 만든 떡.
무리국圈 무리로 만든 반대기를 어슷썰어서 장국에 끓인 음식.
무리=로(無理-)–튄 무리하게. 억지로. after time
무리=미(-) 일의 형편에 따라서 여러 차례로. time
무리 바닥圈 쌀 무리를 바닥에 먹인 미투리.
무리 방정식(無理方程式)圈〈수학〉미지수가 무리수로 되어 있는 방정식.《대》유리 방정식. irrational equation
무리=수(無理數)圈〈수학〉분수로 나타낼 수 없는 실수(實數). 순환하지 않는 무한 소수로 나타내는 수.《대》유리수(有理數). irrational number
무리=식(無理式)圈〈수학〉무리수가 들어 있는 대수식(代數式).《대》유리식(有理式). irrational expression
무리=풀圈 무릿가루로 쑨 풀. rice starch
무리 함:수[-쑤](無理函數)圈〈수학〉독립 변수의 유리식으로서는 나타낼 수 없는 함수.《대》유리 함수(有理函數). irrational function
무:림(茂林)圈 초목이 우거진 숲. dense forest
무릿=가루圈 무리를 말린 흰 가루.
무릿=매圈 노끈에 돌을 매어 두 끝을 잡아 휘두르다가 한 끝을 놓아 멀리 던지는 팔매. stone-slinging
무릿매=질圈 무릿매로 하는 팔매질. stone-slinging 하圈
무마(牡馬)圈 수말.《대》빈마(牝馬). stallion
무:마(撫摩)圈 ①손으로 어루만짐. ②어루만져 위로함. 마摩撫). soothing 하圈
무:-말랭이圈 무를 잘게 썰어 말린 반찬거리.
무=맛(無-)圈〔동〕무미(無味)①.
무:망(務望)圈 힘써서 바람. desire 하圈
무망(無妄)구 《약》무망(無妄中).
무망(無望)圈 ①회망이 없음. ②생각대로 잘 안 될 듯함.《대》유망(有望). hopeless 하圈
무:망(誣罔)圈 속임(欺罔).
무망=패(无妄卦)圈〈민속〉육십사괘의 하나. 건괘(乾卦)와 진괘(震卦)가 거듭된 것으로, 천하에 우레가 행함을 상징함.《약》무망(无妄).
무망=중(無妄中)圈 뜻하지 아니함.《약》무망(无妄). 뜻하지 않은 가운데. unexpectedly
무망지=복(毋望之福)圈 바라지 않았는데 얻어지는 행복. windfall
무매 독신(無妹獨身)圈 형제 자매가 없는 혼자 몸. only son
무매 독자(無妹獨子)圈 딸이 없는 집안의 외아들. only son
무면 도:강동(無面渡江東)圈 일에 성공을 못하여 고향에 돌아갈 면목이 없는 처지.《약》무면 도강(渡江).
무=면:목(無面目)圈 면목이 없음. 하圈
무=면:허(無免許)圈 면허가 없음. ¶~ 의사.
무명(無名)圈 무명실로 짠 피륙. 면포(綿布). 백목(白木).《여》명. cotton
무:명(武名)圈 무인의 용맹으로써 난 이름.《대》문명(文名). military fame
무명(無名)圈 ①세상에 이름이 알려져 있지 않음. ¶~ 작가(作家). unknown ②이름이 없음. ¶~의 별. nameless ③명의 의의(意義)나 명분(名分)이 없음.《대》유명(有名). causeless
무명(無明)圈〈불교〉헛된 것에 사로잡혀 진리에 어두움. obscurity
무명 계:약(無名契約)圈〈법률〉민법·상법 등에서, 특별한 명칭이 없는 계약.《대》유명 계약(有名契約). unnamed contract
무명=골(無名骨)圈〈생리〉'관골(顴骨)'의 이전 이름.
무명=베(無名-)圈 무명실로 짠 베. ¶음. unjustifiable 하圈
무=명색(無名色)圈 두드러지게 일컬을 만한 이름이 없는 색.
무명=석(無名石)圈〈광물〉바위에 붙어 있는 흑갈색의 윤이 나는 쌀알만한 광물. 무명이(無名異).

무명 세:계(無明世界)圈〈불교〉세상의 번뇌에 사로잡혀 헤매는 사바 범부의 세계.
무명 소:졸(無名小卒)圈 이름이 알려지지 않은 하찮은 사람. obscure person
무명=수(無名數)圈〈수학〉단위의 이름을 붙이지 아니한 보통의 수. 불명수(不名數).《대》명수(名數). abstractive number
무명=술(無明-)圈〈불교〉진리에 어두운 헛된 번뇌가 본심(本心)을 흐리게 하는 술.
무명=실(無名-)圈 면화(棉花)의 솜을 자아 만든 실. 면사(綿絲). 목면사. 목실. cotton yarn
무명=씨(無名氏)圈 이름을 드러내지 않은 사람. 실명씨(失名氏). ¶~의 작품. anonymous person
무명=옷圈 무명으로 지은 옷.
무명 용:사(無名勇士)圈 세상에 이름이 알려지지 않은 용사. ¶~의 묘.
무명=이(無名異)圈〔동〕무명석(無名石).
무명=자(無名子)圈 ①〔동〕화소청(畫燒靑). ②〔동〕흑자석(黑赭石). ③신문·잡지 등에 이름을 밝히지 않은 사람.
무명=지(無名指)圈 대합. 문합.〔고 글을 써낸 사람.
무명지=사(無名之士)圈 세상에 이름이 나지 않은 인사(人士). man of no distinction
무명지=인(無名之人)圈 이름이 드러나지 아니한 사람.
무명=초(無名草)圈 이름이 없거나, 드러나지 못한 풀. nameless grass bow used in cotton willowing
무명=활(無名-)圈 솜에 딸린 무명솜을 타는 활.《약》활.
무모(無毛)圈 털이 없음. 하圈
무모(無謀)圈 꾀와 분별이 없음. ¶~한 처사(處事). recklessness 하圈 히圈
무모-증[-쯩](無毛症)圈 머리털·수염·액모·음모 등이 없거나 또는 발육이 불완전한 병증.《대》다모증(多毛症). atrichosis
무:무-하:다(貿貿-)〔替音〕〔어벤〕①머리를 떨어뜨리고 기운이 없거나 안광(眼光)이 흐리하다. dejected ②무식하며 예절에 어두워 언행이 서투르다. 무무-히圈
무=무늬(無-)圈 무늬가 없음. ¶~ 치마.
무=문(舞文)圈 ①문부(文簿)나 법규를 뜯어고침. arbitrary alteration ②〔동〕무문 곡필(舞文曲筆). 하圈
무=문 곡필(舞文曲筆)圈 붓을 함부로 놀려 왜곡된 문사(文辭)를 씀. 또, 그 문사. 무문(舞文)②. 무문 농필(舞文弄筆)①. 舞圈
무=문=근(無紋筋)圈〈생리〉내장벽(內臟壁)을 싼, 획문(-紋)이 없는 근육. 불수의근·평활근 같은 것. 《대》정근(定紋筋). smooth muscle
무=문 농:법[-뻡](舞文弄法)圈 붓을 함부로 놀려 법을 농락함.
무=문 농:필(舞文弄筆)圈 ①〔동〕무문 곡필(舞文曲筆). ②문부(文簿)·법규(法規)를 함부로 고쳐 농락함.
무물(無物)圈 물건이 없음.《약》무용(舞用). 하圈
무물 부존(無物不存)圈 없는 물건이 없음. 하圈
무물 불성[-썽](無物不成)圈 돈이 없이는 아무 일도 이루지 못함. 하圈
무뭉스름-하:다(無-)圈 뭉뚝하고 둥그스름하다. stocky
무:미(貿米)圈 쌀을 무역하여 많이 사들이는 무곡(貿穀)②. trade of rice 하圈
무미(無味)圈 ①맛이나 재미가 없음. 무맛. tasteless ②《義》→무의미(無意味). ③취미가 없음. 하圈
무미 건조(無味乾燥)圈 ①재미나 맛이 없어 메마름. ¶~한 생활. ②깔깔하거나 딱딱하여 운치가 없음. ¶~한 문체.
무미 불촉(無微不燭)圈 아주 작은 일까지 살같이 다 앎. 하圈〔다 앎. 하圈
무미 불측(無微不測)圈 아무리 작은 일이라도 살같이 **무미**(無尾翼機)圈 주익(主翼)만 있고 미익(尾翼)이 없는 비행기.
무:반(武班)圈〔동〕호반(虎班).
무=반동(無反動)圈 반동이 없음.
무반:동=총(無反動銃)圈〈군사〉'무반동포'의 이전 이름. recoilless rifle

무반-동=포(無反動砲)[명]〈군사〉포탄 발사시에 포신(砲身)의 반동이 없는 화포(火砲)의 총칭. 「끝.
무반-향(無班鄕)[명] 문벌이 높은 사람이 살지 않는 시
무=밥[명] 물과 무를 넣고 지은 밥.
무방(無妨)[명] 방해됨이 없음. 지장이 없음. no harm, all right 하[형] 히[부]
무방비(無防備)[명] 외물(外物)·외적(外敵)을 막아내는 시설이 없음. defenselessness
무방비 도시(無防備都市)[명] 군사상 적을 막아내는 시설이 없는 도시. 국제법상, 전시에도 포격이 금지되어 있음. 「주식이 배당이 없는 일.
무=배당(無配當)[명]〈경제〉이익 배당이 없음.
무배 생식(無配生殖)[명]〈생물〉배우자(配偶者) 이외의 체세포(體細胞)가 기원이 되어, 무성적(無性的)으로 조포체(造胞體)를 만드는 현상.
무배유 종자(無胚乳種子)[명]〈식물〉배(胚)만 있고 따로 배유(胚乳)가 없으며, 자엽부(子葉部)가 매우 살쪄, 그 속에 많은 양분을 저장하고 있는 종자. 완두·밤 따위.
무백혈-병[-병](無白血病)[명]〈의학〉백혈병의 한 증세. 백혈병의 경과(經過)에서, 말초(末梢)혈액 속의 백혈구의 수가 정상 또는 정상 이하로 감소되어 있는 상태. 「나고 난폭함. 또, 그 모양. rude 하[형]
무법(無法)[명] ①법이 없음. illegality ②도리에 어긋
무법-자(無法者)[명] 법을 무시하거나, 거칠고 험한 짓을 하는 사람.
무법 천지(無法天地)[명] ①제도와 질서가 문란하여 법이 없는 세상. lawless world ②규율과 기강을 무시하는 판국. unlawful act
무=변(武弁)[명]〈동〉무관(武官)①. 「邊利。 하[형]
무변(無邊)[명] ①가이 없음. infinity ②《약》→무변리(無
무=변(無邊光)[명]〈불교〉시방(十方) 세계를 끝없이 비추는 아미타의 빛.
무변 광:야(無邊曠野)[명] 끝이 없이 넓은 벌판.
무변 대:해(無邊大海)[명] 끝없이 넓은 바다. boundless ocean 「邊)②.
무=변리(無邊利)[명] 변리(邊利)가 없음. 《약》무변리(無
무변 세:계(無邊世界)[명]〈불교〉끝이 없는 세계.
무변-전(無邊錢)[명] 변리가 붙지 않는 빚돈. money free of interest
무=변:태(無變態)[명]〈생물〉알에서 깨어 성충이 되기까지, 그 모양이 변하지 아니하는 일.
무병(無病)[명] 몸에 병이 없음. 건강함. 하[형]
무병 장수(無病長壽)[명] 병이 없이 오래 삶. 하[자]
무:보(誣報)[명] 거짓 보고. 만보(瞞報). 하[타]
무:보-수(無報酬)[명] 보수가 없음. nonpayment
무보=증 사:채(無保證社債)[명]〈경제〉금융 기관 등 보증 기관의 보증 없이 발행되는 일반 사채. 보증 사채에 비하여 이기율이 높다.
무=복(巫卜)[명] 무당과 점쟁이. sorceress and soot hsayer 「robe
무:복(巫服)[명] 무당이 굿할 때 입는 옷. sorceress
무복-친(無服親)[명] ①복제(服制)에 들지 않은 가까운 천척. 《대》유복지친(有服之親). ②[동] 단문친(袒免
무:본(務本)[명] 근본을 닦기에 힘씀. 하[자] 「親).
무본 대:상(無本大商)[명] 밑천 없이 하는 큰 장수. 곧, 도둑을 비꼬아서 하는 말. robbery
무:부(巫夫)[명] 무당 서방. ¶~세(稅). husband of a sorceress 「②.[동] 무사(武士)①.
무:부(武夫)[명] ①용맹스러운 장부. man of valour
무:부(珷玞)[명]〈광물〉붉은 바탕에 회 무늬가 있는 옥 비슷한 돌.
무=부모(無父母)[명] 부모가 다 없음. 하[형]
무부 무군(無父無君)[명] 어버이와 임금을 안중에 없이 행동이 막됨.
무부 여망(無復餘望)[명] 다시 더 바랄 것이 없음. 하[형]
무부 여지(無復餘地)[명] 다시 할 여지가 없음. 《약》무여지. 하[형] 「indiscretion 하[형]
무=분별(無分別)[명] 앞뒤 생각이 없음.

무분=전(無分廛)[명]〈제도〉능력이 없어 국역(國役)을 부담하여 출역(出役)할 의무가 없는 전. 《대》유분전(有分廛).
무=불간섭(無不干涉)[명] 관계 있는 일에나 없는 일에나 덮어놓고 나서서 간섭하지 않는 것이 없음. interference in everything 하[자]
무불(無佛世界)[명] ①〈불교〉부처가 없는 세계. Buddhaless world ②사람의 슬기가 열리지 아니한 곳의 비유.
무=불통지(無不通知)[명] 무슨 일이든지 다 통하여 환히 앎. well-informed 하[타] 「〈음악〉진행.
무:브먼트(movement)[명] ①움직임. ②동요(動搖). ③
무:비(武備)[명]〈동〉군비(軍備). 전비(戰備).
무비(無比)[명] 견줄 데가 없음. 아주 뛰어남. 무류(無類). ¶세계(世界)~. matchless 하[형]
무비(無非)[명] 안 그런 것이 없이 모두. all
무:비(movie)[명] 영화. 활동 사진.
무:비올라(moviola)[명]〈연예〉영화 프린트에 나온 사진과 음(音)을 함께 또는 따로따로 보고 듣게 된 편집용 장치. 「미인. 천하 일색(天下一色).
무비 일색(無比一色)[명] 견줄 데 없이 뛰어난
무:비=판(無批判)[명] 비판함이 없음. 하[타]
무비=판=적(無批判的)[관] 옳고 그름을 판단하지 않는(것). 맹목적(盲目的).
무빙(無氷)[명] 강이 얼지 않음. nonfreezing 하[자]
무:빙(霧氷)[명] 안개가 나뭇가지에 엉겨 이룬 불투명한 얼음의 층. 「불 만한 것이 없음. 하[형]
무빙 가(無憑可考)[명] 빙거(憑據)로 하여, 생각해
무:빙 픽처(moving picture)[명] 영화(映畫).
무사(武士)[명] 무사(武事)를 익히어서 전쟁에 종사하는 사람. 무부(武夫)②. 싸울 아비. 《대》문사(文士). warrior 「affairs
무:사(武事)[명] 무예(武藝)와 싸움에 관한 일. military
무:사(武砂)[명]〈건축〉성문을 쌓을 적에 홍예의 옆에 층층이 쌓는 돌. 「impartiality 하[형] 히[부]
무:사(無私)[명] 사심이 없이 공평함. ¶공평(公平)~.
무:사(無邪)[명] 사심이나 악의가 없음. 하[형]
무:사(無事)[명] ①아무 일도 없음. safety ②아무 탈 없음. 무고(無故)②. 《대》유사(有事). without a hitch 하[형] 히[부] 「절후(絕後).
무:사(無嗣)[명] 대를 이어갈 자손이 없음. 무후(無後).
무:사(無辭)[명] 난잡하여 차곡차곡 넣어놓아 변변하지 못한 말.
무:사(無似)[대]〈인대〉할아버지·아버지를 닮지 못한 자식이란 뜻으로, 자기를 겸사(謙辭)하여 일컫는 말로서, 글에만 씀.
무슨(《고》 무슨. 「할 말이 없음. 하[형]
무:사 가:답(無辭可答)[명] 사리가 떳떳하여 감히 대구
무:사-고(無事故)[명] 사고가 없음.
무사 귀:신(無祀鬼神)[명] 죽은 뒤에 제사를 받들어 주는 사람이 없는 귀신.
무:사-기(無邪氣)[명] 악의가 없음. 사심(邪心)이 없음. 죄가 없음. innocence 「chivalry
무:사-도(武士道)[명] 무사로서 마땅히 지켜야 할 도리.
무사 독학(無師獨學)[명] 스승이 없이 혼자서 배움. selfstudy 하[자] 「방을 들음. 하[자]
무사 득방(無事得謗)[명] 아무 까닭도 없이 남에게 비
무:사마귀[명] 피부의 거죽에 밥알만하게 두드러져 난 흰 군살. 며우(白疣). 우목(疣目). 후자(瘊子). wart
무:사 무려(無思無慮)[명] 아무 생각도 걱정도 없음. freedom from all ideas and thoughts 하[형]
무사 분열(無絲分裂)[명] 핵분열의 한 방식. 핵이 있는 그대로의 상태에서 둘로 분열되어 염색체나 방추사가 나타나지 않음. 아메바·곰팡이 등에서 볼 수 있음. 《대》유사 분열. amitosis 「내리다님.
무사 분주(無事奔走)[명] 쓸데없이 바쁘게 돌아
무:사 불참(無事不參)[명] 무슨 일에나 함부로 다 참여함. 「깨처 앎. self-understanding 하[타]
무사 자통(無師自通)[명] 스승도 없이 스스로 공부하여

무사=주의(無事主義)[명] 모든 일에서 말썽 없이 무난히 지내려는 소극적인 태도나 경향.

무사 태평(無事泰平)[명] ①아무 일 없이 무탈하고 편안함. ②아무 일에도 개의하지 않고 속편히 있음. 하타

무산(霧散)[명] ①재산이 없음. ②직업이 없음. ③(약)→무산 계급. (대) 유산(有產). propertyless

무:산(霧散)[명] ①안개가 걷히듯 흩어져 없어짐. dissipation ②안개로 사라짐. 하타

무산 계급(無產階級)[명] 〈사회〉 노동자나 소작인같이 재산이 없이 노동하여 얻는 임금으로 생활해 가는 사회의 최하층 계급. 프롤레타리아. (대) 유산 계급(有產階級). (약) 무산.

무산당(無產黨)[명] (약)→무산 정당(無產政黨).

무산 대중(無產大衆)[명] 노동자·빈농 등 가난한 대중. proletarians

무산자(無產者)[명] 재산을 가지지 못한 사람. 무산 계급에 속하는 사람들. (대) 유산자. proletarian

무산 정당(無產政黨)[명] 〈사회〉 무산 계급의 이익을 대표하는 지도 원리에 따라 공산당·사회당·노동당으로 나뉨. (약) 무산당(無產黨). proletarian party

무산증[─증](無酸症)[명] 위산 결핍증. (대) 과산증(過酸症).

무살[명] 탁탁하지 못하고 물렁물렁하게 찐 살. plump

무=살미[명] 〈고〉 물도.

무=삶이[명] ①물을 대어 논을 삶는 일. irrigation ②물을 대고 써레질한 논. (대) 건삶이. irrigated and raked rice-fields 하타

무삼(無/)→수삼(水參).

무숨[명] 〈고〉 무릇. 포대 〈고〉 포대.

무상(無上)[명] 그 위에 더할 수 없이 높고 좋음. ¶~의 영광. supreme 하타

무상(無狀)[명] ①예절이 없음. rudeness ②형상이 없음. lack of distinguished merits 하타

무상(無相)[명] ①일정한 형체나 양상(樣相)이 없음. ②형상에 구애됨이 없음. 집착을 떠나 초연(超然)한 지경.

무상(無常)[명] ①일정하지 않음. 때없음. uncertainty ②덧없음. ¶인생 ~. ③〈불교〉 모든 것은 다 생멸전변(生滅轉變)하여 상주(常住)함이 없음. 《유》 비상(非常)④. (대) 상주(常住). transiency of all things 하타 〈想〉. freedom from all thoughts 하타

무상(無想)[명] 아무 생각도 하지 않음. (대) 유상(有想).

무상(無償)[명] ①보상이 없음. ②값을 치르지 않아도 되는 일. (대) 유상(有償). gratuitousness

무상 계:약(無償契約)[명] 〈법률〉 당사자 한쪽에서만 급부(給付)를 행하는 계약. 증여·사용 대차·무이자의 소비 대차·무상 위임 따위. (대) 유상 계약(有償契約). gratuitous contract

무상관(無常觀)[명] 만사가 덧없고 항상 변화한다고 보는 인생관. transient view of the world

무상 교:육(無償敎育)[명] 교육을 받는 학생에게 일체의 부담을 주지 아니하고, 무료로 실시하는 교육 형태.

무상 기간(無霜期間)[명] 늦은 봄의 마지막 서리가 내린 날로부터 초겨울의 첫서리가 내린 날까지의 기간. 그 장단(長短)은 농업에 큰 영향을 끼치며, 농작물의 종류·수확량 따위를 제약함.

무상 대:복(無上大福)[명] 더할 수 없이 큰 복. supreme happiness

무상 대:부(無償貸付)[명] 아무 받는 것이 없이 남에게 빌려 줌. (대) 유상 대부(有償貸付). free loan 하타

무상 명:령(無上命令)[명] 〈철학〉 칸트의 말로, 절대적 명령인 도덕율. 정언적 명령(定言的命令). categorical imperative '的命法)].

무상 명:법[─뻡](無上命法)[명] 〈동〉 정언적 명법(定言 的命法).

무상 무념(無想無念)[명] 〈불교〉 모든 생각을 벗어난 마음이 빈 듯이 담담한 상태. 무념 무상(無念無想). freedom from all ideas and thoughts 하타

무상 배:부(無償配付)[명] 값을 받지 않고 거저 나누어 줌. 하타

무=상시(無常時)[명] 일정한 때가 없음. (약) 무시(無時). occasional

무상 신속(無常迅速)[명] 〈불교〉 인간 세상의 번천이 극히 빠름. 세월과 수명의 덧없음을 이르는 말. Today red, tomorrow dead '갔다 함. 하타

무상 왕:래(無常往來)[명] 거리낌없이 아무 때나 왔다 갔다 함.

무상 원조(無償援助)[명] 무상으로 제공하는 원조.

무상=주(無償株)[명] 납입 의무가 없이 무상으로 발행되는 주식. 발기인주 따위. 하타

무상 출입(無常出入)[명] 거리낌없이 아무 때나 드나듦.

무상 해:탈(無相解脫)[명] 〈불교〉 일체의 법이 무상함을 깨달아 집착과 번뇌에서 벗어나는 경지에 들어감. 하타

무상 행위(無償行爲)[명] 〈법률〉 어떤 일에 대한 보상이 없이 출연(出捐)을 내용으로 하는 법률 행위. (대) 유상 행위(有償行爲). gratuitous act

무색(─色)[명] 물감을 들인 빛깔. dyed colour

무색(無色)[명] ①아무 빛깔이 없음. (대) 유색(有色). colourlessness ②부끄러워 볼 낯이 없음. 무안(無顔). ¶전문가가 ~할 정도의 아마추어 실력. feeling shame 하타

무색 감:각(無色感覺)[명] 〈심리〉 시각(視覺)에 있어서 색채를 제외한 백(白)·흑(黑)의 계통에 속하는 감각. 명암 감각(明暗感覺).

무색=계(無色界)[명] 〈불교〉 삼계(三界)의 하나. 모든 색(色)(色身)·육체·물질의 속박을 벗어나서 심신(心神)만이 존재하는 정신적인 사유(思惟)의 세계. 무색천(無色天). 「의(衣). (약) 색옷. dyed dress

무색 갑:각(無色感覺)[명] 〈심리〉 물감을 들인 천으로 지은 옷. 색

무색─옷(─色─)[명] 〈동〉 무색계(無色界).

무색천(無色天)[명] 〈동〉 무색계(無色界).

무생(無生)[명] (약)→무생물(無生物).

무생 기원설(無生起源說)[명] 〈생물〉 일체의 생물은 무생물에서 발생하였다는 학설.

무생대(無生代)[명] 〈지학〉 캄브리아기(紀)보다 앞선 지질 시대(地質時代), 곧, 선(先)캄브리아기. 본디 생물이 없었던 시대라고 생각되어 왔으나, 뒤에 화석이 발견됨으로써 이 설(說)은 쓰이지 않게 되었음. 무생물 시대(無生物時代). azoic age

무생─물(無生物)[명] 생활 기능·생명이 없는 물건. (대) 생물(生物). (유) 무생(無生). lifeless thing

무생물 시대(無生物時代)[명] 〈동〉 무생대(無生代).

무=생채(無生菜)[명] 무를 채처럼 온갖 양념으로 무친 나물.

무=서리[명] 늦가을에 처음 오는 묽은 서리. (대) 된서리. first frost of the year '심. fearfulness

무서움[명] 두려움을 느껴 무서워하는 느낌. (약) 무서.

무:석(武石)[명] (동)→무석인(武石人).

무석(舞席)[명] 춤추는 자리. dancing party

무:석인(武石人)[명] 능 앞에 세우는 무관 형상으로 된 돌. 무관석. (대) 문석인(文石人). (약) 무석(武石).

무:선(武選)[명] 〈제도〉 무관·군사·무반 잡직(武班雜職)의 제수(除授)와 무과에 관계되는 일.

무선(無線)[명] ①전선을 가설하지 않는 일. wireless ②(약)→무선 전신. ③(약)→무선 전화. (대) 유선(有線).

무:선(舞扇)[명] 춤출 때 쓰는 부채. dancer's fan

무선 나침반(無線羅針盤)[명] 〈물리〉 항해 중 배에서 위치를 알기 위하여 쓰는 장비를 가리키는 나침.

무선 방향 지시기(無線方向指示器)[명] 〈동〉 라디오 컴퍼스(radio compass).

무:선=사(武選司)[명] 조선조 때, 병조(兵曹)의 한 분장(分掌). 무과에 관한 일을 맡아보던 관청.

무선 송:신(無線送信)[명] 〈물리〉 전파에 의하여 신호를 전하여 보내는 무선 전신과 무선 전화의 송신. wireless transmission 하타 '를 송신하는 기계.

무선 송:신기(無線送信機)[명] 무선 전신과 무선 전화

무선 유도탄(無線誘導彈)[명] 〈군사〉 무선 지령 방식에 의한 유도 미사일. (약) 유도탄. guided missile

무선 전:신(無線電信)[명] 전선의 매개 없이 전파의 작용에 의하여 원격지 사이에 행하는 전기 통신의 하

무선 전신국 629 **무수알코올**

나. (대) 유선 전신(有線電信). (약) 무선(無線)②. 무전(無電). wireless telegraph
무선 전:신국(無線電信局) 무선 전신을 다루는 곳.
무선 전:파(無線電波) 공간에 전파되는 전자파(電磁波)의 한 부분. 무선 연락에 이용됨. 무선파(無線波). electromagnetic wave
무선 전화(無線電話) 전파·전신을 응용한 전화. 국외 전화 등에 쓰임. (약) 무선(無線)③. 무전(無電). wireless telephone
무선 조종(無線操縱) 전파를 이용하여 사람이 타지 않은 항공기·탱크·함선·수뢰·탄환 등을 조종하는 조작. radio control
무선 중계국(無線中繼局) 송신국과 수신국과의 거리가 원거리일 때, 그 중간에서 양쪽의 무선 통신을 중계하기 위해 설치된 무선국.
무선 통신(無線通信) 〈물리〉 무선 전신·무선 전화·라디오 방송·텔레비전 방송 따위의 전파를 이용해서 행하는 통신의 총칭. [로 하는 통신 병기.
무선 통신 병기(無線通信兵器) 무선 통신 기재를 주
무선=파(無線波) 〈동〉 무선 전파(無線電波).
무선 표지(無線標識) 〈동〉 라디오 비컨(radio beacon).
무섬 (약) → 무서움. [하다. be white-livered
무섬-타:다 무서움을 잘 느끼다. 걸핏하면 무서워
무섭-다 〔답〕 ①마음에 두려운 느낌이 있다. ¶남이 볼까 ~. fearful ②놀랄 만하다. ¶무서운 결과를 초래했다. ③지독하다. 지독하다. ¶무서운 추위. fierce ④다부지고 영악하다. ¶작은 체구로 무섭게 일을 해낸다. ⑤상대방의 위력에 눌리어 겁이 나다. ¶무서운 선생님. (작) 매섭다. [만하게 하다.
무섭다니까 바스락거린다 남의 약점을 알고 더욱 곤
무섯 [지에] [고] 무엇. [하团 히田
무:성(茂盛)回 초목이 우거짐. ¶풀이 ~하다. dense
무성(無性)回 ①〈불교〉 제법(諸法)은 인연의 화합에 의하여 생기고 자성(自性)이 아님. ②〈생물〉 하등 동물이라 암수의 성 구별이 없음. (대) 유성(有性). asexuality
무성(無聲)回 소리가 없음. 소리가 없음. silent
무성 생식(無性生殖) 〈생물〉 아메바 따위와 같이 암수의 어울림이 없이 한 개체가 분열하거나 한 부분이 싹과 같이 본체에서 새로운 개체를 형성하는 생식의 방법. (대) 유성 생식. asexual generation
무성 세:대(無性世代) 〈생물〉 세대 교번(世代交番)을 하는 생물 중에서 무성 생식으로 자손을 번식하는 세대. asexual generation
무성=시(無聲詩) 회화(繪畫)의 이칭. paintings
무성-싹(無性芽) 〈식물〉 무성 생식에 의하여 생긴 싹. gemma
무성 영화 [-넝-] (無聲映畫) 토키 영화 이전의 녹음하지 않고 촬영만을 한 영화. (대) 발성 영화(發聲映畫). silent picture
무성-음(無聲音) 目 안울림소리. [cerity 하团
무-성의(無誠意) 目 일에 정성스러운 뜻이 없음. insin-
무세(無稅) 目 세금이 없음. (대) 유세(有稅). taxless 하团 [시세를 얻음. powerless 하团
무세(無勢) 目 ①세력이 없음. ②장사에 흥정이 적고
무세=력(無勢力) 세력이 없음. 하团
무세-지(無稅地) 세금을 부과하지 않는 땅. (대) 유세지(有稅地). taxless district
무세=품(無稅品) 目 ①세금을 부과하지 않는 물건. ②관세를 부과하지 않는 수입품. 면세품. (대) 유세품(有稅品). duty-free goods
무소 〈동물〉 무소과 짐승의 총칭. 몸집이 크고 성질이 둔함. 머리에 인도산(印度産) 한 개, 그 밖에 두 개의 뿔이 있음. 고기는 식용, 뿔은 약용. 코뿔소. rhinoceros
무-소(誣訴) 目 〈법률〉 없는 일을 꾸미어 관청에 고소함. false accusation 하团 [like mist 하团
무-소(霧消) 目 안개 사라지듯이 사라짐. vanishing
무-소:가:취(無所可取) 취할 만한 것이 없음.

무-소:고기(無所顧忌) 目 기탄할 바가 없음. 아무 거리낄 것이 없음. 무소기탄(無所忌憚). 하团
무-소:권(無訴權) 〈법률〉 소송할 권리가 없음.
무-소:기탄(無所忌憚) 目 무소고기. (약) 무기탄(無忌憚). 하团 [no gain 하团
무-소:득(無所得) 目 얻는 바가 없음. 소득이 없음.
무-소:부재(無所不在) 〈기독〉 하느님의 적극적 품성(稟性)의 하나. 어디든지 있지 아니한 데가 없음. omnipresence 하团
무-소:부지(無所不至) 目 이르지 않은 곳이 없음. 하团
무-소:부지(無所不知) 目 무엇이든지 모르는 것이 없음. omniscience 하团 [ipotence 하团
무-소:불능(無所不能) 目 무엇이든지 다 능통함. omn-
무-소:불위(無所不爲) 目 못할 일이 없이 다 함. nothing that one would not dare to do 하团
무-소:속(無所屬) 目 아무 데도 딸리지 아니함. ¶~의 원. independence
무-소식(無消息) 目 소식이 없음. ¶깜깜 ~. 하团
무소식이 희소식目 소식이 없는 것은 무사히 잘 있다는 뜻이니, 곧 기쁜 소식이라는 뜻이라는 말.
무-소:외(無所畏) 目 ①두려워할 만한 것이 없음. ②〈불교〉 불도(佛道)를 닦음에 있어 부닥치는 장난(障難)을 두려워함이 없음. (약) 무외(無畏)①. 〈철학〉 공포·불안을 벗어나 마음의 평정을 얻은 상태.
무-소:용(無所用) 目 쓸데가 없음. 소용이 없음. (약) 무용(無用)①. 하团 [곳이 없음. 하团
무-소:용(無所容) 目 ①용서할 바가 없음. ②받아들일
무-소:유(無所有) 目 가진 바가 없음. [of shamans
무-속(巫俗) 目 무당들의 풍속. manners and customs
무손(無損) 目 ①손자가 없음. ②후손이 없음. 하团
무손(無損) 目 손해가 없음. 하团
무솔-다 [돌] ①습기가 많아서 무섯귀들이 묻어서 썩다. damp ②오랜 장마로 말미암아 땅이 질퍽해 벅하게 되다. (약) 솔다. muddy
무-송(霧淞) 目 〈동〉 상고대.
무쇠 〈광물〉 철에 1.7% 이상의 탄소가 들어 있는 합금. 빛이 검고 바탕이 연함. 강철보다 녹기 쉬워 주조에 적합하므로 솥·철판·화로 등을 만드는 재료로 쓰임. 생철(生鐵). 수철(水鐵). 선철(銑鐵). pigiron [는 저도 모르는 사이에 하루를 입는다.
무쇠 두멍을 쓰고 소에 가 빠졌다目 나쁜 짓을 한 자
무쇳 덩어리 무쇠의 크고 작은 온갖 덩어리.
무수(無水) 目 ①수분이 없음. dry ②결정수(結晶水)가 없음. no water of crystallization ③〈화학〉 무수물(無水物). 곧, 산소산(酸素酸)에서 물의 분자(分子)를 뺀 산화물(酸化物). anhydride
무수(無數) 目 셀 수 없이 많은 수효. numberless 하团
무수(無手)目 ?
무수-규산(無水硅酸) 目 〈동〉 이산화규소(二酸化硅素).
무수기 썰물과 밀물의 차(差). difference between ebb and flow [destroy
무수-다 目 닥치는 대로 사정없이 때리거나 부수다.
무수-다(無水茶) 目 건더기 먼저 먹고, 물은 나중에 마시는 차. [집종. 수사이(水陽伊).
무수리(제도) 궁궐 나인에게 세숫물을 드리던 계
무-수리(鷲) 〈조류〉 황새과의 새. 눈과 이마는 붉으며 목의 기부(基部)에는 흰 날개털이 목도리 모양으로 돌리었음. 성질이 포악하고 뱀·물고기를 즐겨 잡아먹음. 부로(扶老). adjutant bird
무수 사:례(無數謝禮) 치사(致謝)하는 뜻을 수없이 자주 말함. 하团 [로서 무수탄산·무수황산 등.
무수-산(無水酸) 目 〈화학〉 비금속(非金屬)의 산화물
무수-아:비:산(無水亞砒酸) 目 〈화학〉 삼이산화비소(三二酸化砒素)의 통칭.
무수-아:질산(無水亞窒酸) 目 〈화학〉 삼이산화질소(三二酸化窒素)의 통칭. [硫黃).
무수-아:황산(無水亞黃酸) 目 〈동〉 이산화유황(二酸化
무수-알코올(無水 alcohol) 目 〈화학〉 98% 이상의 농도를 가진 주정(酒精). absolute alcohol

무수옹(無愁翁)[명] ①근심·걱정이 없이 지내는 신수·복력이 좋은 늙은이. happy old man ②어리석어서 근심·걱정을 모르는 사람. easygoing person
무수-인산(無水燐酸)[명] 오산화인(五酸化燐).
무수-초산(無水醋酸)[명] 〈화학〉 초산을 탈수하여 얻는 무색·악취의 액체.
무수-탄:산(無水炭酸)[명] 이산화탄소(二酸化炭素).
무수-탄:산나트륨(無水炭酸 natrium)[명] 소다회(soda 灰).
무수-탄:산소:다(無水炭酸 soda)[명] 소다회(soda 灰).
무수-황산(無水黃酸)[명] 삼산화유황(三酸化硫黃).
무숙(無宿)[명] 잘 곳이 없음. no place to stay
무숙-자(無宿者)[명] 잘 곳이 없는 사람. homeless
무:-순(一筍)[명] 무의 순.
무순(無順)[명] 순서가 없음. without order
무술[명] 제사 때에 술 대신에 쓰는 맑은 찬물. 현주(玄酒).
무:술(戊戌)〈민속〉 육십 갑자(六十甲子)의 서른 다섯째.
무:술(巫術)[명] ①무당의 방술(方術). ②샤머니즘.
무:술(武術)[명] 무도(武道)에 관한 기술. 무예(武藝). 궁마지재(弓馬之才). military arts
무쉬[명] 조수가 약간 붙기 시작하는 물때. 조금의 다음 날인 음력 9일과 24일 임. 소신(小汛). tidal hour
무스[지대][고] 무엇.
무스카리(muscari)[명] 〈식물〉 나팔과의 무스카리속(屬) 식물의 총칭. 꽃은 병 모양이며 총상(總狀)으로 피고 방향(芳香)이 있어 관상용으로 가꿈.
무-스-다[타][고] 모으다. 쌓아 올리다.
무슥[지대][고] 무엇.
무슨[관] ①무엇인지 모르는 일이나 물건을 물을 때 가리키는 말. 명사 위에 쓰이어 의문의 뜻을 나타냄. ¶~ 일이 생겼네. ②사물의 내용 또는 사물의 속성·특성을 모를 때에 이르는 말. ¶그 여자에게 ~ 잘못이 있을까. ③예상외로 못마땅함을 강조하는 말. ¶~ 일을 그 따위로 하느냐. ④반의의 뜻을 강조하는 말. ¶아침부터 술은 ~ 술이요. what
무슨-짝[명] 무슨 모양. 무슨 면목. 무슨 필요. 무슨 물꼴. ¶그게 ~이냐. 그걸 ~에다 쓰겠나. what
무·솔[명] ①섬돌. 우물·진터에 깔린 돌.
무·슴[지대][고] 무엇. [비김. 타이 스코어.
무-승:부(無勝負)[명] 운동 경기 등에서, 승부가 없이
무:-승지(武承旨)[명] 〈제도〉 무과 출신의 승지 벼슬.
무시(無始)[명] ①〈불교〉 어디까지 돌아도 처음 비롯한 곳이 없음. 곧, 한정이 없는 먼 과거. without beginning ②[동] 태초(太初).
무시(無時)[명]→무상시(無常時).
무시(無視)[명] ①눈여겨 보지 않음. ②업신여김. [대] 존중. disregard [하][타] [and slipshod
무시근-하:다[여][율] 성미가 느리고 흐리어분하다. lazy
무:시-로(無時-)[명] 정한 때가 없이 아무 때나. ¶~ 드나들다. at any time
무시무시-하:다[여][율] 무서운 느낌을 자꾸 생기게 하는 기운이 있다. ¶무시무시한 괴물. terrible, horrible
무시 무종(無始無終)[명] ①시초와 종말이 없음. without beginning and without last ②〈불교〉 진리 또는 윤회(輪廻)의 무한성을 뜻함. 무거 무래(無去無來). ③〈기독〉 시작과 마침이 없는 하나님의 소극적(消極的) 품성(稟性)의 하나. 무한.
무시 범부(無始凡夫)[명] 〈불교〉 태초(太初)부터 생사(生死)를 벗지 못한 범부.
무:시-복(無時服)[명] 정한 때가 없이 아무 때나 약을 먹음. take a drug at any time [하][타]
무시 이:래(無始以來)[명] 〈불교〉 먼 옛날부터.
무:시험(無試驗)[명] 시험이 없음. without examination
무:시험 검:정(無試驗檢定)[명] 시험을 보이지 않고 이전의 성적·학력 등으로 자격을 인정하여 줌. [대] 시험 검정(試驗檢定). certificate without examination [하][타]

무식(無識)[명] 배워서 아는 것이 없음. 식견이 없음. [대] 유식(有識). ignorance [하][형]
무식-꾼(無識-)[명][동] 무식쟁이.
무식 소:치(無識所致)[명] 배워서 아는 것이 없는 까닭. 무식한 탓. due to one's ignorance
무식-자(無食子)[명][동] 몰식자(沒食子).
무식-쟁이(無識-)[명] 학식이 없는 사람. 무식한 사람. 무식꾼. ignoramus
무식한 도깨비가 조:복 마른다 아무 것도 모르면서 어려운 일을 하려고 하는 어리석음을 이름.
무:신(戊申)〈민속〉 육십 갑자의 마흔다섯째. 45th of the sexagenary cycle [in military service
무:신(武臣)[명] 무관인 신하. [대] 문신(文臣). subject
무신(無信)[명] ①신의·신용이 없음. unfaithfulness ②소식이 없음. 서신·통신 왕래가 없음. [대] 유신(有信). hearing nothing [하][형]
무-신경(無神經)[명] ①감각이 둔함. ②자극이나 부끄러움 등에 느낌이나 관심·반응이 없음. [대] 신경 과민(神經過敏). insensibility [하][형]
무신-고(無申告)[명] 신고를 하지 않음. 무계출(無屆出).
무신-론(一-)[명](無神論)〈철학〉 신의 존재를 부정하는 철학상·종교상의 입장. 주관에 신이 있음을 부인하고, 물질적 설명으로써 넉넉하다는 학설. [대] 유신론(有神論). atheism [람. atheist
무신론-자(一-)(無神論者)[명] 무신론을 주장하는 사
무신론적 실존주의(一-)(無神論的實存主義)〈철학〉 무신론에 입각한 사르트르 일파의 실존주의. 니체·하이데거의 흐름을 받아, 신의 존재에 앞선 자유로운 인간 존재를 주장함. atheistic existentialism
무신 무의(無信無義)[명] 신용도 의리도 없음. [하][형]
무:실(務實)[명] 참되고 실속 있도록 힘씀. [하][자]
무실(無失)[명] ①잃는 것이 없음. ②〈체육〉 야구 용어로 야구에서 실책이 없음. no error
무실(無實)[명] ①사실이 없음. 진실이 아님. untruth ②성실한 마음이 없음. falsehood ③실질이 없음. 몰실(沒實). ¶유명(有名) ~. [하][형]
무:실 역행(務實力行)[명] 참되고 실속 있도록 힘써 실
무심[1](無心)[명](→무심필(無心筆). [행함. [하][형]
무심[2](無心)[명] ①마음이 텅 빔. 아무 생각이 없음. insentience ②〈불교〉 물욕과 속세에 전혀 관심이 없는 경지. indifference ③사심이 없음. 순진함. purity [하][형] [히][부]
무심-결(-[-])(無心-)[명][동] 무심중.
무심 도:인(無心道人)[명] 〈불교〉 도를 깊이 닦아 세속의 온갖 물욕과 번거로움을 벗어난 경지에 이른 사
무심-재(無心材)[명] 나뭇 고갱이가 없는 재목.
무심-중(無心中)[명] 아무 생각이 없는 동안. 마음을 쓰지 않는 가운데. 무심결. ¶~에 지껄인 말. in an unguarded moment ¶아무 생각 없이. ¶너무나 놀라서 ~ 소리쳤으. [동안.
무심중-간(無心中間)[명] 무심한 사이. 아무 생각 없는
무심-코(無心-)[명] 뜻하지 않고. ¶~ 는 짓. unintentionally
무심-필(無心筆)[명] 딴 털로 속을 박지 않고 밴 붓. [약] 무심(無心)[1]. writing brush with a hard center
무쌍(無雙)[명] 견줄 만할 짝이 없이 뛰어남. ¶용감 ~. [유] 무이(無二). matchless [하][형] [히][부]
무-씨 기름[명] 무의 씨에서 짜낸 기름.
무아(無我)[명] ①'나'를 잊음. '나'라는 관념이 없음. self-forgetfulness ②사심(私心)이 없음. selflessness ③〈불교〉 자기의 존재를 부정함. 인무아(人無我)와 법무아(法無我) 둘로 나뉨. ¶~의 상태. self-renunciation
무아-경(無我境)[명] 정신이 한 곳에 온통 쏠려 나를 잊어버리고 있는 경지. spiritual state of perfect selflessness
무아 도취(無我陶醉)[명] 자아(自我)를 잊고 흠뻑 취함.
무아-애(無我愛)[명] 조금도 자기를 돌보지 않는 참되고 순결한 사랑. sel flesslove

무:악(舞樂)[명] 〈음악〉 춤출 때에 아뢰는 아악(雅樂). dance music

무안(無顔)[명] 면목이 없음. 부끄러워서 볼 낯이 없음. 무색②. shame 하[형] 스[렵] 스레다 히[형]

무=안타(無安打)[명] 야구에서, 안타가 없음. 노 히트.

무애(無涯)[명] 끝이 없음. 무제(無際). 하[형]

무애(無碍·無礙)[명] 막혀 거치거나 걸림이 없음. 거 침새가 없음. freedom from all obstacles 하[형]

무:애(撫愛)[명] 어루만져 사랑함. caress 하[형]

무액 기압계(無液氣壓計)[명] 아네로이드(aneroid) 기압계.

무:야(戊夜)[명] '오경(五更)'을 오야(五夜)의 하나로 이르는 말. 곧, 새벽 3시부터 5시까지. [히]

무양(無恙)[명] 별 탈이 없음. being quite well 하[형]

무:양(撫養)[명] 무육(撫育).

무양무양-하-다(無恙無恙─)[형] 너무 고지식하여 주변성이 없 다. foolishly honest **무양무양-히**[부]

무어 ①[대]→무엇. ②[감] 놀라는 소리. ¶ ~ 이게 사람이야. what ②도로 묻는 소리. ¶ ~ 돈을 달 래. ③여러 말 할 것 없다는 말. ¶ ~, 다 그런 거 지. ④어린이나 여자들이 어리광을 피울 때 뜻 없이 하는 군말. ¶시계도 사 줘야지 ~. (약) 머. 뭐.

무어니 무어니 해도[관] 무슨 말을 강조할 때에 쓰 는 말. ¶ ~ 모성애만큼 강한 것은 없다.

무언(無言)[명] 말이 없음. silence 하[형]

무:언(誣言)[명] 없는 일을 꾸며서 남을 해치는 말. slander 하[형]

무언-극(無言劇)[명] 〈연예〉 대사(臺詞)를 쓰지 않고 음악·무용·몸짓·표정·감정을 표현하는 연극 적 형식의 총칭. 묵극(默劇). pantomime

무언 부답(無言不答) 대답을 못할 말이 없음. 하[형]

무언 부도(無言不道) 마음에 있는 것을 이르지 못 할 말이 없음.

무언 용:사(無言勇士)[명] 전사한 군인의 유골 (遺骨). ashes of the war dead

무언-중(無言中)[명] 말하는 가운데. tacitly

무언-증(無言症)[명] 말하지도 않고 물음에도 대 답하려 하지 않는 병적 태도. 정신 분열증의 긴장 형에 많이 보임. mutism

무언-표(無言標)[명] 한 문장에서 말이 있어야 할 자리 에 말됨이 침묵하고 있음을 보일 때 쓰는 부호. 글 줄의 복판에 '……'을 씀. 말없음표.

무얼[대] 무엇을. ¶ ~ 줄까. what

무엄(無嚴)[명] 삼가고 어려워하는 마음이 없음. 버릇 없이 함부로 굶. impertinence 하[형] 스[럽] 스레다 히 [형]

무업(無業)[명] 직업이 없음. 무직(無職).

무엇[대] 이름을 모르거나 또는 작정하지 못한 사물 을 가리키는 지시 대명사(指示代名詞). ¶이게 ~ 이냐. (약) 무어. 뭐. what

무엇-하-나[형여] 어떤 인물을 앞닿게 형용하기가 거북할 적에 그 대신으로 쓰이는 말. ¶그 일을 내 가 했다고 하기는 좀 ~. (약) 멋하다. 뭣하다. is awkward

무에[약] 무엇이.

무에리-수에[감] 둘팔이 장님이 점을 치라고 길거리에 다니면서 외치는 소리. (원) 문수(問數).

무여 열반(無餘涅槃)[명] 〈불교〉 온갖 번뇌를 말끔히 없애고 분별하는 슬기를 떠나, 육신(肉身)까지도 없이 하여 정적(靜寂)에 들어선 경지. (대) 유여 열 반(有餘涅槃).

무:여지(無餘地)[명] (약)→무부여지(無復餘地).

무역(貿易)[명] 〈경제〉 ①지방과 지방간에 서로 물건 을 팔고 사거나 교환함. trade ②외국과 장사 거래 를 함. foreign trade 하[형]

무=무역 무사(無貿易無射)[명] ①〈음악〉 우리 나라와 중국 악률에서 십이율(十二律)의 하나. 음력 9월의 딴이름.

무역-계(貿易界)[명] ①외국 무역을 하는 상계(商界). ¶ ~를 돌아보다. ②무역에 종사하는 사람들의 세 계. [가가 관리되는 국

무:역 관리(貿易管理)[명] 〈경제〉 무역에 관한 일을 국

무:역=국(貿易國)[명] 서로 무역을 하는 나라. 통상국 (通商國). [히 수출 무역의 진흥을 위한 금융.

무:역 금융[─늉](貿易金融)[명] 무역의 자금 융통, 특

무:역 백서(貿易白書)[명] 무역에 관한 정부의 실정 보 고서. 통상 백서.

무:역=상(貿易商)[명] 〈경제〉 외국과의 수출입을 영업 으로 하는 상업. 또, 그 상인. trader

무:역 수지(貿易收支)[명] 〈경제〉 일정한 기간 동안에 상품의 수출입으로 말미암아 생기는 국제 수지.

무:역 어음(貿易─)[명] 무역에서 발생하는 채권·채무 관계를 결제하기 위하여 발행되는 환어음.

무:역-업(貿易業)[명] 외국과의 상품 교역을 하는 상업 의 한 분야. [이외의 국제 수지. 운임·보험료 따위.

무:역외=수지(貿易外收支)[명] 수출입에 따르는 수지

무:역 은행(貿易銀行)[명] 무역 금융을 전문적 업무로 하는 은행. [이 차지하는 중요도.

무:역 의존도(貿易依存度)[명] 국민 경제 가운데 무역

무:역 자유화(貿易自由化)[명] 〈경제〉 수출입 거래를 방해하는 관세 제도, 수출입의 직접 통제, 외환 관 리 등의 인위적인 장벽을 완화하거나 철폐하여 자유 롭게 하려는 조치를 취하는 일.

무:역 정책(貿易政策)[명] 〈경제〉 외국 무역에 대한 국 가의 정책. [입하는 상품.

무:역-품(貿易品)[명] 외국과 무역하여 수출하거나 수

무:역-풍(貿易風)[명] 〈지리〉 항상 일정한 방향으로부 터 불어오는 바람의 중심으로 북반구에서는 북동 30° 와 남위 30° 사이에 일어남. 북반구에서는 북동풍, 남반구에서는 남동풍임. 항신풍(恒信風). trade wind

무:역-항(貿易港)[명] 상항(商港).

무:역 협정(貿易協定)[명] 무역에 관한 여러 조건에 대 하여 구체적으로 체결된 협정.

무연(無煙)[명] 연기가 나지 않음.

무연(無緣)[명] ①아무 인연이 없음. without relations ②〈불교〉 전쟁이 부처나 보살·불법에 관련을 맺 은 일이 없음. ③ 죽은 사람을 조상할 연고자가 없 음. having no surviving relatives ④(약)→무연고 (無緣故). [연 자실(茫

무:연(憮然)[명] ①크게 낙담하는 모양. 망연 자실(茫 然自失)한 모양. disappointedly ②몹시 놀라는 모 양. in surprise 하[형] [하[형]

무-연고(無緣故)[명] 연고가 없음. 《약》 무연(無緣)④.

무연 분묘(無緣墳墓)[명] 자손이나 관리하는 연고자가 없는 무덤. 무주총(無主塚). unknown person's graves

무연-탄(無煙炭·無烟炭)[명] 〈광업〉 탄소의 포함량이 90% 이상이며, 금속 광택이 나고 단단하여 태워도 연기가 안 나는 석탄. anthracite coal

무연-하다(無然─)[형여] 아득하게 넓다. 무연-히[부]

무연 화:약(無煙火藥)[명] 〈화학〉 터질 때 연기가 나지 않고 폭발력이 강한 화약으로서 면(綿)화약과 니트 로글리세린과의 화합물로 만듦. smokeless powder

무:열(武列)[명] 호반(虎班). [무공(武功).

무:열(武烈)[명] ①싸움에 열렬하고 용감한 일. ②[동]

무염(無厭)[명] 싫증이 남이 없음. 하[형]

무염(無鹽)[명] 소금이 없음. 간을 치지 않음.

무염 식사(無鹽食事)[명] 소금 따위의 의해 간을 치 지 않고 싱겁게 만든 식사. 신장염 환자 등이 먹음.

무염 원죄(無染原罪)[명] 〈기독〉 인류가 원죄와 그 벌 에 속하나 성모 마리아와 같이 이를 면한 특별한 일.

무염지-욕(無厭之慾)[명] 싫증이 나지 않는 욕심. [혜.

무영(無影)[명] 그림자가 없음. 빛이 없음.

무:예(武藝)[명] 무도(武道)에 관한 재주. 무기(武技). 무술. military arts

무:예 별감(武藝別監)[명] 〈제도〉 조선조 때, 훈련 도 감 군사 중에서 뽑혀 궁궐 문 옆에서 숙직하는 호 위하던 무사. (약) 무감(武監).

무:예 불치(無藝不治)[명] ①거칠어진 전원(田園)에 손 을 내지 않음. ②사물이 정돈되지 아니한 것의 비유.

무:예 이:십사-반(武藝二十四般)[명] 〈제도〉 조선조 정

조(正祖) 때, 십팔기(十八技)에 기창(騎槍)·마상 월도(馬上月刀)·마상 쌍검(馬上雙劍)·마상 편곤(馬上鞭棍)·격구(擊毬)·원기(猿騎)의 육기(六技)를 더한 무예. twenty-four military arts

무:오(戊午)[명] 〈민속〉 육십 갑자의 쉰다섯째.

무:오 말날(戊午一)[명] 〈민속〉 시월의 무오일(戊午日). 마구(馬廐)에 고사하거나 무 시루떡을 하여 집안 고사를 지냄.

무:옥(誣獄)[명] 죄가 없는 사람을 죄가 있다고 거짓으로 고하여 일으킨 옥사(獄事). false charge

무외(無畏)[명] ①〈불교〉 부처가 법(法)을 설(說)하되 태연하여 두려움이 없음. 무소외②. ②두려움이 없음. fearlessness

무외=시(無畏施)[명] 〈불교〉 계행(戒行)을 가져서 짐승을 죽이지 않는 일. 앓는 이나 외로운 이에게 기쁨과 위안을 베풀어 온갖 두려움에서 건져 준다는 삼시(三施)의 하나.

무욕(無慾)[명] 욕심이 없음. 《대》 탐욕(貪慾). freedom from avarice **하**[형]

「용맹스러움.

무:용(武勇)[명] ①무예와 용맹. bravery ②싸움에서

무용(無用)[명] ①《약》→무소용. ②볼일이 없음. **하**[형]

무:용(舞踊)[명] 음악에 맞추어 율동적인 동작으로 감정과 의지를 표현하는 예술. 춤. 무도(舞蹈). 댄스(dance). **하**[자]

무:용=가(舞踊家)[명] 춤을 잘 출 줄 아는 사람. 또, 그것을 전문적으로 연구하는 사람. dancer

무용=건[—껀](無用件)[명] ①쓸모가 없는 물건. useless thing ②용건이 없음. no business to do

무:용=극(舞踊劇)[명] 무용이 주가 되어 꾸며진 연극.

무:용=단(舞踊團)[명] 무용하는 사람으로 구성된 단체. corps de ballet 「을 세운 이야기. 무담(武談)③.

무:용=담(武勇談)[명] 싸움에서 용감하게 활약하여 무공

무:용=수(舞踊手)[명] 무용하는 사람.

무용 장물(無用長物)[명] 거치적거리기만 하고 별로 소용되지 않는 물건. good for nothing

무용지=물(無用之物)[명] 쓸데없는 물건. useless thing

무우[명]→무³.

무우(無憂)[명] 근심이 없음. freedom from care **하**[형]

무:우(霧雨)[명] 안개가 낀 것처럼 부옇게 내리는 비.

무우 강즙(—薑汁)[명]→무강즙.

무우김치 지짐이[명]→무김치 지짐이.

무·우-·다[타] 《고》 흔들다.

무우=말랭이[명]→무말랭이.

무우=밥[명]→무밥.

무우 생채(—生菜)[명]→무생채.

무우=석(無隅石)[명] 《약》→뭉우리돌.

무우=수(無憂樹)[명] 《동》 보리수(菩提樹).

무우=순(—筍)[명]→무순.

무우씨 기름[명]→무씨 기름.

무:우=제(舞雩祭)[명] '기우제(祈雨祭)'의 예스러운 말. 《약》 우제. service to pray for rain

무우=즙(—汁)[명]→무즙.

무우쪽=같-다[형]→무쪽같다.

무우=채[명]→무채.

무우=청[명]→무청.

무우 트:림[명]→무트림. 「den blossoms

무우=화(無憂華)[명] 〈불교〉 무우수(無憂樹)의 꽃. lin-

무:운(武運)[명] ①전쟁의 승패에 대한 운명. fortunes of war ②무인(武人)으로서의 운명. ¶∼ 장구(長久). soldier's fortune

무운=시(無韻詩)[명] ①〈문학〉 운(韻)을 달지 않은 시.

무웃=종[명]→뭇종. 「②회화(繪畫)의 딴이름.

무원 고립(無援孤立)[명] 아무도 도와 줄 사람이 없어 외롭게 됨. 고립 무원(孤立無援). isolation

무:위(武威)[명] 무력의 위엄. military prestige

무위(無位)[명] 지위·벼슬이 없음. 무관(無冠). without a rank **하**[형]

무위(無爲)[명] ①아무 일도 않음. 《대》 유위(有爲). idleness ②힘을 기울이지 않음. sheer naturalism ③〈불교〉 본래 상주(常住)로 불생불멸(不生不滅)함. ④〈철학〉 중국 철학에서 자연 그대로를 최고 경지의 통로라고 한 노·장자(老莊子)의 사상.

무위(無違)[명] 어김이 없음. without mistake **하**[형]

무:위(撫慰)[명] 어루만져 위로함. soothing **하**[타]

무위 도식(無爲徒食)[명] 아무 하는 일 없이 먹고 놀기만 함. idle life **하**[자]

무위 무사(無爲無事)[명] 하는 일이 없으니 탈도 없음. 하는 일도 없고 할 일도 없음. **하**[형]

무위 무책(無爲無策)[명] 하는 일도 없고 할 방안도 없음. lack of resource **하**[형]

무위=법[—뻡](無爲法)[명] 〈불교〉 한이 없는 참된 법.

무위이=화(無爲而化)[명] ①힘들여 하지 않아도 저절로 변하여 잘 됨. ②〈기독〉 우주 자연의 법칙을 이름. **하**[자]

「대로의 자연.

무위 자연(無爲自然)[명] 사람의 힘을 들이지 않은 그

무위지=치(無爲之治)[명] 성인의 덕은 지극히 커서 아무 일도 하지 아니하여도 천하가 저절로 잘 다스려짐.

무위=진인(無位眞人)[명] 〈불교〉 도를 닦는 마음이 뛰어나서 차별을 두지 않는 자리에 있는 지위(地位).

무:육(撫育)[명] 어루만져서 기름. 무양(撫養). **하**[타]

무:육지=도(撫育之道)[명] 어루만져 기르는 도리.

무:육지=은(撫育之恩)[명] 어루만져 길러 준 은혜.

무으-다[타] 《고》 쌓아 올리다.

무:음(茂蔭)[명] 무성한 나무 그늘. deep shade of trees

무:음(誣淫)[명] 거짓스럽고 음탕함. **하**[형] **히**[부] 「수.

무응에=수수[명] 〈식물〉 알이 붉고 가시랭이가 없는 수

무의(無依)[명] 사물에 집착하지 아니함. 의지(依支)하지 아니함. independent **하**[형] 「**하**[형]

무의(無義)[명] ①의의가 없음. ②신의와 의리가 없음.

무의(無意)[명] 특별한 뜻이 없음. 《대》 유의(有意). insignificant 「torless

무의(無醫)[명] 의사가 살지 아니함. ¶∼면(面). doc-

무:의(舞衣)[명] 춤출 때 입는 옷. dancer's dress

무=의리(無義理)[명] 의리가 없음.

무의 무신(無義無信)[명] 의리와 신용이 없음. **하**[형]

무의 무탁(無依無托)[명] 몸을 의지할 곳이 없음. 몹시 빈곤하고 고독한 형편을 이름. helplessness **하**[형]

무=의:미(無意味)[명] ①아무런 뜻이 없음. meaningless ②가치나 의의가 없음. 《약》 무미(無味)②. senselessness **하**[형]

무의=범(無意犯)[명] 〈법률〉 과실범(過失犯).

무=의:식(無意識)[명] ①의식이 없음. ¶∼ 상태(狀態). ②〈심리〉 사물을 깨닫는 작용이 없음. unconsciousness **하**[형]

무의:식 세:계(無意識世界)[명] 의식적으로 체험한 것이 하나의 기억으로 되살아, 그 내용이 머리 속에서 잠재적으로 작용하는 정신 활동의 범위.

무의:식적 행동(無意識的行動)[명] 의식하지 못한 채 저지르는 행동.

무의:식 철학(無意識哲學)[명] 〈철학〉 만유의 본체는 정신적 실재(實在)이지만 원래는 무의식한 것이라는 학설. 「어치도 없음. **하**[형]

무=의:의(無意義)[명] ①아무 뜻이 없음. ②아무런 값

무의 주:의(無意注意)[명] 〈심리〉 흥미가 있거나 강한 자극이 있을 때 의지의 노력 없이 절로 되는 주의. 소동 주의(所動注意).

무=의:지(無意志)[명] ①〈심리〉 의지의 장애로 결의(決意)를 못하고 행위가 불가능하여 멍한 상태. ②의지가 없음. **하**[형]

무의=촌(無醫村)[명] 의사가 없는 마을. 의료 시설이 전혀 없는 촌락. nondoctor hamlet

무의 퇴:사(無意退社)[명] 〈법률〉 사원(社員)의 자의(自意) 아닌 퇴사. 곧, 사망·파산·자격 상실 등으로 말미암은 퇴사. **하**[자] 「에 의하지 않은 해산.

무의 해:산(無意解散)[명] 〈법률〉 설립자나 사원의 뜻

무의 행동(無意行動)[명] 〈심리〉 의지를 떠나서 수동적으로 움직이는 행동. **하**[자]

무:이(無二)[명] 둘도 없음. 가장 뛰어나고 훌륭함. ¶ 유일(唯一) ~. (유)무쌍(無雙). peerless 하[자]

무이(無異)[명] 다를 것이 없음. 마찬가지로. without

무이-다→미다. [any difference

무=이:식(無利息)[명] 돈을 꾸어 주거나, 또는 받을 때 이자를 붙이지 않음. [합. no interest

무:이:자(無利子)[명] 이자가 없음. 이자가 붙지 아니

무익(無益)[명] 아무 이로울 것이 없음. 이익이 없음. (대) 유익(有益). futile 하[자]

무:인(戊寅)[명][민속] 육십 갑자의 열다섯째.

무:인(武人)[명] 무관의 적에 있는 사람. 무부(武夫). 무사(武士). (대)문인(文人). warrior [mark

무:인(拇印)[명] 엄지손가락으로 찍는 손도장. thumb

무인(無人)[명] ①사람이 살지 않음. ②사람이 전혀 없음. 일손이 모자람.

무:인(無因)[명] ①원인이 없음. ②〈법률〉 어떤 계약이나 행위에 있어서 원인을 필요로 하지 않음.

무인 고도(無人孤島)[명] 사람이 살지 아니하는 육지와 멀리 떨어진 외딴 섬. 무인 절도.

무인 궁도(無人窮途)[명] 사람이 살지 아니하는 후미지

무인=기(無人機)[명]→무인 비행기. [고 외딴 곳.

무인-도(無人島)[명] 사람이 살지 않는 섬. deserted island

무인-론[-논](無人論)[명]〈철학〉일체의 사물은 특별한 원인이 없이도 있을 수 있다고 하는 학설.

무인 부지(無人不知)[명] 모르는 사람이 없음. 하[자]

무인 비행기(無人飛行機)[명] 레이더·텔레비전 등의 전자 장치에 의하여 자동 조정 또는 원격 조정되는 비행기. (유)무인기.

무인 절도[-또](無人絶島)[명] 사람이 살지 않는 대륙에서 멀리 떨어진 외딴 섬. 무인 고도(無人孤島). deserted island

무인 증권[-꿘](無因證券)[명][동] 불요인 증권(不要 因證券). [ited region

무인지:**경**(無人之境)[명] 사람이 전혀 없는 곳. uninhab-

무인 판매대(無人販賣臺)[명] 주인이 지키지 않고, 물품을 팔며하도록 만들어 놓은 설비. [음. no thing

무일 가:**관**(無一可觀)[명] 가히 볼 만한 것이 하나도 없

무일 가:**취**(無一可取)[명] 가히 취할 만한 것이 하나도 없음. 하[자] [a thing

무-일물(無一物)[명] 무엇 하나 가지고 있지 않음. not

무일 불성[-썽](無一不成)[명] 이루지 못하는 일이 하나도 없음. 안 되는 일이 없음. 하[자]

무일 불위(無日不爲)[명] 하지 않는 날이 없음. 하[자]

무-일품(無一—)[명] 한 푼도 없음.

무임(無任)[명]→무임소(無任所).

무임(無賃)[명] 삯돈이 들지 않음. free of charge

무임-소(無任所)[명] 공통적 직책이 따로 맡겨진 임무가 없음. (약) 무임(無任). without portfolio

무임소 국무 위원(無任所國務委員)[명][법률] 행정 사무를 분담하여 관장하지 않는 국무 위원.

무임소 장관(無任所長官)[명] 국무 위원으로서 내각을 구성하는 일원이기는 하나 정부 부처의 아무 행정 사무도 분담하여 관장하지 않고 있는 장관.

무임 승차(無賃乘車)[명] 차비를 내지 않고 공으로 차를 탐. riding free of charge 하[자]

무임 승차권[-꿘](無賃乘車券)[명] 삯을 내지 아니하고 차를 타는 표. 무료 승차권.

무:자(戊子)[명][민속] 육십 갑자의 스물다섯째.

무:자(巫子)[명] 무당. [무자식. 하[자]

무:자(無子)[명] ①아들이 없음. without a son ②(약)→

무:자-각(無自覺)[명] 자각함이 없음.

무:자-격(無資格)[명] 자격이 없음. (대) 유자격(有資格). disqualification 하[자] [음. 하[자]

무:자-력(無資力)[명] 자산상(資産上)의 지불 능력이 없

무-자리〈역사〉삼국 시대에 떠돌아다니던 족속. 수척(水尺). 양수척(楊水尺).

무자맥-질[명] 물 속에 들어가서 팔다리를 놀리며 떴다 잠겼다 하는 짓. 함영(涵泳). (약) 자맥질. diving

하[자] [가 없음. 하[자]

무-자미(無滋味)[명] ①자양분이나 맛이 없음. ②재미

무:자:**본**(無資本)[명] 자본이 없음. [ssness 하[자]

무:자:**비**(無慈悲)[명] 자비스러운 마음이 없음. merciles

무자식(無子息)[명] 자녀가 전혀 없음. 《약》무자(無子). childless 하[자] [어 좋음.

무자식 상팔자 자식이 없는 것이 도리어 걱정이 없

무-자위[명] 물을 자아올리는 기계. 물자새. 수룡(水龍). 수차(水車). 즉통(喞筒). 양수기(揚水機). [pump

무자치[동] 무구자.

무:작위(無作爲)[명] ①작위가 없는 일. 꾸민 일이 아님. 자기의 생각을 개입시키지 아니하고 우연하게 행하는 모양. ②일어날 수 있는 모든 일이 동등한 확실성을 가지고 일어나게 하는 일. random

무-작정(無酌定)[명] ①작정한 것이 없음. rashness [명] ①작정함이 없이. ¶ ~ 일을 벌여 놓다. ② 좋고 나쁨을 가림이 없이. ¶ ~ 야단치다. 하[자]

무작하-다[여](무작)[형여] 무지하고 우악하다. violent

무:잡(蕪雜)[명] 사물이 뒤섞이어 정돈되지 못한 상태. dis- [order 하[자] 히[부]

무장[부] 갈수록 더. more and more

무-장(—醬)[명] 익은 뒤에 달이지 않고 먹는 장. 담수장(淡水醬). crude bean soy [가(家). general

무:장(武將)[명] 군대의 장수. 무인(武人)의 장. ¶~

무:장(武裝)[명] ①전쟁 때에 하는 군인의 몸차림. equipment ②전쟁 준비로 하는 장비. 융장(戎裝). ¶ ~ 중립국(中立國). ③필요로 하는 사상이나 기술 따위를 단단히 갖춤의 비유. armament 하[자][타]

무장 공자(無腸公子)[명] ①기력이 없는 사람의 별명. emasculated man ②창자가 없다는 뜻으로 '게'의 일컬음. crab [have no obstacles 하[자]

무장 무애(無障無礙)[명] 아무런 장애나 거리낌이 없음.

무:장-선(武裝商船)[명] 무기를 장비한 상선.

무:장 이민(武裝移民)[명]〈사회〉이민들이 스스로 치안 유지를 담당하는 이민.

무:장 중립 동맹(武裝中立同盟)[명] 국외 중립(局外中立)을 부지하기 위하여 어떠한 필요가 있을 적에는 군사를 쓰기로 언약을 맺은 동맹.

무장지:**졸**(無將之卒)[명] ①장수가 없는 군사. troops without a commander ②이끌어 나가는 지도자가 없는 무리. disorderly crowd

무:장 평화(武裝平和)[명] 군사력에 의하여 서로 견제함으로써 평화를 유지하는 상태. armed peace

무:장 해:**제**(武裝解除)[명]〈군사〉①항복 또는 망명한 군사의 무장을 풀어 버려 싸움에 참가시키지 않음. disarmament ②일정한 지역을 중립 지대로 하기 위하여 군사적 시설을 걷어치움. 하[자]

무:재(武才)[명] 무예에 관한 재주.

무:재(茂才)[명][동] 수재(秀才). [인(人). 하[자]

무재(無才)[명] 재주가 아주 없음. ¶ ~ 무능(無能). ~

무저-갱(無底坑)〈기독〉악마가 벌을 받아 영원히 머문다는 구렁텅이. bottomless pit

무=**저**:**당**(無抵當)[명] 돈의 대차 등에 있어서, 저당품을 잡지 않는 일. [벌.

무:저울[천문]〈천문〉남쪽 하늘에 나란히 있는 두 개의

무=**저**:**항**(無抵抗)[명] 학대를 받아도 항거하지 않음. nonresistance 하[자]

무저항=**주의**(無抵抗主義)[명] 정치적인 압박에 대하여 비폭력적으로 저항하는 주의. nonresistancism

무적(無敵)[명] 적이 없음. 겨룰 만한 상대가 없음. ¶ ~ 함대(艦隊). invincible 하[자]

무:적(無籍)[명] ①호적이 없음. absence of a registery domicile ②국적을 가지지 않음. without nationality **하**[자] [고동. fog siren

무:적(霧笛)[명] 안개가 낀 데 대한 주의를 알리는 뱃

무적[명] [기] 무더기.

무전[명] 자전거의 하나. 앞바퀴에는 손으로 누르는 브레이크가 있고, 뒷바퀴는 페달을 반대 방향으로 밟

무전(無電) 《약》→무선 전신. 무선 전화.
무전(無錢) 돈이 없음. being penniless
무전-기(無電機) 무선 전신 또는 무선 전화용 기계.
무전 대:변(無前大變) 전에 없던 큰 재변.
무전 대:풍(無前大豊) 전례 없이 크게 든 풍년.
무전-실(無電室) 무전기를 장치하여 놓은 방.
무전 여행(無錢旅行) 여비 없이 다니는 여행. penniless trip 하자
무전 유흥(無錢遊興) 돈 없이 먹고 놀고 값을 치르지 못함.
무전 취:식(無錢取食) 돈 없이 남이 파는 음식을 먹고 값을 치르지 아니함. jumping a restaurant bill 하자
무절-재[-쩨-](無節材) 옹이가 없는, 질이 좋은 재목.
무절제[-쩨-](無節制) 절제함이 없음. 하자
무절조[-쪼-](無節操) 절조가 아주 없음. unchastity 하자
무정(無情) 인정이나 동정심이 없음. 《대》유정(有情). heartlessness 하자 스럽 스레히
무-정:견(無定見) 일정한 주견이 없음. lacking a fixed principle 하자
무정-란(無精卵) 《생물》수정하지 아니한 알. 홑알. 《대》수정란(受精卵). unfertilized egg
무정 명사(無情名詞) 《어학》 감정을 나타내지 아니하는 식물이나 무생물을 가리키는 명사. 《대》 유정 명사(有情名詞).
무정-물(無情物) 목석(木石)처럼 감각성이 없는 물건. insensate thing
무정-부(無政府) 정부가 없음. anarchy
무정부 상태(無政府狀態) 정부가 없는 것처럼 혼돈된 상태. state of anarchy
무정부-주의(無政府主義) 권력에 의한 정부의 지배를 부정하고 개인의 완전한 자유·독립·자주성이 보장된 이상적인 사회를 실현하려는 주의. anarchism
무정부주의-자(無政府主義者) 무정부주의를 믿는 사람.
무정 세:월(無情歲月) 덧없이 흘러가는 세월. fleeting years
무-정:수(無定數) 일정한 수효가 없음. without a fixed number 하자
무:-정승(武政丞) 무인 출신의 정승.
무-정:액(無定額) 일정한 액수가 없음. 하자
무-정:위(無定位) 일정한 방위가 없음. 하자
무정:위 검:류계(無定位檢流計) 무정위치(無定位針)을 응용하여 코일 속의 약한 전류를 재는 기계.
무정:위-침(無定位針) 《물리》 극(極)의 강도가 같은 두 자침을 임의으로 같은 축(軸)의 위아래에 두고, 극이 반대되게 한 물건. 두 극이 서로 같은 힘으로 어울리기 때문에, 지자기(地磁氣)의 작용을 받지 아니하며, 자침이 어떤 방향으로든지 놓여지게 됨.
무정자-증[-쯩](無精子症) 《의학》 정액 속에 전혀 정자가 없는 병적 상태. 불임의 원인이 됨.
무정 정신병질(-뼁-)(無情精神病質) 《의학》 동정·연민·수치·회오·양심 등의 정성이 결핍되어 도덕에 어긋나는 행위를 잘하는 정신병적.
무정지-책(無情之責) 아무 까닭이 없는 책망. 비정지책(非情之責).
무-정:형(無定形) ①일정한 형체가 없음. shapelessness ②《화학》 열을 가하면 액체로 되는 따위의 물질의 상태. 하자
무정:형 탄:소(無定形炭素) 《화학》 결정상을 이루지 않은 탄소. 석탄·목탄·유연(油烟) 따위. amorphous carbon
무제(無際) 넓고 멀어서 끝이 없음. 무애(無涯). 무한제(無限際). ¶일망(一望)~. boundless 하자
무제(無題) ①제목이 없음. being titleless ②제목을 붙이지 아니한 시나 예술 작품 따위. no title
무제-약:-자(無制約者) 《철학》 스스로 존립하여서 다른 아무 것으로도 제약 받지 않는 자. unconditional
무-제:한(無制限) 제한이 없음. non-restriction 하자
무제:한 법화(無制限法貨) 《경제》 금액에 제한이 없이 법률상 화폐로 통용되는 것. 금화·한국 은행권 등. unlimited legal tender 음. 하자
무-조(撫棗) 시아버지가 새며느리의 폐백 대추를 받음.
무-조:건[-껀](無條件) 아무런 조건이 없음. 조건 전부(條件付). 《대》 무조건으로. 덮어놓고. ¶~ 반대하다. being unconditional 하자
무조건 반:사(無條件反射) 《심리》 본디 생물체가 지니는 반사. 입 안에 음식물을 넣으면 본능적으로 침이 나오는 행동 따위. 《대》 조건 반사. unconditioned reflex 하자
무조건 항복[-쩐-](無條件降伏) 상대국의 요구 조건을 다 들어주기로 하는 항복. unconditional surrender 하자
무-조:지(無租地) 《법률》 지조(地租)를 받지 않는 땅. 국유지 따위.
무족 가:책(無足可責) 사람의 됨됨이가 가히 책망을 할 만한 값어치가 없음. 하자 less vessel
무족-기(無足器) 굽이 없는 그릇. 《반》 무지기. legless vessel
무족-정(無足鼎) 발이 없는 솥의 뜻으로 신이 없어서 출입을 못하는 가난한 사람을 가리키는 말.
무-존장(無尊丈) 어른에게 버릇이 없음. rudeness 구는 사람.
무존장 아문(無身丈衙門) 이른에게 버릇없이 마구
무좀(醫學) 손가락이나 특히 발가락 사이 또는 발바닥에 물이 잡히는 부스럼. 몹시 가렵고 진물이 남. athlete's foot
무종(無終) 끝이 없음. ¶무시(無始)~. limitless
무-종아리 종아리 뒤에 살이 통통한 부분. calf
무좌수(無佐水) 《동물》 뱀과의 뱀의 하나. 등은 회갈색이고 배는 누르혹 검은 점이 흩어져 있음. 흔히 물에 살며 독이 없음. 무자치.
무죄(無罪) ①죄가 없음. faultlessness ②《법률》재판상 범죄가 되지 아니함. 《대》 유죄(有罪). not guilty 하자 less 하자
무주(無主) 임자가 없음. 《대》 유주(有主). ownerless
무주 공당(無主空堂) 주인이 없는 빈 집.
무주 공처(無主空處) 주인이 없는 빈 곳.
무주-물(無主物) 주인이 없는 물건. ownerless things
무-주의(無主義) 아무 주의도 없음. unprincipled 하 body to take charge 하자
무-주장(無主掌) 줏대를 잡아 맡은 이가 없음. nobody to take charge
무-주:총(無主塚) 《동》무연 분묘(無緣墳墓).
무:-죽-하:다 아무것 맛이 없다. dull
무-중(霧中) ①안개가 낀 속. ②갈피 없음의 비유. ¶오리(五里)~. 못한. ¶~감(感).
무-중:량(無重量) 중량이 없음. 또, 중량을 느끼지 못함.
무-중:력(無重力) 중력이 없음.
무중 상태(無重力狀態) 《물리》 중력을 느끼지 않는 상태. 내려가는 엘리베이터의 안, 지구를 돌고 있는 인공 위성 안 등에 나타남. weightless state
무중:-생유(無中生有) 억지로 사단(事端)을 만들어 냄
무-즙(-汁) 무를 강판에 갈아 나온 즙. 일으름.
무지 무엇이 완전히 한 섬이 못 되는 것.
무-지(拇指) 《동》 엄지손가락. 릴 물건. plain
무지(無地) 모두가 한 빛깔로 무늬가 없음. 또, 그 물건. plain
무지(無知) ①아는 것이 없음. 지식이 없음. ignorance ②어리석음. stupidity ③하는 짓이 우악함. harsh and wild 하자 스럽 스레히
무지(無智) 지혜가 없음. 지혜가 없음. stupidity 하자
무-지각(無知覺) 《동》무지 몰각(無知沒覺). 하자
무지각이 상팔자 아예 아무 것도 모르는 것이 오히려 마음이 편하다는 말.
무지개 공중에 떠 있는 물방울이 햇빛을 받아 태양과 반대 방향으로 하늘에 나타나는 고운 칠색(七色) 반원형의 활모양. 홍교(虹橋). 홍예(虹霓). 분홍(雰虹). 천궁(天弓). rainbow
무지근-하:다 ①뒤가 잘 안 나오다. be constipated ②머리나 가슴이 무엇에 눌리는 듯이 무겁다. 《약》 무직하다. feel heavy 무지근-히

무지기圈 명절이나 잔치 또는 그 밖에 예절을 차릴 때 치마 속에 입는 짧은 통치마. 끝에 갖가지 빛깔의 물을 들이어서 다 입으면 무지개 빛을 이룸. 무족(無足).

무지러-지-다 ①물건의 끝이 닳거나 잘라져 없어지다. wear out ②중간이 끊어져 두 동강이 나다. 《작》모지라지다.

무지렁이 ①무지러져서 못 쓰게 된 물건. worn out thing ②아는 것이 없고 어리석은 사람. ignoramus

무지르-다 ①한 부분을 잘라 버리다. sever ② 중간을 끊어 두 동강을 내다. cut off

무지 막지(無知莫知) 몹시 무지하고 상스러움. stupid and rough 하圈 스圈 스레圈

무지 망작(無知妄作) 아무 것도 모르고 함부로 행함.

무지 몰각(無知沒覺) 무지하고 지각이 없음. 무지각. stupidity 하圈

무지 몽매(無知蒙昧) 지식이 없고 사리에 어두움.

무지무지-하-다圈 엄청나다. 놀라울 정도로 대단하다.

무지 문맹(無知文盲) 재지(才知)와 학문이 없음. 또, 그 사람. 하圈 [ing no occupation 하圈

무직(無職) 일정한 직업이 없음. 무업(無業). hav-

무직-하-다圈 《약》→무지근하다.

무:진(戊辰) 《민속》육십 갑자의 다섯째.

무진(無盡)圈圈 ①圈 무궁 무진(無窮無盡). ② '상호 신용계(契)'의 준말. 이름. 하圈

무:진(撫鎭) 어루만져 진정시킴. 하圈

무진년 팥방아 찧듯 빈번히 방아 찧는 모양.

무진-동(一鋼) 황화철 성분이 50% 이상이 는 돌. rock containing over 50% iron sulfide

무:=진디(一) 《곤충》진디과에 속하는 벌레. 날개는 투명하고 날개가 없는 것이 있음. 둥글고 짧은 십자화과 식물에 모이는 해충임.

무진 무궁(無盡無窮)圈 《동》무궁 무진. 하圈

무진-장(無盡藏)圈 ①한없이 많이 있음. being inexhaustible ②《불교》덕이 넓어 끝이 없음. boundless

무질-다圈 《동》무지러져 끝이 뭉툭하다. [virtue 하圈

무질리-다 무지름을 당하다. be cut off

무:질서[-써](無秩序)圈 질서가 없음. disorder 하圈

무집게圈 물건을 물리는 데 쓰는 연장. pincher

무복圈 한 번에 죄다 몰아서. 《작》모작. at a stretch

무쩍-무쩍 ①한쪽에서부터 있는 대로 차례로 몰아서. in sweep after sweep ②차차 개먹어 들어가는 모양. 《작》모작모작.

무:쪽-같-다圈 사람의 생김새가 몹시 못나다.

무:-찌르-다圈 ①가릴 것이 막 쳐들어가다. attack ②닥치는 대로 막 죽이다. slaughter

무-찔리-다圈 무찌름을 당하다. be mowed down

무:-차별(無差別)圈 아무런 차별을 두지 않음. 차별 없음. non-discrimination 하圈

무차별 폭격(無差別爆擊) 《군사》전투원과 비전투원을 구별하지 않고 무차별로 하는 공중 폭격(空中爆擊). indiscriminated bombing

무착(無着)圈 《불교》집착이 없음. 무집(無執).

무-착륙(無着陸)圈 항공기가 목적지에 이르기까지 한 번도 도중에 착륙하지 않음. non-stop 하圈

무찰圈 차표나 입장권을 가지지 아니함. ¶ 〜 입장.

무참(無慘)圈 매우 끔찍하고 불쌍함. pitilessness 하圈 스圈 스레圈 히圈

무참(無慙)圈 매우 부끄러움. burning shame 하圈

무:참(誣讒) 없는 사실을 꾸미어 남을 고해 바침. 〜 -행위(行爲). tale telling 하圈

무:-채圈 채칼로 썬 무. 잘게 썬 무.

무-채색(無彩色) 명도의 차이는 있으나 색상(色相)과 순도(純度)가 없는 색. 흰색·회색·검정색 따위. (대) 유채색.

무책(無策)圈 계책이 없음. lack of policy 하圈

무:책임(無責任)圈 ①책임이 없음. ②책임감이 없음. (대) 책임(責任). irresponsibility 하圈

무책임 행위(無責任行爲) 《법률》법률상 아무런 책임이 없는 행위. irresponsible conduct 하圈

무처 가:(無處可考)圈 가히 상고할 만한 곳이 없음.

무처 부당(無處不當)圈 무슨 일이든지 감당하지 못할 것이 없음. 하圈

무척 썩 많이. 매우. 대단히. 다른 것보다 훨씬. ¶ 〜 좋은 사람. very much [(대) 척추 동물.

무척추 동:물(無脊椎動物) 척추 없는 동물. (대)

무:천(舞天·儛天) 《제도》마한(馬韓)·동예(東濊) 때에 농사를 마치고 사월에 택일하여 높은 산에서 하늘에 지내던 제사.

무:천(無淺)圈 학식이 번번하지 못함. 하圈

무:천 매:귀(賣賤賣貴) 싼 값으로 사서 비싼 값으로 파는 일.

무:철=계(賣鐵契)《제도》시우쇠를 공물로 바치던

무:-청(無菁)圈 《동》순무. [계.

무-청(無菁) 무의 잎사귀와 줄기의 총칭. [gible

무체(無體)圈 물품이가 없음. (대) 유체(有體). intan-

무체=물(無體物) 전기·열·광 따위와 같은 유체물 이외의 물건. intangible thing

무체 재산권[一꿘](無體財産權)《법률》저작권·특허권 따위의 형체 있는 지능적 창작물에 관한 이익을 독점적·배타적으로 지배할 수 있는 권리. right of intangible property [사들임. 하圈

무:초(貿草)圈 이익을 보고 팔기 위하여 담배를 많이

무-촉-전(無鏃箭) 살촉이 없이 살대 끝을 솜으로 싸

무:추(舞鎚)圈 활비비. [시 사구(射毬)에 쓰는 화살.

무-축(無蓄)圈 《약》→무축 농가.

무축 농가(無蓄農家)《동》가축을 기르지 아니하는 농가. 무축농.

무축 단헌(無祝單獻)圈 제사 때 축문도 없이 술 한 잔만 올리는 일. 하圈 [ingly

무춤圈 무르춤한 태도로 〜 가다가 〜 서다. flinch-

무춤-하-다圈 《약》무르춤하다. [less 圈

무취(無臭)圈 냄새가 없음. ¶무색(無色) 〜. scent-

무-취:미(無趣味)圈 재미가 없음. 하圈

무:치(無恥)圈 부끄러움이 없음. unashamed 하圈

무치-다圈 나물에 여러 가지 양념을 넣고 버무리어 맛을 고르게 하다.

무크(mook)圈 잡지와 전문 서적의 중간 성격을 띤

무타(無他)圈 다른 까닭이 없음.

무탈(無頉)圈 ①아무 탈이 없음. healthiness ②까다롭거나 스스럼이 없음. ③탈을 잡힐 데가 없음.

무:태(舞態)圈 춤추는 태도. ¶ 〜한 행동. less

무:취(無才)圈 어찌할 까닭·재료·능력이 없음. reckless

무턱=대:고圈 아무 요량도 없이 마구. recklessly

무텅이圈 거친 땅에 손을 일구어서 곡식을 심음. farming upon a newly-cultivated land

무-테(無一)圈 테가 없음. ¶ 〜 안경(眼鏡). rimless

무통(無痛)圈 아픔을 느끼지 않음. ¶ 〜 분(分娩). painless [〜. no retreating 하圈

무퇴(無退)圈 뒤로 물러서지 아니함. ¶임전(臨戰)

무:-투표(無投票)圈 투표함이 없음. 곧, 입후보자가 한 사람인 경우에 투표하지 않음. ¶ 〜 당선. without voting [one time

무트로圈 한목에 많이. ¶ 〜 가져라. in a lump at

무:=트림圈 날무를 먹고 난 뒤에 나오는 트림. 하圈

무파(無派)圈 어느 당파에도 속하지 않음.

무판-화(無瓣花)《식물》화관과 안쪽 꽃빛이 없음.

무패(無敗)圈 싸움에 한 번도 지지 않음.

무편(無偏)圈《약》→무편심(無片蔘).

무편-거리(無片一)《한의》무편으로 지어진 약재.

무편-달이(無片一)《한의》달여서 편을 지을 수 없는 인삼.

무편 부당(無偏不黨)圈《동》불편 부당(不偏不黨). 하圈

무편-삼(無片蔘)《한의》열열 나온 근에 맛 뿌리가 이상이 달리는 아주 잔 인삼. 《약》무편(無片). 하圈

무폐(無弊)圈 아무 폐단이 없음. causing no trouble

무:폐(無廢)[명] 땅을 버려 두어 거칠게 됨. desolation 하[자]. [포목.
무:포(巫布)[명] 〈제도〉무당에게서 조세로 받아들이던
무=폭력(無暴力)[명] 폭력을 쓰는 일이 없음.
무=표정(無表情)[명] 아무런 감정의 표시가 없음. deadpan 한[형]
무풍(無風)[명] ①바람이 없음. 불지 않음. windless ②평화롭고 안온함. calm ③연기가 곧게 올라갈 만한 기류.
무풍=대(無風帶)[명] 〈약〉→회귀 무풍대(回歸無風帶).
무풍 지대(無風地帶)[명] ①바람이 불지 않는 지역. windless zone ②평화롭고 안온한 곳. calm place
무피=화(無被花)[명] 〈식물〉꽃받침이 없는 꽃. 천남성(天南星)·삼백초(三白草)·나화(裸花) 따위. (대) 양피화(兩被花).
무하(無瑕)[명] 조금도 흠이 없음. flawlessness 하[형]
무=하:기(無下記)[명] ①돈을 쓰고 그 쓴 돈을 치부에 올리지 않는 일. ②쓰고 남은 돈을 사사로이 쓰는 일.
무:=하-다(貿一)[타여불] 이익을 보고 팔려고 물건을 도**무:하-다**(貿一)[ ]. [거리로 사다. buy up
무하:증[一症][명] 〈한의〉 병의 이름을 모르라 못 고치는 병. incurable illness [道].
무학(無學)[명] ①배운 것이 없음. ②[동] 무학도(無學**무학-도**(無學道)[명] 〈불교〉삼도(三道)의 하나. 수행을 쌓고 진력해서 배워 얻은 최고의 지위. 구극적인 깨달음에 이르러서, 더 배울 바가 없이 된 경지를 이름. 무학과(無學果). 무학(無學)②.
무한(無限)[명] 한량이 없음. 무한량(無限量). ¶~ 신력(神力). (대) 유한(有限). infinity 하[형]
무한-경(無限景)[명] 더 말할 수 없이 좋은 경치.
무한 궤:도(無限軌道)[명] 탱크 따위들 전진시키려고 바퀴 뒤쪽에 거는 띠 모양의 장치. caterpillar
무한 급수(無限級數)[명] 〈수학〉항수(項數)가 한없이 많은 급수. infinite series
무=한:년(無限年)[명] 〈동〉무기한(無期限). 하[형]
무한-대(無限大)[명] ①한없이 큼. ②〈수학〉변수(變數)의 절대치를 한없이 크게 할 경우의 그 변수. (대) 무한소(無限小). infinity
무한-량(無限量)[명] 한량이 없음. 무량①. 하[형]
무한-소(無限小)[명] ①한없이 작음. ②어떤 수를 한없이 작게 할 경우의 극한(極限). 영(零)에 수렴(收斂)하는 변수(變數). 무한대. (대) 무한대. infinitesimal 하[형]
무한 소:수(無限小數)[명] 〈수학〉소수점 아래가 한없이 계속되는 소수. 원주율·순환 소수 따위. (대) 유한 소수. infinite decimal
무한 수:열(無限數列)[명] 〈수학〉항(項)이 한없이 계속되는 수열. (대) 유한 수열.
무한 신력(無限神力)[명] 무한한 신의 능력.
무한-원(無限遠)[명] 렌즈의 초점 따위가 한없이 멂. 또는, 그곳.
무한:적 판단(無限的判斷)[명] 〈동〉부정 판단(否定判斷).
무=한:정(無限定)[명] 한정이 없음. unlimitedness 하[형]
무=한:제(無限際)[명] 끝이 없음. 무제(無際). limitless 하[형]
무한 직선(無限直線)[명] 〈수학〉정반대의 두 방향으로 한없이 늘인 직선의 전체. 전직선(全直線). unlimited line
무한 책임(無限責任)[명] 〈법률〉채무자의 전재산(全財産)이 회사의 채무에 충당되는 책임. (대) 유한 책임(有限責任). unlimited liability
무한 책임 사:원(無限責任社員)[명] 회사의 채무에 관한 회사 채권자에 대하여 연대하여서 무한 책임을 부담하는 사원.
무한 화서(無限花序)[명] 〈식물〉아래나 가장자리부터 피기 시작하는 꽃. (대) 유한 화서(有限花序).
무:함(誣陷)[명] 없는 일을 꾸며 함정에 몰아넣음. slander 하[타]
무=항산(無恒産)[명] 일정한 생업이 없음. 하[형] [하[형]
무=항심(無恒心)[명] 마음을 일정하게 쓰는 데가 없음.

무해(無害)[명] 해로움이 없음. ¶~ 무독(無毒). (대) 유해(有害). harmlessness 하[형]
무해 무득(無害無得)[명] 해로움도 없고 이로움도 없음. 무득 무실. neither harmful nor useful 하[형]
무=허가(無許可)[명] 허가가 없음. ¶~ 건축. no permit
무=현:관(無顯官)[명] 높은 벼슬을 지낸 조상이 없음.
무혈(無血)[명] ①피를 흘리지 않음. bloodless ②전투**무혈-복**(無穴鰒)[명] ①꼬챙이에 꿰지 않고 말린 큰 전복. ②과거(科擧)를 엄중히 감시하여 협잡을 못하게 함을 비유하는 말.
무혈 점령(無血占領)[명] 피 흘릴 만한 전투도 하지 않고 쉽게 적지를 점령함. bloodless occupation 하[타]
무혈=충(無血蟲)[명] 인정이 없는 냉혹한 사람을 욕하는 말.
무혈 혁명(無血革命)[명] 피를 흘리지 않고 평화 수단으로 혁명을 일으킴. bloodless revolution 하[타]
무=혐:오(無嫌惡)[동] 무혐의. 하[형]. [picious 하[형]
무=혐의(無嫌疑)[명] 혐의가 없음. 무혐. being unsus**무:협**(武俠)[명] 무술이 뛰어난 협객. ¶~ 소설.
무형(無形)[명] 형체나 형상이 없음. 《대》유형(有形). formlessness 하[형]
무형-계(無形界)[명] 보이지 않는 영혼의 세계. 《대》유형계(有形界). invisible world
무형 명사(無形名詞)[명] 〈동〉추상 명사.
무형 무적(無形無迹)[명] 형상이나 자취가 없음. 하[형]
무형 문화재(無形文化財)[명] 연극·음악·공예·기술 그 밖의 무형의 문화적 소산으로 역사상 또는 예술상 가치가 큰 것. intangible cultural properties
무형-물(無形物)[명] 형태가 없는 물건. 바람·소리 따위. 무형 유형물. immaterial thing
무=형식(無形式)[명] 형식이 없음. 형식이 갖추어 있지 [않음. 하[형]
무형-인(無形人)[명] 〈동〉법인(法人).
무형 자:본(無形資本)[명] 무형 재산으로 이루어진 자본. 무형 자본. invisible capital
무형 재산(無形財産)[명] 저작권·특허권 따위의 형체가 없는 재산. 《대》유형 재산. immaterial property
무=형적(無形迹)[명] 형적이 없음. 하[형]
무:호(無狐)[명] 무회(無灰). [洞中狸作虎).
무호 동:중(無虎洞中)[명] ¶~무호 동중→이작호(無虎**무호 동:중 이작호**(無虎洞中狸作虎)[명] 범 없는 골에 살쾡이가 범 노릇 한다는 뜻으로, 못난 사람만이 있는 곳에서 잘난 체함을 비유. 《약》무호 동중.
무:화(武火)[명] 활활 세차게 타는 불. raging flames
무화-과(無花果)[명] ①무화과나무의 열매. fig ②〈약〉→무화과나무.
무화과=나무(無花果一)[명] 〈식물〉뽕나무과〔桑科〕의 낙엽 활엽 관목. 잎은 넓은 달걀꼴로 3~7갈래로 째졌음. 꽃은 단성화(單性花)이고 열매는 달걀꼴로 암자색(暗紫色)임. 과실은 식용하고 잎은 한약재로 쓰임. 《약》무화과②. fig tree
무환 수입(無換輸入)[명] 〈경제〉대금 결제를 위한 환의 취결(就結)을 수반하지 않는 외국 상품의 수입.
무환 수:출(無換輸出)[명] 〈경제〉대금 결제를 위한 환의 취결을 수반하지 않는 수출.
무환자-나무(無患子一)[명] 무환자과(無患子科)의 낙엽 교목. 잎은 긴 타원형에 톱니가 지고 6월에 백색 또는 자색 꽃이 핌. 재목은 가구의 재료가 되며, 열매 껍질의 속은 빨래하는 데 쓰임. soapberry
무:황(蕪荒)[명] 풀이 무성하고 땅이 매우 거칠. waste 하[자]
무회(無灰)[명] 미역의 오래 묵은 뿌리. 흑산호와 비슷하며 센 불에는 타는데 재가 남지 아니함. 권련 때 부리나 장식품을 만드는 데 쓰임. 무호(無瑚). stale tangle
무=회:계(無會計)[명] 〈광물〉덕대가 광부에게 생활 식품을 대주고 채광 후에 광주에게는 분철을, 광부에게는 분철에 상당한 방석을 주고 나머지를 덕대가 차지하는 일. ¶~ 금점(金店).

무회주(無灰酒)명 다른 것을 섞지 않은 전국으로 된 술. 순료(醇醪). 순주(醇酒). genuine wine
무효(無效)명 ①보람이 없음. ineffectiveness ②《법률》법률상 행위의 효과가 없음. 《대》유효(有效). invalidity 하타
무효-병(無酵餠)명 누룩을 넣지 않고 만든 떡.
무효-화(無效化)명 무효로 됨. 무효가 되게 함. 하타
무후(無後·無嗣)명 대(代)를 이을 자손이 끊어짐. 무사(無嗣). 절손(絕孫). 절후(絕後). being heirless 하타
무후-총(無後塚)명 자손이 끊기어 돌보아 주는 사람이 없는 무덤. tomb of a sonless person
무:훈(武勳)명 무공(武功).
무훼 무예(無毁無譽) 욕함도 칭찬함도 없음.
무휴(無休)명 ①쉬지 않음. without rest ②쉬는 날이 없음. ¶연중(年中) ~. having no holiday
무:(撫恤)명 불쌍히 여기어 위로하며 물질로써 은혜를 입힘. relief 하타
무흠(無欠)명 흠이 없음. flawlessness 하타
무:희(舞姬)명 춤을 직업으로 추는 여자. dancing girl
묵 메밀·녹두·도토리 따위의 앙금을 되게 쑤어 굳힌 음식. ¶~묵이. mook, Korean jelly
묵객(墨客)명 먹을 쓰고 그림을 그리는 사람. calligrapher
묵계(墨契)명 말없는 가운데 우연히 서로 뜻이 맞음. 묵약. tacit understanding 하타
묵고(默考)명 말없이 생각하여 상고함. meditation
묵과(默過)명 ①묵묵히 지나침. ②잠자코 넘김. overlooking 하타
묵광(墨光)명 글씨와 그림의 먹 빛깔.
묵-국(墨-)명 청포탕(淸泡湯).
묵극(默劇)명 무언극(無言劇).
묵-기도(默祈禱)명《기독》소리를 내지 않고 올리는 기도. silent prayer 하타
묵-나물명 뜯어서 말리어 두었다가 이듬해 봄에 먹는 산나물.
묵낙(默諾)명 ①말없이 은연중에 승낙의 뜻을 나타냄. ②알지 못하는 체하고 슬그머니 허락함. tacit permission 하타
묵념(默念)명 ①잠잠히 생각함. meditation ②마음속으로 빎. silent prayer 하타
묵-다(1)①일정한 장소에서 나그네로 지내다. ¶시골에서 오래 ~. stay ②오래 되다. be time-honoured ③사용되지 않고 그대로 남아 있다. ¶묵은 집. become old ④다른 데로 옮기려다가 일정한 기간 아무 일도 않는다. 또는 본디의 자리에 머무르다. ¶시험에 실패해서 일 년 ~.
묵-당수명 제물묵 거리를 묵보다 아주 묽게 쑤어 먹는 음식. thin bean jelly
묵대(墨帶)명 먹물을 들인 베띠.
묵도(默禱)명 가만히 속으로 빎. silent prayer 하타
묵독(默讀)명 소리를 내지 않고 읽음. 관서(觀書). 목독(目讀).《대》낭독(朗讀)·음독(音讀). silent reading 하타 tacit understanding 하타
묵량(默諒)명 말이 없는 가운데 은근히 양해하여 줌.
묵례(默禮)명 말없이 머리만 숙이는 절. silent bow
묵리(墨吏)명《동》탐관(貪官).
묵립(墨笠)명 먹을 칠한 갓.
묵묵(默默)명 잠잠함. 말이 없음. silent 하 히타
묵묵 무언(默默無言)명 입을 다문 채 말이 없음. 하타
묵묵 부답(默默不答)명 아무 대답도 하지 않음. 하타
묵문(墨紋)명 도자기에 입힌 잿물에 잘게 나간 금.
묵-물명 묵을 쑤려고 녹두를 갈아 앉힌 앙금의 윗물.
묵-발명《야》→목정발.
묵비(默祕)명 비밀로 하여 말하지 않음. keeping silent
묵비-권(默祕權)[-권]명《법률》용의자나 피고인이 자기에게 불리한 진술을 강요당하지 않을 권리. right to keep silent
묵비지명 묵을 쑤기 위하여 녹두를 갈아 거른 찌끼.
묵사리명 연안(沿岸) 가까이 밀려든 조기들을 몰려고 머무르는 일. 또, 그 때.
묵-사발(一沙鉢)명 ①묵을 담은 사발. ②《속》일이나 물건이 몹시 혼잡하거나 망그러진 형편. being in confusion with Indian ink 하타
묵삭(墨削)명 먹으로 글씨를 지워 버림. smearing
묵살(默殺)명 ①보고도 못 본 체함. taking no notice ②어떤 일을 알면서 아무 말없이 문제로 삼지 않고 내버려 둠. ignoring 하타
묵상(墨床)명 붓뚜껑을 올려놓게 된 받침.
묵상(默想)명 ①정신을 모아 잠잠히 생각함. meditation ②《종교》마음속으로 기도함. silent prayer 하타 다. make a long stay
묵-새기다 일없이 한 곳에 묵으면서 세월을 보내
묵색(墨色)명 먹의 빛깔. ¶~ 임리(淋漓). black
묵색 창윤(墨色蒼潤)명 먹빛이 썩 잘 나와 예술적인 아름다움이 있음.
묵선(墨線)명 검은 선. 먹으로 그은 줄. inking line
묵수(墨守)명 ①중국 전국 시대 묵적(墨翟)이 성(城)을 굳게 지켰다는 고사(故事)에서, 자기 의견을 굳이 지킨다는 뜻. adherence ②지나치게 완고하여 변통성이 없음. obstinacy 하타
묵시(默示)명 ①말없는 가운데 나타내어 보임. implication ②《기독》신이 진리를 나타내어 보임. 계시(啓示). revelation 하타
묵시(默視)명 ①잠잠히 눈여겨 봄. gaze ②간섭하지 않고 묵묵히 보기만 함. watch 하타
묵시=록(默示錄)명《기독》신약 전서(新約全書) 끝편. the Book of Revelation
묵약(默約)명《동》묵계(墨契). 하타
묵어(墨魚)명《동》오징어.
묵언(默言)명 말이 없음. silence 하타
묵연(默然)명 말없이 잠잠한 모양. silently 하타 히타
묵연 양구에(默然良久-) 잠잠하게 한동안 있다가.
묵우(默祐)명 잠잠히 말없이 도움. 하타
묵유(默諭)명《기독》하느님이 말없이 가르침. 하타
묵은 거지보다 햇거지가 더 어렵다⌥ 무슨 일이든지 오랫동안 해온 사람이 처음 시작한 이보다 참을성 있고 마음이 굳다.
묵은-닭명 한 살 이상의 닭. 햇닭. old cock
묵은 세:배(-歲拜)명 섣달 그믐날 저녁에 그 해를 보내는 인사로 웃어른에게 드리는 절. bowing one's greeting to elders on New Year's Eve 하타
묵은-쌀명 해묵은 쌀. 구미.《대》햅쌀. old rice
묵은 장 쓰듯 아끼지 않고 헤프게 씀.
묵은-초(-草)명 묵은 거지.
묵은-해명 지난 해.《대》새해. last year
묵음(默音)명《어학》발음되지 않는 소리. mute
묵이명 오래 두었던 일이나 물건. old thing
묵이-배명 오래 묵으면 맛이 나는 배.
묵인(默認)명 모르는 체하고 슬며시 승인하여 줌.《유》묵허(默許). tacit approval 하타
묵-장(-將)명 장기에서, 쌍방이 다 모르고 지나치어 버린 장군. 묵은장. 묵은 장군.
묵재명 물이 꺼지고 남은 식은 재. nohoo
묵적(默寂)명 침묵하여 잠잠하고 고요함. 하타
묵-전(-煎)명 녹말묵에 세 가지 물색을 들여 굳힌 다음, 모지게 얇게 썰어 말려서 기름에 띄워 지진 음식.
묵정-밭명 오래 버려 두어 거칠어진 밭. 진전(陳田).《야》묵밭. fallow field that has gone waste
묵정이명 묵어서 오래 된 물건. old article
묵존(默存)명 말없이 신중히 생각함. 하타
묵종(默從)명 말없이 복종함. 하타
묵좌(默坐)명 잠잠히 앉아 있음. sitting in silence 하타
묵주(默珠)명《기독》'묵주의 기도'를 드릴 때 쓰는 성물(聖物). 큰 구슬 6개, 작은 구슬 53개를 꿰고 끝에 작은 십자가를 단 염주. 로사리오(rosario 포).
묵지(墨紙)명 먹물을 먹이어 만든 사전지(謝傳紙).
묵-주머니명 ①묵물을 짜는 큰 주머니. jelly bag ②짓이겨 못 쓰게 된 물건. spoiled article ③일이 못 되게 주물러 놓음. Indian ink
묵죽(墨竹)명 먹으로 그린 대나무. bamboo drawn in
묵중(默重)명 말이 적고 태도가 무거움. taciturnity

하형 허파.
묵즙(墨汁)명 먹물.
묵지(墨紙)명 탄산지(炭酸紙).
묵지묵지-하-다형여 여러 개가 묵직하다. 《작》목직목직하다. heavy
묵직-하-다형여 보기보다 좀 무겁다. 《작》목직하다. massive 묵직=히튀
묵척(墨尺)명 먹자.
묵탄(一鐵)명 무쇠로 만든 탄알. 새잡이에 씀. [bullets
묵첩(墨帖)명 서첩(書帖). [식.
묵=첨포(一淸胞)명 녹말묵에 초마늘을 섞어 만든 음
묵최(墨衰)명 베 중령(直領)에 묵립(墨笠)과 묵대(墨帶)를 갖춘 옷. 아버지가 살아 있을 때 돌아간 어머니의 담제(禫祭) 뒤와 생가 부모의 소상(小祥) 뒤
묵침(墨侵)명 먹칸. [에 입음.
묵=튀각명 묵을 썰어 말려서 기름에 튀긴 음식.
묵향(墨香)명 먹의 향기.
묵허(默許)명 잠자코 슬그머니 허락함. 《유》묵인. 하
묵형(墨刑)명 옛날 중국에서 이마에 죄명을 적어 넣던 벌. 문신. [in Indian ink
묵화(墨畫)명〈미술〉먹물로 그린 동양화. paintings
묵화-치-다(墨畫一)자 묵화를 그리다.
묵회(默會)명 묵상하는 중에 얻는 깨달음. intuitive understanding 하타
묵흔(墨痕)명 먹물이 번진 흔적.
묵흔(墨痕)명 먹물이 묻은 흔적. ink mark
묵히-다타 ①쓰지 않고 그냥 버려 두다. let lie idle ②학교에서 진급시키지 않고 머무르게 하다. ③나그네를 집에 머무르게 하다.
묶-다타 ①단을 지어 잡아매다. bind up ②몸을 얽어매다. arrest ③한군데로 뭉뚱그리다. bundle
묶어 치밀-다자라 ①한데로 몰려 올라오다. rise up in a swarm ②힘있게 위로 솟아오르다. rush up
묶음명 나누어진 것을 한데 모아서 묶은 덩이. 꽃이나 무성귀 따위의 묶어 놓은 덩이를 세는 말. 속(束). ¶한 ~. bundle
묶음=표(一標)명 다른 글에서 숫자와 구별하고자 하는 부분의 앞뒤에 쓰는 부호. 괄호(括弧). 도림. 《유》집합부. parenthesis
묶이-다피자 묶음을 당하다. be bound
문(文)명 ①문자. 글. ②여러 말이 모여 서로 짜여서 완전한 뜻을 나타내는 말. 문장. ③학문·문화·문물을 일컫는 말. 《대》무(武). civil affairs ④신발 크기의 단위. moon the size of shoes
문(門)명 ①여닫게 해 놓은 물건. 방문·창문·대문 따위. door ②〈민속〉출입을 주장(主掌)하는 궁중의 작은 신(神). ③〈생물〉동식물의 분류학상의 한 단위. 문(門)。《대》포(砲)의 수를 세는 말. phylum 《대》대포(大砲)의 수를 세는 말.
문(紋)명〈동〉무늬①. [unit of cannons
문:(問)명 ①〈약→문제(問題). ②경서의 뜻 따위를 두루 시험하고자 내는 문제.
-문(門)접미 ①학술의 전문 종류를 크게 가르는 말. ②메꼬릴을 갈라서 그 집안을 가리키는 말. family
문간(一間)(門間)명 대문이 있는 자리. space just within a gate
문간-방[-깐빵](門間房)명 문간 곁에 있는 방.
문간-채[-깐一](門間一)명 대문간 곁에 있는 집. 행랑채. house by the gate
문갑(門甲)(門匣)명 ①문표. [간의 하나.
문갑(文匣)명 문서나 문구 따위를 넣어 두는 방안 세
문객(門客)명 권세 있는 대가(大家)의 식객. 또, 문안을 드리러 늘 드나드는 손님. hanger-on
문격(文格)명 글을 짓는 격식. how to write
문:견(聞見)명 듣고 보아 깨달아 얻은 지식. 전문(見聞). personal experience
문경(刎頸)명 ①목을 벰. ②해직시킴. 하타
문경지-교(勿頸之交)명 죽고 살기를 같이 할 만한 친한 사이나 벗. sworn friend
문:계(問啓)명〈제도〉승정원(承政院) 승지가 계(啓)

板) 앞에 퇴패(退官)의 명을 받은 사람을 왕명으로 불러들여, 그 까닭을 물어서 아뢰던 일. 하타
문고(文庫)명 ①서고. ②서적·문서를 담는 그릇. bookcase ③출판물 형식의 하나. 소형(小型)의 간편하고 값싼 보급판의 총서(叢書). library
문고(文稿·文藁)명 한 사람의 시문(詩文)을 모아 엮어 놓은 원고. manuscripts [쇠고리. door ring
문-고리[一꼬一](門一)명 문을 여닫고 잠그는 데 쓰는
문고-본(文庫本)명 문고 형식으로 간행한 책.
문고-판(文庫版)명 문고 형식으로 간행하는 책의 판.
문곡=성(文曲星)명〈민속〉구성(九星) 중의 넷째로, 녹존성(祿存星) 다음, 염정성(廉貞星) 위에 있는 별.
문=과[一꽈](文科)명 인문 과학 방면의 학문을 연구하는 대학의 한 분과(分科). 《대》이과(理科). department of literature
문과²(文科)명 ①〈제도〉문관(文官)을 시험하던 과거(科擧). ①~ 중시(重試). 《대》무과(武科). ②〈약〉~문과 급제(文科及第).
문과 급제(文科及第)〈제도〉문과에 합격함. 《약》문과①.
문과 수비(文過遂非)〈成〉그릇된 허물을 어름어름 숨기고 뉘우치지 않음. 하타
문과 중시(文科重試)〈역사〉십 년마다 병년(丙年)에 문관인 당하관(堂下官)에게 보이던 과거.
문=관(文官)명 ①군사 밖의 행정 사무에 관계하는 관리. civilian official ②〈제도〉문과 출신의 관원. 《대》무관(武官).
문관-석(文官石)〈민속〉능에에 세우는 문신(文臣)의 돌. 문석인(石人). 《대》무관석(武官石).
문광(文框)명〈동〉문울굴.
문괴(文魁)명〈제도〉문과의 장원(壯元).
문교(文交)명 글로써 사귐. 문자교(文字交). literary friendship 하타
문교(文敎)명 ①학문으로써 사람을 가르쳐 이끄는 일. education ②문화에 관한 교육. culture
문교(文驕)명 학식을 믿고 부리는 교만.
문교=부(文教部)명 교육부의 이전 이름.
문구[一꾸](文句)명 글의 구절. 글귀. phrase
문구(文具)명 ①〈약〉~문방 제구(文房諸具). ②〈동〉문식(文飾).
문:구(問求)명 물어서 구함. 하타
문-구멍[-꾸一](門一)명 문에 바른 종이가 찢어져서 난 구멍. [관청의 문을 지키던 군사.
문-군사[一군一](門軍士)명〈제도〉종묘·궁궐 또는
문권(文券)명 땅·집 따위의 권리를 양도하는 문서. 문기(文記). bond
문금(紋錦)명 공작(孔雀).
문금(門禁)명〈제도〉인정(人定) 이후, 도성(都城)의 문을 닫고 출입을 금하던 일. 하타
문기(文氣)명 문장의 기세. spirit of a composition
문기(文記)명〈동〉문권(文券).
문기(一旗)[門旗)명〈제도〉군대에서 쓰던 대기치(大旗)의 하나.
문-끈[一낀](門一)명〈제도〉문 손잡이의 끈. door string
문난(問難)명 풀기 어려운 것을 물음.
문내(門內)명 ①대문 안. 《대》문외(門外). within the gate ②〈동〉문중(門中).
문-넘이(門一)명〈제도〉대궐·관청에 물품을 바칠 때, 또는 죄수가 옥에 들어갈 때 문지기가 달라는 뇌물. entrance bribes
문념 무:희(文恬武嬉, 文恬武熙)①문무관(文武官)이 편히 놀기만 함. ②문무관이 모두 편히 잘 지냄. 곧, 세상이 태평하다는 뜻. 하타
문-다[一따](門一)〈약〉~무느다.
문단(文段)명 문장상의 마디. paragraph
문단(文壇)명〈문학〉문인들의 사회. 문학계(文學界). 사단(詞壇). 소단(騷壇). 문원(文苑). 문림(文林). 《속》~의 등용문. literary circle「논란 글.
문단-론(文壇論)명〈문학〉문단의 현상을 계통적으로
문단 문학(文壇文學)명〈문학〉문단에서 자란 문학

이름. 대체로 스케일이 작고 기교에 참.

문단 블록(文壇block)명 〈문학〉문단의 몇몇 사람이 그 주장이나 공동 이익을 위하여 하나의 세력을 이룬 덩이.

문=단속(門團束)명 문을 잘 단속하도록 주의하는 일. locking a door 하다「하는 글이나 말.

문단 시론(文壇時論)명 그 당시의 문단의 형성을 논

문단 예:비군[―네―](文壇豫備軍)명 〈문학〉장차 문단에 등장할 수 있는 사람들. 문학의 신인.

문단 주류(文壇主流)명 〈문학〉문단의 으뜸되는 사조(思潮) 또는 세력.

문-닫-다(門―)자 ①영업을 마치고 업소의 문을 닫다. ②영업 따위를 하다가 그만두다. 폐업하다. 하타

문달(聞達)명 이름이 널리 세상에 드러남. reputation

문답(文談)명 ①글이나 문학에 관한 이야기. 문화(文話). literary talk ②편지로 주고받으며 하는 상담(相談). consultation through the letters

문답(文答)명 글로써 회답하는. answer by letter 하다

문:답(問答)명 물음과 대답. questions and answers 하다

문당 호:대(門堂戶對)명 문벌이 서로 비슷함. 하다

문:대(問對)명 경의(經義)를 시험하는 물음과 대답.

문대-다(마 여기저기 마구 문지르다. rub 하다

문-대:령(門待令)명 밖에서 문열기를 기다림. 하다

문덕부 썩거나 무른 물건이 덩이로 뚝 떨어지는 모양.〔작〕몬닥.〔거〕문턱. falling apart 하다

문덕(文德)명 학문의 덕. 문교(文教)의 힘.〔대〕무덕(武德). literary virtue

문덕-문덕부 썩거나 무른 물건이 덩이로 뚝뚝 떨어지는 모양.〔작〕몬닥몬닥.〔거〕문턱문턱. 하다

문도(文道)명 문학의 길. 학예의 길. ②문인(文人)이 닦아야 할 도(道).〔대〕무도(武道). literary arts

문도(門徒)명 제자(弟子).

문:도(聞道)명 도(道)를 들음. hearing truth 하다

문-돌이[―도지](紋―)명 무늬가 약간 솟은 비단. brocade 「를 꽂아 받치는 둔테의 구멍.

문동기(門―)[門―](門―)명 대문의 아래 지둘이

문-동 답서(門東答西)명 동문 서답(東問西答). 하다「맥문동.

문동-당(門多糖)명 당속(糖屬)의 하나. 설탕에 조린

문동 정:과(門正果)명〔약〕→맥문동 정과(麥門冬正

문두-채(吻頭菜)명 두릅으로 만든 나물. 「果).

문-둔테(門―)명 〈건축〉문장부를 끼는 구멍이 뚫린 나무. 문설굴 위아래에 가로댐.〔약〕둔데.

문둥-병(―病)[―삥](―病)명 나균(癩菌)으로 말미암아 생기는 전염병. 나병(癩病). 대풍창. 천형병(天刑病). 풍병(風病). leprosy 「②동 풍인 ①.

문둥-이(명 ①문둥병이 든 사람. 나병자(癩病者). leper

문드러-지-다(자 ①썩어서 처져 떨어지다. ulcerate ② 너무 익어서 물러지다. soft ③해져서 찢어지다. tatter

문득부 생각이나 느낌 같은 것이 갑자기 떠오르는 모양. ¶ ~ 느꼈다.〔약〕무득.〔센〕문뜩. suddenly

문득-문득부 어떤 생각이 자주 갑자기 떠오르는 모양.〔약〕무득무득.〔센〕문뜩문뜩.

문똑부〔센〕→문득.

문똑-문똑부〔센〕→문득문득.

문-띠(門―)명 널문 뒤쪽에 가로댄 좁다란 나무. crosspiece on a door 「order 하다 되다

문란(紊亂)명 도덕이나 질서가 얽혀서 어지러움. disorder

문력(文力)명 글의 힘. force of style

문례(文例)명 여러 가지 문장 짓는 법이나 쓰는 법의 실례(實例). example

문:례(問禮)명 예절을 물음. 하다

문로(門路)명 ①임금의 수레가 드나드는 정문의 길. Imperial gateway ②학문상의 지름길. short-cut of learning 「우(護衛). look-out on a gate

문루(門樓)명 궁문(宮門)·성문 위에 세운 다락집. 초

문리(文理)명 ①문장의 조리. context ②학문의 조리를 깨달아 아는 길. understanding ③사물을 깨닫는 길. comprehension ④문과와 이과. ¶ ~과(科). liberal arts and sciences

문리(門吏)명 〈제도〉문을 지키던 관리. 문지기.

문리과 대:학[―꽈―](文理科大學)명〈교육〉문과 및 이과에 관한 전문적인 학술을 연구하는 단과 대학(單科大學).〔약〕문리대. college of liberal arts and science

문리=대:학(文理大學)명〔약〕→문리과 대학.

문림(文林)명 ①통 문단(文壇). ②시문(詩文)을 모은 책. 문원(文苑). 시문집(詩文集). anthology

문망(文望)명 학문의 명망(名望). literary fame

문망(門望)명 의정(議政)이 문에 들어올 때에 하배(下隷)가 문 앞에서 큰 소리를 질러 알리던 일. 하다

문맥(蚊脈)명 모기의 가락.

문:망(聞望)명 ①이름이 널리 알려져 숭앙됨. reputation ②명예와 인망(人望). honour and trust

문맥(文脈)명 글의 맥락(脈絡). context

문맥(門脈)명〔약〕→문정맥(門靜脈).

문맹(文盲)명 무식하여 글에 어두움. illiteracy

문맹-자(文盲者)명 글을 모르는 사람. 까막눈이.

문맹 타:파(文盲打破)명 〈사회〉글 모르는 사람을 가르쳐 내는 응급 교육. 문맹 퇴치. crusade against illiteracy 하다

문맹 퇴:치(文盲退治)명〔동〕문맹 타파. 하다

문면(文面)명 글의 겉면에 나타난 내용. 서면(書面). contents of a letter 「名). literary fame

문명(文名)명 글로 해서 잘 알려진 이름.〔대〕무명(武

문명(文明)명 ①문채(文彩)가 나고 분명한. clearness of the writing ②〈사회〉사회의 물질적 여러 요소의 일정한 발달 상태. 미개(未開). 야만(野蠻).

문:명(問名)명 이름을 물음. 하다 civilization 하다

문명 개화(文明開化)명 낡은 폐습을 타파하고 발달된 문명을 받아들여 세상이 진보함. 하다

문명=국(文明國)명 문화가 발달하고 민도가 높은 나라. civilized country

문명-병(―病)(文明病)명 〈사회〉문명의 발달에 따른 정신의 불건전으로 생기는 신경 쇠약이나 근시・폐결핵 따위의 병. 문화병. diseases incidental to civilization

문명 비:평(文明批評)명 민족사적으로 또는 역사적으로 하는 문명의 비평.

문명-어(文明語)명 문명이 발달한 나라나 겨레가 쓰는 언어.

문명 이:기(文明利器)명 과학의 발달로 우리의 생활에 도움을 주는 기구.

문명-인(文明人)명 문명한 사람.〔대〕야만인.

문:목(問目)명 죄인을 캐어묻는 조목.

문묘(文廟)명 공자를 모신 사당. 근궁(芹宮). 성묘(聖廟). Confucian shrine

문무(文武)명 ①문관과 무관. ¶ ~ 교체(交遞). civil and military officials ②문식(文識)과 무략(武略), 서검(書劍). pen and swords

문무 겸전(文武兼全)명 문식(文識)과 무략(武略)을 다 갖춤. 문무 쌍전. having both literary and military accomplishment 하다 「officials

문무-관(文武官)명 〔약〕→문무 석인. civil and military

문무 백관(文武百官)명 모든 문신과 무신. civil and military officials

문무-석(文武石)명〔약〕→문무 석인.

문무 석인(文武石人)명 무덤 앞에 세우는 문석인과 무석인.〔약〕문무석.

문무 쌍전(文武雙全)명〔동〕문무 겸전. 하다

문묵(文墨)명 시문을 짓거나 서화를 그리는 일. 문필(文筆). writing and drawing

문묵 종사(文墨從事)명 글과 글씨로 일을 삼음. following the profession of letters 하다

문문-하-다형여 ①물러서 부드럽다. tender ②우습게 보다. contemptible 보다 없다.《작》만만하다. nothing worth seeing 문문=히부

문ː문-하다(問問―)[타여불] 남의 슬픈 일이나 경사에 물건을 보내거나 축하하거나 위문하다. inquire after or congratulate

문물(文物)[명] 문화의 산물. 곧, 법률·학술·예술·종교 등 모든 문화에 관한 것. 규문(奎文). civilization

문물 제ː도(文物制度) 문물과 제정한 법도(法度). culture and institution

문미(門楣)[명] 문 위에 가로 댄 나무.   [바람.

문-바람[―빠―](門―)[명] 문이나 문틈으로 들어오는

문 바른 집은 써도 입 바른 집은 못 쓴다〔속〕 너무 시비(是非)가 지나치게 까다롭게 따지는 사람은 남의 원망과 노여움을 사기 쉽다.

문=밖(門―)[명] ①문의 바깥. outdoors ②대문이나 성문 밖. [여] outside of the city gate

문반(文班)[명] 문신의 반열(班列). [대] 무반(武班).

문=발[―빨](門―)[명] 문에 치는 발.   [civil officials

문방(文房)[명] ①책을 읽거나 글을 쓰는 방. 서재(書齋). 글방②. library ②[여]→문방구.

문방=구(文房具)[명] 학용품과 사무용품을 통틀어 이르는 말. 문방 제구. [약] 문방②.

문방 사ː보(文房四寶)[명] [동] 문방 사우(文房四友).

문방 사ː우(文房四友)[명] 종이·붓·먹·벼루의 네 가지. 문방 사보(文房四寶). [동] 사우(四友).

문방 제구(文房諸具) 종이·붓·먹·족자 따위의 글과 글씨에 관한 모든 기구. 문방구. [약] 문구①. stationery

문방 치레(文房―) 문방을 모양나게 꾸밈. 하다

문ː배(―梨)[명] 문배나무의 열매. 문향리. kind of wild pear

문ː배-나무[명] [식] 능금나뭇과의 낙엽 활엽 교목. 잎은 거의 원형이고 4월에 흰 꽃이 피고 과실은 황색으로 배와 비슷함.

문배-유(玟坏釉)[명] [공] 자기(瓷器)의 겉에 발라서 윤이 나고, 물이 스며들지 않게 하는 가루.

문ː뱃-내[명] ①문배의 냄새. ②술 취한 사람의 입에서 나는 냄새. 문배의 냄새와 비슷함.

문벌(門閥)[명] 대대로 내려오는 그 집안의 지체. 가세(家世). 문지(門地). 문호(門戶). 씨벌(氏閥). lineage

문범(文範)[명] 글의 본보기. 또, 그런 것을 추려 엮은 책. model composition

문법[―뻡](文法)[명] ①글월을 짜고 꾸미는 법. 말본. grammar ②[동] 어법(語法). ③[동] 법규(法規). 법령(法令).

문ː법[―뻡](聞法)[명] [불교] 설법(說法)을 듣는 일. hearing the Buddhist circles, listening to preaching 하다

문병(文柄)[명] 학문 또는 문치상(文治上)의 권리.

문병(門屛)[명] 집안이 환히 들여다보이지 않게 대문이나 중문 안에 가로막은 담이나 널빤지. fence in front of the door   [하다

문ː병(問病)[명] 앓는 사람을 찾아보고 위로함. inquiry

문ː복(問卜)[명] 점장이에게 길흉을 물음. 문수(問數). consulting a fortune-teller 하다

문부(文賦)[명] 중국 운문(韻文)의 한 체(體). 산문적인 기세의 흐름을 띤 것으로 송(宋)나라 때에 썼음.

문부(文簿)[명] 뒤에 상고할 글발과 장부. 문안(文案)①. 문서(文書)①. 문적(文蹟). book

문ː부(聞訃)[명] 부음(訃音)을 들음. 하다

문불가점(文不加點)[명] 글이 잘 되어 흠이 없음. 하다

문비(門扉)[명] 문짝.   [장(神將)의 그림.

문비(門裨)[명] [민속] 악귀를 쫓으려고 대문에 붙이는 신

문비를 거꾸로 붙이고 환장이만 나무란다〔속〕 제가 잘못하여 놓고 남만 그르다고 한다.   [빗장.

문-빗장(門―)[명] 문을 잠그는 나무때기나 쇠장대. [여]

문빙(文憑)[명] 증거가 될 만한 증서. 증거 서류(證據書類). documentary evidence

문사(文士)[명] ①문학에 지식이 많은 사람. ②문학에 종사하는 사람. [유] 사인(詞人). [대] 무사(武士). ③문사로써 입신(立身)하는 선비. 사백(詞伯). writer

문사(文事)[명] 학문·예술 등에 관한 일. [대] 무사(武事).   [plot

문사(文思)[명] 글의 구상(構想). 글을 짜맞추는 생각.

문사(文詞·文辭)[명] [동] 문장(文章)①.   [[동] 문지기.

문사(門士)[명] ①군영의 문을 지키는 병사. sentry ②

문사극(文士劇)[명] 전문 아닌 문사들에 의하여 상연되는 연극. 문인극(文人劇).

문ː사 낭청(問事郞廳) [제도] 죄인을 신문할 때 필기하여 낭독을 맡던 임시 벼슬.

문-살[―쌀](門―)[명] 문짝의 뼈대인 나무오리나 대오리. lattice

문ː상(問喪)[명] [동] 조문(弔問). 하다   [style of a door

문생(門生)[명] [여]→문하생(門下生).

문생 고ː리(門生故吏) 문생과 이속(吏屬).

문서(文書)[명] ①상고할 글발이나 장부. 문부(文簿). 서면. archives ②[법률] 소송법상 모든 사람이 알 수 있는 기호로 사상을 표시한 모든 것. document ③계약이나 소유(所有)를 밝힌 서류. 전록(篆籙). deed

문서 변ː조(文書變造) [법률] 권리·의무 또는 사실 증명에 관한 남의 문서 또는 도서를 변조하는 행위. 하다.

문서 손ː괴(文書損壞) [법률] 남의 문서를 손괴·은닉(隱匿) 등의 방법으로 그 효력을 해하는 행위.

문서 없는 상전[相―] 까닭도 없이 남에게 몹시 까다롭게 구는 사람.   [②아내를 가리키는 말.

문서 없는 종[―] ①행랑살이하는 이를 가리키는 말.

문서 위조(文書僞造) [법률] 권한없이 남의 문서를 작성하거나, 허위 내용의 문서를 작성하는 일. 하다. ~죄. forgery of documents

문서 은닉(文書隱匿) 타인의 문서를 감추는 일. 하다. ~죄. secretion of documents

문서=청(文書廳) [제도] 조선조 때, 호조(戶曹)의 선혜청(宣惠廳)의 서리(書吏)가 장록(長官)의 집 가까이 있어서 공사(公事)의 문서 처리를 하던 곳.

문서-화(文書化)[명] 말로 결정한 것을 문서로 만듦. commit to writing 하다

문석(文石)[명] [동] 마노(瑪瑙).

문석(紋石)[명] 표면에 무늬가 있는 돌. patterned stone

문-석인(文石人) [민속] 문관의 형상으로 만들어 능침(陵寢)에 세운 돌. 문관석. [대] 무석인(武石人).

문선(文選)[명] ①[제도] 총친(宗親)·문관(文官)·잡직(雜職)의 제수(除授)와 문과(文科)·생진(生進)의 사패(賜牌)·임명 따위에 관한 일. ②[인쇄] 활판소(活版所)에서 원고대로 활자를 찾아내는 일. 채자(採字). type picking ③좋은 글을 뽑음. 또, 뽑아 모은 책. literary selection 하다

문선(門扇)[명] [동] 문짝.   [線).

문선(門線)[명] [건축] 문짝이 의지하도록 세운 벽선(壁

문ː선(問禪)[명] [불] 선사(禪師)와 선객(禪客)이 법(法)을 묻고 대답하는 일. 하다

문선-공(文選工) [인쇄] 문선하는 직공.

문선-왕(文宣王) 공자(孔子)의 시호(諡號).

문선왕 끼고 송사한다[―訟事―] 남이 거역하지 못할 사람 이름을 내세워 세도부린다.

문-설주[―쭈](門―)[명] [건축] 문짝을 끼워 달려고 중방과 문지방 사이 문의 양편에 세운 기둥. 선단③. 설자(楔子). [약] 설주. gate posts

문성(門聲)[명] 문소리의 준말.

문세(文勢)[명] 글의 힘. force of style

문연(文硯)[고] 문널얼굴.

문=소리[―쏘―](門―)[명] ①문을 여닫는 소리. sound at door ②[제도] 벼슬아치가 자비를 타고 문에 드나들 때 하례(下隷)가 주의시키던 소리. 문성(門聲).   [some rumours 하다

문ː-소문(聞所聞) 전하는 소리로 들음. hear of

문ː손(聞損)[명] 들어서 손해. [대] 문득(聞得).

문-손잡이(門―)[명] 문에 달린 손잡이.   [하다

문-쇠[―쐬](門―)[명] 농장(籠欌) 따위의 한 부분으로

문학 옆에 길이로 댄 나무 토막.
문수(文殊)[명]〈불교〉①묘덕(妙德)·묘길상(妙吉祥)의 뜻. 〈준〉→문수 보살(文殊菩薩). Toes
문수[一수](文數)[명] 고무신 따위의 치수. size of shoes
문수(紋繡)[명] 사단(紗緞) 등속의 무늬와 수.
문:수(問數)[명]〈동〉문복(問卜). 하타
문수 보살(文殊菩薩)[명]〈불교〉여래(如來)의 왼쪽에 있는 지혜(智慧)를 맡은 보살. 〈약〉문수(文殊)②. bodhisattva of wisdom and intellect
문수=에(問數-)[명]〈원〉→무에리수에.
문승(蚊蠅)[명] 모기와 파리. mosquitoes and flies
문식(文飾)[명] 실속 없이 거죽만 꾸밈. 문구(文具)②.
문식(文識)[명] 글과 지식. learning ledges
문:식(聞識)[명] 견문과 지식. experiences and knowledge
문:식(文臣)[명] 문관인 신하. 〈대〉무신(武臣).
문신(文身)[명] 살갗에 바늘로 찔러서 먹물 따위를 들인 글씨·그림·무늬. 또, 그렇게 만든 몸. 자문(刺文). tattoo 하타
문신(門神)[명]〈민속〉문을 지킨다는 귀신. spirit of the gate
문신 겸 선전관(文臣兼宣傳官)[명]〈제도〉선전관을 겸한 문관(文官).
문신 정시(文臣庭試)[명]〈제도〉임금의 특지(特旨)로 당상관(堂上官) 이하 문관에게 보이던 과거.
문신=종(門辰鐘)[명] 밤중이라도 고동을 누르면 때를 알려 주는 좌종(坐鐘)의 하나.
문신 중:시(文臣重試)[명]〈제도〉십 년마다 병년(丙年)에 당하관(堂下官)인 문관들에게 응시하게 하던 과거. 일종의 승진 시험임. 「나 글이 하타
문=신칙(門申飭)[명] 대문에 드나드는 사람을 감시하가는 일.
문아(文雅)[명] ①문장(文章)과 풍아(風雅). ②풍치가 있고 아담함. 소아(騷雅). elegance 하타
문안(文案)[명] ①〈동〉문부(文簿). ②문서나 문장의 초안. draft ③〈제도〉친군영(親軍營)의 한 벼슬.
문-안(門-)[명] ①〈동〉indoors ②성문의 안. 〈대〉문밖. inside the city gate 하타
문:안(問安)[명] 웃어른께 안부의 말씀을 여쭘. inquiry
문:안-비(問安婢)[명]〈민속〉옛날 정초에 새해 문안을 전하러 다니던 여자 하인. [신.
문:안=사(問安使)[명]〈제도〉문안하기 위해 보내던 사신.
문:안=침(問安鍼)[명] ①병든 데를 찔러 보는 침. ②시험삼아 미리 걸어 보는 말.
문:안=패(問安牌)[명]〈제도〉각 궁전에 문안을 드릴 적에 가지고 가던 나무로 만든 출입증.
문야(文野)[명] 문명과 야만. civilization and savagery
문약(文弱)[명] 오직 글만 숭상하여 상무(尙武)의 풍이 없어지고 나약함. effeminacy 하타
문양(文樣)[명] 무늬.
문어(文魚)[명]〈동물〉낙지과의 연체 동물. 몸체는 거의 공 모양으로 8개의 발이 있으며 눈 위에는 3~4개의 살가시가 있음. 네럴크어(大八鞘魚), 팔대어. 팔초어. octopus
문어(文語)[명]〈어학〉①글자로 나타낸 모든 말. 문자 언어. 〈대〉음성 언어(音聲言語). written language ②글로만 쓰고 말로는 쓰지 않는 말. 글말. 〈대〉구어(口語). literary language
문어 오림(文魚-)[명] 어물(魚物)을 괴는 데 모양으로 쓰는 음식물. 말린 문어의 발로 오려서 여러 가지 형상을 만든 것. 문어조.
문어=조(文魚條)[명]〈동〉문어 오림.
문어=체(文語體)[명] 글말로 적는 글체. 〈대〉구어체(口語體). literary style
문언(文言)[명] ①문장 속의 어구. ②편지의 문구.
문=얼굴(門-)[명]〈건축〉문짝의 상하 좌우(左右)의 테를 이은 나무. 문광(門框). door-frame
문예-필(文興繁)[명]〈동〉문필(文筆).
문:=염자[-념-](門簾子)[명] 추위를 막으려고 창문·장지문에 치는 방장(房帳)의 하나.
문예(文藝)[명] ①〈약〉→문학 예술. ②학문과 기예. learning and art ③시·소설·희곡 등의 미적(美的) 현상을 사상화(思想化)하여 표현한 예술 작품. 사예

문예(蚊蚋)[명]〈동〉모기. [(詞藝). literary works
문예-가(文藝家)[명]〈문학〉문예에 종사하는 사람. 소설가·시인·수필가·평론가·희곡 작가·시나리오 작가 따위. literary man
문예 과학(文藝科學)[명]〈문학〉문예에 관한 연구를 대상으로 하는 학문. science of literature
문예=극(文藝劇)[명]〈연예〉문예 작품을 각색하여 예술적인 장치와 예술적인 연기로써 연출하는 연극.
문예 독본(文藝讀本)[명]〈문학〉본보기가 될 만한 문학 작품을 추려 모아서 만든 책. 문학 독본. literary selection 「한 기사를 싣는 난. literary column
문예-란(文藝欄)[명]〈문학〉신문이나 잡지의 문예에 관
문예-면(文藝面)[명]〈문학〉신문과 잡지의 문예 관계의 기사를 싣는 지면(紙面).
문예 부:흥(文藝復興)[명] ①〈역사〉14~16세기 사이에 걸쳐 이탈리아에서 일어나 유럽에 번진 예술·문화의 혁신 운동. 르네상스(Renaissance). ②침체·타락된 문예가 다시 흥성하게 되는 일.
문예 비:평(文藝批評)[명]〈동〉문예 평론.
문예 사조(文藝思潮)[명]〈문학〉한 시대의 문학 예술을 움직이는 사상의 뚜렷한 흐름이나 경향. 문학 사조. literary thoughts
문예 시감(文藝時感)[명]〈문학〉그때그때 느낀 문예에 대한 감상과 의견. 또, 그것을 적은 글.
문예 연감(文藝年鑑)[명]〈문학〉한 해 동안에 문단(文壇)의 온갖 일을 수집하여 기록한 책.
문예 영화(文藝映畫)[명]〈연예〉예술적 가치를 본위로 하기 위하여 유명한 문예 작품을 영화화(映畫化)한 것. literary film
문예 운:동(文藝運動)[명]〈문학〉문예에 대한 어떤 주의나 경향을 내세우고, 동지를 모아 이를 주장해 나가는 일. [관한 작품.
문예 작품(文藝作品)[명]〈문학〉시·소설·희곡 등 문예에
문예 철학(文藝哲學)[명]〈문학〉문학을 형이상학적으로 논구(論究)하고 정리하여 기술(記述)하는 예술학의 하나.
문예 통:제(文藝統制)[명]〈문학〉국가적 견해나 필요에서 적극적으로 문예의 내용·형식 또는 양(量)을 통일 제한하는 일. 하타
문예 평:론(文藝評論)[명]〈문학〉문예에 대한 과학적인 비평. 평론가 개인의 주관적으로 쉽사리 응답하지 않고 여러 점을 논리적으로 검토·비평하는 것이 원칙. 문예 비평(文藝批評). literary criticism
문예 평:론가(文藝評論家)[명]〈문학〉문예 평론을 전공으로 하는 사람.
문예=학(文藝學)[명]〈문학〉문학을 과학적인 체계를 세워서 연구하는 학문. science of literature
문예 활동[-똥](文藝活動)[명]〈문학〉문예 작품이나 문예 운동을 통하여 문단에서 하는 활동. 하타
문외(門外)[명] ①문의 바깥. 성문의 바깥. outdoor ②전문(專門) 이외. 어떤 일의 범위 밖. 〈대〉문내(門內). outside one's field
문외-한(門外漢)[명] 그 일에 전문가가 아닌 사람. 그 일에 직접 관계가 없는 사람. outsider
문우(文友)[명] 글로써 사귄 벗. one's penpal
문운(文運)[명] ①학문이나 예술이 크게 일어나는 모양. 문화의 흥성하는 기세. cultural progress ②문학자로 성공할 운수. 〈유〉굴운(窟運). writer's fortune
문운(門運)[명] 한 가문의 운수. fortunes of a family
문웅(文雄)[명]〈동〉문호(文豪).
문원(文苑·文苑)[명] ①〈동〉홍문관(弘文館). ②〈동〉에
문원(文苑·文園)[명]〈동〉문단(文壇). [문관(藝文官).
문은(紋銀)[명] 발굽은.
문음(門蔭)[명]〈제도〉공신(功臣)의 자손이나 궁정의 친척 관계 등 문벌의 특별한 연줄로 벼슬에 임명되는 일. 문벌(武閥)의 총칭.
문-음무(文蔭武)[명]〈제도〉문관(文官)·음관(蔭官)·
문의(文義)[명] 글의 뜻. 문사(文意).

문의(文意)[명][동] 문의(文義).
문:의(問議)[명] 물어보고 의논함. inquiry and consultation 하다 「會」 무인(武人). man of letter
문인(文人)[명] 문학에 종사하는 사람. ¶~ 협회(協
문인(門人)[명][동] 문하생(門下生)②. 제자(弟子).
문인-극(文人劇)[명][동] 문사극(文士劇).
문일 지십(聞一知十)[명] 하나를 듣고 열 가지를 미루어 생각함. know all from hearing one 하다
문임(文任)[명]〈제도〉조선조 때, 나라의 문서를 맡아 보던 관리. 곧, 홍문관(弘文館)·예문관(藝文館)의 제학(提學).
문자(文字)[명] 한문으로 된 어려운 글귀. Chinese characters
문자²[―짜](文字)[명]〈어학〉말의 음과 뜻을 표시하는 시각적 기호. 글자. 저목². letter
문자-교[―짜―](文字交)[명] 문교(文交). 하다
문자 그대로[―짜―](文字―) 조금도 과장 없이 사실 그대로. literally 「를 표시әр 쓰는 반(盤). dial
문자-반[―짜―](文字盤)[명] 시계 따위에 문자나 기호
문=자재(門―)[명]〈건축〉문호(門戶)와 창(窓)의 총칭. doors and windows
문자-쓰다[―짜―](文字―)[으본] 한문으로 된 어구를 섞어 말하다. use phrases from Chinese classics
문자 언어[―짜―](文字言語)[명]〈어학〉음성 기호로 문자라는 상징물을 통하여 나타내는 말. 소리의 뜻과 글자의 셋이 junction 문헌 말. 기록 언어(記錄言語). 〈대〉음성 언어(音聲言語).
문자-연[―짜―](門字鳶)[명] 먹으로 '門'자를 그린 종이연. kite with the word '門' on it
문자 투성이(文字―) 묶은 한문구를 너무 많이 쓴 글이나 말.
문자-향(文字香)[명] 문장에서 풍기는 멋이나 아취.
문자/문뻑[명]〈고〉문작.
문=잡-다(門―)[타] ①문을 붙잡다. ②아이 낳을 때에 아이 머리가 나오지 아니하다.
문장(文狀)[명][동] 서장(書狀). ②[동] 문첩(文牒).
문장(文章)[명] ①〈어학〉주어(主語)와 설명어(說明語)를 갖추어 뭉뚱그려지 한 사상을 나타낸 말. 글월. 글. 글발. 문사(文詞). 편한(篇翰). sentence 〈약〉→문장가. 「가장 높은 사람. senior of a family
문장(門長)[명] 한 집안에서 항렬(行列)이나 나이로서
문장[―짱](門帳)[명] 문과 창문에 치는 휘장(揮帳).
문장(蚊帳)[명] 모기장. mosquito-net 「커튼. curtain
문장-가(文章家)[명]〈문학〉문장을 뛰어나게 잘 쓰는 사람. 〈유〉문호(文豪). 문웅(文雄). 〈약〉문장(文章)②. good writer 「literary arts
문장-도(文章道)[명]〈문학〉글을 짓는 데도나 법칙.
문장-론(文章論)[명] ①〈문학〉문장에 관한 논설. syntax ②〈어학〉단어의 연결, 글월 종류 따위의 문장 구조법을 다루는 문법의 한 부문. 월갈. syntax
문장 미학(文章美學)[명]〈문학〉유기적 생명체로서의 문장을 미학적으로 연구하는 학문.
문장-법[―뻡](文章法)[명]〈어학〉①한 문장 중의 각 부분의 위치와 관계 따위에 관한 일반 규칙. syntax ② 문장을 짓는 방법. art of writing
문=장부(門―)[―짱―](門―)[명]〈건축〉널쩍한 쪽 가의 상하로 상투같이 내밀어 문둥에 끼게 된 것. pivot
문장 부호(文章符號)[명]〈어학〉문장과 문장을 가르며, 또는 문장의 부분을 서로 갈라서, 글의 뜻을 알아보기 쉽게 하고자 쓰이는 여러 부호. , ; : ? ! ' 따위. 월점. punctuation marks
문장 삼이(文章三易)[명] 문장이 마땅히 갖추어야 할 세 가지 요건. 곧, 보기 쉽게, 알기 쉽게, 읽기 쉽게 쓰라는 것.
문장 성분(文章成分)[명]〈어학〉문장을 이루고 있는 성분. 곧, 문장에서의 주어·서술어·목적어 따위.
문장 심리학(文章心理學)[명] 문장 현상을 기술하고, 개발하며 이해하려고 문장을 심리학적으로 연구하는 학문.
문장-접(文章接)[명]〈제도〉조선조 때, 상사(上巳)·중추(仲秋)·중양절(重陽節) 등에, 독서당(讀書堂)에 서 공부하는 문신들이 연유(宴遊)하며 제술(製述)하던 일. 「에서 연구하는 학문.
문장 철학(文章哲學)[명]〈문학〉문장을 철학적인 방면
문장-화(文章化)[명] 문장으로 만듦. 문장으로 됨. 하다
문재(文才)[명][동] 문조(文藻)②
문재=승(聞齋僧)[명] 제 들은 중이라는 뜻으로, 자기 마음에 꾸주한 말을 듣고 뛰어가는 사람을 비유하여 일컫는 말.
문적(文蹟)[명]〈동〉문부(文簿).
문적(文籍)[명]〈동〉서적(書籍).
문적(門跡)[명]〈불교〉조사(祖師)의 법문(法門)을 이어받고 있는 절. 또, 그런 중.
문적-문적(不的不的)[부] 얇고 약하거나 썩은 물건을 건드릴 때마다 뚝뚝 끊어지는 모양. 〈커〉문척문척. 하다
문전(文典)[명] 문법 책. grammar
문전(門前)[명] 문 앞. front of a gate
문전 걸식[―씩](門前乞食)[명] 이 집 저 집 다니면서 빌어먹음. 하다
문전 나그네 흔연 대접(俗) 신분을 구별 않고 자기를 찾아온 사람을 친절히 대접하라는 뜻.
문전 성시(門前成市)[명] 권세가 드날리거나 부자가 되어 집 문 앞이 방문객으로 저자를 이루다시피 한다는 말. 문정 약시(門庭若市). having a constant stream of visitors 하다
문전 옥답(門前沃畓)[명] 집 가까이 있는 기름진 논.
문전 옥토(門前沃土)[명] 집 앞의 기름진 땅.
문정(文政)[명] ①문화 행정. ¶~관(官). civil administration ②문교 행정. education affairs
문정(門庭)[명] 문 안에 있는 뜰. inner yard
문:정(問情)[명] 정상(情狀)을 물음. 〈제도〉외국 배가 항구에 처음으로 들어왔을 때, 관리를 보내어 그 사정을 물던 일. ¶~관(官). inquiry 하다
문-정:맥(門靜脈)[명]〈생리〉소화에 관련되어 특수한 순환을 하는 정맥. 〈약〉문맥. portal vein
문정 약시(門庭若市)[명] 문전 성시(門前成市).
문제 약시(門庭若市)[명] ①〈약〉→문제자(門弟子). ②[동] 문하생(門下生)②.
문:제(問題)[명] ①답을 필요로 하는 물음. 《약》문(問)①. question ②당면한 연구 사항. subject ③ 사회적으로 화제가 된 사건. issue ④말썽거리가 될 만한 일. problem
문:제-거리[―꺼―](問題―)[명] ①여러 가지 문제를 야기시킬 만한 요소, 또는 그 사건이나 핵심. ②처치하기 곤란한 사물.
문:제-극(問題劇)[명]〈연예〉인생이나 사회 문제를 다루어 관객에게 어떤 문제를 제시하거나 그 해결을 보여 주는 극. problem play
문:제 소:설(問題小說)[명]〈문학〉①정치·사회·종교 등에 관한 어떤 문제를 다루어 쓴 소설. ②논쟁이나 문제를 일으킬 만한 소설. problem novel
문:제-시(問題視)[명] 문제거리로 삼음. call a matter in question 하다
문:제-아(問題兒)[명]〈교육·심리〉지능·성격·행동 따위가 보통의 아동과 현저하게 달라 특별한 지도를 필요로 하는 아동. problem child
문:제-없:다[―다](問題―)[형] 문제로 삼을 정도가 아니다. 걱정할 것이 없다. 문제-없:이[부]
문:제 의:식(問題意識)[명] 대상에 대하여 문제를 제시하고 해답을 유도해 내고자 하는 자각.
문:제자(門弟子)[명] 스승 밑에서 배우는 제자. 문하생(門下生)②. 〈약〉문제(門弟)①.
문:제-학(問題學)[명] 모든 이론적 해답에 앞서 본래의 문제 자체를 분석하여 현상에 포함하는 곤란·모순을 적출하는 예비적 연구.
문:제-화(問題化)[명] 문제거리가 됨. 문제거리로 삼음. 하다
문조(文鳥)[명]〈조류〉참새과의 새. 참새와 비슷하면서, 부리가 크고 머리와 꽁지는 검음. 농작물을 크게

문조(文藻) ① 문화(文華)①. ②시문(詩文)을 짓는 재주. 문재(文才). literary talent
문족(門族) 한 가문의 겨레붙이. one's folk
문:죄(問罪) 죄를 캐어물음. accusation 하다
문중(門中) 동성 동본의 가까운 집안. 문내(門內). in one's family
문중(門衆) 한 종문(宗門)에 속하는 사람들. followers of the sect
문=중방[—중—](門中枋) 〈건축〉 문얼굴에 가로 건너지른 중방.
문=쥐 앞 놈의 꼬리를 물고 줄을 지어 가는 여러 마리의 쥐.
문쥐=놀음 여럿이 서로 뒤를 이어 옷을 잡고 문쥐처럼 줄을 지어 쥐스럽게 하며 노는 아이들 장난의 하나. playing mice 하다
문증(文證) 증명이나 증거를 글로 적은 표. mental evidence
문지(門地) 문벌(門閥).
문:지(聞知) 들어서 앎. be informed of 하다
문지기(門—) 문을 지키는 사람. 문사(門士)②. 문직(門直). gate keeper
문=지도리[—찌—](門—) 〈건축〉 문짝을 달고 여닫게 하는 문장부나 돌쩌귀 따위. hinge
문지르-다[르] 물건을 서로 대고 이리저리 밀거나 비비다. ¶먹으로 글씨를 문질러 없애다. rub
문지=방[—찌—](門地枋) 〈건축〉 문 아래 문설주 사이에 가로 놓인 나무. threshold
문직(文職) 문관(文官)의 직책(職責).
문직(門直) 문지기.
문직(紋織) ① 무늬를 넣어 짬. figured texture ② 무늬가 돋아나게 짠 옷감. brocade
문진(文鎭) 서진(書鎭).
문진(蚊陣) 모기의 떼.
문질(文質) 글을 꾸미는 형식과 그 내용이 되는 바탕. 곧, 문장의 수사와 속뜻 등.
문질(門疾) 한 집안의 유전적인 어떤 좋지 않은 버릇이나 병폐.
문질리-다[사동] 남을 시켜 문지르게 하다. [피동] 문지름을 당하다. 문질러지다. be rubbed
문집(文集) 시나 글을 모아서 만든 책. collection of works
문-짝[—](門—) 문의 한 쪽. 문비(門扉). 문선(門扇).
문짝=알갱이(門—) 장롱 따위의 문짝에 낀 네모나 여덟 모 진 널빤지. door flap
문=창(門窓) 문과 창문.
문창=성(文昌星) 〈천문〉 북두 칠성(北斗七星) 가운데 첫째 별.
문=창호(門窓戶) 문과 창호.
문채(文采·文彩) ① 문장의 광채. beautiful style ② 무늬①. pattern
문:책(問責) 잘못을 캐묻고 책망함. censure 하다
문척=눅적 얇고 약하기나 썩은 물건이 견뎌낼 만큼 뚝뚝 끊어지는 모양. 하다
문첩(文牒) 관청의 서류. 문장(文狀)②. official document
문체(文體) 〈문학〉 문장의 양식(樣式). 곧, 문어체(文語體)·구어체(口語體)·논문체(論文體) 따위. ② 문장이 가지는 독특한 성질. 작가의 독특한 품격을 나타내고 있는 것. ③문문체. 곧, 논(論)·시(序)·주(奏)·서(書)·지(誌) 따위. style
문체=론(文體論) 〈문학〉 개인(個人) 또는 일파(一派)의 사람들이 언어의 특징을 명확하게 하는 방법론. stylistics
문:초(問招) 죄인을 신문함. investigation 하다
문출(門黜) 〈제도〉 죄인을 성문 밖으로 내쫓는 가벼운 형벌.
문치(文治) 학문이나 법령으로써 다스리는 정치. 문덕(文德)으로써 행하는 정치. ¶~파(派). civil administration 하다
문치(文致) 문장의 운치(韻致). taste of composition
문치(門齒) 앞니.
문치적=거리-다 일을 딱 잘라 하지 못하고 자꾸 끌

어가기만 하다. (약) 문칫거리다. shilly shally 문치문칫=거리-다 (약) →문치적거리다. [적=문치적] 하다
문터(munter 도) 〈음악〉'쾌활하게·활발하게'의 뜻.
문턱(門—) 〈게〉→문턱. [머리. threshold
문-턱(門—) 〈건축〉 문짝의 밑이 닿는 문지방의 윗
문턱(門籍) 〈게〉→문덕문턱.
문투(文套) ①글을 짓는 법식. form ②글의 버릇.
문-틈(門—) 닫힌 문의 틈바구니. chink between parts of doors
문패(文貝) 〈동〉 자패(紫貝). name plate
문패(門牌) 성명·주소 따위를 적어 문에 다는 패.
문편(紋片) 〈공업〉 도자기의 잿물에 난 무늬 같은 금. 단문(斷紋). [하나.
문포(門布) 중국 책문(柵門) 지방에서 나던 삼베의
문표(門標) 〈제도〉 대궐·영문 따위의 출입 허가표. 문감(門鑑). pass
문:표(門標) 의문부(疑問符).
문품(門品) 한 집안의 품위. 가품(家品).
문풍(文風) 글을 숭상하는 풍습. tendency to set value on literary culture [바람. draft
문풍(門風) ①집안의 풍습. family customs ②문:-풍(聞風) 항간에 떠도는 소문을 들음. 하다
문풍지(門風紙) 문틈으로 새어드는 바람을 막기 위하여 문짝 가를 돌아가며 바른 종이. (약) 풍지.
문필(文筆) ①글과 글씨. 문어필(文與筆). 문묵(文墨). writing ②붓을 잡고 글을 짓는 일. literary art
문필-가(文筆家) 문필을 업으로 삼는 사람.
문필 노동(文筆勞動) 문필을 직업으로 벌어먹는 일. 하다 [는 사람.
문필 노동자(文筆勞動者) 문필에 종사하여 살아가
문필 쌍전(文筆雙全) 글을 짓는 재주와 글씨를 쓰는 재주를 다 갖춤. 하다
문하(門下) ①학문의 가르침을 받는 스승 아래. under a person's instruction (약) →문하생. ③ 문하생이 드나드는 권세 있는 집. influential family
문하-부(門下府) 〈제도〉 고려와 조선조 초에 정치를 총괄하던 관아.
문하-생(門下生) ①세도가 있는 집안에 드나드는 사람. follower ②문하에 가르침을 받는 제자. 문인(門人). 문제(門弟)②. 문제자(門弟子). (약) 문생(門生). 문하(門下)③. disciple
문하 시:중(門下侍中) 〈제도〉 고려와 조선조 초에 나라 정치를 총괄(總括)하던 대신(大臣).
문하=인(門下人) 권세 있는 집에 드나드는 지체가 낮은 사람.
문학(文學) ①자연 과학 및 정치·법률·경제 등에 관한 학문 외의 학문의 총칭. 곧, 순문학·사학·철학 등의 여러 분과를 통틀어 일컬음. ②〈문학〉 정서(情緖)·사상을 상상의 힘을 빌려서 말과 글로써 나타낸 예술 작품. 시·소설·희곡·수필 따위. literature ③학문·학예. 특히 경학(經學). 하다
문학-가(文學家) 문학을 창작 또는 연구하는 사람. 문학자. man of letters
문학 개:론(文學槪論) 〈문학〉 문학 전반에 관한 개요(槪要)를 연구하는 학문. 또, 그 책. introduction to literature [rary circle ②문단(文壇).
문학-계(文學界) ①문학의 세계. 문학의 영역. lite-
문학-도(文學徒) 문학을 배우고 연구하는 학도. 주로 대학의 문학과의 학생을 이름.
문학 독본(文學讀本) 문예 독본(文藝讀本).
문학-론(文學論) 〈문학〉 문학의 본질·감상 및 이해에 관한 계통적인 이론. literary theory
문학-사(文學士) 대학의 문학을 졸업한 학사. Bachelor of Arts
문학-사(文學史) 〈문학〉 문학의 역사적 발전 과정을 연구하는 학문. history of literature
문학 사조(文學思潮) 문학의 사조.
문학-상(文學賞) 문학 부문의 공적이 뛰어나거나 우수한 작품을 쓴 이에게 주는 상.

문학 소:녀(文學少女)[명] 문학을 좋아하고 문학에 뜻을 둔 감상적인 소녀. literary girl

문학-어(文學語)[명] 주로 문학 작품에 쓰이는 언어.

문학 예:술(文學藝術)[명]《문학》①문학에 관한 예술. ②문학과 예술.《약》문예.

문학 작품(文學作品)[명] 문학에 속하는 예술 작품으로 시·소설·희곡 따위의 총칭. 주로 싣는 잡지.

문학 잡지(文學雜誌)[명] 문학에 관한 기사나 작품을 주로 싣는 잡지.

문학 청년(文學靑年)[명] ①문예를 애호하고 작가를 지망하는 청년. literary youth ②겉치레로 문학을 좋아하는 청년을 낮추어 이르는 말.

문학 혁명(文學革命)[명]〈역사〉중국에서 1916년 경부터 호적(胡適)이 중심이 되어, 종래의 고문을 배척하고 구어문인 백화문(白話文)을 쓰자는 신문학 운동. Literary Revolution

문한(文翰)[명] ①글 짓는 일에 관계되는 일. writing ②문장에 능한 사람. good writer

문한(門限)[명] 궁문(宮門)과 성문을 닫는 시간의 한정. closing-time

문한-가(文翰家)[명] 대대로 문필에 능한 집안. family of letters

문합-술(吻合術)[명]《의학》신체내의 장기(臟器)와 장기를 서로 접합하는 수술.

문향(聞香)[명] ①향내를 맡음. ②냄새를 맡는 유희.

문:향-리(聞香梨)[명] 배 품배. 하라

문헌(文獻)[명] ①문물 제도의 전거(典據)가 되는 기록. documents ②학술 연구에 참고가 될 만한 기록이나 책. reference books

문헌-학(文獻學)[명] ①〈문학〉언어와 문헌을 통하여 한 시대 한 민족의 문화를 역사적으로 이해하려는 학문. philology ②서지학(書誌學).

문형(文型)[명] 문장의 형태.

문형(文衡)[명] 대제학(大提學)①. [ter writer

문호(文豪)[명] 크게 뛰어난 문학가. 문웅(文雄). mas-

문호(門戶)[명] ①집으로 드나드는 문. door ②《동》문벌. ③긴요구가 되는 긴요한 곳. entrance

문호 개방(門戶開放)[명] ①문을 열어 아무나 드나들게 함. opening the door ②어느 나라의 항구나 영토를 그 나라의 경제적 활동을 위해 터놓음. ¶~정책(政策). open the door to foreign trade ③구속적인 금제(禁制)를 없이 함. 하다

문화(文火)[명] 약하고 뭉근하게 타는 불.《대》무화.

문화(文化)[명] ①자연을 이용하여 인류의 이상을 실현시켜 나아가는 정신 활동. culture ②세상이 깨어 살기 좋아짐. ③권력보다는 문덕(文德)으로써 백성을 가르쳐 이끎.

문화(文華)[명] ①문장의 화려함. 문조(文藻)①. flourish ②문명의 화려한 것. glory of civilization ③문장과 재화(才華). 필화(筆華). literary talent

문화(文狀)[명] 문장(文狀)②.

문화 가치(文化價値)[명]〈철학〉진·선·미 따위의 문화의 최고 기준이 되는 가치. ②어떤 것이 문화재로서 지니고 있는 가치.《대》생활 가치. cultural value

문화 경관(文化景觀)[명] 자연 경관에 인간의 문화적 활동이 가해져 이루어진 일정한 경치의 경관.《대》자연 경관.

문화 과학(文化科學)[명]〈철학〉온갖 역사적 현상을 연구 대상으로 하는 과학.《대》자연 과학.

문화 국가(文化國家)[명] ①문화의 향상 발전을 목적으로 하고 그것을 조장하는 것을 기본 방침으로 하는 국가. cultured nation ②군사력을 부정하고 문화 창조의 목표를 향해 국가 조직의 일체를 형성하는 평화주의 국가.

문화=권(─圈)(文化圈)[명] 어떤 공통적 특징을 가지는 문화의 세력권 안에 있는 지역. culture zone

문화 단체(文化團體)[명] 동일한 문화적 내용인 사상·감정에 의해 결합된 단체. ②문화적 산물.

문화=물(文化物)[명] ①문화적 가치 있는 사물. 문화재.

문화 변:용(文化變容)[명] 서로 틀리는 문화를 가지고 있는 개인의 집단이 지속적인 직접 접촉을 행하여 그 한쪽 또는 양쪽의 집단이 원래의 문화 유형에 변화를 일으키는 현상.

문화-병(─病)(文化病)《동》문명병. [treasure

문화-보(文化寶)[명] 문화상의 보물(寶物). cultural

문화 보:호법(─법)(文化保護法)[명]《법률》학문과 예술의 자유를 보장하고 과학자와 예술가의 지위를 향상시킴으로써 민족 문화의 창조 발전에 이바지함을 목적으로 1952년에 제정된 법률.

문화 복합(文化複合)[명] 어떤 공통된 기능을 수행하기 위하여 다수의 문화 요소가 결합되어 하나의 체계를 이룬 것.

문화-비(文化費)[명]〈경제〉①교육·예술 등 일반 문화 발전을 위하여서 필요로 하는 비용. ②가계비 중에서 사교·보건·위생·교통 등에 충당되는 비용.

문화=사(文化史)[명] 인간의 정신적·사회적 활동의 역사. 특히, 종교·과학·예술·법률·경제 따위의 국가 민족 전체에 대한 관계를 명확히 하는 역사. cultural history

문화 사:회학(文化社會學)[명]〈사회〉이상적 목표를 뜻하는 인간의 존재와 행위, 평가와 태도를 연구하는 사회학. cultural sociology

문화 산:업(文化産業)[명] 패션·외식(外食)·여가 산업 등 생활 문화 창조를 위한 산업의 총칭.

문화 생활(文化生活)[명]〈사회〉①문화 가치의 실현에 노력하여 문화재를 향수(享受)하는 생활. ②현대 문화를 능률적으로 향수하는 과학적이고도 합리적인 생활 양식.

문화 시:설(文化施設)[명]〈사회〉문화를 향상 발달시키는 데 필요한 설비. 도서관·학교·극장·박물관 등.

문화 심리학(文化心理學)[명]〈심리〉개인을 에워싼 문화 환경이나 언어·예술·종교 등의 문화 영역과 개인 심리의 관계를 연구함.

문화 영역(文化領域)[명]〈사회〉공통된 특정 문화의 특질적 분포와 문화적 관련이 발견되는 지리적 영역의 테두리.

문화 영화(文化映畵)[명]〈연예〉극영화 이외의 과학 영화·기록 영화 따위의 총칭. cultural film

문화 요소(文化要素)[명] 서로 밀접한 관계를 가지면서 전체의 문화를 이루는 요소. 곧, 정치·경제·문화·예술·학문·종교·풍습 등.

문화 유산(文化遺産)[명] 후대에 계승·상속될 만한 가치를 지닌 문화적 소산.

문화 유:형(文化類型)[명]〈사회〉문화의 여러 특징이 통합 형성되어, 그 양상이 통일화 의연을 가지고 완결된 체계를 이룬 유형.

문화-인(文化人)[명] ①문화적인 교양이 높은 사람. man of culture ②문화에 관한 일에 종사하는 사람.

문화 인류학(文化人類學)[명] 인류학의 한 분야. 생활 방식·관습 및 제도, 그 밖에 언어·학문·종교 등을 비교 연구하여, 인류의 역사를 종합적으로 밝히려는 학문.

문화=재(文化財)[명] 문화의 소산으로 역사상·예술상 가치가 높은 유형 문화재·무형 문화재의 총칭. 문화물①. cultural assets

문화재 경관(文化財景觀)[명] 문화적으로 가치가 있는 유물·유적이 자연 속에 배치되어 일정한 경치를 이루는 지역. 곧, 산소의 고찰·산성·탑 등의 경관.

문화재 관:리국(文化財管理局)[명] 문화재의 지정·보호·관리 등에 관한 사무를 관장하는 문화 체육부의 외국.

문화재 보:호법(─법)(文化財保護法)[명] 문화재의 보존·활용으로 국민의 문화 향상을 도모하고자 하는 법률. 다스리는 정치.

문화 정치(文化政治)[명] 힘으로 하지 않고 교화로써

문화=주의(文化主義)[명]〈철학〉문화를 사회 생활의 중심으로 삼아 정신과 물질의 양면에 걸쳐 그 발달 진보를 꾀하는 주의. culturism

문화 주택(文化住宅)[명] 살기 좋게 개량하여 꾸며서 보건·위생에 알맞은 신식 주택. modern house
문화 체육부(文化體育部)[명] 〈법률〉 행정 각부의 하나. 문화·예술·체육·청소년 및 관광에 관한 사무를 관장함. 〈약〉 문체부.
문화-촌(文化村)[명] ①문화 주택이 많이 있는 마을. model village ②문화 수준이 높은 촌락.
문화-층(文化層)[명] 과거의 문화를 아는 데 도움이 된다는 뜻에서, '유물 포함층'을 달리 부르는 말.
문화 포장(文化褒章)[명] 문화 예술 활동을 통하여 문화의 발달과 민중의 계몽에 공적이 현저한 자에게 수여하는 포장의 하나. 〔처·사상·문화 투쟁.
문화 혁명(文化革命)[명] 1966년에 시작한 중국의 정
문화 훈장(文化勳章)[명] 〈법률〉문화 예술 발전에 공을 세워 국민 문화 향상과 국가 발전에 기여한 공적이 현저한 자에게 수여하는 훈장.
문회(門會)[명] 문중의 일을 의논하기 위한 일가의 모
문:후(問候)[명] 편지로 문안함. ~하다
문훈(文勳)[명] ①학문상의 공적. meritorious cultural services ②정치상의 공적. meritorious political services
묻갈-・다[타] 파묻다. 장사하다〔葬〕.
묻:-그리[명] (口) 무꾸리.
묻-다[자] 풀·가루·때 같은 것이 들러붙다. be stained
묻-다[타] ①일정한 것을 다른 물건 속에 넣어 안 보이게 하다. bury ②일을 숨기어 감추다. cover
묻:-다[타][ㄷ불] ①모르는 일에 대하여 남에게 대답을 구하다. ¶길을 ~. ask ②불행한 일을 당한 이에게 인사의 말을 하다. 〔공〕 묻잡다. inquire ③추궁하다. ¶책임을 ~. charge with
묻을 무:[명] 움 속에 묻어 두고 겨울에 먹을 무. radish
묻:줌음[명] (口) 물음.
묻잡-다[타] 〔공〕 묻다³②.
묻히-다[자동] 묻게 하다. ¶팥고물을 ~. cover 묻음을 당하다. ¶땅속에 묻힌 보물. get buried
물[명] ①도처에 존재하는 무색 무취의 액체이며 생물의 생존에 있어서 잠시라도 없어서는 안 될 물질. water ②〈화학〉수소 2, 산소 1로 된 화합물. H_2O
물²[명] 물건에 묻어서 나타나는 빛깔. dyed colour
물[명] 물고기의 싱싱한 정도. ¶~이 좋은 생선.
물[의명] ①옷을 한 번 빨 때마다의 번수. ¶옷을 한 ~ 입었다. once ②채소·과일·해산물 따위의 사이를 두고 한목 무리로 나오는 차례. crop, hatch
물(物)[명] ①〈철학〉인간의 감각에 의해서 느껴 알 수 있는 사물, 또는 느껴 알 수는 없어도 그 존재를 사유할 수 있는 일체의 것. ②〈법률〉사람이 지배하고 이용할 수 있는 모든 구체적 물건.
-물(物)[접미] 물건. ¶청과~. 해산~.
・물[명] (口) 무리〔群〕.
물-가[가](物價)[명] 바다·강·못 따위의 가상사리. 수반(水畔). 수변(水邊). 애안(涯岸). shore
물가[-까](物價)[명] ①물건 값. price ②〈경제〉상품의 시장 가격. market price
물가-고[-까-](物價高)[명] 물건 값의 높음.
물가 동:태[-까-](物價動態)[명] 〈경제〉물가가 변동하는 상태. 〔하는 경향.
물가 동향[-까-](物價動向)[명] 〈경제〉물가가 변동
물가 등귀[-까-](物價騰貴)[명] 〈경제〉물건 값이 올라 비싸짐. 물가 등용. 〔騰貴〕.
물가 등용[-까-](物價騰踊)[명] 〔동〕물가 등귀(物價
물가리-나무(植名)[명] 낙엽 교목의 하나. 껍질은 흑갈색이며 6월에 꽃이 피고 열매는 9월에 익음. 과실은 식용하며 목재는 시탄(柴炭)·철도 침목·차량 기구재로 쓰임. 〔곱세이슨.
물가 연동제[-까-](物價連動制)[명] 〈경제〉임금·금리 따위를 일정한 방식에 따라 물가의 변동에 알맞게 조절하는 방법. 인덱세이션.
물가 저:락[-까-](物價低落)[명] 물건의 가격이 떨어짐. depression ~하다
물가 조절[-까-](物價調節)[명] 〈경제〉지나친 물가

의 등귀·저락을 알맞은 물가로 조절하는 일. price regulation ~하다
물가 지수[-까-](物價指數)[명] 〈경제〉물가의 변동·화폐의 가치 따위를 알기 위한 통계 숫자.
물가 통:제[-까-](物價統制)[명] 〈경제〉국가 기관이 물가의 지나친 등귀를 막기 위하여 물가의 수급(需給) 관계를 조절하는 일. price control ~하다
물가 평준[-까-](物價平準)[명] 〈경제〉물가 지수로써 나타내는 상품 가격의 평균 위치.
물각유:주(物各有主)[명] 물건에는 각각 그 주인이 있음. Everything has its owner ~하다
물-갈래[-깔-](명] 냇물이나 강물 따위의 갈려 나가는 가닥. 물이 갈려 나가는 부분. branch of a river
물-갈음[명] 광택이 나도록 석재(石材)의 표면에 물을 처가며서 가는 일. polishing stone with water ~하다
물-갈이[명] 논에 물을 넣고 가는 일. 〔대〕마른갈이. plough watered rice field ~하다
물-갈퀴[명] ①〈동물〉오리·기러기·개구리 따위의 발가락 사이에 있는 막(膜). web ②잠수할 때, 발에 끼는 오리발 모양의 물건.
물-감[깜](명] ①물들이는 재료. 염색의 재료. dyestuffs ②〈미술〉그림에 쓰이는 채료(彩料). 색료. 염료. water colour 〔simmon
물-감²[깜](명] 즙액(汁液)이 많은 감의 하나. juicy per-
물-개[-깨](명] 〈동물〉물개과에 딸린 바다 짐승. 사지는 지느러미 모양으로 헤엄쳐 물체임. 북태평양 등지에 군서(群棲)함. 온눌. 해구. 수달(水獺).
물-개고마리[-깨-](명] 물때까치. 〔fur seal
물-개아지[-깨-](명] 하늘밤도둑.
물갬-나무(植名)[명] 물오리나무.
물-거품[명] 풀물이나 오줌 같은 유동체로 된 거품. liquid fertilizer 〔〔땔나무. brushwood
물-거리[명] 싸리 따위의 잡목의 우죽이나 잔가지로 된
물-거리²[명] 물고기가 가장 잘 낚이는 때.
물-거:리[-꺼-](-距離)[명] 조수의 밀물이 찼을 때에 배가 다닐 수 있는 거리. navigable distance at high tide
물-거미[명] 〈동물〉①물거미과의 수생(水生) 거미. 몸 길이 1cm로 가늘고 긴데, 낮에는 풀 위의 집에 숨었다가 밤에 활동함. ②물위에 떠다니면서 사는 거미와 비슷하게 생긴 게아재비·소금쟁이 따위의 곤충. 〔사람의 비유. beanpole
물거미 뒷다리[명] 몸이 가늘고 다리가 길어 키만 큰
물-거울[명] 거울삼아 모양을 비추어 보는 물.
물-거품[명] ①액체가 외부나 내부의 기체를 머금어 생기는 방울. 수포(水泡). ②포말(泡沫). bubble ②노력이 헛되이 된 상태. coming to nothing
물건(物件)[명] ①일정한 형체를 가진 모든 것. 〔대〕인건(人件). thing ②〈민법〉유체물(有體物). object ③게 구실을 하는 것. 뛰어난 것. ¶놈 ~이야. something excellence
물건-비[-껀-](物件費)[명] 물건을 대상으로 한 비용. 〔대〕인건비(人件費). cost of supplies
물건을 모르거든 값을 더 주라[풀] 좋은 물건을 사려면 비싼 것을 사라. 〔damp house-cloth
물-걸레[명] 물을 묻혀 물기가 있게 하여 쓰는 걸레.
물걸레-질[명] 물걸레로 닦는 일. swabbing ~하다
물-것[-껏](명] 사람·동물의 살을 무는 벌레. 모기·빈대 따위. biting insects
물-결[-껼](명] ①바람에 의해 수면이 움직여서 올라갔다 내려갔다 하는 운동. 또, 그 운동의 형상. 물면에 생기는 높낮이의 무늬. 수파(水波). wave ②물결처럼 움직이거나 變이닥치는 것. ¶시대의 ~.
물결-치다[-껼-](자] 물결이 일어나다. wave
물-결²[-껼](명] 〈생리〉숱을 실로 된 가는 털.
물-겹것[명] 헝겊을 호아서 지은 겹옷.
물경(勿驚)[부] 엄청난 것을 말할 때 놀라지 말라는 뜻으로 앞에 오는 말. ¶부상자가 ~오만 명. surprisingly enough

물:경:단(一瓊團)圓 물에 삶아 고물을 묻히지 않고 꿀을 쳐서 물째 먹는 경단.

물계 찹쌀에 섞이어 있는 좋지 않은 쌀.

물계(物―)圓 물건의 시세. current price

물계(物界)圓 〈약〉→물질계(物質界).

물고(物故)圓 ①명사(名士)가 죽음. death of an eminent person ②죄인이 죽음. 또, 그 죄인으로 삼임. execution of a criminal 하다타

물고기[―꼬―]圓 물 속에서 사는 고기. 《약》 고기①. [fish

물고=나―다(物故―)전 죄인으로 죽다. [death

물고=내:다(物故―)타 죄인을 죽이다. put to

물고 놓은 범 미련이 있어 단념하지 못한다.

물고 늘어지다 ①입에 물고 놓지 아니한다. fasten one's teeth in ②제 손에 들어온 것을 빼앗기지 않으려고 잔뜩 힘을 쓰다. hold on to

물=고동[―꼬―]圓 수도 마개에 달아둔 쇠. water-tap

물=고랭이圓 〈식물〉 방동사니과의 다년생 풀. 줄기는 원주형으로 80~150 cm 정도이며, 이삭 줄기 꼭대기에 꽃까루가 나와 엷은 황갈색 꽃이 핌. 줄기는 자리를 치는 감으로 씀.

물고=올리―다(物故―)타 명령에 의하여 죄인을 죽이다. execute [입는 짧은 홑옷.

물고의(袴衣)圓 물에서 목욕하거나 일을 할 때에

물고=장[―짱](物故狀)圓 죄인을 죽이고 고하는 글. report on the execution [천. drain

물=곬 논의 물을 빼기 위하여 만든 작은 개

물과 불과 악처는 삼대 재액(재앙)圓 아내를 잘못 만나는 것이 인생의 큰 불행이다.

물=관(管)圓 〈식물〉 식물체의 뿌리로 빨아들인 물기와 양분을 줄기로 보내는 관 모양의 조직.

물괴(物恠·物怪)圓 물건으로서 괴상하게 된 것.

물교(物交)圓 〈약〉→물물교환(物物交換).

물=교자(―餃子)圓 〈동〉 물만두.

물구(勿拘)圓 〈동〉 불구(不拘).

물구나무=서기圓→물구나무서기 운동.

물구나무서기 운:동(―運動)圓 〈체육〉 몸의 균형·날램기·신경 계통의 단련을 목적으로 물구나무서는 운동. 《약》 물구나무서기.

물구나무=서―다전 두 손으로 땅을 짚고 거꾸로 서다. stand on one's hands [있는 구덩이.

물=구덩이[―꾸―]圓 ①물이 괴어 있는 진창. puddle

물=구멍이[―꾸―]圓 ①물이 흐르게 된 구멍. opening for drawing water ②광산에서 아래 쪽으로 물이 흐르는 남폭 구멍. [괴(變恠)가 생김.

물구=즉=신(物久則神)圓 물건이 오래도록 묵으면 변

물굴젓圓 아주 묽게 담근 굴젓. 담석화해(淡石花醢). thinly pickled oyster [굽음.

물=굽음성[―썽](―性)圓 〈식물〉 물기가 자극으로 된

물굽이[―꿉―]圓 강이나 바다의 물이 구부러져 흐르는 곳. bend in a river

물권[―꿘](物權)圓 〈법률〉 특정한 물건을 직접으로 지배하는 것을 내용으로 하는 권리. 소유권·점유권·지상권·저당권 따위. ¶~ 증권(證券). real right

물권 계:약[―꿘―](物權契約)圓 〈법률〉 물권의 변동을 내용으로 하는 계약.

물권 행위[―꿘―](物權行爲)圓 〈법률〉 직접 물권의 변동을 생기게 하는 법률 행위. 소유권 이전 행위·저당권 설정 행위 따위. 《대》 채권 행위.

물=귀:신[―뀌―](―鬼神)圓 ①〈민속〉 물 속에 들어 있다고 하는 잡귀(雜鬼). 수백(水伯). water demon ②자기가 곤경에 빠졌을 때에 남까지 끌고 들어가려는 자를 이르는 말. ③용모나 언행이 망측스럽고 흉한 사람을 비유하는 말. [in the water

물=그림자[―끄―]圓 물에 비치는 그림자. reflection

물=금[―끔](―金)圓 〈광물〉 금도에 수은을 넣고 찧을 때 금분과 수은이 합금된 물질. amalgam

물금(勿禁)圓 〈제도〉 관청에서 금지한 일을 특별히 허락하여 줌. 하다타 [한 문서(文書).

물금=체(勿禁帖)圓 〈제도〉 그때그때의 물금을 기록

물굿물굿=하―다[―귿―][―귿―]형여변 퍽 묽은 듯하다.

물굿=하―다[―귿―]형여변 진하거나 짙지 않고 묽은 듯하다. somewhat washy [sture

물기[―끼](―氣)圓 축축한 기운. 수분(水分). moi-

물=기둥[―끼―]圓 기둥처럼 솟구쳐 뻗는 물줄기. [주(水柱). spout

물=기름[―끼―]圓 물처럼 묽은 기름.

물=긷―다[―긷―]타ㄷ변 물을 푸거나 날라다 쓰다. draw water

물=길[―낄]圓 ①배를 타고 물로 다니는 길. 뱃길. 《대》 뭍길. ②물이 통하는 길. ¶~이 좋은 논. ③물을 얻기 위하여 지나다니는 길. water way

물=까마귀圓 〈조류〉 굴뚝새과의 새. 온몸이 흑갈색이며 눈 주위만 순백색을 띰. 산·개울 부근에 단독 또는 한 쌍이 서식하며 물 속의 곤충을 잡아먹음.

물=껍질圓 물 속에 뿌리를 박고 자라는 왕골이나 부들 따위의 겉껍질.

물=꼬圓 논에 물이 넘나들도록 만든 어귀. 무넘기. sluice gate

물=꼬챙이圓 〈식물〉 방동사니과의 풀. 줄기의 키는 30 cm 가량으로 잎은 없으며 봄과 여름에 줄기 꼭대기에 다갈색의 이삭꽃이 핌.

물짜리=아재비圓 〈식물〉 현삼과(玄蔘科)의 다년생 풀. 키는 30 cm쯤 되고 잎은 타원형으로 어긋남. 6~7월에 황색 꽃이 피고 산록의 습지에 남.

물끄러미圓 우두커니 한 곳만 바라보는 모양. 《작》 말끄러미. fixedly

물끄럼=말끄럼圓 서로 말없이 물끄러미 보다가 말끄러미 보다가 하는 모양. staring at each otherfixedly

물=나라圓 큰물이 진 지역. 물이 빠지지 않고 고인 지역. 수국(水國). flooded district

물=난:리[―亂離]圓 ①수재(水災)로 인하여 수라장을 이룸. flood ②식수가 달려 생기는 법석. water famine

물납(物納)圓 물품으로 세금을 바침. ¶~제(制). 《대》 금납(金納). payment in kind 하다타

물납=세(物納稅)圓 〈경제〉 화폐가 아니고 물품으로 바치는 세. 《대》 금납세(金納稅). tax payment in kind

물=내리―다전 기운이 빠지거나 사람이 풀기가 없어지다. ¶생선이 ~. 입학 시험에 떨어져 ~. lose strength [성긴 체에 다시 치다.

물=내리―다타 떡가루에 꿀물이나 맹물을 쳐 가면서

물=너울圓 크고 움직이는 바다 따위의 물결. swell

물=노릇圓 물을 다루는 일. 하다자

물=놀이圓 ①잔잔한 물면에 잔 물결이 일어나는 현상. rippling waves ②물가에서 노는 놀이. dabbling in water 하다자 [상하다. decay

물=다타ㄷ변 ①〈약〉→물구다. ②습기와 더위로 썩어서

물―다타ㄹ변 ①재물을 내어 손해를 갚다. indemnify ②남을 대신하여 재물을 내다. compensate on behalf of another ③돈을 내어 죄벌을 대신하다. ¶벌금을 ~. pay

물―다타ㄹ변 ①이빨이나 집게같이 벌어진 두 물건이 무엇을 사이에 넣고 누르다. bite ②물건을 입속에 머금다. ③곤충이나 벌레 따위가 주둥이 끝으로 살을 찌르다. ④〈속〉 사람이나 이권 등을 차지하다.

물=닭개비圓 〈식물〉 물옥잠과에 딸린 일년생 풀. 줄기는 5~6개가 총생하는데 높이 20 cm 가량이고, 잎은 넓은 피침형 또는 삼각상의 난형임. 7~8월에 청자색의 작은 꽃이 핌.

물=대[―때]圓 무자위의 관(管).

물=대:명(物代名詞)圓 사물 대명사(事物代名詞).

물덤벙=술덤벙圓 아무 대중없이 무슨 일에나 손을 대는 모양. recklessly 하다자

물=도래(―)圓 〈곤충〉 물도래과의 곤충. 몸 길이는 14~18 mm이고 몸 빛은 흑갈색이며 날개는 담황갈색임. 늦은 봄에서 초여름까지 냇가에 살며 등불에 날아들어옴. stonefly

물=독[―똑]圓 물을 담아 두는 독. water jug

물=동[―똥]圓 〈광물〉 광산 구덩이 안의 물이 흘러나가지 못하고 그 안에 괴도록 막아 세운 동바리.

물동(物動) 〖약〗→물자 동원.

물동 계획(物動計劃) 〖명〗물자를 동원하여 공급하는 계획.

물동량(物動量) 〖명〗물자가 유동하는 양.

물동이 물을 긷는 데 쓰이는 동이. water jar

물동이 자리 〖공업〗물동이를 받쳐 놓는 질그릇.

두부(豆腐) 〖명〗두부를 양념하고 대강 끓여 간장을 찍어 먹는 음식. bean curds cakes in water

물둑 〖명〗〖동〗제방(堤防).

물들다 〖로타〗①빛이 들어서 묻다. be dyed ②무엇을 따라 닮아 가다. ¶나쁜 친구에 ~. be imbued with [dye]

물들이다 〖타〗물감을 옮기어 묻게 하다. 염색하다.

물딱총(―銃) 〖명〗대통으로 만들어 물을 넣어 쏘는 장난감의 하나. squirt gun

물땅땅이 〖곤충〗물땅땅이과에 딸린 곤충. 몸 길이는 36mm 쯤 되며 빛깔은 검고 광택이 남. 못·늪에 서식하는데 한국·일본 및 동부 아시아에 분포함.

물때 〖명〗①〖동〗물참. ②밀물이 들어오는 시간. high-tide [fur]

물때 〖명〗물에 섞인 오물이 다른 데에 묻어 생긴 때.

물때까치 〈조류〉때까치과의 새. 등은 연한 잿빛, 날개에는 흰빛의 두 줄이 있음. 때까치 가운데 가장 큰 종류의 새로 작은 새·개구리·도마뱀을 잡아먹고 삶. 물까고까치.

물때 썰때 〖명〗①밀물 때와 썰물 때. high tide and low tide ②사물의 형편이나 내용. inside situation

물때 썰때를 안다 〖타〗사물의 형편이나 진퇴의 시기를 잘 안다.

물떼새 〖명〗물떼새과 새의 총칭. 〖약〗떼새②.

물통 〖명〗①〖명〗→물통①. ②물을 튀기어서 생기는 크고 작은 덩이.

물통 싸움 아이들이 물을 쳐서 서로 몸에 끼얹는 장난의 하나. 〖약〗물싸움②. splashing water to each other 〖하〗

물통―튀기다 〖타〗물을 쳐서 튀어가게 하다. splash water

둑새풀 〖식물〗논에서 자라는 풀. paddy field grass

물통이 〖속〗하마(河馬).

물라토(mulato) 〖명〗유럽질에 있어서, 포르투칼인 백인을 아버지로, 흑인을 어머니로 하는 혼혈아.

물량(物量) 〖명〗물건의 분량. amount of materials

물러가다 〖자〗①뒷걸음쳐 가다. move backward ②앞에서 도로 나가다. leave ③지위나 하던 일을 내어 놓고 가다. resign one's position ④앞으로 드디어 나가다. ⑤있던 현상이 사라져 가다. ¶일이 ~. 날짜가 ~. delay

물러나다 ①면던 일을 그만두고 나오다. withdraw ②꼭 끼었던 것의 틈이 벌어지다. loosen ③앞에서 도로 나오다. leave ④뒤로 가다. 후퇴하다.

물러서다 ①뒤로 나서다. move backward ②지위를 내어 놓고 비켜서다. retire ③맞서서 버티던 일을 그만두다. concede

물러앉다〖ㅡ안〗①뒤로 물러나 앉다. move one's seat backward ②지위를 내놓고 그만두다. retire

물러오다 가다가 피하여 도로 오다. come back

물러지다 ①푹 익어 녹실녹실하여지다. soften ②삭 켰던 마음이 누그러지다. become tender ③산 물건을 도로 갖다 주고 돈을 받아 오게 되다. be sent back ④시간 또는 기일을 연기할 수 있게 되다. be postponed

물렁거리다 건드리는 대로 물렁한 느낌을 주다. 〖재〗말랑거리다. **물렁물렁** 〖하〗

물렁뼈 〖명〗〖동〗연골(軟骨). [줄기.

물렁살 〖어류〗물고기의 지느러미를 이룬 물렁한

물렁 조직(―組織) 〖명〗〖동〗연한 조직.

물렁 팔주(―粥) 〖명〗①무르고 약한 사람의 비유. feeble person ②물러서 뭉그러지기 쉬운 물건. squash

물렁하다 〖여타〗①물기가 많고 부드러워 보이다. mellow ②성질이 야무지지 않다. 〖작〗말랑하다. weak

〖차〗 방차(紡車). spinning wheel

물레나물 〈식물〉물레나물과의 다년생 풀. 높이는 목질로 50~100cm 가량 자라며 잎은 긴 타원형 또는 피침형임. 여름과 가을에 줄기와 가지 끝에 누른 꽃이 핌.

물레=바퀴 〖명〗①물레에 달린 바퀴. spinning wheel ②물레방아에 붙어 있는 큰 바퀴. water wheel

물레=방아 〖명〗물레바퀴의 물을 내리쏟는 물의 힘으로 돌리어 찧는 방아. 물방아. 수차(水車). water-mill

물레=새 〈조류〉할미새과의 새. 날개 길이 8cm, 꽁지 6.5cm 가량으로 등은 회갈색 배는 황백색이며 가슴에는 검은 띠가 있음. 높은 나무에 집을 짓는 특징이 있음. [고]

물레=질 〖명〗물레를 돌려 고치로 실을 뽑아 내는 일. 〖하〗

물렛—줄 〖명〗물레의 몸과 가락에 걸쳐 감은 줄. spinning-wheel belt [inherit]

물려=받다 재물이나 지위 같은 것을 뒤이어 받다.

물려=주다 〖타〗재물·지위 같은 것을 자손 또는 남에게 전하여 내려 주다. hand over

물려=지내다 〖타〗귀찮으면서도 어쩔 수 없어서 이러저럭 지내다. live under control against one's will

물력(物力) 〖명〗①물건의 힘. ②온갖 물건의 재료와 노력. 물력(物役)②.

물렴(勿慮) 〖명〗〖하〗조심성 있게 삼감이 없음. 〖하〗

물론(勿論) 〖명〗말할 것도 없음. 〖부〗말할 것도 없이. 무론(無論). of course

물론(物論) 〖명〗〖동〗물의(物議).

물료(物料) 〖명〗물건을 만드는 재료.

물료(物療) 〖약〗→물리 요법(物理療法). [bles

물루(物累) 〖명〗몸을 얽매는 세상의 온갖 피로움. trou-

물류(物類) 〖명〗①세상에 있는 모든 물건. 만물(萬物). ②인간 이외의 벌레 따위. [물리학(物理學).

물리(物理) 〖명〗①만물의 이치. law of nature ②→

물리 광학(物理光學) 〖물리〗빛에 대하여 연구하는 물리학의 한 분과(分科). 파동 광학. physical optics

물리=다 싫증이 나다. 다시는 하기가 싫을 만큼 약치가 나다. ¶콩밥만에 ~. get sick of

물리=다 〖타〗음식을 푹 익혀서 무르녹게 만들다. soften

물리=다 〖타〗①기한을 뒤로 미루다. postpone ②지위·권리·재물 따위를 다른 사람에게 내려 주다. hand over ③다른 쪽으로 옮겨 놓다. remove ④〈건축〉뒷간을 달아 만들다.

물리=다 자리를 치우기 위해 거기에 놓인 물건을 집어 내다. ¶밥상을 ~. take things away

물리=다 무닥거리 따위를 하여 귀신 따위를 쫓아내다. expel

물리=다〖피동〗입이나 집게 사이에 끼이게 되다. 〖사동〗입이나 집게 같은 것으로 물게 하다. made to hold a thing between one's mouth

물리=다〖사동〗돈을 물게 하다. made to pay

물리 변화(物理變化) 〖명〗〖동〗물리학적 변화.

물리 성학(物理星學) 〈천문〉천체(天體), 특히 혹성(惑星)과 달의 운동을 역학으로써 논하는 천문학의 한 분과.

물리 신학적 증명(物理神學的證明) 〈철학〉자연에 있어서의 합목적성(合目的性)을 보고, 그 목적을 주는 최고 지혜의 원인성을 신(神)에 돌림으로써 신의 존재를 증명하는 따위.

물리 요법(―療法)(物理療法) 〈의학〉약을 쓰지 않고 열·전기·뢴트겐·공기 따위의 물리적 작용을 이용한 치료법. 〖대〗화학 요법(化學療法). 〖약〗물료(物療). physical treatment or physiotherapy

물리 원자량(物理原子量) 질량수 16의 산소 원자의 질량의 1/16을 단위로 측정한 원자의 질량. 〖대〗화학 원자량.

물리적 결정론[—정—](物理的決定論)[명]〈심리〉의지(意志)를 물리적 인과(因果)의 연쇄(連鎖) 중의 일환(一環)으로 보는 설.

물리적 변:화(物理的變化)[명][동] 물리학적 변화.

물리적 이:중성(物理的二重星)[명][동] 연성(連星).

물리-치-다[타] ①받지 않고 돌아가게 하다. reject ② 물리가게 만들다. repulse

물리 탐광(物理探鑛)[명]〈물리〉지하 자원의 탐색에 그 위치·형상·크기·지하의 지질 구조를 여러 가지의 물리적 및 지구 물리적 양의 측정 따위에 의하여 탐지함을 총칭하여 말함. geophysical prospecting

물리학(物理學)[명] 물질 세계에 일어나는 온갖 현상의 기초인 힘·운동·열·소리·빛·전자기 현상, 물질의 구조, 에너지 따위의 현상 및 이들 사이의 관계 법칙 등에 관하여 연구하는 자연 과학의 한 부문. 《약》물리②. physics

물리학적 변:화(物理學的變化)[명]〈물리〉물질의 성분은 변화함이 없이 다만 상태만 변화하는 현상. 물리 변화. 물리적 변화. 《대》화학 변화. 화학적 변화. physical change

물리학적 세:계(物理學的世界)[명]〈물리〉물리학적 법칙에 지배되는 모든 자연계. physical world

물리학적 세:계관(物理學的世界觀)[명]〈물리〉물리학적으로 세계를 보는 관념. physical outlook on the world

물리학적 세:계상(物理學的世界像)[명]〈물리〉물리적으로 논할 수 있는 세계의 형상.

물리 화:학(物理化學)[명] ①〈화학〉화학의 한 부문. 물리학의 이론을 기초로 하거나, 물리학적 측정 방법을 이용하여 물질의 구조, 화학적 성질, 화학 변화 따위를 연구하는 학문. physical chemistry ②물리학과 화학.

물림[명] ①정한 날짜를 뒤로 미룸. postponement ②〈건축〉집채의 원칸 앞뒤에 딸린 반간 또는 그 안 팎 툇로의 간살. 퇴(退)①.

물림-쇠[명] 나무를 배접할 때 양쪽에서 꼭 끼어서 물러서 죄어지도록 두들기는 쇠. clip

물마[명] 비가 많이 와서 땅위에 넘치는 물. overflow

물-마개[명] 물이 나오지 않게 막는 마개. drain plug

물마디-꽃〈식물〉부처꽃과의 일년생 풀. 무논에 나는데, 줄기 높이 15 cm 가량으로 줄기의 빛은 적갈색이고 잎은 긴 타원형으로 맞물혔음. 8~9월에 담홍색의 작은 꽃이 핌.

물-마루[명] 바닷물의 마루터기. 물이 높이 솟은 그 고비. 수종(水宗). 파두(波頭)①. crest of wave

물-만두(—饅頭)[명] 물에 삶은 만두. 물교자(—餃子).

물만-밥[명] 물에 말아서 풀어 놓은 밥.

물만밥이 목이 메다[관] 물에 말아 먹어도 밥이 잘 넘어가지 않을 정도로 매우 슬픔에 겨움을 이르는 말.

물-말이[명] ①물에 만 밥. 수화반(水和飯). boiled rice mixed with water ②물에 흠빡 젖은 옷 따위. drenched clothes

물-맛[명] 먹는 물의 맛. taste of water

물망(物望)[명] 사람들이 높이 우러러보아 드러난 이름. popular expectation

물망-초(勿忘草)[명]〈식물〉지치과의 다년생 풀. 키는 15~30 cm 이며 잎은 긴 타원형으로 가장자리에 톱니가 있음. 봄·여름에 줄기가 나와 청남색 꽃이 핌. forget me not

물-맞이[명] 병을 고치기 위하여 약수터에서 약수를 먹고, 또 몸을 씻는 일. taking mineral water 하[재]

물매〈건축〉비탈진 정도. 경사의 정도. ¶지붕의 ~가 싸다. incline

물매²[명] 곡식을 물에 섞어서 갈 때의 그 맷돌을 이름.

물매³[명] 매흙을 물에 묽게 타서 벽이나 방바닥에 바른 것. plastering a wall or floor with clay

물-매(—)[명] 과실 따위를 떨어뜨리기 위하여 던지는 몽둥이.

물=매[명] 많이 때리는 매. 뭇매. sound thrashing

물=매미[명]〈동〉무당선두리.

물=매-질[명] ①물매를 치는 짓. sound thrashing ②물매로 과실 따위를 따는 일. 하[자][타]

물매-화-풀(—梅花—)[명]〈식물〉물매화과의 다년생 풀. 7~9월에 매화꽃 비슷한 흰 꽃이 피고, 열매는 익으면 작은 씨가 산포됨. 산기슭의 습지에 나는데, 꽃이 아름다워 관상용으로 심음.

물-먹다[자] ①물을 마시다. drink ②식물이 물을 양분으로 빨아들이다. ③종이·헝겊 같은 것에 물이 배어서 젖다. be swamped

물=멀미[명] 강이나 바다 따위의 넘실거리는 큰 물을 보면 어지러워지는 병증. seasickness 하[재]

물면(—面)[명] 물위의 면. 물의 바닥. 수면(水面). surface of water

물명(物名)[명] 물건의 이름. names of articles

물-모[명] 물 속에서 자라는 어린 볏모.

물-모래[명] 바닷가나 냇가에서 파온 모래. sand from seaside or riverside

물-목[명] ①물이 흘러 나가거나 흘러 들어오는 어귀. water way ②〈광물〉사금(砂金)을 씻어 가릴 때에 금이 제일 많이 모인 맨 위의 부분.

물목(物目)[명] 물품의 목록. list of articles

물-못자리[명] 물이 늘 괴어 있는 못자리. [sledge

물-몽둥이[명] 대장장이나 석수가 쓰는 큰 쇠메의 하나.

물-문(—門)[명]〈토목〉물을 가두었다가 빼었다 할 수 있도록 만든 문. 수문(水門). 갑문(閘門). 수갑(水閘). sluice

물문(勿問)[명] 내버려 두고 다시는 묻지 아니함. 하[타]

물물(物物)[명] ①물건과 물건. ②여러 가지 물건.

물물 교환(物物交換)[명]〈경제〉교환의 원시적 형태. 물품을 화폐 따위의 매개 없이 직접 물건과 물건을 교환하는 매매의 형태. 환매(換買). 《약》물교(物交). barter trade

물물-이[명] 채소·해산물 등이 때를 따라 한목 한목 모개가 무리로 나오는 모양. ¶수박이 ~ 나오다. in occasional clumps [land

물-뭍[명] 물과 뭍. 바다와 육지. 수륙(水陸). sea and

물물 동물(—動物)[명] 물이나 뭍에서 다 살 수 있는 동물. 개구리·도롱뇽 따위. 양서 동물(兩棲動物). amphibious animals

물미[명] ①땅에 꽂기 위해 긴 창대 끝에 낀 뾰족한 쇠. ②지게꾼들의 작대기 끝에 끼우는 쇠. spike

물미-작대기[명] 물미를 낀 지겟작대기. spiked prop

물밀-다[자][불] 조수가 육지로 밀려오다. rise [오는 모양. ¶구경꾼이 ~ 몰려온다.

물밀-듯이[명] 물결이 밀려오듯이. 연달아 많이 몰려

물-밑[명] ①〈건축〉땅이나 재목의 짜임새를 수평이 되게 측량할 때 수평선의 아래. 물알①②. ②물이 실려 있는 바닥. 수저(水底). 《대》물위. bottom of the water ¶물박. gourd for dipping bottom of

물-바가지[—빠—][명] 물을 푸는 데 쓰이는 바가지. 《약》

물-바다[명] 홍수로 말미암아 상당한 지역의 침수 상태를 이르는 말. submersion

물-바람[—빠—][명] 강이나 바다 등 물 있는 쪽에서 불어오는 바람. wind blowing over the water

물-박[—빡][명]《약》물바가지.

물박 정후(物薄情厚)[명] 물질적인 대우는 박하나 정신적인 우정은 매우 두터움.

물 밖에 난 고기[관] ①제 능력을 발휘할 수 없는 처지에 놓이는 사람을 이르는 말. ②죽고 사는 운명이 이미 결정되어 있거나, 목숨이 경각(頃刻)에 달하여 있음을 비유하는 말. 도마 위에 오른 고기.

물-받이[—바지][명] 처맛 따위의 처마끝에 달아서 빗물을 받아 통으로 내리게 한 것. drain pipe

물-발[—빨][명] 물이 흐르는 기세. 물살.

물-밥[명] 무당이 굿을 하거나 말릴 때에, 귀신에게 준다고 물에 말아 던지는 밥.

물-방개〈곤충〉물방개과의 갑충. 연못·무논에 사는데, 길이 4 cm, 등은 흑색에 다소 녹색·황갈색을 띠며, 하면과 다리는 황갈색, 겉날개는 딱딱하

물방아 혈식이고, 뒷다리는 헤엄치기에 적당함. 말senden리.
물-방아〖명〗 ①흐르는 물의 힘으로 찧는 방아. 수대(水碓). water-mill ②〖동〗 물방아떼박.
물방아-채〖명〗 물방아 위에 가로지르는 나무.
물방앗-간(—間) 물방아로 곡식을 찧는 집.
물-방울[—빵—]〖명〗 떨어져 나온 물의 작은 덩이. 수적(水滴). 적수(滴水). drop of water
물-배 ①물만 마시어 채운 배. getting filled with nothing but water ②새김질하는 동물이 물을 먹으면 불러 오르는 오른쪽 배.
물-뱀〖동물〗 ①물뱀과에 속하는 뱀. 바다에 사는 독사로, 머리가 작고, 주둥이는 부리 모양으로 뾰족함. 몸 빛은 황색 또는 감람색이며, 띠 모양의 흑색 무늬가 많이 있음. ②물 속에서 헤엄치며 물고기를 잡아먹는 뱀의 총칭.
물-벌레〖곤충〗 ①물 속에서 사는 벌레의 총칭. water insect ②물벌레과에 속하는 곤충. 연못·늪에서 서식함.
물-법[—뻡]〖물법〗〖명〗〖법률〗 국제 사법(國際私法)상의 법규(法規) 적용을 그 물건이 있는 곳의 법으로 적용하게 하는 법. (대) 인법(人法).
물-베개〖의학〗 환자의 체온을 조절하기 위하여 찬물·더운물 따위를 넣은 고무나 방수포 베개. 수침. water-pillow 「in the husk
물-벼 말리지 않아 물기가 많은 벼. undried rice
물-벼락 벼락을 맞듯이 물을 갑자기 뒤집어씀. 물세례. ¶~ 맞다. sudden down fall of water
물-벼룩〖동물〗 물벼룩과에 속하는 절지(節肢) 동물의 하나. 벼룩과 비슷하며 몸 빛은 무색 또는 담홍색을 띰. 유기물이 많은 민물에 살며, 물고기의 먹이로 배양도 함. water flea
물-병[—甁]〖명〗 ①먹을 물을 넣어 두는 병. water bottle ②〖불교〗 부처 앞에 물을 담아 바치는 병.
물병-자리[—甁—]〖명〗〖천문〗 황도 위의 한 별자리. 10월 하순 저녁녘에 남중(南中)함. 보병좌(寶瓶座). 「thrashing to all 하—
물-보낌〖명〗 여러 사람을 모조리 매질함. give sound
물-보라〖명〗 물결이 바위에 부딪혀 안개 모양으로 흩어지는 잔 물방울. spray 「up a spray of water
물보라-치-다〖동〗 물결이 일어 물보라가 생기다. send
물보-험(物保險)〖명〗〖약〗=물적 보험(物的保險).
물 본 기러기〖명〗 바라던 바가 이루어져 득의 양양함. 수견안(水見雁).
물-볼-기〖제도〗 여자에게 태형(笞刑)이나 곤장(棍杖)으로 칠 때, 옷에 물을 끼얹고 매를 때리던 일. ¶~ 치다.
물-봉·숭아/물-봉·선화(—鳳仙花)〖식물〗 봉선화의 일년생 풀. 물기는 홍색을 띠고 60cm쯤 자라며 잎은 톱니가 있고, 7∼8월에 잎겨드랑이에서 나와 엷은 자줏빛의 아름다운 꽃이 핌. touch-me-not
물-부리[—뿌—]〖약〗=담배물부리.
물-분(—粉)〖명〗 ①물에 젠 분. ②액체로 되어 있는 분. 수분(水粉). (대) 가루-분.
물-불〖명〗 물과 불. water and fire
물불을 가리지 않는다〖관〗 어떠한 위험이라도 헤아리지
물-비누〖명〗 액체로 된 비누. 「않고 뛰어든다.
물비린내〖명〗 물에서 나는 비릿한 냄새. fishy smell
물비 소·시(勿祕昭示)〖명〗〖민속〗 숨김없이 밝혀 보라는 뜻으로 점장이의 주문(呪文)의 끝마다 함.
물-빈대〖곤충〗 물빈대과의 곤충. 몸은 타원형으로 남작스름하고 날개가 있음. 몸 빛은 녹색을 띤 푸른빛이고 배는 암황색임. 물에 살며 작은 물고기·곤충을 포식함(金利器).
물-빛[—삣]〖명〗 ①물감의 빛깔. colour of dye ②물과 같은 빛깔. 곧, 엷은 남빛. light blue 「하—
물-빨래〖명〗 기계나 약품을 쓰지 아니하고 물로 빠는 빨
물-뽕〖명〗 비를 맞아 젖은 뽕잎. wet mulberry leaves
물산(物産)〖명〗 그 고장에서 생산되는 물건. product

물-살[—쌀]〖명〗 물의 흐르는 도도, 또는 그 힘이나 발. force of current 「동물(水棲動物).
물살이-동·물(—動物)〖명〗 물 속에서 사는 동물. 수서
물상(物象)〖명〗 ①물리·화학·생물·광물학 등의 총칭. science of inanimate nature ②생명이 없는 물체의 현상(現象). material phenomena
물상(物像)〖명〗 물체의 모습. image of a thing
물상 객주(—客主)〖명〗〖물상객주〗 장사치들을 집에 치르고, 그들의 상품을 거간하는 영업. 또, 그러한 사람. brokerage, broker 「擔保).
물상 담보[—쌍—](物上擔保)〖명〗〖동〗 물적 담보(物的
물상 대·위[—쌍—](物上代位)〖명〗〖법률〗 변형(變形)된 대표물(代表物)이 대신하여 담보의 내용을 형성(形成)하는 일. surrogation
물상 보·증인[—쌍—](物上保證人)〖명〗〖법률〗 남의 빚을 담보(擔保)로서, 자기의 소유물에 질권(質權) 또는 저당권(抵當權)을 설정 부담하는 사람. guarantor on property
물상 청구권[—쌍—](物上請求權)〖명〗〖법률〗 물권(物權)의 침해에 대하여, 그 물건 자체의 지배력을 회복, 또는 예방하려는 청구권. real action
물-새[—쌔]〖조류〗 ①생활 조건이 물과 밀접한 관계를 가지는 새의 총칭. 수금(水禽). 수조(水鳥). water fowl ②〖동〗 쇠새.
물-색[—쌕]〖물색〗 ①물건의 빛깔. colour of substance ②어떤 표준하에 일정한 사람이나 물건을 찾아 고름. selection ③생김새나 복색을 증거삼아 사람을 더듬어 찾음. search 하—
물색-없:다[—쌕—]〖형〗 언행이 조리에 닿지 아니하다. unreasonable **물색-없:이**〖부〗
물샐틈-없·다[—틈—]〖형〗 ①조금도 빈틈이 없다. watertight ②아주 엄밀하게 단속되어 있다. strict ③아주 음모의 주도하다. cautious **물샐틈-없:이**〖부〗
물선(物膳)〖명〗 ①음식을 만드는 재료. ②〖동〗 선(膳物).
물성(物性)〖명〗 ①물건의 성질. properties of matter ②〖철학〗 자아성(自我性)에 대하여 물건의 보편 성질. 「분야. theory of properties of matter
물성-론[—썽—](物性論)〖명〗〖물리〗 이론 물리학의 한
물-세[—쎄](—稅)〖명〗 관개 용수(灌漑用水)의 요금이나 수도세. water tax
물-세·다[—쎄—]〖명〗〖법률〗 집·토지 따위 물건을 과세의 대상으로 하는 세금. 대물세(對物稅). (대) 인세(人稅). real tax
물-세·례(—洗禮)〖명〗 ①〖기독〗 기독교 신자가 세례를 받는 의식의 하나. 물로써 원죄를 깨끗이 씻고 새로운 생명으로 태어남을 상징함. baptism by effusion ②〖유〗=물벼락.
물-소[—쏘]〖동물〗 소과의 동물. 보통 소와 비슷한데 체모(體毛)는 회색 또는 회청색이고 잔털이 거칠게 남. 체질이 강건하고 내열과 병에 대한 저항성이 강하여 수전(水田) 지대의 운반용·경식용으로 사육함. 동남아에 많이 분포함. 수우(水牛). buffalo 「하—
물-소[—쏘](—騷)〖명〗 세상이 시끄러움. disturbance
물-소리[—쏘—]〖명〗 물이 떨어지거나 흐르거나 흔들리거나, 또는 무엇에 부딪혀 나는 소리.
물-손[—쏜]〖명〗 ①반죽이나 떡 등의 질고 된 정도. quantity of water added in cooking ②물 묻은 손. wet hand
물손-받·다[—쏜—]〖동〗 밭곡식이나 푸성귀 따위가 물의 해를 입다. suffer damage from flood
물-송편〖명〗 ①반죽한 멥쌀가루를 끓는 물에 삶아 내어 찬물에 담갔다가 건져낸 떡. 주송병(水松餅). ②끓는 소금 물에 넣어 익혀서 바로 물에 묻혀 내는 떡.
물-수·건[—쑤—](—手巾)〖명〗 물에 적신 수건. 음식점 따위에서 식사 전에 손을 씻도록 소독하여 내놓는 수건. wet towel
물-수란(—水卵)〖명〗 달걀을 깨어서 그대로 끓는 물에

넣어 반쯤 익힌 음식. 담수란(淡水卵).
물=수레명 ①길에 먼지가 나지 않게 물을 뿌리는 수레. 살수차(撒水車). water sprinkler ②음료수 또는 기타의 물을 싣고 다니는 수레. water cart
물=수세미[-쑤-]명 〈식물〉개미탑과의 다년생 물풀. 줄기는 가늘고 길이 50 cm 내외이며, 녹갈색이고 흰빛을 띤 녹색임. 꽃은 엷은 누른빛 또는 흰빛임.
물수제비=뜨다자모 얇고 둥근 돌이 물위를 담방 담방 뛰어가게 팔매치다. play ducks and drakes
물=숨[-쑴]명 떨어지거나 내뿜는 물의 세력. ¶~이 세다.
물시[-씨](勿施)명 하려던 일을 그만둠. suspens-
물=시계[-씨-](-時計)명 ①옛날 시계의 하나. 물을 이용하여 시간을 재는 시계. water-clock ②〈속〉상수도의 계량기. water gauge
물=시:중[-씨-]명 물심부름. ②모판이나 논에 물을 대는 일을 뒷바라지 하며 돌보는 일. 하타
물=신선[-썬-](-神仙)명 좋은 말을 들어도 기뻐할 줄 모르고, 언짢은 말을 들어도 성낼 줄도 모르는 사람.
물신 숭배[-씬-](物神崇拜)명 〈종교〉 모든 물건에 초자연적인 힘이 있다고 믿어 숭배하는 일. 원시 종교의 공통 현상임.
물:실 호:기[-썰-](勿失好機)명 좋은 기회를 놓치지 않음. 하타   [음을 받다. matter and mind
물=심[-씸](物心)명 물질과 마음. ¶~ 양면으로 도
물=심:부름[-씸-]명 세수물·숭늉 따위를 나르는 심부름. 물시중①. going to fetch water 하타
물심 양:면(物心兩面)명 물적·심적의 양면.
물심 일여(物心一如)명〈불〉물아 일체.
물=싸움명 ①논·수도·논물가에서 물 때문에 일어나는 다툼질. irrigation dispute ②〈약〉=물총 싸움. 하타
물=써:다자 조수가 물러 나가다. (때 물밀다. ebb
물썽=하:다형여 사람됨이 물러서 보기에 만만하다. weak-kneed
물=쑥명〈식물〉엉거시과의 다년생 풀. 잎은 쑥잎 비슷하나 좀 넓고 등에 희읍스름한 털이 배게 남. 물가나 진펄에 남. ¶~차(茶).
물=쓰듯면 돈이나 물건을 아낌없이 함부로 쓰는 모양. muddle way money 하타
물씬면 ①냄새가 갑자기 코를 찌르는 모양. smelling ②연기가 나는 모양. 〈작〉몰씬.
물씬=거리다자 무르고 걷히는 대로 자꾸 쭈그러지다. 〈작〉말씬거리다. 물씬거리다. **물씬=물씬**1면 하타
물씬=물씬2면 ①냄새가 갑자기 연이어 코를 찌르는 모양. ②연기가 연이어 나는 모양. 〈작〉몰씬몰씬.
물씬=하:다형여 폭 익은 것이 물씬물씬하리만큼 무르다. 〈작〉말씬하다. 물씬하다. 물씬=히면
물아(物我)명〈철학〉①남과 나. 외물(外物)과 자아(自我). external objects and ego ②주관과 객관. subject and object ③물질계와 정신계. matter and spirit   downriver area
물=아래명 물이 흘러 내리는 쪽의 땅.
물=아범명 물긷는 일을 맡아 하는 남자 하인. (때 물어미. water carrier
물아 일체(物我一體)명〈철학〉외물(外物)과 자아(自我) 또는 객관과 주관인 내가 하나가 됨. 물심 일여(物心一如). unity of matter and spirit
물=안개명 비 오듯이 많이 내리는 안개. dense fog
물=안:경(-眼鏡)명 물 속에서 볼 수 있도록 만든 안경. 수중 안경.
물=알명 ①〈건축〉경사의 정도를 알기 위하여 쓰는 수평(水平) 속의 물방울. ②〈동〉물밑.
물=알명 아직 덜 여문 물기가 많고 말랑한 곡식의 알. unripe grain
물알=들다자모 햇곡식에 물알이 생기다.
물=앵두(-櫻桃)명 물앵도나무의 열매.
물=앵도나무(-櫻桃-)명〈식물〉인동과에 딸린 갈잎

멀기나무. 줄기 속은 갈색이고 가운데가 비었으며 잎은 타원형임. 여름에 흰 꽃이 피고 장과는 가을에 황홍색으로 익음. honeysuckle
물=약[-략](-藥)명 ①액체로 된 약. 수약(水藥). liquid medicine ②탕약.   [이 나음. 하타
물약 자효(勿藥自效)명 약을 쓰지 않아도 저절로 병
물어=내:다타 ①남에게 돈을 돌려 주다. indemnify ②집안 말을 밖에 퍼뜨리다. ③물건을 몰래 집어 내다. reveal   [받다.
물어=내리다타 웃어른에게 물어서 명령이나 지시를
물어=넣:다타 모자라거나 써 버린 공금 따위를 갚아 넣다. indemnify for
물어도 준치, 썩어도 생치족담 비록 상했으나 그 본질의 뛰어남에는 변함이 없음.
물어디=다타〈교〉 묻어지다.   [off
물어 떼:다타 이나 부리로 물어서 떨어지게 하다. bite
물어 뜯다타 이나 부리로 물어서 뜯다. 〈약〉무뜯다. bite off   [water-carrying woman
물=어미명 주로 물을 긷는 여자 하인. (때 물아범.
물어=박지르다자르 짐승이 달려들어 물고 차거나 들고 하여 넘어 뜨리다. run amuck
물어=주:다타 남의 물건에 대하여 입힌 손해를 대신 물건이나 돈으로 갚아 주다. compensate
물=억새〈식물〉포아풀과의 다년생 풀. 잎은 선상(線狀)으로 잔털이 있음. 9월에 꽃이삭이 나와 처음에는 갈색이나 황색으로 변함. 강. 연못가의 습지에 남. common reed
물에 물 탄 듯 술에 술 탄 듯족담 말이나 행동이 분명하지 아니하다는 말.
물에된=바위명〈동〉수성암(水成岩). 퇴적암(堆積岩)
물에 빠져도 주머니 밖에 뜰 것 없다족담 몸에 아무 것도 지닌 것 없는 가난한 사람이다.
물에 빠지더라도 정신은 잃지 마라족담 아무리 어려운 처지나 고생스런 경우라도 정신을 차리고 일을 수습하면 잘 되게 마련이다.
물에 빠진 놈 건져 놓으니까 망건 값 달란다족담 남에게 은혜를 입고서도 그 공을 알기커녕 도리어 원망한다.   [함을 이르는 말.
물에 빠진 생쥐족담 몸이 물에 흠뻑 젖어 몰골이 초췌
물에 죽을 신수면 접시 물에도 빠져 죽는다족담 사람은 대수롭지 않은 일에 죽기도 한다.
물=여뀌[-려-]명〈식물〉마디풀과에 속하는 다년생 풀. 줄기 높이 30 cm 이상이고 잎은 긴 타원형이며, 여름에 담홍색의 잔꽃이 핌. 물 속 또는 물가에 남.
물=여우[-려-]명〈곤충〉날도래과의 유충의 통칭. 몸은 원통형으로 길이가 2~6 cm 쯤 되고, 분비액으로 고치를 지어 그 속에 들어 물위를 떠돌아 다니며 곤충을 잡아먹고 삶. 낚싯밥으로 씀. 단호(短狐). 석잠. caddis worm
물여우=나비[-려-]명〈곤충〉물여우나비과의 곤충. 머리와 가슴에는 회고 누른 빽빽한 털이 있고 낱개에는 잔털이 있음. 어른이 되는 날아듬. 사얼수. 석잠수.   [따위의 총칭. ②〈동〉물력(物力)②.
물역(物役)명 ①집을 짓는 데 쓰는 돌·기와·모래·흙
물역 가:게(物役-)명 건축에 쓰이는 돌을 파는 집. construction materials store
물역 장사(物役-)명 건축에 쓰이는 돌·모래·흙 등을 파는 장사. dealer in construction materials
물=엿[-렷]명 아주 묽게 곤 엿. millet jelly
물=오르다자르 ①봄철에 나무에 물기가 오르다. come to life ②구차하게 살던 사람이 돈이 생기다. get money
물=오리명〈동물〉오리과의 야생 오리의 하나. 집오리의 원종(原種)으로 낱개 길이 24~30 cm, 꽁지 7.5~10 cm 가량 됨. 해안·연못 등에 서식함. 겨울철에 우리 나라에 와서 월동을 하는 후조(候鳥)임. 천둥오리. 야목. 야압(野鴨). duck
물오리=나무(-)명〈식물〉자작나무과의 낙엽 활엽 교목. 나무 껍질은 적갈색이며 잎은 원형으로 톱니가 있

음. 4월에 꽃이 피고 10월에 작은 견과(堅果)가 익음. 기구재·나막신·시탄(柴탄)으로 쓰이고 사방(砂防)에 적당함. 물갬나무.
물=오징어 말린ოうだう 생오징어.
물=올림 (건축) 집을 짓는 데 기준이 될 수평면을 정하는 일.
물=옴 (동) 수포(水疱).
물=외 '참외'에 대하여 '오이'를 이르는 말.
물외(物外) ①형태 있는 물건 이외의 세계. immaterial world ②세상을 물정 벗어난 바깥. secluded place
물외 한인(物外閒人) 세상 물정의 번잡을 피하여 한가롭게 지내는 사람. [worldly desires
물욕(物慾) 금전이나 재산 등의 물질에 대한 욕심.
물=위: ①물의 겉면. 수면(水面). (대) 물밑. surface of water ②물이 흘러 오는 위. 상류(上流). (대) 물아래. upper reaches of a river
물위 거:론(勿爲擧論) 비밀한 일이거나 상스러운 일이어서 들어 말할 것조차 없는 일. 하다
물위:=식물(─植物) (식물) 뿌리는 물밑 땅으로 박고, 우듬지는 물위로 내민 식물. 연·갈대 따위. aquatic plant
물위에 수결 같다 아무리 해도 흔적이나 효과가 없음을 이르는 말.
물위의 기름 여러 사람과 잘 어울리지 아니하여 홀로 돌리움을 이르는 말. unsocible person
물윗=배 배의 하나. 강물에 다니는 것이 낮고 바닥이 평평한 배. 상류선. 수상선(水上船). flatboat
물=유리(─琉璃) (화학) 녹는 성질이 있는 규산(硅酸) 알칼리의 총칭. 수초자(水硝子).
물은 건너보아야 알고 사람은 지내보아야 안다 오래 지내면서 겪어 보아야 바로 알 수 있다.
물은 트는 대로 흐른다 ①사람은 가르치는 대로 된다. ②일은 사람이 주선하는 대로 된다.
물은 흘러도 여울은 여울대로 있다 ①세상은 변하여도 변하지 않는 것이 있다. ②무슨 일이 있더라도 제 본심이야 변할 리 없다. [詞)
물음=대:이름씨(─代─) (동) 의문 대명사(疑問代名
물음=표(─標) 문장에서, 의심이나 물음을 나타낼 때에 그 글의 끝에 쓰는 문장 부호 '?'의 이름. 의문부(疑問符). [censure 논의. 분쟁. 말썽.
물의(物議) ①여러 사람의 평판. 물론(物論). public
물의 (표) 우박.
물이(物異) 사물의 이상함. 비·바람·서리·우박 등의 놀라운 형상과, 인요(人妖)와 물괴(物怪). strangeness of things
물이 깊어야 고기가 모인다 덕망이 있어야 사람이
물이 깊을수록 소리가 없다 깊은 지혜가 있는 사람은 아수 체하거나 떠벌이지 않는다.
물이꾸럭 남의 빚이나 손해를 대신 물어주는 일. paying other's debt by
물=이끼(─리─) (식물) 물이끼과에 속한 선류(鮮類)의 하나. 길이는 10 cm 내외(內外). 황백 담록색이며 줄기는 곧고 많은 아지(兒枝)가 윤생(輪生)함. 습지나 물 속에 흔히 있으며 바위 위에도 군생(群生)함. 주로 식물의 뿌리를 보호하기 위하여 감싸는 데 쓰임. water-moss
물·이·다 (고) 물리다. [남이 따르지 않는다.
물이 맑으면 고기가 아니 산다 지나치게 결백하면
물이는:못:나게 부득부득 조르는 모양. badgering
물이 아니면 건너지 말고 인정이 아니면 사귀지 말라 사람은 이익이나 따생각으로 사귈 것이 아니라 순수한 인정으로 사귀어야 한다.
물이 와야 배가 오지 남에게 베푸는 것이 있어야 갚음이 있다. [진일.
물=일(─리─) 물을 쓰는 일. 부엌일·빨래 따위.
물입(勿入) '들어오지 말 것'의 뜻. ¶한인(閒人)~, no admittance
물=자: 강에 세운, 물 높이를 재는 자. 양수표(量水標). water gauge
물자(物資) ①물건을 만드는 자료. 물재(物

材). materials ②경제 생활면에서 바탕이 되는 물품. goods
물자 동:원(物資動員) 주로 비상시에 물자의 생산·배급·소비의 조절을 강구하는 일. (약) 물동(物動).
물=자동차(─自動車) ①커다란 물통에 물을 싣는 자동차. 길에 먼지가 안 나도록 물을 뿌리는 차. 살수차(撒水車). street sprinkler ②음료수 기타의 물을 운반하는 차. 급수차(給水車). 물차.
물=자새(─자─) (동) 무자위.
물주의 (교) 무자위.
물=자체(物自體) (철학) 현상계의 뒤에 있어 현상계를 나타나게 하는 본체로 생각할 수는 있으나 알 수는 없는 것.
물=잠자리(─) (곤충) 물잠자리과의 곤충. 몸 빛은 금록색인데 수컷의 날개는 흑색에 자색이 있고 암컷의 앞날개는 담갈색, 뒷날개는 농갈색임.
물=잠:다 마른 논에 물을 대어 두다. irrigate
물=잡히·다 살갗에 물집이 생기다.
물=장구 ①헤엄칠 때 발로 물장을 치는 짓. dabbling in the water ②물그릇에 바가지를 엎어 놓고, 두드려 소리를 내는 장단. 수고(水敲).
물장군(─) 헤엄칠 때에 물로 물장을 치는 짓.
물장수=치·다(─) ①물이 든 동이에 바가지를 엎어 놓고 장단 맞추 두드리다. ②물위에 엎드려 발로 물위를 연해 치다.
물=장군(─將軍) (곤충) 물장군과의 곤충. 몸 길이 65 mm 가량으로 수생 곤충 중에서 최대형이고 몸은 납작하고 긴 타원형임. 늪에 많으며 양어장의 해충임.
물=장:난 ①물에서 하는 장난. 물을 가지고 노는 짓. playing in the water ②수해로 말미암은 재앙. 하다
물=장:사 물을 길어다 주는 영업. ②(속) 술장사.
물=장:수 ①기차·주택지 등에서 먹는 물을 팔거나 날라다 주는 영업. (대) 용럭 생산(用役生産).
물=장:수 ①먹는 물을 길어다 파는 사람. ②(속) 술장수. [람이 없다.
물장수 삼년에 궁동잇짓만 남았다 애써 수고한 보
물재(物材) (동) 물자(物資) ①.
물=재(─재) (物財) 물건과 돈. thing and money
물적(物的) 물체를 가진 물건인(것). (대) 인적(人的). 심적(心的). material
물적 담보[─쩍─] (物的擔保) (법률) 특정한 제물로써 채권의 담보로 하는 일. 저당권·질권 따위. 물상 담보(物上擔保). (대) 인적 담보. secured mortgage
물적 보:험[─쩍─] (物的保險) (법률) 물건에 관하여 발생하는 손상(損傷)·소실·도난 등을 보험 사고로 하는 보험. (약) 물보험. [이외의 명칭.
물적 상호[─쩍─] (物的商號) (법률) 상인의 성명
물적 생산[─쩍─] (物的生産) 직접 물건을 만들어 내는 생산. (대) 용역 생산(用役生産).
물적 신:용[─쩍─] (物的信用) 신용의 기초가 어떠한 물건에 존재하는 신용.
물적 증거[─쩍─] (物的證據) 물건으로 뚜렷이 드러난 증거. (약) 물증(物證). (대) 인적 증거(人的證據). [타낸 증명.
물적 증명[─쩍─] (物的證明) 물건으로 뚜렷이 나
물적 현:상[─쩍─] (物的現象) (철학) 빛깔·음향·감촉 등의 감각적 성질이나 공간적·물체적인 것의 현상. (대) 심적 현상(心的現象).
물적 회:사[─쩍─] (物的會社) 사원의 개성이 중시되지 않고 금전적 관계로만 회사에 관여하는 자본적 결합체로서의 회사. (대) 인적 회사.
물정(物情) ①세상의 인심이나 사정. 세상의 형편. public feeling ②사물의 모양 또는 성질. state of affairs
물=조갯젓 이미 만든 조갯젓에 드물은 물을 더 익힌 물은 것. 음력 정이월에 만듦. 수합젓(水蛤젓).
물종[─쫑] (物種) 물건의 종류. kind of things

물주[—쭈](物主)쳉 ①장사 밑천을 대는 사람. capitalist ②노름판에서 애기패를 상대로 승부를 다투는 사람. banker

물=줄기[—쭐—]쳉 ①물이 모여 개천이나 강으로 물이 흐르는 줄기. water-course ②아주 좁다란 구멍에서 뻗치는 물의 줄. spout of water

물중=지대[—쫑—](物衆地大)쳉 생산되는 물건이 많아 번화하고 땅이 넓음. 하자

물증[—쯩—]쳉 《어》→물적 증거(物的證據).

물=지게[—찌—]쳉 물을 등으로 져 나르는 기구. water-toting device

물지게=꾼[—찌—]쳉 물지게로 물을 져 나르는 사람.

물=진드기[—찐—]〈곤충〉물진드기과[小頭藻科]에 속하는 벌레. 모양이 진드기와 같으며 몸 길이 3 mm 안팎임. 암황색 광택이 나며 뒷발의 마디가 커서 헤엄치기에 알맞음.

물질[—찔—](物質)쳉 ①물건의 본바탕. substance ②〈물리〉공간의 일부를 차지하고 있어 감각으로써 그 존재를 알 수 있는 모든 것. 객관적으로 실재하는 것. 《대》정신(精神). material matter ③금전이나 물품(物品).

물질=감[—찔—](物質感)쳉 〈미술〉물질의 형상·색채·광택·무게 등 물질의 본바탕에 대한 느낌.

물질=경이[—찔—]〈식물〉자라풀과의 일년생 풀. 물 속에 나며, 잎이 질경이 같이 넓음.

물질=계[—찔—](物質界)쳉 물질의 세계. 물질에 관한 범위. 《대》정신계(精神界). 《약》물계(物界). physical world

물질 과학[—찔—](物質科學)쳉 자연계에 존재하는 물질적 현상을 연구하는 과학. 물리학·화학·광물학 등. 《대》정신 과학(精神科學).

물질 교대[—찔—](物質交代)쳉〈동〉신진 대사(新陳代謝)①.

물질 대:사[—찔—](物質代謝)쳉〈동〉신진 대사(新陳代謝)①.

물질 명사[—찔—](物質名詞)쳉〈어학〉형상을 갖춘 것을 나타내는 명사의 하나. 모자·가방·사람 따위. material noun

물질 문명[—찔—](物質文明)쳉 물질의 이용을 기초로 하여 발달된 문명. material civilization

물질 문화[—찔—](物質文化)쳉 인간이 자연 환경에 적응하기 위하여 창조한 문화. 기계·건조물·교통 수단 등. 《대》정신 문화.

물질 보:존의 원칙[—찔—](物質保存—原則)쳉 〈화학〉우주에 있는 물질의 전량(全量)은 일정하다는 원칙. 질량 불변의 법칙. 물질 불멸의 법칙. principle of conservation of matter 《질 보존의 원칙.

물질 불멸의 법칙[—찔—](物質不滅—法則)쳉〈동〉물질 보존의 원칙.

물질=적[—찔—](物質的)쳉 ①물질의 범위에 관한 (것). material, physical ②경제상으로 돈에 관계있는(것). 《대》정신적(精神的). materialistic

물질=주의[—찔—](物質主義)쳉 ①정신적인 것을 무시하고, 의·식·주 따위의 물질적 문제를 중요시하는 주의. 《동》유물론(唯物論).

물질=파[—찔—](物質波)쳉〈물리〉진행하는 전자, 또는 일반의 입자(粒子)에 따라다니는 파동 현상. material wave

물=짐승[—찜—]쳉 물에서 사는 짐승. 물개·물소·하마 따위. water animals

물=집[—찝]쳉 피륙에 염색하는 것을 업으로 삼는 집. dye house

물=집²[—찝]쳉 살가죽이 부르터 그 속에 물이 찬 것. 수포(水疱). blister 《동》물집지근—하

물찍지근—하다[—찝—]형 무르고 지리한 느낌을 주다.

물쩡물쩡—하다형여 사람의 성질이 매우 무르다. 《작》말랑말랑하다.

물쩡—하다형여 성질이 야무지지 못하고 무르다. 《작》말랑하다. fainthearted

물찌=똥쳉 묽게 내쏘는 물기가 많은 똥. 《약》물똥①. watery feces 《동》물튀김이 일어나는 크고 작은 물덩이. spray

물=차(—車)쳉〈동〉물자동차.

물=차돌〈광물〉순 차돌. 순수한 석영(石英). quartz

물=참(—站)쳉 조수가 밀려왔을 때. 만조 때. 물 때①. high tide

물청=새(—靑—)쳉〈동〉쇠새.

물체(物體)쳉 ①물질이 모여서 이루는 공간적인 형체. body ②〈철학〉지각과 정신이 없는 유형의 물질. body ③〈물리〉공간의 일부분을 차지하고 있으며, 감각으로써 그 실재를 인식할 수 있는 것.

물=초쳉 온몸이 다 젖은 상태. 또, 그 모양. ¶소나기에 온몸이 ~가 되다. drenched to the skin 하자

물촉=새쳉〈동〉쇠새.

물=총(—銃)쳉 《어》→물딱총.

물총=새(—銃—)쳉〈동〉쇠새.

물추리=나무쳉〈동〉물추리막대.

물추리=막대쳉 두 쟁기 봇줄을 매어 끝게 된 성에의 앞 끝에 가로 박은 막대기. 물추리나무.

물출 조보(勿出朝報)쳉 조정의 기밀한 일을 공포하지 아니함. 하자

물치〈어류〉고등어과의 바닷물고기. 몸 길이 30 cm 내외로 고등어와 비슷하며 입이 약간 쳐들렸음. 등은 남록색에 세로 띠가 있고 배쪽은 은백색임. frigate mackerel

물침(勿侵)쳉 침범하지 못하게 말림. dissuasion of invasion

물침 잡역(勿侵雜役)쳉 모든 잡역(雜役)을 면제하여 줌. exemption from labour service 하자

물침=체(勿侵帖)쳉〈제도〉잡역을 적어 두던 문서.

물칭(物稱)쳉 물건에 대한 일컬음. denomination of

물커=지다《어》→물크러지다. 《an article

물컥튀 냄새가 코를 찌를 듯이 갑자기 세게 나는 모양. 《작》물칵. smell strongly 《몰칵.

물컹튀 냄새가 연이어 물컥 나는 모양. 《작》물컹. 《동》물컹거리다. 몰캉거리다. 물컹튀몰캉튀 하자여

물컹=이튀 물컹한 것. squashy article ②몸이 약한 사람. frail person ③의지가 약한 사람.

물컹—하다형여 지나치게 익거나 곯아서 물크러지는 듯이 무르다. 《작》말캉하다. squashy

물=켜—다 물을 많이 들이켜 마시다.

물쿠—다 날씨가 찌는 듯이 덥다. 《어》물다①. sultry

물크러=지다 썩거나 너무 물러서 제 모양이 없어지도록 헤어지다. 《약》물커지다. be reduced to pulp

물큰튀 연기나 냄새가 갑자기 확 끼치는 모양. 《작》몰큰. smell strongly 《물렁해지는 모양.

물큰튀 물렁물렁한 것을 꾹 쥐거나 누르거나 할 때

물큰=물큰튀 냄새가 연해 물큰 나는 모양. 《작》몰큰.

물=타:작(—打作)쳉 아직 마르기도 전에 물벼 그대로 하는 벼의 타작. 《대》마른타작. harvesting rice while still wet

물탄=피쳉 《어》→양순피.

물=탕¹(—湯)쳉 ①온천의 목욕하는 곳. hot spring ②목욕탕의 더운물을 넣은 곳.

물=탕²(—湯)〈광물〉복대기를 삭이는 데 소용되는 청화액(靑化液)을 만드는 탱크.

물=통(—桶)쳉 ①물긷는 데 쓰는 통. ②물을 담는 통.

물통=줄[—쭐—](—桶—)쳉 소·양 등의 새김질한 물건이 넘어가는 줄. gullet 《것이 넘어가는 길.

물통=줄기[—쭐—](—桶—)쳉 소·양 등의 새김질한

물통=보리쳉 물에 퉁퉁 불은 보리. sodden barley

물=통이¹쳉 ①물에 퉁퉁 불은 물건. sodden article ②알 찌고 힘이 없는 사람의 별명. plump man

물=통이²(—湯)〈식물〉쐐기풀과의 일년생 풀. 줄기 높이 10 cm 내외로 녹색을 띠며 잎은 어긋나고 둥긂. 7~8월에 담록색 꽃이 잎 사이에 핌. 산중의 음습지에 남.

물=파이프(—pipe)쳉 담뱃통과 물을 넣는 수통과으로 되어 있으며, 연기가 물 속을 통과하도록 만든 담뱃대의 하나.

물팍쳉 《어》→물푸레.

물=퍼붓듯 말을 막힘 없이 빨리 하는 모양. with great fluency 하자

물-편(-便)[명] 시루떡 이외의 모든 떡의 총칭.
물표(物表)[명] 형태 있는 물건의 겉. surface
물표(物標)[명] 물건을 맡기거나 탁송하는 데 관한 표
물-표(票)[명][동] 바다표범. [지(標紙). ticket
물푸레-나무[명]〈식물〉목서과의 교목. 산 중턱 습지에 나는데 5월에 꽃이 피고 열매는 9월에 익음. 기구재·총대(銃一)에 쓰이고 나무 껍질은 안료로 쓰임. [grasses
물-풀[명] 물이나 물가에 나는 풀. 수초(水草). river
물품(物品)[명] ①사용 가치가 있는 물건의 물자(物資). article ②부동산을 제외한 모든 유체물(有體物). goods
물품-세(-稅)[명](物品稅)〈법률〉주로 사치품에 과하는 소비세의 하나로 1977년에 부가 가치세법의 실시로 폐지됨. commodity tax
물품 화:폐(物品貨幣)[명][동] 상품 화폐.
물풍(物豊)[명] 물건이 아주 많음. abundant goods **하**·**뭏**·**다**[형] 무렵지다. 동무하다.
물-한:년(勿限年)[명] 햇수를 한정하지 아니함. no limit in the number of years **하**[자]
물-한식(一寒食)[명] 비가 내리는 한식날.
물-할머니[명]〈민속〉우물이나 샘의 귀신. spirit of water and springs
물함-국(物合國)[명]〈법률〉복합국(複合國)의 하나. 양국이 법률적 합의로써 각각 독자적인 통치자와 대외적인 지위를 가지면서 공통의 이해와 공통의 목적을 위하여 국가적 결합을 이룸.
물형(物形)[명] 물건의 형상. ¶ ~ -석(石). form
물-홈(-)[명]〈건축〉장지가 드나들게 하거나 빈지를 끼기 위하여 길게 판 홈. groove
물화(物化)[명] ①물건이 변화하는 일. 만물이 변화하는 모습. change of matter ②사람의 죽음. 천명(天命)을 다하고 죽는 일. natural death **하**[자]
물화(物貨)[명] 물품과 재화(財貨). goods, commodities
물화 상통(物貨相通)[명] 서로 물화가 통함. **하**[자]
물활-론(物活論)[명]〈철학〉범신론의 한 형태. 물질에도 생명과 영혼이 있다는 학설. 만물 유생론(萬物有生論). animism
물후(物候)[명] 만물이 철을 따라 찾아오는 것. 가을이 되면 기러기가 돌아온다든가, 제비는 가버린다 따위. (원) 기후 풍물(氣候風物). seasonal movement of goods [②사람이 아무지지 못하다. frail
묽·**다**[묵-][형] ①되지 않고 물기가 너무 많다. thin
묽디·**묽**·**다**[묵-묵-][형] 아주 묽다. very thin
묽수그레·**하**·**다**[묵-][형여] 약간 묽은 듯하다. (작) 맑스그레하다. thinnish
묽숙·**하**·**다**[묵-][형여] 알맞게 묽다. thin enough
뭇[명] 고기잡을 떼 쓰는 큰 작살. gig
뭇[묵][명] ①장작 따위를 한 낱낱이 묶어 만든 묶음. ¶ 장작 두 ~. bundle ②볏단의 하나. bundle of rice stalks
뭇[의][명] ①생선을 세는 단위. 열 마리의 일컬음. unit of ten fishes ②〈제도〉조세(租稅) 계산을 위한 옛날 토지결(結)의 단위. old unit of land
뭇-[관] 많은 수효를 나타내는 말. many
뭇-가름[명] 묶음으로 된 물건을 그 묶음 수를 늘리려고 갈라 묶는 일.
뭇-갈림[명] 묶은 볏단을 지주와 소작인이 반씩 갈라 놓는 일. apportionment of paddy bundles [dles
뭇-나무[명] 묶어서 단을 지은 나무. firewood in bun-
뭇·**다**[ㅅ변] ①조각을 모아서 잇다. ¶무어 만든 상. ②조직·짝 따위를 만들다. ¶두레를 ~. ③관계를 맺다. ¶사돈을 ~.
뭇-따래기[명] 잇대어 나타나서 남을 괴롭히는 이런 저런 사람들. troublesome people after another
뭇-매[명] 뭇사람이 한꺼번에 덤벼들어 때리는 매. 몰매. 물매⁵. 무릿매. drubbing [beating **하**[자]
뭇매-질[명] 작당(作黨)하여 함부로 때리는 짓. gang
뭇-발길[-낄][명] ①여러 사람이 덤벼 함부로 걸어차

는 짓. pelting rain of kicks ②많은 사람의 논박이나 나무람. 뭇발질. general refutation
뭇-발질[동] 뭇발길. [무리. intrusion **하**[자]
뭇-방치기[명] 주책없이 남의 일에 간섭하는 짓. 또, 그
뭇-사람[명] 여러 사람. 많은 사람. many people
뭇-소리[명] 이러니저러니 여러 사람이 지껄이는 말. voice of many people
뭇-시:선(一視線)[명] 여러 사람의 눈길.
뭇-입[一닙][명] 여러 사람이 나무라는 말. 중구(衆口).
뭇:-종(-)[명] 무 장다리의 어린 대. [public rebuke
뭇-줄[명] 삼으로 드린 굵은 바. hemp rope
뭇-지위[명] 여러 목수. swarm of carpenters
뭉개-다[타] ①문질러 으스러뜨리다. 짓이기다. knead ②일을 어떻게 할 줄 모르고 갈팡질팡하다. 뭉그대다②. be confused
뭉거-지-다[자][약]→뭉그러지다①.
뭉게-구름[명](동) 적운(積雲).
뭉게-뭉게[부] 연기나 구름이 잇대어 자꾸 나오는 모양. (작) 몽개몽개. densely
뭉구리[명] ①바싹 깎은 머리. close-cropped head ②중의 딴이름. (작) 몽구리. priest [②[동] 뭉개다②.
뭉그-대:-다[타] ①제자리에서 몸을 그냥 비비대다. rub
뭉그러-뜨리-다[타] 뭉그러지게 하다. (작) 몽그라뜨리다. (거) 뭉크러뜨리다. destroy
뭉그러-지-다[자] ①쌓인 물건이 무너져 주저앉다. (약) 뭉거지다. (작) 몽그라지다. crumble ②썩거나 지나치게 물러서 헤어져 본 모양을 찾아볼 수 없이 찌그러지다. (거) 뭉크러지다.
뭉그적-거리-다[자타] 제자리에 앉은 채로 나아가듯 느리게 비비대다. (여) 뭉그적이다. (작) 몽그작거리다. hesitate **뭉그적-뭉그적** **하**[자]
뭉그-지르-다[르타] 뭉그러지게 하다. 뭉기다②. de-
뭉근-하:-다[여] 불기운이 싸지 않으면서 불이 느긋이 타다. 뭉긋하③. low **뭉근-히**[부]
뭉글-거리-다[자] 먹은 음식이 잘 삭지 아니하여 가슴에 뭉치어 움직이다. (작) 몽글거리다. slippery **뭉글-뭉글** **하**[자]
뭉글뭉글-하:-다[형여] 망울진 물건이 말랑말랑하고 배길려워 불잡기가 어렵다. (작) 몽글몽글하다.
뭉긋-거리-다[자][약]→뭉긋거리다.
뭉긋-하:-다[형여] ①약간 비스듬하다. gently sloping ②조금 굽어져 휘우듬하다. slightly curved ③(동) 뭉근하다. **뭉긋-이**[부] [②[동] 뭉그르다.
뭉기-다[타] ①아랫쪽으로 추어 내리다. throw down
뭉:-때리-다[타] ①능청맞게 시치미를 떼다. feign ignorance ②할 일을 일부러 아니하다. neglect
뭉떵[부] 떼 많은 부분을 대번에 자르거나 잘리는 모양. (작) 몽땅. (거) 뭉떵. **뭉떵-뭉떵**[부]
뭉떵-뭉떵[부] 연이어 뭉떵 자르거나 잘리는 모양. (작) 몽땅몽땅. (거) 뭉텅뭉텅.
뭉뚝[부] 끝이 짧고 굵은 듯이 무딘 모양. (픽) 뭉독. (거) 뭉툭. bluntly **하**[형] [(거) 뭉툭뭉툭. **하**[형]
뭉뚝-뭉뚝[부] 낱낱이 다 뭉뚝한 모양. (작) 몽똑몽똑.
뭉뚝-촌:충(一寸蟲)[명]〈동물〉뭉툭촌충과의 촌충. 길이 1〜4.5 cm, 폭 0.5〜0.9 mm의 흰 띠 모양임. 머리는 뭉뚝하고 둥글며 네 개의 흡반이다. 어린이에게 많이 생기는 기생충임.
뭉뚱-그리-다[타] 되는 대로 대강 뭉쳐 싸다. (작) 몽동그리다. wrap at random
뭉실-뭉실[부] 기름지고 살쪄서 부드러운 육체의 느낌을 주는 모양. (작) 몽실몽실. plumply **하**[형]
뭉우리[명] 둥글둥글하게 된 덩이. 「(無隅石). boulder
뭉우리-돌[명] 모난 데가 없이 둥글둥글한 돌. 무우석
뭉치[명] ①말리거나 엉키어서 이룬 덩이. bundle ②소의 뒷다리 볼기만의 밑에 붙은 고깃 덩이. round
뭉치-다[자] 여럿이 합쳐서 한 덩어리가 되다. lump **타** 여럿을 합쳐서 한 덩어리로 만들다. (작) 몽치다. lump

뭉치=사태〖명〗소의 뭉치에 붙은 고기. 곰국거리의 하나. round 〔of money ②《속》〕 목돈①. sizable sum
뭉칫=돈〖명〗①뭉치로 된 액수가 많은 돈. lump sum
뭉크러=뜨리=다〖타〗→뭉그러뜨리다.
뭉크러지=다〖거〗→뭉그러지다②.
뭉클뭉클=하=다〖형〗〖여〗 덩이진 물건이 속은 단단하고 겉은 물러 건드리는 대로 이리저리 물커거지게 미끄럽다. 《작》몽클몽클하다. round and smooth
뭉클=하=다〖여〗①슬픔이나 노여움이 가슴에 뻗혀 풀리지 않다. be filled with ②먹은 음식이 삭지 않고 가슴에 뭉쳐 있어 무지직하다. 《작》몽클하다. retch
뭉키=다〖자〗여럿이 뭉치어 한 덩어리가 되다. 《작》몽키다. lump
뭉텅〖거〗→몽땅.
뭉텅=뭉텅〖거〗→몽땅몽땅.
뭉텅이〖명〗한데 뭉친 큰 덩이. mass
뭉툭〖거〗→몽똑.
뭍〖명〗①육지. ②섬사람들이 육지를 이르는 말. main land
뭍=바람〖명〗밤에 육지에서 바다로 부는 바람. 육풍(陸風). 《대》 바닷바람.
뭍살이=동=물(─動物)〖명〗 육서 동물(陸棲動物).
뭍=짐승〖명〗육지에 사는 짐승. 《대》바닷짐승. land animal
뭐〖대〗〖구〗→무어.
뭐니 뭐니 해도〖구〗이러쿵저러쿵 말해 보아도.
뭐:=하=다〖여〗《약》무엇을 하다.
뭘:=하=다〖여〗《약》무엇을 하다.
뭣:=하=다〖여〗《약》→무엇하다.
뭐=다〖구〗해삼(海蔘).
뮈=다〖자〗 이따금. 가끔. 흔들리다.
뮈움〖명〗움직임.
뮈=우=다〖타〗움직이게 하다. 감동시키다.
뮈움〖명〗움직임.
뮈지크 콩크레트(musique concréte 프)〖명〗〈음악〉제 2차 세계 대전 후에 생긴 전위(前衛) 음악의 하나. 물·바람·기계·사람·동물 등 세상에 있는 온갖 종류의 소리를 테이프 레코드에 녹음하여 전기 장치에 의해 그것을 여러 가지로 변형시켜 하나의 작품을 구성한 것.
뮈토스(mythos 도)〖명〗 신화. 영웅의 전설.
뮤:(M, μ)〖명〗그리스 문자의 열두째 자모.
뮤(μ)〖의명〗길이의 단위의 하나인 미크론의 기호.
뮤:즈(Muse)〖명〗그리스 신화에 나오는 예술과 과학의 아홉 여신(女神).
뮤:지컬(musical)〖명〗①음악적. ②〈연예〉음악적인 요소가 많은 경연극(輕演劇). 뮤지컬 코미디의 따위가 틈이라고도 할 수 있는 것인데, 이 종류에 독특한 발달을 본 미국에서 이름 지은 것.
뮤:지컬 쇼(musical show)〖명〗〈연예〉음악을 즐기는 것을 주목적(主目的)으로 엮은 오락 프로.
뮤:지컬 코미디(musical comedy)〖명〗〈연예〉음악 희극. 희가극.
뮤:직(music)〖명〗음악.
뮤:직 드라마(music drama)〖명〗〈연예〉악극(樂劇).
뮤:직 홀(music hall)〖명〗음악 감상실(鑑賞室). 음악관(音樂館). 《동》음동식물의 잡종.
뮬(mule)〖명〗①철도용 화차를 높은 곳으로 밀어 올릴 ②거본할〖형〗무거움.
으:겁=다/으:결=다〖형〗〖구〗무겁다.
으:녀〖구〗늘이어. 연장하여.
으:놈〖구〗늘임(대). 늦춤. 연장함.
으느=다〖구〗늘이다. 연장하다.
으니〖구〗계속하여. 잇달아.
으덕므덕〖구〗이따금. 가끔.
으덤=히〖구〗함부로. 우습게.
으=드리=다〖타〗〖구〗물들이다.
으로〖조〗받침 없는 체언의 어간에 붙어 까닭을 나타내는 연결 어미. ¶아프≈못 간다.
으:르=다〖자〗〖구〗①물러나다. ②후회하다. ③뮈지
으슷〖구〗무슨. 어떤.
으스므라〖구〗무슨 까닭이라고. 무엇이라고. 무엇하
으슴〖대〗〖구〗무엇. 〖관〗〖구〗무슨.
으섯〖대〗〖구〗무엇.
으·쇼〖명〗〖구〗무소.
으·수리〖명〗〖구〗물수리. 징경이.
으스〖구〗무슨. 〖대〗〖구〗무엇.
으·스것〖대〗〖구〗무엇.
으·스므·라〖구〗〖구〗까닭으로.
으·슥〖구〗〖구〗무엇.
으·습〖관〗〖구〗무슨. 〖대〗무엇.
으슴=다〖구〗〖구〗무슨 까닭인가. 무슨 일인고.
으·숫〖구〗〖구〗무슨.
으·싀엽〖구〗〖구〗무섭다.
으의엽=다〖구〗〖구〗무섭다.
으·ㅈ·미〖구〗〖구〗자맥질.
으·지·계〖구〗〖구〗무엇.
으프·레〖구〗〖구〗물푸레나무.
문드시〖구〗문득. 갑자기.
문·득〖구〗〖구〗문득.
문·듯〖구〗〖구〗문득. 갑자기.
믈〖구〗〖구〗①물(水). ②굴(窟) 속의 물.
믈=다〖구〗〖구〗물다.
믈·러가=다〖구〗〖구〗물러가다.
믈·러조·치=다〖구〗〖구〗물러나게 쫓기다. 쫓기어 물러나다.
믈·룸〖구〗〖구〗물러섬.
믈·리굽=다〖구〗〖구〗물러서 싫증이 나다.
믈리=다〖구〗〖구〗물리치다.
믈·리왈=다〖구〗〖구〗물리치다. 러나다.
믈·리 조·치=다〖구〗〖구〗물러나게 쫓기다. 쫓기어 물러나다.
믈·룰=쪽〖구〗〖구〗물의 쪽.
·믈톤·밥〖구〗〖구〗물을 만 밥.
믈·어디=다〖구〗〖구〗무너지다.
믈윗〖구〗〖구〗무릇.
믈자·쇄〖구〗〖구〗무자위.
믉가·루〖구〗〖구〗물결래.
·믓:又〖구〗〖구〗물가.
·믓·결〖구〗〖구〗물결.
믓쥭〖구〗〖구〗뜸부기. 비오리.
·믓·올·히〖구〗〖구〗물오리.
믓=다〖구〗〖구〗묶다.
믝=다〖구〗〖구〗①무이다. 빠지다. ②소박하다.
믜=다〖구〗〖구〗미워하다.
·믜=다〖구〗〖구〗미다². 찢다.
믜리〖구〗〖구〗미워할 이(사람).
믜융〖구〗〖구〗미워함.
믯구·리〖구〗〖구〗미꾸라지.
미〖구〗〖구〗무².
미(未)〖명〗〈민속〉①십이지(十二支)의 여덟째. 8th of the 12 Earth's Branches ②《약》→미방(未方). ③《약》→미시(未時). 〖seng〗〈천문〉미성(尾星).
미(尾)〖명〗①인삼 뿌리의 잔 가닥. lateral rootsof gin-
미(美)〖명〗①아름다움. 보기 좋음. 《대》추(醜). beauty ②〈철학〉직각적(直覺的)인 진(眞)·선(善) 따위가 구체화한 것. the beautiful ③우아함. gracefulness
미²(米)〖명〗미국(美國).
미(美)〖명〗〈물리〉excellence
미:=(未)〖접두〗아직 다 이뤄지지 못함을 나타냄. not yet
미(mi 이)〖명〗〈음악〉장조 음계(長調音階)의 셋째 음(音).
미가〔─까〕(米價)〖명〗쌀값. price of rice
미:가=녀(未嫁女)〖명〗시집가지 아니한 계집아.
미가=서(Micah 書)〖명〗〈기독〉구약 성서 가운데의 한 편(篇).
미:=가·신(未可信)〖명〗아직 믿을 수 없음. 하〖명〗
미가 조절〔─까─〕(米價調節)〖명〗쌀값이 오르고 내림을 알맞게 조절함. regulation of the rice price
미가 지수〔─까─〕(米價指數)〖명〗〈경제〉기준 연도의 미가에 대한 비교 연도의 미가의 지수.
미:=가·필(未可必)〖명〗아직 그렇게 되기를 바랄 수 없음. uncertain 하〖명〗
미각(味覺)〖명〗〈생리〉혀의 미신경(味神經)이 달고, 시고, 짜고, 쓴맛을 느껴 아는 감각. 미감(味感).

palate 『〔약〕 미관(味官).
미각 기관(味覺器官) 〔생리〕 미각을 맡은 기관.
미각 신경(味覺神經) 〔생리〕 미각을 맡은 신경.
미각의 사·면체(味覺四面體) 미각의 질(質)을 분류한 도해(圖解). 짠맛·단맛·신맛·쓴맛의 네 가지를 각각 정점(頂點)으로 하는 사면체. gustatory nerves
『간(既刊). unpublished
미간(未刊) 책을 아직 박아 내지 않았음. 《대》 기간(旣刊).
미간(眉間) 〔약〕→양미간(兩眉間).
미간주(眉間珠) 〔불교〕 부처의 미간에 있는 흰 털.
미간-지(未墾地) 〔약〕→미개간지(未開墾地).
미갈(未勘) 아직 끝마감을 하지 못함. 하다
미감(未感) 병 같은 것에 아직 감염되지 않음.
미감(米泔) 〔동〕 쌀뜨물. 〔~아(兒). 하다
미감(味感) 맛감(味覺). of beauty
미감(美感) 아름다움에 대한 느낌. 미의 감각. sense
미·감·수(米泔水) 《동》 쌀뜨물.
미개(未開) ①아직 문명이 낮고 문명하지 못한 상태. 《대》 개화(開化). 개명(開明). 문명. uncivilized ②꽃이 아직 피지 아니함. unblooming 하다
미개-간지(未開墾地) 미개간 상태인 땅. 미경지②. 《대》 개간지(開墾地). 《약》 미간지(未墾地).
미개-경(未開耕) 미개발 상태에 있는 경역(境域). uncultivated stage 『문명국(文明國).
미개-국(未開國) 아직 문명이 깨이지 못한 나라. 《대》
미개 민족(未開民族) 문자를 가지고 아니한 개이지 못한 민족. 곧, 문화가 발달하지 못하고 민도(民度)가 낮은 민족. 《대》 문화 민족.
미-개발(未開發) 아직 개발되지 아니함. 하다
미개 사:회(未開社會) 아직 개명되지 아니한 사회.
미개-인(未開人) 미개한 인종. barbarian
미개-지(未開地) 인지(人智)가 아직 깨이지 못한 땅. uncivilized land 『하다
미개·척(未開拓) 아직 개척하지 못함. unreclaimed
미개·척지(未開拓地) 아직 개척하지 못한 땅. 《대》 개척지(開拓地). 『unenlightment 하다
미거(未擧) 철이 나지 않아 아둔함. 몽매(蒙昧).
미거(美擧) 훌륭하게 잘한 짓이나 일. good work
미격(尾擊) 뒤를 이어 추격함. pursuit in succession
미견(未見) 아직 보지 못함. unseen 하다
미견(迷見) 헛갈리어 어지러운 견해. wrong view
미:결(未決) ①아직 결정을 하지 못함. 『~ 상태(狀態). 《대》 기결(旣決). undecided ②《약》→미결수(未決囚). ③《약》→미결감(未決監). ④범죄 혐의로 구치된 사람의 죄의 유무가 아직 결정되지 못함. 하다
미:결-감(未決監) 〔법률〕 미결수를 가두어 두는 감방. 《대》 기결감(旣決監). 《약》 미결(未決)③. house of detention
미:결 구금(未決拘禁) '구금'을 유죄로 확정되지 않은 자에 대해 행해진다는 뜻으로 일컫는 말.
미:결-수(未決囚) 〔법률〕 범죄의 혐의로 미결감에 구금되어 있는 형사 피고인(刑事被告人). 《대》 기결수(旣決囚). 《약》 미결②. unconvicted prisoner
미:결-안(未決案) 결정 짓지 못한 안건(案件). 《대》 기결안(旣決案). unsettled case
미:결재(未決裁) 아직 결재하지 않음. 아직 제재가 나지 않았음. 『미결. 하다
미:결정(未決定) 아직 결정되지 아니함. 《약》 미결.
미경(美景) 아름다운 경치. 좋은 경치. beautiful scene
미-경사(未經事) 아직 일을 재보지 못한 일. 또, 그 일. inexperienced 하다
미:경-지(未耕地) ①경작하지 아니한 땅. uncultivated land ②《약》→미개간지. 『하다
미:-경험(未經驗) 아직 경험하여 보지 못함. 『~자.
미계(迷界) 〔불교〕 중생들이 살고 있는 어두운 세계. 중생계(衆生界). 《대》 오계(悟界). this world

미곡(米穀) ①쌀. rice ②쌀과 다른 곡식. grain
미곡-법[-뻡](米穀法) 〔법률〕 쌀의 수량과 값을 조절하려고 정부가 할 수 있는 처치를 규정한 법률.
미곡-상(米穀商) 쌀과 온갖 곡식을 팔고 사는 장사. 또, 장수. rice dealer
미곡 연도[-년-](米穀年度) 〔법률〕 미곡의 통계적 처리의 편의를 위하여 설정한 기간. 11월 1일부터 다음해 10월 31일까지의 1년간.
미곡 증권[-꿘](米穀證券) 〔경제〕 미곡의 수요와 공급의 조절과 팔고 사는 당사자의 편의를 꾀하기 위하여, 정부가 발행한 유가 증권.
미골¹(尾骨) 꼬리뼈 골패 노름의 하나.
미골²(尾骨) 〔생리〕 미추(尾椎)의 가장 아래 부분에 있는 네 개로 된 작은 뼈. 꼬리뼈. coccyx
미:과(未果) 결과를 보지 못함. unrealized 하다
미과(美果) ①맛 좋고 아름다운 과실. sweet fruit ②좋은 결과. good result
미관(味官) 〔약〕→미각 기관(味覺器官).
미:관(美官) 〔제도〕 명환(名宦)·요직(要職)의 일컬음. 호관(好官). 『fine sight
미:관(美觀) 아름다워 볼 만한 광경. 훌륭한 경치.
미관(微官) ①보잘것없는 벼슬 자리. low office ②관리가 스스로를 낮추어 일컫는 말. 《대》 현관(顯官). official low
미관 말직[-찍](微官末職) 지위가 보잘것없이 낮은 벼슬. 미말직(微末職).
미:관-상(美觀上) 어떤 것을 미적으로 보는 바. 미관에 있어서. for the sake of appearance
미관 지구(美觀地區) 도시의 미관을 유지하기 위하여 특별히 설정한 지구.
미광(微光) 아주 희미한 불빛. faint light
미-구(未久) 그 동안이 오래지 않음. before long 『미구에.
미:구[-구](美句) 〔약〕 아름다운 글귀. 미사 여구.
미구(微軀) ①미약한 몸. weak body ②신분이 낮은 몸. ③자기를 낮추어 일컫는 말.
미구(彌久) 그 동안이 매우 오래됨.
미:구 불원(未久不遠) 그 동안이 오래되지 않고 가까움. little while 하다
미국(米麴) 쌀가루로 만든 누룩. 쌀누룩.
미국(尾局) 〔제도〕 군진(軍陣)의 행렬(行列)에 있어서 그 부대의 후부(後部).
미국(美國) 〔약〕→아메리카 합중국.
미국의 소리(美國-) 미국 국무성 국제 방송과에서 미국 국민과 다른 나라와의 상호 이해를 증진할 목적으로 하는 대외 선전 방송. 비 오 에이(V.O.A.). Voice of America
미군(美軍) 〔약〕 ①미국 군인. ②미국 군대.
미궁(迷宮) ①그 가운데 한 번 들어가면 나올 길을 찾을 수 없이 만들어 놓은 곳. labyrinth ②사건 따위가 복잡하여, 넘쳐서 쉽게 그 해결을 볼 수 없을 때 이르는 말. 『사건이 ~에 빠지다. mystery
미:귀(未歸) 아직 돌아오지 않음. 하다
미균(黴菌) 〔생물〕 지극히 미세한 하등 생물의 총칭. 곰팡이와 세균 따위. 세균(細菌). bacillus
미그 전투기(MIG 戰鬪機) 〔군사〕 소련의 대표적인 제트 전투기의 하나. MIG fighter
미:급(未及) 아직 미치지 못함. 또, 차지 못함. not yet reached 하다
미:기(未幾) 동안이 얼마 걸리지 않음. shortly
미기(尾鰭) 〔어류〕 물고기의 꼬리지느러미.
미기(美妓) 아름다운 기생. 염기(艷妓). 『함.
미깨(식물) 콩의 하나. 모양은 콩이나 팥과 비슷
미꾸라지(어류) 기름종개과의 민물고기. 몸은 둥글고, 길며 매우 미끄러움. 등은 창흑색(蒼黑色)이고 배는 흰빛임. 도랑이나 물이 괸 응덩이의 흙바닥 속에 삶. 추어(鰍魚). 《약》 미꾸리. loach
미꾸라지국 먹고 용트림한다 하잘것없는 사람이 잘난 체하고 아니꼽게 군다.

미꾸라지 용되었다 가난하고 보잘것없던 사람이 큰 사람이 되었다.

미꾸라지 천년에 용된다 아무리 미천한 자라도 오랜 세월을 흐르면 강건하여 큰 인물이 된다.

미꾸라지 한 마리가 온 강물을 흐린다 못된 사람 하나가 온 집안·온 사회를 망친다.

미꾸리 명 《약》→미꾸라지.

미꾸리-낚시 명 〈식물〉 마디풀과의 일년생 풀. 높이 1m 안팎으로 잎은 피침형으로 5~8월에 담홍백색의 꽃이 핌. 개울가에 남.

미끄러-뜨리-다 타 미끄러지게 하다.

미끄러-지-다 자 ①미끄러운 곳에서 넘어지다. 《작》매끄러지다. slip ②비행기 따위가 소리도 없이 움직이다. glide ③비탈진 곳을 활주(滑走)하다. slide ④낙제하다. 바라던 일이 틀리다. fail

미끄럼 명 얼음판·눈 위나 미끄럼데에서 미끄러지는 일. ¶ ~을 지치다. ~을 타다. sliding

미끄럼-대[—臺](—臺) 명 사진처럼 위를 미끄러져 내려오면서 놀도록 만든 어린이 유희 시설. slippery slide [마찰. 활마찰. sliding friction

미끄럼-마찰[—摩擦] 명 〈물리〉 물체가 미끄러질 때의

미끄럽-다 형 비 저절로 밀려날 만큼 반드럽다. 《작》매끄럽다. slippery

미끈-거리-다 자 바닥이 진기가 있고 반드러워 닿으면 자꾸 밀려나다. 《작》 매끈거리다. be slippery **미끈-미끈** 하 튀 [끈듯하다. smooth

미끈-하다 형 여 ①흠이 없이 헌칠하고 밋밋하다. 《작》매끈하다. graceful **미끈-히** 튀

미끈둥-하-다 형여 매우 미끈한 맛이 있다. 《작》매끈둥하다.

미끈-유월[—뉴—](—六月) 명 음력 유월은 미끈하게 쉽게 넘어간다는 말.

미끼 명 ①낚싯 바늘 끝에 꿰어 물리는 물고기의 밥. 고기밥. bait ②꾀어 이끄는 물건. ¶ 돈을 ~로 삼다. allurement

미끼-삼:-다[—따] 타 미끼로 이용하다. 미끼로 하다.

미나-다 자 〈고〉 밀어 나오다.

미나리 명 〈식물〉 미나리과(繖形科)의 다년생 풀. 높이 30cm 이상이고 줄기는 길게 진흙 속에 뻗음. 연못가·무논·습지 등에 나는데 향기가 나고 연하여 어린 것은 식용함. 근채(芹菜). parsley

미나리 강회[—膾] 명 미나리를 데쳐서 돌돌 감아 초고추장을 찍어 먹는 반찬.

미나리-꽝[—꽝] 명 미나리를 심는 논. parsley field

미나리-냉이 명 〈식물〉 겨자과의 다년생 풀. 지하경(地下莖)이 벋어 번식하며 줄기는 60cm 가량 자람. 6~9월에 흰 꽃이 줄기 끝과 가지 끝에 핌. 어린 줄기는 먹음.

미나리-아재비 명 〈식물〉 미나리아재비과의 다년생 풀. 잎은 장상(掌狀)이며 온몸에 굵은 털이 있음. 6월에 황색 꽃이 피고 구형의 작은 열매가 열림. 독이 있는 식물임. 농동우. 자구(自灸). 모간(毛艮). [buttercup

미놀 명 〈고〉 미늘.

미:남[美男] 명 《약》→미남자.

미:-남자[美男子] 명 얼굴이 잘생긴 남자. 호남아. 《약》미남(美男). handsome man

미납[未納] 명 아직 바치지 못함. ¶ ~자(者). 하타

미납-세[未納稅] 명 아직 바치지 못한 세금.

미:납-조[未納條] 명 아직 바치지 못한 셈의 조건.

미네-굴[—] 명 〈조개〉 굴과의 바닷물조개. 토굴과 비슷하나 몇배 크고 타원형임. 조수(潮水)가 들어오는 바닷물 밑에서 서식하여 맛이 좋음. 토화.

미네랄[mineral] 명 생체(生體)의 생리 기능을 행하는 데 필요한 광물 화합물. 칼륨·나트륨·니켈·아연 따위. 극히 미량(微量)으로 중요한 작용을 함.

미네르바[Minerva 도] 명 로마 신화의 지혜·기예(技藝)·전쟁의 여신. [人]. 《대》미남(美男).

미:녀[美女] 명 잘생긴 여자. 아름다운 여자. 미인(美人).

미:년[未年] 명 〈민속〉 태세(太歲)의 지지(地支)가 미(未)로 된 해. 양해(羊—).

미노르카[Minorca] 명 〈조류〉 닭의 한 품종. 지중해(地中海)의 미노르카 섬 원산의 난용종(卵用種). 몸체는 크고 뚱뚱하며 목과 발이 짧음. 털색은 흑백의 두 종류가 있으며 강건하여 큰 값을 낳음.

미농 반:지[美濃半紙] 명 미농지로 된 반지(半紙) 모양의 종이.

미농-지[美濃紙] 명 일본 종이의 하나. 썩 얇고 질김. 닥나무의 껍질로 만듦. kind of rice paper

미누에트[Menuet] 명 〈음악〉→메누엣.

미늘 명 ①낚시 끝의 안쪽에 있는, 가시랭이 모양의 갈고리. 구거(鉤距). barb ②《약》→갑옷 미늘.

미늘-달다[—딸] 명 늘 모양으로 위쪽의 아래 끝이 아래쪽의 위 끝을 덮어 누르는. [의 잎.

미늘-잎[—립] 명 〈식물〉 미늘 달아 이루어진 얇은 쪽

미늘-창[—槍] 명 창의 하나. 끝이 나무의 가지처럼 두세 가닥으로 갈라져 있음. halberd

미니멈[minimum] 명 최소 한도. 극소(極小).

미니 스커:트[mini skirt] 명 웃자락이 무릎 위까지 올라가게 지은 짧은 양복 치마.

미니스터[minister] 명 ①장관. ②외교 사절. 공사(公使). ③〈종교〉 성직자. 목사.

미니아튜:르[miniature 프] 명 ①밀화(密畫). ②썩 작게 만든 공예품. ③조그만 모형(模型). 미니아튜르.

미니어처[miniature] 명 미니아튜르.

미니어처 세트[miniature set] 명 〈연예〉 ①실제하지 않거나, 있어도 촬영이 불가능한 자연의 전경(全景)·화재·폭풍우 따위의 모형(模型) 세트. ②보통 세트의 배경으로서 원근법(遠近法)에 맞도록 축소하여 만든 세트.

미니카[minicar] 명 경자동차(輕自動車). 또, 초소형(超小型) 자동차. [②찢어지다. be torn

미:-다 타 ①털이 빠져 살이 드러나다. become bald

미:-다 타 ②팽팽하게 켕긴 가죽이나 종이 따위를 잘못 건드려 구멍을 내다. break [in the cold

미:-다 타 싫게 여기어 따돌리고 멀리하다. leave out

미다스[Midas 그] 명 그리스 신화에 나오는, 소아시아 프리가아의 욕심쟁이 임금. [door

미:-닫이[—다지] 명 옆으로 밀어 여닫는 문. sliding-

미:달[未達] 명 어떤 한도에 아직 이르지 못함. ¶ 정원 ~. 뜻 not attained 하타

미:달 일간[未達一間] 명 좋 모자람. 모든 일에 다 밝아도 오직 한 부분만은 서투름. inferior in one respect 하타

미:담[美談] 명 후세에 전할 만한 아름답고 갸륵한 이야기. 미담(美譚). praiseworthy anecdote

미:담[美譚] 명 〈동〉 미담(美談).

미담[微曇] 명 조금 흐림. 박담(薄曇).

미답[未踏] 명 아직 아무도 밟지 않음. 하타

미:-당기-다 타 밀었다 당겼다 하다. push and pull repeatedly

미대[尾大] 명 꼬리가 큼. 일의 끝이 크게 벌어짐. 하

미:대[美大] 명 《약》→미술 대학(美術大學).

미대 난:도[尾大難掉] 명 일이 끝에 이르러 크게 벌어져서 처리하기가 힘듦. 꼬리가 커서 흔들기가 어렵다는 뜻. 미래 부도(尾大不掉). 하타

미:-다-다-다 타 ①싫은 일이나 잘못된 일을 남에게 밀어 넘기다. force ②일을 질질 끌다.

미대 부도[尾大不掉] 명 〈동〉 미대 난도(尾大難掉).

미덕[美德] 명 아름답고 갸륵한 덕행. 《대》악덕(惡德).

미덥-다 형 비 믿음성이 있다. reliable [virtue

미:도[味到] 명 《약》→음미 도달(吟味到達).

미:도[味道] 명 ①도(道)를 미(味)하고 체득함. realization of the truth ②재미. 맛. taste

미도[迷途] 명 〈동〉 미로(迷路)①.

미도 지반[迷途知反] 명 미로하면 돌돌아올 줄을 안다는 뜻으로, 바른길을 찾다가 못 찾으면 근본에서 다시 생각할 줄을 앎을 뜻하는 말. 하타

미독[味讀] 명 내용을 충분히 음미하면서 읽음. 숙독(熟讀). 《대》통독(通讀). perusal 하타

미독(黴毒)[명]《동》매독(梅毒).
미돈(迷豚)[명] 남에게 대하여 자기의 아들을 일컫는 말. 변변하지 못하여 미련한 아들이라는 뜻. 가아(家兒). 가돈(家豚). my son
미:동(美童)[명] ①잘생긴 사내아이. handsome boy ②남색(男色)에서 당하는 아이. 면². catamite
미동(微動)[명] 조금 움직임. slight shock 하[타]
미동=계(微動計)[명] 미세한 진동을 측정하는 데 쓰는 진동계. 미진계.
미두(米豆)[명]《경제》미곡의 시세를 이용하여 현물 없이 투기적 약속으로만 팔고 사는 일. speculation
미두=꾼(米豆―)[명] 미두를 하는 사람. [in rice 하[자]
미두=장(米豆場)[명] 미두를 하는 곳. rice exchange
미:득(未得)[명] 아직 얻지 못함. (대) 기득(既得). not yet acquired 하[자]
미들웨이트=급(middle-weight 級)[명]《체육》권투·레슬링 따위에서 선수를 체중에 따라 나누는 등급의 하나. 프로 권투에 있어서는 69.85~72.57 kg. 레슬링에 있어서는 73~79 kg 인 체급.
미등(尾燈)[명] 자동차의 뒤에 단 등. tail-light
미등(微騰)[명] 물건 값 따위가 약간 오름. (대) 미락(微落). slight rise 하[자]
미:=등기(未登記)[명] 아직 등기를 하지 아니함.
미디(middy)[명] 미니와 맥시의 중간 길이의 스커트나 코트.
미디네트(midinette 프)[명] 상점에서 물건 파는 여자.
미디 스커:트(middy skirt)[명] 장딴지의 중간 정도 길이의 스커트.
미라(mirra 포) 사람의 시체가 썩지 않고 본 모습 그대로 건조된 송장. 목내이(木乃伊). 머미.
미라=성(Mira 星)[명]《천문》고래자리에 있는 변광성(變光星). 약 11개월을 주기로 광도(光度)가 8등급까지 변화함. 평균 지름은 태양의 600곱절. 거리는 250광년.
미라:즈(mirage 프)[명] 신기루(蜃氣樓). 공중 누각(空中樓閣).
미락(微落)[명] 물가 따위가 조금 떨어짐. (대) 미등(微騰). slight fall 하[자]
미란(迷亂)[명] 정신이 혼미하여 어지러움. bewildered 하[자]
미란(糜爛·靡爛)[명] 썩어서 문드러짐. fester 하[자]
미래(―) 붓자루의 끝을 고를 다듬는 데 쓰는 농기. leveler
미:래(未來)[명] ①아직 오지 않은 때. 장래(將來). future ②〈불교〉죽은 뒤의 세상. next world ③〈어학〉장차 행할 것을 표시하는 시제(時制). 어간에 '―겠―'을 더하여 씀. '먹겠다·가겠다' 등.
미:래=기(未來記)[명] 앞에 닥쳐 올 일을 예상하고 미리 적어 놓은 기록. forecast of the future
미:래=사(未來事)[명] 앞으로 닥쳐올 일. (대) 과거사. coming events [질 모습. 미전(vision).
미:래=상(未來像)[명] 상상으로 그리는, 미래에 이루어
미:래=세(未來世)[명]《불교》삼세(三世)의 하나. 다음 세상에 다가올 불세(佛世). 죽은 뒤에 다시 태어날 세상. 윗세상. (대) 현재. 과거세. (어) 내세(來世). future life [는 영원한 세상.
미:래 영:겁(未來永劫)[명]《불교》생각할 수 없이 오
미:래 예:정(未來豫定)[명]《어학》동사의 예정상의 하나. 추측적으로 예상되는 미래의 상황을 나타내는 어법. '집에 가게 되었다' 따위.
미:래 완료(未來完了)[명]《어학》미래의 동작이 막 끝나서 그 결과가 나타나 있을 때를 표현하는 시형(時形). 웃적끝내. future perfect
미:래=주의(未來主義)[명]《미술》1909년 경 이탈리아에 회화를 중심으로 일어난 예술 운동의 경향. futurism
미:래 지향성(―性)(未來指向性)[명] 앞으로 성취할 과업과 그 과업의 수행에서 얻는 자기 만족을 위하여 현재의 고통이나 어려움을 참고 이겨내는 성질.
미:래 진:행(未來進行)[명]《어학》동사 진행상(進行相)의 하나. 미래에 동작이 계속 중일 것임을 나타내는 어법. '―고 있겠다·―일을 하고 있는 중이겠다' 등으로 표시됨. [ism
미:래=파(未來派)[명] 미래주의를 신봉하는 파. futur-
미:래=학(未來學)[명] 미래를 여러 각도에서 연구·추론(推論)하는 학문의 총칭.
미:랭(未冷)[명] 아직 다 식지 않음. not yet cold 하[자]
미:랭=시(未冷屍)[명] 조금 찬 듯함. slight coldness 하[자]
미:랭=시(未冷屍)[명] 다 늙어 사람 구실을 못 하는 사람.
미량(微凉)[명] 조금 서늘함. slight coolness 하[자]
미량(微量)[명] 아주 적은 분량. very small amount
미량 분석(微量分析)[명] 아주 적은 양의 재료로 하는 분석.
미량 어염(米糧魚鹽)[명] 양식이나 생선·소금 같은 일상 생활에 필요한 식료품. necessary foodstuff
미량 영양소(微量營養素)〈생리〉①식물의 생육에 불가결한 극히 미량의 원소. 철·아연·망간·동·염소, 몰리브덴 등. ②아주 적은 분량으로 작용하는 동물의 영양소. 비타민 따위.
미러(mirror)[명] 거울. 반사경.
미러클(miracle)[명] 기적(奇蹟).
미레=자(T자 모양으로된 제도용 자)[尺]. T-square
미레=질(―) 대패를 거꾸로 쥐고 뒤에서 밀어 깎는 일. planing 하[타]
미:려(美麗)[명] 경치나 물새 같은 것이 아름답고 고움. (대) 추악(醜惡). beauty 하[형] 히[부]
미려=골(尾閭骨)[명]《동》꽁무니뼈.
미려=혈(尾閭穴)[명] 尾閭穴(미려혈)①.
미려=혈(尾閭穴)[명] ①등마루뼈 끝에 있는 침(鍼)을 놓는 자리. 미려관(尾閭關). ②자꾸 줄어서 없어짐을 이르는 말.
미력(微力)[명] ①적은 힘. slight power ②남을 위하여 힘쓰는 자기의 힘을 겸손하게 이르는 말. my poor
미력(彌―)→미륵(彌勒). [ability 하[자]
미련 어리석고 둔하여 터무니없는 고집을 부리는 행동과 따위. ① 미련. stupidity 하[형] 스럽[형] 스레[부].
미:련(未練)[명] ①생각을 딱 끊을 수 없음. attachment ②익숙하지 못함. 미숙(未熟). unfamiliar 하[형]
미련은 먼저 나고 슬기는 나중 난다[속] 잘못해 놓고서야 더 좋은 방법이 생각난다.
미련=쟁이[명] 미련한 사람. (작) 매련쟁이.
미련=퉁이[명] 몹시 미련한 사람.《작》매련퉁이. senseless fellow
미련한 놈 가슴에 고드름이 안 녹는다[속] 미련한 사람이 한번 양심을 품으면 좀처럼 누그러지지 않는다.
미:령=하:다(靡寧―)[여불] 살이 쪄서 군턱이 져 있다. 턱이 뾰족하지 않고 두툼하다. having a double chin
미령(←靡寧)[명] 어른이 병으로 말미암아 몸이 편하지 못함. unwell 하[자]
미로(迷路)[명] ①갈피를 집을 수 없이 된 길. 미도(迷途). maze ②〈동〉내이(內耳). ③〈심리〉동물·인간의 학습 연구에 쓰이는 장치의 하나.
미로=아(迷路兒)[명] 길을 잃고 갈 곳을 몰라 방황하는 아이. (어) 미아(迷兒). missing child
미록(麋鹿)[명]《동물》고라니와 사슴. deer
미:료(未了)[명] 아직 끝내지 못함. 아직 다하지 못함. 미필(未畢). unfinished 하[자]
미:료=안(未了案)[명] 아직 다 마치지 못한 안건.
미루(←美柳―)[명]《식물》버들과의 낙엽 활엽 교목. 강변·밭둑에 가로수로 많이 심음. 줄기는 곧고 높이 30 m 쯤 됨. 포플러. 은백양(銀白楊).
미루―다[타] ①일을 앞으로 밀어 넘기다. 연기하다. postpone ②일을 남에게 떠넘기다. shift on ③이미 아는 것으로써 다른 것을 비추어 헤아리다. (약) 밀다⑤. guess
미루적=거리―다[자] 일을 자꾸 미루어 시간을 질질 끌어 가다. (약) 미적거리다③. go on putting off 미루
미룩=미룩《약》미루적미루적. [적=미루적 하[타]

미룸 미루어 헤아림을 나타내는 일. analogy
미류(彌留) 병이 오랫 동안 낫지 않음. ─하다
미·르[를] (고) 용. stone image of Buddha
미륵(彌勒) 〈불교〉 ①(약)→미륵 보살. ②돌부처.
미륵 보살(彌勒菩薩) 〈불교〉 도솔천(兜率天)에 살며, 장차 성불(成佛)하여 이 세상에 내려와 제 2의 석가로서 중생을 제도한다는 보살. 미륵불. 미륵 자존(彌勒慈尊). 자씨 보살. (약) 미륵①. Maitreya
미륵-불(彌勒佛) 미륵 보살.
미름(米廩) 쌀을 넣어 두는 곳집. rice warehouse
미릉-골(眉稜骨) 〈생리〉눈썹 있는 곳의 뼈.
미리 어떠한 일이 생기기 전에. 앞서서. ¶ ~ 준비하다. be forehand
미리-미리 '미리'를 강조하는 말. 「어서 짜낸 술.
미림(味淋) 소주와 찹쌀 지에밥에 누룩을 섞어 빚
미:립 ①경험에서 얻은 묘한 이치. ¶~나다. knack ②많이 쇠시랑태를 먹인 뒤에 기함(起陷)한 곳을 고르게 누르고 짞는 일.
미립(米粒) 쌀알. grain of rice
미립(微粒) 아주 작은 알갱이. particle
미립-자(微粒子) 〈물리〉 아주 작은 분자. corpuscle
미립자-류(微粒子流) 태양 활동이 왕성할 때, 방사 이외에 방사되는 고속도의 기체 입자.
미립자-병(微粒子病) 누에에 작은 반점(斑點)이 생겨서 죽는 전염병. pebrine
미립자 병원체(微粒子病原體) 누에의 미립자병의 병원체. 원생 동물(原生動物)·포자충류(胞子蟲類)에 딸린. Nosema bombycis 〈과〉. less than ─하다
미:만(未滿) 정한 수나 정도에 차지 못함.
미:만(彌滿·瀰滿) ①널리 가득 참. 그들먹함. expanse ②어떤 기분·유행 따위가 널리 퍼짐. diffusion ─하다 「시 바로 전.
미:말(未末) 〈민속〉미시(未時)의 맨 끝. 하오 세
미말(尾末) 끝. 뒤 아래.
미말(微末) 아주 작음. 「末職」.
미말-직(─찌─)(微末之職) 〈동〉미관 말직(微官
미:망(未忘) 잊지 못함. 잊을 수가 없음. unforgettable
미망(迷妄) ①사리에 어두움. illusion ②마음속에 헤메임. hesitation ─하다 「perplexed to know
미망(迷惘) 마음이 복잡하여 무엇인지 잘 모름. too
미망-설(迷妄說) 〈철학〉일체의 실재 세계가 환각·미망에 불과하다는 설.
미:망-인(未亡人) 남편이 죽고 홀로 사는 여인. 아직 죽지 못할 사람이라는 뜻. (유) 과부. widow
미맥(米麥) 쌀과 보리. rice and barley
미:맹(未萌) ①초목의 싹이 아직 트지 아니함. before sprouting ②변고가 아직 생기지 않음. before anything happens 「dawn
미:명(未明) 날이 샐 무렵. 날이 밝기 전. early
미명(美名) 그럴 듯한 명목. 훌륭하게 내세운 이름. 미예(美譽). good name
미명(微明) 희미하게 밝음. slightly bright
미명-하(美名下) 그럴 듯한 명목을 내세운 아래. under the cloak of
미모(尾毛) 짐승의 꼬리털. tail hair
미모(眉毛) 눈썹. eyebrows
미:모(美毛) 곱다란 털. beautiful hair
미:모(美貌) 아름다운 얼굴 모습. beautiful face
미모(微毛) 아주 작은 털.
미모사(mimosa) 〈동〉함수초(含羞草).
미목(眉目) ①눈썹과 눈. 미첩(眉睫). brows and eyes ②얼굴 모양. face
미:목(美目) 아름다운 눈.
미목 수려(眉目秀麗) 얼굴이 뛰어나게 아름다움.
미몽(迷夢) 흐릿한 꿈이라는 뜻으로, 무엇에 미혹하여 흐릿해진 정신 상태. delusion
미:묘(美妙) 아름답고 교묘함. elegance ─하다 ─히
미묘(微妙) ①섬세하고 현묘(玄妙)함. delicate ②이상 야릇하여 알 수 없음. ¶복잡 ~. subtle ─하다 ─히
미무(媚憮) 아름다운 교태(媚態). 또, 그런 태도를 지어 보임. ─하다 「(血淸劑)의 약.
미무(蘇蕪) 〈한〉궁궁이의 싹. 한방에서 혈청제
미:문(未聞) 아직 듣지 못함. ¶전대(前代) ~. never heard before ─하다
미:문(美文) 아름다운 문장. elegant prose
미:문(美聞) 좋은 소문. (대) 추문(醜聞). reputation
미:문-지-사(未聞之事) 아직 듣지 못한 일.
미:문-체(美文體) 아름다운 글귀를 써서 꾸민 문장.
미:문-학(美文學) 순(純)문학. 「의 체.
미:물(美物) 아름다운 물건.
미물(微物) ①변변치 못하고 작은 물건. trifle ②아주 자질구레한 벌레. microbe ③변변하지 못한 사람을 비유하여 이르는 말.
미:미(美味) 좋은 맛. deliciousness 「ness
미미-하-다(微微─) 아주 보잘것없다. slight-
미믹(mimic) ①모의(模擬). ②극·무용에 있어서, 말 대신으로 표현하는 몸짓. 표정술(表情術).
미:반(米飯) 쌀로 지은 밥. 쌀밥.
미:발(未發) ①피어나지 않음. (대) 기발(旣發). not yet bloomed ②떠나지 않음. not yet started ③일이 아직 일어나지 않음. ④〈불교〉오욕 칠정(五欲七情)이 아직 일어나지 않음. ─하다 「소설. ─하다
미:발표(未發表) 아직 발표를 하지 않음. ¶ ~의
미:방(未方) 〈민속〉이십사 방위의 하나. 남쪽에서 조금 서쪽으로 가까운 방위. (약) 미(未).
미:백(美白) 살갗을 아름답고 희게 함. ¶ 크림.
미백(微白) 부슴스름하게 흰 빛깔. whitish
미보(彌補) 꾸며서 보충함. ─하다 「colour
미:복(美服) 좋은 옷. 아름다운 옷.
미복(微服) 지위가 높은 사람이 몰래 살피러 다닐 때에 입는 남루한 옷. 미행(微行)할 때의 복장. disguise in dress ─하다
미복 잠:행(微服潛行) 남이 모르도록 미복을 하고 슬그머니 다님. (약) 미행(微行)①. going in disguise
미:봉(未捧) 〈동〉미수(未收)①. ─하다
미봉(彌縫) 임시 변통으로 얽어 맞추어 탈이 없이 꾸며냄. makeshift temporizing ─하다
미봉-책(彌縫策) 미봉하는 계책(計策). makeshift
미부(尾部) ①꼬리나 꽁지가 되는 부분. ②어떤 물건의 끝 부분.
미:부(美赴) 좋은 부임(赴任). 「체의 곧 부분.
미:부-임(未赴任) 임명을 받은 뒤에 아직 임지(任地)에 부임하지 않음. ─하다
미분(米粉) 쌀가루.
미분(微分) 〈수학〉①어떤 함수의 미계수(微係數)를 얻는 일. differential calculus ②어떤 함수의 아주 적은 변차(變差). ③(약)→미분학(微分學). (대) 적분(積分). differentials
미:분(微粉) 고운 가루.
미:-분관인(未分館人) 〈제도〉새로 문과에 급제한 사람으로서 승문원(承文院)·성균관(成均館)·교서관(校書館)의 박사(博士) 추천이 되지 못하고, 다음의 추천을 기다리는 사람.
미분 기하학(微分幾何學) 〈수학〉미적분을 써서 곡선 또는 곡면의 성질을 연구하는 기하학의 한 분과. differential geometry
미:분(未分明) 분명하지 못함. ─하다
미분 방정식(微分方程式) 미지(未知)·기지(旣知)의 많은 함수의 도함수를 포함한 관계를 방정식의 모양으로 한 것. differential equation
미:-분자(微分子) 극히 작은 분자. atom
미분 적분학(微分積分學) 〈수학〉미분학과 적분학을 아울러 일컫는 말. (약) 미적분학. differential integral calculus
미분-학(微分學) 〈수학〉함수(函數)의 미계수(微係數)를 구하여 함수의 성질을 연구하는 수학의 한 분과. (대) 적분학(積分學). (약) 미분③. differential

미:분화(未分化)[명] 아직 분화하지 않음. 하타
미:-불(未拂)[명] 아직 지불하지 아니함. arrears 하타
미불(美弗)[명] 미국 달러(dollar). do one's best 하타
미불=용극(靡不用極)[명] 온 심력(心力)을 다해서.
미:비(未備)[명] 완전하지 못함. 아직 다 갖추지 못함. incomplete 하타
미비(靡費)[명] 남김없이 죄다 써 버림. 하타
미쁘-다[형][으로] ①믿음직하다. 믿음성이 있다. 미덥다. reliable ②진실하다.
미:사(美事)[명] 좋은 일. 아름다운 일. praiseworthy thing words ②교묘하게 꾸민 말. fair words
미:사(美辭)[명] ①아름다운 말. 화사(華辭). flowery
미사(彌撒 missa 라)[명] 〈기독〉 ①천주교에서 행하는 최대의 예배 의식. 성제(聖祭). ②[동] 미사곡.
미사:-곡(彌撒曲)[명] 〈음악〉 천주교의 미사 의식에서 신도가 부르는 찬가. 미사곡.
미사리[명] 삿갓이나 방갓 따위의 밑에 붙어 머리에 쓰게 된 둥근 테. 접사리②.
미사리²[명] 산 중에서, 풀뿌리·나뭇잎·열매 따위를 먹고 사는, 몸에 털이 많이 난 자연인. Tarzan
미:사 여구(美辭麗句)[명] 아름다운 말과 훌륭한 글귀. euphuistic phrases
미사일(missile)[명] 〈군사〉 사람이 타지 않고 로켓이나 제트 엔진 등으로 추진되는 장거리용 공격 병기의 하나. 대륙간 탄도 미사일 등. 유도탄.
미:사-학(美辭學)[명] 말을 완전하고 아름답게 쓸 것을 연구하는 학문. rhetoric
미삼(尾蔘)[명] 인삼의 잔뿌리. hair like ginseng
미삼(尾蔘茶)[명] 미삼을 달인 차.
미:상(未詳)[명] 자세하지 않음. 알려지지 않음. 《대》 자상. 자세. not exactly known 하타
미상(米商)[명] 쌀장사. 또, 그 장수. rice merchant
미상(迷想)[명] 어지럽게 헷갈린 생각. 갈피를 잡지 못하는 생각. mistaken notion wound 하타
미상(微傷)[명] 가벼운 상처를 입음. 또, 그 상처. slight
미상 돌기(尾狀突起)[명] 꼬리처럼 생긴 돌기.
미:상-불(未嘗不)[부] 아닌게 아니라. 미상비(未嘗非). really
미:상불-연(未嘗不然)[명] 그렇지 않은 바가 아님.
미:상-비(未嘗非)[명] 미상불.
미:상:장-주(未上場株)[명] 〈경제〉 상장 절차를 필하지 아니한 주권 또는 그것은 발행되어 있지만 증권의 권리만 존재하는 권리주의 총칭. 비상장주(非上場)
미:=상환(未償還)[명] 아직 상환하지 아니함. 하타 [株]
미색(米色)[명] ①쌀 빛깔. rice colour ②엷은 노랑. pale yellow
미:색(美色)[명] ①아름다운 빛깔. beautiful colour ②아름다운 여자. 여자의 고운 얼굴. beautiful face
미색(迷色)[명] 여색(女色)에 미혹함을 being infatuated [with a woman 하타
미색(微色)[명] 엷은 빛.
미:-생(未生)[명] ①〈민속〉 태세(太歲)의 지지(地支)가 미(未)인 해에 낳은 사람. ②바둑에서 두 집을 짓지 못하여, 아직 완전히 살지 못한 상태.
미:=생물(微生物)[명] 〈생물〉 현미경으로나 볼 수 있는 세균 따위의 썩 작은 생물. microbe
미생물 공업(微生物工業)[명] 〈공업〉 미생물을 배양하여 약품·식료품 등을 제조하는 공업.
미생물 요법(—[療]法)[微生物療法][명] 〈의학〉 미생물을 이용하여 병을 치료하거나 예방하는 요법.
미생물 유전학(微生物遺傳學)[명] 〈생물〉 미생물을 재료로 하여 유전의 본질을 탐구하는 학문.
미생물학(微生物學)[명] 미생물이라는 생물체를 대상으로 연구하는 생물학의 한 분야.
미생지-신(尾生之信)[명] 신의가 굳음. 또, 우직하여 [융통성이 없음.
미:-석(尾石)[명] 꽁무니 쪽의 돌.
미선(尾扇)[명] 대를 가늘게 쪼개어 살로 하여 둥글게 실로 엮어 만든 둥근 부채의 하나. round fan
미선-나무[명] 〈식물〉 목서과의 낙엽 활엽 관목. 높이 1m 가량으로 잎은 타원형 또는 난형으로 톱니가 없음. 3월에 흰빛 또는 담홍색의 꽃이 잎보다 먼저 피고 과실은 가을에 익음. 산록의 양지에 나는데 충북 진천의 특산으로 전세계에 1속 1종임.
미:설(未設)[명] 아직 완전히 설비되지 못함. 《대》 기설(既設). installed 하타
미설(眉雪)[명] 눈처럼 흰 눈썹. 노인의 비유.
미:성(未成)[명] ①〈약〉→미성년. ②아직 이루지 못함. 완성하지 못함. 《대》 기성(既成). incompletion
미성(尾星)[명] 〈천문〉 ①이십팔수(宿)의 여섯째 별. 〈약〉 미(尾). ②꼬리별. 혜성(彗星).
미성(微誠)[명] ①남에게 대하여 자기의 정성을 겸손하게 이르는 말. my sincerity ②작은 정성. 미침(微忱).
미성(微聲)[명] 희미한 소리. 작은 소리. dim sound
미성-기(尾星旗)[명] 〈제도〉 의장기(儀仗旗)의 하나.
미:-성년(未成年)[명] ①〈법률〉 만 20세가 되지 못한 나이. minority ②다 자라지 못함. 《대》 성년(成年). 곧, 총각과 처녀. 《대》 성년(成年). 〈약〉 미성(未成)①. unmarried boy and girl
미:-성년자(未成年者)[명] 〈법률〉 만 20세가 되지 않은 사람. 《대》 성년자(成年者).
미:-성숙(未成熟)[명] ①아직 채 여물지 못함. unripe ②익숙하지 못함. green ③완전하게 갖추어지지 못함. 《대》 성숙(成熟). unaccomplished 하타 plan
미:성-안(未成案)[명] 완성되지 않은 안(案). unfinished
미:성-인(未成人)[명] 아직 미혼으로 어른이 못된 사람. 《대》 성인(成人)①. [미취. 하타
미:성-자(未成者)[명] 아직 장가들지 못함. 미장가. 〈약〉
미:-성편(未成篇)[명] ①한 편의 글을 아직 다 짓지 못함. 또, 그 편. half-finished writing ②물건이 아직 미완성임을 가리키는 말. unfinished article 하타
미:성-품(未成品)[명] 아직 완성되지 못한 물건. 《대》 성품(既成品).
미세(微細)[명] 가늘고 작음. minute 하타
미세기[명] 밀물과 썰물. ebb and flow
미:세기[명] 〈건축〉 두 짝을 한편으로 밀어 겹쳐서 여닫는 문이나 창. folding door [어간 구멍이].
미:세기[명] 〈광물〉 광산에서 땅밑으로 비스듬히 파 들
미세스(mistress, Mrs.)[명] 《등》 미시즈.
미-세포(微細胞)[명] 아주 작은 세포. microcyte
미셀러니(miscellany)[명] 〈문학〉 수필 중에서도 논리성에 중점을 두지 아니한 일상 신변의 수필. 수기(隨記)·수상록(隨想錄)·잡문 따위.
미션(mission)[명] ①〈종교〉 전도(傳道). 선교(宣敎). ②전도 단체. 《등》→미션 스쿨.
미션 스쿨(mission school)[명] 〈교육〉 기독교 단체가 설립한 교육과 전도를 겸한 학교. 〈약〉 미션③.
미션-회(mission 會)[명] 선교 사회. Union
미:-소(美蘇)[명] 미국과 소련. United States and Soviet
미:소(媚笑)[명] 아양을 떨며 곱게 웃는 웃음. coquettish smile 하타
미소(微小)[명] 아주 작음. 《대》 거대(巨大). minuteness
미소(微少)[명] 아주 적음. 하타
미소(微笑)[명] 소리를 내지 않고 빙긋이 웃는 웃음. 《대》 홍소(哄笑). smile 하타
미:소-=년(美少年)[명] 얼굴이 예쁘게 생긴 소년. ¶홍안(紅顔)의 ~. handsome youth
미소 데탕트 정책(美蘇 détente 政策)[명] 주요 국제 분쟁에 대하여 미·소 두 나라만의 긴급 협의로 긴장을 완화하려는 정책.
미소 망:상(微小妄想)[명] 〈의학〉 자기 자신을 과소 평가하는 망상. 《대》 발양 망상(發揚妄想). micromania
미소 정책(微笑政策)[명] 〈정치〉 외면상으로는 친선을 꾀하는 体 추기(秋波)를 먼저, 상대국으로 하여금 자기 나라의 뜻한 바에 쏠리게 하여 이권을 얻자는 정치적 계책. [의식 표상(表象).
미소 지각(微小知覺)[명] 〈심리〉 의식에 오르지 않는 무
미:-속(美俗)[명] 〈동〉 미풍(美風).

미속(微速)[명] [약]→미속도.
미속도(微速度)[명] 극히 느린 속도. 《약》 미속(微速).
미속도 촬영(微速度撮影) 필름의 속도를 표준 속도 보다 훨씬 느리게 하여 촬영하는 일.
미송(美松)[명] 〖식물〗 북아메리카주에서 산출되는 소나무. 또, 그 재목.
미=쇄(未刷)[명] [동] 미수(未收)①. 하타
미쇄(微瑣)[명] 미미하고 세세함. 작고 잚. trifle 하형
미수(米水)[명] ①설탕물이나 꿀물에 미숫가루를 탄 음료. 미식(糜食). honeyed water with powdered rice ② 《약》→미숫가루.
미:수(未收)[명] ①다 거두지 못함. 미봉(未捧). 미쇄(未刷). ②《약》→미수금. uncollected 하타
미:수(未遂)[명] ①목적했던 바를 이루지 못함. ②〖법률〗 범죄에 착수는 했으나 목적을 달성하지 못한 상태. 《대》 기수(旣遂). attempted 하타
미수(米壽)[명] 여든여덟 살을 달리 이르는 말. eighty eight years of age 「축수하는 말. longevity 하타
미수(眉壽)[명] ①눈썹이 세도록 오래 삶. ②오래 삶을
미수(微睡)[명] 잠시 눈을 붙임. doze 하타
미수=가리 잘못 삼은 삼만을 한데 모아 묶어 놓은 삼꽂지. 「미수②.
미:수=금(未收金)[명] 아직 거두어 들이지 못한 돈.
미:수=범(未遂犯)[명] 〖법률〗 범죄의 실행에 착수하였으나 그 행위를 끝내지 않았거나 결과가 생기지 않았을 때의 범죄 사실. 또, 그 범죄자. unaccomplished offence 「일 잔치.
미수=연(米壽宴)[명] 여든여덟 살 되는 해에 베푸는 생
미:수=죄(未遂[一罪](未遂罪)[명] 〖법률〗 미수범으로 그친 범죄.
미:숙(未熟)[명] ①과일 따위가 아직 덜 익음. unripe ② 일에 익숙하지 못함. ¶ ~자(者). 《대》 숙달(熟達). inexperienced 하타형 「아이.
미:숙-아(未熟兒)[명] 출생시의 체중이 2.5 kg 이하의
미술(美術)[명] ①미를 표현하여 시각(視覺)으로 감상하는 그림·건축·조각 따위. fine arts ②연극·영화에서 배경·세트 등의 무대 장치. 「ist
미:술-가(美術家)[명] 미술품을 창작하는 예술가. art-
미:술-계(美術界)[명] 미술가들의 사회. artistic world
미:술=고고학(美術考古學)[명] 고고학의 한 분야. 옛 미술품에 대하여 인문 발전(人文發展)의 자취를 연구하는 학문. 「에 미술(工藝美術). ¶~품
미:술 공예(美術工藝)[명] 미술을 위주로 한 공예. 공
미:술-관(美術館)[명] 미술품을 보전·전시하여 일반의 감상과 연구에 이바지하는 건물. art museum
미:술 대:학(美術大學)[명] 〖교육〗 미의 창작과 표현에 관한 전문적인 이론과 기술을 교수·연구하는 단과 대학. 《약》 미대(美大). college of fine arts
미:술 도기(美術陶器)[명] 실용품이 아닌 미술품으로 만든 도기. 「쓴 역사. history of art
미:술-사(美術史)[명] 미술의 변천·발달 과정을
미:술 전:람회(美術展覽會)[명] 미술 작품을 진열하는 전람회. 「art object
미:술-품(美術品)[명] 예술적으로 창작되 미술 작품.
미숫=가루[명] 찹쌀 따위를 찌거나 볶아서 간 가루. 《약》 미수(米水). baked ricegranules
미스(mis)[명] 《약》→미스테이크(mistake).
미스(Miss)[명] ①결혼하지 않은 처녀의 성이나 이름 앞에 붙여 부르는 경칭(敬稱). 양(嬢). ②처녀. ③대표적인 미혼의 미인의 관칭(冠稱).
미스 유니버:스(Miss Universe)[명] 세계 미인 대회에서 선출되는 대표 미인. 「패함. 부적당한 배역.
미스=캐스트(miscast)[명] 연극·영화 등에서 배역에 실
미스 코리아(Miss Korea)[명] 매년 열리는 세계 미인 대회에 보내기 위하여 뽑는 한국의 대표 미인.
미스터(mister, Mr.)[명] 남자의 이름·관직명 앞에 붙이는 호칭. 군(君). 씨(氏).
미스터리(mystery)[명] ①신비(神祕). 비의(祕義). ②추리 소설(推理小說). 〖종교〗 성찬례(聖餐禮).
미스터리 스토:리(mystery story)[명] 〖문학〗 추리 소설. 탐정 소설. 「의 뜻.
미스테리오스(misterioso 이)[명] 〖음악〗 '신비스럽게'
미스테이크(mistake)[명] 잘못. 실수. 틀림. 오류. 《약》 미스.
미스티시즘(mysticism)[명] 신비주의.
미스=프린트(misprint)[명] 틀리게 인쇄 또는 등사함.
미:시(未時)[명] 〖민속〗 하루를 12시로 나눌 때의 여덟째 시. 오후 1시에서 3시까지의 사이. ②24시의 열다섯째 시. 오후 2시에서 3시까지의 사이. 《약》
미시(微示)[명] →미시 기의(微示其意).
미:시(微時)[명] 출세하기 전의 보잘것없던 때. poor time
미:시(示)[그](微示)[명] 미시(微示).
미시 기의(微示其意) 분명히 말하지 않고 눈치만
미시=적(微視的)[관]형[관] ①현미경으로 식별할 수 있을 정도의 대상에 관한(것). ②미세하게 관찰하는(것). 《대》 거시적(巨視的).
미시적 경제론(微視的經濟論)[명] 〖경제〗 경제 행위를 소비자·기업·노동자·자본가 등의 행동으로 생각하며, 경제 주체 행동의 분석에 의해 모든 경제 현상을 이해하려는 이론.
미시즈(mistress, Mrs.)[명] 결혼한 여자의 이름이나 성 앞에 붙여 부르는 호칭. 부인. 여사(女史). 미세스. 「ceased
미:식(未熄)[명] 어떤 번고가 그치지 않음. not yet
미식(米食)[명] 쌀밥을 상식(常食)으로 함. 하타
미식(美式)[명] 미국의 방식. American style
미:식(美食)[명] 좋은 음식을 먹음. 또, 맛있는 음식. 《대》 악식(惡食). rich diet 하타
미:식(美飾)[명] 아름답게 꾸밈. fine decoration 하타
미:식(迷息)[명] 남에게 대하여 자기 아들이나 딸을 못난 자식이란 뜻으로 이르는 말. 미아(迷兒)①.
미:식=가(美食家)[명] 음식에 대해 특별한 기호를 가진
미식 국민(米食國民)[명] 쌀밥을 늘 먹는 국민. 「사람.
미식 축구(美式蹴球)[명] 〖체육〗 미국에서 럭비를 고쳐서 하는 축구의 하나. 선수들은 자유로이 바꾸어 넣으며, 계획적으로 복잡한 전술을 쓰면서 공을 적진(敵陣)에 손으로나 발로 차 넣어서 승패를 겨룸. American football
미:신(未信)[명] 미덥지 못함. unreliable 하타
미:신(美愼)[명] 〖경〗 상대방의 병(病)을 이르는 말.
미신(迷信)[명] ①이치에 어긋난 것을 망령되게 믿음. ②종교적·과학적인 견지에서 망령되다고 인정되는 신앙. superstition 하타
미신(微臣)[명] ①지위가 낮은 신하. 《대》 중신(重臣)②. low subject ②신하가 임금에 대하여 자기를 낮추어 일컫는 말.
미:신-가(迷信家)[명] 미신을 믿는 마음이 많은 사람.
미:신경(味神經)[명] 〖생리〗 혀의 점막에 있어 미각(味覺)을 맡은 신경. gustatory nerve
미신-범(迷信犯)[명] 〖법률〗 자연 법칙을 초월한 미신적 수단으로 범죄적인 결과를 야기하려는 행위. 또는 그러한 사람.
미실(迷失)[명] 정신이 혼미해져서 무슨 일을 잘못함. fallacy 하타 「무실 무가(無室無家). 하형
미실 미가(靡室靡家)[명] 가난하여 거처할 곳이 없음.
미:심(未審)[명] ①일이 확실하지 않아 늘 마음에 거리낌. doubtfulness ②《동》 불심(不審). 하타형 ~스럽다 히형 「꺼림하다. doubtful
미:심-쩍다(未審─)[형] 일이 분명하지 못하여 마음에
미싱(←sewing machine)[명] 〖동〗 재봉틀. 「child
미아(迷兒)[명] ①〖동〗 미식(迷息). ②길 잃은 아이. lost
미:안(美顏)[명] 미수(美鬚).
미:안(未安)[명] ①마음이 편안하지 못하고 거북함. sorry ②남에게 대하여 부끄럽고 겸연쩍은 마음이 있음. 미안(未安)②. 하타형 ~스럽다 히형 ~스레 히
미:안(美顏)[명] ①아름다운 얼굴. 《유》 백면(白面)①. beautiful face ②얼굴을 곱게 매만짐. 미용(美容). ¶~술(術). facial treatment 「sorry
미:안=쩍다(未安─)[형] 미안하여 대할 낯이 없다.

미:안 천만(未安千萬)[명] 몹시 미안함. ─하[형]
미:약(媚藥)[명] ①정욕을 일으키는 약. 음약(淫藥). ②상대방에게 연정을 일으키게 하는 약. 「사랑의」.
미약(微弱)[명] 작고 약함. 보잘것없음. 《대》 강렬(强烈). insignificance ─하[형]
미양(微恙)[명] ①대수롭지 않은 병. slight illness ②자기의 병의 겸칭.
미어(美語)[명] 미국말. 미국 영어.
미어(謎語)[명] 《동》 수수께끼.
미어=뜨리-다[타] 팽팽하게 켕기는 가죽이나 종이 따위를 세게 건드리어 구멍을 내다. tear a hole
미어=지-다[자] 팽팽하게 켕긴 종이나 가죽 같은 것이 해져서 구멍이 나다. 《약》 미어디-다. break
미역¹[명] 〈식물〉 갈조류(褐藻類)의 바닷말. 잎은 폭이 넓고 길이 1~2 m의 난형이며 깃꼴로 갈라짐. 빛은 황갈색또는 흑갈색이며 칼슘의 함유량이 많아 식용함. 감곽(甘藿). 해채(海菜). 《약》 역⁴. sea tangle
미역²[명] 냇물이나 강물에 들어가 몸을 씻는 일. 《약》 역⁵. bathing
미:역(未譯)[명] 아직 번역되지 않음.
미역=감-다[자─따] 냇물이나 강물 따위에 들어가 놓거나 몸을 담그고 씻다. 《약》 역감다. bathe
미역=국[명] 미역을 넣고 끓인 국. 흔히 해산한 산모가 먹음. 《약》 역국.
미역국 먹-다[타] ①미역으로 끓인 국을 먹다. eat seatangle soup ②《속》 직장에서 해고당하다. be fired ③《속》 시험에 떨어지다. fail in an examination
미역=귀[명] 미역의 대가리. 곽이(藿耳).
미역=숲[명] 미역이 많이 나 있는 바다 속의 숲.
미역 지짐이[명] 물에 불린 미역을 들어 양념에 주물러 끓인 반찬.
미역 찬국[명] 미역을 양념에 무쳐 냉국에 말은 것. 「친 음식」.
미역=취[명] 〈식물〉 엉거시과의 다년생 풀. 키는 60~90 cm쯤 되고 줄기는 자흑색이며 잎은 타원형 또는 난형임. 씨에는 관모가 있어 바람에 날리어 번식함. 신장염·방광염 등의 약제로 쓰임.
미:연(未然)[명] 아직 그렇게 되지 아니함. ¶사전에 ~에 방지하다. before(anything) happens
미:연지-전(未然之前)[명] 아직 그렇게 되기 전.
미열(微熱)[명] 조금 있는 열. slight fever
미염(米鹽)[명] 쌀과 소금. 즉, 식생활에 없어서는 안 될 물건. rice and salt
미오글로빈(myoglobin)[명] 〈화학〉 헤모글로빈과 비슷한 적색 색소 단백질. 근육 세포내에 있어 산소 저장에 역할이 큼.
미오신(myosin)[명] 〈화학〉 근(筋)단백질의 주요 성분.
미온(未穩)[명] 평온하지 못함. troubles ─하[형]
미온(微溫)[명] 미지근함. ¶~수(水). tepidity
미온-적(微溫的)[관형] 소극적 (消極的).
미:완(未完)[명] 끝을 나 맺지 못함. 완성되지 못함. 미완성. unfinished ─하[형]
미:완성(未完成)[명] 완성되지 못함. 미완. unfinished
미:완성 어음(未完成─)[명] 어음 요건의 기재가 완성되어 있지 않은 어음.
미:용(美容)[명] ①고운 얼굴. beautiful face ②얼굴이나 머리를 곱게 꾸밈. 미안(美顏). ¶~술(術). ~학원(學院). beauty treatment ─하[형]
미:용-사(美容師)[명] 남에게 미용술을 베푸는 일을 업으로 삼는 사람. beautician
미:용-술(美容術)[명] 얼굴·머리·손톱 등을 아름답게 매만지는 기술.
미:용-원(美容院)[명] 《동》 미장원.
미:용 체조(美容體操)[명] 〈체육〉 몸의 자세를 아름답게 하기 위하여 하는 간단하고 가벼운 체조. callisthenics
미우(尾羽)[명] 매 또는 그 밖의 새의 꽁지깃. tail [feather (of a hawk)]
미우(眉宇)[명] 이마의 눈썹 언저리. brows
미우(微雨)[명] 보슬보슬 내리는 가는 비. 가랑비. 이슬비. drizzle
미욱-하-다[여형] 어리석고 미련하다. 《작》 매우하다. [stupid

미운 놈 떡 하나 더 준다[속] 미운 사람에게는 그로부터 보복이 없도록 술책상 후하게 대해야 한다.
미운 놈 보려면 길 나는 밭 사라[속] 길 가는 사람들이 농작물을 짓밟게 되므로 이름. ─한다.
미운 벌레 모로 긴다[속] 미운 것이 더욱 미운 행동을
미운 아이 먼저 품어라[속] →미운 놈 떡 하나 더 준다.
미운 열 사위 없고 고운 외며느리 없다[속] 사위는 무조건 귀히 여기면서 며느리는 아무리 잘해도 미워한다.
미운=증(─症)(─症)[명] 병적으로 미워하는 버릇.
미운 털이 박혔다[속] 몹시 미워하는 듯 살게 군다.
미운 파리 치려다 고운 파리 상한다[속] 좋지 않은 자를 벌 주려다 도리어 아끼는 사람이 그 누를 입게 함.
미움[명] 밉게 여기는 마음. 증오(憎惡). hatred [된다.
미워-하-다[타] 미운 생각을 가지다. hate
미:월(未月)[명] 음력 6월의 딴이름. June of the lunar calendar
미월(眉月)[명] 눈썹같이 생긴 초승달. new moon
미월(彌月)[명] 온 한 달이 걸림. 한 달 동안이 걸림.
미:=위불가(未爲不可)[명] 옳지 않다고 할 것이 없음. ─하[형] [는 교육. aesthetic culture
미:육(美育)[명] 〈교육〉 예술을 통하여 인격을 도야하
미음(美音)[명] 〈어학〉 한글의 자음 'ㅁ'의 이름. fifth letter of Korean alphabet
미음(米飮)[명] 환자가 먹는 묽은 쌀죽. 《약》 임. thin [ricegruel
미음(美音)[명] 아름다운 음성. sweet voice
미음(微吟)[명] 작은 소리로 읊음. humming ─하[타]
미음(微音)[명] 희미한 소리.
미음(未陰)[명] 음력 5월의 딴이름. May of the lunar calendar ②날씨가 조금 흐릿함. 박담(薄曇).
미음 완:보(微吟緩步)[명] 작은 소리로 읊으며 천천히 거닒.
미의(微意)[명] 변변하지 못한 작은 뜻. 미충(微衷). 미지(微志). humble desire
미:=의식(美意識)[명] 미(美)에 대하여 느끼고 판단하는 의식.
미이-다[자] →미어지다. [는 의식.
미이-다[피동] 미어뜨림을 당하다.
미익(尾翼)[명] ①꼬리 날개. tail ②비행기의 동체(胴體) 뒤쪽에 있는 수직·수평 안정판·승강타(昇降舵)·방향타의 총칭. 《대》 주익(主翼). tailplane
미인¹(美人)[명] 미국 사람. American
미:인(美人)[명] 썩 잘생긴 여자. 미녀(美女). 미희(美姬). beauty woman [교.
미:인-계(美人計)[명] 미인을 미끼로 하여 남을 꾀는 계
미:인-국(美人局)[명] 부녀를 이용하여 색정으로 남자를 유혹하여 금품을 빼앗는 등의 나쁜 짓을 하는 곳.
미:인-도(美人圖)[명] 미인을 그린 그림. 미인화. picture of a beautiful woman
미:인 박명(美人薄命)[명] 미인은 흔히 불행하거나 병약하여 요절(夭折)하는 일이 많다는 말.
미:인-화(美人畫)[명] 《동》 미인도(美人圖).
미:일(未日)[명] 일진의 지지(地支)가 미(未)인 날.
미:일(美日)[명] 미국과 일본. ¶~ 안보.
미일(彌日)[명] 하루 종일 걸림. [도작(稻作). ─하[형]
미작(米作)[명] 벼를 심고 가꾸고 거두는 일. 벼농사.
미작 환:지(米作換地)[명] 개간한 땅으로서 논으로 만들 수 있는 땅. reclaimed land
미:장[명] 《한의》 동이 굳어서 잘 나오지 않을 적에 검은 엿으로 대추씨처럼 만들어 동구멍에 넣는 약.
미:장(美匠)[명] 물품에 외관상 미감(美感)을 주기 위하여 그 모양과 빛깔 및 조화를 가공하는 특수 고안(考案). 의장(意匠)③. design
미:장(美粧)[명] 머리 모양이나 얼굴을 곱게 다듬음. beauty culture ─하[타]
미:장(美裝)[명] 아름답게 꾸밈. fine dress ─하[타]
미:=장가(未─)[명][동] 미성취(未成娶).
미:장-전(未─前)[명] 장가들기 전.
미:장-원(美粧院)[명] 미장술을 베푸는 일을 영업으로 하는 집. 미용원. 머릿방. beauty parlour

미장이圓 집을 짓거나 고칠 때 벽 따위에 흙을 바르는 직업을 가진 사람. 토공(土工). plasterer

미장-질圓 똥이 굳어 누지 못할 때, 똥구멍을 벌리고 똥을 파내거나 약을 넣는 짓. 하圓

미장트로프(misanthrope 프)圓 염세가(厭世家). 교제를 싫어하는 퍼팩스러운 사람.

미장트로피슴(misanthropisme 프)圓 인간이나 사회와 접촉하기를 싫어하는 버릇.

미:장 특허(美匠特許)圓 '의장 특허'의 이전 이름. special permission

미재(美才)圓 ①작은 재능. small talent ②[하] 자기의 재능. my talent

미저-골(尾骶骨)圓〈동〉꽁무니뼈.

미저골-통(尾骶骨痛)圓〈의학〉꽁무니뼈 근처에 생기는 아픈 증세.

미:적(美的)관형 사물의 아름다운 그(것). aesthetic

미적(美績)圓 훌륭한 공적. 뛰어난 업적. meritorious deed

미:적-분(微積分)圓→미적분(微積分).

미:적 감:정[—적—]圓〈심리〉미적 대상으로부터 일어나는 감정. aesthetic feeling

미적-거리-다卧 ①무거운 것을 조금씩 앞으로 내밀다. push forward little by little ②[약]→미루적거리다. 미적미적圓

미:적 관념[—적—]圓〈美的觀念〉미에 관한 사고력. aesthetic sense

미:적 교:육[—적—]圓〈美的教育〉圓〈교육〉미를 개인 및 민족 교육의 근본 원리로 하는 교육. aesthetic education

미:적 내:용[—적—]圓〈美的內容〉圓 예술 표현의 제재(題材)·심리적 내용·가치 내용 등의 총칭.

미:적 범:주[—적—]圓〈美的範疇〉圓〈철학〉복잡한 미의식의 성질적 차이를 몇 개의 종류로 나눈 구분. aesthetic category

미적-분(微積分)圓〈수학〉미분학(微分學)과 적분학(積分學). 圓 미적(微積). infinitesimal calculus

미:적 생활[—적—]圓〈美的生活〉미에서 느끼는 위안을 인생의 가장 높은 이상으로 삼는 생활.

미:적 유심론[—적—]圓〈美的唯心論〉圓〈철학〉미적 활동 및 예술을 최고 목적으로 하는 입장에 선 유심론.

미:적 인상[—적—]圓〈美的印象〉미적 대상으로부터 받는 인상.

미적지근-하-다[여] ①조금 더운 기운이 있는 듯하다. tepid ②행동이나 태도가 맺고 끊음이 딱히 없이 어중간 불철저하다.《작》매작지근하다. tepid 미적지근-히圓

미:적 쾌감[—적—]圓〈美的快感〉圓〈심리〉미적인 대상에서 일어나는 쾌감.

미:적 태:도[—적—]圓〈美的態度〉圓〈심리〉미적 대상을 감상하고 창작할 때의 정신 상태.

미:적 판단[—적—]圓〈美的判斷〉圓〈철학〉미에 대한 취미·이해·가치 따위의 판단.

미전(米廛)圓 쌀을 파는 가게. 싸전.

미:전(美田)圓 토질이 비옥(肥沃)한 전지(田地). 《대》박전(薄田). fertile rice field

미:전(美展)圓〈약〉→미술 전람회(美術展覽會).

미절 국거리로 쓰는 쇠고기의 허섭스레기. odd cuts of beef

미:점(米點)圓〈미술〉동양화의 산수화에서 찍는 가로점의 이름. small dots in Oriental painting

미:점[—점](美點)圓 ①성품의 아름다운 점. merit ②여러 가지 일 중, 특히 잘하는 점. 장처(長處). 장점(長點).

미:정(未正)圓〈민속〉미시(未時)의 중간. 곧, 오후 두 시.

미:정(未定)圓 아직 정하지 못함. 《대》기정(旣定). undecided 하圓

미정(微晶)圓 화산암의 석기(石基)에 함유되어 있는 대단히 미세한 결정.

미:정-고(未定稿)圓 완성하지 못한 원고. 미정초(未定草). unfinished manuscripts

미:정:비(未整備)圓 아직 완전하게 정비를 못함.

미:정-초(未定草)圓〈동〉미정고(未定稿).

미:제(未濟)圓 ①〈약〉→미제괘(未濟卦). ②처리하는 일이 아직 끝나지 아니함. 《대》기제(旣濟). pending

미:제(美製)圓 미국에서 만들어진 물품. made in U. S. A.

미제(謎題)圓 잘 풀리지 않는 수수께끼 같은 문제. mystery

미:제-괘(未濟卦)圓〈민속〉이괘(離卦)와 감괘(坎卦)가 거듭된 육십사괘의 하나. 《약》미제(未濟)①.

미제라블(misérable 프)圓 ①가난한 사람. ②불행함. 무정함. 또, 그런 사람. 하圓

미:제-액(未濟額)圓 갚지 못한 금액.

미제트(midget)圓 대단히 작은 것. 꼬마. ¶~ 카메라. ~ 텔레비전.

미:제-품(未製品)圓 아직 완성되지 못한 물품. 가공하지 않은 천연적인 산물. unfinished article

미:조(美爪)圓 손톱을 아름답게 다듬는 일. ¶~술(術). manicure

미조(迷鳥)圓 딴 지역으로 가면 도중에 길을 잃은 새.

미:조-사(美爪師)圓 남의 손톱을 아름답게 다듬는 것을 업으로 삼는 사람. [조직화하는 사람.

미:-조직(未組織)圓 아직 조직되어 있지 않음. 아직

미:족(未足)圓 아직 넉넉하지 못함. shortage 하圓

미좇-다(고)뛰어처 좇다.

미:좌(未坐)圓 묏자리나 집터 따위가 미방(未方)을 등진 좌(坐). 동북을 바라보는 방위.

미:좌 축향(未坐丑向)圓 묏자리나 집터가 미방을 등지고 축방을 향한 좌향. [(輕罪). petty offence

미죄(微罪)圓 아주 가벼운 죄. 대단치 않은 죄. 경죄

미죄 불기소(微罪不起訴)圓〈법률〉범죄가 가벼워 공소를 제기하지 않음.

미주(米酒)圓 쌀로 담근 술. [소를 제기하지 않음.

미주(美洲)圓〈지리〉아메리카 주(洲). Americas

미:주(美酒)圓 썩 맛이 좋은 술. good wine

미주 신경(迷走神經)圓〈생물〉연수(延髓)로부터 나온 열 번째의 뇌신경. vagus [anus

미주알〈생리〉똥구멍을 이루는 창자의 끝 부분. 밑

미주알-고주알숨은 일까지 속속들이 캐어 묻는 모양. 밑두리콧두리. ¶~ 캐어묻다. inquisitively

미주알고주알 밑두리콧두리 캔다[속] 속속들이 자세히

미죽(糜粥)圓 미음과 죽. [조사한다.

미:준(未竣)圓 공사를 아직 끝내지 못함. 하圓

미즈(Miz, Ms.)圓 남성의 'Mister'에 대칭되는, 여성의 이름에 붙이는 경칭. 종래의 Mrs.와 Miss를 구분하는 폐단을 없애기 위해 새로 만든 말.

미즙(米汁)圓〈동〉쌀뜨물.

미증(微症)圓 미미하게 늙. 하圓

미:-증유(未曾有)圓 아직까지 있어 본 적이 없음. 광고(曠古). ¶~의 대통령. unprecedented 하圓

미:지(—紙)圓 밀을 올린 종이. 납지(蠟紙). wax paper

미:지(未知)圓 알지 못함. 아직 모름. unknown 하타

미지(微旨)圓 깊고 미묘한 취지. detailed and deep meaning

미지(微志)圓〈동〉미의(微意).

미지근-하-다[여] ①더운 기가 있는 듯 하다. lukewarm ②행동이나 태도가 어중되고 불철저하다. 《작》매지근하다. halfhearted 미지근-히圓

미지근해도 흥정은 잘한다[속] 누구나 다 한 가지 재주는 있다.

미:-지급(未支給)圓 아직 지급하지 아니함. 하圓

미:-지-다(고) 밀치다.

미:지-수(未知數)圓 ①알지 못할 앞일의 셈수. ¶얼마나 받게 될지~. unknown thing ②〈수학〉방정식 따위에서 값이 알려지지 않은 수. 《대》기지수(旣知數). unknown quantity [wing who is right

미:지 숙시(未知孰是)圓 누가 옳은지 모름. not kno-

미:지-칭(未知稱)圓 모르는 사람 또는 사물을 가리키는 대명사. 곧, 누구·무엇·어느 것이나 따위.

미지형(微地形)圓 아주 작은 기록이 있는 지형.

미:진(未盡)圓 아직 다하지 못함. unfinished 하圓

미진(微塵)圓 ①작은 티끌이나 먼지. particle ②아주보잘것없는 물건. atom

미진(微震)圓 썩 미약한 지진. faint earthquake

미진-계(微震計)圓〈동〉미동계(微動計).

미진-설(微塵說)[명]〈물리〉발광체가 내쏘는 일종의 미진이 눈을 자극하여 빛을 느끼게 한다는 뉴턴의 학설. 지금은 파동설(波動說)로 말미암아 부정되고 있음. [부. unfinished part
미:진-처(未盡處)[명] 아직 끝내지 못하고 남아 있는
미:질(美質)[명] 아름다운 본바탕. good character
미집(迷執)[명]〈종교〉갈피를 잡지 못하는 집념. 정리(正理)에 흐려서 비리(非理)에 집착함. 하타
미차 압력계(微差壓力計)[명] 미소한 압력의 차나 시간적 변화 등을 측정하는 장치. [하타
미:착(未着)[명] 아직 이르지 아니함. not yet arrived
미:찬(美餐)[명] 좋은 음식. 가찬(佳餐).
미채(迷彩)[명] 적이 착각을 일으키도록 위장(僞裝)하기 위하여 탱크·배 따위를 색칠하는 일. camouflage
미채(薇菜)[명]〈동〉고비 나물.
미처[부] 아직. 채. ¶ ~ 못했다. yet 「obscurity 하타
미천(微賤)[명] 신분이 미약하고 비천함. (대) 현귀.
미:첩(美妾)[명] 아름다운 첩. beautiful concubine
미:첩(眉睫)[명] 눈썹과 눈. 미목(眉目)①. [body
미:체(美體)[명] 아름다운 신체. 좋은 형체. graceful
미:초(未初)[명] 미시(未時)의 처음. 곧, 오후 1시.
미:초(美草)[명]〈동〉메꽃.
미초(美草)[명]〈동〉백미꽃.
미:추(美醜)[명] 아름다움과 추함. 미악(美惡). 연치(姸媸). beauty or ugliness
미추-골(尾椎骨)[명]〈생리〉꼬리의 뼈. 꼬리 등뼈.
미추룸-하다[여벗] 한창 때에 건강하여 이들이들하고 윤이 돌아 아름다운 기가 있다. (작) 매초롬하다. healthy and fair 미추룸-히[부]
미:충(微衷)[명] 심중에만 깊이 있고 겉으로는 변변하지 못하여 나타나는 속뜻. 미의. one's inmost feelings
미:취(未聚)[명]〈약〉=미성취.
미:취(微醉)[명] 술이 약간 취함. slight intoxication 하타
미:취-학(未就學)[명] 학령 아동으로서 아직 학교에 들어가지 못함. (대) 취학(就學).
미츰[명]〈고〉미침[狂].
미:치(美致)[명] 미의 극치. ideal beauty
미치-광이[명] ①미친 사람을 욕되게 이르는 말. 미친놈①. mad man ②말이나 하는 짓이 몹시 가벼워 미친 듯한 사람. maniac
미치-광이〈식물〉가지과의 다년생 풀. 줄기 높이 30 cm 내외로 봄에 종 모양의 자줏빛 꽃이 핌. 깊은 산의 숲 밑에 나며 유독성(有毒性)임.
미치광이-풀[명]〈식물〉너도개미자리과의 다년생 풀. 줄기는 가늘고 높이 8~12 cm에 밑동은 회고 굵으며 땅속에 뻗어 나감. 잎은 폭이 좁은 난형이며 봄에 흰 꽃이 핌.
미치광이 푸나물 캐듯[속] 일을 아주 소홀히 한다.
미치-다¹[자] 정신 이상이 생기어 하는 짓이 보통 사람과 다르다. go mad ②격렬한 흥분으로 제 정신이 빠질 때와 다르게 날뛰다. 정신 매치다. run mad after ③어떤 일에 자기를 잃을 만큼 열중하다. ¶도박에 ~.
미치-다²[자] 한정한 곳에 이르다. ¶그 여파가 엉뚱한 곳에 ~. reach ¶끼치게 되다. 또, 끼치다. ¶ 역량이 ~. 능력이 ~. 미쳐 먹다.
미친-개[명] ①미쳐서 헤매는 개. rabid dog ②(비) 미치는 짓이 못된 사람. lunatic
미친개 눈에는 몽둥이만 보인다[속] 한 가지 일에 열중하면 모든 것이 그것같이만 보인다.
미친-것[명]〈속〉미치광이①. (작) 매친것.
미친-년[명] ①정신에 이상이 생긴 여자. ②언행이 실없는 여자를 욕되게 이르는 말. insane woman
미친년 아이 씻어서 죽인다[속] 필요 없는 일을 되풀이하여 도리어 해롭게 만드는 것을 미련함을 이름.
미친년의 속곳 가랭이 빠지듯[속] 옷매무시가 단정하지 못하다. ¶을 욕되게 이르는 말.
미친-놈[명] ①〈동〉미치광이①. ②언행이 실없는 남자
미친 중놈 집 헐기다[속] 성질이 거칠어 하는 짓이 아주 수선하다.
미친 체하고 떡 목판에 엎드러진다[속] 사리를 잘 알면서도 짐짓 모르는 체하고 욕심을 채우려 한다.
미칠[부](一部首)[명] 한자 부수(部首)의 하나. '隷·
미:침(微忱)[명]〈동〉미성(微誠). 〔隷〕등의 '隶'의 이름.
미:칭(美稱)[명] 아름답게 일컫는 이름. beautiful name ②아름다운 칭찬. euphemism 「vered 하타
미:쾌(未快)[명] 아직 병이 회복하지 않음. not yet reco-
미크로-그램(microgramme 프)[의] 백만분의 1그램. 마이크로그램. 기호; r, μg.
미크로-메트르(micromètre 프)[명] 마이크로미터.
미크로-코스모스(Mikrokosmos 도)〈철학〉소우주(小宇宙). [시료(試料)를 얇게 자르는 장치.
미크로톰(Mikrotom 도)[명] 현미경으로 보기 위하여
미크롱(micron 프)[의]〈물리〉전기나 음향의 파장의 단위. 1000분의 1 mm. 기호; μ.
미:타(未妥)[명] ①온당하지 않음. unreasonableness ②
미타(彌陀)[명]〈약〉→아미타불. [명] 미안(未安). 하타
미타 삼존(彌陀三尊)[명]〈불교〉아미타불(阿彌陀佛)과 그를 좌우에서 협시(脇侍)라는 관세음 보살(觀世音菩薩)·대세지 보살(大勢至菩薩)을 아울러서 일컫는 말. [태. beautiful posture
미타-찬(彌陀讚)[명]〈음악〉아미타불의 법신(法身)을 예찬한 노래 가사.
미:태(美態)[명] 아름다운 태도. 어여쁜 자세. (대) 추태.
미:태(媚態)[명] 아양을 부리는 태도. coquetry
미:터(meter, m)[명] 가스·전기·택시 따위의 자동 계기(計器). ②길이를 재는 기본 단위. 지구 자오선의 약 4,000만분의 1.
미:터 글라스(meter glass)[명] 미터법에 의한 눈금을 새긴 유리컵. 액체 용적의 계량에 쓰임.
미:터-법[一=](meter 法)[명] 길이에 있어 1 m를 기본으로 하여 다른 단위를 이끌어 내는 방법. metric system
미:터 원기(meter 原器)[명] 미터법에 의한 길이의 기본으로 하기 위하여 파리의 국제 도량형국에 보관된 자. 길이는 1 m 임.
미:터-제(meter 制)[명] 전기·가스·자동차 등의 요금을 미터의 가리킴에 따라 지불함의 제도. metric system
미:터-척(meter 尺)[명] 미터법으로 눈금을 한 척도(尺度). 미터자.
미투리[명] 삼·모시·노 따위로 삼은 신. 마혜(麻鞋). 망혜(芒鞋). 승혜(繩鞋). hemp sandals
미:트(meat)[명] 소·돼지 등의 식용육. '잘 맞히는 것을.
미:트(meet)[명]〈체육〉야구에서, 타자가 공에 배트를
미:트(mitt)[명] ①〈체육〉야구에서, 포수 및 일루수가 공을 받기 위하여 끼는 글러브. ②통으로 된 장갑. 벙어리 장갑.
미:팅(meeting)[명] 집회. 모임. 회합.
미판(未判)[명] 아직 판정되지 않음.
미:포(米包)[명] 쌀을 넣는 부대. 쌀부대. rice bag
미:품(美品)[명] 품질이 썩 좋은 물건. article of fine quality [tell (one) in confidence 하타
미:품(微稟)[명] 격식을 갖추지 아니하고 넌지시 아뢸.
미:풍(美風)[명] 아름답고 의젓한 풍속. 미속(美俗). 양풍(良風). (대) 악풍(惡風). beautiful custom
미풍(微風)[명] 솔솔 부는 바람. 산들바람. 세풍(細風). breeze
미풍-계(微風計)[명] 약한 풍속을 측정하는 기계.
미풍 양속(美風良俗)[명] 아름답고 좋은 풍속.
미:필(未畢)[명] 아직 다 마치지 못함. 미료(未了). ¶병역 ~자. incompletion 하타
미:-필연(未必然)[명] 반드시 그러한 것이 아님. 하타
미:필적 고의(一=)(未必的故意)〈법률〉결과의 발생의 자체는 불확실하나, 만일의 경우에는 결과의 발생을 부득이한다고 인정하면서도, 그런 결과의 발생을 부득이하다고 승인하고 있는 심리 상태.
미:하(米蝦)[명]〈동〉쌀새우.
미:학(美學)[명]〈철학〉자연·인생 및 예술에 나타나는

미적 사실 일반을 연구의 대상으로 하여 미의식의 구조를 탐구하는 학문. 심미학(審美學). aesthetics

미한(微汗)<명> 조금 나는 땀. 경한(輕汗).

미:=해:결(未解決)<명> 아직 해결을 짓지 못함.

미행(尾行)<명> ①몰래 뒤를 좇아 다님. following ②〈법률〉경관이 혐의자의 뒤를 밟아 그 행동을 감시함. shadowing 하<타>

미:행(美行)<명> 아름답고 의젓한 행실. good conduct

미행(微行)<명> ①〈약〉=미복 잠행(微服潛行). ②〈법률〉국제법상 외교 사절이나 국가 원수가 제3국을 통과하거나 여행할 때, 그 신분을 알리지 않고 하는 일. 하<자> [plexity 하<자>

미현(迷眩)<명> 정신이 헷갈려 어지럽고 어수선함. per-

미:협(未協)<명> 뜻이 맞지 않아 타협을 못함. 하<자>

미:형(未瑩)<명> 똑똑하지 못하고 어리석음. 하<자>

미:형(美形)<명> 아름다운 모양. beautiful shape

미혹(迷惑)<명> ①마음이 흐려서 무엇에 홀림. bewitchery ②정신이 헷갈려서 갈팡질팡 헤맴. perplexity 하<자>

미:혼(未婚)<명> 아직 결혼하지 않음. <대> 기혼(旣婚).

미:혼(美婚)<명>〈철학〉감성과 이성, 경향성과 의무가 스스로 조화 융합되는 성격. 도덕성의 최고의 경지.

미:혼-모(未婚母)<명> 결혼을 하지 않은 몸으로 아이를 가진 어머니.

미:혼-자(未婚者)<명> 아직 혼인을 아니한 사람.

미:화(美化)<명> 아름답게 만듦. beautification 하<타>

미:화(美花)<명> 아름답고 고운 꽃.

미화(美貨)<명> 미국의 화폐. 달러(dollar).

미:화-법(美化法)<명>〈문학〉수사법에서 강조법의 하나로, 표현 대상을 의식적 수법으로 꾸며 아름답게 만드는 방법. 화장실·양상 군자(樑上君子)

미:화 작업(美化作業)<명> 어떤 곳을 아름답고 보기 좋게 꾸미는 작업.

미:=확인(未確認)<명> 아직 확인되지 아니함.

미:확인 비행 물체(未確認飛行物體)<명> 유 에프 오(UFO)의 역어.

미:황(未遑)<명> 미처 겨를을 못 냄. 하<자>

미황-색(微黃色)<명> 노르께한 빛깔. light yellow

미:효(美肴)<명> 맛 좋은 술안주. 가효(佳肴).

미후(獼猴·彌猴)<명>〈동물〉원숭이과의 짐승. 몸은 회갈색을 띠고 얼굴에는 털이 없고 붉으며 주둥이는 뾰족함. 원숭이 중에서 가장 흔하여 널리 기르며 쉽게 길들어서 재주를 부림. 목후(沐猴). 호손(猢猻).

미:흡(未洽)<명> 아직 넉넉하지 못함. insufficiency 하<자> [분.

미:흡-처(未洽處)<명> 넉넉하지 못한 곳. 아직 덜된 부

미:희(美姬)<명>〈동〉미인(美人)².

믹서(mixer)<명> ①교제가(交際家). ②방송국 부조정실에서 소리를 조절하는 사람. ③〈토목〉시멘트 등을 혼합하여 섞는 콘크리트 제조용 기계. 과채(果汁)을 만드는 데 쓰는 기계. 과즙 혼합기.

믹스(mix)<명> 혼합됨. 섞음. 하<타>

믹스트 더블즈(mixed doubles)<명>〈체육〉남녀 혼합 복식의 정구나 탁구 시합.

민-<접두> ①아무 꾸밈새나 덧붙어 딸린 것이 없음을 나타내는 말. ②닳아 모자라지거나, 또는 우둘투둘 하던 것이 편편해지는 뜻을 나타내는 말.

민(民)<대>〈제도〉조상의 무덤이 있는 곳의 백성이 그 고을 원에 대하여 자기를 일컫던 말.

=민(民)<접미>'사람·국민·백성'의 뜻을 나타내는 말. ¶자국(自國)~. 농(農)~. [house

민가(民家)<명> 일반 국민의 집. 민호(民戶). private

민가슴-기어(―齒旗魚)<명>〈동〉황새치.

민간(民間)<명> ①일반의 사회. 백성들의 사회. ¶~ 신문[新聞]. civilian

민간-기(民間機)<명> 민간 소유의 비행기.

민간 무:역(民間貿易)<명> 정부가 개재하지 않고 민간 업자에 의해 외국과 행하는 무역. <대> 정부 무역.

민간 방:송(民間放送)<명> 민간의 자본으로 설립하여 광고료에 의해 경영하는 방송. 상업 방송. <대> 공공 방송. <약> 민방. [등의 사절.

민간 사:절(民間使節)<명> 민간인으로 구성된 외교·친선

민간 설화(民間說話)<명>〈문학〉예로부터 말로 민간에 전하여 내려오는 이야기. 민담(民譚). folklore

민간 신:앙(民間信仰)<명> 예로부터 민간에서 전하여 내려오는 신앙. popular beliefs

민간-약(―藥)<명>〈민間藥〉민간에서 옛날부터 전하여 경험방(經驗方)으로 써 오는 약. folk drugs

민간 외:교(民間外交)<명> 정부 외교관에 의하지 아니하고, 문화·예술·스포츠 등을 통하여 민간인에 의해서 행해지는 친선 외교.

민간 요법(民間療法)<명> 민간에서 옛날부터 전하여 내려오는 병의 치료법. 침·뜸질 따위. folk remedies

민간 은행(民間銀行)<명>〈경제〉정부와 어떤 관계에 놓여 있지 아니한 일반 민간인이 경영하는 은행. private bank

민간-인(民間人)<명> 관리나 군인이 아닌 보통 사람. 일민(逸民)². 일반인². <대> 관인(官人). civilian

민간 전승(民間傳承)<명>〈문학〉민속학의 연구 대상이 되는 예로부터 전해 내려오는 언어·풍속 등 유형·무형의 문화재. [일을 이끌어 나가는 일.

민간 주도(民間主導)<명> 민간인이 주체가 되어 어떤

민간 질고(民間疾苦)<명> 정치의 부패나 변동으로 인하여 백성들이 받는 괴로움. people's distress

민간 항:공(民間航空)<명> 민간인에 의해 운행되는 항공. [〈둔감〉. sensitiveness 하<자> 히<형>

민감(敏感)<명> 예민한 감각. 감각이 예민함. <대> 둔감

민-갓머리<명> 한자 부수(部首)의 하나. '冥·冠' 등의 '冖'의 이름.

민-걸이[―거지]<명>〈건축〉기둥면의 너비와 봇목 어깨의 너비가 꼭 같을 적에, 어깨가 기둥면에 꼭 닿게 하는 일.

민경(民警)<명> 국민과 경찰. people and police

민고(民庫)<명>〈제도〉관청의 임시비로 쓰기 위하여 군민(郡民)이 바친 돈과 곡식을 넣어 두던 곳.

민고 민지(民膏民脂)<명> 백성의 피와 땀. 백성들에게서 조세를 받아 거둔 돈.

민곤(民困)<명> 백성의 곤궁. distress of the people

민구(民具)<명> 옛부터 민중이 일상 생활에 써 온 도구·기구.

민국(民國)<명> ①국민이 주권을 가진 나라. <대> 군국(君國). republic ②〈약〉=대한 민국. ③〈약〉=중화 민국.

민군(民軍)<명>〈동〉민병(民兵)①.

민궁(―宮)<명> 장기판에서, 두 사(士)가 죽어 없어지고 오직 장(將)만 남은 궁. [the people 하<자>

민궁(民窮)<명> 국민이 가난하고 구차함. distress of

민궁 재갈(民窮財竭)<명> 국민은 곤궁하고 재물은 다 없어짐. 하<자>

민권[―꿘](民權)<명> ①국민의 권리. 곧, 국민의 신체·재산을 보호·유지하는 권리. <대> 관권(官權). ②국민이 정치에 참여하는 권리. civil rights

민권-당[―꿘―](民權黨)<명>〈정치〉민권의 확장과 유지를 주의로 삼는 정당. <대> 관권당.

민권 운:동[―꿘―](民權運動)<명>〈정치〉민권의 확장을 꾀하는 정치 운동.

민권주의[―꿘―](民權主義)<명>〈정치〉①민권의 확장을 목적으로 하는 주의. democracy ②중국의 손문이 제창한 삼민주의의 하나로, 곧, 모든 권리는 민중의 공유로 하자는 주의. [의 권리를 확장함.

민권 확장(民權擴張)<명> 정치에 참여하는 것 따위 국

민-꽃식물(―植物)<명>〈동〉은화 식물(隱花植物).

민-낚싯대<명> 릴낚싯대에 릴아닌 아무 부착물도 달지 않은 보통의 낚싯대의 일컬음.

민-날<명> 칼집 따위로 쓰우지 않고 날카롭게 드러난 칼이나 창의 날. sharp edge

민낯 단장을 하지 않은 여자의 얼굴. unpainted face
민농(憫農) 농부를 불쌍하여 여김. 하다
민다래끼 〈의학〉 눈시울에 부스럼이 나지 않고 희 듯하게 부어오르는 다래끼. kind of sty
민단(民團) ①〈약〉→거류 민단(居留民團). ②지방 사람들끼리 서로 단결하여 도둑 따위를 막으려고 조 직한 단체. settlement   ness 하다
민달(敏達) 민첩하여 모든 일에 환히 통함. adroit-
민담(民譚) 〈동〉민간 설화(民間說話).
민답(民畓) 백성의 논.
민답(悶沓) 〈동〉민답(悶畓). 하다
민당(民黨) 민권당. 《대》왕당(王黨).
민-대가리 〈비〉민머리①.
민-대머리 〈비〉민대머리.
민덕(民德) 백성의 도덕.   ditions of the people
민도(民度) 국민의 문화 생활과 빈부의 정도. con-
민도(憫悼) 딱한 사정을 민망하게 여기어 슬피 생각함.
민=도리(─) →납도리.   feeling sorry 하다
민도리-집(─) →납도리집.
민-도마뱀(─) 〈동물〉민도마뱀과에 속하는 도마뱀. 몸 길이 8cm 가량으로 가늘고 길며 머리가 작고 주둥 이가 나왔음. 온몸에 둥근 비늘이 덮여 있으며 미 끄러움.
민둥민둥-하다 산에 나무가 없어 번번하다.
《대》맨둥맨둥하다. bald   〔벌거숭이〕산. bald hill
민둥-산(─山) 나무가 없는 번번한 산. 독산(禿山)
민둥 씨름(─) 샅바 없이 하는 씨름. 하다
민둥 제비꽃(─) 〈식물〉오랑캐꽃과에 속하는 다년생 풀. 높이은 10cm 내외이고 뿌리는 힘.
민들레(─) 〈식물〉엉거시과의 다년생 풀. 잎은 둔한 주격 모양이어 톰니가 있음. 잎 사이에서 꽃줄기가 나와 그 끝에 누르스름한 흰 꽃이 핌. 씨에는 흰 관 모가 있어 바람에 날려 널리 흩어짐. 잎은 먹고, 뿌리와 줄기는 약으로 씀. 금잠초(金簪草). dandelion
민등뼈 동물(─動物) 〈동물〉 〈동〉등뼈 동물.
무척추 동물. 《대》등뼈 동물.
민-대기(─) 〈곤충〉 메뚜기과의 곤충. 몸 길이는 28~42mm로 암놈은 비대하고 수놈은 몹시 작고 가 늘 빛은 담녹색, 머리는 원추형, 촉각은 굵고
민란(民亂) 〈동〉민요(民擾).   〔칼 모양임.
민란(悶亂) 질서와 도덕을 어지럽게 함. corrupting public morals 하다   rces
민력(民力) 백성의 노력이나 재력. national resou-
민력(民曆) 민간에서 박아 낸 책력. unofficial cal- endar   〔민력을 낭비하게 함. 하다
민력 휴양(民力休養) 조세나 부역을 가볍게 하여
민련(憫憐) 딱하고 가엾음. pitiful 하다 히
민렴(民斂) 금품을 백성에게서 거두어 들임. exto- rtion 하다   〔립. private 하다
민립(民立) 백성이 세움. 사립(私立). 《대》공립. 국
민막(民瘼) 〈동〉민폐(民弊).
민망(民望) ①국민 사이에 얻은 신망. public con- fidence ②백성의 앙망(仰望). 중망(衆望).
민망(憫惘) 답답하고 딱한 사정이 있을 적에 일어 나는 번뇌. 민만(憫懣). 하다 스럽 스레하다 히
민-머리 ①털이 빠진 사람. 〈비〉민대가리. bald head ②쪽찌지 않은 머리. ③벼슬을 하지 못한 사 람을 가리키는 말. 백두(白頭).
민-며느리 장차 며느리를 삼으려고 민머리인 채로 데려다가 기르는 여자아이.
민면(黽勉) 부지런히 힘씀. 하다
민멸(泯滅) 형적이 아주 없어짐. 민몰(泯沒). 민절 (泯絶). extinction 하다 《동》민절. 하다
민물(─) 〈동〉담수(淡水). 하다
민무늬-근(─筋) 〈동〉불수의근(不隨意筋).
민묵(泯默) 일을 다물고 말이 없음. silence 하다
민물(─) 짜지 않은 물. 담수(淡水). ¶~ 낚시.
민물(民物) 〈동〉민재(民財). 《대》바닷물. 짠물.
민물=고기(─꼬─) 민물에서 사는 물고기의 총칭.

담수어(淡水魚). 《대》짠물고기. freshwater fish
민물 낚시(─) 강·호수·늪 등 민물에서 물고기를 낚는 일. 《대》바다 낚시.
민물=해면(─海綿) 〈동물〉①민물에 사는 해면의 총칭. 담수 해면. ②담수 해면과의 해면의 하나.
호수나 늪에 살며 몸 빛은 녹색임.
민-미:수(民未收) 백성에게서 받을 조세를 거두지 못함.   〔민민─히
민민-하-다(憫憫─.悶悶─) 여로 몹시 딱하다. pitiful
민-바퀴(─) 〈곤충〉바퀴과의 벌레. 몸 길이 2~3cm로 명명한 타원형이고 흑갈색을 띰. 음식물과 의복에 해를 끼치는 실내의 해충으로서 세계 공통종임.
민박(民泊) 민가에 숙박하는 일. 하다
민박(悶迫) 가슴이 탈 정도로 걱정스러움. pressing
민방(民放) 〈약〉→민간 방송(民間放送).   〔하다
민-방공(民防空) 민간에서 행하는 방공.
민-방위(民防衛) 적의 침공이나 안녕 질서를 위태롭게 할 재난으로부터 주민의 생명과 재산을 보호 하기 위한 방공(防空)·방재(防災)·구조·부국 군 사 작전상 필요한 노력(勞力) 지원 등 일체의 자위 적인 활동을 일컬음. ¶~(隊).
민법[─뻡](民法) 〈법률〉주로 사권(私權)의 통치를 규정하는 법률. 시민법(市民法)②. civil law
민법=학[─뻡─](民法學) 〈법률〉민법의 이론을 연 구하는 학문.
민병(民兵) ①백성들의 의협과 용기로 모인 군사. 민군(民軍). ¶~제(制). militiaman ②〈약〉→민병대.
민병-대(民兵隊) 〈법률〉육상 비정규병의 하나. 민병 (民兵)②.   〔by people
민보(民堡) 백성이 쌓아서 만든 보루. battery built
민보(民洑) 백성이 쌓아서 만든 보의 보. reservoir
민보(民報) 민간의 신문. 주로 신문의 이름으로 씀.
민복(民僕) 백성의 공복. public servant
민복(民福) 국민의 복리. ¶국리(國利) ~. welfare of the people
민본(民本) ①국민을 위주로 함. ②국민 생활의 근본.
민본-주의(民本主義) 〈정치〉정부의 전제를 배격하고 국민의 의사인 의회의 의사를 존중하서 정치를 해야한다는 정치 사상. 민주주의. democracy
민-비녀(─) 파란이나 새공을 하지 않은 비녀. unca-
민-빗(─) →면빗.   rved hairpin
민사(民事) ①민간인에 관한 일. civil affairs ② 〈법률〉사법상(私法上)의 법률 관계에 관련되는 사실. 《대》형사(刑事). civil case
민사(悶死) 고민하다가 죽음. death in agony 하다
민사-범(民事犯) 〈법률〉민사상의 범행. 또, 그 범 인. 《대》형사범(刑事犯).
민사-법[─뻡](民事法) 〈법률〉사법(私法)의 실체 법인 민법·상법과 그 절차법인 민사 소송법 따위. Code of Civil Procedure
민사 사:건[─껀](民事事件) 〈법률〉민사 소송의 대상으로, 사법에 의하여 다루어지는 개인 사이의 사건. 《대》형사 사건. civilcase
민사 소송(民事訴訟) 〈법률〉개인 사이의 분쟁과 이해 충돌을 국가의 재판권에 의하여 법률적 또는 강제적으로 해결 조정을 받기 위한 소송. 《대》형사 소송. 〈약〉민소②. civil suit
민사 재판(民事裁判) 〈법률〉민사 사건을 민사 소송 법에 의해 법원이 행하는 재판. 《대》형사 재판. 〈약〉 민재②. civil trial
민사 재판권[──꿘](民事裁判權) 〈법률〉법원에 속하는 사법권의 한 권능(權能). 민사 소송을 처리하기 위해 행사되는 국가 권력.
민사 지방 법원(民事地方法院) 〈법률〉민사 사건만을 다루는 지방 법원의 하나.
민사 책임(民事責任) 〈법률〉불법 행위에 대하여 과하여지는 민법상의 손해 배상 책임. 《대》형사 책임. civil responsibility

민사 특별법[—뻡](民事特別法)團 민법에 대한 특별법 중에서 상사(商事)에 관한 법령을 제외한 법.

민사 회:사(民事會社)團〖법〗상행위 이외의 어업·광업·농림업 따위의 영리 행위를 할 것을 업으로 하는 사단 법인. (대)상사(商事) 회사. civil company

민산(民散)團 포악한 정치로 백성이 배겨나지 못하여.

민상[一뻡](民商法)團 민법과 상법 [흩어짐. 하자

민=색떡(—色—)團 다른 물형(物形)의 꾸밈새는 하지 않고 색절편만 밥소라에 담은 갖가지 빛깔의 떡. 잔치 때에 쓸. 소색병(素色餠).

민생(民生)團 국민의 생활. ¶ ~ 문제(問題). ②일반 국민. people's livelihood people [poverty

민생=고(民生苦)團 국민이 살아가기 힘든 괴로움. mass

민생 물자(民生物資)團 일반 국민들의 의·식·주 생활에 필요한 물자.

민서(民庶)團 〖동〗민중(民衆).

민선(民選)團 국민이 선거하여 뽑음. (대)관선(官選). popular election 하자

민선 의원(民選議員)團〈정치〉국민이 선거하여 뽑아낸 대의원. (대)관선의원.

민설(民設)團 민간의 경영으로 한 시설. ¶ ~ 기관 (機關). (대)관설(官設). private establishment 하

민성(民性)團 백성의 성질. 국민성. [타

민성(民聲)團 국민의 여론. public opinion

민성=함(民聲函)團 여론을 듣기 위해 관청에서 마련한 작은 함.

민소(民訴)團 ①국민의 원통한 사정을 관(官)에 전함. civil suit ②(약)—민사 소송(民事訴訟).

민소(憫笑)團 민망하게 여겨 웃음. 어리석음을 조소(嘲笑)함. smile of pity 하자

민속(民俗)團 민간의 풍속. 민풍(民風). ¶ ~ 공예. ~ 예술. ethnic customs

민속(敏速)團 날쎄고 빠름. alacrity 하자 히

민속=극(民俗劇)團〈연예〉민간에 전하여 오는 전설이나 설화를 주제로 한 극.

민속=놀이(民俗—)團 민간에서 발생하여 전해 내려오는, 그 지방의 생활과 풍속을 반영하는 놀이.

민속 무:용(民俗舞踊)團〈연예〉각 지방의 생활과 풍속을 반영한 무용. 강강수월래·봉산 탈춤 따위. folk dance

민속 소:설(民俗小說)團〈문학〉옛날부터 민간에 전하여 온 민족의 독특한 풍속과 습관을 주제로 한 소설. folk story

민속=학(民俗學)團 민족의 풍속·습관·전설·신앙 따위를 과학적으로 연구하는 학문. folklore

민수(民需)團 민간의 수요(需要). (대)관수(官需). 군수(軍需). civilian needs

민숭민숭=하:다團 ①털이 날 자리에 나지 않아 밋밋하다. hairless ②산에 나무나 풀이 없어 민둥민둥하다. bare ③술을 마셔도 취한 기운이 없다. 《자》 맨송맨송하다. sober **민숭민숭=히**團

민=쉼:표(—標)團〈음악〉점심표에 대한 보통 심표를 **민스**(mince)團 얇게 썬 고기. [이름. 점심표.

민스 볼(mince ball)團 쇠고기·감자 따위를 쓰고 난 도질하여 기름에 지진 양식의 하나.

민습(民習)團 민간의 관습. convention

민시(民是)團 국민들이 옳다고 생각하는 근본 방침. people's policy

민시(民時)團 국민의 생업에 필요한 시기. 곧, 봄에 갈고 여름에 매고 가을에 거두는 각각 적당한 시기. farming seasons

민심(民心)團 국민의 마음. 민정(民情)②. 의의(人意). ¶ ~ 이 천심. popular feelings

민아 무간(民我無間)團 민족과 나 사이가 없다는 뜻으로, 민족과 나 자신을 똑같이 생각한다는 말.

민안(民安)團 백성이 편안하게 삶. ¶국태(國泰) ~.

민약=설(民約說)團 사회나 국가의 발생 존립이 국민 각자의 자유 의지의 계약에 의한다고 하는 루소 등의 학설. 사회 계약설. 민약론(民約論). theory of social contract

민어(民魚)團〈어류〉민어과의 바닷물고기. 몸 길이 60∼90 cm, 몸 빛은 등쪽은 회청색, 배는 은빛으로 윤이 남. 알은 어린(魚卵)을 만들고 부레는 민어풀을 만듬. 면어(鮸魚). 회어(鮰魚). ¶ ~포(鮑). ~회(膾). croaker [業]. private business

민업(民業)團 민간인이 경영하는 사업. (대)관업(官

민연=하:다(泯然—)[~히]團 형적이 없다. 자취도 없다. traceless **민연=히**團

민연=하:다(憫然—)[~히]團 딱하다. 민망하다. feel sorry **민연=히**團 [management

민영(民營)團 민간인의 경영. (대)국영. 관영. private

민예(民藝)團 민중의 생활 속에 전해진 공예·예능 따위. ¶ ~품(品). [ability

민완(敏腕)團 민첩한 수완. 날쎈 수단. ¶ ~형사.

민완=가(敏腕家)團 민첩한 수완이 있는 사람.

민요(民窯)團〈공업〉민간에서 사사로이 도자기를 굽는 가마. (대)관요(官窯). private kiln

민요(民謠)團 민간에서 자연 발생하여 그 겨레의 인정·풍속·생활 감정 등을 반영한 순박한 노래. folk song

민요(民擾)團 백성들이 일으킨 소요. 민란(民亂). riot

민요=곡(民謠曲)團〈음악〉민요풍으로 작곡하거나 편곡한 가곡.

민요=조[—조](民謠調)團 민요풍의 가락.

민요=풍(民謠風)團 민요의 가락을 띤 형식.

민욕(民辱)團 국민의 치욕. 민족의 치욕. national

민우(民友)團 민중의 벗. [disgrace

민울(悶鬱)團 민망스러운 걱정으로 가슴이 답답함. 민답(悶畓). anxiety 하자 히團 [hatred

민원(民怨)團 국민이 품은 원망. 국민의 원한. public

민원(民願)團 ①국민의 소원·청원. ¶ ~ 서류(書類). desire of the people ②시민이 행정 기관에 대하여 어떤 특정한 조치를 요구하는 일.

민원 사:무(民願事務)團 민원인이 제출하는 민원에 관한 사무. 허가·인가·면허·등록의 신청, 이의 신청·진정·건의·질의 등에 관한 사무 따위.

민유(民有)團 국민 개인의 소유. 사유(私有). ¶ ~림 (林). ~지(地). (대)국유(國有). private ownership

민=음표(—音標)團〈음악〉점이 붙지 않은 음표. 온 음표·2분 음표 등. [people

민의(民意)團 국민의 의사. 민지(民志). will of the

민의=원(民議院)團〖법〗구헌법 이원제(二院制)의 국회에서 민의원 의원으로 조직된 의원(議院). 외국의 하원에 해당하는 것. (대)참의원(參議院). House of Representatives

민=의원 의원(民議院議員)團〖법〗구헌법에서, 민의원을 구성하는 의원. (약)민의원(民議員).

민이(民彛)團 사람이 지켜 행하여야 할 떳떳한 도리. 병이(秉彛). 인이(人彛).

민장(民狀)團 백성의 송사·청원 등에 관한 서류 private document [perty

민재(民財)團 백성의 재물. 민물(民物). private pro-

민재(民裁)團 ①(약)—민사 재판(民事裁判). ②일반 법원에서 행해지는 재판. (대)군재(軍裁).

민=저고리團 회장을 달지 않은 저고리.

민적(民籍)團 그 나라 국민으로서의 호적. census

민전(緡錢)團 엽전 등을 꿰미에 꿴 돈.

민절(殄絶)團 〖동〗민멸(泯滅). 하자

민절(悶絶)團 너무 근심 걱정을 하다가 정신을 잃고 기절함. faint in convulsions 하자

민정(民政)團 ①공공의 안녕 유지와 국민의 복지 증진을 도모하는 정부(政務). civil administration ② 민간인에 의한 정치. (대)군정(軍政). civilian government [the people ②〖동〗민심(民心).

민정(民情)團 ①국민의 사정과 형편. conditions of

민정 헌:법[—뻡](民定憲法)團〖법〗국민으로부터 선출된 의회 또는 국민 투표에 의하여 제정된 헌

민족(民族)圓 말과 풍속이 같고 독특한 문화를 가지는 같은 겨레. ¶~ 설화. ~ 정서. ~혼. race
민족 국가(民族國家)圓 일정한 민족을 주로 하여 구성된 국가. nation-state
민족권(民族圈)圓 한 민족이 생존·활동하는 지역의 범위.
민족극(民族劇)圓 그 민족의 특성을 나타내는 극.
민족두리 아무 꾸밈새가 없는 족두리. 《대》 꾸밈족두리.
민족두리풀圓《식물》 세신과(細辛科)의 숙근초. 근경(根莖)은 가늘고 마디가 있으며 매운 맛이 있음. 잎은 줄기 끝에 두 조각이 달리는 데 개의 자색 꽃이 핌. 뿌리는 말려서 약재로 씀.
민족 문제(民族問題)圓〈정치〉 한 민족의 통일·국가 수립·해방 등에 관련된 문제.
민족 문화(民族文化)圓 한 민족의 말·풍속 등을 토대로 이루어진 독특한 문화.
민족사(民族史)圓 어느 민족이 겪어 내려온 역사.
민족 상잔(民族相殘)圓 같은 겨레끼리 서로 다투고 싸움. 동족 상잔. ¶~의 비극.
민족성(民族性)圓 한 민족의 특유한 기질. racial characteristics
민족시(民族詩)圓〈문학〉 민족적인 소박한 의식에 따라 그 민족의 전설에서 취재한 시. racial poetry
민족 심리(民族心理)圓 민족의 독특한 정신 생활의 현상.
민족 심리학(民族心理學)圓〈심리〉 민족의 언어·풍속·신화 등을 연구하여, 그 민족의 정신 현상을 탐구하는 학문. national psychology
민족아(民族我)圓〈철학〉①민족의 일원으로서의 나. I as a member of the nation ②민족적 인식의 주관. subject of national consciousness ③민족 의식의 주체.
민족애(民族愛)圓 같은 민족 상호간의 신애(信愛).
민족 양식(民族樣式)圓 민족에 따라 다르게 나타나는 모습이나 방식.
민족 운동(民族運動)圓 ①민족주의를 달성하기 위한 운동. ②민족이 함께 하는 운동. national movement
민족 의식(民族意識)圓 민족이 자기 반성에 의하여 단결을 회복·강화하려는 집단 의식 및 감정. 같은 민족이라는 의식. national consciousness
민족 자결(民族自決)圓〈정치〉 각 민족이 자기의 정치 조직 등을 다른 민족이나 국가의 간섭을 받는 일 없이 스스로 선택·결정하는 일. ¶~주의(主義). the principle of self-determination of peoples
민족 자본(民族資本)圓〈경제〉 외국 자본과 결합되지 않고, 또한 독점 자본으로도 떠지 않는 자본. 《대》 매판 자본(買辦資本). national capital
민족 자존(民族自存)圓 민족이 스스로의 힘으로 삶을 누려 나감. 「(것).
민족적(民族的)圓 윤 민족이 과제되거나 포함되어 있는 (것).
민족 정기(民族精氣)圓 민족성을 이루는 썩씩. 민족의 얼이 깃든 바르고 큰 기운. 「특한 정신.
민족 정신(民族精神)圓 그 민족만이 가질 수 있는 독
민족주의(民族主義)圓〈정치〉 ①한 민족이 다른 민족의 지배에서 벗어나 같은 민족으로써 국가를 이루려는 주의. ②민족의 입장을 중시함에 자기 민족의 발전만을 목적으로 하는 주의. nationalism
민족 중흥(民族中興)圓 쇠잔했던 민족이 다시 일어남.
민족 지학(民族誌學)圓 미개한 민족의 생활 양상을 조사하여 적은 학문. 민족학의 연구 자료가 됨.
민족 진영(民族陣營)圓 민족주의적 처지에서 외세(外勢), 특히 공산 진영에 맞서 싸우는 동아리.
민족학(民族學)圓 대체로 역사의 기록이 없는 일반 미개 민족의 사회 및 문화의 전반을 과학적으로 연구하는 학문. 「혼.
민족혼(民族魂)圓 한 민족만이 지니고 있는 고유의
민족주의 스레기圓 아주 귀찮고 싫증나게 구는 일. trouble 스레기(線). democracy ②《약》→민족주의.
민주(民主)圓 ①주권이 국민에게 있음. ¶~ 노선(路

민주 공화국(民主共和國)圓〈정치〉 주권이 국민 전체에게 있는 공화국. democratic republic
민주 교육(民主敎育)圓 민주주의적인 교육. 즉, 국민을 위한 교육.
민주국(民主國)圓〈정치〉 민주 정체를 채용하는 국가. 《대》 군주국(君主國). democratic state
민주 국체(民主國體)圓〈정치〉 국가의 주권이 국민에게 있는 국체. 《대》 군주 국체(君主國體).
민주대-다圓 몹시 귀찮고 미워서 싫어하다. detest
민주 복지 국가(民主福祉國家)圓 민주주의를 바탕으로 하여, 국민 전체의 행복 추구를 목적으로 하는 국가.
민주적(民主的)圓 민주주의에 적합한(것). 「국가.
민주 정당(民主政黨)圓 민주주의를 표방하는 정당.
민주 정체(民主政體)圓 주권이 국민에게 널리 참정권이 인정되어 국민 전체의 대표자가 통치권을 행사하는 정체. 《대》 군주 정체(君主政體). democracy
민주 정치(民主政治)圓〈정치〉 민주 제도에 의하여 행하는 정치. 《대》 전체 정치. 군주 정치. democratic form of government
민주 제도(民主制度)圓〈정치〉 주권이 국민에게 있는 정치 제도. 《대》 군주 제도(君主制度). democratic system
민주주의(民主主義)圓〈정치〉 ①국민이 주권을 가지고 국민의 힘으로 국민 전체의 이익을 위하여 정치를 하는 주의. ②자유·평등의 원리에 근거한 입장. 또, 방법. 민본주의. 《대》 군주주의(君主主義). 《약》 민주(民主)②. democracy
민주화(民主化)圓 민주주의적으로 되어 감. 또, 그렇게 되게 함. **하다**
민-죽절(-竹節)圓 아무 장식이 없는 죽절 비녀.
민-출하다圓 깨끗하고 맑지 않은 연줄.
민중(民衆)圓 백성의 무리. 많은 사람의 무리. 군중(群衆). 대중(大衆). 《대》 민호(民戶). populace
민중 예술[-네-](民衆藝術)圓 ①예술가가 아닌 일반 민중에 의해 형성된 예술. ②특권 계급이 독점한 예술이 아닌 일반 민중을 위한 예술. popular art
민중 오락(民衆娛樂)圓 널리 일반 민중이 즐길 수 있는 오락. 「하기 위해 하는 운동.
민중 운동(民衆運動)圓 민중이 어떠한 목적을 달성
민중 재판(民衆裁判)圓 고대의 그리스·로마에서 민중의 집회에서 행해진 재판.
민중화(民衆化)圓 ①일반 민중과 어울러 동화하거나 동화시킴. ②민중의 것이 되거나 되게 함. 민중이 이해할 수 있도록 함. popularization **하다**
민지(民志)圓《동》 민의(民意).
민지(民智)圓 국민의 슬기. people's intellect
민지(敏智)圓 민첩한 지혜. tact
민질(民疾)圓 고질화한 민족성의 단점.
민-짜圓《비》 민패. plain thing
민짜-건(-巾)圓《동》 유건(儒巾).
민첩(昊天)圓 ①가을 하늘. 사천(四天)의 하나. ②창생(蒼生)을 사랑으로 보호하는 어진 하늘.
민첩(敏捷)圓 활동하는 힘이 빠르고 능란함. alacrity **하다** 히**圓** 「(人民).
민초(民草)圓 사람의 많음을 풀에 비유한 말. 인민
민촌(民村)圓 민간인 시대에 상민이 살던 마을. 《대》 반촌(班村). common people's village
민촌-충(-寸蟲)圓《동》 촌충의 하나. 소를 중간 숙주로 하여 사람의 장(腸) 안에 기생하는데 머리에 갈고리가 없고 길이 4~9 m, 300~1,000개 이상의 편절(片節)에 각각의 생식기가 있어 그 속에 알을 수태함. 무구촌충. 무구조충.
민출-하다圓@@ 미련하고 덜되다. senseless
민충(民衷)圓 겨레의 고충. 백성의 고충. nation's dilemma 「(民婚). 《대》 반촌(班婚). **하다**
민취(民娶)圓 양반으로서 상민의 딸과 결혼함. 민혼
민치(民治)圓 민중이 다스림. government. 「(局).
민트(mint)圓 ①《식물》 박하(薄荷). ②조폐국(造幣
민틋-하다圓@@ 울퉁불퉁한 곳이 없이 평평하며 비

민=패【명】 꾸밈새 없는 소박한 물건. 아무 것도 새기지 아니한 평평한 물건. (비) 민짜. plain thing
민폐(民弊)【명】 국민에게 폐 끼치는 일. 민막(民瘼). (대) 관폐(官弊). abuse suffered by the public
민풍(民風)【명】【동】 민가(民家).
민-하다【여불】 조금 미련스럽다. stupid
민첩(敏捷)【명】 민첩하고 슬기로움. 하타
민호(民戶)【명】【동】 민가(民家). 「民家. 하타
민혼(民婚)【명】 양반으로서 상민(常民)과 결혼함. 민취
민화(民話)【명】 민간에 전하여 내려오는 이야기. folk tale
민활(敏活)【명】 날쌔고 활발함. quickness 하타 히
민회(民會)【명】 ①어떤 지역 안에서의 주민의 자치 단체. ②〈제도〉 고대 그리스에 있어서의 정기적인 시민의 총회.
민휼(憫恤)【명】 불쌍한 사람을 도와 줌. helping poor
믿【(고)】 ①불기. ②동구멍. ③밑[本].
믿-나라【명】【고】 본국. 제 나라.
믿는 나무에 곰이 핀다 / 믿는 도끼에 발등 찍힌다[속] 염려 없다고 믿고 있던 일이 뜻밖에 실패한다.
믿-다【타】 ①그렇게 여겨 의심하지 않다. believe ②마음을 붙이고 든든하게 여기다. trust ③종교에 대한 신앙을 가지다. believe in ④남의 힘을 입는 마음을 내다. rely upon
믿음【명】 믿는 마음. 신앙. belief
믿음-성[ー썽](ー性)【명】 믿음직한 성질. 믿을 만한 성질. reliableness 스럽 스럽다
믿음직-스럽-다【형】 믿음직한 메가 있다. reliable 「믿음직:스럽데
믿음직-하-다【여불】 믿음성이 있다. reliable
밀【(고)】→참밀.
밀:【명】〈광물〉 함유질할 때에 나오는 사광석(砂鑛石).
밀:【명】 꿀찌끼를 끓여 짜낸 기름. 밀랍(蜜蠟). 봉랍. wax 「의 뜻을 나타냄.
밀=(密)【접두】 다른 말의 위에 붙어서 '비밀·남몰래'
밀(mil)【의명】 야드 파운드법의 길이의 단위. 1인치의 1000분의 1. 「말(貢末). wheat flour
밀=가루[ー까ー]【명】 참밀의 가루. 소맥분(小麥粉). 진
밀가루 반죽[ー까ー]【명】 밀가루를 물에 개어 반죽함. 또, 그 반죽. (약) 밀반죽. 하타
밀가루 장사하면 바람이 불고, 소금 장사하면 비가 온다[속] 운수가 사나우면 공교롭게 일을 당한다.
밀:=갈퀴【명】 밀통에서 밀을 따는 갈퀴.
밀감(蜜柑)【명】〈식물〉 운향과의 상록 관목. 높이 3m 이상이고 잎은 난형으로 끝이 뾰족함. 과실은 둥글 넓적하며 첫 겨울에 황적색으로 익음. 과실은 식용하고 껍질은 약재로서 진피(陳皮) 대신으로 쓰이는 글나무. mandarin orange
밀갑(密匣)【명】 밀부(密符)를 넣어 두는 나무 갑(匣).
밀=개:떡【명】 밀가루나 밀기울을 반대기를 지어 찐 떡.
밀:-절-다【호형】 훌척하게 멀겋다. 〈작〉 말갛다. washy
밀계(密計)【명】 비밀한 꾀. 밀책(密策). secret plan
밀계(密啓)【명】 임금에게 넌지시 아룀. 또, 그 글. secret report to the throne 하타 「information 하타
밀고(密告)【명】 비밀히 고발함. 남 몰래 일러바침. secret
밀=골무[명] 손가락 끝이 상하려 할 때에 끼는 밀로 만
밀과(蜜果)【명】 유밀과(油蜜果). 「든 골무.
밀교(密敎)【명】 ①〈불교〉 사량(思量)·해석(解釋)·설명(說明)을 할 수 없는 경전(經典). 주문(呪文)·진언(眞言) 따위. ¶~집(集). ②〈불교〉의 한 파. (대) 현교(顯敎). Esoteric Buddhism ③〈불교〉 설법의 한 방식. 비밀로 설법된 것이니 표면적으로는 알 수 없다는 일. ④〈제도〉 임금의 생존시 종친·중신 등에게 남 모르게 뒷일을 부탁하여 내린 교서이. ⑤〈제도〉 임금의 비밀한 교서(敎書).
밀구(密狗)【명】【동】 납렵비. 「또, 그 것. 하타
밀구(蜜灸)【명】〈한의〉 약재에 꿀을 발라서 불에 구움.
밀=국수【명】 밀가루로 만든 국수.
밀:-굽【명】 ①편자를 박지 않거나 다리에 병이 나서,

앞으로 밀려서 내밀게 된 말의 굽. kind of horse-hoof ②다 들어가지 아니하고 밀린 버선 뒤꿈치.
밀기(密記)【명】 비밀히 기록함. 또, 그 기록. secret record 하타 「나.
밀:=기름【명】 밀과 참기름을 섞어 끓인 머릿기름의 하
밀=기울[ー끼ー]【명】 밀을 빻아서 가루를 빼고 남은 찌꺼. reaping-hook 「담근 장.
밀기울=장[ー끼ー](ー醬)【명】 밀기울로 메주를 만들어
밀:=깜부기【명】 밀이 병들어서 까맣게 된 이삭.
밀=나물【명】〈식물〉 백합과의 다년생 덩굴 풀. 줄기는 길게 뻗어 나가며 잎은 긴 난형으로 가는 덩굴손이 있음. 어린 싹은 먹음. 구황(救荒) 식물로 재배함.
밀:-낫【명】 풀을 밀어 깎는 낫. 등 쪽이 날이 되고 자루가 긺. reaping hook
밀:-다【타】【르】 ①뒤에서 힘을 주어 앞으로 나가게 하다. push ②바닥을 빤빤하게 깎다. shave ③추천하거나 추대하다. ¶김 군을 후보자로 ~. recommend ④가루 반죽을 방망이 따위로 얇고 넓게 펴다. ⑤〈약〉→미루다. 「이야기. 밀화(密話). 하타
밀담(密談)【명】 남 몰래 비밀히 이야기함. 또, 그
밀:=대[ー때]【명】 ①물건을 밀어젖힐 때 쓰는 나무 막대. ②소총에서 노리쇠 뭉치와 연결되어 후퇴 전진시키는 긴 쇠.
밀도[ー또](密度)【명】 ①빽빽이 들어선 정도. ②〈물리〉 물체의 단위 체적 내에 있는 질량. density
밀도[ー또](密屠)【명】→밀도살. 「계기(計器)
밀도-계[ー또ー](密度計)【명】 물질의 밀도를 측정하는
밀도-류[ー또ー](密度流)【명】 바닷물의 밀도가 장소에 따라 다르기 때문에 밀도가 큰 쪽에서부터 작은 쪽으로 흐르는 해류. 「도살함. (약) 밀도. 밀살②. 하타
밀=도살[ー또ー](ー屠殺)【명】 당국의 허가 없이 가축을
밀:=돌[ー똘]【명】 납작하고 반들반들한 작은 돌. 양념·곡식 등을 부스러뜨리거나 반죽질할 때 씀. flat smooth pebble
밀:=동:자(ー童子)【명】 수파련(水波蓮)의 장식으로 쓰이는 밀로 조그맣게 만든 동자(童子)의 형상.
밀:=따기【명】 벌통에서 밀을 떼어 내는 일.
밀=따리【명】〈식물〉 가시랭이가 없고 빛이 붉은 늦벼의 하나.
밀=떡【명】 꿀물이나 설탕물에 밀가루를 반죽하여 익히지 않은 날떡. 부스럼에 약으로 붙임.
밀:=뭉레【명】 ①동글넓적하게 뭉친 밀덩이. lump of beeswax ②살지고 기름져 윤이 나는 물건.
밀:=뜨리-다【타】 갑자기 세차게 밀어 버리다. push
밀랍(蜜蠟)【명】【동】 밀3.
밀려:-나다【자】 ①떠밀음 당하여 일정한 위치에서 밀리다. ¶대문 밖으로 ~. ②어떤 세력에 못 견디어 일정한 자리에서 쫓겨나다. ¶이사 자리에서 ~.
밀려:-나오-다【자】 ①뒤에서 미는 힘에 의하여 나오다. ②어떤 세력에 못 견디어 몰려나다. ¶실력이 달려 직장에서 ~. ③여럿이 한꺼번에 몰려나오다. ¶밀려나오는 학생들.
밀려:-다니-다【자】 ①뒤에서 미는 힘을 받아서 다니다. ②다수에 여럿이 떼를 지어 몰아다니다. ¶친구들과 ~. 「들이 물밀듯이 밀려든다.
밀려:-들-다【자】【르】 여럿이 한꺼번에 일시에 닥치다. ¶아이
밀려:-오-다【자】 ①밀림을 당하여 오다. ¶파도가 ~. ②여럿이 한꺼번에 몰려오다. ¶적군이 ~.
밀렵(密獵)【명】 허가 없이 몰래 사냥함. ¶~꾼. 하타
밀롱가(milonga)【명】〈음악〉 아르헨티나의 무용 음악. 2/4 박자의 빠르고 경쾌한 템포.
밀리(milli)【접두】 미터(meter)·그램(gramme)·리터(liter) 등의 단위 위에 붙어서 그 1000 분의 1을 나타내는 말. ¶~그램. 「; mg.
밀리=그램(milligram)【의명】 1그램의 1000분의 1. 기
밀리-다【자】 미처 처리하지 못한 일이나 물건이 모여 쌓이다. ¶숙제가 ~. be delayed 「다. 습격하다.
밀:리-다²【피동】 ①떠밀음 당하다. be pushed ②〈속〉 가

밀리-뢴트겐(Milliröntgen 도)〖명〗〈물리〉방사능량의 단위. 뢴트겐의 1000분의 1.

밀리-미크롱(millimicron 프)〖명〗〈수학〉길이의 단위. 미크롱의 1000분의 1. 기호; mμ.

밀리미:터(millimeter)〖명〗10분의 1 센티미터. 기호; mm. 〖약〗밀리.

밀리-바(millibar)〖명〗〈지학〉기압을 재는 단위. 10^6 다인/cm^2을 1 바로 하고, 이의 1000분의 1을 1밀리바로 함. 1기압은 곧, 1013.250 밀리바임. 기호; mb. [1000분의 1볼트. 기호; mV.

밀리-볼트(millivolt)〖명〗〈물리〉전압의 실용 단위.

밀리-암페어(milliampere)〖명〗〈물리〉전류의 실용 단위. 1000분의 1 암페어. 기호; mA.

밀리터리 마:치(military march)〖음악〗군대의 행진에 연주되는 곡. 〔주가.

밀리터리스트(militarist)〖명〗① 군국주의자. ② 군사 연

밀리터리즘(militarism)〖명〗군국주의. 무단 정치.

밀림(密林)〖명〗빽빽하게 들어선 수풀. thick forest

밀림 지대(密林地帶)〖명〗밀림으로 이루어진 지대.

밀:= 핑계하고 거절하다. refuse under pretext

밀-만두(—饅頭)〖명〗매끄러운 사람을 농으로 일컫는 말. smoothie [(商). ~품(品). 하타

밀매(密賣)〖명〗금제(禁制)를 어기고 몰래 팖. ¶~상

밀=매:음(密賣淫)〖명〗법을 어겨 가며 몰래 몸을 파는 일. unlicensed prostitution 하타

밀모(密毛)〖명〗빽빽하게 난 털.

밀모(密謀)〖명〗비밀히 꾀함. 몰래 꾀함. plot 하타

밀모(蜜母)〖식물〗꽃 즉 꽃에서, 꿀을 받아내는 털.

밀몽-화(密蒙花)〖식물〗① 중국에서 나는 상록 관목. 동청(冬靑) 모양의 잎은 두껍고 꽃은 여럿이 모여 한 송이를 이룸. 수금화(水錦花). ② 밀몽화의 꽃. 한방(漢方)에서 눈병의 약재로 씀.

밀-무:역(密貿易)〖명〗세관을 통하지 않고 비밀히 행하는 무역. smuggling 하타 [는 문.

밀:-문(—門)〖명〗〈건축〉안으로 밀어서 열게 되어 있

밀:-물〖명〗육지를 향해 조수가 밀려오는 현상. 또, 그 조류. (대) 썰물. flood tide

밀-물(密勿)〖명〗힘써 부지런히 하게 함. 하자타

:밀-밀〖명〗밀 되[피].

밀밀-하-다(密密—)〖형〗아주 빽빽하게 들어서 있

밀-반죽〖명〗(약)→밀가루 반죽. [다. thick 밀밀-히튼

밀:-방망이〖명〗가루 반죽을 밀어서 얇고 넓게 펴는 데 쓰는 방망이. rolling-pin

밀-벌〖명〗〈곤충〉바더리의 작은 종류로 봄·가을에 집 의 서까래 끝에 많이 날아듦.

밀-범벅〖명〗밀가루에 청둥호박과 청태콩을 섞어서 만든 범벅. wheat and pumpkin pudding

밀보(密報)〖명〗비밀히 하는 보고. 넌지시 하는 보고 (報告). secret report 하타 [보리.

밀-보리(密—)〖명〗① 밀과 보리. wheat and barley ② 쌀

밀봉(密封)〖명〗단단히 붙여 막음. 엄봉(嚴封). tight

밀봉(蜜蜂)〖명〗〈동〉참벌. [sealing 하타

밀봉 교:육(密封敎育)〖명〗일정한 곳에 수용하여 비밀로 행하는 간첩(間諜) 교육. secret training for a

밀부(密夫)〖명〗밀통하는 남자. 샛서방. [spy

밀부(密符)〖명〗〈제도〉유수(留守)·감사(監司)·병수사(兵水使)·수사(水使) 등에게 주어, 병란이 일어났을 때 즉시 응할 수 있도록 차게 하던 병부(兵符).

밀부(密婦)〖명〗밀통하는 여자. man's lover [brush

밀:-붓〖명〗붓덜에 밀을 먹여 빳빳하게 한 붓. waxed

밀삐〖명〗지게를 질 때 두 어깨에 거는 끈. straps of an A-frame

밀삐-세장〖명〗지게의 윗세장 아래에 가로 박아 밀삐의 위끝을 매고 아래 끝이 닿게 하는 나무.

밀사(密使)〖명〗남 몰래 보내는 사자. secret me-

밀사(密事)〖명〗비밀히 한 일. secret [ssenger

밀산-화(密繖花)〖식물〗취산 화서(聚繖花序)의 한 변체로서, 많은 소산화(小繖花)가 한테 배치고 몰은 것.

밀살(—殺)(密殺)〖명〗① 몰래 죽임. assassination ② 《俗》→밀도살. 하타

밀-살구(蜜—)〖명〗살구의 하나. 작으나 맛이 닮.

밀상(—商)(密商)〖명〗남 몰래 하는 장사. 또, 그런 장 수. smuggler 하타 [하자타

밀생(—生)(密生)〖명〗배우 빽빽하게 남. growing thick

밀서(—書)(密書)〖명〗① 몰래 보내는 편지. secret letter ② (동) 비밀 문서.

밀-선(密—)(密船)〖명〗규약이나 법을 어겨 가며 몰래 다니는 작은 배. smuggling vessel

밀선(—腺)(蜜腺)〖명〗단맛 있는 액즙을 분비하는 꽃이나 잎의 기관. 꿀샘. nectary

밀선 식물(—·—)(蜜腺植物)〖명〗〈식물〉밀선을 가진 식물. 잎이나 꽃에 꿀을 내어 벌·개미 등의 곤충을 모여들게 하여 수분(受粉)하거나 또는 해충을 방지함. nectariferous plant

밀소(—·—)(密醅)(俗)(통)밀주(密酒). 하타

밀소(—·—)(密訴)〖명〗몰래 아뢰는 일. secret informa-
tion 하타 [주(醅燒酒).

밀-소주(—燒酒)〖명〗밀과 누룩을 써서 곤 소주. 모소

밀송(—送)(密送)〖명〗몰래 보냄. sending secretly 하타

밀수(—·—)(密輸)〖명〗법이나 규약을 어겨 가며 외국과 상품을 거래함. ¶~범(犯). ~품(品). smuggling

밀수(—·—)(蜜水)〖명〗꿀물. [하타

밀수-선(—·—)(密輸船)〖명〗밀수를 직업적으로 하는

밀수-선(—·—)(密輸船)〖명〗밀수에 쓰이는 배. [무리.

밀수-업자(—·—)(密輸業者)〖명〗밀수를 업으로 하는 사람. ¶~단. 밀수를. smuggling in 하타

밀-수입(—·—)(密輸入)〖명〗법을 어겨 가며 몰래 하는

밀-수제비〖명〗밀가루를 묽게 반죽하여 끓는 장국에 조금씩 떠어 넣고 익힌 음식.

밀-수출(—·—)(密輸出)〖명〗법을 어겨 가며 몰래 하는 수출. (대) 밀수입. smuggling out 하타

밀식(—植)(密植)〖명〗① 빽빽하게 심음. grow thick ② 남 몰래 심음. 하타 [비밀한 방. secret room

밀실(—室)(密室)〖명〗남이 함부로 출입할 수 없게 한

밀-쌈〖명〗밀전병에 나물과 고기, 또는 사탕과 깨소금 소를 넣어서 말아 놓은 음식.

밀알-지-다〖형〗얼굴이 포동포동하게 생기다. 얼굴이 빽빽하게 생기다. plump [secret promise 하타

밀약(密約)〖명〗비밀히 약속함. 또, 그런 약속. 짬짜미.

밀양 씨름(密陽—)〖명〗말이 쉽게 나지 않는 씨름.

밀어〖명〗《俗》→통밀어. [fidential talk 하타

밀어(密語)〖명〗비밀히 하는 말. 비밀한 말. con-

밀어[二](密語)〖명〗〈불교〉① 밀교(密敎)에서, 여래의 교의를 설법하는 말. ② 밀교 다라니(陀羅尼)의 칭호.

밀-어(密漁)〖명〗금제(禁制)를 어기고 몰래 하는 고기잡이. poaching 하타 [talk

밀어(蜜語)〖명〗달콤한 말. 특히, 남녀간의 정담. lover's

밀어-내:-다〖타〗① 밀어서 밖으로 나가게 하다. ¶문밖으로 ~. ② 모략이나 압력으로, 일정한 자리에서 물러나게 하다. ¶그를 부상 자리에서 ~.

밀어-닥치-다〖자〗여럿이 한꺼번에 닥치다. ¶친구들이 ~.

밀어-붙이-다[—부치—]〖타〗① 밀어서 한쪽 구석에 붙어 있게 하다. ¶장동을 구석으로 ~. ② 한쪽으로 힘주어 밀다. ¶그 사람을 ~. ③ 고삐를 늦추지 않고 계속 몰아붙이다. ¶계속 밀어붙여 경쟁자를 꺾다. [를 통하다. 하타

밀어 상통(密語相通)〖명〗비밀히 서신으로 서로 의사

밀어-선(密漁船)〖명〗허가 없이 몰래 고기를 잡는 배. poaching vessel

밀어-젖히-다〖타〗① 밀어서 밖이 겉으로 나오게 하다. ② 밀문을 힘껏 밀어서 열다. [어 있는 잎.

밀엽(密葉)〖명〗잎이 촘촘히 붙어 있음. 또, 촘촘히 붙

밀영(密營)〖명〗군대나 유격대 등이 활동하기 위하여 깊숙한 밀림이나 산악 지대 같은 곳에 비밀히 자리 잡음. 또, 그런 곳. 하자

밀영-지(密營地)〖명〗밀영하는 곳.

:밀왈-·다《고》밀치다.

밀운(密雲)[명] 많이 모인 구름. dense clouds
밀원(蜜源)[명] 벌이 꿀을 빨아 오는 근원.
밀원 식물(蜜源植物)[명] 〈식물〉밀원이 되는 식물. bee plant
밀월(蜜月)[명] ①결혼초의 즐겁고 달콤한 한 달. honeymoon ②〈약〉→밀월 여행. (약) 밀월.
밀월 여행[—려—](蜜月旅行)[명] 신혼 여행(新婚旅行).
밀유(密諭)[명] 넌지시 타이름. 하타
밀음−쇠[명] 가방이나 혁대 등에 장치되어 있는, 밀어 열게 된 자물쇠의 하나. snap clasp
밀의(密意)[명] 비밀한 뜻. 숨은 뜻. hidden meaning
밀의(密議)[명] 넌지시 의논함. 비밀한 회의. secret conference 하타
밀이(密邇)[명] 임금에게 썩 가까이 함. 하타
밀−입국(密入國)[명] 절차를 밟지 않고 몰래 국경을 넘어 남의 나라에 들어감. 하타
밀−장[−짱](−障)[명](약)→밀장지.
밀장[−짱](密葬)[명] 남의 땅이나 소위 명당(明堂) 자리에 몰래 지내는 장사(葬事). secret burial 하타
밀장(密藏)[명] ①비밀히 감추어 둠. ②〈불교〉진언종(眞言宗)의 경전(經典).
밀−장지[−짱−](−障−)[명] 〈건축〉옆으로 밀어서 여닫는 장지. (약) 밀장. paper sliding door
밀전[−쩐](密栓)[명] 마개로 꼭 막음. 또, 그 마개. putting a cork in 하타
밀−전병(−煎餠)[명] 밀가루로 만든 전병.
밀접[−쩝](密接)[명] ①썩 가까운 관계에 있음. intimacy ②꼭 가깝게 맞닿음. closeness 하타 히피
밀정[−쩡](密偵)[명] 비밀로 정탐함. 또, 그 사람. spy 하타
밀제[−쩨](蜜劑)[명] 먹기 좋도록 꿀로 반죽한 환제(丸劑).
밀조[−쪼](密造)[명] 금제품 및 허가제의 물건을 허가 없이 만듦. illicit manufacture 하타
밀조[−쪼](密詔)[명] 비밀한 조서(詔書). secret imperial edict
밀조[−쪼](蜜槽)[명] 〈식물〉밀선(蜜腺)이 모여든 기관. nectary
밀주[−쭈](密奏)[명] 비밀히 임금에게 아룀. 밀소(密疏). secret report to the king 하타
밀주[−쭈](密酒)[명] 허가 없이 몰래 빚은 술. moonshine
밀주[−쭈](蜜酒)[명] 꿀과 메밀 가루를 섞어서 빚은 술.
밀즙[−쯉](蜜汁)[명] 꿀. honey
밀지[−찌](密旨)[명] 임금의 비밀 명령. secret orders
밀집[−찝](密集)[명] 빽빽이 모임. 밀지(密地). crowding 하타
밀집 교련[−쩝−](密集敎練)[명] 〈군사〉소대 및 중대 이상의 전대를 형성한 채로 행하는 교련. (대) 각개 교련.
밀−짚[−찝][명] 밀의 이삭을 떨어낸 줄기. ¶∼방석. wheat straw
밀짚 모자[−찝−](−帽子)[명] 밀짚이나 보릿짚으로 만든 여름 모자. 맥고 모자. straw hat
밀짚 서까래[−찝−](−[건축]가늘고 짤막한 서까래.
밀착(密着)[명] ①빈틈없이 단단히 붙음. ¶∼제(劑). close adherence ②〈동〉밀착 인화(密着印畫). 하타 히피
밀착 인화(密着印畫)[명] 확대기를 거치지 않고 음화 필름에다 직접 인화지를 대고 복사하는 것.
밀계(密契)[명] 밀계(密計). 밀착◎.
밀−천신(−薦新)[명] 햇밀가루로 부친 전병으로 지내는 고사.
밀−초[명] 밀을 재료로 써서 만든 초. 황초◎. 납촉(蠟燭). wax candle
밀초(蜜草)[명] 〈한의〉약재에 꿀을 발라서 볶음. 하타
밀−치[명] 마소의 안장이나 길마에 달린 기구. 꼬리 밑에 대는 좁다란 막대기.
밀−치−끈[명] 밀치에 걸어, 안장이나 길마에 잡아매는 끈.
밀−치−다[타] 힘껏 밀다. push away
밀치락−달−치락[명] 서로 밀고 잡아당기고 하는 모양. pushing and pulling 하타
밀칙(密勅)[명] 비밀히 내린 칙지(勅旨). secret royal order
밀크(milk)[명] 우유(牛乳).
밀크 세이크(milk shake)[명] 우유에 달걀·설탕 등을 넣고 만든 청량 음료수.

밀크 플랜트(milk plant)[명] 우유 처리장. 농가나 목장의 우유를 여과·살균하여 일반 소비자에게 공급하는 시설.
밀크 홀(milk hall)[명] 우유와 빵을 파는 간이 음식점.
밀키 해트(milky hat)[명] 중절모형의 헝겊으로 만든 차 벼운 모자. 밀크색 또는 맑은 회색인 데서 이 이름이 있음.
밀타−승(密陀僧)[명] 납을 산화(酸化)시켜 만든 누른 빛깔의 가루. 도료 또는 연고약으로 씀. litharge
밀탐(密探)[명] 몰래 하는 정탐. secret detective work
밀통(密通)[명] ①비밀히 정을 통함. secret meeting of lovers ②형편을 남몰래 알려 줌. secret information 하타
밀−티−다[고] 밀치다.
밀파(密派)[명] 밀정(密偵) 따위를 비밀히 보냄. secret dispatch 하타
밀:−펌프(−pump)[명] 물을 높은 곳으로 밀어올리는 기계. (예) 빨펌프. push-up pump
밀폐(密閉)[명] 꼭 닫음. 꼭 막음. tight closing 하타
밀폐−음(密閉音)[명] 〈어학〉입을 꼭 다물고 내는 소리. 곧, 비음(鼻音).
밀−푸러기[명] 국에 밀가루를 풀어 만든 음식. flour soup
밀−풀[명] 밀가루로 쑨 풀. wheat-flour paste
밀−풀[명][고] 밀풀.
밀:−피(−皮)[명] 〈체육〉활시위에 밀을 바른 뒤에 문지르고 쏘고 하는 가죽이나 벳조자.
밀항(密航)[명] 여권 없이 몰래 배를 타고 외국에 감. secret passage 하타
밀항−선(密航船)[명] 밀항자들을 태우고 몰래 다니는 배. smuggler vessel
밀항−자(密航者)[명] 밀항하는 사람. stowaway
밀행(密行)[명] ①비밀히 다님. secret journey ②비밀히 어떤 곳으로 감. 하타
밀화(密畫)[명] 〈미술〉화면에 가득 차도록 대상물을 설명하듯 치밀하게 그린 그림. 면밀(綿密)하게 그린 그림.
밀화(密話)[명] 남 몰래 하는 이야기. 밀담(密談). talk confidential 하타
밀화(蜜花)[명] 〈광물〉꿀과 비슷한 빛깔의 누른 호박(琥珀)의 하나.
밀화 불수[−쑤](蜜花佛手)[명] 대삼작(大三作)의 하나. 밀화로 부처손처럼 만든 여자의 패물.
밀화−잠(蜜花簪)[명] 밀화 조각에 꽃을 새기고 은으로 고달을 단 비녀.
밀화 장도(蜜花粧刀)[명] 밀화로 장식한 장도(粧刀).
밀화 패:영(蜜花貝纓)[명] 밀화 구슬을 꿴 갓끈.
밀환(蜜丸)[명] 〈한의〉꿀에 반죽하여 환을 만듦. 또, 그 약. honeyed pill 하타
밀회(密會)[명] 비밀히 모이거나 만남. ¶∼소(所). clandestine meeting 하타
미:[명](약)→미음(米飮).
밉−광−스럽−다[형][브피] 지나치게 밉살스럽다. abominable
밉−다[형][비피] 눈에나 귀에나 생각에 거슬러서 싫다. (대) 곱다. hateful
밉다고 차 버리면 떡고리에 자빠진다[속] 미운 사람에게 폭행을 가한 것이 도리어 그자에게 다행한 일이 되어 분하게 될 때에 쓰는 말. act 스럽 스럽다
밉둥(−)[명] 어린이의 미운 짓. children's mischievous
밉둥머리−스럽−다[형][브피]→밉살머리스럽다.
밉둥−피우−다[자] 어린아이가 미운 짓을 하다. behave detestably
밉디−밉−다[형] 대단히 밉다. 밉고 또 밉다. be very hateful
밉살−맞−다[형] '밉살스럽다'를 얕잡아 쓰는 말. hateful
밉살머리−스럽−다[형][브피] 〈속〉밉살스럽다. 밉살머리−스럽
밉살−스럽−다[형][브피] 몹시 밉게 보이다. (작) 맵살스럽다. ¶∼게 밉살머리스럽다. detestable 밉살=스럽
밉−상(−相)[명] 밉게 생긴 모양. 또, 그러한 사람. detestable man 스럽 스럽
밋[명][고] 키. 배의 방향을 돌리는 기구.
밋구무[명][고] 밑구무.
밋밋−하−다[형][여피] ①생긴 모양이 거침새 없이 곧고

밍근하다 길다. slender ②흠이 없이 자라서 밉지 않게 생기다. 《작》 맷맷하다. likable **밍밋-이**團

밍근-하-다[혈][여불] 조금 미지근하다. 《작》 맹근하다. tepid **밍근-히**團

밍밋-하-다[혈][여불] ①맛이 몹시 싱겁다. insipid ②음식이나 담론의 맛이 독하지 아니하다. too mild

밍크(mink) ①〈동물〉 식육류(食肉類)의 작은 동물. 모피(毛皮)를 씀. ②밍크의 모피. ¶~ 오버.

및團 '그 밖에·또'의 뜻의 접속 부사. and

및-다[타][여]→미치다².

밑團 ①무엇이 있는 자리의 아래 속이나 아래쪽. 또, 물체의 아랫 부분. base bottom ②일의 근본. root ③《안》→밑동. ④《안》→밑구멍. ⑤《안》→밑바닥. ⑥《약》→밑절미. ⑦정도·지위·나이 따위가 낮거나 적음. ¶내가 언니보다 두 살 ~이다. ⑧안쪽. ⑨조사 '~에' 틀없을 입다. ⑩체언 다음에 '에'와 함께 쓰여, 지배·보호·영향 등을 받는 처지임을 나타냄. ¶어린이는 부모 ~에서 자라야 한다. under

밑-가지團 나무의 밑 부분에 돋아나는 가지. 하지(下枝). lower branch

밑=각(-角)團 〈수학〉 다각형의 밑변의 양끝을 정점(頂點)으로 하는 내각(內角). 저각(底角). basic angle

밑-감團 기초 또는 주가 되는 재료. 원료. raw material

밑-갓團 갓의 하나. 뿌리를 먹음.

밑갓-채(-菜)團 밑갓 뿌리를 채쳐서 갖가지 양념을 한 것.

밑-거름團 ①파종(播種)이나 이식(移植) 전에 주는 기름. 기비(基肥). 《대》 웃거름. 중거름. first manure, fertilizer used at sowing time ②어떤 일을 이루게 하는, 기초가 되는 요인. ¶국민의 화합이 조국 근대화에 ~이 되었다.

밑-거리團 〈미술〉 단청할 때에 먼저 전물 전부에 연하게 바르는 연두의 채색.

밑-구멍團 ①어떤 물건의 밑에 뚫린 구멍. hole in the bottom ②항문이나 여자의 국부를 간접적으로 이르는 말. 《약》 밑④. private parts

밑구멍으로 호박씨 깐다團 겉으로 드러내지 않고 남 모르게 의뭉스러운 짓을 한다.

밑-그-림團 ①애벌로 모양만을 대충 초잡은 그림. rough sketch ②수본(繡本)으로 쓰기 위하여 종이나 헝겊에 그린 그림. design

밑-글團 밑천이 되는 글. 이미 배운 글. acquired learning

밑깔이-짚團 〈농업〉 소나 돼지 우리에 깔아 주는 짚. litter

밑-널團 밑에 댄 널빤지. 저판(底板). board at the bottom

밑-넓이團 〈수학〉 입체 밑면의 넓이. 체밑면적. 저면

밑도 끝도 없다團 까닭 모를 말을 불쑥 꺼내어 갑자기 듣기에 갈피를 잡을 수 없다.

밑-도들이團 〈음악〉 고전 음악의 영산 회상(靈山會相)을 연주할 때에 도들이를 낮은 가락으로 연주하는 것.

밑-돌團 ①동바리 밑을 받친 돌. ②담이나 건축물 등의 밑바닥에 쌓은 돌.

밑-돌다[자][르] 어떤 기준이 되는 수량보다 적어지다. 하회(下廻)하다. 《대》 웃돌다.

밑-동團 ①긴 물건의 맨 아랫동아리. base ②채소 따위의 뿌리. 《약》 밑③. root ③밑의 부분. bottom

밑동-부리[-뿌-]團 원목(圓木)의 아래쪽을 잘라낸 것.

밑두리-콧두리團 조사하는 뜻에서 자주 캐어묻는 근본.

밑둥-뿌리團 둥치의 밑 부분의 뿌리. root 본. 미주알고주알.

밑-뒤團 배의 고물.

밑-들-다[자][르] ①무·감자 등의 뿌리가 굵게 자라 땅 속에 깊이 들다. take root ②연이 남의 연줄에 얽히다.

밑-마음심(-心)團 〈한자〉 부수(部首)의 하나. '念·慕' 등의 '心'의 이름.

밑-말團 문절[-門-]團 〈건축〉 문학의 밑에 가로 건 나무.

밑말團 《속》 원어(原語).

밑-머리團 치마머리·다리 등을 드릴 때, 본디부터 있던 머리털. one's original hair

밑=면(-面)團 ①밑바닥. ②〈수학〉 다면체(多面體)가 어느 면 위에 서 있다고 생각할 때, 그 면과 접촉한 다면체의 면. 저면(底面). base of base

밑=적(-面積)團 〈수학〉 밑바닥의 밑넓이. area

밑-바닥團 ①물건의 아래로 향한 바닥. bottom ②그릇 속의 아랫바닥. 《약》 밑⑤. bottom ③빤히 들여다보이는 남의 속뜻. inner thought

밑-바대團 속곳 따위의 밑에 대는 헝겊.

밑-바탕團 ①물건의 근본을 이루고 있는 실체(實體). ②타고 난 근본 바탕. 본바탕. original nature

밑-반찬(-飯饌)團 만들어서 오래 두고 언제나 손쉽게 내어 먹을 수 있는 반찬. 젓갈·자반·장아찌 등.

밑-받침團 ①밑에 받치는 물건. ②복사할 때 밑에 받치는 빳빳한 물건. under board

밑=변(-邊)團 〈수학〉 삼각형·사다리꼴 등의 밑바닥을 이루는 변. 저변(底邊). base fire

밑-불團 불을 피울 때에 본래 살아 있는 불. starter

밑 빠진 가마에 물붓기團 이루어지는 겨를 곳 없이 많아서 그치기 어려움. ②비용 들인 보람이 없음.

밑-살團 ①〈동〉 미주알. ②《속》 보지. ③소의 불긋살의 하나. 국거리로 씀. ④항문이 있는 쪽의 살.

밑-세장團 지게의 맨 아래쪽의 세장.

밑손-수부(-手部)團 〈한자〉 부수(部首)의 하나. '拏·擊' 등의 한자에서의 '手'의 이름.

밑-쇠團 쇠그릇의 새 것과 깨어진 것을 서로 값쳐서 바꿀 적에, 그 깨어진 그릇의 쇠.

밑-술團 ①약주를 뜨고 난 찌끼술. 모주(母酒). crude liquor ②술을 빚을 때, 누룩·밥과 함께 조금 넣는 묵은 술. [등의 한자에서의 '纟'의 이름.

밑=스물입(-入)團 〈한자〉 부수(部首)의 하나. '弊·弄'

밑-싣:개團 그넷줄 아래에 걸쳐 발을 디디게 된 물건.

밑-실團 재봉틀의 북에 감은 실.

밑-씨團 〈식물〉 꽃씨풀 꽃의 암꽃술에 있는 중요 기관. 난자(卵子). 배주(胚珠). paper

밑-씻개團 뒤를 본 뒤에 밑을 씻어 내는 종이. toilet

밑-알[-알-]團 닭의 동지에 넣어 두는 달걀. 암닭이 그것을 보고 제자리를 찾아오도록 하는 것. nest

밑알을 넣어야 알을 내어 먹는다團 밑천을 들여야 생긴다.

밑-앞[-앞-]團 배의 이물. [기는 것이 있다.

밑=음[-音]團 〈음악〉 3도(度)로 된 음정의 3음이 삼화음(三和音)을 이루고 있을 때의 가장 낮은 음. 근음(根音).

밑-자리團 ①맷방석 따위를 처음 엮기 시작하는 그 밑바닥. ②사람이 깔고 앉는 자리. ③밑의 자리.

밑-절미團 일이나 물건의 밑바탕. 《약》 밑⑥. basis

밑=점(-點)團 ①〈수〉 기점(基點). ②두 직선이 수직으로 사귈 때 그 사귄 점을 이름.

밑정團 젖먹이의 똥오줌을 누는 횟수.

밑=조사(-調査)團 예비적·기초적으로 하는 조사. 하

밑-줄團 ①밑에 있는 줄. ②가로쓴 글에서 어떤 말의 밑에 긋는 줄. underline

밑-줄기團 나무나 풀의 밑 줄기. 는 일.

밑지는 장사團 자기에게 아무 이득이 없고 손해를 보

밑-지-다[자][여] 들인 밑천보다 판값이 적게 나다. 《대》 남다. lose stay too long

밑-질기-다[혈] 어디 가서 앉으면 일어날 줄 모르다.

밑-짝團 짝붙이처럼 위아래로 두 짝이 모여서 한 벌이 된 물건의 아래짝. lower counterpart

밑-창團 ①구두 바닥 밑에 붙이는 창. 《대》 속창. sole ②밑 밑바닥. bottom

밑-천團 ①영업하는 데 먼저 있어야 할 재물. 기금(基金). 원금. 원비(原費). 자본. 자본금. capital ②자기의 걸작. ③본전.

밑천이 드러나다團 ①평소에 숨겨져 있던 제 바탕이나 성격이 표면에 나타나다. ②밑천으로 쓰던 돈이나 물건이 다 없어지다.

밑천이 짧다團 밑천이 적거나 모자라다.

밑=층(-層)團 아래층. 하층(下層)①. bottom stairs

밑=판(-板)團 밑에 대는 판. 또, 밑이 되는 판.

ㅂ

經世訓民正音圖說字 / 訓民正音字

ㅂ [비음] 〈어학〉 ① 한글 자모의 여섯째 자. the 6th letter of the Korean alphabet ② 자음의 하나. 목젖으로 콧길을 막고, 두 입술을 다물었다가 뗄 때 나는 파열음. 받침으로 끝날 때는 입술을 떼지 않음.

ㅸ [가벼운 비음] [고] ① 자음의 하나. 입술을 닿을락 말락할 정도로 하고, 그 사이로 공기를 마찰시켜 내는 무성음. ②'의'의 뜻으로 쓰인 사잇소리.

-ㅂ는다 [어미] '하오'할 자리에 받침 없는 어간에 붙어서 진리나 으레 있을 사실을 일러줄 때 쓰는 종결 어미. ¶ 무더우면 비가 오~. →~습니다.

ㅂ니까 [토] 받침 없는 체언에 붙어 의문을 나타내는 종결형 서술격 조사. ¶ 정말 천재~. →입니까.

-ㅂ니까 [어미] 받침 없는 용언의 어간에 붙어 물음을 나타내는 종결 어미. ¶ 어디로 가~. →~습니까. polite question form particle

ㅂ니-다 [토] 받침 없는 체언에 붙어 '다'의 높임말로 존대하여 쓰이는 종결형 서술격 조사. ¶ 그것은 소~. →~입니다.

-ㅂ니-다 [어미] 받침 없는 용언의 어간에 붙어 존대하여 동작의 현재 상태를 나타내는 종결 어미. ¶ 비가 오~. →~습니다.

ㅂ디까 [토] 받침 없는 체언에 붙어 '하오'할 자리에서 지난 일을 돌이켜 묻는 뜻을 나타내는 종결형 서술격 조사. ¶ 무슨 잔치~. →~입디까.

-ㅂ디까 [어미] 받침 없는 용언의 어간에 붙어 '하오'할 자리에서 지난 일을 돌이켜 묻는 뜻을 나타내는 종결 어미. ¶ 내일 간다고 하~? →~습디까.

ㅂ디-다 [토] 받침 없는 체언에 붙어 '하오'할 자리에서 지난 일을 돌이켜 말하는 뜻을 나타내는 종결형 서술격 조사. ¶ 대단히 큰 나라~. →~입디다.

-ㅂ디-다 [어미] 받침 없는 용언의 어간에 붙어 '하오'할 자리에서 지난 일을 돌이켜 말함을 나타내는 종결 어미. ¶ 그런 말은 하~ →~습디다. was, were

-ㅂ디-다 [어미] 받침 없는 용언의 어간에 붙어 '하오'할 자리에서 지난 일을 돌이켜 말하는 뜻을 나타내는 종결 어미. ¶ 그는 서울로 가~. →~습딘다.

ㅂ-벗어난끝바꿈 [비음—] 〈동〉 = ㅂ불규칙 활용. [용.
ㅂ변칙 활용 [비음—] (—變則活用) 〈동〉 = ㅂ불규칙 활용.
ㅂ불규칙 [비음—] (—不規則) 〈약〉 → ㅂ불규칙 활용 (不規則活用).
ㅂ불규칙 활용 [비음—] (—不規則活用) 〈어학〉 어간의 받침 'ㅂ'이 모음으로 된 어미 앞에서 주는 동시에 어미 '어'는 '워', '아'는 '와'로 변하고, 어미 '으'는 모두 '우'로 변하는 현상. 곧, '덥다'가 '더워·더운', '돕다'가 '도와·도우니'로 바뀌는 따위. ㅂ벗어난끝바꿈. ㅂ벅칙 활용. 〈약〉 ㅂ불규칙. irregular 'ㅂ' conjugation

ㅂ쇼 [어미] 〈약〉 → ㅂ시오.
-ㅂ시-다 [어미] 받침 없는 동사 어간에 붙어 존대하여 같이 행동하기를 원할 때 쓰는 종결 어미. ¶ 저리 가~. →~읍시다. let us(go)
-ㅂ시오 [어미] 동사 어간에 붙어, 명령의 뜻을 나타내는 종결 어미. ¶ 저리 가~. →~ㅂ쇼. please(do)
바 [약] = 참바.
바 〈음악〉 음명의 하나. '다'음보다 완전 4도 높음.
바〈의명〉 '방법'이나 '일'이란 뜻으로, 항상 다른 말 아래에 붙어 쓰임. ¶ 어찌할 ~를 모르겠다. thing
바:¹(bar) [명] ① 몽둥이. 막대기. 문빗장. ②〈체육〉 높이뛰기에 쓰는 횡목(橫木). ③ 서양식으로 차린 술집. ④〈음악〉세로줄.

바:²(bar) [의명] 〈물리〉기압의 절대 단위. 높이 76 cm의 수은주의 압력과 같음.
바가지 물을 푸거나 물건을 담아 두는 데 쓰는 그릇. 〈약〉박¹². gourd dipper
바가지-긁다 〈아내가 남편에게 잔소리를 늘어놓다. snarl at one's husband ② 남의 잘못을 나무라다.
바가지-쓰-다 [타] 바가지씌움을 당하다. ¶ 술집에서 몸[시~.
바가지-씌우-다 [타] 터무니없는 요금이나 값을 요구하[다.
바가지 밝다 바가지를 맞다.
바가텔(bagatelle 프) [명] 〈음악〉 짧은 기악의 소곡(小曲). 베토벤의 '피아노 소곡집' 따위에서 볼 수 있음.
바각 [명] 마른 호두 따위와 같이 작고 단단한 물건이 맞닿아서 나는 소리. 〈큰〉버걱. 〈센〉빠각. rattling noise 하다 [자]
바각-거리-다 [자][타] 바각 소리가 계속하여 나다. 또, 바각 소리를 계속하여 내다. 〈큰〉버걱거리다. 〈센〉빠각거리다. 바각=바각 [부] 하다 [자][타]
바:-걸(bargirl) [명] 바에서 손님을 접대하는 여급. 호[스티스.
바:겐 세일(bargain sale) [명] 싼값으로 물건을 팖. 특[매(特賣). 염가 판매.
바고니 [고] = 바구니.
바곳 [명] 〈공업〉옆에 쇠자루가 달린 길쭉한 송곳.
바곳 [명] 〈식물〉 성탄꽃과의 다년생 풀. 줄기 높이 30~120cm로 잎은 손바닥 모양임. 산지에 나고 뿌리는 유독하며 한방 약재로 씀. 오두(烏頭)①. 초오(草烏). aconite
바구니 대나 싸리를 쪼개어 둥글게 결어서 깊숙하[게 만든 그릇. basket
바구니-짜리 [명] 바구니를 끼고 반찬 거리를 사러 다니는 여자를 농으로 이르는 말.
바:구미 〈곤충〉 바구미과의 벌레의 총칭. 몸 길이 2.3~3.5mm로 긴 타원형이며, 몸 빛은 광택이 있는 흑갈색이고, 긴 주둥이 양쪽에 여러이 있음. 쌀·보리 등 곡물의 해충임. rice weevil
바그르르 [부] 적은 물이나 거품 같은 것이 넓게 퍼져 끓어오르는 모양이나 소리. 〈큰〉버그르르. 〈센〉빠그르르. bubbling 하다 [자]
바글-거리-다 [자] ① 적은 물이나 거품 같은 것이 넓게 퍼지며 자꾸 일어나거나 야단스럽게 자꾸 끓어오르다. seethe ② 사람·짐승·벌레 등이 많이 모여 움직이다. swarm ③ 마음이 쓰여 속이 타다. 〈큰〉버글거리다. 〈센〉빠글거리다. be held in suspense 바글=바글 [부] 하다 [자] ⎡ exterior
바깥 [명] 문밖이 되는 곳. 밖으로 향한 쪽. 〈약〉밖④.
바깥-날 방안 같은 데서 바깥이나 한데의 날씨를 가리키는 말. weather
바깥 마당 집 밖에 있는 마당. outer yard
바깥-목(一目) 〈건축〉 기둥 같은 것의 바깥쪽.
바깥 무릎-힘〈체육〉 씨름에서, 상대편의 뒤로 내디딘 다리의 무릎을 쳐서 넘어뜨리는 기술.
바깥-문(一門) [명] ① 대문(大門) 밖에 또 있는 문. 〈대〉안문. outer gate ② 겹문의 바깥쪽에 달린 문. 외문(外門).
바깥 바람 바깥에 나다니며 쐬는 바람. outside wind
바깥 반상(一盤床) 〈제도〉 임금에게 올리던 밥상.[수라상. 〈대〉안반상. ⎡of an outhouse
바깥-방(一房)[명] 바깥채에 있는 방. 〈대〉안방. room
바깥-벽(一壁) [명] 바깥쪽의 벽. 벽이 여러 겹 있을 때 바깥쪽에 있는 벽. 외벽. 〈대〉안벽. 〈약〉밖벽.
바깥 부모(一父母) 늘 밖의 일을 보는 부모라는 뜻에서, '아버지'를 이르는 말. 밭어버이. 〈대〉안부

바깥 사돈 말의 시아버지나 며느리의 친정 아버지와 같은 남자 사돈을 일컫는 말. 《대》 안사돈. 《예》 밧사돈.

바깥 상제(—喪制) 남자 상제. 《대》 안상제.

바깥 소문(—所聞) ①밖에서 떠도는 소문. ②어떤 범위 밖의 소문. rumour

바깥 소식(—消息) 외부의 소식.

바깥 손님 남자 손님. 《대》 안손님.

바깥 식구(—食口) 한 집안의 남자 식구. 《대》 안식구. male members of a family

바깥 심부름 바깥일에 관한 심부름. 《대》 안심부름. errand outside the house 하다

바깥애[—깐—] 여자 하인이 웃어른에게 제 남편을 이르거나, 웃어른이 그 하인의 남편을 이르는 말.

바깥 양:반[—냥—](—兩班) 그 집의 남자 주인 또는 남편. 《대》 안양반. master, husband

바깥 어:른[—깐—] 바깥 주인. 《대》 안온.

바깥옷[—깓옫] 남자들의 옷. 바깥 식구들의 옷.

바깥일[—닐] ①가정 밖에서 보는 일. ②주로 남자들이 보는 일. 《대》 안일. outdoor work

바깥 주인(—主人) 남자 주인. 바깥 어른. 《대》 안주인. 《예》 밭주인. host

바깥-짝 ①어떤 표준 거리에서 더 가는 곳. ¶10리 ~. beyond ②글의 한 구에서 뒤에 있는 짝. 《대》 안짝. exterior

바깥-쪽 바깥으로 드러난 쪽. 《대》 안쪽. 《예》 밭쪽.

바깥-채 한 집의 밖에 있는 채. 《대》 안채. outhouse

바깥 출입(—出入) 바깥에 나다니는 일. ¶~이 잦다.

바깥 치수(—數)(건축) 바깥면의 길이. 《대》 가 안치수. 《가 둘이 》

바께쓰(←bucket) 들고 다니게 된 물통. 흔히 양철이나 알루미늄으로 만듦. 양동이.

바꾸다_타 ①서로 교환하다. exchange ②피륙을 사다. ¶광목을 한 필 ~. buy ③변경하다. 대신하다. change take the place of ④변화시키다. ¶모양을 ~. 자리를 ~. [changed

바꾸이다_{피동} 서로 바꾸어지다. 《약》 바뀌다. be

바꿈-질 ①물건과 물건을 서로 바꾸는 일. exchange ②피륙을 사는 일. 하다

바꿔 말:하-다_{자태어} 다른 말로 바꾸어서 말하다.

바뀌-다 《약》 →바꾸이다. [끄러움. shame

바그러움 바그러워하는 마음. 《약》 바그럼. 《준》 부

바그럼 《약》 →바그러움. [부끄럽다. be shy

바그럽-다 바그러움을 느끼기 쉬울 모다.

바그럽-다_{비불} ①양심에 꺼려 남을 대할 면목이 없다. be shameful ②스스러움을 느껴 수줍다. 《준》 부그럽다. be shy

비나나(banana) 《식물》 파초과(芭蕉科)에 딸린 온대 지방에 나는 다년생 풀 또는 열매. 파초와 비슷하며 높이 2∼3 m로 자람. 초여름에 담황색 꽃이 피고, 긴 타원형의 열매가 열리는데, 씨가 없고 냄새와 맛이 좋아 자양분이 많음.

바나듐(vanadium) 《화학》 회유 원소의 하나. 철이나 납 같은 광물 속에 있는 은백색의 회금속 원소. 바나딘(vanadin). 원소 기호; V. 원자 번호; 23. 원자량; 50. 95.

바나듐-강(vanadium 鋼) 《화학》 바나듐을 함유한 특수강. 경도·전성(展性)·항장력이 큼.

바나딘(Vanadin 도) 《화학》 →바나듐.

바·놀 《고》 바늘.

바니위-다 반지럽고 아주 인색하다. stingy

바느-질 바늘로 옷을 짓거나 꾸미는 일. 침공(針工)①. 침선(線線). sewing 하다

바느질-감[—깜] 바느질거리.

바느질-고리[—꼬—] 바느질 도구를 담는 그릇. 《약》 반짇고리. sewing box

바느질-삯[—싹] 바느질에 대한 공전. 바느질값.

바느질-자[—짜] 바느질에 쓰는 자. 침척(針尺). 포백척(布帛尺).

바느질-치-부(—置簿) 한자 부수(部首)의 하나. '黹·黻'등의 '黹'의 뜻. [work

바느질-품 바느질로 생계를 삼는 품팔이. needle-

바늘 가늘고 끝이 뾰족하며 머리에 구멍이 뚫린 쇠. 실을 그 구멍에 꿰어 바느질을 하는 데에 쓰임. 봉침(縫針). needle

바늘 가는 데 실 간다_속 밀접한 관계가 있는 것은 서로 따른다는 뜻. 둘이 붙어 다닌다는 뜻.

바늘-겨레 바늘을 꽂는 작은 물건. 바늘 방석②. pincushion 「한 땅에 저절로 멀기를 지어 남.

바늘-골 《식물》 방동사니과의 풀. 논과 같은 축축

바늘 구멍[—꾸—] ①바늘로 뚫은 구멍. hole made with a needle ②바늘귀만한 구멍.

바늘 구멍으로 하늘 보기_속 전체를 보지 못하는 매우 좁은 시야(視野)나 관찰을 이르는 말.

바늘 구멍으로 황소 바람 들어온다_속 추울 때에는 바늘 구멍만한 문구멍으로 새어 들어오는 바람도 차다.

바늘-귀[—뀌] 바늘 위쪽에 뚫린 실을 꿰는 구멍. 침공(針孔). eye of a needle

바늘꼬리-칼새 《조류》 칼새과에 속하는 새. 날개 길이 20 cm 가량이며, 꽁지가 바늘 모양으로 뾰족한 것이 특징임. 등은 흑색, 날갯 깃에는 흰 무늬가 있고, 턱·목은 백색, 그 외는 담갈색임. 바늘꽁지매기.

바늘꽁지-명매기 《동》 바늘꼬리칼새.

바늘-꽃 《식물》 바늘꽃과의 다년생 풀. 산기슭 같은 축축한 땅에 저절로 남. [지한다.

바늘 넣고 도끼 낚는다_속 적은 것을 들여 큰 몫을 차

바늘-대[—때] 돗자리나 가마니를 치는 데 소용되는 가늘고 얇은 긴 대.

바늘 도둑이 소도둑 된다_속 작은 도둑이 자라서 큰 도둑이 된다는 말로, 나쁜 일일수록 늘어가기 쉽다는 뜻.

바늘=두더지 《동물》 바늘두더지과의 난생(卵生) 동물. 산림 속에 사는데, 고슴도치와 비슷하며 크기는 고양이만함. 몸 빛은 암갈색. 암컷은 복부의 육아낭(育兒囊)에 한 개의 알을 낳아 품고 부화시켜 젖을 먹이며 주머니 안에서 기름.

바늘-밥[—빱] 바느질할 때, 더 쓸 수 없을 만큼 짧게 된 실동강. waste pieces of thread

바늘 방석(—方席) ①앉아 있기에 불안한 자리를 가리키는 말. uncomfortable situation ②《동》 바늘 겨레. 「가 몹시 불안하다.

바늘 방석에 앉은 것 같다_속 그 자리에 그대로 있기

바늘보다 실이 크다_속 작아야 할 것이 크고, 커야 할 것이 작다는 뜻으로, 앞뒤가 바뀌었다는 뜻.

바늘뼈에 두부살 《속》 몸이 몹시 하늘하늘하고 연약함.

바늘 세:포(— 細胞) 《동》 가세포(刺細胞). [사람.

바늘-쌈 바늘 스물네 개를 종이로 납작하게 싼 뭉치. package of needles

바늘-판(—板) 《동》 다이얼(dial).

바:니시(varnish) 《화학》 도료(塗料)의 하나. 수지(樹脂)나 건조성 기름을 알코올에 녹여 만든 것으로, 바르면 윤택이 나고 습기를 막음.

바닐라(vanilla) 《식물》 난초과의 다년생 덩굴풀. 익기 전의 과실에서 향료·약제의 바닐린을 채취함. 열대 지방에 분포함.

바닐린(Vanillin 도) 《화학》 바닐라의 익지 않은 과실을 발효시켜 얻는 흰색 결정의 향료. 과자·빵·아이스크림·담배·화장품 등의 향료로 씀.

바다 ①《지리》 지구 표면의 물로 덮인 부분. 지구 표면의 약 70.8%의 면적을 차지함. sea ②아주 크거나 넓음을 가리키는 말. very extensive thing

바·다·가·다 《고》 밟아가다.

바다가마우지 《조류》 가마우지과의 물새. 중국이나 일본에서 사육하여 물고기를 잡는 데 이용함.

바다거북 〈동물〉 바다거북과의 거북. 배갑(背甲)은 길이 1m 내외의 심장형으로, 암녹색에 암황색의 반점이 있음. 〖살펴 진 자루가 있음.

바다=나리 〈동물〉 해삼 무리의 하나. 깊은 바닷속에

바다는 메워도 사람의 욕심은 못 채운다 사람의 욕심은 한이 없어 채울 수 없다는 뜻.

바·다디·니·다 타 〖고〗 만들어 가지다.

바드라옴 〖고〗 위태로움.

바·드랍·다 〖고〗 위태롭다.

·**바·드리** 명 〖고〗 바리의. 벌의 일종.

바다=뱀 〈동물〉 바다에 사는 뱀의 총칭. ②〈어류〉 바다뱀과의 바닷물고기. 뱀장어와 비슷하게 생겼는데, 길이 1m가 넘으며 이가 강하여 물리면 위험함. 먹지 못함. 한국 남부와 일본 남부에 분포함. 바다장어. sea snake

바다=술 명 〈동물〉 갯나리류의 극피(棘皮) 동물. 바닷속 깊이 있는 뿌리 같은 것으로, 다른 물건에 붙어 삶. 식물의 나리와 비슷하며, 엷은 복숭아빛

바다=장어[—쟁—] (—長魚) 명 〈동〉 바다뱀②. 〖늘 덤.

바다=표범 (—豹—) 명 〈동물〉 바다표범과(海豹科)에 속하는 짐승. 북극해·베링 해 등에 사는데, 모양이 물개와 비슷하며 몸 길이는 1.5~2m 가량 됨. 온몸에 억센 털이 나고 헤엄을 잘 침. 해표(海豹). seal

바닥 명 ①일이나 소비할 수 있는 물건이 다 된 끝. ¶쌀이 ~ 났다. extremity ②그릇이나 신이나 버선 따위 물건의 밑 부분. ¶신~. bottom ③피륙의 짜임새. ¶이 고운 베. texture ④넓고 번잡한 시가 지역. ¶서울 ~. region ⑤물체가 펼쳐진 평면의 이룬 부분. ¶마룻~. floor ⑥〈광물〉 사금광의 감흙 층 밑에 깔려 있는 흙층. ⑦면적·지역의 뜻. ¶비록 은 좁지만 경치가 좋은 곳이다.

바다 걸기질 명 〈농업〉 논바닥에 물이 고루 퍼지지 않을 때, 거적자리로 높은 데의 흙을 낮은 데로 끌어내리는 일. leveling the rice-field 하타

바다=끝 명 손바닥의 가운데 금이 끝난 곳.

바닥=나·다 자 다 소비되다. 다 없어지다. run out

바닥=내:다 타 일정한 분량의 것을 다 소비하다. 모두 없애 버리다.

바닥=누르·다 타 →바닥질다.

바닥 다 보았다 모든 것이 다 되어 끝장이다.

바닥=보·다 자 ①밑천이 다 없어지다. ②실패하다. fail

바닥=쇠 명 ①벼슬이 없는 양반. ②한 지방에 오래 전부터 사는 사람.

바닥=자 명 〈공업〉 물체의 곧고 곧지 않음과, 그 바닥의 높낮이를 살피는 자. balance level

바닥=짐 명 배의 전복을 막기 위해 배바닥에 쌓은 돌이나 쇠 따위. 밸러스트(ballast).

바닥 캐다 〈광물〉 바닥 쪽으로 향하여 파가다. 〖dig down

바닥 첫째 명 '꼴찌'를 비웃는 말. the last

바닥=칠 (一漆) 명 〈공업〉 칠할 물건의 바닥에 맨 먼저 바르는 칠. first coating 〖은 곳. seaside

바닷=가 명 바다의 가장자리. 바닷물과 땅이 서로 닿

바닷개는 호랑이 무서운 줄 모른다 아무리 무서운 것도 그것을 알지 못하면 무서운 줄을 모른다는 뜻.

바닷=개 명 〈동〉 물개.

바닷=게 명 〈동물〉 바다에서 나는 게의 총칭.

바닷=고기 명 〈약〉→바닷물고기.

바닷=길 명 배 따위가 바다에서 다니는 일정한 길. 해로(海路). sea route

바닷=말 명 〈식물〉 바다에서 나는 말. 해조(海藻).

바닷=물 명 바다의 짠물. 해수(海水). 〈대〉 민물.

바닷=물고기[—꼬—] 명 바닷물에 사는 물고기. 〈약〉 바닷고기.

바닷=바람 명 바다에서 불어오는 바람. 해풍(海風).

바닷 명 〖고〗 바다.

바대 명 삼흘적이나 고의 등의 잘 해지는 부분에 튼튼하게 하려고 안으로 덧대는 헝겊 조각. patch

바대² 명 바탕의 품. quality

부덧 명 〖고〗 바다.

부덧집 명 〖고〗 바다집.

바:더리 명 ①〈동〉 등검은쌍말벌. ②〈동〉 땅말벌.

바·독 명 〖고〗 바둑.

바동=거리·다 자타 덩치가 작은 것이 자빠지거나 주저앉거나 매달려서 팔다리를 내저으며 몸을 자주 움직이다. 〈큰〉 버둥거리다. wriggle **바동=바동** 부 하타

바둑 명 ①두 사람이 흰 돌과 검은 돌로 바둑판에 벌여 가며 서로 에워싸서 집을 많이 차지하는 것으로 승부를 겨루는 놀이. 기자(碁子). 혁기(奕棋). 오로(烏鷺)③. game of *badook* ②〈약〉→바둑돌①.

바둑=강아지 명 털에 검은 점과 흰 점의 무늬가 있는 강아지.

바둑=돌 명 바둑 둘 때에 쓰는 돌. 흑이 181개, 백이 180개임. 기석(棋石·碁石·棊石). 기자(棋子). 〈약〉 바둑². 돌. *badook* stone ②모 없이 반드럽고 동글동글한 돌.

바둑=두·다 자 바둑판에 바둑돌을 놓아 승부를 다투다. have a game of *badook* 〖piebald

바둑=말 명 〈동물〉 털빛이 바둑 무늬로 되어 있는 말.

바둑 머리 명 젖먹이의 머리털을 조금씩 모숨을 지어 여러 갈래로 땋은 머리.

바둑 무늬 명 검은 점과 흰 점이 뒤섞여 얼룩져 있는 무늬.

바둑=쇠 명 마고자에 다는 바둑 모양의 단추.

바둑=은 (一銀) 〈제도〉 은을 바둑돌만하게 만들어 화폐로 쓰던 옛날 돈의 이름. old silver coin

바둑=이 명 〈동물〉 털에 바둑과 같은 검은 점과 흰 점무늬가 섞인 개. 또, 그런 개의 이름. brindle

바둑 장:기 (一將棋) 명 바둑과 장기. 〈약〉 박장기(一將棋).

바둑=점 (一點) 명 바둑돌과 같이 둥글둥글하고 얼룩은 점. round spot

바둑=판 (一板) 명 ①바둑두는 판. 네모진 나무판 위에 세로 가로 각각 열아홉 줄을 그은 361개의 십자형(十字形)이 있으며, 그 십자형을 합한 집이라 함. 기국(棋局). 기평(棋枰). *badook* board ②바둑의 판국(一局). 〖하는 말.

바둑판 같·다 (一板一) 〈속〉 몹시 얽은 얼굴을 형용

바둑판 깔음 (一板一) 명 〈건축〉 정자(井字) 이음으로 한 돌깔음. chequered kite

바둑판=연 (一年) (一板鳶) 명 바둑판처럼 줄을 그어 만든 연.

바둥=거리·다 자타 자빠지거나, 주저앉거나, 팔다리를 붙 크게 내저으며 몸을 자주 움직이다. 〈큰〉 버둥거리다. 〈작〉 바동거리다. wriggle **바둥=바둥** 부 하타

바드득 부 ①단단하거나 질긴 물건을 되게 비빌 때 되바라지게 나는 소리. with a creaking noise ②무른 똥을 힘들어 눌 때에 되바라지게 나는 소리. 〈큰〉 부드득. 〈센〉 빠드득. 〈거〉 바드륵. 하타

바드득=거리·다 자타 ① '바드득' 소리가 자꾸 나다. 또, '바드득' 소리를 자꾸 내다. ②무른 똥을 힘들어 눌 때에 '바드득' 소리가 자꾸 나오다. 〈큰〉 부드득거리다. 〈센〉 빠드득거리다. **바드득=바드득** 부 하타

바드럽·다 형 빠듯하게 위태하다. dangerous

바드름=하·다 형여 작은 물건의 짜임새가 밖으로 약간 벋은 듯하다. 〈약〉 바듬하다. 〈큰〉 버드름하다. 〈센〉 빠드름하다. somewhat prominent **바드름** 부

바득=바득 ①제 고집만 자꾸 부리는 모양. ¶자기 말만 내세우다. doggedly ②자꾸 졸라대는 모양. ¶~ 매달리다. ③무리로 악지스럽게 애쓰는 모양. ¶가려고 ~ 애쓰다. 〈큰〉 부득부득. 〈센〉 빠득빠득. importunately

바들=거리·다 자 분하거나 또는 춥거나 하여 자꾸 크게 몸을 바르르 떨다. 〈큰〉 부들거리다. 〈거〉 파들거리다. tremble **바들=바들** 부 하타

바듬=하·다 형여 〈약〉→바드름하다.

바듯=하·다 형여 ①꼭 맞아서 헐렁거리지 않거나, 또는 가득 차서 빈틈이 없다. tight ②간신히 정도에 미치다. 〈큰〉 부듯하다. 〈센〉 빠듯하다. just as much 바둣=이口

바디囘 ①베틀에 딸린 물건의 하나로, 대오리로 만들어 베실을 낱낱이 꿰어 짜는 구실을 함. reed ②가마니를 짜는 바디.
바디=질囘 베를 짜는 데 바디를 부리는 일. 하口
바디=집囘 바디를 끼게 홈이 파여 있는 두 짝으로 된 바디의 테. 바디집. reed frame
바디집 비녀囘 바디집 두 짝의 머리를 잡아 꿰는 쇠 나 나무.
바디−치−다囘 바디질하다.
바디=틀囘 (동) 바디집.
바따라−지−다囘 음식의 국물이 바특하고 맛이 있다. [rich and savory
바·라囘 (변)=파루(罷漏).
바·라¹(哱囉)囘 ①(동) 소라(小螺) ②(동) 자바라(啫哱囉).
바릇囘 (고) 바로. 곧게. 세로.
바라=건대囘 '바라거나·제발 부탁하노니'의 뜻의 접속 부사. 원하거니와. 원컨대.
바·라기囘 음식을 담는 조그만 사기 그릇. 보시기보다 아가리가 벌어졌음. small porcelain dish
바라−다囘 뜻대로 되기를 원한다. expect
바·라−다囘 (고) ①의로하다. ②같따르다.
바·르−다囘 (고) 바르다. 세로 되다. 곧다.
부·라−다囘 (고) 바라보다.
부루−다囘 (고) 바르다(塗). [at
바라다−보−다囘 얼굴을 바로 향하여 건너다보다. look
바라문(婆羅門=Brāhmana 범)囘 ①인도 4성(四姓) 중 제일 높은 지위의 승려 계급. ②(약) 바리문교(婆羅門敎).
바라=교(婆羅門敎=Brāhmanism)囘 〈종교〉 불교 이전의 인도의 종교. 고대 인도의 경전이 베다(veda)의 신앙을 중심으로 발달하였음. (약) 바라문.
바라문=천(婆羅門天)囘 범천(梵天).
바라문=행(婆羅門行)囘 〈불교〉 승려의 건방지고 거친 [행동.
바라밀(波羅蜜)囘 (약)=바라밀다(波羅蜜多).
바라밀다(−−多)(波羅蜜多=Paramita 범)囘 〈불교〉 보살(菩薩)의 수행(修行). 현실의 나고 죽는 이쪽 언덕(此岸)을 건너 열반의 피안(彼岸)으로 가는 일이라는 뜻. (약) 바라밀(波羅蜜).
바라−보−다囘 ①멀리 건너다보다. ¶먼산을 ∼. see ②무슨 일에 덤벼들지 않고 남만 쳐다보다. ¶일이 되어가는 꼴을 ∼. look on ③은근히 제 차지가 되기를 바라다. ¶과장 후임이 ∼. expect ④그 나이에 가까이 두고 있다. ¶나이 50을 ∼.
바라−보이−다囘 멀리서 눈에 띄다.
바:라수(哱囉手)囘 (약)=자바라수.
·부·라·올−다囘 바라ओ다. 바라보음다.
바라지¹囘 ①일을 돌보아 주는 일. ¶뒷∼. 해산(解産)∼. take care of ②음식이나 옷을 대어 주는 일. ¶옥(獄)∼. supply 하囘
바라지²(−−−)囘 〈건축〉 바람벽의 위쪽에 낸 작은 창. 바라지창. (번) 파라지(破羅之). small window
바라지³(−−−)囘 〈불교〉 절에서 영혼을 위하여 시식(施食) 할 때 경문을 읽으면 옆에서 거들어 주는 사람.
바:라−지−다囘 ①갈라져서 사이가 뜨다. split off ②활짝 퍼져서 넓게 열리다. be wide open ③가로 퍼져서 통통하게 되다. 《번》 벌어지다. become fat
바:라−지−다囘 ①그릇의 속은 얕고 위가 남작하다. shallow ②작은 키에 몸통이나 통통하다. stumpy ③마음이 웅숭깊지 못하다. frivolous
바라지−창(−窓)囘 (동) 바라지².
바:라−참(哱囉−嘡囉)囘 〈불교〉 재(齋)를 올릴 때, 천수 다라니(千手陀羅尼)를 외면서 자바라를 치며 추는 춤.
바라크(baraque 프)囘 ①허름하게 임시로 지은 작은 집. 판잣집. 가건물(假建物). ②〈군사〉 군대가 휴양하거나 외출하여 금히 지은 영사. (營舍).
바락囘 성이 나서 갑자기 기를 쓰며 소리를 지르는 모양. ¶∼버럭. suddenly(flare up)
바락−바락囘 ①성이 나거나 하여 자꾸 기를 쓰는 모양. ·바·롤囘 (고) 바다. [(큰) 버럭버럭.

바람¹囘 ①기압의 변화로 말미암아 일어나는 공기의 움직임. wind ②들뜬 마음이나 행동. ¶바람난 여자. fickleness ③풍병(風病). ④작은 일을 크게 말하는 일. 허풍. ⑤소문이 나는 일. 비밀의 탄로.
바람²囘 ①무슨 일의 결에 따라 일어나는 기운. ¶젓먹이가 우는 ∼에 잠이 깨었다. because of ②차림 것을 차리지 않고 나서는 차림. ¶잠옷 ∼으로 돌아다니다. be dressed only in
바람³囘 실이나 새기 따위의 한 발 가량 되는 길이. ¶실 한 ∼. length of an arm-span
바·롬(囘 (고) 발. 두 팔을 퍼서 벌린 길이.
부롬¹囘 (고) 바람벽.
부롬²囘 (고) 바람.
부롬가·비囘 (고) 바람개비.
바람=개비囘 ①바람의 방향을 알려고 만든 장치. 풍향계. vane ②바람의 힘으로 돌게 만든 장난감. 팔랑개비. toy pinwheel
바람=개비囘 〈조류〉 쑥쑥새과에 딸린 새. 몸 빛은 회색이고 온몸에 갈색·회색·담황갈색의 복잡한 반점이 있음. 입은 크고 부리와 다리는 짧음. 주로 산림 속에 서식함. 쑥쑥새. [sound carried on the wind
바람=결(−결)囘 바람이 지나가는 겨를. 풍편(風便).
바람 구멍(−−−)囘 ①창이나 미닫이 같은 데에 구멍이 뚫려 바람이 들어오는 것. wind-hole ②바람이 통하도록 뚫어 놓은 구멍. air hole
바람=기(−끼)囘 ①(一氣)들뜬 기운. fickleness ②바람이 불어올 듯한 기운. wind [만든 꼭지.
바람 꼭지囘 튜브의 바람을 넣는 구멍에 붙은 쇠로
바람=꽃囘 큰 바람이 일어날 때에 먼저 먼산에 구름같이 끼는 뽀얀 기운. wind cloud
바람=꽃囘 〈식물〉 미나리아재비과의 다년생 풀. 고산 지대 습지에 나며, 줄기는 15∼20 cm 가량, 초여름에 매화 비슷한 꽃이 핌.
바람=나−다囘 ∼바람둥이. [이 생기다. be fickle
바람=끼−다囘 들뜬 기분이 마음에 끼다. 들뜬 마음
바람=나가−다囘 ①한창 옹성하면 기운이 없어지다. be dispirited ②바람이 새어 나가다. be deflated
바람=나−다囘 ①마음이 들뜨다. be fickle ②하는 일에 한창 오르다. warm up
바람=내−다囘 ①하는 일에 한창 능률을 올리다. work with gusto ②마음을 들뜨게 하다.
바람=넣−다囘 남을 부추겨서 무슨 행동을 하려는 마음이 부풀도록 만들다.
바람=둥이囘 ①착실하지 못하고 실없는 장담이나 허풍만 떨고 다니는 사람. ②바람만 피우고 다니는 사람. 바람잡이.
바람 들−다囘 ①무 따위의 속살이 푸석푸석하게 되다. form vacuoles ②허황한 바람이 마음에 차다. 마음이 들뜨다. be fickle ③다 되어 가는 일에 딴 고장이 생기다. go wrong
바람=떡囘 =개피떡. [일. windscreen 하囘
바람=막이囘 바람이 들어옴을 막아내는 물건. 또, 그
바람막이 고무囘 튜브 등에 넣은 바람이 나오지 않게 막는 고무. [멀어져 따라가는 모양.
바람만:−바람만囘 바라보일 만한 정도로 뒤에 멀리
바람=맞−다囘 ①풍병에 걸리다. be stricken with paralysis ②몹시 바람이 들다. play with love ③불우한 처지를 당하다. have hard time ④남에게 허황된 일을 당하다. 남에게 속다. have a misfortune ⑤(속) 약속이 어그러지다.
바람 머리囘 바람이 쐬면 머리가 아픈 병.
바람=바퀴囘 (동) 풍차(風車).
바람=받이[−바지]囘 바람을 몹시 받는 곳. place exposed to the wind
바람=벽(−−벽)(−壁)囘 〈건축〉 방을 흙이나 벽돌로 둘러막은 둘레. (약) 벽(壁). wall
바람 부는 날 가루 팔러 간다囘 하필 조건이 좋지 않은 때에 일을 시작함을 이르는 말.
바람 부는 대로 물결 치는 대로囘 뚜렷한 주관과 결

심이 없이 되는 대로 내맡긴다.
바람 부는 대로 살다[동] 자기의 꿋꿋한 주견이 없이 그때그때의 분위기를 보아 적당히 맞추어 유리한 쪽에 붙어 살다.
바람=비[명] 바람과 비. 비바람. 풍우(風雨). wind and rain
바람=살[-쌀][명] 세차게 부는 바람의 기운. force of the wind
바람=세[-세](-勢)[명] 불어대는 바람의 기세. 풍세 (風勢). force of the wind
바람 소리[-쏘-][명] 바람이 부는 소리.
바람 앞의 등불[명] 생명이나 어떤 현상이 매우 위태로운 상태에 있음을 이르는 말. 풍전 등화(風前燈火).
바람이 불다 불다 그친다[속] ①어떤 재앙이라도 한이 차면 그친다. ②몹시 화가 난 사람도 시간이 지나면 제풀에 누그러진다.
바람이 불어야 배가 가지[속] 선행 조건이 해결되어야 목적하는 바의 일이 이루어짐을 이르는 말.
바람-자-다[자] ①불던 바람이 그치다. die away ②들떴던 마음이 가라앉다. calm down
바람-잡-다[자] ①마음이 들떠서 돌아다니다. be fickle ②허황된 일을 꾀하다. commit absurdity
바람잡이[명] 바람둥이.
바람직-하-다[형여] 생각하는 대로 또는 소원하는 대로 되었으면 한다. ¶바람직한 청년.
바람=총(-銃)[명] 대나 나무의 긴 통속에 화살처럼 만든 것을 넣어 입으로 불어서 쏘는 총. 장난감 총의 하나.
바람=칼[명] 새가 하늘을 날 때의 날개.
바람=커-다[자] 바람난 짓을 하다. take to fast living
바람풍=부(風部)[명] 한자 부수의 하나. '風·颪' 등의 '風'의 약칭.
붓[명] (고) 보리수. 보리수나무의 열매.
바:랑[명] ①[변] 배낭(背囊). ②〈불교〉 승려들이 걸을 갈 때 등에 지는 자루 같은 큰 주머니. (원) 발낭(鉢囊). Buddhist's sack
바래-다[자] 햇볕이나 습기를 받아 빛이 변하다. 오래 되어 색바래다. ¶빨래를 볕에 쬐어 희게 하다. ¶광목을 ∼. bleach in the sun
바래-다[타] 가는 사람을 배웅하여 중도까지 함께 가다. (대) 마중하다. (약) 바래 주다. see off
바래 주-다[타](약) →바래다 주다.
바:랭이[명]〈식물〉 포아풀과의 일년생 풀. 줄기는 땅에 기어 뻗으며 5~6까로 갈라짐. 잎은 선형(線形)이며 긴 털이 있음. 밭·길가에 나는 가장 흔한 잡초로 마소의 사료·녹비용임.
바로[부] ①지체 없이 곧. 당장. ¶지금 ∼ 일을 시작해라. just ②바르게. 곧게. ¶책을 ∼ 놓아라. straight ③정확히. 틀림없이. ¶∼ 답했다. correctly ④밀지 않고 가까이. ¶∼ 옆집에 산다. just ⑤도중에 들르거나 곁눈질하지 말고 곧장. ¶∼ 집으로 오다. directly ⑥다름이 아니라 곧. ¶그것이 ∼ 이것이다. ⑦일정한 곳이나 방향을 가리키는 말. 의① ¶저 ∼가 우리 회사요.
바로²[명] 본디의 자세로 돌아가라는 구령. ¶우로 좌, [∼].
바로따음-법[-뻡](-法)[명] 직접 화법(直接話法).
바로미:터(barometer)[명] ①(동) 청우계(晴雨計). ②사물을 측정하는 준거나 척도(尺度). ¶출판은 그 나라 문화의 ∼이다.
바로=보기[명]〈생리〉 시력을 조절하지 않고 나란히 빛살을 그물막에 모아서 보는 시력. 또, 그 사람.
바로-잡-다[타] ①굽은 것을 곧게 하다. straighten ②그릇된 일을 바르게 지도하다. 잘못된 것을 고치다. correct ¶이 글을 ∼.
바로-잡히-다[자] ①굽은 것이 곧게 되다. ②잘못된 곳이 고쳐지다.
바로코(barocco 이)[명]〈음악〉 변태(變態)인 화성(和聲)의 약호.
바로크(baroque 프)[명]〈미술〉 17~18세기 문에 부흥 후에 유럽을 풍미한 회화·건축·조각 등 미술의 한 양식. 여러 가지 장식을 하여 복잡하고 호화로움.
바루[부] →바로.

바루-다[타] 바르게 하다.
바륨(Barium 도)[명]〈화학〉 담황색 또는 은백색 금속 원소의 하나. 공기에 쉽게 산화하여 흰 분말이 됨. 원소 기호; Ba. 원자 번호; 56. 원자량; 137.34.
바르-다[타] ①풀이나 물 같은 액체를 묻히다. paste ②종이 따위를 풀질하여야 딴 것에 붙이다. stick ③이긴 흙 따위를 다른 물체에 붙이다.
바르-다[타르] ①속 알맹이를 집어 내려고 겉을 쪼개다. crack ②뼈다귀의 붙은 살 따위를 골라 내다.
바르-다[형여] ①도리에 맞다. right ②틀리거나 비뚤어지지 않고 곧다. (대) 굽다. straight ③정직하다. honest ④햇볕이 똑바로 잘 받게 생기다. ¶별 ∼. sunny
바르르[부] ①소견이 좁은 사람이 갑자기 성을 내는 모양. (flare up) suddenly ②적은 물이 넓게 퍼져 갑자기 끓어오르는 모양이나 소리. sizzle ③추위에서 갑자기 몸을 떠는 모양. shiveringly ④얇은 종이나 나무 따위에 갑자기 붙이 타오르는 모양. flaringly 하[다]. (거) 파르르. flaringly 하[다]
바르비탈(Barbital)[명]〈약학〉 데에틸바르비투린산의 상품명. 불면증·신경 쇠약·흥분 상태 등에 주사하는 내복약으로 쓰임.
바르작-거리-다[자] 어떠한 괴롭고 어려운 고비를 헤어나려고 팔다리를 내저으며, 몸을 자꾸 움직이다. (약) 바릇거리다. (대) 버르적거리다. (센) 빠르작거리다. struggle 바르작-바르작[부]
바르-집-다[타] ①오므라진 것을 벌려 펴다. ②숨은 일을 들추어내다. ③작은 일을 크게 떠벌리다. (대) 버르집다.
바르카롤라(borcarola 이)[명]〈음악〉 서정풍(抒情風)의 조용한 배노래. 베니스의 뱃노래.
바른[관] 오른.
바른 그:림씨[명] 규칙 형용사(規則形容詞).
바른=길[명] ①참된 도리. 정당한 길. ②굽지 않고 곧은 길.
바른=말[명] ①사리에 합당한 말. ②어법에 맞는 말.
바른=손[명] 오른손. (대) 왼손.
바른=움직씨[명] 규칙 동사(規則動詞).
바른=쪽[명] 오른쪽. (대) 왼쪽.
바른=편[명] 오른편. right (대) 왼편.
바른 풀이씨[명] 규칙 용언(規則用言).
바릇-거리-다[자] 바르작거리다.
바리[명] ①놋쇠로 만든 여자 밥그릇. woman's brass rice bowl ②(약)→바리때.
바리²[명] ①마소에 잔뜩 실은 짐을 세는 단위. ¶한 ∼. 세 ∼. pack ②윷놀이에서, 말 한 개.
바리 공주(-公主)[명]〈민속〉 지노귀새남에 무당이 색동옷을 입고 부르는 여신(女神) 이름. goddess worshipped by a sorceress
바리 꼭지[명] 바리 뚜껑에 뾰족 내민 꼭지. knob of the lid of brassbowl
바리 나무[명] 말이나 소에 실은 땔나무. firewood carried on a horseback
부·다-다[고] 버리다[捨].
부·리-다[고] 벌이다[排].
·부·리-다[고] 바르다[刳]. 베다[割].
바리-때[명]〈불교〉 승려의 밥그릇. 나무로 대접같이 만들어서 안팎에 칠을 하였음. 응기(應器). (약) 바리². wooden-bowl of priests
바리 뚜껑[명] 바리때를 덮는 뚜껑.
바리 무[명] 말이나 소에 바리로 싣고 팔러 다니는 무.
바리새(Pharisees)[명]〈동〉 바리새교.
바리새-교(Pharisees 敎)[명]〈종교〉 기원 전 2세기에 일어나 그리스도 시대에 성한 유태교의 한 종파. 형식주의에 빠져 위선(僞善)으로 놀렸음. 바리새.
바리새-인(Pharisees 人)[명] ①〈종교〉 바리새교의 교인. ②위선자(僞善者).
바리 설포(-布)[명]〈불교〉 바리때를 잡아매는 긴 수건.
바리 수:건(-手巾)[명]〈불교〉 바리때를 닦는 행주.
바리안=베[명] 썩 고운 베. 한 필을 접어 바리대 안에

바리에이션 (variation) 명 ①동 변주곡(變奏曲). ②〈문학〉문장을 다듬어서 풍아한 맛을 풍기게 하는 일. ③〈생물〉변종(變種). 「swaro shop
바리-전(一廛) 명 〈제도〉놋그릇을 팔던 가게. bras-
바리캄(bariquent 프) 명 이발 기구의 하나.
바리케이드(barricade) 명 적을 막기 위해 흙·통·나무·수레 같은 것으로 임시로 쌓아 막은 방색(防塞). ¶~를 쳐서 폭력배의 침입을 막다.
바리콘(←variable condencer) 명 전극의 한쪽을 움직임으로써 전기 용량이 어떤 범위로 변하는 축전기. 라디오에는 반월형의 것이 붙어 있음. 가변 축전기 (可變蓄電氣).
바리 탕:기(―湯器) 명 사기로 뚜껑 없이 바리처럼 만들어 국을 담는 그릇.
바리톤(baritone) 명 〈음악〉①테너와 베이스 사이인 남자의 소리. ②바리톤 음의 가수(歌手). ③바리톤 음의 금관 악기(金管樂器). 색소폰과 비슷한 놋쇠로 만든 악기. 차저음(次低音)
바:릴리:프(bas-relief) 명 동 저부조(低浮彫).
바림 명 〈미술〉채색할 때 한쪽을 진하게 하고 다른 쪽으로 갈수록 점점 엷게 하여 흐리게 하는 일. 선염(渲染). shading
바바르와(bavarois 프) 명 시럽·우유 또는 커피에 초콜릿·설탕 등을 넣고 섞어서 굳힌 양과자의 하나.
바:바리(burberry) 명 ①비옷의 하나. ②장교용 정복 입을 것의 하나. 바바리 코트.
바:바리 코:트(burberry coat) 명 동 바바리.
바:버(barber) 명 이발관. 이발사.
바:버리즘(barbarism) 명 ①야만(野蠻). 만행(蠻行). ②〈문학〉원시적이고 소박한 인간성을 그려서 야만 스런 아름다움을 나타내려는 주의.
바벨(Babel) 명 ①옛 바빌로니아의 수도. ②풍속이 혼란한 땅. └바퀴가 달린 막대.
바:-벨(barbell) 명 체육 또는 역도에 쓰는 양끝에 쇠
바벨-탑(Babel 塔) 명 ①〈기독〉구약 성서 창세기(創世紀)에 나오는 전설상의 미완성 탑. 노아(Noah)의 후손들이 하늘에 닿는 탑을 쌓기 시작하였으나, 신의 노여움을 사서 언어의 혼동을 일으켜 공사가 중지되었다고 전함. Tower of Babel ②실현 가능성이 없는 가공적인 계획. unreal project
바:보 명 어리석고 못난 사람. 못난이. ¶~짓. fool
바:비큐(barbecue) 명 고기를 꼬챙이로 불에 구운 야외 요리(野外料理). 또, 그 때 쓰는 화로.
바빌론-력(―曆) (Babylon 曆) 명 〈역사〉기원전 30세기경 바빌로니아 사람들이 쓴 태음 태양력.
바빠-하다 자여 마음을 바쁘게 먹다. 조급하다 하다. make haste └급하다. be in haste
바쁘-다 형 ①일이 많아서 겨를이 없다. busy ②
바쁘-게 ①바쁘게. busily ②빨리. in haste └다.
바뻐 굴:-다 자타르 서두르다. 급히 제촉하다 └큰는 말.
바사(bassa 이) 명 〈음악〉낮게 함.
바사(←Persia) 명 〈기독〉기독교에서 '페르시아'를 일
바:사기 명 흐리멍덩하고 덜된 사람. simpleton
부수-다 타고 바수다(碎). 부수다.
부:수-다 타고 바수다. 부수다. → 부수다.
바삭 튀 ①가랑잎을 밟을 때에 나는 소리. ②단단하고 부스러지기 쉬운 물건을 깨물 때 나는 소리. 큰 버석⓪. rustlingly 하여
바삭-거리다 자타 바삭 소리가 연해 나다. 또, 바삭 소리를 연해 내게 하다. 큰 버석거리다. 센 빠삭 거리다. 바삭-바삭 튀
부싞-다 타고 눈부시게 비치다(照). →부시다.
부:싞-다 타고 눈부시게 비치다(照). →부시다.
바서만 반:응(Wassermann 反應) 명 〈의학〉매독의 혈청 진단법. 1906년 독일의 생리학자 바서만이 발견했음. └다. 큰 부서지다.
바서-지다 자 단단한 물건이 깨져서 여러 조각으로

바셀린(vaseline) 명 〈화학〉중유(重油)를 냉각할 때에 분리되는 연질의 고형유(固形油). 감마제(減摩劑)·방수제(防銹劑)·화약·포마드·연고 등에 씀.
바:-소 명 〈한의〉좁은 베를 깨는 침. 대패침. 파침(破鍼). needle used to lance a boil
바소(basso 이) 명 〈음악〉①저음부(低音部). 베이스(bass). ②가장 저음을 내는 현악기.
바:-소쿠리 명 ①싸리로 만든 삼태기. ②지게에 얹어서 짐을 싣는 제구. 큰 부수다. break
바수-다 타 조각이 나게 두드려 깨뜨리다. (약) 밧다.
바수-지르-다 타르 닥치는 대로 사정없이 마구 바수다. 큰 부수지르다. smash into pieces
바순(bassoon) 명 〈음악〉저음(低音)의 목관 악기(木管樂器). 이중(二重)의 혀가 있는 큰 피리로서 낮은 소리를 냄. 파곳(Fagot).
바스(Bass 도) 명 동 베이스(bass).
바:스-대:-다 자 ①가만히 있지 못하고 자꾸 굿것을 하다. be restless ②바스락거리다. 큰 부스대다.
바:스 드럼(bass drum) 명 동 베이스 드럼.
바스라기 명 잘게 부서진 찌꺼기. 큰 부스러기. pieces
바스락 튀 마른 검불·나뭇잎 따위를 밟거나 뒤적일 때 나는 소리. 큰 버석. with a muffled sound 하여
바스락-거리다 자타 자꾸 바스락 소리가 나다. 또, 그 소리를 내다. 큰 버석거리다. 바스락-바스락튀 mischief
바스락-장난 명 바스락거리는 정도의 좀스러운 장난.
바스뜨리-다 타 바수어서 깨뜨리다. 큰 부스러드리다. crush
바스러-지다 자 ①깨어지고 잘게 조각이 나다. be broken to pieces ②덩이가 흐들부들 무너져 헤어지다. 큰 부서지다. ③얼굴이 나이보다 일찍 쇠하다. lose one's look
바스스 튀 ①조용히 일어나는 모양. ②머리털 등이 난잡하게 일어서거나 흩어지는 모양. ③바스라기 같은 것이 헤지는 모양. ④물건의 사개가 물러나는 모양. 큰 부스스. 하여
바스켓(basket) 명 ①용수·종다래끼·대광주리·바구니 같은 그릇. ②농구에서, 백보드에 장치된 쇠틀의 링과 그것에 매단 그물.
바스켓 볼:(basket ball) 명 동 농구(籠球).
바슬-바슬 튀 덩이진 가루 따위가 물기가 없어 쉽게 바스라지는 상태. 큰 버슬버슬. 센 파슬파슬. crumbly 하여
바심 튀 〈약〉→풋바심. ∟꺾은 것을 잘게 만드는 일. crushing 하여
바심 명 ①〈건축〉재목을 깎고 파고 다듬는 일. ②굵
바심-질 명 〈건축〉재목을 바심하는 짓. 하타
바싹 튀 ①잠자기 최켜나 달라붙거나 하는 모양. tightly ②사물이 급히 나가거나 또는 잠자기 늘어나는 모양 rapidly ③물기가 마르거나 타버린 모양. dried up ④〈센→빠싹〉. ⑤몸이 매우 마른 모양. 큰 버썩. 부썩. crunching
바싹-거리다 자타 〈센→바싹거리다.
바야흐로 튀 ①이제 한창. at the height of ②이제 곧. ·부양(俯仰) (고) 뻘. └¶때는 ~ 가을이다.
바오-달 (고) 군영(軍營). 군막(軍幕).
바오-달터 (고) 군영(軍營)터. 군막(軍幕)터.
바오-달-티-다 (고) 군막(軍幕)을 치다.
바:-응보 (證) 방을~. └증인(保證人).
바우처(voucher) 명 ①거래 증빙서(去來證憑書). ②보
바운드(bound) 명 ①한계(限界). 경계(境界). 경계선(境界線). ②〈체육〉공 따위가 땅에 떨어졌다가 튐. 하여
바운드-병(bound 病) 명 〈의학〉험한 길을 달리는 차량의 요동이 너무 심하여, 승객들이 차내에서 뛰어올랐다 떨어지면서 척추(脊柱)가 압박되어 옆으로 밀려나는 무서운 병.
바위 명 부피가 아주 큰 돌. 지각(地殼)을 구성하는 천연 광물. 암석(岩石). 바윗돌. rock

바위 너설〖명〗 바위의 험한 너설. 석각(石角). rugged-rocks

바위떡-풀〖명〗〈식물〉범의귀과의 다년생 풀. 8~9월에 잎 사이에서 꽃줄기가 나와 흰빛 또는 다섯 잎의 붉은 꽃이 피는데, 그 중 둘은 큼. 관상용으로 심음.

바위를 차면 제 발부리만 아프다 일시적 흥분을 참지 못하고 일을 저지르면 제게만 해롭다.

바위-솔〖명〗〈식물〉돌나물과의 다년생 풀. 높이 30cm 가량이고 잎은 다육질의 피침형으로 때로는 자색을 띰. 산지의 바위와 이나 지붕에 저절로 나는데 일본 원산으로 한국 및 전세계에 분포함. 관상용임.

바위 식물(-植物)〖명〗바위 틈이나 바위 위에 나는 식물의 총칭. 지의류(地衣類)·선태류(鮮苔類) 등. 암생(岩生) 식물.

바위-옷〖명〗〈식물〉바위에 끼인 이끼. lichen

바위-옹두라지〖명〗울퉁불퉁하게 솟아난 바위의 뿌다구니. jag of a rock

바위 자리〖명〗〈불교〉바위 형상으로 만든 불상(佛像)의 대좌(臺座).

바위-제:비〖명〗〈조류〉제비과에 속하는 새. 날개 길이 11cm 가량인데, 꼬리는 짧고 여러 갈래로 갈라졌음. 3~4월에 인가의 처마나 바윗등에 집을 짓고 새끼를 침. martin

바위-취〖명〗〈식물〉범의귀과의 다년생 풀. 잎은 둥글거나 타원형이고 다섯 잎의 흰 꽃이 핌. 바위틈에 저절로 나며, 우리 나라의 특산임.

바위-틈〖명〗①바위의 갈라진 틈. ②바위와 바위의 틈.

바윌-나리〖명〗=돌단풍.

바윗-돌〖명〗〈동〉바위.

바윗-등〖명〗바위의 위. 바위의 꼭대기.

바윗-물〖명〗〈지학〉땅속 깊이 있는 바윗돌이 지열에 녹아, 죽과 같이 된 것. 암장(岩漿). lava

바윗-장〖명〗넓적한 바위. flat and wide rock

바음자리-표(-音-標)〖명〗〈동〉저음부(低音部) 기호. 낮은음자리표. 「~ 없다. at all

바이〖부〗다른 도리 없이 전연. 아주. ¶성공할 묘책이

바이-라인(by-line)〖명〗신문·잡지에 있어서 특종 기사나 기자의 수완·노력이 현저한 기사에 필자의 이름을 넣는 일.

바이러스(virus)〖명〗여과성 병원체(濾過性病原體). 초현미경적인 미립자(微粒子)로서 증식(增殖)되는 능력이 있음. 사람에게 병원성을 가지는 것은 천연두·광견병·학질·유행성 뇌염 따위의 바이러스임. 비루스(virus).

바이마르 헌:법[-뻡](Weimar 憲法)〖법률〗1919년 8월 11일, 바이마르에서 열린 국민 의회에서 제정된 독일 공화국 헌법. 근대의 새로운 민주주의 헌법의 전형이다.

바이-메탈(bimetal)〖명〗〈물리〉열팽창률이 다른, 두 장의 금속을 한데 붙여 합친 것. 온도가 높아지면 팽창률이 작은 금속 쪽으로 구부러지며, 온도가 낮아지면 그 반대쪽으로 구부러지는 성질을 이용하여 화재 경보기·자동 온도 조절기 등에 쓰임.

바이-바이(bye-bye)〖감〗헤어질 때 하는 인사말.

바이브레이션(vibration)〖명〗〈음악〉①진동. ②진동시켜서 내는 목소리.

바이브레이터(vibrator)〖명〗진동기. 전기 안마기.

바이블(Bible)〖명〗①성서(聖書). ②성서처럼 권위가 있는 책. ¶논어는 동양 도덕의 ~이다.

바이스(vice, vise)〖공업〗기계 공장에서, 쇠붙이를 움직이지 못하게 꽉 물려 놓고 작업하는 제구.

바이스마니즘(Weismannism)〖명〗〈생물〉획득 형질(獲得形質)의 유전을 부정하고 자연 도태 만능을 주장하는, 진화에 관한 학설. 독일의 생물학자 바이스만이 제창하였음. 네오다위니즘(Neo-Darwinism).

바이슨(bison)〖명〗〈동물〉①들소. ②북미산과 유럽산

바이시클(bicycle)〖명〗자전거. 「들소의 총칭.

바이 아메리칸 정책(buy American 政策)〖경제〗미국 상품 우선 매입(優先買入) 정책. 1930년대에 대두되어 1933년 연방법에 의해 입법화되었고, 19 60년 이래 달러 방위를 위해 아이젠하워 대통령에 의해 제창된 정책.

바이어(buyer)〖명〗①매주(買主). ②무역업자(貿易業者). 수출할 물품을 매입하는 외국 무역상(貿易商).

바이어스(bias)〖명〗①비스듬히 자르거나 꿰맨 옷의 금. 사선(斜線). ②(약)→바이어스 테이프(bias tape).

바이어스 테이프(bias tape)〖명〗폭이 2cm 쯤 되게 비스듬하게 만든 테이프. (약) 바이어스(bias)②.

바이-없:-다〖형〗전연 방법이 없다. ¶알 길이 ~. 바이-없:이〖부〗

바이에르(Beyer 도)〖음악〗기본적인 피아노 교본. 독일 작곡가 바이에르가 엮었음. 「기 문학.

바이오그래피(biography)〖문학〗전기(傳記). 전

바이올렛(violet)〖명〗①(동)제비꽃. ②자색. 보라색.

바이올로지(biology)〖명〗생물학. ②생태학.

바이올리니스트(violinist)〖명〗〈음악〉바이올린을 전문적으로 연주하는 사람. 제금가(提琴家).

바이올린(violin)〖명〗〈음악〉현악기의 하나. 중앙부가 잘록한 타원형 통에 네 줄을 매어 활로 문질러서 연주함. 독주·실내악·관현악에 널리 쓰임.

바이크(bike)〖명〗소형의 가솔린 엔진을 단 자전거.

바이크 모:터(bike motor)〖명〗자전거에 다는 소형 가솔린 엔진.

바이킹(Viking)〖명〗〈역사〉8~12 세기에 걸쳐 유럽에서 활약하던 노르만(Norman)족의 별칭. 해상을 무대로 약탈과 침략을 자행하였고, 상업 활동도 하였음.

바이타 글라스(Vita glass)〖명〗자외선(紫外線)을 잘 투과(透過)시키는 유리의 상표명. 일광욕실이나 바이타램프에 쓰임. 「상표명.

바이타-램프(vitalamp)〖명〗자외선을 많이 내는 전구의

바이타민(vitamin)〖명〗(동)비타민.

바이탈륨(bitalium)〖명〗코발트·크롬·몰리브덴 등의 합금. 인조골(人造骨)의 재료로 씀. 「설(活力說).

바이탈리즘(vitalism)〖명〗〈철학〉생기설(生氣說). 활력

바이트(bite)〖명〗깎는 기구의 일종. 주로 선반에 달아 쇠나 놋쇠 따위의 금속을 깎는 데 쓰임.

바이-파이(Bi-Fi)〖명〗입체 녹음 테이프를 써서 입체음을 내는 장치.

바이-패스(by-pass)〖명〗자동차를 도시(都市) 안으로 들이지 않기 위한 곁길. 우회 도로(迂廻道路).

바이-플레이(byplay)〖연예〗연극·영화에서, 배경 효과를 거두는 연기. 배경 동작.

바이-플레이어(byplayer)〖명〗연극·영화에서, 조연 배「우.

바인더(binder)〖명〗①서류 따위를 꿰맬 때 쓰는 딱딱한 표지. ②재봉을 부속 기구의 하나. 가선을 붙이는 데 씀. ③곡물을 베어 단으로 묶는 기계.

바일-병(Weil 病)〖명〗〈의학〉일종의 스피로헤타를 병원체로 하는 전염병. 물을 많이 다루는 사람에게 걸리기 쉬우며, 피부나 점막을 통해서 병원체가 침입하여 각종 신경 증상과 함께 오한·황달·출혈을 수반함.

바자〖명〗울타리로 쓰기 위해 대·갈대·수수깡 따위로 발처럼 엮은 물건. (원) 파자(笆子·把子). network of wooden strips

바자(bazar)〖명〗공공 사업이나 사회 사업 등의 자금을 모으기 위해 벌이는 시장. 자선시(慈善市).

바지〖명〗(고) 바지.

바자니-다〖자〗바장이다.

바자-울〖명〗바자로 둘러 막은 울타리. 바자울타리.

바:자위-다〖형〗성질이 너무 알뜰하여 너그러운 맛이 없다. 손이 밭다. narrow-minded

바작-바작〖부〗①잘 마른 물건을 밟는 소리. cracklingly ②잘 마른 물건이 타는 소리. cracklingly ③마음이 죄이는 모양. 《큰》버적버적. 《예》빠작빠작. fretfully 「anxious

바잡-다〖ㅂ불〗조마조마하고 두렵고 걱정되다. be

바잣-문(-門)〖명〗바자울타리에 낸 사립문. brushwood gate 「(原) 버정이다. stoll aimlessly

바:장이-다〖자〗부질없이 짧은 거리를 왔다갔다하다.

바:장조[一調](一長調)명 〈음악〉 '바'음을 으뜸음(根音)으로 하는 장조. 플랫(♭)이 하나 붙음을 때임.

바제도:씨=병(Basedow 氏病)명 〈의학〉 갑상선의 기능 항진(亢進)으로 인하여 생기는 병. 갑상선에 종창(腫脹)이 생기며 눈알이 돌출함. 이 병을 연구·발표한 독일 사람의 이름인 바제도를 따서 지음.

바조:카[고] 바자.

바주:카=포(bazooka 砲)명 〈군사〉 포신(砲身)을 어깨에 메고 직접 조준하여 발사하는 휴대용 로켓식 대전차포(對戰車砲). 제2차 대전 때 소련이 처음 사용함. ⑩ 바주카.

바지명 아랫도리에 입는 한복. 위는 통으로 되고, 아래는 두 다리를 꿰는 가랑이가 있음. 《대》 저고리. trousers

바:지(barge) 명 ①유람선. ②사람이 타거나 짐을 싣는 밑바닥이 평평한 화물선.

바:=지게명 ①발채를 얹은 지게. A-frame with a basket for loading ②걷지 못하게 만든 발채.

바지라기명 〈조개〉 ①바지라기과의 조개의 총칭. ②가막조개. ⑩바지락①.

바지락명 〈약〉→바지라기. ⑩〈약〉→바지락조개.

바지락=조개명 〈조개〉 참조개과에 속하는 바닷조개. 패각(貝殼)은 높이 3 cm, 폭 2.2 cm 안팎이고, 담수(淡水)가 혼합되는 소금기가 엷은 바닷가의 사니(砂泥)에 파묻혀 사는데, 맛이 좋아 식용함. 《약》바지락⑩. 〔준〕. laundry pole

바지랑=대[一때]명 빨랫줄을 받치는 장대. 꿰간(掛)

바지랑대로 하늘 재기 도저히 불가능한 일.

바지랑이명 바지랑대.

바지런=스럽=다협ㅂ 바지런한 태도가 있다. 《큰》부지런스럽다. **바지런=스레**부

바지런=하=다형며 쉬지 않고 일을 꾸준하게 하다. 《큰》부지런하다. diligent **바지런=히**부

바·지로·이부 공교스럽게.

바지저고리명 ①바지와 저고리. coat and trousers ②주견이 없고 무능한 사람의 비유. robot ③〈속〉촌사람. 〔없이 행동한다.

바지저고리만 다닌다 사람이 아무 속이 없고 분수

바지지부 뜨거운 쇠붙이 따위에 적은 물기가 닿을 때 나는 소리. 《큰》부지직. 〔센〕빠지지.

바지직부 ①묽은 똥을 급히 눌 때 되바라지게 나는 소리. ②'바지지' 소리가 급하게 그치는 모양. 《큰》부지직. 〔센〕빠지직.

바지직=거리=다자 자꾸 바지직 소리가 나다. 《큰》부지직거리다. 〔센〕빠지직거리다. **바지직=바지직**부

하부 〔band of trousers

바지=춤명 바지의 허리 부분을 접어 여민 사이. waist

바질리(basili)명 〈약학〉 낙화생 기름·황랍·콜로포늄·에게인 미어술을 월랍및 등에 섞은 고약. 화상이나 동상 등에 씀.

바짓=가랑이명 다리를 꿰는 바지의 부분. trouser

바짓=부리명 바짓가랑이의 끝 부분. edge of trousers covering legs

바짝부 ①갑자기 죄거나 달라붙거나 우기는 모양. tightly ②사물이 좀 급하게 나아가거나 또는 갑자기 늘거나 주는 모양. rapidly ③물기가 바싹 쫓아서 말라붙는 모양. 《큰》버쩍. dried up ④몸이 몸시 마른 모양. 〔병을 앓이어 ∼여워지다. thinly

바짝=바짝부 연이어 바짝하는 모양. 《큰》부쩍부쩍.

=바치명 어떤 물건을 만드는 것을 업으로 삼는 사람. 〔성냥∼.

바치=다타 ①웃어른께 올리다. offer ②세금이나 공납금을 내다. pay ③목숨을 내놓다. sacrifice ④도매상에서 소매상에게 단골로 물품을 대어 주다.

바치=다타 추잠할 정도로 즐기다.

바치=다조 다른 동사의 부사형 아래에 쓰여 윗사람에게 드린다는 뜻을 나타내는 말. 〔윗사람에게 읽어∼.

바칠루스(Bazillus 도)명 〈생물〉 잔균(桿菌).

바침=술집[一점]명 술을 많이 만들어 술장수에게 파는 집. 또, 그런 사람. wholesaler of sool

바카날레프명 ⇒바카날리아(Bacchanale 프)(哭室曲).

바칼(Backal 도)명 〈약학〉 내복(內服)하지 않고 입 속의 점막(粘膜)으로부터 약제를 흡수하는 특수한 정제(錠劑). 로몬제로 쓰임.

바칼로레아(baccalauréat 프)명 프랑스의 대학 입학 자격 시험. 또, 그 자격.

바캉스(vacance 프)명 휴가. 일단위(日單位)의 휴가로, 주로 피서지나 관광지(觀光地) 등에서 지내는 경우를 말함. 〔소스(Dionysos).

바커스(Bacchus)명 로마 신화의 주신(酒神). 디오니

바켄(Backen 도)명 스키를 신을 때 구두를 고정시키는 쇠고리.

바퀴¹명 돌게 하기 위하여 둥글게 만든 물건의 총칭. 도롱태①. ¶수레∼. wheel 의명 원을 그리며 빙 돌아서 본디 위치로 돌아오는 한 번 차례. ¶한 ∼. 두 ∼.

바퀴²〈곤충〉바퀴과의 곤충. 몸은 1∼1.5 cm의 납작한 타원형으로 황갈색이며 음식물과 의복에 해를 끼치는 해충임. 비렴(蜚蠊). 향랑자. cockroach

바퀴=살명 바퀴통에서 테를 향하여 방사상으로 뻗은 가느다란 막대기.

바퀴살이=호리벌명 〈곤충〉 호리벌과의 곤충. 몸은 7.5 mm 정도로 검으며, 날개는 투명함. 유충은 바퀴에 기생하며 산다.

바퀴=통[一筒]명 바퀴의 중앙에 있어 바퀴의 축이 그 속을 꿰뚫고, 또 바퀴의 살 같은 그 주위에 꽂은 부분.

바탕¹명 ①타고난 성질·체질·재질. nature ②물건의 재료나 품질. material ③근본을 이루는 부분. 원소(元素)③. ground

바탕²의명 ①무슨 일을 한 차례 끝내는 동안. ¶싸움 한 ∼ 하다. for a time ②활을 쏘아 살이 이르는 거리. shooting range

바탕(고) 일터. 본바탕.

바탕(고) 마당. 자리.

바탕[一音]명 〈음악〉음의 높이를 고정하기 위하여 그 기준으로 하는 음.

바탱이명 중두리 모양으로 생긴 오지그릇의 하나.

바:터(barter) 〈경제〉 물물 교환(物物交換). 하타

바:터 무:역(barter 貿易)명 〈속〉 바터제(制).

바:터=제(barter 制)명 〈경제〉 바터를 매개로 하지 아니하는 물물 교환제(物物交換制). 구상 무역 제도(求償貿易制度). 바터 무역(barter 貿易). barter system

바테리(Batterie 도)명 〈물리〉 전지(電池).

바:텐더(bartender)명 바나 카페의 카운터에서 주문 받은 음료를 조합(調合)하는 사람.

바통(bâton 프)명 ①후계자에게 인계하는 지위나 일의 비유. ②→바톤.

바·퇴=다[一퇴一](고) 버티다.

바투부 ①썩 가깝게. 바싹 다가서. ¶∼ 보아라. close ②길이가 매우 짧게. ¶머리를 ∼ 깎다.

바투=보기(동) 근시(近視).

바투보기=눈(동) 근시안(近視眼). 〔게.

바특=이부 ①조금 바투. ¶너무 ∼ 자르다. ②바득하

바특=하=다형며 국물이 적어 톡톡하다. thick

바:틀렛(Bartlett)명 서양배의 하나. 크고 달음이 많

바:티-(Bartlett)명 bartlett pear

바티스카프(bathyscaphe 프)명 학술 조사용의 심해(深海) 잠수정.

바티카니즘(Vaticanism) 〈기독〉 교황 절대권주의(絶對權主義).

바티칸(Vatican)명 〈기독〉 ①교황청(敎皇廳). ②바티칸 궁전(宮殿).

바하이=교(Bahai 敎)명 〈동〉 바하이즘.

바하이즘(Bahaism)명 〈기독〉 19세기 중엽 페르시아 사람 바하알라(Bahaullah)에 의하여 창시된 종교. 모든 지식의 근원을 신의 지식이라 봄. 바하이교.

바·회[명] 〈고〉 바위.
바·회¹[명] 〈고〉 바위¹.
바횟벌[명] 바위틈에 사는 벌.
바히[부] 〈고〉 바이. 전혀.
바·히-다[타] 〈고〉 베다〈斬〉.

박[명] ①〈식물〉 박과의 일년생 덩굴풀. 줄기에 잔털이 나고 잎은 원심형 또는 심장형임. 흰빛의 꽃이 피고 열매로 바가지를 만듦. 아프리카·아시아 열대 원산으로, 중국·한국·일본 등지에 분포함. 포과(匏瓜). 포로(匏蘆). bottle gourd ②〈약〉→바가지.

박²[명] 배에 댄 널빤지의 틈을 메워 물이 새지 않게 하려고 쓰는 물건.

박³[의] 노름에서 여러 번 지른 판돈. ¶한 ∼ 잡았다.

박⁴[부] ①단단한 물건의 두드러진 면을 세게 한 번 긁는 소리. scraping sound ②단단하고 얇은 물건을 대번에 찢는 소리. 《큰》 벅. 《센》 빡. rip up

박(拍)[명] 〈음악〉 중국 탕우라 춤의 박자를 맞추는 악기의 하나. 아박(牙拍)·목박(木拍)이 있음. ②〈약〉→박자(拍子).

박(箔)[명] 금·은 따위의 금속을 종이 같이 얇고 판판하게 늘인 것.

박각시[명] 〈약〉→박각시나방.

박각시-나방[명] 〈곤충〉 박각시과의 나방. 편날개는 약 10cm, 앞날개는 짙은 회갈색의 무늬가 있고, 뒷날개는 회색에 검은 줄무늬가 있으며, 배의 각 마디에 흰색·검은색·붉은색의 가로띠가 있음. 유충은 '자벌레'라고 함. 박걱나비. 《약》 박각시.

박감(薄勘)[명] 죄인을 가볍게 처벌함. 경감(輕勘). 하[타]
박갑(迫急)[명] 위협하여 울러댐. 하[타]
박격(迫擊)[명] 바싹 대들어 몰아침. close attack 하[타]
박격(搏擊)[명] 몹시 후려침. beating hard 하[타]
박격(駁擊)[명] 남의 주장이나 이론을 반박 공격함. 하[타]
박격-포(迫擊砲)[명] 〈군사〉 요새전(要塞戰)·진지전(陣地戰)에서 가까운 거리에 쓰는, 구조가 간단하고 가벼운 포. mortar 「반찬 거리.
박-고지[명] 박의 속을 빼어 버리고 길게 오려서 말린
박공(博栱)/**박공-널**(博栱-)[명] 〈건축〉 뱃집 양쪽에 'ㅅ'자 모양으로 붙인 두꺼운 널. 박풍(牌風). gable
박괘(剝卦)[명] 〈민속〉 육십사괘(六十四卦)의 하나. 간괘(艮卦)와 곤괘(坤卦)가 거듭된 것으로, 산(山)이 땅에 붙음을 상징함. 《약》 박(剝).
박=구기[명] 작은 박으로 만든 구기. gourd dipper
박=국[명] 덜 익은 박을 잘게 썰어 넣고 끓은 맑은 장국. 포탕(匏湯). 하
박근(迫近)[명] 시기가 바싹 닥쳐 가까움. drawing near
박급(迫急)[명] 급박(急迫).
박급(薄給)[명] 〈동〉 박봉(薄俸).
박기(薄技)[명] 얕은 재주. 박재(薄才). lack of ability
박-김치[명] 덜 익은 박을 잘게 썰어서 담근 김치.
박=꽃[명] 박의 꽃.
박=나물[명] 덜 익은 박을 얇게 썰어서 쇠고기를 섞어서 볶은 뒤에 갖은 양념을 해서 무친 나물. 포채(匏菜).
박나방[명] 〈곤충〉 불나방과의 나방. 몸 빛은 희고, 복부에는 흑색·적색의 줄무늬가 있음. 밤에 등불에 날아드는데 유충은 풀잎을 먹음. 포아(匏蛾).

박-다[타] ①두들기거나 들거나 찢거나 하여 다른 물건 속으로 들어가게 하다. ¶못을 ∼. 《대》 빼다. drive into ②인쇄하다. print ③사진을 찍다. take a photograph ④바느질에서, 실을 곰곰이 꿰매다. stitch ⑤송편이나 만두 따위 음식에 소를 넣다. put fullings in ⑥판(版)에 넣어 그 모양과 같게 하다. ¶다식(茶食)을 ∼. mould ⑦장기에서, 외나 사(士)를 가운데 궁밭으로 들어가게 하다. ⑧식물이 뿌리를 내리다.

박다위[명] 짐짝을 메는 데 쓰는, 종이노나 삼노를 꼬아서 만든 멜빵. string for packing
박달[명] 〈약〉→박달나무.
박달-나무[명] 〈식물〉 자작나무과의 낙엽 활엽 교목. 줄기 높이가 9∼12m이며 회흑색으로 잎은 타원형이고 가에 톱니가 있음. 목질이 단단하여 차바퀴·기구·기계·조각 기타 세공재로서 널리 쓰임. 단목(檀木). 《약》 단.
박달(木犀)[명] 〈식물〉 목서과의 상록 활엽 교목. 가을에 흰 꽃이 피고 꽃 향기가 매우 좋아 정원에 재배함. ⌜陰).
박답(薄曇)[명] 날이 약간 흐릿함. 미담(微曇). 미음(微
박답(薄畓)[명] 기름지지 않고 메마른 논. 《대》 옥답(沃畓). barren rice field
박대(薄待)[명] 아무렇게나 대접함. 인정 없이 대접함. 박우(薄遇). 푸대접. 《대》 후대(厚待). cold treatment 하[타]
박덕(薄德)[명] 두텁지 못한 덕행. 얇은 심덕(心德). 《대》 후덕(厚德). want of virtue 하[형] 하
박도(迫到)[명] 가까이 다가 이름. ¶매진(賣盡) ∼.
박도(博徒)[명] 노름을 일삼는 사람. 노름꾼.
박도결합-죄(-罪)[명] 〈법률〉 노름꾼의 단체를 만들어 노름을 붙임으로써 성립되는 죄.
박동(拍動)[명] 장기(臟器)의 율동적인 수축 운동. 주기적인 현상이 됨을 이름. ¶심장 박동 따위. 하
박동(搏動)[명] 맥박이 뜀. 하 「minence 하
박두(迫頭)[명] 절박하게 닥쳐옴. ¶개봉(開封) ∼. im-
박두(樸頭)[명] 화살의 하나. 무과(武科)를 보일 때와 교습(教習)할 때 씀.
박둔(樸鈍)[명] ①날카롭지 못함. bluntness ②성질이 순직하고 둔함. 박우(樸愚). dullness 하
박락(剝落)[명] 쇠나 돌 같은 데에 새긴 것이 오래 묵어 긁히고 깎여서 떨어짐. peeling off 하
박람(博覽)[명] ①사물을 널리 봄. extensive knowledge ②많은 글을 읽음. wide reading 하
박람 감·기(博覽強記)[명] 고금의 글을 널리 읽고 사물을 기억함. 하 「것이 많음. 하
박람 다식(博覽多識)[명] 고금의 책을 널리 읽어 아는
박람-회(博覽會)[명] 농·공·상 산업 등에 관하여 온갖 물품을 공중(公衆)에게 관람시켜 생산물의 개량·발전 및 산업의 진흥을 꾀하는 회. exhibition
박래(舶來)[명] ①외국에서 물건을 배에 실어 옴. 박재(舶載)②. importation ②〈약〉→박래품(舶來品).
박래-품(舶來品)[명] 〈경제〉 국내에 들어온 외국산 물품. 《대》 국산(國產). 《약》 박래(舶來)②. imported article
박략-하다(薄略-)[형여] 얼마 되지 않아서 아주 간략하다. 후하지 못하고 아주 약소하다.
박력(迫力)[명] 바싹 밀어 대는 힘. 육박하는 힘. ¶∼ 있는 남자. force
박력-분(薄力粉)[명] 주로 연질(軟質)의 밀을 원료로 한 밀가루. 단백질과 끈기가 적으며, 비스킷·튀김 등에 쓰임. 《대》 강력분(強力粉).
박렴(薄斂)[명] 〈약〉→박부렴.
박로(博勞)[명] 〈동〉 개고마라. 「refutation 하
박론(駁論)[명] ①논박. ②논박하는 논설. 박설(駁說).
박름(薄廩)[명] 〈동〉 박봉(薄俸).
박리(剝離)[명] 가죽이나 껍질 따위를 벗김. 또, 그것이 벗겨짐. 하 ⌜fits
박리(薄利)[명] 적은 이익. 《대》 폭리(暴利). small pro-
박리 다매(薄利多賣)[명] 이익을 적게 남기고 많이 팖. quick sales at small profits 하 「의.
박리-주의(薄利主義)[명] 박리 다매(薄利多賣)하는 주
박막(薄膜)[명] ①동식물의 몸 안의 기관을 싸고 있는 얇은 꺼풀. membrane ②얇은 막.
박만(撲滿)[명] 〈동〉 벙어리².
박멸(撲滅)[명] 짓두드려 없애 버림. eradication 하
박명(薄明)[명] ①희미하게 밝음. dim light ②일출(日出) 전이나 일몰(日沒) 후, 대기 상층의 세말(細末)이 태양 광선을 반사하여 하늘이 희미하게 밝아 있는 현상. 또, 그 시작. dusk
박명(薄命)[명] 기박한 운명. 팔자가 사나움. sad fate
박모(薄暮)[명] 〈동〉 땅거미¹. 「learning 하
박문(博文)[명] 학문을 널리 닦아 두루 통함. wide

박문(博聞)圓 사물을 널리 들어 잘 앎. erudition 하圓

박문(駁文)圓 논박(論駁)하는 글. letter of refutation

박문 강:기(博聞强記)圓 널리 사물을 보고 들어 이를 잘 기억함. 하圓

박문-국(博文局)圓 〈제도〉조선조 고종 때에 신문과 잡지의 편집과 인쇄를 맡던 관청.

박문 약례(博文約禮)圓 널리 학문을 닦고 예절을 바르게 함.

박문-원(博文院)圓 〈제도〉조선조 고종 때에 내외국의 온갖 서적의 보관을 맡던 관청.

박물(博物)圓 ①온갖 사물에 대하여 보고 들음이 썩 넓음. wide knowledge ②[약]→박물학(博物學). ③ 온갖 사물과 그에 관한 참고가 될 만한 물건.

박물-관(博物館)圓 동서 고금의 고고학 자료와 미술품·역사적 유물, 그 밖의 학술적 자료를 널리 모아서 보존하며, 일반에게 공개하는 곳. museum

박물 군자(博物君子)圓 온갖 사물을 널리 아는 사람.

박물 세:고(博物細故)圓 자질구레한 사물.

박물 표본(博物標本)圓 동물·식물·광물 등의 표본.

박물=학(博物學)圓 이학의 일부와 동·식·광물학의 지질학 따위의 총칭. [약]박물(博物)②. natural history

박민(剝民)圓 부역·조세 따위로 백성을 괴롭게 함. extortion from the people 하囮

박=박[박] ①단단한 물건의 도드라진 바닥을 연해 세게 갉거나 긁는 소리. scraping ②단단한 종이 따위가 잇달아 찢는 소리. tearing into pieces ③바닥이 반반할 정도로 자주 깎거나 닦거나 밀어 대는 모양. 《큰》 벅벅. 하囮②. levelling

박박²[박] ①얼굴이 몹시 얽은 모양. pitted all over one's face ②머리를 아주 짧게 깎아 버린 모양. 《센》 빡빡.「는 눈. 《센》 빡빡이. 《센》 빡빡이.

박박-이[박] 틀림없이 그러리라는 추측을 나타낼 때 쓰

박배(欂楣)圓〈건축〉문짝에 돌쩌귀·고리·배목 등을 박아서 문얼굴에 맞추는 일. scraping

박배-장이(──匠─)圓〈건축〉박배의 일을 전문으로

박벌[별] [약]→①호박벌.   「ing

박보(博譜)圓 장기 두는 법을 풀이한 책. book on chess

박복(薄福)圓 두텁지 못한 복력(福力). 복이 없음. 팔자가 사나움.《대》다복(多福). sad fate 하圓

박봉(薄俸)圓 적은 봉급. 박급(薄給). 박름(薄廪). 박황(薄況). small pay   「작은 북.

박부(博拊)圓〈음악〉악기의 하나. 절고(節鼓)보다

박부(薄夫)圓 경박한 사내. frivolous man

박=부득이(迫不得已) 일이 급박하여 어찌할 수가 없음. 박어부득(迫於不得). be in distress 하圓

박=부렴(薄賦斂)圓 조세(租稅)를 적게 매겨 거둠.《약》박렴(薄斂), 하圓

박빙(薄冰)圓 얇게 언 얼음. 살얼음. thin ice

박빙 여림(薄氷如臨)圓 살얼음을 밟는 것같이 매우 위태함. extremely perilous 하圓

박사(博士)圓 ①일정한 학술을 전공하여 낸 논문을 심사하여 수여하는 가장 높은 학위. 또, 그 학위를 받은 사람. doctor ②〈제도〉조선조 때, 성균관·홍문관·승문원·고서관 등의 정 7품 벼슬. ③〈제도〉고구려·백제 때 학문이나 전문 기술에 종사하는 사람에게 주던 관직.

박사(薄紗)圓 얇은 사(紗). gauze

박사(薄謝)圓 고마움을 나타내기 위하여 주는, 얼마 아니 되는 돈이나 물품을 겸손하게 이르는 말. 비의(薄儀). 박의(薄儀).《대》후사(厚謝). small remuneration

박산(欂饊)圓 유밀과(油蜜菓)의 하나. 산자 양쪽에 잣·호두 따위를 붙였음.   「pieces

박살[박] 깨어지거나 산산이 부서지는 일. be broken to

박살(搏殺)圓 손으로 쳐서 죽임. 구살(毆殺). beating to death 하囮

박살(撲殺)圓 때려 죽임. knocking to death 하囮

박살=나:다[박] 산산이 부서져서 조각이 나다.

박살내:-다[박] 완전히 때려 부수어 조각을 내다. destroy

박상(剝喪)圓 벗겨져 없어짐 하囮   「기는 재해.

박상(雹霜害)圓 우박·서리로 말미암아 농작물에 생

박새[식] 백합과의 다년생 풀. 줄기 높이 1.5 m 가량으로 굵으며 원추형임. 6~7월에 매화 비슷한 담황백색의 꽃이 핌. 뿌리는 유독하여 벼·보리 등의 살충제로 씀. 여로(藜蘆).

박-새[조류] 박새과의 새. 숲 속에 사는데, 참새만하며 머리는 흑백색, 뺨과 배는 백색, 등은 황록색, 날개는 흑색에 흰 띠가 있음. 등을 먹는 호조로서, 아름다움.   「색(絶色). ugly face

박색(薄色)圓 아주 못생긴 얼굴. 또, 그 사람.《대》

박색(薄嗇)圓 인색하고 다랍기 그지 없음.

박서(薄暑)圓 초여름의 대단하지 않은 더위.

박석(薄石)圓 넓고 얇게 뜬 돌.   「(舟). anchorage

박선(泊船)圓 배를 머무름. 또, 정박한 배. 박주(泊

박설(駁說)圓[동] 박론(駁論)함.   「자국눈.

박설(薄雪)圓 겨우 발자국이 날 정도로 적게 내린 눈.

박설(縛設)圓[약] 복설.

박섭(博涉)圓 널리 책을 읽음. 널리 사물을 견문함. extensive reading 하囮   「me 하囮

박성(剝姓)圓 성(姓)을 박탈함. deprive one's surna-

박세(迫歲)圓 섣달 그믐이 가까워 옴. 하囮

박소(朴素)圓[동] 소박(素朴). 하囮

박소-하:다(薄少──)囵圓 아주 적다. 얼마 되지 아니하다. very little   「gourd

박-속[박] 박의 씨가 박혀 있는 부분. flesh of a

박속(薄俗)圓 경박한 풍속. frivolous manners

박송(薄松)圓 두께 3 cm, 나비 25 cm, 길이 210 cm 가량의 소나무로 된 널. 장송(長松)②.

박수 남자 무당. sorcerer

박수(拍手)圓 손뼉을 침. hand clapping 하囮

박수(搏搜)圓[약] 이 책 저 책 널리 살펴서 찾아냄. 하囮

박수 갈채(拍手喝采)圓 손뼉을 쳐서 칭찬하거나 찬성 또는 환영하는 일. applause 하囮   「applaud

박수-례(拍手禮)圓 박수로 보이는 인사. greet with an

박스(box)圓 ①상자. 궤. ②극장이나 카페의, 칸을 막은 특별석. ③수위·순경·보초 등의 직소(職所)로서의 간단한 건축물. ④야구 경기에서, 타자·코치가 서는 자리. ⑤[약]→박스 코트(box coat).

박스 오피스(box office)圓 ①극장에서 입장권을 파는 곳. ②흥행에 있어서 입장권이 팔린 성적.

박스 코:트(box coat)圓 상자형 코트.《약》박스⑤.

박시(博施)圓 뭇사람에게 널리 은혜와 사랑을 베풂. philanthropy 하囮   「람을 구제함.

박시 제:중(博施濟衆)圓 널리 은혜를 베풀어서 많은 사

박식(剝蝕)圓 비면(碑面)이나 액자(額子) 등이 오래 되어서 벗겨지고 좀이 먹는 일. mouldering

박식(博識)圓 보고 들은 것이 넓어서 아는 것이 많고 견문이 넓음. extensive knowledge 하囵

박신-거리-다[자] 사람이나 짐승이 좁은 곳에 많이 모여 활발하게 움직이다.《큰》벅신거리다. swarm 박 신=박신[囵] 하囮   「함지박.

박-쌈 남의 집으로 보낼 음식을 담고 보자기로 싼

박쌈-질[囵] 음식을 박쌈으로 도르는 일. 하囮

박아(博雅)圓 학식이 넓고 성품이 아담함. 또, 그런 사람이나 모양. 하囵

박아 내:-다 사진이나 글자 등을 찍어 내다. print

박악(薄惡)圓 ①박정하고 모짊. ②됨됨이가 아주 언

박애(博愛)圓 모든 사람을 평등으로 사랑함. 범애(汎

박애=주의(博愛主義)圓 인류는 인격이 평등한 인종·종교·지위 따위에 관계없이 인간성만을 바탕으로 하여 차별을 두지 않고 서로 사랑하여야 한다는 주장. 사해 동포주의(四海同胞主義). philanthropism

박액(迫阨)圓[동] 절박(切迫).

박약(薄弱)圓 ①굳세지 못하고 여림. infirmity ②볼

확실하고 불충분함. 어려웃함. weakness ③얄고도 약함. 《대》 강고(强固). feebleness 하画

박어-부득(迫於不得)[] 《동》 박부득이(迫不得已). 하画

박언-학(博言學)[] '언어학(言語學)'의 구칭. 「gem

박옥(璞玉)[] 쪼거나 갈지 않은 옥덩어리. unpolished

박옥 흔금(璞玉渾金) 아직 쪼거나 갈지 않은 옥과 불리지 않은 금이라는 뜻으로, 바탕은 좋으나 꾸미지 않은 것을 비유하는 말.

박용-기관(舶用汽罐)[] 선박에 사용함.

박용 기관(舶用汽罐) 선박 안에 장치하여 기관의 증기를 발생시키는 보일러.

박용 기관(舶用機關) 추진기를 둘러 선박을 나아가게 하는 원동 기관의 총칭. 「이는 증기 기관.

박용 기기(舶用汽機) 선박의 원동기(原動機)로 쓰

박용-탄(舶用炭)[] 선박의 증기 기관에 쓰이는 석탄.

박우(樸愚)[] 《동》 박둔(樸鈍)②.

박우(薄遇)[] 불친절한 대우. 냉담한 대우. 친절한 예우. 박대(薄待). 《대》 우우(優遇). cold treatment 하画 「두레 우물. shallow well

박-우물[] 바가지로 물을 뜰 수 있는 얕은 우물. 《대》

박운(薄雲)[] 엷게 낀 구름.

박운(薄運)[] 기박한 운명. 불행한 운수. 하画

박은-이[] 책을 인쇄한 사람. 인쇄인(印刷人). printer

박음-질[] 바느질의 하나. 실을 곱걸어서 꿰매는 일. sewing 하画

박음-판(一版)[] 인쇄판(印刷版). printing edition

박읍(薄邑)[] 피폐한 고을. 잔읍(殘邑).

박의(薄儀)[] 변변치 않은 예물(禮物). 박사(薄謝). small consideration 「¶접~. 차돌~.

=박이[] '무엇이 박혀 있는 사람·짐승·물건'의 뜻.

박이(雹異)[] 우박으로 인한 이상(異狀). 우박이 인축(人畜)에 해를 끼치는 일. 박재(雹災).

박이-것[] ①박아서 만든 물건을 통틀어 일컫는 말. ②박음질로 지은 모든 옷. sewn clothes

박이-겹것[] 박음질을 하여 지은 겹옷. sewn lined

박이-풀[] 떼려 박아서 자국만을 내는 풀. 「dress

박이-다[] ①한 곳에 붙어 있거나 끼어 있다. ¶못이 신에 ~. stay in ②마음이나 몸에 꼭 배다. ¶담배에 인이 ~. become a type ③지연(紙鳶)이 잘 뜻하여 높은 데에 걸리다. be stuck

박이 부정(博而不精)[] 널리 아되 정밀하지 못함. 《대》 박이정(博而精). Jack of all trades, and master of none 하画

박이-옷[] 박음질을 한 옷. 박이것②.

박이정(博而精)[] 널리 알면서도 자세히 정확함. 《대》 박이 부정(博而不精). 하画 「examples 하田

박인(博引)[] 널리 예(例)를 들어 인용함. take a lot of

박인 방증(博引旁證)[] 여러 가지 서책에서 많은 용례를 끌어내어, 그것으로 사물을 설명하는 일.

박자(拍子)[] 《음악》 곡조의 진행하는 시간을 헤아리는 단위. 《약》 박(拍). time measure

박작거리-다[] ①많은 사람이 좁은 곳에 모여 뒤풍어 움직이다. swarm ②물 따위가 작은 그릇에서 바글바글 끓어오르다. 《큰》 버걱거리다. seethe 박작-박작[] 하画

박잡(駁雜)[] ①뒤섞여서 어수선함. confusion ②뒤섞여서 순수하지 못함. impurity 하画

박장(拍掌)[] 손바닥을 침. hand clapping 하画

박장기(고) 박장기. 바둑 장기.

박장기(一將棋·一將碁)[] 《약》→바둑 장기. 「하田

박장 대소(拍掌大笑)[] 손바닥을 치며 크게 웃음.

박재(舶載)[] ①배에 실음. 선박에 실어 운반함. shipment ②《동》 박선(舶來)①.

박재(雹災)[] 우박으로 농작물에 끼치는 재앙. 박해(雹害). 박이(雹異). hail disaster

박재(薄才)[] 변변치 못한 재주. 박기(薄技). want of talent 「田). barren field

박전(薄田)[] 지기(地氣)가 메마른 밭. 미전(美

박전 박답(薄田薄畓)[] 지기(地氣)가 메마른 밭과 논.

박절(迫切)[] 인정이 없고 야박함. ¶부탁을 ~하게 거절하다. cold-heartedness 하画 히画

박절(拍節)[] 《음악》 곡의(樂曲)의 박절(拍節)을 측정하거나 템포를 지시하는 기계. metronome

박정(薄情)[] 따뜻한 사랑이나 인정이 적음. 《대》 다정(多情). coldheartedness 하画 스画 스레画 히画

박제(剝製)[] 동물의 생태 표본(生態標本)의 하나. 새·짐승의 가죽을 벗기고 속에 솜을 메워 표본을 만드는 일. 또, 그 물건. stuffing

박주(泊舟)[] 《동》 박선(泊船).

박주(薄酒)[] ①맛이 좋지 못한 술. untasty liquor ②자기가 내는 술의 겸칭.

박주가리〈식물〉박주가리과의 다년생 덩굴풀. 줄기 길이는 3m 내외이고 잎은 심장형으로 뒷면은 백색임. 담자색 꽃이 피고 종자에는 털이 있음. 줄기와 잎에는 백색 유즙이 나옴. 종자는 식용, 종자와 잎은 한약재로 씀. 구진등(九眞藤). 새박덩굴.

박주 산채(薄酒山菜)[] ①맛이 변변하지 못한 술과 산나물. untasty liquor and vegetables ②자기가 내는 술과 안주의 겸칭.

박-죽(一粥)[] 박의 껍질과 속은 버리고 살만 잘게 썰어 멥쌀과 돼지고기 또는 닭고기를 넣고 쑨 죽. 포죽(匏粥).

박죽-목(一木)[] 방앗공이에 가로 박혀 있는 나무. 십자목(十字木)이 돋다가 마주 닿을 때에 방앗공이가 올라가게 됨.

박-쥐〈동물〉박쥐과의 짐승. 몸과 대가리는 쥐와 같고 앞다리에 비막(飛膜)이 있어 날개와 같이 편형되었음. 시력은 둔하나 촉각은 예민하고 낮에는 어두운 곳에 있다가 밤에만 날아다님. 비서(飛鼠). 편복(蝙蝠). bat

박쥐 구실[] 이리저리 붙어 지조가 없이 하는 행동의 비유. 편복지역(蝙蝠之役). opportunism

박쥐-나무〈식물〉박쥐나무과의 낙엽 활엽 관목. 높이 3m 가량이고 잎은 손바닥 모양임. 여름에 백색 꽃이 피고 콩 모양의 핵과(核果)는 검게 익음. 어린 잎은 식용되고 껍질은 새끼의 대용으로 씀.

박-쥐나비[] 《동》 박각시나방.

박-쥐 오입쟁이[] ①행세를 잘하는 체하면서 남 몰래 오입질하는 사람. ②낮에는 들어 앉았다가 밤에만 놀러 다니는 사람.

박-쥐 우산(一雨傘)[] 서양식의 형겊 우산. 박쥐의 날개같이 생긴 데서 이르는 말. 양산. 편복산(蝙蝠傘). umbrella 「작하는 사람들.

박-쥐-족(一族)[] 낮에는 쉬고 밤이 되면 행동을 시

박-쥐-향(一香)[] 여러 가지 향료를 반죽하여 박쥐 모양으로 만들어 사는 향.

박지(薄地)[] ①《동》 박토(薄土). ②《불교》 범부(凡夫)의 경계. 무지하고 용렬함. ③십지(十地)의 하나로, 욕계(欲界)의 번뇌의 일분(一分)을 끊어 번뇌가 희박해진 경지를 이름.

박지(薄志)[] 지조가 약함. 의지가 박약함. infirmity

박지(薄紙)[] 얇은 종이. 「of purpose

박지르-다[] 박차서 넘어뜨리다. kick down

박지-우박(薄之又薄)[] →박지우박(薄之又薄).

박지 약행(薄志弱行)[] 뜻이 약하게 되면 행실이 잔약하여 조금도 어려움에 견디지 못함. weakness of mind and lack of decision

박지-우박(薄之又薄)[] 더할 수 없이 박하게 함. 아주 야박함. 《약》 박지박(薄之薄). 하画

박지 타-지(縛之打之)[] 몸을 묶어 놓고 때림. 《약》 박타(縛打). 하画 「office 하田

박직(剝職)[] 관직을 박탈하는 일. deprivation of an

박직(樸直)[] 《약》→박직(樸直). simplicity 하画

박진(迫眞)[] 표현 따위가 진실감을 느끼게 함. actual feeling 하画 「있는 문장.

박진-력(迫眞力)[] 진실되게 보이는 표현력. ¶~이

박차(拍車)[] ①승마용 구두 뒤축에 달려 있는 쇠로

박차 만든 톱니바퀴. 말의 배를 차서 빨리 달리게 할 때 씀. ①어떤 일의 진행을 촉진하기 위하여 더하는 힘. ¶~를 가하다. accelerate a spur

박차(薄茶)圏 ①맛이 변변치 못한 차. ②자기가 남에게 대접하는 차의 겸칭.

박-차다囘 ①발길로 냅다 차다. kick out hard ②제 몫으로 있는 것이나 돌아오는 것을 내쳐 물리치다. ¶들어오는 복을 ~. turn down

박착(薄著)圏 겨울 옷을 썩 얇게 입음. 하囘

박찬(薄饌)圏 변변하지 못한 반찬. plain side dishes

박채 중의(博採衆議)圏 널리 뭇사람의 의논을 들어서 채택함. 하囘

박처(薄妻)圏 아내를 소박함. 아내에게 몹시 심하게 함. cold treatment to one's wife 하囘

박철(縛鐵)圏〈건축〉집 짓는 데에 못을 박기가 어렵게 된 곳에 걸쳐 대는 쇳조각. ¶속 인형의 하나.

박-첨지(朴僉知)圏 고대 인형극(人形劇)에 쓰이던 민

박초(朴硝)圏〈한의〉초석(硝石)을 두 번 고아서 만든 망초(莣硝) 모양의 결정체. 이뇨제(利尿劑)로 쓰임.

박초(縛草)圏 나무에 접을 붙이고 잘 살도록 겉으로 묶어 주는 볏짚 따위.

박초 바람(舶趠—)圏 음력 5월에 부는 바람. 박초풍(舶趠風).

박초풍(舶趠風)圏〈동〉박초 바람.

박충(朴忠)圏 순박하고 충직(忠直)함. 하톙

박취(剝取)圏 벗겨서 떼어 냄. 박탈하여 취함. deprivation 하囘

박치기圏 머리로 사람이나 물건을 받아치는 짓. heading 하囘

박치기圏 배의 옆판지나 그 밖의 물이 들어오는 새는 틈을 박으로 메우는 일.

박침-품(粕沈品)圏 물고기나 조개류를 소금에 절였다가 꺼내서 잘 씻은 후 술찌끼에다 담가 익힌 식품.

박타(縛打)圏〈약〉박치 타격.

박-타다囘 ①박을 두 쪽으로 가르다. cut a gourd in two parts ②낭패되다. 바라던 일이 틀려 버리다. be baffled

박탁(剝啄)圏 문을 열라고 두드림. knocking on the door 하囘

박탈(剝脫)圏 벗겨서 떨어짐. 벗겨서 떨어지게 함. 하囘

박탈(剝奪)圏 남의 재물이나 권리를 빼앗음. deprivation ②〈법률〉개인(個人)이 이미 지닌 권리의 전부 혹은 일부를 상실시킴. ¶공권(公權) ~. 《대》부여(附與). 하囘

박태(薄胎)圏〈공업〉매우 얇게 된 도자기(陶瓷器)의 몸.

박태기-나무圏〈식물〉콩과의 낙엽 활엽 관목. 꽃 피기 전에 홍자색 꽃이 나비 모양으로 핌. 중국 원산으로 사원 및 인가 부근에 심는 관상용임. 줄기는 약재로 씀.

박테리아(bacteria)圏〈동〉세균(細菌).

박테리오파지(bacteriophage)圏〈식물〉어떤 종류의 박테리아를 녹여 버리는 여과성 물질로서, 바이러스의 하나. 현미경으로 보일까 말까 한 크기임.

박토(剝土)圏〈광업〉노천 채광에서, 광상(鑛床)을 덮고 있는, 유용 광물을 포함하지 않은 부분의 땅을 벗겨 내는 일. 하囘 (土). barren soil

박토(薄土)圏 메마른 땅. 박지(薄地)①. 《대》옥토(沃土).

박통(博通)圏 널리 통하여 앎. erudition 하囘

박투(搏鬪)圏 맞닥뜨려 서로 치고 때리며 싸움. 하囘

박판(拍板)圏 나무로 만든 박(拍).

박판(薄板)圏 얇은 널빤지.

박-패듯囘 마구 패는 모양. pommelling 하囘

박편(剝片)圏 벗겨서 떨어진 조각.

박편(薄片)圏 ①얇은 조각. ②현미경으로 보기 위하여 얇게 한 시료(試料). thin piece

박편 석기(剝片石器)圏〈제도〉큰 돌에서 떼어 낸 박편을 가공하여 이기(利器)로 사용하던 구석기 시대의 석기의 하나. 동물의 고기를 다루는 데 썼음.

박풍(搏風)圏〈동〉박공.

박피(剝皮)圏 껍질을 벗김. 거피(去皮). peeling 하囘

박피(薄皮)圏 얇은 껍질. thin skin

박하(薄荷)圏〈식물〉꿀풀과의 다년생 풀. 습지에 나는데, 줄기는 60~90 cm, 여름에 담자색 또는 백색의 작은 꽃이 핌. 잎은 방향(芳香)이 있어 향료·음료·약제로 쓰임. 영생이.

박하-뇌(薄荷腦)圏〈화학〉박하유가 굳어진 무색의 바늘 모양의 결정으로 강한 냄새와 시원한 맛이 있어 약제로 쓰임. 박하빙(薄荷冰). 박하정(薄荷錠).

박-하다(駁—)타죤 반박하다. [menthol crystals

박-하다(薄—)囘여죤 ①인색하다. 후하지 아니하다. ¶인심이 ~. stingy ②이익이나 소득이 보잘것없이 적다. ¶이문이 ~. 《대》후하다. heartless ③두껍지 아니하고 얇다.

박하 물부리[—뿌—](薄荷—)圏 담배를 끊기 위하여 텁텁한 입맛을 깨끗하게 하는 기구. 금연(禁煙) 파이프. peppermint pipe

박하-빙(薄荷冰)圏〈동〉박하뇌(薄荷腦).

박하 사탕(薄荷砂糖)圏 박하유를 타서 만든 사탕. peppermint

박하-수(薄荷水)圏〈약학〉박하(薄荷精)를 타거나 박하잎을 쪄서 받아 낸 물. 위장약으로 씀.

박하-유(薄荷油)圏〈화학〉박하의 잎을 수증기로 증류하여 얻은 기름과 같은 액체. 특이한 향기와 시원한 맛이 있어 식료품의 향료로 널리 쓰임. mint oil

박하-정(薄荷精)圏〈화학〉박하유(薄荷油)와 알코올을 섞은 액체. mint camphor

박하-정(薄荷錠)圏〈동〉박하뇌(薄荷腦).

박학(博學)圏 학문이 넓고 많음. 홍학(鴻學). 《대》박학(薄學). 천학(淺學). erudition 하톙

박학(薄學)圏 학식이 얇고 좁음. 천학(淺學). 《대》박학(博學). superficial learning 하톙

박학 다문(博學多聞)圏 학식과 견문이 매우 넓음. 하톙

박학 다식(博學多識)圏 학문이 넓고 식견이 많음. erudition 하톙

박학 다재(博學多才)圏 학문이 넓고 재주가 많음. 하톙

박한(薄汗)圏〈동〉경한(輕汗). [(剝).

박할(剝割)圏 가죽을 벗기고 살을 베어냄. 한학(割

박해(迫害)圏 핍박하여 해롭게 함. persecution 하囘

박해(雹害)圏 우박의 재해. 박재(雹災).

박행(薄行)圏 경박한 행동. frivolous learning

박행(薄幸·薄倖)圏〈동〉불행(不幸). 하톙

박혁(博奕)圏 장기와 바둑.

박홍(薄紅)圏 엷게 붉은 빛깔.

박황(薄貺)圏 박봉(薄俸). [음. 하囘

박흡(博洽)圏 널리 배워 알아서 사물에 막힘이 없

박히-다囘 ①물건 끝이 다른 물건의 속으로 들어가 꽂히다. ¶말뚝이 ~. be driven into ②인쇄물이나 사진이 박아지다. 찍히다. be printed, be taken ③점·수눈께 등이 찍히다. be spotted with

밖圏 ①무슨 테나 금을 넘어선 쪽. ¶대문~. 《대》인. outside ②겉으로 드러난 부분. 외면. exterior ③가리킨 범위 안에 들지 않는 것. ④〈약〉→바깥.

밖낚-걸이圏〈체육〉씨름에서, 오른 다리로 상대자의 왼다리를 밖으로 걸어 넘어뜨리는 기법.

박-에回 '뿐'의 뜻으로 쓰는 보조사. 위에 반드시 부정이 따름. ¶이것~ 없다.

반圏 얇게 펴서 만든 조각. thin flat piece

반(反)圏〈철학〉변증법(辨證法)에서 개념이 정(正)에서 발전하여 하나의 모순 상태가 됨. 반립(反立). 《대》정(正). antithesis

반(半)圏 ①둘로 똑같이 나눈 것의 한 부분. half ②일이나 물건의 중간 부분. middle

반(瘢)圏〈동〉암키와.

반(班)圏 ①벼여 선 자리나 그 차례. order ②어떤 공통점을 가지고 여러 사람으로 조직된 집단. ¶문예~. team ③통(統)을 다시 가른 국민 조직의 최하 단위. ¶~상회. ④한 학년을 한 교실의 수용 인원 단위로 나눈 명칭. ¶3학년 7~. ⑤병영 안의

반:(盤)명 소반·쟁반·예반 등의 총칭.
반:=(反)어두 어떤 명사 위에 붙어서 그 명사의 반대의 뜻을 나타내는 말. ¶~정부군. opposition
반:=(半)어두 다 되지 못하고 중간쯤 이루어진 사물을 나타내는 말. ¶~죽음. half
반:가(一家)명 ⇨반상.
반:가(返歌)명 남이 보낸 노래에 답하는 노래.
반가(班家)명 양반의 집안. house of nobility
반:=가공품(半加工品)명 완전하지 않고 반쯤 가공한 물품. semi-manufactured (processed) goods
반:가부좌(半跏趺坐)명 《불교》 오른발을 왼쪽 허벅다리 위에 얹고, 왼발을 오른쪽 무릎 밑에 넣고 앉는 책상다리의 하나. (대) 결가부좌(結跏趺坐). (유) 반가부좌. 〔삼(佛像).
반:가상(半跏像)명 《불교》 반가부좌로 앉은 불.
반:가언적 삼단 논법(一[一]的三段論法)명 《논리》 전제의 하나가 가언적 판단이고, 다른 전제와 결론은 정언적 판단인 삼단 논법. (대) 전가언적 삼단 논법(全假言的三段論法). 〔가지다. welcome
반가워-하-다타여 반갑게 여기다. 반가운 느낌을
반:가좌(半跏坐)명 《유》⇨반가부좌.
반:각(半角)명 ①《수학》 어떤 각(角)의 반(半). ②〔인쇄〕 식자(植字) 과정에서 해당 활자의 반이 되는 크기의 공간이나 간격. 이분(二分)③.
반:각(返却)명 빌린 물건을 도로 돌려보냄. return-
반:간(反間)명 《동》이간(離間). 〔ing 하타
반:간(半間)명 한 간의 절반. half-kan
반:간·접 조:명(半間接照明)명 조명의 방식의 하나. 대부분의 빛을 위로 향하여 비치게 하고 약간의 빛만을 내리비치게 함.
반:감(反感)명 반대의 뜻을 가진 악감(惡感). 반발하는 마음. 불쾌하게 생각하여 반항하는 감정. antipathy 〔노여운 감정. rage
반:감(半減)명 ①절반으로 줆. ¶값을 ~하다. ②절반으로 줌. ¶흥미가 ~하다. cut by half 하타
반감(飯監)명 《제도》 대궐 안에서 음식물과 여러 물건의 진상(進上)을 맡아보던 벼슬아치.
반:감-기(半減期)명 《물리》 방사능을 가진 방사성 물질이 붕괴하여 그 원자수(數)가 최초의 반(半)으로 주는 데 요하는 시간. half life
반갑-다형보 뜻밖에 좋은 일을 당하거나, 바라던 일이 이루어져 기쁜 마음이 일어나다. glad 반가-이튀
반:값(半一)명 원값의 절반. 반가(半價). 반금(半金).
반강(飯床)명 《동》반방(飯房).
반:강자성[一성](半强磁性)명 《물리》 철족(鐵族) 원소의 산화물·유화물·할로겐화물 등에서 볼 수 있는 자기적 성질. 상온(常溫)에서는 자화율이 절대 온도에 반비례하여 어떤 온도에서 자화율이 극대가 되고, 그 이하의 온도에서는 자장의 크기에 따라 달라지는 성질.
반:=개(半個)명 한 개의 절반. half a piece
반:개(半開)명 ①반쯤 열리거나 벌어짐. 또, 반쯤 열거나 벌림. half open ②꽃이 반쯤 핌. half out ③개화(開化)가 다 되지 못함. semicivilization 하타
반:갱(飯羹)명 《동》반. boiled rice and broth
반구(盤踞)명 넓고 굳게 뿌리 박혀 서림. 서리고서리 걸침. 하타 〔ing on 하타
반:거(攀據)명 어떠한 곳에 근거를 두고 지킴. hold-
반:거(蟠居)명 넓은 영토를 차지하고 세력을 펼침. 하타 〔이룬 사람. 〔유〕반거충이. smatterer
반:-거들충이(半一)명 무슨 재주를 배우다가 다 못
반:-거충이(半一)명 《동》⇨반거들충이.
반:-거치(半鋸齒)명 《식물》 잎의 가장자리에 생긴, 아래로 향한 톱니의 형상. 〔half-dried cod
반:-건대구(半乾大口)명 반쯤만 말린 대구(大口).
반:건성유(半乾性油)명 《화학》 공기 중에 방치하였을 때 차차 산화하여 차진 기운이 증가하나 건조

반:-걸음(半一)명 한 걸음의 절반. 반보(半步). half
반겨-하-다타여 반가워하다. 〔a step
반:격(反擊)명 《군사》 처들어오는 적군을 도리어 나아가 침. counter-attack 하타
반:결(盤結)명 서려서 얽힘. entanglement 하타
반:결구-배:추(半結球一)명 《식물》 완전히 결구하지 않고 윗부분은 그대로 벌어져 자라는 배추.
반:결음(牛一)명 기름을 많이 먹이지 않고 반쯤 결음.
반:경(反耕)명 →번경(反耕). 〔은 가죽신.
반:경(半徑)명 《동》반지름.
반:계(半季)명 ①한 계절의 반. 사계(四季)의 각 계절의 절반. half season ②1년의 반. 반년(半年).
반계(盤鷄)명 닭의 하나. 몸이 작고 다리가 짧음.
반계 곡경(盤溪曲徑)명 일을 순리(順理)대로 하지 않고 억지로 함. 방기 곡경(旁岐曲徑).
반:고(反庫)명 →번고(反庫).
반:고(返顧)명 되돌아가고 싶은 생각. home-sickness
반고(盤古·盤固)명 중국에서 천지 개벽 때 처음으로 태어났다고 하는 전설상의 천자(天子)의 이름. ②아득한 옛날. 태고(太古).
반:고-지(反古紙·反故紙)명 글씨 같은 것을 써서 못 쓰게 된 종이. waste paper
반:고체(半固體)명 액체가 반쯤 어려서 이루어진 고체. 묵·두부 따위. semi-solid
반:고형-식(半固形食)명 죽이나 빵 또는 국수 등의 주식(主食)과 소화되기 쉬운 부식(副食)을 곁들인 음식. 연식(軟食). 〔하타
반:곡(反曲)명 뒤로 구부러짐. 반대로 휨. bending
반:곡(反哭)명 장사를 지내고 집에와 가묘(家廟)에서 곡(哭)하는 일. wailing at home after the funeral
반:곡(盤曲)명 얽히어 구부러짐. 하타
반:골(反骨·叛骨)명 권위 따위에 저항(抵抗)하는 기골(氣骨). 권위에 저항하는 정신.
반:-골(半骨)명 종이·피륙 등의 반폭. half size
반:공(反共)명 공산주의에 반대함. 반공산주의(反共産主義). ¶~ 교육(敎育). 《대》용공(容共). anti-communism 하타
반:공(反攻)명 수세에 있다가 공세를 취함. counter-
반:공(半工)명 《동》반품. 〔offensive 하타
반:공(半空)명 《약》반공중(半空中).
반공(飯工)명 《제도》 대궐 안에서 밥짓던 사람.
반공(飯供)명 조석(朝夕)으로 끼니를 드리는 일. offering meals 하타
반:공-산주의(反共産主義)명 공산주의를 반대하는 일. 또, 그 운동. 반공(反共). anti-communism
반:공 운:동(反共運動)명 공산주의나 공산당을 반대하는 운동. anti-communism movement
반:공일(半空日)명 오후에는 노는 날. 토요일(土曜日). 《유》반휴일(半休日). half holiday
반:공전(半工錢)명 일반보다 절반의 품삯.
반:공중(半空中)명 그리 높지도 않은 공중. 반천(半天)②. 건공중(乾空中). 중천(中天). 건공중(乾空中).
반과(飯果)명 밥과 과자.
반:-과:거(半過去)명 《어학》 동사의 시제(時制)의 하나. 현재에 가장 가까운 과거의 움직임을 나타낸다고 생각되는 것. 반미래적. imperfect tense
반:-과:격파(半過激派)명 과격파에 반대하는 파. anti-
반:-과:격주의(半過激主義)명 과격주의에 반대하는 일. anti-radicalism 〔radical
반:관(反官)명 《동》→반판. 반민(半官半民).
반:관·반:민(半官半民)명 어떤 사업체를 정부와 민간이 공동으로 경영하는 일. 《유》반관(半官). semi-
반:괴(半壞)명 반쯤 부서짐. 하타 〔official
반:교-문(頒敎文)명 《제도》 나라에 경사가 있을 때에 백성에게 그 사실을 알리던 교서(敎書).
반:구(反求)명 어떤 일을 자기 자신에게 돌려서 생각하는 일. reflection 하타 〔〔一言〕~.
반:구(半句)명 ①한 구의 절반. ②적은 말. ¶일언

반:구(半球)〖명〗 ①구(球)의 절반. hemisphere ②〈수학〉중심을 지나는 평면으로 둘로 쪼개진 구(球)의 반쪽. semi-sphere ③〈지리〉지구면을 두 쪽으로 등분한 한 부분.
반:구(返柩)〖명〗 객지에서 죽은 시체를 고향으로 돌려옴. 반상(返喪). returning of the corpse to one's [home 하다
반구(頒鳩·斑鳩)〖명〗 산비둘기.
반:구두(半—)〖명〗 울이 낮아서 발등이 드러나게 만든 구두. 반화(半靴). shoes
반:구배(返勾配)〖명〗 45° 이상 되는 급한 기울 [기.
반:구비(半—)〖명〗 쏜 화살이 알맞은 높이로 날아가는 일. [모양. 반구의 형상.
반:구-형(半球形)〖명〗 〈수학〉 구(球)가 되는
반:국가적(反國家的)〖명〗 국가를 반대하거나 국가의 방침·시책과 어긋나는(것). antinational
반:군(反軍)〖명〗 군부에 반대한 함. 하다
반:군(叛軍)〖명〗〖동〗 반란군(叛亂軍). [음. 하다
반:굴(反屈)〖명〗 뒤로 구부러짐. 또, 반대 방향으로 굽
반굴(盤屈)〖명〗 서리어 얼크러짐. 하다
반:궁(半弓)〖명〗 짧은 활. short bow [의 통칭.
반:궁(泮宮)〖명〗〈제도〉 성균관(成均館)과 문묘(文廟)
반:권(反卷)〖명〗 〈식물〉 식물의 잎이나 꽃잎 따위가 배면(背面) 쪽으로 구부러져 말림. 하다
반규-가(蟠虯架)〖명〗 용 모양을 아로새겨 다리 셋이 달린
반:-그림자(半—)〖명〗 반영(半影)①. [옛날 궁잔.
반근(蟠根)〖명〗 ①서리어 얽힌 뿌리. entangled roots ②얼크러져 처리하기 곤란한 일. entanglement
반근 착절(盤根錯節)〖명〗 ①서린 뿌리와 얼크러진 마디. entanglement ②세력이 단단하여 흔들리지 않는 일. firmly rooted ③얼크러져 매우 처리하기 곤란한 사건. hardships 하다
반:금(半—)〖명〗 반값.
반:금(半金)〖명〗 총 금액의 절반.
반:금(返金)〖명〗 꾸어 온 돈을 돌려주거나 팔았던 물건을 물러 줄 때 그 값을 반환함. 또, 그 돈. repayment 하다
반금-류(攀禽類)〖명〗 〈조류〉 생장상으로 분류된 조류의 한 목(目). 깊은 산속에 살며 발가락이 앞뒤로 향하여 나뉘어져 나무에 잘 기어오르고, 긴 혀 끝에 각질의 갈고리가 있어 나무 속에 사는 벌레를 잡아먹는 새의 일종. 딱따구리과·두견이과·앵무새과 등. 반목 조류(攀木鳥類).
반:-금속(半金屬)〖명〗 반도체와 금속의 중간에 해당하는 성질을 가진 물질. 창연(蒼鉛)·안티몬·비소(砒素) 등의 총칭. 메탈로이드.
반급(班給)〖명〗 나누어 급여함. 하다 [줌. 하다
반급(頒給)〖명〗 〈제도〉 임금이 봉록이나 물건을 나누어
반기〖명〗 명절이나 제사 때에 동네 사람에게 나누어 주려고 작은 목판에 담은 음식.
반:기(反旗)〖명〗 ①〖동〗 반기(叛旗). ②반대 의사를 나타낸 행동이나 표시. opposition [term
반:기(半期)〖명〗 일기(一期)의 절반. ¶상(上)~. half
반:기(半旗)〖명〗 조의를 표하여 보통보다 내려서 다는 국기. 조기(弔旗). flag at half-mast
반:기(叛起)〖명〗 반란하여 일어남. uprising 하다
반:기(叛旗)〖명〗 모반인(謀叛人)이 세우는 기. 반란을 일으킬 표시로 드는 기. 반기(反旗)①. standard of
반기(飯器)〖명〗 밥그릇. rice bowls [rebellion
반기-다〖타〗 반가워서 기뻐하다. rejoice
반기-들다〖자〗 반항의 뜻을 나타내고 나서다.
반:기록 영화[—녕—]〖명〗 〈연예〉 실제로 일어난 사건을 그 일어난 장소를 배경으로 제작한 극영화. semidocumentary movie
반:-기생(半寄生)〖명〗 〈식물〉 엽록소를 가져 동화 작용으로 양분을 만드나, 숙주(宿主)에서 양분을 섭취하는 생활, 대개 즙액에서 수분을 흡수하여 살아가는 생활. [대] 전기생(全寄生). semi-parasitism
반:기생 식물(半寄生植物)〖명〗 반기생하여 살아가는 식물.

반:기 조:례(半旗弔禮)〖명〗 반기를 달아 조의를 나타냄. 하다
반지〖명〗(—盤)〖명〗 반기를 도르는 데 쓰는 굽이 달린 작은 소반이나 목판. tray
반:−나마〖부〗 반이 조금 지나게. ¶그래도 ~ 먹었으니 다행이오. more than half
반나마 부르다〖꾸〗 무사 태평(無事太平)하여 '바나마 늙었으니' 하는 따위의 노래나 부른다는 뜻.
반:−나병(半糯餠)〖명〗〖동〗 메찰떡.
반:나절(半—)〖명〗 한 나절의 반. 반향(半晌).
반:나체(半裸體)〖명〗 살을 다 가리지 않고 반이나 벌거벗은 몸. ¶~의 여인. [약] 반라(半裸). seminude
반:−날(半—)〖명〗 하루 낮의 반. 한나절. half a day
반:−날개(半—)〖명〗 〈곤충〉 베짱이과의 곤충. 몸빛은 황록색 또는 황갈색이고, 앞날개는 황록색이나 시맥(翅脈)은 흑색이며 반점이 있음.
반:−날개=하늘소(半—)〖명〗 〈곤충〉 하늘소과의 곤충. 몸길이 13∼30 mm이고 몸은 갈색이며 곁날개가 짧음. [~는 일. pay a half 하다
반:납(半納)〖명〗 일정한 금액이나 물건의 반만 납부함
반:납(返納)〖명〗 도로 돌려 드림. ¶빌려 온 물건을 ~ [하다. return 하다
반낭(飯囊)〖명〗〖동〗 밥주머니.
반:냥(半兩)〖명〗 한 냥의 절반. half nyang
반:−년(半年)〖명〗 한 해의 반. half a year
반:노(叛奴)〖명〗 자기 상전(上典)을 배반한 종. treacherous slave
반:농(半農)〖명〗 생업의 반이 농업인 일. semi-farming
반:농 반:공(半農半工)〖명〗 ①농사를 지으면서 한편으로 가내 공업에도 손을 대는 일. ②공장 등에서 일하는 가족의 수입으로 생계를 보충하는 농가.
반:농 반:도(半農半陶)〖명〗 농사를 지으면서 한편으로 도자기를 굽는 일.
반:농 반:어(半農半漁)〖명〗 어업을 하는 한편, 농업도 하며 살림을 꾸려나가는 일.
·반:−니쇼−리(半—)〖명〗〖고〗 반잇소리. 반치음(半齒音).
반:−드기−이(半—)〖ㄲ〗 반드시. 꼭. 마땅히. [만 파는 일.
반:−다지(半—)〖명〗〈건축〉 기둥 같은 데 구멍을 반쯤
반:−독도−다〖ㄲ〗 반듯하다.
반:−단(半—)〖명〗 한 단의 절반. a half bundle
반:−단지[—다지](半—)〖명〗 앞의 쪽側 절반이 문짝으로 되어 아래로 잦혀 여닫게 된 길고 반듯한 궤.
반:−달(半—)〖명〗 ①한 달의 절반. 반삭(半朔). 반월(半月). half a month ②절반만 둥근 달. half-moon ③손톱의 안쪽 하얀 부분. 속손톱. ④반달 모양으로 된 종이연의 꼭지.
반:−달−형(半—形)〖명〗〖동〗 반월형(半月形).
반:−달−꽃이(半—)〖명〗 고구마 따위의 줄기를 반달 모양으로 휘어지게 묻어서 꽂아 심는 방법.
반:−달−낫(半—)〖명〗 날이 반달 모양으로 생긴 낫. sickle
반딜리즘(vandalism)〖명〗 ①반달족(Vandal 族)의 기질이나 품습. 만파(蠻破·變風). ②분화물·예술에 대한 파괴적인 경향. 또, 그 행위. 만행(蠻行). [문. 반월문.
반:−달−문(半—門)〖명〗 위가 반달 모양으로 둥글게 생긴
반달−족(Vandal 族)〖명〗〈역사〉 민족 대이동기의 게르만인의 한 부족.
반:−달−형(半—形)〖명〗〖동〗 반월형(半月形).
반:−담(半—)〖명〗 낮게 쌓은 담.
반:−담(半曇)〖명〗 날씨가 반쯤 흐림. partly cloudy
반:−당(反黨)〖명〗 ①반역을 꾀하는 무리. traitors ②당의 취지에 위반·반대함. treachery to the party
반:대(反對)〖명〗 ①어떤 사물과 대립·역(逆)의 관계에 있는 일. opposition ②남의 의견을 찬성하지 않고 뒤집어 거스름. ¶~ 세력(勢力). 《대》찬성(現象). 《대》찬성(贊成). objection 하다
반대(胖大)〖명〗 살이 많이 쪄서 몸집이 비대함. 하다
반:대 간섭(反對干涉)〖명〗 타국의 불법한 간섭을 배제하기 위하여 행하는 간섭.
반:대 개:념(反對概念)〖명〗〈논리〉 상호의 관계에서 대(大)와 소(小), 미(美)와 추(醜) 따위와 같이 서로

반:대 계:약(反對契約)〖법률〗기존의 계약 당사자가 계약을 체결하지 않았던 것과 동일한 효과를 발생하게 하는 내용으로 하여 체결하는 새로운 계약. 해제(解除) 계약.

반:대 급부(反對給付)〖법률〗쌍무 계약(雙務契約)에 있어서 일방(一方)의 당사자에 대하여 타방(他方)이 하는 급부. counter-presentation

반대기[명] 밀가루 반죽이나 삶은 푸성귀 등을 편편하고 둥글넓적하게 만든 조각.

반:대 대:당(反對對當)〖논리〗대당 관계의 하나. 두 판단이 같이 진(眞)일 수는 없지만, 같이 위(僞)일 수는 있는 판단. contrariety

반:대론(反對論)[명] 반대되는 이론. 반대하는 이론. antagonism

반:대말(反對—)〖동〗반대어(反對語).

반:대 명사(反對名辭)〖논리〗반대 개념의 언어적 표현. opposite words

반:대 무:역풍(反對貿易風)〖지학〗적도 부근에서 열을 받아 올라간 공기가 남북 양극을 향해서 흐르는 상층의 바람. 지구의 자전 때문에 하층의 무역풍과는 반대의 방향이 됨. antitrade wind

반:대색(反對色)[명] 서로 보색이 되는 빛깔. 청(靑)과 등(橙), 자(紫)와 황(黃), 적(赤)과 녹(綠) 따위. opponent colour

반:대:설(反對說)[명] ① 반대의 뜻을 나타내는 말. objection ② 반대되는 학설. opposite view

반:대 신:문(反對訊問)〖법률〗증인 신문에서, 증인 신청을 한 당사자가 먼저 신문한 다음 그 상대방 당사자가 하는 신문. crossexamination

반:대어(反對語)[명] 서로 뜻이 반대가 되는 말. 반대말. (대) 동의어(同意語). opposite words

반:대 운:동(反對運動)[명] 언론·행동·계획·제도 등에 반대하기 위하여 일으키는 운동. counter-movement 하[자]

반대좀〖곤충〗반대 종류의 곤충. 몸 길이 12 mm 내외로 온몸이 암회색의 인편(鱗片)으로 덮이고 은백색의 광택이 남. 특히 가옥 안에 많이 살고 있는 곳에 살며 서적·지류(紙類)·의류(衣類)를 해침. (위)좀. ┌side

반:대-쪽(反對—)[명] 반대되는 방향이나 편. opposite

반:대 투표(反對投票)[명] 내건 안건이나 입후보자를 반대하여 하는 투표. negative vote 하[자] ┌party

반:대-파(反對派)[명] 반대되는 처지에 있는 파. opposite

반더포겔(Wandervogel 도)[명] ① 철새. ② 집단으로 보 여행하는 운동. 또, 그 집단.

반:도(半島)[명] 〖지리〗삼면이 바다로 둘러싸인 땅. ¶ 한(韓)~. peninsula

반:도(半途)[명] ① 어떤 거리의 반쯤되는 길. midway ② 이루지 못한 일의 중간. 중도(中途). ┌rebels

반:도(叛徒)[명] 반역의 무리. 반란을 꾀하는 무리.

반도(蟠桃)[명] 삼천 년 만에 한 번씩 열린다는 선도(仙桃).

·반·도[고] 개똥벌레.

반:도-국(半島國)[명] 영토가 바다로 길게 나와 삼면이 바다로 둘러싸인 국가.

반도네온(Bandoneon 도)[명] 〖음악〗아르헨티나 탱고에 사용되는 아코디온과 비슷한 악기.

반:도 단체(叛徒團體)[명] 〖정치〗한 국가 안에서, 정부를 타도하거나 또는 본국에서 분리하려고 정부와 투쟁하는 인민의 단체. insurgent group

반:도-미(半搗米)[명] 속겨에 포함된 양분을 보존하고 반쯤만 찧은 쌀. half-polished rice

반도-반(蟠桃飯)[명] 반쯤 끓인 쌀에 산복숭아[山桃]를 삶아 걸려 넣고 지은 밥.

반:도 반:자(半陶半瓷)[명] 〖동〗반자기(半瓷器). 하[관]

반:도-이폐(半途而廢)[명] 〖동〗중도이폐(中途而廢).

반:도-체(半導體)[명] 〖물리〗저온에서는 전류가 거의 전도되지 않으나, 고온일수록 전기 전도도가 높아지는 도체(導體)와 절연체의 중간 성질을 갖는 물질. 실리콘·게르마늄 등. 트랜지스터·광전기 등에 응용됨. semi-conductor

반:도:체 소자(半導體素子)〖물리〗반도체를 사용한 전자 회로 소자. 정류기·트랜지스터·발광(發光) 소자·광전 변환(光電變換) 소자 따위가 있음.

반:도:체 정:류기(半導體整流器)〖물리〗반도체를 이용하여 정류 작용을 하게 만든 장치.

반:도:체 증폭기(半導體增幅器)〖물리〗반도체를 이용하여 전류의 진폭(振幅)의 힘을 더 높이는 장치.

반:독립(半獨立)[명] ① 얼마쯤은 남에게 도움을 받고 있는 독립. semi-independence ② 〖정치〗독립권을 온전히 행사하지 못하고 외국의 간섭을 받고 있는 상태.

반:독립-국(半獨立國)[명] (명) 일부 보호국.

반:동(反動)[명] ① 어떠한 동작에 대하여 그 반대로 일어나는 동작. ¶ ~ 세력(勢力). reaction ② 〖물리〗한 번 일어난 세력이 그 반대 방향으로 미치는 작용. 반작용(反作用). ③ 역사의 조류에 역행하여 진보적인 운동에 반대하는 보수적인 운동. ¶ ~적 경향. 하[관] 〖物〗= 동철광(銅鑛)의 황(黃)

반:동=광(斑銅鑛)[명] = 황동(銅鑛)의 황화(黃化).

반:동-력(反動力)[명] ① 반동으로 일어나는 힘. ② 반동하는 힘. reaction

반:동 사상(反動思想)[명] 역사적 조류에 역행하여 사회의 진보·발달을 방해하는 사상. reactionism

반:동-심(反動心)[명] 반동하는 마음.

반:동-적(反動的)[관] 역사의 조류(潮流)에 역행(逆行)하여, 진보(進步)를 저지(沮止)하려는 경향을 띤(것). reactionary

반:동 정당(反動政黨)〖정치〗① 진보적인 성격의 정당에 반대하는 보수적 정당. reactionary party ② 현실에 만족하지 않고 미래에 희망을 두지 않는 정당의 한 유형.

반:동-주의(反動主義)[명] 역사의 조류에 역행하여 진보적인 사회 사상을 폭력적으로 반대하려는 극단적인 보수주의. reactionism

반되[명] 〖고〗반다.

·반되·불[명] 〖고〗반딧불.

반두[명] 두 끝에 막대기를 대어 물고기를 몰아 잡도록 된 그물. 조망(罩網). scoop-net ┌맡은 사람.

반두(班頭)[명] 〖불교〗큰 불사(佛事)에서 밥짓는 일을

반:-두부(半豆腐)[명] 반두부.

반둥-거리-다[자] 일은 하지 않고 빤빤스럽게 게으름만 부리다. (큰) 번둥거리다. (센) 빤둥거리다. idle one's time away 반둥-반둥[부]

반둥-건둥[부] 일을 마치지 못하고 그만두는 모양. half

반듯[명] 〖고〗반드시. 기필코. ┌way 하[자]

반드럽-다[보] ① 윤기가 나고 매끄럽다. glossy ② 사람됨이 약빠르고 어수룩한 맛이 없다. (큰) 번드럽다. (센) 빤드럽다. shrewd

반드레-하다[보] 실속 없이 겉모양만 반드르르하다. (큰) 번드레하다. (센) 빤드레하다.

반드르르-하다[보] 윤기가 있고 매끄러운 모양. (큰) 번드르르-하다. (센) 빤드르르①. smoothly 하[관]

반드시[부] 꼭. 틀림없이. 필연코. without fail

반득[부] 작은 것의 거죽이나 바닥이 햇빛에 순간적으로 닿아 빛을 세게 나타내는 모양. (큰) 번득. (센) 반득. 빤득. flickering 하[자]

반득-거리-다[자] 반득이다. 자주 반득이다. (큰) 번득거리다. (센) 빤득거리다. 빤득거리다. 반득-반득[부]

반득-이-다[자] 물체가 빛의 반사를 받아 순간적으로 작은 빛을 나타내다. 또, 그렇게 되게 하다. (큰) 번득이다. (센) 빤득이다. 빤득이다.

반들-거리-다[자] ① 윤이 나며 매끄럽게 되다. be smooth ② 어수룩한 맛이 없이 약게 굴다. be shrewd ③ 이런 저런 핑계하여 그으로 놀기만 하다. 반들거리다. (큰) 빤들거리다. idle 반들-반들[부] 하[관]

반듯-반듯[부] 여럿이 모두 반듯한 모양. (큰) 번듯번듯. (센) 빤듯빤듯². 하[관]

반듯하다 [반드타] 〖어둠〗 ①어디가 비뚤어지거나 기울어나 하지 않고 바르다. straight ②아무 흠절이 없다. ¶반듯한 양반. perfect ③생김새가 반반하다. 얼굴이 ~. 〖큰〗 번듯하다. 〖센〗 반뜻하다. fine **반듯=이** [―] 〖어둠〗 반듯하게.

반=등(反騰) 〖어둠〗 내렸던 시세가 갑자기 올라감. 〖대〗 반락(反落). reactionary rise 하다

반등(攀登) 〖어둠〗 기어오름. 등반(登攀). climbing 하다

반디 〖어둠〗 개똥벌레.

반딧-불 〖어둠〗 개똥벌레의 꽁무니에서 반짝이는 인(燐)의 불빛. 형광(螢光). 형화(螢火). glow of a firefly

반딧불-나방 〖어둠〗 〈곤충〉 알락나방과의 나비의 하나. 날개 길이 55 mm 내외, 몸 길이는 17∼19 mm 가량으로 머리와 앞은 빛, 날개는 대체로 흑색임. 성충은 날아다니는데 잡으면 악취가 남.

반딧불로 별을 대적하랴 아무리 억척을 부려도 불가능한 일은 이루지 못한다.

반=땀침(半―) 〖어둠〗 반박음질.

반뜩 〖어둠〗 〈센〗 반득.

반뜩=거리-다 〖어둠〗 〈센〗 반득거리다.

반뜩=이-다 〖어둠〗 〈센〗 반득이다.

반뜻 〖어둠〗 빛이 갑자기 나타났다가 곧 없어지는 모양. 〈큰〗 번뜻. in a flash

반뜻-반뜻 〖어둠〗 연해 반뜻 나타났다 반뜻 없어지는 모양. 〈큰〗 번뜻번뜻. 하다

반뜻=하-다 〖어둠〗 〈어둠〗 → 반듯하다.

반-라(半裸) 〖어둠〗 → 반나체(半裸體).

반=락(反落) 〖어둠〗 올랐던 시세가 갑자기 떨어짐. 〖유〗 하락(下落). 〖대〗 반등(反騰). reactionary fall 하다

반락(飯樂) 〖어둠〗 잘 놀면서 즐김. 하다

반=란(叛亂・反亂) 〖어둠〗 배반하여 난리를 일으킴. 또, 그 난리. revolt 하다

반란(斑爛) 〖어둠〗 ①여러 빛깔이 섞이어 얼룩덜룩하게 빛남. ②천연두가 부르터 곪아 터져서 문드러짐. 하다

반=란-군(叛亂軍) 〖어둠〗 반란을 일으킨 군대. 반군.

반=란-죄(―죄) [―쬐] (叛亂罪) 〖법률〗 정권 타도를 목적으로 조직적인 폭력 활동을 한 죄. crime of insurrection (mutiny) 〔treachery

반=려(反戾・叛戾) 〖어둠〗 배반하여 돌아섬. 또는 어긋남.

반=려(伴侶) 〖어둠〗 짝이 되는 동무. companion

반=려(返戾) 〖어둠〗 반환(返還)①. 하다

반려-암(斑糲岩) 〖어둠〗 〈광물〉 심성암(深成岩)의 하나. 사장석(斜長石)과 휘석(輝石) 또는 감람석(橄欖石)으로 되어 검은 암석.

반=려-자(伴侶者) 〖어둠〗 ①반려가 되는 사람. 짝이 되는 사람. companion ②아내. 〖인생의 ~. wife

반력(頒曆) 〖어둠〗 〈제도〉 임금이 책력을 반포함.

반령 착수(盤領窄袖) 〖어둠〗 폭이 좁은 소매에 둥근 깃을 단 옷.

반=례(返禮) 〖어둠〗 회례(回禮). 하다 〔단 옷.

반=로(返路) 〖어둠〗 돌아오는 길. 회로(回路). way back

반로(畔路) 〖어둠〗 논두렁 길. footpath in rice-fields

반록(頒祿) 〖어둠〗 〈제도〉 임금이 녹봉을 내려서 돌아 줌. 하다

반=론(反論) 〖어둠〗 ①남의 논설이나 비난에 대하여 반박함. 또, 그 논설. refutation ②애초에 따르던 색론(色論)을 배반하고 다른 색론을 좇음. turn 하다

반료(頒料) 〖어둠〗 〈제도〉 나라에서 매달 주던 요(料)를 나누어 주는 일. 방료(放料). 하다

반룡(蟠龍) 〖어둠〗 땅에 서려 있어 아직 승천하지 않은 용. dragon lying in a coil

반룡(攀龍) 〖어둠〗 세력 있는 사람의 도움으로 출세하는 일.

반룡 부:봉(攀龍附鳳) 〖어둠〗 세력 있는 사람을 좇아서 공명(功名)을 세움.

반=륜(半輪) 〖어둠〗 둥근 형상의 반쪽. semi-circle

반:리(反理) 〖어둠〗 〈어둠〗 배리(背理).

반:립(反立) 〖어둠〗 반(反).

반립(飯粒) 〖어둠〗 〈어둠〗 밥알.

반립 강정(飯粒―) 〖어둠〗 〈어둠〗 밥풀 강정.

반립(斑笠) 〖어둠〗 얼룩무늬가 있는 갓. zebra 〔하나.

반:마=상치(半馬上―) 〖어둠〗 옛날 사냥꾼이 신던 가죽신의

반:=만년(半萬年) 〖어둠〗 만년의 반. 곧, 오천 년. ¶ ~ 역사.

반:만성(半蔓性) 〖어둠〗 〈식물〉 식물의 줄기가 꿋꿋하지 못하여 거의 덩굴처럼 되는 성질.

반만 있(고) 반만큼. 반쯤.

반:=말(半―) 〖어둠〗 ①존대도 하대도 아닌 어름어름 넘기는 말투. ②손아랫 사람에게 하듯 낮추어 하는 말. speaking impolitely 하다

반:말-지거리 [―찌―] (半――) 〖어둠〗 반말로 함부로 지껄이는 일. 또, 그 말투. insolent speech 하다

반:말=하-다(半―) 〖어둠〗 반말의 말씨를 써서 말하다.

반맥(班脈) 〖어둠〗 양반의 계통. 또, 그 자손. noble family line 〔구는. one-eyed person

반:=맹(半盲) 〖어둠〗 한 눈이 안 보임. 또, 그런 사람. 애

반:=맹-증 [―쯩] (半盲症) 〖어둠〗 〈의학〉 시야의 반만 보이지 않게 되는 병증. 〔종이를 붙여 만든 면.

반:=머리동이(半――) 〖어둠〗 위쪽으로 넓이가 조붓하게 색

반:=면(反面) 〖어둠〗 반대되는 면. opposite side 〖대〗 다른 면으로 보아서. other hand 〔하다

반:=면(半面) 〖어둠〗 어디를 갔다가 돌아와서 어버이를 뵘.

반:=면(半面) 〖어둠〗 ①전면(全面)의 반. one side ②얼굴의 좌우 어느 한 쪽. profile

반면(盤面) 〖어둠〗 ①바둑판이나 장기판의 겉면. ②바둑이나 장기의 형세. 국면(局面). 〔의 그림.

반=면 미:인(半面美人) 〖어둠〗 측면에서 한쪽만 그린 미인

반:=면-식(半面識) 〖어둠〗 ①잠깐 만난 일이 있는데도 얼굴을 기억하는 처지. ②조금 아는 처지. ¶그와는 ~이 있다. 〔앓는 신경통. 〖약〗 반면통(半面痛).

반:면 신경통(半面神經痛) 〖어둠〗 〈의학〉 얼굴의 반쪽만

반:=면지-분(半面之分) 〖어둠〗 교제가 아직 두텁지 못한 사이. 일면지분(一面之分)도 못 되는 교분(交分). casual acquaintance

반:=면-통(半面痛) 〖어둠〗 〈약〉 → 반면 신경통(半面神經痛).

반:=명(反命・返命) 〖어둠〗 〈어둠〗 복명(復命). 하다

반명(班名) 〖어둠〗 ①양반이라 일컫는 이름(名). title of nobility ②반의 이름. 일반(一班)・과학반 등.

반:=모(反毛) 〖어둠〗 모직물이나 털실의 지스러기를 처리하여 원모(原毛)의 상태로 만든 제품(再製品).

반모(斑貓・盤螯) 〖어둠〗 〈어둠〗 가뢰.

반:=모음(半母音) 〖어학〗 모음의 성질을 가지나, 모음에 비하여 자음적 요소가 많은 소리. 단독으로 음절을 만들지 않고 대개 모음에 선행함. 한국어 'ㅑ・ㅠ・ㅛ'의 첫머리에서 나는 'ㅣ', 'ㅘ・ㅝ'의 첫머리에서 나는 'ㅗ・ㅜ', 영어의 'w・y' 같은 소리. 반홀소리. semivowel

반:목(反目) 〖어둠〗 서로 못 사귀어 미워함. hostility 하다

반:목 질시 [―씨] (反目嫉視) 〖어둠〗 서로 미워하고 질투하는 눈으로 봄. 하다 〔는 말.

반:묘(斑貓) 〖어둠〗 〈한의〉 '가뢰'를 한방(漢方)에서 부르

반:=무(反武) 〖어둠〗 〈제도〉 여러 대 무반(武班)을 하던 집안이 문반(文班)으로 변하였다가, 그 자손이 다시 무반으로 돌아가는 일. 하다

반:=문(反問) 〖어둠〗 질문에 답하지 않고 되받아서 물음. counter-question 하다

반:=문(半文) 〖어둠〗 옛날 돈 일문(一文)의 반. 〔speckle

반문(斑文・斑紋) 〖어둠〗 얼룩얼룩한 무늬. 아롱진 무늬.

반문(盤問) 〖어둠〗 자세히 캐물어서 조사함. 반핵(盤覈) 하다 〔colour

반:=물 〖어둠〗 검은 빛에 검붉은 남색. 반물빛. deep blue

반:=물질 [―찔] (反物質) 〖물리〗 전자・양자・중성자로 이루어진 실재의 물질에 대하여, 그 반입자(反粒子)인 양전자・반양자・반중성자로 이루어진 물질. 이론적일 뿐, 실재(實在)는 아직 확인되지 않았음. antimatter 〔dyer's

반:=물집 [―찝] 〖어둠〗 삯을 받고서 반물을 들여 주는 집.

반:미(反美) 〖어둠〗 미국에 반대하는 일. ¶ ~ 사상. anti-

반미(飯米) 〖어둠〗 〈어둠〗 밥쌀. 〔American

반:미=개(半未開) 〖어둠〗 〈사회〉 인류의 사회 발전에 있어 미개와 문명과의 과도적 단계. semi-barbarism

반미 농가(飯米農家) 〖어둠〗 자기 집에서 먹을 정도의 농

사를 짓는 소동.
반:미치광이(半—)圓 반쯤 미친 사람. 말이나 하는 짓이 비정상적이고 실없는 사람을 욕으로 이르는 말. half crazed person
반미=콩(飯米—)圓 →밥밑콩.
반:민(反民)圓 ①반미족. ②〈약〉→반민주.
반:민(叛民)圓 반역한 사람들. 정부를 배반하여 반란을 일으킨 백성들. traitors 「反民)①.
반:민족(反民族)圓 민족에 반역되는 일. 〈약〉반민
반:민주(反民主)圓 민주주의에 반대하는 일. 또, 반대되는 일. 〈약〉반민(反民)②. antidemocracy
반바닥圓 활 쏠 때에 엄지손가락이 박힌 뿌리를 가리키는 바닥. base of the thumb
반:박(反駁)圓 남의 의견이나 글에 대하여 논박함. 또, 남에게서 받은 비난 공격에 대하여 도리어 논란함. 《대》공명(共鳴). confutation 하타
반:박(半拍)圓〈음악〉반 박자.
반:박(半泊)圓 저녁부터 밤중까지 또는 밤중부터 새벽까지 여관에서 숙박함.
반박(斑駁)圓 ①여러 빛깔이 뒤섞여 아롱짐. mottle ②여러 가지가 뒤섞어 서로 같지 않음. mixedness
반:박음질(半—)圓 박음질의 하나. 바로 전에 바느질이던 구멍과 바늘 빼낸 구멍의 중간에 바늘을 들이밀어서 앞으로 한 땀을 드러내 둠. 박달짐.
반박지:탄(班駁之嘆)圓 편파적이고 불공평한 처사에 대한 한탄.
반:반(半半)圓 ①〈약〉→반의반. ②똑같이 가른 반과 반. half and half 固 반씩 ¶설탕과 소금을 ∼ 섞다.
반반(班班)圓 각 반.
반반=가:고(班班可考)圓 일의 분명함. 근거가 명백함.
반반=이(班班—)圓 각 반마다. [clear evidence 하영
반반하:다(班班—)圓 ①구김살이나 울퉁불퉁한 메가 없이 반듯하다. even ②생김새가 얌전하거나 이쁘장하다. ¶얼굴이 반반한 여자. handsome ③넉넉가 상당하다. ¶반반한 집안. 〈큰〉번번하다. decent 반-히뭐 「②반항하여 받아들이지 아니함. 하타
반:발(反撥)圓 ①되받아서 튕김. ¶∼심(心). repulsion
반발(班髮·斑髮)圓 반백(斑白)의 머리털. grey hair
반:발 계:수(反撥係數)〈물리〉두 물체가 충돌하여 반발할 때, 충돌 전의 속도와 충돌 후의 속도와의 비. 반발률. coefficient of restitution
반:발력(反撥力)圓 반발하는 힘. repelling power
반:발률(反撥率)圓〈동〉반발 계수. 「(宵牢)②.
반:발(半宵)圓 하루밤의 절반. 반야(半夜)②. 반소
반방(頒錄)圓〈제도〉녹봉(錄綠)과 방료(放料). 반강
반:방(半方)圓 장방형으로 된 벽돌. 「(頒降).
반:방(頒方敕)圓 장방형으로 된 벽돌. 「(頒降).
반:방:학(半放學)圓 학교에서 정식 방학 전에, 오전에만 수업하는 일. half-day vacation 하타
반:배부르다(半—)圓圓〈트〉반쯤 배가 부르다.
반:백(半白)圓 ①현미가 반쯤 쉬인 백미(白米). half polished rice ②비슷하게 검은 것이 서로 반씩 섞임. 반백(斑白). grey hair 「of age
반:백(半百)圓 백 살의 절반. 곧, 쉰 살. fifty years
반백(斑白)圓 흑백이 섞인 머리털. 반백(半白)②.
반벌(班閥)圓 양반의 문벌. noble lineage
반:벙어리(半—)圓 말을 더듬어서 알아듣기 어렵게 하는 사람. stammerer
반벙어리 축문 읽듯圓 가뜩이나 어려운 축문을 반벙어리가 읽듯, 떠듬떠듬 또는 어물어물 입안에서 웅 물거리는 모양. 「감의 무명. 반포(斑布).
반:베(班—)圓 쌀물빛의 실과 흰 실을 섞어서 짠 수건
반:벽(返璧)圓 ①남에게서 빌린 물건을 도로 돌려보냄. return ②선사품을 받지 않고 돌려보냄. 하타
반:별(班別)圓 반의 구별.
반병=두리圓 놋쇠로 둥글고 바닥이 평평하게 만든 국그릇의 일종. brass bowl
반:병:신(半病身)圓 ①몸이 완전하지 못한 사람. slightly deformed person ②〈동〉반편이.
반:보(半步)圓〈동〉반걸음.
반:보-다(牛—)圓타 중부 이남 지방의 풍속으로, 시집간 부인들끼리 만나려 할 때 두 집 사이 거리의 반 되는 지점에서 만나보다. meet half way
반:복(反復)圓 되풀이함. 되풀이됨. repetition 하타
반:복(反覆)圓 ①언행을 이랬다 저랬다하는 연고 침. inconstancy ②생각을 엎치락뒤치락함. fickleness 하타
반:복(叛服)圓 반역과 복종. treason and obedience
반:복 기호(反復記號)〈음악〉'도돌이표'의 한자 이름. 반시 기호(反始記號). sign of repetition
반:복 무상(反覆無常)圓 언행이 이랬다 저랬다하여 일정하지 않음. 하영
반:복 무상(叛服無常)圓 배반했다 복종했다 하여 그 태도가 늘 일정하지 않음. 하영
반:복=법(反復法)圓〈문법〉동일한 말을 거듭하여 어감(語感)이나 뜻을 강조하고 운율을 맞추는 수사법. '방방 곡곡(坊坊曲曲)·일배 일배 부일배(一杯一杯復一杯)' 같은 것.
반:복=설(反復說)圓〈생물〉개체 발생은 계통(系統) 발생을 단축한 모양으로 되풀이한다는 설(說).
반:복 소:인(反覆小人)圓 늘 언행이 이랬다 저랬다하여 그 속을 헤아릴 수가 없는 변변치 못한 사람. changeable man 「가의 중간 형상의 망건.
반:복자(半卜子)圓 생긴 모양이 복(卜)자와 일(一)
반:봇짐(半褓—)圓 봇짐의 반만한 것. 손에 들고 다닐 만한 봇짐. bundle
반:봉(半封)圓 뼛목에나 썰매로 다닐 수 없는 해빙기나 결빙기의 과도 기간. being half blocked
반:봉건(牛封建)圓〈사회〉사회 정치 제도나 의식 속에 아직 남아 있는 봉건적 상태. semi-feudalism
반:부(返附)圓 도로 돌려보냄. 하타
반부(班附)圓 대를 이을 아들이 없는 사람의 신주를 조상의 사당에 같이 모시는 일. 하타
반:부담(半—)圓 말이 조금 거칠게 닫는 일.
반:분(半分)圓 ①절반으로 나눔. dividing into halves ②절반의 분량. half 하타
반:불(半—)圓 촉광을 낮추어 켜는 자동차의 전조등 (前照燈). half light
반:불경이(半—)圓 ①빛깔과 맛이 제법 좋은 중질의 살담배. reddish tobacco ②반쯤 익은 붉그레한 고추. half-red pepper
반:비(反比)圓〈수학〉앞의 비의 전항과 후항을 바꾸어 놓은 비. A：B의 대한 B：A 따위. 역비(逆比). 《대》정비(正比). reciprocal ratio
반:비(頒批)圓 상경(上典)을 배반한 계집종.
반:비(飯婢)圓 밥짓는 일을 맡아보는 계집종.
반:비(盤費)圓〈동〉노자(路資).
반:비=례(反比例)圓〈수학〉어떤 양이 다른 양의 역수에 비례되는 관계. 역비례(逆比例). 《대》정(正) 비례. inverse proportion 하타 「sloped
반:비얄-지-다(半—)圓 땅이 약간 비발지다. gently
반빗(飯—)圓 반찬 만드는 일을 맡아보는 계집 하인. 찬모. maidservant 「주방. 부엌. kitchen
반빗=간(飯—間)圓 음식을 만드는 곳. 찬간(饌間).
반빗=아치[—빋—](飯—)圓 반빗 노릇을 하는 사람. 찬비(饌婢). cook 「르는 말.
반빗=하님(飯—)圓 하인끼리 '반빗'을 조금 높여 부
반:빙(半氷)圓 ①반쯤 얼어 붙음. 또, 그 얼음. half frozen ice ②반취(半醉).
반빙(頒氷)圓〈제도〉나라에서 여름철에 관리에게 얼음을 나눠 주던 일. 또, 그 얼음. 하타
반:사(反射)圓〈물리〉①파동이 어떤 매질(媒質)에서 다른 물질을 향하여 나가가다가 경계면에서 방향을 바꾸어 도로 처음 매질로 돌아오는 작용. reflection ②〈심리〉의지(意志)와는 관계없이 자극에 대하여 일어나는 반응. 직사(直射). 《대》직사(直射).
반:사(半死)圓〈동〉반죽음. 하타
반사(班師)圓〈군사〉군사를 이끌고 돌아옴. ②〈기〉주일 학교의 선생을 일컫는 말. 하타

반:사(頒賜)[명] 임금이 신하에게 물건을 내려서 돌라 줌. imperial gift 하다

반:사각(反射角)[명] 〈물리〉 법선(法線)과 반사선(反 射線)이 이루는 각. angle of reflection

반:사경(反射鏡)[명] 〈물리〉 광선을 받아서 맞은편으로 반사하는 거울. reflex mirror

반:사광(反射光)[명] 〖약〗→반사 광선.

반:사 광선(反射光線)[명] 〈물리〉 물체의 표면에 부딪 친 투사(投射) 광선이 반사하여 처음의 매질내(媒質內)를 향하여 진행하는 광선. 〖약〗반사선. 반사광. reflected ray

반:사 광학(反射光學)[명] 〈물리〉 빛의 반사 현상을 연구 대상으로 하는 광학의 한 분야. catoptrics

반:사능(反射能)[명] 〈물리〉 빛이 물체의 표면에 수직으로 입사(入射)할 때에 반사 에너지의 입사 에너지에 대한 비율. 완전 흑체(黑體)는 모든 복사(輻射)를 흡수하므로 반사능이 영(零)임. reflective power

반:사등(反射燈)[명] 반사경의 초점에 등화를 두어 빛을 한 쪽으로 집중시켜 비추는 장치의 등. reflectoscope

반:사로(反射爐)[명] 〈물리〉 석탄을 태워 생기는 산화염(酸化炎)을 불어 올려서 천장을 가열하여 그 반사 열로써 원료를 녹이는 용광로. reverberatory furnace

반:사 망:원경(反射望遠鏡)[명] 〈물리〉 대물(對物) 렌즈 대신에 요면(凹面) 반사경을 써서 물체에서 오는 빛을 여기서 반사시켜 접안경(接眼鏡)으로 확대하게 되어 있는 망원경. 천체 관측용임. reflection telescope

반:사 방지막(反射防止膜)[명] 카메라나 광학 기계의 렌즈 표면에 입힌 얇은 막(膜). 입사광의 반사를 막으며 투과 광량(透過光量)을 증가시킴.

반:사선(反射線)[명] 〖약〗→반사 광선(反射光線).

반:사=시(反射時)[명] 외적 자극이 가해진 후 실제로 반사가 일어날 때까지 걸리는 시간.

반:사열(反射熱)[명] 〈물리〉 볕 또는 불에 단 물체에서 내보는 열. reflected heat

반:사 운:동(反射運動)[명] 〈생물〉 반사 기능(反射機能)에 의한 무의식의 운동. reflex movement

반:사율(反射率)[명] 입사(入射) 에너지에 대한 반사 에너지의 비율. reflexibility

반:사의 법칙(反射一法則)[명] 〈물리〉 파동이 반사할 때 이루어지는 법칙. 반사 광선은 입사면내에 있고 반사각과 입사각은 같음. law of reflexion

반:사 작용(反射作用)[명] ①〈심리〉 심리상으로 반사 운동이 일어나는 작용. reflex action ②〈물리〉 파동(波動)이 반사되는 작용.

빈:사=재(反射材)[명] 노(爐) 안에서 핵분열에 의하여 생성된 중성자가 유효히 쓰이게 하기 위하여, 중성자를 흡수함이 적은 산란 단면적(散亂斷面積)이 큰 물질의 벽으로 노심(爐心)을 싸고 중성자의 손실을 막는 데 쓰이는 용재. 산화베릴륨 따위가 쓰임.

반:사적(反射的)[관] 어떤 자극으로 순간적으로 반응하여 무의식으로 하는(것).

반:사체(反射體)[명] ①반사하는 물체. ②〈물리〉 원자로 안에서 노심(爐心)을 둘러싸고 있어, 노심으로부터 튀어나가는 중성자를 반사하여 되돌아오게 하는 물질. 흑연·베릴륨·중수(重水) 따위.

반:사 측각기(反射測角器)[명] 〈물리〉 반사의 법칙을 응용하여 결정면(結晶面)의 반사 각도를 이용하여 결정체의 면각(面角)을 재는 데 쓰는 기구. reflection goniometer

반:-사:회적(反社會的)[관] 되는(것). anti-social

반:사:회적(反社會的)[관] 사회의 진보 발전에 반대.

반:사:회적 행동(反社會的行動)[명] 도박이나 가첩제의 매매 등 비합법적인 직업에 종사하여 사회적 규약의 위배를 공공연히 행하는 행동.

반:사:회 집단(反社會集團)[명] 공공 사회 질서에 반하여, 사회의 단층(斷層)에 발생하는 병리적 집단. anti-social institution

반:삭(半朔)[명] 반달①.

반:산(半産)[명] 〈한의〉 한의학에서 '유산(流産)'이나 '낙태(落胎)'를 이르는 말. 소산(小産). 하다

반살미[명] 갓 혼인한 신랑이나 신부를 일가집에서 초대하는 일. [-ness 하다]

반:상(反想)[명] 멋멋한 이치에 어긋남. unreasonable

반:상(反想)[명] 반대로 생각해 봄. 돌려 생각하다. 하다

반:상(返喪)[명] 반구(返柩). 하다

반상(班常)[명] 양반과 상사람. paying back 하다

반상(班常)[명] 양반과 상사람. noble and mean

반상(飯床)[명] 〖약〗→반상기.

반상 계급(班常階級)[명] 양반과 상사람의 사회적 계급.

반상-기(飯床器)[명] 밥상 하나를 차리게 만든 한 벌의 그릇. 반상기(飯床). set of dishes for a table

반:상 낙마(半上落馬)[명] 시초에는 정성껏 하다가 중도에 중지하여 이루지 못함. 하다

반:상 낙하(半上半下)[명] 어느 쪽에도 붙지 않고 태도나 성질이 모호함. 하다

반상 적서(班常嫡庶)[명] 양반과 상사람 및 적자와 서자. 조선조 특유의 계급 의식을 나타내는 말.

반색(斑色)[명] 어룽진 빛갈.

반:색-하다[자여] 몹시 반가워하다. be glad of

반:생(半生)[명] ①반 평생. 한 평생의 절반. half a lifetime ②거의 죽은 상태.

반:생 반:사(半生半死)[명] 거의 죽게 되어 생사의 분간을 할 수 없는 지경에 이름. more dead than alive 하다

반:생 반:숙(半生半熟)[명] 반쯤은 설고 반쯤은 익는다는 뜻으로, 어떤 기예에 아직 숙달하지 못하다는 비유. half done 하다

반:서(反噬)[명] ①은혜를 베풀어 준 사람을 도리어 해침. 은혜를 원수로 갚음. ②가축이 주인을 해침. 하다

반:서(返書)[명] 반신(返信).

반석(盤石·磐石)[명] ①넓고 편편한 큰 돌. 너럭바위. 반암(磐岩). huge rock ②아주 안전하고 견고함. ¶~ 같은 기반(基盤).

반:선(頒膳)[명] 〈제도〉 임금이 신하에게 부채를 내려서 나눠 줌. 하다 [winding 하다]

반선(盤旋)[명] 산길 같은 것이 굽어 돌아서 오르게 됨.

반:-설음(半舌音)[명] 〈어학〉 훈민 정음에서 'ㄹ'의 소리. 반혓소리. semi-dental sound

반:성(反省)[명] 자기가 한 일을 스스로 돌이켜 살핌. ¶자기 전에 하루를 ~하다. reflection 하다

반:성(半醒)[명] 술기운이나 졸음이 반쯤 깸. 《대》 반취(半醉). half-awake 하다

반:성(伴星)[명] 〈천문〉 연성(連星) 가운데서 대개 빛이 어둡고 질량이 작은 쪽의 별. 광도가 낮은. 《대》 주성(主星).

반:-성양(半成樣)[명] 사물이 반쯤 이루어짐. half finished 하다 [질량이 작은 쪽의 성운.

반:성운(伴星雲)[명] 〈천문〉 중성운(重星雲) 가운데

반:성 유전(伴性遺傳)[명] 〈생물〉 유전 인자(因子)가 성염색체(性染色體)에 있기 때문에 성별과 깊은 관계를 갖는 유전 현상. sex-linkage

반:성적 범:주(反省的範疇)[명] 〈철〉 대상(對象)을 의식(意識)에 관계시킬 때의 범주. 시칸트 학파의 빈델반트의 용어. 《대》 구성적 범주. reflective category

반:소=코:크스(半成 Koks)[명] 500~750℃의 온도로 만든 코크스. 가정용의 난방에 쓰이는데, 특히 영국에서 많이 씀.

반:세(半世)[명] 한 세상을 사는 동안의 절반. 일생 동안의 절반. 반세상. half lifetime

반:세(半歲)[명] 한 해의 반. 반 년(半年).

반:세:계(反世界)[명] 우리가 살고 있는 물질 세계와는 기본적인 물질의 구성이 거꾸로 되어 있는 세계. 반양자·반중성자·반전자 등의 반입자(反粒子)로 되어 있는 물질 세계. 반우주(反宇宙).

반:=세:기(半世紀)[명] 일 세기의 절반. 곧, 50년.

반:세:상(半世上)[명][동] 반세(半世).
반:소(反訴)[명][법률] 민사 소송에 있어서 소송의 계속(係屬) 중에, 피고가 방어 방법으로서 그 소송에 병합하여 새로이 원고를 상대로 제기하는 소송. 맞소송. cross-action
반:소(反蘇)[명] 소련에 반대하는 일. 또, 반대되는 것. ┌anti-Soviet
반:소(半宵)[명] ① 한밤중. ② 한밤의 절반. 반반. 반야 (半夜)②.
반:소(半燒)[명][燒]. half-burnt 하다
반:소(半塑)[명] 집 같은 것이 반쯤 탐. 《데》 전소(全
반:소:경(半一)[명] ① [동] 애꾸눈. ② 시력이 아주 약한 사람. ③ 글을 모르는 사람. half-blind
반:소매(半一)[명] 팔꿈치까지 오는 소매. half sleeves
반:소사(飯疏食)[명] 거칠고 반찬 없는 밥이라는 뜻으로, 안빈 낙도(安貧樂道)함을 일컬음. be contented with honest poverty 하다
반소사 음:수(飯疏食飮水)[명] 거친 밥을 먹고 맹물을 마신다는 뜻으로, 가난한 생활을 이르는 말.
반:소:설(反小說)[명][문학] 종래의 전통적 수법(傳統的手法)을 부정(否定)하는 스토리 없는 소설. anti-roman(프)
반:소:작(半小作)[명] 절반쯤은 자작(自作)을 하면서 절반쯤은 소작(小作)을 함. 또, 그렇게 하는 농사. 하다
반:속(反俗)[명] 세상의 통례적인 방식을 좇지 않음. 세상 일반의 사고(思考)나 생활 방식에 반대함.
반:송(伴送)[명] 다른 물건에 붙여서 함께 보냄. sending along with 하다
반:송(返送)[명] 도로 돌려보냄. 환송(還送). ¶편지를
반송(搬送)[명] 운반하여 보냄. conveyance 하다
반송(盤松)[명] 키가 작고 가지가 옆으로 퍼진 소나무.
반송대(搬送帶)[명] 벨트베어. ┌dwarf pine tree
반:송=사(伴送使)[명]〈제도〉중국의 사신을 호송하던 임시 벼슬.
반송식 통신 방식(搬送式通信方式)[명]〈물리〉전신·전화선·전력선에 변조한 고주파 전류를 보내어 이를 이용해서 하는 통신 방식. 《약》반송 통신.
반:송(半一)[명] 나이가 늙었거나 병이 위급하여 거의 죽게 된 사람. person half dead (from age and infirmity)
반송 전:화(搬送電話)[명] 반송파를 이용한 전화.
반송 통신(搬送通信)[명]《약》→반송식 통신 방식.
반송파(搬送波)[명]〈물리〉송신기를 저주파 신호 전류에 의하여 어떤 고주파 전류를 변조하여 발신할 때의 고주파. 전신·전화·라디오·텔레비전 등에 관해 유선·무선의 구별없이 이르는 말. carrier wave
반:수(反手)[명] ① 손바닥을 뒤집듯이 일이 매우 쉬움을 일컬음. 반장(反掌). without effort ② 뒷짐을 짐. 《동》손수.
반:수[一式](反數)[명][동] 역수(逆數).
반:수(半睡)[명]《약》→반수 반성(半醒). 「the number
반:수(半數)[명] 전수(全數)의 반. 절반이 되는 수. half
반:수(伴隨)[명] 짝이 되어 따름. accompanying 하다
반수(班首)[명] ① 수석에 있는 사람. chief ② 등짐 장수나 봇짐 장수의 우두머리. boss
반수(礬水)[명] 명반(明礬)을 녹인 물에 아교를 섞은 것. 종이나 헝겊에 일러 잉크가 번지는 것을 막는 데 쓰임. 도사(陶砂). aluminous water
반:수기앙(反受其殃)[명] 남에게 재앙을 끼치려다가 도리어 재앙을 받음. 하다
반:수둑이(半一)[명] 물건이 바싹 건조하지 못하고 반쯤만 수둑수둑하게 마른 정도. 또, 그렇게 된 물건. half-dried
반:수 반:성(半睡半醒)[명] 아주 얕은 잠을 잠. 자는 둥 마는 둥 상태. 《약》반수(半睡). doze 하다
반:수=성(半數性)[명]〈생물〉생식 세포가 체세포의 반수의 염색체를 가지고 있는 상태. 또, 그 성질. haploid
반:수성 가스[一씨](半水性 gas)[명]〈화학〉수증기와 공기를 혼합한 기체를 열(熱)한 탄소 위에 통하여 만드는 가스. hemihydrate gas
반:수 세:대(半數世代)[명]〈생물〉감수 분열에서 수정까지의 세대. 《데》배수(倍數) 세대.
반:수 염:색체(半數染色體)[명]〈생물〉감수 분열 때에 체세포의 염색체 수의 반이 된 염색체. 반수체. haploid chromosome
반:수=적(半數的)[명] 반점승과 같은(것).
반:수=주의(半獸主義)[명] ① 사람의 성적 본능을 만족시키는 주의. sensualism ②〈문학〉사람의 동물적 본능을 꾸밈없이 그리는 문예상의 주의.
반수=지(礬水紙)[명] 반수를 입힌 종이.
반:수=체(半數體)[명][동] 반수 염색체.
반:숙(半熟)[명] ① 과실이나 곡식 또는 음식물이 반쯤만 익음. 또, 반쯤 익힘. ② 웬만큼 길이 듦. half-done 하다
반:숙=란(半熟卵)[명] 폭 삶지 아니하고 흰자만 익을 정도로 살짝 삶은 달걀. half-done egg
반:숙련공(半熟練工)[명] 아직 채 숙련되지 못한 직공.
반:숙=마(半熟馬)[명] ① 웬만큼 길든 말. half-tamed horse ②〈제도〉벼슬아치가 작은 공이 있을 때에
반:순(半脣)[명] ←번순(反脣). ┌상으로 내리던 말.
반:승(半僧)[명][동] 반승 반속.
반:승(反承)[명] 달갑게 여기지 않거나 또는 마지못하여 대체로 좋겠다는 정도로 하는 승낙. 하다
반:승 반:속(半僧半俗)[명] '반은 중, 반은 속인'이라는 뜻으로, 사물이 이것도 아니고 저것도 아닌 뚜렷한 명목을 붙이기 어려울 때 쓰는 말. 반승(半僧). 비승 비속(非僧非俗).
반:시(半時)[명] 한 시간의 절반. 반시간. half an hour
반:시(半翅)[명]〈조류〉메추라기과의 새. 보통 메추라기보다 훨씬 큼. 우리 나라·일본 등지에 분포함. Perdix fanbata
반시(盤柿)[명][동] 납작감.
반:시간(半時間)[명] 한 시간의 절반. 30분.
반:시 기호(反始記號)[명]《음》반복 기호.
반:시=류(半翅類)[명]〈곤충〉곤충강(昆蟲綱)에 속하는 매미목(目). 두 쌍의 날개가 있으나 변화 또는 퇴화하는 것도 있고, 아랫입술은 바늘꼴로 변했음. 매미·진디·빈대 따위. ┌'△'의 이름.
반:시옷(半一)[명]〈어학〉훈민 정음의 자모의 하나임
반:식(伴食)[명] ① [동] 배식(陪食) ② 실권(實權)이 없이 어떤 직(職)에서 자리만 지킴. ¶ ~ 대신(大臣). 하다 ┌하고 있는 무능한 대신.
반:식 대:관(伴食大官)[명] 무위 도식으로 자리만 차지
반:식민지(半植民地)[명] 주권을 가지고 있기는 하나 제국주의의 세력에 제압되어 식민지 상태에 있는 나라. semi-colony
반식자 우환(半識者憂患)[명] 반쯤 아는 것이 근심거리를 가져옴. 곧, 아는 체하다가 일을 그르치게 됨.
반:신(半身)[명] 온몸의 절반. half the body
반:신(半信)[명] 반쯤 믿음. half in doubt 하다
반:신(返信)[명] 회답하는 통신. 회신(回信). 반서(返書). 《데》왕신(往信). reply
반:신(叛臣)[명] 모반한 신하. traitor
반:신=료[一뇨](返信料)[명] 반신하는 데 드는 우편 요금. '회신료(回信料)'의 구칭. return postage
반:신료 선납 전:보(返信料先納電報)[명] 전보를 칠 때, 자기에게 회답으로 돌아올 요금까지 미리 내고 치는 특수 전보. ┌로는 의심하는 일. 하다
반:신 반:의(半信半疑)[명] 얼마쯤 믿으면서도 한편으
반:신 반:인(半神半人)[명] 반은 신(神)이고 반은 사람이라는 뜻으로, 성 영묘(靈妙)한 사람을 이르는 말.
반:신 불수[一쑤](半身不隨)[명]〈의학〉좌우 어느 한쪽의 상지 및 하지의 운동과 지각이 마비되는 일. 또, 그러한 사람. hemiplegia
반:신=상(半身像)[명] 상반신의 사진·화상(畫像) 또는 소상(塑像). half-length portrait
반:실(半失)[명] 절반 가량 잃거나 손해 봄. losing about half 하다

반:심(反心)圈 ①할까 말까 망설이는 마음. hesitation ②진정이 아닌 마음.

반:심(叛心)圈〔동〕반의(叛意). 배심(背心).

반=심리주의(反心理主義)〔철학〕진·선·미의 가치를 논구(論究)하는 데 있어서, 이를 심리적으로 어떻게 생기는가 하는 발생을 문제로 삼는 견해에 반대하여 논리주의의 입장을 취하는 주의.

반:쌍(半雙)圈 한 쌍의 반. 쌍으로 된 것의 그 한쪽.

반:=아카데미(反 academy)圈 반학문적(反官學的) 정신으로 진취적인 학풍(學風)을 이루려는 경향. 재야정신(在野精神).

반암(斑岩)圈〔광물〕무늬끝 구조를 갖는 화성암. 석영·장석·화강 반암 등. 〔石〕.

반암(盤岩)圈 편편하게 생긴 바위. 너럭바위. 반석(盤

반:=암부(半暗部)圈〔천문〕태양의 흑점 주위의 담흑색 부분. 부분 그늘.

반:액(半額)圈 전액의 반. 원값의 반. 반값. (대) 전액(全額). half amount 〔半夜〕.

반:야(半夜)圈 한밤중. midnight ②〔동〕반밤. 반소

반야(般若=Prajñā 범)圈 ①〔불교〕대승 불교에서, 모든 법의 진실을 아는 지혜. ②무섭게 생긴 귀녀(鬼女).

반야=경(般若經)圈〔불교〕대승 경전(大乘經典)의 하나. 대승 불교의 근본 사상이 담긴 경전이므로, 반야를 설(說)한 것임. 대품 반야·소품 반야·금강 반야 등이 있음.

반야 바라밀(般若波羅蜜)圈〔불교〕지혜의 빛으로 하여 열반의 지경에 이르는 일. 여섯 바라밀의 여섯째. 〔般若 心經〕.

반야 바라밀다 심경[—따—](般若波羅蜜多心經)圈〔동〕

반야 심경(般若心經)圈〔불교〕반야 제경(般若諸經)의 정수(精髓)를 모은 262자의 짧은 경. 대승 불교의 공사상(空思想)의 본경. 반야 바라밀다 심경. (약) 심경(心經).

반야 정:관(般若正觀)圈〔불교〕①지혜와 선정(禪定). ②분별·망상을 떠난 지혜로써 잡념을 버리고 정신 통일을 한 상태.   〔말.

반야=탕(般若湯)圈〔불교〕절에서 일컫는 '술'의 변

반야=회:(般若會)圈〔불교〕승려들이 술을 마실 때에 야탕을 마시는 모임이라는 뜻으로 쓰는 변말.

반:양(半洋)圈〔동〕반양식(半洋式).

반:양식(半洋式)圈 반쯤 서양식을 본뜬 격식.

반:양자(反陽子)圈〔물리〕소립자의 하나로, 보통의 양자나 중성자에 가서 닿으면 순식간에 소멸하여서 에너지로 되는 성질을 가진 것. antiproton

반:양장(半洋裝)圈 반쯤 서양식으로 꾸민 책의 표장(表裝). semiforeign binding ②반쯤만 서양식으로 꾸민 복장. semi-western style of dress

반:어(反語)圈〔어학〕①반대의 말이 높은 뒤집어 쓰는 말. 곧, 의문형으로 말함으로써 반대로 강한 긍정의 뜻을 나타냄. '젊었을 때의 태만을 어찌 후회하지 않겠는가?' 따위. word in reverse ②반대되는 뜻으로 쓰는 말. '그것 잘됐다'를 나쁜 뜻으로 쓰는 따위. irony

반:어(半漁)圈 (약)→반어업(半漁業).

반:어법[—뻡](反語法)圈 ①〔어학〕문장의 의미를 강조하기 위하여 반어(反語)를 사용하는 수사법. rhetorical question ②상대방의 틀린 점을 깨우치기 위하여 반대의 결론에 도달하는 질문을 하여 진리로 이끄는 부분. 일종의 변증법.

반:=어업(半漁業)圈 어업만 하지 않고 다른 업도 겸하여 하는 어업. (약) 반어(反漁).

반:역(反逆·叛逆)圈 반역하여 모역(謀逆)함. ¶ ∼을 꾀하다. 민족 ∼자. treason 하困

반:역(反譯)圈 번역된 것을 다시 번역하여 본디말로 되돌림. 하困

반:역-자(反逆者·叛逆者)圈 반역한 사람. 《유》배신자(背信者). 매국노(賣國奴). traitor

반연(絆緣)圈 얽혀서 맺어지는 인연.

반연(攀緣)圈 ①기어올라감. ②의지하여 연줄로 함. 또, 그 연줄. ¶ ∼이 없이 출세하다. ③〔불교〕원인을 도와서 결과를 맺게 하는 일. ④속된 인연에 끌림. 하困

반연-경(攀緣莖)圈〔식물〕덩굴진 식물의 줄기나, 포도 덩굴·장미 덩굴·담쟁이 덩굴 따위. climbing stem

반연-성(攀緣性)圈〔식물〕포도 덩굴같이 다른 물건에 기어오르는 식물의 성질. scadent

반연 식물(攀緣植物)圈〔식물〕덩굴져서 붙은 줄기가 덩굴손 따위로 다른 물건을 감아 뻗어 올라가는 식물. 호박·수세미 따위.   〔order

반열(班列)圈 신분·등급 및 품계의 차례. 반차(班次).

반:영(反英)圈 영국에 반대하는 일. 또, 영국에 반대되는 것. anti-British

반:영(反映)圈 ①반사하여 비침. reflection ②어떤 일에 반사적으로 일어나는 영향을 드러냄. influence 하困

반:영(反影)圈 반영되는 그림자. reflected shadow

반:영(半影)圈 ①〔물리〕광원이 비교적 클 경우에 불투명체의 뒤에 생기는 그림자 내에 일부의 광선이 들어가는 부분. 반그림자. (대) 본영(本影). penumbra ②〔천문〕태양 흑점의 외측부를 이루는 흐릿한 부분.

반영(繁纓)圈 말 안장에 딸린 갖은삼거리의 하나. 안장의 양옆으로 늘어뜨리는 장식.

반:영-구[—녕—](半永久)圈 거의 영구에 가까움. ¶ ∼적인 것. semi-permanent

반:영-구 축성[—녕—](半永久築城)圈〔군사〕임시로 쓸 목적이 아니고, 그 오래 쓸 목적으로 쌓은 성(城). 반영구적 목적으로 쌓은 군용 구조물. 〔술.

반옥(飯玉)圈 쌀과 섞어서 죽은 사람의 입에 넣던 구

반:-올림(半—)圈 우수리를 생각하여 계산할 때, 끝수가 4 또는 4 이하인 경우는 0으로 하여 메어버리고 5 또는 5 이상인 경우에는 10으로 하여 윗자리에 끌어올려서 계산하는 일. 곧, 14.4 는 14로, 14.5 는 15로 하는 따위. '사사 오입(四拾五入)'은 구용어임. rounding off to the nearest integer

반:와(泮蛙)圈 '성균관 개구리'란 뜻으로, 자나깨나 책만 읽는 사람을 놀으로 이르는 말.

반완(蟠蜿)圈 서리서리 꿈틀거림. 하困

반:외(盤外)圈 ①바둑판이나 장기판 밖. ②바둑이나 장기의 내의 것. [性]이 풍부한 여자.

반요 식물(攀繞植物)圈 반연성(攀緣性)·전요성(纏繞)

반:우(返虞)圈 장사지낸 뒤에 집으로 신주(神主)를 모셔 오는 일. 반혼(返魂)?

반:-우:주(反宇宙)圈〔동〕반세계(反世界).

반운(搬運)圈 물건을 실어 나름. 운반(運搬). 하困

반:원(半圓)圈〔제도〕오늘 전쟁의 옛 은화(銀貨). 광무(光武) 9년(1905)에 썼음. old silver coin of 50 jun

반:원(半圓)圈〔수학〕원의 절반. semi-circle

반원(班員)圈 반의 구성원. member of a neighborhood squad 〔한 부분. semi-circumference

반:=원주(半圓周)圈〔수학〕원주의 지름을 둘로 나눈

반:=원형(半圓形)圈 반원으로 된 형상. semicircle

반:월(半月)圈 ①〔동〕반달①. ②한 달의 반.

반:월-간(半月刊)圈 보름마다 한 번씩 간행함. 또는, 그 출판물. ¶ ∼잡지.

반:월-문(半月門)圈〔동〕반달문.

반:월-성[—씽—](半月城)圈〔지리〕경주와 부여에 있는 반달 모양으로 된 옛 성. semi-lunar wall

반:월-창(半月窓)圈 반달 모양의 창.

반:월-판(半月瓣)圈〔생리〕심장의 동맥구(動脈孔)을 개폐하는 반달 모양의 판막. semilunar valve

반:월-형(半月形)圈 반달처럼 생긴 형상. 반달형. 반달형. semicircle

반위(班位)圈 ①등위(等位). ②〔동〕순위(順位).

반:유(泮儒)圈〔제도〕옛날에 성균관에서 유숙하면서

반:유동체(半―流動體)圀 죽 따위의 반유동체.
반:유태주의(反猶太主義)圀 인종적·종교적·경제적인 이유로 유태인을 배척·전멸시키려는 사상의 경향.
반:음(反音)圀 반절(反切)의 준말.
반:음(半音)圀 〈음악〉전음(全音)의 절반의 음정. 평균음에서는 1옥타브의 12분의 1. 반음정(半音程). 《대》전음(全音). 온음. semitone
반:음계(半音階)圀 〈음악〉12개의 반음으로 이루어진 음계. 화성적(和聲的) 반음계와 임의적(任意的) 반음계의 두 가지가 있다. chromatic scale
반:음양(半陰陽)圀 남녀추니.
반:음 음계(半音音階)圀 〈음악〉한 옥타브를 12개의 반음으로 등분한 음계. chromatic scale
반:음정(半音程)圀 〈음악〉(半音).
반:응(反應)圀 ①이 편을 배반하고 다른 편에 응함. tagonism ②〈심리〉어떤 자극에 따라 일어나는 변화의 현상. ¶ ―이 없다. response ③〈화학〉두 가지 이상의 물질 사이에 일어나는 화학 변화. reaction 하⃝.
반:응 물질(─質)[反應物質]圀 〈화학〉서로 반응하는 물질.
반:응=법(反應法)[─뻡]圀 〈심리〉자극에 대한 반응의 관계 및 상태를 기술(記述)하여 그 생리 작용과 심리 작용을 연구하는 방법. reaction method
반:응 생성물(反應生成物)圀 〈화학〉반응의 결과로 생긴 물질.
반:응 속도(反應速度)圀 〈화학〉화학 반응이 진행하는 속도. 반응 물질의 농도·온도·압력·촉매(觸媒) 따위에 의해 결정된다. reaction velocity
반:응 시간(反應時間)圀 자극이 주어진 순간부터 반응이 일어나기까지의 시간.
반:응=열(反應熱)[─녈]圀 〈화학〉화학 반응 때에 발생하거나 흡수되는 열. heat of reaction
반:응 장치(反應裝置)圀 〈화학〉일정한 화학 반응을 진행시키고, 또 그 반응을 자유로이 제어(制御)할 수 있는 기계나 설비.
반:응 정:적식(反應定積式)圀 〈화학〉질량 작용의 법칙에 의거하여 평형(平衡) 상수(常數)의 온도에 대한 관계를 나타내는 식.
반:응 차수[─쑤](反應次數)圀 〈화학〉반응의 속도가 반응 물질의 n개(個)의 농도(濃度)의 승적(乘積)에 직접 비례할 경우의 n의 수치(數値).
반:의(反意)圀 ①반대의 뜻. ②뜻에 반대함. 하⃝.
반:의(叛意)圀 배반하려는 의사. 반심(叛心). 배심(背心). ¶ 아이들의 때때옷.
반의(斑衣)圀 여러 가지 빛깔의 옷감으로 만든 어린이.
반:의=반(半─半)圀 절반의 또 절반. 4분의 1. 반지반(半之半).《약》반반(半半)①. quarter
반:의=식(半意識)圀 〈심리〉①무의식과 의식과의 중간 상태인 불명료한 마음의 상태. ②잠재 의식.
반:의어(反義語·反意語)圀 〈어학〉반대되는 뜻을 가진 단어. ⃝동의어(同義語). antonym
반의지:희(斑衣之戲)圀 늙은 부모를 위로하려고 색동저고리를 입고 기어가 놂. 곧, 남에 대한 효도.
반이(搬移)圀 짐을 날라 이사함. 운반하여 옮김. removal 하⃝.
반:인(伴人)圀 대대로 성균관에 딸려 있던 사람. 쇠고기 장사를 하는 사람이 많았다. 관(館)사람.
반:일(反日)圀 일본에 반대하는 일. 또, 일본에 반대되는 것. 《대》친일(親日). anti-Japanese
반:―일[―닐](半─)圀 ①하루 일의 절반. half-day's work ②어떤 일의 절반.
반:일(半日)圀 한나절. half a day
반:일=조(半日潮)[―쪼]圀 〈지학〉약 반일의 주기를 가지는 천체의 기조력(起潮力)에 의하여 일어나는 조석(潮汐). 《대》일조(日潮). 장주기조(長周期潮).
반:일 학교(半日學校)圀 〈교육〉학생을 오전과 오후로 나누어 가르치는 학교. 이부제(二部制) 학교. halfday school

반:입(搬入)圀 운반하여 들임. 《대》반출(搬出). carrying in 하⃝.
반:―입자(反粒子)圀 〈물리〉보통으로 존재하는 소립자와 질량 등의 물리적 성질은 같으나, 전하나 자기(磁氣) 모멘트의 부호가 반대인 소립자. antiparticle
반:―잇소리(半─)圀 〈동〉반치음(半齒音). [particle
반자(건축)방이나 마루에, 종이나 나무로 반반하게 만든 천장. ¶ 목―. ceiling
반:자(子字)《어》→반자지명(子字之名).
반:자(半字)圀 획수가 많은 한자를 줄이어 쉽게 쓰는 글자. '蟲'을 '虫', '體'를 '体'로 쓰는 것 따위. simplified character
반:자(班資)圀 지위와 봉록(俸祿).
반:자기(半瓷器)圀 〈공업〉질그릇 비슷한 사기 그릇. 사기 그릇 비슷하되 질그릇. 반도 자기(半陶半瓷). [되게 함. 하⃝.
반:자동화(半自動化)圀 절반쯤은 자동으로 되거나
반자―발―로(半─)圀 몹시 노하여 날뜀. in a rage
반:자 불성[―썽](半字不成)圀 글자를 쓰다가 다 쓰지 못하고 도중에 그만둠. 하⃝.
반:자성(反磁性)圀 〈물리〉물체를 자계(磁界) 속에 넣을 때 자계와 반대쪽으로 자기력(磁氣力)이 작용하는 성질. diamagnetism
반:자성=체(反磁性體)圀 〈물리〉외부 자계(外部磁界)와 반대 방향으로 자화(磁化)되는 물질. 구리·창연 등. diamagnetic substance
반자―지(─紙)圀 반자를 바르는 종이. ceiling paper
반:자지=명(子字之名)圀 사위를 아들이나 다름없다는 뜻으로 이르는 말.《약》반자(半子).
반자―틀(건축)반자를 드리느라고 가늘고 긴 나무로 가로 세로 짜서 만든 틀.
반작(反作) 빛이 번득거리는 모양. 《큰》번적.《센》반짝¹. 빤작. 빤짝. brilliantly 하⃝.
반:작(反作)圀 →번작(反作).
반:작(半作)圀 ①〈동〉소작(小作). ②수확고가 평년작의 반이 되는 일. 하⃝.
반작―거리―다[재]자 자꾸 반작이다. 《큰》번적거리다.《센》반짝거리다. 빤작거리다. 빤짝거리다. 반작=반작 하⃝.
반:―작용(反作用)圀 〈물리〉①작용과 그 크기가 같고 방향이 바대가 되는 힘. reaction ②작용을 받은 대상이 작용하는 대상에 대하여 도로 작용하는 일. 반동②.《대》작용.
반작―이―다재 빛이 잠깐 나타났다가 사라지다. 또, 그리 되게 하다. 《큰》번적이다.《센》반짝이다. 빤작이다. 빤짝이다.
반:―잔(半盞)圀 한 잔의 반이 되는 분량.
반잔 술에 눈물 나고 한잔 술에 웃음 난다⃟ 남에게 무엇을 주려면 공평하게 해야지 그렇지 못하면 도리어 인심을 잃게 된다.
반:장(泮長)圀 〈동〉대사성(大司成).
반:장(返葬)圀 객지에서 죽은 사람을 제가 살던 곳으로 옮겨다가 장사함.
반:장(叛將)圀 반란을 일으킨 장수. rebel leader
반장(班長)圀 ①한 반의 책임·통솔자. ¶ 3학년 2 ―. ②국민 조직의 최하 단위인 반의 장. ¶ 6통(統) 1 ―. squad leader ③반의 일을 책임져 맡아 보는 사람. ¶ 작업―.
반:―장경(半長徑)圀 〈수학〉타원의 장축의 반.
반:장부(半長部)圀 〈건축〉두 개의 나무 토막을 잇댈 때 한쪽 나무에만 만든 짧은 장부. 「는 짧은 구두.
반:장화(半長靴)圀 단화보다는 목이 길고 장화보다
반:적(叛賊)圀 제 나라를 배반한 역적. rebel
반:전(反田)圀 →번전(反田).
반:전(反戰)圀 전쟁에 반대함. anti-war 하⃝.
반:전(反轉)圀 ①반대로 구름. rolling back ②일의 형세가 뒤바뀜. reverse 하⃝.
반:전(半錢)圀 ①일 전(一錢)의 절반이 되는 옛 동전. 곧, 5리(五厘). ②적은 돈.

반:전(返電)명동 답전(答電). 하타
반전(班田)명 〈제도〉 나라에서 백성에게 나눠 주던 밭.
반전(盤纏)명 노자(路資).
반:전 기류(反轉氣流) 상공(上空)의 공기가 해면의 공기보다 온난한 기류.
반:전 도형(反轉圖形) 〈심리〉 같은 도형이면서 보고 있는 중에 원근(遠近) 또는 그 밖의 조건이 다르게 뒤바뀌어 보이는 도형. 〖주론(主論).
반:전-론(反轉論)[-논] 〈반전설〉 전쟁을 반대하는 언론.
반:전 문학(反戰文學) 〈문학〉 인도주의적(人道主義的) 견지에서 전쟁을 반대하고 평화를 주장하는 문학. anti-war literature
반:전의 이(反轉-理) 〈수학〉 두 비(比)가 서로 같으면 그 반비(反比)도 서로 같다는 이치. invertends
반:전 필름(反轉 film) 반전 현상(現像) 조작에 의하여 직접 양화(陽畫)로 할 수 있는 필름.
반:전 현:상(反轉現像) 촬영한 필름에서 직접 양화를 얻는 현상법. 소형 영화·슬라이드 등에 이용됨.
반:절(反切) ①약칭→반절 본문. ②한자 두 자의 음을 반씩 따서 합쳐 한 소리로 만드는 법. '文'자의 음은 '無'의 'ㅁ'과 '分'의 'ㄴ'을 합쳐 'ㅁㄴ'이 된다는 뜻으로 '無分切'이라 하는 따위.
반:절(半切·半截)명 ①철반으로 자름. ②당지(唐紙)·백지 등의 전지(全紙)를 세로 이등분한 것. 또, 그것에 그린 서화(書畫). 하타
반:절(半折)명 똑같이 반으로 꺾임. halfsize 하타
반:절 본문(反切本文) 〈어학〉 한글을 반절식으로 배열한 본문(本文). 〈반절(反切)〉.
반:점(反點)명 휴지부(休止符). 쉼표.
반:-점(半點)명 ①한 점의 절반. half point ②반시간. half an hour ③매우 작은 것의 비유.
반점[-쩜](斑點)명 어룽어룽 점. 특히 곤충·동물 등의 몸에 얼룩얼룩하게 박힌 점. spot
반점(飯店)명 ①중국의 호텔. ②중국 음식점. 식당.
반점-병[-쩜-](斑點病)명 〈식물〉 잎이나 줄기의 빛이 변한 작은 반점이 많이 생기는 식물의 병.
반:정(反正)명 ①바른 상태로 돌아감. 또, 바른 상태로 돌아가게 함. returning to the right ②난리를 바로잡음. checking the rebellion ③나쁜 임금을 폐하고 새 임금이 들어서는 일. 〖인조(仁祖) ~. 중종(中宗) ~. restoration 하타타
반정(半晶)명 햇무리. 달무리 따위의 심정.
반정(斑晶)명 〈광물〉 화성암의 치밀한 부분. 석기(石基)의 가운데에 산재하고 있는 반상(斑狀)의 큰 결정(結晶).
반:-정립(反定立) 〈철학〉 변증법에서 정립(定立)에 모순 또는 반대되는 명제(命題). antithesis
반:-정부(反政府)명 정부에 반대함. 〖~적인 언사. anti-government 「ialism
반:제(反帝)명 제국주의에 반대하는 것. anti-imper-
반:제(半製)명 반쯤 만듦. 가공이 정제(精製)되지 않아 불충분함. half finish 「하타
반:제(返濟)명 빌려온 돈을 도로 갚음. repayment
반:제국주의 운:동(反帝國主義運動) 〈사회〉 제국주의의 경제적·정치적 식민지화 정책이나 전쟁에 반대하는 사회 운동. 〖약〉 반제 운동. anti-imperialist movement
반:제 운:동(反帝運動) 〖약〉 반제국주의 운동.
반:제-품(半製品)명 〈경제〉 가공이 불충분하여 아직 정제품(精製品)·완제품(完製品)이 될 수 없는 물품.
반:조(半租)명 쌀에 뉘가 반쯤 섞여 있음.
반:조(返照)명 ①저녁때 동쪽으로 비치는 햇빛. evening grow ②빛이 되비침. 일. reflection
반조-문(頒詔文)명 〈제도〉 나라에 경사가 있을 때에 백성에게 널리 알리던 조서(詔書).
반:조 반:미(半租半米)명 뉘가 반이나 섞인 쌀.
반:족(班族)명 부족 사회가 두 개 또는 두 무리의 단계적(單系的) 친족(親族) 집단으로 이루어질 때의 그 낱낱.

반족(班族)명 양반의 겨레붙이. noble family
반종(班種)명 양반의 씨. noble blood
반:좌(反坐)명 〈제도〉 남을 거짓 고자질한 사람을 피해자가 받은 처벌과 동일한 형(刑)에 처하는 제도. 하타 「람에게 같은 죄를 과하는 법률.
반:좌-법[-뻡](反坐法)명 〈제도〉 반좌하는 사
반:좌-율(反坐律)명 〈제도〉 반좌하는 형률(刑律).
반:-주(半周)명 한 바퀴의 반. semicircle
반:주(伴走)명 〈운동〉 역전(驛傳) 경주 등에서 선수와 함께 달림. 또, 그렇게 달리는 사람. 하타
반:주(伴奏)명 〈음악〉 성악이나 기악을 좇아 이를 돕는 주악. 〖피아노 ~. accompaniment 하타
반주(斑酒)명 아랑주.
반주(飯酒)명 밥에 곁들여서 한두 잔 술을 마심. 또, 그 술. liquor taken at meal time 하타
반:-주권국[-꿘-](半主權國)명동 일부 주권국(一部主權國).
반주그레-하-다형여 얼굴의 생김새가 걸어서 보기에 반반하다. 〈큰〉번주그레하다. handsome
반:주 악기(伴奏樂器)명 〈음악〉 반주에 쓰는 악기. 피아노·오르간 따위.
반:-주인(-主-)(泮主人)명 관주인(館主人).
반:-주합(飯酒盒)명 반주를 담는 주전자의 하나.
반죽명 가루에 물을 조금 섞어 이겨서 갠 것. 〖~이 너무 되다. dough 하타
반죽(斑竹)명 〈식물〉 대과에 딸린 대의 하나. 줄기 곁에 흑색의 아롱진 무늬가 있으며 높이는 10 m 정도임. 인가 부근에 심는데, 전남북·경남북·충남에 나며 중국·일본에도 분포함. spotted bamboo
반:-죽음(半-)명 거의 죽게 된 상태. 반사(半死). nearly dying 하타
반죽 좋:-다형 성미가 유들유들하여 노염이나 부끄럼을 타는 일이 없다. unabashed
반죽-필(斑竹筆)명 붓대를 반죽으로 만든 붓.
반:중(泮中)명동 반촌(泮村).
반:-중간(半中間)명동 중간(中間).
반:-중성자(反中性子) 〈물리〉 중성자와 같은 질량의 입자이나, 중성자와 만나면 이들 양쪽이 소멸 방사하여 막대한 에너지로 되는 것. anti-neutron
반:증(反證)명 ①사실과 반대되는 증거. disproof ②〈법률〉 민사 소송법상 상대방이 신청한 사실이나 본증을 반박하기 위한 증거. counterevidence ③〈법률〉 형사 소송법상 사실의 부존재(不存在)를 증명하는 자료. 〈대〉 본증(本證). 하타
반:지(半紙)명 얇은 일본 종이의 하나. thin writing paper 「혼 ~. ring
반지(斑指·半指)명 한 짝으로만 끼게 된 가락지. 〖약
반:지기(半-)명동 쌀이나 어떤 물건에 다른 잡것이 섞이어 순수하지 못한 것을 나타낼 때 쓰는 말. 〖뉘-. mixture
빈:-지나적(半-)명동 바꾸어(半過去).
반지랍-다형(ㅂ변) ①기름기가 묻어서 매끄럽고 윤이 나다. smooth ②묽이가 번지럽다. cunning 「레. smooth 하형
반지레[편] 좀 반지르한 모양. 〈큰〉번지레. 〈센〉빤지
반지르르[편] 매끄럽고 윤이 나는 모양. 〈큰〉번지르르. 〈센〉빤지르르. smoothly 하형
반:-지름(半-)명 〈수학〉 원(圓)이나 구(球)의 중심에서 그 원주 또는 구면(球面) 상의 일점에 이르는 선분(線分). 또, 그 거리. 반경(半徑).
반:지빠르-다형(ㄹ변) ①교만스러워 밉살스럽다. presumptuous ②어중되어 쓰기에 거북하다. awkward to handle
반:-직(伴直)명 둘이서 한 곳에 당직의 번을 드는 일.
반:-직선(半直線)명 〈수학〉 어떤 직선이 선상의 일점에 의하여 나뉘었을 때 양쪽 부분을 이르는 말. half line
반:-직업적(半職業的)명동 다른 목적도 있으나 직업적으로 삼다시피 하는(것).

반ː진(斑疹)[명] 〈한의〉 마진(痲疹)이나 성홍열(猩紅熱) 등에서와 같이 온몸에 붉고 좁쌀만한 것이 돋는 병.
반질=고리(一)[명] →바느질고리.
반질=거리다[자타] ①매끄럽게 윤기가 흐르다. be glossy ②알살을 베풀면 게으름을 부리다. (큰) 번질거리다. (센) 빤질거리다. be crafty **반질=반질**[부]
반=짓다[타ㅅ불] 과자·떡 따위를 둥글고 얇게 조각을 내어 반을 만들다.
반짝[부] (큰) →번쩍.
반짝[부] ①아주 가볍게 얼른 쳐드는 모양. lightly ②물건의 끝이 얼른 높이 들리는 모양. (큰) 번쩍.
반짝[부] 갑자기 정신이 들거나 감각되거나 마음이 끌리는 모양. ¶정신이 ~ 들다. (큰) 번쩍.
반짝-거리다[자타] (센) →반작거리다.
반짝[부] (센) →반작이다.
반ː=쪽(半一)[명] 한 개를 둘로 가른 한 부분. half
반차(班次)[명] 반열(班列).
반차-도(班次圖)[명] 나라 의식에 문무 백관이 늘어서는 차례를 적은 도표.
반찬(飯饌)[명] 밥에 곁들여 먹는 온갖 음식. 식찬(食饌). ¶~ 단지. (약) 찬(饌). side dishes
반찬-감[一깜](飯饌一)[명] (동) 반찬 거리.
반찬 거리[一꺼리](飯饌一)[명] 반찬을 만드는 데 쓰이는 여러 가지 재료. 반찬감. groceries
반ː=찰떡(半一)[명] →메찰떡.
반창(瘢瘡)[명] 상처의 흔적.
반창-고(絆瘡膏)[명] 파라고무·밀삽(balsam)·라놀린 등 점착성 물질을 헝겊에 바른 고약의 하나. plaster
반-채층(反彩層)[명] 〈천문〉 태양 대기의 최하층.
반=천(半天)[명] ①보이는 반쪽. half-sky ②(동) 반공중(半空中)
반=천하수(半天河水)[명] 〈한의〉 무지렁나무의 구멍이나 또는 대를 잘라 낸 그루터기에 괸 빗물. 약에 씀.
반ː첩(反貼)[명] 공문서에 의견을 붙여 회송함. 하目
반청(半晴)[명] 날씨가 반쯤 갬. partly clear
반ː청=반담(半晴半曇)[명] 날씨가 반쯤은 개고 반쯤은 흐림. partly cloudy
반ː=체제(反體制)[명] 기존 사회 조직이나 그 시대의 정치 구조나 체제 등에 반대하는 일. 또, 그러한 입장. ¶~ 작가. dissent
반ː=체제 운ː동(反體制運動)[명] 기존의 사회 체제와 정치 체제를 반대하고 변혁을 꾀하려는 운동.
반ː=초(半草)[명] 〈약〉 →반초서.
반초(飯粭)[명] (동) 끌무기.
반ː=초서(半草書)[명] 반쯤 흘리어 쓴 글씨. [半草].
반ː=촌(泮村)[명] 성균관 근처의 동네. 반중(泮中).
반ː=촌(班村)[명] 양반이 많이 사는 마을. 민촌(民村).
반쵸[명] →파초(芭蕉).
반ː=추(反芻)[명] ①소나 염소 따위의 짐승이 일단 삼켰다가 되새기는 새김질. ②되풀이하여 음미하고 생각함. rumination 하目
반ː추 동ː물(反芻動物)[명] 〈동물〉 반추류에 속하는 동물. 새김질을 하는 동물. 곧, 소나 양 따위. ruminant
반ː추-류(反芻類)[명] 〈동물〉 우제류(偶蹄類)를 소화 형태상의 특징으로 분류한 한 목(目). 반추위로 되새김질하는 특징을 가졌음. 소·양·낙타 따위. ruminant
반ː추-위(反芻胃)[명] 반추하는 초식수(草食獸)의 위. 4실(室) 또는 3실로 되어 음식물이 제 1실로부터 제 2실로 옮겨지면 다시 입으로 되돌아 나와 잘 씹은 뒤에 제 2실로 들어가 이어 제3, 제4실로 옮겨짐. rumen
반ː추-증[一쯩](反芻症)[명] 〈의학〉 신경성 위 장애로 인하여 섭취한 음식물이 불수의적(不隨意的)으로 다시 구강(口腔) 안으로 되돌아오는 병증. 신경 쇠약이나 히스테리 환자에 많음. [out 하目
반출(搬出)[명] 운반하여 냄. (대) 반입(搬入). carrying
반출-증[一쯩](搬出證)[명] 반출을 인정하는 증서.
반ː=출(半一)[명] 나뭇가지 따위가 바람에 불려 춤추는 것같이 흔들거리는 동작. swing

반ː취(半醉)[명] 술이 반쯤만 취함. (대) 반성(半醒). half drunkenness 하目
반취(班娶)[명] 상인(常人)이 양반의 딸에게 장가드는 일. (대) 민취(民娶). 하目
반ː취 반ː성(半醉半醒)[명] 술이 깬 듯도 하고 덜 깬 듯도 하게 취함. 술이 깬 듯 만 듯함. slight intoxication 하目
반ː=측(反側)[명] ①자리가 편찮아 못하여 몸을 뒤척거림. turning over in bed ②두 가지 마음을 품고 바른길을 좇지 아니함. 하目
반ː=치기(半一)[명] ①가난한 양반. poor nobility ②쓸모 없는 사람. good-for-nothing
반ː=치음(半齒音)[명] 〈어학〉 훈민 정음의 'ㅿ'의 소리. 반잇소리. semi-dental sound
반ː=칙(反則)[명] 〈법률〉 법칙이나 규정 등에 어그러짐. 또, 어김. (대) 준칙(準則). infringement 하目
반ː=칙(反則郵便物)[명] 〈법률〉 법규에 의하여 우송을 금하는 우편물.
반ː=침(半寢)[명] 〈건축〉 큰 방에 붙은, 물건을 넣어 두게 만든 작은 방. closet
반ː=침(伴寢)[명] (동) 동숙(同宿). 하目
반ː=코ː트(半 coat)[명] 길이가 허리쯤까지 내려오는 외투. 하프 코트(half coat). [parts
반ː=타다(半一)[자] 반으로 나누다. divide into two
반ː=타작(半打作)[명] ①반씩 배메기. ②소득이 예상보다 절반쯤 되는 것을 이름. 하目
반ː=탁(反託)[명] 신탁 통치를 반대함. anti-trusteeship
반ː=탈태(半脫胎)[명] 〈공업〉 자기(瓷器)의 탁태의 하나. 원(眞)탈태보다 좀 더 두껍고 반투명체임.
반ː=탈(半一)[명] 반 가량의 정도. about a half
반토(礬土)[명] 〈화학〉 산화알루미늄. alumina
반토 시멘트(礬土 cement)[명] 알루미나 시멘트.
반통(泮通)[명] 〈제도〉 조선조 때 성균관(成均館)의 대사성(大司成)을 꼽아 낼 때에, 세 사람의 후보자 속에서 천거하는 일. 하目
반ː=투막(半透膜)[명] 〈물리〉 용매(溶媒)는 잘 통과하지만, 용질(溶質)은 거의 통과시키지 않는 성질을 가진 막. semipermeable membrane
반ː=투명(半透明)[명] ①〈물리〉투명도가 작은 것. translucency ②한쪽에서 보면 투명하고 반대쪽에서 보면 불투명하게 보이는 일. 하目
반ː=투명-체(半透明體)[명] 〈물리〉 반투명한 물체. 우유빛 유리·유지(油紙)·비닐 따위. semi-transparent substance
반ː=투벽(半透壁)[명] 〈화학〉 용매 중의 용매(溶媒)는 통과시키고 용질(溶質)은 통과시키지 않게 된 막 또는 벽. 세포막·방광막(膀胱膜) 따위.
반ː=투성[一생](半透性)[명] 〈생물〉 용액의 용매는 통과시키나 용질은 통과시키지 않는 성질. 세포의 원형질막(原形質膜)의 반투성에 의해서 세포가 양분의 수액(水液)을 흡수할 수 있음.
반투-어(Bantu 語)[명] 〈어학〉 적도 이남의 아프리카에 널리 분포하는 언어군(群)의 총칭. 흑인의 주요 언어임.
반투-족(Bantu 族)[명] 아프리카의 남단부에 사는 반투어 계통의 여러 종족. 「[岩壁]」이란 뜻.
반트(Wend 도)[명] 〈체육〉 등산(登山) 용어로서 '암벽'
반ː=트러스트법(反 trust 法)[명] 〈법률〉 트러스트의 폐해를 방지하기 위하여 미국에서 1890년에 제정한 법.
반ː=파(半破)[명] 반쯤 부서짐. 하目
반ː=파(半波)[명] 〈전기〉교류(交流)를 정류(整流)할 때 그 반(半)사이클만을 정류하는 일.
반ː=팔 등거리(半一)[명] 짧은 소매가 달린 등거리. short
반패(頒牌)[명] 방방(放榜). [sleeves
반ː=패ː부(半貝付)[명] 방세겉의 앞쪽의 어느 한 부분만 자개를 박는 일. 또, 그렇게 만든 기구.
반ː=편(半偏)[명] ①길이를 절반으로 나눈 한 편쪽. half ②(약)→반편이. [음없다. foolish **반ː편=스레**
반ː편=스럽다(半偏一)[형ㅂ불] 사람됨이 반병신이나 다

반:편-이(偏—)[명] 덜된 사람. 반병신과 같은 사람. 반병신②. [준] 반편(半偏)②. simpleton
반:평면(半平面)[명] 〈수학〉평면이 그 위에 있는 한 직선에 의하여 둘로 나뉘어 생기는 각 부분.
반:평생(半平生)[명] 평생의 절반이 되는 동안.
반:포(反哺)[명] ①까마귀 새끼가 자란 뒤에 늙은 어미에게 먹을 것을 물어다 주는 것. disgorge to feed the old birds ②부모의 은혜를 갚음. 안갚음. discharge one's filial duties 하다
반포(頒布)[명] 〈동〉반포.
반포(頒布)[명] 세상에 펴서 널리 퍼뜨림. ¶훈민 정음 ~. promulgation 하다
반:포-은(反哺報恩)[명] 자식이 부모가 길러 준 은혜에 보답하는 효성.
반:포-조(反哺鳥)[명] '까마귀'의 딴이름. crow
반:포지-효(反哺之孝)[명] 자식이 자라서 어버이의 은혜에 보답하는 효성. filial piety
반:-폭(半幅)[명] 한 폭의 절반. half width
반:표 반:리증[—반—증][명] 〈한의〉열이 나서 머리가 아프고, 번비·토사가 생기며, 오줌이 붉게 되는 급성 열병.
반:-푼(←半分)[명] ①엽전 한 푼 값어치의 절반. half penny ②한 푼 길이의 절반. ③〈양〉→반푼중.
반:-푼-쭝(←半分重)[명] 무게 한 푼쭝의 절반. 〈약〉반 푼③. weight of a half pun
반:-품(半-)[명] 하루 품의 절반. 반공(半工). half-day's work
반:-품(返品)[명] 일단 산 물건을 도로 돌려보냄. 또, 그러한 물건. returned goods 하다
반:-풍수(半風水)[명] 서투른 풍수.
반풍수 집안 망친다[속] 서투른 재주를 함부로 피우다가 도리어 일을 망친다.
반:하¹(半夏)[명] ①〈식물〉천남성과(天南星科)에 속한 약초. 높이 30cm 내외로 지하경(地下莖)은 작은 구형(球形)임. 〈한의〉반하의 뿌리. 담·구토·기침의 약으로 씀.
반:하²(半夏)[명] →반하생(半夏生). ②〈불교〉하안거(夏安居)의 결하(結夏)와 하해(夏解)의 중간. 곧, 90일간의 안거(安居)의 45일째를 이름.
반:하-곡(半夏麵)[명] 〈한의〉반하와 백반과 새앙을 섞어 만든 누룩. 반하의 독은 없어지고 습성을 없애는 효능이 많음.
반:-하-다[자여]① ①마음에 사랑을 느끼다. ¶그 남자에게 ~. fall in love ②무엇에 취한 듯이 황홀해하다. ¶목소리에 ~. be charmed ③대주나 태도에 마음이 끌리다. ¶알기 저에 ~. admire
반:-하-다[형여]① ①어둠 속에 밝은 빛이 비쳐 환하다. bright ②바쁜 중에 잠깐 겨를이 생기다. leisurely ③병세가 조금 낫다. in a state of lull ④무슨 일의 내용이 환하게 들여다보이다. 〈본〉번하다. 〈센〉빤하다. obvious **반:-히**[부]
반:-하-다(反—)[자여]① 반대가 되다. 주로 처소격 조사 '에' 다음에 '반하여·반하는' 형식으로 쓰임. be against
반:-하(半夏)[명] 72후(候)의 하나. 반하(半夏)가 나올 무렵이란 뜻으로, 하지(夏至)로부터 11일째 되는 날을 이름. 〈약〉반하(半夏)②①.
반:한(返翰)[명] 〈동〉회한(回翰).
반할(盤割)[명] 〈생물〉달걀처럼 배반(胚盤)의 부위만 작은 세포로 갈라지고, 알의 대부분을 이루는 난황 부분은 전혀 세포로 갈라지지 않는 난할(卵割).
반:-할인(半割引)[명] 어떠한 액수에서 절반을 할인함. half rate 하다
반함(飯含)[명] '쌀과 구슬을 물리는 것. 죽은 사람의 입에'
반:-함수호(半鹹水湖)[명] 염분(鹽分)이 보통으로 들어 있는 호수. 대략 24%까지의 염분을 함유함.
반합(飯盒)[명] 알루미늄으로 만들어, 밥을 지을 수도 있게 된 밥그릇. 군대나 등산대 등에서 많이 씀. canteen
반:-합성 섬유(半合成纖維)[명] 〈공업〉섬유소와 초산을 결합시킨 화학 섬유. 곧, 아세테이트가 이에 속함. semi-synthetic fiber
반:-항(反抗)[명] 순종하지 않고 저항함. ¶~ 정신(精神). 〈대〉복종(服從). resistance 하다
반:-항기(反抗期)[명] 〈심리〉어린이의 자의식(自意識)이 몸시 뚜렷하여지는 과정에서는 신체적 자립에 따르는 3~5세 때와 정신적 자립에 따르는 12~13세 때와의 두 차례에 걸쳐 많이 일어남.
반:-항 문학(反抗文學)[명] 〈문학〉지배자에 대한 피지배자의 반항 의식이나 시대적인 조류·사상·주의 등에 저항하는 의식으로 쓰여진 문학.
반:-항심(反抗心)[명] 반항하는 마음. rebellious spirit
반:-해(半解)[명] ①반쯤 이해함. ②반으로 나눔.
반:-해서(半楷書)[명] 해서(楷書)보다 조금 부드럽게 행서(行書)에 가깝게 쓰는 글씨체.
반핵(盤覈)[명] 자세히 캐어물음. 반문(盤問). 하다
반:-행서(半行書)[명] 행서보다 조금 더 부드럽게 흘려 반초롭에 가까운 글씨체.
반:-행(伴行)[명] 〈동〉동행(同行). 하다
반행(頒行)[명] ①책을 반포하여 발행함. circulation ②널리 세상에 배포함. distribution 하다
반:-향(反響)[명] ①〈물리〉메아리처럼 음파가 무엇에 부딪쳐 반사하여 다시 들리는 현상. echo ②다른 것에 미친 영향. ¶가수로서의 ~이 매우 좋다. [喩] repercussion
반향(班鄕)[명] 양반이 많이 사는 고을. village inhabited by nobilities 으로 본뜨는 증상.
반:-향 동:작(反響動作)[명] 〈심리〉남의 동작을 자동적
반:-향 언어(反響言語)[명] 〈심리〉다른 사람의 말을 자동적으로 되풀이하는 증상.
반:-허락(半許諾)[명] 반쯤 허락함. 하다
·반-ㅎ쏘리[명] 반설음(半舌音).
반:-혁명(反革命)[명] 혁명으로 이루어진 사태에 반항하여 전 상태로 회복하려는 운동. counter-revolution
반:-현(半舷)[명] 군함의 승무원을 우현직(右舷直)과 좌현직으로 나누어 그 한쪽을 일컬음.
반:-혓소리(半—)[명] 〈동〉반설음(半舌音).
반:-호(半戶)[명] 세금이나 추렴을 반만 내는 집. 〈대〉 대호(大戶).
반호(班戶)[명] 양반의 집. 〈대〉상호(常戶).
반:-혼(返魂)[명] ①〈동〉반우(返虞). ②〈불교〉죽은 사람을 화장하고 그 혼을 불러들임. 하다
반혼(班婚)[명] 상민이 양반집 자녀와 혼인함. 하다
반:-혼-제(返魂祭)[명] 반혼할 때 지내는 제사.
반:-홀소리[—쏘—](半—)[명] 〈동〉반모음(半母音).
반홍(礬紅)[명] 〈공업〉녹반을 태워서 만든 도자기에 쓰는 붉은 채색(彩色).
반:-화(半靴)[명] 반구두.
빈:화-방(半火防)[건축]집의 바깥벽을, 위는 흙 벽을 얇게 치고 아래는 돌을 섞어서 두껍게 합벽을 친 벽.
반:-환(返還)[명] ①도로 돌려보냄. 반려(返戾). ②되돌아오거나 감. ¶마라톤의 ~점(點). return 하다
반환(盤桓)[명] ①집 따위가 넓고 큼. ②머뭇거리며 그 자리를 멀리 떠나지 아니함. 하다
반:-환형(半環形)[명] 둥근 고리의 반쪽과 같은 형상.
반회(班會)[명] 반의 모임.
반회(盤回)[명] 물의 흐름이나 길이 빙 돌게 됨. meander
반:-회장(半回裝)[명] ①여자의 저고리 끝동과 깃과 고름만을 자줏빛 또는 남빛의 헝겊으로 꾸미는 회장. ②반회장을 대어서 지은 저고리. '저고리'. 하다
반:-회장 저고리(半回裝—)[명] 반회장으로 꾸민 여자의 저고리.
반:-휴(半休)[명] 오전이나 오후 한나절만 일을 하고 쉼. half holiday 하다
반:-휴일(半休日)[명] 반휴하는 날. 〈유〉반공일(半空日).
반:-흉 반:-길(半凶半吉)[명] 길흉이 서로 반반섞임. half-good and half-ill luck 하다
반흔(瘢痕)[명] 〈의학〉상처가 나은 후에 남은 흔적.

반:=흘림(半一)[명] 초서(草書)와 행서(行書)의 중간쯤 되게 흘려 쓰는 글씨체. semicursive writing
반힐(盤詰)[명][동] 반핵(盤覈). 하타
받[명][고] 밭.
발·개[명][고] 겉.
발·개[명][고] 흙받기.
받-걷이[−거지][명] ①돈이나 물건을 거두어 들이는 일. collection ②남의 요구나 괴로움을 잘 받아들여 돌보아 주는 일. complying with 하타
받고 차기[명] ①서로 머리로 받고 발로 차고 하는 짓. fighting ②서로 말을 빨리 주고받는 일. 하타
받-날이[명] 실을 사들여서 피륙을 짜는 일. weaving 하타 「받아 내다.
받내-다[타] 몸을 움직이지 못하는 사람의 똥·오줌을
받는 소는 소리치지 않는다[역량이나 능력이 있어서 능히 할 수 있는 사람은 공연한 큰소리를 하지 않는다는 뜻.
받-다[타] 음식 같은 것이 비위에 맞아 잘 먹히다. ¶기분이 좋지 않아서 음식이 잘 받지 않는다. 타 ①주는 것을 가지다. ¶품삯을 ~. receive ②우산 따위를 펴서 들다. put up ③물건을 모개로 사들이다. ¶물건을 받아다가 판다. buy in wholesale ④위에서 내려오는 것을 아래서 잡다. ¶공을 ~. catch ⑤남의 뒤를 곧 따라서 하다. ¶받아 읽다. succeed ⑥입다. ¶혐의를 ~. suffer ⑦겪다. ¶취조를 ~. undergo ⑧떠받이로 부딪치다. ¶소가 ~. gore ⑨조산(助産)하다. ¶산파가 아이를 ~. attend a case of confinement ⑩그릇에 담기게 하다. ¶물을 ~. get ⑪청원·요구 등을 들어주다. ¶손님을 ~. comply with ⑫꾸어 준 것을 도로 갚다. 응당 들어올 금품을 걷다.
-받-다[접미][타] 일부 명사 뒤에 붙어서 '입다·당하다'의 뜻을 나타내는 말. ¶주목~. suffer from
받-다²[타] 판.
받두-둑[명][고] 밭두둑.
받-들-다[타르] ①공경하고 높이어 모시다. respect ②말을 들어 올리다. raise ③높이 들다. lift up ④가르침이나 명령 따위를 지지하고 소중히 여기다. receive
받들어-총(一銃)[명] 총을 받들어 들고 하는 경례. Presenting arms 준 '받들어총'의 구령(口令). 봉총(捧銃). Present arms 하타
받아-넘기-다[타] ①남의 말을 척척 받아 대답을 해치우다. answer readily ②남의 노래를 받아서 척 불러 치우다. sing readily after somebody else ③검도에서, 상대방의 칼을 받아 가볍게 피하다.
받아-들이-다[타] ①남의 말이나 청을 들어주다. comply with ②받아서 자기 것으로 하다. 받아서 들여오다. accept 「는 일. dictation 하타
받아-쓰기[명] 강연·강의·글의 낭독 따위를 받아서 쓰
받아-쓰다[타으] 강연이나 강의 혹은 낭독하는 것을 그대로 받아서 쓰다. write down
받아-치기[명] ①반공격. 반공(反攻). ②(속) 훔친 물건을 넘겨 받아 가는 도둑.
받을 어음[명] 부기(簿記)에서 받을 권리가 있는 어음. (대) 지불어음. bills receivable
받자[명] ①남이 괴로움 굳이나 당부하는 것을 잘 받아 줌. ②(제도) 관청에서 환곡을 받아들이는 일. 하타
받잡-다[타] ①꽁이 받다.
받줍-다[타][고] 받들어 바치다.
받쳐-들다[타르] 물건을 밑에서 받쳐서 들다.
받쳐 입다[타] 옷에 끼어 입다. ¶털내의를 ~.
받치-다[자] ①속에서 어떠한 기운이 치밀다. ¶분이 ~. rise ②앉았거나 누운 자리가 딴딴하여 배기다. ¶이 받다[이]의 힘줄다. ②피다. ¶분이 ~. prop ③〈어학〉 모음 아래 자음을 달다. attach a consonant under a vowel
받침[명] ①밑을 괴는 물건. support ②〈어학〉 한글에서 끝소리로 되는 자음. 종성. 종성자음. consonant suffix 「pporting column
받침=대[−때][명] 괴어 바치는 기둥. 지주(支柱). su-
받침-두리[명] 양복장 같은 것의 밑에 덧대어 괴는 나무.
받침-박[−빡][명] ①그릇 따위를 받쳐 놓는 함지박. ②이남박이나 바가지로 이는 곡식을 따르는 바가지.
받침 뿌리[명] 지근(支根).
받침-점[−쩜][명](一點)[명] 지점(支點).
받치다¹[타] ①물건을 만드는 사람이나 도매상이 소매상에게 상품을 단골로 대어 주다. ¶구멍가게에 식료품을 ~. supply
받치다²[타] ①받음을 당하다. ¶권투 시합에서 상대방의 머리에 ~. be bumped by a head
받침-술집[−찝][명] 술을 만들어 술장수에게 파는 집. wholesale brewer
발[명] 〈생리〉 다리 끝에 달려 땅을 디디게 된 부분. ¶~바닥. foot ②물건의 아래에 길게 붙은 다리. leg ③시구(詩句) 끝에 다는 운자(韻字). rhyme
발²[명] 가는 대오리나 갈대 같은 것을 엮어 만들어 무엇을 가리는 데 쓰는 것. bamboo blind
발³[명] 피륙의 날과 씨. 또는 국수 따위의 굵고 가는 정도. ¶~이 굵다. texture
발⁴[명] 전에 없던 예전에 못하던 버릇. ¶그러다가는 ~이 되겠다. bad habit
발⁵[명](약)→발척. 「fathom
=발[접미] 지선으로 내뻗친 줄의 모양. ¶빗~.
발(跋)[명](약)→발문(跋文).
발(發)[의명] ①총포(銃砲) 따위를 쏠 때에 그 수효를 나타내는 단위. 방(放). ¶백~ 백중. round ②발동기의 수효를 나타내는 말. ¶4~의 비행기.
=발(發)[접미] ①떠남. 디~ 서울행. departure ②발신. ¶유피(U. P.) ~ 통신. dispatch
발-가지[명] 지근(支根).
·불[명][고] ①벌. 겹[重]. ②번.
볼[의명][고] 벌[襲].
·볼⁴[명][고] 〈발긋이〉의 준말.
발-가락[−까락][명] 〈생리〉 발의 앞쪽에 갈라져 있는 부분. 족지(足指). ¶~째. toe
발가-벗-다[타] ①옷을 죄다 벗어 알몸이 되다. strip oneself bare ②산에 나무가 없이 흙이 드러나 보일 정도가 되다. 〈큰〉 벌거벗다. 〈센〉 빨가벗다.
발가-숭이[명] 옷을 걸쳐지 않은 알몸뚱이. 〈큰〉 벌거숭이. 〈센〉 빨가숭이. naked body
발-가지[명] 접미사(接尾辭). 「[라타]
발각(發覺)[명] 드러나 알게 됨. 알아냄. detection 하
발간[명] 아주 터무니없음을 나타냄. 온통. 〈큰〉 벌건. 〈센〉 빨간. utter
발간(發刊)[명] 책을 박아냄. publication 하타
발간 거:짓말[명] 터무니없는 거짓말.
발간 상놈(−常−)[명] ①더 말할 나위 없는 상놈. ②언행이 막된 사람을 욕하는 말.
발간 적복(發奸摘伏)[명] 숨겨져 있는 일이나 정당하지 못한 일을 들추어냄. 하타
발-감개[명] 먼 길을 걸을 때나 막일을 할 때에 버선 대신 발에 감는 무명. 감발. leggings 하재 「red
발강[명] 발간 빛깔이나 물감. 〈큰〉 벌겅. 〈센〉 빨강.
발강-이[명] ①발간빛의 물건. 〈큰〉 벌겅이. 〈센〉 빨강이. red ②〈어류〉 잉어의 새끼. fry of carp
발강-다[형][ㅎ변] 조금 연하고도 곱게 붉다. 〈큰〉 벌겋다. 〈센〉 빨갛다. red
발개[약] '발강아'가 줄어 변한 말. ¶볼이 ~가지고 부끄러워하다. 〈큰〉 벌개. 〈센〉 빨개. 「지다. redden
발개-지다[자] 발갛게 되다. 〈큰〉 벌개지다. 〈센〉 빨개
발개-찌트리-다[자] 평펑한 데 앉을 때, 자유롭게 책상다리하다. sit crosslegged
발갯-깃[명] 죽은 꿩에게 메어서 날개 끝, 김 따위에 기름을 찍어 바르는 데에 쓰임. pheasant feather

발거(拔去)⑬ 빼내어 뽑아 버림. pull out 하다
발:거리⑬ ①남이 못된 일을 꾸밀 때 이를 다른 사람에게 알려 주는 짓. forewarning ②못된 꾀를 써서 남을 속이는 짓. trick 하다
발:거리=놓:다⑬ 남의 못된 짓 하는 것을 미리 다른 사람에게 알려 주다. inform on someone
발:걸음[-껼-]⑬ 발을 놓아 길이만큼 옮겨 놓는 걸음. step
발:걸이⑬ ①책상다리 아래에 가로 댄 나무 오리. bridge ②자전거의 한 부속물. 발로 저어 가게 된 부분. pedals
발검(拔劍)⑬ 칼을 칼집에서 빼냄. 발도(拔刀). drawing one's sword 하다
발견(發見)⑬ 세상 사람에게 알려지지 않은 사물을 맨 먼저 찾아냄. discovery 하다
발견 시대(發見時代)⑬ 〈역사〉 15~16세기에 걸쳐 유럽 사람들이 새로운 항로와 새로운 세계를 잇달아 발견하고, 활발한 해외 경영열을 일으켜 유럽 역사상에 큰 변혁을 가져온 시대. age of discovery
발견=자(發見者)⑬ 발견한 사람. discoverer
발계(祓禊)⑬ 재앙을 떨어버림. keep off a misfortune 하다
발계(發啓)⑬ 〈제도〉 임금이 재가(裁可)한, 또는 의금부(義禁府)에서 처결한 죄인에 대하여 의심이 있을 때에, 사간원(司諫院)이나 사헌부(司憲府)에서 죄의 이름을 갖추어서 아뢰던 일. express remonstrance
발고(發告)⑬《동》 고발(告發). 하다
발=고무래⑬〈농업〉 고무래에 넷 또는 여섯 개의 발이 달려 흙을 고르고 긁는 데 쓰는 농구. rake
발관(發關)⑬ 〈제도〉 상관이 하관에게 공문을 보냄. 하다 하소연하다
발괄(←白活)⑬ 억울한 사정을 글이나 말로 관청에
발광(發光)⑬ ①빛을 냄. rediation ②원자 속의 전자가 어떤 양자의 상태로부터 다른 양자의 상태로 옮겨 갈 때, 두쪽의 상태에 에너지의 차액(差額)을 광(光)으로써 방사하는 현상. 하다
발광(發狂)⑬ ①〈한의〉 미친 증세가 일어남. madness ②미친 것과 같이 날뜀. 하다
발광=균(發光菌)⑬ 어두운 곳에서 저절로 빛을 내는 균류. luminous fungus
발광=기(發光器)⑬ 〈생물〉 생물의 몸에서 빛을 내는 기관(器官).
발광=단(發光團)⑬ 〈화학〉 물질의 형광 현상(螢光現象)을 일으킬 수 있게 하는 분자(分子) 안에 있는 듀어형(Dewar型) 벤젠핵(核).
발광 도료(發光塗料)⑬〈화학〉 어두운 곳에서 인광(燐光)을 발하는 도료. 외부로부터 받은 빛을 간직하였다가 어두운 곳에서 발광하는 것과, 자신에 방사능이 있는 것의 두 가지가 있다. 전자는 황화아연·황화바륨 따위, 후자는 메소토륨의 염류와 황화아연을 조합시킨 것 따위. luminous paint
발광 동:물(發光動物)⑬〈동물〉 어두운 곳에서 저절로 빛을 내는 동물. 야광충·개똥벌레 따위. luminous animal
발광 박테리아(發光 bacteria)⑬〈식물〉 자기 스스로 빛을 내는 박테리아. 발광 물질에 발광 효소(發光酵素)가 작용하여 발광한다고 함. 어류(魚類)나 오징어무리의 시체(屍體)가 발광함은 발광 박테리아의 기생(寄生)에 의한 것임.
발광 반:응(發光反應)⑬〈화학〉 상온(常溫)에서 발광 현상을 수반하는 화학 반응.
발광 생물(發光生物)⑬ 어두운 곳에서 빛을 내는 생물. photogenic organism
발광 식물(發光植物)⑬〈식물〉 어두운 곳에서 저절로 빛을 내는 식물. photogenic plant
발광 신:호(發光信號)⑬ 빛을 내는 신호. 선박에서 명멸등(明滅燈)을 사용하여 다른 선박이나 육지와 신호하는 신호. flashing light
발광=지(發光紙)⑬ 발광 도료를 발라 어두운 곳에서 빛을 내도록 만든 종이. luminous paper
발광=체(發光體)⑬ 제 몸에서 빛을 내는 물체. 태양·항성(恒星)·등불 따위. 광체(光體). luminary

발광=충(發光蟲)⑬〈곤충〉 몸의 한 부분에서 빛을 내는 곤충. 개똥벌레 따위. photogenic insect
발교(醱酵)⑬〈약〉→발효(醱酵). [썰매. sleigh
발구⑬ 마소에게 메워 주로 물건을 실어 나르는 큰
발=구름⑬ 발을 구르는 것. stamping of feet 하다
발군(拔群)⑬ 여럿 중에서 뛰어남. 발췌(拔萃)①. 하다
발군(發軍)⑬〈제도〉발병(發兵). 하다
발군(撥軍)⑬〈제도〉중요한 문서를 변지(邊地)에 급히 체전(遞傳)하던 사람. express messenger
발군 공적(拔群功績)⑬ 여럿 가운데서 뛰어난 공적.
발굴(發掘)⑬ ①땅속에 묻혀 있는 물건을 파냄. excavation ②알려지지 않았거나 뛰어난 것을 찾아냄. ¶유능한 인재를 ~하다. 하다
발=굽[-꿉]⑬ 동물의 굽. ¶말 ~. hoofs
발권(發券)⑬〈경제〉은행권·사채권·승차권 따위를 발행함. note issuing
발권 은행[-꿘-](發券銀行)⑬〈경제〉은행권을 발행하는 은행. bank of issue
발권 제:도[-꿘-](發券制度)⑬〈경제〉은행권의 발행에 제한(制限)을 두는 제도. note issuing system
발그대대-하다[어요]⑱ 좀 천하게 발그스름하다.〈큰〉벌그데데하다. somewhat red
발그댕댕-하다⑱ 색이 맞지 않게 발그스름하다.〈큰〉벌그뎅뎅하다. somewhat red
발그레=하다[어요]⑱ 조금 곱게 발그스름하다.〈큰〉벌그레하다. reddish [않는다. foot-mark
발=그림자[-끄-]⑬ 오가는 발자취. ¶~도 보이지
발그무레-하다[어요]⑱ 썩 얇게 발그스름하다.〈큰〉벌그무레하다. somewhat red
발그속속-하다[어요]⑱ 수수하게 발그스름하다.〈큰〉벌그숙숙하다. reddish
발그스름-하다⑱ 조금 붉다.〈큰〉벌그스름하다.〈센〉빨그스름하다. somewhat red **발그슴=히**⑭
발그족족-하다⑱ 빛깔이 고르지 못하고 칙칙하게 발그스름하다.〈큰〉벌그죽죽하다. red and mean
발집-다⑰ 남의 숨은 흠을 들춰내다. expose
발근(拔根)⑬ 뿌리째 뽑아 버림. uprooting 하다
발근(發根)⑬ 뿌리를 냄. 뿌리가 나옴. rooting 하다
발금(發禁)⑬〈약〉→발매 금지(發賣禁止).
발급(發給)⑬ 발행하여 줌. ¶신민증 ~. issue 하다
발긋=발긋⑭ 붉은 점이 곱게 여러 군데 박힌 모양.〈큰〉벌긋벌긋.〈센〉빨긋빨긋. red spotted 하다
발기(-記)⑬ 사람·물건의 이름을 죽 적은 종이. 건기(件記). 적견식. catalogue
발기(勃起)⑬ ①벌안간 성이 불끈 일어남. ②〈생리〉음경(陰莖)의 해면체(海綿體)에 혈액이 가득차 팽창·강직(强直)해지는 일. erection 하다
발기(發起)⑬ ①무슨 일을 시작할 때에 먼저 버르집어 냄. ②〈불교〉경문을 먼저 낭독하는 사람. ③〈불교〉학인(學人)들이 모여 앉아 경의 뜻을 토론할 때, 경전을 넘겨 내리는 사람. promotion 하다
불기⑭ 밝게.
발=기계[-끼-](-機械)⑬ 사람의 발힘으로 돌리는 기계. 발틀. foot operated machine
발:기-다⑰ ①속의 것이 드러나게 헤치어 발리다. reveal ②갈기갈기 찢어서 발리다. tear to pieces ③이러저러 헤아리다가 결단을 내다. ¶일을 ~.〈큰〉벌기다. decide
볼:-기⑬ 〈고〉 밝히다. [inal adipose
발:-기름⑬ 짐승의 배에 붙어 있는 기름 덩이. abdom-
발기=문(發起文)⑬ 무슨 일을 일으켜 시작할 때, 그 목적과 취지를 밝힌 글.
발기=발기⑭ 잇달아 발기어 찢는 모양. in pieces
발기 부전(勃起不全)⑬〈의학〉과로나 성적 신경 쇠약·뇌척수 질환·내분비 이상 등의 원인으로 음경의 발기가 불충분한 병적 상태. impotence
발기 설립(發起設立)⑬〈경제〉발행하는 주식의 총수를 발기인이 도맡아 주식 회사를 설립하는 일. 단순(單純) 설립.

발기 이득(發起利得)圀〈경제〉주식 회사를 창립한 보수로 발기인이 받는 이익.

발기-인(發起人)圀 ①무슨 일을 경영하는 데 먼저 꾸며 내는 사람. originator ②〈법률〉주식 회사의 설립을 발기하고 정관에 서명한 사람. promoter

발기인-주(發起人株)圀〈경제〉발기인의 공로에 대하여 무상으로 주는 주식. ┌하는 모임.

발기-회(發起會)圀 새로운 일을 꾀하여 시작하려고

발=길[一낄]圀 ①발로 걸어가거나 걷는 발의 기세나 힘. ¶~ 닿는 대로. kick ②오고 가는 일. ¶~이 끊어지다.

발=길=다[一낄一]톙 무엇을 먹게 된 판에 마침 한몫 끼게 되어 재수가 좋다. (데) 발잘다. be lucky

발길에 채이다囝 ①걷는 사람의 발에 채이다. ②천대 받고 짓밟힘의 비유.

발길이 내키지 아니하다囝 가고 싶은 마음이 생기지 아니하다.

발길이 멀어지다囝 서로 오가는 것이 뜸하여지다.

발길이 무겁다囝 ①가고 싶은 마음이 내키지 아니하다. ② 발걸음이 무겁다.

발길-질[一낄一]圀 발로 앞을 내차는 짓. (약) 발질. kick 하囝 ┌람. rowdy

발김-쟁이圀 못된 짓을 하며 함부로 돌아다니는 사

발칵囝 ①갑자기 성을 내거나 기운을 쓰는 모양. in a fit of ②갑자기 뒤집히는 모양. ¶온 동네가 ~ 뒤집혔다. (큰) 벌컥. (게) 발каг. all of a sudden

발칵-거리-다쫜 ①빚어 담근 술이 심한 정도로 자꾸 부걱부걱 피어 오르다. ferment ②삶는 빨래가 끓을 때에 부풀어오르다. bubble up ③진흙이나 반죽 따위를 주무르거나 밟아 옆으로 비어져 나오게 하다. (큰) 벌컥거리다. (게) 발까거리다. bulge out

발칵-발칵囝 하囝 ┌한 부분. heels

발=꿈치圀〈생리〉발바닥의 뒤쪽과 발목 사이의 볼록

발끈囝 갑작하면 성을 왈칵 내는 모양. in a rage ②뒤집힐 듯이 소란한 모양. (큰) 벌끈. (센) 빨끈. clamorously 하囝

발끈-거리-다쫜 사소한 일에 걸핏하면 성을 내다. (큰) 벌끈거리다. (센) 빨끈거리다. **발끈-발끈**囝 하囝

발=끊-다[一끈一]쫜 ①오지 않거나 가지 않기로 하다. ②관계를 끊다. ¶김 군과는 발끊었다.

발=끝圀 발의 앞 끝. tiptoe

발낭(鉢囊)圀 (원)→바랑². ┌ 「는 곳이 넓다.

발=너르-다[一르]톙 널리 사귀는 사람이 많아 돌아다

발노(發怒)圀 성을 냄. getting into a rage 하囝

발=노구圀 발이 달린 노구솥. small tripod kettle

발단[一딴](發端)圀 ①말의 첫머리를 꺼냄. opening one's mouth ②일의 첫머리가 비롯함. 기단(起端). (데) 종국(終局). beginning 하囝

발달[一딸](發達)圀 ①성장함. growth ②진보함. ¶ ~사(史). advance ③〈심리〉유전적 요소와 행동 환경의 영향 아래에서 생활체가 수태(受胎)에서 비롯하여 출생을 거쳐 심신이 완전히 자라나기까지의 과정. ④태풍이나 저기압 따위의 규모가 점차 커짐. development 하囝

발달 심리학[一딸一](發達心理學)圀〈심리〉성장과 학습의 두 발달 개념을 정신 전체의 생활 구조를 설명하는 으뜸가는 원리로 하여, 정신의 발달을 연구하는 심리학의 한 분야. genetic psychology

발달 지수[一딸](發達指數)圀〈심리〉아동의 정신 생활을 관찰하여 발달상으로 몇 년 몇 개월 되는 아동의 평균치에 상당하다고 하는 발달 연령을 경하여 이것을 생활 연령으로 나눈 수치.

발당[一땅](發黨)圀 정당(政黨)을 발기함. formation of a political party 하囝

발대-식[一때—](發隊式)圀 '대(隊)' 자가 붙는, 군대 조직에 준하는 조직체를 발기하는 의식.

발=덧[—떳]圀 길을 걸어서 생기는 발병. sore foot

발도[一또](拔刀)圀(동) 발검(拔劍).

발=돋움圀 ①키를 돋우려고 발밑을 괴거나 발끝만 디디고 서는 짓. standing of tiptoe ②발밑을 괴고 서게 하는 물건. foothold ③목표 같은 것을 달성하기 위하여 안간힘을 씀. 하囝

발동[一똥](發動)圀 ①움직이기 시작함. beginning ②동력을 일으킴. ¶~이 걸리다. put in motion ③여럿이 들고일어나 떠듦. raising clamour ④법령 따위가 효력을 나타냄. become effective ⑤권능을 말함. ¶사법권의 ~. 하囝 ┌엔진. 모터.

발동-기[一똥—](發動機)圀 동력을 일으키는 기계.

발동기-선[一똥—](發動機船)圀 발동기를 추진 기관으로 장치하여 운항하는 배.《약》발동선. motor ship

발동-력[一똥—](發動力)圀 동력을 일으키는 힘.

발동-선[一똥—](發動船)圀 (약)→발동기선.

발-뒤꾸머리[一뛰—]圀 (속) 발뒤꿈치.

발뒤꿈치[一뛰—]圀 발끝과 발바닥 부분 이외의 뒤쪽 부분.《약》뒤꿈치. heel

발뒤꿈치가 달걀 같다囝 며느리가 미워서 달걀같이 예쁘게 생긴 발꿈치까지 나무란다는 뜻.

발뒤꿈치도 따를 수 없다囝 상대가 너무나 뛰어나, 자기와 비교도 안 될 정도이다.

발=뒤축[一뛰—]圀〈생리〉발꿈치의 뒤쪽으로 두두룩하게 나온 부분.《약》뒤축. heel

발=들여놓-다[—노—]쫜 ①어떤 장소에 출입하다. ②어떤 환경에 몸을 두다. ┌도둑질에.

발-등[一뜽]圀 발의 윗부분. 발바닥의 반대되는 부분. (데) 발바닥. (속) 발등어리. instep

발-등거리[一뜽—]圀 한때 쓰려고 거칠게 만든 작은 초롱. 흔히, 초상집에서 씀. small lantern

발등-걸이[一뜽—]圀 ①〈체육〉씨름에서, 상대자의 발등을 밟아 넘기는 재주. ②〈체육〉두 손으로 운동틀에 매달려서 두 발등을 걸치는 재주. ③남이 하려는 일을 앞질러 먼저 하는 짓. forestallment 하囝 ┌하다. forestall

발등 디디-다囝 남이 하려는 일을 앞질러서

발-등어리[一뜽—]圀 (속) 발등. ┌닥치다.

발등에 불이 떨어지다囝 일이 배우 절박하게 눈앞에

발딱囝 ①갑자기 급하게 일어나는 모양. with a spring ②반듯하게 자빠지는 모양. (큰) 벌떡. (센) 빨딱. falling on one's back 하囝

발딱-거리-다쫜 ①맥이 뛰듯이 뛰다. pulsate ②가슴이 힘있게 두근거리다. throb ③물을 힘있게 들이 마시다. quaff ④겨우 힘이 날 만큼 자란 아이가 그럼을 버티고 서며 못 참아 하다. ⑤(센) 벌떡거리다. (센) 빨딱거리다. impatient **발딱-발딱**囝 하囝

발=떠퀴圀〈민속〉사람이 가는 곳을 따라 길흉 화복이 생기는 일. ¶~가 사나워 탈이 생겼다. good or bad luck

발라(鈸鑼)圀(동) 바라. 哱囉.

발라 내-다[—아—]卧 ①껍데기를 벗기고 속 알맹이를 추려 내다. ¶씨를 ~. hull ②필요한 부분만 가려내다. pick out

발라드(ballade 프)圀 ①〈문학〉자유로운 형식의 소서사시(小敍事詩). 담시(譚詩). ②〈음악〉띄움의 하나. 서사적인 가곡. ③〈음악〉어떤 이야기를 나타낸 자유 형식의 기악곡. 담시곡(譚詩曲).

발라드 오페라(ballade opera)圀〈음악〉18세기 영국에서 속요조(俗謠調)의 노래와 서민적 제재(庶民的題材)로 된 대중적인 오페라.

발라 맞추-다卧 겉말 숱을 꾸며내어 알랑거리며 남을 속여 넘기다. wheedle

발라 먹-다卧 ①속 알맹이를 골라 빼어 먹다. open up and eat what is inside ②남을 꾀어서 재물을 뽐아 먹다. swindle

발락(發落)圀 결정하여 끝냄. 하囝 ┌하囝

발란(撥亂)圀 어지러운 세상을 다스려 평안하게 함.

발란 반:정(撥亂反正)圀 난을 다스려 질서를 회복시킴. ┌리.

발랄(潑剌)圀 ①물고기가 뛰는 소리. ②새가 나는 소리. liveliness ¶~한 모양. full drawing of a bow 하읨 히읖

발랄라이카(balalaika 러)명 〈음악〉 러시아의 향토 악기의 하나. 만돌린계(系)의 3현 악기로 공명동(共鳴胴)이 삼각형이며, 음색이 감정적이고 우울함.

발람(發藍)명 아름다운 물감의 하나. 에나멜 종류임.

발랑円 가볍게 뒤로 잘싹 자빠지거나 눕거나 하는 모양. 《큰》벌렁.

발랑-거리-다재 가분가분하고 민첩하게 행동하다. 《큰》 벌렁거리다. 《센》빨랑거리다. **발랑=발랑**튀 하다

발레(ballet 프)명 〈예〉음악을 반주로 하여 무용 및 일종의 무언극적인 동작으로써 하나의 주제를 표현하는 무대 예술.

발레리나(ballerina 이)명 〈예〉발레의 여성 무용원(舞踊員). 특히, 주역(主役)을 일컬음.

발렌타인 데이(St. Valentine's Day) 성(聖) 발렌타인의 축일(祝日). 2월 14일로, 해마다 이 날에 애인끼리 선물을 주고받으며, 특히 이 날은 여자가 남자에게 먼저 구애(求愛)해도 괜찮다는 풍습이 있음.

발령(發令)명 ①명령을 발포함. official order ②〈법률〉 법령이나 사령(辭令)을 발포 또는 공포함. 하다

발령-일(發令日)명 발령한 날짜.

발로(發露)명 겉으로 드러남. ¶애국심의 ~. manifestation 하다

발로(ballo 이)명 〈예〉①무용. ②무용곡.

발록-거리-다재태 탄력 있는 물건이 바라졌다 오므라졌다 하다. 또, 그렇게 되게 하다. wiggle 困 부질 없이 눌러 돌아다니다. wander
발록-발록튀 하다

발록-구니명 하는 일 없이 공연히 놀고 돌아다니는 사람. idler
발록-하-다휑 쪼금 바라져 있다. 《큰》벌룩하다. be wide open

발론(發論)명 먼저 의논을 꺼냄. proposition 하다

발록-꾼명 하는 일이 없이 떠돌아다니면서 난봉이나 부리는 사람. 부랑자(浮浪者). vagabond

발룽-거리-다재 ①하는 일 없이 공연히 게으르게 놀며 돌아다니다. wander ②탄력 있는 물건이 가볍게 바라졌다 오므라졌다 하다. ③국물 따위가 끓을락말락 가만가만 움직이다. 《큰》 벌룽거리다. bubble ④ 탄력 있는 물건을 바라졌다 오므라졌다 하게 하다. 《큰》벌룽거리다. **발룽=발룽**튀 하다

발름-거리-다재태 탄력 있는 물건이 넓게 바라졌다 오므라졌다 하다. 또, 그리 되게 하다. 《큰》벌름거리다. open and shut **발름=발름**튀 하다

발름-하-다휑 탄력 있는 물건이 오므라지지 않고 조금 바라져 있다. 《큰》벌름하다. agape **발름-히**튀

발리(volley)명 〈체육〉정구나 축구에서, 공이 땅에 떨어지기 전에 도로 치거나 차는 일. 또, 그 공.

발리-다타 ①틈 사이를 버스려 넓게 하다. widen ②오므라진 것을 펴서 열다. open ③물건을 늘어놓다. spread ④열어서 속의 것을 드러내다. expose ⑤일을 베풀어 놓다. 마구 벌리다. begin

발리-다²困 액체 같은 것이 무엇에 바름을 당하다. be pasted 困통 액체 같은 것을 바르게 하다.

발리-다³困 속에 있는 것이 발라 냄을 당하다. 困통 속의 것을 발라 내게 하다. be picked out

발리-볼(volley ball)명 〈체육〉배구(排球).

발림명 살살 비위를 맞추어서 달램을 . ¶사탕 ~.
②판소리에서, 노래부르는 사람의 동작을 이르는 말. action 달래는 수작.

발림 수작(─酬酢)명 발라 맞추는 수작. 비위를 맞추어 하는 말.

발마(發馬)명 〈제도〉 발군(撥軍)이 타는 역마.

발만-하-다휑 신분이 높은 늙은이가 신은 마른신의 하나. 뒤축과 코에 꿰맨 솔기가 없고, 코 끝이 넓적하며, 가죽 조각을 대고 하얀 분을 칠함.

발막(─幕)명 조그만 오막살이집. small cottage

발막-하-다휑⒇ 염치없고 뻔뻔스럽다. impudent

발만(醱矕)명 〈동〉 꿀머물.

발맘=발맘튀 ①남의 뒤를 살피며 쫓아가는 모양. with stealthy steps ②한 걸음씩 또는 한 발씩 천천히 걸어 나가는 모양. step by step 하다 「into step

발-맞-다재 여러 사람의 걸음걸이가 서로 맞다. fall

발-맞추-다타 여러 사람이 걸음걸이를 서로 맞추다. keep pace

발매명 산판의 나무를 한목에 베어냄. felling 하다

발매(發賣)명 상품을 내어 팔. 팔기 시작함. 발수(發售). sale 하다

발매 금:지(發賣禁止)명 〈법률〉 풍속과 치안을 어지럽힐 우려가 있는 출판물이나 상품의 발매를 못하게 하는 행정 처분. 《약》발금(發禁). prohibition of sale 하다

발매 나무명 발매한 땔나무. firewood

발매-넓-다태 산판에 발매 일을 착수하다. start felling

발매-놀-다재로 무당이 굿을 할 때 음식을 여기저기 먹이다.

발매-놓-다태재 촘촘히 서 있는 나무를 발매하여 한 목에 없이 버리다. deforest

발매-소(發賣所)명 물건을 내어 파는 곳. 발매처. 「sales agency

발매-처(發賣處)명 〈동〉 발매소.

발매-치명 베어낸 큰 나무에서 쳐서 굵고 긴 가지의 땔나무. firewood 「는 행정 처분.

발매 허가(─許可)명 산의 나무를 발매하도록 인정하는 행정 처분.

발명(發明)명 ①전에 없던 것을 처음으로 생각해 내거나 만들어 내는 일. invention ②경사(經史)의 뜻을 깨달아 밝힘. clarification ③죄가 없음을 변명함. pleading 하다

발명-가(發明家)명 무슨 물건이나 방법을 처음으로 만들거나 생각해 낸 사람. 발명한 사람.

발명-권(─權)[─꿘](發明權)명 〈법률〉발명자가 그 발명에 관해 가지는 권리.

발명 망:상(發明妄想)명 발명·발견을 하였다고 생각하거나, 또는 그것을 성취하기 위하여 가재(家財)를 탕진하였다고 생각하는 망상.

발명 무로(發明無路)명 죄가 없음을 밝힐 길이 없음. no way to prove innocence 하다

발명-왕(發明王)명 많은 발명을 한 사람. ¶~ 에디슨. great inventor

발명의 날(發明─)명 과학 정신의 함양(涵養)과 발명 의욕의 고취(鼓吹)를 위하여 정한 날. 5월 9일임.

발명-품(發明品)명 새로 발명해 낸 물건.

발:=모가지명속 발. 발목. 「분. ankle

발:-목명 〈생리〉다리와 발이 이어진 관절(關節)의 부

발목(撥木)명 〈음악〉비파(琵琶)를 타는 메에 쓰는 나무로 만든 물건. 「water

발목-물(─물)명 발목까지 잠길 만한 얕은 물. ankle-deep

발목-뼈명 〈생리〉발목을 이룬 뼈. 족근골(足根骨).

발목-잡히-다재 ①무슨 일에 꽉 잡혀 벗어날 수가 없게 되다. be pressed with work ②남에게 어떤 단서나 약점을 잡히다.

발:-목쟁이명속 발. 발목.

발묘(拔錨)명 닻을 거두어 올림. 곧, 배가 떠난다는 뜻. 《대》 투묘(投錨). weighing anchor 하다

발묵(潑墨)명 글씨나 그림에서, 먹물이 번지어 퍼지는 수법. blurring of Indian ink 하다

발-묶이-다재 ①돈이 없거나 방해물로 해서 나돌아다니지 못할 형편이 되다. ②교통의 불통으로 그 자리에서 떠나지 못할 형편이 되다.

발문(跋文)명 책의 끝에 책 내용의 대강이나 또는 그에 관계된 사항을 간단하게 적은 글. 발사(跋辭)①. 《대》서문(序文). post script

발문(發文)명 〈악〉 발통(發通). 하다

발미(跋尾)명 검시관(檢屍官)이 살인의 원인·정경(情景) 등을 조사하여 기록한 의견서(意見書). 발사(跋辭)②.

발민(撥悶)명 고민을 없애 버림. 하다

발:-밑명 발의 밑. 「편한 면. 《대》발등.

발-바닥[─빠─]명 〈생리〉발의 땅에 닿는 아래쪽

발바닥에 흙 안 묻히고 살다団 가만히 앉아서 편한 삶을 이르는 말.

발바리 ①〈동물〉개과의 짐승. 몸은 작고 다리가 짧으며 온몸에 긴 털이 축 늘어짐. 성질이 순하고 모양이 우미하여 애완용으로 흔히 실내에서 기름. Japanese spaniel ②〈속〉진중하지 못하고 볼일 없이 여기저기 돌아다니는 사람을 비유로 일컬음. loafer

발-바심 〈농업〉곡식의 이삭을 발로 밟아서 알을 떨어 내는 일. treading the crops under foot 하다

발-바투 ① 발 앞에 바싹. nimbly ② 발에 바짝.

발반(發斑) 〈한의〉 마마나 홍역을 앓을 때 살가죽에 부스럼이 빨갛게 검점이 나타남. 하다

발:발(發-) ①내돋음. 춥거나 무서워서 자주 작게 떠는 모양. trembling ②하찮은 것을 가지고 몹시 아끼는 모양. ¶돈 백원을 가지고 ~ 떨다. 큰벌벌. being stingy ¶양. 큰벌벌. creepingly

발:자 몸을 바닥에 붙이고 작은 동작으로 기는 모양.

발:발이 종이나 헝겊이 몹시 삭아서 손대기가 무섭게 쩨어지는 모양. in tatters 하다 rited 하다

발발(勃勃) 사물(事物)이 한창 일어나는 모양. spi-

발발(勃發) 일이 갑자기 터져 일어남. ¶뜻하지 않던 사건이 ~하다. outbreak 하다

발밤-발밤 발길이 가는 대로 목표 없이 천천히 걷는 모양. saunteringly 하다

·발밧-다 〈고〉발벗다.

발-방 기회를 재빠르게 붙잡아 달려들어 이용함.

발배(發配) 죄인을 귀양살이할 곳으로 보냄. exile

발배(醱醅) 〈동〉 발효(醱酵).

발버둥이-치다 ①불평이나 원통한 일이 있어서 다리를 오므렸다 뻗었다 하며 몸부림치다. squirm ② 무슨 일을 피하려고 애쓰다. ¶낙제를 면하려고 ~.

발버둥-질 발버둥이치는 짓. 약버둥질. squirming 하다

발벗고 나서-다 무슨 일에 적극적으로 덤벼들다.

발-벗다 ①버선이나 양말 또는 신을 신지 않다. have bare feet ②있는 재주나 힘을 다하다.

발-병(-病) ①발에 생기는 병. ②길을 많이 걸어 발에 생긴 병.

발병(發兵) 군사를 냄. 군사를 보냄. 발군(發軍). dispatch of troops 하다

발병(發病) 병이 남. have an attack of disease

발병-부(發兵符) 〈제도〉 조선조 때, 둥글납작한 나무쪽에 '發兵'이라 써서 발병할 때 내리던 표. 약병부(兵符).

발-보이-다 ①있는 재주를 남에게 자랑하기 위해 일부러 드러내 보이다. show one's talent to others ②일의 끝맛을 잠깐 드러내 보이다. 약발뵈다. show a part of (a thing)

발복(發福) 〈민속〉 운이 틔어 복이 닥침. advent of good fortune 하다 은 집터나 묏자리.

발복지-지(發福之地) 〈민속〉 발복할 수 있다는 좋은 집터나 묏자리.

발본(拔本) ①근원을 뽑음. eradication ②장사에 이익이 남아 밑천을 뽑음. earn as much as the capital invested 하다 ¶ 없애 버림. 약본

발본 색원(拔本塞源) 폐단이 되는 근원을 아주 뽑음.

발:뵈-다 〈약〉〈고〉 괄아 내다.

발부(發付) ①증서 · 영장 등을 발행함. issuance ②일정한 문서를 발행하여 내어 줌. 발급(發給). 하다

발-부(髮膚) 머리털과 살. ¶신체(身體)~. hair and skin ¶ tip of the toe

발-부리(-뿌-) 발끝의 뾰족한 부분. 족첨(足尖).

발분(發憤 · 發奮) 〈동〉 분발(奮發). 하다

발분 망식(發憤忘食) 발분하여 끼니까지 잊음. giving oneself up entirely to do

발분 흥기(發憤興起) 분발하여 일어남.

발-붙이-다(-부치-) 의지하거나 근거하여 발돋음.

발-붙임(-부침) 발돋음. foothold ¶ 로 삼다.

발비(茇榌) 〈건축〉 서까래 위에 산자(撒子)를 깔고 알매흙이 새지 않도록 덧대어 까는 나뭇조각.

발빈(拔貧) 가난한 것을 면하게 됨. 하다

발-빠:지-다 무슨 일에 한몫 끼었다가 관계가 끊어지지 되지 아니하다. become severed from

발-빼:-다 무슨 일에 몫 끼었다가 이롭지 못한 것을 깨닫고 물러나다. wash one's hands of

발-뺌 책임을 면하려는 변명. excuse with 하다

발-뻗-다 다리를 뻗어 발을 멀리 두다.

발사(一)(發射) 총포나 활을 쏨. 방사(放射)②. 하다 (跋尾).

발사(一)(跋辭) ①〈동〉 발문(跋文). ②〈동〉 발미

발사-관(一)(發射管) 〈군사〉 어뢰(魚雷)를 발사하기 위하여 함선에 장치한 둥근 강철제의 통. launching tube

발사-대(一)(發射臺) 〈군사〉 유도탄 등을 발사하기 위하여 고정시켜 놓은 장치.

발사-약(一)(發射藥) 탄알을 장치하여 그것을 발사할 때에 추진시키는 작용을 하는 화약.

발사-장(一)(發射場) 지대공(地對空) 또는 지대지(地對地) 미사일의 발사 능력을 가진 기지 또는 시설. 는 지점.

발사 지점(一)(發射地點) 총포 따위를 발사하는

발산(一)(拔山) 산을 뽑는다는 뜻으로, 그런 정도의 힘과 기세를 이르는 말.

발산(一)(發散) ①퍼져 흩어짐. 퍼져 흩어지게 함. diffusion ②병의 기운이 헤쳐짐. dispersion ③증발하여 흩어짐. 하다 ¶용(作用). ④〈물리〉물체가 그 표면으로부터 복사선(輻射線)을 발출함. ⑤〈수학〉 수열이나 급수 등과 같은 수치의 무한 계열(無限系列)이 어느 유한 계열(有限系列)의 일정치에 수렴(收斂)하지 않음. 하다

발산 개:세(一)(拔山蓋世) ①힘은 산을 뽑을 기(氣)는 세상을 덮을 만큼 웅장(勇壯)한 기상(氣象). having Herculean strength ②세력이 강하고 원기가 왕성함. 역발산 기개세(力拔山氣蓋世).

발산 기류(一)(發散氣流) 〈지학〉 좁은 구역에서 넓은 구역으로 불어 나가는 기류.

발산 렌즈(一)(發散 lens) 〈물리〉 평행 선에서 흩어져서 진행하게 하는 렌즈. 오목 렌즈.

발산-류(一)(發散流) 〈식물〉 식물 잎의 물기의 발산에 따라 뿌리가 물기를 빨아들이는 작용. transpiration 하지 아니하는 수열.

발산 수:열(一)(發散數列) 〈수학〉 수렴(收斂)

발산 작용(一)(發散作用) 〈동〉 증산 작용(蒸散作用).

발삼(balsam) 〈화학〉 침엽수에 분비되는 반유동체의 액체. 알코올과 에테르에 녹으며, 약용과 공업용임.

발상(一)(發祥) ①행복의 조짐이 나타남. appearance of good omen ②생겨남. 기원(起源). rising ③천명을 받아 천자(天子)가 될 길조가 나타남. ④제왕(帝王)이나 그 조상(祖上)의 출생. birth of a king or his ancestor 하다

발상(一)(發喪) 상제가 머리를 풀고 울어서 초상 난 것을 발표하는 일. announcement of a death 하다

발상(一)(發想) ①생각이 일어남. conception ②〈음악〉곡상(曲想)이나 곡의 완급 · 강약을 표현함. expression

발상 기:호(一)(發想記號) 〈동〉 나타냄표.

발상-지(一)(發祥地) ①나라를 세운 임금이 난 땅. birth-place of a king ②어떤 사업이나 문화가 처음으로 일어난 땅. ¶ 세계 문명의 ~. cradle

발-살(一) 발가락 사이. 발새. space between the toes

발살의 때깍재기 아주 하찮것없고 더러운 것.

발-새(一) 〈동〉 발살.

발색(一)(發色) ①천연색 필름 · 염색 등에 있어서 색채의 됨됨이. ②화공적 처리를 하여 빛깔을 냄. 하다

발생[-생](發生)[명] ①생겨남. 태어남. birth ②일이 비롯하여 일어남. ¶~지(地). occurrence ③〈생물〉난자(卵子)가 자라서 성체(成體)가 되는 과정. 또는 배자(胚子)가 자라서 개체가 되는 과정. 개체 발생. development 하다

발생-기[-생-](發生機)[명]〈화학〉원소가 화합물에서 갓 떠난 순간에 단체 원소(單體元素)보다 많은 에너지를 가져 활발하게 되는 작용.

발생로 가스[-생-](發生爐gas)[명]〈화학〉코크스나 석탄을 채운 노(爐)의 밑에서부터 공기를 보내어 발생시키는 일산화탄소와 질소가 주성분인 가스.

발생 생리학[-생-](發生生理學)[명]〈생물〉생물이 생겨난 그 경과 중에서 형태의 구성과 작용을 연구하는 과학. genetic biology

발생 심리학[-생-](發生心理學)[명]〈심리〉정신 발달의 경로와 법칙을 연구하는 심리학의 한 분야. 발달 심리학. genetic psychology

발생 예:찰[-생예-](發生豫察)[명] 농작물이나 산림에 손해를 끼치는 병충·해충에 대하여 적기(適期)에 방제(防除) 조치를 취하기 위해 그 발생 시기를 예측하는 일.

발생적 방법[-생-](發生的方法)[명]〈철학〉사물을 그 기원에서 인과적으로 설명하려고 하는 방법.(대)비판적 방법. genetic method

발생적 연:구[-생-](發生的研究)[명] 사물의 발생에서부터 시작하여 시간적·인과적인 경과를 좇아, 그 발달 변화를 연구하는 방법. 생기적 연구(生起的研究). genetical study

발생적 정:의[-생-](發生的定義)[명] 정의(定義)에 있어서 본질적 속성의 분석이 곤란할 경우, 그 발생·성립의 조건을 들어 정의하는 것.

발생-주의[-생-](發生主義)[명]〈경제〉기업 회계의 기본적 원칙의 하나. 자산·부채·자본의 증감이나 수익과 비용의 기록을 그 발생 사실에 따라서 행하며, 특히 수익과 비용은 발생한 연도(年度)에 할당하도록 처리하는 회계 방식.

발생-학[-생-](發生學)[명]〈생물〉생물학의 한 분과. 생물의 발생에 대하여 연구하는 과학. 태생학(胎生學). embryology

발선[-썬](發船)[명] 배를 띄워 나아감. 출항(出港). 발항(發航).(대)착선(着船). sailing 하다

발설[-썰](發說)[명] 입 밖에 말을 내어 남이 알게 함. 발언(發言). announcement 하다

발섭[-썹](跋涉)[명] ①산을 넘고 물을 건너서 길을 감. traversing ②여러 고장을 또는 여러 나라를 돌며 활약함. 하다

발성[-썽](發聲)[명] 소리를 냄.(대) 무성(無聲). [utterance 하다

발성-기[-썽-](發聲器)[명]〈생리〉직접·간접으로 발성에 관여하는 기관. 사람의 성대(聲帶)·구강(口腔)·비강(鼻腔) 따위. vocal organ

발성-법[-썽뻡](發聲法)[명] ①발성하는 방법. enunciation ②〈음악〉성악(聲樂)의 기초 훈련으로서 하는 발성의 방법. vocalization

발성 영화[-썽-](發聲映畵)[명]〈연예〉특정한 기계로써 녹음(錄音)한 필름을 영사(映寫)하여 동시에 재생 장치(再生裝置)로 음향(音響)을 내는 영화. 발성 활동 사진.(대) 무성 영화(無聲映畵). talkie picture

발성 활동 사진[-썽-동-](發聲活動寫眞)[명] ☞발성 영화.

불·셔 (고) 벌써.

·볼셔-다 (고) 멍들어서다. 핏발서다.

발소[-쏘](撥所)[명]〈제도〉서울과 의주 사이에 군데군데 있던 역참(驛站). [소리. footsteps

발-소리[-쏘-](-)[명] 걸을 때 발이 땅에 부딪어 나는

발소-부[-쏘-](疋部)[명] 한자 부수(部首)의 하나. '疏·疎' 등의 '疋'의 이름.

발속[-쏙](拔俗)[명] ☞ 초세(超世). [하다

발-송:전[-쏭-](發送電)[명] 발전과 송전.

발-송:전[-쏭-](發送電)[명] 발전과 송전.

발솥 발 세 개가 달린 솥. tripod

발:쇠 남의 비밀을 살펴서 다른 사람에게 알려 주는 짓. 《약》 발⁵ spying

발:쇠-꾼 남의 비밀을 탐지하여 타인에게 일러바치는 사람. 발쇠를 서는 사람. spy

발:쇠-서-다 남의 비밀을 탐지하여 타인에게 일러바치다. 발쇠를 하다. spy

발수[-쑤](拔穗)[명]〈농업〉벼·보리 따위의 좋은 이삭을 골라서 씨앗갈이로 뽑음. 또, 그 이삭. selecting good ears 하다

발수[-쑤](發售)[동] 발매(發賣). 발賣하다. 하다

발수[-쑤](發穗)[명] 포아풀과에 딸린 식물의 이삭이 나옴. 출수(出穗). coming into ears 하다

발스(valse 프)[동] 왈츠(waltz).

발신[-씬](發身)[명] 미천하던 사람이 몸을 일으켜서 출세함. rising in the world 하다

발신[-씬](發信)[명] 우편·전신을 보냄.(대) 수신(受信). 착신(着信). despatching letter or a telegram 하다 [국이나 전신 전화국.

발신-국[-씬-](發信局)[명] 전파나 통신을 보낸 우체

발신-기[-씬-](發信機)[명] ①통신을 보내는 기계. 송신기(送信機). ②신호를 발송하는 기계 장치.

발신-소[-씬-](發信所)[명] 발신을 하는 처소(處所).

발신-인[-씬-](發信人)[명] 통신을 보낸 사람.(대) 수신인(受信人). addresser

발신-주의[-씬-](發信主義)[명]〈법률〉법률상 의사 표시의 효력 발생 기준의 하나. 먼 곳과의 사이에 이루어지는 법률 행위에 있어, 의사 표시를 하는 쪽의 의사 표시. 효력은 상대방에 대한 서신 발송시에 발생한다는 주의.(대) 도달주의(到達主義).

발신-지[-씬-](發信地)[명] 통신을 보낸 곳. place of dispatch

발심[-씸](發心)[명] ①무슨 일을 하겠다고 마음을 먹음. intention ②〈불교〉보리심(菩提心)을 일으킴. religious awakening 하다

발=싸개 버선을 신을 때 발이 잘 들어가게 하기 위해 발을 싸는 헝겊이나 종이. food-wrappers

발싸심[명] ①몸을 비틀면서 비비적거리는 짓. nervous gesture ②무엇을 하고 싶어서 애를 쓰며 들먹거리는 짓. ¶남의 일에 공연히 ~이냐. be impatient 하다

발씨 걸음을 걸을 때 그 길에 대하여 서투르거나 또는 익숙한 발의 버릇. ¶~가 익숙하다. gait

발-씨름 같은 쪽의 다리를 맞대고 서로 밀어 넘어뜨리는 발 장난의 하나.

발아(發芽)[명]〈식물〉①초목의 눈이 틈. sprouting ②씨앗에서 싹이 나옴. 아생(芽生). 하다

발아-공(發芽孔)[명]〈식물〉화분의 표면의 일정한 곳에 있는 하나 또는 몇 개의 작은 구멍.

발아-기(發芽期)[명] 발아하는 시기. sprouting season

발아-력(發芽力)[명] 발아하기 능력.

발아-법[-뻡](發芽法)[명] ☞ 아생 생식(芽生生殖).

발아-율(發芽率)[명] 파종한 데 대해 싹이 트는 비율.

발악(發惡)[명] 앞뒤를 헤아리지 않고 모진 말이나 행동을 함. rave 하다 스밍 스레다

발안(發案)[명] ①어떠한 안을 생각해 냄. scheme ②의안(議案)을 제출함. motion 하다

발안-권[-꿘](發案權)[명]〈법률〉법률안·예산안 등을 의회에 제출할 수 있는 권리. initiative

발안-자(發案者)[명] ①어떤 고안(考案)을 낸 사람. ②의안(議案)을 제출한 사람. proposer, originator

발암(發癌)[명] 암이 발생함. 암을 발생시킴. development of cancer 하다

발암 물질[-찔](發癌物質)[명] 암을 발생하게 하는 물질. 주된 방향·탄화수소·아조(Azo) 화합물 따위.

발양(發陽)[명] 양기가 움직여 일어남. generation of virility 하다 [exaltation 하다

발양(發揚)[명] 마음·기운·재주·기세 같은 것을 떨쳐

발양 망:상(發揚妄想)[명] 자기 자신을 과대 평가하게

나 원망(願望)이 충족되었다고 생각하는 망상. 《대》미소 망상(微小妄想).

발양(發陽)圓 젊어서 양기가 한창 왕성하게 일어날 시기. exhalation

발양 상태(發揚狀態)圓〈의학〉의식은 대체로 혼탁되어 있지 않으면서 고성(高聲)을 내거나 난폭하게 굴거나 자기의 주위에 대하여 분별없는 행동을 하는 증세.

발양성 정신병:질[―생―뼝―](發揚性精神病質)〈의학〉극히 명랑한 기분을 가지며 능동적인 경향이 있는 정신병질의 한 유형.

발어(發語)圓〔동〕발언(發言). 하타

발언(發言)圓 의견을 폄. 말을 꺼냄. 발설(發說). 발어(發語). 《대》침묵(沈默). utterance 하타타

발언=권(―權)圓 ①자기 자리에서, 발언할 수 있는 권리. voice ②발언에 대한 권위. ¶~이서지 않는다. 언권(言權).

발 없는 말이 천리 간다타 몰래 한 말이 전하여 드러나게 되다. 말의 퍼져 나감이 빠름을 이름.

발연(勃然·艴然)圓 ①벌컥 일어나는 모양. suddenly ②왈칵 성내는 모양. in a flare 하타 히―

발연(發煙)圓 연기를 냄. fuming 하타

발연 대=로(勃然大怒)圓 왈칵 성을 냄. 하타 [하타

발연 변=색(勃然變色)圓 왈칵 성을 내어 안색을 바꿈.

발연 병기(發煙兵器)圓〈군사〉발연제를 써서 연기를 내는 병기의 총칭.

발연 염산(發煙鹽酸)圓〈화학〉염화수소 37.2%를 함유하고 있는 염산. fuming

발연=제(發煙劑)圓 연기를 나게 하는 데에 쓰는 약제. 군용(軍用)으로 널리 쓰임.

발연 질산(發煙窒酸)[―싼](發煙窒酸)圓〈화학〉질산에 이산화질소가 많이 섞인 적갈색의 액체. 공기 속에서 질식성의 황갈색 증기가 발산되어 연기가 남. fuming nitric acid

발연=체(發煙體)圓 연기를 내는 물체.

발연 초산(發煙硝酸)圓〈화학〉과산화질소를 포함한 진한 황산. 공기 중에서 갈색의 기체를 발생하며 산화 작용이 특히 강함.

발연=탄(發煙彈)圓〈군사〉발연제(發煙劑)를 속에 충전한 탄알. 연막(煙幕)을 치는 데에 쓰임. smoke shell

발연 황산(發煙黃酸)圓〈화학〉진한 황산에 무수황산(無水黃酸)을 녹인 기름 모양의 액체. 강한 산화제로 화학 반응의 시약(試藥)으로나 염료 화학 제조에 쓰임. fuming sulphuric acid

발열(發熱)圓 ①물체가 열을 냄. generation of heat ②〈의학〉몸에 열이 남. 체온이 높아짐. fever 하타

발열=량(發熱量)圓〈물리〉연료가 일정 단위량만큼 완전 연소하였을 때 발생하는 열량. 고체나 액체는 1 kg, 기체는 1m³ 단위로 나타냄.

발열 반=응(發熱反應)圓〈화학〉발열을 수반하는 화학 반응. 보통은 급격히 일어나고 때때로 폭발함. 예를 들면 탄소의 연소, 산과 염기와의 중화, 흡열 반응. exothermic reaction [을 하는 약제.

발열=제(―劑)[―께](發熱劑)圓〈약학〉체온을 높이는 작용

발열=체(發熱體)圓 열을 내는 물체.

발염(拔染)圓 날염법(捺染法)의 하나. 염색한 베에 발염제(拔染劑)를 섞은 풀을 날인(捺印)하여 모양을 발(拔色)하는 것. 백색(白色) 발염·착색(着色) 발염·반(半) 발염의 세 가지가 있음. [약제.

발염=제(拔染劑)圓 발염에 사용하는 색(色)을 빼는

발영=시(發英試)圓〈제도〉조선조 세조(世祖) 때에 정₃품 이하의 문관에게 베푼 과거(科學).

발옴圓 (고) 바름. 세로 곧음.

볼옴圓 〔고〕 밥을. ―을.

발·외¹圓 (고) 발구. 말이나 소가 끄는 썰매.

발·외²圓 (고) 발가는 쟁기의 하나.

발육(發慾)圓 욕심을 냄. 하타타

발원(發源)圓 ①물이 비롯하여 흐르는 근원. source

②사물이 일어나는 근원. origination 하타

발원(發願)圓 ①무엇을 바라고 원하는 생각을 냄. wishing ②〔동〕기원(祈願). 하타

발원=문(發願文)圓〈불교〉서원(誓願)을 쓴 글.

발원=지(發源地)圓 사물이 발원한 곳. source

발월(發越)圓 기상이 아주 빼어남. 준수(俊秀)함. outstanding 하형

발유=창(發乳瘡)圓〔한의〕젖멍울이 서서 곪거나 그밖에 젖에 생기는 종기(腫氣). mastitis

발육(發育)圓 발달되어 자람. 발생하여 성장함. ¶~이 몹시 빠르다. growth 하타

발육=기(發育期)圓 발육하는 시기. 성장기(成長期). period of growth [따위.

발육 기관(發育器官)圓〈식물〉식물의 잎·줄기·뿌리

발육 부전(發育不全)圓〈생물〉선천적인 원인으로 몸의 어떠한 조직의 전부 또는 일부의 발육이 완전하지 못함. abortion

발육=지(發育枝)圓〈식물〉자람가지.

발육 지수(發育指數)圓 난 때의 체중을 100으로 보아 그때그때의 몸무게를 비율로 나타낸 수. 발달 지수(發達指數). [자다.

발을 뻗고 자다타 곤란에서 벗어나 마음놓고 편히

발음(發音)圓 ①소리를 냄. voicing ②〈어학〉언어의 음운을 음성하하는 일. 또, 그 음. pronunciation 하타타

발음(發蔭)圓〔민속〕산음(山蔭)·선음(先蔭) 같은 것을 받아 운수가 열림. 하타

발음=기(發音器)圓〈약〉→발음 기관(發音器官)②.

발음 기관(發音器官)圓〈동〉발음기관으로 사람이 발음하는 데 필요한 기관. 주로 구강(口腔) 내의 기관을 이름. 음성 기관(音聲器官). vocal organ ②〔동물〕동물체의 소리를 내는 기관. 발음기(發音器).

발음 기=호(發音記號)圓〔동〕발음 부호(發音符號).

발음 변=화(發音變化)圓 발음이 달라짐.

발음=부(發音部)圓〔동〕발음 부호(發音符號).

발음 부호(發音符號)圓〔어학〕언어의 음을 표기하기 위하여 쓰이는 부호. 언어음(言語音)을 기술하여 연구하거나 외국어의 발음을 습득하는 데 씀. 국제 음성 기호 따위. 발음 기호(發音記號). 음성 기호(音聲記號). 표음 기호(表音記號). 《약》발음부(發音符). phonetic symbols

발음=체(發音體)圓〔물리〕자체가 진동되어 소리를 내는 물체. sounding body

발음=학(發音學)圓〔동〕음성학(音聲學).

발의(發意)圓 ①의견이나 계획을 냄. suggestion ②무슨 일을 생각해 냄. intiative ③〈심리〉의식(意識)의 능동적 요소. conation 하타

발의(發議)圓 회의할 때에 어떠한 의안(議案)을 냄. proposal 하타

발이 넓다타 알아서 사귀는 사람이 많다.

발인(發靷)圓 수레가 떠나간다는 말로, 무슨 일의 출발을 이르는 말. 하타 「out of the house 하타

발인(發靷)圓 상여가 상가에서 떠남. carrying a coffin

발인=기(發靷記)圓 뫼터로 상여가 떠나기 전에 대문간에 써 붙이는 기록. 발인 일시·장지(葬地)·하관(下棺) 일시·반우(返虞) 일시·처소 따위를 적음.

발인=제(發靷祭)圓 상여가 집에서 떠날 때 상여 앞에서 지내는 제사. [跡), footprint

발=자국[―짜―]圓 발로 밟은 흔적의 형상. 족적(足

발=자국[―짜―]圓 짐승의 발자국. footprint of a [beast

발=자봉톨(―自縫―)圓 발재봉틀.

발자=취[―짜―]圓〔한의〕임아귀나 아래덕에 나는 작은 부스럼.

발=자취[―짜―]圓 ①발로 밟은 흔적. footprint ②발을 옮겨 걸어간 그 흔적. track

발자=하다[―짜―]형(여) 성미가 급하다. impatient

발작[―짝―](發作)圓 ①병의 증세가 때때로 갑자기 일어남. fit ②일어나기를 비롯함.

발작성 해수[―짝―](發作性咳嗽)圓〈의학〉백일해

폐렴 등을 앓을 때, 발작적으로 일어나는 기침. spasmodic cough

발장[-짱][撥長]〖제도〗발군(撥軍)의 우두머리.

발-장구[-짱-][發-]〖명〗①헤엄칠 때 두 발로 물을 치는 짓. ②어린애가 엎드려서 기어가려고 두 발을 움직이는 짓. kick in the swimming

발장구-치-다[-짱-] ①두 발로 발장구를 치다. ②아무 걱정 없이 태평하게 지내다. 〖준〗음 맞추는 짓.

발-장단[-짱-][-長短]〖명〗흥에 겨워 두 발로 장단을 맞추는 짓.

발-재봉틀[-裁縫-]〖명〗발로 밟아서 돌리게 된 재봉틀.〖약〗발틀②. sewing machine with a treadle

발적[-쩍][發赤]〖명〗피부가 빨갛게 부어 오르는 상태.

발전[-쩐][發展]〖명〗①널리 뻗어 나감. ¶해외로 ~하다. ②번영해 나감. 신전(伸展). ¶공업의 ~. (대) 쇠퇴. development ③낮은 단계에서 높은 단계로 옮음. ¶사건이 ~되어 가다.〖하⌐자〗

발전[-쩐][發電]〖명〗〖물리〗전기를 일으킴. generation of electric power ②전보를 발송함. telegraphing 〖하⌐자〗

발전-관[-쩐-][發電管]〖명〗〖물리〗진동 전류(振動電流)를 일으키는 데에 쓰는 진공관.

발전-기[-쩐-][發電機]〖명〗〖물리〗자장 내에 코일을 회전시켜 전자 감응의 원리로 기계적 에너지를 전기적 에너지, 즉 전력으로 바꾸는 장치. dynamo

발전 기관[-쩐-][發電器官]〖어류〗어떤 종류의 물고기에서 볼수 있는, 전기를 발생하는 특별한 기관. electric organ

발전기 용ː량[-쩐-][發電機容量]〖명〗〖물리〗발전기가 발전할 수 있는 전기 용량. 와트 혹은 볼트 암페어로 나타냄. electric capacity

발전 단계설[-쩐-][發展段階說]〖명〗인류의 문화 발전에는 반드시 거쳐야 할 단계가 있다고 보는 역사 이론.

발전-도[-쩐-][發展度]〖명〗발전하는 정도.

발전 도상국[-쩐-][發展途上國]〖명〗개발 도상국(開發途上國). developing country

발전 동ː기[-쩐-][發電動機]〖명〗〖물리〗발전기와 전동기를 한데 붙인 기계.

발전-량[-쩐냥][發電量]〖명〗발전한 전기의 총량.

발전-력[-쩐녁][發電力]〖명〗전기를 일으키는 힘.

발전-상[-쩐-][發展相]〖명〗발전하는 모습. 발전된 모습.

발전-선[-쩐-][發電船]〖명〗화력 발전기를 장치하여 놓고 전기를 일으키는 배. 발전함(發電艦).

발전-성[-쩐썽][發展性]〖명〗발전할 가능성. ¶~이 있는 회사. power plant

발전-소[-쩐-][發電所]〖명〗발전기를 돌려 발전하는 곳.

발전-자[-쩐-][發電子]〖명〗〖물리〗발전기에 사용하는 코일의 하나. armature

발전-적[-쩐-][發展的]〖명〗발전하는 (것).

발전-체[-쩐-][發電體]〖명〗〖물리〗전기를 축적한 물체. charged body 〖excitement 하⌐자〗

발정[-쩡][發情]〖명〗정욕(情慾)이 일어남. sexual

발정[-쩡][發程]〖명〗길을 떠남. 출발함. 계정(啓程). departure on a journey 〖하⌐자〗

발정-기[-쩡-][發情期]〖명〗〖생리〗포유 동물의 암컷의 정욕이 발작하는 시기. puberty, mating season

발정 호르몬[-쩡-][發情 hormone]〖명〗〖생리〗자성(雌性) 성(性)호르몬의 하나. 난소의 여포(濾胞)따위에서 만들어진 물질. 여성 제2차 성징(性徵)을 발현시키어 여성을 발정하는 작용을 함.

발제[-쩨][拔題]〖명〗심포지엄에서의 주제(主題). ¶

발제[-쩨][祓除]〖명〗불제(祓除). 〖하⌐타〗[~강연.

발제[-쩨][髮際]〖명〗〖원〗발제.

발조[-쪼][發條]〖명〗태엽.

발조-칭[-쪼-][發條秤]〖명〗태엽의 늘고 줄음에 의하여 물건의 무게나 또는 무슨 힘을 측정하는 저울. 용수철 저울. spring balance

발족[-쪽][發足]〖명〗무슨 일을 시작함. 첫발을 내디딤. ¶바라던 회사가 ~되다. starting 〖하⌐자〗

발족=변[-足邊]〖명〗한자 부수(部首)의 하나. '路'나 '蹟'의 '足'의 이름.

발종[-쫑][發縱]〖명〗매었던 사냥개를 풀어 놓음.〖하⌐타〗

발종 지시[-쫑-][發蹤指示]〖명〗사냥개를 풀어 짐승 있는 곳을 가리켜 잡게 한다는 뜻으로, 방법을 가리켜서 어떻게 하라고 하는 지시.〖하⌐자〗

발주[-쭈][發走]〖명〗①경주에서, 달리기 시작함. 스타트(start). ②경마에서, 그 회의 경기가 시작됨. ③경륜(競輪)에서, 그 날의 첫 경기가 시작됨.〖하⌐자〗

발주[-쭈][發注]〖명〗물건을 주문함. ordering 〖하⌐자〗

발-주저리[-쭈-]〖명〗해어진 버선을 신어서 너줄너줄하게 된 발. feet dirts with worn out socks on

발진[-찐][發疹]〖의학〗열성병(熱性病)으로 피부나 점막에 좁쌀만한 작은 종기가 생김. 또, 그 종기.〖하⌐자〗

발진[-찐][發振]〖명〗전기 진동을 발생함.〖하⌐자〗

발진[-찐][發進]〖명〗엔진을 발동시켜 항공기 따위가 출발함. ¶~ 기지. start 〖하⌐자〗

발진-기[-찐-][發振器]〖명〗〖물리〗전기 진동이 발생하는 장치. oscillator

발진-시[-찐-][發振時]〖명〗처음으로 시작된 시각.

발진-시[-찐-][發震時]〖명〗〖지학〗지진동(地震動)이.

발진-열[-찐-][發疹熱]〖명〗〖의학〗쥐나 벼룩이 사람에게 옮기는 병원체에 의하여 일어나는 급성 전염병. 사망률은 낮음.

발진 티푸스[-찐-][發疹 typhus]〖의학〗법정 전염병의 하나. 병원체는 리케차의 일종. 겨울에서 봄에 걸쳐 이의 매개로 전염됨. 장미진(薔薇疹).

발-질〖명〗『~하』발길질.

발-짓[-찓]〖명〗발을 움직이는 동작.〖하⌐자〗

발짝〖의명〗①한 발씩 떼어 놓는 걸음의 수효를 이르는 말. ②걸음을 배우는 어린애가 겨우 떼어 놓는 발걸음. ¶한 ~, 두 ~. step

발짝[-]〖자⌐타〗①일어나려고 애써 조금씩 움직이다. gradually rise to one's feet ②젖은 물을 빨래를 두 손으로 맞잡고 조금씩 비비다.〖큰〗벌쩍거리다. rub with both hands 발짝-발짝〖부⌐하⌐타〗

발-짬-다〖명〗먹는 자리에, 다 먹은 뒤에, 뒤늦게 이르러 먹을 복이 없다.《대》발짐다. be not lucky enough to have a share

발쪽-거리-다〖명〗무엇이 벌어졌다 여며졌다 하여 그 속의 것이 보였다 안 보였다 하다. 또, 그리 되게 하다.〖큰〗벌쭉거리다.〖센〗빨쪽거리다. 발쪽-쪽〖부〗〖하⌐타〗

발쪽-하다〖명〗좁고 길게 벌려져서 쳐들어 있다.〖큰〗벌쭉하다.〖센〗빨쪽하다. 발쪽-이〖부〗

발찌〖한의〗목 뒤 머리털이 난 가장자리에 생기는 부스럼.〖원〗발제(髮際). boil on the nape

발차[發車]〖명〗차가 떠남.《대》정차(停車). departure

발차[發差]〖명〗죄인을 잡기 위하여 사람을 보냄.〖하⌐타〗

발착[發著·發着]〖명〗출발과 도착. 떠남과 닿음. departures and arrivals 〖하⌐자〗

발착 시간[發着時間]〖명〗출발 시간과 도착 시간.

발착 시간표[發着時間表]〖명〗열차나 자동차 등의 출발 시간과 도착 시간을 나타낸 표.

발착-지[發着地]〖명〗출발도 하고, 도착도 하는 곳.

발ː-창[-窓]〖명〗발을 끼어서 만든 창. 염창(簾窓). bamboo-blind window

발채[發債]〖명〗소의 배에 붙어 있는 기름. 소의 발기름. fat on the side or legs of beef

발-채〖명〗①지게에 얹어서 짐을 싣는 제구. ②걸챗날의 한가운데 가는 거적자리. coarse straw-mat ③소의 길마 위에 덧얹고 곡식 담을 싣는 제구. 걸채.

발책[發策]〖명〗천자(天子)가 몸소 문제를 내어 시험함.

발-처[發處]〖명〗시집와서 갈 곳.

발천[發闡]〖명〗①열어서 드러냄. marking public ②앞길을 열어서 세상에 나섬. start in life 〖하⌐자〗

발초[拔抄]〖명〗필요한 대목만 가려 뽑아 베낌. 또, 그 글. extraction 〖하⌐타〗

발총[發塚]〖명〗남의 무덤을 파냄. 굴총(掘塚).〖하⌐타〗

발출(拔出)[명] ①빼내어 나오게 함. extraction ②많은 중에서 뛰어남. 하타

발췌(拔萃)[명] ①여럿 중에서 훨씬 뛰어남. 발군(拔群). prominence ②여럿 중에서 필요한 것을 골라 추려 씀. excerption 하타

발췌-곡(拔萃曲)[명] 〈음악〉접속곡의 하나. 특정한 가극, 기타의 악곡의 선율을 발췌하여 편곡한 것.

발췌-안(拔萃案)[명] 발췌한 안건.

발취(拔取)[명] 뽑아 냄. selection 하타

발취 검:사(拔取檢査)[명] 많은 제품의 일부를 검사해서, 추계학(推計學)을 응용하여 제품 전체의 합격·불합격을 결정하는 방식.

·발·측[명]〈고〉발뒤축.

발치[명] ①누울 때 발을 뻗는 곳. (대) 머리맡. ②어떠한 물건의 아랫 부분이나 끝부분. ¶산줄 ~에 묻어 주오.

발치(拔齒)[명] 이를 뽑아 냄. extracting a tooth 하타

발치-술(拔齒術)[명]〈의학〉이를 뽑아 내는 수술.

발칙-스럽-다[형ㅂ]발칙한 태도가 있다. 발칙-스레

발칙-하다[형여] ①하는 짓이 괘씸하다. outrageous ②아주 버릇없다. unmannerly [other's feet

발칫-잠[명] 남의 발치에서 자는 잠. sleeping close to

발칵[부] ①기운이 갑자기 세게 떠오르는 모양. ②무엇이 갑자기 세차게 뒤집히는 모양. 《큰》벌컥.

발칵-거리-다[자타] ①담근 술이 으랜 보자보자 피어 오르다. ②빨래를 삶을 때 몹시 보풀어 오르다. 타 진흙이나 반죽을 연해 주무르거나 밟아서 옆으로 비어져 나오게 하다. 《큰》벌컥거리다. **발칵-발칵** 하타

발코니(balcony)[명] ①〈건축〉서양식 건축에서 방의 문밖으로 길게 달아 내어 위를 덮지 않고 드러낸 자리. 노대(露臺). ②선미(船尾)의 전망대. ③극장에서 아래층보다 높이 좌우에 만든 자리.

발-타-다[자] 강아지 따위가 처음으로 걷기 시작하다. find its leg

발탁(拔擢)[명] 많은 사람 중에서 사람을 추려 올려서 씀. 탁발(擢拔). selection 하타

발탄-강아지[명] ①걸음을 걷기 시작한 강아지: pup starting to walk ②일 없이 짤짤거리고 쏘다니는 사람의 비유. gadabout

발-탕:기[一기](鉢湯器)[명]〈공업〉보통 사발보다 아가리가 조금 우묵한 사발.

발태(發兌)[명] 책을 인쇄하여 팖. publication 하타

발톱[명]〈생리〉발가락 끝을 보호하는 뿔처럼 단단한 부분. (대) 손톱. toe-nails   [toenail

발톱-눈[명]〈생리〉발톱의 양쪽 구석. both ends of a

발톱-도롱뇽[명]〈동물〉도롱뇽과의 동물의 하나. 몸길이 15 cm, 꼬리 8~10 cm 내외로 몸은 가늘고 길며, 머리는 작고 눈은 돌출하였음. 몸 빛은 대체로 적갈색이나 등에는 암갈색의 반점이 산재함. 한국 특산종으로 약에 씀. Geomolge fischerii Boulenger

발통(發通)[명] 통지서를 보냄. 발문(發文). sending a notice 하타 〔약〕→발통문. (대) 손통.

발-틀[명] ①사람의 발로 움직이는 기계. 발기계. ②

발파(發破)[명] 바위 같은 데에 구멍을 뚫고 화약을 재어 폭파하는 일. blasting ②파헤쳐서 깨뜨림. ¶~ 작업(作業). 하타

발-판(一板)[명] ①발돋움. standing on tiptoe ②높은 곳에 올라가기 위해 설치해 놓은 닛. stage ③〈건축〉비계에 가설한 널판. ④차에 오르내릴 때 디디게 된 장치. step ⑤도약 운동에서, 뛰는 힘을 얻기 위하여 쓰는 도구. 도약판(跳躍板). spring board ⑥입신하기 위한 수단이나 기반. steppingstone

발편(發便)[명]〈제도〉발군(發軍)의 인편(人便).

발포(發布)[명] 세상에 널리 펴서 드러냄. promulgation

발포(發泡)[명] 거품이 일어남. 하타   [하타

발포(發疱)[명]〈의학〉피부에 물집이 부풀어 오름. vesication 하타

발포(發砲)[명] 총포를 쏨. 대포를 쏨. firing 하타

발포(發捕)[명]〈제도〉죄인을 잡으려고 포교(捕校)를 내보내는 일. 하타

발포-고(發泡膏)[명] 칸다리스(cantharis) 가루와 데레빈유(油)를 포함한 고약. 피부에 발라 물집이 생기게 함으로써 병독을 덜어 버리게 하는 고약. 발포제(發疱劑). 발포약(發疱藥). blister plaster

발포 스티렌(發泡 styrene)[명]〈화학〉〈속〉발포 스티렌 수지.

발포 스티렌 수지(發泡styrene樹脂)[명]〈화학〉작은 기포(氣泡)를 무수히 지닌 폴리스티렌. 단열재(斷熱材)·포장 재료·흡음재(吸音材)·장식용 등으로 널리 사용됨. 발포 스티로폼.   [렌 수지.

발포 스티롤(發泡 Styrol 도)[명]〈화학〉〈속〉발포 스티

발포-약(發疱藥)[명] →발포고.

발포-제(發疱劑)[명] →발포고.

발포 콘크리트(發泡 concrete)[명]〈화학〉콘크리트에 알루미늄 가루 따위를 가하여 가열·발포시켜 판상(板狀)으로 만든 것. 단열성(斷熱性)·방음성(防音性)이 뛰어나, 벽재(壁材)로 쓰임.

발표(發表)[명] 세상에 널리 드러내어 알림. 공포(公布). announcement 하타

발표 기관(發表機關)[명] 작품을 발표하는 기관. 즉, 신문·잡지 또는 그 밖의 인쇄물 등.

발표-욕(發表慾)[명] 자기의 작품이나 재능 따위를 세상에 발표하고자 하는 욕심.

발표-회(發表會)[명] 학술이나 예능 따위의 연구 결과를 대중 앞에서 발표하는 모임.

발-풀무[명] 골풀무.

발피(潑皮)[명] 일정한 직업이 없이 떠돌아다니는 무리.

발피(髮髮)[명]〈한의〉남자의 머리털을 태운 재. 임질 [또는 지혈제로 씀.

발-하-다(發一)[자타여] ①피어 열리다. ②생겨서 드러나다. 나타나서 드러나다. come into being ③떠나다. ④시작하다. ¶대군(大軍)을 ~. dispatch a force ②퍼서 드러내다. ¶법명을 ~. announce ③명령 따위를 내리다. issue ¶군령(軍令)을 ~. 소리나 빛 따위를 드러내다. ¶황금빛을 ~. 기성(奇聲)을 ~.

발한(發汗)[명] 병을 다스리기 위해 땀을 내어 그 기운을 발산시킴. 취한(取汗). 하타

발한-제(發汗劑)[명]〈한의〉땀의 분비를 촉진시키는 약제. 취한제(取汗劑).   [오름. 하타

발함(發艦)[명]〈군사〉항공기가 항공 모함에서 날아

발항(發航)[명] 배가 떠남. 발선(發船). sailing 하타

발항(發港)[명] 출항(出港). 하타

발해(渤海)[명] ①〔약〕→발해만(渤海灣). ②〈역사〉고구려의 유장(遺將) 대조영(大祚榮)이 699년 만주 지방에 세운 나라. 926년에 요나라에 망함.

발해(發解)[명]〈제도〉과거의 초시에 합격된 일. 하타

발해-만(渤海灣)[명]〈지리〉중국 요동 반도(遼東半島)와 산동 반도(山東半島) 사이의 내해(內海). 《약》발해(渤海)①.

발행(發行)[명] ①출판물이나 지폐·채권 따위를 펴냄. publication ②길을 떠나다. departure ③증명서·임장권 등을 발행하여 효력을 발생시킴. issue 하타

발행 가격[一까一](發行價格)[명]〈경제〉주식·공사채(公社債)를 발행할 때의 대가(對價)인 가격.

발행-고(發行高)[명] 발행한 총액수. circulation

발행-권[一껀](發行權)[명]〈법률〉출판물을 반포(頒布)하는 권리. right of publication

발행 금:지(發行禁止)[명]〈법률〉공서 양속(公序良俗)을 해치거나 국시(國是)에 위배되는 출판물의 발행을 금지하는 행정 처분.

발행-세[一쎄](發行稅)[명]〈법률〉사채·증권·주권(株券)·상품권 등을 발행할 때 징수하는 인지세(印紙稅). issue tax

발행-소(發行所)[명] 출판물을 발행하는 곳. 발행처(發行

발행 시:장(發行市場)[명]〈경제〉증권 시장의 하나.

신규(新規) 발행 증권의 거래를 통하여 장기 자금의 수급이 행하여지는 추상적 시장.

발행-인(發行人)[명]〈법률〉①출판물의 발매 반포를 맡은 책임자. 펴낸이. publisher ②어음·수표를 발행한 사람. 발행자. drawer

발행일 거:래(發行日去來)[—에—]**→발행일 결제 거래.

발행일 결제 거:래(發行日決濟去來)[명]〈경제〉신규로 증권이 매출되거나 신주(新株)가 발행될 때에 15일을 한하여 증권 거래소가 지정하는 날에 수도 결제(受渡決濟)하는 거래 방식. (약) 발행일 거.

발행-자(發行者)[명][동] 발행인.

발행 자:본(發行資本)[명]〈경제〉발행 주식에 의하여 조달되는 자본.

발행 정지(發行停止)[명]〈법률〉법령의 위배 등으로 신문이나 잡지의 발행을 당분간 정지시키는 일. suspension of publication

발행 주식(發行株式)[명]〈경제〉어떤 회사의 발행 예정 주식의 총수(總數) 중에서 이미 발행된 주식.

발행지-법(發行地法)[—뻡]〈법률〉유가 증권이 발행된 장소의 법률. 국제 사법(私法)상 준거법(準據法)의 하나임.

발행-처(發行處)[명][동] 발행소(發行所).

발-향(—香)[명] 여자가 노리개로 차는 향의 하나. 금사향(金絲香). 〔~for 하다〕

발향(發向)[명] 출발하여 목적한 곳으로 향함. leaving

발-허리(—)[명]〈생리〉발의 앞쪽과 뒤쪽과의 중간이 되는 부분. middle part of the foot

발-헤엄[명] 몸을 세우고 발로만 치는 헤엄. 하다

발현(發現·發顯)[명] 숨겨져 있던 것이 드러나 보임. 또, 드러나게 함. revelation 하다자타

발현 악기(撥絃樂器)[명]〈음악〉현을 손가락이나 피크(pick)로 튿거나, 방망이로 두들겨 연주하는 악기.

발호(跋扈)[명] ①세차고 사나워서 누를 수 없게 날뜀. ¶폭력배(暴力輩)의 ~. prevalence ②세력이 강하여 다스리기 어려움. domination 하다자

발호(發號)[명] 명령을 만들어 내림. 하다자

발호 시:령(發號施令)[명] 명령을 내려서 시행함. 하다자

발화(發火)[명] ①불이 일어남. 불이 타기 시작함. catching fire ②불을 붙임. 점화(點火). (대) 소화(消火). 하다자

발화(發話)[명]〈어학〉음성 언어(音聲言語)의 표출(表出) 행동 및 그 결과로 생긴 음성.

발화-성[—썽](發火性)[명] 어떤 온도에서 쉽게 발화하는 성질. ¶~ 물질. combustibility

발화 온도(發火溫度)[명][동] 발화점(發火點)①.

발화 장치(發火裝置)[명]〈군사〉총포 장약(銃砲裝藥)의 발화 또는 폭약(爆藥)의 폭발을 일으키는 장치. 점화 장치(點火裝置). (대) 소화 장치(消火裝置).
ignition device

발화-전(發火栓)[명][동] 점화선(點火栓).

발화-점[—쩜](發火點)[명] ①물체가 불이 붙어서 타기에 이르는 열의 최저 온도. 발화 온도(發火溫度). 착화점(着火點). ②〈사건(事件)이 일어나는 시기(時機). (약) 화점(火點). ignition point

발화 코일(發火 coil)[명]〈물리〉전기 점화 기관의 전기 회로 속에 있는 것으로, 일반적으로 점화전(點火栓)에서 전기 불꽃을 발전하여 높은 전압을 발생시키는 유도 코일.

발화 합금(發火合金)[명]〈화학〉철과 세륨의 합금. 동(銅)으로 마찰하면 불꽃을 내면서 점화함. 점화 장치·라이터 등에 쓰임.

발회(發會)[명] ①새로 조직된 회의 첫 모임. first meeting ②거래소에서 그 해 최초의 입회(立會). 하다자

발-회목(—)[명]〈생리〉다리 끝 복사뼈 아래의 잘록한 곳. 족완(足腕). ankle 「ing into effect 하다

발효(發效)[명] 효력이 발생함. (대) 실효(失效). com-

발효(醱酵)[명]〈화학〉효모·박테리아 같은 미생물(微生物)에 의하여 유기 화합물(有機化合物)이 분해하여 주정류(酒精類)·유기산류·탄산가스 따위

를 생기게 하는 작용. 발매(醱酶). 듬. (원) 발교(醱酵). fermentation 하다

발효-균(醱酵菌)[명][동] 효모균(酵母菌).

발효-소(醱酵素)[명] 유기 화합물을 분해하여 발효 작용을 일으키는 데 관계되는 화합물. yeast

발효-열(醱酵熱)[명]〈화학〉발효 과정에서 생기는 열.

발효-유(醱酵乳)[명]〈화학〉낙산(酪酸) 발효·유산(乳酸) 발효·단백질 발효 등에 의하여 변화한 우유. 자양 식료(滋養食料)로 쓰임.

발훈(發訓)[명] 훈령을 내림. 하다자 「hibition 하다

발휘(發揮)[명] 떨쳐서 드러냄. ¶실력을 ~하다. ex-

발흥(勃興)[명] 갑자기 일어나서 잘 됨. rise 하다자

밝기(明)[명] 밝은 정도. 광도(光度).

밝-다[박—][형] 날이 새다. break [명] ①어둡지 않고 환하다. bright ②분명하다. clear ③환하게 잘 알다. be familiar with ④시력·청력 따위가 똑똑하다. ¶귀가 ~. (대) 어둡다. clear **밝-히**부

볽-다[—][형](고) 밝다.

붉-다[—][형](고) 붉다.

밝:[부] 날이 새어서 밝아 올 때. dawn

·볽·쥐[—](고) 박쥐.

밝히-다[박—][타] ①어떤 것을 밝게 하다. make bright ②일을 분명하게 하다. make clear ③밤을 새우다. sit up all night ④지나치게 좋아하다.

발:-다[발따][타] ①걸음을 걸어서 거리를 헤아리다. pace ②팔을 펴서 길이를 재다. measure by fathoms ③어린애가 걷기 시작하다. ④차츰차츰 앞으로 나아가다. 답파하다.

밟-다[밥—][타] ①발을 땅 위에 대고 디디다. tread ②남의 발자국을 따라 좇아 가다. follow ③물건 위에 발을 올려놓고 누르다. trample ④예전 사람이 한 대로 행하다. go through ⑤일을 차례대로 하다. go through ⑥사물의 경험을 하다.

:붉-다/밟-다[—][형](고) 밟다.

밟-다듬이[밥—][명] 피륙을 밟아 구김살을 펴는 일. fulling by treading 하다타

밟히-다[밥—][자][타동] 밟음을 당하다. 피동 밟게 하다.

밤:[명] 해가 진 뒤부터 해가 뜨기 전까지의 동안. (대) 낮. night

밤:[명] 밤나무의 열매. ¶~다식(茶食). chestnut

밤:[명] 송치가 어미 뱃속에서 섭취하고 자라는 물질. nourishment in the uterus of cow 「ware

밤:[명] 놋그릇을 부어 만드는 거푸집. mould for brass

밤-거리[—꺼—][명] 밤의 거리.

밤:-게[명]〈동물〉밤게과의 게. 연안의 모래땅에 살며, 크기는 밤톨만하다. 갑면(甲面)은 흑갈색 또는 담청색이고 배는 욺.

밤:-경(—景)[명] 밤의 경치. 야경(夜景).

밤:-경:단(—瓊團)[명] 밤고물을 묻힌 경단.

밤:-공부[—工—](—工夫)[명] 밤에 하는 공부. 하다자

밤:-글[—끌][명] 밤에 읽는 글.

밤:-길[—낄][명] 밤에 걷는 길. walk at night

밤:-꽃[—꼳][동] 밤나무 꽃.

밤:-꾀꼬리[명]〈조류〉연작목(燕雀目) 지빠귀과의 새. 꾀꼬리와 비슷한데, 등은 적회색이고 배는 황회색이며 꼬리와 허리는 얄갈색임. 우는 소리가 아름다움. 나이팅게일. nightingale

밤:-나무[명]〈식물〉너도밤나무과에 딸린 낙엽 활엽 교목. 산록·들·자갈밭에 재배하는데, 5∼6월에 특유한 향기를 풍기는 꽃이 3∼10월에 열매가 익음. 열매는 가시가 많이 난 송이에 싸여 있으며 식용 또는 약용, 꽃은 약용 또는 염료로 쓰임. 율목(栗木). chestnut tree

밤:-나무-벌레[—](—)[명]〈곤충〉참나무하늘소의 유충. 밤나무·굴밤나무 등 각두과(殼斗科) 식물의 나무를 파먹는 해충.

밤:-나무-뿌리[명](속) 신주(神主)에 대하여 실없이 하는 말. 흔히, 밤나무로 신주를 만듦.

밤나방 〈곤충〉 밤나방과의 곤충. 주로 밤에 활동하는데 편 날개 약 3cm, 몸 빛은 회황색이며 날개는 담흑색이고 뒷면은 담갈색이다. 유충은 털이 없이 원통형이며, 농작물을 해침.

밤=낚시 밤중에 하는 낚시.

밤=낮 밤과 낮. 주야(晝夜). 일야(日夜). day and night ¶ 밤에나 낮에나. 언제나. 늘. always

밤낮=없:이 언제나. 늘.

밤낮을 가리지 아니하다 쉬지 아니하고 계속하다.

밤=놀이 밤에 노는 놀이. amusement at night 하다

밤=눈 말의 앞다리 무릎 안쪽에 두두룩하게 붙은 군살. 현제(懸蹄). horse chestnut

밤=눈 밤에 무엇을 보는 눈의 힘. seeing at night

밤=눈 밤에 내리는 눈. 야설(夜雪).

밤눈=어둡다 밤이 되면 눈이 잘 보이지 않다. be nightblind

밤=느정이 밤나무의 꽃. 밤꽃. 《약》밤늦. chestnut blossoms

밤=늦 《약》→밤느정이.

밤=늦다 밤이 깊다. be late at night

밤=단자 (─團資) 밤가루로 묻힌 단자.

밤=대:거리 [─때─] 광산에서 밤에 갱에 들어가 일하는 대거리. (대) 낮대거리. night shift 하다

밤=도와 밤새도록. 밤을 새워서. throughout the night

밤등만/밤중만 (고) 한밤중. 깊은 밤중.

밤=들다 밤이 깊어지기 시작하다. grow late

밤=떡 밤을 섞어 찐 시루떡.

밤=똥 버릇이 되어 밤이면 누게 되는 똥.

밤=마다 밤밤이. 밤이면 언제든지. 매야(每夜).

밤마다 쥐는 듣고 낮말은 새는 듣는다 항상 말을 조심해서 하라는 말.

밤=무:대 (─舞臺) 밤업소(業所)에서 연예인의 공연하는 무대.

밤=바:구미 〈곤충〉 바구미과의 곤충. 길이는 1cm 정도로 몸 빛은 광택 있는 흑색이며 앞가슴은 원추형이고, 모가지는 가늘고 길며 주둥이는 곤봉상임. 유충은 마른 밤을 파먹음. 거위벌레.

밤=바람 [─빠─] 밤에 부는 찬 기운을 띤 바람.

밤=밥 [─빱] 밤에 먹는 밥. 밤참. 야식(夜食). midnight snack

밤밥 통팥을 넣어서 지은 밥.

밤밥 먹었다 아무도 모르게 밤중에 달아났다.

밤=버섯 〈식물〉송이과의 버섯. 가을철에 밤나무·졸참나무 등의 썩은 밑둥에 나는데, 높이 10cm, 표면은 다갈색이며 상반부는 황백색이고 하반부는 암갈색으로 식용함.

밤=벌레 초시류(鞘翅類)에 속하는 풍뎅이과 바구미의 유충(幼蟲). 몸은 토실토실하고 빛이 보유스름함. 자란 벌레는 암황색으로 주둥이가 길고 몸이 작음. 밤알을 파먹음. ¶ 보유스름하다.

밤벌레 같다 어린아이들의 살이 토실토실하고 살빛이 희고 곱다.

밤=불 살이 볼록하게 찐 뺨의 볼. ruddy cheeks

밤=지:다 볼이 볼록하게 살이 찌다. have a full face

밤=불 [─뿔] 밤에 켜서 놓은 불. night bonfire

밤=비 [─삐] 밤에 내리는 비. rain in the night

밤비에 자란 사람 깨치지 못하고 곱게 자란 사람.

밤=빛 [─삧] 《통》밤색.

밤=사이 [─싸─] 《동》 밤의 동안. 야간(夜間). 《약》 밤새.

밤새:=껏 밤새도록. all night

밤=새:다 《약》 →밤새우다.

밤새도록 가도 문 못 들기 애써 했으나 마지막 끝맺음을 못하여 수고한 보람이 없다.

밤새도록 물레질만 하겠다 본래의 계획이 있는데 딴 일만 하게 된다.

밤새도록 울다가 누가 죽었느냐고 영문 모르고 그 일에 참여하고 있는 어리석음을 이름.

밤=새:다 자지 않고 밤을 새다. 《약》 밤새다. ¶ 꼬박 뜬눈으로... sit up all night

밤=새움 밤을 새우는 일. 《약》 밤샘. all nightsitting

밤=색 (─色) 여문 밤의 껍질과 같은 갈색 빛깔.

밤=샘 《약》 →밤새움. 밤빛. brown

밤=소 (─素) 밤을 삶아 으깨어 만든 소. 송편에 넣음.

밤=소:경 밤눈이 어두운 사람. nightblindness

밤=소일 (─消日) 놀이나 장난으로 밤을 새는 일. night amusement 하다 [night thief

밤=손님 [─손─] 《속》 '도둑'의 곁말. 야객(夜客).

밤=송이 밤 껍데기가 되는 두껍데기. 밤 가시가 많이 돋고 익으면 네 갈래로 벌어짐. 율방(栗房).

밤=송이 종려나무 털로 밤송이처럼 만들어 그릇을 가시는 데 쓰는 솔. swab

밤=알 밤의 낱낱의 알.

밤=암죽 (─粥) 밤을 갈아서 물을 붓고 끓여 만든 암죽. [knots

밤=얽이 짐을 동일 때 곱쳐 매는 매듭. double

밤=얽이=치:다 밤얽이로 매다. make double knots

밤=업소 (─業所) 밤에 문을 열고 손님을 맞는 술집.

밤=엿 [─녓] 밤톨만큼씩 동그랗게 만들어 깨를 묻힌 엿. 율당(栗糖).

밤=윷 [─늇] 작은 밤톨만큼하게 만든 윷짝.

밤=이슬 [─니─] 밤에 내리는 이슬. night dew

밤이슬 맞는 놈 '도둑놈'의 곁말.

밤=일 [─닐] 《동》 ①밤에 하는 일. 야업(夜業). 야근(夜勤). night work ②《속》부부가 성교하는 일. 방사(房事). 하다

밤=자갈 밤톨만큼씩한 자갈. 도로 포장에 쓰임.

밤잔=물 밤을 지낸 자리끼.

밤 잔 원수 없고 날 샌 은혜 없다 남에게 진 신세나 은혜는 물론 원한도 그 때가 되면 잊게 된다.

밤=잠 [─짬] 밤에 자는 잠. (대) 낮잠.

밤=잠자리 〈곤충〉 밤잠자리과 곤충의 총칭. 날개 길이 75~80mm로, 머리는 광택이 있는 흑색, 복부는 갈색임. 성충은 7월경에 나타나서 숲 속에 많이 살며 등불에도 날아듦.

밤=장 [─짱] (─場) 《동》 ①명절(名節) 대목 등에 밤늦도록 서는 장. 《동》 야시(夜市).

밤=재우다 하룻밤을 지내게 하다. keep overnight

밤=저녁 [─쩌─] 아직 잠들기 전의 늦지 않은 밤. evening

밤=주악 황밤 가루를 꿀에 반죽하여 소를 넣고 만든 두처럼 빚어 기름에 지진 주악.

밤=중 (─中) 깊은 밤. 야중(夜中).

밤=즙 (─汁) 밤을 베에 갈아서 낸 즙을 익혀서 떡과 같이 만든 음식.

밤=차 (─車) 밤에 운행하는 차. night train

밤=참 밤에 먹는 군음식. 밤밥. 야식(夜食). 야찬(夜餐). nightmeal

밤=초 (─炒) 밤으로 만든 과자의 하나.

밤=콩 〈식물〉 콩과에 딸린 곡식의 하나. 빛깔이 밤껍질 같고, 밤맛과 비슷한데, 알이 썩 굵음.

밤=톨 ①밤의 알. chestnut ②밤만한 크기의 형용.

밤=편 밤의 낱낱의 즙(汁)에 녹말을 섞고 꿀을 쳐서 쑨 떡. [려 군히 하는.

밥 죄인을 형벌하여 그 죄를 드러내는 일. ¶ ~을 내다. torture 「독액의 ~이 되다. prey

밥[¹] 사람이나 동물이 욕망의 희생물로 되는 것. ¶

밥[²] ①쌀 따위의 곡식을 익혀 끼니로 먹는 음식. 반식(飯食). ¶ ~거리. meal ②끼니에 먹는 음식. 식사(食事). ¶ 저녁~을 먹다. 《동》 진지. ③짐승의 먹이. prey ④차지되는 모가치. ¶ 이것 내 ~이다. one's share ⑤먹이. 미끼. ``` [. sawdust

밥 연장으로 베거나 깎은 물건의 부스러기. ¶ 톱~.

밥=값 밥을 사 먹는 값. 식비(食費). food cost

밥=고리 (고) 밥 담는 고리.

밥=그릇 ①밥을 담는 그릇. 식기(食器). ¶ ~을 부시다. utensils ②밥벌이를 한다는 뜻으로, 일자리를 이르는 말. job

밥그릇이 높으니까 생일만큼 여긴다 조금 대접하는

주니까 우쭐하는 사람을 비웃는 말.
밥-길[명] 식도(食道).
밥-내다[타] 도둑놈을 형벌하여 그 죄상을 자백하게 하다. force into confession
・밥닉-다[자] 밥이 익다. 밥이 되다.
밥-말이[명] 국에 밥을 만 것. 국말이.
밥-맛[명] ①밥의 맛. taste of meal ②식욕(食慾).
밥 먹듯 하다 일상 생활에 흔히 있는 일처럼 예사로 하다.
밥 먹을 때는 개도 안 때린다다 음식을 먹고 있을 때는 때리거나 꾸짖지 말라는 뜻.
밥-물[명] 밥을 지을 물. water to cook rice with ②밥이 끓을 때 넘어 흐르는 물. 곡정수(穀精水). 식정수(食精水). 「쌀 따위의 잡곡.
밥-밑[명] 밥을 지을 때 쌀 이외에 밑에 놓는 콩・보리
밥밑-콩[명] 밥에 두어 먹을 만한 좋은 콩. beans of superior grade
밥-받이[―바지][명] 도둑에게 밥을 내는 일. 죄인의 자백을 받는 일. giving meal to a thief 하다
밥-벌레[명] 일은 하지 않고 밥만 많이 먹는 사람. 식충이. useless moth
밥-벌이[명] ①겨우 밥이나 먹고 살아갈 정도의 벌이. earning one's daily bread ②먹고 살기 위하여 하는 일. 하다
밥-보[명] 밥을 유달리 많이 먹는 사람. glutton
밥-보자(―褓子)[명] 『자기, 밥보자기.
밥-보자기(―褓子―)[명] 밥그릇이나 밥상을 덮는 베보
밥 빌려다가 죽 쑤어 먹을 놈[속] 성질이 게으른데다가 지견(知見)마저 없는 사람을 두고 이르는 말.
밥-빼기[명] 아우를 타느라고 밥을 많이 먹는 아이. child with good appetite
밥-상(―床)[명] 음식을 차려 먹는 소반. 식상(食床). dinning table 「편 되는 쪽.
밥상-머리(―床―)[명] 밥상을 받고 앉은 사람의 맞은
밥-소라[명] 밥 혹은 다른 음식을 담는 큰 놋그릇. large brass bowl
밥-솥[명] 밥을 짓는 솥. rice pot
밥-쇠(―佛敎―)[명] 절에서 밥을 먹을 때에 여러 사람에게 알리기 위해 다섯 번 치는 종. meal-time signal at a temple
밥-술[명] ①밥의 몇 술. spoonfuls of boiled rice ②밥을 떠 먹는 숟가락. spoon
밥술-놓다 ①식사를 마치고 수저를 놓다. ②죽다.
밥식-부(―食部)[명] 한자 부수(部首)의 하나. '飮・養' 등에서 '食'의 이름.
밥-쌀[명] 밥을 지을 쌀. 반미(飯米). 「흡족하다.
밥 아니 먹어도 배 부르다 기쁜 일이 있어 마음에
밥-알[명] 밥의 낱낱의 알. 반립(飯粒). 밥풀②. grain of boiled rice
밥알이 곤두서다 뱃속의 밥알이 곤두섰다는 뜻으로, 마음에 안하히고 몹시 꺼끄러하여 이르는 말.
밥 위에 떡 경사에 경사가 겹쳐 있음을 이르는 말.
밥이 질다 일이 뜻대로 되지 않다.
밥-자리[속] '밥벌이를 하는 자리'라는 뜻으로, 직장을 이르는 말.
밥-자배기[명] 밥을 담는 자배기. 「dinner party
밥-잔치[명] 밥으로 차린 간단한 잔치. small simple
밥-장(―醬)[명] 메주를 많이 넣고 되게 담근 간장.
밥-장사[명] 밥을 해서 파는 영업. 하다
밥-장수[명] 밥장사를 하는 사람.
밥-주걱[명] 밥을 푸는 기구. 나무나 놋쇠로 부삽 모양으로 만듦. 반삽(飯插). wooden paddle for serving rice
밥-주머니[명] 아무 쓸모 없는 사람. 밥만 먹고 아무 일도 하지 않는 사람. 반낭(飯囊). useless mouth
밥-줄[명] ①[속] '먹고 살아가는 길'이라 해서 '직업'을 이름. 식근(食根)②. mean of livelihood ②[동]
밥죽[명] 밥주걱. 「식도(食道).
밥-집[명] 밥을 헐값으로 파는 집.

밥-짓-다[―다다][자] 밥을 만들다.
・밥짓-다/밥짓-다[자] 밥짓다.
밥-통(―桶)[명] ①밥을 담는 통. boiled-rice container ②[속] 위(胃). 유위(胃腑). ③사람 구실을 못하는 사람. 바보. useless mouth
밥-투정[명] 밥이 먹기 싫어 짜증만 부리는 짓. 하다
밥티스마(baptisma 그)[명] 「기독」 세례(洗禮). 침례(浸禮). 「rice paste ②[동] 밥알.
밥-풀[명] ①풀 대신에 무엇을 붙이는 데 쓰는 밥알.
밥풀 감정[명] 유밀과(油蜜菓)의 하나. 산자 밥풀을 겉에 묻힌 강정. 반립 강정. 「과자.
밥풀 과자(―菓子)[명] 쌀을 튀기어 조청을 발라 뭉친
밥풀-눈[명] 눈가풀에 밥풀 같은 군살이 붙어 있는 눈.
밥풀눈-이[명] 밥풀눈을 가진 사람.
밥-풀질[명] 밥풀로 물건을 붙이는 일. 하다
밥풀-칠[명] 밥풀을 이겨 바른 더께.
밥-하다[자여][자] 밥을 짓다.
밧[명] ①밖. ②겉.
=**・밧**[자] 곧. 만. →=곳.
밧가락[명] 발가락.
밧고-다[자・타][자] 바꾸다.
밧기-다[자・타][자] 벗기다.
밧-다[자][자] 벗다.
밧-다[자・타][자] 받다. 받치다. 고이다.
밧-다[자][자][자] →바수다.
밧-다[자・타][자] 부수다. →ㅂㅅ다.
밧동[명] 발동.
밧바-당[명] 발바닥.
밧위[명] 바위[岩].
밧・아-디-다[자][자] 부서지다.
밧-잣[명] 외성(外城).
밧-줄[명] 참바로 된 줄. ¶~을 매다. rope 「곽(椁).
밧-집[명] 대궐 밖 백성의 집의 궁중말. 민가. ②[자]
밧[명] 밭[田].
방[명] 윷판의 한가운데 밭.
방(坊)[제도] ①서울의 오부(五部)를 다시 나누었던 구획. 오늘의 동(洞)과 비슷함. ②조선조 때, 황해도와 평안도에서 면(面)을 일컫던 말.
방(房)[명] ①[건축] 사람이 집안에 거처하려고 만들어 진 구획. 방사(房舍). 실(室). room ②[약]→방성(房星). ③[제도] 사궁(四宮)・대군(大君)・왕자군(王子君)・공주・옹주(翁主)의 집. 궁방(宮房). ④예전에 시전(市廛)보다 작고 가게(假家)보다 큰 가게.
방(榜)[명] ①[약]→방문(榜文). ②[약]→방목(榜目).
방(放)[의] ①총포를 쏘는 횟수를 세는 말. 발(發). shot ②방귀를 뀌는 횟수를 세는 말.
방(磅)[의] '파운드(pound)'의 음역.
=**방**(方)[의] ①방위를 나타내는 말. ¶동(東)~. direction ②[동] 댁(宅).
방가(邦家)[명][동] 국가(國家).
방-가(放暇)[명] 휴가(休暇). 「하다
방-가(放歌)[명] 높은 소리로 노래부름. singing loudly
방=가위(方可謂)[부][동] 방가위지.
방=가위지(方可謂之)[부] 진실로 그렇다고 이를 만하게. 그야말로. 방가위.
방가지-똥[명] 「식물」꽃상추과의 일년생 또는 이년생의 잡풀. 줄기 길이 100 cm 가량으로 속이 비고 자르면 온몸에 백색액(白色液)이 들어 있음. 흰 관모가 있는 씨가 바람에 날려 흩어짐. 어린 잎은 식용함.
방:각(倣刻)[명] 모방하여 새김. reproduction of a
방각(傍刻)[명] 인쇄(印面)의 인문(印文) 밖에 열로서 세긴 각자(刻字). 「진 탑.
방각-탑(方角塔)[명] [건축] 탑신(塔身)의 평면이 네모
방간(防奸)[명] 간사한 짓을 못하게 막음. 하다
방간(坊間)[명][동] 시정(市井).
방갈로(bungalow)[명] [건축] ①인도 벵갈 지방의 목조(木造) 단층의 작은 주택. ②산기슭이나 호수가 같은 곳에 지은, 피서용의 작은 주택.

방갈로식 주:택(bungalow 式住宅)(명)〈건축〉지붕의 경사가 느린 단층집. 대개 한쪽에 베란다가 붙음.

방감(方酣)(명) 바야흐로 한창임. at the height 하(자)

방-갓(方-)(명) 상제가 밖에 나갈 때에 쓰는 대오리로 만든 갓. 방립(方笠). bamboo hat worn by mourner

방갓-쟁이(方ㅡ)(명)〈속〉방갓 쓴 사람.

방강(防江)(명) 방죽.

방강(邦疆)(명)〈동〉국경(國境).

방개(명)〈약〉물방개.

방:객(訪客)(명) 찾아온 손님. 방문객(訪問客). visitor

방거(防車)(명) 물레.

방건(防乾)(명) 마르지 못하게 함. 하(타)

방걷기(명) 재목의 끝을 쪽아서 둥글게 한 것.

방걸레-질(ㅡ질)(房ㅡ)(명) 방바닥에 걸레질을 하는 일. 하(자)

방-게(명)〈동물〉바위게과의 게. 몸은 방형(方形)으로 두툴두툴하며, 다리에 털이 적고 몸 빛은 회색에 가까운 녹색임. 갯가에 구멍을 뚫고 삶. 방기(螃蟣). 해해(螃蟹). 팽기. kind of small crab

방:게-젓(명) 방게를 간장에 넣어 담근 것.

방결(防結)(명)〈제도〉시골 아전들이 논밭의 세금을 감하여 주고 기한 전에 받아 서로 돌려 쓰기도 하고 또는 사사로이 쓰기도 하던 일. 방납(防納)②.

방경(方慶)(명) →방향(方向). 하(자)

방경(邦境)(명)〈동〉국경.

방경(邦慶)(명) 나라의 경사.

방계(傍系)(명) ①직계에서 갈려 나간 계통. ②같은 시조에서 갈라져 나간 친계(親系). (⇔직계(直系)). collateral line

방계 인족(傍系姻族)(명) 배우자(配偶者)의 방계 혈족(血族) 및 방계 혈족의 배우자. collateral relatives-in-law ┌족. collateral ascendant

방계 존속(傍系尊屬)(명) 자기보다 윗항렬인 방계 혈

방계-친(傍系親)(명) 같은 시조로부터 갈린 친족간의 관계. collateral relation

방계 친족(傍系親族)(명) 방계로 된 친족과 인족(姻族)의 총칭. collateral relation

방계 혈족(ㅡ족)(傍系血族)(명) 방계로 된 혈족. 곧, 형제 자매·백부모·숙부모·생질 등. collateral relation by blood

방계 회:사(傍系會社)(명)〈경제〉어느 회사의 계통을 이어받은 회사로, 자회사(子會社)보다는 밀접하지 않고, 비교적 지배권이 미치지 않는 회사. affiliated company

방:고(倣古)(명) ①옛 것을 모방함. imitation of classics ②옛사람을 모방함. 하(자)

방-고래(ㅡ고ㅡ)(房ㅡ)(명) 방의 구들장 밑으로 있는 고랑. 갱동(炕洞). (약) 고래. flue of a Korean floor

방:고-주의(倣古主義)(명)〈문학〉옛 한문학을 추종하는 주의. classicism

방곡(坊曲)(명) 몇 개의 촌락이 모여서 이루어지는 지방 형성의 말단 구역. 면(面)에 딸림. 리(里).

방곡(防穀)(명) 곡식을 다른 고장으로 실어 내지 못하게 막음. guarding grains 하(자)

방:곡(放哭)(명) 목을 놓아 통곡함. ¶대성 ~. 하(자)

방:곡(放穀)(명) 저장한 곡식을 팔기 위하여 시장에 내어 놓음. 하(자)   ┌작은 뼈.

방골(方骨)(명)〈생리〉윗턱과 아래턱의 두 끝을 잇는

방공(防共)(명)〈사회〉공산주의 세력을 막음. anti-communism defence 하(자)

방공(防空)(명) 적의 항공기에 의한 공격을 방비함. air

방공 관:제소(防空管制所)(명)〈군사〉일정한 책임 구역 안에서 대공(對空) 감시·요격 통제 및 할당된 방공 무기의 운영 등의 능력을 가지고 있는 곳.

방공 기구(防空氣球)(명)〈군사〉적기의 내습으로부터 중요한 시설·자원 등을 보호하기 위하여 높이 올리는 계류 기구(繫留氣球). 조색 기구(阻塞氣球). anti-aircraft balloon

방공=대(防空隊)(명)〈군사〉방공의 임무를 맡은 부대.

방공 식별권(ㅡ권)(防空識別圈)(명)〈군사〉그 권내(圈內)에 들어오는 항공기는 관제관(管制官)에게 그 뜻을 연락하도록 설정한 공역(空域). 에이 디 아이 제트(ADIZ). 에이 디즈.

방공 연:습(ㅡ년ㅡ)(防空演習)(명)〈군사〉적의 공습(空襲)이 있다고 가정하고 군민(軍民)이 같이 힘써서 그 습격을 방비하는 연습. 방공 훈련. air defense exercises 하(자)

방공 조기 경:보(防空早期警報)(명)〈군사〉전자 장치나 육안으로써 적의 공중 무기 또는 무기 운반체의 근접을 조속히 탐지하여 통보하는 일. 하(자)

방공-해:사(妨工害事)(명) 남의 일을 방해함. thwart

방공-호(防空壕)(명) 공습(空襲) 때에 대피(待避)하기 위하여 땅속에 마련한 시설. air-raid shelter

방공 훈:련(防空訓練)(명) 방공 연습.

방과(方夸)(명) 네모지게 만든 과줄. 모과.

방:과(放課)(명) 그 날의 학과를 끝냄. dismissal of a class 하(자)

방관(傍觀)(명) 상관하지 않고 곁에서 보고만 있음. 좌시(坐視). standing by idly 하(자)

방관-인(傍觀人)(명) 곁에서 보고 있는 사람. 방관자.

방관-자(傍觀者)(명)〈동〉방관인.

방관적 태:도(傍觀的態度)(명) 제삼자의 입장에서 보┌는 태도.

방:광(放光)(명) 빛을 내봄. radiation 하(자)

방:광(放曠)(명) 언행의 구속을 받지 않음. 마음이 너그러워 일에 구애되지 아니함. wild 하(자)

방광(膀胱)(명)〈생리〉비뇨기의 한 기관으로 체내에서 오줌을 한동안 저장해 두는 주머니 모양의 기관. 오줌통. bladder

방광 결석(ㅡ썩)(膀胱結石)(명)〈의학〉오줌 가운데 염류(鹽類)가 분리하여 결정하여 방광 속에 결석이 생기는 병. 동통(疼痛)·배뇨(排尿) 이상·혈뇨(血尿) 따위가 생김. vesical calculus ┌bladder cancer

방광-암(膀胱癌)(명)〈의학〉방광 점막에 생기는 암.

방광-염(ㅡ념)(膀胱炎)(명)〈의학〉대장균(大腸菌)·포도상 구균·연쇄상 구균 따위의 감염으로 말미암아 방광 점막에 생기는 염증. 오줌이 몹시 마렵고 오줌 눌 때에는 아프고 오줌이 탁하며 발열함. cystitis

방광 종양(膀胱腫瘍)(명)〈의학〉방광 속에 종양이 생기는 병. 방뇨 장애·출혈을 일으킴.

방교(邦交)(명)〈동〉국교(國交).

방:교(放校)(명) 출학(黜學)을 일으킴.

방:구(음악) 북과 비슷한 농악기의 하나로, 줄을 꿰어 메고서 침. 소리는 소구와 같음.

방구(防口)(명) 말을 내지 못하게 입을 막음. hushing

방구(防具)(명) 무엇을 막는 제구. ┌up 하(자)

방구(旁求)(명) 널리 찾아서 구함. 하(자)

방구(訪求)(명) 쓸 자리가 있어 사람을 찾아 구함. looking for 하(자)

방:구(訪舊)(명) 유럽을 방문함. 하(자)

방:구들(ㅡ구ㅡ)(房ㅡ)(명) 방의 바닥을 고래를 켜서 구들장으로 덮고 흙을 발라서 불을 때어 덥게 하는 장치. 온돌(溫突). (약) 구들. Korean heating floor

방:구리(명) 물을 긷는 질그릇의 하나. 동이와 비슷하나 작음. jar

방구=매기(명)〈건축〉가운데의 서까래를 길게 하여 처마 중간을 배부르게 하는 일. (↔ 일자매기).

방:-구멍(명) 연의 한복판에 둥글게 뚫은 구멍.

방:-구석(ㅡ구ㅡ)(房ㅡ)(명) ① 방의 구석. interior of a room ② 방 속을 얕잡아 일컫는 말.

방국(邦國)(명) 나라. 국가.   ┌mum

방국(芳菊)(명) 향기 좋은 국화. fragrant chrysanthe-

방:귀(명) 뱃속의 음식물이 부패·발효하여 생긴 가스가 똥구멍으로 나오는 구린내 나는 가스. 방기(放氣).

방:귀(放釋)(명) 돌아가게 놓아 둠. letting go back

방귀가 잦으면 똥 싸기 쉽다(속) 무슨 일에나 전문(先聞)이 잦으면 실현되기 쉽다는 말.

방:귀 뀌:다(자) 방귀를 내보내다. break wind

방귀 뀐 놈이 성낸다 제가 잘못하고 도리어 성내는 것을 가리키는 말.

방:귀-벌레 (곤충) 딱정벌레과의 곤충. 길이 약 2 cm, 몸은 누르죽 같 날개는 검음. 적의 공격을 받으면 배 끝에서 폭발음과 함께 악취의 가스를 냄. 방비충(放屁蟲).

방:귀 전리 (放歸田里) (동) 방축 향리(放逐鄕里).

방그레 소리 없이 입만 약간 벌리어 부드럽게 웃는 모양. (큰) 벙그레. (센) 빵그레. beamingly

방글-거리-다 일을 벌려 소리 없이 복스럽게 자꾸 웃다. (큰) 벙글거리다. (센) 빵글거리다. beam **방글=방글=**

방금 (防禁) (명) 못하게 막아 금함. prohibition 하다

방:금 (邦禁) (명) 그 나라의 금제(禁制). 「free 하다

방:금 (放禁) (명) 새를 가두었던 새를 놓아 줌. setting

방금 (方今) (부) 바로. 이제. 방장(方將)②. 방재(方在). just now

방긋 소리 없이 입만 벌리고 자연스럽게 웃는 모양. (큰) 벙긋. (센) 빵긋. 빵끗. beamingly open 하다

방긋-거리-다 소리 없이 연달아 방긋이 웃다. (큰) 벙긋거리다. (센) 빵긋거리다. 빵끗거리다. **방긋=방긋** (부)

방긋-하-다 (형) 조금 열려 있다. 약간 벌려 있다. (큰) 벙긋하다. (센) 빵긋하다. 빵끗하다. **방긋-이** (부)

방기 (防己) (명) ①(한의) 댕댕이덩굴의 줄기. 부종·각기에 쓰는 약. cocculus trilobus ②(식물) 새모래덩굴과에 속하는 덩굴 나무. 산기슭 양지에 나는데, 여름에 담황색 잔 꽃이 피고 가을에 납작한 핵과가 까맣게 익음. 줄기와 뿌리는 약재로 씀. ③(준) 댕댕이덩굴.

방기 (芳紀) (명) 방춘(芳春)②. 「댕이덩굴.

방:기 (放棄) (명) 아주 내버림. abandonment 하다

방기 (放氣) (명) (동) 방귀.

방기 곡경 (旁岐曲逕) 바른길을 좇아 순탄하게 하지 못하고 되지 않은 방법을 써서 억지로 일을 함을 가리키는 말. 반대 곡경(盤蹊曲徑).

방=기휘 (房忌諱) (명) 아이 낳은 집에서 부정을 꺼리기가 어려울 때 산실(産室)만을 부정(不淨)과 통섭(通涉)하지 않는 일.

방:꾼 (榜-) (명) 방을 전하는 사령(使令).

방:-나-다 집안의 재물이 다 없어지다. run bank 「rupt

방:-나-다 (榜-) (동) (제도) 과거에 급제한 사람의 성명이 발표되다. ②일이 되고 못 되는 것이 아주 드러나서 끝내다. be decided

방:-날 (放-) (명) 제멋대로 놀아나는 일. 주색에 빠지는 일. give oneself up to wine and woman 하다

방납 (防納) (명) ①(제도) 공물(貢物)을 돈으로 대신 바치던 일. ②(동) 방결(防結). 하다

방내 (坊內) (명) 마을 안. interior of a village 「room

방내 (房內) (명) 방의 안. 방중(房中)③. interior of a

방:-내-다 살림을 꾀다 없애다.

방년 (芳年) (명) 여자의 20세 전후의 꽃다운 나이. 묘령(妙齡). 방령(芳齡). ¶ ~ 20세. blooming age

방:념 (放念) (명) 마음을 놓음. 안심(安心). 하다

방-놓-다 (房--) (건축) 구들을 놓아 방바닥을 만들다. add a room

방:뇨 (放尿) (명) 오줌을 눔. urination 하다

방:담 (放談) (명) ①생각대로 거리낌없이 말함. 또, 그런 이야기. ¶ 송년(送年) ~. unreserved talk ②되는 대로 마구 지껄임. random talk 하다

방:담 (放膽) (명) 큰 마음을 먹고 대담하게 일을 함. (대) 소심(小心). doing something boldly 하다

방대 (方臺) (명) (음악) 악기를 받쳐 놓는 제구. stand for musical instruments

방:대 (厖大·尨大) (명) 모양이나 부피가 매우 큼. ¶ ~한 계획. enormous 하다 히

방도 (方道·方途) (명) 일을 처러 갈 길. 일에 대한 방법과 도리. ¶ 승리할 ~는 오직 연습뿐이다. means

방독 (防毒) (명) 독기를 막아 냄. protection against

방:독 (訪獨) (명) 독일을 방문함. 하다 「poison 하다

방독 마스크 (防毒 mask) (명) 방독면.

방독-면 (防毒面) (군사) 독가스의 흡수를 막기 위하여 쓰는 마스크. 가스 마스크. 방독 마스크. anti-gas mask

방독-의 (防毒衣) (군사) 독가스를 막기 위하여 화학적으로 처리된 옷. anti-gas cloth

방독 전쟁 (防毒戰爭) (군사) 적군의 독가스(毒 gas) 공격에 대한 방전(防戰). anti-gas warfare

방:돈 (放豚) (명) ①놓아 먹이는 돼지. swine kept loose ②다잡지 않아 제멋대로 자라난 아이를 욕으로 하는 말. child left wild

방동 (方冬) (명) 음력 10월의 딴이름.

방동사니 (식물) 방동사니과에 속하는 초본(草本)의 총칭. 왕골과 비슷하나 작음. 길가나 발두렁에 저절로 남. 건골(乾--).

방두 (方斗) (명) 모가 진 말. 모말. square measure

방등=구부렁이 방등이가 구부러진 길짐승. creeping animal with bent rump

방:등이 길짐승의 엉덩이. rump

방등이 부러진 소 사돈 아니면 못 팔아 먹는다 흠이 있는 물건을 아는 사람에게 팔면서 하는 말.

방등 (方等) (불교) ①대승(大乘)의 다른 이름. ② 방정(方正)하고 보편·평등한 중도(中道)의 이(理).

방:-따라-다 윷놀이에서, 말을 방에서 꺾이 쓰 밭에 놓다.

방란 (芳蘭) (명) 향기 좋은 난초. 「다.

방:랑 (放浪) (명) 정처 없이 떠돌아다님. 표랑(漂浪). (대) 정착(定着). wandering 하다 「者). wanderer

방:랑-객 (放浪客) (명) 떠돌아다니는 손. 방랑자(放浪

방:랑-기 (放浪記) (명) 방랑 생활의 기록. account of a wandering life

방:랑 문학 (放浪文學) (명) (문학) ①방랑을 소재로 한 문학 작품. 유랑 문학(流浪文學). nomadic literature ②문자로 기록되지 않은 옛날의 구비 문학(口碑文學). legend

방:랑 생활 (放浪生活) (명) 주소도 일정하지 않고 직업도 없이 이리저리 떠돌아다니는 생활. wandering 하다 「슬픔을 읊은 시(詩).

방:랑-시 (放浪詩) (명) (문학) 방랑 생활의 슬픔과 즐거움

방:랑 시인 (放浪詩人) (명) 방랑 생활을 하면서 작시(作詩)를 하는 시인. vagrant poet

방:랑-자 (放浪者) (명) 방랑하는 사람. 방랑객(放浪客). wanderer 「plan

방략 (方略) (명) 무슨 일을 하는 방법과 꾀. 계략(計略).

방:량 (放良) (제도) 노비(奴婢)를 놓아 양인(良人)이 되게 하던 일.

방:렬 (放列) (군사) 화포(火砲) 진지(陣地)에서 화포 사격의 대형(隊形)을 취함. 하다

방렬 (芳烈) (명) ①좋은 냄새가 몹시 남. strong scent ②의열(義烈). 하다

방:렬-선 (放列線) (군사) 보병 진지에서 포열(砲列)의 대형을 연락하는 선.

방령 (坊領) (제도) 백제 때의 지방관.

방령 (芳齡) (명) (동) 방년(芳年). 「monies

방례 (邦禮) (명) 나라의 의식. 길흉(吉凶)의 의식. state cere-

방로 (房勞) (명) 방사(房事)로 말미암아 피로. fatigue from sexual intercourse

방:론 (放論) (명) 생각대로 거리낌없이 의논함. 하다

방:료 (放料) (명) (동) 반료(頒料). 하다

방루 (防壘) (명) (군사) 적의 공격을 방어하기 위하여 구축한 요새.

방:류 (放流) (명) ①가두어 놓은 물을 터놓아 흘려 보냄. ②어린 물고기를 강물에 놓아 줌. set fish free 하다

방리 (方里) (명) 사방 일리(一里)가 되는 면적. square

방립 (方笠) (명) (동) 방갓.

방:-치다 (고) (동) 방자하다.

방:만 (放漫) (명) 엉터리없고 제멋대로임. 하다 히

방망이 (명) ①무엇을 두드리거나 다듬는 데에 쓰는 제

구. club ②곤봉. 몽둥이.
방망이²圈 ①필요하고 참고될 만한 것을 간단히 추려서 적어 놓은 책. hand book ②〈속〉 커닝(cunning)을 하려고 글씨를 잘게 쓴 작은 종이 쪽지.
방망이-꾼圈 어떤 일에 참견하여 방해하는 사람. 훼방꾼. malicious interfere
방망이 들-다[…—] 남의 일에 헤살을 놓다.
방망이-질圈 ①방망이로 두드리거나 다듬는 일. ②가슴이 몹시 두근거리는 상태의 비유. ¶가슴이 마구 ∼하다. 하타
방망이-찜질圈 방망이로 사정없이 마구 때리는 일. merciless clubbing 하타
방:매(放賣)圈 물건을 내놓아 팖. 매출(賣出). selling
방:매-가(放賣家)圈 팔기 위하여 내놓은 집. house for sale
방면(方面)圈〈수학〉어떤 한 점 P를 통하는 임의(任意)의 직선이 정원(定圓) O와 만나는 점을 A, B라고 할 때, 선분(線分) PA와 PB의 곱을 원 O에 관한 P점의 방멱이라 함.
방면(方面)圈 ①어떤 방향의 지방. 방향(方向)①. 충청도 ∼. direction ②네모난 얼굴. square face ③전문적으로 뜻을 두거나 생각하는 분야. ¶예술
방:면(放免)圈 석방(釋放). 하타 [∼. field
방명(方命)圈 명령(命令)을 어김. acting against orders 하타
방명(芳名)圈 ①〈공〉남의 이름. 방함(芳啣). ②아름다운 이름. 좋은 평판. (대) 악명(惡名). your estimated name
방명=록(芳名錄)圈 남의 성명을 적어 놓은 기록. 방함록. 인명록(人名錄). list of names
방모(紡毛)圈 짐승의 털을 방적함.
방모-사(紡毛絲)圈 동물의 털을 방적하여 만든 털실. (대) 방모(紡毛). woolen yarn
방:목(放牧)圈 가축을 놓아 기름. grazing 하타
방:목(榜目)圈〈제도〉과거에 급제한 사람의 성명을 적은 책. (약) 방(榜).
방:목-장(放牧場)圈 가축을 방목하는 일정한 장소.
방무(防務)圈〈군사〉바닷가에 세운 방어(防禦) 지점의 방어에 관한 사무.
방무-림(防霧林)圈 논밭을 해무(海霧)의 피해로부터 막기 위하여 해안에 이루어 놓은 숲.
방묵(芳墨)圈 ①향기가 좋은 먹. ②〈공〉남의 편지.
방문(方文)圈 (약) ∼약방문(藥方文).
방문(房門)圈 방으로 드나드는 문. door
방:문(訪問)圈 남을 찾아뵘. visit 하타
방:문(榜文)圈 널리 알리려고 길거리에 써 붙인 글. (대) 방(榜). public notice
방:문-객(訪問客)圈 찾아온 손님. caller
방:문-기(訪問記)圈 어떤 곳을 방문하여 그 곳의 정상·사건·진상 등을 탐지하여 적은 글.
방문-주(房門酒)圈 특별한 방법으로 빚은 맛이 좋은 술. tasteful wine
방문-차(房門次)圈 지겟문의 덮문이나 다락문 같은 데에 붙이는 그림이나 글을 쓴 종이. pictures(writings) posted on a paperdoor [necessaries
방물(方物)圈 여자에게 쓰이는 여러 가지 물건. women's
방물(方物)圈〈제도〉감사나 수령이 임금에게 바치던 그 고장의 산물.
방물 장사圈 방물을 팔러 다니는 영업. peddling 하타
방물 장수圈 방물 장사를 하는 여자. peddler of woman's items
방물-전(房物廛)圈 방물을 팔고 사는 곳. 방물을 가지고 다니며 파는 판. women's item trade
방미(防微)圈 (약) ∼방미 두점(防微杜漸).
방:미(訪美)圈 미국을 방문함. 하타
방미 두점(防微杜漸)圈 어떤 일이 커지기 전에 미리 막음. (약) 방미(防微). 하타
방민(坊民)圈〈제도〉그 방(坊) 안에 사는 백성.
방-밑(枋一)圈〈건축〉벽이 땅에 닿은 부분. 하방의

밑. 방저(枋底).
방-바닥[—빠—](房—)圈 방의 바닥. floor of a room
방바닥에서 낙상한다冠 ①안전한 곳에서 뜻밖의 실수를 한다. ②마음을 놓는 데서 실수가 생긴다.
방-밖(房—)圈 방의 바깥. (대) 방안. exterior of a room
방발圈〈광물〉굿을 꾸리는 데 양쪽에 세우는 기둥.
방:방(放榜)圈〈제도〉과거에 급제한 사람에게 홍패(紅牌)나 백패(白牌)를 주던 일. 방방(頒榜).
방방-곡곡(坊坊曲曲)圈 한 군데도 빼놓지 않은 여러 곳. 곳곳마다. ¶∼ 메아리 치다. (약) 곡곡(曲曲). every street and corner
방방-이(房房一)圈 방마다. [던 베모진 자리.
방-배석(方拜席)圈 벼슬아치가 의식에 참석할 때 깔
방백(方伯)圈〈동〉관찰사(觀察使).
방백(傍白)圈〈연예〉청중에게는 들리나 무대 위에 있는 상대방에게는 들리지 않는 것으로 약속하고 말하는 대사(臺詞). 방백(傍白). aside
방백-신(方伯神)圈〈민속〉음양도(陰陽道)에서, 방위를 다스린다는 신.
방:벌(放伐)圈 ①처서 멸망시킴. subjugation ②옛날 중국에서, 악정(惡政)을 베푸는 임금은 토벌해 쫓아내도 거리낄 바 없다고 하는 역성 혁명(易姓革命)을 인정하는 사상(思想). ¶선양(禪讓) ∼. revolutionary thought
방범(防犯)圈 범죄가 생기지 않도록 막음. ¶∼ 대원(隊員). prevention of crimes 하타
방범 주간(防犯週間)圈 범죄를 방지하기 위하여 계몽과 단속을 특별히 강조하는 주간.
방법(方法)圈 ①일을 치러 나가는 솜씨와 법식. 방식(方式). method ②〈철학〉체계(體系)의 필연적 발전의 길. 수단(手段).
방법-론(方法論)圈〈철학〉논리학에서, 학(學)의 방법을 논하는 부문(部門). methodology
방벽(防壁)圈 공격해 오는 적을 막기 위한 벽. 또는 방어의 구실을 하는 사물. [ward 하타
방:벽(放辟)圈 거리낌 없이 제멋대로 함. being way-
방:보(坊報)圈〈제도〉방(坊)에서 관청에 올리던 보고.
방보(防報)圈〈제도〉상사(上司)의 지휘대로 쫓아하지 못할 때에 그 사유를 변명하던 보고. [하타
방:보(放步)圈 되는 대로 걸음. 또, 그 걸음. rambling
방-보라(房—)圈〈건축〉①좁은 벽에 잇가지 대신 나무를 엮어 세로 지르는 막대기. ②설의를 엮기 위하여 벽선과 벽선 사이를 버티는 막대기.
방보라 치-다(房—)圈〈건축〉방보라를 대다.
방부(防腐)圈 물체를 썩지 못하게 함. preservation from decay 하타
방부(訪付)圈〈불교〉객승(客僧)으로서 남의 절에 가서 좀 있기를 부탁하는 일. [아들이다.
방부 들이-다(房付—)圈〈불교〉방부를 허락하여 받
방부-성(防腐性)圈 썩지 못하게 하는 성.
방부-재(防腐材)圈〈약학〉건축 재료 또는 침목(枕木) 같은 것이 박테리아·버섯 등의 작용으로 썩는 것을 막기 위하여 쓰는 약품.
방부-제(防腐劑)圈〈화학〉세균(細菌)의 작용으로 생기는 변화나 썩음을 막는 데에 쓰는 약제. 소금·알리실산·포르말린·알코올 따위. 지부제. antiseptic
방분(方墳)圈 고분(古墳)의 한 형태로서 모양이 네모
방:분(放糞)圈 똥을 눔. 하타 [진 무덤.
방-불(彷彿·髣髴)圈 거의 비슷함. 그럴 듯하게 같음. close resemblance 하타 히匞
방비(防備)圈 ①적을 막아서 굳게 지킴. ¶국경선 ∼. defence ②방어(防禦)하는 설비. defensive preparations 하타
방비(芳菲)圈 화초가 향기롭고 꽃다움. 하여
방비-충(放屁蟲)圈〈동〉방귓벌레.
방사(方士)圈〈선도〉신선의 술법을 닦는 사람. hermit
방사(坊舍)圈〈불교〉절에서 승려들이 거처하는 방.

요사(寮舍).
방사(房舍)[명]〖동〗방(房)①.
방사(房事)[명] 부부가 성교(性交)하는 일. 밤일. ~하다
방사(放射)[명] ①바퀴살 모양으로 중심에서 그 주위 사방에 직선으로 내뻗음. radiation ②〖동〗발사(發射). ③〖물리〗물체에서 에너지가 방출(放出)되는 현상. 복사(輻射)②. emission ~하다
방사(放赦)[명] ①놓아 주어 용서함. ②〖기독〗천주교에서, 지정된 성물(聖物)에 은사(恩赦)를 붙이는 일. ~하다 dulgence ~하다
방사(放肆)[명] 거리낌 없이 제멋대로 행동함. self-in-
방사(放飼)[명] 가축을 놓아 먹임. pasturage ~하다
방사(倣似)[명] 아주 비슷함. resemblance ~하다
방사(紡絲)[명] 섬유를 자아서 실을 뽑음. 또, 그렇게 뽑은 실. yarn ~하다
방사-계(放射計)[명]〖동〗라디오미터(radiometer).
방사 고온계(放射高溫計)[명] 물체로부터 열방사되는 에너지를 온도가 검은 물체에 흡수시키고, 그 온도 상승을 열전 온도계나 저항 온도계로 측정하여 온도를 재는 장치.   [데 쓰는 기구.
방사-기(放射器)[명]〖공업〗액체나 기체를 방사하는
방사-능(放射能)〖물리〗자연적 또는 인공적으로 방사선을 방출하는 능력. radioactivity
방사능 광ː물(放射能鑛物)[명]〖광물〗방사능이 있는 광물. 우라늄광·역청(瀝青) 따위. radioactive mineral
방사능 병기(放射能兵器)[명] 원자 병기의 파괴 효과·소이(燒夷) 효과·방사능 효과 중 방사능 효과에 더 중점을 둔 병기.
방사능-선(放射能線)[명]〖물리〗방사성 원소의 불안정한 원자핵에서 나오는 선. α선·β선·γ선의 세 가지로 되어 있다. 방사선. radioactive ray
방사능-우(放射能雨)[명] 방사능진에 오염(汚染)된 비.
방사능 원소(放射能元素)[명]〖동〗방사성 원소.
방사능-증(放射能症)[명]〖의학〗신체가 X선·α선·β선·γ선·중성자 등의 방사선에 쐬었을 때 일어나는 장애. 구토·설사·출혈 등의 급성 증상이 오며, 기간이 오래면 불량성 빈혈·백혈병 등의 만성증이 생김.
방사능-진(放射能塵)[명] 원자 폭탄·수소 폭탄이 폭발할 때의 핵분열로 생긴 먼지가 지구 표면에 떨어지는 것. 생물체를 죽음에 이르게 함. 죽음의 재. 낙진(落塵). 방사진. radioactive fallout
방사능-천(放射能泉)[명] 물 1리터 중에 라돈(radon) 5.5 마헤(Mache) 이상, 라듐 10^{-8}mg 이상을 함유하는 광천(鑛泉).
방사능 탐광(放射能探鑛)[명] 계수관(計數管) 등을 사용하여 /선의 강도를 재어, 지하의 우라늄 광상·석유 등을 탐사하는 방법.
방사 대ː칭(放射對稱)[명]〖동〗방사 상칭.
방사-도(放射度)[명]〖물리〗일정한 온도를 가진 물체가 단위 면적에서 단위 시간에 어떤 파장(波長)의 방사선을 열방사(熱放射)할 때의 그 방사 에너지를 그 물체의 온도·파장에 대하여 일컫는 말.
방사-림(防沙林)[명] 바닷가나 산에서 모래가 비에 씻기거나 바람에 날리는 것을 막기 위하여 이룩한 삼림. trees to arrest send-shifting
방사-백(旁死魄)[명] 사백(死魄)의 다음 날인 음력 초이튿날. second day of a lunar-month
방사-상(放射狀)[명] 중앙의 한 점에서 사방으로 햇살 퍼지듯이 죽죽 내뻗친 형상. 방사형(放射形).
방사상-균(放射狀菌)[명]〖동〗방선균(放線菌)
방사 상칭(放射相稱)[명]〖생물〗위아래의 축을 중심으로 하여 몸이 방사상으로 된 모양. 불가사리·섬게 따위. 방사 대칭(放射對稱).
방사-선(放射線)[명]〖물리〗방사능 성질을 가진 물체에서 뻗어 나오는 선. 방사능선. radial rays
방사선-과(放射線科)[명]〖의학〗X선·라듐·인공 방사성 동위 원소에서 방출되는 방사선 등을 이용하여 병을 진단·치료하는 전문 진료과(科).
방ː사선 사진(放射線寫眞)[명]〖물리〗물질 자체에서 나오거나, 또는 물질을 투과해서 나온 방사선에 의한 사진. 라디오그래프.
방ː사선 요법[─뇨뻡](放射線療法)[명]〖의학〗방사선을 이용하여 암 따위를 고치는 요법. radiotherapy
방ː사선-원(放射線源)[명]〖화학〗방사선을 방출(放出)하는 물질.
방ː사선 의학(放射線醫學)[명]〖의학〗방사선의 인체에 대한 치료 효과를 연구하는 의학. radiology
방ː사선 장애(放射線障礙)[명]〖의학〗방사선을 받았을 때, 인체에 나타나는 직접·간접의 장애로 생기는 식욕 부진·두통·구토·출혈·빈혈·불임 따위.
방ː사선-학(放射線學)[명]〖의학〗임상 의학의 하나. X선·라듐·방사선·자외선 등의 방사선을 진료에 사용하는 것. radiology
방ː사선 허용량(放射線許容量)[명] 인체에 장애가 없다고 생각되는 방사선의 양적 한계.
방ː사선 화학(放射線化學)[명]〖화학〗방사능 물질의 성질과 작용을 연구하는 화학의 한 분야. radiochemistry   [active
방ː사-성[─썽](放射性)[명] 방사능을 가진 성질. radio-
방ː사성 동위 원소[─썽─](放射性同位元素)[명]〖물리·화학〗방사성을 가지는 동위 원소. radiosiotope
방ː사성 물질[─썽─찔](放射性物質)[명] 방사성 원소를 포함하는 물질. radioactive material
방ː사성 오염[─썽─](放射性汚染)[명] 방사능을 가진 물질이 묻어서 오염되는 일. radioactive contamination
방ː사성 원소[─썽──](放射性元素)[명]〖물리·화학〗방사능을 가진 원소. 즉, 원자핵이 불안정하여 자발적으로 방사선을 방출하며 붕괴하는 원소. 방사성 원소(放射性元素). radioelement   [의 에너지.
방ː사 에너지(放射 energy)[명]〖물리〗전자파(電磁波)
방ː사-열(放射熱)[명]〖물리〗열방사에 의하여 방출된 전자파가 물체에 흡수되어 그 물체를 덥게 하는 경
방사오ː리(房─)[명]〖우의 그 에너지.
방수(房─)[명] 안석(案席).
방수쥬(─紬)[명] 비단 이름. 방사주(紡紗紬).
방ː사-진(放射塵)[명]〖동〗방사능진.
방ː사-체(放射體)[명] 빛·열·전파(電波) 등 전자파(電磁波)를 방사하는 물체.
방ː사-학(放射學)[명] X선 및 α·β·γ 등의 방사선의 성질이나 작용을 연구하는 학문. radiology
방ː사-형(放射形)[명]〖동〗방사상(放射狀).
방산(防産)[명]〖약〗방위 산업(防衛産業).
방산(放散)[명] 풀어 헤침. 또, 흩어짐. diffusion ~하다
방산(謗訕)[명] 남을 나무라고 비웃음. slandering ~하다
방ː산-충(放散蟲)[명]〖동물〗방사충류에 속하는 원생동물의 총칭. 열대 지방에 분포함. radiolarian
방ː산충-류(放散蟲類)[명]〖동물〗근족류(根足類)에 속하는 한 녹(목). 바다의 부유 동물(浮遊動物)로서 키틴질을 분비하고 외부는 규질(硅質)의 골격(骨格)으로 싸여 구상(球狀)·원반형·타원형이며 모두 방사상의 모양을 함.
방ː산충 연니(放散蟲軟泥)[명] 방산충의 유해가 많이 함유되어 있는 진흙.
방상-시(方相氏)[명]〖제도〗구나(驅儺)할 때에 나자(儺者)의 하나. 인산(因山)이나 지위 높은 이의 행상(行喪)에 앞서 가서 광중(壙中)의 악귀를 쫓는 데에 쓰임.
방색(方色)[명] 방위에 따른 다섯 빛깔. 곧, 동은 청(青), 서는 백(白), 남은 적(赤), 북은 흑(黑), 중앙은 황(黃). five colors showing the five directions
방색(防塞)[명] 들어막거나 가려서 막음. (搪塞). 방알(防遏). blocking ~하다   [달린 기.
방색-기(方色旗)[명] 방색을 나타낸 다섯 가지 빛깔을
방ː생(放生)[명]〖불교〗사람에게 잡혀 죽게 된 짐승을 놓아서 살려 줌. ~하다
방생(傍生)[명]〖불교〗몸이 옆으로 되어 있는 생물.

곧, 벌레·날짐승·물고기 따위.
방:생=회(放生會)圏 〈불교〉 잡아 놓은 산 물고기나 짐승을 사서 살려 보내는 의식. 음력 삼월 삼짇일이나 사월 보름에 행함.
방서(方書)圏 방술을 적은 글. books on wizardry
방서(芳書)圏 《광》 남의 편지를 이르는 말. other's letter
방석(方席)圏 깔고 앉는 네모난 작은 자리. 좌욕(坐褥). cushion
방:석(放釋)圏 석방(釋放). 하타
방석=니(方席—)圏 〈생리〉 송곳니 다음의 첫 어금니. premolar
방석 덮개(方席—)圏 방석을 덮어씌우는 보.
방석=딱정이(方席—)圏 〈곤충〉 딱정이과의 벌레. 몸길이 25 mm 가량이고 몸 빛은 광택 있는 흑색이며 개체에 따라 녹색을 띤 것도 있음. 나무 위에서 삶.
방석=매듭(方席—)圏 〈동〉 방승매듭. [식함.
방석=벌레(方席—)圏 〈곤충〉 머리대장과의 머리대장 벌레. 쌀 따위의 곡식을 해하는 해충의다.
방선(防船)圏 〈군사〉 옛날 수영(水營)에 딸렸던 병선(兵船)의 하나. [하여 입선(入禪).
방:선(放禪)圏 〈불교〉 하던 참선(參禪)을 쉬는 일.
방선(傍線)圏 세로쓰기에서 글자의 오른쪽에 내려그은 줄.
방:선=균(放線菌)圏 〈생물〉 흙 속이나 마른풀 등에 붙었다가 동물·식물에 기생하는 미생물. 균사(菌絲)비슷한 것을 방사상으로 내놓으면서 퍼지는 균. 방사상균(放射狀菌). [한 만성 전염병.
방:선균=병[—뼝](放線菌病)圏 〈의학〉 방선균으로 인
방설(防雪)圏 눈보라나 눈사태 등으로 인한 재해를 막음. protection from snow 하타
방설=림(防雪林)圏 눈보라를 막기 위하여 이룩한 숲.
방성(房星)圏 〈천문〉 이십팔수의 넷째 별. 《매 방.
방성(房星)圏 마을. 동네. village [snow-break
방:성(放聲)圏 소리를 크게 지름. crying out
방:성(榜聲)圏 〈제도〉 방군(榜軍)이 보고하던 소리.
방:성 대:곡(放聲大哭)圏 〈동〉 방성 통곡. 하타
방성 머리(건축)圏 보·도리·평방(平枋)에 그리는 단청의 하나. 꽃 한 송이를 주로 하고 실과 휘를 교착(交錯)한 그림. decoration on beams
방:성 통:곡(放聲痛哭)圏 목을 놓아 몹시 섧게 욺. 방성 대곡. 대성 통곡(大聲痛哭). 하타
방:세[—쎄](房貰)圏 남의 집 방을 세 들고 내는 돈. room rent [세간.
방:세=간[—쎄—](房—)圏 방안에 갖추어 놓고 쓰는
방소(方所)圏 방위(方位).
방:소(放笑)圏 큰소리로 웃음. 소리를 크게 내어 웃음. loud laughter 하타 [다고 꺼리다.
방소 부:리—다(方所—)타 〈민속〉 어떠한 방위가 언짢
방소 항:변(妨訴抗辯)圏 〈법률〉 민사 소송의 피고가 제출하는 항변. defence
방속(方俗)圏 지방의 풍속. regional customs
방속(邦俗)圏 나라의 풍속.
방손(傍孫)圏 방계 혈족의 자손. grandchildren on a collateral line
방:송(放送)圏 ①라디오·텔레비전을 통해서 뉴스·강연에 띄우들 보냄. broadcasting ②놓아 보냄. 석방(釋放). release 하타
방:송 교:육(放送敎育)圏 방송국의 한 프로그램으로 실시하는, 학교 방송을 중심으로 하는 시청각 교육의 하나.
방:송=국(放送局)圏 국가 또는 방송 사업자가 방송하기 위해 개설한 무선국. broadcasting station
방:송=권[—권](放送權)圏 방송에 의한 저작물이나 시설물 이용의 권리. [서 방송하는 연극.
방:송=극(放送劇)圏 〈연예〉 라디오·텔레비전 등을 통
방:송극=본(放送劇本)圏 방송극을 쓸 수 있도록 그 내용을 적은 대본. [transmitter
방:송=기(放送機)圏 라디오 송신기(送信機). radio
방:송=망(放送網)圏 라디오·텔레비전 등에서 각 방송

국을 연결시켜 동시에 같은 프로그램을 방송하는 체제. network
방:송 무:대극(放送舞臺劇)圏 라디오에 의해 무대극을 그대로 방송하는 것. radio play
방:송 문화(放送文化)圏 방송을 통해서 이루어지는 문화. 강연·보도·음악·라디오 드라마·텔레비전 드라마 등을 통해서 〔을 규정한 법률.
방:송=법[—뻡](放送法)圏 〈법률〉 방송 사업의 내용
방:송=소(放送所)圏 무선 전화 송신기만 설비되고 연주소(演奏所)의 설비는 없는 곳. radio transmitting station
방:송 수신기(放送受信機)圏 라디오 수신기.
방:송=실(放送室)圏 방송을 하는 방.
방:송 심의 위원회(放送審議委員會)圏 〈법률〉 방송의 공공성과 질서·품위를 자율적으로 유지하기 위하여 구성한 심의 기관.
방:송 주파수(放送周波數)圏 〈물리〉 방송 무선 전화에 사용되는 주파수. radio frequency
방:송=파(放送波)圏 국내 방송에 사용되는 주파수 300~3,000킬로사이클의 중파(中波) 전파.
방수(方手)圏 《동》 방위.
방수(方手)圏 방법과 수단. ways and means
방수(方數)圏 〈동〉 평방수(平方數).
방수(防水)圏 ①넘쳐흐르는 물이나 스며드는 물을 막음. water-proof ②〈군사〉 어뢰(魚雷) 공격을 막기 위하여 군함 밑 바깥쪽에 대는 강철판. 하타
방수(防戍)圏 국경을 지킴. frontier guards 하타
방수(防守)圏 막아서 지킴. defence 하타
방:수(放水)圏 물길을 터서 물을 빼내거나 흘러 보냄. 또, 그 물. drainage 하타
방:수(放囚)圏 죄수를 놓아 줌. release 하타
방수(芳樹)圏 향기 좋은 나무.
방수(傍受)圏 무선 통신에 있어서, 통신의 직접 상대자가 아닌 다른 사람이 그 통신을 우연이거나 고의적으로 수신하는 일. interception 하타
방수 가공(防水加工)圏 직물·피혁·종이 등에 방수성을 부여하는 가공.
방수 도시(防守都市)圏 국제법상, 무차별 공격이 위법이 아니라고 되어 있는 방어력이 있는 도시. defensive city
방:수=로(放水路)圏 홍수의 피해를 막고 수력 발전소에서 이용한 물을 하천으로 흘려 보내기 위하여 인공으로 만든 물길. flood control channel
방수=림(防水林)圏 수해를 막기 위하여 강가나 바닷가에 만든 나무숲. [만든 모자.
방수=모(防水帽)圏 물이 새어 들지 않도록 방수포로
방수=복(防水服)圏 물이 새어 들지 않도록 방수포로 만든 옷. [erproof device
방수 장치(防水裝置)圏 물의 침투를 막는 장치. wat-
방수=제(防水劑)圏 〈화학〉 방수용으로 쓰는 약제. waterproof stuff
방수=지(防水地)圏 방수 가공한 천.
방수=지(防水紙)圏 물기가 침투하지 않도록 방수제로 가공 처리하여 만든 종이.
방수=층(防水層)圏 〈건축〉 지붕이나 지하실 벽과 바닥에 물기를 막기 위하여 방수 재료로 시공(施工)한 부분. waterproof course
방수=포(防水布)圏 방수제를 발라 가공한 피륙. water-proof cloth [in-shoes
방수=화(防水靴)圏 물이 스며들지 않게 만든 신. ra-
방순(芳醇)圏 향기 좋은 술. good liquor
방술(方術)圏 ①방법과 기술. method and technique ②신선의 술법. wizardry
방습(防濕)圏 습기를 방지함. dampproof 하타
방습=재(防濕材)圏 〈건축〉 건물 내부에 습기가 스며들지 않게 하는 재료. 도료·합성 수지 따위.
방습=제(防濕劑)圏 〈화학〉 습기를 방지하는 약제. 진한 황산·염화칼슘 따위. dampproof stuff

방습-지(防濕紙)명 습기가 스며들지 못하도록 만든 종이.

방승(方勝)명 〔동〕금전지(金箋紙). 「석매듭.

방승-매듭(方勝-)명 끈으로 네모지게 뗏은 매듭. 방

방:시(榜示)명〔제도〕방문을 붙여 널리 보임. post an official notice 하타

방시레[부] 소리 없이 입만 약간 벌려 보드럽게 웃는 모양. (큰) 벙시레. (센) 빵시레. blandly 하타

방식(方式)명 정해진 형식. 방법(方法)①. 법식(法式). formula

방식-제(防蝕劑)명〔화학〕금속 표면의 부식을 막는 약제. 페인트·흑연·유류 등.

방실-거리다[자] 입을 예쁘게 벌려 소리 없이 부드럽게 자주 웃다. (큰) 벙실거리다. (센) 빵실거리다. beam **방실=방실**[부] 하타

방실-판(房室瓣)명〔생리〕염통방과 염통집 사이에 있는 판막. 혈액의 역류를 막다. locular valve

방심(芳心)명〔동〕방정(芳情).

방:심(放心)명 ①마음을 다잡지 않고 놓아 버림. 정신을 차리지 않음. 산심(散心). carelessness ②다른 사물에 매혹되어 마음이 그 본체를 잃어버림. absence of mind ③마음이 편안함. 안심(安心). relief ④〔동〕석려(釋慮). 하타 「심. excenter

방심(傍心)명〔수학〕삼각형의 방접원(傍接圓)의 중

방심-원(傍心圓)명〔동〕방접원(傍接圓).

방싯[부] 소리 없이 입을 살며시 벌리고 만족스럽게 예쁘게 웃는 모양. (큰) 벙싯. (센) 빵싯. smiling 하타

방싯-거리다[자] 소리 없이 입을 벌리고 만족스럽게 예쁘게 자주 웃다. (큰) 벙싯거리다. (센) 빵싯거리다.

방아[명] 곡식을 찧는 틀. mill **방실=방실** 하타.miller

방아²[명]〔식물〕꿀풀과의 다년생 풀. 높이 1.5m 가량이고 잎은 난형으로 7~9월에 자색 꽃이 핀다. 산과 들의 습지에 나는데, 약용(藥用)·관상용·식용이 됨. 배초향(排草香).

방아-게[명]〔동물〕달랑게과의 게. 배갑(背甲)은 밤색, 다리는 회색이며, 내만(內灣)이나 강변의 진흙 속에 사는데, 간조 때에 많이 나타남.

방아-굴대[-때]명 물방아 바퀴의 중심을 가로질러 놓은 굵은 나무. axis of a water wheel

방아-깨비[명]〔곤충〕메뚜기과의 곤충. 수컷은 가늘고 작으며 암컷은 통통하며 큰데, 몸 빛은 녹색 또는 회색에, 머리는 돌출하고 뒷다리가 매우 긺. 계종(鷄鬃). 방과치. 용서(舂黍). grasshopper

방아-꾼[명] 방아를 찧는 사람. miller

방아-다리[명] 노리개의 하나. 금·은·옥 따위로 허수아비 식으로 만든 것.

방아-두레박[명] 지렛대로 물을 푸는 두레박. 우물 옆에 기둥을 세우고 긴 나무를 방아같이 걸쳐 한쪽 끝에 두레박을 달고 한쪽 끝을 눌렀다 놓았다 함. well-bucket

방아-벌레[명]〔곤충〕방아벌레과의 갑충(甲蟲). 고목이나 땅속에 사는데, 몸은 방추형으로 검으며, 보리 뿌리를 갉아먹음. 도가벌레.

방아-살[명] 쇠고기의 등심 복판에 있는 고기.

방아-쇠[명] ①화승총(火繩銃)의 화승을 끼는 굽은 쇠. matchlock ②〔군사〕소총·권총 등에 장치되어 있는 굽은 쇠. 곧, 손가락으로 잡아당겨 총을 쏘게 되어 있는 장치. 격침(擊針). trigger 「nder

방아-채[명] 방앗공이를 건 긴 나무. handle of a pou-

방아-쇠[-쇠]명〔광물〕수차(水車)의 방앗공이 끝에 달린 무쇠 촉.

방아-타령(-打令)명〔음악〕경기 민요(民謠)의 하나. 4분의 3박자로 되어 있음. 「분.

방아-뭉치[명] 총의 방아쇠가 달려 있는 쇠붙이 부

방아-품[명] 방아를 찧어 주고 삯을 받는 품. 「땅에 묻어 놓은 절구.

방아-확[명] 방앗공이로 찧을 수 있게 우묵하게 파서

방안(方案)명 방법에 관한 고안. scheme

방안(方眼)명〔수학〕'모눈'의 구용어.

방안(芳顏)명 ①아름다운 얼굴. graceful face ②〔공〕남의 얼굴을 이르는 말. your face

방:안(榜眼)명〔제도〕과거 급제의 등급에서, 갑과(甲科)에 둘째로 급제한 사람.

방안-지(方案紙)명 방안을 적은 종이. written plan

방안-지(方眼紙)명 '모눈종이'의 구용어.

방안 지도(方眼地圖)〔지리〕동서남북으로 좌표선(座標線)이 그려져 있는 지도.

방안 칠판(方眼漆板)명 가로줄과 세로줄이 일정한 간격으로 그려져 있는 칠판.

방알(防遏)명〔동〕방색(防塞). 「소. rice-mill

방앗-간(-間)명 방아를 놓고 곡식을 찧는 곳. 정미

방앗간에서 울었어도 그 집 조상(弔) 마음이 문제이지 장소가 문제가 아니다.

방앗-공이[명] 절구확 속에 든 물건을 내리 찧는 뭉둥이. 나무·쇠·돌 등으로 만듦.

방앗공이는 산 밑에서 팔아 먹댔다[부] 무엇이나 생산되는 그 곳에서 파는 것이 실수가 없다.

방애(妨礙)명 막아 거리끼게 함. 하타

방약(方藥)명 ①약제를 조합하는 일. compounding ②단지 처방에 의하여 조합한 약. prescribed medicine

방약 무인(傍若無人)명 주위에 사람이 없는 것처럼 언어·행동에 어렴성이 없음. insolence 하형

방:양(放養)명 놓아 기름. 하타

방:어(邦語)명 국어(國語).

방어(防禦)명 ①적의 침입을 막아 냄. 또, 그 설비. 한어(扞禦). defence ②〔법률〕민사 소송을 진행 중에 피고가 원고의 주장을 배척하기 위하여 사용하는 소송 행위. 하타

방:어(放語)명〔동〕방언(放言). 하타

방어(魴魚)명〔어류〕전갱이과의 온대성 바닷물고기. 몸 길이 1m 가량으로 긴 방추형이고, 등은 푸르고 배는 희며 옆구리에 누른빛의 세로무늬가 있음. yellow-tail

방:어 갑판(防禦甲板)〔군사〕군함의 수선(水線) 가까이 두꺼운 강철로 만든 갑판. 「찬.

방어-구(魴魚灸)명 방어를 저며서 양념하여 구운 반

방어 동맹(防禦同盟)명 둘 또는 그 이상의 나라 사이에 방어의 목적으로 맺은 동맹. 방수 동맹(防守同盟). (대) 공격 동맹. defensive alliance

방어-망(防禦網)명〔군사〕①방어를 위한 경계망. ②정박 중인 함선을 어뢰 공격으로부터 막기 위하여 그 주위에 둘러친 금속제 그물. torpedo net

방어-사(防禦使)명〔제도〕조선조 인조(仁祖) 때, 경기도·강원도·함경도·평안도의 요긴한 곳을 방어하기 위하여 둔 무관(武官)의 벼슬. 절도사(節度使)의 버금 자리.

방어-선(防禦線)명〔군사〕적의 공격을 막기 위하여 진을 보이는 전선. line of defence

방어-율(防禦率)명〔체육〕야구에서, 투수가 상대 팀의 공격을 방어한 비율. 투수의 자책점(自責點)의 합계에 9를 곱하고 그것을 투구 횟수로 나눈 비율. earned run average

방어-전(防禦戰)명 방어하기 위한 싸움. ¶타이틀~. (약) 방전(防戰). defensive war

방어 지역(防禦地域)〔군사〕적의 공격으로부터 방어하기 위하여 각 부대에 배당된 지역. defense district 「친 진.

방어-진(防禦陣)명 방어하기 위해서 군사가 주둔하여

방어 진지(防禦陣地)〔군사〕적의 공격을 방어하기 위하여 지형을 이용하여 병력을 배치하여 둔 진지. defensive position

방어 포화(防禦砲火)〔군사〕적의 공격으로부터 방어 발사하는 포화. defensive fire

방어 해:면(防禦海面)〔군사〕군사상 방어를 위하여 지정된 해면 구역. 방어 해역.

방어 해:역(防禦海域)명〔동〕방어 해면.

방언(方言)[명] 〈어학〉 ① 어떤 지방이나 계층에만 국한되어 쓰이는 언어 체계. ② 한 나라의 언어에서 지역에 따라 발음·의미·어휘·음운·어법 등이 표준말과는 다른 언어 체계. 사투리. (대) 표준어. 공통어. dialect

방:언(放言)[명] 나오는 대로 무책임하게 지껄이는 말. 방어(放語). irresponsible utterances 하다

방:언 고론(放言高論)[명] 거칠없이 생각나는 대로 드러내 말을 큰소리로 침. 하다

방언 구획(方言區劃)[명] 〈어학〉 방언 특징에 의하여 언어 지역 사회를 분단하는 방언학적 작업.

방언 예:술(一네一)(方言藝術)[명] 〈문학〉 사투리를 적절하게 써서 지방색이나 인물의 성격을 또렷하게 드러낸 문에 작품. 「문.

방언학(方言學)[명] 〈어학〉 방언에 관하여 연구하는 학

방에 가면 더 먹을까 부엌에 가면 더 먹을까 어느 편이 이로울까 갈팡질팡한다.

방역(防役)[명] 시골 백성이 부역(賦役) 대신에 곡식 따위를 미리 바치던 일.

방역(防疫)[명] 전염병의 발생 침입을 소독·예방 주사 등의 방법으로 미리 막음. prevention of epidemics 하다 「된 것. translation into Korean 하다

방역(邦譯)[명] 외국어를 국어로 번역함. 또, 그 번역

방역=진(防疫陣)[명] 방역을 위한 의료 진용(軍容).

방연(方椽)[명] 〈건축〉 ① 모진 서까래. square rafter ② 굴도리 밑에 받치는 네모꼴 나무.

방연=광(方鉛鑛)[명] 〈광물〉 약 86.6%의 연(鉛)을 포함한 광석. 입방체·팔면체 등의 결정을 보이며, 새로운 단면은 강한 금속 광택을 냄. galena(PBS)

방연=림(防煙林)[명] 연기의 해독을 막기 위한 삼림.

방:열[—녈](放熱)[명] 열을 내놓음. ¶ ∼ 장치. radiation of heat 하다

방:열=기[—녈—](放熱器)[명] ① 난방 장치에서 증기의 열을 발산하여 공기를 뜨겁게 하는 철관(鐵管). steam ② 공기나 물에 열을 발산시켜 기계를 냉각하는 장치. radiator

방열형 음극[—녈—](傍熱型陰極)[물리] 음극이 그 옆에 있는 다른 히터(heater)로부터 열을 받아서 열전자를 방출하는 형의 진공관. indirectly heated cathode 「아니하도록 하거나 가공하는 일.

방염 가공(防炎加工)[명] 목재·섬유 등을 불에 잘 타지

방:영(放映)[명] 텔레비전으로 방송을 함. ¶ ∼ 시간. televising 하다

방영(芳詠)[명] 〈공〉 남의 시가(詩歌).

방:영(訪英)[명] 영국을 방문함. 하다

방예(方枘)[명] 모난 자루. square handle

방예(防豫)[명] 〈동〉 예방. 하다

방예 원조(方枘圓鑿)[명] 모난 자루와 둥근 구멍이란 뜻으로, 사물의 서로 어긋남을 비유하는 말. (약) 예조(枘鑿). incongruity 「는 가공.

방오 가공(防汚加工)[명] 오물에 더러움을 덜 타게 하

방옥(房屋)[명] 겨울에 외풍을 막기 위해 방안에 장치를 하여 조그맣게 막은 아랫방. 가방(假房).

방:외(方外)[명] ① 베 밖. 범위 밖. 국외(局外). being out of category ② 유가(儒家)에서 도가(道家)나 불가(佛家)를 가리키는 말. Taoists and Buddhists ③ 세속(世俗)의 밖. beyond the world

방외(房外)[명] 방의 바깥. outdoors

방외=객(方外客)[명] 그 일과는 전혀 관계없는 손.

방외 범:색(房外犯色)[명] 아내 이외의 여자와 색사를 범함. (약) 방외색(房外色). amour 하다

방외=사(方外士)[명] 세속의 속된 일을 벗어난 고결한 사람. man of noble character

방외=색(房外色)[명] 〈어〉→방외 범색(房外犯色).

방외=인(方外人)[명] 베 밖의 사람. 아무 관계없는 사람. 국외자(局外者). 「말.

방외=학(方外學)[명] 유교에서 불교나 도교를 이르는

방용(芳容)[명] 〈공〉 꽃다운 용모라는 뜻으로, 다른 사람의 용모를 이르는 말.

방우=구(防雨具)[명] 비를 가리는 제구. 우산·비옷 따위. waterproofs

방울[명] ① 쇠붙이로 둥글게 만들어 흔들면 소리가 나게 된 물건. bell ② 구슬같이 둥글둥글하게 뭉친 액체. 물을 가늠이 머금어서 둥글고 속이 빈 덩어리. ¶ 이슬 ∼. 빗∼. drop 「donkey

방울=나귀[명] 몸이 작고 걸음을 잘 걷는 나귀. little

방울 낚시(一信)[명] 낚싯줄에 단 방울의 울림으로 어신(魚信)을 잡아 물고기를 낚는 일. 「큰 눈. round eyes

방울=눈[명] 방울처럼 둥글둥글하고 부리부리하게 생긴

방울=떡[명] 방울 모양으로 둥글게 만든 과자의 하나.

방울=뱀[명] 〈동물〉 살무사과에 속하는 독사. 길이 2 m 이며, 황록색이며 등에 암갈색 마름모의 반점이 있음. 꼬리 끝에 방울 모양의 각질이 있어, 위험할 때는 꼬리를 흔들어 소리를 냄. 향미사(響尾蛇).

방울=벌레[명] 〈곤충〉 귀뚜라미과의 벌레. 몸 빛은 암갈색 또는 흑갈색이며 촉각은 담갈색으로 길이가 몸의 3배나 됨. 수컷이 두 날개를 비벼서 고운 소리를 냄. 금종충(金鐘蟲). bell-ring insect

방울=새[—쌔](鳥類) 참새과의 새. 길이 4 cm, 꽁지 5 cm, 수컷의 등은 암황록색, 가슴은 황록임. 울음 소리가 매우 아름다우며 여러 가지 새의 우는 흉내를 잘 냄. 잡식을 함. goldfinch

방울=잠자리[명] 〈곤충〉 장수잠자리과에 속하는 곤충. 몸 빛은 거의 검고 가슴은 누른빛임. 등에는 w자 모양의 얼룩무늬가 있고 꽁지 여덟째 마디는 방울처럼 되어 있음. 「만들어 넣은 증려의 하나.

방울 증편(一蒸一)[명] 꿀팥으로 상수리만큼씩하게 소를

방울 집게[명] 못을 뽑는 연장으로, 못내가리를 잡는 부분은 둥글게 되어 있음. pincers 「and circle

방원(方圓)[명] 모진 것과 둥근 것. 방형과 원형. square

방일 月越(方日月越)[명] 〈음악〉 비파의 뒤쪽 아래에 있는 네모진 구멍. 방수. point of compass

방위(方位)[명] 어떤 방향의 위치. 방소(方所). 방향(方

방위(邦威)[명] 〈동〉 국위(國威).

방위(防圍)[명] 막아서 에워쌈. surrounding 하다

방위(防衛)[명] 막아서 지킴. 막아서 호위함. ¶ ∼ 거점(據點). defence 하다

방위=각(方位角)[명] 〈천문〉 어떤 물체를 지나 지평선과 수직한 평면을 만들어, 이 평면이 남·북의 방위 기점과 이루는 각. azimuth. ②〈동〉 편각(偏角).

방위=력(防衛力)[명] 방위하는 힘. defensive power

방위 보아 똥 눈다 사람의 됨됨이를 보아서 대접한다.

방위 사통(防僞私通)[명] 〈제도〉 아전들이 보내는 공문. '방위'의 두 글자를 적어서 사서(私書)가 아님을 표시함.

방위 산:업(防衛産業)[명] 병기 등 군수품을 생산하는 모든 산업. 군수 산업(軍需産業). (약) 방산(防産).

방위 생산(防衛生産)[명] 국가 방위력을 위한 무기·전략 자재 등의 생산. defense industry

방위=선(方位線)[명] 방위와 위치를 표시하기 위하여 그어 놓은 경선과 위선. 「line

방위=선(防衛線)[명] 방위하는 경계선이나 전선. defense

방위=세(一쎄一)(防衛稅)[명] 〈법률〉 국토 방위를 위하여, 국방력을 증강하는 데 필요한 재원 확보를 목적으로 하는 세금.

방위 소집(防衛召集)[명] 〈군사〉 군사·향토 방위 기타 이와 관련되는 업무를 지원하기 위하여 현역 복무를 마치지 않은 보충역 및 제2국민역의 병(兵)에 대하여 행하는 소집.

방위=신(方位神)[명] 〈민속〉 동·서·남·북·중앙의 오방을 각각 맡아 다스리는 신장(神將)들. 오방 신장(五方神將).

방위 조약(防衛條約)[명] 집단 안전 보장의 필요에 따라 방위를 목적으로 하는 국제 조약.

방위 포장(防衛褒章)[명] 〈법률〉 국방 또는 치안에 노력하여 그 공적이 현저한 자 또는 생명의 위험을 무릅쓰고 인명을 구조한 자에게 주던 포장. 1967년

방유(芳油)명 ①방향이 있는 기름. ②대만산 방장(芳樟)을 증류하여 얻은 무색 휘발성의 액체. 비누 향료로 씀.

방음(方音)명〈어학〉지방의 발음. 사투리에 의한 발음(發音). 윰슴(閏音). dialect sound

방음(防音)명 잡음을 막음. ②실외의 소음과 실내에서 생기는 소리의 반사를 막음. sound arresting 하다

방음 스테이지(防音 stage)명〈연예〉방음 장치를 한 영화의 옥내 촬영장.

방음 장치(防音裝置)명〈건축〉방음하는 장치. 실내의 벽·천장·바닥 등을 꾸밀 때, 음향을 흡수하는 재료를 써서 만듦. soundproof equipment

방음-재(防音材)명 소리를 흡수하는 성질이 있는 건축 재료. 코르크·유리·섬유·펠트(felt) 등.

방음 카메라(防音 camera)명 발성 영화를 촬영할 때에 쓰이는, 소리가 나지 않는 촬영기.

방의(謗議)명 남을 비방하는 의논. 하다

방이-다타 ①윷놀이에서, 말을 방에 놓다. ②목표한 자리를 힘있게 치다. strike

방이 사람 덕보려 하네방바닥이 차갑다.

방인(邦人)명 자기 나라의 사람. (대) 이방인(異邦人). one's fellow country men

방:인(旊人)명 틀로 도자기를 만드는 사람. potter

방인(傍人)명 곁에 있는 사람. 옆 사람. person beside

방:일(放逸)명(동) 방탕(放恣). 하다 [一 one

방:일(訪日)명 일본을 방문함. 하다 [一 치.

방임(坊任)명〈제도〉방(坊)의 공무를 맡던 구실아치.

방:임(放任)명 되는 대로 내버려 두어 간섭하지 않고 내버려 둠. (대) 간섭. non-interference 하다

방:임-주의(放任主義)명 ①되는 대로 내버려 두는 주의. ②〈윤리〉선악의 구별에 대한 지나친 관용주의(寬容主義). (대) 엄숙주의. liberalism

방:임 행위(放任行爲)명〈법률〉범죄가 안 되는 행위, 법의 보호도 못 받지만 벌하지도 못하게 된 행위. free act

방자명 복되기를 귀신에게 비는 짓. 남에게 재앙이 내리게 해달라고 비는 짓. 저주(詛呪·咀呪). curse 하다

방자(房子·幇子)명〈제도〉①왕실의 여자 종의 하나. valet ②지방 관아의 종의 하나. servant

방자(芳姿)명 꽃다운 자태. 아름다운 모습. beautiful figure

방:자(放恣)명 거리끼거나 삼가지 않고 교만스러움. 방일(放逸). ¶ ~한 행렬(行列). self-indulgence 하다 스럽다 스레 [부. ②증권(證券) 투자. 하다

방:자(放資)명 ①이식(利植)을 목적으로 자본을 방출

방자(榜子)명 ①문패. name plate ②〈제도〉임금을 뫼올 때 내 수는 생명을 쓴 패.

방:자-고기명 양념을 하지 않고 소금만 뿌려서 구운 짐승의 고기. salted roast meat

방:자 무기(放恣無忌)명 몹시 거방지고 꺼림이 없음.

방잠(防潛)명〈군사〉적의 잠수함에 대한 방어. antisubmarine

방잠-망(防潛網)명〈군사〉적의 잠수함의 통로나 항만 침입을 막기 위하여, 항만 입구에 치는 그물. antisubmarine net

방장¹(方丈)명〈수학〉사방 한 장(丈)의 넓이.

방장(方丈)명〈불교〉①높은 중의 처소(處所). 장실(丈室). priest's quarters ②동 주지(住持)

방장(方丈)명 ①가상의 산인 삼신산(三神山)의 하나로서 동해에 있다 함. ②지리산의 딴이름.

방장(方長)명 한창 자라남. growing

방장(坊長)명〈제도〉한 방(坊)의 우두머리.

방:장[-짱](房帳)명 방안에 치는 휘장. (약) 방(帳). hangings [방금(方今).

방장(方將)명 ①곧 장차. in the near future ②(뷔

방장 부절(方長不折)명 한창 자라는 초목을 꺾지 않는다는 뜻으로, 장래성이 있는 일을 헤살 놓지 않는다는 말.

방재(防材)명〈군사〉적의 배가 쳐들어옴을 막기 위하여 큰 쇠줄로 엮어 항만이나 강의 물목에 치는 재목. [의 재해를 방지함. 하다

방재(防災)명 재해를 막음. 폭풍·홍수·지진·화재 등

방재(防財)명 방금(方今).

방재 설비(防災設備)명〈건축〉재해를 막기 위한 모든 시설.

방저(防抵)명 방밑.

방저 원개(方底圓蓋)명 네모진 바닥에 둥근 뚜껑. 곧, 사물이 서로 어긋남을 일컫는 말.

방적(紡績)명 동물이나 식물의 섬유를 가공하여 실을 만드는 일. 하다

방적 견사(紡績絹絲)명 견섬유를 원료로 하여 만든 실. 견방(絹紡). silk yarn

방적 공업(紡績工業)명〈공업〉동식물의 섬유를 가공하여 방적을 하는 섬유 공업. 방적업(紡績業).

방적 기계(紡績機械)명 방적에 쓰이는 기계. spinning machine

방적 돌기(紡績突起)명〈동물〉①거미의 꽁지 끝에 있는 세 쌍의 혹 모양의 돌기. spinneret ②개미별기의 몸 끝에 있는 마디.

방적 면사(紡績綿絲)명 면화를 방적하여 쓴 실의 총칭. cotton yarn

방적=사(紡績絲)명 ①면화·양모·삼·고치 들의 섬유를 가공하여 만든 실의 총칭. ②면사 방적 기계로 방적한 외올 면사.

방적=업(紡績業)명(동) 방적 공업.

방적 회:사(紡績會社)명 방적업을 경영하는 회사. textile company

방전(方田)명 반듯하게 네모진 논밭. square field

방전(方塼)명 네모 반듯한 벽돌. 종벽. brick

방전(妨電)명〈물리〉무선 전신에서 수신기가 전파를 바로 받지 못하여 여러 가지 전기적 영향으로 방해.

방전(防電)명〈물리〉=방수전(防電機).

방:전(放電)명〈물리〉①대전체(帶電體)가 그 전기량을 잃는 현상. (대) 충전(充電). electric discharge ②아크등(燈)에서 두 전극이 공기와는 부도체로 절연되어 있지만 양극 사이의 전위차가 충분히 크며, 한쪽에서 다른 쪽으로 전기가 흐르는 현상. 하다

방:전-관(放電管)명〈물리〉유리관의 양끝에 전극을 봉입(封入)하고 관내의 기압을 낮추어서 방전을 행하는 것. 형광등·수은등 따위. discharge tube [빛.

방:전-광(放電光)명 기체 내의 방전에 따라 일어나는

방:전-등(放電燈)명〈물리〉방전을 조명(照明)에 이용하는 전등. 네온 램프·나트륨 램프·형광등 따위. discharge lamp [전류. discharge current

방:전 전:류(放電電流)명〈물리〉방전할 때에 생기는

방:전-차(放電叉)명 라이덴병(Leiden 瓶)이나 그 밖의 축전기의 전하(電荷)를 중화(中和)시키는 데 쓰는 도체(導體). 끝에 작은 놋쇠 구(球)를 단 ㄷ자 또는 ㄱ자 모양 막대기에 절연 자루를 붙인 것. discharge rod

방:전-함(放電函)명〈물리〉방전 현상을 이용하여 하전 입자(荷電粒子)의 비적(飛跡)을 관찰하는 장치.

방점[-쩜](傍點)명 ①주의를 불러일으키기 위하여 글자의 온편이나 옆에 찍는 점. side point ②〈어학〉옛말에서, 글자의 왼편에 찍어 장음(長音)을 표시하면 부호. 사성점(四聲點).

방접(傍接)명〈수학〉어떠한 도형(圖形)이 다각형의 한 변과 거기에 인접하는 두 변의 연장(延長)과 접하는 일.

방접-원(傍接圓)명〈수학〉삼각형의 한 변과 다른 두 변의 연장에 닿아서 그 삼각형 밖에 있는 원. 방심원(傍心圓). escribed circle [레

방정명 경망스럽게 하는 말과 행동. rashness 스럽다 스

방정(方正)명 ①하는 일이 바르고 점잖음. ¶품행 ~. upright ②물건이 네모지고 반듯함. square 하다 [(芳志). kind heart

방정(芳情)명 꽃답고 애틋한 마음. 방심(芳心). 방지

방정꾸러기 걸핏하면 방정을 잘 떠는 사람. light headed person

방정-꾼(-軍)명 방정을 떠는 사람. light headed person

방정 떨:-다(로타) 언행을 가볍고 방정맞게 하다. 드레지지 못하고 경망스럽게 굴다. act rashly

방정-맞-다(--) 휑 ①언행이 경망스러워 요망스럽다. rash ②요망스럽게 굴어서 상서롭지 못하다. ominous

방정-식(方程式)명 〈수학〉 미지수를 가진 등식이 그 미지수에 특정한 수치를 주어서 만족시킬 수 있는 식. 〈대〉 항등식(恒等式). equation

방제(方劑)명 약을 조합함. 또, 그 약. 방약(方藥). prepared medicine 하타

방제(防除)명 ①예방하여 재앙을 없앰. ②농작물의 병해·충해를 예방하고 구제(驅除)함. 하타

방제(旁題)명 신주 아래 왼쪽에 쓴, 제사를 받드는 사람의 이름.

방제(傍題)명 〈동〉 부제(副題).

방제-수(方諸水)명 〈민속〉 맑은 달을 향하여 조가비로 받은 물. 아이들의 열병에 씀.

방제-학(防除學)명 식물의 병의 진단·위생·방역·치료·약리 따위를 연구하는 식물병학의 한 분과.

방조(幇助·幫助)명 ①어떤 일을 거들어 도와 줌. 흔히 나쁜 일의 경우에 쓰임. aid ②〈법〉 타인의 범죄 수행(遂行)에 편의를 주는 유형(有形)·무형(無形)의 모든 행위. aid and abet

방조(傍助)명 옆에서 도와 줌. assistance 하타

방조(傍祖)명 육대조 이상의 조상의 형제. ancestors in the indirect line

방조(傍照)명 〈법〉 적용할 만한 법문이 없을 때, 비슷한 법문(法文)을 참조함. indirect reference 하타

방조-림(防潮林)명 해안 지방에서 해풍·해일 등을 막기 위하여 만든 숲. tide-water control forest

방조-범(幇助犯)명 〈법〉 타인의 범죄 수행에 편의를 제공함으로써 성립되는 범죄. 또, 그 범인. 가담범(加擔犯). abettor

방조-제(防潮堤)명 육지로 밀려드는 조수를 막기 위한 둑.

방조-죄(幇助罪)명 〈법〉 타인의 범죄 수행 방조함으로써 성립되는 죄.

방:종(放縱)명 아무 거리낌 없이 함부로 놀아남. 임종(任縱). 자사(恣肆). self-indulgence 하타

방종(傍腫)명 〈한의〉 부스럼이 번져서 곁으로 돋은 작은 부스럼. side boil

방주(方舟)명 ①방형(方形)의 배. ②노아의 방주.

방주(方柱)명 네모난 기둥.

방주(房主)명 ①방의 주인. ②《약》→방주 감찰(房主監察).

방주(蚌珠)명 〈동〉 진주(眞珠).

방주(旁註·傍註)명 본문 옆에 단 주해(註解). marginal notes

방주 감찰(房主監察)명 〈제도〉 조선조 때, 사헌부(司憲府)의 첫자리의 감찰. 《약》 방주(房主)②.

방축(←防築)명 물을 막기 위하여 쌓은 둑. dike

방축-갓끈명 연밥을 잇달아 꿰어 만든 갓끈.

방중(房中)명 ①방안. 방내(房內). interior of a room ②〈불교〉 절간의 안. interior of a temple

방:중(訪中)명 중국을 방문함.

방중-술(房中術)명 방사(房事)의 방법과 기교.

방증(傍證)명 〈법〉 자백 따위와 같이 범죄를 직접 증명하는 증거는 아니나, 그 주변의 사항을 명백하게 하고 이것을 굳힘으로써 범죄의 증명에 도움이 되는 증거. circumstantial evidnece 하타

방지(防止)명 막아서 못하게 함. 막아서 그치게 함. ¶도난(盜難) ~. prevention 하타

방지(芳志)명 방정(芳情).

방지(旁支)명 본체에서 갈려 나간 분기(分岐). branch

방:지기(房—)명 〈제도〉 관아의 심부름꾼의 하나. 방직(房直).

방지-책(防止策)명 방지하기 위한 계책. preventive measure

방직(方直)명 바르고 곧음. uprightness 하형

방:직(房直)명 〈동〉 방지기.

방직(紡織)명 기계를 이용하여 실을 날아서 피륙을 짜는 일. spinning and weaving 하타

방직-공(紡織工)명 방직에 종사하는 직공. 총칭.

방직 공업(紡織工業)명 피륙을 가공 제조하는 공업의 총칭.

방직 공장(紡織工場)명 직물을 짜는 공장.

방직-기(紡織機)명 《약》→방직 기계.

방직 기계(紡織機械)명 실을 다루어 피륙을 짜는 기계.

방직-물(紡織物)명 방직 기계로 짜낸 피륙.

방직-업(紡織業)명 방직을 하여 상품화하는 영업. spinning and weaving industry

방진(方陣)명 ①네모지게 친 진(陣). square formation ②자연수를 방형으로 배열하여, 세로·가로·대각선의 합친 수가 똑같게 되는 것.

방진(防塵)명 먼지가 들어옴을 막음.

방:짜(方—)명 ①썩 좋은 놋쇠를 부어 내어, 다시 두드려서 만든 그릇. fine brass vessel ②《속》 놋대야.

방차(防遮)명 막아서 가림. screening 하타

방차(倣此)명 이것을 모떠서 함. imitating this 하타

방차(紡車)명 물레.

방참(傍參)명 곁에서 참례(參列)함. 하타

방창(方暢)명 바야흐로 화창함. be at height 하타

방:채(放債)명 〈동〉 돈놓이. 하타

방책(方冊)명 목판(木板)이나 대쪽에 쓴 글. wooden-engraved characters

방책(方策)명 방법과 꾀. plan

방책(防柵)명 적의 침입을 막기 위하여 말뚝을 세워서 방어 울타리. stockade 하타

방:척(放擲)명 내던져 버림. 내던짐. abandonment

방천(防川)명 둑을 쌓아 개울물이 넘쳐 들어옴을 막음. embank a river 하타

방천-길(防川—)명 방천으로 난 길. 둑 위로 난 길.

방천-림(防川—)명 냇물이 범해 들어옴을 막기 위하여 조성한 숲.

방첨-탑(方尖塔)명 고대 이집트 신전 앞에 세운 한 쌍의 기념으로 길게 깎아 머리가 방추형의 돌기둥. 측면에 상형 문자가 새겨졌음. 오벨리스크(obelisk).

방첩(防諜)명 간첩을 막음. ¶반공 ~. antiespionage

방청(傍聽)명 회의나 연설 또는 공판·공개 방송 실황 따위를 곁에서 들음. hearing 하타

방청-객(傍聽客)명 방청하는 사람. 방청인. auditor

방청-권(—圈)(傍聽券)명 일정하여 방청함을 허락하는 표. admission ticket

방청-석(傍聽席)명 방청하는 사람들이 앉는 자리. gallery

방청-인(傍聽人)명 〈동〉 방청객.

방초(防草)명 〈건축〉 ①용마루의 좌우 끝에 와구토(瓦口土)가 물러지지 않고 내림새를 덮어 놓아 마무른 것. ②막새.

방초(芳草)명 꽃다운 풀. ¶녹음(綠陰) ~. fragrant grass

방초(防草—)명 〈건축〉 수막새가 빠지지 않도록 박는 못.

방:초-석(方礎石)명 네모난 주춧돌.

방촌(方寸)명 ①사방 한 치. square chi ②마음을 가리킴. 흉중(胸中). mind

방추(方錐)명 네모진 송곳. square drill

방추(紡錘)명 ①물레의 가락. spindle ②북. shuttle

방추 가공(防皺加工)명 구김이 잘 가는 천에 수지를 먹여서 구김을 방지하는 가공.

방추-근(紡錘根)명 〈식물〉 저장근의 하나로서, 무처럼 방추형으로 생긴 뿌리. spindleroot

방추-사(紡錘絲)명 〈생물〉 세포가 유사 분열(有絲分裂)을 할 때, 양극(兩極)과 염색체를 연결하는 모양이 방추형으로 보이는 것.

방추-형(方錐形)명 〈수학〉 저면(底面)이 정방형(正方形)인 각뿔. square pyramid

방추-형(紡錘形)명 물레의 가락 비슷이 원기둥꼴의 양끝이 뾰족한 모양.

방축(防縮)명 천이 줄어들지 않게 함.

방:축(放逐)명 ①쫓아냄. expulsion ②《약》→방축 향리(放逐鄕里).

방:축 향리(放逐鄕里)명 〈제도〉 벼슬을 삭탈하고 제 고장으로 내려쫓던 형벌(刑罰). 방귀 전리(放歸田

방춘(芳春)[명] ①꽃이 한창인 봄. prime of the year ②아름다운 여자의 젊은 시절. 방기(芳紀).

방춘 화시(方春和時) 바야흐로 봄이 한창 화창한 때. prime of the year

방:출(放出)[명] ①한꺼번에 내어 놓음. ②쟁여 두었던 물품을 일반에게 제공함. 매출(賣出). ¶정부미 ~. ⟨대⟩ 보유(保有). release 하타

방:출 궁인(放出宮人)[명] 〈제도〉 궁인으로 있다가 민간에 나와 살게 된 여자.

방충-제(防蟲劑)[명] 〈약학〉 해충을 방지하는 약제. insecticide

방취(防臭)[명] 나쁜 냄새가 풍기지 않게 막음. ¶~제(劑). deodorization 하타

방:치(放置)[명] 그대로 내버려 둠. ¶시체를 ~하다. leaving alone 하타

방친(傍親)[명] 방계의 친척. collateral

방=친영(房親迎)[명] 나이 어린 신랑 신부가 삼일(三日)을 치를때, 신부가 신랑에 들어가서 얼마 동안 가만히 앉았다가 도로 나오는 일. 하타

방침(方枕)[명] 네모난 베개.

방침(方針)[명] ①앞으로 일을 처리할 방향과 계획. ¶외교(外交) ~. policy ②방위를 가리키는 지남침. 표지(標旨). magnetic needle

방타(滂沱)[명] ①비가 죽죽 쏟아짐. pouring down ②눈물이 뚝뚝 떨어짐. falling in big drops 하타

방탄(防彈)[명] 탄알을 막음. 탄알을 맞더라도 몸이 상하지 않게 보호함. protection against bullets 하타

방:탄(放誕)[명] 터무니없이 허튼 소리만 내놓음. 분수 없이 허튼 소리만 하여 놓음.

방탄 유리[ㅡ뉴ㅡ](防彈琉璃)[명] 두 장 이상의 유리를 특수한 접합제로 밀착시켜서 권총탄·소총탄 따위로는 깨뜨릴 수 없도록 만든 유리. 안전 유리. bulletproof glass

방탄 조끼(防彈ㅡ) 〈군사〉 소총·권총의 탄알을 막고 윗부분을 보호하기 위하여 입는, 특수 강제(鋼製) 또는 강화(强化) 플라스틱제로 만든 조끼. bullet-proof jacket

방탄-차(防彈車)[명] 방탄 장치를 한 승용차.

방:탕(放蕩)[명] 주색에 빠져 난봉을 부림. dissipation 하타 히타 탕아.

방:탕-아(放蕩兒)[명] 방탕한 생활을 하는 남자. ⟨약⟩

방태(榜笞)[명] 죄인의 볼기를 침. flogging 하타

방토(方土)[명] 어느 한 지방의 땅. local

방토(防土)[명] 〈토목〉 흙이 무너져 내리는 것을 방지하기 위하여 만든 시설.

방토(邦土)[명] 국토(國土).

방통(旁通)[명] 조리가 있고 분명하게 잘 앎. conversance 하타

방통이[명] 내기를 하거나 새를 잡는 데 쓰는 작은 화살. small arrow

방틀(ㅡ)[명] ①〈농업〉 모낼 때 못자리 대용으로 쓰이는 나무틀. ②통나무나 각재를 실은 '井'자 모양으로 돌려 짠 틀. 「양으로 만든 것.

방틀-굿[명] 〈광물〉 광 속으로 곧게 내려간 '井'자 모

방파-제(防波堤)[명] 센 파도를 막기 위하여 쌓은 둑. breakwater

방판(方板)[명] 네모가 반듯한 널. square board

방판(幇判)[명] 〈제도〉 조선조 말기에 기기국(機器局)·전환국(典圜局) 및 인천·부산·원산 세 항구의 감리서(監理署)의 한 벼슬.

방패(方牌)[명] 하인이 요패(腰牌)의 하나로 관례(官隷)의 허리에 차던 네모진 나무패.

방패(防牌·旁牌)[명] ①〈제도〉 전쟁할 때, 적의 창·칼·화살 등을 막는 기구. 간(干). shield ②무슨 일을 할 때에 앞장을 세울 만한 사람. leader

방패간-부(防牌干部)[명] 한자 부수의 하나. '平·年·幸' 등의 '干'의 이름.

방패-마이(防牌ㅡ)[명] 닥쳐오는 일이나, 말썽거리를 이리저리 피해 부려 막는 일. 하타

방패-벌레(防牌ㅡ)[명] 〈곤충〉 방패벌레과에 딸린 곤충. 납작한 방패 모양으로 길이 4mm, 담황갈색이며 머리에 두 쌍의 가시가 있음. 냉이벌레.

방패-연(防牌鳶)[명] 구멍이 없고 네모 반듯하며, 꽁지를 단 연. shieldformed kite

방패연의 갈개발 같다[관] 특별히 긴 것을 일컫는 말.

방편(方便)[명] ①목적을 위해 이용되는 일시적인 수단. 편리한 방법. expedient ②〈불교〉 보살이 중생을 구제하기 위하여 쓰는 묘한 수단. ③〈불교〉 진실한 교법에 끌어넣기 위해 가설한 법문.

방폐(防弊)[명] 폐단을 막음. prevention of abuses 하타

방포(方袍)[명] 〈불교〉 승려가 입는 가사(袈裟). 가사가 네모지기 때문에 이르는 말.

방:포(放砲)[명] 〈제도〉 군중(軍中)의 호령으로 총을 놓아 소리를 냄. blank shot 하타

방풍[명](防風)[명] 바람을 막음. protection against wind

방풍[명](防風)[명] ①〈동〉 방풍나물. ②〈한약〉 방풍나물의 묵은 뿌리. 감기·풍병 따위에 약으로 씀.

방풍-나물(防風ㅡ)[명] 〈식물〉 미나리과의 다년생 풀. 줄기는 곧게 서며 많은 가지로 갈라짐. 7~8월에 흰 꽃이 피고 과실은 넓은 타원형임. 약제로 씀. ndbreak 병풍나물.

방풍-림(防風林)[명] 바람을 막기 위하여 가꾼 숲. windbreak

방풍-원(防風垣)[명] 바람을 막기 위하여 만든 울타리.

방풍-죽(防風粥)[명] 방풍나물의 어린 싹을 썰어서 입쌀과 섞어서 만든 죽.

방풍 중방(防風中枋) 〈건축〉 바람을 막기 위하여 머름처럼 기둥 아래에 낀 중방.

방풍-채(防風釵)[명] 방풍나물의 싹을 잘라서 데친 뒤에 초·간장·기름에 무친 나물. 「에 붙인 널빤지.

방풍-판(防風板)[명] 〈건축〉 바람을 막기 위해 박공벽

방·하[명](고) ①방아. ②다듬이돌.

방:-하다(放ㅡ)[타여] 죄인을 놓아 주다. set free

방:-하다(倣ㅡ)[타여] 서화·조각 따위를 모방하여 그것과 같게하다. imitate

방:학(放學)[명] 학교에서 학기가 끝난 뒤에 일정한 기간 동안 수업을 쉬는 일. ⟨대⟩ 개학(開學). vacation 하타 against cold 하타

방한(防寒)[명] 추위를 막음. ⟨대⟩ 방서(防暑). protection

방한(防閑)[명] 말려서 못하게 막는 범위.

방한(芳翰)[명] 〈공⟩ 상대자의 편지. 귀함(貴函).

방한(訪韓)[명] 한국을 방문함. visit to Korea 하타

방한-구(防寒具)[명] 추위를 막는 온갖 제구.

방한-모(防寒帽)[명] 추위를 막기 위해 쓰는 모자.

방한-벽(防寒壁)[명] 〈건축〉 추위를 막기 위한 벽.

방한-복(防寒服)[명] 추위를 막기 위하여 체온을 잘 보존하는 감을 써서 만든 옷.

방한-화(防寒靴)[명] 추위를 막기 위하여 신는 신발.

방함(芳銜)[명] 〈동〉 방명①.

방함-록(芳啣錄)[명] 〈동〉 방명록(芳名錄).

방합(蚌蛤)[명] 〈조개〉 방합과의 민물 조개. 패각의 길이 10cm, 검은 빛에 갈색 무늬가 있고 긴 타원형임. 공예 재료로 쓰임.

방합-례(房合禮)[명] 구식 혼인에서, 추례를 마친 다음 신방에서 신랑과 신부가 간단히 만나 는 의식. 도, 하타

방·항-고의(고) ⟨교⟩ 방앗공이. 「그 의식. 하타

방해(妨害)[명] 남의 일에 해살을 놓아 해를 끼침. 훼방(毁謗). disturbance 하타

방해-꾼(妨害ㅡ)[명] ⟨하⟩ 방해하는 사람.

방해-물(妨害ㅡ)[명] 방해가 되는 물건.

방해-석(方解石)[명] 〈광물〉 천연적으로 나는 탄산석회의 결정. 석회암이나 대리석의 주성분. 순수한 것은 무색 투명하여 유리 광택을 냄.

방해-죄[ㅡ쬐](妨害罪)[명] 〈법률〉 권리자의 행위나 수익을 방해함으로써 성립하는 죄.

방향(方向)[명] ①향하는 쪽. 방면(方面)①. 방위(方位). direction ②생각이 향하는 곳. 의향(意向). intention

방향(方響)[명] 〈음악〉 두께가 각각이 강철 조각 16개를 반듯한 틀에 두 줄로 달고 쳐서 소리를 내는 악기.

방향(芳香)[명] 꽃다운 향기. [대] 악취(惡臭). fragrance
방향 경제(方向經濟)[명] 〈경제〉계획 경제의 하나. 경제가 무질서하여 갔을 때에, 국가 경제의 일정한 방향을 지시하여, 경제 재건에 노력하려고 하는 일.
방향 계:수(方向係數)[명] 〈수학〉①직선의 기울기. ②직교 좌표(直交座標)에서 직선이 횡축(橫軸)과 정(正)의 방향으로 이루는 각의 정접(正接).
방향-부(方向符)[명] 향하여 가는 쪽을 보일 때 쓰는 부호. 화살 끝이 가는 쪽을 가리키어 하여 →(화살표)를 씀. **방향표**(方向標). arrow
방향 여현(方向餘弦)[명] 〈수학〉'방향 코사인'의 구용.
방향-유(芳香油)[명] 식물의 잎·줄기·열매·꽃·뿌리 따위에서 채취한, 방향 있는 휘발성 기름의 총칭. 향료, 또는 인조 향료의 원료로 쓰임. aromatic oil
방향-제(芳香劑)[명] 주로 기분을 상쾌하게 하기 위하여 복용하는 약.
방향족 화:합물(芳香族化合物)[명] 〈화학〉유기 화합물의 한 족. 벤젠 및 그 유도체의 총칭. aromatic compounds
방향 코사인(方向cosine)[명] 〈수학〉입체 해석 기하학에서 직선의 방향을 나타내는 양(量). 곧, 각각의 좌표축(座標軸)에 대한 방향각의 여현(餘弦). direction cosine
방향-키(方向-)[명] 〈동〉방향타(方向舵).
방향-타(方向舵)[명] 비행기의 방향을 잡기 위하여 뒷날개 위에 수직으로 세운 키. 방향키. vertical rudder
방향 탐지기(方向探知器)[명] 〈물리〉무선 전신·무선 전화로써 수신된 전파의 발신지를 측정하면서 그 방향을 탐지하는 장치. radar
방향-표(方向標)[명] 〈동〉방향부(方向符).
방헌(邦憲)[명] 국법(國法).
방험-병(防險餠)[명] 밤·대추·호두·곶감 따위의 살을 젓쳇어서 두껍게 조각을 지어 볕에 말린 음식. 피난시나 구황(救荒)에 씀.
방현(訪見)[명] 찾아가 뵘. 하다.
방형(方形)[명] 네모가 반듯한 형상. square
방형(邦形)[명] 그 나라의 형을(刑律).
방호(防護)[명] 막아 지켜서 호위함. [대] 침해. protection 하다.
방호 의:복(防護衣服)[명] 방사선 종사자들이 몸이나 의복이 오염되는 것을 막기 위하여 덧입는 특수 의복.
방혼(芳魂)[명] 젊고 아름다운 여자의 죽은 넋. departed soul of a young woman
방화(防火)[명] ①불이 나지 않도록 미리 단속함. ②불이 처진 담을 막음. fire prevention 하다.
방화(邦貨)[명] ①우리 나라의 화폐. [대] 외화(外貨). Korean money ②우리 나라의 화물(貨物). Korean goods [산 영화(外畫).
방화(邦畫)[명] 우리 나라에서 제작·상영되는 영화. 국
방:화(放火)[명] 일부러 불을 지름. 종화(縱火). [대] 실화(失火). 소화(消火). arson 하다.
방:화(訪花)[명] 꽃을 찾아 구경함. flower-viewing 하
방화(榜花)[명] 과거에 급제한 사람 중 나이가 가장 어리고 가문이 좋은 사람.
방:화-광(放火狂)[명] 변태적으로 불을 놓는 못된 버릇이 있는 사람. incendiary maniac
방화 도료(防火塗料)[명] 목재에 발라서 인화 및 연소가 어렵도록 하는 도료. 내화 도료(耐火塗料). fireproof paint
방화-림(防火林)[명] 산불이 퍼지는 것을 막기 위하여 화재에 강한 나무를 심은 수림. belt of trees planted as fire break
방:화-범(放火犯)[명] 방화죄를 저지른 사람.
방화-벽(防火壁)[명] 〈건축〉화재의 연소(延燒)를 막기 위하여 건물 경계나 건물 내부에 설치한 내화 구조의 장벽. fire wall

방화-사(防火砂)[명] 화재 때 쓸 수 있게 마련한 모래.
방화-선(防火線)[명] 화재의 연소(延燒)를 막기 위하여 설치하여 어느 정도의 넓이를 가진 공지(空地).
방화-수(防火水水)[명] 화재 때 불을 끄는 데 쓸 수 있게 마련한 물.
방화-수(防火樹)[명] 가옥이나 산림 따위의 가에 띠 모양으로 심어서 방화(防火)에 도움이 되게 하는 나무. for fire prevention
방화-용(防火用)[명] 화재를 방지하는 데에 쓰임. using
방화-전(防火栓)[명] 〈동〉소화전(消火栓).
방화-제(防火劑)[명] 〈화학〉불을 끄기 위한 불연소성 또는 흡습성을 가진 약제. 붕산소다·탄산마그네슘 따위.
방:화-죄(-罪)(放火罪)[명] 〈법률〉방화한 범죄. arson
방화 지역(防火地域)[명] 도시에서 고도의 방화 규제를 받는 구역. 이 구역 안의 건축물은 주요 구조부·외벽·지붕 등 연소(延燒)의 우려가 있는 부분을 내화(耐火性)으로 하여야 한다.
방환(方環)[명] 네모지게 만든 고리. square link
방환(坊還)[명] 〈제도〉방(坊)에서 베푸는 환곡(還穀).
방:환(放還)[명] 귀양살이하던 사람을 놓아서 집으로 돌려보냄. release 하다.
방황(彷徨)[명] 일정한 목적이나 방향이 없이 떠돌아다님. 이리저리 헤맴. [대] 정착(定着). wandering 하다.
방황 변:이(彷徨變異)[명] 〈생물〉같은 유전자(遺傳子)를 가진 생물 중, 환경에 따라 형태나 작용에 얼마간의 차이가 생기는 일. 개체 변이(個體變異). fluctuating variation
방회(防灰)[명] 매장할 때 광중(壙中)의 관 언저리를 다지는 석회.
방:효(倣效)[명] 모떠서 본받음. 하다.
방훈(芳薰)[명] 꽃다운 향기. 좋은 냄새. perfume
방훼(謗毁)[명] 〈동〉비방(誹謗).
방휼(蚌鷸)[명] 방합과 도요새. ②[약]→방휼지세.
방휼지:세(-勢)(蚌鷸之勢)[명] 도요새가 방합을 먹으려고 껍질 안에 주둥이를 넣는 순간, 방합이 접질을 오무리는 바람에 도리어 물려서 서로 다투다는 뜻으로, 적대하여 버티고 양보하지 않음을 나타내는 말. 곧, 어금버금한 형세. [약] 방휼(蚌鷸)②.
방희(棒戱)[명] 〈동〉타구(打毬). 하다.
밭[명] ①물을 대지 않고 식물을 심어서 가꾸는 땅. 포장(圃場). field ②식물이 저렇게 나 있거나 무성한 땅. ③무엇이 많이 들어있는 평지. ¶모래~. ④장기·고누·윷놀이 따위에서 말이 머무르는 자리.
밭=**밖**'의 줄여 쓰는 말. ¶~사돈. out(er)
밭-갈이[명] 밭을 가는 일. cultivating 하다.
밭-걷이[-거지][명] 밭에 심었던 곡식이나 채소 따위를 거두는 일. harvest
밭-걸이〈체육〉씨름에서, 다리를 밖으로 상대편의 오금을 걸거나 당기거나 미는 재주의 하나. [대] 안걸이. leg-tripin wrestling 하다. [밭골. furrow
밭-곡(一穀)[명] [약]→밭곡식.
밭-곡식(一穀食)[명] 밭에서 생산되는 보리·밀·조·콩 등의 곡식. 전곡(田穀). [약] 밭곡. harvest
밭-골[명] [약]→밭고랑.
밭-귀[명] 밭의 귀퉁이. corner of a field
밭-날갈이[명] 며칠 동안 갈 만한 큰 밭. wide field
밭-농사(一農事)[명] 〈농업〉밭에서 짓는 농사. [대] 논농사. dry-field farming 하다.
밭-다[형] 액체가 바싹 졸아서 말라 붙다. be boiled
밭-다[타] 건더기와 액체가 섞인 것을 체 같은 데에 부어서 국물만 따로 받아 내다. filter
밭-다[형] ①너무 알뜰히 아껴서 인색하게 보이다. stingy ②시간이나 공간이 너무 가깝다. close ③체면도 모를 만큼 즐기는 정도가 심하다. excessive
밭-도랑[명] 밭 가로 돌려 있는 도랑. [약] 밭돌. ditch
밭-돌[명] [약]→밭도랑.

밭두둑[명] 밭의 두둑. 규반(畦畔). 전주(田疇). ridge between fields

밭=둑[명] 밭 가에 둘려 있는 둑. dike around a field

밭=뒤-다[자] 밭을 거듭 갈다. plow a field over again

밭=딱정이[곤충] 딱정이과의 곤충. 몸 길이 19 mm 내외이고, 몸 빛은 흑색이며 몸의 하면은 광택이 남. 방광줄 몸 속에 삶. 등빨강먼지벌레.

밭=때:기[명] ①자그마한 밭이란 뜻으로, 한 뙈기의 밭을 가리킴. ②얼마 안 되는 밭을 얕잡아 일컫는 말. ¶~나 있다고 거드름을 부린다.

밭-마늘[명] 밭에서 재배하는 마늘. (대) 논마늘.

밭-매기[명] 밭에 김을 매는 일. weeding 하다

밭-머리[명] 밭이랑의 끝이 되는 양쪽 부분. both ends of a ridge in a field

밭-못자리[농업] 물을 대지 않고 키우는 못자리. 흔히 밭에 만듦. dry-field rice-plant

밭-문서(一文書)[명] 밭의 소유권을 증명하는 문서. [deed

밭-번지기(一番一)[체육] 씨름에서, 왼쪽 다리를 상대편 앞으로 내어 디디어 힘있게 몸을 갖는 재주의 하나.

밭-벼[명] 밭에 심는 벼. 육도(陸稻). upland rice

밭=벽(一壁)[약]→바깥벽.

밭-보리[명] 밭에 심은 보리. (대) 논보리. barley

밭=부모(一父母)[명][약]→바깥 부모.

밭=사돈(一査頓)[명][약]→바깥 사돈.

밭=상제(一喪制)[명][약]→바깥 상제.

밭-어버이[밭ー][명] 바깥 어버이. 아버지. 밭부모. (대) 안어버이. father

밭은=기침[명] 소리도 크지 않고 힘도 들이지 않으며 자주 하는 기침. short-breathed cough

밭은=오금[체육] 양 쪽의 대립끝과 한 오금의 중간 부분.

밭이-다[바치-][피동] 체 같은 데에 밭아처 국물만 새어 나오다. [rows in a field

밭-이랑[ー니ー][명] 밭의 흙을 올려 만든 이랑. plowed

밭-일[ー닐][명] 밭에서 하는 온갖 일. (대) 논일. dry field farming 하다

밭장-다리[명] 두 발끝이 밖으로 '八' 자처럼 벌어지게 걷는 사람. (대) 안짱다리. outtoed person

밭-장이(一匠一)[명] 채소 농사를 전업으로 하여 생활을 영위하는 사람. market gardener [동의 '田'의 이름.

밭=전-변(一田邊)[명] 한자 부수(部首)의 하나. '界·町'

밭=종다리(一一)[명] 논종다리.

밭=주인(一主人)[명][약]→바깥 주인.

밭-쥐[동물] 쥐의 하나. 산과 들에 살면서 곡식·열매·뿌리 등을 먹음. [안집이.

밭-지밀(一至密)[제도] 임금이 거처하는 지밀. (대)

밭-집[명] '백성 집'의 궁중말. [동] 농막(農幕).

밭=쪽[명][약]→바깥쪽.

밭-치-다 '밭다'의 힘줌말. [live on the street

밭=팔-다[자] 여자가 정조를 받고 살아 나가다.

밭 팔아 논 살 때는 이밥 먹자는 뜻[속] 못한 것을 버리고 나은 것을 취할 때는 더 낫게 되기를 바라서인데, 오히려 그보다 못하게 됐을 때 이르는 말.

밭-풀[명] 밭에 나는 잡풀.

배[명] 사람의 집·물건을 싣고 물위로 떠다니게 함. **배**[명] 배나무의 열매. [물건. 선박. 선척(船舶).

배[ー][명] ①[생리] 척추 동물의 흉곽과 골반과의 사이 부분. ②곤충류의 머리와 가슴이 아닌 부분. ③벌레의 중앙이 되는 부분. ④아이를 밴 어머니의 태내. 또, 그 어머니. ¶~다른 형제. [명] 짐승이 새끼를 낳는 횟수. ¶개가 한 ~에 다섯 마리를 낳았다.

배[물리] 정상 진동 또는 정상파에 있어서 진폭이 극대가 되는 점. loop

배(胚)[명] ①[동물] 동물의 알이 될 때에 생겨서 새끼가 되는 부분. 배자(胚子). fetus ②[식물] 씨 속에 있어 자라서 어린 식물이 되는 부분. 배아(胚芽). 씨눈. embryo

배:(倍)[명] ①갑절. double ②곱절.

배(杯)[의] 술이나 음료수 등의 잔 수를 세는 말. ¶ 여주 삼 ~.

배(輩)[접미] '무리·들'의 뜻을 나타내는 말. ¶모리배(輩)[고] 배². [~. gang

·빅[고] 배¹.

·빅[고] 배².

=빅(倍)[고] 들. 무리. 따위.

배:가(倍加)[명] 갑절이 더해짐. 또, 더함. 가배(加倍). ¶~ 운동. doubling 하다

배각[명] 작고 단단한 물건끼리 서로 닿아 나는 소리. (큰) 비걱. (센) 빼각. creaking 하다

배각(排却)[명] 물리쳐 버림. throwing away 하다

배각-거리-다[자타] 연이어 배각 소리가 나거나 배각 소리를 나게 하다. (큰) 비걱거리다. 배각배각

배간(焙乾)[명][원]→배건. [다. 배각=배각 하다

배갈(←白干 중)[명] 중국 만주와 화북(華北) 일대의 특산인 고량을 원료로 한 양주의 하나. 백간주(白乾兒). 빼주. 고량주. 백주(白酒). Chinese liquor

배:강(背講)[명] 책을 보지 않고 돌아앉아서 욈. 배독(背講). 배송(背誦). 하다

배객(陪客)[동] 배빈(陪賓)①.

배거본드(vagabond)[명] ①정처 없이 떠돌아다니는 사람. 부랑아(無賴漢). 방랑자(放浪者). ②미군(美軍)의 이동 방송국의 딴이름. Vagabond

배거본디즘(vagabondism)[명] 방랑하는 버릇.

배건(焙乾)[명] 불에 쬐어 말림. (원) 배간(焙乾). drying at a fire 하다 [다. endure

배겨-나-다[자] 잇달아 오는 어려운 일에 능히 견디어 나

배겨-내-다[타] 잇달아 오는 어려운 일을 능히 견디어 내다. withstand [공격함. repulse 하다

배격(排擊)[명] 남의 의견·사상·물건 따위를 배척하여 침.

배:견(拜見)[명] ①삼가 뵘. seeing ②남의 글이나 물건을 공경하는 뜻을 가지고 봄. 배관(拜觀). looking

배:경(背景)[명] ①뒤쪽의 경치. ②[연예] 무대 뒷벽에 그린 경치 및 무대 위의 장치. scenery ③주위의 상태. background ④뒤에서 도와 주는 세력이나 힘. (속) 빽. backing

배:경 음악(背景音樂)[명] ①영화·연극 등에서, 대사·동작의 배경으로 흐르는 음악. ②상접·사무실·공장 등에서, 어디에서인지 모르게 들려 오게 하는 음악.

배:경 화:법(背景畵法)[명] [미술] 미술에서, 입체 용기 화법(立體用器畵法)의 하나. 물체를 원근법에 따라 우리 눈에 비친 그대로 그리는 법. 투시화법(透視畵法). [에 쓰는 말. Dear Sir

배:계(拜啓)[명] 절하고 사뢰다는 뜻으로, 편지 첫머리

배:=계절[ー계ー](拜階節)[명] 제절보다 한 층 낮추어, 절하기 위하여 만든 무덤 앞의 땅. 배제절(拜除切).

배:고프-다[으형] 뱃속이 비어서 무엇이 먹고 싶다. hungry [사람에게 무엇을 요구한다.

배고픈 놀더러 요기시키란다[제] 제 몸 주체도 못하는

배고픈 데는 침만 삼켜도 낫다[속] 사람이 몹시 고플 때는 음식을 삼키는 흉내만 내도 음식 먹는 것 같다.

배:고프-다[고] 배고프다. [go hungry

배=꿀(一꿀)[명] 음식물을 넉넉이 먹어서 배가 차지 못하다.

배공(胚孔)[동물] 동물의 알이 될 때에 생기는 구멍. 새끼가 될 때는 입과 똥구멍이 됨. foramen

배:관(拜官)[제도] 벼슬을 제수 받음. 배수아치가 됨. 하다 [기록된 관문(關文).

배:관(背關)[제도] 소속 관아의 첩보(牒報) 뒤에

배:관(拜觀)[동] 배견(拜見)②. 하다

배:관(配管)[명] 액체·기체 등을 보내거나 빼기 위하여 파이프를 배치함. ¶~ 공사. piping

배:관(陪觀)[명] 어른을 모시고 같이 구경함. seeing in attendance upon a superior 하다

배:관-도(配管圖)[명] 파이프의 배치를 표시한 도면.

배:광(背光)[동] 후광(後光).

배:광(配光)[명] 조명하는 빛을 어떤 물체에 보냄. 하다

배:광-성[ー성](背光性)[명] [식물] 식물체가 광선이 약한 쪽으로 벋는 성질. 배일성(背日性). (대) 향광

배:교(背敎)명 ①믿던 종교를 배반함. ②(기독) 다른 종교로 개종하거나 무종교자가 되는 일. perversion 하타

배:구(拜具)명 끝에 써서 받는 사람에게 경의를 표함.

배구(胚球)명〈동물〉동물이 맨 처음에 생길 때에 여러 개의 할구(割球)가 모여 엉긴 덩어리.

배:구(排球)명〈체육〉①야구에서, 투구하는 종류를 적절히 안배하는 일. pitching control ②배구·농구·축구 등에서 다른 선수에게 안배하는 일. for bearer

배:구(倍舊)명 먼저보다 갑절이나 더함. redoubling

배구(排球)명〈체육〉구기(球技)의 하나. 코트 중앙에 네트를 치고 양측에 9명 또는 6명이 한 조가 되어 서로 공을 받아쳐서 땅에 떨어뜨리지 않게 하는 경기. volley-ball

배:궤(拜跪)명 엎드려 절하고 꿇어앉음. kneeling 하타

배균(排菌)명 병균을 자기 몸 밖으로 내어 보냄. 또, 내어 보내어 병을 남에게 옮김. 하타

배:근(背筋)명〈생리〉등에 있는 근육의 총칭.

배:근(配筋)명〈건축〉철근을 설계에 의하여 배열하는 일. 하타

배:근(培根)명 뿌리를 북돋아 줌. 하타

배:금(拜金)명 돈을 더욱 귀중히 여김. 돈을 지극히 숭배함. money worship

배:금-주의(拜金主義)명 돈을 최고의 것으로 여기는 주의.

배:급(配給)명 ①벌려서 줌. supply ②〈경제〉통제 경제 아래에서, 일정한 상품의 일정한 양을 특별한 방법 또는 기관을 통하여 소비자에게 파는 일. rationing 하타

배:급-소(配給所)명 배급을 맡아보는 곳. 배급처. supply station

배:급-제(配給制)명 나라에서 식량·생활 필수품 등을 배급하는 일.

배:급-처(配給處)명 배급하는 곳. 배급소.

배:급-증(配給證)명 물건을 배급받을 수 있음을 증명하는 표.

배:급-품(配給品)명 배급하는 물품.

배:기(背鰭)명〈어류〉물고기의 등지느러미.

배:기(排氣)명 ①속에 든 공기를 뽑아 냄. exhaust ②열기관에서, 작용을 끝낸 불필요한 증기 또는 가스체. 폐기(廢氣). used steam 하타

배기 가스(排氣 gas)명 내연 기관 따위에서 작동을 마치고 배출하는 가스.

배기 가스 공해(排氣 gas 公害)명 공장·발전소·교통 기관 등의 배기 가스로 인한 대기 오염. 호흡기 질환 등의 원인이 됨.

배기-갱(排氣坑)명〈광업〉갱내의 공기를 유통·배출시키기 위하여 설치한 수갱(豎坑). ventilation

배기-관(排氣管)명〈공업〉증기·가스 따위를 뿜아 버리는 관. exhaust-pipe

배기-기(排氣機)명〈동〉배기 펌프(排氣 pump).

배기-다 자 눌리는 힘으로 밑에서 단단히 받치는 힘을 느끼게 되다. ¶방바닥에 엉덩이가 ~. 하타

배기-다 자 고통을 견디어 버티다. 어려운 일을 잘 참고 견디다. endure

배기량(排氣量)명 엔진·펌프·압축기에서, 실린더 안의 피스톤이 1행정(行程)으로 밀어내는 체적.

배기 속도(排氣速度)명 배기하는 속도. 진공 펌프 등에서 단위 시간 안에 배기할 수 있는 기체의 용적으로 표시함.

배:기수(陪騎手)명〈제도〉군영의 제조(提調)·대장(大將)·사(使) 들의 행렬에 따라다니던 기수.

배:기-종(排氣鐘)명 그릇 속에 있는 공기를 밖으로 내보내는 데에 쓰는 종 모양의 유리 그릇.

배기지(baggage)명 여행할 때 지고 다니는 짐. 수화물(手荷物).

배기-판(排氣瓣)명 배기 가스를 기통 안으로부터 방출하는 판. 폐기판(廢氣瓣).

배기 펌프(排氣 pump)명 밀폐한 그릇 속의 공기를 빼내어 진공에 가까운 상태로 하는 펌프. 배기기(排氣機). air pump

배기 행정(排氣行程)명 내연 기관의 폭발 행정에서 작용 후에 폐기(廢氣)를 배출하는 행정.

배:=끄-다 타 '비꼬다'를 얕잡아 쓰는 말.

배:꼽(胚)명〈생리〉배 한가운데에 탯줄이 달렸던 자리. navel ②〈식물〉모든 과실에 있어서 꽃받침이 붙었던 자리. ③소의 양지머리에 붙은 고기.

배꼽-노리명 배꼽이 있는 언저리. 배노리. fringe of the navel

배꼽 밑에 털 나다관 장성하여 어른이 되다.

배꼽 빼:다관 (속) 아주 우습다. die with laughing

배꼽에 어루쇠를 붙인 것 같다관 남의 마음속을 들여다보듯 정확히 안다.

배꼽이 웃다관 하는 것이 가소롭다. person

배꼽-쟁이명 배꼽이 남달리 큰 사람. long-navelled

배꼽-점(一占)명〈민속〉골패(骨牌)로 떼는 점(占)놀이의 하나. 어부점(於脯點)①. 천원(天元). fortunetelling with dominoes

배꼽-점(一點)명 바둑판 한가운데의 점. 또, 그 자리에 놓은 바둑.

배꼽 쥐:다관 우스움을 참지 못하고 배를 움켜 잡고 크게 웃다.

배꼽-참외명 꽃받침이 떨어진 자리가 볼록하게 내민 참외. melon with protruding navel

배꽃-거리-다자 ①일이 될 듯 될 듯 하면서 잘 안 되다. little too hard to solve ②맞추어 끼인 물건이 맞지 않아서 서로 어긋나다. (큰)비꽃거리다. (센)빼꽃거리다. cross each other 배꽃=배꽃-다 부

배-나무명〈식물〉능금나무과의 낙엽 활엽 교목. 중요한 과목(果木)의 하나로, 잎은 갸름한 알꼴이고 봄나무 있으며 꽃은 흰 꽃이 핌. 큰 핵과(核果)가 구형·난형으로 열리는데 맛이 달고 수분이 많음.

배나무=진드기명〈동물〉진드기과의 절지 동물. 배나무·사과나무 등에 기생하는데, 한 해에 10여 회 발생하여 큰 피해를 줌.

배나무-진디명〈곤충〉진디과의 곤충. 배나무의 즙을 흡수하는 해충임.

배:납(拜納)명 삼가 바침. 봉납(奉納)①. 하타

배낭(胚囊)명〈식물〉현화 식물의 배주(胚珠) 안에 있어, 나중에는 그 안에 배(胚)가 생기는 자성 배우체(雌性配偶體). 이 안에 있는 난세포가 수정하여 발육하면 배(胚)가 됨. embryo sac

배:낭(背囊)명 물건을 담아서 등에 질 수 있게 만든 주머니. (변) 바랑①. 바랑. knapsack

배내명〈농업〉남의 가축을 빌려다가 길러서 판 뒤에 새끼를 낳으면 주인과 기른 사람이 나누는 일. 반양(半養). raising animals on a share-basis

배:내-의〔一〕'배 안에서부터'의 뜻. prenatal

배:내-똥명 ①갓난 아이가 난 뒤에 먹은 것 없이 처음으로 누는 똥. 산분(産糞). 태변(胎便). 태시(胎屎). first dung of a new-born baby ②사람이 죽을 때 싸는 똥. 갓난 아이의 똥과 비슷함. last stool of a man turn up one's nose at

배:내-밀다타(른)남의 요구를 응하지 않고 버티다.

배:내-옷명〈동〉배냇저고리. of a new-born infant

배:내-새:명 갓난아이의 몸에서 풍기는 냄새. smell

배:냇-니명 젖먹이 적에 나는 이.

배냇-닭명〈농업〉배내로 기르는 닭.

배냇-돼:지명〈농업〉배내로 기르는 돼지.

배냇-머리명〈생리〉세상에 난 뒤에 한 번도 깎지 않은 갓난 아이의 머리털. 산모(産毛). 배발. downy hair of a baby

배:냇-명(一名)명 아명(兒名).

배:냇-버릇명 태어날 때부터 가지고 있는 버릇.

배:냇-병:신(一病身)명 세상에 나올 적부터의 병신. congenital cripple

배냇-소명〈농업〉배내로 기르는 소.

배:냇-저고리명 갓난 아이에게 맨 처음에 입히는, 깃과 섶이 없는 저고리. 배내옷. 깃저고리. clothes of a new-born infant

배:냇-짓명 갓난 아이가 잘 때에 눈·코·입 따위를 쫑긋거리는 짓. 하타

배냉이=벌레명〈곤충〉방패벌레과의 곤충. 배 잎사귀

에 붙어 진을 빨아먹는 해충(害蟲)임. 배방패벌레.
배너(banner)몡 ①기(旗). 군기(軍旗). 표상(表象). ②신문 일면의 톱(top) 왼쪽 끝에서 오른쪽 끝에 이르는 대표제(大標題).
배년(排年)몡 한 해에 얼마씩 작정하여 몇 해에 벌임.
배:념(配念)몡 걱정하고 생각하여 줌. 하타
배-노리몡 배꼽이 있는 언저리. 배꼽노리. region around the navel
배농(排膿)〈의학〉염증으로 고름이 생긴 곳을 째어 고름을 빼내는 일. 하타
배뇨(排尿)몡 오줌을 눔. urination 하타
배뇨-통(排尿痛)몡 〈의학〉배뇨할 때 일어나는 아픔.
배니싱 크림(vanishing cream)몡 비지방성(非脂肪性)의 크림. 피부를 부드럽게 하여 밑화장에 쓰임.
배니티(vanity)몡 허영. 허식. 허영심.
배니티 케이스(vanity case)몡 화장품 따위를 넣어 들고 다니는 손가방.
배:-다 자 ①액체가 스미어 젖다. ¶많이 ~. soak through ②버릇이 되어 익숙해지다. ¶일이 몸에 ~. get used
배:-다 타 ①뱃속에 아이나 새끼 또는 알을 가지다. conceive ②아직 패지 않은 이삭을 잎이나 껍질이 싸고 있다. swell with
배-다 타 〈약〉배우다.
배-다 형 빈틈없다. 사이가 매우 촘촘하다. (대) 성기 :배-다자 〔고〕망하다. 타〔고〕망치다.
빈-배-다 자 배다 〔孕〕.
배-다르-다 ᄅ변 형제 또는 남매가 아버지는 같고 어머니는 다르다. be born of a different mother
배=다리(舟橋)몡 ①배를 잇달아 띄워 그 위에 널판을 깐 다리. 주교(舟橋). ②교각(橋脚)을 세우지 않고 널조각을 걸쳐 놓은 다리. 부교(浮橋). pontoon bridge
배다릿-집(―집)몡 대문 앞에 배다리를 걸쳐 놓아 건너게 된 집.
배:-달(拜達)몡 배례하기 위하여 신이 앞에 바치는 짚은 단(壇). ¶―는 사람. delivery 하타
배:달(配達)몡 물건을 가져다가 돌라 줌. 또, 돌라 주는 일. 하타
배:-달-다 자→배달 나라.
배:달 겨레(倍達―)몡 〔동〕배달 민족.
배:달 나라(倍達―)몡 우리 나라의 처음 칭호. 상고시대의 우리 나라 이름. ¶―배달(倍達). Korea
배:달 민족(倍達民族)몡 우리 민족의 일컬음. 배달 겨레. ¶―배달족. Korean race
배:달-부(配達夫)몡 배달을 업으로 하는 사람. ¶우
배:달-족(倍達族)몡 〈약〉→배달 민족(倍達民族).
배:달 증명 우편(配達證明郵便)몡 우편물을 배달한다는 증명서를 우편물 보낸 사람에게 보내 주게 되는 특수 우편의 하나. certified mail ¶들어감. 하타
배달 직입(排膽直入)몡 담즙이 없이 문안으로 막 들어감.
배담 작용(排膽作用)몡 〈생리〉담즙이 담낭의 수축에 따라 십이지장으로 배출되는 일.
배:당(配當)몡 분배함. 나누어 줌. share ②〈경제〉주식 회사가 이익금을 주식으로 할당하여 주주에게 분배하는 일. dividend ③〈약〉→배당금. 하타
배:당 가능 이:익(配當可能利益)몡〈경제〉기업, 특히 주식 회사가 자본을 일정한 상태로 유지한 후의 나머지의 이익. 처분 가능 이익.
배:당-금(配當金)몡 ①배당하는 돈. ②〈경제〉주식에 대한 배당 이익. dividend
배:당 담보 계:약(配當擔保契約)몡〈법률〉특정한 주식 회사에 대하여 일정률(一定率)의 이익 배당을 가능하게 하기 위하여 보급금(補給金)을 지불할 것을 약속하는 계약.
배:당-락(配當落)몡〈경제〉팔고 사는 주식에서, 최근의 배당금을 받을 권리가 부대되어 있지 않은 것. (대) 배당부(配當附). ex dividend
배:당-률〔―눌〕(配當率)몡 배당하는 비율.
배:당 변:제(配當辨濟)몡〈법률〉다수의 채권자에 대

한 채무의 변제에 충당할 재산의 총액이 채무의 총액에 미달하는 경우에, 채권액에 따라 안분 비례로 변제하는 일. 〈약〉배당③.
배:당 보:증(配當保證)몡〈법률〉국가나 공공 단체가 특정한 회사를 위하여 일정한 비율의 이익 배당의 보증을 하는 일.
배:당-부(配當附)몡〈경제〉팔고 사는 주식에서, 최근의 배당금을 받을 수 있는 권리가 부대되어 있는 것. (대) 배당락(配當落). cum dividend
배:당 소:득(配當所得)몡〈경제〉법인으로부터 받는 이익, 또는 이자의 배당, 잉여금의 분배, 증권 투자 신탁의 수익 분배 따위로 인한 소득. dividend income
배:당-주(配當株)몡〈경제〉주주에 대하여 현금을 배당하는 대신으로 나누어 주는 납입주의 주식.
배:당-체(配糖體)몡〈화학〉당류가 알코올·페놀류(phenol類)의 수산기(水酸基)와 결합한 화합물.
배:덕(背德)몡 ①도덕에 어긋남. ②은혜에 배반함. being immorality 하타
배:도(背道)몡 도리에 어긋남. immorality 하타
배:도(配島)몡〈제도〉섬으로 귀양보냄. banish to an island 하타
배:도 겸행(倍道兼行)몡 보통 사람의 갑절의 길을 걸음. 이틀 걸릴 길을 하루에 걸음. doubling one's efforts 하타 ¶배송(拜誦). reading 하타
배:독(拜讀)몡 남의 글을 공손히 읽음. 배람(拜覽).
배:독(背讀)몡〔동〕배강(背講). 하타
배-돌-다 ᄅ변 싸돌지 않고 밖으로 돌다. (큰) 베돌
배동몡 벼가 알을 밸 때, 대가 볼록하여지는 현상. swollen ear of rice plant
배동=바지몡 벼가 알을 밸 무렵. rice ripening season
배동=서-다 자 배동이 되다. rice plant starts having grain
배-두드리-다 타 식생활이 풍족하여 안락하게 지내다.
배-두렁이몡 어린아이의 배만 가리는 작은 두렁이. belly band of a baby
배둥근=끌(─끌)몡〈공업〉조각하는 데 쓰는, 날이 반원(半圓)을 이룬 끌. round-bellied chisel
배둥근 대:패(─大─)몡〈공업〉대패의 하나. 나무 바닥을 둥글게 밀어내는, 날의 배가 둥근 대패. round-bellied plane
배드민턴(badminton)몡〈체육〉네트를 사이에 두고, 라켓으로 제기와 비슷하게 생긴 서틀콕(shuttle cock)을 서로 치는 경기. ¶물이 나지 않는 털.
배들랜드(badland)몡 메마르는 땅. 암석으로 되어 식
배듬-하다 형→비스듬하다.
배:-등(倍騰)몡 물건 값이 갑절이나 오름. double 하타
배-따-다 타 생선 따위의 배를 가르다.
배:-따라기몡〈음악〉①서경(西京) 악부(樂府) 열두 가지 춤의 하나. 선리(船離). ②노래 이름. 이선악곡(離船樂曲). 이신약(離身樂). 배 떠나기.
배딱-거리-다 타 물체가 요리조리 비스듬하게 자꾸 기울어지다. (큰) 비딱거리다. (센) 빼딱거리다. wobbly 배딱-배딱甼
배딱-하-다 형 물체가 비스듬하게 한쪽으로 기울어져 있다. (큰) 비딱하다. (센) 빼딱하다. 배딱-이甼
배-띠기〔―끼〕몡 배³. ¶overbearing
배때-벗다〔─벋─〕 천한 사람의 말솜씨나 행동이 반지빠르다.
배-떠나기몡→배따라기.
배뚜로甼 배뚤어지게. (큰) 비뚜로. (센) 빼뚜로. aslant
배뚜름-하-다 형 한쪽으로 조금 기울어져 있다. (큰) 비뚜름하다. (센) 빼뚜름하다. inclined 배뚜름-히甼
배뚝-거리-다 자 ①한쪽이 기울어서 약간 흔들거리다. shake ②한쪽 다리가 짧거나 바닥이 고르지 못하여 흔들거리면서 걷다. (큰) 비뚝거리다. (센) 빼뚝거리다. shamble 배뚝=배뚝甼 하타
배뚤-거리-다 자 ①이리저리 자꾸 기울둥거리다. totter ②이리저리 구부러지다. (큰) 비뚤거리다. (센) 빼뚤

배뚤다 / 배복

거리다. crooked 배:뚤=배뚤다 하다
배뚤-다[르] 한쪽으로 기울어지거나 쏠려 있다.《센》비뚤다.《센》 삐뚤다. incline
배뚤어-지-다[자] ①반듯하지 않고 한쪽으로 기울어지다. incline ②마음이 바르지 못하고 비꼬이다. ¶배뚤어진 마음을 바로잡다. ③성이 나서 토라지다.《큰》비뚤어지다.《센》삐뚤어지다. being offended
배라-먹-다[자타] 남에게 구걸하여 얻어먹다.《큰》빌어먹다. go begging
배란(排卵)〈생리〉난자가 난소(卵巢)에서 떨어져 나오는 일. ovulation 하다
배:량(拜梁)〈예〉배독(拜讀). 하다
배:랑(背囊)〈변〉배낭.
배랑-뱅이[명]〈속〉'거지'를 얕잡아 이르는 말.《큰》비래뱅이. beggar
배래다[약]→배래기.
배래²[명] 육지에서 멀리 떨어진 바다 위.
배래기[명] ①물고기의 배의 부분. fish's belly ②옷소매의 아랫 부분.《약》배래¹. lower part of a sleeve
배:량(倍量)[명] 어떤 양의 갑절이 되는 양. twice the quantity
배럴(barrel)[명] 가운데가 볼록 나온 통(桶).《의명》한 통의 분량. 주로 석유의 용량 단위. 159 리터.
배럴 스커:트(barrel skirt)[명] 허리와 치맛자락에 주름을 잡은 통 모양으로 만든 스커트.
배:려(背戾)[명] 배반되고 어그러짐. 하다
배:려(配慮)[명] 골고루 마음을 씀. 배의(配意). consideration 하다
배:령(拜領)[명]〈동〉배수(拜受). 하다
배:례(拜禮)[명] 절하는 예(禮). 절을 함. worship 하다
배롱(焙籠)[명] 화로 위에 씌워 놓고 그 위에 기저귀나 젖은 옷을 얹어 말리는 기구. drying coop
배:롱-나무[명]〈식물〉부처꽃과의 낙엽 활엽 교목. 나무의 껍질은 아주 매끄러우며 잎은 타원형 및 난형으로 마주 남. 8~10월에 홍색 꽃이 피며 서로는 기름을 짜고 재목은 도구재·세공물로 쓰임. 관상용임. 백일홍(百日紅).
배롱-질(培籠-)[명] 기저귀나 젖은 옷 따위를 배롱에 얹어 말리는 일. erbud
배:뢰(蓓蕾)[명] 방긋이 터지기 시작한 꽃봉오리. flower
배:료(配料)[명]〈제도〉귀양살이하는 사람에게 주던 식료.
배:류(輩流)[명] 동배(同輩).
배:륜(背倫)[명] 윤리에 어그러짐. be against morals
배:리(背理)[명] ①도리에 어긋남. 이치에 맞지 않음. irrationality ②〈논리〉부주의에서 생기는 추리의 착오. 반리(反理). 역리(逆理).
배:리(陪吏)[명]〈제도〉세자를 모시던 나이 어린 이서.
배리-배리[부] ①맛이나 냄새가 조금 비리다. the fishy ②너무 적어서 마음에 차지 않다. petty ③하는 짓이 다랍고 아니꼽다.《큰》비리다. be mean
배리-배리[부] 배틀어지게 여윈 모양.《큰》비리비리. grow thin 하다
배리착지근-하-다[형]《약》배리지근하다. 배착지근하다.《큰》비리척지근하다. somewhat fishy
배리지근-하다[형]《약》배리착지근하다.
배림(排臨)[명]〈의학〉해산(解産)의 첫 시기에 태아의 머리가 나타났다 들어갔다 하는 상태. 하다
배립(排立)[명] 줄지어 죽 늘어섬. standing in a row
배릿=배릿[명] ①냄새나 맛이 매우 배릿한 모양. ②좀 스럽거나 구차스러운 짓이 마음에 다랍고 아니꼬운 모양.《큰》비릿비릿. mean 하다
배릿-하-다[형] 냄새나 맛이 약간 배리다.《큰》비릿하다. somewhat fishy 하다
배만 복명(排滿復明)[명]〈역사〉병자 호란 뒤에 일어나 효종 때 성하였던 사상으로, 만주족이 세운 청나라를 물리치고 명나라를 되 부흥시키자는 주장.
배-맞-다[자] ①남녀가 불의하게 관계를 맺다. have illicit connection ②옳지 않은 일로 서로 뜻이 통하다. be in conspiracy with 있음. 일겨 양득.
배 먹고 이 닦기[관] 한 가지 일에 두 가지 이로움이

배메기〈농업〉지주와 소작하는 사람이 소출을 똑같이 가르는 제도. 병작(並作). 반타작(半打作). 하다
배메기 농사(-農事)[명] 배메기로 짓는 농사. 하다
배멧=논[명]〈농업〉배메기로 작정하여 짓는 논.
배:면(背面)[명] 향한 곳의 뒤쪽. 등 쪽.《내》복면(腹面). back
배:명(拜命)[명] 명령 또는 임명을 삼가 받음. receiving orders 하다
배목(건축)문고리나 삼배목에 꿰는 쇠.
배:목(配木)[명] 나무를 분배함. 만.
배:무(拜舞)[명]〈음악〉서로 등지고 추는 춤. 하다
배:문(拜聞)[명] ①공경하는 마음으로 삼가 들음. being informed of ②전해 주는 말을 삼가 들음. 하다
배:문(配文)[명]〈제도〉형조(刑曹)에서 죄인을 귀양보낼 때에 그 곳 관아에 보내던 통지. 이런 일.
배문(拜門)[명]〈제도〉남인의 집에 그 죄목을 써서 붙이던 일.
배:=문자[一字]〈背文字〉[명] 책 표지의 등에 박은 글자.
배:물-교(拜物敎)[명]〈종교〉주물(呪物)을 숭배함으로써 안위(安慰)와 가호(加護)를 얻고자 하는 종교.
배미[약]→논배미.
배:미(拜眉)[명] 삼가 뵈음. 삼가 만나 봄. seeing a superior 하다
배민(排悶)[명] 마음속에 있는 번민을 물리침. 하다
배-밀이¹〈건축〉가운데 것이 조금 넓게 세 줄을 파는 대패.[고르는 일.
배-밀이²〈건축〉창살을 맞추어 바닥을 대패질하여
배-밀이³[명] ①어린아이가 배를 밀면서 기어가는 짓. creeping of a baby ②〈공업〉나무를 켤 때에, 기계틀에 나무를 배로 밀어서 먹이는 일. ③〈체육〉씨름에서, 상대자를 배로 밀어서 넘어뜨리는 재간. 하다
배반(杯盤)[명] ①흥치 있게 노는 잔치. feast ②술상에 차려 놓는 그릇이나 거기에 담긴 음식. glasses and plates「(二律) ~. 이율
배:반¹(背反)[명] 논리적으로 양립할 수 없음. ¶이율
배:반²(背反·背叛)[명] 믿음을 저버리고 돌아섬. 배신하여 배반함. betrayal 하다
배반(胚盤)[명]〈동물〉조류나 파충류 따위의 노른자 위에 희게 보이는 원형질. 얼싹. germinal disk
배반 사:건(排反事件)[명]〈수학〉몇 개의 사상이 있을 때 그 중의 한 사상이 나타나면 나머지 사상은 결코는 일어나지 않을 경우의 사상 상호간의 관계. 이를테면, 주사위를 던졌을 때에 1이 나타나면 나머지 2~6 은 나타나지 않는 경우.「어.
배반 사:상(排反事象)[명]〈수학〉'배반 사건'의 준
배:반-자(背反者)[명] 믿음과 의리를 저버리고 돌아서는 자.[의 구칭.
배:반-죄[-쬐](背叛罪)[명]〈법률〉'외환죄(外患罪)'
배:방(陪房)[명] 하인들이 거처하는 방. servant's room
배:배[부] 여러 번 꼬이거나 뒤틀린 모양.《큰》비비. twisted
배:배 꼬-다[타] 여러 번 배틀어서 단단히 꼬다.《큰》비비 꼬다.
배:배 꼬이-다[자동] 배배 꿈을 당하다.《약》배배 꾀다.
배:배 꾀-다[자동]《약》배배 꼬이다.
배:배 틀-다[타] 여러 번 배틀다.《큰》비비 틀다. twist
배:배 틀리-다[자동] 여러 번 비틀리다. 단단히 비틀리다.《큰》비비 틀리다.[름 아래에 쓰는 말.
배:백(拜白)[명] 엎드려 사뢴다는 뜻으로, 편지 끝 이
배뱅잇=굿[명]〈민속〉서도(西道) 지방을 중심으로 퍼진 민속극의 하나. 푸닥거리로써 죽은 배뱅이의 혼을 불러 그 부모와 만나게 하려는 무당·박수들의 경쟁이 극의 구성으로 되어 있음.
배변(排便)[명] 대변을 배설함. 하다
배:별(拜別)[명] 작별. 하다
배:병(配兵)[명]〈군사〉공격이나 방어에 적당한 곳에 군대를 배치함. 또, 그 병졸. 하다
배보다 배꼽이 크다[관] 딸린 것이 주되는 것보다 더 크거나 많아는 뜻.
배:복(拜伏)[명] 절하여 엎드림. 엎드려 절함. 하다

배:복(拜覆·拜復)圈 한문투의 편지 답장의 첫머리에 쓰이는 높임말.

배복(陪僕)圈 종. 하인(下人). 사환(使喚). servant

배:본(配本)圈 ①책을 배달함. ②예약 출판물을 계약한 사람에게 배부함. 배책(配冊). distribution of books

배:부(背夫)圈 남편을 배반함.

배:부(背部)圈 등 부분. 어떠한 면의 뒤쪽. 《대》복부

배:부(背付)圈 나누어 줌. distribution

배:부(背賦)圈 나누어서 돌아 줌. distribution 하다. (腹部).

배:부 개:가(背夫改嫁)圈 남편을 배반하고 다른 남자한테 시집감. 하다.

배:부 도주(背夫逃走)圈 남편을 배반하고 도망침.

배:부르-다(으르)圈 ①먹을 만큼 먹어서 양이 차다. have enough of ②배가 크고 뚱뚱하다. fat ③군색하거나 아쉽지 않다. rich ④배를 배어 배가 불룩하다. 「면고, 만족하지 않으면 아니među.

배부른 흥정圈 조금도 아쉽지 않아 자기 마음에 꼭 맞

배:부-세[一쎄](配賦稅)圈 조세 징수에서, 미리 조세 수입의 액수를 결정하여 그것을 납세자 또는 과세 목적물에 할당하여 과하는 세. 정액세(定額稅).

배부장 나:리(俗) 배가 몹시 뚱뚱한 사람. potbelly

배:분(配分)圈 벌러서 몫몫이 나누어 줌. distribution 하다.

배:분 법칙(配分法則)圈 《수학》 수(數)와 식(式)에서, 덧셈과 곱셈 사이에 성립되는 법칙. a(b+c)=ab +ac 또는 (a+b)c=ac+bc로 하는 따위.

배:분적 정의(配分的正義)圈 《철학》 아리스토텔레스의 정의의 관념. 인간 가치의 차별성에 의한 평등을 근거로 하는 공정한 정의. 정치적 권리와 복리의 분배가 이에 속함.

배:불(排佛)圈 불교를 배척함. exclude Buddhism

배:불뚝이圈 배가 불둑하게 나온 사람. potbellied

배:불리團 배부르게. to satiety 「person

배:불리-다[짜]圈 먹을 만큼 먹어서 배가 차게 하다. eat one's fill 四 사리 사욕을 채우다. 치부하다.

배불 숭유 정책(排佛崇儒政策)圈 《역사》 조선조 때, 불교를 배척하고 유교를 숭앙하던 정책.

배=붙이기[一부치一]圈 명주를 옆에 나오고 무명을 안으로 가게 된 교직(交織)의 피륙.

배:−불다[−부ː니]圈 배를 나무턱이나 선창에 갖「다.

빕브로·빕브르-다圈 (고) 배부르다.

ㆍ빕브르-다圈 (고) 배가 부르다.

빕비리다圈 (고) 배불리. 「함. arrangement 하다.

배:비(排備)圈 따로따로 나누어 베풂. 배치하여 설비

배비(排比)圈 비례를 따라 나누어 몫을 지움. 하다.

배:빈(陪賓)圈 ①높은 사람을 모시고 한자리에 참여하는 손님. 배객(陪客). associate guests ②주빈(主賓) 이외의 손, secondary guests

배빗대圈 베틀에 딸린 기구의 하나. 도투마리에 베실을 감을 때, 사이사이에 끼는 나무 오리.

배빛 메탈(Babbit metal)圈 《화학》 아연(亞鉛)·주석·동(銅)·규소(硅素)·납 등으로 만드는 합금. 축받이 따위에 쓰임.

배:사(背斜)圈 《지학》 지각(地殼)에 수평으로 또는 가로 작용하는 힘으로 말미암아 지층이 물결처럼 주름잡힌 습곡(褶曲)의 높은 부분. 《대》 향사(向斜). anticline

배:사(拜賜)圈 어른이 주는 것을 공손히 받음. 하다.

배:사(拜謝)圈 삼가 사례함. saying thanks 하다.

배:사(拜辭)圈 ①《제도》 숙배(肅拜)와 조사(朝辭). ②삼가 사양함. declining with thanks 하다.

배:사(倍蓰)圈 '배'는 한 갑절, '사'는 다섯 곱절. 곧, 갑절 이상 몇 곱절 가량. multiplication

배:사-곡(背斜谷)圈 《지학》 지층의 배사부가 침식을 받아 이룩된 골짜기. anticlinal valley

배:사 구조(背斜構造)圈 《지학》 암류(岩類)의 퇴적 후, 지각의 변동이나 압력으로 생긴, 낙타의 육봉(肉峯)같이 생긴 지질 구조.

배:=사령(陪使令)圈 《제도》 벼슬아치를 따라다니는

사령. 배하인(陪下人).

배사-문(排沙門)圈 쌓인 모래를 흘려 없애기 위하여 만든 수문(水門).

배:사-축(背斜軸)圈 《지학》 지층의 배사부(背斜部)의

배:사축=면(背斜軸面)圈 《지학》 배사의 양쪽에서 갚은 기저(基底)에 있는 면. 「allocate per month

배삭(排朔)圈 달마다 얼마씩을 분배함. 배월(排月).

빈ː속圈 (고) 배알. 내장(內臟).

배:상(拜上)圈 삼가 올린다는 뜻으로, 편지 끝에 흔히 씀. respectfully yours 하다.

배:상(拜相)圈 《제도》 정승을 배명(拜命)함.

배상(賠償)圈 ①남에게 끼친 손해를 갚아 줌. ②《법률》 남의 권리를 침해한 자가 그 손해를 보상하는 일. reparation 하다.

배상 권리자(賠償權利者)圈 《법률》 손해 배상을 청구할 권리가 있는 사람. 《대》 배상 의무자.

배상-금(賠償金)圈 ①배상하는 돈. imdemnities ②《법률》 강화 조약에서 이긴 나라가 진 나라에 과하는 돈. 또, 국제 법규의 위반으로 생기는 손해를 메우기 위하여 내는 돈. 배상액. 상금(償金).

배상-꾼圈 배상부리는 사람. insolent person

배상-부리-다囪 거만한 태도로 몸을 아끼고 꾀며 부리다. be insolent

배상 시:설(賠償施設)圈 《법률》 전쟁에 점으로 말미암아 생기는 배상에 충당되는 시설. reparation

배상-액(賠償額)圈 《동》 배상금②. equipment

배상 의:무(賠償義務)圈 《법률》 배상할 의무.

배상 의:무자(賠償義務者)圈 《법률》 손해 배상을 해야 할 의무자. 《대》 배상 권리자. indemnitor

배상-주의(賠償主義)圈 《법률》 형벌은 범죄로 인하여 어지럽혀진 사회의 무형적 손해를 배상시키는 데에 그 목적이 있다는 주의. 「scheme 하다.

배:색(配色)圈 색을 배합함. 또, 배합한 색. colour

배:서(背書)圈 ①책장 뒤의 서면 위에 글씨를 씀. 또 그 글씨. ②《법률》 증권이나 어음 뒤에 아무에게 양도한다는 뜻을 글로 적는 일. 뒷보증. 이서(裏書). indorsement 하다.

배:석(拜席)圈 의식에서 절하는 데에 쓰는 자리.

배:석(陪席)圈 ①어른을 모시고 자리를 같이함. sitting in attendance ②《어→》 배석 판사. 하다.

배:석 판사(陪席判事)圈 《법률》 합의 재판에서 재판장과 함께 심의하는 판사. 《약》 배석(陪席)②. associate judge

배:선(配船)圈 선박을 배치함. 하다.

배:선(配線)圈 ①전선을 잡아 당겨 닮. 전선으로 연결함. ②《어→》 배전선(配電線). 하다. 「면.

배:선-도(配線圖)圈 전선(電線)의 배치를 나타내는

배:반(配線盤)圈 ①전화 가입자로부터 오는 선을 끌어들여 교환기에 이끌기 전에 우선 통제하기 위하여 넣어 놓는 장치. ②라디오 수신기에서 진공관·코일 등 여러 부분품을 달아 놓은 반.

배:선 손:료(配線損料)圈 배전선을 사용하는 사람이 다달이 무는 손료. rent of wiring

배:선-함(配線函)圈 가공(架空) 케이블을 가공 나선(裸線)에 접속시키는 곳에 두는 함. 그 안에 피뢰기(避雷器)·가용편(可鎔片)·단자반(端子盤) 등을 설치하여 과대한 전압이나 전류의 흐름에 의한 케이블의 손상을 막음.

배설(排泄)圈 ①안에서 밖으로 새게 하여 내보냄. discharge ②《생리》 동물체가 무엇을 먹어서 영양을 섭취하고 그 찌꺼기를 몸 밖으로 내보내는 일. 걸러내기. excretion 하다.

배설(排設)圈 의식에 쓰는 모든 제구를 벌여 놓음. 진설(陳設). arrangement 하다.

배설(排雪)圈 쌓인 눈을 치워 버림. 또, 치워진 눈. ¶~ 작업(作業). 하다.

배설-강(排泄腔)圈 《생리》 배설기와 생식기를 겸하고 있는 구멍. 양서류·파충류·조류 따위에 있음.

배설-기(排泄器)圈 《생리》 배설 작용을 하는 기관.

excretive organs

배설-물(排泄物)圏 ①일반으로는 똥·오줌 따위의 배설된 물질. excrements ②〈생리〉배설 물질의 일음. 질소를 함유하는 물질이 체내에서 신진 대사의 결과 분해되어 다시 적당히 변한 것. 암모니아·요소·요산 따위. output

배설-방(排泄房)圏 〈제도〉대궐 안에서 장막(帳幕) 같은 것을 베푸는 일을 맡힌 직소(職所).

배설 작용(排泄作用)圏 〈생리〉동물이 노폐물(老廢物)이나 불필요한 물질을 배설하는 작용. evacuation

배:성(陪星)圏 위성(衛星).

배:소(拜掃)圏 조상의 무덤을 깨끗이 하며 돌봄. 성묘(省墓). 간산(看山). 하타   「疏」. 하타

배:소(拜疏)圏 삼가 상소문(上疏文)을 올림. 상소(上

배:소(配所)圏 〈제도〉죄인을 귀양보내는 곳. place of exile

배:소(焙燒)圏 〈화학〉광석을 융해점 이하에서 열을 가하여 그 화학적 조성(組成)을 변화시키는 야금상(冶金上)의 준비 조작. 하타

배:속(配屬)圏 ①분배하여 부속시킴. ②어떠한 곳에 배치하여 종사하게 함. assignment 하타

배:속 장교(配屬將校)圏〈군사〉군사 교련을 실시하기 위하여 학교나 훈련소 같은 데에 배속된 장교. military officer attached to a school

배-송(拜送)圏 ①삼가 보냄. send ②〈민속〉마마를 앓은 뒤, 열사흘 만에 별성마마, 곧 두신(痘神)을 전송하는 일. ③〈불교〉밥을 주고 경문을 읽은 후 귀신들을 보내는 일. 하타

배:송(拜誦)圏〈동〉배독(拜讀). 하타

배:송(背誦)圏〈동〉배강(背講). 하타

배:송(陪送)圏〈동〉배동. 배달과 발송. 하타

배:송(陪送)圏 귀인(貴人)을 전송함. see (somebody) off 하타

배-송 내-다(拜送—)타 ①〈민속〉별성마마, 곧 두신(痘神)을 배송하는 푸닥거리를 하다. ②'쫓아내다'의 낮은말.

배:수(背水)圏 ①하천을 댐이나 수문으로 막았을 때, 그 상류 쪽에 괴는 물. ②강을 뒤에 둠. burn the bridges behind one

배:수(拜手)圏 손을 들어 읍하고 절함. 하타

배:수(拜受)圏 공경하여 삼가 받음. 배령(拜領). receive 하타

배:수(配水)圏 상수도의 물을 배급하여 보냄. distribution of water 圏 논에 물을 댐. 하타

배:수(配囚)圏〈제도〉귀양간 죄수. 유배된 죄인.

배:수(倍數)圏 ①갑절이 되는 수. ②〈수학〉자연수 'a'가 다른 자연수 'b'로 나누어 똑 떨어질 때 'b'에 대한 'a'의 일컬음. multiple

배수(排水)圏 ①안에 있는 물을 밖으로 뿜어 냄. draining 물꼬를 트어 물을 뺌. (데)저수(貯水). ③물 가운데 뜬 물체가 그것이 물 속에 잠긴 부분의 체적의 물을 사방으로 밀어 헤침. 하타   「하타

배:수(陪隨)圏 높은 이를 모시고 뒤따름. attendance

배수-갱(排水坑)圏〈광물〉갱내의 물을 밖으로 뽑아내기 위하여 만든 갱도(坑道). waterway

배:수-관(配水管)圏 상수도의 물을 배급하는 관. con-

배수-관(排水管)圏 물을 뽑아 내는 관.   「duit pipe

배수-구(排水口)圏 물을 뽑아 내거나 물이 빠지는 구.

배수-구(排水溝)圏〈동〉배수로.

배수-기(排水器)圏 배수하는 데에 쓰이는 기구. 펌프 따위.

배수-량(排水量)圏 ①물에 배가 들 적에 그 무게로 인하여 밀려 나가는 물의 분량. displacement tonnage ②펌프가 뿜어 낸 물의 분량. pumping capacity

배수-로(排水路)圏 물을 빼어서 버리기 위하여 만든 물길. 배수구(排水溝). overflow

배:수 비:례 법칙(倍數比例法則)圏〈화학〉같은 두 원소로 된 화합물이 두 가지 이상이 있을 때, 한 원소의 일정한 양과 화합하는 딴 원소의 양과의 사이에는 간단한 정수비(整數比)가 성립된다는 법칙. 1803년 돌턴이 발견했음. law of multiple proportion

배:수-성[-썽](倍數性)圏〈생물〉어떠한 생물의 염색체 수가 통상(通常)의 개체의 그 배수로 되어 있는 현상.

배:수 세:대(倍數世代)圏〈생물〉수정한 후 감수 분열할 때까지의 세대. (데)반수(半數)세대.

배수 장치(排水裝置)圏 ①배 안에 괴는 물을 뽑아 내는 장치. draining pump ②집안 또는 터에 괸 물이나 더러운 물을 뽑아 내는 장치. drain

배:수-지(配水池)圏 수돗물을 공급하기 위하여 마련한 저수지. water reservoir

배:수-진(背水陣)圏 ①〈군사〉진법(陣法)의 하나. 강·호수·바다 따위의 물을 등지고 치는 진. 물러가면 물에 빠지게 되므로, 결사적으로 나아가 적과 싸우게만 됨. ②목숨을 걸고 싸우는 경우의 비유. ③실패하면 멸망이라는 각오로 일에 임함의 비유.

배:수-체(倍數體)圏〈생물〉배수성의 개체. (약) 배체(倍體).

배:수-탑(配水塔)圏 배수하기 위하여 만든 탱크.

배수 톤수(排水ton數)圏 선박의 배수량을 톤수로 본 수량. 보통 영국 톤으로 표시함.

배수 펌프(排水pump)圏 불필요한 물을 뽑아 내는 데 쓰는 펌프. 건축·토목·광산에 쓰임.

배수 현:상(排水現象)圏〈식물〉식물이 잎변(葉邊)의 수공(水孔)으로부터 몸 안의 쓸데없는 수분을 물의 형태로 배출하는 현상. 대나무·벼 같은 것에서 혼히 봄.   「인 굴에 담근 음식. 이숙(梨熟).

배-숙(一熟)圏 배를 껍질을 벗겨 꿀물으로 삶아서, 잣을

배-숨圏〈생리〉배로 깊이 들이쉬었다가 내쉬었다가 하는 숨. deep breathing

배-숨쉬기圏 뱃가죽을 한번 폈다 다시 오므렸다 해서 횡격막의 신축에 의하여 하는 호흡. 복식 호흡(腹式呼吸). (데)흉식 호흡(胸式呼吸).

배스(bath)圏 ①목욕. ¶~ 하우스(house). ②유탕(浴

배스듬하-다[형][여불]한 편이 조금 기울어져 있다. (약) 배듬하다. (큰) 비스듬하다. somewhat inclined 배스듬-히튀   「하다. 배스듬-히튀

배스름하-다[형]거의 비슷한 듯하다. (큰) 비스름

배스슥-거리다[자] 무슨 일을 하는데 탐탁해 하지 않다. (큰) 베스슥거리다. be reluctant **배슥=배슥하-** 하타

배슥-하다[형] 한쪽으로 배스듬하다. (큰) 비슥하다. slanting **배슥-이**튀

배슬-거리다[자]①어떤 일에 막 대들지 않고 배슥하리는 태도로 슬슬 피하여 배돌다. (큰)베슬거리다. 비슬거리다. keep away from ②힘없이 배슥하다. 배슬=배슬튀 하타

배슷-하다[형]쓰러질 듯이 배스듬하다. (큰)비슷하다. slanting **배슷-이**튀   「informed 하타

배:승(拜承)圏 공경하여 삼가 받거나 들음. being

배:승(倍勝)圏 갑절이나 더 나음. being much better 하타   「하타

배:승(陪乘)圏 귀인을 모시고 수레에 탐. 참승(驂乘).

배:시(陪侍)圏 귀인을 모심. waiting upon 하타

배:식(配食)圏 ①군대나 단체 같은 데서 식사를 분배함. ②배향(配享).

배:식(陪食)圏 어른을 모시고 같이 식사함. 반식(伴食)①. dining with one's superior 하타

배:식(培植)圏 식물을 재배함. 북돋아 심음. cultivate the plant 하타   「하타

배:신(背信)圏 신의를 저버림. 배반(反背). infidelity

배:신-자(背信者)圏 배신하는 자. 신의를 저버린 사

배:신 행위(背信行爲)圏 ①배신하는 행동. breach of faith ②〈법률〉전쟁에 있어서 진실을 고(告)할 의무가 있는 때에, 작전상 이익을 위하여 적을 오류(誤謬)에 빠뜨리는 허위의 행위. 휴전기(休戰旗)나 적의 국기·제복 등을 부당

배:심(背心)명 배반하는 마음. 반심(叛心). rebellious
배:심(陪審)명 ①재판의 소송 심리에 배석함. ②〔법률〕형사 소송에 있어서 민간에서 뽑은 배심원이 재판의 심리나 기소에 참가하는 일. jury 하다
배:심-원(陪審員)명 〈법률〉국민으로부터 선출되어 배심 재판에 참여하는 사람. juror
배:심 재판(陪審裁判)〈법률〉배심 제도에 의한 재판. 배심원들의 의견을 토대로 하여 하는 재판 제도의 하나. trial by jury
배:심 제:도(陪審制度)〈법률〉재판관의 법률 적용에 국민의 건전한 상식적 판단을 반영시키기 위해 배심원이 심리·재판에 참여하는 재판 제도. 영미법(英美法)의 중요한 특색. jury system
배-쌀명 뱃바닥의 가장자리에 빙 둘러싸서 붙어 오른, 배의 벽을 이루는 부분.
배 썩은 것은 딸을 주고 밤 썩은 것은 며느리 준다속 배 썩은 것은 먹을 수 있으나 밤 썩은 것은 못 먹는다. 며느리보다 딸을 위한다.
배쑥튀 대수롭지 않은 일에도 곧잘 들어서는 모양.
배쑥-거리다国 이리저리 쓰러질 듯이 비틀거리다. ⟨작⟩비쑥거리다. stagger 배쑥=배쑥 하다
배아(胚芽)명 ⇒배(胚)②.
배아-미(胚芽米)명 ①벼의 배아가 떨어지지 않게 찧은 쌀. partly polished rice ②물에 축이어 둔 벼가 싹이 막 터져 나올 듯하게 된 것을 찧어서 만든 쌀.
배아파-하다타여 남이 잘되는 것을 마땅하지 않게 여기다.
배악명 가죽신의 창이나 울 속에 두껍게 대는 여러 겹으로 붙인 헝겊 조각. 배포(褙布). 〔약〕배비. cloth lining of leather shoes 「superior 하다
배:안(拜顔)명 삼가 얼굴을 뵘. 만나 뵘. seeing a
배알(옛) ①창자. ②마음. 〔약〕밸. entrails
배:알(拜謁)명 높은 어른께 공경하여 뵘. 면알(面謁). audience 하다
배-앓다圆 ①뱃병으로 앓다. have stomach trouble ②남이 잘되는 것을 시새다. be jealous
배-앓이명 배를 앓는 병. colic
배암명→뱀.
배암-장어(-長魚)명⇒뱀장어.
배:암 투명(背暗投明)명 좋지 못한 길을 버리고 옳은 길로 돌아옴. 하다
배:압(背壓)명 증기 원동기 또는 내연 기관에 있어서, 일을 한 후 토출(吐出)되는 증기 또는 가스의 압력.
배:액(倍額)명 두 배의 금액. 두배의 값. double the
넉아-다다〔고〕아주 가져서 죄다. 「amount
넉아신-다다〔고〕죄어서 신다. 「mise 하다
배:-약(背約)명 약속을 어기어 저버림. breach of pro-
빅·낙(고〕뱀.
넉암당어〔고〕뱀장어.
배:양(培養)명 ①식물을 북돋아 기름. cultivation ②인재를 길러 냄. education ③〈생물〉미생물을 인공적으로 기르거나, 조직의 일부를 떼내어 번식시킴. cultivation 하다
빅양〔고〕뻬냐쪽.
배:양-기(培養基)명〈생물〉미생물을 배양하는 데 쓰는 영양물. 육즙(肉汁)·펩톤 따위. culture medium
배:양-액(培養液)명〈생물〉식물이나 세균(細菌) 등을 배양하는 데 필요한 영양소가 들어 있는 시험액.
배:양-토(培養土)명 효초 등의 재배에 쓰기 위하여 거름을 섞어 걸게 한 흙. fertilized soil
:빅어〔고〕뻗앵이.
배-어루러기명 배의 털 빛깔이 얼룩얼룩한 짐승.
배:역(背逆)명 배반하고 거스름. rebellion 하다
배:역(配役)명 연극·영화에서, 배우에게 각각 배역할을 할당함. 또, 그 구실. cast 하다
배연(排煙)명 ①건물 따위의 안에 찬 연기를 뽑아 냄. ②공장의 굴뚝으로부터 뿜어 나오는 연기. 하다
배:열(背熱)명〈한의〉등이 몹시 뜨거워지는 병.

배:열(排列·配列)명 벌여 열을 지음. 차례로 죽 늘어 놓음. arrangement 하다
배엽(胚葉)명〈생물〉동물의 개체 발생 초기에 나타나는 세 켜의 세포층의 총칭. 내배엽·외배엽·중배엽이 있음. germ-layer 「엽. 송장 혜엄.
배:영(背泳)명 위를 향하여 번듯이 누워서 치는 헤
배:-온:음표(倍-音標)명〈음악〉온음의 배가 되는 길이의 음표.
배:외(拜外)명 외국의 문물·사상 등을 숭상함. ¶~사상(思想). 〔대〕배외(排外). 하다
배:외(排外)명 외국 사람이나 외국 것을 배척함. ¶~사상(思想). 〔대〕배외(拜外). anti-foreign 하다
배:음(고)'배다5'의 명사형. ①망침〔滅〕. ②망함.
배:우(配偶·配耦)명〈동〉배필(配匹) 「멸망함.
배우(俳優)명 연극·영화에서, 어떤 인물로 분장하여 대사나 동작·표정 따위로 그 내용을 실연(實演)하는 사람. actor (actress) ②〈동〉광대.
배우는-이(名)①〈불교〉불도를 닦아 행하는 사람. 학인(學人). ②교육을 받는 사람. 학생.
배우-다타 ①남의 가르침을 받다. learn ②남이 하는 일을 보고 그와 같이 하다. imitate ③학문을 닦다. ④경험하여 잘 알게 되다. ¶인생을 ~. 〔약〕배다³. study
배:우 상속인(配偶相續人)명〈법률〉배우자인 상속
배:우 생식(配偶生殖)명〈생물〉두 생식 세포가 합체하여 새로운 개체를 만드는 현상.
배:우-자(配偶子)명〈생물〉두 개의 생식 세포(生殖細胞)가 합쳐서 접합자(接合子)가 되어, 이것이 새로운 개체로 발생하는 경우, 그 생식 세포를 일컬음. 하등 조류(下等藻類)에서와 같이 모양과 크기가 같은 것이 동형 배우자(同形配偶子), 난자(卵子)·정자(精子)와 같이 크기가 다른 것이 이형 배우자(異形配偶子)임. gamete
배:우(配偶者)명 부부의 어느 한쪽을 다른 쪽으로 보고 하는 말. 곧, 남편에 대한 아내, 아내에 대한 남편. spouse
배:우자 접합(配偶子接合)〈생물〉단세포 생물에 있어서 모체에 만들어진 특수한 세포.
배:우-체(配偶體)명〈생물〉조류(藻類)·태류(苔類)·양치 식물 따위의 세대 교번에서 배우자를 만드는 유성 생식을 하는 세대의 생물체.
배운 도둑질 같다속 어떤 버릇이 되어서 안하려야 안 할 수 없이 자꾸 하게 됨.
배움=배움(고)배워서 아는 지식의 정도. learning
배움-터명 배우는 곳. 학원(學園). school
배웅명 떠나가는 손을 따라 나가 작별하여 보내는 일. 배행(陪行). seeing (one) off 하다
배위-먹다타〔하〕배우다.
배월(排月)명〈동〉배삭(排朔). 하다
배:위(拜位)명 의식장에 만들어 놓은 절하는 자리.
배:위(配位)명 부부가 다 죽었을 때의 그 아내.
배:위(陪衛)명〈제도〉세자(世子)가 나들이할 때에 그를 모시고 따름. 하다
배유(胚乳)명〈식물〉어떤 종류의 현화 식물(顯花植物)의 씨 속에서 배를 싸고 있고, 그 세포 속에 양분을 가지고 있어, 발아하여서 배가 생장하는 데 필요한 양분을 공급하는 조직. 배젖. 씨젖. albumen
배:율(倍率)명〈물리〉현미경이나 망원경 따위의 확대되는 율. magnification
배율(排律)명〈문학〉한시(漢詩)의 한 체(體). 오언(五言) 또는 칠언(七言)의 대구(對句)를 열두 짝, 곧 어스 구 이상으로 배열하는 것(律詩).
배:은(背恩)명 은혜를 저버리고 돌아섬. 〔대〕보은(報恩). ingratitude 하다
배:은 망덕(背恩忘德)명 남에게 받은 은덕을 잊고 배반함. ungratefulness 하다
배:음(背音)명 라디오에서, 대사(臺詞)나 내레이션의 위에서 들려주는 음악이나 음향. 효과를 내기 위한 소리. sound effect

배:음(倍音)圓〈물리〉어떠한 원음의 정수배(整數倍)의 진동수를 가진 음. harmonic
배의(配意)圓〔동〕배려(配慮). 하다
배일(排日)圓 ①날마다 얼마씩 갈라서 버림. allocating by the day ②일본을 배척함. 항일(抗日). 《대》친일(親日). anti-Japanese 하다
배:일-성[—성](背日性) 〈식물〉식물체가 햇빛이 없는 방향으로 자라나는 성질. 배양성(背色性). 해질성. 《대》향일성(向日性). negative heliotropism
배:임(背任)圓 ①임무를 저버림. breach of duty ②임무의 본뜻에 어긋남. breach of trust 하다
배:임-죄[—쬐](背任罪)圓〈법률〉남을 위하여 사무를 처리하는 자가 자기나 제삼자의 이익을 위해서나, 본인에게 손해를 가할 목적으로 그 임무에 배반한 행위로 하여 재산상의 손해를 끼치는 죄. breach of trust
배(借入)圓 상당한 수량보다 갑절이 듦. 하다
배입(胚孕)圓 아이 또는 새끼를 뱀. conception 하다
배자(一子)圓 《변》→ 패자(牌子).
배자(胚子)圓 알에서 발생하여 아직 외계에 나오지 않고 포피 또는 모체 속에서 보호되고 있는 동물의 유생(幼生). 배(胚)①. fetus
배자(排字)圓 글자를 벌여 놓음. arrangement of letters 하다
배:자(褙子)圓 마고자 모양으로 되고, 소매가 없는 덧저고리. fur-lined woman's waist-coat
배자 예:채(配子例債)圓〈제도〉잡혀 갈 죄인이 법사(法司)의 사령에게 주던 뇌물.
배:장-품(陪葬品)圓〔동〕부장품(副葬品).
배:재(培栽)圓《변》재배(栽培). 하다
배=재기(—)圓 아이를 배어 배가 부른 여자. pregnant woman
배:적(配謫)圓 귀양보낼 죄인을 그 배소로 보냄. 유배(流配). 하다
배:전(拜殿)圓 묘(廟)의 배단(拜壇)에 깔린 벽돌.
배:전(配前)圓 이전의 갑절. ¶ ~의 애호. more than ever
배전(配電)圓 전류를 소용되는 여러 곳으로 나누어 보냄. electric supply 하다
배전-반(配電盤)圓 발전소·변전소 및 건물 등에 장치한 대리석 또는 철제의 반상(盤狀)의 장치. 개폐기·계기(計器) 등을 배치하여 전로(電路)의 개폐나 기기(機器)의 제어를 용이하게 하기 위한 것. switch-board
배전-선(配電線)圓〈물리〉배전소 또는 변전소로부터 수용자에 배전하는 데 쓰이는 전선. 3000 V 이하. 《약》 배선 ②. service wire, power line
배:전-소(配電所)圓〈물리〉발전소나 변전소에서 보내는 전류를 받아서 여러 곳으로 보내는 곳. power distribution station
배:-젊다[—따]圓 썩 젊다. very young
배:점(背點)圓〈천문〉천구상(天球上) 태양 향점의 반대의 점. 《대》향점(向點). anti-apex
배:점(配點)圓 점수를 나누어 놓음. 하다
배접(褙接)圓 종이·헝겊·얇은 널조각 따위를 여러 겹 포개어 붙이는 일. pasting sheets together 하다
배정(拜呈)圓 공손히 드림. 절하고 드림. presentation 하다
배:정(配定)圓 나누어 몫을 정함. assignment 하다
배정(排定)圓 알맞게 갈라서 벌여 놓음. allocation 하다
배:젓(胚—)圓〔동〕배유(胚乳).
배:제(背題)圓〈제도〉소장(訴狀) 뒤에 제사(題辭)를 기록함. 또, 그 제사. sation 하다
배:제(配劑)圓 몇 가지 약재를 알맞게 섞음. dispen-
배제(排除)圓 물리쳐서 덜어 버림. removal 하다
배:-제절[—쩨—](拜除節)圓〔동〕배계절(陪階節).
배좁다圓 ①촘촘히 들어차서 자리가 몹시 좁다. overcrowded ②어떠한 장소나 사이가 퍽 좁다. 《큰》비좁다.
배:종(背鬃)圓〈한의〉등에 나는 부스럼의 총칭.
배:종(陪從)圓 임금을 모시고 뒤따름. 배호(陪扈). ¶ ~ 무관(武官). attendance 하다

배주(杯酒)圓 잔에 따른 술. 또, 잔술. liquor in a cup
배주(胚珠)圓〈식물〉뒤에 씨가 될, 자방(子房) 속에 생기는 기관. 밑씨.
배 주고 속 빌어먹는다[속담] 큰 이익은 남에게 빼앗기고 그에게서 그 일부분을 얻어 가진다.
배주룩=배주룩圓 여러 개의 끝이 다 배주룩한 모양. 《큰》배쭈룩배쭈룩. 하다
배주룩-하-다형 물건 끝이 약간 내밀어 있다. 《약》배죽하다. 《큰》비주룩하다. 《센》빼주룩하다. jutting out 배주룩-이 ⃞
배죽圓 ①물체의 끝이 조금 내밀려 있는 모양. jutting out ②얼굴이나 물건의 형체만 가볍게 쏙 내밀거나 또는 나타나는 모양. protruding ③비웃거나 마음이 마땅하지 않을 때, 또는 울음이 솟을 때 입술을 쏙 내미는 모양. 《큰》비죽. 《센》배쭉. 빼쭉. pout 하다
배죽-거리-다困困 비웃거나 울음이 솟을 때 입술을 내밀고 실룩거리다. 《큰》비죽거리다. 《센》빼쭉거리다. 배죽=배죽圓
배죽-하-다형 《약》→ 배주룩하다.
배:준(陪樽)圓 제식(祭式)에서 가운데에 놓이는 준(樽)의 좌우에 벌여 놓는 그릇.
배중(排中)圓 중간을 배제함. 하다
배중-론(排中論)圓《변》배중률(排中律).
배중-률(排中律)圓〈논리〉형식 논리학에서, 'A는 B이다'와 'A는 B가 아니다'와의 두 판단 사이에 중간의 것은 없다는 사유 법칙의 하나. 배중론(排中論). 배중 원리(排中原理). law of the excluded middle
배중 원리(排中原理)圓《변》배중률.
배:증(倍增)圓 갑절이나 증가함. doubling 하다
배:지(一旨)圓《변》→ 패지(牌旨).
배:지(培地)圓〔동〕배양기(培養基).
배:지(陪持)圓〈제도〉①지방 관아에서 급한 공문을 가지고 서울에 가는 사람. 급한 공문을 가지고 서울에 가던 사람. ②기발(騎撥).
배지(badge)圓 기장(記章). 휘장(徽章).
배:지(背—)圓〈체육〉씨름에서, 상대자의 배를 지고 넘기는 재주의 하나. 《복》복배(腹背).
배-지느러미圓〈어류〉물고기의 배에 달린 지느러미.
배:지-성[—성](背地性)圓 ①지구의 인력과 반대인 방향으로, 동물이 뛰거나 날려고 하는 성질. ②지구의 인력과 반대 방향으로 식물이 자라나는 성질. 《대》향지성(向地性). negative geotropism
배지 않은 아이를 낳으라 한다[속담] 수응(酬應)해 줄 만한 거리가 없는 사람에게 억지로 요구한다.
배:진(背進)圓 뒤쪽으로 나아감. 하다
배:진(拜診)圓 삼가 진찰함. 하다
배:진(拜進)圓 어떤 곳에서나 윗사람에게 아침함. 하다
배:진(倍振)圓《변》①힘을 갑절이나 멀쳐 일으킴. ②《약》→ 배진동(倍振動). 하다
배:진(配陣)圓 진을 배치함. 또, 그 진. 하다
배:진-동(倍振動)圓〈물리〉배음(倍音)을 내는 진동수. 《약》배진(倍振)②. 하다
배:-질(拜—)圓 ①배를 젓는 일. rowing ②앉은 채 끄덕거리며 조는 짓. dozing 하다
배:징(倍徵)圓 정한 액수의 갑절을 불려서 받음. collecting two times the fixed amount 하다
배짱圓 ①속마음. 속셈. intention ②조금도 굽히지 않고 버티는 힘. ¶ ~이 세다. pluck
배쪽圓《센》→ 배죽.
배차(坯車)圓〈공업〉도자기를 만드는 데 쓰는 물레.
배:차(配車)圓 자동차·전차 따위의 수효를 여러 곳에 벌려서 보냄. ¶ ~계(係). allocation of cars 하다
배차(排次)圓 차례를 벌여 정함. 또, 그 차례. arrangement of the order 하다
배-차기圓《변》씨름함.
배착-거리-다困困《약》→ 배치작거리다.
배착-배착圓《약》→ 배치작배치작.
배착작근-하-다困困《약》→ 배치작근하다.
배참圓 꾸지람을 들은 화풀이를 딴 데다 하는 일. vent

배참 one's anger to an irrelevant person 하다
배:참(排站)명 〈제도〉 길 떠날 때 지나갈 역참(驛站)을 배정(排定)함. arrangement of stages 하다
배:창(背瘡)명 〈동〉 등창.
배창(俳倡)명 광대.
빈·채/빅칙[口]명 배추.
배:채(配册)명 〈동〉 배본(配本). 하다
배척명 〈공업〉 쇠로 만든 지레 끝이 노루발장도리 모양으로 되어 큰 못을 뽑는 연장. kind of hammer-claw
배척(排斥)명 물리쳐서 내침. ¶외제 상품을 ~하다. (㈜환영(歡迎). rejection 하다
배척-거리-다재 다리에 힘이 없어 쓰러질 것처럼 걷다. 비척거리다.
배척지근-하-다형여 →배리착지근하다.
배:청(拜聽)명 삼가 들음. 공손히 들음. listening to
배:추(∠菘菜)명 〈식물〉 겨자과[十字科]의 이년생 채소. 잎은 긴 타원형 또는 넓은 난형으로 속잎은 황백색, 겉잎은 녹색임. 잎·줄기·뿌리를 다 식용하며, 김치를 담그는 데 제일 많이 쓰임. 백채(白菜)①. 숭채(菘菜). Korean cabbage. [리 감. 하다
배:추(拜趨)명 어른 앞을 물러날 때 몸을 굽히고 빠르
배:추-김치명 배추로 담근 김치.
배:추 꼬랑이명 배추 뿌리의 전체. cabbage root
배:추-밤나방명 〈곤충〉 나방과의 곤충. 몸 빛은 암갈색이고 앞날개에 갈색의 넓은 물결 모양의 무늬가 있으며, 새끼 벌레의 머리는 흑색이고 몸은 녹색임. 주로 소채류 식물에 해를 줌.
배:추-벌레명 〈곤충〉 ①배추에 모이는 해충의 총칭. ②배추흰나비의 유충. 무·배추의 유충.
배:추-속명 배추 속에서 자라는 잎. 배추 속잎.
배:추-흰나비명 〈곤충〉 흰나비과에 속하는 나비의 하나. 유충인 배추벌레는 배추·무의 해충임. ¶흰 줄 나비. hypocrit
배축(胚軸)명 〈식물〉 자라서 줄기가 되는 배(胚)의
배출(倍出)명 전보다 갑절이나 더 남. producing twice the quantity 하다 [설(排泄). 하다
배출(排出)명 ①밀어서 내보냄. discharge ②동 배
배출(輩出)명 인재(人材)가 연달아 나옴. appearing one after another 하다
배출-구(排出口)명 배출하는 곳. ¶감정의 ~.
배출-형(排出型)명 〈생리〉 분·위액·오줌·젖·정액 등의 속에 그 사람의 혈액형(血液型)을 나타내는 물질이 배출되는 사람의 형. trariety 하다
배:치(背馳)명 반대로 되어 어긋남. 괴패(乖悖). con-
배:치(配置)명 ①마땅하여 각각 자리 잡게 둠. arrangement ②갖추어서 베풀어 놓음. disposition 하다
배치(排置)명 갈라 나누어 벌여 놓음. 배포(排布). arrangement 하다
배치근-하-다형여 →배리착지근하다.
배치-도(配置圖)명 ①인원이나 물자의 배치를 표시한 도면의 총칭. ②여러 기계를 장치할 위치를 표시한 도면. ③건물·수목 등의 위치를 평면상에 나타낸 도면.
배치작-거리-다재 약간 한 옆으로 배칠거리다. 배착거리다. (큰)비치적거리다. toddle **배치작=배치작** 하다 [place under the topknot
배코명 상투 밑의 머리털을 돌려 깎는 자리. 배호.
배코-치-다재 상투 밑의 머리털을 돌려 깎다.
배코-칼명 배코치는 칼.
배큐엄(vacuum)명 〈동〉 진공(眞空).
배큐엄 카(Vacuum car)명 진공 펌프와 탱크를 갖춘 자동차. 액상(液狀)의 물건을 빨아들여 싣고 운반함.
배큐엄 클리:너(vacuum cleaner)명 진공 소제기.
배클리스(backless)명 부인의 야장에서 등 부분이 노출된 옷. (대)의 타(依他). exclusion 하다
배타(排他)명 남을 배척함. 배타의 경향이 있는 것.
배:타-성[一썽](排他性)명 ①남을 배척하는 성질. ②[법] 한 개의 목적물에 관한 물권(物權)은, 같은

내용을 가진 다른 권리의 존재를 허락하지 않는 일.
배타-심(排他心)명 남을 배척하는 마음.
배타적 판단(排他的判斷)명 〈논리〉 주개념(主概念)에 관하여서만 의견을 내세우는 판단.
배타-주의(排他主義)명 남을 배척하고 자기만의 이득을 위하는 주의·주장. (칭. stomach upset
배-탈(一頉)명 배가 아프거나 설사하는 뱃속 병의 총
배:탑(背貼)명 땅의 한 부분을 팔아 넘길 때에 그 까닭을 문서 뒤쪽에 기록하는 것.
배태(胚胎)명 ①아이나 새끼를 뱀. becoming pregnant ②사물의 원인이 되는 빌미. origin
배탱이명 →바탱이. [타자(打者).
배터(batter)명 〈체육〉 야구할 때 배트를 치는 사람.
배터리(battery)명 ①〈동〉 축전지. ②〈체육〉 야구에서 그 팀의 세고 약함을 좌우하게 되는 투수와 포수. ③한 벌의 기구·장치. ④닭을 많이 기르는, 아파트 닭장. [리(正位置). 타석(打席).
배터 박스(batter box)명 〈체육〉 야구에서, 타자의 정
배턴(baton)명 〈체육〉 릴레이 경주에서 주자(走者)가 가지고 뛰다가 다음 주자에게 넘겨 주는 막대기. [을 다루는 소녀.
배턴 걸(baton girl)명 음악대의 선두에 서서 지휘봉
배턴 터치(baton touch)명 〈체육〉 릴레이 경주에서, 앞선에서 4~5m 쯤에 표를 하여 달려오는 선수가 거기에 이르렀을 때 달리기 시작하여 12~13m 부근에서 받는 일.
배토(坯土)명 질그릇의 원료가 되는 흙. clay
배:토-하다(培土一)타여 그루를 북돋는 흙. 또, 그 일. 하다
배:통(背痛)명 〈의학〉 흉격(胸膈)과 등이 아픈 병.
배-통기-다 거방지게 제 뱃심만 부리다. be impudent
배통[배―]명 〈속〉 배.
배트(bat)명 〈체육〉 ①야구에서, 공을 치는 방망이. ②탁구·정구에서 공을 치는 채. [는 접시.
배트(vat)명 사진 현상을 할 때 정착액(定着液)을 넣
배트작-거리-다재 몸을 잘 가누지 못하고 배틀거리면서 걷다. (큰)비트적거리다. 〈센〉빼트적거리다. toddle **배트작=배트작** 하다 [모양. (큰)비틀.
배틀명 힘이 없거나, 어지러워 이리저리 쓰러질 듯한
배틀-거리-다재 발을 제대로 옮기지 못하고 자꾸 쓰러질 듯 걷다. (큰)비틀거리다. 〈센〉빼틀거리다. stagger **배틀=배틀** 하다
배틀-걸음명 배틀거리며 걷는 걸음. (큰)비틀걸음. staggering 하다 [다. twist
배틀-다타 바싹 꼬면서 쉽게 들다. (큰)비틀
배틀리-다자 배틀음을 당하다. (큰)비틀리다.
배틀어-지-다자 물건이 반대 쪽으로 틀어져서 배배 꼬이다. (큰)비틀어지다. get twisted
배틀-하-다형여 배착지근하고도 감칠맛이 있다. (큰) 비틀하다. savoury
배팅(batting)명 〈체육〉 타격(打擊). [순(打擊順).
배팅 오더(hatting order)명 〈체육〉 야구에서, 타격
배팅 케이지(batting cage)명 〈체육〉 야구에서, 타격 연습용으로 쳐 놓은 울타리.
배:판(背板)명 등널.
배:판(倍判)명 〈인쇄〉 어떠한 규격의 배가 되는 인쇄물의 크기. ¶사륙(四六) ~. double size
배:판(排板)명 배접(排接)할 때 바닥에 깔고 쓰는 널.
배-편(一便)명 배가 사람이나 물건을 실어 오고 가고하는 편(便). 선편(船便). shipping service
배:포(配布)명 일반에 널리 배부함. ¶광고지를 집집에 ~하다. distribution 하다
배포(排布·排鋪)명 ①머리를 써서 일을 이리저리 조리 있게 계획함. planning ②동 배치(排置). ③〈동〉배포.
배:포(焙脯)명 엷게 저미고 소금을 친 뒤에 슬쩍 구워 말린 포육(脯肉). broiled and dried meat
배타(排他)명 배약의 다. [票.
배-표(一票)명 배를 타기 위하여 사는 표. 선표(船
배표 분화(胚表分化)명 〈생물〉 동물 개체의 발생 초

배:품(湃東) 삼가 아룀. 하다
배:품(背風) 뒤에서 불어오는 바람. wind from the back
배:피(背披) 삼가 편지를 펌. 하다
배:필(配匹) 부부. 부부의 짝. 배우(配偶). 원myriad (鴛侶). ¶천생 ~. spouse
배:하(拜賀) 삼가 치하함. congratulations 하다
배:하(背下) ①지배 아래 있는 일. ②→부하(部下). one's subordinate
배:하-다(拜─)[어미] 나라에서 벼슬을 받다.
배:하(陪下人)[명] 벼슬아치를 따라다니던 하인.
배:한(背汗) 등에서 나는 식은땀.
배:한(背寒) 〈한의〉등이 몹시 추워지는 병. 신경통·히스테리증에서 일어남.
배:합(配合)[명] ①알맞게 섞어 합침. mixture ②짝을 지어서 부부가 되게 함. matching ③알맞게 배치함. ¶그들은 소나무와 나무의 ~이 좋다. combination ④조화. ¶빛깔의 ~. harmony 하다
배:합 금:기(配合禁忌)[명] 〈약학〉약을 조제하는 데 혼합을 기피하는 일.
배:합 비:료(配合肥料)[명] 여러 가지 비료 성분을 배합.
배:합 사료(配合飼料)[명] 동물 사육에 필요한 여러 영양소를 적당히 배합하여 만든 사료.
빅·훙(匿)[고] 버릇.
배해(俳諧)[명] 우스갯 소리. 남을 웃기기 위한 악의 없는 말. 〈유〉농담(弄談). joke
배해 처:분(排害處分)[명] 〈법률〉위험성이 있는 자를 사회로부터 격리시켜 사회에 대한 침해를 예방하는 처분. 보안 처분(保安處分).
배:행(陪行)[명] ①윗 사람을 모시고 따라감. accompanying a superior ②동배. 하다
배:행(輩行)[명] 나이가 비슷한 또래. one's equal
배:향(背向)[명] 〈동〉향배(向背).
배:향(配享)[명] 〈제도〉①종묘에 공신의 신주를 모심. ②문묘에 학덕이 있는 사람의 신주를 모심. 배식(配食)②. 종사(從祀). 하다
배:혁(背革)[명] 책 표지의 등 만을 가죽으로 입히는 일.
배:현(配玄)[명] 수선화(水仙花). [또, 그 가죽.
배:호(陪扈)[명] 〈동〉배종(陪從).
빅·호·다(匿)[고] 배우다.
배화(排貨)[명] 어떤 나라나 사람의 물화를 배척하여 거래하지 않음. boycott 하다
배:화-교(拜火敎)[명] 〈종교〉①불을 신의 상징으로서 숭배하는 종교. ②[동]조로아스터교(Zoroaster 敎).
배화 동맹(排貨同盟)[명] 배화(排貨)를 목적으로 하는 동맹.
배=화채(─花菜)[명] 배를 얇게 썰어 볼그스름하게 연지 (臙脂)를 푼 꿀이나 설탕에 재워서, 오미자(五味子) 국에 꿀을 타고 잣을 뿌려 만든 화채.
배회(徘徊)[명] 목적 없이 거닒. 이리저리 거닐어 다님. 방양(仿徉). 지회(遲徊)①. ¶거리를 ~하다. loitering 하다
배회=증[─症](徘徊症)[명] 〈의학〉정신병의 하나. 별다른 목적도 없이 여기저기를 배회하려는 병적 증상.
배:후(背後)[명] ①등뒤. 뒤편. back ②일의 이면(裏面). background ¶가지 관계. ¶미묘한 ~.
배:후 관계(背後關係)[명] 어떤 일의 이면에 얽히어 있는 여러.
배:훼(背毁)[명] 뒤에서 비방하는 일. 하다
백(白)[명] ①→백색(白色). 백지(白─).
백(伯)[명] ①→백작(伯爵).
=백(白)[접미] '말씀 드립니다'의 뜻. 말하는 이의 이름 밑에 씀. ¶출입 금지' 주인─.
백(back)[명] ①배경(背景). ②차를 뒤로 물림. ③〈약〉→백(back man).
백(bag)[명] 휴대용 가방. 자루. 부대. ¶슬링~.
백가(百家)[명] ①많은 학자 또는 작자(作者). 백자(百子)②. hundred scholars ②〈약〉→백가서(百家書).

백가:서(百家書)[명] 여러 학자들의 저서. 백가어①. 〈약〉백가②. books of many scholars
백가시:나무[명] 〈식물〉너도밤나무과의 상록활엽 교목. 잎은 피침상의 긴 타원형으로 가에 톱니가 있음. 5월에 꽃이 피고 견과(堅果)는 11월에 익음. 기구재·시탄재로 쓰이고 과실은 식용함.
백가:어(百家語)[명] ①〈동〉백가서(百家書). ②중국 전국 시대(戰國時代)의 제자 백가(諸子百家)의 말.
백가 쟁명(百家爭鳴)[명] 많은 학자·문화인 등의 논쟁. 중공에서 중국 공산당에 대한 비판을 널리 당(黨外)에 호소하여, 후에 반우파(反右派) 투쟁의 계기가 된 운동의 슬로건.
백=가지(白─)[명] 〈식물〉열매가 황백색인 가지.
백각(白─)[명] 〈광물〉흰 빛깔의 석영(石英). white quartz 이르는.
백=각사(百各司)[명] 서울에 있는 모든 관청을 통틀어
백=각전(百各廛)[명] 〈제도〉평시서(平市署)에서 관할하던 서울의 각전. 은편지.
백간(白簡)[명] 아무것도 적은 것이 없는 흰 종이만 넣
백간 잠(白乾蠶)[명] 〈동〉백강잠(白殭蠶).
백간:죽(白簡竹)[명] 담뱃대로 쓰는 흰 설대. white bamboo for a pipe
백강 균(白殭菌)[명] 사상균(絲狀菌)의 하나. 누에에 기생하여 백강병(白殭病)을 일으킴.
백강병[─뼝](白殭病)〈농업〉누에의 병의 하나. 백강균의 기생(寄生)으로 일어나는데, 이 병으로 죽은 누에의 몸은 차차 굳어지며 표면에 흰 균사가 소복이 솟아나.
백강 잠(白殭蠶)[명] 〈한의〉백강병으로 죽은 누에. 풍증(風症)을 다스리는 데 씀. 백간잠(白乾蠶). 〈약〉백강(白殭).
백=강(白殭汞)[명] 〈약학〉하얀 가루약. 피부병에 고
백개:일(百箇日)[명] 〈불교〉사람이 죽은 지 백일째 되는 날에 불공을 드림.
백=개자(白芥子)[명] 〈한의〉갓의 씨앗. 건위(健胃)·발한(發汗)하는 약제로 씀.
백건(白鍵)[명] 〈음악〉피아노·풍금 등의 흰색의 건반(鍵盤). 〈대〉흑건(黑鍵).
백겁(白劫)[명] 매우 오랜 세월. 영겁(永劫).
백견(白犬)[명] 털이 흰 개.
백견─병[─뼝](白絹病)〈농업〉어떤 담자균(擔子菌)의 기생으로 가지·토마토·무·담배·깨·삼 등의 줄기 밑둥에 광택 있는 균사가 엉기어서 결에 이르며, 때로는 식물 전체가 말라 죽는 병.
백경(白鏡)[명] 색깔이 없는 알을 낀 안경. uncoloured eyeglasses
백계(白鷄)[명] 털 빛이 흰 닭.
백계(白計)[명] 온갖 계책.
백계 노인(白系露人)[명] 10월 혁명 후 소비에트 연방 정부의 정책에 반대하여 해외로 망명한 러시아 사람. White Russians
백계 무책(百計無策)[명] 베풀 만한 꾀가 전연 없음. 어려운 일을 당하여 타개책(打開策)이 전연 없음. 계무소출(計無所出). being at a loss
백고(白鼓)[명] 〈동〉다북쑥.
백고 불:마(百古不磨)[명] 몇 백 년 후까지도 마멸되지 않고 남음. 하다
백고 천난(百苦千難)[명] 온갖 고난.
백곡(白麴)[명] 흰 누룩. white yeast
백곡(百穀)[명] 온갖 곡식. all kinds of grains
백골(白骨)[명] ①송장의 살이 썩고 남은 뼈. skeleton ②칠을 하지 아니한 목기나 목물(木物) 같은 것. unpainted wooden goods ¶를 잊을 수 없음.
백골 난망(白骨難忘)[명] 죽어 백골이 된 뒤에도 은혜
백골 남행(白骨南行)[명] 〈동〉음직(蔭職).
백골 송(白骨松)[명] 〈동〉백송(白松). 〈養子〉. 하다
백골 양:자[─량─](白骨養子)[명] 신주 양자(神主
백골─집(白骨─)[명] 〈속〉①단청(丹靑)을 칠하지 않은 궁전을 일컫는 말. ②아무 칠도 하지 않은 집. unpainted house
백=곰(白─)[명] 〈동물〉흰곰.

백공(百工) ①온갖 장색(匠色). all artisans ②(동) 백관(百官).
백공 기:예(百工技藝) 온갖 장색들의 재간. all techniques
백공 천창(百孔千瘡) (동) 만신 창이(滿身瘡痍).
백과(白瓜) 흰 오이.
백과(白果) 은행(銀杏).
백과(百果) 온갖 과실. all fruits
백과(百科) 모든 학과. all sciences
백과 사:전(百科事典) 온갖 방면의 사항을 항목으로 배열하고 설명한 책. 백과 전서①. encyclopedia ②(속) 모든 것을 아는 체하는 사람.
백과-석(白一石) (동) 차돌.
백과 전서(百科全書) ①(동) 백과 사전(百科事典)①. ②일정한 체계 아래 백과 지식을 부문별로 기록한 책. complete encyclopedia
백과 전서가(百科全書家) 18세기 프랑스 계몽 시대에 백과 전서를 집필 편찬에 종사한 사상가들.
백과 전서파(百科全書派) 18세기 프랑스 계몽 시대에 백과 전서를 집필 편찬에 종사하였던 달랑베르를 비롯한 사상가들. 그 입장은 주로 합리주의적·회의론적·감각론적·유물론적이었음. encyclopedist
백과-주(百果酒) 온갖 과실의 즙을 소주에 타서 만든 술.
백과 총서(百果叢書) 각 과의 전문 서적을 한데 모은 것. 또, 관계 문헌 자료를 수집한 것. encyclopedic series of books
백관(百官) 모든 벼슬아치. 백규(百揆). 군료(群僚). 백공(百工)①. 백료(百寮). 백사(百司)①. all government officials
백관 유:사(百官有司) 조정의 많은 관리들.
백광(白光) ①(약)→백색광(白色光). ②개기 일식 때 태양 주위에서 발하는 은백의 광휘. 광뢰.
백=광:석(白廣席) 희고 넓적한 돗자리.
백교향(白膠香) (한의) 단풍나무의 진. 지혈(止血) 또는 피부병을 고치는 데 씀.
백구(白球) 야구·골프 등의 흰 공.
백구(白駒) (동물) 흰 망아지. white pony
백구(白鷗) (동) 갈매기.
백구(白口) ①쉰 가죽. ②여러 가지 변명.
백구 과:극(白駒過隙) 흰 망아지가 달리는 것을 문틈으로 보는 것같이 세월과 인생이 덧없이 짧음.
백국(白菊) (식물) 흰 꽃이 피는 국화.
백국(白麴) 흰 누룩.
백군(白軍) ①(약)→백위군(白衛軍). ②(체육) 경기에서 양편으로 가를 때 한 편의 칭호. (대) 홍군. 청
백귀(白鬼) 온갖 귀신. all demons   [군. whites
백귀 야:행(百鬼夜行) 온갖 귀신이 밤에 몰려다닌다는 뜻으로, 야릇한 짓을 하는 자가 덤벙거리를 이름. pandemonium 하다
백규(百揆) (동) 백관(百官).   [배운(背雲).
백-그라운드(background) ①배경. 이면(裏面). ②
백금(白金) (화학) 썩 귀한 은백색의 금속 원소. 질이 단단하여 웬만한 열에는 변하지 않음. 장식품을 만드는 데 많이 쓰임. (대) 황금. platinum ②(속)
백금(百金) 많은 돈.
백금 사진(白金寫眞) 백금의 염류(鹽類)를 재료로 써서 만든 사진의 인화(印畫). 모양이 조촐하고 빛이 변하지 않음. platinotype
백금 석면(白金石綿) (화학) 석면을 염화백금산의 용액에 넣고 구운 것. platinum asbestos
백금 염화수소산(白金鹽化水素酸) (화학) 백금을 왕수(王水)에 녹인 용액을 증발시켜서 얻는 빨간 빛깔의 결정.
백금 이리듐(白金 iridium) (광물) 백금과 이리듐과의 합금. 단단하고 팽창률이 작으므로, 화학 약품에 침식되지 않기 때문에, 국제적 표준 원기나 만년필 펜촉의 끝 등에 쓰임.
백금 저:항 온도계(白金抵抗溫度計) (물리) 고온계

의 하나. 운모 또는 사기로 만든 얇은 판에 백금선을 감아, 사기나 니켈로 만든 보호관 속에 넣은 일종의 전기 저항 온도계.
백금족 원소(白金族元素) (화학) 주기율표 제8속의 귀금속. 루테늄·로듐·팔라듐·오스뮴·이리듐·백금의 여섯 원소의 총칭. platinum metals
백금 해:면(白金海綿) (화학) 염화백금산 암모늄을 태우면 생기는 해면상(海綿狀)의 백금. 촉매로 씀. platinum sponge
백금=흑(白金黑) (화학) 백금의 흑색 분말(粉末). 왕수(王水)에 녹으며, 가스의 점화제(吸着劑), 가스의 점화제(點火劑), 산화·환원(還元)의 촉매(觸媒)로 씀.
백급(白芨) (한의) 대왐풀. 외과약(外科藥)으로 쓰이거나 또는 수렴 지혈(收斂止血)에 약재로 쓰임.
백기(白氣) 흰빛의 기체(氣體).
백기(白旗) ①항복할 때에 세우는 흰 기. 항기(降旗). ②흰 바탕의 기. white flag
백기=들-다(白旗一) (타동) 항복하거나 굴복하다.
백 기어(back gear) 선반(旋盤)의 주축대(主軸臺)에 열린 톱니바퀴 장치. 주축의 회전 속도 변화수를 2배(倍)로 하는 역할을 함.
백낙 일고(伯樂一顧) 자기의 재능을 남이 알아주어 잘 대우 받는 것을 이름.
백난(百難) 온갖 곤란. all difficulties
백난지중(百難之中) 온갖 어려운 고비를 겪는 판.
백=날(百一) ①아이가 난 지 백 번째 되는 날. 백일②. hundredth day from a child's birth ②날짜가 썩 많음을 가리키는 말. very many days
백납(白一) (한의) 살가죽에 흰 얼룩이 퍼지는 병. 백전풍(白癜風). vitiligo
백납-먹-다(白一) 백납이 생기다.
백=내:장(白內障) (한의) 눈병의 하나. 눈의 수정체가 회백색으로 흐려지는 병. cataract
백냥금(白兩金) (식물) 자금우과의 상록 활엽 관목. 골짜기나 숲 속의 음지에 나는데, 여름에 흰 꽃이 늘어져 핌. 관상용임.
백 넘버(back number) ①자동차의 뒤쪽에 단 넘버. ②운동 선수의 등 뒤에 단 넘버. ③묵은 호(號)의 잡지나 신문 따위. [치는 그물. 백 스톱.
백=네트(back net) (체육) 야구에서, 포수 뒤쪽에
백년(百年) ①일백 이나 되는 해. 또, 많은 해. hundred years ②한 평생의 세월. life time
백년 가:약(百年佳約) 결혼하여 평생을 같이 지낼 언약. plight of eternal love
백년 대:계(百年大計) 먼 뒷날까지에 걸친 큰 계획. far-sighted programme   [다.
백년 동거(百年同居) (동) 백년 해로(百年偕老). 하
백년=손(百年一) (동) 백년지객(百年之客).
백년을 다 살아야야 삼만 육천 일 인생은 덧없이 짧
백년 전:쟁(百年戰爭) (역사) 1337~1453년에 걸친 영국과 프랑스 사이의 싸움. 플랑드르의 양모 공업의 이해 관계를 둘러싼 전쟁이었음. Hundred Years War
백년지객(百年之客) 평생을 두고 소중한 손으로 맞음. 곧, 처가에서 사위를 이르는 말. 백년손. son-in-law   [는 계획.
백년지계(百年之計) 먼 장래까지 내다보면서 세우
백년지계는 막여수인(莫如樹人) 백년지계로는 사람을 기르는 것이 가장 좋은 것이다.
백년초(百年草) (동) 선인장(仙人掌).
백년 하청(百年河淸) 중국의 황하가 언제나 흐리어 맑을 때가 없다는 말로, 이루어지지 않을 일을 오래 두고 기다림의 이름. ¶그 사람의 하는 ~(格)이다. It is like waiting for pigs to fly
백년 해로(百年偕老) 부부가 화락하게 함께 늙음. 백년 동거(百年同居). growing old together in wedded life 하다   [냄. 하다
백년 행락(百年行樂) 한평생을 잘 놀고 즐겁게 지

백단(白緞)[명] 자작나무.

백단(百端)[명] 온갖 일의 실마리.

백단-유(白檀油)[명] 백단향을 증류하여 생기는 끈끈하고 뻑뻑한, 누른빛의 휘발성 기름. 향료나 임질·방광 카타르 등에 약제로 씀.

백-단향(白檀香)[명] 〈식물〉백단과에 속하는 상록 활엽 교목. 높이 6m쯤 되고 잎은 타원형으로 끝이 뾰족함. 목재는 흰빛에 약간 누른빛을 띠었는데, 향료나 약품에 쓰이고 조각·세공품에도 쓰임. white sandalwood

백담(白毯)[명] 흰 빛깔을 띤 담요.

백담(白痰)[명] 허옇고 묽은 가래.

백답(白畓)[명] 날이 몹시 가물어서 모를 내지 못한 논. parched paddyfield

백당(白糖)[명] ①흰 빛깔의 사탕. 백사탕(白砂糖). white sugar ②흰 엿. rice candy

백-당포(白唐布)[명] 당모시.

백대¹(白帶)[명] 〈제도〉흰 술띠. 조례 또는 제례 때에 경건한 마음을 나타내는 뜻으로 띰.

백대²(白帶)[명] 〈약〉백대하(白帶下).

백대(百代)[명] 멀고 오랜 세대. 멀고 오랜 세월. many generations

백대-지과:객(百代之過客)[명] 영원히 지나가고 다시 돌아오지 않는 나그네란 뜻으로, '세월'을 이르는 말.

백대-지친(百代之親)[명] 먼 조상 때부터 친하게 지내오던 친분. old relatives

백=대:하(白帶下)[명] 〈한의〉질(膣)에서 흰 물이 흐르는 대하증의 하나. 〈약〉백대². leucorrhea

백덕(百德)[명] 온갖 덕행.

백도(白徒)[명] 〈제도〉과거를 보지 않고 벼슬아치가 되는 일. 또, 그런 사람. [회고 무릎.

백도(白桃)[명] 〈식물〉복숭아의 한 품종. 과실의 살이

백도(白道)[명] 〈천문〉달이 도는 궤도. lunar orbit

백도(百度)[명] ①여러 가지의 법도. ②'도(度)'를 계량 단위로 하는 것의 100의 눈금.

백동(白銅)[명] 〈약〉→백동. [watchcase

백동 딱지(白銅─)[명] 백통으로 된 시계 접데기. nickel

백동-전(白銅錢)[명] 〈동〉백통돈.

백동-화(白銅貨)[명] 〈동〉백통돈.

백두(白頭)[명] ①허옇게 센 머리. 백수(白首). white head ②〈제도〉지체는 높으나 벼슬하지 않은 양반. person out of office

백=두구(白荳蔲)[명] 〈한의〉흰 육두구의 뿌리. 소화를 도우며, 위한(胃寒)·구토에 씀.

백-두루미(白─)[명] 〈조류〉두루미 종류 중 가장 아름다운 새. 단정학(丹頂鶴).

백두산 표범나비(白頭山豹─)[명] 〈곤충〉굴뚝나비과에 속하는 나비의 하나. 날개의 뒷면은 자갈색의 인분(鱗粉)으로 덮였고, 은빛 무늬가 있음. 한국의 백두산 지방과 시베리아 등지에 분포함.

백두-옹(白頭翁)[명] ①머리가 허옇게 센 늙은이. white haired old man ②〈동〉할미꽃.

백두-초(白頭─)[명] 〈동〉봉의꼬리.

백등(白藤)[명] 〈식물〉흰 꽃이 피는 등나무.

백등-색(白藤色)[명] 등나무의 꽃과 같은 흰 빛깔.

백등-유(白燈油)[명] 원유를 정제하여 만든 등유.

백 라이트(back light)[명] 무대 뒤쪽에서 비추는 조명. 역광선.

백 라인(back line)[명] 〈체육〉럭비에서, 후위가 구성하는 공방 포진선(攻防布陣線).

백란(白癩)[명] 〈한의〉살가죽에 내솟은 기름이 말라붙어 마른 버짐처럼 그 가루가 떨어지는 병.

백란(白卵)[명] 해묵은 누에씨. 빛이 검지 않고 누름.

백람(白欖)[명] 〈동〉황목련.

백람(白藍)[명] 흰빛을 띤 결정성의 가루. 알칼리(alkali)에 녹이면 산화하여 푸른빛으로 바뀜. indigo white

백랍(白蠟)[명] ①백랍벌레의 집. 또, 백랍벌레의 수컷이 분비한 가루로 만든 모든 것. 고약 또는 초 따위를 만드는 원료가 됨. 생사·직물·기구에 광택이 나게 하며, 지혈·진통제 등에 쓰임. white wax ②밀랍을 햇볕에 쬐어 만든 순백색의 물질. 수랍(水蠟).

백랍(白鑞)[명] 땜질에 쓰는 납. 납(鑞)②. solder

백랍-금(白鑞金)[명] 〈민속〉육십 갑자(六十甲子)에서 경진(庚辰)·신사(辛巳)에 붙이는 납음(納音). ¶경

백랍-나무(白蠟─)[명] 〈동〉취똥나무. [진·신사 ~.

백랍-벌레(白蠟─)[명] 〈곤충〉등근깍지진디과의 곤충. 몸 길이 3mm, 몸 빛은 등화색에 등에는 적갈색의 줄무늬가 있음. 수컷이 분비한 백색 납질(蠟質)은 백랍(白蠟)의 원료가 됨. 백랍충.

백랍-초(白蠟─)[명] 백랍으로 만든 초. 백랍촉(燭). white wax candle

백랍-촉(白蠟燭)[명] 백랍초.

백랍-충(白蠟蟲)[명] 〈동〉백랍벌레. [이 좋음.

백량-미(白粱米)[명] 〈식물〉조의 하나. 알이 굵고 맛

백련(白蓮)[명] ①흰 연꽃. ②〈동〉백목련.

백련-교(白蓮敎)[명] 〈종교〉중국 남송(南宋) 때에 생긴 교파로서, 천태교의 天台敎義)에 뿌리 박고, 미륵을 신앙하였음.

백렴(白蘞)[명] ①〈동〉가위톱. ②〈한의〉가위톱의 뿌리. 학질·경간(驚癇) 및 외과 약에 쓰임. 곤륜(崑崙). 백근(白根). [하

백령(百伶百俐)[명] 온갖 일에 영리함. 민첩함.

백령-사(白靈砂)[명] 〈동〉백영사(白靈砂).

백령-조(白翎鳥)[명] 〈조류〉운작과(雲雀科)에 속하는 명금(鳴禽). 종달새와 비슷하며 온갖 새소리를 흉내내어 욺.

백로(白露)[명] ①이십사 절기의 16번째. 처서(處暑)와 추분(秋分)의 중간으로 9월 8일경. ②흰 이슬. dew

백로(白鷺)[명] 〈동〉해오라기. [drop

백로-수(白勞水)[명] 〈동〉감란수(甘爛水).

백로-주(白露酒)[명] 방문주(方文酒)의 하나. 썩 깨끗하고 말쑥하게 빚어진 술.

백로-지(白露紙)[명] 〈동〉갱지(更紙).

백록(白鹿)[명] 〈동물〉흰 사슴.

백뢰(白賴)[명] 신문 받을 때 죄상을 숨겨 죄가 없는 것

백료(白膠)[명] 〈동〉→백료주. [처럼 꾸며댐. 하

백료(白寮·百僚)[명] 백관(百官)

백료-주(白醪酒)[명] 차좁쌀·쌀 등으로 빚은, 빛깔이 보얗고 맛이 좋은 술의 하나. 〈약〉백료. [용.

백룡(白龍)[명] 천제의 사자(使者)라고 하는, 흰빛의

백룡 어복(白龍魚服)[명] ①신분 높은 사람이 남 모르게 나다님을 이르는 말. ②신분 높은 사람이 남 모르게 나다니다가 욕을 당함을 이르는 말.

백류(白榴石)[명] 〈광〉규산 광물(硅酸鑛物)의 하

백리(白狸)[명] 백호(白狐). [나.

백리(白痢)[명] 〈한의〉흰 곱똥을 누는 이질. dysentery

백리(百里)[명] 10리의 10배.

백리(百罹)[명] 백우(百憂).

백리 남방(百里南邦)[명] 먼 남쪽 국토.

백리-지명(百里之命)[명] 일국의 정치.

백리-지재(百里之才)[명] 백 리쯤 되는 땅을 다스릴 만한 재주. 사람됨이 보통 이상이나 그다지 출중하지 못한 사람.

백리-향(百里香)[명] 〈식물〉광대수염과의 낙엽 활엽 교목. 높은 산의 바위에 나는데, 줄기는 덩굴지고 향기가 있으며, 여름에 분홍 꽃이 핌. 잎은 약용 또는 소스의 원료로 씀. 관상용.

백린(白燐)[명] 〈동〉황린(黃燐).

백립(白笠)[명] 흰 베로 싸개를 하여 상인(喪人)이 쓰는 갓. hemp mourning hat

백마(白馬)[명] 〈동〉흰말.

백마(白扉)[명] 〈동〉어저귀. [마에 비유한 말.

백마(白魔)[명] 큰 피해를 입도록 쌓이 내린 눈을 악

백마 비마론(白馬非馬論)[명] 중국 고대 학자 공손룡(公孫龍)이 '말'은 추상적 개념적인 '말'이고, '백마'는 구체적·실제적인 말'이니까 '백마'

백마통 와 '말'은 같을 수가 없다고 한 논리.
백마ː통(白馬通)명〔한의〕약으로 쓰는 흰 말의 오줌.
백막(白幕)명⇒백미꽃.
백막(白膜)명〈생리〉눈알의 거죽을 싼 얇은 막. 공막(鞏膜). sclera
백만(百萬)명 ①만의 백 곱절. million ②퍽 많은 수.
백만 교태(百萬嬌態)명 사람의 마음을 끌려고 부리는 갖은 아양스러운 태도.
백만 도시(百萬都市)명 인구 100만 이상의 대도시.
백만ː언(百萬言)명 썩 많은 말. 모든 말.
백만 장자(百萬長者)명 재산이 썩 많은 부자. millionaire
백말(白沫)명 흰 물거품. 백포(白泡).
백망ː중(百忙中)명 몹시 바쁜 때. under pressure of business
백매(白梅)명 ①흰 매화. white plum blossoms ②〈한의〉매실을 매우(梅雨) 때에 소금에 절인 약. 설사·중풍·풍사 따위에 약으로 씀. 상매(霜梅). 염매(鹽梅). salted plum
백 맨(back man)명〈체육〉뒤에서 상대방의 공격을 막는 사람. 후위(後衛). ⇔백(back).
백면(白面)명 ①흰 얼굴. ㈜ 미안(美顔). beauty ②나이가 어려서 경험이 부족한 사람. unexperienced young man
백면(白麵)명 ①메밀 가루. buckwheat flour ②메밀 국수. buckwheat vermicelli
백면 서생(白面書生)명 글만 읽고 세상일에 경험이 없는 선비. stripling of a student
백면ː장(白麪醬)명 밀가루만을 재료로서 메주를 만들어 담근 간장. ㈜white paper of good quality
백면ː지(白綿紙)명 품질이 썩 좋은 백지의 하나.
백모(白茅)명 ⇒띠.
백모(伯母)명 큰어머니. 세모(世母). ㈜ 숙모(叔母). aunt
백모ː근(白茅根)명 ⇒모근(茅根).
백ː모란(白牡丹)명〈식물〉꽃이 흰 모란.
백목(白木)명 무명. cotton cloth
백목(白目)명〈생리〉눈알의 흰자위. 백안(白眼)①.
백목(柏木)명⇒잣나무.
백ː목련(白木蓮)명〈식물〉목련과에 속하는 낙엽 아교목(亞喬木). 높이 4~5m 가량으로 잎은 도란형(倒卵形)임. 3월에 원 종 모양의 꽃이 잎이 피기 전에 핌. 중국 원산으로 꽃의 향기가 좋아 관상용으로 심음. 백련(白蓮)②. 백란(白蘭).
백목ː전(白木廛)명 ㈜ ⇒면포전(綿布廛).
백묘ː화(白描畫)명〈미술〉동양화에서, 먹선만으로 하나의 완성된 작품을 그리는 단색화. 선의 여약 변화로 물체의 입체감·질감 등을 나타냄. ㈜화법.
백무 소ː성(百無所成)명 일마다 하나도 성취되지 아니함.
백무 일실(百無一失)명 무슨 일이든지 실패가 없음. infallibility
백무 일취(百無一取)명 말과 행실 중에 하나도 쓸 만한 것이 없음. good-for-nothing
백묵(白-)명 먹말을 재료로 쓰여 쑤 흰 묵.
백묵(白墨)명 ㈜ ⇒분필(粉筆). starch jelly
백문(白文)명①〈문학〉구두점과 풀이를 달지 않은 글. unpunctuated Chinese writing ②관인이 없는 문서. document without an official seal
백ː문(百聞)명 여러 번 들음.
백ː문 불여 일견(百聞不如一見)명 백번 듣는 것이 한 번 보는 것만 못하다는 뜻으로, 무엇이든지 실지로 경험해야 확실히 안다는 말. seeing is believing
백물(百物)명 온갖 물건. all things
백미(白米)명 희게 쓿은 멥쌀. ㈜ 현미(玄米). shed rice
백미(白眉)명 여럿 중에서 가장 뛰어난 것을 이르는 말. 중국 삼국 시대 촉한(蜀漢)의 마량(馬良)이 5형제 중 가장 잘났었는데, 그의 눈썹에 흰 눈썹이 있었다는 데서 온 말. ¶미술계의~. finest example
백미(白薇)명 ①〈동〉백미꽃. ②백미꽃의 뿌리. 중풍·학질에 이용함. coquetry
백미(白媚)명 매력이 가득 찬 온갖 아름다운 태도.
백미-꽃(白薇-)명〈식물〉박주가리과에 속하는 다년초. 높이 50~60cm, 초여름에 검은 자줏빛의 꽃이 핌. 산과 들에 저절로 나는데 뿌리는 약재로 쓰임. 백막

(白幕). 백미(白薇)①. ㈜쪽을 보는 데 쓰는 거울.
백 미러(back mirror)명 자동차 운전대 앞에 달려 뒤
백미ː병(白米病)명〈의학〉백미를 주식으로 하여 비타민 B의 부족으로 생기는 병. 각기병.
백미에 뉘 섞이듯㈜ 썩 드물어서 좀처럼 얻어 보기 어려운.
백민(白民)명 평민(平民).
백반(白斑)명 ①흰 반점. white spot ②〈천문〉태양 표면의 흑점(黑點) 부근에 나타나서, 특히 광체를 발하는 하얀 반점의 부분. 광점(光點). radiant
백반(白飯)명 ①흰밥. boiled rice ②음식점에서 흰밥에 국과 몇 가지 반찬을 끼어 파는 한 상의 음식.
백반(白礬)명①〈화학〉명반(明礬)을 구워서 이룬 덩이. 물을 잘 들이게 하는 데 씀. alum ②〈한의〉백반의 가루. powder of alum
백반(百般)명 여러 가지. 제반(諸般). ¶~으로 알아보았다. various sides
백반 곽탕(白飯藿湯)명 흰밥과 미역국.
백반ː병[-뼝](白斑病)명〈농업〉잎에 흰 점이 생겼다가 시들어 죽는 야채류의 병.
백반 총탕(白飯蔥湯)명 흰밥과 파국. 곧, 검소한 음식.
백발(白髮)명 하얗게 센 머리털. 학발(鶴髮). ㈜ 흑발(黑髮). white hair
백발 노ː인(白髮老人)명 머리가 허옇게 센 노인. grey-haired old man
백발 백중(百發百中)명 ①쏘는 대로 꼭꼭 맞음. ②번번이 알아 냄. infallibility ③하는 일마다 실패 없이 잘 됨. ④미리 생각한 것이 잘 맞음. expectation comes true ㈜with grey hair
백발 성성(白髮星星)명 머리털이 희끗희끗함. streaked
백발ː증[-쯩](白髮症)명 나이에 어울리지 아니하게 일찍 머리가 되는 증세.
백발 홍안(白髮紅顔)명 흰 머리에 소년처럼 붉그레한
백발 환흑(白髮還黑)명 ①백발이던 나이 많은 노인이 검은 머리가 다시 나는 일. ②도로 젊어짐. 회춘.
백방(白放)명 죄 없음이 드러나서 놓아 줌. acquittal 하타
백방(百方)명 ①온갖 방법. all means ②여러 방면. ¶~으로 주선하였다. all directions
백방사ː주(白紡絲紬)명 흰 누에고치의 실을 켜서 짠 명주.
백배(百拜)명 수없이 많이 하는 절. many times of bowing 하타
백배(百倍)명 백 곱절. hundred times 하타
백배 사ː례(百拜謝禮)명 몹시 고마워 거듭거듭 사례함. 백배 치사(致謝). offer of a thousand thanks 하타
백배 사ː죄(百拜謝罪)명 여러 번 절을 하며 용서를 빎. 하타
백배 치ː사(百拜致謝)명 여러 번 절을 하며 치사함. 백배 사례(謝禮). 하타
빅빅-하ː-다(형 ㈜고 빽빽하다.
백 번 듣는 것이 한 번 보는 것만 못하다㈜ 간접으로 듣기만 하여서는 아무리 해도 직접 보는 것보다 확실하지 못하다는 뜻.
백범(白帆)명 흰 돛. white sail
백벽(白壁)명 흰 벽. white wall
백벽 미ː하(白璧微瑕)명 거의 완전하나 약간의 흠이 있라는 뜻으로, 훌륭한 사람의 약간의 결점. 하타
백변(白邊)명①통나무의 중심에서 바깥쪽으로 좀 무르고 흰 부분. ㈜ 황장(黃腸). sapwood ②같은 겨레붙이 중에서 쇠퇴한 집안. waning family
백변(白變)명 빛깔이 하얗게 변함. 하타
백변(百變)명 여러 번 변함. 하타
백ː-변두(白扁豆·白藊豆)명〈식물〉콩과에 딸린 덩굴풀. 흰 변두. ②〈한의〉백변두의 열매. 설사를 그치게 하는 약.
백병(百兵)명①혼자 마음대로 쓸 수 있는 무기. 칼·창 따위. sword and bayonet ②〈동〉백인(白刃).
백병(白餠)명 흰떡. white rice-cake
백병(百病)명 온갖 병. 만병(萬病). all kinds of diseases
백병ː-전(白兵戰)명〈군사〉백병(白兵)으로 맞붙어 무

백병 통치 / **백세 소주**

백병 찌르며 싸우는 전투. fighting with swords and bayonets 하다
백병 통치(百病通治)[명][동] 만병 통치(萬病通治).
백복(百福)[명] 여러 가지 복. 만복(萬福).
백−복령(白茯苓)[명] ①〈한의〉 흰 빛깔로 된 복령. 오줌이나 땀을 잘 나오게 하는 약. ②아무 것도 가진 것이 없는 사람. penniless fellow
백=복신(白茯神)[명] 복신(茯神).
백복 장엄(百福莊嚴)[명]〈불교〉 백 가지 복신(福善因)에 의하여 갖추어진 부처의 장엄한 상. 부처의 32상(相)을 이르는 말.
백=본 (backbone)[명] ①등뼈. ②국가·정당·단체 등의 정신적 지주. uncle
백부(伯父)[명] 큰아버지. 세부(世父). (대) 숙부(叔父).
백부−근(百部根)[명] 〈한의〉 파부초(婆婦草)의 뿌리. 해수(咳嗽)·골증(骨蒸) 따위나 살충제로 많이 쓰임.
백부근−주(百部根酒)[명]〈한의〉 북은 백부근을 주머니에 넣어 술에 담가 우려 낸 것. 기침 약으로 쓰임.
백=부자(白附子)[명] ①〈식물〉 성탄꽃과의 다년생 풀. 산에 나는데, 줄기는 1m, 여름에 황색 또는 자색 꽃이 핌. 독이 있음. 흰바곳. ②〈한의〉 흰바곳의 뿌리. 중풍에 약으로 쓰임.
백부−장(百夫長)[명] 옛날 로마 군대에서 100명으로 조직된 단위 부대의 우두머리.
백분(白粉)[명] ①〈화학〉 여자의 얼굴에 바르는 흰 가루. 광분(鑛粉). 연분(鉛粉). 외분(瓦粉). 호분(胡粉). toilet powder ②밀이나 쌀의 흰 가루. white
백분(百分)[명] 백으로 나눔. 백등분. powder
백분=법[−법](百分法)[명]〈수학〉 각도의 단위계(單位系). 1직각은 100도, 1도는 100분, 1분은 100초. (대) 육십분법(六十分法).
백분=병(−병)(白粉病)[명]〈식물〉 식물의 잎·어린 열매 따위에 자낭균으로 말미암아 생기는 병.
백분−율(百分率)[명] 백분비(百分率).
백분−비(百分比)[명]〈수학〉 전체의 100분의 1을 단위로 한 비율. 백분율. percentage
백분−산(百分算)[명] 보합산(步合算).
백분−율[−뉼](百分率)[명] 백분비.
백분−표(百分標)[명] 백분율을 나타낼 때 쓰는 부호. 숫자 다음에 %를 씀. 백분부(百分符). sign of percentage [합. 하다
백=불유인[−뉴−](百不猶人)[명] 모두가 남만 같지 못
백붕(百朋)[명] 많은 벗. ②'붕(朋)'은 쌍패(雙貝)의 뜻. 옛날에 조개를 화폐로 썼던 데서 생긴 말로, '많은 보배'의 뜻.
백:비(白−)[명]〈약〉=백약비. [boiled-water
백비−탕(白沸湯)[명] 팔팔 끓인 맹물. 백탕(白湯).
백빈−신(白鬢腮)[명] 센 귀밑털. 상빈(霜鬢). grey sidelocks
백사(白沙)[명] 희고 깨끗한 모래. white sand
백사(白蛇)[명]〈동물〉 흰 빛깔을 띤 뱀.
백사−선(白絲線)[명] 흰 실. white thread [many offices
백사(百司)[명] ①[동] 백관(百官). ②많은 관서(官署).
백사(百事)[명] 온갖 일. 만사(萬事). all matters
백사−선(白絲線)[명] 흰 명주실. white silk yarn
백=사과(白−)[명] 흰 빛깔의 참외.
백−사기(白沙器)[명] 흰 빛깔의 사기. 백자(白瓷). white porcelain [것이 없음. 하다
백사 불성[−썽](百事不成)[명] 온갖 일에 하나도 되는
백사 여의(百事如意)[명] 온갖 일이 다 뜻대로 됨.
백사 일생[−쌩](百死一生)[명] 구사 일생(九死一生). [모래톱. sand beach
백−사장(白沙場)[명] 강이나 바닷가의 넓은
백사−지(白沙地)[명] 흰 모래가 많아 메마른 땅.
백사지에 무엇이 있나 토박하여 나는 물건이 없다.
백사 청송(百沙青松)[명] 흰 모래톱의 사이사이에 푸른 소나무가 드문드문 섞인 바닷가의 아름다운 경치.
백산(白山)[명] ①[동] 백당(白糖)①.
백−산호(白珊瑚)[명]〈동물〉 산호과의 강장 동물. 산호충과 비슷한데, 가지가 적고 각 가지의 끝이 둥글.

백산 흑수(白山黑水)[명] 백두산과 흑룡강.
백삼(白衫)[명] 제관의 제복에 받침으로 껴입던 흰 빛깔의 홑옷.
백삼(白蔘)[명]〈한의〉 잔뿌리를 메고 다듬어서 말린 인삼. 보약제로 씀. (대) 홍삼(紅蔘). white ginseng
백상(白象)[명] 흰 코끼리. [sorts of happiness
백상(百祥)[명] 온갖 행복. 온갖 상서(祥瑞)로움. all
백색(白色)[명] ①흰 빛깔. (대) 흑색. (약) 백(白). white ②〈사회〉 자본주의 세력을 상징한 빛깔. (대) 적색(赤色).
백색 공:포(白色恐怖)〈역사〉 1917년 러시아 혁명 때에 정부가 혁명 운동에 대하여 가한 탄압. 백색 테러. white terror [(白光).
백색−광(白光色)[명] 눈에 희게 느껴지는 빛. (약) 백광
백색 시멘트(白色 cement)[명] 철의 함량이 1% 안팎의 흰빛의 시멘트.
백색 왜성(白色矮星)〈천문〉 백색 미광(微光)의 항성. 몹시 밀도가 높은 것이 특색임. white dwarf
백색 인종(白色人種)[명] 살갗이 흰 인종. 유럽의 각 민족. (대) 유색 인종. (약) 백인②. 백인종. white races
백색 전:화(白色電話)[속] 사용권을 양도할 수 있는 가입 전화. (대) 청색 전화. [콩나물 따위.
백색−체(白色體)[명]〈생물〉 엽록소가 없어진 엽록체.
백색 테러(白色 terror)[명][동] 백색 공포.
백서(白書)[명]〈정치〉 ①시정(施政)의 내용을 알리는 글. 영국에서 정부의 보고서에는 흰 표지를, 의회의 보고서에는 파란 표지를 붙인 데서 온 말. 화이트 북·화이트 페이퍼의 역어(譯語). ¶경제 ∼. ②일반적인 실정 보고서. White Paper
백서(白鼠)[명]〈동물〉 흰 쥐. 털 빛이 흼.
백서−피(白鼠皮)[명] 흰 쥐의 가죽. 모물(毛物)로 씀.
백서향−나무(白瑞香−)[명]〈식물〉 팥꽃나무과의 상록 활엽 관목. 바닷가 산기슭에 나는데 봄에 흰 꽃이 핌.
백석(白石)[명] 흰 돌. white stone
백석(白晳)[명] 얼굴빛이 희고 잘생김. ¶∼의 선비. white in complexion 하다 [quartz
백−석영(白石英)[명]〈광물〉 빛깔이 없는 맑은 수정.
백선(白銑)[명]〈광물〉 탄소 3.5% 이하를 포함한 선철. 맛이 희며 결정임. white pig iron
백선(白線)[명] 흰 줄.
백선(白癬)[명][동] 검화.
백선(白癬)[명]〈한의〉 주로 아이들의 머리에 생기는 피부병의 하나. 허옇게 돈작만한 것이 생겨 점점 커지고 머리털이 빠짐. 쇠버짐. favus
백선(百選)[명] 백 가지를 가려 뽑음. 또, 가려 뽑은 백 가지. ¶영시(英詩) ∼.
백선−법[−뻡](百線法)[명] 도면의 복제(複製), 그 밖에 응용하는 청사진. 흰 선으로 나타냄.
백선−피(白癬皮)[명]〈한의〉 검화 뿌리의 껍질. 황달과 피부병에 약으로 씀. [snow
백설(白雪)[명] 흰 눈. 소설(素雪). 호설(皓雪). white
백설(白雪糕)[명][동] 백설기.
백설−기(白−)[명] 멥쌀 가루를 고물 없이 쪄낸 시루떡. 백설고. 백편①. =흰설기. steamed ricecake
백설−조(百舌鳥)[명] ①[동] 지빠귀. ②때까치.
백설−총이(白雪驄−)[명]〈동물〉 털은 희고 입술만 검은 말. [이 일어나는 병.
백설−풍(白屑風)[명]〈한의〉 머리가 늘 가려우며 비듬
백성(百姓)[명] ①국민의 예스러운 말. 국민. 인민①. 인사(人庶). people ②문벌이 높지 않은 상사람. (대) 관리(官吏). common people
백성의 입 막기는 내 막기보다 어렵다 여론이나 소문을 막을 수는 없다.
백세(百世)[명] 오랜 세대. many generations
백세(百歲)[명] ①백 년. ②백 살. one hundred years
백세 소주(百洗燒酒)[명] 쩌낸 쌀가루와 보리에 누룩을 넣어 곤 소주.

백세지사(百世之師)[명] 후세에까지 모든 사람의 스승으로 받듦을 받을 만한 사람.

백세지후(百歲之後)[명] ①백 년 뒤. ②사람의 죽은 뒤. 백세후(百歲後). after one's death

백세=창(百世瘡)[명] 죽기 전에 한 번은 치른다는 뜻에서 두창(痘瘡)을 일컬음. smallpox

백세=후(百歲後)[명] ➡ 백세지후(百世之後)②.

빅설아꿈[고] 부루말. 흰 말.

백소(白蘇)[명] 들깨.

백=소주(白燒酒)[명] 흰 소주. (대) 홍소주(紅燒酒).

백손(白損)[명] 신문 용어로서, 인쇄하기 전에 못 쓰게 된 용지. (대) 흑손(黑損). spoiled newsprint

백송(白松) 〈식물〉 소나뭇과의 상록 침엽 교목. 잎은 세 개의 바늘잎이고, 껍질은 희백색임. 백골송(白骨松).

백=송고리(白松一) 〈조류〉 독수리과에 속하는 새의 하나. 송골매의 하나로 온몸이 새하얗고 성질은 굳세며 날쌤. 백송골(白松骨).

백=송골(白松骨)[명] ➡ 백송고리. 「한 마음을 일컬음.

백수(白水)[명] ①깨끗하고 맑은 물. clear water ②청백

백수(白壽)[명] '百'에서 '一'을 뺀 계산에서 '99세(歲)'를 이르는 말.

백수(白鬚)[명] 허옇게 센 수염. [(歲)'를 이르는 말.

백수(百獸)[명] 온갖 짐승. 「사자는 ~의 왕. all beasts

백수 건달(白手乾達)[명] 아무 것도 없는 멀쩡한 건달. loafer

백수=문(白首文)[명] 천자문(千字文)의 딴이름.

백수 백복(百壽百福)[명] 여러 가지로 써 놓은 전서(篆書)의 수복자(壽福字).

백수 북면(百首北面)[명] 학문은 나이에 제한이 없이 백발 노인이라도 배운다는 뜻.   「림.

백수 습복(百首慴伏)[명] 온갖 짐승이 기가 눌려 엎드

백수=증[一症](白水症)[명] 〈한의〉 심장병으로 다리에서부터 붓는 병. fied appearance of an old man

백수 풍신(白首風神)[명] 늙은이의 훌륭한 풍채. digni-

백수 풍진(白首風塵)[명] 늙바탕에 치르는 온갖 고생. adversity in an old age

백숙(白熟)[명] 어육(魚肉)을 양념 없이 맹물에 삶아 익힘. 또, 그 음식. fish or meat boiled in cold

백숙(伯叔)[명] 뇌형제 중의 맏이와 셋째.   [water 만.

백 스크린(back screen) 〈체육〉 야구에서, 투수의 투구가 타자에게 잘 보이도록 구장의 센터 후방에 설치하는 녹색의 담(遮光壁).

백 스톱(back stop) 〈체육〉 야구에서, 공이 멀리 달아나지 아니하도록 포수의 뒤에 설치한 철망 같은 것. 백네트.   「장 헤엄.

백=스트로크(backstroke) 〈체육〉 배영(背泳). 송

백시(白柿)[명] 곶감. dried persimmon

빽신(vaccine)[명] 〈의학〉 전염병의 병원균으로 만든, 접종용의 면역 약물.

빽신 요법[一法](vaccine 療法) 〈의학〉 빽신을 사용하는 전염병 예방 요법. 결핵에 대한 BCG 요법, 소아 마비에 대한 쇼크(salk) 빽신 요법 따위.

빽신 주사(vaccine 注射)[명] 빽신의 주사의 하나. 이것을 주사하여 몸 안에 항체(抗體)를 발생시켜서 면역을 얻게 함.

백실(白失)[명] 밑천까지 몽땅 잃음. 하타   「ther

백씨(伯氏)[명] 남의 맏형. your (his) eldest bro-

백아(白鴉)[명] 거위.

백아 절현(伯牙絕絃)[명] 백아가 친구의 죽음을 슬퍼하여 거문고 줄을 끊었다는 중국 고사(故事)에서 참다운 벗의 죽음을 이름.

백악(白堊)[명] ①유공충(有孔蟲) 따위의 시체가 쌓여서 된 석회질의 암석. chalk ②[동] 백토(白土)②. ③석회로 칠한 벽. white-plastered wall

백악(百惡)[명] 온갖 못된 짓. 모든 악. all vices

백악=계(白堊系)[명] 〈지학〉 백악기에 이루어진 지층. Cretaceous System

백악=관(白堊館)[명] 미국 대통령의 관저인 화이트 하우스(White House)의 역어.   「하

백악 구비(百惡具備)[명] 온갖 못된 짓을 두루 갖춤.

백악=기(白堊紀) 〈지학〉 지질 시대(地質時代) 중생대(中生代)의 맨 마지막 시대. 이 시대는 유공충・파충류 등이 번성했고, 식물은 양치류・피자 식물 등이 있었음. Cretaceous period

백악=질(白堊質)[명] 백악의 성질. 백토질.

백악=층(白堊層) 〈지학〉 백악이 층을 이룬 것으로 백악기(紀)의 대표적인 지층. 프랑스와 미국의 일부 지방에 있음. chalk bed

백안(白眼)[명] ①〈생리〉 눈알에 있는 흰자. 백목(目). white of the eye ②가볍게 여기거나 냉대하여 보는 눈. (대) 청안(靑眼). indifferent look

백안=시(白眼視)[명] 가볍게 여기거나 냉대하여 봄. (대) 청안시(靑眼視). look slightingly upon 하타

백안=작(白眼雀) [명] 〈동〉 동박새.

백액(白額)[명] 흰 이마. fair forehead   「는 범.

백액=호(白額虎)[명] 〈동물〉 이마와 눈썹이 희도록 늙

백야(白夜)[명] 고위도 지방에서, 여름에 일몰과 일출 사이에 반영하는 태양 광선 때문에 박명(薄明)이 계속되는 아주 짧은 밤. 또, 그 현상. (대) 극야 (極夜). white night

백약(百藥)[명] 온갖 약. sundry medicines 「음. 하타

백약=국(百藥局)[명] 〈동물〉 감초와 눈썹이 회도록 늙

백약 무효(百藥無效)[명] 온갖 약은 다 써도 효험이 없

백약=전(百藥煎)[명] 〈한의〉 ①오배자(五倍子)와 차 잎과 누룩을 섞어 발효시킨 약. 기침・하혈・치질 따위에 씀. ②[동] 아선약(阿仙藥).

백약지=장(百藥之長)[명] '술'의 딴이름.

백양(白羊)[명] 흰 빛깔의 양.

백양(白楊) 〈식물〉 ①버들과의 낙엽 활엽 교목. 높이 15~20m이고, 잎 은 타원형에 표면은 짙은 녹색, 이면은 백색을 띔. 깊은 산이나 물가에 나며 목재로 많이 씀. 황철나무. ②[동] 사시나무. ③[동] 은백양(銀白楊).

백양=궁(白羊宮) 〈천문〉 십이궁(十二宮)의 하나. 황도상의 경도 0에서 30도까지를 이름.

백=양지(白洋紙)[명] 빛이 하얗고 질이 좋은 서양 종이.

백어(白魚)[명] ➡ 뱅어. ②[동] 반대좀. [의 하나.

백억 세=계(百億世界) 〈불교〉 부처가 백억 화신이 되어 교화시키는 세계. 곧, 온 세상.

백억=신(百億身)[명] 〈약〉➡ 백억 화신(百億化身).

백억 화=신(百億化身) 〈불교〉 백억이나 되는 석가의 화신(化神). 《준》 백억신(百億身).

백업(百業) 〈불교〉 착한 일.

백 업(back up)[명] 〈체육〉 야구에서, 수비자의 실책에 대비하여 그 뒤에 다른 수비자가 대비하는 일. ②배후에서 지원하는 일. 하타

백=여우[一−](白−)[명] ①흰 빛깔의 여우. 백호(白狐). ②(속) 요사스러운 여자.

백연(白鉛)[명] [동] 연백(鉛白).

백넌(百年)[명] 여러 가지 인연.   「나. white lead ore

백연=광(白鉛鑛) 〈광물〉 납(鉛)의 중요 광석의 하

백열[一널](白熱)[명] ①극도에 오른 정열. 최고조에 달했을 때의 열기. climax ②〈물리〉 물체가 높은 열도에서 나타내는 흰빛. incandescence

백열 가스등[一널−](白熱 gas 燈)[명] 백열투(白熱套)를 씌운 가스등. 「따위의 총칭. glow lamp

백열=등[一널−](白熱燈)[명] 백열 가스등・백열 전기등

백열=선[一널선](白熱線)[명] 백열 전구 안의 불이 켜지는 코일선(coil 線). 융점이 높고 저항이 큰 금속이 쓰임.   「거나 극도로 열중하는(것).

백열=적[一널적](白熱的)[명] 극도로 최고조에 달하

백열=전[一널전](白熱戰)[명] 온갖 재주가 있는 힘을 다하여 맹렬히 싸우는 싸움이나 경기. hot fighting

백열 전=구[一널−−](白熱電球)[명] 〈물리〉 진공 또는 기체를 넣은 유리구(球) 속에 융해점이 높은 금속 코일・텅스텐 선(線) 등을 넣어서 흰빛을 내게 만든 전구. incandescent bulb

백열 전=기등[一널−−](白熱電氣燈)[명] 〈물리〉 전구 속

백열 텅스텐 전구(白熱 tungsten 電球)명 필라멘트를 텅스텐으로 하고 진공열시켜서 빛을 내는 전구. incandescent tungsten bulb

백열-투[-녈-]명 가스등의 불길을 씌워서 그 광력(光力)을 세게 하는 물건. 면사·인조 견사 같은 것으로 만든 망상(網狀)의 주머니를 질산나트륨·질산세륨의 용액에 적셔서 구워 만듦. gas mantle

백염=염[-념](白鹽)명 정제한 흰 소금.

백엽(百葉)명 ⇒처녑.

백엽(栢葉)명 잣나무 잎.

백엽고병[-뼝](白葉枯病)명 〈식물〉박테리아의 기생으로 일어나는 벼의 병.

백엽-다(栢葉茶)명 가지가 동쪽으로 벋은 잣나무의 잎을 따서 말렸다가 달인 차.

백엽-상(百葉箱)명 〈지학〉온도·습도·기압 등을 측정하기 위하여 만들어진 상자. shelter

백엽-주(栢葉酒)명 백엽을 담갔다가 건져 낸 술.

백=**영사**[-녕-](白靈砂)명 곤 수은이 하얗게 결정된 물건. 약으로 쓴. 분상(粉霜). 백령사.

백=**영·산**(白映山)명 ⇒영산백(映山白).

백 오:더(back order)명 전번 주문(注文)에, 남기(納期)가 늦어 차기(次期)로 이월(移越)되는 일.

백옥(白玉)명 흰 빛깔의 옥. 흰 구슬. white gem

백옥(白屋)명 가난한 사람의 초가집. humble thatched hut

백옥-경(白玉京)명 ⇒옥경(玉京).

백옥-루(白玉樓)명 문인·묵객이 죽은 뒤에 간다고 하는 천상(天上)의 누각. 문인·묵객의 죽음. 《약》옥루(玉樓). palace in the paradise

백옥 무하(白玉無瑕)명 흠점이 통 없는 사람의 비유. perfect gentleman

백옥-반(白玉盤)명 백옥의 반. 곧, 둥근 달의 형용. bright moon

백옥-유(白玉釉)명 〈공업〉도자기에 칠하는 약품의 하나.

백옥이 진토에 묻힌다덤 훌륭한 인재가 불우하게 지내다.

백완(百玩盤)명 〈민속〉첫돌날 돌잡힐 때, 어린아이 앞에 여러 가지 물건을 벌여 놓는 소반. 그 소반에서 맨 먼저 집는 것으로 그 아이의 장래를 점치다.

백우(白雨)명 ①소나기. shower ②명 누리². 우박.

백우(白疣)명 ⇒무사마귀.

백우(百憂)명 여러 가지 근심. 백리(百罹).

백우-선(白羽扇)명 새의 흰 것으로 만든 부채.

백운¹(白雲)명 흰 구름. ¶~∼간(間). (대) 흑운(黑雲). white cloud

백운²(白雲)명 〈불교〉절의 큰방 윗목 벽에 써 붙인, 손님의 자리를 가리키는 문자.

백운 고비(白雲孤飛)명 멀리 떠나온 자식이 어버이를 그리워함. 망운지정(忘雲之情). longing for parents

백=**운모**(白雲母)명 〈광물〉흰빛을 띤 판상(板狀) 또는 편상(片狀)의 함수(含水) 규산질(珪酸質)의 광물. 전기 절연체 및 내열 보온 재료로 쓰임. 은운모(銀雲母). 흰돌비늘(muscovite).

백=**운석**(白雲石)명 〈광물〉탄산마그네슘과 탄산석회의 혼합으로 된 광물. dolomite

백운-암(白雲岩)명 〈광물〉백운석(白雲石)으로 이루어진 바위.

백운-타(白雲朶)명 〈식물〉꽃송이가 크고 흰 국화의 하나.

백월(白月)명 ①밝고 희읍스름한 달. 소월(素月). hazy moon ②〈불교〉한 달을 두 보름으로 나누어 계명(戒命)을 설교할 때, 선 보름을 일컫는 말. (대) 흑월(黑月).

백위-군(白衛軍)명 〈역사〉1917년 러시아 혁명 때 적위군에 대항하여 싸운 제정파(帝政派)에 의하여 조직된 반혁명군. (대) 적위군(赤衛軍). 《약》백군(白軍)①.

백=**유마**(白油麻)명 ⇒흰참깨.

백육-운[-뉴-](百六韻)명 중국의 음운학에서, 운목(韻目)을 106으로 나눈 것.

백음(白淫)명 〈한의〉정액이 부자연하게 새어나오는 병.

수음(手淫) 따위의 원인으로 생김. 누정(漏精). 유

백응(白鷹)명 〈동물〉흰 매. 정(遺精).

백의(白衣)명 ①흰 옷. white robe ②(동) 포의(布衣). ③(동) 속인(俗人).

백의 관음(白衣觀音)명 〈불교〉흰 옷으로 백련 속에 앉은 삼십삼 관음(三十三觀音)의 하나.

백의 민족(白衣民族)명 예로부터 흰 옷을 숭상하여 온 '한민족(韓民族)'의 일컬음.

백의 용:사(白衣勇士)명 전쟁에서 다치거나 병이 든 군인. 상이 군인. hero in white

백의 재:상(白衣宰相)명 ⇒백의 정승.

백의 정승(白衣政丞)명 유생으로서 대번에 정승이 된 사람. 백의 재상. unexperienced premier

백의 종군(白衣從軍)명 벼슬함이 없이, 또는 군인이 아니면서 전장에 나감. civilians going to the front

백의 천사(白衣天使)명 간호원을 아름답게 일컫는 말. nurse

백이=**사지**(百爾思之)명 여러 가지로 생각하여 봄. 하고

백인(白人)명 ①날 때부터 살빛이 아주 하얀 사람. white man ②《약》→백인 인종.

백인(白刃)명 서슬이 번쩍이는 칼날. 백병(白兵)②. drawn sword

백인(白人)명 ①백 사람. ②성질이 서로 다른 많은 사람.

백인(百忍)명 ①모든 어려움을 잘 참음. fortitude ②많은 가족이 화목하게 잘 지내는 도리.

백=**인종**(白人種)명 ⇒백색 인종. daylight

백-일(白日)명 ①밝게 갠 날. bright day ②대낮. broad ¶∼에 드러밝은 기도. day

백일 기도(百日祈禱)명 백 날을 기한하고 어떤 목적으로 올리는 기도.

백일-몽(白日夢)명 대낮에 꾸는 꿈. 공상을 심하게 하는 일. day dream

백일 승천(白日昇天)명 〈종교〉도를 극진히 닦아 육신을 가진 채 신선이 되어 대낮에 하늘로 올라감. 육신 승천(肉身昇天). ascension in the broad daylight

백일 일수[-쑤](百日日收)명 백 날에 벌려서 거두어들이는 일수. loan to be returned daily for a hundred days

백일-장[-짱](百日場)명 ①〈제도〉옛날에 선비들의 학업을 권장하기 위하여 베풀던 시문(詩文) 짓기의 시험. poem contest ②글짓기 대회.

백 일 장마에도 하루만 더 비 왔으면 한다덤 사람은 일기에 대하여는 늘 자기 본위다.

백일-재(百日齋)명 〈불교〉사람이 죽은 지 백일 만에 드리는 불공. 《약》백재(百齋). Buddhist memorial service on the hundredth day after a person's death

백일-주[-쭈-](百日酒)명 빚은 지 백일 만에 먹는 술.

백일 천하(百日天下)명 〈역사〉나폴레옹 1세가 엘바 섬을 탈출하여 1815년 3월 20일 파리에 들어가 제정을 부활하여 워털루의 싸움에서 패하여 퇴위할 때까지의 지배. 그 동안이 약 100일임.

백일-초(百日草)명 〈식물〉엉거시과의 일년생 풀. 줄기의 높이 50∼90cm이고 잎은 난상 타원형임. 7∼10월에 노랑·빨강·자주·백색 등의 꽃이 핌. 꽃이 오래 가고 번식력이 좋아 관상용으로 심음. 백일홍(百日紅)②. zinnia

백일-해(百日咳)명 〈의학〉백일해균으로 말미암아 생기는 어린이의 호흡기의 전염병. 효증(哮症). whooping-cough

백일-홍(百日紅)명 ①(동) 배롱나무. ②(동) 백일초(百日草).

백자(白字)명 〈원〉→백자. ②(동) 이리자.

백자(白子)명 '백'자를 새긴 왕세자(王世子)의 인(印).

백자(白瓷)명 흰 빛깔의 사기. 백사기(白沙器).

백자(伯子)명 ①여러 사내아이들. ②(동) 백가(百家)①.

백자(伯姊)명 맏누이. elder sister

백자(柏子)명 잣.

백자=**도**(百子圖)명 〈미술〉어린 사내아이들이 노는

모양을 그린 그림. 백자동(百子童).
백자=동(百子童)[명][동] 백자도(百子圖).
백자=인(柏子仁)[명]〈한의〉측백나무 열매의 씨. 경간(驚癎) 따위에 약으로 씀. of offspring
백자 천손(百子千孫)[명] 썩 많은 자손. great number
백자 청화(白瓷靑華)[명] 청화 자기.
백자=탕(柏子湯)[명][동] 이라탕.
백자=판(柏子板)[명] 잣나무를 썰어서 만든 널빤지.
백작(伯爵)[명] 오등작의 셋째 작위. 후작의 다음, 자작의 위. 〈약〉백(伯). count
백=작약(白芍藥)[명]〈한의〉꽃은 붉고 뿌리가 흰 작약의 뿌리. 보혈(補血) 또는 흥분을 가라앉는데 효과가 있으며, 부인과와 외과에도 널리 쓰임.
백장[명] 소·돼지·개 따위를 잡는 일이나 고리를 걷는 일로 업을 삼는 사람. 도한(屠漢). 백정(白丁). 칼잡이. 포정(庖丁). 포한(炮漢). butcher
백장=고누[명] 우물고누를 둘 때 먼저 두는 쪽이 첫수가 상대방의 갈 길을 막아 버리는 놀이. [한다.
백장도 올가미가 있어야지[명] 장사에는 밑천이 있어야
백장이 버들잎을 자고 죽는다[명] 죽는 때를 당하여도 오히려 근본을 잊지 아니하다.
백재(百齋)[명]〈약〉백일재(百日齋).
백저(白苧)[명] 흰 모시.
백전(白錢)[명][동] 백통돈.
백전(白戰)[명] ①무기 없이 맨손으로 싸우는 싸움. hand-to-hand fight ②시인들이 글자주를 겨루는 싸움.
백전(白顫)[명] 벌박이[명]. [음. poet's contest
백전=계(百全計)[명] 안전하고 빈틈 없는 계책.
백전 노장(百戰老將)[명] 세상일을 많이 겪어 본 사람. 백전 노졸(老卒). old stager
백전 노졸(百戰老卒)[명] 백전 노장. [하[리]
백전 백승(百戰百勝)[명] 싸우는 족족 이김. invincibility
백전=불태(百戰不殆)[명] 백 번을 싸워도 위태하지 않음. [음.
백=전풍(白癜風)[명][동] 백납[명]. [하[리]
백절 불굴(百折不屈)[명] 백 번 꺾여도 굽히지 않음.
백절 불요(百折不撓)[명] indefatigability 하[리]
백절 불최(百折不摧)[명] 백절 불굴[명]. 하[리]
백=점토(白粘土)[명] 흰 찰흙. 도자기의 원료가 됨.
백접(白蝶)[명]〈곤충〉흰나비.
백접=도(白蝶圖)[명]〈미술〉온갖 나비가 꽃에서 노니는 광경을 그린 그림. picture of many butterflies
백정[명] =백장[명].
백정년 가마 타고 모퉁이 도는 격 실상은 흉한 것이 그것을 모르는 사람들 앞에서는 훌륭한 체한다.
백정이 양반 행세를 해도 개가 짖는다 백정이 양반의 행세를 해도 고기 냄새가 난다 함이니, 겉은 잘 꾸민다 하더라도 제 본색은 감추지 못한다.
백제(白帝)[명]〈민속〉오방 신의 하나. 가을을 맡은 서쪽의 신(神).
백제(百濟)[명]〈역사〉 삼국 시대의 한 나라. 온조왕을 시조로 한강 북쪽에 도읍을 정하고 건국하였음. 의자왕 20년에 나당(羅唐) 연합군에게 망함. B.C. 18 ~ A.D. 660.
백조(白鳥)[명][동] 해오라기. ②[동] 고니.
백조=어(白條魚)[어류] 잉어과의 민물고기. 강준치와 비슷하면서 입이 위로 향하고 체폭이 넓음. 은백색에 등쪽은 창갈색임.
백조=자리(白鳥)[명]〈천문〉북반구에 있는 큰 성좌. 북십자성. Swan, Cygnus
백족지=충(百足之蟲)[명][동물] 발이 많은 벌레를 통틀어 일컬음. 그리마·지네·노래기 따위. 다족류(多足類). myriapod ②겨레붙이나 벗들이 썩 많은 사람의 비유.
백족=충(百足蟲)[명] 노래기. [백중날.
백종(百種)[명] ①물건의 여러 가지. all kinds ②[동]
백주(白酒)[명] ①빛깔이 흰 술. 막걸리. ②[동] 배갈.
백주(白晝)[명] 대낮. broad daylight
백주 발검(白晝拔劍)[명] 대낮에 칼을 빼어 들고 날뜀.
백주=에(白晝—)[부] 아무 까닭 없이. 멀쩡하게. 공연

히. 엉터리로. 대낮에는 감히 할 수 없는 짓을 한다는 뜻에서 나온 말. 〈약〉백제. unreasonably
백주 창:탈(白晝搶奪)[명] 대낮에 물건을 강탈함. 하[리]
백주 현:상(白晝現象)[명] 특수 장치를 한 현상 탱크에서 밝은 장소에서 행하는 현상.
백주 혜:성(白晝彗星)[천문] 낮에도 육안으로 볼 수 있는 큰 혜성.
백중(百中·百衆)[약] →백중날.
백중(伯仲)[명] ①맏형과 그 다음 형. eldest and elder brothers ②〈약〉→백중지간(伯仲之間). 하[리]
백중=날(百中—·百衆—)[명]〈불교〉명일의 하나로 음력 7월 보름날. 백종(百種)②. 〈약〉백중. July 15th of lunar month [든 책력.
백=중력(百中曆)[명] 품질이 낮은 종이로 배접하여 만
백=중력(百中曆)[명] 앞으로 백 년 동안의 일월(日月)·성신(星辰)·절후(節候) 따위를 추산하여 만든 책력. one hundred year almanac
백중=맞이(百中—)[명] ①〈불교〉백중날에 하는 불공(佛供). 백중 칠공(百仲佛供). ②〈민속〉백중날에 하는 무당의 굿.
백중=물(百中—)[명] 백중날쯤 해서 오는 비.
백중 불공(百仲佛供)[명][동] 백중맞이①.
백중 사리(百中—)[명] 백중날의 사리. 음력 칠월 보름에 조수가 가장 높이 들어오는 때.
백=중=숙=계(伯仲叔季)[명] 형제의 차례. 네 사람일 경우에는 伯은 첫째, 仲은 둘째, 叔은 셋째, 季는 막내. 네 사람 이상일 경우의 叔은 둘째와 막내 사이의 모든 형제. order of four brothers
백중지=간(伯仲之間)[명] 서로 어금지금 맞서는 사이. 〈약〉백중(伯仲)②. good match
백중지=세(伯仲之勢)[명] 서로 어금지금한 형세.
백줴[부] →백주에.
백지(白—)[명] ①바둑돌의 흰 알. 〈대〉흑지(黑—). 〈약〉백(白). 〈본〉백자①. white badook stone
백지(白地)[명] 아무 사실이 없음. unfounded [부] 아무 턱도 없이. 생판(生板). 백판(白板)③. groundlessly
백지(白芷)[명]〈한의〉구리때의 뿌리. 감기로 머리나 허리가 쑤시는 데 약으로 씀.
백지(白紙)[명] ①우리 나라의 종이. Korean writing paper ②아무 것도 쓰지 아니한 종이. 공지(空紙). blank ③〈약〉→백지 상태. clean slate
백=지도(白地圖)[명] 대륙·섬·나라 등의 윤곽만 그린, 기입 연습이나 분포도 작성용의 지도. blank map
백지 동맹(白紙同盟)[명] 선생에 대한 불만으로 시험 때 학생들이 답안지에 아무 것도 쓰지 않기로 하는 일.
백지=마(白脂麻·白芝麻)[명][동] 참깨. [동맹. 하[리]
백지 상태(白紙狀態)[명] 지금껏 관련된 모든 사물을 깨끗이 씻는 상태. 〈약〉백지(白紙)③. clean slate
백지 애:매(白地曖昧)[명] 까닭 없이 누명을 쓰고 화를 당함. 하[리]
백지 어음(白地—)[명]〈법률〉어음 발행자가 그 소지인에 대하여 어음 금액·지급지·만기 등이 어음 요건의 전부 또는 일부의 보충권을 부여한 어음. blank bill
백지 위임장(白紙委任狀)[명]〈법률〉위임자 성명만 써 놓고, 다른 것은 수임자(受任者)의 마음대로 쓰게 하는 위임장. carte blanche(프)
백지=장[—짱](白紙張)[명] ①흰 종이의 낱장. ②새하얀 것을 이르는 말.
백지장도 맞들면 낫다 아무리 쉬운 일이라도 혼자 하는 것보다 여럿이 하면 더 쉽다.
백지=주의(白紙主義)[명] 무슨 일에 대하여 미리 계획을 세우지 않는 주의. clean slate policy
백지 징세(白地徵稅)[명] 재해·진변 따위로 수확이 없는 땅에서 억지로 세를 받음. tax collection from an afflicted area 하[리]
백지 형법(白紙刑法)[명]〈법률〉일정한 형벌만 법률에서 규정하고, 그 요건(要件)인 범죄의 규정을 다른 법령에 양보한 형벌 법규.

백지=화(白紙化)[명] 백지 상태가 됨. 백지 상태로 돌림. 하다타

백질(白質)[명] ①흰빛을 지니는 성질. whiteness ②〈동물〉고등 동물의 신경 중추부 가운데서 신경 섬유의 집합을 이루는 부분.

백징(白徵)[명] 당치도 않은 세금을 징수함. 생징(生徵). 하다

백차(白車)[명] 경찰이나 헌병의 순찰차. 차체에 흰 칠을 한 데서 이르는 말. patrol car

백=차일(白遮日)[명] 빛깔이 흰 차일.

백차일 치듯(白遮日─)[주] 사람이 많이 모인 모양.

백=창포(白菖蒲)[명] 〈동〉이창포(泥菖蒲).

백채(白菜)[명] ①〈동〉배추. ②배추를 잘게 썰어 양념하여 볶은 나물. sliced cabbage fried in oil

백=채:문(白彩紋)[명] 흰 선으로 이루어진 채문. 지폐 따위의 무늬로 씀.

백척 간두(百尺竿頭)[명] 대단히 위험한 지경. 《약》간두(竿頭). last extremity

백천만=겁(百千萬劫)[명] 〈불교〉무한한 연수(年數).

백천만=사(百千萬事)[명] 온갖 일. every sort of things

백철(白鐵)[명] 〈동〉합석.   「quality

백청(白淸)[명] 희고 품질이 좋은 꿀. honey of superior

백청=자(白靑瓷)[명] 백청자(靑白瓷).

백체(白體)[명] 〈생물〉황체가 수정 안 했을 때, 그 기능을 잃고 퇴색하고 위축되어 하얗게 변화된 결합 조직성의 작은 덩어리.

백초(百草)[명] 여러 가지 풀. 온갖 풀.

백초=상(白草霜)[명] 앉은검정.

백초서(白貂鼠)[명] 흰담비.

백초피(白貂皮)[명] 흰담비의 모피(毛皮).

백축(白丑)[명] 〈한의〉흰 나팔꽃의 씨. 대소변을 통하게 하는 약으로 쓰임. 성질이 냉함.

백출(白朮)[명] 〈한의〉삽주의 연한 뿌리. 소화제로 쓰임. 결락가(乞絡加). 마계(馬薊).

백출(百出)[명] 여러 가지로 많이 나옴. ¶묘기(妙技)~. pop up in great number 하다자

백출=산(白朮散)[명] 토사(吐瀉)나 만경(慢驚)에 쓰는 탕약(湯藥)의 하나.

백출=주[─쭈](白朮酒)[명] 백출을 넣어서 빚은 술.

백충(白蟲)[명] 〈약〉촌백충(寸白蟲).

백충=창(白蟲倉)[명] 〈동〉오배자(五倍子).

백치(白雉)[명] 〈조류〉꿩의 하나. 남양(南洋)에 분포하는데 빛깔이 흼. white pheasant

백치(白痴·白癡)[명] ①〈한의〉뇌막염 등을 앓아 정신 작용이 바르지 못한 병. 지능 정도가 두 살 가량의 정상인에 해당함. idiot ②천치(天痴). 〈데〉천재(天才).

백치 천재(白痴天才)[명] 백치 가운데서 드물게 어떤 종류의 능력만 특히 뛰어난 사람. idiot savant

백탁(白濁)[명] 〈한의〉오줌의 빛이 뿌옇고 걸쭉한 병. 하다자   「superior quality

백탄(白炭)[명] 참숯. 〈데〉검탄(黔炭). charcoal of

백탈(白脫)[명] 무죄함이 드러남. 하다자

백탈(白頉)[명] 까닭없이 신역(身役)을 면함.

백탕(白湯)[명] 〈동〉맹탕물(白沸湯).

백태(白苔)[명] ①〈한의〉몸의 열이나 또는 위병(胃病)으로 혓바닥에 끼는 황백색 물질. fur(on the tongue) ②눈병의 하나. 눈알에 덮이어 앞이 안 보이게 하는 희끄무레한 막.

백태(百態)[명] 여러 가지 자태.

백태 청기(白胎靑器)[명] 〈동〉청백자.

백토(白土)[명] ①흰 빛깔의 흙. white earth ②규산(珪酸)칼슘. 백악(白堊)². terra alba

백토(白兔)[명] 흰 토끼.

백토=질(白土質)[명] 백토의 성질. 백악질(白堊質).

백통(←白銅)[명] 〈화학〉구리·아연·니켈의 합금. nickel

백통=돈(←白─)[명] 백통으로 만든 돈. 백동전(白銅錢). 백통화(白銅貨). 백전. 백통전. nickel coin

백통=전[─쩐](─錢)[명] 백통돈.

백퇴(白退)[명] 덮어놓고 소장(訴狀)을 퇴함. 하다타

백파(白波)[명] ①흰 거품이 이는 물결. ②'도둑'의 딴 이름.

백파(白播)[명] 거름을 주지 않은 맨땅에 씨를 뿌림.

백=파이프(bagpipe)[명] 〈음악〉스코틀랜드의 향토 악기. 취주 악기의 하나로 가죽으로 만든 고음의 통소음.

백판(白板)[명] ①흰 널빤지. white board ②아무 것도 없는 터. 어찌할 수가 없는 판. no preparedness ③〈동〉백지(白地).   「지 번뇌.

백팔 번뇌(百八煩惱)[명] 〈불교〉인간이 지니는 108 가

백팔십도 전(─섬─)(百八十度轉換)[명] 지금까지와는 정반대의 방향으로 바뀜. 백팔십도 전회. 하다자

백팔 염:주(百八念珠)[명] 〈불교〉백팔 번뇌의 수와 같추어 작은 구슬 108개를 꿰서 만든 염주.

백팔=종[─쫑](百八鐘)[명] 〈불교〉①인간의 108번뇌를 깨우친다는 뜻으로, 절에서 아침 저녁으로 108번 치는 종. ②절에서 제야(除夜)에 108번 치는 종.

백패(白牌)[명] 〈제도〉소과(小科)에 급제한 생원이나 진사에게 주던 흰 종이의 증서.

백 퍼센트(百 percent)[명] ①퍼센트의 100배. 곧, 10할. ②완전히 모두. 완전 무결함. ¶~ 신용할 수   「있다.

백=편(白─)[명] 백설기. ②동 흰무리.

백폐(百弊)[명] 온갖 폐단. all kinds of abuses

백폐 구존(百弊俱存)[명] 온갖 폐단이 다 있음. 하다자

백폐 구흥(百廢俱興)[명] 여러 쇠퇴(衰廢)한 일이 다시 일어남. 하다자

백포(白布)[명] 흰 베. white cloth   「금 일어남. 하다자

백포(白泡)[명] 〈동〉백말(白沫).

백포(白袍)[명] 흰 도포(道袍).

백=포도주(白葡萄酒)[명] 포도주의 하나. 빛이 희읍스

백=포장(白布帳)[명] 흰 베로 만든 휘장. white curtain

백표(白票)[명] ①아무 것도 쓰지 아니한 하얀 그대로의 투표 용지 따위. ②백색의 표.

백 프레셔(back pressure)[명] 배압(背壓).

백하(白蝦)·**백하=젓**(白蝦─)[명] 〈동물〉쌀새우.

백학(白鶴)[명] 〈동〉두루미.

백한(白鷴)[명] 〈조류〉꿩과의 새. 숲 속에 살며 등은 희고 배에는 검은 빛과 자흑색의 긴 털이 있으며 다리는 붉음. 모양이 꿩과 비슷한데 수컷은 등 빛이 희고 얼룩얼룩한 무늬가 있으며, 암컷은 갈색으로 가는 얼룩무늬가 있음.

백합(白蛤)[명] 〈조개〉참조개과의 조개의 하나. 모시조개와 비슷하나 패각은 원형이고 회백색의 둥근 무늬가 있음. 한국의 서해, 일본에 널리 분포하여 있음.

백합(白鴿)[명] 〈조류〉집비둘기.   「살은 식용됨.

백합(百合)[명] 나리¹². ②〈한의〉나리의 뿌리로 보음하는 공효가 있어 허로(虛老)·해수에 씀. 산뇌서(蒜腦薯).

백합=증[─쯩](百合症)[명] 〈한의〉급성 열병이 나은 뒤에 조섭(調攝)을 잘못하여 생기는 병의 하나.

백합(百合花)[명] 나리꽃.

백해(百害)[명] 온갖 해로움. all kinds of harms

백해(百骸)[명] 몸을 이룬 모든 뼈. all the bones

백해 구통(百骸俱痛)[명] 온몸이 모두 아픔. having pains at every part of the body 하다자

백해 무익(百害無益)[명] 해롭기만 하지 하나도 이로울 것이 없음. 백해 무일리(百害無一利). all harms and no good 하다자   「하다자

백해 무일리(百害無一利)[명] 백해 무익(百害無益).

백=해:삼(白海蔘)[명] 〈동물〉백해삼과(白海蔘科)에 속하는 해삼의 하나. 몸은 방추형이고 길이 10cm 내외로 반투명임. 육지의 연못(蓮池)과 해안에 많이 살고 모래밭에 묻히어 있음.

백=핸드(backhand)[명] 〈체육〉테니스·탁구 등에서, 공을 치는 손의 손등이 상대방을 향한 방향으로 하는 타구법. 역타(逆打). 백넌타(面面打).   「conducts

백행(百行)[명] 온갖 행실. 모든 행위. all kinds of

백혁(白洫)[명] 물이 바싹 마른 봇도랑. dried-up ditch

백=혈구(白血球)[명] 〈생리〉동물의 혈액 가운데 있는

백혈구 감:소증[一症](白血球減少症)[명]〈의학〉백혈구의 수가 정상보다 적어지는 증세. 장티푸스·홍역·간염 등의 질환으로 일어남.

백혈구 증가증[一症](白血球增加症)[명]〈의학〉백혈구의 수가 정상보다 많아지는 증세. 폐렴·성홍열 그밖의 각종 전염병이나 또는 중독·악성 종양 등으로 일어남. 「많아지는 병. leukemia

백혈-병[一病](白血病)[명]〈의학〉혈액 속의 백혈구가

백형(伯兄)[명]맏형.

백호(白虎)[명]백코.

백호(白虎)①〈민속〉주산(主山)에서 갈리어 나간 오른쪽의 산맥. ②〈민속〉서쪽 방위의 금(金) 기운을 맡은 태백신을 상징하는 짐승. 무덤이나 관 오른쪽에 그리는 법. 우백호(右白虎). ③〈천문〉서쪽 일곱 별의 총칭. 대 청룡(靑龍).

백호(白狐)[명]〈동물〉개과에 속하는 짐승. 여우의 하나. 모양은 여우와 같되 좀 작으며 빛이 흼. 모피는 방한용(防寒用)으로 쓰임. 백리(白狸). 백여우①. white fox

백호(白毫)〈불교〉부처의 눈썹 사이에 난 터럭으로 광명을 무량 세계에 비친다고 함. 부처의 32상(相) 가운데의 하나.

백호-날(白虎一)[명]〈민속〉산의 백호로 된 등성이.

백-호마(白胡麻)[명]〈식물〉참깨.

백-호접(白蝴蝶)[명]〈동물〉흰나비.

백호-주의(白濠主義)[명]오스트레일리아에서 백인만 입국·정주시키려는 주의. white Australia principle

백호-탕(白虎湯)〈한의〉상한(傷寒)에 위열(胃熱)로 인하여 답답하고 목마른 메에 쓰는 탕약.

백홍(白虹)〈천문〉빛이 흰 무지개. pale rainbow

백화(白花)흰 꽃. 「어. colloquial Chinese

백화(白話)[명]〈어〉일상 생활에서 쓰는 중국말. 중국 현대

백화(白禍)[명]백색 인종이 세계에 발호(跋扈)하여 유색 인종에게 화를 입히는 일. 대 황화(黃禍).

백화(白花)[명]〈동〉자작나무.

백화(百花)[명]온갖 꽃. all sorts of flowers 「handise

백화(百貨)[명]온갖 상품이나 재화. all sorts of merc-

백화 난:만(百花爛漫)[명]온갖 꽃이 피어 아름답게 흐무러짐. all sorts of flowers being in full bloom 하 「in colloquial Chinese

백화-문(白話文)[명]백화로 된 중국의 글. composition

백화 문학(白話文學)[명]중국의 구어(口語)문학. 고문(古文)의 배격과 민중을 위한 문학을 의도하여 1915년 호적(胡適)이 주창하는 일.

백화-사(白花蛇)[명]〈동〉산무애뱀.

백화 소:설(白話小說)[명]〈문학〉중국의 문학 혁명 이후 나타난 중국 구어 소설. 노신(魯迅)의 '광인 일기·공을기(孔乙己)' 따위.

백화왕(百花王)[명] '모란'의 딴이름.

백화 요란(百花燎爛)[명]온갖 꽃이 불타오르듯이 찬란하게 핌. 하 「구은 도자기.

백화 자기(白畫瓷器)[명]〈공업〉횐빛으로 그림을 그려

백화-점(百貨店)[명]일상 생활에 필요한 온갖 상품을 파는 규모가 큰 종합 소매점. 백화 상점. 대 단위 상점(單位商店). department store

백화 제방(百花齊放)[명]①여러 가지 수많은 꽃이 일제히 핌. ②갖가지 학문·예술이 함께 성함을 이름.

백화-주(百花酒)[명]온갖 꽃을 넣어 빚은 술. flower-flavoured wine 「wine

백화-춘(百花春)[명]찹쌀로만 빚은 술. glutinous rice

백화 현:상(白化現象)[명]〈식물〉철·마그네슘 등의 양분이 부족하여 엽록소가 형성되지 않고 식물체가 희어지거나 색이 엷어지는 현상.

백황-색(白黃色)[명]희끄무레하고 누런 색.

백회(白灰)[명]백색 덩이인 석회, 곧 생석회(生石灰).

백회(百會穴)[명]〈생리〉정수리의 숫구멍 자리.

백훼(百卉)[명]갖가지 초목. 온갖 초목.

백-흑(白黑)[명]청탁(淸濁) 또는 정사(正邪). 흑백(黑白). right and wrong

백흑지:변(白黑之辨)[명]선악과 정사(正邪)를 가려냄.

백회(百戱)[명]재주를 부리는 온갖 놀이. 가면놀이·요술·곡예 따위.

밴(van)[명]①선봉(先鋒). 선두(先頭). 선도자(先導者). ②선진(先陣). 전위(前衛).

밴대[명]→밴대 보지.

밴대 보:지[명]음모가 나지 않은 어른의 보지. 알보지. 약 밴대. vulva without pubes

밴대-질[명]여자끼리 성교를 흉내내는 짓. 대 비역. lesbianism 하

밴대질-치:다[자]상대자에게 밴대질을 하다.

밴댕이[명]〈어류〉청어과의 바닷물고기. 전어와 비슷하며 등쪽은 청흑색이고 옆구리와 배 쪽은 은백색임. 젓갈 원료로 많이쓰임. 빈징어. big eyed her-

밴:-딩[명]→반딘. 「ring

밴둥-거리다[자]하는 일 없이 보기 싫게 게으름만 부리다. 큰 빈둥거리다. 센 뺀둥거리다. 거 팬둥거리다. idle about 밴둥-밴둥 하

밴드[1](band)[명]①띠. 고리. ②허리띠. ③벨트.

밴드[2](band)[명]〈음악〉악대(樂隊). 특히, 관악기의 합주단(合奏團).

밴드-마스터(bandmaster)[명]악단(樂團)의 수석 연주자. 악장(樂長).

밴들-거리다[자]하는 일 없이 얄밉게 놀기만 하다. 큰 빈들거리다. 센 뺀들거리다. 거 팬들거리다. idling

밴들-밴들 하

밴 아이 사내 아니면 계집애지[속]앞으로 결정될 일이 밴 둘 중의 하나뿐이다.

밴 앨런 대(Van Allen 帶)[명]적도의 상공 수천 km에서 일만 수천 km 근처를 둘러싸고 있는 두 개의 방사능 입자(粒子)의 대(帶).

밴조(banjo)[명]〈음악〉손으로 듣는 현악기의 하나. 현(絃)은 4~5줄이며 공명동(共鳴胴)은 원형임. 재즈 음악 연주에 쓰임.

밴텀-급(bantam 級)〈체육〉권투·레슬링 등에서 선수를 체중에 따라 나눈 등급의 하나. 권투(프로)에서는 주니어 페더급과 플라이급과의 사이, 레슬링·역도에서는 페더급과 플라이급과의 사이임. 밴텀급.

밴:-하:다[형]→반하다[2]①. 「웨이트.

밸[명]→창자.

밸:-꼴리다[자]아니꼬와서 견딜 수가 없다.

밸러스트(ballast)[명]①배의 전복을 막기 위하여 배 바닥에 쌓는 사토(沙土)·쇠. 따위. 지금은 물로 대신 함. ②철도나 궤도에 깔거나 콘크리트에 섞는 자갈.

밸런스(balance)[명]①균형. ②나머지. 차액 잔고.

밸런스 시:트(balance sheet)[명]대차 대조표.

밸런스 오브 파워(balance of power)[명]〈정치〉국제적인 세력 균형. 「추첨(抽籤).

밸럿(ballot)[명]①투표용의 작은 공. ②투표 용지. ③

밸류(value)[명]①평가. 가치. ②그림의 명암(明暗). 또, 그 도(度). ③영화의 명암의 화면 효과.

밸브(valve)[명]①판(瓣). ②전자관(電子管). 진공관(眞空管). ③〈음악〉금속 악기에서 자연음 이외의 소리를 내기 위하여 장치하는 장치. 이것으로 반음(半音)을 쉽게 취주(吹奏)할 수 있음.

뱀:〈동물〉파충류중의 한 군(群). 몸이 가늘고 길며 발은 없고 잔 비늘이 있음. 허는 길며 끝은 매우 뾰족. 유독(有毒)·무독(無毒) 두 종류가 있으며, 대부분이 난생이나, 살무사 등은 태생임. snake

뱀:-날[명]사일(巳日).

뱀:-도랏[명]〈식물〉미나리과에 딸린 이년생 풀. 줄기에 거친 털이 있고 높이 70 cm 가량임. 여름에 희고 작은 오판화가 피고, 과실에 날카로운 가시가 있음.

뱀:-딸:기[명]〈식물〉장미과의 다년생 풀. 줄기는 땅위에 뻗으며 마디마다 새싹을 냄. 황색 꽃이 피고 열매는 구형으로 붉게 익는데 맛이 좋지 못함. 잠

뱀띠 매(蠶苺). 지매(地苺). Indian strawberry
뱀=띠[명]〈민속〉'사생(巳生)'을 뱀의 속성을 상징하여 일컫는 말. people born in the year of the snake
뱀=무[명]〈식물〉장미과에 딸린 다년생 풀. 높이 25~60 cm, 곧게 자라며 무잎과 비슷함. 초여름에 노란 오판화가 가지 끝에 핌. 잎과 줄기는 식용함.
뱀=밥[명]〈식물〉쇠뜨기 포자의 줄기. 토필(土筆)②.
뱀=뱀이[명] 예의에 대한 교양. 어른을 공경할 줄 아는 버릇. ¶∼가 있는 젊은이. upbringing
뱀=잠자리[명]〈곤충〉뱀잠자리과의 곤충. 몸 길이 4 cm, 편 날개 10 cm, 몸 빛은 누르고 날개는 투명한 데 혁한 황색 무늬가 있음.
뱀=장어(一長魚)[명]〈어류〉참장어과의 물고기. 모양은 원통형으로 길어서 뱀과 비슷함. 비늘이 없고 몸이 미끄럽고 살에 기름기 맞이 좋음. 만리(鰻鱺). 백선(白鱔).〈약〉장어. eel
뱀파이어(vampire)[명] ①전설에 나오는 흡혈귀. ②요사스러운 계집. 음탕한 계집.
뱀프(vamp)[명]〈동〉뱀파이어(vampire).
뱀=해[명] 사년(巳年). year of the snake
뱀=혀[명]〈식물〉장미과의 다년생 풀. 줄기는 땅으로 뻗고 길이 60 cm 가량임. 황색 꽃이 피고 구형(球形)의 매끈한 열매가 열림. 사함초(蛇含草).
뱁=대[명]〈약〉=뱁댕이. [랑개비.
뱁댕이[명] 베를 짤 때 날이 서로 붙지 않도록 사이사이에 지르는 가는 막대.〈약〉뱁대.
뱁=새[명]〈조류〉박새과의 새. 굴뚝새와 비슷한데 빛이 곱고 예쁘며 꽁지가 비교적 길고 매우 민첩함. 한국에만 분포하며 벌레를 잡아먹는 익조임. 교부조(巧婦鳥). 도충(桃蟲). Korean crow-tit
뱁새가 황새를 따라가면 다리가 찢어진다[속] 힘에 넘치는 짓을 하면 도리어 해가 된다.
뱁:새=눈[명] 작으면서 가늘게 찢어진 눈. narrow eyes
뱁:새눈=이[명] 작고도 새록한 눈. 또, 그런 사람. person with narrow eyes
뱁티스트(baptist)[명]〈기독〉①침례교의 신도. ②침례, 곧, 세례를 행하는 사람. ③세례자 요한.
뱁티스트 교:회(Baptist 教會)[명]〈기독〉침례 교회.
뱁티즘(baptism)[명]〈기독〉침례. 세례.
뱃[고] 뱃머리에서 젓는 노.
뱃=가죽[명]〈속〉뱃살. skin of the belly
뱃가죽이 땅 두께 같다[속] 염치없고 배짱이 센 사람을 비유하는 말.
뱃=고동[명] 배가 떠날 때 '붕' 소리를 내는 고동. steam whistle
·빗고·물[명][고] 배의 고물.
빗꽃[명] 배나무의 꽃. 배꽃. [domen
뱃=구레[명] 사람이나 짐승의 배의 통. 또, 그 안. ab-
뱃=길[명] 물의 깊이나 형세를 헤아려서 배가 다니게 정해 놓은 길. 물길. 선로(船路). 수로(水路). waterway
뱃=노래[명] 배를 부리는 사람들이 노를 저어 나가며 부르는 노래. 노가(櫓歌). 도가(棹歌). 뱃소리. boat song [boating 하타
뱃=놀이[명] 배를 타고 홍겹게 노는 일. 선유(船遊).
뱃=놈[명][비] 뱃사람.
뱃놈 배 둘러대듯[속] 말을 잘 둘러댈 이름.
뱃놈의 개[속] 하는 일 없이 먹고 노는 사람.
·뱃니·몰[명][고] 배의 이물.
빗·대[명][고] 배의 돛대.
뱃대=끈[명] ①안장이나 길마를 지을 적에 마소의 배에 걸쳐서 조르는 줄. girth ②여자의 바지 위에 매는 끈.〈약〉뱃대. 뱃대. [배탈. stomach trouble
뱃=덧[명] 먹은 것이 체하여 음식이 잘 내리지 않는 병.
뱃덧 나-다[자] 뱃덧이 생기다.
뱃덧 내-다[사동] 뱃덧이 나게 하다.
빗돗[명][고] 배의 돛.
·빗둑[명][고] 배의 돛.
뱃=머리[명] 타는 배의 앞 끝. 이물. bow

뱃=멀미[명] 배를 타면 어지러워서 아프고 구역이 나는 병. 선훈(船暈). 수질(水疾). seasickness 하타
뱃=바닥[명] ①짐승의 배의 살. meat of beast's abdomen ②타는 배의 바닥.
뱃=바람[명] 배를 타고 가는데 불어오는 바람.
뱃=밥[명] 물이 들어오지 못하게 배의 틈을 메우는 물건. oakum [of the stomach
뱃=병(一病)[명] 사람의 배에서 생기는 온갖 병. disease
빗보복[명][고] 배꼽.
·빗·복[명][고] 배꼽.
뱃=사공(一沙工)[명] 배 부리는 일을 업으로 삼는 사람. 고공(篙工). 선부(船夫). 선인(船人)②. 주자(舟子). 초공(梢工). 초공(艸工). 초공(沙工).〈비〉뱃놈. boatman
뱃=사람[명] 배를 부리는 사람이나 배에서 일을 보는 사람. 선인(船人)②. 수부(水夫)②. sailor
뱃사:람=말[명] 뱃사람 사이에서 쓰이는 말. 동풍을 '샛바람', 서풍을 '하늬바람', 남풍을 '마파람', 북풍을 '된바람'이라고 하는 따위.
뱃=삯[명] 배를 타거나 배에 짐을 싣는 데 내는 돈. 선임(船賃). passage money (fare)
뱃=살[명] 배의 살이나 가죽. abdominal flesh
뱃=소리[명] 배를 젓는 사람이 노에 맞춰 부르는 노래. 뱃노래. boating song
뱃=속[명] ①배의 속. 복중(腹中). inside of the stomach ②〈속〉속생각. 속⑤.
뱃속에 능구렁이가 들어 있다[속] 엉큼하고 능글맞다.
뱃속이 검다[속] 마음속이 더럽고 음흉하다.
뱃=숨[명] 배에 힘을 주어 쉬는 숨.
빗·심·올[명][고] 뱃전. [힘. shameless avarice
뱃=심[명] 체면을 차리지 않고 욕심만 부려서 버티는
뱃심 부리-다[자] 뱃심 좋은 태도를 드러내다.
뱃심=좋-다[형] 체면을 차리지 않고 욕심만 많다. shameless and greedy [절여 만든 자반.
뱃=자(一佐飯)[명] 생선을 잡은 곳에서 바로 소금에
뱃=장사[명] 물건을 배에 싣고 다니면서 파는 장사. peddling with a boat 하타
뱃=장수[명] 뱃장사를 하는 사람. bumboat man
뱃=장작(一長斫)[명] 배로 실어 온 장작.
뱃=전[명] 배의 좌우 쪽의 언저리. 선연(船緣). 현측(舷側). sides of a boat
뱃=줄[명] 배를 매어 두거나 끄는 데에 쓰는 밧줄.
뱃=지게[명] 짐을 져서 배에 올리고 내리는 데 쓰는 지게. [게.
뱃=짐[명] 배에 싣는 짐. cargo
뱃=집[명]①〈건축〉네 귀에 추녀를 달지 않고 두 쪽 머리에 박공만 대서 지은 집. ②배의 부피. ¶∼이 크다.
뱅[부] ①한 바퀴 도는 모양. around ②둘레를 둘러싼 모양. surround ③갑자기 정신이 아찔해지는 모양.〈큰〉빙.〈센〉뺑. giddy
뱅그래[부] 소리 없이 입만 약간 벌리고 보드랍게 웃는 모양.〈큰〉빙그레.〈센〉빵그래. blandly
뱅그르르[부]①물건이 매끄럽게 도는 모양. round and round ②눈물이 눈시울에 방울지게 뱃돌 도는 모양.〈큰〉빙그르르.〈센〉뺑그르르.〈거〉팽그르르. in drops
뱅글=거리-다[자] 좋아서 입을 약간 벌리고 연달아 보드랍게 웃다.〈센〉뺑글거리다. beam 뱅글=뱅글 하타
뱅글=뱅글[부] 작은 것이 매끄럽게 연달아 도는 모양.〈큰〉빙글빙글.〈센〉뺑글뺑글.〈거〉팽글팽글. round and round
뱅긋[부] 소리 없이 입만 살짝 벌리며 가볍게 웃는 모양.〈큰〉빙긋.〈센〉뺑긋. beamingly 하타 이면
뱅긋=거리-다[자] 소리 없이 입만 살짝 벌리고 연달아 가볍게 웃다.〈큰〉빙긋거리다.〈센〉뺑긋거리다. 뱅긋=뱅긋 하타 [그 배우자를 가리키는 말.
뱅니[명]〈민속〉무당의 넋두리에, 죽은 이의 넋이
뱅=뱅[부]①작은 것이 연해 도는 모양. 또는 돌리는 모양. round and round ②하는 일 없이 이리저리 돌

뱅시레 아다니는 모양. 《큰》빙빙. 《센》뺑뺑. 《거》뻥뻥. idle about 《센》뺑시레. beamingly
뱅시레㈜ 소리 없이 뱅긋이 웃는 모양. 뱅시레.
뱅실=거리-다㈜ 소리 없이 입만 벌릴 듯하면서 연해 보드랍게 웃다. 《센》뺑실거리다. beam 뱅실=뱅실㈜ 하㈐
뱅싯 소리 없이 매우 가볍게 한 번 웃는 모양. 《큰》 빙싯. 《센》뺑싯. beaming 하㈐
뱅싯=거리-다㈜ 소리 없이 입을 살며시 벌릴 듯하면서 부드럽고 가볍게 자꾸 웃다. 《큰》빙싯거리다. 《센》 뺑싯거리다. 뱅싯=뱅싯㈜ 하㈐
뱅:어(-魚)㈑〈어류〉 뱅어과의 바닷물고기. 몸 길이 10cm 내외로 몸 빛은 백색 반투명이고 배에는 작은 흑점이 산재함. 한국 동해안 일대와 일본에 분포하며 식용함. 백어(白魚). ¶~젓. white-bait
뱅:어-포(-魚脯)㈑ 뱅어의 포라고 하나 사실은 피라미의 잔 새끼를 통으로 여러 마리 붙여서 납작한 조각으로 지어 말린 것. dried white-baits
=뱅이㈒〈하〉 어떤 습관이나 성질·모양 같은 것으로써 그 사람을 가리켜 이르는 말. ¶게으름~.
뱅-충-다㈑ 똘똘하지 못하여 어리석고 수줍기만 하다. 《큰》빙충맞다. be stupidly shy
뱅:충맞이㈑ 뱅충맞게 생긴 사람. 《약》뱅충이. 《큰》 빙충맞이. shy person a stupidly
뱅:충-바리㈑ 뱅충맞이.
뱅:충-이㈑〈약〉→뱅충맞이.
뱅커(banker)㈑ ①은행가. 은행업자. ②카드놀이 같
뱅크(bank)㈑ 은행. [은 데서의 물주.
뱅킹(banking)㈑ 당구에서, 선공(先攻)을 정하기 위하여 치는 일. 주대의 짧은 쪽의 한쪽에 가까이 놓인 공을, 상대편과 동시에 맞은쪽의 짧은 쿠션을 향하여 쳐서, 상대 편에 돌아온 쿠션에 보다 가까이 닿도록 한 편이 선공과 큐볼을 선택할 권리를 얻음.
빛㈑ 상앗대. 노(櫓). [하㈐
뱉-다 ①입 속의 물건을 입밖으로 내보내다. spit out ②차지했던 것을 도로 내놓다. disgorge ③말 따위를 함부로 하다.
뱉-듯이㈑ 상대편을 업신여기는 태도로 말을 던지는
뱌:비-다다㈑〈고〉 비비다. [모양.
뱌비-다 ①맞대어서 서로 문지르다. rub ②손가락 끝이나 손바닥을 마구 문질러 사이에 든 것을 둥근 덩이로 만들다. round into a little ball ③한데 뒤섞어서 버무리다. mix ④구멍을 뚫으려고 송곳 따위를 쥐고 이리저리 돌리다. drive a gimlet [on
뱌비-대다 자꾸 대고 뱌비다. 《큰》비비대다.
뱌비작-거리-다 뱌비는 동작을 자꾸 하다. 《약》뱌 빚거리다. 《큰》비비적거리다. rub on 뱌비작=뱌비 뱌비-치-다 함부로 뱌비대다. 《작》뱌㈐ 하㈐ [작㈐
뱌빚㈑〈약〉→뱌비작거리다.
뱌슬-거리-다 배슬거리는 태도로 자꾸 배돌다. 탐 탁스럽게 하기를 싫어하다. 《큰》비슬거리다. shirk
박:=비약.
반:덕 요랬다조랬다 하여 곧잘 변하는 마음씨. 《큰》 변덕. caprice 스㈐ 스레㈐
반:덕-꾸러기㈑ 반덕을 잘 부리는 사람. 《큰》변덕꾸 러기. capricious person
반:덕-부리-다 반덕스러운 짓을 하다. 《큰》변덕부리다. be capricious [cious person
반:덕-쟁이㈑ 반덕스러운 사람. 《큰》변덕쟁이. capri-
반둥-거리-다㈜→반둥거리다.
반들-거리-다 아무 일도 하지 않고 부끄러운 줄도 모르고 게을 피우다. 《큰》 맨들거리다. 《센》 뺀 들거리다. 반들=반들㈜ 하㈐
반미주룩-하-다㈑㈓ 물건의 민뜻한 끝이 비어져 나오려고 조금 내밀어 있다. 《큰》빈미주룩하다. be somewhat bulging out 반미주룩-이㈜
반반-하-다㈑㈓ 사람의 얼굴이 과히 추하지 않고 낙낙하게 생기다. 《큰》번번하다. look somewhat fair 반반=히㈜
반주그레-하-다㈑㈓ 얄팍하고 깜찍하며 반주그레하다. 《센》빤죽하다. be ostentatious 반죽=반죽㈑ 하㈐
반:-다㈑㈓ 조금 밝다. light
밥뛰어-가-다 깡충거리면서 뛰어가다. hop on
버거㈑〈고〉 버금으로. 다음으로.
버걱 크고 단단한 물건 또는 질기고 빳빳한 물건이 서로 맞닿아서 나는 소리. 《작》바각. 《센》뻐걱. creaking 하㈐
버걱-거리-다 자꾸 버걱 소리가 나다. 또, 자꾸 버걱 소리를 내다. 《작》바각거리다. 《센》뻐걱거리 버걸-다㈑㈓ ①힘에 겨워 다루기에 벅차다. ②만만하지 않다. beyond one's capacity
·버-국-새㈑〈고〉 뻐꾸기.
버굿㈑〈고〉 보굿.
버.=그-다다㈑ 버금가다. 다음가다.
버그러-뜨리-다 버그러지게 하다. warp
버그러-지-다 짜임새가 뛰틀려져 틈이 벌어지다. 《센》뻐그러지다. be warped
버그르르 많은 물 또는 굵은 거품이 넓게 퍼져 끓어 오르거나 일어나는 모양. 또, 그 소리. 《작》바그르르. 《센》뻐그르르. seethingly 하㈐
버·근-하-다㈑㈓ 맞붙인 틈이 꼭 달라붙지 못하고 사이가 뜨다. loose and open 하㈐
버글-거리-다 ①많은 물이 야단스럽게 자꾸 끓다. seethe ②굵은 거품이 넓게 퍼져 자꾸 일어나다. bubble up ③사람이나 짐승 따위가 많이 모여서 자꾸 움직이다. swarm ④마음이 쓰여 속이 타다. 《작》바글거리다. 《센》뻐글거리다. be anxious 버글=버글㈜ 하㈐
버금 다음가는 차례. 《대》으뜸. next [to
버금 가-다㈑ 차례에서 버금의 다음가다. be second
버금딸림-음(-音)㈑〈음악〉음계의 제4음. 주음(主音)의 아래쪽 완전 5도.
버금딸림-화음(-和音)㈑〈음악〉버금딸림음 위의 3화음. 장조에서는 '파'·'라'·'도', 단조에서는 '베'·'파'·'라'의 3화음.
버긋-하-다㈑㈓ 틈이 벌어져서 벙긋하다. open
버꾸(-法鼓)㈑〈음악〉작은 북처럼 생긴 자루가 달린 농악기. kind of small drum
버꾸-놀음㈑ 농부들이 버꾸를 가지고 하는 농악놀이의 하나. 하㈐ [drummer of small-drum
버꾸-잡이㈑〈음악〉농악에서 버꾸를 맡아 치는 사람.
버꾸-춤㈑ 농악무(農樂舞)에서 버꾸잡이들이 버꾸를 치면서 추는 춤. [器具].
버:너(burner)㈑ 가스 연료 따위를 연소시키는 기구
버.-니어(vernier)㈑ 부척(副尺). 유척(遊尺).
버:니어 캘리퍼스(vernier callipers)㈑ 부척이 달린 자의 한 가지. 노기스.
버덩 나무가 없이 풀만이 난 높고 펀펀한 땅. flat and
버:명-답㈑ 들농계. [weedy land
버둥-거리-다 ①자빠지거나 매달려서 팔다리를 내저으며 몸을 자꾸 움직이다. ②곤란한 처지에서 벗어나려고 갖은 부득부득 애를 쓰다. 《작》바둥거리다. struggle 버둥=버둥㈜ 하㈐
버둥-질㈑〈약〉→발버둥질.
버둥질-치-다㈑ 차례에서 버금의 다음가다.
버:드(bird)㈑ 새.
버드나무㈑ ①〈식물〉버들과의 낙엽 활엽 교목. 높이 8~10m이고 잎은 긴 타원형 또는 피침형으로 4월에 꽃이 피고 흰 솜털이 달린 종자가 흩어짐. 개울가나 들에 나는데 세공재로 쓰고 가로수·풍치목으로도 많이 심음. 버들. willow ②〈가〉버들.
버드나무-벌레㈑〈곤충〉버드나무하늘소의 유충. 버드나무를 파먹는 해충임. willow parasite
버드나무-판(一板)㈑ 버드나무로 된 널판지기.

버드나무하늘소 〖곤충〗 하늘소과에 속하는 벌레. 빛은 대체로 회색이나 몸통이 아래쪽과 밑에는 희백색의 짧은 털이 배게 났음. 유충은 한약재에 쓰임.

버드러-지다 ①부드럽던 것이 뻣뻣하게 되다. stiffen ②끝이 밖으로 벋어나다. ¶앞니가 ~. protrude ③죽어 몸이 굳어지다. 《센》뻐드러지다. stiffen

버드름-하다[여불] 밖으로 약간 벋은 듯하다. 《약》바드름하다. 《작》바드름하다. 《센》뻐드름하다. be somewhat jutting out 버드름-히[부]

버:드=맨(bird-man) 비행가(飛行家).

버들[동] 버드나무①.

버들-강아지[동] 버들개지.

버들-개지 솜 비슷하여 바람에 날려 흩어짐. 버들의 꽃. 버들강아지. 유서(柳絮). 《약》개지 ①. willow catkins [wicker basket

버들-고리 고리버들의 가지로 만든 옷 넣는 고리.

버들-낫[동] 낫의 하나. 목이 짧은 낫보다 날이 짧음.

버들-눈[동] 버들의 싹. buds of a willow

버들-붕어 〖어류〗 버들붕어과의 물고기의 총칭. ②버들붕어과의 물고기의 하나. 길이가 7 cm 가량으로 몸 빛은 짙은 녹회색 바탕에 후배에 V자 무늬가 있음. 중국 원산으로 관상용임. 투어(鬪魚).

버들 상자(-箱子) 고리버들로 만든 상자.

버들=쌀:벼[식물] 올벼의 하나. 한식 뒤에 심으며 빛은 미황색이고 이삭에 까끄라기가 있음.

버들-옷[식물] 버들옷과의 다년생 풀. 줄기 높이 80 cm 가량이고 잔털이 났으며 잎은 피침형임. 6~8월에 녹황색 잔 꽃이 핌. 뿌리는 약용함. 대극(大戟)①. euphorbia

버들-치〖어류〗 잉어과의 민물고기. 몸은 방추형으로 약간 수명이 없고 비늘이 비교적 큼. 몸 빛은 등 쪽이 암갈색, 배 쪽은 흰빛에 연청색의 무늬가 있음. rainbow carp

버들-피리 ①버들가지로 만든 피리. ②버들잎을 접어 입에 피리 소리를 내어 부는 것.

버들-하다[형|불](약)→버드름하다.

버라이어티(variety)[명] ①〈연예〉 노래·무용·촌극·곡예 등을 섞어서 하는 연예. ②변화. 다양성. 〈생

버러지[동] 벌레. [부] 변종(變種).

버럭 갑자기 기를 쓰거나 소리를 지르는 모양. 《작》바락. in a fit of anger [양. 《작》바락바락.

버럭=버럭 점점 더욱 더 기를 쓰거나 소리를 지르는 모

버렁¹[명] 새 잡은 매(鷹)를 받을 때 끼는 두꺼운 장갑.

버:렁[명] ①물건이나 또는 일이 차지한 둘레. scope ②강양태의 가운데가 갓모자의 접착부보다 불룩이 솟아오른 일. 또, 그 부분.

버력¹[명] ①물밑의 기초를 만들기 위하여 또는 수중 구조물의 근부(根部)를 방호(防護)하기 위하여 물 속에 집어 넣는 돌. ②광물 성분이 섞이지 아니한 잡석(雜石). 《대》감돌. useless ore

버력²[명] 하늘이나 신령이 죄악을 징계하느라고 내린 벌. curse

버력 입-다[자] 하늘이나 신령의 벌을 당하다.

버력=탕[명] 광산에서 버력을 버리는 탕. dump for useless ore

버르르[부] ①소견이 좁은 사람이 갑자기 성을 내는 모양. flying into a passion ②많은 물이 넓게 퍼져 갑자기 끓어오르는 모양이나 소리. seethingly ③추위서 갑자기 몸을 떠는 모양. shivering ④얇은 종이나 나무 등에 갑자기 불이 타오르는 모양. 《작》바르르. 《거》퍼르르. flaring up

버르장-머리[명](속) 버릇. habit(vulg)

버르장머리-없:다[형] 버릇없다. 버르장머리-없:이[부] 버르쟁이[명]〈속〉버릇.

버르적-거리다[자][타] 괴로움이나 어려운 고비를 헤어 나려고 팔다리를 내저으며 몸을 자꾸 움직이다. 《약》버릇거리다. 《작》바르작거리다. 《센》뻐르적거리다.

struggle 버르적=버르적[부] 하다[자]

버르=집다[타] ①오므라진 것을 벌려서 펴다. 헤쳐놓다. open up ②숨은 일을 들추어내다. devulge ③작은 일을 크게 떠벌리다. exaggerate

버름하-다[여불] 여러 틈이 다 버름하다.

버름-하다[여불] ①물건이 서로 맞지 않아 틈이 조금 벌어져 있다. loosely fitted ②마음이 서로 맞지 않다. at variance 버름-히[부]

버릇[명] ①어떠한 동작을 여러 번 함으로써 저절로 익숙하여진 상태. 습관. 습습(習業). habit ②어른에게 대하여 차려야 할 예절. ¶~없는 놈. manners ③편벽되게 즐겨서 고치기 어렵게 된 병통.《속》버르쟁이. propensity

버릇 배우라니까 과붓집 문고리 빼어 들고 엿장수 부른다 품행을 단정히 하라고 타이른 후, 오히려 더 못된 짓을 한다.

버릇-소리[동] 습관음(習慣音).

버릇-없:다[ㅡ업ㅡ] 어른에게 대하여 차려야 할 예절을 못 차리다. ill-mannered 버릇-없:이[부]

버릇-하다[조동|여불] 동사의 어미 '-아·-어·-여' 아래에 쓰여 무슨 일을 자주 거듭하여 버릇이 됨을 나타냄. ¶술을 마셔 ~. make it a habit to(do)

버릇-거리-다[자][타]〈약〉→버르적거리다.

버릇-치다[타] 벌려 헤트리다. 파서 헤집어 놓다. dig open

버리-다[타] ①쓰지 못할 것을 내던지다. throw away ②돌보지 않다. abandon ③상해서 쓰지 못하도록 만들다. spoil ④떠나다. 뜨다. ¶고향을 ~. ⑤포기하다. 체념하다. ¶희망을 ~.

버리-다²[조동] 동사의 어미 '-아·-어·-여' 아래에, 일을 끝냄을 나타내는 말. ¶그 떡을 먹어 ~. dispose of [은 민족.

버림-받다[자][타] 돌보지 아니하여 내던져지다. 《버림받

버림-치[명] 못쓰게 되어서 버려 둔 물건. discard

버:마재비[명] 〖곤충〗 버마재비과의 곤충의 하나. 몸 길이 70~82 mm 정도로 앞다리는 낫 모양인데 톱니가 있음. 몸 빛은 녹색 또는 황갈색이고 뒷날개는 반투명함. 한국·중국·일본 등지에 분포함. 당랑(螳螂). 사마귀②. 연가시. 오줌싸개.

버무리[명] 여러 가지를 한데 뒤섞어서 만든 음식. ¶콩

버무리-다[타] 한데 뒤섞다. 골고루 섞다. 《약》바무리다. mix up [섞음으로 만든 떡.

버무리=떡[명] 콩 또는 팥과 쌀가루를 한데 골고루 뒤

버물-다[자] 못된 일에 관계하다. 범죄에 연루(連累)되다. be involved in

버물-다[자][타] 〈약〉→버무리다. [mixed up

버물리-다[자][피] 버무려지다. 《사동》버무리게 하다.

버·물-다[자][고] 둘리다. 걸리다. 얽매이다. 버무리 다. [주홍색 비슷함.

버:밀리온(vermilion) 〖미술〗 서양의 색의 하나.

버:새[동] 〖동물〗 ①수말과 암노새 사이에서 난 잡종. 몸이 약하고 성질이 사나워 실용 가치가 적음. ②암나귀와 수말 사이에서 난 잡종. 체질은 강하나 노새만은 못하고 수컷은 번식력이 없음. 결제(駃騠). hinny [마삭. rustling 하다[자]

버석 가랑잎과 같은 물건이 밟히어서 나는 소리. 《작》

버석=거리-다[자][타] 자꾸 버석 소리가 나다. 또, 연해 버석 소리를 나게 하다. 《작》바삭거리다. 버석-버석[부]하다[자][타] [Korean socks

버선[명] 천으로 지어 발에 꿰어 신는 것. beoseon;

버선-등[동](一等) 버선의 발등이 닿는 부분.

버선-목[명] 버선의 위쪽이며 발목에 닿는 부분. ankle of sock [king feet

버선-발[명] 버선만 신고, 신을 신지 않은 발. in stoc-

버선-본[명](一本)(一本) 버선을 짓는 데 쓰는 종이로 오린 본보기.

버선-볼[명](一볼) ①버선의 앞뒤의 넓이. width of a beoseon ②버선을 기울 적에 바닥 앞쪽 쪽에 덧대는 두 쪽 붙이의 헝겊 조각. [fid

버선-코[명] 버선의 앞쪽 끝이 뾰족하게 올라간 부분.

버섯〈식물〉담자균류(擔子菌類)에 속하는 고등 균류의 총칭. 대부분 우산 모양으로 생겼으며 밑에는 많은 포자가 착생함. 대부분 그늘진 땅이나 또는 다른 나무에 무성 생식함. 독이 없는 것은 식용함. 송이·석이·참나무버섯 따위. 균심(菌蕈). mushroom

버섯=나물團 마른 버섯을 물에 담가서 기름에 볶은 후 쇠고기나 돼지고기를 섞어 양념을 쳐서 다시 볶은 나물.

버섯=벌레團〈곤충〉버섯벌레과의 갑충(甲蟲). 몸 길이 7mm 가량으로 온몸이 검으며 겉 날개에는 등적색의 두 무늬가 있음. 버섯에 기생하며 우리 나라 제주도에 서식함.

버섯속-산호(一珊瑚)團〈동물〉버섯속산호과의 산호 충의 하나. 몸은 20cm 내외로 타원형이며 크게 홈으로 사는 단체(單體) 산호임. 주로 열대 해안의 얕은 바다에 서식함. 석지(石芝). 「서 생기는 중독.

버섯 중독(一中毒)團〈의학〉독이 있는 버섯을 먹어

버-성기-다團 ①틈이 나다. open ②두 사람의 사이가 탐탁하지 않다. on bad terms with

버:스(birth)團 ①출산(出産). 탄생(誕生). ②기원(起源). 발생.

버스(bus)團 일정한 요금을 받고 일정한 노선을 운행하는 여러 사람이 함께 탈 수 있는 큰 자동차.

버:스(verse)團〈문학〉시(詩). 시가(詩歌).

버스 걸(bus girl)團 버스의 여차장.

버:스-데이(birthday)團 생일(生日).

버스러-지-다團 ①뭉그러져 잘게 조각이 나서 흩어지다. crumble ②벌 둘레 안에 들지 못하고 벗나가다. warp ③벗겨져서 헤어지다. give way

버스럭團 마른 검불·나뭇잎 등을 밟거나 뒤적일 때 나는 소리. 「퇴」 바스락. rustling 큰것.

버스럭-거리-다團 연하여 버스럭 소리가 나다. 또, 자꾸 그런 소리를 내다. 「퇴」 바스락거리다. **버스럭**=버스럭 하다

버스름-하-다[엘레] 버스러져서 사이가 버름하다. open due to warping **버스름**=히圊

버:스 컨트롤(birth control)團〈사회〉산아 제한(産兒制限). 수태 조절(受胎調節). 「례의 이름.

버스트(bust)團 ①흉상. 반신상. ②양재에서, 가슴둘

버슬-버슬團 덩이를 이룬 가루 따위가 말라서 쉽게 헤어지는 모양. 「퇴」 바슬바슬. 「거」 퍼슬퍼슬. crumbling 하다

버슷團 →버섯.

버슷버슷-하-다[엘레] 여러 사람의 사이가 모두 버슷하다. 「지 않다. estranged

버슷-하-다[엘레] 두 사람의 사이가 버스러져 어울리

버쩍團 ①갑자기 죄거나 달라붙거나 우기는 모양. tightly ②사물이 급하게 나아가거나 또는 갑자기 늘거나 주는 모양. suddenly ③물기가 마르거나 타버린 모양. completely ④단단한 물건을 깨물 때에 나는 소리. 「퇴」 바싹 with a crunch

버쩍=거리-다[엘레]〈엔〉→버서거리다. 「바작바작.

버썩=버썩團 버쩍의 계속적인 뜻을 나타내는 말. 「퇴」

버-알-團團 사이가 틀리어서 벌다. ①벙어리

버-워-리團〈고〉벙어리. 「가 되다.

버으리-왇-다團〈고〉버그러뜨리다.

버-을-團團 사이가 틀리어서 벌다.

버저(buzzer)團〈물리〉전자석의 코일에 단속적(斷續的)으로 전류를 보내어 철편(鐵片)을 진동시켜 내는 신호도. 또, 그 장치.

버적-버적團 ①잘 마른 물건을 밟는 소리. crunching ②잘 마른 물건이 타는 소리. crackling ③바싹 죄는 모양. ④진땀이 몹시 돋는 모양. 「퇴」 바작바작. anxiously

버젓-하-다[엘레] 번듯하고 떳떳하여 조금도 굽힐 만한 것이 없다. 「엔」 뻐젓하다. fair and square **버젓-이**튄

버정이-다國 부질없이 서성거리는 걸음을 오락가락하다. 「바장이다. walk up and down

버:즈아이 뷰:(bird's-eye view)團 ①조감도(鳥瞰圖). ②개관(概觀).

버:즘團〈고〉버짐.

버지기團 →자배기.

버:지-다圓 ①베어지거나 조금 굽히다. be cut ②가장자리가 닳아서 떨어지게 되다. wear out

버:진(virgin)團 처녀. 미혼 여성.

버짐團 백선(白癬)으로 말미암아 생기는 피부병의 하나. 마른버짐과 진버짐이 있고, 흔히 얼면 백선이 많음. 선창(癬瘡). ringworm

버쩍=버쩍團 ①몸이 죄어지거나 달라붙거나 우기는 모양. tightly ②사물이 급하게 나아가거나 또는 갑자기 늘거나 주는 모양. suddenly ③물기가 버쩍 줄어서 빨리 말라붙는 모양. dried up ④몸체가 몹시 마른 모양. 「퇴」 바짝.

버쩍=버쩍團 버쩍의 계속적인 뜻을 나타내는 말. 「큰」 부쩍부쩍. 「cherry

버찌〈식물〉벚나무의 열매. 흑앵(黑櫻). 〈악〉 벚.

버치團 자배기보다 좀 큰 그릇. large deep dish

버캄團 액체 속에 섞이었던 염분이 엉기어서 뭉쳐진 찌끼. scum 「(單語集).

버캐불러리(vocabulary)團 어휘(語彙). 말수. 단어집

버커리團 늙고 병들거나 고생살이로 살이 빠지고 주그러진 여자. withered old woman

버케이션(vacation)團 휴가.

버크럼(buckram)團 풀이나 아교 따위를 발라서 뻣뻣하게 한 아마포(亞麻布). 제본이나 양복의 심에 쓰임.

버:크셔(Berkshire)團〈동물〉돼지의 한 품종. 재래종에 중국종을 교배시킨 것. 추위에 강하고 번식력이 왕성함.

버클(buckle)團 혁대를 죄어 고정시키는 장식물.

버:클륨(berkelium)團〈화학〉초(超)우라늄 원소의 하나. 1950 년에 인공적으로 만들었음. 원소 기호; Bk. 원자 번호; 97. 원자량; 247.

버터(butter)團 우유 속의 지방을 분리하여 적당히 발효시켜 소금으로 간을 맞춘 식품. 우락(牛酪).

버터=밀크(buttermilk)團 우락유(牛酪乳).

버터플라이(butterfly)團 ①나비. ②〈체육〉헤엄 치는 법의 하나. 접영(蝶泳). ③스트립 쇼를 하는 여자가 음부를 가리는 나비 모양의 헝겊.

버-텅團〈고〉뜰층계.

버-텅아-래團〈고〉계하(階下). 「(斷續)시키는 단추.

버튼(button)團 ①단추. ②전기 장치에 전류를 단속

버티-다圓 ①참고 배기다. stand ②맞서서 겨루다. hold out against ③쓰러지지 않게 가누다. support ④이어 가다. 부지하다. maintain ⑤좋음을 참다. keep oneself

버팀-목(一木)團 버틸 물건을 받쳐 세우는 나무. prop

버팅(butting)團〈체육〉권투에서, 선수끼리 머리를 부딪는 일.

버-히-다團〈고〉베다. 칼로 쳐서 죽이다.

벅團 냄새가 몹시 심한 모양. 「퇴」 바꾸. be pitted

벅:벅團 ①단단한 물건의 두드러진 바닥을 연해 긁는 소리. scraping ②단단한 종이 따위를 잇달아 찢는 소리. tearing ③바닥이 반반할 정도로 자주 깎거나 닦거나 밀어 대거나 살살이 긁는 모양. raking ④야별썰해 기를 쓰는 모양. 「퇴」 박박. with all one's might

벅벅-이튀 틀림없이 그러하리라고 미루어서 헤아리는 뜻을 나타내는 말. 「퇴」 박박이. 〈엔〉 뻑뻑이. to be sure 「의 가죽처럼 잔 모직물.

벅-스킨(buckskin)團 ①사슴이나 양의 가죽. ②사슴

벅신-거리-다團 사람이나 짐승이 한 곳에 많이 모여 활발하게 움직이다. 「퇴」 박신거리다. swarm **벅신**=하團

벅적-거리-다團 넓은 곳에 많은 사람이 모여 뒤끓다. 「퇴」 박작거리다. swarm **벅적**=벅적團 하團

벅차-다團 ①감당하기 어려운 힘에 겹다. beyond one's power ②어떤 생각이나 분량이 많아서 밖으로 넘칠 듯하다. brimful

번⟨약⟩→시룻번.
번(番)명 ①차례로 숙직하는 일. ¶든~. 난~. night-duty ②차례로 갈아드는 일. turn 의명 ①차례를 나타내는 말. ¶5~. number of numerical order ②횟수(回數)를 나타내는 말. ¶세~. a time
번(煩)명 →번뇌.   명 ⟨불⟩→번조(煩燥).
번가(煩苛)명 몹시 번거롭고 까다로움. troublesomeness 하다형
번-가루[一까一]명 곡식의 가루를 반죽할 때에 물손을 맞추어 가며 덧치는 가루. flour added in kneading dough
번각(翻刻)명 한 번 새긴 책판(冊板)을 본보기로 삼아 다시 새김. ¶~ 발행(發行). reprint 하다타
번각-물(翻刻物)명 번각한 책. 번각본(本). 번각서
번각=질(翻刻─)명 →뒤집개질.   [(書).
번간(煩簡)명 번거로움과 간략함. complicatedness and simpleness □ 증세.
번갈(煩渴)명 ⟨한의⟩ 가슴이 답답하고 목이 마름. 또,
번=갈다(番─)재타 한 패씩 한 패씩 차례로 갈마들다. 차례로 돌아서 가다. take turns   [by turns
번=갈아(番─)胃 한 패씩 한 패씩 차례로 갈마들아 가며.
번갈아=들다(番─)재타 ①차례로 돌아 가며 일을 맡다. take turns ②숙직의 차례로 바뀌다.
번갈아=들이다(番─)사동 차례로 번갈아들게 하다. let take turns
번갈=증[─쯩](煩渴症)명 담답하고 목이 마른 병증.
번개⟨물⟩ 대기 중의 전기가 방전(放電)될 때 생기는 몹시 빠르게 번쩍이는 빛. 뇌편(雷鞭). lightning
번개가 잦으면 천둥을 한다족답 자주 말이 나는 일은 마침내로 되고야야 만다.   [ning 번개=갈이
번개=같다형 동작이 몹시 빠르다. as quick as lightning
번갯=불명 번개가 일어날 때에 번쩍이는 빛. 전광(電光). 유전(流電). 전화(電火). lightning flashes
번갯불에 솥 구워 먹겠다속답 거짓말을 이죽이죽 잘한 다는 뜻.   [르다.
번갯불에 콩 볶아 먹겠다속답 행동이 매우 민첩하고 빠
번거=롭다(─로우·─로워) ①일의 갈피가 어수선하고 복잡하다. troublesome ②조용하지 못하고 어수선하다. noisy 번거=로이튀   [noisy
번거=하다형여 조용하지 않고 자리가 어수선하다.
·번·게튀
번견(番犬)명 집을 지키는 개. watchdog
번경(反耕)명 ⟨농업⟩ 논을 여러 번 갈아 뒤집음. ploughing many times 하다타
번고(反庫)명 ①창고의 물건을 뒤적거려 조사함. stock-taking ②구역질하여 토함. vomiting 하다타
번고(煩告)명 쉴 새 없이 번거롭게 알려 바침. 하다타
번고(煩惱)명 ⟨심신이 시달려 괴로움. 객진(客塵). 심구(心垢). 진로(塵勞). worldly passion 하다형
번뇌-마(煩惱魔)명 ⟨불교⟩ 사마(四魔)의 하나. 탐욕·진에(瞋恚)·우치(愚痴) 등이 사람을 괴롭히고 어지럽게 하여 수행에 방해가 되는 것.
번뇌-장(煩惱障)명 ⟨불교⟩ 번뇌가 마음을 몹시 어지럽게 하는 일.
번뇌-탁(煩惱濁)명 ⟨불교⟩ 오탁(五濁)의 하나. 애욕을 탐하여 마음을 괴롭게 함.
번다(煩多)명 번거롭게 많음. 다번(多煩). 하다형 스럽다형
번드시튀 뚜렷이. 환하게.   [스레이튀 히튀

번답(反畓)명 ⟨농업⟩ 밭을 논으로 만듦. 대 번전(反
번데(翻─)명 →번데기.   [田). 하다타
번데기명 ⟨곤충⟩ 곤충류에서, 성충이 되기 전에 고치 따위의 속에 가만히 들어 있는 몸. ⟨약⟩ 번메. pupa
번둥-거리다재 아무 하는 일 없이 뻔뻔하게 놀고 있다. ⟨작⟩ 반둥거리다. ⟨센⟩ 뻔둥거리다. ⟨거⟩ 펀둥거리다. idle about 번둥=번둥튀 하다재
·번·드·기튀 환하게. 뚜렷이.
번드럽-다형비 ①윤기가 나고 미끄럽다. be glossy ②사람됨이 약아서 어수룩한 맛이 없다. ⟨작⟩ 반드럽다. ⟨센⟩ 뻔드럽다. be smart
번드레-하다형여 겉모양이 번드르르하다. ⟨작⟩ 반드레하다. ⟨센⟩ 뻔드레하다. lustrous
번드르르튀 윤기가 있고 미끄러운 모양. ⟨작⟩ 반드르르. ⟨센⟩ 뻔드르르. glossily 하다형
번·드·시튀 뚜렷이.
번드치-다타 ①마음을 변하여 바꾸다. change one's mind ②물건을 번득 뒤집다. turn upside down
번득튀 한 번 번득이는 모양. ⟨작⟩ 반득. ⟨센⟩ 뻔득. flickering 하다재
번득-거리다재타 자주 잇따라 번득이다. ⟨작⟩ 반득거리다. ⟨센⟩ 뻔득거리다. 뻔득거리다. 번득=번득튀 하다재타
번득-이다재타 물결의 바닥이이 뒤척이는 바람에 순간적으로 작은 빛을 나타내다. 또, 그렇게 되게 하다. ⟨작⟩ 반득이다. ⟨센⟩ 뻔득이다. 뻔득이다. shine
·번·득·히튀 뚜렷하게.
번들-거리다재 ①윤기가 나도록 미끄럽게 되다. be glossy ②어수룩한 맛이 없이 약게만 굴다. ⟨작⟩ 반들거리다. ⟨센⟩ 뻔들거리다. be smart 번들=번들튀 하다재
번들-거리다재 밉살스러운 태도로 게으르게 놀기만 하다. ⟨작⟩ 반들거리다. ⟨센⟩ 뻔들거리다. ⟨거⟩ 펀들거리다. idle about 번들=번들튀 하다재
번-들다(番─)재 번(番)의 차례가 되어서 직소(直所)로 들어가다. 번서다. 대 번나다. go on duty
번듯-하다형여 여럿이 다 번듯한 모양. 매우 번듯하다. ⟨작⟩ 반듯반듯. 하다형
번듯-하다형여 어디가 비뚤어지거나 굽거나 기울거나 하지 않고 바르다. ⟨작⟩ 반듯하다. ⟨센⟩ 뻔듯하다. be even, well-balanced 번듯=이튀
번등(翻謄)명 다른 글로 옮겨서 베낌. copying 하다타
번·디튀 본디.
번똑튀 ⟨센⟩→번득.
번똑-거리다재타 ⟨센⟩→번득거리다.
번똑-이다재타 ⟨센⟩→번득이다.
번뜻튀 갑자기 나타났다가 곧 없어지는 모양. ⟨작⟩ 반뜻. flickeringly 하다재   [반뜻. flickeringly 하다재
번뜻-번뜻튀 여러 번 번뜻 나타나는 모양. ⟨작⟩ 반뜻
번뜻=번뜻²튀 ⟨센⟩→번듯번듯.
번뜻-하다형여 ⟨센⟩→번듯하다.
번란(煩亂)명 몸과 마음이 괴롭고 어지러움. 하다형
번례(煩禮·繁禮)명 번거로운 예법. 욕례(縟禮). complicated manners
번로(煩勞)명 일이 번거롭고, 마음이 수고로움. trouble
번론(煩論)명 번거로운 언론. troublesome arguments
번롱(翻弄)명 이리저리 놀려서 희롱함. making a fool of 하다타
번루(煩累)명 번잡한 걱정과 괴로움. cares
번리(藩籬·樊籬)명 울타리.   [번민. 하다형
번민(煩懣)명 ①가슴속이 답답함. stuffiness ②동
번망(煩忙·繁忙)명 번거롭고 바쁨. busyness 하다형
번무(煩務)명 번거로운 사무. 어수선하고 번거로운 일. 번용(煩冗). troublesome affairs
번무(繁茂)명 초목이 무성함. 우거짐. 번성(蕃盛)². growing luxuriantly 하다형
번문 욕례[一뉴一](繁文縟禮)명 규칙·예절·절차 등이 지나치게 형식적이어서 번거롭고 까다로운 예문(禮文). ⟨약⟩ 번욕. red-tapism

번민(煩悶)圀 마음이 답답하여 피로움. 번만(煩懣)②. anguish 하다
번-바라지[—빠—](番—)圀 번든 사람에게 식사나 그 밖의 온갖 치다꺼리를 하는 일. food to be delivered to the man on duty 하다
번-방[—빵](番房)圀 번들이 있는 방. night duty room
번방(藩邦)圀 번국(藩國).
번번-이(番番—)團 여러 번 다. 매양. ¶~ 합격이
번번-하-다㉠圀 ①구김살이나 울퉁불퉁한 메가 없고 편편하다. even ②생김새가 얌전하다. fair ③지체가 남만 못하지 않게 상당하다. 《작》 반반하다. decent 번번-히團
번병(藩屛)圀 ①번리(藩籬)와 문병(門屛). bulwark ②감영(監營)이나 병영(兵營)을 이르는 말.
번복(飜覆)圀 이리저리 뒤쳐서 고침. 뒤집음. 하다
번본(飜本)圀 번각(飜刻)한 판에 박아 낸 책. reprint
번-분수[—쑤](繁分數)圀 〈수학〉 분수의 분자나 분모가 분수인 분수. 복분수(複分數). 《대》 단분수(單分數). compound fraction
번사(燔師)圀 〈공업〉 사기 굽는 가마에 불을 맡아 때
번삭(煩數)圀 [려 내는 사람.
번상(番上)圀 〈제도〉 시골 군사를 골라 뽑아서 서울의 군영으로 보내던 일. [려 내는 밥상.
번-상(—牀)(番床)圀 번을 들 때 자기 집에서 차
번=서-다(番—)재 번들을 지키다. be on duty
=번선(番線)圀 ①철자수를 나타내는 말. ¶기타줄의 5~. ②역 구내의 선로를 배치한 차례를 나타내는 말. ¶2~에 대기하고 있는 부산행 열차.
번설(煩屑)圀 번거롭고 자질구레하여 귀찮음. annoyance 하다
번설(煩說)圀 ①너저분한 잔말. bothersome talk ②떠들어서 소문을 냄. gossiping 하다   [filthy 하다
번설(煩褻)圀 번잡스럽고 더러움. bothersome and
번성(蕃盛)圀 ①자손이 늘어서 퍼짐. being prosperous ②초목이 무성함. 번성(繁盛). 번무(繁茂). 번연(蕃衍). growing luxuriantly 하다
번성(繁盛)圀 한창 늘어서 잘됨. 번성(蕃盛)②. prosperity 하다
번소(番所)圀 번을 드는 곳. night-duty box
번쇄(煩瑣·煩碎)圀 너더분하고 자차분함. troublesomeness 하다
번쇄 철학(煩瑣哲學)圀 〈동〉 스콜라 철학.
번=수[—쑤](番數)圀 차례의 수효. times ing 하다
번숙(煩熟)圀 곡식 따위가 무성하여 잘 익음. ripen-
번순(反脣)圀 입술을 비쭉거리며 비웃음. 하다
번승(番僧)圀 ①번(番)갈아서 입직(入直)하는 승군(僧軍). ②번승(蕃僧).   [eeding 하다
번식(繁殖·蕃殖·蕃息)圀 붙고 늘어서 많이 퍼짐. br-
번식-기(繁殖期)圀 〈생물〉 동물이 새끼를 치는 시기. breeding season | 잎·포자·사슴·새 열매 등.
번식 기관(繁殖器官)圀 〈식물〉 번식을 맡은 기관. 곧,
번식-력(繁殖力)圀 번식하는 힘.
번식-률[—뉼](繁殖率)圀 〈생물〉 암수 한 쌍이 일정한 기간에 낳은 새끼 중에서 성장하여 성숙기에 이르는 율.
번식성-염[—념](繁殖性炎)圀 세포나 섬유의 번식·증식을 주체로 하는 염증의 한 형(型). 증식성염(增殖性炎).
번안(飜案)圀 ①안건(案件)을 뒤집음. reversal ②사람의 시문을 원안으로 하여 이리저리 고침. adaptation ③외국의 작품을 자기 나라의 것으로 알맞게 뜯어고쳐 개작함. adaptation 하다
번안 소:설(飜案小說)圀 〈문학〉 원작(原作)의 줄거리는 그대로 두고, 인정·풍속·지명(地名)·인명(人名) 같은 것을 자기 나라의 것으로 바꾸어 번안한 소설.
번역(飜譯)圀 어떤 나라 말로 된 글을 다른 나라 말이나 글로 바꾸어 옮김. 《약》 역(譯). translation 하다   [nslator
번역-가(飜譯家)圀 번역을 전문으로 하는 사람. tra-

번역-권[—꿘](飜譯權)圀 〈법률〉 저작권의 하나. 어떤 저작물을 번역 출판할 수 있는 권리. right of translation   [상연하는 연극. translated play
번역-극(飜譯劇)圀 〈연예〉 외국의 희곡을 번역하여
번역=기(飜譯機)圀→번역 기계(飜譯機械).
번역 기계(飜譯機械)圀 번역을 하는 기계. 전자 계산기가 그 주역임. 《약》 번역기(飜譯機). translating machine
번역 문학(飜譯文學)圀 〈문학〉 외국의 문학 작품을 번역하여 따로 독특한 예술미가 있도록 한 문학. translations of literary works
번역=물(飜譯物)圀 번역한 문서나 작품. translation
번역-생(飜譯生)圀 〈제도〉 구한말에 번역이나 통역을 맡아 하던 판임관(判任官).
번역-시(飜譯詩)圀 〈문학〉 원시(原詩)를 다른 나라 말로 번역한 시. translated poem
번역-자(飜譯者)圀 번역하는 사람. 《대》 원저자(原著者). 번역가(譯者).
번역-조(飜譯調)圀 번역투의 문장.
번연(幡然)튄 성신(省盛)
번연(飜然·幡然)튄 모르던 것을 갑자기 깨닫는 모양. suddenly 하다 히튄 [하다
번연 개오(飜然開悟)圀 모르던 일을 갑자기 깨달음.
번연히 알면서 새 바지에 똥 싼다團 사리(事理)를 알면서 실수한다.
번열-증(煩熱症)圀 〈한의〉 신열(身熱)이 몹시 나고 가슴이 답답한 증세. 번열(煩熱). fever
번영(繁榮)圀 일이 성하게 되어 영화로움. 《대》 쇠미(衰微). prosperity 하다   [jade
번옥(燔玉)圀 돌가루를 구워 만든 인조옥. artificial
번요(煩擾)圀 번거롭고 요란스러움. 《약》 번(煩)①. annoying 하다
번욕(繁縟)圀 〈약〉→번문 욕례(繁文縟禮).
번용(煩冗)圀 번거로운 사무. 번무(煩務).
번우(煩憂)圀 피로워하고 근심함. 하다 [세.
번울(煩鬱)圀 〈한의〉 가슴속이 답답하고 갑갑한 증
번위(反胃)圀 〈한의〉 위경(胃經)의 탈의 하나. 구역질이 나고 토하는 증세. vomiting
번육(膰肉)圀 제사에 쓰이고 난 고기.
번육(燔肉)圀 구운 고기. roast meat
번육(蕃育)圀 길러 키움. 하다   [ality
번은(燔銀)圀 품질이 낮은 은. silver of inferior qu-
번의(飜意)圀 먹었던 마음을 뒤집어 돌림. changing one's mind 하다
번이(蕃夷)圀 오랑캐. 이(夷·蠻夷). savage
번인(蕃人)圀 야만인.
번작(反作)圀 ①이속(吏屬)들이 환곡을 사사로이 써 버리고 그것을 메우려고 온갖 못된 꾀를 부리던 일. ②뒤집어서 거짓 꾸밈. 하다
번작(燔灼)圀 불에 구움. roast 하다
번잡(煩雜)圀 번거롭고 혼잡함. 《대》 간이(簡易). complexity 하다 스럽 스레하
번적튄 빛이 잠깐 나타났다 없어지는 모양. 《작》 반작. 《센》 번쩍. 뻔적. 뻔쩍. flashing 하다
번적=거리-다쟈 자꾸 번적거리다. 《작》 반작거리다. 《센》 번쩍거리다. 뻔적거리다. 뻔쩍거리다. 번적=번적튄
번적-이-다쟈티 빛이 여리게 잠깐 나타났다 없어지다. 또, 그리 되게 하다. 《작》 반작이다. 《센》 번쩍이다. 뻔적이다. 뻔쩍이다. sparkle
번전(反田)圀 논을 밭으로 만듦. 하다
번제(煩提)圀 번거롭게 말을 꺼냄. troublesome suggestion 하다
번제(燔祭)圀 〈기독〉 구약 시대에 하느님에게 올리던 제사의 하나. 짐승을 태워 구워 제물로 바침.
번조(煩燥)圀 〈한의〉 신열이 나서 손발을 가만두지 못하는 증세. 《약》 번(煩)②. irritation with fever 하다 [¶~소(所). pottery 하다
번조(燔造)圀 〈공업〉 질그릇 따위를 구워 만들어 냄.

번조증[-증](煩燥症)명 번조가 일어나는 증세.
번족¹(蕃族)명 대만의 토족(土族). aborigines of Formosa
번족²(蕃族・繁族)명 번성하는 집안. prosperous family
번종(蕃種)명(동) 방아깨비.
번주그레-하-다(형여) 겉으로 보기에 번듯하다. 《작》 반주그레하다. look-fair
번죽-거리-다 얼굴은 늘름하게 생긴 사람이 이죽이 죽하면서 느물거리다. 《센》 뻔죽거리다. annoy
번지〈농업〉 논밭의 흙을 고르거나 씨 뿌려 떨어진 곡식을 긁어 모으는 데 쓰는 농기구의 하나. rake
번지 번지를 붙여 나눈 호. 지목(地目)의 번호. house number
번지(蕃地)명 미개한 땅. 오랑캐가 사는 지역. 만지 savage land
번지기(체육) 몸을 바로잡고 힘을 써서 상대편의 공격을 막는 씨름의 자세.
번:지-다 둘레로 넓게 퍼져 나가다. spread
번지럽-다(ㅂ변) 기름기가 묻어서 미끄럽고 윤이 나다. 《작》 반지랍다. glossy
번지레 좀 번지르르한 모양. sleekly 하형
번지르르 좀 번지럽고 윤이 나는 모양. 《작》 반지르르. 《센》 뻔지르르. glossily 하형
번지=수(-數)(番地數)명 번지의 호수.
번지수가 틀리다 엉뚱한 데를 잘못 짚다.
번지-질(농업) 번지를 가지고 논밭의 흙을 고르는 짓. raking 하타
번진(藩鎭)명(제도) 중국 당나라 때의 절도사. 변경 지방의 수비를 맡고 그 병정을 통할했음.
번질-거리-다 ①미끄럽게 윤이 흐르다. be glossy ②교활하게 번들거리다. 《작》 반질거리다. 《센》 뻔질거리다. be shrewd 번질=번질 하형태
번째(番-)의 차례나 횟수를 나타내는 말. ¶ 다섯
번쩍¹명(동)→번적.
번쩍² ①물건을 아주 가볍게 쳐드는 모양. easily with no effort ②물건의 끝이 일순 높이 들리는 모양. 《작》 반짝². lightly
번쩍³ 갑자기 정신이 들거나 깨닫게 되거나 마음이 끌리는 모양. 《작》 반짝³.
번쩍-거리-다(자타) 《센》→번적거리다.
번쩍 여러 번 번쩍 들거나 들리는 모양. 《작》 반짝반짝. 하형
번쩍-이-다(자타) 《센》→번적이다.
번쩍 함부로 움직이기만 하면 곧. 《약》 적하면. be liable to
번-차(番次)명(약)→번차례. 차례. 《약》 번차.
번-차례(番次例)명 돌려 가며 갈마드는 차례. 번들
번창(繁昌)명 한창 잘되어 성함. prosperity 하형
번철(燔鐵)명 지짐질하는 데 쓰는 무쇠 그릇. 적가(炙子). 전철(煎鐵). frying-pan
번초(蕃椒)명(식물) 고추.
번추(煩醜)명 번거롭고 더러움. 하형
번토(墦土)명〈공업〉 질그릇을 만드는 데 쓰는 흙. ¶ 3십화약 병세가 조금 낫다. somewhat better ④무슨 일의 속이 환하게 들여다보이다. 《작》 반하다. 《센》 뻔하다. obvious 번:=히
번트(bunt)명〈체육〉 야구에서, 타자가 배트를 수평으로 쥐고 가볍게 공에 대어 굴러가게 하는 타법(打法). 연타(軟打).
번트 앤드 런(bunt and run)명 야구에서, 주자와 타자가 짜고, 투수의 투구 동작과 동시에 주자는 다음 베이스에 나가고, 타자는 반드시 번트하는 공격법. 명 스퀴즈.
번폐(煩弊)명 번거로운 폐단. troublesome abuses 스
번포(番布)명〈제도〉 오위(五衛)의 군졸이 궁중에 번(番)드는 대신에 바치던 포(布).
번거롭다 번거롭게 여쭘. bothersome report 하타
번:-하-다(여) ①어둠 속에 밝은 빛이 비쳐 환하다. bright ②바쁜 중에 잠깐 겨를이 생기다. leisurely for the moment ③십하던 병세가 조금 낫다. somewhat better ④무슨 일의 속이 환하게 들여다보이다. 《작》 반하다. 《센》 뻔하다. obvious 번:=히
번호(番號)명 ①차례를 나타내는 호수. number ②순번의 수를 외치는 일. 또, 그 구령. calling out one's number 하타
번호-기(番號器)명 자동 회전식으로 된 번호를 찍는 기계.
번호-부(番號簿)명 번호를 적어 놓은 책. ¶ 전화
번호-순(番號順)명 번호의 차례.
번호-패(番號牌)명 남의 물건을 맡고 그 표적으로 내어 주는 번호를 매긴 패. 나무나 쇠붙이로 만듦.
번호-표(番號票)명 번호를 적은 표.
번화(繁華)명 번성하고 화려함. prosperity 하형
번화-가(繁華街)명 도시의 번화한 거리. busy street
번휴(체도)명 교대로 쉼. 나라가 태평할 때 번(番)들 장정(壯丁)을 당분간 쉽게 하여 주던 일. :번(고) 벗. rest in turn 하타
벋-가-다 올바른 길에서 버드러져 가다. 《센》 뻗가다. swerve from
벋-나-다 ①끝이 밖으로 벋게 나다. turn outward ②옳은 길을 따르지 아니하고 못된 길로 나가다. go astray
벋-나-다 새싹이나 잔가지 따위가 자라서 밖으로 벋어 나다.
벋-놓-다(타) ①테밖에 놓아 두다. place outside ②제멋대로 놓아먹여서 그릇된 길로 들어가게 하다. let go wild
벋-니 바깥쪽으로 버드러져 이. 뻐드렁니. 《대》 옥니. projecting teeth
벋-다(자) ①길게 자라 나가다. ¶ 나뭇가지가 남쪽으로 ~. extend ②힘이 미치다. ¶ 사람의 힘이 달에까지 ~. 《센》 뻗다¹. reach
벋-다² 끝이 버드러져 있다. ¶ 이가 ~. 《대》 옥다. protruding
벋-대:-다(자) ①듣지 않고 버티다. ¶ 윗대지 말고 말을 잘 들어라. 《센》 뻗대다. hold out against ②동ним 벋서다.
벋-디디-다 ①발에 힘을 주고 버티어 디디다. step firmly ②금 밖으로 내어 디디다. 《센》 뻗디디다. step outside (the line)
벋디룽-하(고) 거부하다. 막다.
벋버듬-하-다(형여) 버드러져 나가 버름하다. sometimes
벋버스름-하-다(형여) 두 사이가 두 단체 사이가 서로 맞지 아니하고 잔뜩 버름하다. on bad terms
벋-새(건축)명 평면으로 된 기와. flat tile
벋-서-다(자) 버티어 맞서다. 벋대다³. 《센》 뻗서다. hold out against
벋은-숨바귀(植)〈식물〉 국화과에 속하는 다년생 풀. 줄기는 땅에 붙어 벋고 여름철에 노랑꽃이 핌.
벋장-대:-다(자) 순종하지 않고 한없이 버티다. 《센》 뻗장대다. be resistant
벋정-다리(자)① 자유롭게 구부렸다 폈다 하지 못하고 항상 벋치기만 하는 불구의 다리. 또, 그런 사람. stiff leg ② 뻣뻣하여 마음대로 굽힐 수가 없게 된 물건. 《센》 뻗정다리. stiff thing
벋쳐-오르-다(자)(르변) 물줄기나 불길 같은 것이 빛치서 위로 오르다. 《센》 뻗쳐오르다.
벌¹ 넓고 평평하게 생긴 들. 《거》 펄. field
벌² 옷이나 그릇 따위의 여러 가지가 한데 모여서 갖추어진 덩이. ¶ 한 ~의 된 양복. ②옷이나 그릇 등 짝이 이루는 물건을 센 때 쓰는 말. ¶ 옷 한 ~. 반상(飯床) 두 ~. suit
벌:(蜂)명 ①〈곤충〉 ①막시류의 날벌레. 종류가 많고 두부에는 한 쌍의 복안과 촉각, 흉부에는 두 쌍의 날개가 있으며 복부형의 끝에는 많은 환절로 이어져 있음. 대개는 독침이 있으며 단독 또는 집단 생활을 함. bee ②〈약〉→꿀벌.
벌 상부로 짤 때 고를 돌려갔 감는 가닥. ¶ 세 ~ 상 두. strand
벌(罰)명 죄를 지은 사람에게 괴로움을 주어서 징계하고 억누르는 일. punishment 하타
벌(閥)명 어떤 방면의 지위나 세력을 뜻하는 말. ¶ 문(門)~. 학(學)~. faction
벌개(역) 벌떼들이 소초에 밀랍을 붙여 지은 벌집. 여기에 새끼벌을 기르고 꿀과 화분을 저장해 둠.
벌개(역) '벌겋다'의 활용형인 '벌거어'가 줄어서 변한 말. 《센》 뻘개.
벌개-지-다(자) 벌겋게 되다. 《책》 발개지다. 《센》 뻘개지다. turn red

벌거벗고 전통 찰까[속] ①어울리지 않아 어색하다. ②어울리지 않게 꾸미느니보다 검소한 것이 낫다.
벌거=벗기-다[타] 옷을 죄다 벗기다. 《작》 발가벗기다. 《센》 빨거벗기다. strip stark naked 「거벗다. strip
벌거=벗-다[자] 옷을 죄다 벗다. 《작》 발가벗다. 《센》 뻘
벌거벗은 손님이 더 어렵다[속] 어린 손님을 대접하기가 어른 손님보다 어렵다.
벌거=숭이[명] 옷을 걸치지 않은 알몸뚱이. 《작》 발가숭이. 《센》 뻘거숭이. naked body 「bare mountains
벌거숭이=산(一山)[명] 나무나 풀이 없는 산. 민둥산.
벌거우리=하-다[형][여불] 벌건 빛이 은은하다.
벌건[관] 모두·아주 또는 통째의 뜻으로 쓰이는 말. 《작》 발간. 《센》 뻘건. ¶~ 거짓말. downright
벌겅[명] 벌건 빛깔이나 물감. 《작》 발강. 《센》 뻘겅. red colour 「something red
벌겅=이[명] 벌건 빛의 물건. 《작》 발강이. 《센》 뻘겅이.
벌겋-다[형][ㅎ불] 조금 연하고도 곱게 붉다. 《작》 발갛다. 《센》 뻘겋다. red
벌교(筏橋)[명] 뗏목을 이어 만든 다리.
벌:=구멍[—꾸—][명] 벌통의 구멍.
벌그데데=하-다[형][여불] 좀 천하게 벌그스름하다. 《작》 발그대대하다. 《센》 뻘그데데하다. somewhat red
벌그뎅뎅=하-다[형][여불] 격에 맞지 않게 벌그스름하다. 《작》 발그댕댕하다. 《센》 뻘그뎅뎅하다.
벌그레=하-다[형][여불] 조금 곱게 벌그스름하다. 《작》 발그레하다. reddish
벌그름=하-다[형][여불] 《약》→벌그스름하다.
벌그무레=하-다[형][여불] 가장 엷게 벌그스름하다. 《작》 발그무레하다. 「발그속속하다. reddish
벌그숙숙=하-다[형][여불] 수수하게 벌그스름하다. 《작》
벌그스름=하-다[형][여불] 조금 벌겋다. 《약》 벌그름하다. 《작》 발그스름하다. 《센》 뻘그스름하다. reddish **벌그스름=히**[부]
벌그죽죽=하-다[형][여불] 빛깔이 고르지 못하고 칙칙하게 벌그스름하다. 《작》 발그족족하다. 《센》 뻘그죽죽하다. spotted deep red
벌금(罰金)[명] ①〈법률〉 재산형의 하나. 범죄의 처벌로서 부과하는 돈. ②못된 짓에 대한 징계로서 내게 하는 돈. fine
벌금=형(罰金刑)[명] 〈법률〉 범죄의 처벌 방법이 벌금인 형. 《대》 체형(體刑). amercement
벌긋=벌긋[부] 칙칙하게 붉은 점이 여러 군데 박힌 모양. 《작》 발긋발긋. 《센》 뻘긋뻘긋. with red spots **하**[형]
벌:기-다[타] ①속의 것이 드러나게 쪼개어 벌리다. open up ②갈기갈기 찢어서 벌리다. cut open ③이리저리 헤아리다가 결단을 내다. ¶일을 ~. 《작》 발기다. decide
벌깨=덩굴[명] 〈식물〉 꿀풀과의 다년생 풀. 줄기는 방형(方形)으로 5월에 자색 꽃이 핌. 어린 잎은 식용함.
벌꺽[부] ①갑자기 성을 내거나 기운을 쓰는 모양. suddenly ②무엇이 갑자기 뒤집히는 모양. ¶온 동네가 ~ 뒤집혔다. 《작》 발깍. 《센》 뻘꺽. 《거》 벌컥. utterly
벌꺽=거리-다[자] ①빚어 담근 술이 심한 정도로 자꾸 부걱부걱 괴어 오르다. ferment ②삶는 빨래가 끓을 때에 자꾸 부풀어오르다. bubble [타] 진흙이나 무슨 반죽 따위를 자꾸 밟거나 주물러서 옆으로 비어져 나오게 하다. 《작》 발깍거리다. 《거》 벌컥거리다. outburst **벌꺽=벌꺽**[부] **하**[자][타]
벌끈[부] ①걸핏하면 성을 왈칵 내는 모양. in a fit of passion ②어떤 상태가 함부로 뒤집힐 듯이 소란한 모양. 《작》 발끈. 《센》 뻘끈. clamourously **하**[자]
벌끈=거리-다[자] ①걸핏하면 성을 왈칵 내다. ②어떤 상태가 함부로 뒤집힐 듯이 소란하다. 《작》 발끈거리다. 《센》 뻘끈거리다. **벌끈=벌끈**[부] **하**[자]
벌=낫[명] 벌판의 갈대 따위를 베는 데 쓰는 낫. sickle
벌=노랑이[명] 〈식물〉 콩과의 다년생 풀. 줄기는 땅에 비스듬히 눕거나 곧게 서는데 높이 30 cm 내외임. 5~7월에 샛노란 꽃이 피고, 맺히는 꼬투리는 가축의 사료로 씀. bird's foot trefoil
벌=논[명] 벌에 있는 논. rice-field
벌:-다¹[자][르탈] ①틈이 나서 사이가 벌어지다. ②맞닿은 자리가 벌어지다. open up
벌:-다²[타][르탈] ①일을 하여 돈이 생기게 하다. earn ②못된 짓을 하여 벌받을 일을 스스로 청하다. ¶욕을 ~. 매를 ~. incur ③이익을 얻다. ¶값이 만원인 것을 오천원에 샀으니, 오천원을 번 셈이다. make a profit
벌:-다³[형][르탈] 물건의 부피가 한 주먹이나 한 아름에 들 정도보다 좀 더 크다. ¶한 아름에 ~. too big to handle
벌대=총[—때—](伐大驄)[명] 〈역사〉 조선조 효종 임금이 특별히 아껴 기르던 말의 이름.
벌떡[부] ①갑자기 급하게 일어나는 모양. suddenly ②별안간 자빠지는 모양. 《작》 발딱. 《센》 뻘떡.
벌떡=거리-다[자] ①맥이 힘있게 뛰다. throb ②가슴이 힘있게 두근거리다. go pitapat ③물을 힘있게 들이마시다. gulp down ④겨우 힘이 날 만큼 자란 아이가 그 힘을 부리고 싶어서 못 참아 하다. 《작》 발딱거리다. 《센》 뻘떡거리다. be full of energy **벌떡=벌떡**[부] **하**[자]
벌떡=증(一症)[명] 화가 벌떡벌떡 일어나는 증세.
벌:=떼[명] 벌의 무리. 봉군(蜂群). swarm of bees
벌렁[부] 별안간 힘없이 뒤로 자빠지는 모양. 《작》 발랑.
벌렁=거리-다[자] 거분거분하고도 들뜨게 움직이다. 《작》 발랑거리다. 《센》 뻘렁거리다. **벌렁=벌렁**[부] **하**[자]
벌렁=코[명] 넓적하게 벌어진 코. flaring nose
벌레[명] 사람·짐승·새·물고기·조개 등을 제외한 작은 동물들을 두루 이르는 말. 버러지. 곤충. insect
벌레 그물[명] 《동》 포충망(捕蟲網).
벌레 꾐:등불[—뿔][—燈—][명] 《동》 유아등(誘蛾燈).
벌레 먹은 배추잎 같다[속] 검버섯이 끼고 기미가 퍼진 얼굴을 이름.
벌:레스크(burlesque 프)[명] ①〈음악〉 자유로운 형식의 기교적인 악곡. ②〈연예〉 저급한 풍자적인 희가극(喜歌劇). 해학극(諧謔劇).
벌레잡이 식물(一植物)[명] 《동》 식충 식물(食蟲植物).
벌레잡이 오랑캐[명] 〈식물〉 벌레잡이 식물의 하나.
벌레잡이 잎[명] 〈식물〉 날아 붙는 벌레를 잡아 소화시키는 잎. insectivorous leaf
벌레=집[명] 누에고치 따위와 같이 벌레가 들어가 있으려고 지어 놓은 집. cocoon
벌레충=변(一蟲邊)[명] 한자 부수(部首)의 하나. '蜜·蛇' 등의 '虫'의 이름.
벌레=통이[명] 재목에 벌레가 먹어서 생긴 흠.
벌레=혹[명] 〈식물〉 곤충의 기생으로 말미암아 혹처럼 발육한 식물체. 오배자(五倍子) 따위. 충영(蟲癭). gall
벌례=연(罰禮宴)[명] 〈제도〉 조선조 때, 관가에서 관리들의 잘못이 있을 때, 잘못한 사람에게 벌로 술을 사게 하여 같이 마시던 일.
벌례=전(罰禮錢)[명] 〈제도〉 조선조 때, 의금부의 선임도사(先任都事)가 새로 오는 도사에게 받던 돈.
벌룩=거리-다[자][타] 탄력 있는 물건이 벌어졌다 우므러졌다 하다. 또, 그리 되게 하다. open and shut [자] 부질없이 놀며 돌아다니다. 《작》 발록거리다. lead an idle life **벌룩=벌룩**[부] **하**[자][타]
벌룩=하-다[형][여불] 틈이 조금 벌어져 있다. 《작》 발록하다. be somewhat open
벌룬:(balloon 프)[명] 기구(氣球). ¶애드~.
벌룬:=데세(balloon d'essai 프)[명] ①〈물리〉 관측 기구(觀測氣球). 시험 기구. ②새로운 정책이나 세론(世論)의 동향을 시험하기 위하여 하는 발표나 담화.
벌룽=거리-다[자][타] 튀길 힘이 있는 물건이 가볍게 벌어졌다 우므러졌다 하다. 또, 그렇게 되게 하다. open and shut [자] ①뭉근한 불에서 국물 따위가 끓

벌류　　　746　　　**벌쭉**

올락말락 가만가만 움직이다. ②하는 일 없이 게으르게 놀며 돌아다니다. 《작》발롱거리다. idle about
벌룽-벌룽[─] 하다자
벌류(筏流)[─] 뗏목을 물에 떠내려 보냄. 하다타
벌름-거리-다[─] 탄력 있는 물건이 부드럽게 벌어졌다 우므러졌다 하다. 또, 그리 되게 하다. 《작》발름거리다. open and shut 벌름=벌름[─] 하다자
벌름-하다[─][형][여] 탄력 있는 물건이 우므러져 있지 않고 조금 벌어져 있다. 《작》발름하다. be somewhat open 벌름-히튀
벌:리-다타 돈벌이가 되다.
벌:리-다타 ①두 사이를 넓게 하다. widen ②접혀 있는 것을 펴다. open ③비집거나 헤치다. 《작》발리다. dig
벌린입구-부(─部)[─] 한자 부수(部首)의 하나.
벌:린-춤[─][─] 이미 손에 댄 일을 중간에 그만둘 수 없음을 가리키는 말. ¶이미 ∼이니 끝장까지 가 보자. something already set done
벌:림-새[─] 물건을 많이 벌려 놓은 모양새. 또, 벌려놓은 형세·경우. arrangement
벌:-매듭[─] 끈목들을 벌 모양으로 맺은 매듭. beesh
벌:-모[─] ①[동]허튼모. ②모판 구역 밖에 볍씨가 떨어져 자라 모. seedling growing outside a seed-bed ③(속) 일을 말끔하지 못하였을 때 쓰는 말.
벌:-모듬[─] ¶품삯이 적다고 일을 ∼로 하다. perfunctorily
벌:-모듬[─] '본디'의 심마니말.
벌목(伐木)[─] 나무를 벰. felling 하다타
벌물[─] 논이나 그릇에 물을 넣을 때에 한데로 나가는 물. water which flows away
벌:물(罰─)[─] ①벌을 주기 위하여 강제로 마시게 하는 물. 벌수(罰水). water torture ②맛도 모르고 무턱대고 마시는 물. water gulped down
벌물 켜듯 한다[속] 것이나 술 따위를 마구 들이켜다.
벌-바람[─바람][─] 벌판에서 부는 바람. wind blowing over a field
벌:-받-다(罰─)자 벌을 당하다. be punished
벌배(罰杯)[─] 술자리에서 주령(酒令)을 어겨 벌로 주는 술잔. cup of wine forced as punishment
벌번(罰番)[─] 번(番)을 들 차례 밖에 벌로 들게 하는 번. 벌직(罰直).
벌:벌[─] ①몸이 춥거나 두려워서 몸을 자주 떠는 모양. trembling ②하찮은 것을 가지고 몹시 아끼는 모양. stingily 하다타 《작》발발[─][양]. 《작》발발².
벌:벌[─] 몸을 바닥에 붙이고 좀 큰 동작으로 기는 모양.
벌:-벙거지[─] (민속) 꺽쇠한 때에 쌈꾼들이 쓰던 벙거지.
벌봉(罰俸)[─] [동]감봉(減俸).
벌부(筏夫)[─] 뗏목을 띄워 타고 가는 사공. rafts-man
벌:-불[─] 등잔불이나 촛불 심지의 옆으로 뻗쳐 퍼지는 불. side prong of a flame
벌불-지-다자 벌불이 생기다.
벌:-비[─] 분봉(分蜂)할 때, 그릇이나 자루 등에 벌을 쳐놓게 쓸어 넣는 비.
벌빙(伐氷)[─] 두었다 쓰려고 얼음장을 떠냄. cutting blocks of ice 하다타 ¶(약)벌빙.
벌-사양[─] 혼인 때에 새색시 큰머리 밑에 쪽찌는 머리를 두둘겨 올려내는 머리.
벌상[─상](伐喪)[─] 남의 묘지에 몰래 매장하는 일을 두둘겨 올려내는 일. 하다타
벌:-새[─] (조류)벌새과의 작은 새. 종류가 많으며 큰 것은 22 cm, 작은 것은 5 cm 가량으로 조류 중 가장 작음. 다리는 매우 짧으며 대체로 금속 광택을 띠고 아름다움. 남북 아메리카 특산임.
벌-생[─] (약)벌사양.
벌:-서-다(罰─)자 잘못한 것이 있어 서 있는 벌을 받다.
벌선[─썬](伐善)[─] 자기의 장점(長處)을 자랑함. 하다타
벌성지-부[─썽─](伐性之斧)[─] 여색이 지나치면 생명(性命)에 해롭다는 말.
벌수[─쑤](罰水)[─] [동]벌물(罰─)①.
벌술[─쑬](罰─)[─] ①놀이판 등에서 약속이나 규칙을 어긴 사람에게 벌로 억지로 먹이는 술. 벌주.
②싫은 것을 억지로 마시는 술.
벌써[─] ①이미 오래 전에. long time ago ②예상보다 빠르게. already
벌:-씌-다[─] ①벌에게 쏘이다. ②밥이 익기 전에 송이가 터져 벌어지다. 《가버리다.
벌썬 사람 같다[속] 왔다가 머무를 사이도 없이 빨리 가버리다.
벌:-쓰-다(罰─)자[으]벌을 당하다. get punished
벌:-씌우-다(罰─)[사동]벌쓰게 하다. punish
벌썬[─썬] 비위 좋게 입을 벌려 벙긋벙긋 웃는 모양. 《작》발썬. smile 하다타
벌씬-거리-다[─](笑) 비위 좋게 입을 벌려 벙긋벙긋 웃다. 《작》발씬거리다. 벌씬=벌씬[─] 하다타
벌:어 들이-다[─] 일을 하여 돈이나 물건을 벌어서 가져오다. a livelihood
벌:어 먹-다[─] 일을 하고 돈을 벌어 살아가다. earn
벌:어-지-다자 ①갈라져서 사이가 뜨다. open ②활짝 퍼져서 넓게 열리다. become wide ③가로퍼져서 퉁퉁하게 되다. 《작》바라지다. become stocky ④일이 생겨 터지다. ¶전쟁이 ∼. break out
벌:에[─] (고) 벌레.
벌에 쏘였나[속] 말대답도 못하고 달아나는 사람을 놀리어 이르는 말.
벌에중[─중] (교) 벌레 따위.
벌열(閥閱)[─] 나라에 공로가 많고 벼슬 경력이 많음. 또, 그 집안. 벌족(閥族). distinguished family 하다타 나간 웃탑.
벌:-윷[─윧] 윷놀이에서 정한 자리 밖으로 떨어져 나감.
벌:음(건축) 건물의 한 면에서 보이는 몇 간살의 죽 늘어서 있는 길이.
벌:의-집[─] [동]벌집.
벌이[─] 먹고 살기 위하여 일을 하고 돈을 버는 일. [earning 하다타
벌:이-다타 ①일을 베풀어 놓다. ¶싸움을 ∼. undertake ②물건을 늘어놓다. ¶방안에 책을 마구 벌여 놓다. lay out ③가게를 차리다. ¶양품점을 ∼. open
벌:이-줄[─] ①물건을 버티어서 얽어 매는 줄. cord ②연에 얽어 매는 줄. string ③(체육) 과녁의 솔대를 켕겨 매는 줄.
벌:이줄 잡-다자 종이 연에 벌이줄을 벌여 메다.
벌:-이터[─] 벌이하는 일터.
벌:-잇길[─] 벌이하는 방도(方途). [내.
벌:-잇속[─] ①벌이하여 생기는 실속. ②벌이하는 속
벌:-잇자리[─] 돈벌이하는 일자리.
벌:-잇줄[─] 돈벌이하는 길. method of earning
벌전[─쩐](罰錢)[─] 약속을 어기거나 하여 벌로 내는 돈. cash penalty
벌점[─쩜](罰點)[─] 잘못된 것이 있어 벌로 따지는 점수. 다른 점수에서 벌로 빼내는 점수. demerit
벌제[─쩨](伐祭)[─] 제사 집에 가서 음식을 청하여 먹음. 토제(討祭). 하다타
벌제 위명[─쩨─](伐齊爲名)[─] 어떠한 일을 겉으로는 하는 체하고 속으로는 딴 짓을 함. 또, 유명 무실함.
벌족[─쪽](閥族)[─] [동]벌열(閥閱). [하다타
벌:-주[─쭈](伐酒)[─] 죄를 주고서 처벌. 처벌함. punishment
벌주[─쭈](罰酒)[─] 벌로 먹이는 술. 벌술①.
벌:-주-다(罰─)타 벌하여 주다.
벌직[─찍](罰直)[─] [동]벌번(罰番).
벌:-집[─찝][─] ①벌의 알을 기르거나 꿀을 받을 목적으로 육모꼴 구멍을 촘촘 뚫어 만든 집. 봉소(蜂巢). 봉방(蜂房). 봉와(蜂窩). honey comb ②소의 양(羘)에 벌집같이 생긴 고기. 봉와집. reticulum
벌:집-위[─찝─](─胃)[─] (생물) 반추 동물에 있는 벌집 모양으로 생긴 둘째 위. 봉소위(蜂巢胃).
벌집을 건드리다[속] 섣불리 건드려서 큰 탈이 나다.
벌쩍[─] struggle to get on one's feet ②빨래 따위를 물에 담가서 대강대강 비벼 빨다. 《작》발짝거리다. rub 벌쩍=벌쩍[─] 하다타
벌쭉[─] 무엇이 열렸다 닫혔다 하여 그 속의 것이 보

벌쭉거리다

였다 안 보였다 하는 모양. 《작》발쭉. 《센》 뻘쭉. open and shut 하다.

벌쭉=거리다[자타] 벌려졌다 여며졌다 하다. 또, 그리 되게 하다. 《센》뻘쭉거리다. 《센》뻘쭉거리다. **벌쭉=벌쭉** 하다.

벌쭉-하다[여] 좁고 킬게 벌어져서 쳐들려 있다. 《작》벌쭉하다. 《센》뻘쭉하다. open 벌쭉=이

벌창 ①물이 넘쳐 흐름. flood ②물건이 많이 퍼짐. 하다. [「벌(採伐), felling 하다

벌채(伐採)[명] 산림의 나무를 베거나 섶을 깎아 냄. 책

벌책(罰責)[명] 꾸짖어 가볍게 벌함. reprimand 하다

벌책 처:분(罰責處分)[명] 가볍게 벌하여 처분함. 하다

벌초(伐草)[명] 무덤의 잡풀을 베어서 깨끗이 함. mowing the grass 하다 [전답.

벌초 사래(伐草-)[명] 벌초한 값으로 묘지기에게 주는

벌초 자리는 좁아지고 백호 자리는 넓어진다[속] 주되 는 것은 밀려나고 그만 못한 것이 버티고 나선다.

벌충[명] 모자라는 것을 다른 것으로 대신 채움. ¶손 해금을 ~하다. making up for 하다

벌=치(-齒)[명] 벌판 밭에 심어서 나는 참외. melon

벌칙(罰則)[명] 법규에 어떤 위반 행위의 처벌을 정해 놓은 규칙. penal regulation

벌커나이즈드 파이버(Vulcanized Fiber)[명] 〈공업〉천 따위를 염화아연의 짙은 수용액에 담근 후, 압축 해 만든 가죽 대용품. 《약》파이버.

벌컥[거](-)→ 벌컥.

벌컥=거리다[거]→벌컥거리다.

벌키(bulky)[명] ①올은 털실. 또, 특수 가공으로 털실 처럼 만드는 합성 섬유. ②푹신하여 거친 감이 드는 복장. 굵은 털실로 크게 짠 스웨터 따위.

벌=타:령(-打令)[명] 무슨 일에 정신을 들이지 않아서 조리에 맞지 아니함을 이르는 말. ¶주인이 일을 ~으로 한다. inattention

벌:=통(-桶)[명] 꿀벌을 치는 나무통. wooden beehive

벌투(罰投)[명] 〈체육〉농구 경기에서 한 편의 반칙에 대해, 다른 쪽에서 특별히 하게 되는 자유 투사(投 射). free throw 하다

벌판[명] 들판. field [gangue

벌=흙[-흑][명] 〈광물〉구덩이에 광물이 나기 전의 흙.

범(-)[명] 〈동물〉고양이과의 최대의 맹수. 고양이와 비슷 한데 몸이 훨씬 큼. 등은 황갈색에 검은 빛의 줄이 있고 꼬리에는 흑색 운문(暈紋)이 있음. 깊은 산 속에 서식하며 모피는 방한용·장식용, 살과 뼈는 약용함. 대충(大蟲). 산군(山君). 호랑이. tiger

범(犯)[명] 그릇된 일에 버물려 들어가거나 침노함. offense 하다

범(梵←Brahman 범)[명] 〈불교〉인도 바라문교에 있 어서 우주의 최고 원리 또는 신(神).

범(凡)[명] 무릇

범:=(汎)[接] 어떠한 명사 앞에 붙어서, '넓리 견체 에 걸치는'과 같은 뜻을 나타냄. ¶~태평양 회의. pan

=범(犯)[접] '범행·범인'의 뜻을 나타냄. ¶살인~.

:범(犯)[접] 범(虎).

범=가자미[-][명] 〈어류〉넙치과의 바닷물고기. 몸 길이 30~60 cm 로 눈이 오른쪽에 있고, 몸 빛은 암갈 색 바탕에 작은 반점이 있으며, 왼쪽은 흰빛임.

범:=각(梵閣)[명] 〈불교〉범궁(梵宮).

범:=간(泛看)[명] 눈여겨지 않고 봄. inattention 하다

범:=강=장달이(范彊張達-)[명] 키가 크고 얼굴이 흉악 한 사람을 가리키는 말. sinister-looking tall person

범:=게르만주의(汎German 主義)[명] 범독일주의 (汎獨逸主義). [「영지(靈地).

범경(梵境)[명] 〈불교〉'보통의 장소'를 이르는 말. 《대》

범:경(梵境)[명] 깨끗한 경내(境內).

범:=계(犯戒)[명] 〈종교〉계율을 범함. violation of Buddhist precepts 하다 [transgression 하다

범:=계(犯界)[명] 남의 경계선을 넘어 들어감. border

범:=고래[명] 〈동물〉돌고래과의 동물. 몸은 6~9 m 가량이며 검은 빛에 가슴과 몸 옆에 흰 무늬가 있 음. 성질이 사나워 고래 따위의 식육류(食肉類)를 잡아먹음. 도구경(倒鲸鯨). grampus

범:=골(凡骨)[명] ①도를 닦지 못한 범인(凡人). ordinary person ②〈제도〉신라 때 성골이나 진골이 아닌 평 범한 사람.

범:골 수로[-수-](汎骨髓房)[명] 〈의학〉적혈구·백혈 구·혈소판 등의 골수 조혈(造血) 조직의 전체통(全 系統)이 폐되(廢頹)하여 있는 상태.

범:=과[-과](犯科)[명][동] 범법(犯法). 하다

범:=과(犯過)[명] 허물을 저지름. committing a fault 하

범:=과(泛過)[명] 정신을 가다듬지 않고 데면데면하게 지나감. inattention 하다 「는(것). ¶~ 운동.

범:-국민-적(汎國民的)[관명] 널리 국민 전체에 관계되

범:=굴(-窟)[명] 범이 사는 굴.

범굴에 들어가야 범을 잡는다[속] 목적을 달성하려면 위험을 무릅써야 한다.

범:=궁(梵宮)[명] 〈불교〉절이나 불당. 범각(梵閣).

범:=궐(犯闕)[명] 대궐을 침범함. break into the palace

범:=글=다[다][고] 범이 나가다. [하다

범:=금(犯禁)[명] 금제(禁制)를 범함. violation of the ban 하다

범:[명]〈식물〉마디풀과의 다년생 풀. 근경(根莖) 은 두툼하고 흑갈색의 수근(鬚根)이 있음. 7~8월 에 담홍색 꽃이 핌.

범:=나비〈곤충〉호랑나비과의 곤충. 날개 길이 80 ~120 mm 이고 날개는 담록황색이나 암황색에 흑 색 반문이 있음. 감·귤 등 과수에 해충임. 호랑이 비. 귀귀(鬼車). 봉접(鳳蝶). swallow-tail butterfly

범:나비=벌레[-][명] 〈곤충〉호랑나비의 유충(幼蟲). 몸은 녹색. 머리 옆에 두 개의 뿔이 있음. caterpillar

범 나비 잡아먹듯[속] 음식 따위가 양에 차지 않는다.

범:=납(梵衲)[명] 〈중〉[승].

범도 새끼 둔 곳을 두남 둔다[속] 비록 악한 사람에게 도 자식에게만은 사랑이 있다는 말.

범도 제 말하면 온다[속] 그 자리에 없다고 남을 나쁘 게 말하지 마라.

범도 제 소리하면 오고 사람은 제 말하면 온다[속] 남 의 말을 하자 마침 그 사람이 나타난다.

범:=독(泛讀)[명] 데면데면하게 읽음. 하다

범:=독일주의(汎獨逸主義)[명] 〈정치〉독일이 맹주(盟 主)가 되어 게르만 민족의 세계의 패권을 잡으려 던 주의. 범게르만주의. Pan-Germanism

범:=띠(-)[명] 인(寅)자가 든 태세(太歲)에 낳은 사람. 인생(寅生). person born in the year of the Tiger

범:=람(泛濫·汎濫)[명] ①물이 넘쳐 흐름. 범일(汎溢). overflow ②바람직하지 못한 것이 크게 나돎. ¶외 래품의 ~. 하다

범:=람=마(泛濫馬)[명] 〈지학〉토지가 서서히 침강하여 생긴 저지(低地)에 해수(海水)가 범람하여 이루어 진 만. 《예》대단만(階段灣).

범:=람=원(泛濫原)[명] 〈지학〉큰물이 질 적에, 그 큰물 속에 잠기는 들. flood plain

범:=령(犯令)[명] 범령을 범함. violation of the law 하

범:=론(汎論主義)[명] 〈철학〉우주의 본체는 의지와 관 념이라고 하던 독일의 철학자 하르트만(N. Hartmann) 이 주장한 학설.

범례(凡例)[명] 일러두기.

범:=로(犯路)[명] ①통행을 금지시키는 길에 들어가 범 함. violation of a restricted thoroughfare ②집 따 위를 지을 때 길을 범함. infringing upon the road 하다

범:=로 작가(犯路作家)[명] 길을 범하여서 집을 지음.

범:=론(泛論·汎論)[명] ①전반에 걸쳐 개괄한 이론. general remark ②[동] 범론(泛論). 하다

범:=론(泛論)[명] 요령을 알 수 없는 이론(理論). 범론 (泛論)②. vague outline

범류(凡類)[명] 평범한 사람의 부류. common herds

범:리-론(汎理論)명 〖철학〗 이성(理性)을 우주의 본체로 보는 이론. panlogism
범:립-패(帆立貝)명 《동》 가리비.
범:망-경(梵網經)명 〖불교〗 대승계(大乘戒)의 제일경(第一經)으로 되어 있음. 상권에는 보살의 심지(心地)가 전개되어 가는 모양을 썼고, 하권에는 대승계를 설하였음. 《약》 범망.
범 무서워 산에 못 가랴속 다소 방해물이 있더라도 할 일을 하여야 한다는 말.
범:문(梵文)명 범어(梵語)로 된 글. Sanskrit composition
범물(凡物)명 천지 간의 모든 물건. all things
범:미(汎美)명 남북 양 아메리카주의 통칭. ¶ ~ 회의(會議). Pan-American
범:미-주의(汎美主義)명 ①〖정치〗 남북 아메리카 대륙의 여러 나라가 아메리카 대륙의 번영과 평화를 위하여 단결하자는 주의. Pan-Americanism ②〖철학〗미(美)는 널리 모든 것에 다 있다고 보는 미학상의 사상. common people
범민(凡民)명 관리가 아닌 뭇백성. 서민(庶民).
범:발(汎發)명 〖의학〗 온몸에 작용이 일어남. 하자
범:방(犯房)명 방사(房事)를 함. having sexual intercourse 하자
범백(凡百)명 ①여러 가지의 사물. all things ②상궤(常軌)를 벗어나지 않는 언행. etiquette
범백-사(凡百事)명 갖가지의 일. 온갖 일.
범복명 ①곡식 가루에 호박 같은 것을 섞어서 쑨 음식. pudding ②뒤섞여 갈피를 잡을 수 없는 일이나 물건. ¶일이 ~되다. jumble
범벅에 꽂은 저라속 일이 확고 부동하지 않다.
범벅-타:령(一打令)명 무당이 부르는 노래의 하나.
범:범-하-다(泛泛一)형여 사물에 대하여 꼼꼼하지 않고 데면데면하다. inattentive 범:범=히튀
범:법(一법)(犯法)명 법을 범함. 범과(犯科). violation of the law 하자
범:법-자(一뻡一)(犯法者)명 법을 범한 사람.
범:본(範本)명 본보기.
범:부(凡夫)명 ①보통 사람. 용부(庸夫). ordinary person ②〖불교〗 번뇌에 얽매여서 생사를 초월하지 못하는 사람. layman
범:-부채명 붓꽃과의 다년생 풀. 잎은 넓은 칼 모양인데 넓게 퍼져 룰부채와 비슷함. 근경(根莖)은 한방에서 약재로 씀. [insolence 하자
범:분(犯分)명 신분에 어긋나는 짓을 함. commit
범사(凡事)명 ①모든 일. all things ②평범한 일. ordinary matter
범:살-장지(一障一)명 〖건축〗 창살문의 장살·동살을 서로 에어물려서 짜지 않고 성기게 교차되게 짠 장지.
범삼-덩굴명 →한삼덩굴.
범:상(凡常)명 대수롭지 않고 예사로움. 용상(庸常). ¶~하지 않은 사람. being ordinary 하자 히튀
범:상(犯上)명 신하로서 임금을 범함. offence against
범:상(犯狀)명 범죄의 상황. [the king 하자
범:색(犯色)명 함부로 색을 씀. immoderate sexual intercourse 하자
범서(凡書)명 평범한 서적. common book
범:서(梵書)명 ①범자(梵字)로 기록된 글. Sanskrit literature ②〖불교〗 불경(佛經). Buddhist scriptu-
범:선(帆船)명 《동》 돛단배. [res
범:선 시대(帆船時代)명 주로 범선에 의하여 해상 교통을 하던 시대. 로마 시대부터 18세기 말엽까지의 시대. [說). 총설(總說). summary 하자
범:설(汎說)명 종합적인 설명. 또, 그 주장. 개설(概
범:성(凡聖)명 범인(凡人)과 성인(聖人). ordinary person and a saint
범:성-설(汎性說)명 무엇에나, 그리고 무엇보다도 성적(性的)인 것을 강조하는 프로이트의 이론.
범성 일여(凡聖一如)명 상(相)의 차이는 있으나 이성(理性)에 있어서는 범성(凡聖)이 동일하다는 말.
범소(凡小)명 인물이 평범하고 작음. 하자

범:소(犯所)명 〖법률〗 죄를 범한 그 자리.
범속(凡俗)명 평범하고 속됨. being common 하자
범속-성(凡俗性)명 평범하고 속된 성질.
범수(凡守)명 〖야구〗 야구에서, 평범한 수비.
범:수(犯手)명 ①남에게 먼저 손찌검을 함. beating others ②〖동〗 범용(犯用). 하자
범승(凡僧)명 〖불교〗 범용(凡庸)한 중. mediocre priest ②건당(建幢)하지 못하여 종사(宗師)가 되지 못한 중. common priest
범:승(梵僧)명 범행(梵行)을 지키는 중. 행덕(行德)이 깨끗하고 단정한 중.
범:식(範式)명 ①모범이 될 만한 양식. model ②〖동〗 공식(公式). [는 종교. pantheism
범:신-교(汎神敎)명 〖종교〗 범신론(汎神論)을 신봉하
범:신-론(一논一)(汎神論)명 〖철학〗 신은 곧 만유, 만유는 곧 신이어서 우주 밖에 신이 따로 있지 않다는 주장. 범일론(汎一論). 만유신론(萬有神論). pantheism
범실(凡失)명 〖체육〗 야구에서, 평범한 실책.
범:심-론(汎心論)명 〖철학〗 만물에 다 마음이 있다고 하는 학설. panpsychism
범:-아귀명 엄지손가락과 집게손가락 사이.
범:-아시아주의(汎 Asia 主義)명 〖정치〗 구미(歐美)의 세력을 몰아내고 아시아의 여러 민족이 대동 단결하여 식민지 또는 반식민지 상태에서 벗어나려는 국제 정치상의 입장. Pan-Asianism
범:아 일여(梵我一如)명 〖철학〗 인도 우파니샤드 (Upanisad) 철학의 중심 사상. 우주의 근본 원리인 브라만(범 ; 梵)과 개인의 중심인 아트만(아 ; 我)이 동일하다는 설. 종교적으로는 범신론.
범:-아프리카주의(汎 Africa 主義)명 아프리카인(人) 스스로 아프리카 대륙을 식민지 지배로부터 해방시켜 통일하려는 사상과 운동.
범안(凡眼)명 범상한 사람의 안목과 식견. [대] 혜안(慧眼). unprofessional eye [고 간(諫)함. 하자
범:안(犯顔)명 임금의 싫어하는 안색을 관계하지 않
범:애(汎愛)명 〖사람을〗 차별 없이 널리 사랑함. 박애(博愛). philanthropy
범:애-주의(汎愛主義)명 〖교육〗 18세기 중엽 독일에서 일어난 교육상의 주의. 교회 본위·국가 본위에 반대하여 박애와 합리를 내세웠음. philanthropism
범:야(犯夜)명 〖제도〗 밤에 통행을 금하는 시간에 다니는 일. 하자
범:어(梵語)명 〖어학〗 고대 인도의 문어(文語)인 산스크리트의 한자어(漢字語). Sanskrit
범:어-법(一법一)(範語法)명 〖교육〗 처음에는 실물(實物)을, 다음에는 단어의 발음, 그 다음에 단어의 쓰는 법을 가르치는 언어 교수법(言語敎授法).
범=어사(凡於事)명 세상의 모든 일.
범 없는 골에는 토끼가 스승이라속 잘난이가 없는 곳에는 그보다 못난이가 잘난 체 기승을 부린다.
범에게 날개속 세력이나 능력이 있는 사람이 더욱 좋은 조건을 가지게 되는 경우를 이르는 말.
범에게 물려 가도 정신만 차리면 산다속 아무리 위험한 경우에 이르러도 정신만 차리면 살 수 있다는 말. [모양. 하튀 히튀
범:연(汎然)명 ①대범한 모양. ②애매한 모양. 멍한
범:연(泛然)명 데면데면한 모양. carelessly 하튀 히튀
범:염(犯染)명 ①초상집에 드나들어서 통섭(通涉)함. ②남이 좋아하지 않는 일에 간섭하거나 끌려들게 됨. 하자
범:왕(梵王)명 〖불교〗 물에 비친 돛 그림자. [됨. 하자
범:왕(梵王)명 〖→〗범천왕(梵天王) ②
범용(凡庸)명 평범하고 용렬함. mediocrity 하자
범:용(犯用)명 남의 것을 써서 없애거나 할 물건을 써 버림. 범수(犯手)②. misappropriation 하자
범:용(汎用)명 널리 여러 방면(方面)에 씀. 하자
범:용 기관(汎用機關)명 특별한 사용 목적의 명시(明示) 없이 내연 기관(內燃機關)만이 제조업자에 의

해 시장에 출품되고, 사용자에 의해 사용 목적이 결정되어 어떤 작업 기계와 결합 사용하게 되는 출력(出力) 범위 30마력(馬力) 이하의 내연 기관.

범우(凡愚)명 평범하고 어리석은 사람. 〈유〉범인(凡人). 〈대〉성현(聖賢). fool

범:우(梵字)명 〈동〉절².

범:월(犯越)명 국경을 넘어서 남의 나라에 침입함.

범:월 죄:인(犯越罪人)명 범월하는 죄를 범한 사람.

범:위(範圍)명 한정한 둘레의 언저리. 어떤 힘이 미치는 한계. 〈유〉테두리. 관활. extent

범:음(梵音)명 ①범자(梵字)의 음. Sanskrit sound ②〈불교〉불경을 읽는 소리. voice of reading Buddhist sutras

범:음 심원(梵音深遠)명 〈불교〉부처 32상(相)의 하나. 음성이 부드럽고 맑아 멀리까지 들리는 상.

범:의(凡意)명 〈동〉고의(故意)②.

범:의-귀(犯의-귀)명 〈식물〉범의귀과의 다년생 상록초. 줄기는 적자색이고 실같이 가는데 땅 위로 빈어 나간다. 잎은 타원형으로 두껍고 돌기가 있음. 관상용으로 잎을 기침·동상에 약재로 씀. 호이초(虎耳草). creeping saxifrage

범:의-론(凡意論)명 〈철학〉만유(萬有)의 본체는 의지라는 유심론 일파의 학설.

범:의-어(汎意語)명 〈논리〉한 가지의 말로 여러 가지 뜻을 포함한 말.

범의 차반(凡의 차반) 구차한 집에서 없을 때는 판판 굶다가 있으면 뒷일을 생각지 않고 평펑 쓴다.

범:-이슬람주의(汎 Islam 主義)명 이슬람교국(敎國)이 19세기 후반부터 대동 단결하여 기독교국의 침략에 저항하기를 주장한 운동.

범인(凡人)명 평범한 사람. 범골(凡骨)=. 용손(庸人). 〈유〉범우(凡愚). 〈대〉기인(奇人). 위인(偉人). 성인(聖人). ordinary man

범:인(犯人)명 →범의인.

범:인 은닉죄(犯人隱匿罪)명 〈법률〉벌금 이상의 형에 해당하는 죄를 범한 자를 은닉 또는 도피하게 하는 죄. 〈약〉은닉죄.

범:일(汎溢·氾溢)명 〈동〉범람(汎濫)①. 하다

범:일-론(汎一論)명 〈동〉범신론(汎神論). 하다

범:입(犯入)명 허락 없이 들어가 있는 것. intrusion

범:자[—자](梵字)명 산스크리트를 표기한 인도의 옛 글자. Sanskrit character

범작(凡作)명 평범한 작품. 〈대〉걸작(傑作). common work

범:작(犯斫)명 금하는 나무를 벰. trees 하다

범:장(犯葬)명 남의 산소의 지경을 침노하여 장사지냄. 하다

범:장(犯贓)명 ①〈동〉탐장(貪贓). ②장물죄(贓物罪)를 범함. receiving stolen goods 하다

범:장(帆檣)명 돛대. mast

범재(凡才)명 평범한 재주. 〈대〉천재(天才). common ability

범재(凡材)명 평범한 인재. person of common ability

범재(凡宰)명 평범한 재상(宰相).

범:재(犯齋)명 〈기독〉천주 대소 재계(大小齋戒)를 범함.

범:적(犯跡)명 범죄의 형적.

범:전(梵殿)명 〈동〉불당(佛堂).

범절(凡節)명 ①일상 생활의 모든 절차. propriety ②질서나 절차. ¶예의 ~. manners

범:접(犯接)명 가까이 범하여 접촉함. ¶~ 못하다. encroaching upon 하다

범:정(犯情)명 범죄의 정황(情況).

범:종(梵鐘)명 절에서 치는 큰 종.

범:죄(犯罪)명 ①죄를 지음. 또, 지은 죄. crime ②〈법률〉법률상 일정한 형벌로 제재를 가하게 된 위법 행위. criminal act 하다

범:죄 과학(犯罪科學)명 〈법률〉범죄의 원인·결과·종류·성질 따위를 과학적으로 연구하는 학문. criminology

범:죄 구성 요건[—건](犯罪構成要件)명 형법 법규에 정하여진 일정한 범죄의 정형(定型)에 해당하는 법정(法定) 요건.

범:죄 능력(犯罪能力)명 〈법률〉위법 행위를 할 수 있는 사실상의 능력. 위법 행위에 대하여 형벌을 과(科)하기에 알맞은 적응성. capacity for crime

범:죄 단체(犯罪團體)명 〈법률〉형법상의 범죄를 행할 목적으로 조직된 단체.

범:죄 사:회학(犯罪社會學)명 〈사회〉범죄의 원인을 사회적 환경에 구하여 사회 관계와 범죄와의 법칙을 연구하는 학문. criminal sociology

범:죄 생물학(犯罪生物學)명 〈생물〉범죄자의 인격의 생성(生成)과 그 본성 곧, 범죄인의 생물학적 연구를 하는 학문.

범:죄 소:설(犯罪小說)명 〈문학〉사회 암흑면의 사실을 그린 소설. crime story

범:죄 심리학(犯罪心理學)명 〈심리〉심리학의 한 분야로서 범죄자의 심성(心性)과 사회적 행동을 연구하는 학문. criminal psychology

범:죄 유:형(犯罪類型)명 〈법률〉형법의 각칙(各則) 및 그 밖의 형벌 규정에 규정된 범죄의 유형.

범:죄 윤리학(犯罪倫理學)명 〈윤리〉윤리학의 한 부문. 범죄 현상을 윤리적으로 그 예방법·취급법·선도법 등을 강구하여 논함을 목적으로 하는 학문.

범:죄-인(犯罪人)명 〈법률〉죄를 범한 사람. 범죄자. 〈약〉범인(犯人). criminal

범:죄인 인도:(犯罪人引渡)명 〈법률〉외국에서 정치범 이외의 범죄를 범한 자가 자기 나라로 몰래 왔을 때, 그 처벌을 위하여 외국의 요구에 응하여 그 범죄인을 요구하는 나라에 인도하는 일. 보통 국가 상호간에 이에 관한 조약을 맺고 있음.

범:죄-자(犯罪者)명 〈법률〉범죄인.

범:죄-지(犯罪地)명 〈법률〉범죄의 구성 요건에 해당하는 사실이 발생한 곳. 토지 관할을 정하는 표준으로서의 의미를 가짐.

범:죄-학(犯罪學)명 〈법률〉범죄의 원인·성질 등을 인류학적 또는 사회학적으로 연구하는 학문. criminology 하다

범:주(帆走)명 배가 돛에 바람을 받아 물 위를 항해함.

범:주(泛舟)명 배를 물에 띄움. 부주(浮舟). setting a boat afloat 하다

범:주(範疇)명 ①〈동〉분류(分類). 범위. ②〈철학〉사물의 개념을 분류할 때 그 이상 일반화될 수 없는 가장 보편적이고 기본적인 최고의 유개념(類概念). category

범:찰(梵刹)명 〈동〉절.

범책(凡策)명 평범한 책략(策略).

범:처(梵妻)명 중의 아내.

범:천(梵天)명 〈약〉→범천왕(梵天王).

범:천-왕(梵天王)명 ①바라문교의 교조인 조화(造化)의 신(神). Brahma the creator ②〈불교〉제석천(帝釋天)과 한가지로 부처의 좌우(左右)에 모시는 신. 〈바〉범왕(梵王). 범천(梵天). Deva

범:천후(汎天候)명 수일 내지 수주간에 걸쳐, 동일한 물리적 작용의 원인이 되어 비교적 넓은 범위에 지속되는 기후 상태. 하다

범:청(泛聽)명 주의를 기울이지 않고 무심하게 들음.

범:칙(犯則)명 〈법률〉규칙을 범함. ¶~자(者). violation of regulation 하다 〈거래되는 물자.

범:칙 물자[—자](犯則物資)명 규칙을 어기고 비밀히

범:칭(汎稱·泛稱)명 두루 넓게 쓰이는 이름. general title ¶넓은 범위로 부름. 〈범한 타격. 하다

범타(凡打)명 〈체육〉야구에서, 히트가 되지 못한 평

범:타(犯打)명 자기보다 지위가 높은 이를 때림. beating one's superior 하다 〈사람의 비유.

범 탄 장수 같다(凡 탄 將帥 같다) 위세를 갖춘 데다가 위력이 있는

범태 육신(凡胎肉身)명 일반 사람의 몸에 태어난 범인(凡人)의 몸.

범:태평양(汎太平洋)명 태평양 전역에 걸침. ¶~ 회의. Pan-Pacific

범:퇴(凡退)명 〈체육〉야구에서, 타자가 아무 소득 없이 물러감. 하다

범:패(梵唄)⟨불교⟩ 부처의 공덕을 높이 찬양하는 노래. 여래패(如來唄).

범퍼(bumper)명 철도 차량이나 자동차 따위에 쓰이는 완충기(緩衝器).

범:포(犯逋)명 나라에 바친 돈이나 곡식을 써 버림. [misappropriation 하타]

범:포(帆布)명 돛을 만드는 피륙. canvas

범품(凡品)명 평범한 물품.

범:필(犯蹕)명 거둥할 때 연(輦)이나 가교에 접근하거나 그 앞을 지나가는 무엄한 짓. 하타

범:-하늘소명 ⟨곤충⟩ 하늘소과에 속하는 뽕나무의 해충.

범:-하-다(犯—)타여타 ①도리에 벗어난 짓을 하다. ¶잘못을 ~. commit ②규칙이나 법률 따위에 위반된 짓을 하다. ¶헌법을 ~. violate ③멸시하다. 무시하다. ¶남의 재산을 범하지 말라. defy ④여자에게 폭행을 가하다. violate

범:학(梵學)명 ①⟨불교⟩ 불교에 관한 학문. ②범어(梵語)에 관한 학문. study of Sanskrit literature

범:한(犯限)명 제한된 것을 범함. violation of restriction 하타

범:해(—年)명 ⟨민속⟩⟨속⟩ 태세(太歲)가 인년(寅年)인 해. year of the tiger [하타]

범:해(犯害)명 넘어서는 안 될 한계를 범하여 해침.

범:행(犯行)명 범죄의 행위. crime 하타

범:행(梵行)명 ⟨불교⟩ 불도의 수행(修行). ②음욕(淫慾)을 끊는 청정(淸淨)한 행실.

범:호(—虎)명 한자 부수(部首)의 하나. '處·虛' 등 글자의 '虍'의 이름.

범:혼(犯昏)명 황혼이 되어 감. [tion 하타] 히타

범:홀(泛忽)명 데면데면하여 탐탁하지 않음. inatten-

범:화(汎化)명 ⟨심리⟩ 어느 특정한 자극에 대하여 어느 반응을 형성한 후, 그 자극과 다소 다른 자극을 제시(提示)하여도 동일한 반응이 일어나는 현상.

범:휘(犯諱)명 ①웃어른의 이름을 함부로 부름. calling a superiors name at random ②남의 비밀을 들추어 냄. expose other's secret 하타

법(法)명 ①⟨법률⟩ 사회의 질서를 유지하기 위한 국가적 규율. 법률. 영감(典範). 전법(典法). 표(表)⑤. 헌치. ¶~이론(理論). ②구속력을 가지는 온갖 규칙. 율령(律令). regulation ③에 의사 도리. ¶그런 ~이 어디 있느냐. courtesy ④양식과 방법. ¶교수~. method ⑤동 제수(除數). ⑥⟨교설⟩ 불교(佛敎). 불법(佛法).

법가(法家)명 ①중국 전국 시대에 엄한 법에 의한 정치를 주장하던 학파. ②법률을 닦는 학자. 법률가. jurist ③예법을 숭상하는 집안. courteous family

법가(法駕)명⟨제도⟩ 거둥할 때 타던 수레의 하나. Imperial carriage [discipline

법강(法綱)명 법률과 기율. 법기(法紀).

법강(法講)명 ⟨제도⟩ 의식을 갖추어서 임금 앞에서 진행하는 학문의 강의. 아침·낮·저녁 세 차례 행함.

법검(法劍)명 ⟨불교⟩ 부처의 가르침이 번뇌(煩惱)를 잘라 버리는 것을 칼에 비유한 말.

법계(法系)명 ①국민 또는 민족이 가진 법률 질서의 특이성, 또는 발생 경향을 고려하여 분류한 법률의 계통. 로마·독일 법계 따위. legal system

법계(法戒)명 ⟨불교⟩ 부처의 계명. Buddhist precepts ②율법(律法). commandments

법계(法界)명 ①⟨불교⟩ 불법의 범위. universe ②⟨불교⟩ 불교도의 사회. Buddhist world ③(약)→법조계.

법계(法階)명 ⟨불교⟩ 불도를 닦는 사람의 수행 계급 (修行階級).

법계-불(法界佛)명 ⟨불교⟩ 여래(如來)가 법계에 널리 통한다는 데서 여래를 일컫는 말.

법계=신(法界身)명 ⟨동⟩ 법신(法身)①.

법고(法鼓)명 ⟨불교⟩ 법당 안에서 치는 작은 북. drum of a temple ②⟨원⟩→버꾸.

법=공양(法供養)명 ⟨불교⟩ 불경을 읽어 들려줌. ②법담이 대중 공양(大衆供養)을 하는 일.

법=과(法科)명 ①법률에 관한 과목(科目). law course ②대학교에 있어서 주로 법률을 연구하는 학과. law department

법과 대:학(法科大學)⟨교육⟩ 법률에 대한 전문적 학술에 대하여 교수 연구하는 단과 대학. (약)법대 (法大)①. law college

법관(法官)명 (약)→사법관(司法官).

법구(法具)명 ⟨불교⟩ 법사에 쓰이는 기구. 불구(佛具).

법구 폐:생(法久弊生) 좋은 법도 오래 되면 폐가 생김.

법국(法國)명 프랑스(France)의 구 한자어 이름.

법권(法眷)명 ⟨불교⟩ 같은 법문(法門)에서 수행하는 동료(同僚).

법권(法圈)명 ⟨법률⟩ 법제도·법문화가 한 법계에 딸려 있는 지역(地域). ¶영미(英美) ~.

법권(法權)명 ⟨법률⟩ ①법률의 권한. ②국제법상, 한 나라가 가지는 외국인에 대한 민사·형사의 재판권.

법규(法規)명 ①국민의 권리 의무를 규정하여 활동을 제한한 법률·명령·규정 등. ②법률과 규칙.

법규 명:령(法規命令)명 ⟨법률⟩ 법규를 내용으로 하는 명령. 행정 명령에 대립하는 개념으로, 긴급 명령과 위임 명령만이 이에 해당함.

법=규칙(法規則)명 ⟨법률⟩ 법을 구성하는 개개의 규칙. 법률 규칙.

법규 재량(法規裁量)명 ⟨법률⟩ 행정 기관의 재량의 하나. 구체적인 사실이 법이 정하는 요건에 객관적으로 적합한가 어떤가를 재량하는 일. 기속(羈束) 재량.

법규 정:비(法規整備)명 ⟨법률⟩ 기정 법규에 수시로 부분적 개정을 가하여 현실에 알맞게 하는 일.

법금(法禁)명 ⟨법률⟩ 법으로 하지 못하게 하는 일. 금제(禁制).

법기(法紀)명 (동) 법강(法綱). [prohibition 하타]

법기(法器)명 ⟨불교⟩ ①불법(佛法)을 배울 만한 사람. ②공양할 때 밥을 담는 그릇.

법난(法難)명 ⟨불교⟩ 교법을 포교할 때 받는 박해.

법담(法談)명 ⟨불교⟩ ①불법을 이야기함. ②좌담식으로 불법을 서로 묻고 답함. 설법(說法). Buddhist sermon

법답(法畓)명 법사(法師)에게서 받은 논.

법당(法堂)명 ⟨불교⟩ 불상을 안치하고 도를 설법하는 절의 정당(正堂). 법전(法殿)②. main building of a temple [법부 대신(法部大臣).

법대(法大)명 ①(약)→법과 대학(法科大學). ②(약)→

법도(法度)명 ①법률과 제도. 궤도(軌度)①. 제령(制令)②. law and institution ②생활상의 예법과 제도. ¶~가 있는 가정. [⟨佛道⟩.

법도(法道)명 ①법률을 지켜야 할 도리. ②(동) 불도

법등(法燈)명 ⟨불교⟩ ①불전(佛前)에 올리는 등불. light offered to the Buddha ②불법을 비유한 말. Buddhism

법라(法螺)명 ①(동) 소라고동. ②(동) 소라¹.

법랍(法臘)명 ⟨불교⟩ 중이 된 뒤로부터 치는 나이. 세세(法歲).

법랑(琺瑯)명 ①광물을 원료로 하여 만든 유약(釉藥). 사기 그릇의 겉에 발라 불에 구우면 윤기가 나고, 쇠그릇에 올려서 구우면 사기 그릇의 겉모습과 같이 됨. enamel ②(동) 파랑.

법랑-유(琺瑯釉)명 ⟨공업⟩ 법랑으로서 겉물.

법랑-질(琺瑯質)명 사람·동물의 이[齒]의 겉을 싸고 있는 단단한 뼈. enamel

법랑 철기(琺瑯鐵器)명 법랑을 올려서 만든 양철 그릇. enameled ironware [anion of a Buddhist

법려(法侶)명 ⟨불교⟩ 불법을 같이 배우는 벗. comp-

법력(法力)명 ⟨불교⟩ 불법의 힘. effect of Buddhism ②⟨법률⟩ 법률의 효력. force of the law

법령¹(法令)명 ⟨법률⟩ 법률과 명령. 영감(令甲). (약) 영(令)②. law and ordinances

법령²(法令)명 ⟨민속⟩ 양쪽 광대뼈와 코 사이로부터 입가를 지나 내려오는 관상상(觀相上)의 굵은 선(線).

법령 심사권[—꿘](法令審査權)명 ⟨법률⟩ 명령·규칙

처분이 헌법과 법률에 위배되는지의 여부를 심사하는 권리. 대법원에 부여하고 있음.
법례(法例)[명] 〈법률〉법률을 적용할 때에 준(準)할 예.
법례(法禮)[명] 〈동〉예법(禮法). 〕일반 통치법(法).
법론(法論)[명] 〈불교〉법의 법계(法戒)에 관한 이론. 종론(宗論).
법류(法類)[명] 〈불교〉같은 종지(宗旨)로 같은 계통의 법에 의하여 규정되는 관계.
법륜(法輪)[명] 〈불교〉불타(佛陀)의 교화(敎化)와 설법(說法).
법률(法律)[명] 〈법률〉사회의 질서를 유지하기 위한 국가적인 규범. 의회의 의결을 거쳐 제정된 국법의 한 형식으로서 행정·사법 기관에 의하여 제정된 명령임. 헌적(憲則). ¶~ 학자(學者). legislation
법률=가(法律家)[명] 〈법률〉법률을 연구하여 정통한 사람. lawyer
법률 가치(法律價値) 〈법률〉법률 생활에 있어서 실현되는 가치.
법률 고문(法律顧問)[명] 〈법률〉개인이나 단체·기관의 자문(諮問)에 응하여 법률에 대한 의견을 말해 주는 직무. 또, 그 사람.
법률 관계(法律關係)[명] 〈법률〉① 사회 생활 중 법률에 의하여 규정되는 관계. ② 권리와 의무의 관계.
법률 구:조(法律救助)[명] 〈법률〉법률상의 문제에 있어서, 가난하고 무지(無知)한 사람을 위하여 법률 지식을 보충해 주고 소송 비용을 덜어 주는 동시에 변호사를 선임하여 구조하는 사회 제도.
법률 규범(法律規範)[명] 〈동〉법규범(法規範).
법률 만능 사상(法律萬能思想)[명] 〈법률〉법률의 가치를 중시하며, 따라서 법률에 관한 지식과 기능을 지나치게 중시하는 일종의 사회관(社會觀).
법률 문:제(法律問題)[명] 〈법률〉① 법률상 특히 연구할 필요가 있는 문제. ② 소송에서 사실 문제에 대하여 그 사실에 법률의 적용 및 해석 문제.
법률 발안권(法律發案權)[―권] 〈법률〉법률의 안을 의회에 제출할 수 있는 권리.
법률 불소급의 원칙(法律不遡及―原則)[명] 〈법률〉새로이 제정되어[명] 〈법률〉법률이 그 제정 전의 사실에 소급하여 적용되지 않는다는 원칙. principle of non-retroactivity
법률=비(法律費)[명] 〈법률〉법률의 실시에 필요한 경비.
법률 사:무소(法律事務所)〈법률〉변호사가 법률상의 여러 가지 사무를 보는 사무소. law office
법률 사:실(法律事實)[명] 〈법률〉법률상의 효과를 생기게 하는 사실. 법률 요건의 구성 요소. justice fact. 으로 되어 있는 사항. legal matters
법률 사:항(法律事項)[명] 헌법상 법률로써 정하여야 할 사항.
법률=서(法律書)[명] ① 법률에 관한 서적. law books ② 법률·명령을 모아서 엮은 법규집(法規集). statute book
법률=심(法律審)[명] 〈법률〉소송 사건에 관하여 사실심이 행한 재판에 대하여, 그 법령 위배의 유무만을 심사하여 재판하는 상급심(上級審). 〈대〉사실심(事實審).
법률 심:사권(法律審査權)[―권] 〈법률〉법원이 재판에 있어 적용할 법률이 헌법에 적합한가의 여부를 심사하는 권리. 헌법 위원회의 소관.
법률=안(法律案)[명] 〈법률〉① 법률의 원안. legislative bill ② 법률로 될 사항을 조목별 형식으로 정리하여 국회에 제출하는 문서.
법률안 거:부권(法律案拒否權)[―권] 〈법률〉대통령이 의회에서 가결한 법률안에 동의할 것을 거부할 수 있는 권한. veto
법률안의 환부(法律案―還付) 〈법률〉의회에서 의결된 법률안을 대통령이 공포하지 않고 재의(再議)를 위해 의회로 되돌려 보내는 일.
법률 요건[―건] (法律要件)[명] 〈법률〉법률의 효과를 발생시키기에 충분한 뿐만 아니라 또한 충분한 원인으로 되는 요건. legal condition
법률의 유보(法律―留保)[명] 〈법률〉법률의 근거(根據)에 의거하지 않으면 행정권(行政權)을 발동할 수 없는 일.

법률 이:념(法律理念)[명] 〈철학〉법률 및 법률 생활에 있어서 객관적 규준이 되는 사상 관념.
법률 철학(法律哲學)[명] 〈동〉법철학(法哲學).
법률=학(法律學)[명] 〈법률〉법률의 이론과 적용을 조직적으로 연구하는 학문. 법학. jurisprudence
법률 행위(法律行爲)[명] 〈법률〉사법상(私法上)의 효과를 생기게 하는 의사 표시(意思表示). 사건 발생의 원인이 되는 행위. juristic act
법률=혼(法律婚)[명] 〈법률〉일정한 법률상 절차를 거쳐서 성립된 혼인 관계. 〈대〉사실혼(事實婚). legal marriage
법률혼=주의(法律婚主義)[명] 〈법률〉일정한 법률상의 절차에 의하여야 비로소 혼인의 성립을 인정하는 입법주의. 〈대〉사실혼주의.
법률 효:과(法律效果)[명] 〈법률〉법률 요건이 갖추어짐으로써 생기는 법률상의 일정한 결과.
법리(法吏)[명] 〈약〉사법 관리(司法官吏).
법리(法理)[명] ① 〈법률〉법률의 원리. legal principle ② 〈법률〉법에 내재하는 사리(事理). reason of the law ③ 〈법률〉법격인 논리. legalistic logic ④ 〈불교〉불법의 진리.
법리 철학(法理哲學)[명] 〈동〉법철학(法哲學).
법리=학(法理學)[명] ① 〈동〉법철학(法哲學). 〈법률〉법률에 관한 일반 원리를 연구하는 학문. jurisprudence
법망(法網)[명] 〈법률〉법의 제재(制裁)의 세밀함을 그물에 비유한 말. 금망(禁網). ¶범인이 ~에 걸리다. net of the law
법맥(法脈)[명] 〈불교〉전법(傳法)의 계맥(系脈).
법면(法面)[명] 〈토목〉둑·호안(護岸)·절토(切土) 따위의 경사면. slope of an embankment
법멸(法滅)[명] 〈불교〉법이 멸함.
법명(法名)[명] 〈불교〉① 승려가 된 이후 지은 이름. 승명(僧名). 〈대〉속명(俗名). sacred name ② 불가(佛家)에서 죽은 사람에게 지어 주는 이름. 계명(戒名). posthumous Buddhist name
법모(法帽)[명] 〈법률〉법관이 법정에서 법복을 입을 때에 쓰는 일정한 형식의 모자.
법무(法務)[명] ① 〈법률〉법률에 관한 사무. judicial affairs ② 〈불교〉절에서 법회 의식의 사무나 그것을 지휘·감독하는 직임. temple affairs
법무(法舞)[명] ① 〈예능〉궁중에서 정재(呈才) 때 추던 춤의 하나. 격식을 정해 놓은 춤. ② 불교 의식에 쓰이는 춤.
법무=관(法務官)[명] ① 〈군사〉군법 회의의 규정에 따라 그 검찰 사무 및 예심(豫審) 사무 및 심판에 참여하는 법무 장교. judge advocate ② 고대 로마의 집정관.
법무=부(法務部)[명] 〈법률〉법무 행정의 중앙 기관. 검찰·행형(行刑)·사상범의 보도(保導)·사면(赦免)·인권의 옹호, 공증(公證)·송무(訟務)·소청(訴請)·국적의 이탈과 회복·귀화 및 밀무(密務)에 관한 자료의 조사·출입국 관리 사무 등을 관장함. Ministry of Justice
법무=사(法務士)[명] ① 〈군사〉군판사의 이전 이름. ② 〈법률〉남의 부탁을 받아 법원이나 검찰청에 제출할 서류를 작성해 주는 일을 업으로 하는 사람.
법무 아문(法務衙門)[명] 〈제도〉조선조 고종 때, 사법 행정·경찰·사유(赦宥) 등의 사무를 관리하고 고등 재판소 이하의 각 재판소를 감독하던 관청.
법무 행정(法務行政)[명] 〈법률〉법률 관계 및 시설의 구성·지휘 또는 감독에 관한 사무를 맡아보는 일. 〈약〉법정(法政).
법문(法文)[명] ① 〈법률〉법률을 적은 글. text of the law ② 〈불교〉불경의 글. Buddhist literature
법문(法門)[명] 〈불교〉① 불법(佛法)에 관한 문. 곧, 부처의 가르침. Buddhism ② 법사(法師)의 문정(門庭). 〔도, 그 문답.
법문(法問)[명] 〈불교〉불법(佛法)에 대해서 문답함.
법문=화(法文化)[명] 〈법률〉법문으로 만듦. 하

법물(法物) 〈불교〉 법사(法師)에게서 물려받는 재물 따위.

법변(法卞) 〈한의〉 제법(製法)에 맞추어서 제대로 만든 좋은 숙지황(熟地黃).

법보(法寶) 〈불교〉 ①삼보(三寶)의 하나로서, 불경(佛經)을 보배에 비유하여 이르는 말. ②불교의 진리. truth of Buddhism

법복(法服) 〈불교〉 ①법관(法官)들이 법정에서 입는 옷. judge's robe ②〈동〉 법의(法衣). ③제왕의 예복. ceremonial clothes of a king

법부(法部) 〈제도〉 조선조 고종(高宗) 32년에 법무아문(法務衙門)을 고쳐 일컫던 관청.

법부 대:신(法部大臣) 〈제도〉 구한말, 법부의 으뜸 벼슬. 지금의 법무부 장관에 해당함. 《약》 법대(法大)②.

법사(法司) 〈제도〉 ①법제(法制)와 사법(司法). ②〈제도〉 조선조 때 형조(刑曹)와 한성부(漢城府)를 아울러 이르는 말.

법사(法事) 〈동〉 불사(佛事). 「일컫던 말.

법사(法師) 〈불교〉 ①설법하는 스님. monk ②심법(心法)을 가르쳐 준 스님. bonze ③도통(道通)한 스님. 법주(法主)④. Buddhist Priest

법사(法嗣) 〈불교〉 법통을 이어받은 후계자.

법사 당상(法司堂上) 〈제도〉 조선조 때, 형조(刑曹)의 판서(判書)·참판(參判)·참의(參議)와 한성부(漢城府)의 판윤(判尹)·좌윤(左尹)·우윤(右尹) 들을 이르던 말.

법=사상(法思想) 법과 법제도에 관련되는 제반 문제에 대하여, 각 시대의 사람들이 가지는 관념.

법사 위원회(法司委員會) 《약》 법사 위원회.

법=사:학(法史學) 인간의 법생활의 역사를 연구하는 학문.

법=사:회학(法社會學) 법을 역사적인 사회 현상으로서 고찰하고, 법의 형성·발전·소멸의 법칙성을 추구하는 경험 과학.

법=삼장(法三章) 〈역사〉 중국 한(漢)나라 때 고조(高祖)가 살(殺)·상(傷)·도(盜)의 세 가지 행위만을 죄로 삼던 일. 진(秦)의 가혹한 법을 완화하기 위해 취해진 조처였음. 「는 상(床).

법상(法床) 〈불교〉 설법(說法)하는 승려가 올라앉

법상(法相) 〈불교〉 ①제법(諸法)의 모양. 천지 만유(天地萬有)의 모양. 《대》 법성(法性). ②제법의 모양을 설명하는 교법. ③법무부 장관을 달리 이르는 말.

법상=종(法相宗) 〈불교〉 중국 불교의 13종파(宗派) 중의 한 종파. 유식론(唯識論)을 근거로 하여 만유(萬有)는 다만 마음의 변화일 뿐 마음 밖에는 존재하는 것이 없다고 함.

법서(法書) 〈불교〉 ①〈동〉 법첩(法帖)③. ②〈법률〉 법을 서적. legal book ③〈법률〉 공적(公的)으로 편찬한 법전에 대응하여, 개인이 사사로 쓴 법률 책. 《대》 법전(法典). 「고 하는 서원(誓願).

법서(法誓) 〈불교〉 부처가 중생을 제도(濟度)하려

법석 여러 사람이 어수선하게 떠드는 모양. clamour 함.

법석(法席) 〈불교〉 법회 대중(法會大衆)이 둘러앉아서 법을 강(講)하는 자리. 법연(法筵)④. preaching seat of a priest

법석=거리-다 자꾸 법석이다. **법석=법석** 하⑨

법석=이-다 여러 사람이 어수선하게 떠들다.

법선(法線) 〈수학〉 평면상의 곡선 위에 있는 임의의 점의 접선에 수직되는 직선. normal line

법성(法性) 〈불교〉 모든 법의 체성(體性). 만유(萬有)의 실체(實體). 우주의 본체(本體). 《대》 법상(法相).

법성(法城) 〈불교〉 불법을 성(城)에 비유하는 말.

법성(法聲) 〈불교〉 ①설법하는 소리. voice of preaching ②불경을 읽는 소리.

법성=종(法性宗) 〈불교〉 신라 오교(五敎)의 한 종파. 개조는 원효 대사(元曉大師)이고, 모든 중생이

성불할 수 있다는 것을 종지(宗旨)로 함.

법성=토(法性土) 〈불교〉 삼불토(三佛土)의 하나로, 법신불(法身佛)이 사는 불토.

법수(法水) 〈불교〉 ①아황산가리액(亞硫酸加里液). ②〈불교〉 불법으로 중생의 마음속의 때를 씻어 정하게 함을 물에 비유하여 일컫는 말.

법수(法手) 방법과 수단. ways and means

법수(法首) 〈건축〉 난간 귀퉁이에 세운 기둥 머리.

법수(法數) 〈수학〉 제법(除法)에서, 실수(實數)를 제하는 수. divisor

법술(法術) ①방법과 기술. method and technique ②방사(方士)의 술법. wizardry 「사(方士).

법술=사(法術士) 〈불교〉 술법(術法)으로 재주를 부리는 방

법시(法施) 〈불교〉 타일러 깨달음을 베푼다는 보시(普施) 중 삼시(三施)의 하나.

법식(法式) ①법도(法度)와 양식. form ②방식(方式). method ③〈불교〉 불전의 법요 의식(法要儀式). Buddhist ritual

법신(法身) 〈불교〉 ①불타의 불멸하는 삼신(三身)의 하나로, 법계(法界)의 이치와 일치한 부처의 몸. 또, 부처가 설(說)한 정법(正法). 낙수(樂修). 법계신(法界身). 《대》 보신(報身). 응신(應身). ②〈동〉 승려. 「三德)의 하나.

법신=덕(法身德) 〈불교〉 열반(涅槃)에 구비된 삼덕

법신=불(法身佛) 〈불교〉 삼신불(三身佛)의 하나로, 대일여래불(大日如來佛)을 이르는 말. 비로자나불(毘盧遮那佛).

법악(法樂) 〈음악〉 ①나라에서 의식과 법도에 맞게 연주하던 정악(正樂). ②불교의 엄숙한 음악.

법안(法案) 〈법률〉 ①법률의 안건. bill ②법률의 초안.

법안(法眼) 〈불교〉 불타의 오안(五眼)의 하나. 「든 법을 관찰하는 눈.

법안=종(法眼宗) 〈불교〉 불교 선종(禪宗)의 오종(五宗)의 한 파. 문익선사(文益禪師)의 종지(宗旨)를 근본으로 하여 일어난 종파.

법약(法藥) 〈불교〉 중생의 마음의 번뇌를 없애는 불법을 약에 비유한 말.

법어(法語) 〈불교〉 ①정법(正法)을 설하는 말. Buddhist sermon ②〈불교〉 불교에 관한 글. Buddhist literature ③〈동〉 불어(佛語).

법언(法言) 바른 도리(道理)로 법도(法度)가 되게 하는 말. canonical remarks

법언(法諺) 법에 관한 격언(格言)·이언(俚諺).

법업(法業) 〈불교〉 불법(佛法)에 관한 사업. 불사(佛事).

법역(法域) 〈법률〉 ①특정한 법령의 효력이 미치는 지역적 범위. sphere of the law ②법령의 적용 범위.

법연(法筵) ①〈제도〉 예식을 갖추고 임금이 신하를 맞아서 보던 자리. ②〈불교〉 부처 앞에 절하는 자리. ③〈불교〉 불법을 설(說)하는 자리. 법좌(法座). ④〈동〉 법석(法席).

법열(法悅) ①〈불교〉 설법을 듣고 마음속에서 일어나는 기쁨. religious exultation ②진리에 사무칠 때의 기쁨. ecstasy ③황홀한 기쁨.

법옹=사(法翁師) 〈동〉 노법사(老法師).

법왕(法王) 〈불교〉 교황(敎皇). 〈불교〉 법을 설(說)하는 주왕(主王)이란 뜻으로, 석가 여래를 가

법왕=청(法王廳) 〈동〉 교황청. 「리킴.

법외(法外) 〈불교〉 법률이나 규칙의 밖. beyond the limits of laws 「service

법요(法要) 〈불교〉 불사(佛事)의 의식. Buddhist

법우(法友) 〈한〉 법사(法師)가 스스로를 이르는 말. 「와 같다는 비유.

법우(法雨) 〈불교〉 중생을 덕화(德化)함이 비(雨)

법원(法院) 〈법률〉 국가의 사법권을 행사하는 기관. 재판소. court

법원(法源) 〈법률〉 ①법률의 타당한 원인. 국가 나위. ②법률의 내용을 이루는 요소로서의 근원. 도

덕·습관 따위. ③법률이 표시되는 형식. 성문법·판례 따위.

법원=장(法院長)명 〈법률〉법원의 행정 사무를 총괄하고 부하 직원을 지휘 감독하는 이. 또, 그 사람.

법원 행정(法院行政)명 〈동〉사법 행정.

법유(法油)명 〈동〉들기름.

법은 멀고 주먹은 가깝다판 일이 급박하면 이치를 따져서 해결하는 것보다 앞뒤를 헤아림이 없이 폭력을 먼저 쓰게 된다. 법원 권근(法遠拳近).

법의(法衣)명 〈불교〉승려가 입는 옷. 법복(法服)②. clerical robe

법의(法義)명 ①〈불교〉불법(佛法)의 본의(本義). truth of Buddhism ②법의 의미(意義).

법의(法意)명 〈법률〉법률의 근본 뜻. meaning of law

법=의:식(法意識)명 〈법률〉사람들이 법에 대하여 가지는 사상·감정·인식·견해 따위를 일컬음.

법=의학(法醫學)명 〈법률〉의학을 기초로 하여 법률적으로 중요한 사실 관계의 연구·해석·감정(鑑定) 등을 목적으로 하는 응용 의학의 한 분과. 법의의학. medical jurisprudence

법의 해:부(法醫解剖) 법의학에서, 사인(死因)을 밝히기 위하여서 하는 해부.

법익(法益)명 〈법률〉법률에 의하여 보호되는 생활상의 이익이나 가치. ¶∼세(稅). legal interest

법익=설(法益說)명 〈법률〉공법(公法)은 공익(公益)을, 사법(私法)은 사익(私益)을 목적으로 한다는 법률상의 학설.

법인(法人)명 〈법률〉자연인(自然人)이 아니고 법률상으로 인격이 주어진 권리·의무의 주체(主體). 공법인(公法人)과 재단 법인·사단 법인 등의 사법인(私法人)이 있음. 무형인(無形人). (대)자연인(自然人). juridical person

법인(法印)명 〈불교〉불교를 외도(外道)와 구별하는 표지로, 불법이 참되고 부동 불변임을 나타내는 표.

법=인격(法人格)명 〈법률〉권리·의무의 주체가 될 수 있는 법률상의 자격·권리 능력.

법인 과세(法人課稅)명 〈동〉법인세(法人稅).

법인=세(法人稅)[─쎄]명 〈법률〉법인의 소득 등에 부과하는 국세. 법인 과세. corporation tax

법인 소:득(法人所得)명 〈법률〉법인의 정관(定款)에 의거한 일체의 수입.

법장(法藏)명 〈불교〉불교의 교법(敎法). 또, 교법을 실천함으로 인해서 얻은 공덕. 〔legal

법=적(法的)[─쩍]관 법에 의거한 것. ¶∼ 조치.

법적(法跡)명 〈불교〉불법 유포(流布)의 자취.

법적 규제(法的規制)명 법에 의한 규제.

법전(法典)명 〈법률〉특정한 사항에 관한 법규를 체계를 세워서 편별로 조직한 성문 법규집. code

법전(法煎)명 〈한의〉〈약을 방문(方文)대로 달이거나 고는 법. decoction according to prescription 하다

법전(法殿)명 ①〈제도〉임금이 조하(朝賀)를 받던 정전(正殿). ②〈동〉법당(法堂).

법정(法廷·法庭)명 〈법률〉법원이 소송 절차에 따라 송사를 심리하고 판결하는 곳. 재판정(裁判廷). court

법정(法定)명 법령으로 규정함. legal 하다

법정(法政)명 ①법률과 정치. law and politics ②법을 운용면의 정치. judicial administration 〈약〉─법무 행정.

법정 가격(法定價格)[─까─] 〈법률〉법령으로 규정한 가격. legal price

법정 가독 상속인(法定家督相續人)명 〈법률〉법률 규정에 의하여 마땅히 가독을 상속할 사람.

법정 경:찰(法定警察)명 〈법률〉법원 또는 법관이 직무를 집행하는 그 장소, 특히 공판정의 질서를 유지하는 재판권의 작용. court police

법정 과:실(法定果實)명 〈법률〉어떤 물건을 사용함으로 받는 돈이나 물건. 곧, 금리나 지대 따위. (대)천연 과실. legal fruits

법정 금리(法定金利)명 〈법률〉법률로 정해진 금리.

법정 기간(法定期間)명 〈법률〉어떠한 수속 절차에 대하여 법으로 규정한 기간. legal term

법정 대:리(法定代理)명 〈법률〉본인의 위임에 의하지 않고 법률의 규정에 의하여 저절로 발생하는 대리 관계. (대)임의 대리(任意代理). legal representation

법정 대:리인(法定代理人)명 〈법률〉위임을 받지 않고도 법률상으로 저절로 효력이 있는 대리인. legal representative

법정 대:학(法政大學)명 〈교육〉법률 및 정치에 대한 전문적인 학술을 교수·연구하는 단과 대학. college of law and political science

법정 모:욕죄(法廷侮辱罪)명 〈법률〉법원(法院)의 규칙·명령 등에 대한 불복종·무시 그 밖의 권위를 침해하는 행위로 성립되는 죄. 법관이 공소(公訴)를 기다리지 않고 독자적으로 처벌할 수 있음. contempt of court

법정=범(法定犯)명 〈법률〉행정 법규에 위반함으로써 비로소 위법성을 가지게 되는 범죄. 행정범. (대)자연범(自然犯).

법정 변:론(法廷辯論)명 〈법률〉재판 때 법정에서 하는 변호사의 변론. pleading at court

법정 비:가(法定比價)[─까─]명 〈법률〉복본위제(複本位制)에 있어서, 국가가 법률로써 규정한 금은(金銀) 상호의 가치(價値) 비율. legal parity of gold and silver 〔지 상속분. legal inheritance

법정 상속분(法定相續分)명 〈법률〉법률로써 정하여

법정 상속주의(法定相續主義)명 〈법률〉누구를 상속인으로 하는가를 법률로써 정하여 임의로 이것을 변경하지 못하게 하는 주의.

법정 서:열주의(法定序列主義)명 〈법률〉민사 소송법상 공격 방어 방법의 제출을 주장·항변·재항변 등의 성질에 따라 심리의 순서를 법률로써 정하는 주의. 〔데 필요한 지정된 수. quorum

법정=수(法定數)명 〈법률〉법률 행위를 성립시키는

법정 의:무(法定義務)명 〈법률〉법률 규정에 따라서 마땅히 부담할 의무. legal duty

법정 이:식(法定利息)명 〈법률〉법률의 규정에 따라 당연히 발생하는 이식. 법정 이자(法定利子). legitimate interest

법정 이:율(法定利率)명 〈법률〉법률의 규정에 따라 정하여진 이율. legal interest rate

법정 이:자(法定利子)명 〈동〉법정 이식(法定利息).

법정 재산제(法定財産制)명 〈법률〉법률로써 부부간의 재산상의 관계를 규정한 제도. 〔備金.

법정 적립금(法定積立金)명 〈동〉법정 준비금(法定準

법정 전염병(法定傳染病)명 〈법률〉법률로 정하여 병자의 격리를 강제하는 전염병. infections disease designated by law

법정 준:비금(法定準備金)명 〈법률〉법률상 강제로 적립(積立)할 것을 명령 받은 준비금. 이익(利益) 준비금과 자본(資本) 준비금의 두 가지가 있음. 법정 적립금. legal reserve

법정 증거주의(法定證據主義)명 〈법률〉법관이 증거에 의하여 사실을 인정함에 있어서, 법률상의 구속을 설정하고 증거 판단에 관하여 법관의 평가의 자유를 인정하지 않는 주의. (대)자유 심증주의(自由心證主義).

법정 통화(法定通貨)명 〈법률〉국법으로 강제 통용력이 인정된 화폐. 법정 화폐(法定貨幣). 법폐②. 〈약〉화폐(貨幣)①. legitimate currency

법정 투쟁(法定鬪爭)명 어떤 쟁의(爭議)나 사건을 법원을 통하여 해결하려는 투쟁. court struggle

법정 혈족[─쪽](法定血族)명 〈법률〉사실상의 혈연 관계는 없으나, 혈연 관계가 있는 것으로 법률상으로 인정되는 관계. 양친자(養親子)·계친자(繼親子) 관계·적모 서자(嫡母庶子) 관계 따위도. 준혈족(準血族). (대)자연 혈족. legal blood relation

법정=형(法定刑)명 〈법률〉법률상 규정된 형. 형법 각 조(各條)에 추상적으로 규정한 형(刑).

법정 화:폐(法定貨幣)圈 〖동〗 법정 통화(法定通貨).

법정 후:견인(法定後見人)圈 〈법률〉 법률상 마땅히 후견인이 될 사람. statutory guardian

법제(法制)圈 ①법률과 제도. 제도(制度). ②법으로 정해진 각종의 제도. legislation

법제(法製)圈 ①물건을 법대로 만듦. prescribed article ②〈한의〉약제(藥劑)를 약방문대로 만듦. 약의 성질을 좀 다르게 가공할 때에 정해져 있는 방문대로 함. 수치(修治). 하다

법제=사(法制史)圈 법제에 관하여 역사적으로 연구하는 학문. 또, 그것을 구명하는 학문. 법의 역사. history of laws

법제 사법 위원회(法制司法委員會)圈 〈법률〉 법제 사법에 관한 사항을 심의하는 국회의 상임 위원회. 소관 범위는 법무부·법제처·감사원·법원·군법 회의의 사법 행정·의원의 징계·의원의 자격 심사·법률안·탄핵 소추·국회 규칙안의 체계와 자구(字句)의 심사 등이다. 〖약〗법사 위원회.

법제=자(法弟子)圈 〈불교〉 불법을 전하여 받는 제자.

법제=처(法制處)圈 〈법률〉 중앙 행정 기관의 하나. 국무 회의에 상정될 법령안과 총리령안(總理令案) 및 부령안(部令案)의 심사와 기타 법제에 관한 사무를 관장하게 하기 위하여 국무 총리 소속하에 둠. Office of Legislation

법조(法條)圈 〈법률〉 법률의 조문. text of a law

법조(法曹)圈 법률계에 종사하는 법관. 또는 법률가. ¶~인(人). judicial officers

법조 경:합(法條競合)〈법률〉하나의 행위의 결과가 형식상 여러 죄형(罪名)에 해당하는 일. 이런 경우 그 중에 가장 중한 것만을 적용함.

법조=계(法曹界)圈 사법에 종사하는 사람들의 사회. 또, 법조사들의 사회. 법조계(法曹界)③. legal world

법좌(法座)圈 〖동〗 법연(法筵).

법주(法主)圈 〈불교〉 ①〖공〗 부처. ②한 종파의 우두머리. high priest ③설법을 주장하는 사람. ④〖동〗 법사(法師).

법주(法酒)圈 법식대로 빚어 만든 술.

법=주권[—권](法主權)圈 주권이 의회에서 제정되는 법 자체에 존재한다는 개념. 「없음.

법치=법(法之法)圈 법을 법대로 하여 조금도 변통이

법=질서[—써](法秩序)圈 〈법률〉 모든 법이 체계가 서서 이루는 질서. legal order

법=철학(法哲學)圈 〈철학〉 법률에 관한 특수 철학으로서, 법률의 가치·본질을 구명하여 법률학의 방법을 확립하는 학문. 법률 철학(法律哲學). 법리 철학(法理哲學). 법리학(法理學).

법첩(法帖)圈 ①체법(體法)이 될 만한 글씨. 또, 그 서첩(書帖). 법서(法書)①. excellent handwritings ②모법적인 고인(故人)의 필적을 돌이나 나무 등에 새긴 것.

법청·품청(法靑·품靑)〈공업〉경태람(景泰藍)의 법랑(琺瑯) 중에 푸른빛을 써서 만든 도자기의 빛.

법청(法廳)圈〖동〗→사법 관청(司法官廳).

법체(法體)圈〈불교〉①우주 만유(宇宙萬有)의 본체(本體). ②중의 자태(姿態).

법치(法治)圈 〈정치〉 법률에 의거하여 다스림. 또, 그 정치. constitutional government 하다

법치 국가(法治國家) 〈정치〉 국민의 의사에 의해 제정된 법을 기초로 해서 권력을 행사하는 국가. 〖대〗경찰 국가. constitutional state

법치=주의(法治主義)〈정치〉①나라의 정치가 원칙적으로 합리에서 제정된 법률로서 다스려져야 한다고 하는 주의. constitutionalism ②사람의 본성은 악하므로 법에 의하여서만 다스려져야 한다는 주의. 한비자(韓非子)·홉스(Hobbes)가 그 대표자임. 〖대〗덕치주의(德治主義).

법칙(法則)圈 ①반드시 지켜야만 하는 규범(規範). 전칙(典則). law and rule ②〈철학〉언제 어디서나 일정한 조건하에 성립하는 보편적 필연적 관계. law

③〈수학〉운산(運算)의 방식. 정리(定理)를 문장으로 나타낸 것. rules

법칙 과학(法則科學)〈철학〉법칙의 정립(定立)을 목표로 하는 과학. 물리학·화학·생리학 따위. 〖대〗역사 과학. 「'전통'의 뜻으로도 쓰임.

법통(法統)圈 ①〈불교〉 불법의 전통. ②비유적으로

법=평면(法平面)〈수학〉공간 곡선의 일점을 지나며 그 점에 있어서의 접선에 수직인 평면. normal plane

법폐(法幣)圈 〈경제〉 ①서기 1935년 12월 3일 중화민국의 폐제(幣制) 개혁으로 생긴 통화. ②〖동〗 법정 통화. 「리는 것이 바람 같다는 비유.

법풍(法風)圈 〈불교〉불법의 하나. 마음의 번뇌를 날

법=하다조형영타 과거 또는 현재의 일이 추상적으로 그러한 듯 또는 그러할 듯 싶다는 뜻을 나타내는 말. ¶있을 법한 일이다. may be

법학(法學)圈 법률에 관한 학문. 법률학(法律學). science of law

법학 개:론(法學概論)圈 법률 전반을 통해서 그 개념을 들어 말한 설명. 또, 그 책. 법학 통론(法學通論). compendium of law

법학=도(法學徒)圈 법학을 배우고 연구하는 학도.

법학=자(法學者)圈 법학을 연구하는 학자.

법학 통론(法學通論)圈 법학 개론(法學概論).

법해(法海)圈 〈불교〉바다처럼 깊고 넓은 불법의 세계.

법=해석학(法解釋學)圈 현행 법적 질서의 규범 내용을 체계적으로 인식함을 그 임무로 하고, 계획에 의한 법의 구체적 실현을 위하여 통일적 조직적인 해석을 하자는 것의 학문. 해석 법학(解釋法學). 〖대〗실용 법학(實用法學). 「효력.

법험(法驗)圈 〈불교〉 수도(修道)에 의하여 나타나는

법형(法兄)圈〈불교〉①〖공〗 한 스승에게서 법을 같이 받은 사람을 이르는 말. 「name

법호(法號)圈〈불교〉승려의 아호(雅號). Buddhist

법화(法花)圈〈공업〉①꽃무늬가 있게 만든 중국제 도자기의 하나. ②무늬 도자기에 진흙으로 가는 윤곽을 그리고, 이것을 경계로 하여 온갖 안료(顏料)로 모양을 낸 것. 「화폐의 주식을 일컬음.

법화(法貨)圈 ①〖약〗→법정 통화(法定通貨). ②프랑스

법화(法話)圈〈불교〉불교에 관한 이야기.

법화=경(法華經)圈〖약〗→묘법 연화경(妙法蓮華經).

법화 삼매(法華三昧)〈불교〉한결같은 마음으로 법화경(法華經)을 읽어 그 묘리를 깨닫는 일.

법화 삼부경(法華三部經)〈불교〉삼부경(三部經)의 하나. 무량수경(無量壽經)·묘법 연화경(妙法蓮華經)·관보현보살행법경(觀普賢菩薩行法經)을 말함.

법화=종(法華宗)圈〈불교〉법화경(法華經)을 종지(宗旨)로 한 불교의 한 종파. 신라 때 현광 법사(玄光法師)가 창설하였음. 법화(法華).

법화=회(法華會)圈〈불교〉법화경을 강설(講說)하는

법황(法皇)圈〖동〗교황(敎皇).

법회(法會)圈〈불교〉①설법하는 모임. Buddhist lecture meeting ②죽은 이를 위하여 재를 올리는 모임. Buddhist mass

벗圈 ①마음이 서로 통하여 사귄 사람. 친구(親舊). 붕우(朋友). 우인(友人). friend ②뜻을 같이 하는 사람. comrade 하다 「이나 장작.

벗:圈 숯을 피울 때, 불씨에서 불이 옮기어 닿는 숯

벗圈 ①염밭에 걸어 놓고 소금을 굽는 가마. ②〖약〗

벗-가다困〖약〗→벗나가다.

벗-개:다困 구름이 벗어지고 날이 개다. clear up

벗:-다타 염밭에 소금 굽는 가마를 걸다.

벗겨-지다困〖약〗벗기어지다.

벗기-다타 입은 것을 벗게 하다. ¶옷을 ~. strip ②껍질이나 가죽을 이르집어 내다. ¶껍질을 ~. peel ③거죽을 굵어 내다. ¶때를 ~. scratch off ④씌웠거나 덮인 것을 들어 내다. ¶지붕을 ~. take off ⑤잠갔거나 걸린 것이 열리게 하다. ¶빗 「장을 ~.

벗기-다타〖고〗베끼다.

벗기어-지-다㉠ ①벗김을 당하여 벗어지다. be taken off ②대머리가 되다. 《약》 벗겨지다. become bald
벗-나가-다㉠ 제 밖으로 벗어져 나가다. 《약》 벗가다. deviate
벗-다㉠ 겉에 거침새가 없어서 매끈하게 트이다. 〔get polished〕
벗-다㉠ ①모자·옷 등을 몸에서 떼어 내다. take off ②책임이나 누명을 면하다. ¶맡은 책임을 ~. be cleared of ③빚을 갚다. get out of debt ④짊어졌던 짐을 내려 놓다. be released of ⑤뱀 따위가 껍질을 갈아내다. ¶뱀이 허물을 ~. cast off
벗·-다㉠ 〔고〕 비껴나다. 〔 〕 ⑥깎이다. be bruised
벗:-다:-다㉠ 나뭇 조각이나 숯이 여럿이 한데 닿아서 불이 일어나게 되다.
벗ː=바리㉢ 뒷배를 보아 주는 사람. caretaker
벗ː바리㉢ 뒷배를 보아 줄 만한 사람이 많다. have strong backing 〔company with〕
벗ː=삼-다㉠ 〔㉠〕 벗으로 생각하여 대하다. keep company with
벗-바탕㉢ 지붕의 기와로서 거의 평편으로 된 기와.
벗어-나-다㉠㉢ ①어려운 일에서 헤어나다. ¶위기(危機)를 ~. get out of ②자유롭게 되다. ¶연금 상태에서 ~. free oneself from ③이치나 규율에 어그러지다. ¶이치에 벗어난 발언. run counter to ④남의 눈에 들지 못하다. ¶눈 밖에 ~. disregarded ⑤테두리 밖으로 비어져 나가다.
벗어난=그림씨㉢ 《동》 불규칙 형용사.
벗어난=끝바꿈㉢ 《동》 변칙 활용.
벗어난=움직씨㉢ 《동》 불규칙 동사.
벗어난=풀이씨㉢ 《동》 불규칙 용언.
벗어-버리-다㉠ 옷·모자·신 등을 벗어서 던지다. take off ②빚을 다 갚아 끝내다. pay off ③책임·임무 등에서 완전히 빠져 나오다. free oneself of ④ 짊어진 짐을 내려놓다.
벗어-부치-다㉠ 힘차게 대들 기세로 웃을 벗다. ¶윗도리를 벗어부치고 싸우다. fling off
벗어-제치-다㉠㉢ 입었던 옷을 벗어 제쳐 놓다.
벗어-지-다㉠ ①옷·모자·신 등이 몸에서 떨어져 나가다. ¶모자가 바람에 ~. be taken off ②덮거나 얹었거나 가리었던 것이 물러나다. be cleared ③무엇에 스쳐서 거죽이 깎이다. ¶돌담에 스쳐 손등이 ~. graze ④대머리가 되다. become bald
벗을 따라 강남 간다㈜ 꼭 요긴한 일이 있는 것은 아니나, 벗이 좋아서 먼 길을 따라간다.
벗-장이㉢ 서투른 장색(匠色)이나 무엇을 배우다가 그만둔 사람. unskilled artisan
벗ː-집㉢ 염밭에 물을 걸어 놓고 소금을 굽는 집. 《약》 벗③.
벗ː-트-다㉠ 서로 쓰던 경어를 그만두고 터놓고 사귀기 시작하다. become intimate
벚풀㉢ 《식물》 택사과의 다년생 풀. 일은 뿌리에서 총생(叢生)하며 긴 난형 또는 난상 피침형임. 7~8월에 흰 꽃이 피고 꽃잎은 구형에 녹색이며, 괴경(塊莖)은 식용하기도 함.
벗-하-다㉠㉢ ①벗으로 삼다. make friends ②서로 경어를 쓰지 않고 허물없이 사귀다. be very good friends
벙거지㉢ 옛날 군인이나 하례(下隷)들이 쓰던 털로 만든 모자. 벙치. felt hat ②《속》 모자②. ③추종들이 쓰는, 남녀 합궁(男女合宮)의 결탑.
벙거지-떡㉢ 색떡을 담을 때에 속에 담는 흰떡의 한 가지. 〔수ело이 하다.〕
벙거지 시울 만지는 소리㈜ 아주 모호하게 요령을 알 수 없이 하는 말. 〔립무(笠舞)하다.〕
벙거지 시울 만진다㈜ 말이 막히어 어떨 줄을 모르고 우물하다.
벙거짓-골㈜㉢ 전골을 지지는 그릇. 전립골(氈笠骨). 전립투(氈笠套).
벙그레㉢ 소리 없이 입만 약간 크게 벌리고 부드럽게 웃는 모양. 빙그레. 《센》 뻥그레. with a smile
벙글=거리-다㉠ 좋아서 소리 없이 입만 연해 벌리고 부드럽게 자꾸 웃다. smile 벙글=벙글㉢ 하㉠
벙·글-다㉠ 〔고〕 사이가 들리어서 벌다.
벙긋㉢ 소리 없이 입만 느긋느긋 벌리고 한 번 웃는 모양. 《작》 방긋. 《센》 뻥긋. with a smile
벙긋=거리-다㉠ 《어》 소리 없이 입만 느긋느긋 벌려서 웃다. 《작》 방긋거리다. 《센》 뻥긋거리다. 벙긋=벙긋㉢ 하㉠
벙긋-하-다㉠㉢ 약간 열려 있다. 살짝 벌려 있다. 《작》 방긋하다. 《센》 뻥긋하다. 뻥긋하다. ajar 벙긋-이㉢
벙벙-하-다㉠㉢ ①얼빠진 사람처럼 아무 말이 없다. dumbfounded ②물이 넓게 밀려 오거나 흘러가지 못하여 가득 차 있다. 《약》 벙하다. form puddle 벙벙-이㉢
벙시레㉢ 소리 없이 입만 약간 벌리고 부드럽게 웃는 모양. 《작》 방시레. 《센》 뻥시레. with a smile
벙실=거리-다㉠ 입을 조금 크게 벌리며 소리 없이 평화로운 태도로 자주 웃다. 《작》 방실거리다. 《센》 뻥실거리다. smile 벙실=벙실㉢ 하㉠
벙어리¹㉢ 선천적 또는 후천적으로 청각과 언어 능력을 잃어 말을 못하는 사람. 아자(啞者). mute
벙어리²㉢ 푼돈을 넣어 모으는 작은 그릇이나 플라스틱 저금통. 항통(缿筒). 박만(撲滿). savings-pot
벙어리³ 《속》 자물쇠.
벙어리 냉가슴 앓듯㉢ 답답한 사정이 있어도 남에게 말하지 못하고 혼자만 피로워하며 걱정한다.
벙어리 마주 앉은 셈㉢ 서로 마주 앉아 있으면서도 말이 없을 때를 이름. 〔의 암컷. female cicada〕
벙어리=매ː미㉢ 《곤충》 울지 못하는 매미. 곰, 매미
벙어리 발등 같은 소리㉢ 노래 소리나 글 읽는 소리가 신통하지 않다.
벙어리=뻐꾸기㉢ 〈조류〉 두견이과에 속하는 금렵조. 뻐꾸기와 비슷한데 좀 작고, 울음 소리가 '竹筒'을 두드리는 소리와 같다 하여 '통조(筒鳥)'라는 이름으로도 불림.
벙어리 속은 그 어미도 모른다㈜ 말하지 않으면 아무도 모른다. 설명을 듣지 않고는 아무도 그 내용을 모른다.
벙어리 장ː갑(一掌匣)㉢ 엄지손가락만 따로 내고 네 손가락은 하나로 합쳐 끼게 만든 장갑. mittens
벙어리 재판㉢ 몹시 곤란한 일.
벙어리 차첩을 맡았다㈜ 마땅히 담판해야 할 일에 감히 말하지 못한다.
벙-을-다㉠ 《고》 사이가 들리어 벌다.
벙커(bunker)㉢ ①배의 석탄 창고. ②골프장의 코스 중, 자연의 흙이 나타나 있거나, 또는 모래가 들어 있는 우묵한 곳. ③〈군사〉 적의 포탄을 피하기 위해 파 놓은 구덩이. 엄폐호(掩蔽壕).
벙커시ː=유(bunker C 油)㉢ 보일러 따위 일반 연료용으로 쓰이는 중유.
벙ː-하-다㉠ 《약》→벙벙하다.
벌㉢ 《약》→버찌.
벚=꽃㉢ 벚나무의 꽃. 앵화② cherry blossoms
벚-나무㉢ 《식물》 앵도과의 낙엽 활엽 교목. 높이 6~9m이고, 잎은 타원형임. 4~5월에 담홍색 꽃이 피고 핵과는 버찌라 하여 7월에 흑자색으로 익음. 관상용이며 수피는 약용, 과실은 식용함. 산앵(山櫻). 화목(樺木). cherry tree
베㉢ ①삼실·무명실·명주실로 짠 피륙. hemp cloth ②《약》→삼베.
베(B도)㉢ 《음악》 하(H)에 플렛(flat)이 붙어서 반음(半音)이 낮게 된 음. 영어의 비 플렛(b flat)과 같음.
베가=성(Vega 星)㉢ 《천》 직녀성(織女星). 〔음.〕
베가톤 폭탄(begaton 爆彈)㉢ 메가톤급(級) 수폭(水爆)의 1000배의 폭탄. 1 베가톤은 10억 톤.
베갈기-다㉠ 중도에 가야 할 것을 그만두다.
베개㉢ 누울 때에 머리를 괴는 물건. pillow
베갯=머리㉢ 베개를 베고 누웠을 때에 머리가 향하는 곳. 침두(枕頭). 침변(枕邊). one's bedside
베갯머리 송사㉢ 부부가 같이 밤을 지내는 동안, 그 아내가 남편에게 여러 가지 말을 하여 남편의 마음

베갯=모[名] 베개의 양끝에 대는 꾸밈새. 작은 널조각에 수놓은 헝겊으로 멎어 끼움. pillow end
베갯밑=공사(—公事)[名] 잠자리에서 아내가 바라는 바를 남편에게 속삭여 청하는 일.
베갯=속[名] 베개의 속에 넣어서 통통하게 만드는 물건. 왕겨·메밀 나깨·볏짚 등을 넣음. stuffings for pillow
베갯=잇[—닏][名] 베개의 겉을 덧씨서 시치는 헝겊. pillowslip
베:거리[名] 꾀를 써서 남의 속마음을 떠보는 일. probing a person's mind
베고니아(bégonia 프)[名] 추해당(秋海棠).
베끼=다[他] 글 따위를 원본 그대로 옮겨 쓰다. copy
베:=내=다[他] 베어 내다.
베네딕트=회(Benedict 會)[名]〈기독〉529년에 이탈리아의 온둔승(隱遁僧) 베네딕트(Saint Benedict of Nursia, 5c∼6c)에 의하여 처음으로 창시된 수도단(修道團)의 이름. 청빈·동정·복종의 의무를 중히 여기고 오로지 수행(修行)과 노동에 종사, 중세기에 있어서는 학문과 문화의 보존과 보급에 공헌하였음.
베네치아=파(Venezia 派)[名]〈미술〉르네상스 시대에 이탈리아의 베네치아에서 일어난 회화의 한 유파.
베네치아파 건:축(Venezia 派 建築)[名]〈건축〉이탈리아의 베네치아를 중심으로 일어난 르네상스식 건축의 한 유파.
베넬룩스(Benelux)[名]〈지리〉벨기에·네덜란드·룩셈부르크 세 나라의 첫머리 글자를 딴 이름.
베니션 블라인드(Venetian blind)[名] 목판·금속판·플라스틱 등의 가늘고 긴 얇은 쪽을 같은 간격으로 늘어뜨린 블라인드. 좌우 양쪽의 끈으로 미늘을 마음대로 여닫게 됨. 「어밀(英語名).
베니스(Venice)[名]〈지리〉'베네치아(venezia)'의 영어명(veneer)[名] 베니어판.
베니어=판(←veneer 板)[名] 엷은 널빤지를 가로 세로 서너 겹 붙여 만든 판자. 베니어. plywood
베:=다[他] 누워서 고개를 베개 따위의 받치다. 베개 위에 머리를 얹다. pillow on
베:=다[他] 날카로운 연장으로 물건을 자르거나 끊다. 「cut
베다(Veda 범)[名]〈종교〉바라문교의 사상의 근본 성전(聖典). 인도의 가장 오래 된 종교 문헌. 페타(吠陀).
베다 조판(←べた組版 일)[名]〈인쇄〉조판할 때에, 활자 사이에 스페이스나 인테르를 끼우지 않고 판을 짜는 것. solid typesetting
베단타(Vedanta 범)[名]〈동〉우파니샤드(Upanishad).
베데커(Baedeker 도)[名] 여행 안내서.
베델른(Wedeln 도)[名]〈체육〉스키에서, 좌우로 스키를 작게 흔들며 움직이는 활주 방법.
베:=돌:=다[자르] 한데 어울리지 않고 따로 떨어져 밖으로 돌다. 「작」 배돌다. do not mix with
베돌던 닭도 때가 되면 홰 안에 찾아든다 서로 어울리지 않고 따로 떨어져 있던 사람도 언젠가는 붙좇을 때가 온다. 「람. bad mixer
베=돌이[名] 일에 같이 어울리지 않고 따로 베도는 사람.
베드(bed)[名] 서양식의 침대. 침대.
베드=룸(bedroom)[名] 잠을 자도록 마련된 방. 침실.
베드 신:(bed scene)[名]〈연예〉연극·영화·문학 작품 등에서 침실을 묘사한 장면.
베란다(veranda)[名]〈건축〉서양식 건축에서 집체의 앞쪽으로 넓은 툇마루와 같이 튀어나오게 잇대어 만든 부분. 「서양식 모자.
베레(béret 프)[名] 차양이 없이 둥글납작하고 간편한
베로날(veronal 도)[名]〈약학〉최면 진정약(催眠鎮靜藥)의 하나. 무색(無色)·무취(無臭)의 결정임.
베르누이의 정:리(Bernoulli—定理)[名]〈물리〉유체(流體)의 흐름에 있어서의 압력과 속도와의 관계를 설명하는 법칙. 베르누이(Bernoulli, D.)가 발견하였음. Bernoullis theorem

베:르 리브르(vers libre 프)[名]〈문학〉자유시.
베르무트(vermouth 프)[名] 이탈리아·프랑스 등지에서 나는 술의 하나.
베르사:유 조약(Versailles 條約)[名]〈역사〉1919년 6월, 제1차 세계 대전의 결말로 베르사유에서 체결된 독일과 연합국과의 사이에 맺은 평화 조약.
베리=줄[名]〈농업〉소 등의 절체의 앞뒤 마구리 두 편 끝에 건너 맨 굵은 새끼.
베릴륨(beryllium)[名]〈화학〉녹주석(綠柱石) 속에 는 드문 원소의 하나. 은백색으로 전성(展性)이 있으며, 염산·황산에 녹아 수소를 발생함. 원소 기호; Be. 원자 번호; 4. 원자량; 9.012.
베:=먹=다[他]〈약〉→베어먹다.
베=목(一木)[名] 삼으로 짠 웃감. 베. 삼베.
베=물=다[他] 이로 물어서 자르다. bite off
베바트론(Bevatron)[名]〈물리〉양자(陽子) 가속 장치의 하나. 6.2베브(Bev) 즉, 62억 전자 볼트의 양자를 낸다 하여 6.2에 'v'가 붙여짐.
베:=버리=다[他]〈약〉→베어 버리다.
베버의 법칙(Weber—法則)[名]〈심리〉독일의 생리학자이며 심리학자인 베버가 발견한 자극과 감각과의 상호 관계에 관한 법칙.
베벡트(bewegt 도)[名]〈음악〉감동(感動)함. 빠른 듯
베:=보(—褓)[名] 삼베로 만든 보. 「함.
베=불이[—부치][名] 모시실·베실 따위로 짠 피륙. 포속(布屬).
베브(Bev)[의][名]〈물리〉〈약〉billion electron volt 10억(億) 전자(電子) 볼트. 소립자(素粒子)가 가지는에너지를 나타냄.
베서=흘다[他] 베어 썰다. 「에너지를 나타냄.
베스트(best)[名] ①최선. 최상. ②전력(全力).
베스트(vest)[名] 여성복에서, 남자의 조끼와 비슷한 소매 없는 윗도리.
베스트 드레서(best dresser)[名] 옷을 매우 세련되게 입기로 평판이 있는 사람.
베스트 멤버(best member)[名] ①〈체육〉가장 우수한 선수를 갖춘 일단(一團). 또, 그 선수. ②선발(選拔)된 단원.
베스트 셀러(best seller)[名] 어떤 기간 동안에 가장 호평(好評)을 받아 잘 팔리는 물건. 특히 출판물.
베스트 텐(best ten)[名] 어떤 부문(部門)에 있어서 가장 우수한 열 명. 또, 열 개의 작품.
베스트 판(vest 判)[名] 사진 필름의 크기. 세로 4cm, 가로 6.5cm임.
베슥=거리=다[자] 무슨 일을 할에 탐탁하게 하기를 싫어하다. 「작」 배슥거리다. reluctant 베슥=하[다]
베슬=거리=다[자] 베슥거리며 슬슬 피하여 배돌다. 배슬거리다. try to shirk 베슬=베슬[부] 하[다]
베=실[名] 삼 껍질로 만든 실. 마사(麻絲). hemp yarn
베어=내:=다[他] 얼마쯤을 베어서 따로 떼내다. 〈약〉베내다. cut off
베어리에이션(variation)[名]〈음악〉변주곡(變奏曲).
베어링(bearing)[名] 회전축·굴대 등을 일정 위치에 고정시켜 자유롭게 회전시키는 기구.
베어=먹=다[他] ①얼마쯤을 베어서 먹어 버리다. cut and eat ②한 물건이 다른 물건을 문질러 끊어지게 하다. 〈약〉베먹다. wear out
베어=버리=다[他] 베어서 메어 버리다. 〈약〉베버리다.
베=올[名] 베올의 올.
베=옷[名] 베올로 지은 옷. 「cut off
베얄=다[고] 밀치다. 물리치다.
베이=다[자·他] 연장으로 벰을 당하다. be cut
베이비(baby)[名] ①젖먹이. 영아(嬰兒). ②〈속〉작은 것의 비유. 「는 작은 규모의 골프.
베이비 골프(baby golf)[名]〈체육〉좁은 면적에서 하
베이비=복(baby 服)[名] 한 살 이내의 아기옷.
베이스(base)[名] ①기초. ②〈체육〉야구에서, 내야(內野)의 네 귀퉁이에 놓은 수(壘). 또, 그 위치.
베이스(bass)[名]〈음악〉①저음. ②남성의 최저 음역. 또, 그 가수. ③〈약〉→콘트라베이스. ④기악 합주에서

베이스 드럼

에서 음 음부를 맡은 악기들. ⑤화음의 최저 음부. ⑥대위법(對位法)의 악절에서 가장 낮은 성부. 바스(Bass).
베이스 드럼(bass drum)명 〈음악〉저음(低音)의 큰 「북. 〔대〕사이드 드럼.
베이스 라인(base line)명 〈체육〉①정구에서, 코트의 한계선. ②야구에서, 베이스와 베이스를 연결하는 선. 「〔走者〕.
베이스 러너(base runner)명 〈체육〉야구에서, 주자
베이스 볼:(baseball)명 〈체육〉①야구. ②야구공.
베이스 엄파이어(base umpire)명 〈체육〉누심(壘審).
베이스 온 볼:(base on balls)명 〈체육〉야구에서, 사구(四球)에 의한 출루(出壘).
베이스 캠프(base camp)명 ①등산이나 탐험에서, 근거지로 하는 고정 천막. ②외국군의 주둔 기지.
베이스 클레프(bass clef)명 〈음악〉'낮은음자리표'의 영어명. 「트롬본.
베이스 트롬본(bass trombone)명 〈음악〉저음의 큰
베이식(BASIC)명 《약》Beginner's All-purpose Symbolic Instruction Code 1960년대 말에 개발된 초심자를 위한 간이 프로그래밍 언어. 문법이 간단하고, 프로그램의 편집과 수정이 쉬움.
베이지(beige)명 엷고도 밝은 갈색. 낙타색.
베이컨(bacon)명 돼지고기를 소금에 절이어 불에 그슬리거나 말린 식품. 주로 돼지의 등과 배의 고기로 만듦. 「받응제로서 만드는 합성 수지(合成樹脂).
베이클라이트(bakelite)명 석탄산과 포름알데히드를
베이킹 파우더(baking powder)명 빵이나 과자를 구울 때 부풀게 하는 가루. 「'많게 하는 보'.
베일(veil)명 ①(동) 면사포(面紗布). ②씌워서 보이지
베일리즘(beylism 프)명 〈철학〉19세기 프랑스 작가 스탕달이 작품에서 강조한 일종의 처세 철학.
베=자루명 베로 만든 자루.
베=잠방이명 베로 만든 가랑이가 짧은 홑고의.
베=전(一廛)명 〔속〕 포전(布廛).
베정적하명 폭행이나 위험에 대하여 떠들면서 항거하는 짓. resistance 하명
베=주머니명 삼베나 무명베로 만든 주머니.
베주머니에 의송 들었다관 겉은 허술하고 못난 듯하나 비범한 재질과 훌륭한 가치를 지녔다.
베짱=베짱명 베짱이 우는 소리. chirr
베짱이명 〈곤충〉여치과에 딸린 곤충. 몸 길이 3~4cm이고 몸 빛은 담청색에 갈색 또는 (綠)경이 있으며, 오른쪽 날개에 발음기가 있음. 8월경에 인가 부근에서 서식함. 낙위(絡緯). 사계(莎鷄). 흥낭자(紅娘子)①. 회화아(灰花蛾). grasshopper
베크렐=선(Becquerel 線)명 〈물리〉우라늄으로부터 방사되는 방사선을 예전에 일컫던 말. 현재는 알파(α)·베타(β)·김마(γ)선으로 불림. 1896년 베크렐이 발견함.
베:타 β 그명 ①그리스어 자모의 둘째 글자. ②〈동〉베타성(β星). 베타선(β線).
베:타 붕괴(β崩壞)명 〈물리〉원자핵을 구성하는 중성자(中性子)나 전자(電子)가 양자로 변화하는 원자핵의 붕괴. 이 결과 질량수는 변화하지 않으나 원자 번호가 1 증가한 원자핵으로 됨.
베:타=선(β線)명 〈물리〉방사성 원소로부터 나오는 방사선의 일종. 고속도의 전자(β입자)로 이루어짐. 베타③. beta rays 「〔베타③〕.
베:타=성(β星)명 〈천문〉성좌 중 밝기가 둘째되는 별.
베:타 입자(β粒子)명 〈물리〉라듐 등의 방사성 원소에서 나오는 방사선에 직각으로 된 자장(磁場)을 가하면 방사선은 굽어서 갈리지는데, 그 가운데 가장 심하게 구부러진 부분을 이루는 고속도의 전자.
베:타트론(betatron)명 〈물리〉자진압을 자유하는 전자(電子) 가속 장치. 원형의 교류 전자석의 극을 서로 맞보게 맞추어서 그 극의 둘레를 따라가는 감은 기전력을 이용하도록 되어 있음. 자장과 감은 기전력이 공존(共存)하는 부분에는 도넛스 모양

벨트 컨베이어

의 진공 용기를 둠.
베터 하:프(better half)명 사랑하는 아내. 배우자.
베테랑(vétéran 프)명 어느 분야에 썩 노련한 사람. 고참자(古参者).
베=틀명 무명·삼베 등의 피륙을 짜는 틀. loom
베틀=가(一歌)명 〈음악〉구전 민요(口傳民謠)의 하나. 부녀자들이 베틀에서 피륙을 짜면서 그 과정을 이른 노래.
베틀=다리(一一)명 베틀을 지탱하고 가로누운 굵고 긴 나무. 누운다리. leg of a loom
베틀=신명 베틀의 용두머리를 잡아 돌리기 위하여 신 끈에 잡아맨 신. treadle shoe of a loom
베틀 신끈명 베틀 신대의 끝과 베틀신끈을 연결한 끈.
베틀 신대(一一)명 베틀의 용두머리 중간에 박아 뒤로 내뻗친 초금 굽은 막대. 「박아 세운 기둥.
베틀 앞기둥명 베틀다리 앞쪽에 구멍을 뚫어 거기에
베풀=다(타르) ①무슨 일을 차리어 벌이다. ¶잔치를 ~. hold ②남을 도와서 은혜를 입히다. ¶자선을 ~. grant
베=풀명(一一)(一法)명〈동〉서술법(敍述法).
:베·풀·다타〔고〕베풀다.
베·히·다타〔고〕베다.
벡터(vector)명 〈물리〉한 점에서 다른 점을 향하는 방향을 가진 선분으로 표시되는 양(量). 힘·속도·가속도 등을 이것으로 나타냄. 「진 추진력.
벡토르 도(Vektor 도)명 〈심리〉개체 내부의 긴장으로 생
벡토르 심리학(Vektor 心理學)명 〈심리〉레빈의 심리학 체계 중 역학적 여러 문제를 연구하는 분야. 심리학적 힘·유발성·긴장 등의 개념 위에 섬.
벤(ben 도)명 〈음악〉'충분히'의 뜻.
벤또(べんとう)명 ①도시락. ②찬합.
벤젠(benzene 도)명 〈화학〉콜타르를 분류(分溜)·정제(精製)한 무색(無色)의 휘발성 액체. 특이한 냄새가 나며, 물과는 화합하지 않음. 용해제·염료·향료·폭약의 원료가 됨. 벤졸.
벤젠 중독(benzene 中毒)명 벤젠의 흡수에 의한 중독.
벤졸(benzol)명 〈동〉벤젠.
벤진(benzine)명 〈화학〉가솔린의 하나. 석유를 증류할 때 30℃~150℃에서 얻는데, 무색 투명, 특이한 냄새가 남. 유지(油脂)·수지의 용해제, 항공기의 연료·소독·드라이 클리닝 등에 쓰임.
벤처=기업(venture 企業)명 새로운 아이디어와 기술을 바탕으로 시작하는 모험적인 기업.
벤치(bench)명 ①여러 사람이 같이 앉게 된 긴 의자. ②야구장 같은 데서 선수석과 감독석을 이름.
벤턴 자모 조각기(Benton 字母彫刻機)명 〈인쇄〉활자의 자모를 조각하는 기계. 벤턴기. 벤턴 조각기.
벤토나이트(bentonite)명 산성 백토(酸性白土)와 비슷한 요회암(凝灰岩) 따위가 풍화(風化)하여 된 점토. 물에 적시면 부풀어서 도자기 따위의 원료로 쓰임.
벤틸레이터(ventilator)명 ①환기 장치.
벨(bell)명 ①종. ②초인종(招人鐘). 〈음악〉철금(鐵琴). 「초고공(超高空) 쾌록발 탐지 계획.
벨라 계획(Vela 計劃)명 미국 국방성이 하고 있는 핵폭발
벨로니아(Belonite 도)명 〈지학〉화산(火山)의 한 형식. 용암(溶岩) 덩어리가 화구(火口) 바닥에서 밀려 올라와서 생기는, 높이에 비하여 밑바닥이 몹시 좁은 탑 모양의 작은 화산. 용암 창봉(溶岩槍峰).
벨로체(veloce 이)명 〈음악〉'빠르게'의 뜻.
벨벳(velvet)명 거죽에 고운 털이 돋게 짠 비단. 비로드. 우단(羽緞).
벨 칸토(bel canto 이)명 〈음악〉노래 창법(唱法)의 하나. 가극(歌劇) 따위에 흔히 씀.
벨트(belt)명 ①〈공업〉피대(皮帶). ②혁대.
벨트 컨베이어(belt conveyer)명 〈공업〉벨트를 써서 물건을 연속적으로 나르는 장치. 수평 또는 경사지게 장치한 피대에 석탄·곡물·광석이나 가벼운 상자·포장물 따위를 얹어서 연속식의 일정한 장소로 운반함. 피대 운반 장치. 연속식 운반 장치.

벰베르크(Bemberg 도)명 벰베르크 인견사(人絹絲) 및 그 제품의 상품명.

벰베르크 인견사(Bemberg 人絹絲) 독일 벰베르크 회사에서 만든 인조 견사(人造絹絲)의 하나.

벵갈라(bengala 네덜) '철단(鐵丹)'의 전의 이름으로서, 황색을 띤 적색의 안료(顏料).

벵골-어(Bengal 語) 인도 벵골 지방과 남부 아삼(Assam) 지방에서 쓰이는 인도어파에 속하는 언어.

벵골-원:숭이(Bengal—)명 〈동물〉 원숭이과의 동물. 길이 60 cm, 꼬리 35 cm쯤. 대체로 회갈색인데 얼굴은 붉고, 꼬리·허리는 담황색임. 북인도의 산림에 군생(群生)함.

벵에-돔명 〈어류〉 벵에돔과의 바닷물고기. 연안의 암초 사이에 사는데, 길이 50 cm 가량. 타원형이며, 빛은 청회흑색임.

벼명 ①〈식물〉 포아풀과 벼속(屬)의 일년생 풀. 높이 1~1.5 m 이고 잎은 긴 선형(線形)임. 꽃은 첫가을에 피어 열매를 벼라고 하는데, 이것을 찧은 것이 곧 쌀임. 아프리카 원산으로 종류가 많음. 답곡(畓穀). 화곡(禾穀). rice-plant ②벼의 열매. 아시아 사람의 주식 곡물임. 가곡(嘉穀). 정조(正租). unhulled rice

벼一(부)명 〈고〉 '따위'와 같은 뜻으로 쓰임.

벼곰팡이=병[一뼁](一病)명 〈농업〉 벼에 기생하는 곰팡이에 의하여 일어나는 벼의 병. 늦벼에 많이 발생.

벼기-다타 벼르다. 고집하다. [함.]

벼-까라기명 벼의 까라기. [약] 벼까락.

벼-까락명 →벼까라기.

벼-꼬마명충나방[—蟲—]명 〈곤충〉 명충나방과의 벼의 해충. 길이 1 cm, 편 날개 1.7 cm 로 황갈색임. 벼의 잎을 둘둘 말아 그 안에 들어앉아서 엽육을 갉아먹어 벼가 하얗게 말라 죽음.

벼=농사(一農事)명 〈농업〉 벼를 재배하여 거두는 일. 도작(稻作). rice farming 하다

벼-다명 베다. 베끼를 베다.

벼-때명 벼를 한창 거두어 들일 때. rice harvest

벽149 /벼로명 〈고〉 벼랑.

벼락명 ①공중의 전기와 땅 위의 물건에 흐르는 전기와의 사이에 방전 작용(放電作用)으로 일어나는 현상. 낙뢰(落雷). 벽력(霹靂). thunderbolt ②물시 듣쓰이는 타격. 벽력(霹靂)을 맞았다. scolding ③갑작스럽게 이루어지는 일. 몹시 형용하는 말. sudden

벼락 감투명 ①돈을 거두어 들이기 위하여 갑자기 벼슬 또는 구실을 시켜서 씌우는 감투. ②자격 없이 갑자기 얻은 높은 벼슬. patronage appointment

벼락-같다형 일이나 동작이 몹시 빠르다. 또, 크고 요란하다. ¶벼락같은 호령. **벼락-같이부**

벼락 공부(一工夫)명 시험 때가 임박하여 갑자기 벼 둘러 하는 공부. cramming 하다

벼락 김치명 날무나 날배추를 간장에 절여서 당장 먹게 만든 김치. 급살(急煞) 김치.

벼락-닫이[一다지]명 〈건축〉 좌우로 밀거나 열어젖히지 않고, 위아래로 오르내려 여닫게 된 창.

벼락 대:신(一大臣)명 성질이 야무지고 독해서 아무리 어려운 일이라도 능히 견디어 내는 사람. indomitable person

벼락 덩이명 〈농업〉 밭을 맬 때 크게 떠 엎는 흙덩이. big lump of earth

벽력-령(一令)명 갑자기 벼락 내리는 급한 명령. sudden [order

벼락-맞다[一맏一]자 ①벼락의 침을 당하다. be struck by lightning ②속 못된 짓을 하여 신이나 부처의 벌을 받다. ¶나쁜 짓을 하다가 벼락맞았다.

벼락맞은 소 뜯어먹듯 한다관 한꺼번에 여럿이 달려들어 제 실속을 채우려고 한다. [spirit

벼락 바람명 벼락 같은 위풍(威風)의 기세. violent

벼락 방망이명 ①갑자기 뜻하지 않게 얻어맞은 매. ②아주 돌돌하고 오달진 사람을 비유하여 이르는 말.

벼락 부:자(一富者)명 갑자기 된 부자. 졸부(猝富). [parvenu

벼락에는 오히려 바가지를 쓴다관 제가 당하게 될 재화(災禍)는 무슨 짓으로도 면하기 어렵다.

벼락-장(一醬)명 매주 무거리와 굵은 고춧가루를 버무려 물을 쳐서 2~3일 띄웠다가 소금을 쳐서 먹는 고추장. [먹게 만든 장아찌.

벼락 장아찌명 날무나 배추를 간장에 절여서 당장에

벼락 출세(一世)(—出世)명 갑자기 출세함. 또, 그 출세. 하다

벼락-치기명 시간이 임박해서 갑자기 서둘러 하는 일.

벼락치는 하늘도 속인다관 속이려면 못 속일 사람이 없다. [다 치다. lightning strikes

벼락-치-다자 벼락이 내려서 땅 위에 있는 물건을 냅

벼랑명 낭떠러지의 험한 언덕. ¶—길. cliff

벼-로[—](고]명 ①벼루! ②벼랑.

벼-록(고]명 ①벼루. ②벼랑.

벼루명 먹을 가는 데 쓰는 돌로 만든 문방구. ink slab

벼루명 낭떠러지의 아래가 강이나 바다로 통한 위태한 비탈. precipice

벼룩기-자리명 〈식물〉 너도개미자리과의 이년생 풀. 줄기는 가늘고 뿌리에 총생하여 25 cm 쯤 자람. 4~5월에 흰 꽃이 핌. 벼룩자리. sandwort

벼룩〈곤충〉 벼룩과에 속하는 기생 곤충. 사람의 피를 빨아먹고 사는데, 몸 길이 2~4 mm 쯤 되고, 몸 빛은 적갈색이며, 머리는 둥글고 몸은 납작함. 날개는 퇴화했으며 뒷다리가 발달하여 높이 뜀. flea

벼룩도 낯짝이 있다관 아주 뻔뻔스러운 사람을 보고 하는 말. [어그러지고 도랑이 줍다.

벼룩의 간에 육간 대청을 짓겠다관 하는 일이 이치에

벼룩의 간을 내어 먹는다관 어려운 처지에 있는 사람에게서 금품을 들어냄의 비유.

벼룩의 선지를 내어 먹지관 얼마 안되는 이익을 극히 부당한 곳에서 갉아먹으려고 한다.

벼룩=나물명 〈식물〉 너도개미자리과의 이년생 풀. 길이 25 cm 내외이고, 잎은 타원형 또는 난상피침형으로 4~5월에 흰 꽃이 핌. 밭두둑에 저절로 나며 어린 잎은 식용함.

벼룩-자리명 →벼룩기자리. [통한 길. ledge

벼룻-길명 낭떠러지를 따라서 강 언덕이나 바닷가로

벼룻-돌명 벼루를 이룬 돌. 연석(硯石). ink-stone

벼룻-물명 벼룻돌에 먹을 갈기 위하여 붓는 물. 연수(硯水). water poured on an ink-slab

벼룻-집명 ①벼루를 넣어 두는 납작한 상자. ②벼루·붓·먹·연적·종이 등을 넣어 두는 조그만 상자. 연갑(硯匣). inkstone case ③벼루 기타 문방 도구의 일체를 넣어 두는 조그만한 책상 모양의 가구.

벼르-다타르 ①어떠한 일을 이루려고 미리부터 꾸준히 꾀하다. ¶몇 번을 벼르다가 이제야 왔다. be determined to ②어떤 행동을 가하려고 단단히 마음먹다. ¶원수를 갚으려고 단단히 ~. be prepared to ②[르게] 나누다. distribute

벼르던 아기 눈이 먼다관 잘하려고 벼르면 일이 낭패되기 쉽다.

벼름명 여러 묶으로 고르게 별러 줌. distribution 하다

벼름=벼름명 무슨 일을 하려고 연해 벼르는 모양. with indomitable determination 하다

벼름-질명 고루 별러서 나누는 일. apportionment

벼리명 ①그물의 위쪽 코를 꿰어 잡아당기게 된 줄. border ropes of a fishing-net ②책의 첫머리에 책 내용의 대강을 추려 차례로 벌여 놓은 줄거리. table of contents

벼리-다타 날이 무디어진 쇠붙이 연장을 불에 달구어 두드려서 날카롭게 만들다. ¶칼을 ~. temper and sharpen

벼릿-줄명 그물의 벼리를 이룬 줄. guide rope

벼-말명〈고〉 베갯말. 베갯머리.

벼=메뚜기[명] 〈곤충〉 메뚜기과에 속하는 곤충. 몸 길이 3~4 cm 이고, 몸 빛은 황록색이며, 양측에 세로 줄이 있음. 날개가 특히 길어 복부를 다 덮음. 《약》 메뚜기.
벼슬[명] 관청에 나아가서 나랏일을 맡아 다스리는 자리. 또, 그 일. government post **하**[자]
벼슬=길[-낄][명] 벼슬을 사는 길. 벼슬아치 노릇을 하는 방면. 사도(仕道). 사로(仕路). 환도(宦途). 환로(宦路). ¶~이 막히다. officialdom 「[자]
벼슬=살이[명] 벼슬아치 노릇을 하는 일. official life **하**
벼슬=아치[명] 벼슬 자리에 있는 사람. 관원(官員). government official 「the government
벼슬=하-다[자][여불] 벼슬아치가 되다. obtain a post in
벼=쭉정이[명] 벼의 쭉정이.
벼=팔이[명] 장사할 목적으로 돈을 주고 벼를 사들이는 일. stocking of rice **하**[자] 「람.
벼팔이=꾼[명] 이리저리 돌아다니며 벼팔이를 하는 사
벼화=변(一禾邊)[명] 한자 부수의 하나. '秀·私' 등 한자의 '禾'의 이름.
벼=훑이[-훌치][명] 〈농업〉 벼를 훑어서 떠는 두 갈래로 된 연장. 도급기(稻扱機). thresher
벽:[명] 《약》→비역.
벽(碧)[명] 《약》→벽색(碧色).
벽[1](壁)[명] 《약》→바람벽.
벽[2](壁)[명] 《약》→벽성(壁星).
벽(癖)[명] ①무엇을 치우치게 즐기는 성벽. habit ②굳어져서 고치기 어려운 버릇. ¶도~. vice
벽(甓)[명]→벽돌.
벽간(壁間)[명] 기둥과 기둥 사이의 벽의 부분. 벽면.
벽감(壁龕)[명] 〈건축〉 서양 건축에서 벽체의 오목하게 패인 부분. 조각품 등을 세워 둠.
벽개(劈開)[명] ①쪼개져서 갈라짐. split ②〈광물〉 결정체가 일정한 방향으로 결을 따라서 쪼개짐. cleavage ③〈지학〉 지각(地殼)의 횡압력(橫壓力)에 의해 수성암에 일정하게 켜가 생김. **하**[자] 「vage
벽개=면(劈開面)[명] 쪼개져서 갈라진 면. plane of clea-
벽거(僻居)[명] 궁벽한 곳에서 삶. secluded life **하**[자]
벽견(僻見)[명] 편벽된 소견. 한편으로 치우친 의견. 「prejudice
벽경(僻境)[명] 《동》 벽지(僻地).
벽경(壁經)[명] 서경(書經)의 고본(古本). 벽중서(壁中
벽경(壁鏡·壁鑑)[명] 《동》 납거미. 「書).
벽계(碧溪)[명] 물빛이 푸른 시내. 푸른빛의 시내. blue stream
벽계 산간(碧溪山間)[명] 푸른 시내가 흐르는 산골짜기.
벽계=수(碧溪水)[명] 푸르고 맑은 시냇물.
벽곡(辟穀)[명] 곡식을 피하고 솔잎에다 대추·밤 같은 것을 조금씩 먹고 사는 일. living on grasses or fruits **하**[자]
벽공(碧空)[명] 푸른 하늘. 벽천(碧天). blue sky
벽=난로[-날-](壁煖爐)[명] 벽면에 아궁이를 내고 굴뚝을 벽 속으로 통하게 하는 난로. 페치카. 《약》 벽로(壁爐). fireplace
벽담(碧潭)[명] 푸른빛이 감도는 깊은 못.
벽=담(壁一)[명] 〈건축〉 건물의 벽에 붙은 담.
벽도(碧桃)[명] ①선경(仙境)에 있다는 과실. fruits of the fairyland ②《약》→벽도화(碧桃花).
벽도=나무(碧桃一)[명] 〈식물〉 복숭아나무의 하나. 천엽(千葉)의 꽃이 희고 아름다움. 열매가 있으나 매우 잘아 먹지는 못함. 관상용임.
벽도=화(碧桃花)[명] 벽도나무의 꽃. 《약》 벽도②.
벽=돌(甓一)[명] 〈공업〉 진흙과 모래를 차지게 반죽하여 사각형의 모양으로 구워 만든 돌. 건축 재료임. 벽와(甓瓦). 연와(煉瓦). brick
벽돌=공(甓一工)[명] 벽돌을 만드는 직공. 벽돌장이.
벽돌=담(甓一)[명] 벽돌을 쌓아 올린 담. brick wall
벽돌=문(甓一紋)[명] 빛깔이 다른 네모진 돌이 깔린 것 같은 바둑판 무늬.
벽돌=장이(甓一)[명] 《동》 벽돌공. 「brick building
벽돌=집(甓一)[명] 〈건축〉 벽돌을 쌓아 올려 지은 집.

벽두(劈頭)[명] ①글의 첫머리. beginning ②일이 시작된 첫머리. ¶신년 ~. start
벽력(霹靂)[명] 《동》 벼락①.
벽력 같-다(霹靂一)[형] 목소리가 매우 크고 우렁차다.
벽력=화(霹靂火)[명] 〈민속〉 육십 갑자(六十甲子)에서 무자(戊子)·기축(己丑)에 붙이는 납음(納音). ¶무자(戊子) 기축(己丑) ~.
벽련(劈鍊)[명] 둥근 나무를 네모지게 대강 다듬은 목재로서 멧목의 하나. square timber
벽로(碧鷺)[명] 〈조류〉 푸른 해오라기.
벽로(僻路)[명] 사람이 적게 다니는 으슥한 길. lonely
벽로(壁爐)[명] 《약》→벽난로. 「path
벽론(僻論)[명] ①한쪽으로 치우쳐서 도리에 맞지 않는 언론. prejudiced opinion ②〈역사〉 조선조 정조 때 일어나서 시론(時論)과 맞서던 당파.
벽루(僻陋)[명] ①궁벽한 두멧 구석. out-of-the-way place ②성질이 피벽스럽고 견문이 좁음. perversity **하**[형] 「쌓은 진지. encampment
벽=루(壁壘)[명] 적을 막기 위하여 흙이나 돌 따위로
벽류(碧流)[명] 푸른 물의 흐름.
벽립(壁立)[명] 깎은 듯한 절벽이 벽모양으로 서 있음.
벽면(壁面)[명] 벽의 거죽. 「precipitousness **하**[자]
벽모(碧毛)[명] 푸른빛의 털.
벽=바닥(壁一)[명] 〈광물〉 사금(砂金)을 파내는 구덩이의 밑이 석벽(石壁)으로 된 바닥.
벽발(闢發)[명] 선인(先人)이 가지지 아니하였던 생각을 해내는 일.
벽보(壁報)[명] 벽에 붙여 여러 사람에게 알리는 글. 간단한 벽신문 따위. wall newspaper
벽보=판(壁報板)[명] 벽보를 붙이는 널판. bulletin board
벽빙(僻聘)[명] 민간에 있는 사람을 불러내어 필요한 일을 시킴. **하**[타]
벽사(辟邪)[명] 사귀(邪鬼)를 물리침. exorcism **하**[자]
벽사(僻事)[명] 도리에 부당한 일. unreasonableness
벽사=문(辟邪文)[명] 사귀(邪鬼)를 물리치기 위하여 쓴
벽산(碧山)[명] 《동》 청산(靑山). 「글.
벽상(壁上)[명] 바람벽의 위. ¶~의 패종.
벽상=토(壁上土)[명] 〈민속〉 육십 갑자(六十甲子)에서 경자(庚子)·신축(辛丑)에 붙이는 납음(納音). ¶경자(庚子) 신축(辛丑) ~.
벽색(碧色)[명] 짙게 푸른 빛깔. 《약》 벽(碧). deep blue
벽서(僻書)[명] 흔하지 않은 피벽한 책. ¶기문(奇文) ~. unusual book 「wall **하**[자]
벽서(壁書)[명] 벽에 써 붙이는 글. writings on the
벽석(壁石)[명] 〈건축〉 벽을 꾸미는 장식용 돌. wall stone
벽선(壁線)[명] 〈건축〉 기둥에 붙여 세우는 네모진 굵은 나무. 벽 속에 있어서는 인방과 중방을 버티게 되고, 문호(門戶)에 있어서는 문선(門線)이 됨.
벽설(僻說)[명] 괴벽한 말. 정당하지 못한 설(說). prejudiced opinion 「nature
벽성(僻性)[명] 편벽한 성질. 괴벽한 성질. eccentric
벽성(僻姓)[명] 썩 드문 성(姓). rare surname
벽성(壁星)[명] 〈천문〉 이십팔수(二十八宿)의 열넷째 별. 《약》 벽(壁)[2]. 「의 널조각.
벽손[명] 장롱(欌籠)의 아래층 군쇠 옆에 끼우는 넉 장
벽수(碧水)[명] 푸른빛이 나도록 깊은 물. blue water
벽수(璧水)[명] 성균관이나 문묘(文廟)에 있는 못.
벽=스위치(壁 switch)[명] 벽에 설치한 스위치.
벽슬(壁蝨)[명] 《동》 진드기.
벽=신문(壁新聞)[명] 가두(街頭)나 공장 같은 곳의 벽에 써 붙여 보도하는 일종의 신문. wall paper
벽심(壁心)[명] 《동》 심살. 「계를 끊다.
벽=쌓-다(壁一)[자] 서로 사귀던 사이가 끊어지다. 관
벽안(碧眼)[명] ①눈동자가 푸른 눈. blue eyes ②서양 사람. westerner 「blue eyes and red beard
벽안 자:염(碧眼紫髯)[명] 푸른 눈동자와 붉은 수염.
벽안 호승(碧眼胡僧)[명] 〈불교〉 중국 선종(禪宗)의 시조인 달마 대사(達磨大師)를 특별히 가리키어 이르

는 말. 그가 남인도에서 중국으로 온 사람이므로 이
벽어(壁魚)[명] 《동》 반대좀. ⌊르는 말.
벽언(僻言)[명] 편벽된 말. 도리에 어긋난 말. eccentric word
벽=오동(碧梧桐)[명] 〈식물〉 벽오동과의 낙엽 활엽 교목. 높이 10 m 가량이고 청색인데, 늙어도 껍질의 푸른빛이 변하지 않음. 인가 부근에 심는데, 재목은 단단하고 결이 곧으며, 수액은 풀의 원료가 됨. 청동(靑桐). sultan's parasol
벽옥(碧玉)[명] ①푸른빛의 고운 옥. jasper ②〈광물〉 석영(石英)의 한 변종. 홍색·녹색 등이 있으며, 인재(印材)와 가락지에 쓰임.
벽와(甓瓦)[명] 《동》 벽돌. 「가슴을 침.
벽용(擗踊)[명] 어버이의 상(喪)을 당하여 슬피 울며
벽운(碧雲)[명] 푸른 구름. 취운(翠雲).
벽원(僻遠)[명] 궁벽하고 멂. remoteness **하**[형]
벽유(僻儒)[명] ①학식이 좁고 마음이 옹졸한 학자. 또, 그러한 선비. ②쓸모 없는 유자(儒者).
벽음(癖飮)[명] 〈한의〉 가슴 아래에 모인 물기가 흔들려서 나는 병.
벽읍(僻邑)[명] 궁벽한 곳에 있는 고을. remote village
벽=이:단(闢異端)[명] 이단을 물리침. **하**[자]
벽인(璧人)[명] 옥(玉)과 같이 아름다운 사람. beauty
벽인=향(辟人香)[명] 〈민속〉 대보름에 여자들이 답교(踏橋)할 때에, 앞에 선 여자가 사람을 치우라고 불을 피워 들던 향. 「character
벽자(僻字)[명] 흔히 쓰지 않는 괴벽한 글자. strange
벽자(僻者)[명] 성질이 괴벽한 사람.
벽장(壁欌)[명] 〈건축〉 벽을 뚫어 작은 문을 내고 장을 짜 달아서 물건을 넣게 된 장. built-in closet
벽장=돌[—똘](甓—)[명] 네모 반듯하고 썩 크게 만든 벽돌. large square brick
벽장=문(壁欌門)[명] 벽장에 달아 놓은 문.
벽장=코[명] 콧등이 넓적하고 우묵하게 팬 코. 또, 그런 사람. flat nose 「**하**[자]
벽재(僻在)[명] 으슥한 벽지에 외따로 있음. remoteness
벽재(僻材)[명] 〈한의〉 흔히 쓰이지 않는 드문 약재.
벽재 일우(僻在一隅)[명] 궁벽한 한 구석에 외따로 있음.
벽적(癖積)[명] 〈한의〉 뱃속에 무슨 뭉치 같은 것이 생기는 병. 창자가 부어오르고 창자 속이 헐기도 하고, 창자의 일부가 꿈틀거리기도 하는 증세.
벽적(襞積)[명] 《동》 주름③.
벽전(壁錢)[명] 《동》 납거미.
벽제(辟除)[명] 〈제도〉 귀인(貴人)이 통행할 때 잡인의 통행을 금지하던 일. **하**[타]
벽제=관(碧蹄館)[명] 〈제도〉 경기도 고양시에 있던 옛 역관(驛館). 조선조 때 중국으로 가던 사절이 쉬던 곳. 임진 왜란 때에 왜군과 명군의 격전지로 유명함.
벽제 소리(辟除—)[명] 〈제도〉 벽제(辟除)하느라고 지르는 소리.
벽=조목(霹棗木)[명] 벼락맞은 대추나무. 요사한 기운을 물리친다 하여 몸에 지니고 다님.
벽=좌:우(辟左右)[명] 밀담(密談)하기 위하여 곁에 있는 사람을 물리침. keeping others away **하**[자]
벽중=서(壁中書)[명] 《동》 벽경(壁經).
벽지(僻地)[명] 도시에서 멀리 떨어진 교통이 불편한 궁벽한 땅. 한토(寒土)①. 벽경(僻境). ¶산간(山間) ～. secluded place
벽지(壁紙)[명] 벽을 도배하는 종이. wall-paper
벽창=우(碧昌牛)[명] ①평안 북도 벽동(碧潼)·창성(昌城)에서 나는 크고 억센 소. ②《원》→벽창호.
벽창=호(碧昌—)[명] 고집이 세고 무뚝뚝한 사람. 《원》 벽창우②. bigot
벽채[명] 〈광물〉 광산에서 광석을 긁어 모으거나 파내는 데 쓰는 호미 비슷한 기구. mining hoe
벽처(僻處)[명] 문명의 혜택을 못 받는 궁벽한 곳. re-
벽천(碧天)[명] 《동》 벽공(碧空). ⌊mote place
벽천(壁泉)[명] 〈건축〉 건축물의 측벽면(側壁面)에 붙인 조각물(彫刻物)의 입에서 물이 나오도록 만든 분수.
벽청(碧靑)[명] 구리에 녹이 나서 생기는 푸른빛.
벽체(壁體)[명] 〈공업〉 측면(側面)이 넓고 두께가 얇은 공작물(工作物)의 구조 부분. 「remote village
벽촌(僻村)[명] 도시에서 멀리 떨어져서 궁벽한 마을.
벽=치-다(壁—)[자] 〈건축〉 욋가지를 얽고 그 위에 이긴 진흙을 발라서 벽을 만들다. plaster a wall
벽태(碧苔)[명] 푸른 이끼.
벽토(壁土)[명] 바람벽에 바른 흙. wall mud
벽토(闢土)[명] 버려졌던 땅을 개척하여 농토를 만드는 일. **하**[자]
벽토=지(闢土地)[명] 《약》→벽토 척지(闢土拓地).
벽토 척지(闢土拓地)[명] 버려 두었던 땅을 갈아 개척함. 《약》 벽토지. reclamation of waste land **하**[자]
벽파(碧波)[명] 푸른 물결.
벽파(僻派)[명] 〈역사〉 조선조 후기에 일어난 당파의 하나. 사도 세자(思悼世子)를 무고한 계열이 이에 속하며, 사도 세자를 두둔한 시파(時派)와 대립하였음. 《대》 시파(時派).
벽파(劈破)[명] ①쪼개서 깨뜨림. splitting ②찢어 발김. tears to pieces **하**[타]
벽파 문벌(劈破門閥)[명] 사람을 골라서 벼슬을 시킴에 있어 문벌에 거리끼지 않음. **하**[타]
벽=하-다(僻—)[형][여불] ①한편으로 치우쳐서 궁벽하다. secluded ②흔하지 않고 괴벽하다. eccentric
벽항(僻巷)[명] 외딴 곳에 있는 궁벽한 동네.
벽항 궁촌(僻巷窮村)[명] 외따로 떨어진 궁벽하고 가난한 마을. remote and lonely village
벽해(碧海)[명] 깊고 푸른 바다. blue sea
벽해 상전(碧海桑田)[명] 《동》 상전 벽해(桑田碧海).
벽향(僻鄕)[명] 외딴 곳에 떨어져 있는 궁벽한 시골. remote corner
벽혈(碧血)[명] 푸른빛을 띤 진한 피.
벽호(壁虎)[명] 《동》 수궁(守宮). 「gence **하**[타]
벽호(癖好)[명] 버릇이 되다시피 즐겨 좋아함. indul-
벽화(壁畫)[명] ①장식으로 벽에 그린 그림. fresco ②벽에 건 그림. picture on the wall
변[명] 남이 모르게 저희끼리만 쓰는 암호의 말. 은어(隱語). ¶장사치～. 판수～. secret language
변(便)[명] 대소변(大小便). 특히, 대변(大便). ¶～을
변(甂)[명] 조그마하고 아가리가 큰 항아리. ⌊보다.
변[1](邊)[명] 한문 글자의 왼쪽에 붙은 부수. ¶삼수(氵)～. 인(亻)～. left hand radical of a Chinese
변[2](邊)[명] 《약》→변리(邊利). ⌊character
변[3](邊)[명] ①물건의 가장자리. verge ②〈수학〉 다각형의 변두리의 선분(線分). side ③〈수학〉 등식(等式)이나 부등식에서 부호의 양편에 있는 식 또는 수. member ④바둑판에서 중앙과 네 귀를 빼놓은 변두리 부분. ⑤과녁의 복판이 아닌 부분. 《대》 관.
변:(變)[명] ①때없이 일어나는 재앙. accident ②갑자기 생긴 이상한 일. oddity ③난리 또는 야단. calamity
변(籩)[명] 대오리를 결어 만든 과실 담는 데 쓰는 제
변강(邊疆)[명] 《동》 변경(邊境). ⌊기(祭器)의 하나.
변:개(變改)[명] ①《동》 변경(變更). ②《동》 변역(變易). **하**[타]
변:격[—껵](變格)[명] ①일정한 격식에서 벗어난 격식. 《대》 정격(正格). irregularity ②《동》 변칙(變則).
변:격 동:사[—껵—](變格動詞)[명] 《동》 불규칙 동사(不規則動詞). 「사.
변:격 형용사[—껵—](變格形容詞)[명] 《동》 불규칙 형용
변견(邊見)[명] 〈불교〉 부분에 사로잡혀 중심(中心)을 얻지 못한 견해(見解).
변경(邊境)[명] 나라의 경계가 되는 곳. 변강(邊疆). 변계(邊界)②. 변방(邊方). 변새(邊塞)②. 변수(邊陲). 변지(邊地). ¶～인(人)②. frontier
변경(邊警)[명] 나라 변두리에서 일어나는 사태의 경계.
변:경(變更)[명] 바꾸어 고침. 변개(變改)①. ¶명의(名

義) ~. change 하다
변:경 유전자(變更遺傳子)명 〈생리〉 어떠한 유전자의 작용의 발현에 변화를 주는 다른 유전자.
변계(邊戒)명 변경(邊境)의 경계(警戒).
변계(邊界)명 《동》 변경(邊境).
변:고(變故)명 재변과 사고. 이상한 사고. accident
변=곡점(變曲點)명 〈수학〉 곡선이 위쪽으로 요(凹)에서 철(凸)로, 또는 아래쪽으로 철에서 요로 바뀌는 점. point of inflexion
변공(邊功)명 변방의 싸움에서 세운 공.
변:광=성(變光星)명 〈천문〉 광도(光度)가 변하는 별. 광채가 세었다 약했다 하는 것같이 보이는 별. variable star
변:괴(變怪)명 ①이상 야릇한 재변. unexpected disaster ②도리(道理)에 어긋나는 못된 짓. unreasonableness
변:교(辯巧)명 말솜씨가 뛰어남. fairspeaking 하다
변구(邊寇)명 변경에 침입하는 외적(外敵). invaders
변:구(辯口)명 《동》 변설(辯舌). 　　　[of a frontier
변:국(邊局)명 평상과 다른 국면. emergency
변궁(變宮)명 〈음악〉 중국의 칠성(七聲)의 제 7음. 궁(宮)보다 반음 낮은 음.
변기(便器)명 똥·오줌을 받아 내는 그릇. chamber pot
변:기호(變記號)명 〈음악〉 '내림표'의 딴 이름.
변:난(變難)명 트집을 잡아서 비난함. 하다
변:놀이(邊一)명 《동》 돈놀이.
변덕(變德)명 이랬다 저랬다 하여 자주 변하는 성질. ¶~부리다. 《작》 뱐덕. 밴덕. caprice 스릴 스레티
변:덕=꾸러기(變德—)명 변덕을 잘 부리는 사람. capricious person
변:덕=맞-다(變德—)형 변덕을 부리는 태도가 있다.
변덕이 죽 끓듯 한다(變德—) 변덕을 몹시 부린다.
변:덕-쟁이(變德—)명 변덕스러운 사람.
변:돈[—똔] (邊—)명 변리를 무는 돈. 변문(邊文). 변전(邊錢). loan
변:동(變動)명 변하여 움직임. change 하다
변:동-비(變動費)명 〈경제〉 조업(操業)의 증감에 따라 그 총액이 증감하는 원가. 《대》 고정비(固定費). variable cost
변:동-성[—생] (變動性)명 변동하는 성질.
변:동 소:득(變動所得)명 〈경제〉 매년 일정하지 않고 변동하는 소득. 　　　　　　[안 сい우 같음. intimacy
변동 일실[—씰] (便同一室)명 사이가 꽤 가까워 한집
변:동 환:율제[—졔] (變動換率制)명 〈경제〉 시세의 변동이 지나치게 많을 경우에 고정 환율제를 일시 정지하여 외환 시장의 실세(實勢)에 따르는 환율 제도. 《대》 고정 환율제.
변두(邊頭)명 〈식물〉 콩과에 속하는 재배 덩굴풀. 잎은 세 개로 자잎으로 쥠잎 비슷하고 여름철에 백색 또는 담자색의 꽃이 나비 모양으로 핀다. 흰 꽃의 씨는 백편두(白藊豆), 담자색의 씨는 흑편두(黑藊豆)라 하며 씨와 어린 꼬투리는 식용하고 잎은 약제로도 씀.
변두(邊頭)명 《어》→변두통(邊頭痛).　　　　　[豆].
변두(邊豆)명 제향(祭享)에 쓰는 그릇. 변(籩)과 두
변-두리(邊—)명 ①어떤 지역의 중앙에서 외떨어진. outskirts ②어떤 그릇이나 물건의 가장자리. edge
변두-맞-다(邊頭—)타 《한의》 변두통(邊頭痛)을 고치느라고 침을 맞다.
변=두통(邊頭痛)명 《속》 편두통(偏頭痛). 《어》 변두.
변두-화(藊豆花)명 변두의 꽃.
변:란(變亂)명 사변이 일어나 세상이 어지러움. 또, 그 소란. disturbance 　　　　　　　　　　　[quantity
변:량(變量)명 〈수학〉 변화하는 양(量). variable
변:려=문(騈儷文)명 〈문학〉 한문체(漢文體)의 하나. 수사(修辭)하는 데 대구(對句)를 많이 써서 읽는 이에게 미감(美感)을 주는데, 육조(六朝)와 초당(初唐) 때에 성행하였음. 《약》 변문(駢文). 여문(儷文).
변:론(辯論)명 ①사리를 밝혀 옳고 그름을 말함.

debate ②〈법률〉 소송 당사자나 변호인이 법정에서 하는 진술. oral proceedings ③웅변. 하다
변:론-가(辯論家)명 변론에 능한 사람.
변:론 능력(辯論能力)명 〈법률〉 법원의 소송 행위를 하기 위하여 요구되는 능력. ability of oral proceedings
변:론 대:회(辯論大會)명 《동》 웅변 대회.
변:론-주의(辯論主義)명 〈법률〉 ①민사 소송법상, 소송의 해결, 또는 심리 자료의 수집을 당사자의 권능과 책임으로 하는 주의. ②형사 소송법상, 당사자 쌍방의 변론에 의하여 재판하는 주의.
변루(邊壘)명 국경의 요새.
변:류-기(變流機)명 〈물리〉 직류를 교류로, 교류를 직류로 바꾸는 장치. converter
변:리(辨理)명 일을 맡아서 처리함. management 하다
변리(邊利)명 변돈에서 느는 이자. 《어》 변(邊)². interest
변:리 공사(辨理公使)명 〈법률〉 전권 공사 버금 자리의 공사. 직무와 특권은 대사·전권 공사와 같음.
변:리=사(辨理士)명 〈법률〉 특허·실용 신안·의장(意匠)·상표 등 특허청에 관한 사무 절차를 대리하는 것을 업으로 하는 사람. patent attorney
변:리사=법(辨理士法)명 〈법률〉 변리사 또는 변리사회에 관하여 규정한 법률.
변-말(邊—)명 변으로 쓰는 말.
변:명(辨明)명 ①사리를 분별하여 똑똑히 밝힘. vindication ②잘못이 아님을 사리로 따져서 밝힘. 변백(辨白). exculpation 하다
변:명(變名)명 이름을 바꾸어 고침. 또, 고친 이름. 《대》 본명(本名). changing one's name 하다
변:명 무로(辨明無路)명 변명할 길이 없음. inexcusable 하다
변:모(變貌)명 모습이 바뀜. 바뀐 모습. 변용(變容). ¶—개작(改作). transfiguration 하다
변:모-없:다-다(變貌—)형 ①고지식하여 변통성이 없다. unadaptable ②남의 체모는 돌보지 않고 말이나 행동을 마구 하다. obstinate **변:모-없:이**早
변무(抃舞)명 기뻐서 덩실덩실 춤을 춤. 또, 그 춤. 변용(抃踊). dance for joy 하다
변:무(辨誣)명 억울함에 대하여 변명함. plea 하다
변문(邊文)명 《동》 변돈. 　　　　　　　　　[피짝.
변:물(變物)명 ①보통과 다른 물건. ②괴상한 사람.
변:미(變味)명 음식 맛이 변하여 달라짐. 변한 음식의 맛. turning sour 하다 　　[The frontiers
변민(邊民)명 변경(邊境)에 사는 백성. residents of
변:박(辨駁·辯駁)명 옳고 그름을 따지어 논박함. refutation 하다
변발(辮髮)명 남자 머리의 둘레는 깎고, 가운데의 머리털을 땋아서 뒤로 길게 늘인 것. 지난날 만주족의 풍습. pigtail 　　　　　　　　　　[변경(邊境).
변방(邊方)명 ①가장자리가 되는 방면. vicinity ②변방(邊防)명 변경의 방비(防備). frontier defence
변:백(辨白)명 《동》 변명(辨明). 하다
변:법[—뻡] (變法)명 ①〈법률〉 법률을 고침. 또, 그 법률. amendment ②편의상으로 쓰는 딴 방법. alternatives 하다
변:법 자강[—뻡—] (變法自彊)명 〈제도〉 낡은 법을 변경하여 스스로 강하게 하자는 뜻. 중국 청조(淸朝) 말기에 혁신파가 내세웠던 표어.
변:변-하:다[—뻔—] 형여 ①됨됨이나 생김새가 좋다. ②지체나 살림살이가 남보다 돌보지 않지 아니하다. ③훌륭하거나 넉넉하다. ④사물이 구비되어 흠잡을 데가 없다. 《작》 반반하다. satisfactory **변변-히**早
변:별(辨別)명 ①시비(是非)·선악(善惡)을 분별함. distinction ②《동》 분변(分辨). 하다
변:별-력(辨別力)명 사물의 시비·선악을 분별하는 힘. discrimination
변:별-역[——력] (辨別閾)명 〈심리〉 변별할 수 있는 두 감각의 차이 중 가장 작은 양. 식별역(識別閾).

변:병(辨柄)圓 누른빛을 띤 안료. 주성분은 산화제이철, 철단(鐵丹).

변보(邊報)圓 변경에서 오는 경보. news from the frontiers

변:보(變報)圓 어떠한 변을 알리는 보고. report of an accident

변:복(變服)圓 남의 눈을 속이려고 옷을 달리 차려 입음. 또, 그 옷. 개복(改服). disguise 하다

변:분-법(變分法)[一뻡]圓 〈수학〉 범함수(汎函數)에 극(極)값을 주는 함수를 구하는 일반적 방법.

변:분-학(變分學)圓 〈수학〉 범함수(汎函數)의 극(極)값 문제를 연구하는 수학의 분과.

변:불신기(便不神奇)圓 별로 신기할 것이 없음.

변비(便祕)圓 〈약〉→변비증.

변비(邊備)圓 국경의 경비. defence of frontier

변비(邊鄙)圓 ① 궁벽한 산골. remote village ② 변방의 땅. remote frontier

변비-증[一증](便祕症)圓 〈의학〉 대변이 창자 속에 오래 뱉혀 있고, 잘 누어지지 않는 병. 《약》 변비(便祕). constipation

변:사(辯士)圓 ① 연설하는 사람. eloquent speaker ② 무성 영화를 상영할 때, 그 영화에 맞추어 그 줄거리를 설명하는 사람. film interpreter ③ 입담이 좋아서 말을 잘하는 사람. good talker

변:사(變死)圓 ① 재난으로 뜻밖에 죽음. 횡사(橫死). unnatural death ② 자해(自害)하여 스스로 목숨을 끊음. 자살(自殺). 하다

변:사(變事)圓 변스러운 일. accident

변:사(變詐)圓 ① 요리조리 속임. deceiving variously ② 병의 형세가 졸지에 달라짐. sudden change of the condition of disease ③ 요번스레 요랬다 조랬다 함. 스윌 스레

변:사(變辭)圓 먼저 한 말을 이러저리 고침. altering one's previous words 하다

변:사-부리-다(變詐一)① 처사나 행동을 갑자기 요사스럽게 고치다. fickle ② 병세가 별안간 달라지다. suddenly take serious turn

변:상(辯償)圓 ① 빚을 갚음. 변제(辨濟) ② 손실을 물어줌. 배상(賠償). ③ 재물을 내어 죄과를 갚음. 판상(辦償). 하다

변:상(變狀)圓 보통과 다른 상태나 상황.

변:상(變相)圓 ① 형상을 바꿈. 또, 그 변한 형상. transfiguration ② 〈불교〉 부처나 보살의 법신이 여러 모양으로 달리 보이는 모양. ¶ ~도(圖).

변:상(變喪)圓 ① 변스러운 일로 갑자기 죽은 초상. ② 역키(逆理)의 참상(慘喪).

변상 가변(邊上加邊)圓 〈동〉 변치변(邊之邊).

변상 중:지(邊上重地)圓 변방의 중요한 땅. important frontier areas

변새(邊塞)圓 ① 변경에 있는 요새(要塞). fortress near the frontier ② 변경(邊境). 하다

변:색(辨色)圓 흑백을 알아서 구별함. discrimination

변:색(變色)圓 ① 빛깔이 변함. discolouration ② 성이 나서 얼굴빛이 달라짐. changing color 하다

변:석(辯釋)圓 사리를 변명하여 해석함. 하다

변:석(辯析)圓 시비를 따지어 가림. 하다

변:설(辯舌)圓 입담이 좋고 재치 있는 말솜씨. 번구(辯口). fluent speech

변:설(辯說)圓 사리를 분별하여 설명함. 하다

변:설(變說)圓 ① 하던 말을 중간에서 고침. change one's view ② 종래의 설을 변경함. 하다

변성(邊城)圓 변방에 있는 성. castle in the frontier

변:성(變成)圓 ① 모양이 다르게 변하여 이루어짐. metamorphosis ② 〈불교〉 부처의 공덕으로 여자가 남자로, 남자가 여자로 바뀌어 태어나는 일. rebirth 하다

변:성(變性)圓 ① 성질을 달리 고침. 성질이 바뀜. 또, 그 성질. denaturalization ② 〈의학〉 세포 또는 조직의 성상(性狀)이 이상하게 됨. degeneration ③ 〈화학〉 물리적 또는 화학적 원인으로 단백질의 상태·구조가 변하는 일. 하다

변:성(變姓)圓 성(姓)을 갊. 다른 성으로 바꿈. changing of family name 하다

변:성(變聲)圓 ① 목소리가 변함. changing of voice ② 〈생리〉 성장기의 어느 시기에 성대가 낮아지고 굵어지는 일. 하다

변:성격 조:사(變成格助詞)圓 〈어학〉 부사격(副詞格) 조사의 하나. 체언에 붙어 무엇이 그것으로 바뀜을 나타내는 말로, 가령 '구름이 비가 되어', '누에 고치가 명주로 된다'에서 '가'나 '로' 따위. 받침 있는 체언에는 '이'나 '으로'가 붙음.

변:성-광:상(變成鑛床)圓 〈광물〉 광상이 변성 작용의 영향을 받아 본디 광상 조성과는 다른 성질이 된 광상.

변:성-기(變成器)圓 〈물리〉 약한 전류의 회로에 삽입 하는 변압기.

변:성-기(變聲期)圓 〈생리〉 사춘기(思春期)에 목소리가 굵고 날카리로 달라지는 시기. puberty

변:성 남자(變成男子)圓 〈불교〉 부처의 힘으로 여자가 남자로 바뀌어 태어나는 일.

변:성 남자원(變成男子願)圓 〈불교〉 미타(彌陀) 사십팔원(四十八願)의 하나. 여자가 부처를 믿어 죽어서 남자로 다시 태어나기를 바라는 원.

변:성 매독(變性梅毒)圓 〈의학〉 감염된 후 수 년이나 수십 년 후에 나타나서 신경 계통을 침범하는 매독.

변:=성:명(變姓名)圓 성과 이름을 달리 고침. changing of one's name 하다

변:성 알코올(變成 alcohol)圓 〈화학〉 에틸알코올에 메틸알코올·물감·냄새 나는 물질 등을 섞은 알코올.

변:=성-암(變成岩)圓 〈광물〉 변성 작용에 의해 그 조직이나 성질이 변한 암석. 변질암(變質岩). metamorphic rock

변:성 작용(變成作用)圓 〈광물〉 깊은 땅속의 암석이 열이나 압력 또는 여러 가지의 물질을 포함한 암장(岩漿)의 작용을 입어 암석의 크기나 모양이 바뀌거나 그 화학 성분이 변하여 아주 다른 암석이 되는 작용. metamorphism

변소(便所)圓 대소변을 보도록 마련된 곳. 뒷간, 측간(厠間). toilet

변:속(變速)圓 속도를 바꿈. 속도가 바뀜. changing of speed 하다

변:속 장치(變速裝置)圓 〈공업〉 속도를 빠르거나 느리게 변화시키는 장치.

변:송(變送)圓 다른 것으로 바꾸어 보냄. 하다

변:쇠(變衰)圓 변하고 쇠약해짐. degradation 하다

변수(邊戍)圓 변경(邊境)의 수비. defence of frontier

변수(邊首)圓 '편수²'의 취음.

변수(邊陲)圓 〈동〉 변경(邊境).

변:수(變數)圓 〈수학〉 어떤 관계에 있어서 어떤 범위 안의 임의의 수값으로 변할 수 있는 수. 자변수(自變數). ⓓ 상수(常數). variable

변:=스럽-다(變一)[ㅂ변] 예사롭지 않고 이상한 태도가 있다. 괴이하다. rather strange **변:=스레**

변시(便是)圓 '다를 것 없이 바로 이것이'의 뜻. surely

변:시圓 〈고〉 저수¹.

변:시-증[一증](變視症)圓 외계(外界)의 물체가 이지러져 보이는 병상(病狀). metamorphosia

변:시-체(變屍體)圓 변사(變死)한 시체. person accidentally killed sformation 하다

변:신(變身)圓 몸의 모양을 바꿈. 또, 바뀐 몸. tran-

변:신-론(辯神論)圓 〈철학〉 신의 전능과 선과 정의를 변호하는 신학의 한 부문.

변:신-술(變身術)圓 변신하는 재주.

변:심(變心)圓 마음이 변함. change of mind 하다

변:=쓰-다(變一)남이 모르게 암호(暗號)로 말하다. speak in cipher

변:씨 만두(卞氏饅頭)圓 〈동〉 저수¹.

변:압(變壓)圓 압력을 바꿈. transformation 하다

변:압-기(變壓器)圓 〈물리〉 전류 감응 작용을 이용하여 교류의 전압을 바꾸는 장치. transformer

변:압-소(變壓所)圓 〈동〉 변전소.

변액(扁額·匾額)圓 가로 다는 현판. 편액(扁額). 편

제(扁題). 《약》 액(額). framed picture
변:양(變樣)［명］ 모양을 바꿈. 양상이 바뀜. 하다
변역(邊域)［명］ 국경 지방. 국경의 지역. frontier district
변:역(變易)［명］ 변하여 바뀌거나 바꿈. 변개(變改)②. change 하다
변:역 생사(變易生死)［명］〈불교〉보살이 세상에서 번뇌를 끊고 일부러 받는 생사.《대》분단 생사(分段生死).
변연 대:비(邊緣對比)［명］〈심리〉나란히 놓은 두 가지 빛깔의 경계를 응시할 때, 그 경계에 따라서 두렷이 나타나는 색채 대비.
변:온 동:물(變溫動物)［명］ 외계의 온도에 따라 체온이 변하는 동물. 파충류·양서류 따위. 냉혈(冷血) 동물.《대》상온(常溫) 동물.［병. 혈산(血疝)］
변옹(便癰)［명］〈한의〉가래톳이 서서 멍울이 생기는 병.
변용(抃踊)［명］〈동〉 변무(抃舞). 하다
변:용(變容)［명］ 바뀐 용모. 용모가 바뀜. 변모(變貌). transfiguration 하다
변:위(變位)［명］ 물체나 권력(物體)가 위치를 바꿈. displacement
변:위 기호(變位記號)［명］〈음악〉 '임시표'의 한자 이름.
변:위 전:류(變位電流)［명］〈물리〉축전기의 도체판에 전기가 집적(集積) 소산(消散)하는 동안은 전류가 절연체 안에도 통한다고 생각되는 전류. 접촉 전류(電束電流). displacement electric current
변:음(變音)［명］ ①원래의 음이 바뀌어 된 음. flat ② 〈음악〉본위음(本位音)보다 반음 낮은 음. 플랫(♭) 기호가 붙은 음.
변읍(邊邑)［명］ ①변경에 있는 고을. village near the frontier ②궁벽한 산골에 있는 마을. 두메. remote village
변:이(變異)［명］ ①〈동〉이변(異變). ②〈생물〉같은 종류의 동식물이 성질이나 모양이 서로 달라짐. ¶돌연(突然) ~. variation
변:이(變移)［명］〈동〉변천(變遷). 하다
변:인(變人)［명］ 성질 따위가 여느 사람과는 다른 이상한 사람. odd fellow 하다
변자(邊子)［명］ 물건의 가에 대는 꾸미개. decorator around the edge of a thing
변:작(變作)［명］ 변장(變裝). 하다
변장(邊將)［명］〈제도〉첨사(僉使)·만호(萬戶) 등의 총칭.
변:장(變裝)［명］ 옷차림이나 모양을 달리 고쳐 꾸밈. disguise 하다
변:장-술(變裝術)［명］ 변장하는 재주. disguise technique
변재(邊材)［명］ 통나무의 겉 쪽(심재(心材)).
변:재(辯才)［명］ 말재주. 구재(口才).《대》문재(文才). 필재(筆才). eloquence
변:재(變災)［명］ 사변과 재액(災厄).
변:전(便錢)［명］〈동〉변돈.
변:전(變電)［명］ 발전소에서 보내 오는 전류를 다시 벌려서 다른 곳으로 보내는 일. transformation
변:전(變轉)［명］ 이리저리 변하여 달라짐. mutation 하다
변:전-소(變電所)［명］ 다른 곳에서 송전(送電)하여 온 교류 전류(交流電流)를 다시 송전 또는 배전(配電)하기 위하여 변압(變壓)하는 곳. 변압소. transformer station
변:절(變節)［명］ ①절기가 바뀜. ②절개가 변함. 또, 절개를 고침.《대》수절(守節). apostasy ③종래의 주장을 바꿈. 하다
변:절-기(變節期)［명］ 절기가 바뀌는 시기. 환절기(換節期).
변:절-자[-짜](變節者)［명］ 변절한 사람.
변:절-한(變節漢)［명］ 변절한 사나이.
변:정·타·카정(辯正·打正)［명］ 변명하여 바로 잡음. correction 하다 [the frontiers
변정(邊情)［명］ 변경(邊境)의 형편과 사정. situations
변:정-원(辯定院)［명］〈제도〉조선조 때, 노예의 부적(簿籍)과 결송(決訟)을 맡아보던 관아.
변:제(辨濟)［명］ 남의 빚을 갚음. 변상(辨償)①. 하다
변:제(變制·變帽)［명］ ①대소상(大小祥)에 따라 상복을
바꿔 입는 일. 곧, 소상 뒤에 상복을 빨고 수질(首絰)을 벗음. ②대상 뒤에 아주 상복을 벗는 일. 하다
□□□□□의 □□□□을 청구할 수 있는 시기.
변:제-기(辨濟期)［명］〈법률〉채권자가 권리로써 채무
변:조(←遍照)［명］ ①고루 비춤. ②〈불교〉불광(佛光)이 모든 세계와 사람의 마음을 두루 비추는 일.
변:조(變造)［명］ 고쳐 만듦. 변작(變作). alteration 하다
변:조(變潮)［명］ 변하여 가는 사조(思潮). transition of the trend of thought
변:조(變調)［명］ ①〈음악〉곡조를 달리 바꿈. 또, 바뀐 곡조. change of tone ②보통과는 다른 모양. irregularity ③달이나 하는 짓이 먼전과는 딴판으로 달라짐. ficklenss ④〈물리〉반송 전류의 주파수를 일정히 하고 진폭과 전화 전류의 의해서 변화시키는 일. ¶주파수 ~. modulation 하다 [는 전공관.
변:조-관(變調管)［명］〈물리〉변조 작용(變調作用)을 하
변:조-기(變調器)［명］〈물리〉변조 작용을 하는 장치. modulation tube
변:조 어음(變造—)［명］〈경제〉서명(署名) 이외의 어음 문언(文言)을 권한 없이 변경한 어음. 변조 후의 서명자는 변조된 문언에 따라서 어음상의 책임을 지며, 변조자 자신은 어음상의 책임을 지지 아니함.
변:조 요법[—뻡](變調療法)［명］〈의학〉인체에 어떠한 자극을 줌으로써 급격한 변화를 일으켜 병을 낫게 하는 방법. [wave
변:조-파(變調波)［명］〈물리〉변조된 전파. modulated
변:조 화:폐(變造貨幣)［명］〈경제〉진화(眞貨)를 가공하여 명가(名價)가 다른 화폐로 만든 위화(僞貨).
변족(辯族)［명］ 문벌이 좋은 집안의 낮은 일가.
변:종(變種)［명］ ①종류가 바뀜. 또, 그 바뀐 종류. variation ②〈생물〉원종(原種)에서 변한 종(種). variety ③성질이나 언행(言行)이 남보다 유난히 다른 사람. odd fellow 하다
변:주(變奏)［명］〈음악〉주제는 그대로 두고, 리듬·선율·화성 등을 여러 가지로 바꾸고 장식하며 연주하는 일.
변:주-곡(變奏曲)［명］〈음악〉하나의 주제가 되는 선율을 바탕삼아 선율·음율·화성을 여러 가지로 변화시켜 나가는 기악의 곡조. variation
변죽(邊—)［명］ 그릇이나 세간 따위의 가장자리. brim
변죽=울리·다(邊—)［동］ 바로 꼬집어 말하지 않고 눈치 챌 만큼만 깨우치다. hint
변죽=울림(邊—)［명］ 간접적으로 주는 암시. [는다.
변죽을 치면 복판이 운다 넌지시 말하면 곧도 알아든
변:증(辨證)［명］ ①하나하나 떠어서 종합적으로 증명함. demonstration ②〈한의〉음증(陰症)·양증(陽症)·허증(虛症)·실증(實症) 등을 분별함. dialectics
변:증[—쫑](變症)［명］ 이랬다 저랬다하거나 달라지는 병의 증세. varying condition
변:증-법[—뻡](辨證法)［명］〈철학〉헤겔이 주창한 철학의 방법. 지각·경험에 따르지 않고 개념을 분석하여 사리를 연구하는 법. dialectics
변:증법적 발전[—뻡쩍—](辨證法的發展)［명］〈철학〉자기 모순을 지양함으로써 이루어지는 진전.
변:증법적 신학[—뻡—](辨證法的神學)［명］〈철학〉근대의 인간 중심적인 자유주의 신학에 대하여, 대전 후 독일을 중심으로 일어난 신중심적(神中心主義)의 신학.
변:증법적 유물론[—뻡—](辨證法的唯物論)［명］〈철학〉마르크스주의의 방법적 처지. 변증법이 헤겔에서는 관념론을 기초로 했을 뿐이지만 유물론에 기초하여 물질적인 것의 변증법적 자기 전개를 기본으로 로 보고, 특히 부정과 실천을 중심삼음. 유물 변증법(唯物辯證法). dialectical materialism
변지(胼胝)［명］〈동〉못³.
변지(邊地)［명］ 변방의 땅. frontier ②〈동〉변경(邊境). [境).
변지=변(邊之邊)［명］ 변리에 덧붙는 변리. 변상 가변(邊上加邊). compound interest

변지변 이지리(邊之邊利之利)[명] 변리에 대해 덧붙는 변리. 이익에 대해 또 생긴 이익.

변지 첨사(邊地僉使)[명]〈제도〉변지에 둔 첨사. 변방의 섬이나 포구 등에 두었음.

변진(邊鎭)[명] 변경을 지키는 군영(軍營).

변:질(變質)[명] 성질이나 물질이 변함. 또, 그 변한 성질이나 물질. degeneration ②〈광물〉광물·암석이 화산·물의 작용 등으로 인해서 질이 달라짐. ─하다

변:질-암(變質岩)[명]〈동〉변성암(變成岩).

변:질-자[─짜](變質者)[명] ①〈의학〉정신에 이상이 있고 보통 사람과 다른 사고와 행동을 하는 사람. ②성격이나 성질이 이상한 사람. degenerate

변:채(變彩)[명]〈광물〉광물에 광선을 비추면 광물의 방향을 바꿀 때마다 무지개빛이 번쩍거렸다 급변하였다 하는 색깔. '올이르는 말.'

변:천(變天)[명] 구천(九天)의 하나. '동북쪽의 하늘'

변:천(變遷)[명] 변하여 옮겨짐. 겪어서 달라짐. 변이(變移). 전변(轉變). ¶~하는 시대(時代). change ─하다

변:체(變體)[명] 형체나 체재(體裁)를 달리 고침. 또, 변하여 달라진 형체나 체재. transformation ─하다

변:출 불의(變出不意)[명] 변고가 뜻밖에 생김. occurrence of an accident ─하다

변:치(變置)[명] ①그 일에 책임을 다하지 못하는 사람을 바꾸어 갈아 냄. replacement ②다른 것으로 바꾸어 놓음. 本에서 벗어닌 법칙. 변격②. 本

변:칙(變則)[명] ①규칙이나 규정에서 벗어남. ②원칙

변:칙 동:사(變則動詞)[명]〈동〉불규칙 동사.

변:칙 용:언(變則用言)[명] 불규칙용언.

변:칙 형용사(變則形容詞)[명]〈동〉불규칙 형용사.

변:칙 활용(變則活用)[명]〈어학〉용언이 변칙으로 활용되는 일. 벗어난 끝바꿈.

변:침(變針)[명] 배나 비행기가 침로(針路)를 바꿈. 곧, 나아가는 방향을 바꿈.

변:칭(變稱)[명] 고쳐서 일컬음. 또, 그 고친 명칭. changing the name ─하다

변:탈(變脫)[명]〈화학〉방사선 원소가 방사선을 내서 다른 원소로 변화하는 현상. ─하다

변탕(邊錫)[명]〈건축〉대패질을 두께를 대중잡기 위하여 한쪽 가를 먼저 깎는 연장. 협조(脅造).

변탕-질(邊錫─)[명]〈건축〉제목의 한쪽 가를 변탕으로 깎아 내는 일.

변:(變態)[명] ①형태나 상태가 달라짐. 또, 그 달라진 형태나 상태. ¶~ 영업. ⟨대⟩상태(常態). abnormality ②〈약〉벌레 성숙(變態性熟). ③〈동물〉알에서 깬 애벌레가 번데기가 되고, 번데기가 다시 성충이 되는 등 여러 가지 모습으로 변하는 현상. 탈바꿈.

변:태-경(變態莖)[명]〈식물〉보통의 줄기와 다른 특수 작용을 하기 위하여 형태의 변화를 가져온 줄기. 덩굴손 따위.

변:태-근(變態根)[명]〈식물〉보통 뿌리와는 달리 특수 작용을 영위하려고 형태의 변화를 가져온 뿌리. 저장 뿌리·공기 뿌리 따위.

변:태 설립(變態設立)[명]〈경제〉물적 회사의 설립에 있어서, 회사 재산의 전부 또는 일부가 금전 이외의 재산으로 설립되는 일.

변:태 성:욕(變態性慾)[명]〈심리〉정상(正常)이 아닌 성행위. 넓게는 성욕 본능의 이상, 좁게는 성행위의 이상을 말함. (약) 변태②. abnormal sexuality

변:태 심리(變態心理)[명]〈심리〉보통에 어그러진 병적인 심리. 정신 장애나 이상에 의해 생기는 심리 현상. abnormal psychology

변:태 심리학(變態心理學)[명]〈심리〉변태 심리를 연구하는 심리학의 한 분야. 이상 심리학.

변토(邊土)[명] ①궁박한 지방. ②국경 지방. frontier district ③도시의 변두리.

변통(便通)[명] 병적으로 잘 나오지 않던 똥이 잘 나오게 됨. move of the bowels ─하다

변통(便痛)[명]〈한의〉똥이 나올 때에 일어나는 아픔.

변:통(變通)[명] ①그때그때의 경우에 따라 일을 잘 처리함. elasticity ②물건을 서로 돌라 맞춰 씀. shifting ─하다 「ptability ─하다

변:통 무로(變通無路)[명] 변통할 도리가 없음. unada-

변:통-성[─썽](變通性)[명] 이리저리 변통하는 성질. 주변성. adaptability 「trivance

변:통-수[─쑤](變通數)[명] 변통하는 방법·수단. con-

변파(邊波)[명] 해변이나 뱃전에 부딪치는 파도.

변폐(便閉)[명]〈한의〉똥이 꽉 막혀 나오지 않는 증세.

변:폭(邊幅)[명] ①옷이 안 풀리게 짠 피륙의 가장자리 부분. selvage ②몸을 휘갑쳐 꾸밈. 표폭(表幅).

변:풍(變風)[명] 정통적·정상적이 아닌 문학 풍조. (대) 정풍(正風).

변:(抃喜)[명] 기뻐하며 하례함. ─하다

변:=하-다(變─)[재동] ①사물이 전과 다르게 되다. 바뀌다. 달라지다. ¶김치 맛이 ~. change ②마음·성질·취미·습관 등이 달라지다. ¶성질이 ~. get renewed ③세태가 달라지다. ¶세상이 ~. change (타여) ─바꾸다. 어떠한 것을 다르게 고치다. ¶얼굴빛을 ~.

변:한(弁韓)[명]〈역사〉삼한(三韓)의 하나. 삼한 시대에 경상 남북도 서남부에 위치했던 나라의 이름.

변해(邊海)[명] ①변경의 바다. ②아득히 먼 곳의 바다. ③가까운 곳의 바다.

변:해(辨解)[명] 말로 풀어서 밝힘. explanation ─하다

변:향부(便香附)[명]〈한의〉어린 사내아이의 오줌에 오래 담가 두었다가 꺼내 향부자(香附子). 경도가 나오게 하는 데 쓰이는 약.

변:혁(變革)[명] 바꾸어 새롭게 함. 바뀌어 새로워짐. 개혁(改革). reform ─하다

변혈(便血)[명] 똥과 함께 나오는 피. excremental blood

변혈-증[─쯩](便血症)[명]〈한의〉피똥을 누는 병.

변:형(變形)[명] ①변하여 달라진 형태. modification ②형태를 달라지게 함. transformation ③〈물리〉탄성체가 형체나 용적을 바꾸는 일. strain ─하다

변:형-균(變形菌)[명]〈식물〉하등 식물의 한 갈래. 고목이나 고엽(枯葉) 위에 번식하여 아메바상(狀)의 운동과 포식(捕食)을 함. 「한도.

변:형-능(變形能)[명]〈공업〉재료가 변형할 수 있는

변:형-력(變形力)[명]〈물리〉물체가 외력의 작용에 저항하여 원형을 지키려는 힘.

변:형-엽(變形葉)[명]〈식물〉보통의 잎과 그 모양이 달라져서 동화 작용 이외의 작용을 하는 잎.

변:호(辯護)[명] ①남에게 이로움도 변명하고 비호함. ②〈법률〉법정에서 상대방의 공격에 대한 방어. defence ─하다

변:호-권[─꿘](辯護權)[명]〈법률〉①형사 피고인(刑事被告人)을 변호할 수 있는 권리. right of defence ②피고인이 그 이익을 옹호하기 위하여, 법률상 허용된 각종의 소송 행위나 권리 내지 자유, 곧 침묵의 자유나 신체의 자유를 행하는 권리.

변:호-사(辯護士)[명]〈법률〉법률적인 자격을 가지고 소송 당사자 및 관계되는 사람의 위촉이, 또는 법원의 선임에 따라, 소송에 관한 행위 및 일반 법률 사무를 업으로 삼는 사람. lawyer

변:호사-회(辯護士會)[명]〈법률〉변호사의 품위 보전과 변호사 사무의 개량·진보를 도모하기 위해 조직된 법인. 지방 법원 관할 구역마다 설치하며, 법무장관의 감독을 받음. lawyers association

변:호-인(辯護人)[명]〈법률〉①형사 피고인의 변호를 위하여 특별히 선임한 사람. counsel ②피고인의 변호를 하는 변호사. lawyer

변:화(變化)[명] 사물의 성질·모양·상태 등이 변하여 다르게 됨. 일변(一變). 불변(不變). change ─하다

변:화-구(變化球)[명]〈체육〉야구의 투구나 배구의 서브 등에서, 진행 방향이 변화하는 공.

변:화 기질(變化氣質)[명] 변화하여 달라진 기질.

변:화 기호(變化記號)[명]〈동〉임시표(臨時標).

변:화 난측(變化難測)[명] 변화가 많이 이루어 다 헤아리기 어려움. 하다 [change 하다]
변:화 무궁(變化無窮)[명] 변화가 한정이 없음. endless
변:화 무상(變化無常)[명] 변화가 많거나 심하여 종잡을 수 없음. 하다
변:화 무쌍(變化無雙)[명] 더없이 변화가 많거나 심하여서 견줄 만한 것이 없음. 하다 [없음. 하다
변:화 불측(變化不測)[명] 변화를 이루 헤아릴 수 없
변:화 신(變化身)[명] 〈불교〉불타(佛陀)가 모든 사람을 제도(濟度)하기 위하여 여러 가지로 변화한 몸.
변:화 토(變化土)[명] 〈불교〉불타의 변화신이 있는 국토(國土).
변:화 표(變化表)[명] 변화를 나타낸 도표.
변:화 화음(變化和音)[명] 〈음악〉화음(和音) 중의 어떤 음이 반음계적 변화를 한 것. 증오도(增五度)의 화음·증육도의 화음 따위.
변환(邊患)[명] 국경에서 생기는 근심. 곧, 이웃 나라의 침략을 당하는 일. troubles at the frontiers
변:환(變幻)[명] 갑자기 나타났다 없어짐. 또, 헤아릴 수 없이 빠른 변화. phantasmagoria 하다
변:환(變換)[명] ① 물건의 성질·상태를 바꿈. 또, 성질·상태 등이 고쳐지어 바뀜. ②〈수학〉어떤 수식·함수·관계식 중의 하나 또는 여러 개의 변수를 모든 위치에서 제각기 특정한 다른 변수 또는 변수를 포함한 수식·함수 등으로 바꾸는 일. transformation ③〈수학〉일정한 법칙에 따라 기하학적 도형의 위치·형상·크기 등을 바꾸는 일. ④〈물리〉어떤 핵종(核種)이 다른 원소의 핵종으로 바뀌는 과정. transformation
변:환-기(變換機)[명] 〈물리〉한 종류의 연료를 사용하여 딴 종류의 연료를 만드는 원자로. transformation 하다
변:희(忭喜)[명] 손뼉을 치며 기뻐함. applaud for joy
별[고] 별².
별²[고]
별[명] ①지구·달·태양을 제외한 천체. star ②주로 오각형으로 뾰족한 모가 나와 별 모양으로 된 물건이나 표지. starshaped article ③별 모양을 한 장성급의 계급장. ④매우 하기 어려운 일에 대한 비유. ¶하늘의 ~따기. matter too hard to do
별[명] 구별. ¶옛날에는 남녀의 ~이 현저하였다. distinction [없다. particular
별(別)[명] 보통과는 다른. 별난. ¶~ 맛 없다. ~ 수
별(別)[관]한 어떤 말 앞에 붙어서 보통과 다름을 나타냄. ¶~나게. strange
=별(別)[명] 명사 아래에 붙어서 뒤에 그 명사를 같은 종류로 구별할 때 씀. ¶직업~. (classified) by
별[명] ①벼락. [②을 적은 것.
별가(別家)[명] ①딴 집 벽댁(別宅). ②. separate house
별-가락(別-)[명] 보통과 다른 곡조의 가락.
별간(別幹)[명] 〈동〉 비늘잎①.
별-간장(別-)[명] 〈동〉 손님장.
별간-죽(別簡竹)[명] 특별히 만든 담배설대.
별감(別監)[명] 〈제도〉①나라에서 조사·감독·취렴이 있을 때 지방에 보내던 임시 벼슬. ②액정서(掖庭署)에 속(隸屬)의 하나. ③향청(鄕廳)의 좌수 버금 자리. ④남자 하인끼리 서로 부르던 말.
별갑(鱉甲/龞甲)[명] 〈한의〉자라의 등데기. 여자의 혈병(血病)·학질 등에 약으로 쓰임. tortoise-shell
별강(別講)[명] 〈제도〉하루에 두 차례의 소대(召對)를 치르던 일. [것. ¶~의 사건. another one
별개(別個)[명] 다른 낱. 서로 다른 것. 관련이 없는
별-거(別-)[명] 〈약〉→별것.
별거(別居)[명] ①따로 살림을 함. 나뉘어서 살아감. ②부부가 한 집에 함께 살지 않음. 동거(同居).
별-걱정(別-)[명] 쓸데없는 걱정. [separation 하다
별건[-껀](別件)[명] ①보통 것보다 다르게 된 물건. extraordinary article ②〈약〉→별사건(別事件). ③별개의 일. another matter

별=건곤(別乾坤)[명] 별다른 세계. 별세계(別世界)②. another world
별건 체포[-껀-](別件逮捕)[명] 어떤 사건의 혐의자로서 체포한 자에 대하여, 그 사건에 대한 유력한 증거가 없을 때, 다른 혐의로 체포하는 일.
별검(別檢)[명] 〈제도〉조선조 때, 전설사(典設司)의 종8품, 빙고(氷庫)·사포서(司圃署)의 종8품 또는 정8품 벼슬.
별-것[-껏](別-)[명] ①드물고 이상스러운 일이나 물건. ¶~ 아니다. strange thing ②다른 물건. 《약〉별거.
별게(別揭)[명] 따로 게시함. notice separately 하다
별격[-껵](別格)[명] 보통 것과 다른 모양이나 격식. 출격(出格). extra status [다
별견(瞥見)[명] 얼른 슬쩍 봄. 언뜻 훑어봄. glance 하
별경(別徑)[명] 다른 메로 통한 지름길.
별고(別故)[명] ①특별한 사고. accident ②별다른 까닭. another reason [storage
별고(別庫)[명] 물건을 특별히 넣어 두는 곳집. special
별곡(別曲)[명] 〈문학〉중국의 시가에 대하여, 운(韻)이나 조(調)가 같은 우리 나라의 독특한 시가를 일컬음. 관동 별곡(關東別曲)·성산 별곡(星山別曲) 등. special Korean tune [club
별곤(別棍)[명] 아주 크고 튼튼하게 만든 곤장. large
별-과[-꽈](別科)[명] 본과(本科) 밖의 따로 세운 과. 《대〉본과(本科). special course
별관(別館)[명] 〈건〉본관 밖에 따로 지은 집. 《대〉본관(本館). annex
별=구(鼈灸)[명] 자라구이.
별=구:경(別-)[명] 보기가 드문 구경. 별다른 구경.
별-구청(別求請)[명] 〈제도〉관청 행례의 하나로, 사신(使臣)이 외국에 갈 때, 그 거치는 지방 관청에서 관례로 받는 여비(旅費) 외에 따로 더 청하는 여비.
별군(別軍)[명] 〈군사〉본대(本隊) 외에 따로 독립한 군대. detachment
별-군관(別軍官)[명] 〈제도〉조선조 때, 훈련 도감·금위영·어영청 등 각 군영(軍營)에 속하였던 하사(下士)의 하나.
별-군직(別軍職)[명] 〈제도〉조선조 때, 별군직청에 속하여 임금의 시위(侍衛)와 죄인을 적발하는 임무를 맡아보는 무직(武職).
별궁(別宮)[명] 〈제도〉①왕·왕세자의 가례(嘉禮) 때 비(妃)나 빈(嬪)을 맞아들이던 궁전. Imperial villa ②특별히 따로 지은 궁전.
별-궁리(別窮理)[명] ①특별히 다른 궁리. ②별의 별 온 궁리.
별-길(別-)[명] 따로 갈라진 길. 《약〉갈림길.
별기(別記)[명] 본문 이외에 따로 기록하여 첨부함. 또, 그 기록. 하다 [런 꼭지를 붙인 연.
별=-꼭지(別-)[명] 썩 작게 만들어 붙인 연의 꼭지. 또, 그
별-꼴(別-)[명] 남의 눈에 거슬려 보이는 꼬락서니. ¶~ 다 보겠다. disgusting behaviour
별-꽃[꼳](別-)[명] 〈식물〉너도개미사티과의 일년생 풀. 줄기는 30cm 가량으로 땅 위에 덩굴 모양으로 벋음. 5~6월에 흰 꽃이 핌. 어린 잎과 줄기는 식용함. chickweed [상하다. queer
별-나:다(別-)[명] 보통 것과는 다르게 독특하거나 이
별-나리(別-)[명] 별을 무기와 같은 세계로 보아 일컫는 말.
별-나라(別-)[명] 이 세상과 달리 이루어졌다고 하는 상상의 세계. another world
별단(別單)[명] ①따로 둔 바침. special payment ②한번에 물아서 바치지 않고 따로 떼어서 바침. separate payment 하다
별-놈(別-)[명] 생김새나 성질·언행 등이 별난 놈.
별=다례(別茶禮)[명] 명절·음력 초하루나 보름 외에 특별한 일이 생겼을 때 드리는 다례.
별-다르다(別-)[형](르) 보통의 것과 다르다. uncommon
별단[-딴](別段)[명] 〈동〉별반(別般).
별단[-딴](別單)[명] 임금에게 올리는 문서에 덧붙이는 문서나 인명부(人名簿).
별단 예금[-딴녜-](別段預金)[명] 〈경제〉금융 기관이

별-달리[별—](副) 별다르게. specially

별당(別堂)(名) ①몸체의 곁이나 뒤에 따로 지은 집. separate house ②(불교) 절의 주지(住持)나 강사(講師) 같은 이가 거처하는 곳. 되설당(椎雪堂).

별대[—때](別隊)(名) 본대 밖에 따로 독립한 부대.

별도[—또](別途)(名) ① 다른 방면. another place ② 다른 방법. another way ③다른 용도. special use

별-도:리(別道理)(名) 달리 변통할 신통한 도리. 딴 도리. better remedy

별도 적립금[—도—](別途積立金)(名)《경제》 회사가 지출 목적을 특정(特定)하지 아니하고, 어떠한 목적에도 지출할 수 있게 한 임의 준비금(任意準備金).

별동[—똥](別棟)(名) 따로 떨어져 있는 집채. 대(對) 본동(本棟). annex

별동-대[—똥—](別動隊)(名)《군사》 본대와 따로 떨어져서 독립적 행동을 하는 부대. detached force

별:-똥(名)《천문》《속》 우주진(宇宙塵)이 지구의 대기 속으로 들어올 때 빠른 속도로 떨어지므로 공기의 압축이나 마찰로 인하여 빛을 내는 것. 운성(隕星).

별:똥-돌(名)《속》 땅 위에 떨어진 별똥의 하나. 운석(隕石). meteorite

별:똥-별(名)《천문》 우주에 떠 있던 물체가 지구의 대기 속에서, 공기와의 마찰로 말미암아 빛을 내면서 떨어지는 것. 유성(流星). shooting star

별:똥-지기(名)《동》 천둥지기.

별-뜨기(別—)(名)《관》 별순검(別巡檢).

별로(別路)(名) ①이별하고 떠나는 길. parting way ② 딴 길. another way

별로(別로)(副) 그다지 다르게. 이렇다 하게 따로. 별반(別般). ¶~ 할 일 없어. particularly

별록(別錄)(名) 별도로 만든 기록. seperate records

별루(別淚)(名) 이별할 때에 흘리는 눈물. parting tears

별류(別類)(名) 다른 종류.

별리(別離)(名) 서로 헤어지음. 이별. parting ㅎ타

별-말(別—)(名) ①뜻밖의 말. 말소리. ②별다른 말. unexpected words ㅎ타

별-말:씀(別—)(名)《존》 별말. Don't mention it! ㅎ타

별-맛(別—)(名)《동》 별미(別味).

별명(別名)(名) 본이름 밖에 남들이 지어 부르는 이름. 별칭(別稱). 별자(別字)④. 별호②. 가명(假名). nickname

별명(別命)(名) 다른 명령. ¶~이 있을 때를 기다려라.

별묘(別廟)(名)《제도》 왕실(王室)에서 종묘(宗廟)에 들어갈 수 없게 된 신주를 모시던 사당. ②가묘(家廟)에서 받들 수 없는 신주를 따로 모시던 사당.

별-무가(別無可觀)(名) 별로 볼 만한 것이 없음.

별:-무늬(名) 별 모양을 놓은 무늬.

별-무:반(別武班)(名)《제도》 고려 숙종 때, 윤관(尹瓘)이 여진 정벌을 하고자 기병을 중심으로 만든 군대.

별로신통(別無神通)(名) 별로 신통할 것이 없음.

별-문서(別文書)(名)《제도》 서울 각 방(坊)에서 호적 및 공공 사무를 맡아보던 사역(使役)의 하나.

별문-석(別紋席)(名) 별난 꽃무늬를 놓은 돗자리.

별-문:제(別問題)(名) 본 문제와는 관계없는 문제. 따로 생긴 문제.

별물(別物)(名) ①특별히 생긴 물건. special thing ② 《속》 별사람. queer fellow ③별개의 물건. different thing 「이미(異味). special taste, special food

별미(別味)(名) 특별히 좋은 맛. 또, 그 음식. 별맛.

별미-쩍-다(別味—)(形) 성질이나 짓이 어울리지 아니하게 멋이 없다. unpolished

별:-박이(名) ①썩 높이 오르거나 또는 떠나가서 아주 조그맣게 보이는 연. ②이마에 흰 점이 박힌 말. 백전(白顚). ③살치 끝에 붙은 쇠고기. 쇠고기 중에서 가장 질김.

별반(別般)(名) 썩 다른 차림. 별단(別段). 별양(別樣).

《대》일반(一般). particular (副) 별다르게. 별로. ¶~ 할 일이 없다.

별반 거조(別般擧措)(名) 썩 달리 차리는 노릇.

별반 조처(別般措處)(名) 썩 달리 하는 처치(處置). ㅎ타

별-밥(別—)(名) 콩 따위를 넣어 별다르게 지은 밥.

별방(別房)(名) 축첩(蓄妾). (同) 별반(別飯).

별배(別杯)(名) 이별의 술잔. farewell cup

별배(別陪)(名)《제도》 벼슬아치 집의 하인.

별-배:달(別配達)(名) →별배달 우편.

별배:달 우편(別配達郵便)(名)《법률》 보통 배달 시각 이외에 특별히 배달하는 우편의 제도. (약) 별배달(別配達). special delivery

별-배종(別陪從)(名)《제도》 거동 때에 한가한 벼슬자리에 있는 문관을 동행시키는 임시의 벼슬.

별-백지(別白紙)(名) 품질이 아주 좋은 백지.

별번(別燔)(名)《미술》 왕실에서 쓰던 품질이 아주 좋은 도자기. 「②별난 법. 별스러운 법.

별법(別法)(名) ①다른 방법. different method

별별(別別)(冠) 보통보다 아주 다른 이상한 가지가지. all kinds of 「일.

별별-일[—녈](別別—)(名) 여러 가지로 아주 이상한

별보(別報)(名) 별다른 보도(報道). 특별한 기별. another report

별복(別服)(名)《동》 이복(異腹).

별-복정(別卜定)(名)《제도》 지방의 생산물을 정례(定例)이외에 서울의 각 관청(官廳)과 각 도·군에 바치던 일. 「마련된 글이나 책.

별본(別本)(名) ①별다른 모양이나 생김새. ②별도로

별봉(別封)(名) ①따로 싸한 편지. 작봉(各封). letter under separate cover ②따로 싸서 봉함. separate cover ③《제도》 외직(外職)에 있는 벼슬아치가 장례(定例)로 서로 각 관아에 바치는 토산물에 더 붙여 보내던 것. ㅎ타

별부(別付)(名)《제도》 왕실에서 중국의 사행편(使行便)이나 사람을 보내어 볼 것을 주문하여 오던 일.

별부(別賦)(名) 이별의 노래. farewell song

별비(別備)(名) ①특별히 하는 준비. special arrangement ②《민속》 굿할 때 목돈 밖에 따로 무당에게 행하로 주는 돈.

별:-빛(名) 별의 반짝이는 빛. 성광(星光).

별사[—싸](別事)(名) 별다른 일. 별일②.

별사[—싸](別使)(名) ①특별한 사신(使臣). special envoy ②다른 사자(使者). another envoy

별사(別辭)(名) ①이별의 인사. farewell greeting ②그 밖의 말. other things 「件)②.

별-사:건[—껀](別事件)(名) 별다른 사건. (약) 별건(別

별-사:람(別—)(名) 생김새나 하는 짓이나 말 따위가 특수한 사람. 별인(別人)②. 별인물(別人物). eccentric

별사 배:달[—싸—](別使配達)(名) ①특별히 따로 사람을 시켜서 전하는 배달. ②(略)→별사 배달 전보(別使配達電報).

별사 배:달 전보[—싸—](別使配達電報)(名)《법률》 직배달 구역 밖으로 보내는 특수 전보. (약) 별사 배달(別使配達).

별산-제[—쌘—](別産制)(名)《법률》 부부가 각기 따로 따로 재산을 소유하는 제도. 「態. odd shape

별상(別상)(別狀)(名) 별다른 모양을 달리함. 보통과 다른 상

별:-상어(—魚)(名)《어류》 참상어과에 속하는 태생(胎生)의 바닷물고기. 길이가 1.5m 가량으로 머리는 폭이 넓고, 주둥이는 둥글둥글하고, 꼬리는 가늘고 김. 식용함. Japanese smooth hound

별서[—써](別墅)(名) 농장이나 들에 따로 지은 집. villa

별석[—석](別席)(名) 따로 마련한 자리.《대》동석(同席). special seat

별선[—썬](別膳)(名) 예사 것보다 한결 잘 만든 부쇠.

별선[—썬](別選)(名) 사정(射등)의 임원을 가려 앉힐 때, 그 사정에 알맞은 사람이 없으면, 다른 사정의 인물을 골라서 정함. ㅎ타

별선 군관[—썬—](別選軍官)(名)《제도》 대전(大殿)의 호위(護衛)를 위하여 특별히 뽑힌 힘센 군관.

별설[—썰](別設)[명] 특별히 마련함. 특설(特設). special installment **하**[타]

별성[—썽](別星)[명] ①《동》 봉명 사신(奉命使臣). ②《약》→호구 별성(戶口別星).

별성 마:마[—썽—](別星媽媽)[명] 《공》 호구 별성(戶口別星). 《약》 마마. 《속》 손님마마. 「의 행차.

별성 행차[—썽—](別星行次)[명] 봉명 사신(奉命使臣)

별세[—쎄](別世)[명] 이 세상을 떠남. 곧, 죽음. 서세(逝世). 기세(棄世). 하세(下世). death **하**[자]

별세[—쎄](別歲)[명] 《동》 수세(守歲).

별=세:계(別世界)[명] ①지구 밖의 세계. ②속된 세상과는 아주 다른 맛보지 못할 만큼 좋은 분위기. 별천지(別天地). 별건곤(別乾坤). 별유 천지(別有天地). another world

별=세:초[—쎄—](別歲抄)[명] 〈제도〉 대사(大赦)의 은전(恩典)이 있을 때 죄인의 이름을 뽑아서 임금께 아뢰던 일.

별소 금:지주의[—쏘—](別訴禁止主義)[명] 〈법률〉 한 번 소송이 일어나면 장래 동일한 분쟁을 없애기 위하여, 모든 청구를 그 소송에 아울러 제기하도록 하고, 그 소송 후에는 이것을 제기할 수 없도록 하 「는 주의.

별=소리(別—)[명] 《동》 별말①. **하**[자]

별송[—쏭](別送)[명] 별도로 따로 보냄. **하**[타]

별=수(別數)[명] ①썩 좋은 운수. special luck ②아주 미묘한 도리. ¶~ 있겠니. special method ③별다른 방법. various ways

별=수단(別手段)[명] ①특별한 수단. ②여러 가지 수단.

별수=없:-다(別數—)[형] 달리 어떻게 할 방법이 없다. don't have any magic formula **별수=없:이**[부]

별순[—쑨](別巡)[명] 특별히 하는 순행(巡行). special patrol **하**[자]

별=순검[—쑨—](別巡檢)[명] 〈제도〉 구(舊)한국 때 경무청(警務廳)이나 경위원(警衛院)의 제복을 입지 않고 비밀 정탐에 종사하던 순검. 별자(別者)③.

별=스럽-다(別—)[형][ㅂ불] 별난 데가 있다. 남다른 태도가 있다. queer **별=스레**[부] 「②다른 때.

별시[—씨](別時)[명] ①서로 헤어질 때. time to part

별=시[—씨](別試)[명] 〈제도〉 나라에 경사가 있을 때나 또는 병년(丙年)마다 보이던 문무의 과거.

별:=시계(—時計)[명] 밤하늘에 빛나는 별의 위치를 측정하여 시각을 알아내던 옛날의 자연 시계의 하나.

별식[—씩](別食)[명] 늘 먹는 것과는 다른, 맛좋은 음식. dainty

별신=굿[—씬꾿](別神—)[명] 〈민속〉 ①남쪽 지방에서 어민들이 하는 굿. ②서울 근방에서 무당들이 하는 굿. **하**[자] 「는 신장대.

별신=대[—씬때](別神—)[명] 〈민속〉 별신굿할 때에 쓰

별실[—씰](別室)[명] ①딴 방. 별간(別間). some other room ②작은집. 첩. 소실(小室). ③특별히 따로 된 방. special room

별=쌕쌔기[명] 《동》 별점반날개베짱이.

별안간(瞥眼間)[부] 눈 깜박할 동안. 갑자기. 난데없이. 《변》 벼란간. suddenly

별양(別樣)[명] 《동》 별반(別般).

별=어장(別魚醬)[명] 붕어로 만든 반찬의 하나. 「업.

별업[1](別業)[명] ①《동》 별장(別莊). ②다른 직업이나 사

별업[2](別業)[명] 〈불교〉 ①사람은 다 같으나 제각기 마음이 다른 일. ②세계는 하나인데, 극락(極樂)·천국(天國)·사바(娑婆)가 다른 일.

별연(別宴)[명] 이별할 때 베푸는 잔치. 송별연(送別宴). farewell dinner 「대. special bamboo pipe

별=연죽(別煙竹)[명] 보통 것보다 다르게 잘 만든 담뱃

별영(別營)[명] 〈제도〉 조선조 친군영(親軍營)의 하나. 뒤에 총어영(摠禦營)으로 고쳤음.

별영=색(別營色)[명] 〈제도〉 조선조 때, 호조(戶曹)의 한 분장(分掌). 공물(貢物)의 값을 치러 주는 일과 훈련 도감의 군사에게 급료를 주는 일을 맡음.

별옴둑가지 소리(別—)[명] 별의별 괴상한 소리. ¶마을에 ~가 떠돌다.

별완(鼈盌)[명] ①그릇 아가리가 자라 아가리 모양으로 된 자기(瓷器). ②잿물의 무늬 모양이 대모(玳瑁) 무늬 같이 된 자기.

별원(別院)[명] 〈불교〉 ①칠당 가람(七堂伽藍) 이외에 승려가 거처하기 위하여 세운 당사(堂舍). ②본사(本寺) 외에 따로 지은 사원(寺院)의 출장소.

별원(別願)[명] 〈불교〉 보살이 수업 중에 개별적으로 세우는 서원(誓願). 《대》 총원(總願). 「旨).

별유(別諭)[명] 〈제도〉 특별한 유고(諭告)나 유지(諭

별=유:사(別有司)[명] 〈제도〉 서울 각 방(坊)에서 호적 및 공공 사무를 맡아보던 사역(使役)의 하나.

별유 천지(別有天地)[명] 《동》 별세계(別世界).

별유 풍경(別有風景)[명] 썩 좋은 풍경.

별은(別銀)[명] 《동》 황금(黃金).

별의(別意)[명] ①딴 뜻. 다른 생각. different meaning ②석별(惜別)하는 마음. 「sorts of

별의=별(別—別)[관] 별다른 중에도 더욱 별다른. all

별인(別人)[명] ①당사자가 아닌 딴 사람. ②《동》 별사

별=인물(別人物)[명] 《동》 별사람. 「람.

별=일[—닐](別—)[명] ①드물고 이상한 일. strange thing ②특별히 다른 일. 별사(別事). ¶~이 다 많다. different matter 「임무를 띠고 뵘. **하**[자]

별=입시(別入侍)[명] 〈제도〉 신하가 임금에게 사사로운

별자[—짜](別子)[명] ①제후의 서자. ②제후의 본처가 낳은 차남 이하의 남자. ③서자(庶子).

별자[—짜](別字)[명] ①별개의 글자. different letter ②잘못하여 다른 글자로 전용(轉用)된 글자. character used in a different meaning ③글자의 모양을 분석함. analyse the form of character ④달리 불리는 이름. 별명(別名). nickname

별자[—짜](別者)[명] 《속》 ①별스럽게 생긴 물건이나 일. strange thing, eccentric person ②별사람. 별종(別種)④. ③《동》 별순검(別巡檢).

별:=자리[명] 《동》 성좌(星座).

별작=면[—짝—](別作麵)[명] 밀국수의 하나.

별=작전(別作錢)[명] 〈제도〉 전세(田稅)를 받을 때, 정한 액수보다 달리하여 따로 돈으로 받는 일. 「잔.

별잔[—짠](鼈盞)[명] 자라 아가리와 비슷하게 생긴 술

별장[—짱](別將)[명] ①〈제도〉 용호영(龍虎營)의 종2품의 주장(主將). ②〈군사〉 별군(別軍)의 장교.

별장[—짱](別莊)[명] 살림집 외에 경치 좋은 곳에 따로 마련해 둔 집. 별업(別業)[1]①. 별저(別邸). villa

별장[—짱](別章)[명] ①서로 이별하는 뜻을 말하여 지은 시문(詩文). passage on the sorrow of parting ②따로 된 장(章). 「¶~ 노인.

별장=지기[—짱—](別莊—)[명] 별장을 지키는 사람.

별재[—째](別才)[명] 특별한 재주. 또, 그 사람. special talent

별저[—쩌](別邸)[명] 《동》 별장(別莊).

별전[—쩐](別奠)[명] 조상에게 임시로 지내는 제사.

별전[—쩐](別電)[명] ①따로 친 전보. ②다른 계통으로 들어온 전보.

별전[—쩐](別傳)[명] 전기의 한 체(體). 정사(正史)의 열전(列傳) 이외에 쓰인 개인의 전기.

별전[—쩐](別殿)[명] 본전(本殿) 밖에 따로 지은 궁전. annex palace

별:점=반:날개베짱이[명] 〈곤충〉 여치과에 속하는 곤충의 하나. 몸 길이 12~27 mm 이고 몸 빛은 담청색에 앞 등과 가슴에는 넓은 암갈색의 세로 띠가 있음. 별쌕쌔기.

별정[—쩡](別定)[명] 별도로 정함. **하**[타]

별정[—쩡](別情)[명] 이별의 정.

별정 우체국[—쩡—](別定郵遞局)[명] 〈법률〉 우체국이 없는 지역에, 체신부 장관의 지정을 받아 자기 부담으로 시설을 갖추어 체신 업무를 경영하는 특별한 우체국.

별정=직[—쩡—](別定職)[명] 국가 공무원법의 적용을 받지 않는 특수 공직(公職). 《대》 일반직(一般職). special office

별정직 공무원[—쩡—](別定職公務員)[명] 〈법률〉 국가

별제[—쩨](別除) 특별히 제외함. 하다

별제[—쩨](別製) 별다르게 만듦. 또, 그 물건. 특제(特製). special make

별제권[—쩨꿘](別除權) 〈법률〉 파산 재단의 특정 재산에 대하여 우선권이 있는 채권자가, 다른 채권자보다 우선적으로 파산 절차에 따르지 않고 변제를 받을 수 있는 권리. right of exclusion

별=조:식(別早食) 평상시보다 일찍 먹는 아침밥.

별종(別─)[─쫑] ①다른 종자. different seeds ②특별한 종류. (대) 동종(同種). different kinds ③특별히 선사하는 물건. special gift ④(동) 별자(別者)②. ·정·종 5 품(正從五品)에 속한 벼슬.

별좌[─좌](別坐) 〈제도〉 조선조 때, 낭관(郞官)의 벼슬.

별좌[─좌](別座) ①〈불교〉 부처 앞에 음식을 차리는 일. ②예물을 차리는 사람.

별주[─쭈](別酒) ①〈어〉→이별주. ②별다른 방법으로 빚은 술. special wine

별중=승[─중─](別衆僧) 〈불교〉 멋대로 무리를 지어 저희들끼리만 의식을 행하는 승려들.

별증[─쯩](別症) 어떠한 병에 딸려 생기는 다른 증세. intercurrent disease

별지[─찌](別紙) 서류나 편지 따위에 따로 적어 덧붙이는 종이쪽. annexed paper

별=지장(別支障) 별다른 지장.

별:진-부[─찐─](─辰部) 한자 부수의 하나. '辱·農' 등의 '辰'의 이름. '러진 진상. 하다

별:진=상(別進上) 〈제도〉 정례(定例) 외에 따로 진상하는 일.

별집[─찜](別集) 〈문학〉 서책을 내용에 따라 분류하는 경우, 개인의 시문집을 일컬음. (대) 총집(總集). separate set

별=짜리[─](俗) 준장(准將) 이상의 군인. generals

별종-나-다(別─) 말이나 행동이 별스럽다.

별종=맞-다(別─) 괴상하고 방정맞다. queer and indiscreet 별쭝-스레다

별쭝-스럽-다(프ㅂ) 별쭝난 태도가 있다. queer and

별차(別差) ①사물에 대한 차별. difference ②(제도) 조선 때 왜관(倭館)과 초량(草梁)의 장시(場市)에 보내던 일본말 통역.

별찬(別饌) 별다르게 잘 만든 반찬. rare dish

별(別─) 판세. ¶~에서 잠을 자다.

별책(別冊) ①따로 나누어 엮어 만든 책. separate

별책(別策) 별다른 대책. [volume ②다른 책.

별=천지(別天地) (동) 별세계(別世界)②.

별=첨(別添) 서류 따위를 달리 덧붙임. 하다

별체(別體) ①자체(字體)의 다른 모양. 또, 그 체. special style ②한자의 정자(正字) 외의 속자·고자(古字)·약자(略字) 등의 총칭.

별초(別抄) 〈제도〉 고려 때 정규 군대가 아니고 특수하게 조직된 군대의 이름. 뒤에 삼별초로 발전하였음. ②(약) → 별초군(別抄軍).

별=초군(別抄軍) 〈제도〉 조선조 때, 성균관 근처에 사는 장정(壯丁)을 뽑아서 전례하던 군사 대오(隊伍)의 하나. (약) 별초②.

별취(別趣) 별다른 취미. 특별한 취미. peculiar taste ②마음 쓰는 것이 다름.

별치(別置) 따로 따로 둠. 특별한 존치(存置). setting aside 하다

별=치:부(別致賻) 〈제도〉 정·종 3 품(正從三品) 이하의 시종(侍從)이나 남다(豪侍)의 상사(喪事)에 임금이 내리던 부의(賻儀).

별칙(別勅) 특별한 칙령. [이 내리던 부의(賻儀).

별칭(別稱) 달리 부르는 명칭. 별명.

별=택[─](別宅) ①본집 이외로 지어 놓은 집. ②(동) 별가(別家)①. '다. choice 하다

별택(別擇) 특별히 가려 뽑음. 잘 골라 뽑음. special

별파(別派) 별개의 유파. 다른 갈래.

별-판(別─) ①아주 별스럽게 된 재간이나 도량. excellent ability ②뜻밖에 벌어지는 좋은 기회.

별=판부(別判付) 〈제도〉 상주문(上奏文)에 대하여 특별히 임금의 성의(聖意)를 붙이는 유시(諭示). 하다

별편(別便) ①별도로 내는 편지. ②딴 인편이나 차

별:=표(─標) 별 모양의 표. 「table

별표(別表) 따로 붙인 도표. 또, 표시. attached

별품(別品) ①별스럽게 된 물건의 품질. 별나게 된 물건. ②귀한 물건. special article

별-하-다(別─) 보통하고 다르다. uncommon

별항(別項) 다른 조항이나 항목. 딴 사항. another item '줄. new line

별행(別行) 따로 잡아서 쓰는 줄. 곧, 쓴 글의

별협(批頰) 남의 뺨을 때림. 하다

별호(別號) ①따로 부르는 이름. ②딴 별명(別名). ③본명 이외에 쓰이는 아명(雅名). 당호(堂號). 아호(雅號). '새 등을 그리는 일.

별화(別畫) 〈미술〉 단청(丹靑)한 위에, 공간에 사람·꽃·

별후(別後) 작별이나 이별한 뒤. since we parted

볍ː(冒) 가락지나 병 아가리가 좀 헐거워서 마개가 꼭 맞지 아니할 때에, 맞도록 끼는 헝겊이나 종이.

볍새〈고〉뱁새. [stuffing

볍-쌀(粱) 멥쌀·찹쌀을 다른 잡곡에 상대하여 이르는

볍-씨(粱) 〈농업〉 벼의 씨. rice seeds [말. rice

볍-장(粱) 닭이나 꿩 따위 새의 두부에 세로로 붙은 살 조각. 계관(鷄冠). 먼두. cockscomb

볏²(粱) 〈농업〉 보습 위에 대는 쇳조각.

볏-가리(粱) 〈농업〉 벼의 가리기. 「미. rick

볏-가리(粱) 〈농업〉 볏단을 차곡차곡 가리어서 쌓은 더

볏가릿-대(粱) 〈민속〉 농가에서 정월 14일 또는 15일에 그 해의 풍년을 빌기 위하여 짚으로 둑처럼 만들어 벼·수수·콩 따위의 이삭을 싸서 세우는 장대. 도간(稻竿). 화간(禾竿). 화적(禾積).

볏-가을(粱) 〈농업〉 벼를 거두어 타작하는 일. rice harvest 하다

볏-귀(粱) 〈농업〉 쟁기 뒷바닥의 삼각형으로 된 부분.

볏뉘(粱) 〈고〉벼기. → 벼.

볏-단(粱) 〈농업〉 벼를 베어 묶은 단. rice sheaf

볏-모(粱) 〈농업〉 벼의 모. 종화도(種禾稻). 화묘(禾苗). young rice plant 「덩이.

볏-밥(粱) 논밭을 보습으로 갈 때 벗으로 받아 넘긴 흙

볏-섬(粱) 벼를 담은 섬. rice bag

볏-술(粱) 가을에 벼를 거둔 뒤 외상으로 먹는 술.

볏-자리(粱) 〈농업〉 쟁기 벗의 한마루의 비녀장 구멍 위에 윗 바닥을 에어서 벗자리가 의지하게 한 곳.

볏-지게(粱) 〈농업〉 쟁기에 딸리는 한 부분. 한쪽에 구멍을 둘러서 쟁기 덧방 오른편에 대는 조붓한 널조각. 「(草). (例) 짚. rice-straws

볏-짚(粱) 〈농업〉 벼의 이삭을 떨어 낸 줄기. 고초(藁

병ː(丙) ①〈민속〉천간(天干)의 셋째. ②(어)→병방(丙方). 병시(丙時). ③천간(天干)의 차례로 순서나 등급을 매길 때의 셋째. third

병(病) ①생활 기능의 장애로 생물체의 온몸 또는 일부분에 생리적으로 또는 심리적으로 생겨 아픔을 느끼게 되는 현상. 병화(病患). 탈(頉). ②질병(疾病). disease ②(약)→병집. ③(약)→병통.

병(甁) 아가리를 좁게 만들어 액체를 담는 데 쓰는 그릇. bottle

병가(兵家) ①병학의 전문가. tactician ②군사에 종사하는 사람. man of arms ③중국의 제자 백가의 하나로 병술을 논하던 학파. ④(어)→병가자류(兵家者流). 「patient's family

병ː**가**(病家) 앓는 사람이 있는 집. 환가(患家).

병ː**가**(病暇) 몸의 병으로 얻은 휴가. going home on sick leave

병가 상사(兵家常事) ①전쟁에서 이기고 지는 일은 보통 있는 일. ②실패했다고 낙심할 것이 없음. ¶한 번 실수는 ~. 일은 일상사는 ~.

병가자=류(兵家者流) 병학에 정통하는 사람. (약) 병가(兵家)④. military specialist

병:간(病看)圈 〖약〗→병간호(病看護).
병:간(病間)圈 병을 앓는 동안.
병간(屛間)圈 〖불교〗 절의 큰 판도방(版圖房)이나 법당 정문의 좌우 쪽에 있는 간(間).
병:간호(病看護)圈 병자를 잘 보살펴 구호함. 병간(病看). nursing 하타
병감(病監)圈 병든 죄수를 수용하는 감방. patient's cell
병갑(兵甲)圈 ①병기와 갑주(甲胄). 갑장(甲仗). 갑철(甲鐵). arms and armours ②무장한 병정. armed soldiers
병:객(病客)圈 ①을 병을 잘 앓는 사람. 포병객(抱病客). semiinvalid ②⑤병인(病人).
병거(兵車)圈 전쟁에 쓰는 수레. 군사를 실은 수레. 전차(戰車). war chariot
병:거(竝居)圈 한 곳에 같이 삶. 하타
병거(屛去)圈 물리쳐 버림. repulse 하타
병거(屛居)圈 세상을 물러나서 집에만 들어앉아 있음. retirement 하타
병:견(竝肩)圈 ⑤ 비견(比肩). 하타
병:결(病缺)圈 병으로 인한 결석. 또, 결근. absence on account of illness 하타
병:결(倂結)圈 객차와 화차를 연결하듯, 성질이 다른 차량을 한 열차로 편성하는 일. 하타
병:겸(倂兼)圈 어떠한 사물을 한데에 아울러서 겸함. 겸병(兼倂). combination of one thing with another 하타 ⌈ing from illness
병:고(病苦)圈 병으로 인한 고통. 진고(疾苦). suffer-
병:고(病故)圈 병에 걸린 사고. 질고(疾故). illness
병:골(病骨)圈 병으로 몸이 약한 사람. 〖유〗약골(弱骨). invalid ⌈의 하나. one of the grades
병:과(丙科)圈 〖제도〗 과거의 성적에 따라 나눈 등급
병과(兵戈)圈 ①군사라는 뜻으로 무기를 일컬음. spear ②⑤ 전쟁(戰爭).
병과[-꽈](兵科)圈 〖군사〗 ①육해공군에서 군무의 종류를 분류한 종별. 보병·헌병·통신·위생·보병 등. 병종(兵種). ②직접 전투 행위를 하는 병종(兵種). 곧, 보병·공병·기갑병 따위. 특과(特科).
병:과(倂科)圈 〖법률〗 동시에 두 가지 이상의 형에 처하는 일. 자유형(自由刑)과 벌금형(罰金刑)을 아울러 과하는 따위. 하타
병교(兵校)圈 ⑤ 장교(將校).
병구(兵具)圈 ⑤ 무구(武具). ⌈foreign troops
병구(兵寇)圈 적병의 침입. 전란(戰亂). invasion of
병구(病軀)圈 병든 몸. 병체(病體). sick body
병:=구완(←病救援) 병자에게 시중드는 일. 병시중. 〖약〗구완③. nursing 하타
병:=구원(病救援) 〖원〗→병구완.
병권[一꿘](兵權)圈 병마지권(兵馬之權).
병:권(秉權)圈 정권을 장악함. 하타
병:=귀(신속(兵貴神速) 군사를 지휘함에는 신속을 위주로 해야한다는 뜻. ⌈disease germs
병:균(病菌)圈 병독을 퍼뜨리는 미균(黴菌). 병원균.
병:근(病根)圈 ①병의 근원. 병원(病源). ②깊이 밴 나쁜 습관의 근원. root of an evil
병기(兵棋)圈 전략·전술상의 훈련을 쌓기 위하여 응용되는 장기의 놀이.
병기(兵器)圈 〖군사〗 전쟁에 쓰는 기구의 총칭. 군기(軍器). 병장기(兵仗器). 융(戎). 융기(戎器). arms
병기(兵機)圈 ①전쟁의 기회. ②전쟁의 기략(機略).
병:기(竝起)圈 저쪽과 이쪽이 함께 일어남. rising up together 하타
병:기(倂記·倂記)圈 함께 아울러서 기록함. recording together 하타
병:기(病期)圈 질병의 경과를 그 특징에 따라서 구분한 시기. 잠복기·발열기·회복기 등.
병기=고(兵器庫)圈 〖군사〗 온갖 병기를 넣어 두는 창고. armoury
병기 공업(兵器工業) 전투에 쓰는 병기 제조를 목적으로 하는 공업.

병기=창(兵器廠) 〖군사〗 병기를 만들거나 수리하는 공장. ordnance depot
병기=학(兵器學)圈 〖군사〗 병기의 구조·제조 등에 관해 연구하는 학문. ordnance science
병꽃=부리(瓶一)圈 〖식물〗 통꽃부리의 하나. 배가 불룩하여 병 모양과 같음.
병꽃=나무(瓶一)圈 〖식물〗 인동과(忍冬科)의 낙엽 활엽 관목. 높이 2~3m이고 5~6월에 병 모양의 황록색 꽃이 피는데 후에 홍색으로 변함. 한국 특산종으로 관상용임. ⌈나다. have a break down
병:=나-다(病一)困 ①병이 생기다. get sick ②고장이
병:나발(瓶一)圈 〖속〗병을 나발 불듯이 거꾸로 입에 대고, 안의 액체를 들이켜는 일.
병난(兵難)圈 전쟁으로 인하여 입는 재난.
병:난(病難)圈 병에 걸림. 병으로 인한 재난.
병:내:다(病一)타불 ①병이 생기게 하다. cause illness ②기계 같은 것을 고장내다. cause a break
병:뇌(病惱)圈 병에 걸려 괴로워하는 일. ⌈down
병단(兵端)圈 전단(戰端).
병대(兵隊)圈 ⑤ 군대.
병:독(倂讀)圈 아울러 읽음. 하타
병:독(病毒)圈 〖의학〗 병의 근원이 되는 독기. virus
병:동(病棟)圈 여러 병실이 있는 병원 안의 한 채의 건물. sick ward
병든 놈 두고 약 지으러 가니 약국도 두건을 썼더란다閔 ①약국이 상중이라 약을 못 지었다. 일이 급할 때는 어긋나기 쉽다. ②가도 소용없으니 가지 말라.
병:=들-다(病一)困불 몸에 병이 생기다. get sick
병:란(兵亂)圈 〖준〗→병란 호란(丙子胡亂).
병란(兵亂)圈 나라 안에서 싸움질하는 난. 병변(兵變). disturbance
병략(兵略)圈 ⑤ 군략(軍略).
병량(兵糧)圈 ⑤ 군량(軍糧).
병력=문(騈儷文)圈 〖원〗→변려문(騈儷文).
병력(兵力)圈 〖군사〗 군대와 병기의 수 및 그 세력. military force ⌈ces 하타
병:력(竝力)圈 힘을 한데 합함. concentration of for-
병:력(病歷)圈 앓은 병의 경력. case history
병:렬(竝列)圈 ①나란히 늘어섬. 잇달아 벌어 섬. standing in a row ②〖물리〗몇 개의 도선(導線)의 두 끝을 각각 같이 하여 공통된 두 점에 연결함. 병렬 접속. (대) 직렬(直列). parallel 하타
병:렬=접속(竝列接續)圈 ⑤ 병렬(竝列)②. ⌈case
병:록(病錄)圈 병의 증세를 적은 기록. record of a
병:류(竝流)圈 유체(流體)가 서로 같은 방향으로 흐름. (대) 향류(向流). follow in the some direction 하타 ⌈한 이론. pathology
병:리(病理)圈 병의 원리. 병의 원인·결과·변천에 관
병:리 생리학(病理生理學) 〖의학〗 병의 원인과 과정을 생리학 방면으로 연구하는 학문. 병태 생리학. pathological physiology ⌈hology
병:리(病理)학(學) 〖의학〗 병리에 관한 학문. pat-
병:리 해:부학(病理解剖學) 〖의학〗 병리학의 한 분과. 질병·기형(畸形)을 해부학적·형태학적으로 연구하는 학문. morbid anatomy
병:리 화:학(病理化學) 〖의학〗 병의 현상을 화학 방면으로 연구하는 학문. pathological chemsitry
병:립(竝立)圈 나란히 섬. 나란히 서서 존재함. standing side by side 하타
병:립=개:념(竝立槪念)圈 ⑤ 동위 개념(同位槪念).
병마(兵馬)圈 ①병졸과 군마(軍馬). arms and war horses ②전쟁에 관한 모든 것. military affairs 등.
병:마(病馬)圈 병에 걸린 말. ⌈군대. troops
병:마(病魔)圈 ①병을 앓게 하는 악마. demon of ill health ②병을 악마에 비유한 말. 〖~로 고생하다. disease ③병이 들어와 앓는 마장(魔障).
병마개(瓶一)圈 병의 아가리를 막는 마개.
병마=사(兵馬使)圈 〖제도〗 고려 때 외직(外職)의 하나로, 동북면(東北面)과 서북면(西北面)에 두어 군권을 전담하여 했음.
병마 절도사[一또一](兵馬節度使)圈 〖제도〗 조선조

병마지권[-權]圈 〈군사〉 군을 통제하고 통수할 수 있는 권능. 통수권. 〔약〕 병권(兵權). supreme power

병막(兵幕)圈 군인들이 주둔하고 있는 막사.
병:막(病幕)圈 전염병에 걸린 사람을 따로 두는 막사. isolated ward
병:맥(病脈)圈 병 기운을 띤 맥박. irregular pulse
병=머리(건축)圈 보·도리·평방에 그리는 단청의 하나.
병:명(病名)圈 병의 이름. name of a disease
병=목(並木)圈 큰 길 좌우에 줄을 맞추어 심어 놓은 나무. 가로수(街路樹). row of trees
병=목(瓶-)圈 병의 모가지. neck of a bottle
병=몰(病沒)圈 〈동〉 병사(病死). 하囝
병:-자(病-者)圈 병들한 사람. airs
병무(兵務)圈 병사(兵事)에 관한 사무. military affairs
병무 소집(兵務召集)圈 〈군사〉 현역 복무를 마친 장병들에게 일정 기간 재교육을 시키기 위한 소집.
병무=청(兵務廳)圈 징집·소집 등 병무 행정을 맡은 국방부의 소속 기관. Office of Military Manpower
병문(兵門)圈 〈동〉 군문(軍門).
병:문(病文)圈 사리에 들어맞지 않는 글. unreasonable article
병문(屛門)圈 골목 어귀의 길가. entrance of an alley
병문 친구(屛門親舊)圈 늘 병문에 모여 뜬벌이를 하는 막벌이꾼의 결말. 장석 친구. casual laborers at the entrance of an alley
병문 파수(屛門把守)圈 〈제도〉 거둥 때에 길 어귀를 지키던 군사.
병:반(病斑)圈 병으로 생기는 반점.
병반(兵盤)圈 〈지학〉 암장(岩漿)이 수성암의 지층 사이에 분출되어 들어가서 둥근 떡 모양으로 굳어진 바윗덩이. laccolith
병=발(並發·倂發)圈 ①한꺼번에 두 가지 이상의 일이 일어남. concurrence ②특히, 병중에 또 다른 병이 겹쳐 생김. 하囝
병:방(丙方)圈 〈민속〉 이십사 방위(方位)의 하나. 정남으로부터 동쪽으로 15도째의 방위를 중심으로 한 15도의 안. 약 병(丙)②.
병방(兵房)圈 〈제도〉 ①승정원의 육방의 하나. 병전에 관한 일을 맡았음. ②지방 관아의 육방(六房)의 하나. 병전(兵事)에 관한 일을 맡았음.
병=배(瓶-)圈 배나무의 과실로, 목이 잘록한 병 모양으로 생긴 배.
병법[-뻡](兵法)圈 전쟁에 관한 모든 방법.
병:법(秉法)圈 〈불교〉 불전(佛前)에서 예식을 진행하는 사람의 직명(職名).
병법가[-뻡-](兵法家)圈 병법의 전문가.
병법=서[-뻡-](兵法書)圈 병법에 관한 책.
병:벽(病癖)圈 병적인 버릇. 어떤 것에만 치우친 성벽(性癖). morbid habit
병변(兵變)圈 〈동〉 병란(兵亂).
병:=별강(丙別講)圈 〈제도〉 병년(丙年)마다 별시(別試)를 보여서 초시(初試)에 급제한 사람으로 하여금 시관(試官) 앞에서 강송(講誦)하게 한 일.
병복(屛伏)圈 세상을 멀리하고 은거 생활을 함. retirement 하囝
병:=본리(本利)圈 〈동〉 구본변(具本邊).
병:부(丙部)圈 중국 서적을 네 부로 나눈 것의 하나.
병부(兵符)圈《약》=발병부(發兵符). [자부(子部).
병부(兵部)圈 ①〔약〕 옛날의 병부(尙書兵部). ②〈제도〉 신라 법흥왕 때 군사(軍事)를 맡아보던 관청.
병부(兵簿)圈 병사의 명부. list of soldiers
병:부(病父)圈 병에 걸린 아버지. sick father
병:=부(病夫)圈 ①병든 남편. sick husband ②병든 사내. sick man
병:부(病婦)圈 ①병든 아내. ②병든 여인.
병부-절(兵符卩)圈 한자 부수(部首)의 하나. '卽·卷' 등의 '卩·已'의 이름.
병부 주머니(兵符-)圈 병부를 넣은 주머니.
병:=불공(病佛供)圈 〈불교〉 병이 낫기를 비는 불공.
병:=불염:사(兵不厭詐)圈 군사에 있어서는 간사한 꾀를 꺼리지 않음.
병:=불이신(病不離身)圈 몸에 병이 떠나지 않고 항상 붙어 있음. be always sick 하囝
병비(兵批)圈 〈제도〉 병조에서 무관의 벼슬을 골라서 뽑던 일. 또, 그 벼슬.
병비(兵備)圈 군사에 관한 준비. 미리 갖추어 놓은 군대나 병기 따위. 무비(武備). war preparedness
병:사(丙舍)圈 〈동〉 묘막(墓幕).
병사(兵士)圈 〈동〉 군사.
병사(兵使)圈《약》→병마 절도사(兵馬節度使).
병사(兵舍)圈 군대가 들어 있는 집. 병영(兵營)②. 영사(營舍). barracks [military affairs
병사(兵事)圈 〈군사〉 병역·군대·전쟁 등에 관한 일.
병:사(病死)圈 병으로 죽음. 병몰(病沒). 병폐(病斃). 병졸(病卒). death of illness 하囝
병:사(病邪)圈 〈한의〉 오래된 병자가 정신에 이상이 생겨서 부리는 야릇한 성미.
병:사(病舍)圈 환자를 수용하는 집. infirmary
병:살(倂殺)圈 야구에서, 두 사람의 주자를 한꺼번에 아웃시키는 일. 더블 플레이(double play).
병:상(病床)圈 병자가 누워 있는 병상. 병석(病席). sick-bed
병:상(病狀)圈 〈의학〉 앓는 병의 상태. 병태(病態)①.
병:상(病傷)圈 병들고 다침. sick and wounded
병:상=병(病傷兵)圈 〈군사〉 전장에서 병들고 다친 군사. disabled soldiers
병:상 일기(病床日記)圈 병자가 병상에서 쓴 일기.
병:상 일지[-찌](-日誌)圈 ①병상에 있는 사람이 적은 일기. ②〈의학〉 병의 경과를 나날이 적어 두는 일지. clinical report
병:상=첨병(病上添病)圈 앓고 있는 중에 또 다른 병이 겹쳐 발생함. complication 하囝
병:색(病色)圈 병든 사람의 얼굴빛. sick appearance
병서(兵書)圈 병법에 관한 온갖 책. books on military science
병서(並書)圈 같은 자음 두 글자나 또 다른 자음 세 글자를 가로 나란히 쓴. 한글의 'ㄲ·ㄸ·ㅄ·ㅆ' 따위. joint lateral writing 하囝
병서 문자[-짜](並書文字)圈 병서로 쓴 글자. 각자(各字) 병서와 합용(合用) 병서가 있음.
병:석(病席)圈 앓아 누운 자리. 병상(病床). 병욕(病褥). sickbed
병선(兵船)圈 ①전쟁에 쓰는 배. 전선(戰船). 전함(戰艦). warship ②〈제도〉 '소맹선(小猛船)'의 고침.
병선(餠饍)圈 〈동〉 병화(餠花). [이름.
병:설(並設·倂設)圈 함께 베풂. ~ 유치원. concurrent establishment 하囝
병:성[-썽](病性)圈 병질(病質). [forces
병세(兵勢)圈 〈군사〉 병마(兵馬)의 세력. 군세(軍勢).
병:세(病勢)圈 병의 형세. condition of disease
병:소(病所)圈 ①〔동〕 병실(病室). ②〈동〉 병처(病處).
병:소(病巢)圈 병원균이 모여 조직이 허무러진 부분.
병:소(病素)圈 병의 원인인 병독(病毒). 하囝
병:수(並垂)圈 함께 길이 후세에 전함. 하囝
병=수사(兵水使)圈 〈제도〉 병사와 수사.
병:술(丙戌)圈 〈민속〉 육십 갑자의 스물셋째.
병=술[-쑬](瓶-)圈 병에 담아 파는 술. bottled wine
병술집[-쑬찝](瓶-)圈 병술을 파는 집.
병:시(丙時)圈 〈민속〉 이십사시의 열두째 시. 곧, 오전 열시부터 오전 열한시까지의 동안. 〔약〕 병(丙)②.
병:=시중(病中)圈 병구완함. 하囝타
병:=식(病識)圈 현재 병에 걸려 있는 것을 스스로 앎. disease-consciousness
병:식(屛息)圈 겁에 질려서 숨도 제대로 못 쉼. be cowed into silence 하囝

병식 체조(兵式體操)[명] 〈체육〉학교에서 하는 군대식 체조.

병:신(病身)[명] 〈민속〉육십 갑자의 서른셋째.

병:신(病身)[명] ① 병든 몸. sick body ② 모양을 제대로 온전히 갖추지 못한 물건이나 사람. 불구자(不具者). 폐인(廢人). cripple ③ 제주나 지력이 변변하지 못한 사람. imbecile ④ 남을 얕잡아 일컫는 말. ¶이 ~아, 너무 설치지 마라.

병:신 구실[─구─](病身─)[명] 병신이나 다름없는 얼빠지고 못난 짓. act the fool [명]

병:신성-스럽-다[─썽─](病身─)[형][ㅂ불] 병신처럼 못나고 어리석다. imbecile [명] 병:신성-스레[부]

병:신 야:반 생부:자(丙辛夜半生戊子)[명] 〈민속〉일진의 천간이 병(丙)이나 신(辛)으로 된 날의 자시(子時)는 무무시(戊子時)가 됨.

병신 육갑한다[명] 되지 못한 자가 엉뚱한 짓을 한다.

병신 자식이 효도한다[명] ① 못난 자식이 부모를 모시고 효자 노릇을 못난 것. ② 대수롭지 않게 여겼던 것이 도리어 도움이 된다.

병:신지년 경인두(丙辛之年庚寅頭)[명] 〈민속〉태세(太歲)의 천간이 병(丙)이나 신(辛)으로 된 해의 정월의 월건(月建)은 경인(庚寅)이 됨.

병:실(病室)[명] 환자의 치료를 위해 따로 거처하게 되어 있는 방. 병소(病所)①. sick-room

병:심(病心)[명] ① 〈의학〉병적으로 들뜬 마음. ② 근심이 있는 마음. 또는 병. unsound mind

병:아(病兒)[명] 병에 걸린 어린아이.

병아리[명] 닭의 새끼. 어린 닭. chicken

병아리=란초(─蘭草)[명] 〈식물〉난초과에 속하는 다년생. 물기 있는 바위 위에 자라는 5∼8cm쯤 되는 작은 난초.

병아리=다리(─)[명] 〈식물〉원지과(遠志科)의 일년생 풀. 줄기의 높이 10∼15cm 내외이고 잎은 줄기가 없으며 타원형 또는 도란형임. 6∼8월에 자홍색 꽃이 핌.

병아리 오줌[명] ⟨속⟩ 정신이 좀 희미하고 고리타분한 사람. mere cipher

병:안(病眼)[명] 병든 눈. 질병으로 앓는 눈. sick eye

병액(兵厄)[명] 전쟁의 재액. 전란으로 입는 재앙. disasters of war

병액(兵額)[명] 〈군사〉군사의 수효. 군액(軍額).

병:야(丙夜)[명] '삼경(三更)'을 '오야(五夜)'의 하나로 일컫는 말.

병:약(病弱)[명] ① 병에 시달려서 쇠약함. ② 몸이 허약하여 병에 걸리기 쉬움. 병쇠(病衰). weak constitution 하[형]

병어(─魚)[명] 〈어류〉병어과의 바닷물고기. 몸 길이 60cm 가량으로 편평하고 둥그스름함. 몸 빛은 등쪽이 푸른빛을 띤 은백색이며 몸 전체가 떨어지지 쉬운 비늘로 덮여 있음. 주둥이는 짧고 아가미와 눈이 아주 작음. 난해성 외양 어종으로 맛이 좋음. pomfret [small-mouthed person

병어 주둥이(─魚─)[명] 입이 작은 사람을 놀리는 말.

병:여(病餘)[명] 《동》병후(病後). [military service

병역(兵役)[명] 군적에 편입되어 군무에 종사하는 일.

병역 기피(兵役忌避)[명] 도망하거나 숨거나 그 밖에 다른 핑계로 병역 의무를 피하는 일. evading military service

병역 면:제(兵役免除)[명] 〈법률〉불구자·폐질자에 대하여 병역을 면제하여 주는 일. exemption from military service

병역-법(兵役法)[명] 〈법률〉국민이 복무할 병역을 규정한 법률. 병역의 종류·복무·집무·소집·특전·벌칙·재학생의 교련 훈련 등에 관하여 규정하고 있음. law of military service

병역 의:무(兵役義務)[명] 〈법률〉국민의 4대 의무의 하나. 국민으로서 군무에 복무할 의무. obligation of military service

병역 제:도(兵役制度)[명] 국군의 병원 충족에 관한 제도. 강제병(強制兵) 제도와 자유병(自由兵) 또는 지원병 제도로 크게 나뉘는데, 전자에는 징병 제도와 민병 제도가 있고, 후자에는 의용병 제도와 용병 제도가 있음. military service system

병영(兵營)[명] ① 〈제도〉병마 절도사가 있던 영문. ② 《동》병사(兵舍).

병:오(丙午)[명] 〈민속〉육십 갑자의 마흔째.

병:와(病臥)[명] 병을 앓아 누워 있음. 와병(臥病). being ill in bed 하[형]

병:욕(病褥)[명] 《동》병석(病席).

병:용(並用·併用)[명] ① 아울러 같이 씀. joint use ② 아울러서 사용함. 하[형]   [에 설치한 궤도.

병:용 궤:도(併用軌道)[명] 공중(公衆)이 다니는 도로

병:우(病友)[명] 병에 걸린 친구.   [army personnel

병원(兵員)[명] 〈군사〉군사의 인원. 또, 그 수효.

병:원(病院)[명] 질병을 진찰·치료하는 곳. 국민 의료법에 의하면 의업 또는 치과 의업을 하는 처소로서 20명 이상의 환자를 수용할 수 있는 설비를 갖춘 곳. 《유》의원(醫院). hospital

병:원(病原·病源)[명] 〈의학〉병의 근원. 병이 일어나는 원인. 병근(病根)①. 병인(病因). origin of a disease

병:원-균(病原菌)[명] 〈의학〉병원체가 되는 세균(細菌). 병균(病菌). virus

병:원 미생물(病原微生物)[명] 〈의학〉병원체가 되는 미생물. pathogenic microbe

병:원-선(病院船)[명] 〈군사〉의료 시설을 갖추어 가지고 이동하면서 상병자(傷病者)를 수용하는 배. 교전국의 어느 편도 공격할 수 없도록 제네바 조약에 규정되어 있음. ② 의료 시설이 없는 낙도 등을 돌며 주민을 진찰·치료하는 배.

병:원=체(病原體)[명] 〈의학〉생물체에 기생하여 일정한 병을 일으키는 생물. 세균·바이러스(virus)·기생충 따위. pathogenic organ

병:원=충(病原蟲)[명] 〈의학〉병원체를 몸에 지니고 다니면서 퍼뜨리거나 옮기는 벌레. noxious insects

병:월(丙月)[명] 〈민속〉월건(月建)의 천간이 병(丙)으로 된 달.   [와 위엄. military power

병위(兵威)[명] 〈군사〉군대의 위력. 군대가 가진 위세

병:유(並有·併有)[명] 한데 아울러서 가짐. possessing together 하[형]

병:이지:성(秉彝之性)[명] 떳떳하게 타고난 천성.

병:인(丙寅)[명] 〈민속〉육십 갑자의 셋째.

병:인(兵刃)[명] 칼·창 따위의 날이 있는 병기. weapons with bladed   [客]②. invalid

병:인(病人)[명] 병을 앓는 사람. 병자(病者). 병객(病

병:인(病因)[명] 병의 원인. 병원(病原·病源). cause of

병:인 교:난(丙寅敎難)[명] 《동》병인박해(丙寅迫害). [a cause

병인-론(病因論)[명] 〈의학〉병의 원인을 연구하는 기초 의학의 한 분파. etiology

병:인박해(丙寅迫害)[명] 〈역사〉조선조 고종 3년(1866) 병인년에 대원군에 의한 천주교 박해 사건. 병인교난. 병인사옥(丙寅邪獄).

병:인사옥(丙寅邪獄)[명] 병인박해(丙寅迫害).

병:인양요(丙寅洋擾)[명] 〈역사〉대원군의 천주교 탄압으로 고종 3년(1866)에 프랑스 함대가 강화도를 침공한 사건.

병:인 요법[─뻡](病因療法)[명] 〈의학〉병의 원인을 제거하거나 다스려 병인(病因)에 따라 치료하는 방법. 《대》대증 요법(對症療法).

병:일(丙日)[명] 〈민속〉일진의 천간이 병으로 된 날.

병:입고황(病入膏肓)[명] 병이 위중하여 완치될 가망이 없음. incurability 하[형]

병:=입골수[─쑤](病入骨髓)[명] 병이 뼛속 깊이 스며듦. disease goes to the marrow 하[형]

병:자(丙子)[명] 〈민속〉육십 갑자의 열셋째.

병:자(病者)[명] 병인(病人).   [나라의 수치.

병:자 국치(丙子國恥)[명] 〈역사〉'병자 호란'으로 인한

병자년 까마귀 빈 뒷간 들여다보듯[명] 무엇을 구하는 자가 행여나 하고 구차스럽게 여기저기를 기웃거림.

병자년 방죽이다[명] 건방지다는 곁말. [을 비웃는 말.

병:자사화(丙子士禍)[명] 〈역사〉 조선조 세조(世祖) 원년 성삼문(成三問) 등이 단종(端宗)의 복위(復位)를 꾀하다가 낭패된 빌미로 일어난 사화.
병:자 수호 조약(丙子修好條約)[명] 〈역사〉 조선조 말 고종(高宗) 13 년인 병자년에 일본과 체결한 12 개조의 조약. 우리 나라가 처음으로 외국과 맺은 근대적 조약임. 강화도 조약(江華島條約).
병:자=자[—짜](丙子字)[명] 활자(活字)의 이름. 조선조 중종(中宗) 때 만든 동활자(銅活字).
병:자호란(丙子胡亂)[명] 〈역사〉 조선조 인조(仁祖) 14 년(1636) 12월에 청나라가 우리 나라에 침공해 온 난리. 《약》 병란(丙亂). 호란(胡亂)②.
병:작(竝作)[명] 소작인이 소출을 지주와 똑같이 나누어 가지는 제도. 배메기. 하[타]
병:작=농(竝作農)[명] 배메기로 짓는 농사. 하[자]
병장(兵仗)[명] 《약》→병장기(兵仗器).
병장(兵長)[명] 〈군사〉 육군 사병의 계급의 하나. 하사(下士)의 아래이며 상등병의 위임. lance corporal
병:장(病狀)[명] 〈제도〉 앓기 때문에 맡아보던 일을 쉰다는 뜻을 적어 웟사람에게 올리던 글. 하[자]
병장(屛帳)[명] 병풍과 장막. screens and curtains
병장=기(兵仗器)[명] 병기(兵器). 《약》 병장(兵仗).
병:저=체(病抵體)[명] 병에 저항하는 체질.
병적(兵籍)[명] 〈군사〉 ①군인의 적(籍). 군인의 신분. soldier's status ②병사 관계상의 기록 문서. military register
병:적(屛迹)[명] 자취를 감추고 드러내지 아니함. 하[자]
병:적[—쩍](病的)[관][명] 언어·동작이 정상을 벗어나 불완전한(것). unsound
병적=계(兵籍屆)[명] 〈군사〉 병적에 관한 사항을 신고하는 서류. military service report
병적=부(兵籍簿)[명] 〈군사〉 병적에 관한 사항을 기록한 장부. army roll
병전(兵典)[명] 〈제도〉 육전(六典)의 하나. 병조(兵曹)의 모든 소관 사항을 규정함. 「등급.
병절 교:위(秉節校尉)[명] 〈제도〉 종 6 품 무관(武官)의
병:점[—쩜](病占)[명] 병의 길흉을 알고 싶어 쳐보는 점. divination of a disease 하[자]
병:=정(丙丁)[명] 〈민속〉 병(丙)과 정(丁). 오행(五行)의 화(火)에 해당함. 「卒). serviceman
병정(兵丁)[명] 〈군사〉 병역에 복무하는 장정. 사졸(士
병정=개:미(兵丁—)[명] 〈곤충〉 개미 종류에서 적의 침입을 막아 지키는, 투쟁 임무를 맡은 일개미.
병정=놀이(兵丁—)[명] 아이들 놀이의 하나. 군사 훈련이나 전투 같은 것을 본떠서 노는 놀이. playing
병제(兵制)[명] 《동》 군제(軍制). ⌊war
병:제(竝製)[명] 보통으로 만든 제품(製品). article of average quality
병조(兵曹)[명] 〈제도〉 ①조선조 때의 육조의 하나. 무선(武選)·군무(軍務)·우역(郵驛)·의위(儀衛)·병갑(兵甲)·문호 관약(門戶管鑰) 등의 일을 맡았음. 기성(騎省). 기조(騎曹). 서전(西銓). ②고려 때 육조의 하나. 직무는 상서 병부(尙書兵部)와 같음.
병=조림(甁—)[명] 음식물을 병에 넣고 썩지 않게 밀봉하는 일. 또, 그렇게 한 음식물. bottled food 하[타]
병조=선(兵漕船)[명] 〈제도〉 평시에는 짐을 나르고 전시에는 전쟁에 쓰던 배.
병조 적간(兵曹摘奸)[명] 병조가 간신을 적발한다는 뜻으로, 사물(事物)을 세밀히 분석하여 조사함을 비유하는 말.
병조 판서(兵曹判書)[명] 〈제도〉 병조의 으뜸 벼슬. 정 2 품임. 기판(騎判). 대사마(大司馬). 《약》 병판(兵
병:존(竝存)[명] 함께 존재함. coexistence 하[자] ⌊判).
병졸(兵卒)[명] 《동》 군사(軍士).
병:졸(病卒)[명] 《동》 병사(病死). 하[자]
병:종(丙種)[명] ①등급으로 셋째 가는 종류. grade C ②징병 검사에서, 징집을 면제 받는 등급.
병종(兵種)[명] 《동》 병과(兵科)①. 「方)을 등진 좌.
병:좌(丙坐)[명] 〈민속〉 묏자리나 집터 따위의 병방(丙
병:좌 임:향(丙坐壬向)[명] 〈민속〉 병방(丙方)을 등지고 임방(壬方)을 향한 좌향.
병 주고 약 준다[속] 해를 입힌 뒤에 어루만진다.
병:주 고향(竝州故鄕)[명] 오래 살던 타향을 고향에 견주어 이르는 말. second home 「람. invalid
병:=주머니[—쭈—](病—)[명] 《속》 온갖 병이 많은 사
병:=줄[—쭐](病—)[명] 오래 계속해 앓는 병이나 큰 병.
병줄 놓다(病—)[구] 오래 앓던 질병이나 큰 병에서 벗어나 몸이 회복되다.
병:중(病中)[명] ①병으로 앓는 동안. 앓는 가운데. during one's illness ②현재 병으로 누워 있음. in sickbed 「of a disease
병:=증[—쯩](病症)[명] 〈의학〉 병의 증세. symptom
병:진(丙辰)[명] 〈민속〉 육십 갑자의 쉰셋째.
병진(兵塵)[명] ①전장(戰場)의 티끌. 연진(煙塵). ②거친 전장판. battle field 「side by side 하[자]
병:진(竝進·倂進)[명] 함께 나란히 나아감. advancing
병:진=자[—짜](丙辰字)[명] 조선조 세종(世宗) 18 년(1436) 병진년에 만든 연활자(鉛活字)의 이름. *Byungjin* types 「of a disease
병:질(病質)[명] 〈의학〉 병의 성질. 병성(病性). nature
병:질=부(病疾部)[명] 한자 부수의 하나. '病·症' 등의 글자에서 '疒'의 이름.
병:질=안(病疾—)[명] '병질부'를 달리 일컫는 말.
병:=집[—찝](病—)[명] 유형·무형의 조직체에 어떤 잘못이 생기기 시작한 점. 흠. ¶그게 자네의 ~일세. 《약》 병(病)②. weakness
병참(兵站)[명] 〈군사〉 작전군을 위하여 후방에 있어 군수품 보급 및 연락선의 확보 등을 맡아보는 기관. 병참부(兵站部). 병참소(兵站所). base for war supplies
병참 병:원(兵站病院)[명] 〈군사〉 병참 기지에 시설한
병참=부(兵站部)[명] 《동》 병참. ⌊병원.
병참=선(兵站線)[명] 〈군사〉 병참 근무의 연락선(連絡線). line of communication
병참=소(兵站所)[명] 《동》 병참(兵站).
병참적 위치(兵站的位置)[명] 〈군사〉 군사상 연락하기 좋게 되어 있는 한 나라의 정치적 위치.
병참=지(兵站地)[명] 〈군사〉 병참을 베푼 곳. depot
병창[명] 선박의 칸막이 나무.
병:창(竝唱·倂唱)[명] 소리를 한데 아울러서 노래를 부름. 또, 그러한 노래. ¶가야금 ~. 하[타]
병:처(病妻)[명] 병든 아내. sick wife
병:처(病處)[명] ①병이 있는 국부. 병소(病所)②. 환부(患部). 환처(患處). affected part ②《동》 병통.
병:체(病體)[명] ①병든 체질. ②병든 몸. 병구(病軀). sick body
병:체 결합(竝體結合)[명] 〈동물〉 살아 있는 동물의 둘 또는 그 이상이 되는 개체가 신체의 일부에서 서로 결합되어 있는 상태. 허리가 한데 붙어서 나오는 쌍둥이의 경우 같은 것. parabiosis 「하[자]
병:촉(秉燭)[명] 촛불을 잡거나 켬. hoding of a candle
병:=추기(病—)[명] 병이 들어서 늘 성하지 못한 사람. sickly person 「affairs 하[자]
병:축(秉軸)[명] 정권을 잡음. taking the helm of state
병:출(迸出)[명] 《동》 용출(湧出). 하[자]
병:출=암(迸出岩)[명] 〈지학〉 화성암의 하나. 땅 속의 암장이 지각의 갈라진 곳이나 약한 곳을 뚫고 지상으로 유출해서 굳어져서 된 암석. 분출암.
병:충(病蟲)[명] 병해를 일으키는 벌레. noxious insects
병:충=해(病蟲害)[명] 병균과 벌레로 인하여 받는 작물의 피해. damage by blight and noxious insects
병:치(倂置)[명] 두 가지 이상을 한 곳에 나란히 두거나 설치함. juxtaposition 하[타]
병:=치레(病—)[명] 병을 앓아 치러 내는 일. getting over an illness 하[자]
병:침(丙枕)[명] 하룻밤을 오야(五夜)로 나눈 셋째 시각으로서, 임금이 잠자리로 들던 시각.
병:칭(竝稱)[명] 한데 아울러 같이 일컬음. ranking

병:탄(倂呑)[명] ①남의 재물이나 영토를 한데 아울러서 제 것으로 만듦. ②다른 나라를 평정하여, 자기 세력권에 넣음. annexation 하타
병:탄 합병(倂呑合倂)[명] 흡수 합병(吸收合倂).
병:탈(病頉)[명] 병으로 말미를 청함. request of sick
병탕(餠湯)[명][동] 떡국.　　　[leave 하타
병:태(病態)[명] ①[동] 병상(病狀). ②병적 상태. condition of a patient
병:통(病-)[명] 어떤 사물의 자체 안에 해가 되는 점. 병처(病處)②. (약) 병(病)③.
병:통(病痛)[명] ①병과 아픔. illness and pain ②결점. 과실. defect
병판(兵判)[약] →병조 판서(兵曹判書).
병:패(病敗)[명] 병폐(病弊).　　　[influences
병:폐(病弊)[명] 병통과 폐단. 병패(病敗). unhealthy
병:폐(病廢)[명] 병으로 말미암아 몸을 잘 쓰지 못하게 됨. becoming disabled through a disease 하타
병:폐(病斃)[명][동] 병사(病死). 하타
병풍(屛風)[명] 방이나 마루에 세워 바람을 막고, 무엇을 가리거나 장식으로 치는 제구. folding screen
병풍=나물(屛風-)[명] 〈식물〉 미나리과의 풀. 줄기는 많은 가지로 갈라지고 잎은 것끝로 좁고 깊. 여름에 흰 꽃이 피며 뿌리는 방풍이라 하여 약으로 쓸.
병:풍 상:서(病風傷暑)[명] 바람을 병들고 더위에 상함. 곧, 이상 온갖 고생에 시달림. 풍병(風病)[바람. 병.
병풍=상:성(病風喪性)[명] 병에 시달려서 본성을 잃어
병풍-석(屛風石)[명] 능(陵) 같은 것을 보호하기 위해 병풍처럼 세운 직사각형의 넓적한 돌. stone hedge of an Imperial tomb
병풍-차(屛風次)[명] 병풍을 꾸밀 그림이나 글씨.
병-틀(屛風-)[명] 병풍을 꾸미는 바탕이 되는 장방형(長方形)의 틀. 나무 오리로 짬.
병:-임(丙-)[명] 〈제도〉 사필(史筆)을 잡는 직책이라는 뜻으로, 예문관(藝文館)의 검
병:-하·다[고] 앓다.　　　[열을 이르던 말.
병학(兵學)[명] 군사에 관한 모든 것을 연구하는 학문. 군학(軍學). military science
병함(兵艦)[명][동] 전함(戰艦).
병:합(倂合·倂合)[명] 합병(合倂·倂合). 하타
병:합-죄(倂合罪)[명][동] 경합죄(競合罪).
병해(病害)[명] 병으로 말미암은 해독. harm from a
병:행(倂行)[명] ①나란히 하여 감. going side by side ②두 가지 일을 한꺼번에 아울러서 행함. 평행(平行)②. doing at the same time ③ 〈음악〉 화음(和音) 중의 두 소리가 서로 같은 방향으로 진행하는 일. 하타티
병:-본(倂行論)[명] 〈철학〉 마음과 물건 즉, 신체와 정신은 서로 병립하며 대응하니, 인과적으로 다른 것에 영향을 주지 않는다는 설. 병행설(倂行說). parallelism
병:행-맥(倂行脈)[명][동] 평행맥(平行脈).
병:행 본위제(倂行本位制)[명] 〈경제〉 두 종류 이상의 화폐, 주로 금과 은을 본위 화폐로 하고 둘이 자유 유통을 인정하는 제도.
병:행 불패(倂行不悖)[명] 두 가지 일을 한꺼번에 처리하도 사리(事理)에 틀림이 없음.
병:행-설(倂行說)[명][동] 병행론(倂行論).
병혁(兵革)[명] 무기 따위의 총칭. warfare
병화(兵火)[명] 전쟁으로 말미암아 일어나는 화재. 병선(兵燹). 전화(戰火). fire caused by war
병화(兵禍)[명] 전쟁으로 말미암은 재화. 전화(戰禍).
병화(瓶花)[명] 병에 꽂은 꽃. flower in the vase
병:환(病患)[명] (공) '웃어른의 병'을 이름. 환절(患節). 병①. illness　　　[an illness
병:후(病後)[명] 병을 앓고 난 뒤. 병여(病餘). after
병:후 면:역(病後免疫)[명] 〈의학〉 한번 병을 치른 후에는 다시 그 병에 걸리지 않게 되는 후천적 면역. actual immunity

별[명] 해가 내쏘는 빛과 뜨거운 기운. 햇볕. sunshine
별-기(-氣)[명] 별의 기운.
별-뉘[명] 별의 그림자. 또, 그 빛.
별-들-다[자르] 별이 비쳐 들어오다. shine
보[명] 〈약〉 →보시기.
보[명](御) →들보.
=보[접미] 어떤 말 밑에 붙어 그것을 즐기거나 그 정도가 심한 사람임을 나타내는 말. ¶먹~. 울~.
보(保)[명] ①보증(保證). ②[명] 보증인(保證人).
보(洑)〈농업〉①논을 쌓고 물을 잡아 두는 곳. ¶~를 막다. small irrigation reservoir ②[약]→봇물.
보(補)[명] 관직에 임명함. ¶임(任) 국무 의원, ~ 내무 장관. 하타
보(褓)[명] ①보자기. ②가위 바위 보에서, 손을 펴서 내민 것. [릇.
보(簠)〈제도〉 제향(祭享)에 기장과 피를 담는 그
보:¹(寶)[명]〈제도〉 고려 때부터 여러 사업을 하는 기금을 마련할 목적으로 돈이나 곡식 등을 저축하였다가 백성에게 꾸어 주고 그 변리를 이용하던
보:²(補)[명][동] 어보(御寶).　　[재단.
보:(步)[의] ①거리를 재는 단위의 하나. 주척(周尺) step ②[동] 평(坪). ③거리를 발걸음으로 재는 단위. ¶50~. pace
보(甫)[명] 평교간이나 손아랫사람을 부를 때에 성명 밑에 붙어 쓰던 말. ¶김~. 이~.
=보:(補)[명] 어떤 관직이나 직책의 보좌관. ¶차관~. assistant　　[of a family 하타
보:가(保家)[명] 한 집안을 보전하여 감. preservation
보:가(補家)[명] 바둑에서, 큰 집에 보배이 되는 비교적 작은 집.
보:가(寶駕)[명] 임금이 타는 수레. 대가(大駕). 승여
보가지[동] 까치복.　　　　[(乘輿). royal carriage
보각 술 따위가 괼 때 거품이 생기면서 나는 소리. (큰) 부각.
보:-각(補角)[명] 〈수학〉 두 각(角)을 합하여 두 직각(直角)을 이룰 때의 한쪽 각을 다른 쪽 각에 대해서 이르는 말. supplementary angle
보각-거리다[자] 연달아 보각 소리가 나다. (큰) 부각거리다. 보각=보각하다
보:-간법(-間法)[補間法]〈수학〉함수의 값을 구하는 근사(近似) 계산법. interpolation
보:감(寶鑑)[명] 본보기가 될 만한 일과 물건. ¶명심(明心) ~. thesaurus
보:갑(保甲)〈제도〉 중국에서 예로부터 행하여진 작은 단위의 자치·경찰·인보(隣保)의 제도.
보:갑(寶匣)[명] 보옥(寶玉)으로 꾸민 화려한 상자.
보:-강(補强)[명] 빈약한 것을 보태고 채워서 더 튼튼하게 함. ¶체력(體力) ~. reinforcement 하타
보:-강(補講)[명] 결강(缺講)이나 휴강(休講)을 보충하여 강의함. 또, 그 강의. supplementary lecture 하타
보:개(寶蓋)〈불교〉①상륜(相輪)의 보륜(寶輪)과 수연(水煙) 사이에 있는, 닫집 모양의 부분. ②보주(寶珠) 등으로 꾸며진 천개(天蓋).
보:개 천정(寶蓋天井)[명]〈건축〉궁전이나 불전 등에서 가운데를 높게 하여 보개처럼 만든 천정.
보:갱(保坑)[명]〈광물〉갱내의 무너짐을 막는 일. 하타
보:거 상:의(輔車相依)[명] 밀접한 관계를 가지고 서로 돕지 않으면 안 되는, 마치 수레의 덧방나무와 바퀴가 떨어질 수가 없는 것처럼 깊은 관계를 이룸. 하타 [하타
보:건(保健)[명] 건강을 보전함. preservation of health
보:건 경:찰(保健警察)[명] 국민의 건강 유지를 보살핌을 임무로 하는 경찰.
보:건=림(保健林)[명] 도시 또는 공장 부근의 방진(防塵)·방연(防煙) 등을 위하여서 조성한 숲.
보:건 복지부(保健福祉部)[명]〈법률〉행정 각부의 하나. 방역·보건·위생·원호·후생 문제, 아동 문제·가족 계획 등 사회 복지에 관한 사무를 관장하는 중앙 행정 기관. 〈약〉 복지부(福祉

보:건소(保健所) 질병의 예방·진료 및 공중 보건의 향상을 위하여 시와 군에 설치한 공공 의료 기관. health center

보:건 식량(保健食糧) 사람의 건강을 유지하는 데 필요한 식량.

보:건원(保健員) 보건소에서 보건 지도의 일을 맡은 공무원.

보:건의 날(保健—) 국민 보건 향상을 강조하기 위하여 제정한 날. 세계 보건 주간의 첫날인 4월 7일로 정함.

보:건 지대(保健地帶) 공기와 시설이 건강에 좋게 되어 있는 지대.

보:건 체조(保健體操) 〈체육〉 건강을 지탱·보전하기 위하여 하는 체조. 일반적으로 라디오나 레코드에 맞추어서 함.

보:건 행정(保健行政) 국민의 보건에 관한 행정.

보:검(寶劍) ①보배로운 칼. 보도(寶刀). treasured sword ②의장(儀仗)으로 쓰던 칼의 하나.

보겐(Bogen 도) ①활 모양. 만곡(彎曲). ②〈수학〉궁형(弓形). ③〈건축〉둥근 천정. ④〈음악〉현악기의 활. ⑤〈체육〉스키에서 회전 기술의 하나. 스키를 팔자(八字)형으로 벌리고 돎. 제동(制動) 회전.

보:결(補缺) ①빈 자리를 채움. 또, 그 자리를 채우기 위하여 마련하여 준 사람. 보궐(補闕). filling a vacancy ②결점을 보충함. making up for deficiency 하다 admitted to fill the vacancy

보:결-생[—생](補缺生) 보결로 뽑힌 학생. student

보:결 선:거(補缺選擧) 《동》보궐 선거.

보:결 시:험(補缺試驗) 학교에서 보결생을 뽑는 시험. special entrance examination for stand-by students

보:결 의원(補缺議員) 보결 선거로 당선된 의원.

보:계(補階) 잔치 같은 행사가 있을 때에 대청 앞에 임시로 베푼 자리. temporary auxiliary structure

보:계-판(補階板) 보계에 쓰는 좌판(坐板). 보판(補板). ask one to

보고(조) '더러'의 뜻의 부사격 조사. ¶나— 하라고요.

보:고(保辜) 〈제도〉 사람을 때린 범인을, 맞은 사람의 다친 곳이 나을 때까지 그 죄를 보류하기로 하다

보:고(報告) ①감독하는 지위에 있는 사람에게 일의 내용이나 결과를 말 또는 글로 알림. reporting 《약》→보고서. 하다

보:고(寶庫) ①재물을 쌓아 두는 창고. treasurehouse ②훌륭한 재화가 나는 곳. resources

보고 문학(報告文學) 〈문학〉 사회적으로 현실을 필자(筆者)가 조금도 보태지 않고, 있는 그대로를 서술한 문학. 기록 문학.

보:고-서(報告書) 보고하는 글. 《약》보고(報告)②.

보:곡(譜曲) 《동》악보(樂譜). filling 하다

보:공(補空) 빈 곳을 메꾸어 채움. 또, 그 물건.

보:과(報果) 한 일의 보람. 또, 결과. reward

보:과 습유(補過拾遺) 임금의 그릇됨을 바로잡아 고치게 함. 하다 custody 하다

보:관(保管) 기탁 받은 물건을 잘 간직하여 관리함.

보:관(寶冠) ①보석으로 꾸민 관. jeweeled diadem ②훌륭하게 만든 보배 모은 관. brilliant crown

보:관-계(步管系) 〈동물〉 극피(棘皮) 동물이 가지고 있는 특별한 운동 기관. 종류에 따라 호흡이나 순환기의 작용도 함.

보:관료[—뇨](保管料) 창고업자(倉庫業者)가 물품을 보관하여 주고, 맡긴 사람으로부터 받는 보수. custody fee

보:관림(保管林) 정에서 보호 관리하는 관유림(官

보:관 전:보(保管電報) 수신인에게 보내 주지 못하고 착신국(着信局)에서 보관해 두었다가 본인이 출두하여 찾게 하는 전보. non-delivery telegram

보:관-증[—쯩](保管證) 남의 물품을 보관함을 증명하는 글. 을 보관하는 창고. warehouse

보:관 창고(保管倉庫) 〈경제〉 상인의 의뢰으로 물품

보:광(寶光釉) 〈공업〉 송진처럼 두껍게 덮이고 광채가 나는 잿물의 하나. 보석유(寶石釉).

보:교(步轎) 두껍이 정자의 지붕 모양으로 된 가마의 하나. palanquin

보:교-꾼(步轎—) 보교를 메는 사람.

보:교-판(補橋板) 배다리 위에 깐 널빤지.

보구치〈어류〉 민어과의 바닷물고기. 몸 길이 30 cm 가량으로, 참조기와 비슷하나 몸 빛이 흼. 6 월경에 다도해(多島海)에 많이 나는데 맛은 조기만

보:국(保國) 국가를 보위함. 하다 못하. 흰 조기.

보:국(報國) 충성을 다하여 나라의 은혜를 갚음. patriotism 하다 interests 하다

보:국(輔國) 나라일을 도움. promotion of national

보:국(輔國藥) ①나라일을 위하여 만든 돈. ②일제 때, 징용으로 강제 동원되었던 노무자.

보:국 안민(輔國安民) 나라일을 돕고 백성을 편안하게 함. 하다

보:국 포장(保國褒章) 국가 안보에 공적이 큰 사람 또는 생명의 위험을 무릅쓰고 인명·재산을 구조한 사람에게 주는 포장.

보:국 훈장(保國勳章) 국가 안보에 공적이 큰 사람에게 주는 훈장. 통일장·국선장·천수장·삼일장·광복장 등의 5등급이 있음.

보:군(步軍) 《동》보병(步兵)①.

보:군(輔君) 임금을 도움. 하다

보굿 ①굵은 나무 줄기의 비늘 같은 껍질. rough bark ②그물 벼릿줄에 매어 그물이 뜨게 하는 나무 껍질 파래.

보굿-질(—質) 〈식물〉 보굿을 이루는 물질.

보구-켜 〈식물〉 나무의 겉껍질 안쪽의 껍질. 목전층.

보:궐(補闕) 《동》보결(補缺). 하다

보:궐 선:거(補闕選擧) 〈정치〉 의원의 결원을 보충하기 위한 선거. 보결(補缺) 선거. 《약》보선(補選). by-election 인 보호 궤.

보:례(簠簋) 제향(祭享) 때 기장과 피를 담는 그릇

보:균(保菌) 병균을 몸에 지니고 있음. carrying of germs 하다

보:균 식물(保菌植物) 〈식물〉 병원균을 체내에 지니고 있으면서 장기간, 또는 절대로 병증을 나타내지 않는 식물.

보:균-자(保菌者) 외견상은 특별한 증상을 나타내지 않는 건강한 사람으로, 어떤 전염병의 병원체를 체내에 지니고 있어서 그 전염병의 전염원(傳染源)이 될 가능성이 있는 사람. germ carrier

보그(vogue 프) ①유행. ②유행을 취급하는 프랑스의 잡지 이름.

보그르르 ①액체가 야단스럽게 끓어오르는 모양. 또, 그 소리. at a simmer ②잔 거품이 일어나는 모양. 또, 그 소리. 《큰》부그르르. 《센》뽀그르르. bubbling 하다

보:극(補極) 〈물리〉 직류기에서 정류 작용의 원활을 위하여 주게 자극(主要磁極) N과 S와의 사이에 있는 보조 자극(補助磁極). 정류극(整流極).

보글-거리-다 ①액체가 자꾸 보그르르 끓다. seethe ②잔 거품이 좁은 범위로 자꾸 일어나다. froth ③사람·짐승·벌레 따위가 많이 모여 움직이다. 《큰》부글거리다. 《센》뽀글거리다. swarm 보글=보글 하다

보:금-자리(保金—) ①새의 둥지. nest ②포근하고 아늑한 자리. house build a nest

보금자리-치-다 보금자리를 만들고 거기 들어 있다.

보:급(普及) 널리 퍼뜨려 실행되게 함. 《유》주류(周流). dissemination 하다

보:급(補給) 부족함을 대어 보태어서 대어 줌. supply 하다 장고.

보:급-계(補給係) 〈군사〉 보급품을 맡아서 관리하는 계. 공급계.

보:급-관(補給官) 〈군사〉 보급품을 맡아 관리하는

보:급 기지(補給基地) 〈군사〉 군수품을 뒤에 대어 주

는 요지(要地). base of supplies
보:급=량(補給量)[명] 보급하여 주는 물품의 수량.
보:급=로(補給路)[명] 보급품을 전투 부대에 보급하는 데 이용되는 수송로. supply route
보:급=망(補給網)[명] 보급하여 주기 위하여 체계적으로 조직된 계통.
보:급=선(補給船)[명] 보급품을 실어 나르는 배.
보:급=선(補給線)[명] 보급하는 교통 노선. ¶~이 끊어 전투에 불리하다. line of supply
보:급=소(普及所)[명] 일정한 구역 안의 정기 구독자에게 신문을 배달하는 신문사의 판매 조직.
보:급=소(補給所)[명] 보급품의 지급(支給)·운송(運送)·저장(貯藏)·관리(管理)를 하는 곳.
보:급 이:자[—니—](補給利子)[명]〈법률〉정부가 필요를 인정하는 회사나 사업이 정액의 이익에 부족이 생길 때에 산업을 보호하는 목적으로 정부에서 채워 주는 이자.
보:급=자(普及者)[명] 보급하는 사람.
보:급=자(補給者)[명] 보급하여 주는 사람이나 기관.
보:급=판(普及版)[명] 널리 퍼고자 값을 싸게 하여 출판한 책. cheap edition
보:급=품(補給品)[명] 뒤를 대어 주는 물품. 보태어 주는 물품. supplies
보기[명] 《약》→본보기.
보:기(步騎)[명]〈군사〉보병과 기병. infantry and cavalry
보:기(補氣)[명] ①약을 먹어서 기운을 도움. 보원(補元). strengthening ②〈생리〉사람이 호흡할 때 최대 한도로 들이마실 수 있는 공기의 양. 보통 1,500~2,000cc 임. **하**[자]
보:기(寶器)[명] 보배로운 그릇. thing treasured
보기=감:각(—感覺)[명] 《동》 시각(視覺).
보기=기관(—器官)[명] 《동》 시관(視官).
보기=식(bogie 式)[명] 바퀴를 다는 한 방식. 2축(軸) 4륜(輪) 또는 3축 6륜의 차대(車臺) 두 개 위에 차체를 올려놓아, 차체를 자유로 회전할 수 있게 된 구조. 차륜수에 따라 4륜 보기 차대, 6륜 보기 차대로 부름. 동요를 방지하고 탈선(脫線)할 우려가 적기 때문에 객차·기관차 등에 사용됨. 전향식(轉向式).
보기=신경(—神經)[명] 《동》 시신경(視神經).
보기 좋은 떡이 먹기도 좋다[속] 겉이 아름다워야 속도 좋다.
보기=차(bogie 車)[명] 보기식으로 된 객차나 전차. bogie-car
보깨-다[자] 먹은 것이 잘 삭지 않아 뱃속이 괴롭고 거북하다. feel heavy in the stomach
보꾸[명]〈광물〉사금판에서 물목을 거친 물을 흘려 보내기 위하여 친 도랑.
보꾹[명]〈건축〉지붕의 안쪽. 곧, 더그매의 천장. 천장(天障)①. inside of a roof
보나=마:나[부] 볼 것도 없이. I am sure **하**[형]
보나파르티슴(bonapartisme 프)[명]〈정치〉제정 부흥주의(帝政復興主義). 나폴레옹주의.
보난자(bonanza)[명] ①〈광물〉노다지. ②큰 행운. great fortune
보난자=그램(bonanzagram)[명] 퀴즈의 하나. 결자(缺字)·결어(缺語)가 있는 문장에 적당한 문자나 말을 넣는 일.
보=내:기(洑—)[명]〈농업〉논에 물을 대기 위하여 봇도랑을 내는 일. making of drains for irrigation
보내기 번트(—bunt)[명]〈체육〉야구에서, 주자를 전진시키기 위하여 타자가 배트를 공에 가볍게 대는 타격 방법. 연타(軟打).
보내-다[타] ①무엇을 한 곳에서 다른 곳으로 가게 하다. ¶심부름을 ~. 물건을 ~. send ②시간이 지나가게 하다. ¶여름을 피서지에서 ~. pass ③상대방에게 자기의 의사를 전하기 위하여 어떤 동작이나 표정을 하다. ¶박수를 ~. 날카로운 시선을 ~. communicate
보:너스(bonus)[명] 상여금(賞與金). 특별 배당금.
보:너스 쿼:터(bonus quota)[명] 업적을 특별히 보상하기 위하여 과외로 더 주는 할당량이나 할당금.
보늬[명] 밤 따위의 속 껍질. inside skin
보·니-·다[타] 《고》 보다. 자세히 보다.
보닛(bonnet)[명] ①차양이 없고 끈을 달아 턱에 매게 된 부인용의 모자. ②자동차의 엔진 덮개.
보-다[1][타] ①눈을 통하여 알다. ¶자세히 ~. see ②일을 맡아서 하다. attend to ③무엇을 지키다. ¶집을 ~. watch ④시험을 치르다. examine ⑤두루 살피다. charge ⑥자손을 낳거나 며느리나 사위를 얻어 들이다. ¶사위를 ~. get ⑦좋은 때를 만나다. greet ⑧이해·득실·상사 따위를 당하다. get, suffer ⑨똥·오줌을 누다. relieve nature ⑩장으로 물건을 사러 가다. go shopping ⑪점을 치다. divine ⑫음식상을 차리다. ¶음식상을 ~. serve ⑬값을 부르다. ¶절반 값 밖에 안 ~. offer ⑭참고 기다리다. ¶보자보자 하니까. wait for ⑮남의 계집이나 사내를 몰래 사귀다. ¶샛서방을 ~. have a secret love affair with
보-다[2][조동] ①동사의 어미 '=아·=어·=여' 아래에 쓰여, 시험삼아 하는 뜻을 나타내는 말. ¶시험해~. try ②체험하다. ¶기뻐서 울어 보기는 처음이다. experience ③행동이나 상태의 결과를 나타내는 말. ¶알고 보니 좋은 사람이다. as one sees it
보-다[3][조형] 형용사나 동사의 어미 '=ㄴ가·=ㄹ까' 아래에 쓰여 짐작이나 막연한 자기의 의향을 나타내는 말. ¶큰가 ~. may
보다[4][부] 한층 더. ¶~ 나은 내일. than
보다[5][조] 체언 아래에 붙어서 두 가지를 비교하는 데에 쓰는 부사격 조사. ¶밥~ 책을 좋아한다. than
보·ᄃᆞ랍-·다[형] 《고》 보드랍다.
보·ᄃᆞ랇-·다[형] 《고》 보드랍다.
보다=못:해[부] 더 참을 수가 없어서. ¶~ 꾸짖었다. being unable to refrain from interfering
보:=단자(保單子)[명] 《동》 신분 보증서(身分保證書).
보답(洑畓)[명] 《동》 봇논.
보:답(報答)[명] 남의 두터운 뜻을 갚음. 수보(酬報). recompense **하**[타]
보:더 라이트(border light)[명] 무대 천장에 일렬로 달아 놓아 무대면을 수직으로 고르게 비추는 조명등.
보:더=라인(border line)[명] 국경선. 경계선.
보:더라인 케이스(borderline case)[명] 사건의 정부(正否)를 판단하기 어려운 경우. 경계선적 사례(境界線的事例).
보:덕(報德)[명] 남의 은덕을 갚음. requital **하**[자]
보:데 법칙(bode 法則)[명]〈천문〉모든 혹성과 태양과의 거리에 관한 경험적인 법칙. 혹성 중에서 가장 안쪽에 있는 수성(水星)까지의 거리를 4로 하고, 이하 3의 1배, 2배, 4배, 8배, 16배 단위를 그것에 더하면, 태양에서 각각의 혹성에 이르는 거리가 된다는 것. Bode's law
보:도(步度)[명] 행군에 있어서의 걸음의 속도와 보폭(步幅)의 기준. pace
보:도(步道)[명] 《동》 인도(人道).
보:도(保導)[명] 보호하여 지도함. **하**[타]
보:도(報道)[명] 나라 안팎에서 생긴 일을 전하여 알려 줌. 또, 그 알림. information **하**[타]
보:도(輔導)[명] 도와서 좋은 데로 인도함. 보익(輔翼). guidance **하**[타]
보:도(寶刀)[명] 보배롭게 잘 만든 칼. 보검(寶劍)①. treasure sword
보:도 관:제(報道管制)[명] 국가가 필요에 의하여 보도를 관리 제한함. **하**[자]
보:도 기관(報道機關)[명] 보도를 목적으로 하는 시설. 곧, 신문사·방송국·통신사 등. news organization
보도록[부] 《고》 볼수록.
보=도리[명]〈건축〉보와 도리. beams and purline
보:도=부(報道部)[명] 어느 단체나 기관 같은 데에서 보도에 관한 일을 맡아보는 부.
보:도 블록(步道 block)[명] 보도에 포석(鋪石)으로 까는 시멘트 블록.
보:도 사진(報道寫眞)[명] 보도하기 위하여 찍은 사진. news photo

보:도-원(報道員)[명] 현지에서 보도하는 사람. correspondent

보:도-진(報道陣)[명] 보도 기관이 무슨 일을 보도하기 위한 태세를 갖추고 있는 경우에 일컫는 말.

보:독(報毒)[명] 원망으로 품었던 독을 갚음. revenge 하[타] 부독부독. [부] 뽀독뽀독. 하[형]

보독-보독[부] 물건의 거죽이 몹시 보독한 모양.

보:독 식물(保毒植物)[명]〈식물〉병원(病原) 바이러스를 체내에 보유하면서 장기간 또는 절대로 병징을 나타내지 않는 식물.

보독-하 다[형][여] 물기 있는 물건이 거의 말라서 좀 굳은 듯하다. [큰] 부둑하다. [부] 뽀독하다. curdle

보:동[一통](洑桐)[명] 보의 동막이. 보를 둘러쌓은 둑. 봇둑. bank

보:동 공:양(普同供養)[명]〈불교〉누구나 다 같이 among 여할 수 있는 공양.

보동-되:다[一되一][동] ①키는 작고 통통하다. ②길이가 짧고 가로퍼지다. plump

보동-보동[부] 살이 통통하게 찐 모양. [큰] 부둥부둥. [거] 포동포동. plump 하[형]

보-두다(保一)[타] 보증인이 되어 보증서에 이름을 쓰다. [타] 보증인을 세우다. stand security

보드기 크게 자라지 못하고 마디가 많은 나무. dwarf tree

보드득 ①단단하거나 질긴 물건을 되게 맞비빌 때에 나는 소리. ¶이를 ~ 갈다. creak ②무른 똥을 힘들이어서 눈 때에 나는 소리. [큰] 부드득. [센] 뽀드득. [거] 포드득.

보드득-거리다 자꾸 보드득 소리가 나다. 또, 연해 보드득 소리를 내다. [큰] 부드득거리다. [센] 뽀드득거리다. [거] 포드득거리다. 보드득-보드득

보드득-하다[형][여] 보드득 소리가 나다. 하[여]

보드랍-다[형][ㅂ변] ①거세지 않고 물려서 매끈매끈하다. ②바탕이 곱고도 순하다. ③동작이 유연하다. [큰] 부드럽다.

보드레-하다[형][여] ①퍽 보드라워 보이다. ②썩 약하여 맞설 힘이 없다. [큰] 부드레하다.

보드빌(vaudeville 프)[명]〈연예〉춤·노래 등을 곁들인 경묘하고 풍자적인 통속 희극.

보드카(vodka)[명] 러시아 특산의 호밀 따위로 만든 증류주(蒸溜酒).

보득-솔[명] 작달막하고 가지가 많은 소나무. dwarf pine-tree

보들보들-하다[형][여] 살갗에 닿는 느낌이 매우 보드랍다.

보듬-다[一따][타] →안다. [람다. [큰] 부듬하다.

보디(body)[명] ①신체. ②동체(胴體). ③차체. 선체. 기체. ④권투에서, 복부를 가리킴.

보디-가:드(bodyguard)[명] 호위. 중요 인물의 신변 경호를 맡은 사람. [미용법.

보디 마사:지(body massage)[명] 전신을 마사지하는 일.

보디 블로(body blow)[명]〈체육〉권투에서, 배와 가슴 부분을 강타하는 일.

보디-빌딩(bodybuilding)[명] 역기·아령 등의 운동으로 근육을 발달시켜 보기 좋은 신체를 만드는 일.

보디스(bodice)[명] 코르셋 위에 입는 부인의 옷. 어깨에 끈을 달아 가슴과 허리를 덮게 되어 있음.

보디 스윙(body swing)[명]〈체육〉경기하기 전에 언더선 조절을 위한 운동.

보디-워:크(bodywork)[명] 권투에서, 상반신(上半身)의 중심 부분.

보-따리(褓一)[명] 물건을 싸서 꾸린 뭉치. bundle

보따리(褓一)[명] 물건을 보자기로 싸 가지고 다니면서 파는 사람. packman

보라[약]→보랏빛. [니면서 파는 사람. packman

보라[명] 쇠로 쐐기처럼 크게 만든 연장. iron wedge

보라-매[명]〈조류〉그 해에 난 새끼를 길들여 곧 사냥에 쓰는 매. young hawk tamed for hawking

보라-머리동이[명] 머리에 보랏빛의 종이를 이어서 만든 연. [한 두지 않는 장기. slow play of chess

보라-장:기(一將棋)[명] 오래도록 들여다보기만 하고 빨

보라-조히[명] 꼭지 외에 전체가 보랏빛으로 된 연. [연.

보라 치마[명] 상반부는 희고 하반부는 보랏빛으로 된

보라-탈〈민속〉탈춤 놀이에 쓰는 보랏빛의 탈.

보라탈이나[구] 남에게 매를 잘 맞는 사람을 놀으로 이르는 말. [艦] 또는 난간의 한 종류.

보:란(寶欄)[명]〈건축〉옛날 건축에 있어서 헌함(軒

보:란-좌(寶欄座)[명]〈건축〉보란을 둘리로 놓은 대좌(臺座).

보람 ①한 일이나 말에 대하여 나타나는 좋은 결과. ¶열심히 공부한 ~이 있다. effect ②조금 드러나 보이는 표적. mark ③잊지 않기 위해서나 딴 물건과 구별하기 위하여 두드러지게 하여 두는 표.

보람 두-다[자타] 서명(署名)하다. [하[타]

보람 뵈-다[타] 무슨 사물의 표적이 드러나 보이다. be effective [거나 드러나지 않다. 보람=없:이[부]

보람-없:다[형] 어떤 일에 대한 노력의 결과가 좋지 않

보:람-유(寶藍釉)[명]〈도〉보석 남유(寶石藍釉).

보람-차다[형] 매우 보람있다. ¶미개지를 개척하는 일은 청년으로서 보람찬 일이다. be worth doing

보랏-빛[명] 남빛과 자줏빛이 섞인 빛. 보라색. [약] 보라. purple

보:랑(步廊)[명] 건너 다니는 복도. passage

보:력(補力)[명] 현상을 마친 사진 원판의 화상(畫像)의 농담이 불충분할 때에 고치는 일.

보:력(寶曆)[명] ①천자(天子)의 나이. 보령(寶齡). 보산(寶算). age of a king ②천자가 나누어 주던 달력. calendars given by the king

보:력 현:상(補力現象)[명] 현상한 필름이 흐릿할 때에 독특하게 하는 특별한 현상 방법.

보:련(寶輦)[명]〈동〉옥교(玉轎).

보:령(寶齡)[명]〈동〉보력(寶曆).

보:로-금(報勞金)[명]〈법률〉잃은 물건을 주운 사람이, 잃은 사람에 대하여 청구할 수 있는 보수.

보로-기[고] 포대기.

보로통-하다[형][여] ①부풀거나 부어 올라서 불룩하다. swollen up ②불만스러이 빛이 얼굴에 나타나 있다. [큰] 부루퉁하다. [센] 뽀로통하다. sullen 보로통-히[부]

보:록(譜錄)[명] 악보를 모아 실은 기록. collection of musics

보:록(寶錄)[명] 보배로움의 기록.

보:록(寶籙)[명] ①제왕의 위에 오를 전조. ②〈음악〉수보록무(受寶籙舞)를 추기 위한 채비.

보:록-장[고] 보름. [추는 악곡(樂曲).

보:료[명] 솜이나 짐승의 털 따위로 속을 넣고 헝겊으로 싸 만들어서 앉는 자리에 늘 깔아 두는 요. mattress

보:루(堡壘)[명] ①〈군사〉적군을 막거나 치기 위하여 흙이나 돌로 튼튼하게 쌓은 진지. 보채(堡砦). fort ②가장 튼튼한 발판. ¶민주주의의 ~. bulwark

보:루(寶樓)[명] '누(樓)'를 아름답게 이르는 말.

보루(←ボル·board)[의명] 담배 따위의 작세 포장된 물건을 세는 단위. 곧 담배 열 갑을 포장한 것.

보:루-각(報漏閣)[명]〈제도〉조선조 때, 누각(漏閣)에 관한 일을 맡아보던 직소(職所). 누국(漏局).

보:류(保留)[명] 무슨 일을 뒤로 미룸. 유보(留保). reservation 하[타]

보:류(補流)[명] 한 해역의 해수가 이동한 다음, 이를 메우기 위하여 다른 해수가 흘러 오는 것.

보:륜(寶輪)[명]〈불교〉상륜(相輪)의 중심 부분.

보르도(Bordeaux 프)[명] ①프랑스의 보르도 지방에서 만든 포도주. ②산성 물감의 하나. 붉은빛을 띤 밤색임.

보르도-액(Bordeaux 液 프)〈화학〉수산화칼슘에 황산동 용액을 가한 액체. 채소·과실 등의 살균제임. Bordeaux mixture

보르르 ①덩치가 작은 것이 갑자기 떠는 모양. tremblingly ②적은 그릇에서 갑자기 끓어오르는 모양이나 소리. on the simmer ③한데 모은 나뭇개비에 불이 붙어 오르는 모양. ④가볍게 발끈 성을 내는 모양. [큰] 부르르. shiveringly 하[타]

보:르-반(←Bohrbank 盤)[명] 공작 기계의 하나. 수직

보르 상자(←board 箱子) 보르지(紙)로 만든 상자.
보르-지(←board 紙) 마분지, 馬糞紙.
보름 ①열다섯 날 동안. 15일간. fifteendays ②〈약〉→보름날. ③〈약〉→대보름날.
보름-날 음력으로 그 달의 15일째의 날. 망일(望日)②. 《약》 보름②. fifteenth day of a lunar month
보름-달[─딸] 음력 보름날에 뜨는 달. 만월(滿月). 망월(望月)². full moon
보름-보기 '애꾸눈이'를 조롱하는 말. one-eyed person
보름-사리 ①음력 보름날의 조수(潮水). ②보름 무렵에 잡힌 조기.
보름-차례(─茶禮) 음력 보름날마다 집안 사당에 지내는 차례. 망다례(望茶禮).
보름-치 음력 보름께 비나 눈이 오는 날씨. 하 자
보리 〈식물〉 ①포아풀과의 일년생 또는 이년생 재배 식물. 줄기는 곧고 속이 비었으며 1 m 가량 자람. 잎은 긴 피침형이고 평행맥이 있음. 5월에 꽃줄기가 나와 길이 8 cm 가량의 이삭이 생기는데, 긴 수염이 있음. 열매는 중요 곡물로 쓰임. 대맥(大麥). barley ②보리의 열매.
보리(菩提←Bodhi 범)〈불교〉 ①불생 불멸의 진여리(眞如理)를 연구하여 대도 궁극(大道窮極)에 이르는 지혜. ②불타 정각의 지혜를 얻기 위하여 수행하여야 할 길. 보제(菩提).
보리-고추장(─醬) 보리로 밥을 짓거나 혹은 시루에 쪄서 삭힌 뒤에 담근 고추장.
보리-깜부기 여물지 못하고 빛깔이 검게 병든 보리 이삭. barley blight
보리-논 〈농업〉 보리를 심거나 베어낸 논. barley field
보리-농사(─農事) 〈농업〉 보리의 씨를 뿌리고 가꾸고 수확하는 일. 맥작(麥作). barley raising
보리-누룩 보리를 껍질째 맷돌이나 갈아서 보리 드물에 반죽하여 닭나무잎에 싸서 바람받이에 달아 두었다가 두어 달 지난 뒤에 쓰는 누룩.
보리-누름 보리가 누렇게 익는 철. ripening season of barley
보리누름까지 세배한다 예(禮)가 너무 지나침을 비웃는 말.
보리누름에 선 늙은이 얼어 죽는다 보리 익을 무렵 바람이 차고 쌀쌀하다.
보리 달마(菩提達磨) 〈동〉 달마 대사(達磨大師).
보리-동지(─同知) ①곡식을 바치고 벼슬을 얻은 사람을 조롱하여 이르는 말. ②어리무던하게 생긴 사람을 조롱하여 이르는 말. 맥동지(麥同知).
보리-막걸리 보리쌀로 빚어 빚은 막걸리.
보리-매미 〈곤충〉 매미과의 곤충. 모양은 참매미 같고 보리누름 때부터 울기 시작함.
보리맥-부(─麥部) 한자 부수(部首)의 하나. '麴'나 '麵' 등의 '麥'의 이름.
보리-문(菩提門) 〈불교〉 보리에 들어가는 관문. 곧, 불도(佛道).
보리 바둑(─) 법식도 없이 아무렇게나 되는 대로 두는 바둑. 또, 서투른 바둑.
보리 밭-기[─밭─] 〈농업〉 겨울 동안 들뜬 표토와 뿌리를 작생(着生)시키기 위하여 이른봄에 보리의 그루터기를 밟는 일. 하 자
보리-밥 보리쌀로 지은 밥. 또, 보리쌀을 섞어 지은 밥. boiled barley
보리밥에는 고추장이 제격이다 무엇이거나 등급이 너무 틀리면 서로 격에 맞지 않는다.
보리-밭 보리를 심은 밭. 맥전(麥田). barley field
보리 살타(菩提薩埵) 〈동〉 보살(菩薩)①.
보리-새우 〈동물〉 보리새우과의 작은 새우. 몸은 가늘고 길게 반투명체로 촉각이 긺. 우리 나라 해안에 분포함. 강하(糠鰕).
보리-성(菩提聲) 〈불교〉 염불하는 소리.

보리 소주(─燒酒) 보리밥에 누룩을 섞어 담갔다가 고은 소주.
보리수(─樹) 보리수나무의 속칭.
보리-수(菩提樹) ①석가가 그 아래 앉아서 도를 깨달아 정각(正覺)을 성도(成道)했다는 나무. 인도가 야산(伽耶山)에 있음. ②〈식물〉 피나무과의 낙엽 활엽 교목. 염주나무와 비슷하나 가지가 많고 잔털이 빽빽히 남. 담황색 꽃이 피고 8 mm 가량의 구형 열매가 달림. 열매는 염주를 만듦. linden tree ③〈식물〉 뽕나무과의 교목. 높이 30 m 가량이고 잎은 심장형을 이루어 뾰족하고 긴 꼬리가 있음. 과실은 무화과와 비슷한데 직경 1 cm 가량이고 암자색으로 익음. 인도가 원산임. bo tree
보리수-나무 〈식물〉 보리수나무과의 낙엽 활엽 관목. 장과(漿果)는 먹음. linden-tree
보리=수단(─水團) 보리로 만든 수단(水團). 맥수
보리=술(─) 보리로 빚은 술. 단(麥水團)
보리 숭늉 볶은 보리를 끓여서 만든 숭늉. 맥탕.
보리=심(菩提心) 〈불교〉 생불 득도(成佛得道)하는 마음. 불교의 구도심(求道心).
보리=쌀 보리 열매를 찧어 껍데기를 벗긴 것. polished grain of barley
보:리어스(Boreas) ①그리스 신화의 북풍의 신. 〈문학〉북풍. 시(詩)에서 흔히 쓰임. ②〈돛〉.
보리-윷 법식도 없이 아무렇게나 되는 대로 노는 윷.
보리-자(菩提子) 보리수의 열매. 보리주(菩提珠).
보리자 염:주(菩提子念珠) 보리수열매로 만든 염주.
보리 주면 오이 안 주랴 제 것은 아끼면서 남만 인색하다고 여긴다.
보리-차(─茶) 겉보리를 까맣게 볶아서 끓인 차. 맥다(麥茶). 맥차. soundly
보리-타-다 〈속〉 매를 몹시 얻어맞다. be threshed
보리 타:작(─打作) 〈농업〉 보릿대나 보릿단을 태질치거나 탈곡기에 넣어서 떠는 일. threshing of barley ②〈속〉 매를 얻어맞는 일. being whipped 하 자
보리-풀(─) 〈농업〉 보리를 갈 땅에 거름하기 위하여 벤 풀이나 나뭇잎.
보리풀-꺾-다 〈농업〉 보리풀을 베다. 보리풀하다.
보리-풀(─) 〈동〉 보리풀꺾다.
보:린(保隣) 이웃끼리 서로 도움. mutual help among neighbours 하 자
보:린 사:업(保隣事業) 〈동〉 인보(隣保) 사업.
보리-가루 보리를 빻아서 만든 가루. harvest
보리-가을 보리가 익어서 거둘 만하게 된 철. barley
보릿-거름 〈농업〉 보리 심을 밭에 넣을 거름.
보릿-겨 보리의 속겨.
보릿-고개 묵은 곡식은 없어지고 보리는 아직 여물지 않아 농가 생활에 가장 어려운 음력 사오월. 맥령(麥嶺). barley hump
보릿-대 보릿짚의 대.
보릿-동 햇보리가 날 때까지의 보릿고개를 넘기는 동안.
보리-사무(─) 보리를 넣은 자루.
보릿-재 〈농업〉 보릿짚에 낼 재거름.
보릿-짚 이삭을 떨어낸 보리의 짚.
보:링(boring) ①〈토목〉 지질 조사나 우물을 파기 위하여 구멍을 뚫는 일. 시추(試錐). ②〈동〉 구멍파기. 천공(穿孔). ③〈약〉→보링 머신.
보:링 머신(boring machine) 원통(圓筒)·기통(氣筒) 따위의 속을 깎아 내는 공작 기계. 천공기. 보링③.
보-막이(狀─) 〈농업〉 보를 막거나 쌓는 일. embankment 하 자
보-만두(褓饅頭) 〈동〉 보쌈 만두.
보:망(補網) 그물을 수리함. mending a net 하 자
보매 언뜻 보기에. 짐작으로 보기에. ¶~ 똑똑하다
보-미-다(고) 녹슬다.
보메(baumé 프) 〈물〉 산(酸)·석유 등의 비중을 나타내는 단위. 〈측정〉에 쓰이는 부칭(浮秤)의 하나.
보메 비:중계(Baumé 比重計) 〈물리〉 액체의 비중
보:면(譜面) 큰 종이에 적은 악보.
보:면-대(譜面臺) 음악을 연주할 때 악보를 올려 놓는 대. music stand
보:명(保命) 목숨을 보전함. life conservation 하 자

보:명:주(保命酒)[명] 설탕·감초(甘草)·육계(肉桂)·홍화(紅花) 따위를 베주머니에 넣어 담가서 5~6일 동안 우려 낸 소주.

보:모(保姆)[명] ①(교육) 왕세자를 가르치고 보육하던 여자. kindergartener ②(교육) 유치원의 여자 교사의 옛 이름. ③보육원 기타 아동 복지 시설에서 아동 보육에 종사하는 여자. nurse

보:무(步武)[명] 활발하고 버젓하게 걷는 걸음. precise steps 「~한 군대의 행진. 하[형]

보:무 당당(步武堂堂)[명] 걸음걸이가 씩씩하고 버젓함.

보무라지 ①종이·헝겊 따위의 잔 부스러기. 《약》보풀. odds and ends ②(동) 보푸라기.

보:무타려(保無他慮)[명] 조금도 의심할 나위가 없이 아주 확실함. 하[형] 「들이 경서를 강론하던 기관.

보:문-각(寶文閣)[명] 《제도》 고려 중기에 유신(儒臣)

보:문=품(普門品)[명] 《불교》 법화경의 제25품(品). 관음이 중생을 교화하는 일을 설파하였음.

보물[명] 《약》→보무라지①. 「treasure

보:물(寶物)[명] 보배로운 물건. 보재(寶財). 보화(寶

보:물-사(-司)[寶物司][명] 《제도》 내장원(內藏院)의 한 분장(分掌). 보물을 보관하던 곳.

보:물-섬(-섬)[寶物-][명] 보물이 있는 섬. 보물을 감추어 둔 섬. treasure island

보:물 찾기(寶物-)[명] 상품(賞品)의 이름을 적은 종이를 군데군데에 감추어 놓고, 이것을 찾아오는 사람에게 그 물건을 주는 놀이의 하나. treasure hunting 하[자]

보:미[명] (고) 녹.

보:미거-다[자] (고) 녹슬었다.

·보:믹-[명] (고)

보:민=사(保民司)[명] 《제도》 조선조 때 형조(刑曹) 또는 한성부에 딸려 속전(贖錢)에 관한 일을 맡았던 관청.

보바리슴(bovarysme 프)[명] 자기를 현실 속에 놓인 자기 아닌 것으로 인식하는 정신 작용. 소설 '보바리 부인'의 여주인공의 성격에서 따서 지은 말.

보:발(步撥)[명] 《제도》 급한 공문을 가지고 걸어가서 전하던 사람.

보:방(保放)[명] (동) 보석(保釋). 하[타]

보:배(←寶貝)[명] 썩 귀중한 물건. 화보(貨寶). 보화(寶貨). treasure 스럽 스레[부]

·보:빅[명] (고) 보배.

보:배-롭-다[보배로와, 보배로운][보]귀하고도 매우 중요롭다. 보배가 될 만한 가치가 있다. 매우 귀하다. precious 보:배-로이[부]

보:법[명] 품격과 법도. 「walking

보:법(步法)[명] 걸음을 걷는 법. manner of

보:법(譜法)[명] 《음악》 악보의 법식.

보:병(步兵)[명] ①《군사》 육군 병과의 하나. 보졸(步卒). 보군(步軍). infantry ②《약》→보병목(步兵木).

보:병(寶甁)[명] 《불교》 ①절에서 일컫는 '꽃병·물병'의 미칭. ②진언밀교(眞言密敎)에서 관정(灌頂)의 물을 담는 그릇. 「옷.

보:병-것(-것)[步兵-][명] 《제도》 보병목으로 지은

보:병-궁(寶甁宮)[명] 《천문》 성좌 십이궁(十二宮)의 하나. 대한(大寒)절에 태양이 이 성좌에 이름.

보:병-대(步兵隊)[명] 《군사》 보병으로 편성된 군대. infantry outfit 「(步兵)②. coarse cotton

보:병-목(步兵木)[명] 《제도》 거칠게 짠 무명. 《약》보병

보:병-총(步兵銃)[명] 《군사》 보병이 쓰는 소총.

보:병-포(步兵砲)[명] 《군사》 보병 부대가 가지는 소형의 대포.

보:병 학교(步兵學校)[명] 《군사》 육군 보병 학교를 줄여 부르는 이름. 보병에 관한 전술 및 학술의 교육을 실시하는 학교. 육군 장교를 재교육함.

보:보(步步)[명] 걸음걸음. 걸음마다. step by step

보:보 행진(步步行進)[명] 한 걸음 한 걸음 앞으로 나아감. 발을 맞춰 걸어가는. march 하[자] 「(服).

보:복(報服)[명] 존속이 비복에 대해서 입는 상복(喪

보:복(報復)[명] 앙갚음. revenge 하[타]

보:복 관세(報復關稅)[명] 《경제》 어떤 나라가 관세를 올리거나 새로 베풀 때, 상대국이 보복적으로 관세를 부과하는 일. retaliative tariff

보:북지=리(報復之理)[명] 서로 대갚음이 되는 자연의 이치. compensating a loss in capital

보:본(補本)[명] 밑진 본전을 채워서 보충함. recovery of a loss 하[타] 「갚음. 하[타]

보:본(報本)[명] 생겨나거나 자라난 근본을 잊지 않고

보:본 반:시(報本反始)[명] 선조의 은혜에 보답함. 하[타] 「나 종조(宗祖)를 추천하는 법회.

보:본 법회(報本法會)[명] 《불교》 절의 개산조(開山祖)

보부-상(褓負商)[명] 봇짐 장수와 등짐 장수. 부보상(負褓商). peddler 「하[타]

보:=부족(補不足)[명] 모자라는 것을 채움. supplement

보부-청(褓負廳)[명] 《제도》 조선조 때, 정부에서 지시하여 팔도(八道)의 보부상들을 모이게 하던 단체.

보:불(黼黻)[명] 《제도》 임금이 예복으로 입던 하의(下衣)인 곤상(袞裳)에 놓은, 도끼와 '亞'자 모양의 수.

보:비(補庇)[명] 보호하고 돌보아 줌. protection 하[타]

보:비(補肥)[명] (동) 추비(追肥). 하[타]

보:비(補神)[명] (동) 보조(補助).

보:비=력(保肥力)[명] 땅이 지니는 비료의 힘.

보:비리[명] 아주 다랍게 인색한 사람. miser

보:=비위(補脾胃)[명] ①위의 기운을 보함. ②남의 뜻을 잘 맞춤. flattery 하[타]

보빈(bobbin)[명] 《공업》 ①방직 용구의 하나. 조사(粗絲)·연사(撚絲) 따위를 감아서 정리하는 막대 모양의 것. ②전선을 감아서 코일을 만드는 원형 또는 다각형의 통. ③밀실을 감는 재봉틀의 한 부분품.

보:빙(堡氷)[명] 《지학》 남극빙의 끝이 바다로 흘러 들어 육지의 앞쪽을 둘러싸고 바닷물 위에 낭떠러지 모양을 이룬 얼음덩이. 「~대사. 하[자]

보:빙(報聘)[명] 답례로서 외국을 방문함. return call

보:-뺄=목[건축] 기둥을 뚫고 나온 들보의 머리 끝.

보:사(步射)[명] 《군사》 사격에서 달음질하여 나가면서 과녁을 내쏘는 일. 하[타]

보:사(報謝)[명] 은혜를 갚고 덕을 사례함. 하[자][타]

보:사(補瀉)[한의] 《한의》 보약으로 원기를 돕는 일과 하제(下劑)로 병을 고치는 일.

보:사(寶砂)[명] 금강사(金剛砂)의 가루.

보:수[명] (고) 보시기.

보:사 공신(保社功臣)[명] 《제도》 조선조 숙종 때에 복전(復?)을 무펴른 공으로 김석주(金錫胄)의 무리 다섯 사람에게 내린 훈명(勳名).

보:사-부(保社部)[명] 《약》→보건 사회부.

보:사=양(補瀉兩-)[한의] 《한의》 병이 위증하여 보약이나 설사약을 다 쓰기가 어려움.

보삭-거리-다[자] 물기 없는 물건이 연해 바스러지다. 또, 연하여 보삭 소리를 내다. 《큰》부석거리다. 보삭-보삭 하[타] 「부석². tumid 하[형]

보삭-보삭²[명] 핏기가 없이 부어 오른 모양. 《큰》부석

보:산(步算)[명] (동) 《잣수걸침 없이 있는 꺼풀.

보:산-개(寶傘蓋)[명] 《불교》 불전(佛前) 재식(齋式)할 때에 쓰는 붉은 양산.

보:살(捕殺)[체육] 야구에서, 야수(野手)가 잡은 공을 어느 누(壘)에 보내어 주자를 아웃시키는 것을 돕는 일. 어시스트(assist). 하[타]

보살(菩薩)[명] 《불교》 ①불도를 닦아 위로 보리를 구하고 아래로 중생을 제도하는, 부처 다음가는 지위의 성자. 보리 살타(菩提薩埵). Bodhi-sattva ②《약》→보살승(菩薩乘). ③나이 많은 신녀(信女)를 대접하여 이르는 말. old Buddhist woman ④《공》고승(高僧). 「②잣 속껍질 안에 있는 꺼풀.

보살 감투(菩薩-)[명] ①베 통짐에 붙은 고깔.

보살-계(菩薩戒)[명] 《불교》 보살도에 정진하는 승려가 받아 지녀야 하는 계. 대승계(大乘戒).

보살-도(菩薩道)[명] 《불교》 보살이 자리(自利)·이타(利他)를 원만히 하여 불과(佛果)에 이르는 행도(行道).

보살승(菩薩乘)圏〈불교〉삼승(三乘)의 하나. 큰 서원을 발하여, 위로 보리를 구하고 아래로 중생을 교화하는 교법. 《약》보살(菩薩)②.

보살-승(菩薩僧)圏〈불교〉보살로서의 승려.

보살-탑(菩薩塔)圏〈불교〉보살의 사리(舍利)를 넣고 쌓은 일곱 층의 탑. 〔돌보다. look after

보-살피-다(保─)目 감독하는 뜻이나 보호하는 뜻으로 두루

보살핌圏 보살피는 일. ¶따뜻한 ~을 받다. looking after 〔女僧〕

보살 할미(菩薩─)圏〈불교〉머리를 깎지 않은 여승

보살-형(菩薩形)圏 보살같이 부드럽고 온화한 용모.

보-삼(步衫)圏 우장(雨裝)의 하나.

보삽圏 →보습. 〔compensation 하다

보:상(報償)圏 남에게서 진 빚이나 받은 것을 갚음.

보:상(補償)圏 ①남의 손해를 채워 줌. compensation ②〈법〉적법 행위에 의해 가해진 재산상의 손실을 보전하고자 제공되는 대상(代償). indemnity ③〈심리〉자기의 성격적인 결점을 채우기 위해 고의로 상대방에게 난폭한 행동을 취하는 일. compensation 하다 〔를 다스림. 또, 그렇게 하는 사람.

보:상(輔相)圏 대신을 거느리고 임금을 도와서 나라

보:상(褓商)圏〈동〉봇짐 장수.

보:상 가격[─까─](補償價格)圏 특정물의 수용·징발 따위의 경우에 그 손실의 보상으로 갚는 돈의 액수. amount of the indemnity

보:상-금(補償金)圏 보상하여 주는 돈.

보:상-무(寶相舞)圏 나라 잔치 때 추던 춤의 이름.

보:상-반(寶相盤)圏 보상무에 연화항(蓮花缸)을 올려놓는 기구.

보:상 작용(補償作用)圏〈심리〉열등감에서 오는 고통의 의식을 배제(排除)하기 위하여 결점을 극복하고, 또는 결점의 대상이 되는 활동을 하는 일. compensatory act

보:상-화(寶相華)圏 ①당초(唐草)무늬의 주제로 사용된 가상적(假想的)인 오판화(五瓣花). 불교에서 쓰이는 이상화(理想化)한 꽃. ②圏 →보상화문.

보:상화-문(寶相華紋)圏〈미술〉보상화를 주제로 한 장식적 당초(唐草) 무늬. 《약》보상화②.

보:새(寶璽)圏〈동〉옥새(玉璽)①.

보:색(補色)圏 ①미술〉두 가지의 빛이 합하여 다른 한 빛을 이룰 때에 한 가지 빛에 대하여 다른 한 가지 빛을 일컬음. 여색(餘色). complementary colour ②〈심리〉한 빛깔의 잔상으로서 나타나는 빛깔.

보:색 잔상(補色殘像)圏〈물리〉강한 빛을 받고 있는 색의 물체를 응시한 후 급히 흰 종이 또는 흰 벽에 눈을 옮기면 전자의 색채에 칠하여 있는 동형의 상을 본 수가 있는 현상. residual image of complementary colour

보:생-불(寶生佛)圏〈동〉보생 여래(寶生如來).

보:생 여래[─녀─](寶生如來)圏〈불교〉오불(五佛)의 하나. 살갗은 금빛이고 일체의 재보(財寶)를 장악함. 보생불(寶生佛).

보=서-다(保─)目 보증을 서다. vouch for

보:석(步石)圏 ①디디고 다니려고 깔아 놓은 돌. steppping-stones ②〈동〉섬돌.

보:석(保釋)圏〈법〉일정한 보증금 또는 다른 사람이 이제출하는 보증서를 받고 미결 구류 중의 피고인을 석방하는 일. 보방(保放). bail 하다

보:석(寶石)圏〈광물〉아름다운 보배로서의 옥돌. 보옥(寶玉). precious stone

보:석-금(保釋金)圏《약》→보석 보증금.

보:석 남유(寶石藍釉)圏〈공업〉경태람(景泰藍)의 청색과 자색을 도자기에 응용한 유색(釉色). 보람유(寶藍釉).

보:석 반지(寶石斑指)圏 보석을 박아 만든 반지. 〔jeweled ring

보:석 보=증금(保釋保證金)圏〈법〉보석인(保釋金)을 낼 경우에 납부하는 보증금. 《약》보석금(保釋金). bail money 〔상점. 또, 그 직업이나 장수.

보:석-상(寶石商)圏 금·은·보석 등을 가공 판매하는

보:석-원(保釋願)圏〈법〉보석의 허가를 법원에 제출하는 원서. application for bail

보:석=유(寶石釉)圏〈동〉보광유(寶光釉).

보:선圏 철도의 선로 따위를 보전함. track maintenance 하다

보:선(普選)圏《약》→보통 선거.

보:선(補選)圏《약》→보궐 선거. 〔함. repairing 하다

보:선(補繕)圏 기왕에 되어 있는 곳을 보충하여 수선

보:선-공(保線工)圏 보선 작업에 종사하는 사람.

보:선-구(保線區)圏 ①국유 철도의 운행을 안전하게 하기 위하여 전선로를 구분한 것. railway section ②철도에서 선로의 보수 유지 등을 임무로 하는 현업 기관의 하나.

보:선 작업(保線作業)圏 열차 선로와 이에 딸린 건조물을 유지하고 수선하는 작업. maintenance work 하다 〔wading 하다

보:섭(步涉)圏 질을 걷고 물을 건넘. walking and

보:섭(步躡)圏《약》→보섭(步躡). 〔bond 하다

보:세(保稅)圏〈법〉수입세의 부과를 유예하는 일.

보세[─세](洑稅)圏《약》→보수세(洑水稅).

보세(普世)圏 온 세상.

보:세 가공(保稅加工)圏 관세의 부과를 보류하는 상태에서 수입 원료를 가공하는 일. bonded processing

보:세 가공 무:역(保稅加工貿易)圏 원료를 수입하여 가공하는 동안에는 과세를 보류하고, 제품의 수출이 이룩되었을 때 과세를 면제하는 방식의 무역.

보:세 공장(保稅工場)圏 통관 절차가 끝나지 않은 외국 화물을 받아들여 개장·가공 등을 행하는 공장.

보:세 구역(保稅區域)圏 수입 화물에의 관세 부과가 유예된 채로 놓아 둘 수 있는 지역.

보:세 수입(保稅輸入)圏 가공 무역을 진흥시키기 위하여 원료의 수입 절차나 수입세 과세의 복잡한 절차를 밟지 않게 하는 수입 방법. bonded import

보:세 장:치장(保稅藏置場)圏 통관 절차를 취하려고 하는 물품을 장치하기 위한 보세 구역.

보:세 전:시장(保稅展示場)圏 박람회·전람회·견본시(見本市)을 운영하기 위하여 외국 물품을 장치·전시 또는 사용하는 곳.

보:세 제:도(保稅制度)圏 보세 화물이 일정한 보세 구역 안에 있는 동안 수입 관세의 부과를 유예하는 제도. bonded system

보:세 창고(保稅倉庫)圏 수입 절차가 끝나지 않은 화물을 넣어 두기 위하여 만든 창고. bonded warehouse 〔품.

보:세-품(保稅品)圏 보세 구역에 있는 보세가 될 물

보:세 화:물(保稅貨物)圏 수입 절차를 끝내지 못한 외국 화물. bonded goods

보션(ㄱ) 버선. 〔소. 보청.

보:소(譜所)圏 족보(族譜)를 만들기 위한 임시 사무

보:속(補贖)圏〈기독〉죄의 나쁜 결과를 보상함. 하다

보:속(保續音)圏〈음악〉동음이 같게 진행이 같게 길게 지속하는 음. 지속음(持續音). organ point

보송(ㄱ) ①잘 말라서 물기가 아주 없는 모양. dry ②거칠지 아니하며 아름답고 부드러운 모양. 《큰》부숭부숭. soft 하다

보:수[─수─](步數)圏 걸음의 수효. number of steps

보:수(保守)圏《약》→보증 수표.

보:수(保囚)圏 죄수를 보석함. 하다

보:수(保守)圏 ①현상을 보전하여 지킴. ②재래의 풍속·습관과 전통을 중요시하여 그대로 지킴. 《대》혁신(革新). 진보(進步). conservation 하다

보:수(保授)圏 보석된 사람을 맡음. 하다

보:수(補修)圏 낡은 것을 보충하여 수선함. repair

보:수(報酬)圏 ①일한 미나 고마움을 메워준 갚음. ②근로의 대가로 주는 금전이나 물건. pay 하다

보:수(報警·報讐)圏 앙갚음. 원수를 갚음. 하다

보:수-가(保守家)圏 보수적인 사람.

보:수-계[─수─](步數計)圏〈물리〉보행할 때 걸음의 수를 재는 계기. 보측계(步測計). 측보기(測步

器).
보:수 공사(補修工事)명 보수하는 공사.
보:수 교:육(補修敎育)명 〈교육〉 기술이나 학문에 관하여 보충하여 행하는 교육.
보:수금(報酬金)명 보수로 주는 돈. reward
보:수-당(保守黨)명 ①〈정치〉 보수주의의 정당. (대) 급진당(急進黨). 혁신당(革新黨). conservative party ②완고한 사람의 비유. obstinate man
보:수-병(堡守兵)〈군사〉 보루를 지키는 군사. garrison
보:수-비(補修費)명 보수하는 데 드는 비용.
보:수-성(-性)(保守性)명 새로운 것을 반대하며 이전 것을 보존하려는 경향.
보수-세(-稅)(洑水稅)명 봇물을 쓰는 값으로 내는 돈이나 곡식. (약) 보세(洑稅). 수세(水稅).
보:수-적(保守的)관명 보수의 경향이 있는(것). (대) 진보적(進步的). conservative
보:수 정당(保守政黨)명 〈정치〉 현상에 만족하고 정책의 개혁에 미온적인 태도를 가지는 정당. (대) 혁신 정당(革新政黨). conservative party
보:수-주의(保守主義)명 옛날의 전통을 그대로 지키는 주의. conservatism
보:수-파(保守派)명 보수주의적인 이들의 일파. 큰 인물.   [servatives
보스(boss)명 ①두목(頭目). ②정계의 수령. 정당의 영수(領袖). 큰 인물.
보스락 마른 검불이나 나뭇잎 따위를 건드릴 때나는 소리. (큰) 부스럭. rustlingly 하라타
보스락-거리다[-릭-] 자꾸 보스락 소리가 나다. 또, 보스락 소리를 자꾸 내다. (큰) 부스럭거리다. 보스락=보스락() 하라타
보스락-장난 좀스럽게 보스락거리는 정도의 장난.
보스 정치(boss 政治)명 〈사회〉 어떠한 결사(結社) 조직에 있어서 두목이 각 기관에 자기의 심복 부하를 두어 정치를 좌우하는 일. boss-ridden politics
보스턴 백(Boston bag)명 여행용의 작은 손가방.
보스토크(Vostok 러)명 '동방(東方)'이란 뜻으로, 소련의 초기의 일련의 1인승 유인 우주선.
보슬-보슬 눈이나 비가 가늘고 성기게 날리어 떨어지는 모양. (큰) 부슬부슬1. lightly
보슬-보슬2 덩이를 이룬 가루 따위가 말라서 따로 따로 쉽게 헤어지는 모양. (큰) 부슬부슬2. granularly
보슬-비(-雨). (큰) 부슬비. drizzling rain 하는 조용하게 보슬보슬 오는 가랑비. 몽우(濛
보습-지명 〈농업〉 쟁기나 극쟁이의 술바닥에 맞추는 삽 모양의 쇳부리. plowshare
보:습(補習)명 〈교육〉 교과(敎科)를 더 보충하여 익힘. supplementary 하타
보:습-과(補習科)명 〈교육〉 일정한 보습을 하기 위하여 베푸는 과(科). supplementary course
보:습 교:육(補習敎育)명 〈교육〉 보습(補習)으로 베푸는 교육. supplementary education
보습-살명 소의 볼기에 붙은 고기.
보:승-지(保勝地)명 〈동〉 경승지(景勝地).
보:시(布施)명 〈불교〉 ①불가(佛家)에 재물을 연보함. 또, 그러한 물건이나 일. offering alms(to a priest) ②깨끗한 마음으로 아낌없이 재물을 남에게 줌. 하타
보:시(普施)명 은혜를 널리 베풂. bestow favours 하타
보:시(報時)명 시간을 알림. 하타
보:시(普試)명 →보통 고시.
보시기명 김치·깍두기 같은 반찬을 담는 작은 사발.
보아(甫兒)명 (약) 보1. small bowl
보:식(補植)명 심은 식물 가운데서 죽거나 상한 자리에 보충하여 심음. 하타
보:신(保身)명 →보신명(保身命).   [하타
보:신(補身)명 보약을 먹어 몸을 보호함. nourishment
보:신(報身)명 〈불교〉 삼신(三身)의 하나. 공덕(功德)이 갖추어진 몸. (대) 업신.
보:신(補腎)명 〈한의〉 보약으로 정력을 도움. invigor-

ation by taking tonics 하타
보:신-각(普信閣)명 서울 종로에 있는 종각(鐘閣). belfry at Chongro
보:-신명(保身命)명 위태함을 피하여 몸을 보전함. (약) 보신(保身). self-preservation 하타
보:신-불(報身佛)명 〈불교〉 삼신불(三身佛)의 하나. 노사나불(盧舍那佛)이 아미타불을 이르는 말.
보:신-술(保身術)명 〈동〉 호신술(護身術).
보:신-용(保身用)명 〈동〉 호신용(護身用).
보:신-지책(保身之策)명 한 몸을 보전하는 꾀. 보신책(保身策).
보:신-책(保身策)명 〈동〉 보신지책(保身之策).
보:신-탕(補身湯)명 (속) 몸을 보하는 탕국이라 하여, 보신[고] 보는 것.   [흔히 '개장국'을 말함.
보=싸리기명 활의 줌허리에 벗나무 껍질로 싼 구밀새.
보=싸움(洑--)명 아이들 놀이의 하나. 도랑에서, 한 아이는 위에서 다른 아이는 아래에서 보를 막았다가 가위의 보에 괸 물로 아래의 보를 무너뜨리면 이
보쌈1(褓-)명 물고기를 잡는 제구의 하나.   [김.
보쌈2(褓-)명 ①(민속) 귀한 집 딸이 둘 이상의 남편을 섬겨야 할 팔자일 때에, 그 팔자를 떼우려고 밤에 남의 남자를 보자기에 싸다가 그 딸과 상관시키고는 없애 버리는 일. ②뜻밖에 어떤 이에게 불잡혀 가는 일. kidnapping
보쌈 김치(褓--)명 살배추를 쪼개 저리어 소를 넣고 잎사귀로 휘감아서 담근 김치. (약) 쌈김치.
보쌈에 들었다(褓--) 남의 꾀에 걸려들었다.
보:쌈-질(褓-)명 다림질할 때에 옷을 축축한 보자기로 써서 녹이게 하는 일. 하타
보아(甫兒)명 〈동〉 보시기.
보아(boa)명 〈동물〉 보아과의 큰 뱀. 길이 4m 가량으로, 적갈색 바탕에 등에는 15∼20개의 큰 황갈색 반문이 있어 아름다움. 식용하며, 가죽은 가방·지갑 등을 만듦. 남미 열대 지방에서 서식함.
보아란-듯이명 자랑삼아 버젓하게 드러내어 보이는 태도. 여봐란듯이. (약) 봐란듯이. ostentatiously
보아-주:다타 ①남을 돌보아 주다. take care of ②눈감아 주다.
보아지명 〈건축〉 판장지 같은 작은 집에서 들보 구실   [을 하는 물건.
보아-하니 눈으로 살피어 보니. 보아 짐작하건대.
¶~ 점잖은 분 같은데. (약) 봐하니. seem to be
보아-하다자타 살피어 본다고 한다.
보:안(保安)명 사회의 안녕 질서를 보전함. preservation of public peace 하타
보:안(保眼)명 눈 또는 시력을 보호함. protection of   [eyes 하타
보:안(寶案)명 임금의 보물을 울려놓는 받침.
보:안 경:찰(保安警察)명 〈법〉 다른 행정에 관련없이 사회 공동의 안녕 질서를 유지하기 위한 경찰. 출판·집회·결사·선거 따위를 단속함. 치안 경찰(治安警察). 内행정 경찰.
보:안-관(保安官)명 개척 시대의 미국에서 군(郡)의 치안을 맡아보았던 민선 관리. 대개 사법권과 경찰권을 장악함. sheriff
보:안-등(保安燈)명 어두운 골목길에 달아 놓은 전등. 주로 도둑을 막고 골목길을 비추기 위해 닮.
보:안-림(保安林)명 공중(公衆)의 이익을 위하여 국가에서 보호하는 숲. 보존림(保存林). (대) 공용림(供用林). reserved forest   [安法).
보:안-법(-法)(保安法)명 (약) →국가 보안법(國家保
보:안 부:대(保安部隊)명 〈군사〉 방첩(防諜)에 관한 일을 주요 업무로 하는 부대.
보:안 사령부(保安司令部)명 군의 보안·방첩에 관한 사항과 특정 범죄에 대한 수사를 관장하는 기관.
보:안 치:(保安處分)명 〈법〉 범인이 다시 반사회적(反社會的)인 범행을 저지를 위험을 방지하기 위하여, 형벌 대신 과하는 교육이나 보호 등의 처분.
보암(報暗)명 보아서 짐작할 수 있을 것으로의 모양.
¶~으로는 괜찮더라. all appearances   [seeing
보암직-하:다[-암-]형여 볼 만한 값어치가 있다. worth

=보았자 어미 '=아:=어:=여' 밑에 붙어 '별 수 없다'는 뜻을 나타내는 말. ¶매일 놀아~ 별 수 있겠는가?

보야호로/보야호로/보야호로 [고] 바야흐로.

보:약(補藥)[명] 몸을 보하는 약. 건강제(健康劑). 보제(補劑)①. tonic

보:양(補陽)[명] 〈한의〉 약을 먹어 몸의 양기를 도움. ¶~제(劑). (대) 보음(補陰). exhalation of health 하다

보:양-관(輔養官) 〈제도〉 보양청(輔養廳)의 한 벼슬.

보:양 도시(保養都市) 온천이나 버서지 등 몸의 보양을 위하여 발달한 도시. health resort

보:양-지(保養地) 몸을 보양하기에 알맞은 지대. health resort

보:양-청(輔養廳) 〈제도〉 조선조 때, 원자 또는 원손의 보좌·교도를 맡던 관청.

보:얗-다 [허ㅎ][형] 선명하거나 맑고 희끄무레하다. 연기나 안개가 낀 것 같다. 《큰》부옇다. 《센》뽀얗다. hazy

보:애(약) '보양제'가 줄어서 변한 말. 《큰》부에.

보:얘지-다 보얗게 되다. 《큰》부에지다. 《센》뽀얘지다. milky

보:어(補語)[명] 〈어학〉 주어와 술어만으로는 뜻이 완전하지 못한 문장에 있어서, 그 불완전한 곳을 보충하여 뜻을 완전하게 하는 구실을 하는 수식어. 기움말. (원) 보충어. complement

보어-인(Boer人)[명] 네덜란드계의 남아프리카 이주자.

보:여(步輿)[명] 가마의 하나. sedanchair

보:여(寶輿)[명] 천자의 수레.

보:영(報營)[명] 〈제도〉 고을의 수령들이 감영에 보고 하는 일. 하다

보오리[명] [고] 봉우리.

보오 전:쟁(普墺戰爭)[명] 〈역사〉 1866년 6월 프로이센과 오스트리아 간에 싸운 전쟁.

보:옥(寶玉)[명] 보석(寶石).

보:온(保溫)[명] 일정한 온도를 간직함. ¶~기(器). keeping warm 하다

보:온-병(保溫瓶)[명] 물병의 하나. 병이 겹으로 되어 있어 물의 온도가 변하지 않음. thermos bottle

보:온-재(保溫材)[명] 보온력이 풍부한 재료의 총칭. 내부에 많은 기포(氣泡)가 있음. 상온(常溫) 이상의 보온재로서는 석면·보온 벽돌 따위가 있음.

보:완(補完)[명] 모자라는 것을 보충하여 완전하게 함. ¶실력을 ~하다. supplement 하다

보:외(補外)[명] 〈제도〉 높은 관직의 사람을 시골 수령(守令)으로 좌천 정계하던 일. 하다

보:요(步搖)[명] 부인의 머리에 꽂는 장식의 하나. 걸을 때마다 흔들리기 때문에 이르는 말.

보:욕(寶褥)[명] 〈불〉 배게.

보:우(保佑)[명] 보호되어 도와줌. ¶하느님이 ~하사 우리 나라 만세. 하다

보우지-차(鴇羽之嗟)[명] 백성이 싸움터에 나가 있어 그 어버이를 봉양 못함을 한탄함.

보:운(寶運)[명] 〈궁〉 천자(天子)의 운명.

보:원(補元)[명] 〈동〉 보기(補氣)①. 하다

보:원(報怨)[명] 앙갚음. revenge 하다

보:위(保衛)[명] 보호하여 지킴. defence 하다

보:위(寶位)[명] 〈동〉 보조(寶祚).

보:유(保有)[명] 보전하여 가짐. 지니어 둠. (대) 방출(放出). possession 하다

보:유(補遺)[명] 빠졌을 것을 기워 채움. 또, 채운 그것. supplement 하다

보:유=량(保有量)[명] 보유하고 있는 분량. amount in possession

보유스름-하다[여][형] 빛이 진하지 않고 조금 보얗다. 《큰》부유스름하다. 《센》뽀유스름하다. whitish 보유스름-히[부]

보:유-자(保有者)[명] 보유하고 있는 사람. 가지고 있는 사람.

보:육(保育)[명] ①어린아이를 돌보아 기름. ~ nurture ②유아(幼兒)의 심신을 보호하고 정상적인 발달을 촉진시키는 일. upbringing 하다

보·육(甫育)[고] 포(脯). 편포.

보:육=과(保育科)[명] 〈교육〉 어린아이들의 보육에 대하여 공부하는 학과. nursery [설. orphanage

보:육-원(保育院)[명] 남의 어린 자녀를 맡아 기르는 시

보:육 학교(保育學校)[명] 〈교육〉 유치원의 교사를 양성하는 학교. nursery school

보:은(報恩)[명] 은혜를 갚음. 수은(酬恩). 《대》 배은(背恩). requital of a favour 하다

보:은(寶銀)[명] 〈동〉 말굽은.

보:음(補陰)[명] 〈한의〉 약을 먹어 몸의 음기(陰氣)를 도움. 《대》 보양(補陽). 하다

보:음 익기전(補陰益氣煎)[명] 〈한의〉 보혈(補血)이 되면서 외감(外感)을 푸는 탕약(湯藥).

보:응(報應)[명] 인과에 따라 선악이 대갚음됨. retribution 하다

보이(boy)[명] ①사내아이. 소년. 《대》 걸(girl). ②심부름하는 사내아이. 사환.

보이-다[자동] 눈에 뜨이다. ¶강이 ~. (약) 뵈다². be in sight [사동] 보게 하다. ¶웃어 ~. (약) 뵈다². show

보이 소프라노(boy soprano)[명] 변성기를 거치기 전의, 여성의 소프라노처럼 높은, 어린 사내아이의 음성.

보이 스카우트(boy scouts)[명] 1908년 영국의 베이든 포엘에 의하여 창설된 소년 단체. 심신의 단련을 기조로 협동심의 양성, 특수 기능의 습득을 목적으로 하는 국제 조직으로 그 연맹이 스위스 제네바에 있음. 소년군. 소년단②. 《대》 걸 스카우트.

보이콧(boycott)[명] ①배척(排斥). 물리침. ②〈사회〉 어떠한 일에 있어서 교제를 거절하기로 한 동맹. ③불매 동맹(不買同盟). 《친구. 《대》 걸 프렌드.

보이 프렌드(boy friend)[명] 여성측에서 일컫는 남자

보:익(補益)[명] 보태어 도움. 비익(裨益). aid 하다

보:익(輔翼·輔翊)[명] 〈동〉 보도(輔導). 하다

보:인(保人)[약]→보증인(保證人).

보:인(輔仁)[명] 어진 덕을 돕는다는 뜻으로, 벗과 사귐에서 훌륭한 도덕 품성을 쌓도록 서로 격려하고 도움. 하다

보일(voile)[명] 여름 옷감의 하나. 얇고 고운 바탕에 조금 베게 짜인 무늬가 있음.

보일 다운(boil down)[명] 원고를 간추려 신문 기사를 만듦. [약. 하다

보일락-말:락[부] 보이는 듯하면서도 잘 안 보이는 모

보일러(boiler)[명] 〈동〉 기관(汽罐).

보일러 셸(boiler shell)[명] 보일러의 주체가 되는 동체.

보일 법칙(Boyle 法則)[명] 〈물리〉 온도가 일정할 때 일정량의 기체의 부피는 압력에 역비례한다는 법칙. 영국의 물리학자 보일(Boyle 1627~1691)이 발견함. Boyle's law [나아가라.

보:-일보(步一步)[부] 한 걸음 한 걸음. 조금씩. ¶~

보일샤를의 법칙(Boyle-Charles 法則)[명] 〈물리〉 보일 법칙과 샤를 법칙을 합친 것으로, 기체의 부피는 압력에 반비례하고 절대 온도에 비례한다는 법칙. Boyle Charles law

보일시=변[一ㅆ一](一示邊)[명] 한자 부수(部首)의 하나. '祉·神' 등의 '示' 및 옆으로 붙어 쓰일 때의 약자 '礻'의 이름.

보일=유(boil 油) 〈화학〉 건성유(乾性油)의 하나로, 아마인유(亞麻仁油)·콩기름 등에 고도의 건조성을 갖게 한 기름. 페인트·인쇄 잉크 등의 용제에 쓰임.

보:임(補任)[명] 어떠한 직에 보하여 관에 임명함.

보임-살이[명] 외관(外觀). [appointment 하다

보잇-하다[여][형] 약간 보유스름한 듯하다. slightly

보자(褓子)[명] 〈동〉 보자기.

보자기[명] 바다 속에 들어가서 해물을 채취하는 사람. 해귀(海鬼). 해인(海人). seaweed gatherer

보자기(褓一)[명] 물건을 싸는 작은 보. 보자. 보(褓)①. clothwrapper

보:자-력(保磁力)[명] 〈물리〉 강자성체나 영구 자석에 있어서 자기 자신은 다른 자석의 힘으로 자석을 약하게 하는 방향의 힘을 받아도 저항하여 가지고 있는 힘. retentivity

보자보자 하니까 얻어 온 장 한번 더 뜬다 잔뜩 밉게 생각하고 있는데 더 미운 짓을 한다.

보잘것-없-다[-걷-] 형 ①볼 만한 값어치가 없다. ¶보잘것없는 물건만 사오다. worthless ②하찮다. ¶받은 선물이 ~. ③못生기다. ¶신부의 인물이 ~. 보잘것-없이 부

보:장(保障) 명 ①장애가 없도록 보증함. ¶신분 ~. 사회 ~. guarantee ②장애가 되지 않게 보호함. ¶안전 ~. —하다 타

보:장(報狀) 명 상관에게 보고하는 공문(公文).

보:장(報障) 명 〈불교〉 삼장(三障)의 하나.

보:장(寶藏) 명 ①보배를 간직하는 곳집. treasure house ②아주 소중하게 보관함. treasure ③〈불교〉 중생의 피로움을 구하는 묘법의 비유. —하다 타

보:장-국(保障國) 명 보장 조약에 있어서 보호 의무를 부담하는 국가. 담보국(擔保國).

보:장-금(褒獎金) 명 정부가 국민에게 어떤 일을 장려하고 그 보수로 주는 돈. bounty

보:장 점령(保障占領) 명 일정한 조건의 이행을 상대국에게 간접하으로 강제하기 위하여 하는 점령.

보:장 조약(保障條約) 명 국가 안전을 보장하는 조약.

보:재(補材) 명 〈한의〉 보약으로 쓰는 약재.

보:재(寶財) 명 〈동〉 보물(寶物).

보쟁기 명 ①보습을 낀 쟁기. plow with share ②〈동〉 겨리.

보쟁이-다 자 부부가 아닌 남녀가 은밀히 서로 친밀한 관계를 계속 맺다. —하다 타

보:전(保全) 명 잘 보호하여 안전하게 함. integrity

보:전(補塡) 명 보태어 채움. 전보(塡補). supplement —하다 타

보:전(補箋) 명 ①〈동〉 부전(附箋). ②유가 증권이나 증서에 기재 사항이 많아 빈 자리를 다 썼을 때 덧붙이는 종이쪽.

보:전(寶典) 명 ①귀중한 책. precious book ②귀중한 법전. precious code

보:전(寶殿) 명 ①금옥(金玉)을 새겨 넣은 전각. ②〈불교〉 부처를 안치한 전물. 본전(本殿). 본당(本堂).

보:전 소:송(保全訴訟) 명 〈법률〉 강제 집행의 보전을 목적으로 하는 특별 민사 소송. 가압류 및 가처분의 총칭.

보:전 이:자[-니-](補塡利子) 명 〈경제〉 채무자가 채권자의 돈이나 곡물 등의 물질을 이용한 보수로 내는 이자. 〈대〉 지연(遲延) 이자.

보:전 처:분(保全處分) 명 사권(私權)의 실현을 보전하기 위하여, 그 소송의 확정 때는 집행까지의 사이에, 법원으로부터 명령받는 잠정적 처분. 가압류・가처분 따위. preservative measure —하다 타

보:정(補正) 명 ①보충하여 바로 고침. revision ②〈물리〉 실험・관측 또는 근사값 계산 등에서 외부적 원인에 따른 오차(誤差)를 없애고 참값에 가까운 값을 구함. ③〈법률〉 소장(訴狀)・공소장(公訴狀)의 형식적인 요건 등에 결함이 있을 때 법원・재판장의 명령에 의하여 이것을 보충하고 바로잡음. —하다 타

보:정(補整) 명 보충하여 정돈함. rearrangement —하다 타

보:정 예:산[-니-](補正豫算) 명 본(本)예산을 보정하여 새로이 작성하는 예산. 추가 예산과 경정(更正) 예산이 있음.

보:정 진:자(補整振子) 명 〈물리〉 팽창률이 다른 두 종류의 금속을 써서, 온도의 변화가 있어도 일정한 진동의 길이를 유지하게 하는 진자. compensating pendulum

보제(菩提) 명 〈동〉 보리(菩提).

보:제(補劑) 명 ①몸을 보호하는 약제. 보약(補藥). tonic medicine ②처방 중에 주약(主藥)의 작용을 돕거나 부작용을 없애기 위해 넣는 약제. tonic

보:조(步調) 명 ①걸음걸이의 정도. pace ②여러 사람이 함께 행동하는 정도. ¶~를 맞추다. acting in concert

보:조(補助) 명 모자람을 도와 줌. 보비(補裨). assistance —하다 타

보:조(寶祚) 명 제왕의 자리. 보위(寶位). throne

보조개 명 흔히 웃거나 말할 때, 볼에 오목하게 우물져 들어가는 자국. 볼우물. 조개볼.

보:조 공업(補助工業) 명 하나의 주된 공업에 대하여 보조적인 구실을 하는 공업. auxiliary industry

보:조 관념(補助觀念) 명 〈문학〉 주로 수사학에서 어떤 대상 원관념(元觀念)의 뜻이나 분위기가 잘 드러나도록 하는 매개 보조의 관념.

보:조-금(補助金) 명 ①보조하여 주는 돈. ②일정한 사업을 개발・촉진하기 위하여, 국가가 공공 단체나 사적 단체 또는 개인에게 내주는 돈. 보호금. subsidy

보:조 기관(補助機關) 명 행정 기관에 예속되어 그 행정을 보좌하는 기관. subsidiary organization

보:조 단위(補助單位) 명 〈수학〉 기본 단위를 쓰기 불편할 때 이를 잘게 나누거나 합쳐서 대신 쓰는 단위. 〈대〉 기본 단위.

보:조 동:사(補助動詞) 명 〈어학〉 홀로 쓰이지 못하고 본동사(本動詞)의 밑에 쓰여 그 말의 뜻을 도와 주는 동사. 도움 움직씨. 〈대〉 본동사(本動詞).

보:조-부(補助簿) 명 보조 장부(補助帳簿).

보:조-비(補助費) 명 상급(上級) 단체가 하급 단체에게 재정적(財政的)인 원조의 의미로 주는 돈. subsidy

보:조 비:료(補助肥料) 명 보충 비료. 보완비료(補完肥料).

보:조-사(補助詞) 명 〈어학〉 한 문장에서 선행하는 체언뿐만 아니라 부사 등 다른 성분에도 붙어 일정한 의미를 표시하는 조사. '은・는・도・만…' 따위. 특수 조사(特殊助詞).

보:조 어간(補助語幹) 명 〈동〉 선어말 어미(先語末語尾).

보:조-역(補助役) 명 보조하는 구실. 또, 보조의 구실을 하는 사람. assistant

보:조 용:언(補助用言) 명 〈어학〉 주용언 아래에 붙어 그 용언을 돕는 구실을 하는 용언. 보조 동사・보조 형용사 따위.

보:조-원(補助員) 명 보조하는 일을 맡아 하는 사람. 보조인①. assistant

보:조 원장(補助元帳) 명[-짱] 총계정 원장의 계정 과목의 내용을 기록하는 원장.

보:조-익(補助翼) 명 항공기의 기체가 옆으로 동요하지 않게 하고 또 기체를 회전시킬 때 사용하기 위하여 달아 놓은 장치. 〈대〉 주익(主翼). aileron

보:조-인(補助人) 명 ①[동] 보조원. ②〈법률〉 형사 소송법에서, 피고인 또는 피의자의 보조자를 이르는 말.

보:조-장[-짱](補助帳) 명 보조 장부(補助帳簿).

보:조 장부(補助帳簿) 명 부기에서, 주요 장부의 내역에 관한 설명을 하고, 특정한 거래에 대하여 상세한 기록을 하는 장부. 현금 출납장・매상장 등. 보조부(補助簿). 보조장(補助帳). memorandum-book

보:조-적(補助的) 명 보조가 될 만한(것).

보:조 정:리(補助定理) 명 〈수학・물리〉 중요한 정리를 증명하기 위하여 보조적으로 쓰이는 정리. 이 보조 정리를 이용한 다음에 이것을 사용하여서 본제의 정리를 증명한다. 예비 정리.

보:조 참가(補助參加) 명 〈법률〉 타인간의 민사 소송에 관하여 당사자의 일방을 보조할 목적으로 하는 소송 행위에 참가하는 일. 〈대〉 당사자 참가.

보:조-포(補助砲) 명 〈군사〉 군함에 갖추어 둔 작은 구경(口徑)의 대포.

보:조-함(補助艦) 명 〈군사〉 주력함・항공 모함 이외의 함정의 총칭. 순양함・구축함・잠수함・특무함 등이 있음. auxiliary vessel

보:조-항(補助港) 명 주된 항구에 인접하여 그 결점을 보충하여 돕는 항구.

보:조 형용사(補助形容詞) 명 〈어학〉 홀로 쓰이지 못하고, 앞의 동사나 본형용사 밑에 쓰여 그 말의 뜻

보조화

을 도와 주는 형용사. '못하다·아니하다·싶다·듯하다' 따위. 도움 그림씨. auxiliary adjective

보:조-화(補助貨) 〖명〗→보조 화폐(補助貨幣).

보:조 화:폐(補助貨幣) 〖명〗〈경제〉 본위 화폐의 보조로서 소액 거래에 쓰이는 법정 화폐. 〖약〗보조화(補助貨). subsidiary coin 〖ement 하다〗

보:족(補足) 〖명〗 모자람을 보태어 넉넉하게 함. supp-

보:존(保存) 〖명〗 ①잘 지켜서 탈이 없도록 함. ¶생명을 ~하다. preservation ②원상대로 유지함. ¶문화재의 ~. 하다

보:존 과학(保存科學) 물질적인 구조와 재질(材質)을 밝혀 그 노화(老化) 또는 붕괴 등의 변화를 연구하고 방지하기 위한 과학. 주로 문화재, 특히 미술품에 대하여 응용됨.

보:존 등기(保存登記) 〖명〗〈법률〉 소유권을 보존하기 위하여 처음으로 등기부에 올리는 단계의 등기. registration for preservation

보:존-림(保存林) 〖명〗〈동〗 보안림(保安林). 「비용.

보:존-비(保存費) 〖명〗 어떤 물건을 보존하는 데 드는

보:존 수역(保存水域) 어업 자원의 보존을 위하여 어업의 자유가 보장되는 공해의 일정한 수역.

보:존 재산(保存財産) 국가가 법령의 규정에 의거하거나 필요에 의하여 보유하는 보통 재산의 하나.

보:존 행위(保存行爲) 〖법률〗 관리 행위의 하나. 재산의 현상을 유지하기 위하여 하는 법률 행위. act of preservation

보:존 혈액(保存血液) 〖명〗〈의학〉 빙실(氷室) 안에 저장하여 수혈에 쓰는 혈액.

보:졸(步卒) 〖명〗 보병(步兵)①.

보:졸-이(一張)(步卒張이) 탈것이 없어 걸어만 다니는 점잖은 사람을 농으로 일컫는 말.

보:종(步從) 〖명〗 ①거둥 때 뒤슬아치를 걸어서 따르는 일. ②고관이 행차하여 올 때에 노문(路文)을 받은 역에서 보내어 따르게 하는 역출.

보:좌(保佐) 〖명〗〈법률〉 구민법(舊民法)에 있어서, 준금치산자(準禁治産者)의 재산을 감시 보호하는 일. guardianship 하다

보:좌(輔佐·補佐) 〖명〗 자기보다 지위가 높은 사람을 도

보:좌(寶座) 〖명〗 ①옥좌(玉座). ②〈불교〉 부처가 앉는 자리. ③〈기독〉 하느님이 앉는 자리.

보:좌-관(補佐官) 〖명〗 상관(上官)을 보좌하는 관리. adviser, aide

보:좌-인(保佐人) 〖명〗〈법률〉 구민법에 있어서 준금치산자의 보좌하고, 그 능력을 보충시키던 사람. guardian

보:좌-인(補佐人) 〖명〗 ①보좌하는 사람. assistant ②〈법률〉 구민사 소송법에서, 민사 소송에서 소송 당사자들을 보좌 소송 행위를 하던 사람. counselor

보조-개〖명〗〖고〗 볼.

보주(洑主) 〖명〗〈농업〉 보(洑)의 임자. owner of a irrigation reservoir 「mentary note 하다

보:주(補註) 〖명〗 좀 모자라다는 점을 채운 주해. supple-

보:주(寶珠) 〖명〗 ①보배로운 구슬. precious pearl ②〈불교〉 위가 뾰족하고 좌우 양쪽의 위에서 불꽃이 타오르고 있는 형상의 구슬. ③〈건축〉 탑이나 석등 따위의 맨 꼭대기에 있는 구슬 모양의 부분.

보:중(保重) 〖명〗 몸을 아끼어 잘 보중함. perservation of one's health 하다

보:증(保證) 〖명〗 ①책임지고 틀림이 없음을 증명함. assurance ②〈법률〉 채무자가 채무를 이행하지 못할 경우 대신하여 채무를 이행할 것을 부담하는 일. 〖준〗보(保)①. security ③〖동〗 담보(擔保).

보:증 계:약(保證契約) 〖명〗〈법률〉 주된 채무자가 빚을 갚지 못할 때 자기가 대신 갚겠다고 채권자에게 대하여 맺는 계약. contract of suretyship

보:증-금(保證金) 〖명〗〈법률〉 ①사법상(私法上) 일정한 채무의 담보로서 미리 채권자에게 주는 금전. ②보증으로 거는 돈. security money

보:증 대:부(保證貸付) 〖법률〗 대차 계약을 할 때에,

보체

채권자와 채무자 이외의 제삼자의 보증을 조건으로 하는 대부. guaranteed loan

보:증 사:채(保證社債) 〖명〗 사채 발행 회사가 제삼자, 보통 금융 단체의 원리금 지급과 원금 상환 보증을 얻고 발행하는 사채. 「of guarantee

보:증-서(保證書) 〖명〗 보증의 증거가 되는 문서. letter

보:증-서-다(保證—) 〖명〗 남의 신원이나 채무에 대하여 보증해 주다. go security for

보:증 수표(保證手票) 〖명〗〈경제〉 수표 액면의 지불을 보증하러서 은행에서 발행하는 수표. 〖약〗보수(保手). certified cheque

보:증=인(保證人) 〖명〗〈법률〉 ①보증서는 사람. guarantor ②주된 채무자가 그 채무를 이행하지 않을 때, 그 이행 책임을 지는 사람. 〖약〗보(保)②. 보인(保人). 「되어 있는 주식.

보:증-주(保證株) 일정한 이익 배당의 지급이 보증

보:증 준:비(保證準備) 〖법률〗 태환권(兌換券)을 발행할 때에 유가 증권이나 상업 어음으로써 그 준비에 충당하는 일. security reserve

보:증 채:권(一權)(保證債權) 〖명〗〈법률〉 보증 채무에 대한 채권. guaranteed obligation

보:증 채:무(保證債務) 〖명〗〈법률〉 주된 채무자가 그의 채무를 이행하지 않을 경우 그 이행의 책임을 지는 제삼자의 채무. 보증 책임②. surety obligations

보:증 책임(保證責任) 〖명〗 ①보증할 책임. responsibility of a surety ②〖동〗 보증 채무.

보:지(생리) 여자의 음부(陰部). 음문(陰門). 옥문(玉門). 하문(下門). (대) 자지. vagina

보:지(保持) 〖명〗 간수하여 잘 지님. maintenance 하다

보:지(報知) 〖명〗 알려 줌. 보도(報道). information 하다

보지락〖명〗 비가 온 분량을 헤아리는 말. 곧, 보습이 들어갈 만큼 빗물이 땅속에 스민 깊이를 말함. light rain   「중한 책임이 지워진다.

보지 못하는 소 멍에가 아홉〖관〗 능력 없는 이에게 과

보:지-함(報知艦) 〖명〗〈동〗 통보함(通報艦).

보:직(補職) 〖명〗 어떤 직책의 담당을 명함. 또, 그 직. assignment to a position 하다

보:집(補輯) 〖명〗 책의 부족함을 더하여 모음. additional collection 하다   「장(腹臟). secret mind

보짱〖명〗 속에 품은 꿋꿋한 생각. ¶~이 세다. 〖원〗복

보찜 만두(一饅頭)(樞─饅頭). 보에 싸서 찐 만두.

보:차-다다〖고〗보채다.   「(饅頭). bean-jam bun

보:채(堡砦) 〖명〗〖동〗 보루(堡壘)①.

보:채(報債) 〖명〗 빚을 갚음. payment of one's debt 하다

보채는 아이 밥 한 술 더 준다〖관〗 가만히 있지 말고 ¶~. ②억지를 부려 심하게 조르다.

보채-다다ㄷ ①심하게 졸라 남을 성가시게 굴다. tease

보:처(補處) 〖명〗〈불교〉 주불(主佛)의 좌우에 모시한 불. 보처존(補處尊).   「tain the family 하다

보:처-자(保妻子) 처자를 편안하게 보전함. main-

보:처-소(補處所) 〖명〗 보처(補處).

보:천(普天) 〖명〗 천하(天下).

보:천-교(普天敎) 〖종교〗 증산(甑山) 강일순(姜一淳)을 교조(敎祖)로 하는 훔치교(吽哆敎) 계통의 교의 하나.

보:천지-하(普天之下) 〖명〗 통천하(通天下).

보:철(補綴) 〖명〗 보충하여 한데 모음. supplement 하다

보:첨(補添) 〖명〗 기워서 덧붙임. addition 하다

보:첩(—牒) 〖명〗 내처 걷는 일.   「빠름. 하다

보:첩(譜牒) 〖명〗 족보(族譜)로 만든 책. book of genealogical tables

보:첩 여비(一녀—)(步牒如飛) 걸음이 나는 듯이

보:청(普請) 〖명〗〈불교〉 널리 시주를 청함. 하다

보:청(譜廳) 〖명〗〖동〗 보소(譜所).

보:청-기(補聽器) 〖명〗〈의학〉 잘 들리지 아니하는 귀에 청력(聽力)을 보강하는 기기. 청화기(聽話器). hearing aid

보:체(普體) 〖불교〗 몸을 보호한다는 뜻으로, 살아 있는 이의 축원문의 성명 밑에 쓰는 말.

보:체(補體)團〈생물〉동물의 혈액 속에 있는 효소(酵素)와 비슷한 물질. 살균성이 있으며, 면역 반응에 관여한다.

보:체(寶體)團 귀중한 몸이란 뜻으로, 편지에서 상대편을 높여 그의 몸을 이를 때 쓰는 말.

보:초(步哨)團〈군사〉보병으로 경계·감시의 임무를 맡은 병사. 파수병. 보초병. sentry

보:초(堡礁)團〈지학〉섬이나 육지의 해안에서 멀어져 평행되게 발달하는 띠 모양의 산호초.

보:초-망(步哨網)團〈군사〉보초를 서기 위하여 여러 군데 늘어놓은 조직의 체계.

보:초-병(步哨兵)團 → 보초.

보:초-선(步哨線)團〈군사〉전초선에 있는 각 보초의 연락선. sentry-line

보:총(補聰)團 생각을 보태어 도와 줌. 하타

보:추(⸗)團 진취성. 또는, 내뻗는 성질. 주로, '없다'와 함께 쓰이.

보:추-때기(⸗)團 보추.

보:추-없:-다(⸗)團 보추가 없다. 진취성이 없다. lack enterprising spirit 보:추-없:이튀

보:춘-화(報春花)團〈식물〉난초과의 다년생 풀. 건조한 숲에 나는데, 잎은 길이 약 20cm의 선형. 여름에 담녹색의 삼판화(三瓣花)가 핌. 관상용으로 재배함. [타

보:충(補充)團 모자람을 보태어 채움. supplement 하

보:충-권(補充權)團[명률] 백지(白紙) 어음에 소정의 요건을 보충하여 서명자(署名者)의 의무를 발생하게 하는 권리.

보:충-대(補充隊)團 ①〈군사〉편제상(編制上)의 각 부대의 감원을 보충하기 위하여 설치하는 부대. ②〈군사〉배속 근무를 명령하기 전에 장병을 수용하는 부대. ③〈제도〉양반이 종을 첩으로 얻었을 경우, 거기서 낳은 자식으로 조직한 군역(軍役)의 하나. reserves ②보충되는 병사. recruit

보:충-병(補充兵)團〈군사〉①보충 병역에 있는 군사.

보:충 선:거(補充選擧)團〈정치〉정원의 일부를 보충하기 위하여 행하는 선거.

보:충 수업(補充授業)團 일반 교과 과목 중에 학습 기초가 부족한 학생들에게 보충하여 실시하는 수업.

보:충 수요(補充需要)團〈군사〉소모된 품목이나 사용 불능품의 보충에 필요한 수요.

보:충-어(補充語)團〈원〉→ 보어(補語).

보:충-적(補充的)團 보충에 도움이 될 만한(것).

보:충 판결(補充判決)團[법률] 판결에서 빠진 것을 보충하기 위하여 추가 재판부에 의하여 하는 판결.

보:취(步驟)團 진보가 빠르다.

보:측(步測)團 보폭으로 거리를 잼. 걸음 짐작. 하타

보:측계(步測計)團 보수계(步數計).

보:칙(補則)團[법률] 법령의 규정을 보충하기 위하여 만들어진 규칙. supplementary rules

보컬(vocal)團〈동〉성악.

보컬리스트(vocalist)團〈동〉성악가.

보컬 뮤:직(vocal music)團〈동〉성악.

보컬 솔로(vocal solo)團〈동〉성악.

보코더(vocoder)團〈물리〉(약) voice code demonstrator 음성 전송(音聲傳送)의 한 방식. 음성을 마이크로폰으로 분해하여, 모음·자음 소리의 고저 등으로 자동적으로 분해하여 각기 이에 해당한 발진기(發振器)·여파기(濾波器) 등을 작동시켜서 다시 말로 만들어 스피커로 발성하게 함.

보:크(balk·baulk)團〈체육〉①보크 라인을 밟고 중지하는 실책. ②야구에서, 투수의 반칙 행위.

보:크 라인(balk line)團〈체육〉①육상 경기에서, 트랙 종목의 스타트 라인. ②도약(跳躍) 경기의 밟고 뛰는 선. [≪알루미늄의 원광(原鑛).

보:크사이트(bauxite)團〈광물〉덩어리나 진흙 모양의

보: 타이(bow tie)團 나비의 편 날개 모양으로 가로 짧게 매는 벡타이(necktie). 나비 벡타이.

보:탄(補綻)團 터진 곳을 기움. 하타

보:탑(寶塔)團 ①귀한 보배로 장식한 탑. treasure tower ②〈불교〉〈불교〉사탑(寺塔). temple tower ③〈불교〉다보 여래(多寶如來)를 안치한 탑.

보:탑(寶榻)團〈동〉옥좌(玉座).

보탕(botão 포)團 ①단추. ②누름단추.

보:태(步態)團 걸음걸이의 자태. 걷는 태도.

보:태(步胎)團 아이 밴 여자의 기력을 도움. 하타

보태기(步胎)團〈수학〉셈을 보태는 일. 더하기. (대) 빼기. addition [이다. add

보태-다타 ①모자람을 채우다. make up ②더하여 늘

보:태-표(⸗標)團 '+'표. 가표(加標). sign of addition

보:토(補土)團 우묵한 땅을 흙으로 메워서 채움. supplementing earth 하타

보:통(普通)團 특별하지 않고 널리 일반에 통함. (대) 특별. ordinary 튀 보통으로.

보: 통 감:각(普通感覺)團〈심리〉모든 감각 기관에 공통되는 감각. 쾌락·피로감 따위.

보: 통 개:념(普通概念)團〈논리〉개개의 사물에 대하여 그 공통의 의미가 달라지지 않고, 어느 것에나 적용되는 개념. 일반 개념.

보: 통 거:래(普通去來)團〈경제〉주식 거래법의 하나로, 매매 약정일로부터 4일째에 주권과 대금을 주고받는 거래.

보: 통 경:찰(普通警察)團[법률] 직접으로 개인의 신체와 재산의 위해(危害)를 막는 것을 목적으로 하는 경찰.

보: 통 고시(普通考試)團[법률] 전에 4급 공무원을 뽑던 고시. 1963년 폐지됨. (약) 보시(普試). civil service examination

보: 통 공리(普通公理)團 보통으로 수량(數量)에 관계되는 공리. 곧, 같은 양(量)에 같은 양을 보태면 그 합(合)이 서로 같다는 것 등.

보: 통 교:육(普通教育)團〈교육〉국민으로서 반드시 가져야 할 보통의 상식과 훈련을 받게 하는 교육. common education

보: 통-내기(普通一)團〈동〉행내기.

보: 통 명사(普通名詞)團〈어학〉같은 종류의 사물에 두루 쓰이는 이름. 책·소·살구꽃 따위. 두루 이름씨. (대) 고유 명사(固有名詞). common noun

보: 통 명사(普通名辭)團〈논리〉일반 개념을 표시하는 명사. 일반 명사(一般名辭). ordinary term

보: 통 문관(普通文官)團 외교관이나 법관 이외의 일반 문관. civil service

보: 통-법[―뻡]團(普通法)團 일반법(一般法).

보: 통 비:칭(普通卑稱)團〈어학〉인칭 대명사에서 에 사로 낮추는 말. 곧, '나·자네·저·남' 따위의 말. 예사 낮춤. (대) 보통 존칭. common depreciative

보: 통-석(普通席)團〈동〉일반석.

보: 통 선:거(普通選擧)團〈정치〉계급·학식·재산·납세 및 신앙의 제한 없이 선거 자격을 주는 선거 제도. (대) 제한 선거. (약) 보선(普選). universal suffrage

보: 통-세[―쎄](普通稅)團 지방 자치 단체가 일반 경비를 지변(支辨)하기 위하여 부과하는 조세. 각종 부과세·차량세·특별 행위세 등. (대) 목적세.

보: 통 심리학(普通心理學)團〈심리〉정신 생활의 일반적 법칙을 발견함을 목적으로 하는 심리학. (대) 특수 심리학.

보: 통 열차[―녈―](普通列車)團 급행 열차가 아니고 일반 여객 또는 완행 열차. (대) 급행 열차(急行列車). local train

보: 통 예:금[―녜―](普通預金)團〈경제〉예금 통장이 발행되고 요구에 따라서 수시로 찾아 쓸 수 있는 은행 예금의 하나. (대) 정기 예금. 당좌 예금.

보: 통 우편(普通郵便)團[법률] 특수 취급으로 하지 않는 통상 우편. (대) 특수 우편(特殊郵便). ordinary mail

보: 통 은행(普通銀行)團〈경제〉일반 은행법의 적용을 받아 예금을 받는 일과, 단기 대출을 주요 업무

로 하는 은행. 《대》 특수 은행. commercial bank

보:통 작물(普通作物)圏 식용(食用)으로 하는 일반 작물.

보:통 존칭(普通尊稱)圏 〈어학〉 인칭 대명사에서 예사로 놓이어 일컫는 말. 당신·그대·이분·저분 따위의 말. 예사 높임. 《대》 보통 비칭. ordinary honorific

보:통 주(普通株)圏 〈경제〉 우선주(優先株)·후배주(後配株)·혼합주(混合株)와는 달리 특별한 권리 내용이 없는 보통의 주식. 통상주(通常株).

보:통 학(普通學)圏 〈교육〉 보통 정도의 모든 학문.

보:통 학교(普通學校)圏 국민 학교의 옛 일컬음. primary school

보:통 형법(—[一쁩])(普通刑法)圏 〈법률〉 일반적인 사건에 적용되는 형법. 《대》 특별 형법(特別刑法).

보통이(褓—)圏 물건을 보에 싼 덩이. bundle

보:트(boat) ①서양식의 작은 배. 놀이나 운반 등에 씀. ②함선에 실어 사람이나 물건을 운송하는 데쓰는 작은 배. 단정(端艇).

보:트 레이스(boat race) 〈동〉 경조(競漕)

보:트 맨(boat-man)圏 보트를 젓는 사람.

보:파(補播)圏 〈농업〉 뿌린 씨가 싹트지 않았거나 잘 자라지 않았을 때, 씨를 보태어 더 뿌림. 하타

보:판(保版)圏 〈인쇄〉 인쇄판을 해판하지 않고 보관하여 둠.

보:판(補板)圏 〈약〉→보계판(補階板). |하여 둠.

보:패(寶貝)圏 〈유〉→보배.

보:편(普遍)圏 ①모든 것에 두루 미침. 일반(一般). ②〈철학〉 대상 전체에 공통하여 적용됨. 《대》 특수(特殊). universality

보:편 개:념(普遍概念)圏 〈동〉 일반 개념(一般概念).

보:편 논쟁(普遍論爭)圏 〈철학〉 스콜라 철학에 있어서 보편의 실재성(實在性)을 둘러싸고 실념론(實念論)과 유명론(唯名論) 사이에 벌어진 논쟁.

보:편—론(—論)(普遍論)圏 〈철학〉 특수보다도 보편, 개체보다도 일반을 중히 여기는 주장.

보:편—성(—[—썽])(普遍性)圏 ①모든 것에 두루 통하는 성질. ②온갖 경우에 널리 합당한 가능성. universality

보:편—적(普遍的)관圏 대상(對象)의 전체에 제외(除外)되는 예(例)가 없이 공통하는(것).

보:편—주의(普遍主義)圏 〈철학〉 모든 사물은 개별적으로 성립할 수 없고, 그 근저에는 보편적 일반성이 지배하고 있으므로, 모든 개별적 현상은 이 보편에 참여함으로써, 그 존재와 성질을 얻는다는 사상의 경향. 《대》 개체주의. universalism ②〈윤리〉 개인보다 국가나 사회를 더 중시하는 주의. 《대》 개인주의.

보:편 타:당성(—[—썽])(普遍妥當性)圏 〈철학〉 한 명제가 모든 시물에 일반적·필연적으로 타당하는 성질. 보편적인 타당성. 객관적 타당성(客觀的妥當性).

보:편—화(普遍化)圏 보편적인 것으로 됨. 또, 보편적인 것이 되게 함. universalization 하타

보:폐(補弊)圏 폐단을 바로잡음. correction of an abuse 하타

보:포(布布)圏 〈제도〉 조선조 때, 군보(軍保)로서 바치던 베와 무명.

보:폭(步幅)圏 걸음의 발자국 사이의 거리. 걸음나비. pace

보:표(譜表)圏 〈음악〉 음부·음표 등을 적기 위한 다섯 줄의 평행선. score

보푸라기圏 보풀의 낱개. 보무라지②. 《큰》 부푸러기. nap

보풀圏 종이·헝겊 등에서 일어나는 털. 《큰》 부풀. nap

보풀圏〈식물〉 택사과의 다년생 풀. 연못·도랑에 나는데 근경은 짧으며, 잎은 총생하고 좁은 피침형임. 여름에 흰 삼판화가 핌.

보풀—다園 종이·피륙 등의 거죽에 보푸라기가 일어나다. 《큰》 부풀다. become nappy

보풀리—다囲 보풀리다. become nappy 《큰》 보풀게 하다. 《큰》 부풀리다. ⌐silk

보풀 명주(—明紬)圏 고치실의 찌꺼기로 짠 명주. coarse

보풀—보풀囲 보푸라기가 잘게 일어난 모양. 《큰》 부풀부풀.

보피—다園 〈고〉 방탕스럽다. ⌐부풀다. nappy 하타

보:필(補筆)圏 덜 된 데를 보충하여 씀. 하타

보:필(輔弼)圏 제왕의 덕업(德業)을 보좌함. assistance 하타 ⌐visor to the throne

보:필지—신(—[—찌—])(輔弼之臣)圏 보필하는 신하. ad-

보:필지—임(—[—찌—])(輔弼之任)圏 보필의 책임 또는 직임(職任). assistance

보:필지—재(輔弼之才)圏 보필할 만한 재능을 가진 사람. good advisor to the throne

보:—하다(補—)타여園 ①영양분이나 보약을 먹어 몸의 기운을 돕다. ¶몸을 보하는 약. invigorate ②관리에게 어떤 일자리를 주어 맡기다. ¶나무 차관에 ~. appoint

보:—하다(保—)타여園 보전(保全)하다.

보:—하다(報—)타여園 알리다. 알려 주다. inform

보:—학(譜學)圏 각 성씨에 따르는 계보(系譜)에 관한 학문과 지식. genealogy

보:합(步合)圏 〈수학〉 같은 종류의 두 가지 양을 비교할 때 한쪽을 100으로 잡는 데 대한 다른 한쪽의 비. percentage ⌐로 있음. steady

보:합(保合)圏 〈경제〉 시세(時勢)가 변동 없이 그대

보:합—고(步合高)圏 〈수학〉 보합산에 있어서 원고(元高)에 보합을 곱한 곱. percentage high of

보:합—산(步合算)圏 〈수학〉 원금(元金)과 보합과 기간의 사이에 성립하는 함수 관계를 써서 보합고·합계고·잔고 등을 산출하는 계산법. 이식산(利息算). 백분산(百分算). calculation of percentage

보:합—세(步合勢)圏 〈경제〉 보합을 유지하는 시세. stationary price ⌐up the loss 하타

보:해(補害)圏 손해를 다른 것으로 보충함. making

보:행(步行)圏 ①걷거나 걸어감. 다님. walking ② 먼 길에 보내는 썩 급한 심부름. express errand 하타 ⌐walker

보:행—객(步行客)圏 타지 않고 걸어서 다니는 사람.

보:행 객주(步行客主)圏 보행객이 묵는 집. 보행집. inn for foot travelers ⌐바퀴 달린 기구.

보:행—기(步行器)圏 젖먹이가 보행을 익히는 데 쓰는

보:행 기관(步行器官)圏 〈생물〉 동물이 보행을 하는 데 사용하는 운동 기관.

보:행—꾼(步行—)圏 ①《속》 보행객. walkers ②삯을 받고 먼 길의 심부름을 가는 사람. express

보:행—삯(—[—싹])(步行—)圏→길품삯. ⌐messenger

보:행—인(步行人)圏 길을 오가는 사람. 보행자. pe-

보:행—자(步行者)圏 〈동〉 보행인. ⌐destrian

보:행—전(步行錢)圏 〈동〉 보행삯.

보:행—집(步行—)圏 〈동〉 보행 객주(步行客主).

보:허—자(步虛子)圏 〈음악〉 예전에 나라 잔치 때에 아뢰던 창사(唱詞)의 하나. ⌐탕약.

보:허—탕(補虛湯)圏 〈한의〉 해산 후의 허약을 보하는

보:험(保險)圏 ①손해를 물어 주겠다는 보증. ②〈경제〉 우연히 생기는 사고로 재산 또는 신체에 입은 손해를 보상하는 제도. 많은 사람이 미리 일정한 보험료를 적립해 두었다가 사고를 낳은 기람의 수요에 충당하게 함. insurance ⌐(價額).

보:험 가격(保險價格)圏 〈동〉 보험 가액(保險

보:험 가액(—[—까—])(保險價額)圏 〈경제〉 보험에 든 목적물(目的物)을 금전적으로 평가한 금액. 보험 금액의 표준이 됨. 보험 가격. insurance value

보:험 계:약(保險契約)圏 〈경제〉 보험자와 피보험자 사이에 맺는 계약. contract of insurance

보:험—금(保險金)圏 〈경제〉 보험 사고가 생겼을 때 보험자가 피보험자에게 치러 주는 배상금. insurance money ⌐담하는 기간.

보:험 기간(保險期間)圏 〈경제〉 보험자가 책임을 부

보:험—료(保險料)圏 〈경제〉 보험에 가입한 사람이 보험자에 정기적으로 내는 일정한 요금. 괘금(掛金)②. premium

보:험—부(保險附)圏 ①보험에 들어 있음. insured ② 품질의 확실성이 보증되어 있음. 또, 그 물건.

보:험 사:업(保險事業)圏 보험의 경영을 목적으로 하

보험 약관 [—냑—](保險約款) 〖법률〗 보험 증권에 기재되어 있는, 보험 계약자 사이에 약정된 여러 가지 계약 조항. insurance clauses

보:험-업(保險業) 〖→보험 사업.

보험 외:무원(保險外務員) 보험 계약의 모집과 권유에 종사하는 사람. insurance agent

보:험-의(保險醫) 보험 회사의 위촉을 받아 생명 보험 계약을 할 피보험자의 체질·건강 상태 등을 진찰하는 의사.

보:험-자(保險者) 〖법〗 보험 계약에 의하여 보험료를 받을 권리와 보험금을 치러 줄 의무를 가지는 자. 곧, 보험 회사를 말함. insurer

보:험 증:권[—꿘](保險證券) 〖경제〗 피보험의 권리를 증명하는 증서. 보험 증서. insurance policy

보:험-서(保險證書) 〖→보험 증권(保險證券).

보:험 회:사(保險會社) 〖경제〗 보험업을 경영하는 주식 회사 또는 상호 회사. insurance company

보헤미아 유리(Bohemia 琉璃) 〖→칼륨 유리.

보헤미안(Bohemian) ①보헤미아 사람. ②보헤미아 말. ③집시(gypsy). ④방종한 생활을 하는 예술가.

보:현-보살(普賢菩薩) 〖불교〗 부처의 이(理)·정(定)·행(行)의 덕을 맡아보는 보살. 문수 보살(文殊菩薩)과 함께 석가모니불의 협시(脇侍)로 불타의 우측에 있음. nourishing of the blood 하다

보:혈(補血) 〖한의〗 약을 먹어서 몸의 피를 보충함.

보:혈(寶血) 〖기독〗 인류의 죄를 구속하고자 예수가 십자가에 못박혀 흘린 피. precious blood of Jesus

보:혈-제[—쩨](補血劑) 〖약학〗 몸의 혈액을 보충(補足)하는 약제. 주로 철제(鐵劑)를 씀. hematic

보:혜-사(保惠師) 〖기〗 성신(聖神). 하다

보:호(保護) 잘 돌봄. 돌보아 잘 지킴. protection

보호 간섭주의(保護干涉主義) 〖경〗 보호 무역주의.

보:호 관세(保護關稅) 〖경제〗 자국의 산업을 보호하기 위하여 수입되는 외국의 물품에 매기는 수입세(輸入稅). 보호세. 《대》 재정 관세(財政關稅). protective tariff

보:호 구속(保護拘束) 『보호 조치』의 일정(日政) 때 이름. arrest for protection

보:호=국(保護國) 〖법률〗 ①보호 조약에 의거하여 제삼국(第三國)에 대하여 피보호국을 보호하며, 그 외교·군사 관계의 일부를 처리하는 국가. 반주권국에 속함. ②피보호국을 보호하는 나라. suzerain

보:호=금(保護金) 〖불〗 보조금. state

보:호 노동자(保護勞動者) 〖법률〗 국가의 법률에 의하여 특별히 보호를 받는 노동자. protected labourers

보:호=림(保護林) 재해 예방·명승 고적의 풍치의 보존·학술의 참고·보호 동식물의 번식 등을 위하여 정부가 벌채를 금하는 숲. reserved forest

보:호 무:역(保護貿易) 〖경제〗 국내 산업의 보호 육성을 위하여, 외국 무역에 간섭하여 자국의 무역을 증대시키려는 무역 정책. 《대》 자유 무역. protective trade

보:호 무:역주의(保護貿易主義) 〖경제〗 국내 생산의 보호를 위하여 대외 무역을 간섭하고 구속하고자 하는 주의. 보호 간섭주의. protectionism

보:호 본능(保護本能) 자기 또는 자기 종족을 적으로부터 보호하려고 하는 본능.

보:호=색(保護色) 〖생물〗 어떤 종류의 동물이 몸을 보호하기 위하여 주위의 빛깔을 닮은 몸 빛. 《대》 경계색(警戒色). protective colouring

보:호=선(保護線) 전화선이나 전신선이 끊어져 접촉될 것에 대비하여 송전선 위에 옆으로 가로 친 선.

보:호=세(保護稅) 〖경〗 보호 관세. [는 세율.

보:호-세:율(保護稅率) 〖경제〗 보호 관세에 적용되는 세율.

보:호=포(保護細胞) 〖식〗 공변(孔邊) 세포.

보:호=수(保護樹) 풍치 보존과 학술의 참고 및 그 번식을 위하여 보호하는 나무.

보:호 수역(保護水域) 자원의 보호를 위하여 어업이 제한되는 공해의 일정한 구역.

보:호-자(保護者) 〖법률〗 미성년자에 대하여 친권을 행사하는 사람. protector ②약한 처지에 있는 사람을 보호하는 사람.

보:호 정치(保護政治) 〖정치〗 약소 국가를 보호국으로 만들어 종속시키는, 제국주의의 식민 정치의 한 형태.

보:호-조(保護鳥) 천연 기념물·학술의 연구·품종의 희귀, 기타 이유로 법률로써 잡지 못하도록 금하는 새. 지역적인 것과 시기적인 것이 있음. protected bird

보:호 조약(保護條約) ①〖동〗 을사 보호 조약(乙巳保護條約). ②〖법〗 국제법상의 보호 관계를 맺은 조약.

보:호 조치(保護措置) 행동이 수상한 자 또는 응급의 구호를 요하는 자를 경찰 관서·병원 기타 적당한 장소에 보호하는 조치를 취하는 일.

보:호=주의(保護主義) 〖경제〗 보호 무역의 실현을 주장하는 사상 경향. protectionism

보:호 처:분(保護處分) 〖법률〗 보안 처분의 하나. 가정 법원에서 심리한 결과, 소년에 대하여 언도하는 처분.

보:화(貨貨) 〖→보물(寶物). 보배. [는 보살.

보:화(寶華) 〖불교〗 ①뛰어나게 존귀한 꽃. ②제불(諸佛)이 결가부좌하는 연대(蓮臺).

보:환(報還) 갚아서 돌려줌. 하다

보:회(補回) 야구에서, 9회가 끝나도 승부가 나지 아니하였을 경우 경기를 연장하는 일. 또, 그 회.

보:후(補後) 〖제도〗 내직(內職)에 들어가기 전에 임시로 외관에 보임하던 일.

복¹〖어류〗 참복과의 바닷물고기의 총칭. 비늘이 없고 몸이 통통하고 등지느러미가 작으며 이가 날카로움. 수면에서 공격을 받으면 공기를 들이마셔 배를 불룩하게 내미는 성질이 있음. 고기는 맛이 좋으나 내장에 독이 있음. 복어. 하돈. swellfish

복² 〖①보드랍고 무른 물건의 거죽을 세게 갈거나 긁는 소리. scratching ②물이 무르고 두툼한 물건을 찢는 소리. 《큰》 북.

복(卜) 〖→성(姓)의 하나. ②점.

복(伏) 〖동〗 ①〖→복날. ②초복·중복·말복의 총칭.

복(服) 〖동〗 ①〖→복제(服制)①. ②〖동〗 상복(喪服).

복(復) 〖동〗 〖→복배(復排).

복(腹) 〖물리〗 정상파(定常波)의 진폭(振幅)이 가장 넓은 점. crest(of wave)

복(福) 〖동〗 ①행복. 아주 좋은 운수. 복조(福祚). good fortune ②〖기독〗 하나님의 축복을 받는 상태. Blessing 스럽다 스레하

복(輻) 〖동물〗 불가사리·갓걸이·별불가사리 등의 극피 동물에서 팔처럼 돌출한 부분.

복(蹼) 〖동물〗 오리 따위의 발가락 사이가 막처럼 이어진 곳. web

복(鰒) 〖동〗 전복(全鰒). [붙은 부분. 물갈퀴.

복²(復) 〖민속〗 초혼(招魂)할 때에 부르는 소리.

복-(複) 〖동〗 명사 위에 붙어 거듭되거나 회복함을 나타내는 말. 《대》 단(單) ~. compound [투~.

=복(服) 〖동〗 '옷'의 뜻을 나타내는 말. ¶ 학생~. 전

복가(福家) ①복이 있을 집안. fortunate family ②〖민속〗 길한 터에 지은 집. house built on an auspicious site

복각(伏角) 〖물리〗 지구의 자력 방향이 그 곳 수평면과 이룬 각. dip

복각(覆刻·復刻) 〖인쇄〗 판본을 중간(重刊)하는 경우에 원형을 모방하여 재각(再刻)하는 일. 또, 그 판(版). reprint 하다

복각-계(伏角計) 〖물리〗 복각을 재는 계기. inclinometer

복각-본(覆刻本) 복각한 인쇄본. [meter

복간(復刊) 간행을 정지 또는 폐지하고 있던 출판물을 다시 간행함. resumption of publication 하다

복강(腹腔) 〖생리〗 배의 둘레 안. 이 속에 위장·신

복강 동:맥(腹腔動脈)명 〈생리〉 복부 소화기의 상반부와 비장(脾臟)을 순환하는 동맥.

복강 임:신(腹腔妊娠)명 〔醫〕 복막 임신(腹膜妊娠).

복개(覆蓋)명 ①뚜껑. 덮개. cover ②덮개를 덮음. ¶~ 공사. 하다

복거(ト居)명 살 만한 곳을 가려서 정함. 복지(卜地). taking up one's residence 하다

복거지-계(覆車之戒)명 앞의 수레가 엎어지는 것을 보고 뒷 수레가 조심한다는 뜻으로, 남의 실패를 거울삼아 뒷 사람은 경계하라는 뜻.

복건(幅巾·複巾)명 〈제도〉 도복에 갖추어서 머리에 쓰던 건. 현재는 어린 사내아이가 명절이나 돌날에 씀. 「and beg 하다

복걸(伏乞)명 엎드려 빎. 애걸(哀乞). prostrate oneself

복검(覆檢)명 〈제도〉 송장을 두 번째로 검증(檢證).

복계(復啓)명 편지의 첫머리에 쓰는 말. 「함.

복계(復棨)명 〈제도〉 임금에게 복명(復命)함.

복고(復古)명 ①옛날대로 회복함. ②과거의 체제로 복귀시킴. ¶왕정(王政) ~. ③손실을 회복함. 복구(復舊)함. 하다

복고(腹稿)명 〈문학〉 시문의 초고를 원고에 쓰지 않고 마음속으로 짬. 또, 그 초고. plan in one's mind 하다

복고(覆考)명 이리저리 뒤집어 생각함. 하다

복고-여산(腹高如山)명 ①배가 산같이 높다는 뜻으로, 아이 밴 여자의 부른 배를 형용하는 말. ②부자의 교만스러움을 형용하는 말. 하다

복고-조[-쪼](復古調)명 과거의 사상이나 전통 속에서 의지할 곳을 구하려는 경향. reactionary 하다

복고-주의(復古主義)명 과거의 체제로 복귀하려는 사상의 경향. reactionism

복공-증[-쯩](腹空症)명 〈동〉 시장기. 헛헛증.

복과(復科)명 〈제도〉 과거에 급제한 사람의 이름을 방문(榜文)에서 지워 낙제시켰다가 다시 합격시킴. 하다

복과(複果)명 〈동〉 복합과(複合果).

복과(腹裹)명 〈생김〉 복쌈.

복과 재생(福過災生)명 복이 지나치면 오히려 재앙이 됨.

복관세 제:도(複關稅制度)명 〈법률〉 한 나라 안에서 똑같은 화물에 대하여 높고 낮은 두 가지의 관세율을 설정하는 제도.

복-관절(複關節)명 〈생리〉 둘 이상의 뼈로 구성된 관절. 팔꿈치 관절 따위.

복광(複光)명 복색광(複色光). 「(復)¹.

복괘(復卦)명 〈민속〉 육십사괘의 하나.

복교(復校)명 〈교육〉 정학·휴학·전학(轉校)·퇴교(退校)하였던 학생이 다시 학교에 다니게 됨. 《대》휴학(休學). reinstatement at school 하다

복구(復仇)명 원수를 갚음. 하다

복구(復舊)명 ①그 전의 상태로 회복함. restoration ②손실을 회복함. restitution. 하다 → 복구례(復舊例). 하다 ¶~ 공사. restoration work 하다

복구 공사(復舊工事)명 이전의 상태로 다시 회복함.

복구-례(復舊例)명 없어졌던 전례를 다시 회복함. (약) 복구(復舊)③. restoration of an old custom 하다 「태로 회복하는 현상.

복구 현:상(復舊現像)명 〈생물〉 생물체가 다시 원상

복-국(복국)명 복쟁이로 끓인 국. swellfish soup

복국-지(福國地)명 둘 이상의 전화국이 있는 도시. 《대》단국시(單局市).

복-굴절[-쩔](複屈折)명 〈물리〉 빛이 결정체에 들어갈 때에 둘로 나뉘어 굴절되는 현상. double refraction

복권[-꿘](複權)명 〈법률〉 ①형(刑)의 언도로 제한되거나 잃었던 자격·권리를 다시 회복시키는 일. rehabilitation ②파산 채권자에 대한 전책무(全債務)의 면책(免責)을 받은 파산자에 대하여, 그의 신청에 의하여, 법원에서 완전히 능력자로 허가해 주는 일. reinstatement 하다

복권(福券)명 ①제비를 뽑아 맞은 표에 대하여 큰 배당을 받게 되는 채권. 복표(福票). lottery ticket ②경품권(景品券). premium ticket

복선(複線)명 복선(複線)의 궤도(軌道). 《대》단선(單軌). double-track

복선 철도[-또](複線鐵道)명 복선 궤도에 의하여 차량을 운행하는 철도. 《대》단선(單線) 철도. double tracked railway

복귀(復歸)명 원래의 상태나 제자리에 다시 돌아옴. ¶원대(原隊) ~. return 하다

복극(復極)명 〈물리〉 전해질 용액 속에 일어나는 전해 분극을 방지하고 진행을 저지하는 일. 소극(消極)④. depolarization

복극-제(復極劑)명 〈동〉 소극제(消極劑).

복근(腹筋)명 〈생리〉 복벽(腹壁)을 구성하고 있는 근육의 총칭. abdominal muscle

복근(複根)명 〈화학〉 두 가지 이상의 원소로 되어 있는 근의 이름. 복기(複基). 《대》단근(單根).

복근(複筋)명 〈건축〉 철근 콘크리트 구조에서 두 개 이상으로 된 철근.

복기(復棋)명 바둑의 경과를 검토하려고 다시 처음부터 그 순서대로 벌여 놓아 보는 일. 하다

복기(腹氣)명 〔醫〕 배앓느림.

복기(複基)명 〈동〉 복근(複根).

복길(卜吉)명 좋은 날을 가려서 받음. 하다

복-꾼(ト-)명 〔동〕 복짐꾼.

복-날(伏-)명 초·중·말복(初中末伏)이 되는 날. 복일(伏日). 《관》복(伏). 〔英〕 dog days

복날 개 패듯명 몹시 매질을 함.

복년(卜年)명 점처 정한 햇수란 뜻으로, 왕조(王朝)의 운명을 이름. fate of a dynasty 「bow

복노(伏弩)명 활을 가진 복병(伏兵). ambush with a

복-놀이(伏-)명 복날에 모여서 노는 놀이. 하다

복닥-거리다타 많은 사람이 좁은 곳에 모여 수선스럽게 뒤끓다. clamour **복닥-복닥**튀 하다

복닥-불명 떠들썩하고 복잡하여 정신을 차릴 수 없음을 이름. ¶아이들 때문에 집안에는 항상 ~이 어났다. uproar

복=달임¹(伏-)명 삼복이 들어 기후가 매우 더운 철. period of hot weather

복=달임²(伏-)명 〈민속〉 복날에 고기붙이로 국을 끓여 먹는 일. eating meat soup on dog days 하다

복당(復黨)명 탈당했던 당(黨)에 다시 입당(入黨)함.

복당(福堂)명 '옥(獄)'의 딴이름. prison 「하다

복당-류(複糖類)명 〈화학〉 당류의 하나. 가수 분해에 의하여 한 분자에서 두 분자의 단당류(單糖類)를 낳는 탄수화물. 이당류(二糖類).

복대(腹帶)명 〔醫〕 임부의 배에 감는 띠. 태아를 고정시킴. 배띠. belt

복대기(광물)명 광석을 짓찧어 금을 잡고 난 뒤에 방아에서 솎아 나오는 광석 가루. 광미(鑛尾). 복새②. slag

복대기-금(-金)명 〈광물〉 복대기 속에서 잡아낸 금. 청화금(青化金). gold extracts from slag

복대기-다탄 ①여러 사람이 떠들다. ¶복대기는 유흥가. make an uproar ②급히 들이덤비어 정신을 못 차리다. ¶고객이 갑자기 복대기어 혼이 났다.

복대기 삭히-다탄 〈광물〉 복대기를 복대기탕에 약품과 같이 넣어서 복대기금을 잡다. 「ke a fuss

복대기-치다탄 정신을 못 차리게 몹시 복대기다. ma-

복대기-탕명 〈광물〉 복대기를 삭히는 데 쓰는 큰 통.

복대깃-간[-깐](-間)명 〈광물〉 복대기를 삭히는 공장. 청화 공장(青化工場). cyanidation plant

복=대:리(複代理)명 〔법률〕 대리인(代理人)이 자기가 대리할 권리를 다시 다른 사람에게 대리시키는 일. subagency

복대리-인(複代理人)명 〔법률〕 대리인이 자기의 대리권(代理權限)에 속한 행위에 대하여 자기 명의로써 선임(選任)한 대리인.

복=더위(伏―)뗑〈약〉→삼복 더위.
복덕(福德)뗑 ①복과 덕. 복이 많고 덕이 두터움. good fortune ②〈불교〉선행과 그에 대한 과보(果報)로서 받는 복리. 복스러운 공덕(功德).
복덕-궁(福德宮)뗑〈민속〉십이궁(十二宮)의 하나.
복덕-방(福德房)뗑 가옥·토지 등의 매매나 대차를 중개하는 곳. real estate agency
복덕-성(福德星)뗑〈민속〉목성(木星)을 길한 별이 란 뜻으로 일컫는 말. 〈약〉복성(福星). Jupiter
복덕-일(福德日)뗑〈민속〉사람이 태어난 해의 간지(干支)를 팔괘로 나누어 가린 길한 일진(日辰). ―하다
복도(伏賭)뗑 엎드려 축도함. day
복도(―道)뗑 ①건물 사이에 비를 맞지 않고 다니도록 만들어 놓은 통로. 각도(閣道). corridor ②건물 안에 다니게 된 긴 통로. 낭하(廊下).
복도-지(複圖紙)뗑 설계도·지도 따위를 모사(模寫)하는 데 쓰이는 얇은 종이. 트레이싱 페이퍼. tracing paper
복=독(―毒)뗑 복어의 생식선 속에 들어 있는 독소. poison of swellfish
복독(服毒)뗑 독약을 마심. drinking poison ―하다
복독(複讀)뗑 글을 되풀이하여 읽음. ―하다
복=되-다(福―)혭 ①생김새나 됨됨이가 복스럽다. ②복을 받아 기쁘고 즐겁다. fortunate
복두(幞頭)뗑〈제도〉과거에 급제한 사람이 홍패(紅牌)를 받을 때에 쓰던 관(冠).
복=띠(服―)뗑 상복에 띠는 베띠.
복락(福樂)뗑 행복과 즐거움. happiness and pleasure
복란(鰒卵)뗑 전복의 알.
복랍(伏臘)뗑 삼복(三伏)과 납일(臘日).
복량(服量)뗑 약 따위의 복용하는 분량. dosage
복량-학(服量學)뗑 약의 용량에 관해 연구하는 약리학의 한 부문.
복력(福力)뗑 복을 누리는 힘. 행복한 운수. good fortune
복련-좌(覆蓮座)뗑 연꽃을 엎어 놓은 모양의 무늬를 새긴 대좌(臺座).
복령(茯苓)뗑〈식물〉소나무를 벤 뒤에 그 뿌리에 생기는 버섯의 하나. 적송(赤松)에는 적복령(赤茯苓), 흑송(黑松)에는 흑복령(黑茯苓)이 많음. 약재로 씀.
복령-피(茯苓皮)뗑〈한의〉복령의 껍질. 이뇨제(利尿劑)로 쓰임.
복례(復禮)뗑 예(禮)의 본질로 되돌아가는 일. 예의를 지킴. 예에 따라 행함. observe decorum
복로(伏老)뗑〈동〉살조개.
복록(復祿)뗑 벼슬아치가 원래의 봉록을 다시 받게 되던 일.
복=록(福―禄)뗑 복과 녹(祿). one's fortune and fief
복=록=수(福祿壽)뗑 복과 녹과 수명.
복룡(伏龍)뗑 ①숨어 누워 있는 용. ②은거하며 세상에 나오지 않는 재사나 준걸(俊傑). unknown talent or hero
복룡-간(伏龍肝)뗑 오래 된 아궁이 바닥에서 오랫동안 불기운을 많이 받아 빛깔이 누르게 된 흙. 습증·해수·토혈·부종 등에 약으로 씀.
복류(伏流)뗑〈지학〉땅 위를 흐르던 물이 땅속으로 스며들어 흐르는 일. subterranean stream
복=리(福利)뗑 행복과 이익. 복지(福祉). welfare
리복(複利)뗑 이자에 다시 이자가 붙는 셈. 겹리(―利). 복변리(複邊利). 중리(重利)②. 《대》단리(單利). compound interest
복리-법(―법)[―뻡]〈경제〉단위 기간마다 이자를 본전에 가산하여 이 원리 합계를 다음 기간의 본전으로서 계산하는 보합산(步合算). 《대》단리법(單利法).
복리 사:업(福利事業)〈동〉복지 사업(福祉事業).
복리 시:설(福利施設)뗑 복지·후생을 위한 시설. 복지 시설(福祉施設). welfare facilities
복리-표(複利表)뗑〈경제〉원금과 이자의 합계를 복리의 방법으로 계산하여 이율과 기간에 따라서 원리 합계를 나타낸 표. table of compound interest
복마(卜馬)뗑 짐을 싣는 말. packhorse

복마(服馬)뗑〈군사〉포병(砲兵)의 짐을 끄는 말 중에서 마부가 타는 말.
복마-전(伏魔殿)뗑 ①마귀가 숨어 있는 곳. abode of demons ②나쁜 일을 도모하는 무리들이 모여 있는 곳. 화(禍)의 근원지. hotbed of corruption
복막(腹膜)뗑〈생물〉뱃가죽의 안쪽을 덮고 여러 내장을 싸고 있는 얇은 막. peritoneum
복막-암(腹膜癌)뗑〈의학〉복막에 생기는 암종. peritoneal cancer
복막-염(―ㅁ념)[腹膜炎]뗑〈의학〉복막에 생기는 염증. 급성과 만성으로 나뉨. 전자는 복통이 심하고 고열이 나며 맹장염·위궤양 따위로 말미암아 일어나고, 후자는 결핵에 기인하는 경우가 많음. peritonitis
복막 임:신(腹膜姙娠)〈의학〉수정란이 복막 위에 착상하여 발육하는 자궁외의 임신의 하나. 복강 임신. abdominal pregnancy
복망(伏望)뗑 웃어른의 처분을 삼가 바람. begging [humbly ―하다
복면(腹面)뗑 배의 면. 《대》배면(背面).
복면(覆面)뗑 남이 알아보지 못하게 헝겊으로 얼굴을 싸서 가림. 또, 그 물건. ¶ ~ 강도(强盜). mask ―하다
복멸(覆滅)뗑 뒤집히다시피 아주 결단 나서 없어짐. 뒤집어 망하게 함. destruction ―하다
복명(復命)뗑 사명을 띤 사람이 일을 마치고 돌아와 아룀. 반명(返命). report ―하다
복명(腹鳴)뗑 뱃속이 나서 뱃속이 꾸르륵거리는 현상.
복명 복창(復命復唱)뗑 상관에게서 명령과 임무를 받고 곧 되풀이하여 그 일을 수행하겠음을 말함. ―하다
복명-서(復命書)뗑 사명을 띤 사람이 일을 마치고 돌아와서 작성하는 보고서. report
복-명수[―쑤](複名數)뗑 제등수(諸等數).
복명 어음(複名―)뗑〈경제〉어음상의 채무자(債務者)의 수가 두 명 이상 기재된 어음. 《대》단명 어음(單名―). double-name bill
복모(伏慕)뗑 웃어른을 공손히 사모함. holding in the highest esteem ―하다
복모 구구(伏慕區區)'삼가 사모하는 마음 그지없습니다'의 뜻으로, 한문식 편지에 쓰는 말.
복모 무임(伏慕無任)'삼가 사모하여 견딜 수 없습니다'의 뜻으로, 한문식 편지에 쓰는 말.
복모 불임(伏慕不任)'삼가 사모하여 아뢰나이다'의 뜻으로, 편지 서두에 쓰는 말.
복-모:음(複母音)뗑〈어학〉소리를 내는 도중에 입술 모양이나 혀의 위치가 달라지는 모음. 곧, ㅑ·ㅐ·ㅒ·ㅕ·ㅖ·ㅘ·ㅙ·ㅚ·ㅛ·ㅝ·ㅞ·ㅟ·ㅠ·ㅢ. 이중 모음(二重母音). 중모음(重母音)②. 《대》단모음(單母音). diphthong
복몰(覆沒)뗑 ①배가 뒤집혀 가라앉음. capsize ②한 집안이 결딴 남. ruin ―하다
복묘(覆墓)뗑〈불교〉장사(葬事)지낸 지 사흘 후에 무덤에 가서 절하는 일. ―하다
복무(服務)뗑 직무를 맡아봄. service ―하다
복무 연한(服務年限)뗑 복무하기로 결정된 연수. term of service
복문(複文)뗑〈어학〉한 문장의 성분 속에 두개 이상의 절(節)이 겹쳐진 문장. 겹문장. 《대》단문(單文). complex sentence
복-물(伏―)뗑 복날이나 그 전후에 오는 비. heavy rains during dog days [오다.
복물-지:-다(伏―)됸 복날 또는 그 전후에 비가 많이
복-받치-다됀 ①속에서 들고 오르다. be filled with ②밑에서 솟아오르다. well up ③감정이 치밀어 오르다. 《본》복받치다. fill one's heart
복발(復發)뗑 근심이나 설움이 다시 일어 남. recurrence ―하다
복발(覆鉢)뗑〈건축〉탑(塔)의 노반(露盤) 위에 바리때를 엎어 놓은 것처럼 만든 부분.
복방(複方)뗑 일정한 처방에 따라 다른 약품과 조합(調合)한 약제(藥劑). 《대》단방(單方).
복배(伏拜)뗑 땅에 엎드려 절함. 몸을 굽혀 예를 표

복배(腹背)명 ①배와 등. abdomen and back ②앞면과 뒷면. front and rear ③복부의 배면(背面). back of abdomen

복배 수적(腹背受敵) 앞뒤로 적을 만남. being enveloped by the enemy 하자 「쓸데없음의 비유.

복배지모(腹背之毛)명 배와 등에 난 털이란 뜻으로,

복배지수(覆杯之水)명 엎지른 물이라는 뜻으로, 다시 수습할 수 없음을 이르는 말.

복백(伏白)명 엎드려서 사뢰다는 뜻으로 한문식 편지에 쓰는 말. yours truly

복법(卜法)명 점치는 법의 하나. 중국 은(殷)나라 때

복법(伏法)명 복주(伏法). 하자 「가장 성함.

복-**벗**-**다**(服一)자 상복을 입는 기간이 지나가다. leave off mourning

복벽(復辟)명 기울어졌던 왕조(王朝)를 다시 회복하거나 물러났던 임금이 다시 임금 자리에 오름. 하자

복벽(腹壁)명〈생리〉 복강(腹腔)의 둘레. 뱃가죽의 속 따 위. abdominal wall

복벽(複壁)명〈건축〉속에 물건을 감출 수 있도록 두 겹으로 둘러싼 벽. double wall

복벽 반:**사**(腹壁反射)명〈생리〉복부의 근육을 자극할 때 반사적으로 오그라드는 현상.

복-**변리**(複邊利)명 복리(復利).

복병(伏兵)명〈군사〉적군을 불의에 치기 위하여 길건한 목에 군사를 숨겨 두는 일. ¶~을 만나다.

복:**보**-**수**(復報讐)명(동) 앙갚음. 하자 ambush 하자

복:**복**(-)뛰①부드럽고 무른 물건의 면을 세게 갈거나 긁는 소리. scratching ②가죽이 무르고 두툼한 물건을 연해 찢는 소리. 〔큰〕북복. 「(軌道).

복-**본선**(複本線)명 복선이 두 가닥 나란히 있는 궤도

복복 장:**자**(福福長者)명 행복한 부자.

복본(複本)명 ①원본과 같은 것을 여러 벌 만드는 경우에 그 각 벌을 이름. copy ②〈경제〉하나의 어음 관계에 대하여 작성된 여러 통의 어음. duplicate

복본위-**제**(複本位制)명〈경제〉두 가지의 돈을 그 나라의 본위 화폐로 하는 제도. 〔대〕단본위제(單本位制). double-standard system

복-**본적**(複本籍)명〈법률〉한 사람이 동시에 두 곳 이상의 호적에 본적이(本籍人)으로 등기된 경우에 그 양쪽 등기된 본적.

복:-**부르**-**다**(復一)르자 초혼(招魂)하다.

복부(腹部)명 배의 부분. abdomen 「servant

복부(僕夫)명 종으로 부리는 남자. 복종(僕從). man

복부-**국**(複部國)명〈정치〉두 가지 이상으로 분리되지 역으로 이루어진 나라. compound state

복부:**점 음부**[-쩜-](複附點音符)명〈음악〉'점점음료'의 한자 이름. double dotted note

복-**부호**(複符號)명(동) 복호(複號).

복분(福分)명 운수가 좋은 천분. luck

복-**분수**(複分數)명(동) 번분수(繁分數).

복분-**자**(覆盆子)명〈한의〉복분자딸기의 열매. 음위(陰痿)·소변 불금(不禁)에 약으로 씀.

복분자-**딸**:**기**(覆盆子一)명〈식물〉장미과에 속하는 갈잎떨기나무. 키 1.5m쯤 되고 줄기에 가시가 있음. 산록의 양지에 나는데 초여름에 분홍색 감물색의 다섯잎꽃이 피며, 열매는 7~8월에 검붉게 익음. 복분자①. 고무딸기.

복-**분해**(複分解)명〈화학〉화합물(化合物)의 화합 작용이 일어날 때 그 성분의 한 가지씩이 교환되어 두 가지 이상의 새 물질이 생기는 화학 반응의 형식. double decomposition

복-**불복**(福不福)명 복분(福分)의 좋고, 좋지 아니한 정도. happiness and unhappiness

복-**불길**(卜不暗吉)명 불길한 징조를 처음에 얻으면 다시 점을 칠 필요가 없음.

복-**불재**:**강**(服不再降)명 양자나 출가한 여자가 친가 친정의 부재 모상(父在母喪)에는 상복(喪服)을 한 등 떨어뜨리지 아니함.

복비(腹誹)명 겉으로 드러내어 나무라지 아니하고 마음속으로만 비방함. 하자

복비(複比)명〈수학〉두 가지 이상의 비에 있어서 전항(前項)의 곱을 전항으로 하고, 후항의 곱을 후항으로 한 비를 본래의 각 비에 대하여 이름. 〔대〕단비(單比). compound ratio(double ratio)

복비(僕婢)명 사내종과 계집종. 복첩(僕妾).

복비:**례**(複比例)명〈수학〉비례의 양쪽 비가 한쪽 또는 두 쪽이 복비로의 비례이. 〔대〕단비례(單比例). compound proportion

복빙(復氷)명〈물리〉얼음에 압력을 가하면 융해점이 내려가 쉽게 녹으나, 압력을 제거하면 다시 얼음으로 돌아가는 현상.

복사(《㗠)명~복숭아.

복사(卜師)명 점쟁이. 「gdown firing 하자

복사(伏射)명〈군사〉엎드려 쏘는 소총 사격법. lyin

복사(服事)명 복종하여 섬김. serving 하자

복사(袱紗)명 비단으로 만든 조그마한 보자기.

복사(複絲)명 겹실.

복사(複寫)명 ①한 번 베낀 것을 다시 베낌. copying again ②두 장 이상을 포개어서 한꺼번에 씀. duplication ③그림·사진 등을 복제(複製)함. reprint 하자

복사(蝮蛇)명 살무사.

복사(輻射)명 ①바퀴살처럼 중심으로부터 주위에 내 쏘아 뻗치는 일. ②〈물리〉광(光)·열 따위가 물체에 저사되는 경로로부터 사방으로 내쏘는 현상. 복사(輻射). 방사(放射). radiation 하자

복사(覆沙)명 모래가 물에 밀려서 논밭 따위에 덮여 쌓임. 또, 그 모래. 복사①. sand drift

복사-**계**(輻射計)명 방사계(放射計).

복사-**기**(複寫器·複寫機)명〈인쇄〉서장(書狀)·송장(送狀) 따위를 복사하는 데 사용하는 기계. 복사판(複寫版)①. copying press

복사-**꽃**명~복숭아꽃.

복사-**나무**명〈약〉복숭아나무.

복사 난:**방**(輻射煖房)명 벽·천장·바닥 등에 매설한 관속에 온수·온풍(溫風)·증기를 통하여 그 복사열로 난방 효과를 주는 방법.

복사-**능**(輻射能)명(동) 방사도(放射度). 「쏨.

복사-**담**(蝮蛇膽)명〈한의〉살무사의 쓸개. 살충제로

복사 대:**비**(覆紗對比)명 일정한 색종이의 중앙에 젯빛 종이를 놓고, 그 위에 사(紗)와 같은 것을 덮으면 젯빛이 뚜렷하게 대비색(對比色)을 띠게 되는 현상.

복사 등:**급**(輻射等級)명〈물리〉항성(恒星)에서 발하는 복사 에너지의 많고 적음을 정하는 척도(尺度).

복사 방:**송**(複寫放送)명(동) 팩시밀리(facsimile).

복사-**뼈**명〈생리〉발 복부 위로 둥글게 나온 뼈. 거골(距骨). 과골(踝骨). anklebone

복사-**선**(輻射線)명〈물리〉물체에서 방출되는 전자파. 가시(可視) 광선·자외선·엑스 광선 따위를 통틀어 일컫는 말. radiant ray

복사 에너지(輻射 energy)명(동) 방사 에너지.

복사-**열**(輻射熱)명 복사되는 열.

복사 잉크(複寫 ink)명 문서를 복사하는 데 쓰이는 잉크. 진한 잉크에 글리세린·알코올 또는 초산(醋酸)의 용액(溶液)을 가한 것. copying ink 「동.

복사 전열(輻射傳熱)명〈물리〉복사에 의한 열의 이

복사-**지**(複寫紙)명 복사하는 데 끼워 쓰는 종이. 먹지(墨紙). 탄산지(炭酸紙). 탄소지. carbon paper

복사-**체**(輻射體)명 방사체.

복사-**판**(複寫版)명 ①(동) 복사기(複寫器). ②복사하여 낸 서책. 「붓. stylus

복사-**필**(複寫筆)명 복사하는 데에 쓰는 쇠·뼈로 만든

복산형 화서(複繖形花序)명〈식물〉산형 화서(繖形花序)의 화축(花軸) 끝에 꽃이 다시 산형으로 피는 화서. 미나리·당근 따위. polychasium

복상(卜相)명 정승이 될 사람을 가려 뽑음. 가복(加卜). selection of a premier 하자

복상(服喪)[명] 거상을 입음. wearing mourning 하타

복상(福相)[명] 복스러운 상격(相格). happy look

복상(複像)[명] 거울의 몇 차례의 반사 때문에 생기는 겹상.

복상=사(腹上死)[명] 동맥 경화나 심장 질환 등이 원인으로 동침(同寢)하다가 남자가 갑자기 여자의 배 위에서 죽는 일. 하타

복상=시(腹上屍)[명] 복상사로 죽은 시체.

복새(複沙)[명] 복사(覆沙). ②복대기.

복-새김질[명] 청화 제련법(靑化製鍊法).

복색(服色)[명] ①신분·직업 등에 맞추어 차려 입은 옷의 꾸밈새. attire ②의복의 빛깔. color of clothes ③(약)→상두 복색.

복색(複色)[명] 둘 이상의 색이 합쳐 이루어지는 빛깔.

복색-광(複色光)[명]〈물리〉단색광(單色光)이 섞이어 생긴 빛.

복-생선(一生鮮)[명] 복(鰒). [된 빛. 복광(複光).

복서(卜筮)[명] 길흉(吉凶)을 점침. 패서(卦筮). 점서(占筮). foretelling

복서(伏暑)[명] 더위 먹음. 음서(飮暑). 하타

복서(boxer)[명] 권투를 하는 사람. 권투 선수.

복서=증(一症)[명]〈한의〉더위를 먹어 신열이 나고 복통·토사·하혈이 나는 증세.

복선(伏線)[명] 적을 알아서에 치기 위하여 적이 행동하는 요긴한 목에 숨은 배.

복선(伏線)[명] ①뒤에 일어날 일에 맞서기 위해 남모르게 하는 준비. preparation ②소설·희곡에서 뒤에 일어날 일을 미리 슬쩍 보여 두는 기교. underplot

복선(復膳)[명]〈제도〉임금이 줄였던 음식 가짓수를 평일과 같이 회복함. 하타 [(대) 단선(單線).

복선(複線)[명] 겹줄. double line [(약)→복선 궤도.

복선(覆船)[명] 배가 엎어짐. capsize 하타

복선 궤=도(複線軌道)[명] 두 가닥 이상으로 베푼 선로. (대) 단선 궤도(單線軌道). (약) 복선(複線)②. double track

복선=기(復線器)[명] 철도에서 탈선한 차량을 다시 선로에 올려놓는 데 쓰이는 기구.

복선=법(複選法)[명]〈법률〉간접 선거로 뽑아 선거인을 선거하는 방법. indirect election

복선 화=음(福善禍淫)[명] 착한 사람에게 복이 오고, 악한 사람에게 재앙이 옴을 다시 뜻함. [ment 하타

복설(復設)[명] 없었던 것을 다시 베풂. re-establish

복-섬(어류) 참복과의 바닷물고기. 길이 10 cm 가량, 등은 연한 푸른 잿빛, 배 쪽은 흰. 난소(卵巢)와 간장에 독이 있음. [고르는 일.

복성(卜姓)[명] 첩을 얻을 적에 동성(同姓)을 피하여

복성(複姓)[명] 두 글자로 된 성(姓). 선우(鮮于)·남궁(南宮) 따위. 2-syllable family name

복성(福星)[명]〈약〉→복덕성(福德星).

복성(複星)[명]〈천문〉천구(天球) 위에 두 개 이상의 항성(恒星)이 서로 가까이 있는 것. 광학적 이중성(光學的二重星). multiple stars

복-성=설(復性說)[명]〈윤리〉중국 윤리학설의 하나. 사람의 본성을 완전한 선(善)이라고 전제하고 그것이 감정·욕망 때문에 흐려져서 악(惡)이 발생하므로 사람의 본성으로서의 복귀의 방향으로 돌아가야 한다고 주장하는 설.

복성=스럽다[형비트] 얼굴 생김새가 복이 있어 보이다. look happy 복성-스레[부]

복성=암(複成岩)[명]〈광물〉두 가지 이상의 광물의 집합으로 이루어진 암석.

복성=종(複成種)[명]〈농업〉잡종 강세(雜種强勢)를 이용하여 육성한 농작물의 품종. 합성 품종.

복성 화=산(複成火山)[명]〈동〉복합 화산(複合火山).

복세(複稅)[명]〈법률〉여러 가지 과세(課稅)이 통합 조화(統合調和)되게 하는 과세(課稅). (대) 단세(單稅). plural tax

복세 제=도(複稅制度)[명]〈법률〉복세로 조직된 과세

복세:포 동=물(複細胞動物)[명]〈동〉다세포 동물(多細胞動物). [植物].

복세:포 식물(複細胞植物)[명]〈동〉다세포 식물(多細胞

복=소=수(一素一)[명]〈수학〉실수(實數)와 허수(虛數)의 합(合)으로 이루어진 수. 복허수. complex number

복속(服屬)[명] 복종하여 붙좇음. 뒤따름. obedience 하타

복속(復屬)[명]〈제도〉떨어냈던 이속(吏屬)을 복직시킴. 하타

복송(伏頌)[명] 삼가 엎드려 사뢰거나 칭송(稱頌)한다는 뜻으로, 한문식 편지에 쓰이는 말. 하타 [하타

복송(復誦)[명] 다시 되풀이하여 읽거나 욈. repeating

복송(伏送)[명] 웃어른이 주는 것을 공손히 받음. 하타

복수(復水)[명]〈화학〉증기를 액체로 복원시킴. 또,

복수(復讐·復讎)[명]〈동〉앙갚음. 하타 [그 물. 하타

복수(腹水)[명]〈의학〉복강에 액체가 괴는 병. abdo-

복수(福手)[명] 복인(福人). [minal dropsy

복수(福壽)[명] 복이 많고 장수함.

복수(福數)[명] 복스러운 운수. luck

복수(複數)[명] ①〈수학〉단위가 둘 이상으로 된 수. 점세. pluralism ②〈어학〉명사나 대명사를 나타내는 둘 이상의 사물. (대) 단수(單數). compound num-

복수(覆水)[명] 엎지른 물. [ber

복수 관세(複數關稅)[명]〈경제〉세물(稅目)의 전부 또는 일부에 대하여 최고와 최저의 두 세율을 정해 놓고, 상대국에 따라서 구분하여 적용하게 된 관세.

복수=군(復讐軍)[명]〈제도〉임진 왜란 때 임시로 조직된 군대.

복수상 화서(複穗狀花序)[명]〈식물〉무한 화서(無限花序)의 하나. 수상 화서의 하축(花軸)에 다시 수상으로 갈라져 피는 화서. 보리 따위. 겹이삭 꽃차례.

복수=심(復讐心)[명] 앙갚음하려는 마음. revengeful thought

복수 어음(複數一)[명]〈경제〉외국환 어음에 있어서, 수송 도중의 분실이나 연착할 경우에 대비하여 같은 내용과 효력을 가진 두세 통의 어음을 만들어 수송의 경로나 발송의 시기를 달리 하여 수취인에게 송부하는 어음. 세트 빌(set bill).

복수 여권(複數旅券)[명]〈법률〉특정한 용무로 여러 차례 외국을 왕복하는 사람에게 발급하는 일반 여권.

복수 작용(復水作用)[명] 액체를 증기로 이용한 다음, 그 증기를 액체로 복원시키는 작용. condensing

복수=전(復讐戰)[명] ①적에게 앙갚음하기 위하여 싸우는 싸움. ②경기(競技)나 오락 등에서 앞서 진 것을 앙갚음하려고 겨루거나 싸우는 일. 설욕전. revenge 하타

복수=초(福壽草)[명]〈식물〉미나리아재비과의 다년생 풀. 높이 20∼40 cm 가량이고 굵은 근경(根莖)이 있음. 4∼5월에 황색 또는 홍색·백색·녹색의 꽃이 피고 열매는 난원형임. 관상용으로 심음. adonis

복수 투표(複數投票)[명]〈법률〉특수한 자격을 가진 사람에게 두 표 이상을 주는 불평등 선거(不平等選擧)의 한 형태. plural vote

복수 환=율(複數換率)[명]〈경제〉국제 수지의 균형과 환시세의 안정을 기하기 위하여 공정(公定)된 둘 이상의 환율.

복술(卜術)[명] 점을 치는 술법. art of divination

복숭아[명] 복숭아나무의 열매. (약) 복사. peach [꽃.

복숭아=꽃[명] 복숭아나무의 꽃. 도화(桃花). (약) 복사

복숭아=나무[명]〈식물〉앵도과의 낙엽 교목. 높이 3 m 가량이고 잎은 피침형으로 톱니가 있음. 4월에 백색 또는 담홍색 꽃이 잎의 앞서 피고 열매는 7∼8월에 익음. 열매는 맛이 좋아 식용하고 종자는 약용함. 각지에서 재배함. (약) 복사나무. prunus persica stoken

복숭아=빛[一빛][명] 무르익어 발긋한 복숭아의 빛깔.

복숭아=털[명] 솜털. fuzz

복스(box)[명] ①〈동〉박스. ②(약)→복스 카프(box calf)

복=스럽다(福一)[형비트] 복있게 보이다. look happy

복스=스레드

복스 카:프(box calf)명 크롬(chrome)의 염료로 무두질한 송아지의 가죽. 구두·가방·지갑 등의 재료로 쓰임. 〔준〕복스(B).

복슬=**복슬**짐승이 살이 찌고 털이 많은 모양. ¶∼한 강아지. 《큰》 북슬북슬. bushy 하[형]

복습(復習)명 배운 것을 다시 익힘. 온습(溫習). 〔대〕예습(豫習). review 하[타]

복승(復勝)명 〔약〕→복승식(復勝式).

복승(福僧)명 유복한 중.

복승=식(復勝式)명 경마(競馬)·경륜(競輪) 등에서, 1착과 2착을 동시에 적중(的中)시키는 형식의 투표권으로 1·2착의 착순(着順)은 상관이 없는 방식. 〔약〕복식(複式)④. 복승(複勝).

복시(複視)명 〔의학〕 안근(眼筋) 마비로 말미암아 외계의 물체가 이중으로 보이는 일. 또, 그렇게 보이는 눈.

복시(覆試)명 〔제도〕 초시(初試)에 합격한 사람이 다시 보면 과거. 회시(會試). reexamination

복식(服飾)명 ①복색(服色)의 꾸밈. ②의복과 장신구(裝身具). dress and its ornament

복식(複式)명 ①이중 또는 그 이상으로 된 방식. plural system ②〔약〕→복식 부기(複式簿記). ③두 항(項) 이상으로 된 셈의 방식. multinomial expression ④〔약〕→복승식(複勝式). ⑤〔약〕→복식 경기. ⑥〔약〕→복식 학급. 복식(複式).

복식(復飾)명 〔불교〕 중이 되었던 사람이 속세로 나와 다시 머리를 기르는 일. 하[자]

복식 경:기(複式競技)명 테니스·탁구 따위에서, 서로 두 사람씩 패를 지어 싸우는 경기. 〔대〕단식 경기. 〔약〕복식(複式)⑤.

복식 디자이너(服飾 designer)명 드레스를 전문으로 디자인하는 사람.

복식 디자인(服飾 design)명 드레스를 전문으로 하는 디자인.

복식 부기(複式簿記)명 〔경제〕 거래가 있을 때마다 대차(貸借)로 나누어 자세히 치부하고, 계정 과목(計定科目)을 따라 자리를 따로 치부하는 부기 방법의 하나. 〔대〕단식(單式) 부기. 〔약〕복식(複式)②. bookkeeping by double entry

복식 시합(複式試合)명 〔동〕복식 경기.

복식 정구(複式庭球)명 〔체육〕 양편이 각각 전위·후위의 두 사람이 패를 지어서 하는 정구. 〔대〕단식 정구. tennis doubles

복식 탁구(複式卓球)명 〔체육〕 양편이 각각 두 사람이 패를 지어서 하는 탁구. 〔대〕단식 탁구.

복식=**품**(服飾品)명 복장에 장식적 효과(裝飾的效果)를 나타나게 하는 물건. accessories

복식 학급(複式學級)명 〔교육〕 둘 이상의 학년으로 편성한 학급.

복식 호흡(腹式呼吸)명 뱃속 깊이 들이쉬었다가 내쉬었다가 하는 호흡. 배숨쉬기. 〔대〕흉식 호흡(胸式呼吸). abdominal breathing

복식 화:산(複式火山)명 〔동〕복합(複合) 화산.

복신(茯神)명 〔한의〕 소나무의 뿌리를 싸고 생긴 복령(茯苓). 오줌소태하는 데 쓰임. 신목(神木).

백복신(白茯神).

복신(福神)명 행복을 가져오는 신. god of fortune

복실 지방(複子房)명 〔동〕겹씨방.

복심(伏審)명 삼가 살핀다는 뜻으로, 한문 편지에 쓰는 말.

복심(腹心)명 ①배와 가슴. abdomen and heart ③마음 속 깊은 곳.

복심(覆審)명 ①다시 심사함. 또, 그 심사. reexamination ②〔법률〕 항소(抗訴) 법원이 제1심판과 전혀 관계없이 독립하여 새로이 심리(審理) 판결하는 일. retrial 하[타]

복심 법원(覆審法院)명 〔법률〕 일제(日帝) 때의 재판소. 지방 법원보다는 위이고, 고등 법원보다는 아래인 재판소로, 지방 법원의 재판에 대한 공소(控訴) 및 항고에 대하여 재판을 행하던 곳임.

복심지=**질**(腹心之疾)명 ①배나 가슴이 탈이 나서 고치기 어려운 병. incurable disease of chest or abdomen ②덜어 버릴 수 없는 근심과 걱정. unavoidable troubles 「징인 '十'의 이름.

복=**십자**(複十字)명 결핵병에 대한 투쟁의 국제적 상

복싱(boxing)명 권투. 하[자] 「두장(拳闘場).

복싱 링(boxing ring)〈체육〉 로프로 둘린 사각 권

복=**쌈**(福−)명 〈민속〉 ①정월 보름날 먹는 김쌈. ②복날에 들깻잎으로 싸서 먹는 쌈. 박쌈(縛包). 복과(福裹). 복포(福包). 「이상의 싹.

복아(復芽)명 〔식물〕 한 엽액(葉腋)에서 나오는 둘

복악(複萼)명 〔식물〕 한 개의 꽃에 두 개 이상으로 된 꽃받침. compound sepal

복안(腹案)명 마음속에 간직하여 아직 발표하지 아니한 고안(考案). 속배포. ¶ ∼을 가지고 있다.

복안(複眼)명 〔동물〕 곤충·새우·게 등의 눈과 같이 여러 개의 작은 눈이 한 몸뚱이로 모인 눈. 겹눈〔대〕단안(單眼). compound eye 「one's superior 하[타]

복알(伏謁)명 높은 사람을 엎드리어 뵘. meeting

복약(服藥)명 약을 먹음. taking medicine 하[자]

복약 자리(服藥−)명 약국에서 약을 단골로 많이 지어 가는 손님이나 집을 가리키는 말.

복어(−魚)명 〈동〉복.

복업(服業)명 업무에 종사함. 하[자] 「사람. 하[자]

복업(復業)명 일단 그만두던 사람이 다시 그 업무에 종

복역(卜役)명 〔제도〕 백성이 지는 요역(徭役)이나 병역(兵役). compulsory service

복역(服役)명 ①공역(公役)에 복무함. public service ②징역(懲役)을 치름. 역(役). servitude 하[자]

복역(僕役)명 노복(奴僕)의 맡은 일.

복역=**수**(服役囚)명 복역중인 죄수.

복역=**혼**(服役婚)명 색시의 부모를 위하여 일을 해주고 그 대가로 그 딸을 아내로 삼는 결혼.

복연(復緣)명 이연(離緣)해 있던 것이 다시 이전의 관계로 돌아감. 하[자]

복열(伏熱)명 삼복(三伏)의 더위. 경열(庚熱).

복염(伏炎)명 삼복(三伏)의 더위. 경열(庚熱).

복염(複鹽)명 〔화학〕 두 가지의 염(鹽)의 화합물로, 물에 녹이면 그 성분인 염류가 모두 이온으로 해리(解離)되는 것. double salt

복엽(複葉)명 ①〔식물〕 하나의 잎사귀가 갈라져 여러 개의 작은 잎사귀로 된 것. 우상(羽狀) 복엽과 장상(掌狀) 복엽의 두 가지가 있음. compound leaf ②〈동〉천엽(千葉). ③날개 따위가 이중으로 됨.〔대〕

복엽=**기**(複葉機)명 〔약〕→복엽 비행기. 〔단엽〕單葉.

복엽 비행기(複葉飛行機)명 주익(主翼)이 동체의 아래위로 둘 있는 비행기. 〔대〕단엽 비행기. 〔약〕복엽기. biplane

복옹(腹癰)명 복벽(腹壁)에 생기는 부스럼.

복용(服用)명 ①약을 먹음. ¶장기(長期)∼. taking medicine ②옷을 입음. putting on 하[타]

복욱(馥郁)명 그윽한 향내가 풍김. fragrance 하[형]

복=**운**(−運)명 시운(時運)에 잡히어 있음. being in luck's

복=**운**(福運)명 〈동〉행운(幸運). 「way again

복원(伏願)명 웃어른께 삼가 바람. begging humbly 하[자] 「하다. restoration 하[자]

복원(復元·復原)명 원래대로 회복함. ¶사물(寺物)

복원(復員)명 〔군사〕 군대를 평시 상태로 복귀(復歸)시키는 일. 〔대〕동원(動員). demobilization 하[자]

복원(幅員·輻員)명 ①→폭원(幅員·輻員). 「다.

복원(復圓)명 〔천문〕 일식 또는 월식이 끝나고 해나 달이 도로 둥근 모양으로 돌아감. 하[자]

복원=**력**[−녁](復原力)명 〔물리〕 비행기나 선박 등이 기울어진 위치에서 다시 원래의 바른 위치로 되돌아가려고 하는 힘. force of restitution

복원=**령**[−녕](復員令)명 〔군사〕 전시 체제의 군대를 평시 체제로 돌려 소집을 해제하는 명령. 〔대〕동원령. demobilization order

복원=**성**[−썽](復原性)명 〔물리〕 기울어진 선체(船

복위(復位)[명] 물러났던 임금이나 후비(后妃)가 다시 그 자리에 오름. 《대》폐위(廢位). reinstatement 하[타]

복유(伏惟)[명] 삼가 생각하옵건대.

복은(伏隱)[명] 엎드려 숨음. hiding oneself by lying down 하[자]

복은 쌍으로 안 오고 화는 홀로 안 온다 복 받기는 어렵고 재앙과 화는 한꺼번에 겹쳐서 닥친다.

복음(福音)[명] ①반가운 소식. good news ②〈기독〉그리스도를 통하여 하느님이 인간에게 준 계시(啓示). Revelation ③〔동〕복음서(福音書).

복음(複音)[명] ①〈음악〉둘 이상의 서로 다른 높이의 소리가 동시에 남으로써 이루는 중음(重音). 《대》단음(單音). ②〈어학〉둘 이상으로 되어서, 그 나는 소리의 알님을 따라 다름이 생기는 소리. 곧, ㅑ·ㅕ·ㅛ·ㅠ·ㅒ·ㅖ·ㅘ·ㅙ·ㅝ·ㅞ·ㅢ·ㄳ·ㄵ·ㄺ·ㄻ 따위. 겹소리. 중음(重音). compound sound, polyphone

복음 교회(福音敎會)[명]〈기독〉①미국에서 1807년에 독일 사람 올브라이트가 창설한 프로테스탄트 교의 한 파. Evangelical church ②복음주의에 입각한 교회의 총칭. 특히, 독일의 루터파 교회.

복음 삼덕(福音三德)[명]〈기독〉예수가 복음으로 가르친 세 가지 덕행. 곧, 청빈(淸貧)·정결(貞潔)·순명(順命).

복음서(福音書)[명]〈기독〉①신약 성서 중, 예수의 생애와 교훈을 기록한 마태·마가·누가·요한의 네 책. ②하느님의 축복을 받을 수 있다는 뜻에서 '성서'를 일컫는 말. 복음(福音)③.

복음주의(福音主義)[명]〈기독〉그리스도교에서 성서에 있는 복음의 교의(敎義) 및 정신에 일치되도록 실행하기를 주장하는 사상. evangelism

복음 합창(複音合唱)[명]〈음악〉①복음 또는 중음(重音)으로 부르는 합창. 〔2〕칸초네(canzona).

복응(服膺)[명] 마음에 늘 두어 잊지 않고 지킴. 하[타]

복의(復衣)[명] 초혼(招魂)할 때에 쓰는 죽은 사람의 옷.

복의=배[명] 부자를 놀리는 말. 복쟁이 배처럼 재물로 잔뜩 부르다는 뜻. pot-bellied rich person

복의 이 갈 듯하다 원한이 있어서 이를 바드득바드득 갈다.

복이=나인(僕伊—)[명]〈제도〉조선조 때, 복이처(僕伊處)에 딸린 나인의 하인.

복-이온(複 ion)[명]〈화학〉두 가지 또는 그 이상의 원소로 되었다는 이온. 암모늄 이온·황산 이온 등이 있음.

복익(伏翼)[명]〔동〕박쥐.

복인(卜人)[명] 점쟁이.

복인(服人)[명] 기년(朞年) 이하의 상복(喪服)을 입은 사람.

복인(福人)[명] 복이 있는 사람. 복수(福手). lucky son

복인(福因)[명] 행복을 가져 오는 원인(原因). 《대》화인(禍因). cause of happiness

복인 복과(福因福果)[명]〈불교〉좋은 일이 원인이 되어 좋은 결과를 얻음. 선인 선과(善因善果).

복일(卜日)[명] 좋은 날짜를 점쳐서 가림. selection of a lucky day by divination 하[타]

복일(伏日)[명] 복날.

복일(復日)[명]〈민속〉음양가(陰陽家)에서 말하는, 며느리를 맞기를 꺼리[하]는 날.

복임(復任)[명] 전의 관직으로 다시 돌아옴. 하[자]

복임=권(復任權)[명]〈법률〉복대리인(複代理人)을 선임(選任)하는 대리인의 권리.

복-입다[—닙—](服—)[자] 기년(朞年) 이하의 복제(服制)을 입다. go into mourning (for less than one year)

복자¹(伏者)[명]→복자 망건.

복자²(卜者)[명]→복자 망건.

복자(卜者)[명]〔동〕점쟁이.

복자(福者)[명] ①유복한 사람. ②〈기독〉천주교에서 정식으로 공경할 만하다고 지정 발표한 사람. Blessed

복자(覆字·伏字)[명] ①인쇄물 가운데 활자가 뒤집어져서 겉게 박혀진 글자. ②따위가 turn 〈어〉인쇄물에서 명기(明記)하기를 피하기 위하여 일부러 비우거나 '○·×' 등의 표를 찍는 일. 또, 그 기호. cipher

복=자리(服—)[명]〔속〕복인(服人).

복자 망건(—網巾)[명] 편자는 길고 당의 둘레는 짧아서 위로 오그라진 망건의 하나. 《약》복자.

복=자엽(子子葉)[명]〔동〕쌍떡잎.

복-자예(複雌蕊)[명]〔동〕겹암꽃술.

복=자음(複子音)[명]〈어학〉둘 이상으로 되어서 그 소리나는 동안에 알님을 따라 다름이 생기는 자음. 곧, 중자음(重子音). 《대》단자음(單子音). diphthongal consonant

복작-거리-다[자] ①많은 사람이 좁은 곳에서 수선스럽게 뒤끓다. swarm ②물 따위가 작은 그릇에서 보글보글 끓어 오르다. 《큰》북적거리다. boil up 복작=복작[하][부]

복작-식(複作式)[명]〈농업〉한 땅에 두 가지 이상의 곡식이나 채소를 갈아 심는 농업 방법.

복잡(複雜)[명] 사물이 뒤섞여 어수선함. 《대》간단(簡單). 단순(單純). complexity 하[형] 스레[부]

복잡 괴기(複雜怪奇)[명] 복잡하고 괴상하며 이상 야릇함. 복잡 기괴(複雜奇怪). 하[형]

복잡 기괴(複雜奇怪)[명] 복잡 괴기(複雜怪奇).

복잡 다단(複雜多端)[명] 어수선하여 갈피를 잡기가 어려움. complexity 하[형]

복잡 미묘(複雜微妙)[명] 복잡하고 미묘함. 하[형]

복잡 반응(複雜反應)[명]〈심리〉자극과 이에 대한 반응 사이에 여러 가지 고등(高等)의 정신 작용이 일어가는 반응. 복합(複合)반응.

복장[명] ①가슴의 한복판. 흉당(胸膛). ¶~ 터질 노릇이다. middle part of the chest ②속에 품고 있는 생각. ¶~이 시커멓다.

복장(卜—)[명]〔변〕→복정(卜定)¹.

복장(伏藏)[명] ①엎드려 숨음. hiding oneself ②깊이 감추어 둠. concealment ③〈불교〉불상의 가슴 속에 금·은·칠보(七寶) 따위를 넣는 일. 하[타]

복장(服裝·服章)[명] ①직업에 따라 일정하게 만든 옷. uniform ②옷차림. dress 수

복장(福將)[명] 지혜·꾀는 없어도 싸움에 늘 이기는 장수.

복장(復葬)[명] 장사를 지내고 일정 기간 뒤에 다시 뼈를 처리하는 장법(葬法)의 하나. 미개 민족(未開民族)에 많음. double burial

복장 다라니(伏藏陀羅尼)[명]〈불교〉불상을 만들고 그 가슴속에 칠보(七寶)를 넣을 적에 외는 주문.

복장 주머니(伏藏—)[명]〈불교〉탱화 불상(幀畫佛像)에 칠보(七寶)를 넣어서 다는 주머니.

복재(伏在)[명] 드러나지 않고 숨겨져 있음. lying concealed 하[자]

복-재기(服—)[명]〔변〕복인(服人).

복쟁이[어류] 참복과의 바닷물고기. 몸 길이 15 cm 내외로 모양은 참복과 비슷하나 가늘고 길며 등과 배에 작은 가시가 밀포되어 있음. 몸 빛은 등이 까만데 많은 흰 점이 산재함. 강한 독이 있음. 흰점복. swellfish

복적(復籍)[명]〈법률〉혼인 또는 양자 관계에 의하여 제적되었던 사람이 제 집 호적에 다시 드는 일. return to one's original domicile 하[자]

복전(福田)[명]〈불교〉불보(三寶)를 공경하고 부모의 은혜에 보답하며 가난한 사람을 불쌍히 여기는 선행(善行)을 베풀면 복덕이 생기는 것이, 마치 농부가 밭에 씨를 뿌려 수확하는 것과 같다는 데서, 삼보(三寶)·부모·빈자(貧者) 등을 이르는 말.

복절¹(伏節)[명] 삼복(三伏)이 든 철. midsummer

복절²(伏節)[명] 절개(節槪)를 굳게 지킴. preserving chastity 하[자]

복절(腹節)명〈곤충〉곤충의 복부의 환절(環節).
복점(復占)명〈경제〉시장에 동일 상품을 공급하는 사람이 둘 밖에 없는데, 둘이 상호간에 경쟁하고 있는 상태. (대) 독점(獨占).
복정¹(卜定)명〈제도〉①조정에서 각 도에, 각 도에선 각 군으로 하여금 그 지방의 산물을 강제로 바치게 하던 일. ②사물을 지정하여 그 실행을 강요하는 일. (回) 복장(卜一).
복정²(卜定)명 길흉을 점쳐서 정함. 하타
복정 씌우-다(卜定一)타〈동〉복정 안기다.
복정 안기-다(卜定一)타 복정대로 실행시키다. 남에게 억지로 부담을 지우다. 뜻 복정 안다.
복정 안-다[一따](卜定一)타 복정대로 실행하다. 실지반 억지로 부담하다.
복제(服制)명 ①오복(五服)의 제도. (약) 복(服)①. ②옷을 차려 입는 규정. dress regulations
복제(復除)명〈제도〉부역(賦役)이나 조세(租稅)를 병자·노인·군인 등에게 면제(免除)함. 하타
복제(複製)명 ①예술 작품 따위를 그대로 본떠서 만드는 일. reproduction ②저작권자(著作權者) 이외의 사람이 원작을 본떠서 만듦. reprinting ③본디의 모양대로 다시 만듦. ¶~품. restoring 하타
복제-물(複製物)명 복제한 물건. [물.
복제-판(複製版)명〈미술〉미술 작품을 복제한 인쇄
복조(復調)명 변조되어 있는 반송과 가운데서 본디의 신호를 가려내는 일. 하타
복조(福祚)명〈동〉복(福).
복-조리(福笊籬)명〈민속〉설날 새벽에 파는 조리.
복족-류(腹足類)명〈동물〉연체 동물의 한 강(綱). 동부(胴部)의 배 부분에 펑펑한 육질의 밑이 있어서 다른 물건에 달라붙거나 운동을 한다. 고둥·소라·전복·달팽이·우렁이 따위. (대) 두족류.
복종(服從)명 명령대로 좇음. (대) 반항(反抗). obedience
복종(僕從)명〈동〉복부(僕夫).
복좌(復座)명 제자리로 돌아가거나 돌아가게 함. 하자타
[전투기. (대) 단좌(單坐).
복좌(複座)명 항공기 따위에서, 2개 있는 좌석. ¶~
복좌-기(複座機)명〈군사〉두 사람이 타는 경비행기.
복좌 용수철(復座龍鬚鐵)명 무기의 작용으로 뒤로 물러난 유도 발사탄 때 가스의 힘에 의하여 뒤로 물러난 유도 부분을 원위치로 밀어 보내는 작용을 하는 용수철.
복죄(伏罪)명 법에 복종하여 죽을 죄에 대하여 목숨을 바침. 하타 [ilty 하타
복죄(服罪)명 죄에 대한 형벌에 복종함. pleading gu-
복주(伏奏)명 삼가 ~ report to the throne 하타
복주(伏誅)명 형벌에 복종하여 죽음. 복법(伏法). be executed 하자
복주·복준(輻湊·輻輳)명〈번〉→폭주(輻湊·輻輳).
복주감투늙은이나 중들이 추울 때 쓰는 모자의 하나. (약) 감투.
복주 병진(輻湊幷臻·輻輳幷臻)명〈번〉→폭주 병진.
복주 복야(卜晝卜夜)명 ①낮 또는 밤의 길흉을 점침. ②절도가 없이 주야로 술을 마심. drinking day and night
복중(伏中)명 삼복(三伏)의 동안. period of dog days
복중(服中)명 기년복(朞年服) 이하의 복을 입는 동안.
복중(腹中)명 뱃속. [period in mourning
복지(卜地)명〈동〉복거①. 하자
복지(伏地)명 땅 위에 엎드림. lying prone on the
복지(服地)명〈번〉→양복지(洋服地). [ground 하타
복지(匍枝)명〈식물〉원줄기에서 나서 땅으로 벋어나가 뿌리를 땅에 박고 자라는 가지. stolon
복지(狀紙)명→약력지(藥歷紙).
복지(福祉)명 ①복음 누릴 만한 삶. land of beautitude ②〈민속〉운수가 좋은 땅. blessed land ③선인이 사는 곳. ④〈동〉지당(地堂).
복지(福祉)명 행복과 이익. 복리(福利). ¶아동(兒童)~. welfare [도모하는 나라. welfare state
복지 국가(福祉國家)명 국민 전체의 복지의 증진을

복지 사:업(福祉事業)명 복지 국가 실현을 목표로 추진하는 모든 사업. 복리 사업(福利事業).
복지 사:회(福祉社會)명〈사회〉모든 사회 구성원들의 복지가 증진되고 보장된 사회. welfare society
복지-상(服地商)명 양복지를 파는 가게. 또, 그 장수.
복지 시:설(福祉施設)명 양로원·모자원(母子院)·보육원·아동 상담소·점자(點字) 도서관 등, 사회 복지 시설을 이룸. 복리 시설(福利施設).
복지 연금(福祉年金)명 국민 가운데 노경(老境)에 처했거나 폐질(廢疾)·사망 등 불행한 일이 생겼을 때, 당사자나 그 가족에게 지급되는 연금.
복지 유체(伏地流涕)명 땅에 엎드려 눈물을 흘림. 하자
복지-장(福智藏)명〈불교〉나무아미타불(南無阿彌陀佛)의 명복의 하나. [畠
복직(復職)명 이전 직업을 회복함. reinstatement 하
복-진:자(複振子)명〈물리〉어떤 물체를 그 내부의 한 고정점을 지나는 축에 매달아 중력의 작용으로 그 주위를 진동하게 만든 장치. 실체(實體) 진자. 물리(物理) 진자. 합성 진자. compound pendulum
복-찜(腹一)명 복에 고명을 치고 증편틀에서 쪄 낸 음식.
복차(卜一)명〈번〉→복채(卜債).
복차(伏一)명〈번〉→복채(伏處). [clothes 하타
복-차려복장(服裝)명 옷을 입음. 또, 입은 옷. putting on
복찰(卜察)명〈민속〉점을 쳐서 살핌. 하타
복참(複塹)명 겹으로 둘러 판 성(城) 아래의 못(池). double moats [리.
복참-다리큰길을 건너 가로지른 개천에 놓은 다
복창(伏悵)명 '궁금하고 섭섭하다'는 뜻으로 웃어른에 대한 한문 편지에 쓰는 말.
복창(復唱)명 남의 말을 그대로 되풀이하여 부르거나 읽음. repeating 하타
복창(複窓)명 겹창. double window
복창-증[一종](腹脹症)명〈한의〉배가 부른 병.
복채(卜債)명 점을 쳐 준 값으로 주는 돈. (回) 복차(卜一). charge for fortunetelling
복채(福債)명 복권(福券).
복처(伏處)명〈제도〉요긴한 목에 순라군이 지키던 곳. (回) 복차(伏一).
복-처리(福一)명 복이 없는 사람. person out of
복철(覆轍)명 ①뒤집혀진 수레바퀴. ②다른 사람이나 자기가 전에 실패한 자취를 비유하여 일컫는 말. 전철(前轍).
복첨(福籤)명 금품(金品)이 붙은 제비. lottery
복첩(卜妾)명 성이 다른 여자를 골라 첩을 얻어 들임.
복첩(僕妾)명〈동〉복비(僕婢). [하타
복초(伏草)명 볶날에 술을 삭혀서 만든 초.
복축(伏一)명 살 만한 곳을 가려서 집을 지음. 하자
복축(祝祝)명 삼가 축원함. prayer 하타
복 치듯 하다타 어부가 복을 잡아 함부로 치듯, 되는 대로 마구 두드린다.
복-치마(服一)명 거상(居喪)하는 여자가 복으로 입는 치마.
복칭(複稱)명 ①복잡한 명칭. ②〈어학〉둘 이상의 사물을 나타내는 명칭. (대) 단칭(單稱). plural
복=타-다(福一)자 천부적으로 복을 받아 가지다.
복태(卜駄)명 말등에 실은 짐바리. packload on horseback
복태-밀다(伏默密多)명〈불교〉석가의 제 9대 제자인 존자(尊者). [려서 정함.
복택(卜宅)명 ①〈동〉복거(卜居). ②집터나 묘터를 가
복택(福宅)명 복리(福利)와 혜택. happiness and fa-
복토(覆土)명 흙을 덮음. 또, 그 흙. 하타 [vour
복통(腹痛)명 ①배가 아픔. 배앓이. stomach-ache ②몹시 가지 못한 일의 비유. ¶참~할 노릇이다.
복판①한가운데. middle ②소의 갈비·대접 또는 도가니 중간에 붙은, 구이에 쓰는 고기.
복판(復瓣)명〈동〉점엽(二葉), 중판(重瓣).
복=포(一布)명 복의 살로 만든 포.
복포(福包)명〈동〉복쌈.

복표(福票)[명] 복권(福券)①.
복-하다(卜―)[타여] ①점을 치다. ②점을 쳐서 집터 따위를 가려 정하다.
복학(卜學)[명] 복술에 관한 학문.
복학(復學)[명] 정학이나 휴학하고 있던 학생이 다시 학교에 복귀함. 복교(復校). reinstatement at school 하자

복학(腹瘧)[명] 〈한의〉 비장(脾臟)이 부어 배에 자라 모양 같은 것이 생기며서 아픈 어린애의 병. 자라배. 별학.
복학 잡-다(腹瘧―)[타] 복학을 완전히 고치다.
복합(伏閤)[명] 《제도》 나라에 큰일이 있을 때 조신 (朝臣)이나 유생(儒生)이 대궐 문 밖에서 상소(上疏)하던 일. 하자 ositeness 하자타

복합(複合)[명] 두 가지 이상을 거듭하여 합침. comp-
복합 경:기(複合競技)[명] 《체육》 스키 경기에서 거리 경주와 점프(jump)의 성적을 합계하여 순위를 정하는 것.
복합-관(複合管)[명] 〈전기〉 하나의 진공 용기 속에 서로 독립한 전자류(電子流)를 갖는 전극계(電極系)가 두 개 이상 있는 진공관.
복합-국(複合國)[명] ⇒복합 국가(複合國家).
복합 국가(複合國家)[명] 〈정치〉 둘 이상의 나라가 연합하여 이루어진 나라. 복합국(複合國). 《대》 단일 국가(單一國家). composite state
복합 단백질(複合蛋白質)[명] 〈화학〉 아미노산만으로 된 단순 단백질에 딴 유기 화합물 또는 원자단이 결합되어 있는 단백질.
복합 대:명사(複合代名詞)[명] 〈어학〉 둘 이상의 낱말이 복합되어 이루어진 대명사. '이이·저이' 등. compound pronoun
복합 동:사(複合動詞)[명] 〈어학〉 동사 위에 다른 동사나 그 밖의 품사가 겹쳐서 된 동사. '여닫다·드나들다·접나다' 따위. compound verb
복합-란(複合卵)[명] 〈동물〉 편형(扁形) 동물에서 볼 수 있는 특수한 형식의 알. 난황막(卵黃膜)으로 형성된 다수의 난황 세포가 난세포 주위를 둘러싸고 있고 그것을 다시 난각(卵殼)이 싸고 있음.
복합 명사(複合名詞)[명] 〈어학〉 둘 이상의 단어가 겹쳐서 된 명사. '본밑천·가루약' 따위. compound noun [compound time
복합 박자(複合拍子)[음악] '겹박자'의 한자어임.
복합 반:응(複合反應)[명] 복잡 반응(複雜反應).
복합 부:사(複合副詞)[명] 〈어학〉 둘 이상의 단어가 겹쳐서 이루어진 부사. '밤낮·때때로' 따위.
복합 비타민제(複合 vitamine 劑)[명] 〈약학〉 수용성(水溶性) 비타민 또는 지용성(脂溶性) 비타민의 한쪽만의 여러 비타민을 배합한 약. 《대》종합 비타민제.
복합 사:회(複合社會)[명] 〈사회〉 여럿의 단순 사회가 한데 모여서 이루어진 사회. composite society
복합 삼각주(複合三角洲)[명] 〈지학〉 하구(河口)를 같이 하는 둘 이상의 내가 바다로 들어갈 때, 여러 삼각주가 서로 붙어서 된 삼각주. composite fan
복합-설(複合說)[명] 〈심리〉 정신 현상은 심적 요소(心的要素)의 결합으로써 설명하나 그 결합되어서 생긴 정신 현상은 요소만의 총화(總和)가 아니고 그 요소에는 없던 성질이 덧붙여져 있다고 생각하는 설.
복합 섬유(複合纖維)[명] 두 가지 이상의 다른 섬유를 혼합한 섬유.
복합-세(複合稅)[명] 〈법률〉 동일한 화물(貨物)에 대하여 다른 과세 표준에 의하여 이중으로 부과시키는 과세 제도. plural tax
복합-어(複合語)[명] 〈어학〉 둘 이상의 단어가 겹쳐서 따로 된 단어가 된 말. '돌다리·신주머니·빛내다' 따위. 합성어. 《대》단일어(單一語). compound word
복합 영농(複合營農)[명] 전통적인 벼농사·보리농사에 참깨·양파·채소류 등의 경제 작물을 곁들이고, 우울러 축산을 복합적으로 결합시킨 농사법.
복합-음(複合音)[명] 〈음악〉 진동수가 다른 둘 이상의 순음(純音)의 결합으로 된 음. compound sound
복합적 개:념(複合的概念)[명] 〈논리〉 많은 속성(屬性)·내용을 포함한 개념. 《대》 단순 개념(單純槪念). complex concept
복합적 삼단 논법[一法](複合的三段論法) 〈논리〉 두 개 이상의 삼단 논법이 연결하여 하나의 삼단 논법의 결론이 다른 삼단 논법의 전제가 되도록 되어 있는 복잡한 삼단 논법. 연결 추리(連結推理). combined syllogism
복합 제:약설(複合制約說)[명] 〈철학〉 모든 사물은 하나의 원인만으로 이루어지는 것이 아니라 여러 가지 제약이 겹쳐 이루어진다는 학설. conditionalism
복합 조:사(複合助詞)[명] 〈어학〉 두 개 이상의 조사가 모여서 하나로 된 조사. '보다는·에서부터' 따위.
복합 첨단 산:업(複合尖端産業)[명] 〈경제〉 여러 가지 첨단적인 기술·서비스·상품을 결합시킨 복합 산업. 동식물의 유전자 조작(操作), 공업용 로봇 산업 따위. [된 물체. complex
복합-체(複合體)[명] 둘 이상의 물건이 합하여 하나로
복합 품:사(複合品詞)[명] 〈어학〉 두 개 이상의 품사로 이루어진 복합어의 품사.
복합 형용사(複合形容詞)[명] 〈어학〉 둘 이상의 단어가 합하여 된 형용사. '손쉽다·검붉다' 따위. compound adjective
복합 화:산(複合火山)[명] 〈지학〉 몇 개의 화산체(火山體)가 모여 이루어진 화산. 곧, 화산구(火山口) 안에 또다시 분화구(噴火口)가 생긴 화산. 복성 화산. 복식 화산. 《대》 단식 화산(單式火山). 《약》 복화산. compound volcano
복항(復航)[명] 선박이 목적지에서 돌아올 때의 항해. 《대》 왕항(往航). return voyage 하자
복행(伏幸)[명] 주로 편지 글에서, 자기의 행복함을 겸사하여 쓰는 말.
복행(旅行)[명] 복종하여 실행함. 하자
복-허리(伏―)[명] 삼복 동안의 가장 무더운 고비. 복중(伏中). hottest time of dog days
복허수(複虛數)[명] 복소수(複素數).
복혜(福慧)[명] 〈불교〉 복스러운 공덕과 지혜.
복호(伏虎)[명] 엎드려 있는 범. 「하여 주던 일. 하자
복호(復戶)[명] 《제도》 장정이나 효자들에게 부역을 면
복호(複號)[명] 〈수학〉 플러스와 마이너스 부호를 함께 적은 것. ±. 복부호(複符號). double sign
복호-결(復戶結)[명] 《제도》 복호(復戶) 때문에 생기는 세금의 부족을 채우기 위하여 일반 세금 중에서 예비로 따로 모아 두던 것.
복혼(複婚)[명] 배우자가 동시에 둘 이상의 혼인의 형태. 일부 다처(一夫多妻)·일부 다부(一婦多夫)·집단혼(集團婚) 따위. 《대》 단혼(單婚).
복화(複花)[명] 〈식물〉 꽃 또는 화서(花序)의 수효가 변태하므로 늘어서 된 기형(畸形)의 꽃. compound inflorescence
복화-과(複花果)[명] 〈식물〉 여러 꽃으로 된 많은 열매가 한데 모여 한 개의 열매처럼 생긴 과실. 복과(複果). 《대》 단화과(單花果). compound fruit
복-화:산(複火山)[명] 《약》→복합 화산(複合火山).
복화-술(復話術)[명] 단 한 사람이 인형을 가지고 연극을 하면서 입술과 이를 움직이지 않고 전혀 다른 목소리를 내어, 관중으로 하여금 그 인형이 말하는 것처럼 느끼게 하는 기술. ventriloquy
복화 시계(復化時計)[명] 〈심리〉 복화 실험에 쓰이는 시계 장치가 된 기계.
복화 실험(復化實驗)[명] 〈심리〉 동시에 들어오는 둘 이상의 감각 자극에 대한 동시적 인식의 실험.
복-화합물(複化合物)[명] 〈화학〉 화합물과 화합물이 결합하여 생긴 화합물. complex compound
복-활차(複滑車)[명] 《동》 겹도르래.
복-용(服用)[명] 약 먹어서 몸을 복용한 약.
볶-다[복따] ①물기 없이 약간 눋도록 익히다. ¶콩을 ∼. roast ②음식에 물이나 기름을 치고 익히다. ¶닭

고기를 ~. fry ③성가시게 굴다. ¶놀러 가자고 볶아대다. bully 「ering
볶아=대-다[타] 사람을 볶아서 못살게 굴다. keep both-
볶아-치-다[자] 몹시 급하게 서두르다. hurry up
볶은=장(一醬)[명] 쇠고기가루·생강·파·후춧가루·깨·간장·기름·꿀 따위를 버무려 볶은 음식. 초장(炒醬).
볶은 콩도 골라 먹는다[속] 애당초 고를 필요가 없는 것도 고르게 된다. 「린다.
볶은 콩 먹기[속] 그만 먹겠다면서 결국은 다 먹어 버
볶은 콩에 싹이 날까[속] 전연 가망이 없다.
볶음[명] 어떤 재료에 양념을 하여 기름을 두르고 볶은 음식. frizzled food
볶이[명] 볶음을 한 음식을 일컬음.
볶이-다[피동] 볶음을 당하다. be tormented
본[1](本)[명] ①본보기로 오려 만든 종이. 형지(型紙). ¶버선~. pattern paper ②거푸집.
본[2](本)[명] ①모범으로 삼을 만한 것. ¶~받을 행실. example ②《약》→본보기. ③《동》 관향(貫鄕). ④《약》→본전. 「②초목 따위를 세는 단위.
본[3](本)[의명] ①영화 필름의 한 편(篇)을 세는 단위.
본=(本)[접두] ①근본이 되는. basic ②본디의. ¶~모습. original ③지금 말하고 있는 '이' 또는 '그'의 뜻으로 쓰는 말. ¶~대회. this 「원채.
본가(本家)[명] ①《동》 본집. ②《동》 친정(親庭). ③《동》
본가[一까](本價)[명] 《동》 본값.
본가=댁[一땍](本家宅)[명] 《동》 친정댁.
본각(本覺)[명] 〈불교〉 삼각(三覺)의 하나로, 사람이 본디부터 가지고 있는 맑은 마음. 곧, 진여(眞如).
본간(本幹)[명] 근본이 되는 줄기.
본=값(本一)[명] 사들일 때의 값. 밑천으로 든 값. 본가(本價). 본전③. 원가. cost price
본갱(本坑)[명] 〈광물〉 광산의 중심이 되는 주된 갱도.
본거(本據)[명] ①근본이 되는 증거. fundamental evidence ②《동》 근거(根據).
본거=지(本據地)[명] 《동》 근거지(根據地).
본건[一껀](本件)[명] 이 사건. this event
본격[一껵](本格)[명] ①근본이 되는 격식. regular form ②본래의 격식을 갖추고 있는 일. due form
본격 소:설[一껵一](本格小說)[명] 〈문학〉 제재(題材)를 널리 사회에서 구하여 시대와 사회와의 관계에 있어서의 개인의 생활·운명·정신적 발전 따위를 객관적으로 다룬 예술성이 높은 소설. 《대》 심경 소설(心境小說).
본격=적[一껵一](本格的)[관명] 제대로의 격식을 온전히 갖춘(것). ¶이 연습은 아주 ~이다. regular
본격=화[一껵一](本格化)[명] 본격적으로 함. 또, 본격적이 됨. **하**[자타]
본견(本絹)[명] 명주실로 짠 비단을 인조견(人造絹)이나 교직(交織)에 대하여 일컫는 말. 순견(純絹). 《대》 인조견. pure silk
본=곁(本一)[명] 〈제도〉 비(妃) 또는 빈(嬪)의 진성.
본곁 나:인(本一)[명] 〈제도〉 본곁에서 들어온 나인.
본=계:집(本一)[명] 《속》 본처(本妻). 「본곶.
본=고장(本一)[명] ①《동》 본고향. ②《동》 본바닥. 《약》
본=고향(本故鄕)[명] 자기가 나서 자란 고향. 본고장①.
본=곶(本一)[명] 《약》→본고장. ⌊one's native area
본=과[一꽈](本科)[명] 〈교육〉 ①주장이 되는 과(科). 《대》 예과(豫科). 별과(別科). 선과(選科). regular course ②자기가 소속된 과. this department
본관(本官)[명] ①〈제도〉 자기 고을의 수령(守令). ②〈제도〉 감사(監司)와 병사(兵司)가 있는 곳의 목사(牧使)·판관(判官)·부윤(府尹). 본수(本倅). regular office ③정식(正式)의 관직(官職). ④겸관(兼官)에 대하여 그의 주된 본디의 관직. principal post [인대] 관리가 자기를 일컫는 말. present official 「르는 말.
본관(本貫)[명] 《동》 관향(貫鄕).
본관(本管)[명] 본줄기의 관을 지관(支管)에 대하여 이
본관(本館)[명] ①분관(分館)이나 별관에 대하여 그 주장이 되는 건물. 《대》 별관(別館). main building ②이 관(館).
본교(本校)[명] ①주장이 되는 학교. 《대》 분교(分校). principal school ②자기 학교. ¶~생(生). 《대》 타교(他校). this (our) school
본국(本局)[명] ①분국(分局)·지국(支局)에 대하여 그 근본이 되는 국(局). head office ②자기가 있는 국. 《대》 지국(支局). this office
본국(本國)[명] ①자기의 국적이 있는 나라. 본방(本邦). one's country ②자기가 난 나라. 《대》 타국(他國). one's native country ③식민지나 속령(屬領)에 대하여 그를 지배하는 나라.
본국=법[一뻡](本國法)[명] 〈법률〉 당사자의 국적이 있는 나라의 법률. Law of one's home country
본국=어(本國語)[명] ①제 나라의 말. ②《동》 모국어.
본=군(本郡)[명] 자기가 사는 고을. 본읍(本邑)①. this country
본권[一꿘](本權)[명] 〈법률〉 점유권(占有權)에 대하여 이를 정당하게 하는 실질적인 권리. 소유권·임차권·지상권 따위.
본=궤:도(本軌道)[명] ①근간(根幹)이 되는 중요한 궤도. ②일이 본격적으로 이루어져 가는 방향. ¶작업이
본=그늘(本一)[명] 《동》 본영(本影)①. ⌊~에 오르다.
본=그림(本一)[명] 《동》 원도(原圖). 원그림.
본=그림자(本一)[명] 《동》 본영(本影)①.
본근(本根)[명] 《동》 본원(本源).
본=금(本一)[명] 《약》→본금새.
본=금(本金)[명] 《동》 본전(本錢)②. 「original price
본=금새(本一)[명] 본값의 높고 낮은 정도. 《약》 본금.
본급(本給)[명] 다른 수당을 더하지 아니한 급여(給與). 본봉(本俸).
본기(本紀)[명] 〈역사〉 임금의 일생의 사적을 기록한 기전체(紀傳體) 역사의 한 부분. 《대》 열전(列傳).
본=길(本一)[명] ①본디의 길. ②바른 길.
본=남편(本男便)[명] 이혼·개가(改嫁)하기 전의 남편. 또, 본디의 정당한 남편. 본부(本夫)①. one's ex-
본년(本年)[명] 《동》 올해. ⌊husband
본=노루[명] 오래 묵어서 늙고 큰 노루. old roe deer
본능(本能)[명] ①〈생물〉 생물이 선천적으로 갖추고 있는 동작이나 운동. ②〈심리〉 동물이 세상에 난 뒤에 경험과 교육에 의하지 않고 외부의 변화에 따라서 나타나는 통일적인 심신의 반응 형식. instinct
본능=설(本能說)[명] 〈심리〉 인간 및 동물의 행동을 그의 선천적인 행동 양식으로부터 설명하는 학설.
본능=주의(本能主義)[명] 〈윤리〉 본능의 요구를 만족시킴으로써 인생의 목적으로 삼는 주의. instinctivism
본답(本畓)[명] 볏모를 옮겨 심을 논.
본당(本堂)[명] ①〈불교〉 본존(本尊)을 모시는 불당(佛堂). 금당(金堂). 보전(寶殿)②. main temple ②〈기독〉 주임 신부가 상주(常住)하는 교회당.
본당(本黨)[명] ①자기가 소속되어 있는 정당. ②이 정당.
본대(本隊)[명] 〈군사〉 ①본부(本部)의 군대. 《대》 부대(分隊). 지대(支隊). main force ②자기가 소속된
본·ᄃᆡ[부] 《고》 본디. ⌊부대(部隊). this unit
본=댁(本宅)[명] ①《공》 본집. your house ②《약》→본댁네.
본=댁네(本宅一)[명] 《속》 첩(妾)에 대해 정실(正室)을 이름. 《약》 본댁②. legal wife
본=데[명] 보아서 배운 범절·지식·솜씨. culture
본데=없:-다[형] 보아서 배운 것이 없다. uncultured **본데=없:이**[부]
본도(本島)[명] ①자기가 살고 있는 섬. 이 섬. ②군도(群島)·열도(列島) 중의 주된 섬.
본도(本道)[명] ①자기가 살고 있는 도(道). 또는 이 도. this province ②주장되는 큰길. high road ③올바른 길. right path
본도·기[명] 《고》 번데기. 「this town
본=동(本洞)[명] 자기가 사는 동네를 일컬음. 이 동네.
본=동:사(本動詞)[명] 〈어학〉 보조 동사의 도움을 받는 동사. 《대》 보조 동사. main verb

본-듯이[本—] 본 것처럼.
본=등기(本登記)〈법률〉가등기(假登記)에 대하여 「확정된 등기를 말함.
본디(本—)명 사물이 전해 내려오는 그 처음. ¶~는 좋은 사람이다. ①처음부터. 원래. 본래. 본시(本始). 원체(元體). ②그는 ~ 착한 사람이다. original
본데(本—)명 본보기가 될 만한 사물. example [inally
본데 보이-다(本—)타 본보기로 혼내 주다.
본데 있-다(本—)형 ①본보기로 할 만한 데가 있다. worth taking an example ②멋이 있다. nice
본-뜨-다(本—)타(으로) ①무엇을 모범으로 하여 그와 같이 좇아 행하다. ¶위인을 ~. ②이미 있는 사물을 본을 삼아서 그같이 만들다. ¶본떠서 만들다. copy after 「(本意)③. 본지(本旨)①.
본=뜻(本—)명 본디 품은 뜻. 근본이 되는 뜻. 본의
본-란(本欄)명 ①잡지 등의 기사의 중심이 되는, 주된 난. ②이 난.
본래(本來)명 튄 본디.
본래-공(本來空)〈불교〉만유(萬有)는 본디부터 실제하지 않고 비었음을 일컫는 말. 본래 무일물(本來無一物).
본래 면-목(本來面目)명 〈불교〉①중생이 본래 지니고 있는 순수한 심성. original nature ②자기 본래의 모습. original figure
본래 무일물(本來無一物)명 본래공(本來空).
본래 법이(本來法爾)명 〈불교〉본디부터 자연스러움.
본래 성불(本來成佛)명 〈불교〉우주 만물이 본래 그 갈냐는 견지에서 보면, 중생도 본래는 부처라는 말.
본래-유(本來有)명 〈불교〉사람마다 본래부터 가지고 있는 불성(佛性).
본령(本令)명 이 명령. this order
본령(本領)명 ①근본되는 강령. proper function ①. ②본성(本性)①. ③본래의 영지(領地).
본론(本論)명 ①언론(言論)·저서(著書)의 주장되는 부분. main discourse ②지금 논술하고 있는 이 이론. this subject
본루(本壘)명 ①〈체육〉야구에서, 타자가 공을 치는 자리. home base 2본거(本據)가 되는 곳. base
본루-타(本壘打)명 〈체육〉야구에서, 타자(打者)가 본루에까지 살아서 돌아올 수 있게 친 안타(安打). 홈런(home run).
본류(本流)명 ①강이나 내의 흐르는 원줄기. ㈜ 지류(支流). ②주가 되는 계통. 주류(主流). 원류(源流). ¶문학의 ~. maincurrent
본리(本利)명 튄 본변(本邊).
본-리(本里)명 ①자기가 사는 마을을 일컫는 말. our village ②지금 이야기하고 있는 이 리(里). said village
본=마나님(本—)명 〈곳〉남의 본처.
본=마누라(本—)명 큰마누라.
본-마음(本—)명 본디부터 가지고 있는 마음. 본심(本心)①. (약)본맘.
본말(本末)명 ①일의 처음과 나중. 단예(端倪)①. cause and effect ②물건의 밑과 끝. bottom and top ③근본과 여줄가리. root and branch
본말 전-도(本末顚倒)명 일의 본줄기를 잊고 사소한 부분에만 사로잡힘. putting the cart before the
본-맘(本—)명 본마음. 「horse 하다
본망(本望)명 본디부터의 소망. longcherished desire
본맥(本脈)명 혈맥이나 산맥의 본줄기. (대) 지맥(支脈). main range. ㈜리틀. (대) 딴브리.
본-머리(本—)명 제 머리에서 난 대로 자라도 있는 머
본-면(本面)명 ①자기가 살고 있는 면. our town ②지금 말하는 이 면(他面). said town
본명(本名)명 ①고치기 이전의 이름. 본이름. (대) 별명(別名). one's original name ②진짜 이름. 실명(實名). 평이름. one's real name ③〈기독〉영세(領洗) 때에 성인(聖人)의 이름을 따서 지은 이름. (대) 속명(俗名).
본명(本命)명 ①출생한 해의 간지(干支). ②자기의 타고난 명(命). predestined span of life
본명-일(本命日)명 〈민속〉음양가(陰陽家)에서 말하는 병난(病難)을 조심해야 하는 날.
본목(本木)명 진짜 무명. cotton
본무(本務)명 ①본디부터 맡은 직무. proper function ②자기가 맡은 사무. one's regular business
본-무:대(本舞臺)명 옆에다 덧붙여서 따로 장치한 임시의 무대에 대하여 원무대를 이르는 말.
본문(本文)명 ①문서(文書) 중의 주장되는 글. body ②주석(註釋)·강의(講義) 등의 원문장. text ③본디 그대로의 문장. 번역 또는 가감하지 아니한 원문(原文). 역문. original ④(약)→반절 본문(反切本文).
본문(本門)명 ①〈동〉정문(正門). ②〈불교〉본유(本有)의 묘리(妙理)를 밝히는 법문(法門).
본문 비:평(本文批評)명 고전(古典)·문헌(文獻) 등에 서로 틀리는 여러 가지 책이 있을 경우에 그 이동(異同)을 비판·연구하여 올바른 본문을 정하는 일.
본=문제(本問題)명 ①본디의 문제. ②지금 이야기하고 있는 이 문제. 「original form
본물(本物)명 본디 그대로의 물건. something in its
본-미사(本彌撒)명 〈기독〉예비 미사가 끝나고 계속 되는 제헌(祭獻) 미사. (대) 예비 미사.
본-밀(本—)명 ➡본밑천.
본-밑천(本—)〈경제〉자본으로서 실제로 들여 놓은 본디의 밑천. (약) 본밑.
본-바닥(本—)〈한의〉①본디부터 살고 있는 곳. ¶~ 사람. ②어떤 물건이 생산되고 있는 곳. 본고장②. 본처①. ¶~의 시세(時勢).
본-바탕(本—)명 근본이 되는 바탕. 본질(本質)①. 본판(本板). 「follow
본-받-다(本—)타(부) 남의 본을 따라 그와 같게 하다.
본방(本方)명 〈한의〉의서(醫書)에 있는 그대로의 방문(方文). established prescriptions
본방(本邦)명 〈동〉본국(本國).
본방(本房)명 〈제도〉임금의 장인댁(丈人宅).
본범(本犯)명 〈법률〉재물에 장물성(臟物性)을 부여하는 기본적인 재산 범죄. 또, 그 범죄를 범한 자.
본범(本帆)명 큰 돛대의 중앙에 있는 돛.
본-법[—뻡](本法)명 이 법률. this law
본변(本邊)명 〈경제〉본전과 변리. 본리(本利). principal and interest
본병(本兵)명 〈동〉병조 판서(兵曹判書).
본-병(本病)명 본디부터 앓아 낫지 못하고 때때로 도지는 병. 본질(本疾). 본증(本症). old complaint 「키어 이르는 말.
본-보(本報)명 신문 보도에서, 그 신문 자체를 가리
본보(本譜)명 〈음악〉오선식(五線式)의 악보(樂譜)를 약보(略譜)에 대하여 이르는 말.
본-보기(本—)명 ①일의 처리법을 실지로 들어 보이는 일. 궤도(軌道)②. 궤칙(軌則). ¶~로 엄벌에 처한다. example ②물건의 일부분을 보여 전체의 어떠함을 보이는 것. 모본(模本)①. 전범(典範). model ③(약)모보(模範). (약) 보기. 본²②.
본보기 내:-다(本—)타 ①본보기가 되게 하다. follow ②본보기가 될 물건을 만들다. model
본-보다(本—)타 무엇을 모범으로 삼아 행하다. copy
본봉(本俸)명 가봉(加俸)이나 수당(手當) 따위가 아닌 본디의 봉급. 기본급(基本給). 본급. (대) 상여(賞與). regular salary
본부(本夫)명 ①〈동〉본남편. ②〈동〉본사내②.
본부(本府)명 지방관이 자기가 있는 관부를 스스로 일컫는 말.
본부(本部)명 어떤 기관(機關)이나 단체의 중심이 되는 조직. 또, 그 조직이 있는 장소. ¶수사 ~. (대) 지부(支部). head office, headquarter
본부 사령(本部司令)명 〈군사〉사령부급 이상의 군기관 부대의 경비·시설·행정 등의 사항을 관장하는 본부 사령실의 장.
본분(本分)명 ①자기에게 알맞은 신분. one's proper

본=비아물(本非我物)[명] 뜻밖에 얻었던 물건은 잃어버려도 서운함이 없다는 말. 본비아토(本非我土).

본비아토(本非我土)[명] 본비아물(本非我物).

본사(本寺)[명] ①〈불교〉처음에 출가하여 중이 된 절. temple where one became a priest ②〈동〉본산(本山). ③이 절. 자기가 있는 절. 본찰(本刹). this temple

본사(本社)[명] ①사(社)의 본부(本部). ⑤대〉지사(支社). head office ②자기가 일보는 회사의 일컬음. our company 「그 일. 이 일. this matter

본사(本師)[명] ①근본이 되는 일. principal matter ②

본사(本師)[명] ①〈불교〉근본이 되는 교사(敎師)라는 뜻으로, 석가 여래를 이르는 말.

본-사내[명] ①〈동〉샛서방을 가진 계집의 본남편. 본부(本夫)②. 본서방.

본산(本山)[명]〈불교〉①일종(一宗) 또는 일파의 본종(本宗)이 되는 절. 각 사찰(寺刹)을 통할한다. 본사(本寺)②. head temple ②자기가 있는 절. 이 절.

본-살(本一)[명] 노름판 등에서 잃음을 셈할 때 본디 가졌던 돈의 액수. principal 하다

본상(本像)[명]〈동〉본색(本色)②.

본새(本一)[명] ①본디의 생김새. appearance ②동작이나 버릇의 됨됨이. manners

본색(本色)[명] ①본디의 면목 또는 명색. one's real character ②본디의 형태나 형체. 본상(本像). or

본생(本生)[명]〈약〉→본생부(本生父). [iginal form

본생-가(本生家)[명] 양자(養子)의 생가(生家). 《대〉양가(養家). ⑥약〉생. 생가(生家). ⑧공〉생정(生庭). one's native home

본생 부모(本生父母) 양자 간 사람의 생가의 부모. 본생친(本生親). real parents

본생-친(本生親)[명] 본생 부모(本生父母).

본서(本書)[명] ①주가 되는 문서(文書). ②정식(正式)의 문서. ③이 책. 이 문서.

본서(本署)[명] ①주장이 되는 관서(官署). 《대〉지서(支署). 분서(分署). principal office ②이 서(署).

본-서방(本書房)[명]〈동〉본사내①. [this office

본선(本船)[명] ①주장이 되는 배. mother ship ②이 배. this ship

본선(本線)[명] ①지선(支線)에 대하여 본줄기가 되는 주된 선. 간선(幹線). main line ②직통 열차가 지나는 철도 선로. 《대〉저선(貯線). main track ③이 선(線). this line [豫選]에 대하여 이르는 말.

본선(本選)[명] 우승자를 결정하는 최종 선발을 예선

본선 인:도(本船引渡)[명] 〈동〉에프 오 비(F.O.B.).

본성(本性)[명] ①사람이 본디부터 가진 성질. 본령(本領)②. 성(性). 천성(天性). real nature ②사물이나 현상에 원래부터 있던 고유한 특성. 실성(實性), 자연④. 정성(情性). [sg. original family name

본성(本姓)[명] 성(姓)을 고치기 이전에 본디 가졌던

본성(本城)[명] ①중심이 되는 성. ②이 성.

본세(本稅)[명]〈법〉어떠한 세금(稅金)으로 된 부가세(附加稅)에 대하여 그 근본이 되는 세. principal tax [여 으뜸이 되는 사무소. 이 사무소.

본소(本所)[명] ①지소·분소(分所)의 출장소에 대하

본소(本訴)[명]〈법〉소송 참가(參加)의 신청·주참가(主參加)·반소(反訴) 또는 중간 확인의 소(訴)가 제기되었을 때 그 기인(基因)이 된 소송. original suit ②지금 취급하는 이 소송. this

본수(←本俗)[명] 〈동〉본곡(本曲)②. [suit

본숭-만숭[부] 보는 체하고 실지로 보지 않는 모양. 아는이가 있는 데도 ~하다. take a cursory view of

본시(本始)[명] 처음. 본디. primarily 하다

본시(本是)[부] 본디. 본래. ①본디부터 이러하게. 원시(元是). originally

본시:험(本試驗)[명] 시험 중에서 주되는 시험. 또, 실제의 시험. 《대〉예비 시험. 모의 시험. ②이 시험.

험. 「이 법식. this style

본식(本式)[명] ①참된 법식(法式). orthodox style ②

본실(本室)[명]〈동〉정실(正室).

본심(本心)[명] ①〈동〉본마음. ②〈동〉본정(本情).

본안(本案)[명] ①근본이 되는 안건(案件). 원안(原案). original bill ②〈법률〉민사 소송법상 부수적·파생적인 사항으로부터 전하여 중심이 되는 사항. ③이 안건. 이 의안(議案). this bill

본안 판결(本案判決)[명]〈법률〉민사 소송에서, 소(訴)에의 적부의 청구 또는 상소에 의한 불복 주장의 당부(當否)를 판단하는 판결. 《대〉소송 판결.

본액(本額)[명] 본디의 돈의 액수. original amount

본업(本業)[명] 근본이 되는 직업. 본직(本職)①. 주업(主業). 《대〉부업(副業). one's principal occupation

본연(本然)[명] ①본디 그대로의 자연(自然). 인공(人工)을 더하지 않은 자연. nature ②타고난 상태. 본디 생긴 그대로의 상태.

본연지-성(本然之性)[명] 사람이 본디부터 가지고 있는 심성(心性). one's true nature 「의 잎 외의 잎.

본엽(本葉)[명] 떡잎 뒤에 나오는 잎. 또, 특수한 잎 밖

본영(本影)[명] ①〈물리〉불투명체에 가로막혀 광원(光源)으로부터 전혀 빛을 받지 못하여 어둡게 된 곳. 본그늘. 본그림자. ②태양의 흑점의 한가운데에 있는 검은 부분. 암부(暗部). 《대〉반영(半影).

본영(本營)[명]〈군사〉주장이 되는 군영(軍營). 본진(本陣). 〈유〉아영(牙營). headquarters

본=예:산(一豫算)[명] 최초에 국회에 제출되는 총예산을 추가 경정(追加更正) 예산에 대하여 이르는 말. original budget 「용언.

본=용:언(本用言)[명]〈어학〉보조 용언의 도움을 받는

본원(本院)[명] ①분원(分院)·지원(支院) 등에 대하여 으뜸이 되는 병원·요양원 따위. ②이 원(院).

본원(本源)[명] 주장이 되는 근원. 본근(本根). 연원(淵源). origin

본원(本願)[명] ①본디부터 가진 큰 소원. long-cherished desire ②〈불교〉부처가 중생을 교화하려 하고 세운 발원(發願). Original Vow of Amita Buddha

본원 왕:생(本願往生)[명]〈불교〉부처의 서원(誓願)으로 구제를 받아서 극락에 왕생하는 일.

본원-적(本源的)[관][명] 본원이 되는(것).

본원적 소:득(本源的所得)[명]〈경제〉임금·이윤·이자·지대(地代) 따위와 같이 생산 활동에 종사함으로써 받게 되는 생산적인 소득.

본월(本月)[명] 이달.

본위(本位)[명] ①표준을 삼는 기본. ¶실력 ~. standard ②근본의 위치. original position ③한 나라의 통화(通貨) 단위의 기준. 「름. natural

본위 기호(本位記號)[명]〈음악〉'제자리표'의 한자 이

본위-부(本位付)[명]〈약〉→본위 화폐(本位貨幣).

본위 화:폐(本位貨幣)[명]〈경제〉한 나라의 화폐 제도의 표준이 되는 화폐. 《약〉본위화(本位貨). standard coin 「본래의 것. 본디. 하

본유(本有)[명] ①본디부터 있음. being innate ②〈동〉

본유 관념(本有觀念)[명]〈철학〉사람이 나면서부터 가지고 있는 직접 관념. 생득(生得) 관념. 《대〉습득 관념. innate ideas 「그(것).

본유-적(本有的)[관][명]〈철학〉나면서부터 갖고 있는

본읍(本邑)[명] ①본군(本郡). ②〈동〉이 고을의 읍. this town

본의(本意)[명] ①진정한 마음. 진정한 소망. 본정(本情). one's real wishes ②본래의 마음. 본래의 의사. 본회(本懷). one's original purpose ③진정한 뜻. 근본의 뜻. 본뜻. one's real intention

본의(本義)[명] 참뜻. 본지(本旨)①. true meaning

본=이름[-니-](本一)[명] 가명이나 별명에 대한 본디의 이름. 본명(本名)①.

본인(本人)[명] ①자기. I ②바로 그 사람. 당사자(當事

본일(本日)[명] 오늘. 이날. 금일(今日).
본적(本籍)[명]《법률》①[약]→본적지. ②호적(戶籍)이 소재(所在)하는 곳. 원적(原籍). one's permanent domicile
본적-지(本籍地)[명]《법률》본적이 있는 곳. 관적(貫籍).《약》본적(本籍)①. domicile
본전(本傳)[명] ①기본이 되는 전기(傳記). original biography ②그 사람의 전기. his autobiography
본전(本殿)[명]〈동〉보전(寶殿)②.
본전(本錢)[명]《경제》①사업하는 밑천이 되는 돈. capital ②변리(邊利)가 붙지 않은 밑돈. 본금(本金). 원금. principal ③〈동〉본금.《약》본②.
본전-꾼(本錢一)[명] ①마을을 가지거나 사람이 모이는 곳에 언제 가도 늘 와 있는 사람. ever-present village people ②술자리 따위에서 끝장까지 보는 사람. stickers of a party
본점(本店)[명] ①영업의 본거지가 되는 점포.《대》지점. 분점(分店). 출장소. head office ②자기가 관계하고 있는 점포. 또, 이 상점. 본포(本舖). this office
본정(本情)[명] 본래의 참된 심정. 본심(本心)②. 본의.
본-정신(本精神)[명] 본디대로의 건전한 정신. 제정신.
본제(本第)[명] 고향에 있는 본집. one's ancestral home
본제(本題)[명] ①중심이 되는 제목이나 과제. ②본래의 제목. 동〉제목.
본제 입납(本第入納)[명] 본집으로 들어가는 편지라는 뜻으로, 자기 집에 편지할 때 결물 표면에 자기 이름 밑에 씀. addressed to one's own home
본조(本朝)[명] ①현재 있는 왕조. present dynasty ②자기의 나라. 자기 나라의 조정(朝廷). 아조(我朝). one's own country
본존(本尊)[명]《불교》①으뜸이 되는 부처. 주세불(主世佛). 주불(主佛). principal image ②석가 모니를 으뜸가는 부처라는 뜻으로 이름. Buddha
본존-상(本尊像)[명]《불교》법당에 모신 부처 중에서 가장 으뜸되는 부처의 상.
본종(本宗)[명] 성과 본이 같은 일가붙이. relatives on one's father's side
본종(本種)[명] 본디부터 그 땅에 있던 종자.《유》재래 종. native kind
본죄(本罪)[명] ①《법률》법(法)에 규정된 죄명(罪名). regular crime ②《기독》사람이 자의로서 난 온갖 죄. all sins ③《기독》사람이기 때문에 날 때부터 가지는 모든 죄. original sin ④이 죄. this crime
본주(本主)[명]〈동〉소유주(所有者). ②본주인. 원주인. original owner
본-줄기(本一)[명] 근본이 되는 줄기.
본증[一證](本症)[명] 본증(本症).
본증(本證)[명]《법률》입증(立證) 책임을 지는 당사자가 그 사실을 입증하기 위하여 제출하는 증거.《대》반증(反證).
본지(本支)[명] ①원바탕에서 나뉨. ②줄기와 가지. branch ③본가(本家)와 분가(分家). main family and branch families
본지(本旨)[명] ①본디 품은 마음. 본뜻. 본의(本意). true aim ②근본이 되는 취지. main meaning.
본지(本地)[명] ①자기가 살고 있는 그 땅. 당지(當地). here ②이 땅. this place ③《불교》본문(本門)의 증과(證果)를 얻는 지위. 「intention
본지(本志)[명] 본디의 뜻 또는 지조. one's original
본지(本紙)[명] ①신문지·문서 등의 주되는 부분의 지면(紙面). ②부록. body ②자기가 관계하고 있는 신문. our paper
본지(本誌)[명] ①자기가 관계하고 있는 잡지. our journal ②이 잡지. this journal ③별책·부록 등에 대하여 잡지의 중심이 되는 책.
본직(本職)[명] ①겸직·부업·내직이 아닌 주가 되는 직업. 본업(本業). ¶그의 ∼은 무엇이나가? ②내직(內職)①. principal business ②자기가 맡고 있는

직관(職官). 이 직업. one's regular business ③〈동〉실직. [대] 관리들이 자기 스스로를 말할 때
본진(本陣)[명] 본영(本營). [씀.
본질(本疾)[명] 본병(本病).
본질(本質)[명] ①〈동〉본바탕. 본래부터 갖고 있는 사물 독자의 성질. ③〈철학〉어떤 사물을 성립이루는 데에 없어서는 안 될 요소. essence ④〈철학〉사물의 현상의 뒤에 있는 실재. 실존②. 원질③.《대》현상. noumenon 「sential
본질-적[一的](本質的)[관형] 본질 그대로의(것). es-
본질적 속성[一的一](本質的屬性)[명]《철학》어떤 사물이나 개념에 꼭 있어야 할 속성(屬性).《대》우유적 속성(偶有的屬性).
본질 직관(本質直觀)[명]《철학》독일의 철학자 후설(Husserl)의 현상학(現象學)의 용어. 어떤 사물을 비교(比較) 상기(想起)하여 인식하는 것이 아니라, 감성(感性)으로 현상을 직관하여 사물의 본질을 인식하는 일.
본질-학(本質學)[명]《철학》사실(事實)을 다루지 않고 본질을 다루는 학문. 대상의 본질을 다루는 것을 존재학(存在學), 의식의 본질을 다루는 것을 현상학(現象學)이라 함. 「own home
본-집(本一)[명] ①자기 집. 제집. 본가(本家)①.
본찰(本刹)[명]《불교》본사(本寺)③.   「실.
본처(本妻)[명] '아내'를 첩에 상대하여 이르는 말. 정
본처(本處)[명] ①본바닥. ②이곳. this place
본처 목사(本處牧師)[명]《기독》갈리 교회로서 휴직(休職) 중에 있는 목사를 가리키는 말.
본척-만척(本一)[명]〈동〉본체만체. 하[민
본청(本廳)[명] ①근본이 되는 기관을, 지청(支廳)에 대하여 일컫는 말. ②자기가 속하여 있는 청. 이 청.
본체(本體)[명] ①사물의 본바탕. original form ②사물의 정체(正體). ③〈철학〉현상의 근본체로서 감성(感性)의 대상이 아닌 순수(思惟)의 대상. ¶꿈의 ∼는 무엇인가.《대》현상(現象). substance ④〈동〉실상(實相)②.
본체-계(本體界)[명] 본체의 세계.《대》현상계.
본체-론(本體論)[명]《철학》실재(實在)의 가장 보편적이며 기초적인 규정을 연구하는 학문. 실체론(實體論).《대》현상론. 「not to see 하다
본체-만치체(本一)[명] 보고도 안 본 체. 본척만척. pretend
본초(本初)[명] 시초(始初). 근본. origin
본초(本草)[명] ①나무와 풀. ②《한의》약재(藥材)나 약학(藥學). herbs
본초(本哨)[명] 여러 초소를 총괄하는 초소.
본초-가(本草家)[명]《한의》본초의 약성을 연구하거나 본초에 대한 지식이 풍부한 사람.
본초 자오선(本初子午線)[명]〈지학〉지구의 경도를 측정할 때 기준이 되는 남북 경선. prime meridian
본초-학(本草學)[명]《한의》중국에서 고래로 전하여 오는 식물학 또는 약물학. Chinese medical botany
본촌(本村)[명] ①자기가 사는 촌. 이 마을. this village ②갈라져 나간 마을에 대하여 주가 되는 마을. principal village
본-치(本一)[명] 남의 눈에 뜨이는 태도. appearance
본칙(本則)[명] ①〈동〉원칙. ②《법률》법령의 본체가 되는 부분.《대》부칙.
본태(本態)[명] 본래의 형태. original form
본택(本宅)[명]《원》→본세.
본토(本土)[명] ①자기가 사는 그 고장. 이 땅. 본향. this place ②섬에 대하여 그 주되는 영토. main land
본토-박이(本土一)[명] 대대로 그 고장에서 살아오는 사람. 본토인(本土人).《약》토박이. natives
본토-불(本土弗)[명] 미국 정부에 의해서 발행되는 미국의 정화(正貨).《대》군표(軍票). green-back
본토-인(本土人)[명] 본토박이.
본토-종(本土種)[명] 본디 그 곳에서 나는 종자.《약》토종(土種). aboriginal

본토지민(本土之民)[명] 그 고장에서 원래부터 사는 사람. 본토지인.
본토지인(本土之人)[명] =본토지민.
본판(本板)[명] =본바탕.
본포(本圃)[명] 모종이나 묘목을 옮겨심음을 받.
본포(本舖)[명] ①자기의 점포. this shop ②[동] 본점(本店). ③어떤 특정한 상품의 제조 판매를 주관하는 점포. main office
본행(本行)[명] 자기가 관계하는 은행. 이 은행(銀行).
본향(本鄕)[명] 본디의 고향. 시조가 난 땅. 관향(貫鄕). 본관(本貫). 본토(本土)① one's ancestral home [our bank
본-허울(本—)[명] 사물의 근본이 되는 꼴. original form [경기를 이름.
본:-헤드(bonehead)[명] 야구 등에서 멍청하고 서투른
본형(本刑)[명] 《법률》①그 범죄에 해당하는 형벌. regular penalty ②본래 받을 형벌. original penalty
본형(本形)[명] 본디의 모양. original form
본회(本會)[명] ①우리의 회. 이 회. this meeting ②[약] →본회의(本會議). ③《정치》의회의 전원 회의(全院會議). [wish
본회(本懷)[명] 속마음. 본마음. 본의(本意)②. one's
본회:의(本會議)[명] ①이번의 회의. this meeting ②각 분과 회의에 대한 주장되는 회의. [약] 본회. general meeting [ㄴ. cheek
볼[명] 뺨의 가운데 부분. [속] 볼퉁이. 볼때기. 볼따구
볼[명] ①좁고 기름한 물건의 넓이. width ②버선 밑바닥에 덧대는 헝겊 조각. patch
볼[명] 연장의 날을 벼릴 때에 덧대는 쇳조각. piece of iron added in tempering
볼:(ball)[명] ①공. 구(球). ②무도회(舞蹈會). ③《체육》야구에서, 스트라이크가 아닌 투구(投球).
볼=가심-하다[타여] 아주 적은 음식으로 시장기를 면하는 일. eating just a bite 하다
볼가-지다[자] ①위로 부어 오르다. swell ②거죽으로 쑥 내밀다. protrude ③숨겨졌던 것이 뛰어나오다. [큰] 불거지다. be exposed
볼가-거리다[타] ①질긴 물건을 입에 가득 물고서 연해 씹다. chew repeatedly ②빨래 따위를 힘주어서 자주 주무르다. [큰] 불거거리다. rub **볼각-볼각**[부]
볼강-거리다[자] 물건이 단단하고 질겨 잘 씹히지 않고 요리조리 헤돌다. [큰] 불겅거리다. be not easily masticated **볼강-볼강**[부] 하다
볼강-스럽-다[형ㅂ변] 존경하고 근엄히 모실 어른 앞에서 볼강스런 태도가 있다. [큰] 불겅스럽다. disrespectful **볼강-스레**[부] [겨나는 종기. 탐나종.
볼-거리[명] 《한의》풍열(風熱)로 인하여 볼 아래에 생
볼견-부(-見部)[명] 한자(漢字) 부수(部首)의 하나. '親'·'觀' 등의 '見'의 이름.
볼그대대-히 다[형여] 좀 야하게 볼그스름하다. 볼그레대대하다. reddish
볼그댕댕-하다[형여] 격에 어울리지 않게 볼그스름하다. [큰] 불그뎅뎅하다. excessively reddish
볼그레-하다[형여] 조금 곱게 볼그스름하다. 볼그레하다. reddish
볼그름-하다[형여] [약] →볼그스름하다.
볼그무레-하다[형여] 얕게 볼그스름하다. [큰] 불그무레하다. reddish [불그숙숙하다.
볼그속속-하다[형여] 수수하게 볼그스름하다. [큰]
볼그스름-하다[형여] 새뜻하고 오붓한 태깔로 좀 붉다. [약] 볼그름하다. [큰] 불그스름하다. [센] 뽈그스름하다. reddish **볼그스름-히**[부]
볼그족족-하다[형여] 빛이 고르지 못하고 좀 칙칙하게 볼그스름하다. [큰] 불그죽죽하다. [센] 뽈그족족하다. irregularly red **볼그족족-히**[부]
볼긋=볼긋[부] 여기저기 점점이 붉은 모양. [큰] 불긋불긋. [reddish
볼긋-하다[형여] 조금 붉은 듯하다. [큰] 불긋하다.
볼기[명] ①〈생리〉허벅다리의 위 좌우 쪽 살이 두둑한 부분. 엉덩이. 둔부(臀部). buttocks ②[속] 태형(笞刑). [이. 산적에 씀. [약] 긴살. rump
볼기-긴:살[명] 소의 볼기살에 붙어 있는 길쭉한 살덩
볼기 때리-다[동] 볼기 치다.
볼기 맞-다[자] 볼기를 두들려 맞다. 형벌로 볼기침을 당하다. be spanked
볼기 열다섯 대나 맞으려면 좌수 청까지 안 댈텐[속] 잘해 달라고 부탁을 했으나 결과는 청을 하나마나 마찬가지가 되었다. [fin
볼기-지느러미[명] 〈어류〉물고기의 뒷지느러미. anal
볼기-짝[명] '볼기'의 속된말. buttocks
볼기짝 얼레[명] 기둥 두 개만을 써서 네모가 지지 않고 납작하게 만든 실 감는 얼레. flat reel [spank
볼기 치-다[타] 형벌로 볼기를 때리다. 볼기 때리다.
볼꼴[명] 남의 눈에 드이는 겉모양. appearance
볼꼴 사:납-다[형ㅂ변] ①남이 보기에 그 모양이 언짢다. unsightly ②생긴 것이 모양이 없다. unshapely ③하는 행동이 망측하다. indecent
볼꼴 좋:-다[관용] 볼꼴 사나운 것을 야유하여 이르는 말.
볼끈[부] ①갑자기 내밀거나 떠오르는 모양. suddenly ②성을 왈칵 내는 모양. in a fit of passion ③주먹을 단단히 쥐는 모양. firmly
볼끈-거리다[자] 소견이 좁아 툭하면 성을 왈칵 내다. [큰] 불끈거리다. be petulant **볼끈-볼끈**[부] 하다
볼끼[명] 추위를 막기 위해 볼을 싸는 물건. cover to protect cheek from cold
볼-달-다[타ㄹ변] ①다 닳아진 칼·호미 따위의 연장에 쇠를 덧붙이어 버리다. ②버선 앞쪽 바닥에 헝겊을 대어 깁다. put patches on the bottom of socks
볼도-다[형] ①힘에 벅차서 어렵다. difficult ②죄어치는 힘이 억세다. hard
볼-드(bold)[명] [약] →볼드페이스(boldface).
볼:-드=페이스(boldface)[명] 〈인쇄〉구문(歐文)의 활자에 있어서 보통의 활자체보다 선이 굵은 체.
볼-따구니[명] [속] 볼¹.
볼-때기[명] [속] 볼¹.
볼똑[부] ①갑자기 볼록 솟아나와 불가진 모양. protruding ②갑자기 경망하게 성을 내는 모양. [큰] 불똑. flare up in anger **볼똑-하다**[형여] [=볼똑. **볼똑-히**[부]
볼똑-거리다[자] 갑자기 불가져 연해 성을 내다. 볼똑
볼똥-거리다[자] 소견이 좁아 툭하면 성이 나서 얼굴이 볼똑해지다. [큰] 불똥거리다. be testy **볼똥-볼똥**[부] 하다
볼란테(volante 이)[명] 〈음악〉 '가볍게'의 뜻.
볼:러(bowler)[명] 볼링을 직업으로 하는 사람.
불런티어 운:동(volunteer 運動)[명] 〈사회〉일군 부족과 인건비(人件費) 따위 때문에 곤란을 받는 사회 사업 단체를 원조하기 위하여 무보수로 노력을 제공할 사람을 十하는 운동.
볼레로(bolero 스)[명] ①〈음악〉4분의 3박자로 된 스페인 민속 무곡(舞曲)의 하나. ②스페인 부인의 짧은 웃옷.
볼로미:터(bolometer)[명] 〈물리〉복사 에너지의 측정에 쓰이는 하나의 저항 온도계. 여러 장의 백금박으로 되고 이것에 부딪치는 복사선의 에너지를 흡수하여서 백금박의 전기 저항의 커짐에 따라 온도의 상승을 알 수 있음.
볼록-거리다[자타] 튀질 힘이 있는 물건이 생기면서 자주 내밀었다 들어갔다 하다. 또, 그리 되게 하다. [큰] 불록거리다. bluge repeatedly **볼록-볼록**[부] 하다
볼록-거울[명] 〈물리〉①구면(球面)의 일부가 볼록한 반사면으로 되어 있는 거울. 볼록 면경. convex ②돋보기의 알. 철면경(凸面鏡). [대] 오목거울. 요면경.
볼록 렌즈(—lens)[명] 〈물리〉두 맞면 또는 한 면이 볼

볼록 면경 800 **봄눈 슬듯 한다**

볼록하게 도드라진 렌즈. 수렴 렌즈(收斂 lens). 철렌즈(凸 lens). (대) 오목 렌즈. convex lens
볼록 면:경(一面鏡)명 (동) 볼록거울①.
볼록-하-다[자여불] 통통하게 겉으로 쑥 내밀어 있다. 《큰》불룩하다. protuberant 볼록=히튀
불=룸(ballroom)명 무도실(舞蹈室). 무도장(舞蹈場).
볼륨(volume)명 ①양(量). 분량(分量). ②〈수학〉체적(體積). 용적(容積). ③〈음악〉음량(音量). ¶~을 낮추다. ④(미술) 미술품의 평면적이 아닌 입체적 효과에서 오는 중량(重量)의 느낌. 양감(量感).
볼링(bowling)명〈체육〉실내 경기의 하나. 직경 약 20 cm 의 공을 한 손으로 굴려 60 피트 전방에 줄지어 서 있는 10개의 핀(pin)을 넘어뜨리는 경기.
볼만-장만[부] 옆에서 보기만 하고 간섭을 않는 모양. idly standing by 하다
볼만-하-다[자여불] 보기만 하고 시비를 말하지 아니 하다
볼만-하-다[형여불] 보아서 이로운 점이 있을 듯하다. worth seeing 없어서 걸맞다. fit together
볼=맞-다 ①손이 서로 맞다. becoming ②차등이
볼=맞추-다[타] 서로 맞게 하다. suit
볼=메:-다[형] 성낸 태도가 있다. angry
볼멘:-소리[명] 성이 나서 통명스럽게 하는 말투. angry remarks
볼모명 ①담보로 맞은편에 물건을 전당 잡혀 두는 일. security ②나라 사이에 침범하지 않겠다는 서약으로 상대국에 억류하여 두는 왕자나 유력한 사람. 유질(留質). 인질(人質). 질자(質子). ¶~ 잡다. ~ 잡히다. hostage 만 있다.
볼모로 앉았다[관] 볼모로 간 사람처럼 일은 않고 앉아
볼=받-다[타] 버선의 앞닦 바닥에 헝겊 조각을 덧대서 집다. patch up socks patched socks
볼=받이[-바지] 해진 곳에 볼받은 버선.
불: 베어링(ball bearing)명 굴대와 축받이 사이에 몇 개의 강철 알을 넣어 점접촉(點接觸)을 이용해서 마찰을 적게 하는 축받이의 하나.
볼임[-부침]명 (동) 볼받이.
볼세비즘(Bolshevism 러)명〈사회〉①볼셰비키의 마르크스 주의. ②과격주의. (대) 멘셰비즘.
볼셰비키(Bolsheviki 러)명〈사회〉①러시아 사회민주 노동당의 급진파. ②과격한 혁명주의자. 과격파. (대) 멘셰비키.
볼-성명 남에게 보이는 체면이나 겉보기. appearance
볼썽 사:납-다[형ㅂ불] ①체면 또는 예모(禮貌)가 없어서 보기에 언짢다. be unsightly ②볼품이 없어 흉하다.
볼쏙[부] ①불룩하게 쑥 나오거나 내밀거나 하는 모양. protruding ②갑자기 쑥 나타나거나 생기는 모양. 《큰》불쑥. bulging out 하다형
볼쑥-거리-다[자타] 평평한 바닥의 군데군데가 톡톡 비어져 나오다. 《큰》불쑥거리다. **볼쏙볼쏙** 하다
볼쑥-하-다[형여불] 평평한 바닥 밖에 비어져 있다. 《큰》불쑥하다. **볼쑥-이**튀 등처럼 된 나무나 돌.
볼삐명 디딜방아나 물방아의 쌀개를 받치고 있는 기
불: 엄파이어(ball umpire)명〈체육〉구심(球審).
볼=우물명 (동) 보조개.
볼:-일[-릴]명 해야 할 용무(用務). ¶~이 많아
불=작시간[-짝-]명 본다고 할 것 같으면.
볼장 다보다[-짱-]〈관〉①일이 뜻대로 되지 않고 실패(失敗)하다. fail ②끝나다. end
불: 카운트(ball count)명〈체육〉야구에서, 한 타자에 대한 투수의 투구의 스트라이크와 볼의 수.
볼칵튀 지직한 진축이나 진흙 같은 것을 조물락거리거나 밟을 때 나는 소리. 또는 그 모양. 《큰》불칵. kneading 하자
볼칵-거리-다[자타] 진흙이나 반죽 같은 지직한 물건을 자꾸 밟거나 주무르다. 《큰》불칵거리다. **볼칵-볼칵** 하자
볼타-미:터(voltameter)명 (동) 전량계(電量計).
볼타 전:지(volta 電池)명 묽은 황산(黃酸)을

넣은 그릇에 구리판과 아연판을 마주 세워 전기가 일어나게 한 전지. volta's cell
볼통-거리-다[자타] 통명스럽고 야비차게 함부로 자꾸 볼쏙볼쏙 말을 하다. 《큰》불통거리다. curt 볼통-불통튀 하자
볼통-불통튀 물체의 겉면이 군데군데 불가거나 통통한 모양. ¶~ 나온 시골 길바닥. 《큰》불통불통. 하형
볼통스럽-다[형ㅂ불] 말이 순하지 않고 볼통불통한 태도가 있다. 《큰》불통스럽다. snappish 볼통-스레튀
볼통-하-다[형여불] ①둥근 모양으로 내밀어 있다. protuberant ②소견이 좁아 툭하면 성을 내고 함부로 하다. 통명스럽다. snappish 볼통-히튀
볼통이명 (애) 볼이.
볼트(bolt)명〈공업〉수나사의 하나. 너트(nut)와 함께 두 물체를 죄거나 접합하는 데 쓰임.
볼트(volt)명〈물리〉전위차·전압 및 기전력의 단위. 1 암페어의 정상 전류가 저항 1옴의 도선(導線)을 흐르고 있으면 이 양끝의 전위차를 1볼트라 함. 기호; V.
볼트미:터(voltmeter)명 (동) 전압계(電壓計).
볼트-암페어(voltampere)명〈물리〉전력을 나타내는 단위.
불: 펜(ball pen)명 필기구(筆記具)의 하나. 펜대 끝에 작은 강철 알을 끼워 운필(運筆)에 따라 회전하게 하여 축내(軸內)의 원통 세관(細管)으로부터 오일 잉크(oil ink)를 내어 쓰는 펜.
불-품명 겉으로 보이는 모양새. appearance
볼품-없:-다[형여불] 겉으로 보기에 초라하다. ¶볼품없는 웃차림. 볼품-없:이튀
볼프람(wolfram 도)명 (동) 텅스텐.
볼프람-강(Wolfram 鋼)명 텅스텐을 섞은 특수 강철. 경도(硬度)가 큼.
볼프람 철강(Wolfram 鐵鋼)〈공업〉텅스텐의 주요한 광석. 철·망간·텅스텐·산소 등으로 이루어짐. 단사 정계(單斜晶系)로 판상(板狀)·주상(柱狀)·엽상(葉狀)·괴상(塊狀) 등을 나타냄. 철망간 중석(鐵 mangan 重石).
불프씨관(Wolf 氏管)명〈생물〉볼프씨체(體)에서 나와 배설구(排泄口)로 벌려진 관. 발생(發生)이 되풀이됨에 따라 수뇨관(輸尿管)으로 바뀌고, 수컷에 있어서는 수정관(輸精管)으로 됨.
불프씨-체(Wolf 氏體)명〈생물〉원시적인 신장(腎臟). 하등 척추 동물에서는 평생토록 이것이 기능을 가지나, 파충류(爬蟲類)·조류(鳥類)·포유류(哺乳類)에 있어서는 퇴화하여 후신(後腎)이 대리함. 원신(原腎).
불-호:령(-號令)명 볼멘소리로 거만하게 하는 꾸짖음. angry roars 하자
봄명 ①일년 네 철의 첫째 철. 대략 입춘(立春)부터 입하(立夏) 전까지의 석 달 동안. spring ②한창때를 이르는 말. ¶인생의 ~. prime of life
봄-가물[-까-]명 봄철에 드는 가뭄. 춘한(春旱).
봄-갈이명〈농업〉봄에 논밭을 가는 일. 춘경(春耕).
봄-같이명 (대) 가을같이 하자
봄갈이-팥[-식물] 껍질은 희고 속 빛이 붉은 팥의 하나. (애) 봄갈이². kind of red beans 는다.
봄 꽃도 한 때[속] 부귀 영화도 한 때뿐, 오래가지 않
봄 꿩이 제 울음에 놀란다[속] 묻지도 않은 말을 스스로 발설하여 화(禍)를 불러들인다.
봄-날명 봄철의 날. 또, 봄철의 날씨.
봄-낯이명 봄에 짠 무명. spring
봄-내튀 봄 한철 동안 계속하여. through-out the
봄-놀-다[자] 뛰놀다.
봄-놀이명 봄맞이. 하자
봄-뇌:-다[자] 뛰놀다.
봄-누에명 봄에 치는 누에. 춘잠(春蠶).
봄-눈명 봄철에 오는 눈. 춘설(春雪). spring snow
봄눈 녹듯〈관〉봄눈 녹듯 하다.
봄눈 슬듯 한다〈관〉①무엇이 빨리 슬어 없어진다. ②먹은 것이 썩 잘 삭는다.

봄 떡은 들어앉은 샌님도 먹는다[屬] 해가 긴 봄에는 누구나 군것질이 반갑다.
봄=맞이[―] 봄을 맞아서 베푸는 놀이. 또, 봄을 맞는 일. 봄놀이. welcoming spring 하다
봄맞이=꽃[―] 〈식물〉 앵초과(櫻草科)의 일년생 풀. 높이 10cm 내외이고 잔털이 있고 곧추 자람. 4~5월에 흰 꽃이 피고 열매에는 잔 씨가 들어 있음. rock jasmine
봄=물[―] 봄이 되어 얼음·눈이 녹아서 흐르는 물. water from thawing snow and ice
봄=바람[―빠―] 봄철에 부는 바람. 춘풍(春風).
봄베(Bombe 도) 〈물리〉 고압의 기체를 넣는 데 쓰이는 두꺼운 강철제의 용기(容器).
봄=베기 봄에 벤 나무. trees felled in spring
봄=볕[―뼏] 봄철에 비치는 따뜻한 햇볕. 춘양(春陽). spring sun(shine)
봄=보리[―뽀―] 〈식물〉 이른봄에 씨를 뿌려서 첫여름에 거두는 보리. 가시랭이가 길고 누르스름한데 가을보리만 못함. 춘맥(春麥). 춘모(春麰). (때) 가을보리. springsown barley
봄=비[―삐] 봄철에 오는 비. 춘우(春雨). spring
봄비가 잦으면 마을 집 지어미 손이 크다[屬] 소용없고 도리어 해로울 뿐이다.
봄=빛[―삗] 봄 경치. 춘색(春色). spring scenery
봄 사돈은 꿈에도 보기 무섭다[屬] 가장 대접하기 어려운 사돈을 살림이 궁색한 봄에 맞기를 꺼려하는 말.
봄=새 봄이 다 지나가는 동안. all the spring
봄에 깐 병아리 가을에 와서 세어 본다[屬] 이해 타산에 어두움을 이르는 말.
봄=여름[―녀―] 봄과 여름. 춘하(春夏). spring and summer
봄=장작[―짱―] (長斫) 봄철에 벤 장작. 진이 오르기 전에 베어낸 것이기 때문에 불땀이 좋지 못함.
봄 조개 가을 낙지[屬] 제때를 만나야 제구실을 한다.
봄=철 봄의 계절. 춘절(春節). spring
봄=추위 봄이 되기는 했으나 아직 가시지 않은 추위. 춘한(春寒). late frost
봄=타=다 봄철에 입맛이 없고 몸이 파리하여지다. suffer from spring weather
봄슬레이(bobsleigh) 〈체육〉 스위스의 알프스 지방에서 발달한 겨울 운동의 하나. 썰매로 급커브를 빠른 스피드로 강하하는 활강(滑降) 경기. 4인승
·봇[屬] (고) 곧. 말.
봇·기··다[―따][屬] 붂이다.
봇=논(洑―)[屬] 봇물을 대는 논. 보답(洑畓). irrigated rice-field
봇=도랑(洑―)[屬] 봇물이 흐르는 도랑. (약) 봇돌.
봇=돌(洑―)[屬] ①〈건축〉 아궁이 양쪽에 세우는 돌. ②지붕 위에 널쪽지를 덮고 눌러 놓는 돌.
봇=돌(洑―)[屬] →봇도랑. of a reservoir
봇=둑(洑―)[屬] 보를 둘러쌓은 둑. 보동(洑洞). banks
봇=물(洑―)[屬] 보에서 흘러 내리는 물. 또, 보에 괴어 있는 물. (약) 보(洑). reservoir water
봇=일[―닐](洑―)[屬] 보에 관한 일.
봇=줄[屬] 써레·쟁기 따위를 마소에게 매는 줄. strings to fasten the plows
봇=짐(褓―)[屬] 보에 싼 짐. bundle
봇짐 내어 주며 안으라 한다[屬] 가기를 바라면서도 가지 말라고 붙잡는다.
봇짐 내주면서 하룻밤 더 묵으라 한다[屬] 속 생각은 전혀 다르면서도 말로만 그럴 듯하게 인사 치레한다.
봇짐 장사(褓―)[屬] 봇짐을 짊어지고 다니면서 하는 장사. peddling
봇짐 장수(褓―)[屬] 물건을 보자기에 싸서 메고 다니며 파는 사람. 보상(褓商). packman
봊·다[屬] (고) 붂다.
봉¹[屬] →난봉.
봉²[屬] (약) →봉돌.
봉³[屬] ①그릇 따위의 뚫어진 구멍을 메우는 다른 조각. ¶솥~. patch ②차례로 물건 바닥 한복판에 박아 넣는 다른 물건. ¶보석으로 ~을 박다.
봉⁴[屬] 낚싯봉. weight on a fishline
봉⁵[屬] ①방귀를 뀌는 소리. (예) 뿡. ②자동차 등이 한 차례 울리는 경적 소리. ③벌 따위가 날 때 나는 소리. (예) 붕.
봉⁶(封)[屬] ①종이로 싼 물건의 덩이. paper package ②물건 하나에 따로 싸서 넣은 물건. packet ③신랑집에서 선채(先綵) 외에 따로 신부 집에 주는 돈.
봉⁷(峯)[屬] 〈약〉→산봉우리.
봉⁸(鳳)[屬] ①[동] 봉황. 鳳凰. ②봉황의 수컷. male phoenix ③어수룩하여 얻어 먹이거나 속여 먹기 좋은 사람. fool
봉:=가(鳳駕)[屬] 임금이 타는 수레. 봉련(鳳輦). king's sedan chair
봉강(封疆)[屬] ①제후를 봉하여 준 땅. 봉토(封土). ②[동] 봉경(封境).
봉:=강(棒鋼)[屬] 〈공업〉 강철의 덩어리나 조각을 압연(壓延)하여 막대기 모양으로 만든 강제품(鋼製品).
봉건(封建)[屬] 〈역사〉 ①천자가 그의 공경(公卿) 이외의 토지를 제후(諸侯)에게 나누어 영유(領有)시키던 일. feudalism ②거족(巨族)이 중앙 정부를 떠나 반독립으로 토지·인민을 사유하는 일.
봉건 국가(封建國家)[屬] 〈법률〉 봉건 제도로 성립된 국가. feudal state
봉건 사상(封建思想)[屬] 봉건 제도를 옳게 여기는 사상. 곧, 주종(主從) 관계를 엄수하여 예속적인 생활을 강요하며 각자의 개성적 발전을 무시하는 사상. feudalistic idea
봉건 사회(封建社會)[屬] 〈사회〉 봉건 제도를 본바탕으로 하는 중세의 사회. 그에 따라 그 시기나 성질이 같지 않으나 농민이 토지에 얽매어 엄격한 신분의 구별이 확립된 점, 영주인 귀족을 중심으로 각자 독립 국이 독립국을 이룬 점, 문화가 귀족이나 교회에 의해서만 보호되어 종교적 성질이 강한 중세의 그 공통된 특징임. feudal society
봉건 시대(封建時代)[屬] 〈역사〉 역사상의 사회 발전을 경제 기구로 보아, 노예 제도 시대·봉건 제도 시대·자본주의 시대로 분류한 그 둘째 시대. feudal age 〔아〕 있는 봉건 사회의 특질.
봉건 유제[―뉴―](封建遺制)[屬] 근대 사회에 아직
봉건=적(封建的)[冠][屬] 봉건 제도의 특유한 성격을 가지고 있는(것). feudal
봉건 제도(封建制度)[屬] 〈정치〉 ①한 군주가 영토를 제후에 분여하여 각각 그 영내의 정치를 하게 하는 제도. (대) 군현 제도(郡縣制度). ②중세 사회에의 기본적인 지배 형태. 지배 계급의 내부 곧, 국토·영주·가신(家臣)들의 사이가 봉토(封土)와 군무(軍務)의 봉사라는 상호 관계에 의하여 계층적인 주종 관계를 이루는 제도. feudalism
봉건=주의(封建主義)[屬] 한 나라의 정치적·사회적 제도로서, 봉건 제도를 높이 평가하고 그 실시를 주장하는 주의. feudalism 〔원〕이 되는 기름.
봉:=경지=회(奉檄之喜)[屬] 부모가 살아있는 사람이 고을의
봉:=견(奉見)[屬] 받들어 봄. seeing reverentially 하다
봉경(封境)[屬] ①흙을 쌓아서 만든 국경. border ②봉토(封土)의 경계 안. 봉강(封疆). fief
봉경(烽警)[屬] 봉화(烽火)로 알리는 경보(警報). warning by torches
봉:=고(奉告)[屬] 받들어 아룀. report 하다
봉고(封庫)[屬] 〈약〉→봉고 파직(封庫罷職).
봉고(bongo)[屬] 〈음악〉 라틴 아메리카 음악에 사용되는 타악기의 일종. 크기가 서로 다른 두개의 북을 허리에 걸어서 양손 손가락으로 침.
봉:=고도(棒高跳)[屬] 장대높이뛰기.
봉고 파:직(封庫罷職)[屬] 〈제도〉 어사나 감사가 못된 짓을 한 원을 파면시키고 관가의 창고를 잠그던 일.
봉고 파출(封庫罷黜)[屬] 〈약〉 봉고 파직.
봉고 파:출(封庫罷黜)[屬] 〈동〉 봉고 파직. 하다

봉긋하다[봉그타]〖형여불〗 ① 언덕이나 산봉우리 따위가 조금 높직하게 솟아 있다. ② 많이 먹어서 배가 볼록하게 솟아 있다. ③ 맞접힌 물건이 조금 들떠 있다. ④ 그릇에 담은 물건이 그릇에 조금 높이 올라와 있다. ¶밥을 봉긋하게 퍼라. full to overflowing 봉긋-이튀

봉(奉公)〖명〗 ① 나라나 사회를 위하여 힘써 일함. public service ② 〖동〗 봉직(奉職). 하타

봉공(縫工)〖제도〗 군대에서 바느질을 맡아 하던 군사.

봉공근(縫工筋)〖생리〗 대퇴부 안쪽에 있는 근육.

봉과(封裏)〖명〗 물건을 싸서 봉함. 「의 하나.

봉:교¹(奉敎)〖제도〗 예문관(藝文館)의 정 7품의 벼슬.

봉:교²(奉敎)〖명〗 ① 임금이나 웃어른의 가르침을 받듦. obedience to an instruction ② 〖기독〗 천주교를 믿고 행함. being a Catholic 하타

봉:교-서(奉敎書) 임금의 교지(敎旨)를 받들어 글씨를 쓴 것. 또, 그 글. 「을 엮어 냄.

봉:교-찬(奉敎撰) 임금의 하교(下敎)를 받들어 책

봉구(封口)〖명〗 물건을 싸서 봉한 자리. sealing spot

봉군(封君)〖제도〗 대군(大君)이나 군(君)으로 봉함.

봉군(烽軍)〖명〗 → 봉수군(烽燧軍).

봉금(封禁)〖명〗〖동〗 봉인(封印). 하타

봉:급(俸給)〖명〗 계속적인 노무에 대하여 받는 보수. ② 관공서·회사의 직원이 받는 일정한 금액. 신수(薪水). salary

봉:급 생활자[-짜](俸給生活者) 봉급으로써 생계를 이어 가는 사람. 샐러리 맨(salaried man).

봉기(蜂起)〖명〗 벌떼처럼 군중이 들고 일어남. ¶농민의 ~. uprising 하타

봉-나-다→난봉나다.

봉:납(奉納·捧納)〖명〗 ① 물건을 바치어 올림. 배납. 봉상(捧上). dedication, offering ② 물건을 거두어 받아들임. 봉입(捧入). 하타

봉내(封內)〖명〗 봉미(封彌). 하타

봉년(逢年)〖명〗 풍년을 만남. 봉풍(逢豊). having a bumper crop 하타

봉놋-방[-房]〖명〗 주막집 대문 가까이에 있는, 여러 손이 한데 모여 자는 큰방. 주막방(酒幕房). guest room in an inn

봉:답(奉畓)〖명〗〖어〗 → 봉천답(奉天畓).

봉:답(奉答)〖명〗 웃어른께 삼가 대답함. reply 하타

봉당(封堂)〖명〗 안방과 건넛방 사이의 마루가 될 자리에 마루를 놓지 않고 흙바닥 그대로 둔 곳.

봉:대(奉戴)〖명〗 가장 공경하여 떠받듦. 하타

봉대(烽臺)〖명〗 → 봉수대(烽燧臺).

봉(鳳帶)〖명〗 공주가 강가(降嫁)할 때에 예장(禮裝)에 띠는 붉은 비단의 큰 띠. virtue

봉:덕(奉德)〖명〗 성인(聖人)의 덕. 훌륭한 덕. holy

봉:도(奉導)〖제도〗 임금의 거가(車駕)를 편안하게 모시라고 경계하여 주의시키던 일. 「~별감(別監).

봉도(封度)〖의〗 '파운드(pound)'의 음역. 「監).

봉:독(奉讀)〖명〗 남의 글을 받들어 읽음. reading reverentially 하타 「봉(鳳). sinker

봉-돌[-돌]〖명〗 낚싯줄에 매다는 돌이나 납덩이. 〖약〗

봉두(峰頭)〖명〗 산봉우리의 맨 위. summit

봉두(鳳頭)〖명〗 ① 봉황의 머리 모양으로 만든 장식물의 하나. ② 〖약〗 → 봉두곶이.

봉두(蓬頭)〖동〗 쑥대강이.

봉두(鳳頭)-ㄴ[-콛](건축) 궁전의 기둥머리에 봉의 머리 모양으로 대는 꾸밈새. 〖약〗 봉두(鳳頭)②.

봉두 난발(蓬頭亂髮) 쑥대강이같이 흐트러진 머리털. 봉두 돌빈. 봉두돌빈(蓬頭突鬢). unkempt hair 하타

봉두 돌빈(蓬頭突鬢)〖동〗 봉두 난발(蓬頭亂髮).

봉두-조(鳳頭鳥)〖동〗 만주물떼다리.

봉랍(封蠟)〖명〗 편지·포장물·병 따위를 봉한 자리에 붙이는 붉은 빛깔의 납. sealing-wax

봉랍(蜂蠟)〖명〗 꿀벌의 배 밑에 있는 납선(蠟腺)에서 나오는 분비물(分泌物). 밀랍(蜜蠟). bees-wax

봉래-산(蓬萊山)〖명〗 ① '금강산'의 여름의 별칭. ② 중국에서 가상적으로 이름 지은 삼신산(三神山)의 하나. 「이름.

봉:래-의(鳳來儀)〖음악〗 나라 잔치 때 추던 춤의

봉:련(鳳輦)〖명〗 ① 꼭대기에 황금의 봉황을 장식한, 임금이 타는 가마. imperial palanquin ② 신선이 타는 수레. 봉가(鳳駕). fairy's waggon

봉:렬 대:부(奉列大夫)〖제도〗 정 4품의 문관(文官)과 종친(宗親)의 품계.

봉:례(奉禮)〖제도〗 통례원(通禮院)의 정 4품의 벼슬. 「old parents 하타

봉:로(奉老)〖명〗 늙은 부모를 모심. supporting one's

봉록(俸祿)〖명〗〖동〗 녹봉(祿俸). 「돎.

봉:류(俸留)〖명〗 바친 물건을 거두어 들여서 간수하여

봉리(鳳梨)〖명〗 파인애플(pineapple).

봉:린 지란(鳳麟芝蘭)〖명〗 봉황·기린처럼 잘난 남자와, 지초(芝草)·난초와 같이 예쁜 여자라는 뜻으로, 젊은 남녀의 아름다움을 이름.

봉만(峰巒)〖명〗 산꼭대기의 뾰족뾰족한 봉우리. peaks

봉:명(奉命)〖명〗 ① 임금의 명령을 받듦. 〖유〗 봉지(奉旨). ② 웃어른의 명령을 받듦. 하타

봉:명 사:신(奉命使臣) 임금의 명령을 받들고 남의 나라로 가는 사신. 별성(別星)①. emissary

봉:모(鳳毛)〖명〗 ① 자식의 아들 부조(父祖)에 뒤지지 않음을 이르는 말. ② 뛰어난 글재주 또는 뛰어난 풍체를 일컫는 말.

봉묘(封墓)〖명〗 무덤 위에 흙을 떠 쌓음. 또, 그 무덤.

봉문(蓬門)〖명〗 '지붕을 쑥으로 인 문'이란 말로, 가난한 집을 가리킴. humble cottage

봉물(封物)〖명〗 선사(善事)로 봉하여 보내는 물건. 주로 시골에서 서울의 관원에게 보내는 물건을 두고 이름.

봉미(封彌)〖제도〗 과거를 볼 때에 시험지 오른편 끝에 자기의 주소·성명 등을 쓰고 봉하여 붙이던 일. 봉내(封內). 하타

봉:미(鳳尾)〖명〗 ① 봉의 꼬리. ② 〖음악〗 거문고 꼬리.

봉:미-선(鳳尾扇)〖명〗 봉황새의 꼬리 모양으로 만든 부채로 의장(儀仗)의 하나.

봉:미-초(鳳尾草)〖명〗〖동〗 봉의꼬리.

봉밀(蜂蜜)〖명〗 벌의 꿀. honey

봉바르동(bombardon 프)〖음악〗 튜바와 비슷한 저음 금관 악기의 하나. 「brass bowl

봉:바리(鳳-)〖명〗 바리의 하나. 놋쇠로 만든 여자의 밥그릇.

봉-박-다 그릇에 구멍이 뚫어졌을 때 다른 조각을 대어 메우다. block up a hole

봉-박-다(封-)〖동〗 싸서 보내는 물건 속에 따로 물건을 싸서 넣다. add something extra to a package

봉:반(奉盤)〖명〗 ① 소반을 받듦. ② 〖어〗 → 봉선도반(奉仙桃盤). 하타 「ed hair

봉발(蓬髮)〖명〗 텁수룩하게 엉클어진 머리털. dishevell-

봉방(蜂房)〖명〗 ① 벌집의 송송 뚫어진 구멍. 봉아(蜂衙). 봉와(蜂窩). honey-cell ② 벌집. 〖유〗 → 노봉방(露蜂房).

봉변(逢變)〖명〗 ① 남에게 모욕을 당함. suffering an insult ② 뜻밖에 화를 당함. meeting with an accident 하타 「one's superior 하타

봉:별(奉別)〖명〗 윗사람과 이별을 함. partnig with

봉-별(逢別)〖명〗 만남과 이별. meeting and parting

봉:보 부인(奉保夫人)〖제도〗 외명부(外命婦)의 하나. 임금의 유모(乳母)로 종1품의 품계에 있는 여자. 「by luck 하타

봉복(逢福)〖명〗 복스러운 운수를 만남. being visited

봉:복 절도[-또](捧腹絶倒)〖동〗 포복 절도(抱腹絶倒). 하타 「더위스키 등을 넣은 캔디.

봉봉(bonbon 프)〖명〗 사탕 속에 과즙(果汁)가 또는 브랜

봉:부동(封不動)〖명〗 단단히 봉해서 꼼짝도 못 쓰도록 창고에 넣고 굳게 봉함. 하타

봉분(封墳)〖명〗 흙을 쌓아 올려서 무덤을 만듦. 또, 그 쌓아 올린 부분. 성분(成墳). making a grave

mound 하자 |네는 제사. 평토제(平土祭).
봉분-제(封墳祭)명 장사지낼 때 무덤을 만든 뒤에 지
봉비(封妃)명 왕비를 봉하여 세움. installation of a
봉-사 → 붕승아.   [queen 하자
봉:사(奉仕)명 ①남의 뜻을 받들어 섬김. attendance
 ②남을 위하여 일함. service ③국가나 사회를 위하
 여 헌신적으로 일함. public service ④상인이 손님
 에게 헐값으로 물건을 팖. sale in low price ⑤남
 을 친절히 대접함. warm treatment 하자 [하타
봉:사(奉事)명 ①소경. blind ②남의 일을 받들어 섬김.
봉:사(奉祀)명 조상의 제사를 받듦. 주사(主祀). off-
 ering sacrifice to one's ancestors 하자 「the king
봉사(封事)명 임금에게 상주(上奏)하는 글. report to
봉사 기름 값 물어 주나 중이 회 값 물어 주나 일반
 어떤 일의 배상에 자기는 전혀 관계가 없음을 비유
 하는 말.
봉사 단청 구경같 앞을 못 보니까, 보나 마나. 곧,
 사물의 참된 모습을 깨닫지 못함을 일컫는 말.
봉사 등불 쳐다보듯같 서로 아무 관계됨이 없지.
봉사 문고리 잡기같 ①재간 없는 자가 우연히 잘했
 다. ②무턱대고 한 일이 뜻밖에 꼭 들어맞는다.
봉:사-손(奉祀孫)명 조상의 제사를 모시는 자손. [약]
봉:사-심(奉仕心)명 봉사하는 마음. [사손(祀孫).
봉:사-자(奉仕者)명 봉사하는 사람.
봉:사 활동[-동](奉仕活動)명 주로 국가 사회를 위
 하여 헌신으로 일하는 모든 활동.   [산.
봉산(封山)명 <제도> 나라에서 벌채(伐採)를 금하는
봉산 탈-춤(鳳山-)명 <민속> 황해도 봉산 지방에 전
 해 내려오는 가면극(假面劇)으로, 모두 일곱 마당.
 mask dance of Bongsan
봉살(封殺)명 <체육> 야구에서, 다음 베이스에 가야
 할 주자가 미처 베이스에 닿기 전에 수비측에서 공
 을 베이스에 던져 아웃시키는 일. 포스 아웃(force
 out). 하타   [presentation 하타
봉상(封上)명 임금이 쓸 물품을 봉하여 진상(進上)함.
봉-상(捧上)명 <동> 납납(捧納)①.
봉상(棒狀)명 가늘고 긴 막대기 모양. <원> 방상. the
 shape of a club   [寺]를 고친 이름.
봉:상-사(奉常司)명 <제도> 조선조 말, 봉상시(奉常
봉 상스(bon sens 프)명 양식(良識). 상식(常識).
봉:상-시(奉常寺)명 <제도> 조선조 때, 제향과 시호
 (諡號)에 관한 사무를 맡아보던 관청. 태상(太常).
봉서(封書)명 ①겉봉을 봉한 편지. 장장(狀狀). 함봉
 (緘封). 함찰(緘札). sealed letter ②임금이 종친·
 근신(近臣)에게 내리던 편지. ③왕비가 친정에 보
 내는 편지.
봉서 무-감(封書武監)명 <제도> 봉서를 전달하는 일
 을 맡아 하는 무예 별감(武藝別監). 봉서 별감.
봉서 별감(封書別監)명 <동> 봉서 무감.
봉선(封禪)명 흙을 쌓아 올리고 단을 모아 하늘과 산
 천에 제사하는 일. 하타
봉-선도반(奉仙桃盤)명 <음악> 헌선도(獻仙桃) 춤을
 출 때의 남악(男樂)에 선도반(仙桃盤)을 드리던 무
 동(舞童). <약> 봉반(奉盤).   [르는 말.
봉-선자(鳳仙子)명 <한의> 봉선화의 씨를 약재로 이
봉:선-화(鳳仙花)명 <식물> 봉선화과의 일년생 풀.
 줄기는 60 cm 가량이며 7~10월에 적색·백색·분홍
 색 등의 꽃이 핌. 타원형의 삭과(蒴果)는 익으면
 껍질이 터져서 씨가 튀어나옴. 금봉화. 봉숭아.
봉세(峰勢)명 산봉우리의 형세.   [garden balsam
봉소(烽所)명 <동> 봉화대.
봉소(蜂巢)명 <동> 벌집.
봉소(鳳簫)명 <음악> 대로 봉황의 날개 모양 비슷
 하게 만든 악기. <약> 소(簫).
봉소-위(蜂巢胃)명 <생물> 반추 동물에 있는 벌집 모
 양의 둘째 위. 음식물을 혼합해서 되 입으로 내
 보냄. 벌집위.
봉:솔(奉率)명 <약> →상봉 하솔(上奉下率).
봉:송(奉送)명 ①귀인(貴人) 또는 웃어른을 배웅함.
seeing off ②영령(英靈)·유골(遺骨) 등을 정중히
 보냄. <대> 봉영(奉迎). 하타
봉송(封送)명 물건을 싸서 선물로 보냄. sending as
                                                   a gift 하타
봉송(鬆鬚)명 머리털이 흩어져서 더부룩하고 부스스함.
봉쇄(封鎖)명 ①굳게 잠김. sealing up ②외부와의
 연락을 끊음. blocking up ③<군사> 전쟁에서 한
 쪽 나라가 상대편의 통로를 차단하여 버림. block-
 ade 하타
봉쇄-범(封鎖犯)명 <법률> 봉쇄를 범하고 그 지역 안
 에 드나들거나 또는 드나들려고 계획함으로써 성립
 되는 범죄. violation of a blockade
봉쇄 체계(封鎖體系)명 <경제> 한 나라의 국민 경제를
 수출입 등의 경제적 유통을 고려하지 아니하고 분
 석하는 체계.
봉쇄 탄:전(封鎖炭田)명 광리(鑛利) 보호를 위하여 법
 률로써 일반의 채굴을 금지하는 탄전. <대> 가행 탄
 전(稼行炭田).
봉쇄 함:대(封鎖艦隊)명 <군사> 봉쇄 수역의 부근을
 순찰하면서 그 봉쇄 경비의 임무를 수행하는 함대.
봉쇄 화폐(封鎖貨幣)명 <법률> 타국에 대한 채무를
 외화로 지급하는 것을 금지하고 있는 일. 금융 공
 황이나 국제 수지의 위기에 취하는 화폐 정책의 하나.
                                                            하타
봉:수(奉受)명 삼가 받음. receiving reverentially
봉수(封手)명 바둑·장기의 대국이 그 날로 끝나지
 않을 때, 종이에 써서 봉해 놓는 그 날의 마지막
 수(手). 또, 그 절차를 밟는 일. 하타
봉수(封授)명 영지(領地)에 봉하고 벼슬을 줌. appo-
 intment 하타   [trust 하타
봉수(逢受)명 남의 돈이나 물건을 맡음. receiving in
봉수(捧受)명 거두어 받음. receiving 하타
봉수(烽燧)명 봉화(烽火)①.   [hair
봉수(蓬首)명 쑥대머리. 곧, 흩어진 머리. unkempt
봉수 구면(蓬首垢面)명 빗지 않은 머리와 씻지 않은
 낯. unkempt hair and dirty face
봉수-군(烽燧軍)명 봉화를 올리는 일을 맡아
 보던 군사. <약> 봉군. beacon lighthouse keeper
봉수-대(烽燧臺)명 <제도> 봉화를 올리던 곳. 봉소
 (烽所). 봉화대. 봉화독. <약> 봉대. height for ligh-
 ting beacon fires   [알리던 제도.
봉수-제(烽燧制)명 봉화를 올려서 급한 소식을 서로
봉수-표(捧受票)명 남의 돈이나 물건을 맡은 표. re-
봉-숭아(鳳-)명 <동> 봉선화.   [ceipt
봉:승(奉承)명 윗사람의 뜻을 이어받음. complying
봉:시(奉侍)명 내시의 한 벼슬.   [with 하타
봉시(逢時)명 때를 만남. 하타   [남. 하타
봉시 불행(逢時不幸)명 공교롭게 아주 불행하게 때를 만
봉시 징사(封豕長蛇)명 큰 돼지나 긴 구렁이처럼 먹
 기를 탐낸다는 뜻으로, 욕심꾸러기의 비유.
봉신(封臣)명 <제도> 봉건 사회에서, 봉토(封土)를
 받은 신하.   [enshrining a deity 하타
봉신(奉神)명 흙을 모아 담을 쌓고 신(神)을 모심.
봉신-대(奉神臺)명 죽은 사람의 혼백이 돌아가 의지
 한다는 곳.   [③ '자기 집'에 대한 겸칭.
봉실(蓬室)명 ①쑥으로 지붕을 이은 집. ②<제도>
봉:심(奉審)명 ①받들어 살핌. attendance ②<제도>
 임금의 뜻을 받들어 묘우(廟宇)나 능소(陵所)를
 삼가 살핌. 하타
봉아(鳳兒)명 뛰어나게 현명한 아들. <유> 봉추(鳳
봉-아술(蓬莪蒁)명 <식물> 생강과의 다년생 풀. 잎은
 긴 타원형, 여름에 넓은 타원형의 꽃이 핌. 근경은
 봉출(蓬朮)이라 하여 약재로 씀.
봉:안(奉安)명 조상의 신주 또는 화상(畫像)을 받들어
 모심. enshrinement
봉:안(鳳眼)명 ①봉황의 눈. ②봉황의 눈같이 가늘고
 길며, 눈초리가 길고 붉은 기운이 있으며, 꼬리가 위
 로 째진 눈. ¶ ~을 부릅뜨다.

봉애(峰崖)명 산의 험악하게 된 언덕.
봉애(蓬艾)명 다북쑥.
봉액(縫掖)《약》→봉액지의(縫掖之衣).
봉액지-의(縫掖之衣)명 선비가 입는, 옆이 넓게 터진 도포(道袍)의 하나. 《약》봉액(縫掖). confucianist's robe
봉:양(奉養)명 부모나 조부모를 받들어서 모심. supporting of parents 하타
봉여(封餘)명 《제도》임금에게 바치고 남은 것을 신하들이 나누어 가지는 물건.
봉역(封域)명 ①흙을 쌓아서 만든 경계. ②봉토(封土)의 경계(境界). border line of a feud
봉:영(奉迎)명 귀인이나 덕망이 높은 분을 받들어 맞이함. ¶ ~ 문(門). (례) 봉송(奉送). welcome 하타
봉영(逢迎)명 남의 뜻을 맞춰 줌. catering to the wishes of 하타
봉예(鋒銳)명 성질이 날카롭고 민첩함. sharpness 하
봉오디명 →꽃봉오리.
봉오리=봉오리마다 꽃봉오리마다 모두. each bud
봉와(蜂窩)명 〈동〉봉방(蜂房)①.
봉와-염(一念)《의학》피하(皮下)나 몸 속의 거친 결체 조직 가운데에 일어나는 염증.
봉왕(蜂王)명 〈동〉장수벌.
봉:(奉邀)명 웃어른을 청함. inviting a superior 하타
봉요-형(蜂腰形)명 ①벌의 허리처럼 잘록하게 생긴 허리. wasp like waist ②〈문학〉한시(漢詩) 평측법(平仄法)의 하나.
봉욕(逢辱)명 욕스러운 일을 당함. suffering an insult 하타
봉우리명 →꽃봉오리.
봉운(峯雲)명 ①산봉우리에 끼어 있는 구름. ②산봉우리 모양으로 생긴 구름.
봉읍(封邑)명 제후로 봉해 준 땅. 봉토(封土).
봉의 군신(蜂蟻君臣)명 하찮은 벌과 개미에게도 임금과 신하의 구별이 있음을 가리키는 말.
봉:의-꼬리(鳳一)명 〈식물〉참고사리과의 다년생 풀. 엽병(葉柄)의 높이 40~50 cm 가량이고 근경(根莖)은 짧고 잔털이 밀생함. 잎은 총생하여 나엽(裸葉)과 실엽(實葉)이 있음. 봉미초. 희초료.
봉인(封印)명 ①봉하여 붙인 자리에 도장을 찍음. 또, 그 인(印). ②〈법률〉유체 동산(有體動産)에 대하여 그 형상의 변경을 금지하는 처분으로서 날인하는 일. 또, 그 인(印). 봉금(封禁). sealing 하타
봉인(鋒刃)명 창·칼 따위의 날. blade
봉인 첩설(逢人輒說)명 사람을 만날 때마다 이야기하여 세상에 널리 퍼뜨림. 하타
봉입(封入)명 물건을 속에 넣고 봉함. 하타
봉:입(捧入)명 〈동〉봉납(捧納).
봉:-자석(棒磁石)명 〈동〉막대 자석.
봉작(封爵)명 〈제도〉의빈(儀賓)·외명부(外命婦)·내명부(內命婦) 들을 봉하던 일.
봉:잠(鳳簪)명 봉황의 무늬를 대가리에 새긴 비녀. 봉채(鳳釵). phoenix engraved hair-pin
봉장(一張)명 〈封狀〉 봉서(封書)함.
봉장(封章)명 〈동〉상소(上疏).
봉장(封欌)명 ①원조를. ②좋아하는 배우에게 박수 갈채를 보냄. 하타
봉장 풍월(逢場風月)명 아무 때나 그 자리에서 즉흥적으로 시를 지음. improvisation
봉재(封齋)명 〈기독〉'사순절(四旬節)'의 구용어.
봉재 수일(封齋首日)명 〈기독〉'재의 수요일'의 구용어.
봉적(逢賊)명 도둑을 만남. meet with a robber 하타
봉:적(鳳炙)명 '닭적'을 익살맞게 이르는 말.
봉적(鋒鏑)명 창 끝과 살촉.
봉전(菶田)명 줄의 뿌리가 여러 해 동안 묵어서 흙탕이 되어 그 위에 씨를 뿌릴 수 있게 된 논밭.
봉접(蜂蝶)명 벌과 나비. bees and butterflies
봉:접(鳳蝶)명 〈동〉호랑나비.
봉:정(奉呈)명 받들어 드림. presentation 하타

봉정(峯頂)명 산봉우리의 맨 꼭대기.
봉제(縫製)명 재봉틀을 띄우고 박아서 만듦. ¶ ~ 완구(玩具). being cotton-padded 하타
봉:=제:사(奉祭祀)제사를 받들어 모심. 봉사(奉祀). holding a religious service 하타
봉:조(鳳鳥)명 〈동〉봉황(鳳凰).
봉:족(奉足)명 〈음악〉나라 잔치 때 족자(族子)를 받드는 무동(舞童)이나 여기(女妓).
봉:죽(←奉足)명 일을 주장하여 꾸려 나가는 사람을 곁에서 도와 줌. helping 하타
봉:=죽간자(奉竹竿子)명 〈음악〉나라 잔치 때 죽간자(竹竿子)를 받들던 무동(舞童)이나 여기(女妓). 《약》죽간자(竹竿子)②.
봉:죽-꾼(←奉足―)명 봉죽드는 사람. assistant
봉:죽-놀이(奉竹―)명 어촌에서 고기를 가득 잡아 오는 배를 맞아 춤을 추며 노래부르는 놀음놀이.
봉:죽-들-다(←奉足―)타 남의 일을 거들어서 도와 주다. help
봉지 '바지'의 궁중말. (와 주다. help
봉:지(奉旨)명 임금의 뜻을 받듦. 《유》봉명(奉命)①. obeying a king's command 하타
봉:지(奉持)명 〈제도〉거둥 때에 말을 타고 용대기(龍大旗)를 받들던 금군(禁軍).
봉지(封紙)명 종이 주머니. paper bag
봉:직(奉職)명 공무에 종사함. 봉공(奉公)②. public service 하타
봉직(縫織)명 깁는 것과 짜는 것. sewing and weaving. 《유》바느질. 「이를 박은 연장.
봉-짜(俗) 먼젓 때 무게를 주기 위하여 밑에 납덩이
봉착(逢着)명 서로 닥뜨려 만남. meet with 하타
봉:창(奉唱)명 엄숙한 마음으로 노래를 부름. ¶애국가 ~. 하타
봉창(封窓)명 ①창문을 봉함. sealing up a window ②봉한 창문. sealed window ③〈건축〉창틀·창짝이 없이 벽을 뚫어서 구멍만 내고 안으로 종이를 발라서 봉한 창. opening in the wall 하타
봉창(篷窓)명 배의 창문. porthole
봉창-고지명 〈농업〉고지의 하나. 삯만 받고 먹기는 제것으로 먹고 일을 하는 고지.
봉창-질명 물건을 남 몰래 모아서 감추어 두는 짓. accumulating by stealth 하타
봉창-하다태여 ①물건을 남 몰래 모아서 감추어 두다. accumulating things secretly ②손해 본 것을 벌충하다. make up for one's loss
봉채(封采)명 〈원〉→봉치.
봉:채(鳳釵)명 〈동〉봉잠(鳳簪).
봉:채-단(鳳綵緞)명 봉황의 형상을 무늬 놓은 중국에서 나는 비단의 하나.
봉:채-시루(奉采―)명 〈원〉→봉칫시루.
봉:채-함(封采函)명 〈원〉→봉치함.
봉책(封冊)명 왕후(王侯)에 봉하는 뜻을 쓴 천자의 〔조서(詔書).
봉:천-답(奉天畓)명 천둥지기. 《예》봉답(奉畓).
봉:초(奉招)명 〈제도〉죄인이 공초(供招)를 받음.
봉:총(捧銃)명 〈동〉받들어총.
봉총-찜명 꿩을 삶아 쇠고기를 다져서 양념을 넣고 묽다가 밀가루를 묽게 반죽하여 씌워 쪄낸 음식.
봉:추(鳳雛)명 ①봉황의 새끼. ②뛰어난 소년. ③아직 세상에 드러나지 않은 영웅. 《유》봉아(鳳兒). young phoenix
봉:축(奉祝)명 공경하는 마음으로 축하함. celebrate
봉축(封築)명 무덤을 만들고자 흙을 쌓아서 올림. making a grave mound 하타
봉:-충(鳳―)명 봉황을 그린 운두가 높은 층항아리. long vase with phoenixes 「ing lamed in a leg
봉충-다리명 사람이나 물건의 한편이 짧은 다리. be-
봉충다리의 울력 걸음곱 좀 부족한 데가 있는 사람도 여럿이 공동으로 하는 일에는 면을 걸 수 있다.
봉치(封―)명 혼인 전에 신랑집에서 신부집으로 채단과 예장을 보내는 일. 또, 그 물건. 〔하타
봉치(封置)명 꼭 봉하여 둠. keeping after sealing

봉치에 포도 군사 어떤 모임에 전혀 관계없는 사람이 끼어든다. 「《禮狀函》.

봉치(封─函)圀 봉치를 넣어 보내는 예장함.

봉-칙(奉勅)圀 칙령(勅令)을 받듦. obeying an Imperial rescript 하다

봉:친(奉親)圀 어버이를 받들어 모심. supporting

봉침(蜂針)圀 침 모양으로 된 벌의 산란관.

봉:침(鳳枕)圀 베갯모에 봉황의 모양을 수놓은 베개.

봉침(縫針)圀 바늘.

봉치-시루(封─)圀《민속》봉치를 보내는 집과 받는 집에서 각각 축복하느라고 쪄서 놓는 떡시루.

봉:탕(鳳湯)圀 '닭국'을 익살맞게 이르는 말.

봉토(封土)圀 ①흙을 높이 쌓아 올림. making a mound ②제후를 봉하여 준 땅. 녹지(祿地). 봉강(封

봉통(封筒)圀《북》봉투.〔──〕. fief 하다

봉투(封套)圀 편지나 서류 같은 것을 넣는 종이로 만든 주머니. 봉통(封筒)로 envelope

봉패(逢敗)圀 창피하게 실패를 당함. failure 하다

봉표(封標)圀 ①능침(陵寢)을 미리 정하여 흙을 모아 봉분(封墳)을 하고 세우는 나무표. sign of a grave site ②봉산(封山)의 정계표(定界表). border signs

봉풍(逢豊)圀 풍년(豊年). 하다〔of a graveyard

봉피(封皮)圀 물건을 싼 종이. wrapper

봉필(蓬蓽)圀 쑥이나 가시덤불로 지붕을 이었다는 뜻으로, 가난한 사람의 집을 가리키는 말.

봉필 생휘(蓬蓽生輝)圀 가난한 사람의 집에 고귀한 사람이 찾아온 것을 영광으로 여긴다는 말.

봉-하다(封─)[타여] ①열지 못하게끔 붙이다. seal ②입을 다물다. shut ③〈제도〉왕이 제후(諸侯)에게 땅을 떼어 주어서 나라를 세우게 하다. grant a fief 〈제도〉작위(爵位)나 작품(品品)을 내려 주다. confer ⑤무덤을 메우고 그 위에 흙을 둥글게 쌓다.

봉함(封函)圀 봉함한 편지. sealed letter

봉함(封緘)圀 편지를 봉투에 넣고 부리를 붙임.《대》개봉(開封)①. sealing 하다

봉함 엽서[─넘─](封緘葉書)圀 접어서 붙이게 되어 있는, 우편 엽서의 하나. letter card

봉합(封合)圀 봉하여 합침. sealing up 하다

봉합(縫合)圀《의학》상처나 갈라진 자리를 꿰매어 합침. suture 하다

봉합-사(縫合絲)圀《의학》봉합 수술에 쓰이는 실.

봉합-침(縫合針)圀《의학》봉합 수술에 쓰이는 침.

봉항(封港)圀 적의 항구를 봉쇄함. 하다

봉:행(奉行)圀 웃어른이 시키는 대로 좇아 행함. observance 하다

봉:헌(奉獻)圀 웃어른께 물건을 받들어 드림. dedication 하다〔band

봉:헌-경(奉獻經)圀 '봉헌의 노래'의 구용어.

봉:헌 기도(奉獻祈禱)圀〈기독〉미사중 '말씀의 전례'가 끝난 뒤 사제가 낮은 목소리로 염하는 축문, 은총을 베풀어 달라는 요청임. '묵념 축문'의 바뀐 말.

봉:헌의 기도(奉獻─祈禱)圀〈기독〉하느님에게서 받은 몸과 마음을 찬미와 감사의 제물로 드린다는 뜻의 기도문. '봉헌경'의 바뀐 말.

봉혈(封穴)圀 개미굴. ant-hole

봉호(蓬蒿)圀 《동》다북쑥.

봉화(烽火)圀 ①〈제도〉횃불을 이용한 신호 통신. 낮에는 연기, 밤에는 불을 피워서 하였음. 낭연(狼煙·狼焰). 수화(燧火). 봉수(烽燧). signal fire ②산봉(山峰)에서 어떤 건축이나 신호로 놓는 불. torch-fire ③어떤 선구적인 발기나 발단을 비유하여 이르는 말. beginning ④어린아이의 재롱을 보거나 울음을 달래는 짓의 하나. 하다

봉화 들다(烽火─)[태여다] 봉화를 켜서 높이 올

봉화-대(烽火臺)/**봉황-둑**(烽火─)圀 봉화를 올릴 수 있도록 설비한 곳. 봉수대(烽燧臺). 봉소(烽所).〔다. light a signal-fire

봉화 재(烽火─)圀 봉황둑이 있는 산. mountain where signal-fire was lighted

봉화-지기(烽火─)圀 봉황둑을 지키는 사람. keeper of a signal-fire station

봉-환(奉還)圀 웃어른께 도로 돌려 드림. returning 하

봉환(封還)圀 사표 따위를 받지 않고 본래의 채로 돌려 보냄. 환봉(還封). turning down 하다

봉홧-대(烽火─)圀 진달래 가지의 한 끝에 기름을 발라서 불을 붙여 켜드는 제구.

봉홧-불(烽火─)圀 봉화로 드는 횃불. beacon fire

봉:황(鳳凰)圀 상상의 상서로운 새. 봉은 수컷, 황은 암컷. 봉(鳳)①. 봉조(鳳鳥). phoenix

봉-황개(奉黃蓋)圀〈제도〉나라 잔치 때 황개(黃蓋)를 받드는 무동(舞童)이나 여기(女妓).

봉:황-루(鳳凰樓)圀 임이나 임금이 계신 곳을 아름답게 일컫는 말.〔에 맞추어 추는 춤.

봉:황-문(鳳凰紋)圀〈불교〉영산 회상곡(靈山會相曲)

봉:황-문(鳳凰紋)圀 봉황을 새긴 무늬.

봉:황-새 자리(鳳凰─)圀〈천문〉남천(南天)에 있는 별자리. 봉황좌(鳳凰座).

봉:황-의(鳳凰衣)圀 세가 깬 다음 새알 속의 얇은 속껍질.

봉:황-좌(鳳凰座)圀 《동》봉황새자리.

봉후(封侯)圀〈제도〉제후. 또, 제후로 봉함. 하다

봐-란-듯이(炎) → 보아란듯이.

봐-하니 《약》→ 보아하니.

·**뵈**圀 메.

·**뵈-돌-다**《고》메를 날다.

뵈:-다[태여] 웃어른을 뵈어 보다. humbly see

·**뵈-다²**[자타] 《약》보이다. 동 《약》보이다. 조형 보조형용사 '보다'의 활용형 '보이다'의 준말.

·**뵈-다³**《약》배다⁵. 꽉 차서 빈틈이 없다.

뵈빵이《고》질경이.〔리의 하나.

뵈:-시위(─侍衛)圀〈제도〉봉도(奉導)에 부르는 소

뵈:-아-다다[태여] 제촉하다.

뵈-앗-부-다《고》바쁘다. → 뵈왓부다.

뵈야신-다[타여] 죄어 신다.

뵈야·호로/뵈야·호로 《고》바야흐로.

뵈옵-다[타보] 뵈다.《약》뵙다.

·**뵈-왓-부-다**《고》바쁘다.

·**뵈왓비**《고》바삐.〔filling up

뵘圀 틈이나 사이가 난 데를 메우거나 받치는 일.

뵙:-다[타비] → 뵈옵다.

·**뵛-오·리**《고》메올.

부圀 기적 소리. whistling 하다

부(父)圀 아버지.〔band

부(夫)圀〈법률〉혼인 관계에 있는 남자. 남편. hus-

부(缶)圀〈음악〉질로 구워 화로같이 만든 악기. 채로 벽속을 쳐서 소리를 냄.《고》질장구.

부(否)圀 ①아니다 또는 그렇지 않다는 뜻을 나타냄. ②의안(議案) 표결에서의 불찬성.《대》가(可)①. no 하여

부(府)圀〈제도〉①대도호부사·도호부사가 있던 지방 관청의 하나. ②일제 때의 행정 구역의 하나. 지금의 시(市)에 해당함. 경성(京城)~.

부(負)圀〈수학〉'음(陰)'의 구용어. 의명 동 겸².

부(部)圀 ①여럿 가운데 성질의 각각 다름을 따라 구분한 각 대. ¶제1~. portion ②지역의 한 부분. ¶동남~. part ③우리 나라 중앙 관청의 이름. ¶내무~. department ④관청·회사의 업무 조직의 한 구분. ¶영업~. 편집~. part ⑤(6)나 사단급 이상의 부대에 일반 및 특별 참모의 관할 구분. ¶부관 참모~. 병기~. ⑥동물학 분류의 한 단계. 의명 동 모 ①.

부(婦)圀 아내(妻). ②잡지·신문을 세는 단위. copy

부(富)〈경제〉①쌓은 재화. wealth ②특정한 경제 주체에 딸린 재물의 총계. 경제재(經濟財)로 화폐 가치로서 표시함.

부(傅)圀 '세자부(世子傅)·세손부(世孫傅)'를 일컫는 말.

부(賦)圀〈문학〉①한시체의 하나로, 감상을 적은 것. ode ②한문체의 하나로, 운을 달고 대(對)를

맞추어 짓는 글. poetical prose ③과문(科文)의 하나로, 여섯 글자로 한 구를 만드는 글.

부=(不)[접두] 두음(頭音)이 'ㄷ·ㅈ'으로 된 명사 위에 붙어 부정의 뜻을 나타내는 말. 불(不). un-, im-

부:=(副)[접두] 한자어 머리에 붙어 버금의 뜻을 보이는 말. 《대》 정(正)③. vice

=부(附)[접두] ①날짜 밑에 붙여서 문서나 편지를 작성, 또는 발송한 날짜를 나타내는 말. ¶5일~. dated ②부속(附屬)·소속(所屬)을 뜻하는 말. ¶공사관~ 무관.

부:가(附加)[명] 덧붙임. 첨가(添加). addition 하다
부:가(富家)[명] 부잣집. wealthy family
부:가 가치(附加價値)[명] 〈경제〉 개개의 기업에서 새로이 생산된 가치. 총수입에서 원재료비·동력비 및 기계 설비의 감모액을 공제하여 계산되며, 노임·이윤·이자·지세 등으로 나뉨. added value
부:가 가치세(附加價値稅)[명] 거래 단계별로 상품이나 용역(用役)에 새로 부가되는 가치. 곧, 마진(margin)에만 매기는 세금. 우리 나라에서는 1977년 7월 1일부터 실시되었음.
부:가 기간(附加期間)[명] 〈법률〉 민사 소송에서 공평을 기하기 위해 법원이 먼 곳에 사는 사람에게 특별히 부가하는 기간. addition period
부가 범택(浮家泛宅)[명] 물에 떠다니면서 자기 집처럼 삼아 살림을 하고 사는 배.
부:가 보:험료(附加保險料)[명] 〈경제〉 보험료중, 보험 회사 경영의 여러 경비에 충당할 부분. loading
부:가세(一[明]附加稅)[명] 〈법률〉 국세 또는 도세를 기준으로 다시 지방 공공 단체가 첨가하여 부과하는 조세. 국세 부가세는 1967년, 도세 부가세는 1976년에 폐지됨. additional tax
부:가옹(富家翁)[명] 부잣집의 늙은 주인.
부:가 원가(一)[附價原價][명] 〈경제〉 원가 계산상으로는 원가이나, 손익 계산상으로는 비용을 구성하지 않는 원가. 기업이 임금, 또는 자기 자본의 이자 따위.
부:가형(附加刑)[명] 〈법률〉 주형(主刑)에 덧붙이어 과하는 형벌. 《대》 주형(主刑). accessory penalty
부각 다시마의 앞뒤에 찹쌀 풀을 발라 말렸다가 기름에 튀긴 반찬.
부:각(俯角)[명] 내려본각.
부각(浮刻)[명] ①돋을새김. ②어떤 사물을 특징적으로 두드러지게 함.
부각(腐刻)[명] 약물을 사용하여 유리·금속 따위에 조각함. 식각(蝕刻). etching 하다
부:감(俯瞰)[명] 높은 곳에서 아래를 내려다봄. 부관(俯觀). 부시(俯視). over-looking 하다
부:감-도(俯瞰圖)[명] 조감도도(鳥瞰圖).
부:-감목(副監牧)[명] 〈기독〉 천주교에서 주교(主敎)의 다음 자리. 부주교(副主敎).
부:=갑상선(副甲狀腺)[명] 〈생리〉 '상피 소체(上皮小體)'의 구용어. accessory thyroid gland
부:강(富强)[명] 백성이 부유하고 군사가 강함. 《대》 빈약(貧弱). wealth and power 하다
부개비-잡히-다 하도 조르기 때문에 자기의 본의 아닌 일을 마지못하여 하게 되다. be forced to
부객(浮客)[명] 떠돌아다니는 나그네. wanderer
부:객(賦客)[명] 부(賦)를 전문으로 짓는 사람. poet of Chinese classics
부:거(赴擧)[명] 〈제도〉 과거를 보러 감. 하다
부:거(副車)[명] 제왕의 거가(車駕)에 어벌로 따라가는 수레. extra carriage [리. [적] 보각. bubbling
부걱 술 따위가 괼 때에 거품이 생기면서 나는 소
부걱-거리-다 부걱 소리가 잇따라 나다. 부걱-부걱[적] 보각-보각.
부:건(一건)(副件)[명] 여벌.
부:검(剖檢)[명] 사망 원인 등을 조사하기 위하여 사후 검진(檢診)을 하는 일. 하다
부검지 짚의 잔 부스러기. waste straws

부견(膚見)[명] 피상적 관찰. 천박한 견해. superficial observation
부:결(否決)[명] 회의에 제출된 의안을 성립시키지 않음의 결정. 《대》 가결(可決). voting down 하다
부:결(剖決)[명] 시비(是非)·선악(善惡)을 판단하여 결정함. judgement 하다
부경(浮輕)[명] 하는 짓이나 태도가 들뜨고 경솔함. frivolity ②부피에 비해 무게가 가벼움. lightness
부계(副啓)[명] ~멱서리. 하다
부계(父系)[명] 아버지의 혈연 관계를 기준으로 내려오는 계통. 《대》 모계(母系). father's side [eggs
부계(伏鷄)[명] 알을 품고 있는 암탉. hen sitting on
부계(府啓)[명] 〈제도〉 사헌부(司憲府)에서의 상주(上奏).
부계(符契)[명] 〈동〉 부절(符節).
부계 가족(父系家族)[명] 아버지 쪽의 혈연 계통을 이은 가족. 남계 가족(男系家族). 《대》 모계 가족(母系家族). paternal family
부계 제:도(父系制度)[명] 가계(家系)가 아버지 쪽의 혈연 계통에 의하여 상속되는 제도. 《대》 모계 제도(母系制度). paternalism
부계-친(父系親)[명] 아버지 쪽의 혈족. 부계 혈족.
부계 혈족(父系血族)[명] 〈동〉 부계친.
부고(缶鼓)[명] 〈민속〉 무당이 축원할 때 바가지를 물위에 엎어 놓고 북처럼 두드리는 일.
부고(府庫)[명] 〈동〉 창고(倉庫).
부:고(訃告)[명] 사람이 죽은 것을 알리는 통지. 부음(訃音). 부보(訃報). 부신(訃信). 통부(通訃). 휘음(諱音). announcement of one's death 하다
부:-고환(副睾丸)[명] 〈생리〉 고환의 윗 뒤쪽에 붙어서 불알 안에 만들어지는 정액을 수정관(輸精管)을 거쳐 정낭(精囊)으로 보내는 작용을 맡은 남자 생식기의 하나. epididymus
부:-고환염(副睾丸炎)[명] 〈의학〉 임질·매독 또는 결핵균으로 생기는 부고환의 염증. epididymitis
부곡(部曲)[명] 〈제도〉 중국 후한 말에 장군이나 지방의 호족들이 사사로이 둔 사병(私兵).
부:골(富骨)[명] 부자답게 생긴 골격. wealthy feature
부:골(跗骨)[명] 〈생리〉 족근부(足根部)에 있는 뼈.
부:골(腐骨)[명] 〈의학〉 골수염·골막염으로 골질이 부패하는 병. 또, 그 뼈.
부:골-저(一[저]附骨疽)[명] 〈한의〉 ①부골(腐骨)을 한 방에서 이르는 말. ②《동》 무².
부공(婦功)[명] ①부녀의 공덕·공적. ②길쌈·바느질 따위. woman's merit
부:과(附過)[명] ①잘못된 허물을 기록하여 둠. taking notes of one's misdeed ②〈제도〉 관원·군병이 공무상 과실이 있을 때 곧 처벌하지 않고 관원 명부에 적어 둠.
부:과(副果)[명] 〈동〉 가과(假果). [두는 일. 하다
부:과(賦課·附課)[명] 세금 및 부담의 의무를 구체적으로 결정하여 지움. ¶~액(額). imposition of tribute on
부:과-금(賦課金)[명] 부과된 금액. 부금(賦金)①. dues, taxes
부:관(附款)[명] 〈법률〉 법률 행위의 당사자가 그 행위에서 생기는 법률 효과에 일정한 제한을 가하기 위하여 나타낸 사항. 조건·기한 등. addendum
부:관(俯觀)[명] 〈동〉 부감(俯瞰).
부:관(副官)[명] 〈군사〉 ①군대에서 지휘관에 직속되어 군사상의 서무와 비서의 일을 맡은 참모 무관. 《유》 전속 부관. adjutant ②특수 병과의 하나. 인사(人事)·행정을 맡아보며 대대장 이상의 부대에 있음.
부:관 참:시(剖棺斬屍)[명] 〈제도〉 죽은 후에 큰 죄가 드러난 사람에 대하여 관을 쪼개고 송장의 목을 베어 극형(極刑)을 추시(追施)하던 일. 《약》 참시(斬屍). 하다
부:광(富鑛)[명] 〈광물〉 광맥이 좋고 채굴하여 수지가 맞는 광석. 《대》 빈광(貧鑛). rich ore [bonanza
부:광-대(富鑛帶)[명] 〈광물〉 광맥이 풍부한 지대.

부:광-체(富鑛體)圈〈광상(鑛床) 가운데 쓸 만한 광석이 많은 부분.
부교(父敎)圈 아버지의 교훈. one's father's precepts ② 아버지의 명령. one's father's order
부교(浮橋)圈 ①배와 배를 잇대어 잡아매고 널빤지로 깔거나 또는, 교각(橋脚)이 없이 임시로 강 위에 놓은 다리. pontoon bridge ②동〉 배다리.
부:교(副校)圈 ①〈제도〉 갑오 경장 뒤에 정한 무관계급의 하나. ②구세군에서 하사관 계급의 하나. 정교(正校)의 아래. 「proud of one's wealth
부:교(富驕)圈 재산을 가지고 부리는 교만. being
부:교감 신경(副交感神經)圈〈생리〉호흡·순환·소화 등을 지배하는 자율 신경의 하나. 교감 신경과 길항적(拮抗的)으로 작용함. parasympathetic
부:교-수(副敎授)圈〈교육〉대학 교원 직위의 하나. 조교수의 위, 교수의 아래. associate professor
부구 차축막이 위에 이중으로 없는 기와.
부구(浮漚)圈〈동〉자바라(嗟哮囉).
부국(部局)圈 관공서 등에서 사무를 분담하여 다루는 국(局)·부(部)·과(課) 등을 통틀어 일컫는 말.
부:국(富局)圈 ①부자답게 보이는 상. wealthy feature ②풍수 지리에서, 산수가 싸고 둘러서 좋은 판국.
부:국(富國)圈 ①재물이 많은 나라. rich country ② 나라를 부유하게 만듦. (대) 빈국(貧國). national enrichment
부:국 강병(富國强兵)圈 ①나라를 부요(富饒)하게 하고 군대를 강하게 함. enrichment and strengthening of a country ②부요한 나라와 강한 군대. wealth and armament of a country
부군(父君)圈〈공〉아버지. father
부군(夫君)圈〈공〉남편. husband
부:군(府君)圈 ①〈공〉 맏부(亡父)나 바깥 조상. ¶ 현고(顯考) 학생(學生) ~. ②〈제도〉 관청에서 제사하던 신령.
부:군(副君)圈 임금의 상속자. 태자(太子). 왕세자(王世子). 부후(副后). heir apparent to the throne
부:군(副軍)圈 예비군.
부:군-당(府君堂)圈〈제도〉각 관청에서 신령을 모시던 집. 신당(神堂).
부권[-꿘](父權)圈〈사회〉①아버지가 갖는 가족에 대한 온갖 권리. ②가장권(家長權). (대) 모권(母權). paternal rights
부권[-꿘](夫權)圈〈법률〉남편이 아내에 대하여 가진 신분 및 재산상의 권리. husband's rights
부권[-꿘](婦權)圈 ⑤ 여권(女權).
부:귀(富貴)圈 재산이 많고 지위가 높음. ¶ ~ 공명(功名). (대) 빈천(貧賤). riches and honours 하田
부:귀 재:천(富貴在天)圈 부귀는 하늘에 매어 있어 인력(人力)으로는 어찌할 수 없다는 뜻.
부:귀-화(富貴花)圈 부귀의 기상이 있는 꽃이란 뜻으로, '모란꽃'을 일컫는 말.
부그르르-[-]圈 ①많은 양의 액체가 좁은 면적으로 야단스럽게 끓어오르는 모양. 또, 그 소리. with a sizzling sound ②큰 거품이 좁은 범위로 한꺼번에 일어나는 모양이나 그 소리. (작) 보그르르. (센) 뿌그르르. bubbling 튀
부극(掊克)圈 ①권세를 믿고 함부로 금품을 징수함. arbitrary levy ②조세를 함부로 받아서 백성을 못 살게 굶. oppressive taxation 하田
부:근(斧斤)圈 큰 도끼와 작은 도끼.
부:근(附近)圈 가까이 된 곳을 중심으로 맞닿아 있는 곳. 근처(近處). ¶서울역 ~. neighbourhood
부:근(浮根)圈 ①〈식물〉물에 뜬 식물의 뿌리. ②바다 가운데 나타나 있는 바위의 뿌리.
부:근-동(附近洞)圈 맞닿아서 가까운 동네.
부:근-처(附近處)圈 이웃하여 가까운 곳.
부글-거리-다[圈]IE圈 ①많은 물이 자주 끓어오르다. simmer ②큰 거품이 자꾸 일어나다. (작) 보그르르. (센) 뿌글거리다. bubble up 부글=부글[圈] 하田

부:금(負金)圈〈동〉환색.
부:금(賦金)圈 ①〈동〉부과금(賦課金). ②일정한 기간마다 주고받는 돈. installment
부:급(負笈)圈 타향으로 공부하러 감. 하田
부:급 종:사(負笈從師)圈 먼 곳으로 가서 스승을 좇아 배움. 하田
부기圈 몹시 어리석은 사람. 북숭이1. foolish person
부기(缶器)圈 배가 넓고 아가리는 좁게 된 오지 또는 질그릇의 하나. narrow-mouthed jar
부:기(附記)圈 원문에 덧붙여서 적음. 또, 그 기록. addition 하田
부기(浮氣)圈〈한의〉피부가 붓는 증세. ¶ 얼굴에 ~
부기(簿記)圈 장부에 기입한다는 뜻으로 재산의 출납이나 증감을 일정한 형식에 의하여 장부에 기록·계산·정리하여 그 결과를 밝히는 기장법. bookkeeping
부:기(boogie)圈 부기우기.
부:기 등기(附記登記)圈〈법률〉주등기(主登記)에 덧붙여 그 일부를 변경하는 등기. additional registration
부기-법[-뻡](簿記法)圈〈경제〉부기학을 응용하는 법칙. 단식 부기와 복식 부기가 있음. rules of bookkeeping
부:기-우:기(boogie-woogie)圈〈음악〉흑인 음악에서 딴, 1소절을 8박자로 하는 흥겨운 재즈의 리듬 스타일. 부기(boogie).
부기-장[-짱](簿記帳)圈 부기에 쓰는 장부.
부기-학(簿記學)圈〈경제〉부기의 원칙과 방법을 연구하는 학문. science of book-keeping
부꾸미 찹쌀·밀·수수 등의 가루를 반죽하여 넓고 둥글게 하여 번철에 지진 떡. 전병(煎餠).
부끄러-움 부끄러워하는 느낌. (약) 부끄럼. (작) 바끄러움. shame 「(작) 바끄러워하다.
부끄러워-하-다[圈]IE圈 부끄러운 태도를 나타내다.
부끄럼[圈](약) →부끄러움. 「레田
부끄럼-성[-썽](-性)圈 부끄러워하는 성질. 스圈 스
부끄럼-타-다[圈]IE圈 부끄러움을 남달리 쉽게 느끼다. (작) 바끄럼타다. be shy
부끄럽-다[圈]ㅂIE圈 ①양심에 거리껴 남을 대할 낯이 없다. ②스스럼움을 느껴서 수줍다. (작) 바끄럽다. ashamed 부끄러=이圈
부끄러-이圈 부끄럽게.
부나(Buna 도)圈〈화학〉독일에서 발명된 합성 고무의 상품명. 아세틸렌을 원료로 부타디엔(butadiene)을 만들어 중합(重合)시켜 만듦.
부나-비(圈)〈곤충〉①불나방과의 곤충의 총칭. moth ②불나방과의 곤충의 하나. 몸 길이 3cm, 편 날개 길이 8cm이고 온 몸에 암갈색 털이 밀생하였음. 성충은 8~9월 경에 나와, 콩·벼의·뽕나무 등의 잎을 갉아먹는 해충임. 불나방. 등아(燈蛾). 화아(火蛾). tigermoth
부:납(賦納)圈 부과금을 납부함. 하田
부낭(浮囊)圈 ①헤엄칠 때 몸에 띠어서 가라앉지 아니하도록 하는 제구. '부대(浮袋)·부대(浮帶)'. life buoy ②배에 비치하는 구명대. lifeboat ③고기의 부레. air-bladder
부내(部內)圈 어떤 소속된 범위 안. (대) 부외(部外). within the department
부:넘-기圈〈건축〉솥 아궁이의 뒷벽, 방고래 어귀에 조금 높게 쌓아서 불길이 넘어가게 한 곳.
부녀(父女)圈 아버지와 딸. (대) 모자(母子). father
부녀(婦女)圈〈약〉→부녀자(婦女子). 「and daughter
부녀-자(婦女子)圈 ①부인(婦人). woman ②부인과 여자. (약) 부녀(婦女). women-folk
부:농(富農)圈 많은 경작지를 가진 농업 경영자. (대) 빈농(貧農). rich farmer
부:농-가(富農家)圈 부농을 이룬 집안이나 집.
부:늑골(浮肋骨)圈〈생리〉흉골에 붙지 않은 좌우 5쌍의 아래쪽 늑골. 가늑골.
부:니(腐泥)圈 하등 수생(水生) 동식물의 유해가 물

밑바닥에 가라앉아 썩어서 된 진흙.
부:니-암(腐泥岩)[명]〈광물〉부니가 굳어서 된 바위.
부닐-다[불] 붙임성이 있게 굴다. be affable
부다듯-하-다[형] 신열이 나서 몸이 대단히 덥다. have a highfever
부대구[부](不多日內)[명] 여러 날이 걸리지 않고 머쟎 [이내.
부닥=뜨리-다[타] 부딪힐 정도로 닥뜨리다. hit upon
부닥치-다[자] 몸에 부딪힐 정도로 다치다. ¶난관에 ~. run into
부단(不斷)[명] 끊임이 없음. ceaselessness 하[형] 히[부]
부달 시변(不達時變)[명] 부달 시의(不達時宜).
부달 시의(不達時宜)[명] 아주 완고하여 시대에 따르는 변통성이 없음. 부달 시변(不達時變).
부:담(負擔)[명] 맡은 일을 책임짐. burden ② 〈약〉→부
부:담(腐談)[명] 케케묵은 말. [담(負擔籠). 하[타]
부:담-금(負擔金)[명] ① 국가 또는 공공 단체가 경영하는 특수한 사업에 드는 경비의 전부 또는 일부를 특별한 이해 관계에 가진 사람에게 부담시키는 돈. ② 국가와 지방 공공 단체 상호간에 사업비의 일부
부담-기(負擔機)[명] [ ]를 부담하는 돈.
부:담-농(負擔籠)[명] 옷이나 책 등을 담아 말등에 실는 농짝. (약) 부담(負擔)②. wicker-baskets
부:담-마(負擔馬)[명] 부담농을 싣고 그 위에 사람이 타게 꾸민 말. packhorse
부:담부 유증(負擔附遺贈)[명]〈법률〉증여를 받는 사람에게 일정한 급여를 하여야 할 의무를 부과한 유증. 이를테면 산림(山林)을 유증할 경우, 그 수익의 일부를 지정한 자선 사업에 사용하게 하고 유증하는 것과 같음.
부:담부 증여(負擔附贈與)[명]〈법률〉증여를 받는 사람으로 하여금 증여자 또는 제삼자에 대하여 일정한 급부를 하는 채무를 부담시키는 증여.
부:담-스럽-다(負擔一)[형][ㅂ변] 부담이 되는 듯한 느낌이 있다. 부:담-스레[부]
부:담-액(負擔額)[명] 책임지고 내야 할 돈 액수. allot-
부:담-틀(負擔一)[명] 부담농을 싣고 사람이 타기 위해 말 잔등에 매는 틀. [하지 않음.
부답 복철(不踏覆轍)[명] 선인(先人)의 실패를 되풀이
부당(不當)[명] 이치에 맞지 않음. 마땅하지 못함. 《대》
정당(正當). unreasonableness 하[형] 히[부] [tives
부당(夫黨)[명] 남편 쪽의 본종(本宗). husband's rela-
부당(婦黨)[명] 아내 쪽의 본종(本宗). wife's relatives
부당 가:정의 허위(不當假定一虛僞)[명]〈논리〉결론에 의하여 결정할 것을 미리 가정하는 허위.
부당 노동 행위(不當勞動行爲)[명]〈사회〉자본가측이 노동자의 단결·교섭·쟁의 등 권리와 조합의 자주성 등을 침해하는 행위. [하[형]
부:당-당(不當當)[명] 아주 이치에 어그러짐. injustice
부당 이:득[ーニー](不當利得)[명]〈법률〉남에게 손해를 주면서 취득하는 이익. undue profit
부당지-사(不當之事)[명] 정당하지 아니한 일.
부당지-설(不當之說)[명] 이치에 맞지 않는 말. unreasonable remarks
부당 처:분(不當處分)[명] 공익에 적합하지 아니한 부당한 처분. [계 합. secondary 하[타]
부:대(附帶)[명] 결달아서 덧붙임. 덧붙여서 한데 따르
부:대(負袋)[명] 종이·피륙·가죽 등으로 만든 큰 자루. 포대(包袋). sack
부대(浮袋·浮帒)[명]〈동〉부낭(浮囊)①.
부대(浮貸)[명] 금융 기관·회사 등의 회계원이 직무상 남용하여 부정 대출을 하는 일. 하[타]
부대(部隊)[명] ① 한 단위의 군대. unit ② 일부의 군대. ③ 공통의 목적을 가진 집단. ¶응원 ~. party
부:대(富大)[명] 몸집이 뚱뚱하고 큼. fatness 하[형]
부대끼-다[자] 무엇에 시달려 괴로움을 당하다. ¶상관에게 ~. (좌) 보내끼다. be troubled
부:대 면:적(附帶面積)[명] 건물에서 보조적인 구실을 하는 공간이나 방의 면적.
부:대-범(附帶犯)[명]〈법률〉기소된 범죄에 부대된 범

죄. secondary offence [내의 작호.
부:=대:부인(府大夫人)〈제도〉대원군(大院君)의 아
부대 불소[ーソ](不大不小)[명] 크지도 작지도 않고 알맞음. medium 하[형]
부:대 사:건(附帶事件)[ーと]〈법률〉어떤 사건에 덧붙여 생기는 사건. incidental accident
부:대 사소(附帶私訴)[명]〈법률〉당해 범죄로 인한 신체·자유·명예 또는 재산상 손해를 이유로 공소에 부대해서 행하는 민사상의 손해 배상 청구 소송. 1960년에 폐지됨. insidental suit
부:대 사:업(附帶事業)[명] 주장되는 사업에 덧붙여 하는 사업. accessory business
부:대 상:고(附帶上告)[명]〈법률〉민사 소송법상 피상고인이 제1심 또는 제2심의 판결 중 자기에게 불리한 부분의 변경을 요구하는 신청. incidental demand for revision
부:대 상:소(附帶上訴)[명]〈법률〉민사 소송법상, 판결에 대하여 불복하고 있을 때에 피상소인이 상대자의 상소에 부대하여, 같은 법원에 하는 불복의 신청. 그 중에 제일심의 판결에 대하여 하는 것을 부대 항소, 제이심의 판결에 대하여 하는 것을 부대 항고라고 함. incidental appeal
부:대-세(附帶稅)[명]〈법률〉불이행 가산세·보고 불이행 가산세·신고 불이행 가산세 등의 총칭.
부:대접(不待接)[명]〈동〉무대접. 하[타]
부:대 청구(附帶請求)[명]〈법률〉민사 소송에서 주되는 청구에 부대하여 청구되는 과실·손해 배상·위약금(違約金)·권리 행사의 비용 등의 청구.
부대:대:량(不大代替物)[명] 일반 거래에서, 개성(個性)에 중점을 두고 거래되기 때문에 다른 동종(同種)의 물건과 바꿀 수 없는 목적물. 즉, 토지·예술품 따위. irreplaceable thing [이. (대) 대체물.
부:대 항:소(附帶抗訴)[명]〈법률〉민사 소송에서 피항소인이 항소에 부대하여 원재판에 대한 불복을 주장하여, 자기에게 불리한 부분의 변경을 요구하는 신청.
부덕(不德)[명] 덕이 없음. lack of virtue 하[형]
부덕(婦德)[명] 부녀자의 아름다운 덕행(德行). 곤덕(坤德)③. woman virtues
부:-덕의(不德義)[명] 부도덕(不道德). 하[형]
부도(不渡)[명] ① 〈경제〉 수표·어음을 가진 사람이 기한이 되어도 지급인한테서 그 수표·어음에 대한 지급을 받을 수가 없는 일. dishonour ② 줄 것을 주지 않음. nonpayment
부도(父道)[명] ① 아버지가 행하여야 온 길. ② 아버지로서 지켜야 할 도리. father's duties
부도(不道)[명] 도리에 어그러짐. 하[형]
부:도(附圖)[명] 어떤 책에 딸린 그림이나 지도, 혹은 도면(圖面). appended map
부도(浮圖·浮屠)[명]〈불교〉① 중. monk ② 이름난 중이 죽은 뒤에 그 유골을 담아 세운 둥근 돌탑. round pagoda ③ 부처. Buddha
부도(歸道)[명] 여자가 마땅히 지켜야 할 도리. 곤도(坤道)②. womans duties
부도-나-다(不渡一)[자] 예금의 잔고가 수표의 발행 액수보다 모자라므로 그 치름을 받지 못하다. be dishonoured [immorality 하[형]
부-도덕(不道德)[명] 도덕에 어긋남. 부덕의(不德義).
부도 수표(不渡手票)[명] 지불되어야 한 날짜에 은행에서 지불을 거절당한 수표. dishonoured check
부:-도심(副都心)[명] 대도시의 발전에 따라 그 변두리에 형성되는 외곽적인 인구 결집지.
부도 어음(不渡一)[명] 지불인에게서 지불을 거절당한 어음. dishonored bill
부도-옹(不倒翁)[명] 오뚝이.
부:-도체(不導體)[명]〈물리〉열이나 전기를 전도하지 못하는 물체. 고무·나무 따위. 불량 도체(不良導體). (대) 도체(導體). nonconductor
부:=독본(副讀本)[명] 정독본에 곁들여 쓰는 독본.

부동(不同)[명] 서로 같지 않음. (대) 동일(同一). inequality **하**[자]

부동(不動)[명] ①물건이나 몸이 움직이지 않음. immobility ②한번 먹은 마음이 흔들리지 않음. stability ③(약)→부동 명왕. 「지 않고 움직임.

부동(浮動)[명] ①떠서 움직임. wafting ②고정되어 있

부동(符同)[명] 그른 일을 하기 위하여 몇 사람끼리 맞불어서 한동아리가 됨. banding together **하**[자]

부동 명왕(不動明王)[명] 〈불교〉 오대 명왕의 하나. 대일 여래(大日如來)가 일체의 악마와 번뇌를 항복시키기 위하여 분노한 모습으로 변신한 것. (약) 부동(不動)③.

부동-산(不動産)[명] 〈법률〉 그 소재를 쉽게 이동할 수 없는 재산. 토지·집 따위. (대) 동산. real property

부동산 금융[─늉](不動産金融)[명] 〈경제〉 부동산을 담보로 자금을 융통하는 일. loan on real property

부동산 등기(不動産登記)[명] 〈법률〉 부동산의 거래 안 전을 보호하기 위한 제도로서 부동산에 관한 권리 관계를 등기부에 기재하는 일. real-estate registration 「등기에 관한 사항을 규정한 법.

부동산 등기법[─뻡](不動産登記法)[명] 〈법률〉 부동산

부동산 보:험(不動産保險)[명] 부동산에서 생기는 손해를 전보(塡補)하는 보험. property insurance

부동산-업(不動産業)[명] 부동산의 매매·교환·대차(貸借)·관리 또는 그 대행이나 중개를 하는 사업.

부동산 은행(不動産銀行)[명] 〈경제〉 부동산을 저당으로 대부를 하고 채권을 발행하여 그 자금을 조달하는 은행. real-estate bank 「는 질권(質權).

부동산-질(不動産質)[명] 〈경제〉 부동산을 목적으로 하

부동산 취:득세(不動産取得稅)[명] 〈법률〉 부동산의 하나, 매매·증여(贈與)·건축 따위로 토지 또는 가옥을 취득한 경우, 취득 부동산의 가격을 과세 표준으로 부과하는 조세. real property acquisition tax

부동산 투기 억제세(不動産投機抑制稅)[명] 투기적인 부동산의 거래를 억제할 목적으로, 부동산의 양도로 인하여 생기는 차익(差益)에 대하여 부과하는 국세. 「하는 성질.

부동-성[─썽](浮動性)[명] 기초가 정해지지 않아 부동

부동-시(不同視)[명] 〈의학〉 오른쪽 눈과 왼쪽 눈의 굴 절이 다르거나, 또는 굴절의 도가 다른 시력.

부=동:심(不動心)[명] 마음이 외계의 충동을 받아도 흔들리지 않음. immobility of mind **하**[자]

부동-액(不凍液)[명] 얼지 않는 액체. antifreeze

부동-주(浮動株)[명] 〈경제〉 주(株)가 지속적으로 소유 되지 않고, 투기적 이익을 얻기 위하여 항상 증권 시장에서 매매되고 있는 주식(株式). (대) 고정주(固定株). 「(保菩兵. 입초(立哨). (대) 동초.

부동-초(不動哨)[명] 〈군사〉 일정한 초소에서 근무하는

부동-표(浮動票)[명] 특정한 후보자 또는 성향에 두 표될 것으로 확정지을 수 없는 뜬 표. (대) 고정표(固定票). floating vote 「(凍港). icefree port

부동-항(不凍港)[명] 겨울에도 얼지 않는 항구. (대) 동항

부두(埠頭)[명] 배를 대는 선창(船艙). pier

부두-꾼(埠頭─)[명] 부두에서 일하는 노동자.

부둑-부둑 물기가 있는 물건의 거죽이 거의 말라서 좀 부숭부숭하게 굳은 모양. (작) 보독보독. (센) 뿌둑뿌둑. **하**[자]

부둑-하다[형여] 물기가 거의 말라 좀 굳은 듯하다. (작) 보독하다. dryish

부둥-가[─까](埠頭─)[명] 부두가가 있는 근처.

부둥=부둥[명] 살이 통통하게 찐 모양. (작) 보둥보둥. (거) 푸둥푸둥. plumply **하**[자]

부둥켜-안:-다[─따][타] 꼭 끌어안다. 「다. hold tight

부둥키-다[타] 두 팔로 힘껏 잡거나 안다. (원) 붙들키

부둥-팥[─팓][명] 꼬투리 한 개에 팥 알이 부둥부둥하게 벌로 박혀 먹는 팥. ②아주 굵고 붉은 팥. big red-beans

부드드-하다[여][자] 꽉 움켜쥐고 내놓으려지 않으려는 태도가 있다. (센) 뿌드득하다①. gripping

부드득[부] ①단단하거나 질긴 물건을 되게 맞비빌 때에 나는 소리. ¶이를 ~ 갈다. creakiness ②무른 똥을 힘들여 눌 때에 나는 소리. (작) 바드득. 보드득. (센) 뿌드득. ③푸득득. **하**[자]

부드득-거리다/-대다[자] ①되게 비빌 때 부드득 소리가 자꾸 나다. ②무른 똥을 힘들여 눌 때 부드득 소리가 자꾸 나다. (작) 바드득거리다. 보드득거리다. (센) 뿌드득거리다. (거) 푸드득거리다. 부드득=부드득[부]

부드럽-다[ㅂ변][형] ①거세지 않고 물러서 매끈매끈하다. soft ②딱딱하지 않고 곱고도 순하다. ③배도나 움직임 등이 유연하다. (작) 보드랍다. tender 부드러=이[부]

부드레-하다 ①아주 부드러워 보이다. very soft ②약하여 맞설 힘이 없다. (작) 보드레하다. very weak

부더터리-다/부드트리-다 →부딪프리다. 「[자]

부득 기소(不得其所)[명] 부득 기소(不得其位). **하**[자]

부득 기위(不得其位)[명] 훌륭한 소질과 실력을 갖고도 적당한 지위를 얻지 못함. 부득 기소(不得其所). **하**[자]

부득=부득[부] ①제 고집만 지구 부리는 모양. ¶~ 우기다. stubbornly ②자꾸 졸라대는 모양. (작) 바득바득. (센) 뿌득뿌득. importunately

부득-불(不得不)[부] 아니할 수 없이 꼭. ¶~ 하지 않으면 안 되었다. (유) 불가불(不可不). out of sheer necessity

부득 요령[─뇨─](不得要領)[명] 말이나 글의 요령을 잡을 수가 없음. 요령 부득.

부득-의(不得意)[명] 바라던 뜻을 이루지 못함. failure to achieve one's object **하**[자]

부득-이(不得已)[부] 마지못하여 하는 수 없이. 불가부득. inevitably **하**[자] 「기회를 얻지 못함. **하**[자]

부득-지(不得志)[명] 때를 만나지 못하여 품은 뜻을 펼

부득-책(不得策)[명] 계책이 서지 아니함. failure to work out a plan **하**[자]

부들[명] 〈음악〉 현악기의 현(絃)을 연결하는 데 쓰는 줄. 붉실 또는 무명실로 꼬아서 장식으로 만듦. 염미(染尾). string made of silk or cotton thread

부들[명] 〈식물〉 부들과의 다년생 풀. 높이 1.5 m 가량으로 원주형의 줄기는 굵고 7월경에 원주형의 노랑 꽃이 핌. 꽃가루는 약에 쓰며, 줄기는 자리를 만드는 데 씀. 향포(香蒲). ¶~ 방석(方席). cattail

부들기 잇대인 부분의 뿌리 쪽. ¶어깨~.

부들-기직[명] 부들자리. cattail mat 「저.

부들-김치[명] 부들의 어린 싹으로 담근 김치. 포저(蒲

부들-부들[부] 분하(憤下)하여 몸을 떠는 모양. (작) 바들바들. tremblingly

부들부들-하다[형여] 살에 닿는 느낌이 매우 부드럽다. (대) 보들보들하다. tender 「fan

부들-부채[명] 부들의 줄기를 걸어서 만든 부채. cattail

부들-자리[명] 부들의 잎이나 줄기로 엮은 자리. cattail mat

부듯-하다[형여] ①맞서서 헐렁거리지 않다. ②가득히 차서 빈틈이 없다. ¶가슴이 ~. (작) 바듯하다. (센) 뿌듯하다. tight 부듯-이[부]

부등(不等)[명] ①한결같지 않음. irregularity ②서로 고르지 못함. lack of uniformity ③서로 같지 않음. indefiniteness **하**[자]

부등-가[─까](不等─)[명] 값·가치가 같지 않음.

부등-가리 오지 그릇 조각이나 함석 조각 등으로 만들어 부삽 대신으로 쓰는 기구. substitute for a fire shovel 「feathers

부등-깃[명] 갓난 날짐승 새끼의 어리고 약한 깃. pin-

부등-변(不等邊)[명] 〈수학〉 똑같지 않은 변.

부등변 삼각형(不等邊三角形)[명] 〈수학〉 세 변의 길이가 모두 다른 삼각형.

부등속 운:동(不等速運動)[명] 〈물리〉 속도가 고르지 않은 운동. (대) 등속 운동(等速運動). ununiform

부등-식(不等式)〖명〗〈수학〉두 수나 식의 값이 크고 작음을 부등호로 보인 식(式). 〖대〗등식(等式). inequality

부등-엽(不等葉)〖명〗〈식물〉같은 그루의 식물의 잎이

부등-표(不等票)〖명〗〖동〗부등호(不等號).

부등-할(不等割)〖명〗〈생리〉동물의 난할이 식물극의 할구가 작은 경우의 난할. 〖대〗

부등-호(不等號)〖명〗〈수학〉같지 않은 두 수의 크고 작음을 나타내는 부호. '<·>·≠'의 세 가지가 있음. 부등표. 〖대〗등호(等號). sign of inequality

부등-화(不等花)〖명〗〈식물〉압술이 불완전하거나 없어서 씨가 없는 꽃. 산국화 따위. 〖대〗등화(登花).

부:디〖부〗'꼭·기어이·아무쪼록'의 뜻으로 남에게 부탁할 때에 쓰는 말. ¶~ 행복하십시오. please

부디기〖명〗삶은 국수 따위를 건져내는 제구. skimmer

부:디-부디〖부〗'부디'를 강조하여 일컫는 말.

부딪-다〖자타〗물건과 물건이 힘있게 마주 닿다. hit

부딪-뜨리-다〖타〗아주 힘있게 부딪히다. 부딪트리다.

부딪-치-다〖자타〗'부딪다'의 힘줌말. 〖다〗. hit hard

부딪-이-다〖자〗부딪임을 당하다. be hit

부딪-트리-다〖동〗부딪뜨리다.

부딪-히-다〖자〗부딪힘을 당하다. be knocked

부두(←붓돗)〖명〗곡식의 티끌을 날리기 위해 바람을 일으키는 데 쓰는 돗자리. 풍석(風席)③. mat used for fanning grains

부뚜막〖명〗〈건축〉아궁이 위의 솥이 걸린 편편한 언저. kitchen range

부뚜막의 소금도 집어 넣어야 짜다〖속〗쉽고 좋은 기회나 형편도 노력하지 않으면 소용 없다.

부뚜-질〖명〗부뚜를 흔들어 바람을 일으키는 일. 하〖타〗

부들-다〖타〗〖로〗→붙들다.

부라〖감〗불을 불리는 말로, 대장간에서 풀무질할 때에 맞추는 소리. fire!

부라리-다〖타〗눈을 부릅뜨며 휘두르다. strain one's eyes

부라=**부라**〖명〗'부라질'을 시킬 때 쓰는 말.

부라-질〖명〗젖먹이를 붙들고 좌우쪽으로 흔들며, 두 다리를 번갈아 오르내리게 하는 짓. moving a baby's right and left arm

부라퀴〖명〗①악물고 악쓰르는 사람. tenacious person ②제게 이로운 일이면 기를 쓰고 덤비는 사람. screw

부락(部落)〖명〗→마을②.

부란(孵卵)〖명〗달걀이나 물고기의 알 따위를 깜. 또, 알 따위가 깸. incubation 하〖타〗

부:란(腐爛)〖명〗썩어 문드러짐. decomposition 하〖자〗

부란-기(孵卵器)〖명〗달걀이나 물고기의 알을 인공적으로 까게 하는 기구. incubator

부란-당〖명〗→불한당(不汗黨).

부랑(浮浪)〖명〗일정한 주소와 직업이 없이 이리저리 떠돌아다님. vagrancy 하〖자〗

부랑-배(浮浪輩)〖명〗떳떳한 생업(生業)이 없이 떠돌아다니는 못된 짓이나 하는 무리. 부랑패(浮浪牌). 부랑패류(浮浪悖類).

부랑-아(浮浪兒)〖명〗떠돌아다니는 아이. young loafer

부랑-자(浮浪者)〖명〗떠돌아다니면서 난봉이나 부리는 사람. vagabond

부랑 자제(浮浪子弟)〖명〗부랑 생활을 하는 청소년.

부랑-패(浮浪牌)/**부랑 패류**(浮浪悖類)〖명〗〖동〗부랑배.

부랴=**부랴**〖부〗매우 급히 서두르는 모양. ¶~ 떠나다. in a great hurry

부러〖부〗싫음은 거짓으로. 일부러. deliberately

부러-뜨리-다〖타〗꺾어서 둘이 되게 하다. break

부러워-하-다〖타·여〗부럽게 생각하다. envy

부러-지-다〖자〗꺾어져 둘로 잘라지다. break

부러진 칼자루에 옮길하기〖속〗쓸데없는 일을 함.

부:럼〖명〗〈민속〉정월 보름날 아이들이 까서 먹는 밤·잣·호두·땅콩 등의 총칭. 일년 내내 부스럼을 앓지 않게 된다고 함. ②→부스럼.

부럽-다〖형〗〖ㅂ로〗남의 좋은 것을 보고 저도 그와 같게 되고 싶다. envious

부레〖명〗①물고기의 뱃속에 있는, 물고기를 뜨고 잠기게 하는 공기 주머니. 어표(魚鰾). air bladder ②〈약〉→부레풀. 하나.

부:레(bourrée 프)〖명〗〈음악〉프랑스의 옛 무도곡

부레-끓-다〖자〗몹시 성나다. be enraged

부레-뜸〖명〗부레를 빳빳하고 세게 하기 위하여 부레 끓인 물을 올리는 일. 하〖타〗

부레-저냐〖명〗민어의 부레 속에 살파 쇠고기 따위를 섞어 이겨 넣고 부쳐 삶아 만든 저냐.

부레-질〖명〗부레풀로 물건을 붙이는 일. gluing 하〖타〗

부레-찜〖명〗민어의 부레 속에 살과 고기와 온갖 양념을 넣고 찐 술안주. 표증(鰾蒸).

부레-풀〖명〗말린 민어의 부레를 끓여 만든 풀. 붙는 힘이 강하여 나무를 붙이는 데 씀. 〈약〉부레②. fish glue work hard

부려-먹-다〖타〗제 이익을 채우기 위하여 마구 부리다.

부력(浮力)〖명〗〈물리〉기체나 액체 속에 있는 물체가 그 표면에 작용하는 압력에 의해서 중력에 반하여 위쪽으로 뜨는 힘. buoyancy

부:력(富力)〖명〗①재산의 정도. wealth ②형세가 넉넉한 정도에 의해 생기는 세력. influence of wealth

부:련(副輦)〖명〗〈제도〉거둥할 때에 임금이 탄 연보다 앞서가는 빈 연. 공련(空輦).

부:련-배(副輦陪)〖명〗〈제도〉거둥할 때 부련을 메는 사

부:렴(賦斂)〖명〗조세를 매겨서 거둠. levy 하〖타〗

부령(部令)〖명〗〈법률〉행정 각부 장관이 소관 사무에 관해 그의 직권이나 특별 위임에 의해 발하는 명령. ¶내부~. 문교~. 총5품 벼슬의 하나.

부:령(副領)〖명〗〈제도〉조선조에서 종친(宗親府)의

부:령(副領)〖명〗①〈제도〉갑오개혁 뒤, 정령(正領) 다음가는 군인. ②〈기독〉구세군 계급의 하나.

부로(父老)〖명〗한 동네에서 나이가 많은 어른. elder

부로(俘虜)〖명〗〈군사〉사로잡힌 적의 군사. 부수(俘囚). 부획(俘獲). 포로(捕虜). ¶~병(兵). prisoner of war

부:록(附錄)〖명〗①본문의 끝에 덧붙이는 기록. ②신문·잡지 등의 본지 외로 더붙여 따로 내는 지면이나 책자. 〖대〗본지(本紙)①. 본문(本文)①. appendix

부록(簿錄)〖명〗장부에 치부함. 하〖타〗

부루〖명〗〖고〗상추.

부루-기〖명〗→부룩송아지.

부루-나가-다〖자〗써서 없어질 때가 지난 물건이 조금 남아 있게 되다. last longer

부루-말〖명〗→흰말.

부루-퉁이〖명〗불룩하게 불거져 나온 물건. something budging out

부루퉁-하-다〖형·여〗①부어서 불룩하다. swollen ②불만스러운 빛이 얼굴에 나타나 있다. 〖작〗보로통하다. 〖센〗뿌루퉁하다. sulky **부루퉁-히**〖부〗

부룩〖명〗곡식·채소를 심은 밭두둑 사이나 빈틈에 다른 농작물을 듬성듬성 심는 일. 간작(間作).

부룩-박-다〖타〗〈농업〉주장하는 곡식이나 채소를 심은 사이사이에 다른 작물을 심다. plant odd vegetable in space

부룩-소(-)〖명〗작은 수소. small ox

부룩-송아지〖명〗질들이지 않은 송아지. unbroken calf

부룩-치-다〖타〗→부룩박다.

부룰〖명〗물건의 무더기의 부피. bulk

부릇-단지〖명〗→세존단지.

부룻-동〖명〗상추의 줄기. stems of lettuce

부릇동나-다〖자〗늙어 부릇동을 피쳐서 무친 나물. 불로 상채(不老菜).

부류(浮流)〖명〗떠서 흐름. floating about 하〖자〗

부:류(部類)〖명〗종류에 따라 나눈 갈래. ¶같은 ~이다. class

부류 기뢰(浮流機雷)〖명〗〈군사〉①적함의 통로나 항로에 부류시키는 기뢰. ②매어 둔 곳에서 흘러 나간 기뢰. ①울리다. roll over

부르-걷-다〖타〗입고 있는 웃소매나 바짓가랑이를 걷어

부르-다〖타〗〖르로〗①소리를 쳐서 남을 오라고 하다.

부르다 call ②글 또는 다른 방법으로 알려서 청하다. ¶의사를 ~. send for ③물건 값을 말하다. ¶값을 싸게 ~. charge ④일컫다. ¶이쁜이라고 ~. name ⑤소리를 내어 외치다. ¶만세를 ~. shout ⑥노래를 하다. sing 「이 차서 통통하다. inflated
부르-다[헐르다] ①뱃속이 차서 가득하다. full ②속
부르-대:-다 남을 나무라거나 하는 것처럼 야단스럽게 떠들어대다. growl
부르르 ①무섭거나 추워서 몸을 떠는 모양. 〈예〉부르르①. tremblingly ②좁은 그릇에서 물이 끓어오르는 모양이나 소리. with a sizzling sound ③한데 모은 나뭇개비에 불이 붙어 오르는 모양. in flames ④가볍게 불끈 성을 내는 모양. 〈작〉보르르. 〈게〉푸르르. flare up in anger 「ugh 하다
부르릉 자동차·비행기 등의 발동 소리. with a co-
부르릉-거리-다 연해 부르릉 소리를 내다. **부르릉=부르릉** 하다
부르주아(bourgeois 프) ①상공업을 중심으로 하는 도시에 살던 시민. 평민(平民). 〈대〉아리스토크라트(aristocrate). 〈사회〉근대 사회에서의 자본가 계급에 속하는 사람. 〈대〉프롤레타리아(prolétariat). ③〈속〉부자. 「지배권을 가진 국가.
부르주아 국가(bourgeois 國家) 〈사회〉부르주아가
부르주아 문학(bourgeois 文學) 〈문학〉프롤레타리아 문학에 대하여 자본 계급과 그 사회를 옹호하는 문학. 시민 문학.
부르주아 사:회(bourgeois 社會) 〈사회〉봉건제 시대 다음에 온 자본제 시대의 사회. 자유 평등한 개인인 시민을 주체로 하고 산업 자본을 원동력으로 하여 성립된 근대 사회. 시민 사회. 자본제 사회.
부르주아 저:널리즘(bourgeois journalism 프) 〈사회〉자본주의화한 저널리즘.
부르주아지(bourgeoisie 프) ①시민 계급. ②사회 자본가 계급. 〈대〉프롤레타리아트.
부르주아 혁명(bourgeois 革命) 〈사회〉부르주아의 지도력이 봉건적인 모든 관계를 타파하여 자본적인 모든 관계를 확립하는 사회 혁명. 프랑스 혁명·러시아의 2월 혁명 등이 그 전형임.
부르쥐:-다 힘을 주어 주먹을 쥐다. clench
부르-짖-다 ①소리내어 하소연하거나 주장하다. cry loudly for ②원통한 사정을 말하여 크게 울다.
부르터-나-다 묻혀 있는 일이 드러나다. be exposed
부르터나-김[-남] 일이 들추어나기 시작한 말.
부르트-다[으] ①살가죽이 들뜨고 그 속에 물이 생기다. get a blister ②물것에 물려 살이 도돌도돌하게 부어오르다. 〈약〉부르트다. swell up
부:름 →부럼. 「cative
부름-말 〈어학〉사람이나 물건을 부르는 말. vo-
부름-자리[-짜-] 〈동〉호격(呼格).
부름자리-토씨[-짜-] 〈동〉호격 조사(呼格助詞).
부름-켜 〈식물〉쌍떡잎 식물의 물관부와 체관부와의 중간에 있는 얇은 조직. 형성층(形成層).
부릅-뜨-다 눈을 크게 뜨다. strain one's eyes
부를-다 〈약〉부르트다.
부리 ①새나 짐승의 주둥이. 구문(口吻)②. 〈속〉주둥아리. bill ②물건의 끝이 뾰족하게 된 부분. pointed end ③병과 같이 속이 비고, 한 끝은 막히고 한 끝은 터진 부분을 일컬음.
부:리 〈민속〉한 집의 먼 대 조상의 혼령이나 그 집을 지켜 주는 귀신을 가리키는 무당이 일컫는 말.
부:리(附利) 이자가 붙음. 하다
부리기 →부리어. 「hurry
부리-나케[-불이 나케-] 급하고 빠르게. in a great
부리-다 ①사람을 시켜 일을 하게 하다. ¶하인을 ~. work ②기계·기구 등을 조종하다. ¶차를 ~. drive ③재주나 괴를 피우다. practice ④어떤 행동을 짐짓 나타내다. ¶새침을 ~. show
부리-다 ①실었던 짐을 내려놓다. unload ②활시위를 벗기다. unstring

부리 대:리(副理代理) 〈법률〉사건의 일부의 대리. 현재는 쓰이지 않음.
부리=망(-網) 썩 가는 새끼로 그물같이 얽어 소의 주둥이에 씌우는 제구. muzzle 「goggle-eyed
부리부리-하-다 눈망울이 크고도 생기가 있다.
부:리-세:-다 〈민속〉그 집의 귀신이 드세다.
부리이-다 남의 부림을 받다. 「comes to a head
부리이-잡히-다 종기의 한가운데가 뾰족해지다. boil
부린 활시위를 벗긴 활. 〈대〉얹은 활.
부림-꾼 남에게 부림을 받는 사람. employee
부림-말(-) 〈동〉목적어(目的語).
부림-자리(-) 〈동〉목적격(目的格).
부림자리-토씨(-) 〈동〉목적격 조사(目的格助詞).
부마(夫馬) 마부와 말. 일꾼과 말. 「devil 하다
부:마(付魔) 귀신들리는 일. be possessed by a
부:마(副馬) 주로 부리는 말에 대용하기 위하여 예비로 함께 끌고 다니는 말.
부:마(駙馬) 〈약〉→부마 도위(駙馬都尉).
부:마 도:위(駙馬都尉) 〈제도〉임금의 사위. 〈약〉도위(都尉). 부마(駙馬). son-in-law of a king
부:마-부(駙馬府) 〈제도〉부마의 아문(衙門).
부:마-자(付魔者) 귀신들린 사람.
부막(-) →부두막. 「천거한 중에서 둘째에 낀 사람.
부:망(副望) 〈제도〉관원을 추천할 때 후보자 셋을
부맥(浮脈) 〈한의〉피부에 손끝만 대어도 뛰는 것을 알 수 있는 맥. 〈대〉침맥(沈脈).
부맥(浮麥) 밀의 쭉정이.
부면(部面) 부분을 나눈 한 면. phase
부면(覆面) →복면.
부명(父名) 아버지의 이름. father's name
부명(父命) 아버지의 분부. father's instruction
부:명(浮名) ①나쁜 평판. ②남녀간의 정사에 관한 소문. 「me of a rich man
부:명(富名) 부자로 이름난 소문. well-known na-
부모(父母) 아버지와 어머니. 어버이. 양친. ¶~ 처자(妻子). parents
부모가 온 효자가 되어야 자식이 반 효자 ①자식은 부모가 하는 대로 한다. ②좋은 감화(感化)를 받는다 해도 그대로 하기 어렵다.
부모가 착해야 효자가 난다 ①부모가 착해야 자식도 따라 착하게 된다. ②윗사람이 잘해야 아랫사람도 따라 잘하게 된다. 「심. 하다
부모 구몰(父母俱沒) 아버지와 어머니가 다 돌아가
부모 구존(父母俱存) 아버지와 어머니가 함께 살아
부모-국(父母國) 자기 조국. 모국(母國). 하다
부모-궁(父母宮) 〈민속〉사람의 난 해·달·날·시를 열두 성좌에 배당한 십이궁(十二宮)의 하나. 부모에 관한 운수를 점치는 기본 자리.
부모는 차려 걸음이라 부모의 죽음을 슬퍼하는 이에게 나이 많은 부모가 으므로 먼저 돌아가시는 것이 당연하다고 위로하는 말.
부모-덕(父母德) 부모의 은덕.
부모-상(父母喪) 어버이를 여읜 상사(喪事). 친상(親喪). death of one's parents
부모 속에는 부처가 들어 있고, 자식 속에는 앙칼이 들어 있다 부모는 자식을 무한히 사랑하지만 자식은 부모에게 효도하기 어렵다.
부:목(負木) 〈불교〉절에서 땔나무를 하는 사람. sexton 「~.
부목(浮木) 물 위에 떠 있는 나무. ¶맹귀(盲龜)
부목(副木) 〈의학〉팔다리의 외상이나 염증 때에 안정을 유지하기 위하여 사용하는 기구. 나무·쇠
부:목(腐木) 썩은 나무. 「붙이 따위. splint
부:문(赴門) 〈제도〉과장(科場)에 들어감. 하다
부:문(訃聞) 사람이 죽었다는 소식. 부고(訃告). 부음(訃音). report of one's death
부문(浮文) 실속이 없는 문장. 헛된 외면치레. frothy
부문(部門) 구별된 부류. category 「style
부민(浮民) 이리저리 떠돌아다니는 백성. gypsies

부:민(富民) 살림이 넉넉한 백성. (대) 빈민(貧民).
부:바 《악》 어부바.
부박(浮薄) 천박하고 경솔함. frivolity 하다
부방(阜傍) 한자 부수(部首)의 이름. 한자의 왼쪽이나 또는 오른쪽에 있는 'ß'의 일컬음.
부:방(赴防) 《제도》 다른 도(道)의 군대가 서북 변경을 방비하던 일. 하다
부방(跗方) 신주 밑에 까는 네모진 받침.
부방(阜傍邊) 한자 부수(部首)의 하나. 한자의 왼쪽에 붙는 'ß(좌부방)'의 일컬음.
부=방파제(浮防波堤) 파도를 막기 위하여 항만의 일정한 장소에 잇대어 놓은 방주(方舟)나 뗏목 같은 것.
부:배(復配) 《경제》 배당(配當)을 부활함. 하다
부:=배합(富配合) 《토목》 콘크리트를 만들 때 지정된 분량보다 시멘트를 많이 넣고 하는 배합. 하다
부:벽(付壁) 벽에 붙이는 그림과 글씨. wall pasting
부:벽서(付壁書) 벽에 붙이는 글씨. writing paper
부별(部別) 많은 것을 몇 부(部)에 따라 구별함. 또는 그런 구별. ¶ ~ 대학
별(賦別) 나누어 배당함. 하다
부:병(富兵) 강병(强兵).
부:보(訃報) (동) 부고(訃告).
부보(部譜) 《음악》 합주(合奏)할 때의 각 음부(音部)의 악보.
부:보=상(負褓商) (동) 보부상(褓負商).
부:복(俯伏) 굽어 엎드림. prostration 하다
부:본(副本) 원본과 동일하게 만든 서류. 정본의 예비나 사무 정리를 위해 만듦. 부서(副書). (대) 정본(正本). duplicate
부:~ 기선(汽船) 같은 데서 연해 나는 기적 소리.
부부(夫婦) 남편과 아내. 부처(夫妻). 내외(內外)③. 《속》 가시버시. husband and wife
부:(符) 부표(符票)를 나눔. 부(符)를 둘로 나눈 한쪽의 할부(割符)를 줌. giving a cheek 하다
부부=성(夫婦星) 견우성과 직녀성. 「합한다.
부부 싸움은 칼로 물 베기 내외간의 싸움은 쉽게 화
부부=애(夫婦愛) 남편과 아내 사이의 사랑. conjugal affection
부부 유=별(夫婦有別) 《윤리》 오륜(五倫)의 하나. 부부 사이에는 서로 침범하지 못할 인륜(人倫)의 구별이 있음. There should be distinction between man and wife 하다
부:=부인(府夫人) 《제도》 조선조 때, 정 1품 대군(大君)의 아내나 임금의 장모에 대한 작호(爵號).
부부 재산제(夫婦財産制) 《법률》 혼인으로 부부 사이에 생기는 재산 관계를 규정하는 제도.
부부지약(夫婦之約) 혼인(婚約).
부부지:정(夫婦之情) 부부 사이의 애정.
부분(部分) 전체 속의 한쪽. (대) 전체(全體). part
부분 그늘(部分—) 《천문》 태양의 흑점 주위의 얕은 흑색 부분.
부분 사:회(部分社會) 《사회》 전체 사회에 대립되는 개념으로 사회를 이루는 요소가 되는 일정한 조직적 집단. partial society 「하지 못하는 색맹.
부분 색맹(部分色盲) 《생리》 특정한 색채만을 식별
부:분=식(部分蝕) 《천문》 일식·월식에 있어서 해나 달의 일부분만이 가리어지는 현상. (대) 개기식(皆既蝕). (동) 분식(分蝕). partial eclipse
부분 월식[—식](部分月蝕) 《천문》 달의 한 부분만 가리어지는 월식. (대) 개기 월식(皆旣月蝕). partial eclipse of the moon
부분 일식[—식](部分日蝕) 《천문》 해의 한 부분만 가리어지는 일식. (대) 개기 일식(皆旣日蝕). partial eclipse of the sun
부분=적(部分的) 전체 가운데 적게 구분(區分)한 (것). (대) 전체적(全體的). partial
부분 집합(部分集合) 《수학》 집합 A에 속하고, 집합 B에 속하지 아니하는 것이 하나도 존재하지 아니할 때 A의 B에 대한 일컬음.
부분=품(部分品) 기계 따위의 전체의 한 부분이 되도록 따로 만들어진 물건. parts
부분=할(部分割) 《생리》 반할(盤割)이나 표할(表割)처럼 알의 일부분에서만 난할(卵割)이 일어나는 현상. (대) 전할. 「monthly installments 하다
부:불(仆拂) 여러 번에 나누어 지불함. pay by
부:불 신:용(賦拂信用) 《경제》 상품은 현재 급부하고 그 대금은 후에 일정한 기간에 여러 차례로 나누어 급부하는 거래.
부:비(浮費) 무슨 일을 하는 데 드는 비용.
부:비(腐脾) 《식물》 팥의 꽃. 소두화(小豆花).
부:비:강(副鼻腔) 《생리》 비강에 이어 주위의 여러 뼈의 내부에 뻗쳐 있는 곳으로 상악동(上顎洞)·전두동(前頭洞)·사골동(篩骨洞) 등의 총칭.
부비=질 → 비비질.
부빙(浮氷) ① 물 위에 떠 있는 얼음덩이. floating ice ② 강에서 얼음덩이를 떠냄. scooping a block of ice from a river 하다 「② 아버지 겸 스승.
부사(父師) ① 아버지와 스승. father and teacher
부:사(府使) 《제도》 대도호부사(大都護府使)와 도호부사(都護府使)의 총칭.
부:사(府使) 사신(使臣)이 임지(任地)로 감.
부:사(浮莎) 흙이 붙은 채 떼를 떠냄. 하다
부:사(副使) 《제도》 정사(正使)를 돕는 버금 사신(使臣). (대) 정사(正使). vice-envoy
부:사(副詞) 《어학》 품사의 하나. 주로 동사·형용사 또는 다른 부사 앞에 놓이어서 그 뜻을 한정하는 품사. '더욱·아주·썩' 따위. 어찌씨. adverb
부:사격 조:사[—격—](副詞格助詞) 《어학》 체언(體言) 아래에 붙어서 그와 함께 마치 부사 모양으로 용언(用言)을 꾸미는 격조사. 「butting habit
부사리 머리로 받는 버릇이 있는 황소. ox with
부:사-어(副詞語) 《어학》 부사의 구실을 하는 단어나 관용어. adverb equivalent
부:사:장(副社長) 회사에서 사장 다음가는 지위. 또, 그 사람. vicepresident 「절. adverb clause
부:사=절(副詞節) 《어학》 부사(副詞) 구실을 하는
부사:지(父事之) 나이가 많은 어른을 아버지처럼 대접함. being courteous to one's elder
부:사=형(副詞形) 《어학》 동사나 형용사 따위에 어미 '-으·-게·-지·-고' 따위가 붙어서 부사와 같은 구실을 하는 어형. adverbial
부산=떨:다 경망하게 부산한 행동을 하다.
부:=산물(副産物) ①주산물을 만드는 데에 따라 생기는 물건. 석탄 가스(石炭 gas)를 만들 때 산출되는 콜타르 따위. (대) 주산물. byproduct ② 어떤 일을 할 때, 따라서 일어나는 사건 등을 가리킴. ¶ 소송의 ~. 「주죽(釜竹)
부산=죽(釜山竹) 부산(釜山)에서 나는 담뱃대. 《약》
부산=처(不山處) 산도 숲도 없는 곳.
부산=하다 ① 어수선하고 바쁘다. bustling ② 떠들썩하고 시끄럽다. noisy 부산-히
부삽(一鋪) 숯불이나 아궁이의 재 따위를 담아 옮기는 데 쓰는 삽. 화삽. fire-shovel
부살=하다(浮蔘—) 반죽 같은 것이 단단하지 않고 부슬부슬하다. crumbly 「father
부상(父喪) 아버지의 상사(喪事). death of one's
부:상(付上) 물건이나 편지를 윗사람에게 부쳐 올림.
부:상(扶桑) ① 해가 돋는 동쪽 바다. ② 옛날 중국에서, 해가 뜨는 동쪽 바다 속에 있다고 한 상상의 신성한 나무. 또, 그 나무가 있는 곳. (대) 함지(咸池).
부:상(負商) 등짐 장수. peddler
부:상(負傷) 몸에 상처를 입음. wound 하다
부:상(浮上) 물의 표면으로 떠오름. ¶ 잠수함이 ~하다. 하다
부:상(副賞) 상장과 정식 상품 외에 따로 주는 상품. supplementary prize

부:상(富商)[명] 자본이 많은 상인. ¶ ~ 대고(大賈) 있다는 나라.
wealthy merchant
부상국(扶桑國)[명] 중국의 전설에서 동쪽 바다 속에
부상 능력(浮上能力)[명] 물 속에서 물 위로 떠오를 수 있는 능력.
부·상·병(負傷兵)[명] 전쟁에서 몸을 다친 군인.
부·상·자(負傷者)[명] 다쳐서 상처를 입은 사람. wounded
부·상·조(浮上彫)[명][동] 돋을새김.
부·상·일(扶桑廳)[명] 〈제도〉 등짐 장수들의 도중(都中) 일을 보던 기관.
부새(符璽)[명][동] 옥새(玉璽).
부생(浮生)[명] 덧없는 인생. transient life 「tion**하**]
부:생(復生)[명] 없어졌던 것이 다시 생겨남. regenera-
부:생(腐生)[명] 〈식물〉 식물이 동식물의 사체(死體)나 배설물을 양분으로 섭취하여 생활함. **하**[명]
부생 모:육지은(父生母育之恩)[명] 부생 모육의 은혜.
부생 백년(浮生百年)[명] 덧없는 한평생.
부:생 식물(腐生植物)[명] 〈식물〉 부생(腐生)하는 식물. 박테리아·균류 등의 대부분이 이에 속함.
부생지·론(傅生之論)[명] 사형에 처할 죄에 의의(疑義)가 있을 때에 감형하기를 주장하는 변론.
부서(父書)[명] 주로 편지 끝에, '아버지가 씀'의 뜻으 로 쓰는 말.
부서(夫壻)[명][동] 남편.
부·서(附書)[명] 편지를 부침. **하**[타]
부·서(附書)[명] 우리말 자모를 맞추어 쓰는 방법의 하나. 자음과 모음을 아래위나 좌우로 붙여 완전한 글자가 되게 쓰는 방식을 이름.
부서(符書)[명][동] 부첨(附讖). 「one's post
부서(部署)[명] 여럿으로 나뉘어져 있는 사무의 부분.
부·서(副書)[명] 원본(副本).
부·서(副署)[명] 〈법률〉 법령 또는 조약 따위를 새로 제정할 때에 국가 원수(元首)가 서명하는 일이, 각국 무위원이 따라 서명하는 일. countersignature **하**[타]
부·서(賦序)[명] 〈문학〉 부(賦)에 붙이는 서시(序詩).
부서(簿書)[명] 관청의 장부와 문서. 부적(簿籍). 부첩
부서·뜨리·다[타] ~부스러뜨리다. 「(簿牒).
부서·지·다[자] ①단단한 물건이 깨어져 여러 조각이 나다. (속) 바서지다. break ②사개가 물러나다. get out of joint ③희망이나 기대가 깨어지거나 틀어지 거나 하다. go wrong with ④[약]~부스러지다.
부석(斧石)[명] 〈광물〉 날카로운 모를 가진 도끼 모양의 결에, 또는 투명·불투명한 결정 광물. 주성분은 철·망간·알루미나 등임.
부석(浮石)[명] ①〈광물〉 물에 뜰 정도로 가벼운 돌. 속돌. pumice ②물 위에 일부분이 나타나 있어 뜬 돌과 같이 보이는 돌. half-submerged stone
부석²(浮石)[명] ①산의 바위를 석재(石材)로 뜨는 일. 채석(採石). ②돌사에서 쓰이는 닙은 터개. **하**[자]
부:석(剖析)[명] 쪼개서 분석함. **하**[타]
부석-부석[부] 자꾸 부서지는 모양. (적) 보삭보삭. crumblingly **하**[타]
부석-부석[부] 살에 핏기가 없이 부어오른 모양. (적) 보삭보삭. somewhat swollen **하**[타]
부석-종(浮石宗)[명] 〈불교〉 우리 나라에서 화엄종(華嚴宗)을 달리 이르는 말. 의상 조사(義湘祖師)가 부석사(浮石寺)를 근본 도량(道場)으로 삼았으므로. 「로 생긴 말.
부석지[명] ~부스러기.
부선(浮選)[명] ~부유 선광(浮遊選鑛).
부선(蚨蟬)[명][동] 강충이.
부-선거(浮船渠)[명] 〈토목〉 배를 싣고 물 위에서 작업 할 수 있게 된 궤짝 모양의 배. 부양식 독. floating dock 「(대) 모낭인(母先亡). **하**[타]
부선망(父先亡)[명] 아버지가 어머니보다 먼저 죽는 일.
부설(附設)[명] 부속시켜 설치함. ¶ ~ 중학교. attachment **하**[타]
부설(浮說)[명] 부언(浮言).
부설(敷設)[명] ①깔아서 설치함. ¶철도를 ~하다. laying ②설치해 둠. ¶기뢰를 ~하다. **하**[타]

부:설-권(敷設權)[명] 철도 등을 부설할 수 있는 권리.
부:설 수리(敷設水雷)[명][동] 기계 수뢰(機械水雷).
부:설지-로[명] ~(負銀之勞)의 귀양가는 사람을 모시고 다니는 수고.
부설함(敷設艦)[명] 〈군사〉 기계 수뢰(機械水雷)를 싣고 필요한 곳에 부설하러 다니는 군함. mine layer
부:섬(富贍)[명] 재물이 넉넉함. **하**[형]
부성(浮城)[명][동] 군함(軍艦). 「(性).
부·성(父性)[명] 아버지로서 가지는 성질. (대) 모성(母
부·성(賦性)[명][동] 품성(稟性).
부:성(副成分)[명] 주성분 이외의 성분. (대) 주성분. accessory ingredient
부성-애(父性愛)[명] 아버지로서의 자식들에 대한 사랑. 아비 모성애. paternal love
부:성-하·다(富盛-)[형] 재산이 풍성하다.
부세(浮世)[명] 덧없는 세상. 뜬세상. transitory life
부:세(富世)[명] 〈어류〉 민어과의 바닷물고기. 몸 길이 50 cm 정도로 작은 민어와 비슷하나 몸 빛이 적황 색임. 한국 서해·남해에 많이 분포함.
부:세(賦稅)[명] 〈법률〉 세금을 매겨서 물림. taxation
부셀(bushel)[명] 용량(容量)의 단위. 약 2 말. 영국 에서는 약 36 l, 미국에서는 약 35 l. 「음. **하**[자]
부:소(赴召)[명] 임금의 부름에 좇아 나아가거나 나아
부·속(附屬)[명] ①주되는 일이나 물건에 딸려서 붙음. attached ②[~하다]부속되는 것. **하**[자]
부속(部屬)[명] 어떠한 부류(部類)나 부문(部門)에 딸림. belonging to a department **하**[자]
부·속-기(附屬器)[명] ①〈생리〉 자궁에 부속되어 있는 난관과 난소를 통틀어 일컫는 말. ②부속된 기관. adnexa 「essory
부·속-물(附屬物)[명] 주되는 사물에 부속된 물건. acc-
부·속 병원(附屬病院)[명] 〈의학〉 의과 대학에 부속된 병원. 장차 의사가 될 학생들의 실지 연습이나 연구를 목적으로 설치함.
부·속 성분(附屬成分)[명][동] 종속 성분(從屬成分).
부·속-실(附屬室)[명] ①부속된 방. ②비서 등이 사무를 보는 방.
부·속 영업(附屬營業)[명] ①〈광물〉 덕대(德大)의 영업. ②본업에 부속시켜 하는 영업. auxiliary business
부:속-품(附屬品)[명] 어떤 기구나 기계 따위에 부속되어 있는 부품. ¶ 부속(附屬)②. 부품(部品). parts
부·속 학교(附屬學校)[명] 〈교육〉 교육의 연구 또는 교원 양성 기관의 실습을 위하여서 부설(附設)한 학교. 부속 유치원·부속 국민 학교·부속 중학교·부속 고등 학교 따위. attached school
부·속-해(附屬海)[명] 대양(大洋)의 일부를 구성하고 있는, 육지나 반도나 섬으로 둘러싸인 조그만 바다.
부손[명] 화로에 꽂아 두고 쓰는 작은 부십. small fireshovel
부·송(付送)[명] 물건을 부쳐 보냄. sending **하**[타]
부:송(附送)[명] 붙좇음. 붙어서 따라감. attendance **하**[자]
부:수(俘囚)[명][동] 부로(俘虜).
부:수(負數)[명] 〈수학〉 '음수(陰數)'의 구용어. 「슬.
부:수(副守)[명] 〈제도〉 종친부(宗親府)의 종 4 품 버
부:수(副帥)[명][동] 부장(副將).
부수(部首)[명] 옥편에서 글자를 찾는 길잡이가 되는 글자의 한 부분. '水'자는 '氷·永·泉·治·河·江' 등의 부수임. radical
부:수[~쑤](部數)[명] ①부류의 수. ②책의 부(部) 수효. number of copies ③정기 간행물의 발행 수. circulation 「수다. break
부수-다[타] 여러 조각이 나게 두드려 깨뜨리다. (적) 바수
부수-뜨리·다[타] 힘있게 부수어 버리다. break down
부:수 비:용(附隨費用)[명] 근본되는 비용에 부수되는 비용. incidental expenses
부:수 서류(附隨書類)[명] 본서류에 부수하는 서류.

부수수-하다 〖약〗 →에부수수하다.
부수 식물(浮水植物) 〖동〗 부엽 식물(浮葉植物).
부:-수입(副收入) ①목적한 수입 밖에 가외로 생기는 수입. side income ②〖속〗 음성 수입.
부:수-적(附隨的) 〖관〗 무엇에 덧붙어서 따르는 이차적인(것). ¶～ 조건. supplementary
부수-지르-다 〖르불〗 닥치는 대로 마구 부수다. 〖작〗 바수지르다. destroy at random
부수지-소(膚受之愬) 〖불〗 몸소 당하는 것같이 절실하게 하는 하소연. 〖끗이 명령대로 좇아 함. 하타
부:수 청:령(俯首聽令) 〖불〗 윗사람의 위엄에 눌려 다소
부:수-현:상(附隨現象說) 〖철학〗 의식 현상을 bus 의 생리적 활동에 부수되는 현상이라고 보는 학설.
부숙-부숙 〖관〗 →부석부석².
부숙갈/부숙돌 〖관〗 →부슨.
부숫·그리-다 〖고〗 한숨 쉬다. 탄식하다.
부숭-부숭 ①잘 말라서 물기가 아주 없는 모양. dry ②얼굴이나 행동이 깨끗하여 아름답고 부드러운 모양. 〖작〗 보송보송. fair 하다
부스-대-다 ①가만히 있지 못하고 자꾸 굳짓을 하다. meddle ②부스럭거리다. 〖작〗 바스대다. rustle
부스러기 잘게 부스러진 찌끼. 〖작〗 바스라기. bit
부스러-뜨리-다 〖르불〗 부수어서 깨뜨리다. 〖약〗 부서뜨리다. 〖작〗 바스러뜨리다. break down
부스러-지-다 ①깨어져 잘게 여러 조각이 나다. ②덩이가 흐슬부슬 무너져 헤어지다. 〖약〗 부서지다④. 〖작〗 바스러지다. be crushed
부스럭 마른 검불·나뭇잎 따위를 밟거나 뒤적일 때 나는 소리. 〖작〗 바스락. 〖센〗 뿌스럭. rustlingly 하다
부스럭-거리-다 마른 검불 같은 것을 밟거나 뒤적여 자꾸 부스럭 소리가 나다. 또, 그런 소리를 내다. 〖작〗 보스락거리다. **부스럭-부스럭** 하다
부스럼 〖한의〗 피부에 나는 종기의 총칭. tumor
부스럼-떡 〖민속〗 부스럼에 붙이는 떡.
부스레기 →부스러기.
부스스 ①조용히 일어나는 모양. gently ②부스러기가 헤지는 모양. ③머리털 따위가 어지럽게 흩어진 모양. unkempt ④물건의 사개가 물러나는 모양. 〖작〗 바스스. 하다
부:-스터국(booster 局) 〖통〗 텔레비전 수신이 곤란한 지역에 설치하여 중계를 전문으로 하는 방송국. booster station 〖關〗의 흡입관 내의 압력.
부:스트 압력(Boost 壓力) 〖물리〗 내연 기관(內燃機
부슬-부슬¹ 눈이나 비가 성기게 날리어 떨어지는 모양. 〖작〗 보슬보슬. gently
부슬-부슬² 덩이를 이룬 가루 따위가 말라서 따로 따로 쉽게 헤어지는 모양. 〖작〗 보슬보슬². in loose bits 하다
부슬-비 〖명〗 조용하게 부슬부슬 내리는 비. 〖작〗 보슬비. drizzling rain
부시 부싯돌을 쳐서 불이 일어나게 하는 쇳조각. 화도(火刀). steel for striking fire
부시(罘罳) 새가 앉지 못하도록 전각(殿閣)의 처마 안에 치는 철망.
부:-시(俯視) 〖명〗 부감(俯瞰). 하다
부시(婦寺) 〖제도〗 궁중에서 일을 보던 여자와 환관을 아울러 이르는 말.
부시(鉄匙) 불기운을 모은 된장.
부시-다¹ 그릇 같은 것을 깨끗이 씻다. wash
부시-다² 강한 광선이나 색채가 마주 쏘아 눈이 어리어리하다. dazzling
부시리 〖어류〗 전갱이과의 바닷물고기. 몸 길이가 74 cm 내외로 방어와 비슷하나 몸이 가늚. 온해성 어종으로 여름철에 횟감으로 쓰임.
부시 쌈지 〖명〗 부시·부싯깃·부싯돌 따위를 넣어서 주머니 속에 지니는 작은 쌈지. tinder pouch
부시-치-다 부시로 부싯돌을 쳐서 불을 일으키다.
부시-통(一筒) 〖명〗 부시·부싯깃·부싯돌 따위를 넣어 두는 작은 통. tinder box
부식(扶植) ①뿌리를 박아 심음. implantation ②도와서 세움. assisting to establish 하다
부:-식(副食) 〖명〗 →부식물(副食物).
부:-식(腐植) 〖명〗 흙 속에서 유기물이 썩는 일. ¶～ 작용. humus 하다
부:식(腐蝕) ①썩어 들어감. corrosion ②썩어서 벌레가 먹음. being worm-eaten ③〖화학〗 금속·목재·유리 등의 소요의 부분을 약품을 써서 작용시켜서 먹어 들어가게 함. 하다②③, 〖음〗. 하다
부식 강상(扶植綱常) 〖불〗 인륜(人倫)의 길을 바로 세움.
부식-니(腐植泥) 〖지학〗 주로 부식질로 된 호수 바닥의 퇴적물. 호수 밖이나 연안(沿岸)에서 흘러 들어온 식물의 유해(遺體)가 퇴적되어 생김.
부:식 동:판(腐蝕銅版) 〖통〗 에칭(etching).
부:식 물(副食物) 〖명〗 주식물(主食物)에 곁들여 먹게 되는 음식물. 반찬 따위. 〖대〗 주식물. 〖약〗 부식.
부:식-비(副食費) 〖명〗 부식물에 드는 비용. expense for side-dishes ¶먹는 동물의 식성. ¶～ 동물.
부:식-성(腐食性) 썩은 고기나 죽은 동물의 고기
부:식-제(腐蝕劑) 〖화학〗 조직(組織)에 작용하여 그것을 파괴·사멸시키는 약품. 산(酸)·알칼리·염소(鹽素) 따위. corrosive
부:식-질(腐植質) 〖화학〗 유기물(有機物)이 분해하여 생기는 암흑색(暗黑色)인 가루 모양의 물질. humus
부:식-토(腐植土) 〖농업〗 20% 이상의 부식질(腐植質)을 포함한 흙. 식물의 생육(生育)에 썩 좋음. 〖약〗 부토(腐土). humus soil
부신(訃信) 〖명〗 부고(訃告).
부신(符信) 〖제도〗 나뭇조각이나 두꺼운 종이 조각에 글자를 쓰고 증인(證印)을 찍은 뒤에, 두 조각으로 쪼개어 각각 나누어 가졌다가 뒷날에 서로 맞추어서 증거로 삼는 물건. tally
부:-신(副腎) 〖생리〗 신장의 상부에 접하는 두 쪽의 내분비 기관. 곁콩팥. suprarenal gland
부:-신경(副神經) 〖생리〗 11번째의 뇌신경. accessory nerve
부:신경 마비(副神經麻痺) 〖의학〗 부신경의 마비로 목이 기울어 비뚤어지는 뇌신경 마비의 하나. paralysis of the accessory nerve ¶는 악성 종양.
부:신-종(副腎腫) 〖의학〗 부신 피질 세포에서 유래하는 말. 채신지우(採薪之憂).
부신지-우(負薪之憂) 〖명〗 '자기 병'을 겸손하게 일컫는 자기의 자질(資質)을 겸손하여 이르는 말. my ability
부신지-자(負薪之資) ①땔나무나 질 천하고 보잘 것 없는 출신. humble origin ②타고난 자기의 자질(資質)을 겸손하여 이르는 말. my ability
부:신 피질(副腎皮質) 〖생리〗 부신의 외층(外層)을 둘러싸는 내분비 조직.
부실(不實) ①믿음성이 적음. faithlessness ②일에 성실하지 못함. unfaithfulness ③몸이 약함. unhealthiness ④내용이나 힘실하지 못함. insufficiency ⑤곡식이 잘 여물지 못함. 불실(不實). unripenses 하다
부:-실(副室) 〖명〗 작은 집(妾). 소실(小室). 〖대〗 정실(正室). concubine 〖불안정할 기업.
부실 기업(不實企業) 〖명〗 경영이 부실하고 재정 상태가
부:심(副審) 〖체육〗 주심(主審)을 보좌하는 심판. 〖대〗 주심(主審). ¶음을 썩임. taking pains 하다
부:심(腐心) 〖명〗 근심·걱정하며 무엇을 생각하려 하나
부싯-깃 죽임·수리취 따위로 만들어, 부시를 칠 때 불통이 떨어져 불이 붙게 하는 물건. 화용(火茸). 〖약〗 깃③. tinder
부싯-돌 〖광〗 석영(石英)의 하나. 부시로 쳐서 불을 일으키는 돌. 수석(燧石). 화석(火石). flint
부썩 ①갑자기 죄거나 달라붙거나 하는 모양. suddenly ②사물이 급하게 나아가거나 또는 갑자기 늘거나 주는 모양. 〖작〗 바싹. rapidly
부썩=부썩 ①갑자기 외곬으로 자꾸 우기는 모양. ②갑자기 외곬으로 자꾸 나아가거나 늘거나 줄어가

부아 ①〈생리〉허파. 폐장(肺臟). lungs ②분한 마음.
부:아(副芽)〈식물〉하나의 잎겨드랑이에 생기 여러 개 가운데 가장 크고 정상적인 것 이외의 눈.
부:아(副衙)〈제도〉감영(監營)이 있는 곳의 군아(郡衙). 이아(貳衙).
부아 나다 분한 마음이 일어나다. feel offended
부아 내다 분한 마음을 일으키다. get angry
부아-초(一炒) 소의 부아에 쇠고기와 양념을 섞어 만든 음식.
부아-통 '부아'의 힘줌말.
부아통 터:지다 몹시 분한 마음이 나다. get mad
부:악(跗萼)〈식물〉꽃받침 바깥 쪽에 잇대어 난 포엽(苞葉).
부:압(負壓)〈물리〉대기압보다 낮은 압력.
부앗-김 분한 마음이 일어나는 김.
부앗김에 서방질한다 참을 수 없는 분한 마음에 분별없이 행동하여 더욱 큰일을 저지른다. fit of anger
부:앙(俯一)(변)→부항(附缸).
부:앙(俯仰) 하늘을 우러러보고 세상을 굽어봄. 면앙(俛仰). looking up and down 하다
부:앙 기중기(俯仰起重機)〈공업〉한 개의 주주(主柱)와 그 각부(脚部)에 비스듬히 붙여진 동비(動臂)로써 구성된 기중기. 데릭 기중기(derrick 起重機). derrick crane
부:앙 무괴(俯仰無愧) 하늘을 우러러보나 세상을 굽어보나 양심적으로 조금도 부끄러움이 없음. have a clear conscience 하다
부액(扶腋) 겨드랑이를 붙들어 걸음을 도움. 결부(축).
부:약(負約) 약속을 어김. 위약(違約). breaking a promise 하다 '의 도약정(都約正)의 버금 직책.
부:약정(副約正)〈제도〉조선조 때, 향약(鄕約)
부양(扶養) 생활 능력이 없는 가족을 먹이고 입힘. support 하다
부양(浮揚) 떠오름. 또는, 띄워 올림. ¶ 경기 〜책. floating 하다
부양 가족(扶養家族) 부양 대상이 되는 가족. dependent family
부양-력(浮養力) 부양하는 힘.
부양-료(扶養料) 부양 책임을 지고 부양하는 데 드는 돈. 부양비. sustenance allowance
부양-비(扶養費)(동) 부양료.
부양식 독(浮揚式 dock) 무선거(浮船渠).
부양 의:무(扶養義務)〈법률〉가족이나 친족(親族)을 부양하는 법률상의 의무. 직계 혈족 및 그 배우자, 호주와 그 가족, 생계를 같이하는 그밖의 친족끼리임. responsibility for supporting
부어(鮒魚) 바닷물의 수면 가까이에서 사는 물고기.
부:어(鮒魚·鮒魚)(동) 붕어.
부어 만들다 쇠붙이를 녹여 거푸집에 부어 필요한 모양을 만들다. 주조(鑄造)하다. mould
부언(附言) 덧붙여서 말함. 또, 그 말. ¶〜해서 말씀 드리자면. additional remarks 하다
부언(浮言) 근거 없는 말. 떠도는 말. 부설(浮說). rumour
부언(婦言) 부인네의 말.
부언 낭:설(浮言浪說) 떠돌아다니는 근거 없는 말. 부언 유설(浮言流說). 유언 비어(流言蜚語). wild rumour
부언 유설[-뉴-](浮言流說)(동) 부언 낭설.
부얼=부얼 탐스럽고 북스러운 모양. happy looking (동) 북슬북슬.
부업(父業) ①아버지의 직업. father's occupation ②대대로 이어 내려오며 영위하는 직업. family occupation
부:업(副業) 본업(本業) 외에 겨를을 이용하여 하는 일. 여업(餘業). (대) 본업(本業). sidejob
부업(婦業) 여자가 하는. 여자의 직업. woman's occupation
부엉 부엉이의 우는 소리. hoot-hoot
부엉-새(동) 부엉이.
부엉이〈조류〉올빼미과의 새. 날개 길이 30~35 cm이고, 몸 빛은 회색 바탕에 갈색 또는 담황색의

가는 가로무늬가 있음. 성질이 사나워서 인가(人家) 부근의 닭·토끼·쥐 등을 포식함. 부엉새. 치효(鴟鴞). 목토(木兎). 휴류(鵂鶹). owl
부엉이 살림 자기도 모르는 사이에 부적부적 느는 살림.   [셈. fool's calculation
부엉이-셈 어리석어 이해 타산을 분명히 못하는
부엉이 소리도 제가 듣기에는 좋다고 자기의 단점을 자기는 잘 모름.   [였다.
부엉이 집을 얻었다 많은 재물을 우연히 가지게 되
부엌 손을 걸고 끼를 때어 음식을 만드는 곳. 취사장(炊事場).(약) 뻥. kitchen
부엌-간(一間) 부엌으로 쓰는 칸.
부엌-데기 부엌일을 맡아 하는 여자 하인. 식모(食母). kitchen maid
부엌-문(一門) 부엌으로 출입하는 문.
부엌-비 부엌에서 쓰는 비.
부엌 살림 부엌에서 쓰이는 온갖 세간.
부엌-세간 부엌일에 관계되는 잔심부름.
부엌에서 숟가락을 얻었다 하잘것없는 일을 성공이나 한 듯이 자랑한다.
부엌-일[-닐] 부엌에서 하는 일.   [kitchen knife
부엌-칼 부엌에서 음식 만드는 데 쓰는 칼. 식칼.
부여(夫餘)〈역사〉①만주 지방에 살던 고대 민족의 하나. ②(同)→부여국.
부:여(附與) 주는 일. grant 하다
부:여(賦與) 나누어 줌. 베풀 줌. giving 하다
부여-국(扶餘國)〈역사〉부여족이 북만주에 세웠던 고대 부족 국가.(약) 부여(夫餘)②.
부여-안다 부둥켜안다. embrace
부여잡-다 붙들어 잡다. grasp
부:역(夫役·賦役) 국가나 공공 단체가 국민에게 무적으로 지우는 노역(勞役). compulsory labour service
부:역(赴役) ①부역(賦役)을 치르러 나감. attendance to the compulsory labour ②사사로이 서로 일을 도와 줌. mutual aid 하다
부:역(附逆) 국가에 반역하는 일에 가담함. complicity in treason 하다   [labour service
부:역(負役) 국민이 부담하는 공역(公役). public
부:역-자(附逆者) 부역하는 사람.
부:역 행위(附逆行爲) 부역에 속하는 행위.
부:연(附椽·婦椽)〈건축〉긴 서까래[長椽] 끝에 덧얹어 높이 솟게 만드는 서까래. 며느리서까래. 사연(師椽). extension rafters
부:연(敷衍) ①덧붙여서 알기 쉽게 자세히 설명을 늘어놓음. 또, 그 설명. 부연(敷演). expatiation ②늘여서 널리 펌. enlarging upon 하다
부:연(敷演) 부연(敷衍)①. 하다
부:연 간:판(附椽間板)〈건축〉부연 사이를 막아 끼는 널조각.   [는 널조각.
부:연 개:판(附椽蓋板)〈건축〉부연 위에 까는
부:연 느리개(附椽一)〈건축〉부연의 뒷목을 눌러 박은 느리개.   [로 이어낸 추녀.
부:연 추녀(附椽一)〈건축〉부연에 달기 위해 앞으
부엽 식물(浮葉植物)〈식물〉잎이 수면에 떠 있는 수생(水生) 식물. 마름·수련 따위. 부수(浮水) 식물. floating plants
부:엽-토(腐葉土)〈농업〉나뭇잎이나 풀 따위가 썩어서 된 흙. 원예에 쓰임. leaf mould
부영(浮榮) 덧없는 세상의 뜬 영화. 곧 헛된 영화. transitory prosperity
부:=영사(副領事)〈법률〉영사의 다음 자리에서 영사를 돕는 외무 공무원. vice-consul
부영양-호(富營養湖)〈지리〉생물의 생산에 필요한 영양을 많이 함유하고 있는 호소(湖沼). 수심이 얕고 녹색 내지 황색임.
부영이 ①선명하지 않은 부연 빛. grayish ②부연 털 빛을 한 짐승. gray-furred animal

부:영-다 [형] 선명하지 않고 희읍스름하다. 연기나 안개가 낀 것 같다. [작] 보얗다. [센] 뿌옇다. whitish 「지에 부옇이다. [작] 보얘.

부:예 [약] '부옇어'가 줄어서 변한 말. 「머리가 먼

부예(浮翳)[명]〈한의〉 안쪽 눈가로부터 흰 점이 생겨 각막(角膜) 위를 범하여 눈동자를 싸는 병.

부:예-지-다 [자] 부옇게 되다. [작] 보얘지다. [센] 뿌예지다. become whitish

부오(部伍)[명]〈군사〉 군중(軍中)의 대오(隊伍)

부옥(誇屋)[명] 풀로 지붕을 이은 오막살이집. cottage with thatched roof 「일컫는 말.

부옹(婦翁)[명] 사위에 대하여 장인(丈人)이 자기를

부와(夫瓦)[명] 수키와.

부왕(父王)[명] 아버지인 임금.

부외(部外)[명] 관련하여 부속된 범위 밖. [대] 부내(部

부외 채:무(簿外債務)[명]〈경제〉 재산 목록·대차 대조표·손익 계산서 등 영업 보고서에 기재하지 않고 숨겨둔 채무.

부요(婦謠)[명] 부인들이 부르는 민요.

부:요(富饒)[명][동] 부유(富裕). 하[형]

부:용(附庸)[명] ①남에게 기대어 살아감. dependence ②작은 나라가 큰 나라에 부속함. ¶~(國).

부용(芙蓉)[명] ①〈식물〉연꽃. lotus ②〈동〉목부용(木芙蓉). ③〈약〉부용장 芙蓉帳).

부용(婦容)[명] 여자의 몸맵시. style of woman 「프.

부용(bouillon 프)[명] 고기·뼈 따위를 고아서 만든 수

부용-자(芙蓉姿)[명] 아름다운 여자의 맵시.

부용-장(芙蓉帳)[명] 부용을 그린 방장(房帳). [약] 부

부용-장(芙蓉粧)[명] 혼인 때 함궂으로 꽃아 새색시 앞에 족두리하님이 들고 가는 향의 하나. 「flower

부용-화(芙蓉花)[명] 목부용(木芙蓉)의 꽃. rose-mallow

부:우(祔右)[명] 합장(合葬)할 때 아내를 남편의 오른편에 묻는 일. 하[자] 「cloud

부운(浮雲)[명] 공중에 떠도는 구름. 뜬구름. floating

부원(赴援)[명] 싸우러 도와 옴. 「사람. member

부원(部員)[명] 어떤 부에 딸린 인원. 부를 구성하는

부:원(富源)[명] 재물이 생기는 근원. 부의 근원. source of wealth

부:원-군(府院君)[명]〈제도〉 왕비의 친아버지나 정 1품 공신의 작호(爵號). father of the queen 「슬.

부:=원수(副元帥)[명]〈제도〉 전시에 임명하는 임시 벼

부:월(斧鉞)[명]〈제도〉①임금이 출정하는 대장에게 형구(刑具)나 군기로 주던 큰 도끼와 작은 도끼. ②중형(重刑)·정벌(征伐)의. ③나무로 만든 도끼로 의장(儀仗)의 하나. 「가정(假定)하는 말.

부월 당연(斧鉞當然)[명] 중형으로 죽음이 당연히 가치

부월-지-하(─지─)[─]명](斧鉞之下)[명] 임금의 위엄을 가리키는 말. imperial dignity

부위(部位)[명] 전부 부분이 차지하는 자리. region

부위(副尉)[명]〈제도〉①갑오 경장 뒤의 무관 계급인 위관(尉官)의 하나. 정위(正尉)의 아래, 참위(參尉)의 위. ②조선조 때, 군주(郡主)에게 장가든 사람에게 주던, 의빈부(儀賓府)의 정 3품 벼슬.

부유(浮遊·浮游)[명] ①행선지(行先地)를 정하지 아니하고 돌아다님. gadding about ②공중이나 수면에 이리저리 떠다님. floating 하[자]

부유(婦幼)[명] 부인과 유아. women and children

부:유(富有)[명] 재물을 넉넉히 가짐. wealth 하[형]

부:유(富裕)[명] 재물이 넉넉함. 가멸음. 부요(富饒). [대] 빈궁. wealth 하[형]

부유(蜉蝣)[명] 하루살이.

부유(腐儒)[명] 낡은 사상을 가진 쓸모없는 선비. pedant

부:유-가(富裕街)[명] 부유한 사람들이 사는 거리. fashionable street 「沈)의 기능을 맡은 운동 기관.

부유 기관(浮遊器官)[명]〈생물〉 수중 동물의 부침(浮

부유 기뢰(浮遊機雷)[명]〈군사〉 물에 떠 있거나 떠다니는 기뢰. floating mine 「의 총칭. planktonic animal

부유 동:물(浮遊動物)[명]〈동물〉 물에 떠서 사는 동물

부유 생물(浮遊生物)[명]〈생물〉 수면(水面)이나 수중에 부유해서 생활하는 미생물의 총칭. 플랑크톤. plankton

부유 선:광(浮遊選鑛)[명] 유용 광석과 협잡물의 물에 뜨는 정도의 차를 이용하여 유용 광물을 가려내는 일. [약] 부선(浮選).

부유스름-하-다 [형] 빛이 진하지 않고 조금 부옇다. [센] 뿌유스름하다. whitish

부유스름-히 [부] 「floating plants

부유 식물(浮遊植物)[명]〈식물〉물에 떠서 사는 식물.

부유 인생(蜉蝣人生)[명] 하루살이 인생.

부유 일기(蜉蝣一期)[명] 하루살이의 생애(生涯). 곧, 짧은 인생. ephemeral life

부:유 천하(富有天下)[명] 천자(天子)의 부력(富力). Imperial wealth 「class

부:유-층(富裕層)[명] 넉넉하게 잘사는 층. wealthy

부육(扶育)[명] 도와서 기름. bringing up 하[자]

부육(傅育)[명] 애지중지하여 기름. bringing up with

부:육(腐肉)[명] 짐승의 썩은 고기. carrion 「care 하[자]

부:윤(府尹)[명]〈제도〉①조선 때 정 2품의 외관직(外官職). ②일제 때 부(府)의 행정 사무를 관장하던 우두머리. mayor

부:윤(富潤)[명] 제물이 넉넉함. wealth 하[형]

부:-윤옥(富潤屋)[명] 재물이 넉넉하면 집으로 보기에 도집이 윤택해 보임.

부음(父音)[명][동] 자음(子音).

부음(訃音)[명][동] 부고(訃告).

부:읍(富邑)[명] 생활이 넉넉한 고을. [대] 빈읍(貧邑). rich town 「는 공직(公職).

부:=읍장(副邑長)[명]〈법률〉읍장을 돕는 읍장 다음가

부응(符應)[명] ①믿음이 깊어 부처나 신령에 통함. ②천명(天命)과 인사(人事)가 일치함. coincidence

부:응(副應)[명] 무엇에 좇아서 응함. complying with 하[자] 「sion 하[자]

부:의(附議)[명] 토의에 붙임. submitting for discus-

부의(賻儀)[명] 초상난 집에 무조로 보내는 돈이나 물건. 또, 보내는 일. condolatory present 하[자]

부:의-금(賻儀金)[명] 부의로 보내는 돈. 부의전(賻儀錢).

부:=의식(副意識)[명][동] 잠재 의식(潛在意識).

부:=의장(副議長)[명]〈법률〉 의장(議長)을 보좌하며, 의장의 유고시에는 그 직무를 대리하는 사람. 또, 그 직위. vice-speaker

부의-전(賻儀錢)[명] 부의금(賻儀金).

부이(buoy)[명] ①낚시에 쓰이는 찌. 낚시찌. ②헤엄칠 때 쓰는 부낭. ③배가 항내 안에서 닻을 내리지 않을 때 배를 잡아매려고 바닷물에 띄우는 표. 계선 부표(繫船浮標).

부:이:사:관(副理事官)[명] 행정직 국가 공무원 관명의 하나. 서기관(書記官)의 위, 이사관의 아래로 3급

부:이-어(附耳語)[명][동] 귓속말.

부:익부(富益富)[명] 부자일수록 더욱 부자가 됨. 하[자]

부인(夫人)[명] 남의 아내. Madam

부:인(否認)[명] 인정하지 아니함. [대] 시인(是認). denial 하[자]

부인(婦人)[명] 결혼한 여자. 기혼 여자. woman

부인(副因)[명] 주원인이 아닌 원인.

부인-과:(婦人科)[명]〈의학〉 부인병을 진찰·치료하는 의학의 부문. gynecology

부:인-권(─[─]권)(否認權)[명]〈법률〉 파산자(破産者)가 파산 선고 이전에 파산 재단에 속하는 재산에 관한 행위 안에서 파산 채권자에게 손해를 끼쳐 사항을 파산 관리인이 무효로 하는 권리.

부인-모(婦人帽)[명] 부인이 의양으로 바쳐 쓰는 모자.

부인 문:제(婦人問題)[명]〈사회〉 여자의 지위·권리 따위를 대상으로 하는 여러 가지 사회적 문제. woman's problem

부인-병(─[─]병)(婦人病)[명]〈의학〉 여성 생식기의 질환 등 여성에게만 있는 모든 병. woman's disease

부인 병:원(婦人病院)[명] 여자의 모든 병을 전문으로

부인-복(婦人服)圀 여자들의 옷. dress
부인-석(婦人席)圀 어떠한 집회장에서 여자가 앉게 베풀 자리. 여자들이 앉도록 따로 마련된 자리. seats for ladies
부인-용[-뇽](婦人用)圀 여자만이 씀.
부인-의(婦人醫)圀 〈의학〉 여자의 병을 전문으로 진찰·치료하는 의사. 〔좋은 성질.
부인지-성(婦人之性)圀 남자로서 여성처럼 편벽되고
부인지-인(婦人之仁)圀 남자로서 여성처럼 과대성이 없고 어질기만 함.
부인 참정권[--꿘](婦人參政權)〈법률〉 여자로서 남자와 동등하게 정치에 참여할 수 있는 권리. woman suffrage 〔봉사 등을 목적으로 조직된 단체.
부인-회(婦人會)圀 부인들의 수양·연구·오락·사회
부일(父日)圀 부모의 제삿날. parent's memorial day
부:임(赴任)圀 임명을 받아 임지로 감. going to the
부임-지(赴任地)圀 부임하는 곳. post 하재
부자(父子)圀 아버지와 아들. father and son
부자(夫子)圀 인격이 아주 높아 모든 사람의 거울이 될 만한 사람에 대한 경칭. ¶공(孔)~. master
부:자(附子)圀 〈한의〉 바곳의 구근(球根). 체온(體溫)이 부족하거나 양기(陽氣)를 돕는 데 쓰는데, 과용하면 극약임. 〔rich man
부:자(富者)圀 재산이 넉넉한 사람. (대) 빈자(貧者).
부자-간(父子間)圀 아버지와 아들과의 사이.
부자-내(部資內)〈제도〉 행정 구역으로서 서울을 다섯으로 나누었던 각 부의 구역 안.
부자-량(不自量)圀 자기가 헤아리지 못함.
부자 상전(父子相傳)《동》 부전 자전(父傳子傳). 하재
부-자연(不自然)圀 자연스럽지 못함. 제격에 어울리지 않아 어색함. unnaturalness 하형 스럽 스레圀
부-자유(不自由)圀 얽매어 자유스럽지 못함. lack of freedom 하형 스럽 스레圀
부자 유친(父子有親)圀 오륜(五倫)의 하나로, 아버지와 아들 사이의 도리는 친애함에 있음. There must be love between parents and children 하재
부자-지(父子池)圀 〈생리〉 불알과 자지. testicles and penis
부자 하나면 세 동네가 망한다[속] 큰 부자가 하나 나자면 수많은 사람을 몹시 고생시켜 하여야 한다는 뜻이고, 큰일을 이루려면 많은 희생을 보게 된다는 말.
부-작(符作)圀 (변)→부적(符籍).
부:-작용(副作用)圀 본래의 작용에 부수(附隨)하여 일어나는 작용. ¶~이 없는 약. harmful after-effects
부-작위(不作爲)〈법률〉 마땅히 하여야 할 것으로 기대되는 무엇인가를 하지 않는 일. (대) 작위(作爲). forbearance
부작위-범(不作爲犯)〈법률〉 부작위로 말미암아 성립되는 범죄. 또, 그 범인. (대) 작위범(作爲犯). offence of forbearance
부작위 채:무(不作爲債務)〈법률〉 채무자의 부작위, 곧, 어느 일정한 행위를 하지 않을 것을 계약으로 하는 채무. (대) 작위 채무(作爲債務).
부작위 추출법[-뻡](不作爲抽出法)圀 전체에서 일부를 견본으로 빼낼 때, 전체를 잘 대표할 만한 것을 골라 뽑는 주관적인 방법이 아니고, 되는 대로 뽑는 방법. 임의(任意) 추출법.
부-잔교(浮棧橋)〈토목〉 물 위에 떠있게 만들어 배에 오르내리는 데 쓰는 잔교. floating stage
부잠(浮蠶)圀 사람들이 들뜨고 추잡스러움. wantonness 하형 〔부가(富家).
부:잣-집(富者-)圀 재산이 많아 살림이 넉넉한 집.
부잣집 가운뎃 자식[속] 부잣집 둘째 아들은 흔히 놀고 먹는다는 뜻. 일을 하지 않고 놀고 먹는 사람의 비유.
부잣집 딸깨는 작다[속] 부자일수록 인색하다.
부잣집 맏며느리圀 얼굴이 복스럽고 후하게 생긴 처녀의 비유.
부잣집 외상보다 비렁뱅이 맞돈이 좋다[속] 장사에는 아무리 튼튼한 자리라도 외상보다는 맞돈이 좋다.

부잣집 자식 공물방 출입하듯 한다[속] 직임(職任)을 맡은 사람이 근실하게 일하지 않고 하는 둥 마는 둥 한다.
부:-장(祔葬)圀《동》 합장(合葬). 〔head
부장(部長)圀 한 부(部)의 우두머리. departmental
부장(部將)圀 〈제도〉 ①오위(五衛)의 종 6품 벼슬. ②포도청의 군관(軍官).
부:장(副長)圀 ①장(長)을 보좌하는 지위. 또, 그 사람. ②군함에서 장의 버금 지위. 〔記章〕
부:장(副章)圀 훈장의 정장(正章)에 덧붙여 주는 기장
부:장(副將)圀 〈제도〉 대장(大將)의 다음 자리인 무관 계급. 부수(副帥), 부장(副將).
부:장(副葬)圀 옛날에 임금이나 귀족이 죽었을 때 그 사람이 죽기 전에 쓰던 여러 가지 패물과 그릇 따위를 무덤에 같이 묻던 일. burying things together with the corpse 하재 〔臟腑〕
부장(腑臟)圀 〈생리〉 육부(六腑)와 오장(五臟). 장부
부:장(腐腸)圀 〈한의〉 황금(黃芩)의 목은 뿌리, 겉을 누르고 안은 검으며, 속이 비었음. 숙금(宿芩).
부장-기(不杖朞)圀 오복(五服)의 하나. 재최(齊衰)반 임고, 상장(喪杖)은 짚지 않는 일년 동안만 입는 복(服). 조부모나 부모가 있을 때 죽은 아내에 대한 복(服).
부:-장품(副葬品)圀 예전에 장사지낼 때, 시체와 함께 묻는 죽은 이가 생전에 쓰던 소지품. 배장품
부재(不才)圀 재주가 없음. incapacity 〔賠葬品).
부재(不在)圀 그 곳에 있지 않음. absence 하재
부재(部材)圀 〈토목〉 구조물(構造物)의 기본 재료.
부:재(覆載)圀 덮고 있는 하늘과 받쳐 싣고 있는 땅. 하늘과 땅. heaven and earth
부재 다언(不在多言)圀 여러 말 할 것 없이 바로 결정 지음. 하재 〔은 상사(喪事).
부재 모:상(父在母喪)圀 아버지에 앞서 어머니가 죽
부재-자(不在者)圀 ①그 자리에 있지 않은 사람. ②〈법률〉 종래의 주소나 거소(居所)를 떠나, 그 곳에 있는 자기의 재산을 관리할 수 없는 상태에 빠진 사람. absentee
부재자 투:표(不在者投票)〈법률〉 부재(不在) 또는 기타의 사유로 선거 당일 자신이 투표소에 나갈 수 없는 사람이 미리 우편으로 행하는 투표. 우편 투표. 부재 투표. absentee voting
부재 주주(不在株主)〈경제〉 회사의 경영면이나 지배면에 관해서는 전혀 관심을 두지 않고, 배당의 다과와 주가의 등락에만 관심이 있는 주주. absentee stockholder 〔약. absence
부재-중(不在中)圀 자기 집이나 직장에 있지 않는 동.
부재 증명(不在證明)〈법률〉 어떤 범죄 혐의를 받았을 경우, 그 현장에 있지 않고 있어 다른 곳에 있었다는 증명. 알리바이(alibi).
부재 지주(不在地主)〈사회〉 농지가 있는 시·읍·면에 주소를 가지지 않는 지주. (대) 재촌(在村) 시무. absentee landlord
부재 차한(不在此限)圀 어떤 규정이나 한계에 매이지 않음. 예외를 말할 때는.
부재 투:표(不在投票)《동》 부재자 투표(不在者投票).
부저(一箸)圀《약》→부젓가락.
부:적(不適)圀《약》→부적당(不適當).
부적(不敵)圀 대적이 안 됨. ¶대담(大膽) ~. be no match for 〔호적에 넣음. registry
부:적(附籍)圀 ①호적에 끼어 넣음. registry ②남의
부:적(符籍)圀 〈민속〉 불가·도가에서 악귀나 잡귀를 쫓기 위해 야릇한 글자를 붉은 빛으로 그리어 쓰는 종이. 신부(神符). (변) 부작(符作). talisman
부적(簿籍)圀 관청의 장부나 문서. 부첩(簿牒).
부:적-당(不適當)圀 적당하지 않음. 《약》 부적(不適). inadequate 하형
부적-응(不適應)圀 적응하지 아니함. 하재 〔는 아이.
부적응-아(不適應兒)〈심리〉 환경에 적응하지 못하
부:-적임(不適任)圀 적임이 아님. 그 임무에 마땅하지

아니함. 또, 그 모양. 하㈜
부:전(不全)[명]〈약〉→불완전(不完全).
부:전(不戰)[명] 싸움을 하지 아니함. antiwar
부:전(附箋)[명] 서류에 간단한 의견을 써서 덧붙이는 쪽지. 보전(補箋)⓪. 부전지(附箋紙). slip
부:전(副殿)[명]〈불교〉불당을 맡아서 시봉(侍奉)하는 사람. 간성(看星). 부존(副殿).
부전-골(―骨)[명]〈생리〉부골(跗骨)과 지골(趾骨) 사이에 있는 발의 뼈. 척골(蹠骨).
부:전-기(負電氣)[명]〈동〉음전기(陰電氣).
부:전-나비[명]〈곤충〉부전나비과에 속하는 작은 나비의 하나. 몸 길이 10mm, 날개 길이 30mm 가량이며 암컷의 날개는 암갈색, 수컷의 날개는 청자색임. hairstreak
부전부전-하-다[여][형] 남의 몸시 바쁜 것은 생각하지 않고 제 일만 하려고 서두르다. obtrusive
부-전:성(副典聲)[명]〈제도〉장악원(掌樂院)의 종9품 잡직의 하나. 의 버슬.
부:전:수(副典需)[명]〈제도〉내수사(內需司)의 종6품
부전-승(不戰勝)[명]〈체육〉추첨이나 상대편의 기권(棄權)에 의하여 경기를 하지 않고 이김. unearned win 하㈜ 종7품 잡직의 하나.
부:전-율[―율](副典律)[명]〈제도〉장악원(掌樂院)의
부전 자승(父傳子承)[명]〈동〉부전 자전(父傳子傳). 하㈜
부전 자전(父傳子傳)[명] 대대로 아버지가 아들에게 전함. 부전 자승(父傳子承). 부자 상전(父子相傳). transmission from father to son 하㈜
부전 절골(不全折骨)[명]〈의학〉어떤 뼈의 한 부분만이 부러짐. 아 차는 계집아이들의 노리개.
부:전 조개[명] 조가비를 색 헝겊으로 바르고 끈을 달
부전 조개 이 맞듯[명] 사물이 빈틈 없이 잘 들어맞음.
부전 조약(不戰條約)[명]〈정치〉국제 분쟁 해결을 전쟁이 아니하고 평화적 수단에 의할 것을 요지로 하는 조약. 1928년 8월 프랑스의 브리앙(Aristide Briand)의 제창에 의하여 15개국이 파리에서 조인하였음. Antiwar pact
부:전-지(附箋紙)[명] 부전(附箋). ntness 하㈜
부절(不絶)[명] 끊이지 않음. ¶연락(連絡) ~. incessa-
부:절(剖折)[명] 쪼개어 나눔. dislocation 하㈜
부:절(符節)[명]〈제도〉사신(使臣)이 신표(信標)로서 지던 옥·대나무로 만든 부신(符信). 부계(符契).
부:절(肘節)[명]〈생물〉곤충 다리의 발목에서 발톱까지의 발등 부분의 마디.
부절따-말[명]〈동물〉갈기가 검은, 붉은 빛깔의 말.
부절 못:하-다[형] 그곳에 배겨 있을 수 없다. be unable
부절없-다[여][고] 등한하다. 부질없다. to stay
부절 여루(不絶如縷)[명] 실처럼 가늘면서도 끊어지지 아니함. 하㈜
부절을 맞춘 듯하다[동] 꼭 부합되다.
부-절제[―제](不節制)[명] 욕망을 억눌러 절도 있는 생활을 하지 아니함. intemperance 하㈜
부:점(附點)[명]〈동〉점(點).
부:점 음표(―점―)(附點音標)[명]〈동〉점음표(點音標).
부:점 휴지부(―점―)(附點休止符)[명]〈동〉점쉼표.
부:점(附點)[명] ①남이 따를 수 있는 부드러운 성질. amiabilty ②남에 의지함. 〈센〉부점. dependence 하㈜
부접(蚨蝶)[명]〈동〉나비강충이.
부접 못하-다[여][자] 부접을 못하다. be unable to stay ②견디어 내지 못하다. 〈센〉부접못하다. be unbearable 부저. fire-tongs
부-정가락[명] 화로에 쓰는 쇠젓가락. 화저(火箸).
부정(不正)[명] ①바르지 않음. 옳지 못함. ¶~ 사건. wrong ②법률에서 벗어남. ¶~한 요금. illegality 하㈜
부정(不定)[명] ①일정하지 않음. 정해지지 않음. indefiniteness ②〈수학〉 방정식이나 작도(作圖) 문제에 있어서 그 답이 유한개(有限個)로 되지 않는 상태. indeterminate 하㈜

부정(不貞)[명] 여자가 정조를 지키지 아니함. unchastity 하㈜
부정(←不逞)[명]→불령(不逞).
부정(不淨)[명] ①깨끗하지 못함. dirtiness ②꺼리고 피하는 때에 아기를 낳거나 사람이 죽는 일이 생김. 〈대〉청정(淸淨). impurity ③〈민속〉무당굿의 첫거리. 하㈜ 히㈜ 하㈜
부정(不精)[명] 조촐하지 못하고 지저분함. untidiness
부:정(否定)[명] ①그러하다고 인정하지 않음. 그렇지 않다고 단정함. denial ②〈논리〉주빈(主賓)의 양개념이 일치하지 않음을 말함. 〈대〉긍정(肯定). negation 하㈜ 국민에게 부담시키던 일. 하㈜
부정(負徵)[명]〈제도〉공역(公役)이나 공물(貢物)을
부정 경:업(不正競業)[명]〈동〉부정 경쟁.
부정 경:쟁(不正競爭)[명]〈법률〉옳지 못한 수단으로 동업자의 이익을 추구하는 영업상의 경쟁. 부정 경업(不正競業). unfair competition
부-정과(副正果)[명] 쪽정과.
부정 관사(不定冠詞)[명]〈어학〉관사(冠詞)의 하나. 구미어(歐美語)에서 보통 명사나 집합 명사의 단수형의 앞에 붙여 '하나·어느' 등의 뜻을 표시함. 〈대〉정관사(定冠詞). indefinite article
부정규병(不正規兵)[명]〈군사〉정규로 편성되지 않았으나 교전(交戰) 자격이 인정되는 병력. 비정규병(非正規兵).
부정-근(不定根)[명]〈식물〉줄기의 위나 잎 따위의 뿌리 밖의 자리에서 생기는 뿌리. adventitious root
부정:기(不定期)[명] 시기·기한이 일정하지 않음.
부정:기-선(不定期船)[명] 일정한 취항 시간이나 항로가 없이 부정기적으로 운항하는 배. 〈대〉정기선. tramper
부정:기-형(不定期刑)[명]〈법률〉형의 기간을 재판에서 확정하지 않고 복역(服役) 성적을 보아 석방 시기를 나중에 결정하는 형. 우리 나라에는 장기와 단기를 정하여 선고함.
부정-나다(不淨―)[자] 부정이 생기다. 꺼리고 피하는 일이 생기다. uncleanness stice 하㈜
부:정-당(否定當)[명] 정당하지 않음. 옳지 않음. inju-
부정 대:명사(不定代名詞)[명]〈어학〉정해지지 않은 사람·물건·방향·장소 등을 가리키는 대명사. 누구·아무·아무 것 등. 부정칭 대명사. indefinite pronoun
부정-맥(不整脈)[명]〈의학〉심박(心搏)의 리듬이 불규칙한 상태. 박동(搏動)이 불규칙한 맥박. 〈대〉정맥(整脈). 〒. 정당하게 얻은 것이 아닌 재물.
부정 명색(不定名色)[명] 옳지 않은 방법으로 얻은 재
부:정 명:제(否定命題)[명]〈논리〉부정 판단으로 얻은 명제. 소극 명제(消極命題). 〈대〉긍정 명제(肯定命題).
부정 모:혈(父精母血)[명] 아버지의 정수(精髓)와 어머니의 피. 곧, 자신은 부모의 뼈와 피를 물려받았음을 이르는 말.
부정 방정식(不定方程式)[명]〈수학〉정계수(整係數)의 방정식에서 유리수(有理數) 또는 정수(整數)의 해답을 구하는 방정식.
부정-법[―법](不正法)[명]①〈법률〉법의 정신에 비추어 옳지 않은 법. ②영어·독어·프랑스어 등에서 동사가 취하는 명사적 형태의 하나로, 동사가 나타내는 관념을 단적으로 표시한 것. 곧, 영어의 to have, 독일어의 lieben, 프랑스어의 aimer 따위.
부정-보-다(不淨―)[타] 부정을 꺼리는 때에 임산·사망 등이 눈에 띄거나 사람에게 짐승의 주검을 보다.
부:정 부:사(否定副詞)[명]〈어학〉용언의 의미를 부정하여 한정하는 부사. '안·못' 따위.
부정=사(不定詞)[명]〈어학〉구미어(歐美語)의 문법상, 인칭·수 따위의 제한을 받음이 없이 명사적(名詞的) 형태를 나타내는 동사. infinitive
부정 선:거(不正選擧)[명]〈정치〉부정한 수단과 방법에 의한 선거. fraudulent election
부정 소:지(不淨燒紙)[명]〈민속〉몸소지를 사르기 전에 부정한 것을 가시기 위하여 살라 올리는 소지.

부:정수(負整數)⟨수⟩⟨동⟩ 음정수(陰整數).
부정 수소(不定愁訴)⟨의학⟩ 특정한 장기(臟器) 또는 질환과는 관계없이 어깨가 쑤시거나 마음이 불안한 등 막연한 병적 증세의 호소.
부정=시(不定時)⟨동⟩ 수시(隨時).
부:정=식(否定式)⟨논리⟩ 대전제(小前提)에 있어서 대전제의 후건(後件)을 부정하는 반가언적(半假言的) 삼단 논법.
부정-아(不定芽)⟨식물⟩ 줄기 끝이나 잎사귀 붙는 자리 같은 일정한 자리 이외에 나는 싹. ⟨대⟩ 정아(定芽). adventitious bud
부정=액 보:험(不定額保險) 보험 사고 발생에 의한 손해의 실액(實額)을 표준으로 하여 보전액(補塡額)이 결정되는 보험. ⟨대⟩ 정액 보험.
부:정-어(否定語) 부정을 나타내는 말. 곧, '아니·아니다' 따위.
부:정-적(否定的)⟨관⟩⟨명⟩ 그러하지 않다고 단정하는 (것). ⟨대⟩ 긍정적(肯定的). negative
부:정적 개:념(否定的概念) 어떤 존재의 비존재(非存在)를 나타내는 개념. 소극적 개념. ⟨대⟩ 긍정적 개념. negative concept
부:정적 긍:정식(否定的肯定式)⟨논리⟩ 소전제(小前提)에서 대전제의 선언지(選言肢)의 어떤 것을 부정하고 이것을 결론에 있어서 긍정하는 선언적 추리(推理)의 하나. ⟨대⟩ 긍정적 부정식.
부정 적분(不定積分)⟨수학⟩ 적분이 가능한 연속 함수의 적분치. 곧, 적분 기호 ʃ'의 상하단에 아무 구간(區間)도 설정하지 않은 적분. ⟨대⟩ 정적분.
부:정 판단(否定的判斷)⟨논⟩ 부정 판단(否定判斷).
부정-지(不定枝)⟨식물⟩ 자리·형태·크기 등이 정상적이 아닌 가지. "…에서 쓰는 E들이.
부정지=속(釜鼎之屬) 솥·가마·냄비 따위의 부엌 세간.
부=정:직(不正直) 정직하지 않음. dishonesty 하⟨형⟩
부정 처:분(不正處分) 옳지 못한 방법으로 하는 물건의 처리. 하⟨다⟩ "…로 처분한 일을 없이 함.
부정치-다(不淨一)⟨자⟩⟨민속⟩ 무당이 굿에서 첫거리 부정청 대: 명사⟨不正稱代名詞⟩⟨언⟩ 부정 대명사.
부정-타다(不淨一) 부정한 일로 해를 당하다. have bad after-effect "…투표. 하⟨다⟩
부정 투표(不正投票) 부정하는 수단과 방법으로 하는
부:정 판단(否定判斷)⟨논리⟩ 주개념(主槪念)과 빈개념(賓槪念)의 일치를 부정하는 판단. '사람은 집승이 아니다'따위. 부정적 판단(否定的判斷). ⟨대⟩ 긍정 판단(肯定判斷). negative judgement
부정-풀이(不淨一)⟨민속⟩ 부정이 죽은 집에서 무당이나 판수를 시켜 악한 기운을 물리치는 일. shamanistic exorcism 하⟨다⟩
부:정-품(不正品) 정당하지 못한 방법으로 제작 또는 소유하고 있는 물건. illegal article "…은 바람.
부정-풍(不定風)⟨명⟩ 세일·방향·강약 등이 일정하지 않은
부정 행위(不正行爲) 올바르지 않은 수단으로 하는 짓. ¶수험생의 ~. unfair practice
부:정-형(不定形) ①일정하지 못한 양식이나 형상(形狀). indeterminate form ②⟨수학⟩ 분모·분자가 똑같이 영(零)인 분수, 분모·분자가 다 같이 무한대인 분수, 영과 무한대의 상승적(相乘的) 및 영의 무한대의 3식 세 가지 경우. indeterminate form
부정형=시(不定型詩)⟨문학⟩ 일정한 형식에 들어맞지 않는 시. 산문시 따위. ⟨대⟩ 정형시. rhythmless verse
부:정=확(不正確) 정확하지 않음. inaccuracy 하⟨형⟩
부제(父帝) 아버지인 제왕(帝王).
부제(不悌·不弟) 어른에게 공손하지 않음. 하⟨형⟩
부:제(不齊) 가지런하지 못함. unsymmetry 하⟨형⟩ "…주 곁에 모실 때 지내는 제사.
부:제(祔祭) 삼년상을 마친 뒤 그 신주를 조상의 신
부:제(婦弟) 남부에 대하여 손아래 남이 자기를 일컬음.
부:제(副祭)⟨기독⟩ 천주교에서, 부제품(副祭品)을

받고, 사제(司祭)를 도와 설교·성체 분배·성대한 세례 의식의 집행을 위임받은 성직자.
부:제(副題) 책이나 논문·문예 작품 따위의 주장되는 제목에 보조로 덧붙이는 제목. 부표제(副標題). 부제목(副題目). ⟨대⟩ 주제(主題). subtitle
부:제(賦題)⟨제도⟩ 과문(科文)의 부(賦)를 지을 때에 내던 글제목.
부:=제목(副題目)⟨동⟩ 부제(副題).
부:제=조(副提調)⟨제도⟩ 내의원(內醫院)·승문원(承文院) 등의 정3품 벼슬.
부:제-학(副提學) ①⟨제도⟩ 홍문관(弘文館)의 정3품 당상관(堂上官)의 벼슬. ②⟨부학⟩(副學). ②규장각의 한 벼슬. ③성균관의 한 벼슬. 「father
부조(父祖) 아버지와 할아버지. father and grand-
부:조(不調) ①사물이 고르지 못함. disorder ②날씨가 고르지 못함. ⟨대⟩ 호조(好調). 패조(快調). irregular weather 하⟨다⟩
부:조(扶助) ①도와 줌. help ②잔칫집이나 상가(喪家)에 물건이나 돈을 보냄. ¶~금(金). gift of money 하⟨다⟩ 「[彫]. 돋을새김. 양각(陽刻). relief
부조(浮彫)⟨미술⟩ 도드라지게 새긴 조각. 철조(凸
부조=藻(浮藻) ①물 위에 떠 있는 마름. floating grass ②시문(詩文)의 기교. 「하⟨다⟩
부조(浮躁) 성질이 경솔하고 떠들썩함. rashness
부:조(復調)⟨물리⟩ 변조되어 있는 반송파(搬送波) 가운데서 본디의 신호를 추출하는 일. 하⟨다⟩
부조는 않더라도 젯상이나 치지 말라⟨속⟩ 도와 주지는 못할망정 방해나 하지 말라.
부:=조리(不條理) ①조리에 맞지 않음. ②⟨철학⟩ 카뮈의 실존주의 철학의 용어. 인생에서 의미를 찾으려는 욕구와 세계의 비합리성과의 피리(乖離)을 이름. absurde(프) 하⟨형⟩ 「병. 월경불순.
부:조-증(不調症)⟨한⟩(不調症) 월경이 순조롭지 않은 부인
부조지-전(不祧之典) 나라에 큰 공훈이 있는 사람의 신주를 영구히 사당에 모시게 하던 특전.
부:조 책임 보:험(扶助責任保險)⟨법⟩ 노동자의 재해에 대하여 사업주가 부담하는 부조의 책임을 보험하는 제도.
부조-초(不凋草)⟨식물⟩ 중국 사천성(四川省)의 나무 숲 속에 나는 풀. 잎은 겨울에도 마르지 않고, 뿌리는 염주와 비슷하며 속이 비었는데, 강장제(强壯劑)로 씀. 삼맥초(三脈草).
부:조화(不調和) 서로 잘 조화되지 않음. disharmony 하⟨다⟩ 「shortage 하⟨다⟩
부:족(不足) 넉넉하지 못함. 모자람. ⟨대⟩ 과잉.
부:족(附族) 형식상으로 붙여 놓는 일가. 붙이이 일가.
부족(部族) 같은 조상(祖上)이라는 관념에 의하여 결합되어 공통된 언어와 종교 등을 갖는 지역적인 공동체(共同體)로서, 원시적 민족의 단위를 형성하는 것. tribe
부:족 가:론(不足可論) 같이 의논할 거리가 되지 못함. 이 부족론. not worth discussing 「of lack
부:족-감(不足感) 부족하다고 느끼는 생각. feeling
부:족 국가(部族國家)⟨역사⟩ 원시 사회에 있어서 부족으로써 형성된 국가.
부족-류(斧足類)⟨동물⟩ 연체 동물문(門)의 한 강(綱). 대부분 쌍패류의 조개가 이에 속함.
부:족-분(不足分) 모자라는 몫이나 부분. 또, 분량. shortage, balance due
부족 사:회(部族社會)⟨사회⟩ 원시 시대에 한 부족이 이루어 놓은 사회. tribalsociety
부:족-수(不足數)⟨수학⟩ 불완전수의 하나. 어떤 수의 양(陽)의 약수의 총합(總合)이 그 수의 배수(倍數)보다 작은 수. 가령 8은 그 약수(1, 2, 4, 8)의 총합이 배수인 16보다 작은 15이므로 부족수가 됨. ⟨대⟩ 과잉수.
부:족-액(不足額) 부족한 금액. shortage
부:족-조(不足條) 부족한 수효. deficit

부족=증(-症)(不足症)圀 〈한의〉음허 화동(陰虛火動)·노채(勞瘵) 등의 병으로 원기가 쇠하고 몸이 약해지는 증세.

부족지=탄(不足之嘆)圀 궁핍한 데 대한 한탄.

부:존(副尊·扶尊)圀 ⑧ 부전(副殿).

부:존(賦存)圀 천부에(天賦的)으로 존재함. 하曰

부:존 자:원(賦存資源)圀 천부적(天賦的)으로 경제적목적에 이용할 수 있는, 지각(地殼) 안에 있는 지질학적 자원.

부종¹=술(-) ① 부조로 보내는 술. wine offering ② 유전성으로 잘 먹는 술.

부종(不從)圀 좇지 아니함. insubordination 하曰

부종(付種)圀 파종(播種). 하曰

부종(阜螽)圀 ⑧ 메뚜기¹.

부:종(浮腫)圀 ⑧ 부종증(浮症).

부종 계:약(附從契約)圀 〈경제〉계약 당사자의 일방이 결정한 데 대하여 타방에서는 복종해야만 되는 계약. 「를 남북의 외첨에 묻음. 하曰

부:좌(祔左)圀 부부(夫婦)를 합장(合葬)하는 데 아내

부좌(跗座)圀 그릇을 올려놓는 받침. stand

부주¹(-) 그 집안에서 자손에게 유전하는 소질(素質).

부주²(扶助)圀 ⌈hereditary character 하曰

부주(父主)圀 아버님. my father 「하던 붕당.

부:주(附奏)圀〈제도〉의정(議政)이 왕명에 대하여

부주(浮舟)圀 배를 물에 띄움. 범주(泛舟). 하曰

부:주교(副主敎)圀〈기독〉천주교에서, 교주(敎主)의 다음 자리. 부감목(副監牧). 하曰

부:주의(不注意)圀 주의하지 아니함. carelessness

부주=전(-前)圀 '父主前'의 뜻으로, 편지에 쓰는 말. dear father

부주=풍(不周風)圀 ⑧ 서북풍(西北風).

부죽(釜竹)圀 ⑳ → 부산죽(釜山竹).

부줏=술(-) → 부조술.

부:중(府中)圀 ① 예전에, '부(府)'의 이름이 붙은 행정 구역의 안. 부하(府下). ②〈제도〉중국에서 재상이 집무하던 관아. 또, 단순히 관아.

부중 생어(釜中生魚)圀 솥 안에서 고기가 생겨났다는 뜻으로, 매우 가난함의 비유.

부중=어(釜中魚)圀 가마 속에 든 고기라는 뜻으로, 생명의 경각에 있음을 이르는 말. 「하曰

부:=즉다사(富則多事)圀 재물이 많으면 일도 많아짐.

부즉 불리(不卽不離)圀 붙지도 떨어지지도 않음.

부증(浮症)圀 〈한의〉심장병·신장병, 또는 어느 국부의 혈액 순환 부족 따위로 몸이 붓는 병. 부종(浮腫). swelling

부지(不知)圀 알지 못함. ignorance 하曰

부:지(付紙)圀 얇은 종이를 겹으로 붙인 종이.

부지(扶支·扶持)圀 어려운 일을 배겨남. 어려운 일을 참고 버티어 나감. endurance 하曰 「paper 하曰

부지(浮紙)圀 종이를 떠서 만듦. making Korean

부지(敷地)圀 어떠한 용도에 당한 땅. ¶공장 ~. 하천 ~. site

부:지(bougie 프)圀 ①〈의학〉가는 막대기 모양의 의료 기구. 요도(尿道) 따위를 확장시키는 데에 쓰임. ② 좌약(坐藥).

부지 거:처(不知去處)圀 간 곳을 모름. missing

부:지=군(負持軍)圀 ⑧ 짐꾼.

부지 기수(不知其數)圀 너무 많아서 그 수를 알 수 없음. being innumerable 「기. 화곤(火棍). poker

부지깽이圀 아궁이에 불을 땔 때에 불을 헤치는 막대

부지=꾼(-) 심술궂고 싶었던 짓을 잘하는 사람. naughty person

부지대圀 ⑫ → 부지깽이.

부지런圀 놀지 않고, 하는 일에 꾸준함. ¶~의 일하다. 〈작〉바지런. 하曰 스曰 스레曰 히曰

부지런한 물방아는 얼 새도 없다圀 무슨 일이든지 쉬지 않고 해야 잘된다.

부:지 방:말(付之榜末)圀〈제도〉과거에서, 임금의 특지(特旨)로 초시(初試)에 합격한 사람을 별도로 방 끝에 붙여서 급제시키던 일.

부지 불각(不知不覺)圀 미처 깨닫지 못하는 결. 알지

못하는 결. 느닷없이. 자기도 모르게.

부지불식=간(-間)[-씩-](不知不識間)圀 알지 못하는 사이. in spite of oneself 「하는 국가 공무원.

부:=지사(副知事)圀 지사를 도와서 지방 행정을 처리

부지 세:상(不知世上)圀 세상일을 알지 못함. 하曰

부지 세:월(不知歲月)圀 세월의 돌아가는 형편을 모름. 하曰

부지 소:향(不知所向)圀 갈 곳을 알지 못함. 하曰

부지=수(不知數)圀 알지 못하는 수효. 「unawares

부지=중(不知中)圀 알지 못하는 동안. 모르는 사이.

부지직圀 ① 뜨거운 쇠붙이 따위가 물에 닿을 때 나는 소리. hiss ② 젖은 나무가 탈 때에 나는 소리. 《작》 바지지. 《센》 뿌지직. 하曰

부지직지圀 ① 무른 똥을 눌 때 용승깊게 나는 소리. ② '부지지' 소리가 급하게 그치는 모양. 《작》바지직지. 《센》뿌지직지. 「지 그 뒤 끝을 알지 못함.

부지 하:락(不知下落)圀 어디로 가서 어떻게 되었는

부지 하세:월(不知何歲月)圀 언제 될지 그 기한을 알 지 못함. nobody can tell when

부지 하허인(不知何許人)圀 알지 못할 어떤 사람.

부:직(付職)圀 ① 벼슬을 하게 함. ② 직업을 소개하여 줌. 하曰

부:직(副職)圀 부차적(副次的)으로 겸임하는 직책. additional post 「work

부직(婦職)圀 여자의 일. 길쌈·바느질 등. woman's

부진(不振)圀 세력을 멸치 일어나지 못함. ¶성적이 ~하다. dullness 하曰 「poor progress 하曰

부진(不進)圀 앞으로 나아가지 못함. ¶지지(遲遲) ~.

부진(不盡)圀 다하지 않음. 없어지지 않음. inexhaustibility 하曰 「지지 않는 근.

부진 근(不盡根)圀 개법(開法)으로 계산하여 딱 떨어

부진 근수(-數)[-쑤](不盡根數)圀〈수학〉개법(開法)으로 계산하여 딱 떨어지지 않는 수. surd

부진 상태(不振狀態)圀 세력이 멸치지 못하는 상태.

부진=수(-數)[-쑤](不盡數)圀〈수학〉수학상 제(除)로 떨어지지 않는 수. irrational number

부진=자(不盡子)圀 ① 똥 찐다든가는 말. ②'멸구·강충이· 나비강충이·며루'를 잘못 일컫는 말.

부질(婦姪)圀 ⑧ 인질(姻姪).

부질(麩質)圀 마소에게 먹일 짚이나 풀을 써는 기구.

부질(麩質)圀 곡식 속에 있는 단백질. 「작두(斫-).

부질(賦質)圀 천부(天賦)의 성질. 타고난 바탕. nature

부질[간-](-間)圀 놋그릇을 만드는 집의 풀무간. brassworker's furnace

부질=없-다휻 쓸데없다. ¶~한 수고라는 ¶부질없는 소리. trivial **부질=없-이**휻

부집圀 함부로 말을 하거나 약을 울려서 말다툼함.

부집(父執)圀 → 부집 존장. 「도, 그 싸움. 하曰

부집게圀 등잔·촛불의 불똥을 따거나 숯불 따위를 집는 집게. 불집게. tongs

부집 존장(父執尊長)圀 아버지의 친구로 나이가 아버지와 비슷한 어른. 부교(父交). 〈약〉부집(父執). one's father's friend

부쩍밈 ① 갑자기 죄거나 달라붙거나 우기는 모양. suddenly ② 사물이 급하게 나아가거나 또는 갑자기 늘거나 주는 모양. ¶요즘 승용차가 ~ 늘었다. 《작》바짝. remarkably

부쩍=부쩍밈 ① 외곬으로 빡빡하게 자꾸 우기는 모양. ② 사물이 거침 없이 자꾸 늘거나 줄어 가거나 또는 줄기차게 자꾸 나아가는 모양. 《작》바짝바짝.

부쩝-못하다휻 《센》→ 부접 못하다.

부:차(副次)圀 이차(二次).

부:차=시(副次視)圀 이차적인 것으로 보거나 다룸.

부:차=적(副次的)[-쩍] 본질적이 아니고 다음가는(것). 이차적(二次的). secondary 「ing 하曰

부:착(附着·付着)圀 딱 붙어서 떨어지지 않음. stick-

부:착-근(附着根)圀〈식물〉겨울살이 등 기생 식물이 다른 물체에 부착하는 기근(氣根)의 하나.

부:착-력(附着力)圀 ① 부착하는 힘. adhesion ② 물

부착어 다른 두 물질이 서로 접근하였을 때 밀착하려 고 하는 힘. adhesive power
부:착-어(附着語)[명] 〖언〗 첨가어(添加語).
부착흔(斧鑿痕)[명] 도끼로 찍은 흔적.
부:찰(俯察)[명] 아랫 사람의 형편을 굽어 살핌. ―하다
부:참(符讖)[명] 뒷날에 생길 일을 미리 적어서 감추어 둔글. 부록(符錄). 부서(符書).
부창 부수(夫唱婦隨)[명] 남편의 주장에 아내가 따르는 것이 부부 화합의 도리라는 뜻. domestic harmony
부채[명] 손으로 흔들어 바람을 일으키는 제구. 선자 (扇子). fan
부:채(負債)[명] 진 빛. 또, 빚을 짐. debt ―하다
부:채(賦彩·傅彩)[명] 〖동〗 설채(設彩). ―하다
부치¹[명] 〖고〗 부추.
부치²[명] 〖고〗 부채.
부채-게[명] 〖동물〗 부채게과의 게. 배갑(背甲)의 길이 17 mm, 폭 26mm 내외로 부채 모양이며 몸빛의 변화가 풍부하여 아름다움.
부:채 계:정(負債計定)[명] 〖경제〗 부기에서 각종 부채의 증감 변화를 기록·계산하는 여러 계정의 총칭. debtor account
부채괴물-이끼[명] 〖식물〗 처녀이끼과의 다년생 상록초. 근경은 옆으로 뻗고 흑갈색의 잔털이 있으며, 잎은 부채꼴로 깊게 찢어지고 갈라졌음. 산지의 큰 나무나 바위에 남. [handle of a fan
부채 꼭지[명] 쥘부채의 아귀가 박힌 머리가 부분.
부채-꼴[명] ① 부채처럼 생긴 모양. 선상(扇狀). ② 〖수학〗 한 개의 원호(圓弧)와 그 호(弧)의 두 끝을 뱃 반지름으로 둘러싸인 도형. 선형(扇形).
부채-마[명] 〖식물〗 마과에 속하는 다년생 덩굴풀. 줄기는 가늘고 길며 잔털이 있고 잎은 넓음. 황록색 꽃이 피고 세 면이 맞대어 있는 열매를 맺음.
부:채-자(負債者)[명] 부채를 갚아야 할 의무가 있는 사람. 부채주. 채무자(債務者).
부채-잡이[명] 소경에게 '왼쪽'을 일컫는 말. 곧 부채를 잡은 쪽의 뜻. [예] 막대잡이. left
부채-장:수잠자리(一將帥一)[명] 〖곤충〗 부채장수잠자리과의 대형의 잠자리. 검은 바탕에 녹색·황색 줄무늬가 있음.
부:채-주(負債主)[명] 〖동〗 채무자(債務者).
부채-질[명] ① 바람을 일으키려고 부채를 흔드는 짓. fanning ② 흥분된 감정이나 싸움을 더욱 북돋우는 짓. stirring up
부채-춤[명] 부채를 들고 추는 춤.
부채(簿冊)[명] 〖동〗 문부(文簿).
부채-살[명] 부채의 뼈대가 되는 여러 개의 대오리.
부처[명] 〖불교〗 ① 불교의 교조(敎祖)인 석가 모니(釋迦牟尼). 〖공〗 법주(法主)①. Buddha ② 대도를 깨달은 성인(聖人). 불상(佛像). ③ 〖동〗 유순하고 정직하며 자비심이 두터운 사람의 비유. 시왕(豊王). 공덕주(功德主). 〖원〗 불타. honest and merciful man
부처(夫妻)[명] 〖동〗 부부(夫婦).
부:처(部處)[명] 〖법〗 정부 조직체로서의 부(部)와 처(處)의 총칭. offices of the government
부처-꽃[명] 〖식물〗 부처꽃과의 다년생 풀. 줄기는 곧고 사각형이며 높이 100 cm 가량임. 5∼8월에 홍자색 꽃이 피고 과실은 삭과임. 관상용으로 한방에서 약재로 씀. purple loosestrife
부처-님[명] 〖공〗 부처.
부처님 가운데 토막 같다[관] 마음이 더할 수 없이 선량하다. ―하다.
부처님 공양 말고 배고픈 사람 밥을 먹여라[속] 부처님에게 정성을 들여 복을 구하려 함보다 실생활에서 부터 적이 쌓는 편이 낫다.
부처님 궐이 나면 대를 서겠네[속] 겉으로는 자선(慈善)을 한다고 크나 속마음은 음흉하다.
부처님 더러운 생선 방어 토막을 도둑해 먹었다 한다[속] 자기 죄 없음을 변명할 때 쓰는 말.
부처님 밑을 기울이면 삼거웃이 드러난다[속] 점잖은 사람이라도 내면을 들추면 추잡한 일이 있다.

부처님 살찌고 파리하기는 석수에게 달렸다[속] 일의 성과는 당사자에게 달렸다.
부처님 위하여 불공하나[속] 남에게 덕을 줌도 다 자기의 희망을 위함이라.
부처뒤-다[타] 부채질하듯이 부치어 움직이다.
부처-손[명] 〖식물〗 부처손과의 다년생 양치 식물(羊齒植物). 잎은 잔 비늘 형성을 이루고 표면은 녹색 또는 적록색이며 하면은 백록색임. 관상용으로 심고 한방에서 약용으로 씀. 장생초②. selaginella
부처-혼(父處婚)[명] 〖사회〗 부계(父系) 사회에서 행하여지는 혼인의 방식으로, 신부가 신랑 쪽으로 거처를 옮기는 혼인. [예] 모처혼(母處婚).
부척(浮尺)[명] 묘지(墓地)의 거리를 잴 때에 높고 낮은 땅에 줄을 대지 않고 팽팽하게 캥겨서 척수를 헤아리는 일. [예] 답척(踏尺).
부:척(副尺)[명] ‘아들자’의 구용어.
부척(趺蹠)[명] 새 다리의 경골과 발가락 사이의 부분.
부천(府薦)[명] 〖제도〗 감사(監司)가 부(府)의 무사(武科)에 급제한 사람 가운데서 부장(部將)이 될 만한 사람을 고르던 일. [예] 선천(宣薦).
부:천(膚淺)[명] 말이 천박함. ―하다
부:첨(富籤)[명] 상품이나 입장권 따위를 산 사람에게 제비를 뽑게 해서 돈을 타게 하는 표.
부첩(簿牒)[명] 〖동〗 부적(簿籍).
부:청(俯聽)[명] 공손한 태도로 주의 깊게 들음. ―하다
부체(浮體)[명] 액체에 떠 있는 물체.
부:체[명] 〖고〗 [붉음. ―하다
부초(敷炒)[명] 〖한의〗 약재(藥材)에 밀가루를 묻혀서
부:촉(咐囑)[명] 부탁하여 맡김. entrusting ―하다
부촌(富村)[명] 부자가 많이 사는 마을. [예] 궁촌(窮村). 빈촌(貧村). wealthy village
부:총-리(副總理)[명] 〖법〗 국무 총리가 특별히 위임하는 사무를 처리하고, 국무 총리 유고시에 그 직무를 대행하는 국무 위원. 경제 기획원 장관이 겸임함. vice-premier
부:총-장(副總長)[명] 〖법〗 대학교에 있어서, 총장을 도우며 총장 유고시에 그를 대리하는 직위. 또, 그 직위의 사람. vice-president
부:총-재(副總裁)[명] 〖법〗 총재를 보좌하며 총재의 유고시에 그를 대리하는 직위. 또, 그 사람. vice-president
부:추[명] 〖식물〗 달래과의 다년생 풀. 아시아가 원산. 씨는 구자(韭子)이라 하여 약재, 잎과 꽃은 식용함. 난총(蘭葱). 구채(韭菜). leek
부추구-부(一韭部)[명] 한자 부수(部首)의 하나. ‘韮·’
부:추기-다[타] 어떤 일을 하게 충동하다. stir up
부:촉[명] 〖약〗부촉병.
부출-돌[명] 두 발로 디디고 뒤를 볼 수 있게 놓은 뒷간의 돌. footrest stones in an outdoor toilet
부출림[명] ① 더디고·뒤를 보게 한 뒷간의 널. ② 상복장 따위의 네 귀에 선 기둥.
부취(浮取)[명] 붙여 두었던 것을 떼어 버림. ―하다
부:촉(boots)[명] 장화(長靴). [예]. father's side
부측(父側)[명] 아버지의 곁. 아버지의 편. [예] 모측(母側)
부치[명] 나뭇끼게. 부치게.
부치-다[자] 힘이 모자라다. beyond one's power
부치-다[타] 부채를 흔들어서 바람을 일으키다. fan
부치-다[타] 논밭을 다루어서 농사를 짓다. cultivate
부치-다[타] 번철(燔鐵)에 기름을 바르고 전병(煎餠) ·저냐·빈대떡 따위를 굽다. griddle
부치-다[타] ① 회부(回附)하다. 간주하다. ¶공판(公判)에 ∼. ② 어떠한 대우로 하여 하다. ¶불문(不問)에 ∼. ③ 심정을 의탁하다. ¶화조 월석(花朝月夕)에 부쳐 읊은 노래. give opinion ④ 〖계기〗(契機)로 삼다. take an opportunity ⑤ 남을 시켜서 편지·물건 등을 보내다. send
부치-다[타·자][고] 부치이다.
부치이-다 바람에 부치어지다.

부:칙(附則)[명] ①〈법률〉법규(法規)나 명령의 끝에 붙이어 경과 규정·시행 기일·구법의 폐지·세칙(細則)을 정하는 법 따위를 규정한 것. bylaw ②어떠한 규칙을 보충하기 위하여 부가(附加)한 규칙. additional rules
부친(父親)[명] 아버지. (대) 모친(母親).
부친-상(父親喪)[명] 아버지의 상사. (대) 모친상(母親喪).
부침(浮沈)[명] ①물위에 떠올랐다 잠겼다 함. rise and fall ②세상 일이 사법을 가리킴. changes of times ③성(盛)함과 망함. vicissitudes of life ④편지가 받을 사람에게 전달되지 않고 도중에 없어짐. loss
부침-개[명] 빈대떡·저냐·누름적 따위의 총칭. griddled
부침개-질/부침-질[명][동] 지짐질. 하라타.
부침-하-다[동] 논밭에 씨를 뿌리다. sow the field
부칭(浮秤)[명] 액체의 비중을 재는 계기. 액체 비중계
부:케(bouquet 프)[명] 꽃다발. [比重計]
부클릿(booklet)[명] 소책자(小冊子). 팜플렛.
부타디엔(butadiene)[명] 〈화학〉불포화 탄화수소(不飽和炭化水素)의 하나. 공업적으로는 아세틸렌의 중합(重合)으로 제조함. 합성 고무의 원료로 쓰임.
부:탁(付託)[명] 남에게 일을 당부하여 맡김. request 하다. [하영]
부탄(浮誕)[명] 언행이 들떠 잡되고 허황함. frivolity
부터 '시작'의 뜻을 가진 보조사. ¶열시~문을 연다. from
부테허리[명] →부티.
부톄[명] 〈고〉부처.
부:토(腐土)[명] 〈약〉→부식토(腐植土).
부토(敷土)[명] 흙이나 모래를 부어 깖. 또, 그 흙. paving with soil or sand 하다.
부:통-령(副統領)[명] 〈법률〉대통령의 다음가는 국가의 부원수(副元首). vice-president
부투(賠驗)[명] 밀가루로 만든 증편. [는 넓은 띠.
부티[명] 베틀의 말코 두 끝에 끈을 매어 허리에 두르
부티-끈[명] 베틀의 말코 두 끝과 부티 사이에 맨 끈.
부티크(boutique 프)[명] 고급 기성복·장식구·양장 소품 따위를 다루는 가게.
부:판(附板)[명] 두 조각을 가로 붙여서 만든 널. [plywood
부:판(附版)[명] 최복(衰服) 등 뒤에 늘어뜨리는 베 조
부:판(剖判)[명] 둘로 갈라서 나눔. 하다. [각.
부판(浮板)[명] 헤엄칠 때 몸이 잘 뜨게 하는 데 쓰는 널판. floater
부:패(一牌)[명] 〈광물〉 광업을 함께 경영하는 사람. [partner of mining
부패(符牌)[명] 〈제도〉[동] 부험(符驗). ②병부(兵符)·마패(馬牌)·순패(巡牌) 따위의 총칭.
부패(腐敗)[명] ①썩어서 결판이 남. putrefaction ②법규·제도 등이 문란해 되지 못함. ¶~된 정치를 개혁하다. ③타락하여 생기가 없어짐. corruption
부패-균(腐敗菌)[명] 〈약〉→부패 세균. 하다
부패 박테리아(腐敗 bacteria)[명] 부패균.
부패-병[一뼝](腐敗病)[명] 〈식물〉감자·고구마 등의 부드럽고 물이 많은 조직이나 줄기, 또는 뿌리가 말라 죽게 되는 식물의 병.
부패-상(腐敗相)[명] 부패한 양상.
부패-성(腐敗性)[명] 썩거나 타락하는 성질.
부패 세:균(腐敗細菌)[명] 〈식물〉물질을 썩게 하는 균. 부패 박테리아. 〈약〉부패균. saprogenous bacillus
부패-열(腐敗熱)[명] 부패할 때에 많이 발생하는 열.
부편(否便)[명] 옳지 않다고 주장하는 편. (대) 가편
부평(浮萍)[명] 〈약〉→부평초. [(可便). negative side
부평-초(浮萍草)[명] 〈식물〉개구리밥과의 다년생 수초. 논이나 연못에 나는데, 수면에 뜬 엽상체의 중앙에서 가는 수근이 많이 늘어지고, 여름에 담녹색의 잔 꽃이 핌. 개구리밥.
부:포(副砲)[명] 〈군사〉군함의 주포(主砲)에 버금 가는 작은 구경(口徑)의 속사포(速射砲). (대) 주포(主砲). secondary armament
부포대(浮砲臺)[명] 〈군사〉항만의 방어를 위하여 해상에 설치한 포대. fortress
부:표(付票)[명] 쪽지를 붙임. attached tag 하다
부:표(否票)[명] 회의에서 가부를 표결할 때 불찬성의 뜻을 나타내는 표. (대) 가표(可票). negative vote
부:표(附表)[명] 부록으로 덧붙인 도표. appendix list 하다.
부표(浮漂)[명] 물에 떠돌아다님. floating 하다
부표(浮標)[명] ①물위에 띄워 두는 표적. ②낚시찌. ③강이나 바다에 띄워 뱃길이 위험한 곳을 표하여 보이는 제구. buoy
부표 수뢰(浮漂水雷)[명] 〈군사〉물 속에서 어떤 곳에 든지 임의대로 부설(敷設)하는 수뢰. buoyant mine
부표 식물(浮漂植物)[명] 〈식물〉잎은 수면에 뜨고 뿌리는 물 속에서 영양을 취하는 식물. 개구리밥 따위.
부:=표제(副標題)[명][동] 부제(副題). [위].
부푸러기[명] 부풀의 낱개. 〈작〉보푸라기. nap [풀.
부풀[명] 종이나 피륙의 거죽에 일어나는 잔털. 〈작〉보
부풀-다[타로] ①종이·피륙 등의 거죽에 잔털이 일어나다. 〈작〉보풀다. become nappy ②살가죽이 붓거나 부르터 오르다. swell ③반죽하여 만든 것이 발효하여 부피가 더 커지다. rise ④물체가 늘어나면서 부피가 더 커지다. expand ⑤몹시 즐겁거나 희망에 넘쳐서 마음이 흐뭇하여지다. delighted ⑥'성나다'의 비유. displeased
부풀-다[다] 부풀게 하다. 〈작〉보풀리다. swell
부풀-부풀[명] 부푸러기가 일어난 모양. 〈작〉보풀보풀.
부풀어=오르-다[르로] 부피가 커지다. [nap 하다
부품(部品)[명] →부속품.
부풍 모:습(父風母習)[명] 아버지와 어머니를 고루 닮음. resemblance to one's parents 하다
부프-다[르르] ①물건의 부피는 크되 무게는 가볍다. bulky ②사람의 성질이 우직부직하고 급하다. im-
부픈-살[명] 굵은 화살. big arrow [patient
부픈-짐[명] 무게에 비하여 부피가 큰 짐. (대) 몽근짐. bulky load
부풋-하-다[여] ①물건이 부푸고도 두껍다. voluminous ②말이 사실보다 꽹장하다. bragging 부풋-이[부]
부피[명] ①물건의 덩어리의 크고 작은 정도. bulk ②
부피 팽창(一膨脹)[명][동] 체팽창(體膨脹).
부피 팽창 계:수(一膨脹係數)[명] 〈물리〉물체의 부피가 온도의 변화에 따라 변함을 나타내는 계수. 체적 팽창 계수. coefficient of cubical expansion
부:하(府下)[명][동] 부중(府中)①.
부:하(負荷)[명] ①짐을 진다. 또, 그 짐. load ②일을 맡김. ¶~된 사명(使命). burden ③〈물리〉원동기(原動機)에 가하여지는 작업량.
부하(部下)[명] 남의 아래에 있어서 그의 명령을 받아 행동하는 사람. (대) 상사(上司). subordinate
부:-하다(附一)[여] ①종이 또는 헝겊 따위를 덧붙이다. attach ②나뭇조각을 맞대어 붙이다. stick
부:-하다(富一)[여] ①살림이 넉넉하다. corpulent ②살이 쪄서 몸이 뚱뚱하다. fat
부:하율(負荷率)[명] 어떤 기간 중의 평균 전력 소비량의 최대 전력 소비량에 대한 비율.
부학(副學)[명] 〈약〉부제학(副提學)①.
부:합(附合)[명] ①서로 맞대어 붙음. attaching ②〈법률〉소유자가 각각 다른 두 개 이상의 물건이 맞붙어서 떨어 수 없게 되었거나 떼기가 심히 곤란한 상태가 되는 일. 하다 [coincidence 하다
부합(符合)[명] 둘이 서로 꼭 맞대어 맞음. 계합(契合).
부:항(附缸)[명] 〈한의〉종기의 고름 또는 독혈을 빨아 내려고 부리에 부항단지를 붙이는 일. 〈변〉부앙. cupping
부:항(俯項)[명] 고개를 숙임. 하다
부:항(副港)[명] 주항(主港)에 딸린 항구. 주항의 항만적 기능을 보조함.
부:항 단지[一딴一](附缸一)[명] 부스럼의 피고름을 빨

아내려고 부항(附缸)을 붙이는 데 쓰이는 자그마하게 생긴 항아리. 부항 항아리.
부:항 항아리(附缸—)[명] ⇨부항 단지.
부행=신(浮行神)[명] 들뜨는 귀신. 뜬것.
부허(浮虛)[명] 들떠서 미덥지 못함. unreliability 하다
부허=설(浮虛說)[명] 떠돌아다니는 허황한 말. groundless rumour
부험(符驗)[제도] ①밤에 성문(城門)을 드나들 때 가지던 표신(標信). ②중국에 가는 사신이 가지고 다니던 표. 부패(符牌)①.
·**부형**[고] 부엉이.   and brothers
부형(父兄)[명] 아버지와 형. (대) 모자(母子). father
부형(父型)[인쇄] 활자 모형(母型) 제작용의 웅형
부:형(腐刑)[명] 궁형(宮刑).   [powder)
부:형=약[—냑](賦形藥)[명] 〈약학〉약제를 먹기 쉽게 하거나 또는 어떤 형체를 만들기 위하여 가하는 물질. 성형약(成形藥).
부형 자매(父兄姉妹)[명] ①부형과 자매. father, brother and sister ②겨레붙이·동포의 뜻으로 쓰는 말. brethren   [자라 큰 사람.
부형 자제(父兄子弟)[명] 아버지나 형에게 가르침을 받
부형=회(父兄會)[명]〈교육〉학교 당국자와 학생의 보호자들이 모여서 학교와 가정이 협력하여 교육을 효과 있게 하고자 하는 모임. 학부형회. fathers and brother association
부호(扶護)[명] 부측하여 보호함. protection 하다
부:호(負號)[명] ⇨음호(陰號).
부:호(符號)[명] ①어떤 뜻을 나타내는 기호(記號). mark ②〈수학〉수의 성질 또는 셈을 놓을 때에 쓰는 표. '十·—·×·÷·＝·＞·＜' 따위의 표. sign
부:호(富戶)[명] 재산이 많은 부잣집.   [man
부:호(富豪)[명] 재산이 많고 권세가 있는 사람. rich
부:호군(副護軍)[제도] 오위(五衛)의 종 4품 군직의 한 벼슬.   [장(火匠)의 직.
부:호=수(釜戶首)[명] 도자기 굽는 가마에 불을 때는 화
부:호장(副戶長)[제도] 고려 때 지방 각 고을 호장(戶長) 다음가는 향리(鄕吏)의 직.
부화(附和)[명] 자기의 주견이 없이 경솔하게 남의 뜻에 좇아서 찬성함. blind following 하다   [vanity
부화(浮華)[명] 실속이 없이 겉으로만 화려함.
부:화(富華)[명] 부유하고 호화로움. 하다
부화(孵化)[명] 부가 까짐. 또, 까지게 함.
·**부·화**(腑化)[명] 부아(肺臟). 허파.   [hatching 하다
부화=기(孵化器)[명] 달걀이나 물고기의 알을 인공적으로 깨는 기계(孵卵器).
부:화 뇌동(附和雷同)[명] 일정한 주관이 없이 남들의 언행(言行)에 덩달아 좇음. blind following 하다
부화율(孵化率)[명] 수정란이 부화되는 비율. [chery
부화=장(孵化場)[명] 알을 인공적으로 깨는 곳. hat-
부:활(復活)[명] ①죽었다가 다시 살아남. 소생(蘇生). resurrection ②쇠하였다가 다시 일어남. revival ③〈기독〉예수 그리스도가 죽은 후 다시 살아남. Resurrection 하다   [日〕전날 일요.
부:활 전야(復活前夜)[명]〈기독〉부활절 주일(主
부:활=절(復活節)[명]〈기독〉①부활 주일로부터 40일 내지 50일 동안의 기간. ②그리스도의 부활을 기념하는 날. 춘분 후의 첫 만월 직후의 일요일. 부활 주일. Easter Sunday
부:활=제[—째](復活祭)[명]〈기독〉그리스도의 부활을 기념하는 의식. 또, 그 날. Easter
부:활 주일[—쭈—](復活主日)[명] ⇨부활절②.
부:활=절(復活)[명]〈기독〉천주교에서, 예수의 부활한 날로부터 승천(昇天)한 날까지 켜는 큰 초.
부황(付黃)[제도] 임금의 재가(裁可)를 받은 문서(文書)의 고칠 곳이나 무엇을 덧붙일 곳에 누른 종이쪽지를 붙이던 일. 하다
부황(浮黃)[명] 오래 굶주려 살가죽이 들떠서 붓고 누렇게 되는 병. ∥~나다. edema
부:회(附會·傅會)[명] 말을 억지로 끌어대어 이치에 맞

게 함. ∥견강(牽强) ~. forced analogy 하다
부회(部會)[명] ①전체의 큰 모임 가운데 각 부문별로 나누어서 하는 모임. ②부(部) 단위의 모임. Sectional meeting
부:회장(副會長)[명] 회장을 도우며, 회장 유고시에 회장을 대리하는 사람. 또, 그 사람. vice-chairman
부회(俘獲)[명] 부로(俘虜).
부:후(腐朽)[명] 썩음. corruption 하다
·**부흥·이**[고] 부엉이.
부:흥(復興)[명] 쇠잔하였던 것이 다시 일어남. 또, 다시 일어나게 함. ∥~ 운동(運動). rehabilitation 하다   [struction
부:흥=상(復興相)[명] 부흥한 모습. phase of recon-
부:흥=회(復興會)[명]〈기독〉교인들의 믿음을 북돋우고 새로운 구도자를 인도하기 위해 모이는 특별 기도회. special prayer meeting
북[명]〈음악〉타악기의 하나. 둥근 나무통 양쪽 마구리에 가죽을 팽팽하게 매고 두드리게 되어 있음. 고(鼓). 태고(太鼓). drum
북[명] ①베틀에 딸린 제구의 하나. 날의 틈으로 왔다갔다하게 하여 씨를 풀어 주며 피륙을 짬. 방추(紡錘). ②재봉틀의 부속품으로 밑실을 감은 실패를 넣어 두는 통. spindle   [roots
북[명] 식물의 그루를 싸고 있는 흙. earth covering
북:[명] ①부드럽고 무른 물건의 거죽을 세게 갈거나 긁는 소리. scratch ②몸이 무르고 조금 두툼한 물건을 대번에 찢는 소리. (작) 복². tear up
북(北)[명] 북쪽.
북가시=나무[명]〈식물〉너도밤나무과의 상록 활엽 교목. 높이 10 m 가량으로 껍질은 검푸르고 잎은 난형 또는 타원형임. 목재는 선박·차량·보습 등의 재료로 쓰임.
북간(北間)[제도]의금부의 북쪽 감방.
북=감사(北監司)[명] ⇨안무사(按撫使)①.
북=강정(—)[명] 강정의 하나. 끓이던 꿀에 계피와 마른 새앙 가루를 넣어서 강정 속에 바른 뒤에 콩가루를 묻혀 만든 것.
북경 원인(北京原人)[명] ⇨북경인.   [된 것.
북경=인(北京人)[명] 인류와 유인원(類人猿)의 중간으로 제 4기 홍적세(洪積世)에 생존하였던 것으로 추측되는 최고(最古)의 인류. 1923년에 북경 근방에서 그 화석이 발견되었음. 북경 원인(北京原人).
북계(北界)[명] ①고조선의 평양 이서의 땅. ②〈지리〉동물 지리학상 호주·남미주 이외의 전 구역. (대) 남
북계(北髻)[명]〈민속〉상투.   [계(南界). (신:界).
북곡(北曲)[명]〈연예〉중국 원대(元代)의 잡극(雜劇).
북관(北關)[명] 함경 남북도 지방의 별칭. 북도(北道).
북=관왕묘(北關王廟)[명] ⇨북묘(北廟).
북괴(北傀)[명] 북쪽에 있는 괴뢰 집단. 곧, 북한의 공산 집단을 이르는 말.
북교(北郊)[명] ①북쪽 교외. ②예전에, 서울 창의문(彰義門) 밖의 근교를 이르던 말.
북구(北歐)[명]〈약〉⇨북구라파(北歐羅巴).
북구(北歐羅巴)[명] 북유럽. ⇨북구(北歐).
북구 문학(北歐文學)[명]〈문학〉북구 여러 나라 문학의 총칭. 침울하고 심각하며 비판적인 것이 그 특색임. (동) 남구 문학(南歐文學). literature of northern Europe   [countries
북국(北國)[명] 북쪽의 나라. (대) 남국(南國).
북군(北軍)[명] ①북쪽 군대. ②〈역사〉미국 남북 전쟁 때 북부 여러 주의 군대를 이르던 말. (대) 남군.
북궐(北闕)[명] '경복궁'을 창덕궁(昌德宮)과 경희궁(慶熙宮)에 상대하여 일컫던 말. Kyungbok palace
북귀(北歸)[명] 북쪽으로 돌아가거나 돌아옴. 하다
북극(北極)[명] ①북쪽 끝. ②〈지〉지축(地軸)의 북쪽 끝. 또, 그 연장선이 닿는 천구(天球)의 북쪽 끝. ∥~ 항로(航路). North Pole ③〈물리〉지남철이 가리키는 북쪽 끝. (대) 남극(南極).
북극 거:리(北極距離)[명]〈천문〉천구(天球) 위에의 일정한 천체로부터 북극까지의 각거리(角距離). (대)

북극=계(北極界)[명] 〈지리〉 생물 지리학상의 한 구역. 북극을 중심으로 스칸디나비아 반도 북부·시베리아·캄차카 반도 북부·알래스카·캐나다 북부·그린란드를 포함함.

북극=곰(北極-)[명] 〈동물〉 곰과의 짐승. 북극 지방에 분포하며, 몸 길이 약 2.9m, 무게 680kg. 온몸이 순백색 털이 빌생하며, 헤엄을 잘 침. 흰곰. 백곰.

북극=광(北極光)[명] 〈지리〉 북극에 나타나는 극광. 《대》 남극광. aurora borealis

북극=권(北極圈)[명] 〈지리〉 지구상에서 북위 66도 33분의 지점을 연결하는 선. 또, 그 선 북쪽에 있는 지방. 《대》 남극권(南極圈). Arctic Circle

북극=성(北極星)[명] 〈천문〉 작은곰자리의 주성(主星). 위치가 변하지 않아 밤에 북쪽 방위의 지침이 됨. 북신(北辰). pole-star

북극 지방(北極地方)[명] 〈지리〉 북극권 안의 육지와 바다의 지역으로서 대부분이 얼음으로 덮여 있음. 가장 더운 달의 평균 온도가 10도 이하인 곳. 《대》 남극 지방. Arctic Region

북극 항공로(北極航空路)[명] 북극권을 지나 지구의 정부(頂部)를 대권(大圈) 코스로 연결하는 항공로.

북극=해(北極海)[명] 〈지리〉 북극권 안의 바다. 곧, 아시아·유럽·북아메리카 대륙에 둘러싸인 바다. 대부분이 얼음으로 덮여 있음. 북빙양(北氷洋).

북=꿩(北-)[명] 〈조류〉 만주 특산의 꿩. 광택이 적어 아름답지 않으며 울음 소리도 곱지 못함. 만주꿩.

북=나무(北-)[명] 〈식물〉 옻나무과의 낙엽 소교목. 높이 2m 가량으로 핵과는 붉은빛과 흰빛의 잔털이 있으며, 익은 뒤에 흰 가루가 돋아 짠맛이 있음. 잎에 벌레의 자상(刺傷)으로 혹같이 돋는 물질을 오배자라 하여 약재·염료로 씀. 오배자나무(五倍子-). sumac

북=녘(北-)[명] 북쪽 방면. 북쪽 지방. 북방(北方). 《대》 남녘. North

북단(北端)[명] 북쪽 끝. 《대》 남단(南端). northern extremity

북당(北堂)[명] 〈동〉 자당(慈堂).

북대(北帶)[명] 〈지리〉 식물 구계 분포(區系分布)를 나타내는 큰 구분의 하나. 북반구의 열대권 이북의 광대한 지역을 차지함.

북대:서양 조약 기구(北大西洋條約機構)[명] 〈정치〉 서구(西歐) 각국가들의 대소 군사 동맹(對蘇軍事同盟). 나토(NATO).

북덕=명주(-明紬)[명] 품질이 나쁜 고치에서 뽑은 실로 짠 저질의 명주. low quality silk

북덕=무명[명] 품질이 나쁜 목화나 누더기 솜 따위를 자아서 짠 저질의 무명. low quality cotton

북덕=지(-紙)[명] 몹시 구기고 부푸러기가 일어난 종이. nappy paper

북데기[명] 짚·풀 따위의 엉클어진 뭉텅이. waste-straw

북도(北道)[명] ①북쪽에 있는 도. ¶전라 ~. northern province ②경기도 북쪽에 있는 도. 곧, 황해도·평안도·함경도를 이르는 말. ③〈동〉 북관(北關). ④〈종교〉 대종교(大倧敎)에서 백두산 북쪽의 지방을 이름. 《대》 남도(南道).

북독(北瀆)[명] 함경 남도에 있는 용흥강(龍興江)을 사독(四瀆)의 하나로 이르는 말.

북=돋=다[타] →북돋우다.

북=돋우-다[타] ①식물의 뿌리를 흙으로 덮어 주다. earth up ②남에게 용기를 일으켜 주다. encourage ③사람을 가르쳐 기르다. 〈약〉 북돋다. bring up

북=돋움[명] 북돋우어 주는 일. earth up

북동(北東)[명] 북과 동의 중간 방위.

북동=풍(北東風)[명] 북쪽과 동쪽의 간방에서 불어오는 바람. 동북풍(東北風). 〈준〉 높새바람(北-).

북두 마소의 등에 실은 짐을 배와 얼러 매는 긴 줄.

북두(北斗)[명] 〈약〉→북두 칠성(北斗七星)①.

북두=갈고리(北斗-)[명] ①북두 칠성에 달린 갈고리. ②상일을 많이 해서 험상궂게 된 손가락.

북두=성(北斗星)[명] 〈약〉→북두 칠성(北斗七星)①.

북두=주(北斗呪)[명] 〈불교〉 북두 칠성의 주문(呪文).

북두 칠성[-성](北斗七星)[명] ①〈천문〉 북쪽 하늘에 국자 모양으로 벌여 있는 일곱 개의 별. 큰곰자리에서 가장 뚜렷하게 보임. 〈약〉 북두(北斗). 북두성(北斗星). 칠성(七星). Great Dipper ②〈불교〉 칠원성군(七元星君).

북두 칠성이 앵돌아졌다[관] 일이 낭패되었다.

북=등(-燈)[명] 북 모양으로 조그맣게 만들어 백지를 발라, 촛불을 켜들고 다니는 등의 하나. paper lantern

북=떡[명] 〈민속〉 유행병이 돌 때에 식구의 수효대로 떼틀의 북으로 쌀을 하나씩 떠서 만든 흰무리. 이것을 먹으면 병에 걸리지 않는다고 함. 사병(梭餠).

북로(北虜)[명] 북쪽 오랑캐. northern savages

북로(北路)[명] 서울에서 함경도로 통한 길.

북로 남왜(北虜南倭)[명] 〈역사〉 북쪽의 오랑캐와 남쪽의

북록(北麓)[명] 산의 북쪽 기슭. 《대》 남록.

북류(北流)[명] 물이 북쪽으로 흐름. flowing north 하다

북 리뷰(book review)[명] ①신간 소개. ②서평(書評).

북마(北馬)[명] 함경 북쪽에서 나는 말. 북토산(北土産).

북=마구리(北-)[명] 〈광물〉 남북맥(南北脈) 구덩이의 북쪽 마구리. 《대》 남마구리.

북마 남선(北馬南船)[명] 중국의 북쪽은 산이 많아 말을 이용하고 남쪽은 강이 많아 배를 이용한다는 데서, 늘 여행함을 이름.

북망=산(北邙山)[명] ①〈지리〉 중국 하남성 낙양(河南省洛陽) 북쪽에 있는 작은 산의 이름. ②무덤이 많은 곳. 북망 산천.

북망 산천(北邙山川)[명] 무덤이 많은 곳. 곧, 사람이 죽어서 가는 곳. 북망산(北邙山)②.

북-메우-다(北-)[타] 북틀에 가죽을 대고 켕기어 메우다. putting on a drumhead

북=멧새(北-)[명] 〈조류〉 참새과에 속하는 작은 새. 함경 북도지방에 나는 멧새의 하나.

북면(北面)[명] ①앞을 북쪽으로 둠. 북쪽을 향함. facing the north ②임금이 남면하여 앉는 데서 신하로서 임금을 섬김을 이르는 말. allegiance ③그 군(郡)의 북쪽에 있는 면(面). myons in the north of a country 하다

북명(北溟)[명] 북쪽의 큰 바다. 《대》 남명(南溟). north seas

북묘(北廟)[명] 서울 동소문(東小門) 안에 있었던 관왕묘(關王廟). 북관왕묘.

북문(北門)[명] 북쪽으로 낸 문. north gate

북문지-탄(北門之嘆)[명] 벼슬 자리에 나가기는 했으나 뜻대로 되지 않아 그 곤궁함을 한탄한다는 말.

북문지-화(北門之禍)[명] 〈역사〉 기묘사화(己卯士禍)를 그 경로로 보아 이르는 말.

북미(北美)[명] 북아메리카주.

북=바늘[명] 베틀의 북 속에 실꾸리를 넣은 뒤, 그것이 솟아 나오지 못하게 북 안 시울에 끼워 누르는 대오리.

북=박:쥐(北-)[명] 〈동물〉 박쥐과에 속하는 박쥐의 하나. 모양과 습성은 박쥐와 같은데 큰 종류로서, 주로 한국 북쪽에서 남.

북반(北半)[명] 남북을 절반으로 나누었을 때의 북쪽반.

북반:구(北半球)[명] 〈지리〉 지구의 적도(赤道)로 부터 북부분. 《대》 남반구(南半球). Northern Hemisphere

북=받자[명] 곡식 등을 말로 수북히 되어 받아들이는 일. getting a full measure of rice

북=받치-다[자] ①속에서 들고 오르다. 밑에서 솟아오르다. well up ②무슨 생각이 치밀어 오르다. ¶북받치는 울분. 〈저〉 복받치다.

북방(北方)[명] 북쪽. 북녘. 북쪽 지방. 삭방(朔方). 《대》 남방이다.

북방 불교(北方佛敎)[명] 〈불교〉 인도 아소카왕 이후에 인도의 북방에서 일어나 티베트·중국·우리 나라 등 북쪽에 퍼진 불교.

북방 토룡단(北方土龍壇)[명] 〈제도〉 서울 창의문(彰義門) 밖에 있던, 오방 토룡제를 지내던 제단.

북단(北壇)圀

북백(北伯)圀〈제도〉함경 북도 관찰사의 딴이름.

북벌(北伐)圀 북쪽 나라를 토벌하는 일. 북정(北征). expedition to conquer the north 하자

북벌 계:획(北伐計劃)〈역사〉조선조 때, 병자 호란 의 수치를 씻고자 효종(孝宗)이 중심이 되어 이완 (李浣)·송시열(宋時烈) 등과 더불어 청국을 치려던 계획.

북범(北犯)圀〈제도〉양안(量案)에서, 논밭의 그 앞에 있는 번호(番號)의 논밭의 북쪽에 있음을 가리키는 이름. (對). far north

북변(北邊)圀 ①북쪽 변방. 북수(北垂). ②(동) 북비

북병(北瓶)圀《약》→북수병(北水瓶).

북=병사(北兵使)〈제도〉북병영(北兵營)에 주재하 던 병마 절도사(兵馬節度使).

북=병영(北兵營)圀〈제도〉함경도 경성(鏡城)에 있던 북병사의 주영(駐營).

북부(北部)圀 ①북쪽 부분. northern part ②〈제도〉서울 안 구역의 오부(五部) 중 북쪽에 있던 부. ③〈제도〉고구려 때 절노부(絶奴部)의 이름.

북:=북[北-]튄 ①부드럽고 무른 물건의 면을 연해 세게 갈거나 긁는 소리. 또, 그 모양. scraping noisily ②몸이 무르고 두툼한 물건을 연해 찢는 소리. 또, 그 모양. 〈작〉복복. 〈예〉뿍뿍. tearing up

북=동(北東)圀 북과 북동쪽의 중간 방위. northnortheast

북북동=풍(北北東風)圀〈지리〉북쪽과 북동쪽의 사이에서 불어오는 바람. [northwest

북=북서(北北西)圀 북과 북서와의 중간 방위. north-

북북서=풍(北北西風)圀〈지리〉북쪽과 북서간과의 사이에서 불어오는 바람.

북비(北鄙)圀 함경 북도의 변방의 땅. 북변(北邊)②.

북빙=양(北冰洋)圀 (동) 북극해(北極海). [far north

북산(北山)圀 북쪽에 있는 산.

북삼(北蔘)圀 ①함경도에서 나는 산삼. ②만주 간도(間島)에서 나는 인삼. [northing 하자

북상(北上)圀 북쪽으로 올라감. (대) 남하(南下).

북=상투圀 아무렇게나 막 끌어올려서 짠 상투. 또는 함부로 끌어올린 여자의 머리털.

북새圀 (동) 북풍(北風).

북새[2]圀 ①많은 사람이 한 곳에 모여 부산하게 떠들고 움직이는 법석. bustle ②남의 일을 방해 놓는 일. disturbance

북새 놓-다[자] 뭇사람이 부산하게 법석을 하다. bustle about ②남의 일을 방해하다. interfere

북새 떨-다[자] 여러 사람이 한 곳에 모여 부산하게 법석을 떨다.

북새=질圀 북새를 놓는 일. bustle about 하자

북새=통圀 여러 사람이 북새를 떠들어대는 바람. ¶ 결혼 건들는 ~에 아무 것도 못한다. as a result of all the commotion

북새=판圀 북새통을 이루는 판. ¶ 온통 아이들의 ~이다. scene of a commotion

북새=풍(北塞風)圀 북쪽에서 불어오는 찬바람. [wind

북서(北西)圀 북쪽과 서쪽의 중간 되는 방위. 서북 (西北). northwest [thwestly wind

북서=풍(北西風)圀 북서쪽에서 불어오는 바람. nor-

북=석(一石)圀 무덤 앞의 상석(床石)을 괴는 북 같은 돌.

북선(北鮮)圀《약》→북조선.

북섬圀〈어류〉복과의 바닷물고기. 몸 길이 10cm 내외로 등은 연한 푸른 빛깔에 누르스름한 점이 많음. (江南)으로 옮기기까지의 이름.

북송(北宋)圀〈역사〉중국 송(宋)나라가 서울을 강남 [(江南)으로 옮기기까지의 이름.

북수(北首)圀〈불교〉절에서 '뒷물'을 이르는 말.

북수(北垂)圀 (동) 북변(北邊)①.

북수(北首)圀 함경도에서 만들어내는 기와의 하나.

북수=대[一帶](北水—)圀〈불교〉북수를 부어 가면서 항문을 씻는 홈을 판 나무 토막.

북수=병[一뼝](北水瓶)圀〈불교〉북수를 담아 들고 다니는 병. 《약》북병(北瓶).

북숭이圀 ①세상 형편을 모르는 어리석은 사람. 부기. stupid person ②어리석은 사람의 별명.

북슬=개圀 털이 북슬북슬하고 몸이 큰 개. shaggy dog

북슬=북슬튄 짐승의 살이 찌고 털이 많은 모양. 부얼 부얼. plump and hairy 하자

북신(北辰)圀 (동) 북극성(北極星).

북신-하-다圀 약간 거친 맛이 있게 폭신하다. somewhat soft [십자성에 대하여 이르는 말.

북=십자성(北十字星)圀〈천문〉'백조좌(白鳥座)'를 남

북=씨(北一)圀(동) 북위(北緯).

북아(北阿)圀《약》→북아프리카.

북아메리카 주(北 America 洲)圀〈지리〉서반구의 북반부, 아메리카 대륙의 파나마 이북 및 그린란드 등의 섬을 포함하는 육대주(六大洲)의 하나.

북=아프리카(北 Africa)圀〈지리〉사하라 사막 이북의 지중해 연안을 차지하는 아프리카 지역. 《약》북아(北阿). [coast

북안(北岸)圀 북쪽 해안이나 강안(江岸). northern

북양(北洋)圀 북쪽의 대양(大洋). northern ocean

북양 어업(北洋漁業)圀 북양을 어장으로 하여 행하는 어업. 알래스카·캄차카 북쪽의 바다에서 하는 것이 잡이. (脯). ~ 무침. dried pollack

북어(北魚)圀 마른 명태. 건명태(乾明太). ¶ ~포

북어 껍질 오그라들 듯[국] ①점점 오그라드는 모양. ②재산 같은 것이 점점 줄어드는 모양.

북어 뜯고 손가락 빤다[국] ①이득이 없는 일을 하고 나서 안타까워하는 모양. ②거짓 꾸미거나 과장(誇張)함. [은 북어의 살.

북어 보푸름(北魚—)圀 더덕북어를 두드리어 잘게 뜯

북 엔드(book end)圀 책이 넘어지지 않게 놓는 책꽂이의 하나.

북영(北營)圀〈제도〉①친군영(親軍營)의 하나. ②창덕궁 북쪽에 있던 훈련 도감의 분영(分營). ③함경도의 감영(監營). 함영(咸營).

북용(北茸)圀 북관(北關)에서 나는 녹용.

북위(北緯)圀〈지리〉지구의 적도 북쪽의 위도. 북씨. (대) 남위(南緯). north latitude

북위(北魏)圀〈역사〉중국 남북조 시대에 북쪽에 있던 최초의 나라. 시조는 선비족(鮮卑族)의 탁발규(拓跋珪). 나중에 동서로 서위로 갈라졌음.

북위 삼십팔도선[一또一](北緯三十八度線)圀 우리 나라를 남북으로 나눈 38도선을 말함. 제 2차 대전후 얄타 회담의 결정에 따라 38도선 이남에는 미군이, 그 이북에는 소련군이 분할 진주하게 된 것이 원인이 되어 비극의 분단선(分斷線)이 되어 있다가 휴전선으로 대치되었다. 38 parallel

북위=선(北緯線)圀〈지리〉적도 북쪽의 위도를 표시하는 선. north parallel

북=유럽(北 Europe)圀〈지리〉유럽의 북쪽에 위치한 나라. 아이슬란드·덴마크·노르웨이·스웨덴·핀란드의 다섯 나라임. 북구라파. 북구(北歐).

북은 칠수록 소리가 난다[국] 못된 상대자하고 다투면 손해만 더 커진다.

북이=영(北二營)圀〈제도〉경희궁(慶熙宮)의 북쪽에 있던 어영청(御營廳)의 분영(分營).

북인(北人)圀〈역사〉사색 당파(四色黨派)의 하나. (대) 남인(南人). northern faction

북일=영(北一營)圀〈제도〉경희궁(慶熙宮)의 북쪽에 있던 훈련 도감(訓鍊都監)의 분영(分營).

북=자극(北磁極)圀〈물리〉북반구에서 지자기(地磁氣)의 복각(伏角)이 90°인 지점. north geomagnetic pole

북자기圀〈식물〉 단풍과의 낙엽 교목. 잎은 세 잎이 복생(複生)하며 소엽은 타원형 혹은 피침형임. 산지의 습한 곳에 남.

북=잡이圀〈민속〉걸립패에서 북을 잡는 사람. 고수.

북-장(北醬)圀 함경도에서 만드는 된장.

북=장구 〈음악〉북과 장구.
북=장지(一障一) 〈건축〉앞뒤를 모두 종이로 바른 장지문. paper sliding door
북적(北狄) 예전에 중국 북쪽에 살던 만족(蠻族). (대) 남만(南蠻). northern savages of China
북적=거리-다[─] ①많은 사람이 좁은 곳에서 수선스럽게 뒤끓다. throng ②술·식혜 등이 괴어서 부글부글 끓어오르다. (작) 복작거리다. bubble **북적=북적** 하∼

북전(北箭) ①활에 엄지손가락이 닿는 곳. ②활의 줌 잡는 엄지손가락의 마디와 둘째 마디.
북정(北征) (동) 북벌(北伐). 하∼
북정(北庭) ①집 안 북쪽의 뜰. ②성균관 안에 있는 명륜당의 북쪽 뜰. 유생(儒生)들이 이곳에서 승학시(陞學試)를 보았음.
북정-사(北庭砂) 화산(火山)의 승화물(昇華物)로서 생기는 염화암모늄. 노사(磠砂).
북조(北朝) ①한 나라가 남북으로 갈라진 때에 북쪽에 자리 잡은 나라의 조정. ②〈역사〉중국 남북조 시대에 강북(江北)에 있던 여러 나라의 총칭. (대) 남조(南朝).
북-조선(北朝鮮) 북한(北韓). (대) 남조선. 〔약〕북조.
북종(北宗) ①〈불교〉중국에서 신수(神秀)를 종조 (宗祖)로 하는 선종의 한 파(派). ②〔약〕→북종화(北宗畫)의 종자.
북종(北種) 북쪽 토산의 종자.
북종=화(北宗畫) 〈미술〉당나라 이사훈(李思訓)을 원조로 하는 화가의 일파. 또, 그 화풍. (대) 남종화(南宗畫). 〔약〕북종(北宗)②. 북화(北畫).
북-주다(北一) 흙을 긁어 올려 식물의 뿌리를 덮어 주다. earth up
북중 청자(北中靑瓷) 〈미술〉중국 복주(福州)에서 나는 청자.
북지(北支) (동) 화북(華北).
북지(北至) 〈천문〉하지(夏至) 때 해가 북회귀선까지 이름을 일컫는 말로서, '하지'의 딴이름. (대) 남지(南至). summer solstice
북지(北地) 북쪽의 땅. northern region
북진(北進) 북쪽으로 나아가거나 진격함. (대) 남진 (南進). northward advance 하∼
북진(北鎭) 함경 북도의 육진(六鎭) 지방을 이르는 말. northern fortress
북진 정책(北進政策) 〈정치〉북방으로 나라의 세력을 뻗쳐 나가려는 정책.
북-쪽(一) 북쪽을 가리키는 쪽. 북방(北方). (대) 남쪽.
북창(北窓) 북쪽으로 낸 창. (대) 남창(南窓). [북.
북창 삼우(北窓三友) '거문고·술·시'의 일컬음.
북-채 북을 치는 방망이. drumstick [sky
북천(北天) 북쪽 하늘. (대) 남천(南天). northern
북촌(北村) 북쪽에 있는 마을. northern village ②서울의 북쪽 지대에 치우쳐 있는 동네들의 총칭. (대) 남촌(南村). uptown seoul
북-춤(一) ①북을 두드리면서 추는 고전 무용. ②〈민속〉나라 잔치 때에 기생이 북을 가지고 추던 춤. 무고(舞鼓). drum dance
북-측(北側) 북쪽 면. 북편. (대) 남측.
북치 그루갈이로 열린 작은 오이.
북치(北一) 북쪽 지방의 산물. (대) 남치.
북칠(北漆) 돌에 글자를 새길 때에 얇게 쑨 풀이 거죽에 밀착을 하고, 그 밑에 비친 글씨 윤곽을 따라서 대고 문질러서 글자를 내려 앉히는 일.
북=토산(北土産) (동) 북마(北馬). [일.
북=통(一筒) 북의 몸이 되는 둥근 나무통. cylinder frame of a drum ['round like a drum
북통 같-다(一筒一) 배가 몹시 불러서 둥그렇다.
북통 지-다(一筒一) 장님이 경을 읽는 동안에 병자가 죽을 때에, 장님이 북을 지고 쫓겨가다.
북-틀 북을 올려놓는 틀.
북=편(一便) 장구의 손으로 치는 쪽. (대) 채편.
북편(北便) 북쪽 편. (대) 남편(南便).
북포(北布) 함경 북도에서 나는 베. hemp cloth from *Ham Kyung Bukdo*

북표(北標) 〈지리〉지도에서 북쪽을 가리키는 표. sign of north
북풍(北風) 북쪽에서 불어오는 바람. 뒤바람. 된바람. 북새¹. (대) 남풍. north wind
북풍=받이[─바지](北風一) 북풍을 마주 받는 곳. the side confronting north wind
북학(北學) ①→북학론(北學論). ②중국 남북조 시대에 북조에서 행하여진 학풍(學風). (대) 남학 (南學).
북학-론(北學論) 〈역사〉조선 영조·정조 때의 실학자들이 청국의 문물 제도를 본받아 나라 살림을 개량하고자 한 주장. 〔약〕북학(北學)①.
북한(北限) 생물 분포 등의 북쪽 한계.
북한(北韓) 북쪽으로 갈린 우리 나라의 북쪽. 이북 (以北). (대) 남한.
북=한대(北寒帶) 〈지리〉북극권에 속하여 있는 지역. 이 지역에서는 반년은 밤이 계속되고 반년은 낮이 계속됨. (대) 남한대.
북한-도마뱀(北漢一) 〈동물〉우리 나라의 특산인 도마뱀의 하나. 도마뱀과 비슷하여 머리에서 꼬리 끝까지의 길이는 15 cm 가량으로 꼬리를 몸통의 3배 정도임. 양지 바른 풀밭에 서식하며 거미·곤충 따위를 포식함.
북해(北海) ①북쪽의 바다. northern sea ②〈지리〉함경 북도의 동쪽 바다.
북행(北行) 북쪽으로 감. (대) 남행(南行). northing
북-향(一香) 옥으로 복 모양의 그릇을 만들어 향료를 넣어 몸에 차는 향(香)의 하나.
북향(北向) 북쪽을 향함. (대) 남향(南向). facing the north 하∼ [집. house facing north
북향=집[─찝](北向─) 대청이 북쪽을 향하여 있는
북향-판(北向一) 북쪽을 향하여 있는 터. building site facing north [barbaric country
북호(北胡) 북쪽에 있는 오랑캐 나라. northern
북홍(北紅) 아주 짙게 붉은 물감의 하나. crimson
북화(北畫) 〔약〕→북종화(北宗畫). [dye
북=회귀선(北回歸線) 〈지리〉북위 23도 27분의 위도를 연결한 선. 하지(夏至)날 정오에 태양이 이 선 위에 왔다가 다시 적도 쪽으로 향하여 옮아 감. (대) 남회귀선. Tropic of Cancer

분 사람을 가리킬 때, 공경하는 뜻으로 쓰는 말. ¶유능하신 ∼. lady or gentleman 의 사람의 수를 셀 때에 높이는 뜻으로 쓰는 말. ¶열 ∼. number of persons
분(分) ①→분세(分稅). 분수(分數)¹. ②〔변〕→신분(身分). ㉠ 십진급수 단위의 하나. 1의 10분의 1. 〔동〕①시간의 단위의 하나. 1시간의 60분의 1. minute ②각도나 경위도의 단위의 하나. 1도의 60분의 1. degree ③1할(割)의 10분의 1. ④〔동〕푼 (扮)﹝일﹞. 〔약〕→분장(扮裝). [(分).
분:(忿) 〔변〕→분심(忿心).
분(盆) 화초를 심는 그릇. 화분. pot
분(嬪) 〈제도〉임금이 친경(親耕)할 때 쓰던 내오리로 만든 삼태기.
분(粉) ①가루. 분말. powder ②얼굴에 바르는 백분(白粉). face powder ③〈화학〉흰 채색의 하나.
분(糞) 똥. dung
=분(分) 〔접〕 ①전체를 몇으로 나눈 부분. ¶3∼의 1. ②몫이 되는 분량. ¶식사 5인∼. ③물질의 성분. ¶영양∼.
분가(分家) 가족의 한 부분이 따로 나가 판살림을 차림. 또, 그 집. 분호(分戶). branch family 하∼
분가시[─까─](粉─) 〈한의〉분에 중독되어 얼굴에 여드름처럼 생기는 부스럼. 분자(粉刺). lead poisoning
분간(分揀) ①사물에 있어서 같지 아니함을 가려서 앎. discernment ②〈제도〉범죄의 형편을 보아 용서하여 처결함. 하∼
분:감(分監) 원 감옥에서 갈라져서 따로 세운 감

분갑 옥. branch prison
분=갑(粉匣)[깝](粉匣) 분을 담는 갑(匣). powder compact
분개(分介)[명] 〈경제〉 부기(簿記)에서 거래를 차변과 대변으로 나누어 기입함. journalizing 하다
분:개(憤慨)[명] 매우 분하게 여김. 분개하여 개탄함. 분완. 분탄(憤嘆). indignation 하다
분개=다(分槪-) 분별하여 헤아림이 없다. show poor judgement **분개-없:이**[이]
분개-장(分介帳)[장](分介帳)[명] 〈경제〉 회계 장부의 하나. 일기장에 기입한 거래를 원장에 기입하는 데, 대변과 차변으로 나누어 기입하는 장부. journal
분거(分居)[명] 여기저기에 나뉘어 삶. 하다
분:격(憤激)[명] 결기가 나서 몹시 분하여 성냄. indignation 하다 ment 하다
분:격(奮激)[명] 급격하게 마음을 떨쳐 일으킴. excite-
분:격(奮擊)[명] 떨치고 일어나 적을 쳐 침. fierce attack 하다 chment 하다
분견(分遣)[명] 얼마를 갈라서 다른 쪽으로 보냄. deta-
분견=대(分遣隊)[명] 〈군사〉 원 소속 부대(原所屬部隊)에서 분견되어 나온 부대. detachment army
분:=결[-결](憤-·忿-)[동] 분김.
분결=같-다[-결-](粉-)[팔] 살가죽이 아주 희고 곱다. fair and tender **분결=같이**[팔]
분경(分境)[명] 〈동〉 분계(分界).
분경(奔競)[명] ①심하게 다툼. 또, 심한 다툼질. ②〈동〉 엽관 운동.
분경(盆景)[명] ①화분 가운데 돌·모래 따위를 쌓아 산수(山水)의 경치를 이루어 놓는 일. 분석(盆石). ②규모가 작은 정원(庭園). small garden
분경(紛競)[명] 〈동〉 분쟁(紛爭). 하다 boundary
분계(分界)[명] 서로 나누이는 두 땅의 경계. 분경(分境).
분계=선(分界線)[명] 나누인 땅의 경계선. boundary
분고(奔告)[명] 빨리 가서 알림. 하다
분곡(分穀)[명] 추수한 곡식을 몫몫이 나눔. 하다
분곡(粉麴)[명] 약주용의 누룩.
분골 쇄:신(粉骨碎身)[명] ①뼈가 가루가 되고 몸이 부서지도록 노력함. ②죽을 힘을 다하여 싸움. devoting oneself ③참혹하게 죽음. 쇄골 분신.《약》쇄신. tragic death 하다
분공(分功)[명] 〈동〉 분업(分業)②.
분=공장(分工場)[명] 어떤 공장의 일부로 다른 곳에 갈라져 나온 공장. branch factory
분과(分科)[명] 각 과목·업무별로 나눔. 또, 그 과목·업무. department 하다
분과[-과](分課)[명] 일을 각각 나누어 맡음. 또, 그 과. subdivision 하다
분과 위원[-과-](分科委員)[명] 분과 위원회의 위원.
분과 위원회[-과-](分科委員會)[명] 분과별로 조직한 위원회.《약》 분위(分委), subcommittee
분관(分管)[명] 나누어서 관할함. 분할(分轄). 하다
분관(分館)[명] 본관(本館)에서 갈라져 나간 관(館). annex
분광(分光)[명] 〈물리〉 프리즘을 통하여 빛이 파장(波長)의 다름에 따라 여러 가지의 단색광(單色光)으로 나누어지는 일. 스펙트럼. 하다
분광(分鑛)[명] 〈광업〉 광주에게 일정한 요금을 치르고 얼마 동안 마음대로 캐내는 광업. leasing a mine 하다
분광(粉光)[명] 가루 모양으로 부서진 광석.
분광-계(分光計)[명] 〈물리〉 광스펙트럼을 눈금이 있는 계기를 통하여 관측하게 된 분광기의 하나. spectrometer 장치. spectroscope
분광=기(分光器)[명] 〈물리〉 광(光)의 분산을 검사하는
분광 분석(分光分析)[명] 〈물리〉 스펙트럼을 이용하여 물질을 분석하는 방법. 스펙트럼 분석.
분광 사진(分光寫眞)[명] 〈물리〉 분광기에 사진 장치를 하여 찍은 사진. 프리즘을 사용한 것은 프리즘 분광 사진이라 함. spectrogram
분광 시:차(分光視差)[명] 항성의 스펙트럼과

광도의 관계를 이용하여 추산한 항성의 거리.
분광 연성[-년-](分光連星)[명] 〈천문〉 실지로 보아서 가려낼 수는 없으나 스펙트럼에서 나타나는 시선 속도(視線速度)의 주기적 변화로써 검출할 수 있는 연성. (대) 실시 연성(實視連星).
분광 측광(分光測光)[명] 〈물리〉 천체 스펙트럼의 관측으로 천체의 광도를 결정하는 일.
분광-학(分光學)[명] 〈물리〉 분광 분석에 의하여 물질의 성질을 연구하는 광학의 한 부문. spectroscopy
분광 화:학(分光化學)[명] 〈화학〉 스펙트럼 분석으로 분자 구조를 밝히는 화학. spectrochemistry
분:괴(憤愧)[명] ①분하고 부끄러움. remorse ②마음에 뉘우침. 하다
분교(分校)[명] 〈교육〉 본교(本校) 밖에 따로 갈라서 베풀어 놓은 학교. (대) 본교. branch school
분=교장(分敎場)[명] 〈교육〉 본교에서 거리가 먼 학생들을 수용하려고 따로 세운 교사. detached classroom
분구(分區)[명] ①지역을 일정하게 나눈 구역. ②구(區)를 몇 개로 나눈 구역.
분국(分局)[명] 본국(本局)에서 나누어서 세운 국. (대) 본국. branch bureau
분국(粉麴)[명] 밀가루로만 만든 누룩. 면국(麪麴)
분권[-권](分權)[명] 권력을 벌려 나눔. 지방 분권(地方分權). (대) 집권(集權). decentralization of authority
분권=주의[-쭌-](分權主義)[명] 〈정치〉 통치의 권능이나 행정상의 권한을 중앙에 집중하지 않고 되도록 지방 공공 단체에 분산하기를 주장하는 주의. 지방 분권주의. decentralism pieces 하다
분궤(粉潰)[명] 잘게 부서져서 흩어짐. breaking in
분궤(奔潰)[명] 싸움에 져서 흩어져 달아남. 궤주(潰走). break-up 하다
분규(紛糾)[명] 일이 어지럽고 뒤숭숭하여 말썽이 많음.《애》화합(和合). complication
분극(分極)[명] 〈물리〉 ①전매질(電媒質)을 전장(電場)에 놓을 때 그 양쪽 끝에 음양(陰陽)의 전기가 나타나는 현상. ②전기 분해 또는 전지(電池)를 사용할 경우에, 전극과 전해질(電解質)의 사이에 전류가 통하는 결과로, 원전류(原電流)와 반대 방향의 기전력(起電力)이나 전류를 내는 현상. polarization 되는 전류.
분극 전:류(分極電流)[명] 〈물리〉 물질의 분극에 유래
분극-화(分極化)[명] 서로 대립되는 두 입장 등으로 갈라지거나 가름. 하다
분극화 현:상(分極化現象)[명] 사회적 여러 세력이 서로 대립하는 두 개의 극으로 분화 또는 집중하는 현상.
분근(分根)[명] 〈식물〉 하나의 뿌리를 찢어서 여럿으로 나눔. 또, 나눈 뿌리. division of roots 하다
분금(分金)[명] 관을 묻을 때에 그 위치를 똑바로 잡는 일. 하다
분급(分級)[명] 〈지학〉 물이나 공기 등 유체 속에서의 고체 입자들이 떨어지는 속도의 차이에 의하여, 그것을 둘 이상의 입자군(粒子群)으로 나누는 조작. 하다 ribution 하다
분급(分給)[명] 몫몫으로 나누어 줌. 분여(分與). dist-
분기(分岐·分歧)[명] 갈라짐. 또, 그 갈래. divergence 하다 일사 ~.
분기(分期)[명] 일년을 삼 개월씩 넷으로 구분한 기간. ¶
분기(紛起)[명] 말썽이 어지럽게 일어남. arising of trouble 하다 ejection 하다
분기(噴氣)[명] 수증기·가스 등을 뿜어냄. 또, 그것.
분:기(憤氣·忿氣)[명] 분하여 성난 기운. anger
분:기(奮起)[명] 힘을 떨쳐 일어남. stiring up 하다
분기=공(噴氣孔)[명] 〈지학〉 화산 작용으로 땅속에서 증기나 가스 등을 뿜어내는 구멍. fumarole
분기-선(分岐線)[명] 몇 갈래로 갈라져 나간 선로. branch line 한 곳. diverging point
분기=점[-쩜](分岐點)[명] 여러 갈래로 갈라지기 시작

분:기 충천(憤氣衝天)圈 분한 마음이 하늘을 찌를 듯이 솟음. 분기 탱천. 하曰
분:기 탱천(憤氣撑天·忿氣撑天)圈 匣 분기 충천. 하曰
분:김[一낌](憤一·忿一)圈 분이 왈칵 치밀어 오른 그 바람. 분결. ¶～에 술 마신다.
분=꽃(粉一)圈 〈식물〉분꽃과의 일년생 풀. 여름과 가을에 백색·적색·황색 등의 꽃이 해질 무렵부터 아침까지 핌. 씨는 빛이 검은데 껍데기가 터지면 흰 가루로 된 배젖이 나옴. 남미 원산으로 관상용임. marvel of Peru
분나(紛拏)圈 匣 분란(紛亂). 하曰   indignant
분:=나-다(憤一·忿一)困 분한 생각이 일어나다. get
분=나비(粉一)圈 〈곤충〉분나비과에 속하는 나비의 하나. 날개 길이 30～80 mm로, 날개는 희고 앞뒤 날개의 테두리와 날개맥은 검은 빛이며, 뒷날개의 가장자리는 흰빛임.   installments 하曰
분납(分納)圈 여러 번에 나누어서 바침. payment in
분:내(分內)圈 신분에 상당한 분수의 안. 제게 맞는 분수의 안. (대) 분외(分外). within one's means
분:내(粉一)圈 얼굴에 바르는 분의 냄새. ¶～를 풍기다.   ②분기를 일어나게 하다. irritate
분:=내-다(憤一·忿一)困①분기를 내다. get angry
분=내(分內事)圈 자기 분수에 맞는 일.
분녀[의]圈 '분'을 좀 데면데면하게 이르는 말. ¶저 ～가 누구시지? person ②분들. ¶두 ～가 오셨어요.
분:노(憤怒·忿怒)圈 분하여 몹시 성냄. rage 하曰
분뇨(糞尿)圈 똥과 오줌. excrements
분닉(焚溺)圈 불에 타는 일과 물에 빠지는 일. 곧, 국민이 수화(水火)의 고난에 빠지는 일.
분다 분다 하니 하루 아침에 왕겨 석 섬 분다圈 잘한다고 추겨 주니까 무작정 자꾸 한다.
분단(分段)圈 ①몇 단계로 나눔. 또, 그 단계. division ②문장을 뜻에 따라 몇으로 나누는 토막. paragraphs ③〈약〉분단신(分段身). 하曰
분단(分團)圈 ①한 단체를 작게 나눈 그 부분. branch ②〈교육〉학습의 능률을 올리기 위하여 학급을 몇으로 나누는 그 하나. group 하曰   [cutting 하曰
분단(分斷)圈 여러 개로 나누어 끊음. 나누어 자름.
분단 국가(分斷國家)圈 본래는 하나의 국가였으나, 전쟁이나 외국의 간섭으로 인하여 둘 이상으로 갈라진 국가.
분단 동거(分段同居)圈 〈불교〉부처나 보살이 분단 생사의 세계에서 중생과 함께 살고 있는 일.
분단 변:역(分段變易)圈 〈불교〉분단 생사(分段生死)와 변역 생사(變易生死).
분단 삼도(分段三塗)圈 〈불교〉분단 생사(分段生死)의 세계인 미계(迷界)의 삼도(三道).
분단 생사(分段生死)圈 〈불교〉육도(六道)를 윤회하는 범부(凡夫)의 생사. 목숨과 과보(果報)에 걸고 짧음이 있는 보통 인간의 나고 죽음. (대) 변역 생사(變易生死). birth and death of the mortal
분단-신(分段身)圈 〈불교〉나서는 다시 죽는 보통 인간의 몸. 범부(凡夫)의 몸. 〈약〉분단(分段)③. mortal
분단 윤회(分段輪廻)圈 〈불교〉분단 생사의 세계에서 끊임없이 나고 죽고 함. cycles of life   [make-up
분=단장(粉丹粧)圈 얼굴에 분을 바르거나 하는 단장.
분단 학습(分團學習)圈 〈교육〉주입식(注入式)교수의 폐해를 없애기 위하여 학급을 여러 분단으로 나누어 서로 밀접하게 협조하고 경쟁함으로써 학습 능률을 높이려는 학습 지도의 방법. 또는 학습.
분담(分擔)圈 일을 나누어서 맡음. ¶～ 사무(事務). partial charge 하曰   [「金」을 일컫는 말.
분담-금(分擔金)圈 분담한다는 뜻에서, '부담금(負擔
분답(紛沓)圈 匣 잡답(雜沓). 하曰
분당(分黨)圈 ①패를 가름. 가른 패. division of a party ②패가 갈라짐. 갈라지다. 하曰[分]圈   [탕.
분당(粉糖)圈 가루로 된 사탕. 가루 사탕. (대) 각사

분당-지(粉唐紙)圈 희고 얇은 중국 종이의 하나.
분대《약→분대칠.
분대(分帶)圈〈약〉→합대대(合帶隊).
분대(分隊)圈 ①〈군사〉소대를 몇으로 나누는 대. 일반적으로 9명으로 편성함. squad ②〈군사〉본부에서 나뉘어 온 군대. (대) 본대(本隊). detachment ③대를 나눔. division 하曰
분:대(忿懟)圈 성내어 원망함. grudge 하曰
분대(盆臺)圈 匣 분받침.
분대(粉黛)圈 ①분과 눈썹먹. ②분바른 얼굴과 먹으로 그린 눈썹. 곧, 아름답게 꾸민 여자.
분대-꾼(扮一)圈 남에게 분대질을 하는 사람. trouble-maker
분대-질(扮一)圈 남을 괴롭히며 말썽을 일으키는 짓. 〈약〉분대. trouble making 하曰
분대질 치-다(扮一)困 분대질을 하다. meddle
분도-기(分度器)圈 '각도기(角度器)'의 구용어.
분=독[一똑](粉毒)圈 분바른 피부에 나는 연독(鉛毒). powder poison
분:독(憤毒)圈 분하여 일어나는 독기. 하曰
분:=돋움(忿一·憤一)圈 남의 분을 돋우어 주는 일. fanning one's anger 하曰
분동(分洞)圈 한 동네를 몇 개로 나눔. 또, 그 나뉜 동네. dividing dong 하曰
분동(分棟)圈 ①원 병동(病棟)에서 따로 나누어서 세운 병동. branch ward ②무엇을 여러 집채에 나누어 세움. 하曰
분동(分銅)圈 천평칭의 한 쪽 저울판에 올려놓아 물건의 무게를 재는 추(錘). weight
분등(分等)圈 등급을 나눔. 등수(等數)를 갈라서 매김. grading 하曰   [奔落]. sudden rise 하曰
분등(奔騰)圈 물건 값이 갑자기 뛰어오름. (대) 분락
분:등(噴騰)圈 내뿜어서 벋치오름. spouting 하曰
분:등-천(噴騰泉)圈〈지학〉100°C 이상의 열탕(熱湯)이 수증기·가스 등과 함께 뿜어 오르는 온천.
분디(식물)圈 분디나무의 준말.
분디-나무圈 〈식물〉운향과(芸香科)의 낙엽 활엽 관목. 산초나무와 비슷하나 잎에서 약취가 나며 4～5월에 담녹색 꽃이 핌. 과실은 제유(製油)·약재로 씀.
분디-섬:게[一게]圈 〈동물〉섬게의 하나. 얕은 모래땅에 사는데 직경 약 4 cm, 껍질은 두껍고 황갈색 원추형임. 식용함.
분락(奔落)圈 〈경제〉물가가 갑자기 내려 내림. (대)
분란(芬蘭)圈 〈약〉 '핀란드'의 음역.   [분등(奔騰).
분란(紛亂)圈 어수선하고 떠들썩함. 분나(紛拏). 분요(紛擾). trouble 하曰
분략(焚掠)圈 집을 불태우고 재산을 빼앗음. plunder
분:량(分量)圈 부피·수효·무게 등의 많고 적음과 크고 작은 정도. 〈약〉양(量). quantity
분:려(奮勵)圈 기운을 내어 힘씀. exertion 하曰
분력(分力)圈 〈물리〉합쳐져서 한 힘을 이루는 각각의 힘. (대) 합력②. component
분:력(奮力)圈 힘을 돋우어 일으킴. putting forth one's strength 하曰
분로(分路)圈 ①함께 가면 사람이 중간에서 길이 갈림. being separated on the way ②갈라진 길. forked road ③〈물리〉한 전로(電路)에 흐르는 전류를 분류시키기 위하여 공작물과 평행으로 접속한 전로. (대) 주로(主路). shunt 하曰
분룡-우(分龍雨)圈 오월에 오는 소나기.
분류(分流)圈 본류(本流)에서 갈라지는 흐름. 또, 그 물줄기. branch stream 하曰
분류(分溜)圈〈약〉→분별 증류(分別蒸溜).
분류(分類)圈 종류에 따라 가름. 유별(類別). assortment 하曰   [gush 하曰
분:류(奔流)圈 내달리듯이 빠르게 흐름. 또, 그 물.
분류 소:득세(分類所得稅)圈 개개의 소득에 대하여 각기 부과하는 소득세. (대) 종합 소득세.
분류-학(分類學)圈〈생물〉동식물의 종류를 분류하는 일정한 원칙과 방법을 연구하는 학문. taxo-

분리(分利)圈 ①이익을 나눔. division of profits ② 《의학》급성 질환에서 열이 갑자기 내려 회복기에 들어감. 하타 [(변) 푼리.
분리(分厘)圈 돈·저울·자의 단위인 분(分)과 리(厘).
분리(分離)圈 서로 나뉘어 떨어지거나 갈라 떼어놓음. (대) 결합(結合). separation 하자타
분리-기(分離器)圈 혼합물 속에서 형상·성질이 다른 물질을 분리하는 기구나 기계. 원심기(遠心器)·기수(氣水) 분리기·자기(磁氣) 분리기 따위. separator
분리-도(分離島)圈 대륙의 일부가 분리하여 이루어진 섬. 대륙도(大陸島).
분리-음(分離音)圈 《음악》음절(音節)을 분리하여 연주하는 일. 데타셰(détaché)의 한자 이름.
분리-파(分離派)圈 ①본래파 등에서 나뉘어 떨어져 나간 파. ② 1897년 빈에서 고전 양식에 반항하여 일어난 일군의 예술가. secession school
분립(分立)圈 서로 갈라져서 따로 섬. 갈라서 세움. separation 하자타
분마(奔馬)圈 빨리 내닫는 말. galloping horse
분:-막심(憤莫甚焉)圈 분함이 더할 나위 없음. 하다
분만(分娩)圈 아이를 낳음. 해산(解産). parturition
분:만(憤懣)圈 분하고 답답함. 분물. resentment 하다
분만 휴가(分娩休暇)圈 《사회》임신중인 여자 근로자에게 해산(解産) 전후 60일간 주는 유급 휴가. [maternity leave
분말(粉末)圈《동》가루.
분:말(噴沫)圈 거품을 내뿜음. spouting foams
분말-기(粉末機)圈 빻아 가루를 내는 기계.
분말-약[―략](粉末藥)圈 가루약.
분말 주:스(粉末 juice)圈 물을 부으면 즉시 주스가 되는 분말.
분망(奔忙)圈 매우 부산하여 바쁨. busyness 하형 히
분매(分賣)圈 한 부분씩 나누어서 팖. selling separately 하타
분맥(分脈)圈 갈라진 산맥·광맥·혈맥 따위.
분면(粉面)圈 ①분으로 화장한 모양을 낸 얼굴. (유) 두(油頭) ~. powdered face ②신주(神主)에 분을 바른 앞쪽. [truction by fire 하타
분멸(焚滅)圈 불에 타서 없어지거나 태워 없앰. des-
분명(分明)圈 ①밝고 똑똑함. (대) 몽롱. clearness ② 그렇게 될 것이 뻔함. being evident ③사람됨이 똑똑함. being smart 하형 히
분명(奔命)圈 임금의 명령을 받들기에 분주함. 하타
분명히(分明―)圈 분명하게 밝히 우.
분메(分袂)圈《동》분수(分手). [도를 ~.
분모(分母)圈 《수학》분수형(分數形)의 수나 식(式) 에 있어서 횡선(橫線) 아래에 적은 수나 식. (대) 분자(分子)③. denominator
부:묘(墳墓)圈 시체를 묻은 곳. 무덤. grave
분:-무(噴霧)圈 물이나 약품을 안개와 같이 뿜어 냄. spray 하타 [리는 기구. sprayer
분무-기(噴霧器)圈 액체로 된 약품 따위를 뿜어 뿌
분문(分文)圈 적은 돈. 푼돈.
분:문(噴門)圈 《생리》식도와 위가 맞닿은 부분. (대) 유문(幽門). esophageal orifice [(肛門).
분문(糞門)圈 《생리》 똥을 누는 구멍. 동구멍. 항문
분문 열호[―녈―](分門裂戶)圈 한 친척이나 한 무리 속에서 서로 패가 갈림. split of a family 하타
분:-물(粉―)圈 분을 바를 때 가루를 개어서 쓰는 물. 분수(粉水). [문장(紋章)의 하나.
분미(粉米·粉米)圈 옛날 임금의 옷에 수놓아 꾸미던
분:-미(-米)(粉―)圈 실로 총을 만들어 분을 바르고 숙마로 바닥을 결어 쓴 곱게 삼은 미투리. sandal made of powdered hemp
분:-바르다(粉―)탁티 얼굴에 분을 칠하다.
분박(分箔)圈 자라서 커진 누에를 여러 잠박(蠶箔)으로 갈라 놓음. 또, 그 일. 하타
분반(分半)圈 반씩 나눔. dividing into two parts 하타

분반(分班)圈 몇 반으로 나눔. 또, 그 나뉜 반. 하타
분:-반(噴飯)圈 입에 든 밥을 내뿜는다는 말로, ※음을 참을 수 없음을 이름. bursting into laughter 하타 [릇. 분대(盆臺).
분-받침(盆―)圈 화초분을 올려놓게 만든 도자기 그
분:-발(奮發)圈 가라앉은 마음과 힘을 돋우어 일으킴. 발분(發憤). ¶~심(心). exent oneself 하타
분방(分房)圈 ①《제도》몇 관원에게 일을 나누어 하게 함. ②부부의 방을 따로따로 정함. 하타
분방(芬芳)圈 꽃다운 향기.
분방(奔放)圈 ①상규(常規)에서 벗어나 제멋대로 함. extravagance ②힘차게 달림.
분방 자재(奔放自在)圈 상규(常規)에 따르지 않고 제 멋대로 놂. 자유 분방(自由奔放).
분배(分配)圈 ①몫몫이 고르게 나누어 줌. 분매(分排). 배분(配分). ②《경제》개개인이 생산물을 사회적 법칙에 따라 나누는 일. distribution 하타
분배(分排)圈《동》분배(分配)①. 하타
분배 국민 소:득(分配國民所得)圈 《경제》분배의 면에서 본 국민 소득.
분배-세(分配稅)圈 징수하여야 할 수입의 총액을 정하고, 이것을 각 납세자에게 부담시키는 조세.
분백(粉白)圈 분처럼 흼. whiteness
분벽(粉壁)圈 하얗게 칠한 벽. white washed wall
분벽 사창(粉壁紗窓)圈 하얀 벽과 깁창. 곧, 아름다운 여인이 거처하는 방. residence of a beautiful woman [別)②. 분별③. discrimination 하타
분변(分辨)圈 세상 물정을 알아서 가림. 변별(辨
분-변:위(分變位)圈 《물리》어느 한 변위가 있을 때 이것을 두 개 이상의 변위로 분해하여 생각할 수 있는데, 그 각각의 변위를 이름.
분별(分別)圈 ①사물의 이치를 가려서 앎. discrimination ②사물을 종류에 따라 나눔. 가름②. 구별②. classification ③《동》분별(分辨). 하타
분·별(忿―)圈《고》시름. 걱정. [못하다. 분별=없:이튄
분별-되:다(―)자 《고》세상 물정을 알아서 가리다.
분별 증류(分別蒸溜)圈 《화학》두 이상의 액체가 섞였을 때, 각 물질의 비등점의 다름을 이용하여 증류로써 각 물질을 나누는 방법. (약) 분류(分溜). fractional distillation 하타
분·별하-다(―)탁 《고》염려하다. 근심하다. 생각하다.
분:-병(―병)(忿病)圈 분을 못 이겨서 생긴 병. sickness caused by indignation 하타 [다.
분:-병=나-다(―병―)(忿病―)재 몹시 분하여 병이 되
분복(分福)圈 약 따위를 여러 번으로 나누어 먹음. (대) 돈복(頓服). one's lot
분복(分福)圈 타고난 복. ¶~대로 사는 수밖에 없
분봉(分封)圈 《제도》봉건 시대에 천자가 땅을 나눠서 제후를 봉(封)하던 일. enfeoffment 하타
분봉(分蜂)圈 벌통의 벌의 얼마를 다른 통으로 갈라 옮김. 또, 그 일. hiving off 하자타
분부(分付·吩咐)圈 아랫 사람에게 내린 명령. 또, 명령을 내림. instruction 하타
분부(分賦)圈 세금 따위를 벌려서 물림. assignment
분:분(忿憤)圈 분하여 원망스럽게 여김. 분비(憤悱). being indignant 하타
분분=설(紛紛雪)圈 펄펄 날리는 눈.
분분하-다(芬芬―)형여 향기롭다.
분분하-다(紛紛―)형여 ①말썽이 많아 뒤숭숭하고 시끄럽다. arguing noisily ②일이 뒤얽혀 갈피를 잡을수 없다. confused ③여러 가지로 의견이 다르다. divided in opinion ④말썽이 많다. [하타
분붕 조:당(分朋造黨)圈 끼리끼리 나뉘어 패를 지음.
분비(分泌)圈 몸의 세포가 몸에 유용한 침·액 따위의 액을 내는 일. secretion 하타
분:비(憤悱)圈《동》분분(忿憤). 하타
분:비(奮臂)圈 팔뚝을 뽐냄. 나 보라는 듯이 뽐내는 뜻으로 팔짓을 함. 하타
분비-나무(植物)圈 전나뭇과의 침엽수의 하나. 높이

25 m 가량이고 껍질은 회백색임. 잎은 전나무와 비슷하나 좀 가늘며 뒷면은 백색임. 5월에 붉은 꽃이 피고, 종자는 거의 삼각형에 날개가 있으며 9월에 익음.

분비-물(分泌物)圈 〈생리〉 선(腺) 따위에서 분비된 물질. 침·위액·땀·젖 따위. secretion

분비-선(分泌腺)圈 〈생리〉 몸 안에 분비물을 내는 기관. 부신(副腎)·하수체(下垂體)·갑상선 따위. secretory gland

분비 세:포(分泌細胞)圈 〈생리〉 분비선을 구성하는 세포.

분비 신경(分泌神經)圈 〈생리〉 선(腺)세포를 흥분시킴으로써 분비를 촉진시키는 신경. secretory nerve

분비-액(分泌液)圈 〈생리〉 선(腺)으로부터 분비되어 나오는 진액. 침이나 위액 따위. secreting fluid

분사(分社)圈 본사에서 갈라져 따로 세운 사.

분사(分詞)圈 〈어학〉 인도 게르만 어족(語族) 여러 나라 말의 동사 어형 변화의 하나. 동사의 형용사적 형태. participle

분사(盆砂)圈 《동》 붕사(硼砂).

분사(焚死)圈 불에 타서 죽음. 소사(燒死). burning 하라

분:사(憤事)圈 잡쳐 틀려 버린 일. failure

분:사(憤死)圈 1분에 못 이겨 죽음. dying of indignation ②〈체육〉야구에서, 러너가 아까운 데서아웃되는 일. 하라

분:사(噴射)圈 뿜어서 쏘아 냄. jet 하라

분:사난(忿思難)圈 분할 때에는 그로 인해 생길 나중의 어려움을 생각함. 곧, 흥분을 경계함.

분:사 추진 기관(噴射推進機關)圈 가스를 좁은 구멍을 통해서 빠른 속도로 분출시킬 때 생기는 반작용력을 추진력으로 이용하는 기관. jet plane

분:사 추진식 비행기(噴射推進式飛行機)圈 제트기.

분산(分散)圈 ① 갈라져 이리저리 흩어짐. break-up ② 〈물리〉 프리즘을 통과하는 빛이 그 속에 섞인 각 빛의 파장의 다름을 따라 갈라지는 현상. (때) 집중(集中). dispersion 하라

분산(分散)圈 닳아 없어짐. break up 하라

분산(墳山)圈 무덤이 있는 산.

분산-도(分散度)圈 《동》 산포도(散布度).

분살(焚殺)圈 불태워 죽임. burn to death 하라

분상(奔喪)圈 먼 곳에서 부모의 돌아가심을 듣고 급히 집으로 돌아감. 하라

분상(粉狀)圈 가루와 같은 형상. powder-like

분상(墳上)圈 무덤의 봉긋한 부분. grave mound

분서(分署)圈 본서에서 갈라 따로 세운 서. 지서(支署). (때) 본서(本署). 하라

분서(焚書)圈 책을 불살라 버림. burnning the books

분서(鼢鼠)圈 〈동물〉 두더지과에 속하는 짐승. 모양은 두더지와 비슷하나 몸이 훨씬 크고 살졌으며, 목이 짧아 머리와 몸뚱이를 구별할 수 없음. 만주·몽고 지방에 서식함.

분서 갱유(焚書坑儒)圈 〈역사〉 고대 중국의 진시황(秦始皇)이 학자들의 정치 비평을 막으려고 책을 불살라 버리고 유생(儒生)을 구덩이에 묻어 죽인 일. 하라

분석(分石)圈 〈제도〉 옛날에 지방 아전들이 쌓아 둔 환곡(還穀)에 돌이나 쪽정이를 섞어서 분량을 늘이고 그 만큼의 곡식을 도둑질하여 먹던 일.

분석(分析)圈 ① 낱낱이 나누어서 가름. ② 〈물리〉 화합물의 성분 원소를 따로 갈라 내고 또 그 양(量)의 비(比)를 찾는 일. ③ 〈논리〉 개념(槪念)을 그 속성(屬性)으로 분해함. (때) 종합(綜合). 합성(合成). analysis

분석(盆石)圈 《동》 분경(盆景). 하라

분석(糞石)圈 〈한의〉 장내(腸內)에 형성된 결석(結石). 장적도(腸石島).

분석 비:평(分析批評)圈 〈문학〉 작품의 성분·요소 등을 세부적으로 분석하여 하는 비평. (때) 종합 비평(綜合批評). [여 분석하는(것).

분석-적(分析的)冠名 사물을 그 구성 요소에 의거한

분석적 정:의(分析的定義)圈 〈논리〉 개념 내용의 분석에 의하여 그 본질적 규정을 내린 정의.

분석 화:학(分析化學)圈 〈화학〉 화학 분석의 방법을 이론적 또는 실제적으로 연구하는 학문. analytical chemistry [from a branch line

분선(分線)圈 지선(支線)에서 갈린 작은 선. offshoot

분설(分設)圈 따로 나누어서 베품. establishment of a branch 하라

분설(粉雪)圈 잘게 내리는 눈. 가랑눈.

분성(分性)圈 〈물리〉 물질의 통성(通性)의 하나. 극히 작은 데까지 나눌 수 있는 성질. resolvability

분:성-적(粉成赤)圈 화장할 때에 연지(臙脂)는 많이 쓰지 않고 분(粉)으로만 꾸미는 성적. 하라

분:세[-쎄](分稅)圈 〈제도〉 물건 값에 따라 세율을 정하여 물리던 잡세의 하나. (에) 분(分)①.

분:세:수(粉洗水)圈 ① 세수하고 분을 바름. washing and making up ② 덩어리 분을 개어 바르고 하는 세수. 하라 [소나 염소소.

분소(分所)圈 본부에 대하여 따로 분설(分設)한 사무

분소(焚燒)圈 태움. 불살라 버림. burning 하라

분속(分速)圈 1분간을 단위로 해서 잰 속도(速度). component velocity 하라

분속(分屬)圈 나누어서 벌려 붙임. separate placing

분손(分損)圈 〈경제〉 해상 보험에서, 사고의 발생으로 피보험(被保險) 이익의 일부가 소멸됨. (때) 전손(全損). partial loss

분쇄(粉碎·分碎)圈 ① 가루처럼 잘게 부스러뜨림. pulverization ② 적을 처부숨. put the enemy to rout 하라

분쇄-기(粉碎機)圈 고체를 분쇄하는 기계의 총칭. 분쇄하는 원료의 크기에 따라서 조쇄기(粗碎機)·중간 쇄석기·세쇄기(細砂碎機)로 나눈다. crusher

분-쇠[-쇠](粉-)圈 납에 식초를 부어 푸석푸석하게 만든 것. 분 재료의 하나. lead used in making powder

분수(分水)圈 물줄기가 갈라져서 흐름. waterdividing

분수(分手)圈 서로 멀어져서 이별함. 분메(分袂). [ing separately 하라

분수(分受)圈 한꺼번에 받지 않고 갈라서 받음. receiv-

분:수¹(分數)圈 ① 제 몸에 알맞은 분한(分限). ~에 맞게 살다. one's station in life ② 사물을 구별할 줄 아는 지혜. ¶~를 알다. (약) 분(分)①. discretion

분수²[-쑤](分數)圈 〈수학〉 어떠한 수를 다른 어떤 수로 제한 결과가 정수(正數)로 표시되지 않을 때 그 수의 관계를 나타내는 수. (때) 정수(整數). fraction

분수(奔水)圈 《동》지느러미.

분수(盆水)圈 《동》분물.

분:수(噴水)圈 ① 뿜어져 나오는 물. jet of water ② 물을 뿜어 내게 만든 설비. fountain

분수-계(分水界)圈 〈지리〉 분수가 두 갈래로 갈라져 흐르는 경계. divide ② 둘 이상의 하천(河川)의 경계가 되는 곳. 분수선(分水線). watershed

분:수-기(噴水器)圈 물을 높이 뿜어 오르게 하는 기구. waterspout

분수-령(分水嶺)圈 ① 〈지리〉 분수계를 이룬 경계나 산 또는 산맥. 분수 산맥(分水山脈). watershed ② 어떤 사물이 발전하는 데 있어서의 그 전환점을 이르는 말.

분수 방정식[-쑤--](分數方程式)圈 〈수학〉 분모에 미지수가 들어 있는 방정식. fractional equation

분:수=병(噴水甁)圈 화분(花盆)에 물을 뿌리게 만든 물병. watering pot

분수 산맥(分水山脈)圈 《동》 분수령(分水嶺)①.

분수-선(分水線)圈 《동》 분수계(分水界).

분수-식[-쑤-](分數式)圈 〈수학〉 분수를 포함한 유리식(有理式). fractional expression

분:수-없:다[-다](分-)혤 ① 무엇을 분별할 지혜가 없다. ② 아무 요량이 없다. indiscreet **분:수-없:이**튀

분수 작별(分手作別)圈 손을 놓고 이별함. fraction

하다.
분:수지(噴水池)[명] 분수탑에서 떨어지는 물이 괴게 된 못. fountain
분:수탑(噴水塔)[명] 높직이 탑을 쌓고 물을 뿜게 만든 장치.
분숙(分宿)[명] 같은 일행이 여러 곳으로 나뉘어서 숙박함. put up separately 하다
분승(分乘)[명] 한 떼의 사람들이 여러 차에 나뉘어 탐. riding separately 하다
분식(分食)[명] 나누어 먹음. 나누어 가짐. sharing 하다
분식(分蝕)[명] ⟨天⟩→부분식(部分蝕).
분식(扮飾)[명] 몸을 치장함. 몸치장. make-up 하다
분식(粉食)[명] 가루 음식. 또, 가루 음식을 먹음. powdered food 하다
분식(粉飾)[명] 거죽만 발라 꾸밈. embellishment 하다
분식 예:금(粉飾預金)[명] 〈경제〉한 은행이 가공적으로 성적을 올리기 위하여, 일시적으로 장부상의 예금고를 늘리는 외면상의 예금.
분신(分身)[명] ①한 주체(主體)에서 갈라져 나간 지체(支體). branch ②〈불교〉부처가 중생을 제도하기 위하여 나타내는 가지의 몸. avatar of Buddha
분신(焚身)[명] 종교나 정의를 위하여 몸을 불사름. burning oneself to death 하다
분신 공양(焚身供養)[명] 몸을 불사름으로써 부처에게 공양함. 소신 공양(燒身供養). 하다
분신 쇄:골(粉身碎骨)[명] 분골 쇄신.
분실(分室)[명] 한 사무실에서 갈라져 나가 사무를 보는 곳. detached office
분실(紛失)[명] 잃어버림. (내) 습득(拾得). loss 하다
분심(分心)[명] 마음이 산란하여 주의가 분산됨. 하다
분:심(忿心)[명] 성을 낸 마음. 분한 마음. (약) 분(忿).
분아(分兒)[명] 분하(分下).
분암(盆岩)[명] 〈광물〉화성암의 하나. 사장석(斜長石)·각섬석(角閃石)·휘석(輝石) 따위가 거무스름한 바탕에 균열 군데 군데 박힌 비옥한 돌. propylite
분압(分壓)[명] 〈물리〉몇 가지의 기체가 혼합되어 있을 때, 그 성분 기체가 혼합 기체와 같은 체적을 차지한 경우에 나타나는 압력.
분액 깔때기(分液—)[명] 물과 기름 등 상하 두 개의 액상으로 나누어 있는 액체를 따로따로 분리하여 쓰는 깔때기.
분액=불(分額拂)[명] 몇 번으로 벌러서 치르는 지불.
분야(分野)[명] 어디에 딸린 범위나 환경을 가리키는 말. ¶전문(專門)~. field [lots 하다
분양(分讓)[명] 큰 덩이를 갈라서 넘겨 줌. sale in
분양(糞壤)[명] ①더러운 땅. 썩은 흙. dirty soil ②땅에 거름을 주는 일. manure
분양 주:택(分讓住宅)[명] 분양지에 지어 파는 주택. 또는 공동 주택을 호별(戶別)로 파는 주택.
분양지(分讓地)[명] 전체를 몇으로 갈라서 파는 땅. land for sale in lots
분얼(分蘖)[명] 〈농업〉식물의 땅 속에 있는 마디에서 가지가 나오는 일. ¶~기(期). 하다
분업(分業)[명] ①손을 나누어서 일함. ②〈경제〉작업의 온 과정을 혼자서 끝내지 않고 많은 사람이 부문에 나뉘어 맡아 함. 분공(分功). division of labour 하다 [하다
분업화(分業化)[명] 분업 형태로 되어감. specialization
분에 심어 놓으면 못된 풀도 화초라 한다[속] 못난 사람도 지위만 얻게 되면 잘나 보인다.
분여(分與)[명] 〈동〉분급(分給).
분역(扮役)[명] 〈연예〉배우가 등장 인물로 분장하여
분:연(忿然·憤然)[부] 벌컥 성을 내는 모양. indignantly 하게 하다 [다. resolutely 하게
분:연(奮然)[부] 떨치고 일어나는 모양. ¶~히 일어나
분열(分列)[명] ①나누이어 벌려 놓음. placing in separate rows ②갈라져서 나누임. filing of 하다
분열(分裂)[명] ①찢어져 갈라짐. division ②〈물리〉원자핵이 다량의 방사능과 열을 방출하면서 둘로 쪼개짐. fission ③어떤 단체나 집단이 여러 파로 갈라짐. (내) 통일. split into several factions 하다

분열=강(分裂腔)[명] 〈생물〉포배(胞胚) 속의 빈 부분.
분열균=류(分裂菌類)[명] 〈식물〉분열 균류의 하나. 세균류라고도 하는데, 결핵균·이질균·매독균·콜레라균 따위가 이에 속함.
분열=법(分裂法)[명] 〈식물〉무성(無性) 생식법의 하나. 한 몸이 찢기어 나가며 번식되는 상태. fission
분열성=핵(分裂性核)[명] 〈물리〉속도의 지속(遲速)을 불문(不問)하고 중성자(中性子)의 영향을 받아서 분열 작용을 일으키는 핵. fissionable nucleus
분열=식(分列式)[명] 〈군사〉분열한 대형(隊形)으로 경례를 하면서 귀빈(貴賓)이나 상관의 앞을 행진하는 군대 의례. march past
분열 조직(分裂組織)[명] 〈생물〉주로 세포 분열로서 세포의 증식을 하면서 새로운 임무를 가진 세포가 모여서 된 조직. 줄기나 뿌리의 생장점 따위. meristem
분:완(憤惋)[명] 〈동〉분개(憤慨).
분:외(分外)[명] 분수의 바깥. 분수에 지나친 일. (대) 분내(分內). outside of one's limit
분요(紛擾)[명] 서로 얽힘. entangle 하다
분요(紛擾)[동] 분란(紛亂).
분:용 도위(奮勇都尉)[명] 〈제도〉조선조 때, 정 8품 토관직(土官職) 서반(西班)의 벼슬.
분운(分韻)[명] 〈문학〉운자를 정하고 각 사람이 나누어 지어서 그 운자대로 한시를 짓는 일. 하다
분운(紛紜)[명] ①여러 사람의 의논이 일치하지 아니하고 부산함. dispute ②세상이 떠들썩하여 어지러움. disturbance 하다
분:울(憤鬱)[명] 분해서 속이 답답함. 분내(憤慮). indignation 하다 [branch
분원[분원](分院)[명] 병원이나 학원 등에서 나누어 베푼 곳.
분원[분원]²(分院)[명] 〈제도〉조선조 때, 사옹원(司饔院)에서 쓰는 사기 그릇을 만들던 곳. 경기도 광주에 있었음.
분:원(憤怨)[명] 몹시 분하여 일어나는 원망. rancour
분위(分委)[명] (약)→분과 위원회(分科委員會).
분:위(奔慰)[명] 달려가서 위로함.
분위=기(雰圍氣)[명] ①〈동〉대기(大氣). ②어떤 장면이나 회합에서의 일반적인 기분. atmosphere ③개인의 주위의 상황. 환경(環境). environment
분위기 묘:사 음악(雰圍氣描寫音樂)[명] 〈음악〉영화의 주요 인물의 심리 상태를 묘사한 음악.
분유(分有)[명] 나누어 가짐. part ownership 하다
분유(粉乳)[명] 〈동〉가루우유.
분:유(噴油)[명] ①간헐적으로 내뿜는 석유. spouting oil ②디젤 기관에서, 연료유를 노즐(nozzle)로부터 연소실에 안개같이 분출하는 일. 하다
분:유=정(噴油井)[명] 지하의 원유가 가스의 압력으로 자연히 뿜어 나오는 유정. 자분정(自噴井).
분육(分肉)[명] 짐승의 고기를 나눔. 하다
분:음(分陰)[명] 촌음(寸陰)보다도 더 짧은 시간. moment
분:의(分義)[명] ①정당한 도리. justice ②제 신분에 맞는 도리. ¶각자가 ~를 지키자. duty
분의(分誼)[명] 정의(情誼)를 나눔. 하다
분의(紛議)[명] 분분한 의론. controversy
=분의(分—)[명] 무엇을 몇 분으로 나눈 얼마라고 할 때 '의'라는 수사 밑에 붙여 쓰는 말. =분지(分之). ¶이 ~ 일. [ered feed
분이(粉餌)[명] 가루로 된 모이. 닭모이 따위. powd-
분익=농(分益農)[명] 이익을 나눔. sharing profits 하다
분익=농(分益農)[명] 〈동〉분익 소작(分益小作).
분익 농민(分益農民)[명] 분익 소작을 경작하는 농민.
분익 소:작(分益小作)[명] 〈농업〉지주(地主)와 소작인 사이에 계약을 맺고, 그 생산물을 비율에 따라 분배하는 농업. 분익농(分益農). share renting system
분일(噴溢)[명] 위로 뿜어 넘쳐 흐름. over-flow 하다
분일=제(分日制)[명] 〈교육〉일년 동안의 최저 출석 일수를 정하고, 또 학과별로 종료제(終了制)를 채택하는 학교 교육 제도.

분임(分任)[명] 소임(所任)을 나누어 맡음. ¶~조(組). 하타

분임 출납 공무원(分任出納公務員)[명] 출납 공무원의 사무의 일부를 분장(分掌)하는 공무원.

분자(分子)[명] ①한 단체를 이루는 각 개인. ¶희색 ~. element ②〈화학〉몇 개의 원자가 모여 독립성을 가진 화학적 물질의 최소 입자. molecular ③〈수학〉분수식의 횡선 위에 있는 수나 식. (대) 분모

분자(粉刺)[명] 분가시. [(分母). numerator
분자(盆栽)[명] 인절미.
분자간-력(分子間力)[명] 분자간 힘.
분자간 전-이(分子間轉移)[명] 어떤 작용에 의하여 분자 속의 원자와 원자단이 딴 분자로 이동하는 일. (대) 분자내 전이.
분자간 호흡(分子間呼吸)[명] 무기 호흡(無機呼吸).
분자간 화:합물(分子間化合物)〈화학〉종류가 다른 분자 사이에 있는 결합력의 작용으로, 성분(成分) 분자와 다른 성질을 나타내고, 전형적인 원자 결합도(結合圖)로 나타낼 수 없는 화합물의 총칭.
분자간 힘(分子間-)〈물리〉분자 사이에 작용한다고 생각되는 인력과 반발력. 분자간력. 분자력.
분자 강:하(分子降下)〈화학〉용매(溶媒) 1000그램 속에 용질(溶質) 1몰(mol)을 포함하는 용액의 빙점(氷點)을 강하하는 비율. molecular depression
분자 구조(分子構造)〈물리·화학〉분자 중에 있는 원자 상호간의 결합 상태. molecular structure
분자내 전-이(分子內轉移)[명] 시약(試藥)이나 광선 따위의 어떤 작용에 의하여 분자 속의 원자 또는 원자단이 그 분자로부터 완전히 떨어져 나가는 것이 아니라, 종래 결합하고 있던 장소로부터 동일한 분자 안의 딴 장소로 이동하는 일. (대) 분자간 전이.
분자 농도(分子濃度)[명] 몰농도(mol 濃度).
분자-량(分子量)[명]〈화학〉산소 분자의 질량을 32로 정했을 때의 각종 분자의 상대적인 질량. molecular
분자-력(分子力)[명] 분자간 힘. [weight
분자 물리학(分子物理學)〈물리〉분자들의 물리학적인 특성을 연구하는 학문.
분-자:반(粉佐飯)[명] 가루 자반.
분자-병[-뼝](分子病)〈의학〉헤모글로빈·효소 등의 생체 단백질 분자의 이상으로 인한 선천성 질환.
분자-살(分子-)[명]〈화학〉일정한 방향으로 달리는 분자의 흐름. 분자사.
분자 상:승(分子上昇)〈화학〉용매 1000그램 가운데 용질 1몰(mol)을 포함하는 용액의 끓는 점의 상승의 값. molecular rise
분자-선(分子線)[명] 분자살.
분자-설(分子說)[명]〈화학〉모든 물질의 구성은 그 최소 입자인 분자가 모여서 이루어진 것이라고 하는 아보가드로의 가설. molecular theory
분자 스펙트럼(分子 spectrum)[명]〈물리〉기체 분자의 의하여 방출되는 빛의 스펙트럼.
분자-식(分子式)[명]〈화학〉물질의 분자를 원소 기호로 나타내는 일종의 화학 기호. 물은 H_2O, 이산화탄소는 CO_2 따위. molecular formula
분자-열(分子熱)[명]〈물리〉물질 1몰(mol)의 온도를 $1°C$ 상승시키는 데 필요한 열량. molecular heat
분자 운:동(分子運動)[명]〈물리〉물체를 구성하는 분자 또는 원자가 그 물체의 온도에 고유한 운동에 너지를 가지고 하는 운동. molecular movement
분자 자:석(分子磁石)[명]〈화학〉자성체(磁性體)의 분자. [다시 결합해서 된 고차 화합물.
분자 화:합물(分子化合物)〈화학〉몇 종류의 분자가
분작(分作)[명]〈농업〉논밭을 나누어 농사지음. separate cultivation
분잡(紛雜)[명] 많은 사람이 뒤섞이어 어수선함. 잡답(雜沓). confusion 하형 히틴
분장(分掌)[명] 일이나 사무 등을 나누어서 한 부분씩 맡음. division of duties 하타 [하타
분장(分贓)[명] 장물을 나눔. sharing the stolen goods

분장(扮裝)[명] ①몸을 치장함. makeup ②배우가 출연 작품의 어떠한 인물로 꾸미어 나옴. 곧, 어느 인물의 역(役)을 함. (약) 분(扮). disguise 하타
분장-사(扮裝師)[명] 영화나 연극에서, 배우의 분장을 전문으로 맡아서 하는 사람.
분장-실(扮裝室)[명] 분장사무실.
분재(分財)[명] 재산을 가족에게 나누어 줌. distribution of property 하타
분재(盆栽)[명] 화초·나무 등을 화분에 심어 가꿈. 또, 그 일. culture of plants in pots 하타 [portion
분재-깃[-낀](分財-)[명] 나누어 받은 재산의 몫.
분쟁(忿爭)[명] 성이 나서 다툼. 하타
분쟁(紛爭)[명] 말썽을 일으켜 시끄럽게 다툼. 분경(紛競). quarrel 하타 [으로 그린 물고기 무늬.
분저 쌍어(盆底雙魚)[명]〈미술〉청자기(靑磁器)에 쌍
분전(分傳)[명] 물건을 여러 곳에 나누어 전함. 하타
분-전(分錢)[명] 푼돈. [desperate fight 하타
분:전(奮戰)[명] 힘을 떨치어 싸움. 분발하여 싸움.
분절(分節)[명] 사물을 마디로 가름. 또, 그 마디. section
분절-음(分節音)[명]〈어학〉음절을 분리할 수 있는 음. 곧, 자음과 모음으로 분리할 수 있는 음. syllable
분점(分店)[명] 본점이나 지점(支店)에서 나누어서 따로 세운 점포(店鋪). (대) 본점(本店). branch shop
분점[-쩜](分點)[명] ①나누는 점. 갈라지는 점. diverging point ②〈천문〉황도(黃道)와 천구의 적도와
분접-월(分接月)[명] 교접월(交點月). [의 교차점.
분접(粉蝶)[명] 흰나비. 또는 예쁜 나비.
분-접시(粉-)[명] 분을 개는 데 쓰는 작은 접시.
분:제(分際)[명] 분한(分限)②.
분제(粉劑)[명] 가루로 된 약제(藥劑). (대) 정제(錠劑). 액제(液劑). powdered medicine
분젠-등(Bunsen 燈)[명] 가스등의 하나. 가스를 연소시켜 열을 세게 내는 장치로서 화학 실험에 많이씀. 독일의 화학자 분젠이 고안하였음. 분젠 버너. Bunsen light
분젠 버:너(Bunsen burner)[명] 분젠등.
분젠 전:지(Bunsen 電池)[명]〈화학〉묽은 황산을 담은 사기 그릇에 은을 입힌 아연판을 넣고 다시 그 속에 탄소봉과 진한 질산을 넣은 오지 그릇을 넣어 만든 전지. 분젠의 고안임. [plant 하타
분종(盆種)[명] 화초를 분에 심음. 또, 그 화초. potted
분주(奔走)[명] 일이 많아서 몹시 바쁨. (대) 한가(閑暇). busyness 하형 스팀 스레티 히틴
분주(盆紬)[명] 황해도와 평안도에서 나는 명주.
분주 다사(奔走多事)[명] 일이 많아서 바쁨. 하형
분주 불가(奔走不暇)[명] 아주 바빠서 틈이 없음. 하형
분주살-스럽다(奔走-)[형][비] 썩 분주하다. very busy 분주살-스레[부]
분주-지(粉周紙)[명] 전라도에서 나는, 무리풀을 먹이고 다듬어서 만든 희고 단단한 두루마리.
분즙(糞汁)[명] 물기가 많은 똥. 묽은 똥.
분지(分地)[명] 토지를 나누어 줌. 또, 그 토지. 하타
분지(分枝)[명] 원줄기에서 갈리어 나간 가지. ramification [보통 평야보다 높음. basin
분지(盆地)[명]〈지리〉산으로 둘러싸인 평평한 지역.
분지(盆池)[명] 아주 작은 못. small pond
분지(粉脂)[명] 분과 연지. powder and rouge
분지(糞-)[명] 똥과 오줌을 통틀어 일컫는 말. excrements
분지(糞池)[명] ①똥오줌을 누어서 담는 그릇. receptacle of night soil ②논밭 사이에 똥오줌을 모아 두는 구덩이. cesspool
분지르-다[러][타] 꺾어서 부러지게 하다. 부러뜨리다.
분진(粉塵)[명] ①티끌. ②아주 작은 것.
분:진(奮進)[명] 기운을 내어 앞으로 나아감. vigorous
분집(盆集)[명] 무더기로 모여듦. 하타 [advance 하타
분징(分徵)[명] ①두 사람 이상에게 나누어서 징수함. ②두 번 이상으로 나누어서 징수함. 하타

분채(粉彩)[명] 도자기에 그린 연하고 고운 빛깔. 연채(軟彩).

분책(分冊)[명] 한 가지 책을 여러 권으로 나누어서 만듦. 또, 그런 책. 《대》합본. separate volume 하타

분천(噴泉)[명] 솟구쳐 오르는 샘. 비천(飛泉)②.

분철(分綴)[명] ①문서나 신문 따위를 여러 부분으로 나누어 철함. 또, 철한 것. separate binding ②〈어학〉여러 형태소가 연결될 때 그 각각을 밝히어 적는 표기법. 《대》연철(連綴). ③〈어학〉인도 게르만어 등에서, 단어의 철자를 음절에 의하여 가르는 일. 하타

분철(分鐵)[명]〈광물〉분광업자(分鑛業者)가 그 소출의 얼마를 광주(鑛主)에게 분배하는 그 생산물이나 재화(財貨).

분철 금점(分鐵金店)[명]〈광물〉덕대가 광부에게 급료 대신 산출액의 일부분을 나눠 주며 경영하는 금광. 무계금점(無計金店).

분첩(分貼)[명] 약재를 여러 첩약을 만듦. 또, 그렇게 만든 첩약. dosing 하타

분첩(粉貼)[명] 분을 바를 때 분을 찍어 쓰는 제구. puff ②글씨 연습에 쓰는 분을 먹인 두꺼운 종이.

분첩(粉堞)[명] 석회(石灰)를 바른 성가퀴.

분청(糞淸)[명]〈한의〉똥과 쌀겨와 감초 가루를 섞어서 대통에 넣고 봉한 뒤에, 끓는 물에 우리어 낸 물. 해소를 다루는 데 쓰는 약. 금즙(金汁).

분청 사기(粉靑沙器)[명]〈미술〉고려 청자의 뒤를 이은 조선 시대의 자기. 회청색 내지 회황색을 띰.

분청음(分淸飮)[명]〈한의〉오줌이 잘 나오게 하는 약.

분체(分體)[명]〈생〉모체가 분열되어 거의 같은 크기의 두 개의 개체로 되는 일. fission

분체(粉體)[명] 고체 입자가 많이 모여 있는 상태의 물체.

분체(分體生)[명]〈생물〉분체에 의한 생식.

분=초(分秒)[명]①시계의 분과 초.②분(分)이나 초(秒)와 같은 매우 짧은 시간. moment

분:촌(分寸)[명]①1분(一分) 1촌(一寸)의 뜻. ②사소(些少)함. 근소(僅少)함. trifle

분추(奔趨)[명] 급히 뛰어 달아감. 하타

분:출(噴出)[명] 내뿜음. 뿜어 냄. ¶땅 속에서 석유가 ~하다. spouting 하자타

분:출=암(噴出岩)[명]〈지리〉땅 속에 있던 용암이 땅 거죽까지 쏟아져 나와서 굳어진 화성암.

분충(糞蟲)[명] 꽁지벌레①.

분취(分取)[명] 나누어 가짐. 하타

분치(分置)[명] 나누어 둠. 여러 군데에 벌리어 둠. keep separately 하타

분치(奔馳)[명] 빨리 달림. running fast 하자

분침(分針)[명] 시계의 분을 가리키는 긴 바늘. 장침(長針). 《대》시침(時針). minutehand 「은 안개.

분침(氛祲)[명] ①요악스러운 기운. ②바다 위에 껴 질

분칭(分秤)[명] 한 품종으로부터 스무 냥쭝까지 다는 약저울. 《변》 분칭. small balance beam

분탄(粉炭)[명] 잘게 부스러져서 가루가 된 석탄이나 목탄. dust coal

분:탄(憤嘆·憤歎)[명] 분개. 하자타

분탕(粉湯)[명] ①밀가루를 풀어서 끓인 맑은 장국. ②여러 가지 고명을 넣어 만든 평안도식 도미 국수. ③《농》당면(唐麵).

분탕(焚蕩)[명] 재물을 다 없애 버림. squandering 하타

분탕=질(焚蕩—)[명] 분탕하는 짓. 하타

분토(粉土)[명] 쌀을 쓿을 때 쓰는 곱고 흰 가루 흙.

분토(墳土)[명] 무덤의 흙. earth on the tomb

분토(糞土)[명] 썩은 흙. black earth

분토=언(糞土言)[명] 더러운 말. 가치 없는 말.

분통(粉桶)[명] 분을 담는 통. powder box

분:통(憤痛)[명] 몹시 분하여 마음이 쓰리고 아픔. great indignation 하자 「다. be repapered cleanly

분통-같-다(粉桶—)[형] 도배를 새로 하여 아주 깨끗하

분:통-터지-다(憤痛—)[자] 썩 분한 마음이 치밀어 오르다. burst out with anger

분:투(奮鬪)[명] 있는 힘을 다하여 싸움. ¶고군(孤軍)~하다. hard fighting 하자

분:투 노력(奮鬪努力)[명] 있는 힘을 다하여 노력함. 하

분:투 쟁선(奮鬪爭先)[명] 있는 힘을 다하여 앞서기를 다툼. 하자 「faction 하자타

분파(分派)[명] 여러 갈래로 갈라짐. 또, 갈라진 갈래.

분파(分破)[명] 나누어서 쪼갬. 쪼개져서 나뉨. split 하타

분판(粉板)[명] 분을 기름에 개어 널조각에 발라 결은 것. 아이들이 글씨를 익히는 데 씀.

분:패(偵敗)[명] 일을 잡쳐서 낭패함. 하타

분:패(憤敗)[명] 이길 수도 있었던 것을 분하게 짐. regrettable 하타

분포(分布)[명] ①나뉘어 널리 퍼져 있음. ②나누어서 널리 퍼뜨림. distribution 하자타

분포(粉泡)[명] 게거품을 흘림. foaming 하자

분포-도(分布圖)[명] 분포의 실태를 개관하도록 만든 도표. distribution chart 「distribution ratio

분포-율(分布率)[명] 분포되는 곳에 따른 분포의 비율.

분표(分俵)[명]〈제도〉흉년 든 해에 피해를 입은 논밭의 세금을 덜어 주던 일.

분:-풀이(憤—)[명] 분한 마음을 풀어 버리는 일. 설분(雪憤). 해원(解寃). venting one rage 하타

분필(分筆)[명] 한 지번(地番)의 집터나 논밭을 여러 조각으로 나눔. division of a lot 하타

분필(粉筆)[명] 칠판에 글씨를 쓰는 물건. 탄산석회로 만듦. 토필. 백묵(白墨). chalk

분하(分下)[명]〈제도〉연례(年例)에 의하여 관리들에게 물건이나 돈을 나누어 주던 일. 분아(分兒). 하타

분-하다(扮—)[자여][타여](扮裝)하다. make-up

분-하다(分—)[자여][타여] 나누어 나가르다. divide

분-하다(焚—)[자여][타여] 불에 태우다.

분:하다(憤—·忿—)[형여] 억울하고 원통하다. mortifying ②될 듯한 일이 되지 않아 섭섭하고 아깝다. regerrttable 하—히[부]

분:하-돈(—돈 分下—)[명]〈제도〉분하하여 주는 돈.

분하-전(分下錢)[명]《동》분하돈. 「분하전(分下錢).

분:한(分限)[명] 신분의 한계. one's social position ②쓸 수 있는 일정한 한도. 분도(分度). 분제(分際). limit

분:한(忿恨·憤恨)[명] 아주 분하고 한되는 일. racour

분:한-을-다(分限—)[형여] ①많은 물건도 헤피 쓰면 다 없어지기 쉽다. easily exhaustible ②보기에는 많은 듯하여도 쓰는 데는 아주 하잘것이 없다. do not last long

분:한-있-다(分限—)[형여] ①한도가 있다. not much actually 살림이 ②보기에는 얼마 못 되는 듯하여도 여러 군데로 벌려 쓸 수가 있다. last long 「하타

분할(分割)[명] 나누어 쪼갬. ¶토지를 ~하다. division

분할(分轄)[명] 어렵으로 나누어 관할함. 분관(分管). divide for control 하타

분할=급(分割給)[명]〈경제〉몇 번으로 나누어서 지급. 《대》일시급(一時給). 하타

분할-불(分割拂)[명] 몇 번으로 나누어서 지불함. 월부를(月賦拂)·연부불(年賦拂) 등이 있음. 《대》일시불(一時拂). payment by installments

분할 상속(分割相續)[명]〈법〉공동 상속에 있어서 상속 재산을 공동 상속인간에 그 상속분에 따라서 분할하는 상속 형태. divided succession 하타

분할 상:환(分割償還)[명] 몇 번에 나누어 상환함.「세밀히 그린 지도.

분할 지도(分割地圖)[명] 어떤 지역을 몇 군데로 갈라

분합(分合)[명] 나누었다 합하였다 함. division and junction 하자타 「창살문. long lattice window

분합(分閤)[명]〈건축〉대청 앞에 드리우는 네 쪽의 긴

분합(粉盒)[명] 분을 담는 작은 그릇. powder box

분합-대(分合帶)[명] 웃옷 위에 눌러 매는 띠. 실띠. 《어》분대(分帶).

분합 돌쇠-[쇠](分閤—)[명]〈건축〉분합을 두 짝씩 올려 달도록 도리에 박은 돌쇠.

분합 장영창

분합 장영:창(分閤長映窓) 〖명〗〈건축〉 분합 안쪽에 드리는 미닫이.

분-항아리(粉—) 〖명〗 분을 담아 두는 작은 사기 항아리. powder jar

분해(分解) 〖명〗 ①한 덩어리의 사물을 따로따로 나누어 헤침. 또, 헤어짐. ②〈물리〉하나의 합성물이 그 구성 요소로 나뉨. 또는 나누어 헤침. (대) 합성. analysis ③〈화학〉하나의 화합물이 두 가지 이상의 물질로 나뉘거나 그렇게 나눔. (대) 화합(化合). decomposition ④〈논리〉하나의 개념을 분석하여 그 속성을 가름. degradation 하타

분해 가스(分解 gas) 〖명〗〈화학〉석유 유분(留分)을 열분해나 접촉 분해할 때 생기는 가스 유분(留分).

분해-기(分解器) 〖명〗 나사를 박고 뽑고 하는 연장. screw driver

분해-능(分解能) 〖명〗〈물리〉 ①분광기(分光器)가 서로 접근하여 있는 두 개의 스펙트럼선을 분리할 수 있는 정도. resolving power ②망원경·현미경·눈 등으로 보아 분간할 수 있는 두 점 사이의 극한 거리 또는 시각.

분해-열(分解熱) 〖명〗〈화학〉분해 반응에 따라서 출입하는 반응열의 하나.

분해 이:색판(分解二色版) 〖명〗〈인쇄〉원판을 사진 제판에 분해하여 두 가지 빛을 박는 판.

분해 전:압(分解電壓) 〖명〗〈화학〉전기 분해에 있어서 전해의 생성물이 전극에 정상적으로 석출(析出)되는 것을 유지하는 데에 필요한 최소의 전압. decomposition voltage

분해 증류(分解蒸溜) 〖명〗〈화학〉석유 등의 탄화수소를 가열·가압 증류하여, 비점이 낮은 간단한 물질로 바꾸는 방법. 크래킹(cracking).

분향(焚香) 〖명〗 향을 피움. 향을 태움. 소향(燒香). incense-burning 하타

분향 재:배(焚香再拜) 〖명〗 ①분향하고 두 번 절함. ②제사를 지냄. 하타

분형(焚刑) 〖명〗 불에 태워 죽이는 형벌. 화형(火刑).

분호(分戶) 〖명〗〈동〉분가(分家). 하타

분호(分毫) 〖명〗 매우 적은 것의 비유. trifle

분:홍(粉紅) 〖명〗→분홍색. [연.

분:홍-머리동이(粉紅—) 〖명〗 분홍빛으로 된 머리동이의

분:홍-방(粉紅榜) 〖명〗〈제도〉나이가 어린 권문 자제(權門子弟)가 과거에 급제한 것을 비웃는 말.

분:홍-색(粉紅色) 〖명〗 엷게 붉은 고운 빛깔. 석죽색. 분홍. pink

분:홍 치마(粉紅—) 〖명〗 ①분홍빛의 치마. ②위쪽은 희고 아래쪽은 분홍빛으로 된 연.

분화(分火) 〖명〗〈군사〉전투 사격에 있어서 각 소대(小隊)가 나뉘어 사격하는 일.

분화(分化) 〖명〗 ①본래 균질(均質)의 것이 이질(異質)의 것으로 나누어짐. 또, 그 결과. specialization ②〈생물〉생물의 조직체 안에 특이성이 생기며 각 기관이 분업화하는 진화 작용. ramification ③〈사회〉사회적 사실이 단순·동질(同質)의 것에서 복잡·이질(異質)의 것으로 나뉘어져 발전하는 일. differentiation 하타

분:화(盆花) 〖명〗 분에 심어 놓은 꽃.

분화(焚火) 〖명〗 불을 사름. 또, 타는 불. 하타

분:화(噴火) 〖명〗 ①불을 내뿜음. emitting fire ②〈지학〉화산이 불기운을 내뿜는 현상. eruption 하타

분:화-구(噴火口) 〖명〗〈지학〉화산의 불을 내뿜는 구멍. crater

분:화산(噴火山) 〖명〗〈동〉화산(火山).

분향(分香) 〖명〗 한 회 밑에 분설한 아래 조직체. branch association

분회(粉灰) 〖명〗 생석회에 물을 부어 발열·붕피시켜 얻은 흰 가루. 소석회(消石灰). 수산화칼슘.

분획(分畫·分劃) 〖명〗 여러 구획으로 나눔. partition 하

분훤(紛喧) 〖명〗 시끄러움. noise 하타

분:휘(奮揮) 〖명〗 기운을 떨쳐 휘두르거나, 떨쳐 드날림. ·분 〖명〗〖고〗붓. [하타

분-걸이(粉—) 〖명〗 솥이 부두막에 걸리도록 받침으로 대는 길쭉한 쇠붙이나 돌.

불가시 광선

붇:-다[갇][도움] ①물기에 젖어 부피가 커지다. swell ②분량·수효가 많아지다. ¶인구가 ~. increase

불(火) 〖명〗 ①물체가 빛과 열을 내며 타는 현상. fire ②달거나 타서 빨갛게 된 물체. fire ③불같이 뜨거운 물체. ¶반딧~. ④불길. ¶~이 더욱 사나워지다. ⑤등불. light ⑥화재. fire ⑦세차게 일어나는 기세나 정욕. passion

불[농업] 걸채나 옹구에 있어서 아래로 늘어서 짐을 실게 된 부분. ③도포의 큰 소매처럼 늘어져 물건을 넣을 수 있게 된 부분.

불[생리]〈생리〉불알을 싸고 있는 껍질. scrotum ②

불=〖관두〗명사의 앞에 붙어서 '몹시 심한'의 뜻을 나타냄. ¶~호령. very severe

불(不) 〖명〗 ①〈제도〉과거 강경과(講經科)의 성적 등급의 칭호. last grade ②활쏘기의 성적으로서 다섯 대에 한 대도 맞히지 못한 일. not hitting one out [of five arrow shots

불[1](佛) 〖명〗〈약〉→불타(佛陀).

불[2](佛) 〖명〗〈약〉→불란서(佛蘭西). ¶불만 ~.

불(弗) 〖명〗〈경제〉달러(dollar)의 한자(漢字) 이름.

불=(不)〖관두〗 어떠한 한자어의 위에 붙어서 그 말을 부정하는 뜻을 나타냄. ¶~분명(分明). ⇔합리(合理). ~찬성(贊成).

불가(不可) 〖명〗 ①옳지 않음. (대) 가(可). being wrong ②성적 평점의 하나. 최하 등급임. 하타

불가(佛家) 〖명〗〈불교〉①불교를 믿는 사람. 또, 그 사회. 불문(佛門). 불법계. Buddhist ②절. temple

불가(佛歌) 〖명〗〈불교〉부처를 찬송하여 부르는 노래. 찬불가(讚佛歌). [것. indispensability 하타

불가-결(不可缺) 〖명〗 없어서는 안 될 꼭 있어야 하는

불가-근(不可近) 〖명〗 가까이 할 만하지 못함. 하타

불가:능(不可能) 〖명〗 ①할 수가 없음. ②힘이 미치지 못함. (대) 가능(可能). impossible 하타

불가:당(不可當) 〖명〗 맞서서 당할 수가 없음. being unmatchable

불-가래(-가-) 〖명〗 반으로 쪼갠 통나무의 한 끝의 속을 파서 만든 부삽. wooden fire-shovel

불가-무(不可無) 〖명〗 ①없어서는 안 됨. ②없지 못할 것. indispensability

불가-물 〖명〗 아주 심한 가물. long drought

불가 부득(不可不得) 〖명〗 부득이(不得已). being unavoidable

불가-분(不可分) 〖명〗 나누려야 나눌 수가 없음. ¶우리 사람은 ~의 관계다. (대) 가분(可分). indivisibility

불가-분리(不可分離) 〖명〗 분리하려야 분리할 수가 없음.

불가분-물(不可分物) 〖명〗〈법률〉나눌 수 없는, 또는 나누면 그 성질·가치를 상하는 물건. 우마(牛馬)·건물 등. (대) 가분물(可分物). indivisible entity

불가-불(不可不) 〖명〗 안할 도리가 없어 마땅히. inevitably

불가 사념(不可思念) 〖명〗 마음에 두지 않을 수 없는 생각. 꼭 마음에 두어야 할 생각. unavoidable thought

불가사리[1] 〖명〗 쇠를 먹고, 사기(邪氣)를 쫓는다는 상상의 짐승. 설철(齧鐵).

불가사리[2] 〖명〗〈동물〉극피(棘皮) 동물의 하나. 바다 속에 살며, 몸은 중앙반(中央盤)과 다섯 개의 복(輻)으로 되고, 입은 배에 항문은 등에 있음. 운몸에 극모가 덮여 있는데 담자색이나 백색임. 말려서 비료로 씀. starfish

불가-사의(不可思議) 〖명〗 인간의 생각으로는 도저히 미루어 알 수가 없이 이상 야릇함. wonder 하타

불가(佛家書) 〖명〗〈불교〉불교에 관한 서적. 〈약〉불서(佛書).

불가:설(不可說) 〖명〗 ①〈불교〉참된 이치는 말로 이야기하지 못하고 뜻으로만 알 수 있음. being unexplainable ②말로 설명할 수 없음.

불가-승:수[-쑤-](不可勝數) 〖명〗 하도 많아서 이루 셀 수가 없음. being innumerable

불가:시 광선(不可視光線) 〖명〗〈물리〉눈으로 볼 수 없는 광선 이외의 파장이나 진동수를 가진 전자파(電磁波). 자외선·적외선 등. 불가시선. (대) 가시광선. invisible rays

불가시-선(不可視線)[명]〈동〉불가시 광선.
불가-신(不可信)[명] 믿을 수 없음. incredibility
불가역 반:응(不可逆反應)[명]〈화학〉반대 방향의 반응이 불가능한 화학 반응. irreversible reaction
불가역 변:화(不可逆變化)[명]〈화학〉원물질과 생성 물질과의 관계되는 서로 반대의 방향으로 화학 반응이 동시에 일어나는 반응.
불가입-성(不可入性)[명]〈물리〉두 개의 물체가 동시에 같은 공간을 차지하지 못한다는 성질.
불가-지(不可知)[명] 도저히 알 수가 없음. 《대》가지(可知). unknow ableness
불가지=론(不可知論)[명]〈철학〉우리가 알 수 있는 것은 감각을 통하여 얻은 경험적인 사실뿐이고, 물(物)의 본질이나 신(神)의 존재에 대해서는 알 수가 없다는 회의론. agnosticism
불가지론적 실재론(不可知論的實在論)[명]〈철학〉물(物)의 자체를 인정하면서 우리가 인식하는 것을 실재의 현상이라고 하는 설. [됨]. inviolability
불가-침(不可侵)[명] 침범할 수 없음. 침범해서는 안 됨.
불가침-권(不可侵權)[─꿘][명]〈법률〉국제법상 본국의 위엄을 대표하는 외교 사절이나 외국 원수가 그 신체·명예·관사(館舍)·문서 따위를 침범당하지 않는 특권. inviolable right
불가침 조약(不可侵條約)[명]〈정치〉서로 상대국을 침략하지 않을 것을 약속하는 조약. 불침략 조약. non-aggression pact
불가-폐(不可廢)[명] 폐할 수가 없음. [됨]
불가-피(不可避)[명] 피할 수가 없음. inevitability 하
불가항-력(不可抗力)[명] ①사람의 힘으로는 어찌할 수 없는 힘. irresistible force ②〈법률〉예방 방법을 강구하여도 막아 낼 수 없는 자연적·인위적으로 생기는 일. vismajor(프)
불가-해(不可解)[명] 이해할 수 없음. mysteriousness
불가 형언(不可形言)[명] 말로 다 형용하기 어려움. indescribability
불각(不覺) ①깨닫지 못함. inapprehension ②〈불교〉본디부터 마음속에 가지어 있는 미망(迷妄).
불각(佛閣)[명]〈동〉불당(佛堂). 하
불간(不干) ①관계하지 아니함. ②〈약〉→불간섭. 하[干]②. nonintervention 하
불-간섭(不干涉)[명] 일에 간섭하지 않음. [약] 불간(不干)
불간지-서(不刊之書)[명] 영구히 전하여 없어지지 않을 양서(良書).
불감(不敢)[명] 감히 하지 못함. daring not do 하
불감(不堪)[명] ①감당하지 못함. ②견디어 내지 못함. being not equal to a task 하
불감(不感) 느끼지 못함. 하 [pable 하
불감-당(不堪當)[명] 감히 대적할 수 없음. being inca-
불감당(不堪當) 감당할 수 없음. 《약》불감(不堪)②. 하 「불감 생의. daring not even to hope 하
불감 생심(不敢生心)[명] 감히 부쳐 감히 생각도 못함.
불감 생의(不敢生意)[명]〈동〉불감 생심. 하
불감 앙:시(不敢仰視)[명] 두려워서 감히 쳐다보지도 못함. daring not look up at 하
불감 유망(不敢遺忘)[명] 차마 잊지 못함. 하
불감-증(不感症)[명] ①감각이 둔하여 느끼지 못하는 증세. insensibility ②여자가 성교할 때에 쾌감을 느끼지 못하는 증세. 냉감증. frigidity
불감 찬:사(不敢讚辭)[명] 너무 훌륭하여 감히 찬찬의 말을 하는 마디도 낮춤. [없음.
불감-청(不敢請)[명] 마음에는 간절하나 감히 청할 수
불감 출두(不敢出頭)[명] 두려워서 감히 머리도 들지 못함. daring not raise one's head 하
불감 출성(不敢出聲)[─성][명] 무서워서 감히 소리도 내지 못함. being dumbfounded with fear 하
불-감사(─甲紗)[명] 빛깔이 아주 묽은 갑사.
불-강아지[명] 야윈 강아지. lean puppy
불-개미[명]〈곤충〉개미과에 속하는 곤충. 몸 빛은 암적황색에 촉각과 배는 갈색이며, 온몸에 황색 연모(軟毛)가 밀생했음. 다년송의 둥근 높은 집을 짓고 그 밑의 땅 속에서 서식함. red ant
불-개입(不介入)[명] 개입하지 않음. 하
불개-항(不開港)[명] 외국 통상이 허가되지 않은 항구. 《대》개항(開港). closed port 하
불거(拂去)[명] ①떨어버림. shaking off ②뿌리치고 감. tearing oneself away 하
불-거웃[─꺼─][명] 불두덩에 난 털. [약] 불것.
불거-지다[자] ①위로 부어 오르다. bulge out ②거죽 위로 쑥 내밀다. protrude ③숨겨졌던 것이 튀어나오다. 《작》불가지다. come out
불걱-거리다[자] ①질긴 것을 많이 물고 연해 씹다. chew on ②빨래를 연해 주물러 빨다. rub 불걱=불걱=불걱. 하
불건(不健)[명] 경건하지 않음. imprudence 하
불건성-유(不乾性油)[명]〈화학〉공기 중에 두어도 산화하거나 마르지 않는 기름. 《대》건성유.
불건:-전(不健全)[명] 건전하지 못함. ¶~한 생각. unw-
불-것[─껃][명]〈약〉→불거웃. [holesome 하
불겅-거리다[자] 물건이 단단하고 질겨 잘 씹히지 않고 이리저리 물거진다. 《작》불강거리다. be not easily masticated 불겅=불겅. 하
불겅-이[명] 붉은 살담배. 홍초(紅草). red loaf tobacco
불격(佛格)[명]〈불교〉부처의 품격.
불견 시:도(不見是圖)[명] 보지 않고도 알 수 있음.
불견 정식(不見正食淨食)[명] 음식 만드는 것을 보지 아니하면 그 음식은 깨끗하다는 밤.
불결(不潔)[명] 깨끗하지 아니하고 더러움. ¶~한 음식. 《대》청결(淸潔). uncleanliness 하 히
불-결과(不結果)[명] 언짢게 된 결과. poor result
불-결실(─씰)(不結實)[명] 열매를 맺지 못함. failing to bear fruit 하
불경(不敬)[명] 경의를 표하지 않음. 마땅히 높여야 할 사람에게 예를 잃음. disrespect 하 스 [레
불경(佛經)[명]〈불교〉불교의 교리를 적은 경전(經典). 불전(佛典). 《예》경(經). Buddhist scriptures
불-경기(不景氣)[명]〈경제〉물건의 거래가 잘 이루어지지 않는 형편. 세월이 좋지 못함. 《대》호경기(好景氣). depression [애숭이.
불경사 소ː년(不經事少年)[명] 세상일에 경험이 없는
불경작 지주(不耕作地主)[명]〈사회〉농촌에 있으면서도 자기가 경작하지 않고 소작인에게 경작시켜 소작료를 받는 지주.
불-경제(不經濟)[명] ①경제적이 아님. ②불필요한 비용이 많이 남. being uneconomical
불경:-죄(─쬐)(不敬罪)[명] 불경한 언행을 한 죄.
불경지-설(不經之說)[명] 실없는 거짓의 말. 허망하고 간사한 말.
불계(不計)[명] ①옳고 그름이나 이해 관계를 따지지 않음. not inquiring into right or wrong ②바둑에서 서로 수효의 차이가 뚜렷할 때 셈할 필요가 없음. do not need counting ③사정을 가리지 않음. not discerning 하
불계(佛戒)[명]〈불교〉부처가 지시한 계율(戒律). Buddha's commandments [Buddha's world
불계(佛界)[명]〈불교〉모든 부처의 세계. 정토(淨土).
불계(祓禊)[명] 삼월 삼짇에 동쪽으로 흐르는 물에 목은 때를 씻어 마음과 몸을 정결히 하던 일종의 종교적인 의식.
불계-승(不計勝)[명] 바둑에서, 불계로 이김. 하
불계지-주(不繫之舟)[명] ①매어 놓지 않은 배라는 뜻으로, 세속을 초탈한 탈한 마음을 이름. ②정처 없이 방랑하는 몸의 비유.
불계-패(不計敗)[명] 바둑에서, 불계로 짐. 하
불-고(不告) 알리지 않음. not informing 하
불-고(不告)[명] 애매한 죄. 사실이 아닌 죄. false charge
불고(不顧) 돌아보지 않음. 돌보지 않음. disregard

불고 가사(不顧家事) 집안 일을 돌보지 않음. neglecting domestic affairs 하다
불=고기 고기를 얇게 저며서 양념을 하여 재었다가 불에 구운 고기. roast meat
불=고리 암소의 콧둘레에 새겨진 낳을 적마다 하나씩 생기는 고리.
불고 불리(不告不理)〖법률〗형사 소송법상의 원칙. 검사(檢事)의 공소(公訴)가 없는 한, 법원이 사건에 관하여 심리를 할 수 없다는 원칙.
불고 쏜 듯하다[듯]'청빈함'을 이르는 말.
불고 염치(不顧廉恥) 염치를 돌보지 않음. shamelessness 하다
불고=이거(不告而去) 알리지 않고 감. 하다
불고=이거(不告而去) 뒤도 안 돌아다보고 감. 하다
불고=이주(不告而走) 알리지 않고 달려감. 하다
불고 이=해(不顧利害) 이해를 돌아보지 않음. neglecting one's profits 하다
불고 전후(不顧前後) 일의 앞뒤를 돌아보지 않음. 하다
불고=지죄[―죄](不告知罪)〖법률〗국가 보안법의 죄를 범한 자를 알고도 고지하지 않음으로써 성립하는 죄.
불고 체면(不顧體面) 체면을 돌아보지 않음. 하다
불곡(不穀) 임금이나 제후(諸侯)의 자칭(自稱). 곡식은 사람을 기르는 물건이나, 임금이나 제후는 백성을 잘 기르지 못하니 곡식보다 못하다는 뜻.
불골(佛骨) 부처의 유골. 불사리(佛舍利).
불공(不攻) 공격하지 않음. 하다
불공(不恭) 공손하지 않음. insolence 하다 스럽 스
불공(不恐) 두려워하지 않음. 하다 레
불공(佛工) 불구·불상 등을 만드는 사람.
불공(佛供)〖불교〗부처에게 공양하는 일. 불향(佛香). Buddhist mass 하다
불공대:천지=수(不共戴天之讎) 한 하늘 아래에서는 더불어 살 수 없는 원수. 곧, 임금이나 부모에 대한 원수. 불구대천지수(不俱戴天之讎). sworn enemy
불공=드리-다(佛供―)〖불교〗부처에게 공양을 드리다. 물린 밥. 되식밥.
불공-밥[―빱](佛供―)〖불교〗부처 앞에 올렸다가
불공 손손[―쏜](不恭不遜)〖불교〗공손하지 않음. 하다
불공 설화(不恭說話) 공손하지 않은 말. 함부로 지껄이는 말.
불공=쌀(佛供―)〖불교〗불공에 쓰는 쌀. 하다
불공 자파(不攻自破) 치지 않아도 스스로 깨어짐.
불=공정(不公正) 공정하지 아니함. injustice 하다
불=공평(不公平) 공평하지 않음. inequality 하다
불공 합ː락(不攻陷落) 공격하지 않고 함락함. 하다
불과(佛果)〖불교〗불도 수행으로 얻게 되는 과보(果報). 성불(成佛)의 증과(證果). Buddhahood
불과(不過) 어떤 수량에 차지 못함을 나타내는 말. ¶ ~ 이백 원밖에 안 된다. only 하다
불과시(不過是) ①기껏해서. 겨우. merely ②이는 다만. is just to say…
불관(不關) 관계하지 않음. noninterference 하다
불관지=사(不關之事) 상관없는 일. 관계가 없는 일.
불괴(不愧) 부끄럽지 아니하다. 하다
불교(佛敎)〖종교〗석가 모니를 개조로 하고 자비를 근본 종지로 하는 종교. 불법(佛法)①. Buddhism
불교=가(佛敎家) 불교를 연구하거나 불교에 해박한 지식이 있는 사람. Buddhist scholar hist
불교=도(佛敎徒) 불교를 믿는 무리. 불도. Buddd
불교 문학(佛敎文學)〖문학〗불교 사상을 바탕으로 하는 문학. Buddhist literature
불교 문화(佛敎文化) 불교에서 발달한 문화. 또는 불교가 끼쳐 준 문명(文明). Buddhist civilization
불교 미ː술(佛敎美術)〖미술〗불교에 관계되는 미술. 사탑(寺塔) 건축·불상 조각·불상 회화(繪畫)·불구(佛具)의 공예. Buddhist art
불교 예ː술(佛敎藝術) 불교 문학·불교 미술·불교 음악을 통들어 일컫는 말.
불교 음악(佛敎音樂) 불교에서 쓰이는 각종 음악.
불구(不久) 오래 되지 않음. being not long 하다 (勿拘). being free from 하다
불구(不拘) 거리끼지 아니함. 구애되지 않음. 물구
불구(不具) 몸의 어느 부분이 온전하지 아니함. deformity ②편지 끝에 '불비(不備)'의 뜻보다 조금 낮게 쓰는 말. Yours truly in Buddhist rites
불구(佛具)〖불교〗부처 앞에 쓰는 모든 기구. articles used
불구대ː천지=수(不俱戴天之讎)〖동〗불공대천지수(不共戴天之讎).
불구 동ː사(不具動詞)〖동〗불완전 동사(不完全動詞).
불구 문달(不求聞達) 세상에 이름이 떨치기를 바라지 않음. not seeking fame 하다
불구 소ː절(不拘小節) 사소한 예절에 얽매이지 않음. nonrestraint 하다
불=구속(不拘束)〖법률〗피의자를 구속하지 않음.
불=구슬(佛―) 불빛과 같이 빛깔이 붉은 구슬. fiery gem
불구=아(不具兒) 병신 아이.
불구=자(不具者) 몸이 성치 못한 병신. 全自動詞
불구 자동ː사(不具自動詞)〖동〗불완전 자동사(不完
불구 타동ː사(不具他動詞)〖동〗불완전 타동사(不完全他動詞). '-에도·-데도' 뒤에 쓰임.
불구하고(不拘―) 무엇에 구애되지 아니하다. 주로
불구 형용사(不具形容詞)〖동〗불완전 형용사.
불국(佛國) ①〈불교〉부처가 있는 국토. ②〖동〗불란서(佛蘭西). 남. preeminence 하다
불군(不群) 다른 사람과는 비할 바 없이 매우 뛰어
불굴(不屈) 뜻대로 굽히지 아니함. ¶ 백절(百折)~. being indomitable 하다 을 꾀함. treason
불궤(不軌) ①법이나 도리에 벗어남. ②모반(謀叛)
불궤지=심(不軌之心) 모반을 피하는 마음.
불귀(不歸) ①떠나서 돌아오지 아니함. not returning ②죽음. ¶ ~의 객(客). death 하다
불귀=객(不歸客) 딴 세상으로 가서 돌아오지 못하는 사람. 곧, 죽은 사람. dead person
불=귀신(不―鬼神) 불을 맡아 다스리거나, 불을 낸다고 하는 귀신.
불=규율(不規律) 규율이 서지 아니함.
불=규칙(不規則) 규칙이 서지 아니함. 일정하지 않음. irregularity 하다
불규칙 동ː사(不規則動詞)〖어학〗어미(語尾) 활용이 규칙적이 아닌 동사. 변격 동사. 변칙 동사. 벗어난 움직씨.
불규칙 용ː언(不規則用言)〖어학〗어미(語尾) 활용이 규칙적이 아닌 용언. 변격 용언. 변칙 용언. 벗어난 풀이씨.
불규칙 형용사(不規則形容詞)〖어학〗어미(語尾) 활용이 규칙적이 아닌 형용사. 변격 형용사. 변칙 형용사. 벗어난 그림씨.
불균질=로(不均質爐)〖물리〗핵연료와 감속재(減速材)를 균일하지 않게 혼합시킨 원자로. (대) 균질로. heterogeneous reactor
불균질형 원자로(不均質型原子爐)〖물리〗원자핵 연료와 감속재를 혼합하지 않고 구성한 형의 원자로. heterogeneous reactor balance 로
불=균형(不均衡) 균형이 잡히지 못함. want of
불그데-하다[형][여불]좀 약하게 불그스름하다. 《작》불그대하다. gaudily red
불그뎅뎅-하다[형][여불]격에 어울리지 않게 불그스름하다. 《작》 불그댕댕하다. reddish
불그레-하다[형][여불]약간 곱게 불그스름하다. 《작》 불그레하다. reddish
불그름-하다[형][약]→불그스름하다.
불그무레-하다[형][여불]태가 잘 안 나게 옅게 불그스름하다. 《작》 불그므레하다. reddish
불그숙숙-하다[형][여불]수수하게 불그스름하다. 《작》 불그속속하다. reddish
불그스름-하다[형][여불]정도에 못 미치게 좀 붉다. 《작》

불그름하다. 《작》불그스름하다. 《센》뿔그스름하다. reddish 불그스름-히甼

불그죽죽-하-다[형][여불] 고르지 못하고 좀 칙칙하게 불그스름하다. 《작》불그족족하다. 《센》뿔그죽죽하다. gaudily red

불근(不近)[명] 가깝지 않음. 하타

불근(不勤)[명] 부지런하지 못함. idleness 하타

불근-거리-다[자타] 질긴 물건을 입에 넣고 연해 씹다. 《작》불근거리다. chew on 불근=불근 하타

불근:신(不謹愼)[명] 근신하지 않음. 삼가고 조심하지 않음. 하타

불근 인정(不近人情)[명] 인정에 벗어남. 하타[하타] [bedience 하타]

불금(不禁)[명] 금하여 말리지 아니함. not prohibiting

불금-이자금(不禁而自禁)[명] 금하지 않아도 스스로 아

불급(不及)[명] 미치지 못함. 하타 니함. 하타

불급(不急)[명] 금하지 않음. being not urgent 하타

불긋-불긋[명] 군데군데 붉은 모양. 《작》볼긋볼긋. 《센》뿔긋뿔긋. red in spots 하타

불긋-하-다[형][여불] 약간 붉은 듯하다. 《작》볼긋하다. 《센》뿔긋하다. reddish

불긍(不肯)[명] 즐겨 하지 않음. 하타[bedience 하타]

불긍 저:의(不肯底意)[명] 마음에 즐기지 아니함. diso-

불기[—끼](一氣)[명] 《약》→불기운.

불기(不起)[명] 병들어 누운 채 다시 일어나지 못하고 세상을 버림. failing to recover 하타

불기(不羈)[명] 자유의 구속을 받지 아니하고 남에게 매이지 아니함. freedom from restraint 하타

불기(佛紀)[명] 〈불교〉①100년을 1기(紀)로 셈한 불타(佛陀)의 연기(年紀). Buddhist Era ②불가(佛家)에서 쓰는 연기. 기원 전 565년부터 시작함.

불기(佛器)[명] 〈불교〉 불공 때 부처에게 드리는 공양을 담는 그릇. bowls used on a Buddhist altar

불-기둥[—끼][명] 기둥 모양으로 높이 솟아오르는 불길. pillar of fire

불기소(不起訴)[명] 〈법률〉 형사 소송법에서 공소(公訴)의 제기에 관하여 법률상, 또는 사실상의 요건(要件)을 구비하였으되 기소하지 않는 일. non-prosecution 하타 [약] 불기. force of fire

불-기운[—끼][명] 불의 뜨거운 기운. 화기(火氣).

불기이:회(不期而會)[명] 뜻하지 않은 기회에 우연히 서로 만남. [rtance 하타

불긴(不緊)[명] 요긴하지 아니함. being of little impo-

불긴지:사(不緊之事)[명] 긴하지 않은 일. matter of no great urgency

불-길[—껄][명] ①활활 타오르는 불꽃. blazing flame ②세차게 타오르는 감정이나 정열을 비유하여 이름. ¶분노의 ~. passion ③세찬 기세로 전개되는 어떤 현상의 비유. ¶방방 곡곡에서 독립 운동의 ~이 일어났다. blaze [inauspiciousness 하타

불길(不吉) [명] 개수가 좋지 않음. 《대》 길(吉).

불길지:사[—찌—](不吉之事)[명] 불길한 일.

불길지:조[—찌—](不吉之兆)[명] 불길한 일이 일어날 징조. 불상지조(不祥之兆). ill omen

불-김[—낌][명] 불의 뜨거운 기운. heat of fire

불-깃[—낃][명] 산불을 막으려고 산의 언저리에 불을 놓아 미리 태워 버리는 일.

불-까다 동물의 불알을 발라 내다. 거세(去勢)하다. 불치다. castrate

불-꺼름[명] ①→불두덩. ②오줌통 위의 국부(局部)를 이르는 말.

불-꽃[명] ①타는 불에서 일어나는 붉은 빛을 띤 기운. 화염. flame ②쇠나 돌이 서로 부딪칠 때 반짝 일어나는 불빛. 석화(石火). ③방전(放電)할 때 일어나는 불빛. 스파크(spark). [꽃같이

불꽃-갈-다[부] 불꽃이 이는 형세가 대단하다. ardent 불

불꽃-놀이[명] 경축 행사나 기념 행사에서 화포를 쏘아 공중에서 불꽃이 일어나게 하는 놀이.

불꽃 반:응(一反應)[명] 〈화학〉 비교적 휘발하기 쉬운 화합물을 무색염(無色焰) 속에 넣으면 불꽃이 그 금속 원소 특유의 색을 나타내는 반응. 염색 반응(焰色反應).

불꽃 방:전(一放電)[명] 〈동〉 섬화 방전(閃火放電).

불꽃-심(一心)[명] 불꽃 중심부의 광휘(光輝)가 약한 부분. 염심(焰心). [쌔. kindling fire

불-꾸러미[명] 불씨를 옮기려고 짚나무나 짚뭉치 등에

불-끄-다[타불] 《대》 불켜다.

불끈[부] ①갑자기 내밀거나 떠오르는 모양. suddenly ②우뚝 솟아 있는 모양. lofty ③주먹을 단단히 쥐는 모양. 불끈. tightly

불끈-하다 성을 왈칵 내는 모양. suddenly 하타

불끈-거리-다[자] 걸핏하면 성을 잘 내다. 《대》 불끈거리다. be hot-tempered 불끈=불끈 하타

불-나다[자] 화재가 일어나다. fire breaks out

불-나:다[명]〈곤충〉 불나방과의 곤충. 길이 3 cm, 전 날개 8 cm, 온몸이 털로 덮여 있음. 북부는 적색, 앞 날개는 흑갈색에 황백색의 불규칙한 줄무늬가 있고, 뒷 날개는 적색에 네 개의 검은 무늬가 있음. 콩·뫼우·뽕나무 따위의 잎을 갉아먹는 해충임.

불난 데 부채질한다 [속] 엎친 데 덮치는 격으로 불운한 사람을 더 불운하게 만들거나, 노한 사람을 더 노하게 한다. [usion at the scene of a fire

불-난:리(一亂離)[명] 불이 나서 생긴 야단 법석. conf-

불난 집에서 불이야 한다 [속] 제 밀이 구린 사람이 남의 할 말을 제가 한다.

불난 집에 키 들고 간다 [속]→불난 데 부채질한다.

불남(不男)[명] 생식(生殖) 능력이 없는 남자. impotent man

불납(不納)[명] 세금·공납금 따위를 납부하지 않음. [타

불납 결손액(一一一)[一金](不納缺損額)[명] 불납으로 말미암아 결손이 된 조세의 금액.

불-내:다[타] 화재가 일어나게 불지르다. set fire to

불녕(不佞)[대] 재주가 없는 사람이라는 뜻으로, 자기를 낮추어 일컫는 말.

불노(不怒)[명] 성내지 않음.

불-놀음[명] ①등불·화포 등을 가지고 훔취 있다는 놀이. 화희(火戱). display of fireworks or lanterns ②〈동〉불장난①. 하타

불농 불상(不農不商)[명] 농사도 않고 장사도 하지 않으며 놓고 지냄. loaf 하타

불-놓-다[자] ①불을 붙여 타게 하다. set fire to ②〈광물〉 광산에서 폭약을 터뜨리기 위해 도화선에 불을 붙이다. light the fuse

불-놓이[명] 총으로 사냥함. 또, 그 일. hunting 하타

불능(不能)[명] ①능히 할 수 없음. 능력이 없음. impossibility ②능하지 못함. inability 하타

불능 문제(不能問題)[명]〈수학〉 자와 컴퍼스만 가지고는 불가능한 초등 기하학의 작도 문제. 각(角)의 삼등분 문제·입방 배적(立方倍積) 문제·원적(圓積) 문제 등.

블능-범(不能犯)[명]〈법률〉 행위가 성질상 범죄가 결과를 발생시킬 가능성이 없다고 인정되는 행위. impossible infraction

불-다[자][르불] 바람이 일어나다. blow

불-다[타] ①입에서 숨기운을 내어 보내다. breathe out ②관악기에 입을 대어 임김으로 소리를 내다. ¶나팔을 ~. blow ③지은 죄를 사실대로 말하다. confess [Buddhist altar

불단[—딴](佛壇)[명]〈불교〉 불상을 모셔 놓은 단.

불당[—땅](佛堂)[명]〈불교〉 불상을 모셔 놓은 집. 불각(佛閣). 불우(佛宇). 불전(佛殿). Buddhist sanctum [어내는 데 쓰는 연장. fire-rake

불-당그래[—땅—][명] 불을 아궁이에 밀어 넣거나 끌

불-더위[명] 몹시 심한 더위. scorching heat

불-덩어리[—덩—][명] 타고 있는 물체의 덩어리. ¶~가 되다. fireball

불-덩이[—명—][명] ①타고 있는 물체의 덩이. ②몹시 뜨겁게 다는 몸이나 물건을 비유한 말. ¶열이 올라 몸이 ~같다. [hist

불도[—또](佛徒)[명] 불교를 믿는 무리. 불교도. Budd-

불도[-圖](佛道)뗑 ①부처의 가르침. 법도(法道)③. teachings of Buddha ②불과(佛果)에 이르는 길.
불-도두개[-開]뗑 →심돈오개.
불도 수행[-修行](佛道修行)뗑 불도를 닦음. 하자
불도저(bulldozer)뗑 〈공업〉흙을 밀어내어 땅바닥을 깎아 고르는 트랙터.
불독(bulldog)뗑 〈동물〉개의 한 품종. 영국 원산으로 머리가 크고 네모졌으며 입은 폭이 넓고 위로 향하였는데 코는 짧고 넓적함. 키는 작으나 비다리는 튼튼하며 성질이 사나워 투견용·호신용으로 적합함. ②사납고 끈질긴 사람의 비유.
불-돌[-突]뗑 화로의 불이 쉬 사라지지 않게 눌러 놓는 돌 조각. stone used in the brazier
불-되-다뗑 누르거나 죄어치는 힘이 아주 심하다. [hard
불-두덩[-무-]뗑 자지나 보지 언저리의 두두룩한 부분. 신안(腎岸). pubis region
불두덩-뼈[-무-]뗑 〈동〉치골(恥骨).
불두-화[-頭-]뗑 (佛頭花)뗑 불두화나무의 꽃. 승두화(僧頭花). 설토화(雪吐花).
불두화-나무[-頭-](佛頭花-)뗑 〈식물〉인동과의 낙엽 활엽 관목. 높이 3 m 가량으로 잎은 난상의 긴타원형이고 여름에 순백색의 꽃이 핌. 사원 부근에 관상용으로 심음.
불등[-燈](佛燈)뗑 〈불교〉①부처 앞에 바치는 등불. ②무지의 암흑을 비추어 주는 부처의 자비 광명.
불-등걸[-等-]뗑 불이 이글이글 괸 숯등걸. live charcoal
불-땀뗑 불기운이 세고 약한 정도. heating power
불탐-머리뗑 자탈 때 남쪽으로 면하여, 햇빛을 많이 받아 불땀이 좋은 부분.
불-때-다땅 아궁이에 나무를 지펴 불을 태우다. make a fire   「없어 버림받음. good-for-nothing
불땔-감[-깜]뗑 ①불을 땔 만한 감. ②전혀 쓸모가
불땔-꾼뗑 심사가 비뚤어져 남의 일에 훼살을 잘 놓는 사람. troublemaker
불-똥뗑 ①심지의 끝이 다 타고 난 작은 불덩이. embers ②타는 물건에서 튀는 작은 불덩이. spark ③일이 딴 데로 미치는 실마리. ¶~이 방방곡곡으로 튀어 갔다. sequel
불똥-앉다뗑 심지 끝에 불똥이 생기다.
불똥두-부[-(一部)뗑 한자 부수(部首)의 하나. '丸·主' 등에서 ' 丶 '의 이름.
불똥-튀다뗑 사방으로 흩어져 떨어지다.
불뚝뗑 ①갑자기 불쑥 솟은 모양. abruptly ②갑자기 뚝뚝하게 성을 내는 모양. in a fit of anger
불뚝-거리-다쟁 연어이 불뚝 성을 내다. 불뚝-불뚝하자
불뚝-성뗑 갑자기 불끈 내는 성. ill-temperedness
불뚝-심지뗑 불끈 솟은 심지.
불뚝-하-다헁여 갑자기 솟아 불룩하다. protruding
불뚱-거리-다땅 소견이 좁아 톡하면 성이 나서 얼굴이 불룩해지다. ⟨작⟩불뚱거리다. sulk 불뚱-하자
불뚱-이뗑 걸핏하면 불뚱거리기를 잘하는 성질. 또, 그런 사람. quick temper   「one's temper
불뚱이 나-다뗑 불뚱거리는 성질이 일어나다. lose
불뚱이 내-다뗑 불뚱거리는 성질을 나타내다. get sullen   「orderliness 하자
불란[不亂]뗑 어지럽지 아니하다. ¶일사(一絲) ~.
불란-사(一紗)뗑 여름 옷감으로 쓰는 서양 피륙의 하나.
불란서(佛蘭西)뗑 '프랑스'의 음역(音譯). 불국(佛國)②. ⟨약⟩불②.
불란서 자-수(佛蘭西刺繡)뗑 흰 형겊에 흰 실로 수를 놓아 보기에 레이스와 같은 수예. ①구미(歐美) 여러 나라에서 많이 행하여짐.
불량(不良)뗑 ①좋지 못함. ¶~한 상품. inferiority ②행실이 나쁨. 착하지 못함. ¶~한 무리들. ⟨대⟩선량(善良). depraved 하영
불량(佛糧)뗑 〈불교〉불공(佛供)에 쓸 곡식. rice for

불량-답(佛糧畓)뗑 〈원〉→불양답.
불량 도체(不良導體)〈물리〉나무·유리·석면 등과 같이 열이나 전기가 잘 통하지 않는 물체. 부도체(不導體). ⟨대⟩양도체(良導體). non-conductor
불량-배(不良輩)뗑 행실이 불량한 무리. hoodlums
불량 분자(不良分子)뗑 ①성행이 나쁜 사람. ②어떤 조직체 안에 있는 좋지 못한 소수의 사람.
불량 소:년(不良少年)뗑 행실이 좋지 못한 소년. delinquent boy
불량-아(不良兒)뗑 성행(性行)이 나쁜 아이. rowdy
불량-자(不良者)뗑 ①성질이나 품행 등이 좋지 못한 사람. ②⟨속⟩깡패.
불량-증[-症](不良症)뗑 〈의학〉비정상적인 증세. 나쁜 병증(病症). ¶소화 ~.
불러-내-다탕 불러서 나오게 하다. call out
불러-들이-다탕 ①불러서 안으로 들어오게 하다. call in ②관청에서 소환하다. summon
불러-먹다탕 협박장을 보내거나 밤중에 불러내어 남의 재물을 강탈하는 짓. blackmail 하자   「하다.
불러-오-다탕 ①불러서 오게 하다. ②불러서 가져오다
불러-일으키-다탕 ①불러서 이르키다. 깨우다. ②숨어 있거나 드러나 있지 않은 것을 드러나게 하다.
불려 가-다딴 부름을 받고 가다.
불력(佛力)뗑 〈불교〉부처의 위력 또는 공력(功力). Buddha's influence
불렴(不廉)뗑 값이 싸지 않음. being not cheap 하영
불령(不逞)뗑 ①불만·불평을 품고 함부로 행동함. insubordination ②품행이 바르지 못함. wild
불령 분자(不逞分子)뗑 나라에 불령 불만을 품고 멋대로 행동하는 사람.
불령지-도(不逞之徒)뗑 나라에 대하여 불평 불만을 품고 제멋대로 행동하는 무리. rebels
불로(不老)뗑 늙지 아니함. 하자
불로(不勞)뗑 근로하지 않음. 하자
불로 불사(一一)(不老不死)뗑 언제까지나 늙지도 죽지도 아니함. eternal youth 하자   「는다는 약.
불로 불사약(一一一)(不老不死藥)뗑 늙지도 죽지도 않
불로 불소(一一)(不老不少)뗑 늙지도 젊지도 않음. neither old nor young 하영
불로 소:득(不勞所得)뗑 〈경제〉생산적 노동에 직접 종사함이 없이 얻는 소득. 이익 배당금이나 이자 따위. ⟨대⟩근로 소득. unearned income
불로-약(不老藥)뗑 먹으면 늙지 않는다는 약. elixir of life   「youth 하자
불로 장생(不老長生)뗑 늙지 않고 오래 삶. ageless
불로-초(不老草)뗑 먹으면 늙지 않는다는 풀. 선경(仙境)에 있다는 신효약(神效藥). elixir of life
불룩-거리-다땅 탄력 있는 물건이 켕기면서 내밀었다 들어갔다 하다. 또, 그리 되게 하다. ⟨작⟩볼록거리다. bulge 불룩-불룩하자
불룩-하-다헁여 한쪽이 쑥 내밀어 있다. ⟨작⟩볼록하다. 켕기면서 겉으로 쑥 내밀어 있다. ⟨작⟩볼록하다. bulging 불룩-히위   「씨. immoral 하영
불륜(不倫)뗑 인륜에 어긋남. 도덕에 벗어남. ¶~의
불리(不利)뗑 이롭지 못함. ⟨대⟩유리(有利). disadvantage 하영
불리-다¹탕 배를 부르게 하다. fill
불리-다²탕 ①쇠를 불에 달구어 단련하다. temper ②곡식을 바람에 불리어 잡것을 제거하여 버리다. be blown
불리-다³〈제도〉과거에 급제한 사람을 잘 알던 선배가 찾아와서 삼진 삼퇴(三進三退)를 시키어 놀려어 괴롭게 하다.
불리-다⁴탕 ①액체 속에 추겨서 붇게 하다. ¶빨래를 ~. soak ②제물을 붇게 하다. ¶이만 원을 이십만 원으로 ~. increase
불리-다⁵쟁 ①남에게 부름을 받다. be called ②바람을 받아서 날리어지다. be blown ③악기가 붊을 당하다.
불리-다⁶탕 ①악기를 붊게 하다. make (one) blow

②지은 죄를 사실대로 말하게 하다. 자백시키다. make (one) confess

불림[명] ①쇠를 불에 달구어 불리는 일. tempering ②물에 축여 불리는 일. soaking

불림²[명] ①죄인이 같이 죄를 범한 자를 일러바침. ②노름판에서, 무엇이라고 불러서 남에게 알리는 짓. announcing 하타

불립 문자[―짜](不立文字)[명]〈불교〉글이나 말에 의하지 아니하고 마음에서 마음으로 불도를 전하고 깨달음. 선종(禪宗)의 교리(敎理). communication by unwritten words of meditative Buddhist sect

불마(不磨)[명] 부서져서 없어지지 아니함. 불후(不朽).

불만(不滿)[명][약]→불만족. [eternal 하타

불만 저:의(不滿底意)[명] 마음에 차지 않음. 하타

불-만:족(不滿足)[명] 만족하지 아니함. [약] 불만. dissatisfaction 하타 스럽 스레다

불망(不忘)[명] 잊지 아니함. not forgetting 하타

불망-기(不忘記)[명] 잊지 않기 위하여 적어 두는 글발. memo [to be forgotten

불망지-은(不忘之恩)[명] 잊지 못할 은혜. favour never

불-매(조류) 매과의 새. 수리보다 작고 높은 암갈색, 배 부분은 흼. 발가락까지 털로 덮이고 꽁지는 둥긂. 높은 산에 살며 사냥매로 쓰임.

불매(不買)[명] 사지 않음. 하타

불매(不賣)[명] 팔지 않음. 하타

불매 동맹(不買同盟)[명]〈사회〉어떤 생산자나 장사군의 물건을 사지 않기로 약속한 동맹. 비매 동맹(非買同盟). boycott

불매-증[―쯩](不眠症)[명]〈한의〉잠이 잘 오지 아니하는 병증. 불면증(不眠症). insomnia

불면(不免)[명] 면할 수가 없음. 하타

불면(不眠)[명] ①잠을 자지 않음. ②잠을 못 잠.

불면 꺼질까 쥐면 터질까/불면 날까 쥐면 꺼질까 어린 자녀를 애지중지하여 아주 곱게 기름을 이르는 말.

불:면:목(不面目)[명] 면목이 없음. [는 말.

불면 불휴(不眠不休)[명] 조금도 쉬지 않고 힘써 일함. denying oneself sleep and rest 하타

불면-증[―쯩](不眠症)[명][동]불매증.

불멸(不滅)[명] 없어지지 아니함. 멸망하지 아니함. immortality 하타 [death

불멸(佛滅)[명]〈불교〉불타(佛陀)가 죽은 일. Buddha's

불명(不明)[명] ①[약]→불분명(不分明). ②어리석음. 사리에 어두움. stupidity 하타

불명(佛名)[명]〈불교〉①부처의 이름. Buddha's name ②불법(佛法)에 귀의한 신남 신녀(信男信女)에 붙이는 이름. Buddhist name

불=명료(不明瞭)[명] 분명하고 똑똑하지 않음. 불분명(不分明). ambiguity 하타

불명=수[―쑤](不名數)[명][동] 무명수(無名數).

불=명예(不名譽)[명] 명예스럽지 못함. 명예가 손상됨. dishonour 하타 스럽 스레다

불명예 제대(不名譽除隊)[명] 군법 회의에서 유죄 판결을 받아 하는 제대. dishonourable discharge

불-명확(不明確)[명] 명확하지 않음. 하타

불모(不毛)[명] ①땅이 메말라서 곡물이나 다른 농작물이 나지 아니함. [대] 비옥(肥沃). barrenness [명] [약]→불모지(不毛之地). [리는 사람.

불모(佛母)[명]〈불교〉①불타의 어머니. ②불상을 그

불모-이동(不謀而同)[명] 미리 짠 일이 없는데도 의견이 같음. coincidence 하타

불모-지(不毛地)[명][동] 불모지지.

불모지-지(不毛之地)[명] 풀이나 나무가 나지 않은 거칠고 메마른 땅. 붉은대서리②. [약] 불모(不毛)². [place of a Korean room

불-목[명] 온돌 아랫목의 가장 더운 자리. warmest

불목(不睦)[명] 일가 사이가 화목하지 못함. [대] 화목(和睦). disharmony 하타 [일을 하는 사람. cook

불목-하니[명]〈불교〉절에서 나무하고 밥짓고 물긷는

불무(不無)[명] 없지 아니함. is not lacking 하타

불:무(文)[고] 풀무.

불문(不文)[명] ①글을 잘하지 못함. illiteracy ②[약]→불문법(不文法). ③[약]→불성문법(不成文). 하타

불문(不問)[명] 묻지 않고 그대로 내버려 둠. 밝히지 않고 버림. not questioning 하타 [학.

불문(佛文)[명] ①프랑스어의 글. French ②[약]→불문학.

불문(佛門)[명][동] 불가(佛家)①. [being obvious

불문 가:지(不問可知)[명] 묻지 않아도 알 수 있음.

불문 곡직(不問曲直)[명] 이치에 맞고 안 맞음을 묻지 않고 함부로 행함. 덮어놓고 마구 함. 곡직 불문(曲直不問). without inquiring into the right or wrong 하타

불문-법[―뻡](不文法)[명]〈법률〉글자로 표현되고 일정한 절차를 밟아 제정된 성문법(成文法) 이외의 법. 관습법(慣習法)·판례법(判例法) 따위. 불문율(不文律). 불성문율(不成文律). [대] 성문법(成文法). 불문법(不文法)². unwritten law

불문=율[―뉼](不文律)[명] 불문법(不文法).

불-문학(佛文學)[명]〈문학〉①프랑스어로 된 문학. 불문을 연구하는 학문. ②프랑스어로 된 모든 문에 작품. [약] 불문(佛文)². French literature

불문 헌:법[―뻡](不文憲法)[명]〈법률〉성문법의 형식을 취하지 않고 존재하는 국가의 기본법. 영국에서 [만 불 수 있음.

불woods골[고] 골풀무.

불미(不美)[명] 아름답지 못함. ¶―스러운 행동. disgrace 하타 스럽 스레다 [rice for a Buddhist altar

불미(佛米)[명]〈불교〉부처 앞에 밥을 지어 올리는 쌀.

불미지-설(不美之說)[명] 자기에게 누(累)가 미칠 아름답지 못한 말. unsavory remark

불민(不敏)[명] 우둔하며 민첩하지 못함. ¶저의 ~한 탓으로 일을 당쳤소. [대] 민첩(敏捷). inability 하타

불민(不憫·不愍)[명] 딱하고 가엾음. pity 하타 [명]

불-바다[명] ①사나운 기세로 넓은 면적에 걸쳐 타오르는 불. 화해(火海). conflagration ②불이 환하게 켜져 있는 넓은 곳. brightly lighted place

불반(佛盤)[명][동] 불발우(佛鉢子).

불-받-다[자] 남에게 큰 해를 입다. be badly affec-

불발(不拔)[명] 든든하여 빠지거나 꺾이지 않음. 의지가 굳어서 동요하지 않음. ¶~의 정신. firmness 하타

불발(不發)[명] ①던진 폭탄이 터지지 아니함. misfire ¶~한 포탄. ②떠날 길을 떠나지 않음. not departing 하타 [이 달린 그릇.

불발(佛鉢)[명]〈불교〉부처 앞에 올리는 밥을 담는 굽

불-발기[명]〈건축〉세 쪽 또는 네 쪽 장지의 가운데를 교창(交窓)이나 완자창 모양으로 짠 식(式). 위아래 부분은 종이로 안팎을 싸 바름.

불발-우(佛鉢字)[명]〈불교〉불발을 받치고 들고 다니는 큰 쟁반. 불반(佛盤).

불발-탄(不發彈)[명] ①발사 안 되는 총탄. ②발사 후에도 폭발 않은 탄환. unexploded shell

불-밤송이[명] 채 익기도 전에 말라 떨어진 밤송이.

불벌(佛罰)[명]〈불교〉부처가 내리는 벌.

불범(不凡)[명] 평범하지 않음. 보통이 아님. 비범(非凡). uncommonness 하타

불범(不犯)[명] ①남의 것을 건드리지 않음. not trespassing ②〈불교〉남녀가 몰래 정을 통하지 않음. abstinence from sexual intercourse 하타

불법(不法)[명] 법이 아님. 법에 어긋남. 비법(非法). 위법(違法). ¶~으로 처리하다. [대] 합법(合法). unlawful 하타

불법(佛法)[명]①[동] 불교. ②부처의 법문(法文).

불법 감금(不法監禁)[명]〈법률〉법원·검찰·경찰 등 구속에 관한 직무를 맡은 공무원 또는 이를 보조하는 사람이 그 직권을 남용하여 사람을 함부로 감금하는 일. illegal confinement 하타

불법-계(佛法界)[명]〈불교〉불법(佛法)에 의하여 지배되는 세계. 불가(佛家)①.

불=법:승(佛法僧)[명]〈불교〉삼보(三寶)가 되는, 여

래(如來)·교법(敎法)·비구(比丘).
불법=적(不法的)[명] 법에 어그러지는(것).
불법 점유(不法占有)[명]〈법률〉점유할 권리가 없음에도 주장하고 점유함. illegal possession 하타
불법 체포(不法逮捕)[명]〈법률〉법원·검찰·경찰 등 구속에 관한 직무를 맡은 공무원 또는 이들 공무원인 사람이 그 직권을 남용하여 사람을 함부로 체포하는 일. illegal arrest 하타
불법 행위(不法行爲)[명]〈법률〉고의·과실로 남에게 손해를 주는 행위. 법에 어긋난 행위. unlawful act
불법 행위 능력(不法行爲能力)[명]〈법률〉불법 행위로 인한 손해 배상 책임을 지는 능력.
불법=화(不法化)[명] 국책(國策)에 어긋나는 정당이나 사회 단체를 불법적인 것으로 인정함. 하타
불=벼락[명] ①갑자기 사격을 받거나 욕을 뒤집어 씀. unexpected fire ②호된 책망. bitter criticism
불=벼룩[명] 굶어서 몹시 무는 벼룩. flea 하타
불변(不辨)[명] 분변(分辨)하지 못함. indiscrimination
불변(不變)[명] ①변하지 않음. (대) 변화. permanence ②고쳐서 다르게 하지 아니함. (대) 가변(可變). unchangeability 하타
불=변=경(不變更)[명] 변경하지 아니함.
불변=경주의(不變更主義)[명]〈법률〉형사 소송법상의 직권주의(職權主義)의 하나. 한 번 공소(公訴)의 제기를 한 이상 그 취소를 허용하지 않는 주의. 《대》 처분권주의(處分權主義).
불변 기간(不變期間)[명]〈법률〉법규상 법원이 늘이거나 줄일 수 없게 되어 있는 법정 기간의 하나. peremptory term
불변 비:용(不變費用)[명]〈경제〉생산량의 증감에 따라 변화하지 않는 비용. 고정비나 지대(地代) 등. (대) 가변 비용(可變費用).
불변=색(不變色)[명] ①오래도록 변하지 않는 빛깔. permanent colour ②화포(畫布) 위에 칠하여 보통의 상태에서는 영구히 변색하지 않는 그림 물감. fast colours
불변색 사진(不變色寫眞)[명] 오래도록 빛깔이 바래지 않도록 가공한 사진. fast-colour photograph
불변=성[-썽](不變性)[명] 변하지 않는 성질이나 특성. inalterability
불변 자:본(不變資本)[명]〈경제〉생산 수단이나 원료 등에 쓰이는 자본. 《대》 가변 자본(可變資本). constant capital
불=병풍(-屛風)[명] 바람을 막기 위해 화로를 가리는 작은 병풍. small screen placed around a brazier
불=별(-別)[명] 몹시 뜨겁게 내리쬐는 볕. scorching sunlight
불별=나-다[자] 흐리던 날이 개고 불별이 내려 쬐다. blaze down on
불보(佛寶)[명]〈불교〉①석가모니불과 그 밖의 모든 부처를 높여 이르는 말. ②묘지(妙智)를 이루어 그 도가 원각(圓覺)에 오름을 가리키는 말. Buddhas
불=보살(佛菩薩)[명]〈불교〉부처와 보살. Buddha and Buddhist saints
불복(不服)[명] ①복종하지 아니함. 불복종. discontent ②복죄(服罪)하지 않음. insubordination 하타
불복 상:고(不服上告)[명]〈법률〉고등 법원 판결에 복종하지 않고 대법원에 상소함. 상고(上告)②. 하타
불복 신청(不服申請)[명]〈법률〉①행정 처분을 위법 또는 부당하다고 보아 그 취소나 변경을 관계 행정 기관에 청구하는 일. ②원재판 또는 집행 행위나 처분으로 인하여 불이익을 받은 사람이 동일 또는 상급의 법원에 그 취소 변경의 재판을 요구하는 일. appeal of dissatisfaction
불=부일(不卜日)[명] 혼인이나 장사 따위를 급히 지내느라고 날을 가리지 않고 지냄. 하타
불=복종(不服從)[명] 복종하지 않음. 불복(不服)①. 하타
불본의(不本意)[명] 본의가 아님.
불부(佛部)[명]〈불교〉밀교(密敎) 삼부(三部)의 하나.
불=부채[명] 불을 부치는 데 쓰는 부채. 화선(火扇).

불분(不分)[명] 분간하지 못함. 하타
불분 동서(不分東西)[명] 어리석어서 동서의 방향도 가리지 못함. 불분 상하. idiot 하타
불-분명(不分明)[명] 분명하지 못함. 불명료(不明瞭). (약) 분명(不明)②. indistinctness 하타
불분 상:하(不分上下)[명] 어리석어서 상하의 구별을 알지 못함. 불분 동서. unable to distinguish the rank 하타
불분 승:부(不分勝負)[명] 승부가 분간이 나지 않음. difficult to decide who is the victor 하타
불분 주야(不分晝夜)[명] 썩 바쁠 때에 밤낮을 가리지 않고 힘써 함. working day and night 하타
불-분할(不分割)[명] 분할하지 아니함. 하타 「시킴.
불불는 데 키질하기[속] 잘못 되어가는 일을 더욱 악화
불붙-다[-붇따][자] ①물에 붙이 붙어 타기 시작하다. catch fire ②어떤 일이 치열하게 벌어지다. ¶싸움이 다시 ~.
불=붙이-다[-부치-][타] 불을 대어서 붙게 하다. light
불비(不備)[명] 다 갖추지 못함. 흔히 편지의 끝에 씀. (대) 구비(具備). deficiency 하타
불비지=혜(不費之惠)[명] 자기에게는 해가 될 것이 없어도 남에게는 이익이 될 만하게 베풀어 주는 은혜.
불빈(不貧)[명] 가난하지 않음. being no poor 하타
불=빛[-삧][명] ①타오르는 불의 빛. 화광(火光). fire light ②전기나 등잔불의 빛. light ③타는 듯한 붉은 빛깔. fiery red 「attending one's office 하타
불사(不仕)[명] 벼슬을 시켜도 나서지 않음. not
불사(不死)[명] ①죽지 않음. ¶~의 생명은 존재하지 않는다. immortality ②속언으로서 열불을 공부하다가 죽은 혼령을 무당이 일컫는 말. 하타
불사(不似)[명] 닮지 않음. 하타 「iting 하타
불사(不俟·不竢)[명] 기다리지 않음. not awa-
불사(不辭)[명] 사양하지 않음. ¶죽음을 ~하다. act in an unreserved way 하타
불사(佛寺)[명]〈동〉절².
불사(佛事)[명]〈불교〉불가(佛家)에서 행하는 모든 일. 법사(法事). Buddhist rites 「람.
불사(佛師)[명]〈불교〉불상(佛像)을 만드는 사
불=사르-다[르변] ①불에 사르다. lay in ashes ②정열이나 감정 따위를 세차게 쏟다. ③부정적인 것을 죄다 없앤다.
불=사리(佛舍利)[명]〈불교〉불타(佛陀)의 끼친 사리(舍利). 석가의 유골(遺骨). 불골(佛骨). Buddha's ashes
불사 불멸(不死不滅)[명] 신의 특성의 하나. 죽지도 않고 없어지지도 않음. 또, 그 일. immortality 하타 「차려 놓는 제물상의 하나.
불사=상(佛事床)[명]〈민속〉무당이 굿할 때에
불사 세:다[-써다](不似-)[명]〈민속〉조상 중에 불사(不似)된 이가 있어 자손 양육에 힘이 든다.
불사=신(不死身)[명] ①베거나 찔러도 상해(傷害)를 견디어 내는 굳센 신체. ¶~으로 화(化)하다. invulnerable body ②어떤 곤란을 당해도 기력을 잃지 않는 굳센 성격을 가진 사람. ¶참으로 그대는 ~이다.
불사=약(不死藥)[명] 사람이 먹으면 죽지 않고 오래 산다는 선약(仙藥). elixir of life
불사 영:생(不死永生)[명] 죽지 않고 영원히 삶. immortality 하타 「을 섬기지 아니함.
불사 이:군[-싸-](不事二君)[명] 두 임금
불사=조[-싸-](不死鳥)[명] 이집트 신화에 나오는, 신비한 새. 퍼닉스. Phoenix
불사=초[-싸-](不死草)[명]〈동〉맥문동(麥門冬)①.
불살[-쌀](不殺)[명] 죽이지 않음. 하타
불=살생[-쌩](不殺生)[명] 살생을 하지 않음. 하타
불삼[-쌈](佛-)[명] →부삼.
불삼[-쌈](黻翣)[명] '弗'자 모양을 그린 널조각에 자루를 달아 발인(發靷)때 상여 앞뒤에 세우고 가는 제구.

불상[-쌍](不祥)[명] 상서롭지 못함. 경사스럽지 못함. inauspiciousness 하형

불상[-쌍](不詳)[명] 자세하지 아니함. being unknown

불상[-쌍](佛像)[명]《불교》부처의 얼굴 모습. [하형]

불상[-쌍](佛像)[명]《불교》부처의 형상을 새긴 것이나 그린 것. 불체②. Buddha's image

불-상견[-쌍-](不相見)[명] 마음이 맞지 않아 서로 만나 보지 않음. 하형 [person

불=상놈[-쌍-](-常-)[명] 아주 천한 상놈. vulgar

불-상능[-쌍-](不相能)[명] 서로 사이가 좋지 못함. 하형

불-상당[-쌍-](不相當)[명] 서로 걸맞지 않음. 하형

불-상동[-쌍-](不相同)[명] 서로 같지 않음. 하형

불-상득[-쌍-](不相得)[명] 두 사람의 마음이 서로 맞지 않음. 하형 [못한 일. disgraceful affair

불=상사[-쌍-](不祥事)[명] 상서롭지 못한 일. 좋지

불=상용[-쌍-](不相容)[명] 서로 용납하지 못함. being incompatible with 하형

불=상응[-쌍-](不相應)[명] 상응하지 않음. 하형

불=상:정(不上程)[명] 의안(議案)을 회의에 내지 않음.

불상지-언[-쌍-](不祥之言)[명] 상서롭지 못한 말.

불상지-조[-쌍-](不祥之兆)[명] 상서롭지 못한 징조.

불-상투[명]→복상투. [불切지조(不吉之兆).

불-상합[-쌍-](不相合)[명] 서로 부합하지 않음. 하형

불상-화[-쌍-](佛桑花)[명]《식물》무궁화과의 상록 교목. 잎은 표면에 짙은 녹색 광택이 나고 가에 톱니가 있음. 온실에서 재배하는데 겨울에서 초봄에 걸쳐 붉은 꽃이 핌. 하와이의 '여래'의 딸이됨.

불생(不生)[명]《불교》상주(常住)하며 불생 불멸

불생 불멸[-쌩-](不生不滅)[명]《불교》생겨나지도 않고 없어지도 않는 진여(眞如)의 경지에 이름. 하형

불생 불사[-쌩-싸-](不生不死)[명] 죽지도 않고 살지도 않고 겨우 목숨만 붙어 있음. mere living 하형

불-생일[-쌩-](佛生日)[명]《불교》석가 모니의 탄생일(誕生日). 곧, 음력 사월 초파일. 불탄일(佛誕日).

불서[-쌔](佛書)[명]①《약》→불가서(佛家書). ②프랑스어의 책. French book

불서[-써](拂曙)[명]《동》불효(拂曉).

불-석[-썩](不惜)[명] 아끼지 않음. not sparing 하형

불석 신명[-썩-](不惜身命)[명]《불교》불법(佛法)을 닦기 위하여 몸이나 마음을 아끼지 않음. sacrificing one's life 하형 [음. 하형

불석 천금[-썩-](不惜千金)[명] 많은 돈을 아끼지 않

불선[-썬](不宣)[명] 다 말하지 못하였다는 뜻으로, 손아랫 사람에게 보내는 한문투 편지 끝에 쓰는 말. 존비하는 자리에는 쓰지 않음.

불선[-썬](不善)[명]①착하거나 좋지 못함. evil ②잘 하지 못함. wrong 하형

불선-감[-썬-](不善感)[명]《의학》우두(牛痘) 따위가 잘 감염(感染)되지 않아 음성(陰性)으로 나타남. ⟶선감(善感). negative reaction 하형

불선 거:행[-썬-](不善舉行)[명] 맡은 일을 잘 처리하지 가짐. failing to carry out satisfactorily 하형

불-선명[-썬-](不鮮明)[명] 선명하지 않음. 하형

불-선후[-썬-](不先不後)[명] 공교롭게도 꼭 좋지 못한 때를 당함. being just in time for a mishap 하형 [not caring 하형

불설[-썰](不屑)[명] 우습게 여겨 마음에 두지 않음.

불설[-썰](佛說)[명]《불교》부처의 가르치는 말. Buddha's teachings [하형

불섬[-썸](不瞻)[명] 살림이 넉넉하지 못함. deficient

불-섭생[-썹-](不攝生)[명] 건강에 대해 조심을 하지 않음. 하형 [lure 하형

불-성[-썽](不成)[명] 사물이 다 이루어지지 못함. failing

불성[-썽](不醒)[명]《약》→불성설.

불성[-썽](佛性)[명]《불교》①중생이 부처가 될 수 있는 가능성. possibility of becoming a Buddha ②부처의 법성(法性). 진리를 깨달은 본성(本性).

불성[-썽](佛聖)[명]《불교》'부처'를 거룩하게 이르는 말.

불-성공[-썽-](不成功)[명] 성공을 못함. 하형

불-성립[-썽-](不成立)[명] 일이 성립되지 못함. 하형

불-성모양[-썽-](不成貌樣)[명]①형체가 이루어지지 못함. failure to take a form ②몹시 가난하여 말이 아님. being in dire poverty ③옷차림이 형편 없음. shabbiness

불성-문[-썽-](不成文)[명] 문자로 써서 나타내지 않음. (⟷) 성문(成文). [약] 불문(不文)③. non-statute

불성문-율[-썽-](不成文律)[명]《동》불문법(不文法).

불-성설[-썽-](不成說)[명]《어》→어불성설(語不成說).

불-성실[-썽-](不誠實)[명] 참되지 못함. (⟷) 불성(不誠). insincerity 하형

불성 인사[-썽-](不省人事)[명] 정신을 잃어 인사를 가리지 못함. 인사 불성(人事不省). unconsciousness 하형. [공(功). extraordinary

불세[-쎄](不世)[명] 좀처럼 보기 드묾. 비상(非常)

불-세:례[-쎄-](-洗禮)[명]《기독》성령(聖靈)이 충만하여 마음의 죄악과 부정(不正)을 살라 청결하게 됨을 이르는 말. (⟷) 물세례. baptism of fire

불세지-공[-쎄-](不世之功)[명] 세상에 보기 드문 큰 공로. extraordinary services

불세지-재[-쎄-](不世之才)[명] 세상에 드문 큰 재주. 또, 그 사람. extraordinary talent

불-세출[-쎄-](不世出)[명] 좀처럼 세상에 나타나지 아니할 만큼 뛰어남. ¶ ~의 영웅. matchless 하형 [하형

불소[-쏘](不少)[명] 적지 아니함. being not a few

불소[-쏘](弗素)[명]《화학》원소 가운데서 가장 화합력이 세고, 냄새가 나는 여린 황록색의 기체. 플루오르. 원소 기호; F. 원자 번호; 9. 원자량; 19. 00. fluorine

불-소급[-쏘-](不遡及)[명]①과거로 거슬러 올라가지 아니함. ②(법률) 법은 그 실시 이전의 일에 적용되지 않음. ¶~의 원칙. irretroactivity 하형

불-소화[-쏘-](不消化)[명] 소화되지 않음. indigestion

불-속[-쏙](佛-)[명] 불이 타는 그 속. 화중(火中).

불-손[-쏜](不遜)[명] 공손하지 아니함. 거만함. (⟷) 겸손(謙遜). insolence 하형 히형

불수[-쑤](不隨)[명] 마음대로 되지 않음. 수족(手足)이 마비되어 자유로이 안 됨. ¶ 반신(半身) ~.

불수[-쑤](佛手)[명]→불수감. [paralysis

불수-감[-쑤-](佛手柑)[명] 불수감나무의 열매. 불수(佛手). horned orange

불수-감나무[-쑤-](佛手柑-)[명]《식물》운향과(芸香科)의 상록 아관목(亞灌木). 높이 2~3 m이고 잎은 긴 타원형에 엽액(葉腋)에 굵은 가시가 있음. 여름에 담자색 꽃이 피고, 누른빛의 과실은 겨울에 익는데 유자보다 크고 향기가 있음.

불수-강[-쑤-](不銹鋼)[명]《화학》크롬을 12% 이상 함유하고 있는 강철. 녹이 잘 슬지 않음. 스테인리스 스틸. stainless steel

불수[-쑤-](不隨)[명]《약》→불수의근. ¶는 동안.

불수-년[-쑤-](不數年)[명] 두세 해가 다 걸리지 않

불수 다언[-쑤-](不須多言)[명] 여러 말을 할 필요가 없음.

불-수리[-쑤-](不受理)[명] 수리하지 않음. 하형

불수-산[-쑤-](佛手散)[명]《한의》해산을 순하게 하기 위하여 쓰는 탕약. 궁귀탕(芎歸湯).

불-수의[-쑤-](不隨意)[명]《동》불여의(不如意).

불수의-근[-쑤-](不隨意筋)[명]《생리》의지(意志)에 의하여 움직일 수 없는 근육. 내장벽·혈관벽에 있는 평활근(平滑筋)이 이에 속함. 무문근(無紋筋). 민무늬근. 제대로근. (⟷) 수의근(隨意筋). [약] 불수근(不隨筋). involuntary muscle

불수의 운:동[-쑤-](不隨意運動)[명]《생리》경련·전율 따위처럼 운동 신경의 자극에 의하여 절로 일어나는 운동.

불-수:일[一쑤―](不數日)[명] 이삼일이 다 걸리지 않음. 「나힐 그 동안. in a couple of days
불수일=간[一쑤―깐](不數日間)[명] 이삼일이 다 가지 아니함.
불숙[―쑥](不熟)[명] ①익어야 할 물건이 익지 않음. unripeness ②서툴러서 익숙하지 못함. unskillfulness ③친하지 않음. unfamiliarity 하다[자]
불순[―쑨](不純)[명] 순수하지 못함. 하다[형]
불순[―쑨](不順)[명] ①온순하지 못함. ②순조롭지 못함. 하다[형]
불순=물[―쑨―](不純物)[명] 순수하지 못한 물질. impurities
불=순종[―쑨―](不順從)[명] 순종하지 아니함. 하다[자]
불=승인[―씅―](不承認)[명] 승인하지 않음. 하다[타]
불시[―씨](不時)[명] ①뜻하지 않은 때. unexpected time ②때아닌 때. 제철이 아닌 때. untimeliness
불=시계[―씨―](不時計)[명] 선향(線香)이나 화승(火繩)에 불을 붙여 타들어가는 것으로써 시간을 재는
불시-로[―씨―](不時―)[부] 뜻하지 않게.   「시계.
불시-에[―씨―](不時―)[부] 뜻하지 않은 때에. ¶~ 찾아왔다. all of a sudden   「피이한 일이 아님.
불시-이사[―씨―](不是異事)[명] 이상할 것이 없는 일.
불시=수[―씨―](不時之需)[명] 뜻하지 않은 때에 먹게 된 음식. unexpected food
불시 착륙[―씨―](佛時着陸)[명] ¶약→불시 착륙.
불시 착륙[―씨―](不時着陸)[명] 비행기가 나는 동안에 사고로 말미암아 예정되지 않은 지점에 불시에 착륙하는 일. [약] 불시착(不時着). 하다[자]
불식[―씩](不食)[명] 먹지 않음. fasting 하다[타]
불식[―씩](不息)[명] 쉬지 않음. never resting
불식[―씩](佛式)[명] 불가의 방식. 불교의 의식. Buddhist ritual 하다[자]   「식불(拭拂). wiping out 하다[타]
불식[―씩](佛拭)[명] 털고 훔침. 말끔히 씻어 덮힘.
불식 자포[―씩―](不食自逋)[명] 사사로이 떼어먹지 않았는 데도 공급이 저절로 죽남. natural deficit
불식지=공[―씩―](不息之工)[명] 늘 쉬지 않고 꾸준히 하는 일. steady work
불식지=보[―씩―](不食之報)[명] 아버지나 할아버지의 숨은 덕의 힘을 입어 자손이 잘 되는 보응(報應). reward of one's ancestor's good deeds
불신[―씬](不信)[명] ①믿지 아니함. distrust ②부처나 신을 믿지 않음. perfidy ③성실하지 않음. 거짓이 많음. insincerity 하다[자]
불신[―씬](佛身)[명] 부처의 몸. 불체[體].
불신[―씬](佛神)[명] 부처와 신.   「같은 느낌.
불신-감[―씬―](不信感)[명] 믿지 못하는 마음. 미덥
불신-론[―씬―](佛身論)[명]〈불교〉석가 모니불의 몸에 관한 논.
불=신:실[―씬―](不信實)[명] 신실하지 않음. 하다[형]
불=신앙[―씬―](不信仰)[명] 신앙하지 않음. disbelief 하다[자]   「하다[타]
불=신:용[―씬―](不信用)[명] 신용하지 않음. distrust
불=신:임[―씬―](不信任)[명] 신임하지 않음. nonconfidence 하다[타]
불신:임 결의[―씬―](不信任決議)[명]〈정치〉신임하지 아니한다는 취지의 합의체의 의사. 보통, 의원 내각제에서, 의회가 내각 또는 국무 위원을 신임하지 않는다는 의사 표시. nonconfidence vote
불신:임-안[―씬―](不信任案)[명]〈정치〉의회에서, 정부 또는 국무 의원에 대한 불신임을 결의하는 안건. non-confidence vote   「자(信者). unbeliever
불신:자[―씬―](不信者)[명] 믿지 않는 사람. [대] 신
불신지:심[―씬―](不臣之心)[명] 신하 노릇을 아니하려는 마음. disloyalty   「trust
불신지:심[―씬―](不信之心)[명] 믿지 않는 마음. dis-
불신 행위[―씬―](不信行爲)[명] 믿을 수 없는 행위.
불실[―씰](不失)[명] 잃지 않음. 하다[타] 「false act
불실[―씰](不實)[명][동] 부실(不實). 하다[형]
불실 기본[―씰―](不失基本)[명] 본분을 잃지 않고 잘 지킴. being faithful to one's duty 하다[자][형]
불실 본색[―씰―](不失本色)[명] 본색을 잃지 않음.

sticking to one's real character 하다[타]
불실 척촌[―씰―](不失尺寸)[명] 규구(規矩)를 어기지 않음. 규구에 조금도 어그러지지 않음. being just up to the standard 하다[자]
불심[―씸](不審)[명] ①자세히 살펴서 알지 못함. unfamiliarity ②의심스러움. 미심(未審)②. suspiciousness 하다[형]
불심[―씸](佛心)[명]〈불교〉①부처의 자비한 마음. heart of Buddha ②깨달음이 깊고 번뇌에 흐려지지 않는 마음. heart free from worldly passions
불심 검:문[―씸―](不審檢問)[명]〈법률〉관헌(官憲)이 수상쩍게 여기어 검문함. questioning 하다[타]
불=심:상관[―씸―](不甚相關)[명] 크게 관계될 것이 아님. have little effect upon 하다[자]
불=심:상원[―씸―](不甚相遠)[명] 얼마 틀리지 아니하고 거의 같음. having little difference 하다[형]
불쌍-하다[형여] 가엾고 애처롭다. 동정할 만하다. pitiful 불쌍-히[부]
불-쏘:다[타] ①〈체육〉과녁을 맞히지 못하다. miss the mark ②목적을 이루지 못하다. fail
불-쏘시개[명] 장작이나 숯에 불을 붙이는 데 쓰이는 관솔·종이 따위. [약] 쏘시개. kindlings
불쑥[부] ①갑자기 쑥 내미는 모양. ¶~ 손을 내밀다. all of a sudden ②앞뒤 생각 없이 함부로 말을 하는 모양. ¶~ 말을 꺼내다. 《작》볼쏙. abruptly
불쑥-거리다[자] ①평평한 바닥의 군데군데가 톡톡 비어져 나오다. ②연해 불쑥 내밀거나 말하다. 《작》볼쏙거리다. 불쑥-불쑥[부] 하다[자]
불쑥-하다[형여] 툭 비어져 나와 있다. 《작》볼쏙하다. protruding 불쑥-이[부]
불-씨[명] ①불의 씨. 불을 끊이지 않고 이어가는 불덩이. ¶~를 소중히 간수한다. kindling charcoal ②무슨 사건이 일어날 만한 꼬투리. ¶전쟁의 ~.
불안(不安)[명] ①마음이 편하지 못함. 불안(不安心)①. ¶~한 생각. uneasiness ②사회의 질서가 바로잡히지 않아 뒤숭숭함. ¶~한 사회를 정상화하다. unrest ③마음에 미안함. 하다[형] 스럽 스레하다 히[부]
불안(佛眼)[명]〈불교〉①부처의 지혜와 자비를 상징하는 눈. Buddha's eyes ②일체법의 진상을 보는 눈. clairvoyance
불안(佛顔)[명] 부처의 얼굴. ①부처와 같이 자비심이 많게 보이는 얼굴. ②죽은 사람의 얼굴.
불안-감(不安感)[명] 불안한 느낌. feeling of uneasiness
불안-기(不安期)[명] 질서가 바로잡히지 아니하여 뒤숭숭한 시기. time of unrest
불 안 땐 굴뚝에 연기 날까[관] 원인 없는 결과는 없다.
불-안:심(不安心)[명] ①안심이 되지 아니함. 불안(不安)①. ②불안한 마음. uneasiness 하다[형]
불안의 문학(不安─文學)[명]〈문학〉현대의 사회적 불안과 회의·절망·허무·퇴폐 따위로, 현대 지식인의 정신적 위기를 중시하는 문학의 경향. literature of anxiety
불=안전(不安全)[명] 안전하지 않음. 하다[형]
불=안정(不安定)[명] 안정되지 못함. instability. 하다[형]
불-알[명]〈생리〉남자 생식기의 한 부분. 음낭(陰囊) 속에 있는 정수(精水)를 분비하는 좌우 두 개의 타원형의 알. 고환(睾丸). [약] 불③. testicles
불알=망태[명] 불알주머니. 음낭(陰囊).   「다.
불알을 긁어 주다[관] 남의 비위를 살살 맞추며 아첨하
불앗-다/불앗-다[타口] 불까다. 거세하다.
불야[명] 《약》→불이야.
불야-불야[부] 《약》→불이야 불이야.
불야-성(不夜城)[명] 등불이 많은 번화한 곳. 밤이 밤 같지 않은 곳이라는 뜻. ¶~을 이룬 도시(市街). nightless city   「닥거리를 함. purification 하다[타]
불양(祓禳)[명] 귀신에게 빌어 재액을 막음. 굿이나 푸
불양-답(─佛糧畓)[명]〈불교〉절에 딸린 논밭.
불어(不漁)[명] 고기가 잘 잡히지 않음. 흉어(凶漁).

《데》 대어(大漁). poor catch

불어¹(佛語)명《불교》①부처의 말씀. 법어(法語)①. words of Buddha ②불교의 용어.

불어²(佛語)명 '프랑스어'의 한자 이름. French

불어=나=다자 본디보다 커지거나 많아지다. increase

불어=넣:=다타 ①바람이나 입김의 기운을 불어서 들여보내다. ②영향이나 자극을 주어 정신이나 생각을 가지게 하다. ¶군인 정신을 ~. [쐬우는 제구].

불=어리명 불티가 바람에 날리지 않도록 화로에 덮어 씌우는 물건.

불어=세우=다타 남을 떠들어 보내다. leave out in the cold

불어=오=다자 바람이 이쪽으로 오다. ¶남풍이 ~.

불어=제치=다타 바람이 한번 세차게 불다. ¶태풍이 ~. [이 되다].

불어=터지=다자 국수 등이 너무 불어서 못 먹을 지경

불언(不言)명 말을 하지 않음. 하자

불언(佛言)명 부처가 한 말. 곧, 불경의 말.

불언 가:상(不言可想)명 말을 하지 않아도 가히 생각할 수가 있음. being easily to be imagined

불언 가:지(不言可知)명 말이 없어도 능히 앎. having being obvious

불언 불소(不言不笑)명 말하지도 않고 웃지도 않음.

불언 불어(不言不語)명 말을 아니함. 하자

불언 실행(不言實行)명 말없이 실행함. action before words 하자타

불 없는 화로 딸 없는 사위속 쓸데없는 물건.

불에 놀란 놈이 부지깽이만 보아도 놀란다속 무엇에 몹시 혼이 난 사람은 그에 관련 있는 물건만 보아도 겁을 낸다. [오그라들기만 한다].

불에 탄 개가죽속 매사(每事)에 진보가 없고, 점점

불어=귀(不如歸)명《속》소쩍새.

불여-우[ー녀ー]명 ①《동물》여우의 하나. 한국 북쪽 및 만주 동부에 분포한다. ②《속》못된 꾀가 많고 요사스러운 여자. shrew

불=여의(不如意)명 일이 뜻과 같이 되지 않음. 불수의(不隨意). ¶매사가 ~하다. going amiss 하자

불역(不易)명 바꾸어 고칠 수가 없음. 또, 바꾸어 고치지 아니함. ¶~의 진리(眞理). immutability 하자

불역(佛譯)명 프랑스말로 번역함. 또, 그 번역물. 타 utable truth

불역지-론(不易之論)명 고칠 수 없는 바른 말. imm-

불역지-규(不易之規)명 ①고칠 수 없는 규정(規定). unchangeable regulations ②하지 않을 수 없는 일. obligation

불역-호(不易糊)명 방부제를 넣어 썩지 않게 만든 풀.

불연(不然)부 그렇지 않음. ¶~이면 죽음을 택하리라. not so

불연(不燃)자 불에 타지 않음. 　　　　　　　[Buddha

불연(佛緣)명《불교》부처의 인연. providence of

불연(怫然)부 갑자기 성을 왈칵 내는 모양. quick-tempered 하자 히

불연-성(不燃性)명 불에 타지 않는 성질. ¶~ 건축자재. 가연성(可燃性). incombustibility

불=연속(不連續)명 연속하지 않음. discontinuous

불연속-면(不連續面)명《기상》밀도·온도·습도·풍속(風速) 등의 기상 요소가 다른 두 기층(氣層)의 경계면. discontinuity surface

불연속-선(不連續線)명《기상》불연속면이 지면과 만주치는 선. [사. or else discontinuity line

불연-즉(不然則)명 '그렇지 않으면'의 뜻의 접속 부

불연지-단(不然之端)명 그렇지 않은 일의 실마리.

불염 민어(不鹽民魚)명 소금에 절이지 않고 말린 민어.

불염 어:포(不鹽魚脯)명 소금을 치지 않고 만든 어포.

불염-포(不鹽脯)명 소금을 약간 쳐서 만든 육포(肉脯).

불-염포(佛焰苞)명 육수(肉穗) 화서를 포함하는 대형의 총포(總苞). 토란의 포 따위.

불예(不豫)명 임금의 환후. 병환. Imperial

불온(不溫)명 ①따뜻하지 않음. ②온순하지 않음. 하자

불온(不穩)명 ①온당하지 않고 험악함. disquiety ②치안(治安)을 문란하게 할 우려가 있음. ¶~ 문서(文書). 《대》평온(平穩). riotous 하자

불=온당(不穩當)명 온당하지 않음. 하자

불온 사:상(不穩思想)명 ①온당하지 아니한 사상. ②국가의 정책에 어긋나는 사상.

불온 서적(不穩書籍)명 내용이 건전하지 못하거나 국가의 정책에 어긋나는 책.

불완-석(不完石)명 축이 생기거나 혹은 덜 담겨서 완전히 차지 못한 곡식의 섬.

불=완전(不完全)명 완전하지 못함. imperfection 하자

불완전 경:쟁(不完全競爭)명《경제》동일한 품질의 상품이 수요의 이질성에 따라 제한된 경쟁을 하는 시장 형태.

불완전 고용(不完全雇用)명 일자리가 모자라 일할 능력과 의사를 가진 사람이 모두 고용되지 못하고 실업자가 존재하는 상태. 《대》완전 고용.

불완전 독립국(不完全獨立國)명《동》일부 주권국.

불완전 동:사(不完全動詞)명《어학》①활용형을 고루 갖추어 활용하지 못하는 동사. 불구 동사(不具動詞). ②다른 낱말로 보충하여야 뜻이 완전해지는 동사. 안갖춘 움직씨.

불완전 명:사(不完全名詞)명《동》의존 명사(依存名詞).

불완전 변:태(不完全變態)명《곤충》벌레가 알에서 유충·번데기·성충의 네 과정을 밟지 않고 유충이 탈피를 거듭하는 동안에 성충이 되는 변태. 안갖춘 탈바꿈. 《대》완전 변태(完全變態). homomorphism

불완전-수(不完全數)명《수학》부족수와 과잉수를 아울러 이르는 말. 《대》완전수(完全數).

불완전 어음(不完全ー)명《경제》①필요한 기재 사항을 기재하지 않은 어음. ②기재 사항을 말소한 어음. 《대》완전 어음.

불완전 연소(ー년ー)(不完全燃燒)명《물리》산소의 공급이 불완전한 상태에서의 연소. 《대》완전 연소.

불완전-엽(不完全葉)명《식물》엽병(葉柄)·일푀지·탁엽(托葉) 가운데의 한 가지나 두 가지를 갖추지 못한 잎. 오이·냉이·띠의 잎 따위. 《대》완전엽. incomplete leaf

불완전 이:행(不完全履行)명《법률》채무자가 완전한 이행을 할 의사를 가지고 행하였는데 채무의 본지(本旨)에 적합하지 아니하기 때문에 채권자에게 손해를 주는 이행.

불완전 자동사(不完全自動詞)명《어학》①활용을 제대로 갖추지 못하는 자동사. '가로다' 따위. ②보어가 있어야 서술이 완전해지는 자동사. 불구자동사. 《대》완전 자동사(完全自動詞). incomplete intransitive verb 　　　　[자 이름. imperfect cadence

불안전 종지(不完全終止)명《음악》'못갖춘마침'의 한

불완전 주권국(ー궏ー)(不完全主權國)명《동》일부 주권국(一部主權國).

불완전 중립국(不完全中立國)명《법률》중립 의무의 일부를 지키지 않는 중립국. 《대》완전 중립국(完全中立國).

불완전 취:업(不完全就業)명《사회》취업은 하고 있으나, 임금이나 노동 시간 등이 표준에 미달하여서 전직(轉職)이나 추가 취업을 희망하는 상태.

불완전 타동사(不完全他動詞)명《어학》①활용형을 제대로 갖추지 못한 타동사. '다오' 따위. ②보어가 있어야 서술이 완전해지는 타동사. 불구 타동사. 《대》완전 타동사(完全他動詞). incomplete transitive verb 　　　[불구 형용사. 《대》완전 형용사.

불완전 형용사(不完全形容詞)명《어학》보조 형용사.

불완전-화(不完全化)명《식물》꽃받침·꽃부리·수꽃술·암꽃술의 네 가지 가운데 한 가지나 두 가지를 갖추지 못한 꽃. 오이꽃·뽕나무꽃 따위. 《대》완전화(完全化). incomplete flower

불완-품(不完品)명 완성되지 않았거나 완전하지 못한

물품. defective article 「기지 않음.
불=왕:법(不枉法)圀 뇌물을 받았으되 국법을 어
불왕:법:장(不枉法贓)圀〈법률〉나라의 법은 어기지
 않고 뇌물을 받은 죄. 「necessary 하다
불요(不要)圀 필요하지 아니함. 《대》불요(必要). un-
불요(不撓)圀 흔들리지 않음. 하다
불요 불굴(不撓不屈) 흔들리지도 않고 굽히지도 않
 음. ¶~의 의지(意志). indomitableness 하다
불요 불급(不要不急)圀 필요하지도 급하지도 않음.
 하다
불요식 행위(不要式行爲)〈법률〉법률상 일정한 방
 식을 필요로 하지 않는 행위. 《대》요식 행위(要式
 行爲). informal act
불=요인(不要因)圀〈법률〉원인을 필요로 하지 않는
 일. 또, 원인이 없어도 그 효력에는 영향이 없는
 일.
불요인 증권(不要因證券)[—꿘—]圀〈법률〉증권이 표시
 하는 권리가 증권을 주고받는 원인인 법률 관계의
 유효한 존재를 요건으로 하지 않는 유가 증권(有價
 證券). 어음·수표 따위. 《대》요인 증권.
불요인 채:권(不要因債券)[—꿘—]圀〈법률〉그 채권을
 성립시킨 원인이 유효하지 안 하든 이에 관계없이
 늘 독립된 효력이 인정되는 채권.
불용(不用)圀 ①쓰지 아니함. disuse ②소용이 없음.
 ¶~ 상품(商品). uselessness 하다
불용(不容)圀 용납할 수 없음. intolerance 하다
불용=건(不用件)[—껀—]圀 쓸 데가 없어 제쳐 놓은 물
 건. useless item
불용=성(不溶性)[—썽]圀〈화학〉용해(溶解)되지 않
 는 성질. 《대》가용성(可溶性). infusibility
불우(不遇)圀 ①좋은 때를 못 만남. ②포부나 재능이
 있어도 운수가 나빠서 세상에 쓸 수가 없음. ¶
 ~한 인생. misfortune 하다 「일. unexpectedness
불우(不虞)圀 미처 생각하지 못함. 뜻밖에 생기는
불우(佛宇)圀〈동〉 불당(佛堂). 「지비 不虞之備」.
불우=비(不虞備)圀 예정 밖의 용도에 쓸 준비. 《예
불우(不遇時)圀 좋은 시기를 만나지 못함. 하다
불우 작가(不遇作家)圀 불우한 작가. 세상에 그 가치
 를 알리지 못하여 영광을 누리지 못한 작가. unlu-
 cky writer 「gency
불우지=변(不虞之變)圀 뜻밖에 일어난 사변. emer-
불우지=비(不虞之備)圀〈동〉불우비(不虞備).
불우지=탄(不虞之歎)圀 뜻밖의 일에 대한 한탄.
불우지=환(不虞之患)圀 뜻밖에 일어난 근심거리.
 accident 「運」. 《대》행운(幸運). misfortune 하다
불운(不運)圀 얼굴은 운수. 운수가 사나움. 역운(逆
불울(佛鬱)圀 불평·불만이 있어 마음속에 화가 치밀
 고 답답함. resentment 하다
불원(不遠)圀 ①거리가 멀지 않음. being not distant
 ②시일이 오래지 않음. 튀 멀지 않아. ¶~ 다시 찾
 아 오겠다. 하다
불원(不願)圀 원하지 아니함. dislike 하다
불원=간(不遠間)圀 앞으로 오래 걸리지 아니할 동안.
 튀 멀지 않아. before long 「future
불원 장래(不遠將來)圀 멀지 않은 앞날. in the near
불원 천리(不遠千里)圀 천리를 멀다 여기지 아니함.
 unmindful of the long distance 하다
불원천 불우인(不怨天不尤人)圀 자기의 뜻이 시대와
 사회에 맞지 않다고 하늘이나 다른 사람을 원망하
 지 아니하고, 늘 반성하여서 발전 향상을 도모함.
불유 여력(不遺餘力)圀 있는 힘을 남기지 않고 다 씀.
 전력을 기울임. doing one's best 하다
불=유쾌(不愉快)圀 유쾌하지 않음. 기분이 나쁨. ¶
 ~한 나날을 보내다. 《대》유쾌(愉快). unpleasant-
 ness 하다 「고리.
불유=환(不遊環)圀 병 따위의 그릇 두 쪽 귀에 놓은
불윤(不允)〈제도〉신하의 주청(奏請)을 임금이 윤
 허(允許)하지 아니함. disapproval 하다
불윤 비:답(不允批答)圀〈제도〉의정(議政)의 사직

(辭職)을 윤허(允許)하지 않음.
불용통=물(不融通物)圀〈법률〉사법(私法)에서 거래
 의 객체가 될 수 없는 물건. 《대》융통물(融通物).
불은(佛恩)圀〈불교〉부처의 은혜. Buddha's graces
불음(不飮)圀 마시지 않음.
불음=주(不飮酒)圀 술을 마시지 않음. 하다
불음:주:계(不飮酒戒)圀〈불교〉오계(五戒) 또는 십
 계의 하나. 술 마시길 금한 계율.
불응(不應)圀 응하지 않음. incompliance 하다
불의(不意)圀 뜻밖에. 생각지 아니하던 판. 의외(意
 外). 비의(非意). unexpectedness
불의(不義)圀 ①의리에 어긋남. 옳지 않음. ¶~에 용
 감한 남자. injustice ②남녀간의 의리에 어긋난 관
 계. ¶~의 씨. 하다
불의(佛儀)圀〈불교〉불교의 의식(儀式). Buddhist
불의 영리(不義榮利)圀 의롭지 못하게 누리는 영화
 와 명리(名利). illgotten prosperity
불의지=변(不意之變)圀 뜻밖의 사변. 의외의 불변.
 unexpected event 「사람.
불의지=인(不義之人)圀 의리에 어그러지는 일을 하는
불의지=재(不義之財)圀 의롭지 못한 수단으로 모은
 재물. illgotten wealth
불의 출행(不宜出行)圀 그 날의 운기(運氣)가 먼 길
 을 떠나기에 적당하지 못함.
불의 행세(不義行勢)圀 의롭지 못한 행세.
불:=생(不生)〈생물〉생물의 종족 유지의 목적으로 정받
 이·가루받이 또는 분열 따위의 작용에 의하여, 자
 기와 같은 종류를 새로 생산해 내는 일. reproduc-
 tion 그 하나임. ¶~ 법문(法門).
불이(不二)圀 ①둘이 아님. 유일(唯一). ②둘이 아니
불이=다(不二)圁 불리다².
불=이득(不易得)圀 얻기 쉽지 않음.
불:이=샘(生物)〈생물〉불이 세포가 일정한 데에 모여서
 된 알집 따위. 생식선(生殖腺). gonad
불이야 불이 났을 때 외치는 소리. 불야. Fire!
불이야 불이야 불났다고 연이어 외치는 소리. 《예
불=이:익[—리—](不利益)圀 이익이 되지 못함. dis-
불이=행[—리—](不履行)圀 이행하지 않음. ¶약속
 ~. nonfulfillment 하다 「man wretch
불인(不人) 사람답지 않음. 또, 그러한 사람. inhu-
불인(不仁)圀 ①어질지 못함. inhumanity, heartle-
 ssness ②〈한의〉몸에 마비가 생겨 거북함. 하다
불인(不忍)圀 차마 하기 어려움.
불인(佛人)圀 프랑스 사람.
불인(佛印)圀〈지리〉불령(佛領) 인도 지나. 곧, 월
 남·라오스·캄보디아 삼국을 프랑스 식민지 시대
 에 일컫던 말.
불=인가(不認可)圀 인가하지 않음. 하다
불인=견(不忍見)圀《약》→목불인견(目不忍見).
불인=문(不忍聞)圀 차마 들을 수가 없음. cannot
 bear to hear of 「heart to say
불인=언(不忍言)圀 차마 말할 수 없음. having no
불인정(不認定)圀 인정이 없음. 박정(薄情). 하다
불인 정:시(不忍正視)圀 차마 바로 보기 어려움. being
 unable to bear the full sight 「tance
불인지=심(不忍之心)圀 차마 할 수 없는 마음. reluc-
불인지=정(不忍之政)圀 차마 할 수 없는 정치. 곧,
 아주 가혹한 정치. tyranny 「일치(不一致). 하다
불일(不一)圀 ①고르지 않음. unevenness ②《약》→
불일(不日)圀圁《약》→불일내(不日內). 「님.
불일=기단(不一其端)圀 일의 실마리가 하나 둘이 아
불일=내(不日內)圀 며칠 안 되는 동안. ¶~에 끝내
 라. within a few days 《대》오래지 않아서
 (不日間). ¶~ 가겠다. 《예》불일(不日). 「actively
불일=듯이[—릳—]圁 불이 일어나듯이 기세가 있게.
불일=듯하[—릳—]圀圁 불이 일어나듯이 기세가
 세차고 빠르다. be like a wildfire

불일 성지 / **845** / **불초자**

불일 성지(不日成之) 며칠 안으로 이룸. achieving in a few days 하다
불일 송지(不日送之) 며칠 안으로 보냄. sending 하다
불-일치(不一致) 일치하지 않음. 하다. [sterility
불임(不姙·不妊) 임신되지 않음. 임신하지 못함.
불임성(不稔性) 식물을 생식하지 못하는 일. 하다
불임-률[-뉼](不姙率) 새끼를 배지 못하는 비율.
불임-법[-뻡](不姙法·不妊法) 피임법(避姙法).
불임-증[-쯩](不姙症·不妊症) 〈의학〉 아이를 못 배는 병. sterility
불입(拂入) '납입(納入)'의 구용어.
불입-금(拂入金) 불입하는 돈. subscription
불입 자:본(拂入資本) 〈경제〉 불입을 끝낸 자본으로 사업 경영에 활용되는 것. paidup capital
불-잉걸[-링-](-) 불이 이글이글 잘 핀 숯덩이. (약) 잉걸. burning charcoal
불자[-짜](不字) 쓸데없는 물건. good-for-nothing ②쓰지 못하게 생긴 물건. 또, 그 표시. wastrel
불자[-짜](佛子) 〈불교〉 ①부처의 제자(弟子). Buddha's disciple ②보살(菩薩)의 다른 이름. Buddhist saint ③계(戒)를 받아 출가(出家)한 사람. priest ④불교 신자. believer in Buddhism
불자[-짜](佛者) 〈불교〉 불교에 귀의한 사람. 불제자(佛弟子). believer in Buddhism
불자[-짜](拂子) (명) 먼지떨이.
불-자동차(一自動車) (속) 화재가 났을 때 불을 끄러 다니는 자동차. 불차. 소방 자동차(消防自動車). fire engine
불=잡-다[-따] ①일어나는 불을 끄다. put out a fire ②불을 켜 들다. hold up a light [hist funeral
불장[-짱](佛葬) 불교식으로 지내는 장사. Budd-
불장[-짱](佛藏) 〈불교〉 불상(佛像)을 봉안(奉安) 한 곳. Buddhist altar
불-장난 ①아이들이 나무나 종이에 불을 붙여 가지고 노는 일. playing with fire ②위험한 일을 열렬히 붙음. 불놀이②. ¶그런 ~은 삼가라. danger ③분별 없는 남녀간의 위험한 교제. ¶한때의 ~으로 일생을 망치지 마라. playing with love 하다
불장-서[-짱-](拂掌薯) 〈식물〉 마과의 다년생 풀. 줄기는 가늘고 길어 다른 물건에 감겨서 기어오름. 평평하고 살이 찐 근경은 식용함. 동부 아시아 원산으로 각국에서 재배됨. [足跡).
불적[-쩍](佛跡) ①석가의 유적. ②부처의 족적(
불전[-쩐](-錢) 노름판에서 주인에게 얼마를 떼 [어 주는 돈.
불전[-쩐](佛典) 불경(佛經).
불전[-쩐](佛前) ①부처의 앞. before the Buddhist altar ②부처가 세상에 나기 전. before the birth of Buddha
불전[-쩐](佛殿) 불당(佛堂).
불전[-쩐](佛錢) 〈불교〉 부처 앞의 탁자에 올리는 돈. offer money [발제. exorcism 하다
불제[-쩨](祓除) 상서롭지 못한 것을 물리쳐 버림.
불-제:자(佛弟子) 불교에 귀의(歸依)한 사람. 불자(佛者). 석자(釋子). Buddhist
불조[-쪼](佛祖) ①불교의 개조(開祖). 곧, 석가모니. founder of Buddhism ②부처와 조사(祖師).
불조-계[-쪼-](佛祖系) 〈불교〉 ①불타의 교맥(正脈). ②석가 모니를 교주(敎主)로 하여 이어온 계통. [합. caution against fire 하다
조:심(-操心) 불이 나지 않도록 조심하여 단속
불종[-쫑](-鐘) 불난 것을 알리는 종. 화종(火
불종[-쫑](佛鐘) (명) 범종(梵鐘). [鐘).
불좌[-쫘](佛座) 불당(佛堂) 안의 부처를 모신 자리. Buddhist altar
불좌-수[-쫘-](佛座鬚) (명) 연에(蓮花).
불-주다 남에게 큰 곤욕이나 재해를 입히다. (대) 불받다.
불주-풍(不周風) (명) 서북풍(西北風).

불-줄[-쭐] ①(속) 송전선(送電線). ②(약)→불줄기.
불-줄기[-쭐-] 〈생리〉 불알 밑에서부터 똥구멍까지 닿는 심줄. (약) 불줄.
불-지[-찌](佛智) 〈불교〉 부처의 원만한 지혜.
불지갑[-찌-](佛指甲) (명) 영의비름.
불-지르다 불을 대서어 타게 하다. 불을 놓다. 방화(放火)하다. 불흐르다. [making a fire
불-지피-다 아궁이나 화덕에 불을 붙이어 넣다.
불-질 ①총·포·등을 놓는 일. firing 하다 ②아궁이에 불을 때는 일. burning 하다 [hornet's nest
불-집[-찝] 아주 위험성이 있는 곳. tinderbox,
불-집게[-쎄] (명) 부집게.
불집을 건드리다 위험을 스스로 취하다.
불쩍-거리-다 빨래를 빨 때 두 손으로 문질러 시원스럽게 문지르다. rub briskly 불쩍=불쩍 하다
불-쬐:다 불의 더운 기운을 받으려고 불을 가까이 하다. warm oneself by the fire
불-차(一車) (명) 불자동차.
불차 탕용(不次擢用) (명) 관계(官階)의 차례를 밟지 않고 뛰어올려 씀. 하다 [음은 것을 착용
불착(不着) (명) ①도착하지 않음. ②웃 같은 것을 착용
불찬(不贊) (명) (약)→불찬성(不贊成).
불-찬:성(不贊成) (명) 찬성하지 않음. (대) 찬성. (약) 찬성(不贊). disapproval 하다
불찰(不察) 자세히 살피지 않아서 생긴 잘못. ¶자네의 ~로 일을 그르쳤네. mistake
불찰(佛刹) (명) 절². [nonattendance 하다
불참(不參) 참석하지 않음. 불참가. ¶~자(者).
불-참가(不參加) (명) (동) 불참. 하다
불참국(不參國) 참석하지 아니한 나라.
불참-석(不參席) 참석하지 아니함. 하다
불-창(一窓) 〈건축〉 석등(石燈)의 화사석(火舍石) 에 뚫은 창. 화창(火窓).
불-채:용(不採用) 채용하지 않음. 하다
불-처:사(佛處士) 부처같이 어질고 착한 사람. 됨됨이가 썩 부드럽고 순한 사람의 일컬음. good natured man [神).
불천(佛天) 〈불교〉 ①(꼭) 부처. ②부처와 천신(天
불천-지위(不遷之位) 〈제도〉 큰 공훈이 있는 분으로서 영원히 사당에 모시기를 나라에서 허락한 신위(神位). [veness 하다
불-철저[-쩌](不徹底) 철저하지 못함. inconclusi-
불철 주야(不撤晝夜) 밤낮을 가리지 아니하여 일에 힘씀. working day and night (명) 조금도 쉴 사이 없이 일에 힘쓰는 일. ¶~自하다.
불청(不聽) (명) ①듣지 않음. not hearing ②청한 바를 들어주지 않음. rejecting 하다
불청-객(不請客) 청하지 아니하였는데 우연히 온 손님. uninvited guest [스스로 옴. 하다
불청객 자래(不請客自來) 오라고 하지 않은 손이
불청 불탁(不淸不濁) 〈어학〉 고대 음운론에서 음의 청탁을 가를 때에 'ㆁ·ㄴ·ㅁ·ㅇ·ㄹ·ㅿ' 등으로 표기되는 음을 이르는 말.
불체(佛體) (명) ①불신(佛身). ②(동) 불상(佛像).
불체포 특권(不逮捕特權) (명) 〈법률〉 국회 의원이 가지는 특권의 하나. 국회 의원은 현행법을 제외하고는 회기 중 국회의 동의가 없이는 체포 또는 구금되지 아니함. immunity from arrest
불초(不肖) 아버지의 덕망이나 유업을 대받지 못함. 또, 그런 사람. child unworthy of his parents (인대) ①(약)→불초남(不肖男). ②자기의 겸칭. ¶~ 소생(小生)은 몸 건강히 잘 있습니다.
불초-고(不肖孤) (인대) 불초(不肖)한 고자(孤子)나 고애자(孤哀子). 어버이가 죽은 뒤 졸곡(卒哭)까지 상제가 자칭하는 말.
불초-남(不肖男) (인대) (동) 불초자. [말.
불초-손(不肖孫) (인대) 조부모에 대하여 자기를 일컫는
불초-자(不肖子) (인대) 부모에게 대하여 아들이 자기를 일컫는 말. 불초남(不肖男). your unworthy son,

불초 자제(不肖子弟)[명] 아버지나 할아버지의 덕망과 사업을 대받지 못한 자손. unworthy child of his worthy father

불초초-하-다(不草草一)[형][여불] 사람됨이 조촐하지 않다. generous

불초-하-다(不肖一)[형][여불] 부조(父祖)만 못하하다.

불촉(不觸)[명] 건드리지 않음. do not touch 하[타]

불총명(不聰明)[명] 총명하지 못함.

불출(不出)① 어리석고 못난 사람을 조롱하는 말. stupid person ② 밖에 나가지 아니함. ¶두문(杜門)~. do not go out 하[자]

불출(拂出)[명] 금전·물품 등을 지불하여 줌. (대) 불입(拂入).

불=출마(不出馬)[명] 출마하지 아니함. 선거에 입후보하지 않음. 하[자]

불출 범안(不出凡眼)[명] 착하고 악한 것이 환하게 판단됨. 곧, 범인(凡人)의 눈으로 보아서도 알 만큼 선악이 환함.

불출 소:료(不出所料)[명] 미리 생각한 바와 틀리지 아니함.

불출=증[一證](拂出證)[명] 불출(拂出)할 때 지급하여 줄 것을 증명하는 증서.

불충(不忠)[명] 충성하지 못함. ¶~ 불의(不義). (대) 충의(忠義). disloyalty 하[타]

불=충분(不充分)[명] 충분하지 못함. insufficiency 하[타]

불충 불효(不忠不孝)[명] 나라에 충성하지 못함과 부모에게 효도하지 못함. disloyalty and disobedience

불=충실(不充實)[명] 충실하지 아니함. 하[타] [하[타]

불=충실(不忠實)[명] 충실(忠實)하지 아니함. 충직하고 성실하지 못함. disroyalty 하[타]

불취(不取)[명] 취하지 않음. do not take 하[타]

불취(不就)[명] 세상일에 나서지 않음. 하[자]

불=취:동성(不娶同姓)[명] 같은 성끼리는 혼인을 하지 않음. 하[타] [reseen accident

불측지=변(不測之變)[명] 뜻밖에 일어나는 사고. unfo-

불측하-다(不測一)[형][여불] ①마음씨가 흉악하다. ¶이 불측한 놈. wicked ②미루어 생각하기 어렵다. un-foreseeable [game caught by a gun

불-치[명] 총으로 사냥하여 잡은 새나 짐승. (대) 매치.

불치(不治)[명] ①병이 낫지 않음. 병을 고칠 수 없음. ¶~의 병에 걸리다. incurability ②정치가 잘못되어 어지러움. misrule 하[타]

불치(不齒)[명] [약]→불치 인류(不齒人類).

불치-다[동] 불까다. [疾].

불치-병[一病](不治病)[명] 고칠 수 없는 병. 고질(痼

불치 불검(不侈不儉)[명] 지나치게 사치하지도 검소하지도 않고 수수함. moderate 하[타] [치(不齒).

불치 인류(不齒人類)[명] 사람 축에 들지 못함. (약)→불치

불치 하:문(不恥下問)[명] 손아랫사람이나 지위가 자기만 못한 사람에게 모르는 것을 묻기를 부끄러워하지 않음. being not above asking inferiors 하[타]

불친-소[명] 주로 고기를 먹기 위하여 불알을 까서 기른 소. castrated bullock

불=친절(不親切)[명] 친절하지 아니함. unkindness 하[타]

불친화=성[一性](不親和性)[명]〈화학〉딴 종류의 물질과 화합하지 않는 성질.

불=침(一鍼)[명] 장난으로, 자는 사람의 살갗에 성냥개비를 태운 숯을 놓고 불을 붙여 뜨거워 놀라서 깨게 하는 짓. ¶~ 놓다.

불침(不侵)[명] 침범하지 않음. 하[타] [條約).

불침략 조약(不侵略條約)[명]〈동〉불가침 조약(不可侵

불침=번(不寢番)[명] 밤을 자지 않고 번(番)을 서는 일. 또, 그 사람. all-night watch

불침-질(一鍼一)[명] 쇠꼬챙이를 불에 달구어 살을 지지는 일. 하[타]

불컥=거리-다[자] 지적한 반죽 따위를 흐무러지게 연해 주무르다. (작) 불각거리다. **불컥=불컥**[부] 하[타]

불-켜-다[자] ①등·초 따위에 성냥 따위에 불을 붙이다. kindle ②전등 따위의 스위치를 올리어 불이 들어 오게 하다. turn on

불=콩[명]〈식물〉콩과 식물의 하나. 꼬투리는 희고 열매는 붉고 껍질이 얇음. 올두. 편두(扁豆). 화배

(化太). ②〈속〉 총알.

불쾌(不快)[명] ①마음이 상쾌하지 못함. ¶꾸지람을 들으니 몹시 ~하다. displeasure ②몸이 찌뿌드드하여 기분이 좋지 못함. ¶날이 흐리니 ~한 기분이 든다. (대) 유쾌(愉快). unpleasant 하[형] 히[부]

불쾌-감(不快感)[명] 불쾌한 느낌.

불쾌 지수(不快指數)[명] 온도·습도 등의 관계로 인체에 느끼는 쾌(快)·불쾌(不快)의 정도를 나타내는 지수에 있어서 70 이하는 쾌적(快適), 75는 대략 반수의 사람이 불쾌, 80 이상이면 거의 모든 사람이 불쾌를 느낌. 온습 지수(溫濕指數). discomfort index

불타(佛陀)[원]→부처.

불타-다[자] ①불에 타다. burn ②의욕이나 정열이 북받쳐 솟아나다. ¶불타는 정열.

불탁(佛卓)[명]〈불교〉부처를 모신 탁자.

불탄-일(佛誕日)[명]〈불교〉석가 모니불의 탄생일. 음력 4월 8일. 이 날 관불(灌佛)을 행함. 부처님 오신 날. 불탄일(佛誕日). [손이 앉지 아니함.

불탈 주인석(不奪主人席)[명] 주인의 자리에는 예의상

불탑(佛塔)[명]〈불교〉절에 세운 탑. tower of a Bud-dhist temple

불테리어(bullterrier)[명]〈동물〉불독과 테리어와의 교배 잡종견(雜種犬). 털이 짧으며 성질은 용맹함.

불토(佛土)[명] ①〈불교〉부처가 살고 있는 극락 정토(極樂淨土). paradise ② 부처가 교화(敎化)한 국토(國土). country taught and influenced by Buddha

불-통(一桶)[명]〈속〉기관차.

불통(不通)[명] ①교통이 막혀서 통하지 못함. 두절(杜絶). (대) 개통(開通). stoppage ②교제가 두절됨. ¶그는 고집. having no friendly relations ③익숙하지 않음. be not familiar ④세상일에 어둡거나 눈치가 없어 답답하지 못함. ¶자네는 참으로 소식 ~일세. uninformed 하[타]

불=통과(不通過)[명] 검열·검사·시험 등에 통과하지 못함. disapproval 하[타]

불=통일(不統一)[명] 통일되지 아니함. disunity 하[타]

불퇴(不退)[명] ①물러나지 않음. ②퇴하지 않음. 물리치지 않음. ③〈동〉불퇴전(不退轉). 하[자타]

불퇴=거죄[一罪](不退去罪)[명]〈법률〉남의 집이나 방에 들어간 자가 퇴거의 요구를 받고도 불응한 죄.

불=퇴:전(不退轉)[명]〈불교〉①믿는 마음이 두터워서 물러가지 아니함. firm resolve ②보살(菩薩)이 수행에 의하여 일정한 지위에 이르러 다시 범부(凡夫)로 돌아가지 않는 일. doing with an indomitable spirit ③굳게 믿어서 움직이지 않음. 불퇴(不退)③. determination

불=투도(不偸盜)[명] 몰래 훔치거나 가져가지 않음. 하

불=투명(不透明)[명] ①투명하지 못함. opacity ②〈경제〉시세(時勢)의 전망이 확실하지 아니함. 하[형]

불투명-색(不透明色)[명] 투명하지 못한 빛깔. opaque colour

불투명-체(不透明體)[명]〈물리〉인체·쇠붙이·나무 위와 같이 빛을 통과시키지 않는 물체. opaque body

불투수-층(不透水層)[명]〈지학〉수성암이나 토양 등으로 말미암아 물이 잘 스며들지 않는 지층. unper-meabilitic layer

불퉁=거리-다[자] 퉁명스럽게 자주 불쑥불쑥 성을 내며 말을 하다. (작) 볼통거리다. be testy [gnarled

불퉁그러-지-다[자] 물건의 마디나 옹두리 같은 것이 툭 불거져 나오다.

불퉁=불퉁[부] ①군데군데 둥근 것이 험상궂게 내민 모양. ②짚바닥이나 길바닥이 고르지 아니한 모양. ¶그는 ~ 성을 잘 낸다. 하[자]

불퉁-스럽-다[형][ㅂ불] 말이 퉁명스럽고 불통불통한 태도가 있다. curt **불퉁-스레**[부]

불퉁-하-다[형][여불] ①둥근 모양으로 불퉁하게 내밀어 있다. bulging out ②소견이 좁고 퉁명스러워 성을 잘 내고 퉁명스러운 말을 하다. (작) 볼통하다. snap-pish **불퉁-히**[부]

불=특정(不特定)[명] 특별히 정하지 않음. 《대》특정(特定).

불특정=물(不特定物)[명]〈법률〉구체적으로 특별히 정하지 않고, 종류·품종·수량따위로 지시된 물건. 《대》특정물(特定物). unspecified thing

불-티[명] 타는 불에서 튀는 아주 작은 불똥. sparks

불티-같다[형] 내놓기가 무섭게 금방 팔리거나 없어지다. sell like hot cakes 불티=같이[부]

불티-나게[부] 물건이 불티같이 팔리는 모양.

불판-령[一令](一令)[명] 매우 급한 명령. 긴급한 명령.

불패(不敗)[명] 지지 아니함. invinsible 하다

불패(不牌)[명] 골패·마작(麻雀)의 패를 지을 때 그 격이 맞지 않음.

불 펜(bull pen)[명] ①〈체육〉야구장에서 구원 투수가 경기중에 준비 연습하는 곳. ②야근 기자가 낮에 모이는 장소. ③가수용소(假收容所). 유치장.

불편(不便)[명] ①편하지 못함. discomfort ②편리하지 못함. 《대》편리(便利). inconvenience 하다 스스럽다

불편(不偏)[명] 어느 한쪽으로 치우치지 않음. 하다

불편 부당(不偏不黨)[명] 공평하여 어느 편으로나 치우치지 않음. 무편 무당(無偏無黨). impartiality 하다

불평(不平)[명] ①공평하지 아니함. ②공평하지 아니함. ③불만이 있어 못마땅하게 여김. ¶너는 왜 ~만 일삼느냐? complaint ④병으로 몸이 편하지 못함. indisposed ⑤남에게 대하여 원망을 품음. having grudge 하다

불평=가(不平家)[명] 마음에 불평을 품은 사람. 불평객.

불평=객(不平客)[명] 불평가(不平家).

불=평균(不平均)[명] 평균하지 않음. 하다

불평=꾼(不平一)[명] 툭하면 불평을 늘어놓는 사람.

불평등(不平等)[명] 고르지 못하고 한결같지 않음. inequality 하다

불평등 선:거제(不平等選擧制)[명] 각 선거인의 선거권의 가치가 평등하지 않은 선거 제도. 등급 선거제·복수 투표제 등이 있음. 《대》평등 선거제.

불평 만만(不平滿滿)[명] 불평스러운 마음이 잔뜩 차 있음. extremely dissatisfied 하다

불평 분자(不平分子)[명] 불만을 품고 투덜거리는 사람. discontented fellow

불폐 풍우(不蔽風雨)[명] 집이 헐어서 바람과 비를 가리지 못함. fail to keep off wind and rain 하다

불포:화(不飽和)[명] 포화 상태에 이르지 않음. unsaturated 하다

불포:화 증기(不飽和蒸氣)[명]〈물리〉압력(壓力)이 최대 한도에 이르지 못한 증기. 《대》포화 증기. unsaturated vapor

불포:화 합물(不飽和化合物)[명]〈화학〉사슬 모양의 화합물 중에서 탄소 원자의 사이에 이중 또는 삼중 결합을 가지는 유기 화합물. unsaturated compound

불-품:행(不品行)[명] 품행이 좋지 못함. 또, 좋지 못한 품행.

불풍-나게[부] 매우 바쁘게 자주 드나드는 모양. frequently

불-피우-다[타] 나무나 숯에 불을 붙여 일어나게 하다. make a fire [합. braving wind and rain 하다

불피 풍우(不避風雨)[명] 바람과 비를 무릅쓰고 일을

불필(不必)[명] 필요가 없음. 하다 [하다

불필 다언(不必多言)[명] 여러 말을 할 필요가 없음.

불필=요(不必要)[명] 필요하지 않음. 《대》필요(必要). unnecessariness 하다 [가 없음.

불필 장황(不必張皇)[명] 말을 장황하게 늘어놓을 필요

불필 재:언(不必再言)[명] 두 번 다시 말할 필요가 없음. 하다 [음.

불필 타구(不必他求)[명] 다른 데에 구할 필요가 없

불하(不下)[명] ①무엇보다 못하지 않음. not being inferior ②얼마의 수효에 내리지 않음. not being less ③항복하지 않음. not surrendering

불하(拂下)[명] 국가나 공공 단체의 재산을 민간에 매도함. disposal 하다

불한 일장[一~장](不汗一杖)[명] 죄인이 매 한 대도 맞기 전에 자백함. ready confession 하다

불학(不學)[명] ①배우지 아니함. 무학(無學). uneducated ②학문이 없음. 무식(無識). illiterate 하다

불학(佛學)[명]〈불교〉불교의 학문. Buddhist learning ②프랑스의 학문. study on France or the French language [것도 없음. ignorance 하다

불학 무식(不學無識)[명] 배우지 못하여 아는 것이 아무

불학-이문장(不學而文章)[명] 배우지도 않고 문장가인 사람. 곧 타고난 문장가. [말.

불-한(佛韓)[명] ①프랑스와 한국. ②프랑스말과 한국

불한-당(不汗黨)[명] ①떼를 지어 다니며 재물을 강탈하는 강도. 명화적(火賊). 명화적(明火賊). ⓐ한한당(汗黨). ②떼를 지어 다니며 행패(行悖)를 부리는 사람. group of robbers

불한 불열(不寒不熱)[명] 기후가 춥지도 않고 덥지도 아니하여 견디기에 알맞게 따뜻함. mildness 하다

불함 문화(不咸文化·弗咸文化)[명]〈역사〉백두산을 중심으로 한민족(韓民族)을 근간(根幹)으로 하여 이루어진 고대 문화.

불합(不合)[명] ①물건이나 일이 맞지 않음. 불쾌(不快). dissatisfaction ②정의(情誼)가 서로 맞지 않음. disagreement 하다

불-합격(不合格)[명] ①합격하지 못함. disqualification ②일정한 격식에 맞지 않음. 《대》합격(合格). 하다

불합격-자(不合格者)[명] 불합격한 사람. disqualified candidate [unfitness 하다

불-합당(不合當)[명] 합당하지 못함. 《대》합당(合當).

불-합리(不合理)[명] 도리에 맞지 아니함. ¶~한 사고 방식. 《대》합리(合理). irrationality 하다

불-합의(不合意)[명] ①뜻에 어그러짐. ②의사가 일치하지 못함. 하다

불항-비(不恒費)[명]〈동〉임시비(臨時費).

불해(佛海)[명]〈불교〉불계(佛界)는 바다와 같이 넓고 심오하다 하여 이르는 말. 법해(法海). sea of Buddhism

불해:산-죄(不解散罪)[명]〈법률〉폭행이나 협박을 하기 위하여 모인 군중이 관헌으로부터 세 번 이상의 해산 명령을 받고도 불응한 죄.

불행(不幸)[명] ①운수가 좋지 않음. 부조(不弔)③. 《유》비운(悲運). misfortune ②행복하지 않음. 《대》행복(幸福). unhappiness 하다 스스럽다 히

불=행위(不行爲)[명]〈법률〉고의 또는 과실로 어떤 행위를 하지 않음.

불행중 다행(不幸中多幸)[명] 불행한 중에도 다행한 일. 불행한 가운데에도 요행히 잘됨. one consolation in the midst of misfortune

불향(佛香)[명]〈동〉불공(佛供). 하다

불허(不許)[명] 허락하거나 허가하지 않음. 《대》허가(許可). 허락(許諾). not permitting 하다 [하다

불-허가(不許可)[명] 허가하지 않음. 《대》허가(許可).

불허 복제(不許複製)[명] 저자나 판권 소유자의 허락 없이 복제할 수 없음.

불현-듯[부]〈유〉불현듯이. [없이 복받쳐 수 없음.

불현-듯이[부] 갑자기 어떤 생각이 치밀어서 걷잡을 수 없게. suddenly

불현성 감:염[一~성](不顯性感染)[명]〈의학〉잠복기가 지나도 발병하지 않는 상태. 잠복 감염(潛伏感染). symptomatic infection

불현성 유행[一~뉴~](不顯性流行)[명]〈의학〉불현성 감염 상태로서의 병의 유행.

불협(不協)[명]〈동〉불합(不合)①. 하다

불협화음(不協和音)〈음악〉'안어울림음'의 한자 이름. 《대》협화음. [한자 이름.

불협화 음정(不協和音程)[명]〈음악〉'안어울림 음정'의

불호(不好)[명] 좋아하지 아니함. dislike 하다

불호(佛號)[명]〈불교〉①부처의 이름. Buddha's name ②중의 호. monk's pen name ③불문에 귀의(歸依)한 사람의 호. Buddhist's pen name

불호=간(不好間)[명] 서로 좋게 지내지 않는 사이. 좋지 못한 사이. unfriendly relation

불호 광경(不好光景)[명] 좋지 못한 광경. 곧, 서로 다툼질이 일어난 보기 사나운 광경.

불=호령(-號令)[명] 갑작스럽게 내리는 무섭고 급한 호령. ¶선생님의 ~. peremptory order

불=호박(-琥珀)[명] 빛깔이 붉은 호박. red amber

불혹(不惑)[명] ①(略)→불혹지년(不惑之年). ②미혹하지 않음. being free from vacillation

불혹=지년(不惑之年)[명] 나이 마흔 살을 일컫는 말. (略) 불혹(不惑)①. age of forty

불화(不和)[명] 사이가 좋지 않음. discord 하[형]

불화(弗化)[명] 〈화학〉 플루오르화(化).

불화(弗貨)[명] 달러(dollar)를 본위로 하는 화폐. dollar

불화(佛畵)[명] 불교에 관한 그림. 부처·보살 등의 상(像)을 그린 그림. Buddhist painting

불화=물(弗化物)[명] 〈화학〉불소(弗素)와 화합한 물질. 플루오르화물.

불화=변(一火邊)[명] 한자 부수(部首)의 하나. '灬·火'의 이름.

불화=수소(弗化水素)[명] 〈화학〉플루오르화수소.

불화=칼슘(弗化 calcium)[명] 〈화학〉플루오르화칼슘.

불=확대(不擴大)[명] 확대하지 아니함. localization

불=확실(不確實)[명] 확실하지 아니함. uncertainty 하[형]

불확실성의 시대[-썽-](不確實性-時代)[명] 변화가 심하여 미래를 겪칠 수 없는 현대를 이르는 말.

불=확정(不確定)[명] 확정하지 못함. 확실히 결정하지 못함. ¶~ 요소(要素). uncertainty 하[형]

불확정 기한(不確定期限)[명] 〈법률〉 오는 것은 확실하지만 언제 올지 불확실한 기한. (대) 확정 기한(確定期限).

불확정 채=무(不確定債務)[명] 〈법률〉 체권의 목적인 급부(給付)가 확실하지 않은 채무.

불환금 정:기산(不換金正貨散)[명] 〈한의〉정기산(正氣散)의 하나. 감기에 쓰이는 탕약.

불환 지폐(不換紙幣)[명] 〈경제〉 정화(正貨)와 바꿀 수 없는 지폐. (대) 태환 지폐(兌換紙幣). inconvertible

불=활발(不活潑)[명] 활발하지 않음. 하[형] [notes

불활성 기체[-썽-](不活性氣體)[명] 〈화학〉주기율표(週期律表)의 영족(零族)에 속하는 기체 원소. 다른 어떤 원소와도 화합하지 않음. inert gas

불황(不況)[명] 〈경제〉 경기(景氣)가 좋지 못한 일. 불경기(不景氣). (대) 호황(好況). depression

불황 카르텔(不況 Kartell 도)[명] 〈경제〉 불황에 관해 가격이 생산비 아래가 되었을 때, 생산·판매· 설비의 제한 등에 관한 기업간의 협정.

불=회목(不灰木)[명] 일이 부들 비슷하여, 불에 잘 타지 않으므로 횃불에 많이 쓰이는 나무. 또는 이 나무와 모양이 비슷하고 잘 안 타는 돌.

불효(不孝)[명] 부모에게 자식된 도리를 못함. ¶~ 막심(莫甚). (대) 효(孝). want of filial piety 하[형]

불효 효(拂曉)[명] 날이 막 밝을 무렵. 불서(拂曙).

불효부(不孝婦)[명] 시부모를 잘 섬기지 않는 며느리.

불효 부제(不孝不悌)[명] 어버이에게 효성스럽게 못하고, 어른에게 공손하지 못함. 하[형]

불효=자(不孝子)[명] ①불효한 자식. undutiful son ②부모에게 하는 편지에서 자기를 낮추어 일컬음.

불효=전(拂曉戰)[명] 새벽에 하는 전투(戰鬪).

불후(不朽)[명] ①썩지 않음. ②영원히 전해 나감. 불마(不磨). immortality 하[형] [achievements

불후지공(不朽之功)[명] 오래도록 빛날 공. immortal

불휘(不諱)[명] ①언행(言行)에서 무엇을 숨기거나 꺼리지 아니함. ②사람이 죽음. death 하[형]

불·휘[고] 뿌리.

불·휫뒷궐[고] 뿌리돋질.

불휴(不休)[명] 쉬지 아니함. ¶연중(年中) ~. without

붉고 쓴 간장 보기에는 그럴 듯하나 실지는 그와 반대의 물건이나 사람의 비유.

붉=나무[북-][명] 〈식물〉 옷나무과에 속하는 갈잎 중키나무. 높이 6m. 여름에 흰 오판화가 피며 암수 딴 그루임. 잎에 진더나 나무진다 따위가 기생하여 혹갈이 돋은 것을 '오배자(五倍子)'라 하여 약용·염료·잉크 원료로 씀. 산이나 들에 남. [붉다.

붉-다[북-][형ㅂ] 피나 익은 고추의 빛깔과 같다. (센)

붉덩=물[북-][명] 황토가 섞여서 탁하게 흐르는 물. muddy stream [a muddy stream

붉덩물 지-다[-북-][명] 붉덩물이 되어 흐르다. flow in

붉-돔[북-][명] 〈어류〉 감성돔과의 바닷물고기. 참돔과 비슷하나 좀 작고, 빛이 붉음.

붉디-붉다[북-북-][형] 아주 진하게 붉다. deep red

붉어-지다 점점 붉게 되어 가다. (센) 붉어지다.

붉으락-푸르락 몹시 흥분하거나 노하여서 얼굴빛이 붉었다 푸르렀다 하는 모양. ¶얼굴이 ~하다. 하[형]

붉은-거북[명] 〈동물〉 바다거북의 하나. 등 빛은 담황색으로 모양은 푸른거북과 비슷하나 등빡지의 늑판(肋板)은 다섯 쌍이고 연판(緣板)은 스물일곱 장임.

붉은 광:장(-廣場)[명] 모스크바의 크렘린 궁전 동쪽에 있는 광장. 레닌의 무덤이 있음. Red Square

붉은-닥서리[-](동) ①(동) 백사지(白沙地). ②(동) 불모지(不毛之地).

붉은-말[명] 〈식물〉 바닷말의 하나. 엽록소 이외에 붉은빛의 색소를 가지고 있어, 붉은빛 또는 붉은 자주빛을 띰. 홍색조(紅色藻). [홍사(紅絲)⑩.

붉은-발[명] 부스럼 언저리의 붉은빛의 충혈된 핏줄기.

붉은발-도요[명] 〈조류〉도요새의 새. 날개 길이 16cm 가량. 등은 갈색에 검은 얼룩무늬가 있고, 배와 날개 끝은 희고 발은 붉음.

붉은발-서-다 붉은발이 나타나다.

붉은배=동고비[명] 〈조류〉동고비과에 속하는 새. 배가 붉은빛을 띰 익조(益鳥).

붉은배=제비[명] 〈조류〉 제비과에 속하는 새. 제비과 같으나 가슴 아래쪽이 적다색(赤茶色)이며 검은 줄이 있음.

붉은배=지빠귀[명] 〈조류〉지빠귀과의 새. 날개 길이 12 cm 가량, 머리와 등은 다갈색, 가슴과 옆구리는 등적색인데, 번식기에 수컷이 고운 소리로 욺.

붉은배=티티[명] 〈조류〉 티티새과에 속하는 새. 목에서 배에 걸쳐 붉은빛을 띰.

붉은배=피리새[명] 〈조류〉 참새과에 속하는 새. 목에서 배에 걸쳐 빨간 빛을 띰. 다른 새의 흉내를 잘 내며 비슷하게 피리 소리 같음.

붉은-빛[-빋](빛)[명] 피와 같은 빛. red

붉은뺨=멧새[명] 〈조류〉 참새과에 속하는 새의 하나. 목은 회색이고 옆면은 갈색 에 흑색 종반(縱斑)이 있으며 허리는 검음.

붉은-양지니[명] 〈조류〉 참새과에 속하는 새. 수컷의 목은 아름다운 홍색에 목과 볼은 광택있는 은색임. 날개는 갈흑색에 암색의 얼룩무늬가 있고 암컷은 연한 빛임. [영].

붉은=토끼풀[명] 〈식물〉 콩과에 속하는 다년생 풀. 높이 40 cm 정도로 여름에 붉은·홍자색의 작은 나비 꼴의 꽃이 핌. 목초 또는 녹비로 씀. Trifolium pratence [(赤小豆). 홍두(紅豆).

붉은-팥[명] 껍질의 빛이 검붉은 팥. 적두(赤豆). 적소

붉은-피톨[명] (동) 적혈구(赤血球).

붉히-다 부끄럽거나 성이 나서 얼굴을 붉게 하다. ¶얼굴을 ~. blush

붐:(boom)[명] ①갑자기 수요가 증가하여 가격이 급등하는 일. 장사의 벼락 경기. ②어떤 사물이 번성하는 것. ¶탁구의 ~이 일어나다.

붐비-다 ①좁은 곳에 많은 사람들이 들끓어서 혼잡하다. ¶경기장 안에 사람들이 ~. ②많은 사물(事物)이 한데 뒤섞어서 매우 복잡하다. crowded

붐: 타운(boom-town)[명] 새로 일어난 도시. 신흥 도시(新興都市).

붐:-하다[형여](약) →희붐하다.

붑[고] 북.

붑비-다[고] 끓어 뒤섞이다.

붑마치[고] 북채.

붓[명] ①글씨를 쓰거나 그림을 그리는 문구(文具)

붓 writing brush ②연필·털붓·철필 따위의 총칭.
붓[명] 〖고〗북³.
붓그륨[명] 〖고〗부끄러움.
붓그리-다[타스] 〖고〗부끄러워하다.
붓-꺽-다[자] 쓰기를 그만두다. 문필 생활을 그만두다.
붓=꽃[명] 〈식물〉붓꽃과의 다년생 풀. 높이는 곧고 60～90cm 가량임. 5～6월에 청자색 꽃이 피는데, 백색·황색·갈색·자색의 무늬가 차례로 섞였음. 관상용으로 널리 재배함. 수창포(水菖蒲). iris
붓-끝[명] ①붓의 뾰족한 끝. 필단(筆端). tip of writing brush ②붓의 놀림새. 문장의 날카로움. 필봉(筆鋒). 호단(毫端). ¶～이 예리하다. force of the pen
붓-날-다[자□] 말과 짓이 경솔하고 들뜨다. be frivolous
붓-날리-다[타] 말이나 짓을 경솔하게 하다.
붓-놓-다[타] ①글을 다 쓰다. ②[명] 붓꺾다.
붓:-다[자스] ①살가죽이 부풀어오르다. swell ②《속》부아가 나서 부루퉁하게 되다. ¶욕을 먹고 잔뜩 ～.
붓:-다[타] 《약》→부수다. sulky
붓:-다[타스] ①쏟다. ¶물통에 물을 ～. pour ②씨를 뿌리다. ¶밭에 무씨를 ～. sow ③곗돈·납입금 같은 것을 기한 안에 치르다. ¶매달 적금을 ～. pay in installments
붓-대[명] 붓의 자루. 필관(筆管). stem of a writing brush
붓도-도-다[타] 〖고〗북돋우다.
붓-두껍[명] 붓을 끼워 두는 뚜껑. 두겁. sheath of a writing brush
붓-방아[명] 글을 쓸 때 생각이 잘 나지 않아 붓대만 놀리고 있는 것. fidgeting over one's pen in hesitation
붓방아-질[명] 붓방아를 찧는 것. 하다
붓방아 찧-다 붓방아질을 연달아 하다. fingers one's pen
붓-셈[명] 필산(筆算). 하다
붓순[명] 〈약〉→붓순나무.
붓순-나무[명] 〈식물〉붓순나무과의 상록 활엽의 작은 교목. 높이 4～5m 가량이고 잎은 원형에 특이한 향기가 남. 엷은 황색 꽃이 피고 열매는 맹독(猛毒)이 있음. 줄기는 양산 자루·염주 재료가 되며 수피 및 과실은 향료로도 쓰임. 망초(莽草). 진과(蓁瓜). 팔각회향. 《약》 붓순.
붓-질[명] 붓을 놀려서 그림을 그리는 일. manipulation of a painting brush 하다
붓티-다[타] 〖고〗부치다. 보내다.
뷧[명] 〖고〗새.
붕:[명] ①방귀를 뀌는 소리. 《센》뿡. 《거》풍. with a poop-poop ②비행기나 벌 같은 것에서 나는 소리. ¶종. boom ③자동차 같은 것에서 한 번울리는 경적 소리. honk ¶두 채가 ～ 떴다. losing
붕[명] 어떠한 것을 허망하게 잃거나 날린 모양. ¶집
붕(朋)[명] 《약》→붕어(崩御).
붕괴(崩壞)[명] ①허물어져 무너짐. 붕폐(崩廢). 붕퇴(崩頹). collapse ②방사성 원소가 입자(放射性元素가 粒子)를 내고 다른 원소로 변하는 현상. disintegration 하다
붕궤(崩潰)[명] 〈동〉붕괴(崩壞)①. 하다
붕굿-붕굿[부] 여러 군데가 조금 솟아 있거나 들떠 있는 모양. 《작》봉굿봉굿. 하다
붕굿-하다[자여] ①맞붙여 놓은 물건이 조금 들떠 있다. heaved ②언덕이 조금 솟아 있다. slightly elevated ③많이 먹어서 배가 볼근 솟아 있다. 붕굿이[부] ④ faction
붕당(朋黨)[명] 뜻을 같이하는 사람끼리 모인 단체. 당
붕대(繃帶)[명] 상처나 헌데에 감는 소독한 면포·가제. 플란넬(flannel)을 길쭉하게 오린 조각. bandage
붕대-액(繃帶液)[명] 상처나 헌데를 덮어 싸기 위해 붕대 대신 바르는 액체.
붕도(鵬圖)[명] 큰 희망과 의도. great ambition
붕락(崩落)[명] ①무너져서 떨어짐. collapse ②물건 값이 뚝 떨어짐. 폭락(暴落). slump 하다
붕발(朋潑)[명] 물결이 서로 부딪치는 소리. surging
붕배(朋輩)[명] 지위나 나이가 서로 비슷한 같은 또래

의 벗. ¶～간(間). companion
붕:=붕[명] ①방귀를 자꾸 뀌는 소리. 《센》뿡뿡. 《거》풍풍. ②비행기나 큰 곤충 같은 것에서 연해 나는 소리. buzzing ③자동차 따위에서 연해 울리는 경적 소리. honk
붕비(朋比)[명] 붕당이 서로 자기 편을 두둔함.
붕사(硼砂)[명] 〈화학〉붕산나트륨의 백색 결정체. 강한 열에 녹이면 유리와 비슷이 변함. 방부제 및 에나멜·유리의 원료로 쓰임. 분사(盆砂). borax
붕사구 반:응(硼砂球反應)[명] 〖동〗붕사 구슬 반응.
붕사 구슬 반:응(硼砂-反應)[명] 〈화학〉백금선 끝을 고리 모양으로 하여 붕사 가루를 묻혀 열하면 물기가 없어지고 유리 모양의 구슬인 붕사구(球)가 생기는데, 여기에 여러 가지 금속의 산화물을 묻혀 연하면 그 금속의 종류에 따라 각각 독특한 빛을 나타내는 현상. 정성(定性) 분석에 이용됨. 붕사구 반응. borax bead reaction
붕사(硼砂)=땜[명] 〈공업〉쇠붙이에 붕사를 써서 하는 땜질. plastering up with borax
붕산(硼酸)[명] 〈약학〉무색·무취의 투명하고 비늘모양의 광택이 있는 결정. 방부제·소독제로 씀. boracic acid
붕산-면(硼酸綿)[명] 〈약학〉붕산의 용액에 담가 두었다가 말린 탈지면. 상처나 헌데에 댐. boracic cotton
붕산-수(硼酸水)[명] 〈약학〉붕산을 녹인 물. 소독제로 씀. boracic
붕산 연:고(硼酸軟膏)[명] 〈약학〉붕산 가루를 넣어 만든 연고. 피부병에 쓰임. boracic ointment
붕-새(鵬-)[명] 엄청나게 커서 단번에 구만 리를 날아간다는 상상의 새. phoenix
붕성지-통(崩城之痛)[명] 남편의 죽음을 슬퍼하여 우는 아내의 슬픔. 〖대〗고분지통(鼓盆之痛).
붕소(硼素)[명] 〈화학〉붕사가 주성분으로 된 물질. 흑갈색의 무정형(無定形)의 고체. 원소 기호; B. 원자 번호; 5. 원자량; 10.81. boron
붕숭-하다[형여] 《변》→봉송(蓬鬆)하다.
붕암(朋岩)[명] 돌 주머니.
붕:어(魚)[명] 〈어류〉잉어과의 민물고기. 길이는 보통 10～15cm 가량으로 몸은 폭이 넓고 머리는 둔하게 뾰족함. 등은 푸른 갈색, 배는 은백색 혹은 금색을 띰. 각지의 개울이나 못에 서식함. 부어(鮒魚). crucian carp
붕어(崩御)[명] 임금이 세상을 떠남. 안가(晏駕). 빈천(賓天). 선어(仙馭). 승하(昇遐). 《약》붕(崩). demise 하다
붕:어=마름[명] 〈식물〉붕어마름과의 물속 식물. 줄기는 가늘고 길이 40cm 내외로 7～8월에 홍색 꽃이 핌. 흔히 어항에 넣어 둠.
붕:어 사탕(-砂糖)[명] ①붕어 모양으로 만든 과자의 하나. carp-shaped candy ②실속이 없이 속이 텅 빈 사람.
붕:어 연:적(-硯滴)[명] 붕어 모양으로 만든 연적.
붕:어 자물쇠[-쐬][명] 붕어 모양으로 만든 'ㄷ'자형 자물쇠.
붕:어 저:나[명] 붕어로 만든 저냐. 〖옛〗부어나.
붕:어지[명] 〈어류〉먹붕장어과의 바닷물고기. 몸 길이 60 cm 가량으로 몸 빛은 암갈색에 금빛을 띠며 입이 작음. 꺼붕장어.
붕:어-톱[명] 〈공업〉등이 붕어 모양으로 둥글게 생긴 톱.
붕우(朋友)[명] 벗. 친구. friend
붕우 유:신(朋友有信)[명] 오륜의 하나. 친구 사이의 도리는 신의(信義)에 있음. confidence among friends 하다
붕우 책선(朋友責善)[명] 벗이 서로 좋은 행실을 권함.
붕익(鵬翼)[명] ①붕새의 날개라는 뜻으로, 큰 사업의 경륜을 말함. great undertaking ②비행기.
붕:=장어(-長魚)[명] 〈어류〉먹붕장어과의 바닷물고기. 몸 길이 60 cm 이상으로는 뱀장어와 비슷하나 주둥이와 입이 크며 이가 날카로움. 중요 어종의 하나로 맛이 좋음. conger myriaster

붕적-토(崩積土)명 〈지리〉암석의 풍화물이 경사면을 미끄러져 내려오거나 무너져 떨어져서 쌓인 흙.

붕정(鵬程)명 아주 먼 앞길. long way

붕정 만:리(鵬程萬里)명 ①앞길이 매우 멀고도 큼.

붕지(朋知)명[동] 벗¹. ②전도가 극히 양양한 장래.

붕집(朋執)명[동] 벗¹.

붕탑(崩場)명 무너져서 두려 빠짐. collapse 하다

붕퇴(崩頹)명[동] 붕괴(崩壞)①. 하다

붖돋명[원]→부엌

붙-다자 ①서로 맞닿다. ¶집들이 죽 붙어 있다. come in touch with ②맞닿아 떨어지지 않다. ¶그림이 벽에 붙어 있다. stick to ③좇아서 따르다. ¶여당(與黨)에 ~. attend ④어떤 물체나 대상에 바싹 가까이하다. ¶엄마 곁에 붙어 있는 아기. stand close to ⑤시험 따위에 뽑히다. ¶대학에 ~. succeed ⑥일거리 따위에 손을 대거나 시작하다. ¶다섯 사람이 붙어 일하다. set about ⑦의지하다. ¶남의 집에 붙어 살다. belong to ⑧움가 들어 실현되거나 작용하다. ¶귀신이 ~. possess catch (fire) ⑨어떤 감정이나 감각 따위가 생겨나다. ¶정(情)이 ~. arise ⑩아픈 데에 딸리다. ¶사장실에 사람이 붙어 있다. depend on

붙-다자(속) 암컷과 수컷이 서로 교미하다. 또는 남녀가 관계를 맺다. copulate

불-당기[타] 붙잡아서 당기다. pull

붙-동이-다[타] 붙들어서 동이어 매다. bind

붙-들-다[타](르활) ①꽉 쥐고 놓지 않다. ¶손을 꼭 ~. catch ②남을 가지 못하게끔 만류하다. ¶떠나는 손님을 ~. detain ③남을 도와주다. ¶남편을 붙들어 일하다. help ④달아나는 것을 잡다. ¶도둑을 ~. seize

붙들-리-다[자] ①붙들음을 당하다. be caught ②만류함을 당하다. ¶친구한테 붙들려 이틀이나 더 묵다.

붙-따르-다[자](르활) 아주 바싹 가까이 따르다. 붙좇다.

붙-매이-다[자] 몸이 어떤 일에 붙어 매이다. 또는 붙잡히고 있다. ¶시험 준비에 ~. be tied to

붙박아 놓-다[타] 한 곳에 고정하여 두다. fix

붙-박이[명] 꽉 정해져서 한 곳에 박혀 있어서 움직임이 없이 된 사물. fixed thing

붙박이-다[자] 한 군데에 꽉 박혀 있고 움직이지 않다. be fixed

붙박이-별[명][동] 항성(恒星).

붙박이-창[窓][명] 〈건축〉광선을 받는 것이 목적이고 여닫지는 못하게 고정된 창. fixed-in window

불-손[-뿐-]명[접] 두 팔로 부둥켜안다. ¶아기를 ~. hug

불어-먹-다[타](ㅂ불) 감동하다.

붙어 살-다[자] 남에게 의지해서 살다. 기생하다. ¶처가(妻家)에 ~.

붙여잡-다[타 붙어-][동] 붙잡다.

붙여 지내-다[타 붙어-][타] 남에게 의지하여 살아가다.

불-움키-다[타 붙음-][원]→부둥키다. live on another

붙은-돈[명] 거슬러 받아야 할 화폐가 한 푼이나 한 장으로 되어 낼 수 없게 된 돈.

불은 문자(-文字)(-文字) 어떤 사물의 설명에 꼭 들어맞는 숙어. happy remark

-붙이[부치][접] 사람과 같은 겨레. ¶일가~. one's relations ②어떤 물건에 딸린 같은 종류. ¶쇠~. (iron) ware

붙이 일가(-一家) 형식상으로 붙여 놓은 일가. 부족(附族). nominal relatives

불이-다[타 부치-][타] ①말게 하다. ¶종이를 ~. stick to ②사이에 들어 어울리게 만들다. ¶싸움을 ~. act as agent ③내기에 돈을 태어 놓다. ¶한 판에 천 원씩을 ~. bet ④웋을 받아 날다. put ⑤의견을 첨가하다. ¶조건을 ~. add ⑥손으로 때리다. ¶한 대 올려 ~. slap ⑦몸·식사 따위를 어떤 곳에 매게 하다. depend on ⑧암컷과 수컷을 교미시키다. unite sexually ⑨땔리게 하다. ¶경호원을 ~. place ⑩마음에 당기게 하다. ¶취미를 ~. attract ⑪이름을 지어 달다. call ⑫닿게 하다. ¶책상을 벽에 꼭 ~. make one touch

불임-성(-性)[부침성][명] 남에게 붙따르며 잘 사귀는 성질과 수단. amiability

불임-대(-附-)[부침때][명] 탕개붙임에서 가로 죽 붙인 널빤지가 서로 어긋나지 않도록 위아래 쪽으로는 오리나무. [amiably

불임-불임[부침부침][분] 붙임성 있게 잘 사귀는 모양.

불임-성(-性)[부침성][명] 남이 쉽게 붙따를 수 있게끔 남과 잘 사귀는 성질과 수단. 너울가지. ¶~이 너무 없어도 좋지 않다.

불임-줄[부침-][명] 타이(tie)③.

불임-질[부침-][명] 나뭇조각 따위를 풀로 맞대고 붙이는 일. gluing 하다

불임-틀[부침-][명] 베니어판 같은 널빤지를 붙이는 틀.

불임-판(-板)[부침-][명] 두 개의 쇳조각으로 되어 나뭇조각을 붙이는 데에 쓰는 쇠판. metal vice for holding pieces of wood

불임-표(-標)[부침-][명] 〈동〉 접합부(接合符).

불임-풀[부침-][명] 바느질에서 동정 따위를 붙이는, 되게 쑨 풀. paste [쪽 서까래.

불임-혀[부침-][명] 〈건축〉처녀의 양 옆에 붙이는 반

불-잡-다[타] ①꽉 쥐고 놓치지 아니하다. ¶옷을 ~. hold ②달아나지 못하게 붙들어 잡다. ¶도둑을 ~. catch ③번어진 자리를 얻다. ¶일자리를 ~. get ④가지 못하게 말리다. ¶남의 상품·물품 따위를 자기 것으로 만들다. 붙여잡다. ¶이번에 좋은 물건을 붙잡았다. hold ⑦도도와서 보호하여 주다. help

불잡아 주-다[타] ①쓰러지지 않게 곁을 부축하다.

불-잡히-다[자] 붙들려서 잡히다. 붙잡음을 당하다. ¶도둑이 잡히다. be caught

불-장(-藏)[명] 〈건축〉부엌 벽의 바깥쪽이나 안쪽에 붙여 만든 장. kitchen closet

불-좇다[타] 공경하는 마음으로 섬기며 따르다. 붙따르다. adore

불명[교] 북¹.

붓-달-다[자 타][형] 언행(言行)이 부뚷고 괄하다. be

불-대-다[타] 붇달게 굴다. be spirited [spirited

불명[명]→부엌.

붉명[ㄷ 비 비(等).

뷔겔(Bügel 도)[명] 〈물리〉전동차 집전 장치(電動車集電裝置)의 하나. 주로 노면(路面) 전차에 쓰임.

뷔-넨드라마(Bühnen-drama 도)[명] 〈연예〉무대 상연

・뷔-다[타] 베다(斬). [에 적합한 드라마.

・뷔-다[교] 비다(虛).

뷔-틀-다[타][동] 비틀다.

뷔페(buffet 프)[명] 열차나 정거장 안에 있는 간이 식당.

뷔페 파:티(buffet party 프)[명] 음식을 큰 식탁에 차려 놓고 손님이 원하는 것을 자유로이 덜어 가도록 하여 즐기는 파티.

뷰렛(burette)[명] 〈화학〉산(酸)·알칼리의 정량(定量)에 사용되는 눈금 있는 유리관으로 된 장치.

뷰로(bureau)[명] ①관청의 국(局)·부(部)·과(課) 따위. 국무부·사무소·편집국 따위. ②료 정치.

뷰로크러시(bureaucracy)[명] ①〈사회〉관료주의. ②관

뷰-어(viewer)[명] 슬라이드를 보기 위한 간단한 도

뷰:티(beauty)[명] ①미(美). 아름다움. ②미인(美人). 아름다운 여자. [없는 자전거.

뷰:티 사이클(beauty cycle)[명] 미용 운동용의 바퀴가

뷰:티 살롱(beauty salon)[명][동] 미용원(美容院).

뷰:티 스폿(beauty spot)[명] 용모를 애교 있게 보이기 위하여 부인들의 얼굴에 사마귀처럼 적는 것.

뷰:티 콘테스트(beauty contest)[명] 미인 선발 대회.

뷰:티 팔:러(beauty parlor)[명] 미용원.

뷰-폰(viewphone)[명] 상대의 얼굴을 보면서 이야기할 수 있는 전화(電話). 텔레비전 전화.

브나로드 운:동(Bнapoд 러, vnarod 運動)[명] 〈사회〉 1870년대의 러시아에서 청년 귀족과 학생들이 주동이 되어 브나로드(민중 속으로) 란 슬로건을 내세

브라마 851 브수려

우고 농민을 주체로 한 사회 개혁을 이루고자 일으킨 제몽 선전 활동.

브라ː마(brahma)똉 〈조류〉닭의 한 품종. 동인도 원산의 육용종. 몸집이 크고 살찌며 체질이 강하여 기르기 쉬움.

브라보(bravo 이)똅 '잘한다·좋다·신난다'의 뜻으로 지르는 소리.

브라스 밴드(brass band)똉 〈음악〉금속제의 관악기를 주체로 하여 편성된 악대. 취주 악단(吹奏樂團).

브라우닝식 자동 소ː총(Browning 式自動小銃)똉 가스 작용식·공랭식(空冷式)·자동식 소총의 하나. 미국의 브라우닝이 발명했음. (약)비 에이 아르

브라운(brown)똉 갈색(褐色). (BAR).

브라운-관(Braun 管)똉 〈물리〉음극선의 흐름에 의하여 여러 가지 전자(電磁)현상을 관측·연구하기 위한 진공관. 텔레비전의 수신 장치 따위에 쓰임. Braun tube

브라운 운ː동(Brown 運動)똉 〈물리〉액체 또는 기체속에 고체의 알맹이가 떠 있을 때에, 외계의 영향을 받지 않고도 미립자(微粒子)와 액체 분자와의 충돌로 생기는 알맹이의 불규칙 운동. Brownian motion

브라이트씨-병(Bright 氏病)똉 〈의학〉신장염. 신장염을 깊이 연구한 영국 의사 브라이트의 이름에서 온 말. 〔범(梵)이라 옮겨 씀.

브라흐마(Brāhma 범)똉 〈종교〉바라문교의 창조신.

브라흐마나(Brāhmana 범)똉 〈종교〉①바라문교로 가는 바라문교 사상을 기록한 경전(經典). ②브라흐마나와 그를 철학적으로 다루어 전개한 아라냐카(Aranyaka)·우파니샤드(Upanishad)의 통칭.

브래지어(brassiere)똉 양장에서 가슴의 모양을 아름답게 하기 위하여 젖을 싸 누르는 내의.

브래킷(bracket)똉 〈인쇄〉괄호 '〔 〕·《 》'등의 이름.

브랜드(brand)똉 상표(商標).

브랜드스텐-판(brandsten 板)똉 〈체육〉수영이나 다이빙 경기의 도약판.

브랜디(brandy)똉 포도주를 증류(蒸溜)시켜서 만든 알코올 성분이 센 서양 술의 하나.

브러나-다타 (고)붙거지다.

브러시(brush)똉 솔.

브레스트(breast)똉 가슴. 흉부(胸部).

브레이슬렛(bracelet)똉 팔찌.

브레이크(brake)똉 자동차 및 여러 기계 장치의 운전을 조절·제어하기 위한 장치. 제동기(制動機).

브레이크(break)똉 〈체육〉①야구에서, 투수(投手)의 투구(投球)가 굴절하는 일. ②권투에서, 서로 껴안고 있는 선수에게 떨어질 것을 명령하는 일.

브레이크 고무(brake gomme 프)자전거 바퀴에 달린 고무로 된 브레이크.

브레인(brain)똉 두뇌(頭腦). ¶그는 국민당의 ~이

브레인-스토ː밍(brainstorming)똉 자유로운 토론에 의해서 창조적인 사고(思考)나 아이디어를 개발(開發)해 내는 일.

브레인 트러스트(brain trust)똉 ①미국 대통령의 정치·경제 관계 고문으로 뽑히는 학자단. 두뇌(頭腦)위원회. ②일반적으로 전문 위원회.

브렉퍼스트(breakfast)똉 조반(朝飯). (學派).

브렌타노 학파(Brentano 學派)똉 〈철학〉브노와학파(獨·브려-다타 (고)부리다.

·브·려시-니타 (고)부리시었으니.

브로ː드(broad)똉 브로드클로스.

브로ː드 점프(broad jump)똉 도움닫기 넓이뛰기.

브로ː드캐스팅 스테이션(broadcasting station)똉 방송국.

브로ː드-클로ː스(broadcloth)똉 폭이 넓으며 포플린같이 부드러우면서도 더 촘촘하고 광택이 있는 천의 하나. (약)브로드.

브로마이드(bromide)똉 ①〈화학〉브롬화 따위의 취소(臭素)와 금속과의 화합물. ②브롬화물을 사용해 만든 사진 인화지. 또는, 그 인화지로 현상한 사진. 색이 변하지 않는 사진. ③배우·운동 선수 등의 초상 사진.

브로ː치(brooch)똉 양복의 깃이나 앞가슴에 다는 장신구의 하나. 옷저고리에 핀으로 꽂는 장식품.

브로ː커(broker)똉 ①상행위의 매개를 업으로 하는 사람. ②(속)사기적인 거간꾼.

브로켄의 요괴(Brocken—妖怪)똉 독일 중부 브로켄산(山)에 나타나는 유명한 기상 광학(氣象光學)현상. 앞에는 안개가 끼어 있고 뒤에서는 해가 비칠 때, 산꼭대기에 있는 등산가의 모습이 크게 확대되어 비치고, 목 둘레에는 무지개 테가 둘려 있는 것처럼 보이는 현상.

브로ː큰 잉글리시(broken English)똉 엉터리 영어.

브론즈(bronze)똉 ①청동(青銅). ②동상.

브론토사우루스(Brontosaurus 라)똉 〈동물〉중생대의 쥐라기에 번성했던 거대한 공룡(恐龍).

브롬(Brom 도)똉 〈화학〉불쾌한 자극성 냄새가 있는 적갈색의 액체 원소. 염소 비슷한 성질을 가지나 조금 약함. 취소(臭素). 원소 기호; Br. 원자 번호; 35. 원자량; 79.904.

브롬-수(Brom 水)똉 〈화학〉브롬의 포화 수용액으로 화학 시약(주로 산화제)으로 쓰임.

브롬-지(Brom 紙)똉 브롬화은의 유제를 종이에 발라 만든 인화지. 감광도가 높아 사진 확대용으로 쓰임. bromide paper

브롬-진(Brom 疹)똉 〈의학〉브롬 또는 그 염류(鹽類)의 복용으로 머리·얼굴·코·어깨·팔다리 등에 생기는 암갈색의 발진. 〔합. 하

브롬-화(Brom 化)똉 〈화학〉어떤 물질이 브롬과 화합하는 일.

브롬화-물(Brom 化物)똉 〈화학〉브롬과 다른 원소 또는 원자단과의 화합물. 브롬화수소 등.

브롬화-은(Brom 化銀)똉 〈화학〉브롬과 은과의 화합물로서 담황색 분말. 광선을 받으면 분해되어 검게 변함. 사진 건판에 쓰임. silver bromide

브롬화-칼륨(Bromine 化 Kalium)똉 〈화학〉브롬과 칼륨과의 화합물로서 광택이 있는 입방체의 흰 결정으로 물에 잘 녹음. 최면제·진정제·사진술에 쓰임. 브롬화포타슘. potassium bromate

브루-네트(brunette)똉 살갗이 거무스름하고 머리털·브·르-다타 (고)부르다. 〔과 눈이 고동색인 여자.

브르-다타 (고)부르다(飽).

·브·리-다타 (고)부리다(使).

·브·리-다타 (고)부리다〔卸).

브·리이-다타 (고)부림을 받다.

브리지(bridge)똉 ①다리. 교량. ②육교. ③선장·함장이 지휘하는 곳. ④열차의 차체와 차체와를 연결하는 다리. ⑤선로 위로 건너지른 신호기를 장치하는 다리. ⑥현악기의 기러기발. ⑦가공 의치(加工義齒). ⑧〈물리〉전기의 저항·빈도 등을 재는 장치. ⑨콧마루에 닿는 안경테의 부분. ⑩당구의 큐를 세워 놓는 매카(臺架). ⑪낚기에서, 깊을 때에 큐를 받쳐 놓기 위해 고리처럼 만든 경우의 손가락. ⑫방송에서, 한 프로가 끝나고 다음 프로로 넘어갈 때의 효과음 따위. ⑬트럼프 노는 법의 하나. ⑭레슬링에서, 누워서 머리와 발로 몸을 버티어 폴(fall)을 막는 방법.

브리타니아 합금(Britannia 合金)똉 〈화학〉주석 140, 동 3, 안티몬 9의 비율로 섞은 것에 아연을 조금 섞어서 만든 합금.

브리튼(Briton)똉 ①로마인의 침입 당시 영국의 남부에 살고 있던 켈트인(Celt人). ②영국인(英國人).

브리ː핑(briefing)똉 ①요점을 간략하게 간추린 보고서. 또, 그런 보고. ②〈군사〉간략한 군사 상황 회의. ③비행 직전에 비행사에게 내리는 간단한 명령.

브릴란테(brillante, brill 이)똉 〈음악〉'화려하게'의

브억. 〈고〉부엌.

브섭. 〈고〉부엌.

브·수·려타 (고)부수려.

브·숨다 〔고〕 부음〔注〕.
브스름 〔고〕 부스럼.
브이 유: 엔 시:(VUNC) 〔약 Voice of the United Nations Command 유엔군 총사령부 방송.
브즈러니 〔고〕 부지런히.
브터 〔고〕 부터.
브·터·쓰·다 〔고〕 붙여 쓰다.
브·티·다 〔고〕 붙이다. 부치다〔付送〕.
블·긧고 〔고〕 붙도록. 의지하게 되라고. 의지하여
블─다 〔고〕 의지하다. 붙다. 〔지라고.
블동·기이·다 〔고〕 어디에 매달리다.
블늘·이·다 〔고〕 붙들이다.
블질긔·다 〔고〕 인색(吝嗇)하다.
불 〔명〕 풀.
·불² 〔명〕〔고〕 불¹.
·불곳 〔명〕〔고〕 불꽃.
·불님글 〔명〕〔고〕 불동.
불·다 〔타〕 부러워하다.
·불딘·다 〔자〕〔고〕 불때다.
블라우스(blouse) 〔명〕 ①통이 넓은 서양식 작업복. ②여자나 아이들이 겉에 입는 웃옷의 하나.
블라인드(blind) 〔명〕 ①소경. 장님. ②눈을 가리는 물건. ③창에 달아 볕을 가리는 물건.
블랙(black) 〔명〕 검은 것. 검은빛. 〔부.
블랙=리스트(blacklist) 〔명〕 주의를 요하는 인물의 명
블랙 마·켓(black market) 〔명〕 암시장(闇市場).
블랙 박스(black box) 〔명〕 ①〔물리〕 어둠 상자. ②항공기 안에 비치하는 비행 자료 자동 기록 장치. ③지하 핵실험 탐지용 봉인(封印). 자동 지진계.
블랙 유·머(black humor) 〔명〕 내용이 이상하여 배후에 막연한 불안하고 불길한 느낌을 주는 익살스런 농담.
블랙 체임버(black chamber) 〔명〕 ①비밀실(祕密室). ②외교·군사의 비밀 정보부. 〔진한 커피.
블랙 커피(black coffee) 〔명〕 설탕과 크림을 넣지 않은
블랙 코미디(black comedy) 〔명〕 블랙 유머를 포함하는 희극. 냉소적이고 잔인하며 음산하면서 풍자적인 특징을 가짐.
블랭크(blank) 〔명〕 ①공백(空白). 여백(餘白). ②백지.
블랭크 버·스(blank verse) 〔명〕〔문학〕 운(韻)을 밟지 않은 시. 무운시(無韻詩).
블랭킷(blanket) 〔명〕 모포(毛布).
블랭킷 에어리어(blanket area) 〔명〕 방송(放送)이 잘 들리지 않는 지역(地域).
블레이저 코·트(blazer coat) 〔명〕 플란넬로 만든 밝고 화려한 운동 선수들의 웃옷.
블로킹(blocking) 〔명〕〔체육〕 ①농구에서, 공을 가지지 않은 상대를 방해하는 일. ②권투에서, 상대의 공격을 방어하는 일. ③배구에서, 전위(前衛) 선수가 상대편의 스파이크를 방어하는 일. 하다
블로·홀(blowhole) 〔명〕〔광물〕 용해된 철광 속에 함유되는 기포(氣泡). 특유의 기계적 성질을 저하시킴. 〔여 짠 결합·동맹(同盟)·권(圈).
블록(bloc) 〔명〕〔정치〕 어떤 이익을 중심으로 모
블록(block) 〔명〕 ①길에 깔거나 건축에 쓰는 나무·돌·콘크리트 등의 덩어리. ②〔인쇄〕 판목(版木). 인재(印材). ③시가(市街)의 한 구획(區劃).
블록 건·축(block 建築) 〔명〕〔건축〕 돌·벽돌·콘크리트의 덩어리를 쌓아서 짓는 건물.
블록 경제(bloc 經濟) 〔명〕 강대국(强大國)이 관련 있는 나라들을 모아 이루는 경제상의 결속(結束).
블록 다이어그램(block diagram) 〔명〕 지형의 입체적 모사도(模寫圖).
블록 시스템(block system) 〔명〕 수입량이 일정한 양을 넘으면 요금이 체감(遞減)되는 제도.
블론드(blonde) 〔명〕〔동〕 금발(金髮).
블루(blue) 〔명〕 청색(靑色).
블루·머(bloomer) 〔명〕 체조·경마·수영 등을 할 때, 여자가 입는 짧은 바지의 하나.
블루:=버:드(bluebird) 〔명〕〔조류〕 파랑새.

블루: 북(blue book) 〔명〕 ①청서(靑書). ②직원록(職員錄). 신사록(紳士錄).
블루:=블랙(blue black) 〔명〕 짙은 남빛.
블루:스(blues) 〔명〕〔음악〕 4분의 4, 4분의 2박자로 된 느릿 무도 음악. 또, 그에 맞추어 추는 춤.
블루:=스타킹(bluestocking) 〔명〕 ①여류 학자. ②19세기 영국에서 일어난 부인 참정 운동의 한 파. 청탑파(靑鞜派). 〔통이 좁은 바지. 청바지.
블루: 진(blue jeans) 〔명〕 청색 데님(denim)으로 만든
블루: 칼라(blue collar) 〔명〕 생산에 종사하는 육체 노동
블루:=프린트(blue-print) 〔명〕 청사진. 〔자.
블루: 필름(blue film) 〔명〕 외설 영화.
:블·블·다 〔자〕〔고〕 불붙다.
·블·쁘다 〔자〕〔고〕 불쾌다.
븕나모 〔고〕 꿀나무.
븕·다 〔형〕〔고〕 붉다.
붓·곳 〔명〕〔고〕 불꽃.
붓·그리·다 〔고〕 부끄러워하다.
·붓나·올 〔명〕〔고〕 심지.
붓·다 〔타〕〔고〕 붓다.
붓·다² 〔고〕 붓다〔注〕.
붓·다³ 〔자〕〔고〕 붓다〔腫〕.
·붓다⁴ 〔자〕〔고〕 붓다〔注〕.
·붓븍·륙 〔명〕〔고〕 불동.
블─다 〔자〕〔고〕 붙다〔焚〕.
블·다 〔자〕〔고〕 붙이다. ②의지하다.
비·다 〔고〕 비다〔空〕.
비 〔명〕 먼지나 쓰레기를 쓸어 내는 기구. broom
비² 〔명〕 구름이 찬 기운을 만나서 엉겨 뻗혀 떨어지는 물방울. rain
비:(比) 〔명〕 ①〔약〕→비교(比較). ②〔수학〕 어떤 양이 다른 양의 몇 배인가를 보이는 관계. ratio ③→비례(比例). ④〔약〕→비율(比率). ⑤〔약〕→비패(比封). 하다
비(妃) 〔명〕〔제도〕 ①임금의 아내. queen ②황태자(皇
비:(否) 〔명〕〔약〕→비패(否封). 〔mother
비:(妣) 〔명〕 돌아가신 어머니. 〔예〕 고(考). deceased
비(剕) 〔명〕〔제도〕 발뒤꿈치를 베던 형벌.
비(脾) 〔명〕〔약〕→비장(脾臟).
비(賁) 〔명〕〔약〕→비패(貴封).
비(碑) 〔명〕 ①끼친 은혜나 공적을 기념하기 위하여 돌에 글을 새겨 세워 놓은 물건. monument ②〔약〕→묘비(墓碑).
비:(非) 〔명〕〔조〕 '아님·그름·잘못' 등의 부정을 나타내는 말. 〔¬→논리적(論理的). 〔예〕 시(是).
=비(費) 〔접미〕 명사 아래 붙어 그 명사가 가지는 뜻의 비용(費用)을 나타냄. 〔거마(車馬)~. expenses
비:(B, b) 〔명〕 ①영어 자모의 둘째 글자. ②성적을 내는 등급의 'A'의 다음. ③〔수학〕 제 2 기지수(旣知數). ④연필심의 검은 정도를 나타내는 부호.
비:(V, v) 〔명〕 ①영어 자모의 스물두째 글자. ②로마 숫자로의 다섯을 나타내는 부호.
비:가 〔-까〕(比價) 〔명〕〔경제〕 다른 것과 견주어 본 가치(價値). relative value
비:가(悲歌) 〔명〕 슬픈 노래. 엘레지. elegy
비가=역 변화(非可逆變化) 〔명〕〔물리〕 가역 변화가 아닌 변화. 곧, 열의 전도·마찰·확산 등.
비각 물과 불처럼 두 물건이 서로 용납되지 못하는 일. contradiction
비·각(祕閣) 〔명〕 중요한 문서 따위를 비장(祕藏)하여 두는 궁정(宮廷)의 창고. archives
비각(碑閣) 〔명〕 안에 비(碑)를 세운 집. monument house
비갈(碑碣) 〔명〕 비(碑)와 갈(碣).
비:감(祕甘) 〔명〕〔제도〕 상급(上級) 관청에서 하급 관청에 내리던 비밀 공문. 〔하다
비감(悲感) 〔명〕 슬픈 느낌. 또, 슬프게 느낌. sorrow
비감(痞疳) 〔명〕〔한의〕 음식을 안 먹어도 늘 배가 부르고 소화가 안 되어, 대변에 시큰한 냄새가 나는 감병(疳病)의 하나.

비:=감모(鼻感冒)[명][동] 상풍증(傷風症).
비:강(枕糠)[명] ①쭉정이와 겨. ②변변치 못한 음식. ③먼지나 쓰레기 같은 것처럼 자디잘고 시시한 물건. nasal cavity
비:강(鼻腔)[명]〈생리〉코의 안쪽에 있는 빈 곳. 콧속.
비:강(糠糠疹)[명]〈한의〉피부에 생기는 쌀겨와 비슷한 비늘. 머리의 비듬 따위. pityriasis
비거(飛去)[명] 날아감. flying away 하[자]
비거(飛車)[명] 임진 왜란(壬辰倭亂) 때 정평구(鄭平九)가 발명한 공중으로 날아다니는 수레.
비:거(備擧)[명] 빠짐없이 갖춤. 하[타]
비거(鴨腳)[명][동] 은행(銀杏). 든 과자.
비거(vigour) 설탕이나 엿에 우유·향료를 넣어 만
비:거스렁이[명] 비 갠 뒤 바람이 불고 기운이 낮아지는 일. blowing and cooling after a rain 하[자]
비:거주자(非居住者)[명] ①거주자가 아닌 사람으로 국내 원천 소득이 있는 자. ②국내에 주소·거소를 두지 아니한 자연인 및 주사무소를 두지 아니한 법인. '이 영속적으로 거주할 수 없는 곳.
비거주 지역(非居住地域)[명]〈지리〉지구 위에서 인간
비격 크고 단단한 물건이 서로 닿아 갈려서 나는 소리. (작) 배각. (센) 삐걱. creakily 하[자]
비격-거리다 자꾸 비격 소리를 내다. 또, 그소리가 나다. (작) 배각거리다. (센) 삐걱거리다. 비격=비격 하[자]
비:건성유(非乾性油)[명] 공기 속에 두어도 마르지 않
비:겁(卑怯)[명] ①사람됨이 옹졸하고 겁이 많음. cowardice ②정정 당당하지 못하고 야비함. (유) 비열(卑劣). meanness [하] 짓. rubbing 하
비게-질[명] 마소가 가려워서 몸을 어디다 대고 비비는
비겨미[명]〈농업〉쟁기 이음쇠의 붓줄이 소 뒷다리에 닿지 않도록 두 끝이 턱이 지게 하여 붓줄에 꿰는 막대.
비격(飛檄)[명] ①급히 돌리는 격문. written appeal ②격문을 급히 돌림. dispatching a written appeal 하[타]
비격 진:천뢰(飛擊震天雷)[명] 조선조 선조(宣祖) 때 이장손(李長孫)이 발명한 화포(火砲)의 폭탄(爆彈).
비:견(比肩)[명] ①어깨를 나란히 함. ②우열(優劣)이 없이 서로 비슷함. 병견(竝肩). rank with others
비:견(鄙見)[명] 자기의 의견의 낮춤말. one's humble opinion 비약(祕籥). 요체(要諦)『 secret
비:결(祕訣)[명] 세상에 알려지지 않은 좋은 방법.
비:결(祕結)[명][동] 변비(便秘).
비:결정론[ㅡ론](非決定論)[명]〈철학〉의지나 행위에는 앞서는 원인이 없다고 보는 절대적 의지 자유설. 자유 의지론(自由意志論). (대) 결정론.
비:결정체[ㅡㅡㅡ](非結晶體)[명]〈물리〉고체가 일정한 모양이나 구조를 갖지 않는 물질(物質). (약) 비정체. amorphous substance
비경(祕境)[명] ①신비스러운 경지. mysterious place ②남이 모르는 장소. unknown place condition
비경(悲境)[명] 슬픈 경지. 또, 그러한 경우. sad
비:경(鼻鏡)[명] 비강의 안을 진찰하는 데 쓰는 긴 자루 끝에 반사경을 단 기구. nasal speculum
비경이[명] 가는 나무오리 셋으로 얼레처럼 벌려 만든 베틀의 부속품. 삼각(三脚)①. 조각. fat
비계[명] 돼지 따위의 가죽 안쪽에 붙은 두꺼운 기름
비계[명]〈토목〉높은 곳에서 공사를 할 때에 디디어 서도록 장나무와 널을 다리처럼 걸쳐 놓는 장치.
비:계(祕計)[명] ①남 몰래 꾸미는 계교. 비모(祕謀). secret plan ②지금까지 보이지 않았던 기술. last resort 나무.
비계=목(ㅡ木) 비계를 매는 데 쓰는 가늘고 긴 통
비:고(祕庫)[명] 숨겨 간직해 두는 창고. 비부(祕府). secret storehouse
비:고(備考)[명] ①참고하기 위하여 갖추어 둠. ②덧붙여 본문(本文)의 부족함을 보충함. 또는 그 기사
(記事). 잡이①. ¶ ~란(欄). note
비고로사멘테(vigorosamente 이)[명]〈음악〉'힘차게·석쩍하게'의 뜻. secret music
비:곡(祕曲) 세상에 비밀히 전해 오는 악곡(樂曲).
비곡(悲曲)〈음악〉슬픈 악곡. 비조(悲調). plaintive melody
비:곤(憊困)[명] 노곤함. 고달픔. exhaustion 하[형]
비:골(腓骨)[명]〈생리〉종아리의 바깥쪽에 경골(脛骨)과 나란히 있는 긴 관상골(管狀骨). 종아리뼈.
비:골(鼻骨)[명]〈생리〉코를 형성하는 연골(軟骨).
비:골(髀骨)[명][동] 넓적다리뼈.
비:공(鼻孔)[명] 콧구멍.
비:공개(非公開)[명] 여러 사람에게 공개하지 않음. ¶ ~의 회의. not open to the public
비공모 발행(非公募發行)[명]〈경제〉특정인(特定人)인 기존의 주주나 연고자, 혹은 제삼자에게 주식을 할당하는 것. (公式). being unofficial
비:=공식(非公式)[명] 공식이 아니고 사사로움. (대) 공식
비:공식-적(非公式的)[관][명] 공식적이 아닌(것).
비과세 소:득(非課稅所得)[명] 사회적 고려나 과세 기술상의 요청에 따라 과세하지 않은 소득. tax-free income 기 자신을 낮추어 이르는 말.
비:관(卑官)[명] ①낮은 벼슬. low office ②관리가 자
비:관(祕關)[명]〈제도〉상관(上官)이 하관에게 보내던 비밀 관문(關文).
비:관(悲觀)[명] ①사물을 슬프게만 봄. 희망을 갖지 않음. gloomy view ②세상을 괴롭고 악한 것으로만 봄. (대) 낙관(樂觀). 하[타]
비관-론[ㅡ논](悲觀論)[명]〈철학〉사물을 어두운 면으로만 보아 아무런 희망도 가질 수 없다고 주장하는 염세적 이론. 비관설(悲觀說). (대) 낙관론(樂觀論). pessimism
비관-설(悲觀說)[명][동] 비관론(悲觀論).
비관세 장벽(非關稅障壁)[명] 관세 이외의 방법으로 정부가 외래품을 차별하는 규제. 수입 수량 제한, 수출 보조금 지급 따위. nontariff trade barrier
비:관-적(悲觀的)[관][명] 비관하는 것. pessimistic
비:=괘(比卦)[명]〈민속〉육십사괘의 하나. 감(坎)괘와 곤(坤)괘가 겹친 것으로 땅 위에 물이 있음을 보이는 괘. (약) 비(比)⑤.
비:=괘(否卦)[명]〈민속〉육십사괘의 하나. 건(乾)괘와 곤(坤)괘가 겹친 것으로 하늘과 땅이 사귀지 못함을 보이는 괘. (약) 비(否).
비:=괘(賁卦)[명]〈민속〉육십사괘의 하나. 간괘(艮卦)와 이괘(離괘)가 겹친 것으로 산 아래 불이 있음을 보이는 괘. (약) 비(賁).
비:괴(匪魁)[명] 비도(匪徒)의 괴수. bandit captain
비:교(比較)[명] ①서로 견주어 봄. 또, 그 일. 비량(比量). (약) 비(比). ②〈교육〉헤르바르트(Herbart) 학파의 교수 단계의 하나. 제시된 새 교재를 이미 알고 있는 사항과 서로 선구어 양자를 결합하는 단계. comparison 하[타]
비교(飛橋)[명] 매우 높은 다리. '행하는 종교.
비:교(祕敎)[명] ①[동] 밀교(密敎). ②비밀의 의식을
비:교격 조:사(ㅡ격ㅡㅡ)(比較格助詞)[명]〈어학〉어떤 말 아래에 붙어서 그것과 다른 것이 서로 견줌을 나타내는 격조사. '과·와·하고·처럼·같이·만큼·만·보다·에서' 등. 견줌자리토씨. comparative particle
비:교-급(比較級)[명]〈어학〉서구어(西歐語)의 부사·형용사에서 상태의 정도를 다른 것에 비교하여 나타내는 것. comparative degree
비:교 문법[ㅡ뻡](比較文法)[명]〈어학〉둘 이상의 언어(言語)를 비교하여 그 문법의 이동(異同) 및 그 관계를 연구하는 학문. comparative grammar
비:교 문학(比較文學)[명]〈문학〉두 나라 이상의 문학을 비교해 서로의 영향·사상·조류·관련을 실증적으로 연구해 전체적인 문학의 특징을 밝히는 학문. comparative literature
비:교 문학사(比較文學史)[명]〈문학〉국제적인 관련성

비:교 발생학[—＿—](比較發生學)〈생물〉모든 동식물의 개체(個體) 발생을 비교하여 연구하는 학문. comparative embryology

비:교 법제사(比較法制史)〈법률〉두 나라 이상의 법제를 비교하여 연구하는 학문. comparative history of laws

비:교 법학(比較法學)〈법률〉둘 이상의 사회 및 국가에 있어서 법률 제도를 비교 연구하는 그 관련성을 밝히는 학문. comparative jurisprudence

비:교 생리학(比較生理學)〈생리〉생리학의 한 부문. 생물의 생활 현상에 있어 가까운 것들을 서로 비교 검토하는 학문. comparative physiology

비:교 심리학(比較心理學)〈심리〉①성인의 심리와, 이상자·범죄자·아동·청년·노인, 또는 동물의 심리를 비교 연구하는 학문. ②동물심리학. comparative psychology

비:교 언어학(比較言語學)〈어학〉언어학의 한 부문. 세계 각국의 언어를 각기 비교하여 계통적 관계를 연구하는 언어학의 한 분과. comparative philology

비:교 연:구(比較硏究)여러 가지 사물을 비교하여 그 같고 다름을 밝히는 연구. comparative study

비:교:인(非敎人)교인이 아닌 사람.

비:교:적(比較的)①비교가 되어, 저것을 견주어서 판단하는(것). 〖하〗② 비교하여 보건대, 일정한 것이나 보통 정도보다 꽤. comparatively

비교전국(非交戰國)전쟁 관계에 있지 않은 나라.

비교전 상태(非交戰狀態)직접 교전은 하지 않으나 교전 당사국의 어느 일방을 편파적으로 도움으로써 다른 당사국과 서로 대치하고 있는 긴장 상태.

비:교전자(非交戰者)전장(戰場)에 있기는 하지만 직접 전투에는 참가하지 않는 사람. 신문 기자 따위. noncombatant

비:교 종교학(比較宗敎學)여러 종교에 관한 사실을 수집·분석·비교하여서 그 같고 다름을 비교 연구하는 학문. comparative theology

비:교 철학(比較哲學)동서양의 여러 철학 체계를 비교 고찰하여 철학적 진리를 구명하려는 학문.

비:교:표(比較表)어떤 일의 성과를 비교하여 나타낸 표.

비:교 해:부학(比較解剖學)여러 가지 동물의 각 기관의 형태를 비교 연구하는 생물학의 한 부문. comparative anatomy

비:구(比丘)〖불교〗구족계(具足戒)를 받은 남자 중. 〖대〗비구니(比丘尼). Buddhist monk

비:구(否構)큰 사업. 홍업(洪業). 〖린〗공. fly

비:구(飛球)〖체육〗야구에서, 공중으로 높이 쳐 올린 공.

비:구(鼻鼽)〈한의〉맑은 콧물이 자꾸 흐르는 콧병의 하나. 〖초〗오목하게 된. acetabulum

비:구(髀臼)〈생리〉치골(恥骨)과 비골(髀骨) 사이

비:구 관절(髀臼關節)〈생리〉비구와 대퇴골(大腿骨)의 머리가 서로 닿아서 된 관절. 고관절(股關節). hip joint

비:구:니(比丘尼)〖불교〗불교에 귀의(歸依)한 여자 중. 신충. 이승(尼僧). 〖대〗비구(比丘). bhksuni (범), priestess 〖亂雲〗rainy clouds

비구름(雨雲)비와 구름. ⑧비가 내릴 듯한 구름. 난운.

비구상 예:술(非具象藝術)〖미술〗현실의 재현을 부정하고 대상의 본질적 특징을 순수한 시각 형상에 의하여 추상적(抽象的)으로 표현하는 예술. 농퍼귀라티브. 〖대〗구상 예술.

비:구:승(比丘僧)단신 출가(單身出家)하여 독신으로 불도를 닦는 중. 〖대〗대처승(帶妻僧). celibate

비:국(備局)〖준〗비변사(備邊司). 〖priest〗

비:국교도(非國敎徒)영국 국민으로서 국교를 안 믿는 사람. unpatriotic citizen

비:국민(非國民)국민으로서의 본분을 지키지 못한 사람.

비:국사범(非國事犯)국사범이 아닌 범죄.

비:군사적(非軍事的)성질상 군사적이 아닌(것).

비:굴(卑屈)비겁하여 용기가 없음. ¶~한 짓. meanness 〖하〗스럽 스레큰 히큰

비:궁(匪躬·非躬)임금에게 충성을 다하여 한 몸을 돌보지 않고 신하나 국민의 도리를 다함.

비:궁(秘宮)〖잘〗비밀에 쌓여 있는 궁전.

비궁지-절(匪躬之節·非躬之節)임금에게 충성을 다하여 한 몸을 돌아보지 아니하는 신하의 도리.

비극(悲劇)〖연예〗①인생의 슬픈 일을 자본으로 하여 꾸민 연극. tragedy ②인생에서 일어난 비참한 일. 〖대〗희극(喜劇). tragic affairs

비:−극영화(−劇映畫)〖비劇映畫〗극영화 이외의 영화. 기록 영화·교육 영화·학술 영화 따위.

비극−적(悲劇的)〖관〗①비극을 이루며 비극에 특징적 요소를 가지는(것). ②비극과도 같이 비참한(것).

비:근(卑近)①심원한 맛이 없고 낮고도 가까움. familiarity ②알기 쉬움. 〖대〗고원(高遠). plainness 하큰 〖be shaky 비근=비근-하큰

비근-거리-다큰 물건의 사개가 늘어나서 흔들거린다.

비:금(飛禽)〖잘〗날짐승.

비금비금-하-다〖여〗서로 비슷비슷하다. all alike

비:−금속(非金屬)①금속의 성질을 갖지 않은 물질. nonmetal ②비금속 원소.

비:−금속(卑金屬)공기 속에서 쉽사리 녹이 나고 산 알칼리 따위에 잘 침식당하는 금속. 〖대〗귀금속(貴金屬). base metal 〖nonmetallic luster

비금속 광택(非金屬光澤)금속의 광택이 아닌 광택.

비금속 원소(非金屬元素)〖화학〗금속의 성질을 갖지 않은 원소. 수소·산소·탄소 따위. 비금속(非金屬)②. 〖飛走〗beasts and birds

비금 주:수(飛禽走獸)날짐승과 길짐승. 〖약〗비주

비:−급(備急)급할 때를 위한 준비. provision for emergencies 하큰

비:긋−다자 비를 잠시 피하여 그치기를 기다리다.

비:기(丕基)임금의 대대로 전해 내려오는 기업(基業). great heritage

비:기(肥己)〖약〗→비기 윤신(肥己潤身).

비기(飛機)〖약〗→비행기.

비:기(飛騎)매우 날쌘 기병(騎兵). flying cavalry

비:기(祕記)①길흉(吉凶)·화복(禍福)을 예언한 기록. book of divination ②비밀의 기록. secret record

비:기(祕機)①비밀한 기회. ②비밀의 기계. ③응숭깊어 쉽게 알 수 없는 중요한 일. secret chance

비기−다〖서로 견주어 보다. ¶배산이 높다하나 어머니 은혜에 비기랴. compare ②무엇을 의지해 비스듬히 기대다. 〖문〗에 비겨 서다. lean aslant

비기−다〖관〗①무슨 내기에 승부를 내지 아니하다. draw with ②셈할 것을 서로 에우다. 〖서로 비긴 것은 빼고 나머지만 계산하여라. 〖약〗빅다. set off

비기−다〖관〗뜯어진 구멍에 다른 조각을 붙이어 깁다. 〖교〗빗자하다. 의지하다. 〖다.〗patch up

비:기 윤:신(肥己潤身)자기의 몸만 살찌게 함. 자기의 몸만 이롭게 함. 〖약〗비기(肥己). 하큰

비:기지−욕(肥己之慾)자기만을 이롭게 할 욕심.

김−수(一手)〖약〗승부가 없이 맞비기는 수. 〖약〗빅수. drawn game

비:−꼬−다〖관〗①노끈 같은 것을 비틀어서 꼬다. twist ②말을 옳곧게 하지 않아 남의 마음이 거슬리게하다. make cynical remarks 〖twisted

비:−꼬이−다〖관〗비틀려 꼬여지다. 〖약〗비꾀다. be

비:−꾀−다〖약〗→비꼬이다.

비뚤어−지−다〖관〗①몹시 비뚤어지다. bend ②딴 데로 벗어져 나가다. go astray ③일이 낭패하다. 〖센〗삐뚜러지다. be baffled

비꾸러−매:−다〖관〗서로 떨어지지 못하게 붙잡아 매다.

비꼿〖관〗①잘룩해 일이 어긋나는 모양. ②맞추어 끼일 물건이 어긋나서 맞지 않는 모양. 〖작〗배꼿. 〖센〗삐꼿. 하큰

비끗-거리-다 ① 일이 될 듯 될 듯 하면서도 잘 안 되다. go wrong ② 맞추어 끼일 물건이 자꾸 어긋나서 맞지 아니하다. 《작》배끗거리다. 《센》삐끗거리다. do not fit in 비끗=비끗하다

비기-다 ① 비스듬히 비치다. ¶석양 노을이 ~. shine obliquely ② 비스듬하게 놓이거나 늘어지다. ¶칼을 비껴 차다. lie aslant   person's favour
비나리-치-다 아침하여 환심을 사다. court a
비난(非難) 남의 잘못이나 흠을 나무람. 《데》찬양. censure 하다   일.
비난지사(非難之事) ① 어렵지 않은 일. ② 비난할
비:-내:-구채(非耐久財) 《경제》경제재(經濟財) 중 장기에 걸쳐 되풀이해서 사용될 수 없는 재(財). 《데》내구재.   《동》금성(金星).
비:너스(Venus) 로마 신화의 미(美)의 여신.
비녀 여자의 쪽진 머리가 풀어지지 않도록 꽂는 물건. 소두(搔頭) ①. 잠(簪) ①. ornamental pin of woman's hair
비녀(婢女) 계집으로 남의 종이 된 사람. 계집종.
비녀-골 《동》비녀골풀.
비녀-골풀 《식물》골풀과의 다년생 풀. 근경이 옆으로 벋고, 줄기는 원주형으로 곧으며 높이 50 cm 가량임. 잎은 가늘고 길며 여름에 녹색을 띤 작은 꽃이 핌. 습지에 저절로 남.
비녀-장 ① 바퀴가 벗어나지 않도록 굴대 머리 구멍에 꽂는 큰 못. linch pin ② 《건축》 인방 머리가 물러나지 않도록 기둥머리 인방에 구멍을 내어 꽂는 큰 나무못.   recent years
비:-년(比年) 그 동안의 근년(近年). 비세(比歲).
비노동력 인구(非勞動力人口) 통학 · 가사 · 질병 등으로 실제로는 노동 시장에 나오지 못하는 인구. 《데》노동 인구.
비 노리 《식물》 포아풀과의 일년생 풀. 줄기는 총생하고 높이 23cm 가량이며 잎은 선형(線形)으로 끝이 피침형임. 7~8월에 작은 이삭이 나와서 녹색 또는 자색 꽃이 핌.
비:-논리적(非論理的) 논리적이 아닌(것). 조리가 닿지 않는(것). 《데》논리적(論理的).
비:-농가(非農家) 농촌에 살되 농사를 짓지 아니하는 집.   《은》기관. urinary organs
비:-뇨기(泌尿器) 《생리》오줌의 분비와 배설을 맡은
비:뇨기 결핵(泌尿器結核) 비뇨기에 결핵성 염증을 일으키는 병. urogenital tuberculosis
비:뇨기-과 [-꽈] (泌尿器科) 비뇨기에 관한 질환을 연구 · 치료하는 의학의 한 분야. urology, urinology
비누 《화학》지방을 수산화나트륨과 함께 가열한 후 그 액 속에 소금의 용액을 가하여 염류를 분리시켜서 군힌 것을 말함. ⓒ 때를 씻어 내는 물건. 흔히 팥을 타고 난 찌꺼기를 갈아서 만든 가루. 석감(石鹼). washing powder
비:-누:-관(鼻淚管) 《생리》 누낭(淚囊)의 하단(下端)에서 비하도(鼻道)로 통하는 누관. 누비관(淚鼻管).   《문지르는 짓. 하다
비누-질 때를 씻기 위하여 몸이나 빨래에 비누를
비누-통(-桶) 비누를 담아두는 통.
비누-합(-盒) 가루비누를 담는 작은 사기 그릇.
비누-화(-化) 《동》감화(鹼化).   case
비눗-갑(-匣) 비누를 담아 두고 쓰는 갑. soap
비눗-기 비눗물의 기운. ¶~가 없도록 헹궈라.
비눗-물 비누를 풀은 물.
비뉘-훅-다(고) 비리다.
비는 놈한테 져야 한다 자기의 잘못을 뉘우치고 비는 사람을 용서해야 한다.
비는 데는 무쇠도 녹는다 잘못을 사과하면 아무리 완고한 사람도 용서한다.   《용서해야 한다.
비는 장수 목 벨 수 없다 잘못을 뉘우쳐 사과하면
비늘 ① 파충류 · 어류 따위의 피부를 덮고 있는 얇은 딱지로 된 보호 조직. scales ② 물고기 비늘 모양으로 생긴 물건. scale-like things

비늘-구름 권적운(卷積雲)의 하나. 높은 하늘에 물고기의 비늘 모양으로 깔린 엷은 구름.
비늘-긁기 [-극-] 생선을 다룰 때, 비늘을 긁어 내는 기구.   《통김치와 함께 담근 김치.
비늘 김치 무를 돌아가며 저며서 통김치 소를 넣어
비늘-살 《동》인아(鱗芽).
비늘 무늬 무늬의 하나. 삼각형을 두 개 나란히 하고 그 위에 다시 한 개를 포개는 것을 기본으로 상하
비늘-잎[-립] 《동》인엽(鱗葉).   《좌우로 늘어놓음.
비늘-줄기 《동》인경(鱗莖).
비:-능률적 [-쩍] (非能率的) 능률이 오르지 않는(것). ② 능률을 올리기에 적당하지 않은(것). ¶~인 생산 과정. inefficient
비니온(Vinyon) 미국의 비스코스 회사에서 만든 유 비닐계 합성 섬유의 상품명. 돛 · 절연재(絕緣材)
비:-닉(匿匿) 덮어서 감춤. 하다   등으로 쓰임.
비:-닉(秘匿) 비밀히 감춤. hiding secretly 하다
비닐(vinyl) 《화학》 아세틸렌에서 얻은 투명한 합성 수지.   《합성 섬유.
비닐론(vinylon) 《화학》 폴리비닐 알코올계(系)의
비닐 섬유(vinyl 纖維) 《화학》 비닐계 합성 섬유의 하나. 마찰에 대하여 대단히 강하고 견 모양의 광택을 내고 염색성도 좋아 양모 · 견 · 나일론 대용으로 널리 쓰임.
비닐 수지(vinyl 樹脂) 《화학》 아세틸렌을 주원료로 하여서 합성되는 수지. vinyl resin
비닐 인쇄(vinyl 印刷) 《인쇄》 플라스틱 인쇄의 하나. 특수 잉크를 써서 비닐 시트, 비닐 필름 등에 하는 인쇄.   《여 만든 레코드판.
비닐-판(vinyl 板) 비닐 계통의 수지를 재료로 하
비닐 하우스(vinyl house) 채소류의 촉성 재배, 열대 식물 가꾸기를 하는 데에 널리 쓰이는 비닐로 만든 온상(溫床).
비닐-화(vinyl 化) 《화학》유기 화합물과 아세틸렌을 작용시켜 비닐 유도체가 생기는 반응.
비:-다 ① 어떤 수량이나 액수에서 얼마가 모자라다. ¶백 장에서 한 장이 ~. be short of ② 차지하고 있던 것이 없어지다. ¶방이 ~. 《데》차다. empty
비:-다 ⓒ 비우다.
비:-다 ③ ① 속에 들어 있는 것이 없다. ¶빈 주머니. empty ② 그 자리에 차지하고 있는 것이 없다. ¶자리가 ~. vacant ③ 것이 없다. ④ 글 등의 내용이 헛되다.
비:-다듬-다 [-따-] 곱게 다듬다. make smooth
비단(飛湍) 급히 내려 쏟는 여울. 급류(急流). torrent   ¶~ 이불. 《약》단(緞). silk fabric
비단(緋緞) 명주실로 짠 피륙의 총칭. 필단(正緞).
비단(非但) '다만'의 뜻으로 부정을 나타내는 말. ¶~ 그것만을 말하는 게 아니다. not only ...but
비단-개구리(緋緞-) 《동》무당개구리.
비단-결(緋緞-) [-껼] 비단이 곱고 부드러운 짜임새. texture of silk
비단결 같다(緋緞-) 성질이나 물건의 거죽이 매우 곱고 깨끗하고 부드럽다. soft as velvet
비:단-백석(非蛋白石) 《광물》 진홍(眞紅)의 반사광을 내는 단백석. 장식품으로 쓰임.
비:단-백질(非蛋白質) 단백질이 아닌 물질.
비단-벌레(緋緞-) 《곤충》 비단벌레과의 곤충. 길이 4 cm 가량의 긴쪽하며, 날개는 등지색, 배 끝은 삼각형이고 배와 가슴은 금록색으로 아름다움. 벚나무 · 감나무 등의 줄기를 갉아먹음.
비단-보(緋緞褓) [-뽀] 비단으로 만든 보자기.
비단-실(緋緞-) [-씰] 양 옆의 거죽을 비단으로 번 신.
비단-옷(緋緞-) 비단으로 지은 옷. 금의(錦衣).
비단옷 입고 밤길 가기 애쓰고도 보람이 없음.
비단이 한 끼다 비단 옷도 갈아 살다가는 구차한 때에는 비단 옷을 주고 한 끼니 밥과 바꾼다는 뜻으로, 한때 호강은 소용이 없다.

비:단조개(緋緞─)몡 〈조개〉평안도 지방의 개울가·모래밭에 흔하며, 껍질에 파랑과 빨강 줄무늬가 있음.

비:단-팥(緋緞─)몡 〈식물〉팥의 하나. 검붉은 바탕에 검은 점이 박히고 껍질이 두꺼운 팥. 관두(官豆). 금두(錦豆).

비:단-풀(緋緞─)몡 〈식물〉비단풀과에 딸린 홍조류(紅藻類)의 하나. 실 모양으로 가지가 많이 돋고 빛은 어두운 자줏빛임. 식용 또는 풀을 쑤는 재료로 씀. 금초(錦草). ceramium boydentii

비:답(批答)몡 상소에 대한 임금의 하답(下答). royal reply to a petition 하타

비:당(比黨)몡 도당(徒黨)을 맺음. 또, 그 당파. 하타

비:당(備堂)몡 〈제도〉조선 조때, 비변사의 통정 대부(通政大夫) 이상의 관원(官員). 주당(籌堂).

비:대(肥大)몡 ①살찌고 몸집이 큼. fleshiness ②기관(器官)이나 신체의 한 부분이 커짐. ¶심장이 ~해지다. ③권력이나 권한 따위가 강해짐. ¶회사의 기구가 ~해지다. 하타

비대(碑臺)몡 비(碑)의 대석(臺石). er's name

비:-대:다타 남의 이름을 빌려 대다. assume another

비:대-발괄몡 하소연을 해 가며 간절히 청해 빔. ¶관광 여행하고 싶음을 ~하다. entreaty 하타

비덕(非德)몡 덕이 박함. 또, 그 사람. (유) 박덕(薄德). want of virtue 하타

비:도(比島)몡 '필리핀 군도'를 이르는 말.

비:도(丕圖)몡 큰 꾀·계획. big plan

비도(非道)몡 정도(正道)에 어그러짐. 도리가 아님. injustice 하타 [(匪黨).

비:도(匪徒)몡 비적(匪賊)의 무리. 비적(匪賊). 비류

비도(悲悼)몡 사람의 죽음에 대해 몹시 슬퍼하고 아깝게 여김. condolence 하타

비:도:덕적(非道德的)몡 도덕적인 규범에 어긋나는 (것). ¶~ 행위(行爲).

비도 산고(悲悼酸苦)몡 손아랫 사람의 죽음을 당하여 몹시 슬퍼 코허리가 시리고 속이 쓰라림. (약) 비산(悲酸). mourning for one's junior's death 하타

비독(批讀)몡 피엄피엄 읽음. 여기저기 빼놓고 넘어가면서 읽음. 하타

비:-독사(砒毒沙)몡 철과 비소로 된 흑색 덩이 광물.

비동(飛棟)몡 〈건축〉높은 지붕 마루의 보.

비:-동맹국(非同盟國)몡 비동맹 정책을 따르는 나라. 제2차 세계 대전 이후 동서 양 진영 어느 편과도 동맹을 맺지 아니하는 나라.

비두(飛頭)몡 일의 첫머리. 맨 처음.

비두로기몡 [고] 비둘기. 비더기.

비두리몡 [고] 비둘기.

비:둔(肥鈍)몡 살이 찌거나 옷을 두껍게 입어 동작이 둔함. slow in moving 하타

비둘기몡 〈조류〉비둘기과의 새의 총칭. 날개가 커서 날기를 잘하며 다리는 가늘고 짧음. 성질이 순하여 집들이가 쉽고 귀소성(歸巢性)을 이용하여 통신용으로 쓰기도 하며, 또 애완용으로도 많이 기름. dove 「곳에만 마음을 기울이고 애쓰듯.

비둘기는 콩밭에만 마음이 있다쑉 무엇 먹을 것 있는

비둘기 시계(─時計)몡 때를 알릴 때 '구구' 소리를 내는 추를 사용하는 괘종 시계.

비둘기=장(─欌)몡 비둘기를 넣어 기르는 집. dove

비둘기=파(─派)몡 ①상대방의 주장에서 받아들일 것은 받아들이면서 일을 온화하게 처결하려는 경향의 사람들. ②화평론자. (대)매파. dove

비들기몡 →비둘기.

비듬몡 머리숱의 흰 부스러기. 머리 밑의 피지(皮脂)가 마른 것. 두구(頭垢). 두설(頭屑). 풍설(風屑).

비듬-하다혭타 ~비스듬하다. 「dandruff

비:등(比等)몡 비교하여 보기에 서로 비슷함. match 하타

비:등(沸騰)몡 ①액체가 끓어오름. boiling ②여러 의논이 물 끓듯 떠들썩하여짐. ¶회원의 의견이 ~하여 결말을 짓지 못하다. tumult 하타

비등(飛騰)몡 공중으로 높이 날아오름. 비양(飛揚). soaring 하타

비:등기선(非登記船)몡 〈법률〉선박 등기부에 등기를 하지 않은 총톤수 20톤 미만의 선박. 「다. even

비:등비등-하다(比等比等─)혭여탑 여럿이 다 비등하

비:등-점(─點)(沸騰點)몡 〈물리〉액체가 끓어오르는 온도. 섭씨 한란계로 백 도. 끓는점. 비점(沸點). (대) 빙점(氷點). boiling point

비디오(video)몡 ①텔레비전을 시각과 청각으로 나눌 때, 음(音)의 부분에 대한 화면의 부분. (대) 오디오(audio). ②텔레비전. ③(약)→비디오 테이프 리코더. 비디오 테이프.

비디오 기기(video 機器)몡 비디오 테이프 리코더나 텔레비전과 같이 눈으로 보면서 귀로 들을 수 있는 가전 제품. (대) 오디오 기기.

비디오 디스크(video disc)몡 텔레비전의 화면을 재생하는 비디오 테이프의 하나.

비디오 디스크 플레이어(video disc player)몡 레이저 광선을 이용하여 특수하게 만든 디스크에 레이저 광선을 쬐어 영상과 음향을 텔레비전 화면에 재생시키는 장치. 'VDP'로 약칭됨.

비디오-무:비(Videomovie)몡 비디오 카메라와 비디오 카세트 리코더를 합쳐 만든 비디오 기기의 상품명. 영상과 소리를 동시에 녹화함으로써 즉시 텔레비전에 재생됨.

비디오 카세트(video cassette)몡 비디오 테이프 또는 특수한 필름을 카세트에 장치해 놓았다가 필요한 때에 플레이어에 걸어서 영상을 텔레비전 수상기에 나타내는 영상 재생 장치.

비디오 테이프(video tape)몡 ①(약)→비디오 테이프 리코더. ②텔레비전 방송용의 녹화 테이프. (약) 비디오③.

비디오 테이프 리코:더(video tape recorder)몡 텔레비전의 화면 신호를 비디오 테이프에 기록하거나 또는 재생하는 장치. (약) 비티 아르(VTR). 비디오 테이프①. 비디오③. 「점막 감염으로 생기는 병.

비:디프테리아(鼻 diphtheria)몡 디프테리아균의 비

비:딱-하다혭여탑 물체가 한 쪽으로 비스듬하게 기운 모양. (작) 배딱. (센) 삐딱. aslant

비딱-거리다재타 무엇을 의지하고 이쪽저쪽으로 연해 기울어지다. (작) 배딱거리다. (센) 삐딱거리다. 비딱-비딱 하다혭여탑

비딱-하다혭여탑 한쪽으로 좀 기울어져 있다. 또, 기울어지다. (작) 배딱하다. (센) 삐딱하다. 「ant

비뚜로ㅌ 비뚤어지게. (작) 배뚜로. (센) 삐뚜로. asl-

비뚜름-하다혭여탑 한쪽으로 기울어지거나 쏠리어 비뚤어져 있다. (작) 배뚜름하다. (센) 삐뚜름하다. inclined 비뚜름-히ㅌ

비뚝-거리다재 ①한쪽이 기울어져 흔들거리다. totter ②몸을 흔들거리면서 걷다. (작) 배뚝거리다. (센) 삐뚝거리다. shamble 비뚝-비뚝 하타

비뚤-거리다재타 ①이리저리 기울어져 자꾸 흔들거리다. totter ②곧지 못하고 이리저리 자꾸 구부러지다. (작) 배뚤거리다. (센) 삐뚤거리다. wind 비뚤-비뚤 하타 「둘다. (센) 삐둘다. aslant

비뚤-다(─ㄹ다)혭 한쪽으로 기울거나 쏠려 있다. (작) 배뚤다.

비뚤어-지다재 ①기울어져 한쪽으로 좀 쏠리다. incline ②성이 나서 뒤틀어지다. ③마음·성격 등이 바르지 않다. ¶비뚤어진 성격. (작) 배뚤어지다. (센) 삐뚤어지다. become perverse

비뚤-이몡 ①몸의 어느 부분이나 마음씨가 비뚤어진 사람. perverse person ②언덕 아래의 비탈진 땅. (센) 삐뚤이. slant

비:라리몡 구구한 말로 남에게 무엇을 청하는 것. 비라리청. begging ②곡식이든 돈 따위를 되도록 많은 사람에게서 조금씩 얻어 모아 그것으로 제물을 만들어서 귀신에게 바치는 일.

비:라리-청(─請)몡 (동) 비라리①. 「다. beg

비:라리-치다재 구구한 말로 남에게 무엇을 청구하

비:랑(備郞)圏《약》→비변랑(備邊郞).
비:래(比來)圏 멀지 않은 요즈음. 요사이. nowadays
비래(飛來)圏 ①날아서 옴. come flying ②항공기 편으로 옴. coming by air 하다
비래=산(飛來山)圏 외따로 서 있는 산.
비:량(比量)圏《동》비교(比較)①. 하다
비:량(鼻梁)圏《동》콧마루.
비:량=적(比量的)관형·명 개념적 사유에 의하여 판단을 거듭하여 대상을 이해하는(것). 개념적. 추론적(推論的). begging 하다
비럭=질圏 남의 힘이나 물건을 공으로 청하는 짓.
비렁=뱅이圏《속》거지. 《작》배랑뱅이. begger
비렁뱅이가 하늘을 불쌍히 여긴다족 당치 않은 걱정을 한다.
비렁뱅이 비단 얻은 것족 ①분수에 넘치는 것을 얻어 가지고 자랑함을 비웃는 말. ②제게 겨운 것을 가지게 되어 괴롭다.
비레(非力)圏 벼랑.
비:력(臂力)圏 팔의 힘. muscular strength
비련(悲戀)圏 끝이 비참한 남녀 사이의 사랑. tragic love
비렴·蜚廉)圏 ①바람을 맡은 신(神). 풍백(風伯). god of the winds ②바람을 일으킨다는 상상의 새.
비렴(蜚蠊)圏《동》바퀴².
비렴 급제(飛廉及第)圏《제도》소과(小科)를 거치지 아니하고 대번에 대과(大科)에 합격하는 일.
비:례(比例)圏 ①예를 들어 견주어 봄. comparing ②《수학》두 양(量)의 비가 다른 두 양의 비와 같은 것. 또, 그 관계의 양을 다루는 셈법. 2 : 3 = 6 : 9 등. proportion ③《동》정비례(正比例). ④표현된 물상(物象)의 각 부분 상호간, 또는 전체와 부분간의 양적 관계.《약》비(比)³. ratio 하다
비례(非禮)圏 예의에 어긋남. 예의가 아님. discourtesy 하다
비례(菲禮)圏 변변하지 못한 예물. humble present
비:례(備禮)圏 예의를 갖춤. courtesy 하다
비:례 계:수(比例係數)圏《동》비례 상수(比例常數).
비:례 대:표제(比例代表制)圏《법률》한 사람의 후보자에게 집중한 득표수를, 같은 정당 소속의 다른 후보자에게 이양함으로써, 정당의 총득표수에 비례하여 의석(議席)을 부여하는 선거 제도. proportional representation system
비:례=량(比例量)圏《수학》①비례 관계를 이루는 몇 개의 정량(定量). proportional quantity ②서로 비례 관계를 이루어 변화하는 두 양. ③서로 다른 종류의 비례 관계를 이루어 변화하는 얼마의 양.
비:례 배:분(比例配分)圏《수학》일정한 수량을 일정한 비율에 비례하여 나누는 셈법. 안분 비례(按分比例). proportional distribution
비:례 상수(比例常數)圏《수학》변화하는 두 수 또는 양이 비례할 때의 그 비의 값. 또, 반비례할 때의 그 곱의 값. 비례 세수. 비례 정수(定數). proportional constant
비:례 선:거(比例選擧)圏《정치》비례 대표제에 의한 선거.
비:례=세(比例稅)圏《법률》과세 목적물(課稅目的物)의 수량 또는 가격에 비례하여 매긴 세. 《대》누진세(累進稅). proportional taxation
비:례 세:율(比例稅率)圏《법률》과세 표준(課稅標準)의 많고 적음에 관계없는 일정한 세율. 간접세(間接稅)는 모두 이 세율을 적용함. proportional rates of tax
비:례=식(比例式)圏 비례를 나타내어 보이는 식: A : B = C : D 따위. proportional expression
비:례 점:수(比例點數)圏《동》비례 상수(比例常數).
비:례 준:비법(-法)[一뻡](比例準備法)圏《경제》태환권(兌換券)을 발행함에 있어 발행액의 일정한 비율의 정금(正金) 또는 지금(地金銀)을 준비하여야만 하는 은행권 발행 제도의 하나. proportional reserves method
비:례 중수(比例中數)圏《동》비례 중항(比例中項).
비:례 중항(比例中項)圏《수학》두 내항(內項)의 값이 같은 비례식(比例式)의 그 내항. 비례 중수(比例中數). 중수(中數)②. mean proportional
비:례=항(比例項)圏《수학》비례를 이루고 있는 각 항. proportional term
비:로=관(毗盧冠)圏《불교》계사(戒師)·대교사(大敎師)·선사(禪師)들이 쓰는 관의 하나.
비로드(←veludo 포)圏《동》우단(羽緞).
비로소튀 마침내. 처음으로. for the first time
비로자나(毗盧遮那)圏《약》비로자나불.
비로자나=불(毗盧遮那佛)圏 연화장(蓮華藏) 세계에 살며, 그 몸은 법계에 두루 차서 큰 광명을 내비춘다는 부처. 법신불(法身佛).《약》비로자나.
비로=전(毗盧殿)圏《불교》비로자나불을 모신 법당(法堂). 《음만은 비로전》로.
비록튀 아무리 그렇다 할지라도. ¶~ 못생겼어도 마.
비:록(祕錄)圏 비밀의 기록. memoir
비:론(比論)圏 서로 비교하여 논함. 서로 비교하여 내리는 논단(論斷). comparative study 하다
비롬(口)圏 밂. 《시작하다. begin
비롯=하다타(돼여불 사물이 처음으로 시작되다. 또, 시작하다.
비:료(肥料)圏 땅을 걸게 하고 식물을 잘 기르기 위하여 경작지에 뿌려 주는 영양 물질. 거름.
비:료=분(肥料分)圏《농업》비료로 쓰이는, 사람이나 동물의 똥.
비:료 작물(肥料作物)圏《동》녹비 작물(綠肥作物).
비:료=학(肥料學)圏《농업》비료에 관하여 연구하는 농학의 한 분과.
비루圏 개나 말 따위의 털이 빠지는 피부병. mange
비:루(卑陋)圏 ①낮고 좁음. 더러움. filthiness ②마음이 깨끗하지 못하고 하는 짓이 더러움. meanness ③비천한 지위. low office 하다
비루(飛樓)圏 썩 높은 곳에 세운 누각. edifice on the heights
비루(悲淚)圏 슬퍼서 흘리는 눈물.
비:루(鄙陋)圏 마음이 고상하지 못하고, 하는 짓이 더러움. meanness 하다
비루=먹=다재 비루먹에 걸리다. suffer from mange
비루먹은 강아지 대호를 건드린다족 대적(對敵)할 수 없는 것임을 알지 못하고 함부로 덤빈다.
비·루=소(口)圏 비로소.
비루스(Virus 도)圏 초현미경적인 미립자로, 인플루엔자·천연두·소아 마비 등을 일으키는 여과성 병원체(濾過性病原體). 바이러스. 《동》물진. match
비:류(比類)圏 ①비슷한 종류. ②서로 비교할 만한 종류.
비류(非類)圏 ①같은 유가 아님. ②같지 아니한 종류. 《동》비도(匪徒).③비교할 만한 물건.
비류 직하(飛流直下)圏 폭포가 곧추 떨어짐.
비:륜(比倫)圏 비교하여 같은 종류가 될 만함. peer
비르(Bier 도)圏《동》맥주(麥酒).
비·르=서:소(口)圏 비로소.
비·르=소(口)圏 비로소.
비르수圏(니) 비토스.
비르숨圏(口) 시작. 《난 사람.
비르투오소(virtuoso 이)圏《음악》연주 기교에 뛰어난 사람.
비를 드는 마당을 쓸라 한다족 자기가 막 하려는 일을 마침 남이 시킨다.
비름圏《식물》비름과의 일년생 풀. 길이는 30 cm 가량이며 잎은 난형으로 표면은 녹색·홍색·자색 무늬가 있는 것도 있음. 여름에 줄기 끝에 황록색의 잔 꽃이 이삭 모양으로 됨. 줄기와 잎은 식용함.
비름=나물圏 비름의 부드러운 줄기와 잎을 데쳐 양념한 나물.
비·롯=다타(□) 비롯하다. 《하여 무친 반찬.
비롯=다타 아이를 낳으려는 기미가 있어 동작을 일으키다. feel pains of childbirth
비리(非離)圏 떨어져 흩어짐. 이산(離散). 하다
비리(非理)圏 이치에 어긋남. 도리가 아님. irrationality
비:리(鄙俚)圏 풍속·언어 등이 상스러움. 하다《口》
비리=다圏①동물의 피나 물고기·날콩의 냄새나 맛 같다. fishy ②너무 적어서 마음에 차지 않다. childish ③하는 일이 더럽고 아니꼽다.《작》배리다.

mean 　　　　　　　　　　　　［gauntly 하囮
비리-비리囲 비틀어지게 여윈 꼴. 《작》배리배리.
비리척지근-하-다囮여란 조금 비린 듯하다. 《약》비리
　치근하다. 비치근하다. 비척지근하다. 《작》배리착
　지근하다. slightly fishy
비리치근-하-다囮여란=비리척지근하다.
비리 호:송(非理護送)囲 까닭없이 이치에 닿지 않는
　송사를 일으킴.
비:린(比隣)囲 바로 이웃. 가까운 이웃. neighbour-
비:린(鄙吝)囲 아주 다랍게 인색함. 하囮　　［hood
비린-내囲 비린 냄새. 성취(腥臭). fishy smell
비린내 나다囮 ①비린 냄새가 나다. ②말이나 행동
　이 매우 어리고 애티가 나다.
비림(賁臨)囲돔 광림(光臨).
비릿-비릿囲 ①남이 주는 물건이 인색하게 적은 모양.
　insignificantly ②남에게 무엇을 청구할 때 스스로
　느끼는 더럽고 아니꼬운 모양. 디럽고 배릿배릿. de-
　spicably 하囮　　　［릿하다. smell somewhat fishy
비릿-하-다囮여란 냄새나 맛이 약간 비리다. 《작》배
비:마(肥馬)囲 살진 말. fat horse
비마(飛馬)囲 ①나는 듯이 빨리 닫는 말. 준마(駿馬).
　②바둑에서 남의 집을 부수기 위해, 가의 둘째 줄에
　있는 말에서 안으로 세 밭 건너 갖춘에 놓는 점.
비마(萆麻)囲돔 아주까리.
비:마 경구(肥馬輕裘)囲 살진 말과 가벼운 갖옷의 뜻
　으로, 부귀한 사람의 외출할 때의 차림새. the
　rich and noble man's attire
비마라(毘摩羅診)囲 유마(維摩).
비마-자(萆麻子)囲 아주까리씨. castor-oil plant
비마-유(萆麻子油)囲 아주까리 기름.
비:만(肥滿)囲 몸에 기름기가 많아 둥둥함. fatness
　하囮　　　　　　　　　　　　　　　　［가빠하는 병.
비:만(痞滿)囲〈한의〉가슴과 배가 몹시 더부룩하여
비:만-증(肥滿症)囲〈한의〉지방질이 많아 몸이 둥둥
　해지고 동작이 둔해지는 병.
비말(飛沫)囲 날아 흩어지는 물방울. splash
비말 전:염(飛沫傳染)囲 타액(唾液)의 비말 등에 의
　한 전염.
비:망(備忘)囲 잊어버리지 않기 위한 대비. reminder
비:망-기(備忘記)囲〈제도〉임금의 명령을 적어서 승
　지(承旨)에게 전하던 기록.
비:망-록(備忘錄)囲 잊어버리지 않도록 적어 두는
　책자. 총명기(聰明記)①. memorandum
비 맞은 쇠똥 같다囮 원래는 굳었던 것이 너저분하게
　다 풀어져 버리고 남은 것이 없다.
비 맞은 용대기囲 ①무엇이 추레하게 처져 늘어진 모
　양. ②득의 양양하던 사람이 맥없이 풀이 죽음.
비매(非賣同盟)囲돔 불매 동맹(不買同盟).
비매-품(非賣品)囲 팔지 않는 물품.《대》매품(賣品).
　article not for sale 　　　　　　［mbstone
비면(碑面)囲 비의 면(面). 빗돌의 거죽. face of to-
비명(非命)囲 제 천명이 아님. 뜻밖의 재난으로 죽음.
　¶아까운 사람이 ～에 가다니.《대》천명(天命).
　unnatural death
비:명(祕命)囲 비밀한 명령. secret order
비명(悲鳴)囲 ①슬픈 울음. 또, 슬피 욺. sobbing
　②매우 위급하거나 몹시 공포를 느낄 때 지르는 외
　마디 소리. 또, 그 소리를 지름. scream 하囮
비명(碑銘)囲 비면(碑面)에 새긴 글. epitaph
비명 횡사(非命橫死)囲 제 명대로 못 살고 뜻밖의 재
　앙을 만나 죽음. accidental death 하囮
비모(非謀)囲 옳지 못한 꾀.
비:모(祕謀)囲돔 비계(祕計)①.
비:모(鼻毛)囲 콧구멍 속에 난 털. vibrissa
비모채주의(非募債主義)囲〈정치〉정책상, 공채 모
　집을 하지 않는 재정 방침.
비목(飛木)囲 큰 재목을 다듬을 때, 대자귀질을 하여
　떼어 낸 나뭇조각. splint
비:목(費目)囲 비용을 지출하는 명목. expense item

비목=나무囲〈식물〉녹나무과의 갈잎큰키나무. 높이
　6m 가량으로 껍데기는 누른빛을 띤 흰빛임. 잎은
　타원형이며 4～5월에 황색 꽃이 피고 장과는 적색
비:목-어(比目魚)囲돔 넙치. 　　　　　［으로 익음.
비몽-사:몽(非夢似夢)囲 꿈인지 생시인지 어렴풋한 상
　태. 사몽비몽(似夢非夢). dreamy state
비몽사:몽-간(非夢似夢間)囲 꿈인지 생시인지 어렴풋
　한 순간. 사몽비몽간(似夢非夢間). between being
　asleep and awake
비:무:장(非武裝)囲 무장하지 아니함. demilitalization
비:무장 도시(非武裝都市)囲 전쟁할 때에 무장을 아니
　한 도시. open city
비:무:장 중립(非武裝中立)囲 일체의 무력 수단을 배
　제하고 중립을 지키는 정책.
비:무:장 지대(非武裝地帶)囲 ①무장을 해놓지 않은
　지대. ②교전국(交戰國) 쌍방이 협정에 의하여 무
　력을 배치하지 않는 일종의 완충 지대. '디엠지(D
　MZ)'로 약칭됨. demilitarized zone 　　　　［말.
비:문(卑門)囲 자기 가문(家門)을 겸손하게 일컫는
비:문(祕文)囲 ①비밀의 주문(呪文). ②〈약〉→비밀 문
　서(祕密文書). cassified document 　　　［epitaph
비문(碑文)囲 비에 새기는 글. 비판(碑版). 비지(碑誌).
비:문(鼻門)囲 콧구멍. nostril
비:문(鼻紋)囲 소의 코 근처에 있는 무늬. 사람의 지
　문(指紋)과 같이 하나하나가 서로 다르므로 이것으
　로 도망친 소를 식별함.
비-문화적(非文化的)囲 문화적이 아닌(것).
비뮤즈(BMEWS)囲〈군사〉〈약〉Ballistic Missile Early
　Warning System 강력한 미사일의 발사 전부터로써 고공을 나
　는 미사일을 사전에 탐지하려는 조직.
비:미(卑微)囲돔 비천(卑賤). 하囮
비:미(罪微)囲돔 비비(罪罪). 하囮 ［비움(痞瘤).
비:민(痞悶)囲〈한의〉가슴이 답답해지는 병의 하나.
비:밀(祕密)囲 ①숨기어 남에게 알리지 않는 일. se-
　cret ②남 몰래 함. privacy ③공개(公開)하지 않음.
　¶～ 집회(集會). non-publicity ④〈불교〉진언종
　(眞言宗)에서 자가(自家)의 교의를 일컫는 말. 하囮
스릴 스레피 히囮
비:밀 결사[-싸](祕密結社)囲〈사회〉법률에 정해진
　신고를 않고 비밀로 하는 단체. 비밀 단체①. under-
　ground organization
비:밀 경:찰(祕密警察)囲 비밀로 조직하여 비밀리에
　활동하는 정치 경찰. secret police
비:밀 누:설(祕密漏泄)囲 비밀을 남에게 알림.
비:밀 누:설죄[-쬐](祕密漏泄罪)囲〈법률〉의사·변
　호사·공증인 따위의 일정한 신분을 가진 사람으로서
　그의 업무상의 비밀을 남에게 알리거나 혹은 군사
　상의 기밀을 누설한 죄. divulgence of secrets
비:밀 단체(祕密團體)囲〈사회〉①돔 비밀 결사. ②
　미개 사회에서 주술(呪術)이나 제의(祭儀) 또는 입
　단식(入團式)을 집행하는 의례 단체(儀禮團體).
비:밀-리(祕密裡)囲 비밀한 가운데.
비:밀 문서(祕密文書)囲 드러내어 남에게 알려서는 안
　될 문서.《대》비문(祕文)②. secret document
비:밀 선:거(祕密選擧)囲〈정치〉무기명 투표로 하는
　선거. secret vote
비:밀 외:교(祕密外交)囲〈정치〉국민에 공포하지 않
　고 정부가 비밀리에 하는 외교. secret diplomacy
비:밀 조사(祕密調査)囲 비밀히 하는 조사.
비:밀 출판(祕密出版)囲 비합법적인 출판물을 몰래
　간행하는 일. 또, 그 출판물. secret publication
비:밀 침해죄[-](祕密侵害罪)囲〈법률〉남의 비밀
　을 침해하거나 봉함한 서신·문서 따위를 들여본 죄.
비:밀 통신(祕密通信)囲 비밀히 왕래하는 통신. co-
　nfidential communication
비:밀 투표제(祕密投票制)囲〈법률〉투표가 어느 선
　거인으로부터 나왔느냐를 비밀로 하는 제도. 《대》공
　개 투표제(公開投票制). secret ballot
비:밀-회(祕密會)囲 비밀히 하는 집회(集會). secret

conference [회의].
비밀 회:의(祕密會議)[명] 공개하지 않고 비밀히 하는 회의.
비:바람 ①비와 바람. rain and wind ②비를 휘몰아치는 바람. 바람비. rain wind
비바리 바다에서 해산물을 채취하는 처녀. 《약》비발. fisher woman
비바리는 말똥만 보아도 웃는다[속] 시집 안 간 처녀는 우습지 아니한 일에도 곧잘 웃는다는 뜻.
비바체(vivace 이)〈음악〉'생기 있게 빨리'의 뜻.
비바치시모(vivacissimo 이)[명] 〈음악〉 '아주 생기 있고 빠르게'의 뜻.
비박(非薄)[명] 얼마 안 되어 변변하지 못함. pettiness
비:박(臂膊)[명] 팔과 어깨. arms and shoulders
비박(Biwak 도)[명] 등산에서, 야영(野營). 비부악(bivouac).
비:반(肥胖)[명] 살이 뚱뚱하게 찜. corpulence 하[자]
비:반-증(一症)(肥胖症)〈한의〉살이 병적으로 찌는 병.
비발[약]→비바리.
비발²[명] 비용(費用). [하다]
비:방(比方)[명] 서로 견주어 비교함. comparison 하[자]
비:방(祕方)[명] ①비밀한 방법. 비법(祕法). secret process ②세상에 알려지지 않은 용한 약의 처방. secret formula
비방(誹謗)[명] 비웃어서 말함. 남을 헐뜯어서 말함. 기방(譏謗). 방훼(謗毁). 비산(誹訕). 참방(讒謗). slander 하[타]
비:방-수호(非放水湖)〈지리〉물이 흘러 들기만 하고 흘러 나가는 일이 없는 호수.
비:배(肥培)[명] 식물에 거름을 주고 가꿈. fertilization
비:배 관:리(肥培管理)[명] 씨를 뿌려서 곡식을 거들 때까지의 모든 관리 작업. 하[타]
비백 불난(非帛不煖)[명] 비단옷이 아니면 따뜻하지 않다는 뜻으로, 노인의 쇠약한 몸을 일컫는 말. weakened body of an old man
비백 비연(非白非煙)[명] 자수정(紫水晶)의 빛깔이 아주 엷어서 백경(白鏡)도 아니고 연경(煙鏡)도 아님.
비백-서(飛白書)[명] 팔분(八分)과 비슷한 서체의 하나. 후한(後漢)의 채옹(蔡邕)이 처음 쓴 글씨체.
비번(非番)[명] 돌아오는 번(番)의 차례가 아님. 《대》당번(當番). off duty
비범(非凡)[명] 뛰어나서 평범(平凡)하지 아니함. 또, 그 사람. 이름(異稱). ¶~한 사람. 《대》평범(平凡). uncommonness 하[형]
비범-인(非凡人)[명] 비범한 사람.
비법(非法)[명] 불법(不法).
비:법(一뻡)(祕法)[명] 비방(祕方)①. 하[형]
비:벽(祕癖)[명] 성질이 더럽고도 편벽됨. eccentricity
비변(不變)[명] 전부터 내려오던 누습(陋習)을 깨뜨려 버림. breaking established conventions 하[타]
비:변(鄙邊)[명] 비지(鄙地).
비:변-랑(備邊郎)[명] 〈제도〉비변사(備邊司)의 낭관(郎官). 비랑(備郎).
비:변-사(備邊司)[명] 〈제도〉조선조 때, 군국(軍國)의 사무를 맡아서 처리하던 관청. 비국(備局). 주사(籌事).
비:병(痺病)[명] 〈한의〉배꼽 언저리가 딴딴하여 누르면 아픈 병.
비:-병기(B兵器)[명] 2차 대전 중 독일이 사용한 로켓. V2가 특히 유명함.
비보(飛報)[명] 썩 빨리되는 보고로. 또, 그러한 보고. 급보(急報). urgent message 하[타] [report 하[타]
비:보(祕報)[명] 비밀히 간직한 보배. treasure
비:보(祕寶)[명] 비밀히 간직한 보배. treasure
비보(悲報)[명] 슬픈 기별. 슬픈 소식. sad news
비:보(裨補)[명] 도와서 더함. 더하여서 채움. seconding 하[타]
비보(vivo 이)[명] 〈음악〉'활발하고 빠르게'의 뜻.
비복(婢僕)[명] 계집종과 사내종. servants
비:본(祕本)[명] 비밀히 감추어 둔 책. 비적(祕籍)①. secret book

비-본적인(非本籍人)[명] 현재 살고 있는 관할 안에 본적을 안 가진 사람.
비:봅(be'bop)[명] 〈음악〉1940년대 초기에 창시된 음악의 형식. 오늘날의 모던 재즈의 시초.
비봉(飛蓬)[명] '흔들리어 안정하지 못함'의 비유. unsteadiness [게 봉한 것. sealing up 하[타]
비:봉(祕封)[명] 남이 모르도록 단단히 봉함. 또, 그렇
비:부(祕府)[명] 비고(祕庫).
비부(蚍蜉)[동] 왕개미. [servant
비부(婢夫)[명] 여자종의 지아비. husband of a woman
비:부(鄙夫)[명] 마음씨가 더러운 사람. dirty fellow
비부악(bivouac 프)[명] 비박(Biwak).
비부-쟁이(婢夫一)[명] 《속》비부(婢夫).
비분(非分)[명] ①제 분수가 아님. 과분(過分). being not proper to one's means ②도리에 맞지 않음.
비분(悲憤)[명] 슬프고 분함. indignation 하[형]
비분 강:개(悲憤慷慨)[명] 슬프고 분하여 마음이 복받침. deploring 하[자] [고 벼슬에 뽑히어 쓰임.
비분 총:탁(非分寵擢)[명] 제 분수에 넘치게 사랑을 받
비-능(非能)[명] 넉넉히 할 수 있는 것을 일부러 하지 않음. not unable to
비:-는말(祕不說)[일-썰] 비밀을 지켜서 밖에 말을 내지 않음. 하[타] [부사. indeed, really
비:-이라(非不一)②[부] '아녕게 아니라'의 뜻의 접속
비브라폰(vibraphone)[명] 〈음악〉타악기의 하나. 음률을 가진 쇳조각 밑에 전기 장치가 있는 공명체를 붙인 철금. 주로 경음악에 쓰임.
비-비·-비비[부] 비비다. 꼽다. [twisted
비비[부] 여러 번 꼬이거나 뒤틀린 모양. 《작》배배.
비비(狒狒)[동] 〈동물〉원숭이과의 짐승. 몸 길이는 70~75cm, 꼬리 길이는 2∼2.5cm이며, 몸 빛은 암 갈색임. 얼굴은 개와 비슷하며 코는 돌출함. 아프리카의 에티오피아·수단 지방에 남. 망토비비. baboon
비비(霏霏)[명] 부슬부슬 내리는 비나 눈발이 배고 가늚. 또는 비나 눈이 쉬잖고 그치지 않는 모양.
비미(霏微)[명] unceasing 하[자] [흔히. often
비:비(比比)①[부] ①이것저것이다. 낱낱이. each one ②
비:비-개연(比比皆然)[명] 죄다 그러함. 낱낱이 다 그러함. much the same 하[형]
비:비 꼬-다①[타] ①여러 번 비틀어서 단단히 꼬다. twist together tight ②빈정거리다. ¶말을 비비 꼬지 마라. 《작》배배 꼬다.
비:비 꼬이-다①[자] ①여러 번 비틀려서 단단히 꼬이다. ②일이 잘 되지 않고 어그러지다. 《약》비비 꺼다. 《작》배배 꼬이다. get twisted together tight
비:비 꽈-다①[타] →비비 꼬이다.
비비-다[타] ①맞대어서 서로 문지르다. rub ②손가락 끝이나 손바닥을 마주 문질러 사이에 든 것을 둥근 덩이로 만들다. make into a ball ③한데 뒤섞어서 버무리다. mix ④구멍을 뚫느라고 송곳 따위를 대고 이리저리 돌리다. 《작》뱌비다. drive a gimlet
비비대기-치-다[자] ①복잡한 일을 치르느라 하느로 부산하게 움직이다. act like a busy bee ②좁은 곳에서 많은 사람이 몸을 서로 맞대고 움직이다. jostle
비:비-대다[자] 자꾸 대고 비비다. 《작》뱌비대다.
비비-배배[부] 종달새 따위의 우는 소리. chirping
비비-송곳[명] 두 손바닥으로 비비어 구멍을 뚫는, 자루가 썩 길고 촉이 짧은 네모진 송곳. drill
비:-비:시(B.B.C.)[명] 《약》British Broadcasting Corporation 영국 방송 협회.
비:-비:에스 운:동(B.B.S. 운동)[명] 〈사회〉《약》Big Brothers and Sisters Movement 불량아(不良兒)의 형제 자매가 되어 그들을 선도하고자 하는 청년 운동. 20세기 초에 미국에서 발달하였음.
비:비 유:지(比比有之)[명] 드물지 않고 흔히 있음. be in abundance 하[형]
비비적-거리-다 비비는 동작을 자꾸 하다. 《약》비빚거리다. 《작》뱌비작거리다. rub on 비비적=비비

비비추 〈식물〉 무릇난과의 다년생 풀. 잎은 옥잠화와 비슷하나 좁고 작음. 7~8월에 담홍자색의 꽃이 피고 삭과(蒴果)는 긴 타원형인데 세 조각으로 갈라져 종자를 흩뿌림. 어린 잎은 식용함.

비비-틀다(己) 여러 번 비틀다. 《작》배배 틀다. wrench again and again

비비-틀리-다(피동) 여러 번 단단히 비틀리다. be wrenched repeatedly

비빈(妃嬪)〈제도〉비(妃)와 빈(嬪). queen and royal concubine

비빔 밥이나 국수에 고기·나물 따위를 섞고 양념과 고명을 더하여 비벼서 만든 밥. 골동반(骨董飯)

비빔-밥[─빱] 고기·나물 들을 섞고 온갖 양념과 고명을 더하여 비벼서 만든 밥. 골동반(骨董飯)

비빔밥 저:냐[─빱─] 비빔밥을 숟가락으로 푹푹 떠서 밀가루와 달걀을 묻혀 만든 저냐.

비빛-거리-다(자) ▷비비적거리다.

비:사(比辭) 비유로 쓰는 말. simile

비:사(卑辭) 자기 말을 낮추어 일컬음.

비:사(秘史) ①세상에 드러나지 아니한 사실로 된 역사. secret history ②비밀히 감추어 둔 역사.

비:사(秘事) 비밀한 일. secret affair

비:사(鄙舍) 자기 집을 겸손하면서 일컫는 말. my humble cottage

비:사랑(非思量) 〈불교〉사량(思量)에 집착하지 않으며 사념(邪念)을 없애는 일. a bush-clover

비사리 싸리의 껍질. 노로 꼬는 데 쓰임. bark of

비사문천왕(毘沙門天王)〈불교〉불법(佛法)을 수호하는 선신(善神). 다문천왕(多聞天王). (약) 비사문(毘沙門).

비사 주:석(飛沙走石)〈동〉양사 주석(揚沙走石). (약)

비:사-증(─症)(鼻齄症)〈한의〉코에 붉은 점이 생겨 혹같이 되며, 심하면 곪는 만성병. 비홍증(鼻紅症). 「치기. children's game of throwing stones

비사-치기 돌을 가지고 노는 아이들의 장난. 비석

비사:치-다(他) 똑바로 말하지 않고 에둘러서 은근히 깨우치다. inform gently

비산(飛散) 날아서 흩어짐. scattering 하(자)

비:산(砒酸)〈화학〉무수아비산(無水亞砒酸)을 강한 산(酸)으로 산화시켜 만든 결정체. 끓는점은 ─임. arsenic acid

비산(悲酸) ▷비도 산고(悲悼酸苦).

비산(誹訕)〈동〉비방(誹謗). 하(타)

비:산-연(砒酸鉛) 비소 살충제(砒素殺蟲劑)로 쓰이는 농약. arsenate 「나라. (대) 산유국.

비=산=유국(非産油國) 원유(原油)를 산출하지 않는

비:=삼망(備三望)〈제도〉벼슬아치 한 사람을 뽑을 때에 후보자 세 사람의 성명을 갖추어 추천하던 일. (약) 비삼(備三)〈한의〉뒤가 몹시 말라 막히어 다시피 됨. 하(자)

비상(非常) ① 심상하지 않음. 이상함. (대) 심상(尋常). uncommonness ② 보통과 다름. 사변(事變). 변고(變故). 명범하지 아니함. emergency ③ 법이 아님(非凡). ¶ ∼ 는 계주. ④ 〈동〉 무상(無常). extraor-

비상(飛上) 날아 오름. 하(자) [dinary 하(형) 히(부)

비상(飛翔) 공중에 날아다님. soaring 하(자)

비:상(砒霜) 〈한의〉비석(砒石)을 가열하여 만든 독약. arsenic

비상(悲傷) 마음이 슬프고 아픔. bitter grief 하(형)

비:상 간고(備嘗艱苦) 온갖 고생을 고루고루 맛봄. 하(자)

비상 경:계(非常警戒) 중대한 일이 일어나거나 일어날 우려가 있을 때 특정한 지역에 특별한 경계를 하는 일. emergency guard

비상 경:보(非常警報) 비상일이 일어났을 때 경계의 뜻으로 사이렌이나 신호로서 일반에게 알리는 일. 또, 그 보도. alarm signal

비상 계:엄(非常戒嚴)〈법률〉전쟁 또는 전쟁에 준한 사변이 사회 질서가 극도로 교란된 지역에 선포하는 계엄. martial law

비상-구(非常口) 위급한 일이 생겼을 때 피해 나올 수 있도록 특별히 마련된 문. emergency exit

비상 구:제 절차(非常救濟節次)〈법률〉확정된 판결 뒤에, 법률상 또는 사실상의 하자(瑕疵)가 있을 때 인정되는 구제 절차. 비상 상고(非常上告)·재심 따위.

비:상-근(非常勤) 공무원과 달리 특별한 취급을 받고 상근(常勤)은 필요로 하지 않는 근무. 고문(顧問)·강사·임시로 쓰는 인부(人夫) 등. part-time service 「ergency fund

비상-금(非常金) 비상시를 위하여 마련된 돈. em-

비상 대:권(非常大權) 국가 비상 사태가 일어났을 때, 국민의 자유와 권리를 잠정적으로 정지하는 비상 조치를 취할 수 있는 대통령의 권한을 일반적으로 일컫는 말.

비상 대:기(非常待機) 비상 사태에 대처하기 위한 준비 태세를 갖추고 대기하는 것.

비상-망(非常網) 군사 및 치안 유지에 있어 중대한 사건이 발생했을 때 평소보다 더 강화하여 편 경계. 또, 그 범위.

비상-문(非常門) 비상구(非常口)에 붙어 있는 문. emergency door 「경비. extraordinary expenses

비상-비(非常費) 비상할 때에 쓰도록 마련해 둔 돈.

비상 사:건(─껀)(非常事件) 보통이 아닌 큰 사건.

비상 사태(非常事態) ①번고가 발생한 위급한 상태. state of emergency ②〈법률〉국가 비상 사태.

비상 상:고(非常上告)〈법률〉형사 사건에서 판결이 확정된 후 법령에 위반되었음을 발견했을 때 검찰 총장이 대법원에 신청하는 상고.

비:상-석(砒霜石)〈광물〉①비소(砒素)의 산화물(酸化物). 황화철광(黃化鐵鑛)을 공기 속에서 구워서 만듦. ②'비석(砒石)'의 딴이름.

비상-선(非常線) ①특별히 긴장하여 비상 경계를 하는 구역. cordon ②특별한 경우에 쓰도록 따로 마련된 전화선. emergency call

비상 소집(非常召集) 시급한 일이 생겼을 때 필요한 사람을 급히 불러 모으는 일. emergency call

비상 수단(非常手段) ①비상한 일에 대하여 임시 변통으로 시급히 처리하는 방법. exceptional measures ②폭력으로 일을 처리하거나 정치적 개혁을 행하는 일. measures by force

비상-시(非常時) ①비상한 일이 벌어진 때. ②국가·국제적으로 중대한 위기에 처했을 때. ③사변이 일어났을 때. (대) 평상시. emergency

비상 시국(非常時局) 사변·전쟁 등이 일어난, 국가 비상의 시국. emergency situation 「food

비상-식(非常食) 비상시에 대비한 식량. emergency

비:=상식(非常識) 상식에 어긋남. 상식이 없음. absurdity 「─는(것). senseless

비=상식적(非常識的)(관) 상식으로 생각하여서 어긋나

비=상용[─농](非常用) 비상시에 씀. 또, 그 물건.

비상임 이:사국(非常任理事國) 국제 연합 안전 보장 이사회를 구성하는 15개국 가운데 다섯 상임이 사국 이외의 이사국.

비상 제:동(非常制動) 제동 장치(制動裝置)가 있는 기계나 기구 등을 위급한 경우에 가장 짧은 시간이나 거리 안에 멈추어 세우는 일.

비상 조치(非常措置)〈법률〉천재·지변 또는 중대한 재정·경제상의 위기나, 그에 준하는 중대한 비상 사태에 처하여, 국가를 보위하기 위해 국정 전반에 걸쳐 내리는 조치.

비상 착륙(非常着陸) 항공기가 기체(機體) 내에 발생한 이상이나 돌발적인 사태에서 행하는 불시의 착륙. 하(자)

비:색(比色)〈화학〉색의 농도를 비교하는 일.

비:색(否塞) 운수가 나빠서 막힘. clogging 하(자)

비:색(祕色) 중국 월(越)나라에서 나던 푸른 자기.

비:색(翡色)〈미술〉고려 때의 청자기(靑瓷器)의 빛

갈과 같은 푸른 빛갈.
비:색-계(比色計)團〈화학〉착색액(着色液)의 빛의 농도(濃度)를 양적(量的)으로 비교하는 장치. 두 개의 유리 그릇에 표준액(標準液)과 검사할 액체를 넣어서 투과광(透過光)으로 비교하여 비색 분석함. colorimeter
비:색-증(鼻塞症)團〈한의〉코가 막혀 숨쉬기가 거북하고 냄새를 잘 못 맡는 병. occlusion of the nose
비:생산적(非生產的)團(回) 생산과 직접 관계가 없는 (것). (대) 생산적(生產的). unproductive
비서(飛絮)團 날아 흩어지는 버들개지.
비서(飛鼠)團 박쥐.
비:서(祕書)團 ①기밀한 문서. 또, 그것을 취급하는 사람. ②장관·국회의원·사장 등에 직속하여 기밀 문서나 용무를 맡아보는 직무. 또, 그런 사람. private secretary ③비장(祕藏)한 서적. treasured book 「에 승선원(承宣院)을 개칭한 관청.
비:서-감(祕書監)團〈제도〉조선조 고종(高宗) 32년
비:서-관(祕書官)團〈법률〉관청의 장에 직속되어 기밀 사무를 맡아보는 공무원. minister's secretary
비:서-실(祕書室)團 비서관이나 비서가 사무를 맡아보는 방. secretariat(section) 「(監)을 개칭한 이름.
비:서-원(祕書院)團〈제도〉고종 32년에 비서감(祕書監)
비:석(沸石)團〈광물〉알칼리·알칼리 토류(土類) 금속 원소의 함수(含水) 알루미늄 규산염 광물.
비:석(砒石)團〈광물〉①비소·유황·철로 된 광물. 신석(信石). 여석(礜石). arsenic 〈동〉삼산화비소 (三酸化砒素).
비석(飛錫)團〈불교〉중이 각지를 돌아다님. 「(碑).
비석(碑石)團 ①(동) 빗돌. ②석조로 된 비석. 석비(石
비석(碑石)團 비를 세워 놓은 큰 거리.
비:석-광(砒石鑛)團〈광물〉비석이 포함되어 있는 광물.
비선(飛仙)團 날아다니는 신선.
비선(飛船)團 매우 빨리 달리는 배. fast steamer
비설(飛雪)團 ①흩날리는 눈. scattering snow ②센바람이 휘몰아서 쌓인 눈. 「학설.
비:설(祕說)團 숨겨서 남에게 알리지 않은 논설 또는
비:설(脾泄)團〈한의〉위(胃)에 탈이 나서 소화가 안되고 설사가 나는 병의 하나.
비설거지圀 비를 맞지 않도록 물건을 치우거나 덮는 일. sheltering things from rain 하재
비성(飛星)團〈동〉운성(隕星).
비-성(鼻聲)團 콧소리. 「하재
비:성-여뢰(鼻聲如雷)團 코를 고는 소리가 매우 큼.
비:세(比歲)團 근년(近年) (勢)가 이롭지 못함.
비세(非勢)團 바둑이나 장기 등의 승부에서, 형세(形
비센샤프트(Wissenschaft 도)團 학문. 과학.
비:소(卑小)團 보잘것없이 아주 작음. pettiness 하재
비:소(砒素)團〈화학〉회백색의 금속 광택을 가진 무든 설질의 미금속 원소. 독약으로 씀. 원소 기호는 As. 원자 번호 ; 33. 원자량 ; 74.9216. arsenic
비:소(費消)團 소비(消費).
비:소(鼻笑)團〈동〉코웃음. 하재
비소(誹笑)團 비웃는 웃음. derisive smile 하재
비소-가:론(非所可論)團 들어서 말할 거리가 못 됨.
비:소-거리[-꺼리]團 남의 비웃음을 받을 만한 사람이나 사물. laughing-stock
비소비 지출(非消費支出)團〈경제〉수입 중에서, 세금이나 의료 보험금 같은 사회 보장의 부담금으로 납입되는 금액. 「fiction
비:소-설(非小說)團 소설 이외의 서적. 논픽션.
비:소-수(非素數)團〈수학〉1 이외의 소수(素數)가 아닌 자연수. 합성수(合成數). composite prime number
비:소 요법(砒素療法)團〈의학〉매독·피부병 등에 비소 화합물을 써서 치료하는 방법. arsenic
비:소-제(砒素劑)團 비소가 든 약제. 「therapy
비:소 중독(砒素中毒)團〈의학〉비소 화합물을 먹거나 비화수소(砒化水素) 가스를 들이마셨을 때 일어나는 중독. poisoning by arsenic
비:소-진(砒素疹)團〈의학〉비소가 든 약을 써서 그 중독으로 생기는 발진(發疹).
비:속(卑俗)團 ①천하고 속됨. meanness ②천한 풍속. (대) 고상(高尙). 고아(高雅). vulgarism 하재
비:속(卑屬)團 자손 또는 그와 같은 항렬에 있는 친족의 일컬음. 비속친. (대) 존속(尊屬). lineal descendants 「일. 비숙원. pray 하재
비:손(민속) 신(神)에게 손을 비비며 정성을 비는
비송 사:건[-껀](非訟事件)團〈법률〉사법상(私法上)의 권리 관계는 국가가 간섭하지 않는 것이 원칙이나, 특별히 민법·상법에 규정하여 사권(私權) 관계의 확실을 기하기 위하여 국가가 이에 관여하는 사건. nonlitigation case
비:쇠(憊衰)團 몹시 고달파서 쇠약하여짐. becoming weak from hard labour 하재 「주교.
비숍(bishop)團〈기독〉①신교의 감독. ②천주교의
비:수(匕首)團 썩 잘 드는 단도. 회검. dagger
비수(悲愁)團 ①슬픔과 근심. pathos ②슬퍼하고 근심
비:수(否愁)團 일정한 수효를 채움. 충족시킴. 「함.
비:수(脾髓)團〈생리〉섬유막(膜)과 더불어 비장(脾
비:수(鼻水)團〈동〉콧물. 「臟)을 이루는 물질.
비수리〈식물〉콩과의 다년생 풀. 줄기는 보드라운 털이 있고 위쪽은 많은 가지로 갈라짐. 7~8월에 황백색의 작은 나비 모양의 꽃이 피고 과실은 둥글. 줄기는 광주리 만드는 데 쓰임.
비:수비:부(七首七匕部)團 한자 부수(部首)의 하나. '化·北' 등의 '匕'의 이름.
비:-숙원團〈동〉비손. 하재
비:술(祕術)團 남 모르게 전해 오는 술법. secret art
비술-나무團〈식물〉느릅나무과의 갈잎큰키나무. 높이 20m 가량으로 잎은 피침형 또는 타원형에 잔 톱니가 있음. 4월에 꽃이 피고 과실은 둥글. 재목은 기구재·차량재·사탄재, 과실은 폐지의 사료로
비스(vis 프)團 나사(螺絲). 「쓰임.
비슴-하-다[혱〈문〉물체의 한쪽이 다른 한쪽으로 기울어져 있다. (예) 비슴하다. (작) 배스듬하다. slanting 비스듬히
비스러-지-다재 틀어지나 반듯하지 못하고 조금 비뚤어지다. (예) 빗다[^1]. be slightly crooked 「like
비스름-하-다[혱〈문〉좀 비슷한 듯하다. somewhat
비스-모:터(bismotor)團 뒷바퀴 옆에 바이크 모터를 단 자동 자전거의 하나.
비스무트(Bismuth)團〈화학〉금속 원소의 하나. 천연으로 가끔 유리되어 산출되나 주로 광석은 비스무트광(鑛)과 비스무트화(華)로서 산출됨. 광석을 배소(焙燒)하여 비소·황을 제거하고 목탄으로 환원하면 금속 비스무트가 얻어짐. 납·주석·카드뮴과 합금을 만듦. 창연(蒼鉛). 원소 기호; Bi. 원자 번호; 83. 원자량; 208.980. 「가 되는 끈끈한 액체.
비스코스(viscose)團〈화학〉인교 견사(絹絲)의 원료
비스코스 스펀지(viscose sponge)團 비스코스를 해면 모양으로 굳힌 것. 연한 물건을 씻는 데 씀.
비스코스 인조 견사(viscose 人造絹絲)團〈화학〉비스코스를 원료로 하여 만든 견사. viscose rayon
비스킷(biscuit)團 밀가루에 설탕·우유·버터를 섞어서 구운 양과자의 하나. 「망실(望室).
비스타 돔:(vista dome)團 미국 대륙 횡단 열차의 전
비스타 비전(Vista Vision)團〈연예〉와이드 스크린 (wide screen)의 하나. 세로와 가로의 비(比)가 1 : 1.85임.
비스토(visto 이)團〈음악〉'쾌속(快速)하게'의 뜻.
비슥-거리-다재 ①일을 힘들여 하지 아니하다. ②앞으로 가거나 아니하다. **비슥=비슥**하다
비슥-하-다[혱〈문〉①힘들이어 한쪽으로 비슴하다. oblique ②(동) 비슷하다[^2]. (작) 배슥하다. **비슥=이**튄
비슬거리-다재 ①일을 하려는 태도로 슬슬 베돌다가 탐탁스럽게 하기를 싫어하다. 베슬거리다. (작) 바슬거리다. be neglectful **비슬=비슬**튄 하재

비슬=거리다㈜ 쓰러질 듯이 힘없이 비슥거리다. 《작》배슬거리다. stagger 비슬-비슬㈜ 하다

비:습(肥濕)㈁〈지학〉공기 속에 포함된 수증기의 양을 표시하는 수치. 단위 체적의 공기 속에 포함된 수증기의 질량을 그 공기의 질량으로 나눈 수치.

비:습(卑濕)㈁ 땅이 낮고 습기가 많음. low-lying and damp 하다 「damp 하다

비:습(肥濕)㈁ 몸이 살이 찌고 습기가 많음. fat and

비슷하-다㈁㈎㈅ 여럿이 다 비슷하다.

비슷하-다㈀㈎㈅ 한쪽으로 쓰러질 듯이 비스듬하다. 《작》배숫하다. slanting 비슷=이¹㈜ 「슷=이²㈜

비슷-하-다㈀㈎㈅ 거의 같다. 비슷하다². similar 비

비승 비속(非僧非俗)㈁ 중도 아니요, 속세 사람도 아님. 곧, 완전한 한 가지가 되지 못하는 것을 이르는 말. 반승 반속(半僧半俗). halftrained person 「mely

비시(非時)㈁ 알맞은 제때가 아닌 경우. being unti-

비시(飛矢)㈁㈜ 유시(流矢). 「전(紀元前).

비:시¹(B.C.)㈁㈜ Before Christ 서력(西曆) 기원

비:시²(B.C.)㈁㈜ birth control 산아 제한(産兒制限). 「세계를 구제한다는 신(神).

비시누(Visnu 범)㈁ 인도 신화(印度神話) 가운데서

비시누=교(Visnu 敎 범)㈁〈종교〉비시누를 최고신으로 섬기는 인도교의 한 파.

비:시 병기(B.C.兵器)㈁〈군사〉㈜ biological and chemical weapon 생물 화학 병기.

비:시:지(B.C.G.)㈁㈜ Bacillus Calmette Guérin 결핵에 대한 면역성을 돕기 위하여 접종하는 균. 「인체에 접종하는 일.

비:시:지 접종(B.C.G.接種)㈁〈의학〉비시지를

비식(非食)㈁ 변변하지 못하게 차린 음식. poor food

비:식(飛食)㈁ 아름답게 꾸밈. 하다

비:식(鼻息)㈁㈜ 콧숨. 「for monument

비신(碑身)㈁ 비문(碑文)을 새긴 비석의 바탕 돌. stone

비:신-사적(非紳士的)㈁ 신사답지 아니한(것).

비:실(備悉)㈁ 어떠한 사정을 샅샅이 다 앎. know thoroughly 하다

비실=비실㈜ 힘이 없이 흐느적흐느적 비틀거리는 모양. ¶ ~ 피하다. unsteadily 하다 「tical

비:실용적(非實用的)㈁ 실용적이 아닌(것). unprac-

비:심(費心)㈁ 마음을 수고롭게 씀. care 하다

비싸-다㈁ 값이 너무 많다. 《대》싸다. dear ②되지 못하게 거만하다. haughty

비싼=흥정㈁ 물건을 비싸게 사거나, 조건이 과중한 흥정. 《대》싼흥정. 하다

비싸-다㈁ ①마음에 있으면서도 안 그런 체하다. pretend to dislike ②아무 일에나 어울리기를 싫어하다. keep aloof

비쑥=거리-다㈜ 쓰러질 듯이 몸을 흔들다. 《작》배쑥거리다. stagger 비쑥=비쑥㈜ 하다

비씨(妃氏)㈁〈제도〉왕비(王妃)로 뽑힌 아가씨의 칭호. queen-elect

비아(非我)㈁〈철학〉나 밖의 모든 것. 자아(自我)에 대립하여 존재하는 세계 및 자연. 《대》자아(自我). nonego 「ironical remarks

비아냥=거리-다㈜ 얄미운 태도로 빈정거리다. make

비아냥-스럽-다㈀㈒ 얄미운 태도로 빈정거리는 태도가 있다. cynical 비아냥=스레㈜

비:아·소관(非我所關)㈁ 내 소관이 아님.

비: 아이 에스(BIS)㈁㈜ Bank for International Settlements 국제 결제 은행(國際決濟銀行).

비: 아이 피:(V.I.P.·VIP)㈁㈜ Very Important Person 요인(要人). 거물(巨物). 귀빈.

비악㈁ 병아리의 우는 소리. 〈약〉박. 〈센〉삐악. peep

비악=비악㈁ 병아리가 계속해 우는 소리. 〈약〉뱍뱍. 〈센〉뱍뱍·삐악삐악.

비=안개㈁ 비가 내리듯이 짙게 낀 안개. fog thick as

비:압축성(非壓縮性)㈁〈물리〉압력을 가하여도 그 부피가 변하지 않는 성질. 물 따위의 액체가 가진 성질.

비애(悲哀)㈁ 설움과 슬픔. 《대》환희(歡喜). sorrow

비액(費額)㈁ 드는 돈. 쓴 돈머리.

비:액(鼻液)㈁㈜ 콧물.

비:야(鄙野)㈁ ①시골 구석. country ②낮고 거칢. 야비(野鄙). vulgarness 하다

비약(飛躍)㈁ ①날고 뜀. jump up ②급히 진보 향상함. rapid progress ③순서를 밟지 않고 나아감. jump ④힘차게 활동함. activity ⑤지위가 갑자기 높아짐. sudden promotion 하다

비:약(祕藥)㈁ ①비방(祕方)으로 지은 약. secret medicine ②효능이 현저한 약. 특효약(特效藥). 묘약(妙藥). effective medicine

비:약(祕鑰)㈁㈜ 비결(祕訣).

비약 경:기(飛躍競技)㈁ 스키에서 비약하는 자세와 그 거리를 보아서 점수를 매기는 경기. jump

비약 상:고(飛躍上告)㈁〈법률〉제1심의 판결에 대해 항소심을 생략하고 행하는 상고.

비약적(飛躍的)㈁㈐ 급히 눈부시게 발전하는(것). rapid 「증(便祕症).

비:약=증(脾約症)㈁〈한의〉급성 열병으로 생기는 변

비양(飛揚)㈁ ①높이 날아 오름. 비등(飛騰). flight ②뽐내어 거들먹거림. inflated with pride ③높은 지위에 오름. rise

비:양심적(非良心的)㈁㈐ 양심적이 아닌(것). 양심을 속이는(것). ¶~인 행동.

비양=주 다㈀→비양하다.

비양-하-다㈀ 남을 약오르게 조롱하다. ridicule

비어(卑語·鄙語)㈁ ①점잖지 못하고 천한 말. vulgar speech ②사물을 낮추어 부르는 말. 욕설. 「vulgar terms

비:어(飛魚)㈁㈜ 날치³.

비:어(祕語)㈁ 비밀의 말.

비:어(備禦)㈁ 미리 준비하여 막음. defence 하다

비어(蜚語·飛語)㈁ 이리저리 퍼뜨려 세상을 현혹하게 만들거나 아무 근거 없이 떠도는 말. 비언(飛言). ¶유언(流言)~. slanderous reports, wild rumour

비어(beer)㈁㈜ 맥주(麥酒).

비:어-구(鼻魚灸)㈁㈜ 날치 구이.

비어-지-다㈀ ①속에 있던 것이 밖으로 내밀다. come forth ②숨었던 일이 터져 드러나다. be exposed

비어 홀(beer hall)㈁ 맥주를 전문으로 파는 가게.

비언(飛言)㈁㈜ 비어(蜚語·飛語).

비:언(鄙諺)㈁㈜ 비어(卑語·鄙語).

비:언(鄙諺)㈁ 품위가 낮은 속담. popular saying

비업(丕業)㈁ 큰 사업. 홍업(洪業).

비: 에스(B.S.)㈁㈜ Broad-casting System 방송국.

비: 에이 아:르(B.A.R.)㈁㈜ Browning automatic rifle 브라우닝식 자동 소총.

비: 에이 치: 시:(B.H.C.)㈁㈜ benzene hexa-chloride 영국에서 제2차 세계 대전 중에 발견된 살충제. 냄새가 독함.

비: 에이치 에프(V.H.F.)㈁㈜ very high frequency '초단파'의 정식 주파수의 구분상의 호칭. 30~300 메가헤르츠의 주파수의 전파. 텔레비전·FM 방송에 이용됨. 「란 소시지.

비엔나 소시지(Vienna sausage)㈁ 손가락같이 가느

비엔나 왈츠(Vienna waltz)㈁〈음악〉오스트리아의 수도 비엔나의 경음악 작곡가들이 작곡한 왈츠 및 그 양식을 따른 원무곡.

비엔날레(biennale 이)㈁〈미술〉2년마다 열리는 국제적 미술 전람회. 「券).

비: 엘(B/L)㈁㈜ bill of lading 선하 증권(船荷證

비역(옛말 비吏)㈁ 사나이끼리 하는 성행위(性行爲). 계간(鷄姦). 남색(男色). 면수(面首)①. ¶~질. 《대》뺀대. 〈약〉벽. sodomy 하다

비:연(飛鳶)㈁ 궁둥이 쪽의 사타구니의 살.

비연(飛鳶)㈁ 연을 날리는 일. 연날리기. ¶~ 대회.

비:연(賁然)㈁ 빛나는 모양. 하다 히㈜

비:연(鼻淵)㈁〈한의〉걸쭉한 콧물이 많이 나고 피나 고름도 섞여 나오는 콧병.

비:연(鼻煙)圖〈한의〉기관(氣管)이 막혀 갑갑할 때 냄새를 맡거나 콧속에 불어 넣는 약.
비:연-통(鼻煙筒)圖 비연을 담는 작은 병.
비:열(比熱)圖〈물리〉어떤 물질 1g의 온도를 섭씨 1°C 높이는 데 드는 열량과 물 1g의 온도를 1°C 높이는 데 드는 열량과의 비. specific heat
비:열(卑劣·鄙劣)圖 사람 됨됨이가 더럽고 못남. 성품과 행실이 천하고 용렬함. 〈유〉비겁(卑怯). 〈대〉고결(高潔). baseness 하다
비:열(脾熱)圖〈한의〉비장에서 열기가 생기는 병.
비:염(脾炎)圖〈의학〉비장에서 생기는 염증.
비:염(鼻炎)圖〈의학〉콧속에서 생기는 염증. nasal catarrh
비영비영-하-다[여음] 병으로 인하여 몸이 파리하고 기운이 없다. feeble
비:예(睥睨)圖 눈을 흘겨서 봄. 하다
비:오囧 솔개의 우는 소리.
비:오리(─)圖〈조류〉오리과의 물새. 암수에 따라 빛깔이 다르나 날개 빛은 오색이 찬란한데 자줏빛이 많음. 암수가 항상 함께 놀며 연못 등에서 곤충을 포식함. 계압(溪鴨). 제칙(鸂鷘). 수계(水鷄). 자원앙(紫鴛鴦). merganser
비오리-사탕(─砂糖)圖 비오리 모양과 같게 사탕을 만든 과자.
비:오=비오囧 솔개가 계속하여 우는 소리. 「소리.
비: 오: 에이(VOA) 囧 Voice of America 미국의
비: 오: 에이 시:(B.O.A.C.) 囧 British Overseas Airways Corporation 영국 해외 항공 회사.
비오토누스(biotonus) 라囧〈심리〉모든 기관(器官)의 활동을 결정하며 심리적으로 생활 감정을 지배하는 생물(生物)이 가진 에너지의 강도(强度)
비:오=판(B 5 判)〈인쇄〉용지·서적 치수의 하나. 182mm×257mm로, 사륙 배판과 비슷함.
비오페르민(Biofermin) 囧〈약학〉유산균 제제(製劑)의 상품명. 당분을 유산으로 바꿈. 장내(腸內)의 세균의 번식을 억제하며 정장(整腸) 작용을 함.
비:옥(肥沃)圖 땅이 걸고 기름짐. 비:옥(肥饒). 비유(肥腴). 〈대〉불모(不毛). fertility 하다
비:옥(霧玉)圖 옥은 점이 있는 옥. 비숙함.
비옥(緋玉)圖〈제도〉비단옷과 옥관자란 뜻으로, 당상관(堂上官)의 존칭.
비:옥 가:(比屋可封)圖 중국 요(堯)·순(舜) 때 사람이 모두 착하여 집집마다 표창할 만하였다는 뜻으로, 나라에 현인이 많음을 이름.
비:옥=토(沃土)圖 땅이 걸고 기름져 작물(作物)의 생육에 알맞은 토양(土壤).
비 온 뒤에 땅이 굳어진다屬 어떤 풍파를 겪은 뒤에 더 든든해진다.
비올라(viola) 이囧〈음악〉바이올린보다 조금 큰 현악기.
비올렌토(violento) 이囧〈음악〉'급격(急激)하게'의 뜻.
비올론=첼로(violoncello 이)囧〈음악〉첼로.
비:옷囧 빗물이 스며들지 않도록 덮이는 옷. 우의(雨衣). rain-coat
비:옹(臃癰)圖 팔에 나는 종기. 「衣). rain-coat
비:와(憊臥)圖 몸이 곤하여 누움. 하다
:비·왈·圇 뱉다.
비:요(肥饒)圖〈동〉비옥(肥沃). 하다
비:요(秘要)圖〈동〉비결(秘訣).
비:요(匪擾)圖 비적의 무리가 일으키는 소요. disturbance caused by bandits
비:용(比容)圖〈물리〉단위 질량(單位質量)의 물체가 가지는 체적(體積). specific volume
비:용(費用)圖 드는 돈. 쓰이는 돈. 비:알². 〈약〉용(用).
비우(飛宇)圖〈동〉비첨(飛檐). 「(用).
비우-다囧 ①비게 하다. ¶병을 ~. empty ②집 따위에 공간만 남게 하다. ¶집을 ~. vacate ③살던 살림살이를 옮기고 집을 내주다. move out ④일하는 장소나 대상에서 떠나 그 자리에 있지 아니하다. ¶자리를 ~. 〈약〉비다². stay away from
비우-변(一雨邊)圖 한자 부수의 하나. '雪·電' 등의 '雨'의 이름. ②불행한 운명. unhappy destiny
비:운(否運)圖 ①나쁜 운수. 막힌 운수. misfortune

비:운(非運)圖〈동〉불행(不幸). 역운(逆運).
비:운(飛雲)圖 ①바람에 불리어 날아가는 구름. fleeting cloud ②하늘의 구름(雲紋)의 하나.
비:운(悲運)圖 ①슬픈 운수. sad fortune ②슬픈 운명.
비·울-다囧〈고〉비웃. 청어. 「명. sad destiny
비:울(悲憫)圖 빙정거려 웃다. scorn 「∼. herring
비웃=다囧〈고〉비웃어 「에 살구나 쪄낸 안주.
비웃 백숙(─白熟)圖 비웃을 통으로 양념 없이 맨물에 삶은 음식.
비웃음圖 비웃는 일. 또, 그 웃음. 조소(嘲笑). 육소(戮笑). ridicule 하다
비웃적=거리-다囧 자꾸 비웃으며 빈정거리다. ridicule again and again
비웃=찜圖 토막낸 비웃에 밀가루와 달걀을 입혀 지져서 장국에 끓인 음식.
비:원(秘苑)圖 대궐 안에 있는 동산. 또, 그 경내. 〈유〉내원(內苑). 어원(御苑). 금원(禁苑). imperial garden ②〈지리〉창덕궁(昌德宮)안에 있는 '금원(宮苑). secret garden 「quorum
비:원(備員)圖 일정한 인원(人員)에 참. meeting the
비원(悲願)圖 ①〈불교〉부처나 보살의 자비의 맹세(大願). merciful prayer ②비장한 소원. 뼈저린 소원. ¶우리들의 ∼은 남북의 평화 통일이다. ardent desire
비:원(鄙願)圖 자기의 소원을 겸손하게 일컫는 말.
비:위(妃位)圖 돌아가신 어머니와 그 위로 대대의 할머니의 위(位). 〈대〉고위(考位). 「(實). violation
비위(非違)圖 법에 어긋남. 또, 그 일. ¶∼ 사실(事實).
비:위(脾胃)圖 ①〈생리〉지라와 밥통. spleen and stomach ②사물에 대하여 좋고 언짢음을 느끼는 기분. ¶일이 ∼에 안맞다. humour ③싫은 것을 잘 참아내는 성미. ¶∼ 좋은 사람. patience
비:위 거슬리-다(脾胃─)囧 마음에 언짢다.
비:위 건드리-다(脾胃─)囧 남의 마음을 상하게 하다.
비:위 난정(脾胃難定)圖 ①비위가 뒤집혀 갈앉지 않음. ②비위에 맞지 않아 아니꼬움.
비:위 맞추-다(脾胃─)囧 ①남의 기분에 맞도록 하여 주다. please another's humour ②알랑거리다. flatter 「분이 나쁘다. disgusting
비:위 사:납-다(脾胃─)비囧 비위에 맞지 않아 기
비:위 상하-다(脾胃─)囧 비위에 거슬려 기분이 상하다. feel displeased 「sanitary
비:위생적(非衛生的)圖國 위생에 맞지 않는(것). un-
비:위 좋:-다(脾胃─)圖 ①음식을 잘 삭여 내다. have strong stomach ②싫은 것을 잘 견디어 내다. patient ③뻔뻔스럽다. impudent
비:위 틀리-다(脾胃─)囧 비위에 맞지 아니하여 기분이 들어다. be displeased
비:유(比喩·譬喩)圖 어떠한 사물이나 관념을 그와 비슷한 것을 끌어내어 설명하는 일. simile 하다
비:유(卑幼·譬喩)圖 항렬이 낮거나 나이가 적은 사람. junior
비유(非有)圖〈철학〉〈동〉부정(否定). nonex-
비:유(肥腴)圖〈동〉비옥(肥沃). 하다 「istence
비:유-법(─法)圖〈比喩法·譬喩法〉표현하려는 대상을 다른 대상에 비겨서 나타내는 방법. 직유·은유·풍유·대유 등이 있음.
비:육(肥肉)圖 살찐 기름진 고기. fat meat
비:육(肥育)圖〈농업〉가축을 잡기 전에 살찌우기 위하여 어두운 곳에 두고 잘 먹임. fattening 하다
·비육囧〈동〉비웃.
비육 불포(非肉不飽)圖 고기가 아니고서는 배가 부르지 않음. 곧 쇠약한 늙은이의 몸. 하다
비:육지:탄(肥肉之嘆)圖 말 타고 전장에 나가지 않은 지가 오래 되어 넓적다리에 살 점을 탄식함. 곧, 성공은 못하고 한갖 세월만 보냄을 탄식하는 말. fret from forced idleness
비:육=판(B 6 判)〈인쇄〉책 또는 종이의 치수의 하나. 128mm×182mm로, 사륙판과 비슷함.

비:율(比率)[명]《수학》둘 이상의 수를 비교한 율. 《약》비(比)①. 율(率). proportion

비율빈(比律賓)[명]《지리》'필리핀'의 취음.

비:융=사(備戎司)[명]《제도》갑옷과 투구 만드는 일을 맡던 곳.

비음[명] →빔.

비음(庇蔭)[명] ①차양의 그늘. ②옹호하여 도움. secret kindness **하**[타]

비음(碑陰)[명] ①비신(碑身)의 뒷면.《대》비표(碑表). ②비석의 뒷면에 새기는 문장. 또, 그 문체.

비:음(鼻音)[명]《동》콧소리. 「the letter 'ㅂ'

비읍(悲泣)[명]《어학》한글의 자모 'ㅂ'의 이름. name of

비읍(悲泣)[명] 슬퍼 욺. weeping **하**[자]

비의(非義)[명] 의리·도리(道理)가 아님. injustice

비의(非議)[명] 남을 비방하여 논함. abusive argument **하**[타]

비의(悲意)[명] 슬퍼하는 뜻. sorrow

비:의(備擬)[명]《제도》관원을 임명할 때, 이조(吏曹)·병조(兵曹)에서 후보자 세 사람을 추천하던 일.

비-이:성(非理性)[명]《동》비합리(非合理).

비-이:성적(非理性的)[관][명] 어떤 사상(事象)이 이성에 벗어나 논리적으로 이해하기 곤란한 것. irrational

비이성-주의(非理性主義)[명]《철학》비이성적인 것을 이성적인 것과 동등, 또는 그 이상으로 원리적이라 고 생각하는 주의. irrationalism

비-이슬[명] ①비와 이슬. 우로(雨露). rain and dew ② 비 온 뒤에 잎 따위에 맺힌 물방울. dew-drops

비:익(比翼)[명] ①두 마리의 새가 서로 날개를 가지런 히 함. ②《동》비익조②. ③부부(夫婦).

비:익(裨益·毖益)[명] 보익(補益). **하**[타]

비:익(鼻翼)[명] 콧굽 좌우 양쪽의 부분.

비:익 연리(比翼連理)[명] ①비익조(比翼鳥)와 연리지(連理枝). ②남녀가 굳게 사랑을 맺음의 비유. deep love affair

비:익-조(比翼鳥)[명] ①날개를 가지런히 맞대고 날아다닌다는 상상의 새. ②헤어지일 수 없는 남녀 관계의 비유. 비익(比翼)②. deep relations

비인(非人)[명] ①사람답지 못한 사람. inhuman wretch ②《불교》세상을 피한 중이 자기를 이름.

비인(飛人)[명]《건축》법당(法堂)의 천장이나 벽에 그린 나는 사람의 형상.

비:인(鄙人·卑人)[명] ①궁벽한 시골 사람. rustic ②천한 사람. ③자기가 자기 자신을 겸손하게 이르는 말.

비-인간(非人間)[명] ①사람답지 못한. 또, 그 사람. inhuman wretch ②인간 세상이 아님. 곧 경치가 매우 좋은 선경(仙境)을 이름. ¶별유천지(別有天地)~. 「human

비-인도적(非人道的)[관][명] 인도에 어긋나는(것). in-

비-인정(非人情)[명] 인정이 없음. heartlessness

비일 비재(非一非再)[명] ①한두 번이 아님. being not infrequent ②한둘이 아니고 많음. many **하**[자]

비: 입자(V 粒子)[명]《물리》윌슨의 안개 상자에서 발견된 입자(粒子). 우주선의 어떤 것이 이 상자 속에서 V자형, 또는 포크형의 비적(飛跡)을 남겨서 이렇게 부름. V particle 「wn prince

비-자(妃子)[명] 임금의 적자(嫡子). 태자(太子). cro-

비자(婢子)[명] ①여자 종. female slave ②여자가 자기 자신을 낮추어 이르는 말. 「torreya nut

비:자(榧子)[명]《한의》비자나무 열매. 살충제로 씀.

비자(visa)[명]《동》사증(査證).

비:자-강정(榧子-)[명] 비자를 기름에 볶아 엿을 바르고 콩가루를 묻힌 과자.

비:자-나무(榧子-)[명]《식물》비자나무과의 상록 침엽교목. 높이 20m 가량이고 4월에 꽃이 피어 열매는 이듬해 10월에 적자색으로 익음. 핵과인 비자는 그 끝이 약하고 기름이 많으므로 약으로 쓰고 기름을 짜서 식용 또는 등유용으로 쓰며 목재는 건축재와 기구용으로 쓰임.

비자발적 실업[一的-](非自發的失業)[명]《사회》일할 능력과 의사가 있어도 생산물에 대한 충분한 유효 수요가 없기 때문에 생기는 실업. involuntary unemployment

비:자-판(榧子板)[명] 비자나무로 만든 널판지.

비잔틴 교:회(Byzantine 敎會)[명]《종교》그리스 정교(正敎)의 교회.

비잔틴 문화(Byzantine 文化)[명]《역사》중세기 동로마 제국의 문화. 고대 그리스, 고대 로마 문화의 전통을 이어받고 동방 문화를 흡수하여 5세기 말에서 10세기에 걸쳐 황금 시대를 이루었음. 모자이크·돔(dome)을 쓴 건축물이 많이 뛰어남.

비잔틴-식(Byzantine 式)[명]《건축》동로마 제국의 수도 비잔티움을 중심으로 4세기 경에 새로 생긴 건축 양식. 「달리는 짐승, 기는 벌레들의 총칭.

비잠 주:복(飛潛走伏)[명] 나는 새, 헤엄치는 물고기,

비잡이[명]《농업》쟁기의 성에와 물추리막대를 연결하는 끈. 「**하**[타]

비:장(祕藏)[명] 비밀히 감춤. 밀장(密藏). treasuring

비장(悲壯)[명] 슬프고도 씩씩함. 장비(壯悲). ¶ ~한 각오로 유학의 길에 오르다. tragic **하**[여] 히[부]

비장(脾腸)[명]《동》장판지.

비:장(裨將)[명] 골고루 갖추어서 간직함. **하**[타]

비:장(脾臟)[명]《생리》척추 동물의 복강(腹腔) 안에 있는 임파선(淋巴腺)과 비슷한 기관. 백혈구의 생성과 노폐한 적혈구를 파괴하는 기능을 가짐. 이자¹. 지라. 《약》비(脾). spleen

비:장(裨將)[명]《제도》감사(監司)·유수(留守)·병사(兵使)·수사(水使) 들을 따라다니던 관원(官員)의 하나. 막객(幕客). 막료(幕僚)①. 막비(幕裨). 막빈(幕賓). 막중(幕中). 좌막(佐幕). 「는 말.

비:장(鄙庄)[명] 자기가 자기의 소유의 신발을 겸손하게 일컫

비:장(臂章)[명] 제복의 위에 다는 휘장.

비장 경련(脾臟痙攣)[명] 비장근 경련. 「욱.

비장-근(脾臟筋)[명]《생리》장판지의 안쪽 부분의 근

비장근 경련(脾臟筋痙攣)[명]《의학》장판지에 갑자기 일어나는 경련. 비장 경련. cramp in the calf

비장-미(悲壯美)[명] 강한 슬픔의 감정과 더불어 일어나는 미의식(美意識). tragic beauty

비재(非才·菲才)[명] ①변변하지 못한 재능. inability ②자기 재능을 겸손하여 일컫는 말.

비재(費財)[명] 돈을 허비함. 비전(費錢). **하**[자]

비재산적 손:해(非財産的損害)[명]《법률》재산 외의 생명·신체·명예·자유 등의 침해로 생기는 손해. damage of non-property

비재식-시(非齋食時)[명]《불교》불가(佛家)에서 정오(正午) 이후의 먹지 않는 시간.《대》재식시(齋食時).

비:-저항(比抵抗)[명] 단면적 단위이 같은 물질(物質)의 전기 도체(電氣導體)가 갖는 전기 저항의 비율. 저항률(抵抗率). specific resistance

비적(匪賊)[명] 세상에 해를 끼치는 못된 도둑 떼. 비도(匪徒). bandit 「본(祕本).

비:적(祕籍)[명] 비장한 서적. precious book ②《동》

비적-비적[부] 싸 놓은 물건이 여기저기에서 비어져 나오는 모양. juttingly 「성질. ¶~ 국가.

비적-적(非敵性)[명] 적성이 아님. 적대적이지 아니하는

비전(飛電)[명] ①썩 빠른 번개. flash of lightning ② 썩 빠른 전보. urgent telegram 「ing arrow

비전(飛箭)[명] ①썩 빠른 화살. ②날아오는 화살. fly-

비:전(祕傳)[명] ①비밀히 전하여 내려옴. secret inheritance ②비밀히 전하여 줌. secret transmission

비전(費錢)[명]《동》비재(費財). **하**[자] 「**하**[타]

비전(vision)[명] ①꿈. ②이상. ③공상. ④시각(視覺). 환영(幻影).

비:전-고(祕傳膏)[명] 비방으로 전하여 내려오는 고약.

비:전-곡(祕傳麯)[명] 밀가루·멥쌀 가루와 녹두 가루를 섞어 반죽하여 만든 누룩.

비전-론[一논](非戰論)[명] 전쟁을 반대하는 언론.《대》주전론(主戰論). anti-war argument

비-전문가(非專門家)圀 전문가가 아닌 사람.
비-전문적(非專門的)관형 전문적이 아닌 (것). 한 분야를 전공한 것이 아닌(것).
비:-전:압(比電壓)圀〈물리〉전기 기계 부분 속에 말려 있는, 코일의 한 둘레에 끌려 일어나는 전압.
비전:지-죄(非戰之罪)圀 잘했으나 운수가 글러서 성공 못함을 탄식하는 말.
비-전:투원(非戰鬪員)圀 ①교전국의 병력에 속하나 직접 전투에 참가하지 않는 사람. 군의관·법무관·간호원·군목·군승 등. ②병력에 속하지도 않고 전투에도 참가하지 않는 일반 시민. noncombatant
비:-전(妃殿下)圀 비(妃).
비:-전:해질(非電解質)圀〈화학〉전류에 의하여 분해되지 않는 물질. 알코올·설탕 등. nonelectrolyte
비:-점(批點)圀 시문(詩文)의 잘된 곳에 찍는 점. 관주(貫珠). (약) 점(點). mark of excellence
비:-점(沸點)圀 비등점(沸騰點).
비:-접 앓는 사람이 장소를 바꾸어 요양함. 피병(避病). change of air
비-접-나가-다回 병으로 요양하기 위하여 자리를 옮기다. go for a change of air 「ection 하回
비-정(批正)圀 비평하여 정정함. comment and corr-
비정(非情)圀 ①인간다운 감정을 갖지 않음. inhumanity ②희로 애락의 정이 없음. (대) 유정(有情). inanimate nature 하回
비:-정(秕政·粃政)圀 나쁜 정치. 몹시 어지러운 정치. 악정(惡政). misadministration
비-정:규(非正規)圀 정규가 아님.
비-정:규군(非正規軍)圀 한 나라의 정식 군편제로 되어 있지 아니한 군대.
비-정:상(非正常)圀 정상이 아님. ¶ ~인 정신 상태.
비정지-책(非情之責)圀〈동〉무정지책(無情之責).
비-정질(非晶質)圀 결정질(結晶質)이 아닌 물질.
비:-정체(非晶體)〈이〉→비결정체.
비:-제(鄙第)圀 자기 집을 겸손하게 이르는 말. 폐사(敝舍·弊舍). 폐옥(敝屋·弊屋). my humble house
비조(飛鳥)圀 나는 새. 날짐승. flying bird
비:-조(悲調)圀〈동〉비곡(悲曲).
비:-조(裨助)圀 도와 줌. aid 하回
비:-조(鼻祖)圀〈동〉시조(始祖).
비-조(飛鳥)圀〈동〉자주호반새.
비조 불입(飛鳥不入)圀 날아들지 못할 만큼 성이나 진지의 방비가 물샐틈 없음. impregnability
비조=즉석(非朝則夕)圀 아침이 아니면 저녁. 곧, 시기가 가까움을 가리키는 말. 「ganized
비:=조직적(非組織的)관형 조직적이 아닌(것). unor-
비:-족(鄙族)圀 자기의 겨레붙이를 겸손하게 이르는 말. my relatives 「좁다. is cramped for space
비:=좁-다圀 자리가 몹시 좁다. (대) 드넓다. (동) 배-
비:-충(備充)圀 온갖 물종(物種)을 가지가지 다 갖춤. providing completely 하回
비좌(碑座)圀 비신(碑身)과 비의 대석과의 연결 부분.
비주룩=비주룩圀→비쭈룩.
비주룩-하다團 솟아나온 물건의 여러 개의 끝이 다 비주룩한 모양. (작) 배주룩배주룩. (센) 삐쭈룩삐쭈룩.
비주룩-하-다혱團(여)〈약〉물건 끝이 약간 내밀려 있다. (약) 비죽하다. (작) 배주룩하다. (센) 삐쭈룩하다. jut out 「비주룩=이回
비주얼 쇼:(visual show)圀〈연예〉공개 방송 및 공-
비죽圀 ①물체의 끝이 조금 내밀려 있는 모양. jutting ②얼굴이나 물체의 형체만 가볍게 내밀거나 또는 나타나는 모양. protruding ③비웃거나 마음이 마땅하지 않을 때, 입을 쑥 내미는 모양. (작) 배죽. (센) 삐쭉. 비죽=비죽. 배죽배죽. 삐쭉. poutingly 하回
비죽-거리-다回 비웃거나 울려고 할 때 소리없이 입을 끝을 내밀어 실룩거리다. (작) 배죽거리다. (센)

비쭉거리다. 삐죽거리다. 삐쭉거리다. 비죽=비-
비죽-하-다團(여)〈약〉→비주룩하다. 「죽回 하回回
비:-준(比準)圀 서로 견주어 비추어 봄. 대조(對照). comparison 하回
비:-준(批准)圀〈법률〉조약의 체결에 대한 당사국의 확인·동의의 절차. 우리 나라에서는 대통령이 국회의 동의를 얻어 이를 행함. ratification 하回
비:-준 교환(批准交換)圀 비준을 마친 조약문을 당사국 사이에 서로 바꿈. exchange of ratification 하回
비:-중(比重)圀 ①〈물리〉어떠한 물체의 무게와 이와 같은 부피의 섭씨 4도의 물의 무게와의 비(比). specific gravity ②중점을 두는 정도. 중요성이나 크기. ¶학력보다도 실력에 ~을 두다.
비:-중-계(比重計)圀〈물리〉액체의 비중을 재는 데 쓰는 기계. 부칭(浮秤). specific gravity balance
비:-중-병(比重甁)圀〈물리〉액체 또는 가루로 된 물건의 비중을 재는 데 쓰이는 유리병. pycnometer
비중복 순열(非重複順列)圀〈수학〉같은 종류의 물건의 중복을 허락하지 않는 순열. (대) 중복 순열.
비:-중-선:광(比重選鑛)圀〈광물〉비중의 차이를 이용하여 필요한 광석과 무용한 맥석(脈石)을 분리하는 일.
비:-중 천칭(比重天秤)圀〈물리〉비중계의 하나. 공기나 액체 중의 부력(浮力)의 차를 재어 고체·액체의 비중을 알아내는 천칭. 부칭(浮秤). specific gravity balance 「타낸 표.
비:-중-표(比重表)圀 액체 및 고체의 비중의 값을 나-
비:-즈(beads)圀 실내 장식, 여성복의 장식, 수예품 등에 쓰이는 장식용 구슬.
비즈니스(business)圀 ①직업. ②사무. 업무. ③영업. ④상사(商社). ⑤용무. 용건.
비즈니스=맨(businessman)圀 실업가. 사무가.
비즈니스 센터(business center)圀 회사·은행 등이 밀집한 지대. 「refuse
비지 두부를 짜낸 찌꺼기. 부사(腐渣). bean-curd
비지²〈광물〉단층 때문에 광맥과 모암(母岩)이 마찰하여 그 사이에 광석과 모암의 가루가 섞여 된 물건. 「한 임금의 대답 말씀.
비:-지(批旨)圀 비답(批答)의 말씀. 상소(上疏)에 대-
비:-지(飛地)圀〈법률〉한 나라의 영토의 일부로서 다른 한 나라의 영토 안에 있는 요지(圍繞地).
비지(扉紙)圀 안겉장.
비:-지(碑誌)圀〈동〉비문(碑文).
비:-지(鄙地)圀 자기가 사는 곳을 겸손하게 일컫는 말. 비처(鄙處). 비변(鄙邊).
비: 지(B. G.)圀〈약〉business girl 여자 사무원.
비지=껍질〈생리〉살가죽의 겉껍질. outermost layer of skin
비지-땀圀 무척 힘든 일을 할 때 몹시 쏟아져 나오는 땀. 고한(膏汗). copious sweating 「럼 부드럭.
비지-떡圀 비지에 쌀가루나 밀가루를 섞어 빈대떡처-
비지팅 팀:(visiting team)圀〈체육〉원정군(遠征軍).
비직관적 사고(非直觀的思考)圀〈심리〉언어나 개념을 보조로 하여 구성되는 추상적 사태에 있어서의 사고. 가령 '이것을 이렇게 한다'라는 형식의 동작적 경험이 언어화된 사고. (대) 직관적 사고.
비:-진(備盡)圀 마음과 힘을 다함. do one's best 하回
비:-질비로 쓰는 일. sweeping with a broom 하回回
비지-다回 ①붙은 곳을 벌려 틈이 나게 하다. ¶봉투의 봉한 곳을 비집어 뜯다. force apart ②눈을 비벼서 뜨다. ¶먼지가 들어간 눈을 비집어 보다. rub and open one's eyes ③자리를 돌이내다. ¶ 붐비는 군중 속을 비집고 도망가다. pierce ④꺼풀을 부리어 벗기다. peel
비짓-국圀 비지로 끓인 국.
비짓국 먹고 용트림한다回 ①아주 거친 음식을 먹고 호강을 체하고 거드름을 부린다. ②별것 없이
비짜리/비짜루/비짜리回→비¹. 「형식만 차린다.
비쭈기-나무圀〈식물〉후피향나무과의 상록 활엽의

작은 교목. 잎은 길이 7~10cm의 타원상 도란형으로 광택이 있음. 5~6월에 흰 꽃이 피고 장과는 10월에 익음. 재목은 세공재·관상용임.

비쭉囲 〈센〉→비죽.

비쭉-거리-다困돕困 〈센〉→비죽거리다.

비쭉=조개囲 〈조개〉 모양이 말섭조개와 비슷한 조개의 하나.

비차(非次)囲 차례를 따르지 않음. 순서에 맞지 않음. ¶꼭 그것이라야만 될 것.

비차-막가(非此莫可)囲 이것이 아니고는 안 됨. 곧.

비찰(飛札)囲 ①급한 편지. urgent letter ②급한 편지를 보냄. sending an urgent letter

비참(悲慘)어근 슬프고도 아파 볼 수 없이 끔찍함. misery 하다 히 ┌다. pathos 하다

비창(悲愴)어근 슬프고 서운함. ¶~한 목소리를 내다.

비:창(鼻瘡)囲 〈한의〉 콧구멍 속에 나는 부스럼.

비:책(祕策)囲 비밀한 계책(計策). stratagem

비:척(鄙處)囲 〈동〉 비지(鄙地).

비:척(肥瘠)囲 ①몸의 살찜과 여윔. fat and lean ②토지의 기름짐과 메마름. fertility and sterility

비적(悲寂)어근 쓸쓸함.

비척-거리-다困 〈약〉→비치적거리다.

비척-걸음囲 비치적거리며 걷는 걸음. tottering

비척-비척困 〈약〉→비치적비치적.

비척지근-하-다어려움 〈약〉→비리척지근하다.

비:천(卑賤)어근 지위·신분이 낮고 천함. 비미(卑微). 《대》 존귀(尊貴). 고귀(高貴)①. humbleness 하다

비선(飛天)囲 〈불교〉 ①하늘에 산다는 선녀(仙女). ②천인(天人)②. heavenly being ②〈동〉 가릉빈가(迦陵頻伽). ┌泉).

비천(飛泉)囲 ①〈동〉 폭포수(瀑布水). ②〈동〉 분천(噴

비:천(庇薦)囲 〈제도〉 의정 대신(議政大臣)이 천거하여 벼슬을 시키던 일. 하다

비:천(鄙淺)어근 촌스럽고 천박함. 하다

비천-상(飛天像)囲 〈미술〉 비천을 그린 형상.

비:철(非一)囲 옷이나 음식 따위가 제철에 맞지 않음. 제철이 아님. off-season

비철 금속(非鐵金屬)囲 쇠 이외의 금속으로, 공업상 이용 가치가 큰 금속. 구리·납·아연·백금 따위. nonferrous metal ┌처마. 비첨(飛檐).

비첨(飛檐)囲 모양 내어 지은 높은 집의 번쩍 들린

비첩(婢妾)囲 계집종으로 첩이 된 계집. concubine of low birth

비첩(碑帖)囲 비석에 새긴 글자를 그대로 종이에 박아 낸 것. 또, 그것을 첩(帖)으로 한 것. 탑본(揚

비:체(鼻涕)囲 〈동〉 콧물. ┘本). rubbing

비:체-문(鼻涕紋)囲 도자기의 잿물이 콧물 흐르는 것과 비슷한 무늬.

비:체중(比體重)囲 체중의 신장에 대한 백분율.

비추(悲秋)囲 ①쓸쓸한 가을. lonely autumn ②가을철을 쓸쓸하게 여기어 슬퍼함. feel sorrow at autumn 하다

비추-다(困 ①빛을 내쏘아 밝게 만들다. 자체가 받은 빛을 반사하다. ¶조명등으로 무대 위를 ~. light (up) ②견주어 보다. ¶잘못을 마음에 비추어 보다. compare with ③다른 물건에 모습이 나타나게 하다. ¶거울에 몸을 비추어 보다. reflect ④넌지시 깨우쳐 주다. ¶모임에 참석 못할 것을 ~. hint (at)

비추이-다困 비춤을 받다. 〈약〉 비쳐다. be lighted up

비:축(備蓄)囲 미리 장만하여 저축해 둠. ¶쌀을 ~하여 두다. provisions 하다

비:축-미(備蓄米)囲 만약의 경우를 위하여 저축하여 두는 쌀. ┌는 쌀.

비충(飛蟲)囲 나는 벌레. flying insects

비:취(翡翠)囲 ①〈광물〉 치밀하고 짙은 초록색의 경옥(硬玉). 장신구·장식품으로 쓰임. 비취 옥(翡翠玉). ②〈동〉 물총새. ③〈조류〉 자주호반새와 물총새를 아울러 이르는 말.

비:취-가락지(翡翠~)囲 비취옥으로 만든 가락지.

비:취-금(翡翠衾)囲 젊은 부부가 덮는, 비취색의 화려한 이불.

비:취-다困 〈약〉→비추다.

비:취-다困困 〈고〉 비치다. 비추다.

비:취 반지(翡翠斑指)囲 비취로 만든 반지.

비:취-색(翡翠色)囲 비취옥과 같이 곱고 푸른 빛깔.

비:취-옥(翡翠玉)囲 〈동〉 비취(翡翠)①. ┌jade green

비:취음(고)囲 비침. ¶물. 공작유(孔雀釉).

비:취-유(翡翠釉)囲 〈공업〉 비취 빛깔의 도자기의 잿

비:취-잠(翡翠簪)囲 비취옥으로 만든 비녀.

비:치(備置)囲 갖추어 마련해 둠. 《대》 철거(撤去). provision 하다

비:치(鼻痔)囲 〈한의〉 콧구멍 속에 군살이 생기는 병.

비:치(beach)囲 해변. 물가.

비:치 가운(beach gown)囲 수영복 위에 입는 가운.

비치근-하-다어근 〈약〉→비리척지근하다.

비치-다困 ①빛을 받아 환하게 되다. shine ②빛을 받아 그림자가 나타나다. ¶얼굴이 유리에 ~. be reflected ③물건 위로 속의 물건의 빛이 드러나다. ¶살이 비치는 옷을 입다. be seen through ④눈길이나 눈치를 잠깐, 또는 약간 나타내다. ¶얼굴만 비치고 가 버렸다. show one's face

비치적-거리-다困圴 약간 한얼으로 비트적거리다. 《약》 비척거리다. 《작》 배치작거리다. totter **비치적=비치 적**囲 하다

비치 파라솔(beach parasol)囲 해수욕장에서 휴식할 때, 햇볕을 가리기 위하여 사용하는 큰 양산.

비치 하우스(beach house)囲 ①해안에 있는, 세를 받고 빌려 주는 별장(別莊). ②해수욕장의 휴게소.

비칠-거리-다困困 조금 비치적거리다. 《작》 배칠거리다. stagger **비칠=비칠**囲①. ┌ 하다

비침-도(一度)囲 〈동〉 조도(照度).

비:칭(卑稱)囲 ①낮추어 일컫는 말. humble title ②〈어학〉 인칭 대명사로서의 낮춤말. 낮춤①. 《대》 존칭(尊稱). ┌형의 유리 그릇.

비커(beaker)囲 〈화학〉 실험용의 귀때가 달린 원통

비컨(beacon)囲 ①수로(水路)·항공(航空)·교통의 표지(標識). 신호(信號). ②등대. 신호소. ③〈약〉→라디오 비컨(radio-beacon).

비:컨대(比一)囲 비교하거나 비유하여 보건대.

비:켜-나다困 비켜서 물러나다. move aside

비:켜-덩이囲 〈농업〉 김맬 때에 흙덩이를 옆으로 빼내는 일. 또, 그 흙덩이.

비:켜-서-다困 비켜서 조금 물러서다. step aside

비: 클래스(B Class)囲 B급(級). A급의 다음가는 제 2 위(第二位)의 등급.

비키니(bikini)囲 가슴과 허리를 약간씩 가린 투피스 모양의 여자용 수영복이나 속옷.

비키-다困 ①피하느라고 몸을 옮기다. ¶옆으로 ~. move aside ②있던 자리에서 물러나다. ¶방안에서 아이들을 놀라지 않게 자리를 비켜 주다. leave 困 물건을 있던 곳에서 옮기다. remove

비타민(Vitamin 도)囲 미량(微量)으로써 동물 성장을 돕는 필수(必須) 영양소의 하나. A·B₁·B₂·B₆· B₁₂·C·D·E·K·L·M·P 등이 있음. 생활소(生活素).

비타민 결핍증(一症)(Vitamin 缺乏症)囲 〈의학〉 비타민 부족으로 생기는 질병. 야맹증·각기(脚氣) 등. avitaminosis

비타민 디(vitamin D)囲 〈화학〉 지용성 비타민의 하나. 간유·달걀 노른자·버터 등에 들어 있으며, 결핍하면 구루병이 됨.

비타민 비: 복합체(vitamin B複合體)囲 〈화학〉 B₁·B₂를 제외한 비타민 B를 통틀어 일컫는 말.

비타민 비: 식스(vitamin B₆)囲 〈화학〉 수용성 비타민의 하나. 쌀겨·소의 간장(肝臟)·효모(酵母)에 들어 있으며, 결핍되면 발육 부전, 또는 피부염을 일으킴.

비타민 비: 원(vitamin B₁)囲 〈화학〉 수용성 비타민의 하나. 쌀눈·달걀 노른자·콩·효모 등에 들어 있으며, 결핍하면 식욕 감퇴·소화기 쇠약·각기·신경 증상을 일으킴.

비타민 비: 투(vitamin B₂)囲 〈화학〉 수용성 비타민

비타민 비:(vitamin B)〖화학〗수용성 비타민의 하나. 악성 빈혈 작용(惡性貧血作用)에 저항하는 인자(因子)로서, 소의 간장에 들어 있음.

비타민 비: 트웰브(vitamin B$_{12}$)〖화학〗수용성 비타민의 하나. 악성 빈혈 작용(惡性貧血作用)에 저항하는 인자(因子)로서, 소의 간장에 들어 있음.

비타민 시:(vitamin C)〖화학〗수용성 비타민의 하나. 신선한 과실·귤·야채 등에 들어 있으며, 결핍하면 괴혈병(壞血病)이 일어남.

비타민 에이(vitamin A)〖화학〗지용성 비타민의 하나. 간유·버터·달걀 노른자·야채 등에 들어 있으며, 결핍하면 발육 불량·세균에 대한 저항력의 감퇴·야맹증·각질 경화(角質硬化) 등을 일으킴.

비타민 에이치(vitamin H)〖화학〗비타민의 하나. 간장·달걀 노른자·소의 간장·인삼 등에 들어 있으며, 동물의 난백(卵白) 장애 치유 작용을 하는 인자임.

비타민 엘(vitamin L)〖화학〗수용성 비타민의 하나. 소의 간장·효모 등에 들어 있으며, 젖의 분비 작용에 없어서는 안 될 인자임.

비타민 엠(vitamin M)〖화학〗비타민의 하나. 소나 돼지의 간장·야채 등에 들어 있으며, 유산균의 증식 또는 조혈 작용을 촉진하는 인자임.

비타민 이:(vitamin E)〖화학〗지용성 비타민의 하나. 식물성 유지(油脂)에 많이 들어 있으며, 결핍하면 불임증(不姙症)·유산(流産)·중추 신경 장애·근육 영양 장애·정충 형성 기능 퇴화(精蟲形成機能退化) 등이 일어남.

비타민=제(Vitamin 劑)〖의학〗치료와 보전을 위하여, 비타민을 순수하게 추출(抽出) 또는 합성하여 제조한 약제. vitamin compound

비타민 케이(vitamin K)〖화학〗지용성 비타민의 하나. 간 유등에 들어 있으며, 혈액 응고에 필요한 인자임.

비타민 피:(vitamin P)〖화학〗수용성 비타민의 하나. 레몬·후추 등에 들어 있으며, 모세 혈관의 침투성의 증대를 억제하는 인자임.

비타민=학(vitamin 學)〖의학〗비타민을 연구 대상으로 하는 학문.

비타=캠퍼(vitacamphor)〖약학〗강심제(强心劑)의 하나. 장뇌(樟腦: 캄푸르)를 먹인 개(犬)의 오줌으로 만든 강심제.

비=타협적(非妥協的)〖타협하지 않고 원칙을 굳게 지키는(것). uncompromise

비탄(飛彈)날아오는 탄환. 비환(飛丸) flying bullet

비탄(悲嘆)슬퍼하여 탄식함. grief 하다

비=탄성체(非彈性體)탄성이 없는 물체.

비탈 경사진 곳. 구배(勾配). ¶~에서 굴러 상처를

비탈=길 비탈진 언덕의 길. slope

비:=탈저[―疽]〖脾脫疽〗〖의학〗가축에 걸리는 탄저병(炭疽病)이 사람에 걸린 경우에 이르는 말. anthray

비탈=지다 땅이 가파르게 경사져 있다. sloping

비:탕(沸湯) 끓는 물.

비:탕(備湯)교대.

비:=태(否泰)언짢은 운수와 좋은 운수.

비:토(肥土)농사짓기에 좋은 기름진 흙. (유)옥토(沃土). (대)척토(瘠土). fertile soil

비:토(veto)①거부(拒否). ②거부권. 하다

비:통 품질이 낮은 백통. base nickel

비:통(祕筒)공개할 성질이 아닌 통신. confidential message ness 하다 (이다)

비:통(悲痛)몹시 슬퍼함. (대)희락(喜樂). bitter-

비:통(鼻痛)〖한의〗감기로 코가 막히고 아픈 병.

비:통(臂痛)〖한의〗팔이 저리고 아픔. 또, 그 병.

비:트(beat)〖음악〗①박자(拍). ②수영에서, 물장구. ③(인)→비트니크.

비트니크(beatnik)→비트족.

비트적=거리다 몸을 잘 가누지 못하고 비틀거리면서 걷다. 〔작〕배트작거리다. 《센》삐트적거리다. stagger 비트적=비트적 하다

비:트 제너레이션(Beat Generation)〖문학〗미국 문학 사상 로스트 제너레이션의 뒤를 이은 세대. 모든 기성 세대의 질서와 도덕 및 문학에서 벗어나, 인간 고유의 성격의 밑바탕에서 몸부림치는 것이 특징임. 패배의 세대.

비:트=족(beat 族)행동파(行動派)의 청년. 기계 문명에 눌린 생활에서 탈출(脫出)을 꾀하는 사람들. 비트니크(beatnik).

비틀 어지럽거나 힘이 없어 이리저리 쓰러질 듯한 모양. ¶이리 ~ 저리 ~ 걷다. 〔작〕배틀.

비틀=거리다 발을 제대로 옮기지 못하고 자주 쓰러질 듯이 걷다. 〔작〕배틀거리다. 《센》삐틀거리다. totter 비틀=비틀 하다 [unsteady steps

비틀=걸음 비틀거리며 걷는 걸음. 〔작〕배틀걸음.

비:틀=다 바싹 꼬면서 힘있게 틀다. 〔작〕배틀다. twist [twisted

비:틀리=다 비틂을 당하다. 〔작〕배틀리다. be

비:틀어=지다 ①물건이 반대쪽으로 들어져서 꼬이다. ②친하던 사이가 나빠지다. 〔작〕배틀어지다. be twisted

비:틈=하다 비척지근하고도 감칠맛이 있다.

비:틈솜=하다 비틈하다 조금 비슷하다. 비틈 하다

비: 티: 아:르(VTR) 〈약〉→비디오 테이프 리코더.

비파(枇杷)비파나무의 열매. loquat

비파(琵琶)〖음악〗둥글고 긴 타원형의 몸에 자루는 곧고 4현 또는 5현을 맨 현악기(絃樂器)의 하나. lute

비파=나무(枇杷―)〖식물〗장미과의 상록의 과실 나무. 높이 5~10m, 어린 줄기는 갈색의 털이 있으며 늦가을에 흰 꽃이 피고 피라 장과(漿果)는 이듬해 첫여름에 노랗게 익음. 과실은 식용 또는 술 빚는 데 쓰임. loquat-tree

비파=엽(枇杷葉)〖한의〗비파나무의 잎. 학질·구토·각기·해수·주독 따위의 약으로 씀.

비:평(批評)①비평하여 판단함. criticism ②인물·행위·판단·학설·작품 등의 가치·능력·정당성·타당성 등을 검토하여 평가함. ③〖철학〗사물의 의미를 밝혀 그 본질의 까닭을 이론적 기초로 판단함.

비:판(碑版)〖동〗비문(碑文). [하다

비:판(B判)〖인쇄〗인쇄 용지 규격의 하나.

비:판=적(批判的)①비판하는(것). 비판의 요소가 든(것). critical ②비판하는 태도를 가진(것).

비:판적 미:학(批判的美學)〖철학〗선험적 비판주의(先驗的批判主義)의 입장에서 미학의 기초를 확립하려는 철학적 미학.

비:판=주의(批判主義)〖철학〗①비판의 정신을 주장하는 사상 태도. 비평주의(批評主義). (대)독단주의. criticism ②〖동〗비판 철학(批判哲學).

비:판 철학(批判哲學)〖철학〗비판적 방법으로 이성 판단(理性判斷)의 문제를 중심 삼은 철학. 특히 칸트의 학설. 선험 철학(先驗哲學). 비판주의②. 비평 비판철학. critical philosophy [하다

비:패(鄙悖)하는 짓이 비열하고 행실이 뒤틀어짐.

비팽창=주의(非膨脹主義)〖법률〗고정주의(固定主義).

비:편(非便)편리하지 못하여 거북함을 느낌. 하다

비:편(備篇)〖제도〗생원·진사를 뽑는 과거에서 시부(詩賦)와 해서(楷書)·초서(草書)를 골고루하여 시험하기 위하여 시권(試券)에는 해서로 부(賦)를, 부편(賦篇) 뒤에는 초서로 시(詩)를 쓰게 하던 일.

비:평(批評)①사물의 선악(善惡)·시비(是非)·미추(美醜) 등을 분석 논단함. criticism ②이러쿵저러쿵 좋지 못한 소문을 퍼뜨림. 군소리를 지껄임.

비:평=가(批評家)①사물에 대하여 비평을 잘하는 사람. ②학문·예술에 대한 비평을 전문으로 하는 사람. 평론가(評論家). critic

비:평 각도(批評角度)〖문학〗문예 작품을 비평하려고 보는 각도·태도·관점·방향. 또, 그 눈. critical view

비:평=사(批評史)〖문학〗문예 작품에 대한 비평의

비:평-안(批評眼)[명] 사물을 비평할 만한 안식(眼識).
비:평 예:술(批評藝術)[네—] 예술적 가치를 가지고 있는 예술 작품에 대한 비평. criticism
비:평주의(批評主義)[명] 〈동〉 비판주의(批判主義)①.
비:평 철학(批評哲學)[명] 비판 철학(批判哲學).
비:평 태:도(批評態度)[명] 〈문학〉 문제를 비평함에 있어 비평가가 그 비평의 대상을 보는 태도. critical attitude
비폭(飛瀑)[명] 높은 데서 떨어지는 폭포. high water
비폭 징류(飛瀑澄流) 높은 곳에서 떨어지는 폭포와 맑게 흐르는 물줄기. [front side of the monument
비표(碑表)[명] 비신(碑身)의 겉면. [대] 비음(碑陰)②.
비:품(祕稟)[명] 임금께 말씀을 비밀히 주품(奏稟)함. reporting secretly to the throne 하[타]
비:품(備品)[명] 갖추어 두는 물건. [대] 소모품. fixture [res
비:풍(悲風)[명] 구슬픈 느낌을 주는 바람. 늦가을 바람. sad autumnal wind
비풍-증[—증](悲風症)[명] 〈한의〉 감기로 생기지 않고 병자 자신의 체질에서 오는 중풍증.
비:풍 참우(悲風慘雨)[명] 인생·생활의 비참한 처지. [miserable circumstances
비:프(beef)[명] 쇠고기.
비:프-스테이크(beefsteak)[명] 연한 쇠고기를 소금과 후춧가루를 뿌려 구운 서양 음식. 비프텍(bifteck 프). [기름에 튀기는 요리.
비:프 커틀릿(beef-cutlet)[명] 쇠고기에 빵가루를 묻혀
비프텍(biftec 프)[명] 〈동〉 비프스테이크.
비필(飛筆)[명] 빨리 쓰는 글씨. rapid pen
비:하(卑下)[명] ①땅이 낮음. low land ②지위가 낮음. low position ③자기 자신을 낮춤. 《대》 자존(自尊). self-depreciation 하[자타]
비:하-다(比—)[타여] 〈약〉 비교하다.
비하야(飛下野)[명] 〈동〉 도롱태.
비:하 정사(鼻下政事)[명] 코밑에 닥친 일반 처리하는 정사. 곧, 겨우 먹고 살아가는 일. bare livelihood
비학자(非學者)[명] ①학자가 아닌 사람. ②〈불교〉 불도의 학문을 수행하지 않는 사람. [man
비:한(肥漢)[명] 뚱뚱한 남자를 낮추어 일컫는 말. fat
비한(悲恨)[명] 슬픈 원한. mournfulness
비:합리(非合理)[명] 〈철학〉 ①이치에 맞지 않음. 불합리. ②지성·오성(悟性) 또는 이성으로는 포착할 수 없는 일. 비이성(非理性). irrational
비:합리-적(非合理的)[명] 이치에 맞지 아니하는(것).
비:합리주의(非合理主義)[명] 〈철학〉 사유(思惟)나 행동의 근거를 비합리적인 것에 둠을 원리로 하는 주의. irrationalism
비:합법(非合法)[명] 법에 어긋남. illegal
비합법 운:동(非合法運動)[명] 〈사회〉 법률에 어긋나는 비밀 결사 따위의 사회 운동. illegal movement
비합법주의(非合法主義)[명] 〈사회〉 법률의 범위를 넘어서 비밀적·잠재적으로 사회 운동·혁명 운동을 하는 주의.
비:합헌성[—성](非合憲性)[명] 〈동〉 위헌성(違憲性).
비:항(卑行)[명] 집안에서 자기의 손아랫사람.
비해(萆薢)[명] 〈한의〉 며래의 뿌리. 요통(腰痛)·풍습(風濕) 등에 약으로 씀. 선우량(仙遺糧). 토복령(土茯苓). [有國).
비:핵국(非核國)[약] → 핵무기 비보유국(核武器非保
비핵무:장 지대(非核武裝地帶)[명] 핵무기의 제조·저장·실험·배치 및 행사를 금하는 특정 지역. 비핵 지대.
비핵 지대(非核地帶)[명] 〈동〉 비핵무장 지대.
비:행(非行)[명] 그릇된 짓. 나쁜 짓. misdemeanor
비행(飛行)[명] 공중으로 날아다님. flight 하[자]
비행-가(飛行家)[명] 비행사(飛行士).
비행-기(飛行機)[명] 프로펠러의 회전 또는 분사 추진력을 이용하여 기체(機體)를 전진시켜 공중을 나는 기계. 〔약〕 비기(飛機). airplane
비행 기관(飛行器官)[명] 〈생리〉 조류·곤충 등의, 공중을 나는 데 사용되는 운동 기관. 날개 따위.
비행기 구름(飛行機—)[명] 〈동〉 비행기운(飛行機雲).
비행기 대:패(飛行機—)[명] 〈공업〉 손잡이가 있어 비행기처럼 된 대패. 굽은 바닥을 깎는 데 씀.
비행기-운(飛行機雲)[명] 비행기가 지나갈 때, 교란(攪亂)된 공기 중의 과포화(過飽和)의 수증기가 응집(凝集)하여 생기는 구름. 비행기 구름. 비행운. condensation trail of an airplane
비행 기지(飛行基地)[명] 〈군사〉 항공대의 근거지.
비행-단(飛行團)[명] 〈군사〉 공군 부대 편성의 한 단위. 비행 사단의 아래로, 두셋의 전대(戰隊)로 구성됨. wing
비행-대(飛行隊)[명] 〈군사〉 공군 부대에서 비행기로써 편성되어 정찰·전투·폭격·수송 등의 임무를 맡은 부대. flying corps [空路). air route
비행-로(飛行路)[명] 비행기가 다니는 길. 항공로(航
비행-모(飛行帽)[명] 항공기의 승무원이 비행 중에 쓰는 모자. aviation cap, flying helmet
비행 밀탐(非行密探)[명] 남의 비행을 몰래 조사함.
비행-복(飛行服)[명] 비행사가 입는 옷.
비행-사(飛行士)[명] 비행술(飛行術)로 일정한 자격을 가지고 면허를 맡아서 비행기의 조종에 종사하는 사람. 비행가. aviator
비행 사단(飛行師團)[명] 〈군사〉 공군 부대 편성의 한 단위로. 너덧 개의 비행단으로 구성됨.
비행-선(飛行船)[명] 기구(氣球) 속에 공기보다 가벼운 가스를 넣어 공중에 띄우고 발동기에 의하여 비행하는 기계. 항공선(航空船). airship [flying
비행-술(飛行術)[명] 비행기를 조종하는 기술. art of
비행-운(飛行雲)[명] 〈동〉 비행기운.
비행-장(飛行場)[명] 비행기가 뜨고 내리는 데 필요한 설비를 갖춘 장소. 항공장(空港). airfield
비행 접시(飛行—)[명] 1947년 이래 세계 각지에서 보았다는 접시 모양의 비행체. 유 에프 오(U.F.O.). 미확인 비행 물체. flying saucer (disk)
비행-정(飛行艇)[명] 기체(機體)가 내파성(耐波性)의 큰 부선(浮船)으로 되어 물 위에 뜨고 공중으로 날 수 있게 만든 수상 비행기. flying boat
비:허(脾虛)[명] 〈한의〉 소화가 잘 되지 않아 몸이 파리해지고 식욕이 없어지는 병. indigestion
비:현(憊眩)[명] 피곤하여 정신이 어지러움. 하[자]
비:현:실적[—적](非現實的)[형동] 현실적이 아닌(것). 공상적으로. unreality
비:현:업(非現業)[명] 기업체의 일반 관리 사무. 공장·철도 등 현장적·기술적 업무에 대하여 일컫는 말.
비:현:범(非現行犯)[명] 〈법률〉 현행범이 아닌 범죄.
비형(箅形)[명] 〈식물〉 식물의 잎의 생긴 모양의 하나. 빗치개와 같이 생긴 모양임. 과꽃·등대풀잎 등.
비:호(庇護)[명] 감싸서 보호함. 비우(庇佑). patronage 하[타]
비호(飛虎)[명] ①나는 듯이 닫는 범. agile tiger ②썩 열쌔고 날랜의 비유. 〜같이 덤비다. agility
비호-같다(飛虎—)[형] 동작이 용맹스럽고 썩 날쌔다. as quick as lightning 비호같이[부]
비:호-권[—권](庇護權)[명] 〈법률〉 국제법상, 일정한 영역에 들어온 자를 추격하여 오는 자로부터 보호하는 권리. [거 인멸죄」 등의 면소가 됨.
비:호-죄[—죄](庇護罪)[명] 〈법률〉 '범인 은닉죄·증
비:홍증[—증](鼻紅症)[명] 〈동〉 비사증(鼻齄症).
비화(飛火)[명] ①튀는 불똥. flying sparks ②남의 일에 까닭없이 걸려듦. 후림불. by-blow 하[자]
비화(飛花)[명] 떨어져 흩어지는 꽃잎. falling flowers
비화(飛禍)[명] 남의 일로 까닭 없이 당하는 재앙. unexpected disaster
비:화(祕話)[명] 숨은 이야기. secret story
비:화(悲話)[명] 슬픈 이야기. 애화(哀話). sad story
•비·화(고) 비파(琵琶).
비:화-수소(砒化水素)[명] 〈화학〉 비소와 수소가 화합한 독 있는 가스. 나쁜 냄새가 나며 독가스로 쓰임.

arseniuretted hydrogen 「noncompound
비-화합물(非化合物)〖화학〗화합물이 아닌 물질.
비환(飛丸)〖동〗비탄(飛彈).
비환(悲歡)〖동〗슬픔과 즐거움. grief and joy
비환(臂環)〖동〗팔가락지.
비-활동적[一―的]〖명〗(非活動的)〖동〗활동성이 있지 않은(것). 활동하기에 적당하지 않은(것).
비황(砒黃)〖동〗품질이 낮은 비석(砒石). arsenious anhydride of bad quality
비:황(備荒)〖동〗닥쳐올 흉년이나 재액(災厄)에 대하여 미리 준비를 해 둠. ¶~ 곡물(穀物). 하타
비:황 식물(備荒植物)〖동〗기근 때에 먹는 독 없는 식물.
비:황 저:곡(備荒貯穀)〖동〗흉년의 경우에 대비하여 미리 곡식을 저장하여 두는 일. 또, 그 곡식. 하타
비회(悲懷)〖동〗슬픈 회포. 슬픈 심사. sorrow in heart
비:회(悲懷)〖동〗자기의 소회(所懷)의 겸칭. 	「art
비:효(肥效)〖동〗비료의 효과. efficacy of manure
비:효-율(肥效率)〖동〗〖농업〗비료가 효과를 나타내는 율. 여러 가지 비료를 써서 농작물을 재배하고 그 수확량을 비교하여 비료의 효과를 측정함. 하타
비후(肥厚)〖동〗살이 쪄서 두툼함. fatness 하타
비후(悲吼)〖동〗큰 짐승의 슬픈 울부짖음. sad roaring
비:훈(匕訓)〖동〗큰 가르침.	「order
비:훈(祕訓)〖동〗비밀히 내리는 훈령(訓令). secret 함. 하타
비훈(鼻薰)〖동〗약의 훈기(燻氣)를 코로 맡아 들이마심.
비훼(誹毁)〖동〗남의 허물을 드러내어 명예를 훼손시킴. libel 하타
비훼-죄[—죄](誹毁罪)〖동〗〖법률〗남의 명예를 훼손함으로써 성립되는 죄. 명예 훼손죄.
비:=흉위(比胸圍)〖동〗흉위의 신장에 대한 백분율.
비흐―대다〖명〗(고)비 오게 하다. 뿌리다.	「ing
비흥(非興)〖동〗흥미가 없음. 불흥(不興). uninterest-
비:희(祕戲)〖동〗남녀의 교환(交歡). 곧, 성교(性交).
비희(悲喜)〖동〗슬픔과 기쁨. 희비(喜悲). sorrow and
비희(霏霺)〖동〗①힘을 버쩍 씀. ②두둔함. 하타 joy
비희 교집(悲喜交集)〖동〗슬픈 일과 기쁜 일이 한꺼번에 닥침. grief and joy intermingled 하타
비:희-극(悲喜劇)〖동〗①비극과 희극. tragedy and comedy ②〖연예〗비극의 요소와 희극의 요소가 뒤섞인 연극. tragicomedy ③슬픈 일과 기쁜 일이 동시에 일어남을 비유함. 희비극(喜悲劇). tragicomedy
비:희-도(祕戲圖)〖동〗남녀의 음란한 장면을 그린 그림.
빅 뉴:스(big news)〖동〗큰 뉴스. 놀라운 뉴스.
빅-밴드〖—〗〖동〗비기다².	「즈를 연주하는 악단.
빅 밴드(big band)〖동〗아홉 사람 이상으로 편성된 재
빅수―[一手]〖동〗비김수.
빅―장[一將]〖동〗장기에서, 대궁이 된 때나, 비김수로 징궁을 불러서 비기게 되는 장수.
빅토리(victory)〖동〗승리(勝利).
빈(賓)〖제도〗관례(冠禮) 때에 절차(節次)를 잘 알아서 모든 일을 알선하는 손님의 한 사람.
빈(嬪)〖제도〗정 1 품 내명부(內命婦)의 일컬음.
빈가(貧家)〖동〗살림이 구차한 집. 한가(寒家). poor
빈가(頻伽)〖동〗→가릉빈가(迦陵頻伽).	「home
빈가―조(頻伽鳥調)〖동〗가릉빈가의 노래.
빈각(頻却)〖동〗빈척(擯斥). 하타 〖개념(主概念).
빈:=개:념(賓槪念)〖동〗〖논리〗명제의 빈사 개념. (대)주
빈객(賓客)〖동〗귀중한 손. 손님. guest
빈객(賓客)〖제도〗시강원(侍講院)의 정 2 품 벼슬. 좌빈객(左賓客)·우빈객(右賓客)·좌부 빈객(左副賓客)·우부 빈객(右副賓客) 등이 있었음.
빈격―[一격](賓格)〖동〗목적격(目的格).
빈계(牝鷄)〖동〗암탉.
빈계(賓啓)〖제도〗의정(議政)이 빈청(賓廳)에서 의논하여 임금에게 아뢰던 일.
빈계 사신(牝鷄司晨)〖동〗암탉이 새벽을 알리어 운다는 뜻으로, 여자가 남편의 할 일을 맡아 제 마음대로 처리함을 이르는 말. 빈계지신.
빈계지―신(牝鷄之晨)〖동〗빈계 사신.
빈고(貧苦)〖동〗가난한 고생. hardship of poverty
빈곤(貧困)〖동〗①가난하여 살기가 고생. (대)부유(富裕). poverty ②필요한 것이 없거나 부족함. ¶사상이 ~한 나라 작품이 좋을 리 없다. 하타 히타
빈곤 망:상(貧困妄想)〖동〗미소(微小) 망상의 하나. 자기가 가난하다 생각하는 일.	「침. 하타
빈공(賓貢)〖제도〗외국에서 사신이 와서 예물을 드
빈과―록(嬪科綠)〖공업〗도자기에 입히는 푸른빛의 잿물의 하나.
빈광(貧鑛)〖동〗품질이 낮은 광석. 또, 채산상 이익률이 적은 광석. (대) 부광(富鑛). poor grade ore	「곳. vein of lean ore
빈광-대(貧鑛帶)〖광물〗광맥 속에 광맥의 적은
빈구(貧窶)〖동〗매우 가난함.
빈국(貧局)〖동〗①가난한 사회. poor society ②메말라서 농사가 잘 안되는 땅. sterile land ③〖동〗빈상
빈국(貧國)〖동〗가난한 나라. (대) 부국(富國). 〖貧相).
빈궁(貧窮)〖동〗가난하여서 살기 어려움. 〖유〗궁핍(窮乏). (대) 부유(富裕). poverty 하타 히타
빈궁(嬪宮)〖제도〗왕세자(王世子)의 아내.
빈궁(嬪宮)〖제도〗빈(嬪)의 발행(發行) 때까지 왕세자(王世子)나 빈궁(嬪宮)의 관을 모시는 곳. wife of the heir appearent	「farmer
빈농(貧農)〖동〗가난한 농민. (대) 부농(富農). poor
빈뇨―증[一―症](頻尿症)〖동〗〖의학〗오줌이 자주 마려운 병증. 삭뇨증(數尿症). frequent urination
빈:-담(貧―)〖동〗빈터에 남아 있는 담. 공담. isolated wall
빈대〖곤충〗빈대과의 작은 곤충. 사람의 피를 빨아먹으며 악취를 풍김. 남경충(南京蟲). 노비(虜蝨). 상충(床蟲). 취숭(臭蟲). bed-bug
빈대(賓對)〖제도〗매달 9회씩 의정(議政)·대간(臺諫)·옥당(玉堂)이 빈청(賓廳)에 나아가 중요 정무(政務)를 상주(上奏)하던 일. 차대(次對).
빈대도 콧등이 있다〖동〗염치없는 사람을 이름.
빈대-떡〖동〗물에 불린 녹두를 맷돌에 갈아 번철에 부쳐 만든 전(煎)의 하나. green-bean pancake
빈대-밤〖동〗잘고 납작납작한 밤. small chestnuts
빈도(頻度)〖동〗잦은 도수. frequency
빈도(貧道)〖동〗중이나 도사(道士)가 자기를 낮추어 이르는 말. 소승.
빈둥(Bindung 도)〖체육〗스키를 구두에 잡아매는 가구.	「는 모양.
빈둥-거리-다〖명〗아무 하는 일이 없이 게으름만 부리고 놀 때에. (작) 밴둥거리다. (센) 삔둥거리다. (거) 핀둥거리다. loaf around 빈둥-빈둥 하타
빈들-거리-다〖명〗하는 일이 없이 부끄러운 줄을 모르고 놀고만 있다. (작) 밴들거리다. (센) 삔들거리다. (거) 핀들거리다. idle 빈들-빈들 하타
빈:―딱지〖동〗빈딱지러.
빈랑(檳榔)〖명〗〖한의〗빈랑나무의 널매. 약사토 쓰이며 또 살충제로도 쓰임.
빈랑-나무(檳榔―)〖식물〗야자과(椰子科)의 상록 교목. 높이 10~25m으로 줄기는 원추형으로 곧음. 과실은 길이 6~8cm의 난형 또는 난구형이고 황적색으로 익으며 맛은 떫고 약간 닳.
빈려(賓旅)〖동〗외국에서 온 나그네. foreign traveller
빈례(賓禮)〖동〗예의를 갖추어 손님으로 대접함. reception 하타
빈례(殯禮)〖동〗장사지내는 예식. funeral ceremony
빈록(牝鹿)〖동〗사슴의 암컷. 암사슴.
빈마(牝馬)〖동〗암말. 자마.
빈:-말〖동〗실속이 없는 말. 헛말. empty words 하타
빈모(牝牡)〖동〗길짐승의 암컷과 수컷. 암수. male and
빈모(鬢毛)〖동〗살쩍①.	「female of beast
빈미주룩-하-다〖명〗물건의 끝이 비어져 나오려고 조금 내밀어 있다. (작) 반미주룩하다. protruding
빈미주룩-이〖명〗
빈민(貧民)〖동〗살림이 가난한 백성. 세민(細民). (대)

빈민가(貧民街)圀 가난한 사람들이 사는 거리. 세민
빈민-굴(貧民窟)圀 도시 부근의 가난한 백성들만이 모여 사는 곳. 빈향. slum
빈발(頻發)圀 일이 자주 일어남. ¶사고가 ~한다. frequent occurrence 하다
빈발(鬢髮)圀 귀밑털과 머리털. 살쩍과 머리털. side locks and hair
빈-방(一房)圀 ①사람이 없는 방. empty room ② 사람이 아직 들지 않은 방. vacant room
빈-배:합(貧配合)圀〈토목〉콘크리트나 회삼물(灰三物)에서 양회나 석회를 지정된 분량보다 적게 섞는 배합.
빈번(頻繁·頻煩)圀 도수(度數)가 잦고 복잡함. 빈삭. 〔頻數〕 frequency 하다
빈:볼ː(bean ball)圀〈체육〉야구에서, 투수가 타자의 기를 꺾기 위하여 일부러 타자의 머리 부근을 겨냥하여 던지는 공.
빈부(貧富)圀 가난함과 부자. 가난한 사람과 잘사는 사람. ¶~ 귀천(貴賤). poor and rich
빈분(紛紛)圀 많고 성하여 어지러움. perplexity 하다
빈-불여언(擯不與言)圀 싫어서 아주 물리쳐 버리고 아는 체도 아니함. 하다
빈봉(賓朋)圀 손님으로 대접하는 좋은 친구. one's respected friend
빈빈-하다(彬彬一)통여 문채(文彩)와 바탕이 모두 갖추어져서 빛나다. brilliant -히
빈빈-하다(頻頻一)통여 썩 잦다. frequent 빈빈-히
빈사(賓辭)圀〈논리〉명제(命題)의 주사(主辭)에 대하여 설명하는 말. '개는 동물이다·사람은 달이다'에서 '동물·달이다'가 이에 해당함. 객어(客語)②. 빈개념. (대) 주사(主辭). predicate
빈사(瀕死)圀 거의 죽게 된 지경에 이름. 죽음에 임박함. ¶~ 상태. being on the verge of death
빈-사과(一果)圀 강정을 만들고 남은 부스러기를 기름에 지져 조청을 바르고 뭉쳐서 육각형으로 썰어 물감을 들인 유밀과(油蜜果). 빙사과(氷砂果).
빈-사자(牝獅子)圀 사자의 암컷. 암사자.
빈삭(頻數)圀 횟수와 도수가 매우 잦음. 빈번(頻繁). frequency 하다
빈상(貧相)圀 ①궁상맞은 얼굴. poor appearance ②〈민속〉가난한 상격(相格). 빈국(貧局)③. (대) 복상(福相). meager face
빈소(殯所)圀 발인 때까지 관을 두는 곳. mortuary
빈소(嚬笑)圀 얼굴을 찡그림과 웃음. frowning and smile
빈-속圀 ①먹은 지가 오래 되어 아주 비게 된 뱃속. ¶~에 술을 마시다. empty stomach ②마음속에 별다른 생각이 없음. empty heart
빈ː-손(一)圀 마땅히 가져야 할 물건을 가지지 못한 손. 공권(空拳). 맨손.
빈 수레가 더 요란하다㊀ 알지도 못하면서 아는 체하다.
빈승(貧僧)圀〈불교〉도학(道學)이 깊지 못한 중.
빈실(賓室)圀〈동〉객실(客室). poor priest
빈씨(嬪氏)圀〈제도〉세자빈(世子嬪)으로 뽑혀 가례를 행하기 전까지의 이름.
빈아(貧兒)圀 가난한 집의 어린이.
빈약(貧弱)圀 ①보잘것없음. being poor ②가난하고 약함. (대) 부강(富强). meagerness 하다
빈양(牝羊)圀 양의 암컷.
빈연(賓筵)圀 손님을 대접하는 자리. banquet
빈영양-호(貧營養湖)圀〈지학〉영양 염류가 결핍되어 식물도 자라지 못하고 생산력도 적은 호수. (대) 부영양호(富營養湖).
빈와(牝瓦)圀〈동〉암키와.
빈우(牝牛)圀 암소.
빈읍(貧邑)圀 생활이 넉넉지 못한 고을. poor town
빈-익빈(貧益貧)圀 가난한 자일수록 더욱 가난하게 됨. ¶부익부 ~ 하다
빈자(貧者)圀 구차한 사람. (대) 부자(富者). poor man
빈자-떡(貧者一)圀 →빈대떡.
빈ː-자리圀 ①비어 있는 자리. ②결원이 되어 비어 있는 직위.

빈자 소:인(貧者小人)圀 가난한 사람은 남에게 굽히는 일이 많아서 떳떳하지 못한 까닭에 낮은 사람처럼 된다는 말. poverty makes a man mean
빈자 일등(貧者一燈)圀〈불교〉가난한 사람이 어려운 가운데서 정성 들여 신불에게 바치는 등. 물질이 많고 적음보다 정성이 소중하다는 뜻.
빈작(賓雀)圀 참새.
빈전(殯殿)圀 인산(因山) 때까지 재궁(梓宮 : 관)을 모시는 전각(殿閣). royal mortuary
빈정-거리다-대다㊁ 빈어(反語)를 써 가면서 남을 조롱하다. deride 빈정=빈정㊁ 하다
빈조(牝鳥)圀 새의 암컷.
빈조(蘋藻)圀 물 위에 뜬 풀과 물 속에 잠긴 풀. aquatic grass
빈종(鬢腫)圀 살쩍 언저리에 나는 종기. 빈창(鬢瘡).
빈주(貧廚)圀 구차한 집의 부엌. kitchen of a poor home
빈주(賓主)圀 손님과 주인. host and guest
빈주(濱珠)圀〈동〉진주(眞珠).
빈ː-주먹圀 마땅히 가져야 할 물건을 가지지 못한 주먹. 공권(空拳). 맨주먹.
빈주-지례(賓主之禮)圀 주객간에 지켜야 할 예절.
빈주즉 다사(貧則多事)圀 가난하면 살림에 쪼들려 잔일이 많고 분주함. A poor man is always busy
빈지(牝地)圀→넘빈지.
빈지-문(一門)圀 빈지로 된 문.
빈ː-집圀 ①사람이 살지 않는 집. vacant house ②식구들이 모두 밖에 나가고 없는 집.
빈창(鬢瘡)圀 빈종(鬢腫).
빈ː-창자圀 비어 있는 창자. empty bowels
빈처(貧妻)圀 가난에 쪼들리는 아내. housewife of a poor home
빈척(擯斥)圀 내쳐 물리침. 빈각(擯却). rejection 하다
빈천(貧賤)圀 가난하고 신분이 낮음. (대) 부귀(富貴). poverty and meanness 하다 -히
빈천(嬪天)圀〈동〉붕어(崩御).
빈천지교(貧賤之交)圀 가난하고 어려울 때에 사귄 벗. friend of one's humble days
빈첩(嬪妾)圀 임금의 첩. mistress of a king
빈청(賓廳)圀〈제도〉대신(大臣)과 비국(備局)의 당상(堂上)들이 임금을 만날 때 모여서 회의하던 곳.
빈촌(貧村)圀 가난한 사람이 많이 사는 마을. (대) 부촌(富村). poor village
빈ː-총(一銃)圀 탄환을 재지 않은 총. uncharged gun
빈추-나무圀〈식물〉앵도과의 낙엽 활엽 관목. 높이 2m 가량으로 가시가 있고 잎은 피침형이며 끝이 뾰족함. 4월에 홍색 꽃이 피고 핵과는 가을에 익음. 과실은 식용함.
빈축(嚬蹙)圀 눈살을 찌푸리고 얼굴을 찡그림. ¶~ 을 사는 일을 하지 마라. frowning 하다
빈출(頻出)圀 ①자주 외출함. going out often ②자주 나오거나 나타남. ¶~ 문제. coming out often
빈ː-칸圀 비어 있는 칸.   하다
빈타(貧打)圀〈체육〉야구에서, 빈약한 타격. 하다
빈-탈타리圀 있던 재물을 다 써 버리고 아무 것도 없이 된 사람. ㉮ 탈타리. (큰) 빈털터리. penniless fellow
빈ː-탕圀 ①잣·호두·땅콩 따위의 단단한 껍질의 과실에서 그 속에 알이 없이 빈 것. empty shell ②겉은 멀쩡하고 속이 빈 물건. blank
빈ː-터圀 비어 있는 터. 공지. 공터.
빈-털터리圀 있던 재물을 다 써버리고 아무 것도 없이 된 사람. 빈딱치. 《약》 털터리. (작) 빈탈타리.
빈ː-틈圀 ①사이가 떨어져 있는 부분. opening ②사람의 몸짓이·성질·행동 등이 딱 죄이지 못한 점. ¶~ 없이 일을 처리하다.
빈파(蘋婆)圀 '사과(沙果)'의 딴이름.
빈핍(貧乏)圀 가난하여 아무 것도 없음. (대) 풍부(豐富). poverty 하다
빈한(貧寒)圀 살림이 가난하여 집안이 쓸쓸함. poor and desolate 하다 -히

빈한 소:치(貧寒所致)[명] 가난한 까닭. 빈한하기 때문에 그러함.
빈함-옥(殯含玉)[명] 염습(殮襲)할 때에 죽은 이의 입 속에 물리는 구슬.
빈해(瀕海)[명] 바다에 가까움. 또, 그 땅. bordering on the sea 하면]
빈혀[고] 비녀.
빈혈(貧血)[명] 〈의학〉 혈액 속의 적혈구나 혈색소가 줄어들어 여러 기관의 활동이 나빠지는 현상. [대]혈(多血). anaemia
빈혈-성[-썽](貧血性)[명] 빈혈이 되는 성질 또는 이 체질.
빈혈-증[-쯩](貧血症)[명] 〈의학〉 빈혈이 생기는 증세.
빈호(貧戶)[명] 가난한 백성의 집. poor home |anaemia
빈[값](價)[명] 값. [법안(法案). ③조서(調書).
빌(bill)[명] ①계산서. ②〈경제〉 증권(證券). ③〈법률〉
빌:-다[타][르] ①남의 물건을 거저 달라고 청하다. ¶빌어먹는 신세가 되다. beg ②소원대로 되도록 기도를 드리다. ¶집안 일이 잘 되도록 ~. pray ③잘못의 용서를 청하다. ¶살려 달라고 ~. beg a person's pardon
빌-다[자][르]→빌리다.
빌딩(building)[명] 철근(鐵筋)을 써서 높고 크게 지은 현대의 건축.
빌라(villa)[명] 별장식 건축.
빌레몬-서(philemon 書 그)[명] 〈기독〉 신약 전서 중의 한 편. 바울이 빌레몬에게 보낸 편지.
빌리-다[타] ①도로 받기로 하고 남에게 물건을 내어 주다. ¶돈을 ~. lend ②일정한 기한 동안 삯을 받고 내어주다. ¶만화 가게에서 만화책을 ~. be aided ③남의 물건을 돌려주기로 하고 얻어다가 쓰다. ¶돈을 빌려 쓰다. borrow ④남의 도움을 거저 받다. ¶남의 손을 빌려 일을 처리하다. enlist the help of a person
빌리어드(billiard)[명] 당구(撞球). [베브(Bev).
빌리언 일렉트론 볼트(billion electron volt)[명] 〈물리〉
빌리켄(Billiken)[명] ①미국에서 비롯하여 널리 유행하였던 복(福)의 신(神). ②머리가 뾰족한 사람.
빌·밉·흥-다[타][형] 빌미 짓다.
:**빌먹-다**[고] 빌어먹다.
빌:-며:며[명] 사정사정하며.
빌미[명] 탈이 생기는 까닭. course
빌미-잡-다[타] 탈이 생기는 까닭으로 삼다. impute
빌=붙-다[자] ①남에게 아첨하여 환심을 사다. win one's favour by flattery ②알랑거려 지위를 보전하다.
빌=브로:커(bill broker)[명] 어음의 거간꾼. [다.
빌어-먹-다[자][르] 남에게 구걸하여 거저 얻어먹다. 〈작〉 배라먹다. go begging
빌어먹을-놈[명] 무엇이 뜻대로 안 되거나 속이 상할 때에 쓰는 말. ¶또, 또 비가 오네. Dear me!
빌트-인(built-in)[명] 건물이나 기계 따위에 붙박이로 짜넣음. ¶또, 그 새 옷. ¶설~. gala dress 하면]
빔[명] 명절이나 잔치 때에 새 옷을 차려 입는 일.
빔²[명] 힘겨운 구멍에 종이·헝겊 따위를 삽아 끼우는 일. 하면]
빔[명](beam)[명] ①대들보. ②빛. 광선. ③〈물리〉 뢴트겐선(電子)·중성자 따위가 어떤 일정한 방향으로 흐르는 흐름.
빔 안테나(beam antenna)[명] 〈물리〉 한 방향으로만 집중하여 전파를 송신, 또는 수신하는 안테나. 단파 및 초단파의 지향성(指向性)을 이용함.
빔 컴퍼스(beam compass)[명] 보통 컴퍼스로는 못 그리는 큰 원을 그릴 때 쓰는 컴퍼스.
빕더-서-다[자] ①비켜서다. step aside ②약속을 어기다. shirk to fulfil one' promise
빗¹[명] 머리털을 빗는 데에 쓰는 제구. comb
빗²[명]〈제도〉 사무의 부서. 관청의 과(課)나 계(係)와 같은 것. 색(色)②.
빗=[접두] '비뚜로·잘못'의 뜻을 나타냄. ¶~나가다.
빗=[고] 빛.
빗-가-다[자]〈약〉→빗나가다.
빗-각(一角)[명]〈수학〉 예각(銳角) 또는 둔각(鈍角)과 같이 직각(直角)이나 평각(平角)이 아닌 각. 사각(斜角). [이 아닌 각기둥. 사각주(斜角柱).
빗각-기둥(一角一)[명]〈수학〉 옆모서리가 밑면에 수직
빗=각뿔(一角一)[명]〈수학〉 꼭짓점에서 밑면의 중심에 내린 수선이 밑면에 수직이 되지 아니하는 각뿔. 사각추(斜角錐).
빗·굄-대[고] 비낌.   [각추(斜角錐).
빗·그-다[고] 비뚤어지다. 비끼다.
빗근-다[타]〈약〉→비끄러매다.
빗=금[명] 비껴 나간 금. 사선(斜線). slanting crease
빗-기[명] 비가 올 듯한 기색.
빗-기[고] 비뚜로. 비스듬히.
빗기-다[타] 남의 머리털을 빗어 주다.
빗기우-다[자동] 빗김을 당하다.
빗-꺾-다[타] 엇비슷하게 꺾다. break obliquely
빗-꽂이[명]〈농업〉 비스듬히 꽂는 꺾꽂이의 한 방식.
빗-나가-다[자] 비뚜로 나가다.〈약〉 빗가다. 빗나다.
빗-나-다[자]〈약〉→빗나가다.   [go astray
빗-다[타]〈약〉→비스러지다.
빗-다[타] 빗으로 머리털을 가지런히 고르다. comb
빗-다[고] 빛내다. 꾸미다. →빛다².
빗·다[형] 비뚤다.   [hair
빗-대-다[타] ①엇비슷하게 대다. make an insinuating remark ②사실과 틀리게 고백하다. make a false statement
빗-돌-다[자] ①비켜서다. step aside ②방향을 좀 틀어서 서다.〈약〉 빗서다. face askance at
빗-돌(碑一)[명] 글자를 새겨 세운 돌. 비석(碑石)①.
빗-듣-다[자][르] 잘못 듣다. mishear   [monument
빗-디디-다[자] 제자리를 바로 더디지 못하고 다른 곳을 잘못 더디다. miss one's foot
빗-뚫다 바로 뚫지 않고 비스듬히 뚫다.
빗-뛰-다 비뚜로 뛰다.   [delong glance
빗-뜨-다 눈을 엇으로 흘겨 뜨다. make a si-
빗-맞-다 ①목표에 어긋나서 딴 곳에 맞다. miss ②뜻한 일이 잘못되어 달리 이루어지다. go wrong
빗-나가-다 톱이 먹을대로 안 나가고 비뚜로 나가다. saw obliquely
빗-면(一面)[명]〈수학〉 수평면과 90° 이내의 각도를 이룬 면. 사면(斜面). slope inclined plane
빗-모서리[명]〈수학〉 각뿔에서 각뿔대의 두 이웃진 빗면이 만나는 모서리.
빗-물[명] 비가 내려 괸 물. 우수(雨水).   [sidewise
빗-물-다[타][르] 옆으로 좀 비뚤어지게 물다. bite
·빗·물[고] 빗물.
·빗·물받는-홈[고] 유조(溜槽). [interval of rains
빗-밑[명] 비가 오다가 날이 개는 동안. ¶~이 재다.
빗-반자[명] 경사가 지게 만든 반자. sloping ceiling
빗-발[명] 비가 내려칠 때에 줄이 죽죽 진 것처럼 떨어지는 빗줄기. 빗줄기①. 우각(雨脚). density of falling rain
빗발-치-다 ①빗발이 세차게 쏟아지다. rain ②세차게 떨어지거나 쏟아지다. ¶총알이 ~. fall like rain
빗-방울[명] 점점이 떨어지는 빗물의 방울. raindrop
빗방울 듣-다[자][르] 빗방울이 방울방울 떨어지다. drop   [장 긴 변. 사변(斜邊). hypotenuse
빗-변(一邊)[명]〈수학〉 직각 삼각형의 직각에 대한 가
빗-보다 잘못 보다. make a mistake
빗-빠지-다 빗더디어 빠지다.
빗-살 빗의 낱낱의 살. 즐치. teeth of a comb
빗살-무늬 토기(一土器)[명]〈역사〉 신석기 시대의 유물인 북방계의 토기(질그릇)의 하나. 표면에 빗살같은 평행선이나 빗결 모양을 이룬 점선(點線)따위 무늬를 넣어 얄팍하게 만들었음. 줄문 토기(櫛文土器).   [매게 촘촘이 짜서 만든 문.
빗살-문(一一門)[명]〈건축〉
빗살-완자창(一卍字窓)[명]〈건축〉 살을 엇비슷한 '卍' 자 모양으로 만든 창.   [촘히 짜서 만든 창문.
빗살-창(一窓)[명]〈건축〉 살을 엇비슷하게 엇매게 촘
빗-서-다[약]→빗더서다.

빗=소리[명] ①비가 내리는 소리. sound of a rain ②빗발이 세차게 바람에 휘몰려 들어오는 소리. 우성(雨聲). sound of a shower

빗=속[명] 비가 내리는 가운데. 우중(雨中).

빗=솔[명] 빗의 때를 빼는 솔. 소추(梳帚). combbrush

빗-아치[빈-][명] 《제도》 관청의 어떤 빗에서 일을 맡은 사람.

빗=원뿔[빈-](一圓一)[명] 《수학》 꼭짓점에서 밑면의 중심에 내린 수선이 밑면에 수직이 되지 아니하는 원뿔. 사원추(斜圓錐). oblique circular cone

빗장[약]→문빗장.

빗장=거리[명] 남녀가 '十'자 모양으로 늘거나 기대어 서서 하는 성교. 하자

빗장 고름[명] 고의 대 가리가 안쪽으로 숙고 반반하고 뱃시 있게 맨 옷고름.

빗장=뼈[명] 쇄골(鎖骨).

빗=접[명] 머리 빗는 기구를 담아 두는 그릇. comb-cabinet

빗=접고비[명] 빗접을 꽂아 걸어 두는 제구.

빗=줄기[명] ①세차게 내리치는 비. 빗발. heavy rain ②소나기의 한바탕. shower

빗-질[명] 빗으로 머리털을 빗는 일. combing 하타

빗=천장(一天障)[명] 《건축》 삿갓 모양으로 경사가 지게 만든 천장.

빗-치개[명] 머리의 때를 빼고 가리마를 타는 데에 쓰는 제구.

빗치개=꼴[명] ①빗치개나 주걱같이 생긴 모양. ②《식물》물건의 형상의 하나. 주걱이나 빗치개와 같이 생겼는데, 한쪽은 둥글납작하며 한쪽에는 가늘고 긴 자루가 있음. 비형(匕形).

벗-다[동] □ 비틀다.

빙[부] ①한 바퀴 도는 모양. round ②둘레를 둘러싼 모양. all around ③정신이 아찔해지는 모양. dizzily ④갑자기 눈물이 글썽해지는 모양. 《작》 뱅. 《센》 삥. (非) 핑. be moved to tears

빙거(憑據)[명] 사실의 증명이 될 만한 근거. authority

빙결(氷結)[명] 《동》 동결(凍結)①. 하타 하자

빙결(氷潔)[명] 얼음같이 맑고 깨끗함. 하자

빙경(氷鏡)[명] 얼음처럼 맑고 밝은 달. 빙륜(氷輪). bright moon

빙고(氷庫)[명] ①얼음을 넣어 두는 집. ice-house ②《제도》 얼음을 저장하는 일을 맡던 관청.

빙고(憑考)[명] 비추어 살핌. referring to 하타

빙고(bingo)[명] 수를 기입한 카드의 빈칸을 메우는 복권식 놀이.

빙고=전(氷庫典)[명] 《제도》 신라 때 얼음 저장의 일을 맡던 관청.

빙공 영사[一녕一](憑公營私)[명] 공사(公事)를 핑계하여 자기의 이익을 꾀함. enrich one's own pocket 하타

빙=과자(氷菓子)[명] 얼음 과자. 아이스 크림. 아이스 케이크. ice-candy

빙과(氷菓)[명] 얼음 과자. 아이스 크림. 아이스 케이크.

빙괴(氷塊)[명] 얼음의 덩이. ice lump

빙구(氷球)[명] 《동》 아이스 하키(ice hockey).

빙그레[부] 소리 없이 입만 약간 벌리고 부드럽게 웃는 모양. 《작》 뱅그레. 《센》 뼁그레. beamingly 하타

빙그르르[부] ①물건이 미끄럽게 도는 모양. round and round ②눈물이 눈시울에 방울지게 벗어 도는 모양. 《작》 뱅그르르. 《센》 뼁그르르. 《非》 핑그르르. with tearful eyes

빙글=거리-다[자] 소리 없이 입만 약간 벌리고 연달아 부드럽게 웃다. 《작》 뱅글거리다. 《센》 뼁글거리다. beam 빙글=빙글[부] 하자

빙글=빙글[부]① 연해 미끄럽게 도는 모양. 《작》 뱅글뱅글. 《센》 뼁글뼁글. around and around

빙긋[부] 입을 슬쩍 벌리고 소리 없이 웃는 모양. 《작》 뱅긋. 《센》 뼁긋. beamingly 하타 이자

빙긋=거리-다[자] 자주 빙긋이 웃다. 《작》 뱅긋거리다. 《센》 뼁긋거리다. 빙긋=빙긋[부]

빙기(氷肌)[명] ①얼음처럼 맑고 깨끗한 살결. fair skin ②《동》 빙기 옥골(氷肌玉骨).

빙기(氷技)[명] 스케이트 타는 기술. ¶~장(場). skating

빙기(氷期)[명] 《동》 빙하기(氷河期).

빙기 옥골(氷肌玉骨)[명] ①매화의 곱고 깨끗함을 이름. ②살결이 맑고 깨끗한 미인을 이름. 빙기②. 빙자옥질.

빙낭(氷囊)[명] 얼음 짐질에 쓰는 얼음 주머니. ice-bag

빙뇌(氷腦)[명] 용뇌향(龍腦香).

빙당(氷糖)[명] 순량한 사탕을 결정시킨 과자. 빙사탕.

빙렬(氷裂)[명] ①얼음이 얼 적에 갈라짐. ②갈라진 얼음의 금 모양의 무늬. freezing of a corpse in the grave

빙렴(氷廉)[명] 무덤 속의 시체가 추위로 어는 일.

빙례(聘禮)[명] 《동》 혼례(婚禮). clear moon

빙륜(氷輪)[명] 얼음처럼 맑은 둥근 달. 빙경(氷鏡).

빙모(聘母)[명] 《동》 장모(丈母).

빙무(氷霧)[명] 추운 땅에서, 공중에 뜬 미세한 얼음의 결정으로 생기는 안개. 하타

빙문(聘問)[명] 예를 갖추어서 방문함. courtesy visit

빙문(憑文)[명] 《제도》 여행 면허장. 빙표(憑票).

빙문(憑聞)[명] 다른 사람을 통하여 간접으로 얻어들음. hearing indirectly 하타 (禮物).

빙물(聘物)[명] 빙문(聘問)하는 데에 가지고 가는 예물

빙박(氷泊)[명] 배질을 하여 가는 중에 물이 얼어 붙음. being locked by ice 하자

빙반(氷盤)[명] 얼음판.

빙벽(氷壁)[명] ①빙산(氷山)의 벽. ②얼음이나 눈에 덮인 산벽(山壁). icewall

빙부(氷夫)[명] 《제도》 얼음을 뜨는 일을 하던 사람.

빙부(氷膚)[명] 얼음같이 희고 깨끗한 살결. fair skin

빙부(聘父)[명] 장인(丈人).

빙부=전(氷夫田)[명] 《제도》 빙부의 급료로 쓰던 논밭.

빙=빙[부] ①자꾸 도는 모양. 또, 돌리는 모양. 《작》 뱅뱅. 《센》 뼁삥. ②핑핑. turning round ③정신 없이 이리저리 쏠 돌아다니는 모양. wandering

빙빙=고거(氷水過去)[명] 세상 일을 어름어름 보냄.

빙사(氷紗)[명] 순련(純練).

빙=사과(氷砂菓)[명] '빈사과'의 취음.

빙=사탕(氷砂糖)[명] 빙당(氷糖).

빙산(氷山)[명] 《지학》 극지방(極地方)의 빙하(氷河)의 얼음이 밀려 내려와서 바다 위에 산처럼 떠있는 큰 얼음덩이. iceberg

빙상(氷上)[명] 얼음 위. ¶~경기(競技). on the ice

빙석(氷釋)[명] 얼음이 녹듯이 의심이 완전히 풀림. 빙해(氷解). dispelling suspicion 하타

빙설(氷雪)[명] ①얼음과 눈. ¶~에 덮이다. ice and snow ②십성(十性)이 결백함을 이름. ③기성암(氣成岩)의 하나. 바위처럼 보이는 얼음덩이.

빙수(氷水)[명] ①얼음물. iced water ②덩이 얼음을 눈과 같이 갈아서 만든 청량 음료. shaved ice

빙시(憑恃)[명] 남에게 기대어 의지함.

빙시레 소리 없이 화기롭고도 부드럽게 웃는 모양. 《작》 뱅시레. 《센》 뼁시레. smiling

빙식(氷蝕)[명] 《지학》 빙하가 이동할 때 얼음 덩어리 속의 돌 조각 때문에 이에 스쳐 닿는 암석이 짜기거나 긁힘으로써 나타나는 침식 작용(浸蝕作用). glacial erosion

빙식=곡(氷蝕谷)[명] 《지학》 곡빙하(谷氷河)의 침식으로 그 단면이 'U'자 모양으로 된 계곡. glacial carved valley

빙식 단구(氷蝕段丘)[명] 《지학》 거듭되는 빙식 작용으로 층계로 지형이 변하는 빙하에의 침식 작용을 이름. [로 생긴 단구.

빙식 윤회(氷蝕輪廻)[명] 《지학》 유년기(幼年期)・장년기(壯年期)・만장년기(晩壯年期)・노년기(老年期)의 순서로 지형이 변하는 빙하에 의한 침식 작용을 이름.

빙신(憑信)[명] 남을 믿고 의지함. reliance 하타 [회]

빙실(氷室)[명] 얼음이 녹지 않도록 특별히 설비하여 놓은 얼음을 두는 곳. ice-house

빙실=거리-다[자] 소리 없이 입만 벌릴 듯 말 듯 하면서 연해 부드럽게 웃다. 《작》 뱅실거리다. 《센》 뼁실거리다. beam 빙실=빙실[부] 하자

빙심(氷心)[명] 맑고 깨끗한 마음. clear mind

빙심 옥호(氷心玉壺)[명] 마음이 결백하고 깨끗함. 《약》 빙호(氷壺)②. pure heart

빙싯 閉 입을 슬며시 벌릴 듯하면서 소리 없이 가볍게 한 번 웃는 모양. 〔작〕뱅싯. 〈센〕삥싯. smiling 하다団

빙싯-거리-다፱ 입을 슬며시 벌릴 듯하면서 소리 없이 가볍게 연해 웃다. 〔작〕뱅싯거리다. 〈센〕삥싯거리다. **빙싯-빙싯** 하다団

빙야(冰野)명 빙원(氷原).
빙어(冰魚)명〈어류〉바다빙어과의 물고기. 몸 길이 15cm 가량으로 가늘고 길며 아래턱이 나왔음. 몸빛은 담회색 바탕에 황색을 띰. 맛이 좋음. pond-smelt
빙예(冰翳)명〈한의〉눈 속에 아무 이상이 없는 듯하면서도 잘 보이지 않는 눈병.
빙옥(冰玉)명 ①얼음과 옥. ice and a gem ②맑고 깨끗하여 아무 티가 없는 것. [employment 하다団
빙용(聘用)명 예(禮)를 갖추어 사람을 불러다 씀.
빙원(冰原)명〈지학〉남극·북극 지방의 얼음에 뒤덮인 벌판. 빙야(冰野). 빙전(冰田)②. ice-field
빙이(憑夷)명 풍이(馮夷).   [go-between
빙인(冰人)명 중매하는 사람. 월하 빙인(月下冰人).
빙자(憑藉)명 ①남의 힘을 빌려서 의지함. dependence ②말막음으로 내세워서 핑계함. make an excuse 하다타

빙자 옥질(冰姿玉質)명 빙기 옥골(冰肌玉骨).
빙장(聘丈)명 장인(聘丈).
빙장(聘丈)명 (空) 장인(丈人).
빙전(冰田)명 ①얼음이 얼어 붙은 논밭. ②(冰原)명 빙원
빙점(冰點)[-쩜] 명〈화학〉액체가 고체로 바뀌는 온도. 결빙점(結冰點). (대) 비등점(沸騰點). 비점(沸點). freezing point
빙점-하[-쩜-] 명(冰點下)명 물의 빙점 이하의 온도. 곧, 섭씨 0도 이하. below the freezing
빙정(冰程)명 얼음이 언 길. ice road
빙정(冰晶)명 상층운을 형성하는 얼음의 결정.
빙정-석(冰晶石)명〈광물〉나트륨·플루오르·알루미늄의 화합물. 입체체 비슷한 결정으로 유리 같은 광택이 있으며 보통 흰빛임. cryolite
빙정 옥결(冰貞玉潔)명 결개가 아주 깨끗하여 흠이 조금도 없음을 비유하여 일컫는 말. fidelity
빙정-점[-쩜](冰晶點)명〈물리〉빙정이 생기거나 녹기 시작하는 온도.
빙주(冰柱)명 ①고드름. ②여름에 실내를 시원하게 하기 위하여 세워 놓은, 각기둥 모양으로 깎아 만든 얼음.
빙주-석(冰洲石)명〈광물〉방해석(方解石)의 하나. 빛이 없이 투명한 돌. Iceland spar
빙준(憑準)명 ①어떤 근거에 의하여 표준을 삼음. ②어떤 근거에 의하여 운행함. 하다타
빙질(冰質)명 스케이팅을 할 때, 얼음이 언 정도나 평활(平滑)한 정도. 도, 그 질.
빙천 설지(冰天雪地)명 얼음과 눈이 덮인 곳.
빙청 옥결(冰淸玉潔)명 빙옥(冰玉)같이 맑고 깨끗한 심성(心性).
빙=초산(冰醋酸)명〈화학〉농도가 높고 수분(水分)이 5% 이하이며 16°C 이하의 온도에서 빙결(冰結)하는 순수한 초산. glacial acetic acid
빙:-충-맞-다형 똘똘하지 못하고 어리석게 수줍기만 하다. 〔작〕뱅충맞다. shy and stupid
빙:충-맞이형 →빙충이.
빙:충-이명 ①빙충맞게 생긴 사람. regular stick
빙층(冰層)명 지층 모양으로 깔린 얼음의 층.
빙침(冰枕)명 얼음을 넣어 베는 베개. ice-pillow
빙탁(冰卓)명〈약〉빙탁(冰卓).
빙탄(冰炭)명〈약〉빙탄 불상용.   [patibility
빙탄(冰炭間)명 서로 용납되지 못하고 사이. incom-
빙탄 불상용(冰炭不相容)명 둘이 서로 어긋나 용납하지 못함. 〔약〕빙탄(冰炭). incompatibil-
빙택(聘宅)명(곳) 남의 처가(妻家).   [ity
빙=퇴석(冰堆石)명〈지학〉빙하로 운반되어 하류에 쌓인 암석 부스러기. 퇴석(堆石)

빙퉁그러-지-다団 ①하는 일이 비뚜로만 나가다. ¶네가 하는 일은 왜 빙퉁그러지기만 하느냐? go away ②성질이 뒤틀어지다. ¶빙퉁그러진 놈. become wry
빙판(冰板)명 얼음이 깔린 길바닥. frozen road
빙패(冰牌)명〈제도〉여름에 얼음을 나누어 줄 때에
빙편(冰片)명〈蒸〉용뇌향(龍腦香).   [쓰던 패.
빙폐(聘幣)명 공경하는 뜻으로 보내는 예물.
빙표(憑票·憑標)명〈제도〉여행의 면허장(免許狀). 빙문(憑文).
빙하(冰河)명 ①얼어 붙은 강. frozen river ②〈지학〉높은 산이나 극지(極地) 같은 추운 곳에서 해마다 내린 눈이 다 녹지 않고 쌓여 땅을 덮고 있다가 얼음이 되어 자체의 무게로 점점 낮은 곳으로 이동하는 것. glacier   [계류.
빙하 계류(冰河溪流)명〈지학〉빙하로 말미암아 생긴
빙하-곡(冰河谷)명〈지학〉빙하로 말미암아 생긴 계곡. glacial valley
빙하-기(冰河期)명〈지학〉지구상의 기후가 몹시 추워서 북반구(北半球)의 대부분이 대규모의 빙하로 덮여 있던 시기. 빙기(冰期). 빙하 시대. ice age
빙:=되-다형(활용) 술에 취하여 정신이 흐리다. fuddled with drink
빙하 성층(冰河成層)명〈지학〉빙하와 함께 흘러 내린 바위 부스러기가 쌓여 이룬 지층(地層). glacial deposits age
빙하 시대(冰河時代)명〈지학〉지질학상의 한 시대. 빙하가 지구의 상당한 면적을 덮고 있던 때로 지금부터 약 100만 년 전에서 2만 년 전에 걸친 시대. 빙하기(冰河期). glacial period
빙하 원공(冰河圓孔)명〈지학〉빙하(冰河)의 녹은 물에 떠내려온 조약돌 때문에 바윗돌 위에 둥글게 패어진 구멍. glacial pothole
빙하-탁(冰河卓)명〈지학〉빙하의 어떤 부분이 햇볕에 녹을 때 두꺼운 바윗돌에 가려져 녹지 않은 부분이 탁자 모양으로 남은 언덕. 빙탁(冰卓).
빙하-토(冰河土)명〈지학〉빙하가 날라온 흙·모래가 퇴적하여 이루어진 땅. glacial deposits
빙하 파흔(冰河爬痕)명〈몽〉빙하 흔적.
빙하-호(冰河湖)명〈지학〉빙하로 인하여 생긴 호수. glacial lake   [생긴 흔적. 빙하 파흔(冰河爬痕).
빙하 흔적(冰河痕迹)명〈지학〉빙하가 바윗돌에 스쳐
빙해(冰海)명 얼어 붙은 바다. frozen sea
빙해(冰解)명〈몽〉빙석(氷釋). 하다자
빙호(冰壺)명 ①마음의 맑고 깨끗함. pure heart ②〈몽〉빙심 옥호(冰心玉壺).   [이 된 것.
빙혼(冰魂)명 매화(梅花)의 딴이름.
빙화(冰花)명 나무에 수분이 엉기어 얼어서 흰 꽃같
빙휘(冰絨)명 빙같이 얼어갈피 희고 고운 비단.
빙활(冰滑)명 얼음지치기.
빙활-장(冰滑場)명〈동〉활빙장(滑冰場).
빚명 꾸어 쓴 돈이나 외상값 따위의 갚아야 할 돈. 부채(負債). debt
빚=거간(一居間)명 빚을 내고 주는 데 중간에서 소개하는 것을 업으로 하는 일. loan agent 하다자
빚=꾸러기명 이곳저곳에 빚을 엄청나게 진 사람. debtridden person
빚-내:-다타 빚돈을 얻다. borrow money
빚-놓다타 남에게 빚을 주다. lend money
빚-다타 ①가루를 반죽하고 소를 싸서 경단·만두·주악 따위를 만들다. ¶송편을 ~. make ②술을 담그다. ¶술을 ~. brew ③만들다. ¶가정 불화가 빚은 엄청난 재해. bring about
빚-단련(一鍛鍊)명 빚에 독촉하여 못견디게 구는 일. ¶~을 받다. be pressed hotly for payment of debts 하다타
빚-돈명 빚으로 쓰거나 주는 돈. debt
빚-두루마기명 빚에 얽매어 헤어날 수가 없게 된 사

빚물다 남의 빚을 대신 갚아 주다.
빚=물다(를)] 남의 빚을 대신 갚아 주다.
빚=물이[명] 남의 빚을 대신 갚아 주는 일. paying someone else's debt 하다
빚=받이[―바지][명] 빚으로 준 돈을 받아들이는 일. collecting of debts 하다
빚=쟁이[명](속) 빚을 준 사람. 채권자. money lender
빚주고 뺨 맞는다(관) 남에게 후하게 하고 도리어 모욕을 당한다.
빚=주다[타] 이자를 받기로 하고 돈을 꾸어 주다. lend money
빚=지다[자] ①남에게서 빚을 내어서 쓰다. run into debt ②(속) 남한테 신세를 지다.
빚=지시[명] 빚을 주고 내는 데에 소개를 하는 일. loan agency 하다
빚진 죄인[관] 빚을 진 사람이 빚쟁이 앞에서 굽죄임.
빛 ①〈물리〉사람의 눈을 자극하여 시각(視覺)을 일으키게 하는 것. 광(光). light ②빛깔. 색. ¶~이 곱다. colour ③얼굴빛. 안색(顔色). 기색(氣色). ¶몹시 성난 ~을 나타내다. indication ④눈에 나타나는 기색. ¶몹시 언짢은 눈~을 하다. ⑤광명(光明). 희망(希望). ¶온누리에 ~을 내리다. ⑥번쩍이는 것. ¶이 구슬은 ~이 없다. shine ⑦영광(榮光). ¶~나는 일생을 끝마치다. glory ⑧같은 부류에 공통되는 것. ¶제 ~이 아니다. commonness ⑨〈기독〉죄악의 암흑에 대한 진리의 능력. ¶암흑의 세상에 ~을 이끄시다.
빛=깔[명] 눈이 빛을 받을 때 그 빛의 파장에 따라 각각 다르게 느끼는 감각. 색. 색체. 색깔. colour
빛=나다[자] ①빛이 환하게 비치다. shine ②훌륭하게 드러나다. brilliant
빛=내=다[타] 빛나게 하다. light up
빛=살[명]〈동〉광선(光線).
빛=없=다[빋―][형] 면목이 없다. 빛=없이[부]
빛의 압력(一壓力)〈물리〉빛이 물체에 닿아서 반사하거나 흡수될 적에 물체면에 미치는 압력.
빛=접=다[ㅂ변][형] 떳떳하고 면목이 있다. dignified
빛 좋은 개살구[관] 겉만 번지르르하고 실속이 없음.
빟―・다[타](고) 뿌리다. 비 오게 하다.
ᄕ・・다[타](고) 따다(摘).
・ᄕ・로[명](고) 자루. 유다르게.
・빨기/・쁠기[명](고) 딸기.
・삔[명](고) 떼(垢).
・ᄖ・ᆷ[명](고) 뼈.
・ᄖᆞᆷ[명](고) 먹어짐.
・ᄖᆞ디・・다[자](고) ①떨어지다. ②뒤떨어지다.
・ᄖᆞ디・・다[자](고) 터지다.
・ᄖ러・디・・다[자](고) 떨어지다.
・ᄖᆞᆯ・기[명](고) 딸기.
・ᄖᆞᆯ・・다[자](고) 뜨다(開眼).
벨티・・다[타](고) 멎다.
ᄖ[명](고) 떼. 무리(群).
ᄖ=놀・・다[자](고) 뛰놀다.
ᄖᆞ・・다[타](고) 뛰다.
ᄖᆞ어나・・다[자](고) 뛰어나다.
ᄖᆞ・・다[자](고) 사이가 뜨다.
ᄖᆞᆞ・・다[자](고) 뜨다(浮).
・ᄖᆞ・・다[자](고) 뜨다(開眼).
・쁟[명](고) 뜻. 생각. 의사(意思).　　　　　　　[잡아떼다.
・쁟・・다[타](고) 뜯다. 조각조각 메어 내다. 붙은 것을
・쁟다(뽀)[부](고) 뜻대로.
・쁟・들・・다[자](고) 물방울 따위가 똑똑 떨어지다.
・ᄖᆞ을[명](고) 뜰.
쁟듯・・다[자](고) 떨어지다. →쁟들다.
ᄖᆞᆨ우・・다[타](고) 띄우다. 물에나 공중에 뜨게 하다.
・ᄖᆡᆼ[돈][명](고) 띠돈. 관복을 입을 때에 칼을 차려고 띤 돈.
・ᄖᆡ[명](고) 바퀴.　　　　　　　　　　　[매단 쇠갈고리.
・ᄖᆡ・・다[자](고) 찌다.
ᄖᆡ・・다[타](고) 뜨다².②.
ㅃ[쌍비음]〈어학〉ㅂ의 된소리. 목젖으로 콧길을 막

으면서 목청을 닫고, 입술을 다물어 숨길을 막았다가 떼면서 나는 맑은 소리. double letter of 'ㅂ'
빠각[부](센)→바각.
빠가-거리-다[자타](센)→바각거리다.
빠개-다[타] ①단단한 물건을 둘로 갈라 조각을 내다. split ②다 된 일을 어긋내다. spoil ③기뻐서 입을 벌리다. 한다 ¶~ 뻐개다. smile
빠개-지-다[자] ①단단한 물건이 둘로 갈라져 조각이 나다. split ②거의 다 된 일이 어긋나다. ¶그 사람 때문에 일이 빠개졌다. fail ③기뻐서 입이 벌어지다. (큰) 뻐개지다.
빠그라-뜨리-다 빠그라지게 하다. break
빠그라-지-다 빠개져서 못 쓰게 되다. (큰) 뻐그러지다. be broken
빠그르르[부]→바그르르.
빠근-하-다[형][여불] 기운이 순하지 못하여 숨이 벅차거나 좀 놀리기가 좀 거북하다. (큰) 뻐근하다.
빠글-거리-다[자](센)→바글거리다.　　　　　　[haughty
빠기-다[자] 으쓱거리며 젠체하다. be
빠:-주[부](←back)[명] ①차량 따위가 뒤로 움직여 가는 일. 후진(後進). ②퇴짜를 놓음. 하다
빠끔-벼슬[명](속) 영리한 사람. ¶~은 벼슬. 공명장(空名帳)을 사서 얻은 벼슬.
빠끔-거리-다 ①담배를 연해 세게 빨아 피우다. ②금붕어 같은 물고기가 연해 입을 벌려 물을 들이 마시다. (큰) 뻐끔거리다. 빠끔-빠끔¹ 하다
빠끔-빠끔²[부] 여러 군데가 빠끔한 모양. (큰) 뻐끔뻐끔. 하다 ¶~ 져 있다. ¶~ 뻐끔하다.
빠끔-하-다[형] 틈이나 구멍이 깊이 또렷하게 벌어지다.
빠닥빠닥-하-다[형][여불] 물기가 모자라 미끄럽지 못하고 빡빡하다. 빠득빠득하다④. (큰) 뻐덕뻐덕하다.
dried out stiff ¶~ 뻣하다. rough
빠닥빠닥-하-다 새 지폐 따위가 구김살없이 빳빳하다.
빠드득[부](센)→바드득.
빠드득-거리-다[자타](센)→바드득거리다.
빠드름-하-다[형][여불](센)→바드름하다.
빠득=빠득[부](센)→바득바득.
빠득빠득-하-다[형][여불] ①말이나 행동이 고분고분하지 않다. disobedient ②눈이 보드랍지 못하고 빡빡하다. rough ③입 안에 떫은 맛이 있다. bitter ④(동) 빠닥빠닥하다. ¶~ 뻐득뻐득하다.
=빠듯[접미] 수량이 조금 모자람을 나타내는 말. ¶네 치 닷 푼~. (큰)=넉넉. barely
빠듯-하-다[형][여불](센)→바듯하다.
빠:-뜨리-다 ①나쁜 곳에 빠지게 하다. ¶함정에 ~. entrap ②가진 것을 부주의로 잃다. ¶지갑을 ~. lose ③넣기를 잊다. ¶명단에서 ~. omit
빠르-다[르변] ①행동이 더디지 않고 속도가 크다. ¶기차는 ~. fast ②하는 동안이 짧다. ¶그 전말의 준공이 ~. quick ③때가 아직 오지 아니하다. 이르다. ¶아직 ~. early ④차례가 앞이다. 먼저이다. ¶그는 너보다 빨리 왔다. ahead of ⑤날쌔다. ¶다리가 ~. quick ⑥첩경의 방법이다. 손쉬운 길이다. ¶성공의 빠른 길. easy way
빠르작-거리-다[자타](센)→바르작거리다.
빠릇-거리-다[자타](센)→바릇거리다.
빠수-다[타]→빻다.
빠이가알(白眉兒 중)[명](동) 백갈.
빠이-빠이(bye-bye) '잘 가라' '잘 있어' '안녕'의 뜻인 어린이들의 작별 인사말.
빠작[부](센)→바작.
빠:-지-다[자] ①구덩이나 물 속에 떨어져 들어가다. ¶늪에 ~. fall into ②한 속에 끼지 못하다. come off ③여럿 가운데 다른 것만 못하다. be inferior to ④주색 같은 못된 것에 정신을 잃다. indulge in ⑤지니거나 박아 놓은 물건이 떨어지거나 물러나다. ¶이가 ~. fall ⑥몸이 여위다. ¶살이 ~. become thin ⑦꾀었던 물 따위가 흘러 나가다. drain ⑧빛깔・때・기운・김 따위가 없어지다. come off ⑨관계한 자리에서 물러나다. leave ⑩그럴 듯

빠지다

한 말이나 짓에 속다. fall into ⑪기운이 없어지다. get tired ⑫ 없다. ¶정신 ~. absent-minded ⑬제비에 뽑히다. draw ⑭어떤 곳에서 벗어나서 딴 데로 가다. ¶사잇길로 ~. go by
빠:-지-다 [조용] 다른 동사·형용사에 붙어 아주 심하게 됨을 나타내는 말. ¶느려 ~. 썩어 ~. very (idle)
빠지지 [부] 〈센〉→바지지.
빠지직 [부] 〈센〉→바지직.
빠지직-거리-다 [자] 〈센〉→바지직거리다.
빠:짐=없이 [부] 하나도 빼놓지 않고. ¶~ 출석하다. without omission
빠:짐=표(―標) [명] 글자나 빠진 자리를 보일 때 쓰는 부호. 빠진 글자 하나 대신에 하나씩 ×(가새표)를 씀.
빡! [부] ①담배를 세게 빠는 모양이나 그 소리. 〈큰〉뻑뻑. puffing ②→박작1.
빡빡 [부] 〈센〉→박박2.
빡빡-이 [부] 〈센〉→박박이.
빡빡-하-다 [형] ①물기가 적어서 보드러운 맛이 없다. stiff ②여유가 없이 꼭 맞아 빠듯하다. close ③행동이 자유롭지 못하여 어색하고 거북하다. awkward ④고집이 세고 잔재미가 없다. rigid ⑤두름성이 없고 고지식하다. unadaptable ⑥기계·수레바퀴 따위가 잘 돌아가지 않다. 활(滑)하다. 〈큰〉뻑뻑하다.
빡작지근-하-다 [형] [여불] 가슴이나 목구멍이 뻐근하게 아픈 느낌이 있다. 〈큰〉뻑적지근하다. feel heavy
빡작지근-히 [부]
빡둥-거리-다 [자] 〈센〉→반둥거리다.
빤드럽-다 [형] [ㅂ불] 〈센〉→반드럽다.
빤드레-하-다 [형] [여불] 〈센〉→반드레하다.
빤드르르 [부] ①〈센〉→반드르르. ②빤지르르하게 깨끗이 잘 차린 모양. 〈큰〉뻔드르르. 하 [형]
빤득 [부] 〈센〉→반득.
빤득=거리-다 [자] 〈센〉→반득거리다.
빤득-이-다 [자][타] 〈센〉→반득이다.
빤들=거리-다 [자] 〈센〉→반들거리다.
빤뜩 [부] 〈센〉→반득.
빤뜩-거리-다 [자][타] 〈센〉→반득거리다.
빤뜩-이-다 [자][타] 〈센〉→반득이다. 「럼다. 빤빤-스레[부]
빤빤-스럽-다 [형] [ㅂ불] 빤빤한 태도가 있다. 〈큰〉뻔뻔스
빤빤-하-다 [형] [여불] 잘못이 있어도 부끄러운 줄을 모르
빤작 [부] 〈센〉→반작. 〈큰〉뻔적. shameless
빤작=거리-다 [자][타] 〈센〉→반작거리다.
빤작-이-다 [자][타] 〈센〉→반작이다.
빤지레-하-다 [형] [여불] 〈센〉→반지레하다.
빤지르르 [부] 〈센〉→반지르르.
빤질=거리-다 [자] 〈센〉→반질거리다.
빤짝 [부] 〈센〉→반작.
빤짝-이-다 [자][타] 〈센〉→반작이다.
빤:-하-다 [형] [여불] 〈센〉→반하다2.
빨 [명] 사물이 되어가는 형편과 모양. ¶그 ~로 하다가는 큰일난다. way 「다. 〈큰〉뻘겋벗다.
빨가=벗기-다 [타] 알몸뚱이가 되도록 옷을 죄다 벗기
빨가-벗-다 [자] 〈센〉→발가벗다.
빨가-숭이 [명] 〈센〉→발가숭이.
빨간 [관] 〈센〉→발간.
빨간-딱지 [명] 〈속〉 ①소집 영장(召集令狀). ②팔기로 약속한 표시로 붙이는 쪽지. 또, 그 물건. ③압류한 물건에 붙이는 표시. ④교통 법규 위반자에게 교통 순경이 떼어 주는 처벌의 서류.
빨강 [명] 〈센〉→발강.
빨강-무지기 [명] 끝에만 빨간 물을 들인 무지기.
빨강-이 [명] 〈센〉→발강이.
빨갛-다 [형] [ㅎ불] 〈센〉→발갛다.
빨개 [명] 〈센〉→발개.
빨개-지-다 [자] 〈센〉→발개지다.
빨갱이 [명] 공산주의나 공산주의자를 가리키는 말.
빨그족족-하-다 [형] [여불] 빛깔이 빨갛지 못하고 칙칙하게 빨그스름하다. 〈큰〉벌그죽죽하다.
빨굿 [부] 〈센〉→발굿발굿.
빨깍 ①기운이 갑자기 솟아오르는 모양. ②무엇이 갑자기 뒤집히는 모양. 〈큰〉뻘꺽.
빨끈 [부] 〈센〉→발끈.
빨끈=거리-다 [자] 〈센〉→발끈거리다.
빨-다1 [타] [ㅌ변] ①입 속으로 당겨 들어오게 하다. suck ②속으로 배거나 스며들게 하다. absorb ③물 같은 것을 삼으로 빨아 내다. 「다. wash
빨-다2 [ㅌ변] 더러운 물건을 물에 씻어 깨끗하게 하
빨-다3 [형] [ㅌ변] 끝이 차차 가늘어서 뾰족하다. pointed
빨대 [―때] [명] 물을 빨아먹는 가는 대통. straw
빨대-대-다 [―때―] [타] ①빨대들이려고 가는 대통을 꽂다. put a straw into ②남에게 등을 대고 살아 가다. sponge
빨딱 [부] 〈센〉→발딱.
빨딱=거리-다 [자] 〈센〉→발딱거리다.
빨랑=거리-다 [자] 〈센〉→발랑거리다.
빨래 [명] ①때가 묻어 벗어 놓은 옷이나 피륙. ②더러운 옷이나 피륙 따위를 빨아 내는 일. 세답(洗踏). 세탁(洗濯). washing 하 [자]
빨래-꾼 [명] 빨래하는 사람. launderer
빨래-질 [명] 빨래하는 일. washing 하 [자]
빨래-터 [명] 빨래하는 자리. wash place
빨래-판(―板) [명] 빨래할 때 쓰는 판. washboard
빨래-품 [명] 빨래를 해 주고 삯을 받는 일. fee for washing
빨래-간(―間) [명] 빨래를 하기 위해 설비해 놓은 간.
빨래-감 [명] 빨래할 옷이나 피륙 따위. 세탁물.
빨래-돌 [명] 빨래를 할 때에 쓰는 넓적한 돌.
빨래-말미 [명] 긴 장마 중에 날이 잠깐 들어 옷을 빨아 말릴 만한 겨를. 「paddle
빨래-방망이 [명] 빨래를 두드려서 빠는 방망이. laundry
빨래-비누 [명] 빨래할 때에 쓰는 비누. 세탁 비누. 〈대〉세수 비누. washing soap
빨래-솔 [명] 빨래질할 때에 쓰는 솔.
빨래-주인(―主人) [명] 〈변〉 대처한 승려들이 자기의 아내를 가리키는 말.
빨래-줄 [명] 빨래를 널어 말리는 줄. clothes line
빨리 빠르게. quickly
빨리-다1 [자용] 빨음을 당하다. be sucked up 산동 빨게 하다. 빨도록 하여 주다. ¶아기에게 젖을 ~. suckle 「하다.
빨리-다2 [자용] 빨래를 빨음을 당하다. 산동 빨래를 빨게
빨리-빨리 '빨리'를 더 강조하는 말.
빨-병(―甁) [명] 먹는 물을 담아 갖고 다니며 마시게 된 병 같은 그릇.
빨빨 ①바쁘게 쏘다니는 모양. in a hurry ②땀이 걷잡을 새 없이 많이 흐르는 모양. 〈큰〉뻘뻘. be dripping with sweat 「리고 다닌다.
빨빨=거리-다 빨빨 쏘다니다. ¶일도 없이 빨빨거
빨아-내-다 [타] 속에 있는 것을 빨아서 밖으로 나오게 하다. absorb
빨아 다린 체 말고 진솔로 있거라 언제나 본래의 면목을 유지하라는 순수성을 지켜라.
빨아-당기-다 [타] 빨아서 가깝게 오게 하다.
빨아-들이-다 [타] 빨아서 속으로 들어오게 하다. ¶해면이 물을 ~.
빨아-먹-다 [타] ①입을 대고 쭉쭉 들이마시다. sip ②입 속에 들어 놓어서 녹여 먹다. lick ③남의 재산 같은 것을 우려 내어 먹다. squeeze 「게 하다.
빨아-올리-다 [타] 밑에 있는 것을 빨아서 위로 올라오
빨쪽 [부] 〈센〉→발쪽. 「隊).
빨쪽-하-다 [형] [여불] 〈센〉→발쪽하다.
빨치산(partizan 러) 별동대(別動隊). 유격대(遊擊
빨-펌프(―pump) [명] 펌프의 하나. 피스톤에 날름판이 있어서 그것을 누르면 판이 열리어 물이 위로 올라오고 올리면 판이 닫히면서 밖으로 흐르게 됨. 〈대〉밀펌프. suction pump

빳빳-하-다 ⓛ단단하고 꼿꼿하다. stiff ②풀기가 세다. stiff ③성질이 고분고분하지 않다. tough ④일정한 한도에 겨우 들어차거나 약간 모자랄 정도로 여유가 없다. (큰)뻣뻣하다. **빳빳-이**

빵 ①갑자기 무엇이 터지는 소리. pop ②공을 세차게 차는 모양. 또, 그 소리. boom ③구멍이 뚫어진 모양. (큰)뻥². (거)팡.

빵(←pão 포) ①밀가루를 반죽하여 발효시켜 굽거나 찐 음식. 구미 각국의 주식. 면보. 면포(麵麭). bread ②생활에 필요한 양식.

빵-간 [-깐] 圓 (속) 교도소(矯導所). 유치장(留置場).

빵그레-하다 → 방그레.
빵글-거리-다 (센) → 방글거리다.
빵긋 및 (센) → 방긋.
빵긋-거리-다 (센) → 방긋거리다.
빵긋-하-다 혭여불 (센) → 방긋하다.

빵꾸(←puncture 영) 圓 (속) ①고무 타이어 따위에 구멍이 남. ②크게 축남. 큰 결손. ③처녀가 정조를 잃음.
빵끗 및 (센) → 방긋. [④비밀이 드러남. ¶~나다.
빵끗-거리-다 (센) → 방긋거리다.
빵끗-하-다 혭여불 (센) → 방긋하다.
빵떡 모자(一帽子) 둥그렇게 생긴 모자.

빵-빵 및 ①구멍이 여러 군데 뚫어진 모양. bang ②무엇이 요란하게 연달아 터지는 소리. honk ③차가 잇달아 경적을 울리는 소리. hoot ④공 같은 것을 세차게 연달아 차는 소리. (큰)뻥뻥.

빵빵-거리-다 빵빵 소리를 자주 내다. (큰)뻥뻥거리다.
빵시레-하-다 → 방시레. [리다. (거)팡팡거리다.
빵실-거리-다 (센) → 방실거리다.
빵싯 및 (센) → 방싯.
빵싯-거리-다 (센) → 방싯거리다.
빵-점 [-쩜] (一點) 圓 (속) 영점(零點). ¶~ 맞다.
빵-집 [-찝] 圓 빵·과자 따위를 만들어 파는 가게.

빻-다 印 찧어서 가루를 만들다. grind
빼 꼭 ①어린아이의 우는 소리. mewl ②피리 따위를 [각-거리-다 (센)→배각거리다. [부는 소리. (큰)삐. pipe
빼각 및 →배각.
빼곡-하-다 혭여불 빠듯하도록 가득차다. (큰)삐국하다. replete **빼곡-이** 및 [하기. 보내기. subtraction
빼기 뎅 〈수학〉 뺄셈을 하는 일. 감법(減法). (대)더하기
빼-깃 圓 사냥매의 꽁지에 덧꽂아 맨 새깃.
빼꼿-거리-다 (센)→배꼿거리다.

빼:-내-다(←빼어 내다) 印 ①박힌 물건을 솟구어서 뽑다. pull out ②남의 것을 돌려내다. pilfer ③갇힌 사람을 자유롭게 하여 주다. ransom ④남을 꾀어 나오게 하다. lure ⑤여럿 가운데서 어떤 것을 골라 내다. select ⑥연날릴 때 적의 습격을 피하여 안전한 곳으로 끌어내다. withdraw

빼-놓-다(←빼어 놓다) 印 ①같이 끼일 만한 일이나 물건을 못 끼이게 하다. leave out ②박힌 것이나 꽂힌 것을 뽑아 내놓다. ③여럿 가운데서 어떤 것을 골라내놓다. pull out

빼:-다 印 ①①→빼내다. ②옷차림을 화려하게 차리다. ¶쪽 빼 입었다. dressy

빼다 印 ①박힌 것이나 속에 있는 것을 밖으로 나오게 하다. ¶못을 ~. pull out ②〈수학〉덜어 내다. ¶열에서 둘을 빼면 여덟이 된다. 더하다. subtract ③필요 없는 것은 삭제하다. ¶몸의 때를 ~. omit ④책임 따위를 피해 물러나다. ¶슬며시 꽁무니를 ~. evade ⑤행동을 어울리지 않게 거드름스럽게 하다. ¶앙제를 ~. pretend

빼:-닫이[-다지] 圓 →서랍.
빼:-도리¹ 圓 〈건축〉뱃집 양쪽 기둥에 얹히는 도리의 바깥 머리를 밖으로 길게 내밀게 한 도리.
빼:도리² 圓 일이나 물건의 짜임새를 고르기 위하여 요리조리 변통하는 일. shifting 하다
빼:-돌리-다 印 빼앗기지 않도록 남이 모르는 곳에 감추어 두다. conceal

빼딱-거리-다 (센)→배딱거리다.
빼딱-하-다 혭여불 (센)→배딱하다.
빼뚜로 및 (센)→배뚜로.
빼뚜름-하-다 혭여불 (센)→배뚜름하다.
빼뚝-거리-다 (센)→배뚝거리다.
빼뚤-거리-다 (센)→배뚤거리다.
빼뚤-다 혭(ㄹ변) (센)→배뚤다.
빼뚤어-지-다 (센)→배뚤어지다.
빼:-먹-다(←빼어 먹다) 印 ①빠뜨리다. omit ②남의 물건을 돌려내서 가지다. pilfer ③꼬치에 꿴 것을 뽑아 먹다. ④말이나 글의 구절 같은 것을 빠트리다.
빼:-물-다(←빼어 물다) 印(ㄹ변) ①거만한 태도로 또는 노기를 품은 태도로 입을 루루퉁하게 내밀다. be insolent ②단단히 벼르고 있다. 뻐물다③. be revengeful ③혀를 입 밖으로 늘어뜨리다.

빼:¹ 및 ①갓난 아이가 새로 목소리로 자꾸 우는 소리. mewl ②피리 따위를 불 때 새달아 새되게 나는 소리. (큰)삐삐². piping [삐¹. haggard
빼:² 및 배틀리도록 여윈 모양. ¶~ 마르다. (큰)삐.
빼:-쏘-다 印 아무의 얼굴을 꼭 닮다. resemble
빼-앗기-다 印여불 빼앗음을 당하다. 《약》뺏기다. be deprived of

빼-앗-다 印 ①남의 것을 힘으로써 제 것으로 삼다. rod (a person) of a thing ②남이 하는 일을 가로채다. deprive (a person) of ③정조 등을 짓밟다. ¶순결을 ~. 《약》뺏다.
빼어-나-다 여럿 중에서 특히 뛰어나게 잘나다. ¶빼어난 사람. 《약》빼나다. be superior
빼:-임-수[-쑤] (一數) 圓 〈수학〉뺄셈에서 빼냄을 받는 수. (대)더함수. minuend [하다
빼죽 및 (센) → 배쪽배쪽.
빼족빼족 및 여러 개가 모두 빼족한 모양. (큰)삐쭉삐쭉
빼족-하-다 혭여불 내민 물건의 끝이 날카롭다. (큰)삐쪽하다. **빼족-이** 및

빼죽-빼주룩 및 →배주룩배주룩.
빼주룩-하-다 혭여불 (센)→배주룩하다.
빼죽 및 어떤 일이 비위에 거슬리거나 울음이 솟구칠 때 입을 내밀고 샐룩거리다. (큰)삐죽거리다. **빼죽빼죽**¹(센)**빼쭉빼쭉**
빼죽² 및 《약》빼주룩빼주룩. [쭉.
빼죽빼죽³ 및 여러 개가 모두 빼죽한 모양. (큰)삐쭉
빼죽-거리-다 (센)→배죽거리다.
빼쪽빼쪽 및 →배족배족.
빼쪽-하-다 혭여불 (센)→배쪽하다.
빼쭉 및 →배죽.
빼쭉-거리-다 (센)→배죽거리다.
빼쭉-하-다 혭여불 (센)→배죽하다. [하다. be sharp
빼-치-다 印 빠져 나오게 하다. escape ②끝이 빨게
빼트작-거리-다 (센)→배트작거리다.
빽 및 여럿이 배게 들어선 모양. (큰)삑¹. densely
빽² 및 날카롭게 지르는 소리. (큰)삑². sharply crying
빽(←back) 圓 ①연줄. ②배후에서 은밀히 하는 부정한 공작. ③백(back).

빽:-빽 및 ①새로 목청으로 연달아 날카롭게 지르는 소리. ②기적이나 새 같은 것이 잇달아 날카롭게 지르는 소리. (큰)삑삑.
빽빽-하-다 혭여불 ①사이가 아주 촘촘하다. 《대》성기다. thick ②소견이 좁아서 시원한 맛이 없다. narrowminded ③구멍이 꽉 막혀 답답하다. clogged ④국물보다 건더기가 많아서 되다랗다. (큰)삑삑하다. heavy **빽빽-이** 및
빽-쓰-다 印 《속》 연줄이나 뇌물 따위의 힘을 동원하다.
빽:-지르-다 印(르변) 갑자기 소리를 날카롭게 지르다.
뺀둥-거리-다 (센)→밴둥거리다.
뺀들-거리-다 (센)→밴들거리다.
뺄-목 圓 〈건축〉도리 끝이 기둥을 뚫고 내민 부분.
뺄:-셈 圓 어떤 수에서 어떤 수를 덜어 내는 셈. 감산(減算). 《대》덧셈. **하다**

뺄셈표(-標)명 뺄셈의 부호. 곧 '-'의 일컬음. minus

뺄:=수(-數)명 〈수학〉 뺄셈에서 빼내는 수. (대)명

뺑:기-다타 →빼앗기다.

뺑:-다타 (약) →빼앗다.

뺑명 (센) →뱅.

뺑그레閉 (센) →뱅그레.

뺑그르르閉 (센) →뱅그르르.

뺑글-거리다자 (센) →뱅글거리다.

뺑글=뺑글閉 (센) →뱅글뱅글².

뺑긋閉 (센) →뱅긋.

뺑긋-거리다자 (센) →뱅긋거리다.

뺑:대[-때]명 ①뺑대쑥의 줄기. ②뱁댕이.

뺑:대-쑥[-때-]명 〈식물〉 엉거시과의 다년생 풀. 산과 들에 나는데, 높이 1.5 m, 두껍고 가지가 많음. 늦여름에 잘게 양성화가 총상 모양의 원추 화

뺑=뺑閉 (센) →뱅뱅. [서로 줄기 끝에 핌. →뱅쑥.

뺑뺑-이명 숫자가 적힌 원판이 회전하는 동안에 화살로 맞히어 그 등급을 정하는 기구. 또, 그 놀음.

뺑소니명 ①몸을 빼치어 급한 걸음으로 달아나는 짓. flight ②있어야 할 자리에서 몰래 빠져 나감. escape

뺑소니-치다자 몸을 빼쳐서 급히 도망치다. flee

뺑시레閉 →뱅시레.

뺑실-거리다자 (센) →뱅실거리다.

뺑싯閉 (센) →뱅싯.

뺑싯-거리다자 (센) →뱅싯거리다.

뺑:-쑥명 (약) →뺑대쑥.

뺑줄명 ①남의 일을 가로채는 짓. snatching ②남이 날리는 연줄을 중간에서 빼앗는 짓. snatching other's kite

뺑줄-맞다자 남에게 뺑줄쳐 감을 당하다. be snatched of

뺑줄-치다타 ①뺑줄을 던져 남의 연을 빼다. ②사물을 중간에서 가로채다.

빠드득閉 ①단단한 물건이 빠듯한 틈에 끼어 마찰되어 나는 소리. screeching ②아이들이 장난감 피리를 부는 소리. (큰) 삐드득. 하다타

빠드득-거리다자타 연해 빠드득 소리가 나다. 또, 연해 빠드득 소리를 나게 하다. (큰) 삐드득거리다.

빡:명 (약) →빡악. [빠드득=바드득閉 하다타

빡:악閉 (약) →빡악빡악.

빡둥-거리다자 (센) →박둥거리다.

빡들-거리다자 (센) →박들거리다.

빡죽-거리다자 (센) →박죽거리다.

빡:=하다형여 (센) →반하다.

빰명 ①〈생리〉 얼굴의 양 볼. cheek ②물건의 두 쪽 볼의 넓이. width of both sides of a thing

빰-따귀명 (속) 빰. (약) 따귀.

빰-때리다타 (동) 빰치다.

빰맞는 데 구레나루이 한 부조 소용이 없는 듯한 것이라도 혹 쓰일 때가 있다. cheek

빰-맞다자 남에게 빰을 얻어맞다. be slapped on the

빰-살[-쌀]명 ①소의 빰에 붙은 고기. ②소의 뭉치의 거죽에 붙은 고기.

빰-치다타 ①남의 빰을 손으로 때리다. slap on the cheek ②못지 않다. 빰때리다. ¶전문가 빰치 겠다.

빠개-다타 ①단단한 물건을 두 쪽으로 갈라 조각을 내다. ¶장작을 ~. split ②다 된 일을 어긋 내다. cause to miscarry ③기껏해서 입을 벌리다. (작) 빠개다. smile

빠개-지다자 ①단단한 물건이 갈라져서 조각이 나다. split ②거의 다 된 일이 어긋나다. ¶막가 끼어 일이 ~. miscarry ③기껏해서 입이 벌어지다. break into a smile ④비교적 크고 단단한 물체의 틈을 넓게 벌리다. widen

빠걱閉 (센) →버걱.

빠걱-거리다자타 (센) →버걱거리다.

빠그라-지다자 빼개져서 쓰지 못하게 되다. (작) 빠그라지다. be warped

빠그르르閉 (센) →버그르르. [그라지다.

뻐근-하다형여 몸의 기운이 순하지 못하여 벅차거나 거북하다. (작) 빠근하다. feel heavy and dull

뻐글-거리다자타 (센) →버글거리다.

뻐기-다자 으쓱거리며 젠체하다. (작) 빠기다. be haughty

뻐꾸기명 〈조류〉 두견이과의 새. 날개 길이 20~22 cm이고, 몸의 하면(下面)에 가는 암색 가로무늬가 있고 등은 연회색임. 번식기에는 다른 새집에다 알을 낳아 새끼를 길러 내는 습관이 있음. 구구기. 꾸꾸

뻐꾹閉 뻐꾸기의 우는 소리. cuckoo [기. cuckoo

뻐꾹-새명 '뻐꾸기'를 분명히 일컫는 말.

뻐꾹=종(-鐘)명 시계의 하나. 시간이 되면 뻐꾸기가 나와 울게 되어 있음. cuckoo clock

뻐끔-거리다 ①담배를 힘있게 빨아 피우다. ②금붕어 같은 물고기가 입을 벌려 물을 마시다. ¶금붕어가 입을 ~. (작) 빠끔거리다. 뻐끔=뻐끔¹閉 하

뻐끔=뻐끔²閉 여러 군데가 뻐끔한 모양. (작) 빠끔빠끔. 하다형여

뻐끔-하다형여 틈이나 구멍이 깊이 벌어져 있다. (작) 빠끔하다. be open deep 뻐끔=히閉

뻐덕-뻐덕閉 물기가 모자라 미끄럽지 못하고 뻑뻑한 모양. (작) 빠닥빠닥. rough 하

뻐드러-지다자 (센) →버드러지다.

뻐드렁-니명 〈생리〉 밖으로 벋은 앞니. 번니. (대) 옥니. projecting tooth

뻐드렁-이명 (속) 뻐드렁니가 난 사람.

뻐드름-하다형여 (센) →버드름하다.

뻐득뻐득-하다형여 ①하는 짓이나 말이 고분고분하지 않다. tough ②눈이 부드럽지 못하다. tough ③입안에 쌉은 맛이 있다. (작) 빠득빠득하다. astringent

뻐르적-거리다자 (센) →버르적거리다.

뻐릇-거리다자타 (센) →버릇거리다.

뻣세-다형 뻣뻣하고 거세다. stiff

뻐젓-하다형여 (센) →버젓하다.

뻐죽閉 (센) →버죽. 불쑥 내밀어 있다. protruding

뻑閉 =뻑뻑 ①담배를 세게 피우는 모양. 또, 그 소리. puffing ②억지스럽게 자꾸 그냥 우기는 모양. (작) 빡빡. 하다閉

뻑뻑-이閉 (속) 뻑박이. insist obstinately on

뻑뻑-하다형여 ①물기가 적어서 부드러운 맛이 없다. thick ②여유가 없이 빠듯하다. tightly fitting ③행동이 자유롭지 못하여 어색하고 거북하다. awkward ④뜸성이 적고 고지식하다. unadaptable ⑤기계나 수레바퀴가 잘 돌아가지 않는다. (작) 빡빡하다. tight 뻑뻑-이閉

뻑적지근-하다형여 가슴이나 목구멍이 뻐근하게 아프다. (작) 빡작지근하다. heavy

뻔둥-거리다자 (센) →번둥거리다.

뻔드럼閉 (센) →번드럼.

뻔드레-하다형여 (센) →번드레하다.

뻔드르르閉 (센) →번드르르.

뻔득閉 →번득.

뻔득-거리나자타 →번득거리다.

뻔득-이다자타 (센) →번득이다.

뻔들-거리다자² (센) →번들거리다².

뻔뻔-스럽다형ㅂ 아주 뻔뻔한 태도가 있다. (작) 빤빤스럽다. impudent 뻔뻔-스레閉

뻔뻔-하다형여 ①잘못이 있어도 부끄러운 줄을 모르다. impudent ②바닥이나 생김생김이 몹시 반반하다. (작) 빤빤하다. fair

뻔적閉 →번적. 하다. (작) 빤빤하다. fair

뻔적-거리다자타 (센) →번적거리다.

뻔적-이다자타 (센) →번적이다.

뻔죽-거리다자 (센) →번죽거리다.

뻔지르르閉 (센) →번지르르.

뻔질-거리다자 (센) →번질거리다.

뻔질-나게閉 연해 자주 드나드는 모양. (센) 뻔절나게.

뻔쩍閉 →번적. [very frequently

뻔쩍-거리다자타 →번적거리다.

뻔쩍-이다자타 (센) →번적이다.

뻔찔-나게閉 (센) →뻔질나게.

뻔ː하다[형][여불] 〈센〉→번하다.
뻔-하다[조동][여불] '-르-을'과 어울려서 '까딱하면 어떻게 되었을 기회가 지나갔음'을 나타내는 보조 동사. ¶큰일 뻔하였다. be come near
뻔ː히[부] 무슨 일이 끊이지 않고 항상 잇대어 있는 모양. continuously
뻔히 떴다[동] 끊이지 않고 늘 잇대어 늘어서다시피 되다. ¶길에 나뭇바리가 ~. stand in a continuous line
뻗-가다[자] 〈센〉→벋가다.
뻗-다[타] 〈센〉→벋다.
뻗-다[자] 〈속〉죽다. collapse [타] ①꾸부렸던 것을 펴서 길게 내밀다. ¶다리를 ~. stretch out ②어떤 것에 미치게 손 같은 것을 내밀다. ¶사랑의 손길을 ~.
뻗-디디다[타] 〈센〉→벋디디다.
뻗-서다[자] 〈센〉→벋서다.
뻗어 가는 칡도 한이 있다[속] ①무엇이나 한이 있다. ②부자도 어느 정도 이상은 재산이 늘지 않는다.
뻗장-대다[자] 〈센〉→벋장대다.
뻗정-다리[명] 벋정다리. [르다. extend through
뻗지르-다[타변] 이 끝에서 저 끝까지 뻗치어 내지
뻗질리-다[자] 뻗지름을 당하다.
뻗쳐-오르-다[자변] 뻗치어 오르다.
뻗치-다[자타] '뻗다'의 힘줌말. spread
뻘팔[의명] 겨레붙이 사이의 촌수와 항렬을 나타내는 말. ¶자네한테 무슨 ~이 되나? [접두] 겨레붙이끼리 촌수와 항렬을 나타내는 말. ¶형~. 조카~.
뻘개[센]→벌개.
뻘개-지다[자] 〈센〉→벌개지다.
뻘거-벗기-다[타] 〈센〉→벌거벗기다.
뻘거-벗다[타] 〈센〉→벌거벗다.
뻘거-숭이[명] 〈센〉→벌거숭이.
뻘건[센]→벌건.
뻘겅[명] 〈센〉→벌겅.
뻘겅-이[명] 〈센〉→벌겅이.
뻘겋-다[형][ㅎ변] 〈센〉→벌겋다.
뻘그데데-하다[형][여불] 〈센〉→벌그데데하다.
뻘그뎅뎅-하다[형][여불] 〈센〉→벌그뎅뎅하다.
뻘그스름-하다[형][여불] 〈센〉→벌그스름하다.
뻘그죽죽-하다[형][여불] 〈센〉→벌그죽죽하다.
뻘긋-뻘긋[부] 〈센〉→벌긋벌긋.
뻘꺽[부] 〈센〉→벌꺽.
뻘끈[부] 〈센〉→벌끈.
뻘끈-거리-다[자] 〈센〉→벌끈거리다.
뻘끈-뒤집히다[자] 소동을 일으키다.
뻘끈-뒤집히-다[자] 소동이 일어나다. [말. hoyden
뻘때-추니[명] 제멋대로 쏘다니는 계집아이를 일컫는
뻘떡[부] 〈센〉→벌떡.
뻘떡-거리-다[자] 〈센〉→벌떡거리다.
뻘렁-거리-다[자] 〈센〉→벌렁거리다.
뻘뻘[부] ①바쁘게 쏘다니는 모양. busily ②땀이 검잡을 새 없이 나는 모양. 〈작〉빨빨. profusely
뻘쭉[부] 〈센〉→벌쭉.
뻘쭉-거리-다[자] 〈센〉→벌쭉거리다.
뻘쭉-하다[형][여불] 〈센〉→벌쭉하다.
뻣뻣-하다[형] ①부드럽지 아니하고 꿋꿋하다. rigid ②풀기가 매우 세다. ¶풀먹인 무명 적삼이 몹시 ~. stiff ③성질이 고분고분하지 않다. 〈작〉빳빳하다. rough 뻣뻣-이[부]
뻣-세-다[형] 뻣뻣하고 억세다. tough
뻥[명] ①〈약〉뻥짜. ②〈속〉거짓. 거짓말.
뻥[부] ①구멍이 뚫어진 모양. ②갑자기 무엇이 터지는 소리. pop ③공 같은 것을 세차게 차는 모양. 또, 그 소리. 〈작〉빵. 〈거〉펑. bump 하[자]
뻥그레-하다[형] 〈센〉→벙그레.
뻥글-거리-다[자] 〈센〉→벙글거리다.
뻥긋[센]→벙긋.

뻥긋=거리-다[자] 〈센〉→벙긋거리다.
뻥긋-하-다[형][여불] 〈센〉→벙긋하다.
뻥-까-다[자] 〈속〉거짓말하다.
뻥끗[센]→벙긋. [to light
뻥끗-나-다[자] 비밀이 드러나 보이다. 〈작〉빵끗나다. come
뻥-놓-다[자] 〈속〉남의 비밀을 드러내다. 〈작〉빵놓다. disclose
뻥-뻥[부] ①구멍이 여러 군데 뚫린 모양. break open ②급작스레 강력하게 자꾸 터지는 소리. pop ③공 같은 것을 세차게 차는 모양. 또 그 소리. 〈작〉빵빵. 〈거〉펑펑.
뻥뻥-하-다[형][여불] ①어떻게 할 줄을 몰라 가슴이 먹먹하다. at a loss ②어떻다고 말을 딱 잘라 하기가 어렵다. 〈약〉뻥하다. puzzled 뻥뻥=히[부]
뻥시레[부] 〈센〉→벙시레.
뻥실-거리-다[자][여불] 〈센〉→벙실거리다.
뻥쟁이[명] 〈속〉거짓말쟁이.
뻥짜[명] ①아주 틀려 버린 일. utter failure ②똑똑하지 못한 사람을 얕잡아 이름. ¶~ 같은 녀석아. 〈약〉뻥①. fool [또, 그 튀김 과자. 하[자]
뻥-튀기[명] 쌀이나 옥수수 따위를 열을 가하여 튀김.
뻥-하-다[형][여불] 〈약〉→뻥뻥하다.
뻰찌(ベンチ, pinchers)[명] 〈공업〉철사를 끊는 데 쓰는 집게 비슷한 연장. 펜치.
뻰끼(ペンキ, pek 네)[명] 페인트.
뻰끼-집[명] ―집[명] 페인트 칠을 업으로 하는 집.
뻰끼-칠[명](―漆)[명] 페인트를 바르는 일. 하[자]
뼈[명] ①〈생리〉척추 동물(脊椎動物)의 힘살 속에 싸여 동물의 몸을 지명하는 물질. 체형(體形)을 이루어 내부의 연한 기관을 보호함. bone ②물건의 속에 단단히 굳어 있는 부분. frame ③〈동〉중심. 핵심. ④속뜻. 저의(底意). ¶그의 말 속에 ~가 있다. implication ⑤〈동〉기개(氣槪). 기골(骨氣)①.
뼈=고도리[명] 뼈로 만든 화살촉. [고기.
뼈-끝[명] ①뼈마디의 끝. end of a bone ②뼈에 붙은
뼈=낚시[명] 짐승이나 물고기의 뼈로 만든 낚시.
뼈-다귀[명] 뼈의 낱개.
뼈다귀-국[명] 짐승의 뼈를 삶아 곤 국. 뼛국. bone soup
뼈-대[명] 〈생리〉몸을 이룬 뼈의 크고 작은 생김새. 골격(骨格). 골간(骨幹). build
뼈대가 굵어지다 장성하여 뼈가 굵어지다. [있다.
뼈대가 있다[동] ①문벌이 좋다. ②심지가 굳고 굿대가
뼈-도가니[명] 소 무릎의 종지뼈에 붙은 질긴 고기.
뼈들-다[자][ㄹ변] ①힘들고 끝이 나지않아 지체하다. drag on ②연장을 가지고 손장난을 하다. play with
뼈들어-지다[자] 칼이나 낫 같은 연장의 날이 무디어 잘 들지 않게 되다. be blunted
뼈-뜯이[명](―뜨지)[명] 뼈에서 뜯어낸 질긴 쇠고기.
뼈-마디[명] 〈생물〉뼈와 뼈가 맞닿는 부분. ②낱낱 뼈토막. joint of bones
뼈물-다[자][ㄹ변] ①옷치장을 하다. dress stylishly ②자꾸 성을 내다. snarl at ③무슨 일을 하려고 자꾸 벼르다. 빼물다②. be prepared for
뼈-바늘[명] 뼈로 만든 뜨개 바늘.
뼈-붙이[명](―부치)[명] 여러 가지의 뼈. bone
뼈-빠지-다[자] 고통이 뼈에 사무치다. 뼛속빠지다. ¶빠지게 일한 보람이 있다.
뼈-아프-다[형][으변] 골수에 사무치는 느낌이 있다. 뼈저리다.
뼈-오징어[명]〈동물〉오징어과의 연체 동물. 몸통 길이 18cm, 다리 9cm 가량인데, 등에는 흰 가로줄무늬가 많고 자라면 담적색·담녹색을 띰. 몸통 속에 커다런 석회질 물질이 들어 있음. 식용으로 뼈는 약으로 씀.
뼈-저리-다[자] 뼛속이 저릴 정도로 무엇이 마음에 깊이 사무치다. 뼈아프다. ¶6·25의 뼈저린 상처.
be touched to the quick [골차다. solid
뼈-지-다[자][ㅎ]하는 말이 여무지다. cogent ②어깨가 옹
뼘ː[명] ①엄지손가락과 다른 손가락을 잔뜩 벌려 거

뺌내기 리. span ②(약)→장뺌
뺌ː=내기 돈치기의 하나. 맞힐 돈과 던질 목대와의 사이가 이미 정하여진 뺌 밖에 나가게 되면 그 사람은 떨어지고 다른 사람이 갈마들게 됨. 하자
뺌=다[―따]타 뺌으로 물건의 길이를 재다. span
뺌=들이로톼 동안을 별로 뜨이지 아니하고 연해 갈 마들어서. incessantly 「를 이르는 말.
뺌ː=치기 길이가 한 뺌쯤 되는 물건, 또 그런 물고기
뼛=골리〈생리〉뼈의 골수. 골.
뼛골=빠ː지다자 뼛골이 진하여 없어지도록 고생하다. 뼈빠지다.
뼛=국명(동) 뻐다귓국.
뼛=성 갑자기 발칵 일어나는 짜증. passion [sion
뼛성=내ː다자 짜증을 발칵 부리다. burst into a pas-
뽀그르르튀(센)→보그르.
뽀글=거리다자(센)→보글거리다.
뽀독=뽀독튀(센)→보독보독.
뽀독=하다형여(센)→보독하다.
뽀드득튀(센)→보드득.
뽀드득=거리다자(센)→보드득거리다.
뽀듯=하다형여 꽤 빠듯하다. fit(one) tightly
뽀로통=하다형여(센)→보로통하다.
뽀르르튀 작은 사람이 부리나케 쫓아가거나 달려가는 모양. 《큰》뿌르르②.
뽀리=뱅이명〈식물〉엉거시과의 일년 혹은 이년생 풀. 높이 15~100 cm이고 잎은 자줏빛을 띤 갈색으로 줄기와 잎에는 잔털이 많음. 어린 잎은 식용함.
뽀뽀명 입맞춤을 귀엽게 일컫는 말. kiss 하자
뽀얗=다ㅎ변(센)→보얗다.
뽀얘=지다자(센)→보얘지다.
뽀유스름=하다형여(센)→보유스름하다.
뽈그름=하다형여(센)→볼그름하다.
뽈그스름=하다형여(센)→볼그스름하다.
뽈그족족=하다형여(센)→볼그족족하다.
뽈긋=뽈긋튀(센)→볼긋볼긋.
뽐=내ː다자 ①제체하다. 잘난 체하다. 의기가 양양하여 우쭐거리다. be haughty ②보라는 듯이 자랑하다.
뽑=다[―따]타 ①박힌 것을 잡아당겨 끄집어 내다. pull out ②길게 늘이어 솟구다. ¶자라가 고개를 길게 뽑고 논다. draw out ③속에 들어 있는 기체나 액체를 나오게 하다. ¶방안의 연기를 ~. let air out of ④기운·힘 따위를 드러내어 소모하다. exhaust ⑤생각·사상·습관 따위를 빼어 없애다. ¶고루한 생각을 뽑아 버리다. remove ⑥여럿 가운데서 골라내다. select ⑦도로 찾아내다. ¶밑천을 ~. recover ⑧소리나 말소리를 내다. ¶한 곡조 ~. sing ⑨(수) 모집하다. ¶판매 사원을 ~. recruit choose
=뽑이접미 무엇을 뽑는 연장임을 나타내는 말. ¶마개~. 솟~. something pull with
뽑히=다피 ①뽑아지다. ¶못이 ~. be pulled out ②여럿 중에서 가려냄을 당하다. ¶반장으로 ~.
뽕¹명(약)→뽕잎.   [be chosen
뽕²명(센)→봉⁵.
뽕깡명[←柑 중]〈식물〉밀감의 하나. 열매는 납작하고 동그스름하며 직경 7 cm 가량, 주름은 많고 등화색으로 익음.   [vulged ②동 뽕빠지다.
뽕=나다자 ①비밀이 드러나다. 《센》뻥나다. be di-
뽕=나무명〈식물〉뽕나무과의 낙엽 활엽 관목. 높이 2~3 m 가량이고 잎은 난형으로 가에 톱니가 있음. 잎은 누에의 먹이가 되고 목재는 단단하여 그릇을 만드는 데 쓰이며 껍질은 종이를 만드는 재료로 씀. 상목(桑木). mulberry tree
뽕나무=겨우살이명〈식물〉뽕나무에 붙어 사는 겨우살이과의 기생 식물(寄生植物)의 하나.
뽕나무=벌레명〈곤충〉뽕나무하늘소의 유충. 뽕나무 속에 있어 나무화의 굴을 파먹는 해충. 한약재로 쓰임. 상충(桑蟲). larva of longicorn beetle
뽕나무=하늘소[―쏘]명〈곤충〉하늘소과에 속하는 곤충. 몸 길이가 32~44 mm이고 몸 빛은 청색을 띤 황회색이며 두부는 황회색 털이 밀생하였음. 뽕나무 등의 해충임. 상우(桑牛).   [disclose
뽕=놓다타 남의 비밀을 드러내다. 《큰》뻥놓다.
뽕도 따고 임도 보고관 두 가지 일을 동시에 이룸을
뽕=밭명 뽕나무를 심은 밭.   [이르는 말.
뽕=빠ː지다자 손해를 크게 당하여 밑천이 다 없어지다. 뽕나다②. be broken
뽕=뽕튀 ①방귀를 연해 되게 뀌는 소리. ②자그마한 구멍들이 또렷또렷이 뚫어지는 소리. 또, 그 모양. 《큰》뿡뿡. 《거》퐁퐁.
뽕=잎[―닢]명 뽕나무의 잎. 《약》뽕¹.
뽕짜튀(속)난봉쟁이.   [그 리듬의 흉내말.
뽕짝튀(속) 트로트풍의 우리 대중 가요의 속칭. 또,
뽕=파리명〈곤충〉침파리과의 곤충의 하나. 몸 빛은 회록색이고 흉부 배면(背面)에 다섯 개의 흑선이 있음. 알이 누에의 몸 속으로 들어가 누엣구더기가 됨. 상승(桑蠅).
뾰로통=하다형여 ①얼굴이 부어서 불룩하다. ②얼굴에 불만스러운 빛이 나타나 있다. 《큰》뾰루퉁하다. sulky   「잘하는 모양. snappishly 하여
뾰롱=뾰롱튀 성질이 순하지 못하고 남을 톡톡 쏘기를
뾰루지명 뾰족하게 생긴 작은 부스럼. furuncle
뾰조록=하다형여 뾰족이 약간 내밀어 있다.
뾰주룩하다. be protruding 뾰조록=이튀
뾰족=구두명 뒷굽이 높고 뾰족하게 만든 여자의 구두. 하이 힐. highheeled shoes
뾰족=뾰족튀 모두가 두루 뾰족한 모양. ¶~ 가시가 돋다. 《큰》뾰쭉뾰쭉. 《센》뾰쪽뾰쪽. 하여
뾰족=집명〈건축〉지붕 끝을 뾰족하게 지은 양옥. house with a pointed roof ②(속) 천주교당.
뾰=하다형여 ①끝이 둥글게 날카롭고 빨다. pointed ②계책이나 성능이 특이하다. 《큰》뾰죽하다. 《센》뾰쪽하다. 뾰족=이튀   「종류의 감.
뾰주리=감명〈식물〉몸이 좀 길쭉하여 끝이 뾰족한
뾰죽=하다형여(센)→뾰쪽하다.
뾰쪽=하다형여(센)→뾰족하다①.
뿌그르르튀→부그르르.
뿌글=거리다자(센)→부글거리다.
뿌다구니명 물건의 삐죽하게 내민 부분. 《약》뿌다귀.
뿌다귀명→뿌다구니.   [protruding part
뿌덕뿌덕=하다형여 ①맛이 떫어서 입안이 텁텁하다. unpleasant ②부드럽지 못하고 아주 뻑뻑하다.
뿌둑=뿌둑튀(센)→부둑부둑.   [heavy
뿌둑=하다형여(센)→부둑하다.   [드드하다.
뿌드드=하다형여(센)①→부드드하다. ②(약)→찌부
뿌드득튀(센)→부드득.
뿌드득=거리다자(센)→부드득거리다.
뿌둑=하다형여(센)→부둑하다.
뿌듯=하다형여(센)→부듯하다.
뿌럭명→블로끄(bloc).
뿌루퉁=하다형여(센)→부루퉁하다.
뿌르르튀 ①(센)→부르르①. ②조급하게 부리나케 쫓아가거나 달려가는 모양. 《작》뽀르르.
뿌리명 ①〈식물〉식물체의 땅에 박힌 밑동으로, 흙에서 물 또는 그 밖의 물질을 빨아들이는 부분. ②사물의 밑동과 근본. root ③깊숙이 자리잡아 굳어진 일의 근본. getting established
뿌리=골무명〈식물〉뿌리의 끝에 있는 모자 모양의 조직. 뿌리의 증식(增殖)·신장(伸張)을 행함. 근관(根冠). root cap
뿌리 깊=다형 ①뿌리가 깊이 박히어 있다. ②사물의 연유하는 바가 오래다. ¶뿌리 깊은 전통을 살리다.
뿌리=다자·타 눈·비 등이 날리어 떨어지다. fall 타 ①얄고 넓게 헤뜨리어 던지거나 끼얹다. ¶길에 물을 ~. sprinkle ②나누어주다. throw ③몹시 눈물을 흘리다. drop tears ④빛을 내쏘아 퍼뜨리다. scatter ⑤무엇을 위에서 아래로 세게 흔들다. shake   [of a tree with its roots
뿌리 등걸 뿌리가 붙어 있는 나무의 등걸. stump

뿌리 박다 ① 나무 등이 뿌리를 뻗어 살다. ② 토대를 잡아 안정하다. ¶ 농촌에 뿌리 박고 살다.
뿌리 빠지다 뿌리채 뽑히어서 아무 것도 남은 것이 없다.
뿌리 뽑다 근본을 깨끗이 없애 버리다.
뿌리-치다 ① 붙잡지 못하게 하다. shake-oneself loose from ② 힘차게 떨어버리다. shake off
뿌리-혹 《동》근류(根瘤).
뿌스럭 《센》→부스럭.
뿌옇-다 《형》→부옇다.
뿌예-지다 《센》→부예지다.
뿌유스름-하다 《형》《어》《센》→부유스름하다. [corner
뿌장귀 뿔처럼 뾰죽이 내민 가장귀. protruded
뿌지지 《센》→부지지.
뿌지직 《센》→부지직.
뿍-뿍 방귀를 짧게 뀌는 소리. sound of breaking wind
뿐 《의》용언 아래에 붙어 그것만의 뜻을 나타내는 말. ¶명령대로 했을 ~이다. merely
=뿐 《접》체언 아래에 붙어 그것만의 뜻을 나타내는 말. ¶하나~. only
=뿐더러 《미》'그' 밑에 쓰여 '뿐만이 아니라'의 뜻으로 쓰이는 말. not only but also
뿐만 아니라 《약》그러할 뿐만 아니라. not only but
뿔 ① 포유 동물의 대가리에 난 단단하고 뾰족한 물질. ② 모든 물건의 대가리나 겉쪽에 나온 부분. horn
뿔-개:미 《곤》개미과에 속하는 곤충의 하나. 등과 배에 네 개의 가시처럼 돋은 것이 있다. 수목의 썩은 부분에서 서식함.
뿔관자(-貫子) 짐승의 뿔로 만든 관자.
뿔그스=하다 《형》《센》→불그스름하다.
뿔그죽죽-하다 《형》《센》→불그죽죽하다.
뿔긋=뿔긋 《센》→불긋불긋.
뿔긋-하다 《형》《어》《센》→불긋하다.
뿔-끝 《체육》활의 뿔과 뽕나무 끝이 붙은 곳.
뿔-나비 《곤》뿔나비과에 속하는 곤충. 날개가 장자리가 가던하지 못하며 아랫 입술의 수염이 앞으로 뛰어나와 있음.
뿔나비=나방 《곤》뿔나비나방과의 곤충. 길이 1 cm, 편 날개 3 cm가량. 몸 빛은 흑갈색, 날개는 넓고 닻 모양의 반문이 있으며, 아랫 입술의 수염이 김. 유충은 양치류의 해충임.
뿔-다귀[--따-] 《속》뿔.
뿔-대:기 《곤》뿔매미과의 작은 곤충. 몸은 7 mm 가량으로 검고 앞가슴에 뿔 모양의 돌기가 두 쌍 있음. 잡초의 줄기 등에서 서식하며 한국·일본 등지에 분포함.
뿔=면(-面) 《수학》언제나 일정한 점을 지나서 일정한 선과 만나는 직선들로 이루어지는 곡면. 추면(錐面).
뿔=벌레 《곤》뿔벌레과의 곤충. 몸은 약 4 mm 로 적갈색, 등에 뿔 모양의 돌기가 있음.
뿔-빤지 《어류》멸치과의 바닷물고기. 모양이 밴댕이와 비슷하나 배가 납작하고 대가리에 뿔이 있음. 우리 나라 특산으로 서남해 및 동해 남부 연해에 분포함. 말리기도 하고 젓을 담그기도 함.
뿔 뺀 쇠 상이라 지위는 있어도 세력이 없음을 일컫는 말.
뿔뿔-이 저마다 따로따로 흩어지는 모양. dispersedly
뿔-잔(-盞) 뿔로 만든 술잔.
뿔-잠자리 《곤》뿔잠자리과에 속하는 곤충. 촉각이 길고, 앉을 때 날개를 세움. 작청령(角蜻蛉).
뿔=종다리 《조》종다리과에 속하는 새. 종달새와 비슷하나 부리가 크고 몸 빛이 회갈색이며 흉부에 진한 반점이 있음. 울 때에 흰 털을 뿔처럼 벋치는
뿔-짓 뿔로 받는 짓. goring 유.
뿔=체(-體) 《수학》하나의 뿔면과 하나의 평면으로 둘러싸인 입체.
뿔-풍뎅이 《곤》풍뎅이과의 곤충. 몸 빛은 광택 있는 흑색이며 두부(頭部)는 부채 모양인데, 수컷

의 두정(頭頂)에는 뿔 같은 돌기가 있고 다리에는
붉-다 《형》→붉다. [갈색의 긴 털이 있음.
붉어-지다 《센》→붉어지다.
뿜-다 [--따] ① 속의 물기가 겉으로 스며 나오다. ooze out ② 속에 있는 것을 바깥으로 불어 내어 보내다. ¶공장 굴뚝에서 연기를 ~. spout ③ 입으로 물을 불어 내어 물건을 추기다. ¶문종이에 물을 ~. spray water with one's mouth
뿜어 내:다 속의 것을 뿜어서 밖으로 나오게 하
뿜이=개 《동》분무기(噴霧器). [다. 분출하다.
뿡=뿡 《센》→붕붕.
뿡 《센》→붕①.
쀼루퉁-하다 《형》《어》① 부어서 룩룩하다. sullen ② 불만스러운 빛이 얼굴에 나타나 있다. 《작》뾰로통하다. sulky
쀼주룩-하다 《형》《어》물건의 끝이 쀼죽하게 내밀려 있다. 쀼죽하다. protruding 쀼주룩=이
쀼주룩 끝이 쀼주룩하게. protruding
쀼죽=쀼죽 여럿이 쀼죽한 모양. 《작》뾰족뾰족. 《센》쀼죽쀼죽. 하
쀼죽-하다 《형》《어》끝이 차차 빨아져서 날카롭다. 《작》뾰족하다. 《센》쀼죽하다. pointed 쀼죽=이
쀼쭉=쀼쭉 《센》→쀼죽쀼죽.
쀼쭉-하다 《형》《센》→쀼죽하다.
삐: ① 어린이가 우는 소리. screech ② 피리 따위를 부는 소리. whistlingly
삐거덕 딱딱한 물건이 서로 닿아서 거칠게 갈릴 때 나는 소리. 《센》삐꺽덕. creaking 하
삐거=거리-다 삐거덕 하는 소리가 연이어 나다. 《센》삐꺽거리다. 삐거덕=삐거덕 하
삐걱 《센》→비걱.
삐걱=삐각 '삐걱' 소리와 '삐각' 소리가 한데 어울
삐꺽덕 《센》→삐거덕. [려서 나는 소리. creakly
삐꺽=거리다 《센》→삐거덕거리다.
삐꾸러-지다 《센》→비꾸러지다.
삐끗 《센》→비끗.
삐끗-거리다 《센》→비끗거리다.
삐:-다 괴었던 물이 빠져서 줄다. subside
삐:-다 뼈가 틀어지다. put out of the joint 손이나 발을 비틀어서 휘다. twist, sprain
삐:=대:다 한 군데 진대 붙어서 끈덕지게 굴다. ¶ 하루 종일 친구 집에서 삐대었다. make a nuisance of oneself
삐드득 ① 틈에 끼인 단단한 물건이 문질러 나는 소리, creaking ② 아이들이 장난감 피리를 부는 소리. 《작》빠드득. 하
삐드득=거리-다 삐드득 하는 소리가 연해 나다. 또, 나게 하다. 《작》빠드득거리다. 삐드득=삐드득 하
삐딱 《센》→비딱.
삐딱-거리다 《센》→비딱거리다.
삐뚜로 《센》→비뚜로.
삐뚜름-하다 《형》《어》《센》→비뚜름하다.
삐뚝-거리다 《센》→비뚝거리다.
삐뚤-거리다 《센》→비뚤거리다.
삐뚤-다 [르다] 《센》→비뚤다.
삐뚤어-지다 《센》→비뚤어지다.
삐뚤-이 《센》→비뚤이.
삐라(←-bill) ① 벽에 붙이는 선전 광고지. poster ② 돌라주는 광고지. (hand) bill ③ 격문(檄文). leaflets
삐:삐 ① 어린아이의 높고 가느다란 울음 소리. ② 구멍이 작은 보리피리나 버들피리를 부는 소리.
삐:삐¹ 살가죽이 쪼그라져서 배틀리도록 여윈 모양. 《작》빼빼. gauntly
삐:삐² ① 어린애의 우는 높은 소리. screaming ② 버들피리·보리피리 따위를 부는 소리. 《작》빼빼.
삐악 《센》→비악. [whistling
삐악=삐악 《센》→비악비악.

뻐주룩=뻐주룩 〈센〉→비주룩비주룩.
뻐주룩=하-다〈형여불〉〈센〉→비주룩하다.
뻐죽⑤〈센〉→비죽.
뻐죽=거리다〈자타〉〈센〉→비죽거리다.
뻐쭉⑤〈센〉→비죽.
뻐쭉=거리다〈자타〉〈센〉→비죽거리다.
삐:치·다〈자〉 ①느른하여 기운이 빠지다. be languid ②노여움을 타서 마음이 토라지다. ¶농으로 한 말에 ~. turn sulky
삐:치·다² 붓으로 삐침 획을 긋다. [down stroke
삐:침〈명〉한자의 획(畫) '丿'의 이름. left-slanting
삐트적=거리다〈자타〉〈센〉→비트적거리다.
삐틀=거리다〈자타〉〈센〉→비틀거리다.
삑¹〈부〉 여럿이 한군데 배게 들어선 모양.《작》빽¹. thickly
  [《작》빽². whistling
삑 기적 또는 새 같은 것이 날카롭게 지르는 소리.
삑:=삑〈부〉 기적 또는 새 같은 것이 연해 몹시 날카롭게 지르는 소리. 《작》빽빽.
삑삑=하-다〈형여불〉 ①그득 들어서서 사이가 촘촘하다. ¶삑삑하게 들어선 집들. close ②소견이 좁아서 시원한 맛이 없다. ¶몹시 삑삑한 자식이다. 《작》빽빽하다. unadaptable ③구멍이 거의 막혀 답답하다. stuffy ④국물보다 건더기가 많아서 되자랗다. thick 빽빽이⑤ [다. 《작》빽지르다. cry out
삑=지르-다〈타특〉 갑자기 소리를 날카롭고 크게 지르
삔동=거리-다〈자〉〈센〉→빈둥거리다.
삘기〈식물〉 띠의 새로 돋아나는 순. bud of a turf
삘기-살〈명〉 죽바디나 혹은 쥐머리에 붙어 있는 쇠고기.
삥:〈부〉〈센〉→빙.
삥그레⑤〈센〉→빙그레.
삥그르르⑤〈센〉→빙그르르.
삥글=거리다〈자〉〈센〉→빙글거리다.
삥글=삥글⑤〈센〉→빙글빙글¹.
삥긋⑤〈센〉→빙긋.
삥긋=거리다〈자〉〈센〉→빙긋거리다.
삥둥=그리다〈자〉 고개를 비틀면서 싫다는 뜻을 보이다.《작》뺑당그리다. turn one's face
삥땅〈속〉돈을 가로채어 숨김. ¶~ 뜯다. 하타
삥=삥〈부〉〈센〉→빙빙①.
삥:=삥:=매:다〈자〉 어쩔 줄을 몰라 절절매고 돌아다니
삥시레⑤〈센〉→빙시레. [다. bustle about
삥실=거리다〈자〉〈센〉→빙실거리다.
삥싯⑤〈센〉→빙싯.
삥싯=거리다〈자타〉〈센〉→빙싯거리다.
·뽀:눈〈명〉〈고〉 싸락기눈.
뽀-다〈타〉〈고〉 싸다.
뽈〈명〉〈고〉 쌀.

·쁠·플〈고〉 쌀풀.
·써〈고〉 써.
써곰〈고〉 '써'의 힘줌말.
·쑥〈고〉 쪽.
·뜻-돌〈고〉 숫돌.
·쓰-·다〈타〉〈고〉 쓰다〔用〕.
·쓰-·다〈타〉〈고〉 쓰다〔苦〕.
쓰어리〈명〉〈고〉 써래질.
·쓸게〈명〉〈고〉 쓸개.
·쓸-·다〈타〉〈고〉 쓸다.
·씨〈명〉〈고〉 씨(種子).
씨둘-·다〈타〉〈고〉 씨를 덮다.
씽·그-·다〈타〉〈고〉 찡그리다.
쎄·혀-·다/쎄혀-다〈타〉〈고〉 깨뜨리다.
쎄니-·다〈고〉 꺼지다. 빠지다.
:쎄-·다〈타〉〈고〉 꿰다.
쑬〈명〉〈고〉 꿀.
·쀠·이-·다〈고〉 구이다.
쓰〈명〉〈고〉 때.
·쓰-·다〈자타〉〈고〉 끄다. 꺼지다.
쓰·리-·다〈타〉〈고〉 꾸리다. 에우다.
쓴〈명〉〈고〉 때는. '쓰'의 절대격형(絶對格形).
·뿔¹〈명〉〈고〉 꿀.
·뿔²〈명〉〈어〉 때를. '쓰'의 목적격형(目的格形).
·뾍〈명〉〈고〉 금.
·쎼〈명〉〈고〉 ①때에. '쓰'의 처격형(處格形). ②때.
=쎼〈접미〉〈고〉 =께. 어떤 때를 중심 잡아 그 가까운
  [범위.
쎄·니〈고〉 끼니.
·쎄-·다〈고〉 끼다〔挾〕.
·쎄·우-·다〈고〉 끼우다.
쓰·리-·다〈타〉〈고〉 때리다. 때려 깨뜨리다.
·쎅〈명〉〈고〉 때〔時〕.
·쓰·리〈명〉〈고〉 종기(腫氣).
·쎅-·다〈타〉〈고〉 찌다³.
·쓰다〈타〉〈어〉 뜨다².
쓰-다¹〈타〉〈고〉 짜다.
·쓰-·다〈타〉〈고〉 짜다.
·쓰-다〈형〉〈고〉 짜다.
짝〈고〉 작.
·쎅-·다〈타〉〈고〉 째다. 찢다.
쪼치-·다〈고〉 쫓기다.
쫀머리〈명〉〈고〉 상투.
:쎅-·다〈타〉〈고〉 죄다.
·쓴-·디-·다〈형〉〈고〉 인자(仁慈)롭다.
·뜻-·다〈타〉〈고〉 쫓다.
·뜻-·다〈타〉〈고〉 젖다.

經世訓民正音圖說字  訓民正音字

ㅅ¹[시옷]〈어학〉①한글 자모의 일곱째 글자. the 7-th letter of the Korean alphabet ②자음의 하나. 목젖으로 콧길을 막고 혀의 앞바닥을 입천장의 앞바닥에 닿을락말락할 정도로 올려, 내쉬는 숨이 그 사이를 비집고 나오면서 마찰하여 나는 안울림 소리. 끝소리로 그칠 때에는 'ㄷ'과 같이 발음됨.

ㅅ²[   ] 아음(牙音)·설음(舌音)·순음(脣音)·경음후음(喉音)·반설음과 모음 밑에서 소유격으로 쓰이던 사잇글자.

ㅿ[반시옷]〈고〉옛 자음의 하나. 반치음으로 'ㅅ'과 'ㅇ'의 중간으로 생각됨. 임진 왜란 후 소멸됨.

ㅅ벗어난=끝바꿈[시옷ㅡ]〈동〉ㅅ불규칙 활용.

ㅅ변:칙 활용[ㅡ變則活用]〈동〉ㅅ불규칙 활용.

ㅅ불규칙 활용[시옷ㅡ](不規則活用)〈어학〉어간의 끝 'ㅅ'이 어미의 모음 앞에서 줄어지는 형식. '낫다'가 '나아'·'나으니'로 되는 따위. ㅅ벗어난 끝바꿈. ㅅ변칙 활용. irregular conjugation of 'ㅅ' ending root.

ㅅ치는 일. buttonhole stitch

사명 단춧구멍이나 수눅 따위의 가장자리를 실로 감 **사'**團(원)→(1)

사:(士)명 ①장기의 궁밭 안에서 궁을 지키는 두 개의 말. ②선비. scholar

사:(巳)명 〈민속〉①십이지(十二支)의 여섯째. ②〈약〉→사방(巳方). 사시(巳時).

사:(死)명 죽음. (대) 생(生). death

사(私)명 ①사사로운 일. private ②자기의 이익만을 꾀하는 일. self-interest ③모태에 숨어서 하는 일. (대) 공(公). secret   wrong ②〈약〉→사기(邪氣).

사(邪)명 ①바르지 못하고 요망스러움. (대) 정(正).

사:〈제도〉고려·조선조 때 목(牧)·도호부(都護府) 등 지방 관아의 으뜸 벼슬.

사¹(社) ①〈약〉→회사(會社). ②어떤 목적으로 이 문 단체. association

사²명 옛 중국에 있어서의 토지의 수호신. 토, 그 신에게 지내는 의식.   〈세.

사(砂)명 〈민속〉풍수 지리에서 혈(穴)의 주위의 모양.

사(射)명 육예(六藝)의 하나. 활을 쏘는 일. 궁술(弓術). 사예(射藝).

사(師)명 ①스승. master ②〈약〉→사괘(師卦).

사(紗)명 여름 옷감으로 쓰이는 발이 얇고 성긴 비단의 하나. silk gauze   (赦典). 하타

사(赦)명 죄를 용서하여 줌. pardon ②〈약〉→사전

사(詞)명 ①글로 된 말. written words ②〈문학〉중국의 옛 악부(樂府)의 변체로 운문의 하나. (子).

사(嗣)명 대를 잇는 일. succession ②〈약〉→사자(嗣

사(辭)명 ①〈문학〉흔히 운(韻)으로 된 말을 사용하는 한문 글체의 하나. ②사상을 말이나 글로 나타 낸 것.

사:(四)♊️면 넷. four

사(絲) ①십진급수(十進級數)의 하나. 섬(纖)의 아래로 1의 억분의 1.   〈분의 1.

사(絲)⊘ 십진급수의 하나. 모(毛)의 아래로 1의 만

=**사**(士)⊕ 전문에까지 종사하는 일의 사람을 가리킴. ¶기관(機關)~. man

=**사**(史)(코미) 명사 뒤에 붙어 어떤 분야에 대한 '역사'라는 뜻. ¶경제(經濟)~. 고려~.

=**사**(寺)(코미) 절의 이름 밑에 붙어 말하는 말. ¶불국(佛國)~. temple   ¶숙~.

=**사**(舍)(코미) 명사 뒤에 붙어 집·가옥·건물의 뜻.

=**사**(事)(코미) 명사 뒤에 붙어 일을 뜻하는 말. ¶

중대~. 「을 일컬음. ¶미용~. worker skilled
=**사**(師)(코미) 그 일에 숙달한 사람이나 모범적인 사람

사/사⑳(고) 야. 라야. 강세 조사(強勢助詞).

ㅅ의⑳(고) 이. 것. 바.

사:가(史家)명 〈약〉→역사가(歷史家)

사:가(四街)명 ①〈약〉네거리. ②노(路)자 붙은 지역을 여러 으로 나눈 한 구역. ¶충무로 ~.

사:가(死街)명 ①죽은 듯이 쓸쓸한 거리. ②폐허가 된 거리. deserted street

사가(私家)명 사삿집.

사가(査家)명 사돈집.

사가(師家)명 스승의 집.   [absense 하타

사가(賜暇)명 쉬는 겨를을 줌. 말미를 줌. leave of

사:가-화(死街化)명 번화하던 길거리가 죽은 듯이 쓸쓸해짐. 하타

사:각(四角)명 ①네 구석에 모가 있는 꼴. 네모. 정방. square ②〈약〉→사각형.   「넣어 두던 곳.

사:각(史閣)명 〈제도〉사고(史庫) 안의 실록(實錄)을

사:각(死角)명 ①총포의 총구 안에 있으나 장애물 또는 총포의 구조상 총알이 미치지 않는 범위. dead angle

사:각(死殼)명 죽은 조개류의 껍데기. shell

사각(射角)명 총포로 탄환을 쏠 때 총신이나 포신이 수평면과 이루는 각도. angle of fire

사각(斜角)명 〈약〉'빗각'의 구용어.

사각(斜脚)명 비스듬히 걷는 걸음걸이. 비스듬히 걸어가는 일.

사각(寫角)명 카메라의 앵글.

사각-거리다-대다명 연한 과자나 과실을 씹는 것과 같은 소리가 나다. 《센》서걱거리다. 《센》싸각거리다. crunch **사각-사각**명 하타

사:각-건(四角巾)명 상제가 소렴(小殮) 때부터 성복(成服) 때까지 쓰던, 위를 막지 않은 두건.

사각-근(斜角筋)명 〈생리〉목의 앞뒤와 복판에 빗이 있어 머리 운동을 자유롭게 하여 주며, 늑골을 들어 올려 숨을 돕는 작용을 하는 근육.

사:각-기둥(四角一)명 〈수학〉측면과 밑면이 사각형으로 된 기둥.

사:각 모자(四角帽子)명 전에 대학생이 쓰던 네모난 모자. 사방 모자. mortarboard

사:각-문(四圓門·四脚門)명 〈건축〉기둥이 네 개로 된 문. gate with four pillars

사:각-뿔(四角一)명 〈수학〉밑면이 사각형인 각뿔. 네모뿔. quadrilateral pyramid

사:각-식(四角植)명 〈농업〉사각형으로 묘목이나 식물을 옮겨 심는 일. 하타

사:각-주(四角柱)명 〈수학〉'사각기둥'의 구용어.

사:각-주(斜角柱)명 〈수학〉'빗각기둥'의 구용어.

사:각-추(四角錐)명 〈수학〉'사각뿔'의 구용어.

사:각 지부(四脚蟲薄)명 네 다리 지부.

사:각 팔방(四角八方)명 사방 팔방(四方八方).

사:각-형(四角形)명 〈수학〉네 개의 꼭지각을 이루고 네 개의 직선으로 싸인 평면형(平面形). 사변형. 네모꼴. 《약》사각(四角)②. quadrangle

사:간(死諫)명 죽음으로써 간(諫)함. admonishing with death 하타

사간(射干)명 〈한의〉범부채의 뿌리. 후증(喉症)·어혈(瘀血)·징가(癥瘕)에 쓰는 한약.

사간-원(司諫院)명 〈제도〉조선조 때, 삼사(三司)의 하나. 임금께 간하는 일을 맡았음.

사:간-통(四間通)명 〈건축〉방 하나 크기만큼의 간수(間數)를 네 칸으로 만든 건축 양식.

사갈[명] 미끄러지지 않도록 밑바닥에 못을 박아 산에 오를 때 신는 나막신. wooden shoes

사갈(蛇蝎)[명] ①뱀과 전갈(全蝎). snakes and scorpions ②남을 해치는 사람의 비유.

사갈-시[―씨](蛇蝎視)[명] ①뱀이나 전갈을 보듯 함. ②악독한 것으로 보고 끔찍히 싫어함. ~하다

사감(私感)[명] 사사로운 감정. personal feeling

사감(私憾)[명] 사사로운 이해(利害) 관계에서 온 유감(遺憾). grudge

사감(舍監)[명] ①기숙사에서 기숙생을 감독하는 사람. dormitory-supervisor ②(제도) 궁방(宮房)의 논밭을 관리하던 사람. 「여섯 중 넷이 긴 웅(雄)三」

사:강 웅예(四强雄蕊)[명]《식물》 장대나물 따위처럼

사:개[명] ①상자 따위의 네 모퉁이를 들쭉날쭉하게 맞춘 곳. dovetail ②〈건축〉 기둥 머리를 도리나 장여를 박기 위하여 네 갈래로 오려 낸 부분.

사개(砂疥)[명]《의학》 살갗에 좁쌀 같은 것이 돋아나 가려운 병. 「of a box

사:개=다리[명] 상자 따위의 네모에 진 다리. four legs

사:개다리 치:부(四介―置簿)[명] 치부에 과목을 정하여 대차(貸借)를 갈라 기록함. 사각(四脚)치부. 사개 부기(四介簿記). 〔약〕 사개 치부(四介置簿).

사:대 ·승(四個大乘)[명] 〈불교〉 화엄종(華嚴宗) · 천태종(天台宗) · 진언종(眞言宗) · 선종(禪宗) 등 대승 불교의 네 종파. four main Buddhist sects

사:개=맞춤[명] 〈건축〉 기둥 머리를 맞추는 일을 박기 위하여 네 갈래로 오려 내고 맞추는 일. 또, 그 부분.

사:개 부기(四介簿記)[명] 〔동〕 사개다리 치부.

사:개 치:부(四介置簿)[명] 〔약〕→사개다리 치부.

사:개=통[명] 〈건축〉 기둥 머리에 사개를 맞출 자리. dovetail joints

사:객(使客)[명] 〈제도〉 연로(沿路)에 있는 고을의 수령(守令)이 봉명 사신(奉命使臣)을 일컫던 말.

사객(詞客)[명] 시문(詩文)을 잘 짓는 사람. literary man 「a visitor away ~하다

사객(謝客)[명] 찾아온 손을 만나 주지 않음. turning

사갱(斜坑)[명] 광물 갱구에서 땅속으로 경사지게 판 갱도. 「거(逝去). death ~하다

사:거(死去)[명] 죽어 세상을 떠남. 〔공〕 졸(卒) · 서(逝)·서

사거(絲車)[명] 물레를 돌리는 바퀴. spinning wheel

사거(辭去)[명] 작별하고 떠나감. leaving ~하다

사:가(saga)[명] ①중세의 북유럽, 특히 고대 아일랜드에서 성립된 특수 형태의 문학으로 사전(史傳)과 소설을 겸한 것. ②무용담(武勇談). ③계도 소설(系圖小說).

사:거리[명](四―)[명] 〔동〕 네거리.

사:거:리(射距離)[명] 〈군사〉 총구에서 탄착점까지의 거리. 사정 거리.

사:건[―껀](事件)[명] ①일거리. event ②뜻밖에 일어 난 일. 사고(事故)①. ¶~ 현장(現場). accident

사건(紗巾)[명] 사로 만든 두건. 「◦ 소송 사건.

사검(査檢)[명] 사실을 조사하여 속을 자세히 살핌. 검사. ¶~소(所). investigation ~하다

사:겁(四劫)[명] 〈불교〉 세계가 생겨나 없어질 때까지 의 시기. 즉 성겁(成劫) · 주겁(住劫) · 괴겁(壞劫) · 공 겁(空劫)의 네 가지.

사격(寺格)[명] 〈불교〉 문적(門跡) · 본산(本山) · 별원(別院) · 말사(末寺) 등의 자격.

사격(沙格)[명] 사공과 그 곁에서 거드는 격군.

사:격(射擊)[명] 총이나 대포를 쏘아 목표를 공격함. firing 하다

사:격 경:기(射擊競技)[명] 〈체육〉 사격장에서 소정의 총기·탄약을 사용하여 일정한 목표를 쏘아 그 득점을 다투는 경기. shooting match

사:격=권(射擊圈)[명] 총포를 쏘아 맞힐 수 있는 범위.

사:격=수(射擊手)[명] 사격하는 사람. shooter

사:격=술(射擊術)[명] 사격하는 기술. markmanship

사:격=장(射擊場)[명] 사격 연습을 위하여 표적 따위를 설비하여 놓은 곳. rifle range

사:격 훈:련(射擊訓練·射擊鍊)[명] 〈군사〉 사격술을 가르치고 연습시키는 군사 훈련의 하나. rifle drill, shooting practice

사견(私見)[명] 저 혼자만의 생각. personal view

사견(邪見)[명] 옳지 못한 생각. 〔대〕 정견(正見). heretical view 「종견(種繭).

사견(絲繭)[명] 제사용(製絲用)으로 쓰이는 고치. 〔대〕

사견(飼犬)[명] 집에서 기르는 개. 또, 집에서 개를 기

사결(辭訣)[명] 작별의 인사를 함. ~하다 「름. ~하다

사:경(四更)[명] 하룻밤을 다섯으로 나눈 넷째 시각으로, 두시를 전후한 시각. 정야(丁夜). 축시(丑時). small hours

사:경(四京)[명] 고려 때의 남경(南京; 서울) · 동경(東京; 경주) · 중경(中京; 개성) · 서경(西京; 평양)의 총칭. 「〔동〕 천하(天下).

사:경(四境)[명] ①사방의 경계. four boundaries ②

사:경(四經)[명] ①시경(詩經) · 서경(書經) · 역경(易經) · 춘추(春秋)의 네 경서. ②좌씨 춘추(左氏春秋) · 곡량 춘추(穀梁春秋) · 고문 상서(古文尙書) · 모시(毛詩)의 네 경서.

사:경(死境)[명] 죽을 지경. 죽게 된 지경. gates of

사경(社耕)[명] 〔동〕 사경. 「death

사경(私耕)[명] ①꼬불꼬불한 작은 길. ②출세나 공명 등 개인의 이익을 위하여 취하는 정당하지 못한 방편. 곡경(曲徑). 「물을 재배하는 일. ~하다

사경(沙耕)[명] 〈농업〉 모래에 필요한 양분을 주어 작

사경(査經)[명] 〈기독〉 교인들이 모여서 성경을 공부함.

사경(斜徑)[명] 비탈길. 「~하다

사경(斜傾)[명] 한쪽으로 비스듬히 기욺. ~하다

사경(斜頸)[명] 〈의학〉 목의 같은 근육이 짧아져서 머리 가 한쪽으로 기우는 병적 상태. 또, 그런 목.

사:경(寫經)[명] 〈불교〉 후세에 전하기 위하여 또는 공 양을 위하여 경문을 베끼는 일. ~하다

사경-견(蛇警犬吠聲)[명] 〈민속〉 궁합(宮合)에서 뱀띠가 개띠를 꺼림.

사경-답(私耕畓)[명] 사래논.

사경-법[―뻡](沙耕法)[명] 〈농업〉 작물 시험(作物試驗)에서 석영사(石英砂)에 작물을 심고 양분을 주어, 그것의 작물에 대한 효과를 시험하는 일. sand

사경-전(私耕田)[명] 〔동〕 사래밭. 「culture

사:경제(私經濟)[명] 〈경제〉 개인이나 회사·조합 등의 사법인(私法人)이 경영하는 경제 및 그 활동. 〔대〕 공경제. private economy 「~는 닭. 사경추.

사:경-추니[―투니](四更―)[명] 보통 닭보다 일찍 사경홀에 ~

사경-회(査經會)[명] 〈기독〉 교인들이 모여 며칠 동안 성경을 공부하는 모임. Bible class

사:계[一](四季)[명] ①〔동〕 사시(四時)①. ②〔약〕→사계삭 (四季朔).

사:계[二](四季)[명] 〈식물〉 장미과(薔薇科)에 속하는 상 록 관목. 붉은색·흰색 꽃이 사철을 피는 때찔레같 은 나무. 월계화(月季花).

사:계(四界)[명] ①천계(天界) · 지계(地界) · 수계(水界) · 양계(陽界)의 총칭. ②〈불교〉 지계 · 수계 · 화계(火界) · 풍계(風界)의 총칭.

사:계(司計)[명] ①〈군사〉 육군 회계관의 하나. ②〈제도〉 회계 사무를 맡아보는 관원.

사:계(四計)[명] 사람의 생활에 있어서의 네 가지 계획. 곧, 하루의 계획은 새벽에, 한 해의 계획은 봄 에, 일생의 계획은 부지런함에, 한 집안의 계획은 화목함에 있다는 말.

사:계(沙界)[명] 〈불교〉 ①갠지스 강의 모래처럼 무수한 세계. ②무량(無量) · 무수(無數)인 것.

사계(私計)[명] ①자기 혼자의 계획. one's private plan ②사리(私利)를 꾀하는 계획.

사계(邪計)[명] 바르지 못한 계획. 나쁜 계획. plot

사:계(事戒)[명] 〈불교〉 모든 계행(戒行)을 지킴.

사:계(射界)[명] ①총을 쏠 수 있는 범위. shooting area ②탄알이 미치는 범위. shooting-range

사계(射楔)[제도] 사원(射員)들로 이루어진 단체.
사:계(捨戒)[불교] 계율을 버리고 지키지 아니함. 하타
사계(詐計)[명] 속이는 꾀. 「~의 권유. that circle
사계(斯界)[명] 그러한 전문 방면. 그 방면의 사회. ¶
사:계-도(四季圖)[명] 병풍 따위에 춘·하·추·동의 각각 색다른 풍경을 그린 그림. pictures of four seasons
사=계:명(四誠命)[명] 〈종교〉 천도교의 네 계명. 곧, 번복지심(飜覆之心)을 두지 말라, 물욕 교폐(物慾交蔽)하지 말라, 헛말로 혹세(惑世)하지 말라, 기천(欺天)하지 말라의 네 가지.
사=계:삭(四季朔)[명] 네 철의 마지막 달. 곧, 음력 삼월·유월·구월·섣달의 총칭. ⑪사계(四季)¹². last month of each season
사:계 소:재(四季小齋)[기독] 네 철에 각각 한 번 씩 있는 소재.
사계 편사(射楔便射)[제육] 사정(射亭)의 사원(射員)들이 편을 갈라 활의 기예(技藝)를 서로 비교하여 승부를 겨루던 일. 「花).
사:계-화(四季花)[명] 〈식물〉 사계의 꽃. 월계화(月季
사:계-회(四季會)[명] 〈불교〉 철마다 한 번씩, 곧 춘·하·추·동으로 일 년에 네 번 모이는 회합.
사:고(四苦)[명] 〈불교〉 인생의 네 가지 괴로움. 곧, 생(生)·로(老)·병(病)·사(死). four agonies of man
사:고(四庫)[명] 〈제도〉 중국 당(唐)나라 현종(玄宗) 때, 장안(長安)과 낙양(洛陽) 두 곳에 서적을 경(經)·사(史)·자(子)·집(集)의 네 부문으로 분류하여 보존하던 곳집. 또, 그 서적. four divisions of the Chinese classics
사:고(史庫)[명] 〈제도〉 조선조 때, 역사에 관한 기록 및 서적을 간직해 두던 곳집. library of historical materials 「부건. 주번. 하타
사:고(四顧)[명] ①사방을 돌아봄. looking around ②
사:고(死苦)[명] 〈불교〉 사고(四苦)의 하나. 사람은 반드시 죽지 않으면 안 된다는 고통. death agony ②죽음에 다다를 정도의 고통. deadly pain ③죽을 때의 고통. pain of death
사고(私考)[명] 자기 혼자의 생각. personal view
사고(私稿)[명] 개인의 원고(原稿). 사초(私草). personal draft 「a company
사고(社告)[명] 회사에서 내는 광고. announcement of
사:고(事故)[명] ①뜻밖에 일어난 탈. 변고. 사건②. accident ②어떤 během 사고 cause of a matter
사고(思考)[명] 생각하고 궁리함. thought 「⑧사유(思惟). 하타
사고(斜高)[명] 〈수학〉 직원뿔의 정점에서 밑변 위의 한 점까지의 직선의 길이. 또는 정각추(正角錐)의 정점에서 밑면의 일변 중점(中點)에 이르는 직선의 길이. 「결손.
사:고=결(事故缺)[명] 사고로 말미암아 하는 결근이나
사:고 경성(事故傾性)[명] 남보다 특히 많은 재해를 입거나 사고를 일으키기 쉬운 개인의 특성.
사-고기(私—)[명] ①관청의 허가 없이 잡은 쇠고기. 사육(私肉). illegal beef ②공공의 음식물을 개인이 차지한 것. public property diverted to private channels
사고 능력(思考能力)[명] ⑧사고력. 「power
사고-력(思考力)[명] 사고하는 힘. 사고 능력. thinking
사:고-무(四鼓舞)[명] 〈연예〉 고전 무용의 하나. 네 개의 북을 사방에 걸어 놓고 치면서 추는 춤.
사:고 무인(四顧無人)[명] 주위에 사람이 없어 쓸쓸함. loneliness 하타
사:고 무친(四顧無親)[명] 의지할 만한 사람이 전혀 없음. stand alone and helpless 하타 「는 사람.
사:고-뭉치(事故—)[명] ⑧ 늘 사고나 말썽만 일으키
사고 방식(思考方式)[명] 사고하는 방법과 태도. way of thinking 「of thinking
사고 작용(思考作用)[명] 생각하고 궁리하는 일. process
사:고 팔고(四苦八苦)[명] ①몸이 심한 피로움. bitter agony ②〈불교〉 사고(四苦)와 사랑을 이별한[愛別

離], 원망과 미움을 만남[怨憎會], 구하여 얻지 못함[求不得], 오음이 성함[五陰盛]의 네 가지를 아울러 이름. 「unfair dealing 하타
사곡(私曲)[명] 사사롭고 바르지 못함. 공변되지 못함.
사곡(邪曲)[명] 마음이 올바르지 못함. crookedness 하타
사곡(私穀)[명] 개인이 소유한 곡식. ⑪공곡(公穀). 「privately owned grain
사곡(絲穀)[명] 〈약〉→사선 곡복(絲穀腹).
사:골(四骨)[명] 짐승, 특히 소의 네 다리 뼈. 약으로 씀. bones of the four legs of beast
사:골(死骨)[명] 죽은 사람의 뼈. skeleton
사골(篩骨)[명] 〈생리〉 두개골(頭蓋骨)의 하나. 두 눈 사이에 있는 벌집처럼 엉성한 뼈. ethmoid bone
사:공(四空)[명] 사방의 하늘.
사공(司空)[명] 〈제도〉 ①중국 주(周)나라 때, 삼공(三公)의 하나. ②고려 때, 삼공의 하나. ③조선조 때, 공조 판서(工曹判書)의 별칭.
사공(沙工)[명] —뱃사공.
사공(射工)[명] ⑧풀여우.
사공이 많으면 배가 산으로 올라간다 주장되는 사람이 없이 여러 사람이 제각기 이러니 저러니 하면 일이 제대로 되지 않음을 이르는 말.
사:과(一科)[四科] 〈종교〉 ①천도교의 도를 닦는 네 과정의 성(誠)·경(敬)·신(信)·법(法). ②유학(儒學)의 네 가지 학과. 즉, 덕행·언어·정사(政事)·문학을 일컬음. 「명과(冥科). apple
사과(沙果)[명] 사과나무의 열매. 능금②. 빈과(嚬婆).
사과(絲瓜)[명] ⑧수세미외.
사:과(謝過)[명] 잘못에 대한 용서를 빎. apology 하타
사과=깍지진디(沙果—)[명] 〈곤충〉 둥근깍지진디과의 곤충. 길이 약 3 mm로 검정·암갈색을 띰. 사과나무·배나무·벗나무 따위에 큰 해를 끼침.
사과-나무(沙果—)[명] 〈식물〉 능금나무과의 상록 활엽 교목. 능금나무의 개량종으로 4~5월에 흰 꽃이 피고 열매인 사과가 달림. 중요 과수의 하나로 품종이 매우 많으며 신맛이 있고 향기가 있음. apple tree
사과-산(沙果酸)[명] 〈화학〉 사과 따위의 과실에 들어 있는 유기산(有機酸). malic acid
사과-즙(沙果汁)[명] 사과에서 짜낸 신맛이 있는 즙.
사과=참외(一瓜—)[명] 〈식물〉 상일 연하고 단맛이 많은 참외의 하나. kind of cantaloupe
사:과-탑(四果塔)[명] 〈불교〉 ①부처의 설법을 듣고 도를 깨달은 아라한(阿羅漢) 네 사람의 머리털과 이를 넣고 쌓은 탑. ②다섯 층으로 된 탑.
사:과-탕(沙果湯)[四—湯)[명] 소의 배도가니·아롱사태·허파·꼬리의 네 가지로 만든 국물.
사:과-후(事過後)[명] 일을 치른 뒤.
사:관(士官)[명] 〈군사〉 병사(兵士)를 지휘하는 장교. officer ②〈약〉→사관 후보생.
사:관(史官)[명] 〈제도〉 사초(史草)를 쓰는 관리란 뜻으로, 예문관(藝文館)의 검열(檢閱)이나 승정원(承政院)의 주서(注書)를 일컫던 말.
사관(仕官)[명] 〈제도〉 부하가 다달이 상관에게 뵙던 일. ②관리가 되어 종사함. 하타
사:관(四館)[명] 〈제도〉 성균관(成均館)·예문관(藝文館)·승문관(承文院)·교서관(校書館)의 네 관청.
사:관(史館)[명] 〈제도〉 ①역사를 편수하던 관청. ②춘추관(春秋館)의 별칭.
사:관(四關)[한의] 급한 곽란이 되었을 때 통기(通氣)시키기 위하여 사지의 관절에 침을 놓는 네 군데. 「것을 해석하는 처지. historical view
사:관(史觀)[명] 역사적 현상을 정적으로 파악하여 그
사:관(私館)[명] ⑧사관(舍館). ②정부 고관의 개인 소유의 저택. ⑪공관(公館). [사관(私館)①. 하타
사:관(舍館)[명] ①여관(旅館). ②여관에 머무르는 일.
사:관(使館)[약]→공사관(公使館). 대사관(大使館).
사:관(査官)[제도] 무엇을 검사(檢査)하는 일을 맡은 관원.
사:관(祠官)[명] 〈제도〉 사당을 맡아 관리하던 관청.

사관(絲管)圀 ①물 같은 것을 보내는 데에 쓰는 고무 따위로 만든 관(管). hose ②증류기(蒸溜器)의 김이 통하는 나사 모양의 관.

사관(絲管)圀 관현(管絃).

사관(篩管)圀〈식물〉식물체에서 양분의 통로가 되는 인피부(靭皮部)에 있는 길고 가느다란 관(管) 모양의 조직. sieve tube

사관(辭官)圀〈제도〉왕명을 전달하는 내시(內侍).

사관-부(篩管部)圀〈식물〉사관(篩管)으로 이룬 세포의 부분.

사관-청(仕官廳)圀〈제도〉포교(捕校)가 포장(捕將)의 사삿집 근처에 머물며 공무(公務)를 보던 곳.

사:관 트-다(四關─)재태(으로)〈한의〉곽란이 일어났을 때 통기(通氣)시키기 위해 사지(四肢)의 관절에 침을 놓다.

사:관 학교(士官學校)圀〈군사〉육·해·공군의 장교가 될 사람을 교육시키는 학교. military academy

사:관 후보생(士官候補生)圀〈군사〉소정(所定)의 학업을 끝마친 후 사관에 임명되는 자격을 가진 사람. 《약》사관(士官)②. cadet 「아서 되는 약.

사:괌(四光)圀 화투놀이에서, 네 개의 광(光)패를 모

사광(砂鑛)圀〈광물〉①하상(河床)이나 바닷가에 모래알처럼 가라앉은 광상(鑛床) 광상상. alluvial gold mine ②사금(砂金)·사철(砂鐵)·사석(砂錫) 등 금속광(金屬鑛)의 총칭. placer mine

사광(射光)圀 빛을 쏘임. 하타

사광(斜光)圀 비스듬히 비추는 광선.

사=광:상(砂鑛床)圀〈동〉사광(砂鑛)①.

사-괘(師卦)圀〈민속〉육십사괘(六十四卦)의 하나. 곤(坤)괘와 감(坎)괘가 겹쳐진 것으로, 땅속에 물이 있음을 상징함. 《참》사(師)②.

사:=막-석(四塊石)圀〈건축〉벽이나 돌담을 쌓는 데 쓰는 돌로서, 면(面)이 대략 15 cm 평방쯤 되어 한 사람이 네 덩이를 질 만함.

사:괴-지(四塊紙)圀 크고 두꺼운 백지의 하나.

사:교(四敎)圀〈불교〉석가의 일생 동안의 설법을 넷으로 나눈 것. ②논어에 나오는 문(文)·행(行)·충(忠)·신(信)의 가르침. ③부인의 마음씨·말씨·맵시·솜씨에 대한 가르침.

사교(司敎)圀〈기독〉천주교의 성직(聖職)으로, 대사교(大司敎)의 다음이며 사제(司祭)의 위임. bishop ②〈종교〉대종교 교의회(大倧敎敎議會)에서 공선(公選)하는 직책.

사:교(死交)圀 죽을 때까지 변하지 않는 사귐.

사교(邪巧)圀 못된 마음으로 도리에 어긋난 짓을 꾀함. intrigue

사교(私交)圀 사사로이 교제. personal acquaintance

사교(邪敎)圀 ①요사스러운 종교(宗敎). heretical religion ②그 나라의 도덕이나 사회 제도에 어긋나는 종교. 사종(邪宗). 《대》정교(正敎).

사:교(社交)圀 ①사회 생활에서의 사귐. social intercourse ②사람들이 모여서 교제함. keeping company 하다

사:교(邪敎)圀〈불교〉본체와 본체(本體)의 원리와 현상의 사실(事實)과를 확연히 구별하는 교지(敎旨). 《대》이교(理敎).

사교(絲絃)圀〈토목〉다리의 중심선이 다리를 받치는 기둥의 면과 직각이 되지 아니하고 기울게 놓은 다리. [artifice 하다

사교(詐巧)圀 교묘하게 속이는 일. 또, 그 수단.

사:교-가(社交家)圀 사회적으로 교제하기를 즐기는 사람. 또, 사교술이 있는 사람. sociable person, good mixer

사:교-계(社交界)圀 사교하는 사회. society

사:교 댄스(社交 dance)圀 연회나 사교적에서 교제와 오락을 목적으로 행하는 왈츠·탱고·블루스 따위의 댄스. 사교 무도(社交舞蹈). 사교춤.

사교-도(邪敎徒)圀 사교를 믿고 따르는 사람. heretic.

사:교 무:도(社交舞蹈)圀〈동〉사교 댄스. [pagan

사:교-병[─뼝](社交病)圀 성병(性病).

사:교-복(社交服)圀 ①관극(觀劇)·야회(夜會)·방문(訪問)·연회(宴會) 때에 입는 옷. evening clothes ②싱글의 검은 신사복과 줄이 간 바지를 입는 약식 예복.

사:교-성(社交性)圀 ①사회를 이루려는 사람이 타고나는 특성. sociability ②남과 잘 사귀는 성질. sociability 「social intercourse

사:교-술(社交術)圀 사회적으로 사귀는 솜씨. art of

사:교-실(社交室)圀 사교하는 데 쓰이는 방. social hall

사:교 입선(捨敎入禪)圀〈불교〉불경 공부를 마치고 선(禪)으로 들어가는 일. 하다

사:교적 동:물(社交的動物)圀 사회적으로 서로 교제하는 동물. 곧, 인간을 이르는 말. social animal

사교 좌:표(斜交標)圀〈수학〉서로가 아닌 각도로 만난 두 직선을 축(軸)으로 한 좌표. 《대》직교(直交) 좌표. oblique coordinates

사:구(四球)圀〈동〉포 볼(four ball).

사구(司寇)圀〈제도〉①고대 중국 주(周)나라 때 형벌과 경찰의 일을 맡아보던 관직. ②조선조의 형조 판서(刑曹判書)의 별칭.

사:구(死句)圀 시구(詩句)에 생명이 없는 구(句). 못 쓸 구귀. 《대》활구(活句).

사:구(死球)圀〈체육〉야구에서 투수가 던진 공이 타자의 몸에 닿는 일. 데드 볼(dead ball)②.

사구(砂丘)圀〈지학〉사막이나 해안 지대에 강풍에 의해 모래를 휘몰아 쌓여 된 모래 언덕. sand dune

사:구(査究)圀 조사하여 구명(究明)함. 하다

사구(絲毬)圀〈체육〉앞에서 말을 타고 끌고 가는 모구(毛毬)를 여러 사람이 말을 타고 달리면서 쏘아 맞히는 군 운동의 하나. 「두는 길. 하다

사:구류(私具類)圀 권세 있는 사람이 남을 함부로

사:구 일생[─쌩](四具一生)圀 사귀 일생.

사:구-체(四句體)圀〈문학〉네 글귀로 이루어진 시가의 형식.

사구=체(絲毬體)圀〈생리〉신장(腎臟) 피질부(皮質部)의 많은 미소체(微小體)로 선세관(先細管)에서 사구상(絲毬狀)을 이루고 있는 것. 세뇨관(細尿管)의 끝이 이것을 둘러싸고 혈액 중의 노폐물(老廢物)을 여과(濾過)하여 오줌을 만듦. glomerulus

사:구 팔각(四衢八街)圀 사면 팔방으로 통하는 길.

사:국(史局)圀〈제도〉①사관(史官)이 역사 원고를 기록하던 곳. ②역사 원고를 엮던 곳.

사:국(事局)圀 일이 되어 가는 형편. situation

사:군(四郡)圀〈동〉한사군(漢四郡).

사:군(使君)圀 나라의 사절(使節)로 오거나 간 말을 높이어 일컫던 말.

사군(師君)圀〈동〉스승. teacher

사군(嗣君)圀〈동〉사왕(嗣王).

사:군 이:충(事君以忠)圀 임금을 섬기기를 충성으로써 함. 곧, 충성스럽게 섬길 일. 세속 5계의 하나. 「은 사람. 신사(紳士)①. 군자. gentleman

사:-군자(士君子)圀 학식과 덕행, 교양과 인격이 높

사:-군자(四君子)圀 고결함이 군자와 같다는 뜻에서 매화·국화·난초·대나무를 일컫음. 또, 그것을 그린 그림을 이르는 말. four gracious plants

사:군자(使君子)圀〈식물〉사군자과에 속하는 덩굴진 상록 관목. 여름에 줄기 끝에 흰 꽃이 피어 접차 자주색이 됨. 가을에 열매가 검붉게 되며 열매는 한약재·살충약으로 씀. Rangoon creeper

사:군자-탕(四君子湯)圀〈한의〉인삼·백출(白朮)·백복령(白茯苓)·감초(甘草)를 각각 한 돈쭝씩 섞어 원기와 소화를 돕는 데에 쓰는 탕약. 「리. loyalty

사:군지-도(事君之道)圀 임금을 섬기는 신하의 도

사:굴(私掘)圀 남의 무덤을 함부로 파내는 일. 하다

사굴(蛇窟)圀 뱀의 굴.

사:궁(四窮)圀 늙은 홀아비와 홀어미, 부모 없는 아이 및 자식 없는 늙은이의 네 가지 불행.

사권[─쩐](私權)圀〈법률〉사법상(私法上)의 이익을

사권화

내용으로 하는 권리. 신분권(身分權) 따위. 《대》공권(公權). private right

사권-화(絲絹花)圓 철사를 가지로 하고 비단으로 만든 가화(假花).

사:-궤:장(賜几杖)圓〈제도〉늙어서 벼슬을 물러나는 대신(大臣)이나 중신(重臣)에게 임금이 안석(案席)과 지팡이를 내려 주던 일. 하타

사귀(邪鬼)圓 요사스러운 귀신. 사매(邪魅). evil spirit

사귀-다태자 ①서로 얼굴을 익히고 말을 하게 되다. become acquainted with ②사이좋게 지내다. ¶친한 사이 간에 ~. be on good terms ¶좋음.

사:-귀:신속(事貴神速)圓 일을 하는 데는 빨리 함이 사귀어야 절교하지 어떤 원인이 되는 행동이 없으면 결과도 없다.

사:귀 일성[-셩](四歸一成)圓 넷이던 것이 하나가 됨. 목화 너 근이 솜 한 근으로 되는 따위. 사구 일생(四俱一生). [pany

사귐-성[-셩](-性)圓 남과 어울려 잘 사귀는 성품. ¶~이 좋다.

사:규(四揆)圓〈기독〉미사에 참례하는 일, 대소재(大小齋)를 지키는 일, 고해(告解)를 하는 일, 성체(聖體)를 영(領)하는 일의 네 가지 지켜야 할 치명 [寺規]圓 절의 규칙. [주교 교회의 규칙.

사규(司窺)圓 가만히 형편을 살핌. watching carefully

사:규(社規)圓 회사(會社)의 규칙. rules of a company

사규-삼(四揆衫)圓〈제도〉관례(冠禮)를 올릴 때에 입던 예복의 하나. [thing decompose

사그라-뜨리-다태 사그라지도록 하다. make some-

사그라-지-다재 삭아서 없어지다. decompose

사그람-이圓 다 삭아 못 쓰게 된 물건. rot

사그람-주머니圓 다 삭은 주머니라는 뜻이로, 거죽 모양만 남고 속은 다 삭은 물건. torn bag

사:-그릇(沙-)圓〈약〉→사기 그릇.

사그리早 싹 쓸어서 깡그리.

사극(四極)圓 사방의 끝이 닿는 곳.

사:극(史劇)圓〈약〉→역사극(歷史劇).

사극(私隙)圓 개인 사이에 틈이 생김. 개인간의 불화.

사극(伺隙)圓 틈을 탐. 사혼(伺釁). finding time to spare 하타

사:극 진공관(四極眞空管)圓〈물리〉필라멘트와 플레이트 간의 두 개의 그리드(세어 그리드와 차폐 그리드)가 봉입된 진공관. 고주파 교류의 증폭용임. four-electrode vacuum tube

사근(四近)圓 가까운 사방.

사:근(事根)圓 일의 근본. 사본(事本). origin

사근사근-하-다瀏 ①성질이 보드랍고 상냥하며 싹싹하다. amiable ②배나 사과처럼 씹을 때 연하고 시원하게 씹히는 맛이 있다. 《큰》서근서근하다. fresh 사근사근-히早

사근-주(莎根酒)圓〈한의〉잔디 뿌리를 넣어 담근 약

사:-취(捨近取遠)圓 가까운 것을 내버리고 먼 것을 취함. 하타

사글-세[-쎄](-貰)圓 ①남의 집을 빌려 살면서 다달이 내는 세. 달세. monthly rent ②〈약〉→사글셋집. [글세②.

사글셋-집[-쎋-찝](-貰-)圓 사글세로 얻은 집.〈약〉사

사금(私金)圓 사사로이 가진 돈. 사유의 금전.

사금(砂金)圓〈광물〉금이 섞인 모래. placer gold ¶모래강이 자리잔 곳.

사금(絲金)圓〈동〉해오라기.

사:금(賜金)圓 정부에서 군경 유가족 등에게 주는 돈.

사:금(謝金)圓 고맙다는 뜻으로 주는 돈. reward

사금-광(砂金鑛)圓〈광물〉사금을 캐는 금광.《대》석혈(石穴).

사금-석유(砂金石釉)圓〈동〉다금유(茶金釉).

사금-파리圓 사기 그릇의 깨진 조각. broken pieces of chinaware 《與》 bestowal 하타

사:급(賜給)圓 나라나 관청에서 물건을 줌. 사여(賜

사:기(士氣)圓 ①군사의 기세. morale ②선비의 기개.

사:기(史記)圓 역사적인 사실을 적은 책. 사승(史乘). 사서(史書)①. 사책(史冊). 사적(史籍). history

사:기(仕記)圓〈약〉→사진기(仕進記). [books

사기(寺基)圓 절이 자리잡은 터. site of a temple

사:기(死期)圓 죽는 때. one's end

사기(私記)圓 ①개인의 사사로운 기록. personal writing ②〈불교〉불경의 깊은 뜻을 사사로이 추려 적은 기록. personal record

사기(邪氣)圓 ①요사스러운 기운. malice ②몸에 해로운 바깥 공기. 《대》정기(正氣). 〈약〉사(邪). [氣].

사기(沙器·砂器)圓〈동〉사기 그릇. [noxious vapour

사:기(使氣)圓 자기의 혈기대로 기세를 부림. 하타

사:기(事機)圓 사건을 중심으로 쓴 기록.

사:기(社基)圓 회사의 기초.

사:기(社旗)圓 회사의 기(旗). company flag

사:기(事機)圓 일의 중요한 고비. important moment

사기(射技)圓 사격하는 기술. 활을 쏘는 솜씨.

사:기(射騎)圓 ①궁술과 마술. ②사수와 기수.

사기(詐欺)圓 ①남을 꾀로 속여 해침. ②〈법률〉남을 속여 착오에 빠지게 하는 위법 행위. 하타

사:기(肆氣)圓 함부로 방자한 성미를 부림. 하타

사기(辭氣)圓 사색(辭色).

사기 그릇(沙器-)圓 백토(白土)로 구워 만든 그릇. 자기(瓷器). 사기(沙器).〈약〉사그릇. porcelain

사기-꾼(詐欺-)圓 상습적으로 남을 속이어 이득을 꾀하는 사람. 사기한(詐欺漢). 사기인(詐欺人)

사기-다태〈고〉새기다[刻]. [swindler

사기-담(沙器-)圓 깨어진 도자기 조각들이 쌓인 곳.

사기 대야(沙器-)圓 사기로 만든 대야. [사대접.

사기 대:접(沙器-)圓 사기 그릇으로 된 대접.《대》

사기-마(沙器馬)圓〈민속〉사기로 말 형상을 만들어 서낭당이나 절터에 묻는 물건.

사기 봉:사(沙器奉司)圓〈제도〉왕실에서 쓰는 사기(沙器)를 만들던 곳.

사:-기사(事其事)圓 일을 정당하게 행함. 하타

사기-사(詐欺師)圓〈동〉사기꾼.

사기 성상(沙器城上)圓〈제도〉사용원(司饔院)의 사기를 보관하던 사람.

사기-점(沙器店)圓 사기 그릇을 파는 가게. 사기점(沙器店).

사:-기업(私企業)圓〈경제〉개인이나 사회 단체의 사적 자본(私資本)으로 설립·운영되는 기업.《대》공기업(公企業). private enterprise 하타

사:기 왕:성(士氣旺盛)圓 군사의 기운이 크게 성함.

사기-장(沙器匠)圓 사기 그릇을 만드는 장인(匠人).

사기-전(沙器廛)圓 사기 그릇을 파는 가게.

사기-점(沙器店)圓 사기 그릇을 구워 만드는 곳. 사기소. pottery

사기-죄[-쬐](詐欺罪)圓〈법률〉남을 속여 재물을 받거나 불법한 재산상의 소득을 얻거나, 또는 남으로 하여금 얻게 함으로써 성립하는 죄.

사:기지-은(四氣之恩)圓〈기독〉부활(復活)한 뒤의 무손상(無損傷)·광명(光明)·신속(迅速)·투철(透徹)의 네 가지 영광스러운 은혜.

사기-질(沙器質)圓 동물의 이의 겉을 싸고 있는 한 겹의 단단한 물질. enamel

사:기 충천(士氣衝天)圓 사기가 하늘을 찌를 듯함.

사기 취:재(詐欺取財)圓 사기로 남의 재산을 빼앗음. 사기 횡령(詐欺橫領). 하타

사기 파:산(詐欺破産)圓〈법률〉파산자가 파산 선고의 전후에 자기나 남의 이익을 꾀하거나 채권자를 해할 목적으로 그 재산을 변경시키는 일.

사기-한(詐欺漢)圓〈동〉사기꾼.

사기 횡령(詐欺橫領)圓〈동〉사기 취재(詐欺取財). 하타

사기-흙(沙器-)圓 사기 그릇을 굽는 흰빛의 흙.

사깃-물(沙器-)圓 사기 그릇을 구울 때 쓰는 물.

사나-나달圓 사날이나 나달. 3~4일이나 4~5일. three to five days

사나·올圓〈고〉사날¹.

사나운 개 콧등 아물 틈이 없다[속] 성품이 나쁘면 언제나 해를 본다.
사나이[명] ①남자. 남아(男兒). ②한창 혈기 왕성한 사람. ③용감하고 호탕한 기풍이 있는 남자. ④남자의 체면·면목. (대) 계집. (약) 내외①. man
사나이-답-다[보](형) 남자다운의 기질과 성품을 가지고 있다. ¶사나이다운 사나이. (약) 사내답다.
스나희[명][고] 사내.
스나희[명][고] 사내. ㅡ하다
사:난(死難)[명] 나라의 난리에 죽음. death in a war
사날[명] 사흘이나 나흘. 삼사일. three or four days
사날[명] 제멋대로 하는 태도. ¶~이 있는 사람. impudence
사:납-다[형] ①굳세고 용맹스럽다. wild ②모양이 험상궂다. fierce ③마음씨가 악하다. rough ④운수·재수 따위가 몹시 나쁘다. (대) 순하다. unlucky
사낭(沙囊)[명] ①모래를 넣는 주머니. 모래 주머니. sandbag ②〈조류〉곡물을 먹는 조류(鳥類)의 먹어 넘긴 먹이 따위를 으깨어 부수는 작용을 하는 위의 한 부분. gizzard →사내아이.
사내[명] ①→사나이. ②(속) 남편. 또는 정부. (약)
사내(寺內)[명] 절의 안.
사내(社內)[명] 회사 안. 회사의 내부.
사내끼[명] 물고기를 잡을 때 물에 뜬 고기를 건져 뜨는 기구. 자루 끝에 철사 따위로 망처럼 얽었음.
사내-놈[명](속) 사나이. man
사내-답-다[보](형) →사나이답다. scoop net
사내 대:장부(─大丈夫)[명] 대장부를 세게 이르는 말. ¶~가 눈물을 보여서야 되나. manly man
사:-내리-다(赦─)[자] 사령(赦令)을 내리다.
사:내-보(社內報)[명] 사원들에게 기업의 활동 사항을 선전하기 위하여 발행하는 정기 간행물.
사내-새끼[명](속) ①사나이. ②사내아이.
사:내 시:험(社內試驗)[명] 사원 중 우수한 실력자를 승진시키기 위해 실시하는 회사 안의 시험.
사내-아이[명] 어린 남자아이. (준) 사내③.
사내-악(思內樂)[명] 사뇌악(詞腦樂).
사내-자식(─子息)[명](속) ①사나이. ②아들.
사냥[명] 산짐승을 잡는 일. 수렵(狩獵). 전렵. ¶~질. ~총. hunting 하다
사냥-개[─깨][명] 사냥할 때 쓰는 개. 수견. 엽견(獵犬).
사냥-꾼[명] 사냥하는 사람. hunter
사냥-새[─쌔][명] 매처럼 길들여 사냥에 쓰는 새.
사:녀(士女)[명] ①남자와 여자. man and woman ②선비와 부인. scholars and women ③신사와 숙녀. ④선비의 아내. [己)로ён 해. 뱀해.
사:년(巳年)[명] 〈민속〉태세(太歲)의 지지(地支)가 사년(邪念)[명] 잔사하고 못된 생각. evil thought
사념(思念)[명](동) 사려(思慮). 하다
사녕(邪佞)[명] 부정(不正)하고 남에게 아첨하는 일.
사:노(私奴)[명] →사노비(私奴婢).
사:-노비(私奴婢)[명] 〈제도〉권문 세가(權門勢家)에서 사사로 부리는 노비. (대) 관노비(官奴婢). (약) 사노(私奴). private slave
사:-농-공-상(士農工商) 선비·농부·장인바치·장사치. 곧, 봉건 사회의 신분의 구분. traditional four classes of society
사농-시(司農寺)[명] 〈제도〉고려와 조선조 초에 궁중의 제사에 쓰는 미곡과 적전(籍田)의 일을 맡던 관아.
사뇌-가(詞腦歌)[명] ①〈문학〉향가(鄕歌)의 딴이름. ②신라 가요의 하나. 대사는 전하지 않음.
사뇌-악(詞腦樂)[명]〈음악〉신라 내해왕(奈解王) 때 풍류의 이름. 사내악.
사뇌-조[─쪼][명](詞腦調)[명]〈음악〉사뇌가(詞腦歌)의 가락.
사느랗-다[형] ①아주 사늘하고 조금 찬 듯하다. chilly ②갑자기 놀라서 마음속에 찬 기운이 도는 것 같다. (큰) 서느렇다. (센) 싸느렇다. feel a chilly thrilling

사늘-하-다[여][형] ①몹시 산뜻하다. chilly ②차가운 느낌을 주다. ③갑자기 놀라서 마음속에 찬 기운이 좀 도는 듯하다. (큰) 서늘하다. (센) 싸늘하다. feel a chilly 사늘-히[부]
사니(砂泥)[명] 모래가 많은 수렁. sandy swamp
사니니즘(saninism)〈문학〉성(性)의 해방을 주장하는 일종의 육욕 찬미주의(肉慾讚美主義).
·사·니·-즘(─ism)[명]
사니-질(砂泥質)[명] 진흙에 모래가 섞인 토질.
사-다[타] ①물건·노력·권리 등을 값을 주고 제 것으로 만들다. buy ②곡식을 팔아 돈으로 바꾸어 가지다. exchange (cereals) for (money) ③밭 탓으로 고생이나 병을 얻다. ¶고생을 사서 하다. (대) 팔다. incur
사다-리(약) →사다리.
사다리-꼴[명]〈수학〉네 변이나 맞선 두 변이 나란한 된 네모꼴. trapezoid
사다-새[명]〈조류〉사다새과의 물새. 날개 길이 65~80cm로 몸 빛은 백색에 날개는 흑갈색, 턱주머니는 황색임. 부리가 특히 길고 끝이 구부러진 흑음. 특히 아래 주둥이에 큰 주머니가 있어 물고기를 잡아 새끼를 위하여 모아 둠. 연못·냇가에 서식함. pelican
사·-도[─또][명][고] 사다새.
사닥-다리[명] 높은 곳을 오를 적에 디디고 오르게 만든 제구. 제자(梯子). (약) 사다리. ladder
사닥다리 분하(─分下)[명] 등급을 나눌 적에 각각 그 분수에 따라 층이 지게 하는 일. distribute according to rank 하다
사:단(四端)[명] 인(仁)·의(義)·예(禮)·지(智)에서 우러나는 측은(惻隱)·수오(羞惡)·사양(辭讓)·시비(是非)의 네 가지 마음씨. four kinds of frame
사:단(事端)[명] 일의 실마리. 사건의 단서. origin of an affair
사:단(社團)[명] ①〈법률〉두 사람 이상이 같은 뜻으로 세운 단체. (대) 재단(財團). ②(준) 사단 법인.
사:단(社壇)[명] →사직단(社稷壇).
사단(師團)[명]〈군사〉군대 편성의 단위. 군단(軍團)의 아래이며, 연대의 위임. division
사:단(紗緞)[명] 사(紗)와 비단. gauze and satin
사단(詞壇)[명] 문단(文壇).
사:단 법인(社團法人)[명]〈법률〉사람의 집합체인 단체, 곧 사단이 법인으로서 법률상 자연인(自然人)과 같은 권리와 의무의 주체로 인정받은 것. (대) 재단 법인(財團法人). (약) 사단(社團)②. corporate juridical person
사단-장(師團長)[명] 사단을 책임지고 지휘·감독하는 직위(職位). 또, 그 직위에 있는 사람. division commander
사단 주속(紗緞綢屬)[명](동) 사라 능단(紗羅綾緞).
사:-달(四達)[명] 길이 사방으로 통함. 하다
사:달 오:통(四達五通)[명](동) 사통 오달(四通五達).
사:담(史談·更譚)[명] 역사에 관한 이야기.
사담(私談)[명] 사사로이 하는 이야기. 사사로운 이야기. (대) 공담(公談). private talk 하다
사담(卸擔)[명] 짐을 내려놓음. 책임을 벗음. unloading 하다
사답(寺畓)[명] 절에 딸린 논. temple-owned rice field
사:답(私畓)[명] 개인 소유의 논. (대) 공답(公畓). private rice field
사당[명] 떼를 지어 돌아다니며 노래와 춤을 팔던 여자.
사:당(四唐)[명]〈역사〉중국의 당대(唐代)를 초당(初唐)·성당(盛唐)·중당(中唐)·만당(晩唐)의 네 시기로 나눈 것의 일컬음.
사:당(私黨)[명] 사사로운 목적을 위하여 모인 도당(徒黨). (黨). faction
사당(私黨)[명] 사사로운 목적을 위하여 모인 도당(徒黨).
사당(邪黨)[명] 성품이 무리. 악한 폐 패거리. scoundrels
사당(祠堂)[명] 신주를 모셔 놓은 집. ¶~집. shrine
사당[고] 사탕(砂糖). [祠堂房).
사당-방(祠堂房)[명] 신주(神主)를 모셔 둔 방. 사우방
사당 양:자[─냥─](祠堂養子)[명](동) 신주 양자(神主養子).

사당 치레(祠堂—)명 ①사당(祠堂)을 보기 좋게 꾸미는 일. decorating a shrine ②겉모양만을 꾸밈. 외면 치레. outward show 하다

사당 치레하다가 신주 개 물려 보낸다속 부차적(副次的)인 일에만 힘쓰다가 가장 요긴한 것을 잃어버린다는 뜻.

사대명 투전이나 골패의 같은 짝을 모으는 일.

사:대(四大)명 ①〈불교〉세상의 만물을 이루는 바탕이 되는 땅[地]·물[水]·불[火]·바람[風]의 네 가지. ②〈불교〉사람의 몸을 이루고 있다는 땅[地]·물[水]·불[火]·바람[風]. four elements of a human body ③도가(道家)에서의 도(道)·천(天)·지(地)·왕(王)의 총칭.

사대(四大)→사립 대학.

사대(私貸)명 공금(公金)을 사사로이 꾸어 줌. misappropriation of public fund 하다타

사:대(事大)명 세력이 큰 나라를 붙좇아 섬김. submission to the stronger 하다자

사대(査對)〈제도〉중국에 보내는 글을 심사하던 일. 하다타

사대(師大)명→사범 대학(師範大學).〈준〉(師範).

사:대 계:명(四大誡命)〈종교〉천도교의 사계명(四誡命).

사:대 교린(事大交隣)〈제도〉대국인 중국을 받들어 섬기고, 이웃 나라와 화평하게 사귄다는 조선조의 외교 정책.

사:대 교린주의(事大交隣主義)〈제도〉조선조 때의 전통적인 외교 정책. 큰 나라인 중국은 섬기고 일본·여진(女眞) 따위 이웃 족속들은 무마하여 탈이 없게 하자는 주의.

사:대당(事大黨)명 세력이 강한 쪽에 붙좇는 무리. worshipers of the powerful

사:대 망상광(事大妄想狂)명 신분(身分)에 지나친 일을 말하고 이를 꾀하는 사람. megalomania

사:=대:문(四大門)〈제도〉서울에 있던 동·서·남·북의 네 대문. 곧, 흥인문(興仁門;東大門)·돈의문(敦義門;西大門)·숭례문(崇禮門;南大門)·숙정문(肅靖門;北大門).〈약〉사문(四門). four main gates of *Seoul*

사:=대:부(士大夫)명 ①문무(文武) 양반의 일반적인 총칭. scholars and generals ②벼슬이나 문벌의 지체가 높은 사람.〈약〉사부(士夫). man of noble birth

사:대 부:외(事大附外)명 자주성(自主性)이 없이 세력이 강한 나라를 좇아 섬기거나 그 세력에 의지함. 하다자

사:대 사상(事大思想)명 뚜렷한 주견(主見)이 없이 그저 세력이 큰 것에 붙좇아 임시적인 안전을 꾀하려는 생각. 사대주의. toadyism

사:대 삭신(四大一)명〈속〉사대 육신(四大六身).

사:대=석(莎臺石)명〈민속〉능침(陵寢)의 병풍석 대신으로 쓰는 돌.

사:대 성:인(四大聖人)명 세상의 모든 사람의 사표(師表)가 될 만한 네 성인. 곧, 공자·석가·예수·소크라테스를 가리킴. 사성(四聖). Four Sages

사:대 육신(四大六身)명 사람의 온몸. 곧, 팔·다리·머리·몸뚱이의 총칭.〈속〉사대 삭신. whole body

사:대=접(沙—)명→사기 대접.

사:대=주의(事大主義)명〈동〉사대 사상(思想).

사댁(査宅)명〈동〉사돈댁(查頓宅).

사:덕(四德)명 ①천지 자연의 네 가지 덕인 원(元)·형(亨)·이(利)·정(貞). four virtues of the universe ②부녀로서의 네 가지 덕인 언(言)·덕(德)·공(功)·용(容). four virtues of women ③인륜(人倫)의 네 가지 덕인 효(孝)·제(悌)·충(忠)·신(信). four virtues of morals ④서양에서의 네 가지 덕인 의(義勇氣)·절제(節制)·정의(正義). 사행(四行)의 네 가지 덕. personal virtue

사덕(私德)명 개인의 결과가 자기 한 몸에만 관계되는 덕.

사데풀명〈식물〉꽃상추과의 다년생 풀. 잎은 넓은 피침형이고 가에 톱니가 있음. 가을에 노란 꽃이 피고 수과(瘦果)는 흰 관모가 있음. scholar

사:도(士道)명 선비가 지켜야 할 도리. duty of a

사도(司徒)명〈제도〉①중국 주(周)나라 때의 관직명. 호구(戶口)·전토(田土)·재화(財貨)·교육에 관한 일을 맡았음. ②고려 때 삼공(三公)의 하나. ③조선조 호조 판서(戶曹判書)의 별칭.

사도(仕途)명〈동〉벼슬길.

사:도(四都)〈제도〉조선조의 수원부(水原府)·광주부(廣州府)·개성부(開城府)·강화부(江華府)를 일컬음. ¶〜유수(留守).

사:도(私屠)명 관청의 허가 없이 소를 잡음. unauthorized slaughter of cattle 하다타

사:도(私道)명 사사로이 닦아 쓰는 길. private road

사도(邪道)명 올바르지 않은 길. 사로(邪路).(대) 정도(正道). evil ways

사:도(使徒)명 ①〈기독〉예수가 복음(福音)을 전하게 한 열두 사람. Twelve Apostles ②신성한 사업을 위하여 헌신적으로 힘쓰는 사람의 비유. ¶평화의 〜. Apostle

사:도(使道)명→사도(仕道).

사도(師道)명 스승으로서의 마땅히 지켜야 할 도리. duty of a teacher

사도(斯道)명 ①유교(儒敎)에서 유교의 도덕을 일컫는 말. way of virtue ②자기가 믿는 기예(技藝)나 도(道). learning

사도(寫度)명 사진 렌즈의 밝기를 나타내는 말.

사:도공(寫圖工)명 제도공이나 설계 기술자가 작성한 그림을 그대로 베끼는 일을 업으로 하는 사람.

사:도-기(寫圖器)명 펜터그래프를 써서 원도(原圖)로부터 등사를 하는 기계. 축도(縮圖)나 확도(擴圖)에 쓰임.

사:=도목(四都目)명 일 년에 네 번 관리의 성적을 평가하는 도목정(都目政)을 행하던 일.

사:=도목(私都目)〈제도〉사사로이 도목 정사(都目政事)를 하는 일. ¶도임을 맡던 관청.

사:도 팔도[—또](四都八道)명 사도와 팔도. 곧, 우리 나라 모든 곳. whole country of Korea

사:도 행전(使徒行傳)〈기독〉초대(初代) 기독교의 발전을 기록한 신약 성서 중의 한 편.

사:독(四瀆)〈제도〉나라에서 위하던 동독인 낙동강(洛東江), 남독인 한강(漢江), 서독인 대동강(大同江), 북독인 용흥강(龍興江)의 네 강.

사독(邪毒)명 사기(邪氣)가 있는 독. 병을 가져오는 나쁜 기운.

사독(私讀)명 ①관리가 개인의 자격으로 남을 만나는 일. private audience ②사신 간 사람이 남의 나라의 주권자를 사사로이 만나 보는 일.

사독(蛇毒)명 뱀의 독.

사:독(肆毒)명 독한 성미를 함부로 부림. 하다자

사돈(査頓)명 ①혼인한 두 집의 부모가 서로 부르는 말. in-laws ②혼인 관계로 된 처부 관계. 인척(姻戚). relative by marriage

사돈-댁[—떽](査頓宅)명 ①사돈의 아내. wife of an in-law ②사돈집. 사댁. esteemed house of an in-law home or family of husband or wife

사돈 도:령(査頓—)명 사돈집 총각을 이르는 말.

사돈의 잔치에 중이 참여한다속 남의 일에 아무 상관 없는 자가 끼어든다.

사돈의 팔촌속 남이나 다름없는 먼 인척.

사돈=집[—찝](査頓—)명 서로 사돈이 되는 집. 사가(査家). esteemed house of in-laws

사돈집과 뒷간은 멀어야 한다속 사돈집 사이에는 말이 나돌기 쉽고 뒷간은 고약한 냄새가 나므로 멀수록 좋다.

사돈집 잔치에 감 놓아라 배 놓아라 한다속 자기와는 상관도 없는 일에 정당하지 못한 간섭을 하다.

사:동(使童)명 관청이나 회사 또는 영업집에서 잔심부름을 하는 아이. 사환(使喚). office boy

사동(絲桐)명 거문고의 딴이름.

사:동:사(使動詞) 〈어학〉 주어가 직접 실제적 동작을 하지 않고, 남에게 그 동작을 하게 하는 형식적 동사임을 나타내는 동사. 목적어 아래서만 쓰임이 특색임. 사역 동사. causative verb

사:동-치마(四一) 圀 세로 넷으로 나누어 네 가지 빛깔을 보인 연.

사두(射頭) 圀 사정(射亭)을 대표하는 사람. head of a bowmen's club

사두개(Sadducees 派) 圀 ①기원 전 2세기경 바리새 파에 대항하여 일어난 유태교도의 한 파. ②물질주의자를 비유하는 말.

사:두 고근(四頭股筋) 圀 〈생리〉 다리를 펴는 작용을 하는 직(直) 고근·내대 고근·외대 고근·중대 고근. quadriceps femoris

사:두-근(四頭筋) 圀 〈생리〉 하나의 근육이 네 개의 뼈의 부분으로부터 일어나 그 머리가 넷으로 갈라진 근육. 대퇴 사두근 따위.

사두-창(蛇頭瘡) 圀 〈동〉 대지(代指).

사둘 圀 손잡이가 길고 모양이 국자처럼 생긴 고기 잡는 그물. fishnet

사득(査得) 圀 사실을 조사하여 알게 됨. learning 하다

사들-사들 圀 조금 시드는 모양. 또, 시든 모양. 《큰》시들시들. withering 하다

사-들이-다 囝 사서 들이다. purchase

사-등롱(紗燈籠) 圀 사(紗)로 만든 등롱. 《약》사롱(紗籠)①. silk-lantern

사:-등분(四等分) 圀 넷으로 똑같게 나눔. 하다「사람.

사디스트(sadiste 프) 圀 사디슴의 경향(傾向)이 있는

사디슴(sadisme 프) 圀 〈심리〉 이성(異性)을 학대함으로써 성적(性的) 만족과 쾌감을 느끼는 변태증(變態症). 음학 변태 성욕(虐淫變態性慾). 학대 성욕 도착증. 학대 음란증. 《대》매저키즘(masochism).

사:또(←使道) 圀 〈제도〉 지방관(地方官)이나 각 영(營)의 우두머리 되는 관원을 아랫 사람들이 높이어 일컫던 말. governor

사또 덕분에 나팔 분다 속 남의 힘을 빌려 자기 일을 함.

사또 떠난 뒤에 나팔 분다 속 마땅히 하여야 할 때에 아니 하다가 그 시기가 지난 뒤에 함을 조롱하는 말.

사=뜨-다 囝[으] 단춧구멍·수눅 등의 가장자리를 실로 감치다. buttonhole stitch

사뜻-하-다[얻으] 쪰 마음씨나 모양이 깨끗하고 말쑥하다. neat 사뜻-이튀

-수라 圀 《고》 구두.

사라 능단(紗羅綾緞) 圀 사(紗)붙이와 단(緞)붙이의 총칭. 비단의 총칭. 사단 주속(紗緞紬屬).

사라다 圀 →샐러드(salad).

사라리 圀 →샐러리(salary).

사라-부루 圀 〈식물〉 당귀 따위기와 비슷한 쌍싸리의 한 종류. 잎과 뿌리는 무척 먹음.

사라사(saraça 포) 오색(五彩)으로써 인물·조수(鳥獸)·꽃파(花木) 또는 기하학적 무늬를 날염(捺染)한 피륙. 또, 그러한 무늬.

사라센(Saracens) 圀 유럽에서 최초에는 시리아 부근의 아라비아를 부르던 이름이고, 중세 이후에는 회교도(回敎徒)의 총칭. ¶~ 문화(文化).

사라-수(沙羅樹) 圀 〈식물〉 ①용뇌향과의 상록 교목. 높이 약 30m, 잎은 얇은 혁질(革質), 담황색 오래 화가 되며. 히말라야·인도 지방에 분포하는데, 목재는 단단하여 건축재·기구재로 씀. 《동》사라 쌍수.

사라 쌍수(沙羅雙樹←Sala 범) 〈불교〉 석가가 사라수 숲에서 열반(涅槃)에 들 때 사방에 서 있던 한 쌍씩의 나무. 석가가 입멸(入滅)한 뒤에 모두 하얗게 말라 버렸다 함. 쌍림(雙林). 사라수②.

사룩잡-다囝 바로갈다.

사라지 圀 종이를 기름에 결어서 두루마니같이 만든 담배 쌈지. tobacco pouch

사라지-다囝 모양이나 자취가 없어지다. 스러지다. [disappear

사란(絲欄) 圀 〈동〉 정간(井間).

사란(Saran) 圀 〈화학〉 합성 섬유의 하나. 질겨서 낚싯줄·커튼 등에 사용함.

사:람 ①동물 가운데 가장 진화되고 가장 고등한 것. 언어·사상·이성 등으로 사회를 조직함. 인간(人間). 인류(人類). man ②〈법률〉권리의 주체가 되어 인격을 가지는 자. 자연인(自然人). natural person ③인재(人材). ¶웬~. grown up ⑤자기의 아내 또는 남편. ¶집~. one's husband or wife ⑥다른 사람. ¶그 ~은 게으르다. another person ⑦세상 사람. ⑧성품(性品). 본성(本性). nature ⑨인물(人物). 인품(人品). character ⑩참된 인간. ¶~된 도리(道理). true man ⑪심부름꾼. mes-
:사:-롬 圀 《고》 사람. [senger ⑫손님. guest

사람-답-다 囝[ㅂ] 사람으로서의 조건이나 자격을 갖추고 있다. be truly human

사:람 이:름씨(一代一) 圀 〈동〉 인명 대명사.

사:람-됨 圀 사람의 됨됨이. 인첫(爲人). ¶~이 착실

사:람 멀미 圀 ①사람이 많은 곳에서 느끼는 멀미. feel sick from the jostling of a crowd ②많은 사람을 치러서 머리가 아프고 어지러운 증세. getting sick from overcrowding

사람:사:람 圀 ①사람마다. every man ②많은 사람. 모든 사람. all the people 「나다.

사람 살 곳은 골골이 있다 속 도와 주는 사람이 어디

사람-스럽-다[ㅂ] 閏 됨됨이나 하는 짓이 사람다운 맛이 있다. ¶말하는 것이 ~.

사람 위에 사람 없고 사람 밑에 사람 없다 속 사람은 평등하므로 권리와 의무가 동일하다.

사람은 죽으면 이름을 남기고, 범은 죽으면 가죽을 남긴다 속 사람은 살아 있을 때 훌륭한 일을 하면 그 이름이 후세에까지 빛나는 것이니 마땅히 선행(善行)을 하여야 한다.

사람은 키 큰 덕을 입어도 나무는 키 큰 덕을 못 입는다 속 무슨 일을 이루려면 자기 윗사람이나 큰세 있는 친척에게 도움을 받는 경우가 많다.

사람은 헌 사람이 좋고 옷은 새 옷이 좋다 속 사람은 사귄 지 오래일수록 좋고, 옷은 새것일수록 좋다.

사람의 마음은 하루에도 열두 번 속 사람의 마음은 감정에 치우쳐 자주 변한다.

사람의 새끼는 서울로 보내고 마소 새끼는 시골로 보내라 속 사람은 서울에 있어야 출세할 기회가 있다.

사:람인-변(人邊) 圀 한자 부수(部首)의 하나. '亻·人' 등에서의 '亻·人'의 이름.

사:람 좋-다 閏 ①사람 됨됨이나 성질이 유순하다. ②너그러워서 사귀기 좋다. be good-natured

사람주-나무 圀 〈식물〉 깨풀과의 낙엽 활엽 교목. 꽃은 초여름에 피고 가을에 자주를 맺음. 산중턱이나 꼴씨어서 나며 괴로운 시용 뚜는 기름을 짬.

사람 죽는 줄 모르고 팥죽 생각만 한다 속 경우를 돌보지 않고 욕을 먹을 궁리만 한다.

사랑(情) 圀 ①정(情)을 느끼거나 줌. 또는 그 정. 귀위함. ②남녀가 서로 정이 들어 그리는 일. 또, 그 상대자. 연애. ③동정하여 애틋이 대하고 그나름게 베푸는 마음. ④〈기독〉 하느님이 사람을 불쌍히 여겨 복복을 베푸는 일. love 하다 스럽 스레 囝

사랑(舍廊) 圀 ①안채와 따로 떨어져 바깥 주인이 거처하는 곳. detached drawing room ②《동》외당
ㅅ라(外堂).

사랑-꾼(舍廊一) 圀 사랑에 놀러 온 사람들. visitors to the drawingroom

사랑-놀이(舍廊一) 圀 사삿집의 사랑에서 음식을 차리고 기악(妓樂)을 갖추어 노는 일. entertaining guests 하다

사랑-니 圀 〈생리〉 성년기(成年期)에 입 속 맨 구석에 나는 작은 어금니. 지치(智齒). wisdom tooth

사랑=문(舍廊門) 圀 사랑으로 드나드는 문.

사랑=방(舍廊房)[명] 사랑채에 있는 방이나 또는 사랑으로 쓰는 방. [matrimonial quarrel
사랑 싸움[명] 별 양심 없이 하는 부부 사이의 싸움.
사랑양:반(―兩―)[舍廊兩班][명] ①남의 남편을 그 부인 앞에서 일컫는 말. your husband ②그 집의 남자 주인을 하인 앞에서 일컬음. your master
사랑=옵다(←사랑홉다)[형][ㅂ불] 마음에 들어 귀엽다. lovely
사랑은 내리사랑 아랫 사람이 윗사람을 사랑하기란 [어려움].
사랑=지기(舍廊―)[명] 사랑채에 딸린 하인.
사랑=채(舍廊―)[명] 사랑으로 쓰는 집채. detached house used for receiving guests
사랑=축(舍廊―)[명] 사랑방에 모이는 사람들. people gathering in the detached room
사랑 편사(舍廊便射)[명] <체육> 각 사랑에 모여 노는 무사들이 편을 짜서 활쏘기를 겨루던 일.
사랑=하다[타][여] ⇒사랑하다.
사래[명] 묘지기나 마름이 지어 먹는 논밭. 사경(私耕)①.
사래[명] <건축> 추녀 끝에 잇대어 댄 네모난 서까래.
사래[명] [고]이랑.
사래=논[명] 묘지기나 마름이 보수로 지어 먹는 논.
사래=밭[명] 묘지기나 마름이 보수로서 지어 먹는 밭. 사경전(私耕田).
사래=쌀[명] 묘지기나 마름에게 보수로 주던 쌀.
사래=질[명] 곡식을 키 따위에 담고 흔들어서 굵은 것과 잔 것을 따로 가려 내는 짓. winnowing [하다]
사:략(史略)[명] 간략하게 지은 역사. outline history
사략(些略)[명] 작고 간략함. simplicity [하다]
사:량(四樑)[명] <건축> 들보 네 개를 써서 한 칸 반 넓이로 집을 짓는 방식. 또, 그런 집.
사량(思量)[명] 생각해서 헤아림. 사려(思慮). 사료(思料). consideration [하다]
사량(飼糧)[명] 마소나 돼지 따위의 먹이. 사육(飼育)하는 동물의 양식. feed
사:량=집[―찝][四樑―][명] <건축> 사량으로 지은 집.
사레[명] 잘못 삼킨 음식이 목구멍에 걸려 재채기처럼 뿜어 나오는 기운. being choked
사:레=들리다[자] 사레에 걸리다. swallow the wrong way
사련[명] 웃방에서 '방'의 다음 방.
사려(思慮)[명] 여러 가지 일에 대한 생각과 근심. 사량(思量). 사념(思念). consideration [하다]
사려=증(―症)[명] 부질없이 근심 걱정을 하는 병. nervous temperament
사:력(死力)[명] 죽기를 무릅쓰고 쓰는 힘. 전력(全力). [desperate effort
사력(私力)[명] ①개인의 힘. personal influence ②나라의 힘을 빌리지 아니하는 힘. (대) 국력(國力).
사력(沙礫)[명] ⇒자갈. [private power
사:력(事力)[명] 일의 형세와 재력. conditions and
사:력(社歷)[명] 회사의 역사. [means of a business
사력(思力)[명] 생각이 미치는 힘. thinking power
사력(詐力)[명] ①속이는 힘. deceitfulness ②남을 속이는 일과 폭력. deceit and violence
사력(膂力)[명] 진력(盡力). [하다]
사력 단구(沙礫段丘)[명] <지학> 평탄면(平坦面)의 두꺼운 사력층(砂礫層)으로 된 단구. 흔히 자갈의 퇴적이 심했던 뒤에 이루어진 하안(河岸) 단구 따위에서 볼 수 있음. gravel terrace [land
사력=지(沙礫地)[명] 자갈이 섞인 땅. 자갈밭. gravelly
사련(邪戀)[명] 정당하지 못한 연애. unlawful love
사련(思戀)[명] 생각하여 그리워함. [하다]
사렴(射廉)[명] 뱀이 무덤을 못쓰게 만드는 일.
사렵(射獵)[명] 활로 쏘아 하는 사냥. hunting bow and arrow [하다][자]
사:령(司令)[명] <군사> ①군사나 함대를 통솔하는 직책. command ②연대급(聯隊級) 이상 단위 부대의 일직(日直)·주번(週番)의 책임 장교.
사:령(四齡)[명] 누에의 석 잠 뒤로부터 넉 잠 잘 때까지의 사이. [황·거북·용.
사:령(四靈)[명] 네 가지의 신령한 동물. 곧, 기린·봉

사:령(寺領)[명] 사원에서 소유하는 영지. 「靈」. ghost
사:령(死靈)[명] 죽은 사람의 영혼(靈魂). (대) 생령(生
사:령(使令)[명] <제도> 관청에서 심부름을 하던 사람.
사:령(赦令)[명] <제도> 나라에 경사가 있어 죄인을 놓아 줄 때 내리던 영.
사령(辭令)[명] ①남에게 응대하는 말. way of talking ②관직의 임면(任免)의 공식적인 발령.
사령=관(司令官)[명] <군사> 육·해·공군의 통솔에 관한 권한을 맡은 무장(武將). commander
사령=방[―빵][使令房][명] <제도> 사령들이 있던 곳. 사령청(使令廳). [곳. headquarters
사령=부(司令部)[명] <군사> 사령관이 사무를 집행하는
사:령=산(四苓散)[명] <한의> 오줌을 통하게 하고 열을 다스리는 한약재.
사:령=서(辭令書)[명] ⇒사령장(辭令狀).
사:령 숭배(死靈崇拜)[명] <종교> 미개 종교의 하나. 인류의 영혼은 죽은 뒤에는 사령(死靈)이 되어 다른 사람에 대하여 화복(禍福)을 베푼다고 믿고 숭배하는 일. ghost worship
사령=장[―짱][辭令狀][명] <법률> 관직을 임면(任免)하는 뜻을 적어 당자에게 주는 문서. 사령서. writ
사:령=청(使令廳)[명] ⇒사령방. [of appointment
사:령=탑(司令塔)[명] <군사> 군함(軍艦)에서 사령(司令)이 올라앉아 지휘하는 높은 탑. conning tower
사:례(四禮)[명] 관례(冠禮)·혼례(婚禮)·상례(喪禮)·제례(祭禮)의 총칭. 관혼상제(冠婚喪祭).
사례(私禮)[명] 공식(公式)이 아닌 사사로이 차리는 인사. private greeting
사:례(事例)[명] 일의 전례(前例)나 실례(實例). instance
사례(射禮)[명] 활을 쏘는 예식. 활을 쏠 때에 행하는 의식.
사:례(赦例)[명] 사면(赦免)의 전례. [의식.
사:례(謝禮)[명] ①고마운 뜻을 상대자에게 나타내는 인사. ¶―금(金). thanks ②고마운 뜻을 나타내는 선물. present [하다] [사(謝辭)①.
사:례=사(謝禮辭)[명] 사례의 뜻을 표하는 말. ⇒ 사사
사:례 연:구(事例研究)[명] <심리> 특정 개인의 부적응(不適應)의 원인을 발견하고, 이를 제거하기 위한 조치를 취하고자 검사·관찰·면접·질문지법(質問紙法) 등을 통하여 그 사람의 특성·생활사·생활 환경 등을 조사 연구하는 일. case study
사로(仕路)[명] 벼슬길. 환로(宦路).
사:로(死路)[명] 어찌할 방도가 없는 막다른 길. 죽음의 길. path of death
사로(邪路)[명] 올바르지 못한 길. 사도(邪道).
사로(思路)[명] 길을 지을 때, 생각을 더듬어 가는 길.
사로(砂路)[명] 모랫길. 모래를 깐 길.
사로(斜路)[명] ①비탈길. ②비껴 나간 길. bypath
사로=자다[자] 걱정되는 일이 있어 마음을 놓지 못하고 억지로 자다. have a restless sleep
사로잠그다[타][으불] 고리에 자물쇠를 반쯤 걸어 놓다. lock halfway
사로=잡다[타] ①산 채로 잡다. ¶사로잡은 곰. catch alive ②생각이나 마음을 한쪽으로 쏠리게 만들다. ¶마음을 ~. captivate
사로잡히다[타][피] ①산 채로 잡히다. be captured alive ②무엇에 얽매어 꼼작달싹 못하게 되다. be a slave of ③어떤 생각·감정 등에 덮침을 받다.
사로:쿠다[타] ⇒사로잡다그. [¶공포에 ~.
사:록(史錄)[명] 역사에 관한 기록. historical records
사:록(寫錄)[명] 베낌. 옮겨 씀. copying [하다]
사:록(麝鹿)[명] ⇒사향노루.
사:론(士論)[명] 선비들의 주장. scholars opinion
사:론(史論)[명] 역사에 관한 논설. historical opinion
사론(私論)[명] 개인의 사사로운 주장. (대) 공론(公論). personal opinion
사론(邪論)[명] 도리에 어긋나는 의론. 옳지 못한 논설. (대) 정론(正論). unreasonable argument
사롱(紗籠)[명] ①<역> 사등롱(紗燈籠). ②현판(懸板)에 먼지가 앉지 못하도록 덮어씌우는 천.

사롱(斜籠)〖건축〗대문이나 중문 위에 댄 빗살.
사롱(sarong) 말레이시아·자바 토인·말레이인·인도인 등의 회교도가 허리에 감는 의복.
사롱=갑(絲籠匣)〖불〗임금이 타는 말의 안장 위에 걸어 매어 잡물건을 넣는 긴 자루.
사롱 에이프런(sarong apron)〖복〗앞 또는 앞뒤로 두 가리는 긴 앞치마.
사뢰-다目 웃어른께 말씀을 드리다. 아뢰다. 여쭙다. tell respectfully
사:료(史料)名 역사 연구의 자료. 사제(史材). historical materials
사료(思料)名 생각하여 헤아림. 사량(思量). consideration 하타
사료(飼料)名 짐승을 기르는 먹이. 먹이. fodder
사료 식물(飼料植物)名 사료로 쓰이는 식물.
사료 작물(飼料作物)名 사료로 쓰기 위하여 재배하는 작물.
사:료-학(史料學)名 사료의 기술적 처리를 다루는 역사학의 한 분야.
사:룡(死龍)名〖민속〗풍수 지리(風水地理)에서, 뒷자리 뒤에 종산(宗山)에서 온 맥이 끊어진 것.
사롱(蛇龍)名 이무기가 변하여 된 용.
사루(砂漏)名 옛날, 모래를 조금씩 떨어뜨려 시간을 재던 기구. 모래 시계. sandglass
사루소폰(sarrussophone 프)名〖음악〗두 개의 리드가 달린 금관 악기의 하나. 주로 취주악·군악 따위에 씀. [scholar
사:류(土類)名 학문과 덕행이 높은 선비의 무리.
사류(絲柳)名〖동〗수양버들.
사류(絲類)名 실 종류. 실붙이.
사:륙(四六)名〖약〗→사륙문(四六文).
사:륙(四六文)名〖문학〗중국 육조(六朝) 시대의 문체(文體)의 하나. 네 글자와 여섯 글자를 바탕으로 대구(對句)를 계속하여 말을 꾸몄음. 사륙 변려문(四六駢儷文). 사륙체. ⑩ 사륙문(四六).
사:륙 반:절(四六半切)〖인쇄〗사륙판(四六判)의 절반의 인쇄물의 규격(規格). small octavo
사:륙 배:판(四六倍判)〖인쇄〗사륙판의 갑절인 인쇄물의 규격. large octavo
사:륙 변:려문(四六駢儷文)名〖약〗사륙문(四六文).
사:륙=체(四六體)名〖동〗사륙문(四六文).
사:륙=판(四六判)〖인쇄〗①가로 13 cm, 세로 19 cm 되는 책의 규격. crown octavo ②가로 109.1 cm, 가로 78.8 cm의 인쇄 규격. duodecimo
사:륜(四輪)名①네 개의 바퀴. ②〖불교〗땅 속에서 이 세계를 버티고 있다는 금륜(金輪)·수륜(水輪)·풍륜(風輪)·공륜(空輪)의 네 바퀴.
사륜(絲綸)名 임금의 뜻을 발표하는 글.
사:륜-거(四輪車)名 바퀴가 넷인 수레. four-wheeled carriage
사:륜 마:차(四輪馬車)名 바퀴가 넷인 달린 마차.
사:률(四律)名〖원〗→사울.
사르-다旧不匪 ⑴불을 붙이어 피우다. act fire ②태워 없애다.
사르-다目 곡식을 까분 뒤에 싸라기를 따로 혼들어 떨어뜨리다. winnow
사르르 ①힘없이 저절로 풀어지는 모양. gently ② 졸음이 오거나 눈을 살며시 감거나 뜨는 모양. ③ 아주 살며시 가만가만히 움직이는 모양. ④쌓인 눈이나 얼음이 저절로 녹는 모양. 匣 스르르.
사름名 모를 심은 지 사 오일 뒤 뿌리가 잘 부착되어 생생한 상태. ¶~ 참 잘 되었다.
사름名 말이나 소 따위의 나이의 세 살. three-years old horse or ox
사릉(斜稜)名〖수학〗'빗모서리'의 구용어.
사리名 ①달에 매달 보름과 그믐날의 조수가 밀려 오는 시각. 한사리. 匣 조금. beginning of hightide
사리²名의 ①국수나 새끼를 사리어서 감은 뭉치. 또, 그것을 세는 단위. coil ②윷놀이에서, 모나 윷.
사리(私利)名 사사로운 이익. 匣 공리(公利). self-interest
사리(舍利·奢利←sarira 범)名〖불교〗①부처나 고승(高僧)의 유골(遺骨). Buddha's bones ②송장을 화

사리(事理)名 일의 이치. reason [의 유적인 경건.
사리(砂利)名 gravels
사리(射利)名 이웃을 노림. ¶~심(心). love of gain
사리(瀉痢)名(動) 설사(泄瀉). [하타
사리(saree, sari 인)名 인도 힌두교의 여자가 입는 의복. 허리에 두르고 머리를 싸고 그 끝을 한쪽으로 드리우게 되었음.
사리-다目 ①국수나 새끼 등을 동그랗게 포개어 감다. (른) 서리다. coil ②비어져 나온 못 끝을 꼬부려 붙이다. nail up ③일에 힘을 다 쓰지 않다. ¶몸을 ~. spare oneself ④겁먹은 짐승이 꼬리를 뒷다리 사이로 끼다. ⑤뱀 따위가 몸을 똬리처럼 감다. ⑥조심하다.
사리=물-다旧匪 이를 악물다. clench
사리별(舍利別)名 '시럽(syrup)'의 음역.
사리불(舍利弗)名〖불교〗석가의 십육 대제자(十六大弟子) 중에서 지혜가 가장 많은 사람.
사리=사리图 연기가 가늘게 올라가는 모양.
사리-사리²图 여기저기 사려 놓은 모양. 또, 사려 있는 모양. (른) 서리서리. in a coil
사리 사복(私利私腹)《동》사리 사욕. [복.
사리 사욕(私利私慾)개인의 이익과 욕심. 사리 사
사리=염(瀉利鹽)名 황산마그네슘.
사리=탑(舍利塔)名〖불교〗부처의 사리(舍利)를 봉안(奉安)한 탑.
사리-풀名〖식물〗가지과의 일년 또는 다년생 풀. 높이 약 1 m, 잎은 난형이고 잎에 멍독이 있어 마취 약제로 쓴.
사:린(四鄰)名 ①이웃하고 있는 사방. neighbourhood ②이웃의 사람들. neighbours
사:린=교(一轎)名〖민〗→사인교(四人轎).
사:린 남여(一籃輿)《민》→사인 남여(四人籃輿).
사:린 방상(一方床)《민》→사인 방상(四人方床).
사림(士林)名〖동〗유림(儒林).
사:림(史林)名 역사에 관한 책들. books on history
사림(沙淋)名〖의학〗모래알 같은 것이 오줌 구멍을 막아 몹시 아픈 임질의 하나.
사림(詞林)名 ①시문(詩文)을 짓는 사람들의 사회. literary circles ②시문(詩文)을 모아서 엮은 책.
사림(辭林)名 사전(辭典). [collection of poems
사립名〖약〗→사립문.
사:립(四立)名 입춘(立春)·입하(立夏)·입추(立秋)·입동(立冬)의 총칭. beginnings of four seasons
사립(私立)名〖법률〗공익 사업의 기관을 사사의 힘으로 설립함. 민립(民立). 匣 공립(公立). 관립(官立). 국립(國立). private establishment
사립(絲笠)名 명주실로 싸개를 하여 만든 갓.
사립(蓑笠)名 도롱이와 삿갓.
사립 대:학(私立大學)〖교육〗사인(私人) 또는 사법인(私法人)이 설립·경영하는 대학. 匣 사대(私大). private college
사립-문(一門)名 사립짝을 달아서 만든 문. 시문(柴門). 싸리문②. 匣 사립. brushwood gate
사립-짝名 나뭇가지를 엮어서 만든 문짝. 匣 삽짝. brushwood door-flap
사립 학교(私立學校)名〖교육〗사인(私人) 또는 사법인(私法人)이 설립하여 경영하는 학교. private school
사마(司馬)名〖제도〗①중국 주(周)나라 때 벼슬로, 육경(六卿)의 하나. 군정을 맡아보았음. ②조선조 병조 판서(兵曹判書)의 별칭. ③〖약〗→사마시(司馬試).
사:마(四魔)名〖불교〗온마(蘊魔)·번뇌마(煩惱魔)·사마(死魔)·천마(天魔)의 네 가지 마(魔).
사:마(死魔)名〖불교〗사마(四魔)의 하나. 수명을 빼앗고 오온(五蘊)을 파멸시키는 악마. ②죽음의 마신. 죽음의 마물.
사마(私馬)名 개인이 가진 말.
사마(邪魔)名 ①사악(邪惡)한 마귀(魔鬼). wicked devil ②〖불교〗망견(妄見)을 설하여 보리(菩提)의

사마(娑磨←Sama 법)[명]〈종교〉인도교(印度敎)의 삼명(三明)의 하나.
사마(絲麻)[명]명주실과 삼실. silk-thread and hemp-thread
사:마(駟馬)[명]네 필의 말이 끄는 수레. 또는 그 네 필의 말. carriage and four horses
:사·마·괴[명]〈고〉사마귀.
사:마귀[명] ① 살갗에 도도록하게 생기는 군살. 흑자(黑子). mole ②[동]버마재비.
사:마귀-꼬리좀벌[명]〈곤충〉꼬리좀벌과의 벌. 암컷의 몸 길이는 약 3.5 mm. 대체로 검고, 사마귀 알에 기생함. 한국·중국·일본 등지에 분포함.
사:마귀-붙이[―부치][명]〈곤충〉사마귀붙이과의 곤충. 버마재비 비슷한데, 길이 1~2 cm, 편 날개의 길이 3~5 cm, 흡부는 황갈색, 날개는 투명함. 여름에 나무 그늘이나 풀밭에 서식함.
사마륨(Samarium 도)[명]〈화학〉희토류(稀土類) 원소의 하나. 황색을 띤 회색 금속으로, 단단하면서도 잘 부서짐. 원소 기호; Sm. 원자 번호; 62. 원자량; 150.4.
사마리아-인(Samaria 人)[명] 팔레스티나의 사마리아 부근에 살던 민족. B.C 721년 앗시리아에 잡혀간 시리아·바빌로니아·아라비아 들과 원주 히브리족과의 혼혈족.
사마 방:목(司馬榜目)[명]〈제도〉사마시(司馬試)에 합격한 진사와 생원의 성명·연령·원적·주소와 사조(四祖)를 적은 책.「진사들이 모이던 곳.
사마-소(司馬所)[명]〈제도〉외방의 고을마다 생원과
사마-시(司馬試)[명]〈제도〉조선조의 과거의 하나. 진사(進士科)와 생원과(生員科)가 있음. 감시(監試). 소과(小科). ⑭사마(司馬)③.
사:마-자(蛇麻子)[명][동]부동껑도나무.
ㅅㅁ ㅊ ㄷ [고]사무치다.「덮인 옷.
사마치(戎服)[명]길을 말을 탈 때에 두 다리를
사막(沙漠·砂漠)[명]〈지리〉① 모래만이 덮여 있는 가마득하게 크고 넓은 불모(不毛)의 벌판. desert ② 사막처럼 거칠고 메마른 곳. rough and barren
사막 기후(沙漠氣候)[명]〈지학〉아열대·온대에 걸친 건조 지대의 극단적인 대륙성 기후. 우량이 극히 적고 일사가 강하여 식물이 거의 자라지 못하며 낮과 밤의 기온의 차가 극심함.
사막-꿩(沙漠―)[명]〈조류〉사막꿩과의 새. 비둘기 비슷한데 날개 길이 약 25 cm, 등은 담황갈색에 흑색 반점이 있음. 장거리를 나는데 귀소성(歸巢性)이 있으며, 아시아 중부 사막에 서식함.
사-막=스럽-다[旦](형)사막한 태도가 있다. 《른》심악스럽다. 사-막=스레[부]
사:막-하:다(莫―)[형]용서함이 없이 가혹하다. 《른》심악하다. severity「열한시경.
사:말(巳末)[명]사시(巳時)의 마지막 시각. 곧, 상오
사:말¹(四末)[명]〈기독〉사람이 면하지 못할 죽음·심판(審判)·천당(天堂)·지옥(地獄)의 네 가지 종말. four unavoidabe ends of man「limbs
사:말²(四末)[명]두 손과 두 발의 끝. ends of the four
ㅅㅁㅅ(四末)[명]사못. 투철(透徹)히.「다. 사무치다.
ㅅㅁㅅ ㄷ/ㅅㄷ(四末)[명]통(通)하다. 투철하다. 뚫
ㅅㅁㅅ ㅇ ㄷ [고]통달하다. 명철(明哲)하다.
사망[명]장사의 이가 많이 남는 운수. money-making fortune「출생(出生). death 하[자]
사:망(死亡)[명]사람의 죽음. ¶ ~ 증서(證書). 《대》
사:망-계(死亡屆)[명]〈법률〉사람이 죽었을 경우에 그 사실을 사망 장소 단서사와 검안서(檢案書)를 붙여서 시·읍·면장에게 제출하는 일. 또, 그 서류(書類).
사:망-률(死亡率)[명]〈법률〉일년 동안의 사망자 수와 일정한 인구 수와의 비례. death-rate
사:망 보:험(死亡保險)[명]〈법률〉생명 보험의 하나. 피보험자가 사망할 때에 보험금을 치름. 종신 보험·정기 보험이 있음. mortality life insurance
사:망 신고(死亡申告)[명]사람이 죽었을 때에 그 사실을 시·읍·면장에게 신고하는 일. notice of death 하[자]「출하는 서류. notice of death
사:망 신고서(死亡申告書)[명]사망 신고를 할 때에 제
사:망지-환(死亡之患)[명]사람이 죽는 재앙.
사:망 진:단서(死亡診斷書)[명]〈법률〉사망을 증명하는 의사의 진단서. medical certificate of death
사:망-표(死亡表)[명]사람의 생사에 관한 모든 통계표. death list
사매(私―)[명]권세 있는 사람이 백성을 사사로이 때리는 매. 사형(私刑). illegal flogging
사매(邪魅)[명]〈동〉사귀(邪鬼).
·ㅅ매[명]〈고〉소매.
사매-질(私―)[명]사매로 때리는 짓. 하[자]
사:맥(死脈)[명] ①〈의학〉거의 죽게 된 사람의 맥박. 또, 그 상태. fatal pulse ②〈광물〉채굴할 여지가 없게 된 광맥. 광석을 다 채굴한 광맥. exhausted vein
사:맥(事脈)[명]일의 내력. 일의 갈피. circumstances
사맥(絲脈)[명]〈한의〉남녀 유별(男女有別)의 엄격한 유교적 도덕 판념에서, 귀부인을 진찰할 때에, 병자의 손목에 실을 매어 옆방에서 의원이 그 끝을 잡고 실을 통하여 맥박을 재어 진단하던 일.
사:맹(四孟)[명]맹춘(孟春)·맹하(孟夏)·맹추(孟秋)·맹동(孟冬)의 총칭. 사맹삭(四孟朔).
사맹(司猛)[명]〈제도〉오위(五衛)의 한 군직(軍職). 현직에 있지 않은 정8품의 문관·무관·음관(蔭官)으로 채웠음.「사월·칠월·시월. 사맹. 사맹월.
사:=맹-삭(四孟朔)[명]네 철의 각 첫달인 음력 정월·
사:맹-월(四孟月)[명][동]사맹삭(四孟朔).
사:면(四面)[명][동]사방.
사:면(死面)[명]〈동〉데드 마스크(death mask).
사:면(事面)[명]일의 어떤 면. 사체(事體).
사:면(赦免)[명]〈법률〉죄를 사하여 형벌을 면제하여 주는 일. pardon 하[자]
사면(斜面)[명] ① 비스듬한 바닥. slope ②〈물리〉무거운 물체를 오르내리는 데 쓰는 수평면과 적당한 각도를 이루는 평면. 단일(單一)기계의 하나. inclined
사면(綠綿)[명]⑭실구슬.「plane
사면(辭免)[명]말아보던 일자리를 그만두고 물러남. resignation
사:면=각(四面角)[명]〈수학〉입체각의 하나. 네 평면이 공통의 정점(頂點)에서 만나 뾰족한 모양을 이룬 꼴. 그 비스듬한 방향에서 그려내는 기술. 화법(畫法).
사면 묘:사(斜面描寫)[명]〈문학〉정면이 아닌 대상과
사:면-발이[명] ①〈곤충〉음부의 거웃 속에 붙어 사는 작고 납작한 이. 모슬(毛蝨). 음슬(陰蝨). crablouse ② 여러 곳으로 다니며 아첨을 잘하는 사람을 조롱하는 말. obsequious person
사:면 수적(四面受敵)[명]사면으로 적의 공격을 받음. encircled by enemy 하[자]
사:면-잠(四面―)[명]〈농〉네 번의 한 종류. 알에서 깐 후, 네 번 탈피하고 나서 고치를 짓는 누에.
사:면-장[―짱](赦免狀)[명]죄를 사면한다는 뜻을 적은 서장(書狀). letter of pardon
사:면-체(四面體)[명]〈수학〉네 개의 평면으로 둘러싸인 입체. 곳주뿔. 세모뿔. tetrahedron
사:면 초가(四面楚歌)[명]사면이 적병으로 포위되어 전후 좌우로부터 공격을 받는 형편. enemies on
사:면 춘풍(四面春風)[명][동]두루 춘풍.「every side
사:면 팔방(四面八方)[명]사면(四面과 팔방(八方). 모든 방면. all directions「(生殖). extinction 하[자]
사:면(死滅)[명]죽어 없어짐. 《대》생존(生存). 생식
사:명(司命)[명] ① 사람의 생명을 맡음. ②〈천문〉죽을 운명.「죽음 운명. mortality
사:명(死命)[명] ① 죽음과 삶의 고비. life or death ②
사:명(社名)[명]회사나 결사의 이름. name of company
사:명(社命)[명]회사의 명령. company order
사:명(使命)[명] ① 지워진 임무. ¶ ~ 감(感). mission ② 사신(使臣)이 받은 명령. 임무. order which an

envoy received

사명(師命)圀 스승의 명령. order of one's teacher
사명(捨命)圀 목숨을 버림. lay down one's life 하다
사명(詞命·辭命)圀 ①임금의 말과 명령. royal speech and order ②사신이 명을 받들어 외교 무대에서 하는 말. conferring a name upon 하다
사:명(賜名)圀 공이 있는 신하에게 임금이 이름을 내려줌.
사:명-기(司命旗)圀 〈제도〉 각 영(營)의 대장·유수(留守)·순찰사(巡察使)·절도사(節度使)·통제사(統制使)가 부하 군대를 지휘하던 기.
사:명-마(四明馬)圀 〈동〉 사족발이.
사:-명산(四名山)圀 백두산(白頭山)에서 내려온 네 명산. 곧, 동의 금강산(金剛山), 서의 구월산(九月山), 남의 지리산(智異山), 북의 묘향산(妙香山). four sided mountains
사:-명일(四名日)圀 ①설·단오·추석·동지의 네 고유 명절. 아명절. four holidays of the lunar calendar ②예전에 왕의 탄신일과 설·단오·동지의 네 명절.
사:-명절(四名節)圀 〈동〉 사명일①.
사모(私募)圀 〈경제〉 ①새로 주식·사채 등을 발행할 때, 널리 일반으로부터 모집하지 않고 발행 회사와 특정한 관계가 있는 곳에서 모집하는 일. 비공모(非公募) 발행. ②금융 기관이나 거액의 투자가가 대량의 주(株)를 처분할 때, 급격한 시세 변동을 막기 위하여 거래소의 거래원이 거래소 밖에서 이를 사들이거나 매개하는 일.
사모(邪謀)圀 부정한 모책(謀策). 나쁜 모의.
사모(思慕)圀 ①생각하고 그리워함. longing ②우러러 받들고 마음으로 따름. 〈데〉 시기(猜忌). admiration 하다   ②목사의 부인.
사모(師母)圀 ①스승의 부인. wife of one's teacher
사:모(紗帽)圀 ①〈제도〉 관복을 입을 때 쓰던 사(紗)로 짠 모자. 오사모(烏紗帽). ②구식 혼례에 쓰는 예모(禮帽).
사모(詐謀)圀 남을 속여넘기는 꾀. artful scheme
사:모 관대(紗帽冠帶)圀 ①사모와 관대. ②사모와 관대로 차림. 곧, 정식 예장을 차림. 하다
사모-님(師母-)圀 ①'사모'의 존대말. ②〈속〉 윗사람의 부인의 존칭.   그. 끓이는 기구.
사모바:르(samovar 러) 러시아 특유의 물이나 차
사모 불망(思慕不忘)圀 사모하여 잊지 않음. 하다
사:모-뿔(紗帽-)圀 사모 뒤쪽 좌우로 가로지른 잠자리 날개 같은 뿔.
사:모-사개(紗帽-)圀 사모를 써서 바른 사(紗).
사모 쓴 도둑놈졈 재물을 탐하는 벼슬아치를 욕하는 말.   【자(紗帽櫻子).
사모에 갓끈이다쯤 격례에 어울리지 않는다. 사모 영
사모예드-족(Samoyede族)圀 시베리아 북빙양(北冰洋) 연안 지방에 사는 몽고계 종족.   【arbour
사모-노칭(四-釘)圀 네모 반듯하게 지은 정자. square
사모-집[-찝](四-)圀 〈건축〉 지붕이 네모나게 지
사모치-다전 →사무치다.   【은 집.
사모-탑(紗帽-)圀 〈건축〉 이을 나무의 끝에 네모지게 파낸 턱.
사:모-턱지-다(紗帽-)전 사모의 앞쪽처럼 층이 지다.
사목(司牧)圀 임금이나 기를. 곧, 임금을 이르는 말.
사:목(事目)圀 〈제도〉 공사(公事)에 관한 규칙.
사:목(肆目)圀 보고 싶은 대로 봄. 하다
사목지신(徙木之信)圀 속이지 아닌다는 것을 밝힘.
사:몽-비몽(似夢非夢)圀 비몽사몽(非夢似夢).
사:몽비몽-간(似夢非夢間)圀 〈동〉 비몽사몽간(非夢似夢間).   【사.묘.
사:묘(四廟)圀 고조·증조·조부·부의 네 위(位)를 모신
사무(寺務)圀 절의 사무.
사무(私貿)圀 〈제도〉 옛날에 대궐에서 쓰는 물건을 입시로 장서로 장사한테서 사들이던 일. 하다
사무(私務)圀 사사로운 일. 〈데〉 공무(公務). private
사무(社務)圀 회사의 사무. 회사의 용무. affairs
사:무(事務)圀 주로 문서를 맡아 다루는 업무·일.

¶～실(室). ～소(所). ～원(員). office work
사무(師巫)圀 〈동〉 무당.
사:무-가(事務家)圀 사무를 맡아보는 사람. 능숙한 사람. talented administrator
사:무-관(事務官)圀 〈법률〉 행정 기관에 든 5급 공무원. 주사(主事)의 위, 서기관의 아래. administrative official of class
사:무 관:리(事務管理)圀 〈법률〉 법률상 의무는 없으나 남을 위하여 그 사무를 관리하는 일. management of business ②〈경제〉 생산·판매 등 경영 활동의 합리화를 위한 일련의 관리 활동을 하는 일.
사:무-국(事務局)圀 주로 일반 행정 사무를 맡아보는 국. ¶UN ～.
사:무 레벨(事務 level)圀 세부적·기술적인 문제를 토의하는 단계. 낮은 단계. 〈데〉 정치 레벨. working level
사:무-복(事務服)圀 사무를 볼 때에 입는 간편한 옷.
사:무사(思無邪)圀 마음에 사악한 티끌이 없음. right mind 하다   【advise to compromise 하다
사:무-송(使無訟)圀 시비가 없도록 타협하게 함.
사:-무여한(死無餘恨)圀 죽어도 한됨이 없음. have nothing to regret
사:무용 기계(事務用器械)圀 사무 능률의 향상을 위하여 사용되는 기계. 넘버링·등사기·타이프라이터 따위. office machine 【를 위임받는 위원.
사:무 위원(事務委員)圀 어떤 기관에서 일정한 사무
사:무 인:계(事務引繼)圀 전임자(前任者)가 후임자(後任者)에게서 사무를 이어 물려줌. handing over one's duties 하다
사:무-장(事務長)圀 사무원을 지휘하고 그 사무를 관리하는 우두머리. head official   【정.
사:무 장정(事務章程)圀 사무 처리의 절차를 정한 규
사:무-적(事務的)圀 ①무엇을 하는데 기계적이거나 형식적인(것). ¶～인 대답. business-like   【기술 직원. clerk
사:무 직원(事務職員)圀 사무를 맡아보는 사람. 〈데〉
사:무 차관(事務次官)圀 〈법률〉 장관을 보좌하여, 행정 각부의 일을 정리하고 국(局) 및 기관의 사무를 감독하기 위하여 둔 기관. 제2공화국 당시의 관직임. 〈데〉 정무(政務) 차관. administrative viceminister   【에 ～. pierce
사무치-다전 속까지 깊이 미치어 닿다. ¶원한이 뼈
사:-무한신(事無閑身)圀 하는 일이 없이 한가한 사람. leisured man
사:-문(四門)圀 〈약〉 →사대문(四大門).
사:문(死文)圀 ①실제로 효력이 없는 법령이나 문장. dead letter ②내용·정신이 없이 글자만 늘어놓은 문장.
사:문(死門)圀 ①〈민속〉 팔문(八門)의 하나인 흉문. 구궁(九宮)의 이흑(二黑)이 본자리가 됨. gate of death ②〈불교〉 저승에 들어가는 문. 곧, 죽음. gate to another world
사문(寺門)圀 절에 들어가는 문. entrance of a temple
사문(私門)圀 조정에 대하여 자기 가문(家門)의 낮춤말.
사문(沙門←śramana 범)圀 〈불교〉 집을 떠나서 불문에 들어가 도를 닦는 사람. Buddhist monk
사문(査問)圀 조사하여 신문함. inquiry 하다
사문(師門)圀 ①스승의 집. ②스승의 문하(門下).
사문(赦文)圀 〈제도〉 나라의 경사를 치러 죄인을 놓아 줄 적에 임금이 내리던 글.   【skin
사문(蛇紋)圀 뱀 껍질 모양의 무늬. design of a snake
사문(斯文)圀 ①유교(儒敎)에서, 유교의 문화를 이르는 말. ②〈동〉 유학자(儒學者).
사문 결박(私門結縛)圀 권세 있는 집안에서 백성을 잡아다가 사사로이 결박함. 하다
사문 난:적(斯文亂賊)圀 유교에서, 그 교리에 어긋나는 언동을 하는 사람.
사:문-방(死門方)圀 〈민속〉 사문의 방위(方位).
사-문서(私文書)圀 〈법률〉 개인의 서장(書狀) 또는

사문서 위조죄 공문서(公文書). private document

사문서 위조죄[—罪](私文書僞造罪)〖법률〗 사문서를 위조 또는 변조함으로써 성립되는 죄. forgery of a private document

사문서 훼:기죄[—罪](私文書毀棄罪)〖법률〗 권리·의무에 관한 남의 문서를 훼기함으로써 성립되는 죄.

사문-석(蛇紋石)[명] 〖광물〗 보통 비늘꼴 또는 섬유꼴을 이루고 반드럽고 광택이 있는 녹·황·갈색의 돌. 장식품이나 건축 재료에 씀. serpentine stone

사문-암(蛇紋岩)[명] 주로 사문석으로 된 진한 녹색의 변성 초염기성(變成超鹽基性) 화성암. 장식용 석재로 쓰임.

사문 융형[—농—](私門用刑)[명] 권세 있는 집에서 사람을 사사로이 감금하거나 형벌을 가하는 일. lynching 하다

사:문 유관(四門遊觀)[명] 〖불교〗석가가 태자 때에 동문 밖에 나갔다가 노인을, 남문 밖에서 병자를, 서문 밖에서 죽은자를, 북문 밖에서 위의를 갖춘 사문(沙門)을 보고 이 모든 것을 해탈하고자 결심한 고사(故事).

사문-직(斜紋織)[명] 조직점을 비스듬히 연속하게 하여, 무늬가 사선상(斜線狀)으로 나타나게 짠 옷감.

사:문-학(四門學)[명] 당나라 때에 서민(庶民)을 위하여 대학의 사방 문 안에 세웠던 학사(學舍).

사:-물(四勿)[명] 논어(論語)에서 하지 말라는 네 가지 일. 곧, 예가 아니면 보지 말 일〖非禮勿視〗, 듣지 말 일〖非禮勿聽〗, 말하지 말 일〖非禮勿言〗, 행동하지 말 일〖非禮勿動〗. four forbidden things in Confucianism

사:물(四物)[명] ①〖불교〗법고(法鼓)·운판(雲板)·목어(木魚)·대종(大鐘)의 총칭. ②〖민속〗농촌에서 마을 공동으로 쓰이는 네 가지 악기. 즉, 꽹과리·징·북·장구의 총칭. ¶~ 놀이.

사:-물(死物)[명] ①생명이 없는 것. dead thing ②쓰지 못할 물건. [대] 활물(活物). unable thing

사물(私物)[명] 개인이 가지고 있는 물건. 사유물(私有物). [대] 공물(公物). 관물(官物). private thing

사물(私物)[명] ①요사한 물건. ②부정을 탄 물건인 듯한 물건.

사:물(事物)[명] 일과 물건. affairs and things [전.

사:물(賜物)[명] ①임금이 하사하는 물건. ②윗사람이 아랫 사람에게 내려 주는 물건.

사물-거리다[자] 작은 벌레가 살갗을 자꾸 기는 것같이 가질거리다. ②아리송한 것이 눈앞에 삼삼히 떠올라 아른거리다. 사물=사물하다.

사:물 관할(事物管轄)[명] 〖법률〗사물의 종류나 성질에 따라서 어느 법원이 다루느냐를 정하는 범위. material jurisdiction

사:물 기생(死物寄生)[명] 〖생물〗죽은 동식물에 붙어 삶. 곰팡이나 버섯의 대부분이 해당됨. 부생(腐生). [대] 활물 기생. saprophytism 하다

사:물 기생 식물(死物寄生植物)[명] 〖식물〗사물 기생을 하여 사는 식물. saprophyte [대명사] indicate

사:물 대:명사(事物代名詞)[명] 〖어〗지시 대명사

사:물=잠(四勿箴)[명] 사물(四勿)에 대하여 송(宋)나라의 정이(程頤)가 지은 잠. 사잠(四箴).

사:물-탕(四物湯)[명] 〖한의〗피를 돕는 탕약의 하나. 숙지황·백작약·천궁·당귀를 조합하여 만듦.

사뭇[부] ①거리낌 없이. ¶~ 열흘을 놀았다. without reserve ②아주 딴판으로. ¶말과는 ~ 다르렀다. ③계속하여 줄곧. ¶한 달 동안 ~ 바빴다. all through

사:미(四美)[명] 좋은 시절, 아름다운 경치, 경치를 관상하고 즐기는 마음, 유쾌한 일의 네 가지. four beautiful things

사:미(史美)[약] →역사미(歷史美).

사미(沙彌<sramanera 팔리)[명] 〖불교〗십계(十戒)를 받고 불도를 닦는 문중에 막 들어가 미숙한 승려. 사미승(沙彌僧). Buddhist acolyte

사미(邪味)[명] 몹시 간사하고 야릇한 맛.

사미(蛇尾)[명] ①뱀의 꼬리. ②일의 끝이 갈수록 줄고 보잘것없이 되고 마는 일을 비유하는 말. ¶용두(龍頭)~.

사미(奢靡)[명][동] 사치(奢侈). 하다

사:미(賜米)[명] 〖제도〗늙은이에게 나라에서 쌀을 주던 일. rice formerly granted to old men 沙彌

사미 갈:=식[—식](沙彌喝食)[명] 〖불교〗절에서 심부름을 하며 불도(佛道)를 닦는 아이 중.

사미-니(沙彌尼)[명] 〖불교〗사미로 있는 젊은 여승.

사:미-승(沙彌僧)[동] 사미(沙彌). [배운 백성.

사:민(士民)[명] ①선비와 서민(庶民). ②육예(六藝)를 배운 백성.

사:민(四民)[명] ①봉건 사회에서 사·농·공·상(士農工商)의 네 신분. people of all classes ②온 백성. whole people

사민(私民)[명] 옛날에 귀족에게 매여 살던 백성. [대] 자유민(自由民). serf [차별 없이 평등함.

사:민 평등(四民平等)[명] 사·농·공·상의 모든 백성이

사바(娑婆<saha 범)[명] 〖약〗→사바 세계(娑婆世界).

=**수·밧**[어미]〖고〗=사와.

=**수·밧-슨**[선어미](고)=사오—.

=**수·밧-이**[어미](고)=와.

=**수봇**[선어미](고)=오—.=옵—. [분포하는 열대 초원.

사바나(savanna)[명] 〖지리〗열대 우림과 사막 중간에

사바나 기후(savanna氣候)[명] 〖지리〗열대 기후의 하나로, 1년중 건계(乾季)와 우계(雨季)가 뚜렷한

=**수·밧·놀**[어미](고)=으늘. [구분되는 기후.

=**수·밧-니**[어미](고)=오니.

=**수·봉-니어미**[어미](고)=오니.

=**수·봉니·라**[어미](고)=오니라.

=**수·봉·리**[어미](고)=오리.

=**수·봉·며**[어미](고)=오며.

=**수·봉·면**[어미](고)=오면.

사바-사바[명] 어떤 목적을 위하여 떳떳하지 못한 방법으로 하는 교섭 행위. ¶~가 판을 치는 더러운 세상. using of backstairs means 하다

사바 세:계(娑婆世界)[명] 〖불교〗피로움이 많은 이 세상. 중생이 사는 곳. [약] 사바. this earthly world

=**수·봉쇼·서**[어미](고)=오소서.=옵소서.

=**수·봉-숑**[어미](고)=오시고.=오시고.

사박-거리다[자] ①연한 배나 사과 따위를 씹는 것과 같은 소리가 자꾸 나다. crunch ②모래밭을 걸어가는 것 같은 소리가 나다. 《큰》서벅거리다. 사박=사박하다

사박-스럽다[형][ㅂ변] 성질이 포폭하고 당돌하여 아무데나 덤벼들어 간섭하기를 좋아하다. rude 사박-스레[부]

사:(四拍子)[명] 〖음악〗악곡의 한 소절이 네 개

=**수블**[어미](고)=은. =시온. [의 박자로 된 것.

사:반 공배(事半功倍)[명] 수고는 적어도 공은 많음. achieving much with small effort

사:=반기(四半期)[명] 1년을 넷으로 등분한 기간. 사분기(四分期). ¶이·~. 삼·~. quarter

=**수·블-돌**[어미](고)=은들. [추는 춤. quadrille

사-반무용(四班舞踊)[명] 〖음악〗네 사람씩 짝지어

사-반상(沙飯床)[명] 사기로 된 반상기. elain bowl

사:반-지(沙飯器)[명] 사기로 만든 밥그릇이나 국그릇. porc—

=**수·블까**[어미](고)=을까.

사발 고의(沙鉢袴衣)[명] 가랑이가 짧은 홑바지.

사발 농사(沙鉢農事)[명] 빌어먹는 것을 일로 삼는 그릇을 이르는 말. begging 하다

사발 무더기(沙鉢—)[명] 사발에 가득히 담은 음식의 부피. [밥.

사발=밥[—빱](沙鉢—)[명] 한 사발의 밥. 사발에 담은

사발-색(沙鉢—)[명] 〖광물〗사발을 써서 보는 색.

사발 석방이(沙鉢—)[동] 사발 잠방이. [보다.

사발 시계(沙鉢時計)[명] 책상에 놓는 사발 모양의 시계. bowl-shaped clock [는 시준.

사발 시:근(沙鉢試根)[명] 〖광물〗사발색을 볼 때 달리

사발-옷(沙鉢—)[명] 가랑이가 짧은 여자의 옷.

사발이 빠진 것[투] 아무짝에 쓸데없고 두어 두면 해로운 물건.

사발 잠방이(沙鉢─)[투] 가랑이가 짧은 쇠코잠방이. 사발 사랑이.

사발 지석(沙鉢誌石) 사발 안쪽에 먹으로 글자를 쓰고 밀(蠟)을 발라서 지석 대신 무덤 앞에 묻는 사발.

사발 통문(沙鉢通文)[투] 주모자(主謀者)가 드러나지 않도록 관계자의 이름을 뼁 돌려서 적은 통문. circular under joint signature

사ː발 허통(←四八虛通)[투] 막을 자리를 막지 아니하여 사면 팔방이 툭 터져서 허술함. opening out on all sides 하다

사ː방(巳方)[투] 〈민속〉이십사 방위의 하나. 정남에서 동으로 30도 됨. ¶ 사(巳)②.

사ː방(四方)[투] ①동·서·남·북의 총칭. four sides ②여러 곳. 사면(四面). all sides

사방(砂防)[투] 〈토목〉산이나 바닷가의 흙이나 모래의 이동을 막기 위한 시설. erosion control

사방 공사(砂防工事)[투] 사방 시설을 하는 공사.

사방 공학(砂防工學)[투] 황폐한 임지(林地)의 복구·보호 및 산림의 이수(理水) 기능을 다하기 위한 공법과 현상을 연구하는 임업학의 한 분과.

사ː방=관(四方冠)[투] 망건 위에 쓰는 네모로 번듯한 관의 하나.

사방=댐(砂防dam)[투] 하천의 토사(土砂)의 유출을 막기 위해 상류 산간 지대에 만든 댐. sand arrestation dam

사ː방=등(四方燈)[투] 위쪽에 둘쇠가 있어 들고 다니게 된 네모난 등. square hand-lantern

사ː방=란(四方卵)[투] 달걀을 초에 담가 껍질이 물러진 뒤에, 네모진 그릇에 담고 삶아 굳힌 알.

사방=림(砂防林)[투] 산이나 바닷가의 흙·모래가 비에 떠내려감을 막기 위하여 조림한 숲. erosion control forest

사ː방 모자(四方帽子)[동] 사각 모자(四角帽子).

사ː=방영(四防營)[투] 〈제도〉조선조에 평안도의 창성·강계·선천·삼화 네 곳에 두었던 방어영(防禦營).

사ː=방위(四方位)[투] 네 방위. 곧, 동·서·남·북.

사방 정계(斜方晶系)[투] 〈광물〉세 개의 결정축(軸)이 서로 직각으로 마주 접촉하고, 각 축의 길이가 서로 틀리며 앞뒤의 축이 좌우의 축보다 짧은 결정체.

사ː방 제기(四方─)[투] 〈체육〉네 사람이 네 귀에 벌여 서서 차례로 제기를 받아 차는 놀이.

사ː방=죽(四方竹)[투] 〈식물〉줄기가 네모진 대나무.

사ː방지=지(四方之志)[투] 천하 사방을 경영하려는 큰 뜻.

사ː방=침(四方枕)[투] 팔꿈치를 괴고 기대어 앉게 된 네모나 쿠 베개.

사ː방 탁자(四方卓子)[투] 과실이나 꽃사 따위를 놓는 네모진 탁자. sidetable

사ː방 팔방(四方八方)[투] 여기저기. 모든 방면. 여러 방면. 사각 팔방. in all directions

사방 향응(四方響應)[투] 천하 사방의 인사(人士)가 소리에 응하듯이 일어남. 하다

사ː방=형(斜方形)[투] 〈수학〉각 변이 서로 평행하고 각(角)은 직각이 아닌 사변형. 능형. rhombus

사방 휘석(斜方輝石)[투] 〈광물〉칼슘·알루미늄·망간을 함유하지 않는 휘석의 총칭.

사ː=배(四拜)[투] 네 번 절함. bowing four times 하다

사ː배(四配)[투] 공자묘(孔子廟)의 좌우에 함께 모신 안자(顏子)·자사(子思)·증자(曾子)·맹자(孟子)의 네 현인(賢人).

사ː배(賜杯)[투] ①임금이 신하에게 술잔을 내림. 또, 그 술잔. ②국가의 원수가 경기의 승자에게 내려 주는 우승배.

사ː배=체(四倍體)[투] 〈식물〉보통 개체의 염색체 수를 2n이라 하면 4n의 염색체 수를 가지는 것. 과실이 굵든지 몸이 강대함. tetraploid

사ː백(死魄)[투] 음력 초하룻날. 달의 검은 바닥이 줄어지기 시작한다는 뜻.

사백(卸白)[투] ①〈기독〉예수 부활 후 첫 주일에, 새로 영세받은 사람에게 입혔 온 옷을 벗기던 풍속. ②천지를 쓸 때 형식을 버리고 요점만 씀.

사백(舍伯)[투] 자기 맏형을 남에게 겸손하게 일컫는 말. 가백(家伯). 가형(家兄). 사형(舍兄)①. my eldest brother

사백(詞伯)[투] ①〈문〉시문(詩文)에 조예가 깊은 이를 이르는 말. ②문사(文士). 사종(詞宗). 사종(辭宗). master writer

사ː백=병(四百四病)[투] ①오장에 있는 각각 81종의 병을 총합한 405종 중 죽는 병을 제외한 404종의 병. ②〈불교〉인간이 걸리는 모든 병. ③많은 질병.

사백 주일(卸白主日)〈기독〉예수 부활 후 첫째째

=**수ː=뱃거=늘**[어미]〈고〉=사옵거늘.=옵거늘.
=**수ː=뱃더=니**[어미]〈고〉=사옵더니.=옵더니.

사ː=번(事煩)[투] 일이 많아 번거로움. complexity 하다 스럽다 히

사범(事犯)[투] 〈법률〉처벌을 받을 만한 짓. offence

사범(師範)[투] ①스승으로서의 모범이 될 만한 사람. exemplar ②학술 및 유도·바둑 따위의 기예를 가르치는 사람. ¶ 유도 ~. master

사범 교육(師範敎育)[투] 〈교육〉교사 양성을 목적으로 하는 교육. normal school education

사범 대ː학(師範大學)[투] 〈교육〉사범 교육을 목적으로 하는 단과 대학. (약) 사대(師大). teacher's college

사범 학교(師範學校)[투] 〈교육〉초등 학교 교원을 양성하던 교육 기관. 교육 대학의 전신으로 강습과·연수과·본과로 구분되어 있었음. normal school

사ː=법(詞法)[투] 〈문학〉한시(漢詩)의 기(起)·승(承)·전(轉)·결(結)의 작법. four stages of a Chineses classical poem [principles of histography

사ː법(史法)[투] 사기(史記)를 직필(直筆)로 쓰는 원칙.

사법(司法)[투] 〈법률〉삼권(三權)의 하나. 국가가 법률을 수행하여 재판하는 행위. (대) 입법(立法). 행정(行政). judicature

사ː법(死法)[투] 〈법률〉실제로 적용되지 않는 법률. 곧, 효력을 잃은 법률. dead law

사법(寺法)[투] 〈불교〉절에서 시행되는 법규(法規).

사법[─뻡](私法)[투] 〈법률〉개인 상호간의 권리·의무관계를 규정한 법률. 민법(民法)·상법(商法) 따위. (대) 공법(公法). private law

사ː법(邪法)[투] ①옳지 못한 짓. evil ways ②〈불교〉요술(妖術).

사ː법[─뻡](射法)[투] ①활을 쏘는 재주. 사술(射術). archery ②〈군사〉총포(銃砲)를 쏘는 방법. ¶ 적 ~. 곡 ~. marksmanship

사법(師法)[투] 스승 삼아 본떠서 배움. modelling on

사법(嗣法)[투] 〈불교〉법사(法師)에게서 심법(心法)을 이어받음.

사법 경ː찰(司法警察)[투] 〈법률〉범죄의 수사 및 범인 체포, 기타 형사 재판에 관한 경찰. (대) 행정 경찰(行政警察). judicial police

사법 경ː찰관(司法警察官)[투] 〈법률〉수사 등에서, 검사를 보조하는 경찰관 또는 세무관. 세무 관리·마약 감시원·선장 등. judicial police officer

사법 경ː찰리(司法警察吏)[투] 〈법률〉사법 경찰관이 그 직무를 행함에 있어 그를 보조하는 공무원. 경사·경장·순경 등.

사법 공ː조 협정(司法共助協定)[투] 재판 절차 진행을 위한 공항 협조를 협약하는 나라간의 협정.

사법=관(司法官)[투] 〈법률〉사법 사무를 맡은 관리. (대) 행정관(行政官). (약) 법관(法官). judicial officer

사법관 시ː보(司法官試補)[투] 〈법률〉고등 고시 사법과 합격자 중에서 판사·검사의 임명을 받기에 필요한 심판·검찰의 사무를 수득하던 공무원. probationary judicial officer

사법 관청(司法官廳)[투] 〈법률〉사법권의 행사를 맡은

사법권[-꿘](司法權)명 〈법률〉 국가 주권의 일부분으로서 재판을 행하는 바 법률상 문제들을 해결할 권리. judicial power

사법 기관(司法機關)〈법률〉 사법권을 행사하는 국가의 기관임. 곧, 법원임. (대) 행정 기관. 입법 기관. machinery of the law

사법 대:서사(司法代書士)〈법률〉'법무사(法務士)'의 구용어.

사법 대:서인(司法代書人)〈법률〉'법무사(法務士)'의 구용어.

사법=법[-뻡](司法法)명 〈법률〉 사법 제도 및 사법권의 행사를 규율 짓는 법규의 총칭.

사법 법원(司法法院)〈법률〉 사법 재판을 행하는 법원. 사법권을 행사하는 법원. 보통 일컫는 법원. 《대》행정 법원(行政法院).

사법 보:호(司法保護)〈사회〉'갱생 보호(更生保護)'의 구용어.

사법-부(司法府)〈법률〉 삼권 분립(三權分立)상의 사법계(司法界)를 말함. 《대》행정부(行政府). judicature / judicial affairs

사법 사:무(司法事務)〈법률〉 사법 재판에 관한 사무.

사법 사진(司法寫眞)〈법률〉 재판의 증거나 참고로 쓰기 위하여 적은 사진. judicial picture

사법 서사(司法書士)〈법률〉'법무사(法務士)'의 구용어.

사법 시:험(司法試驗)〈법률〉 법관(法官)·검찰관(檢察官)·변호사(辯護士)가 되려는 사람에게 국가에서 실시하는 시험.

사법 연:수생(司法硏修生)〈법률〉 사법 시험에 합격한 자로서 사법 연수원에서 사법에 관한 이론과 실무에 대해 연수를 받는 사람. 기간은 2년임.

사법 연:수원(司法硏修院)〈법률〉 사법 시험 합격자에 대한 실무 등의 수습을 위한 기관. 판사 연수원 도합.

사=법인[-뻡-](司法人)〈법률〉 사법의 규정에 인격을 준 권리의 주체. 사단 법인·재단 법인 등이 있음. 《대》공법인(公法人). private judicial person

사법 재판(司法裁判)〈법률〉 법원에서 행하는 민사 및 형사 재판의 총칭. 《대》행정 재판(行政裁判). judicial trial

사법 재판관(司法裁判官)〈법률〉 사법 재판소를 구성하고 소송의 재판을 행하는 재판관. judicature

사법 재판소(司法裁判所)〈법률〉 민사·형사의 재판권을 행사하는 국가의 기관. 곧, 사법 재판을 행하는 재판소. court of judicature

사법-적[-뻡-](司法的)〈법률〉 사법(私法)에 관한 (것).

사법 제:도(司法制度)〈법률〉 사법에 관한 일체의 제도. judicial system

사법 처:분(司法處分)〈법률〉 사법 관청이 행하는 처분. judicial settlement

사법-학[-뻡-](司法學)〈법률〉 사법의 법리를 연구하는 학문. 《대》공법학(公法學).

사법 행정(司法行政)〈법률〉 사법권의 운영에 필요한 행정 작용. 법원의 인사(人事)·회계·등기·호적·집달리·사법 서사·판례(判例) 편찬의 법원의 사무 따위.

사:벨(sabel 네)명 군도(軍刀). 〖원〗법원 행정.

사:벨 정치(sabel 政治)〈정치〉 군인이 하는 무단

사:벽(四壁)명 방의 네 벽. 〈武斷〉정치.

사벽(邪僻)명 도리에 벗어나 편벽됨. wickedness 하타

사벽(砂壁)명 〈건축〉 모래와 흙을 섞어서 바른 벽.

사벽-질(砂壁-)명 〈건축〉 보드라운 모래와 잿물을 섞어서 벽에 바르는 일. plastering fine sand and earth on the wall 하타

사:변(四邊)명 ①사방의 변두리. frontiers ②주위. 근처. ③〈수학〉 네 개의 변. four sides

사:변(事變)명 ①중대한 변고. accident ②경찰력으로 막기 어려울 정도나 전쟁까지는 이르지 않는 난리. disturbance ③상대국에 대하여 선전 포고 없이 무력을 쓰는 일. incident

사변(思辨)명 ①도리를 생각하여 시비를 가림. discrination ②〈철학〉 경험에 의하지 않고 순수한 사유만을 동원하여 인식에 도달하는 일. speculation 하타

사변(斜邊)명 〈수학〉'빗변'의 구용어.

사:변 가:주서(事變假注書)〈제도〉 조선조 때, 승정원(承政院)의 정 7품 벼슬.

사:변 무궁(事變無窮) 사건의 변동이 한없이 많음. endless changes of the situation 하타

사변-적(思辨的)冠명 경험에 의하지 않고 순수한 사유(思惟)에 의한(것). 곧, 관념 철학에서 나온(것).

사:변 주서(事變注書)〈제도〉 사관(史官)이 기록하던 사변에 관한 공적인 기록.

사변 철학(思辨哲學)〈철학〉 이성을 유일한 지식의 근거로 하는 철학. 피히테(Fichte)·셸링(Schelling)·헤겔(Hegel)의 철학 등. 《대》경험 철학(經驗哲學). speculative philosophy

사변-형(四邊形)명 네 개의 꼭지각을 이루고 네 개의 선분으로 싸인 평면형. 사각형(四角形). quadrilateral

사변-형(斜邊形)동 마름모. 능형(菱形).

사:별(死別)명 죽음으로 서로 이별함. 《대》생별(生別). separation by death 하타

사:병(士兵)명 〈군사〉 장교가 아닌 모든 졸병(卒兵). soldier

사:병(死病)명 살지 못할 중한 병. fatal disease

사병(私兵)명 사사로이 부리는 군사. 《대》관병(官兵).

사병(詐病)명 꾀병. 하자. private army

사:보(四寶)명 붓·먹·종이·벼루를 소중하게 이르는 말.

사:보(死報)명 죽음을 알리는 통지.

사보(私報)명 ①사사로이 알림. private message ②개인 사이의 전보. 《대》공보(公報). private

사보(私寶)명 개인이 가진 보물. private treasure

사보(師保)명 ①군주(君主)를 가르쳐 보좌함. 또, 그 사람. ②남의 스승이 되어 가르치며 보육(保育)하 는 일. 또, 그 사람.

사보(←璽寶)명 →새보.

사:보두청(私-廳)명 사사로이 남에게 형벌을 가하는 집을 일컫는 말. 사포청(私捕廳).

=**수·볼·라**[어]미 〖고〗=오라.

=**수·볼·리·라**[어]미 〖고〗=오리라.

사보타:주(sabotage 프)명 태업(怠業). 하자 타

사보텐(←sapoten)명 선인장(仙人掌).

사:보:험(私保險)명 보험 관계자의 사경제상의 이익을 목적으로 행하여지는 보험.

사복(司僕)명 〖약〗→사복시(司僕寺).

사복(私服)명 ①관복이나 제복이 아닌 보통 옷. 《대》관복(官服). 제복(制服). civilian clothes ②〖약〗→사복 형사(私服刑事).

사복(私腹)명 사리 사욕을 차리는 뱃속. 개인의 제 욕심. 」~을 채우다. one's own pockets

사복(思服)명 늘 잊지 않고 마음속에 생각함. remembering always 하타

사복-개천(司僕-)명 ①〖하〗거리낌없이 상말을 마구 하는, 입이 더러운 사람. ②몹시 더러운 물이 흐르는 개천.

사복 거:덜(司僕-)〈제도〉 배종(陪從)에서 다 덮어지고 벽제(辟除)를 하며, 권마성(勸馬聲)을 외치던 하인.

사복-마(司僕馬)〈제도〉 사복시에서 관리하던 말.

사복-시(司僕寺)〈제도〉 고려와 조선조 때 궁중의 수레와 말에 관한 일을 맡아보던 관청. 〖약〗사복(司僕).

사:=복음(四福音)〈기독〉 신약 성서 중의 마태 복음·마가 복음·누가 복음·요한 복음의 총칭. 사성사(四聖史). Four Gospels

사복 형사(私服刑事)명 범죄 수사나 잠복·미행 등을 하기 위하여 사복을 입고 근무하는 경찰관. 《약》사복(私服)②.

사:본(事本)명 일의 근본. 일의 근원. 사근(事根).

사:본(寫本)명 ①원본을 그대로 옮기어 베낌. 또, 베낀 책이나 문서. 베낌벌. 《대》원본(原本)②. 활자본

사:봉(士奉)〖명〗〖예〗→사대부(士大夫).
사:부(四部)〖명〗①낱으로 나눈 부류. ②〈불〉 사중(四衆). ③중국 서적의 네 부류. 경(經)·사(史)·자(子)·집(集)의 넷. four kinds of Chinese classics ④〖악〗사부 합창. 사부 합주.
사:부(史部)〖명〗사부(四部)의 하나로 역사·지리·관직에 관한 책. 을부(乙部).
사부(司婦)〖명〗셋서방.
사부(私夫)〖명〗관기(官妓)가 남 몰래 두는 남편. ②〈불〉셋서방.
사부(思婦)〖명〗근심하는 여자. woman in worry
사부(師父)〖명〗①스승과 아버지. master and father ②아버지처럼 경애하는 스승. fatherly master
사부(師傅)〖명〗①스승. teacher ②〈제도〉임금의 아들을 교육하던 시강원(侍講院)의 정1품 벼슬. tutor to a prince ②〈제도〉임금의 손자를 교육하던 강서원(講書院)의 종1품 벼슬.
사부(詞賦)〖명〗운자(韻字)를 달아 지은 한문시의 총칭.
사부(簁部)〖명〗인피부(靭皮部). 「of noble birth
사:부가(士夫家)〖명〗사대부(士大夫)의 집안. family
사부랑-거리다〖재〗주책없이 싱겁게 이말 저말을 함부로 지껄이다. 《센》싸부랑거리다. chatter
사부랑=사부랑〖부〗 하다〖형〗 령서부렁. 하다〖형〗
사부랑-사부랑〖부〗 어렁이 다 사부랑한 모양. 《큰》서부 렁서부렁.
사부랑=삽작〖부〗심심히 살짝 뛰어넘거나 올라서는 모양. 《큰》서부렁섭적. lightly
사부랑-하다〖형여〗 묶거나 쌓은 물건이 꼭 다붙지 않고 느슨하다. 《큰》서부렁하다. slack
사-부인(査夫人)〖명〗〈공〉사돈댁.
사부자기〖부〗①힘들이지 않고 가만히. quietly ②남 몰래 가만히. 《센》시부저기. secretly
사부작=사부작〖부〗연해 사부자기 행동하는 모양. 《큰》시부적시부적. stealthily 하다〖자〗 「는다.
사:=부주〖명〗격식(格式)을 갖추는 각 조건. 《~가 맞
사부-중(四部衆)〖명〗〈불〉사중(四衆).
사부지은(師父之恩)〖명〗스승과 아버지의 은혜.
사:부 합주(四部合奏)〖명〗〈음악〉소리의 고저를 조화시키기 위하여 네 성부의 악기로써 합주하는 일. 한 성부의 악기가 둘 이상인 점이 사중주와 다름. 〈영〉사부(四部)④. quartette
사:부 합주곡(四部合奏曲)〖명〗〈음악〉네 가지 악기로써 함께 연주하는 곡조. quartette
사:부 합창(四部合唱)〖명〗〈음악〉남녀 양성(兩聲)의 네 성부(聲部)로 이루어진 합창. 한 성부에 두 사람 이상인 점이 사중창과 다름. 〈영〉사부(四部)④. vocal quartette
사:부향(士夫鄕)〖명〗사대부가 많이 사는 시골.
사북〖명〗①가장 요긴한 부분. vital point ②절부채의 살이나 가위다리의 교차로 된 부분에 박는 못과 같은 물건.
사:=분(四分)〖명〗네 부분으로 나눔. 하다〖타〗 「건. rivet
사분(私憤)〖명〗사사로운 일에 대한 분노. 〈대〉공분(公憤). personal grudge
사분=거리다〖재〗①가만가만 지껄이다. whisper ②슬쩍슬쩍 우스운 소리를 하면서 근근이 있게 조르다. tease using funny remarks **사분=사분**〖부〗 하다〖재〗
사:분 공간(四分空間)〖명〗〈동〉상한(象限)②.
사:분-기(四分期)〖명〗사반기(四半期).
사:분-면(四分面)〖명〗〈수학〉①원의 4분의 1. ②평면상에 있어서 두 직선이 서로 직각으로 만날 때, 직선이 나누는 평면의 네 부분의 각각.
사분사분-하다〖형여〗마음씨가 부드럽고 친절하다. 《큰》서분서분하다. kind
사:분 오:열(四分五裂)〖명〗①여러 갈래로 찢어짐. 질서없이 분열됨. disruption ②천하가 심히 어지러움. disorder 하다〖자〗
사:분-원(四分圓)〖명〗〈수학〉한 개의 원을 서로 수직하는 두 반경으로 나눈 네 부분의 하나.
사:분-음(四分音)〖명〗〈음악〉서양 음악에서 보통 사용되는 음계 중 최소 음정인 반음을 다시 이등분한 음. quarter tone
사:분음 음악(四分音音樂)〖명〗〈음악〉사분음을 사용한 음악. 19세기 말에서 20세기에 걸쳐 제작된 사분음 피아노곡이나 현악곡·합창곡 등.
사:분 음표(四分音標)〖명〗〈음악〉전음부(全音符)의 4분의 1의 길이를 나타내는 음부. ♩ 또는 ♩. quarter note
사:분 포자(四分胞子)〖명〗〈식물〉갈조류(褐藻類)의 일부 및 홍조류의 무성(無性)의 번식 기관으로, 전모가 없는 부동(不動)포자의 하나. 포자낭 속의 한 개의 모세포로부터 늘 감수 분열에 의하여 부동 포자 네 개를 만듦. 물 속 고착물에 부착하여 발아하여서 배우체(配偶體)를 이룸.
사분-하다〖형여〗좀 사부랑하다. 《큰》서분하다①.
bound up slackly, chatter **사분-히**〖부〗
사:=분합(四分閤)〖명〗〈건축〉문짝이 넷으로 되어 열리고 닫히는 문. door with four leaves
사불급설(駟不及舌)〖명〗사마(駟馬)도 말이 퍼지는 속도를 따르지 못한다는 뜻으로, 소문이 삽시간에 퍼짐을 비유한 말. Rumour spreads fast
사:=불명목(死不瞑目)〖명〗한(恨)이 남아 죽어서도 눈을 감지 못함. 근심이나 한이 뒤에 남음. have a lasting regret 하다〖자〗
사:불범정(邪不犯正)〖명〗바르지 못한 것이 바른 것을 범하지 못함. Injustice cannot win justice 하다〖자〗
사:불상〖명〗〈사〉(四不像)〖명〗〈동물〉사슴과의 짐승. 어깨 높이 1 m 가량으로 머리는 말과, 발굽은 소와, 몸은 당나귀와, 꼴은 사슴과 각각 비슷함. 몸 빛은 여름에 회색을 띤 적갈색이고 겨울에는 황갈색으로 됨. 원산지는 중국이나 현재는 그의 없고 동물원에서 사육함.
사:불여의(事不如意)〖명〗일이 뜻대로 되지 않음. 하다〖자〗
사붓〖부〗발을 가볍게 얼른 내디디는 모양이나 그 소리. 《큰》서붓. 《센》사뿟. 《거》사풋. with light step
사붓=사붓〖부〗발소리가 나지 않을 정도로 발걸음을 계속적으로 가볍게 옮기는 모양이나 소리. 《큰》서붓서붓. 《센》사뿟사뿟. 《거》사풋사풋.
사붓-이〖부〗발걸음을 소리 없이 가볍게. 《~ 걷다.
사-불이[—부치]〖명〗(紗—)발이 얇고 성긴 깁의 종류. 사록(紗綠).
사브르(sabre 프)〖명〗〈체육〉펜싱 경기에 쓰는 검의 하나. 또, 그 검으로 하는 경기의 한 종목.
사비(私費)〖명〗개인이 들이는 비용. 사사로운 비용. 〈대〉공비(公費). 관비(官費). private expenses
사비(私備)〖명〗공용품(公用品)을 사사로이 마련하여 갖춤.
사비(社費)〖명〗회사의 비용. company's expenses
사비(辭費)〖명〗쓸데없는 말이 많음. 하다〖자〗
사:-빔〖명〗〈고〉사립. 「생(官費生).
사비-생(私費生)〖명〗사비로 공부하는 학생. 〈대〉관비
사:비 팔산[—싼](四飛八散)〖명〗사방으로 날리어 이리저리 흩어짐. 하다〖자〗
사빈(社賓)〖명〗회사의 손님.
사빈(沙濱)〖명〗모래가 널리 깔려 있는 바닷가의 땅. sandy beach
사뿐〖부〗발소리가 크게 나지 않게 가볍게 내디디는 모양. 《큰》서뿐. 《거》사푼. softly **사뿐-하**다〖형〗
사뿐=사뿐〖부〗발소리가 크게 나지 아니하도록 가볍게 걷는 꼴이나 소리. 《큰》서뿐서뿐. 《거》사푼사푼.
사뿐-하다〖형여〗심신이 가뿐하고 시원하다. **사뿐-히**[2]
사뿟〖부〗〈센〉사붓. 「사뿟사뿟.
사뿟-하다〖형여〗〈센〉사붓하다.
사:-사(士師)〖명〗①〈제도〉옛날 중국에서 법령과 형벌을 맡아보던 재판장. ②〈기독〉구약 시대에 이스라엘 백성을 다스리던 지배자.
사:사(四史)〖명〗①사기(史記)·전한서(前漢書)·후한서(後漢書)·삼국지(三國誌)의 네 가지 중국 역사책. ②〈기독〉네 가지 복음. 곧 마태 복음·마가 복음·누가 복음·요한 복음의 성사(聖史).

사:사(四事)【불교】 부처나 법사(法師)에게 공양하는 친구·옷·음식·탕약의 네 가지.
사:사(四絲)圀 네 가닥으로 꼬아 만든 끈. 「hope
사:사(死士)圀 죽기를 무릅쓰고 나설 군사. forlorn
사사(私事)圀 사사로운 일. (대) 공사(公事). personal affairs
사사(些事)圀 자그마한 일. 세사(細事). trifle
사사(邪思)圀 못된 생각. 사념(邪念). evil thought
사:사(事事)圀 모든 일. every
사사(師事)圀 스승으로 섬김. 스승으로 삼고 가르침을 받음. studying under 하타
사:사(斜射)圀 햇빛이 비스듬히 비침. shining
사사(蛇師)圀〈동〉 영원(蠑螈). [slantingly 하타
사:사(賜死)圀〈제도〉 죽일 죄인을 대우하여 사약(死藥)을 내려 자결하게 하던 일. give poison to commit suicide 하타
사:사(謝辭)圀 ①(약)→사례사(謝禮辭). ②예로써 사양함. humble refusal 하타
사사(辭謝)圀〈동〉사퇴(辭退). 하타
사수(沙口)【유】사사위.
사:사 건건(─件件)(事事件件)圀 모든 일. every affair 일마다. 매사(每事)에. ¶~ 말썽이다. in everything
사사 단체(私私團體)圀 사인(私人)이 조직한 단체.
사사─롭─다(私私─)圀[ㅂ변] 공적(公的)이 아니고 개인적인 성질을 띠고 있다. (대) 공변되다. personal
사사─로이圀 「생각.
사사 망:념(私私妄念)圀 몰래 사사로이 하는 망녕된
사사 망:념(邪思妄念)圀 좋지 못한 여러 가지의 그릇된 생각. 「물마다. in everything
사:사 물물(事事物物)圀 모든 사물. all things 圀 사
사:사─반:기(四四半期)圀 일년을 넷으로 등분한 기간의 넷째. last quarter
사:사 불성(一成)(事事不成)圀 모든 일이 이루어지지 않음. 일마다 성공하지 못함. 하타
사사─스럽─다(邪邪─)圀[ㅂ변] 멋멋하거나 올바르지 못하다. evil **사사─스레**圀 [함.
사:사 언정(事事言聽)圀 일마다 말하는 대로 좇아서
사:사 여의(事事如意)圀 일마다 뜻대로 다 됨. 하타
사:사 오:입(四捨五入)〈수학〉'반올림'의 구용어. 하타
사:사=조(─조)(四四調)〈문학〉 가사(歌辭)나 음조(音調)가 대체로 3자·4자 형식으로 된 것.
사:산(四山)圀 사면(四面)에 둘러싸고 있는 산들.
사:산(四散)圀 사방으로 뿔뿔이 흩어짐. dispersion 하타
사산(寺山)圀 절이 있는 산. 또는 절 소유의 산.
사:산(死產)圀〈의학〉임신(妊娠) 4개월 이상 되어 죽은 아이를 낳는 일. still-birth 하타
사산(私山)圀 개인 소유의 산. 「property
사산(私產)圀 개인 소유의 재산. 사재(私財). private
사산(嗣產)圀 남의 집의 대를 이어 주고 받는 재산.
사:산 분리(四散分離)圀 사방으로 흩어져 서로 따로 따로 떨어짐. 또, 그렇게 떼어놓음. 하타
사:산 분주(四散奔走)圀 사방으로 뿔뿔이 흩어져 달아남. scattering 하타 「born dead
사:산─아(死產兒)圀〈의학〉죽어서 태어난 아이. still-
사:살圀 늘어놓는 잔소리. 잔소리를 늘어놓음. (준) 사설(辭說)①. nagging 하타 「ting 하타
사살(射殺)圀 활·총포로 쏘아 죽임. killing by shoo-
사:술〔一〕圀 화살대.
사삼(沙參)圀 더덕. 〈한의〉더덕의 뿌리. 말리어 가래를 삭이는 약으로 씀.
사삼(私蔘)圀 개인이 쪄서 말린 인삼. (대) 관삼(官蔘). privately prepared ginseng
사:삽〔一〕圀 사슴. 「각형.
사:삼각형(斜三角形)〈수학〉사각(斜角)을 이룬 삼
사삼─부무레圀〈식물〉조의 하나. 이삭과 수염이 길고 열매가 약간 푸름.

사:삼산연(四三酸化鉛)〈화학〉납이나 산화연을 공기 속에서 400℃ 이상으로 가열하여 얻는 홍색가루. 붉은 안료·도료 등에 쓰임. 연단(鉛丹).
사:삼산철(四三酸化鐵)〈화학〉자철광(磁鐵鑛)으로 산출되는 검은 빛깔의 물질. 자성 산화철
사삼(斜揷)圀 비껴서 꽂음. 하타 [(磁性酸化鐵).
사:삼(私挿)圀〈법〉공직이 아닌 개인적 자격으로의 사람. 사인(私人). (대) 공인(公人). civilian
사:사(私私)圀 사사로운 살림집. 사가(私家). 사제(私第)①. personal business
사:사집(私私─)圀 개인의 살림집. 사가(私家). 사제(私第)①. private house
사:사(史─)圀〈약〉→역사상(歷史上).
사:사(四相)〈불교〉①사람의 남·늙음·병·죽음(生老病死)의 네 가지 상. ②우주의 모든 정신과 물질의 변화를 보이는 생(生)·주(住)·이(異)·멸(滅)의 네 가지 상. 대사상(大四相). ③중생이 심신의 실재라고 믿는 아(我)·인(人)·중생(衆生)·수자(壽者)의 네 가지 상. Four phases of the universe
사:상(四象)圀 ①'일월 성신(日月星辰)'의 총칭. ②음양의 4가지 상징. 곧, 태양(太陽)·소양(少陽)·태음(太陰)·소음(少陰). ③물·불·흙·돌의 총칭. Four Elements
사:상(死狀)圀 거의 죽게 된 상태. state of the dead
사:상(死相)圀 ①죽은 사람의 얼굴. face of the dead ②죽게 된 얼굴. deadly pale face ③죽을 상. foreshadow of death
사:상(死傷)圀 ①죽음과 다침. death and injury ②치명적인 부상. fatal wound 하타
사상(私商)圀 개인이 경영하는 상업. 또는 상인.
사상(私傷)圀 공무중이 아닌 때의 부상. (대) 공상(公傷).
사상(私償)圀 사사롭게 채무를 변상함. 하타 [傷).
사:상(事狀·事相)圀 일의 상태. 형지(形止). situation
사:상(事象)圀 어떤 사정 밑에서 이 일. 관찰할 수 있는 형체로 나타나는 사물이나 현상. 현상.
사:상(砂上)圀 모래 위. 「(現象).
사상(思想)圀 ①마음에 느끼는 생각·의견. ②〈논리〉판단과 추리를 거쳐서 성립된 의식 내용. ③〈논리〉통일된 판단의 체계. ④사회 및 인생에 대한 일정한 견해. thought
사:상(捨象)圀〈심리〉현상의 특성·공통성 이외의 요소를 버림. 추상 작용(抽象作用)에 반드시 따르는 부정적 측면(否定的側面). abstraction 하타
사상(絲狀)圀 실처럼 가늘고 긴 모양. filiform
사:상(寫象)圀 ①〈물리〉물체와 경상(鏡像)과의 대응. ②광학적(系)에 있어서의 물체와 상과의 대응. ③〈수학〉공간의 일점에 대하여서 다른 공간 또는 동일한 공간의 일점을 일정한 법칙에 의하여 대응시키는 일. mapping. ④〈심리〉지각이나 사고에 의하여 과거의 대상의 의식에 다시 나타나는 상태. 화면(畫面). 「사람. thinker
사상─가(思想家)圀 깊고 풍부한 사상을 가지고 있는
사상─계(思想界)圀 ①사상이 작용하는 학술·종교 등의 세계. ②학자·예술가·종교가 등과 같은 사상가들의 사회. 「가진 균사나 곰팡이류.
사상─균(絲狀菌)〈식물〉실 모양의 균사(菌絲)를
사상균─증(─症)(絲狀菌症)〈의학〉사상균 때문에 일어나는 병증. 백선(白癬)·황선·전풍(癜風)·방사균증 등. 진균증(眞菌症). mycosis
사:상─극(思想劇)〈연예〉오락보다도 극 속에 문제를 제시, 또는 암시하여 보는 이로 하여금 생각하게 함이 목적인 극.
사상 누각(沙上樓閣)圀 모래 위에 지은 집. 곧, 헛된 것. house built on sand
사상 매:매(私相賣買)圀 서로 사사로이 팔고 삼. private buying and selling 하타
사:상─범(思想犯)〈사회〉사상의 자유가 보장되지 않은 국가에서 그 국가의 정책과 어긋나는 사상을 가짐으로써 성립되는 죄. 또, 그 사람. thought offence

사:상=병(死傷兵)[명] 전투에서 죽거나 다친 군인. soldiers killed and wounded in action

사상-불온(思想不穩)[명] 사상이 그 나라의 국시에 비추어 온건하지 못함. 또한 그런 사람.

사상-시(思想詩)[명] 〈문학〉 사상의 전달을 목적으로 한 시. 「본을 삼는 우리 나라의 의술.

사상-의(四象醫)[명] 〈한의〉 사상(四象)으로 의학으로

사상-자(死傷者)[명] 죽은 사람과 다친 사람.

사상-자(蛇床子)[명] 〈한의〉 뱀도랏의 씨를 말린 것. 생식기의 기능을 돕는 데 쓰는 한약재.

사상-전(思想戰)[명] 국가 사이의 주의(主義)·사상에 의한 싸움.

사:상 제:자(泗上弟子)[명] 공자(孔子)의 제자.

사상지-도(事上之道)[명] 윗사람을 섬기는 도리.

사상-체(絲狀體)[명] 〈식물〉 선태류(蘚苔類)의 포자(胞子)의 싹이 터서 생기는 실 모양의 녹색체(綠色體). 그 옆쪽이나 꼭대기에 싹이 나서 이끼가 됨.

사상-충(絲狀蟲)[명] 주혈(蛀血) 사상충.

사:색(四色)[명] ①〈역사〉 조선조 때, 붕당의 네 당파. 노론(老論)·소론(少論)·남인(南人)·북인(北人). four factions of the Yi dynasty ②네 가지 빛깔. four colours

사:색(四塞)[명] 사방이 산이나 내로 둘러싸여서 외적이 침입하기 힘드는 요새(要塞). strong-hold

사:색(死色)[명] 죽어 가는 얼굴빛. 죽은 사람과 같은 얼굴빛. appearance of approaching death

사색(思索)[명] ①사물의 이치를 좇아 파고들어 생각함. 깊은 생각. speculation ②〈철학〉 이론적으로 사유(思惟)함. meditation 하다

사색(辭色)[명] 말과 얼굴빛. 언사(言辭)와 안색. 사기(辭氣). words and facial expression

사색-가(思索家)[명] 사색하여 진리를 탐구하는 사람.

사:색 벼슬(四色一)[명] 〈제도〉 사색 당파에 나누어서 벼슬을 시킴. 사색 분배(四色分排). 하다

사:색-보(四色保)[명] 〈제도〉 군역(軍役)을 면제받기 위하여 바치던 무명베나 곡식. cloths or cereals paid in lieu of military service

사:색 분배(四色分排)[명] 사색 벼슬. 하다

사색 불변(辭色不變)[명] 태연 자약하여 말과 얼굴빛이 변하지 아니함. imperturbability

사:색-설(四色說)[명] 〈심리〉 황·청·적·녹의 4원색의 감각으로부터 모든 색채 감각이 생긴다는 색채설.

사:색 잡놈(四色雜一)[명] ①청탁(淸濁)을 가리지 않고 함부로 노는 잡놈. ②색으로 각종 잡놈들.

사:색지-지(四塞之地)[명] 사방의 지세가 험하고 견고 한 땅. impregnable fortress

사:색-판(四色版)[명] 〈인쇄〉 네 가지 빛깔로 박은 원색판(原色版). fourcolour printing

사:-생(巳生)[명] 〈민속〉 십이지(十二支) 가운데 사년(巳年)에 난 사람.

사:생(四生)[명] 〈불교〉 동물로의 태생(胎生)·난생(卵生)·습생(濕生)·화생(化生)의 네 가지 생식 상태.

사:=생(死生)[명] 죽음과 삶. life and death

사생(私生)[명] 법률상 부부가 아닌 남녀 사이에서 태어남. illegitimate birth 하다

사생(舍生)[명] 〈약〉=기숙사생(寄宿舍生).

사생(社生)[명] 〈약〉=사원 생활자.「치①. 하다

사생(寫生)[명] 실물이나 실경을 꼭 그대로 그림. 스케

사:생 가:판(死生可判)[명] 〈동〉 생사 가판(生死可判).

사:생 결단(死生一)[딴] 죽고 삶을 돌보지 않고 끝장을 냄. risking one's life 하다

사:생 관두(死生關頭)[명] 죽음이 달린 매우 위태한 고비. 생사 관두(生死關頭). brink of death

사:생 동고(死生同苦)[명] 죽고 삶을 함께 함. 사지 동고(死地同苦). standing together in life and death

사:생-문(寫生文)[명] 〈문학〉 사생화의 수법을 본떠서 사물을 있는 그대로 객관적으로 묘사하려는 문장. essay on nature

사:-생아(私生兒)[명] =사생자(私生子).

사:생-애(私生涯)[명] 개인이 사사(私事)로운 일에 종사하는 생애. (대) 공생애(公生涯). private life

사:생 유(死生有命)[명] ①죽고 삶이 천명에 달려 있음. 죽고 삶이 타고난 운명에 달려 있음. ②의리를 위하여 죽음을 피하지 않음. fate

사생-자(私生子)[명] 〈법률〉 여자가 정당한 혼인 관계 외에서 낳은 아이. 아버계를 아는 아이를 서자(庶子)로 할 때에는 아버지를 모르는 아이만을 사생자(私生兒).

사:생 존몰(死生存沒)[명] 〈동〉 생사 존망(生死存亡).

사:생 존몰(死生存沒)[명] 〈동〉 생사 존망(生死存亡).

사:생 출몰(死生出沒)[명] 〈동〉 생사 존망(生死存亡).

사:생 취:의(捨生取義)[명] 목숨을 버리더라도 의(義)를 좇음. doing what is right even at the risk of one's life 하다

사:생-화(寫生畫)[명] 〈미술〉 사생하여 그린 그림. 자연의 실경·실물을 그대로 그린 그림. sketch 「life

사:-생활(私生活)[명] 개인의 사사로운 생활. private

사:서(士庶)[명] ①일반 백성. common people ②〈약〉=사서인(士庶人).

사:서(四序)[명] 네 계절. 사시(四時)①. four seasons

사서(司書)[명] ①서적을 맡은 직분. librarian ②도서관에서 도서의 정리·보존·열람에 관한 사무에 종사하는 직원. librarian ③〈제도〉 시강원(侍講院)의 정 6품 벼슬.

사서(四書)[명] 유교의 경전인 논어(論語)·맹자(孟子)·중용(中庸)·대학(大學)의 네 책. four books of Confucianism

사서(史書)[명] ①역사에 관한 책. 사기(史記). book of history ②사관(史官)의 글씨체. 한청(汗靑)

사서(沙書)[명] 모래가 깔린 땅위에 글씨를 쓰는 일. 또, 그 글씨.

사서(私書)[명] ①개인이 쓴 편지. private document ②비밀히 하는 편지. private letter ③〈법률〉 사법상의 권리를 나타내기 위하여 작성하는 문서(文書).

사서(私署)[명] 한 사인(私人)으로서 서명함. 또, 그 서명. signing as individual

사서(社鼠)[명] ①관의 세력을 배경삼아 처신하는 간사한 무리. ②임금 옆에 붙어 알랑거리는 간신. flatterer

사서(思緒)[명] ①서로 엉킨 여러 가지 생각. dizzy thought ②생각의 실마리. thread of thought

사서(辭書)[명] =사전(辭典).

사:서(麝鼠)[명] 〈동〉=사향뒤쥐.

사:서 삼경(四書三經)[명] 사서(四書)와 삼경(三經). 칠서(七書). Three Classics and the Four Books of Confucianism

사:서 오:경(四書五經)[명] 사서(四書)의 오경(五經)

사:-서:인(士庶人)[명] 사대부와 서인. (대) 공경 대부(公卿大夫). 〈준〉=사서(士庶).

사서 증서(私署證書)[명] 사인(私人)이 작성하고 서명한 증서. 사문서(私文書). (대) 공정 증서(公正證書).

사서-함(私書函)[명] 〈약〉=우편 사서함(郵便私書函).

사:석(死石)[명] 바둑에서 상대편에게 죽은 바둑돌. 죽은 돌.

사:석(沙石)[명] 모래와 돌. sand and stones

사석(私席)[명] 사사로운 자리. 사좌(私座). (대) 공석(公席). unofficial occasion

사석(砂錫)[명] 〈광물〉 ①모래와 같은 주석. ②사광(砂鑛)의 하나. 암석에서 분리하여 강물 속에 가라앉은 모래 자갈에 섞여 있는 주석의 성분을 가진 모래.

사석(射席)[명] 사수(射手)의 자리.

사:석-낙장(沙石一)[명] 바둑에서 작전상 버릴 셈치고 놓는 돌.

사:석-공(捨石工)[명] 〈토목〉 잡석(雜石)을 아무렇게나 던져서 쌓은 공작물. riprap work

사:석 방파제(捨石防波堤) 〈토목〉 잡석(雜石)으로 둑같이 비스듬히 쌓아 올려 만든 방파제. riprap

사석지(沙石之地) 돌자갈이 많은 거친 땅.

사:선(四善) 옛날 중국에서 관리의 성적을 매길 때에 쓰던, 덕행(德行)·청신(淸愼)·공평·근면의 네 가지 표준.

사:선(四禪) 〈불교〉 욕계(欲界)를 떠나 색계에서 도를 닦는 초선·이선·삼선·사선의 네 과정.

사:선(死線) ① 죽음을 고비. crisis ② 감옥·포로 수용소 등의 둘레에 높이 쌓아 밖으로 나가면 총살하도록 작정된 선. death-line

사선(私船) 개인의 배. 사사로이 쓰이는 배. 【대】 공선(公船). private boat

사선(私線) 민간이 가설한 교통선·통신선 따위. 【대】 관선(官線). private line

사선(私選) 사인(私人)이 가려 뽑음. 【대】 관선(官選). elected member

사:선(社船) 회사의 배. 〔노선. 회사선(會社線).

사:선(社線) 민간 회사에서 경영하는 철도나 버스의 노선.

사선(紗扇) 〈제도〉 사(紗)를 발라 만든 부채. gauze fan 사로 부채 모양으로 만들어 옛날 관원이 외출할 때 얼굴을 가리던 제구.

사선(射線) 쏜 탄알이 지나가는 줄. trajectory

사선(斜線) ① 비스듬하게 그은 줄. ② 〈수학〉 한 직선이나 평면에 수직이 아닌 선. oblique line

사선(蛇線) 기는 뱀 모양으로 구불구불한 줄. serpentine lines

사선(蛇蜒) 〈동〉 두렁허리.

사선(詐善) 위로는 못된 짓을 하면서도 겉으로는 성실한 체하여 속임. 하타

사:선-무(四仙舞) 나라 잔치 때에 추던 춤의 하나.

사선 변:호인(私選辯護人) 〈법〉 피고인이나 피의자(被疑者) 등이 선임한 변호인. 【대】 국선(國選) 변호인. private counsel

사:선-상[一쌍] (四仙床) 네 발이 달린 높은 음식상.

사:선-천(四禪天) 〈불교〉 사선(四禪)을 닦는 자가 나는 색계의 하늘.

사설(私設) 개인이 설립함. 개인의 시설. 【대】 공설(公設). 관설(官設). private establishment 하타

사설(邪說) 올바르지 않은 논설. 그릇된 논설. heretical doctrine

사설(社說) 신문·잡지 따위에서 그 사(社)의 주장으로 내세우는 논설. leading article

사설(絲舌) 〈동〉 실보무라지.

사설(辭說) ① 잔소리로 늘어놓는 말. 〔짝〕 사살. scolding ② 노래 마루의 글의 내용. 하타

사설 기업체(私設企業體) 개인이 설립하여 경영하는, 영리를 위한 업체.

사설 묘:지(私設墓地) 한 가문이나 종교 단체에서 일정한 곳을 정하여 쓰는 묘지. 【대】 공동 묘지(共同墓地). private graveyard

사설 시:장(私設市場) 개인들이 모여 시설한 시장. 【대】 공설 시장. private market

사설 시조(辭說時調) 〈문학〉 초·중·종장이 무제한으로 긴 시조. 특히 중장(中章)이 길며 대화체나 하나의 이야기체로 된 것도 있음. 사슬 시조.

사설 전:신(私設電信) 개인(個人)이 시설한 전신.

사설 전:화(私設電話) 개인(個人)이 시설한 전화.

사설 철도[一또] (私設鐵道) 민간에서 시설하여 운영하는 철도. 【대】 사설(私設) 철도(鐵道). private railway

사설 탐정(私設探偵) 사사로이 탐정 업무에 종사하는 이. private detective

사섬-시(司贍寺) 〈제도〉 조선조 때, 저화(楮貨)의 제조와 지방 노비(奴婢)의 공포(貢布)에 관한 일을 맡던 관청. 사섬(司贍).

사:성(司成) 〈제도〉 성균관의 종3품 벼슬.

사:성(四姓) 〈야〉→사종성(四種姓).

사:성[1](四星) 〈야〉→사성 장군(四星將軍).

사:성[2](四星) 〈동〉 사주 단자(四柱單子).

사:성(四聖) ① 공자·석가·예수·소크라테스의 네 성인. four greatest sages of the world ② 중국에서 복희씨(伏羲氏)·문왕(文王)·주공(周公)·공자(孔子)의 네 성인. ③〈불교〉 아미타불·관세음 보살·대세지 보살(大勢至菩薩)·대해중 보살(大海衆菩薩).

사:성(四聲) 〈어학〉 한자(漢字)의 음을 소리의 높낮이와 길이로써 분류한 네 가지의 음운. 곧, 평성(平聲)·상성(上聲)·거성(去聲)·입성(入聲). four tones of Chinese

사성(沙城) 〈민속〉 무덤 뒤에 반달 모양으로 둘러막아 쌓은 것. 〈유〉 토성(土城). semi circular wall behind a grave 〔듣고 지방에 출장 가는 관원.

사:성(使星) 〈제도〉 임금의 사자(使者). 왕명을 받

사:성(賜姓) 나라에서 성을 내려 주던 일. conferring a surname 하타 〔가지고 가는다.

사:성-가-다(四星一) 혼담이 결정되어 사주 단자를

사:성-례(四聖禮) 〈불교〉 정토종(淨土宗)에서 네 성인에게 하는 예.

사:성-받-다(四星一) 혼담이 결정되어 사주 단자를

사:성-보[一보] (四星褓) 사주 단자를 적어서 싸 보내는 붉은 비단으로 만든 작은 보.

사:성-보내-다(四星一) 혼담이 결정되어 사주 단자를 적어 보내다.

사:=성:사(四聖史) 〈동〉 사복음(四福音).

사:성 장군(四星將軍) 〈군사〉 계급장의 별이 넷 달린 장군. 대장(大將). 〈약〉 사성(四星)1. four-star general 〔점. 방점(傍點).

사:성-점[一쩜] (四聲點) 사성(四聲)을 나타내는

사:세(司稅) 세금에 관한 사무를 주관하여 맡아봄. tax business 하타

사세(些細) 〈동〉 사소(些少). 하타

사:세(事勢) 일의 형세. course of events

사:세(社勢) 회사의 사업이 번어 나가는 기세.

사세(斯世) 이 세상, this world

사세(辭世) 죽어 세상을 떠남. die 하타

사:세 고연(事勢固然) 일의 형세가 그러함이 당연함. 사세 당연(事勢當然). 〔음. 하타

사:세 난처(事勢難處) 일의 형세가 처리하기 어려

사:세 부득이(事勢不得已) 일의 형세가 그렇게 하지 않을 수 없어. 〈약〉 세부득이(勢不得已). unavoidably 하타

사세-청(司稅廳) 재무부에 속하여 관세를 제외한 각 지방의 조세 행정을 주관하던 기관. 1966년에 '국세청'으로 개칭함. Office of Taxation

사:셈(私一) 공공의 재산을 혼자서만 회계하고 다른 사람에게 보이지 아니함. 하타

사:소(死所) 죽을 곳. 죽을 자리. place to die

사소(些少) 작고 적음. 하찮음. 분존(分一). 분호(分毫). 사세(些細). trifle 하형 히타

사:소(私消) 공공의 금품을 자기 마음대로 사사로이 소비함. 하타

사소(私訴) 〈법률〉 공소(公訴) 절차에 부대(附帶)하여 피고인에 대하여 하는 민사상의 청구 소송. 【대】 공소(公訴). civil suit

사소-권[一꿘] (私訴權) 〈법률〉 사소할 수 있는 권리. 【대】 공소권(公訴權). right of civil suit

사=소:설(私小說) 〈문학〉 주로 작가 자신의 신변의 경험이나 심경을 묘력한 사회성이 적은 소설. 심경 소설. 【대】 본격(本格) 소설. novel dealing with the author's own life 〔취함. 하타

사:소 취(捨小取大) 작은 것을 버리고 큰 것을

사속(紗屬) 〈동〉 사붙이.

사속(嗣續) 대(代)를 이음. inheritance 하타

사:속-죽(死粥鬻) 죽을 쑤듯이 된 죽. 〔람.

사속지-망(嗣續之望) 대를 이을 자식을 두기를 바

사손(沙噀) 〈동물〉 ① 사손류의 극피(棘皮) 동물의 총칭. 몸은 원통 모양이고 입 언저리에 있는 많은 촉수로 진흙 속의 미생물을 잡아먹음. 광삼·해삼 따위. ②

사:손(祀孫) 〈약〉→봉사손(奉祀孫). 〔〈동〉 해삼.

사:손(使孫)〈제도〉 자녀가 없이 죽은 사람의 유산을 이어받을 조카나 종손·삼촌·사촌 따위.

사손(嗣孫)〈제〉 대를 이을 손자.

사손(獅孫)〈제〉 외손(外孫).

사송(詞訟)〈제도〉 민사에 관한 소송. law suit

사송(賜送)〈제〉 임금이 신하에게 물건을 내리어 보내줌. ¶~선(扇). bestowal of gifts 하다

사송 아:문(詞訟衙門)〈제도〉 조선조 때, 형조(刑曹)·한성부(漢城府)·오부(五部)의 총칭.

사수(四睡)〈미술〉 동양화의 화제(畫題)의 하나. 한산(寒山)·습득(拾得)·풍간(豐干)의 세 선사(禪師)가 범과 함께 잠자고 있는 그림.

사:수(四獸)〈제〉 ①범·표범·곰·큰곰의 총칭. wild beast ②〈제〉 사신(四神).

사:수(死水)〈제〉 흐르지 않고 피어 있는 물. (대) 활수(活水). still water

사:수(死囚)〈약〉 →사형수(死刑囚).

사:수(死守)〈제〉 죽기로써 지킴. desperate defence 하다

사수(沙水)〈제〉 모래에 밭친 물. water filtered through the sand

사수(邪祟)〈제〉 귀신이 붙어 제정신이 없이 미친 사람

사수(私讎)〈제〉 개인적인 원수. personal enemy

사:수(使嗾)〈제〉〈원〉→사주(使嗾). 하다

사수(査收)〈제〉 조사하여 틀림없이 받음. receipt

사수(射手)〈제〉 ①총포·활 등을 쏘는 사람. shooter ②〈제도〉 활을 쏘는 군사. ③조준·발사를 담당한 포수. 궁수. 노수(弩手).

사수(師受)〈제〉 스승에게 학술·기예를 배워 받음. learning from one's teacher 하다

사수(詐數)〈제〉 속임수.

사:수(寫手)〈제〉 글씨를 베껴 쓰는 사람. copyist

사수(辭受)〈제〉 사양합과 받음. 사퇴와 수납(受納).

사수-궁(射手宮)〈천문〉 12궁의 하나. 천갈궁(天蠍宮)과 마갈궁(磨羯宮) 사이에 있음. 인마궁(人馬宮).

사수리-나무〈식〉 옛날 화살의 하나.

사수-자리(射手一)〈천문〉 성좌(星座)의 하나. 황도(黃道)상의 제10좌임. 늦은 여름 초저녁에 남중(南中)함.

사:수 현:상(死水現象)〈제〉 밀도 낮은 해수가 보통의 해수 위를 얇게 덮고 있는 해상에서, 항행 선박의 전진이 방해되는 현상. 얼음이 녹은 북극 수역이나 우계(雨季)의 연안 해역, 하구(河口)에 가까운 해역등에 흔히 일어남. 〔적명(職名)〕

사숙(司穡)〈제도〉 곡식 창고를 관리하던 사람의 직명(職名).

사숙(私淑)〈제〉 직접 가르침을 받지 않으나 스스로 그 사람의 덕을 사모하여 본받아서 도(道)나 학문을 닦음. (대) 친자(親炙). adoration 하다

사숙(私塾)〈제〉 사설의 서당(書堂). 글방. 〔uncle

사숙(舍叔)〈제〉 자기의 삼촌을 남에게 이르는 말. my

사숙(師叔)〈불교〉 스님의 형제되는 스님. 숙사(叔師).

사:순(四旬)〈제〉 사십대(四十代)의 나이. age of forties

사순(飼馴)〈제〉 사육하여 길들임. 하다

사:순-재(四旬齋)〈기독〉 사순절 동안 심신을 깨끗이 하고 술·고기를 금하는 재계. Lent

사:순-절(四旬節)〈기독〉 광야에서의 그리스도의 단식·수행을 기념하여 부활제 전 40일 동안 신도의 마음을 깨끗이 하고 단식·속죄를 행하도록 규정한 기독교의 정진(精進) 계절. 〔도(道).

사술(四術)〈제〉 사서(四書)·예(禮)·악(樂)의 네 가지

사술(邪術)〈제〉 요사스럽고 못된 술법. black magic

사술(師術)〈제〉 남의 스승이 될 만한 도(道).

사술(射術)〈제〉〈군사〉 대포·총·활 등을 쏘는 기술. 사법(射法)①. skill of shooting

사술(詐術)〈제〉 요사스러운 술법. trickery

사스레-피나무〈식물〉 후피향나무과의 상록 활엽 교목. 높이 3 m 가량이고 자색빛 꽃이 피며 장과(漿果)는 자주색으로 익음. 관상용이나 재목은 세공제로 씀.

사슬¹〈약〉→쇠사슬①.

사슬²〈제도〉 강경과(講經科)의 등급을 발표하던 〔구.

사슬²(沙蝨)〈동〉 물어우.

사슬 고리〈〉 배목과 고리 사이에 사슬이 달린 고리.

사슬=누르미〈〉 꼬챙이에 꿰지 않은 누르미. unskewered

사슬=누름적(一炙)〈〉 꼬챙이에 꿰지 않고 지진 누름적.

사슬=돈〈〉 꿰거나 싸지 않은 쇠붙이 돈. 산전(散錢)①. 사슬전. loose coins 〔리.

사슬 문고리[一꼬一][一門一]〈〉 쇠사슬이 달린 문고

사슬 산:적(一炙)〈〉 꼬챙이에 꿰지 않고 구운 산적. 산적(散炙)②. 연산적.

사슬 시조(一時調)〈문학〉 연주체(聯珠體)의 시조. 대구(對句)로 잇대어 짓는 시조. 초장·종장은 평시조와 같고 중장이 무제한으로 긺. 사설 시조(辭說時調). 엮음 시조. (대) 평시조. 시조.

사슬-적(一炙)〈〉 생선적에 양념한 쇠고기를 한 편에 붙이고 달걀을 씌워 번철에 지진 음식.

사슬-치마〈〉→풀치마.

사슬-돈(一錢)〈약〉 사슬돈.

사:슴〈동물〉 사슴과의 짐승. 어깨 높이 80~90 cm이고 몸 빛은 밤색에 흰색 반문이 있음. 산림에 군생하고 성질이 온순함. 수컷의 뿔은 녹용으로서 강장제로 쓰며 고기는 맛이 좋고 가죽은 공예품으로도 씀. 〔麟 등의 '鹿'의 이름.

사슴록-부(一鹿部)〈〉 한자 부수(部首)의 하나. '麒

사슴=풍뎅이(一)〈곤충〉 풍뎅이과에 속하는 곤충. 몸이 작고 고동색이며 수컷의 정수리에는 굽은 뿔이 하나 있음. 쇠똥에 잘 모여듦.

사습(士習)〈〉 선비의 풍습. habit of a scholar

사습(私習)〈〉 혼자 스스로 배워 익힘. self-study 하다

사:승(史乘)〈〉〈동〉 사기(史記).

사승(寺僧)〈〉 절에 있는 중. 〔by a private person

사:승(私乘)〈〉 사인(私人)이 쓴 역사. history written

사:승(使僧)〈〉 사자(使者)인 중. 〔teacher 자.

사:승(師承)〈〉 스승에게 배워 받음. learning one's

사승(師僧)〈〉 스님①. 〔어서로 a. 네제곱근.

사:-승근(四乘根)〈수학〉 사승하여 나오는 승근. 곧, a에 있

사:승 습장(死僧習杖)〈〉 죽은 중의 볼기를 치는 뜻으로, 대들 힘이 없는 사람에게 위엄을 부림.

사:승-포(四升布)〈〉 넉새베.

사:시(巳時)〈민속〉 ①십이시의 여섯째 시. 곧, 오전 9시부터 11시까지 사이. 〔약〕 사(巳)②. ②이십사시(二十四時)의 열한째 시. 곧, 오전 9시 30분부터 오전 10시 30분까지의 동안.

사:시(四始)〈〉 그 해·그 달·그 날·그 때의 처음인 정월 초하룻날 새벽.

사:시(四時)〈〉 ①봄·여름·가을·겨울의 네 철. 사계(四季)①. 사시(四序). four seasons ②한 달 중의 네 때. 곧, 회(晦)·삭(朔)·현(弦)·망(望). four periods of the month ③하루의 네 때. 곧, 단(旦)·주(晝)·모(暮)·야(夜). four periods of the day ④사철을 통하여 늘. ¶~ 푸른 소나무.

사:시(四詩)〈〉 ①시경(詩經)의 네 가지 시체. 국풍(國風)·아(雅)·대(大雅)·소아(小雅)·송(頌). ②시경의 네 가지 고편(古典). 노시(魯詩)·제시(齊詩)·한시(韓詩)·모시(毛詩)의 총칭. 〔rical poem

사:시(史詩)〈〉 역사적 사실을 가지고 지은 시. histo-

사:시(死時)〈〉 ①죽을 때. ②죽어야 할 때.

사시(沙匙)〈〉 ①사기 숟가락. porcelain spoon ②양숟가락.

사시(私諡)〈〉 도덕과 문장이 세상에 높되 지위가 낮아서 역명저전(易名之典)이 없는 선비에게 일가나 향인(鄕人)·문제(門弟)들이 올린 시호(諡號).

사:시(社是)〈〉 회사나 결사(結社)의 경영상의 주된 방침 또는 주장.

사시(徙市)〈제도〉 신라 때부터 농사철에 몹시가 물리면 기우제(祈雨祭)를 지내고 시장을 옮기던 일. 하다

사:시(捨施)〈불교〉 회사(喜捨)하고 시주하는 일.

사시(斜視)몡 ①눈을 흘겨봄. leer ②사팔사눈으로 봄. squint 하다

사:시(賜諡)몡 시호(諡號)를 내림. 하다

사시(鯊翅)몡 상어의 지느러미를 껍질을 벗기어 버리고 말린 식료품. 중국 요리에 쓰임.

사·의(고) 사이.

사시 가:절(四時佳節)몡 사시의 명절. festivals seasonal

사시나무(식물)몡 버들과의 낙엽 활엽 교목. 잎은 난상 타원형 혹은 넓은 난원형으로 4월에 잎보다 앞서 꽃이 피고 삭과는 5월에 익음. 목재는 상자(箱子)·성냥 개비·제지용·조각·화약 원료 등에 쓰임. 백양(白楊)②. poplar

사:시-도(四時圖)몡 사철의 풍경을 그린 그림. picture of four seasons

사시랑이몡 가늘고 약한 물건이나 사람. slender thing (person)

사시 마:지(巳時摩旨)몡 [불교] 사시(巳時)에 부치는 밥.

사시미(さしみ 일)몡 '어회(魚膾)'의 일본말.

사:시 불공(巳時佛供)몡 사시에 올리는 불공.

사시-안(斜視眼)몡 ⇒사팔눈.

사시안-인(斜視眼人)몡 (동) 사팔뜨기.

사시이-비(似是而非)몡 겉으로는 비슷하나 속은 다름. 사이비(似而非). 하다

사:시 장철(四時長철)몡 사철의 어느 철이나 늘.

사:시 장청(四時長靑)몡 소나무·대나무 등과 같이 사철 푸름. evergreen 하다

사:시 장춘(四時長春)몡 ①사철 어느 때나 늘 봄과 같음. everlasting spring ②늘 잘 지냄. 또, 그런 사람. be well-off all the year round

사:시-절(四時節)몡 춘·하·추·동의 사철.

사:시 춘풍(四時春風)몡 누구에게나 좋은 낯으로 대하며 무사 태평한 사람. 두루 춘풍.

사:시 풍류(四時風流)몡 ①사철의 어느 때나 늘 풍류임. living a romantic life all the year round ② 늘 풍류로 지냄. living an elegant life all the time

사식(私食)몡 교도소나 유치장에 갇힌 사람에게 사비 (私費)로 들여 보내는 음식. (대) 관식(官食). private meal sent a prisoner

사식(寫植)몡 (약) →사진 식자(寫眞植字).

사:신(史臣)몡 [제도] 사초(史草)를 쓰는 신하. 곧, 예문관의 검열(檢閱).

사:신(四神)몡 [민속] 네 방위를 맡은 신. 동의 청룡 (靑龍), 서의 백호(白虎), 남의 주작(朱雀), 북의 현무(玄武) 등. 사수(四獸)②. four gods of the four sides

사신(司晨)몡 날 새는 것을 알리는 일을 맡아함.

사신(邪神)몡 사심(邪心)을 품은 신하. 간신(奸臣).

사신(私信)몡 사사 편지. 개인의 편지. private letter

사신(邪神)몡 재앙을 내리는 못된 귀신. evil spirit

사:신(使臣)몡 임금이나 국가의 명령으로 외국에 심부름 가는 신하. envoy

사신(蛇身)몡 뱀의 몸. 뱀의 몸과 같은 몸.

사:신(捨身)몡 [불교] 자기의 몸을 버림. 수행·보은(報恩)을 위하여 속세에서의 몸을 버리고 불문에 들어감. becoming a priest 하다

사신 곡복(絲身穀腹)몡 입는 것과 먹는 것. 곧, 의식. 곡복 사신(穀腹絲身). (약) 사곡(絲穀).

사:신 공양(捨身供養)몡 [불교] 보리(菩提)를 위하여 손·발·살 또는 온몸을 부처와 보살에게 공양함. 하다

사신=교(邪神敎)몡 사신이나 우상(偶像)을 받드는 교.

사:신=덕(死信德)몡 [기독] 교리(敎理)를 믿기는 하나 실행하는 일이 없는 교인.

사:신 성도(捨身成道)몡 [불교] 몸을 버리어 성도(成佛)·득도(得道)함. 속세에서의 몸을 버리고 불문에 들어가 도를 닦음.

사신 인수(蛇身人首)몡 뱀의 몸에 사람의 머리를 한 중국 복희씨(伏羲氏)의 괴상한 모양을 이름.

사:신-행(捨身行)몡 [불교] ①몸을 부처에게 공양하여 도를 닦음. ②목숨을 아끼지 않고 닦는 수행(修行).

asceticism
(약) 사행(使行).
사:신 행차(使臣行次)몡 [제도] 사신이 길을 나서서 감.
사실→죄사슬.
사:실(史實)몡 역사상에 있는 사실. historical fact
사실(私室)몡 개인의 방. 사인(私人)의 방.
사:실(事實)몡 ①실지로 있는 일. ②[철학] 자연계의 객관적 현상. ③(법)법률의 효과를 내는 현상. fact 진실로. 정말로. truth 하다
사:실(査實)몡 사실을 조사함. investigation into the
사:실(寫實)몡 사물을 실제 있는 그대로 그려 냄. reality 하다 과 다른 일. 하다
사:실 무근(事實無根)몡 근거가 없는 일. 전혀 사실
사:실 문:제(事實問題)몡 [철학] 사물의 기원(起源)·발생에 관한 문제. (대) 권리 문제.
사:실 소:설(寫實小說)몡 [문학] 현실을 있는 그대로 그려 낸 소설. realistic novel
사:실=심(事實審)몡 [법률] 소송 사건의 법률 문제뿐만 아니라, 사실 문제도 심리·인정하는 심급(審級). 보통 일심(一審)·항소심을 말함.
사실적 의속(事實的依屬)몡 [논리] 보편과 특수 이유와 귀결의 관계처럼 어떠한 공간적·시간적 관계와 요소를 요함. (대) 논리적 의속.
사:실=주의(寫實主義)몡 [문학] 공상이나 이상을 배격하고 자연 (人)생을 등을 객관적 상태 그대로 충실히 그려내는 문학상·미술상의 주의. 19세기 후반에 유럽 각국에 일어난 예술상의 한 경향. (대) 인상주의(印象主義). realism 파. realistic school
사:실-파(寫實派)몡 사실주의의 예술을 지향하는 파.
사:실 행위(事實行爲)몡 [법률] 적 효과를 발생하기 위하여 일정한 정신 작용의 표현을 필요로 하지 않는 행위. 주소 설정·유실물 습득 따위.
사:실-혼(事實婚)몡 [법률] 사실상의 혼인 관계. 내연 관계 따위. (대) 법률혼. unregistered marriage
사:심(死心)몡 죽기를 각오한 마음. determination to die
사심(私心)몡 ①사사로운 마음. 사심을 채우려는 마음. selfishness ②자기의 마음. (대) 공심(公心). one's own mind
사심(邪心)몡 ①도리에 어긋난 못된 마음. 비심(非心). wicked heart ②(종교) 천도교에서 도를 닦지 않아 천심에 어긋난 마음을 이르는 말. (대) 영부심(靈符心). wicked mind
사:심(事審)몡 (약) →사심관(事審官).
사:심(蛇心)몡 모질고 시기하는 마음. wicked heart
사:심=관(事審官)몡 [제도] 고려 때, 서울에 있는 사람에게 하여금 자기 고향의 일에 참섭(參涉)하게 하던 벼슬. (약) 사심(事審).
사심 불구(蛇心佛口)몡 마음은 간악하되 입으로는 착한 말을 하는 일. 또, 그러한 사람.
사:심=첩(事審帖)몡 [제도] 형사 사건의 예심 조서.
사:심=탑지(死心塔地)몡 마음으로 즐겨 복종함. 하다
사:심=판(私審判)몡 (기독) 개개인이 죽은 후에 따로 따로 받는 심판. (대) 공심판.
사:십(四十=四十)몡 '마흔'의 한자 말. forty 탄.
사:십구공-탄(四十九孔炭)몡 49개의 구멍이 있는 연
사:십구년 설법(一哭)(四十九年說法)몡 [불교] 석가모니가 득도한 뒤에 49년 동안 설법한 일.
사:십구=일(四十九日)몡 [불교] 사람이 죽은 지 49일 되는 날. 중음(中陰)의 마지막 날. 칠칠일(七七日). day after forty ninth one's death
사:십구일=재(四十九日齋)몡 [불교] 사람이 죽은 지 49일 되는 날에 불경을 읽고 공양을 하여 명복을 비는 일. 칠칠재(七七齋). 의 비유.
사십에 첫 버선관 나이 들어서 처음으로 일을 해보는 것
사:십=입[一](四十而立)몡 나이 마흔 살.
사:십-작(四十雀)몡 (동) 박새.
사:십=죽(四十竹)몡 담근 지 40일 만에 익는 술.
사:십 초말(四十初襪)몡 사십에 첫버선. 늙어서 처음으로 일을 해봄을 이르는 말.
사:십팔 시간제(四十八時間制)몡 일주 6일의 노동 시

간을 48시간으로 제한하는 제도. 8시간 노동제.
사:십팔-야(四十八夜)圀〈불교〉아미타불의 사십팔원을 사십팔야 동안 밤마다 염불하는 일.
사:십팔-원(四十八願)圀〈불교〉아미타불이 중생을 구하기 위하여 발한 마흔여덟 조목의 서원(誓願).
사:아(死兒)圀 죽은 아이.
사:악(四惡)圀 논어(論語)에 있는 말로, 정치하는 데 네 가지 나쁜 일. 가르치지 아니하고 죽이는 일, 훈계하지 않고 잘못을 책하는 일, 영(令)을 지체하다가 후에야 서두르는 일, 남에게 주는 것을 인색하게 구는 일.
사악(邪惡)圀 간사하고 악독함. wickedness 하圀
사악(肆惡)圀 악한 성정을 마구 부림. 하圀
사악(賜樂)圀〈제도〉임금이 풍류를 신하에게 내려 보냄. 하圀
사:악-도(四惡道)圀〈불교〉네 가지 악도. 곧, 악인이 죽어서 가는 지옥(地獄)·아귀(餓鬼)·축생(畜生)·아수라(阿修羅). 사악취(四惡趣). 사취(四趣).
사악-수(司樂手)圀 궁중의 악사(樂士).
사안(私案)圀 개인으로서의 생각이나 고안. private plan
사:안(事案)圀 법률적으로 문제가 되어 있는 일의 안건.
사안(砂岸·沙岸)圀 모래 언덕.
사안(查案)圀 사건을 조사하여 적은 기록.
사안(斜眼)圀 흘겨보는 눈. 흘긴 눈. squint eye
사:안(賜顔)圀①방문한 아랫 사람에게 면회할 것을 허락함. ②좋은 낯으로 아랫 사람을 대함. 하圀
사:알(私謁)圀 윗사람을 사사로이 뵘. private audience 하圀
사:알(賜謁)圀〈제도〉임금이 신하에게 알현할 기회를 줌. granting an audience 하圀
사-올圀〔고〕사흘.
사암(砂岩)圀〈광물〉모래가 물 속에 가라앉아 단단하게 뭉쳐서 된 바위. 사암석(砂岩石). sandstone
사:-암각(四暗刻)圀 마작(痲雀)에서 암각 네 짝이 갖추어 있는 것.
사암-석(砂岩石)圀 사암.
사앗-대圀〔약〕→삿앗대.
사애(私愛)圀①공평하지 못하고 치우친 사랑. favouritism ②남 몰래 사랑함.
사:액(賜額)圀〈제도〉임금이 사원(祠院) 따위에 이름을 지어 줌. 하圀
사:액 서원(賜額書院)圀〈제도〉임금이 이름을 지어 현판(懸板)을 하사한 서원.
사앵(絲櫻)圀〈식물〉벚나무과의 낙엽 교목. 가지가 가늘고 길며 아래로 축 늘어지는데 벚나무보다 일찍, 잎에 앞서 흰빛 또는 연분홍 꽃이 핌.
사:야(四野)圀 사방의 들. 온 들.
사:약(死藥)圀 먹으면 죽는 독약. lethal drug
사약(私約)圀 개인간의 약속. (대) 공약(公約).
사:약(賜藥)圀〈제도〉임금이 죽이고자 하는 신하에게 독약을 내려 줌. bestowal of poison as a death penalty 하圀
사약(瀉藥)圀 설사하게 하는 약. 사하제(瀉下劑). 하제(下劑).
사양(斜陽)圀①저녁 때 서쪽으로 기울어진 해. 또, 그 햇빛. 사조(斜照). 측일(仄日). setting sun ②전하여, 점점 쇠되하여 가는 일.
사양(飼養)圀〈동〉사육(飼育). 하圀
사양(辭讓)圀 받을 것을 겸사하여 안 받거나 자리를 남에게 내어 줌. modesty 하圀
사양=머리圀〈동〉새앙머리.
사양 산(斜陽産業)圀 사회적 또는 수요의 변동 등에 따라 쇠되해 가는 산업.
사양-족(斜陽族)圀 형세가 기울어진 명문 가족. declining upper-classes
사양지-심(辭讓之心)圀 예(禮)에서 우러나는 사양할 줄을 아는 마음. 사단(四端)의 하나.
사양-채(飼養채)圀〈식물〉미나리과의 이년생 또는 다년생 풀. 줄기 높이 1m 가량이며 5~7월에 흰 꽃이 피고 과실은 긴 타원형이고 검은 녹색으로 익는다. 어린 잎은 식용, 뿌리는 약용함.
사=양토(砂壤土)圀 진흙이 비교적 적게 섞인 보드라

운 양토(壤土). soft soil with little clay
사양 표준(飼養標準)圀 가축을 합리적으로 사양하기 위하여 실험 결과에 따라 사료를 주는 표준.
사:어(死語)圀〈어학〉옛날에는 쓰였으나 현재에는 쓰이지 않는 말. (대) 활어(活語). obsolete word
사어(沙魚·鯊魚)圀〈동〉모래무지. ②〈동〉상어.
사어(私語)圀①드러나지 않게 속삭이는 말. whisper ②사사로이 부탁하는 말. private talk 하圀
사어(射御)圀 활쏘기와 말타기. shooting and riding
사어=피(鯊魚皮)圀 상어 껍질. 교어피(鮫魚皮).
사:언-교(四言敎)圀〈철학〉네 가지 말로 표현한 왕양명(王陽明)의 가르침. 곧 선(善)도 없고 악도 없음은 마음의 체(體)요, 선도 있고 악도 있음은 뜻의 동(動)이요, 선을 알고 악을 아는 것은 양지(良知)요, 선을 행하고 악을 물리치는 것은 격물(格物)이라고 한 것.
사:언-시(四言詩)圀〈문학〉한 구(句)가 사언(四言)으로 된 중국의 옛시. four-lined verse
사:업(死業)圀〈불교〉①전세(前世)의 업보(業報)로 죽게 되는 일. ②죽을 업보.
사:업(社業)圀 회사의 사업.
사:업(事業)圀①일. work ②일정한 목적과 계획 밑에서 경영하는 경제 활동. enterprise ③영리를 목적으로 계속하여 행하는 경제적인 일. industry 하圀
사업(斯業)圀 이 사업. 또는 이 일.
사:업-가(事業家)圀 사업을 하는 사람. 또는, 사업에 능한 사람.
사:업 공채(事業公債)圀〈경제〉국가나 지방 단체에서 철도·통신 그 밖의 공익 사업을 창설·확장할 때 필요로 하는 자본 조달책으로 모집하는 공채. industrial bond
사:업 보:험(事業保險)圀〈경제〉사업 경영자의 생사에 관련하여, 그 사업에 발생하는 경제적 필요를 충당하는 보험.
사:업 소:득(事業所得)圀〈경제〉상업·공업·농업·수산업, 그 밖의 사업에서 생기는 소득. business income
사:업 연도[-년-](事業年度)圀 업무와 결산의 편의상 정한 일정한 기간. 곧, 결산기와 결산기 사이. 영업 연도(營業年度). business year
사:업-열[-녈](事業熱)圀 사업을 하고자 하는 열의. enterprises initiative
사:업-욕[-뇩](事業慾)圀 사업을 하고자 하는 욕망.
사:업-자(事業者)圀〈법률〉상업·공업·금융업 등의 사업을 경영하는 자. business funds
사:업 자:본(事業資本)圀〈경제〉경영에 쓰이는 자본.
사:업-주(事業主)圀 사업을 경영하는 주인 또는 자본주. employer
사:업-채(事業債)圀〈경제〉철강·섬유·전력·해운·철도 등, 금융 기관 이외의 기업 회사가 발행하는 사채(社債).
사:업-체(事業體)圀〈경제〉사업하는 기관.
사:업 확장 적립금(事業擴張積立金)圀〈경제〉건물 신축·설비 증설·기계 구입 등 사업의 확장에 필요한 자금 조달을 위하여 이익의 일부를 적립하는 돈.
사:업 회:계(事業會計)圀〈경제〉특별 회계의 하나. 관영 사업에서의 세입·세출에 관한 회계. 전매 사업·교통 사업의 회계 따위.
사:업 회:사(事業會社)圀①생산을 주로 하는 회사. (대) 상사(商事) 회사. ②특수 회사 밑에 있어, 실제 생산에 종사하는 회사.
사:에이치 운:동(4H 運動)圀〈사회〉1914년 미국에서 조직된 후, 각국에 전파되었음. 건강(health)·두뇌(head)·성실(heart)·근로(hand)를 신조로 생활 개선과 기술의 개량을 목적으로 한 농촌 청소년의 조직 활동.
사:에이치 클럽(4H club)圀〈사회〉1914년 미국에서 창시된 농촌 청소년 조직. 4H(head·hand·heart·health) 곧, 지(智)·덕(德)·체(體)·기(技)의 연마로

사:에프 운:동(4F 運動) 파리(flies)·손들(fingers)·배출물(filth)·음식물(food)의 뜻으로, 소화기계(消化器系) 전염병의 예방 운동.

사:엘 운:동(4L 運動) 사랑(love)·행복(luck)·자유(liberty)·성실(loyalty). 곧 정신 부흥과 세계 평화를 목적으로 하는 운동.

=수여 (賜與) 나라에서 내려 줌. 사급(賜給). allowance 하다

사역(寺役) ①절에 관한 부역. ②절에서 하는 역사.

사:역(使役) ①부리는 일을 시킴. 어떤 작업을 시킴을 당하여서 하는 일. employment ②사환(使喚). 하다

사:역-사(使役動詞) 〈동〉 사동사(使動詞).

사역-원(司譯院) 〈제도〉 조선조 때 번역과 통역에 관한 일을 맡아보던 관청. 설원(舌院).

사:연(事緣) 일의 사정과 까닭. full story

사:연(社燕) 〈동〉 제비.

사연(師椽) 〈동〉 부연(附椽).

사연(詞筵) 문인들이 모인 자리. 「dinner 하다

사:연(賜宴) 나라에서 베풀어 준 잔치. imperial

사연(辭緣·詞緣) ①하고자 하는 말. what one intends to speak ②편지 내용. text of a letter

사연 연:주회(私演演奏會) 〈음악〉 음악 연주가가 제한된 청중을 상대로 놓고 사사로이 개최하는 연주회.

사열(査閱) ①실지로 하나하나 조사하여 봄. examination ②〈군사〉 부대의 장병을 정렬시켜 놓고 장비와 사기(士氣) 등을 실지로 검열하는 일. inspection 하다

사열-대(查閱-臺)[-때](査閱臺) 〈군사〉 사열할 때 사열식을 하기 위하여 높이 만들어 놓은 대. review stand

사열식-식[-썩](査閱式) 〈군사〉 군대 장병들을 정렬시키어 행진시켜 그 사기와 장비를 사열하는 의식. military review

사:염화-규소(四鹽化珪素) 〈화학〉 무색 유동성 액체. 염소의 기류 중에서 규소·탄화규소 또는 탄소와 무수규소와의 혼합물을 가열하여 얻음. 규소 수지의 제조 원료로 쓰임. silicon tetrachloride

사:염화-백금(四鹽化白金) 〈화학〉 백금을 왕수(王水)에 녹여서 증발시킬 때에 생기는 적흑색 결정. 조해성(潮解性)이 있고 물·알코올에 잘 녹음. 백금 도금과 사진에 씀.

사:염화-탄:소(四鹽化炭素) 〈화학〉 에테르 냄새를 가진 무색의 액체. 지방·수지(樹脂)·타르 등의 유기물을 잘 용해하므로 용매(溶媒)로 쓰이며, 인화성(引火性)이 없으므로 소화제(消火劑)로도 쓰임. carbon tetrachloride

사영(私營) 개인이 경영함. ⟷관영(官營). 공영(公營). private management 하다

사영(舍營) 〈군사〉 군대가 민가(民家)에서 숙박하는 일. 숙영(宿營). quartering in private house

사:영(射影) ①물체가 그림자를 비치는 일. 또, 그 그림자. ②〈수학〉 점·직선·평면으로 된 하나의 도형의 모든 점 및 직선과 도형 외의 일점과를 잇는 직선 및 평면의 집합으로 된 도형. projection

사영(寫映) 빛이 비스듬히 비침.

사영(斜映) 비스듬히 비친 그림자. slanting shadow

사:영(寫映) ①빛이나 형상이 비치어 나타남. ②빛이나 형상을 그대로 옮기어 비침. 영사(映寫). 하다

사:영(寫影) 물건의 형상을 비치어 나타냄. 또, 그 비친 그림자. shadow 하다

사영 기하학(射影幾何學) 〈수학〉 사영 변환(變換)에 의하여 변하지 않는 성질을 연구하는 기하학의 한 분과. projective geometry

사:예(四裔) 나라의 사방의 끝. 「예. four arts

사:예(四藝) 거문고·글씨·바둑·그림의 네 가지 기

사예(射藝)[-예] 활 쏘는 기예. 사(射). archery

사예(詞藝) 〈동〉 문예(文藝).

=사오(전미) '=사옴='의 'ㅂ'이 모음으로 시작된 어미를 만나서 줄어진 선어말 어미. ¶먹~니.

사:=오(四五) 넷과 다섯. 넷다섯. 너덧. 네댓.

사:오(死五)〈고〉=오. 「¶~ 명. four or five

사:오나-이[어미] 사납게.

사:오납-다[어미]〈고〉 사납다. 억세다. 나쁘다.

=수오니(전미) =오니.

=수·오니·라(어미) 《古》 =오니라.

=·수·오·디(어미) 〈고〉 =오되.

사오·리(어미) 발판. 발돋음.

사:오·며(어미) =오며.

사:=오:십(四五十) 마흔이나 쉰.

사:=오:월(四五月) 사월과 오월. 사월이나 오월.

=사오이-다(어미) 《공》 =으오이다. 〈어〉=사외다.

사옥(史獄) 역사적인 중대 범죄 사건. great politi-

사:옥(社屋) 회사의 건물. building of a company

=·수·온(어미) =은.

=·수·온·딘(어미) =온데.

사온-서(司醞署) 〈제도〉 대궐에서 쓰는 술 빚는 일에 관한 일을 맡아보던 관청.

사:온-일(四溫日) 〈동〉 삼한 사온(三寒四溫)의 기후에 있어서 비교적 따뜻한 나흘 동안.

=·수·옴(어미) =음. 「〈고〉.

=사옴(전미) 〈동〉 '=으음'의 뜻인 선어말 어미. ¶먹~

=사옵니-다(어미) '=사옴-'과 '=나이까'의 줄어 합한 종결 어미. 「¶무얼 찾~. 「종결 어미.

=사옵니-다(어미) '=사옴='과 '=나이다'의 줄어 합한

=사옵디-다(어미) '=사옵='과 '=더니까'의 줄어 합한 종결 어미. 「종결 어미.

=사옵디-다(어미) '=사옴='과 '=더니다'의 줄어 합한

사옹(司饔) 〈제도〉 조선조 때, 궁중의 음식 장만하는 일을 맡아보던 사람. ¶~원(院).

사옹(沙翁) 〈동〉 '셰익스피어(Shakespeare)'의 일컬음.

사용-극(沙翁劇) 〈연예〉 셰익스피어의 희곡을 연출한 극. 또, 그 희곡 자체.

=·수·와(어미) =아. =사오(〈고〉).

사:왕(死王) 〈불교〉 염마왕(閻魔王)의 별칭. 「king

사왕(嗣王) 왕위를 이은 임금. 사군(嗣君). reigning

사:왕 오:운(四王吳惲) 〈회화〉 청초(淸初), 명말(明末)의 화가 동기창(董其昌)의 영향을 받아 정통 남종화의 전형을 이룬 왕시민(王時敏)·왕감(王鑑)·왕휘(王翬)·왕원기(王原祁)·오역(吳歷)·운수평(惲壽平)의 여섯 사람.

사:왕-천(四王天) 〈불교〉 수미산(須彌山) 중턱에 있어 사천왕과 그 권속이 사는 곳. 육계(欲界) 육천(六天)의 하나.

=사외-다(어미) 《어》=사오이다. 「outline of history

사:요(史要) 역사의 개요(槪要). 또, 그것을 쓴 책.

사:욕(死辱) 죽을 욕. abuse

사욕(沙浴·砂浴) 새가 그 몸에 모래를 끼얹는 짓. ②뜨거운 모래로 몸을 덮어 찜질을 하는 일. sand bath 하다 「selfish desire

사욕(私慾·私欲) 개인의 이익만을 차리는 욕심.

사욕(邪慾) ①그릇된 욕망. wicked desire ②음란한 욕망. 육욕. wanton desire

사욕 편정(邪慾偏情)〈기독〉 정리(正理)에 어긋나는 온갖 정욕.

사:용(司勇) 〈제도〉 오위(五衛)의 한 군직. 현직에 있지 않은 정9품 문관·무관·음관(蔭官)으로 시켰음.

사:용(私用) ①공용물을 사사로이 씀. turn to a private use ②개인의 소용. ⟷공용(公用). private use 하다 「당한. 하다

사용(私傭) 사사로이 고용함. 사인(私人)에게 고용

사용(社用) 회사의 업무. ¶~ 출장(出張). company business 「ploy 하다

사:용(使用) ①물건을 씀. use ②사람을 부림. em-

사:용 가치(使用價値)[명]〈경제〉사람의 욕망을 만족시키는 물건의 유용성(有用性). utility value

사:용-권(─[權])[명]〈법률〉남의 땅이나 물건 등을 법률의 정하는 바에 따라 사용할 수 있는 권리. right to use

사:용 내:력(使用內力)[명] 허용 내력(容許內力).

사:용 대:차(使用貸借)[명]〈법률〉일방이 상대방으로부터 목적물을 무상으로 빌려 사용·수익하고 뒤에 반환할 것을 약속하는 계약. 무상·편무 계약이며 목적물의 인도를 요건으로 하는 요물(要物) 계약.

사:용-료(使用料)[명] 물건을 사용하는 데 대하여 내는 돈. rent

사용-물(私用物)[명] 사삿일에 쓰는 물건. private thing

사:용-법(─[法])[명] 사용하는 방법.

사:용-세(使用稅)[명] 소비세의 일종. 소비의 최종 과세에서 직접 소비 지출을 포착하여서 매김.

사:용-수(使用水)[명] 먹는 이외에 쓰는 물. 허드렛물.

사:용 수익권(─[權])(使用收益權)[명]〈법률〉물건을 그 용도에 따라 사용하고 또는 거기에서 생기는 천연 과실(天然果實)을 받아들이거나, 남에게 사용시켜서 지대(地代)·소작료 따위의 법정 과실을 받아 들일 수 있는 권리. [게 사용되는 사람. employee

사:용-인(使用人)[명] ①물건을 쓰는 사람. user ②남에

사:용-자(使用者)[명] ①쓰는 사람. ②〈경제〉고용 계약에 의하여 보수를 주고 고용하기로 약속한 사람. employer

사:용 절도(─[도])(使用竊盜)[명]〈법률〉불법으로 남의 물건을 가질 생각은 없고, 다만 한때 사용하고 뒷날에 반환할 생각으로 남의 재물을 소유하였다가 그대로 취득하게 하는 것.

사:용=족(社用族)[명] 회사의 공용을 구실로 사비(社費) 〔─사우다〕. ―사우다. [로 노는하는 사람들.

사우[명] ①〈약〉=문방 사우(文房四友). ②눈 속에서 피는 네 가지 꽃인 옥매(玉梅)·납매(臘梅)·수선(水仙)·산다화(山茶花). four trees that bloom in the snow

사:우(四隅)[명] 네 모퉁이. 네 구석. four corners

사:우(死友)[명] ①생사를 같이하는 벗. friends sharing the same fate ②죽은 친구. deceased friend

사:우(社友)[명] ①한 회사 혹은 결사 단체(結社團體)에서 근무하는 동료. colleague ②사원 이외의 그 회사와 관계 있는 벗. friend of a company

사우(師友)[명] 스승과 벗. master and friends

사우(祠宇)[명] 사당집. shrine

사우(斜雨)[명] 바람에 날려 뿌리는 비. slanting rain

사우(絲雨)[명] 실같이 가늘게 내리는 비. drizzling rain

사우(飼牛)[명] 소를 기름. 또, 기르는 소. breeding [of cattle 하]

사:우(麝牛)[명]〈동〉사향소.

사우나(sauna)[명] 핀란드식 증기(蒸氣) 목욕. 가열한 돌에 물을 뿌려서 증기를 일으켜 몸을 찐 다음 자작나무 가지로 두들겨 마사지를 한 뒤 냉수 샤워나 호수로 몸을 식혀 온몸의 혈행(血行)을 촉진시킴.

사우-방(─[房])(祠宇房)[명]〈동〉사당방(祠堂房). 잠이.

사우스-포(southpaw)[명]〈체육〉야구나 권투의 왼손잡이.

사:운(四韻)[명]〈문학〉네 개의 운각(韻脚)으로 된 율시(律詩).

사운(邪雲)[명] ①상서롭지 못한 구름. 요운(妖雲). ②밝은 이지(理智)가 가리는 나쁜 심상.

사:운(社運)[명] 회사의 운명. fortune of a company

사운드(sound)[명] 소리. 음향.

사운드 박스(sound box)[명] ①공명 상자(共鳴箱子). resonance box ②구식 축음기에서, 레코드 바늘의 진동을 받아 레코드의 음을 재생하는 것.

사운드 테이프(sound tape)[명] 음성을 녹음하기 위한 자기(磁氣) 테이프. 〈대〉비디오 테이프.

사운드 트랙(sound track)[명]〈연예〉발성 영화 필름의 한 끝으로 녹음을 넣은 부분. 음구(音溝).

사운드-판(sound 版)[명]〈연예〉대사(臺詞)가 없이 음만 들어 있는 영화. 〔대〕사일런트 픽처.

사운드 픽처(sound picture)[명]〈연예〉발성 영화. 〔대〕

사운드 필름(sound film)[명] ①음을 아울러 가진 발성(發聲) 영화의 필름. ②녹음(錄音)에 쓰는 필름.

사:운지(四韻之詩)[명]〈문학〉네 구(句)에 운(韻)을 달아 지은 시. 율시(律詩).

사원(寺院)[명] ①〈불교〉절이나 암자. Buddhist temple ②〈기독〉천주교의 성당이나 수도원. church

사원(私怨)[명] 사사로이 원한. private resentment

사:원(社員)[명] ①회사에 근무하는 사람. clerk ②〈법률〉사단을 구성하는 사람. member

사원(砂原)[명] 모래 벌판.

사원(祠院)[명] 사당과 서원(書院).

사원(射員)[명]〈체육〉사정(射亭)에서 활 쏘는 일에 참가하는 사람. archer [acquittal 하]

사:원(赦原)[명] 정상을 참작하여 죄인을 놓아 줌.

사:원-권(─[權])(社員權)[명]〈법률〉사단 법인의 사원이 사원의 지위에 의거하여 법인에 대하여 가지는 권리의 총칭. 공익권과 자익권으로 크게 나눔.

사:원-법(四元法)[명]〈수학〉고등 수학의 한 분과. 벡터(vector)에 관한 이론과 응용을 연구하는 학문.

사:원 총:회(社員總會)[명]〈법률〉사단의 구성원인 사원 전체로 구성하는 최고 의결 기관. 주식 회사와 유한 회사에만 인정되고 있음. general meeting of the stockholders [circular cone

사-원추(斜圓錐)[명]〈수학〉'빗원뿔'의 구용어. oblique

사:원 합금(四元合金)[명]〈화학〉네 가지 주성분으로 된 합금. [calendar

사:월(巳月)[명]〈민속〉음력 사월. April of the lunar

사:월(四月)[명] 한 해 가운데 넷째 달. April

사월(斜月)[명] 지는 달. 서쪽 하늘에 기울어진 달. setting moon

사:월 파:일(四月八日)[명]〈불교〉석가가 탄생한 기념일인 음력 4월 8일. 초파일.

사:월 혁명(四月革命)[명]〈사〉사일구 의거(四一九義擧).

사위[명] 딸의 남편. 여서(女壻).

사위[명] 미신으로 재앙이 온다 두려워 사물이나 말을 꺼림. taboo 하. [스케 스레이.

사위[명] ①윷놀이할 때 목적한 끗수. ②〈약〉=큰사위.

사:위(四圍)[명] 사방의 둘레. 사주(四周). 주위. surroundings

사위(斜位)[명]〈생리〉태아(胎兒)가 뱃속에서 비스듬히 놓인 자리. oblique presentation [하]

사위(詐僞)[명] 거짓을 꾸미어 남을 속임. deception 하

사:위(嗣位)[명] 왕위(王位)를 이어받음. succession 하 [처가에 와서도 옷가짐이다.

사위가 무던하면 개 구유를 씻는다[ ] 무던한 사위는

사위는 백년지객이다[ ] 사위는 언제나 손님처럼 대접할 어려운 존재다.

사위-다[ ] 불이 다 타서 재가 되다. burn up

사위도 반 자식이다[ ] 사위도 거의 자식 노릇을 한다.

사위-무실(詐僞無實)[명] 싫은 거짓일을 거짓으로 속임. 하 [다 장모가 더하다.

사위 사랑은 장모[ ] 사위를 사랑하는 마음은 장인보

사:=위의(四威儀)[명]〈불교〉수행자(修行者)의 생활에 있어서의 네 가지의 몸가짐인 행(行)·주(住)·좌(坐)·와(臥).

사위=질빵[명]〈식물〉미나리아재비과의 낙엽 만목(蔓木). 줄기는 길게 벋으며 가지가 나고 잎은 난형으로 톱니가 있음. 7∼9월에 흰 꽃이 피고 수과(瘦果)는 흰 털이 빽빽 나고 가을에 익음. 어린 잎은 식용함. 할미질빵.

사:-위토(寺位土)[명] 절에 딸린 논밭.

사윗-감[명] 사위로 삼을 만한 사람.

사:유(四有)[명]〈불교〉중생이 나서 죽고 다시 태어날 때까지의 사유(四有). 곧, 생유(生有)·본유(本有)·사유(死有)·중유(中有).

사:유(四維)[명] ①인(寅)·신(申)·사(巳)·해(亥)의 네 방위. ②나라를 유지하는 데 필요한 네 가지. 곧, 예(禮)·의(義)·염(廉)·치(恥). four social bonds

사:유(死有)[명]〈불교〉사유(四有)의 하나. 중생이 속세에 살다가 수명이 다하여 막 죽으려는 찰나.
사유(私有)[명] 개인의 소유. 또, 개인이 사사로이 소유함. private ownership 하다

사유(事由)[명] 일의 까닭. 연유(緣由). 연고(緣故). 정유(情由). reason

사유(思惟)[명] ①생각함. thought ②〈철학〉경험하여 아는 사실을 비교하여 그 관계를 정하고, 여기에 기초하여 아직 경험하지 못한 지경에 이르는 정신 작용. 개념(槪念)·판단(判斷)·추리(推理)의 세 작용을 포함함. 사고(思考)②. 「논리적 ~. 〈대〉존재. thinking ③〈불교〉대상을 마음에 그려 생각함. thinking 하다 「한 유학자(儒學者).

사유(師儒)[명] 사람에게 도를 가르치는 스승이 될 만

사:유(赦宥)[명] 죄를 용서해 줌. forgiving 하다

사유 경제설(思惟經濟說)〈철학〉많은 사실을 완전히 기술하기 위하여 쓸 수 있는 한 근소(僅少)하고 단순한 개념으로써 사유의 노력을 절약한다는 설.

사유-권(私有權)[─꿘]〈법률〉개인 소유의 권리. 또, 재물을 개인 소유로 할 수 있는 권리. right of private property, private ownership

사유-림(私有林)[명] 개인 또는 사법인이 소유하는 산림. private forest

사유-물(私有物)[명] 개인 또는 사법인이 소유하는 물건. 사물. 〈대〉공유물(公有物). 관유물(官有物). private possessions

사유 법칙(思惟法則)〈철학〉모든 사유 작용의 근본이 되는 다섯 가지의 원리. 곧, 동일·모순(矛盾)·배중(排中)·충족(充足)·선언(選言) 따위의 원리.

사유-수(思惟樹)〈불교〉보리수(菩提樹)의 딴이름.

사유 식민지(私有植民地)〈법률〉국가와 아무런 교섭이 없이 또는 국가에서 소유권을 주지 아니하였는데 개인이 자유로 사업을 경영하는 식민지.

사유-장(師儒長)〈제도〉성균관(成均館)의 우두머리인 대사성(大司成)의 딴이름.

사유 재산(私有財産)〈법률〉개인 또는 사법인이 소유하는 재산. private property

사유 재산제(私有財産制)〈법률〉국가 주권의 보호 밑에 모든 재산을 소유자의 자유로운 관리 처분에 맡기는 제도.

사유-지(私有地)[명] 개인 또는 사법인(私法人)이 소유하는 토지. 사지(私地). 〈대〉공유지(公有地). 국유지(國有地).

사:육(四肉)[명] 네 발 가진 짐승의 고기. meat

사육(私肉)[명]〈동〉사고기⑦.

사:육(事育)[명] 부모를 섬기고 자식을 기름. family responsibilities 하다

사육(飼育)[명] 짐승을 기름. 사양(飼養). breeding 하다

사육 상자(飼育箱子)[명] 짐승을 먹여 기르기 위하여 만든 상자.

사:=육신(死六臣)〈역사〉조선조 세조 때 단종(端宗)의 복위를 꾀하다가 죽은 여섯 충신. 남효온의 '추강집'에 이 여섯(李塏)·하위지(河緯地)·유성원(柳誠源)·유응부(兪應孚)·성삼문(成三問)·박팽년(朴彭年)으로 전함. 〈대〉생육신(生六臣).

사:육-제(謝肉祭)[명] 천주교에서 사순절(四旬節) 직전의 사흘 동안 행하는 축제(祝祭). carnival

사:율(四律)[명]〈문학〉율시의 하나. 오언(五言)이나 칠언(七言)으로 여덟 짝, 곧 네 구로 된 시(詩). 〈원〉사률. verse

사:은(四恩)[명]〈불교〉사람이 세상에서 받는 네 가지 은혜. ①천자·국왕·부모·중생(衆生)의 은혜. four obligations ②국왕·부모·삼보(三寶)·중생의 은혜. ③국왕·부모·사장(師友)·시주(施主)의 은혜. ④부(父)·모(母)·불(佛)·설법사(說法師)의 은혜.

사은(私恩)[명] 사사로이 입은 은혜. personal obligations

사은(師恩)[명] 스승의 은혜. teacher's favour 하다

사:은(謝恩)[명] 은혜를 사례함. expression of gratitude 하다

사:은 숙배(謝恩肅拜)[명] 임금의 은혜를 사례하여 경 전하게 절함. 하다

사은-회(謝恩會)[명] ①졸업생이 스승의 은혜에 대한 사례의 뜻으로 베푸는 모임. party given in honor of one's teacher ②일반적으로, 은혜에 대한 사례로 베푸는 모임.

사:음(四音)[명]〈어학〉후음(喉音)·순음(脣音)·악음(顎音)·설음(舌音)의 네 가지 음. four kinds of sounds

사음(邪音)[명] ①요사스럽고 음란함. lewdness ②〈불교〉오악(五惡)의 하나. 남의 남쪽이나 아내와 음탕한 짓을 함. 육사행(慾邪行). adultery 하다

사음(舍音)[명] 마름.

사:음(寫音)[명] 소리 나는 대로 적음. 표음(表音). 하다

사음 기호(一音記號)[명] 높은음자리표. [字].

사:음 문자(寫音文字)〈동〉표음 문자(表音文

사음-소(舍音所)[명] 마름이 일을 보는 곳. 「스럽.

사:-음정(四音程)[명]〈한의〉발등과 발바닥에 나는 부

사:의(死義)[명] 의를 위하여 죽음. dying for justice 하다 「immoral will

사의(邪意)[명] 간악한 마음. 올바르지 않은 마음.

사의(邪意)[명] 부정한 교의(敎義).

사의(私意)[명] ①개인의 의사. 사견(私見). private opinion ②사욕을 차리거나, 공명하지 못한 마음. 사심(私心). selfish motive

사의(私誼)[명] 개인 사이에 사귀어 온 정분. private discussion

사의(事宜)[명] 일의 마땅함. suitableness

사의(事意)[명]〈동〉사의(事義). ②사건의 내용.

사의(斜依)[명]〈동〉경사(傾斜).

사의(蛇醫)[명]〈동〉영원(蠑螈).

사:의(寫意)[명] ①실물(實物)이나 실경(實景)보다 그 내용만을 그림. write down the spirit ②그리고 싶 사의(簑衣)[명] 도롱이. [은 마음.

사:의(謝意)[명] ①사례하고 싶은 뜻. thanks ②사죄의 뜻. apology 「thanks giving

사:의(謝儀)[명] 감사의 뜻을 나타내는 물품. gift as

사의(辭意)[명] ①사임(辭任)할 의사. ¶~ 표명(表明). intention for resignation ②말의 주장되는 뜻. meaning of words

사:의-무(私義務)[명]〈법률〉사법(私法) 관계에서 성립되는 의무. 〈대〉공의무(公義務).

사이(間)[명] ①거리나 간격. interval ②동안. time ③틈. space ④사귀는 정분. 「~가 좋다. relations ⑤물건과 물건과의 중간. 〈약〉새. between

사:이(四夷)[명] 옛날 중국에서 말한 사방의 오랑캐. 곧, 동이(東夷)·서융(西戎)·남만(南蠻)·북적(北狄)의 총칭. barbarians outside the country

사이(さい, 일)[명] ①재목의 체적의 단위. 한 치 각의 열두 자. ②석재(石材)의 사방 두 자.

사이-갈이[명] 중경(中耕). 「부분.

사이-골[명]〈생리〉큰뼈와 작은뼈 사이에 있는 작은

사이나(←cyanide)[명]〈화학〉①청산가리(靑酸加里). ②청화동(靑化銅). ③청화은(靑化銀).

사이-다[자동] 사도하 하다. let one buy

사이다(cider)[명] ①탄산가스를 함유시킨 청량 음료. ②사과즙을 발효시켜서 만드는 독한 술.

=사이-다[어미] 비시다. =읍시다.

사이드(side)[명] ①옆. 결. 가. 쪽. ②측면. ③한쪽 편. 「하나로 작은북.

사이드 드럼(side drum)〈음악〉타악기(打樂器)의

사이드 라이트(side light)[명] ①결에 있는 등(燈). 배 옆에 달린 등. ②사진이나 영화를 촬영할 때에 옆에서 비추는 불빛. ③우연적 또는 간접적으로 하는 증명.

사이드 라인(side line)[명] ①측선. 횡선. ②내직(內職). 부업. ③정구·축구·농구·배구 따위 구기에서 경기장을 한정하는 세로로 그은 줄.

사이드 스로(side throw)〈체육〉야구에서, 투수(投手)가 공을 손에서 뗄 적에 지면과 거의 평행되

사이드 스테핑(side stepping)[명] 〈체육〉권투에서, 상대편의 타격을 발을 움직여 엇나가게 하는 방어술.

사이드 스텝(side step)[명] ①댄스에서, 한 발을 옆으로 내고 다른 발을 끌어다 맞붙이는 스텝. ②〈체육〉운동 경기에서의 모로 뛰기.

사이드 스트로:크(side stroke)[명] 〈체육〉수영에서, 몸을 모로 눕혀 헤엄치는 일. 횡영(橫泳).

사이드 아웃(side out)[명] 〈체육〉①배구에서, 서브측의 팀이 득점을 못한 경우, 서브를 상대편에 넘기는 일. ②정구에서, 공이 사이드 라인 밖으로 나가는 일.

사이드 워:크(side work)[명][동] 부업(副業). [일.

사이드카(sidecar)[명] 오토바이 옆에 달린 운반차. 또는 그와 비슷한 차.

사이드 킥(side kick)[명] 〈체육〉축구 경기에서, 발의 안쪽 또는 바깥쪽으로 차는 법. [놓인 식탁.

사이드 테이블(side table)[명] 식당 같은 데서 벽 쪽에

사이드 플레이어(side player)[명] 〈연예〉영화에서, 주연을 도와 연기하는 조연자. 또는 조역.

사이-뜨다[형] ①사이가 멀다. distant ②사이가 오래다. long ③사이가 친하지 아니 하다. 또, 친하던 사이가 틀어지다. 《약》새뜨다. not close

사이렌[1](siren)[명] ①시각이나 경고의 뜻을 알리기 위하여 소리 나게 하는 기계 장치. ②그리스 신화에 나오는 이탈리아 바다의 여신(女神). 고운 노랫소리로 뱃사공을 꾀어서 남파시켰다고 함.

사이렌[2](siren)[명] 〈동물〉양서류(兩棲類)에 속하는 동물. 몸은 뱀장어 모양이며, 몸 빛은 회색을 띠었으며 연못·도랑·개천·진흙에 서식하는데 북아메리카 남방에 분포함.

사이-먹다 곁두리를 먹다. eating between meals

사이멀캐스트(simulcast)[명] 〈연예〉같은 프로를 라디오와 텔레비전으로 동시에 방송하는 일.

사이버네틱스(cybernetics)[명] 〈물리〉사람 및 기계에 있어서의, 제어와 통신의 이론·기술을 종합한 새로운 과학. 자동 제어 장치와 사람의 자율 신경계의 기능에 공통된 요소를 추구하는 철저한 기계론. 인간 기계론. [인공의 팔 등으로 개조된 인간.

사이보:그(cyborg)[명] 기계나 인공 신장·인공 심장 및

사:이-비(似而非)[명] 비슷한 것 같으면서 속은 다름. 가짜. 사시이비. sham boy

사이-사이 사이와 사이. every interval [들이 있

사이에-사이[부] 《예》새새이. now and then

사이-시옷[명] 〈어학〉복합 명사 또는 복합 명사에 준한 말의 두 말 사이에서 뒷말의 첫소리가 된소리가 나거나, 구개음화한 'ㄴ'이나 'ㅁ'소리가 덧날 경우에, 앞말의 끝에 받치어 적는 시옷. 앞말의 끝소리가 자음일 경우에는 표시하지 않음. '촛불'·'뱃가'·'잇몸' 등에서의 'ㅅ'을 이름.

사이언스(science)[명] ①과학. 학문. 학술. ②사전 과학. ③〈체육〉권투·검술에 있어서, 기술 또는 수.

사이-좋:다[형] 서로 다정하다. 의좋다. friendly

사이즈(size)[명] ①크기. 치수. 척도(尺度). ②아교로 백반을 타서 끓인 액체로, 종이에 칠하여 잉크 따위가 번지지 않게 하는 물건. [하다.

사:이-지차(事已至此)[명] 일이 이미 이렇게 되어 버림.

사이-짓:기[명] 간작(間作).

사이-참(-站)[명] 일을 하다가 중간에 쉬는 시간. 또는 그 때에 먹는 음식. 《약》새참. snack

사이코-아날리시스(psychoanalysis)[명][동] 정신 분석 (精神分析). [심리 상태.

사이콜로지(psychology)[명] ①심리학(心理學). ②심리.

사이클(cycle)[명] 〈물리〉주파수(周波數)의 단위. ②순환 과정(循環過程). ③자전거. 삼륜차(三輪車).

사이클로이드(cycloid)[명] 〈수학〉한 직선 위를 원이 굴러갈 때, 원주(圓周)상의 한 정점(定點)이 그리는 자취.

사이클로트론(cyclotron)[명] 〈물리〉수소·헬륨 등의 가벼운 원소의 핵을 전자기력(電子氣力)에 의하여 고속도로 가속시키는 장치.

사이클로프로판(cyclopropan)[명] 〈의학〉강력한 가스 마취제. 무색의 가스로서 특이한 냄새가 나며 가연(可燃) 폭발성이 있음. 외과 수술에 씀.

사이클론(cyclone)[명] ①선풍. ②기계 또는 유체 중의 고체 입자를 분리 포착하거나 액체 방울을 분리하는 화학 기계. [고가는 피크닉. 하다.

사이클링(cycling)[명] ①자전거를 탐. ②자전거를 타

사이키(psyche)[명] 그리스 신화의 미녀(美女). 영혼이 소녀의 모습으로 인격화하여 나비의 날개를 가졌음.

사이키델릭(psychedelic)[명] ①환각제를 복용했을 때의 도취와 황홀 상태. ②난폭 체험. ②황홀하고 어질어질한 색채나 음의 형용. 하다.

사이트 엘 시:(sight L/C)[명] 〈경제〉일람불(一覽拂)의 어음이 발행될 수 있는 신용장(信用狀).

사이펀(siphon)[명] ①〈물리〉길고 짧은 두 다리로 된 'U'자 모양의 관. ②〈토목〉수로(水路)가 다른 수로나 수면 밑을 가로지를 때에 베푸는 시설.

사:이후:이(死而後已)[명] 죽은 뒤에야 그만둠. 곧, 목숨이 붙어 있는 한 최후까지 힘써 일함. 하다.

사익(私益)[명] 개인의 이익. private interest

사익 신:탁(私益信託)[명] 위탁자나 제삼자의 개인적 이익을 위한 신탁. 《대》공익 신탁.

사:인(士人)[명] 벼슬을 아니한 선비. 사자(士子).

사:인(死人)[명] 죽은 사람. dead person

사:인(死因)[명] 죽게 된 원인. cause of death

사인(寺印)[명] 〈불교〉절의 도장. seal of a temple

사인(私人)[명] ①사적 자격으로서의 개인. ②사권(私權)의 주체가 되는 것. 《대》공인(公人). individual

사인(邪人)[명] 사심(邪心)을 품은 사람.

사인(私印)[명] 〈법률〉개인의 도장. 《대》공인(公印). 관인(官印). 《약》직인(職印). private seal

사인(舍人)[명] 〈제도〉①조선조 의정부(議政府)의 정4품 벼슬. ②고려 때 종4품 벼슬. ③신라의 대사(大舍)와 사지(舍知) 벼슬의 총칭.

사:인(社印)[명] 회사를 대표하는 도장. seal of company

사인(砂仁)[명] 〈한의〉축사밀(縮砂蔤)의 씨. 소화제로 쓰이는 약재.

사인(詞人)[명] 시문(詩文)을 짓는 사람. 문사(文士).

사인(sign)[명] ①서명(署名). ②기호(記號). ③〈체육〉야구에서, 투수와 포수 사이에 주고받는 투구(投球)상의 신호(信號). 하다.

사인(sine, sin)[명] 〈수학〉삼각 함수의 하나. 직각 삼각형의 한 예각의 대변과 빗변과의 비를 그 각에 대해 일컫는 말. 정현(正弦).

사:인-교(四人轎)[명] 네 사람이 메는 가마. 《변》사린교. litter carried by men [목. 편 바둑.

사:인-기(四人基)[명] 두 사람이 한 편이 되어 두는 바

사인 기관(私人機關)[명] 개인 또는 사법인(私法人)이 베풀어 설비한 기관. private institution

사:인 남여(四人籃輿)[명] 네 사람이 사인교 비듯이 앞뒤에서 메는 남여. 《변》사린 남여.

사:인 대:참(使人大慚)[명] 하는 짓이 옆에서 보는 사람도 부끄러워할 만함.

사인 도용(私印盜用)[명] 남의 도장을 훔쳐 사용함.

사인 도용죄[-죄](私印盜用罪)[명] 〈법률〉사인을 도용한 죄.

사:인 방상(四人方牀·四人方床)[명] 네 사람이 앞뒤에서 메는 상여. 《변》사린 방상. bier carried by four men

사인-북(sign book)[명] 저명 인사나 인기 배우, 또는 친우들의 서명을 얻어 기념으로 엮어 두는 책. 사인첩(sign 帖). 서명장(署名狀).

사인 소추(私人訴追)[명] 〈법률〉국가 기관이 아닌, 사인이 행하는 형사 소송.

사:인 여천(事人如天)[명] 〈종교〉천도교에서, 사람을 한울님같이 공경하는 윤리 행위.

사인 위조(私印僞造)[명] 행사할 목적으로 남의 도장을 몰래 새김.

사인 위조 사용죄(―罪)[私印僞造使用罪]몡 〈법률〉 행사할 목적으로 남의 인장·서명(署名)·기명 또는 기호를 위조 또는 부정 사용하는 죄.

사:인 증여(死因贈與)몡 증여자가 죽음으로써 그 효력을 발생하는 일종의 조건부 증여. donation by death

사:인 처:분(死因處分)몡 〈법률〉 행위자가 사망함으로써 효력이 발생하는 행위. 유언·사인 증여 따위. 사인 행위. 사후 처분. 사후 행위.

사인-첩(sign 帖)몡 〈동〉 사인북(signbook).

사:인 행위(死因行爲)몡 〈동〉 사인 처분.

사:―일(巳日)몡 〈민속〉 일진(日辰)의 지지(地支)가 사(巳)인 날. 경사(丁巳)·을사(乙巳) 따위. 뱀날.

사:일(仕日)몡 벼슬을 지낸 날 수.

사:일(社日)몡 〈민속〉 입춘(立春)·입추(立秋)가 지난 뒤에 다섯째의 무일(戊日). 춘사(春社)와 추사(秋社).

사일(斜日)몡 저녁때의 지는 해. 석양. setting sun

사일(奢佚)몡 사치하고 놀기를 좋아함. dissipation 하타

사:일-구 의:거(四一九義擧)[역사] 4월 혁명의 직접 동기가 된 1960년 4월 19일에 독재와 부패 정권을 반대한 학생들의 민주 의거. 사월 혁명(四月革命).

사일런서(silencer)몡 〈동〉 소음기(消音器).

사일런스(silence)몡 무언. 침묵. 정적(靜寂).

사일런트(silent)몡 ① 무언(無言). 침묵. ② 〈어학〉 발음하지 않는 문자. 묵음(默音). ③ 〈약〉→사일런트 픽처.

사일런트 체인(silent chain)몡 〈공업〉 동력 전달 체인의 하나. 두 개의 삼각형의 발을 가진 그물 모양으로 때려 롤을 여러 장 겹쳐 양끝을 핀으로 꽂아 연결함.

사일런트 플레이(silent play)몡 〈동〉 무언극(無言劇).

사일런트 픽처(silent picture)몡 무성 영화. 〈약〉→사일런트③.

사일로(silo)몡 ① 〈농업〉 겨울철의 가축의 먹이인 풀이나 곡물 등을 마르지 않게 저장하는 원형 탑상(圓形塔狀)의 창고. ② 시멘트·밀가루 등을 포장하지 아니하고 저장하여 두기 위한 탑 모양의 창고. ③ 〈군사〉 미사일을 간수하는 지하곳(地下窖).

사:일 성복(四日成服)몡 죽은 지 나흘 되는 날에 상주가 아주 의 의복을 상복을 입음. 하타

사:일-열(―熱)[―렬](四日熱)몡 〈동〉 열대열(熱帶熱).

사임(寺任)몡 〈불교〉 절의 직책.

사임(辭任)몡 맡은 바 직책을 그만두고 물러남. (대)취임(就任). resignation 하타

사잇-강몡 →샛강.

사잇-길몡 →샛길.

사잇-소리몡 〈어학〉 ① 한 소리와 한 소리와의 사이에서 나는 소리. glide ② 단어(單語) 사이에 덧나는 'ㅅ'과 'ㅎ'. 훈민 정음 제정 당시에는 'ㄱ·ㄴ·ㅁ·ㅂ·ㆆ·ㅅ·ㅿ' 들이 쓰였음. 간음(間音).

사잇소리 현:상(―現象)몡 〈어학〉 두 개의 형태소 또는 단어가 어울려 합성 명사를 이룰 때, 앞말의 끝소리가 울림소리이고, 뒷말의 첫소리가 안울림 예사소리이면, 뒤의 예사소리가 된소리로 변하는 현상. 초+불→촛불→초뿔. 배+사공→뱃사공→배싸공.

사:-인(士人)몡 〈불교〉 선인(仙人). 　　　[써오].

사:자(死者)몡 죽은 사람. (대) 생자(生者). dead person

사자(私資)몡 〈동〉 사재(私財).

사자(←刷子)몡 솔.

사:자(使者)몡 ① 사명을 띤 사람. 신사(信使). 행인(行人)②. messenger ② 〈불교〉 죽은 사람을 저승으로 잡아가는 귀신. messenger of the Hades ③ 〈법률〉 타인의 완성된 의사 표시를 전하는 사람. 또는, 타인이 결정한 의사를 상대방에게 전하는 사람.

사자(師子)몡 〈불교〉 스승되는 승려와 제자. [람.

사자(師資)몡 스승과 제자와의 관계. 스승으로서 섬길 모심. 하타

사자(獅子)몡 〈동물〉 고양이과의 사나운 짐승. 몸 길이 2 m, 어깨 높이 1 m 가량이고 몸 빛은 일률적으로 담갈색임. 머리는 크고 몸통은 작은 편이며 수컷에는 뒷머리와 앞가슴에 긴 갈기가 있음. 삼림·초원 지대에 분포함. lion

사:자(嗣子)몡 대(代)를 이을 아들. 맏아들. 〈약〉→사(嗣)②. heir

사:자[―짜](寫字)몡 글씨를 베껴 씀. copying 하타

사자-국(獅子國)몡 〈지리〉 스리랑카(SriLanka)의 옛 칭호. 　　　[쩨. Lion

사자-궁(獅子宮)몡 〈천문〉 성좌(星座) 십이궁의 다섯

사자-기(獅子伎)몡 〈민속〉 음력 정월 보름날, 사자탈을 쓰고 하는 민속 놀이. 마을을 돌면서 금전·곡식 등을 거둠. 사자놀음. 사자놀이.

사자-놀음(獅子―)몡 〈동〉 사자기.

사자-놀이(獅子―)몡 〈동〉 사자기.

사자-무(獅子舞)몡 〈동〉 사자춤.

사자 분:신(獅子奮迅)몡 사자가 성낸 듯, 그 기세가 거세고 날램. 하타

사자 상승(師資相承)몡 스승으로부터 제자에게 학예를 이어 전함. 하타

사:자-생[―쌩](寫字生)몡 책이나 서류의 글자를 써 주는 일을 업으로 하는 사람. copyist

사자-성(獅子星)몡 〈천문〉 사자자리의 별.

사자 없는 산에 토끼가 왕 노릇한다 주장되는 사람이 없으면 하찮은 사람이 자리에서 우쭐거린다.

사자-자리(獅子―)몡 ① 〈천문〉 황도(黃道) 12성좌의 제 6 성좌. 게자리와 처녀자리의 사이에 있음. 주성(主星)은 레글루스(Regulus). ② 부처의 자리. 고승(高僧)의 자리. 사자좌.

사자-좌(獅子座)몡 〈동〉 사자자리.

사자좌 유성군(獅子座流星群)몡 〈천문〉 해마다 11월 중순 무렵 사자좌에 나타나는 유성의 무리. 속도가 빠르고 가끔 유성을 남김. Lioned

사:자-짚신(使者―)몡 〈민속〉 사잣밥과 함께 사자상반에 얹어 놓는 짚신.

사:자-밥(使者―)몡 〈민속〉 사잣밥을 담는 채반.

사:자-청[―짜―](寫字廳)몡 〈제도〉 사자관이 일을 보는 곳.

사자-춤(獅子―)몡 →사자춤. 　　　[보던 관청.

사자-탈(獅子―)몡 사자의 얼굴 모양처럼 만든 탈.

사자-후(獅子吼)몡 ① 부처의 설법이 악마를 항복시킴의 비유. reaching·Buddha ② 기운차게 썩 잘하는 연설. thundering speech ③ 질투심이 강한 여자가 남편에게 암팡스럽게 대들어 떠드는 일. snarling at one's husband 하타

사:잠(四箴)몡 〈동〉 사물잠(四勿箴).

사잠(沙蠶)몡 갯지렁이.

사:잣-밥[―빱](使者―)몡 〈민속〉 초상집에서 죽은 이의 혼을 부를 때 저승에서 온 사자(使者)를 먹인다는 밥. 　　　[다.

사잣밥 싸 가지고 다닌다관 언제 어디서 죽을지 모른

사장(司長)몡 〈제도〉 궁내부와 각부에 딸린 각사(各司)의 우두머리 관원(官員).

사:장(四葬)몡 〈민속〉 옛날 중국에서 장사지내는 네 방식. 곧, 수장(水葬)·화장(火葬)·토장(土葬)·조장(鳥葬). four ways of burial ② 〈불교〉 장사를 지내는 네 가지 방식. 곧, 수장·화장·토장·임장(林葬).

사:장(四障)몡 〈불교〉 도를 닦아 터득함에 있어서의 네 가지 장해(障害). 곧, 혹장(惑障)·업장(業障)·보장(報障)·견장(見障).

사:장(四藏)몡 〈불교〉 네 가지로 분류한 불법(佛法). 곧, 경장(經藏)·율장(律藏)·논장(論藏)에 주장(呪藏)이나 잡장(雜藏)을 넣은 네 가지.

사:장(死藏)몡 〈불교〉 쓰지 않고 넣어 둠. keeping idle 하타

사장(私莊)몡 사유유(私有有)의 별장. ② 많은 전답을 소작 준 곳에 지은, 지주의 뻘택(別宅).

사장(沙場)몡 모래밭. 모래톱. sandbank

사장(私藏)몡 개인이 가지고 있음. 개인이 숨겨 두고

사장 있음. private possession 하다
사:장(社長)⃝ ①회사의 대표자. president ②〈제도〉 사창(社倉)의 곡식을 관리하던 사람.
사:장(社章)⃝ 회사의 기장(記章).
사:장(社葬)⃝ 회사가 주장하여 지내는 장의(葬儀). company funeral 「반(班)쫑)을 해치는 일.
사:장(捨杖)⃝〈불교〉탐(貪)·진(嗔)·치(癡) 등이 열
사:장(査丈)⃝ 사돈집의 웃어른.
사장(師丈)⃝ 스승이 되는 어른. teacher
사장(師匠)⃝ 학문이나 기예의 스승이 될 만한 자격이 있는 사람. master 「teachers and elders
사장(師長)⃝ 스승과 나이 많은 어른. 훈인(訓人)②.
사장(紗帳)⃝ 사(紗)붙이로 한 휘장. gossamer curtain
사장(射場)⃝ ①⃝ 활터. ②사격하는 곳. firing range
사:장(赦狀)⃝ 형벌을 용서하여 주는 서장(書狀). 사면장(赦免狀). letter of pardon
사장(詞章)⃝ 시가(詩歌)와 문장. verse and prose
사:장(寫場)⃝ ①사진관 안에 사진을 찍는 설비를 갖춘 곳. photograph studio ②⃝ 사진관.
사:장(謝狀)⃝ ①사례하는 편지. ②사과하는 편지.
사장(謝章)⃝⃝ 사표(謝表).
사장(辭狀)⃝⃝ 사표(辭表).
사장(辭章)⃝ 문장과 시부(詩賦). 「있던 방.
사:장=간(一間)⃝(←鎖匠間)⃝〈제도〉옥졸들이 모여
사=장구(沙—)⃝ 장구통을 사기로 만든 장구.
사장-석(斜長石)⃝〈광물〉삼사정계의 널판판 결정. 주로 회백색이며 화성암·변성암의 주요 구성 광물. plagioclase
사-장암(斜長岩)⃝〈광물〉주로 사장석으로 이루어진 화성암의 하나.
사장-이(∼)⃝→육사장이.
사=장조(一조)(一長調)⃝〈음악〉'사'음이 주음으로 된 장조. '∄'가 하나 붙음.
사장-파(詞章派)⃝ 조선조 때, 도학파(道學派)에 맞서 시가(詩歌)와 문장을 중시하려 한 유파. ⃝ 도학파(道學派).
사:재(史才)⃝ 사관(史官)이 될 재능.
사:재(史材)⃝⃝ 사료(史料).
사:재(四宰)⃝〈제도〉삼재(三宰)의 다음이라는 뜻으로, 우참찬(右參贊)을 일컫는 말.
사재(私財)⃝ 개인이 소유하고 있는 재산. 사자(私資). private property
사재(社財)⃝ 회사의 재산. company property
사재(渣滓)⃝ 찌꺼기.
사:재발-쑥⃝〈식물〉엉거시과에 속하는 다년생 풀. 쑥의 하나로 잎을 약재로 씀. 애-쑥.
사저(私邸)⃝ ①개인의 저택. private residence ②고관(高官)의 사제(私第). 사제②. ⃝ 공저(公邸).
사저(沙渚)⃝⃝ 노래 껍벅. 「관저(官邸).
사저(沙底·沙底)⃝ 갯물이 잘 묻지 않고 진흙 바닥 그대로 남아서 좀 결쩡한 도자기 밑바닥.
사:적(士籍)⃝ 사족(士族)의 족보(族譜).
사:적(史蹟)⃝ 역사에 남은 사실. historical remains
사:적(史籍)⃝⃝ 사기(史記).
사적(私覿)⃝ 임금을 사사로이 만나 봄. 하다
사:적(事績)⃝ 일의 실적(實績)·공적(功績). achievement
사:적(事蹟·事迹·事跡)⃝ 사업의 자취. 사실의 행적. trace
사적(射的)⃝⃝ 과녁. 「고찰.
사:적(史的)⃝⃝ 역사상에 나타난 (것). 「만(것).
사적[-쩍](私的)⃝ 개인에 관계된(것). ⃝ 공적(公的). personal
사적 독점(私的一)(私的獨占)⃝〈경제〉사기업에 있어서의 독점. 사업체가 딴 사업자의 사업 활동을 제한하거나, 딴 사업을 지배함으로써 어떤 일정한 거래 분야에 있어서의 경쟁을 실질적으로 제한하는 일. 특히 카르텔과 트러스트를 일컬음. private monopoly
사:적멸궁(四寂滅宮)⃝〈불교〉부처의 진신 사리를 봉안한 탑을 모시고 법당에는 불상을 안치하지 아니한 네 절. 곧, 영취산(靈鷲山) 통도사(通度寺)·오대산(五臺山) 상원사(上元寺)·사자산(獅子山) 법흥사(法興寺)·태백산(太白山) 정암사(淨岩寺)의 네 법당. 「(碑石).
사적=비(寺跡碑)⃝〈불교〉절의 역사를 기록한 비석
사적 소:유(私的所有)⃝〈경제〉생산 수단이나 생산 도구에 대한 개인의 소유. private ownership
사:적 유물론[-쩍-](史的唯物論)⃝⃝ 유물 사관(唯物史觀).
사적 자치[-쩍-](私的自治)⃝〈법률〉개인의 사법(私法) 관계를 각 개인의 의사에 따라 그 원하는 대로 규율을 정하는 일. ⃝ 공적 자치(公的自治).
사적=장(射的場)⃝ 목표물을 만들어 놓고 활이나 총을 쏘는 연습을 하는 곳.
사적 제:재[-쩍-](私的制裁)⃝〈법률〉사형(私刑).
사적 행동(私的行動)⃝ 개인으로서의 행동. ¶∼을 삼가다.
사:적 현:재[-쩍-](史的現在)⃝ 역사 소설 같은 데서, 과거의 일이나 역사적인 사적을 생생하게 묘사하기 위하여 현재형으로 서술하는 일. 곧, 동사를 현재형으로 쓰는 일.
사:전(史傳)⃝ ①사적(史蹟)과 전기(傳記). histories and biographies ②역사상의 기록을 자료로 한 전기. historical biography
사전(寺田)⃝ 절에 딸린 밭. temple-owned field
사:전(死戰)⃝ 죽기를 작정하고 싸움. desperate fight
사전(沙田)⃝ 모래가 많이 섞인 밭. 「하다
사전(私田)⃝〈제도〉개인의 소유의 밭. ⃝ 공전(公田).
사전(私戰)⃝ 개인 사이의 전쟁. ⃝ 공전(公戰).
사전(私錢)⃝ 사사로이 위조한 돈. 사주(私鑄). 위폐(僞幣). ⃝ 관전(官錢). counterfeit money
사전(私戰)⃝ 국가의 선전(宣戰) 명령을 받지 않고 사사로이 외국에 대하여 취한 전투 행위. ⃝ 공전
사전(祀典)⃝ 제사의 예전(禮典). 「(公戰).
사:전(事典)⃝ 여러 가지 사항을 모아 그 하나하나에 해설을 붙인 책. ¶국사(國史)∼. encyclopedia
사:전(事前)⃝ 일이 있기 전. 일을 시작하기 전. ¶∼ 양해(諒解). ⃝ 사후(事後). before the fact
사전(師傳)⃝ 스승으로부터의 전수(傳受).
사전(梭田)⃝ 베 짜는 북 모양으로 생긴 길쭉하고 양 끝이 빤 밭.
사:전(赦典)⃝〈제도〉국가에 경사가 있을 때 죄인을 석방하는 은전. (약) 사(赦)②. amnesty
사:전(賜田)⃝ 임금이 내려 준 전답. fields conferred by the emperor
사:전(謝電)⃝ 감사의 뜻을 나타내는 전신.
사전(辭典)⃝ 말을 차례로 벌여 놓고, 낱낱이 그 뜻을 풀이한 책. 사림(辭林). 사서(辭書). 어전(語典)②. dictionary
사전-꾼(私錢—)⃝ 가짜 본을 끌레 만드는 자.
사:전=학(史前學)⃝ 역사 있기 이전의 일을 연구하는 학문. 선사학(先史學). prehistory 「학문.
사전-학(辭典學)⃝ 사전에 관한 모든 일을 연구하는
사:절(士節)⃝ 선비의 절개. gentleman's honour
사:절(四節)⃝ 사철.
사:절(死絶)⃝ ①숨이 끊어져 죽음. ②죽어서 대가 끊어짐. extinction 하다
사:절(死節)⃝ ①목숨보다 아끼는 절개. ②절개를 지키기 위해 생명을 바침. dying for one's principles 하다 「〈信便〉. envoy
사:절(使節)⃝ 국가를 대표하여 외국에 가는 사람.
사절(斜截)⃝ 비스듬하게 베어냄. oblique section 하다
사:절(謝絶)⃝ 요구를 받아들이지 않고 물리침. refusal
사절(辭絶)⃝ 사양하여 받지 않음. declination 하다
사:=절기(四節氣)⃝ 이십사 절기 중, 큰 절기인 춘분·하지·추분·동지의 네 절기. four seasons
사:절=단[-딴](使節團)⃝ 사절의 일행. mission

사절면=**면**(截面)圓 비스듬하게 베어낸 바닥. oblique
사:점[一쩜]〔死點〕圓〈공업〉왕복동(往復動) 기관에서 연간(連桿)과 크랭크가 일직선 위에 있고, 피스톤이 충격(衝擊)의 말단에 오는 경우를 이름. dead point
사접(邪接)圓 못된 귀신이 몸에 붙음. possession by evil spirits 하타
사:접시(沙—)圓 사기로 만든 접시.
사:정(巳正)圓〈민속〉사시(巳時)의 중심 시각(中心時刻). 곧, 상오 10시.
사:정(四正)圓 자(子)·오(午)·묘(卯)·유(酉)의 네 방.
사정(司正)圓 ①그릇됨을 다스려 바로잡음. ¶ 一부(府). reformation ②〈제도〉오위(五衛)의 한 군직(軍職). 하타
사정(邪正)圓 그릇됨과 올바름. right and wrong
사정(沙汀·砂汀)圓 바닷가의 모래톱.
사정(私情)圓 ①개인으로서의 정. personal feelings ②자기만의 편의를 심부는 마음. self-interest
사:정(使丁)圓 남자 심부름꾼. servant
사정(舍亭)圓《동》정자(亭子).
사:정(事情)圓 ①일의 형편. circumstances ②처지. 곡절(曲折). ¶말못할 ~. reason ③딱한 처지를 하소연하여 도움을 비는 일. supplication 하다
사정(査正)圓 살펴서 그릇된 것을 바로잡음. correction 하다
사정(査定)圓 ①하나하나 조사하여 결정함. ②〈법률〉행정 관청이 행하는 일정한 심사. ¶—안(案).《유》판정. assessment 하다
사정(射亭)圓〈체육〉활꾼들이 모여 활을 쏘는 활터의 정자. pavilion at a target practice ground
사정(射程)圓 총구(銃口)에서 탄환이 달을 수 있는 지점까지의 수평 거리(水平距離). ¶—거리(距離). rifle range
사정(射精)圓 성교(性交)에서 정액(精液)을 반사적으로 내어 보내는 일. 토정(吐精). 파정(破精).
사정(寫情)圓 실정을 그려 냄. 하다 [ejaculation 하다
사:=정:견(四正見)圓〈불교〉진리에 대한 네 가지의 바른 견해. 곧, 고(苦)·집(集)·멸(滅)·도(道)의 사제(四諦).
사정-관(射精管)圓〈생리〉수정관의 한 부분으로 성교 때 사정하는 도관. ejaculatory duct
사:정-사:정(事情事情)圓 딱한 사정을 간곡히 하소연하여 도움을 비는 모양. supplicatingly 하다
사:정-없:다[一업—]〔事情—〕혭 ①조금도 인정이 없다. relentless ②남의 사정을 헤아려 돌봄이 없다. merciless
사:정=없:이圓 통할 수 있다는 말.
사정이 사촌보다 낫다圀 사정만 잘하면 웬만한 것은 통함 수 있다는 말.
사정 편사(射亭便射)圓《동》터편사. 하다
사제(司祭)圓〈기독〉①천주교의 주교(主敎) 다음가는 교직. 신부(神父) ②그리스 정교의 주교(主敎) 다음가는 교직. priest
사:—제(十四諦)圓〈불교〉고제(苦諦)·집제(集諦)·멸제(滅諦)·도제(道諦) 네 가지의 영원 불변의 진리.
사제(私第)圓 ①《동》사삿집. ②《동》사저(私邸).
사제(私製)圓 개인이 만듦. 또, 그 물건. 《대》관제(官製). private make 하다
사제(舍弟)圓 ①자기 아우를 겸손하여 이르는 말. my younger brother ②편지 등에서 형에게 대하여 아우가 자기를 일컫는 말.《대》사형(舍兄).
사제(査弟)圓 편지 등에 쓰는 말로, 친사돈 사이에 쓰는 자기의 겸칭.
사제(師弟)圓 ①스승과 제자. 사생(師生). master and pupil ②〈불교〉같은 스님의 상좌로서 자기보다 나이 적은 승려.
사:제(賜第)圓 ①특별한 왕명으로써 과거에 급제한 사람과 동일한 자격을 주는 일. ②임금의 특명으로 사제(私第)를 내려 주던 일. 하다
사제(瀉劑)圓《동》하제(下劑).
사제—간(師弟間)圓 스승과 제자 사이. relationship between teacher and student
사제 동행(師弟同行)圓 스승이나 제자가 한마음으로 배워 나감. 하다
사제 삼세(師弟三世)圓 스승과 제자와의 인연은 전세·현세·내세에까지 계속된다는 말로, 그 관계가 매우 깊고 밀접함을 뜻하는 말.
사제 엽서(私製葉書)圓 사사로이 만들어 쓰는 우편 엽서.《대》관제 엽서(官製葉書). [goods
사:제—품(私製品)圓 개인이 만든 물품. privately made
사:조(士操)圓 선비의 절개와 지조. gentleman's principle [조부(外祖父).
사:조(四祖)圓 부(父)·조부(祖父)·증조부(曾祖父)·외
사조(私租)圓 지주에게 바치는 소작료.《대》공조(公租).
사조(査照)圓 사실에 비추어 조사함. check up 하다
사조(思潮)圓 한 시대나 사회 사상의 일반적인 경향. 사상의 흐름. trend of thought
사조(斜照)圓《동》사양(斜陽).
사조(詞藻)圓〈문학〉①시가와 문장. prose and poetry ②시문의 문체 또는 말의 수식. rhetorical flourishes ③시문의 재(才). 사화(詞華). poetical genius
사조(鳥鳥)圓 집에서 기르는 새. 농조(籠鳥). 《대》야조(野鳥).
사:조(寫照)圓《동》화상(畫像). 하다 [조(野鳥).
사조(辭朝)圓〈제도〉새로 임용 부임함에 앞서 임금에게 하직하는 일. 하다
사:조—구(四爪鉤)圓〈군사〉넷으로 된 쇠갈퀴로 사슬에 메어 적선을 끌어당겨 오던 옛 병기. 충무공의 창안임. [의 관직·성명을 벌여 적은 단자.
사:조 단자[一딴—]〔四祖單子〕圓〈제도〉사조(四祖)
사:족(士族)圓 ①문벌이 높은 집안의 자손. descendants of a noble family ②선비 집안의 자손. descendants of a gentlemen [지(四肢).
사:족(四足)圓 ①짐승의 네 발. four legs ②《속》사지
사족(蛇足)圓〈略〉→화사 첨족(畫蛇添足).
사족—발이(四足—)圓 발굽이 흰 말. 사명마(四明馬). 사족백(四足白). 사족백이. 은제마(銀蹄馬).
사족—백이(四足白—)圓《동》사족발이.
사족 부녀(士族婦女)圓 문벌이 높은 집안의 부녀자.
사족 성한 병신(四足 —病身)圓 아무 일도 않고 놀고 먹는 사람.
사족을 못 쓴다圀 ①사지를 제대로 움직이지 못하다. ②무어에 반하거나 혹하여 어쩔 줄을 모른다.
사:졸(士卒)圓《동》병정. 병사.
사:종(四從)圓 십촌뻘 되는 형제 자매.
사종(邪宗)圓《동》사교(邪敎).
사종(師宗)圓 스승으로 받들어 모시는 사람. master
사종(詞宗)圓 ①《대》문사(文士). writer ②대문학자. 사백(詞伯). 사종(辭宗). master of style
사종(斯螽)圓《동》메뚜기.
사종(縱縱)圓 제멋대로 마구 행동함. self-indulgence
사종(辭宗)圓 문사(文辭)의 종사(宗師). 문장의 대가. [하다
사종(詞宗). master of style
사:종—성(四種姓)圓 인도의 봉건적인 네 신분 제도. 곧, 바라문(婆羅門)·찰제리(利帝利)·비사(毗舍)·수다라(首陀羅).《약》사성(四姓).
사:종 염(四種念佛)圓〈불교〉부처의 이름을 부르는 칭명(稱名) 염불, 부처의 법신(法身)을 생각하는 실상(實相) 염불, 부처의 공덕을 생각하는 관상(觀想) 염불, 부처의 삼십이상(三十二相) 등을 보는 관상(觀像) 염불의 네 가지.
사:좌(巳坐)圓〈민속〉뒷자리나 집터가 사방(巳方)을 등진 좌향.
사좌(私坐)圓《동》사좌(私座). [등지고 앉은 좌향.
사좌(師佐)圓〈불교〉스님과 상좌(上佐).
사:좌—향(巳坐亥向)圓〈민속〉사방(巳方)을 등지고 해향(亥方)을 향한 좌향.
사:죄(死罪)圓 ①〈법률〉사형에 처할 범죄. capital offence ②죽음에 해당할 만한 무서운 죄. 죽을 죄. ③〈기독〉영혼의 생명을 빼앗는 큰 죄. 곧, 남을 죽이거나 자살하거나 낙태시키는 따위.
사죄(私罪)圓 개인 사이에 저지른 죄.
사:죄(赦罪)圓 ①죄를 용서함. pardon ②〈기독〉고해

사:죄(告解聖事)에 의하여 죄를 사함. 하다
사:죄(謝罪)명 죄에 대한 용서를 빎. apology 하다
사:죄=경(赦罪經)명〈기독〉고해 성사(告解聖事)에서 죄를 사할 때 읽는 경문. 해죄경(解罪經).
사:죄=권(赦罪權)[-꿘]명〈기독〉성직자가 천주를 대신하여 죄를 사하여 주는 신권(神權).
사:죄지은(赦罪之恩)명〈기독〉사죄하여 주는 천주의 은혜.
사:주(四周)명(동) 사위(四圍).
사:주(四柱)명 ①〈민속〉운수를 점치는 자료가 되는 태어난 해·달·날·시의 네 가지. one's birth date and hour ②운수. fortune
사:주(四洲)명〈불교〉수미산(須彌山)을 중심으로 한 사방의 세계. 사천하(四天下).
사주(私鑄)명 쇠붙이로 돈을 위조함. 사전(私錢). private coinage 하다
사:주(事主)명〈기독〉천주(天主)를 섬김. 하다
사:주(社主)명 회사나 신문사 또는, 결사(結社)의 주인이 되는 사람.
사:주(使酒)명 술집에 기세를 부림. 하다
사주(使嗾)명 남을 부추기어 시킴. 사촉(唆囑). (원)사수. instigation 하다
사주(砂洲)명〈지리〉바닷가에 모래가 쌓여서 된 모래톱. sand-bar
사주(師主)명(동) 스님.
사주(飼主)명 가축 등을 먹여 기르는 임자.
사:주 단자[-딴-](四柱單子)명〈민속〉혼인 때 신랑의 사주를 적어 신부집에 보내는 간지(簡紙). 사성(四星)². 『야』주단(柱單).
사주 단층(斜走斷層)명〈지학〉지층의 주향(走向)이나 압력·광역의 주향에 사교(斜交)된 주향을 가지는 단층. 《야》사단층(斜斷層). senitraverse fault
사-주리(←私周牢)명〈제도〉사사로이 주리를 트는 형벌. 『·홍의 비단 안팎으로 된 작은 보.
사:주-보[-뽀](四柱褓)명 사주 단자를 싸 보내는 청
사:주-보다(四柱-)타〈민속〉사주를 가지고 사람의 운수를 점치다.
사:주 세-다(四柱-) 살아 있는 과정에 어려운 파란 곡절이 많다. undergo hardships
사주-인(私主人)명 벼슬아치가 객지에서 사삿집에 묵음. 또, 그 사삿집.
사:주-장이(四柱-)명 사주로 운명을 점치는 일을 직업으로 하는 사람. fortune teller
사주-전(私鑄錢)명 ①사사로이 위조한 쇠붙이 돈. counterfeit coin ②위조 쇠붙이 돈을 부어 만듦. private coinage 하다
사:주-점[-쩜](四柱占)명〈민속〉사주를 가지고 운명을 헤아려 보는 것. 『주. oblique cylinder
사=주체(斜柱體)명〈수학〉직각주(直角柱)가 아닌 각
사:주 팔자[-짜](四柱八字)명〈민속〉사주의 간지(干支)가 벌이는 여덟 글자. ②타고난 운수. fate
사:죽→사족(四足).
사죽(飼竹)명 ①과실을 그릇에 괼 때에 무너지지 않도록 꽂는 대꼬챙이. supporting stick ②물건을 빳빳하게 하기 위하여 끼우는 가는 대오리.
사죽(絲竹)명(동) 관현(管絃).
사줄[명] 사슬.
사:중(四中)명〈체육〉활쏘기에서, 화살 다섯을 쏘아 네 대를 맞힘. 하다 『동(仲冬)의 총칭.
사:중(四仲)명 중춘(仲春)·중하(仲夏)·중추(仲秋)·중
사:중(四重)명 ①살생(殺生)·투도(偸盜)·사음(邪淫)·망어(妄語)의 가장 중하는 네 가지 금계(禁戒). Four Major prohibition ②네 번 거듭됨.
사:중(四衆)명〈불교〉부처의 네 제자인 비구(比丘)·비구니(比丘尼)·우바새(優婆塞)·우바니(優婆尼). 사부(四部)². 사부중(四部衆).
사중(寺中)명〈불교〉절의 안. 방중(房中). compound of a temple
사중(沙中)명 모랫속. 사원(沙原) 가운데.
사중(社中)명 회사의 안. 사내(社內). 하다
사:중 구생(死中求生)명(동) 사중 구활(死中求活).

사:중 구활(死中求活)명 꼭 죽을 지경에서 한 가닥 살 길을 찾음. 사중 구생(死中求生). He who loses his life shall find it 하다
사=중금(砂中金)명〈민속〉육십 갑자(六十甲子)에서 갑오(甲午)·을미(乙未)에 붙이는 납음. 『갑오·을미·
사:-중삭(四仲朔)명 네 철의 각각 가운데 달. 곧, 음력의 이월·오월·팔월·동짓달. 사중월(四仲月).
사:-중성(四重星)명〈천문〉겹쳐서 하나처럼 보이는 네 개의 별.
사:중월(四仲月)명(동) 사중삭(四仲朔).
사:중주(四重奏)명〈음악〉실내악의 하나. 바이올린 둘과 비올라·첼로로 구성되는 현악 사중주와 피아노·바이올린·비올라·첼로로 구성되는 피아노 사중주가 있음. quartette
사:중창(四重唱)명〈음악〉소프라노·알토의 여자 둘과 테너·베이스의 남자 둘로 구성된 네 성부(聲部)의 합창. 남자 또는 여자로만의 네 성부로 이루어지는 사중창도 있음. vocal quartette
사중-토(沙中土)명〈민속〉육십 갑자(六十甲子)에서 병진(丙辰)·정사(丁巳)에 붙이는 납음. 『병진·정사·』『무덤에 묻힘. 음.
사:중=즉동혈(死同同穴)명 죽어서 남편과 아내가 같은
사줄(査櫛)명 샅샅이 조사함. 하다
사증(-症)명〈邪症〉멀쩡한 사람이 때때로 미친 듯이 행동하는 증세. frenzy
사증(沙症)명(동) 모래찜질. 『행동하는 증세. frenzy
사증(-症)명〈查證〉①조사하여 증명함. ②여행권 등의 검사 증명. visa 하다
사증(辭證)명〈법률〉소송 당사자가 신청하는 증거.
사=증권[-꿘](私證券)명〈경제〉화물 상환증·창고 증권 등, 증권의 발행자가 사인(私人)인 유가(有價) 증권. 『에 감아 늘어뜨리는 종이.
사지 제사나 잔치 때의 누름적·산적의 꼬챙이 끝
사지(ㄹ)명 배의 멍에 두 끝에 세우는 짤막한 나무.
사:지(四知)명 두 사람 사이의 비밀을 아는 네 존재. 곧, 하늘과 땅이 관계자 두 사람.
사:지(四肢)명〈생리〉①두 팔과 두 다리. 사체(四體). ②네 다리. limbs
사:지(四智)명〈불교〉일체의 모든 부처가 구성(具成)한다는 네 가지의 지혜. 곧, 대원경지(大圓鏡智)·평등성지(平等性智)·묘관찰지(妙觀察智)·성소작지(成所作智).
사:지(死地)명 ①죽을 곳. place to die at ②살아 나올 길이 없는 곳. jaws of death
사지(寺址)명 절터.
사:지(私地)명(동) 사유지(私有地).
사지(沙地)명 모래땅. sand bank
사지(私智)명 ①저 혼자의 작은 지혜. one's own wisdom ②공정하지 못한 사사로운 지혜. unfair contrivance 『talent
사지(邪智)명 못된 기혜. 간사한 지혜. perverted
사:지(事知)명 일에 매우 익숙함. familiarity 하다
사지(砂砥)명 돌로 만든 사포(砂布). 『wrong
사:지=곡직(事之曲直)명 일의 옳고 그름. right or
사:지-골(四肢骨)명〈생리〉상지(上肢)와 하지(下肢)의 여러 가지 뼈의 총칭. 손발의 뼈. bones of limbs
사:지 궐랭(四肢厥冷)명〈한의〉찬 기운을 받아 피부의 혈관에 이상이 생기거나 심장에 탈이 생겨 팔다리가 차지는 것.
사:지 문:지(使之聞之)명 자기의 의사(意思)를 딴 사람을 거쳐 간접으로 남에게 전함. 하다
사:지 서리(事知書吏)명〈제도〉조선조 때, 비변사(備邊司)에 딸려 일을 많이 알고 손에 익어 능숙하게 처리하던 서리.
사지 식물(沙地植物)명〈식물〉건생 식물의 하나. 물기가 적은 사지에서 자라는 식물인데, 하원 식물(河灘植物)·사막 식물·해변 식물로 나눔. 패랭이꽃·개쑥·퉁퉁마디 따위. 모래밭 식물.

사지-어금니(-獅子-)[명] 힘들여 하는 일에 없어서는 안될 사람이나 물건. indispensable person

사:-오(死之五等)[명] 신분에 따른 죽음의 다섯 등급. 천자는 붕(崩), 제후는 훙(薨), 대부는 졸(卒), 선비는 불록(不祿), 서인(庶人)은 사(死)라 함.

사:지-무(事之無)[명] 일의 있음과 없음. 「合.

사:지 축닉(四肢搐搦)[명] 〈의학〉 뇌척수(腦脊髓)의 병이나 회충 따위로 팔다리의 힘줄이 땅기는 병.

사지-춤(獅子-)[명] 나라 잔치 때에 사자의 탈을 쓰고 추던 춤. 사자무(獅子舞).

사지-코(獅子一)[명] 사자의 코처럼 끝이 위로 향한 들창코. 또는, 그런 코를 가진 사람. pug nose

사:지-통(四肢痛)[명] 〈한의〉 팔다리가 쑤시고 아픈 병.

사직(司直)[명] ① 법에 의하여 시비 곡직을 가리는 심판 또는 법관(法官). judge ② 〈제도〉 오위(五衛)의 한 군직.

사:-직(社稷)[명] 〈제도〉 ① 태사(太社)와 태직(太稷) ② 한 왕조의 기초. 나라에서 제사를 지내던 토신(土神)과 곡신(穀神). 「gnation 하다타

사직(辭職)[명] 직무를 내놓고 물러남. (때) 취직. resi-

사:-직단(社稷壇)[명] 〈제도〉 임금이 백성을 위하여 토신과 곡신을 제사하던 제단. (약) 사단(社壇).

사직 상:소(辭職上疏)[명] 〈제도〉 벼슬을 사양하는 뜻을 임금에게 아룀. 하다 「던 관청.

사:직-서(社稷署)[명] 〈제도〉 사직 단을 지키는 일을 맡

사직-원(辭職願)[명] (약) →사직 청원(辭職請願).

사:직 위허(社稷爲墟)[명] 사직이 폐허가 됨. 곧, 나라가 망함. 「물. pillar of the state

사:직-지기(社稷之器)[명] 국정(國政)을 맡을 만한 인

사:직지-신(社稷之臣)[명] 나라의 안위(安危)와 존망(存亡)을 한 몸에 맡은 중신(重臣). pillar of the state

사:직지-신(社稷之神)[명] 사직단에 모신 토신과 곡신.

사직 청원(辭職請願)[명] 사직을 할 의사를 말하여 허락을 구함. (약) 사직원(辭職願). request to resign 하다

사:진(四診)[명] 〈의학〉 병의 증세를 진찰하는 네 방법. 곧, 시진(視診)·청진(聽診)·문진(問診)·촉진(觸診). 「attendance at office 하다

사진(仕進)[명] 벼슬아치가 정한 시간에 직장에 나아감.

사진(沙塵)[명] 바람에 날려 오는 모래 먼지. dust

사진(寫眞)[명] 사진기로 찍고 화학적으로 가공하여 종이 위에 재생시킨 물체의 형상. photograph ② 물건의 모양을 있는 그대로 그리어 냄. picture

사진 건판(寫眞乾板)[명] 〈물리〉 사진에 쓰는 감광판의 하나. 유리·셀룰로이드 등 투명한 판에 브롬화은(Brom 化銀) 또는 염화은에 젤라틴을 섞은 물을 발라, 얇은 막을 만들어 암실에서 말린 것. 건판(乾板).

사진 결혼(寫眞結婚)[명] 멀리 떨어진 남녀 사이에 사진만으로 선을 보고 이루어지는 결혼. marriage based on photograph exchange 하다

사진-관(寫眞館)[명] 사진을 찍는 일을 영업으로 하는 집. 사장(寫場) ②. photographic studio

사진-기[一끼](仕進記)[명] 〈제도〉 벼슬아치의 출근을 적은 책의 하나. 사진(仕記).

사진-기(寫眞機)[명] 사진을 찍는 기계. 렌즈로 광선을 넣어 감광판에 상을 맺게 하고 조리개로 광선의 양을 조절하며, 셔터로 일정한 시간 노출하고 셔터로 색채감을 맞추고, 파인더로 찍히는 물건의 위치를 정함. 카메라(camera).

사진 대지(寫眞臺紙)[명] 사진을 붙이는 두꺼운 종이.

사진 도:금(寫眞鍍金)[명] 〈화학〉 감광지에 구운 사진 종이(種紙)를 도금액에 담가서 음화(陰畫)를 양화(陽畫)로 만드는 일. photographic plating

사진 동판(寫眞銅版)[명] 〈인쇄〉 사진 제판으로 만든 인쇄용 철판. photographic copperplate

사진 등:급(寫眞等級)[명] 〈천문〉 사진상(像)의 농도(濃度)에 따라 정한 별의 광도(光度)의 등급. photogr-aphic magnitude

사진 렌즈(寫眞 lens)[명] 〈물리〉 사진기에 붙이는 렌즈.

사진 망:원경(寫眞望遠鏡)[명] 〈천문〉 천체(天體) 사진을 찍으로 된 망원경. phototelescope

사진-반(寫眞班)[명] 신문사·잡지사 등의 사진 촬영의 임무를 맡은 반. cameramen

사진 분광기(寫眞分光器)[명] 〈물리〉 사진기를 장치한 분광기. 특히 항성(恒星)의 스펙트럼을 찍는 데 쓰임. photospectroscope 「photographer

사진-사(寫眞師)[명] 사진 찍는 일을 업으로 하는 사람.

사진 석판(寫眞石版)[명] 〈인쇄〉 사진 제판에 의한 평판(平版). 보통 수동판·알루미늄판으로 망목판(網目版)을 만듦. photolithograph

사진 섬광 전:구(寫眞閃光電球)[명] 실내 또는 야간 사진 촬영에 쓰이는 특수한 전구. 전구 속에 알루미늄박(箔)과 산소를 넣고 전류를 통하면 순간적으로 타서 강력한 빛을 냄. flash bulb

사진 성표(寫眞星表)[명] 〈천문〉 적도의(赤道儀)에 의한 관측의 결과를 기초로 하여 작성한 성표.

사진-술(寫眞術)[명] 사진을 찍는 기술. photography

사진 식자(寫眞植字)[명] 〈인쇄〉 사진 타자기에 의하여 글자를 한 자씩 인자(印字)하는 일. (약) 사식. photographic typesetting 하다

사진 식자기(寫眞植字機)[명] 〈인쇄〉 자동 식자기의 하나. 활자를 쓰지 않고 배자반(配字盤)에서 문자를 한 자씩 인화지(印畫紙)에는 필름 위에 촬영하여 식자하는 기계. photo-typesetting machine

사:진 신퇴(仕進晨退)[명] 〈제도〉 벼슬아치가 사시(巳時)에 출근하고 신시(申時)에 퇴근함. 하다

사진 아연 철판(寫眞亞鉛凸版)〈인쇄〉 감광성(感光性)의 막을 입힌 아연판에 원그림의 사진을 구워서 올려 천천히 부식시켜서 만든 철판(凸版). (준) 사진 아연판(寫眞亞鉛版). 「眞亞鉛凸版).

사진 아연판(寫眞亞鉛版)[명]→사진 아연 철판(寫

사진 요판[一뇨一](寫眞凹版)[명] 〈인쇄〉 사진을 부식하여 만든 요판. 그라비어.

사진 유제[一뉴一](寫眞乳劑)[명] 〈화학〉 사진의 감광 재료를 만드는 데 쓰는 약품. 유리·종이·필름 등의 위에 얇게 바름. emulsion 「하지 못함. 하다

사진 의:부진(辭盡意不盡)[명] 말은 다하여도 뜻은 다

사진 전:구(寫眞電球)[명] 사진 촬영이나 확대 등에 쓰는 전구. 보통의 전구와 사진 섬광 전구가 있음.

사진 전:보(寫眞電報)[명] 사진·그림·글 등을 사진 전송법에 의하여 먼 거리에 재현시키는 전보. 법인 수신사 쌍으로 전달 등에 이용됨. photo telegram

사진 전:송(寫眞電送)[명] 〈물리〉 사진이나 문서에 쓰인 글자를, 그 명암(明暗)의 변화를 전류의 변화로 바꿈으로써 먼 곳으로 보내는 일. phototelegraphy 하다

사진 제:판(寫眞製版)[명] 〈인쇄〉 사진술을 응용한 인쇄 제판법. 감광성 막을 입힌 판면에 원고의 사진 음화를 구워서 올려 여러 가지 평판·철(凸)판·요(凹)판을 만듦. phototype process

사진 지도(寫眞地圖)[명] 〈군사〉 축척(縮尺) 방향을 표시하여 놓은 항공 사진. 또는 집성 사진(集成寫眞)을 복제(複製)한 것. 보통 지명(地名)이나 좌표선(座標線)·등고선(等高線) 및 난외 주기(欄外註記)를 같이 기입함. 지도 대신으로 쓰임. photomap

사진 지질학(寫眞地質學)[명] 〈지학〉 공중 사진을 사용하여 지형을 지질학적으로 해명하는 학문 분야.

사진 철판(寫眞凸版)[명] 〈인쇄〉 사진 제판에 의한 철판의 총칭. 선화(線畫)·그물판의 두 가지. 판재(版材)에 따라 아연(亞鉛) 철판·동(銅) 철판으로 구별(區別)함. photozincography

사진-첩(寫眞帖)[명] 사진을 붙여 두는 책. 앨범(album). photographic album

사진 측광(寫眞測光)[명] 〈천문〉 사진 촬영을 하여 그 상(像)의 농도 또는 그 지름을 측정하여 천체의 광도를 결정하는 일.

사진 측량(寫眞測量)[명] 〈지리〉지형을 공중 또는 높은 곳에서 사진을 찍어 이를 기초로 하여 지도를 만드는 일.

사진-틀(寫眞―)[명] 사진이나 그림을 넣어서 걸어 두는 틀.

사진-판(寫眞版)[명] 〈인쇄〉①사진 제판으로 만든 인쇄판의 총칭. photoplate ②신문·서적 등에 인쇄된 사진. 영본(影本). photographs

사진 판독(寫眞判讀) 군사 작전의 계획·수립에 가치가 있는 자료들을 얻기 위하여 군사 사진, 특히 항공 사진을 연구·분석·비교하는 일.

사진 평판(寫眞平版)[명] 〈인쇄〉사진 제판을 응용한 평판의 총칭. 묘화 평판(描畫平版)이나 전사판(轉寫版)과 구별하는 말. 평요판(平凹版)·평철판(平凸版)·다층 평판(多層平版) 등이 있음. photolithogra-

사진-화(寫眞畫)[명] 사진에 찍힌 형상. picture [phy

사진 화:학(寫眞化學)[명] 〈화학〉사진의 촬영·현상 등에 관하여 연구하는 화학의 한 부문.

사질(邪疾)[명] 〈동〉정신병.

사질(舍姪)[명] 자기 조카를 남 앞에서 일컫는 말. my [nephew

사질-토(砂質土)[명] 모래 성분이 많은 흙. 사양토(砂壤土). sandy soil

사:집(四集)[명] 〈불교〉불교의 네 가지 기본 과정. 곧, 서장(書狀)·도서(都書)·선요(禪要)·절요(節要).

사집(私集)[명] 출판하지 않은 개인의 시집이나 문집. unpublished anthology

사:집 학인(四集學人)[명] 〈불교〉불교의 취 과정인 사집을 배우는 사람.

사짜[명] 〈야〉→사작자.

사짜=신[명] 응이 얇고 코가 큰 남자용 가죽신. 〈야〉사짜.

차:차 방정식(四次方程式)[명] 〈수학〉미지수의 최고 멱(冪)이 4차의 항(項)을 가지는 방정식. biquadratic equation

사:차불피(死且不避)[명] 죽어도 피할 수 없음. 하다

사:차불후(死且不朽)[명] 죽더라도 썩지 아니함. 곧, 몸은 죽어 없어져도 명성만은 후세에 길이 전함. 하다

사:차손(死差損)[명] 〈경제〉생명 보험 경영에서, 실제 사망률이 예정 사망률보다 큰 때에 생기는 차손.

사:차원(四次元)[명] 〈수학〉공간의 3차원과 시간의 1차원을 합쳐서 이르는 말. fourth dimension

사:차원 공간(四次元空間)[명] 〈물리〉물리학, 특히 상대성 이론에서 3차원의 공간에 제 4차원으로서 시간의 개념을 보탠 4차원의 연속체. space of four dimensions [界].

사:차원 세:계(四次元世界)[명] 〈동〉시공 세계(時空世

사찬(私撰)[명] 개인이 편찬함. 또, 그 편찬물. 〈마〉

사:찬(賜饌)[명] 〈제도〉임금이 아랫 사람에게 음식을 내려 줌. state banquet at the court 하다

사찰(四察)[명] 눈·귀·입·마음의 네 가지로 살피어 아는 일, observation [보살피는 사람. 하다

사찰(伺察)[명] 〈기독〉성당이나 교회를 지키며 두루

사찰(寺刹)[명] 〈불교〉절. temples

사:찰(私札)[명] 사사로 하는 편지. 사함(私函). private letter [watch 하다

사찰(伺察)[명] 남의 행동이나 형편을 엿보아 살핌.

사:찰(使札)[명] 사자에게 주어 보내는 서장(書狀).

사찰(查察)[명] ①조사하여 살핌. inspection ②주로 사상적인 동태를 조사·처리하던 경찰의 직. thought control 하다

사참(寺站)[명] 어떤 절에서 다른 절로 한숨에 갈 수 있는 거리에 있어, 쉬어 갈 수 있는 곳이 될 수 있는 절. [게 하는 일. 하다

사:참(事懺)[명] 〈불교〉기도하여 잘못을 뉘우쳐 고치

사참(奢僭)[명] 사치스럽고 분에 넘침. 하다

사창(私娼)[명] 밀매음하는 창녀. (대) 공창(公娼). unlicensed prostitute

사:창(社倉)[명] 〈제도〉각 고을에서 백성에게 꾸어 주는 쌀을 간직하던 곳집. community rice-store-house

사창(紗窓)[명] ①사(紗)붙이로 바른 창. gauze window ②여자가 거처하는 방의 창문을 비유하는 말. win-

dow of a woman's room

사:창-굴(私娼窟)[명] 사창이 많이 모여 있는 곳. brothel

사:창=미(社倉米)[명] 〈제도〉사창에 간직하여 두던 쌀.

사:창=색(社倉色)[명] 〈제도〉사창을 관리하던 아전(衙前). [onal debt

사채(私債)[명] 개인 사이의 빚. (대) 공채(公債). pers-

사:채(社債)[명] 〈법률〉주식 회사가 사업에 요하는 자금을 조달하기 위하여 모집하는 채무(債務). bond

사:채=권(社債券)[명] 〈법률〉사채를 표시하는 유가 증권. 〈약〉채권(債券). debenture bond

사:채권=자(社債權者)[명] 〈법률〉사채의 채권자. 채권자로서 사채의 보유에 따르는 모든 권리를 주장할 수 있는 사람. debenture holder

사:책(史册·史策)[명] 사기(史記). [곳. hotel

사처(←下處)[명] 점잖은 손님이 길을 가다가 유숙하는

사:처(四處)[명] 여러 곳. 사방. every place

사처(私處)[명] 개인이 사사로 거처하는 곳. private residence

사:천(四天)[명] ①네 철의 하늘. 곧, 봄의 창천(蒼天), 여름의 호천(昊天), 가을의 민천(旻天), 겨울의 상천(上天). ②(ㅡ)→사천왕(四天王).

사천(沙川)[명] 바닥이 모래인 내.

사천(私賤)[명] 옛날에 사인(私人)에 의하여 사역·매매되었던 종. servant

사천(←私錢)[명] ①개인의 돈. private funds ②아내가 따로 모아 둔 돈. secret savings [하다

사:천(祀天)[명] 하늘에 제사를 지냄. praying to heaven

사천-대(司天臺)[명] 〈제도〉고려 때, 천문에 관한 사무를 맡아보던 관아.

사:=천왕(四天王)[명] 〈불교〉수미산(須彌山)을 중심으로 사방에 있어 불법을 지키는 네 신장. 곧, 동방의 지국천왕(持國天王)·남방의 증장천왕(增長天王)·서방의 광목천왕(廣目天王)·북방의 다문천왕(多聞天王). 〈준〉사천(四天). Four Devas

사:천왕=문(四天王門)[명] 〈불교〉절을 지키는 뜻으로 절 동·남·서·북 사천왕의 사천왕을 만들어 둔 좌우에 세운 문.

사:천하(四天下)[명] 〈동〉사주(四洲). [운로.

사:=철(四―)[명] 네 계절. 사절(四節). four seasons 항상. 늘. always

사철(私鐵)[명] 〈약〉→사설 철도(私設鐵道).

사철(砂鐵)[명] 〈광물〉모래같이 부스러져 돌·모래·자갈 속에 섞어 있는 자성(磁鐵)을 띤 철광. sand iron

사:철=나무[명] 〈식물〉노박덩굴과의 상록 관목. 높이 2~3m 가량이고 잎은 긴 타원형으로 표면은 반드럽고 녹색 광택이 남. 녹황색의 잔 꽃이 피고 삭과(蒴果)는 서너 갈래로 갈라져 종자를 드러냄. 나무 껍질은 약으로 쓰이고 정원·울타리 등에 심음. spindle tree

사:철-쑥[명] 〈식물〉엉거시과에 속하는 다년생 풀. 길가 또는 냇가에 잘 나며 겨울에도 죽지 않고 싱싱함. 여린 잎을 시용하며 입추(立秋) 때 베어 말린 것을 인진호(茵蔯蒿)라 하여 약재로 씀. 더위 지기. perennial artemisia [고 있던 사람.

사첩(司籤)[명] 〈제도〉순라군의 나무패를 맡아 가지

사첩(寺牒)[명] 절에서 관청에 보내는 공문서(公文書).

사첫-방(←下處房)[명] 점잖은 손님이 길을 가다가 드는 방. room for a decent guest

사청(乍晴)[명] 오래 비가 그치고 잠깐 갬. clearing up

사:체(四諦)[명] 〈원〉→사성제. [suddenly 하다

사:체(乍體)[명] 〈동〉사지(四肢)①. [corpse

사:체(死體)[명] 죽은 시체. 주검. 송장(死骸).

사:체(事體)[명] ①일의 이치와 체면. 사면(事面). matters ②일이 되어가는 형편. 사태(事態).

사체(斜體)[명] 〈동〉이탤릭(italic).

사:체(舍體)[명] 사자용의(寫字官)이 쓰던 글씨체.

사체(辭遞)[명] 벼슬 자리를 내놓고 물러남. 하다

사:체 검:안(死體檢案)[명] 〈법률〉죽은 원인을 알기 위하여 시체를 살펴 조사하는 일. post-mortem 하다

사:체 유기죄[―罪](死體遺棄罪)[명] 〈법률〉사체를 매

사초 장이나 화장 방법에 의하지 않고 내버리는 죄. abandonment of a corpse
사:초(已初) 사시(巳時)의 첫 시작. 곧, 상오 아홉시 지난 무렵.
사:초(史草) 〈제도〉 사관이 기록하여 둔 사기(史記)의 초본(草本).
사:초(死草) 말라 죽은 풀.
사초(私稿) 〈동〉 사고(私稿).
사초(査抄) 〈군사〉 보초선을 감시하기 위하여 일정한 지점에 세운 보초.
사초(莎草) ①〈식물〉 잔디. lawn ②〈식물〉 방동사니과의 다년생 풀. 잎은 좁은 선형(線形)이고 7~8월에 다갈색 꽃이 핌. 땅 속의 괴근(塊根)으로 번식하며 이를 향부자라 하여 약용함. nut grass ③산소의 메를 입히는 일. 하다
사초(飼草) 가축의 사료로 하는 풀. forage
사=초롱(紗-籠) 사(紗)를 겉에 바른 초롱.
사촉(唆囑) 〈동〉 사주(使嗾).
사:촌(四寸) ①네 치. four chis ②아버지의 형제의 아들딸. 종형제 자매. cousin 「從妹夫」
사:촌 매:부(-妹夫) 사촌 누이의 남편. 종매부.
사촌이 땅을 사면 배가 아프다 남이 잘 됨을 매우 시기함을 이름. 그때 되면 공연히 싫어한다.
사촌이 땅을 샀나 배를 왜 앓아 남이 척척치 보
사:촌=정(四寸釘) 길이가 네 치 되는 쇠못.
사:촌(四戚) 성이 다른 사촌. 내외종·이종(姨從)들. cousin
사:촌 형제(四寸兄弟) 사촌 형과 사촌 동생이 되는 사이. 종형제(從兄弟). cousin 「함. 하다
사추(邪推) 나쁘게 추측하다. 못된 의심을 품고 짐작
사:=추덕(四樞德) 〈그독〉 천주교에서, 윤리덕(倫理德) 중 중요한 네 가지. 곧, 지덕(智德)·의덕(義德)·용덕(勇德)·절덕(節德).
사추리 품삯으로 농군에게 메어 주는 논이나 밭.
사축(司畜) 〈제도〉 조선조 사축서(司畜署)의 종6품 벼슬. 별제(別提).
사:축(死祝) 〈불교〉 죽은 사람의 명복(冥福)을 비는 일. 〈대〉 생축(生祝). blessing for the dead
사축(私蓄) 사사로 하는 저축. 또, 그 재물. private savings 하다
사축(飼畜) 가축을 기름. raising 하다
사축-서(司畜署) 〈제도〉 조선조 때 가축을 기르는 일을 맡아보던 관청.
사춘-기(思春期) 춘정(春情)을 느낄 만큼 자란 나이. 춘기 발동기(春機發動期). adolescence
사출(査出) 조사하여 끄집어 냄. check up 하다
사:출(射出) ①쏘아 내보냄. shooting ②방사상(放射狀)으로 나감. emitting 하다
사:출(寫出) 그려서 내어 놓음. 글씨 따위를 베끼어 냄. ¶제재(題材) ~이 선명하다. 하다
사출(瀉出) 쏟아 냄. 넘쳐 나옴. pouring out 하다
사:출-기(射出機) 배에서 비행기를 쏘아 공중에 올려 보내는 기계. catapult
사:출-맥(射出脈) 〈식물〉 병행맥(竝行脈)의 하나. 잎꼭지의 맨 끝에서 죽죽 벋어 나간 엽맥(葉脈). 종려(棕櫚) 따위의 잎. vein rays
사:-출문(四出門) 〈동〉 넉살문.
사:출-수(射出髓) 〈식물〉 나무 줄기의 중심부에서 가장자리 쪽으로 방사상(放射狀)으로 벋어 나간 조직. 주로 물과 양분을 나르는 구실을 함. radius
사춤 ①갈라진 틈. crack ②벽이나 담의 틈을 진흙으로 메우는 일. ¶~지다. pointing
사충(詐忠) 거짓된 충성. false loyalty
사취(沙嘴) 〈지학〉 육지에서 바다 가운데로 길게 쭉 내민 모래톱. sand spit 「fraud 하다
사취(詐取) 물품 따위를 속여서 가지거나 빼앗음.
사취(辭趣) 문장의 뜻.
사치(奢侈) 분수에 지나치게 향락적인 소비를 함. 필요 이상으로 치장함. 과치(過侈). 사미(奢靡). 〈대〉 검소(儉素). luxury 하다 스럽 스레다

사치 관세(奢侈關稅) 〈경제〉 수입품 중 사치품으로 인정되는 물품에 대하여 매기는 관세. luxury tariff
사치=비(奢侈費) 생활 필수품 이외의 소비재에 드는 비용. 「대하여 매기는 세. luxury tax
사치-세(奢侈稅) 〈법률〉 사치품이나 사치 행위에
사치-품(奢侈品) 자기 분수의 한도를 넘는 사치스러운 물건. luxuries
사:칙(四則) 〈수학〉 가법(加法)·감법(減法)·승법(乘法)·제법(除法)의 네 가지 산법(算法). four fundamental rules of arithmetics
사:칙(社則) 회사나 결사 단체의 규칙.
사칙(舍則) 기숙사나 공동 숙사 등의 규칙. ¶~위반. dormitory rules 「算」
사:칙-산(四則算) 〈수학〉 사칙을 이용한 운산(運
사:친(私親) ①서자(庶子)의 생모(生母). natural child's mother ②종실(宗室)에서 들어가 대통(大統)을 이은 임금의 생가 어버이. ③빈(嬪)으로서 입금의 생모(生母). king's mother
사:친(事親) 어버이를 섬김. filial piety 하다
사친(思親) 어버이를 생각함. 하다
사:친(師親) 선생과 학부모.
사:친 이:효(事親以孝) 어버이를 섬기기는 효도로써 함. 곧, 효성스럽게 어버이를 섬김.
사친지:도(事親之道) 어버이를 섬기는 도리(道理).
사친-회(師親會) 학교를 후원하는, 학교 교사와 학부형들로 된 단체. Parent-Teacher Association
사:칠-론(四七論) 〈철학〉 사단(四端)과 칠정(七情)에 대해, 이황(李滉)이 제창하여 논의된 학문. 사칠변(四七辯).
사:칠-변(四七辯) 〈동〉 사칠론(四七論).
사침-[대] ①때 ⇒사침대.
사침-대[-때] 베틀의 비경이 옆에서 날의 사이를 띄어 주는 두 개의 나무대. 교곤(攪杠). 〈약〉 사침.
사칭(詐稱) 성명이나 직명 따위를 속여서 일컬음. misrepresentation 하다
사카로미:터(saccharometer) 액체 중의 당분을 측정하는 장치. 검당계(檢糖計).
사카로즈(saccharose 프) 〈화학〉 사탕수수·사탕무 등 식물에 함유되어 있는 단사 정계(單糖類系)의 결정. 물에 잘 녹으며 맛이 달아 정제하여 설탕을 만듦. 자당(蔗糖).
사카린(saccharine) 〈화학〉 무색 반투명 결정의 인공 감미료의 하나. 감미(甘味)가 사탕의 수백 배나 강함. 툴루엔이 원료로 됨.
사커(soccer) 〈체육〉 축구.
사타구니 〈속〉 살. 〈약〉 사타귀.
사타귀 〈약〉 →사타구니. 「private means
사탁(私槖) 개인이 모아 둔돈. 또, 그 주머니.
사탁(思度) 생각하고 헤아림. consideration
사탄(沙灘) 바닥이 모래인 여울.
사탄(詐誕) 언행이 간사하고 허황됨. wiliness 하다
사탄(Satan 그) 〈그독〉 신약 건서에 나오는 마귀의 피수. 악(惡)을 인격화(人格化)한 것임.
사탑(寺塔) 절에 있는 탑.
사탑(斜塔) 비스듬히 기울어진 탑. ¶피사의 ~. leaning tower
사탕(砂湯) 해수욕장이나 모래 사장 같은 곳에서 모래찜질을 할 수 있도록 시설한 곳. sand bath
사탕(砂糖) 〈화학〉 사탕수수나 사탕무로 만든 맛이 단 유기 화합물. ¶~가루. sugar
사탕-무(砂糖-) 〈식물〉 명아주과의 이년생 풀. 줄기는 곧고 잎은 긴 심장으로 피는 꽃을 띰. 뿌리는 크고 살이 짠 방추형 또는 원추형이며 당분을 많이 함유하고 있어 당료 및 사탕을 만들고 잎은 사료로 씀. 지중해 원산임. 첨채(甛菜). sugar beet
사탕-밀(砂糖蜜) 〈동〉 당밀(糖蜜).
사탕-발림(砂糖-) 달콤한 말로 비위를 맞추어 살살 달램. 또, 말이나 짓. cajolery 하다
사탕 붕어의 검둥검둥이라 수중에 돈이 하나도 없

사탕 =**수수**(砂糖-) 〖식물〗 포아풀과의 다년생 풀. 줄기 높이 2~4m로 대개 수수와 같으며 마디 사이가 짧고 길이 가느스름함. 사탕의 중요 원료로 줄기에서 즙을 짜내어 고아서 사탕을 만듦. 감자(甘蔗). sugar-cane

사탕-절이(砂糖-) 〖명〗 과실이나 야채 등을 사탕물에 절이는 일. 또, 그 식품.

사탕-초(砂糖醋) 〖명〗 설탕을 탄 초.

사태(死胎) 〖의학〗 죽어서 나온 태아(胎兒). dead fetus

사태(沙汰) 〖명〗 ①비에 산비탈이나 언덕 따위가 무너지는 일. landslip ②물건이 주체할 수 없이 많은 상태의 비유. overproduction ③벼슬아치를 많이 갈려시켜 떨어 내는 일의 비유. dismissals of officials

사:태(事態) 〖명〗 일의 벌어진 상태. 사체(事體)②. 장면(場面)④. situation 〖계 된 모양.

사태(砂胎) 〖명〗 〖공업〗 도자기의 면이 모래앝처럼 거침

사태(蛇蛻) 〖명〗 〖동〗 사퇴(蛇退).

사태우 〖명〗 →사대부(士大夫).

사택(私宅) 〖명〗 사저(私邸). 사제(私第).

사택(舍宅) 〖명〗 ①어떤 사업체나 기관에 근무하는 사람들을 위하여 기관이나 국가가 지은 살림집. ¶공무원 ~. ②〖공〗 집.

사:택(社宅) 〖명〗 회사에서 사원을 위하여 마련한 주택. company's house 〖서 만나 봄. 하다

사택 방:문(私宅訪問) 〖명〗 근무처가 아닌 사택으로 가

사탸그라하 운:동(Satyagraha 運動-) 〖역사〗 진리의 장악이라는 뜻으로, 1919년 인도의 간디가 제창한 항영(抗英) 투쟁 전술. 비폭력·불복종 및 비협력 운동. 〖에서 쓰는 말.

사:토(死土) 〖명〗 〖민속〗 한 번 파내었던 흙. 풍수 지리

사토(私土) 〖명〗 개인 소유의 논밭. 〖대〗 공토(公土). private land

사토(沙土·砂土) 〖명〗 ①모래흙. 모래땅. sand soil ② 12.5% 이하의 점토가 들어 있는 토양.

사토(瀉土) 〖명〗 염기(鹽氣)가 있는 흙.

사토-장(莎土匠) 〖명〗 사토장이.

사토-장이(莎土匠-) 〖명〗 구덩이를 파고 무덤을 만드는 일꾼. 사토장. grave-digger

사토-질(砂土質) 〖명〗 모래 성분으로 된 토질.

사-통(四通) 〖명〗 사방으로 통함. 이리저리 통함. 하다

사-통(私通) 〖명〗 ①〖동〗 내통(內通)①. ②공사(公事)에 관하여 사사로이 연락함. 또, 그 편지. private corr- espondence 하다

사:통 오:달(四通五達) 길이 사방으로 막힘 없이 통함. 사달 오통(四達五通). 사통 팔달. stretching in all directions 하다

사:통 팔달(四通八達) 〖명〗 사통 오달(四通五達).

사퇴(仕退) 〖명〗 〖제도〗 벼슬아치가 하루 일을 마치고 정한 시각에 물러 나옴. 퇴사(退仕)①. 퇴청. 파사(罷仕)①. 〖대〗 사진(仕進). going home after office hours 하다 〖한약제. 사태(蛇蛻).

사퇴(蛇蛻) 〖명〗 〖한의〗 뱀의 허물. 어린애 풍증에 쓰는

사퇴(辭退) 〖명〗 ①윗사람에게 작별하고 떠남. ②사양하여 물러섬. polite refusal 하다

사:투(死鬪) 〖명〗 죽을 힘을 다하여 싸움. desperate fighting 하다

사투(私鬪) 〖명〗 개인끼리 싸움. personal strife 하다

사투르누스(Saturnus) 〖문학〗 로마 신화 중의 농경신(農耕神). 그리스 신화의 크로노스에 해당함.

사:투:리(-) 〖어학〗 어떠한 곳에서만 쓰이는 표준어가 아닌 말. 방언(方言). 와어(訛語)②. 토어(土語). 토음(土音). 〖대〗 표준말. 표준어. dialect

사-투영(斜投影) 〖명〗 평면에 경사지게 투사(投射)한 그림자. oblique projection

사특(私慝) 〖명〗 숨기고 있는 비행(非行).

사특(邪慝) 〖명〗 몹시 간사스럽고 못됨. wickedness 하

사티로스(Satyros 그) 〖명〗 〖문학〗 그리스 신화 중의 인물로, 상반신(上半身)은 사람의 모습이고, 하반신은 양(羊)의 다리를 가진 디오니소스의 종자(從者).

사ː=파수(四把守) 〖명〗 〖건축〗 기둥 한 개 위에 도리와 보 빗의 끝이 모아 얹히는 자리. 〖석.

사파이어(sapphire) 〖명〗 〖광물〗 푸른 빛깔의 투명한 보

사판(仕版) 〖명〗 〖제도〗 벼슬아치의 명부(名簿).

사판(私版) 〖명〗 사인(私人)의 출판. 사가판(私家版). 〖대〗 관판(官版).

사판(私販) 〖명〗 ①정부(政府)의 전매품(專賣品)을 비밀로 팖. selling monopoly goods privately ②사인(私人)의 영업으로 팖. selling the goods individ- ually

사:판(事判) 〖명〗 ①일을 처리함. ②〖불교〗 절의 사무나 경리를 맡아서 처리함. 〖대〗 이판(理判). 하다

사판(砂板) 〖명〗 어떤 지역의 모형을 모래·진흙·풀감·가공품 등 여러 가지 재료를 써서 판 위에 나타내 판.

사판(祠板·祠版) 〖명〗 〖동〗 신주(神主). 〖도(板圖).

사:판-중(事判-) 〖명〗 〖불교〗 절의 역원(役員)인 중. 〖대〗 이판(理判)중. monk

사:판-화(四瓣花) 〖명〗 〖식물〗 꽃잎이 넉 장인 꽃.

사-팔 =**눈** 〖명〗 〖동〗 사팔뜨기.

사-팔 =**눈이** 〖명〗 →사팔뜨기.

사-팔 =**뜨기** 눈동자가 보는 쪽으로 향하지 않는 사람. 사시안. 사시안인. cross-eyed person

사:패(賜牌) 〖명〗 〖제도〗 ①노예나 토지 따위를 궁가(宮家)나 공신에게 내려 주던 일. ②공로 있는 시골 아전에게 부역을 면제하여 주던 일. 하다 〖터.

사:패 기지(賜牌基地) 〖명〗 〖제도〗 나라에서 내려 주는

사:패-땅(賜牌-) 〖명〗 〖동〗 사패지지.

사:패-지:지(賜牌之地) 〖명〗 〖제도〗 나라에서 내려 준 땅.

사평(司評) 〖명〗 〖제도〗 조선조에 장례원(掌隸院)의 정6품 벼슬. 〖history

사:평(史評) 〖명〗 역사의 비평(批評). critique of the

사:평면(斜平面) 〖명〗 〖수학〗 기울어진 평면. oblique plane

사:폐(私弊) 〖명〗 일의 폐단. 〖좀. 하다

사폐(辭陛) 〖명〗 먼 길을 갈 사신이 임금에게 하직을 여

사:포(四包) 〖명〗 〖건축〗 천각(殿閣) 기둥 위의 공포(貢包)를 빗으로 겹친 것.

사포(砂布) 〖명〗 아주 고운 금강사(金剛砂). 모래나 유리 가루를 발라 닦는 헝겊이나 종이. 쇠붙이를 닦는 데 쓰임. 사지(砂紙). sand paper

사포(蛇脯) 〖명〗 뱀의 고기를 말린 포. note

사포딜라(sapodilla) 〖명〗 〖식물〗 사포딜라과의 상록 교목. 아메리카 열대 지방에 분포하는데 높이가 15~20 m, 잎은 육질, 과실은 황갈색, 과육은 황갈색, 식용함. 수피의 유액은 고무질이 있어 껌의 재료임.

사:-포주(私庖廚) 〖원〗→사푸주.

사:포-청(私捕廳) 〖명〗 〖동〗 사모두핑.

사폭(邪幅) 〖명〗 남자의 바지나 고의의 허리와 마루폭 사이에 있대어 붙이는 크고 작은 네 쪽의 폭.

사:표(四表) 〖명〗 나라의 사방의 바깥. 사해(四海)②. 천하(天下). world

사:표(四標) 〖명〗 사방의 경계표. border landmark

사:표(死票) 〖명〗 선거 때, 낙선한 후보자에게 먼저지진 표.

사표(師表) 〖명〗 세상 사람의 모범이 될 만한 학식과 도덕이 높은 사람. model of human virtue

사:표(謝表) 〖명〗 임금의 은혜에 사의를 표하여 올리는 글. 사장(謝章).

사표(辭表) 〖명〗 직임을 사퇴하며 그 뜻을 제출하는 문서. 사장(辭狀). 사장(辭章). written resignation

사:-푸주(←私庖廚) 〖명〗 관(官)의 허락 없이 소를 잡아 파는 고깃간. unlicensed meat-shop 하다

사푼 〖거〗→사푼.

사푼-사푼 〖거〗→사뿐사뿐.

사품 어떤 일이 일어나는 계제나 바람. meanwhile

사:-품(四品) 〖명〗 〖제도〗 벼슬의 넷째 등급. 정4품과 종

4품을 아울러 이르는 말.
사폿〖(기)〗→사붓.
사폿-사폿〖(거)〗사붓사붓.
사:풍(士風)〖명〗선비의 기풍(氣風). scholar's traits
사풍(邪風)〖명〗점잖지 못한 태도. indecent behaviour
사풍(射風)〖명〗활쏠 사이의 풍습. 〖스맬〗스레
사풍(斜風)〖명〗비껴 지나가는 바람. sidewind
사풍-맞-다(邪風-)〖자〗말이나 행동을 함부로 하여 경
사품 세:우(斜風細雨)〖명〗비껴 지나가는 바람과 가랑
 비. 세우 사풍(細雨斜風). slanting drizzle
사프란(saffraan 네)〖명〗〈식물〉붓꽃과에 속하는 다년
 생 풀. 마늘과 비슷한 인경(鱗莖)이 있고, 잎은 피
 침상으로 가늘고 길며 10월에 담자색의 꽃이 핌.
 주두(柱頭)를 그늘에 말리어 약용 또는 음식물의
 착색 착색료로 쓴.
사피(斜皮)〖명〗①〈음악〉장구의 줄을 조절하는 가죽으
 로 된 고리. ②〖돈피(獤皮).
사피(蛇皮)〖명〗뱀의 껍질.
사피-선(蛇皮線)〖명〗〈음악〉중국 현악기의 하나. 삼현
 (三絃)으로, 몸통에 뱀 껍질을 발라 만듦.
사피-장(斜皮匠)〖명〗〈제도〉경공장(京工匠)의 일종.
 상의원(尙衣院)에 속하는 공장(工匠)으로, 모피 특
 히 초피(貂皮)를 다루는 장인.
사피즘(sapphism)〖명〗여자의 동성 연애.
사:필(史筆)〖명〗역사를 기록하는 필법. 사관이 곧은
 말로 기록하는 필법. manner of writing history
사:필귀정(事必歸正)〖명〗반드시 시비 곡직이 정하여
 지지 못한 일이라도 마침내 정리(正理)로 돌아감.
 Right will prevail in the end 하다
사-하-다(瀉-)〖타여〗〈약〉설사하다.
사:-하-다(捨-)〖타여불〗놓아 두다. 버리다.
사:-하-다(赦-)〖타여불〗죄인을 용서하여 놓아 주다.
 forgive
사:-하-다(賜-)〖타여불〗〈약〉→하사(下賜)하다.
사:-하-다(謝-)〖타여불〗①감사하다. 사례하다. ②사
 과하다. ③사절하다.
사:학(四學)〖명〗〈제도〉선비를 양성하기 위하여 서울
 네 곳에 세웠던 학교. 중학(中學)·동학(東學)·남학
 (南學)·서학(西學).
사:학(史學)〖명〗→역사학(歷史學)〖(問).
사:학(死學)〖명〗실용이 되지 않는 학문. 사학문(死學)
사학(私學)〖명〗①개인의 학설. 사설(私設). one's own
 theory ②사설(私設)의 교육 기관. 사립 학교. 《대》
 관학(官學)①. private school
사학(邪學)〖명〗①요사스러운 학문. ②조선조 말기에
 천주교를 국시(國是)에 어긋난 것이라 하여 배척하
 여 일컫던 말.
사학(斯學)〖명〗이 학문. 그 학문. this study
사학(肆虐)〖명〗사나운 짓을 마음대로 함부로 함. 하다
사:-학가(史學家)〖명〗역사에 아주 정통한 사람. 또,
 역사를 연구하는 사람. historian
사:-학원(死學問)〖명〗〖동〗사학(死學).
사:-학원(私學院)〖명〗〈교육〉사립의 학원. 사선 학원.
 private institution 〖예〗예문관(藝文館)의 벼슬.
사:한(史翰)〖명〗〈제도〉조선조 때 춘추관(春秋館)과
사한(私恨)〖명〗①개인의 사사로운 원한. personal gru-
 dge ②남 몰래 마음 속에 품은 원한. 〖유〗 letter
사한-단(司寒壇)〖명〗〈제도〉사한제를 지내던 단.
사한-제(司寒祭)〖명〗〈제도〉겨울이 너무 따뜻해서 눈
 이 오지 않을 때 지내던 제사. 음력 섣달과 이월,
 곧 얼음을 빙고에 넣을 때와 빙고 문을 열 때에도
 지냈음.
사号-다〖고〗켜다.
사함(私函)〖명〗〖동〗사찰(私札).
사함-석(蛇含石)〖명〗〈약〉뱀이 동면(多眠)할 때 입
 에 물고 있다가 봄에 뱉어낸 흙덩이. 약에 쓰임.
사함-초(蛇含草)〖명〗〖동〗뱀혀. 〖盒〗. porcelain bowl
사합(沙盒絲)〖명〗〈공업〉사기로 만든 공기. 〖유〗분합(粉
사-합=사(四合絲)〖명〗네 가닥으로 꼬아서 만든 실.

사:항(四項)〖명〗①네 가지 항. ②〈수학〉비례식이나
 방정식 등에서의 넷째 항.
사:항(事項)〖명〗일의 조목. 〖약〗항(項)². items
사항(詐降)〖명〗거짓으로 항복함. 하다
사항 곡선(斜航曲線)〖명〗항해에서, 곡선으로 된 항정선
 (航程線). loxodromic lines
사항-술(斜航術)〖명〗항정선(航程線)이 곡선이 되게 하
 는 항해술. loxodromics
사:해(四海)〖명〗①사방의 바다. 사명(四溟). four seas
 ②온 천하. 사표(四表). ③〈제도〉나라에서 동양
 (東洋)·나주(羅州)·풍천(豊川)·경성(鏡城) 네 곳에
 봉(封)한 바다. 그 곳에 단(壇)을 모으거나 사당을
 짓고 중춘(仲春)과 중추(仲秋)에 제사를 지냈음.
 ④〈불교〉수미산의 사방에 있다는 큰 바다.
사:해(死海)〖명〗〈지리〉서부아시아의 팔레스타인 동쪽에
 있는 함수호(鹹水湖). 염해(鹽海). Dead Sea
사:해(死骸)〖명〗〖동〗사체(死體).
사해(詞海)〖명〗문장과 시가의 풍부함을 바다에 비유하
 는 말. 사조(詞藻)의 바다.
사해(詐害)〖명〗사기하여 남에게 손해를 입힘. 하다
사:해 동포(四海同胞)〖명〗온 천하의 형제(四海兄弟).
사:해 동포주의(四海同胞主義)〖명〗박애주의(博愛
 主義). 〖는 용왕. Dragon king of the four seas
사:해 용왕(四海龍王)〖명〗동서남북의 바다 속에 있다
사해 행위(詐害行爲)〖법률〗채무자가 고의로 재산
 을 감소하여 채권자가 충분한 변제(辨濟)를 받지 못
 하도록 하는 행위.
사:해 형제(四海兄弟)〖명〗온 천하 사람이 다 형제와
 같다는 말. 사해 동포(四海同胞). universal bro-
 therhood
사핵(査核·査覈)〖명〗자세히 조사하여 사실을 밝힘. 하다
사:행(四行)〖명〗①〖충(忠)·효(孝)·우애(友愛)·신의(信
 義)의 네 가지 행위. four virtues ②사덕(四德).
 ③넉 줄. 넷째 줄. four lines 〖conduct
사행(邪行)〖명〗옳지 못한 행위. 간악한 행위. vicious
사행(私行)〖명〗①사생활에 있어서의 행위. private
 conducts ②남 몰래 가만히 행하는 행위. ③ 관리가
 사삿일로 잠행(潛行)하는 행위. 〖유〗잠행(潛行). private trip 하다
사행(私幸)〖명〗스스로 더없이 행복함. 하다
사:행(事行)〖명〗①〈철학〉모든 사실에 선립(先立)하여
 이것을 가능하게 하는 순수 활동(純粹活動). ②〈불
 교〉차별적(差別的) 또는 계급적(階級的) 수행(遂
사행(使行)〖명〗〈약〉→사신 행차(使臣行次). 〖行).
사행(射行)〖명〗요행을 노림. speculation 하다
사행(蛇行)〖명〗①고개를 푹 수그리고 옷을 질질 끌고
 뱃처럼 걸어감. ②강물이 뱃처럼 구불구불 흐름.
 meandering 하다 〖려는 것을 목적으로 하는 계약.
사행 계:약(射倖契約)〖명〗우연한 이익을 얻으
사:-행시(四行詩)〖문학〗하나의 작품이 4 또는 작품의
 한 절이 네 개의 행으로 이루어진 시(詩). 〖spirit
사행=심(射倖心)〖명〗요행을 바라는 마음. gambling
사행정 기관(四行程機關)〖물리〗피스톤의 두 왕
 복, 곧 사행정으로 흡입·압축·폭발·배기의 전 과정
 을 완료하는 내연 기관. 〖를 행위.
사행 행위(射倖行爲)〖법률〗사행 계약 따위의 법
사:향(四向)〖명〗동·서·남·북의 총칭. four points
사:향(思鄕)〖명〗고향을 생각함. homesickness 하다
사:향(麝香)〖명〗〈한의〉사향노루의 향낭(香囊)을 말려
 서 만든 향료. musk
사:향=각시(麝香-)〖명〗〖고〗새앙각시.
사:향=고양이(麝香-)〖명〗〈동물〉사향고양이과의 작은
 짐승. 족제비·고양이와 비슷한데, 몸 길이 60cm,
 꼬리 30 cm 가량, 몸은 회갈색에 반점이 있음. 생식
 기와 항문 사이에 사향선(線)이 있어 냄새를 풍김.
 남아프리카·남아시아에 분포됨. musk cat
사:향=낭(麝香囊)〖명〗사향노루·사향고양이 등의 생식
 선 부근에 있는 분비선(分泌腺). 이것을 말려 사향
 또는 영묘향(靈猫香)을 만듦. 〖에〗향낭(香囊).
사:향-내(麝香-)〖명〗사향의 냄새. musk scent

사:향=노루(麝香—)圏〈동물〉사슴과의 짐승. 산림에 살며, 몸 길이 1m, 어깨 높이 약 50cm, 뿔은 없고 배꼽 근처의 향낭에 사향이 들어 있음. 궁노루. 사록(麝鹿). musk deer

사:향=뒤쥐(麝香—)圏〈동물〉뒤쥐과에 딸린 쥐. 뒤쥐와 비슷하면서 훨씬 대형이며 몸 빛은 회갈색임. 주둥이는 길고 뾰족하며 꼬리에는 긴 털이 났음. 사향과 같은 자극성 냄새를 피워 적을 방어함. 사서(麝鼠). 향서(香鼠). muskrat.

사:향=머리(麝香—)圏〈동〉새앙머리.

사:향=소(麝香—)圏〈동물〉소과의 짐승. 어깨 높이 1.5m 가량, 털이 길며 보통 암갈색을 띠고, 좌우 뿔이 서로 붙어 있음. 특이한 냄새를 멀리까지 풍김. 북미의 북단 툰드라에 떼를 지어 삶. 사우(麝牛).

사:향 소합원(麝香蘇合元)圏〈한의〉기질약(氣疾藥)

사:향=수(麝香水)圏 사향을 원료로 하여 만든 향수.

사헌-대(司憲臺)圏 고려 초에, 당시의 정치에 관하여 논의하고 풍속을 바로잡으며, 비행을 조사하여 규탄하던 관청.

사헌-부(司憲府)圏〈제도〉조선조 삼사(三司)의 하나. 정치에 관하여 논의하고 관리들의 비행을 조사, 규탄하며 풍속을 바로잡던 관청. 상대(霜臺). 헌대(憲臺). 〔약〕헌부(憲府).

사:현(賜見)圏 배알(拜謁)을 허락함. permitting an audience 하田

사:혈(四穴)圏〈음악〉퉁소의 하나. 길이 2촌 4푼, 직경 5푼의 대나무·상아 등으로 만드는데, 전면에 세 개 뒷면에 한 개의 구멍을 뚫음.

사:혈(死血)圏 상처에 시커멓게 모인 피. 죽은 피.

사:혈(瀉血)圏 치료의 목적으로 환자의 혈액을 얼마간 뽑아 냄. 하田

사:혈=법(—瀉血法)圏〈의학〉고혈압·뇌일혈·요독증 등으로 정맥의 피를 쏟아 내는 법. depletion

사혐(私嫌)圏 개인적인 혐의. private malice

사:형(死刑)圏〈법률〉사람의 생명을 끊는 형벌. 생명형(生命刑).〔유〕극형(極刑). capital punishment

사형(私刑)圏〔약〕→사형벌(私刑罰).   하田

사:형(似形)圏 비교적 미세한 광물이 모여 그 광물의 결정형과는 관계없이 산출될 경우의 결정형.

사형(舍兄)圏 ①자기 형을 남에게 겸손하게 일컫는 말. 가형(家兄). 사백(舍伯). my elder brother ②형이 아우 앞에서 자기를 일컫는 말. 〔대〕사제(舍弟).

사형(師兄)圏 ①〈공〉나이와 학덕이 자기보다 높은 사람. ②〈불교〉같은 스승에게서 불법을 받은 형. "you

사형(詞兄)圏〈공〉문사(文士)끼리 부르는 말. Mr. ···,

사:형벌(私刑罰)圏 사사로이 함부로 범최자에게 행하는 제재. 사매(私—). 〔대〕공형벌(公刑罰).〔약〕사형(私刑). lynching

사:형=수(死刑囚)圏 사형 선고를 받은 죄수. 〔약〕사수(死囚). condemned criminal

사:형=장(死刑場)圏〈법률〉사형을 집행하는 장소. 형장(刑場). execution ground 〔사람. executioner

사:형 집행인(死刑執行人)圏〈법률〉사형을 집행하는

사호(四皓)圏〔약〕→상산 사호(商山四皓).

사호(社號)圏 회사의 칭호.

사호(絲毫)圏 썩 적은 수량.   하田

사:호(賜號)圏 임금이 별호를 내려 줌. 또, 그 호(號).

사호-다/싸·호·-다圏 니 쓰다.

사호원(私屋員)圏〈제도〉면서원(面書員)이 고복체(考卜債)를 환곡(還穀)과 함께 거두어서 받던 일. 하田

사:홀·사:흘圏 니 쓰다.

사:화(士禍)圏〈역사〉사림의 참화. 정론(正論)을 주장하던 선비가 간신(奸臣)의 모함으로 입는 참혹한 화(禍). massacre of scholars

사:화(四華)圏〈불교〉석가(釋迦)가 법화경을 말할 때에 하늘에서 내려온 네 가지. 만다라화(曼茶羅華)·대백련화(大白蓮華)·홍련화(紅蓮華)·대홍련화(大紅蓮華)의 네 가지 꽃.

사:화(史畫)圏〔약〕→역사화(歷史畫).

사:화(史話)圏 역사 이야기. historical tale

사:화(史禍)圏 ①사필(史筆)로 인하여 입은 화. ②사필에 관계된 옥사(獄事).〔짐에 비유하는 말.

사:화(死火)圏 ①꺼진 불. ②〈불교〉죽음을 불이 꺼

사:화(死貨)圏 ①현재 쓰이지 않는 돈. dead coin ②쓰지 못하는 돈. dead money

사화(私和)圏 ①원한을 풀고 서로서로 화평함. ②송사(訟事)를 화해함. 시담(示談). 하田

사화(私話)圏 비밀히 속삭이는 말. secret word

사화(奢華)圏 사치하고 호화스러움. splendour 하田

사화(詞華)圏 화려하게 수식된 사조(詞藻).

사:화(賜花)圏〈동〉어사화(御賜花).

사:-화산(死火山)圏〈지학〉옛날에는 분화(噴火)하였으나 그 뒤에 식어버린 산. 소화산(消火山). 〔대〕활화산(活火山). extinct volcano   「는 술.

사화-술(—술)圏〔—술〕 사화(私和)의 뜻으로 마시

사:화 이대체(四化二大體)圏 한 해에 네 번 새끼를 치는 누에.

사:환(仕宦)圏 벼슬. 또, 벼슬함. government service 하田

사:환(四患)圏 ①정치가에게 우환이 되는 네 가지. 곧, 허위·사사로움·방심·사치. ②〈불교〉인생에 있어 수려되는 네 가지. 곧, 생(生)·노(老)·병(病)·사(死). 사고(四苦).   「〔役〕②. servant

사:환(使喚)圏 심부름을 하는 사람. 사동. 사역(使

사:환(社還)圏〈역사〉고종(高宗) 32년에 세 조례(條例)에 의하여 민간의 직영으로 각 면에 나누어 설치한 환곡(還穀)   「of government service

사환-가(仕宦家)圏 대대로 벼슬을 하는 집안. family

사:환곡-제(社還穀制)圏〈제도〉각 고을에서 춘궁기나 기타 필요한 시기에 식량·종자용으로 양곡을 농가에 꾸어 주고, 수확기에 덧붙여 회수하던 제도.

사:환-꾼(使喚—)圏 사환 노릇을 하는 남자.

사:활(死活)圏 죽기와 살기. life and death

사-활강(斜滑降)圏〈체육〉사면(斜面)을 비스듬히 직선으로 활강하는 스키의 기법.

사:활 문:제(死活問題)圏 죽느냐 사느냐의 문제.

사황(蛇黃)圏〈한의〉뱀의 쓸개 속에 병적으로 엉겨 생기는 물건. 귀한 약재임.   「희자. 하田

사회(司會)圏 ①집회에서 진행을 맡아봄. ②〔약〕→

사:회(死灰)圏 불 꺼진 재.

사회(沙灰)圏 굴 껍질을 따서 구워 만든 가루.

사:회(社會)圏 ①공동 생활을 하는 인류의 집단. 〔대〕개인(個人). society ②세상. ③같은 무리끼리 모여 이루는 집단. crowd ④일정한 지역의 집단. circle ⑤〈제도〉촌민이 사일(社日)에 모이던 모임.

사회《꼬〉사위.

사:회 간:접 자:본(社會間接資本)圏〈동〉사회 자본.

사:회 개:량주의(社會改良主義)圏 현재의 사회 제도를 유지하면서 점진적으로 사회를 개량하려는 주의. reformism

사:회 개발(社會開發)圏 도시·농촌·교통·주택·보건·공중 위생·교육 등을 사회적으로 개발하여 복지 향상을 꾀하는 일. social development

사:회 개벽(社會開闢)圏〈종교〉천도교에서 말하는 삼대 개벽(三大開闢)의 하나. 후천적인 인문(人文) 개벽으로서, 사회 일반의 제도나 생활 양식, 물질 등의 변혁으로 새로이 되는 일. creation of society

사:회 경:제(社會經濟)圏〈경〉생산 경제(生産經濟)와 소비 경제(消費經濟)가 분리되어, 각 경제 단위 사이의 사회성 및 상호 의존성이 현저한 경제 상태. 〔대〕고립경제(孤立經濟). social economy

사:회 계:약설(社會契約說)圏〈동〉민약설(民約說).

사:회 계층(社會階層)圏〈사회〉한 사회 안에서 사회적 평가나 위신(威信)의 다소, 특권의 유무 혹은 직업·교육·재산·거주 지구 등을 지표(指標)로 하여 계층지어져 구별되는 인간 집단.

사:회 공학(社會工學)圏〈사회〉인간의 사회적 행동에 관한 기술적인 여러 문제를 연구하여, 생활상의 실제 문제를 해결하려고 하는 학문. social engineering

사:회 과:정(社會過程)[명] 〈사회〉 넓은 뜻으로는 집단 생활에 있어서의 일체의 변화 과정. 곧, 문화적 과정·경제적 과정 따위. social rocess

사:회 과학(社會科學)[명] 인간 관계의 모든 현상을 연구의 대상으로 하는 학문. 정치학·경제학·법률학·사회학·역사학 등이 이에 속한다. (대) 자연 과학(自然科學).

사:회-관(社會觀)[명] {주장. one's view of social life 사회를 어떻게 보느냐의 견해나 주장.

사:회 관계(社會關係)[명] 사람과 사람 사이에 사회적 행동의 교환이 계속된 결과로 생기는 일정한 인간 관계.

사:회 교:육(社會敎育)[명] 〈교육〉 학교 교육 이외의 주로 청소년 및 성인에 대하여 행하여지는 조직적인 교육 활동. social education

사:회 교:화 사:업(社會敎化事業)[명] 〈사회〉 사회의 폐풍을 바로잡고 양속(良俗)을 지키기 위해, 일반 민중을 교육·지도하는 사업.

사:회 구조(社會構造)[명] 어떠한 사회 형태를 이루는 사회적 집단·제도·조직 등 온갖 요소의 복합적 전체. social structure

사:회 국가(社會國家)[명] 〈정치〉 사회주의를 국시로 하는 국가. 곧, 국민 각자에 대하여 인간의 가치로서의 생존 보장을 중대한 임무로 하는 국가, 또는 사회 정의의 실현을 목적으로 하는 국가. (대) 자유 국가.

사:회-권[-꿘](社會權)[명] 〈법률〉 사회 국가에 있어서 국가가 베푸는 근대 사회 보장적 혜택을 받을 권리. 곧, 건강한 생활에의 권리·휴식의 권리·교육을 받을 권리·노동자의 단결권 따위.

사:회 규범(社會規範)[명] 〈사회〉 사회학에 있어서, 행위 이론의 기초적인 한 개념으로 인간에게 일정한 행위를 당위적(當爲的)으로 요구하는 관념. social norm

사:회-극(社會劇)[명] 〈연예〉 사회 문제를 제재(題材)로 하고 이에 대한 비판을 가한 연극이나 희곡. society drama

사:회 기사(社會記事)[명] 〈문의 기사. 삼면(三面) 기사. 사회에 일어난 일에 관한 신

사:회 단체(社會團體)[명] ①사회 문제의 해결을 목적으로 하는 단체. social organization ②사회 사업을 하는 단체. [으로 하는 정당. socialist party

사:회-당(社會黨)[명] 〈정치〉 사회주의의 실현을 목적

사:회 도태(社會淘汰)[명] 〈사회〉 사회적 본능이나 힘의 영향 아래에서 사회 진화의 한 요인으로서 행하여지는 의식적 도태. social selection

사:회-력(社會力)[명] 인간의 사회 행동 또는 사회 현상을 일으키는 원동력. social force

사:회-면(社會面)[명] 신문에서 사회 기사를 싣는 지면. 삼면(三面). social columns

사회 문:제(社會問題)[명] 사회 제도의 모순이나 결함에서 생기는 여러 가지 문제. social problem

사:회 민주당(社會民主黨)[명] 〈정치〉 사회 민주주의를 지향하는 정당. social democratic party

사:회 민주주의(社會民主主義)[명] 〈정치〉 프롤레타리아 독재를 부정하고 정치적으로는 의회를, 경제적으로는 노동 조합을 통하여 합법적으로 사회주의 사회를 실현하려는 주의. social democracy

사:회-법[-뻡](社會法)[명] 개인의 이해 관계에 중점을 두는 개인 본위의 법을 원리로 수정하는 의미를 가지고 사회 본위로 제정되는 법. 노동법·경제법·사회 사업법 등. social law

사:회 법칙(社會法則)[명] ①사회 질서를 유지하고 있는 법칙. ②사회의 변화, 특히 사회 진화를 지배하는 법칙. ③반복되는 사회 현상을 지배하고 있는 법칙. social law

사:회 법학(社會法學)[명] 〈법률〉 사회 전체의 복리를 도모하기 위하여 법에 대한 사회 본위의 처지를 확립하려는 법학의 한 분과. social jurisprudence

사:회 변:동(社會變動)[명] 〈사회〉 한 사회의 현존하는 질서 및 정신적·물질적 문명의 형태가 일부 또는 전체적으로 변화하는 과정.

사:회 변:혁(社會變革)[명] 〈사회〉 사회 질서를 의도적으로 바꾸는 일. social reform

사:회 병:리학(社會病理學)[명] 〈사회〉 사회를 유기체로 보고 그 질병적인 현상을 연구하는 학문. social pathology

사:회 보:장(社會保障)[명] 〈사회〉 국민의 건강과 최저의 문화 생활을 보장하는 제도. 사회 보험·생활 보호·공중 위생 등에 걸쳐 국가가 통일적으로 운영함. social security

사:회 보:장비(社會保障費)[명] 사회 보장을 위한 여러 가지 시책에 소요되는 국가 부담의 비용.

사:회 보:험(社會保險)[명] 〈사회〉 사회 정책상, 노동자 또는 소액 소득자가 우연히 당하는 사고·재해 등의 경제적 위험에 대한 보험. social insurance

사:회 복귀(社會復歸)[명] 〈사회〉 질병·상해 등으로 요양하고 있던 사람이 완쾌되어 다시 사회에서 활동하는 일.

사:회 복지(社會福祉)[명] 〈사회〉 사회의 모든 구성원의 생활 향상과 행복을 목표로 하는 직접·간접의 방책이나 시설의 총체. social welfare

사:회 본능(社會本能)[명] 어떤 종류의 동물이 무리를 이루어 생활하는 선천적(先天的) 경향.

사:회 본위주의(社會本位主義)[명] 단체의 존속(存續)·발전을 본위로 하는 개인의 복리를 희생시켜도 무방하다고 하는 주장. societism

사:회 봉:사(社會奉仕)[명] 사회 복지의 증진을 위하여 사리(私利)를 떠나 행하는 행위. social(public) service

사:회-부(社會部)[명] ①〈법률〉 우리 나라 행정부에 있었던 한 기관. 지금은 보건부와 합쳐 보건 사회부가 되어 보는 부서. ②신문사 등에서 사회 문제의 기사를 맡아 보는 부서. local news section

사:회 분화(社會分化)[명] 〈사회〉 분업 발달에 의하여 사회가 단순하고 동질적(同質的)인 것으로부터 복잡하고 이질적(異質的)인 것으로 변화하는 일. social differentiation [체계.

사:회 사상(社會思想)[명] 사회 문제에 대한 모든 이론

사:회 사:실(社會事實)[명] 사회학에 고유한 대상이 되는 사실 및 그 성질. 개인적 사실로부터는 완전히 독립하여 사회 자신에 속한다. social fact

사:회 사:업(社會事業)[명] 사회 상태의 개선, 민중의 교화(敎化) 등을 목적으로 하는 사업. 곧 구빈(救貧)·실업 보호(失業保護)·사회 교화(敎化)·의료(醫療) 보호 등의 사업. social work

사:회-상(社會相)[명] 사회의 형편. social circumstances

사:회 생활(社會生活)[명] 〈사회〉 ①여러 형태의 인간들이 집단적으로 모여서 질서를 유지하며 살아가는 공동 생활. social life ②많은 수의 생물이 모여서 일을 맡아 하며 공동 생활을 영위하는 일.

사:회 생활과[-꽈](社會生活科)[명] 〈교육〉 국민 학교 및 중·고등 학교의 교과의 하나. 인간의 현실 생활에 대한 종합적이고 연관적인 이해와 지식을 비롯하여 사회적인 태도 및 기능을 부여하기 위한 교과. social studies

사:회-성[-썽](社會性)[명] ①사회 생활을 하려는 인간의 근본 성질. 사교성. nature for social life ②어떤 사회의 고유한 성질. nature of the society

사:회 소:설(社會小說)[명] 〈문학〉 사회 문제나 사회 현실을 주제로 한 일종의 경향 소설.

사:회 실재론[-째-](社會實在論)[명] 사회는 개인을 초월하여 존재한다는 논설. (대) 사회 유명론(社會唯名論). social realism

사:회-심(社會心)[명] 〈심리〉 사회를 각 개인의 마음이 종합해서 이루어진 하나의 심리적 유기체(有機體)로 볼 때의 그 마음.

사:회 심리학(社會心理學)[명] 〈심리〉 사회 현상을 심리적으로 고찰·연구하는 학문. 사회의 공동체를 대상

사:회=아(社會我)[명]〈심리〉남이 자기에게 어떠한 태도를 취하는가 하는데서 오는 자신의 의식.

사:회=악(社會惡)[명]〈사회〉사회에 내재하는 모순에서 생기는 해악. 빈곤·범죄·도박·매음 등.

사회=암(蛇灰岩)[명]〈광물〉흰 방해석과 암녹색의 사문암으로 된 바위. 장식용 또는 벽돌로 쓰임. ophicalcite

사:회 연대(社會連帶)[명]〈사회〉사회 성원(成員) 사이의 사회적 상호 의존(相互依存) 관계. social solidarity

사:회 연대주의(社會連帶主義)[명]〈사회〉사회 연대를 인간 행위의 규범(規範)으로 하고 일반 정책을 이 연대에 입각시키려는 주의.

사:회 운동(社會運動)[명]〈사회〉사회 문제의 결함을 해결 또는 개혁할 목적으로 하는 조직적 활동. 노동 조합 운동·농민 조합 운동·여성 운동·학생 운동·사회 혁명 운동 따위. social movement

사:회 위생학(社會衛生學)[명]〈사회〉사회 대중의 건강 상태의 개선·향상을 도모하여 그 방책을 탐구하는 학문. social hygiene

사:회 위압(社會威壓)[명]〈사회〉개인에 대한 사회의 강제.

사:회 유:기체설(社會有機說)[명]〈사회〉사회를 유기체로 보고 유기체로부터 유추(類推)하여 사회의 성질을 연구하려는 견해. organic conception

사:회 유대(社會紐帶)[명]〈사회〉사회를 이루고 있는 조건. 곧, 혈연(血緣)·지연(地緣)·이해 따위.

사:회 유명론(社會唯名論)[명]〈사회〉사회를 유사(類似)한 개인의 단집합(單集合)에 불과하다고 하는 학설. (대) 사회 실재론. social nominalism

사:회 유:형(社會類型)[명]〈사회〉어떤 분류 기준에 의하여 구분된 사회, 또는 집단의 유형. pattern of society

사:회 윤리(社會倫理)〈윤리〉①인간의 사회적·협동적 생활의 윤리(倫理). (대) 개인 윤리. ②사회 생활을 기반으로 하여 도덕의 발생과 평가 등을 사회적 견해에서 설명하는 윤리. social morality

사:회 윤리학(社會倫理學)[명]〈윤리〉사회 윤리에 관한 학문. social ethics

사:회의 목탁(社會─木鐸)[명]사회를 각성시키고 유도하는 사람의 양(비유)의 그러한 일. ¶신문은 ∼이다.

사:회 의:식(社會意識)[명]〈사회〉사회를 구성한 각 개인이 공통으로 가지고 있는 사고(思考)·감정·의지(意志)의 총체. 지식·관습·이데올로기·계급 의식 따위가 있음. 집단 의식. 집단 정신. social consciousness 「사회 일반의.

사:회 의:지(社會意志)[명]〈사회〉통일적으로 조직된

사:회 의학(社會醫學)[명]〈의학〉사회적인 인간을 대상으로 하여, 병에 걸리기 쉬운 사회 환경이나 생활 조건을 개선하려는 데 중점을 둔 일종의 예방 의학. (대) 개인 의학. social medicine

사회=인(社會人)〈사회〉①사회의 일원으로서 생활을 영위하는 사람. public person ②군대 등 단체에서 제한된 생활을 하는 사람들이 일반 사회의 사람을 일컫는 말.

사:회 인류학(社會人類學)[명]인류학의 한 부문. 미개인의 사회 생활을 대상으로 하여 연구함으로써 인간 사회의 일반을 밝힘. social anthropology

사회 입법(社會立法)[명]〈법률〉사회 정책적인 관점에서 하는 법률의 제정. 또, 그 법률. social legislation

사회=자(司會者)[명]〈사회〉산업 발전의 기반으로서 중시하는 도로·항만·철도·통신·전력·수도 등 공공(公共) 시설을 일컫는 말. 사회 간접 자본. social overhead capital

사:회=장(社會葬)[명]사회적으로 공로가 큰 사람의 죽음에 모든 사회 단체가 연합하여 지내는 장사. public funeral 「미치는 (것).

사:회=적(社會的)[관형]개인을 벗어나서 사회에 영향을

사:회적 감:정(社會的感情)〈심리〉사회 생활을 느끼지는 동정·애정·애국심·인종적 편견 및 그 밖의 도덕적 감정. social feeling

사:회적 개:성(社會的個性)〈사회〉한 사회를 딴 사회에 대비(對比)할 때 볼 수 있는 독특한 성질. 국민성·사회성·가풍(家風) 따위. social individuality

사:회적 거:리(社會的距離)〈심리〉집단과 집단 사이, 개인과 개인 사이에서 어느 정도 호감을 가지느냐 반감을 가지느냐의 감정적 거리. social distance 「받는 교섭의 관계. social intercourse

사:회적 교통(社會的交通)[명]〈사회〉개인 사이에 주고

사:회적 구속(社會的拘束)[명]〈사회〉일정한 사회 집단이 그 단체의 질서를 유지하고 옹호하기 위해 필연적으로 그 성원의 비사회적 행동을 구속하는 일.

사:회적 긴장(社會的緊張)[명]〈사회〉국제간 또는 한 나라 안의 집단·당파·계급 등의 상호 교섭에 있어서 생기는 반감·대립·알력·경쟁 등 자칫하면 터질 듯한 잠재적 투쟁을 이르는 말.

사:회적 부적응아(社會的不適應兒)[명]소속된 사회 질서에 순응될 수 없는 아동. 태타아(怠惰兒)·불량아 등.

사:회적 분업(社會的分業)[명]〈경제〉사회 내부에 있어서의 직업의 분화·전문화 또는 직능적 분담으로서의 분업.

사:회적 성:격(社會的性格)[명]〈사회〉①일반적 사회 구성원과 잘 어울릴 수 있는 사람의 성격. ②같은 집단 계층에 속하는 성원(成員)의 성격에 공통적 특성을 추출, 유형화한 추상적 성격의 형. 남성적 성격·사이민적 성격·관료적 성격 등.

사:회적 소:득(社會的所得)[명]〈사회〉근로자가 임금 외에 수익(受益)하는 복리 시설·사회 보험 등의 간접적 소득.

사:회적 암:시(社會的暗示)[명]〈심리〉군중 심리로서 맹목적으로 개인이 사회에서 받아들이는 암시. 또는, 개인이 소속 집단의 성원(成員)에게서 받는 암시.

사:회적 압력(社會的壓力)[명]〈사회〉개인이나 집단의 태도·의견·행동 등을 특정한 방향으로 유도되고 변화하도록 작용하는 사회적인 영향.

사:회적 욕구(社會的欲求)[명]〈사회〉사회의 모든 사람들이 균등한 양(量)의 소비를 향수할 수 있는 서비스의 하여 충족되고 또한 배제 원칙이 적용되지 아니하는 따위의 욕구.

사:회적 적응(社會的適應)[명]〈사회〉인간이 그 사회적 환경과 조화적 관계를 유지하는 일.

사:회적 지위(社會的地位)[명]〈사회〉일반적으로 수입·직업·출신·가문·사회적 활동·능력·교육 정도 등에 따라 받는 사회적 존경, 또는 위신의 정도에 의하여 하나의 전체 사회 속에서 차지하는 위치. one's social position

사:회적 풍토(社會的風土)[명]〈사회〉사회나 집단의 생활을 특징짓고 있는 일반적 분위기.

사:회적 환경(社會的環境)[명]〈사회〉사회 내부의 모든 요소·관습·전통·풍속·제도 및 그 밖의 문화적 요소. social environment

사:회 정책(社會政策)[명]노동 문제·실업 문제 등의 모든 문제를 해결하기 위하여 국가나 공공 단체가 하는 정책. social policy

사:회 제:도(社會制度)[명]〈사회〉사회에 의하여 지지받는 행동 방법과 생활 양식. 법률·경제·정치 등의 제도 및 종교·도덕 등의 문화. social system

사:회 조사(社會調査)[명]〈사회〉인간의 사회 생활에 관한 조사. 국세 조사·여론 조사·사회 과학이나 조사 따위. social survey

사:회 조직(社會組織)[명]〈사회〉사회의 생존·질서를 유지하려고 있는 협동의 조직 사회 체제(組織社會體制). 사회 체제(社會體制). social organization

사:회=주:의(社會主義)[명]생산 수단의 공유(共有) 위에, 계획적인 경제를 행하려는 주의. ¶∼ 경제학(經濟學). (대) 자본주의(資本主義). socialism

사:회주의 문학(社會主義文學)〖동〗 프롤레타리아 문학. 전에 응용한 개념. social evolution

사회 진:화(社會進化)〖사회〗 진화론을 사회의 발달이라는 뜻.

사회 질서(社會秩序)〖사회〗 사회에서 각 개인의 행동이 일정한 규율에 의하여 진행되는 상태. public order

사회 집단(社會集團)〖사회〗 이미지(image)와 계속적인 행동을 함께 하는 두 사람 이상의 모임. 가족・부족 등의 공동 집단이나 학교・사회 등의 이익 집단이 있음.

사회 참여(社會參與)〖사회〗 학자나 예술가가 정치・사회 문제에 관심을 가지고 그 계획에 참가하여 간섭함. taking part in social problems

사회 철학(社會哲學)〖철학〗 사회에 관한 형이상학적 및 가치적 연구. social philosophy

사:회 체제(社會體制)〖동〗 사회 조직(社會組織).

사회 통:계(社會統計)〖사회〗 사회 현상에 관한 여러 부문의 통계. 인구 통계・경제 통계・문화 통계 따위. social statistics

사회 통:계학(社會統計學)〖사회〗 숫자적(數字的) 재료를 기초로 하여 사회적 대량(大量) 현상을 관찰함으로써, 사회 현상의 규칙성 또는 법칙성을 발견하려는 학문. social statistics

사회 통념(社會通念)〖사회〗 사회의 건전한 상식・판단. generally accepted idea

사회 통:제(社會統制)〖사회〗 사회가 그 질서를 유지하기 위하여 사회에서 각 개인의 활동을 구속하는 일. public control

사:회:학(社會學)〖사회〗 사회의 온갖 현상・사회의 구조・질서・발전・변동의 법칙을 연구하는 학문. sociology

사회학적 윤리학(社會學的倫理學)〖윤리〗 모든 사회 현상이 도덕 현상의 발생・발달・변천에 영향을 미친 상태를 기술하려고 하는 실증 과학.

사회 혁명(社會革命)〖사회〗 정체(政體)뿐만 아니라 사회 제도를 근본적으로 뜯어고치는 일. social revolution

사회 현:상(社會現象)〖사회〗 사회를 구성하는 모든 개인의 현실적 행동의 결과로서 나타나는 현상. 사회 과학의 연구 대상이 됨. (대) 자연 현상(自然現象). social phonomenon

사회형(社會型)〖사회〗 사회 조직상에서 볼 수 있는 여러 가지의 형. 이익 사회・공동 사회・산업적 사회・군사적 사회 등. 「복합적 통일체.

사회 형상(社會形象)〖사회〗 다수의 사회 관계의

사회 형태(社會形態)〖사회〗 노예 사회・봉건 사회・자본주의 사회・이익 사회 등 사회가 나타내는 형태. social form

사회:화(社會化)〖동〗①개인이 사회의 문화를 학습해 가는 과정. 사회적인 성격을 띠거나 띠게 함. ②국가 또는 공공 기관에 의한 산업의 통제・관리・소유를 말함. socialization 하타

사회 회:계(社會會計)〖경제〗 사회 전체와 국민 경제 전체를 대상으로 하는 회계. (대) 개별 회계.

사:횟-굿(四交)〖四〗 굿삿대.

사:효(四爻)〖민속〗 육효(六爻)의 넷째 효. [death

사:후(死後)〖명〗 (대) 생전(生前). after one's

사후(伺候)〖동〗①웃어른의 분부를 기다림. attendance ②웃어른을 뵙고 문안을 드림. inquiry after one's superior's health 하타

사:후(事後)〖명〗 무슨 일을 치르거나 손댄 뒤. ¶~ 조치(措置). (대) 사전(事前). after the event

사후(射侯)〖체육〗 활쏘기의 과녁으로 쓰는 베. 사방 열 자쯤 됨.

사:후 강:도(事後強盜)〖법률〗 절도범이 훔친 것을 뺏기지 않으려고 항거하거나, 또는 체포를 피하거나 최악의 인멸을 목적으로 폭행・협박하는 일.

사:후 강직(死後強直)〖생리〗 동물이 죽고 얼마 지난 뒤 그 몸의 마디가 굳어서 퍼기어 어려운 상태. rigor mortis

사:후 공명(死後功名)〖제도〗 죽은 뒤에 내리는 벼슬이나 시호(諡號). posthumous fame

사:후 명장(死後名將) 죽은 뒤에 비로소 이름이 드러나는 장수. 「전선.

사후-선(伺候船)〖제도〗 수영(水營)에 딸린 척후용

사:후 승낙(事後承諾) 일이 끝난 뒤에 승낙을 받음. 하타.

사:후-심(事後審)〖법률〗 상소심(上訴審)의 한 형태. 원심의 기록을 기본으로 원판결의 당부(當否)를 심판하는 심급(審級)임. 상고(上告)가 이에 해당함.

사:후 약방문(死後藥方文)〖명〗 때를 놓치고 나서 쓸데없는 일을 하거나, 옳은 방법을 이야기함. 사후 청심환(死後淸心丸). after death comes the doctor

사:후 처:분(死後處分)〖동〗 사인 처분(死因處分).

사:후 청심환(死後淸心丸)〖명〗 사후 약방문(死後藥方文).

사:후 행위(死後行爲)〖동〗 사인 처분(死因處分).

사:훈(社訓)〖명〗 사원이 지켜야 할 그 회사의 방침.

사훈(師訓)〖명〗 스승의 교훈.

사훔(詐欺)〖명〗 미덥지 못함. 하타.

사휘(私諱)〖동〗 가휘(家諱).

사휘(斜暉)〖명〗 비껴 비치는 저녁 햇빛.

사휘(辭彙)〖명〗 어휘(語彙).

사흥(伺釁)〖동〗 사극(伺隙). 하타.

사흘-날〖명〗→초사흘날.

사흘〖명〗세 날. three days ②〖약〗→초사흘

사흘 굶어 도둑질 아니 할 놈 없다 아무리 착한 사람이라도 빈곤하게 되면, 마음이 변하여서 옳지 못한 일을 하게 된다.

사흘 굶어 아니 나는 생각 없다 굶주림은 가장 견디기 어려워 별별 생각도 다 떠오르게 된다.

사흘 굶은 개는 몽둥이를 맞아도 좋다고 한다 굶주렸을 때에는 제게 주어지는 것이 있으면 무엇이나 다 좋게 받아들인다.

**사흘 길에 하루쯤 가서 열흘씩 눕는다〖속〗①일을 너무 급히 하려고 서두르면 도리어 더디다. ②몹시 게을러 일을 이룰 수 없음을 비유한 말.

사흘=돌이〖명〗 사흘마다. 매삼일(每三日). every three

사흥(史興)〖명〗 역사에 대한 흥미. [days

사:히-다〖자〗〖고〗 쌓이다.

삭〖명〗①거침없이 밀거나 쓸어 나가는 모양. cleanly ②남김없이 모두 다. completely ③종이 따위를 단번에 베는 모양이나 그런 소리. 〖큰〗 석. 〖센〗 싹². cut at a stroke 「말. ¶수삼 ~. New moon

삭(朔)〖약〗→합삭(合朔).

삭(蒴)〖식물〗①선태류(蘚苔類)의 포자낭(囊). 수정(受精)의 결과 발생하는데, 긴 꼭지가 있고 속에 많은 포자가 있음. ②〖동〗 삭과(蒴果).

-삭〖명〗〖고〗 싹.

삭-갈:다〖타〗〖농업〗 논을 미리 못 갈고 모낼 때에야 갈아 하는, 논을 갈다. 하타.

삭-갈이〖농업〗 논을 삭가는 일. 하타.

삭감(削減) 깎아서 줄임. 감삭(減削). (대) 첨가(添**삭갚**〖명〗→삿갓. [加). reduction 하타

삭거(削去) 깎아 버림. 하타. 「하타.

삭고(朔鼓)〖음악〗틀 위에 달 모양을 새긴 북의

삭과(削科)〖제도〗 과거에서 규칙을 어긴 급제자를 취소해 버림. 하타.

삭과(蒴果)〖식물〗 열과(裂果)의 하나. 속이 여러 칸으로 나뉘고 각 칸에 많은 씨가 든 열매. 심피(心皮)의 등이나 심피 사이가 터져서 씨가 나옴. 삭**삭-괭이**(蒴)〖명〗→살괭이. [(蒴)②.
삭-괭이〖명〗→살괭이.

삭구(索具) 배에서 쓰는 로프・쇠사슬 따위의 총칭.

삭뇨-증(數尿症)〖한의〗 오줌이 자주 마려운 병. 방광 결석・요도 질환 등으로 생김.

삭-다 ①물건이 오래 되어 썩은 것처럼 되다. decay ②묽어지다. become sloppy ③먹은 것이 내리다. digest ④기운이 풀리다. melt away ⑤김치 따위가

삭다례

익다. ripen [는 차례. 삭단(朔單).
삭-다례(朔茶禮)圏 달마다 초하룻날에 사당에서 지내
삭단(朔單)圏〔동〕삭다례(朔茶禮).
삭도(削刀)圏〈불교〉중의 머리털을 깎는 데 쓰는 칼. razor for shaving a head
삭도(索道)圏→가공 삭도(架空索道).
삭도(索綯)圏 새끼를 꼼.
삭도-간[-깐](索道間)〈토목〉가공 삭도의 중간 지점에 있어 수송의 연쇄 중계를 맡으며, 연락상의 주재원(駐在員)이 머물러 있는 막.
삭독圏 연한 물건을 잇달아 가볍게 썰거나 베는 모양. 또, 그 소리. 〈큰〉석독. 〈센〉싹독. 썩둑.
삭독-거리-다재타 연하여 삭독 소리가 나다. 또는, 자꾸 그런 소리를 내다. 〈큰〉석독거리다. 〈센〉싹독거리다. **삭독-삭독**甼하타
삭독삭독-하-다톙 글의 뜻이 토막토막 끊어져서 문맥이 통하지 아니하다. 〈센〉싹독싹독하다.
삭마(削磨)圏 깎아 갊. 깎아 문지름. 하타
삭마 작용(削磨作用)〈지학〉하식(河蝕)·빙식(冰蝕)·풍식(風蝕)·파식(波蝕) 따위의 외적 영력(外的 營力)으로 말미암아 지반(地盤)이 넓게 평탄하게 평면하여지는 작용. 삭박 작용(削剝作用). abrasion
삭막(索莫·索寞·索漠)圏 ①잠시 잊어버려 생각이 잘 안 남. dimness ②황폐하여 쓸쓸함. dreary 하타
삭말(削抹)圏 삭제(削除)하고 말소(抹消)함. 깎아서 지워 버림. elimination and erasure 하타
삭망(朔望)圏 ①음력 초하루와 보름. syzygy ②〈악〉→삭간정. [기간의 만조(滿潮).
삭망 고조(朔望高潮)圏 음력 초하루와 보름까지의
삭망-월(朔望月)圏〈천문〉초하루에서 다음 초하루. 보름날에서 다음 보름날까지 사이의 시간. 태음월(太陰月). synodic month
삭망-전(朔望奠)圏 상중(喪中)인 집에서 매달 초하루와 보름에 지내는 제사. 〈약〉삭망(朔望)❶.
삭맥(數脈)圏〈한의〉보통보다 훨씬 번수가 많은 맥. quick pules
삭면(索麪)圏 밀가루를 소금에 개어 기름을 치고 가늘게 가늘고 길게 잘라 말린 국수. 삶아서 냉수에 담갔다가 먹음.
삭-모圏〈농업〉논을 삭갈고 심은 모.
삭모(削毛)圏 털을 깎음. 하타
삭모(槊毛)圏 기·창 따위의 머리에 술이나 이삭 모양으로 만들어 다는 붉은 빛깔의 가는 털. 상모(象毛). tassel [던 계.
삭모-계(槊毛契)圏〈제도〉삭모를 공물(貢物)로 바치
삭박(削剝)圏 ①닳아 벗어짐. abrasion ②벗어 깎임. peeling 하타
삭박 작용(削剝作用)圏→삭마 작용(削磨作用).
사발-다[고]圏 삯을 받다. 품값을 받다.
삭발(削髮)圏 ①머리털을 깎음. 낙발(落髮) hair cutting ②중이 됨. 체발(剃髮). becoming a bonze ③초목이나 채소를 마구 벰. mowing 하타 [날.
삭발-날(削髮−)圏〈불교〉중이 머리를 깎는 일정한
삭발-례(削髮禮)圏〈기독〉신품(神品)과 수사(修士) 지원자의 머리를 깎는 예식.
삭발 염:의[−념−](削髮染衣)圏〈불교〉중이 되기 위해 절간(佛門)에 들어가서 머리를 깎고 검은 옷을 입음. 하타
삭발 위승(削髮爲僧)圏 머리를 깎고 중이 됨. (北方).
삭방(朔方)圏 북방(北方).
삭방-도(朔方道)圏〈역사〉고려 성종(成宗) 때 두었던 10도 가운데의 하나로, 지금의 강원도 북부 지방. [eat up
사-베:먹-다타 남김없이 모조리 베어먹다. cut and
삭벽(削壁)圏 깎아져서 우뚝 솟은 암벽(岩壁). cliff
삭변-증(−종)(數便症)圏〈한의〉장(腸)의 질환으로 대변이 자주 마려운 병.
삭북(朔北)圏 북방(北方).
사:삭甼 ①거침없이 가볍게 비비거나 밀거나 쓰는 소

리. 또, 그 모양. sound of rubbing briskly ②거침없이 가볍게 베어 나가는 소리. 또, 그 모양.〈큰〉석삭.〈센〉싹싹. sound of cutting briskly
삭삭(數數)甼 자주자주. often
삭삭-거리-다재타 삭삭 소리가 자주 나다. 또, 그런 소리를 내다.〈큰〉석석거리다.〈센〉싹싹거리다
삭삭 왕:래(數數往來)圏 자주 오고 감. 하타 [다.
삭신圏 몸의 근육과 뼈마디. ¶∼이 쑤시고 아프다. muscles and joints
삭-심:−[−따](−心)타〈농업〉삭갈아서 모를 심다.
삭아-접(削芽接)圏〈농업〉접붙이기의 한 방법. 접본(椄本)의 측면을 접도로 깎아 접붙일 눈을 붙이고 묶는 방법.
삭여(朔餘)圏 한 달이 넘음. 한 달 남짓함. 월여(月
삭역(朔易)圏 마침 바뀜. 새해로 바뀜. 〈준〉삭(朔).
삭연-하-다(索然−)톙 ①외롭고 쓸쓸하다. ②흥미가 없다. **삭연-히**甼 [月). newmoon
삭월(朔月)圏〈천문〉음력 초하룻날의 달. 신월(新
삭월-세[−에](朔月貰)圏→사글세.
삭월셋-집[−쎗−](朔月貰−)圏→사글셋집.
삭은−니圏 벌레먹은 이. decayed tooth [사람.
삭은 바자 구멍에 노란 개 주둥이판 말참견 잘하는
삭은-코圏 코를 몹시 다쳐서 곯병이 들어 조그만 충격에도 코피가 자주 나는 코. nose which often bleeds
삭이-다타 ①소화시키다. digest ②분한 마음을 참다. ¶억울한 마음을 속으로 ∼. tolerate
삭일(朔日)圏 음력의 매달 초하룻날. first day of the
삭임(消−)圏 소화(消化)②. [lunar month
삭임-관(−管)圏 소화관(消化管).
삭임-샘圏 소화선(消化腺)➤
삭임-틀圏 소화기(消化器).
삭적(削籍)圏 ①호적이나 학적을 지워 없앰. strike off the list ②면제(免職)당함. 직원록에서 그 이름을 삭제함. being discharged 하타
삭-전(−田)圏 오래 경작하여 토박해진 밭.
삭전(朔奠)圏 상가(喪家)에서 음력 초하루마다 지내는 제사. 〈대〉망전(望奠). [이②. dead branch
삭정−이圏 산 나무에 붙은 채 말라 죽은 가지. 썩정
삭제(削除)圏 깎아서 없앰. elimination ②지워 버림. 〈대〉첨가(添加). cancellation 하타
삭제(朔祭)圏〈제도〉왕실(王室)에서 음력 초하루마다 지내던 제사.
삭조(索條)圏 삼이나 강선(鋼線)을 드린 것을 십으로 하고, 거기에 몇 줄의 강철제 철사로 꼰 것을 감은 밧줄. [제함. 하타
삭직(削職)圏 직(職)이나 직위(職位) 따위에서 면
삭-전(−田)圏 오래 경작하여 토박해진 밭.
삭지(削地)圏 ①땅을 깎아 버림. ②영지(領地)를 삭
삭지(朔地)圏 북방에 있는 땅.
삭직(削職)圏→삭탈 관직(削奪官職).
삭참(朔參)圏〈민속〉음력 초하루마다 사당(祠堂)에 참례하는 일. 하타
삭체(數遞)圏 벼슬아치가 자주 바뀜. 하타
삭출(削黜)圏〈제도〉죄 지은 사람의 벼슬과 품계를 떼어 내쫓음. degradation 하타
삭치-다(削−)타 ①지우거나 깎아 없애다. erase ②셈을 맞비기다. offset
삭탈(削奪)圏〈약〉→삭탈 관직.
삭탈 관직(削奪官職)〈동〉삭탈 관직(削奪官職). 하
삭탈 관직(削奪官職)圏〈제도〉죄 지은 사람의 벼슬과 품계를 빼앗는 일. 삭탈 관작. 〈약〉삭직(削職). 삭탈. deprivation of office and rank 하타
삭풍(朔風)圏 겨울철의 북풍. ¶∼이 몰아치다.
삭회(朔晦)圏 음력 초하루와 그믐.
삭히-다타 →삭이다.
삭히-다(削−)재타 담가 둔 음식물을 삭게 하다. decay
삯圏 노동에 대한 보수로 주는 돈이나 물건. pay
삯-꾼圏 삯을 받고 일하는 일꾼. 고군(雇軍). 〈유〉놉. jobber [(賃金). wages
삯-돈圏 삯으로 받는 돈. 고금(雇金). 삯전. 임금

삯마(一馬) →삯말.
삯말[명] 세를 주고 빌려 쓰는 말. hired horse
삯메기[명] 농촌에서 식사는 없이 품삯만 받고 하는 일. job work 하다
삯-바느질[명] 삯을 받고 해 주는 바느질. needlework
삯방아[명] 삯을 받고 찧어 수는 방아.
삯=일[-닐][명] 삯을 받고 하는 일. wage work 하다
삯=전(一錢)[명][동] 삯돈.
삯짐[명] 삯을 받고 져 주는 짐. carrying load for hire
삯팔이[명] ①짐을 실어다 주고 삯을 받는 벌이. carrying for hire ②삯일을 해 주고 삯을 받는 벌이. ~군. wage earning 하다

산(山)[명] ①평지보다 훨씬 높이 솟은 부분. mountain
산(疝)[명](疝症)→산증(疝症). ②[약]→산소(山所).
산[算][명] 셈. ~이 맞는다.
산(酸)[명]〈화학〉물에 녹이면 수소 이온을 생성하는 수소 화합물. 그 용액은 시고, 푸른 리트머스를 붉게 변하게 함. acid ~말. ~개구리. ~토끼.
산=(山)[접두] 산이나 들에 저절로 나는 것을 뜻하는
=산(産)[접미] 어디서 난 물건임을 나타내는 말. 「국·산」[교] 장정(壯丁). ~. 외국~. production
산²[의]〈고〉것은. '사'의 주제격형.
산가(山家)[명] 산속에 있는 집. (대) 촌가(村家). house in the mountain
산-가(産家)[명] 아이를 낳은 집. house delivered of a child
산가(一價)(酸價)[명]〈화학〉유지(油脂) lg 중에 함유되어 있는 유리지방산을 중화하는 데 필요한 수산화칼리의 mg 수.
산:-가비[一가一](算一)[명]→산가지.
산:-가지[一가一](算一)[명] ①대나 뼈로 젓가락 모양으로 만들어 수효를 셈하는 데 쓰던 기구. counting sticks ②점치는 기구. fortune-telling stick
산각(山脚)[명][동] 산기슭. the mountains
산간(山間)[명] 골짜기가 많은 산으로 된 땅. 산골. in
산간 도시(山間都市)[명] 산간에 발달한 도시.
산간 벽지(山間僻地)[명] 산간의 궁벽한 곳. secluded place in the mountains
산간 벽촌(山間僻村)[명] 산간의 궁벽한 마을. remote mountain village
산간 분지(山間盆地)[명]〈지리〉지반의 곡강(曲降)에 의하여 생긴 분지.
산간=수(山間水)[명] 산과 산 사이의 계곡에 흐르는 물.
산간 오:지(山間奧地)[명] 산간 지대의 깊숙하고 궁벽한 곳.
산=갈가마귀[명]〈조류〉까마귀과에 속하는 새. 까마귀 종류 중 몸집이 가장 작음. 깊은 산속에서 살며, 소리가 불쾌함. 산아(山鴉).
산감(山監)[명] ①[약]→산림 감수(山林監守). ②[약]→산감독(山監督).
산:=감(刪減)[명] 깎아서 줄임. 삭감(削減). reduction 하다
산=감독(山監督)[명] 풍치림이나 광산에서 일하는 것을 감독하는 사람.〈유〉산감(山監)².
산강(山薑)[명]〈약〉→산초(山椒). ②[약]→백출(白朮).
산:개(刪改)[명] 글귀를 짓고 고쳐 바로잡음. revision
산:개(散開)[명] 간격을 좁게 옆으로 너른 대형을 만드는 일. deployment 하다
산 개가 죽은 정승보다 낫다[격] 아무리 천하게 살더라도 죽는 것보다는 낫다.
산:-개구리[一깨一](山一)[명]〈동물〉개구리과의 동물. 몸 길이 9cm 가량, 등에는 짙은 갈색 점이 있으며, 배는 엷은 회갈색 또는 적황색, 가슴에 검은 구름 무늬가 있음. 벳송장 개구리. 로이는 전투 대형.
산:개 대:형(散開隊形)[명]〈군사〉군대가 산개한 상태
산:-개 성단(散開星團)[명]〈천문〉수십 개부터 수백 개 정도의 항성이 비교적 성기게 모인 성단. 은하면에 따라 수천이 분포하고 있음.(대) 구상 성단. open cluster
산:개=전(散開戰)[명]〈군사〉전투 대형을 산개 대형으로 벌려 싸우는 전투. fighting in skirmish order
산:개=진(散開陣)[명]〈군사〉산개 대형으로 친 진.

산객(山客)[명] ①산에 살며 세상에 나타나지 않는 사람. ②산적(山賊)의 딴이름. ③등산하는 사람. climber ④[동] 철쭉.
산거(山居)[명][동] 산중에 삶. dwelling in the mountain
산:거(删去)[명][동] 삭삭(删削). 하다
산:견(散見)[명] 여기저기에 보임. 하다
산경(山徑)[명] 산길.
산경(山景)[명] 산의 경치. mountain scenery
산계(山系)[명]〈지리〉둘 이상의 산맥이 밀접한 관계를 가지고 한 계통을 이룬 것. mountain system
산계(山薊)[명] ①[동] 창주. ②[동] 백출(白朮).
산:계(散階)[명]〈제도〉이름뿐이고 직무가 없는 벼슬의 품계.〈유〉산관(散官). sinecure
산계 야:목(山鷄野鶩)[명] 산꿩과 들오리란 뜻으로, 성미가 거칠고 제 마음대로만 하여 다잡을 수 없는 사람을 비유한 말. of child bearing
산고(産苦)[명] 아이를 낳는 피로움. 산로(産勞). pain
산고(産故)[명] 아이를 낳는 일. child bearing
산고디[명] 산고대.〈쓰는 운두 높은 모자.
산고=모(山高帽)[명] 프록 코트·모닝 코트 등 예장때
산고 수장(山高水長)[명] 군자나 어진 사람의 덕이 후세에 길이 길이 전함을 이른 말. enduring reputation
산고 수청(山高水淸)[명] 산이 높고 물이 맑아 경치가 좋음. excellent scenery 하다
산곡(山谷)[명] 산골짜기.
산:곡(産穀)[명][동] 생산되는 곡식. 곡식이 남. 하다
산:곡(散穀)[명] 흩어진 낟알.
산곡-간(山谷間)[명] 산골짜기 사이.
산곡-풍(山谷風)[명] 산악 지방에서 날씨가 좋고 조용한 날에 규칙적으로 방향을 바꾸면서 부는 바람. 낮에는 골짜기에서 마루를 향하여 불어 올리고, 밤에는 마루에서 골짜기로 향하여 내리 붐.
산:-골[한의] 구리와 더불어 나는 쇠붙이. 뼈를 맞추는 약으로 씀. 자연동(自然銅). natural copper
산-골[一꼴](山一)[명] 궁벽한 산 속. 두메. 산간(山間). remote place in the mountain
산-골짜기[一꼴一](山一)[명] 산과 산 사이의 길이 팬 곳. 산곡(山谷).(약) 산골짝. mountain valley
산-골짝[一꼴一](山一)[명]→산골짜기.
산과(山一)[명](약)→산구화.
산과(山果)[명] 산에서 나는 과일.
산:-과[一꽈](産科)[명]〈의학〉①임신(妊娠)·분만(分娩) 등 출산에 관한 의술의 한 분과. ②[약]→산과 병원.
산:과 겸자[一一](産科鉗子)[명]〈의학〉잘 나오지 않는 태아를 잡아 끌어 인공적으로 분만을 용이하게 하는 집게 모양의 금속제 기계.
산:과 병:원(産科病院)[명]〈의학〉임신·분만 및 그에 딸린 병을 보아주는 병원.(약) 산과². maternity hospital
산:과 의사[一一](産科醫師)[명]〈의학〉산과를 전문으로 하는 의사.(약) 산과의. 산의(産醫). obstetrician
산:과=학(産科學)[명]〈의학〉산과에 관한 학문. obstetrics
산락(山麓)[명] ①높이 우뚝 솟아 벼랑이 된 산. ②산을 따라서 마을. 산에 들러싸인 마을. 산촌.
산:곽(産藿)[명][동] 해산 미역. ③산중의 성락.
산:관(散官)[명]〈제도〉일정한 직무가 없는 벼슬. 산반(散班). 산직(散職).(유) 산계(散階). unattached official
산:광(散光)[명]〈물리〉물체의 거친 면이나 흩어진 미립자 등에 의해 빛이 사방으로 불규칙하게 반사되는 현상. 또, 그 광선. scattered light
산괴(山塊)[명]〈지리〉산줄기에서 따로 떨어져 나간 산의 덩어리. mountain mass
산구(山口)[명][동] 산어귀. 산어귀=산마루틱이.
산:구(産具)[명] 아이 낳는 데 쓰는 여러 가지 기구.
산:-구화(山一花)[명][변]→산국화.

산국(山國)[명] 산이 많은 나라. mountinous country
산=국(山菊)[명] 〈동〉 산국화(山菊花).
산국화(山菊花)[명] 〈식물〉 엉거시과의 다년생 풀. 줄기에 잔털이 있고 잎은 담녹색임. 황색 꽃이 피고 종자에는 관모(冠毛)가 없음. 산과 들에 나는데 꽃은 약용 또는 식용함. 산국(山菊). (변) 산구화. wild chrysanthemum
산군(山君)[명] ①〈동〉 산신령(山神靈). ②(봉) 범. 「람.
산군(山郡)[명] 〈제도〉 나라의 산림을 지키던 사
산군(山郡)[명] 〈동〉 산읍(山邑).
산굴마리[명] 봉우리가 많이 모여 있는 산.
산=군:읍(山郡邑)[명] 산골에 있는 여러 고을.
산굴[—꿀](山窟)[명] 산 속에 있는 굴. mountain cave
산궁 수진(山窮水盡)[명] 산이 막히고 물줄기가 끊어짐. 곧, 어려움이 극도에 이르러 아무런 방법이 없음을 비유하여 이르는 말. 산진 수궁①. 하관
산=귀래(山歸來)[명] 〈식물〉 며래.
산=그ㅡ늘[—ㄴㅡ](山—)[명] 산이 가리어서 생긴 그늘.
산근(山根)[명] ①콧마루와 두 눈썹 사이. 골상학에서 쓰는 말. ②산줄기가 벋어 나가기 시작한 곳.
산:근(酸根)[명] 〈화학〉 산(酸)의 분자 중에서 금속 원자와 바꿀 수 있는 수소(水素) 원자를 제한 나머지의 기(基). 산기(酸基). acid radical
산금(山金)[명] 〈광물〉 암석 중의 석영암(石英岩) 속에서 나는 자연금.
산금(山禽)[명] 〈동〉 산새. 「production 하관
산:금(産金)[명] 금을 생산함. ¶ ~ 장려(獎勵). gold
산기(山氣)[명] ①산의 쓸쓸하고도 빼어난 기세. ②산속 특유의 깨끗한 공기. 또는, 산에 끼는 아지랑이.
산기(疝氣)[명] 〈동〉 산증(疝症). 「travail
산=기[—기](産氣)[명] 아이를 낳을 기미. being in
산:기(産期)[명] 밴 아이를 낳는 시기. time of a par-
산:기(酸基)[명] 〈동〉 산근(酸根). 「turition
산=기둥〈건축〉 벽에 붙지 않고 대청 복판 따위에 따로 서 있는 기둥. pillar
산=기슭[—끄](山—)[명] 산 아래의 편평한 부분. 산 아랫 부분. 산족(山足). 산각(山脚). foot of a mountain
산=길[—낄](山—)[명] 산에 있는 험한 길. 산경(山徑). 산도(山道). 산로(山路). mountain path
산:=길(山—)[명] 생사(生絲)로 짠 얇은 비단. 생견(生絹).
산=꼬대(山—)[명] 산에 산바람이 심하게 불어서 추워짐. 또, 그 현상. night chill from a mountain wind 하관 「頭).
산=꼭대기(山—)[명] 산의 맨 위. 산정(山頂). 산두(山
산=나그네(山—)[명] 산을 타는 나그네. 등산객·소풍객 등을 일컬음.
산=나리(山—)[명] 〈식물〉 백합과의 다년생 풀. 줄기 높이 1~1.5m, 인경(鱗莖)은 둥글고, 잎은 피침형. 여름철에 적갈색 반점이 있는 흰 육판화가 핌. 산에 나며 인경은 식용함.
산나무=진디(山——)[명] 〈곤충〉 진디과의 곤충. 암컷의 길이 약 2mm, 날개 8mm, 몸에는 회백색 긴 털이 남. 단풍나무의 해충임.
산=나물(山—)[명] 산에서 나는 먹는 나물. 산채(山菜). 산영(山榮). wild edible greens
산내(山內)[명] ①산 속. heart of a mountain ②(불교) 절의 구역 안. precinct of the temple
산=내림(山—)[명] 산에서 벌목한 나무를 산기슭이나 평궤까지 끌어내리는 일. 산몰음.
산내 말사[—싸](山內末寺)[명] 〈불교〉 본산(本山)과 같은 산 안에 있는 말사(末寺). (대) 산외 말사(山外末寺). attached temple
산 너머(山—)[명] 산의 저쪽. 「hills
산농(山農)[명] 산전(山田)에서 짓는 농사. farming in
산:=놓ː다(算—)[타] 산가지나 주판을 놓아 셈하다.
산=누에(山—)[명] 〈곤충〉 산누에나방과의 곤충. 가잠(家蠶)과 비슷하나 더 크고 긴 털이 났음. 떡갈나무·참나무 등의 잎을 먹고 담갈색의 고치를 지

으며 고치에서는 실을 뽑음. 산잠(山蠶). 야잠(野蠶). 작잠(柞蠶). tussah 「繭). 작잠견(柞蠶繭).
산누에=나방(山——)[명] 〈곤충〉 산누에나방과의 곤충. 몸은 대형이고 톡각은 짧음. 야서성(野棲性) 또는 반옥내성(半屋內性)으로써 야간 활동을 하며 고치는 견사로 이용함. 유충은 활엽수의 해충임. 산잠아(山
산다(山茶)[명] 동백나무. 「蠶蛾). tussahmoth
산다루[—루][명] →샌들(sandal).
산다리[명] 〈식물〉 열매가 잘고 흰 팥의 하나.
산다화(山茶花)[명] 동백나무의 꽃. camellia blossom
산=닥나무[—딱—](山—)[명] 〈식물〉 희양목과의 낙엽 활엽 관목. 높이 약 1.5m, 여름에 노란 꽃이 핌. 산과 들에 나며 수피는 제지의 원료로 씀.
산단(山丹)[명] 〈식물〉 백합과의 다년생 풀. 줄기는 곧고 높이 30~80cm 가량이며 잎은 넓은 선형으로 7월에 적색 또는 황적색 꽃이 핌. 관상용으로 재배하며 비늘 줄기는 먹음. morningstar lily
산달(山—)[명] 산이 있는 곳. 산지①. hilly district
산달(山獺)[명] 〈동물〉①담비. ②검은 담비. ③너구리.
산:달[—딸](産—)[명] 해산(解散)달.
산달피(山獺皮)[명] 〈동〉 잘.
산 닭 주고 죽은 닭 바꾸기도 어렵다〔족담〕 무엇을 구하려고 나서면 귀한 것을 주고도 흔한 것을 얻기 어려움의 비유. 「논. one's scattered lot
산=답(散畓)[명] 한 사람의 소유로 사방에 흩어져 있는
산당(山堂)[명] 〈약〉 → 산신당(山神堂).
산당=화(山棠花)[명] 〈식물〉 능금나무과의 낙엽 활엽 관목. 몸에 짙은 홍색 꽃이 멀기로 됨. 산과 들에 나며 관상용으로 심음.
산=대[—때][명] 고기 잡는 그물의 하나. fishing-net
산대(山臺)[명] 〈변〉 산디.
산:=대(散大)[명] 커다랗게 퍼짐. 하관
산대(蒜臺)[명] 〈동〉 마늘종.
산디[명] (교) 산디.
산대=구(蒜薹炙)[명] 물에 담갔다가 말린 마늘종을 꼬챙이에 꿰어 밀가루를 발라 구은 반찬.
산대=극(山臺劇)[명] 〈동〉 산디놀음. 하관
산대 도감(山臺都監)[명] 〈변〉→산디 도감.
산대 도감극(山臺都監劇)[명] 〈동〉 산디놀음.
산대 잡극(山臺雜劇)[명] 〈동〉 산디놀음.
산=더미[—떠—](山—)[명] 매우 많이 쌓인 물건의 비유. 산(山棌). 「유. heap
산도(山道)[명] 〈동〉 산길.
산도(山圖)[명] 〈민속〉 묏자리의 그림. picture of a
산도(山稻)[명] 〈동〉 밭벼. 「mountain
산:도(産道)[명] 〈생리〉 분만할 때 태아가 통과하는 통로. 곧, 산모의 생식기의 일부. parturient canal
산:도(酸度)[명] 〈화학〉 염기(鹽基)의 한 분자 속에 들어 있는 수산기(水酸基)의 수. (대) 염기도(鹽基度). acidity 「를 검사하는 일.
산도 검:정(酸度檢定)[명] 〈농업〉 경토(耕土)의 산성도
산도=증(酸毒症)[명] 〈의학〉 신진 대사의 장해로 말미암아 체내의 산 형성이 병적으로 왕성해져서 혈액의 산 중화 능력이 감소된 상태. 아시도시스(Acidosis). 산성병(酸性病). 산중독(酸中毒). (대) 알칼리 중독. 「신 쓰는 돈.
산:=돈[—똔](算—)[명] 노름판 같은 데서 산가지 대
산=돌림[—똘—](山—)[명] 사방으로 돌아다니며 오는 소나기. shower 「배나무의 열매. 녹리(鹿梨).
산=돌배[—똘—](山—)[명] 산돌배나무.
산돌배=나무[—똘—](山—)[명] 〈식물〉 능금나무과의 낙엽 소교목. 잎은 난형이고 가에 톱니가 있음. 과실은 둥글고 익으면 누렇게 됨. 과실은 식용, 나무는 도구재로 쓰임. 녹리(鹿梨). 산돌배①. wild pear 「사람.
산=돌이(山—)[명] ①딴 산에서 온 범. ②산에 익숙한
산동(山洞)[명] 〈동〉 산촌(山村). 「mountain
산동(山童)[명] 두메에서 자란 아이. boy living in the

산:동(散瞳)[명]〈생리〉교감(交感) 신경의 지배를 받는 동공 확대근의 작용으로 동공이 확대되는 현상. (대)축동(縮瞳).

산동-주(山東紬)[명] 중국 산동 지방에서 생산되는 명주실로 짠 명주. 면주(繭紬).

산:동-증[一즁](散瞳症)[명]〈의학〉동공이 병적으로 크게 열려 빛의 자극을 받아도 축소하지 않는 상태.

산:-돼:지[山—](山—)[명] 산돼지과에 속하는 짐승. 돼지의 원종으로 몸 길이 1~1.5m 가량이고 몸 빛은 흑색 또는 흑갈색임. 주둥이가 길고 목은 짧으며 꼬리가 밖으로 내밀었음. 한국 특산종으로 고기는 식용, 모피·엄니는 세공용, 쓸개는 약재로 씀. 산저(山豬). 멧돝. (대)집돼지.

산두(山斗)[명]←태산 북두(泰山北斗).
산두(山頭)[명]〈동〉산꼭대기.
산두-근(山豆根)[명]〈동〉금세이(金鎖匙).
산드러지-다[형] 태도가 가볍고 맵시 있다. 《큰》선드러지다. sprightly

산득[부] 갑자기 추거나 찬 기운을 느끼는 모양. 《센》산뜩. 《큰》선득. feeling chilly 하다

산득-거리다[자] 연해 산득한 느낌이 돌다. 《센》산뜩거리다. 《큰》선득거리다. **산득-산득**[부] 하다

산들-거리다[자] ①사늘한 바람이 연해 부드럽게 불다. breeze ②사람의 성질이 시원하고 연해 하늘거리는 맛이 있다. 《큰》선들거리다. **산들-산들**[부] 하다

산들-다[자][三타] 바라던 일이 틀리다. failing 「breeze
산들-바람[명] 산들산들 부는 바람. 《큰》선들바람. light
산-등[山等][명] 산등성이.
산:등성-마루[一등—](山—)[명] 산등성이의 가장 높은 곳. 산척(山脊). 《약》산마루.
산-등성이[一등—](山—)[명] 산의 등줄기. 《약》산등.

산디(←山臺)[명]〈민속〉옛날에 연극을 하기 위하여 높게 대(臺)를 모아 임시로 만들던 무대. temporarily made stage 하다

산디-놀음(←山臺—)[명]〈민속〉산디에서 탈을 쓰고 하던 우리 나라의 민족적 가면극. 풍류에 맞추어 춤을 추며 장면이 바뀔 때마다 재담, 곧 풍자하는 우스운 소리와 수작을 많이 하여 말·꼴·짓으로 관중을 웃김. 고려 때부터 시작되었음. 산대극. 산대도감극. 산대 잡극. Korean masque 하다

산디 도감(山臺都監)[명]〈민속〉산디놀음을 하는 사람들의 단체.
산디-탈[명]〈민속〉산디놀음에서 쓰는 여러 가지 색의 탈. drama mask
산디-판[명]〈민속〉산디놀음을 하는 곳. place for masque

산-딸기나무[山—](山—)[명]〈식물〉장미과의 낙엽 활엽 관목. 높이 1~2m로 온몸에 가시가 남. 초여름에 흰 꽃이 피며, 과실군은 한여름에 홍록색으로 익음. 산야·화전 지대에 나는데 과실은 약용·식용함.

산-딸나무[山—](山—)[명]〈식물〉층층나무과에 속하는 낙엽 활엽 교목. 높이 6m 가량이고 6월에 흰 꽃이 피며 핵과(核果)는 붉게 익음. 정원수로 심고 기구재로 쓰며 과실은 식용함.

산:리(散一)[명] 배탈로 다 삭지 않고 나오는 똥. 생동.
산뜩[부]→산득.
산뜩-거리다[자]→산득거리다.
산뜻[부] 열른 가볍고 시원스럽게. 《큰》선뜻. clearly
산뜻-하다[형] 시원스럽게 깨끗하다. 《큰》선뜻하다. clear 산뜻-이[부] 「pieces 하다
산-락(散落)[명] 사방으로 흩어져 떨어짐. falling in
산:-란(産卵)[명] 알을 낳음. ¶—기(期). egg-laying 하다
산:란(散亂)[명] ①흩어져 어지러움. dispersion ②정신이 어수선함. 마음이 정돈(整頓). disorder 하다 히다
산:란-관(産卵管)[명]〈생물〉곤충류의 알을 낳는 기관. 복부 말단부에 침(針)상으로 된 것임. 하다
산:란성 사고[一성一—](散亂性思考)[명]〈심리〉사고 장애의 하나. 피로할 때에, 꿈꿀 때처럼 즐거리가 없고, 여러 단편적인 것이 무질서하게 어울려 이루어지는 사고.

산:란(散亂音波)[명]〈물리〉장애물로 인하여 생긴 반사나 회절(回折)에 의한 음을 합한 음파.
산:란-파(散亂波)[명]〈물리〉일반으로 파동이 다수의 소물체 또는 분자·원자 등에 부딪혀 방향을 변하여 생기는 파동.

산:란 회유(産卵回游)[명]〈어류〉알의 부화 및 치어(稚魚) 생육에 알맞은 산란장으로 향하는 어류의 회유. 뱀장어는 담수에서 바다로, 연어 등은 바다에서 강으로 회유함.

산:략(刪略)[명] 문구(文句) 등을 깎아서 줄임. 안부 말을 줄이고 용건만 쓴다는 뜻으로, 쪽지 따위에 쓰 하다

산령(山嶺)[명] 산봉(山峯). 「는 말. 하다
산령(山靈)[명]〈동〉산신. 산정(山精)③.
산로(山路)[명]〈동〉산길.
산:로(産勞)[명] 산고(産苦).   「mountain
산-록(山麓)[명] 산기슭. 《대》산정(山頂). foot of a
산-록(散錄)[명] 마음에 떠오르는 것을 붓 가는 대로 써 둔 기록. 《비》만록(漫錄). 수필(隨筆). stray notes
산록게:거미(山麓—)[명]〈동물〉게거미과의 거미. 몸 길이 약 1cm, 배갑(背甲)은 둥글고 머리가 작음. 여덟 개의 눈이 두 줄로 있고, 온몸이 담녹색임. 산록에 서식하며 곤충을 포식함.

산록-대(山麓帶)[명]〈지리〉식물의 수직 분포상으로 본 한 지대. 교목대의 아래로 일반 평야와 같은 식물이 남. foot of a mountain
산록 빙하(山麓氷河)[명]〈지리〉산악 빙하의 하나. 산허리에서 산기슭에 걸쳐 펴져 있는 빙하.
산뢰(山籟)[명] 산바람이 나뭇가지를 스쳐 울리는 소리.
산룡-자(山龍子)[명]〈동〉도마뱀.
산류(山流)[명] ①경사가 급한 땅 위를 흐르는 내. mountain torrents ②내나 강의 상류와 중류를 함께 일컫는 말. stream

산:류(産瘤)[명]〈의학〉해산 때 태아의 신체 일부가 주위 조직에 심히 압박되어 그 부분이 부어 혹같이 되는 증상.   「acids
산류(酸類)[명]〈화학〉산(酸)이 있는 화합물의 총칭.
산:-륜(散輪)[명] 무거운 물건을 옮길 때 밑에 까는 둥근 나무 토막. logs   「는 일. 하다 자타
산:-륜질(散輪—)[명] 산륜을 피어 무거운 물건을 옮기는 일.
산릉(山陵)[명] ①산과 언덕. mountains and hills ②임금의 무덤. imperial mausoleum ③〈제도〉국장(國葬)을 하기 전에 아직 이름을 정하지 않은 새 능.
산릉(山稜)[명]〈지리〉골짜기와 골짜기 사이의 산지 돌출부(山地突出部). 산의 척릉(脊稜). ridges

산릉 도감(山陵都監)[명]〈제도〉임금이나 왕비의 능을 새로 만들 때 임시로 베푸는 관아(官衙).
산릉-선(山稜線)[명]〈지리〉여러 개의 산릉이 연속되어 형성한 선.
산리(山里)[명] 산 속에 있는 마을. 산촌(山村).
산리(山梨)[명]〈동〉돌배.
산리(山利)[명]〈민속〉묏자리의 위치·방향 등에 따라서 재앙이나 또는 복이 생긴다는 이치.
산:리(散吏)[명] 일정한 직무가 없는 관리.
산림(山林)[명] ①산과 숲. mountains and forests ②산에 있는 숲. 《대》경지(耕地). forest on the hills ③벼슬을 하지 않은 학식과 도덕이 높은 숨은 선비. hermit ④〈불〉안거(安居).   「forester
산림 간수(山林看守)[명] 산림을 지킴. 또, 그 사람.
산림 감수(山林監守)[명] 왜정 때 산림을 지키고 관리(管理)하던 공리(公吏)의 하나. 지금의 산림 경찰. 《약》산감(山監)①. forest ranger
산림 경:찰(山林警察)[명] 산림을 보호하고 도벌(盜伐) 따위를 단속하는 책임을 맡은 공무원. forest police
산림-계(山林契)[명] 리·동(里洞)을 단위로 하여 임의의 공공 사업과 임산물의 공동 이용, 산림 보호와 조림(造林) 등의 사업을 목적으로 조직된 산림에 관한 계.

산림 녹화(山林綠化)[명] 황폐한 산에 식목·산림 보호·사방 공사 등을 하여 초목이 무성하게 함. 또, 그 운동. ¶~ 사업.
산림-대(山林帶)[명] 산림 지대.
산림 문하(山林門下)[명] 벼슬을 하지 않고 숨은 선비의 문하.
산림 보:호(山林保護)[명] 사방·식수 또는 벌채의 금지나 제한 등으로 산림을 가꾸고 보호함.
산림-업(山林業)[명] 임업.
산림 조합(山林組合)[명] 산림법에 의하여 설립된 산림계의 원활한 운영을 꾀하며, 그 발전을 목적으로 하는 단체.
산림 지대(山林地帶)[명] 산림이 있는 지대. 산림대(帶).
산림 처:사(山林處士)[명] 관직이나 세속을 떠나 시골에 파묻혀 글이나 읽고 지내는 사람. hermit of the hills. [택(宅).
산림 천택(山林川澤)[명] 산과 숲과 내와 못. [약] 산
산림-청(山林廳)[명] 농림부의 외국(外局)으로, 산림에 관한 사무를 관장하는 기관.
산림-학(山林學)[명] 〈역사〉 조선조 연산군 때, 사화(士禍)가 일어난 뒤부터 강호(江湖)에 파묻혀 글이나 읽기를 즐기던 학자들. 강호파(江湖派). scholars who lived a secluded life
산-마루(山—)[명] 〈약〉→산등성이마루. [ridge
산-마루터기(山—)[명] 산마루의 두드러진 턱. mountain
산막(山幕)[명] 사냥이나 약 캐는 사람이 쓰려고 산 속에 임시로 지은 간단한 집. hut in the mountain
산-막이(山—)[명] 움집.
산만(散漫)[명] 인사는 빼고 바로 할 말로 들어가겠다는 뜻으로, 편지 첫머리에 쓰는 말. [se 하다] 히다
dear sir
산:만(散漫)[명] 흩어져 어수선함. [대] 치밀(緻密). loo-
산만 신경계(散漫神經系)[명] 〈생물〉 신경 세포가 산재하여 망상(網狀)으로 연결된 미분화의 신경계. 강장(腔腸) 동물에서 볼 수 있음. [대] 집중 신경계.
산:-말(山—)[명] 살아 있는 말. 절실하거나 꼭 알맞게 표현한 말. [대] 사어(死語). living language [lost 하다
산:망(散亡)[명] 흩어져 없어짐. getting scattered and
산:망-스럽다(散亡—)[형] 말과 하는 짓이 잘고 경망하다. imprudent 산:망-스레[부]
산매(山魅)[명] 요사스러운 산귀신. devil of a mountain
산:매(散賣)[명] 물건을 낱개로 파는 일. 소매(小賣). [대] 도매(都賣). retailing 하다. [다.
산매 들리다(山魅—)[자] 요사스러운 산귀신이 몸에 붙
산:매-상(散賣商)[명] 산매하는 상인. 소매상. [대] 도매상(都賣商).
산:매-업(散賣業)[명] 산매하는 영업. retailing
산=매자나무(山—)[명] 산매자나무의 열매.
산믹·ㄷ:명[기] 사매자.
산매자-나무(山—)[명] 〈식물〉 석남과의 나엽 활엽 관목. 높이 1m 가량이고 잎은 난형에 가에 잔 톱니가 있음. 초여름에 담홍색의 꽃이 피고 장과는 구형으로 붉게 익음. 과실은 식용·관상용으로 심음.
산:-매점(散賣店)[명] 소매점.
산맥(山脈)[명] 〈지리〉 일정한 방향으로 한 줄 또는 여러 줄로 길게 벋은 산지. 산줄기. mountain range
산-머리(山—)[명] 산꼭대기. top of a mountain
산:-멱(—)[명] →산멱통.
산:-멱통[명] 살아 있는 동물의 목구멍. [약] 산멱. thr-
산면(山面)[명] 산의 표면.
산명(山鳴)[명] 땅 속의 변화로 산이 울리는 소리. mountain rumbling 하다
산:명 선생(算命先生)[명] 〈민속〉 명수(命數)의 길흉을 점치는 사람. fortuneteller [아름다움. 하다
산명 수려(山明水麗)[명] 산과 물, 곧 자연의 경치가
산명 수자(山明水紫)[명] 산수의 경치가 맑고 아름다움. 산자 수명. 하다
산명 수청(山明水淸)[명] 산과 물이 맑고 깨끗함. 하다
산:모(産毛)[명] 〈동〉 배냇머리.

산:모(産母)[명] 아이를 갓 낳은 여자. 해산 어미. 산부(産婦). woman in childbed
산모(酸模)[명] 수영. [곳.
산-모롱이(山—)[명] 산기슭의 나와서 휘어서 돌아가는
산:모 섬유(散毛纖維)[명] 산기슭의 쏙 내민 귀퉁이. spur of
산-모퉁이(山—)[명] 산기슭의 쏙 내민 귀퉁이. spur of
산:-목숨[명] 살아 있는 목숨. life [a mountain
산무(山務)[명] 〈불교〉 절에 관한 사무.
산무애=뱀(山—)[명] 〈동물〉 독사(毒蛇)의 하나. 몸 빛은 암갈색인데 흰 줄이 두 쪽으로 목에서 꼬리까지 내려갔으며 그 흰 줄을 따라 검은 점이 온몸에 흩어져 있음. 풍약(風藥)과 보신 강장제(補腎强壯劑)로 씀. 기사(騏蛇). 전비사. 백화사(白花蛇). Chinese striped snake [인교] 절. 〈불교〉 절의 바깥문.
산문(山門)[명] ①산의 어귀. entrance to mountain ②
산:문(産門)[명] 〈생리〉 아이 낳은 여자의 음부(陰部). 포문(胞門). 해탈문(解脫門). vulva
산문(散文)[명] 〈문학〉 글자의 수나 운율 등의 제한이 없이 마음대로 쓰는 글. 줄글. 평문(平文). [대] 운문(韻文). prose
산문-가(散文家)[명] 산문에 능숙한 사람.
산:문-극(散文劇)[명] 〈연예〉 대사(臺詞)를 산문으로 쓴 극. prose drama
산문-시(散文詩)[명] 〈문학〉 자유롭게 산문의 형식을 취하여 쓴 시. prose poem [writer
산문 작가(散文作家)[명] 산문만을 쓰는 작가. prose
산문-적(散文的)[명] ①운문(韻文)이나 시(詩)가 아닌(것). [대] 시적(詩的). prosaic ②시정(詩情)이 없는(것). 산란하고 평범하여 무취미한(것).
산:문 정신(散文精神)[명] 〈문학〉 사물이나 현상에 대한 시적(詩的) 감동이나 낭만적 감각을 배제하고, 현실을 객관적으로 파악하여 자유로운 산문으로 표현하려는 문학상의 태도. 산문주의(散文主義).
산:문-체(散文體)[명] 〈문학〉 운문이 아닌 산문으로 된 보통의 문장체. [대] 운문체(韻文體). prose
산:문-학(散文學)[명] 〈문학〉 산문으로 된 문학.
산:물(産物)[명] 〈약〉→산출물(産出物).
산미(山味)[명] 산에서 나는 나물이나 과실 따위의 맛.
산미(山溦)[명] 살미. [duced ②[동] 해산발.
산:미(産米)[명] ①농사를 지어 산출하는 쌀. rice-pro-
산미(酸味)[명] 신맛. [대] 감미(甘味). acidity
산밑(山—)[명] 산기슭 아래. 산의 아래. foot of a mountain [그 곳에는 귀한다는 말.
산 집에 방앗공이 논다[관] 그 고장 산물이 오히려
산-바람[—빠—](山—)[명] 산에서 불어오는 바람. 산풍(山風)②. mountain wind
산-박:쥐(山—)[명] 〈동물〉 박쥐과에 속하는 박쥐의 하나. 보통 박쥐보다 크며 산중에서만 삶. 산천복(山蝙蝠).
산-박하(山薄荷)[명] 〈식물〉 꿀풀과[脣形科]에 속하는 다년생 풀. 줄기는 곧고 높이 1m 가량이며 잎은 난형으로 가에 톱니가 있음. 6~8월에 자색 꽃이 피고 수과(瘦果)는 네 갈래로 갈라짐. 어린 잎은 식용함.
산 밖에 난 범이요 물 밖에 난 고기라[관] ①의지하거나 근거할 기반(基盤)을 잃어 맥을 못 쓰게 된 경우를 가리키는 말. ②제 능력을 발휘할 수 없는 처지에 몰려난 경우를 가리키는 말.
산:반(散班)[명] [동] 산관(散官).
산:-발[—빨][명] 〈occurrence 하다
산:발(散發)[명] 때때로 여기저기서 일어남. sporadic
산발(散髮)[명] 머리를 풀어 헤침. 또, 그 머리. loose hair 하다
산:발-성[—썽](散發性)[명] 〈의학〉 전염병이 이웃에서 이웃으로 옮기는 것이 아니고, 발생하는(것). scattered
산:발-적[—쩍](散發的)[명] 때때로 여기저기 흩어져
산:발-포(散發砲)[명] 〈군사〉 포신이 여럿 있어 차례로

빨리 쏘게 된 기관포의 하나. 「stnut
산=밤[—빰](山—)[명] 산밤나무에 열린 밤. wild che-
산=밤:나무[—빰—](山—)[명] 〈식물〉 ①산에 저절로 난 밤나무. ②너도밤나무과의 낙엽 활엽 교목으로, 밑은 긴 타원상 피침형으로 암수한그루임. 과실은 식용 및 약용하며, 재목은 신탄재로 씀.
산방(山房)[명] ①산촌에 있는 집의 방. ②《동》 산장(山莊). ③어떤 명사와 함께 쓰여 서재(書齋)를 나타내는 말. ¶일속(一粟) ~.
산방(訕謗)[명] 흉보고 헐뜯음. **하**[타]
산:방(產房)[명] 《동》 산실(產室)①.
산:방(散枋)[명] 〈건축〉 모서리 기둥 위에 얹힌 보와 서까래 사이에 끼는 세모진 나뭇조각.
산:방 꽃차례(繖房—)[명] 《동》 산방 화서.
산:방 화서(繖房花序)[명] 〈식물〉 무한 화서(無限花序)의 하나. 꽃자루가 아래쪽의 꽃일수록 길고 위쪽의 것일수록 짧아, 각 꽃이 거의 평면으로 늘어서서 핌. 산방 꽃차례. corymb
산배(山背)[명] 산등성이의 뒤쪽.
산=벌[—뻘](山—)[명] 산에 있는 야생의 벌.
산벌(山伐)[명] 산에 있는 나무를 벰. cut the trees on a mountain **하**[자]
산범:의 꼬리[—뻠—](山—)[명] 〈식물〉 마디풀과에 속하는 다년생 풀. 줄기는 곧으며 잎은 긴 타원형으로 상면은 녹색, 하면은 흰색을 띰. 백색 또는 담홍색의 꽃이 피고 주아(珠芽)가 땅에 떨어져 새싹이 남.
산:법[—뻡](算法)[명] 셈을 하는 법. arithmetic
산:법 기호[—뻡—](算法記號)[명] 〈수학〉 산법에서 사용하는 기호. '+·−·×·÷' 따위.
산:=벼락[—뼈—][명] 죽음을 간신히 면할 정도로 맞은 벼락. 곧, 몹시 혼이 남을 비유. horrible experience
산병[—뼝](疝病)[명] 《동》 산증(疝症).
산:병(散兵)[명] 〈군사〉 ①흩어져 있는 병사. ②병사를 밀집시키지 않고, 적당한 간격을 취하게 하여 각자의 행동이나 사격을 자유롭게 하도록 해서 그 효력을 충분히 발휘하게 하는 일. 산졸(散卒)①. ¶~전(戰). skirmisher **하**[자]
산:병(散餠)[명] 흰 떡을 반달 모양으로 빚어 소를 넣되, 각색 물감을 들여서 세 개 혹은 다섯 개씩 붙임.
산:병 교:련(散兵敎鍊)[명] 〈군사〉 산병(散兵)의 행동이 빨리 이루어지도록 시키는 교련. skirmish drill
산:병=선(散兵線)[명] 〈군사〉 산병으로 된 전투선.
산:병=호(散兵壕)[명] 《동》 엄보(掩堡). ⌊skirmish line
산:보(刪補)[명] 깎아 내는 일과 보태는 일.
산:보[—뽀](散步)[명] 바람을 쐬기 위해 이리저리 거닒. 산책(散策). 소풍(逍風). 유보(遊步). walk **하**[자]
산보다 골이 더 크다[속] 사물이 이치를 벗어나 거꾸로 된 경우를 비유.
산:=보살(—菩薩)[명] 〈불교〉 ①덕이 높은 중. ②부처와 같은 마음을 가진 사람. 산부처. living Buddha
산복(山腹)[명] 산의 중턱. mountainside
산봉(山峰)[명] 산봉우리. 산령(山嶺).
산=봉우리[—뽕—](山—)[명] 산의 가장 높이 솟은 부분. 산봉(山峰). 《약》 봉우리. 봉(峰). peak
산:부(產婦)[명] 《동》 산모(產母).
산=부리[—뿌—](山—)[명] 《동》 멧부리.
산:=부인과[—꽈](產婦人科)[명] 〈의학〉 여성의 생리적 질병과 산모의 건강을 보호하는 의학의 한 분과.
산:=부처[명] 《동》 산보살. ⌊gynecology
산:분(產糞)[명] 《동》 배냇똥. 「산도(酸度).
산분(酸分)[명] 어느 물질에 포함되어 있는 산의 양. →
산=불[—뿔](山—)[명] 산에서 난 불. 산화(山火).
산붕(山崩)[명] 《동》 산사태. **하**[자] ⌊forest fire
산비(酸鼻)[명] 몹시 슬프거나 비참하여 콧마루가 시큰시큰함. heartsickening **하**[형]
산=비둘기[—삐—](山—)[명] 〈조류〉 비둘기과의 새. 산에 살며 몸 빛은 회갈색이고 머리·목·배는 회백색을 띰. 고기 맛이 좋으며 매를 잡는 데 미끼로 씀.
삭구. Eastern ringdove
산=비:취(山翡翠)[명] 《동》 자주호반새.
산=비탈[—삐—](山—)[명] 산 아래쪽의 몹시 비탈진 곳. steep mountain slope
산빈(山殯)[명] 산 속에 만들어 놓은 빈소.
산=뽕나무(山—)[명] 〈식물〉 뽕나무과에 속하는 낙엽 활엽 교목. 잎은 난형 또는 난상 원형이고 가에 톱니가 있음. 과실은 7~8월에 자흑색으로 익으며 약용·식용하고 잎은 양잠 사료용, 목재는 기구·장식재로 씀. 산과 들에 저절로 남. 산상(山桑).
산사(山寺)[명] 산 속에 있는 절. temple in the moun-
산사(山査)[명] ①《동》 아가위나무. ②《동》 아가위. ⌊tain
산:사(散史)[명] 관직에 있지 아니하고 민간에 있어 문필에 종사하는 사람.
산사=나무(山査—)[명] 《동》 아가위나무. 「tain folk
산=사:람[—싸—](山—)[명] 산에서 사는 사람. moun-
산 사람 입에 거미줄 치랴[속] 살기가 어렵다고 쉽사리 죽기야 하랴. 「소화를 돕는 약제.
산:사=육(山査肉)[명] 〈한의〉 아가위의 씨를 발라낸 살.
산:사=자(山査子)[명] 《동》 아가위.
산:=사태(山沙汰)[명] 〈지리〉 큰 비나 지진 등으로, 산복의 암석이나 토양이 갑자기 떨어지는 현상. 산붕(山崩).
산:삭(刪削)[명] 필요 없는 말·귀절을 깎아 버림. 산거(刪去). 산생(刪省). 산제(刪除). elimination **하**[타]
산:삭(產朔)[명] 아이를 낳을 달. 산월(產月). month of parturition
산:산=이(散散—)[부] 여지없이 흩어지거나 깨어진 모양. ¶~ 부서진 꿈. to pieces 「ken pieces
산:산=조각(散散—)[명] 잘게 깨어진 여러 조각. bro-
산산=하-다[형][여불] 덥지 않고 사늘한 느낌이 조금 있다. 《큰》 선선하다. cool
산삼(山蔘)[명] 〈한의〉 깊은 산 속에 저절로 나서 자란 인삼(人蔘). 약효가 썩 좋다 함. 신초(神草). 《대》 가삼(家蔘). wild ginseng 「는 곳.
산상(山上)[명] ①산 위. top of a mountain ②뫼가 있
산상(山相)[명] 산의 형상이나 기상(氣像). mountain
산상(山桑)[명] 《동》 산뽕나무. ⌊features
산상 보:훈(山上寶訓)[명] 〈기독〉 예수가 갈리리의 산 위에서 기독교인으로서의 덕에 관하여 행한 설교. 산상 수훈(山上垂訓).
산상 수훈(山上垂訓)[명] 《동》 산상 보훈(山上寶訓).
산=새[—쌔](山—)[명] 산 속에서 사는 새의 총칭. 산금. 산조. 멧새①. 《대》 들새. mountain bird
산색(山色)[명] 산의 빛. 산의 경치. mountain scenery
산서(山墅)[명] 《동》 산장(山莊). 「책.
산:서(算書)[명] 〈수학〉 산수나 주판을 놓는 법을 적은
산서 삼채(山西三彩)[명] 〈공업〉 초록·노랑·하양의 세 빛깔의 잿물로 된 송나라 때 도자기의 하나.
산석(山石)[명] 〈민속〉 산신제를 지낼 때에 능에서 쓰는 돌. 「하나.
산=석류(山石榴)[명] 〈식물〉 가을에 꽃이 피는 철쭉의
산설(山雪)[명] 산에 쌓인 눈.
산성(山城)[명] 산에 쌓은 성. mountain castle
산:성(產聲)[명] 갓 낳은 아이의 첫 울음 소리. cry of a child at birth
산성(酸性)[명] 〈화학〉 신맛이 있고, 푸른 리트머스지를 붉은빛으로 변하게 하는 성질. 《대》 알칼리성(alkali 性). acidity
산성=도(酸性度)[명] 〈화학〉 용액의 산성 강도를 나타내는 정도. 수소 이온의 농도로 표시함. 《약》 산도. acidity
산성 물감[—깜](酸性—)[명] 〈화학〉 술폰산기·니트로기·수산기·카르복실기 등을 함유하고 있는 물감. 황산 또는 초산의 산성 용액 속에서 동물성 섬유를 잘 물들임. 산성 염료. acid dyes
산성 반:응(酸性反應)[명] 〈화학〉 푸른 리트머스지를 붉게 변하게 하고, 노란 메틸 오렌지를 붉게 변하게 하는 반응. 산의 간단한 검출법으로서 중요함.

산성 백토(酸性白土) 〈화학〉 입자(粒子)가 썩 잘며 흡착성(吸着性)이 강하여 유지(油脂) 등의 탈색에 쓰이는 찰흙. japanese acid clay

산성-병[—뼝](酸性病)〈醫〉 산독증(酸毒症).

산성 비:료(酸性肥料)〈화학〉 광물 비료에 있어서 산성 반응을 나타내는 것. 과인산석회·염화암모니아·황산칼륨 따위. acid manure

산성 산화물(酸性酸化物)〈화학〉 보통의 비금속 원소의 산화물처럼 물에 녹이면 산성을 보이고 또 염기(鹽基)와 작용하여 염(鹽)을 만드는 산화물. acid oxide 〔호소(湖沼) 등에서 자라는 식물.

산성 식물(酸性植物)〈식물〉 산성 토양, 또는 산성

산성 식품(酸性食品)〈체내에서 연소한 결과 산성으로 되는 식품. 곧, 그 식품의 회분에 의한 산량이 알칼리량보다 많은 것. (대) 알칼리성 식품.

산성-암(酸性岩)〈광물〉 규산을 다량으로 함유한 화성암·화강암·석영 조면암(粗面岩). (대) 염기성암(鹽基性岩). acidic rock

산성-염[—념](酸性鹽)〈화학〉 다염기산(多鹽基酸)의 염으로 금속과 바꿀 수 있는 수소를 남기는 것. (대) 염기성염. acid salt

산성 염:료[—념—](酸性染料)〈동〉 산성 물감.

산성-천(酸性泉)〈지리〉 산성 반응(酸性反應)을 나타내는 광천(鑛泉). acid spring

산성탄:산-나트륨(酸性炭酸 natrium)〈화학〉 흰 결정성 가루로, 물에 녹고 알코올에는 녹지 않으며, 폴리 끓을 끓이면 탄산가스가 나오는 물건. 청량음료·소화기(消火器)에 쓰임. 중탄산소다. 중조(重曹). 탄산수소나트륨.

산성 토양(酸性土壤)〈農〉 산성 반응을 나타내는 토양. acidic soil 〔es of a mountain

산세(山勢)〈農〉 산의 형세(形勢). geographical featur-

산:-세:척(酸洗滌)〈農〉 금속 표면의 산화물이나 산화철을, 산성이나 알칼리성 용액에 담가서 제거하는 일.

산소(山所)〈農〉 ① 〈공〉 무덤. 묘소. 산처(山處). 영역(塋域). 〈俗〉산 ②. graveyard

산:소(訕笑)〈農〉 흉보고 비웃음. 하다

산소(酸素)〈農〉〈화학〉 원소의 하나. 대기 부피의 5분의 1을 차지함. 맛·냄새·빛깔이 없으며, 모든 물질의 분자량 측정의 기준이 되며, 생물의 호흡에 없어서는 안 된다. 원소 기호 ; O. 원자 번호 ; 8. 원자량 ; 16. oxygen

산소 등에 꽃이 피었는다 선영에 꽃이 피면 자손이 잘된다는 말로, 부귀 공명하게 하는 축하의 말.

산소-땜(酸素—)〈農〉 산소 아세틸렌 불꽃으로 쇠붙이를 녹여서 붙이는 일. oxyacetylene welding

산:-소리 남에게 굽죄이지 않으려고 하는 큰 소리. talking big 하다

산소 마스크(酸素 mask)〈農〉 고공(高空)이나 갱 속 등 산소가 희박한 곳에 들어갈 적에 휴대하는 마스크. 산소 탱크에 연결하여 호흡을 도움. oxygen mask

산소-산(酸素酸)〈화학〉 ① 산소를 함유하는 무기산, 황산 따위. ② 수산기(水酸基)를 함유하는 유기산(有機酸). oxyacid

산소 아세틸렌 불꽃(酸素 acetylene —)〈農〉〈화학〉 산소와 아세틸렌 가스를 흡관(吸管)으로 태워서 생기는 열이 높은 연푸른 빛의 불꽃. 쇠의 용접·절단 따위에 씀. oxyacetylene flame

산소 요법(酸素療法)〈農〉〈의학〉 여러 가지 원인으로 산소가 신체 조직 안에 결핍되었을 때, 수술 때나 전신 마취를 할 때, 산소를 적당히 공급하여 병을 고치는 방법. oxygen treatment

산소 호흡(酸素呼吸)〈農〉〈생리〉 산소를 호흡하는 일. 생체내에 흡입한 산소에 의하여, 양분을 산화하여 에너지를 얻음.

산소 화:합물(酸素化合物)〈農〉〈동〉 산화물.

산소 흡입(酸素吸入)〈農〉〈의학〉 인체 조직내에 산소가 결핍되어 호흡 곤란을 일으켰을 때에 혈액의 산소량(酸素量)을 증대(增大)시키기 위하여 산소를 흡 입시키는 일. 빈혈·폐의 질환·심장 질환·천식(喘息)·연탄 가스 중독 등에 흔히 사용한다. ¶ ~기(器). oxygen the inhalation

산송(山公)〈農〉 산소에 있는 송사.

산:-송:장〈農〉 살아는 있으나 죽은 것과 다름없는 사람을 놓으로 이르는 말. living dead

산수(山水)〈農〉 ① 산과 물. mountain and water(s) ② 산에 흐르는 물. mountain stream ③《약》→산수화

산수(傘壽)〈農〉 여든 살.

산:수(點修)〈農〉 글의 자구(字句)를 깎을 것은 깎아 잘 정리함. 산정(刪定). revision 하다 〔arithmetic

산:수(算數)〈農〉〈수학〉 산술 및 일반 기초적 수학.

산수-도(山水圖)〈農〉 ① 산수의 형세를 그린 약도(略圖). sketch of landscape ② 〈동〉 산수화(山水畫).

산수-병(山水屛)〈農〉 산수의 풍경을 그린 병풍. screen with landscape painting 〔oxyhydrogen

산-수소(酸水素)〈農〉〈화학〉 산소와 수소의 화합물.

산수소 불꽃(酸水素—)〈農〉〈화학〉 산소와 수소를 흡관(吸管)으로 같이 태워 생긴 불꽃. oxyhydrogen flame

산수소 취:관(酸水素吹管)〈農〉〈화학〉 수소의 불꽃 속에 산소의 관을 꽂아 완전 연소시키는 취관(吹管).

산-수유(山茱萸)〈農〉〈한의〉 산수유나무의 열매. 강장제로 쓰임. 석조(石棗).

산수유-나무(山茱萸—)〈農〉〈식물〉 층층나무과의 낙엽활엽 교목. 높이 3m 가량이고 잎은 난형에 잔털이 남. 3~4월에 황색 꽃이 피고 핵과는 붉게 익음. 한방에서 과실 또는 종자를 약용함. 석조(石棗).

산수-이(山水鳴)〈農〉 산봉(山崩)·산명(山鳴)·해일(海溢) 또는 강물 따위의 빛이 변하거나 마르거나 하는 따위의 이상한 일.

산수-화(山水畫)〈農〉〈미술〉 산천(山川)의 경치를 주체(主題)로 그린 그림. 산수도(山水圖). 《약》산수 ②.

산:-숙(散宿)〈農〉 여러 집에 흩어져 숙박함. (대) 합숙(合宿). 하다

산:-술(算術)〈農〉〈수학〉 일상 생활의 여러 가지 문제에도 응용될 수 있는 수(數)와 양(量)의 간단한 성질 및 셈을 다루는 수학의 초보적 부분. 정수(整數)·분수(分數)·소수(小數)의 사칙(四則) 및 제곱근풀이·세제곱근풀이의 셈법. arithmetic mean

산:술 급수(算術級數)〈農〉〈동〉 등차 급수(等差級數).

산:술 평균(算術平均)〈農〉 몇 가지의 수(數)의 합(合)을 그 가짓수로 나누어 얻은 수. n 개의 수 $a_1, a_2, \cdots, a_n$ 의 총화를 개수 n으로 나눈 것. 곧, $(a_1+a_2+\cdots+a_n)/n$. 상가 평균(相加平均). (대) 기하 평균.

산스크리트(Sanskrit 범)〈農〉〈어학〉 인도 유럽 어족 가운데 인도 이란 어파(語派)에 속하는 옛 인도어의 안 말. 기원전 5~4 세기에 뒤 파니니 문전(panini 文典) 이래 그 규격이 확립되는데, 전인도의 고급 문장어로서 지금까지 지속하는데, 인도에서 출판물 불성(佛經)이나 고대 인도 문학은 대개 이 문자로 기록되어 있음. 범어(梵語). 천축어.

산-승 참쌀 가루 반죽을 기름에 띄워 지지는 떡. fried glutinous-rice cake

산승(山僧)〈農〉〈불교〉 ① 산 속의 절에 있는 중. mountain priest ② 중이 자기를 낮추어 일컬음.

산:식(産殖)〈農〉〈동〉 번식. 하다 〔dom planting

산:식(散植)〈農〉〈농업〉 일정한 거리 없이 심지 않은 허튼모.

산:식(算式)〈農〉〈수학〉 여러 가지 수학 기호를 써서 계산의 차례나 방법을 표시한 식. 《약》식(式) ②. arithmetic expression

산-식물(酸植物)〈農〉〈식물〉 몸의 세포액 중에 능금산·수산(草酸)과 같은 유기산을 많이 포함하는 식물. 수영·괭이밥·선인장 따위. acid plant

산신(山神)〈農〉《약》→산령령(山靈靈).

산:신(産神)〈農〉〈민속〉 출산(出産)을 맡은 신. 《속》삼신할머니. god of childbirth 〔왕단(王壇).

산신-각(山神閣)〈農〉〈불교〉 절에 산신을 모신 집. 산

산신-나무(山神—)〈農〉〈민속〉 무덤을 보호한다고 하여 무덤 근처에 심는 나무. 산신목(山神木).

산신=당(山神堂)[명] 산신을 모신 사당. 산제당(山祭堂). (약) 산당(山堂). shrine of a mountain god

산-신령(山神靈)[명] 〈민속〉 산을 맡았다는 신령. 산군(山君)①. (약) 산신(山神). god of mountains

산신=목(山神木)[명] 〈민속〉 산신나무.

산신-제(山神祭)[명] 〈민속〉 산신에게 지내는 제사. 산천제(山天祭). (약) 산제(山祭).

산신 제물에 메뚜기 뛰어들듯[관] 당치도 않은 일에 참견한다는 뜻. ┌고 보는 족자.

산신 탱화(山神幀畫)[명] 〈불교〉 산신을 그려 걸어 두┘

산:실(産室)[명] ①해산하는 방. 산방(産房). maternity room ②어떤 일을 꾸미거나 이루어 내는 곳. ¶국어 사전의 ~.

산:실(散失)[명] 흩어져 없어짐. scattered and lost 하

산:실-청(産室廳)[명] 〈제도〉 궁내(宮內)의 임시 관청. 비(妃)·빈(嬪)의 해산하는 데 쓸 방을 맡던 곳.

산심(散心)[명] ①마음이 종잡을 수 없이 흩어짐. distraction ②마음을 놓음. 방심(放心). carelessness 하

산-쑥(山-)[명] 〈식물〉 엉거시과의 다년생 풀. 줄기와 잎에 흰 솜털이 남. 어린 잎은 식용, 말린 것은 애엽(艾葉)이라 하여 뜸쑥을 만듦. 애호

산아(山鴉)[명] 〈동〉 산갈가마귀. ┌(艾蒿). 사제발쑥.

산아(産兒)[명] 아이를 낳음. 또, 그 아이. child birth 하

산:아 제:한(産兒制限) 피임법에 의하여 아이를 낳는 일을 인위적으로 통제하는 일. (약) 산제(産制). birth control

산:아 조절(産兒調節) 산아 제한을 위하여 인공적으로 수율·수태(受胎)를 조절함. ┌(帶). mountains

산악(山岳·山嶽)[명] 크고 작은 모든 산. ¶~ 지대(地

산:악(散惡)[명] 〈한의〉 이미 나면 이내 떨어지는 꽃받침. 양귀비꽃 따위. caducous calyx ┌country

산악-국(山岳國)[명] 산악이 많은 나라. mountainous

산악 기상(山岳氣象)[명] 산악처럼 장엄한 기상.

산악 기후(山岳氣候)[명] 〈기상〉 해발 고도와 지형을 주인자로 하는 특수한 기후형. 기온이 몹시 낮으며, 일기의 변화가 심하고 바람이 셈. mountain climate

산악-림(山岳林)[명] 산악 지대에 이루어진 산림. (대) 평지림(平地林).

산악 문학(山岳文學)〈문학〉 씩씩한 산의 자연미(自然美)와 그 웅장한 맛을 나타냈거나, 산악 지방의 생활을 바탕으로 한 작품. literature of the mountain

산악-병(山岳病)[명] 〈동〉 고산병(高山病).

산악 빙하(山岳氷河) 높은 산의 산마루나 산정(山頂) 가까운 계곡에 이루어진 빙하. (대) 내륙 빙하(內陸氷河).

산악 숭배(山岳崇拜) 산악을 신으로서 숭배함.

산악-전(山岳戰)[명] 〈군사〉 산악 지대에서 싸우는 전투. 산전(山戰). mountain warfare

산악 철도(山岳鐵道)[명] 〈山岳鐵道〉 아프트(Abt)식 철도를 장치한 산악 지대의 철도. mountain railway

산악-회(山岳會)[명] 등산하는 사람들로 이루어진 단체. Alpine Club

산안(山眼)[명] 〈민속〉 묏자리를 알아보는 눈.

산-액(産額)[명] 물건의 생산되는 수량. amount of

산앵(山櫻)[명] 〈동〉 벚나무. ┌production

산-앵도(山櫻桃)[명] 〈식물〉 ①산앵도나무의 열매. 산이스랏. ②〈동〉 산앵도나무.

산앵도-나무(山櫻桃-)[명] 〈식물〉 앵도과의 낙엽 활엽 관목. 높이 약 1.5m로 봄에 담홍색 또는 흰 오판화가 잎과 함께 피며, 여름에 까만 핵과(核果)가 익음. 씨는 약용함. 산이스랏나무. 천금등(千金藤). 당체(棠棣). 산앵도②. ┌곧.

산야(山野)[명] ①산과 들. fields and mountains ②

산악(山嶽)[명] 〈한의〉 마의 괴근(塊根) 강장제로 몽설(夢泄)·대하(帶下)·요통(腰痛)·설사(泄瀉) 등에 씀.

산-약(散藥)[명] 가루약. powder medicine

산양(山羊)[명] ①〈동〉 염소. ②〈동〉 영양(羚羊).

산양(山陽)[명] 산의 남쪽 편. (대) 산음(山陰). sunny side of a mountain ┌lanted to a mountain

산양(山養)[명] 산에 옮겨 심은 인삼. ginseng transp-

산양-유(山羊乳)[명] 산양의 젖. 염소 젖. goat milk

산양-좌(山羊座)[명] 〈동〉 염소자리.

산양-피(山羊皮)[명] 염소 가죽. goatskin

산-언덕(山-)[명] 산의 언덕처럼 낮게 된 부분. hillock

산-언저리(山-)[명] 산 둘레의 가 부분.

산:업(産業)[명] 경제적 생활에 관한 모든 일. industry

산:업-가(産業家)[명] 산업적 기업을 경영하는 사람. industrialist ┌industrial world

산:업-계(産業界)[명] 생산 사업에 종사하는 사회.

산:업 공해(産業公害)[명] 산업으로 인하여 일어나는 공해. industrial pollution

산:업 공:황(産業恐慌)[명] 〈경제〉 투자 감퇴로 인한 생산재(生産財)의 과잉 생산으로 모든 생산 기업의 도산(倒産)이 야기되는 공황. industrial crisis, panic

산:업 교:육(産業敎育)[명] 〈교육〉 산업 부문의 직업에 종사하려는 자에 대한 직업 예비 교육·기술 교육 및 그 직업에 종사하고 있는 자에 대한 보습 교육의 총칭. industrial education

산:업 구조(産業構造)[명] 〈경제〉 한 나라의 국민 경제에 존재하는 각 산업의 짜임새와 그 관계.

산:업 국유화(産業國有化)[명] 〈경제〉 영리적인 자본 지배를 배제하고, 중요 산업을 국유로 하여 그 사회화를 도모하는 일. nationalization of industry

산:업 금융[-늉](産業金融)[명] 〈경제〉 생산적인 자본을 대상으로 하는 금융. (대) 소비 금융. industrial credit ┌소용되는 기계의 총칭.

산:업 기계(産業機械)[명] 각종 산업에 직접·간접으로

산:업 뉴:스(産業news)[명] 각종 산업에 관한 국내·국외의 소식. industrial news ┌시. industrial city

산:업 도시(産業都市)[명] 산업으로써 중요성을 띤 도

산:업 동:원(産業動員)[명] 전쟁 물자 생산을 위하여 국가가 국내의 산업 조직을 전체적으로 관리·경영·이용하는 일. industrial mobilization

산:업 디자인(産業design)[명] 공업 생산품의 의장(意匠)이나 설계.

산:업-면(産業面)[명] ①산업에 관한 방면. ②산업에 관한 기사(記事)만을 싣는 신문이나 잡지의 면.

산:업 민주주의(産業民主主義)[명] 〈사회〉 자본가의 전단이나 노동자의 독재를 다 부정하고, 양자의 대표에 정부 및 공중의 대표로 가해서 산업을 민주적으로 경영하려는 주의. industrial democracy

산:업 박람회(産業博覽會)[명] 각종 산물을 진열하여 공중에게 관람·구매시키는 박람회. industrial fair, exposition

산:업별 노동 조합(産業別勞動組合)[명] 〈사회〉 같은 산업 부문에 속하는 모든 노동자들로써 조직된 노동 조합. 일의 종류에 따라 조직되는 직업별 노동 조합보다 강력함.

산:업별 인구(産業別人口)[명] 산업별로 나눈 취업자 인구. 경제가 진보·발달함에 따라 제1차 산업 인구는 줄어들며, 제2차·제3차 산업 인구가 늘어나는 경향임. ┌영역. industrial field

산:업 부문(産業部門)[명] 생산을 하는 경제적 행위의

산:업 스파이(産業 spy)[명] 경쟁 상대 회사의 정보를 탐지하는 사람. industrial spy

산:업 심리학(産業心理學)[명] 〈심리〉 산업 활동에서 일어나는 심리학적 문제를 연구하는 응용 심리학의 한 분과. 직업 심리학·노동 심리학·광고 심리학의 세 분야로 나뉨. industrial psychology

산:업 연관표[-년-](産業聯關表)[명] 일정 기간 동안에 각 산업이 생산한 재화(財貨) 및 노동력이 각 산업간에 어떻게 배분되었는가를 표시한 산출표(算出表). inter-industry relations table

산:업 예:비군[-예-](産業豫備軍)[명] 〈사회〉 노동 능력이 있으면서도 취업하지 못하고 있는 실업자. 생산 기술의 자동화, 과잉 생산에 따른 공황(恐慌)으

산:업용 상품[-농-](産業用商品) 생산자가 재생산을 위하여 사용하는 원료용·재료용의 상품. industrial goods

산:업 위생(産業衛生) 〈의학〉 직업병의 원인과 증상을 밝히고, 그 예방법을 강구하는 일. industrial hygiene

산:업 의학(産業醫學) 〈의학〉 사회 의학의 하나. 각종 공장·광산·숙사 등의 위생 상태와, 근로의 내용·성격 및 근로자의 체질·연력·적성·피로·직업병 등을 취급하여 건강 증진·능률 증대 등을 꾀하는 의학. industrial medicine

산:업 입지(産業立地) 국토 계획의 처지에서 어떤 산업을 어떤 곳에 설립할 것인가 하는 일. industrial orientation

산:업 자:금(産業資金) 〈경제〉 국민 소득 가운데 산업의 유지 및 발전에 쓰이는 자금. industrial funds

산:업 자:본(産業資本) 〈경제〉 물건을 생산하고 이를 팔아 이윤을 얻는 데 쓰이는 자본. 〈대〉 은행 자본, 상업 자본. industrial capital

산:업 재해(産業災害) 노동 과정에서 업무상 일어난 사고 또는 직업병으로 말미암아 근로자가 받는 신체의 장애. 노동 재해. 〈준〉 산재(産災).

산:업 재해 보:상 보:험(産業災害補償保險) 〈경제〉 근로자의 업무상의 사유에 의한 질병·부상 및 사망 등 재해를 보상하기 위한 보험 제도. 〈약〉 산재 보험(産災保險). industrial casualty insurance

산:업적 실업(産業的失業) 과잉 생산에 의하여 생기는 실업. industrial unemployment

산:업 조합(産業組合) 조합원의 산업 및 그 경제 발달을 꾀하기 위하여 산업에 필요한 금융·생산물의 공동 판매·물자의 공동 구입·설비의 공동 이용을 목적으로 설립된 사단 법인. industrial association

산:업 조합주의(産業組合主義) 〈사회〉 임금 제도를 없애고 생산자가 직접 산업을 통제하려는 주장.

산:업 지리학(産業地理學) 〈지리〉 물자를 직접 생산하는 각 산업에 관하여 지리학적으로 연구하는 경제 지리학의 한 부문. industrial geography

산:업 채:권[-꿘](産業債券) 산업 자금을 조달하기 위하여 발행하는 채권.

산:업 통:제(産業統制) 〈경제〉 산업에 있어서의 자유 경쟁을 국가의 힘으로나 또는 어떤 산업이 자주적으로 이를 제한하는 일. control of industry

산:업 포장(産業褒章) 산업의 개발·발전에 기여한 사람에게 주는 포장.

산:업 합리화(産業合理化) 〈경제〉 산업에 있어서의 모든 불합리한 소비를 없애어, 능률을 올리는 일. rationalization of industry

산:업 항:공(産業航空) 사진 측량과 기상 관측 및 어업·농업 지원 또는 신문 취재 등 산업을 위해 항공기를 이용하는 일.

산:업 혁명(産業革命) 〈역사〉 18세기 후반부터 약 100년 동안에 유럽에서 일어난, 기계와 증기 기관 등으로 인한 생산 기술의 변천과 그에 따라 생긴 전사회 조직의 변혁. Industrial Revolution

산:업화(産業化) 산업으로 됨림. 산업의 형태로 나타냄. industrialization 하다티

산:업 훈장(産業勳章) 국가 산업 발전에 기여한 사람에게 주는 훈장. 금탑·은탑·동탑·철탑·석탑 등 5등급이 있음. order of industrial service merit

산에 가야 범을 잡지 뜻을 이룰 수 있는 방향으로 행동해야 비로소 성공할 수 있다. ㄱing 하다

산역(山役) 무덤을 만드는 역사(役事). grave-digg-

산역꾼(山役-) 산역을 하는 사람.

산연(傘緣) ① 우산의 가장자리. brim of an umbrella ② 〈동물〉 강장 동물(腔腸動物)의 삿갓같이 생긴 몸의 가장자리의 부분.

산:열(散熱) 열을 방산(放散)함. rediation 하다

산:열 반:응(散熱反應) 〈화학〉 화합물(化合物)이 생성될 때의 산열. 「해될 때의 산열.

산:열 분해(散熱分解) 〈화학〉 화합물(化合物)이 분

산염(山鹽) 산에서 캐는 소금. 〈대〉 해염(海鹽).

산:염:불[-념-](山念佛) 〈음악〉 서도 민요의 하나. 길게 뿜는 가락이 구성짐.

산염화물(酸鹽化物) 〈화학〉 산의 수산기(水酸基)를 염소로 바꿔 놓은 화합물. acid chloride

산영(山影) 산의 그림자. shadow of a mountain

산:-영:장(一永葬) 〈민속〉 병을 낫게 할 목적으로 제웅을 병자의 송장처럼 꾸며 장삿일을 지내는 일.

산예(狻猊) 〈연예〉 사자의 탈을 쓰고 추는 가면

산:올:비(식물) 쌀알이 작은 올벼의 하나. 「극.

산옹(山翁) 산골에 사는 늙은이. old man living in

산와(山窪) 〈동〉 달뫼이. 「the country

산왕-단(山王壇) 〈동〉 산신각(山神閣).

산왕 대:신(山王大神) 〈불교〉 산을 지키는 신장(神將). mountain god

산외 말사[-싸](山外末寺) 〈불교〉 본산(本山)에서 떨어져 딴 산에 있는 말사. 〈대〉 산내 말사(山內末寺) ①.

산요(山腰) 〈동〉 산허리 ①. 「寺).

산욕(山慾) 〈민속〉 좋은 묏자리를 얻고자 하는 욕심. 「used at childbirth

산:욕(産褥) 해산할 때에 산모가 까는 요. quilt

산:욕-기(産褥期) 아이를 낳고 건강을 회복할 때까지의 산후에 있는 동안. 약 50일 동안. lying-in period 「woman in childbed

산:욕-부(産褥婦) 산욕에 누워 조리하는 산부.

산:욕-열[-녈](産褥熱) 〈의학〉 산욕기에 생기는 발열성(發熱性)의 질병. 분만(分娩) 또는 산욕기에 생긴 생식기의 상처로부터 침입한 연쇄상 구균·대장균·폐렴균 등의 병원균에 의하여 일어남. puerperal fever

산용(山容) 산의 생김새. feature of a mountain

산용(算用) 계산에 사용함. for arithmetic use

산용 수상(山容水相) 산이 솟은 모양과 물이 흐르는 모양. 산용 수태(山容水態). 「(Arabia 數字).

산:용 숫:자[-짜](算用數字) 〈동〉 아라비아 숫자

산우(山芋) 〈동〉 마²

산:우(山雨) 산에 내리는 비. rain on the mountains

산운(山雲) 산에 끼어 있는 구름. cloud over a mountain

산운(山運) 〈민속〉 묏자리가 좋고 나쁜 데 따라 생기는 운수.

산:-울[-울] ➡ 산울타리. 「꿈. 하다

산:-울(散鬱) 우울한 기분을 떨어버림. 기분을 푸는

산울림(山-) 〈동〉 메아리. 「hedge

산:-울타리[-타-] 산 나무를 심어서 된 울타리. 〈약〉 산울.

산원(山園) ① 산에 있는 화원(花園). 도, 산 속에 있는 별장. mountain villa ② 임금의 능. 산릉(山陵). royal tomb

산:원(産院) 임산부(妊産婦)와 신생아(新生兒)를 수용하여 구호하는 시설을 한 곳. maternity hospital

산:원(散員) ① 직무(職務)없는 인원. ② 〈제도〉 고려 때의 벌장(別將) 다음가던 정 8품의 무관 벼슬.

산:월(産月) 〈동〉 산삭(産朔).

산:위(散位) 위계(位階)만 있고 실제의 관직(官職)이 없음.

산:유(山遊) 〈민속〉 산나들이. 「이 없는 지위.

산유(山楡) 〈동〉 난티나무.

산:유(産油) 원유(原油)를 생산함.

산유(酸乳) 유산(乳酸) 발효유에 감미료·향료를 가해서 시럽 모양으로 만든 우유의 하나. 묶게 해서 청량 음료로 마심. 칼피스 따위. acid milk

산:유-국(産油國) 원유(原油)를 생산하는 나라.

산유-인(山楡仁) 〈동〉 무이인(無荑仁).

산:유-자(山柚子) 산유자나무의 열매.

산:유-자-나무(山柚子-) 〈식물〉 산유자과(山柚子科)에 속하는 작은 상록 교목. 가지에는 가시가 있고 잎은 난형의 혁질(革質)임. 황백색의 작은 꽃이

피고 장과는 가을에 흑색으로 익음. 바닷가의 들에 남. 　　　　　　　　　　[전해 오는 노래.
산유화(山有花)[명] 〈음악〉 메나리의 하나로 옛날부터
산:육(産育)[명] 아이를 낳아서 양육함. bearing and bringing up a child 하타
산융(山戎)[명] 〈역사〉 중국 춘추 시대에, 지금의 하북성(河北省)에 웅거하여 연(燕)·제(齊) 등 여러 나라에 화를 끼친 종족.
산:은(産銀)[약]→한국 산업 은행.
산은 오를수록 높고 물은 건널수록 깊다[속] 어려운 고비를 당할이면 갈수록 점점 더 어렵고 곤란한 일만 생긴다. 　　[陽]. shady side of a mountain
산음(山陰)[명] 산의 그늘. 산의 북쪽 편. (대) 산양(山陽)
산음(山蔭)[명] 〈민속〉 좋은 자리에 뫼를 씀으로써 그 자손이 받는다는 복. 　　　　[邑]. mountain town
산읍(山邑)[명] 산골에 있는 고을. 산군(山郡). 협음(峽
산:의(産衣)[명] 신생아에게 처음 입히는 옷.
산:의(産醫)[명]→산과 의사.
산이 깊어야 범이 있다[속] 자기에게 덕망이 있어야 사람이 따른다.
산이 높아야 골이 깊다[속] 사람이 커야 품은 포부도
산-이스랏[—니—](山—)[동] 산앵도①. 크다.
산이스랏-나무[—니—](山—)[동] 산앵도나무.
산인(山人)[명] ①깊은 산 속에서 세상을 멀리하고 사는 사람. mountain folks ②〈불교〉 중이나 도사(道士). hermit
산:인(散人)[명] ①세상일을 잊고 한가히 지내는 사람. 흔히 아호(雅號) 밑에 붙여 씀. man in retirement ②무용(無用)의 인물.
산일(山日)[명] 산 속에서의 날.
산:일(散佚·散軼·散逸)[명] 흩어져 없어짐. getting scattered and lost 하타
산:입(算入)[명] 셈에 넣음. inclusion 하타
산:자(橵子)[명] 〈건축〉 지붕 서까래·고물 위에 흙을 받치려고 엮어 까는 나뭇개비나 수수깡. ¶ ~ 판(板). lattice sticks across roof
산:자(橵子·饊子)[명] 찹쌀 가루 반죽을 얇게 조각내어 기름에 지진 것에다 밥풀 튀긴 것을 조청이나 꿀로 붙인 유밀.
산-자고(山茨菰·山慈姑)[동] 까치무릇.
산자 관원[—자—](山字官員)[명] 〈제도〉 종자(從者) 없이 남여를 탄 모양이 '山'자 비슷하다 하여, 능관(陵官)을 놀려 일컫던 말.
산:자-널(橵子—)[명] 〈건축〉 지붕 서까래 위에 까는 널판. 산자판(橵子板). roof boards
산:자 밥풀(橵子—)[명] 산자·강정 등을 만드는 데 쓰는 찹쌀을 쪄서 말린 뒤에 기름에 튀긴 밥풀.
산자 수명(山紫水明)[명] 산수의 경치가 눈이 부시게 좋음. beautiful scenery 하타
산-자전(一字典)[명] 온갖 것을 많이 기억하고 있는 사람의 비유. walking dictionary
산작(山雀)[명] 〈동〉 곤줄박이.
산작(山鵲)[명] 〈동〉 삼광조(三光鳥).
산=작약(山芍藥)[명] ①〈한의〉 산에서 캔 작약. (대) 가작약(家芍藥). ②〈식물〉 작약과의 다년생 풀. 뿌리는 비대하고 줄기는 75 cm 내외이며 잎은 도란형임. 6월에 붉은 꽃이 피고 검은 종자가 익음. 부
산-잘림(山—)[명] 〈지〉 척량목. 　　　[리는 약용함.
산잠(山蠶)[명] 〈동〉 멧누에.
산잠-아(山蠶蛾)[명] 〈동〉 멧누에나비. 　　　　　[하타
산:잡(散雜)[명] 〈散雜〉하고 난잡(亂雜)함. disorder
산:=장(—葬)[명] 〈명〉 생장(生葬). 하타
산장(山長)[명] 벼슬을 하지 않고 있는, 덕망이 높은 숨은 선비. hermit 　　　[山莊]. mountain villa
산장(山莊)[명] 산 속에 있는 별장. 산방(山房)②. 산서
산:장(散杖)[명] 〈제도〉 죄인을 심문할 때 위협할 목적으로 형장(刑杖)을 많이는 앞에 벌여 놓던 일. 하타
산장(酸漿)[명] 〈동〉 호장(虎杖).
산장(酸漿)[명] ①〈동〉 꽈리. ②꽈리의 뿌리. 허로(虛勞)·골증(骨蒸)·번열(煩熱)·난산(難産)·황달

(黃疸)의 약으로 씀.
산:이(山—)[명] 산 속에서 사냥과 약 캐는 일로 업(業)을 삼는 사람. 산척(山尺)②. mountain folks
산재(山齋)[명] 운치스럽게 산에 지은 서재(書齋). study in the mountain
산:재(産災)[약]→산업 재해(産業災害).
산:재(散在)[명] 여기저기 흩어져 있음. (대) 밀집(密集). 집결(集結). lying scattered 하타
산:재(散材)[명] 쓸모없는 재목 또는 사람. useless thing or person 　　　　　　　　　　　[괘타
산:재(散財)[명] 재산을 써서 없애 버림. dissipation 하
산:재(散齋)[명] 제사(祭祀) 전에 목욕 재계하는 일. ablution 하타
손-지[고] ①오히려. ②아직도. ③이내.
산:=재목(—材木)[명] 아직 다듬지 아니한 산판에 자른 채로 있는 목재. lumber
산:재 보:험(産災保險)[약]→산업 재해 보상 보험.
산저(山猪)[동] 산돼지.
산저-담(山猪膽)[명] 〈한의〉 산돼지의 쓸개. 진경(鎭
산저-모(山猪毛)[명] 산돼지 털. 　　[痙)·흉분제로 씀.
산저-피(山猪皮)[명] 산돼지 가죽.
산저-혈(山猪血)[명] 산돼지 피.
산저-황(山猪黃)[명] 〈한의〉 산돼지의 뱃속에 생기는 누른 물질. 지혈제·지혈제(止血劑)로 쓰임.
산적(山賊)[명] 산 속에 사는 도둑. (대) 해적(海賊). bandit 　　　　　　　　　　[tainous pile 하타
산:적(山積)[명] 물건이 산더미같이 많이 쌓임. moun-
산:적(散炙)[명] ①쇠고기 따위를 꼬챙이에 꿰어 쪄서 익힌 음식. 적회(炙膾). skewered slices of seasoned meat ②〈—〉→사슬 산적.
산:적(蒜炙)[명] 마늘로 만든 적.
산:적-꽃이(散炙—)[명] 〈건축〉 상량(上樑) 위에 얹힐 서까래 머리에 구멍을 뚫고 흘러 내리지 않도록 싸리나 대로 연이어 꿴 것.
산:적 도둑(散炙—)[명] ①맛난 음식만 골라 먹는 사람. epicure ②시집간 딸을 조롱하여 일컫음. married daughter
산:=적정(酸滴定)[명] 〈화학〉 중화할 때 색소의 빛깔을 이용하여, 산의 양을 알칼리의 표준액에 의해 적정(滴定)하는 일. 하타
산전(山田)[명] 산에 있는 밭. field in a mountain
산전(山前)[명] 산의 앞 편.
산전(山戰)[명] 산에서 하는 전투. 산악전. mountain
산전(山巓)[명] 산꼭대기. 산정(山頂). 　　　　[warfare
산:전(産前)[명] 아이를 낳기 바로 전. (대) 산후(産後). before childbirth
산:전(散田)[명] 이곳 저곳 흩어져 있는 밭.
산:전(散錢)[명] ①〈동〉 사슬돈. ②잔돈. change
산전 수전(山戰水戰)[명] 세상의 온갖 고생과 어려움을 다 겪어 경험이 많음. going through the ups and downs of life
산전 수전 다 겪었다[속] 세상의 모든 일을 골고루 겪어서 무슨 일에나 노련(老鍊)하다. 　　　　　[pains
산:절(散節)[명] 해산할 낌새. 아이 낳을 조짐. labour
산정(山亭)[명] 산 속에 지은 정자. mountain arbour
산정(山庭)[동] 쪽마루.
산정(山頂)[명] 산꼭대기. (대) 산록(山麓). top of a
산정(山情)[명] 산의 경치. 　　　　　　　　　[mountain
산정(山程)[명] 산길. 산로(山路).
산정(山精)[명] ①〈동〉 삼주. ②〈동〉 창출(蒼朮). ③산의 정기(精氣). 산령(山靈).
산:=정(刪定)[명] 〈동〉 산수(刪修). 하타
산:정(散政)[명] 〈제도〉 도목(都目) 이외에 임시로 벼슬아치를 임면(任免)하던 일. 　　　　[tation 하타
산:정(算定)[명] 산출하여 정함. ¶ ~ 법(法). compu-
산정 무한(山情無限)[명] 산에서 느끼는 정취가 무한함을.
산제(山祭)[명] →산신제(山神祭). 　　　　　　　[하타
산:제(刪除)[명] 산삭(刪削). 하타
산:제(産制)[약]→산아 제한.

산:제(散劑)圐 가루로 된 약. powdered medicine
산제:당(山祭堂)圐 〔동〕산신당(山神堂).
산:제:비나비[―쩨―]〔山―〕圐 〈곤충〉 호랑나비과의 곤충. 날개 표면 중앙에 띠 모양의 청람색 무늬가 있고, 뒷날개 뒷면에 노란 띠 무늬와 붉은 무늬가 나란히 있음. 산간에 서식함. 구제비나비.
산조(山鳥)圐 〔동〕산새.
산:조(散調)圐 〈음악〉 민속 악곡의 하나. 느린 속도의 진양조로 시작, 차츰 급하게 중모리·자진모리·휘모리로 끝남. 감미로운 가락과 처절한 애수성(哀
산조(酸棗)圐 〔동〕멧대추.
산조:인(酸棗仁)圐 〈한의〉 멧대추씨 속에 든 알맹이. 원기를 돋우 잠이 잘 오게 하는 한약제.
산족(山足)圐 산기슭.
산:졸(散卒)圐 ①〔동〕 산병(散兵). ②장기에서 각자으로 흩어져 있는 졸(卒). 하다
산주(山主)圐 ①산의 임자. owner of a mountain ②〈민속〉산디탈을 간직하여 수호(守護)하는 사람. ③〈민속〉무당들이 조직한 신청(神廳)의 직명(職名)
산주(山紬)圐 명주의 하나.
산:주(算珠)圐 수를 계산하는 데 쓰는 구슬. balls used for counting 「tural growth
산죽(山竹)圐 산에 저절로 난 대. bamboo of na-
산준 수급(山峻水急)圐 산이 험하고 물살이 빠름. 하다
산=줄기[―쭐―]〔山―〕圐 큰 산에서 뻗어 나간 산의 줄기. 산맥.
산중(山中)圐 산 속. (대) 야지(野地). in the mountain
산중 귀:(山中貴物)圐 ①그 고장에서 나지 않는 귀한 물건. rare thing ②산중에서만 나는 귀한 물건. special product of a mountain
산 중독(酸中毒)圐 〔동〕산독증(酸毒症).
산중 벌이하여 고라니 좋은 일 했다圐 몹시 고생하여 이룬 것을 가지고 남만 좋게 되게 해 준 결과가 되었다.
산중 재:상(山中宰相)圐 산중에 은거하면서 나라에 중대한 일이 있을 때만 나와 국사를 돌보는 사람.
산중 호걸(山中豪傑)圐 산 속의 호걸이란 뜻으로, 범을 일컬음. tiger
산증[―쯩―]〔疝症〕圐 〈한의〉 아랫배와 불알이 붓고 아픈 병. 산기(疝氣). 산병(疝病). 《약》 산(疝).
산지못圐 산지못.
산지(山地)圐 ①산이 많은 땅. 산달. (대) 평지(平地). mountainous district ②묘를 쓰기에 적당한 땅. place suitable for a graveyard
산지(山紙)圐 산중에서 만들어 내는 질이 낮은 종이.
산:지(産地)圐 ①〔약〕=산출지(産出地). ②사람이 출생한 땅.
산지 구멍(―구멍)〔건축〕 산지못을 박는 구멍. 〔直〕.
산―지기(山―)圐 산이나 묘를 지키는 사람. 산직(山
산지기가 놀고 중이 추렴을 낸다圐 사기의 계제없는 엉뚱한 일에 돈을 물어 낸다.
산=지니(山―)圐 산 속에서 자라서 여러 해를 묵은 매나 새매. 산지매. 산진(山陳). 《略》 수지니.
산지=대(山地帶)圐 〈지리〉 낙엽 활엽수가 우거져 있는 지대를 일컬음. 우리 나라에서는 해발 약 1000∼1500 m 의 층이 이에 속함.
산지=못圐 제목 따위의 이음점을 든든히 하기 위하여 박는 굵은 나무못. 산지.
산지 사:방(四方)圐 사방으로 흩어져 없어짐. be scattered and lost 하다
산:=지식(―知識)圐 살아 있는 지식. 현실 생활에 활용할 수 있는 견전한 지식.
산:지옥(―地獄)圐 〔동〕생지옥.
산지족(山地族)圐 〔동〕생번(生番).
산직(山直)圐 산지기.
산:직(散職)圐 〈제도〉 일정한 직책이 없는 벼슬. 산 「관(散官)圐.
산 진 거북이며 돌 진 가재라圐 큰 세력을 믿고 버틴
산진=매(山陳―)圐 산지니.

산진 수궁(山盡水窮)圐 ①막다른 길에 이르러 빠져 나갈 수 없게 된 경우. 산궁 수진. circumstances of extreme need ②매우 깊은 산골짜기. depths of a mountain 하다 「곳.
산진=수회처(山盡水回處)圐 산과 물이 서로 엇걸린
산진 해:미(山珍海味)圐 〔동〕산해 진미(山海珍味).
산진 해:착(山珍海錯)圐 〔동〕산해 진미(山海珍味).
산:질(散帙)圐 한 질(帙)로 된 책 중의 몇 권이 흩어져 있음. having some volumes missing 하다
산=짐승[―찜―]〔山―〕圐 산에 사는 짐승. 멧짐승.
산창(山窓)圐 산 속에 있는 집의 창. window of a house in the mountain
산채(山菜)圐 ①산나물. wild edible greens ②멧나물. edible mountain herbs
산채(山寨·山砦)圐 ①산에 돌·목책을 둘러친 진터. fortress ②산적들의 소굴. bandit's den 「다
산:책(散策)圐 이리저리 거닒. 산보(散步). walk 하
산처(山處)圐 〔동〕뫼. 산소(山所)②.
산척(山尺)圐 ①산을 재는 데 쓰는 자. measure used for the mountains ②산장이.
산척(山脊)圐 산등성이마루.
산:척촉(山躑躅)圐 ①〔동〕산철쭉. ②〔동〕진달래.
산천(山川)圐 산과 내. 자연―주. 산택(山澤)①. hills and streams
산천 기도(山川祈禱)圐 산과 물의 신령에게 기도함. praying to the gods of hills and streams 하다
산천 비:보 도감(山川神補都監)〔제도〕 고려 신종(神宗) 원년에 둔 관아. 산천의 쇠한 기운을 보익(補益)하여 기업(基業)을 연장시키는 일을 맡아보
산=천제(山天祭)圐 〔동〕산신제(山神祭). 「았음.
산천 초목(山川草木)圐 산과 내, 풀·나무. 곧, 자연. nature
산:철쭉(山―)圐 〈식물〉 철쭉과의 낙엽 활엽 관목. 늦봄에 홍자색 꽃이 핌. 산지의 습윤한 곳에 나며 관상용으로 심음. 산척촉(山躑躅)②.
산:청개구리(山青―)〈동물〉 개구리과에 속하는 개구리의 하나. 산지의 시내·연못에 사는데, 몸 길이 수컷 7.5 cm, 암컷 9.5 cm, 청록색에 갈색 반점
산체(山體)圐 산의 체형. 「이 산재하여 배는 힘.
산초(山草)圐 ①산에 나는 풀. ②산견(山田)에 심은 담배.
산초(山椒)圐 〈식물〉 산초나무의 열매. 분디. 화초(花
산:초(散草)圐 묶어 놓지 않은 살담배. leaves of tobacco
산초=나무(山椒―)圐 〈식물〉 운향과의 낙엽 활엽 관목. 높이 약 3m, 잎·과실은 향신료(香辛料)로, 건조한 과실과 과피(果皮)는 위약(胃藥)에 씀. 분디 「나무.
산초=어(山椒魚)圐 〔동〕도롱뇽.
산촌(山村)圐 산에 있는 마을. 두메. 산곽②. 산동(山洞). mountain village
산:촌(散村)圐 집들이 한 곳에 모여 있지 않고 사방에 흩어져 있는 마을. (대) 집촌. straggling village
산:출(産出)圐 ①물건이 천연적으로 또는 인공적으로 생산되어 나옴. production ②물건을 생산하여 냄. output 하다
산:출(算出)圐 계산(計算)하여 냄. calculation 하다
산:출=물(産出物)圐 산출되는 물건. 산물.
산:출=지(産出地)圐 물건이 생산되어 나오는 곳. 《略》
산치〈어류〉 열목이의 큰 것. (대) 팽나니. 「산지①.
산치(山梔)圐 〈식물〉 산에서 나는 치자나무.
산:치(散置)圐 이리저리 흩어 놓음. 하다 「jasmine
산치:성(山致誠)圐 산신(山神)에게 정성을 드림.
산:치자(山梔子)圐 〈한의〉 산의 피를 그치게 하고 열을 뽑고 오줌을 잘 나게 하는 데 쓰이는 한약재로서 산에 저절로 나는 치자나무의 열매.
산치자=나무(山梔子―)圐 〈식물〉 산에 야생하는 치자나무. 열매는 약재로 쓰임. 「trichocarpa
산칠(山漆)圐 〈식물〉 산에 저절로 나는 옻나무. Rhus
산:코=굴:―다(散―)圉→헛코골다.
산:타:령(山打令)圐 〈음악〉 선소리의 하나. 앞산타령

산타 마리아(Santa Maria) 명 《공》 예수의 성모(聖母).
산타 클로스(Santa Claus) 명 크리스마스 전날 밤 북국(北國)에서 와서 굴뚝으로 들어와 잠자는 어린이의 양말·구두 속에 선물을 넣고 간다는 붉은 외투·흰 수염의 노인.
산:탄(散彈) 명 ①한 발씩 쏘는 탄환. ②《군사》 용기가 가볍고 소이 물질이 차 있으며 맞으면 폭파하는 작약(炸藥)이 있는 탄환. 〔동〕산탄(霰彈).
산탄(霰彈) 명 《군사》 많은 탄알이 한꺼번에 터져 나오게 된 탄환. 산탄(散彈)③. case shot
산태(山汰) 명 《지리》 산비탈이 무너져 생기는 사태(沙汰). land-slide
산태(山澤) 명 ①《동》 산천(山川). ②《약》→산림 천택(山林川澤). [독한 곳. crest of a mountain
산:턱(山-) 명 산에 경사가 져서 내려오다가 조금 두
산토(山兎) 명 《동》 산토끼.
산-토끼(山-) 명 《동물》 토끼과의 짐승. 야생하는 토끼로 길이 45~60cm며 앞다리가 짧음. 털 빛은 다갈색에 회색이 섞였으며 나무 껍질·나무싹·농작물을 먹음. 고기는 식용, 모피는 방한용으로 씀. 산토(山兎). 〔대〕집토끼. hare
산토닌(santonin) 명 영거지과에 속하는 시나(cina)의 꽃에서 얻는 무색 무취의 판상(板狀) 결정 또는 가루로 된 회충 구제약. 〔的〕복통.
산통(疝痛) 명 발작적으로 잠시기 일어나는 간헐적(間歇
산통(産痛) 명 《동》 진통(陣痛).
산:통(算筒) 명 ①소경이 점치는 데 쓰는 산가지를 넣는 통. divinigsticks case ②산가지를 넣어 두는 통. counting-sticks case
산:통-계(-契) [算筒契] 명 《제도》 계원들이 일정한 곗돈을 내고 통에 든 계알을 흔들어 뽑힌 사람에게 일정한 금액을 태어 주는 계. 〔약〕통계(筒契).
산:통-깨-다(算筒-) 타 어떤 일을 이루지 못하게 뒤틀다.
산:통-점(-占) [算筒占] 명 《민속》 산통 속에 꽂거나 완전히 집어 넣은 산가지를 구멍으로 집어 내어, 그 산가지가 나타내는 수효에 의하여 치는 점.
산파(産婆) 명 ①《동》 조산원(助産員). ②'어떤 일의 실현을 위하여 잘 주선해서 이루어지도록 하는 존재'의 비유.
산:파(散播) 명 노가리. [제'의 비유.
산:파-법(-法)(産婆法) 명 《교육》 질문을 거듭함으로써 상대자가 스스로 알아내도록 하는 교수 방법의 하나. 소크라테스가 쓴 방법의 하나임. maieutics
산:파-술(産婆術) 명 《의학》 해산·임부·태아 등을 다루는 기술. midwifery
산:파-역(産婆役) 명 무슨 일을 잘 주선하여 일이 이루어지게 만드는 구실. 또, 그 사람. sponsor
산판(山坂) 명 멧갓.
산:판(算板) 명 《동》 주판.
산판 걸목돌 명 석재를 채취할 때 소용(所用)의
산패(酸敗) 명 《화학》 주류(酒類)·지방류(脂肪類) 같은 유기물(有機物)이 산화(酸化)하여 유리 지방산(遊離脂肪酸)을 생성하는 현상. 색과 맛이 변하고
산패-액(酸敗液) 명 《식물》 냄새를 발생함고 하다
산패-유(酸敗乳) 명 산패한 것.
산:-편(山片) 명 산에서 뜯어진 조각. fragments
산포(山砲) 명 《약》→산포수(山砲手). ②《군사》 산지(山地)에서 쓰도록 분해하여 운반할 수 있게 된 대포. mountain gun
산:포(散布) 명 흩어 놓음. scattering 하다 타
산:포(散脯) 명 쇠고기를 아무렇게나 조각을 떠서 말린 포. dried beef slices
산-포도(山葡萄) 명 《동》 머루.
산:포-도(散布度) 〔算布度〕 《수학》 도수(度數) 분포의 모양을 조사할 때, 변량(變量)의 값이 흩어져 있는 정도를 가리키는 말.

산:포:수(山砲手) 명 산 속에 살면서 직업적으로 짐승을 잡는 포수. 〔약〕산포①. professional beast-hunter
산:표(散票) 명 집중되지 않고 여럿에게 흩어진 투표.
산:품(産品) 명 《약》→생산품. [scattered votes
산품(山風) 명 ①해가 진 뒤 산에서 불어 내려오는 바람. 해가 지면 산의 공기가 냉각되므로 일어남. 재넘이. ②《동》 산바람.
산플라티나(sanplatina) 명 니켈과 크롬의 합금. 주로 치과에서 금 대신으로 씀. [mals
산피(山皮) 명 산짐승의 가죽. fur of mountain ani-
산하(山下) 명 ①산 아래. 〔대〕산상(山上). foot of a mountain ②《약》→선산하(先山下).
산하(山河) 명 산과 큰 내. 산과 강이 있는 자연(自然)의 총칭. mountains and rivers
산하(傘下) 명 어떤 인물이나 조직의 세력 밑. ¶~단체(團體). under the banner of
산학(山學) 명 산악에 관하여 연구하는 학문. orology
산:학(産學) 명 ①산업과 학문. ②산업 기관과 학교.
산:학(算學) 명 《수학》 셈에 관한 학문. 주학(籌學). arithmetic
산:학 협동(産學協同) 명 기술 교육에 있어서, 산업계와 대학이 협동하는 일. 대학의 교실에서의 학습과 공장에서의 실습을 조합하는 방식. cooperation between industry and academy
산해(山海) 명 ①산과 바다. mountains and seas ②온갖 곳. every where
산해(山害) 명 《민속》 묏자리가 나쁘면 입는다는 해.
산-해박(山-) 명 《식물》 박주가리과의 다년생 풀. 줄기 높이 60~90cm로, 잎은 피침상 선형이며 윗면에 잔털이 많이 남. 6~7월에 담황록색 꽃이 피고 열매는 8~9월에 익음. 뿌리는 약용됨.
산해 진미(山海珍味) 명 산과 바다의 산물(産物)을 다 갖추어 썩 잘 차린 음식. 산진 해미(山珍海味). 산진 해착(山珍海錯). delicacies of all lands and seas
산행(山行) 명 ①산길을 걸어감. ②산에 놀러 가는 일.
산행(山行) 명 사냥. [하다 자
산행충-하다(山行-) 자 사냥하다.
산:허리(山-) 명 ①산의 둘레의 중턱. 산요(山腰). 산중턱. mountain side ②산등성이의 잘록하게 들어간 곳. saddle back [there 하다 자
산:현(散見) 명 여기저기에 보임. appear here and
산혈(山穴) 명 《민속》 산의 정기(精氣)가 모인 묏자리. ②산에 패인 구멍. cave
산:혈(産血) 명 《생리》 해산할 때 나오는 피.
산협(山峽) 명 《동》 두메.
산형(山形) 명 산의 생김새. appearance of a mountain
산:형-꽃차례(繖形-) 명 《동》 산형 화서(繖形花序).
산:형-화서(繖形花序) 명 《식물》 산형 화서(繖形花序)로 피는 꽃의 총칭. umbellar flower
산:형 화서(繖形花序) 명 《식물》 무한 화서(無限花序)의 하나. 미나리·파꽃 따위. 산형꽃차례.
산호(山戶) 명 산에 사는 화전민(火田民)의 집. mountaineer's hut
산호(山呼) 명 《약》→산호 만세(山呼萬歲).
산호(珊瑚) 명 ①덩어리 또는 나뭇가지 모양을 이룬 산호충의 군체(群體)의 중추 골격. 바깥 쪽은 무르고 속은 단단한 석회질로 됨. 겉은 굵어 버리고 속만을 장식품으로 씀. ②《동》 산호충.
산호 기둥에 호박 주추다 관 아주 호화스럽게 꾸며 놓고 [coral
산호=꽃(珊瑚-) 명 꽃같이 보이는 산호. flowered
산 호랑이 눈썹도 그려올 게 없다 관 모든 것이 풍족하고 없는 것이 없어 조금도 부족을 모른다.
산호 만:세(山呼萬歲) 명 임금에게 축하의 뜻으로 부르는 만세. ¶산호. Hurrah for the King!
산호-망(珊瑚網) 명 산호를 채취하는 데 쓰는 기구.
산호-초(珊瑚礁) 명 《식물》 산호초가 바다 위에 나타나서 이룬 섬. coral island
산호=수(珊瑚樹) 명 《식물》 제주도에서 나는 상록

산호유(珊瑚釉) 산호빛 유약.

산호-잠(珊瑚簪) 산호로 만든 비녀. ornamental hair-pin made of coral

산호-주(珊瑚珠) 산호로 만든 구슬. bijou made of coral

산호-지(珊瑚枝) 산호의 가지. 산홋가지. twigs of coral

산호=초(珊瑚礁) 〈지리〉석회질 골격을 가진 산호충의 유해가 쌓이고 쌓여서 된 바위. coral reef

산호-충(珊瑚蟲) 〈동물〉산호과의 강장 동물(腔腸動物). 나뭇가지처럼 몸을 뻗어 군데군데에 촉각과 입을 내어 숨을 쉬고 먹이를 잡아먹음. 산호라는 석회질 골격 속에 떼를 지어 삶. 산호②. coral insect

산호=가지(珊瑚─) 〈동〉산호지(珊瑚枝)

산화(山火) 산불. ¶~ 방지(防止). mountain fire

산화(山禍) 산에 피는 災.

산화(山禍) 〈민속〉묏자리를 잘못 씀으로써 받는다는 재앙.

산:화(散花) 꽃이 져서 흩어짐. 또, 그 꽃. 산화(散華)①. falling of flowers ②〈식물〉꽃은 피어도 열매를 맺지 못하는 꽃. 하다

산:화(散華) ①꽃이 져서 흩어짐. 산화(散花)①. scattering of flowers ②젊은 목숨이 전장 따위에서 죽음. youths killed in action ③〈불교〉꽃을 뿌리어 부처를 공양하는 일. 하다

산화(酸化) 〈화학〉①어떤 물질이 산소와 화합함. oxidation ②어떤 원소의 이온 또는 원자가 많아지거나 음전자가 양성으로 되는 변화. 〈대〉환원(還元). 하다

산화=대(酸化帶) 〈광물〉광상(鑛床)이 지표(地表)에 드러난 부분. 검은 갈색의 띠로 된 것처럼 보이는데, 광상 발견의 길잡이가 됨.

산화=동(酸化銅) 〈화학〉구리의 산화물. 산화제동에 산화제이동이 있음. oxidized copper

산화=마그네슘(酸化 magnesium) 〈화학〉탄산마그네슘을 가열하여 얻는 흰 가루. 잘 녹지 않고 고온에 견디므로, 내화(耐火) 벽돌을 만드는 데 쓰임.

산화-물(酸化物) 〈화학〉산소와 다른 원소와의 화합물의 총칭. 산소 화합물(酸素化合物). oxide

산화-바륨(酸化 barium) 〈화학〉회백색의 연한 고체(固體) 또는 가루. 공기의 산소를 분리시키는 매개물로 쓰임.

산화 방지제(酸化防止劑) 〈화학〉여러 가지 산화 물질에 대하여, 산소 작용을 방지하는 성질을 가진 물질.

산:-화:산(一火山) 〈동〉활화산(活火山).

산화=수소(酸化水素) 〈화학〉물의 화학적인 명칭. hydrogen oxide

산화=수은(酸化水銀) 〈화학〉산화제일수은과 산화제이수은을 통틀어 일컫는 말. mercury oxide

산화=아연(酸化亞鉛) 〈화학〉아연을 태워 만드는 흰 가루. 아연화(亞鉛華). zinc oxide

산화=안티몬(酸化 antimon) 〈화학〉안티몬을 공기 속에서 2등 이상으로 가열하여 얻는 흰 빛깔의 결정성의 가루.

산화=알루미늄(酸化 aluminium) 〈화학〉알루미늄을 달구어 얻는 또는 물을 분해하여 수소를 유리시키고 생긴 산화물. 반토(礬土). 알루미나(alumina).

산화=연(酸化鉛) 〈화학〉납을 공기 속에서 강하게 열하여 얻는 누른빛의 가루. 납유리의 원료가 됨. 밀타승(密陀僧). lead oxide

산화=염(酸化焰) 〈화학〉불꽃의 외부(外部). 산소 공급이 내부보다 좋아서 완전히 연소되며 빛은 약하나 온도는 매우 높음.

산화 염료(酸化染料) 〈화학〉섬유상에서 무색(無色)의 유기 화합물(有機化合物)을 산화하여 비로소 염색되는 물감. 아닐린 블랙(anilin black) 따위. oxidizing dye-stuffs

산화=은(酸化銀) 〈화학〉질산은의 용액에 수산화알칼리의 용액을 가하면 가라앉아 생기는 검은 빛의 가루. 산화력이 셈. silver oxide

산화-제(酸化劑) 〈화학〉산화를 일으키는 물질. oxidizing agent

산화=제:이-동(酸化第二銅) 〈화학〉동을 공기 속에서 강하게 열하거나 수산화제이동을 열하여 얻는 검은 가루.

산화=제:이-석(酸化第二錫) 〈화학〉석(錫)을 공기 속에서 태워 얻는 모양이 일정하지 않은 가루.

산화=제:이-수은(酸化第二水銀) 〈화학〉질산제이수은(窒酸第二水銀)에 수은을 섞어 열하여 만드는 검붉은, 또는 누른빛으로 된 가루.

산화=제:이-철(酸化第二鐵) 〈화학〉천연으로는 적철광(赤鐵鑛)으로, 공업적으로는 황산제일철을 열하여 얻는 적갈색의 가루. ferric oxide rouge

산화=제:일-동[一똥](酸化第一銅) 〈화학〉동이 공기 속에서 산화되었을 때 첫째로 생기는 붉은빛의 가루. cuprous oxide

산화=제:일-철(酸化第一鐵) 〈화학〉산화제이철을 수소로는 일산화탄소로 환원하여 얻는 검은 빛의 가루. ferrous oxide

산화=질소[一쏘](酸化窒素) 〈화학〉초산을 구리·수은에 작용시켜 생기는 빛 없는 기체. 공기에 닿으면 곧, 산소와 화합하여 과산화(過酸化)질소가 됨. nitric oxide [산화회소(硝素)따위]. iron oxide

산화=철(酸化鐵) 〈화학〉철의 산화물. 산화제일철·산화제이철 따위.

산화=칼슘(酸化 calcium) 〈화학〉석회석을 태워서 얻는 흰빛의 물질. 물과 작용하면 높은 열을 내어 수산화칼슘이 됨. 생석회(生石灰). oxidation calcium

산화=크롬(酸化 chrome) 〈화학〉크롬의 산화물. 녹색 또는 흑색의 가루.

산화=탄:소(酸化炭素) 〈화학〉①탄소의 산화물. 즉, 일산화탄소·이산화탄소의 총칭. carbon oxide ②일산화탄소.

산:회(散會) 회를 마치고 흩어져 감. 〈대〉집회(集會). 하다

산후(山後) 산 뒤. 「산전(産前)」

산후(産後) 아이를 낳은 뒤. ¶~ 별증(別症). 〈대〉산전(産前).

산:후 발한(産後發寒) 〈한의〉아이를 낳은 뒤에 한기(寒氣)가 들어 떠는 병.

산:-후:취(一後娶) 아내를 두고 다시 장가드는 일.

산-희작(山喜鵲) 〈동〉메까치.

삳 삿자리.

살·갇 〈고〉샅.

살 ①동물체를 이루는 조직의 하나. 피부 아래 있어 근육과 더불어 뼈를 싸는 부분. ②과실의 껍질과 씨 사이의 연한 부분. ③조개 또는 게 등의 껍데기나 다리 속에 든 연한 물질. 육(肉)①. flesh

살 ①창문·얼레·부채·갓모·연등의 뼈대가 되는 나무 오리나 대오리. rib ②빗의 낱낱으로 갈라진 조각. 빗살. tooth ③벌의 꽁무니에 있는 침. bee's sting ④〈약〉─어살. ⑤빛이나 물 따위의 내뻗치는 기운. ¶햇~. ⑥뼈에 떡살로 박은 무늬. ray

살 노름판에서 걸어 놓은 목에 덧붙이기로 더 태워 놓는 돈.

살 〈약〉→화살.

살 〈약〉→주름살.

살 나이들을 세는 말. ¶열 ~. 스무 ~. years of age

살(煞) 〈민속〉①사람이나 물건 등을 해치는 독하고 모진 기운. 곧 악귀(惡鬼)의 짓. ②친족(親族)간에 좋지 않은 따위. evil influence

솔 ①이것을. '스'의 대격형. ②살(肌).

살-가다(煞─) 〈민속〉대수롭지 않은 것에 건드려져, 공교롭게 상하거나 깨지다.

살-가죽[─까─] 동물의 몸 거죽을 싸고 있는 껍질. 피부. 「랍을 이름.

살갑기는 평양 나막신 붙임성이 있고 사근사근한 사

살갑-다[ㅂ불] ①겉으로 보기보다 속이 넓다. rather spacious ②마음씨가 부드럽고 다정스럽다. 〈큰〉슬겁다. be amiable

살강 부엌의 벽 중턱에 드린 선반으로 그릇을 얹어 두는 곳. shelf

살강-거리-다 설익은 밤 따위가 씹히는 소리가 자꾸 나다. 《예》쌀강거리다. 《거》살캉거리다. crunch 살강=살강 하다

살강 밑에서 숟가락 얻었다 ①헛똑똑하다. ②아주 쉬운 일을 하고 자랑한다.

살갗 살가죽의 겉면. 피부(皮膚). skin

살같이 →화살같이.

살=거름 〈농업〉씨를 뿌릴 때에 씨와 섞어서 쓰는 거름. 《유》밑거름. manure mixed with seeds

살=거리 몸에 붙은 살의 정도와 모양. state of flesh

살=걸음 화살이 날아가는 속도. speed of a flying arrow

살=결 살갗의 결. texture of skin

살=결박(結縛) 죄인의 옷을 벗겨 알몸뚱이로 하여 묶음. 육박(肉縛). binding 하다

솔=고 살구.

살=고기 →살코기.

살구 살구나무의 열매. 씨의 알맹이는 행인(杏仁)이라 하여 약재로 씀. 육행(肉杏). apricot

살구=꽃 살구나무의 꽃.

살구-나무 〈식물〉앵도과(櫻桃科)의 낙엽 활엽 교목. 잎은 타원형 또는 난형으로 가에 톱니가 있고, 4월에 잎에 앞서 담홍색의 꽃이 피고 핵과는 구형으로 가을에 익음. 과실은 생식 또는 통조림에 쓰이고 씨의 속은 한방에서 약용함. 류 정과.

살구씨 정:과(―正果) 살구씨 알맹이를 꿀물에 조림.

살구=편 익은 살구를 쪄서 으깨고 체에 걸러 녹말을 넣고 꿀을 쳐서 만든 떡. 최 대신으로 씀.

살=군두 〈농업〉가랫날을 장부 바닥에 매는 줄. 꺾

살균(殺菌) 세균을 죽임. 예~성(性). sterilization 하다

살균-력[―녁](殺菌力) 세균을 죽이는 힘. sterilizing power

살균-약[―냑](殺菌藥) →살균제.

살균-유(殺菌乳) 살균한 우유.

살균-제(殺菌劑) 〈약학〉살균용으로 쓰이는 약제. 승홍(昇汞)·요오드·붕산·과망간산칼리·알코올·포르말린·석탄산 따위. 살균약(殺菌藥). germicide

살그니 →슬그머니. secretly

살그머니 남 몰래 넌지시. 《약》살그니. 《큰》슬그머니.

살그미 →살그머니.

살근-거리다 둘이 맞닿아 가볍게 비비다. rub gently 살근=살근 하다

살금=살금 눈치를 살피면서 몰래 살그머니 하는 모양. 《큰》슬금슬금. stealthily

살긋=거리-다 한쪽으로 배뚤어지거나 기울어지게 자꾸 움직이다. 또, 그리 되게 하다. 《작》샐긋거리다. 《예》쌀긋거리다. 《큰》실긋거리다. 《예》쌀긋하다. somewhat crooked

살긋-하다 바른 물건이 한쪽으로 조금 기울어져 있다. 《큰》실긋하다. 《예》쌀긋하다. somewhat crooked

살기 〈어류〉살기과의 민물고기. 은어와 비슷하나 좀 더 가늘고 은백색 바탕에 검정 반점이 산재함. 숲 속의 맑은 물이나 여못·하천 등에 사는데 몸 빛이 고움.

살-[―끼] 몸에 살이 붙은 분량. fleshiness

살기(殺氣) ①독살스러운 기운. violent temper ②거칠고 무시무시한 기운. 살벌(殺伐)한 기상. blood-

살:=기-다툼 생존 경쟁(生存競爭). thirstiness

살기 담:성(殺氣膽盛) 살기가 있어 아무 것도 무서워하지 않음. 하다 ead bloodthirstiness

살기 등등(殺氣騰騰) 살기가 잔뜩 나 있음. widespread

살기-차-다(殺氣―) 무섭고 독살스러운 기운이 꽉 차다. be filled with violent temper

살기 충천(殺氣衝天) 살기가 하늘을 찌를 듯함. death in the air 하다

살=길[―낄] 화살이 날아가는 길.

살:=길²[―낄] 살아가기 위한 방도. means to live

살=깃[―낏] 화살 뒤끝에 붙인 새의 깃. feather on the end of an arrow

살-길-다 살이 두껍다. thick

살-나가-다(煞―) 살내리다①.

살:=날 ①세상에 더 살아 있을 날. one's life time ②넉넉하게 살게 될 날.

살=남자(―男子) '바늘'을 의인화하여 이르는 말.

살=내 살에서 나는 냄새. smell of the skin

살-내리-다 살이 빠져 여위어지다. 살빠지다. 《대》살오르다. get thin, flesh

살-내리-다(煞―) 〈민속〉①사람을 해치거나 물건을 깨치는 독살스런 기운이나 약한 귀신의 짓이 떨어져 나가다. ②일가 친척 사이에 사나운 떠앗머리가 떨어져 나가다. 《대》살오르다. 살빠다.

살년(殺年) 큰 흉년. year of great famine

살:-다 ①목숨을 이어 나가다. 생존(生存)하다. be live ②목숨을 이어 나가려고 활동하다. 생활하다. 《대》죽다. live ③일정한 곳에 집이 있고 살림하다. dwell ¶여기 산다. ④그림이나 글이 생생한 효과를 내다. ¶글이 살아 있다. be full of life ⑤바둑 따위에서 상대편 돌에 둘러싸였던 돌이 죽음을 면하다. escape from being captured ⑥소용·효용·쓸모 따위가 있다. ¶산 교훈. 타르다 ①버슬이나 소임을 지내다. ¶버슬을 ~. ②《속》징역살이를 하다.

살:-다 르다 기준이나 표준에 넘치게 조금 크거나 많다. ¶근수를 살게 달아 주시오. more than the standard

솔-다 교 사르다.

살=다듬이 다듬잇살이 오르도록 짓두드려 하는 다듬이. beating a nice shine into 하다

살=담:배(―) 썬 담배. 절초(切草). 각연초(刻烟草). cut tobacco

살-닿-다 본 밑천에 손해가 나다. cut into one's capital

살=대[―때] ①〈약〉→화살대. ②〈건축〉넘어지지 않게 기둥·벽 따위를 버티는 나무. prop

살=덩어리[―명―] 살로 이루어진 덩어리. 살덩이.

살=덩이[―명―] →살덩어리.

살=돈 ①노름의 밑천이 되는 돈. principal ②밑졌을 때에, 본디의 그 밑천이 되었던 본전. 육전(肉錢). 살전(―錢).

살-독-다 virulent 살=돋-스레

살:=돔-스럽-다(俗) 말이나 짓이 독살스럽고 당돌하다.

살뜰-하다 아주 알뜰하다. 규모가 있고 착실하다. thrifty 살뜰=히

살=뜸 〈한의〉살에다 바로 대고 뜨는 뜸. direct cauterization on the skin 하다

살랑=거리다 ①사늘한 바람이 가볍게 자꾸 불다. blow gently ②팔을 가볍게 저어 바람을 내면서 걷다. 《큰》설렁거리다. 《예》쌀랑거리다. walk briskly 살랑=살랑 하다

살랑살랑-하다 날씨가 바람이 살랑거리는 상태에 있다. 《큰》설렁설렁하다. 《예》쌀랑쌀랑하다.

살랑-하다 ①사늘한 바람이 불어 조금 추운 듯하다. chilly ②갑자기 놀라 가슴속에 찬 바람이 도는 것 같다. 《큰》설렁하다. 《예》쌀랑하다. thrilling

살래=살래 머리 따위를 작은 짓으로 가볍게 가로 흔드는 모양. 《약》살랑④. 《큰》설레설레. 《예》쌀래쌀래. shaking gently

살략(殺掠·殺略) 사람을 죽이고 재물을 빼앗음. killing and plundering 하다

살려 내-다 죽게 된 것을 구해 내다. rescue

살려 주-다 죽게 된 사람을 용서하거나 구하여 살게 해주다. let (a person) live

살롬(salon 프) ①객실(客室). 웅접실. 또, 거기 모인 명사(名士)나 문사의 문예적 집합. ②미술 전람실. 또는 전람회. ③상류 가정의 객실에서 열리는 사교적인 집회. ④《양》양장점·미장원 또는 양주 파는 술집 등의 옥호(屋號).

살롬 문학(salon 文學) 〈문학〉살롬을 중심으로 하여 발달된 문학. 17세기 프랑스에 성했으며, 내용

의 깊이보다는 재치나 형식의 아름다움이 그 특색임. salon literature

살롱 뮤:직(salon music)圀《동》살롱 음악(音樂).

살롱 비:평(salon 批評)圀《문학》주관적인 재치와 기지(機智)로 된 객관성(客觀性)이 없는 비평.

살롱 음악(salon 音樂)圀《음악》①살롱 등에서 적은 인원으로 하는 가벼운 음악. ②고전적 명곡을 통속적으로 편곡한 음악. 살롱 뮤직(salon music).

살륙(殺戮)圀→살육(殺戮).

살리-다 ①교정(校正) 등에서 한번 지운 것을 다시 두게 하다. stet ②활용하다. make the most of

살리-다[사동] ①목숨을 살게 하다. restore to life ②생활 방도를 강구하여 목숨을 유지하게 하다. maintain

살리실-산(salicyl 酸)圀《화학》달고 신맛이 있는 무색의 바늘 모양의 결정. 의약·방부제·물감 향료 등에 쓰임.

살리실산-나트륨(salicyl 酸 natrium)圀《화학》석탄산나트륨에 탄산을 포화시켜 만든 비늘 조각 모양의 결정. 해열(解熱)에 씀.

살리실산-수은(salicyl 酸水銀)圀《약학》녹지 않는 수은제의 하나. 매독약에 씀.

살리실산-에제린(salicyl 酸 eserin)圀《약학》무색 또는 누른 듯한 빛깔의 결정(結晶). 위장병 따위에 씀.

살림圀 한 가정을 이루어 살아가는 일. 또, 그 형편. livelihood 하다

살림〈건축〉원래 정한 치수보다 좀 크게 하는 일.

살림-꾼 ①살림을 맡아 일하는 사람. mistress of the house ②살림을 알들하게 잘하는 사람. good

살림-방[─빵](─房)圀 살림하는 방. 〔house-wife

살림-살이圀 ①살림을 사는 일. ②살림에 쓰이는 세간. 하다

살림에는 눈이 보배라圀 살림을 알들히 잘하려면 눈으로 잘 보살펴야 한다. 〔be needy

살림이 꿀리다쬐 살림이 펴이지 아니하고 쪼들리다.

살림-집[─찝](─) ①살림하는 집. house for dwelling ②개인의 가정. one's home

살림-터圀 생활하는 곳. living place

살-막(─幕)圀 여울을 쏫 놓고 물고기가 걸리기를 기다리기 위해 임시 지어 놓은 움막.

살-막이(殺─)圀→살풀이. 〔무당과 판수.

살단(薩端)圀《민속》신령과 교통하는 힘이 있다는

살-맛圀 남의 살이 맞닿는 느낌. touch of skin

살-맛圀 세상을 사는 재미. pleasure of living

살망-살망圀 살망하게 다리로 걷는 모양.〈큰〉설명설명. with a slender gait

살망-하-다[형][여불] ①아랫도리가 가늘고 어울리지 않게 좀 길다. gangling ②웃이 키보다 좀 짧다.
설명하다. outgrow one's clothes

살-맞-다(殺─)재《민속》혼인집이나 초상집에 갔다가 나쁜 귀신의 독하고 모진 기운을 입어 낱이 나다. be struck by evil spirits

살며미圀 ①드러나지 않게 가만히. ¶ 문틈으로 ∼ 들여다보다. secrecy ②은근하게. 조용히. ¶ ∼ 물어보다.〈큰〉슬며시. quietly

살멸(殺滅)圀 죽여 없앰. 하다

살명-살명圀 연해 살며시.〈큰〉슬멸슬멸. stealthily

살모넬라-균(Salmonella 菌 라)圀《의학》장티푸스와 같은 질병, 또는 장염(腸炎)을 수반하여 급성 식중독의 원인이 되는 많은 종류의 균을 포함하는 병균의 무리. Salmonella bacillus

살모-사(殺母蛇)圀→살무사.

살목(─木)圀〈건축〉살장이할 적에 기둥 따위를 추구는 지랫대. support

**살-몽(─朦朧)圀《의학》수술할 적에 아픈 줄을 모르게 하느라고, 그 자리의 살의 신경을 마취시키는 일. local anesthesia 하다

살무사圀《동물》살무사과의 독 있는 뱀. 몸 길이 70 cm 가량이고 대가리는 납작세모지고 모가지가 가능. 위턱의 관아(管牙)에는 독액이 있음. 복사(蝮蛇). 살모사(殺母蛇). 독충(毒蟲). viper

살-문(─門)圀〈건축〉문살을 넣어서 짠 문. latticed door

살미圀〈건축〉궁월이나 성문 따위의 기둥 위 도리 사이에 장식하는 촛가지를 짜서 만든 물건. 산미(山미)

살미 살창(─窓)圀〈건축〉촛가지를 짜서 살을 박은 살창. 〔만든 창문.

살밀圀[교]화살 끝에 박은 쇠. 〔일. 하다

살-밀이圀〈건축〉문살의 등을 밀어 장식(裝飾)하는

살-밀치圀 말의 꼬리에 걸어 안장에 매는 끈. crupper

살-밀圀 화살 끝에 박은 촛속. 화살속. arrow-

슬·봉·니圀[교]사뢰니. 여쭈니. → 다. 〔head

살-바람圀 ①봄철에 부는 찬바람. chilly wind in spring ②좁은 틈에서 새어드는 찬바람.

살바르산(Salvarsan 도)圀 매독 치료제의 약품 이름. 화학 치료제의 맨 처음의 것. 606호.

슬·봉·리圀[교]사뢸 이. 여쭐 이. → 다.

살-박-다 떡살로 떡에다 무늬를 박다. press a pattern on a cake

살-받이[─바지]圀 ①화살이 꽂힐 자리. target ②과녁의 앞뒤 좌우가 멀어지는 자리. open space around the target 〔는 제구.

살-방석(─方席)圀 모양이 방석같이 생긴 화살을 닦

살벌(殺伐)圀 ①죽이고 들이침. sanguinariness ②행동이 거칠고 무시무시함. wildness 하다

살-별圀〈천문〉해에 가까우며 꼬리를 끌고 지나가는 태양계에 딸린 외별. 미성(尾星)②. 장성(長星). 추성(箒星). 혜성(彗星). comet

살-보:시(─布施)圀 중에게 여자가 몸을 허락하는 일을 놀여 일컬음. 하다

살부-지:수(殺父之讐)圀 자기 아버지를 죽인 원수.

살-불-다(煞─)재[변]살오르다.

살-붙이[─부치]圀 ①혈통이 가까운 사람. kinsfolk ②온갖 짐승의 살코기. meat

살비(撒肥)圀 비료를 뿌림. manuring 하다

살-빛[─삗]圀 살의 빛깔. 혈색(血色). flesh colour

살-빠지-다《동》살내리다.

살사리圀 말과 짓이 가볍고 교활한 사람. sneaker

살사리-꽃圀〈식물〉코스모스. 〔쓰는 향유(香油).

살사미-향(─香)圀〈기독〉견진 성사(堅振聖事) 때에

살-살圀 ①가볍게 문지르는 모양. quietly ②눈·사탕 따위 속 모르는 사이에 녹아 가는 모양. slowly ③남을 살그머니 달래거나 속이는 모양. gently ④바람이 보드랍게 부는 모양. softly ⑤《약》=살금살금. ⑥가만히 눈웃음을 치거나 눈치를 보는 모양.〈큰〉슬슬.〈셈〉쌀쌀.

살:살圀 ①넓은 그릇의 물이 천천히 끊는 모양. slowly ②온돌방이 고루 뭉긋하게 더운 모양. slowly ③짧은 다리로 연해 가볍게 기는 모양. stealthily ④《약》→일떼 살페.⑥두려워서 기를 펴지 무하는 모양.〈큰〉 설설. 〔slowly

살살圀 배가 조금씩 쓰리면서 아픈 모양.〈셈〉쌀쌀.

살살-거리-다재 ①짧은 다리로 계속해서 가볍게 기어 다니다. ②머리를 계속해서 재게 흔들다. ③상대편을 계속해서 피어 달래거나 연하여 눈웃음을 치며 알랑거리다.〈큰〉설설거리다.〈셈〉쌀쌀거리다.

살살-기-다재 몹시 무서워하여 행동을 마음대로 하지 못하다. shrink

살살-하-다[형][여불] ①간사하고 교활하다. cunning ②가냘프고 곱다. delicate ③아슬아슬한 고비를 겨우 면하다. narrowly escaped ④가늘고 약하다. thin

살상[─쌍](殺傷)圀 죽이고 상하게 함. killing and wounding 하다

살상-력[─쌍─](殺傷力)圀《군사》적을 살상하는 능력. 〔and injured

살상-자[─쌍─](殺傷者)圀 살상을 당한 사람. killed

살생[─쌩](殺生)圀 ①짐승이나 사람을 죽임. taking of animal life ②《동》살생계(殺生戒). 하다

살생=계[-생-](殺生戒)圏 〈불교〉 오계(五戒)의 하나로 살생을 못하게 함. 살생❾.

살생 금:단[-생-](殺生禁斷)圏 〈불교〉 자비의 정신으로 생물 애호를 위해 수렵을 금함.

살생 유:택(-생뉴-)(殺生有擇)圏 살생을 하는 데 가림이 있어야 한다는 뜻으로 함부로 살생을 하지 아니함을 이르는 말.

살생:죄[-생-](殺生罪)圏 〈불교〉 생물을 죽이고 무자비한 행동을 한 업보로 받는 죄.

살서:제[-써-](殺鼠劑)圏 〈약학〉 쥐를 죽이는 약. 황린·아비산 따위.

살-섞다圏 부부 생활을 하다.

살=성[-성]圏(-性) 살갗의 성질(性質). texture

살성[-성]圏(殺星)圏 〈민속〉 사람의 운명과 재수를 맡았다는 흉한 별. evil star

살=세:다(煞一)圏〈민속〉 친족 사이에 띠앗이 사납다. ruptured fraternity between relatives

살-소매圏 옷소매와 팔 사이의 빈틈.

살-손圏 ①연장을 쓰지 않고 일을 하는 맨손. working with bare hands ②정성을 다해 힘껏 일하는 손. deligent person

살손-붙이다[-부치-]圏 일을 힘껏 다잡아 하다. work hard

살수[-쑤](殺手)圏 ①〈군사〉 칼과 창을 가진 군사. ②〈제도〉 죄인을 죽이던 사람. executioner

살수[-쑤](殺水)圏 물을 흘어서 뿌림. ¶~부(夫). watering 하다 cloth for polishing arrow

살=수건[-쑤-](-手巾)圏 화살을 문질러서 닦는 수건.

살수=기[-쑤-](撒水器)圏 물을 흘어 뿌리는 기구. sprayer

살=수세미[-쑤-]圏 화살촉 따위를 닦는 수세미.

살수=차[-쑤-](撒水車)圏〈동〉 물자동차❶.

살신 성인(-신-)(殺身成仁)圏 목숨을 내걸고 뜻을 지킴. making a martyr of oneself 하다

살-쌔기圏〈한의〉 가렵고 따끔거리는 여름철의 피부병. 해-나다. keep house

살아=가다圏 ①목숨을 이어 가다. sustain ②살림을

살아-나다圏 ①죽게 된 생명이 다시 살게 되다. revive ②꺼진 불이 도로 일어나다. burn again ③몹시 어려운 고비를 넘기다. escape ④꽈였던 자리가 도로 돌아나다. resume ⑤약해졌던 세력이나 기운이 다시 성해지다. revive

살-아내다圏〈고〉 살려 내다. 는 말.

살아 생이별[-니-](-生離別)圏 '생이별'을 강조하

살아 생전(-生前)圏 이 세상에 살아 있는 동안. during one's lifetime 오다.

살아=오다圏 ①살림해 오다. ②죽을 고비를 벗어나

살-아잡다圏 살려 잡다. 사로잡다.

살-언치圏 언치에 덧댄 작은 짚자리나 부대 조각. saddle-blanket pad

살-얼음圏 얇게 살짝 언 얼음. 박빙(薄氷). thin ice

살얼음-판圏 ①살얼음이 언 얼음판. ②위태하여 아슬아슬한 고비의 비유. tricky situation

살없:는창(-窓)圏 네 쪽에 문얼굴만 있고 살이 없이 만든 창. window without lattice

살=여울[-려-]圏 급하고 빠른 여울. rapids

살오늬圏〈고〉 살의 오늬.

솔=오르다圏 살쪄지다. 여쭈다. 리다. grow fat

살=오르다[르-]圏 몸에 살이 오르다. 살찌다. 대 살내

살=오르다(煞-)圏[르-]〈민속〉 ①사람을 해치거나 물건을 깨치는 독살궂은 악한 귀신의 짓이 들러붙다. 살붙다. evil spirit ascends within one ②일가 친척 사이에 사나운 띠앗머리가 돌러붙다. 살내리다. 살나가다. household in torn in disharmony

살옥(殺獄)圏〈제도〉 사람을 죽인 큰 사건.

살=올실[-씰]圏〈동〉 근섬유(筋纖維). 하다

살육(←殺戮)圏 사람을 마구 무찔러 죽임. massacre

살육지:변(殺戮之變)圏 사람을 마구 죽이는 변고(變故). massacre

살은 쏘고 주워도 말은 하고 못 줍는다圀 화살은 쏘아도 찾을 수는 있으나 말은 다시 수습할 수 없다. 말을 삼가라는 뜻.

살의(殺意)圏 사람을 죽이려는 마음. murderous intention 「용~). 타향~.

-살이圉미 어떤 방식으로 살아감을 나타내는 말. ¶고

살이 살을 먹고 쇠가 쇠를 먹는다圀 동포 형제끼리 서로 해치려 함을 이르는 말.

살인(殺人)圏 사람을 죽임. homicide 하다

살인 강:도(殺人強盜)圏 사람을 죽이고 재물을 빼앗는 도둑. murder and burglary

살인 광선(殺人光線)圏〈군사〉 초단파 전류·고압 전류·방사선 따위를 이용하여 먼 데 있는 적군을 죽이는 과학 병기. death ray

살인-귀(殺人鬼)圏 살인을 예사로 하는 악한 놈. 살인마(殺人魔). devilish homicide

살인-극(殺人劇)圏 사람을 죽이는 소동. 살인 사건. ¶~이 벌어지다. murder case

살인-나다(殺人-)圏 살인한 일이 생기다. have a

살인-내:다(殺人-)国国 사람을 죽이다. murder

살인-마(殺人魔)圏《동》 살인귀(殺人鬼).

살인 미:수(殺人未遂)圏 사람을 죽이려다가 뜻대로 하지 못함. 모살 미수(謀殺未遂). attempted murder 하다

살인-범(殺人犯)圏〈법률〉 사람을 죽인 범죄. 또, 살인죄를 범한 사람. 살해범(殺害犯). murder, murderer

살인-자(殺人者)圏 사람을 죽인 사람.

살인자=사(殺人者死)圏 사람을 죽인 사람은 사형함. Blood must atone for blood

살인-적(殺人的)圏 ①몹시 대단한(것). ¶~더위. homicidal ②살인 행위와 같은(것). ¶~ 만행(蠻行).

살인-죄[-쬐](殺人罪)圏〈법률〉 남을 고의(故意)로 살해하는 죄. 고의가 아닌 경우에는 상해 치사죄(傷害致死罪) 또는 과실 치사죄. homicide

살입은문〈고〉 사립문.

살-잎[-립]圏〈식물〉 수분·양분을 저장하여 알맞게 두꺼워진 잎. 용설란·제충화 따위의 잎.

살-잡다圏 기울어진 집 따위를 바로 세우다.

살-잡이圏 살잡는 일. 하다

살-잡히다圏 ①구김살이 지다. 구겨지다. wrinkle ②살얼음이 얼다. be covered with thin ice

살-장[-짱]圏〈광물〉 광산 구덩이의 동발과 띳장 사이에 끼워 흙과 흘이 떨어지지 않게 하는 나무.

살-전[-쩐]圏(-錢)圏 살돈.

살-점[-쩜]圏(-點)圏 큰 덩이에서 베어 낸 고기 조각. piece of meat

살정-제[-쩡-](殺精劑)圏〈약학〉 정자(精子)를 죽이는 약. 곧, 피임약의 하나.

살-조개〈조개〉 바다의 조개 속에 있는 조개의 하나. 패각의 길이가 50 mm 정도로 둥근 부채꼴임. 민물이 조금 들어오는 바다의 개흘 속에 살며 살이 연하고 맛이 좋아 요리에 쓰임. 강요주(江瑤珠). 피륙(毗陸). 안다미조개. 복로와롱자. 복로피함. ark shell

살주-마[-쭈-](殺主馬)圏 주인도 몰라 보고 해치는 사나운 말. 레를 바꾸어서 풀리게 하다.

살-줄=다:다[-쭐-]圏(-一)圉 살을 열리다가 서로 자리나 열

살-지다圏 ①몸에 살이 많다. fat ②많이 기름지다. ·솔지·다圐圏〈고〉 살지다.

살-지르다圏 ①→간살지르다. ②노름판에서 걸어 놓은 돈에 덧붙이기로 돈을 더 대어 놓다. ③〈약〉 →살지르다.

살지 무석[-찌-](殺之無惜)圏 죽여도 아깝지 않을 만큼 죄악이 아주 중함. 하다

살=집[-찝]圏 살의 부피. fleshiness

살짓圏 살짓.

살짝圉 ①남이 보지 않게 얼른. quickly ②힘들이지 않고 능숙하게. 《큰》슬쩍. easily

살짝=곰보 약간 얽은 얼굴. 또는, 그런 사람.
살짝=살짝 ①남에게 들키지 않게 재빠르게 하는 모양. ②힘 안들이고 능숙하게 하는 모양. ③심하지 않게 약간적. (큰) 슬쩍슬쩍.
살짝=수염벌레(一鬚一) 〈곤충〉 살쩍수염벌레과의 곤충. 몸 길이 2~4mm, 빛은 흑색, 빛이 흐색·회백색·회황색 털이 밀생하며 하면의 털은 회백색임. 고목의 수지 밑을 갉아먹음.
살쩍(관)털 ①관자놀이와 귀 사이에 난 털. 귀밑털. 빈모(鬢毛). side burns ②〈약〉→살쩍밀이.
살쩍=밀이 살쩍을 망건 속으로 밀어 넣는 대나 뿔로 만든 물건. (약) 살쩍. [넣는 일. 하타]
살쩍밀이=질 살쩍밀이로 살쩍을 망건 속으로 밀어
살쭈(명) →쇠살쭈.
살=찌(명) 화살이 날아가는 맵시. [fertile
살=찌다(자) 살이 많아지다. 살오르다. (대) 살내리다.
살=찌우다(자동) 몸에 살이 많아지게 하다. make fat
살찐 놈 따라 붓는다(속) 가난한 자가 부자의 사치를 따르려 함을 비웃는 말.
살=차다(형) ①흐르는 살별의 꼬리가 세차다. ②마음 써가 차고 매섭다. cold-hearted
살=창(一窓)(명) 나무 오리나 쇠를 나란히 박아 만든 창문. 전창(箭窓). latticed window [레
살천=스럽다(형)(ㅂ변) 쌀쌀하고 매섭다. cold 살천=스
살초=제(殺草劑)(명) 제초제. [하타
살=촉(一鏃)(명) 살밑. [하타
살충(殺蟲)(명) 벌레를 죽임. ¶~약(藥). insecticide
살충=등(殺蟲燈)(명) 해충을 잡기 위해 마련한 등. 유아등(誘蛾燈) 따위.
살충=제(殺蟲劑)(명) 〈의학〉 농작물·가축·인체를 해하는 벌레를 죽임에 쓰는 약제. 구충제(驅蟲劑).
살치(명) 쇠갈비의 웃머리에 붙은 고기. [insecticide
살=치다(타) 못쓰게 된 글에 'X' 모양의 줄을 긋다. cross out
살=친구(一親舊)(명) 남색(男色)의 상대되는 친구.
살캉=거리다(자) 설익은 밤·콩·감자 등이 씹힐 때에 부서지는 소리가 자꾸 나다. (큰) 설컹거리다. (센) 쌀캉거리다. be underdone 살캉=살캉 하타
살=코기(명) 뼈·심줄·지방 등을 발라내어 살 뿐인 쇠고기·돼지고기 따위. red meat
살쾡이(명) 〈동물〉 고양이과의 산짐승. 크기는 고양이보다 크며 몸 빛은 흰빛 바탕에 많은 흑갈색 무늬가 있음. 성질은 사나우며 꿩·닭 등을 잡아먹음. 산과 들에 서식함. wild cat
살타토(saltato 이)(명) 〈음악〉 현악(絃樂)에서 활을 뛰게 하는 법. 살타도.
살타도(saltando 이)(명)(동) 살타토.
살터(명) ①활터. archery-ground ②물고기를 잡으려고 그물을 쳐 놓은 곳. [구. jack
살=통(建築) 살대를 져다 고것을 이동시키는 기
살파(撒播)(명) 〈농업〉 씨를 뿌림. 하타
살파=지다(형) 힘살이 살지고 단단하다. muscular
살=판(명) 〈체육〉 관사(官射) 과녁에 다섯 과녁 중 순을 쏘는 것을 한 회(회)이라 하여 한 회에 스무 개를 맞히는 일.
살판(一板)(명) ①집을 살잡이할 때 기둥을 솟구는 데 쓰는 널. board ②→살얼음판. ③〈약〉→살판매.
살=판나다 ①좋은 일이나 돈이 생겨 살기가 넉넉해지다. become-well-to-do ②기를 펴고 살아갈 수 있게 되다. [살판③.
살판=뛰(명) 광대가 땅을 날려 넘는 재주. 근두(筋
살=펴 보다(타) 〈약〉 살피어 보다. [somersault
살=평상(一平床)(명) 가는 나무 오리로 된 평상. bed with lattice flooring [spade used for rice-fields
살포(명) 〈농업〉 논의 물을 빼거나 넣을 때 쓰는 삽.
살포(撒布)(명) 뿌려서 흩음. scatter 하타 [조용히].
살포시(부) 소리 없이 가볍게. 움직임이 드러나지 않게
살포=약(撒布藥)(명) 겨드랑이 가랑이 같은 습하기 쉬운 곳에 흩어 뿌리어, 습진의 예방 및 피부의 상처 따위의 치료에 쓰는 외용약. 아연화전분·요오드포름 따위. 살포제(撒布劑). dusting powder
살=풀이(煞一)(명) 〈민속〉 살을 하기 위하여 하는 굿. exorcism 하타
살=품(명) 옷과 가슴 사이에 있는 빈틈. breast
살=풍경(殺風景)(명) ①아주 보잘것없는 풍경. dreariness ②살기를 띤 광경. sanguinary scene ③매몰 차고 흥취가 없음. prosaism 하타
살피(명) ①두 땅이 맞닿은 경계를 나타낸 표. landmark ②두 물건 사이의 구별 지은 표. dividing
살피(명)(변) →살포. [mark
살피=다(타) ①자세히 알아보다. study ②잘 비추어서 생각하다. examine [피다. coarse
살피(명) 피륙이나 결이 물건이 좀 생기다. (큰) 설
살피어 보=다(타) 자세히 주의하여 보다. (약) 살펴보
살=피죽(속) 살가죽. [다. inspect closely
살핏=살핏(부) 여럿이 다 살핏한 모양. (큰) 설핏설핏. 하타
살핏=하다(형) 피륙이나 결이 물건이 썩 얇고 성긴 듯하다. (큰) 설핏하다. somewhat coarse
살해(殺害)(명) 사람의 목숨을 해침. murder 하타
살해=범(殺害犯)(명)살인범. [에 단 살창.
살=홍(一紅)(명) 〈건축〉 홍살문·정문·생문 등의 문위
살활(殺活)(명) 죽임과 살림. life and death
살활지=권(一一)(殺活之權)(명) 사람을 죽이고 살리는 권리. [하타
살획(殺獲)(명) 죽여서 잡음. killing and capturing
삶=다(명) 살핑이. [fur of a wild cat
삵(명) 살팽이.
삵=괭이(삭팽一)(명) →살팽이.
삵=피(一皮)(명) 살팽이의 가죽. 야묘피(野猫皮).
삶(삼)(명) ①살아 있음. life ②살아 나가는 일. 생활(生活). (대) 죽음. living
삶기=다(삼一)(자동) 삶아지다. be boiled
삶:=다(삼타) ①물건을 물에 넣고 끓이다. boil ②달래거나 꾀어서 울러서 고분고분하게 만들다. ③어머니를 삶아 돈을 얻다. appease ③논밭의 흙을 써레로 썰고 나래로 골라서 노글노글하게 만들다. harrow
삶은 무에 이 안 들 소리(속) 삶은 무에 이가 안 들어갈리는 없음. 곧, 사리에 어긋나는 소리.
삶이(명) 〈농업〉 ①논을 삶는 일. 건삶이와 무삶이가 있음. harrowing ②못자리 없이 처음 삶는 논에 바로 씨앗를 뿌리는 일. 수부종. planting riceseeds on a harrowed paddy 하타
·숨(명) 삼(麻).
:숨·다·/삶·다(타) 사뢰다. 여쭈다.
삼(명) 뱃속의 아이를 싸고 있는 막과 태반(胎盤). 태(胎). 태보(胎褓). fetus membrane and placenta
삼(명) 〈식물〉 삼과의 일년생 경작 식물. 줄기는 곧고 1.2~3m 가량에 이우 잎은 잡상 복엽(掌狀複葉)으로 뒤니가 있음. 7~8월에 홑성 단성화로 자웅이주(雌雄異株)임. 회백색 또는 흑색의 종자가 익음. 줄기의 껍질은 섬유의 중요 원료가 되며 씨로는 기름을 짬. 대마(大麻). 마(麻). hemp
삼(명) 〈한의〉 눈동자에 생기는 흰 점 또는 붉은 점. pupil speck
삼(명) 뱃바닥에 댄 널. bottom-plank on a boat
삼(參)(명) 〈약〉→삼성(參星).
삼(參)(명) 〈약〉→인삼(人蔘).
삼(三=參)(관) 셋. 또는 '세'의 뜻으로 한자어 위에 쓰는 [말.
삼가(명) 조심스럽게. 삼가는 마음으로. ¶~ 글월을 올립니다. respectfully [의식.
삼가(三加)(명) 〈제도〉 관폐(冠幣) 때 세 번 관을 갈아
삼가=다(자타) ①조심하다. 경계하다. ¶말을 ~. be careful ②지나치지 않도록 하다. ¶술을 ~.
삼=가르다 아이를 낳은 뒤에 탯줄을 끊다. cut off navel cord
삼=가리(三街里)(명)(동) 삼거리①.

삼각(三角)圈 ⇨세모.
삼각(三刻)圈 세 시각. 셋째 시각.
삼각(三脚)圈 ①비각이. ②㈜⇨삼각가(三脚架).
삼각(三覺)圈 〈불교〉①본각(本覺)·시각(始覺)·구경각(究竟覺). ②각자의 삼상(三相), 즉 자각(自覺)·각타(覺他)·각행 원만(覺行圓滿). 「각형 모양의 기구.
삼각-가(三角架)圈 도가니를 꿰어 놓는 데 쓰는 정삼
삼각-가(三角架)圈 망원경이나 사진기 등을 얹어 놓는 세 발 달린 받침대. ㈜삼각(三脚)②. tripod
삼각-강(三角江)圈〈지리〉침식에 의하여 나팔 모양으로 벌어진 강구(江口). delta
삼각-건(三角巾)圈 부상의 응급 치료 등에 쓰는 삼각형의 형겊. triangular cloth
삼각 관계(三角關係)圈 ①세 사람 또는 세 단체 사이의 관계. ②세 남녀 사이의 연애 관계. eternal triangle
삼각-근(三角筋)圈〈생리〉어깨를 둥글게 하고 팔을 움직이게 하는 근육. 삼릉근(三稜筋). deltoid muscle
삼각 급수(三角級數)圈〈수학〉삼각 함수를 항으로 하는 급수. trigonometrical series 「prism
삼각 기둥(三角一)圈〈건축〉세모진 기둥. triangular
삼각-도(三角壔)圈〈수학〉밑면이 삼각형으로 모가 난 기둥. 삼각주(三角柱). 세모 기둥. triangular prism
삼각 동맹(三角同盟)圈〈정치〉세 나라나 세 사람 사이에 어떤 목적을 위해 맺어지는 동맹. triple alliance
삼각-망(三角網)圈〈수학〉삼각 측량에서, 삼각점을 연결하여 이루는 삼각형의 모임.
삼각 무:역(三角貿易)圈〈경제〉두 나라의 무역 균형을 위하여 제삼국이 개입하는 무역.
삼각 방정식(三角方程式)圈〈수학〉미지자(未知角)의 삼각(三角) 함수를 포함하는 방정식. trigonometrical equation
삼각-법(三角法)圈〈수학〉삼각 함수의 성질을 구명하고 그것을 응용하여 삼각형의 변과 각과의 상호 관계를 연구하는 기하학(幾何學). 측지(測地)·건축·천문·관측·항해 따위에 응용됨.
삼각-비(三角比)圈〈수학〉삼각 함수.
삼각-뿔(三角一)圈〈수학〉밑면이 삼각형인 각뿔. triangular pyramid
삼각-산(三角山)圈〈지리〉서울의 진산(鎭山)으로, 백운대(白雲臺)·국망봉(國望峯)·인수봉(仁壽峯)의 세 봉이 있어 지어진 이름. 산 위에 북한 산성(北漢山城)이 있음. 해발 833m. 북한산(北漢山).
삼각산-넘이(三角山一)圈㈜ 삼각산을 넘어간다는 뜻에서, 북쪽으로 도망함을 이르는 말. ㈑
삼각산 바람이 오르락내리락㈜ 거들거리고 놀아나는 모양을 이르는 말.
삼각산 풍류(三角山風流)圈 왕래가 잦음을 이름.
삼각-수(三角鬚)圈 두 빰과 턱에 세 갈래를 이루는 수염. whiskers
삼각-술(三角術)圈〈수학〉삼각법의 옛 일컬음.
삼각 의자(三脚椅子)圈 세 발 달린 의자.
삼각익(三角翼)圈 평면형의 이동변 삼각형인 두 개를 갖춘 비행기.
삼각-자(三角一)圈 삼각형으로 된 자. 보통 밑각이 60도와 30도의 두 각을 가진 것과, 45도를 갖가진 것으로된 짝이 됨. 삼각 정규. 45도자. square triangular
삼각-점(三角點)圈①〈토목〉삼각 측량의 기준으로 선정되는 땅 위의 점. ②측량점에 남겨진 방형(方形)의 화강암의 표지(標識). triangulation station
삼각 정:규(三角定規)圈 ⇨삼각자.
삼각-주(三角柱)圈㈜ 삼각도(三角壔).
삼각-주(三角洲)圈〈지리〉강물이 운반해 온 모래와 흙이 어귀에 쌓여 이룬 충적 평야(沖積平野). 삼각형을 이루고 있는 것이 많음. 나일강구는 그 대표적인 것임. 삼릉주(三稜洲). delta

삼각-지(三角紙)圈 곤충을 채집할 때 쓰는 종이 봉투.
삼각-철(三角鐵)圈〈음악〉관현악에 쓰이는 타악기의 하나. 강철 막대기를 삼각형으로 구부린 것으로 쇠망치로 침. 트라이앵글(triangle).
삼각-추(三角錐)圈㈜ 사면체(四面體).
삼각 측량(三角測量)圈〈토목〉지형 측량의 기초적 방법. triangulation 「처서 불규칙한 물결.
삼각-파(三角波)圈 방향이 다른 둘 이상의 물결이 부
삼각-패(三角貝)圈 중생대(中生代)의 표준 화석(化石). 특히 쥐라기(jura紀)·백악기에 많이 살던 이매패류(二枚貝類).
삼각-표(三角表)圈㈜⇨삼각 함수표(三角函數表).
삼각 함:수(一一)圈〈수학〉직각 삼각형에 있어서 어떤 두 변의 길이의 비는 직각이 아닌 한 각의 크기에 따라 정하여지는데, 이 비의 그 각에 대한 일컬음. sin·cot·sec·cos·tan·cose 의 여섯 가지가 있음. 삼각비(三角比). trigometic function
삼각 함:수표(一一)圈〈수학〉어떤 범위 안의 그 각의 값에 대한 삼각 함수 또는 대수(對數)의 값을 벌여 놓은 표. ㈜ 삼각표(三角表). trigonometrical table
삼각-형(三角形)圈〈수학〉세 개의 직선으로 둘러싸인 평면 도형. 삼각(三角). triangle
삼각형-자리(三角形一)圈〈천문〉북쪽 하늘에 있는 성좌. 안드로메다자리의 남동쪽에 있으며, 12월 중순 저녁에 볼 수 있음.
삼간(三竿)圈㈜ 일고 삼장(日高三丈). 「동바리.
삼간(三杆)圈〈동바리〉세 개의 동바리 중 가운데 것.
삼간 두옥(三間斗屋)圈 몇 간 안 되는 작은 오막살이집. 「(三間草屋). thatched cottage
삼간 초가(三間草家)圈 아주 작은 초가. 삼간 초옥.
삼간 초옥(三間草屋)圈㈜ 삼간 초가(三間草家).
삼간-택(三揀擇)圈〈제도〉임금·왕자·왕녀의 배우자를 구할 때 세 번 꼽는 다음의 것하는 것. 하다
삼간-통(三間通)圈〈건축〉세 칸이 전부 통하게 되어 있는 집.
삼강(三綱)圈①유교(儒敎) 도덕의 기본이 되는 세 가지 강(綱). 임금과 신하[君爲臣綱], 아버지와 자식[父爲子綱], 남편과 아내[夫爲婦綱] 사이에 지킬 떳떳한 도리. three fundamental principles in human relations ②〈불교〉큰 절의 모든 일을 도맡아보는 세 가지 승직. 상좌(上佐)·사주(寺主)·유나(維那). 또는 승정(僧正)·승도(僧都)·율사(律師). three priesthoods of a large temple
삼강 오:륜(三綱五倫)圈 삼강(三綱)과 오륜(五倫).
삼강 오:상(三綱五常)圈 삼강(三綱)과 오상(五常). ㈜ 강상(綱常).
삼개(三開)圈〈제도〉죽을 죄에 해당하는 죄인이 비록 자복하더라도 세 번 국청(鞫廳)을 열고 신중히 조사 보고하던 일.
삼거(三車)圈〈불교〉양거(羊車)·녹거(鹿車)·우거(牛車)의 세 수레. 양거는 성문승(聲聞乘), 녹거는 연각승(緣覺乘), 우거는 보살승(菩薩乘)에 비유하는 말. 「three way junction ②㈜⇨갖은 삼거리.
삼-거리(三—)圈①세 갈래 난 길. 세거리. 삼가리.
삼-거웃[—것—]圈 삼 껍질의 끝을 다듬을 때에 긁혀 떨어진 검불. 「뛰어난 세 사람.
삼걸(三傑)圈 어느 시기, 또는 어느 곳 안에서, 특히
삼검(三檢)圈〈제도〉살인 사건에서 시체를 세 번 검사하던 일. 또는 그 세 번째 검사. 하다
삼겹-살(三一)圈 돼지의 갈비에 붙은 살로, 비계와 살이 세 겹으로 되어 있는 것처럼 보이는 고기.
삼겹-실(三一)圈 세 올로 꼰 실. 삼합사(三合絲).
삼겹 실(三一)圈 threeply thread
삼경(三更)圈 하룻밤을 다섯으로 나눈 셋째. 곧, 밤 11시부터 오전 1시까지의 사이. 병야(丙夜). 삼고(三鼓). dead of night
삼경(三京)圈〈역사〉고려 때에, 중경(개성)·서경(평양)·동경(경주). 또, 중경을 제외한 삼경. 곧, 서

삼경(三庚) 명 하지 후, 셋째 경일(庚日)이 초복과 넷째 경일이 중복, 입추 후 첫째 경일이 말복을 함께 이르는 말. 삼복(三伏).

삼경(三逕) 명 집안 뜰에 있는 작은 세 개의 길이라는 뜻으로, 은자(隱者)가 사는 집의 뜰을 이르는 말.

삼경(三卿) 명 〈제도〉 중국 주대(周代)의 세 집정 대신 (執政大臣)인 사도(司徒)·사마(司馬)·사공(司空).

삼경(三敬) 명 〈종교〉 천도교에서 말하는 경천(敬天)·경인(敬人)·경물(敬物)의 세 가지.

삼경(三經) 명 유교의 경서 중 시경(詩經)·서경(書經)·역경(易經)의 세 책. 시서역(詩書易). Three Classics of China [이 닥쳤다.

삼경에 만난 액이라 관 안심하고 있을 때 뜻밖에 액운

삼계(三戒) 명 ① 일생 동안에 세 가지 조심할 일. 청년에는 여색(女色), 중년에는 투쟁, 노년엔 이득. 논어에서 나온 말. three admonitions for life ② 〈불교〉 재가계(在家戒)·출가계(出家戒)·도속 공수계(道俗共守戒)의 세 가지.

삼계(三計) 명 1년·10년·종신(終身)의 세 가지 계획.

삼계(三界) 명 〈불교〉 ① 천계(天界)·지계(地界)·인계(人界). three worlds ② 중생이 사는 욕계(欲界)·색계(色界)·무색계(無色界). 삼유(三有) ①. heaven, earth and human world ③ 전세(前世)·현세(現世)·내세(來世)의 세계. 삼세(三世)③. past present and future worlds

삼계(蔘鷄) 명 〈약〉 삼계탕(蔘鷄湯).

삼계 유일심[-쉼] (三界唯一心) 명 〈동〉 삼계 일심.

삼계 일심[-쉼] (三界一心) 명 〈불교〉 삼계는 모두가 마음에서 생겨난 것으로, 마음 밖에 따로 삼계가 없다는 말. 삼계 유일심(三界唯一心).

삼계 제천(三界諸天) 명 〈불교〉 욕계(欲界)·색계(色界)·무색계(無色界)에 있는 모든 하늘.

삼계=탕(蔘鷄湯) 명 〈한의〉 어린 햇닭의 내장을 빼고, 인삼·찹쌀·밥·대추·마늘 등을 넣어서 곤 보약. 계삼탕(鷄蔘湯). 〈약〉 삼계(蔘鷄).

삼계 팔고(三界八苦) 명 〈불교〉 삼계의 중생이 받는 생(生)·노(老)·병(病)·사(死)와 애별리고(愛別離苦)·원증회고(怨憎會苦)·구부득고(求不得苦)·오음성고(五陰盛苦)의 여덟 가지 괴로움.

삼계 화:택(三界火宅) 명 〈불교〉 삼계의 번뇌가 중생을 괴롭힘이 마치 불난 집과 같음을 비유한 말.

삼고(三古) 명 상고(上古)·중고(中古)·하고(下古)의 세 고대(古代).

삼고(三考) 명 ① 세 번 생각함. 잘 생각함. deep consideration ② 〈제도〉 벼슬아치의 성적을 3년에 한 번씩, 9년에 세 번 살피던 일. 하다

삼고(三孤) 명 〈역사〉 주(周)나라 때 삼공(三公) 다음 가는 소사(少師)·소부(少傅)·소보(少保)의 세 관명.

삼고(三苦) 명 〈불교〉 불교에서 이르는 세 가지 고통. 곧, 고고(苦苦)·괴고(壞苦)·행고(行苦).

삼고(三鼓) 명 〈동〉 삼경(三更).

삼고(三顧) 명 임금의 특별한 신임이나 우대. 삼고 초려(三顧草廬)에서 온 말. courteous invitation to take office

삼고 초려(三顧草廬) 명 중국 삼국 시대(三國時代) 때 유비(劉備)가 제갈량(諸葛亮)의 초옥을 세 번 찾아 가 군사(軍師)로 맞이들인 고사(故事).

삼골(三骨) 명 〈제도〉 신라의 왕족 및 귀족의 혈통. 성골(聖骨)·진골(眞骨)·제이골(第二骨)의 세 가지.

삼공(三公) 명 ① 조선조의 영의정(領議政)·좌의정(左議政)·우의정(右議政)의 세 정승. 삼정승(三政丞). ② 고려 때 태위(太尉)·사도(司徒)·사공(司空)의 세 벼슬. 정보(鼎輔).

삼공 육경(三公六卿) 명 〈제도〉 삼정승(三政丞)과 육조(六曹)의 각 판서.

삼-공형(三公兄) 명 〈제도〉 조선조 때의 호장(戶長)·이방(吏房)·수형리(首刑吏)의 세 관속(官屬). 「지르는 잘못.

삼과(三過) 명 〈불교〉 몸과 입과 뜻[身·口·意]이 저

삼과(三寡) 명 생각을 적게 하여 신을 쉬게하고, 기호와 욕심을 적게 하여 정(精)을 쌓으며, 말을 적게 하여 기운을 기르는 양생법.

삼관(三館) 명 〈제도〉 조선조 때의 홍문관(弘文館)·예문관(藝文館)·교서관(校書館)의 총칭.

삼관(三關) 명 ① 조심할 때 세 가지. 곧 귀·눈·입. ② 중요한 관문 세 군데. ③ 〈불교〉 불도를 깨우치는 세 가지 관문.

삼관(三觀) 명 〈불교〉 공(空)·가(假)·중(中) 삼제(三諦)의 진리(眞理)를 관찰하는 일.

삼관-왕(三冠王) 명 ① 세 종류의 칭호나 영예를 동시에 지닌 사람. ② 〈체육〉 운동 경기에서 세 가지 부문에 우승하여 금메달 세 개를 받은 사람.

삼광(三光) 명 해와 달과 별. 삼정(三精). sun, moon and star

삼광=조(三光鳥) 명 〈조류〉 딱새과의 새. 수컷의 꽁지 는 매우 길고 등은 암자색이며 머리·목·윗가슴은 청흑색, 복면은 흰색인데 암컷의 등은 갈색임, 봄에 와서 가을에 남중국으로 가는 철새임. 산작(山鵲). 삼작(三鵲).

삼교(三校) 명 〈인쇄〉 인쇄할 때에 재교(再校)한 다음에 보는 교정. 삼준(三準). third proof

삼교(三教) 명 유교(儒敎)·불교(佛敎)·도교(道敎). Confucianism, Buddhism and Taoism

삼구(三仇) 명 〈기독〉 착한 일을 못하게 막는 육신(肉身)·세속(世俗)·마귀(魔鬼)의 세 가지 원수. three enemiesflesh, world and Satan

삼구(三丘) 명 〈동〉 삼신산(三神山).

삼구(三垢) 명 착한 마음을 더럽히는 탐욕(貪慾)·진욕(瞋慾)·치욕(癡慾)의 세 가지 육심.

삼구(三懼) 명 임금이 조심해야 할 세 가지 일. 곧 아랫 사람의 말을 참고하지 않는 일, 연로(年老)하여 교만해지는 일, 듣기만 하고 행하지 않는 일.

삼구 부동총(三九不動塚) 명 〈민속〉 음력 삼월과 구월에 무덤을 건드리면 재앙이 있다 하여 무덤 옮기기를 꺼리는 일.

삼구-주(三九酒) 명 〈민속〉 삼월 삼짇에 물과 쌀 말에 쌀 아홉 말·누룩 아홉 되를 섞어서 빚은 술.

삼국(三國) 명 ① 〈역사〉 우리 나라의 신라·백제·고구려. ② 〈역사〉 중국의 위(魏)·오(吳)·촉(蜀). ③ 세 나라.

삼국 동맹(三國同盟) 명 세 나라가 서로 공동 목적을 달성하기 위하여 동일한 행동을 취할 것을 약속하는 일. triple alliance

삼국 시대(三國時代) 명 〈역사〉 ① 신라·백제·고구려가 맞서 있던 시대. ② 중국의 위(魏)·오(吳)·촉(蜀)이 맞서 있던 시대. 「삼분 정립.

삼국 정:립(三國鼎立) 명 세 나라가 솥발처럼 벌여 섬.

삼국 협상(三國協商) 명 세 나라 사이의 분쟁 문제를 평화적인 방법으로 해결하려는 의논이나 담판. triple entente 「협정. tripartite agreement

삼국 협정(三國協定) 명 세 나라가 연계하여 맺는

삼군(三軍) 명 〈군사〉 ① 군대의 좌익(左翼)·중군(中軍)·우익(右翼)을 통틀어 이르는 말. 곧 전체의 군대. 전군(全軍). whole army ② 육군·해군·공군의 총칭. army, navy and air forces

삼군 도총:제부(三軍都摠制府) 명 〈제도〉 고려 때, 중외(中外)의 군사를 통할하던 기관.

삼-군문(三軍門) 명 〈제도〉 조선조 때 훈련 도감(訓練都監)·금위영(禁衛營)·어영청(禦營廳)의 세 영문(營門).

삼-군부(三軍府) 명 〈제도〉 조선조 때 중요한 군무(軍務)를 의논하던 관청.

삼-군:부(三軍府) 명 〈제도〉 조선조 때 중요한 군무(軍務)를 의논하던 관청.

삼-구[-굳] (三구) 명 삼을 벗기기 위하여 찌는 구덩이나 장방형(長方形)의 큰 솥. cauldron for hemp

삼굿-하다[-굳-] 자여 삼굿에 삼을 넣고 찌다.

삼권[-꿘] (三權) 명 〈법률〉 입법·행정·사법의 세 가

삼권 분립[-궈ㄴ-](三權分立)몡 《법률》 국가 권력을 서로 독립한 입법·사법·행정의 삼권으로 분리하여 견제(牽制)와 균형을 유지시킴으로써 정치의 공평을 기하려는 국가 조직상의 원칙. separation of three powers of government.

삼권 분립설[-궈ㄴ-](三權分立說)몡똉 삼권 분립의.

삼권 분립주의[-궈ㄴ-](三權分立主義)몡《법률》국가 작용을 삼권으로 분리 독립시키고 서로 견제(牽制)와 균형을 유지시킴으로써 국민의 정치적 자유를 보장하려는 정치 조직상의 원리. 삼권 분립설(三權分立說).

삼귀(三歸)몡→삼귀의(三歸依).

삼=귀의(三歸依)몡《불교》 삼보(三寶)에 귀의함. 곧, 귀의불(歸依佛)·귀의법(歸依法)·귀의승(歸依僧). 삼귀(三歸).

삼극(三極)똉 삼재(三才) ①.

삼극 진공관(三極眞空管)몡《물리》 필라멘트와 플레이트 사이에 그리드(grid)를 넣어 증폭(增幅)·발진(發振)·검파(檢波)를 할 수 있게 만든 진공관. three-electrode vacuum valve.

삼금(三笒)몡《음악》 대금(大笒)·중금(中笒)·소금(小笒)의 세 가지. 삼죽(三竹)②. three kinds of bamboo flute.

삼기-다(三)똉 ①생기다. 태어나다. ②지어내다.

삼기=음(三氣飮)명《한의》풍비증(風痺症)이나 역절풍(歷節風) 따위에 쓰는 한약.

삼기=총(三騎摠)몡《제도》 말 탄 군사의 대(隊)의.

삼=꽃(三-)몡《한의》①삼의 꽃. 약재로 씀. flower of a hemp ②열 때문에 젖먹이의 피부에 생기는 불긋불긋한 점.

삼=끈(三-)몡 삼의 줄기를 벗겨 껍질로 꼰 끈. hemp-cord.

삼남(三男)몡 ①셋째 아들. ②셋째 아들.

삼남(三南)몡《지리》충청도·전라도·경상도의 총칭. three southern areas.

삼남 三도(三南三道)《지리》 삼남 지방의 세 도.

삼남이똉 대로 결은, 하인(下人)이 쓰던 모자.

삼낳이몡 삼베를 낳는 일. hemp cloth weaving 하⤳.

삼년 가뭄에 하루 쓸 날 없다족 오래 맑은 날씨가 계속되다가 무슨 행사가 있는 날 비가 와서 일을 그르치게 될 때.

삼년 구병에 불효 난다족 무슨 일이나 한두 번이지 그 도수가 지나치면 한결같이 대우할 수 없다.

삼년 묵은 말가죽도 오롱조롱 소리난다족 불의 기운이 발동함에 만물이 다 활동을 개시한다.

삼년 벌던 전답도 다시 돌아보고 산다족 무슨 일이든지 잘 하는 일이라도 잘 살펴보아야 낭패가 없다.

삼년 부조(三年不弔)몡 상기(喪期) 3년 동안에는 당고한 이를 찾아서 조상하지 않음. 삼상 불문(三喪不問). 하⤳.

삼년 불비(三年不飛)몡 3년간이나 한번도 날지 아니한다는 뜻으로, 후일에 웅비할 기회를 기다림을 뜻할 때.

삼년=상(三年喪)몡 세 해 동안의 거상(居喪). 삼년 초토(三年草土).《삼상(三喪). mourning of three.

삼년 초토(三年草土)몡똉 삼년상(三年喪).[years

삼=노[略]→삼노끈.

삼=노끈명 삼 껍질로 꼰 노끈. 《略》 삼노. hemp rope.

삼=노두(蔘蘆頭)명 인삼 대가리에 붙은 줄기의 밑둥.

삼농(蔘農) 인삼을 재배하는 농사. cultivation of ginseng.

삼=눈명《한의》눈망울에 삼이 돋아 몹시 쑤시고 눈알이 붉어지는 병. pupillary white speck.

삼:-다[-따]탄 ①짚신 따위를 만들다. make something of a person ②삼이나 모시풀 따위의 섬유를 쩍어 그 끝을 비비어 꼬아서 잇다. twine (a rope).

삼:-다[-따]탄 ①인연을 맺어 무엇으로 정하다. ¶벗을 ~. make of a person ②무엇을 무엇으로 하거나 여기다. ¶낙으로 ~. use···as

삼다(三多)몡 ①복이 많고 장수하며 자손이 많은 일. ②글 짓는 공부의 세 가지 방법. 곧 많이 읽고[多讀], 많이 짓고[多作], 많이 생각하는[多思] 일. ③제주도에 있어서 바람이 많고[風多], 여자가 많고[女多], 돌이 많음[石多]을 일컬을.

삼다=도(三多島)몡 제주도를 달리 이르는 말.

삼다 삼무(三多三無) 세 가지가 많고, 세 가지가 없다는 뜻에서 제주도를 이르는 말. *Cheju Island*

삼=단[-따]몡 ①삼의 묶음. bundle of hemp ②많고 긴 물건의 비유.

삼단(三段)몡 ①세 가지의 구분. ②계단이나 순서의 세 개. 태권도·유도·검도·바둑·장기 등의 셋째 단.

삼단(三端)몡 붓끝·칼끝·혀끝.

삼단 같은 머리몡 숱이 많고 긴 머리.

삼단 교:수(三段敎授)몡《교육》①직관(直觀)·총괄(總括)·응용(應用)의 세 과정으로 나누어 하는 교수 방법. ②단원 전개에 있어서, 예비·교수·정리의 세 단계.

삼단 논법(三段論法)몡《논리》 대전제(大前提)·소전제(小前提)의 두 명제로부터 새로운 명제인 단안을 내리는 추리. 삼단 추리(三段推理). syllogism [뛰기. hop, step and jump

삼단=도(三段跳)몡《체육》육상 경기의 하나. 세단

삼=단전(三丹田)명 뇌(腦)·심장·배꼽 아래의 세 곳. 도가(道家)에서 쓰는 말.[공격법.

삼단 전:법(三段戰法)명《체육》배구의 정통적

삼단 추리(三段推理)몡똉 삼단 논법.[덕.

삼=달덕(三達德)몡 지(智)·인(仁)·용(勇)의 세 가지

삼당상(三堂上)명《제도》①육조(六曹)의 판서(判書)·참판(參判)·참의(參議)의 세 당상관. ②나라의 길흉례(吉凶禮)에 때에 두던 도감(都監)의 세 제조(提調).

삼=당숙(三堂叔)몡 아버지의 팔촌 형제. 삼종숙(三從叔).[삼종숙모(三從叔母)

삼당숙=모(三堂叔母)몡 아버지의 팔촌 형제의 아내.

삼=대[-때]몡 삼의 줄기. 마개(麻稭). 마경. stem of hemp

삼대(三代)몡 ①아버지와 아들과 손자의 세 대. 삼세(三世)①. three generations ②《역사》중국 상고(上古) 시대의 하(夏)·은(殷)·주(周)의 세 왕조.

삼대개벽(三大開闢)몡《종교》 천도교에서 말하는 정신 개벽·민족 개벽·사회 개벽.

삼=대:본산(三大本山)몡《불교》예전에 양산 통도사(通度寺)·동래 범어사(梵魚寺)·합천 해인사(海印寺)의 세 본산이 다른 본산보다 특별히 재산이 많았으므로 이르던 말. three head temples

삼대=선(三一船)명 돛대를 세 개 세운 배.

삼=대:양(三大洋)몡 태평양·대서양·인도양의 통칭.

삼=대:월(三大月)몡 음력으로 연달아 세 번 겹치는 큰 달. 《대》삼소월(三小月).

삼대 일월(三代日月)《역사》중국에서, 왕도 정치(王道政治)가 극도로 발달했었다는 하(夏)·은(殷)·주(周) 삼대의 세월.

삼대 적선을 해야 동네 혼사를 한다족 이웃끼리는 서로 사정을 샅샅이 알기 때문에 혼사 맺기가 어렵다.

삼대 추영(三代追榮)몡똉 삼세 추증(三代追贈).

삼대 추증(三代追贈)명《제도》종2품 이상의 종친(宗親)·문관·무관·음관(蔭官)의 아버지·할아버지·증조에게 벼슬을 추증하던 일. 삼대 추영(三代追榮).

삼덕(三德)몡 ①정직(正直)·강(剛)·유(柔). honesty, valour and softness ②지(智)·인(仁)·용(勇). wisdom, virtue and courage ③《기독》믿음·소망·사랑. faith, hope and love ④《불교》법신덕(法身德)·반야덕(般若德)·해탈덕(解脫德).

삼덕=송(三德誦)몡《기독》 믿음과 소망과 사랑의 세 가지 덕(德)을 구하는 경문.

삼도(三到)몡《약》 독서 삼도(讀書三到).

삼도·**三도**(三途·三道)몡똉 삼악도(三惡道).

삼도(三道)몡 ①부모에 대한 세 가지 효도. 곧 부모를 봉양(奉養)하고, 상사(喪事)에 근신(謹愼)하고,

제사(祭祀)를 받드는 일. 삼행(三行)①. three ways of filial piety ②〈군사〉정병(正兵)·기병(奇兵)·복병(伏兵). three ways of strategy

삼도-내(三途一)명 〈불교〉사람이 죽어서 저승으로 가는 길에 건넌다는 강. 삼도천. River Styx

삼도 수군 통:제사(三道水軍統制使)명 조선조 때 경상·전라·충청 삼도의 수군을 통제하던 장수.

삼도 습의(三度習儀)명 〈제도〉큰 의식이 있을 때 미리 세 번 익히던 일.

삼도 육군 어:사(三道陸軍御使)명 〈제도〉조선조 때 충청·전라·경상 삼도(三道)의 육군을 통솔하던 장수(將帥).

삼도-천(三途川)명 ⇨ 삼도내.

삼도: 어:사(三道統御使)명 〈제도〉경기·충청·황해 삼도의 수군(水軍)을 통솔하던 장수. ⓔ 동어사.

삼도: 통:제사(三道統制使)명 〈제도〉임진 왜란 때 이 순시에게 경상·전라·충청 삼도 수군을 통솔시키기 위해 둔 군직. ⓔ 통제사.

삼독(三毒)명 〈불교〉착한 마음을 해하는 세 가지 번뇌. 곧, 탐(貪)·진(瞋)·치(癡). three worldly desires

삼독(三讀)명 세 번 읽음. ―하다

삼독[─毒](蔘毒)명 인삼을 먹어서 생기는 신열. 삼열(蔘熱). ginseng poisoning

삼동(三冬)명 ①겨울의 석 달. three winter months ②세 해의 겨울. three winters [three sections

삼동(三同)명 세 가지의 물건을 합한 것. being in

삼-동(三洞一)명 가까운 이웃 동네. neighbouring village [에 배어 있다는 담뱃대.

삼동=물림(三一)명 담배 설대 중간에 은이나 금을 물

삼동-치마(三一)명 길이를 세 부분으로 갈라 세 가지 빛깔을 한 치마.

삼동 편사(三同便射)명 〈체육〉두 사정(射亭)이 각기 당상(堂上) 한 사람, 출신(出身) 한 사람, 한량 한 사람의 세 계급을 합쳐 편을 짜서 활쏘기를 하던 경기.

삼두-근(三頭筋)명 두부(頭部)가 삼분(三分)된 근육. 상완(上腕) 삼두근·상퇴(上腿) 삼두근 같은 것. [of Herculean strength

삼두 육비(三頭六臂)명 엄청나게 힘이 센 사람. man

삼두-음(三豆飮)명 같은 분량의 녹두·팥·검정콩을 합하여 물을 붓고, 감초나 댓잎을 조금 넣어 끓여서 먹는 물.

삼두 정치(三頭政治)명 〈역사〉세 사람의 유력자에 의하여 행해지는 전제적(專制的)인 정치. 과두 정치(寡頭政治)의 한 형태로서 기원 전 로마에서 행하였음. triumvirate [恩率).

삼등(三等)명 ①셋째의 등급. third class ②{─} 은솔

삼-등분(三等分)명 셋으로 똑같이 나눔. trisection

삼 디: 영화(3 D 映畫)명 〈연예〉입체 영화. [하다

삼 디: 텔레비전(3 D television)명 입체 텔레비전. 입체 영상과 같은 효과를 텔레비전 수상(受像)에 시도 하는 것.

삼-딸(蔘一)명 인삼의 열매. flower of ginseng

삼라(森羅)명 많은 나무처럼 벌여 서 있음. variegated array ―하다 [相. everything in nature

삼라 만:상(森羅萬象)명 우주의 온갖 사물과 모든 현

삼락(三樂)명 군자(君子)의 세 가지 낙(樂). 첫째 부모가 구존하고 형제가 무고한 것, 둘째 세상과 남에게 부끄러워함이 없는 것, 셋째 천하의 영재(英才)를 얻어 교육하는 일. 맹자에 나오는 말.

삼량(三樑)명 〈건축〉보를 세 줄로 놓아 한 간으로 집을 짓는 방식.

삼력(三力)명 〈제도〉무게 50근의 물건을 두 손에 하나씩 가지고 120보(步)를 가는, 칠도 등급의 하나.

삼력(三曆)명 책력의 하나. 삼서(三書).

삼렬(森列)명 촘촘하게 죽 늘어서 있음. standing close together ―하다 [까지의 사이.

삼령(三齡)명 누에가 두 잠을 자고 나서 세 잠 잘 때

삼령(三靈)명 ①천(天)·지(地)·인(人). heaven, earth and man ②천지(天地)의 신. ③일(日)·월(月)·성(星).

삼령 오:신(三令五申)명 〈제도〉세 번 호령하고 다섯 번을 거듭 말함. 곧, 군대에서 되풀이하여 자세히 명령(命令)함.

삼례(三禮)명 ①세 번 절함. bowing three times ②예기(禮記)·주례(周禮)·의례(儀禮)의 세 가지 책.

삼례=업(三禮業)명 고려 때에 삼례(三禮)를 가지고 과거를 보이던 과목.

삼로(三老)명 상수(上壽)·중수(中壽)·하수(下壽)의 노인. 곧 100살·80살·60살의 노인.

삼론(三論)명 〈불교〉삼론종(三論宗)의 종지(宗旨)가 되는 세 가지 책. 곧 중론(中論)·십이문론(十二門論)·백론(百論).

삼론-종(三論宗)명 〈불교〉불교의 한 유파. 용수보살(龍樹菩薩)과 그의 제자인 제바(提婆)를 주창자로 창설. 삼론(三論)에 의거하여 무상 개공(無相皆空)을 베풂을 목적으로 함. [루. third base

삼루(三壘)명 야구에서 이루와 본루 사이의

삼루(滲漏)명 액체가 스며 나옴. oozing out ―하다

삼루-수(三壘手)명 〈체육〉야구에서 삼루를 지키는 선수. third baseman

삼루-타(三壘打)명 〈체육〉야구에서 타자(打者)가 한꺼번에 삼루까지 갈 수 있도록 공을 치는 일. three-base hit ―하다 [극장. third rate

삼류(三流)명 어떤 부류에 있어 가장 못한 층. ¶~

삼륙-판(三六判)명 〈인쇄〉가로 네 치, 세로 여섯 치의 책의 크기. size of book 3″×6″

삼륜(三輪)명 〈불교〉①세계의 밑바다에 있어, 이를 받치고 있다는 금륜(金輪)·수륜(水輪)·풍륜(風輪). ②부처의 몸·입·뜻. body, mouth and will of Buddha ③유위법(有爲法)이 끝없이 유전(流轉)함을 윤(輪)에 비유한 무상륜(無常輪)·부정륜(不淨輪)·고륜(苦輪)의 세 가지. ④세 개의 바퀴.

삼륜-차(三輪車)명 바퀴가 셋 있는 수레. tricycle

삼릉(三稜)명 세 모서리. triangle

삼릉-경(三稜鏡)명 〈동〉프리즘.

삼릉-근(三稜筋)명 삼각근.

삼릉-석(三稜石)명 〈광물〉사막 또는 바람이 센 곳에서 석회암 같은 무른 암석의 거죽이 바람이 몰아치는 모래로 말미암아 깎여서 된, 거의 같은 것의 크기의 세 개의 면과 능을 가진 작은 돌. dreikanter

삼릉-장(三稜杖)명 죄인을 때리는 데 쓰던 세모 방망이. triangular club

삼릉-주(三稜洲)명 〈동〉삼각주(三角洲).

삼릉-체(三稜體)명 세모진 물체. triangular thing

삼릉-초(三稜草)명 {─}매자기.

삼릉-침(三稜鍼)명 〈한의〉세모진 침.

삼릉-파리(三稜玻璃)명 〈한의〉침 놓는 자리의 하나인 무릎 아래 바깥쪽의 오목한 곳.

삼리(三里)穴)명 〈한의〉침 놓는 자리의 하나인 무릎 아래 바깥쪽의 오목한 곳. [forest

삼림(森林)명 나무가 빽빽하게 누거져 있는 곳. 효.

삼림 경계(森林境界)명 〈지리〉삼림 분포의 지리적 경계. 온도·우량 따위의 자연적 조건으로 생기는 경계임. [을 해 놓은 천연 공원.

삼림 공원(森林公園)명 삼림 지대에 여러 가지 시설

삼림-대(森林帶)명 〈지리〉활엽수·침엽수 따위의 교목이 번식하여 큰 삼림을 이룬 지대. 산림대(山林帶). 삼림띠. forest zone

삼림-띠(森林一)명 {─}삼림대.

삼림 절도[─또](森林竊盜)명 〈법률〉삼림에서 그 산물을 훔친 죄. 또 그 사람.

삼림 조합(森林組合)명 〈법률〉임업 경영상 필요한 사업을 공동 경영하기 위해 한 지역 안의 삼림 소유자를 조합원으로 하여 설립되는, 영리가 목적이 아닌 사단 법인. forestry association

삼림 지대(森林地帶)명 나무가 많이 우거져 있는 땅. forest area, woodland

삼림 철도[─또](森林鐵道)명 임산물을 운반해 내기 위하여 부설된 철도. forest railway

삼림 측후소(森林測候所)圀 삼림 지대의 기상을 조사할 목적으로 설립한 측후소.

삼림=학(森林學)圀 임업에 관한 이론과 운영 방법을 연구하는 학문. 임학(林學).

삼림 화:재 보:험(森林火災保險)〈경제〉화재로 인한 삼림 피해를 전보(塡補)하는 화재 보험의 하나.

삼립(森立)圀 빽빽히 들어섬. stand densely 하圀

삼=마누라圀〈민속〉무당굿의 열두 거리 중의 셋째 거리.

삼망(三忘)圀 병사가 전장에서 잊어야 할 세 가지 일. 명을 받고는 가정을, 전투할 때는 부모를, 북을 쳐 병력을 움직일 때는 자신을 잊어야 할 일.

삼망(三望)圀〈제도〉①벼슬아치를 추천할 때에 후보자 셋을 천거하던 일.《유》망점(望定)①. ②시호(諡號)를 작정할 때에 세 가지를 들어 그 중에 하나를 택하던 일.

삼매(三昧)圀〈불교〉하나의 대상에 집중하여 마음이 흔들리지 않는 경지. 삼매경(三昧境).

삼매=경(三昧境)圀(동) 삼매(三昧).

삼매=당(三昧堂)圀〈불교〉승려가 늘 법화 삼매(法華三昧)나 염불 삼매를 닦는 집. 삼매 도량(三昧道場).

삼매 도:량(三昧道場)圀(동) 삼매당(三昧堂). [場].

삼매=승(三昧僧)圀〈불교〉①삼매당(三昧堂)에서 법화 삼매(法華三昧)·염불 삼매(念佛三昧)를 닦는 승려. ②삼매의 경지(境地)에 든 승려.

삼약 삼보리(三藐三菩提)圀〈불교〉생사의 큰 꿈을 깨달아 일체의 진실을 알게 됨을 일컬음.

삼면(三面)圀 ①세 방면. three sides ②세 평면. three planes ③신문의 셋째 지면인 사회면. social column ④세 개의 얼굴. three faces

삼면=각(三面角)圀〈수학〉세 평면으로 이룬 입체각. trihedral angle [triple mirror

삼면=경(三面鏡)圀 거울 세 개가 나란히 있는 경대.

삼면 계:약(三面契約)〈법률〉정립(鼎立)한 세 사람의 당사자 사이에 성립하는 계약. 3-party contract

삼면 기사(三面記事)圀 신문의 제삼면에 실리는 기사. 사회 기사(社會記事).

삼면 소송(三面訴訟)〈법률〉세 당사자(當事者) 이상이 서로 정립(鼎立)하는 지위에 있는 구조의 소송.

삼면 육비(三面六臂)圀 ①세 개의 얼굴과 여섯 개의 팔. three faces and six arms ②한 사람이 여러 사람 몫의 일을 함을 이름. versatility [벗는 누에.

삼면=잠(三眠蠶)圀〈곤충〉세번째 잠을 자고 허물을

삼명(三明)圀 ①〈종교〉힌두교의 경전인 이구(梨俱)·사마(沙摩)·야주(夜柔)의 세 페다(吠陀). ②〈불교〉세 가지의 앎. 과거를 아는 숙명명(宿命明), 내세(來世)의 생사의 상(相)을 아는 생사명(生死明), 사제(四諦)의 이치를 밝혀 번뇌를 끊고 다시 생사 유전(流轉)하지 않음을 아는 누진명(漏盡明)의 삼달(三達).

삼=**명**=법[─뻡](三名法)圀〈생물〉생물학에서 학명을 붙일 때 속명(屬名)·종명(種名) 다음에 아종명(亞種名)을 같이 나타내는 법.

삼=명일(三名日)圀(동) 삼명절(三名節).[날. 글피.

삼=명일(三名日)圀 내일의 다음 다음날. 모레의 다음

삼=명절(三名節)圀 임금의 생신과 정월 초하루와 동지의 세 명절. 삼명일(三名日). three great

삼모(三毛)圀《약》→삼모작(三毛作). [holidays

삼=모작(三毛作)圀〈농업〉1년 동안에 세 가지 종류의 농작물을 같은 경지에 차례차례 재배하는 일. 《약》삼모(三毛). three crops a year

삼모=창(三矛槍)圀 날이 세모로 된 창.

삼목(三木)圀 목과 손과 발에 씌우던 형틀. pillory

삼목(杉木)圀〈식물〉소나무과에 속하는 상록 교목. 높이 50~70 m 로 줄기는 곧고 갈색 섬유질로 됨. 중국·일본 남쪽 지방에서 많이 나는데, 나무의 질이 좋아서 건축재·기물류 따위로 쓰임. 삼송(杉松).

삼목지=형(三木之刑)圀〈제도〉죄인의 목과 발과 손

삼무(三務)圀〈농업〉봄·여름·가을을 세 철의 농사일.

삼무(三無)圀 무성(無聲)의 음악, 무체(無體)의 예(禮), 무복(無服)의 상(喪)의 세 가지.

삼=**무도**(三無島)圀 도둑·거지·대문이 없는 섬이라는 뜻으로, 제주도를 이르는 말.

삼무 오:다(三無五多)圀 도둑, 눈·바람·오징어·향나무·미인의 다섯 가지는 많다는 뜻에서 울릉도를 이르는 말.

삼문(三門)圀 대궐나 공해(公廨)등을 앞에 있는 문. 정문(正門)과 동협문(東夾門)·서협문(西夾門)의 세 문. gate of a palace or a public building

삼문 문사(三文文士)圀〈문학〉원고가 팔리지 않는 이름 없는 문사. hack writer [학.

삼문 문학(三文文學)圀 삼문 소설 따위의 저속한 문

삼문 소:설(三文小說)圀 저속한 취미를 만족시키는 변변하지 않은 소설.

삼문 좌:기(三門坐起)圀〈제도〉삼문을 열고 여러 국민을 모아 중대한 사건을 공포하던 일.

삼물(三物)圀 석회(石灰)·세사(細沙)·백토(白土)의 세 가지. mortar

삼물=막(三物幕)圀 매장할 때 관 주위에 메울 석회, 세사, 백토를 섞기 위해 만든 뜸집.

삼미=죽(三米粥)圀 좁쌀·멥쌀·울무 따위로 쑨 죽. kind of porridge

삼민=주의(三民主義)圀〈정치〉중국의 손문(孫文)이 1905년에 제창한 중국 혁명의 삼대 사상(思想). 곧, 민족주의·민권주의·민생주의. 손문주의(孫文主義). three people's principles

삼밀(三密)圀〈불교〉계인(契印)을 맺는 신밀(身密), 진언(眞言)을 분명히 외는 구밀(口密), 마음에 본존(本尊)을 보는 의밀(意密)의 세 가지.

삼바(samba)圀〈음악〉브라질의 대표적인 무용 음악. 2/4 박자로 매우 빠르고 정열적임. ¶~ 춤.

삼박圀 잘 드는 칼에 쉽게 베어지는 모양.《큰》섬벅.《센》삼빡. 쌉박. 쌉빡. cutting 하圀

삼박=거리=다[─끄─]圄 눈이나 살 속이 자꾸 찌르는 듯하다.《큰》섬벅거리다.《센》삼빡거리다. 쌉박거리다. 쌉빡거리다. prick 삼박=삼박圄 하圀

삼박=삼박²圄 ①칼에 연해 잘 베지는 모양. 또, 그 소리. ②조금 단단하고도 물기가 많은 것이 가볍게 잘 씹히는 모양. 또, 그 소리.《큰》섬벅섬벅.《센》삼빡삼빡. 쌉박쌉박. 쌉빡쌉빡. 하圀圀

삼=**박자**(三拍子)圀〈음악〉악곡에 한 마디가 3박이 되는 박자. 제일박이 강박으로 시작하는 강·약·약의 형을 가짐이 보통. [들 반복함. 하圀

삼반(三反)圀 ①세 번 왕복(往復)함. ②세 차례나 수

삼=반:규관(三半規管)圀〈생리〉척추 동물의 청각 기관의 미로(迷路)로 안 부분에 세 개의 반원형 관상(管狀)의 뼈. 몸의 평형(平衡)의 조절 및 회복을 맡은 기관. semicircular canals

삼반=물(三般物)圀〈불교〉그늘 안 지는 땅, 메아리 안 나는 산골, 뿌리가 없는 나무의 세 가지를 이르는 말.

삼반=순(三斑鶉)圀〈조류〉삼반순과(三斑鶉科)에 속하는 새. 날개 길이가 90~105 mm 이고, 몸 빛의 상면은 회갈색에 등과 허리에 흑색과 밤색의 무늬가 있고 가슴은 등갈색임.

삼=발[─빨]圀 눈에 삼이 설 때에 생기는 붉은 핏발.

삼발=이[─빠─]圀 ①둥근 쇠테에 세 발이 달린 물건. 화로에 놓고 그릇을 올려 됨. 동그랑쇠.《동》트라이앵글.

삼발=점[─쩜](三一點)圀 귀결부(歸結符)로 쓰이는 '∴'의 이름. the sign indicating "therefore"

삼밭圀 삼을 재배하는 밭. hemp field

삼밭에 쑥대圀 쑥이 삼밭에 섞여 자라면 저절로 곧아진다는 뜻으로, 좋은 사람들 사이에 있으면 그 영향으로 자기도 모르게 좋은 사람이 됨을 이르는 말.

삼배(三拜)圀 ①세 번 절을 함. bowing thrice ②〈불

삼배(三拜) 명 세 번 무릎을 꿇고 배례함. 하타
삼배(三盃) 명 석 잔. 술 석 잔. ¶ ~주(酒).
삼배(三倍) 명 세 곱절. 하타
삼-배목(三-) 명 〈건축〉비녀장에 배목 셋을 꿴 구밈새. 분합의 첫째와 넷째 창짝의 머리와 문골에 나누어서 박음.
삼배지-치(三北之耻) 명 세 번 싸워 세 번 패배하는 부끄러움. 곧, 번번이 싸움에 패한 수치.
삼배-체(三倍體) 명 〈생물〉염색체 수가 보통 생물의 생식 세포 염색체 수의 삼 배인 생물.
삼백(三白) 명 ①음력 정월에 사흘 동안 내리는 눈. ②(속)비료·시멘트·설탕의 세 가지 흰빛의 공업 제품. ③(속)백미·백설탕·화학 조미료의 세 가지 흰빛.
삼백 예순 날[-네-](三百-) 명 일년을 두고 날마. all the year round
삼백-주(三白酒) 명 술의 하나. 백출(白朮)·백복령(白茯苓)·백하수오(白何首烏)의 세 가지를 같은 분량으로 넣었다가 21일 만에 걸러낸 술.
삼백-초(三白草) 명 〈식물〉삼백초과의 다년생 풀. 높이 15~35cm로 잎은 심장형, 초여름에 담황색 꽃이 핌. 한방에서 중약(重藥)이라 하여 이뇨(利尿)·구충제로 씀.
삼-벌레[-레] 명 〈곤충〉삼하늘소의 유충. 나무굼벵이의 하나로, 삼의 줄기를 파먹는 해충임. 한방에서 경풍의 약으로 씀.
three-master
삼범-선(三帆船) 명 돛대 세 개를 세우고 다니는 배.
삼-법사(三法司) 명 〈제도〉조선조 때 법을 다스리던 형조(刑曹)·한성부(漢城府)·사헌부(司憲府)의 세 관청의 총칭. (약)삼사(三司)β.
삼-법인(三法印) 명 〈불교〉소승 불교에서, 불교가 외도와 다른 세 가지 표시. 무상인(無常印)·무아인(無我印)·열반인(涅槃印)의 세 가지.
삼-베 명 삼실로 짠 피륙. 마포②. (약)베. hemp cloth
삼베 길쌈 명 삼 껍질을 젖으려서 실을 만들어 베를 짜는 일. 하타 ¶~을 가리키는 말.
삼벽(三碧) 명 〈민속〉음양가(陰陽家)에서 목성을 木星)의
삼변(三變) 명 ①세 차례에 걸친 변화. 세 번의 변화. ②세 가지의 변화. 크게 변화함. 하타
삼-별초(三別抄) 명 〈제도〉고려 고종 때에 최우(崔瑀)가 창설한 야별초(夜別抄)의 좌우 부대(左右部隊)와 신의군(神義軍)의 통칭.
삼보(三甫) 명 〈불교〉절에서 감무(監務)·감사(監寺)·법무(法務)의 심부름을 맡아 하는 승려.
삼보(三保) 명 세 사람의 보증인.
삼보(三報) 명 〈불교〉과보(果報)의 세 갈래. 곧, 순현보(順現報)·순생보(順生報)·순후보(順後報).
삼보(三寶) 명 ①귀·입·눈의 세 가지. ear, mouth and eye ②대농(大農)·대공(大工)·대상(大商). farmer, artisan and merchant ③자(慈)·검(儉)·겸(謙). ④검(劍)·주(珠)·옥(玉). sword pearl and gem ⑤〈불교〉불(佛)·법(法)·승(僧). ⑥정치·백성·사직.
삼보(sambo) 명 〈체육〉유도(柔道)와 비슷한 소련의 스포츠. 탐지 보살피듯 같은.
삼보 가지(三寶加持) 명 〈불교〉불·법·승의 삼보가 도
삼-보리(三菩提) 명 〈불교〉①(동) 보리(菩提). ②〈불교〉진성(眞性) 보리·실지(實智) 보리·방편(方便) 보리의 총칭.
삼보-인(三寶印) 명 〈불교〉'불법승보(佛法僧寶)' 넉 자를 새긴 도장. 기도받은 기축(祈祝紙)에 주로 찍음.
삼보-정(三步庭) 명 아주 좁은 마당.
삼복(三伏) 명 초복(初伏)·중복(中伏)·말복(末伏)의 총칭. 여름의 몹시 더운 기간. 삼경(三庚). period of summer heat
삼복(三復) 명 세 번 되풀이함. 하타
삼복(三覆) 명 〈제도〉조선조 때 죽을 죄에 해당한 죄인의 심사를 신중히 하기 위하여, 세 차례 거듭 조사하던 일. '삼복 증염(三伏蒸炎)' 준 복더위].
삼복 더위(三伏-) 명 삼복 무렵의 몹시 심한 더위.
삼복 증염(三伏蒸炎) 동 삼복 더위.

삼본(三本) 명 ①(禮)의 세 가지 근본인 천지(天地)·선조(先祖)·군사(君師). ②치란의 세 근본인 덕(德)·공(功)·능(能). ③정본(正本)·부본(副本)·저[본(貯本).
삼봉(三峰) 명 세 개의 봉우리.
삼봉-낚시(三鋒-) 명 세 갈래의 갈고리가 있는 큰 낚시. three-forked fishing hook
삼부(三父) 명 〈제도〉복제(服制)에 있어서, 최복(衰服)의 아버지와 구별하는 세 가지의 계부(繼父). 곧, 함께 사는 계부, 함께 살지 않는 계부, 어머니가 개가해 간 데 따라가서 섬기는 계부.
삼부(三部) 명 ①세 개의 부분. ②세기의 부류(部類). ③〈불교〉밀교(密敎)의 불부(佛部)·연화부(蓮華部)·금강부(金剛部)를 일컬음. [와 부세(賦稅).
삼부(三賦) 명 〈제도〉조(租)·용(庸)·조(調) 세 종류
삼부(蔘附) 명 〈한의〉인삼과 부자(附子).
삼부-경(三部經) 명 〈불교〉불교에서 각별히 존중하는 삼부의 경전을 이름. 법화(法華)·대일(大日)·삼부·정토(淨土) 삼부 등 여러 구별이 있음.
삼부-곡(三部曲) 명 〈음악〉삼부 악곡의 악곡(樂曲).
삼부리-병(三附餠) 명 (동) 셋붙이①.
삼-부여(三扶餘) 명 〈역사〉상고 때 만주의 대부분을 차지하고 있던 민족. 북부여·동부여·남부여의 총칭.
삼부 요인(三府要人) 명 행정부·사법부·입법부의 요인.
삼-부자(三父子) 명 아버지와 두 아들. father and two sons
삼부-작(三部作) 명 〈문학〉주제가 서로 연결되어 있으면서 세 부분으로 된 작품. trilogy ¶~[母).
삼 부 팔모(三父八母) 명 〈제도〉삼부(三父)와 팔모(八母).
삼-부패(三一) 명 〈광물〉분광업(分鑛業)을 할 때, 세 사람이 동업하는 조직. (채) 맞무패.
삼부 합주(三部合奏) 명 〈음악〉세 가지의 악기를 여러 개 합쳐 연주하는 일. 간혹 '삼중주'를 뜻하기도 함. trio
삼부 합창(三部合唱) 명 〈음악〉고(高)·중(中)·저(低)의 세 성부(聲部)로 이루어진 합창. trio
삼부 형식(三部形式) 명 〈음악〉한 곡이 세 부분으로 나누어져 전부와 중부는 다른 형식으로 되고, 후부는 그 전부의 되풀이 또는 변형으로 된 작곡 형식. ternary
삼부-회(三部會) 명 〈역사〉프랑스 왕조 시대에 성직자·귀족·평민의 세 계급 대표자로 조직한 신분제(身分制)의 정치적 의회.
삼분(三分) 명 세 부분으로 나눔. trisection 하타
삼분-법(三分法) 명 〈논리〉구분되는 대상을 세 가지로 나누어 가는 구분 방법. 대(大)·중(中)·소(小) 또는 상(上)·지(地)·인(人) 따위.
삼분 오:열(三分五裂) 명 여러 갈래로 갈리어 흩어짐. disruption 하타
삼분 정:립(三分鼎立) 명 천하를 삼분해 세 나라가 정립함. 삼국 정립(三國鼎立). 하타
삼분 정:족(三分鼎足) 명 솥발처럼 삼자(三者)가 천하를 삼분(三分)하여 다스림. tripod
삼분 천하(三分天下) 명 한 나라를 세 사람의 군주나 영걸이 나누어 차지함. 하타
삼-불[-뿔] 명 해산 후에 태를 태우는 불.
삼-불(三佛) 명 〈불교〉극락 세계에 있다는 아미타불(阿彌陀佛)과 그의 협시(脇侍)인 관세음 보살(觀世音菩薩)·대세지 보살(大勢至菩薩)을 함께 이르는 말.
삼-불거(三不去) 명 칠거(七去)의 이유가 있는 아내라도 버리지 못할 세 가지 경우. 곧 갈 데가 없는 경우와 부모상을 같이 치렀거나, 장가들 때에 가난하다가 부귀해진 세 가지 경우.
삼불 보리(三佛菩提) 명 〈불교〉법(法)·보(報)·응(應) 삼신(三身)의 불과(佛果). 곧, 법신불 보리(法身佛菩提)·보신불 보리(報身佛菩提)·응신불 보리(應身佛菩提)를 이름.
삼=불복(三不伏) 명 〈민속〉무덤을 이룰 적에 삼살방

(三煞方)에서는 절을 하지 않음을 이름.
삼=불외(三不畏)[명] 거상 중에 있는 사람이 두려워하지 아니한다는 비·도둑·범의 세 가지.
삼불 제:석(三佛帝釋)[명] 〈민속〉 무당이 굿할 때에 쓰는 부채에 그린 그림.
삼불=토(三佛土)[명] 〈불교〉 삼신불이 살고 있다는 세 가지 불토. 곧, 법성토(法性土)·수용토(受用土)·변화토(變化土)를 이름. 「지. 곧, 술·여자·재물.
삼=불혹(三不惑)[명] 침혹(沈惑)하지 말아야 할 세 가
삼=불효(三不孝)[명] 세 가지의 불효. 곧, 부모를 불의에 빠지게 하는 일, 부모가 늙고 가난하여도 벼슬하지 않는 일, 자식이 없어 조상의 제사를 끊게 하는 일.
삼=불후(三不朽)[명] 언제까지나 없어지지 않는 세 가지. 곧, 입덕(立德)·입공(立功)·입언(立言).
삼=비:적(三秘蹟)[명] 〈기독〉 세례(洗禮)·성체(聖體)·통회(痛悔)의 총칭.
삼비: 정책(三B 政策)[명] 〈경제〉 제 1 차 세계 대전 전의 독일의 동점(東漸) 정책으로, 베를린(Berlin)·비잔틴(Byzantin)·바그다드(Bagdad)의 세 도시를 철도로 연결하여 페르시아 만(灣)에 나가려던 정책. Three-B policy
삼=빛[—삧](三—)[명] 〈미술〉 단청을 칠할 적에 채색 심도(深度)의 하나. '이빛'보다 진한 빛.
삼빡[부] 《센》→삼박.
삼빡=거리-다[자] 《센》→삼박거리다.
삼빡=삼빡[부] 《센》→삼박삼박².
삼뿌라(さんぷら 일)[명] →산플라티나.
삼사(三司)[명] ①〈제도〉 조선조 때 홍문관(弘文館)·사헌부(司憲府)·사간원(司諫院)의 세 관청을 함께 이르던 말. ¶~ 소윤(少尹). ②〈제도〉 고려 때의 돈과 곡식의 출납 회계에 관계된 일을 맡아보던 관청. ③《약》→삼법사(三法司). ④〈기독〉 영혼의 세 가지 관능(官能). 곧, 명오(明悟)·기함(記含)·애욕(愛慾). 「서(後漢書)의 세 책을 이름.
삼사(三史)[명] 중국의 사기(史記)·한서(漢書)·후한
삼사(三舍)[명] 〈역사〉 중국에서 군대의 3 일간의 행정(行程). 하루 30 리를 보통 행정으로 함.
삼사(三使)[명] 〈제도〉 상사(上使)·부사(副使)·서장관(書狀官)의 세 사신. 또는 통신사(通信使)·부사(副使)·종사관(從事官)의 세 사신을 이름.
삼사(三思)[명] ①여러 차례 생각함. mature consideration ②심려(審慮)·결정(決定)·발동(發動)을 일컬음. **하**[타]
삼사(三師)[명] 〈제도〉 태사(太師)·태부(太傅)·태보(太保)를 일컬음. 고려 문종 연간에 두었다가 공민왕 등극 후에 없앰.
삼사(三徙)[명] 중국 전국 시대에, 맹자(孟子)의 어머니가 맹자의 좋은 습성을 기르기 위해, 세 번이나 이사한 일. 삼천(三遷)①.
삼사(三赦)[명] 〈제도〉 죄를 용서받을 수 있는 세 가지 조건에 해당되는 사람. 곧, 7 세 이하의 어린이, 80 세 이상의 늙은이, 정신에 이상이 있는 사람.
삼사(三四)[수] 서넛. [관] 서너.
삼사=계(三事戒)[명] 〈불교〉 몸·입·마음〔身·口·意〕 세 가지를 삼가하는 계율. 삼업계(三業戒).
삼사미[명] ①세 갈래로 갈라진 곳. three-forked place ②〈체육〉 활의 먼오금과 뿔끝과의 사이. 곧, 대와 뽕나무가 서로 이어진 부분.
삼=사미(三沙彌)[명] 〈불교〉 나이에 따라 셋으로 나눈 사미. 곧, 7 세부터 13 세까지의 구오(驅烏) 사미, 14 세부터 19 세까지의 응법(應法) 사미, 21 세 이상의 명자(名字) 사미.
삼사 부:사(三司副使)[명] 〈제도〉 고려 삼사의 종4품으로 삼사사의 다음가는 벼슬. 공민왕 18 년에 소윤(少尹)으로 고쳤음.
삼=사:분기(三四分期)[명] 일 년을 넷으로 나눈, 셋째 번 사분기(四分期)의 석 달 동안. third quarter
삼사=사(三司使)[명] 〈제도〉 고려 삼사의 정 3 품으로 판삼사사(判三司事)의 다음가는 벼슬. 충렬왕 때에 좌우사(左右使)로 고쳤음.
삼사월 긴긴 해[구] 음력으로 3월과 4월의 낮이 몹시 긴 것을 가리켜 하는 말.
삼사정=계(三斜晶系)[명] 〈광물〉 결정계의 하나. 세 축(軸)의 길이가 각각 틀리며, 또한 서로 사각(斜角)을 이루고 얽힌 결정계. triclinis system
삼사=조[—쪼](三四調)[명] 〈문학〉 시조나 가사(歌辭)의 음조(音調)가 대체로 3자·4자의 형식으로 된 것. 「unsuitable
삼사=하-다[형][여불] 어울리지 아니하다. 《큰》 섬서하다.
삼사 합계(三司合啓)[명] 〈제도〉 조선조 때 홍문관(弘文館)·사헌부(司憲府)·사간원(司諫院)이 서로 의논하여 임금에게 아뢰던 일.
삼산(三山)[명] ①세 개의 산(山). three mountains ②《동》 삼신산(三神山).
삼산화=비:소(三酸化砒素)[명] 〈화학〉 비소를 품은 광물을 공중에서 태울 적에 일어나는 흰 가루로서 독성을 품고 있음. arsenic trioxide
삼산화=유황(三酸化硫黃)[명] 〈화학〉 이산화유황의 산화물. 황산(黃酸)을 만드는 원료로 씀. 무수황산(無水黃酸). sulfur trioxide
삼산화=질소[—쏘](三酸化窒素)[명] 〈화학〉 질산을 전분이나, 삼산화비소에 합성하여 만드는 붉은 기체. 냉각시키면 쪽빛 액체로 바뀜. 무수아질산(無水亞窒酸). nitrogen trioxide
삼살=방(三煞方)[명] 〈민속〉 세살(歲煞)·겁살(劫煞)·재살(災煞)에 당한 불길한 방위(方位).
삼삼(三三)[명] 바둑판의 가로 세로 각각 제 3선이 만나는 네 귀의 네 점.
삼삼(森森)[명] 나무 따위가 많이 벌여선 모양. **하**[형]
삼삼 오:오(三三五五)[명] ①삼사인 또는 오륙인이 떼를 지은 모양. by twos and threes ②여기저기 몇몇씩 흩어져 있는 모양. in groups here and there
삼삼=하-다[형][여불] ①음식 맛이 조금 싱거운 듯하면서 맛이 있다. 《큰》 심심하다. be not salty enough but tasty ②당구에서 공이 너무 흩어졌거나 겹쳐 있어 치기 어려운 상태에 있다. ③잊혀지지 않아 눈에 어리다. **삼삼=히**[부]
삼=삿반(蔘—)[명] 인삼을 말리는 삿반.
삼상(三上)[명] ①〈제도〉 시문을 평하는 등급 중의 일곱째 등급. ②시문을 생각하기 좋은 세 곳. 곧, 마상(馬上)·침상(枕上)·측상(廁上). three best places to think about poetry
삼상(三相)[명] 《동》 삼정승(三政丞).
삼상(三常)[명] ①천(天)·지(地)·인(人)의 불변(不變)의 상법(常法). 곧, 천상(天象)·지형(地形)·인체(人體). ②나라를 다스리는 데 필요한 불변의 세 가지 법칙. 어진 임금을 받드는 일, 현명한 관리를 임명하는 일, 훌륭한 선비를 존경하는 일.
삼상(三喪)[명] ①《약》→삼년상. ②초상(初喪)·소상(小祥)·대상(大祥)을 이름.
삼상(三殤)[명] 미성년으로 죽은 경우에 그 나이에 따라 구분하는 세 가지. 곧, 상상·중상·하상.
삼상(蔘商)[명] 인삼을 파는 장사치.
삼상 교류(三相交流)[명] 〈물리〉 위상(位相)이 서로 120 도씩 다른 세 개의 교류를 조합하여 세 개의 도선에 의하여 송전(送電)함. three phase current 「[자]
삼상 불문(三喪不問)[명] 《동》 삼년 부조(三年不弔). **하**
삼상=이[명] 세 갈래가 진 곳. three-forked place
삼상지=탄(參商之歎)[명] 삼성(參星)과 상성(商星)이 멀리 동서(東西)에 떨어져 있듯이 두 사람이 멀리 떨어져 서로 만나기 어려움을 한탄하는 말.
삼=상:향(三上香)[명] 분향(焚香)할 적에 향을 세 번 집어 불에 사르는 일.
삼색(三色)[명] ①빨강·노랑·파랑의 삼원색. three colours ②〈불교〉 오근(五根)·오경(五境)·무표색(無表色). ③《약》→삼색 과실(三色果實).
삼색=과(三色果)[명] 《약》→삼색 과실.
삼색 과:실(三色果實)[명] 제사지낼 적에 쓰이는 세 가

삼색지 과실. 흔히 곶감·대추·밤의 세 가지를 씀. 《약》 삼색③. 삼색과.

삼색 군보(三色軍保)〖명〗〈제도〉군보(軍保)의 하나. 세 사람의 군정(軍丁) 가운데 한 사람만 군역을 치르게 하고, 다른 두 사람은 면제하는 대신으로 베와 무명 따위를 받던 일.

삼색=기(三色旗)〖명〗①세 빛깔로 된 기. tricolour flag ②프랑스의 국기. flag of France

삼색=도(三色桃)〖명〗〈식물〉한 나무에 세 가지 빛깔의 꽃이 피는 복숭아 나무.

삼색=보(三色保)〖명〗삼색 군보로 받은 베나 무명 따위.

삼색 분해(三色分解)〖명〗그림이나 천연색 필름 등에서 원고가 가지는 색의 각 부분을, 복제용(複製用)의 적(赤)·청(青)·황(黃)의 삼원색으로 추출·분해하는 일.

삼색=설(三色說)〖명〗〈심리〉빨강·노랑·파랑의 3원색의 감각에서 모든 색채 감각이 일어난다고 한 영·헬름홀츠의 설. trichromatic theory

삼색=판(三色版)〖명〗〈인쇄〉빨강·노랑·파랑의 삼원색을 써서 박은 사진판 인쇄. 원색판(原色版). tricolor printing

삼색 휘장(三色揮帳)상여(喪輿)에 치는 휘장의 하나. 빨강·노랑·파랑의 세 가지의 빛깔로 만듦.

삼생(三生)〖명〗〈불교〉전생·현생·후생을 이름. three lives past, present and future

삼생(三牲)산 제물로서의 세 가지 짐승. 곧, 소·양·돼지. three kinds of animal sacrifices

삼생=아(三生兒)〖명〗삼쌍둥이.

삼생 연분(三生緣分)〖명〗〈불교〉삼생에 걸쳐 끊어질 수 없는 부부간의 깊은 연분.

삼생 원수(三生怨讐)〖명〗〈불교〉삼생에 걸쳐 끊어질 수 없는 가장 뼈에 사무치는 원수.

삼서(三書)〖명〗〖동〗삼력(三曆).

삼=서-다〖자〗눈에 삼이 생기다. have a pupilary speck

삼선(三選)〖명〗세 번 당선됨. ¶~ 의원. election for the third term

삼=선근(三善根)〖명〗〈불교〉좋은 과보(果報)를 받을 세 가지 행위. 시(施)와 자(慈)와 혜(慧).

삼선=죽(三仙粥)〖명〗실백·복숭아씨·욱리인(郁李仁) 따위에 쌀가루를 넣고 쑨 죽.

삼성(三性)〖명〗〈불교〉사람의 세 가지 성품인 선성(善性)·악성(惡性)·무기성(無記性).

삼성(三省)하루에 세 번 반성하여 자기에게 무슨 잘못이 없나 돌보아 살핌. reflect upon oneself three times a day 하[다]

삼성(三聖)〖명〗〈역사〉①상고 시절의 세 성인. 곧 환인(桓因)·환웅(桓雄)·환검(桓儉). three legendary founders of Korea ②세계적인 세 성인. 곧, 석가(釋迦)·공자(孔子)·예수. Buddha, Confucious and Christ ③고대 그리스의 세 성인. 곧, 소크라테스·플라톤·아리스토텔레스. ④중국의 세 성인. 곧, 노자(老子)·공자(孔子)·안회(顏回). 『《약》삼(參).

삼성(參星)〖천〗이십팔수(二十八宿)의 21째 별.

삼성=교(三聖敎)〖종교〗환인(桓因)·환웅(桓雄)·환검(桓儉)의 세 성인을 숭배하는 교. 대종교(大倧敎).

삼성=들리-다〖자〗①음식을 욕심껏 먹다. eat to one's heart's content ②〈민속〉무당이 굿할 때에 음식을 욕심껏 입에 넣다.

삼성=사(三聖祠)〖명〗〈역사〉①환인(桓因)·환웅(桓雄)·환검(桓儉)의 삼성(三聖)을 모신 사당. 황해도 구월산(九月山)에 있었음. ②탐라국(耽羅國) 개국 신화의 고을라(高乙那)·부을라(夫乙那)·양을라(良乙那)를 제사지내는 신사(神祠). 제주시에 있음.

삼성=업(三性業)〖명〗〈불교〉선업(善業)·악업(惡業)·무기업(無記業)의 총칭.

삼성 장군(三星將軍)〖명〗별을 세 개 다는 장군이라는 뜻에서, 중장(中將)을 달리 일컫는 말. three-star general

삼성 추국(三省推鞫)〖제도〗의정부와 사헌부(司憲府)·의금부(義禁府)의 관원이 모여 앉아서 강상죄인(綱常罪人)을 국문(鞫問)하던 일.

삼성=혈(三姓穴)제주도 남문 밖에 있는 구멍으로, 고(高)·부(夫)·양(良) 세 성의 시조(始祖)가 나온 구멍이라 함.

삼세(三世)〖명〗①〖동〗삼대(三代)①. ②〈불교〉전세·내세의 총칭. 삼제(三際). ③〖동〗삼계(三界)③.

삼세(三稅)〖제도〗전세(田稅)·대동(大同)·호포(戶布)의 총칭. 「three times

삼=세번(三一番)더도 덜도 아닌 꼭 세 번. just

삼세 시방(三世十方)〈불교〉끝없는 시간과 공간을 이름. endless time and space

삼세 신성(三世神聖)〖종교〗천도교의 교조(教祖)인 제1세 최수운(崔水雲)과 제2세 최해월(崔海月)과 제3세 손의암(孫義菴). first three saints of chundokyo

삼세 요:달(三世了達)〖명〗〈불교〉부처의 슬기로 과거·현재·미래의 삼세를 밝혀 달관함.

삼세 인과(三世因果)〖불교〉과거는 현재의 인(因), 현재는 과거의 과(果), 현재는 미래의 인(因), 미래는 현재의 과(果)로, 삼세의 선악 업보의 인과 관계.

삼세 제불(三世諸佛)〖불교〉과거·현재·미래의 모든 부처. 「한 번씩 드는 일.

삼세 치:윤(三歲置閏)음력으로 윤달이 3년 만에

삼=세:번(三一番)더도 덜도 말고 꼭 세 번.

삼소(三蘇)〖명〗①고려 때 기달산(箕達山)·백악산(白岳山)·백 마산(白馬山)의 총칭. ②중국 송나라 때의 문장가 소순(蘇洵)·소식(蘇軾)·소철(蘇轍)의 삼부자(三父子).

삼=소:월(三小月)음력의 작은 달이 세 번이나 연거푸 드는 일. (대) 삼대월(三大月).

삼소=음(三蘇飮)〖명〗〈한의〉상한(傷寒)·두통·발열(發熱)·감기·기침 같은 병에 쓰는, 인삼과 소엽(蘇葉)이 주재(主材)인 탕약.

삼:소=임(三所任)〖명〗①세 가지의 소임. ②〈제도〉동장(洞長)·집강(執綱)·풍헌(風憲)의 세 가지 일을 번갈아 보는 사람.

삼=속(三族)부(父)·모(母)·처(妻)의 삼족(三族).

삼=손:우(三損友)〖명〗사귀어 손해가 될 세 가지 벗. 편벽(便辟)한 벗, 선유(善柔)한 벗, 편녕(便佞)한 벗. ≒손자 삼友. 《대》삼익우(三益友). three unprofitable friends

삼송(杉松)〖명〗〖동〗삼목(杉木).

삼=쇠(三一)〖명〗〈민속〉농악·두레패·굿중패·걸립패 등에서 꽹과리를 들고 상쇠·중쇠의 다음 자리에 선 사람. 「(手)의 총칭.

삼수(三手)〖명〗〈군사〉사수(射手)·살수(殺手)·포수(砲

삼수(三壽)세 가지 장수(長壽). 곧, 상수(上壽; 100세)·중수(中壽; 80세)·하수(下壽; 60세)의 총

삼수(渗水)스며 들어가 물. 「칭.

삼수 대:엽(三數大葉)〖명〗〈음악〉가곡의 하나. 누가(頭歌) 다음에 부르는 곡조. 우조(羽調)와 계면조(界面調)에 있음.

삼수=량(三手糧)〖제도〗삼수(三手)의 급료를 주려고 거두는 세미(稅米). 삼수미(三手米).

삼수=미(三手米)〖동〗삼수량(三手糧).

삼수=변(三水邊)〖명〗한자 부수의 하나. '江·河' 등의 'ㅣ'의 이름.

삼순(三旬)〖명〗①상순·중순·하순의 총칭. 삼한(三澣). ②서른 날. thirty days ③서른 날이라는 말.

삼순(三巡)〖명〗〈예식〉활을 쏘는 세 번째의 순을 통

삼순 구식(三旬九食)서른 날에 아홉 끼니를 먹음. 가난하여 끼니를 많이 거름을 이름. leading a poor life

삼승(三乘)〖명〗①〈수학〉「세제곱」의 구용어. ②〈불교〉중생을 태우고 생사(生死)의 바다를 건넘에 있어 서의 세 가지 교법. 곧, 성문승(聲聞乘)·연각승(緣覺乘)·보살승(菩薩乘)의 총칭.

삼승근(三乘根) 〈수학〉 '세제곱근'의 구용어.
삼승비(三乘比) 〈수학〉 '세제곱비'의 구용어.
삼승포(三升布) 명 석새 삼베.
삼시(三始) 명 정월 초하루의 아침. 연·월·일의 처음이란 뜻. 〔三元〕①. 삼조(三朝)①. morning of the New Year's Day
삼시(三施) 명 〈불교〉 재산과 입을 것과 먹을 것을 베푸는 재시(財施)와, 타이를을 베푸는 법시(法施)와, 앓는 이나 외로운 이에게 기쁨을 베푸는다는 무외시(無畏施)의 세 가지 보시(布施).
삼시(三時) 명 ①아침·점심·저녁의 세 끼니. 세 때. three daily meals ②과거·현재·미래. ③밭갈고 씨뿌리는 봄, 풀 베는 여름, 추수하는 가을.
삼시교(三時教) 명 〈불교〉 법상종(法相宗)에서 삼기로 나누어 판정한 불타 일대의 설교. 제1시는 유교(有教), 제2시는 공교(空教), 제3시는 중도교(中道教).
삼시보(三時報) 명 〔동〕 삼시업(三時業).
삼시선(三時禪) 명 〈불교〉새벽과 낮과 저녁에 하는 좌선(坐禪). 삼시 좌선(三時坐禪).
삼시업(三時業) 명 〈불교〉 이승에서 업을 지어 가지고 이승에서 받는 업과인 순현업(順現業)과 저승에 가서 받는 업과인 순차업(順次業)과 다시 태어나는 뒤에 받는 업과인 순후업(順後業)의 세 업과(業果)의 총칭. 삼시보(三時報).
삼시 염:불(三時念佛) 〈불교〉 새벽·낮·저녁에 하는 염불.
삼-시울(三一) 명 세 가닥으로 꼰 노끈이나 실. three-ply thread
삼시 정책(三C政策) 제1차 세계 대전 전의 영국 제국주의의 정책. 케이프타운(Capetown)·카이로(Cairo)·캘커타(Calcutta) 세 도시를 잇고, 인도양을 그은 영제국의 구성을 목표로 함. Three C Policy
삼시 좌:선(三時坐禪) 명 〔동〕 삼시선(三時禪).
삼식(三食) 명 아침·점심·저녁 세 때의 식사.
삼식(三識) 명 〈불교〉 사람의 마음이 원래 청정함을 진식(眞識), 일체 제법을(一切諸法)을 나타내는 근본적인 마음을 현식(現識), 대상을 식별·구별하는 마음을 분별사식(分別事識)이라고 하여 외경(外境)을 식별·인식하는 세 가지 작용.
삼-신 명 삼으로 거칠게 삼은 신. coarse hemp sandals
삼신(三辰) 명 해·달·별(특히 북두 칠성)의 총칭.
삼신(三身) 명 〈불교〉 부처가 변신하여 현신(現身)하였다는 세 가지 모양. 곧, 법신(法身)·보신(報身)·응신(應身).
삼신(三神) 명 ①우리 나라의 땅을 마련했다는 환인(桓因)·환웅(桓雄)·환검(桓儉)의 총칭. three legendary founders of ancient Korea ②〈민속〉 아이를 점지한다는 세 신령. 〔준〕삼신 상제(三神上帝). 삼신 제석(三神帝釋). 삼신 제왕(三神帝王). 〔속〕삼신할머니.
삼신-메(三神一) 명 〈민속〉 삼신에게 기도 드릴 때에 해 놓는 밥.
삼신-불(三身佛) 명 〈불교〉 삼신의 격위(格位)를 지닌 세 부처. 곧, 법신불·보신불·응신불.
삼-신산(三神山) 중국의 전설에서 동쪽 바다 북쪽에 신선이 산다는 봉래(蓬萊)·방장(方丈)·영주(瀛州)의 세 산. 우리 나라의 금강·지리·한라의 세 산이라고도 한다. 삼구(三丘). 삼산(三山)②.
삼신 상:제(三神上帝) 명 〔준〕삼신(三神)②.
삼신 제:석(三神帝釋) 명 〔준〕삼신(三神)②.
삼신 제:왕(三神帝王) 명 〔준〕삼신(三神)②.
삼신-풀이(三神一) 명 〈민속〉 삼신에게 비는 일. 하자
삼신-할머니(三神一) 명 〔속〕삼신(三神)②.
삼-실 명 삼 껍질에서 뽑아 낸 실. hemp thread
삼=실(三室) 명 ①셋째 방. third room ②〔동〕삼취(三娶).③남은 재목으로 세 번째 고쳐 지은 집. thrice repaired house
삼심 제:도(三審制度) 명 〈법률〉 국민의 권리 보호를 신중히 하려고 소송 당사자(訴訟當事者)나 소송 관계인이 한 사건에 대하여 세 번의 심리 재판을 청구할 수 있는 제도. three-instance trial system

삼십(三十) 명 나이 서른 살. 〔동〕서른.
삼십삼-신(三十三身) 명 〈불교〉 관세음 보살이 중생을 구하려고 나타내 보인 33가지의 화신(化身).
삼십삼-천(三十三天) 명 〈불교〉 욕계 육천(慾界六天)의 둘째로 수미산 위에 있는 천계(天界). 복판에 제석천(帝釋天)이 있고 사방에 팔천(八天)씩 삼십삼천이 있음. 〔이 넷이서 도를 이룸 일.〕
삼십 성:도(三十聖道) 명 〈불교〉 석가 여래가 서른 살에 삼십 오:밀리**(三十五 milli) 명 폭 35mm 크기의 필름, 또, 그 필름으로 된 영화. 35mm film
삼십육-계[一육一](三十六計) 명 ①물주(物主)가 맞힌 사람에게 물진 값의 배를 주는 노름. kind of gambling ②뺑소니. ¶~를 놓다. escape ③많은 꾀.
삼십육계 줄행랑이 제일 〔준〕어려울 때는 그저 뺑소니치는 것이 제일이다.
삼십육-금[一육一](三十六禽) 명 〈민속〉36가지 짐승. 심이지(十二支)에 각각 셋씩 분배한 것.
삼십-이립(三十而立) 명 삼십 세에 학문이나 견식이 일가를 이루어, 도덕상으로 흔들리지 아니함을 이르는 말.
삼십이-상(三十二相) 명 ①〈불교〉부처가 그 몸에 갖춘 32가지의 훌륭한 상. thirty-two merciful features (of Buddha) ②여자의 용모에 관한 모든 아름다운 상. faultless features
삼십일 본산(三十一本山) 명 〈불교〉 우리 나라의 31곳의 본산 사찰. thirty-one main temples of Korea
삼십초 룰(三十秒 rule) 〈체육〉 농구에서, 한 팀이 공을 가지고 있을 때 30초 이내에 슛을 하지 않으면 안 된다는 규칙.
삼십팔도-선[一토一](三十八度線) 명 ①위도가 38도 되는 선. ②〔준〕삼팔선(三八線). 38th parallel, 38 degrees north latitude
삼-쌍둥이(←三雙童一) 명 한 태에서 잇달아 난 세 아이. 삼쌍생(三胎生). 삼태아·삼생아. triplets
삼-씨(한의〉대마(大麻)의 씨. 난산(難産)·공수병(恐水病)·변비 등의 한약재로 쓰임. hemp seed
삼씨 기름 명 삼씨를 짜서 낸 기름.
삼-아(三椏) 명 〔동〕 인삼(人蔘)②.
삼아-나무(三椏一) 명 〔동〕삼지닥나무.
삼악(三惡) 명 정치상의 세 가지 악인 폭력·빈곤·오직(汚職). ¶~ 추방(追放).
삼악(三樂) 명 〈음악〉 아악·향악·당악(唐樂)의 총칭.
삼-악도(三惡道) 명 〈불교〉 악인이 죽어서 간다는 세 피로운 세계. 곧, 지옥도(地獄道)·축생도(畜生道)·아귀도(餓鬼道). 삼악취. 삼도(三道).
삼-악성(三惡聲) 명 세 가지의 듣기 싫은 흉한 소리. 곧, 초혼(招魂)하는 소리, 불이 나서 외치는 소리, 도둑을 뒤는는 소리. 〔대〕삼희성(三喜聲).
삼-악취(三惡趣) 명 〔동〕 삼악도(三惡道).
삼-안포(三眼砲) 명 삼혈포(三穴砲).
삼양(三養) 명 ①세 가지 길러 늘여야 할 일. 제 분수에 만족하여 복을 기르고, 음식을 절제하여 기(氣)를 기르고, 낭비를 삼가서 재물을 불리는 것. ②신(神)·정(精)·기(氣)를 기르는 양생법의 하나. ~ 삼과(三寡).
삼언-시(三言詩) 명 〈문학〉 구(句)마다 석 자로 된 한시(漢詩).
삼엄¹(三嚴) 명 엄한 세 사람이란 뜻으로, 임금과 아버지와 스승을 일컬음.
삼엄²(三嚴) 명 〈제도〉 행군(行軍) 규정의 하나. 세 번째 울리는 엄. 초엄(初嚴)에 정돈, 이엄(二嚴)에 무기를 갖추고, 삼엄이 울리면 임금과 문무 백관은 근정전 혹은 지정된 장소에 나가 모든 의식 준비를 완전히 끝낸. 〔함〕 solemnity 하ː히 히ː
삼엄(森嚴) 명 질서가 바로 서고 무서울이만큼 엄숙하여 짓는 죄. ginseng
삼업(蔘業) 명 〈불교〉 몸과 입과 마음의 욕심으로 인하여 짓는 죄. ginseng
삼업(蔘業) 명 인삼을 생산하는 사업. growing of ginseng
삼업-계(三業戒) 명 〔동〕삼사계(三事戒).
삼-에스(三S) 명 screen·sports·sex(혹은 speed)의 세

삼에스 운동 머리 글자를 딴 말. 성(性)의 해방과 운동 및 영화·연예(演藝) 또는 속도 등의 삼자(三者)를 가리키는 말. ¶~시대. Three S's

삼에스 운ː동(三S 運動)圈〈경제〉 specialization·standardization·simplification의 머리 글자를 딴 말. 산업의 전문화·표준화·단순화를 촉진하여 생산성 향상을 구체화하려는 운동. Three-S movement

삼에스 정책(三S 政策)圈〈정치〉 대중으로 하여금 3S를 좇게 함으로서 우민화(愚民化)하여, 정치적 자기 소외(疎外)로 무관심을 빚어 내어 지배자가 자유로 대중을 조종하는 정책. 우민 정책.

삼에프 폭탄(三F 爆彈)圈 수소 폭탄의 겉을 우라늄 238로 싼 방사능 폭탄. 핵분열(fission)→핵융합(fusion)→핵분열(fission)의 차례로 반응이 진행되므로 '3F'라고 함.

삼엠 정책(三M 政策)圈〈정치〉 사람(man)·돈(money)·무기(munitions)의 세 가지 요건을 써서 하는 정책. Three-M Policy

삼여(三餘)圈〔동〕 독서 삼여(讀書三餘)

삼=역성(三易姓)圈 세 번째 성(姓)을 바꿈. 외손녀(外孫女)가 자식을 낳은 것을 말함. 하타

삼연(森然)圈 ①숲이 깊이 우거진 모양. thick ②엄숙한 모양. solemn 하타

삼ː연음부[ー년ー](三連音符)圈〈음〉 셋잇단음표.

삼엽(蔘葉)圈〔동〕 삼독(蔘毒)

삼엽=충(三葉蟲)圈〔동물〕 갑각류 삼엽충류의 화석 동물. 몸 길이 50cm 가량의 타원형으로 납작하며 머리 등 한가운데의 축부(軸部)와 좌우의 늑부(肋部)로 갈라짐. 해생(海生) 동물과 비슷하여 얕은 바다·바다 밑의 진흙 등에 서식했음. trilobite

삼=영문(三營門)圈〔동〕 삼군문(三軍門).

삼ː오ː 삼오(三五五)圈〔동〕 삼삼 오오.

삼ː오ː야(三五夜)圈 음력 보름날 밤. 십오야(十五夜). night of 15th of the lunar calendar

삼오칠언(三五七言)圈〈문학〉 한시(漢詩)에서 한 구(句) 중에 삼언구(三言句) 두 개, 오언구(五言句) 두 개, 칠언구(七言句) 두 개를 갖춘 것.

삼ː오=판(三五判)圈〈인쇄〉 양지로 매는 책의 크기의 이름. 넓이 3치, 길이 5치의 책판. 또, 그런 책.

삼왕(三王)圈 중국 고대의 세 임금. 곧, 우(禹)·탕(湯)·무왕(武王)의 총칭.

삼왕 내조(三王來朝)圈〈기독〉 예수가 탄생한 때에 동방 박사(東方博士) 세 사람이 멀리서 와 무릎 꿇고 경배(敬拜)한 일.

삼외(三畏)圈 논어(論語)에 있는 군자(君子)가 두려워해야 할 세 가지. 곧, 천명(天命)과 대인(大人)의 말과, 성인(聖人)의 말.

삼ː요(三樂)圈 논어(論語)에 있는 말로 세 가지 좋아하는 것. 예악(禮樂)을 좋아하는 것과 사람의 착함을 좋아하는 것과 벗이 많음을 좋아하는 익자 삼요(益者三樂), 분에 넘치게 사물을 좋아하고 일하지 않고 놀기를 좋아하며 주색을 좋아하는 손자 삼요(損者三樂). 「(食慾)·수면욕(睡眠慾)·음욕(淫慾).

삼욕(三慾·三欲)圈〈불교〉 세 가지 욕심. 곧, 식욕

삼용(蔘茸)圈〈한의〉 인삼과 녹용. ginseng and antler

삼우(三友)圈 ①흔히 함께 따르는 세 가지 운치. 곧, 시(詩)와 술과 거문고. ②소나무·매·대나무. 삼군자(三君子). ③산수(山水)·송죽(松竹)·금주(琴酒). ④삼익우(三益友)와 삼손우(三損友).

삼ː우(三虞)圈ㄴ→삼우제(三虞祭).

삼ː우=제(三虞祭)圈 장사지낸 뒤에 세 번째 지내는 제사. ㄴ 삼우(三虞).

삼원(三元)圈 ①천(天)·지(地)·인(人). 삼재(三才)①. ②도가(道家)에서 이르는 천(天)·지(地)·수(水). 삼관(三官). ③상원(上元)·중원(中元)·하원(下元)의 총칭. ④한 해의 시작인 정월 초하루. 설날. (三始). ⑤천지 곧 세상의 시작과 중간과 끝. ⑥해원(解元)·회원(會元)·장원(壯元). 곧, 향시(鄕試)·회시(會試)·정시(廷試)의 으뜸 합격자. 또, 진

사(進士) 시험에서 1위·2위·3위의 세 사람.

삼원(三垣)圈〈천문〉 동양 천문학에서의 성좌(星座)의 세 구획. 곧, 북극 근방의 자미원(紫微垣)과 사자궁(獅子宮) 부근인 태미원(太微垣)과 사견궁(蛇遣宮) 부근인 천시원(天市垣).

삼원(三怨)圈 사람에게 원망을 듣는 세 가지 일. 곧, 벼슬이 높으면 사람이, 관직의 세력이 크면 임금으로부터, 관록이 많으면 백성으로부터 원망을 들음.

삼=원색(三原色)圈〈미술〉 ①그림 물감에서, 모든 빛깔의 바탕이 되는 세 가지 원색인 청색·노랑·파랑. ②빛에서, 적색·녹색·청색. three primary colours

삼월(三月)圈 한 해의 셋째 되는 달. March

삼월 삼질(三月三ー)圈〈민속〉 삼짇날.

삼월 혁명(三月革命)圈〈역사〉 ①1848년 3월 독일에서 일어난 혁명 운동. ②1917년 3월 12일 러시아 노동자·농민이 황제의 전제 정치를 타도한 혁명. 러시아 역(曆)으로는 2월 27일.

삼위(三位)圈 ①성직 등에서 세 번째의 지위. ②〈기독〉 예수교에서 성부·성자·성신을 말함. Trinity

삼위 일체(三位一體)圈 ①〈기독〉 성부(聖父)·성자(聖子)·성신(聖神)의 셋은 신이 세 가지로 나타난 것이라는 기독교의 교의(敎義). Trinity ②세 가지의 것이 서로 연관·통합하여 목적하는 하나가 되는 일. ¶삼일(三一)③. 「여기를 청하던 일.

삼유(三由)圈〈제도〉 벼슬아치가 사가(賜暇)의 세 번

삼유(三有)圈〈불교〉 ①삼계(三界)②. ②본유(本有)·당유(當有)·사유(死有)의 총칭.

삼유 생사(三有生死)圈〈불교〉 욕계(欲界)·색계(色界)·무색계(無色界)의 삼계를 유전(流轉)하는 보통 사람들의 생사.

삼은(三隱)圈〈역사〉 고려 말엽의 유학의 대가이며 고풍 충절 (高風忠節)이 높은 세 사람. 곧, 포은(圃隱) 정몽주(鄭夢周)·목은(牧隱) 이색(李穡)·야은(冶隱) 길재(吉再)를 일컫는 말.

삼ː의(三儀)圈〈천〉 삼재(三才)①.

삼이(三易)圈 문장을 쉽게 짓는 세 가지 조건. 곧, 보기 쉽게, 쉬운 글자로, 읽기 쉽게 씀.

삼이산화비ː소(三二酸化砒素)圈〈화학〉 유비산광(硫砒酸鑛)을 공기 중에서 태워 만든 흰 가루. 독성이 강하여 방부제·쥐약으로 씀. 무수아비산. 아비산. 삼산화비소.

삼=이웃[ー니ー](三ー)圈 이쪽저쪽의 이웃. ¶집에 불이 나서 ~이 뒤집어졌다. next-door neighbours

삼ː=익우(三益友)圈 사귀어 이롭은 세 가지 벗. 곧, 정직한 사람, 성실한 사람, 견문(見聞)이 많은 사람. 삼우(益者三友). 〈대〉 삼손우(三損友). three good friends

삼익=주의(三益主義)圈〈경제〉 이윤을 자본가·경영자·노동자가 일정한 비율로 분배하는 주의.

삼인 성호(三人成虎)圈 세 사람이 짜면, 범이 거리에 나왔다는 거짓말도 할 수 있다는 뜻으로, 거짓말도 여러 사람이 하면 곧이 들린다는 말.

삼인=조(三人組)圈 어떤 행동을 같이 하기 위하여 세 사람으로 이루어진 짝패. 트리오.

삼인=칭(三人稱)圈〈어학〉 대명사로서 대화자(對話者) 이외의 사람이나 사물을 가리킴. '저이·그이·그것' 등. third person

삼인칭 소ː설(三人稱小說)圈〈문학〉 주인공을 '그·그이·그것·저것' 등과 같이 삼인칭 대명사로 쓴 소설.

삼일(三一)圈 ①천지의 신. 곧, 신(神)·지덕(地一)·태일(泰一). ②도가(道家)에서 말하는 정(精)·신(神)·기(氣). ③¶~ 삼위 일체(三位一體).

삼일(三日)圈 ①사을 동안. three days ③ 해산을 한 지 사흘 되는 날. third day after childbirth ④〈기독〉 수요일(水曜日)을 예배하는 날로 일컫는 말.

삼일=곡(三日哭)圈 ①상제가 삼일 동안 그치지 아니하고 곡하는 일. ②사당이 타 버렸을 때 사흘 동안 슬피 우는 예절. 하타

삼일 기도회(三日祈禱會)[명] 《동》삼일 예배.
삼일 신고(三一神誥)[명] 《종교》단군이 한울·한얼·한울집·누리·참이치의 다섯 가지들을 삼천 단부(三千團部)에게 가르친 말.
삼일 신행(三日新行)[명] 결혼한 지 3일 만에 가는 혼행.
삼일 예:배(三日禮拜)[명]《기독》매주 수요일 밤에 모이는 기도회. 삼일 기도회. service of Wednesday night.
삼일=우(三日雨)[명] 사흘이나 계속해서 오는 비. 곧, 많이 오는 비.
삼일 운:동(三一運動)[명]《역사》1919년 3월 1일을 기하여 일제(日帝)에 항거하여 일어난 우리 나라 독립 운동(獨立運動). 기미 운동(己未運動).
삼일 유가(三日遊街)[명] 과거에 급제한 사람이 사흘 동안 시험관과 좌주(座主)·선진자(先進者)·친척 들을 찾아보던 일. 하타
삼일=장[―짱](三日葬)[명] 죽은 지 사흘 만에 지내는 장사. burial three days after death
삼일=절[―쩔](三一節)[명] 기미 운동을 기념하는 국경일. 3월 1일. Independence Movement Day
삼일 점:고(三日點考)[명]《제도》수령(守令)이 부임한 뒤 사흘 만에 부하를 점고하는 일. 하타
삼일 정신(三一精神)[명] 전민족이 단결하여 조국의 독립·자유 및 평화를 쟁취하려는 한국의 민족 정신.
삼일=제(三日祭)[명]《제도》오순절제(五旬節祭)의 하나. 음력 3월 3일에 보이는 과거. 화제(花製).
삼일=주[―쭈](三日酒)[명] 담근 지 사흘 만에 먹게 된 술. sool brewed for three days
삼일 천하(三日天下)[명] ①짧은 기간 정권을 잡았다가 곧 실권(失權)함의 비유. three-day reign ②갑신정변(甲申政變) 때, 정권을 잡은 개화당이 집권한 지 3일 만에 실패한 일을 이르는 말.
삼일치의 법칙(三一致—法則)[명]《연예》고전극(古典劇)의 법칙. 시간·일치·장소·행동의 일치. three unities
삼입(渗入)[명] 물 따위가 스며들어 감. infiltration 하타
삼자(三者)[명] ①에 다른 사람. ¶―회담(會談). ②대화자 이외의 사람이나 사물. ③어떤 사건이나 사물에 대해 이해 관계를 가진 당사자 외의 사람. 제삼자. third person
삼자 범퇴(三者凡退)[명]《체육》야구에서, 타자 셋이 연달아 출루(出壘)하지 못하고 물러남.
삼=자승(三自乘)[명]《동》세제곱.
삼자=함(三字銜)[명]《동》봉조하(奉朝賀).
삼작(三作)[명] →삼작 노리개.
삼작=년(三昨年)[명] 그끄러께.
삼작 노리개(三作―)[명] 부인의 장신구의 하나. 밀화(蜜花)·산호·옥·금·은 등으로 만든 세 개의 노리개를 함, 황색·적색·남색의 세 가닥 지사(眞絲) 끈에 색을 맞추어 단 것으로 옷고름·안고름·허리띠 등에 매.
삼작=야(三昨夜)[명] 그끄저께 밤.   [갑. →삼작.
삼작=일(三昨日)[명] 그끄저께.   [하는 일.
삼=잡이[명]《민속》삼눈을 앓을 때에 미신적으로 이방
삼=잡이(―)[명]《음악》장구잡이와 피리 부는 이의
삼장[명]→농삼장.   [저 부는 이.
삼장(三長)[명] 역사가가 되는 데 필요한 세 가지의 장점. 곧, 재지(才智)·학문(學問)·식견(識見). three merits needed for a historian
삼장(三章)[명] ①세 개의 장이나 개조(個條). 간명한 규약. ¶시조(時調) ~. 공약(公約) ~.
삼장(三藏)[명]《불교》①교리(敎理)를 주로 하는 부처의 설법을 모은 경장(經藏), 교단(敎團)이 지킬 계율을 모은 율장(律藏), 교리의 연구 논석(論釋)을 모은 논장(論藏). ②삼장에 정통한 법사(法師). ③
삼장(場場)[명] 초장·중장·종장. [보살·성문(聲聞).
삼장-교(三藏敎)[명]《불교》①경(經)·율(律)·논(論)의 삼장에 섭하된 석가의 교법. ②성문(聲聞)·연각(緣覺)·보살의 세 교설의 총칭.
삼장 법사(三藏法師)[명]《불교》삼장에 정통(精通)한 중.
삼장-선(三檣船)[명] 돛을 세 개 단 배. three-master
삼장=육재일(三長六齋日)[명]《불교》음력 정월·오월·구

월의 각 초하루와 보름날.
삼장 장:원(三場壯元)[명]《제도》과거의 초시(初試)·복시(覆試)·전시(殿試)에 모두 첫째로 합격한 사람.
삼장=제(三長制)[명] 우두머리로 세 사람을 뽑는 제도. 하나는 정(正), 둘은 부(副)로 하는 것이 보통이다.
삼재(三才)[명] ①만물을 제재(制裁)한다는 뜻으로, 하늘·땅·사람을 말함. 삼극(三極). 삼원(三元)의. 삼의(三儀). heaven, earth and man ②《민속》관상용어로, 이마·코·턱. forehead, nose and chin
삼재(三災)[명]《불교》세계가 파멸할 때 일어난다는 세 가지 재앙. 난리·병·기근을 작은 삼재라 하고 화재·수재·풍재를 큰 삼재라 함. ②《민속》물길한 운성(運星)에 해당하는. three calamities
삼재(三宰)[명]《제도》좌참찬(左參贊)의 딴이름.
삼재 불입지지(三災不入之地)[명]《민속》난리·병·기근이 침입하지 못한다는 땅.   [달.
삼재=월(三齋月)[명]《불교》음력 정월·오월·구월의 석
삼재 팔난(三災八難)[명]《불교》삼재와 팔난. 곧, 모든 재난. all kinds of calamities
삼적(蔘賊)[명] 밭의 인삼을 훔치는 도둑. 삼도둑. ginseng stealer
삼전(三傳)[명] 춘추(春秋)의 세 가지. 곧, 좌전(左傳)·공양전(公羊傳)·곡량전(穀梁傳).
삼전(三參)[명] 이조 참의(吏曹參議).
삼전-업(三傳業)[명]《제도》고려 때 잡과의 한 과목. 삼전(三傳)으로 과거를 보임.
삼절(三絶)[명] ①성인(聖人)이 도(道)를 닦음. 학문(學問)을 열심히 함. ②세 가지 뛰어난 일. 또,
삼정(三丁)[명]《동》농삼장.   [런 재주. 하타
삼정(三正)[명] ①천(天)·지(地)·인(人) 삼자의 바른 도리. ②군신의 의(義)·부자(父子)의 친(親)·부부의 별(別).
삼정(三政)[명]《제도》나라의 정사 중 가장 중요한 전부(田賦)·군정(軍政)·환곡(還穀)의 세 가지.
삼정(三精)[명] 三光.
삼정(蔘政)[명] 인삼의 생산·수납·판매에 관한 행정.
삼정(蔘精)[명]《한의》인삼의 유효 성분만을 추출하여 만든 약제.
삼=정승(三政丞)[명]《제도》영의정(領議政)·좌의정(左議政)·우의정(右議政). 삼공(三公)①. 삼상(三相). 태정(台鼎).
삼정승 부러워 말고 내 한 몸 튼튼히 가지라(속) 헛된 육심을 갖지 말고 제 몸의 건강에 대해서나 주의하라는 말.
삼정승을 사귀지 말고 내 한 몸을 조심하라(속) 윗사람에게 아첨하지 말고 원칙적 입장에서 제 일몸을 잘 하라.   [來)의 삼세(三世).
삼제(三際)[명]《불교》과거(過去)·현재(現在)·미래(未
삼제(三諦)[명]《불교》①진리 파악의 세 단계. 인연법(因緣法)에 의하여 공(空)이라는 공체(空諦)와 공의 이치에 말미암은 현상인 가(假)의 상(相)이라는 가체(假諦)와, 공가(空假) 어느 쪽에도 치우치지 않는 중도가 으뜸가는 진리라는 중체(中諦). ②공체(空諦)·색체(色諦)·심체(心諦).
삼제(殘除)[명] 베어 없애 버림. 무찔러 없앰. extermination 하타   [曹)의 합쳐 일컬음.
삼조(三曹)[명]《제도》호조(戶曹)·형조(刑曹)·공조(工
삼조(三朝)[명] ①《동》삼시(三始). ②그 달의 제3일. ③3대의 조정(朝廷).
삼조 대:질(三造對質)[명] 원고(原告)·피고(被告)·증인(證人)이 모여 하는 무릎맞춤. confrontation of the three parties of a law suit 하타
삼족(三族)[명] ①부모와 형제와 처자. ②부계(父系)·모계(母系)·처계(妻系)의 세 족속. three sets of relatives
삼족=반(三足盤)[명] 발이 셋 달린 소반.
삼족=오(三足烏)[명]《민속》해 속에 있다고 하는 발 까마귀. 또, 태양을 일컬음.   [을 범하는 죄.
삼족지=죄(三族之罪)[명] 죄를 범한 본인과 함께 삼족
삼족 토기(三足土器)[명] 발이 셋 달린 토기의 총칭.

삼존(三尊) 圀 ①〈약〉→미타 삼존(彌陀三尊). 석가 삼존(釋迦三尊). 약사 삼존(藥師三尊). ②받들어 모셔야 할 임금·스승·부모.

삼종(三宗) 圀 〈불교〉불교의 세 종파. 곧, 화엄종(華嚴宗)·삼론종(三論宗)·법상종(法相宗). 또, 천태종(天台宗)·진언종(眞言宗)·법상종(法相宗).

삼종(三從) 圀 〈약〉→삼종 형제(三從兄弟).

삼종-경(三鐘經) 圀 〈동〉 삼종 기도(三鐘祈禱).

삼종 기도(三鐘祈禱) 圀 〈기독〉매일 오전·정오·오후에 세 번 종을 칠 때마다 외는 기도문. 삼종경.

삼종-매(三從妹) 圀 팔촌 누이.

삼종 매:부(三從妹夫) 圀 팔촌 누이의 남편. cousin

삼종-손(三從孫) 圀 친손 조카의 아들. son of a third

삼종-수(三從嫂) 圀 팔촌 형제의 아내. wife of a third cousin

삼종-숙(三從叔) 圀 아버지의 팔촌 형제. 구촌 아저씨.

삼종-씨(三從氏) 圀 ①삼종형을 말할 때. 삼종. ②〈공〉남의 삼종 형제(三從兄弟). your third cousin

삼종 의탁(三從依託) 圀 〈동〉 삼종지의(三從之義).

삼종-제(三從弟) 圀 팔촌 동생. brother of a third cousin
cousin of one's grandfather

삼종-조(三從祖) 圀 할아버지의 육촌 형제. second

삼종지-도(三從之道) 圀 〈동〉 삼종지의(三從之義).

삼종지-의(三從之義) 圀 봉건 시대의 여자의 도리. 집에서는 아버지를, 시집 가서는 남편을, 남편이 죽은 뒤에는 자식을 따름. 삼종. 삼종 의탁(三從依託). 지도(之道). 삼종지탁(三從之托).

삼종지-탁(三從之托) 圀 〈동〉 삼종지의(三從之義).

삼종-질(三從姪) 圀 구촌 조카. 곧, 팔촌 형제의 아들. son of a third cousin
cousin

삼종-형(三從兄) 圀 팔촌 형. elder brother of a third

삼종 형제(三從兄弟) 圀 고조(高祖)가 같고 증조(曾祖)가 다른 형제. 팔촌(八寸). 〈약〉 삼종(三從). third cousin

삼주(三走) 圀 〈제도〉 달음질 취재(取才)의 셋째 등급.

삼주-기(三周忌) 圀 〈불교〉사람이 죽은 지 만 2년이 되는 날. 삼회기(三回忌).

삼죽(三竹) 圀 〈음악〉 ①저(笛)·생(笙)·필률(觱篥)의 세 관악기. ②〈동〉 삼금(三芩).

삼중(三重) 圀 〈동〉 삼교(三校).

삼중(三中) 圀 〈체육〉 활을 다섯 번 쏘아 세 번을 맞힘. 〈제도〉 시문(詩文)을 평(評)하는 등급 중에서 셋째 등의 둘째 급(級). second of the three grades

삼중(三重) 圀 ①세 번 반복되거나 셋이 겹쳐 있는 일. triple ②〈음악〉 남자의 성음(聲音)을 세 우타브로 가를 경우, 그 중 가장 높은 것.

삼중 결합(三重結合) 〈화학〉 두 개의 원자가 서로 세 개의 원자가(原子價)로서 화합된 결합. CH≡CH 따위. triple bond

삼중-고(三重苦) 圀 고통이 세 가지로 겹치는 일. 특히, 소경·귀머거리·벙어리의 고통을 아울러 갖고 있는 경우.

삼중 대:엽(三中大葉) 圀 〈음악〉 우리 나라 옛 가곡의 하나. 이중 대엽 다음에 부르는 곡조.

삼중 대:위법(三重對位法) 圀 〈음악〉 삼성부(三聲部)가 각각 전회(轉回)하는 대위법.

삼중-례(三中禮) 圀 새로 들어온 사원(射員)이 삼중을 하였을 때 여러 사원에게 잔치를 베풀어 사례하던 일.
자리. threefold mat

삼중-석(三重席) 圀 예로써 대접할 때 세 겹으로 까는

삼중-별(三重星) 圀 〈천문〉 세 개의 별이 겹쳐 있어 육안으로는 하나처럼 보이는 별.

삼중 수소(三重水素) 圀 〈화학〉 원자핵(原子核)에 두 개의 중성자와 한 개의 양자가 내포되어 있는 특수한 중수소(重水素). 트리튬(tritium). 원소 기호; T, H. 원자량; 3.0170.

삼중-점[-點](三重點) 圀 ①〈수학〉 한 개의 곡선이 셋으로 나뉘어 갈라지게 통과하는 동일점. ②〈물리〉 하나의 성분으로부터 이루어지는 계(系)에서 기상(氣相)·액상(液相)·고상(固相)의 삼상(三相)이 공

삼중=주(三重奏) 圀 〈음악〉 서로 다른 세 개의 악기로 하는 연주. 피아노·바이올린·첼로로 된 것을 특히 피아노 삼중주라 함. trio

삼중=주(三重酒) 圀 세 번을 빚어서 정하게 만든 술.

삼중 주명곡(三重奏鳴曲) 〈음악〉 삼중주에 의한 소나타. 트리오 소나타. trio sonata

삼중=창(三重唱) 圀 〈음악〉 소리를 세 부로 나누어 부르는 중창. 트리오(trio)①.

삼중 협주곡(三重協奏曲) 圀 〈음악〉 협주곡 또는 합주협주곡의 독주부가 삼중주로 된 곡. trio concert

삼지(三知) 圀 〈불교〉도를 깨닫게 되는 세 단계. 나면서 아는 생지(生知), 배워서 아는 학지(學知), 애써서 아는 곤지(困知).

삼-지(三指) 圀 춤손의 아래 세 손가락.

삼지(三智) 圀 〈불교〉 ①진지(眞智)·내지(內智)·외지(外智). ②세간지(世間智)·출세간지(出世間智)·출세간 상상지(出世間上上智).

삼지구엽-초(三枝九葉草) 圀 〈식물〉 매자나무과에 속하는 다년생 풀. 꽃은 닻 모양이며, 잎은 음양곽(淫羊藿)이라 하여 한약제로 씀. Erimedium Koreanum
실가락지.

삼지-끈(三指-) 圀 〈체육〉 활을 쏠 때 세손가락에 끼는

삼지-놓이(三指-) 圀 세 손가락을 놓을 만한 넓이.

삼지니(三-) 圀 〈조류〉 두 해 묵어서 셋 되게 메나 새매. 동작이 느려 사냥에는 못 씀. 삼진(三陳).

삼지-닥나무(三枝-) 圀 〈식물〉 팥꽃나무과의 낙엽 활엽 관목. 높이 약 2m. 수피는 다갈색에 광택이 나고, 뒷면의 회백색임. 이른봄, 잎에 앞서 황색 꽃이 핌. 따뜻한 지방에 나는데 제지용으로 쓰임. 삼아(三桠)나무.

삼지-례(三枝禮) 圀 비둘기는 어미가 앉은 가지에서 셋째 가지 아래에 앉는다는 뜻으로, 사람이 어찌 예의를 다지킬 수 있겠느냐는 말. good manners for one's parents

삼지-사:방(一四方) 圀 모든 곳. all directions

삼지-창(三枝槍) 圀 ①〈동〉 당파창(鐺把槍). ②〈속〉 포크(fork). 감사(監事)·법무(法務)의 세 직원.

삼직(三職) 圀 〈불교〉 주지(住持)를 돕는 감무(監務)·

삼진(三振) 圀 〈운동〉야구에서, 타자(打者)가 세 번 스트라이크로 아웃이 되는 일. 스트럭 아웃.

삼진(三眞) 圀 〈종교〉 대종교에서 말하는, 사람이 나면서 받은 세 가지 참된 것. 곧, 성(性)·명(命)·정(精). three truths

삼진(三陳) 圀 〈동〉 삼지니.

삼진 귀일(三眞歸一) 圀 〈종교〉대종교에서, 한얼께 받은 삼진을 잘 간직하였다가 한얼께로 다시 돌아감. 하

삼질[-質](-日) 圀 〈민속〉 음력 삼월 초사흗날. 상사(上巳). 삼일 삼질. 중사(重三). 〈약〉 삼질. third of March of the lunar calendar

삼질(三-) 圀 〈동〉→삼질날.
슬하라고 자주 부름.

삼징 칠벽(三徵七辟) 圀 나라에서 은사(隱士)에게 벼

삼차(三叉) 圀 세 갈래로 갈림. 또, 그 갈래. fourth

삼차(三次) 圀 ①세 차례. third ②〈수학〉 멱수(冪數)가 3인 차(次). cubic

삼차 곡선(三次曲線) 〈수학〉 삼차 방정식이 나타내는 곡선. curve of the third degree

삼차 방정식(三次方程式) 〈수학〉 미지수의 가장 높은 멱(冪)이 3차인 방정식. cubic equation

삼차 산:업(三次産業) 〈경제〉 1차·2차 산업 이외의 모든 산업. 곧, 상업·운수·통신·금융·서비스업 따위. tertiary industry

삼차-색(三次色) 圀 〈미술〉 두 빛깔을 섞은 2차색에 다른 빛을 하나 더 섞은 빛깔.

삼차 신경(三叉神經) 〈생리〉 뇌신경(腦神經) 중에서 가장 강대한 것으로 안면(顔面)의 피부·비강(鼻腔) 및 구강(口腔)의 지각(知覺)과 저작근(咀嚼筋)

삼차 신경통(三叉神經痛)[명] 안면통(顔面痛).
삼-차원(三次元)[명] 공간을 재는 세 요소. 폭·길이·높이. three dimensions
삼차원 세:계(三次元世界)[명] 〈물리〉공간(空間)의 현실적 세계. world of three dimensions
삼차원 영화(三次元映畵)[명] 〈연예〉입체 영화의 하나. 두 대의 카메라로 두 개의 필름을 동시에 촬영함. 영사도 두 대의 영사기를 씀. 시네라마.
삼차-회(三次會)[명] 연달아 세 번째 베푼 연회(宴會).
삼창(三唱)[명] 만세 따위를 세 번 부름. ¶「만세(萬歲)~. three cheers 하다
삼채(三彩)[명] 〈공업〉녹·황·백의 세 가지 잿물로 채색
삼척(三尺)[명] ① 석 자. three-feet ②〈약〉→삼척검(三尺劍)
삼척-검(三尺劍)[명] 길이가 석 자인 칼. 〈약〉삼척②.
삼척 동:자(三尺童子)[명] 키가 석 자인 어린아이라는 뜻으로, 보통 철모르는 어린아이를 강조하여 가리킬 때 씀. ¶~라도 알 수 있다. mere child
삼척 안:두(三尺案頭)[명] 조그마한 책상. 석 자의 책상 머리라는 뜻으로, 좁은 책상 위.
삼척 장검(三尺長劍)[명] 길이가 석 자인 긴 칼. 길고 큰 칼.
삼척 추수(三尺秋水)[명] 날이 시퍼렇게 선 칼.
삼천(三遷)[명] 세 번 옮김. 삼사(三徙). three removals ②〈준〉삼천지교(三遷之敎). 하다[타]
삼천(三千)[관] 천의 세 곱절. 명 비유적으로 많은 수량을 나타낼 때 씀.
삼천 갑자(三千甲子)[명] ①육십 갑자의 삼천 배. 곧, 십팔만 년. ②〈민속〉꼭두각시 놀음에 나오는 머리 감은 놈의 이름.
삼천 갑자 동방삭(三千甲子 東方朔) 중국 전한(前漢)의 동방삭을 십팔만 살이나 살았다 하여 부르는 속칭. 장수자(長壽者)의 대명사로 쓰임.
삼천 궁녀(三千宮女)[명] 〈역사〉백제가 망할 때 낙화암에서 떨어져 백마강으로 빠져 죽었다는 궁녀들. three thousand court ladies 「전의 습칭」
삼천 기도(三千祈禱)[명] 〈기독〉예수 승천일(昇天日)
삼천 대:계(三千大界)[명] 〈약〉→삼천 대천 세계.
삼천 대:천 세:계(三千大千世界)[명] 〈불교〉소천(小千) 세계·중천 세계·대천 세계의 총칭. 〈약〉삼천 대계. 삼천 세계. whole world
삼천-리(三千里)[명] 〈약〉→삼천리 강산.
삼천리 강산(三千里江山)[명] 우리 나라의 강산. 〈약〉삼천리. land of Korea 「ritory of Korea
삼천리 강토(三千里疆土)[명] 우리 나라의 강토. ter-
삼천-만(三千萬) 전에, 한국 인구를 약 3천만으로 보고 우리 국민 전체를 일컫던 말. ¶~ 동포. thirtymillion population of Korea
삼천-발이(三千一)[명] 〈동물〉삼천발이과의 극피동물. 불가사리 비슷하며, 몸 빛은 흑갈색임. 복(腹)은 팔 모양으로 다섯 개며 길이가 약 12cm 가량임. 대한 해협 등지에 분포하며 한약재로 씀.
삼천-불(三千佛)[명] 〈불교〉과거세(過去世)의 천불, 현재세(現在世)의 천불, 미래세(未來世)의 천불을 합한 부처의 총칭. 「千世界).
삼천 세:계(三千世界)[명] 〈약〉→삼천 대천 세계(三千大
삼천지-교(三遷之敎)[명] 중국 전국 시대에 맹자(孟子)의 어머니가 집을 세 번 옮기면서 그 아들 맹자를 가르친 일. 삼천(三遷)②. lesson of three removals
삼-첨판(三尖瓣)[명] 〈생물〉포유류 심장(心臟)의 우심실(右心室)과 우심방(右心房) 사이에 있는 얇두·안쪽의 세 판막(瓣膜)인데, 심실이 수축할 때 혈액이 심방으로 역류함을 막음. 「(地層).
삼첩-기(三疊紀)[명] 트라이아스기(紀)의 다른 이름.
삼첩-기(三疊紀)[명] 〈지학〉지질 시대의 중생대 중 최초의 시대. 약 2억 년 전의 시대.
삼첩-지(三疊紙)[명] 〈지학〉지질 시대의 중생대 중 최초의 시대. 약 2억 년 전의 시대.
삼첩-지(三疊紙)[명] 백지보다 두껍고 누르께한 종이의 하나. thick yellowish paper
삼청(三靑)〈미술〉하늘빛처럼 푸른빛. deep blue

삼청(三淸)〈종교〉도교(道敎)에서 일컫는 신선이 산다는 궁의 이름으로, 옥청(玉淸)·상청(上淸)·태청(太淸)의 세 궁.
삼청(三請)[명] 노래나 연주를 한 사람에게 연달아 세 번째 청함. calling for a second encore 하다
삼청 냉:돌(三廳冷突)[명] 금군(禁軍)의 삼청(三廳)의 방. 불을 때지 않았다는 데서 나온 말로 몹시 찬 방을 이름. cold room 「라고 세 번 청하는 일.
삼-좌(三座)[명] 혼인 때에 신부 집에서 신랑에게 '좌
삼체(三體)[명] ①세 개의 형체나 물체. ②〈물리〉물질의 세 가지 상태, 곧, 고체·액체·기체. ③글씨의 세 가지 체. 곧, 해서(楷書)·행서(行書)·초서(草書).
삼체 웅예(三體雄蕊)〔식물〕수술이 세 몸으로 된 합생(合生) 웅예의 하나. 고추나물 따위.
삼초(三焦)[명] 〈한의〉한방(漢方)에서 말하는 육부(六腑)의 하나. 상초(上焦)와 중초(中焦)와 하초(下焦).
삼초산-글리세린—酸glycerine)[명] 〈동〉니트로글리세린 (nitroglycerine).
삼촌(三寸)[명] ①세 치. three inches ②아버지의 형제. uncle 「의 집. uncle's house
삼촌-댁(一宅)[三寸宅)[명] 〈속〉숙모(叔母). ②삼촌
삼촌 불률(三寸不律)[명] 짧은 붓. 「짧은 혀. tongue
삼촌-설(三寸舌)[명] 세 치의 혀. 구변이 좋은 사람의
삼추(三秋)[명] ①가을의 석 달. 구추(九秋)①. three autumn months ②세 해의 가을. 곧, 삼 년의 세월. three years ③긴 세월. ¶일일 여(一日如)~. many years 「고 따분하다. ¶하루가 ~.
삼추같-다(三秋一)[형] 기다리는 시각이 몹시 지루하
삼축-형(三軸型)[명] 〈동물〉해면 동물 모양의 하나로 서로 직각으로 교차된 세 개의 축 모양을 이룸.
삼춘(三春)[명] ①봄의 석 달. three spring months ②세 해의 봄. three years
삼춘-류(三春柳)[명] 〈동〉능수버들.
삼출(滲出)[명] 하다[자] ①스미어 나옴. transudation ②〈의학〉혈관·임파관 등의 맥관(脈管)의 내용물이 맥관 밖으로 스미어 나오는 일. exude 하다
삼출-물(滲出物)[명] ①스며 나온 물질. ②〈의학〉스미어 나와 주위의 조직 속으로 나간 혈액의 액체 성분과 세포 성분.
삼출성 결핵[一—성—](滲出性結核)[명] 〈의학〉삼출성 염증을 주로 하는 결핵. 발열·객담이 심하며 화학 요법이 잘 듣지 아니함. 〈대〉증식성(增殖性) 결핵. exudative tuberculosis
삼출-염[—념](滲出性炎)[명] 〈의학〉삼출을 주로 하는 급성 염증의 총칭. exudative inflammation
삼출-액(滲出液)[명] ①삼출하여 뽑아 낸 액체. ②〈의학〉혈관벽(壁)에 이상이 생겨 혈액의 성분이 혈관 밖으로 삼출하여 장기(臟器)의 표면 또는 강내(腔內)에 나오는 것.
삼취(三吹)[명] 군대가 출발할 때에 나팔을 세 번 불던 일. sounding three bugle calls for a march
삼취(三娶)[명] ①세 번째 장가듦. third marriage ② 세 번째로 맞은 아내. 삼실(三室)②. third wife 하다
삼층(三層)[명] ①세 층. three stories ②셋째 층. third 「floor
삼층-밥(三層一)[명] 삼층이 되게 지은 밥. 즉, 맨 위는 설거나 축축함 질게 되고, 중간은 제대로 되고, 맨 밑은 너무 되게 된 밥을 이르는 말.
삼층-장(三層欌)[명] 삼층으로 된 옷장.
삼치(三—)〈어류〉동갈삼치과의 바닷물고기. 몸 길이 1m 가량으로 몸은 좀 길고 모 빛은 연청색에 위쪽에 청록색 무늬가 있고 배는 흰빛임. 맛이 좋음. 「子·父·兄·弟. three kindreds 구이.
삼친(三親)[명] 세 가지의 가장 친한 것. 곧, 부자(父
삼칠(三七)[명] '스물한 살'을 달리 이르는 말. twenty-one 「지혈제(止血劑)로 쓰임.
삼칠-근(三七根)[명] 〈한의〉삼칠초의 뿌리.
삼칠-일(三七日)[명] 〈동〉세이레.
삼칠-제[—쩨](三七制)[명] 지주에게 소작료로서 소출

삼칠초

삼칠초(三七草)圏《식물》엉거시과의 다년생 풀. 줄기가 1m 가량으로 부드러우며 자색임. 가을에 적황색 꽃이 피고 과실은 흰 털이 있음. 뿌리는 지혈제·강장제로 씀.

삼=칼图①삼 잎을 치는 나무칼. ②수삼(水蔘) 꺼풀을 긁는 대나무 칼.

삼=칼(蔘—)图 수삼(水蔘)으로 백삼(白蔘)을 만들 때 꺼풀을 긁는 대나무 칼.

삼키-다団①목구멍으로 넘기다.¶침을 ~. gulp down ②감추어 제 것을 만들다. embezzle ③나오는 눈물이나 웃음 따위를 억지로 참다.¶눈물을 ~.

삼탄(三歎·三嘆)图①여러 번 한탄함. grief ②감탄하여 몇 번이나 칭찬함. admiration 하団

삼탄(渗炭)图 탄소 또는 탄소를 발생하는 물질을 철과 혼합시켜 고온도로 가열하여 용점 이하의 온도에서 탄소를 철 속에 삽입(渗入)시키는 방법. 하団

삼탄-강(渗炭鋼)图 표면만을 삼탄(渗炭)해서 군친 강(鋼). 마찰이나 닳아 없어지는 일에 잘 견딤.

삼태(〃)→삼태기.

삼-태(三胎)图 세 아이를 임태하는 일. 또, 그 아이.

삼태-국[—국](三太—)图 콩나물·두부·명태를 넣어 끓인 국. 해장할 때 흔히 먹음. 삼태탕. [net

삼태 그물 대로 삼태기 모양으로 결은 그물. bamboo

삼태기 대나 짚으로 엮어 거름·흙·쓰레기 등을 담아 나르는 그릇. (약) 삼태. bamboo basket for carrying earth

삼태로 앞 가리기 뻔히 속이 들여다보이는 일을 속이려고 하는 어리석음을 비유하여 이르는 말.

삼태-불图 잔뿌리가 많이 난 채소. 특히 콩나물. sprouting bans [delivery of triplets

삼태-생(三胎生)图 세쌍둥이를 낳음. 또, 그 아이.

삼태-성(三台星)图《천문》큰곰자리의 상태성(上台星)·중태성(中台星)·하태성(下台星)의 세 별.

삼태 육경(三台六卿)图《제도》삼정승(三政丞)과 육 판서(六曹判書). 삼공 육경(三公六卿).

삼태-탕(三太湯)图《동》삼태국.

삼토(三吐)图 입에 넣었던 음식을 세 번씩 토함. 옛 주대(周代)의 주공이 손님을 맞이하기에 분주하여 한끼 밥 먹을 때에 세 번씩이나 입에 든 밥을 토하고 손님을 영접했다는 고사(古事)에서 온 말로, 방문객을 친절히 영접함을 이르는 말. [땅.

삼토(蔘土)图《농업》인삼을 재배하기 위해 가꾼

삼투(滲透)图①스며들어 감. permeation ②《물리》두 가지의 액체가 사이벽을 통하여 서로 섞이는 현상. osmose, osmosis 하団

삼투-압(滲透壓)图《물리》액체가 삼투할 때에 생기는 압력. osmotic pressure

삼파-전(三巴戰)图 경쟁자 셋이 열려서 서로 다투는 싸움. triangular contest 하団

삼판(三板)图(약)→삼판선(三板船).

삼판(杉板)图 삼목(杉木)의 널빤지.

삼판-선(三板船)图 항구 안에서 사람이나 짐을 나르는 중국식의 작은 배. 쌈펜. (약) 삼판(三板).

삼판 양=승(三—兩勝)图(三一兩勝)图 승부를 겨룰 때 이 판에 두 번을 이김. two wins of out three games

삼팔(三八)图→삼팔주(三八紬).

삼팔 따라지(三八—)图①노름판에서, 세 곳과 여덟 곳을 합해서 된 한 곳. ②(속) 38선 이북에서 월남한 동포를 일컫는 말.

삼팔=선[—썬](三八線)图 북위 38도선, 제이차 세계 대전 끝에 우리 나라를 남북으로 갈라놓았던 경계선. 삼십팔도선(〃). 38th parallel

삼팔=주[—쭈](三八紬)图 중국 명주의 하나. 《약》 삼팔(三八). kind of Chinese silk

삼패(三牌)图①패(二牌)보다 낮은 노는계집의 종류.

삼편=주(三鞭酒)图 샴페인(champagne)의 음역.

삼평방의 정=리(三平方—定理)图《수학》'피타고라스의 정리'의 구용어.

삼포(三包)图《건축》공포(拱包)가 세 겹으로 된 것.

삼포(三浦)图 조선조 세종 때, 일본과의 통신·교역을 목적으로 개항한 동래(東萊) 부산포(釜山浦), 웅천(熊川) 제포(齊浦)와 울산 염포(鹽浦)의 총칭.

삼포(蔘圃)图 인삼을 재배하는 밭. 삼장(蔘場). ginseng field

삼포식 농법[—뻡](三圃式農法)图《농업》농지를 셋으로 나누어 그 한 구석을 해마다 번갈아 가며 휴용지(休用地)로 하여 지력(地力)을 회복시키는 농사법. laying one third of land in fallow each year

삼품(三品)图①《제도》벼슬의 셋째 품계. 정(正)과 종(從)의 구별이 있음. ②회화의 세 가지 품. 신품(神品)·묘품(妙品)·능품(能品). ③선비의 세 가지 품위. 곧, 도덕·공명·부귀에 뜻을 두는 선비.

삼하(三下)图《제도》시문(詩文)을 끊는 12등급 중의 아홉째 급. 곧, 셋째 등의 셋째 급.

삼하(三夏)图①여름 석 달. three summer months ②세 해의 여름. three years

삼=하늘소[—쏘](〃)图《곤충》하늘소과에 속하는 곤충. 몸 길이 15 mm 가량이고 등은 검은데 회색 잔털이 있어 암회색이머 촉각은 검음. 유충은 삼의 해충임. longicorn beetle [남다. fretful

삼-하다厨 어린아이의 성질이 순하지 않고 사

삼학(三學)图①《불교》불교의 세 가지 학문. 계학(戒學)·정학(定學)·혜학(慧學). ②《제도》천문·지

삼한(三韓)图《동》삼순(三旬). [리·명과(命課).

삼한(三韓)图《역사》상고 시대에 우리 나라 남쪽에 있던 세 나라. 곧, 마한·진한·변한.

삼한(森閑)图 아무 소리도 안 들리고 조용함. 심한(深閑). tranquillity 하団 [distinguished family

삼한 갑족(三韓甲族)图 대대로 문벌이 높은 집안.

삼한 사=온(三寒四溫)图《지리》우리 나라·중국 등지에서 겨울 추위가 삼사일을 두고 주기적으로 바뀌는 현상. 대개 사흘이 추우면 다음 나흘은 따뜻함. cold for three days and warm for four days

삼한 중=보(三韓重寶)图 고려 숙종 때에 쓰던 돈의 하나.

삼한 통보(三韓通寶)图 고려 숙종 때에 쓰던 돈의 하나.

삼-할미图 해산을 돌보아 주는 할멈. old midwife

삼함(三函)图《원》→삼금(三笒).

삼함(三緘)图《불교》몸과 입과 뜻을 삼가라는 뜻으로 절의 방 벽에 써 붙이는 글.[섞어 쑨 미음.

삼합 미음(三合米飮)图 해삼·홍합·정육(精肉) 따위를

삼합-사(三合絲)图《동》삼겹실.

삼항식(三項式)图《수학》세 개의 항으로 된 정수식(整數式). trinomial expression

삼해-리=설(三海里說)图 국제법상, 간조 때의 물가에서 바다 쪽으로 3해리를 그 나라의 영해로 하는 설.

삼해-주(三亥酒)图 음력 정월의 셋째 해일(亥日)에 담근 술. 춘주(春酒).

삼행(三行)图《동》삼도(三道)①. ②신랑이 세 번째로 처가에 가는 인사. 하団

삼헌(三獻)图《제도》제사의 때 술잔을 세 번 올리는 일. 초헌(初獻)·아헌(亞獻)·종헌(終獻). three offerings of wine at memorial services 하団

삼=헌관(三獻官)图 초헌관·아헌관·종헌관의 세 헌관.

삼혁 오=인(三革五刃)图《군사》갑옷·투구·방패의 세 가지와 칼·큰 칼·세모창·가지 달린 창·화살(刀·劍·矛·戟·矢)의 다섯 가지.[악기》

삼현(三絃)图《음악》거문고·가야금·향비파의 세 현

삼현(三絃)图《음악》줄 셋을 맨 거문고. three-stringed Korean harp

삼=현령(三懸鈴)图《제도》매우 급한 공문을 발송할 적에 봉투에 세 개의 동그라미를 적힌 일. 삼혁.

삼현 육각[—뉵—](三絃六角)图《음악》삼현과 육각.

삼현 육각 잡히고 시집간 사람 잘산 데 없다囲 호화로운 잔치를 하며 시집간 사람이 더 불행하게 사는 수가 많다.

삼혈=포(三穴砲)[명] 세 구멍박이 총. 삼안포(三眼砲).
삼형(三形)[명]〈지리〉지리학에서 분류하는 땅의 세 가지 형태. 곧, 고지(高地)·하지(下地)·평지(平地).
삼형제=별(三兄弟―)[명]〈천문〉삼성(參星)의 한가운 데 나란히 자리잡고 있는 세 개의 별.
삼혜(三慧)[명]〈불교〉세 가지의 지혜(智慧). 경전(經典)을 들어서 아는 문혜(聞慧), 진리를 생각하여 아는 사혜(思慧), 선종(禪宗)을 닦아서 아는 수혜(修慧).
삼호 잡지(三號雜誌) 창간 후 얼마 가지 않아 폐간 되는 잡지. 계속 발간하지 못하는 잡지를 놀림조로 이르는 말. shortlived periodical
삼혹(三惑)[명]〈불교〉도를 닦는데, 장애되는 세 가지 번뇌. 견사혹(見思惑)·진사혹(塵沙惑)·무명혹(無明惑).
삼혼(三魂)[명]〈불교〉사람의 몸 속에 있다고 하는 태광(台光)·상령(爽靈)·유정(幽精)의 세 가지 정혼(精魂).
삼혼 칠백(三魂七魄) 사람의 혼백의 통칭. souls
삼화(三和)[명]〈불교〉근(根)·경(境)·식(識) 세 가지의 화합(和合).
삼―화음(三和音)[명]〈음악〉어느 음(音) 위에 3도와 5도를 겹친 화음. 장삼화음·단삼화음이 있음. triad
삼황(三皇)[명]〈역사〉고대 중국 전설에 나타난 세 임금. 곧, 태호 복희씨(太昊伏羲氏)·염제 신농씨(炎帝神農氏)·황제 헌원씨(皇帝軒轅氏). 또, 천황씨(天皇氏)·지황씨(地皇氏)·인황씨(人皇氏)나 ∼오 제(五帝). three legendary emperors of China
삼회(三會)[명]〈불교〉미륵 보살의 세 법회(法會).
삼회―기(三回忌)[명]〈불교〉사람이 죽은 뒤, 만 이년 만에 맞이하는 제삿날. 삼주기(三周忌).
삼회―장(三回裝)[명] 여자의 저고리에 세 가지가 갖춰 진 회장. 곧, 깃·소맷부리·겨드랑이에 대는 회장.
삼회장 저고리(三回裝―)[명] 삼회장으로 된 저고리. 흔히 젊은이 한어머니나 처녀들이 많이 입었음.
삼=회향(三回向)[명]〈불교〉재(齋)를 마친 후 가장 행렬(假裝行列)로 흥겨워하는 망상법.
삼효(三孝) 예기(禮記)에 나오는 세 가지 효행(孝行). 곧, 어버이를 우러러 받드는 일, 어버이를 욕보이지 아니하는 일, 어버이를 잘 봉양하는 일. three requisites of filial piety
삼=희성(三喜聲)[명] 다듬이질 소리, 글 읽는 소리, 갓난아이의 우는 소리의 세 가지 기쁜 소리. (本)삼희(三喜).
=**삽**[선미]〈약〉→사옴―.　　　　　[악설(三惡說).
삽(鍤)[명] 땅을 파고 흙을 뜨는 데 쓰는 연장의 하나. ¶∼날. shovel
=**습**[조간] (고) =삼―. =습―. =사옴―.
=**옵**[조간] (고) =조―. =오―. =음―.
=**올**[어미] (고) =사오―.
=**옵·고**[어미] (고) =옵고.
삽[명] 불이 좁고 자루가 긴 쟁이. 　　　　　　　　[구. 하田
삽구(挿句)[명] 글 가운데에 구(句)를 넣음. 또, 그
=**옵느·니**[어미] (고) =옵나니. =옵나니.
=**옵노니·다**[어미] (고) =옵노니. =옵노니다.
삽뇨―증(澁尿症)[명]〈동〉오줌소태.
=**옵더·니**[어미] (고) =옵더니. =옵더니.
삽도(挿圖)[명] 삽화(挿畫).
삽묘[명] 삽주.
삽두(挿頭)[명]〈동〉소두(搔頭). 소수(搔首).
삽두[명] 삽주.
삽말(挿抹)[명] 말뚝을 박음. piling 하田
삽목(挿木)[명]〈동〉꺾꽂이.
삽미(澁味)[명] 떫은 맛. astringency
삽사리[명] 털이 북슬북슬 많이 난 개. shaggy dog
삽살가히[명]〈고〉→삽사리.
삽살―개[명] 삽사리 종류의 개.
삽삼 조사(卅三祖師)[명]〈불교〉석가 모니불의 정통을 이어받아 온 33인의 조사.
삽삽(颯颯)[명] 바람이 쌀쌀하게 부는 소리. chilly 하田
삽삽―하다[어] 여자처럼 사근사근하다. 습습하다.
삽삽―하다(澁澁―)[어] ①맛이 몹시 떫다. astringent ②미끄럽지 않고 껄껄하다. rough ③얽어서 문장이 또렷하지 않아 이해하기 어렵다. crabbed
삽상(颯爽)[명] ①바람이 시원스럽게 불어서 매우 상쾌함. ②태도나 행동이 가든가든하고 날렵함. 하田
삽수(挿穗)[명] 꺾꽂이를 하려고 식물체에서 잘라 낸 뿌리나 줄기 또는 잎.
삽시(挿匙)[명] 제사 때 숟가락을 밥그릇에 꽂는 일.
삽시(霎時)[명] 《약》→삽시간(霎時間).
삽시―간(霎時間)[명] 극히 짧은 시각. 순시(瞬時). 일각(一刻)②. 일순간(一瞬間). 편각(片刻). 《유》경각(頃刻). 《약》삽시(霎時). twinkle
삽시―하다(挿匙―)[어] 숟가락을 메에 꽂다.
삽앙(挿秧)[명] 모를 논에 꽂음. transplanting of rice seedlings 하田　　　　　　　　　　　　　[stammering
삽어(澁語)[명] 더듬거리며 하는 말. 《유》눌언(訥言).
삽연(颯然)[명] 일어나는 바람이 가볍고 시원함. refreshing 하田 히
삽요―어(挿腰語)[명]〈어학〉독립하여 쓰이지 못하고 다른 말 중간에 끼어서 함께 한 단어를 이루는 접사(接辭). 곧, '먹이다·잡히다·숨기다·찰쌀'에서의 '이·히·기·ㅂ' 따위. 접요사(接腰辭).
삽입(挿入)[명] ①끼워 넣음. ¶∼사(辭). insertion ②꽂아 넣음. thrusting 하田　　　[에 삽입된 부분.
삽입―구(挿入句)[명]〈음악〉악곡 가운데 주제의 사이
삽입―부(挿入部)[명]〈동〉에피소드.
삽입음(挿入音)[명]〈어학〉발음 변화 때 새로이 음과 음 사이에 끼어 들어오는 음.　　　　　　　　　　[dicine
삽제(澁劑)[명]〈약학〉맛이 몹시 떫은 약. bitter me-
삽주[명]〈식물〉엉거시과의 다년생 풀. 꽃은 담자색을 띤 흰빛이고 그 중간에 끼어서 함께 단어를 이루는 접, 백출(白朮)과 창출(蒼朮)이 있음. 산강(山薑)①. 산계(山薊)①. 산정(山精)①.
삽주벌레[명]〈곤충〉삽주벌레과의 곤충. 길이 약 15mm, 빛은 농갈색, 앞뒤 날개는 막대 같고 긴 털이 밀생함. 벼의 해충임.
삽지(挿枝)[명]〈동〉꺾꽂이. 삽목(挿木).
삽지(挿紙)[명]〈인쇄〉인쇄할 때 기계에 종이를 먹이는 일. paper feeding 하田
삽지―공(挿紙工)[명]〈인쇄〉인쇄할 때, 기계에 종이를 먹이는 직공.　　　　　　　　　　　　　　　　[shovelling 하田
삽―질(鍤―)[명] 삽으로 땅을 파거나 흙을 떠내는 일.
삽―짝[명] 《약》→사립짝.　　　　　　　　　　[down 하田
삽체(澁滯)[명] 일이 더디어, 잘 나가지 않음. slow-
삽탄(挿炭)[명] 총기에 탄알을 끼워 넣음. bitter me-
삽혈(挿血)[명] 서로 맹세할 적에 짐승의 피를 입 언저리에 바르던 일.
삽화(挿花)[명] 꽃을 꽂음. flower arrangement 하田
삽화(挿畫)[명]〈인쇄〉서적·신문·잡지 등에 삽입하여 내용·기사 등에 관계가 있게 한 그림. 삽도(挿圖). illustration
삽화(挿話)[명] ①어떠한 사실에 대하여 중간에 끼어 넣는 이야기. episode ②《유》일화(逸話).
샀[명] 《약》→삿자리.
솟[명] (고) 새끼. →솟.
삿―가대[명] 사갈고리가 달린 긴 나무 막대기로 먼 곳에 있는 물체를 걸어당기는 데 쓰임. rake
삿―갓[명] ①대오리나 갈대로 엮어 비나 볕을 가리는 데 쓰는 것. bamboo or sedge hat ②〈식물〉버섯의 균산(菌傘).
삿갓 가마[명] 초상 중 상제가 타는 가마. 가마 가장 자리에 흰 휘장을 두르고, 위에 큰 삿갓을 덮음. 초교(草轎).　　　　　　[에 걸리는 삿갓 모양의 구름.
삿갓―구름[명] 외따로 떨어진 산봉우리의 꼭대기 부근
삿갓―나물[명]〈식물〉엉거시과의 다년생 풀. 줄기 높이 60∼90cm이고 잎은 대형이며 방패 모양을 한 형임. 6∼10월에 흰 꽃이 피며 깊은 산의 숲 밑에 나는데 어린 잎은 식용함. 우산나물.

삿갓들이 〈농업〉논에 듬성듬성 심은 모.
삿갓-반자 천장을 꾸미지 않고 그냥 바른 반자. [ceiling
삿갓-버섯 〈식물〉삿갓버섯과에 속하는 버섯의 하나. 내피막이 없고 줄기가 긺. 숲 속에 나는데 식용함. 학버섯. 장 덮어 놓은 것서까래.
삿갓-연(-椽)〈-椽〉명 〈건축〉내부의 지붕 밑에 천
삿갓-장이 갓갓을 만드는 일을 업으로 삼는 사람.
삿갓-쟁이 갓갓을 쓰고 다니는 사람.
삿갓-조개 〈조개〉삿갓조개과의 조개. 패각은 삿갓 모양이고 길이 약 4cm로 물새 모양의 벌을 가짐. 암초 등에 붙어 삶. [hatlike house
삿갓-집 〈건축〉삿갓 모양으로 지은 집. sedge-
삿-기 〈고〉새끼.
삿:대 〈약〉상앗대.
삿:대-질 ①〈약〉상앗대질. ②말다툼할 때, 주먹이나 손가락으로 상대의 얼굴을 향해 푹푹 내지르는 짓. 하다
삿-되다(私--)형 사사로운 짓으로 보이다.
삿-되다(邪--)형 사사(邪邪)로운 짓으로 보이다.
삿-반(-盤) 갈대로 채반같이 만든 그릇. rush-tray
삿-자리 갈대로 결어 만든 자리. 노점(蘆簟). 삽. rushmat [으로 돌려 까는 일.
삿자리-깔음 〈건축〉삿자리를 결어 놓은 무늬 모양
삿자리-장(-欌) 앞면의 알갱이 등을 삿자리로 대어 만든 장. [에다 양회를 바르는 일.
삿춤 〈건축〉돌이나 벽돌을 쌓을 때에 돌과 돌 사이
상 → 향(向).
상(上)명 ①위. 上부. upside ②가장 잘함. 가장 빼어남. (대) 하(下). first-class ③〈약〉→상감(上監).
상(床)명 소반·책상·평상 따위의 총칭. small-table
상(相)명 ①얼굴이나 체격의 됨됨이. physiognomy ②온갖 종류의 모양과 태도. aspect ③그때그때의 얼굴의 표정. ¶을~. face 〈음악〉옛 중국 악기의 하나. 흙으로 만들었고 작은 북 모양임. old Chinese musical instrument ④〈물리〉물리적·화학적으로 균질(均質)한 물질의 부분. phase
상(商)명 ①〈수학〉어떤 수를 다른 수로 나누어 얻은 값. 득수(得數). (대) 승(乘). quotient ②〈음악〉오음(五音)의 하나. 궁(宮)을 주음(主音)으로 하는 음계의 둘째 음. ③〈천문〉서쪽의 성수(星宿)의 하나. 심수(心宿). ④〈약〉→상업(商業). ⑤〈역사〉고대 중국 은(殷)의 다른 이름.
상(祥)명 소상과 대상의 총칭.
상(象)명 장기짝의 하나.
상(喪)명 ①〈약〉→거상(居喪). ②부모·승중(承重)의 조부모·증조부모·고조부모와 맏아들의 상사에 대한 의례. mourning
상(想)명 ①〈약〉작품을 제작하는 작자의 마음. 〈약〉구상 (構想). idea ②〈불교〉대상(對象)을 수으로 가만히 생각하는 일.
상(像)명 ①형체. ②〈물리〉빛의 반사로 생기는 물체의 형상. figure [prize
상(賞)명 잘한 일을 칭찬하여 주는 표적. (대) 벌(罰).
=상(上)접미 명사 아래 붙어 '그것에 관하여'·'그것에'의 뜻을 나타내는 말. ¶체면~.
=상(狀)접미 '모양·모습'의 뜻. ¶연쇄~·구관.
=상(相)접미 '자료(閣僚)'의 뜻. ¶문무(文部)~.
=상(商)접미 '장사·장수'의 뜻. ¶미곡~. 서적~.
상:-가(-까)(上監)명 웃돈.
상가(桑家)명 누에치기와 농사짓는 일.
상가(商家)명 장사하는 집. shop
상가(商街)명 상점이 죽 늘어서 있는 거리. 가게가 많은 거리. downtown
상가(喪家)명 ①초상난 집. 흉문(凶門). house of mourning ②상중의 집. house of mourner
상가지-구(喪家之狗)명 상갓집 개.
상가 평균(相加平均) 〈수학〉몇 가지 수의 화(和)를 그 갯수로 나누셈하여 얻은 수. 산술 평균(算術平均). (대) 상승 평균(相乘平均).

상가(償却)명 ①보상하여 갚아 줌. repayment ②〈약〉→감가 상각(減價償却). 하다
상간(相姦)명 남녀가 참의 불의(不義)의 사통(私通)을 함.
상간-혼(相姦婚) 간통으로 이혼 또는 형을 선고받은 자와 상간자가 결혼하는 일.
상:감(上監)명 임금. 어상(上)③. Lord
상감(象嵌)명 ①금속·도자기 등의 표면에 무늬를 파서 그 속에 금·은·적동(赤銅) 등을 넣어 채우는 기술. 또, 그렇게 해서 만든 그릇. inlaying ②〈인쇄〉연판(鉛版) 등의 오자(誤字)만을 떼어버리고 옳은 활자를 넣는 조각(操作). 상안.
상:감-마:마(上監媽媽)명 임금.
상감 세:공(象嵌細工)명 상감을 하는 세공.
상감 청자(象嵌靑瓷)명 자개 장식을 파묻어 무늬를 지게 하는 청자.
상:-갑판(上甲板)명 이물에서 고물까지 통하는 갑판 중 맨 위층에 있는 갑판. upper deck
상갓집 개(喪家-)명 ①초상집 개. 주인 없는 개. hangdog ②여위고 기운 없이 수척한 사람을 빈정거리는 말. 상가지구(喪家之狗). hangdog expression
상강(霜降)명 이십사 절기의 18째. 음력 9월 중순, 양력 10월 24일경으로 이때부터 서리가 옴.
상개(尙介)→아직.
상개(床蓋)명 〈농업〉온상(溫床)의 온도가 내려가거나 수분이 마르는 것을 막기 위하여 덮는 두껑. cover of a hotbed [좋은 곳.
상:-객(上客)명 위치가 높아서 앞을 내려다보기에 썩
상:객(上客)명 ①지위가 높은 손님. 상좌에 모실 만한 손님. 상빈(上賓). guest of honour ②〈약〉위
상객(商客)명 〈약〉→상려(商旅).
상객(常客)명 ①늘 찾아오는 손님. guest ②고객 (顧客).
상거(相距)명 서로 멀어진 거리. distance
상-거:래(商去來)명 〈경제〉상업상의 거래. business transactions [거지. ¶거지 중의 ~.
상:-거:지(上-)명 아주 말할 수 없을 정도의 불쌍한
상:-건(-))(上件)명 ①품질이 아주 좋은 물건. first-rate article ②앞서 말한 사건.
상건(-)[床巾]명 〈동〉상보(床褓).
상:게(上揭)명 위에 게재(揭載)함. noticed above
상격(相格)명 〈민속〉사람의 얼굴 생김새. physiog- [nomy
상격(相隔)명 서로 떨어져 있음. separation 하다
상격(相激)명 서로 다질림. 서로 부딪힘. contradiction 하다
상격(賞格)명 ①상을 주는 격식. ②〈동〉상전(賞典)③.
상견(上繭)명 질이 좋은 상등 누에고치.
상견(相見)명 서로 봄. 서로 만남. looking at each other 하다
상견(常見)명 〈불교〉세계나 모든 존재는 영겁 불변의 실제이며 사람은 죽으나 자아(自我)는 멸하지 않는다는 망신(妄信). (대) 무상관(無常觀).
상:견(想見)명 ①생각하여 봄. imagination ②그리워 함. 하다
상견-례(-)[相見禮]명 ①공식적으로 서로 만나 보는 예(禮). formal interview ②마주 서서 절하는 일. ¶신랑 신부의 ~. bowing to each other ③〈제도〉신입된 사부(師傅)·빈객(賓客)이 동궁(東宮)에게 뵙는 예(禮).
상:경(上京)명 시골에서 서울로 올라옴. 상락(上洛). 출경(出京)②. 출부(出府). (대) 하경(下京). going up to the capital 하다 [부(龍泉部).
상:경²(上京)명 발해(渤海) 오경(五京)의 하나. 용천
상:경(上卿)명 〈제도〉정1품과 종1품의 판서(判書).
상경(相敬)명 대하할 때 서로 공손히 경양(敬讓)는 말. mutual respect 하다 [basic human relations
상경(常經)명 사람이 마땅히 지켜야 할 떳떳한 도리.
상경(詳鏡)명 경사스러운 일. 기쁜 일. ¶는 ~.
상:경지:례(上敬之禮)〈기독〉성모마리아를 공경하

상:계(上界) 〖약〗 → 천상계(天上界).

상:계(上計) 제일 좋은 계교. 상수(上數). 상책(上策). best policy

상:계(上啓) 조정이나 윗사람에게 아뢰는 일. 하다

상계(相計) 〖법률〗 채무자가 그 채권자에 대하여 자기도 같은 종류의 채권을 가지는 경우에, 그 채권·채무의 대등액에서 소멸하게 하는 일. 상쇄(相殺). 하다

상계(商計) ①생각하여 헤아림. ②상업상의 계책.

상계(商界) 〖상업계(商業界)〗

상계(詳計) 차근차근 계획한 꾀. [path

상계(霜蹊) 서리가 내린 산길. frosted mountain

상계 계약(相計契約) 〖법률〗 두 사람 이상이 서로 채권을 가지는 경우에, 상호간의 채권을 대당액(對當額)만큼 소멸시키는 계약.

상계 관세(相計關稅) 상대국의 수출 촉진을 위하여 지출하고 있는 교부금의 효과를 상계하기 위한 목적으로 수입국이 교부 금액만큼 부과하는 일종의 차별 관세. countervailing duties

상계:권[─꿘](相計權) 〖법률〗 파산자에 대하여 채무를 부담하고 있는 파산 채권자가 파산 채권과 그 채무를 파산 절차에 의하지 않고 상계할 수 있는 권리.

상계:물(相計物) 상계하는 물건.

상:고(上古) ①아주 오랜 옛날. 상세(上世)②. ancient times ②〖역사〗 역사상의 시대 구분의 하나. 문헌이 있는 한도에서 가장 옛날. 〖대〗 근고(近古)·중고(中古). ancient age [우수함.

상:고(上考) 〖제도〗 관원의 고시(考試)에서 성적이

상:고(上告) ①윗사람에게 고함. report ②〖법률〗 제 2 심 판결의 파기 또는 변경을 상급 법원에 신청하는 일. appeal 하다

상고(尙古) 옛적의 문물을 소중히 여김. 하다

상고(相古) 서로 비교하여 고찰함. comparative investigation 하다

상고(商高) 〖약〗 → 상업 고등 학교.

상고(商賈) 〖동〗 장수.

상고(喪故) 〖동〗 상사(喪事).

상고(詳考) 상세히 참고함. close reference 하다

상고-건[─껀](詳考件) 상고(詳考)할 일.

상:고 기각(上告棄却) 〖법률〗 상고가 소송 요건을 구비하지 않을 때, 구두 변론을 거치지 않고 판결로 기각하는 행위. 상고 각하(却下). rejection of appeal

상고-대〖초본에 내려 눈같이 된 서리. 수가(樹稼). 수패(樹掛). 무송(霧凇). frost on the tree

상:고-대(上古代) 상고(上古) 시대(上古時代).

상고-머리 머리밑과 뒤꽂지를 치올려 깎고, 앞머리는 몽실몽실하게 두고 정수리를 평편되게 깎은 머리. flat-top crew cut

상고-배(商賈輩) 장사치.

상:고 법원(上告法院) 〖법률〗 상고심을 하는 법원. 곧, 대법원. supreme court [ent history

상:고-사(上古史) 〖역사〗 상고 시대의 역사. anci-

상고-선(商賈船) 물건의 품질이 낮은 부세.

상고-선(商賈船) 장사 물건을 싣고 다니는 배. 〖약〗 상선(商船)②. trade ship

상:고 시대(上古時代) 〖역사〗 상고의 시대. 우리나라는 단군으로부터 삼한(三韓) 시대까지를 잡음. 〖약〗 상고대(上古代). 상대(上代)①.

상:고-심(上古審) 〖법률〗 상고한 소송 사건의 심판. trial in a higher court

상:고-장[─짱](上告狀) 상고의 의사를 표시한 서류. petition for revision

상고-주의(尙古主義) ①옛적의 문물(文物)을 숭상하여 표준·모범으로 삼는 주의. 의고주의(擬古主義). ②고전주의(古典主義).

상:고 하:포(上告下布) 〖제도〗 나라에 중대사가 있을 때, 위로 종묘(宗廟)에 아뢰고, 아래로 국민에게 알리는 일.

상골(象骨) 코끼리의 뼈.

상:공(上工) 상등의 기술자. good engineer

상:공(上空) ①높은 하늘. high above ②어떤 지역에 수직되는 공중. 〖대〗 저공(低空). upper air

상공(相公) 〖공〗 재상(宰相).

상공(商工) 〖약〗 → 상공업(商工業).

상공(翔空) 공중으로 날아다님. flight 하다

상공(賞功) 공로에 대하여 상을 줌. prize 하다

상공-록(商工錄) 한 지방의 상업과 공업 관계자를 중심한 주민의 이름과 주소를 적어 둔 안내서.

상공-업(商工業) 상업과 공업. 〖약〗 상공(商工). commerce and industry [람. businessman

상공업-자[─짜](商工業者) 상공업을 경영하는 사

상공업-지(商工業地) 상공업이 발달한 땅.

상공 회:의소(商工會議所) 〖경제〗 상공업자들이 상공업의 개량·발전을 꾀하여 조직한 특수 법인. Chamber of Commerce and Industry

상과(桑果) 〖식물〗 다화과(多花果)의 하나. 오디·파인애플 따위와 같이 열매가 다닥다닥 붙어 열리는 과실.

상과[─꽈](商科) 〖교육〗 대학의 한 분과. 상업에 관한 사항을 연구하는 과정. commercial course

상과 대:학[─꽈](商科大學) 〖교육〗 전에, 상학(商學)에 관한 이론과 응용을 교수·연구하는 단과 대학. 상대(商大). college of commerce

상:관(上官) ①윗자리의 관원. 상사(上司)②. 〖대〗 하관(下官). higher officer ②〖동〗 도임(到任). 하다

상관(相關) ①서로서로의 관계. interrelation ②남의 일에 간섭함. interference ③남녀가 교합(交合)함. 「유부녀와 ～하다. have intercourse ④〖물리〗 두 개의 양(量)이나 현상이 어느 정도로 규칙있게 변화되어 가는 성질. correlation 하다

상관(商館) 상업을 경영하는 집. 특히 경영주가 외국인인 것을 일컫는 말. business firm

상관(常關) 〖제도〗 중국 고래의 세관으로 내국(內國) 무역상의 관세를 징수하려던 곳.

상관 개:념(相關概念) 〖논리〗 상대되는 것을 예상함으로써 그 의미가 또렷해지는 개념. 부(父)와 자(子), 우(右)와 좌(左) 따위. correlative concept

상관 계:수(相關係數) 〖수학〗 두 양 또는 현상(現象) 사이의 상관적 관계를 나타낸 계수. correlation coefficient

상관 관계(相關關係) 두 가지 사상(事象) 사이의 유사한 정도의 통계적 관계. interrelation

상관-설(相關說) 〖철학〗 주관과 객관은 서로 분리할 수 있는 존재라는, 인식론적인 이론.

상관-성[─썽](相關性) 두 가지 사상(事象) 사이에 상호된 성질이나 특성. correlationship

상:관습(商慣習) 상사(商事)에 관한 관행(慣行). 에누리 따위. [습법.

상관습-법(商慣習法) 〖법률〗 상사(商事)에 관한 법.

상관-없:다(相關─)〖형〗 ①서로 관계가 없다. have nothing to do with ②근심할 것이 없다. 괜찮다. do not matter **상관-없:이** [relative

상관-적(相關的) 서로 관련을 가지는(것). cor-

상관-주의(相關主義) 〖사회〗 독일의 사회학자 만하임의 용어. 사고나 의식을 고찰할 때, 그것이 속하고 있는 집단의 역사적·사회적 전체 구조와 상관적으로 포착하여야 한다는 지식 사회학의 입장.

상:광(上鑛) 〖광물〗 무선광(無選鑛)으로 직접 제련소에 보낼 수 있는 정도의 품질이 좋은 광석.

상:광(祥光) 〖동〗 서광(瑞光).

상:괘[─꽤](上卦) 〖민속〗 ①두 괘로 된 육효(六爻)에 있어 위의 괘. ②가장 좋은 점괘. 〖대〗 하괘(下卦).

상괭이〖동물〗돌고래과의 포유류(哺乳類)의 하나. 돌고래 무리 가운데서 가장 작아 길이 1～1.5m 가량인데, 등지느러미가 없고 이마가 둥글며 주둥이의 부리가 없는 것이 특징임. 기름 짜는 데에만 쓰임.

상:교(上敎) 〖상수〗 ①임금의 지시. teaching of the king

②윗사람의 가르침. teaching of a senior
상:교(尙敎)圀〈종교〉대종교(大倧敎) 총본사(總本司)에서 시선(試選)하는 교직(敎職).
상교(相交)圀 서로 사귐. 하자
상교(象敎)圀〈동〉불교(佛敎).
상구囝 =아직.
상:구(上矩)圀〈천문〉외혹성(外惑星)이 태양의 동쪽에 있어 황경(黃經)의 차가 90°일 때를 이름. 《대》하구(下矩).
상구(相救)圀 서로 구조해 줌. 하자
상구(喪具)圀 장사지낼 때에 쓰는 제구. funeral 「outfit
상:구 보리(上求菩提)圀〈불교〉보리(菩提)의 지혜를 얻어 닦는 일. 《대》하화 중생(下化衆生). 하자
상국(上國)圀 작은 나라로부터 조공(朝貢)을 받는 큰 나라.
상국(相國)圀〈제도〉영의정·좌의정·우의정의 총칭. 삼상(三相). 하자
상국(喪國)圀 나라를 잃어버림. losing one's country
상국(賞菊)圀 국화를 감상하여 즐김. 하자
상국(霜菊)圀 서리올 때에 핀 국화.
상군(商群)圀 장사치들의 폐.
상군(湘君)圀 상수(湘水)의 신(神). 중국 상고 시대에, 요(堯)의 딸 아황(娥皇)과 여영(女英)이 함께 순(舜) 임금의 아내가 되었는데 순이 창오(蒼梧)에서 죽자 그들도 함께 상수에 빠져 죽었음에서 그 혼을 애칭하여 이른 말.
상군(廂軍)圀〈제도〉거둥 때의 호위 군사.
상궁(尙宮)圀〈제도〉조선조 때, 여관(女官)의 정5품 벼슬. court lady
상궁지조(傷弓之鳥)圀 한 번 화살을 맞아 혼이 난 새처럼 항상 공포를 느낌의 비유.
상:권(上卷)圀 두 권이나 세 권으로 가른 책의 첫째 권. 《대》중권(中卷), 하권(下卷). first volume
상권[-꿘](商圈)圀〈경제〉특정한 상업 중심지에 대하여 물자를 직접 거래하는 지역. 곧, 상업의 세력 범위. commercial district 「cial rights
상권[-꿘](商權)圀〈법률〉상업상의 권리. commer-
상궤(常軌)圀 떳떳이 좇아야 할 바른 길. right way
상규(翔鳩)圀〈동〉수리(鷲鳥). 하자
상규(常規)圀 ①보통의 일반적인 규정 또는 규칙. 상틀. common standard ②항상 변하지 않는 규칙. 상전(常典). 상칙(常則). established rule
상그레囝 부드럽고 다정스럽게 눈웃음을 짓는 모양. 《큰》성그레. 《센》쌍그레. with beaming eyes 하자
상극(相剋)圀 ①〈민속〉오행설(五行說)에 있어서 쇠는 나무, 나무는 흙, 흙은 물, 물은 불, 불은 쇠를 이김을 말함. 《대》상생(相生). ②둘 사이의 마음이 서로 화합하지 못하고 항상 충돌함을 말함. conflicting
상:근(上根)圀 ①〈불교〉불법을 잘 닦는 사람. 《대》하근(下根). faithful Buddhist ②〈종교〉기근(機根)이 보통보다 뛰어난 사람. 「상근. full time 하자
상근(常勤)圀 매일 일정한 시간을 근무함. 《대》비(非).
상근 백피(桑根白皮)圀〈한약〉뽕나무 뿌리의 속껍질. 오줌을 순하게 하고, 담을 제거하는 약재로 씀. 상백피(桑白皮).
상글-거리-다囝 천연한 태도로 연해 부드럽게 눈웃음치다. 《센》쌍글거리다. 《큰》성글거리다. beam
상글-상글囝 =상글거리다 하자
상글-방글囝 상글거리면서 방글거리는 모양. 《큰》성글벙글. 《센》쌍글빵글. beamingly 하자
상:금(上金)圀〈광물〉품질이 좋은 상등의 금.
상금(翔禽)圀 공중을 나는 새. flying bird
상금(賞金)圀 상으로 주는 돈. prize money
상금(償金)圀 ①갚는 돈. ②물어주는 돈. ③《약》→배상금(賠償金). indemnity
상금(尙今)囝 이제까지. till now
상:급(上級)圀 ①윗등급, 윗계급. 높은 계급. higher grade ②윗학년. 《대》하급(下級). upper class

상급(賞給)圀 ①상으로 줌. awarding a prize ②상으로 주는 물건. prize 하자
상:급 관청(上級官廳)圀 하급 관청을 지휘 감독하는 관청. superior(higher) office
상:급 법원(上級法院)圀〈법률〉하급(下級)에 있는 법원을 감독하는 법원. 지방 법원에 대해서는 고등 법원이고, 고등 법원에 대해서는 대법원임. superior court 「man
상:급-생(上級生)圀 학년이 높은 학생. upper-class
상:급-심(上級審)圀〈법률〉상급 법원에서 하는 소송의 심급(審級). 《대》하급심(下級審). trial of the higher court 「하급자(下級者). senior
상:급-자(上級者)圀 계급이나 등급이 위인 사람. 《대》
상:급 학교(上級學校)圀 어떤 학교의 과정을 마치고 다시 들어가는, 급이 더 높은 학교. 곧, 국민 학교에 대하여 중학교, 중학교에 대하여 고등 학교, 고등 학교에 대하여 대학교를 말함. higher school
상긋囝 다정스럽게 소리 없이 얼핏 눈웃음짓는 모양. 《큰》성긋. 《센》쌍긋. 쌍끗. smilingly 하자
상긋-거리-다囝 천연한 태도로 연해 가볍게 눈웃음짓다. 《큰》성긋거리다. 《센》상끗거리다. 쌍끗거리다. 쌍긋거리다. 상긋=상긋 하자
상긋-방긋囝 상긋거리면서 방긋거리는 모양. 《큰》성긋벙긋. 《센》상끗방끗. 쌍긋빵긋. 쌍끗빵끗. beamingly 하자
상긋-이囝 다정스럽게 지긋이 눈웃음을 치는 모양. 《큰》싱긋이. 《센》상끗이. 쌍긋이. 쌍끗이.
상:기囝 아직. yet 《記》. above-mentioned 하자타
상:기(上記)圀 위에 적음. 또, 그 글귀. 《대》하기(下
상:기(上氣)圀 ①흥분하거나 수치감으로 얼굴이 붉어짐. ¶~된 얼굴. be flushed ②〈한의〉피가 뇌로 모여 얼굴이 빨개지고, 두통·이명(耳鳴) 등을 일으키는 현상. being flushed 하자
상기(相忌)圀 서로 꺼림. 하자
상기(相器)圀 재상이 될 만한 기량(器量).
상기(相氣)圀 상서로운 기운.
상:기(爽氣)圀 상쾌한 기분. refreshing feeling
상기(商機)圀 상업상의 기회 또는 기밀.
상기(喪氣)圀 기운이 꺾임. loss of spirits 하자
상기(象棊)圀〈동〉장기(將棊).
상기(喪期)圀 상복을 입는 동안. period of mourning
상:기(想起)圀 ①지나간 일을 돌이켜 생각해 냄. remembrance ②〈심리〉경험한 것을 의식적으로 재생함. 환상(喚想). recall ③〈철학〉아남네시스(anamnesis). 《대》망각(忘却).
상기(詳記)圀 자세히 기록함. 또, 그 기록. 상목(詳錄). 《대》약기(略記). minute description 하자타
상기(霜氣)圀 서리가 조금 내린 기운.
상기-다囝 ①공간의 사이가 뜨다. gapped ②관계가 버성기다. 배다. 빽빽하다①. 《큰》성기다. not close 「두(喉頭)·인두(咽頭)·비강(鼻腔)의 총칭.
상:기도(上氣道)圀〈생리〉숨쉬는 통로인 기관지·우
상:기-둥(上一)圀〈건축〉안방과 마루 사이에 있는 으뜸가는 기둥. central pillar
상:기-생(桑寄生)圀〈식물〉뽕나무겨우살이. ②《약》→상상기생(桑上寄生).
상:기설(想起說)圀〈철학〉플라톤의 학설. 인간의 혼(魂)은 불사(不死)의 것으로, 몇 번이고 다시 태어나는 중에 이 세상 일이나 저 세상 일을 모두 알고 있으므로, 알고 있다는 것은 사실은 잊어버렸던 것을 상기하여 내는 것에 불과하다는 설.
상:=길[-껄](上一)囝 같은 종류 중에서 그 중 나은 품질. 상질(上帙). 《대》핫길(下一). highest quality
상깃-상깃囝 여럿이 모두 상깃한 모양. 《큰》성깃성깃. 하자 「somewhat distant
상깃-하-다囝떼 조금 상긴 것 같다. 《큰》성깃하다.
상꼿囝《센》→상긋.
상꼿-거리-다囝《센》→상긋거리다.
상꼿-방꼿囝《센》→상긋방긋.

상꾼이 〈센〉→상굿이.
상: (上一)囘 〖동〗주석(朱錫).
상:납(上納)囘 ①정부에 조세를 바침. payment to the authorities ②상급자에게 금품을 바침. 하타
상:납-금(上納金)囘 ①〖동〗상납전(上納錢). ②상급자에게 바치는 돈.
상:납-미(上納米)囘 조세로 바치는 쌀. 〖金〗①.
상:납-전(上納錢)囘 조세로 바치는 돈. 상납금(上納金).
상냥-스럽다〖형〗상냥한 데가 있다. **상냥-스레**囘
상냥-하다〖여형〗성질이 싹싹하고 부드럽다. amiable
상:년(上年)囘 지난해. last year. **상냥-히**囘
상:년(常一)囘 ①〈하〉신분이 낮은 여자. woman of low birth ②버릇없는 여자를 욕하는 말. 〈대〉상놈. 〈센〉쌍년. mean woman
상년(桑年)囘 사십팔(四十八) 세를 일컬음. 곧, 상(桑)의 속자 '桒'자를 분해하면 '十十十八'이 됨. forty-eight years of age
상년(祥年)囘 운수가 좋은 해. auspicious year
상:념(想念)囘 〖심리〗의식에 인상된 여러 가지 관념. 관념(觀念)①. ¶~ 아이. page
상노(床奴)囘 밥상을 나르고 잔심부름을 하는 아이.
상:-노인(上老人)囘
상:-놈(常一)囘 ①〈하〉신분이 낮은 남자. man of low birth ②본데가 없어 버릇없는 남자를 욕하는 말. 상한(常漢). 〈대〉상년(常一). 〈센〉쌍놈. mean guy
상놈의 발 덕 양반의 글 덕〖관〗양반은 학식으로 살아 가고 상놈은 발로 걷고 노동하여 살아간다.
상:농(上農)囘 크게 농사를 짓는 농부 또는 농가(農家). wealthy farmer
상:농-주의(尙農主義)囘 〖동〗중농주의(重農主義).
상:농-파(尙農派)囘 〖동〗중농파(重農派).
상:-늙은이(上一)囘 여러 늙은이 중에 가장 나이 많은 늙은이. 상노인(上老人). oldest among the aged
상-다리(床一)囘 상을 받치는 다리.
상:단(上段)囘 ①글의 첫째 단. upper column ②위에 있는 단(段). 상단(上項). 〈대〉하단(下段). upper
상:단(上端)囘 위쪽 끝. 〈대〉하단(下端). top
상:단(上壇)囘 불상을 모신 곳. dais
상단(商團)囘 중국에서, 시장의 상인들이 자위(自衛)를 위해 조직한 일종의 사설 군대.
상:-단전(上丹田)〖도가(道家)에서, 삼(三)단전의 하나로 뇌(腦)를 이르는 말. 「하타
상:단 축원(上壇祝願)囘 〖불교〗상단에서 하는 축원.
상:달(一月)(上一)囘 〈약〉→시월 상달.
상:달(上達)囘 웃어른에게 말이나 글로 여쭈어 알게 함. ¶하의(下意) ~. 〈대〉하달(下達). report 하타
상:닭(一鷄)囘 ①당닭에 대하여 보통 닭을 일컬음. ordinary chicken ②종류ㆍ계통이 좋지 못하고, 아름답지 못한 닭. lowly chicken
상담(相談)囘 말로 상의함. 담합(談合). 상의(相議). ¶인생(人生) ~. consultation 하타
상담(常談)囘 ①보통 쓰는 평범한 말. everyday language ②상스러운 말. slang expression
상담(商談)囘 상업상의 담화ㆍ교섭. business 하타
상담(祥禫)囘 대상(大祥)과 담제(禫祭). 「도 씀.
상담(象膽)囘 〈한〉 코끼리의 쓸개. 안질ㆍ감질에 약
상담(嘗膽)囘 〖약〗→와신 상담(臥薪嘗膽).
상담-소(相談所)囘 어떤 일에 관해 묻고 의논할 수 있도록 설치된 사회 시설. ¶결혼 ~. 법률 ~. consultation office
상담-역(相談役)囘 회사 등에서 중대한 일 또는 분쟁 따위가 있을 때, 적당한 조언이나 조정을 하는 이. consultant 「trousseau makings
상답囘 자녀의 혼인 따위를 위하여 마련해 둔 옷감.
상:답(上番)囘 〈약〉→상등답(上等番).
상:답(上答)囘 윗사람에게 대답함. 〈대〉하답(下答). answer to one's superior 하타
상당(相當) ①대단한 정도에 가까움. ¶~한 사람. fair ②서로 어금지금함. corresponding ③알맞음.

proper 하타 히囘
상당-수(相當數)囘 ①어지간히 많은 수. considerable numbers ②어떠한 기준량에 상당하는 수.
상당-액(相當額)囘 ①어지간히 많은 금액. ②어떠한 기준에 상당하는 금액.
상당 온도(相當溫度)〖물리〗습윤(濕潤)한 대기 중의 수증기가 모두 응결할 때, 그 잠열(潛熱)에 의해 올라가는 대기의 온도.
상당-직(相當職)囘 〖제도〗품계에 알맞은 벼슬.
상:대(上代)囘 ①〈약〉→상고 시대. ②윗대. 조상(祖上). ancestor
상:대(上隊)囘 상미. 「(上). ancestor
상대(相對)囘 ①서로 마주 봄. facing each other ②서로 맞섬. 마주 겨룸. match ③독립하지 못하고 남과의 관계에서 존재함. relative ④〈철약〉다른 사물에 의존하거나 제한을 받거나 하여 존재함. 대응(對應). 〈대〉절대(絕對). relativity ⑤〈약〉→상대 하다.
상:대(商大)囘 〈약〉→상과 대학(商科大學).
상대(霜臺)囘 〖동〗사헌부(司憲府).
상대 가격(相對價格)囘 〖경제〗어떤 재화의 가격과 다른 재화의 가격과의 비교율. 〈대〉절대 가격. relative price
상대 개:념(相對概念)囘 〖논리〗다른 개념과 비교됨으로써 그 의미가 보다 뚜렷해지는 개념. 〈대〉절대 개념(絕對概念). relative concept
상대-국(相對國)囘 상대편의 나라. opposite nation
상대=권(相對權)(相對權) 〖법률〗특정한 사람을 의무자로 하거나 특정한 다른 사람에 대하여 주장할 수 있는 권리. 청구권 따위. 〈대〉절대권. relative right
상:대=등(上大等)囘 〖제도〗신라 때의 대신(大臣). 최고의 관직으로 나라의 정사(政事)를 다스림. 상신(上臣). minister of the *Silla* period
상대론적 역학(一一的力學)(相對論的力學) 상대성 이론의 기본 요구를 충족시키는 역학. 4차원 시공간(時空間)으로 생각함.
상대 매:매(相對賣買) 〖경제〗파는 사람과 사는 사람이 한편의 계약을 맺고 하는 매매. relative dealing
상대-방(相對方)囘 ①〖동〗상대편. ②〖법률〗법률 행위 또는 소송 등과 같이 두 사람 이상이 서로 대립하는 경우에 있어서 서로 맞은편을 지적하여 부르는 말.
상대-설(相對說)囘 〖동〗상대주의(相對主義).
상대-성(一性)(相對性) 〖철학〗일체의 사물이 각각 따로 떨어져 있는 것이 아니고, 부분과 전체, 부분과 부분이 서로 의존적 관계를 가진 성질. relativity
상대성 원리(一一性)(相對性原理)囘 〖물리〗①일반적으로는 어떤 범위의 관측자에 대하여 법칙의 형(形)이 불변이 되다는 원리. theory of relativity ②〖동〗상대성 이론(相對性理論).
상대성 이:론(一一性)(相對性理論) 〖물리〗아인슈타인에 의하여 확립된 물리학의 기본 이론. 임의의 운동에 있는 물질에 대한 시간ㆍ공간은 상대적이며 상관 관계에 있다고 함. 상대율(相對率). 상대성 원리(相對性原理)②. theory of relativity
상대 속도(相對速度)囘 〖물리〗운동하는 하나의 물체에서 본, 운동하는 다른 물체의 속도. relative velocity
상대 습도(相對濕度)囘 〖물리〗현재 공기 속에 있는 수증기의 양과 그 때의 온도에서 포함될 수 있는 최대한의 수증기의 양과의 비. 또, 그것을 백분율로 나타낸 것. relative humidity
상대-어(相對語)囘 〖어학〗서로 상대되는 말. 〈유〉반대어(反對語). 반의어(反義語). 〈대〉동의어(同義語).
상대-역(相對役)囘 연극ㆍ영화에서, 주연의 상대가 되는 역. 「는 것.
상대 오:차(相對誤差)〖수학〗오차를 참값으로 나눈 수치(數値). 〈대〉절대 오차(絕對誤差). relative error
상대-율(相對率)囘 〖동〗상대성 이론.
상대 음감(相對音感)囘 표준이 되는 음과 비교하여

상대 의무 (相對義務)〖명〗권리와 서로 대립하는 의무. 채권에 대한 채무 따위. 〖대〗절대 의무. reciprocal obligations 「사람. 상대(相對)⑤.
상대-자(相對者)〖명〗말이나 일을 할 때 상대가 되는
상대-적(相對的)〖관〗다른 것과의 관계·비교에 있어 존재하는(것). 〖대〗절대적(絕對的). relative
상대적 상행위(相對的商行為)〖명〗〖법률〗어떤 행위를 함에 있어서 이것을 영업으로서 행하거나 또는 상인이 영업을 위하여 행하기 때문에 상행위가 되는 행위.
상:=대:=정맥(上大靜脈)〖생리〗상반신의 피를 모으는 정맥계의 본간으로, 좌우의 완두(腕頭) 정맥이 합류하는 정맥. superior vena cava
상대-주의(相對主義)〖명〗〖철학〗모든 가치의 절대적 타당성을 부인한 모든 것이 상대적이라는 설. 상대설(相對說). 〖대〗절대주의(絕對主義). relativism
상대-편(相對便)〖명〗일을 할 때에 상대가 되는 편. 맞은편. 상대방①. other party
상:덕(上德)〖명〗웃어른에게 받은 은덕. senior's favor
상:덕(尙德)〖명〗덕을 숭상함.
상:도(上都)〖명〗고려 때의 동경(東京)과 서경(西京). 곧, 지금의 경주·평양을 이르던 말.
상도(相到)〖명〗서로 미침. 〖하타〗.
상도(常度)〖명〗정상적인 법도(法度). rule
상도(常道)〖명〗①항상 변하지 않는 떳떳한 도리. regular course ②항상 지켜야 할 도리. reason
상도(商道)〖명〗〖동〗상업 도덕.
상도(想到)〖명〗생각이 미침. thinking of 〖하타〗
상도(傷悼)〖명〗가슴 아프게 몹시 슬퍼함. lament 〖하타〗
상도(霜刀)〖명〗서릿발처럼 서슬이 푸르고 날카로운 칼.
상:도-꾼(喪徒—)〖명〗→상두꾼. [sharp sword
상:도:덕(商道德)〖명〗〖동〗상업 도덕.
상:도:의(商道義)〖명〗상업상의 도의.
상:동(相同)〖명〗서로 같음.
상동(相同)〖명〗①서로 같음. same ②〖생물〗생물의 기관(器官)이 외관상으로는 다르나 본래의 기관 원형(器官原型)은 동일한 것. 새의 날개와 짐승의 앞다리 원형과 같음. 〖유〗상사(相似)②. homology 〖하타〗
상동 염:색체(—染色體)〖명〗〖생물〗감수 분열의 중기에 들어맞게 둘씩 짝을 지어 이가(二價) 염색체를 만드는 두 개의 염색체. homologous chromosome
상:동-인(上洞人)〖명〗중국 베이징 서쪽의 주구점(周口店) 부근에서 출토된 화석 현생 인류(化石現生人類). 1933년에 발굴되었는데 두부(頭部)가 간 것이 특징임. 베이징 원인(原人).
상동-증[—쯩](相同症)〖명〗〖의학〗정신적·신경적 이상으로 무의미한 말이나 동작을 반복 또는 오래 지속하는 증상. stereotype
상:-되:다[—뙤—](常—)〖형〗언행이 예의가 없고 불순하여 천해 보이다. 〖센〗쌍되다. vulgar
상두(喪—)〖명〗→상두.
상두(←桑土)〖명〗〖한의〗뽕나무 뿌리의 겉껍질. 이뇨(利尿)·진해(鎭咳)에 약으로 쓰임.
상두(上—)〖속〗상여(喪輿).
상:두-꾼(喪—)〖명〗상여꾼.
상두받잇-집[—바지집](喪—)〖명〗〖민속〗지나가는 상여(喪輿)가 그 집 대문과 마주쳤다가 돌아 나가게 된 집. 풍속으로 꺼리는 집의 하나.
상두 복색(喪—服色)〖명〗①상여를 꾸밀 때 치는 오색 비단의 휘장. 〖약〗복색. ②거죽은 번듯한 속이 보잘것없는 일이나 사람의 비유. good appearance
상두 술로 벗 사귄다(喪—)〖남의 것을 가지고 제 체면을 세우는 사람을 이름.
상두-쌀(喪—)〖명〗〖제도〗상포계(喪布契)의 쌀.
상두쌀에 낯내기〖겉으로 낯내기.
상두-충(桑蠹蟲)〖명〗뽕나무벌레.
상두 도:가(喪—都家)〖명〗상여(喪輿)를 두는 집. bier
상득(相得)〖명〗두 사람의 마음이 서로 맞음. agreement

하〖명〗
상:등(上等)〖명〗높은 등급. 〖대〗하등(下等). superiority
상:등(上騰)〖명〗물가가 오름. 〖대〗하강(下降). 하락(下落). rising 하〖명〗
상등(相等)〖명〗정도가 서로 비슷함. equality 하〖명〗
상등(常燈)〖명〗①신불(神佛) 앞에 언제나 켜 놓는 등불. ②거리(街頭)에 밤새껏 켜 놓는 등불.
상:등-답(上等畓)〖명〗품이 썩 좋은 논. 〖약〗상답(上畓). rich rice-field
상:등-병(上等兵)〖명〗〖군사〗육·해·공군의 사병(士兵)의 한 계급. 일등병의 위, 병장의 아래임. 〖약〗상병. 「ass seat
상:등-석(上等席)〖명〗좋은 자리. 상등의 자리. firstcl-
상:등-전(上等田)〖명〗①품이 썩 좋은 밭. ②품이 썩 좋은 논밭. rich field 「article
상:등-품(上等品)〖명〗품질이 좋은 물품. top-grade
상-딱새〖조류〗지빠귓과의 새. 참새보다 좀 크고 몸 빛은 암컷은 갈색에 복부 옆 쪽지는 등황색이며, 수컷은 복부·가슴이 등황색이고 흑색 날개 중앙에 큰 흰 반문이 있음. 벌레를 잡아먹는 익조(益鳥)임.
상:-띠(上—)〖체육〗연전(練箭)떠 내기에서 화살을 먼저 먼저 쟈거나 제일 많이 맞힌 떠. 상대(上隊). 〖대〗하띠①.
상:락(上洛)〖동〗상경(上京)¹. 하〖자〗
상락(常樂)〖불교〗상주(常住)하여 안락함. 언제나 괴롭지 않고 즐거움.
상:란(上欄)〖명〗위의 난. 〖대〗하란(下欄).
상란(喪亂)〖명〗전쟁·전염병·천재 지변 따위로 인하여 사람이 죽는 일. calamity
상:람(上覽)〖명〗임금이 봄. 성람(聖覽). 어람(御覽). 천람(天覽). imperial inspection 하〖명〗
상람(詳覽)〖명〗자세히 봄. seeing minutely 하〖명〗
상:략(上略)〖명〗글이나 말의 위 토막을 생략함. 〖대〗중략(中略). 하략(下略). omitted so far 하〖명〗
상략(商略)〖명〗상업상의 책략. 장사하는 꾀. 상계(商計). commercial policy 「vity
상략(詳略)〖명〗상세함과 간략함. minuteness and bre-
상:량(上樑)〖명〗〖건축〗①마룻대. ridgepole ②집을 지을 때 기둥에 보를 얹고, 그 위에 마룻대를 올리는 일. setting a ridgepole 하〖명〗
상:량(爽凉)〖명〗기후가 서늘함. cool 하〖명〗
상량(商量)〖명〗헤아려 생각함. consideration 하〖명〗
상:량-대[—때](上樑—)〖명〗→마룻대.
상:량-문(上樑文)〖명〗상량할 때에 축복하는 글.
상:량-식(上樑式)〖명〗상량할 때에 베푸는 의식.
상:량-신(上樑神)〖명〗〖동〗성주.
상:량 장여[—짱—](上樑長欄)〖명〗〖건축〗마룻대 밑에서 마룻대를 지고 있는 장여.
상:량 쪼구미(—樑)〖명〗〖건축〗마룻대를 받치고 있는 들보 위의 짧은 기둥.
상려(商旅)〖명〗타향으로 다니면서 장사하는 사람. 상객(商客). travelling salesman 「잇댐. 하〖자타〗
상련(相連)〖명〗①서로 이어 붙음. connection 하〖자〗
상련(相憐)〖명〗서로 가엾게 여겨 동정함. ¶동병(同病)
상:렴(緗簾)〖명〗누르스름한 빛깔의 발. 〖~. 하〖명〗
상례(上例)〖명〗위에 든 예.
상례¹(相禮)〖제도〗①조선조 때 통례원(通禮院)의 종3품 벼슬. ②구한말 장예원(掌禮院)의 주임(奏任) 벼슬. ③예식원(禮式院)의 주임 벼슬.
상례²(相禮)〖명〗서로 예로써 대함. 하〖명〗
상례(常例)〖명〗보통의 사례(事例). 항례(恒例). 특례(特例). usual practice 「tesy
상례(常禮)〖명〗보통의 예법. 항례(恒禮). usual cour-
상례(喪禮)〖명〗상제(喪制)로 있는 동안에 행하는 모든 예절. 흉례(凶禮). ceremonies of mourning
상로-애(相老愛)〖명〗부부가 함께 늙어 장수(長壽)함. 하〖명〗
상로(商路)〖명〗장사하려고 나선 길. 장삿길.
상로(霜露)〖명〗서리와 이슬. frost and dew

상:로=교(上路橋)圀 〈토목〉주형(主桁)이나 주구(主構) 위에 통로(通路)를 만든 다리. (대) 하로교(下路橋).

상로=배(商路輩)圀 《속》장사치.

상:로-전(上爐殿)圀 대궐 대웅전(大雄殿)을 맡아 보는 임원(任員)이 거처하는 곳.

상록(常綠)圀 나뭇잎이 사철 언제나 푸름. evergreen

상록(詳錄)圀 상세히 기록함. 또, 그 기록. 상기(詳記). detailed record 하타

상록(賞祿)圀 〈제도〉상으로 주는 녹.

상록=림(霜綠林)圀 동록(銅綠). [evergreen pine

상록=송(常綠松)圀 〈식물〉사시에 늘 푸른 소나무.

상록=수(常綠樹)圀 〈식물〉나뭇잎이 사시(四時)에 언제나 푸른 나무. 소나무·대나무·잣나무 따위. 상반목(常盤木). (대) 낙엽수(落葉樹). evergreen tree

상록 활엽수(常綠闊葉樹)圀 〈식물〉잎이 사철 푸른 활엽수. evergreen latifoliate tree [논議). 하타

상론(相論)圀 ①서로 의논함. 상의. ②괸심에 대한

상론(常論)圀 보통의 의논. 이제(異彩)가 없는 의논.

상론(詳論)圀 ①상세한 평론. detailed comment ②자세한 의논. (대) 약론(略論). full discussion 하타

상:루-습(上漏下濕)圀 집이 허술하여 위에서 비가 새고 아래에서는 습기가 오름. 곧, 허술하고 가난한 집을 말함. humble cottage

상:류(上流)圀 ①물의 근원(根源)이 되는 곳의 부근. 물 위②. upper stream ②신분·지위·생활 정도 따위가 높음. 하류(下流). upper classes

상:류 가정(上流家庭)圀 상류의 생활을 하는 집안. upper-class family [것이 높은 계층.

상:류 계급(上流階級)圀 신분·지위·생활 수준 같은

상:류 사:회(上流社會)圀 상류 계급에 속하는 사람들의 사회. high society

상:류-선(上流船)圀 ⇒물윗배. [계층.

상:류-층(上流層)圀 상류의 생활을 하고 있는 사회의

상:륙(上陸)圀 배에서 뭍으로 올라옴. (대) 하륙(下陸). landing 하타 [聚) 이뇨제로 쓴.

상륙(商陸)圀 〈한의〉자리공의 뿌리. 부증·적취(積

상륙(象陸)圀 〈원〉⇒쌍륙(雙六).

상:륙=군(上陸軍)圀 적지에 상륙하는 군대. landing forces [부괴시키는 관세.

상:륙=세(上陸稅)圀 〈법률〉화물을 상륙한 데 대하여

상:륙=용 주정(上陸用舟艇)圀 〈군사〉병력이나 보급 물자 등을 실은 그대로 상륙하여 달릴 수 있게 만들어진 배. landing craft

상:륙 작전(上陸作戰)圀 〈군사〉육·해·공군이 협력하여 적지(敵地)에 상륙하는 작전. 육군 또는 해병대가 주동이 됨. landing operation

상륜[-뉸](相輪)圀 〈불교〉탑의 정상(頂上)에 수연(水煙) 아래 있는 청동(青銅)의 구종 원륜(九重輪). 구륜(九輪). (약)⇒상륜탑.

상륜-탑(相輪塔)圀 〈불교〉한 개의 기둥 위에 상륜을 올린 탑. (약) 상륜②. 『(常規)①. regulations

상률(常律)圀 보통의 규율(規律). 보통의 법률. 상규

상:리(上里)圀 윗마을. (대) 하리(下里). upper town

상리(相離)圀 서로 멀어짐. 하타

상리(商利)圀 장사하여 얻은 이익. profit 『principle

상리(商理)圀 장사의 이치. 장사하는 도리. business

상리(常理)圀 떳떳한 도리. 당연한 이치. matter of course

상린 관계(相隣關係)圀 〈법률〉서로 인접하는 부동산에 대하여 각 소유권자의 소유권 행사를 상호 조절하는 관계.

상린=자(相隣者)圀 ①상린 관계에 있는 사람. ②서로 경계를 접하고 있는 토지의 소유자.

상림(霜林)圀 서리가 내린 뒤의 수풀. frosted forest

상림=원(上林苑)圀 창덕궁(昌德宮) 요금문(耀金門) 밖에 있는 어원(御苑). 서원(西苑).

상립(喪笠)圀 圀 《속》방갓. [stallion

상마(一馬)圀 다 큰 수말. 복마(卜馬)②. (대) 피마.

상:마(上馬)圀 ①좋은 말. 상말. excellent horse ②

말에 오름. 말을 탐. (대) 하마(下馬). getting on one's horse 하타 [을 감정함. 하타①

상마(相馬)圀 말의 생김새를 보고 그 말의 좋고 나쁨

상마(桑麻)圀 뽕과 삼. mulberry and hemp

상마 잠적(桑麻蠶績)圀 뽕으로 누에치고 삼으로 길쌈 하는 일.

상마지=교(桑麻之交)圀 전부(佃夫)·야인(野人)의 덕 덤한 사귐. plain association [하다. dim

상막-하-다[혱여]톙 기억이 분명하지 아니하고 아리숭

상:말(常-)圀 상말(常談). [말. vulgarism 하타

상-말(常-)圀 품격이 낮은 말. 속어(俗語). (센) 쌍

상망(相望)圀 ①서로 바라봄. exchanging looks ②재상(宰相)이 될 만한 명망(名望). great popularity 하타 [ruin 하타

상망(喪亡)圀 잃어버림. 망해 없어짐. 상실(喪失).

상:망(想望)圀 ①생각하여 우러름. ②상상하여 일이 되어감을 기다림. 하타

상망지-지(相望之地)圀 서로 바라보이는 가까운 곳.

상매(霜梅)圀 圀 흰매(白梅)②.

상:머리(床-)圀 상의 옆이나 앞. by the table

상-머슴(上-)圀 힘든 일 따위를 잘하는 장정 머슴. 새경을 많이 주는 머슴. [(下面). surface

상:면(上面)圀 위쪽의 겉면. 겉바닥. 윗면. (대) 하면

상면(相面)圀 ①처음으로 대면하여 서로 앎. ②서로 만나 봄. meeting 하타

상:명(上命)圀 ①임금의 명령. ②상부의 명령. order

상:명(爽明)圀 상쾌하고 명랑함. 시원하고 밝음. refreshing 하타

상:명(常命)圀 〈불교〉인간의 보통 수명(壽命). 비명(非業)이 아닌 수명. usual span of life

상:명(喪明)圀 아들의 상(喪明)을 당함. one's child's death 하타

상명(詳明)圀 자세하고 분명함. clear detail 하타

상명(償命)圀 목숨에 대하여 목숨으로 변상시킴. 곧, 사람을 죽인 자를 죽임. execution of a murderer

상명지-통(喪明之痛)圀 아들이 죽은 슬픔. [하타

상모(相貌·狀貌)圀 얼굴의 생김새. 용모(容貌).

상모(象毛)圀 圀 삭모(槊毛).

상모(賞募)圀 상을 걸고 모집하는 일. 하타

상모-끝(象毛-)圀 〈동물〉상모끝과의 해면 동물. 몸은 컵 모양으로 길이 약 10∼15 cm, 몸 위에 흰 순백색 섬유질의 자루 같은 것이 처짐. 심해(深海)에 서식하며 자루 부분은 광택이 나고 아름다워 장식품을 만드는 데 쓰임.

상모-돌리기(象毛-)圀 농악에서, 전복(戰服)을 입고 털상모를 매로는 열두 발 상모를 돌리면서 추는 춤.

상:-모마이(上-)圀 장방형(長方形)의 나무 상자의 위 양쪽 면에 댄 널조각.

상모-솔새(象毛-)圀 〈조류〉박새과의 새. 날개 길이 50∼57 mm의 비교적 작은 새로 몸 빛은 암수에 따라 다르며 아고산대(亞高山帶)의 침엽수림에 서식함. goldencrested wren

상:-모전(上毛廛)圀 예전에 서울 종로의 센전(지금의 무교동) 병문 근처에 있던 과실 파는 상점. fruit stores in old Seoul

상:-목(上-)圀 내나 강 따위의 상류 쪽. upper stream

상:-목(上-)圀 품질이 썩 좋은 무명베. fine cotton cloth ①품질이 썩 좋은 나무. superior lumber ②

상목(桑木)圀 圀 뽕나무. 『(동) 상재(上梓). 하타

상목(棺木)圀 품질이 변변하지 못한 낮은 무명베. inferior cotton cloth

상목(橡木)圀 圀 상수리나무.

상목재:지(常目在之)圀 늘 눈여겨 보게 됨. 하타

상몽(祥夢)圀 길몽(吉夢).

상묘(相墓)圀 〈민속〉지관(地官)이 묘자를 가려 잡겨 나은 골을 잡는 일. 하타

상묘(桑苗)圀 뽕나무 모종.

상:무(尙武)圀 무용(武勇)을 소중히 함. 우무(右武). (대) 상문(尙文). militarism 하타

상무(常務)[명] ①나날의 업무(業務). ②《약→상무 위원. ③《약》→상무 이사.
상무(商務)[명] 상업상의 업무. commercial affairs
상:무(翔舞)[명] 하늘 높이 춤추어 낢. flight 하다
상무-관(商務官)[명]《법률》재외 공관(在外公館)에 주재하며, 통상·외교 사무를 보는 관리. commercial attache
상무 위원(常務委員)[명] 공공 단체에서 일상 업무를 처리키 위하여 특별히 선정(選定)한 위원.《약》상무(常務)②. standing committee
상무 이:사(常務理事)[명] 회사·은행 따위에서 일상 업무를 집행하는 이사.《약》상무(常務)③. managing director
상무-회(常務會)[명] 주식 회사 기업의 운영에 있어서, 그 운영의 합리화와 능률화를 위해 사장의 보좌 기관으로 두는 기관.
상:-문(上文)[명] 위의 글. 한 편의 글에 있어서 처음 부분의 글. foregoing paragraphs [하다
상:문(上聞)[명] 임금에게 들려 드림. imperial hearing
상:문(尙文)[명] ①《제도》내시부(內侍府)의 종 8품 벼슬의 하나. ②문덕(文德)을 숭상함.《대》상무(尙武).
상문(桑門)[명] ①《동》불문(佛門). ②《동》중.
상문(喪門)[명]《민속》극히 흉한 방위.
상문(傷門)[명]《민속》팔문(八門) 가운데 흉한 문의 하나. [inquisition 하다
상문(詳問)[명] 상세(詳細)히 질문함. 또, 그 질문.
상문-방(喪門房)[명]《민속》상문의 방위. 불길하다는 방위의 하나.
상문-사(詳文師)[명]《제도》신라 때에 임금의 말씀과 명령을 글로 짓는 일을 보던 벼슬. 뒤에 통문 박사(通文博士)·한림 학사(翰林學士)로 고쳤음.
상문-살[一쌀](喪門煞)[명]《민속》사람의 죽은 방위(方位)로부터 퍼져나는 살(煞).
상문-상[一쌍](喪門床)[명]《민속》무당이 굿할 때에 차려 놓는 제물상의 하나.
상문 십대:덕(湘門十大德)[명]《불교》신라 때의 의상 조사(義湘祖師)의 제자인 십철(十哲). 곧 오진(悟眞)·지통(智通)·표훈(表訓)·진정(眞定)·진장(眞藏)·도융(道融)·양원(良圓)·상원(相源)·능인(能仁)·의적(義寂)의 열 사람.
상문-풀이(喪門一)[명]《민속》초상집에서 그 집에 드나드는 사람이 부정타지 아니하도록 장님 집에 가서 경을 읽는 일. 하다
상-물림[床一][명]《약》큰상물림.
상:미(上米)[명]《약》품질이 좋은 쌀.《대》하미(下米). rice of fine quality [《음》relish
상:미(上味)[명] 음식의 좋은 맛. 음식의 맛이 매우 좋음
상:미(嘗味)[명] 맛을 시험하여 봄. taste sampling 하다
상미(賞美)[명] 음식의 맛을 칭찬하면서 먹음. 하다
상미(賞美)[명] 칭찬함. praise 하다
상:-미:만(尙未晚)[명] 아직 늦지 아니함. 하다
상:미-전(上米廛)[명]《역사》서울 종로(鐵路) 서쪽에 있던 싸전.《대》하미전(下米廛).
상민(常民)[명]《동》상사람. [된 단체로
상민-단(商民團)[명]《제도》보부상(褓負商)으로 조직
상밀(詳密)[명] 촉속함이 자상함. minuteness 하다 히
상:-박(上膊)[명]《생리》상지(上肢)의 상부(上部). 어깨로부터 팔꿈치까지의 부분.《대》하박(下膊). upper arm [하다
상박(相撲)[명] ①서로 마주 두드림. grapple ②씨름.
상박(商舶)[명]《동》상선(商船)①.
상=박(霜雹)[명] 서리와 우박. frost and hail
상:박-골[一빡](上膊骨)[명] 어깨를 형성하는 관상(管狀)의 긴 뼈. 위는 견갑골(肩胛骨)에 잇닿고 아래는 척골(尺骨)과 요골(橈骨)에 접(接)하고 있음. humerus
상:박 동:맥(上膊動脈)[명]《생리》상박에 있는 동맥.
상:-반(上半)[명] 절반의 위쪽 반.《대》하반(下半).

upper half [하반(下聲). hanging wall
상:-반(上聲)[명]《광물》상원산쪽의 모암(母岩).《대》
상반(相反)[명] 서로 반대됨. 서로 어긋남. contrariness
상반(相半)[명] 서로 절반씩 됨. 서로 반반임. half and half 의 상대가 됨. 하다
상반(相伴)[명] ①서로 짝함. accompanying ②손(客)
상반(常班)[명] 평민과 양반. 반상. common and noble
상:-반:각(上反角)[명] 앞에서 비행기의 날개를 바라볼 때, 수평보다 날개가 위로 치올라가게 보이는 그 각도(角度).
상:-반:기(上半期)[명] ①한 해를 둘로 나누어 그 먼저 되는 부분. first half of the year ②어느 기간을 둘로 나누 는 앞 동안.《대》하반기(下半期). first half
상반-대(相反對)[명] 서로 반대되는 위치에서 마주 대하고 있는 극. 남극과 북극 등.
상반-목(常磐木)[동] 상록수(常綠樹).
상:반-부(上半部)[명] 위로 절반 되는 부분.《대》하반부. upper part [맞아 가는 일.
상반-비(相反比)[명] 두 가지의 수가 서로 반대의 비로
상반[一수](相反數)[명] 서로 거꾸로 된 수. 곧, 5와 1/5은 상반수임.
상:-반:신(上半身)[명] 몸뚱이의 위쪽 반. 가슴 윗부분.《동》상체(上體).《대》하반신(下半身). bust
상반-심(相反心)[명] 서로 반대되는 마음.
상발(霜髮)[동] 백발. [table of sold meal
상밥[一빱](床一)[명] 낱상으로 파는 밥. 상반(床飯).
상밥-집[一빱一](床一)[명] 낱상으로 밥을 파는 집.
상:-방(上方)[명] ①《동》천계(天界). ②동쪽과 북쪽. east and north ③《동》위쪽.《대》하방. upper part ④산상(山上)의 절. temple in a high mountain
상:-방(上方)[명]《약》위에 있는 방(上同房).
상:-방(上房)[명] ①《제도》관청의 우두머리가 있는 방. high official's room ②호주(戶主)가 거처하는 방. husband's room
상:-방(尙方)[명]《동》상의원(尙衣院).
상방(相妨)[명] 서로 방해함. mutual interruption 하다
상방(廂房)[명] 옛날 관청의 앞이나 좌우에 길게 지은 집. 행각(行閣).
상배(床排)[명] 음식상을 차림. ¶ ~ 보다. setting the table 하다 [하다
상배(喪配)[명]《동》상처(喪妻). death of one's wife
상배(賞杯·賞盃)[명] 상으로 주는 상이나 컵. prize-cup
상백-사(一絲)[명] 국산 명주실로 만든 연줄. silk kite-
상백시(上白是)[명] 상사리. [string
상-백피(桑白皮)[명]《약》→상근 백피(桑根白皮).
상:-번(上番)[명]《제도》군인이 둘팀 차례로 군영(軍營)으로 들어가는 번. ②당직자 중에서 윗자리에 있는 사람.《대》하번(下番).
상:번-병(上番兵)[명]《제도》지방에서 교대로 서울에 오는 번병(番兵). ②번차례에 걸린 병사(兵士).
상:-벌(賞罰)[명] 상과 벌. reward and punishment 《잘한 것에 대하여 포장(褒奬)하고, 잘못한 것을 벌주는 것임.
상법[一뻡](相法)[명] 관상을 보는 방법. 상술(相術).
상법[一뻡](常法)[명] ①일정한 법률. 또는 규칙. regulations ②통상의 방법. common way
상법[一뻡](商法)[명] ①장사의 이치. principles of commerce ②《법률》광의로는 상(商)에 관한 각종 법률의 총칭. 협의로는 상에 관한 사례(私權)의 관계를 규정한 법률. commercial law ③《동》상법전 (商法典). commercial code
상법[一뻡](像法)[명]《불교》석가(釋迦)가 멸(滅)한 후를 삼시법(三時法)의 중간 시대. 곧, 정법(正法)·상법(像法)·말법(末法)으로 나눈 둘째 번 시대. 상법의 다음 천 년간을 가리킴.
상법=시(像法時)[명]《불교》삼시(三時)의 하나. 정법시(正法時) 다음으로 오는 천 년간. 이 시대에는

상법전(商法典)〖법률〗 상업에 관한 일반 기본 법규를 통일적·체계적으로 편찬한 성문법의 총체. 상법(商法)③.
상:변(上邊)〖동〗 윗변.
상변(喪變)〖동〗 상사(喪事).
상:병(上兵)〖군〗 → 상등병(上等兵).
상병(傷病)〖동〗 다치거나 병이 듦. sick and wounded
상병-자(傷病者)〖동〗 부상당한 사람.
상병 포:로(傷病捕虜)〖동〗 부상당하고 잡힌 포로병. wounded war prisoner
상:보[—뽀](床褓)〖동〗 ①상을 덮는 보자기. table-cloth ②예식상 아래를 가리는 형겊. 상건(床巾). table-cover
상:보(尙父)〖제도〗 임금이 특별한 대우로 신하에게 주는 칭호의 하나.
상보(相補)〖동〗 서로 보충함.
상보(常報)〖군사〗 ①승마대(乘馬隊)가 보통의 속도보다 더 느린, 가장 더딘 속도로 행진하는 보도(步度). walk ②보통의 속도(速度)보다 늦게 가는 보법(步法).
상보(商報)〖동〗 상사나 상업상에 관한 회보(會報).
상보(詳報)〖동〗 ①자세하게 보고함. 또, 그러한 보고. ②자세하게 보도함. 또, 그러한 보도. 세보(細報). detailed report 하다
상:보국(上輔國)〖동〗〖예〗→상보국숭록대부(上輔國崇祿大夫).
상:보국=숭록대부(上輔國崇祿大夫)〖동〗〖제도〗 정1품의 종친(宗親)·의빈(儀賓)의 품계. 〖예〗 상보국(上輔國).
상=보-다(床—)〖타〗 음식상을 차리다. lay the table
상=보-다(相—)〖동〗〖민속〗 ①사람의 얼굴·골격·체격 따위의 생김새를 보고 길흉·운명을 판단하다. judge by one's physiognomy ②땅의 지세를 살펴보고 길흉을 점치다. 관상(觀相)하다. read topography
상보-성[—썽](相補性)〖동〗〖물리〗 두 개의 성질이 서로 상보적인 관계에 있는 성질. 덴마크의 물리학자 보(Bohr)가 도입한 말로, 불확정성 원리(不確定性原理)에서 나타난 바, 한 쌍의 양에서 한쪽을 정확히 측정하면 다른 쪽은 부정확하게 된다는 관계. complementarity 〖다〗. 〖예〗 상보다.
상=보이-다(相—)〖동〗 관상장이 따위에게 상을 보게 하다.
상복(常服)〖동〗 평상시에 늘 입는 보통의 옷. 상착(常著)·상着). 〖대〗 예복(禮服). everyday wear
상복(詳福)〖동〗 상서로운 일과 복된 일.
상복(喪服)〖동〗 상중(喪中)에 입는 예복. 성긴 베로 지으며 바느질을 곱게 하지 아니함. 소복(素服). 흉복(凶服). 〖예〗 복(服). mourning dress
상복(喪服)〖동〗 여덟 살부터 열아홉 살까지 사이에 죽은 자녀(子女)에 관한 복제(服制).
상복(償復)〖동〗 갚아 줌. 물어 줌. 하다
상복 대:벽(詳覆大辟)〖동〗〖제도〗 목을 베어 죽일 만한 중한 죄를 심리함. 하다
상본(像本)〖동〗〖기독〗 천주(天主)·천신(天神) 또는 성인(聖人)의 모상. image
상:봉(上峰)〖동〗 가장 높은 산봉우리. peak
상봉(相逢)〖동〗 서로 만남. meeting each other 하다
상봉(霜蓬)〖동〗 ①서리 맞은 쑥. 서리를 맞아 생기를 잃은 쑥. ②서리 맞은 쑥처럼 희게 흩어진 머리.
상:봉 하:솔(上奉下率)〖동〗 부모를 봉양하여 효도를 다하고, 처자를 거느리어 사랑함. 〖예〗 봉솔(奉率). supporting one's parents and family 하다
상:보-다(相—)〖동〗 〖예〗→상보이다.
상:부(上府)〖동〗 상사(上司)①.
상:부(上部)〖동〗 ①윗쪽 부분. upper part ②보다 위의 직위(職位)나 관청. ¶~ 지시. 〖대〗 하부(下部). seniors
상부(相扶)〖동〗 서로 도움. mutual aid 하다
상부(相符)〖동〗 서로 들어맞음. 서로 부합(符合)함. corresponding 하다
상부(桑婦)〖동〗 뽕을 따는 부녀자.

상부(喪夫)〖동〗 남편의 상고(喪故)를 당함. 〖대〗 상처(喪妻). death of one's husband 하다
상부(孀婦)〖동〗 나이 젊은 과부(寡婦). 청상(靑孀). 청상 과부. young widow
상:부 구조(上部構造)〖동〗〖철학〗 사회의 경제적 구조를 하부 구조라 하는데 대하여, 이를 기초로 하는 정치·법률·도덕·예술 등의 관념 및 이에 대응하는 제도·체계의 일컬음. 상층 구조.
상:부사(上副使)〖동〗 상사(上使)와 부사(副使).
상부-살[—쌀](喪夫煞)〖민속〗 남편을 여의고 과부가 될 года른 살(煞).
상부 상조(相扶相助)〖동〗 서로서로 협조하여 도움. 하다
상:부인(湘夫人)〖동〗 천제(天帝)의 딸로 상군(湘君)과 함께 상수(湘水)에 산다는 여신(女神).
상:분(嘗糞)〖동〗 부모가 위중한 병을 앓을 때, 병세를 살피기 위하여 그 대변을 맛봄. 곧, 지극한 효성을 일컬음. 하다
상:분지도(嘗糞之徒)〖동〗 도무지 부끄러움을 돌아보지 않고 아첨을 잘하는 사람을 일컬음. shameless fellow
상-불이-다[—부치—]〖동〗→홈불이다.
상비(常備)〖동〗 늘 준비하여 베풀어 둠. 평상시에 비치함. standing equipment 하다
상비(喪費)〖동〗 초상에 드는 모든 비용. 상수(喪需)①. funeral expenses
상비(傷悲)〖동〗 지나치게 슬퍼함. 하다
상비-군(常備軍)〖군사〗 국가가 상설하고 있는 군대로서 평시 편제(平時編制)로 정해진 국방 병력. standing army
상비-금(常備金)〖동〗 유사시(有事時)에 대비하여 항시 마련하여 두는 돈. 비상금(非常金). reserve fund
상비-량(常備糧)〖동〗 비상용으로 늘 비축하는 식량. reserve grain
상비-병(常備兵)〖군사〗 ①평시(平時)에도 비치(備置)한 군병(軍兵). regular troops ②상비 병역에 복무하는 군병. regular soldier 〖의 총칭.
상비 병역(常備兵役)〖군〗 현역(現役)과 예비역
상비-약(常備藥)〖동〗 병원이나 가정 등에 항시 비치해 두는 약. first-aid medicine
상비-충(象鼻蟲)〖곤충〗 바구미과에 속하는 벌레의 총칭. 〖에 종사하는 군함.
상비-함(常備艦)〖군사〗 정원을 채워서 항상 임무
상비 함:대(常備艦隊)〖군사〗 국토를 수호하기 위하여 상비된 함대.
상:빈(上賓)〖동〗 상객(上客)①. 〖함. 하다
상빈(傷貧)〖동〗 집안이 가난함으로 말미암아 마음을 상
상빈(霜鬢)〖동〗 회게 센 귀밑털. 백빈(白鬢).
상사(床絲)〖동〗 ①누에실밀이. ②기둥이나 나무 그릇의 모서리를 조금 접고 오목한 훔처럼 패인 줄. ③화살대 아래를 대통으로 싼 물건.
상:사(上士)〖동〗 ①〖동〗 보살(菩薩). ②〖군사〗 군대 하사관(下士官) 계급의 하나. 중사의 위, 준위의 아래
상:사(上巳)〖동〗 삼짇날. 〖입. master sergeant
상:사(上司)〖동〗 ①등급의 관청. 상부(上府). higher authorities ②〖동〗 상관(上官)①. 〖대〗 하사(下司).
상:사(上舍)〖동〗 ①〖동〗 생원(生員)①. ②〖동〗 진사(進士).
상:사(上使)〖제도〗 정사(正使). ②상급 관청에서 하급 관청에게 명하여 죄인을 잡아 오게 하는 일. 하다
상사(相似)〖동〗 ①서로 비슷함. resemblance ②〖생물〗 이종 생물(異種生物)의 기관의 구조는 서로 다르나 작용이 서로 비슷한 점. 유사(類似)②. analogy ③〖수학〗 두 다각형의 상대한 각이 동각이며, 대응 변이 비례되는 일. similarity 하다
상사(相思)〖동〗 서로 생각하여 그리워함. 〖love 하다
상사(相思)〖동〗 서로 기다림. waiting for each other
상사(祥事)〖동〗 대상(大祥). 〖하다
상사(社社)〖동〗 ①상업상의 조합. 상업상의 결사(結社). commercial association ②〖예〗→상사 회사.
상사(商事)〖동〗 장사에 관한 일. business affairs 〖의말

회사 따위의 상호 아래에 붙이는 말.
상사(常事)〔명〕→예삿일(例事―).
상사(喪事)〔명〕초상이 난 일. 상고(喪故). 상변(喪變).
상:사(想思)〔명〕 생각함. 하다
상사(殤死) 20세 미만에, 곧 어려서 죽음. dying in one's teens 하다
상사(賞詞)〔명〕 칭찬의 말. 찬사.
상사(賞賜)〔명〕 임금이 상으로 줌. imperial gift 하다
상=사기[―싸―](常沙器)〔명〕 품질이 낮은 백사기(白沙器).
상사 다각형(相似多角形)〔명〕〈수학〉 서로 변수가 같고 등각이며, 대응변의 비가 같은 두 개의 다각형. homologous polygon
상사 대:리(商事代理)〔명〕〈경제〉 상행위의 대리. agency
상사=도(相似圖)〔명〕 균등하게 축소, 또는 확대된 그림. like figures
상사디야〔감〕 노래의 후렴구의 하나. ¶얼럴러 ~.
상=사람[上――](常―)〔명〕 신분이 낮은 일반 평민(平民). 상민(常民). 상인(常人). 소민(小民). 평민. (대) 양반(兩班). common people
상:―사리(上―) '사뢰어 올리다'는 뜻으로, 웃어른에게 올리는 편지의 머리 또는 끝에 쓰는 문투(文套). 상백사(上白使). ¶어머니 전 ~.
상사―마(相思馬)〔명〕 발정(發情)하여 성질이 사나워 말. horse in heat
상사 매:매(商事賣買)〔명〕〈경제〉 당사자의 쌍방, 또는 한쪽에 대하여 상행위가 되는 매매.
상사―목〔명〕 두드러진 턱이 있고, 그 다음의 잘록하게 된 모양새기. slender neck 「사모하여 꾸는 꿈.
상사―몽(相思夢)〔명〕 이성간(異性間)에 서로 사랑하고
상사―밀이〔명〕 문살 따위의 골을 파는 대패. (대) 상사
① groover
상=사발[―싸―](常沙鉢)〔명〕 품질이 낮은 사발.
상사―뱀(相思―)〔명〕〈민속〉 상사병으로 죽은 남자의 혼이 변해서 여자의 몸에 붙어 다닌다는 뱀.
상사―범(常事犯)〔명〕〈법〉 국사범(國事犯)이 아닌 보통 범죄의 총칭. 또, 그 범인. (대) 국사범(國事犯). ordinary crimes
상사―병[――](相思病)〔명〕 남녀 사이에서 서로 그리워하지 못하여 나는 병. 화풍병(花風病). lovesickness
상사 보:증(商事保證)〔명〕 상행위에 관한 모든 보증.
상사 봉쇄(商事封鎖)〔명〕 상대편 나라의 경제와 교통을 방해하려고, 상대편의 상항(商港)이나 해안 및 교통을 차단하는 일. commercial blockade
상사 불견(相思不見)〔명〕 서로 그리워하면서 보지 못함. 하다
상사 불망(相思不忘)〔명〕 서로 생각하면서 잊지 아니하다.
상사―비(相似比)〔명〕〈수학〉'닮은비'의 구용어.
상사 비송 사:건[――](商事非訟事件)〔명〕〈법〉 상사에 관한 비송 사건으로, 회사·경매·사채에 관한 사건, 회사의 정리·청산에 관한 사건, 상업 통기사 사건 등.
상사 위임(商事委任)〔명〕 상행위의 위임.
상:=사:일(上巳日)〔명〕〈민속〉 첫 번째의 사일(巳日). 곧, 정월 첫 번째의 뱀날. 이 날 머리를 빗으면 그 해 집안에 뱀이 들어온다고 한다. 「각.
상사 일념(相思一念)〔명〕 서로 그리워하는 한결같은 생
상사―자(相思子)〔명〕(동) 홍두(紅豆).
상사=주개(商事仲介人)〔명〕〈경제〉 타인간의 상행위의 매개를 업으로 하는 사람. broker
상사―치-다[―――]〔타〕 집 기둥 따위의 모퉁이를 오목한 줄이 지게 파내다. put a groove in
상=사:향[―싸―](常麝香)〔명〕 국산품(國產品)인 사향.
상사―형(相似形)〔명〕 '닮은꼴'의 구용어.
상사―화(相思花)〔명〕〈식물〉 수선화과의 다년생 풀. 화경의 높이 50∼70cm 로 망속의 인경(鱗莖)은 등 굴고 겉은 넓은 선형(線形)임. 8월에 담자색 꽃이 피는데 꽃과 잎이 서로 등져서 보지 못한다고 하여 상사화라 이름 지었음. 관상용임.

상사 회:사(商事會社)〔명〕〈법〉 상행위를 업무로 하는 회사의 총칭. 합명(合名)·합자(合資)·주식(株式)·유한(有限) 회사 등 네 가지가 있음. (대) 민사 회사(民事會社)②. 사업 회사(事業會社)①.《약》상사(商社)②. commercial firm
상산(常山)〔명〕 ①〈식물〉 운향과의 낙엽 활엽 관목. 봄에 황록색 꽃이 피며, 암수딴그루임. 뿌리는 약용, 목재는 세공품에 씀. ②〈한의〉 조팝나무의 뿌리. 학질·담에 씀.
상산(傷產)〔명〕 해산할 시기에 과로(過勞) 등으로 인하여 모래짐물이 일찍 터져서 해산하기 어렵게 되는 일.
상산 사:호(商山四皓)〔명〕 중국 한나라 고조(高祖) 때에, 난리를 피하여 섬서성(陝西省) 상산(商山)에 들어가서 숨어 있던 동원공(東園公)·기리계(綺里季)·하황공(夏黃公)·녹리선생(角里先生) 등의 늙은 네 은사(隱士).《약》사호.
상:산―상[一썅](上山床)〔명〕〈민속〉 굿을 할 때에 무당이 삼마누라에게 올리는 제사(祭祀).
상산 학파(象山學派)〔명〕〈철학〉 인성 일원설(人性一元說)을 세운 중국 송나라 때의 철학자 육구연(陸九淵)의 학설을 좇는 학파. (대) 주자 학파(朱子學派).
상=삼계(上三誡)〔명〕〈기독〉 천주 십계(十誡) 중의 처음에 있는, 천주를 만유(萬有) 위에 공경하여 높일 것, 거룩한 천주의 이름으로써 헛맹세를 말 것, 주일을 지킬 것의 세 가지 큰 계명.
상:―상(上上)〔명〕 위에 더 없이 좋음. 더없는 위. 상지
상:―상(上樑)〔명〕(동) 영의정. 「상(上之上). 최상.
상:―상(上殤)〔명〕 열다섯 살 이상 스무 살 이하 되는 소년으로 장가들지 않고 죽음. die at early age 하다
상상(床上)〔명〕 ①자리의 위. ②마루의 위. ③자리에서 일어남. 곧, 병이 회복되었음을 일컬음.
상:상(想像)〔명〕 ①미루어 생각함. ②〈심리〉 이미 아는 사실이나 관념을 재료로 하여, 새 사실, 새 관념을 만드는 작용. imagination 하다
상:상―건[―껀](上―件)〔명〕 상건(上件) 가운데의 것. 곧, 좋은 것 가운데에서도 썩 좋은 것.
상상 기생(桑上寄生)〔명〕 ①〈식물〉 뽕나무겨우살이. ②〈한의〉 음력 삼짇날에 뽕나무의 줄기와 잎을 따서, 그늘에 말려 부인병의 요통(腰痛)·동배(動胎)·하혈(下血) 따위에 쓰는 약재.《약》상기생
상:상―력(想像力)〔명〕 상상하는 힘. (동) 상기생
상:상―봉(上上峰)〔명〕 온갖 봉우리 가운데서 제일 높은 봉우리. highest peak
상:상―외(想像外)〔명〕 예상 밖. ¶~로 승리했다.
상:상 임:신(想像妊娠)〔명〕〈의학〉 임신을 갈망하는 부인에게서 물 수 있는 신체 증상. 입덧·태동(胎動)의 자각·진통 등 임신한 결과와 같은 증상을 일으킴. imaginary pregnancy
상:상―적(想像的)〔명〕 사실이나 현실에 의하지 않고 상상에 의한(것). imaginary 「article
상:상―치(上上―)〔명〕 가장 좋은 품질의 물건. firstrate
상:상―파(向商派)〔명〕〈동〉중상주의(重商主義).
상:상―품(上上品)〔명〕 상품 중의 상품. 최상품.
상:상―화(想像畫)〔명〕〈미술〉 어떤 모델이 없이 상상하고 창작하여 그리는 그림. (대) 사생화(寫生畫).
상:―색(上色)〔명〕 좋은 빛깔.   「(上品)으로 감.
상:―생(上生)〔명〕〈불교〉 극락 세계(極樂世界)의 상품
상생(相生)〔명〕〈민속〉 오행설(五行說)에서, 나무에서 불, 불에서 흙, 흙에서 쇠, 쇠에서 물, 물에서 나무가 남을 이름. (대) 상극(相剋). 「는 이치.
상생지:리(相生之理)〔명〕〈민속〉 오행(五行)의 상생하

상서(上書)〔명〕 ①웃어른에게 올리는 편지. 또, 글을 올림. sending a letter to one's senior ②〈제도〉 조신(朝臣)이 동궁께 올리는 글. 《대》 하서(下書). petition to crown prince 하다
상서(尙書)〔명〕 ①서경(書經)의 옛 이름. ②〈제도〉 고려 육부(六部)의 으뜸 벼슬.

상서(相書)[명]《약》→관상서(觀相書).
상서(尚書)[명] 시경(詩經)의 일부분. 은대(殷代)의 사실(史實)을 기술한 12편의 총칭.
상서(祥瑞)[명] 복스럽고 길한 징조. propitious omen
상서(象胥)[명]《등》역관(譯官).
상서=롭-다(祥瑞-)[형ㅂ불] 상서가 있는 듯하다. auspicious **상서**=로이[어]
상서-성(尚書省)[명]《제도》고려 때 삼성(三省)의 하나. 백관(百官)을 모두 관할하던 관청으로, 국초에 광평성(廣評省)이라 칭하다가 어사도성(御事都省), 상서도성(尚書都省)이라 함. 원(元)의 간섭에 의해 중서문하성(中書門下省)에 병합되었다가 공민왕 때 상서성으로 부활하였다.
상서-원(尙瑞院)[명]《제도》옥새(玉璽)와 옥보(玉寶) 따위를 맡던 마을.
상서 육부(尙書六部)[명]《제도》고려 때, 주요 국무를 행하던 여섯 관부. 곧, 상서 이부(吏部)·상서 병부(兵部)·상서 호부(戶部)·상서 형부(刑部)·상서 예부(禮部)·상서 공부(工部)의 총칭. [준] 육부.
상-석(上席)[명] 윗자리. 위 되는 벼슬자리. 상좌(上座). [대] 말석(末席). upper seat
상석(床石)[명]《민속》무덤 앞에 제물(祭物)을 차려 놓는 돌상. stonestand in front of a tomb
상석(象石)[명]《민속》능(陵)·원(園)에 세우는 돌사람이나 돌말 따위. stone figures
상:선(上仙)[명] ① 하늘에 올라 신선이 됨. ② 귀인(貴人)이 죽는 일. [하다]
상:선(上船)[명] 배에 오름. 배를 탐. 승선(乘船). [대] 하선(下船). going on board [하다]
상:선(上善)[명] 최상의 선. 최선.
상선(先先)[명] 맞바둑.
상선(商船)[명] ① 상업용의 선박. 고박(賈舶). 상박(商舶). [대] 군함(軍艦). merchant ship ②《약》상선기(商船旗).
상선(喪扇)[명]《동》포선(布扇).
상선-기(商船旗)[명] 항해 중의 상선에 달아 국적과 선적을 밝히는 기. merchant flag
상선 포:획(商船捕獲)[명]《군사》군함이 적성국(敵性國)의 상선을 포획하는 일. capture of the hostile merchant ship
상선 학교(商船學校)[명]《교육》항해와 기관에 관한 학술·기예를 가르쳐 선원을 양성하는 학교.
상선 호:송(商船護送)[명] 전시에 군함이 상선을 호송하는 일. convoy of merchant ships
상선 회:사(商船會社)[명] 상선으로 여객·화물을 운수하는 영리 회사. shipping company
상설(常設)[명] 항상 설비하여 둠. ¶~ 단체. permanent establishment [하다]
상설(詳說)[명] 자세히 풀이함. detailed explanation
상설(霜雪)[명] 서리와 눈. frost and snow
상설-관(常設館)[명] 상시 개설(開設)되어 있는 시설.
상설 영화관(常設映畫館)[명]《연예》영화를 늘 상영하는 상설관. movie hall(house)
상설 위원(常設委員)[명]《등》상임 위원①.
상-성(上聲)[명]《어학》① 사성(四聲)의 하나로 처음에 낮고 나중이 높은 소리. 우리말에서 글자에 표할 때는 왼쪽에 점 두 개를 찍음. ② 한자의 사성의 하나. 처음은 낮게 계속하다가 차차 높아져서 가장 높게 되었다가 그치는 소리. rising tone
상성(-性)[명]《법률》상개념(商概念)의 성격을 표시하는 특질. 「몹시 보챔. [하다]
상성(喪性)[명] ① 근본되는 성품(性品)을 잃어버림. ②
상성(象聲)[명]《등》형성(形聲).
상:세(上世)[명] ① 《동》상고(上古)①. ② 윗대(代).
상세(尙洗)[명]《제도》내시부(內侍府)에서 궁궐의 청소·감선(監膳)의 일을 맡아보던 6품 벼슬.
상세(狀勢)[명] 어떤 일의 형상과 세력.
상세(-稅)[명](常稅) 경상의 조세(租稅). 일정한 조세.
상세(商稅)[명]《법률》장사하는 사람에게서 받는 세금. business tax

상세(商勢)[명] 상업의 형세. commercial condition
상세(常勢)[명] 일상의 형세. 언제나 정하여지는 모양.
상세(詳細)[명] 자세하고 세밀함. 자상. 자세. 위세(委細). ¶~ 사항(事項). [대] 개략. details [하다] 히[부] 「병.
상:소(上消)[명]《한의》목이 마르고 식욕이 감해 가는
상:소(上疏)[명] 임금에게 글을 올림. 또, 그 글. 봉장(封章). 주소(奏疏). 진소(陳疏). petition to the Throne [하다]
상:소(上訴)[명]《법률》하급 법원의 판결에 불복하고 상급 법원의 심리를 구하는 절차. appeal [하다]
상:소-권(上訴權)[명]《법률》상소할 수 있는 소송법상의 권리. 항소권·상고권·항고권 등으로 나뉨. right of appeal
상:소권-자(上訴權者)[명]《법률》상소를 제기할 수 있는 권리를 가진 사람. 검사·피고인과 그 밖에 법률이 인정하는 사람.
상:소 대:개(上疏大概)[명]《제도》임금에게 올린 글 내용의 대략. 소개(疏概).
상:소리[-쏘-](常-)[명] 상스러운 말. vulgar words
상:소반[-쏘-](常小盤)[명] 값싸게 만든 소반.
상:소 법원(上訴法院)[명]《법률》상소하는 사건을 심리하는 상급 법원. revisory court 「ional trial
상:소-심(上訴審)[명]《법률》상소 법원의 심리. revis-
상속(相續)[명] ① 이어 받음. succession ② 가독(家督) 또는 유산을 계승하는 일. inheritance [하다]
상속 결격[-껵](相續缺格)[명]《법률》상속권을 상실함. 「수 있는 자격.
상속-권(相續權)[명]《법률》상속 개시 전에 상속인이 가질 상속에 대한 기대권(期待權) 및 상속 개시 후에 있어서 상속인이 상속의 효과에 대하여 가진 기 득권. right of inheritance
상속 능력(相續能力)[명]《법률》법률상 상속인이 될 수 있는 자격.
상속-법(相續法)[명]《법률》실질적 의미로는 신분과 재산 상속에 관한 법률 관계를 통틀어 말하고 형식적으로는 민법(民法)의 상속편(相續編)을 말함.
상속-분(相續分)[명] 공동 유산 상속인이 여럿일 때, 그 각 사람이 재산을 계승하는 비율. portion
상속-세(相續稅)[명]《법률》상속·유증(遺贈)에 의하여 재산을 취득한 사람에게 부과되는 세금. inheritance tax 「의 순위.
상속 순:위(相續順位)[명]《법률》법률상 정해진 상속
상속-인(相續人)[명]《법률》상속을 받는 사람의 법률상의 호칭. 상속자. [대] 피상속인. inheritor
상속-자(相續者)[명]《동》상속인(相續人).
상속 재산(相續財産)[명]《법률》상속인이 피상속인으로부터 상속으로 말미암아 계승하는 재산.
상속 쟁의(相續爭議)[명] 피상속인으로부터 재산을 상속받기 위해 싸우는 일. dispute over the succession
상속 채:권자[-꿘-](相續債權者)[명]《법률》피상속인의 채권자로서, 상속에 의해 상속인을 채무자로 하게 된 자.
상송(相送)[명] 피차간에 서로 보냄. [하다]
상쇄(相殺)[명] ① 양편의 셈을 서로 비김. ②《법률》두 사람이 같은 종류의 채권을 가지는 경우에, 피차의 채권을 같은 액면만큼 소멸시키는 일. '상계(相計)'의 구용어. 엇셈. offset [하다]
상:쇠(上-)[명]《민속》두레패·굿중패·걸립패·농악대 등에서 꽹과리를 가장 잘 치는 사람이 되어, 전체를 지도하는 사람.
상:-수(上手)[명] ① 높은 솜씨. better hand ② 재주가 높은. 또, 그 사람. 《유》고수(高手).
상:수(上水)[명] ① 수도관(水道管)을 통해 보내는 맑은 물. [대] 하수(下水). drinking water ②《약》→상수도.
상:수(上壽)[명] ① 나이가 많음. longevity ② 백 살 이상 된 노인. ③《동》헌수(獻壽).
상:수(上數)[명]《동》상계(上計).
상:수[-쑤](常數)[명] ① 정해진 수량. 일정한 수. ②

정해진 운명. 정수(定數). natural course of things
③《물리》물질의 물리적 또는 화학적 성질을 표시하는 수치. 즉, 일정한 상태에 있어서 물질의 성질에 관계된 양을 보이는 수. 즉 비열·비중·굴절 등.
④《수학》어느 관계를 통해서 일정 불변의 값을 가진 수 또는 양. 원주율·탄성율 같은 것. 항수(恒數). 대 변수(變數). constant
상수(隨數) 언제나 따라다님. 상시 수행(隨行)함.
상수(喪需)명 ①《동》상비(喪費). ②초상 치르는 데 드는 물건.
상:수=도(上水道)명《토목》도시의 음료수를 계통적으로 급수하는 설비. 대 하수도(下水道). 【약】상수(上水)②. 수도(水道)③. waterworks
상수롭:지않-다형 보통 사람답지 않다. 언행이 온당하지 않다. abnormal
상:수리(橡)명《식물》상수리나무의 열매. 상실(橡實). acorn
상:수리=나무명《식물》너도밤나무과의 다년생 낙엽교목. 높이 15~20m이고 어린 가지에는 잔털이 밀생함. 과실은 상수리라 하여 식용하며 재목은 단단하여 차륜(車輪)·차축(車軸)의 재료, 벨나무로 쓰임. 상목(橡木)②. 참나무②. kind of oak
상:수리=밥명 상수리쌀에 붉은 팥 간 것을 섞어 지어서 풀 적에 꿀을 쳐서 담는 밥.
상:수리=쌀명 상수리를 살아서 겨울 동안에 얼리었다가, 녹은 것을 말려서 쓿은 다음에, 알갱이에 물을 쳐 가며 탛은 것. 밥·떡·묵 등을 만듦. ground acorn
상:순(上旬)명 초하루부터 초열흘까지의 동안. 상한. 상완(上浣). 초순. 대 중순. 하순. first ten days of a month
상:순(上脣)명《생리》윗입술. upper lip
상:술(上述)명 위에 말함. 미리 말함. above mentioned
상=술(一슐)[一쓸] 《상업》안주를 상에 차리고 이에 곁들여서 파는 술. wine sold at tables
상술(相術)명 상을 보는 방법이나 기술. 상법(相法).
상술(商術)명 장사하는 솜씨.   [phrenology
상술(詳述)명 자세하게 진술함. 대 개술(槪述). 약술(略述). full account 하타
상-스럽-다[一쓰一](常一)형[ㅂ변] 언행이 천하고 야하다. (센) 쌍스럽다. vulgar 상-스레튀
상습(常習)명 항상 하는 버릇. habit
상습=범(常習犯)명《법률》같은 죄를 때때로 범함. 또, 그 사람. 대 기회범(機會犯). habitual crime
상습성 변:비(常習性便秘)명《의학》창자에 특별한 질병이 없으면서 늘 변비가 되는 병.
상습-자(常習者)명 어떤 그릇된 일에 상습이 된 사람. habitual offender
상습-화(常習化)명 상습으로 됨. 하타
상:승(上昇·上升)명 위로 올라감. 대 하강(下降). 하타
상승(相承)명 ①서로 계승함. ②《불교》사승(師僧)이 제자에게 교법을 전해 주면, 제자가 그대로 이어가는 일. 하타   [etrical 하타
상승(相乘)명《수학》두 가지 수를 서로 곱함. geom-
상승(常勝)명 늘 이김. 유 필승(必勝). be ever-victorious 하타   [가다
상승 가도를 달리다편 상승하는 기세를 몰아 계속 나
상:승-경(上昇莖)명《식물》다른 물건에 의지하여 위로 올라가는 덩굴로 된 기둥. climbing stem
상승-군(常勝軍)명 ①어느 곳을 막론하고, 적과 싸워서 늘 이기는 군대. ever-victorious army ②《역사》중국 청(淸)나라 때, 장발적(長髮賊)의 난리 때 큰 공을 이룬 군대.
상:승 기류(上昇氣流)명《천문》①공기가 위로 유동(流動)하는 현상. ②상승하는 기류. ascending air
상:승-도(上昇度)명 상승하는 정도.   [current
상:승-력(上昇力)명 위로 올라가는 힘.
상승-비(相乘比)명《수학》같은 종류의 양(量)이 여러 개 있을 경우 첫째의 양과 마지막 양과의 비(比). geometrical ratio

상승 상부(相勝相負)명 승부가 서로 같음. draw 하타
상:승 작용(相乘作用)명 몇 가지 원인이 동시에 겹쳐 작용하면 하나씩 따로따로 작용할 때의 합(合)보다 많은 효력을 나타내는 작용.   [군.
상승 장군(常勝將軍)명 적과 싸워서 항상 이기는 장
상승=적(相乘積)명《수학》두 개 이상의 수를 서로 곱하여 얻은 값. product of multiplication
상승 평균(相乘平均)명《수학》여러 개의 수의 상승적(相乘積)을 그 개수(個數)의 승근(乘根)으로 개법(開法)한 것. 기하 평균(幾何平均). 대 상가 평균(相加平均). geometrical average
상:승 한(上昇限)명 항공기의 주익(主翼)의 부력과 자중(自重)이 균형이 잡히, 그 이상 상승하지 않는 고도(高度).
상승 효:과(相乘效果)명 어떤 두 개 이상의 요소가 복합적으로 작용하여 나타내는 큰 효과.
상:시(上試)명《제도》과거(科擧) 시험관의 우두머리.
상시(常時)명 ①보통 때. 항시(恒時). ordinary times ②【→】평상시(平常時).
상:시(嘗試)명 시험하여 봄. 하타
상시에 먹은 맘이 꿈에도 있다4 꿈을 꾸는 내용은 평상시에 가진 생각이 어떤 모양으로라도 나타난다.
상시에 먹은 맘이 취중에 난다4 누구나 술에 취하게 되면 평소에 가졌던 생각이 언행에 나타난다.
상:시지=계(嘗試之計)명 남의 뜻을 떠보아서 시험하는 계고.
상:식(上食)명 상가(喪家)에서 아침 저녁으로 궤연(几筵) 앞에 올리는 음식. offering of meals to the departed soul
상식(相識)명 서로 면분(面分)이 있음. acquaintance 하타
상식(常食)명 늘 먹음. 또, 그 음식. staple food 하타
상식(常識)명 일반 사람으로서 가져야 할 일반적인 지식·이해력·판단력. common sense
상식-가(常識家)명 ①상식이 풍부한 사람. man of (good) sense ②세상 일반의 보편적인 사고 방식이나 행동을 하는 사람.
상식-론(常識論)명 상식적인 이론.
상식-적(常識的)관형명 상식인 그(것). 또, 그것의 상식에 관한(것). sensible   [하타
상식-화(常識化)명 상식적으로 됨. 상식이 되어 버림.
상:신(上申)명 웃어른에게 경위나 의견을 말이나 글로 여쭘. report 하타
상:신(上臣)명《동》상대등(上大等).
상신(相臣)명《동》상국(相國).
상신(相信)명 서로 믿음. 서로 신용함. mutual trust
상신(喪神)명《동》실신(失神)①. 하타   [하타
상신(傷神)명 정신을 해침. mental injury
심신(霜信)명 서리와 같이 오는 소식이라는 뜻에서, '기러기'의 딴이름.   [이.
상:신=간(相信間)명 서로 믿는 사이. 서로 뜻을 튼 사
상:신=서(上申書)명 상신한 문서. written report
상:신-석(常信石)명《한의》강원도에서 생산된 비상(砒霜). 학질·두창(漏瘡)·치루(痔漏) 따위의 병을 고치는 데 씀.
상실(桑實)명《식물》뽕나무의 열매. 오디.
상실(爽失)명 사실에 어그러짐. 하타
상실(喪失)명 불행하게 잃어버림. 상망(喪亡). 실신(失神)①. 의력 획득(獲得). loss 하타
상실(詳悉)명 내용을 자세히 앎. knowing completely
상실(橡實)명《동》상수리.
상실-법(詳悉法)명《수사》사물을 그대로 표현하기 위하여 자세하게 서술하는 수사법.
상실-유(橡實乳)명《동》도토리묵.
상실=자(一一者)명《한의》《상실자》가지고 있는 기억·능력·권리·자격 따위를 잃은 사람.
상:심(喪心)명《동》실신(失心). 하타
상심(傷心)명 마음을 상함. 걱정을 함. 심상(心傷).

상심(傷心). distress 하다
상심(詳審)[명] 자세히 살핌. full investigation 하다
상-싶-다[조형] →성싶다.
상:-씨름[上一][체육] 씨름판에서 결승을 다투는 씨름.
상아(象牙)[명] 코끼리의 앞니. 매우 단단하고 빛은 엷은 황백색이며, 악기·도장 따위의 여러 가지 공예품을 만드는 데 쓰임. ivory
상아(詳雅)[명] 상세하고 단아(端雅)함. 하다
상아(嫦娥)[명] 달 속에 있다는 선녀(仙女). 항아(姮娥).
상아-색(象牙色)[명] 상아의 빛깔. 곧, 엷은 황백색(淡黃白色).
상아-질(象牙質)[명][생물] 척추 동물의 이를 구성하는 기본 물질.
상아-탑(象牙塔)[명] ①학자들이 조용하게 들어앉아 연구에 열중하고 있는 연구실. ②속세를 떠나 오로지 고일(高逸)한 학문·예술 부문에 잠기려는 경지. ③대학의 이칭(異稱). ivory tower
상아-홀(象牙笏)[명] ①1품에서 4품까지의 벼슬아치가 가지던 홀(笏). ②상아로 만든 홀.
상:-악(上顎)[명] ①상악골이 있는 부분. ②위턱. ③[동물] 갑각류(甲殼類)의 세 번째의 발. (대) 하악(下顎).
상:악-골(上顎骨)[명][생리] 두개골(頭蓋骨)의 한 부분으로 입천장을 구성한 한 쌍의 뼈. upper jawbone
상:악-동(上顎洞)[명] 부비강(副鼻腔)의 하나. 상악골체의 가운데에 있는 한 쌍의 공동(空洞).
상안(眼)[명][동] 상감(象嵌).
상압(常壓)[명] 정압(定壓).
상압 증류(常壓蒸溜)[명][물리] 평압(平壓) 상태에서 행하는 증류 방법. →진공 증류(眞空蒸溜).
상앗-대(명) 배질을 하는 데 쓰는 장대. [약] 삿대. 사앗대. boatman's pole
상앗대-질[명] ①상앗대로 배를 움직이게 하는 일. poling ②말다툼을 할 때에 주먹이나 손가락 또는 막대기 같은 것으로 상대자의 얼굴을 향하여 폭폭 내지르는 짓. [약] 삿대질. shaking a fist in another's face 하다
상애 상시(常時)에. always
상애(相愛)[명] 서로 사랑함. 하다
상애(相愛)[명] 서로 사랑함. mutual love 하다
상애 상조(相愛相助) 서로 사랑하고 서로 도움. 하다
상애지-도(相愛之道)[명] 서로 사랑하는 도리.
상야(霜夜)[명] 서리가 내리는 밤. frosty night
상야(霜野)[명] 서리가 내린 들. 초목이 서리를 맞아 [시든 들.
상야-등(常夜燈)[명] 밤새도록 켜 놓는 등.
상:-약(上藥)[명] 좋은 약. [하다
상약(相約)[명] 약속함. 또, 그 약속. engagement
상약(常藥)[명] 가정이나 개인의 사사 경험으로 쓰이는 약. private medicine
상약(嘗藥)[명] ①높은 사람에게 약을 권하기 위하여 먼저 맛을 보는 일. ②약을 먹거나 마심. 하다
상양(相讓)[명] 서로 사양함. 서로 양보함. mutual
상양(徜徉)[명] 어슷거려 노님. [concession 하다
상양(賞揚)[명] 칭찬하여 높임. 하다
상어(어류) 횡구류(橫口類)의 교류(鮫類)에 딸린 바닷물고기의 총칭. 몸은 원추형으로 입은 옆으로 쩨지고 꼬리지느러미는 칼 모양임. 껍질은 경질의 비늘로 덮였고 고기는 식용하며 껍질은 구두 공구의 장식용으로 쓰임. 사어(沙魚)②. 교어(鮫魚). shark
상어-피(一皮)[명] 상어의 껍질.
상:언(上言)[명] 백성이 임금에게 글을 올림. petition
상:언 별감(上言別監)[제도] 거동 때에 백성이 올리는 장계를 받던 임시관(臨時官).
상업(商業)[명] 상품을 사고 팔아 이익을 얻는 영업. [약] 상(商)④. commerce 하다
상업-가(商業家)[명] ①상업하는 사람. ②상업을 솜씨 있게 잘하는 사람. businessman [business world
상업-계(商業界)[명] 상업의 사회(社會). [약] 상계.
상업 고등 학교(商業高等學校)[교육] 상업에 관한 지식과 기술의 전문 교육을 주로 하는 실업 고등 학교. [약] 상고(商高). commercial high school
상업 공:황(商業恐慌)[명][경제] 상업 거래상의 투기 활동으로 인해 많은 상사의 파산이 야기되는 공황. commercial panic
상업 교:육(商業教育)[명][교육] 상업에 필요한 이론과 기술을 가르치는 교육. commercial education
상업-국(商業國)[명] 상업으로써 발달한 나라. country of commerce
상업 금융(商業金融)[명][경제] 상업에 대한 단기의 금융. commercial loan
상업 기관(商業機關)[명][경제] 상거래(商去來)에 편의를 주어 상업의 발달을 돕는 기관. 은행·해운·철도 따위.
상업 도:덕(商業道德)[명] 상업 활동을 할 때 지켜야 할 도덕이나 의리. 상도. 상도덕. commercial ethics
상업 도시(商業都市)[명] 상업으로 인해 발전하고 번영한 도시. commercial city
상업 등기(商業登記)[명][법률] 상법(商法)에 규정한 일을 법원의 상업 등기부에 등기하는 일. commercial registration [correspondence
상업-문(商業文)[명] 상업상의 내용을 적은 글. business
상업 미:술(商業美術)[명][미술] 응용 미술의 하나. 상업상의 필요로 제작되는 미술. 광고·도안·상품의 의장(意匠) 따위. 광고 미술(廣告美術). commercial art
상업 방:송(商業放送)[명] 상품의 광고료로 수입의 근원을 삼는 방송. 민간 방송(民間放送). (대) 공공 방송(公共放送). commercial broadcasting
상업 부:기(商業簿記)[명][경제] 상품의 매매를 대상으로 하여 생긴 손익의 계산을 주목적(主目的)으로 하는 부기. 일기장·분개장(分介帳)·원장(元帳) 따위를 주요부(主要簿)로 삼음. commercial bookkeeping
상업 사:용인(商業使用人)[명][법률] 특정한 상인에게 종속되어 그 사업의 노무(勞務)에 종사하는 사람. 회사원·은행원·지배인 따위. employee
상업 수:학(商業數學)[명][수학] ①수학의 계산법을 상업상의 계산에 응용하는 수학. ②상거래 및 기업 재무에 관한 계산을 다루는 수학. commercial mathematics
상업 신:용장(一짱)(商業信用狀)[명][법률] 수출입 대금 결제를 위해 발행된 신용장. commercial letter of credit
상업 어음(商業一)[명][경제] 상인이 실제적인 상업의 거래를 위하여 다른 상인 또는 은행 앞으로 발행하는 어음. commercial papernote
상업 영어(一녕一)(商業英語)[명] 상업에 관한 영어. business English
상업 은행(商業銀行)[명][경제] 은행의 하나. 상인의 편리를 꾀하여 설립된 것으로 단기 신용의 매개(媒介)를 비롯하여 할인·대부·예금·어음 등의 업무를 다룸. 상업은(商業銀). commercial bank
상업 이:윤(商業利潤)[명][경제] ①상업상의 이윤. ②상업 거래에 붙여져 이루어진 이윤의 부분.
상업 자:본(商業資本)[명][경제] 상업에 투자된 자본. 보통 유동 자본이 주가 됨. trading capital
상업 장부(商業帳簿)[명][경제] 상인이 모든 거래를 기록·정리하는 장부. 곧, 일기장·재산 목록·대차 대조표 따위의 총칭.
상업적 농업(商業的農業)[명]①일반적으로 상품 생산을 목적으로 하는 농업. ②양잠·소채·과실·축산 따위와 같이, 산물의 대부분을 상품으로 처리하는 농업 생산 부문.
상업 조합(商業組合)[명][경제] 중소 상업자 상호간의 이익을 증진하고자 조직한 조합. guild, trade association
상업 증권(一꿘)(商業證券)[명][경제] 상업 거래의 목적인 유가 증권. 어음·주권(株券) 따위. securities
상업 지리학(商業地理學)[명][지리] 지리학의 한 부문.

상업 상태의 구성·성립 등을 지리학적으로 연구하는 학문.

상업 지역(商業地域)[명] 한 도시 안에서 특히 상업이 발전된 지역. 상업이 잘되는 지역. 이 지역에는 화약류·비료·유리·연탄 등의 공장은 건축할 수 없음. business district

상업 통신(商業通信)[명] 상업상의 통신. business correspondence

상업=학(商業學)[명]〈경제〉①상업 경영을 연구하는 학문. 상업 경영학. commercial science ②재화가 생산자로부터 소비자에게 옮아 가는 과정 등 상업을 연구하는 학문. 상업 경제학. ⟨약⟩상학(商學).

상업 학교(商業學校)[명]〈교육〉상업에 관한 보통 지식과 기술을 가르치는 실업 학교의 하나. commercial school ⟨약⟩상-교(商-校).

상:-없:-다(常-)[형] 상리(常理)에 벗어나다. unreasonable

상여(喪轝)[명] 시체를 묘지(墓地)까지 나르는 제구(諸具). 영여(靈轝). 온량거(輻輬車). ⟨유⟩행상(行喪). ⟨준⟩상두(喪一). bier

상여(賞與)[명] ①상으로 금품 등을 줌. reward ②관청이나 회사에서 사원들에게 부지런히 힘쓴 데 대하여 금전을 줌. 또, 그 돈. ⟨대⟩본봉(本俸). bonus 하타

상여=금(賞與金)[명] ①상금으로 주는 돈. ②회사나 관청에서 직원들에게 부지런히 힘쓴 데 대하여, 금전을 줌. 또, 그 돈. bonus [一]. bier bearer

상여-꾼(喪轝-)[명] 상여를 메는 사람들. 상두꾼(喪一).

상여 나갈 때 귀청 내달란다[관] 바쁘고 수선스러울 때, 상관도 없는 일을 부탁해달라고 한다.

상여 뒤에 약방문[관] 일은 다 그릇되어 끝이 났으므로 무엇을 하여도 소용이 없다.

상역(商役)[명] 상업의 일.

상역-국(商易局)[명]〈법률〉상공부에 딸린 한 국. 상업 및 무역에 관한 계획과 수출입에 관한 사무를 맡아봄. Trade Bureau

상:-연(上椽)[명]〈건축〉마룻대에서 양편으로 급경사(急傾斜)지게 건너지르는 서까래. rafter

상:연(上演)[명]〈연예〉연극을 무대 위에서 실연(實演)함. presentation 하타

상:연(爽然)[명] ①맑고 시원한 모양. ②십년이 다 상쾌한 모양.

상:연-료(-料)(上演料)[명] 어느 기간 안에 어떤 희곡의 흥행권을 저작자로부터, 일시적으로 양도받은 데 대하여 치르는 돈. fee for performance

상엽(桑葉)[명] 뽕나무의 잎사귀. mulberry leaves

상엽(霜葉)[명] 서리를 맞아 단풍 든 잎사귀. tinged autumnal leaves

상여=소리[-쏘-](喪轝-)[명] 행상(行喪) 때 상여꾼들이 부르는 구슬픈 소리. cry of bier bearer

상여=집[-찝](喪轝-)[명] 상여를 넣어 두는 초막(草幕). 곳집②. hut for the bier

상:영(上映)[명] 영화(映畵)를 공개(公開)함. screening 하타

상:영-권[-꿘](上映權)[명]〈법률〉영화를 상영할 수 있는 권리. 「제 곡조. 4장(章)으로 되어 있음.

상:-영산(上靈山)[명]〈음악〉영산 회상(靈山會相)의 첫

상예(賞譽)[명] 칭찬함. 하타

상:오(上午)[명] 밤 0시부터 낮 12시까지의 동안. 또는 아침부터 점심때까지의 사이. 오전(午前). ⟨대⟩하오(下午).

상:오(晌午)[명] 정오(正午). [하오(下午). forenoon

상=오리(常一)[명]〈조류〉오리과의 물새. 날개 길이 16〜19 cm로 머리와 목은 구릿빛, 등에 흑백색의 가는 반점과 가슴에 검은 점이 있음. 엽조로 중요하며 고기는 맛이 좋음. 침부(沈鳧)②. teal

상:-옥(上屋)[명]〈건축〉선화(船貨)의 보호·분별 또는 선객용 등에 충당하기 위하여 부두에 지은 건물.

상온(常溫)[명] ①항상 일정한 온도. 항온(恒溫). constant temperature ②일년 동안의 평균 온도. average temperature ③보통 온도. normal temperature

상:온(想蘊)[명]〈불교〉어떤 대상에 접촉하여 얻은 의식하는 여러 가지 정상(情想). →오온(五蘊).

상온 동:물(常溫動物)[명] 정온(等溫) 동물. 혈온(血溫) 동물.

상온-층(常溫層)[명]〈지리〉계절과 밤낮의 관계없이 늘 고른 땅속으로 층. 항온층(恒溫層). invariable stratum

상:-완(上浣)[명]〈동〉상순(上旬).

상:-완(上腕)[명]〈생리〉어깨에서 팔꿈치까지의 부분. 상박(上膊). upper arm

상완(賞玩)[명] 즐기어 구경함. appreciation 하타

상:완-골(上腕骨)[명]〈생리〉위팔의 뼈. 상박골(上膊骨). ⟨대⟩전완골(前腕骨). humerus

상:완 삼두근(上腕三頭筋)[명]〈생리〉상완의 뒤쪽에 있는 큰 근육. 셋으로 갈라진 두부가 합쳐 큰 건(腱)이 되어 팔꿈치 끝에 붙음. 팔꿈치를 펴는 작용을 함. 삼두 박근(三頭膊筋).

상:완 이:두근(上腕二頭筋)[명]〈생리〉위팔 앞쪽의 큰 근육. 둘로 갈라진 두부가 합쳐서 요골(橈骨) 위 끝에 붙었으며, 팔을 굽히는 작용을 함. 이두 박근(二頭膊筋).

상:-왕(上王)[명]〈역〉→태상왕(太上王).

상욕(相辱)[명] 서로 욕설을 함. 하타

상욕(相辱相鬪)[명] 서로 욕을 하며 때리고 다툼.

상:용(商用)[명] ①상업상의 용무. on business ②장사에 쓰거나 쓰임. commercial use 하타

상용(常用)[명] 일상 생활에 늘 씀. daily use 하타

상용(常備)[명] 항상 고용하고 있음. 하타

상용(賞用)[명] 마음에 들어 좋아하여 씀. 즐겨 씀. 하타

상용 대:수(常用對數)[명]〈수학〉10을 저수(底數)로 하는 대수. 보통 계산할 때 쓰는 대수. common logarithms [그.

상용 로그(常用 log)[명]〈수학〉10을 밑으로 하는

상용-문(商用文)[명] 상업상에 쓰이는 글. business letter

상용-시(常用時)[명]〈천문〉일반에 널리 쓰이는 시간. 곧, 태양 평균시(太陽平均時)에 있어서 자정(子正)을 하루의 기점(起點) 0시)으로 하는 시법(時法). ⟨대⟩천문시. [common words

상용-어(常用語)[명] 일상 생활에 쓰는 말. 늘 쓰는 말.

상용-어(商用語)[명] 상업상에 쓰이는 말. business language

상용-자(常用者)[명] 어떠한 물건을 늘 쓰는 사람.

상용 한:자[-짜](常用漢字)[명] 교육부가 자수를 1800자로 제한한 교육용 기초 한자.

상:-우(上愚)[명] 엄청난 우백. 심한 바보.

상우(相遇)[명] 서로 만남. 하타

상우(喪偶)[명]⟨동⟩상처(喪妻). 하타

상우(賞遇)[명] 개전(改悛)의 정이 있는 죄수에게 상으로 주는 특별 대우. 하타

상우-다(傷一)[타] 상하게 하다. injure

상우-례(相遇禮)[명] 신랑이나 신부가 처가나 시가의 친척과 처음 만나 보는 예식.

상운(祥雲)[명] 복되고 길한 구름. auspicious clouds

상운(祥運)[명] 상서로운 운수. good luck

상운(商運)[명] 상업상의 운수.

상:-원(上元)[명] 음력 정월 보름날. 명절의 하나. ⟨대⟩하원(下元). January fifteenth of the lunar calendar

상:-원(上院)[명] 양원제(兩院制) 국회에 하원과 병립(並立)하여 조직된 입법(立法) 기관. 참의원(參議院). 상의원. ⟨대⟩하원(下院). Upper House

상원(桑園)[명] 뽕나무 밭. 상전(桑田). mulberry plantation

상원(常願)[명] 평소에 품고 있는 소원.

상:-원산(上一)[명]〈광물〉광맥(鑛脈)의 면에서 위가 되는 편작. ⟨대⟩개원산.

상:-원수(上元帥)[명]〈제도〉고려 때 출정(出征)하는 군대를 통솔하던 대장(大將). 또는 고을의 병권(兵權)을 도맡아 주장하던 장수(將帥).

상월(祥月)(大祥)의 달(大祥)을 지내는 달. month of the second memorial service

상월(霜月)[명] ①서리가 내린 밤의 달. moon of a frosty night ②음력 11월의 딴이름. ③서리와 달.

상:-위(上位)[명] 위치나 지위로서의 윗자리. ⟨대⟩하위(下位). high-rank

상위(相位)[명]〈제도〉①정승(政丞)의 자리. ②의정부의 하례(下隷)가 의정(議政)을 일컫던 말. [하다]
상위(相違)[명] 서로 어긋남. 오차(誤差)¹. difference
상위(常委)[명]〈약〉→상임 위원. 상임 위원회.
상위(霜威)[명] ①서리가 내려 찬기가 심함. ②엄한 위광(威光)을 비유하는 말.

상:위 개:념(上位槪念)[명]〈논리〉다른 개념보다 크고 넓은 외연(外延)을 가진 개념. 고급 개념(高級槪念). (대) 하위 개념.
상:위-권(一圈)(上位圈)[명] 윗길에 속하는 테두리 안.
상위 그룹(上位 group)[명] 상위권에 드는 집단.
상:위-자(上位者)[명] 높은 지위에 있는 사람.
상:유(上諭)[명]〈제도〉임금의 말씀. imperial edict
상:-양심(尙有良心) 악한 일을 한 사람에게도 양심은 남아 있음. 바르게 인도할 여지가 있음을 뜻함. Even a criminal has some conscience
상은(商恩)[명]〈약〉상업 은행. 「kindly feeling
상은(傷恩)[명] 은정(恩情)을 상하게 함. hurting other's
상:음(上音)[명]〈물리〉①기본보다 진동수가 많고 높은음. 음은 기본음과 상음으로 구성되고, 그 강도에 따라 그 음색이 정하여짐. overtone ②광의(廣義)의 배음(倍音). [하다]합.
상:음(上淫)[명] 자기보다 지위가 높은 여자와 사통(私通)함.
상응(相應)[명] ①서로 응함. responding ②서로 기맥을 통함. acting in concert ③서로 맞아 어울림. 유가(瑜伽). well-matched [하다]-하. [下衣] coat
상:의(上衣)[명] ①상체에 입는 옷. ②저고리. (대) 하
상:의(上意)[명] 임금의 마음. 윗사람의 마음. 지배자의 생각. (대) 하정(下情). 하의(下意). will of a superior [의사.
상:의(上醫)[명]〈의학〉상등 으행. 치료 기술이 빼어난
상:의(上議)[명] 어떤 일을 의제(議題)에 올림. [하다]
상의(相依)[명] 서로 의지함. [하다] Itation [하다]
상의(商議·商議)[명] 서로 의논함. 상담(相談). consu-
상의(常衣)[명] 항상 입고 있는 옷. 보통 입는 옷.
상의(詳議)[명] 상세하게 의논함. 또, 그 의논. [하다]
상:-의원(上議院)[명]〈동〉상원(上院).
상:의 하:달(上意下達)[명] 윗사람의 뜻이나 명령을 아랫 사람에게 전함. (대) 하의 상달(下意上達).
상:의 하:상(上衣下裳)[명] 위에 입는 웃과 아래에 입는 옷. 또는 저고리와 치마.
상이(相異)[명] 서로 다름. difference [하다] [무엇서.
상이(桑耳·桑栮)[명]〈식물〉뽕나무에 돋는 버섯. 뽕나
상이(傷痍)[명] 전쟁 등으로 상처를 입음. get a wound
상이(霜異)[명] 철 아닌 때에 내린 서리. unseasonable frost [하다] 상례(霜災). [경찰서.
상이 군경(傷痍軍警)[명] 전투에서 상해를 입은 군인과
상이 군인(傷痍軍人)[명] 전투나 군사상 공무 집행시에 상처를 입은 군인. 「입고 제대한 용사.
상이 용:사(傷痍勇士)[명] 군에서 복무하다가 부상을
상이-점(一쩜)(相異點)[명] 서로 다른 점. difference
상:익(上翼)[명] 다엽식(多葉式) 비행기의 주익(主翼) 중에서 가장 위에 있는 날개.
상:인(上人)[명]〈불교〉①지덕(智德)을 갖춘 불제자(佛弟子). saint ②〈곤〉승려(僧侶).
상인(相人)[명] ①인상(人相)을 봄. 또, 관상쟁이. phrenologist ②흙이나 나무로 만든 사람. 〈유〉우인(偶
상인(常人)[명]〈동〉상사람. [人).
상인(商人)[명] 장사하는 사람. 장수.
상인(喪人)[명]〈동〉상제(喪制)①.
상인(霜刃)[명] 서릿이 시퍼런 칼날. glittering sharp
상인 계급(常人階級)[명] ①보통의 서민층. commoners ②〈제도〉양반(兩班) 또는 벼슬아치가 아닌 보통 백성층. plebeian [blade
상:-인방(上引枋)[명]〈건축〉창이나 문짝의 상부(上部)에 가로지르는 인방. 상방(上枋). upper lintel
상:해:-물(傷人害物)[명] 성품이 검고 흉악하여 사람을 해치고, 물건에 해를 끼침. [하다] [하다

상일(常日)[명] 보통 날. 평상시의 날. 평일(平日).
상:일(詳日)[명] 대상(大祥)을 치르는 날. day of the second memorial service
상일ː-꾼(一닐一)[명] 상일을 업으로 삼는 사람. 〈유〉막일꾼. manual worker
상임(常任)[명] 일정한 직무를 늘 계속하여 맡음. permanent post [하다] [보는 서기.
상임 서기(常任書記)[명] 항상 사무를 계속하여 맡아
상임 위원(常任委員)[명] 일정한 임무를 맡아 보는 위원. 상설 위원(常設委員). member of standing committee ②〈법률〉국회 상임 위원회를 구성하는 위원. 〈약〉상위(常委).
상임 위원회(常任委員會)[명] ①항상 일정한 임무를 담당하는 위원회. standing (permanent) committee ②〈법률〉국회에서 의원을 각 전문 부문별로 나누어 조직한 위원회. 〈약〉상위.
상임 이ː사(常任理事)[명] 일정한 임무를 항상 집행하고 있는 이사. standing (executive) director
상임 집행 위원(常任執行委員)[명] 일정한 임무를 늘 맡아 집행하는 위원. 〈약〉상집(常執). standing executive committee
상ː자(上梓)[명]〈원〉→상재(上梓).
상자(牀第)[명] ①평상과 돗자리. ②평상에 까는 자리.
상자(相者)[명] 관상장이. [box
상자(箱子)[명] 나무나 대, 또는 종이로 만든 손그릇.
상자(橡子)[명] 상수리나무의 열매.
상자-목(桑柘木)[명]〈민속〉육십 갑자에서 임자(壬子)·계축(癸丑)에 붙이는 납음(納音). 「일구자 계축 ~.
상-자성(常磁性)[명]〈물리〉자장(磁場) 안에 놓으면, 자장과 같은 방향으로 자력을 띠는 물질의 성질. paramagnetism
상자성 분석법(常磁性分析法)[명] 액체 혼합물을 자장에 놓았을 때의 시료의 상자성 자화율(磁化率)을 측정하는 분석법.
상자성-체(常磁性體)[명]〈물리〉자석과 서로 끌어당기는 물체. 철·니켈 등. (대) 반자성체(反磁性體). paramagnetic substance
상ː-자일(上子日)[명] 음력 정월의 첫 자일(子日). 이날 궁중(宮中)에서 자낭(子囊)을 재신(宰臣)과 근신(近臣)에게 나누어 주었음.
상자지-향(桑梓之鄕)[명] 여러 대로 살아 내려오던 고향. 여러 대의 조상의 산소가 있는 고향.
상ː작(上作)[명] 곡식이 썩 잘됨. rich crop
상잔(相殘)[명] 서로 싸우고 해침. struggling against each other [하다
상장[명]〈광물〉광산에서 구덩이의 천판과 좌우쪽에서 돌이나 흙이 떨어지지 못하게 막는 작은 나무.
상ː장(上長)[명] 나이나 지위가 자기보다 위인 사람. 손윗 사람. [편지. letter of condolence
상ː장(上狀)[명] 경의(敬意) 또는 조의(弔意)를 표하는
상ː장(上將)[명] 장성(將星)의 으뜸머리. 수석 대장. chief of generals
상ː장(上場)[명]〈경제〉주식(株式)을 매매 대상으로 하기 위하여 거래소(去來所)에 등록하는 일.
상장(喪杖)[명] 상제가 짚는 지팡이. 부상(父喪)에는 대나무, 모상(母喪)에는 오동나무를 씀. 〈속〉상장 막대. mourners stick
상장(喪章)[명] 거상이나 조상(弔喪)의 뜻으로 옷가슴이나 소매 같은 데에 나타내는 표. mourning badge
상장(喪葬)[명] 장사지내는 일과 상중에 하는 모든 예식. funeral service and mourning
상장[一짱](賞狀)[명] 품행(品行)이나 성적(成績)이 우수한 사람에게 상으로 주는 증서. ¶우등 ~. 개근 ~. diploma of honour
상ː장군(上將軍)[명]〈제도〉①신라 때 대장군(大將軍)의 다음인 무관. ②고려 때 이군(二軍)과 육위(六衛)의 으뜸 장수. 정 3 품 a ③조선조 초에 의흥친군(義興親軍)의 십위(十衛)에 딸린 으뜸 장수.
상장 막대(喪杖一)[명]〈속〉상장(喪杖).

상:장 상품(上場商品)명 〈경제〉 거래소에 상장된 상품. listed item
상:장이(相-)명 판상장이.
상:장-주(上場株)명 〈경제〉 증권 거래소에 상장된 주식. (대) 비상장주(非上場株). listed stock
상:장 증권(上場證券)명 증권 시장에 상장된 유가 증권.
상장-지절(喪葬之節)명 장사 또는 삼년상의 모든 절차.
상:장 회:사(上場會社)명 그 회사의 발행 주식을 증권 시장에 상장시키고 있는 회사.
상-재(上一)명 동 상좌(上佐)②.
상:재(上才)명 뛰어난 재능. outstanding talent
상-재(←上榟)명 문서를 판목에 새긴다는 뜻으로 문서를 출판하는 일. 상목(上木)②. publishing 하다
상:재(上裁)명 〈제도〉 임금의 재가(裁可). imperial sanction
상재(商才)명 장사하는 재능. business ability
상재(霜災)명 서리가 내려서 곡식이 해를 입는 재앙. 상이(霜異)②. frost-damage
상쟁(相爭)명 서로 다툼. ¶골육(骨肉)～. against each other struggling 하다
상적(相敵)명 양편의 겨루는 힘이 서로 비슷함. 하다
상적(相適)명 서로 걸맞거나 서로 비슷함. 하다
상적(商敵)명 상업에 있어서의 경쟁자. trade rival
상=적광토(常寂光土)명 〈불교〉 항상 변하지 아니하는 광명 세계(光明世界)라는 뜻으로, 부처의 처소나 빛나는 마음의 세계를 이름. (약) 상적토(常寂土).
상적토(常寂土)명 (약)→상적광토(常寂光土).
상:전(上田)명 소출이 많은 좋은 전지(田地). (대) 하전(下田). rich field
상:전(上典)명 종에 대하여, 그 주인을 이르는 말. (대) 하인(下人). one's master 하다
상:전(上殿)명 궁중으로 올라감. 전상(殿上)에 오름.
상전(床廛)명 〈제도〉 잡화(雜貨)를 파던 가게.
상전(相傳)명 대대로 이어 전함. 서로 전함. ¶～ 비법(秘法). inheritance 하다
상전(相戰)명 ①말다툼하거나 서로 싸움. fight ②바둑·장기 따위로 승부를 겨룸. 하다
상전(桑田)명 (동) 상원(桑園).
상전(常典)명 상규(常規)②.
상전(商戰)명 상업상의 일로 싸움. 상업상의 다툼. commercial competition
상전(詳傳)명 상세하게 쓴 전기(傳記).
상전(賞典)명 ①공로의 대소에 따라 상을 주는 격식. rewarding system ②상여(賞與)의 규칙. rewarding regulations ③〈제도〉 과거를 장려하기 위하여 사용하던 책 따위. 상격(賞格)②. conferring prize
상전 배부르면 종 배고픈 줄 모른다(관용) 남의 사정은 조금도 알아주지 않고, 저만 위해 줄 알고 제 욕심만 채우려는 사람의 비유.
상전 벽해(桑田碧海)명 뽕나무 밭이 변하여 푸른 바다. 곧, 세상의 모든 일이 덧없이 변천함의 비유. 창상(滄桑). 상전창해(桑田滄海). 창해상전(滄海桑田). 창해(滄桑). Things are subject to change
상:전 옥답(上田沃畓)명 좋은 밭과 기름진 논.
상전은 미고 살아도 종은 미고 못 산다(관용) 상전은 멀리하고 괄시하고도 살 수 있지만, 종에 대해서는 그 마음을 받고 늘 만족시키는 일이 어렵다.
상전의 빨래에 종의 발뒤축이 희다(관용) 남의 일을 하여 주면 그만한 소득이 있다.
상=전이(相轉移)명 〈물리〉 한 상(相)의 물질이 조건에 따라 다른 상으로 이행하는 현상. 융해·고화·기화·응결 따위. phase transition
상전 창해(桑田滄海)명 상전 벽해(桑田碧海).
상점(商店)명 물건을 파는 가게. 상포(商鋪). shop
상점(相接)명 〈수학〉 서로 접함. contact 하다
상:절(上丁)명 〈민속〉 다달이 첫째 정(丁)의 날. 이 날, 나라 또는 개인의 집에서 제사를 지냈음.
상:정(上程)명 의안(議案)을 회의에 내놓음. laying

a bill before the House 하다
상정(常情)명 사람에게 공통적으로 있는 보통의 인정. ordinary human nature
상:정(想定)명 어떤 정황을 가정적으로 생각하여 결정함. supposition 하다
상정(詳定)명 〈제도〉 관청에서 쓰는 물건의 값을 정해 놓고, 오랫동안 변경하지 않던 일. 하다
상정(傷情)명 정분(情分)을 손상함. injuring one's feeling 하다
상:정-량(想定量)명 상정(詳定)한 분량. 추정량(推定量).
상정-례(詳定例)명 〈제도〉 상정한 규례(規例).
상정-미(詳定米)명 〈제도〉 상정법(詳定法)에 의해 징수한 쌀.
상:제(上帝)명 ①하늘을 맡아 다스린다는 신. ②하느님. God
상:제(上第)명 〈제도〉 과거(科擧)의 첫째, 또는 첫째로 급제한 사람. 장원(壯元).
상:제(上製)명 ①상등으로 만든 것. ②(약)→상제본
상제(相制)명 서로 견제(牽制)함. 하다
상제(相濟)명 서로 구제함. 하다
상제(常制)명 항상 정해 있는 제도.
상제(喪制)명 ①부모나 또는 이미 아버지가 세상을 뜬 뒤에, 조부모의 상중에 있는 사람. 극인(棘人). 상인(喪人). mourners ②상중의 복제(服制). mourner dress regulations
상제(喪祭)명 ①장사 뒤에 지내는 제사. 우제(虞祭). ②상례(喪禮)와 제사(祭祀). ¶驥驛～.
상제(嘗祭)명 굴에 회 두이 난 좋은 말. ¶녹이(綠耳) ～.
상제-나비(喪制-)명 〈곤충〉 흰나비과의 나비. 날개 길이 66～75 mm이고 몸 빛은 흰빛으로 투명하며 암컷의 알날개는 시맥을 중심, 뒷날개 시맥은 흑색이며 수컷은 앞뒤로 모두 흑색임. 유충(幼蟲)은 사과나무·벚나무 등을 해침.
상제보다 두벌기가 더 설워한다(관용) 직접 일을 당하고 있는 사람보다 다른 사람이 더 걱정한다.
상:제:본(上製本)명 실로 꿰맨 후, 가장자리를 자르고 다듬은 다음, 표지를 붙이는 제본 양식의 하나. (약) 상제(上製).
상제-설(相制說)명 정신 작용(精神作用)과 육체(肉體) 사이에 서로 제약하는 인과(因果) 관계를 인정하는 학설.
상:조(上午)명 〈약〉→시기 상조(時機尚早).
상조(相助)명 서로 도움. ¶상부(相扶) ～. mutual assistance 하다
상조(相照)명 서로 대조함. contrast 하다
상조(商調)명 〈음악〉 동양 고전 음악의 오음계 중, 상(商)의 음을 주음으로 하는 음계. →오음(五音).
상조 작용(相助作用)명 〈생리〉 다른 생물이 가까이에 존재함으로써, 생리적 과정이나 개체의 행동이 활발해지는 생태학적 작용.
상:족(上足)명 제자 가운데서 뛰어난 사람. 고족(高足). outstanding disciple
상:족(上族)명 막 잠을 자고 난 누에를 발이나 섶에 올림. 하다
상:존(尚存)명 아직 존재함. existing 하다
상존(常存)명 언제나 존재함. permanent existence
상존 성(尚存聖)명 (동) 평상 성층(平常星層).
상:존호(上尊號)명 〈제도〉 임금의 성덕(聖德)을 칭송하여 존호를 올림. 하다
상종(相從)명 서로 의좋게 지냄. 과종(過從). ¶유유(類類) ～. association 하다
상:종-가(上終價)명 〈경제〉 증권 거래소에서, 하루에 오를 수 있는 최고 한도까지 오른 주가(株價). (대) 하종가.
상:좌(上佐)명 〈불교〉 ①동 행자(行者). ②승려 중에서 사승(師僧)의 대를 이을 가장 높은 사람. 상재.
상:좌(上座)명 ①윗자리. 높은 자리. 고좌(高座). top seat ②〈불교〉 절의 주지(住持)·강사(講師)·선사(禪師)·원로(老老) 들이 앉는 자리.
상:좌-승(上座僧)명 상좌에 앉는 승.

상좌 중이 많으면 가마솥을 깨뜨린다[족] 일을 하는데 부질없이 간섭하는 사람이 많으면 잘되기는커녕 도리어 해롭다.

상:주(上主)[명] (동) 천주(天主).

상:주(上奏)[명] 임금에게 말씀을 아룀. report to the Throne 하타

상:주(上酒)[명] 썩 좋은 술. 고급주. 상등주(上等酒).

상주(常住)[명] ①(불교) 생멸(生滅)·변화(變化) 없이 항상 있음. (대) 무상(無常). eternity ②(불교) 승려의 집물(什物). 곧, 사종(四種)의 상주 ③항상 거주함. 늘 머무름. settle down 하타

상주(常駐)[명] 언제나 주둔·주재하고 있음. 하타

상주(喪主)[명] (동) 맏상제.

상주(賞酒)[명] 상으로 내리는 술. (대) 벌주(罰酒). drin-

상-주-다(賞—)[자타] 칭찬하는 뜻으로 상을 주다.

상주물(常住物)(불교) 절에 딸린 동산·부동산의 총지.

상주보고 제삿날 다툰다[족] 정확히 아는 사람에게 도리어 자기의 틀린 것을 고집한다. 곧, 억지 쓴다.

상:주-불(上主佛)[명] (불교) 염주의 위에 꿴 큰 구슬. biggest bead of a rosary

상주 불멸(常住不滅)[명] (불교) 본연 진심(本然眞心)이 없어지지 아니하고 영원히 있음. constancy 하타

상:주서(上奏書)[명] 상주하는 사연을 적은 문서(文

상:주-안(上奏案)[명] 임금에게 상주하는 안건.

상주 인구(常住人口)[명] 한 지역에 상주하는 인구. 일시적 현재자를 제외하며, 일시적 부재자를 포함함.

상주 좌:와(常住坐臥)[명] 앉고 눕고 하는 일상 생활의 거동.

상:준(上樽)[명] ①제사 때 상 위에 놓는 주준(酒樽).

상준(象樽)[명] 옛적에 코끼리 모양으로 만들어 쓰던

상준(詳準)[명] 상세히 대조(對照)함. 하타. 통.

상:중(桑中)[명] (동) 음사(淫事).

상중(喪中)[명] ①초상을 난 동안. 기중(忌中). 초종중(初終中). ②상제(喪制)로 있는 동안. 거상(居喪). mourning

상:중순(上中旬)[명] 상순(上旬)과 중순(中旬).

상:중-하(上中下)[명] ①위·가운데·아래. upper, middle and lower part ②상등(上等)·중등(中等)·하등

상:지(上旨)[명] 임금의 마음. 상의(上意). [(下枝).

상:지(上枝)[명] 위쪽에 있는 나뭇가지.

상:지(上肢)[명] (생리) 견부(肩部)·상박부(上膊部)·전박부(前膊部)·수부(手部)의 총칭. 곧, 두 팔. (대) 하지(下肢). upper limbs

상:지(上智)[명] 가장 뛰어난 지혜. 또, 그 사람. (대) 하우(下愚). man of outstanding sagacity

상지(相地)[명] 땅의 좋음을 판단하여 봄. 하타

상지(相知)[명] 서로 앎. 또, 그 사이. mutual acquaintance 하타 [내세움. 하타

상지(相持)[명] 서로 양보하지 않고 자기의 고집만을

상지(相紙)[명] 품질이 좋지 못한 종이.

상:지-골(上肢骨)[명] (생리) 상완골(上腕骨)·요골(橈骨)·척골(尺骨)·수지골(手指骨)의 총칭.

상:지-근(上肢筋)[명] (생리) 상지에 있는 근육의 총칭. 곧, 견갑근(肩胛筋)·상박근(上膊筋)·전박근(前膊筋)·수부근(手部筋). [개의 띠. 견대(肩帶).

상:지-대(上肢帶)[명] (생리) 상지를 이루고 있는 여러

상:지=상(上之上)[명] ①(제도) 시문(詩文)을 평가하는 12등급 중의 첫째 급(級). ②가장 우수한 것. best thing

상:지=운:동(上肢運動)[명] (체육) 상지의 근육·골격·관절의 향상과 발달·교정을 위하여 행하는 두 팔과 가슴과 허리의 운동.

상:지-전(上之殿)[명] (불교) 절에서 대웅전(大雄殿)과 법당(法堂)을 맡아보는 임원(任員)의 숙소(宿所).

상:지=중(上之中)[명] (제도) 시문(詩文)을 평가하는 12등급 중의 둘째 급.

상:지=하(上之下)[명] (제도) 시문(詩文)을 평가하는 12등급 중의 셋째 급.

상:직(上直)[명] ①하인들이 숙직함. ②병자·시체 들을 지키고 밤을 새움. ③당직(當直). duty ④숙직(宿直). night-duty

상:직(上職)[명] 윗자리에 있는 직원. 또, 그 직위.

상직(常直)[명] 계속해서 하는 숙직. continued night-duty

상직(常職)[명] ①일상의 직무나 직업. ②일정한 직무

상:직-꾼(上直—)[명] ①당직하는 사람. ②(동) 상직파(上直婆). 상직군(—).

상:직-파(上直婆)[명] 안방에서 부녀의 시중을 드는 노

상:-진동(上振動)[명] (물리) 기본 진동 이외의 진동.

상:질[—질](上秩)[명] 상질.

상:질(上質)[명] 질이 썩 좋은 것. high quality

상질(縰帙)[명] 겹질이 누른 책.

상집(常執)[명] (약)=상임(常任) 집행 위원.

상집(翔集)[명] 날아와 모임. flying in together 하타

상징(象徵)[명] ①말로는 설명하기 힘든 개념 따위를 구체적인 것에 의하여 나타냄. 또, 그 대상물. 표상(表象). 표정(表徵). symbol ②추상적인 사물을 구체화(具體化)하는 것. 또, 그와 같이 나타내는 것. symbolism 하타

상징-극(象徵劇)[명] (연예) 암시와 감득(感得)을 표현 수단으로 삼는 연극이나 희곡. 또, 상징주의극(象徵主義劇).

상징=시(象徵詩)[명] (문학) 19세기말 프랑스 시단을 휩쓴 상징주의 시인들의 의식적·상징적 작품. 서술적인 표현 대신 음악적·암시적(暗示的)인 방법으로 표현하는 시. symbolic poetry

상징=어(象徵語)[명] (어학) 자연·사람·동물 등의 음이나 소리 같은 것의 원형을 본떠서 만드는 말. 의성어(擬聲語). 의태어(擬態語). symbolic words

상징-적(象徵的)[명] 상징의 성질을 띠는(것). 상징을 나타내는(것). 무엇을 상징하는(것).

상징=주:의(象徵主義)[명] (문학) 19세기 후반에서 20세기 초에 프랑스에서, 사실주의·자연주의에 대한 반'동으로 일어난 시문학 운동. 주관(主觀)을 강조하고, 형이상적(形而上的) 또는 신비적 정서를 상징화하려는 주의. 심벌리즘. symbolism

상징-파(象徵派)[명] (문학) 상징주의를 주장하는 문예상의 한 파. symbolists [대타

상징-화(象徵化)[명] 상징으로 됨. 상징으로 만듦. 하

상차-가(相借家)[명] 한 집안끼리 한 용마루 밑에 여러 사람이 빌려 든 집.

상:-차례(床次例)[명] 상을 차리는 차례.

상차 운:송(相次運送)[명] (법률) 몇 사람의 운송인이 책임을 연대하여 운송하는 일. 연대 운송(連帶運送). conveyance on joint responsibility [ay wear

상착(常着)[명] 보통 때 입는 옷. 상복(常服). everyd-

상:찬(上饌)[명] 아주 좋은 반찬. fine side-dishes

상찬(常饌)[명] 늘 먹는 음식.

상찬(常饌)[명] 늘 먹는 반찬.

상찬(賞讚)[명] (동) 찬상(讚賞). 하타

상찬-계(相讚契)[명] (제도) 계원이 서로 칭찬하여 명성을 세상에 전파하여 이익을 보기 위하여 모인 단체.

상찰(詳察)[명] 자세히 살핌. careful observation 하타

상찰(想察)[명] 생각하여 헤아림. 하타

상참(常參)[명] (제도) 의정(議政)을 비롯한 중신(重臣)들이 날마다 편전(便殿)에서 임금에게 국무(國務)를 사뢰던 일.

상:창(上唱)[명] 노래의 목청 소리. 뛰어난 창(唱). good singing voice

상창(傷創)[명] 다친 상처.

상채(喪債)[명] 상고(喪故)를 치르기 위하여 진 빚. debt owing to funeral expenses

상:채(償債)[명] 빚을 갚음. repayment of debt 하타

상:책(上策)[명] 좋은 방책(上計).

상책(商策)[명] 상업에 관한 계책. business policy

상처(喪妻)[명] 홀아비가 됨. 상우(喪偶). 상배(喪配). (대) 상부(喪夫). loss of one's wife 하타

상처(傷處)🅗 ①다친 자리. 흉터. wound ②피해를 받은 자리. ¶전쟁의 ~.
상척(相斥)🅗 서로 배척함. 《대》상인(相引). 하자
상:천(上天)🅗 ①하늘. sky ②하느님. 「lower people
상천(常賤)🅗 상인(常人)과 천인(賤人). common and
상전(霜天)🅗 서리 내리는 밤의 하늘. frosty night sky
상천(常時)🅗 늘. 항상.
상:천 하:지(上天下地)🅗 위의 하늘과 아래에 있는 땅. 곧, 온 세상. whole world
상:첨(上籤)〈민속〉신묘(神廟) 같은 데서 산가지를 뽑아 길흉(吉凶)을 점치는 가장 길한 산가지.
상:청(上請)🅗 썩 간한 청(請). 으뜸가는 청. 하자
상:청(上廳)🅗 〈동〉위청.
상청(常靑)🅗 늘 푸름. 하자
상청(喪廳)🅗 〈속〉궤연(几筵).
상:체(上體)🅗 몸의 윗부분. 사람은 대개 배꼽 위를 일컬음. ¶~ 운동. 《유》상반신(上半身). 《대》하체(下體). upper part of the body
상체(相替)🅗 서로 대체함. 하자
상:체 운:동(上體運動)🅗 상체를 움직이는 운동.
상:초(上草)🅗 품질이 아주 좋은 담배. cut tobacco of the finest quality
상:초(上焦)🅗 〈한의〉 삼초(三焦)의 하나. 위(胃)의 분문(噴門) 부분으로 음식을 흡수함.
상초(霜草)🅗 서리 맞은 풀. 시든 풀. grass nipped by the frost
상초=열(上焦熱)🅗 〈한의〉 상초에 열이 생겨 입 안이 헐고 눈이 벌개지고 머리가 아픈 현상(籠).
상:촉(上燭)🅗 임금의 촛불. 임금의 은총(恩
상추〈식물〉엉거시과의 일년생 또, 이년생 풀. 줄기 높이 1m 가량이며 초여름에 담황색 꽃이 핌. 잎은 먹음. 와거(萵苣). lettuce
상:추(上秋)🅗 초가을. 음력 칠월.
상:추(爽秋)🅗 상쾌한 가을.
상추 밭에 똥 싼 개🅗 한 번 나쁜 짓을 하다가 들킨 사람은 나쁜 일이 드러날 때마다 의심을 받는다는 뜻.「수일. 또, 그 음식.
상초=쌈🅗 고추장·된장 등과 함께 밥을 싸서 먹는 상
상:축(上祝)🅗 〈불교〉 임금을 위하여 기도하는 일.
상:춘(上春)🅗 음력 '정월'의 딴이름. [이축 결정.
상춘(常春)🅗 늘 계속되는 봄.
상춘(賞春)🅗 봄을 맞아 기림. enjoying spring 하자
상춘=객(賞春客)🅗 봄 경치를 즐기는 사람. merrymakers in spring
상춘=등(常春藤)🅗 〈식물〉 댕댕이덩굴. ②〈동〉송악.
상:충(上衝)🅗 위로 치밀어 오름. surging 하자
상:충(相沖)🅗 〈민속〉 방위·일진·시(時) 등이 서로 마주침. 하자
상충(相衝)🅗 맞지 않고 서로 어긋남. contradiction
상취(傷悴)🅗 마음이 상해서 얼굴이나 몸이 축남. 하 「part
상:측(上側)🅗 위쪽의 곁. 《대》하측(下側). upper
상측(喪側)🅗 시체가 있는 곁.
상:층(上層)🅗 ①위층. 《대》하층(下層). upper layer ②윗계급. upper classes
상:층 계급(上層階級)🅗 사회의 상층에 있는 계급. 곧, 자본가·고급 관리 등. 《대》하층 계급(下層階級). upper class
상:층 구조(上層構造)🅗 《동》상부 구조(上部構造)②.
상:층 기단(上層氣團)🅗 〈기상〉 침강에 의해 생기는 예외적으로 건조한 기단. superior air mass
상:층 기류(上層氣流)🅗 상공(上空)의 기류. ascending air current 「(流). upper aircurrent
상:층=류(上層流)🅗 상층의 조류(潮流) 또는 기류(氣
상:층 사:회(上層社會)🅗 신분이 높은 사람들이나 부호(富豪)·유한(有閑) 계급의 사회. 상류 사회(上流社會). 《대》 하층 사회(下層社會). higher stratum of society

상:층운(上層雲)🅗 상층에 높이 떠 있는 구름. 6,000～13,000m의 상공에서 생김. 《대》하층운. high 「clouds
상:층추(上層秋) →상추.
상:치(上-)🅗 같은 종류 가운데서 제일 좋은 것. 상품(上品). article of superior quality
상:치(上齒)🅗 윗니. 《대》하치(下齒). upper tooth
상:치(尙齒)🅗 노인을 존경함. 경로(敬老).
상치(相値)🅗 두 가지의 일이 공교롭게 마주침. coincidence 하자
상치(相馳)🅗 일이나 뜻이 서로 어긋남. contradiction
상치(常置)🅗 늘 비치하여 둠. 늘 설치하여 둠. getting ready 하자
상:치 세:전(尙齒歲典)〈제도〉조선조 때, 세초(歲初)에 조관(朝官)들 부인의 나이가 70세 이상이 된 이에게 궁중에서 쌀·고기·소금 등을 주어 우대 「배치된 인원. 한 일.
상치-원(常置員)🅗 어떤 일을 늘 맡아볼 수 있도록
상:치은(上齒齦)🅗 〈생리〉 윗잇몸. 《대》하치은.
상칙(常則)🅗 경해진 규칙. 상규(常規)②. established rules
상친(相親)🅗 서로 친밀히 지냄. affinity 하자
상친-간(相親間)🅗 서로 친밀히 지내는 사이.
상:침(上針)🅗 ①좋은 바늘. needle of superior quality ②박이옷이나 보료·방석 따위의 가장자리를 실밥이 겉으로 드러나게 꿰매는 일.
상:침=놓다(上針-)🅗 박이옷이나 보료·방석의 가장자리를 실밥이 겉으로 드러나게 꿰매다. sewing
상칭(相稱)🅗 ①〈물리〉서로 대응해서 균형을 유지하는 일. ②〈수학〉서로 맞서고 있음. symmetry ③서로 일컬음. 하자
상쾌(爽快)🅗 마음이 가볍고 쾌함. 상활(爽闊). refreshness 하게 하자 「with light steps
상큼🅗 발을 가볍게 높이 들어 걷는 모양. 《큰》성큼.
상큼-상큼🅗 연해 발을 높이 들어 가볍게 걷는 모양. 《큰》성큼성큼.
상큼-하다🅗 ①아랫도리가 윗도리보다 어울리지 않게 길쭉하다. 《큰》성큼하다. have slender legs ②옷 입은 모양새가 강동하다. ③여름 옷이 풀이 서고 발이 가늘어 보기에 시원하다. look cool ④까칠하고 패끈하다. look hollow 「win a prize
상:타(賞-)자 칭찬의 뜻으로 주는 상을 받다.
상탁(床卓)🅗 제상(祭床)과 향탁(香卓).
상:탁 하:부정(上濁下不淨)🅗 ①윗물이 더러우면 아랫물도 더러움. ②윗사람이 바르지 않으면 아랫 사람도 이를 본받아 행실이 바르지 않다는 말. Like master, like man
상탄(傷嘆·傷歎)🅗 마음이 상하여 슬퍼함. grief 하자
상탄(賞嘆)🅗 탄복하여 크게 칭찬함. praise 하자
상탐(詳探)🅗 자세하게 찾아봄. searching thoroughly
시탑기(柿榻)🅗 〈동〉 감산(平肝). 「하자
상:탕(上湯)🅗 온천에서 가장 뜨거운 곳. hottest place of hot springs
상태(狀態)🅗 ①사물이 되어 있는 모양이나 형편. ② 〈물리〉자연 현상의 곡측에 의해서 가능한 한 완전히 기술된 계(系)의 존재 상황. 경상(景狀)①.
상태(常態)🅗 평상시의 모양이나 형편. 정상적인 상태. 《대》 변태(變態). normal state
상태 감:정(狀態感情)🅗 〈심리〉 심신 상태에 규정되어 발생하는 기분이나 정서. 곧, 권태·불안·희망
상태기(狀態記)🅗 상투.
상:태-성(上台星)🅗 〈천문〉 문창성(文昌星) 가까이에 있는 삼태성(三台星) 중의 두 별.
상:토(上土)🅗 〈농업〉 농사짓기에 썩 좋은 땅.
상:토권[-꿘](上土權)🅗 〈법률〉 남의 토지를 개간하는 자가 토지의 소유권으로부터 독립해서 가지는 하급 소유권적인 경작권.
상:토 하:사(上吐下瀉)🅗 위로 토하고 아래로는 설사함. 《야》토사(吐瀉). vomitting and diarrh(o)ea 하자

상:통(上通)〔圀〕 아랫 사람이 윗사람에게 의사를 통하는 일. (대) 하달(下達). **하다**

상:통(相─)〔圀〕〔속〕 얼굴. funny face

상통(相通)〔圀〕 ①서로 막힘 없이 서로 트임. being open ②마음과 뜻이 통함. communicate ③서로가 어떤 일에 공통됨. exchange **하다**

상통(傷痛)〔圀〕 마음이 상하고 아픔. 상도(傷悼). 통도(痛悼). heartache **하다**

상:통 천문(上通天文)〔圀〕 천문 관계를 잘 앎. (대) 하달 지리(下達地理).

상:퇴(上腿)〔圀〕〈생리〉 하지(下肢)의 윗부분. 골반에서 무릎까지를 말한다. (대) 하퇴(下腿). thigh

상투 사내의 머리를 끌어올려 정수리 위에 들어 놓은 것. 〔원〕 상두. topknot

상투(相鬪)〔圀〕 서로 때리고 다툼. fighting each other

상투(常套)〔圀〕 보통으로 하는 투. 예사의 버릇. conventionality

상투-관(─冠)〔圀〕 상투에 쓰이는 관.

상투 기둥(─)〔건축〕 윗부분을 상투처럼 만든 기둥. 구멍을 뚫어 도리에 얹게 되었음.

상투-꼬부랑이〔圀〕→상투쟁이.

상투-밑〔圀〕〔동〕 배코.

상투 수단(常套手段)〔圀〕 버릇이 되어서 예사로 쓰는 투의 수단. 늘 쓰는 솜씨.

상투-어(常套語)〔圀〕 버릇이 되어 늘 쓰는 예사로운 말. hackneyed expression

상투-잡이(─)〔圀〕〈체육〉 씨름 재주의 하나. 상대편의 꼭뒤를 짚어 누르며 넘어뜨리다. **하다**

상투-쟁이〔圀〕 상투 있는 사람들을 놀리어 이르는 말.

상투-적(常套的)〔圀〕〔관〕 늘 버릇이 되다시피 한(것). ¶ ~인 말. commonplaceness

상톳-고〔圀〕 상투의 틀어 감아 맨 부분. knotty part of topknot

상톳-바람〔圀〕 상투 있는 사람이 맨머리로 나선 차림새. going about with a bare topknot

상팀(centime 프)〔의명〕 프랑스·스위스의 화폐 단위. 1 프랑의 100 분의 1.

상파(床播)〔圀〕〈농업〉 못자리에 씨를 뿌림. a seed-bed **하다**

상파(翔破)〔圀〕 ①새가 날아 지나감. ②비행기 등이 온 행정(行程)을 비행하여 마침. flying a distance **하다**

상:판〔圀〕 첫 판. (대) 하판.

상:판(上版)〔圀〕〈불교〉 절의 큰 방의 오고 가는 손이 앉는 윗목. (대) 하판(下版).

상판(相─)〔圀〕〔약〕→상판대기.

상=판대기(相─)〔圀〕〔속〕 얼굴. 상통. 〔약〕 상판. face

상판대기가 꽹과리 같다〔관〕 몹시 파렴치한 사람을 일컫는 말.

상:-팔십(上八十)〔圀〕 중국 주(周)나라 때, 강 태공이 80 년 동안 낚시질로 가난하게 살다가, 나중 80 년은 정승을 했는데, 가난하게 살던 먼저 80 년을 이름. 선팔십(先八十).

상팔십이 내 팔자〔관〕 가난한 것이 내 팔자라는 말.

상:-팔자(─字)〔上八字〕〔圀〕 제일 좋은 팔자. 아주 편한 팔자. best luck

상:패(上牌)〔圀〕 ①골패·화투·트럼프 따위의 좋은 패. ②〈역사〉 홍문관(弘文館)의 서책을 출납할 때 쓰던 상아로 만든 패.

상패(賞牌)〔圀〕 상으로 주는 패. 〔유〕 공패(功牌). medal

상:편(上篇)〔圀〕 세 편 또는 두 편으로 된 책의 첫째 편. (대) 하편. 중편. first volume

상:평(上平)〔圀〕〔어학〕 ①상평성. ②현대 중국 발음의 사성의 하나. 소리를 고르고 짧게 냄. (대) 하평(下平). 두면 곡식.

상평-곡(常平穀)〔圀〕〈제도〉 상평청(常平廳)에 보존한

상:-평성(上平聲)〔圀〕〔어학〕 한자(漢字)의 사성(四聲)의 하나인 평성(平聲)의 하나. 상평(上平)①. 양평(陽平). (대) 하평성(下平聲). one of the four Chinese tones

상평-창(常平倉)〔圀〕〈제도〉 중국에서 창시되고, 고려 성종 12년(993)에 이를 본떠 정비·실시된 물가 조절 기관. 생활 필수품을 물가가 내릴 때 사들였다가 오르게 되면 싼값으로 팖. government granary

상평통보(常平通寶)〔圀〕 조선조 인조(仁祖) 때와 숙종 때에 만들어 쓰던 엽전의 이름. bronze coin of the Yi Dynasty

상포(常布)〔圀〕 품질이 낮은 베. cloth of inferior quality

상포(常布)〔圀〕 화폐 대신으로 쓰던 포목. cloth used as commodity money

상포(商舖)〔圀〕〔동〕 상점(商店).

상포(喪布)〔圀〕 초상(初喪) 때에 쓰는 포목. using cloth at funeral

상포-계(喪布契)〔圀〕 초상(初喪) 때의 비용을 서로 돕기 위한 계. 초상계.

상:표(上表)〔圀〕〈제도〉 임금께 표(表)를 올림. **하다**

상표(商標)〔圀〕〈경제〉 상공업자가 자기의 생산·제조·가공·선택·증명·취급 및 판매 영업에 관계되는 상품임을 알리려고 상품에 붙이는 표지(標識). trademark. 〔유〕 표적.

상표(傷表)〔圀〕 과음(過飮)으로 인하여 외모에 나타난

상표-권(─)〔商標權〕〔圀〕〔법률〕 공업 소유권의 하나. 등록된 상표를 독점적으로 사용할 수 있는 권리. trademark right

상표-법(─)〔商標法〕〔圀〕〔법률〕 상표에 관하여 기업 경영상의 신용 확보와 부정 경쟁 방지를 목적으로 제정된 법률. trademarks Law

상:품(上品)〔圀〕 ①나은 품위(品位). refinement ②질이 좋은 물건. first-class article ③〈불교〉 극락 정토(極樂淨土)의 최상급의 하나. (대) 하품(下品). best class of the Land of Happiness

상품(商品)〔圀〕 팔고 사는 물건. goods

상품(賞品)〔圀〕 상으로 주는 물품. prize

상품 경제 사:회(商品經濟社會)〔圀〕〈경제〉 상품의 수요 공급을 중심으로 한 경제 사회.

상품 관:리(商品管理)〔圀〕〈경제〉 상품을 사들여서 판매할 때까지의 유통 과정을 통하여, 상품의 매입·재고·진열·매각·수도를 정확 신속하게 분석·확인하며 기록하는 관리.

상품 광:고(商品廣告)〔圀〕 상품 또는 서비스를 광고의 수용자인 소비자에게 직접 팔을 의도한 광고.

상품-권(─券)〔商品券〕〔圀〕〈경제〉 상점에서 발행하는 상품 교환권. merchandise coupon

상품-명(商品名)〔圀〕 매매할 상품의 이름.

상품 목록(商品目錄)〔圀〕〈경제〉 상품에 대한 소개·판매 조건 따위를 적은 작은 책. catalogue

상품별 링크제(商品別 link 制)〔圀〕 개별 링크제.

상품 생산(商品生産)〔圀〕〈경제〉 교환을 목적으로 한 재화(財貨)의 생산. 적극인 모든 신탁.

상품 신:탁(商品信託)〔圀〕 상품을 관리 또는 처분하는 신탁.

상품 어음(商品─)〔圀〕〈경제〉 상품 매각에 대하여 그 대금으로 발행하는 어음. documentary bill

상:품 연대(上品蓮臺)〔圀〕〈불교〉 극락 세계의 가장 높은 연대.

상품 유통(─)〔商品流通〕〔圀〕〈경제〉 화폐에 의해서 중개되는 상품의 교환. (대) 자본 유통(資本流通). 해 재배하는 농작물.

상품 작물(商品作物)〔圀〕〈농업〉 시장에 내다 팔기 위

상품 진:열관(商品陳列館)〔圀〕 상품을 진열해 놓고 일반에게 구경시키는 곳.

상품-학(商品學)〔圀〕 상품에 관한 연구를 하는 학문. study of merchandising

상품-화(商品化)〔圀〕 상품으로 됨. 상품으로 만듦.

상품 화:폐(商品貨幣)〔圀〕〈경제〉 물물 교환시대에 생긴 돈 구실의 물건. 물품 화폐(物品貨幣). commodity money

상품(商風)〔圀〕 가을 바람. 금풍(金風). 추풍(秋風). autumn wind

상품(傷風)〔圀〕〔한의〕 바람을 쐬어서 생기는 한의 병증. cold

상품(霜楓)〔圀〕 서리 맞은 단풍잎. 시든 단풍. maple leaves nipped by frost

상품-증(─症)〔傷風症〕〔圀〕〔한의〕 감기로 콧물이 나오고 코가 막히는 증세. 코감기. cold

상품 패:속(傷風敗俗)〔圀〕 풍속을 문란하게 함. **하다**

상:피(上皮)〔圀〕 외면(外面)을 둘러싼 가죽. 윗가죽.

피(表皮). (대) 진피(眞皮).
상피(相避)圓 ①친족 또는 기타의 관계로 같은 곳에서 벼슬하는 일이나, 청송(聽訟)·시관(試官) 따위를 피함. refraining from working in the same place ②가까운 친척 남녀가 서로 교접하는 일. 근친 상간. incest 하타
상피(象皮)圓 코끼리의 가죽. elephant's hide
상피=나다(相避-)재 상피붙을 일이 생기다. 더럽고 수치스러운 일이 생기다. incest takes place
상피리圓〔어류〕상피리과의 물고기. 깊은 바다에 살며, 어릴 때는 얕은 바다에 떼지어 다님. 게르피.
상피=병(-病)〔象皮病〕〔의학〕말라리아 모기 따위의 매개에 의한 임파(淋巴)의 울체(鬱滯)로 인하여 피부에 한군데가 붓는 만성병. elephantiasis
상피=붙다(相避-)재 유복친(有服親), 곧 가까운 친척 사이의 남녀가 간통하다. commit incest 「세포.
상:피 세:포(上皮細胞)圓〈생리〉상피 조직을 이루는
상피 소:체(上皮小體)圓〈생리〉갑상선(甲狀腺) 옆의 뒤쪽에 있는 0.2~0.5 g의 작은 내분비 기관(內分泌器官). 칼슘 및 인(燐)의 대사(代謝)에 관계함. 부갑상선(副甲狀腺). parathyroid glands
상피 조직(上皮組織)圓〈생리〉신체의 표면·기관의 내면·체강(體腔)의 표면을 덮은 세포성 피막. 내부의 보호 및 감각·분비 등의 작용을 함. epithelial structure
상:하(上下)圓 ①위와 아래. above and below ②높은 것과 낮은 것. high and low ③귀한 것과 천한 것. all ranks ④윗사람과 아랫 사람. superiors and inferiors ⑤오름과 내림. rise and fall 「mmer
상하(常夏)圓 항상 계속되는 여름. everlasting su-
상하걸(上下傑)圓 국화를 달리 이르는 말. 「권.
상:하=권(上下卷)圓 두 권으로 가른 책의 상권과 하
상:하 노:소(上下老少)圓 윗사람과 아랫사람, 늙은이와 젊은이. 곧, 모든 사람.
상:하다(傷-)자타여 ①다치거나, 헐어지거나 깨어지거나 썩다. be injured ②근심이나 슬픔·노여움 따위로 마음이 언짢게 되다. be distressed ③몸이 여위다. become weak 「시키다.
상:하다(尙-)타여 공주(公主)·옹주(翁主)와 결혼
상:하=대(上下-)圓 아래위의 영창대. lintel and sill
상:하=동(上下洞)圓 윗동네와 아랫동네. up and down villages
상:하=동(上下動)圓〈지학〉지진 기타의 진동에 있어 수직의 방향으로 움직이는 진동. vertical shock 「연분(連墳). tomb of a couple
상:하=분(上下墳)圓 부부를 함께 위아래에 쓴 무덤.
상:하 상몽(上下相蒙)圓 위아랫 사람이 서로 속임. cheat each other 하타
상:하=수도(上下水道)圓 상수도와 하수도.
상:하 순설(上下脣舌)圓 남의 입길에 오르내림. 남의 비평을 받음. on everybody's lips 「묻는 장이.
상:하=장(上下葬)圓 부부를 같은 묏자리에 위아래로
상:하=지:분(上下之分)圓 위아래의 분별. distinction of social standing
상:하=차(上下車)圓 ①사람이 차에 오르거나 차에서 내림. ②차에 실거나 부림. 하타
상:하 탱석(上下撐石)圓 몹시 꼬이는 일을 당하여 임시 변통으로 이리저리 견디어 나감. make shift 하타 「first and last quarters
상:하=현(上下弦)圓〈천문〉상현(上弦)과 하현(下弦).
상:하 화목(上下和睦)圓 윗사람과 아랫 사람이 서로 화목하게 지냄. 하타 「온화함. 하타
상:하 화순(上下和順)圓 위와 아래가 서로 뜻이 맞아
상:학(上學)圓 학교에서 그날의 공부를 시작함. (대) 하학(下學). beginning of lessons 하타
상학(相學)圓 사람의 몸에 나타난 특징을 관찰하여, 그 사람의 운명을 알아내는 학문. 인상학(人相學)·수상학(手相學) 등.
상학(商學)圓 상업에 관한 학문.《약》상업학(商業學).

상=학자(相學者)圓 상학(相學)을 연구하는 사람.
상:학=종(上學鐘)圓 상학(上學) 시간을 알리는 종소리.
상:한(上限)圓 ①수와 값의 위쪽의 한계. ¶~선(線). ②시대의 상고(上古)의 한계.
상:한(上澣)圓 상순(上旬).
상한(常漢)圓(동) 상놈.
상한(象限)圓〈수학〉①'사분면'의 구용어. ②평면·원(圓)·공간 등을 넷으로 나누었을 때의 하나이는. 사분 공간. quadrant
상한(傷寒)圓〈한의〉①추워서 생긴 병. 감기·유행성 전염병 따위. ②방사가 지나치거나 성욕을 너무 억누름으로 생기는 병. 「급성 열병.
상한 동:계(傷寒動悸)圓〈한의〉가슴이 울렁거리는
상한 동:기(傷寒動氣)圓〈한의〉뱃속에 있는 적(積)과 한기(寒氣)가 서로 충돌되어 뱃속이 흔들리는 것 같으로 생긴 병.
상한 번조(傷寒煩燥)圓〈한의〉열이 높고 심신(心神)이 불안하여 손발을 가만히 두지 못하는 상한.
상한 양증[-냥쯩](傷寒陽症)圓〈한의〉발열·오한·두통 따위의 상한. 양증(陽症)③. 양증 상한(陽症傷寒). (대) 상한 음증(傷寒陰症).
상한 음증[-쯩](傷寒陰症)圓〈한의〉사지 궐랭(四肢厥冷)·맥박 미약(脈搏微弱)·토사 따위의 음증의 상한. (대) 상한 양증(傷寒陽症).
상한 이:증[-쯩](傷寒裏症)圓〈한의〉더운 것을 싫어하고 찬 것을 좋아하며, 구갈(口渴)·변비(便秘)가 생기고 헛소리를 하는 상한. 「떨리는 상한.
상한 전:율(傷寒戰慄)圓〈한의〉오한이 심하여 몸이
상한=점(-點)(象限點)圓〈천문〉황도(黃道)와 지평선과의 교점으로부터 90도 되는 점.
상한 표증(傷寒表症)圓〈한의〉발병 뒤 2~3일 동안 머리가 아프고 팔다리가 나른하며 오한과 열이 나는 상한.
상:합(上合)圓(동) 외합(外合). 「는 급성 열병.
상합(相合)圓 서로 맞음. 서로 맞춤. coincidence 하타
상:항(上項)圓 윗항목(項目). 상단(上段). above-mentioned item
상항(商港)圓 여객과 장삿배가 많이 드나드는 개항이나 자유항. 무역항. commercial port
상해(桑海)圓〈약〉상전 벽해.
상해(傷害)圓 남의 몸에 상처를 내어 해롭게 함. wound 하타
상해(詳解)圓 자세하게 풀이함. detailed explanation
상해(霜害)圓 가을의 이른 서리, 또, 봄의 늦은 서리가 내려 농작물·나무 들이 받는 피해. 한해(寒害). frost damage
상해 보:험(傷害保險)圓〈법률〉상해에 대하여 의료비(醫療費)를 지급(支給)할 목적으로 일정한 규례(規例)에 의하여 약속한 보험. accident insurance
상:-해일(上亥日)圓〈민속〉정월의 첫 해일(亥日).
상해=죄[-쬐](傷害罪)圓〈법률〉고의로 남의 신체에 폭행하여 그 생리적 현상을 좋지 못하게 함으로써 성립한 범죄. crime against person
상해 치:사(傷害致死)圓 고의로 상해하여 생명을 잃게 함. ¶~죄. bodily injury resulting in death
상:행(上行)圓 ①지방에서 서울로 올라감. ②《약》상행 열차. ③《약》→상행차. (대) 하행. 하타
상행(常行)圓 늘 하는 일. 항상 하는 행동.
상행(喪行)圓 장사지내러 묘지로 가는 행렬. funeral procession
상행 삼매(常行三昧)圓〈불교〉①기한을 90일로 정하고 늘 염불하는 일. ②자나 깨나 늘 아미타불을 생각하는 일.
상:행 열차[-녈-](上行列車)圓 지방에서 서울로 올라가는 열차. (대) 하행 열차. 《약》상행②. up train
상:-행위(商行爲)圓〈법률〉영리(營利)를 위하여 행해지는 매매·교환·운수·임대 따위의 행위. commercial transaction
상:행=차(上行車)圓 지방에서 서울로 올라가는 차량. (대) 하행차. 《약》상행③.

상:행 하:효(上行下效)명 윗사람이 하는 일을 아랫 사람이 본받음. emulate one's superior

상:향(上向)명 ①아래쪽에서 위쪽으로 향함. ②시세가 오르는 기세를 보임. (대) 하향(下向). 하타

상향(常香)명 〈불교〉불전(佛前)에 그치지 않고 태우는 향.

상:향-식(上向式)명 의견 따위가 하부층에서 결정되어 상부층으로 올라가는 방법. (대) 하향식.

상:향-적(上向的)관형 〈식물〉어떤 기관(器官)의 형성이나, 병원(病源)의 만연 등 성질이 밑에서 위로 향하는(것). (대) 하향적.

상헌(詳獻)명 역적·살인 따위의 중한 죄에 대하여 평의(評議)하여 결단(決斷)함. 하타

상:현(上見)명 하늘. 또, 하느님.

상:현(上弦)명 〈천문〉매달 음력 7~8일경에 나타나는 달의 상태. 신월로부터 만월까지의 사이에 보이는 반달. 초현. (대) 하현(下弦). first quarter

상:현-달[-짤](上弦-)명 〈천문〉음력 초생에서 보름이 되는 동안에 현(弦)이 위쪽으로 되어 보이는 반달. (대) 하현달.

상:혈(上血)명동 ①토혈(吐血). ②피가 위로 오름. 흥분하여 피가 상층(上衝)함. 하타

상형(相形)명 얼굴 모양.

상형(常形)명 정해진 모양. 일정한 형상(形狀).

상형(象形)명 ①물건의 모양을 시늉함. hieroglyphic ②한자(漢字) 육서(六書)의 하나.

상형(賞刑)명 상(賞)과 형벌.

상형 문자[-짜](象形文字)명 물건의 형상을 그려 나타낸 글자. 한자의 일부나 이집트 글자 따위. hieroglyph

상혜(商惠)명 서리가 내린 산길. oglyph

상:호(上戶)명 〈제도〉연호법(煙戶法)의 등급의 하나. 서울에서는 호주가 1·2품이 되는 집. 시골에서는 식구가 15명 이상이 되는 집.

상호(相互)명 서로서로. 호상(互相). mutual

상호¹(相好)명 서로 좋아함. 하타

상호²(相好)명 얼굴의 모양.

상호(相呼)명 서로 부름. calling each other 하타

상호(桑戶)명 뽕나무로 만든 지게문이라는 뜻으로, 가난한 집의 비유. humble house 'ner's house

상호(常戶)명 상사람의 집. (대) 반호(班戶). commo-

상호(商戶)명 장사하는 집의 호수(戶數). ①number of shops ②장사하는 집. merchant's shop

상호(商號)명 〈법률〉상인이 영업상 자기를 표시하는 메스나 칭호. 준 점명(店名). trade mark

상호 감:응(相互感應)명동 상호 유도(相互誘導).

상호 감:응 계수(相互感應係數)명 〈물리〉전자기의 상호 감응의 현상이 있을 때에 그 기전력(起電力)의 강도가 전류의 변화하는 정도에 비례하는 상수(常數). mutual inductance

상호 계:약(相互契約)명 〈법률〉계약 당사자가 자유로운 입장에서 내용을 협정하는 계약. mutual contract

상호 관계(相互關係)명 서로가 걸려 있는 관계.

상호 교:수법[-뻡](相互敎授法)명 〈교육〉우수한 학생을 조교(助敎)로 뽑아, 그로 하여금 다른 학생을 가르치게 하는 교수법.

상호=권[-권](商號權)명 〈법률〉상인이 자기의 상호를 아무런 방해도 받지 않고 정당하게 상호를 사용할 수 있으며 그 상호를 남이 부정한 목적으로 도용함을 배제할 수 있는 법률상의 지위.

상호 방위 조약(相互防衛條約)명 2개국 또는 그 이상의 나라 사이에 외국의 침략을 받았을 때, 서로 군사적으로 원조한다는 조약.

상호 보:험(相互保險)명 〈경제〉동일한 위험이 생길 염려가 있는 사람들끼리 한 단체를 조직하여, 각자 일정한 보험료를 지출하여 위험을 당한 자에 대하여 그 손해를 보충하는 조직. (대) 영리 보험. mutual insurance [互會社].

상호 보:험 회:사(相互保險會社)명동 상호 회사(相

상호=봉시(桑弧蓬矢)명 뽕나무로 만든 활과 쑥대로 만든 살이라는 뜻으로 사나이가 천지 사방을 돌아다니며 큰 뜻을 이룸을 기원하는 풍속에서 나온 말.

상호 부:금(相互賦金)명 〈경제〉서민 금융의 하나로, 은행이 가입자와 일정한 기간을 정하여 그 중도 또는 만료시에 일정한 금액을 급부함을 약정하는 해당 기간내의 부금.

상호 부조(相互扶助)명 서로 돕는 일. mutual aid

상호 부조론(相互扶助論)명 〈사회〉사회 발달의 최대 요인(要因)이 상호 부조에 있다고 주장하는, 러시아의 무정부주의자 크로포트킨의 설.

상호 비:례의 법칙(相互比例一法則)명 〈화학〉물질 A가 다른 B·C와 화합할 때, A의 일정량에 대하여 화합하는 B·C의 질량 상호의 비는 직접 화합하는 때의 질량의 비와 같거나, 간단한 정수비(整數比)를 이룬다는 법칙. law of reciprocal proportions

상호 신:용 금고(相互信用金庫)명 〈경제〉서민 금융회사의 하나. 상호 신용계(契), 신용 부금, 소액 신용 대출, 어음의 할인 등의 업무를 취급함. 《약》신용 금고.

상호 원:조 조약(相互援助條約)명 〈법률〉한 나라가 침략을 당했을 경우에 서로 원조할 것을 약속하는 조약. treaty of mutual assistance

상호 원:조 투표(相互援助投票)명 〈정치〉자기가 발의한 의안에 찬성 투표해 줄 것을 조건으로, 상대방이 제출한 의안에 찬성 투표하는 일.

상호 유도(相互誘導)명 하나의 코일(coil) 속의 전류가 변화할 때, 그 근방에 있는 다른 코일 속의 전류에 동전력(動電力)이 유기(誘起)되는 현상. 상호 감응(相互感應). (대) 자기(自己) 유도.

상호 작용(相互作用)명 ①서로 작용하고 영향을 주는 일. ②〈물리〉두 물체의 변화와 운동이 독립하지 않고 서로 작용을 미치는 일.

상호 조약(相互條約)명(동) 호혜 조약(互惠條約).

상호 조합(相互組合)명 〈사회〉상호의 이익을 위하여 설립된 조합. cooperative society

상호-주의(相互主義)명 〈법률〉국제상 두 나라 사이에 서로 이해(利害)를 교환하는 주의. principle of reciprocity

상호 회:사(相互會社)명 〈경제〉상호 보험을 목적으로 하는 특수한 법인(法人). 상호 보험 회사.

상혼(商魂)명 상인이 장사를 잘하려는 정신과 의욕. commercial spirit

상혼(喪魂)명 넋을 잃음. ¶낙담(落膽)~. 하타

상혼(傷魂)명 마음을 상함. 상심(傷心). 하타

상혼 낙담(喪魂落膽)명동 낙담 상혼(膽喪魂).

상:물(象物)명 상아(象牙)로 만든 홀(笏). ivory mace

상화(床花)명 잔칫상 따위에 꽂는 가화(假花).

상화(相和)명 서로 고르게 어울림. 서로 조화됨. 서로 고름.

상:화(想華)명 〈문〉수필(隨筆). [로 료호는 것.

상화(霜花·霜華)명 ①꽃 같은 서릿발. frost columns like a flower ②〈인〉상화떡.

상화/상화(饟─)명〈고〉만두(饅頭).

상화-떡(霜花─)명 밀가루를 누룩과 막걸리 따위로 부풀려서 알콩과 깨알소를 넣고 빚어 시루에 쪄내는 여름철의 음식. 상화고. 상화병. 《약》상화(霜花)②.

상화-방(賞花坊)명 예전에 창기(娼妓)를 두고 손님을 받던 기생집. [閑花房].

상:화 선개 화서(上花先開花序)명동 유한 화서(有

상화-지(霜花紙·霜華紙)명 전북 순창(淳昌) 부근에서 나는 종이. [하타]

상확(相確)명 서로 의논하여 확정함. mutual decision

상확(商確)명 상의(商議)하여 확정함. 하타

상확(詳確)명 자세하고 확실함. certainty 하타 히타

상환(相換)명 서로 교환함. 서로 바꿈. interchange 하타 'emption ②넣을 갚음. repayment 하타

상환(償還)명 ①어떤 물건의 대신으로 되돌려줌. red-

상환 공채(償還公債)명 〈경제〉일정한 기간 안에 원금을 상환하기로 규정한 수시(隨時) 상환 공채와

상환 기금 정기(定期) 상환 공채. redeemable loan
상환 기금(償還基金)〈경제〉공채 상환을 위해 특별히 설정한 기금. sinking fund for redemption
상환-증[-쯩](相換證)〈경제〉상환하는 증서.
사:활(死闊)〈동〉살기(死氣).
상:활(上皇)〈역〉태상황(太上皇).
상황(狀況)〈명〉일이 되어가는 형편이나 모양. ¶~ 보고
상황(常況)〈명〉평상시의 형편. (報告). condition
상황(商況)〈명〉상업상의 형편. commercial condition
상황-도(狀況圖)〈명〉특정 기간에 있어서의 전술적·행정적 상황을 나타내는 도표.
상황 보:고(狀況報告)〈명〉전술적 또는 행정적 상황 등을 상부에 알림. 또, 그 내용.
상황-실(狀況室)〈명〉작전상 또는 행정상의 계획·통계·상황판 등을 갖추어, 전반적 상황을 파악할 수 있게 한 방.
상황-판(狀況板)〈명〉상황을 나타내는 도판.
상황 판단(狀況判斷)〈명〉어떤 목적을 이루기 위해 전술적 또는 행정적인 여러 가지 상황을 판단하는 일. 하다
상회(上廻)〈명〉어떤 수량보다 웃돎. (대) 하회. 하다
상회(相會)〈명〉서로 만남. meeting 하다 [meeting
상회(常會)〈명〉늘 일정한 때에 여는 회합. regular
상회(商會)〈명〉①몇 사람이 모여 장사하는 모임. commercial concern ②상점에 쓰는 칭호. name of a company
상회(相懷)〈명〉마음속으로 애통히 여김. 하다
상회-례(相會禮)〈명〉처음으로 서로 만나는 인사. first greeting 하다 [거나 찔질에 씀.
상회=수(霜灰水)〈명〉〈한의〉뽕나무의 젯물. 종기를 씻
상효(霜曉)〈명〉서리 내린 새벽. frosty dawn
상:후(上候)〈명〉①〈동〉성후(聖候). ②편지로 웃어른의 안부를 여쭘.
상후-도(霜後桃)〈명〉개성 부근에서 나는, 서리가 내린 뒤에 익는 늦복숭아.
상:후 하:박(上厚下薄)〈명〉윗사람에게는 후하고 아랫사람에게 박함. (대) 하후 상박.
상훈(賞勳)〈명〉①상과 훈장. ②훈공(勳功)을 기리고 상을 줌. prize giving 하다
상훈-국(賞勳局)〈명〉〈제도〉훈위(勳位)·훈장(勳章) 따위의 영전(榮典)에 관한 사무를 맡던 관청. Board of Decorations
상휼(相恤)〈명〉서로 구휼(救恤)함. 하다
상흔(傷痕)〈명〉다친 자리의 흠. 상반(傷瘢). wound
상힐(相詰)〈명〉서로 잘못을 나무람. 하다
샅〈명〉①두 다리 사이. 고간(股間). 《속》사타구니. crotch ②두 물건 사이의 틈. opening
샅-걸이〈체육〉씨름에 있어서 다리 재간의 하나. 오른발을 상대자의 샅에 넣고 윈다리를 뒤로 뻗침.
샅-바〈명〉①씨름을 할 때 허리와 다리에 걸어 상대편의 손잡이로 쓰는 무명처. ②〈제도〉피인의 다리를 묶던 밧줄. leg-band for a prisoner
샅바=씨름〈명〉〈체육〉다리에 샅바를 걸고 하는 씨름.
샅바=지르-다[타르] 다리를 샅바로 묶다. wear a leg-band
샅바=채우-다 죄인의 다리를 샅바로 묶다.
샅샅-이[-사치]〈부〉①틈이라는 틈은 다. ¶~ 뒤지다. all over ②빈틈없이 모조리. ¶~ 닦아본다. in every nook and corner
샅-폭(一幅)〈명〉바지 따위의 샅에 대는 좁은 헝겊.
새〈식물〉포아풀과의 다년생 풀. 띠·억새 등의 총칭. ②이영.
새²〈광물〉광석 속에 금분이 있는 가는 알갱이.
새³〈약〉~샛바람.
새:⁴〈명〉날짐승의 총칭. bird
새:⁵[명]〈약〉~사이. [베.
새⁶[명]〈약〉피륙 짜인 날을 세는 단위. 승(升)②. ¶열~
새-⟨접두⟩낡지 않은. 새로운. ¶~옷. ~교육. new
새-⟨접두⟩빛깔이 매우 산뜻하고 짙음을 나타내는 말.

¶~파랗다. (큰) 시=. deep
=**새:**⟨접미⟩어떤 명사의 아래에 붙어 모양·형편·기미 등의 뜻을 나타내는 말. ¶모양~. 생김~. 만듬~.
새(璽)〈명〉〈약〉~국새(國璽). [feature
·새(賽)〈약〉새로운 것. [breast
새:=가슴〈명〉새의 가슴 모양으로 볼거진 가슴. pigeon
새:-가을〈명〉새 기분으로 맞이하는 첫가을. 신추(新秋)
새:-가지〈명〉행랑(行廊).
새갓-통(一桶)〈명〉바가지에 손잡이를 단 그릇.
새개(鰓蓋)〈동〉아감딱지.
새개-뼈(鰓蓋骨)〈명〉아감딱지뼈.
새-거리[-꺼-]〈명〉새참 때 먹을 거리.
새-것〈명〉①새로 나온 것. ②아직 안 쓴 물건. ③낡지 아니한 물건. new
새겨-듣-다[도]〈약〉~새기어듣다.
새경〈명〉농가에서 머슴에게 의식(衣食)을 대주는 외에 따로 연말에 주는 보수. 사경(私耕)②.
새:-고기〈명〉①새의 고기. ②참새의 고기.
새-고라니〈명〉황부루.
새-고막〈조개〉살조개과의 바닷조개. 몸은 둥글고 두 개의 껍질은 기와 지붕과 비슷한데 암갈색의 각피로 덮였음. 살빛은 붉고 맛이 있음. 피안다미조개. bloody-clam
새-고자리〈명〉지게 위에 가로지른 새장 위의 가장 좁
새골(鰓骨)〈동〉아감뼈. [은 살.
새곰=**새곰-하**〈형〉여럿이 다 새금한 모양. 또는 몹시 새금한 모양. (큰) 시금시금. (거) 새큼새큼. 하다
새곰=하-다〈형〉조금 신맛이 있다. 《큰》시금하다. 《거》새큼하다. somewhat sour
새공(鰓孔)〈동〉아감구멍.
새구무레=하-다〈형〉조금 새금하다. 《큰》시그무레하다. little sour
새:=그물〈명〉새를 잡는 그물. fowling net
새근-거리-다①배가 부르거나 분이 치밀 때, 가쁜 숨소리를 조금 거칠게 자주 내다. ②어린아이가 곤히 잠들어 조용히 숨을 쉬다. 《큰》시근거리다. 《센》쌔근거리다. gasp 새근=새근-하 하다
새근-거리-다²뼈마디가 잇따라 새근하다. 《큰》시근거리다². 《거》새큰거리다. 새근=새근-하 하다
새근덕=거리-다 새근거리고 학박거리다. 매우 거칠게 새근거리다. 《큰》시근덕거리다. 새근덕=새근덕 하다 [《센》쌔근발딱. 하다
새근-발딱 숨이 차서 새근거리며 학박이는 모양.
새근발딱=거리-다=새근발딱하다. 《센》쌔근발딱거리다. 새근발딱=새근발딱 하다
새근-하-다〈형〉뼈마디가 조금 시다. 《큰》시근하다. 《거》새큰하다. slightly painful
새금=**새금-하**〈형〉여럿이 새금한 모양. 또는 매우 새금한 모양. 《큰》시금시금. 《거》새큼새큼. 하다
새금-하-다〈형〉조금 신맛이 있다. 《큰》시금하다. 《거》새큼하다. somewhat sour
새기-다①물건의 바탕에 글·그림 또는 무슨 형상 따위를 파다. 조각하다. carve ②마음속에 단단히 간직하다. 기억하다. take to heart
새기-다²말이나 글의 뜻을 알기 쉽게 풀다. 해석하다. interpret
새기-다³소·양 따위의 반추(反芻)동물이 먹은 것을 되돌려서 씹다. 반추하다. ruminate
새기어-듣-다①뜻을 풀어 알아 가면서 듣다. understand ②단단히 기억하도록 주의하여 듣다. 《약》새겨듣다. listen to
새긴-잎[-닙]〈명〉가장자리가 깊이 패어 들어간 잎.
새긴=창(一窓)〈명〉여러 가지 꽃무늬 따위로 살을 만든 창. 화창(花窓). flower-figured lattice
새길〈명〉~첫길①.
새김〈명〉①나무·돌·쇠붙이 따위에 글자나 그림 등을 새기는 일. carving ②말의 글의 뜻을 쉬운 말로 옮겨 푸는 일. interpretation ③한자를 읽을 때의

새김 뜻. '東'의 '동녘 동'의 '동녘' 따위. 《대》음(音). meaning

새김² 반추 동물이 먹은 것을 되돌려 씹는 일.

새김³ 윷놀이에서 모·윷을 치거나 상대편의 말을 잡았을 때, 윷을 한 번 더 던지는 일.

새김=밥통(─桶) 《동》새김위. 반추위. 되새김 밥통.

새김=위(─胃) 소나 염소 따위의 새김질하는 위. 반추위(反芻胃). 새김밥통. 되새김 밥통. rumen

새김=질 ①나무 바탕에 글이나 그림을 새기는 일. carving ②소·양이 먹은 것을 되새어 씹는 짓. 반추. rumination 하다타

새김-칼 새김질에 쓰는 작은 칼. 각도(刻刀). carving knife

새=까맣다 ①아주 짙게 까맣다. 《큰》시꺼멓다. 《거》새카맣다. jet black ②앞이 까마득하다. hopeless ③아는 것이 전혀 없거나 전혀 기억이 나지 아니하다. 《큰》시꺼메지다. 《거》새카매지다.

새까매-지다 새까맣게 되다. ¶햇볕에 타서 ~.

새 까먹은 소리 근거 없는 말을 들어 잘못 옮긴 형

새깽이 →새끼². ┌소문.

새꺼리 →색갈이.

새=패기 띠·억새·갈대 따위의 껍질을 벗긴 줄기. 《약》패기. ┌해를 시켜메지다.

새쐐기에 손 베었다 변변치 못한 사람에게 뜻밖의

새=꾼粵 →나무꾼.

새끼¹ 짚으로 꼰 줄. 초삭(草索). straw-rope

새끼² ①짐승의 어린 것. young ②《속》자식. my child ③'자식'의 뜻으로 욕하는 말. fellow ④《속》본전에 대한 변리(邊利). ¶~치다. interest

새끼-가락 새끼손가락과 새끼발가락. little finger and little toe ┌의 그림을 따위. miniature

새끼-글 물건의 본 모양에서 줄여서 만든 본. 건축

새끼=꿩의비름〈식물〉돌나무과의 다년생 풀. 뿌리는 비후(肥厚)하고 줄기는 60 cm 가량이며 잎은 넓은 피침형임. 8∼9월의 황백색 꽃이 피며 산지에 남.

새끼=똥구멍〔─꾸〕 똥구멍 위에 조금 움푹 들어간 부분. ┌은 부모는 분주하다.

새끼 많이 둔 소가 길마 벗을 날이 없다 자식이 많

새끼=발 《약》→새끼발가락.

새끼=발가락〔─까─〕 다섯 발가락 중에서 가장 작은 발가락. 계지(季指). 소지(小指). 《약》새끼발. little toe

새끼=발톱 새끼발가락의 발톱. little toe-nail

새끼-벌레 →애벌레.

새끼=손 《약》→새끼손가락.

새끼=손가락〔─까─〕 다섯 손가락 중에서 가장 작은 손가락. 소지(小指). 《약》새끼손. little finger

새끼=손톱 새끼손가락의 손톱. nail of a little finger

새끼=시계(─時計) 고대의 물시계의 하나. 새끼에 불을 댕기어, 타 들어가는 것으로 헤아렸음.

새끼에 맨 돌 ①서로 떨어질 수 없는 관계. ②주견 없이 남이 하자는 대로 하는 자.

새끼-장 갓숨 안의 문에 새끼를 드리워서 망나니가

새끼=줄 새끼로 만든 줄. ┌있게 하면 집.

새끼=집 짐승의 아기집.

새끼-치다 동물이 새끼를 낳거나 알을 까서 번식 ┌하다. multiply

새:나 《고》새로이.

새:=나-다 비밀이 밖으로 드러나다. leak

새:=나-다² →샛비나다.

새-나무 띠·억새 같은 멜나무. fire-woods

새=날 새로 동터 오는 날. coming day ②새로운 시대. 또, 닥쳐 올 앞날. future

새남 《고》지노귀새남.

새남-터 옛날 역적들의 사형을 집행하던 곳. 천주교의 순교지로도 유명함. 서울 신용산(新龍山)의 철교 곁에 있음.

새남터를 나가도 먹어야 한다 무슨 일을 당하거나

새납 →날라리. ┌든든히 먹고 기운을 내야 한다.

새내(塞內) ①요새(要塞)의 안. ②중국의 북쪽 국경. 곧, 만리 장성의 이남. 《대》세외(塞外).

새너토리엄(sanatorium) ①일광(日光) 요양소. ②요양지. ③학교의 부속 병원.

새=노랗-다 →샛노랗다.

새노래=지-다 →샛노래지다.

새:=누에 〈곤충〉 새누에나방의 애벌레. 누에보다 더 검음. 야생(野生)하며, 작고 단단한 고치를 만듦.

새:누에=나방 〈곤충〉 누에나방과에 속하는 나방의 하나. 가잠(家蠶)의 원종으로 누에나방과 비슷한데 몸 빛은 암갈색, 앞날개의 끝에 짙은 암갈색의 큰 무늬가 있음. 벳누에나방. ┌세간이 준다.

새는 앉는 곳마다 깃이 떨어진다 이사가 잦을수록

새:-다¹ ①틈에서 조금씩 흘러 나오다. leak ②비밀이 드러나다. get out ③날이 밝아 오다. break ④《속》모임에서 슬쩍 빠져 나오다. slip away

새-다² 새우다¹.

·식:─다 《고》세다(漏).

:시:─다 《고》세다.

새=다래〈어류〉새다래과의 바닷물고기. 몸 길이 약 45 cm, 몸은 둥근 비늘로 덮이고, 달걀 모양의 옆으로 납작하며, 머리 위가 솟아 있음. 몸 빛은 회흑색에 꼬리지느러미는 짙게 두 가닥으로 되었음.

새=달 새로 오는 달. 다음 달. 내월(來月). 《대》거월(去月). next month

새:-대가리 연의 '꼭지'의 딴이름.

새=댁(─宅) ①〈공〉새집. new house ②새로 시집온 색시. 신인(新人)①. 《높》새색시. married wife newly ③혼인 때 혼가(婚家)끼리 서로 부르는 말.

새도 가지를 가려 앉는다 친구를 사귈 때 사람을 ┌잘 골라야 한다.

새도래④ →새똥이.

새도 염불하고 쥐도 방귀를 뀐다 수줍어서 남의 앞에서는 노래나 춤을 못추는 이를 놀리는 말.

새:=되-다 목소리가 높고 날카롭다. sharp

새두리④ →떠버리.

새:=둥주리 짚 같은 것으로 바구니 비슷하게 엮어 만든 새의 보금자리. bird's nest

새득=새득 시들어 빠득빠득한 모양. 《큰》시득시득.

새:=들(saddle) 안장(鞍裝). ┌withered 하다

새:-들-다⑬〔─타〕 ①물건을 사고 파는 데 거간(居間)을 하다. act as broker ②혼인하는 데 중매를 하다. match-making

새들=새들 조금씩 시드는 모양. 또, 시든 모양. 《큰》시들시들. withered 하다

새:=때 끼니와 끼니 사이의 중간 때. interval

새:=떼 새의 떼. 새의 무리. ┌between meals

새=통 새의 통.

새뚝=하-다 〔여변〕 →새치름하다.

새:=뜨기 사팔뜨기.

새:=뜨-다 ⑬〔으변〕 《고》→사이뜨다.

새뜻-하다 〔여변〕 새롭고 산뜻하다. new and fresh

새뜽=이

새려⑬ 《고》새로이.

새:로-이 《약》→새로이.

새:로² 《약》→새로이.

새:=로에 '는'이나 '은'에 붙어서 '커녕'의 뜻으로 쓰이는 조사. ¶꾸중을 듣기는~ 도리어 상(賞)을 받았다. 《약》새로². far from

새로-이 ①다시 고쳐서 새롭게. ¶각오를 ~ 하다. anew ②없던 것이 처음으로. 《약》새로¹. newly

새록-새록 ①뜻밖의 일이 잇달아 새로 생기는 모양. 새로운 일이나 물건 따위가 자꾸 생기는 모양. ¶ ~ 탈만 생긴다. in succession ②겹들하여 새로움을 느끼는 모양.

새롭-다 〔ㅂ변〕 ①본디의 새것인 상태로 있다. new ②지나간 일이 다시 생각되어 마음에 새삼스럽다. fresh ③전에 본 것을 다시 보니 마음이 새삼스럽다. impressed anew ④지금까지 있은 일이 없다. ⑤매우 절실하게 필요하다.

새롱거리다 ①가볍게 까불거리며 지껄이다. prattle ②남녀가 점잖지 못한 말로 서로 희롱하다. 《큰》시룽거리다. flirt **새롱새롱 하**뮈

새롱뮈 →살갗.

새마을 금고(一金庫) 자금의 조성 및 이용과 회원의 경제적·사회적 지위의 향상 및 지역 사회 개발 등을 목적하여 설립한 비영리 법인.

새마을 문고(一文庫) 지역 주민의 교양 및 전문 지식을 높이기 위하여 마을에 설치한 간이 도서관.

새마을 운동(一運動) 새마을 운동의 바탕이 되는 근면·자조·협동의 정신을 바탕으로 한 지역 사회 주민의 정신 개발 운동. 1970년 4월 22일 처음으로 제창함. └근면·자조·협동하는 정신.

새마을 정신(一精神) 새마을 운동의 바탕이 되는,

새마을 포장(一褒章) 새마을·운동을 통하여 지역 사회 개발에 이바지한 사람에게 주는 포장.

새마을 훈장(一勳章) 새마을 운동을 통하여 국가 사회 발전에 공적이 있는 사람에게 주는 훈장. 자립장·자조장·협동장·근면장·노력장의 5등급이 있음.

새=막(一幕) 새를 쫓으려고 논밭가에 지은 막.

새=말 새로 생기거나 된 말. 신어(新語). [clear

새=말갛-다[형]ⓗ 빛깔이 더할 수 없이 말갛다. very

새말개-지-다재 새말갛게 되다. 《큰》시멀개지다.

새:매명 〈조〉매과의 맹금(猛禽). 소형의 매로서 몸 빛은 회색이고 가슴에 가로무늬가 있음. 수컷은 난추니, 암컷은 익더귀라고 함. 길들여서 작은 새 등을 잡는 데 씀. 참매(雀鷹). 《매》 최매. hawk

새:-머루명 〈식물〉포도과의 갈잎 덩굴나무. 잎은 도란형 또는 심장형으로 뒷면에 잔털이 있음. 6~7월에 담황색의 작은 꽃이 피고 열매는 흑색으로 도 포도보다 작으며 신맛이 있음.

새-머리명 소의 갈비뼈·뼈마디 사이에 붙은 고기.

새먼(salmon)명 〈어류〉연어. └점에 씀.

새모래=덩굴명 〈식물〉새모래덩굴과의 갈잎 덩굴나무. 자웅 이주(雌雄異株)로 여름에 담황색 꽃이 피고, 누을 동글납작한 흑색 핵과가 익음. 산록의 양지에 남.

:새목명 〈고〉새의 목구멍.

새무룩-하-다형ⓗ ①달이 없이 불만이 있는 것이 보이다. sulky ②날이 흐리어 침침하다. 《큰》시무룩하다. 《센》쌔무룩하다. gloomy **새무룩-히**뮈

새:-무리명 〈동〉조류(鳥類).

새-문(一門) 《속》남대문(숭례문)·동대문(흥인문)보다 늦게 지었다는 뜻으로, 서대문(돈의문: 敦義門)을 이르는 말.

새-물명 ①새로 나온 과실이나 생선 따위. ②빨래하여 갓 입은 옷. freshwashed clothes

새물-내-다재 이 빠진 노인이 입 언저리를 연신 움직여 힘없이 웃다. 《큰》시물거리다. 《센》쌔물거리다. **새물=새물**뮈 하재

새물-내명 빨래하여 갓 입은 옷의 냄새.

새물 청어(一靑魚)명 ①새로 나온 청어. first herring on the market ②새로 와서 일에 경험이 없는 사람. greenhorn

새미〈어류〉잉어과의 민물 고기. 옆으로 납작하며 주둥이는 둥글고 몸 빛은 연청색에 배가 흼.

새 바지에 똥 싼다《속》염치없는 행동을 한다.

새:박〈한의〉새박덩굴 열매의 씨. 강장제로 씀. 작표(雀瓢) 새박가루.

새:박-덩굴명 〈식물〉박주가리.

새:박 뿌리명 새박덩굴의 뿌리. 강장제로 씀.

새:박-쥐명 〈동〉새박쥐.

새:발-사향(一麝香) 《속》정향(丁香).

새:발 심지(一心一) 새의 발처럼 세 갈래가 되게 꼬아 세워 놓는 심지. wick like a bird's paw

새:발 육공(一六空)명 매화 육공.

새발의 피 하도 모자라서 쓸모가 거의 없는 것.

새:발 장식(一裝飾)명 쇠로 새의 발처럼 만들어서 문짝에 박는 꾸밈새.

새:발톱=표(一標) 〈인쇄〉가로글씨의 문장에 내인용부(內引用符)로 쓰는 부호. ' '의 인쇄상의 이름. 작은따옴표. 내인용부. single quotation marks

새=발명 억새가 무성한 곳.

새:-배명 〈고〉새벽².

새뱅이명 →새우².

새버명 →새벽¹.

새:-벼룩명 〈동〉모래벼룩과의 벼룩. 길이 약 1 mm, 닭의 벗의 피를 빨며, 암종(癌腫)을 일으킴. 사람·개 등에도 기생함.

새벽¹명 〈건축〉①누른 빛의 차지고 고운 흙. ②누른 빛깔의 차진 흙에 모래나 말똥 같은 것을 섞어서 벽이나 방바닥에 막토를 바른 뒤 덧바르는 흙. ③ 〈약〉→새벽질. 하재

새벽²명 날이 밝을 녘. 불단(拂旦). 불효(拂曉). 조신(早晨). 파효(破曉). dawn └the morning

새벽같-이[一가치] 아침에 아주 일찍이. early in

새벽-녘명 새벽이 될 무렵. dawn └morning moon

새벽-달명 음력 하순(下旬)의 새벽에 보이는 달.

새벽달 보자고 초저녁부터 기다린다《속》일을 너무 일찍 서두른다. └찍 서두른다.

새벽-닭[一닥] 새벽에 우는 닭.

새벽 동자명 새벽에 밥을 지음. 하재

새벽 바람명 새벽에 부는 찬바람.

새벽-밥명 새벽에 일찍 지어 먹는 밥. early breakfast

새벽-녘[一녁] 새벽에 하는 녘.

새벽-잠명 새벽에 깊이 든 잠. sound sleep at dawn

새벽=종(一鐘)명 새벽에 치는 종소리. 새벽에 들리는 종소리. 《약》 plastering 하재

새벽-질〈건축〉벽이나 방바닥에 새벽을 바르는 일.

새벽 호랑이 중이나 개를 헤아리지 않는다《속》몹시 조급할 때는 무엇이나 가질 수 있는 것만은 다행으로 :새:별명 〈고〉샛별. └안다.

새보(璽寶)명 옥새(玉璽)와 옥보(玉寶).

새:=보-다자 논밭에 몰려드는 새를 쫓다. keep off sparrows

새=봄명 새 기분으로 맞는 첫봄. early spring

새부(璽符)명 임금의 도장. 옥새(玉璽). Imperial seal

:새:-부:리명 〈고〉새주둥이.

새북명 →새벽.

새붕개명 →새우².

새-붙이-다[一부치一] 재동→홀레붙이다.

새비/새빙개명 →새우².

새-빨간관 전혀 터무니없는. ¶~ 거짓말.

새-빨갛-다형ⓗ 아주 짙게 빨갛다. ①새빨갛다. deep red ②빨간 빛과 관련된 대상이나 행동을 나타내는 말과 결합하여 '아주 심하게·아주 대단히'의 정도를 나타내는 말. be out and out

새빨갛-지-다재 새빨갛게 되다. 《큰》시뻘게지다.

새뽀얗-다형ⓗ 빛깔이 산뜻하고 뽀얗다. 《큰》시뿌옇다.

새뽀얘-지 디다재 새뽀얗게 되다 《큰》시뿌옇다.

새뻣-하면뮈 →걸핏하면.

새:-사:람명 ①새로 나선 사람. 신인(新人). new face ②새로 시집 온 사람. new bride ③중병을 치르고 난 사람. ④새 정신으로 그전의 생활 태도와는 딴 판이 될 사람. another man ⑤《기독》성령의 힘을 입어 회개하고 중생(重生)한 사람. new being

새-살명 곪아 헌 자리에 새로 돋아나는 살. 생살①. granulation

새살-거리다재 상글상글 웃으면서 재미있게 지껄이다. 《큰》시설거리다. 시설거리다. talk on smiling **새살=새살**뮈 하재 └굿다.

새살-굿-다형 몹시 새살스럽다. 《큰》시설궂다. 시설

새살-떨-다재ㄹ변 새살스럽게 행동하다. 《큰》시설떨다. 시설멀다. frolic

새살-림명 처음으로 시작하는 살림. 하재

새살-스럽-다형ⓗ 성질이 온순하지 못하고 싫업이 수선부리기를 좋아하다. 《큰》시설스럽다. 시설스럽다. frolicsome **새살=스레**뮈

새:=삼명 〈식물〉새삼과의 일년생 덩굴풀. 잎은 없고

새삼 줄기는 가늘고 덩굴졌음. 처음 땅 위에 나와서 다른 초목을 감아 뿌리를 내려 양분을 흡수하면 밑뿌리는 말라 죽음. 열매는 한방에서 약재로 씀. 생3.
새삼²[명] →새삼스러이. ┌토사(菟絲). dodder
새삼³[명] [고] →새삼¹.
새삼스러-이[부] 새삼스럽게. (약) 새삼².
새삼-스럽-다[형] ①한동안 잊었던 것이 다시 생각나 새롭다. after so long time ②지난 일을 공연히 다시 들추어내는 느낌이 있다. be like mentioning anew
새:=새¹[명] [약] 사이사이.
새:=새²[명] [약] 새실새실. [mischievously
새새-거리-다[자] 실없이 까불며 자꾸 웃다. laughing
새=새 틈틈[명] 사이마다 틈마다. at every leisure
새=색:시[명] 새로 시집 온 여자. 각시(閤氏). 새집¹³. (약) 색시⑦. (공) 색댁. 새아가씨. bride
새서(璽書)[명] 임금의 옥새가 찍혀 있는 문서.
새=서방(—書房)[명] (속) 새로 맞이한 서방. 새신랑. bridegroom [하여 주는 상의 하나.
새서 표리(璽書表裏) <제도> 임금이 신하에게 칭찬
새:-소리[명] ①새가 우는 소리. chirping ②놀소리.
새=소(鰓小葉)[명] 조름. [제물이 생기다.
새수-나-다[자] 갑자기 좋은 수가 생기다. ②뜻밖에
새수-못:하-다[여불] 손을 대지 못하다. can not touch
새-순(—筍)[명] 새로 돋아난 싹.
새시 (sash)[명] ①문틀. 창틀. ②드레스의 허리나 모자등에 장식하는 띠. [sm 하는
새신(賽神)[명] <민속> 굿·푸닥거리 따위의 일. exorci-
새=신랑(—新郞)[명] 갓 결혼한 신랑. (속) 새서방. bridegroom [게 행동하는 사람의 비유.
새신 만:명(賽神萬明)[명] ①굿하는 무당. ②경망스럽
새실=거리-다[자] 생글생글 웃으면서 재미있게 지껄이다. [시설거리다. (작) 새살거리다. 새실=새실[부]
새실-굿-다[형] 매우 새실스럽다. (작) 새살굿다. [하]
새실-떨-다[자를] 새실스럽게 행동하다. (큰) 시설떨다. (작) 새살떨다.
새실=스럽-다[형비] 성질이 차분하지 못하고 실없이 수선부리기를 좋아하다. (큰) 시설스럽다. (작) 새살스럽다. 새실=스레[부]
새-싹[명] 새로 돋은 싹. 사물의 근원이 되는 새로운 시초. 움². bud [hter-in-law
새-아기[명] 시부모가 새며느리를 일컬음. new daug-
새-아기씨[명] (공) 새색시. (약) 새아씨.
새-아:씨[명] [약] →새아기씨.
새-아주머니[명] 새로 시집 온 형수·제수 또는 숙모뻘되는 사람. man's new sister-in-law
새악[명] →새악².
새-악아[감] '새아기야'의 줄여 변한 말.
새:=알[명] ①참새의 알. ②모든 새의 알. sparrow egg
새:=알 끔재기[명] ①새알처럼 아주 작은 물건이나 분량을 얕잡아 이름. very small amount ②성격이 작고 옹졸한 사람을 얕잡아 이름. narrowminded man
새:=알 사탕(—砂糖)[명] 새알만하게 만든 사탕.
새:알-심(—心) [명] 팥죽에 찹쌀 가루로 반죽하여, 새알처럼 만들어 넣고 익힌 음식. 옹시미. (약) 샐심. rice dumplings
새:알-콩[명] 콩의 하나. 한 편은 푸르고 다른 한 편은 아롱아롱한 점이 있음. kind of beans
새:알-팥[명] 팥의 하나. 알이 잘고 한 편은 희고 다른 편에는 아롱아롱한 검은 줄이 짐. kind of red beans
새암¹[명] →샘².
새암²[명] →샘¹.
새암-바르-다[형르] →샘바르다.
새암-바리[명] →샘바리.
새앙 [식물] ①생강과의 다년생 풀. 높이 30~60 cm이고 잎은 피침형으로 담홍색임. 보통은 꽃이 안 피나 더러는 (暖地)에서는 황록색의 꽃 핌. 지하경은 회백색 내지 황색인데 맛이 맵고 향기가 좋아 양념·외감약으로 씀. ginger ②새앙 뿌리. 생강(生薑)②.

새앙 각시 <제도> 새앙머리를 땋은 어린 궁녀를 일
새앙-나무[명] →생강나무. [컬음.
새앙-머리[명] 계집아이가 예장(禮裝)할 때 머리털을 두 갈래로 갈라 땋은 머리. 사양머리. (약) 생머리.
새앙-뿔[명] ①새앙 뿌리의 뿌나구니. rootstalk of ginger ②두 개가 모두 짧게 난 소의 뿔. 생강뿔. 생뿔. stumps of horns of cattle
새앙-손이[명] 손가락이 새앙처럼 된 사람.
새앙-엿(—厶)[명] [동] 생강엿.
새앙-쥐[명] (→생쥐).
새앙-차(—茶)[명] [동] 생강차.
새앙-초(—醋)[명] 생강즙을 넣고 끓여낸 초.
새앙-토끼 [동물] 새앙토끼과에 속하는 동물. 토끼와 비슷하나 귀가 쥐와 비슷하여 짧고 둥글며 꼬리는 없음. 산의 바위·돌이 많은 곳에 군생함. 쥐토끼. 생토끼.
새앙-편(—) 새앙의 즙(汁)을 내어 꿀과 검은 엿에 섞어 조려서 잣가루를 뿌려 만든 떡. 강병(薑餅).
새-어머니[명] 새로 시집 온 아버지의 후처(後妻).
새-엄마[명] 새어머니를 친근하게 일컫는 말.
새열(鰓裂) [생물] 척추 동물, 특히 어류나 양서류의 유생(幼生)의 머리에서 볼 수 있는 대여섯 쌍의 열구(裂口).
새·오·다[타] [고] 새우다. 시기(猜忌)하다.
새오-다[타] [고] 북을 자꾸 크게 울리다.
새옴[명] [고] →새암¹.
새옹[명] 놋쇠로 만든 작은 솥. small brass kettle
새옹 득실(塞翁得失) [동] 새옹지마.
새옹지마 (塞翁之馬)[명] 회남자(淮南子) 인간훈(人間訓)에 나오는 고사. 인생의 길흉·화복은 변천 무상(變轉無常)하여 예측하기 어렵다는 뜻. 새옹 득실(塞翁得失). 새옹 화복(塞翁禍福). Inscrutable are the ways of Heaven
새옹 화:복(塞翁禍福)[명] [동] 새옹지마(塞翁之馬).
새:-완두(—豌豆)[명] 콩과의 월년생 풀. 줄기가 가늘고 약하며 잎의 끝에 덩굴손이 있음.
새외(塞外)[명] ①요새의 밖. outside of a fortress ②중국의 북쪽 국경지. 곧, 만리 장성의 바깥. (반) 새-요:[고] 새우².   [내(塞內).
새우¹ <건축> 산자와 기와 사이에 까는 흙. clay laid under a tile
새우² [동물] 갑각류(甲殼類) 중 열각(裂脚)·구각(口脚)·십각류(十脚類)에 속하는 동물의 총칭. 몸은 좌우 상칭으로 두흉부(頭胸部)·복부(腹部)·미부(尾部)의 세 부분으로 형성됨. 담수나 바다에 널리
새우개[명] →새우².   [분포함. shrimp
새:-나무 [식물] 자작나무과의 낙엽 교목. 잎은 난상 타원형이며 가에 이중 톱니가 있음. 5~6월에 잎이 피기 전에 꽃이 피고 견과(堅果)가 열림. 목재는 빛이 아름답고 내구력이 있어 건축재·기구재·시탄재로 씀.
새우=난초(—蘭草) [식물] 난초과의 다년생 풀. 높이 20~50 cm 로 새우등과 비슷한 근경이 뻗음. 잎은 긴 타원형. 5월에 흰빛 또는 담홍색 꽃이 피며 관상용으로 재배됨.
새우-다[타] 밤을 밝히다. (약) 새다². sit up all night
새우-다[타] 샘을 내다. be jealous
새우-등[명] 새우의 등 모양으로 구부러진 등. bent back
새우등-지-다[자] 등이 새우처럼 구부러지다.
새우 미끼로 잉어 낚는다[속] 적은 자본으로 큰 이득을 얻는다.
새우 싸움에 고래 등 터진다[속] ①남의 싸움에 관계 없는 사람이 해를 입는다. ②아랫 사람이 저지른 일로 인하여 윗사람에게 해가 미친다. [huddled up
새우=잠[명] 새우같이 몸을 꼬부리고 자는 잠. sleeping
새우잠 자-다[자] 추워서 새우처럼 모로 누워서 몸을 꼬부리고 자다. 편하지 못한 잠을 이루다.
새우-젓[명] 잔 새우로 담근 젓. 백하젓(白蝦—). (약) 새젓. salted shrimps

새우-탕(—湯)명 새우를 맑은 장국에 넣고 달걀을 풀어서 끓인 국.

새:을-변(-乙邊)명 한자 부수의 하나. '乞'·'乾' 등의 '乙'의 이름.

새:-임명 새로 사귀어 사랑하는 사람. new lover

새:-임명 새로 돌아난 초목의 잎.

새:-잡-다타〈광물〉덜 잡힌 금가루가 좀 섞여 있는 광석 가루를 일어서 금분(金分)을 함유한 황화물 (黃化物)을 잡다.

새:-잡-다타(속) 망보다. 남의 비밀을 엿듣다.

새 잡아 잔치할 것을 닭 잡아 잔치한다속 작은 일에 소중하여 큰 손해를 보게 된다.

새:-잡이명 새를 잡는 일.

새:-장(-欌)명 새를 가두어 두고 기르는 장. 어리③. 조롱(鳥籠). birdcage [offertory 하다

새전(賽錢)명 신령 앞에 올리는 돈. 또, 돈을 바침.

새:-점(-占)명〈민속〉점의 하나. 새장 속에서 새가 나와 여러 개의 괘사(卦辭)를 적은 쪽지를 물어 내어 길흉 화복을 판단하는 미신.

새:-점명(약)→새우점.

새:-조개명〈조개〉새조개과의 하나. 패각은 원반상이며 방사상 각맥(放射狀刻脈)이 있음. 내만(內灣)의 진흙 섞인 모래땅에 서식하며 살은 새고기 맛과 같음. 조합(鳥蛤). 염취(鹽吹). cockle

새줄랑이명 아주 소견 없이 방정맞고 경솔한 사람을 놀림조로 이르는 말.

새:-중간(-中間)명 '중간'의 강조어. middle

새지근-하다형여 새지근하다.

새:-집명 ①새로 지은 집. new house ②새로 이사하여 든 집. new house ③(동) 색새집. ④새로 맺은 사돈집.

새:-집²명 새가 깃들여 사는 곳. nest of sparrow

새집 짓고 삼 년 무사하기 힘든다속 새집을 짓던 뒤 얼마 동안은 재앙이 생길 수가 있다.

새:-쪽명(속) 동쪽. east

새:-찜명 참새 고기의 찜. 조증(鳥蒸).

새:-참명(동)→사이참.

새:-창명 소의 창자의 하나. 국거리로 씀.

새척지근-하다형여 음식이 쉬어서 신맛이 조금 나다. (센)새척근하다. (큰)시척근하다. sourish

새:-청명 날카로운 목소리. 새된 목소리. sharp voice

새청=붙이-다[-부치-]타 →생청붙이다.

새초²명 작게 만든 엽전. small brass coin

새초²명(약)→새초 미역.

새:-초롱명 →새장.

새초름-하다형여 →새치름하다. [역. (약)새초².

새초 미역명 장확(長藿)보다 짧게 째를 지어 말린 미역.

새:-총(-銃)명 ①새를 잡기 위하여 만든 작은 총. 조총(鳥銃). 공기총. ②'Y'자 모양의 쇠붙이나 나뭇가지에 고무줄을 메고 돌을 끼워 튀기는 장 난감.

새:-치¹명 젊은 사람의 머리에 섞인 흰 털. premature [gray hair

새:-치²명 →산갈이.

새치근-하다형여(약)→새척근하다.

새:-치기명 ①자기가 맡은 일 외에 다른 일을 하는 짓. side job ②남의 자리에 끼어 드는 짓. 중간치기. cutting in 하다

새치름-하다형여 모르는 체하고 태연한 기색을 꾸미다. (약)새침하다. play the innocent 새치름=히

새치-부리-다자 몹시 사양하는 체하다. pretend modesty

새침데기[-께-]명 ①겉으로만 얌전한 체하는 사람. ②쌀쌀한 태도가 있는 사람. ostensibly modest person

새침데기 골로 빠진다속 얌전한 체하는 사람일수록 한 번 길을 잘못 들면 걷잡을 수 없이 된다.

새침-하다형여 (약)→새치름하다.

새카맣-다형ㅎ(큰)→새까맣다.

새카매-지-다자 →새까매지다.

새:-코-찌리명〈식물〉조(粟)의 하나로 가시랭이가 기다랗고 씨가 누름.

새콤=새콤뷔(거)→새곰새곰.

새콤-하다형여(거)→새곰하다.

새:-콩명〈식물〉콩과의 일년생 풀. 줄기는 길게 뻗으며 잎은 난형으로 8~9월에 담자색 꽃이 핌. 씨는 구황용(救荒用)으로 씀.

새크라멘트(sacrament)명〈기독〉예수교에서 신은(神恩)을 신도에게 베푸는 예식. 구원을 바치는 일.

새크리파이스(sacrifice)명 ①희생. ②〈종교〉신에게 바치는 일.

새크리파이스 히트(sacrifice hit)명〈체육〉야구에서 [희생타(犧牲打)]

새큰-거리-다자(거)→새근거리다.

새큰-하-다형여(거)→새근하다.

새큼달큼-하-다형여 약간 새큼하면서 맛깔스럽게 [달다.

새큼=새큼뷔(거)→새금새금.

새큼-하-다형여(거)→새금하다.

새:-털명 새의 털.

새털=구름명(동) 권운(卷雲).

새덜라이트 스튜디오(satellite studio)명 라디오에서, 방송국 밖에 마련한 방송용의 작은 스튜디오.

새통-빠:지-다형(여) 매우 새통스럽다. flippant

새통-스럽-다형ㅂ(여) 어이없이 새삼스럽다. 새통적이다. silly 새통-스레위 [flippant person

새통-이명 밉살스럽고 경망한 짓. 또, 그런 사람.

새통-쩍-다형(여) 새통스럽다.

새틴(satin)명 수자(繻子). 공단.

새:-파랗-다형ㅎ ①아주 짙게 푸르다. deep blue ②몹시 놀라거나 성을 내어 질려 있다. (큰)시퍼렇다. deadly pale ③아주 젊다. very young

새파래-지-다자 새파랗게 되다. (큰)시퍼레지다.

새:-판명 ①새로 벌어진 일의 판. 새로운 국면. ②노름이나 장기·바둑 등의 새로 시작된 판.

새:-팥명〈식물〉콩과의 일년생 풀. 줄기는 가늘고 다른 것에 감겨 올라간다. 잎은 난형 또는 난상 타원형임. 8월에 담자색 꽃이 피며 과실은 협과(莢 [果)임.

새:-품명〈식물〉억새의 꽃.

새:-하-다자 →나무하다.

새:-하얗-다형ㅎ 아주 더할 수 없이 하얗다. (큰)시 [허옇다.

새하얘-지-다자 새하얗게 되다. 아주 하얗게 되다. (큰)시허예지다.

새:-해명 새로 시작되는 해. 개춘(改春). new year

새해 문안(-問安)명 ①새해를 맞아 웃어른께 드리는 인사. ②정월 초하룻날 백관이 임금에게 올리던 인사. new year's greeting

새해 전갈(一傳喝)명〈민속〉정초에 부녀들이 인척 (姻戚)의 집에 사람을 보내어 인사를 전하게 하는 일. [new year's ancester-memorial ceremony

새해 차례(-茶禮)명〈민속〉설날에 지내는 차례.

새:-호리기명〈조류〉매과의 새. 매와 비슷한데 몸 빛의 하면은 황백색, 가슴과 옆구리에 많은 흑점이 있고, 북부·중부에는 적갈색이며, 꽁지에는 흑갈색의 띠가 있음. 산이나 들에서 새른 잡아먹음. hobby

새홍(塞鴻)명 변방의 기러기.

색1명 갈돌·갈북·복지어·감흙 따위를 조금 빻고 갈아서 사발 따위에 넣고 물에 일어서 금분이 있고 없음을 시험하는 것.

색2명 좁은 틈으로 김이 세차게 나오는 소리. hiss

색¹(色)명 빛깔. colour

색²(色)명(동) 빚².

색³(色)명 ①(약)→색사(色事). ②(약)→여색(女色).

색(sack)명 ①주머니. 포대. 부대. ②(약)→두메삭.

색-각(色覺)명〈심리〉시각의 하나. 빛깔을 알아서 구별하는 감각. 색신. 색채 감각. colour sense

색-갈이(色一)명(농)농가에서 사물을 여러 가지로 갈아 바꾸다. exchange [새 곡식으로 바꾸어 받는 일. 하다

색-같이(色一)(약) 봄에 묵은 곡식을 꾸어 주고 가을에 새 곡식으로 바꾸어 받는 일. 하다

색-감(色感)명 색체의 감각. 빛깔에서 받는 느낌. 색상(色相). colour sense [seclusion 하다

색-거(索居)명 한가로운 곳을 찾아서 삶. living in

색계(色界)명 ①〈불교〉삼계(三界)의 하나. ②여

(女色)의 세계. 화류계. redlight district
색골(色骨)[명] 색을 좋아하는 사람. 호색가. 호색꾼. sensualist
색광(色狂)[명] 색에 미친 사람. 색마(色魔). erotomaniac
색광-증(一症)(色狂症)[명] 〈의학〉색정의 만족을 바라는 정신병. erotomania
색구(色球)[명] 〈천문〉일식 때에 코로나(corona)의 아래층에 보이는 분홍빛의 층. chromosphere
색구(色驅)〈제도〉높은 벼슬아치의 하례(下隷)의 우두머리.
색구(索具)[명] →삭구(索具).
색깔(色一)[명] 빛깔. colour
색깔-치(色一)[명] 색소체.
색난(色難)[명] ①자식이 항상 부드러운 얼굴빛으로 부모를 섬기기란 어렵다는 뜻. ②부모의 얼굴빛을 보고 그 뜻에 맞게 봉양하기란 어렵다는 뜻.
색=노끈(色一)[명] ①고운 물감을 들인 노끈. ②색종이로 꼰 지노.
색=다르다(色一)[형] 종류가 다르다. 보통 것과 다른 특색이 있다. novel
색달(色疸)[명] 여로달(女勞疸)
색대(色一)[명] 가마니 속에 든 곡식을 찔러서 빼어 보는 도구. 태포(泡). 님. 꽃대님.
색대님 고운 빛과 무늬의 피륙으로 만든 대님.
색=대리석(色大理石)〈광물〉흰빛 외의 여러 가지 빛을 띤 대리석. coloured marble
색=대:자(色帶子) 오색실로 간격히 짠 띠. coloured belt
색덕(色德)[명] 여자가 갖춘 고운 얼굴빛과 갸륵한 덕행. beauty and virtue
색도(色度)[명] 〈물리〉명도(明度)를 제외한 광선 빛깔의 종류를 수량적으로 지정한 수치. chromaticity
색도(索道)[명]→삭도(索道).
색도-계(色度計)[명] 〈물리〉색도를 측정하는 기구. 흔히 삼색 색도계를 말한다.
색독(色讀)[명] 글을 읽을 때 글자 그대로 뜻을 풀이하고 문장의 원뜻을 돌보지 않고 읽음. (대) 체독(體讀). just reading without thinking 하다
색동(色一)[명] 우소매를 오색 빛깔로 층이 지게 잇대어 만든 어린애들의 저고리 소맷감. stripes of many colours changing colour 하다
색동(色動)[명] 놀라거나 성이 나서 얼굴빛이 변함.
색동 마고자(色一) [명] 색동으로 소매를 대어 만든 어린아이의 마고자.
색동-옷(色一)[명] 색동을 대서 만든 옷.
색동 저고리(色一)[명] 색동으로 소매를 대어 만든 어린아이의 저고리. child's coat with multi-coloured sleeves 지게 짠 천.
색동-천(色一)[명] 무지개같이 여러 가지 빛깔로 짜는
색 드레스(sack dress)[명] 몸의 선(線)에 맞추지 않고 넓게 지어 자루같이 생긴 부인용의 풍성한 드레스.
색-등(色燈)[명] 빨강·파랑·노랑 따위의 빛깔로 비치는 등.
색=등마고자(色一) [명] ①→색동마고자. ②〈제도〉'오라'의 결말. coloured rice-cake
색-떡(色一)[명] 온갖 빛깔을 들여 만든 떡. 색병①.
색량-계(色量計)[명] 색의 농도를 비교·측정하여 그 색소량(色素量)을 재는 기계.
색론(色論)[명] 〈역사〉사색(四色) 당파끼리 하던 다툼질. factional strifes 하다
색료(色料)[명] 그림 물감. 물감. dyes
색리(色吏)[명] 〈제도〉감영(監營)이나 군아(郡衙)에 딸렸던 아전.
색마(色魔)[명] 마귀처럼 색을 좋아하는 사람. 색광(色
색-망치(色一)〈광물〉사발색을 볼 때 쓰는 망치.
색맹(色盲)[명] 〈생리〉색각 작용에 이상이 생겨 색의 구별이 되지 않는 상태. 또, 그 사람. 색소경.
색면(索麪)[명] →삭면(索麪). colour blindness
색모(色貌)[명] 여자의 아름다운 생김새. ①안색과 용모.
색목(色目)[명] 〈역사〉조선조 때, 노론·소론·남인·북인 등 사색 당파의 이름. names of the four factions
색목-인(色目人)[명] 원대(元代)에 유럽·서(西) 아시아·중부 아시아 등지에서 온 외국인의 총칭. foreigners in Yüan China
색-무명(色一)[명] 물들인 무명.
색-미투리(色一)[명] 총에 여러 가지 물을 들여 만든 신. 어린이들이 신음. 으로 바꿈. 하다
색-바꿈[명] 같은 소용의 물건으로 색에 맞는 것.
색-바람[명] 이른 가을에 부는 선선한 바람. early autumn breeze
색법(色法)[명] 〈불교〉색(色)이나 형체가 있는 현상 세계의 총칭. outward appearance
색별(色別)[명] ①종류가 다른 것마다에 다른 빛깔을 칠하는 일. ②종류에 따라 구별하는 일. 하다
색-병(色餠)[명] ①〈동〉색떡. ②〈동〉색절편.
색-보(色一)〈광물〉함지 사발 따위로 색을 보다.
색복(色服)[명] 빛깔이 있는 의복. 무색옷. 색의(色衣).
색-비름(色一)[명] 〈식물〉비름과의 일년생 풀. 줄기는 높이 1.5 m, 8~9월에 담홍색의 잔 꽃이 핌. 정원에서 재배함. 당비름.
색사(色事)[명] 남녀가 육체적인 교접을 하는 일. 〈역〉색③. sexual intercourse 하다
색사(色絲)[명] 《동》색실.
색-사발(一沙鉢)[명] 색을 보기 위하여 정해 놓고 쓰는 사발. colour bowl 는 오색 종이 조각.
색-사지(色一)[명] 잔치 때에 누름적 꼬챙이 끝에 휘감
색-사진(色寫眞)[명] 빛깔을 나타내게 현상(現像)한 사진. colour picture
색상(色相)[명] ①〈불교〉육안으로 볼 수 있는 형상. state of things visible to naked eye ②〈불교〉불신의 모습. image of Buddha ③(동) 색조(色調)②. ④색감(色感)을 물리학적·심리학적으로 구별할 때의 한 요소. 명도(明度)·선명도(鮮明度) 이외의 빛깔의 구별에 상당함. colour sensation
색상(色傷)[명] 방사(厚事)의 과도(過度)로 생기는 병. illness caused by sexual excess
색-상자(色箱子)[명] 색종이로 바른 상자. coloured box
색:-숨[명] 숨을 가느다랗게 쉬는 소리. (큰) 식식. (세) 쌕쌕. breathing somewhat hard 하다
색색(色色)[명] ①여러 가지의 빛깔. ②여러 가지.
색:-쌕거리-다(色一)[자] 숨을 연해 가늘게 쉬다. (큰) 식식거리다. (세) 쌕쌕거리다. colours
색색-이(色色一)[부] 여러 가지 빛깔로. in various
색선(色扇)[명] 색종이를 발라서 만든 부채. colour papered fan
색소(色素)[명] 〈물리〉물체의 색의 본질. 또, 물질에 빛깔을 나타내게 하는 염료 따위의 성분. pigment ②(동) 색소 세포.
색소 결핍증(色素缺乏症)〈의학〉선천적으로 피부에 색소가 결핍되어 하얗게 되는 증세.
색-소:(色一)[명] 《동》색맹(色盲).
색소-뇨(色素尿)[명] 시체의 혈색소·담즙 색소 등이 섞여서 배설되는 오줌.
색소 단:백질(色素蛋白質)〈화학〉색소와 단백질이 결합되어 있는 물질. chromoprotein
색소 세:포(色素細胞)〈생리〉멜라닌 과립(melanin 顆粒)을 많이 가지고 있는 세포. 피부의 빛깔은 이 세포의 빛깔임. 색소(色素)②. pigment cell
색소-체(色素體)[명] 〈생물〉원생 동물의 유전자(有藏類)에 생기는 색소. 또는 식물 세포에 들어 있는 물질. 색깔치. plastid
색소폰(saxophone)[명] 〈음악〉목관 악기의 하나. 18~20개의 음건(音鍵)과 단엽 리드를 가지며 부드럽고 감미로운 음을 냄. 경음악·취주악에 많이 쓰임.
색쇄(色刷)[명] 〈인쇄〉흑색 이외의 여러 가지 빛깔로 인쇄한 것. color printing
색쇠 애:이(色衰愛弛)[명] 사랑받던 미인도 늙어지면 사랑을 잃어버린다는 뜻. 하다
색=수차(色收差)[명] 〈물리〉렌즈가 맺는 물체의 상(像)이

이 광(光)의 파장에 의한 굴절들의 상이(相異)로, 빛깔에 따라 그 위치나 배율을 바꾸는 현상. chromatic aberration

색=순:응(色順應)명〈물리〉햇빛·텅스텐 전등·형광등 등, 광원이 다름에 따라서 분광 에너지 분포가 다르고, 따라서 그 빛을 받은 물체의 색도 다르게 보이는데, 그 차를 적게 하는 눈의 자동 조절을 일컬음.

색스=호른(saxhorn)명〈음악〉취주악(吹奏樂)의 중심이 되는 놋쇠 금관(金管) 악기의 하나.

색슨=족(Saxon 族)명 튜튼족(Tuton 族)의 한 갈래. 2∼3세기에 라인(Rhein)·엘베(Elbe) 두 강 사이의 북부 지방에 살다가 5∼6세기에 독일 북부를 점령하고, 일부는 브리튼(Britain) 섬에 침입하여 앵글인(Angle 人)과 더불어 영국의 기초를 이룸.

색:시명 ①〔약〕→새색시. ②시집 안 간 처녀. ③술집 등의 접대부.

색시(色視)명〈의학〉실제로는 빛깔이 없는 물건에 빛깔이 있는 것처럼 보이는 병적 상태. 「걷는 걸음.

색:시 걸음명 새색시처럼 아주 얌전하고 조심스럽게 걷는

색시 그루는 다홍치마 적에 앉혀야 한다관 새며느리는 데려오자 바로 법을 세워서 잘 가르쳐야 한다는 뜻.

색시 짊신에 구슬 감기가 웬 일인고관 본분에 합당하지 않음. 「곧, 색상(色相)이 있는 육체. body

색신(色身)명〈불교〉눈으로 볼 수 있는 몸이나 형체.

색신(色神)명〈동〉색각(色覺).

색실(色―)명 물감을 들인 실. 색사(色絲). dyed thread

색심(色心)명 ①색욕을 일으키는 마음. lustful mind ②〈불교〉색법(色法)과 심법(心法). 곧, 유형의 물질과 무형의 정신. matter and mind

색:시=집(色―)명〔속〕처가. ②작부를 두고 술을 파는 집.

색=쓰:다(色―)자[으로]①남녀간에 성교(性交)를 하다. have sexual intercourse ②지나치게 성교에 열중하다. indulge in lewdness ③〔속〕성적 교태를 취하다. make sexual pose

색=안:경(色眼鏡)명 ①빛깔이 있는 안경. coloured spectacles ②주관과 감정에 지배된 관찰. prejudice

색약(色弱)명〈생리〉색맹(色盲)만큼 심하지는 않으나 건전한 눈보다는 빛의 판별력(判別力)이 약한 현상. colour weakness

색양(色養)명 부모의 얼굴빛을 보고 그 마음에 들도록 효양(孝養)함. 항상 얼굴빛을 부드럽게 하여 부모에게 봉양(奉養)함. taking great care of one's parents 하다

색없:앤 렌즈(色―lens)명〈물리〉색수차(色收差)를 없애기 위해 만드는 오목 렌즈와 볼록 렌즈의 색지움 렌즈. 소색 렌즈. achromatic lens

색없:앤 프리즘(色―prism)명〈물리〉파장에 의한 빛깔의 분산을 없애는 프리즘. 굴절율이 다른 2종의 유리로 만든 두 개의 프리즘을 맞추면 두 가시치 빛이 같은 각만 굴절하게 됨. 색지움 프리즘. 소색 프리즘. achromatic prism 「연료. coloured pencil

색=연필(―年―)명(色鉛筆)명 염료를 섞어서 심으로 한

색염(色染)명〈동〉염색(染色).

색=온도(色溫度)명 발광체의 온도를 나타내는 방법의 하나. 또, 그 수치. 직접 측정할 수 없는 고온도의 물체나 별 따위의 온도를 측정할 때 쓰임.

색=옷(色―)명→무색옷.

색욕(色慾)명 사람의 성욕(性慾). 욕정(欲情·慾情). 육욕(肉慾). 음욕(淫慾). sexual desire

색원(塞源)명 근원을 아주 막아 버림. 「발본(拔本) ∼. eradication of sources of evil 하다

색=유리(―琉璃)명〔금속류(金屬類)의 가루를 유리 원료와 같이 녹여서 만든 색 있는 유리. stained glass 「을 행함. 하다

색은(索隱)行怪)명 궁벽한 것을 캐고, 괴이한 일

색의(色衣)명〈동〉무색옷.

색의 운:동(色衣運動)명〈사회〉경제적 또는 미적(美

的)으로 보아 흰 옷을 입지 않고 색의(色衣)를 장려하려는 운동. dyed clothes movement

색인(索引)명 옥편·사전, 또는 어떤 서적 가운데 있는 항목이나 낱말을 빨리 찾아보도록 만들어 놓은 목록. index

색자(索子)명 마작의 대 모양으로 만든 패(牌).

색장 나:인(色掌―人)명〈제도〉편지를 전하는 나인.

색적(索敵)명 적을 찾아 나섬. search the enemy 하다

색전(塞栓)명〈의학〉색전증에서 관강(管腔)을 폐색한 물질. embolus

색전=증(―症)(塞栓症)명〈의학〉이물(異物)이 혈관 내로 들어가 혈류와 함께 이동하여 혈관의 협착, 또는 폐색을 일으키는 증세. embolism

색절병(色切餠)명〈동〉색절편(色切片).

색절편(色切片)명 흰떡에 온갖 빛깔을 들여 갖은 꽃무늬의 절편판에 박아 낸 떡. 색병(色餠)②. 색절병(色切餠). 「(色慾). lust

색정(色情)명 색을 좋아하는 정욕. 춘정(春情). 색욕

색정=광(色情狂)명 색정에 미친 사람. 색광(色狂). erotomaniac

색정 도:착증(色情倒錯症)명〈심리〉이상한 자극에 의해서만 색정이 일어나는 일. 학대 음란증 따위. eropathy, perversion

색정=적(色情的)관[명]명 색정에 관한(것).

색정적 피:해 망:상(色情的被害妄想)명〈심리〉성적인 폭행을 당한다고 생각하는 이상 심리.

색조(色租)명〈제도〉세곡(稅穀)이나 환곡(還穀)을 받을 때에 간색(看色)으로 받던 곡식.

색조(色調)명 ①빛깔의 조화(調和). color harmony ②색체의 강약(强弱)·농담(濃淡) 따위의 정도. 색상(色相)③. colour tone

색조(索條)명→삭조(索條). 「coloured paper

색=종이(色―)명 물감을 들인 종이. 색지(色紙).

색주(色紬)명 물감을 들인 명주. dyed silk

색주:가(色酒家)명 매음을 겸한 술집. 색줏집. combination bar-whorehouse

색줏=집(色酒―)명〈동〉색주가.

색즉시:공(色卽是空)명〈불교〉반야 심경에 나오는 말로, 색(色)으로써 표현되는 온갖 물질은, 평등 무차별한 자성(自性)으로써 표현되는 공(空)과 하나도 음흥함이 들이 아니다는 뜻. 색공불이(色空不二). (대) 공즉시색(空卽是色).

색지(色紙)명〈동〉색종이. 「지 않고 송달하는 일.

색―지음(色―)(色―)명〈물리〉빛의 빛깔 성분을 변화시키

색지움 렌즈(色―lens)명〈동〉색없앤 렌즈.

색지움 프리즘(色―prism)명〈동〉색없앤 프리즘.

색=차지(色次知)명 놀음놀이에 기생(妓生)을 주선하는 일을 맡아보는 사람. pimp

색채(色彩)명 ①빛깔. colour and pattern ②빛깔과 문체(紋彩). ③경향. 성질.

색채―감(色彩感)명〔미술〕새내가 잘 조화되고 무릎에 대한 느낌. colour sensation

색채 감:각(色彩感覺)명〈동〉색각(色覺).

색채 상징(色彩象徵)명 어떠한 일이나 형상을 빛깔로 나타내는 성질. colour symbol

색채―설(色彩說)명〈심리〉색채 감각을 설명하는 학설. theory of colour

색채 영화(色彩映畫)명〈연예〉천연색 영화.

색채=조절(色彩調節)명 색의 심리적·생리적·물리적 효과를 고려하여 학교·병원·공장 등에서 건물 기타에 색적절히 배치하여 안전·능률·쾌적의 효과를 올리는 일.

색채 청:각(色彩聽覺)명 색채 청(色聽). 「는 일.

색채 토기(色彩土器)명〈동〉채화기(彩畫器).

색채 팔면체(色彩八面體)명〈심리〉혜링의 사색설(四色說)에 기초하여 광각(光覺)의 체계를 나타내는 팔면체. colour pyramid 「of responsibilities 하다

색책(塞責)명 겉으로 책임을 얼버무림. shuffle out

색챔=챔(色—)圀《약》→색채음.
색청(色聽)圀〈심리〉공감각(共感覺)의 하나. 어떤 소리를 들을 때 거기에 따라 일정한 색채 감각이 일어나는 현상. 특정한 사람에게만 일어남. 색채 청각(色聽覺). coloured hearing
색체(色滯)圀 화색이 없음. 또, 그 얼굴. 하타
색출(索出)圀 뒤져서 찾아냄. ¶범인 ~. searching out 하타
색=칠(色漆)圀 색을 칠함. 또, 그 칠. painting 하타
색 코=트(sack coat)圀 ①신사복. ②유아용의 느슨한 길 짧은 웃옷.
색탐(色貪)圀 여색을 탐함. lewd desire 하타
색태(色態)圀 ①여자의 곱고 아름다운 태도. ②빛깔 색택(色澤)圀 빛나는 윤기. luster 의 맵시.
색판(色板)圀 ①색칠한 널빤지. ②〈인쇄〉색깔 인쇄 에서 사용하는 판목. color plate
색판(色版)圀〈인쇄〉채색을 하여 인쇄한 출판물.
색포(索捕)圀 찾아내어 잡음. arrest 하타
색한(色漢)圀 ①특히 여색을 좋아하는 사내. 호색한 (好色漢). ②동 치한②.
색향(色香)圀 ①꽃의 색과 향기. colour and scent of a flower ②얼굴의 아름다움. lovely countenance
색향(色鄕)圀 ①미인이 많이 나는 고을. home of belles ②기생이 많이 나는 고을. town of *keesaeng*
색황(色荒)圀 여색에 빠져 타락하는 일. 색을 함부로 쓰는 일. sexual dissipation 하타
샌=님圀《약》새원님. ②얌전하거나 숫기 하고 고지식 하며 소견이 좁은 사람. weak-kneed and bigoted person ¶대개 늙은 선비의 모습임.
샌=님탈圀〈민속〉산디놀음에 쓰이는 탈의 하나.
샌드 믹서(sand mixer)圀〈동〉혼사기(混砂機).
샌드=백(sandbag)圀 비행선(飛行船)·함선(艦船)·기구 (氣球) 따위의 저하(低荷)·방수(防水)·방탄(防彈) 에 쓰는 모래 주머니.
샌드=스톤(sandstone)圀〈지학〉사암(砂岩).
샌드위치(sandwich)圀 ①얇게 썬 빵의 두 조각 사이에 고기 따위를 넣은 서양 음식. ②비행기에서 추락하여 죽은 사람. ③《약》→샌드위치 맨.
샌드위치 데이트(sandwich date)圀 남자 둘에 여자 하나의 데이트 혹은 여자 둘에 남자 하나의 데이트.
샌드위치 맨(sandwich man)圀 앞뒤에 광고판을 달고 다니는 사람. 《약》샌드위치.
샌드=페이퍼(sandpaper)圀 가구 따위를 반들반들하게 문지르는, 유리나 모래 가루를 발라 붙인 헝겊이나 종이. 사포(砂布). 에머리 페이퍼.
샌들(sandal)圀 ①예전 그리스·로마의 사람이 신던 가죽으로 바닥을 만들고 끈으로 매어 신는 신. ②여자나 아이가 신는 운두가 끈으로 된 구두.
샌퍼라이즈(Sanforize)圀〈공업〉천에 수지 가공(樹脂加工)을 하여 줄어들지 않게 하는 일. 또, 그것. 하타
샐그러=뜨리-다圀 샐그러지게 하다. 《큰》실그러뜨리다. 《센》쌜그러뜨리다. tilt
샐그러=지-다쬬 한쪽으로 배틀어지거나 기울어지다. 《큰》실그러지다. 《센》쌜그러지다. incline
샐긋=거리-다쬬 샐긋하게 자꾸 배틀어지게 하다. 《큰》실긋거리다. 《센》쌜긋거리다. 샐긋=샐긋 하타뷔
샐긋-하-다여뮈 물건이 한쪽으로 배틀어져 있다. 《큰》실긋하다. aslant
샐기죽=거리-다쬬 샐그러지게 천천히 계속해서 움직이다. 샐기죽=샐기죽 뷔 《큰》실기죽거리다.《센》쌜기죽거리다. 샐기죽=샐기죽 하타뷔
샐=녘圀 날이 샐 무렵. dawn
샐=님圀 중국 청나라 때에 쓰던 작은 황동전(黃銅錢) 반문(半分)을 말함. 곧, 아주 적은 돈.
샐러드(salad)圀 냉육(冷肉)·햄·달걀 따위의 푸성귀잎을 곁들여 소스를 친 서양 음식.
샐러드 드레싱(salad dressing)圀 샐러드에 치는 소스. 마요네즈 소스가 많이 쓰임.
샐러드=유(salad 油)圀 샐러드에 쓰이는 기름.

샐러리(salary)圀〈동〉봉급(俸給).
샐러리 맨(salaried man)圀 봉급 생활자. 월급쟁이.
샐러리 우먼(salaried woman)圀 봉급 생활을 하는 여자.
샐룩圀 근육 또는 피부의 일부분이 갑자기 저절로 움직이는 모양. 《큰》실룩. 《센》쌜룩. convulsively 하타
샐룩=거리-다쬬타 연해 샐룩하다. 또, 연해 샐룩샐룩 움직이게 하다. 《큰》실룩거리다. 《센》쌜룩거리다.
샐룩=샐룩 하타뷔
샐비어(salvia)圀〈식물〉①꿀풀과의 다년생 풀. 높이 50~80cm, 잎은 긴 타원형이고 여름에 자색 꽃이 줄기 끝에 윤생(輪生)함. 잎은 약용함. ②꿀풀과의 일년생 풀. 높이 80cm 가량으로 잎은 난형(卵形)이고 가을에 화수(花穗)가 나와 농홍색의 큰 순형화가 핌. 샐비어속 중 꽃이 가장 아름다워 관상용으로 심음.
샐비지(salvage)圀 ①바다에서 난을 당한 배를 구조함. ②침물한 배 따위의 인양 작업.
샐:=샐圀《약》→새실샐샐.
샐:=심圀《약》→새알심.
샐쭉圀 ①어떤 감정의 표현으로서 입이나 눈이 한쪽으로 샐긋하고 움직이는 모양. ②마음에 차지 않아서 약간 고까워하는 몸가짐을 하는 모양. 《큰》실쭉.
샐쭉=거리-다쬬타 연해 샐쭉하다. 또, 연해 샐쭉샐쭉 움직이게 하다. 《큰》실쭉거리다. 《센》쌜쭉거리다.
샐쭉=샐쭉 하타뷔 [shaped glasses
샐쭉=경(一鏡)圀 타원형(楕圓形)으로 생긴 안경. oval
샐쭉-하-다쬬여뮈 ①싫은 생각이 나서 얼굴을 한쪽으로 샐쭉하도록 움직이다. show reluctance ②물건의 각도가 변하도록 움직이다. distorted 《큰》실쭉하다.
샐쭉-하-다여뮈 ①한쪽으로 샐그러져 있다. inclined ②다소 싫어하는 태도가 있다. 《큰》실쭉하다. half-hearted
샘:圀 ①물이 땅에서 솟아 나오는 자리. spring ②→샘터. ③〈생리〉선(腺). ¶침~
샘:圀 자기보다 나은 사람을 미워하고 물건을 탐내고 속을 태움. 또, 그 마음. 시기. 질투. jealousy
샘:³圀《동》새삼. [하타
샘:圀〈고〉샘(泉).
샘=구멍(一구—)圀 샘물이 솟는 구멍. fountainhead
샘=굿圀〈민속〉마을의 공동 우물에, 물 잘 나오라고 치성드리는 굿.
샘:=내-다타 샘하는 마음을 먹다. 샘을 부리다.
샘:=물圀 샘에서 나오는 물. spring water [기.
샘=물=줄기(—줄—)圀 샘물이 솟아나는 땅속의 물
샘:=밭圀〈고〉샘구멍.
샘:=바르-다르튀 샘하는 마음이 많이 있다. jealous
샘:=바리圀 샘이 많아 몹시 안달하는 성질을 가진 사람. jealous person ¶이 나는 것.
샘:=받이[—바지]圀〈농업〉샘물을 대는 곳이나 샘물
샘:=솟-다쬬 ①샘물이 솟아나다. ②힘·용기 따위가 줄기차게 솟아나다. ¶정력이 ~.
샘:=창자圀〈동〉십이지장(十二指腸).
샘:=터圀 ①샘이 있는 곳. fountainsite ②샘물이 솟아나오는 빨래터. 《약》샘①.
샘:=터지-다쬬 ①새로 샘이 흐르기 시작하다. spout ②막혔던 샘이 다시 터지다. gush out
샘판(sampan)圀 삼판선(三板船).
샘플(sample)圀〈동〉견본(見本).
샘플링(sampling) 견본을 골라냄.
샘플 카=드(sample card)圀 양복감 견본 따위를 붙인
삽-조개圀〈조개〉바닷조개의 하나. 모시조개와 비슷한데 패각은 삼각형에 가까우며 거죽엔 희미한 윤택이 있고 방사상의 얼룩무늬가 있음. 연해 (沿海)에 나며 맛이 좋음. Gomphyna aequilatera
샛圀 빛깔이 더할 수 없이 짙다는 질음을 나타 내는 말. ¶~노랗다. 《큰》싯=. deep
샛:=강(一江)圀 강물에서 줄기가 갈려 나가 중간에

샛검불[명] 새나무의 검불. fireweeds
샛=길[명] 한길에서 갈라졌다 다시 한길로 나오는 작은 길. 간도(間道). 간로(間路). side road
샛=까맣=다[형] →새까맣다.
샛=까매[약] →새까매.
샛=까매지=다[자] →새까매지다.
샛=노랗=다[형] 빛깔이 더할 수 없이 노랗다. 《큰》싯누렇다. bright yellow
샛=노래[약] '샛노랗게'의 줄어 변한 말. 《큰》싯누레.
샛=노래지=다 샛노랗게 되다. 《큰》싯누레지다.
샛=눈[명] 감은 듯하면서 살짝 뜨고 보는 눈. glance
샛=돔[명] 〈어류〉 샛돔과의 바닷물고기. 몸 길이 약 20cm의 타원형으로 측편(側扁)하고 등 쪽이 솟아 있으며, 벗겨지기 쉬운 비늘로 덮여 있음. 몸 빛은 은백색, 몸에 점액을 많이 냄. Psenopsis anomalus
샛마[명] 〈고〉 동남풍.
샛=멸[명] 〈어류〉 샛멸과의 심해성 바닷물고기. 등은 은청색, 배는 은백색임. 부리가 크며 혀 위에 이가 있고 비늘은 잘 벗겨짐. Argentina semifasciata
샛=문(一門)[명] 정문 외에 따로 만든 작은 문. side gate
샛=바람[명] 〈속〉 '동풍'의 뱃사람 말. 《약》새³.
샛=밥[명] ①곁두리. ②끼니 외에 먹는 밥. food taken between meals
샛=벽(一壁)[명] 〈건축〉 방과 방 사이에 칸막이한 벽. wall
샛=별[명] 〈천문〉 새벽에 동쪽 하늘에서 찬란하게 반짝이는 별. 곧, 금성(金星). 명성(明星). 신성(晨星). morning star
샛별=눈[명] 샛별처럼 맑고 초롱초롱한 눈.
샛=비늘치[명] 〈어류〉 샛비늘치과의 바닷물고기. 항문 위에 두 줄의 발광기를 가짐. myctophum affine
샛=빨갛=다[형] →새빨갛다.
샛=빨개[약] →새빨개.
샛=빨개지=다[자] →새빨개지다.
샛=서방(一書房)[명] 남편 있는 여자가 몰래 관계하는 남자. 간부(間夫). 밀부. 사부(私夫)².
샛=장지(一障)[명] 〈건축〉 방의 칸과 칸 사이를 막는 장지. 간장지(間障子). paper sliding door
샛줄=멸[명] 〈어류〉 눈물멸과의 바닷물고기. 눈물멸과 비슷하며, 눈이 크고 몸 길이 8~10cm로 몸 빛은 청갈색, 폭 넓은 은백색의 가로띠가 있음. 산란기엔 만(灣)으로 몰림.
샛=파랗=다[형] →새파랗다.
샛=파래[약] →새파래.
샛=파래지=다[자] →새파래지다.
샛=하얗=다[형] →새하얗다.
샛=하얘[약] →새하얘.
샛=하얘지=다[자] →새하얘지다.
생[명] 〈약〉→생황(笙簧).
생¹(生)[명] 삶. 생명. life
생(性)[명] 〈제도〉 강경(講經) 때에 강생(講生)들이 뽑는 대쪽.
생(笙)[명] 〈약〉→생황(笙簧).
생²(生)[관] 어른에 대하여 자기를 낮추어 일컫는 말.
생-(生)[접] ①아직 익지도 익히지도 않은 것을 나타냄. ¶~과실. ~나물. unripe ②가공되지 않고 있는 그대로의 상태를 나타냄. ¶~자재. raw ③가죽을 벗기어 익히지 않았음을 나타냄. ¶~모시. crude ④억지의 뜻을 나타냄. ¶~트집. forcible ⑤'낳은'의 뜻. ¶~부.
=생(生)[접] ①육십 갑자(六十甲子)로 난 해를 말할 때에 쓰는 말. ¶병오(丙午)~. ②성(姓) 밑에 붙여 쓰는 젊은 사람이라는 뜻. born ③햇수 다음에 쓰이어 그만한 햇수를 자란 식물임을 나타내는 말. ¶5년~ 인삼.
생가(生家)[명] ①〈약〉→본생가(本生家). ②그 사람이 태어난 집. hing heart
생=가슴(生一)[명] 공연한 걱정으로 상하는 마음속. ac-
생가슴 앓=다(生一)[관] 공연히 속을 태우다. 공연한 가슴을 앓다.
생=가죽(生一)[명] 다뤄서 만들지 않은 가죽. raw hide
생가죽을 벗기다[관] 살아 나갈 수 없도록 갖은 수단을 다하여, 모두 빼앗아 딴 살림을 차리게 하다.
생=가지(生一)[명] 살아 있는 나무의 가지. ¶~를 꺾다. live branch
생각(生覺)[명] ①의견(意見). ②의도(意圖). ¶내년에 응시할 ~이다. intention ③사고(思考). ④사상(思想). ⑤깨달음. 기억(記憶). ¶겨우 ~이 나다. memory ⑥관념(觀念). ⑦기대(期待). ⑧판단. ¶잘 ~해서 결정하게. judgement ⑨상상(想像). ⑩각오. ⑪느낌. 감상(感想). ⑫사념(思念). 하다[타]
생각(生角)[명] ①어려서 잘라 낸 사슴의 뿔. antler cut off while soft ②삶지 아니한 짐승의 뿔. horn
생각=건대(生一)[부] '생각하건대, 생각해 볼 때에'의 뜻의 접속 부사.
생각=나=다[자] 생각이 일어나다. recollect
생각다 못=해[부] 아무리 생각해도 별수없어. after all
생각이 굴뚝 같다[관] 생각이 매우 간절하다. [하다
생갈이(生一)[명] ①〈약〉→홍두깨생갈이. ②애벌갈이.
생=갈(生一)[명] 천을 필에서 끊은 채로 있는 완전한 한 감.
생강(生薑)[명] 〈식물〉 ①생강과의 재배 다년생 초본. 높이 30~60cm, 잎은 호생 외침형. 보통 꽃이 안 되나 난지에서는 황록색의 잔 꽃이 핌. 근경은 향신료・전위제로 씀. ②생강의 뿌리. 새앙². ginger
생강=나무(生薑一)[명] 〈식물〉 녹나무과의 작은 낙엽활엽 교목. 높이 3m, 늦겨울에 황색 꽃이 모여 피고 초가을에 구형 장과를 맺음. 방향(芳香)이 좋아 생화로 쓰고 열매로는 기름을 짬. 새앙나무.
생강=불(生薑一)[명] 새앙불.
생강=손이(生薑一)[명] →새앙손이. [엿. 새앙엿.
생강=엿[一넛](生薑一)[명] 생강의 즙(汁)을 넣고 만든
생강=주(生薑酒)[명] 생강즙을 넣어 만든 술.
생강=차(生薑茶)[명] 생강을 넣어 달인 차. 새앙차.
생강=초(生薑醋)[명] 새앙초.
생객(生客)[명] 〈동〉 생인(生人).
생=거름(生一)[명] 잘 썩지 않은 거름. raw manure
생=걱정(生一)[명] 대수롭지 않은 것을 가지고 공연히 걱정을 함. 하다[자]
생=건지황(生乾地黃)[명] 〈한의〉 날것으로 말린 지황의 뿌리. 해열・보혈・지혈 등의 약재로 쓰임. 《약》건지황.
생=겁(生怯)[명] 공연히 내는 겁. unfounded fear
생=것(生一)[명] 날것. raw food [지 않다. inexplicable
생게망게=하=다[형] 터무니없어서 생각이 도무지 닿
생겨나=다[자] 〈약〉→생기어나다
생견(生絹)[명] 생사(生絲)로 짠 깁. 생고치. raw silks
생경(生梗)[명] 두 사람 사이가 벌어지게 됨.
생경(生硬)[명] ①세상의 사정에 통하지 않고 완고함. stubbornness ②익지 아니한 뉘 딱딱함. hardness ③시문 따위가 세련되지 못함. unpolished 하다[형] 히[부]
생경지폐(生梗之弊)[명] 서로 생긴 불화(不和)로 말미암은 폐단. evil due to discord [creation
생계(生界)[명] 생물의 사회. 생물의 세계. animate
생계(生計)[명] 살아갈 방도. 생도(生道). 생로(生路). 생애(生涯)³. livelihood
생계 무책(生計無策)[명] 살아 나갈 방책이 없음. 하다
생계=비(生計費)[명] ①생계에 드는 비용. living cost ②〈경제〉 일반 대중 생활의 최소 한도의 비용. living expenses
생계비 지수(生計費指數)[명] 〈경제〉 근로자의 가정에서 일정한 수준의 생활을 하기 위하여 소비된 상품의 소매 가격과 수량에 대하여 이루어진 물가 지수. cost-of-living index
생고(生苦)[명] 〈불교〉 생존하는 동안에 받는 고통.

생고(笙鼓) 〈음악〉 생황(笙簧)과 태고(太鼓). pipe and drum
생=고기(生-) 낳고기. raw meat
생=고무(生 gomme) 〈화학〉 탄성(彈性) 고무의 원료. 천연(天然) 고무. raw rubber
생고사(生庫紗) 익히지 않은 명주실로 짠 고사. kind of raw silk fabrics
생=고생(生苦生) 까닭없이 하는 고생. 하자
생=고집(生固執) 억지로 부리는 공연한 고집. ¶ ~
생=고치(生-) 〈동〉 생견(生繭). 을 부리다.
생곡(生穀) ①익히지 않은 곡식. raw grains ②곡식이 남. production of grains 하자
생과(生果) →생실과.
생과:부(生寡婦) ①남편이 살아 있지만 멀리 있거나 소식을 맞아 혼자 있는 여자. grass widow ②갓 결혼하였거나 약혼만 하였다가 과부가 된 여자.
생과:실(生果實) 아직 덜 익은 과실. 생실과. 〈약〉생과(生果). unripe fruit [과자. 진과자.
생=과자(生菓子) 물기가 약간 있게 무름하게 만든
생광(生光) ①영광스럽고 보람이 있음. 생색②. honour ②빛이 남. brightness ③아쉬움을 면하게 해줌. ¶궁하던 판에 생겨 ~이다. 하자 스럽 스
생:=광:목(生廣木) 누이지 않은 광목. [레자
생구(生口) ①포로(捕虜). prisoner ②가축. 곧, 마소 따위. domestic animals
생=굴(生-) 익히지 않은 굴. 날굴. raw oyster
생=귀:신(生鬼神) 〈민속〉 제 명(命)에 죽지 못한 사람의 혼령. spirit of a person who died prematurely [싱그레. 〈센〉쌩그레. smilingly 하자
생그레 소리 없이 가볍게 눈웃음치는 모양. 〈큰〉
생글=거리다 소리 없이 연해 정답게 눈웃음치다. 〈큰〉 싱글거리다. 〈센〉쌩글거리다. smile 생글=생글. 하자 [글붙다. →생글뺑글. 하자
생글=뺑글 생글거리면서 뺑글거리는 모양. 〈큰〉싱글빙글. 〈센〉쌩글뺑글. 하자
생금(生金) 정련(精鍊)하지 않고, 캐어 낸 채로 있는 황금. unrefined gold [person alive 하자
생금(生擒)=하다 산 채로 잡음. 사로잡음. capturing a
생급=스럽다(ㅂ브) ①하는 일이 뜻밖이고 갑작스럽다. reckless ②터무니없는 말을 끄집어 내다. 생급=스레
생굿 소리 없이 눈만 조금 움직여 정답게 얼핏 웃는 모양. 〈큰〉싱굿. 〈센〉쌩굿. smilingly
생굿=거리다 연해 생굿생굿 눈웃음치다. 〈큰〉싱굿거리다. 〈센〉쌩굿거리다. 뱅굿거리다. 생굿=생굿. 하자
생굿=뱅굿 생굿거리면서 뱅굿거리는 모양. 〈큰〉싱굿빙굿. 〈센〉쌩굿뱅굿. chuckling 하자
생기(生起) 〈동〉 발생(發生). 야기(惹起). 하자
생기(生氣) 싱싱하고 힘찬 기운. 생채(生彩). vitality
생기(省記) ①〈제도〉 관청에서 숙직하는 사람의 이름을 기록하던 서류. keeping record of duty ②〈동〉 약기(略記). 하자
생기=다 ①없던 것이 있게 되다. come into being ②제 손에 들어오다. come into one's possession ③일어나다. ¶탈이 ~. occur ④아주해지다. ¶에쁘게 ~. look
생기론(生氣論) 〈동〉 생기설(生氣說).
생기 발랄(生氣潑剌) 생기 있고 발랄함. vitality 하자
생기법(生氣法) 〈민속〉 사람의 그날 운수를 보는 법의 하나. 일진(日辰)과 나이를 팔괘(八卦)의 수에 나누어 보아. [의 운수를 보다.
생기 보-다(生氣-) 〈민속〉 생기법에 의하여 그 날
생기 복덕(生氣福德) 〈약〉→생기 복덕일.
생기 복덕일(生氣福德日) 〈민속〉 생기일과 복덕일. 〈약〉 생기 복덕.
생기설(生氣說) ①〈철학〉 생물 현상을 물리 화학적으로 해석하지 않고 특수한 힘에 의하여 생기는 합목적(合目的) 체계로 보는 학설. 바이털리즘(vitalism). 활력설(活力說). ②세계 속에 무수한 영이 존재하여 사람이나 물건에 붙거나 윤회(輪廻)한다고 믿는 설. 애니미즘(animism). 물활론(物活論). 생기론(生氣論). [생하다. 〈약〉 생겨나다.
생기어나-다(生-) 없던 것이 생겨나다. 출생하다. 발
생기=일(生氣日) 〈민속〉 생기법에 의하여 고른 좋은 날의 하나.
생기-일(生氣-) 〈민속〉 생기법에 의하여 일진(日辰)과 나이를 팔괘(八卦)에 맞추어 따져 보다.
생기=판(省記板) 〈제도〉 관아에서 당직자의 이름을 〈동〉 생긴꼴. [써서 보이던 게시판.
생김=새김 생긴 모양새. 생긴새. 체양. ¶ ~이 아버지를 닮았다. looks
생김-치 김치. 날김치. 풋김치.
생-꾼(生-) 〈속〉 생무지.
생곳 예쁘게 살짝 가볍게 눈웃음을 짓는 모양. 〈큰〉 싱곳. 〈센〉쌩곳. 〈센〉쌩곳.
생곳=거리-다 얕전한 태도로 연해 생곳 눈웃음치다. 〈큰〉 싱곳거리다. [곳곳. 〈센〉 쌩곳쌩곳. 하자
생곳=뱅곳 생곳거리며 뱅곳거리는 모양. 〈큰〉 싱곳빙곳. 〈센〉 쌩곳뱅곳. 하자
생곳=이 예쁘게 지그시 눈웃음치는 모양. 〈큰〉 싱곳이. 〈센〉 쌩곳이.
생:=나무 〈약〉→생양나무.
생=나무(生-) ①산 나무. green wood ②베어서 아직 마르지 않은 나무. 생목(生木). wet faggot
생나물 익히지 않은 것으로 무친 나물.
생=난리(生亂離) 아무 까닭 없이 몹시 시끄러운 판. ¶~를 겪다.
생녀(生女) 아들을 낳음. 생자(生子). 득남. 첨정(添丁). 〈대〉 생녀(生女). delivery of a boy 하자
생남 기도(生男祈禱) 〈민속〉 아들을 낳게 해 달라고 신령(神靈)에게 올리는 기도. 하자
생남=례(生男禮) 아들을 낳고 한턱내는 일. 생남턱. 득남례. 〈대〉 펠잔례. celebration of the birth of one's son 하자
생남=주(生男酒) 생남례(生男禮)로 내는 술.
생남턱(生男-) 〈동〉 생남례.
생녀(生女) 딸을 낳음. 득녀. 〈대〉 생남(生男). delivery of a girl 하자
생년(生年) 난 해. 〈대〉 몰년(沒年). year of birth
생=년월일시(生年月日時) 난 해와 달과 날과 시. hour and date of one's birth
생=논(生-) 〈농업〉 갈이가 잘 되지 않은 논. roughly plowed rice field
생=눈(生-) 아프지도 다치지도 아니한 밀쩡한 눈.
생=니(生-) 아프지 않은 성한 이. good tooth
생달=나무 〈식물〉 녹나무과의 상록 교목. 수피는 향기가 있고 잎은 타원형으로 광택이 있음. 담회색의 잔 꽃이 피고 열매는 흑자색으로 익음. 재목은 기구재·시탄재, 과실의 기름은 비누의 원료 또는 약용으로 씀.
생=담:배(生-) 피우다가 내버려 두어 저절로 타는 담배. 냄새가 몹시 독함. cigarette butt still
생담=목(生淡木) 〈동〉 생옥양목. [burning
생=당포(生唐布) 누이지 않은 당모시. unbleached ramie cloth
생도(生徒) 〈교육〉 ①중등 학교 이하의 학생을 일컫던 말. pupil ②군(軍)의 사관 학교 같은 데서 교육을 받는 사람. cadet
생도(生道) 〈동〉 생계(生計).
생=도라지(生-) 말리지 아니하였거나 익히지 아니한 도라지.
생도지=방(生道之方) 살아 나갈 방책. way of living
생=돈(生-) 들일 필요 없는 데에 공연히 쓰는 돈. money spent to no purpose [mineral vein
생동(生銅) 〈광물〉 광맥의 파내지 않은 부분. unexplored
생동(生動) ①살아 움직임. being full of life ②그림이나 글씨가 썩 잘되어 기운(氣韻)이 살아 움직이듯이 보임. liveliness 하자

생동(生銅) [명] 《광물》 불리지 않은 구리. unrefined copper

생동-감(生動感) [명] 생동하는 것과 같은 느낌. ¶~이

생동생동-하-다 [형][여불] 기운이 꺾이지 않고 본디의 기운이 아직도 발랄하게 남아 있다. 《큰》싱둥싱둥하다. as lively as ever

생동-쌀 [명] 차조의 하나로 생동찰의 쌀. 청량미(靑梁米). 청정미(靑精米).　　　　　　　　［차조의 하나.

생동-찰 [명] 《식물》 알이 잘고 푸르며 이삭의 털이 긴

생동-팥 [명] 《식물》 팥의 하나. 음력 사오월경에 씨를 뿌림.

생=되-다 [-뙤-] (生-)[자] 일에 익지 않아 서투르다. unfamiliar with　　　　　　　　　　　　　［inborn

생득(生得) [명] 나면서부터 가짐. 타고남. innate,

생득 관념(生得觀念) [명] 《철학》 경험으로 얻은 것이 아니고 태어날 때부터 가지고 있는 관념. 본유(本有) 관념. innate ideas

생득-설(生得說) [명] 《철학》 사람의 지식의 한 부분은 모든 사람에게 본래부터 경험목적으로 갖추어져 있으며 또한 모든 사람에게 같은 성질을 띠게 한다는 설. nativism　　　　　　　　　　　　　　　　［(것).

생득-적(生得的) [명] 성격 따위가 타고난 그대로인

생디칼리스트(syndicaliste 프) [명] 생디칼리슴을 신봉하는 사람. 노동 조합주의자.

생디칼리슴(syndicalisme 프) [명] 《사회》 19세기 말부터 20세기 초에 걸쳐서 프랑스와 이탈리아의 양국에서 일어났던 노동 조합주의의 하나. 노동 조합을 사회 변혁의 유일한 기관으로 하여 파업·태업·불매 등의 직접 행동에 의해서 자본주의를 넘어뜨린 후 조합을 생산과 분배의 기관으로 만들자는 운동.

생-딱지(生-) [명] 아직 다 낫지 않은 헌데의 딱지. scar of sore　　　　　　　　　　　　　　［business

생-딴전(生-) [명] 엉뚱한 딴 짓. utterly irrelevant

생-땅(生-) [명] 파헤친 일이 없어 제대로 있는 굳은 땅. 생지(生地)①. untouched soil

생때-같-다(生-) [형] 몸이 튼튼하여 병이 없다. ¶생때같던 사람이 죽었다. robust

생-떡국(生-) [명] 찹쌀 가루나 멥쌀 가루 반죽을 새알처럼 만들어 장국에 끓인 음식. 생병탕(生餠湯).

생-떼(生-) [명] 《약》→생떼거리.　　　　　　［《약》생떼.

생-떼거리(生-) [명] 아니 될 일을 억지로 하려는 고집.

생떼거리 쓰-다(生-) [자] 당치 않은 일을 억지로 하려고 떼를 쓰다. 《약》생떼쓰다.

생떼-쓰-다(生-) [자] 《약》→생떼거리 쓰다.

생동-같-다(生-) [형] 말이나 짓이 서로 맞지 아니하고 엉뚱하다.

생래(生來) [명] ①세상에 난 뒤로 이제까지. by nature ②성정(性情)을 타고 남. ¶~의 바보.

생랭(生冷) [명] 《동》생랭지물.

생랭물(生冷-之物) [명] 찬것과 날것. 생랭. uncooked and cold food　　　　　　［약(略). omission 하[타]

생략(省略) [명] 덜어서 줄임. 뺌. 《대》첨가(添加). 《약》

생략-법(省略法) [명] 문장을 간결하게 하여 언(言外)의 뜻이나 여운(餘韻)·암시(暗示)를 독자가 추리하게 하는 수법(修辭法)의 하나. ellipsis

생략 삼단 논법(省略三段論法) [명] 《논리》 대전제(大前提)·소전제·결론 중 어느 것을 생략하는 삼단 논법. enthymeme

생략 추리법(-推理法) [명] 《동》생략 삼단 논법.

생략-표(省略標) [명] 문장이 생략되었음을 나타낼 때 쓰는 부호. 그 생략된 자리의 좌우에 서너 개의 점, 곧 '····'를 씀. 줄임표. 말없음표. ellipsis

생량(生涼) [명] 가을이 되어 서늘한 기운이 생김. becoming cool 하[자]　　　　　　　　　［early autumn

생량-머리(生涼-) [명] 가을이 되어 서늘해질 무렵.

생력(省力) [명] 힘을 덜. 기계화·공업화 따위로 작업 시간과 노력을.　　　　　　　　　　　［person

생력-꾼(省力-) [명] 기운이 한창 절정한 사람. robust

생력 농업(省力農業) [명] 《농업》 기계화·공업화·협업화

·집단화·화학화 등에 의하여 노동력을 절약해서 하는 농업.

생력 투자(省力投資) [명] 《경제》 노동력을 덜기 위하여 산업의 기계화·자동화를 촉진시키기 위한 투자.

생력-화(省力化) [명] 《경제》 산업의 기계화·자동화·무인화를 촉진시켜 노동력을 줄이는 일. ¶~ 시대. 하[자]　　　　　　　　［③살아 있는 사람의 영혼.

생령(生靈) [명] ①《동》생명(生命). ②《동》생민(生民).

생례(省禮) [명] 상제에게 보내는 편지 첫머리에 예절을 덜고 쓴다는 말. 생식(省式). 하[자]

생로(生路) [명] 《동》생계(生計).

생-로=병=사(生老病死) [명] 《불교》 낳음과 늙음과 병듦과 죽음의 네 가지 인생의 고통. 사고(四苦). four agonies of birth aging, illness and death

생톡-지(生-紙) [명] 닥나무의 겉껍질로 뜬 종이.

생뢰(牲牢) [명] 제물로 쓰는 짐승. 희생(犧牲).

생률(生栗) [명] ①날밤. raw chestnut ②혼히 잔치나 제사 때에 나무죽하게 쳐서 깎은 날밤. chestnuts cut for ceremonial use

생률 치-다(生栗-) [자] 날밤의 껍질을 벗기고 나무죽하게 쳐서 깎다. cut a chestnut for ceremonial use

생리(生利) [명] 이익을 냄. yielding profit 하[자]

생리(生理) [명] ①《생물》 생물의 생명 현상(生命現象). physiology ②《약》→생리학(生理學). ③생활의 원리. principle of living ④생존의 길. way of living ⑤

생리(生梨) [명] 배. pear 월경(月經). menses

생리-대(生理帶) [명] 월경대(月經帶).

생리 사=별(生離死別) [명] 살아서 떠나 있음과 죽어서 이별함. long separation of man and wife

생리 생태학(生理生態學) [명] 《생리》 자연 환경 또는 인공 환경 속에서의 생물학적 과정이나 생육(生育)에 관하여 연구하는 학문.

생리 위생(生理衛生) [명] 생리와 위생. 생리학과 위생학. physiology and hygienics　　　　［menstruation

생리-일(生理日) [명] 《생리》 월경(月經)이 있는 날.

생리 작용(生理作用) [명] 《생리》 생물의 생활하는 작용. 곧, 혈액 순환·호흡·소화·배설·생식 따위의 모든 유기체의 통칭. physiological function

생리-적(生理的) [명] ①신체의 조직·기능에 관한(것). ②이치나 사리가 아니라 본능적·육체적인(것). ③기능이 정상인(것).

생리적 분업(生理的分業) [명] 《생리》 생물의 각 기관이 분업적으로 활동함으로써 생물체를 유지·발달시키는 일. physiological specialization

생리적 식염수(生理的食鹽水) [명] 《의학》 세포액(細胞液)·체액(體液)·혈액(血液)과 동등한 삼투압(滲透壓)을 가진 식염수. 링거액. 《준》식염수②. Ringer's solution

생리적 영도(生理的零度) [명] 《심리》 피부의 온각(溫覺)도 냉각(冷覺)도 일으키지 아니하는 온도. 대략 28.9℃ 임.

생리-통(生理痛) [명] 《생리》 월경통(月經痛).

생리-학(生理學) [명] 《생리》 ①생물의 생리 작용 전반에 관한 학문. 생물 화학·생물 물리학의 총칭. physiology ②좁은 의미로는 생물 물리학. 《약》생리(生理)②. biophysics

생리학적 심리학(生理學的心理學) [명] 《심리》 생리학적 방법을 쓰는 심리학 및 심리학적 용어로서 설명하는 심리학. 정신 생리학. physiological psychology

생리 휴가(生理休暇) [명] 《사회》 여자 근로자의 생리적 현상에 따라 근무를 쉬게 하는 특별 휴가. physiological leave

생마(生馬) [명] 길이 들지 않은 말. unbroken horse

생마(生麻) [명] 누이지 않은 삼. green hemp

생마 갈기 외로 길지 바로 길지 [속] 사람이 자라서 어떻게 될 것인가는 어릴 때부터 판단하기 못한다.

생마 새끼(生馬-) [명] ①아직 길이 들지 않은 망아지. untamed colt ②《속》예의 범절을 모르는 사람. rude person

생마 잡아 길들이기團 성질이 거칠고 악한 사람을 교도(教導)하기란 힘이 든다.
생매(生—)團 길들이지 아니한 매. untamed hawk
생매(生埋)團 산 채로 묻거나 또는 묻힘. 생장(生葬). burying alive 하다
생=매장(生埋葬)團 ①사람을 산 채로 매장함. ②멀쩡한 사람을 허물 씌워 사회적 지위에서 몰아냄. 하다
생맥=산(生脈散)團〈한의〉원기(元氣)가 없고 신열(身熱)이 나고 심신(心身)이 편하지 못한 데 쓰는 탕약. 「로의 맥주. draught beer
생=맥주(生麥酒)團 살균법을 쓰지 않고 양조된 그대
생=머리(生—)團→생앙머리.
생=머리(生—)團 ①퍼머를 하지 아니한 머리. ¶~소녀. ②멀쩡하다가 공연히 아프게 되는 머리를 가리키는 말. ¶~를 앓다.
생=먹-다(生—)困國 ①모르는 체하다. feign ignorance ②남의 말을 듣지 않다. do not follow others
생=멧소(生—)團 소 한 마리의 값을 빚으로 쓰고 해마다 도조를 물어 그 돈을 갚은 뒤에 그만두는 한 관례(慣例). 「credit 하다
생면(生面)團 ①〈약〉=생목면(生木目). ②낯을 앎.
생면 강산(生面江山)團 ①처음 보는 강산. land seen for the first time ②처음 보고 들음.
생면 대=책(生面大責)團 사실을 모르고 건성으로 남을 책망하는 일. illadvised reprimand 하다
생=면:목(生面目)團 처음으로 대함. 또, 그 사람.《약》생면①. first meeting
생면 부지(生面不知)團 한 번도 만나 본 일이 없음. 도무지 모르는 사람. utter stranger
생멸(生滅)團〈불교〉모든 물체의 생김과 없어짐. 우주 만물의 시작과 끝. birth and death 하다
생명(生命)團 ①목숨. 수명(壽命). life ②살아가는 원동력. energy ③사물을 유지하는 기한. life time ④사물의 요소(要素). 중요한 부분. 생(生)¹. 생명①. vital part 「럼 느껴지는 예술적 매력. liveliness
생명-감(生命感)團 한 작품이 생생하게 살아있는 것처
생명 감:정(生命感情)團 허기·쾌·불쾌 등, 인간의 근원적인 욕구에 관여하고 있는 감정과 그 실감(實感).
생명 과학(生命科學)團 생체의 유지·보호에 관한 것을 해명하려 하는 것으로, 생리학·생물학·의학·인류학·사회학 등 많은 과학 분야를 종합 연구하려는 과학·기술.
생명=권[—꿘](生命權)團〈법률〉인격권(人格權)의 하나. 생명이 불법으로 침해당하지 않게 하는 권리. right of life
생명 나무(生命—)團《동》생명수(生命樹).
생명-력(生命力)團 살아가는 원동력이 되는 힘. vi-
생명-록(生命錄)團〈기독〉신도의 명부. list of the congregation
생명 보:험(生命保險)團〈경제〉당사자의 일방이 그 상대자 또는 제삼자의 생사에 관하여 일정한 금액을 지불함을 약속한 보험. life insurance
생명=선(生命線)團 ①사느냐 죽느냐의 경계선. 최저 생활선(最低生活線). ②생존하기 위하여 기필코 막아 내어야 할 한계. ③수상(手相)에서, 생명의 길이와 관계되다는 손금. life line
생명=소(生命素)團 목숨을 유지하는 데 필요한 요소. inevitable elements of life
생명=수(生命水)團 ①생명을 유지하는 데 꼭 필요한 물. life-giving water ②하나님의 복음(福音)을 비유하는 말. God's blessing
생명=수(生命樹)團 ①〈종교〉생명의 원천(源泉), 세계의 중심 또는 인류의 발상지로서의 나무. tree of life ②〈기독〉선악과(善惡果) 나무. 생명 나무. tree of good and evil
생명 연금[—년—](生命年金)團〈경제〉어떤 사람이 지금 기일에 생존해 있는 것을 조건으로 급부가 행하여지는 연금.

생명=점[—쩜](生命點)團〈생리〉호흡 중추·심장 중추가 존재하는 연수의 한 점. 이곳을 바늘로 찌르면 죽음. 「silk cloth
생=명주(生明紬)團 생사로 짠 명주.《약》명주. raw
생명주-실(生明紬—)團 삶지 아니한 명주실. raw silk
생명 철학(生命哲學)團《동》생의 철학. 「thread
생명=체(生命體)團 살아 있는 물체. creature, living
생명=형(生命刑)團《동》사형(死刑). 「thing
생명-혼(生命魂)團 생명과 영혼.
생=모(生—)團 윷놀이에서 새로 말을 달아 쓸 모.
생모=신:탁(生母信託)團《동》생모.
생=모시(生—)團 잿물에 삶아 물에 빨아 말리지 아니한 생것 그대로의 모시. 생저(生苧). unbleached ramie cloth
생=목(一木)團《동》당목(唐木).
생목(生—)團 다시 입으로 올라오는 삭지 아니한 음식물. ¶~오르다. regurgitated food
생목¹(生木)團《동》생나무. 「ached cotton cloth
생목²(生木)團 잿물에 삶아 바래지 않은 무명. unble-
생=목숨(生—)團 ①생생하게 살아 있는 목숨. life ②아무런 죄 없는 사람의 목숨. innocent person's life
생몰(生沒)團 태어남과 죽음. ¶~일(日). birth and
생=물-년(生沒年)團《동》생졸년(生卒年). 「death
생=무지(生—)團 그 일에 도무지 익숙하지 못한 사람. 생꾼. 생수(生手). green-horn
생문(省文)團 ①한자(漢字)의 점이나 획을 생략하여 씀. 또, 그러한 문자. 약자(略字). ②문장의 자구(字句)를 생략함. abbreviation 「는 문의 하나.
생문(生門)團〈민속〉팔문(八門)의 하나. 길(吉)하다
생문-방(生門方)團〈민속〉생문의 방위(方位).
생=문자[—짜](生文字)團 새로이 만들어 널리 쓰이지 않는 문자. cooked up word
생물(生物)團〈생리〉생명을 가지고 영양·생장·번식 따위의 생활 현상을 영위하는 것. 곧, 동물·식물의 총칭.《대》무생물(無生物). living thing
생물-계(生物界)團 생물의 총칭. 또, 생물이 살고 있는 세계.
생물 계:절(生物季節)團〈생물〉식물의 발아(發芽)·성장·개화(開花)·결실(結實)·낙엽(落葉)·고사(枯死)와 동물의 동면·발정(發情)·분만(分娩) 등 일련(一連)의 계절에 따르는 변화와 진행. 생물력(生物歷). season of living things
생물 공학(生物工學)團〈생물〉생물이 가진 기능을 인공적으로 실현하여 활용하는 것을 목적으로 하는 학문. 「으로서의 기상의 연구.
생물 기상학(生物氣象學)團 생물의 중요한 환경 조건
생물-력(生物曆)團《동》생물 계절.
생물 물리학(生物物理學)團 생물의 생리 작용(生理作用)의 물리적 방면을 연구하는 학문. 협의(狹義)의 생리학과 같음. biophysics
생물 물리 화:학(生物物理化學)團〈생물〉생물의 생활 현상을 물리 화학적 견지에서 연구하는 생물학의 한 분과.
생물 발광(生物發光)團〈생물〉생물체가 빛을 내는 현상. 균류·세균류·반딧불·야광충 등이 이에 속하는데, 열은 발생하지 않는 일종의 산화 작용임. bioluminescence
생물 발전[—쩐](生物發電)團〈생물〉생물체에서 전기가 일어나는 현상. bio-electricity
생물 시대(生物時代)團〈지리〉무생물 시대(無生物時代)의 다음 시대로서 고대(古代)·중생대(中生代)·신생대(新生代)로 나눔. biological era
생물-암(生物岩)團〈지리〉생물의 생리 작용, 생물체 자신의 침적 따위의 결과 형성된 암석. biogenetic rock 「를 사용하는 치료법.
생물 요법[—뻡](生物療法)團〈의학〉생물학적 약제
생물 전:기(生物電氣)團〈생물〉생물체내에 발생하는 정지 전기(靜止電氣)와 동작 전기(動作電氣)로 나뉨.

생물 지리학(生物地理學)[명]〈생물〉지구상(地球上)의 생물 분포에 대하여 연구하는 학문. biological geography 「한 물체. organism
생물-체(生物體)[명]〈생물〉생물의 기관(器官)을 형성
생물 편년학(生物編年學)[명] 동물상(相)·식물상(相)의 변천을 연대순으로 추적·연구하는 학문.
생물-학(生物學)[명]〈생물〉①생물을 자연 과학적으로 연구하는 학문의 총칭. ②동식물에 대하여 생물의 일반적 현상을 연구하는 학문. biology
생물학 병기(生物學兵器)[명]〈군사〉세균·바이러스·육종(肉腫)·리케차(rickettsia)·생체 조직 독소 및 각수한 생화학 물질을 이용하여, 인간·가축·식물 등을 살상·고사시키는 병기의 총칭. biological weapon
생물학적 리듬(生物學的 rhythm)[명] 생물체에서 볼 수 있는 주기적인 현상.
생물학-주의(生物學主義)[명]〈철학〉이론적 실천적인 일체의 철학에 있어서 생명을 실제 원리(實在原理) 또는 가치 원리(價値原理)로 하여 모든 사물을 설명하려는 학설.
생물 화:학(生物化學)[명]〈생물〉동식물의 생리 및 병리(病理)에 관하여 화학적 연구를 하는 학문. 생화학(生化學). biochemistry 「하여 드리는 미사.
생-미사(生彌撒)[명]〈기독〉아직 살아 있는 사람을 위
생민(生民)[명] 국민. 인민. 생령(生靈)②.
생밀(生蜜)[명] 정제하지 않은 꿀.
생박(生縛)[명] 사로잡아 묶음. 하다
생-박파(生拍破)[명] 때도 되기 전에 억지로 하는 일.
생반(生飯)[명]〈불교〉식사 때에 먹기 전에 조금 떠
생-밤(生一)[명]〈동〉날밤. 「내는 밥.
생-방:송(生放送)[명] 미리 녹음(錄音)·녹화(錄畫)하지 않고 그 시간에 직접 하는 방송.
생배 앓-다(生一)[자] ①공연히 생으로 배를 앓다. ②남이 잘되는 것을 시기하다. sick with envy
생-백신(生 vaccine)[명]〈의학〉병원성(病原性)을 약화 한, 살아 있는 병원균(病原菌)으로 만든 백신. 비시지(B.C.G). 우두·포리오 백신 따위.
생번(生蕃)[명]대만의 산림 속에서 비교적 원시 생활을 하는 원주민의 속칭. aborigines of Formosa ②교화되지 아니한 번인(蕃人). 산지족(山地族). (대) 숙번(熟蕃). aborigines 「bleached hemp
생-베(生一)[명] 누이지 아니한 베. 생포(生布). 山-
생-벼락(生一)[명] ①잘못이 없는 벼락. undue retribution ②아무 잘못 없이 뜻밖에 당하는 재앙. 날벼락. 「고 죽었다 살아남. 하다
생 변 사:변(生變死變)[명] 죽었다 살았다 함.
생별(生別)[명]〈약〉→이별(離別).
생병(生病)[명] 무리한 일을 해서 생긴 병. sickness caused by over work
생-병탕(生餠湯)[명]〈동〉생떡국.
생보 대:(生報大)[명]〈불교〉삼보(三報)의 하나. 현세에서 행한 선악에 따라 내세(來世)에서 받는 고락의 업보(業報). Life's retribution
생복(生鰒)[명] 익히지 않은 전복(全鰒). ¶~구이. ~회(膾). (대) 숙복(熟鰒). raw abalone
생부(生父)[명]〈동〉생아버지.
생-부모(生父母)[명]〈동〉→본생 부모(本生父母).
생불(生佛)[명] ①〈불교〉덕행이 높은 승려. 몸 그대로 부처가 됨. 활불(活佛)①. living Buddha ②〈속〉여 러 끼를 굶은 사람. starved person
생불 불이(生佛不二)[명]〈동〉생불 일여(生佛一如).
생-느여사(生一死)[명] 몹시 어려운 지경에 빠져서 죽느니만 못하다는 뜻. living death
생불 일여(生佛一如)[명]〈불교〉중생과 제불(諸佛)이 그 천성(天性)에 있어 같다는 뜻. 생불 불이.
생비(省費)[명] 비용을 절약함. cutting expenses 하다
생-뿔(生一)[명]〈동〉새양뿔.
생-사(一絲)[명]〈동〉→서양사(西洋紗).
생사(生死)[명] ①삶과 죽음. life and death ②〈불교〉 모든 생물이 과거의 업의 결과로 개체를 이루었다

가 다시 해체되는 일. birth and death
생사(生絲)[명] 날실.
생사 가(生死可判)[명] 사느냐 죽느냐를 따지어 판단함. 사생 가판(死生可判). decision between life and death 하다
생사-경(生死境)[명] 사느냐 죽느냐의 위급한 경지.
생사 관두(生死關頭)[명]〈동〉사생 관두(死生關頭).
생-사당(生祠堂)[명]〈제도〉백성들이 감사(監司)나 수령(守令)의 선정(善政)을 찬양하기 위하여 그가 살았을 때부터 그를 모시던 사당.
생사 대:해(生死大海)[명]〈불교〉인간의 생로병사(生老病死)하는 모든 현상. ocean of mortal life
생:사:람(生一)[명] ①아무 죄 없는 사람. innocent person ②아무 관계 없는 사람. unrelated person ③몸이 건강하여 보이는 사람. healthy person
생사 입판(生死入判)[명] 사생이 당장에 관결됨.
생사 존망(生死存亡)[명] 살아 있음과 죽어 없어짐. 사생 존망. 사생 존몰. 사생 출몰. 생사 존몰(生死存沒). life and death
생사 존몰(生死存沒)[명]〈동〉생사 존망(生死存亡).
생사-탕(生蛇湯)[명]〈한의〉날뱀을 달인 탕.
생산(生産)[명] ①아이를 낳음. 출산(出産). bear ②생활에 도움이 되는 산업(産業). industry ③〈경제〉사람이 자연물에 인력을 가하여, 사람의 욕망을 충족시킬 만한 재화(財貨)를 만들거나 증가시키는 일. (대) 소비(消費). production 하다
생산(生産)[명](生産價)[명]〈약〉→생산 가격.
생산 가격[一가一](生産價格)[명]〈경제〉생산비에 평균 이윤(利潤)을 보탠 금액. 판매 가격을 규정하는 중심(中心) 가격. 규정가. production cost
생산-고(生産高)[명]〈동〉생산량(生産量).
생산 공정(生産工程)[명] 원료 또는 재료에서 제품이 이르기까지의 제조 과정에서 행하여지는 일련의 작업.
생산 공채(生産公債)[명]〈경제〉생산적 산업의 경비를 마련하기 위하여 모집하는 공채. 철도나 항만의 창설·확장을 위한 공채 따위. 건설 공채. (대) 적자 공채(赤字公債). 「과하여 상품이 생산되는 일.
생산 과:잉(生産過剩)[명]〈경제〉재화의 구매력을 초
생산 과:정(生産過程)[명] 사회 존속의 기본적 조건을 이루며, 사회의 기초로서 인간의 물질적 생활을 위한 생산의 과정.
생산 관계(生産關係)[명]〈경제〉사회의 경제를 이룩하는 생산과 인간 상호간의 관계. relative production
생산 관리(生産管理)[명]〈경제〉①〈사〉공장 따위의 종업원이 경영자의 의사에 반(反)하여 현장을 점거하고 그 사업을 대행(代行)·관리하는 일. ②생산의 능률을 최고도로 발휘하기 위하여 여러 공정(工程) 부분에 따라 과학적으로 연구하여 관리(管理)하는 일. production control 하다 「production structure
생산 구조(生産構造)[명] 생산의 일정한 조직 형태.
생산 금융[一늉](生産金融)[명]〈경제〉생산을 위하여 사용되는 자금의 공급. (대) 소비 금융.
생산 기간(生産期間)[명]〈경제〉자본이 생산 부면에 머물러 있는 기간. period of production
생산 기관(生産機關)[명]〈경제〉생산 수단에서 노동력을 제외한, 기계·원료 등의 총칭.
생산 도시(生産都市)[명] 물자의 생산을 특색으로 하는 도시. 광업 도시·공업 도시·수산 도시 따위. (대) 소비 도시(消費都市).
생산-량(生産量)[명] 생산되는 양. 생산고. output
생산-력[一녁](生産力)[명]〈경제〉재화를 생산하는 능력. productive capacity 「products
생산-물(生産物)[명] 생산된 물품. 산출물(生産品).
생산 방법(生産方法)[명]〈경제〉생산을 위하여 필요로 하는 방법.
생산-비(生産費)[명]〈경제〉재화의 생산에서 판매까지의 모든 비용의 총계. 코스트. production cost
생산비-설(生産費說)[명]〈경제〉재화의 가격은 생산비에 의하여 결정된다는 학설. theory of production

생산 사:업(生產事業)[명] 〈경제〉 재화(財貨)를 생산하「는 사업. 《약》 산업.

생산-성[-썽](生產性) 〈경제〉 ①단위 노동에 대한 생산물의 양. ②한 토지·자원·노동력 등의 생산의 여러 요소가 올리는 생산량. productivity

생산성 향:상 운동[-썽-](生產性向上運動)[명] 생산성의 향상에 따라 국민 소득의 증가를 꾀하여, 국민의 평균적 생활 수준을 향상시키려는 운동.

생산 수단(生產手段)[명] 〈경제〉 재화를 생산하는 데 필요한 노동 수단과 노동 대상의 총칭. means of production

생산 수준(生產水準)[명] 〈경제〉 한 나라의 일정한 연도(年度)에 있어서 어떤 산업의 총생산량의 평균. standard of production

생산-액(生產額)[명] 〈경제〉 재화(財貨)의 생산 수량(數量). 생산고(生產高).

생산 양식[-냥-](生產樣式)[명] 〈경제〉 생산 수단과 노동력과의 사회적 결합의 양식. method of produc-「하는 일. 산업(產業).
tion
생산-업(生產業)[명] 생산 사업 또는 생산 사업에 종사

생산 연령(生產年齡)[명] 생산 활동, 특히 노동에 종사할 수 있는 연령. 보통 15세 이상 65세까지로 봄. productive age

생산 요소[-뇨-](生產要素)[명] 〈경제〉 생산에 없어는 안 될 요소. 곧, 토지·노동·자본·지대(地代)·임금·이윤 같은 것.

생산-자(生產者)[명] 〈경제〉 재화(財貨)의 생산에 종사하는 사람. (대) 소비자(消費者). manufacturer

생산자 가격(生產者價格)[명] 〈경제〉 ①유통 시장이나 소비 시장의 생산자가 직접 파는 경우의 가격. ②정부가 농민에게 지불하는 매상 양곡의 가격.

생산 자본(生產資本)[명] 〈경제〉 산업 자본이 그 순환 과정에 있어서 취하는 화폐 자본과 상품 자본의 중간 형태. capital for production

생산-재(生產財)[명] 〈경제〉 생산물을 생산하기 위하여 소비되는 재(財). (대) 소비재. producer's goods

생산-적(生產的)[관형] 직접 생산을 수반하거나 또는 이와 관계를 맺는(것). productive

생산 제:한(生產制限)[명] 〈경제〉 자본가가 상품의 잉여와 이윤의 저하를 막기 위하여 일시적으로 생산의 일부 정지, 또는 조업(操業) 시간의 단축 따위를 행하는 일. curtailment of production

생산-지(生產地)[명] 생산하는 곳.

생산 지리학(生產地理學)[명] 〈지리〉 각종의 생산업을 지리학적으로 연구하는 경제 지리학의 한 부문.

생산 지수(生產指數)[명] 〈경제〉 기준 시점의 생산 수량 또는 생산 금액에 대한 어떤 시점의 생산 수량 또는 생산 금액의 비를 지수화(指數化)한 수치(數値). index of industrial production

생산 카르텔(生產 kartell 도)[명] 〈경제〉 같은 종류의 기업자들이 생산의 합리화와 생산 과잉을 막기 위하여 조직한 카르텔. 「요된 단위에 대한 비용.

생산 코스트(生產 cost)[명] 〈경제〉 재화의 생산에 소

생산-품(生產品)[명] (동) 생산물.

생-살(生-)[명] ①새살. ②아프지 않은 성한 살. unaffected part of flesh

생살(生殺)[명] 살리는 일과 죽이는 일. 살리고 죽임. 활살(活殺). life and death 하타

생살-권[-꿘](生殺權)[명] (동) 생살지권.

생살 여:탈(生殺與奪)[명] ①살리고 죽이고 주고 빼앗음. ②어떤 사람이나 사물을 쥐고 흔들 수 있음. 하타

생살 여:탈권[-꿘](生殺與奪權)[명] 생살 여탈하는 권리. 「생살권(生殺權). power of life and death

생살지-권[-꿘](生殺之權)[명] 살리고 죽이는 권리.

생-삼(生蔘)[명] 수삼(水蔘).

생삼 사:칠(生三死七)[명] 〈민속〉 사람이 출산한 뒤 3일, 사망한 뒤 7일 동안을 부정하다고 꺼리는 기간.

생-삼팔(生三八)[명] 생실로 짠 삼팔주(三八紬).

생색(生色)[명] ①낯이 나도록 하는 일. ②《동》 생광(生光)①.

생색-내:-다(生色-)[타] (동) 낯내다. 「home

생-생가(生生家)[명] 친아버지의 생가. one's paternal

생-송:목(生-木)[명] 누이지 않은 당목(唐木).

생생 발전(-쩐)(生生發展)[명] 끊임없이 힘차게 발전함. 하타

생생 세:세(生生世世)[명] (동) 세세 생생(世世生生).

생생이(生生-)[명] 노름판 따위에서 돈을 속여 빼앗는 짓. fobbing in gambling

생생이(生生-)[고] 생성이(猩猩-).「gambling

생생이-판(生生--)[명] 생생이를 하는 판. scene of crooked

생생-자(生生字)[명] 〈인쇄〉 조선조 정조(正祖) 때에 중국 취진판 자전(聚珍板字典)의 자체(字體)대로 만든 나무 활자. 「자연의 이치.

생생지-리(生生之理)[명] 만물이 생식하여 퍼져 나가는

생생-하-다(生生-)[형여][하] ①축나거나 썩지 않고 본 더 그대로의 생기를 가지고 있다. ②빛이 맑고 산뜻하다. ③원기가 왕성하다. (큰) 싱싱하다. (센) 쌩생하다. vivid **생생-히**[부]

생생 화:육(生生化育)[명] 천지 자연이 끊임없이 만물을 만들어 기름. 하타 「하나. caustic lime stone

생석(生石)[명] 〈광물〉 맷돌을 만드는 데 쓰는 광석의

생석-마(生石磨)[명] 생석으로 만든 맷돌.

생-석탄(生石炭)[명] (동) 생석회.「(生灰).

생-석회(生石灰)[명] 〈화학〉 산화칼슘. 생석탄(生石炭).

생-선(生鮮)[명] 말리거나 절이지 않은, 잡은 그대로의 물고기. 생어(生魚)②. 선어(鮮魚). 어선(魚鮮). fresh fish 「(魚湯).

생선-국[-꾹](生鮮-)[명] 생선을 넣어 끓인 국. 어탕

생선-묵(生鮮-)[명] (동) → 생선묵튀김.

생선묵-튀김(生鮮--)[명] 주로 잔 생선을 뼈째 갈아, 전분 등과 섞어 빚어서 기름에 튀긴 식품. 《약》 생선묵. 「fish market

생선-장(生鮮場)[명] 생선 가게만이 모여 있는 시장.

생선-전(生鮮廛)[명] 〈상〉 fish booth ②〈제도〉 서울 종로 서쪽에 있던 생선을 팔던 노점.

생선-젓(生鮮-)[명] ①생선을 소금에 절인 것. ②토막친 생선을 소금과 횟날 또는 천초나 굴김을 넣고 만든 것. 어초(魚酢). 식해(食醢). salted fish

생선-회(生鮮膾)[명] 어회(魚膾).

생성(生成)[명] ①사물이 생겨남. creation ②사물이 생겨날 때부터의 상태. ③〈철학〉 사물이 그 상태를 변하여 낸 것이 됨. 하타

생세지-락(生世之樂)[명] 세상에 나서 살아가는 재미. pleasures of this life

생-소(生素)[명] 《약》→생소 갑사(生素甲紗).

생소(生疎)[명] ①친하하지 못함. unfamiliarity ②서투름. unskillfulness 하타

생소 갑사(生素甲紗)[명] 갑사의 하나. 《약》 생소(生素).

생-소나무(生-)[명] ①살아 있는 소나무. ②벤 지 얼마 되지 아니하여 아직 마르지 않은 소나무. 생솔.

생-소리(生-)[명] ①이치에 맞지 않는 딴소리. nonsense ②새삼스러운 말. unreasonable talk 하타

생-소산(生燒散)[명] 〈불교〉 산 사람을 화장(火葬)하는

생-손(生-)[명] 《약》→생인손. 「일. 생화장(生火葬). 하타

생-솔(生-)[명] (동) 생소나무.

생-수(生手)[명] 생무수.

생-수(生水)[명] 샘구멍에서 나오는 물. fresh water

생수-받이[-바지](生水-)[명] 땅에서 나오는 물을 받아서 경작하는 논. field watered by a spring

생-숙(生熟)[명] ①날것과 익은 것. uncooked and cooked food ②서투름과 익숙함. familiarity and unfamiliarity 「꽉판이나 구토에 약으로 씀.

생-숙탕(生熟湯)[명] 〈한의〉 끓인 물에 냉수를 섞은 물.

생시(生時)[명] ①난 시간. birth hour ②깨어 있는 동안. waking hours ③살아 있는 동안. lifetime

생식(生食)[명] 식물을 날것으로 먹음. (대) 화식(火食). eating raw 하타

생식(生息)[명] 사는 일. [대] 사멸(死滅). living 하다
생식(生殖)[명] 〈생물〉 생물이 다음 세대에까지 생존할 수 있는 개체(個體)를 만드는 일. propagation ②낳아서 불림. reproduction 하다
생식(省式)[명] 〈동〉 생례(省禮). 하다
생식-기(生殖期)[명] 생식이 행하여지는 시기. 생식에 적합한 시기. 종류에 따라 계절을 달리한다. 번식기(繁殖期).
생식-기(生殖器)[명] 〈생리〉 생물의 유성(有性) 생식을 하는 기관. 흔히 겉에 드러난 교접기(交接器)만을 가리키나 생식소(生殖巢)와 생식 수관(輸管)까지의 총칭. 성기(性器). genital organs
생식 기능(生殖機能)[명] 〈생물〉 생물 개체가 자기의 종족을 불릴 수 있는 기능.
생식기 숭배(生殖器崇拜)[명] 자연계의 번식력을 인간의 생식기의 모양으로 표상하여 이를 숭배하는 자연 종교. phallicism
생식 불능(生殖不能)[명] 〈의학〉 성교는 가능하나 임신이 되지 않는 증상. 남자에 있어서는 정자(精子), 여자에 있어서는 난자(卵子)에 결함이 있음.
생식-선(生殖腺)[명] 〈생리〉 ①생식 세포 곧 정자(精子)나 난자(卵子)를 만들어 내는 기관. 남자에 있어서는 고환(睾丸), 여자에 있어서는 난소(卵巢)를 말함. ②생식기에 부속하는 분비선(分泌腺)의 총칭. 성선(性腺).
생식-세포(生殖細胞)[명] 〈생물〉 생식을 맡은 세포. gamete
생식-소(生殖素)[명] 〈생물〉 생식 세포 안에 있는 형질(形質) 유전의 특수한 능력을 가진 물질.
생식-소(生殖巢)[명] 〈생리〉 생식 세포가 일정한 장소에 모여 있는 곳. 난소·고환 따위. 성소(性巢). gonad
생식 수관(生殖輸管)[명] 〈생리〉 수정관·수란관과 같이 생식 세포나 배(胚)를 간직했다가 외부로 내보내는 관.
생식-욕[-뇩](生殖慾)[명] 〈생리〉 본능적으로 생식하고자 하는 생물의 욕구. reproductive instinct
생식 장관(生殖腸管)[명] 〈동물〉 흡충류(吸蟲類)에 딸린 다후구류(多後口類) 동물의 가지 생식 기관의 하나.
생식-협(生殖莢)[명] 〈동물〉 달걀 모양으로 된 히드로합체(hydro 合體)의 생식체(生殖體)를 넣은 것.
생신(生辰)[명] 〈공〉 생일(生日). birthday
생신¹(生新)[명] 생식하고 새로움. freshness 하다
생신²(生新)[명] 종기(腫氣)나 상처에서 새살이 돋아남. granulation 하다
생신 차례(生辰茶禮)[명] 죽은 이의 생신에 지내는 차례.
생-실과(生實果)[명] 〈동〉 생과실(生果實).
생심(生心)[명] 〈동〉 생의(生意). 하다
생-쌀[-쌀][명] 익히지 않은 쌀.
생-아버지(生一)[명] 자기를 낳은 이비지. 흔히 양자나 양녀로 간 사람이 쓰는 말. 생부(生父). 친아버지. [대] 양아버지. one's real father
생-아편(生阿片)[명] 덜 익은 양귀비 열매 접질을 칼로 베었을 때 흘러나오는, 말리지 아니한 진. 낳아편.
생안-발[명] 발가락 끝에 나는 종기. sore toe
생안-손[명] →생인손.
싱앙(生)[명] 〈고〉 내앙.
생애(生涯)[명] ①살아 있는 동안. 세상을 살아가는 동안. life ②〈동〉 생활(生活). ③〈동〉 생계(生計).
생-야:단[-냐--](生一)[명] ①공연히 야단스럽게 구는 일. ②공연히 야단스럽게 꾸짖는 일. ③몹시 곤란하게 된 일. 하다
생약(生藥)[명] ①〈한의〉 식물성의 초재(草材). medicinal herbs ②〈약학〉 그대로 약품으로 쓰거나 제약의 원료로 하는 천연 산물.
생약(省略)[명] 줄여서 간단하게 함. abridgment 하다
생양(生養)[명] 낳아서 기름. 하다 [나고 자란 집.
생-양:가(生養家)[명] ①생가(生家)와 양가(養家). ②
생-양:부:사(生養家奉祀)[명] 양가나 생가 사람이 생가 제사까지 아울러 받드는 일.
생-양목(生洋木)[명] 〈동〉 생옥양목(生玉洋木). [생선.
생어(生魚)[명] ①죽지 않은 물고기. live fish ②〈동〉
생-어머니(生一)[명] 자기를 낳은 어머니. 흔히 양자나 양녀로 간 사람이 쓰는 말. 생모(生母). 친어머니. [대] 양어머니. one's real mother
생어사 장:어(生於斯長於斯)[명] 여기서 나서 여기서 자람. [약] 생어 장어(生於長於).
생어 장:어(生於長於)[명] [약] 생어사 장어사.
생-억지(生一)[명] 실속이나 까닭도 없고 생판으로 이치에 맞지도 않게 쓰는 억지. stubbornness
생업(生業)[명] 살아가기 위해 하는 일. 직업(職業). occupation [진족. [대] 숙여진(熟女眞).
생-여진[-녀--](生女眞)[명] 〈역사〉 귀화하지 않은 여
생영(生榮)[명] 생의 영광. 생존 번영. 하다
생-옥양목(生玉洋木)[명] 빨지 않은 옥양목. 생양목.
생-당목(生唐木). unbleached calico
생-왁친(生 Vakzin 도)[명] →생백신.
생왕(生旺)[명] ①자유로운 삶. living freely ②삶의 뜻을 왕성하게 함. 하다
생왕-방(生旺方)[명] 〈민속〉 오행(五行)으로 따져서 길한 방위.
생-외(生一)[명] 아직 익지 않은 오이나 참외.
생-외:가(生外家)[명] 양자 간 이의 생가의 외가. [대]
생-욕[-뇩](生辱)[명] 공연히 당한 욕. [양외가.
생-우유(生牛乳)[명] 끓이지 않은 우유. 생젖[①].
생-울타리(生一)[명] 〈동〉 산울타리. [乳]. raw milk
생원(生員)[명] ①〈제도〉 소과(小科) 종장에 합격한 사람. 상사(上舍)①. ②〈공〉 지체가 낮은 늙은이.
생원-님(生員-)[명] 〈제도〉 상사람이 양반 선비를 부르던 말. [약] 샌님①. scholar
생원님은 종일 읍신여긴다[속] 무능한 사람이 제 손아랫 사람에게나 큰소리하고 읍신여기며 잘난 체한다.
생월(生月)[명] 난 달.
생월 생시(生月生時)[명] 난 달과 난 시.
생유(生有)[명] 〈불교〉 사유(四有)의 하나. 중생이 미계(迷界)에서 유전하다가 태어날 때.
생-유(生乳)[명] ①[약] →생우유(生牛乳). ②끓이지 아니한 우유·양젖 따위의 총칭. 생젖①.
생-유기(生油機)[명] 〈화학〉 에틸렌(ethylene).
생-육(生肉)[명] 날고기. [하다
생육(生育)[명] 낳아서 기름. 또, 나서 자람. bringing up
생-육신(生六臣)[명] 〈역사〉 단종(端宗)을 뒤집 자리에서 몰아내 세조의 부당한 처사에 불만을 품고 절개를 지키고 분을 하지 아니한 여섯 사람. [쓰게 된 사위.
(趙旅)·원호(元昊)·김시습(金時習)·성담수(成聃壽)·남효온(南孝溫)의 여섯 사람.
생-윷(生一)[명] 윷놀이에서 말을 새로 놓아서 나 밭을
생-으로(生一)[명] ①익히거나 말리거나 삶지 아니한 채로. ¶낙지를 ~ 먹다. ②저절로 되지 아니하고 무리하게. ¶고생을 ~ 사서 한다.
생의(生意)[명] 무엇을 하려고 마음먹음. 업두를 냄. 생심(生心). ¶~도 못하다. intention 하다
생의 철학(生一哲學)[명] 〈철학〉 19세기 후반부터 20세기 걸쳐 철학의 한 흐름. 산 생명의 현실 속에서 진실을 찾으려는 철학. 생명 철학. life philosophy
생이[명] 〈동물〉 십각류(十脚類)에 속하는 새우의 하나. 몸 길이 3cm 가량. 몸은 투명하며 청록색이고, 말리면 붉다. 냇물·연못 등 민물에 사는데, 젓을 담거나 말려 먹음. 토하(土鰕). Cardina Japonica
생이-가래(生一)[명] 생이가래과의 여러 해살이풀. 뿌리는 가늘고 길며 잔털이 배게 남. 물속에 잠기는 잎은 근상(根狀)으로 있고, 수면에 뜨는 것은 타원형으로 둘씩이 마주 나며, 한면은 담녹색에 잔털이 남음. 무논·연못·도랑 등에 남. [야기를 지껄인다.
생이 벼락맞던 이야기를 한다[속] 쓸데없는 자잘한 이
생-이별[-니-](生離別)[명] 부부끼리 서로 살아 있으면서 하는 이별. [약] 생별. forced separation by

생이-지지(生而知之)圏 배우지 아니하여도 스스로 통해 앎. know without being taught 하라

생인(生人)圏 ①인민(人民). 생민(生民). ②살아 있는 사람. living ③처음 대면하는 사람. 모르는 사람. 생객(生客). newly-acquainted man

생인(生因)圏 사물이나 현상이 발생한 원인. 「finger

생인-손 손가락 끝에 나는 종기. (약) 생손. sore

생일(生日)圏 태어난 날. 또, 해마다의 그 날. 수신(晬辰). 働 생신. birthday

생일날 잘 먹으려고 이레를 굶을까㉠ 어떤 일에 미리부터 지나치게 기대한다.

생일-맞이(生日—)圏〈민속〉생일 때에 무당 따위를 시켜 신령에게 복록을 비는 일. 하라

생일 불공(生日佛供)圏〈불교〉생일에 올리는 불공.

생일-빠낙(生日—)圏 생일 잔치를 베푸는 때. time to hold a birthday feast

생일 잔치(生日—)圏 생일에 베푸는 잔치. 하라

생=입[—닙](生—)圏 쓸데없이 놀리는 입. garrulousness

생자(生子)圏(동) 생남(生男). 하라

생자(生者)圏 ①살아 있는 사람. living person ②〈불교〉생명 있는 모든 것. (대) 사자(死者). living beings 「place

생-자리(生—)圏 건드려 보지도 않은 자리. untouched

생자 필멸(生者必滅)圏〈불교〉생명이 있는 것은 반드시 죽음. Man is mortal 「growth 하라

생장(生長)圏 나고 자람. (대) 소멸(消滅). birth and

생장(生葬)圏(동) 생매(生埋). 산장. 하라

생장-률(生長率)圏 단위 시간당 생물의 체량(體量) 증가율. 세균 따위의 경우에는 증식(增殖) 속도를 일컬음. 「동.

생장 운-동(生長運動)圏〈식물〉식물이 자라나는 운

생=장작(生長斫)圏 마르지 않은 장작.

생장-점[—쩜](生長點)圏〈식물〉식물의 줄기와 뿌리의 끝에 있는 한 개나 여러 개의 세포군(細胞群)으로 된 부분. 이 곳에서 세포가 분열되어 식물이 자람. 생장첨(生長尖). growing point

생장-첨(生長尖)圏(동) 생장점(生長點).

생재(生財)圏 재물을 늘림. 하라

생재(眚災)圏 잘못하여 허물을 지음으로 생긴 재앙.

생-재기(生—)圏 종이나 피륙 따위의 상하지 않는 곳. undamaged part 「하는 방법.

생재지-방(生財之方)圏 살아 나갈 방도. 생재(生財)

생저(生苧)圏(동) 생모시.

생전(生前)圏 살아 있는 동안. 죽기 전. (대) 사후(死後). life time 아무리 애서 보아도.

생전 계:약(生前契約)圏〈법률〉생전 행위로서 행하여지는 계약.

생전 예:수[—녜—](生前豫修)圏〈불교〉죽은 후에 극락으로 가도록 하여 달라고 생전에 미리 재(齋)를 지냄.

생전 처:분(生前處分)圏〈법률〉당사자의 생전에 효력을 보게 하려는 처분 행위. disposition intervivos

생전 행위(生前行爲)圏〈법률〉당사자의 생전에 효력을 발생시키려는 법률 행위. (대) 사후 행위(死後行爲). act intervivos 「(白木蓮).

생정(生庭)圏 ①본생가(本生家). (공) 백목련

생=정문(生旌門)圏〈제도〉효자나 열녀를 표창하기 위해 그 동네나 집의 어귀에 세우는 정문.

생정 불신[—씬](生丁不辰)圏 마침 좋지 못한 때에 태어남. 하라 「일찍 매는 것.

생=젖[—젇](生—)圏 ①익지지 않은 것. 생짖. ②억지로

생존(生存)圏 살아 있음. (대) 사멸(死滅). existence 하라

생존 경:쟁(生存競爭)圏〈사회〉모든 생물이 자기의 생명을 지키러고 남보다 먼저 생활 수단을 서로 획득하려는 노력. 살기다툼. struggle for existence

생존-권[—꿘](生存權)圏〈사회〉자연권의 하나. 사회의 각 성원이 사람다운 생존을 누릴 권리. right to live

생존 보:험(生存保險)圏〈경제〉피보험자가 일정한 연령에 이르렀을 때 소정의 보험금을 지불하는 보험. 교육 보험 따위. pure endowment insurance

생존-자(生存者)圏 ①살아 있는 사람. living person ②끝까지 살아 남은 사람. survival

생졸-년(生卒年)圏 제 명대로 살지 못하고 죽음. 생몰년(生沒年). years of one's birth and death

생주(生紬)圏〈약〉→생명주(生明紬).

생-죽음(生—)圏 제 명대로 살지 못하고 죽음. 횡사·자살·타살 따위. unnatural death 하라

생중(生中)圏 술에 취하지 않아 정신이 맑은 보통 때. (대) 취중(醉中). ordinary days

생:=쥐〈동물〉①생쥐(鼠科)의 동물. 쥐 종류 가운데 가장 작은 쥐. 인가·농경지에 서식하며 곡물·야채·곤충·밥등을 먹음. ②사향뒤쥐. 골무쥐. house

생쥐 볼가심할 것도 없다㉠ 몹시 가난하다.

생-즉무생(生卽無生)圏〈불교〉상식으로 태어난다고 생각하는 그 생(生)도, 실은 인연에 의한 가생(假生)이며, 그 실은 무생(無生)이라고 하는 뜻.

생즙(生汁)圏 과실 같은 것을 짓찧어서 짜낸 액체.

생지(生地)圏(동) 생땅. ②출생한 곳. 「raw juice

생지(生知)圏 삼지(三知)의 하나. 나면서부터 도(道)

생지(生紙)圏 뜬 채로의 종이. plain paper 「를 앎.

생지 살지[——찌](生之殺之)圏 살리고 죽임을 마음대로 함. free to kill and to spare 하라

생지 안행(生知安行)圏 천성이 총명하고 도의에 통하며 편안한 마음으로 도를 행함. 하라

생-지옥(生地獄)圏 몹시 괴롭거나 고생스러운 일. 또, 그 상태. 산지옥. hell on earth

생지=주의(生地主義)圏(동) 출생지주의.

생지황(生地黃)圏〈한의〉지황(地黃) 뿌리의 날것. 혈증(血症)을 다스림. (대) 숙지황.

생진(生進)圏〈제도〉생원(生員)과 진사(進士).

생진=과(生進科)圏〈제도〉경서(經書)를 시험하는 생원과(生員科)와 문장(文章)을 시험하는 진사과(進士科). 「士科).

생진:=지[—찌](生進紙)圏 얇고 가벼운 생모시.

생질(甥姪)圏 누이의 아들. nephew

생질-녀(甥姪女)圏 누이의 딸. niece「daughter-in-law

생질-부(甥姪婦)圏 누이의 며느리. one's sister's

생질-서(甥姪壻)圏 누이의 사위. one's sister's son-in-law 「징(白徵). 하라

생징(生徵)圏 생판으로 세금 따위를 물리는 일.

생=짜(生—)圏 ①날것 그대로의 것. raw ②충분히 익지 않은 것. unripe ③나무 따위가 마르거나 시들지 않은 것. freshly cut ④연공(年功)이 없으며, 익숙하지 못한 사람. novice

생-쪽圏 매듭의 기본형(基本型)의 하나로, 생강쪽처럼 생긴 매듭.

생-차(—茶)圏(동) 새앙차.

생채(生菜)圏 날로 무친 나물. salad

생-채기圏 할퀴어 생긴 작은 상처. scratch

생-채:색(生彩色)圏〈미술〉조각 전면을 엷게 칠하여 칠막(漆幕)을 박고 그 위에 짙은 색(色)을 이루는 색채.

생철(—鐵)圏 주석(朱錫)을 도금한 얇은 철판. 양철. 생철(生鐵). 「tin-plate

생철(生鐵)圏(동) 무쇠. 「bucket

생철-통(—鐵桶)圏 생철로 만든 통. 양철통. zinc

생-철학(生哲學)圏〈철학〉인생의 철학·생명의 철학·인식론적 철학에 대하여 창조적 정신 생활의 과제를 시인하며, 문화 가치(文化價値)를 실생활에

생청(生淸)圏 벌에서 곧바로 쓰는 억지로 떼. 실현하려는 철학.

생청(生淸)圏 불에 끓이지 아니한 꿀. unrefined honey

생청-붙이-다[—부치—]타 모순되는 말을 하다. contradict oneself 「stent 생청=스레퇴

생청-스럽다(—)[日변]웽 생청붙이는 데가 있다. inconsi-

생체(生體)圏 ①살아 있는 몸. living body ②생존한 몸. 「인 지식을 응용하는 일.

생체 공학(生體工學)圏 의학 및 생물학 분야에 공학적

생체 반:응(生體反應)명 〈생리〉 ① 살아 있는 세포 내에서만 일어나는 정색(呈色) 반응·침전 형식(沈澱形式) 반응. ② (동) 생활 반응.
생체 산화(生體酸化)명 〈생리〉 생물이 에너지를 얻기 위하여 체내에서 음식물을 산화할 때의 그 산화 환원 반응(酸化還元反應). biological oxidation
생체 색소(生體色素)명 〈생물〉 생물의 체내에 존재하는 유색 물질. [으로 물드는 염색. vital staining
생체 염:색(生體染色)명 〈생리〉 생활체가 색소 용액
생초(生草)명 살아 있거나 마르지 아니한 풀. 생풀³. (대) 건초(乾草). [gauze
생초(生綃)명 생사(生絲)로 얇게 짠 옷감의 하나. silk
생-초목(生草木)명 살아 있는 초목. green plants
생초목에 불 붙는다속 뜻밖의 화를 당하거나 어떤 사람이 요절(夭折)하여 애석하다.
생=초상(生初喪)명 제 목숨대로 다 살지 못하고 죽은 사람의 초상. untimely death   [사축(死祝).
생축(生祝)명 〈불교〉산 사람의 복을 비는 일. (대)
생취(生聚)명 ① 생산하여 자재를 모아 저축함. savings ② 백성을 길러 군사를 강화하고 나라를 부(富)하게 함. [capture 하타
생치(生致)명 사로잡아서 연행(連行)함. 생금(生擒).
생치(生稚)명 익히지 않은 생것 대로의 꿩고기. uncooked pheasant [아이. children born in that year
생치(生齒)명 ① 인민(人民). people ② 그 해에 난
생치 고:란(生齒困難)명 〈생리〉이가 돋아날 때에 그 부분의 잇몸에 염증을 일으키는 일.
생칠(生漆)명 ① 달이지 않은 옻칠. unboiled lacquer ② 정제하지 않은 ووا.
생탄(生誕)명《-하다》 탄생(誕生). 하타 [caused trouble
생=탈(生頉)명 고의로 만들어 낸 탈. deliberately
생태(生太)명 말리거나 얼리지 아니한, 잡은 그대로의 명태(明太). 선태(鮮太).
생태(生態)명 생활하여 가는 상태. modes of life
생태 변:화(生態變化)명 〈생물〉생물이 환경에 좇아서 생태를 바꾸는 일. ecological adaptation
생태 지리학(生態地理學)명 생물의 분포와 그 분포를 지배하고 있는 자연 환경의 여러 요소와의 관계를 연구하는 학문.
생태-학(生態學)명 〈생물〉 생물과 외계와의 관계. 곧, 생물이 외위(外圍)의 영향에 의하여 그 형태·생태 및 분포를 어떻게 하는가를 연구하는 생물
생:-토끼(生-)명 산 토끼. [학의 일부분. ecology
생-트집(生-)명 이유 없이 일부러 부리는 트집. unreasonable dispute 하타
생-파리(生-)명 ① 생기가 있고 팔팔한 파리. living fly ② (속) 남이 말을 붙일 수도 없게 성미가 뾰롱뾰롱한 사람. unsociable person
생파리 같다남이 가까이할 수 없게 쌀쌀하고 까다로운 사람을 이름.   [게 거절한다.
생파리 잡아떼듯무슨 요구나 묻는 말에 매정스럽
생=판(生板)명 전혀 모름. 사실이 없음. 백지(白地). complete ignorance 부 전혀 생소하게. 얼토당토 않은 말이나 짓을 무리하게. unreasonably
생평(生平)명〈동〉일생(一生).
생폐(生弊)명 폐단이 생김. causing trouble 하타
생폐(牲幣)명 희생(犧牲)과 폐백(幣帛).
생포(生布)명〈동〉베베.   [soner 하타
생포(生捕)명 ① 산 채로 잡음. capture ② 포로. pri-
싱:포(生-)명 전복(全鰒).
생-풀¹(生-)명 밀가루 따위를 물에 타서 그냥 쑤는 풀. raw starch
생-풀²(生-)명 모시 따위를 옷감으로 마르기 전에 온 필째로 풀을 먹여 둘이 마주 잡고 흔들어 반반하게 말리는 일. 하타
생-풀³(生-)명 마르지 않은 싱싱한 풀. 생초(生草).
생-피(生-)명 살아 있는 사람이나 동물의 피. 생혈.
생-피(生皮)명 무두질하지 않은 동물의 가죽. raw hide
생-핀잔(生-)명 이유 없이 주는 핀잔.

생=필름(生 film)명 아직 감광(感光) 하지 않은 필름.
생필-품(生必品)명 〈애〉→생활 필수품.   [unused film
생-하:수(生下水)명 하수 처리를 하지 아니한 하수.
생-합(生蛤)명 날 대합조개. uncooked clam
생-합성(生合成)명 〈생물〉 생물체 내에서의 세포의 작용에 의한 유기 물질의 합성. biosynthesis
생-핡:라(生冱羅)명〈동〉당항라(唐冱羅).
생해(生骸)명 화석 가운데, 특히 지층 속에 들어 있는 과거 생물의 유체. life-blood
생혈(生血)명 혈관에서 터져 나온 지 얼마 안 되는 생혈.
생=호:령(生號令)명 아무 까닭 없이 하는 호령. unreasonable scolding 하타
생혼(生魂)명 〈기독〉 생물의 생활해 나가는 힘. spirit
생혼-나-다(生魂一)자 뜻밖에 몹시 혼나다. have bitter experience unexpectedly
생화 ① 장사하는 일. business ② 벌이. earnings ③ 등 직업. profession 하타   [변화하는 일.
생화(生化)명 태어나고 성장하는 일. 또, 생성하고
생화(生花)명 산 화초에서 꺾은 생생한 꽃. (대) 조화(造花). natural flower
생-화:장(生火葬)명〈동〉 생소산(生燒散). 하타
생-화:학(生化學)명 〈동〉 생물 화학.
생환(生還)명 ① 살아서 돌아옴. returning alive ② 〈체육〉야구에서 주자(走者)가 본루(本壘)에 돌아 와 한 점을 얻는 일. home-in 하타
생활(生活)명 ① 살아서 활동함. activity ② 생계를 유지하며 살아 나감. living ③ 살림을 함. 생애². livelihood 하타
생활 감(生活感)명 생활 속에서 우러나는 느낌.
생활 감:정(生活感情)명 생활 경험을 기초로 한 감정. life feeling
생활 개:선(生活改善)명 〈사회〉 모든 생활 양식의 번거로움을 보다 합리적으로 고쳐 나가려는 사업 및 운동. improvement of living conditions 하타
생활-고(生活苦)명 생활에 있어서의 온갖 어려움과 고생. difficulty of living
생활 공간(生活空間)명 〈심리〉 어떤 순간에 있어서의 개인 또는 개체의 행동을 규정하는 조건.
생활 공:동체(生活共同體)명 함께 생활을 영위하는 협동체.
생활 교:육(生活敎育)명 〈교육〉학습자가 실생활의 경험을 통하여 지식과 기능을 습득하도록 하는 새로운 교육 운동. practical education
생활-권(一圈)(生活圈)명 지역 주민이 등학·통근·쇼핑·오락 등 일상 생활을 하는 데 있어서, 행정 구역에 관계없이 밀접하게 연결되어 있는 범위. ¶일(一日) ~.   [한 권리.
생활-권(生活權)명 생활을 유지·존속시키기 위
생활-급(生活給)명 〈경제〉 최저 생활을 보장한다는 견지에서 지불되는 임금. 생활 임금(生活賃金). subsistence wages   [function
생활 기능(生活機能)명 생물의 생활하는 기능. vital
생활-난(生活難)명 물가의 앙등·빈곤·기타 사회적 여건 등으로 살아 나가기가 썩 어려운 일. hard living
생활 단:면(生活斷面)명 생활하는 가운데의 어떤 순간의 형편.
생활-대(生活帶)명 생물의 분포대. 일반적으로 기후·토양·생물상이 같은, 지구 위의 한 지역.
생활-력(生活力)명 ① 생활을 유지 발전시켜 나가는 힘. vitality ② 생명체의 살아서 자라는 힘.
생활-면(生活面)명 ① 드러난 생활의 상태. 생활의 양상. ② 생활의 분야.
생활 반:응(生活反應)명 〈생리〉 생체(生體)가 손상을 받을 때 생기는 국부의 특정한 반응. 생체 반응². bioscopy   [of living
생활 방식(生活方式)명 생활하는 방법과 양식. mode
생활-비(生活費)명 생활에 필요한 모든 비용. living expenses
생활-사(生活史)명 〈생물〉 동식물이 생장하여 죽을

생활상[-쌍](生活相)📖 살아가는 형편. 생활 상태.
생활=소(-素)[-쏘](生活素)📖 비타민(vitamin).
생활 수준(生活水準)📖 〈사회〉 생활의 정도. 어느 때 어느 곳에서나 그 국민이 일반적으로 필요하다고 승인하는 생활 정도. 생활 표준(生活標準).
생활 시간(生活時間)📖 하루에 행하여지는 각종 생활 활동에 충당되는 시간. 「양식. mode of living
생활 양식[-량-](生活樣式)📖 살아 나가는 일정한
생활 연령[-년-](生活年齡)📖 탄생(誕生)을 기점(起點)으로 한 달력상의 연령. 역연령(曆年齡). 《대》 정신 연령(精神年齡). chronological age
생활 온도(生活溫度)📖 생물이 생활할 수 있는 온도. 보통 0~45°C.
생활=욕[-뇩](生活慾)📖 살아 보려는 의욕.
생활 원리(生活原理)📖 살아 나가는 근본 법칙.
생활 의:지(生活意志)📖 〈철학〉 생활을 욕구(欲求)하는 인간의 본능.
생활인(生活人)📖 생활하는 사람. ¶~의 지혜.
생활=급(生活賃金)📖 →생활급.
생활 자:료(生活資料)📖 〈경제〉 생활에 필요한 물질. daily necessaries
생활점[-쩜](生活點)📖 〈생리〉 연수(延髓)의 능상와(菱狀窩) 뒤 끝 양쪽에 있는 호흡 중추(中樞).
생활 지도(生活指導)📖 학교 안밖에서 학생들의 생활을 지도해 주고, 풍기를 단속하는 일. 하타
생활 지표(生活指標)📖 〈경제〉 국민 생활상을 파악하는 데에 필요한 지표. 특히 국제적으로 비교 검토할 경우에 요구되는 지표.
생활 철학(生活哲學)📖 〈철학〉 실제 생활에서 우러나온 산 철학. 현실성을 생활면에 중점을 둠.
생활=체(生活體)📖 생활하는 개체로서의 생물체.
생활 통지표(生活通知表)📖 〈교육〉 학습자의 지능·생활 태도·건강 상태·학습 성적 등을 기재하여 가정에 보내거나 참고로 하는 장부.
생활=파(生活派)📖 〈문학〉 현실적인 생활면에 치중하는 예술의 한 경향. poetry for life's sake school
생활 평면(生活平面)📖 각 가정에서 실제로 생활을 영위하고 있는 소비의 수준.
생활 표준(生活標準)📖 《동》 생활 수준.
생활=품(生活品)📖 생활에 필요한 물건.
생활 필수품(生活必需品)[-쑤-]📖 일상 생활에 꼭 필요한 물품. 《약》 생필품. necessaries
생활 학습(生活學習)📖 〈교육〉 실생활을 통해서 행하여지는 학습.
생활 향:상(生活向上)📖 생활의 수준이 높아짐.
생활 현:상(生活現象)📖 영양·번식·생장·운동·지각 등 생물에게 특유한 현상. life phenomena
생활=형(生活形)📖 〈생물〉 생물, 특히 식물이 환경에 적응하여 가지게 되는 형상(形狀). 교목(喬木)·관목(灌木) 따위. life form 「됨. 하타
생활=화(生活化)📖 생활에 옮겨지거나 생활 관습이
생활 환경(生活環境)📖 생활하는 주위의 사정.
생황(笙簧·笙篁)📖 〈음악〉 아악(雅樂)에 쓰이는 관악기의 하나. 《약》 생(笙).
생황장(生黃醬)📖 콩과 밀가루로 메주를 쑤어 담근
생회(生灰)📖 《약》 생석회(生石灰). 「간장.
생획(省畫)📖 글자의 획을 줄여 씀. 하타
생후(生後)📖 출생한 후. 난 뒤. after birth
생흔(生痕)📖 〈생물〉 과거에 있었던 생물의 생활 현상과 생명 현상의 흔적. 즉, 발자취·기어간 자취·살던 동굴 등.
생흔(生釁)📖 두 사람 사이가 벌어져 틈이 생김. 하타
생=흙[-흑](生-)📖 생땅의 흙. soil of uncultivated
=샤·어[어이] 《고》 →시어. 「land
=샤·티[어이] 《고》 →시어.
샤라부루[어이]📖 시화. 「(魅惑的). ③즐거움.
샤르망(charmant 프)📖 ①예쁨. 귀여움. ②매혹적
샤를의 법칙(Charles-法則)📖 〈물리〉 기체의 체적은 같은 온도와 같은 압력하에 있어서는 온도가 1°C 올라갈 때마다 약 273 분의 1씩 증가한다는 법칙. 게이 뤼삭(Gay-Lussac)의 법칙. Charles's law
·샤·마·피[어이]📖 사마귀.
샤머니즘(shamanism)📖 〈종교〉 원시 종교의 한 형태. 특별한 주술사(呪術師) 샤먼이 정령(精靈)과 사람 사이를 중재한다고 함. 무술(巫術).
샤먼(shaman)📖 〈민속〉 샤머니즘의 주술사(呪術師). 정령과 교통하는 능력이 있다고 믿어지는 무당·박수 따위. 「게용(開鷄用)·식용음.
샤모(←siam)📖 〈동물〉 닭의 하나. 싸움을 잘함. 투
샤모테(Schamotte 도)📖 〈화학〉 내화 점토를 1300~1400°C로 가열한 후 부수어서 가루로 만든 것. 내화 벽돌의 제조에 쓰임.
샤시(châssis 프)📖 차대(車臺).
샤쓰(←shirts)📖 →셔츠.
샤:약(作藥)📖 작약(芍藥).
·샤옹[어이]📖 남편.
샤워(shower)📖 ①소나기. ②《약》→샤워 배스.
샤워 배스(shower bath)📖 높은 곳에서 물을 뿜어 뿌리는 장치. 또, 그것으로 머리로부터 물을 뒤집어쓰고 몸을 씻는 일. 《약》 샤워②.
샤포(chapeau 프)📖 프랑스식의 군모(軍帽).
샤프(sharp)📖 ①《음악》 음조의 반음을 높이는 기호. '♯'의 이름. 올림표. 《대》 플랫. ②날카로움. 신랄함. ③《약》→샤프펜슬.
샤프롱(chaperon 프)📖 사교계에 나온 여자의 보호자.
샤프트(shaft)📖 굴대. 축(軸).
샤:프=펜슬(sharp pencil)📖 심을 밀어내서 쓰도록 된 휴대용 필기 도구의 하나. 《약》 샤프③.
=·산·어[어이] 《고》 →시.
산체(Schanze 도)📖 〈체육〉 스키의 비약대(飛躍臺).
=샬·어[어이] 《고》 →실.
샴페인(champagne)📖 백포도주를 정제한 고급 술.
샴페인 사이다(champagne cider)📖 ①탄산가스를 함유하는 청량 음료. ②사과즙에 브랜디·감미료 등을 넣고 발효시킨 과실주의 하나.
샴푸(shampoo)📖 ①머리카락을 문질러 씻는 일. ②머리를 감는 데 쓰는 세제(洗劑).
-샷-다[어이] 《고》 →시도다.
상:례 《고》 늘. 항상.
상도백-다[어이] 《고》 상스럽다.
샹들리에(chandelier 프)📖 천장에서 내리 드리우게 된 꽃 모양 따위로 된 촛대나 등불대 또는 전등대. 펜던트②. 「불리는 서민적인 가벼운 가요.
샹송(chanson 프)📖 〈음악〉 프랑스 대중 사이에 널리
섀도:복싱(shadowboxing)📖 상대가 있다고 가상하고 혼자 연습하는 권투.
섀도: 캐비닛(shadow cabinet)📖 〈정치〉 야당(野黨)에서 정권을 잡을 경우를 예상하고 미리 조직해 두는 내각. 「(羚羊) 등의
섀미 가죽(chamois—)📖 부드럽게 다룬 양이나 영양
서:📖 →서까래.
서:접두 'ㄷ·ㅁ·ㅂ·ㅍ' 등을 첫소리로 한 낱말 앞에서 '세'의 뜻으로 특별히 쓰이는 말. ¶~ 말. ~ 돈. ~ 발. ~ 돈. three
서:①《약》에서. ②'-고:-아:-어' 등의 어미에 붙어 말의 뜻을 밝히는 여유를 주는 보조사. ¶하고
서(西)📖 《약》→서쪽. 「서. 좋아~. 들어~.
서:(序)📖 〈문학〉 ①사실의 대요(大要)를 기록한 문장의 한 체. introduction ②《약》→서문(序文).
서(書)📖 《약》→서경(書經).
서:(敍)📖 《약》→서임(敍任).
서:(犀)📖 《동》 무소.
서:(署)📖 ①관서(官署). ②《약》→경찰서.
서:=(庶)[접두] 혼인 외에서 난 사람임을 나타내는 말. ¶~녀. 《애 적(嫡)》.
서:(sir)📖 영국에서, 준남작 또는 나이트 작위를 가진 사람의 이름 앞에 붙이는 경칭. 경(卿).

서:가(序歌)명 ①서사(序詞)를 붙인 노래. ②서(序)에 대신하는 노래.

서가(書架)명 책을 꽂아 두는 시렁. 삽가(挿架). 서가(書家)명 글씨에 능숙한 사람. 서공. 서사(書師).

서:가(嫡家)명 서자 소출(庶子所出)의 집. 서류(庶流)의 집. 적가(嫡家). family of a natural child

서각(西閣)명 뒷간.

서각(書閣)명 ①동 서가(書架). ②동 서재(書齋)②.

서:각(犀角)명 무소의 뿔. ②〈한의〉무소의 뿔 끝 부분을 분말(粉末)로 만든 것. 성질이 차서 해열약으로 쓰임. 검은 빛깔의 것을 오서각(烏犀角)이라 함. rhinoceros's horn

서:각-말(犀角末)명 무소뿔의 가루.

서:각 소독음(犀角消毒飮)명 〈한의〉단독(丹毒)·마진(痲疹) 따위에 쓰이는 약.

서:각 승마탕(犀角升麻湯)명 〈한의〉열이 심한 급성 단독(丹毒) 같은 데 쓰이는 약.

서간(西間)명 〈제도〉조선조 의금부(義禁府) 안 서쪽에 있던 옥사(獄舍).

서간(書簡·書柬)명 편지.

서간-문(書簡文)명 편지의 글. letterwriting

서간 문학(書簡文學)명 동 서한 문학(書翰文學).

서간-전(書簡箋)명 편지를 쓰는 용지. letter paper

서간-집(書簡集)명 편지를 모아 엮은 책.

서간-체(書簡體)명 동 서한체(書翰體).

서간체 소:설(書簡體小說)명 〈문학〉서간문의 형식을 빌려 쓴 소설.

서:간 충비(鼠肝蟲臂)명 쥐의 간과 벌레의 팔. 곧, '하찮은 물건. trifles

서:갈(暑暍)명 여름 감기. summer cold

서:거(逝去)명 하자 사거(死去). 하타 '근 깍두기'.

서거리 깍두기명 소금에 절인 명태 아가미를 넣고 담근 깍두기.

서걱-거리-다자타 ①연한 과자나 과실을 씹는 것과 같은 소리가 연해 나다. 또, 그런 소리를 연해 내다. ②갈대 같은 것이 마찰하는 소리가 자꾸 나다. 또, 그런 소리를 자꾸 내다. ㉹ 사각거리다. 《센》써걱거리다. crisp 서걱=서걱 하자타

서검(書劍)명 동 문무(文武).

서경(西京)명 〈역사〉①고려 때 사경(四京)의 하나로서, 지금의 평양. ②발해(渤海) 오경(五京)의 하나.

서경(書經)명 〈지리〉본초 자오선(本初子午線)을 0도로 하고 서쪽 180도까지의 경선. 〈대〉동경(東經). west longitude

서경(書痙)명 〈의학〉직업적으로 붓글씨를 많이 쓰는 이에게 오는 신경증. 동통(疼痛)·경련 때문에 글씨를 못 쓰게 됨.

서경(書經)명 삼경(三經) 또는 오경(五經)의 하나. 중국 요순(堯舜) 때부터 주(周)나라 때까지의 정사(政事)에 관한 문서를 공자(孔子)가 모은 책. 상서(尙書). 《약》서(書). of scenery 하자

서:경(敍景)명 경치를 글로 그려 나타냄. description

서:경-문(敍景文)〈문학〉자연의 경치를 서술한 글.

서:경-시(抒景詩)명 〈문학〉자연의 풍경을 노래한 시. 〈대〉서사시(敍事詩). 〈관〉서정시(敍情詩)·抒情詩). poem describing scenery

서계(署契)명 ①글자로 사물(事物)을 표시하는 부호. signs of characters ②〈제도〉조선조 때, 우리 정부와 일본 정부 사이에 왕래하던 문서. diplomatic documents ③중국의 고대 글자.

서계(書啓)명 〈제도〉임금의 명령을 받은 관원이 써 바치던 복명서(復命書).

서:계(庶系)명 서가(庶家)의 계통.

서:계(誓戒)명 ①경계(警戒)와 서약(誓約). ②〈제도〉나라의 대제(大祭) 이레 전에 제관(祭官)된 관원들이 의정부(議政府)에 모여 경계받고 서약하던 일. 하자

서고(書庫)명 ①서책을 모아 둔 곳집. 문고(文庫). library building ②도서관에서 책을 넣어 둔 방.

서:고(鼠姑)명 동 쥐며느리.

서:고(暑苦)명 더위로 말미암은 피로움. 〈대〉한고(寒苦).

서:고(曙鼓)명 새벽을 알리는 북소리.

서고 동저(西高東低)명 〈지리〉우리 나라 부근의 대표적인 겨울철 기압 배치. 시베리아 연안에 고기압이 발달하고 태평양 쪽에 저기압이 있는 기압 배치. 〈대〉동고 서저.

서-곡(序曲)명 〈음악〉①가극이나 성극(聖劇)에서 막을 열기 전에 아뢰는 악곡. overture ②관현악의 처음 부분. prelude

서곡(黍穀)명 수수·옥수수·조 따위의 잡곡.

서골(鋤骨)명 〈생리〉척추 동물의 두개상(頭蓋床)를 이루는 뼈.

서공(書工)명 동 서가(書家). 이루는.

서과(西瓜)명 동 수박.

서:과-청(西瓜淸)명 꿀수박. 「(吐瀉霍亂).

서곽(暑癨)명 〈한의〉더위 때문에 생기는 토사 곽란

서관(西關)명 동 서도(西道).

서관(書館)명 동 서점(書店).

서관(敍官)명 임관(任官). 하자

서광(西光)명 〈불교〉서방 정토(西方淨土)에 있다는 아미타(阿彌陀) 부처의 광채.

서광(書狂)명 〈약〉→서적광(書籍狂).

서:광(瑞光)명 ①상서로운 빛. auspicious colour ②길한 일의 조짐. 상광(祥光). good omen

서:광(曙光)명 ①동틀 때 비치는 빛. 신광(晨光). dawn ②캄캄한 속에 희미하게 나타나기 시작한 빛. dawning ③일의 전도에 보이는 기대나 희망. prospect

서교(西郊)명 ①서쪽의 교외. western suburb ②서울의 서대문 밖. outside of Sôdaemoon

서교(西敎)명 서양의 종교라는 뜻에서, 예수교를 일컬음. Christianity

서:교-증[—쯩](鼠咬症)명 〈의학〉쥐에게 물려서 일어나는 일종의 스피로헤타병. 약 20일의 잠복기를 거쳐 국부에 동통과 경결(硬結)이 생기며 오한·발열이 남. 서독증(鼠毒症). rat-bite disease

서구(西歐)명 ①유럽과 미국을 통틀어 일컬음. ②유럽의 서쪽에 있는 여러 나라. 서부 유럽(西歐).

서구 연합(西歐聯合)명 〈정치〉1948년, 소련에 대항하기 위해, 브뤼셀(Brussels) 조약에 의해 맺어진 영국·프랑스·네덜란드·벨기에·룩셈부르크의 군사 동맹.

서구-주의(西歐主義)명 서구파(派)의 주의·사상.

서권(書卷)명 동 서적(書籍).

서권-기(書卷氣)명 책의 글 속에 서려 있는 사람의 마음을 끄는 힘찬 기운. 《一》문자향(文字香).

서궐(西闕)명 〈제도〉경희궁(慶熙宮)을 '서쪽의 대궐'이라는 뜻으로 일컫던 말. West Palace

서궤(書几)명 책상. desk

서궤(書櫃)명 ①책을 넣어 두는 궤짝. ②아는 것이 많은 사람을 비유로 이르는 말.

서귀-하다(書歸—)타 ①서로 바꾸다. ②서로 돌리워하다.

서그러-지다형 마음이 너그럽고 서글서글해지다. magnanimous

서그럽-다형(—ㅂ으로) 마음이 너그럽고 성질이 서글서글하다

서근서근-하다 형여 ①성질이 부드럽고 친절하여 시원스럽다. gentle ②배나 사과처럼 씹을 때 연하고 시원하게 씹히는 맛이 있다. ㉹ 사근사근하다.

서글-다형(고) 번거하다. 서근서근—히튀

서글서글-하다형 성질이 너그럽고 부드럽다. 글어글하다. generous and gentle

서글프-다형(으로) ①허전하고 슬프다. sad ②섭섭하고 언짢다. regrettable 위참하다. wretched ④마음 끝이 없어 괴롭다. dreary

서글피튀 서글프게.

서기(西紀)명 '서력 기원(西曆紀元)'.

서기(書記)명 ①회의 같은 데서 기록을 맡아보는 사람. clerk ②〈제도〉구한국 말엽에 각 관아의 판임관 벼슬. ③관공서에서 사무를 처리하는 8급 공무원. 「(氣). heat

서:기(暑氣)명 더운 기운. 서열(暑熱). 〈대〉한기(寒

서:기(瑞氣)[명] 길한 조짐의 기운. auspiciousness
서:기(庶幾)[부] 거의.
서기=관(書記官)[명] ①구한국 때 각 관청의 주임관(奏任官)의 한 벼슬. ②〈법률〉 국가 공무원의 직제(職制)의 하나. 이사관의 아래 사무관의 위인 4급 직위. ③〈법률〉 법원·검찰청 서기관.
서기=국(書記局)[명] ①노동 조합·정당 등의 일상 사무를 맡아보는 기관. ②대검찰청의 한 국. 기록의 작성·보존·서무에 관한 사무를 맡음.
서:=기=발(序記跋)[명] 서문(序文)과 본문(本文)과 발문(跋文)의 총칭.
서=기백(西箕伯)[명] 《동》 기백(箕伯).
서:기 양두각(鼠忌羊頭角)[명] 〈민속〉 궁합(宮合)에서 쥐띠는 양띠를 꺼린다는 말. 원진살(元嗔煞)의 하나.
서기=장(書記長)[명] ①서기의 우두머리. ②정당 따위의 중앙 집행 위원회에 속한 서기국을 통솔하는 직명.
서:기지=망(庶幾之望)[명] 거의 될 듯한 소망(所望).
서김[명] 삭아서 괴어 오름.
서까래[명] 〈건축〉 도리에서 처마 끝까지 건너지른 나무. 연목(椽木). 《약》 서[1]. rafter
서껀[조] 여럿 가운데 섞여 있음을 나타내는 조사.
서=나무[명] 〈식물〉 자작나무과의 갈잎 큰키나무. 수피는 암회백색에 반들반들하며 잎은 난형 또는 긴 타원형임. 5월에 잎보다 먼저 꽃이 피며 과수(果穗)는 좁은 원주형임. 건축재·기구재로 쓰이며 조림
서나=서나[부] 조금씩 차차로. ⌊수로 심음.
서낙=하-다[형][여불] 장난이 너무 심하다. 《약》 선하다[1]. excessively naughty **서낙=히**[부]
서=날(西一)[명] 〈지리〉 본초 자오선을 0도로 하여 서쪽으로서의 날줄. 《대》 동날. west longitude
서남(西南)[명] 서쪽과 남쪽. 《대》 동북(東北). south and west 「《대》 적남(嫡男). son of a concubine
서:남(庶男)[명] 첩의 몸에서 난 아들. 서자(庶子)①.
서남=간(西南間)[명] 서쪽과 남쪽의 사이 되는 방위.
서남=방(西南方)[명] 《동》 서남쪽. ⌊south-west
서남=서(西南西)[명] 서와 서남에 중간되는 방위. southwest-by-west
서남 아시아(西南 Asia)[명] 〈지리〉 이란 지방·아라비아 지방과 소아시아 반도의 터키를 일컫는 말.
서남=쪽(西南一)[명] 서쪽과 남쪽의 사이. 남서쪽. 서남방. 「풍(南西風). south-westerly wind
서남=풍(西南風)[명] 서남간에서 불어오는 바람. 남서
서남=향(西南向)[명] 동북쪽에서 서남쪽으로 향함. 《대》 동북향(東北向). 「무. ②《약》→서낭신.
서낭(←城隍)[명] 〈민속〉 ①서낭신이 붙어 있다는 나
서낭=단(←城隍壇)[명] 〈민속〉 서낭신에 제사하는 단.
서낭=당(←城隍堂)[명] 〈민속〉 서낭신을 모신 당. village shrine 「는 제물상(祭物床)의 하나.
서낭=상[一쌍](←城隍床)[명] 〈민속〉 굿을 할 때에 쓰
서낭=신(←城隍神)[명] 〈민속〉 한 부락의 수호신(守護神)으로 받드는 신. 《약》 서낭②. local god
서낭에 나다[속] ①어떤 물건이 화근이 되어 재앙이 생기다. ②물건 값이 너무 헐할 때 이름.
서낭=제(←城隍祭)[명] 서낭에 지내는 제사.
서너[관] 셋이나 넷 가량. 삼사(三四). ¶～되. ～집.
서너=너덧[명] 서넛이나 너덧. three or four ⌊few
서넛[수] 셋이나 넷. 삼사(三四). three or four
서:녀(庶女)[명] 첩의 몸에서 난 딸. 《대》 적녀(嫡女). illegitimate daughter
서=녘(西一)[명] 서쪽. 서방(西方)①. west
서느렇-다[형][ㅎ불] ①몹시 서늘하고 조금 찬 듯하다. chilly ②갑자기 놀라서 마음속에 찬 기운이 나는 것 같다. 《작》 사느랗다. 《센》 써느렇다. feel a chill
서늘=바람[명] 첫가을에 부는 서늘한 바람.
서늘=하-다[형][여불] ①몹시 선선하다. cool ②갑자기 놀라서 마음속에 찬 기운이 좀 나는 듯하다. 《작》 사늘하다. 《센》 써늘하다. have a thrill of horror **서늘=히**[부]
서-다[자] ①무게의 중심을 아랫도리의 끝에 두고 곧은 자세로 있다. ¶사람이 ～. stand ②움직이던 것이 멈추다. ¶기차가 ～. stop ③초목·기둥 같은 것이 땅에 수직으로 박혀 있다. ¶소나무가 서 있다. stand ④높은 것이 놓여 있다. ¶우뚝 선 백두산. rise ⑤발을 세워 디디고 몸 전체를 일으키다. ¶서서 걷다. 일어～. rise to one's feet ⑥위쪽으로 뻗어 있다. ¶놀라서 머리 끝이 ～. stand ⑦칼날 따위가 날카롭게 되다. be sharpened ⑧뜻이 확실하게 자리잡다. ¶결심이 ～. be formed ⑨건물 등이 완성되다. ¶새 건물이 ～. be built ⑩없던 조직·제도 따위가 처음으로 생기다. ¶교회가 ～. be established ⑪뱃속에 아이가 생기기 시작하다. become pregnant ⑫활기를 띠게 되거나 효과 따위가 생기다. ¶약발이 ～. be active ⑬장이 열리다. ¶장이 ～. open ⑭어떤 지위를 차지하다. ¶우위(優位)에 ～. stand ⑮핏발 따위가 불룩하게 튀어 나타나거나 생기다. ¶핏대가 ～. stand out ⑯보초 같은 근무를 맡다. ¶불침번 ～. stand sentry ⑰무지개가 나타나다. appear ⑱나라나 정부가 새로 성립되다. be founded ⑲흥정에 의하여 값이 매겨지다. ¶가격이 ～. fix a price ⑳명령이나 규칙대로 잘 시행하다. ¶규율이 ～. be followed ㉑손상(損傷)되지 않고 보전하다. ¶체면이 ～. preserve ㉒말이 조리에 들어맞다. ¶이유가 서지 않는 말. reasonable ㉓계획이 만들어지다. ¶계획이 ～. be formed ㉔빳빳하다. ¶옷깃이 ～. stiff ㉕남의 일에 책임을 지다. ¶보증 ～. take responsibility
서단(西端)[명] 서쪽 끝. western end
서단(西壇)[명] 《약》→서방 토룡단(西方土龍壇).
서답[명] ①→개짐. ②→빨래①.
서당(書堂)[명] 동네 아이들에게 한문을 가르치는 집. 글방. village schoolhouse
서당 개 삼년에 풍월을 읊는다[속] 무식한 사람도 글 잘하는 사람과 함께 지내면 자연 견문이 생긴다. 당구삼년 폐풍월(堂狗三年吠風月). 「대기.
서대[명] ①소 앞다리에 붙은 고기. hock ②《약》→서
서:대(犀帶)[명] 〈제도〉 정1품·종1품의 벼슬아치가 두르던 띠. 서띠.
서대기[명] 〈어류〉 양서대과의 바닷물고기. 몸이 나뭇잎처럼 납작하고 왼쪽에 두 눈이 달렸음. 바다 밑의 망속에 잠복하여 삶. 서덜③. 우설어(牛舌魚). 화저어(靴底魚). 《약》 서대②.
서=대:륙(西大陸)[명] 서반구(西半球)의 대륙. 곧, 남미 대륙과 북미 대륙. 미주(美洲). 《대》 동대륙.
서=대:문(西大門)[명] 서울 돈의문(敦義門)의 통칭.
서덜[명] ①강가의 돌이 많은 곳. pebbly riverside ②생선의 살을 발라 낸 나머지. fish bones ③《동》 서대기.
서도(西道)[명] 〈지리〉 황해도와 평안 남북도를 널리 가리켜 일컫는 말. 서로(西路). 서관(西關). 서토(西土)②. northwester provinces
서도(書刀)[명] ①옛날 중국에서, 대나무 패에 글씨를 새기거나, 새긴 패를 다시 깎아 내는 데 쓰던 칼. ②종이를 자르는 작은 칼.
서도(書道)[명] 글씨를 쓰는 법을 배우는 길. 동양에서는 옛 예술의 하나로 중시되고 있음. 서예(書藝). calligraphy
서도(書圖)[명] 글씨와 그림. calligraphy and pictures
서독(西瀆)[명] 〈제도〉 대동강(大同江)을 사독(四瀆)의
서독(書牘)[명] 《동》 편지. ⌊하나로 일컫던 말.
서:독(暑毒)[명] 더위의 독기(毒氣). severe heat
서:독=증(鼠毒症)[명] 《동》 서교증(鼠咬症).
서돌[명] 〈건축〉 서까래·도리·보·기둥 따위의 통칭.
서동(書童)[명] 서당에서 한문을 배우는 아이. pupil of a village schoolhouse
서=동문(書同文)[명] 《약》→거동궤 서동문(車同軌書同文).
서:동 부언(胥動浮言)[명] 거짓말을 퍼뜨려서 인심을

추겨 놓음. 하타
서:두(序頭)명 어떤 차례의 첫머리. beginning
서두(書頭)명 ①글의 첫머리. beginning of a sentence ②책의 윗난의 빈 자리. upper margin ③초벌 매어 놓은 책 등의 가장자리. margins
서두(書蠹)명 ①책을 좀이 쏨. worm-eaten ②〈곤충〉책 벌레. 좀. bookworm
서두르-다타르 일을 급히 해치우려고 바쁘게 움직이다. 하타 서들다. make haste
서:두-어(鼠頭魚)명〈어류〉보리멸과에 속하는 바닷물고기. 몸 길이 25cm 가량으로 앞쪽은 원통상, 뒤쪽은 측편한데 주둥이는 길고 끝이 뾰족하며 입이 작음. 모래 바닥에 살며 여름에 맛이 좋음.
서두-하다(書頭-)타여 초벌 맨 책의 가장자리를 서들다(書頭-)[략]〜서두르다. [도련(刀鍊)하다
서:드(third)명 ①셋째. ②〈약〉→서드 베이스. ③〈야〉→서드리명 →너멀겅. [서드 베이스맨.
서:드 베이스(third base)명 삼루(三壘). ②루.
서:드 베이스맨(third baseman)명 삼루수(三壘手). ②〈야〉서드③.
서등(書燈)명 글 읽을 때 켜 놓는 등불. lamp for
서:-띠(犀一)명〈동〉서대(犀帶).   [reading
서라말명 거뭇한 점이 섞이 털이 흰 말. 은갈매(銀褐馬).
서라벌(徐羅伐)명〈역사〉①신라(新羅)의 옛 이름. old name of Silla ②경상 북도 경주의 옛 이름.
서랍(←舌盒)명 책상·장롱·경대 따위에 빼었다 꺼었다 하는 뚜껑 없는 상자. drawer
서:랑(壻郞)명 남의 사위를 이르는 말.
서:랑(鼠狼)명〈동〉족제비.   [하타
서래(西來)명 ①서쪽에서 옴. ②서쪽 나라에서 옴.
서:량(恕諒)명 용서하고 양해함. pardon 하타
서:러움명〈동〉설움.
서:러워-하다타며 서럽게 여기다. ¶이별을 〜.
서:럽-다[-브]형 원통하고 슬프다. ¶서럽게 울다. [변] 섧다.
서력(西曆)명 예수가 탄생한 해를 기원(紀元)으로 한 서양의 책력. Western Calendar   [하타
서:력(勞力)명 돈의 곤란에서 벗어나 힘을 펴게 됨.
서력 기원(西曆紀元)명 서력으로써 연대(年代)를 헤아리는 데 쓰는 기원. ②서기(西紀). Christian Era
서례(書例)명〈동〉서식(書式).
서로무 함께 다 같이. 상호(相互). each other
서로(西路)명〈동〉서도(西道).   [노인.
서:로(庶老)명 서민(庶民) 가운데 나이가 70 이상 된
서로-서로무 많은 사람들의 하나하나가 함께. ¶〜주의하다.
서로-치기명 둘같은 것을 서로 바꾸어 가며 하여 주기. ¶모내기를 〜로 하다. take turns 하타
시록(書錄)명〈동〉기록. 하타
서:론(序論)명 머리말이 되는 논설. 머리말. 서론(緒論). 서설(序說). (대) 결론(結論). introduction
서론(書論)명 ①서적에 쓰인 의론. ②서법(書法)에
서:론(緖論)명〈동〉서론(序論). [대한 의론.
서:료(庶僚)명 모든 일반 관리. all the public officials
서루(書樓)명 충정으로 된 서재(書齋)
서:루(鼠瘻)명〈한의〉감루(疳瘻)의 하나.
서류(西流)명 강물이 서쪽으로 흐름. 하타
서류(書類)명 글자로 기록한 문서. 특히 사무에 관한 문서. 서면②. documents
서:류(庶流)명〈동〉庶子)의 계통. (대) 적류(嫡類). ②본가(本家)에서 갈라져 나온 집안. 분가(分家).
서:류(庶類)명 여러 가지 흔한 종류. various common
서류-뭉이(書類一)명 페터 파일.   [kinds
서류 송:검(書類送檢)명 서류 송청(書類送廳).
서류 송:청(書類送廳)명〈법률〉사법 경찰관이 형사 사건의 피의자(被疑者)는 없이 조서(調書)와 증거 물품만을 검사(檢事)에게 넘기는 일. 서류 송검.
서류-철(書類綴)명 여러 가지 서류를 매어 두는 책.

또, 그렇게 맨 책. files of documents
서류=함(書類函)명 서류를 넣어 두는 함. filing cabinet
서르무〈고〉서로.
서른주 열의 세 곱절. 삼십(三十). thirty
서른 과부는 넘겨도 마흔 과부는 못 넘긴다[속] 사십대의 과부는 혼자 못 산다.
서른세 해 만에 꿈 이야기한다[속] 오래 묻어 두었던 일을 새삼스레 이야기한다. ¶모든 것이 〜.
서름서름-하다형여 매우 서름하다. ¶처음 오면
서름-하다[―어]형여 ①남과 가까이 하지 않다. distant ②사물에 익숙하지 못하다. unacquainted
서:릉-씨(西陵氏)명 선잠(先蠶).
서릇-다타 ①좋지 못한 것을 쓸어 없애다. clean ②설거지하다. wash
서리[명] ①대개 맑고 바람이 없는 밤 기온이 빙점 이하로 내렸을 때 공중의 수증기가 지물(地物)의 표면에 닿아서 엉긴 가루 모양의 얼음. hoar-frost ②타격 또는 피해의 비유. blow ③흰 머리카락. grey
서리²명 많이 모여 있는 무더기. mass   [hair
서리³명 여럿이 주인 몰래 훔쳐다 먹는 장난. ¶콩 〜. group-raid on another's property 하타
서리(胥吏)〈제도〉지방 관아(官衙)에 딸려 말단 행정 실무에 종사하던 구실아치. 아전(衙前). 향리(鄕吏). 이속(吏屬).   [하나. 서제(書題).
서리(書吏)〈제도〉경사각(京各司)에 딸린 아전의
서리(黍離)명 나라가 망하여 궁궐이 있던 자리에 기장이 익어 늘어진 기막힌 일에 대한 쓸쓸한 광경.
서:리(鼠李)명〈동〉갈매나무.
서리(暑痢)명 더위를 먹고 설사를 하는 병. 열리(熱痢).   [director 하타
서리(署理)명 직무를 대리함. 또, 그 사람. acting
·서리명〈고〉사이. 가운데.   [이룬 무늬.
서리=꽃[-꼳]명 유리창 등에 서린 수증기가 꽃처럼 엉겨서
서리-꾼명 서리를 하는 장난꾼.
서리-다자 ①어떤 가는 선이 한군데 많이 얼크러지다. coil ②김·연기·구름을 피우가 잔뜩 끼다. condense ③어떤 표정이나 자연 현상 등이 어리어 나타나다. appear ④어떤 생각이 깊이 자리잡아 간직되다. bear something in mind ⑤기가 꺾이다. be discouraged ⑥김이 엉기어 축축하다. condense
서리-다²타 국수나 새끼 따위를 둥그렇게 포개어 감다. 수리다. coil
서리맞-다[-따]자 ①서리가 내리다. be nipped by the frost ②서리꾼에 의하여 도난당하여 해를 입다. have something stolen by a gang in mischief ③어떤 권력 또는 난폭한 힘에 의하여 타격이나 피해를 받다. be hit ④기운이 없어지다. be dispirited
서리맞은 구렁이[속] ①찬서리를 맞은 구렁이같이 힘이 없고 행동이 몹시 게으른 사람의 비유. ②힘이 꺾이고 모든 희망이 파철된 사람의 비유.
서리=병아리명 ①이른 가을에 깬 병아리. ②힘없이 추레한 것을 이르는 말. weakling
서리=사리명 끈이나 새끼 따위를 서리어 놓은 모양. ¶〜 사리사리. in a coil
서:리-자(鼠李子)명〈동〉갈매.
서:리지-탄(黍離之嘆)명 세상의 영고 성쇠(榮枯盛衰)에 대한 탄식을 이르는 말.
서:리-피(鼠李皮)명〈한의〉갈매나무의 껍질.
서림(書林)명〈동〉서점(書店).
서릿-김명 서리가 내린 기운.   [blast
서릿-바람명 서리 내린 아침의 쌀쌀한 바람. wintry
서릿-발명 ①서리가 엉기어 성에처럼 된 현상. frost columns ②대단히 엄함. ¶〜 같은 명령. severity
서릿발치-다자 ①서릿발을 이루다. form frost columns ②기세가 당당하고 엄하다. be severe
서-마구리(西一)명〈광물〉동서맥(東西脈) 구덩이의 서쪽 머구리.
서:막(序幕)명 ①연극 따위에서 처음 여는 막. opening

act ②일의 시작. 《대》 종막(終幕). prelude

서머서머-하다[어미] 매우 서머하다.

서머 스쿨(summer school)[명] 〈교육〉 하기 학교(夏期學校).

서머 코:트(summer coat)[명] 천이 얇은 여자용 여름 외투.

서머 타임(summer time)[명] 하기 일광 절약 시간.

서머-하다[어미] 면목이 없다. ashamed

서머 하우스(summer house)[명] 고원이나 해변에 있는 피서용의 별장.

서머서머-하다[어미] 매우 서머하다. ¶ 서머석먹한 분위기.

서먹-하다[어미] 낯익지 아니하여 어색하다. awkward

서면(西面)[명] ① 그 군(郡)의 서쪽에 있는 면(面). western myon ② 서쪽을 향함. facing west ③ 앞을 서쪽으로 함. 하다

서면(恕免)[명] 죄를 용서하여 면하게 함. pardon 하다

서면(書面)[명] ① 글이 쓴 지면. writing ② 〈동〉서류(書類). ③ 글월. 편지. 문면(文面). 문서. letter

서:면(黍麵)[명] 기장으로 뽑은 국수.

서면 결의(書面決議)[명] 〈법률〉 유한 회사 등에서 회합을 열지 않고, 각 구성원의 서면에 의한 의사 표시로써 하는 결의.

서면 계:약(書面契約)[명] 〈법률〉 서면으로써 맺는 계약. documentary contracts 하다

서면 심리(書面審理)[명] 〈법률〉 재판 기관이 당사자나 소송 관계인이 제출한 서면에 의하여 심리하는 일. 《대》 구두 심리(口頭審理). documentary examination

서면 위임(書面委任)[명] 〈법률〉 서면으로써 위임의 의사를 표시함.

서면=주의(書面主義)[명] 〈법률〉 민사 소송에 있어서 당사자 또는 그 대리인을 법정에 출두시켜 직접 그 진술을 들음을 필요로 하지 않고, 서면을 제출시켜 이에 의하여 심리 재판하는 절차. 《대》 구두주의.

서면 투표제(書面投票制)[명] 〈법률〉 비밀 투표제에서, 서면으로 투표하는 제도.

서명(書名)[명] 책 이름. title of a book

서:명(署名)[명] 서류 따위에 책임자가 손수 이름을 씀. 착서(著署). 《유》 합(銜). signature 하다

서:명 날인(署名捺印)[명] 〈법률〉 문서상에서 서명을 하고 도장을 찍는 일. 기명(記名)날인. signature and seal

서:명 대:리(署名代理)[명] 〈법률〉 대리인이 그 대리권에 의하여 직접 본인의 서명을 하는 일. representative signature 하다

서:명 운:동(署名運動)[명] 〈사회〉 어떤 주장이나 의견에 대한 찬성의 서명을 얻기 위한 운동. signature seeking campaign

서:명=인(署名人)[명] 〈동〉 서명자.

서:명=자(署名者)[명] 서명을 한 사람. 서명인.

서:모(庶母)[명] 아버지의 첩. one's father's concubine

서모스탯(thermostat)[명] 〈물리〉 온도 조절을 자동으로

서목(書目)[명] ① 책의 목록. index to a book ② 도서 목록. catalogue of books ③ 종요로운 부분만을 대강 뽑은 보고서의 지면(紙面). bibliography

서:목-태(鼠目太)[명] 〈동〉 쥐눈이콩.

서:몽(瑞夢)[명] ① 상서로운 꿈. auspicious dream ② 어떤 일이 일어날 것을 미리 알리는 꿈.

서묘(西廟)[명] 〈제도〉 서울 서대문 밖에 있던 관왕묘(關王廟).

서무(西廡)[명] 〈제도〉 문묘(文廟)의 서쪽에 위치하여 유현(儒賢)을 모신 곳. 《대》 동무(東廡).

서무(庶務)[명] 특별한 명목이 없는 사무. 여러 가지 잡된 사무. 또, 그 일을 보는 사람. ¶ ~계(係). general affairs

서무-국(署務局)[명] '서(署)'가 붙은 기관인 경찰서·세무서·전매서 등의 사무국.

서무=날(署務—)[명] 무수기를 볼 때, 음력 열이들과 스무이레에 이르는 말.

서문(西門)[명] 서쪽의 대문. 《대》 동문(東門). west gate

서:문(序文)[명] ① 〈동〉 머리글. ② 〈서(序)〉의 체로 된 글.

서사(序詞)[명] ①. 서제(序題). 《약》서(序)②. preface

서문(誓文)[명] 〈동〉 서서(誓書).

서:물(庶物)[명] 여러 가지 물건. 모든 물건. all things

서:민(庶民)[명] 지체가 높지 않은 일반 백성. 평민(平民). 서인(庶人). ② 귀족이 아닌 보통 사람. ③ 중류 이하의 넉넉하지 못한 백성. common people

서:민 계급(庶民階級)[명] 〈사회〉 ① 일반 평민 계급. populace ② 노동으로 가족의 생활을 이끌어 가는 계급. masses

서:민 금융[—늉](庶民金融)[명] 〈경제〉 서민 계급에 대한 금융. 곧, 상호 신용 금고 등에서 행하는 소금액의 금융. small-loan finance

서:민 문학(庶民文學)[명] 서민 계급의 생활을 묘사한 대중 문학. 《대》 귀족 문학. popular literature

서:민 은행(庶民銀行)[명] 〈경제〉 서민층에 대한 금융을 목적으로 하는 금융 기관. citizens' bank [(것)

서:민-적(庶民的)[관형] 서민과 같은 태도·경향이 있는

서:민-층(庶民層)[명] 서민의 계층. humble classes

서반(西班)[명] 〈제도〉 무관(武官)의 반열(班列). 무반(武班). 《대》 동반(東班).

서=반:구(西半球)[명] 〈지리〉 지구를 경도 0° 및 180°에서 동서 두 쪽으로 나눈 경우, 대서양을 중심으로 지구의 서쪽 부분. 《대》 동반구(東半球). Western Hemisphere

서반아(西班牙)[명] '스페인'의 음역. [Hemisphere

서=발[명] 한 발의 세 곱절.

서:발(序跋)[명] 서문과 발문. preface and postscript

서발 막대 거칠 것 없다[관용] ① 가난한 집에 아무 세간 도 없다. ② 거리낄 것도 없고 조심스러운 사람도 없다.

서:발—함(舒發翰)[명] 〈동〉 서불한(舒弗邯).

서방(西方)[명] ① 서쪽. 서녘. west ② 서쪽 지방. 《대》 동방(東方). western district ③ 〈불교〉 서방 극락(西方極樂). ④ 서유럽의 자유주의 국가. ¶ ~ 자유 진영.

서방(書房)[명] 《속》 남편. one's husband ② 관직이 없는 사람의 성 밑에 붙어, 이름 대신 부름. ¶ 이(李) ~. Mr.

서방 국가(西方國家)[명] 미·영·불을 중심으로 하여 공산 국가에 대항하는 서쪽 유럽을 주로 한 국가군(國家群). Western world

서방 극락(西方極樂)[명] 〈불교〉 서방 십만억토(十萬億土)를 지나서 있다는 아미타불의 극락 정토. 서방 세계. 서방 정토(西方淨土). 《약》 서방(西方)③. Buddhist paradise

서방-님(書房—)[명] ① 《공》 서방. one's husband ② 결혼한 시동생에 대한 호칭(呼稱). title used for married brother-in-law ③ 벼슬 없는 젊은 선비를 상사람이 부르는 말. title used for a scholar

서방=맞-다(書房—)[자] 남편을 얻다. get married to a man [정서(掖庭署)의 한 분장(分掌).

서방-색(書房色)[명] 〈제도〉 조선조 때 대전(大殿) 액

서방 세:계(西方世界)[명] 〈동〉 서방 극락.

서방 정:토(西方淨土)[명] 〈동〉 서방 극락.

서방-주(西方主)[명] 〈불교〉 서방 극락의 주인공. 곧, 아미타불(阿彌陀佛).

서방-질(書房—)[명] 여자가 제 남편 아닌 딴 남자와 사통(私通)하는 짓. 화냥질. adulterry 하다

서방-측(西方側)[명] 〈정치〉 서방 국가의 쪽. ¶ ~과 공산측.

서방 토룡단(西方土龍壇)[명] 〈제도〉 오방 토룡제(五方土龍祭)를 지내던 제단(祭壇)의 하나. 《약》 서단(西壇). [해 열심히 염불 정진하는 사람.

서방 행:자(西方行者)[명] 〈불교〉 서방 극락에 가기 위

서:배(鼠輩)[명] 쥐의 무리라는 뜻이로, 하찮게 없는 무리를 이르는 말. mob

서백리아(西伯利亞)[명] '시베리아'의 음역(音譯).

서:버(server)[명] 〈체육〉 정구·탁구·배구 등에서 서브(serve)하는 자. 또, 서브하는 사람. 《대》 리시버.

서벅-거리-다[자] ① 연한 배나 사과 등을 씹는 것과 같은 소리가 좀 무겁게 자주 나다. 또, 그 소리를 자꾸 내다. yield easily to the teeth ② 모래밭을

서벅돌 걸어가는 것 같은 소리가 나다. 또, 그 소리를 자주 내다. 《작》사박거리다. crunch **서벅**=**서벅**튀 하다

서벅-돌 명 단단하지 않고 잘 부서지는 돌. frail stone
서:번트(servant) 명 ①종. 하인. 하녀. ②심부름꾼.
서법[-뻡]**(書法)** 명 ①글씨를 쓰는 법. calligraphy ②문장을 쓰는 법. writing method
서벽(書癖) 명 글 읽기를 몹시 즐기는 버릇. reading habit
서변(西邊) 명 ①서쪽 부근. western area ②서쪽의 변두리. around the west
서:보(徐步) 명 천천히 걷는 걸음. walking slowly
서:보 기구(servo 機構) 명 제어(制御)해야 할 장치의 기계적인 위치를 자동적으로 조종하는 기구.
서부(西部) 명 ①서쪽 부분. (대) 동부(東部). western part ②〈제도〉서울 안 오부(五部)의 하나로 서쪽 부분. 또, 그를 관할하던 관청.
서:부(舒鳧) 명 〈동〉집오리.
서:부(鼠負·鼠婦) 명 〈동〉쥐며느리.
서부-극(西部劇) 명 →서부 활극.
서부렁-서부렁 甲 여럿이 모두 서부렁한 모양.《작》사부랑사부랑. 하다
서부렁-섭적 用 섭사리 슬쩍 뛰어 건너거나 올라서는 모양.《작》사부랑삽작. lightly
서부렁-하다 형여 묶거나 쌓은 물건이 느슨하여 다 붙지 않다.《작》사부랑하다. loose
서부 영화(西部映畫) 명 미국 서부 지방의 카우보이 등의 활약을 주제로 한 영화. western movie
서부 음악(西部音樂) 〈음악〉 미국 서부의 카우보이들의 노래를 중심으로 한 경음악.
서:부진:**언**(書不盡言) 명 글로는 의사를 충분히 표현할 수 없다는 말.
서=부터 囝 〈약〉→서부터. 하나.
서부-해당(西部海棠) 명 〈식물〉장미과의 해당화의 하나.
서부 활극(西部活劇) 명 〈연예〉 미국 서부의 대평원을 개척하는 투쟁 정신을 배경으로 한 영화나 연극. 《약》서부극. western film
서북(西北) 명 ①서쪽과 북쪽. north and west ②서도(西道)와 북관(北關). ③서북쪽.
서북-간(西北間) 명 서쪽과 북쪽의 사이가 되는 방위 (方位).《약》서북③. northwest
서북 방언(西北方言) 명 평안 남북도 전역에서 사용되는 방언. 관서 방언.
서북=송:탐(西北松耽) 명 서는 황해도·평안도, 북은 함경도, 송은 개성(開城), 탐은 제주도(濟州島)를 아울러 이르는 말.
서북-쪽(西北-) 명 서북과 북쪽의 사이가 되는 쪽.
서북=풍(西北風) 명 서북쪽 방향에서 불어오는 바람. northwesterly wind 〔항. northwest wards
서북-향(西北向) 명 동남쪽에서 북으로 향하는 쪽.
서분서분-하-다 형여 ①마음씨가 부드럽고 친절하다.《식》사분사분하다. gentle ②흠잡을 것이 있다 amiable **서분서분**=**히** 用〔somewhat loose
서분-하-다 형여 좀 서부렁하다.《작》사분하다.
서분한-살 명 굵으면서도 가벼운 화살.
서불한(舒弗邯) 명 〈제도〉 신라의 17관등의 첫째 위계 (位階). 진골만이 할 수 있는 벼슬. 이벌찬(伊伐湌). 서발한. 「《작》사붓.《센》서붓.《거》서풋.
서붓 用 발을 가볍게 얼른 내디디는 모양이나 소리.
서붓=**서붓** 用 발을 가볍고도 빠르게 걷는 모양이나 소리.《작》사붓사붓.《센》서뿟서뿟.《거》서풋서풋. with nimble steps
서:브(serve) 명 ①〈체육〉배구·정구·탁구 등에서 공격측이 먼저 공을 상대측 코트에서 넣는 일. 또, 그 차례나 그 공. 서비스③. ②섬기거나 봉사함. 하다
서브(sub) 명 〈약〉→서브웨이.
서:브-선(serve 線) 명 〈체육〉서브한 공이 떨어져 살고 죽는 지역을 구분하는 선. 서비스 라인.
서브스턴스(substance) 명 〈철학〉실체(實體). 본체.
서브-웨이(subway) 명 지하도. 지하 철도. 또, 지하 서브. subway.
서브젝트(subject) 명 ①주제(主題). 화제(話題). ②

〈어학〉 주어(主語). 주격(主格). ③〈논리〉 주사(主辭). ④〈철학〉 주체. 주관. 자아(自我).
서브=**타이틀**(subtitle) 명 ①〈연예〉설명 자막. 보조 자막. ②서적 또는 제목의 부제(副題).
서브=**헤드**(subhead) 명 부표제. 세목(細目).
서:비스(service) 명 ①용역(用役). 봉사(奉仕). 근무 (動務). 접대(接待). ②개인적으로 타인에게 힘을 써서 여러 가지로 시중을 드는 일. ③〈동〉서브 (serve)①. 하다
서:비스 걸(service girl) 명 상점·음식점·차(車) 등에서 손님을 접대 또는 봉사하는 여자.
서:비스 데이(service day) 명 봉사의 날. 백화점 등에서 특별히 염가(廉價)로 손님들에게 봉사하는 날.
서:비스 라인(service line) 명 〈동〉서브선.
서:비스 박스(service box) 명 정구장에서 서브를 그 안에 넣어야 할 구형(矩形)의 구획. 네트의 양쪽에 있어 좌우로 나뉨. 〔賠償〕
서:비스 배:상(service 賠償) 명 〈동〉가옥 배상(加工
서:비스 스테이션(service station) 명 ①주유소(注油所). ②용달사(用達社).
서:비스업(service 業) 명 사업을 분류할 때의 한 분야. 서비스를 주로 하는 영업. 숙박업·수리업·흥행업 등이 이에 속함.
서:비스 에어리어(service area) 명 ①어느 방송국의 방송을 들을 수 있는 지역. ②〈체육〉정구·배구 등에서 서브 구역. ③고속 도로의 휴게소.
서:비스 코트(service court) 명 〈체육〉정구(庭球)에서, 서브를 넣는 긴 네모의 구획. 네트의 양쪽으로 좌우로 나뉨.
서:빙고(西冰庫) 명 〈제도〉조선조 초기에, 궁중에서 쓰는 얼음을 보관하던 창고의 하나. 지금의 서울 용산 한강가에 있었음.
서뿐 用 소리 나지 않게 가볍게 내디디는 모양. 또, 가볍게 내디디는 소리.《작》사뿐.《거》서푼. softly
서뿐=**서뿐** 用 발소리가 나지 아니할 정도로 자꾸 살금 걷는 모양. 또는, 그 소리.《작》사뿐사뿐.《거》서푼서푼.
서뿟 用 《센》→서붓. 〔서뿟서뿟.
서뿟=**서뿟** 用 《센》→서붓서붓.
서:사(序詞) 명 ①〈동〉서문(序文). ②〈음악〉가극에서 개막 전에 부르는 독창. introductory piece ③집합된 악곡에서 머리말 구실을 하는 악장. overture
서:사(書士) 명 대서(代書)를 업으로 하는 사람. scribe
서사(書史) 명 ①〈동〉서적(書籍). ②경서(經書)와 사기(史記). 〔말.
서사(書司) 명 〈불교〉절에서 '서기(書記)'를 이르는
서사(書舍) 명 선비들이 모여서 글공부하던 집. study
서사(書師) 명 서예에 능한 사람. 서가(書家). 〔house
서사(書詞) 명 서한(書翰).
서사(書肆) 명 〈동〉책사(冊肆).
서사(書寫) 명 글씨를 베끼어 씀. copying 하다
서:사(書辭) 명 편지에 쓰이는 말. 서면(書面)의 말. literary words 〔하다
서:사(敍事) 명 사실을 있는 그대로 서술함. description
서:사(敍賜) 명 위계(位階)·훈등(勳等) 등에 붙여 훈장이나 연금(年金)을 내림. 하다
서:사(筮仕) 명 처음으로 벼슬을 함. 하다 〔oath
서:사(誓詞) 명 맹세하는 말. 또, 그 글. 서언(誓言).
서:사-곡(敍事曲) 명 〈음악〉서사시를 가사로 한 곡조.
서:사-문(敍事文) 명 〈문학〉서사체로 쓴 글. (대) 서정문. narrative
서:사-시(敍事詩) 명 〈문학〉사회 집단의 흥망이나 영웅의 운명 따위를 노래한 운문(韻文). 서정시보다 이야기에 가깝고 격식도 긴 것이 많음. (대) 서정시(抒情詩). epic 〔correspondence 하다
서사 왕:복(書辭往復) 명 편지를 서로 보내는 일.
서:사-체(敍事體) 명 〈문학〉사실을 있는 그대로 객관적 특성에 의하여 묘사하는 문체. narrative style
서산(西山) 명 서쪽에 있는 산. western mountain
서산(書算) 명 책을 읽은 횟수를 세는 물건.

서산나귀 종이로 만들며 거죽을 여러 줄로 에인 것을 겹었다 폈다 하여 셈. 서수(書數). counter
서산-나귀[명] 《동물》 중국에서 나는 큰 나귀의 하나. Chinese donkey
서산 낙일(西山落日)[명] ①서산에 지는 해. setting sun ②힘이나 형세가 기울어져 어쩔 수 없이 멸망하게 된 판국이을 이르는 말. decline
서산-대(-帶)[명]《書家一》글자를 짚기도 하고 서산을 눌러 두기도 하는 가는 막대기.
서:-삼촌(庶三寸)[명] 서모(庶母).
서:상(瑞相)[명] 상서로운 조짐. 서조(瑞兆). good omen
서:상(暑傷)[명] 더위를 먹음. sunstroke 하다
서:상방(西上房)[명] 대청이 남향이고 안방이 오른쪽에 있는 집.
서상-학(書相學)[명] 필적으로 그 사람의 성격·특징을 「진단하는 연구.
서색(瑞色)[명] 상서로운 빛. 「dark grey
서색(鼠色)[명] 푸른 빛을 약간 띤 잿빛. 쥐빛의 빛.
서:색(曙色)[명] ①새벽 빛. dawning light ②서광을 받은 산천의 빛깔.
서생(書生)[명] ①유학(儒學)을 공부하는 학생. student of Confucianism ②남의 집에서 일을 거들면서 공부하는 사람. student dependent ③세상일에 서투「른 선비.
서:생(庶生)[명] 서출(庶出).
서생 문학(書生文學)[명] 《문학》아직 수업 도중에 있는 문학 청년의 미숙한 작품. 또, 그 시기의 문학. cub literature
서:-생원(鼠生員)[명] 〈속〉'쥐'를 의인화해서 일컫는 말.
서서(瑞西)[명] '스위스'의 음역.
서:서(筮書)[명] 복서(卜筮)를 의뢰받은 이가 길흉을 써 내는 문서.
서:서(誓書)[명] 맹세의 글을 쓴 쪽지. 서지(誓紙) 서문(誓文). pledge
서서-히(徐徐-)[부] 천천히. slowly
서:설(序說)[명] 본론의 실마리가 되는 논설. 서문(序論). introduction
서:설(敍說)[명] 차례를 좇아 설명함. explanation 하다
서:설(棲屑)[명] 일정한 거처 없이 떠돌아다님. wandering 하다
서설(絮雪)[명] 눈송이같이 하얗게 날리는 버들개지.
서설(絮說)[명] 쓸데없이 너절하게 길게 말함. 하다
서:설(暑泄)[명] 《한의》 여름에 하는 설사.
서:설(瑞雪)[명] 상서로운 눈. 풍년의 징조가 되는 눈.
서:설(鼠齧)[명] 《동》서파(鼠破). 「auspicious snow
서성(書聖)[명] 서도의 명인. 곧, 글씨를 썩 잘 쓰는 사람을 높이어 일컫는 말. renowned calligrapher
서:성(瑞星)[명] 태평 세월(太平歲月)에 나타난다고 하는 상서로운 별. 경성(景星). auspicious star
서:성(曙星)[명] 새벽 별. 효성(曉星). morning star
서성-거리-다[자] 한 곳에 있지 않고 망설이며 왔다 갔다 하다. fidget 서성=서성하다
서:세(逝世)[명] 〈공〉별세(別世). 하다
서:세(瑞世)[명] 상서로운 세상. prosperous age
서:세(暑歲)[명] 가뭄이 혹독한 해. severely droughty year 「통상적인 명칭.
서:소(西小門)[명] 서울에 있던 소의문(昭義門)의
서속(西俗)[명] 서양의 풍속.
서속(黍粟)[명] 기장과 조. millet
서:손(庶孫)[명] ①서자(庶子)가 낳은 자손. son of a concubine's son ②아들의 서자(庶子). 〈대〉적손(嫡孫). son of a son's concubine
서:수(序數)[명] 순서를 나타내는 수. 첫째·둘째 따위. 《대》기수(基數). ordinal
서수(書手)[명] 글씨 쓰는 일을 업으로 하는 사람. 또, 글씨를 잘 쓰는 사람. good writer
서수(書數)[명] 〈동〉서산(書算).
서:수(庶羞)[명] 온갖 음식.
서:수(瑞獸)[명] 상서로운 징조로 나타난다는 짐승. 기린 따위. auspicious animal
서:-수사(序數詞)[명] 《어학》첫째·둘째·셋째 따위와 같이 사물의 차례를 나타내는 수사. 《대》양수사(量 數詞). ordinal numerals

서:수-필(鼠鬚筆)[명] 쥐 수염으로 만든 붓.
서숙(書塾)[명] 〈동〉글방.
서:숙(庶叔)[명] 할아버지의 서자(庶子).
서:-삼촌(庶三寸). son of a grandfather's concubine
서:숙(棲宿)[명] 〈동〉서식(棲息). 하다
서:술(敍述)[명] 차례를 좇아 말함. description 하다
서:술-격(-格)[명] 《敍述格》〈어학〉문장의 서술이 되는 어격(語格). 〈대〉주격. predicate
서술격 조:사[-格-]《敍述格助詞》〈어학〉체언에 붙어 그 체언을 문장의 서술이 되게 하는 격조사.
서:술-법[-뻡]《敍述法》〈어학〉어미 변화의 하나. 어미를 일러 베풀어 마치는 법.
서:술-어(敍述語)[명] 〈어학〉문장 성분의 하나. 주어에 대하여 동작·행동·존재 따위를 나타내는 말. 설명어(說明語). 술어②. predicative
서:술-형(敍述形)[명] 〈어학〉어미 변화에서, 어미를 서술로 뻗는 어형.
서스테이닝 프로그램(sustaining program)[명] 방송국 자체의 비용으로 하는 공적인 프로.
서스펜디드 게임(suspended game)[명] 〈체육〉야구에서, 후일에 다시 경기를 계속할 조건으로, 9회 이전에 중지하는 경기.
서스펜스(suspense)[명] ①불안. ②추리 소설이나 대중 소설 등에서 줄거리의 발전이 독자나 관중에게 주는 불안과 긴장감. ③《법》권리의 정지(停止).
서스펜스-파(suspense 派)[명] 《문학》영국이나 미국에서의 추리(推理) 소설의 새로운 경향을 가진 파.
서슬[명] ①칼날이나 다른 폴진의 날카로운 곳. ¶〜이 시퍼런 칼날. sharp edge ②말이나 행동의 날카로운 기세. 등등한 기세. impetuous charge
서슬이 푸르-다[명] ①권세나 기세가 대단하다. imposing ②당장 무슨 변을 낼 듯이 기세가 등등하다. mettlesome 「=서슴하다
서슴-거리-다[자] 말이나 행동을 자꾸 서슴다. 서슴
서슴-다[-따][타] 언행을 머뭇머뭇 망설이다. hesitate
서슴-없이[-업-][부] 말이나 행동에 거칠 것이 없다. have no scruples about 서슴=없이하다
서:습(暑濕)[명] 〈卽〉→서습지기.
서:-습지기(暑濕之氣)[명] 더운 기운과 축축한 기운. 《약》서습(暑濕). sultriness
서승(西昇)[명] 〈동〉서행(西行). 하다
서:승(序陞)[명] 〈제도〉관직에 있는 햇수를 따라서 관직·품계를 올리던 일.
서시[명] 노름판에서의 여섯 끝. six at gambling house
서:시(序詩)[명] ①책 첫머리에 서문 대신으로 싣는 시. ②긴 시의 머리말 구실을 하는 부분. prelude
서시(薯蕷)[명] 감자로 담근 된장. fermented potatoes
서시-옥(西施一)[명] 미인(美人)을 비유하여 일컬음. beauty 「《書例》. form
서식(書式)[명] 각종 문서를 쓰는 일정한 방식. form
서:식(棲息)[명] 동물이 깃들어 삶. 서숙(棲宿). living 하다 「rmation by a letter
서신(書信)[명] 편지로 전하는 소식. 안서(雁書). info-
서:신(庶神)[명] 온갖 귀신. every kind of spirit
서신 전:보(書信電報)[명] 서신과 같이 배달하는 전보. 교통이 불편한 곳에 한함. 간송 전보(間送電報).
서:실(舌失)[명] 서로 잘못함. 하다 「lettergram
서실(書室)[명] 〈동〉서재(書齋).
서실(閱失)[명] 물건을 잃어버림. loss 하다
서:악(序樂)[명] 《음악》서곡이 되는 음악. prelude
서안(西岸)[명] 서쪽 해안. 〈대〉동안(東岸). west coast
서안(書案)[명] ①책을 얹는 책상. desk ②문서의 초안 「《草案》. draft
서:안(書案)[명] 동악(風樂)의 하나.
서:압(署押)[명] 수결(手決)을 함. 하다
서:약(誓約)[명] 맹세하고 약속함. ¶〜문(文). oath
서:약-서(誓約書)[명] 서약하는 글. 또, 서약하는 글을 쓴 문건(文件). 서장(誓狀). written oath

서양(西洋)[명] 유럽과 아메리카의 여러 나라를 통틀어 일컫는 말. 태서(泰西). [대]동양(東洋). occident
서양 과자(西洋菓子)[명] 서양식으로 만든 과자. 《약》양과자(洋菓子). western style cakes
서양-관(西洋館)[명] 양관(洋館).
서양-류(西洋流)[명] 서양풍.
서양-목(西洋木)[명] 당목(唐木).
서양 문학(西洋文學)[명] 〈문학〉 서양 여러 나라의 문학. western literature [대] 동양 문학.
서양 미술(西洋美術)[명] 〈미술〉 유럽에서 발생·발달.
서양-사(西洋紗)[명] 가는 무명올로 짠 피륙. 《약》양사. [변] 생사. fine cotton clothes
서양-식(西洋式)[명] 서양의 양식 또는 격식. 《약》양식(洋式). western style ¶ ~ 요리. western food
서양 요리[一ㅛ－](西洋料理)[명] 서양식 요리.
서양 음악(西洋音樂)[명] 서양에서 생겨 발달된 음악. 《약》양악(洋樂). western music
서양-인(西洋人)[명] ①서양 여러 나라의 사람. 《약》서인(西人)². 양인(洋人). westerner ②백색 인종. 백인(白人). white people
서:양=자(壻養子)[명] 사위를 양자로 삼음. 또, 그 양자. son-in-law taken into the family [하자동]
서양 장:기(西洋將棋)[명] 체스(chess). [style
서양-종(西洋種)[명] 서양 원산의 종자. foreign variety
서양-풍(西洋風)[명] 서양의 풍습을 본뜬 닮음. 서양류. 양풍. western style
서양-화(西洋化)[명] 서양의 문화나 생활에 영향을 받아 그것을 닮음. [하자동]
서양-화(西洋畫)[명] 〈미술〉 서양에서 발달된 그림. 유화·수채화·파스텔화 따위. [대] 동양화(東洋畫). 《약》양화. painting in european style
서어(絮語)[명] 너절하게 긴 말.
서어(鉏鋙·齟齬)[명] ①서름서름하여 탁탁하지 않음. unacquaintance ②서로 맞지 않고 어긋남. discordance [하자동]
서언(西諺)[명] 서양의 속담. western proverb
서:언(序言·緒言)[명] 머리말².
서:언(誓言)[명] 맹세하는 말. 서사(誓詞). vow
서:얼(庶孽)[명] 서자(庶子)와 그 자손. [일.
서:얼 차대(庶孽差待)[명] 조선조 때 서얼을 차별하던
서:예(ㄷ)[명] 성에.
서:여(薯蕷)[명] 마².
서역(西域)[명] 〈역사〉 넓은 뜻으로는 중국의 서쪽에 있는 여러 나라의 범칭(汎稱). 좁은 뜻으로는 한(漢)나라 이후 지금의 신강성(新疆省) 천산 남로(天山南路) 지방을 일컬음. countries bordering West of China
서역(書役)[명] 잔글씨를 쓰는 수고로운 일. [하자동]
서연(書筵)[명] 〈제도〉 왕세자(王世子)가 강서(講書)하던 곳. 서연(夜陟) 주연(胄筵). crown prince's classroom [원(官員)
서연=관(書筵官)[명] 〈제도〉 서연(書筵)에 참예하던 관
서:열(序列)[명] ①순서를 좇아 늘어섬. arrangement in order ②[동] 순서(順序).
서:열(暑熱)[명] [동] 서기(暑氣).
서:염(暑炎)[명] 심한 더위. intense heat
서영(西營)[명] 〈제도〉 ①평양에 있던 친군영(親軍營)의 하나. ②창덕궁 서쪽에 있던 금위영(禁衛營)의 분영. ③경희궁(慶熙宮) 서쪽에 있던 훈련 도감의 분영.
서:영-사(西營使)[명] 〈제도〉 서영의 주장(主將). [분영.
서예(書藝)[명] 서도(書道)를 예술이란 뜻으로 일컬음. 서도(書道). calligraphy
서예-가(書藝家)[명] 붓글씨를 직업으로 쓰는 예술가.
서옥(書屋)[명] [동] 글방.
서-온돌(西溫突)[명] 〈제도〉 대궐 안의 침전(寢殿) 서쪽의 방. [대] 동온돌(東溫突).
서:완(徐緩)[명] 느림. slowness [하자동] [slowness
서완-하다(徐緩一)[형] 느럭느럭하게 굼. 또, 그러한 일.
서왕-모(西王母)[명] 중국 신화에서, 곤륜산(崑崙山)에

산다는 표미 호치(豹尾虎齒), 반년 반수(牛人牛獸)의 영이적(靈異的) 여성. 음양설에서는 일돌(日沒)의 여신.
서:용(敍用)[명] 〈제도〉 죄가 있어 면관(免官)당하였던 사람을 다시 임용하던 일. reappointment [하자동]
서:용(恕容)[명] [동] 서유(恕宥). [하자동]
서:우(暑雨)[명] 무더운 여름날에 내리는 비.
서:우(瑞雨)[명] 상서로운 비.
서:우(暑雨寒雪)[명] 무더운 여름철 장마와 혹독한 겨울의 추위. long rain and intense cold
서:운(瑞雲)[명] 상서롭게 보이는 구름. 경운(景雲). auspicious clouds
서:운(瑞運)[명] 상서로운 운수. good fortune
서:운(曙雲)[명] 새벽녘의 구름.
서운-관(書雲觀)[명] 〈제도〉 천문(天文)·역수(曆數)·각루(刻漏) 등을 맡아보던 관아. observatory
서운-하다[형] 마음에 부족함이 있어 섭섭하다. 결연하다. regrettable 서운-히[부]
서울[명] ①한 나라의 중앙 정부가 있는 곳. 국도(國都). 수도(首都). 경조(京兆). 도성(都城). capital ②우리 나라의 수도(首都)의 이름. Seoul
서울 가 본 놈하고 안 가 본 놈하고 싸우면 서울 가 본 놈이 이긴다[속] 실지로 해 보지 못한 사람이 해 본 사람보다 이론을 그럴 듯하게 말한다.
서울 가서 김 서방 집 찾기[속] 잘 알지도 못하면서 무턱대고 찾아 나선다.
서울 까투리[명] 많이 대겨나서 어수룩한 데가 없이 되바라진다는 뜻으로, 서울 사람을 흉하게 이르는 말.
서울 깍쟁이[명] 시골 사람이, 서울 사람을 까다롭고 인색하다 하여 밉게 여겨 하는 말. stingy Seoulites
서울-내기[명] 서울에서 태어난 사람. Seoulite
서울 놈은 비만 오면 풍년이란다[속] ①서울 사람은 농사일을 모른다. ②모르면서 아는 체하고 그릇 단정한다. [시골뜨기.
서울-뜨기[명] 서울 사람을 조롱하여 이르는 말. [대]
서울-말[명] ①서울 사람들이 쓰는 말. ②〈어학〉 서울의 중류 사회에서 쓰는 표준어. [대] 시골말.
서울 소식은 시골 가서 들으라[속] 자기 주위에 일어난 일을 먼 데 사람이 의외로 더 잘 아는 경우가 많음을 이르는 말.
서울이 낭떠러지라는 말 듣고 삼십리 전부터 긴다[속] 서울 인심이 야박하여 마치 준험한 낭떠러지와 같다는 말을 듣고 미리부터 겁을 먹어서 비굴하게 행동함을 비웃는 말.
서원(書院)[명] 〈제도〉 선비들이 모여 학문을 강론하던 곳. ②석학(碩學)·충신(忠臣)을 제사하던 곳.
서:원(署員)[명] 서(署)자가 붙은 관청에 근무하는 사람. 경찰서원·세무서원 따위. official
서:원(誓願)[명] ①〈불교〉 보살이 수행의 원망(願望)을 밝혀서 그 달성을 서약함. ②맹세하여 소원을 세움. vow [하자동] [力).
서:원-력[一ㄴ력](誓願力)[명] 〈불교〉 서원하는 염력(念
서:월(暑月)[명] 음력 6월의 더운 때의 일컬음. hot weather [殘月). morning moon
서:월(曙月)[명] 날이 샐 무렵의 달. 지새는 달. 잔월
서:위(敍位)[명] 위계(位階)를 내려 줌. conferment of a rank [하자동] [威). hot weather
서:위(暑威)[명] 여름의 몹시 심한 더위. [대] 한위(寒
서:유(恕宥)[명] 잘못을 너그럽게 용서함. 서용(恕容). pardon [하자동]
서융(西戎)[명] 중국 서쪽 변방에 있던 오랑캐. 서이. western barbarians of China
서-으로(西一)[부] 서쪽으로의 뜻의 '서(西)로'를 상호간에 중심이 '서로'와 구별하기 위하여 쓰는 특별한 말. ¶ ~ 향하여 전진하다.
서:은(棲隱)[명] 속세를 떠나 은둔하여 삶. retirement from the world [하자동] [한 사람. bookworm
서음(書淫)[명] 지나치게 글 읽기를 좋아함. 또, 그러
서:응(瑞應)[명] 임금의 어진 정치가 하늘에 감응되어

나타난 복스럽고 질한 조정.
서의(書意)[명] 책이나 편지 등에 적힌 뜻. purport of a writing
서:의(誓意)[명] 맹세하는 마음.
서:이(西夷)[명] 세 사람. 囲 세 사람이서. three persons
서이(西夷)[명] ⟶서융(西戎).
서인(西人)[명] ⟨역사⟩ 조선조 선조 때 동인(東人)이 김효원(金孝元) 일파에 대립했던 심의겸(沈義謙)을 싸고 돌던 일파. (대) 동인. ② (약) ⟶서양인①.
서:인(庶人)[명] 등용 서민(庶民).
서:임(敍任)[명] 벼슬을 내림. (약) 서(敍). appointment
서자(ー字)[명] ⟶서자(書字)[명] 편지.ー하다
서:자(庶子)[명] ①첩에게서 난 아들. 서남. 얼자(孼子). (대) 적자(嫡子). child born to a concubine ② (동) 중자(衆子).
서:자(逝者)[명] 죽은 사람. 영원히 사라져 없어진 사람.
서:자녀(庶子女)[명] 첩의 몸에서 난 아들딸.
서자서 아:자아(書自書我自我)[명] 글은 글대로 나는 나대로. 곧, 글을 읽되 마음은 딴 곳에 있다는 말. absent-minded reading
서작(敍爵)[명] 작위를 내림. ennoblement ー하다
서장(西藏)[명] '티베트(Tibet)'의 음역.
서장¹(書狀)[명] ①(동) 편지. ②(약)→서장관(書狀官).
서장²(書狀)[명] ⟨불교⟩ 불교학에서 사집과(四集科)의 한 과정으로 가르치는 책.
서:장(署長)[명] 서(署)자가 붙은 관청의 우두머리. head of a government office
서:장[ー짱](誓狀)[명] 서약서(誓約書).
서장관(書狀官)⟨제도⟩ 외국에 보내는 사신을 따라 보내던 임시 벼슬. (약) 서장(書狀)¹②.
서장대(西將臺)⟨제도⟩ 산성(山城) 서편에 쌓아 올려 만든, 장수가 올라서서 휘하(麾下) 군사를 지휘하던 곳.
서:재(ー齋)[명] '당(明倫堂)의 서쪽'에 있는 집.
서재(西齋)⟨제도⟩ 성균관 또는 향교(鄕校)의 명륜
서재(書齋)[명] ①⟨제도⟩ 조선조 초기의 성균관의 아홉 분과의 하나로 서책(書冊)을 공부하던 곳. ②책을 쌓아 놓고 글을 읽는 방. 서실(書室). 서각(書
서재-다[ㅓ][고] 교만하다. 閣)②. study
서지-다[고] 교만하다.
서:재(鼠梓木)[명] 광나무.
서재 문학(書齋文學)⟨문학⟩ 실제와는 거리가 먼 이론적·관념적인 문학. idealistic literature
서재인(書齋人)[명] 늘 서재에만 박혀 있어 사회와의 교제가 적은 사람. 학자나 문필가. academic person
서재 평:론(書齋評論)⟨문학⟩ 창조적 비판이 없이 다만 유행적 어휘와 단어의 나열에 불과한 문학 평론. idealistic criticism
서적(書跡·書蹟)[명] (동) 수적(手迹).
서적(書籍)[명] 사람의 사상이나 감정을 글자나 그림으로 기록하여 꿰어 맨 물건. 서책(書冊). 서권(書卷). 서질(書帙)①. 책자(冊子). 전적(典籍). 서전(書典). 서사(書史)①. 서지(書誌)①. books
서:적(鼠賊)[명] 좀도둑. sneak thief
서적-광(書籍狂)[명] 단순한 취미로 책을 많이 사들이는 사람. (약) 서광(書狂). bookworm
서전(西銓)[명] (동) 병조(兵曹).
서전(緖戰)[명] 스웨덴(Sweden)'의 음역(音譯).
서:전(瑞典)[명] '스웨덴(Sweden)'의 음역(音譯).
서전 체조(瑞典體操)[명] (동) 스웨덴 체조.
서:절(黍節)[명] 여름의 더운 철. 곧, 초·중·말복의 계절. hottest season
서절(鼠竊)[명] 서절 구투(鼠竊狗偸).
서:절 구투(鼠竊狗偸)[명] 쥐나 개 같은 놈이라는 뜻으로 이르는 말. 서절(鼠竊).
서점(西漸)[명] 점점 서쪽으로 옮김. (대) 동점(東漸). westward drive ー하다
서점(書店)[명] 책을 파는 가게. 책점(冊店). 서관(書館). 서림(書林). 서사(書肆). 서포(書鋪). 책방.

책사(冊肆). bookstore
서점 운:동(西漸運動)⟨역사⟩ 17세기 이후 미국에 있어서의 서부 미개척지(에로의 정주지(定住地) 확대와 인구의 이동. 19세기 말에 이르러 끝났음. westward movement
서:점자(鼠黏子)[명] 우방자(牛蒡子).
서정(西征)[명] 서쪽을 정벌함. (대) 동정(東征). western expedition ー하다
서정(西庭)[명] 서쪽으로 자리잡은 뜰. west garden
서:정(抒情·敍情)[명] 자기의 정서를 그려냄. description of feelings ー하다
서:정(庶政)[명] 온갖 정사(政事). all administrative business
서정(緖正)[명] 근본을 캐어내어 바르게 함. ー하다
서:정문(抒情文)⟨문학⟩ 작자의 주관적 감정이나 경험·기분 등을 나타내는 문장. ー서사문(敍事文)
서:정미(抒情味)[명] 서정적인 맛. (文). lyric prose
서:정 민요(抒情民謠)[명] 감정을 주관적으로 표현하는 민요. (한 소곡. novelette(프)
서:정 소:곡(敍情小曲)⟨음악⟩ 환상적이며 로맨틱
서:정 쇄:신(庶政刷新)[명] 여러 가지 정치상의 폐단을 말끔히 고쳐 새롭게 함.
서:정시(抒情詩·敍情詩)⟨문학⟩ 작자의 주관적인 사상·체험·감정을 언어의 가락·음감에 의하여 나타내는 시. 주류시. (대) 서사시(敍事詩). lyric poetry
서:정적[ー쩍](抒情的)[명] 서정의 맛이 있어 마음을 흐뭇하게 하는 것. lyric
서:정적 문학(抒情的文學)⟨문학⟩ 문학의 기본 종류의 하나. 이러한 작품에서는 모든 생활 환경으로 말미암아 환기된 인간의 체험·사상·감정의 묘사를 통하여 생활이 반영(反映)됨.
서:제(序題)[명] 서문(序文).
서제(書題)[명] 서리. 서吏. brother
서:제(庶弟)[명] 서모에게서 난 아우. illegitimate young
서:제 막급(噬臍莫及)[명] 사람에게 잡힌 사향노루가 배꼽의 향내 때문이라고 해서 배꼽을 물어 뜯었다는 데서, 일이 그릇된 뒤에는 후회하여도 어찌할 수 없다는 말. (한 서문을 맡아보던 것.
서제-소(書題所)⟨제도⟩ 정 1품 관원의 사신(私信)
서제스트(suggest)[명] 암시(暗示). 시사(示唆). ー하다
서:조(瑞兆)[명] 상서로운 징조. 서상(瑞相).
서:조(瑞鳥)[명] 상서로운 새. 봉황 따위를 이르는 말. auspicious bird
서:조모(庶祖母)[명] 할아버지의 첩. (좌족(左族).
서:족(庶族)[명] 서자의 자손으로 이루어진 겨레붙이.
서:족(鼠族)[명] ①쥐의 족속. mice ②몹시 교활하고 잔일에 약게 구는 사람을 비유하여 이름. mean tricky person
서:종(曉鐘)[명] 새벽 종. 동틀 때 울리는 종소리. 효종(曉鐘).
서죄(書罪)[명] ⟨제도⟩ 조신(朝臣) 중 죄를 범한 자에게, 감찰이 그의 죄상을 흰 널빤지에 써서 밤중에 그 집 문 위에 붙이던 일. ー하다
서:죄(恕罪)[명] 죄를 용서함. ー하다
서:주(序奏)[명] ⟨음악⟩ 어떤 악곡의 중요 부분에 들어가기에 앞서 서곡으로 연주하는 부분.
서주(書籌)[명] 글씨 쓰기와 셈하기.
서중(書中)[명] ①글 가운데. ¶ ～의 한 구를 인용하다. ②편지 사연 가운데. ③책 속.
서:중(暑中)[명] 여름의 더운 때. ¶ ～ 휴가(休暇). during the summer heat
서증(書證)⟨법률⟩ 증서로써 하는 증거. (대) 인증(人證). documentary evidence
서증(書贈)[명] 글을 써서 증정함. ー하다
서:증[ー쯩](暑症)[명] ①더위. ②더위의 증세.
서지(書旨)[명] 서면의 취지.
서지(書誌)[명] ①(동) 서적(書籍). ②어느 사람이나 제목(題目)에 관한 서적의 목록(目錄).
서:지(serge)[명] 소모사(梳毛絲)로 짠 모직물의 하나.
서지-학(書誌學)[명] 도서의 고증(考證)이나 대교 감정(對校鑑定)과 해제(解題) 등에 관한 학문. bibliog-

서:직(黍稷)[명] 기장과 피.
서진(西進)[명] 서쪽으로 진출함. 하자
서진(書鎭)[명] 책장이나 종이쪽이 바람에 날리지 않도록 누르는 물건. 문진(文鎭). paper weight
서질(書帙)[명] ①[동] 서적(書籍). ②책을 한 권 또는 여러 권씩 싸서 넣어 두기 위하여 헝겊으로 만든 책 덮개.
서=쪽(西一)[명] 해가 지는 쪽. [약] 서(西). west
서쪽에서 해가 뜨다[관] 절대로 있을 수 없는 일, 또는
서:차(序次)[명] 차례. 아주 희한한 일의 비유.
서:차=법[一법](序次法)[명] <문학> 가까운 데서 먼 데로, 쉬운 데서 어려운 데로, 아는 것에서부터 모르는 것으로, 이렇게 순서를 올바르게 밟아 씀으로써 독자로 하여금 알기 쉽도록 하는 문장의 형태.
서찰(書札)[명] 편지. to the west
서창(西窓)[명] 서쪽으로 향하여 낸 창. window open
서창(書窓)[명] 서재(書齋)의 창. windows of a study
서:창(敍唱)[명] <음악> 가사를 가락으로가 아닌, 말의 악센트에 따라 이야기하듯이 노래하는 일. 오페라·오라토리오에 많이 쓰임. recitativo(이)
서:창(舒暢)[명] 여유 있게 마음을 활짝 폄. 아무 걱정 없이 한가로이 지냄. 하자
서책(書冊)[명] [동] 서적(書籍).
서척(書尺)[명] [동] 편지. '을 서로 따지는 일. 하자
서:척(敍戚)[명] 멀어진 척 성의 겨레붙이가, 그 척분
서편(鋤鞭)[명] 목수의 품삯. capentr's wages
서천(西天)[명] ①서쪽 하늘. [대] 동천(東天). western sky ②[약]→서역 서역국(西天西域國).
서:천(暑天)[명] 무더운 여름철의 하늘. summer sky
서:천(曙天)[명] 새벽 하늘. dawning sky
서천 서역국(西天西域國)[명] 인도를 옛날에 일컫던 이름. [약] 서천②. her ⑦서양 철학.
서철(西哲)[명] ①서양의 현철(賢哲). western philosop-
서첨(書籤)[명] 책의 제목으로 써 붙인 글발.
서첩(書帖)[명] 이름난 이의 글씨를 모아 꾸민 책. 묵첩(墨帖). album of excellent hand writings
서체(書體)[명] 글씨체. 서풍(書風)①. [약] 체(體)①. calligraphic style
서:체(暑滯)[명] 더위로 말미암아 일어나는 체증.
서:초(西草)[명] 평안도에서 나는 담배.
서초(=머리)(西草一)[명] 서초(西草)와 같이 빛이 누르고 나슬나슬한 머리털.
서촌(西村)[명] 서울 서쪽에 위치한 동네들. [대] 동촌(東村). west villages of Seoul
서=총대(瑞葱臺)[명] <제도> ①임금이 무관의 활쏨을 점검(點檢)하던 곳. ②→서총과(瑞葱臺科).
서=총대=과(瑞葱臺科)[명] <제도> 서총대에서 임금이 친히 부임한 무과(武科). [약] 서총대(瑞葱臺).
서=총대=베(瑞葱臺一)[명] 품질이 낮고 척수가 짧은 무명베. 서총대포(瑞葱臺布).
서=총대=포(瑞葱臺布)[명] [동] 서총대베(瑞葱臺一).
서추(西樞)[명] <제도> 조선조 때, 중추부(中樞府)를 달리 이르는 말.
서축(書軸)[명] 글씨를 쓴 두루마리 또는 족자(簇子).
서:축(舒縮)[명] [동] 신축(伸縮).
서:축(鼠縮)[명] 곡식을 쥐가 먹어서 생기는 축. decrease of cereals due to rats
서:출(庶出)[명] 첩의 소생. 서생(庶生). 측출(側出). [약] 적출(嫡出). illegitimate
서취(書取)[명] 받아쓰기. dictation 「the order of age
서:치(序齒)[명] 나이의 차례대로 함. arrangement in
서치(書癡)[명] 글 읽기에만 골몰하여, 세상일을 돌아 보지 않는 어리석음. indulgence in reading
서:치라이트(searchlight)[명] <군사> 강한 광원(光源)을 사용하여 반사경(反射鏡), 또는 프리즘으로 먼 거리를 비치게 하는 장치. 탐조등(探照燈), 조공등(照空燈). 탐해등(探海燈).
서:카라마(circarama)[명] <연예> 360° 영화(映畫)와 이드스크린 영화의 하나. 둥근 지붕의 영화관 안 둘레의 벽 전부가 스크린으로 되어 있어, 그 벽의 위에서 11개 내지 220개의 영사기로 영사함.
서캐(곤충)[명] 이의 알. 기슬(蟣蝨). nits
서캐=조롱[명] <민속> 계집아이들이 차고 다니는 조롱의 하나. [대] 말조롱.
서캐 훑듯 한다[관] 하나도 빠뜨리지 아니하고 샅샅이 조사한다는 뜻. leave no stone untouched
서캐=훑이[一훑이][명] 머리의 서캐를 훑어 내는, 살이 가늘고 배게 박힌 참빗. fine-tooth comb
서:커스(circus)[명] 곡마단. 곡예단(曲藝團).
서:클(circle)[명] ①원(圓). ②활동 범위. ③연구 또는 친목을 도모하기 위한 무리의 모임.
서:클 활동[一동](circle 活動)[명] <교육> 대중 속에서 하는 자주적인 학습 집단 및 그 단체 활동.
서:킷(circuit)[명] ①<물리> 전기 회선(回線). ②<연예> 연극·영화 등의 흥행 계통. ③순회(巡回). 순회 여행. ④<야구> 야구에서의 본루타(本壘打). ⑤원형 경기장의 뜻으로, 자동차 레이스(race)의 경주장.
서털-구털[부] 말이나 행동이 침착 단정하지 못하고 아무렇게나 하는 모양. ¶~지껄이다. rudely 하자
서토(西土)[명] ①서쪽 땅. 태서(泰西). West ②[동] 서도(西道).
서통(書通)[명] 서면(書面)을 보내서 서로의 뜻을 통함. 문통(文通). [약] 통(通). 「heat 하자
서통(書筒)[명] [동] 봉투.
서:퇴(暑退)[명] 더운 기운이 물러감. falling of the
서:투르-다[형] ①익숙하지 못하다. ¶솜씨가 ~. unskillful ②전에 만난 적이 없어 어색하다. unfamiliar ③생각이나 감정 따위가 어색하고 서먹하다. [약] awkward
서투른 도둑이 첫날밤에 들킨다[관] 어쩌다 한 번 나쁜 일을 해본 것이 공교롭게도 첫번에 들킨다.
서투른 무당이 장구만 나무란다[관] 기술이 부족한 사람이 자기 능력은 모르고 도구만 나쁘다고 탓한다.
서툴-다[형]→서투르다.
서:티피케이션(certification)[명] ①증명(證明). 인가(認可). ②<법률> 어음에 있어서 일종의 지불 보증.
서:파(庶派)[명] 서자의 자손. [약] 적파(嫡派).
서:파(鼠破)[명] 쥐가 쏠아서 결판냄. 서설(鼠齧).
서판(書板)[명] 글씨 쓸 때 종이 밑에 까는 널조각. underlaying board
서편(西便)[명] 서쪽 편. [대] 동편(東便). west
서편(西偏)[명] 서쪽으로 기울어짐.
서평(書評)[명] 책에 대한 평. book review
서포(書鋪)[명] [동] 서점(書店).
서포:터(supporter)[명] ①지지자. 후원자. ②축구 등의 운동 선수들이 음부에 차는 것. 「scroll
서폭(書幅)[명] 글씨를 써서 꾸민 조각. calligraphy
서표(書標)[명] 책장의 읽던 곳을 찾기 쉽도록 끼워 두는 종이 오리. 표지². 표장. bookmark
서푼[명] <거>→서붓.
서:-푼(一分)[명] ①한 푼의 세 곱. ②아주 보잘것 없는 값어치를 이르는 말. ¶~어치도 안 되는 놈.
서푼=목정[명] 소의 목덜미 아래에 붙은 살.
서푼=서푼[부]→서붓서붓. 「를 이름.
서푼짜리 집에 천냥짜리 문호[관] 본말이 전도된 경우
서:품(序品)[명] <불교> 경전(經典)에서 개론의 부분.
서:품-식(敍品式)[명] <기독> 신품(神品)에 올리는 예식. ordination
서풋[부] <거>→서붓.
서풋-서풋[부]→서붓서붓.
서풍(西風)[명] 서쪽에서 불어오는 바람. 갈바람. 하늬 바람. 가수알바람. west wind 「름.
서풍(書風)[명] ①[동] 서체(書體). ②서예(書藝)의 이
서:피(黍皮)[명] [동] 돈피(獤皮).
서:피(犀皮)[명] 무소의 가죽.
서:피(鼠皮)[명] 쥐의 가죽. skin of a rat
서:피 목도리(鼠皮一)[명] 쥐의 가죽으로 만든 목도리.

서하(書下)[명] 〈제도〉 임금이 친히 벼슬시킬 사람의 이름을 적어 내리던 일. written appointment by a king

서:하(暑夏)[명] 매우 무더운 여름.

서학(西學)[명] ①〈제도〉 사학(四學)의 하나. one of the four private schools ②서양의 학문. westerns learning ③천주교를 이르는 말. 《대》 동학(東學).

서:학(暑瘧)[명] 열학(熱瘧).

서한(書翰)[명] 〈동〉 편지.

서한(寒寒)[명] 한서(寒暑).

서한-문(書翰文)[명] 편지에 쓰는 특수한 문체. 서간문(書簡文). 서독문(書牘文).

서한 문학(書翰文學)[명] 〈문학〉 등장 인물 상호간의 편지나 또는 어떤 인물에게 보내는 편지 형식으로 쓰여진 문학 작품. 서간(書簡) 문학. epistolary literature

서한-전(書翰箋)[명] 〈동〉 편지지.

서한-지(書翰紙)[명] 〈동〉 편지지.

서한-체(書翰體)[명] 편지 형식으로 쓰는 글의 문체. 서간체. epistolary writing.

서함(書函)[명] ①〈동〉 편지. ②책을 넣는 상자. 편지를 넣는 통. bookcase, post box

서:합(噬嗑)[명] 〈약〉→서합괘(噬嗑卦).

서:합-괘(噬嗑卦)[명] 〈민속〉 육십사괘의 하나. 이괘(離卦)와 진괘(震卦)가 거듭된 것으로, 번개와 우레를 상징함. 《약》 서합.

서해(西海)[명] ①서쪽에 있는 바다. Western Sea ②우리 나라의 황해(黃海). 《대》 동해(東海).

서해-안(西海岸)[명] ①서쪽에 있는 바닷가. western coast ②우리 나라의 황해와 접한 곳의 해안. 《대》 동해안.

서행(西行)[명] ①서쪽으로 감. ②〈불교〉 서방 극락에 왕생하는 일. 서승(西昇). 하자

서:행(徐行)[명] 천천히 간다. walking slowly 하자

서향(西向) 서쪽으로 향하고 있음. 《대》 동향(東向). western exposure 하자

서향-집[—집](西向—)[명] 서쪽으로 향한 집. house facing west

서향-판(西向—)[명] 집터나 묏자리 따위가 서쪽으로 향하고 있는 터전. site with a western exposure

서:혈(棲穴)[명] 짐승들이 사는 굴. den

서:협-문(西夾門)[명] 궁궐이나 관청의 삼문(三門) 중의 서쪽에 있는 문. 《대》 동협문(東夾門).

서:형(庶兄)[명] 서모에게서 난 형. illegitimate elder brother

서:혜(鼠蹊)[명] 살.

서:혜-관(鼠蹊管)[명] 〈생리〉 서혜 인대(靭帶)가 엇비슷하게 뒤에서 앞쪽으로 둘린, 길이 약 4 cm 가량의 관(管). 남자는 정삭(精索), 여자는 자궁 원인대(圓靭帶)가 통함.

서혜 림프샘(鼠蹊 lymph—)[명] 서혜 임파선.

서:혜-부(鼠蹊部)[명] 〈생리〉 두덩뼈 옆의 오목하게 된 곳. 아랫배의 양측면과 허벅다리와의 사이. inguinal region

서:혜-선(鼠蹊腺)[명] 〈약〉→서혜 임파선(鼠蹊淋巴腺).

서:혜 임파선(鼠蹊淋巴腺)[명] 〈생리〉 서혜부에 널려 있는 임파선. 서혜 림프샘. 《약》 서혜선. inguinal gland

서:혜 임파 육아종(鼠蹊淋巴肉芽腫)[명] 〈의학〉 성병의 하나. 음부에 미란(糜爛)·수포(水疱)·소체양 등이 나며, 서혜부의 임파선이 크게 붓고 거대한 경결(硬結)을 만드는 질환. 《홍기(祭紅器)의 하나.

서홀 보:석(西紅寶石)[명] 〈공업〉 중국 명나라 때의 제서화(書畵)[명] 글씨와 그림. paintings and writings

서:화(瑞花)[명] 풍년의 조짐이 되는 꽃이라는 뜻으로, '눈'을 달리 이르는 말. 《것을 업으로 삼는 사람.

서화-가(書畵家)[명] 글씨와 그림에 능한 사람. 또, 그

서화-상(書畵商)[명] 서화를 전문으로 사고 파는 장사. 또, 그 사람. dealer in pictures and writings

서화-첩(書畵帖)[명] 서화를 모아 만든 책. scrapbook of picture and writings

서화-포(書畵鋪)[명] 글씨와 그림을 팔거나 사거나 하는 가게. shop dealing in pictures and writings

서:황(棲遑)[명] 몸 붙여 살 곳이 없음. 하자

서:회(敍懷·舒懷)[명] 품고 있는 생각을 베풀어 말함. effusion of one's thoughts 하자

서:훈(敍勳)[명] 훈공에 따라 훈장을 내림. decoration 하자

서호레¹[고] 써레.

서호레²[고] 계급(階級).

서히¹[—씨]→셋.

서히²[—씨]→서이.

석:²[관] '세'의 특별히 쓰이는 말. ¶ ~ 장. ~ 냥. ~ 되. ~ 섬. ~ 자. ~ 달. three

석²[명] ①종이 따위를 베는 것 같은 모양이나 소리. ②거침없이 밀거나 쓸어 나가는 모양. 《작. 싹. 《센》 썩¹. without a stop

석(錫)[명] 주석(朱錫).

석(釋)[명] 〈불교〉 ①석가의 약칭. Sakyamuni ②불교에 귀의(歸依)·출가한 이의 법성(法姓). ¶ ~ 일연(一然). Buddhist surname

석(釋)[명] 아침 저녁으로 부처 앞에 예불하는 일. 하자

석(夕)[명] ①저녁. ②[賓]~. seat

=석(席)[미] 자리를 나타내는 말. ¶특별~. 내빈(來賓)~.

석가(石瘕)[명] 〈한의〉 자궁에 어혈(瘀血)이 모여, 월경이 나오지 않고 아랫배가 아픈 병.

석가(釋迦)[명] 〈불교〉 ①고대 인도의 크샤트리아 계급에 속하는 종족의 하나. 석가 모니도 이 종족에 속함. ②《약》→석가모니.

석가(釋家)[명] 〈동〉 불가(佛家). 《가(釋家)②. Buddha

석가 모니(釋迦牟尼)[명] 〈불교〉 불교의 교조. 《약》

석가 모니불(釋迦牟尼佛)[명] 〈불교〉 부처로서 모시는 석가 모니. 《약》 모니불(牟尼佛). Sakyamuni

석가 모니 여래(釋迦牟尼如來)[명] 〈불교〉 석가 모니를 신성하게 이르는 말. 《약》 석가 여래. 여래.

석가-법(釋迦法)[명] 〈불교〉 밀교(密敎)에서 석가 모니를 본존(本尊)으로 하고 일체의 장애와 병환을 퇴치하기 위하여 하는 수법(修法).

석가-산(石假山)[명] 정원에 돌을 쌓아 올려 만든 산. 가산. rockery

석가 삼존(釋迦三尊)[명] 〈불교〉 석가 모니·문수 보살(文殊菩薩)·보현 보살(普賢菩薩)의 세 부처. 《약》 삼존(三尊).

석가 세:존(釋迦世尊)[명] 〈불교〉 석가 모니(釋迦牟尼)의 존칭. 《약》 석존(釋尊). 세존(世尊). 「尼如來).

석가 여래(釋迦如來)[명] 《약》→석가 모니 여래(釋迦牟

석가 일대[—때](釋迦一代)[명] 오랜 세월. 물건이 단단해서 오래감을 비유로 이르는 말. many a (long) year

석가-탑(釋迦塔)[명] 〈불교〉 석가의 치아·뼈·모발·사리(舍利) 등을 모셔 둔 탑. pagoda

석가 탱화(釋迦幀畵)[명] 석가 모니(釋迦牟尼)의 화상(畵像). 「역사.

석가 행적(釋迦行跡)[명] 석가 모니(釋迦牟尼) 일생의

석각(夕刻)[명] 저녁 무렵. evening

석각(石角)[명] 돌의 뾰쪽 나온 모서리.

석각(石刻)[명] 돌에 새김. stone carving 하자

석각-장이(石刻匠—)[명] 석수장이. 「긴 그림.

석각-화(石刻畵)[명] 돌에 새긴 그림. 비석 따위에 새

석간(夕刊)[명] 《약》→석간 신문.

석간(石澗)[명] 돌이 많이 깔린 산골짜기에 흐르는 시내. mountain stream

석간-송(石間松)[명] 바위틈에서 자란 소나무.

석간-수(石間水)[명] 바위틈에서 나는 샘물. 석천(石泉).

석간-수(石澗水)[명] 산골짜기의 돌이 많은 곳에 흐르는 시내의 맑은 물.

석간 신문(夕刊新聞)[명] 저녁때에 발행되는 신문. 석간(夕刊新聞). 《대》 조간 신문(朝刊新聞). 《약》 석간. evening paper

석간-주(石間硃)[명] 〈광물〉 붉은 산화철을 함유한 붉은 빛의 흙. 자토(赭土). 대자(代赭)②. 주토(朱土). 토주(土朱). 적토(赤土). 자석고. ¶ ~ 사기(沙器).

석간=지(夕刊紙)圀 〈동〉 석간 신문.
석간 토혈(石間土穴)圀 〈민속〉 바위 사이의 무덤을 팔 만한 자리. [함. 하圀
석갈(釋褐)圀 〈제도〉 문과에 급제하여 처음으로 벼슬
석갑(石匣)圀 불상을 넣어 두는 돌로 만든 갑실.
석감(石鹼)圀 〈동〉 비누.
석=감청(石紺靑)圀 천연산의 감청색 물감. (대) 화감청(花紺靑). natural blue-black
석강(夕講)圀 〈제도〉 임금이 저녁에 글을 강론함. 하
석갱(石坑)圀 암석에 판 굴.
석거(石鋸)圀 〈동〉 낙지. [물. stone sword
석검(石劍)圀 〈역사〉 돌로 만든 칼. 석기 시대의 유
석겁(石袪)圀 〈동〉 돌다리.
석=결명(石決明)圀 ①〈식물〉 차풀과의 일년생 풀. 여름에 황색의 꽃이 피고, 꽃이 진 뒤에 꼬투리를 맺음. 씨는 약우릉. ②〈한의〉 전복의 껍데기. 흔히 눈병을 고치는 데음.
석경(夕景)圀 저녁때의 경치(景致).
석경(石徑·石逕)圀 돌이 많은 좁은 길. stony lane
석경(石磬)圀 〈음악〉 돌로 만든 경쇠. 돌경.
석경(石鏡)圀 ①유리로 만든 거울. (대) 동경(銅鏡). ②〈동〉 면경(面鏡). handglass
석계(石階)圀 〈동〉 섬돌.
석고(石膏)圀 〈광물〉 단사정계 광석의 하나. 보통 백색의 기둥 모양이나 널조각 모양으로 이룸. 백색의 안료·조각 재료 등으로 쓰임. 깁스①. gypsum
석고=끌(石膏一)圀 석고상을 만들 때 쓰는 끌.
석고 대=죄(席藁待罪)圀 거적을 깔고 엎드려 벌을 기다
석고 붕대(石膏繃帶)圀 깁스(gips) 붕대. [림. 하圀
석고=상(石膏像)圀 〈미술〉 석고를 써서 만든 초상. plaster bust
석고=색(石膏色)圀 석고의 빛깔. 곧, 흰빛.
석고=판(石膏板)圀 〈물리〉 현미경 밑에서 결정(結晶)의 양음(陽陰)과 미약한 복굴절을 보는 데 쓰는 석고로 된 판. [석고로 만든 거푸집. plaster cast
석고=형(石膏型)圀 도자기를 만들 때 원형으로 쓰는
석곡(夕哭)圀 상제가 한 해 동안을 계속하여 저녁때마다 영전(靈前)에서 곡하는 일. 하圀
석곡(石斛)圀 석곡풀.
석곡(石穀)圀 석곡풀.
석곡=풀(石斛一)圀 〈식물〉 난초과의 다년생 풀. 높이 20 cm 가량으로 많은 마디가 있으며 녹갈색임. 5~6월에 백색 또는 담홍색의 꽃이 핌. 난지(暖地)의 나무 또는 바위 위에 나는데 한방에서 위의 강장재(强壯劑)로 씀. 관상용임. 석곡(石斛).
석공(石工)圀 〈석공〉①〈석수(石手). ②→석공업.
석공=업(石工業)圀 돌·콘크리트 따위를 다루는 직업. 〈약〉 석공②. masonry
식과 불식[碩果不食] 〈쎼〉 큰 과실은 다 먹지 않고 남긴다는 뜻으로 자기의 욕심을 버리고 사손에게 복을 끼쳐 줌을 이름.
석곽(石槨)圀 석재로 만든 곽. stone outer-coffin
석곽(石槨)圀 석재로 만든 곽.
석곽=묘(石槨墓)圀 〈역사〉 석곽으로 곽실(槨室)을 만든 묘. 돌덴 묘(dolmen 墓) 같은 것. 〈데〉 목곽묘(木槨墓).
석관(石棺)圀 석재로 만든 관. stone coffin
석광(石鑛)圀 〈동〉 석혈(石穴).
석광(錫鑛)圀 〈광물〉 주석을 파내는 광산. stannary
석괴(石塊)圀 돌의 덩이. block of stone
석교(石交)圀 언제까지나 변치 않는 굳은 교제. 돌과 같이 단단한 교제.
석교(石橋)圀 돌로 놓은 다리. stonebridge
석교(釋敎)圀 〈동〉 불교(佛敎).
석구(石臼)圀 돌로 만든 절구. stone mortar
석=굴(石一)圀 〈조게〉 굴조개를 '미네굴'에 상대하여 이르는 말. cavern
석굴(石窟)圀 바위에 뚫린 굴. 암혈, 암굴(岩窟). [grotto
석권(席卷)圀 자리를 돌돌 말듯이 너른 땅을 삽시간에 빼앗음. sweeping 하圀
석권지=세(席卷之勢)圀 자리를 말 듯이 세차고 거침없이 세력을 펴는 모양. sweep over
석궐(石闕)圀 능묘(陵墓)나 묘(廟) 앞에 좌우 한 쌍으로 돌을 쌓아 겹친 장식적인 문(門)의 하나.
석금(石金)圀 돌에 섞여 있는 금. gold ore
석기(石基)圀 ①돌의 토대. ②〈광물〉 화강암의 반상구조(斑狀構造)에서 반정(斑晶) 이외의 미세 결정이 집합한 부분. ground mass
석기(石器)圀 돌로 만든 기구. stone implement
석기(炻器)圀 〈공업〉 순수한 진흙과 알칼리·규산질(硅酸質)이 많은 것으로 만들어 단번에 구운 자기.
석기 시대(石器時代)圀 〈역사〉 인류 문화 발달 단계에 있어서 인지(人智)가 매우 유치하여, 금속을 사용하는 방법을 알지 못하고 돌로 도끼와 칼 따위를 만들어 쓰던 시대. 구석기 시대와 신석기 시대의 둘로 나뉘며, 다음 시대는 청동기(靑銅器) 시대임. stone age
석남(石南·石楠)圀 〈식물〉 석남과의 상록 활엽 관목. 잎은 타원형에 겉면은 녹색 광택이 나고 뒷면은 흰빛이 남. 5월에 백색 또는 담홍색의 꽃이 피며 구형의 사과(蒴果)는 가을에 익음. 관상용임.
석남=등(石南藤)圀 〈동〉 마가목. [odendron
석남=화(石南花·石楠花)圀 석남의 꽃. flower of rhod-
석녀(石女)圀 아이를 못 낳는 계집. 돌계집. [year
석년(昔年)圀 ①옛날. ancient times ②지난 해. last
석노(石砮)圀 석기 시대에 쓰던 돌로 만든 살촉. stone arrow-head
석뇌=유(石腦油)圀 나프타(naphtha) 기름.
석=다(一) ①쌓인 눈이 속으로 끓아서 녹다. become sloppy ②식혜 따위가 익을 때 괴는 물방울이 속으로 사라지다. ferment
석=다(一) 〈고〉 썩다. [a horse and prod it on
석다=치다(一) 말에 재갈을 물리고 채치어 달리다. bit
석단(石段)圀 돌로 만든 계단. 석계(石階). 섬돌.
석단(石壇)圀 돌로 만든 단.
석담(石膽)圀 〈동〉 담반(膽礬).
석대(石臺)圀 돌로 쌓아 만든 대. 돌 축대. stone wall
석대(碩大)圀 몸집이 굵고 큼. stalwart 하圀
석덕(碩德)圀 ①높은 덕. virtue ②덕이 높은 사람. man of high virtue ③〈불교〉 덕이 높은 중. priest
석도(石刀)圀 〈동〉 돌칼. [of high virtue
석돌圀 〈약〉→푸석돌.
석=동圀 윷놀이에서 세 번째 가는 동. 〈약〉 석¹.
석:동=무니圀 윷놀이에서 석동들을 같이 어울려 가지고 가는 말. [리. 〈센〉 독대가리.
석두(石頭)圀 아무리 가르쳐 주어도 알지 못하는 머
석두=아(石蠶蛾)圀 〈동〉 날도래.
석독圀 연한 것을 한 번 아에 토막처 자르는 모양이나 소리. 〈작〉 삭독. 〈센〉 씩독.
석독=거리다(一)匞 연해 석독하다. 또, 연해 석독 소리를 나게 하다. 〈작〉 삭독거리다. 〈센〉 씩둑거리다.
석둑=석둑圀 하圀
석등(石燈)圀 〈약〉→석등롱(石燈籠).
석=등(石一)圀 돌로 네모지게 만든 등. 장명등(長明燈). 〈약〉 석등(石燈).
석란(石蘭)圀 나비난초.
석란(石欄)圀 돌로 만든 난간. stone railing
석란(錫蘭)圀 '스리랑카'의 음역(音譯).
석랍(石蠟)圀 파라핀(paraffin).
석량(碩量)圀 큰 도량(度量).
석려(夕麗)圀 저녁놀이 타면서 고운 모양. [하圀
석련(釋慮)圀 염려를 놓음. 방심(放心)④. carelessness
석력(石礫)圀 작은 돌. 자갈. pebble
석력(淅瀝)圀 ①비나 눈이 내리는 소리. sound of rainfall ②바람이 나무를 울리는 소리. sound of wind blowing through the trees
석련=자(石蓮子)圀 오래 묵은 연밥. old lotus pip
석로(碩老)圀 덕이 높은 노인. highly virtuous old man

석=로(釋老) 석가와 노자(老子). Sakyamuni and Lao-tzu

석록(石綠)[명] ①[동] 공작석(孔雀石). ②[미술] 녹색 「[綠色]의 딴이름.

석룡=자(石龍子)[명] ①[동] 도마뱀. ②[동] 동동룡.

석류(石榴)[명] ①석류나무의 열매. 맛이 달고 심. pomegranate ②석류의 껍질. 설사·복통(腹痛)·대하증 등의 수렴제(收斂劑)와 조충(條蟲)의 구제약(驅除藥)으로 씀. ③떡의 석류 모양의 웃기.

석류(石瘤)[명] 석영(石癭).

석류=나무(石榴一)[명] 〔식물〕석류나무과의 낙엽 활엽 교목. 높이 3m 가량이고 잎은 긴 타원형임. 과실은 황적색인데 10월에 익으며 불규칙하게 갈라져 투명한 씨를 드러냄. 근피(根皮)·수피(樹皮)·과피(果皮) 등을 말려 약용함. pomegranate tree

석류=목(石榴木)[명] 〔민속〕 육십 갑자(六十甲子)에서 경신(庚申)·신유(辛酉)에 붙이는 납음. ¶ 경신 ∼. 신유 ∼.

석류-문(石榴紋)[명] 석류를 도안화(圖案化)한 무늬.

석류-석(石榴石)[명] 〔광물〕 철·망간·마그네슘·칼슘·알루미늄 등을 포함한 규산염(硅酸鹽) 광물의 하나. garnet

석류-잠(石榴簪)[명] 꼭지에 금이나 은으로 석류 꽃을 새긴 비녀.

석류-풀(石榴一)[명] 〔식물〕 석류풀과의 일년생 풀. 줄기는 모가 나고 높이 20 cm 내외이며 잎은 도란형 혹은 피침형임. 8∼9월에 황갈색 꽃이 피고 과실은 삭과(蒴果)임.

석류-피(石榴皮)[명] 〔한의〕 석류나무의 뿌리와 줄기의 껍질을 한방에서 이르는 말. 촌백충 구제약에 쓰임.

석류-화(石榴花)[명] 석류의 꽃. flower of pomegranate

석림(石痳·石淋)[명] 〔의학〕 임질의 하나. 신장 또는 방광에 돌 같은 것이 생김.

석마(石馬)[명] 〔제도〕 능침(陵寢)의 문인석과 무인석 곁에 돌로 새겨 만들어 놓은 말.

석마(石磨)[명] [동] 맷돌.

석마 도기(石瑪陶器)[명] 〔공업〕 중국 명나라 때에 나 「먼 도자기의 이름.

석말(席末)[명] [동] 말석(末席).

석망(碩望)[명] 아주 높고 큰 명망. high reputation

석매(惜賣)[명] 장사치가 값이 오르기를 바라고 팔지 않음. holding back

석면(石綿)[명] 〔광물〕 사문석 또는 각섬석(角閃石)이 섬유질로 변한 광물. 돌솜. 석융(石絨). asbestos

석면 도기(石綿陶器)[명] 〔공업〕 원료 속에 석면이 포함된 도기. 잘 안 깨짐.

석면=사(石綿絲)[명] 석면의 섬유를 무명·명주·삼 따위와 섞어서 꼬아 만든 섬유를 제거한 실. 내화성이 크고 전기의 불량 도체임. asbestos fiber

석면 슬레이트(石綿 slate)[명] 석면 섬유와 시멘트를 물에 이겨 얇은 널빤지처럼 만든 시멘트 제품. 지붕을 이는 데 씀. asbestos slate

석면판(石綿板)[명] 석면을 주재료로 하여 만든 판.

석면 펠트(石綿 felt)[명] 석면의 섬유로 만든 펠트는. 방화재(防火材)·흡음재(吸音材) 등으로 씀.

석명(釋明)[명] ①똑똑히 풀어 밝힘. making clear ②사정을 설명하여 책임 소재를 밝히는 일. explanation 하타

석명=권(一權)(釋明權)[명] 〔법률〕 소송법상, 소송 관계를 명료하게 하기 위하여 법원(法院)이 법률상 및 사실상의 일에 대하여 발문(發問)하고 당사자로 하여금 녑게의 기회를 주는 권리.

석명 의:무(釋明義務)[명] 〔법률〕석명권을 법원의 의무로 보아 붙인 이름. 「government post

석모(席帽)[명] 마음에 차지 않은 벼슬. unsatisfactory

석모=강(石毛薑)[명] [동] 넉줄고사리.

석=목탁(釋木鐸)[명] 〔불교〕 절에서 새벽에 사람들을 일으키기 위하여 치는 목탁.

석무(夕霧)[명] 저녁에 끼는 안개.

석묵(石墨)[명] [동] 흑연(黑鉛).

석문(石文)[명] 비석·벽돌·기와 따위에 조각한 글.

석문(石門)[명] ①돌로 된 문. stone gate ②바위가 연적으로 문같이 된 곳. door shaped rock

석문(石紋)[명] 돌의 무늬. pattern on a stone

석문(席門)[명] 멍석문으로 문을 가린다는 뜻이니 가난한 집의 형용. poor house 「annotation of sutras

석문(釋文)[명] 〔불교〕 경론을 풀이한 글이나 글귀.

석문(釋門)[명] 《동》 불가(佛家).

석물(石物)[명] 무덤 앞에 돌로 만들어 놓은 물건. 석인(石人)·석수(石獸)·석등(石燈)·석상(石床) 등. stone articles of a tomb

석민(惜悶·惜閔)[명] 아끼고 슬퍼함. 하타

석밀(石蜜)[명] [동] 석청(石清).

석박(錫箔)[명] 납지(鑞紙).

석반(夕飯)[명] 저녁 밥. [동] 조반(朝飯). supper

석반(石盤)[명] 석판(石板). 「[材].

석반-석(石盤石)[명] 석반을 만들 때에 쓰이는 석반

석반-어(石斑魚)[명] 〔어류〕 석반어과(石斑魚科)의 바닷물고기. 몸 길이가 30∼40 cm 가량으로 길고 측편하며 몸 빛은 보통 흑갈색임. 해조·암초 사이에 살며 여름철에 맛이 좋음. 쥐노래미.

석발=미(石拔米)[명] 돌을 가려낸 쌀. stone free rice

석방(釋放)[명] 〔법률〕 가두었던 사람을 놓아 줌. 방면(放免). 방석(放釋). 방송(放送). [대] 검거(檢擧). 구금(拘禁). 체포. release 하타

석=방향(石方響)[명] 〔음악〕 돌로 만든 악기의 하나. musical instrument of stone

석=벌(一)[명] 〔곤충〕 바위틈에 집을 짓고 사는 벌.

석벌의 집[명] ①바위와 바위의 틈에 지은 벌집. ②석벌집 모양으로 엉성하게 생긴 물건. beehive in rocks

석벽(石壁)[명] ①돌로 쌓은 벽. stone wall ②언덕의 바위가 바람벽같이 된 곳. precipice

석=벽려(石薜荔)[명] [동] 담쟁이덩굴.

석별(惜別)[명] 이별하기를 애틋하게 여김. regretful parting 하타 「무는 연회. farewell party

석별=연(惜別宴)[명] 석별의 정을 나누기 위하여서 베

석별지=정(惜別之情)[명] 서로 멀어지기를 섭섭히 여기는 마음. 이별을 애틋하게 여기는 마음. 석별의 정.

석보(石堡)[명] 돌로 만든 보.

석복(惜福)[명] 검소하게 생활하여 복을 오래 누리게 함. 하타

석봉(石蜂)[명] [동] 날도래.

석부(石斧)[명] [동] 돌도끼.

석부(石趺)[명] 돌을 새겨서 만든 부좌(趺坐)나 비(碑) 받침 따위. stone stand for a monument

석부(釋負)[명] ①크고 묵직한 책임을 면함. freedom from one's burden ②〔제도〕 의정(議政)의 자리에서 물러남. 「서 물러남. 하타

석=두부(石豆腐)[명] 두부숙.

석=불가:난(席不暇暖)[명] 자주 드나들어 방이 따뜻할 겨를이 없다는 뜻. 자리나 주소를 자주 옮김을 이름. moving frequently 하타

석불 반:면(石佛反面)[명] 돌부처가 얼굴을 돌린다는 뜻으로, 아주 미워하고 싫어함의 비유. 하타

석비(石碑)[명] [동] 돌비.

석=비레(石一)[명] 〔광물〕 무석돌이 많이 섞인 흙. 풍화된 편마암(片麻岩). gneiss

석비레-담(石一一)[명] 석비레로 쌓아 올린 담.

석=빙고(石氷庫)[명] 돌로 만들어 얼음을 보관하는 창고. ice-storage

석사(碩士)[명] ①[공] 벼슬이 없는 선비. ②[교육] 대학원 과정을 마치고 석사 논문이 통과된 이에게 주는 학위. 또, 그 학위를 받은 사람. master

석산(石山)[명] 돌로 된 산. rocky mountain

석산(石蒜)[명] 〔식물〕 수선과의 다년생 풀. 땅 속에 인경(鱗莖)이 있고 잎은 넓은 부채꼴임. 가을에 붉은 꽃이 피는데 꽃대가 길게 나옴. 인경은 독성이 있어 약으로 씀.

석산=화(石蒜花)[명] 석산의 꽃. Manjusaka flower

석=삼년(一三年)[명] 아홉 해. 또는, 오랜 세월을 이르는 말. nine years

석상(石床)[명] [동] 혼유석(魂遊石).

석상(石像)〖명〗돌로 만든 사람이나 동물의 형상. stone image
석상(席上)〖명〗〖동〗좌상(座上)②.
석=상:식(夕上食)〖명〗저녁 상식.
석상 휘호(席上揮毫)그림 또는 글씨를 앉은 자리에서 쓰고 그림.
석:새(예) 올의 날실. sixty warps
석:새=베[—베]〖명〗석새 삼베.
석:새 삼베굵은 삼베. 삼승포(三升布). ⑩ 석새베. coarse hemp cloth
석:새 짚신굵은 총의 짚신. coarse sandals
석새 짚신에 구슬 감기〖관〗차림이 어울리지 않는다.
석서(鼫鼠)〖명〗다람쥐과에 속하는 짐승의 하나. 크기·모양은 보통 다람쥐와 같으나 몸 빛은 황갈색에 흑색을 띰. 밤에 먹이를 찾아 곡물을 해침. 털은 붓 만드는 재료로 쓰임. 중국 만주의 특산. weasel
석=석(—)〖어〗①거침없이 좀 가볍게 비비거나 밀거나 쓰는 소리. 또, 그 모양. rub lightly ②종이나 피륙 등을 거침없이 베어 나가는 소리. 또, 그 모양. 《작》사삭. 《세》썩썩. cutting easily
석석(錫石)〖명〗〖광물〗주석의 주요한 광석. 산화석을 주성분으로 하고 철·탄탈 기타 희토류 원소 들을 포함함.
석=거리-다[타]〖어〗연해 석석 소리가 나다. 또, 연해 석석 소리를 나게 하다. 《작》사삭거리다. 《세》썩썩거리다. [ing stone
석선(石船)〖명〗돌을 나르는 배. 돌배. boat for carry-
석성(石聖)〖명〗〖불교〗덕이 높고 믿음이 굳은 승려.
석송(石松)〖명〗〖식물〗석송과(石松科)에 속하는 상록 다년생 만상(蔓狀)의 양치 식물(羊齒植物). 줄기는 땅위로 덩굴처럼 뻗고, 잎은 줄기에 밀생함. 누른 빛의 포자(胞子)는 한의에서 석송자(石松子)라 하여 약에 씀. 관상용임. Lycopodium clanata
석송-자(石松子)〖명〗〖한의〗석송의 포자를 약제로 이르는 말.
석쇠〖명〗고기 따위를 굽는 기구. 적철. grill
석:쇠(釋—)〖명〗〖불교〗아침·저녁 예불할 때 치는 종.
석수(石手)〖명〗돌을 다루는 사람. 석공(石工)①. 석장(石匠). stone-mason
석수(石數)〖명〗곡식 따위를 섬으로 센 수. number of straw bags [animals of graves
석수(石獸)〖명〗무덤 앞에 세우는 돌로 만든 짐승. stone
석수(汐水)〖명〗저녁때에 밀려 들어왔다가 나가는 바닷물. 〈대〉조수(潮水). evening tide
석수-선(石數船)〖명〗석수로 용적을 나타내는 선박.
석수-어(石首魚)〖명〗〖동〗조기. [장이.
석수-장이(石手匠—)〖명〗〈낮〉석수를 이르는 말.
석수장이 눈깜작이부터 배운다어떤 일을 배울 때 쉬운 것부터 배우게 된다는 말. [work 하⑴
석수-일(石手—)〖명〗석수들이 돌을 다루는 일. masonry
석순(石筍)〖명〗〖광물〗석회 동굴 안의 천장에서 떨어지는 물방울 중 탄산석회가 물과 이산화탄소의 증 발로 유리(遊離)·결정(結晶)하여 죽순같이 된 돌기물. stalagmite
석순(石專)〖명〗파례.
석순(席順)〖명〗〖동〗석차(席次)①.
석시(昔時)〖명〗옛적. [stone
석신(石神)〖민속〗신(神)으로 섬기는 돌. divine
석=신명(惜身命)몸을 조심하여 위험에서 피함. 하
석실(石室)〖명〗①돌 둘림. ②돌 둘방.
석실=분(石室墳)〖명〗상고 시대 무덤의 한 양식. 돌로 현실(玄室)을 만들고 출입을 위한 연도(羨道)를 만든 무덤.
석씨(釋氏)〖명〗①석가. ②불가(佛家). 승려.
석씨 매듭남작이 매듭의 상하 좌우로 생쪽 매듭이 둘러싼 모양의 매듭. [床).
석안(石案)〖명〗무덤 앞에 만들어 놓은 네모난 석상(石
석안 유심(釋眼儒心)부처의 눈과 공자의 마음. 곧, 자비스럽고 인애(仁愛) 깊은 심.
석약(石藥)〖명〗돌로 만든 약. 곧, 광물질의 약제.
석양(夕陽)〖명〗①저녁때의 해. 낙조(落照). 남일(納日). 사일(斜日). 석일(夕日). 잔양(殘陽). setting sun ②저녁 나절. 〈대〉조양(朝陽). in the evening ③노년(老年)을 비유하여 이르는 말. 황혼.
석양(石羊)〖명〗〖제도〗왕릉(王陵)을 둘러싼 담 안에 벌여 세우는 돌로 만든 양.
석양=녘(夕陽—)〖명〗해질 무렵. toward sunset
석양=볕[—볕](夕陽—)〖명〗저녁때의 햇볕.
석양=빛[—볕](夕陽—)〖명〗저녁때의 햇빛.
석양=천(夕陽天)〖명〗저녁때의 하늘.
석양-판(夕陽—)〖명〗해가 거의 질 무렵. 그 햇빛이 비치는 곳. toward sunset shines
석어(石魚)〖명〗〖동〗조기.
석언(釋言)〖명〗변명을 함. 또, 변명하는 말. 하⑴
석=얼음(—)〖명〗①물 위에 뜬 얼음. floating ice ②유리창에 붙은 얼음. frostwork ③수정 속에 보이는 잔 줄. streaks in the crystal
석역(石役)〖명〗돌을 다루어 물건을 만드는 일.
석연(夕煙)〖명〗저녁밥을 짓는 연기. smoke in the evening
석연(石硯)〖명〗돌을 쪼아 만든 벼루.
석연(石燕)〖명〗〖한의〗모양이 제비 또는 조개와 비슷한 중국서 나는 돌. 난산(難産)·임질(淋疾) 따위에 약으로 씀.
석-연대[—년—](石蓮臺)〖명〗돌로 만든 연대. 돌연대.
석-연자[—년—](石蓮子)〖명〗〖식물〗오래 묵은 연밥.
석연-하-다(釋然—)〖형〗의심이 확 풀리어 거림하거나 섭섭함이 없다. quite satisfied **석연-히**〖부〗
석염(石鹽)〖명〗암염(岩鹽).
석엽(腊葉)〖명〗종이 사이에 넣어 눌러서 말린 식물의 일사귀나 가지 등의 표본.
석영(石英)〖명〗〖광물〗규소(硅素)와 산소가 화합한 돌의 하나. 유리·도기(陶器)의 재료로 쓰임. 차돌①. quartz [석흑(石—).
석영(石纓)〖명〗〖한의〗썩 단단한 흑. 석류(石瘤). 〈속〉
석영 반암(石英斑岩)〖명〗〖광물〗장강암(花崗岩)과 같은 성분으로서 반상(斑狀) 조직을 이루고 있으며, 석영·정장석(正長石)·운모 따위의 반정(斑晶)의 점이 널러 있는 암석. quartz porphyry
석영=사(石英砂)〖명〗〖동〗규사(硅砂).
석영 유리[—뉴—](石英琉璃)〖명〗〖화학〗이산화규소만으로 된 유리. 순도가 높은 규석·규사를 용융하여 만듦. 용융에는 1700~1800도의 고온을 요하므로 이것의 세공에는 산수소염의 고온을 필요로 함. 자외선이나 적외선을 잘 통함. 이화학 실험 기구에 쓰임. quartz-glass
석영 조면암(石英粗面岩)〖명〗〖광물〗장강석(正長石)·석영(石英)·운모(雲母) 등의 반정(斑晶)으로 이루어진 화성암(火成岩). 도자기(陶瓷器)의 원료로 쓰임.
석=오공(石蜈蚣)〖명〗게지네. [유문암(流紋岩).
석=웅황(石雄黃)〖명〗①〖광물〗천연으로 나는 비소(砒素)의 화합물. 빛은 등황색 또는 황색임. 염료·화약에 쓰임. 〈약〉석황(石黃). ②〖미술〗누른빛의 물감.
석월(夕月)〖명〗서녁에 뜨는 달. [yellow pigment
석위(石葦)〖명〗〖식물〗고사리과의 상록 양치 식물. 근경은 길게 옆으로 뻗으며 잎의 표면은 녹색, 말린 은 황갈색의 털이 밀생함. 바위·나무 줄기에 착생·군생(群生)하는데 잎과 줄기는 이뇨(利尿)제로 쓰임. 와위(瓦葦).
석유(石油)〖명〗〖광물〗여러 가지 탄화수소의 혼합물. 등화용, 연료용으로 사용함. 매유(煤油). 석탄유(石炭油). 지유(地油). petroleum
석유(頑儒)〖명〗〖동〗거유(巨儒)①. [petroleum well
석유=갱(石油坑)〖명〗〖광물〗원유(原油)를 채취하는 갱.
석유 경유(石油輕油)〖화학〗석유의 원유를 끓일 때, 200~350℃ 사이에서 얻는 기름. 동력·기계 세척용 등으로 쓰임. [can
석유=관(石油罐)〖명〗석유를 넣는 양철통. 수동이. oil
석유 기관(石油機關)〖공업〗석유를 연료로 하는 소형 내연 기관. internal-combustion engine
석유 난:로(石油暖爐)〖명〗석유를 연료로 하는 난로. kerosene stove

석유 남포(石油—) 석유로 불을 켜는 남포. 석유 램프. oil lamp

석유-등(石油燈) 석유로 불을 켜는 등잔. oil lamp

석유 램프(石油 lamp) 〈동〉 석유 남포.

석유 모:층(石油母層) 〈지학〉 석유의 근원 물질을 포함하고, 거기서 석유가 생성되었다고 생각되는 지층.

석유 미생물학(石油微生物學) 〈생물〉 석유 공업에 관련되는 미생물학적 공학 분야, 석유 형성에 있어서의 미생물의 역할·탐색·제조·저장 및 석유을 이용한 화합 합성 따위를 연구함.

석유 발동기(石油發動機) 〈공업〉 석유에서 얻은 동력을 이용하여 운전되는 기계. petroleum motor

석유 벤진(石油 benzin) 〈화학〉 원유를 증류할 때에 70~90도에서 유출되는 무색 투명한 액체. 점화되기 쉽고, 특이한 냄새가 있음. 의료 및 공업용으로 쓰임. 「판매를 하는 산업.

석유 산:업(石油産業) 원유의 탐사·채굴·수송·정제

석유=업(石油業) 원유의 채취(採取)·정제(精製)를 목적으로 하는 공업(工業). petroleum industry

석유 에:테르(石油 ether) 〈화학〉 석유를 분류한 것 중에서 맨 처음에 나오는 무색의 잘 타는 액체. 용제(溶劑)·연료 등으로 씀.

석유 유제(石油乳劑) 석유를 석유에 타서 젖빛으로 탄 약제. 구충제·소독제로 씀. petroleum emulsion 「중유 등의 각종 석유 제품으로 만드는 일.

석유 정제(石油精製) 원유를 가공·정제하여 휘발유·

석유 제:품(石油製品) 원유를 처리·가공하여 주로 연료 및 윤활유로 쓰도록 만들어 낸 제품.

석유 지질학(石油地質學) 〈지학〉 석유의 형성 원인·형성 조건·분포 법칙 등을 연구하는 지질학의 한 분과.

석유 탐사(石油探査) 석유가 존재하는 장소와 석유의 집적에 알맞는 지질 구조를 찾는 일. 그 방법으로는 지질학적 방법, 지구 물리학적 방법, 지구 화학적 방법, 시추 등을 종합하여 행함.

석유-통(石油桶) ①석유를 담는 양철통. ②석유를 담는 그릇의 총칭. 「kerosene heater

석유 풍로(石油風爐) 석유를 연료로 하는 풍로.

석유 피치(石油 pitch) 〈화학〉 중유에서 유분(油分)을 빼낸 뒤의 암갈색 또는 흑색의 고형물.

석유 합성(石油合成) 〈화학〉 천연 가스나 분해 석유 제조의 부산물로 생기는 가스를 분리해서, 이것과 수소를 원료로 하여 고온·고압 아래에서 중합(重合)시키는 일. 「암, oil shale

석유 혈암(石油頁岩) 〈광물〉 석유를 머금고 있는 혈

석유 화:학(石油化學) 〈화학〉 석유 화학 공업의 기초가 이루는 석유계 탄화수소에 관한 화학.

석유 화학 공업(石油化學工業) 〈공업〉 석유·천연 가스를 원료로 하여 화학 제품을 만드는 공업. petrochemical industry

석유 화학 제:품(石油化學製品) 석유 또는 천연 가스로부터 만들어진, 연료 및 윤활유 이외의 주로 유기 합성 화학 제품.

석=유황(石硫黃)—[뉴—](石硫黃) 〈화학〉 화산(火山) 지방에서 나는 황록색의 결정 따위. 마찰하면 불이 남.

석융(石絨) 〈동〉 돌솜. 「〈약〉 유황. 黃.

석음(惜陰) 해가 져서 어슴푸레한 때. evening

석음(惜陰) 시간을 아낌. saving one's time 하다

석의(石儀) 〈동〉 석물(石物).

석의(釋義) 글의 뜻을 설명함. commentary 하다

석이(石耳·石栮) 〈식물〉 석이과(石耳科)의 버섯의 하나. 원반형으로 바깥쪽은 회갈색이며 번들번들하고 안쪽은 검은 빛의 가시털이 밀생함. 바위에나머 식용임. 석이버섯.

석이-다_{타동} ①진 날씨가 쌓인 눈을 녹이어 석게 하다. make sloppy ②더운 기운이 닿아 담근 술이나 식혜 등의 국물을 속에 석게 하다. ferment

석이=**버섯**(石耳—) 〈동〉 석이.

석인(石人) 무덤 앞에 세우는 돌로 만든 사람. 인석(人石). 장군석. stone-image in a graveyard

석인(石印) ①돌에 새긴 도장. 석탑(石搭). stone seal ②〈약〉→석판 인쇄.

석인(昔人) 고인(古人).

석인(碩人) 덕이 높은 사람. man of virtue

석인-본(石印本) 〈인쇄〉 석판 인쇄로 된 책. lithographed book 「사람이나 짐승의 형상.

석인 석수(石人石獸) 무덤 앞에 세우는 돌로 만든

석일(夕日) 〈동〉 석양(夕陽).

석일(昔日) 〈동〉 옛날.

석일와 옥람좌(惜一瓦屋攬挫) 기와 한 장 아끼려다 들보 부러진다는 말로 미리 방비하면 탈이 없음을 말하지만 그런 큰 손해를 봄. A little leak will sink a great ship

석임 술·식혜 등이 익을 때 부글부글 괴면서 방울이 속으로 석음. fermentation 하다

석자(石—) 기름에 지진 물건을 건저낼 때에 쓰는 철사로 만든 물건. 누락(漏杓). skimming spoon, sieve

석자(昔者) 〈동〉 옛날.

석자(席子) 〈동〉 돗자리.

석자(釋子) 〈불교〉 석가의 제자(弟子). 불제자(佛弟子). Buddha's disciples

석 자 베를 짜도 베틀 벌리기는 일반 일은 많이 하지 않더라도 하나 그에 대한 준비와 벌림은 마찬가지다.

석잠(石蠶) 〈동〉 물여우.

석잠-아(石蠶蛾) 〈동〉 물여우나비.

석장(石匠) 〈동〉 석수.

석장(石腸) 〈약〉→철석 간장.

석장(石墻) 〈동〉 좌장(座長).

석장(錫杖) 〈불교〉 승려가 짚는 지팡이. 위 끝을 금속의 탑파형(塔婆形)으로 하여 큰 고리를 끼우고 작은 고리를 몇 개 달은 것. friar's staff

석:장-변(—張—) 〈동〉 석 장으로 된 담의 벗.

석:장생(石長栍) 돌로 만든 장승.

석재(石材) 건축에 쓰는 여러 가지 돌. 돌②. 〈데〉 목재(木材). building-stone 「great scholar

석재(碩才·碩材) 위대한 학재(學才). 또, 그 사람.

석저(石疽) 〈한의〉 살이 돌과 같이 단단하게 되는 종기.

석전(夕奠) 〈민속〉 염습한 때로부터 장사(葬事) 때까지 날마다 저녁 때에 신위(神位) 앞에 제물을 올리는 의식. evening service for the dead before burial

석전(石田) 돌이 많은 밭. stony field

석전(石殿) 돌로 지은 궁전. stone palace

석전(石戰) 〈민속〉 돌팔매질을 하여 승부를 다투는 싸움. fight with stones

석전(釋典) 〈동〉 불경(佛經).

석전(釋奠) 〈약〉→석전제(釋奠祭).

석전 경우(石田耕牛) 자갈밭을 가는 소의 뜻으로, 황해도 사람의 부지런하고 인내심이 강한 성격을 평한 말.

석전 대:제(釋奠大祭) 〈동〉 석전제(釋奠祭).

석전=제(釋奠祭) 음력 2월과 8월의 상정일(上丁日)에 공자를 모신 사당에서 지내는 큰 제사. 석채(釋菜). 석전 대제(釋奠大祭). 상정(上丁). 〈약〉석전(釋奠). festival of Confucius

석정(石井) 〈동〉 돌우물.

석정(石鼎) 돌로 만든 솥. stone pot

석정(石精) 〈동〉 나프타.

석제(石梯) 〈동〉 석계(石階).

석조(夕照) 해질 무렵에 비치는 햇빛. 석휘(夕暉). 여휘(餘暉). afterglow 「돌. stone building

석조(石造) 돌로 만드는 일. 또, 그 물건. 「~로 ~건

석조(石彫) 돌에 조각함. 또, 조각된 그 돌.

석조(石棗) 〈동〉 산수유(山茱萸)나무. 산수유(山茱萸). 「나 전각.

석조=전(石造殿) 〈건축〉 석재(石材)로 지은 궁전이

석족(石鏃)〖원〗→석촉.

석존(釋尊)〖약〗석가 세존(釋迦世尊).

석=종유(石鐘乳)〖동〗돌고드름.

석좌 교수(碩座教授)기업이나 개인이 기부한 기금으로 연구 활동을 하도록 대학에서 지정된 교수.

석주(石柱)〖명〗돌로 된 기둥. stone pillar

석죽(石竹)〖명〗패랭이꽃.

석죽-색(石竹色)〖명〗분홍색.

석죽형 화관(石竹形花冠)〖식물〗패랭이꽃의 꽃부리 따위와 같이 꽃의 밑은 가늘고 길며 위쪽 화관의 끝이 직각에 가깝게 바깥쪽으로 뒤집혀 벌어진 것.

석죽-화(石竹花)〖명〗석죽의 꽃. 패랭이꽃. 〖꽃부리.

석지(席地)〖명〗돌이 많은 땅.

석지(石芝)〈동물〉석산호류(石珊瑚類)에 속하는 산호의 하나. 길이는 약 10 cm 이상의 타원형 또는 원형임. 단생(單生) 산호로 군체를 이루지 않고 삐는 힘. stone coral

석질(石質)〖명〗돌의 본바탕. nature of a stone

석질 운-석(石質隕石)〈지학〉주성분이 규산염 물질로 된 운석. aerolite

석차(席次)〖명〗①자리의 차례. 석순(席順). order of seating ②성적의 차례. ranking

석참(夕參)〖명〗〖동〗만찬(晩餐).

석창(石槍)〖명〗석기 시대의 유물로서 돌로 만든 창(槍).

석=창포(石菖蒲)〈식물〉창포과의 상록 다년생 풀. 근경은 비후하고 굵은 선형, 봄에 황록색 꽃이 핌. 물가에 나며 근경은 약용됨. sweet flag

석채(石采)〖명〗〖동〗석전제(釋奠祭).

석척(蜥蜴)〖명〗①〖동〗도마뱀. ② →도롱뇽.

석천(石泉)〖명〗〖동〗산간수(石間水).

석철 운-석(石鐵隕石)〈광물〉주성분이 금속과 규산염 광물로 이루어진 운석. 매우 드묾.

석청(石淸)꿀 가운데서 제일 좋다는 꿀. 곧, 산 속의 나무나 돌 사이에 벌이 모아 둔 것. 석밀(石蜜). honey of good quality

석청-자(石青子)〖명〗화소청(畫燒靑).

석촉(石鏃)〖명〗돌로 만든 살촉. 〖원〗석촉(石鏃). stone arrowhead

석축(石築)〈토목〉돌로 쌓아 만든 옹벽(擁壁)의 일. ¶ ~ 공사. 〖part with the spring

석춘(惜春)〖명〗가는 봄을 아껴워 여김. reluctance to

석출(析出)〖명〗분석하여 골라냄. educing 하다

석취(錫吹)〖명〗〖동〗종을 치다.

석-치-다(釋━)〖자〗〈불교〉절에서 예불(禮佛)할 때에

석탄(石炭)〈광물〉태고 시대의 식물이 땅 속에 묻히어 오랫동안 지압(地壓)·지열을 받아 점차 분해되어 생긴 함수 탄소 물질의 화석 연료(化石燃料). 매탄(煤炭). 석탄(石炭). coal

석탄 가스(石炭 gas)〈화학〉①석탄을 가열(加熱)하여 생기는 가연성 기체. 석탄 와사. coal gas ②석유 등불에 생기는 검은 그을음. soot of an oil lamp

석탄-갱(石炭坑)〖명〗탄갱.

석탄 건류(石炭乾溜)〈화학〉석탄을 가마에 넣고 밀폐하여 공기를 끊고 외부로부터 가열하여 분해하는 일. 수분·석탄 가스·암모니아액·콜타르·코크스가 얻어짐. carbonization

석탄-계(石炭系)〈지학〉석탄기(石炭紀)에 생긴 지층(地層)인 해성층(海成層)과 육성층(陸成層)의 총칭. carboniferous system

석탄-고(石炭庫)〖명〗탄고(炭庫). 〖광.

석탄-광(石炭鑛)〈광물〉석탄을 캐내는 광. 〖약〗탄

석탄-기(石炭紀)〈지학〉고생대 후반 데본기(Devon 紀) 다음의 시대. 이 시대의 지층에는 석탄이 많이 포함되어 있으며, 노목·봉인목·인목(鱗木) 등, 높이 20~30m 이상의 나무가 번성하여 이것이 석탄의 기원이 되었음. coal age

석탄-산(石炭酸)〈화학〉무색 바늘 끝의 결정체. 석탄 타르를 처리하여 얻음. 불에 태운 것 같은 냄새가 나고, 15~16배의 물에 녹으며 공기 중에서는 심홍색으로 됨. 방부제 또는 소독제로 쓰임. 살리칠산·피크린산의 원료로 됨. 페놀(phenol). carbolic acid

석탄산-수(石炭酸水)〈약학〉0.1~0.2% 의 순석탄산이 들어 있는 무색 투명한 액체. 희석하여 방부제·소독제로 씀. carbonic acid solution

석탄산-액(石炭酸液)〈화학〉석탄산의 용액(溶液).

석탄 액화(石炭液化)〈화학〉석탄을 높은 압력 밑에서 열분해함과 동시에 수소를 첨가하여 액체의 탄화수소를 얻는 일. liquefaction of coal

석탄 와사(石炭瓦斯)〖명〗〖동〗석탄 가스①.〖catapult

석탄-자(石彈子)〖명〗잔 돌멩이를 튀겨서 쏘는 쇠뇌.

석탄=재[━━](石炭━)〖명〗석탄을 태운 나머지의 재.

석탄-층(石炭層)〖명〗〈지학〉고생대의 식물이 지층에 파묻힌 다음에, 탄화(炭化) 작용에 의하여 광물로 변한 지층. 탄층(炭層). 탄상(炭床). coal bed

석탄 타-르(石炭 Tar)〖명〗〖동〗콜타르(coaltar).

석탄화 작용(石炭化作用)〈지학〉지질 시대에 무성했던 식물을 여러 가지 종류의 석탄으로 변성시키는 지질학적인 변성 작용의 하나. 〖약〗탄화 작용. carbonization 〖학 제품을 만든 공업.

석탄 화학 공업(石炭化學工業)〖명〗석탄을 원료로 화

석탑(石塔)〖명〗돌로 쌓은 탑. 돌탑.

석탑(石搭)〖명〗〖동〗석인(石印)①.

석태(石胎)〖명〗돌로 만든 것처럼 굳고 묵직하게 만들어진 자기(瓷器)의 몸.

석태(石苔)〖명〗〖동〗돌김. 〖팔매질하던 군대.

석투(石投)〈제도〉고려 때 별무반(別武班)의 하나.

석투-당(石投幢)〈제도〉신라 때 팔매질하는 군대(軍隊). unit of stone-slingers

석판(石版)〈인쇄〉돌의 겉면에 글씨와 그림을 그린 인쇄판. lithography 〖(平板). 석반(石盤).

석판(石板)〖명〗석회석(石灰石)을 얇게 깎아 만든 평판

석판-석(石板石)〈광물〉석판(石板)의 재료가 되는 점판암(粘板岩).

석판-암(石版岩)〈광물〉석판에 쓰이는 석회암.

석판-술(石版術)〈인쇄〉석판을 만들거나 석판으로 인쇄하는 기술. lithography

석판 인쇄(石版印刷)〈인쇄〉평판 인쇄의 하나. 석판석으로 인쇄하는 일. 〖약〗석인(石印)②. lithography

석판 전-사지(石版轉寫紙)〈인쇄〉얇고 질긴 종이에 용해성 콜로이드 층을 바른 전사지.

석판-화(石版畫)〈미술〉석판석으로 제판하여 인쇄한 그림. lithograph

석패(惜敗)〖명〗억울하게 짐. 아깝게 짐. ¶ 결승전에서 ~하다. regrettable defeat 하다

석편(石片)〖명〗돌의 부스러진 조각. piece of stone

석폐(石肺)〈생리〉공장에서 발생한 광물성 먼지가 흡수·집적되어 병리적 변화를 일으킨 폐.

석필(石筆)〖명〗석판에 쓰는 납석(蠟石)의 문방구. slate pencil

석필-석(石筆石)〈광물〉납석(蠟石)의 하나. 투명하지 아니하고 백색·회색·녹색 등의 여러 가지 빛이 있으며 지방 광택(脂肪光澤)이 있음. slate pencil

석필-어(石鮅魚)〖명〗〖동〗상피리. 〖stone

석하(夕霞)〖명〗해질 무렵의 안개. evening fog

석-하다(釋━)〖자〗〈불교〉아침 저녁으로 부처 앞에 예불을 드리다.

석학(碩學)〖명〗학식(學識)이 많은 사람. 석사(碩師). 숙학(宿學). 〖대〗현학(賢學). erudite scholar

석할 지옥(石割地獄)〈불교〉팔열(八熱) 지옥의 하나. 큰 철산(鐵山)이 양쪽에서 무너져 죄인을 눌러 〖죽인다는 지옥.

석함(石函)〖명〗〖동〗돌함.

석해(石蟹)〖명〗〖동〗가재.

석핵 석기(石核石器)〖명〗구석기 시대에 사용된 석기 중, 돌덩이의 주변을 깨뜨려 버리고 그 알맹이로 만

석현(昔賢)〖명〗옛날의 현인. 고현(古賢). 〖든 석기.

석혈(石穴)[명] 〈광물〉광석(鑛石)이 바위 속에 끼어 있는 광산. 석광(石鑛).

석호(제도)[명] 왕号(王陵)을 둘러싼 담 안에 벌여 세운 돌로 만든 범. stone image of a tiger

석호(潟湖)[명] 〈지학〉사취(砂嘴)・사주・연안주 등에 의하여 바다의 일부가 외해(外海)와 분리되어 생긴 호소(湖沼). lagoon

석호(惜乎)[명] '아깝도다'의 뜻을 나타내는 감탄사.

석=**혹**(石─)[명] 〈속〉석영(石癭).

석혼-식(錫婚式)[명] 결혼 기념식의 하나. 결혼 10주년이 되는 날을 축하하여, 부부가 주석 제품을 선물로 서로 기념함.

석화(石火)[명] ①돌과 돌이 마주 부딪쳤을 적에 나는 불. flint fire ②몹시 빠름을 비유. flash

석화(石花)[명] ①(통)굴조개. ②[통]지의(地衣).

석화(石貨)[명] 돌로 만든 돈. stone coins

석화(席畫)[명] 주문에 응하여 즉석에서 그림을 그림. 또는, 그 그림. 하[다] 「質鉛釉」.

석화(錫花)[명] 윤택이 없는 흰빛으로 된 연질 연유(軟

석화 광음(石火光陰)[명] 몹시 빠른 세월의 비유. ligh-

석화-반(石花飯)[명] 굴밥. 「tning speed

석화 작용(石化作用)[명] 〈생물〉생물의 유해에 탄산석회・규산(硅酸)따위가 배어 들어 이들 변질시켜 단단하게 하는 화석화(化石化) 작용.

석화-저(石花菹)[명] 굴을 넣어 담근 김치.

석황(石黃)[명] 웅황(雄黃)①.

석황-니(石黃泥)[명] 중국의 의흥요(宜興窯)의 원료토(原料土). 햇볕에 쏘이면, 부서져서 주사(朱沙)가 된다는 황색의 덩이 흙.

석회(石灰)[명] 〈화학〉횟돌・백악(白堊)・조개 껍데기 등을 구워서 된 생석회 및 거기에 물을 쳐서 된 소석회(消石灰)의 총칭. [약] 회(灰). lime 「는 가마.

석회 가마(石灰─)[명] 〈공업〉석회를 굽는 데에 쓰이

석회-각(石灰殼)[명] 〈지학〉탄산석회(炭酸石灰)가 땅의 겉쪽에 나와서 굳어진 지각(地殼).

석회-동(石灰洞)[명] 〈통〉종유동(鍾乳洞).

석회 모르타르(石灰 mortar)[명] 소석회에 모래를 섞어 물로 반죽하여 만든 도료(塗料)의 하나. lime mortar

석회 보르도액(石灰 Bordeaux 液)[명] 〈농업〉황산동(黃酸銅)・생석회(生石灰)・물을 조합(調合)한 농업용 살균제(殺菌劑).

석회-분(石灰分)[명] 석회의 성분(成分).

석회 비:료(石灰肥料)[명] 〈농업〉간접적으로 식물의 생육(生育)을 돕기 위하여 주는 석회. lime manure

석회 산호(石灰珊瑚)[명] 〈동물〉산호 군체(珊瑚群體)가 분비(分泌)한 석회질(石灰質)의 골해(骨骸).

석회-수(石灰水)[명] 〈화학〉「lime-water

석회-수(石灰水)[명] 〈화학〉소석회를 물에 녹인 액체.

석회-암(石灰岩)[명] 〈지학〉탄산석회가 바다 밑에 쌓여 두꺼운 층을 이룬 퇴적암. lime-stone

석회-유(石灰乳)[명] 〈화학〉소석회를 열 곱절의 물에 녹인 백색 이상(泥狀)의 액체. lime-milk

석회-유(石灰釉)[명] 탄산칼슘을 매용제(媒熔劑)로 하여, 도자기(陶磁器)에 쓰는 잿물의 총칭.

석회 유황 합제(石灰硫黃合劑)[명] 〈농업〉농약(農藥)의 하나. 적갈색(赤褐色)의 투명한 액체. 병충해 구제(病蟲害驅除)에 유효(有效)함. 「목한 곳.

석회-정(石灰穽)[명] 〈지학〉석회암 지대의 땅바닥이 오

석회-질(石灰質)[명] 석회 성분을 가진 물질. calcareous

석회질 도기(石灰質陶器)[명] 〈공업〉장석질(長石質)의 도자기.

석회-질소(─[─쇼]石灰窒素)[명] 〈화학〉가열된 카바이드에 질소를 화합시켜 제조한 질소 비료. 회백색의 가루로, 질소 20~22%, 석회 60~70%를 함유함. nitro-lime

석회질-토(石灰質土)[명] 〈통〉석회토(石灰土)①.

석회-층(石灰層)[명] 〈지학〉탄산석회가 석출하여 침전되어 생기는 회백색 지층.

석회-토(石灰土)[명] 〈지학〉석회가 많이 섞인 흙. 석회질토(石灰質土). lime mortar 「된 탄산석회.

석회-화(石灰華)[명] 〈광물〉석회질의 수용액에서 침전

석후(夕後)[명] 저녁밥을 먹고 난 뒤. after supper

석훈(夕曛)[명] 해가 진 뒤의 어스레한 빛. twilight

석휘(夕輝)[명] 석조(夕照).

석=갈리-다[자] 갈피를 잡을 수 없을 정도로 여러 가지가 섞이다. get confused

섞-다[타] ①물건끼리 서로 한데 끼도록 합치다. mix ②어떤 동작에 다른 동작을 함께 나타내다.

섞-바꾸-다[타] 서로 다른 것을 섞어서 바꾸다. mix up

섞-바뀌-다[자] 뒤섞여서 서로 바꾸어지다. get mix-

섞박-지[명] 절인 배추・무・오이를 넓적하게 썰고 고명에 젓국을 섞어 한데 버무려 담은 뒤에 조기젓 국물을 아주 적게 부어서 익힌 김치.

섞-사귀-다[자] 지위와 처지가 다른 사람끼리 서로 사귀다. mix with men of different classes

섞이-다[자] ①두 가지 이상의 물질이 한데 섞여 뒤범벅이 되다. ¶빨간 잉크와 파란 잉크가 ~. mingle ②다른 축에 끼이다. ¶백인(白人) 학생에 섞여 혹인이 공부하다. mix

섞이이-다[자] be mixed

섞임-월(─)[명] 혼성문(混成文).

섟[명] 서슬에 불끈 일어나는 감정. ¶영문도 모르고 ~ 김에 싸웠다. fit of anger

섟[명] 물가에 배를 매어 두기 좋은 곳. moorage

섟[의명] '─르'이나 '─을' 아래에 조사 '에'와 함께 쓰이어 '마땅히 그렇게 할 경우인데도'의 뜻을 나타냄. ¶줄 ~에도 도리어 달라다. ought to

섟-삭-다[자] ①불끈 일어난 노여움이 풀리다. relent ②의심하는 마음이 풀리다. be dissolved

선:[명] 사람이 좋고 나쁨과, 맞음과 안 맞음을 가리

선:=[접두] '익숙하지 못한'・'덜 된'・'서투른'의 뜻. 「inadequate

선(先)[명] 바둑이나 장기를 둘 때에 맨 처음에 상대보다 먼저 두는 일. [대] 후(後). first move 하[다]

선(扇)〈제도〉거듭 펴서 쓰는 부채. fan

선:(善)[명] ①착함. 훌륭함. ②〈윤리〉도덕적 생활의 최고 이상. [대] 악(惡). goodness 하[다]

선(腺)[명] 〈생리〉생물의 몸 안에서 특수한 액체를 분비(分泌)하고, 또 이것을 몸 밖으로 배설하는 기관(器官). 곧, 피막 세포(皮膜細胞)가 번성한 것. gland

선(綫)[명] 옷이나 방석 등의 가장자리에 덧대는 헝겊.

선(璇)[명] 〈천문〉북두 칠성(北斗七星)의 둘째 별.

선(線)[명] ①그어 놓은 줄이나 금. ②가늘게 길게 뻗은 모양의 것. 노선(路線)・항로(航路)・전선(電線) 등. ③(수학) 위치와 길이만 있고 폭과 두께가 없는 것. line ④기준이 되는 한도. ¶국민 소득이 만 달러 ~을 넘다. ⑤어떤 인물이나 단체와 맺고 있는 관계. ¶고위층에 ~이 닿다.

선:(選)[명] 여럿 가운데서 뽑음. selection 하[다]

선(禪)〈불교〉삼문(三門)의 하나. 마음이 정(定)에 들어가서 자세히 생각하고, 번뇌를 떠나서 무아 정적(無我靜寂)의 경지에 도달하는 일. religious

선(仙)[의명] 센트(cent) 「meditation

선(先)[접두] ①'돌아간'의 뜻. ¶~대왕(大王). ~대인(大人). ②'앞선 이'라는 뜻. ¶~배(輩). ~각(覺).

=**선**(仙)[접미] '신선(神仙)'의 뜻. 또, 재능이 뛰어남을 나타내는 접미어. ¶시(詩)~. 주(酒)~. [약] 신선(神仙). 「말. loan객(客).

=**선**(船)[접미] 명사 아래에 붙어 '배'의 뜻을 나타내는

선가(仙家)[명] ①신선(神仙)의 집. 선관(仙館). 선장(仙莊). hermitage ②〈종교〉도교(道敎)의 신자(信者). Taoist 「carriage

선가(仙駕)[명] 임금이나 신선(神仙)이 타는 수레. royal

선가(船架)[명] 배의 수선을 위해 뭍으로 끌어올리는 설비.

선가(-깞)(船價)[명] 배를 타거나 배로 물건을 실어 옮기는 깞. 뱃삯. passage fare

선:가(-깞)(善價)[명] 후하고 많은 값.

선가(選歌)[명] 노래를 가려 뽑음. 또, 그 노래.

선가(禪家)[명] ①〈불교〉참선(參禪)하는 집. *seon* temple ②참선하는 승려. 선객(禪客). *seon* Buddhists

선가 없는 놈이 배에 먼저 오른다 실력 없는 자가 실력 있는 체하고 행동한다.

선가 오:종(禪家五宗)[명] 〈불교〉불교의 정맥(正脈)이 육조(六祖) 혜능 대사(慧能大師)로부터 법안 문익 선사(法眼文益禪師)에 이르기까지에 갈라진 임제종(臨濟宗)・위앙종(潙仰宗)・조동종(曹洞宗)・운문종(雲門宗)・법안종(法眼宗)의 다섯 종파.

선각(先刻)[명] 조금 전. 〔대〕후각(後刻).

선각(先覺)[명] ①남보다 앞서서 도나 사물을 깨달음. 《대》후각(後覺). be ahead of one's times ②〈약〉→선각자(先覺者). 하다[자]

선각(線刻)[명] 〈미술〉조각하고자 하는 대상물의 윤곽만을 선으로 표현하는 조각.

선각=자(先覺者)[명] 남보다 앞서서 깨달은 사람. 《약》선각(先覺)②. pioneer

선:간(線間)[명] 두 줄의 사이. 줄과 줄의 사이.

선:감(善感)[명] ①우두(牛痘) 따위의 감염(感染)이 잘 됨. effectual vaccination ②그것에 잘 감동함. 하다[자]

선강(銑鋼)[명] 선철(銑鐵)과 강철(鋼鐵).

선강 일괄 작업(銑鋼一貫作業)[명] 〈공업〉철광석의 정련으로부터 주조・제강・단조(鍛造)를 거쳐 각종 강재(鋼材) 제조에 이르기까지의 공정을 한 공장에서 일괄되게 하는 작업.

선개교(旋開橋)[명] 〈토목〉교각(橋脚) 위에서 교체(橋體)가 수평으로 회전하여 열리어 선박을 통과시키는 가동교(可動橋). swivel-bridge

선개:념=적(先槪念的)[명] 〈논리〉개념 이전의 직접적 여건(與件)・체험(體驗)의 (것).

선객(仙客)[명] 〈동〉신선(神仙).

선객(先客)[명] 먼저 온 손님. preceding visitor

선객(船客)[명] 배를 탄 손님. 수객(水客)②. shippassen-

선객(禪客)[명] 〈동〉선가(禪家)②. [ger

선거(船車)[명] 배와 수레. ship and cart

선거(船渠)[명] 둘레를 막고 배나 뗏목 따위를 매어 두는 수면(水面). dock

선:거(選擧)[명] ①여러 사람 가운데서 대표자를 뽑아냄. 선정. ②〈정치〉선거권을 가진 사람이 특정한 지역 및 전국에 걸쳐 공직에 임할 사람을 투표로 선정하는 일. 〔대〕피선(被選). 하다[자]

선:거 간섭(選擧干涉)[명] 〈정치〉선거 운동에 권력을 써서 부당하게 간섭하는 일. intervention in an election

선:거 공약(選擧公約)[명] 선거 운동시에, 정당이나 입후보자가 선거권자에게 제시하는, 공적(公的)인 약속.

선:거 공영(選擧公營)[명] 〈정치〉국가 또는 공공 단체가 선거를 보호 조성하여 후보자의 부담을 가볍게 하여 선거의 시설을 하고 이를 관리하는 일. public management of election

선:거 관:리 위원회(選擧管理委員會)[명] 선거와 국민투표의 공정한 관리 및 정당에 관한 사무를 관장하는 기관. 중앙 선거 관리 위원회와 각 시・도・구・군 및 투표구의 선거 관리 위원회가 있음.

선:거-구(選擧區)[명] 의원(議員)을 선출하기 위한 단위로서의 지역적 구분을 한 구획. electoral district

선:거-권[-꿘](選擧權)[명] 〈법률〉선거에 참가하여 투표할 수 있는 권리. 투표권(投票權). 〔대〕피선거권(被選擧權).

선:거-록(選擧錄)[명] 〈정치〉선거 관리 위원회가 선거의 전말(顚末)을 기록한 책. election minutes

선:거-름[명] 〈동〉풋거름.

선:거 범:죄(選擧犯罪)[명] 〈법률〉각종 선거법의 벌칙에 규정된 범죄. election crime

선:거법[-뻡](選擧法)[명] 〈법률〉공공 단체에서 결의 기관과 집행 기관의 위원을 선거하는 방법. election law

선:거 보:복(選擧報復)[명] 선거 후에 그 경쟁 대상자 [와 그 관계자에게 하는 보복.

선:거 사:범(選擧事犯)[명] 〈법률〉각종 선거법에 저촉된 범죄 또는 그 범인. violation of election laws

선:거 소:송(選擧訴訟)[명] 〈법률〉선거의 효력을 다투어 선거의 전부 또는 일부의 무효를 주장하는 소송. election case

선:거 운:동(選擧運動)[명] 〈정치〉선거할 때에 일정한 사람을 당선되게 하려고 운동하는 일. election campaign [람.

선:거 위원(選擧委員)[명] 선거 위원회를 구성하는 사

선:거 위원회(選擧委員會)[명] 〈법률〉선거 및 투표에 관한 사무를 관리하는 합의 기관. 〔약〕선위(選委). election(management) committee

선:거의 사:대 원칙(選擧─四大原則)[명] 선거를 행하는 데 기본이 되는 네 가지의 큰 원칙. 곧, 보통 선거・직접 선거・평등 선거・비밀 선거의 네 가지.

선:거-인(選擧人)[명] 〈법률〉선거권을 가진 사람. 투표권자(投票權者). 유권자(有權者). voter

선:거인 명부(選擧人名簿)[명] 〈법률〉선거권자의 성명・주소・성별・생년월일 등을 적은 명부.

선:거-일(選擧日)[명] 선거하는 날. election day

선:거 자:격(選擧資格)[명] 〈법률〉법률상으로 선거인이 될 수 있는 자격. [벌어지는 경쟁.

선:거-전(選擧戰)[명] 선거에 입후보한 사람들 사이에

선:거 투표(選擧投票)[명] 선거를 하기 위한 투표. vote

선:거-후(選擧侯)[명] 〈제도〉신성 로마 제국의 제후 중 1356년의 황금 문서(黃金文書)에 의하여 독일 황제의 선거권을 가진 일곱 사람의 제후. 선제후(選帝侯). [고침.

선건 전:곤(旋乾轉坤)[명] 나라의 폐풍(弊風)을 크게

선-걸음[명] 지금 서서 가는 그대로의 걸음. 이왕 내디딘 걸음. step already taken [다. unpleasant

선겁다[형] ①놀랍다. surprising ②께미쁨지 못하

선격(船格)[명] 〈제도〉배를 부리는 결꾼. 격군(格軍).

선견(先見)[명] 일이 일어나기 전에 미리 앎. 예견.

선견(先遣)[명] 먼저 파견함. 하다[타] [foresight

선견=자(先見者)[명] ①훗날의 일을 미리 짐작하는 이. 선견지인(先見之人). ②〈동〉선지자(先知者).

선견지-명(先見之明)[명] 일을 미리 짐작하는 밝은 지혜. power of foresight

선견지-인(先見之人)[명] 〈동〉선견자(先見者)①.

선결(先決)[명] 어떤 문제보다 앞서 해결함. previous decision 하다[타]

선결(鮮潔)[명] 신선하고 결백함. innocence 하다[형]

선결 문:제(先決問題)[명] 다른 문제보다 먼저 해결해야 할 문제. preconsideration

선경(仙境)[명] ①〈동〉선계(仙界). ②속세(俗世)를 떠난 깨끗한 곳. 선향(仙鄕). 선환(仙寰). 신경(神境).

선경(仙界)[명] 신선의 세계. 선경(仙境)①. 〔대〕속계(俗界). fairy-land [(契).

선계(船契)[명] 배를 장만하거나 수리하기 위한 계

선:계(善計)[명] 좋은 계책. 좋은 계략.

선고(先考)[명] 돌아간 아버지. 선군(先君)②. 선군자(先君子). 선엄(先嚴). 선친(先親). 〔대〕선비(先妣). ②선부군(先父君). one's deceased father

선고(先姑)[명] 돌아가신 시어머니. 〔공〕황고(皇姑).

선고(宣告)[명] ①정부에서 국민에게 공표함. declaration ②〈법〉재판의 결과를 공표함. 하다[타]

선고(船庫)[명] 작은 배를 넣어 두는 곳집.

선:고(選考)[명] 〈동〉전형(銓衡). 하다[타] [문(判決文).

선고-문(宣告文)[명] 선고하는 취지를 기록한 글. 판결

선고 유예(宣告猶豫)[명] 〈법률〉범죄자의 정상(情狀)을 참작하여 판결의 선고를 일정한 기간 동안 유예하는 일.

선고-장(先考丈)[명] 〈공〉남의 돌아간 아버지를 이르는

말. 《약》선장(先丈). your deceased father

선고형(宣告刑)〖법〗처단형의 범위 안에서 법원이 구체적으로 양정(量定)한 형.

선:곡(選曲)〖명〗많은 가운데서 곡을 고름. **하다**

선골(仙骨)〖명〗신선(神仙)의 골격. 범속(凡俗)이 아닌 풍채. unworldly figure

선골(扇骨)〖명〗부챗살.

선골(船骨)〖명〗《동》용골(龍骨).

선공(先攻)〖명〗《체육》야구 따위에서 먼저 공격을 시작하는 일. batting first **하다**

선공(船工)〖명〗배를 만드는 목공.

선:공-감(繕工監)〖명〗《제도》영선(營繕)·토목에 관한 사무를 맡아보던 관청.

선:공 무덕(善供無德)〖명〗〈불교〉부처에게 공양하여도 아무 공덕이 없는 일. 곧, 남을 위하여 힘을 써도 별로 얻는 것이 없음.　　　　　　「私事를 뒤에 함.

선공 후:사(先公後私)〖명〗먼저 공사(公事)를 하고 사사

선:과(善果)〖명〗〈불교〉좋은 과보(果報). 선업(善行)에 대한 갚음. 선보(善報). 《대》악과. good results

선:과[一科]〖명〗〈교육〉규정된 학과 중의 한 부분을 선택하여 학습하는 과. 《대》본과(本科). special course

선과(選科)〖명〗《제도》조선조 때, 예조(禮曹)에서 승려에게 도첩(度牒)을 내려 줄 때에 보이던 과거.

선:과-기(選果機)〖명〗사과·배·귤·감 따위를 크기에 따라 몇 개의 등급으로 골라내는 데 쓰는 기계.

선:과-생[一科一]〖명〗〈선과생〉〈교육〉선과의 학생. elective student

선관(仙官)〖명〗①선경(仙境)에 있다는 관원. officer in a fairy-land ②여자 무당의 딸이름.

선관(仙館)〖명〗《동》선가(仙家)①.

선:광(選鑛)〖명〗〈광물〉캐낸 광석에서 못 쓸 것을 가려내어 그 품질을 높이는 작업. concentration of ores 　　　　　　dresser

선:광-기(選鑛機)〖명〗〈광물〉선광을 하는 기계. ore

선광-능(旋光能)〖명〗〈물리〉선광성 물질의 선광 능력의 정도를 나타내는 양. 선광도.

선광-도(旋光度)〖명〗《동》선광능.

선광-성[一性](旋光性)〖명〗〈물리〉진동 방향이 일정한 편광이 물질 속을 통과할 때에 그 편광면의 회전을 일으키는 성질. rotatory polarization

선교(仙教)〖명〗선도(仙道)를 닦는 종교. Taoism

선교(宣教)〖명〗종교를 널리 폄. 특히, 기독교의 전도. 포교(布教). missionary work **하다**

선교(船橋)〖명〗함교(艦橋).　　　　「이익을 줌.

선:교(善巧)〖명〗〈불교〉교묘한 방법으로 남에게

선:교(善交)〖명〗잘 사귐. **하다**

선:교(善教)〖명〗좋은 교훈.

선교(禪教)〖명〗〈불교〉선종(禪宗)과 교종(教宗).

선교-관(宣教官)〖명〗《제도》나라에 경사(慶事)가 있을 때에 발표하는 교서(教書)를 읽던 임시 벼슬.

선교-사(宣教師)〖명〗〈기독〉①종교를 널리 펴는 사람. missionary ②외국에서 기독교를 전도하는 목사.

선교 양:종 본산(禪教兩宗本山)〖명〗〈불교〉선종(禪宗)과 교종(教宗)을 같이 맡아 주관하는 절.　　「회.

선교-회(宣教會)〖명〗〈기독〉선교를 목적으로 조직한

선구(先驅)〖명〗《약》=선구자(先驅者).

선구(船具)〖명〗배에 쓰는 기구. rigging

선:구(選球)〖명〗《체육》야구에서, 타자가 투구의 볼과 스트라이크를 가려냄.

선구-자(先驅者)〖명〗①사상적(思想的)으로 남보다 앞선 이. 《약》선구(先驅). forerunner ②말을 탈 때에 맨 앞에 나가는 사람. 횃불잡이. 《유》선도자(先導者). pioneer, leader 　　「~ 다이얼. **하다**

선:국(選局)〖명〗수신기를 조절하여 방송국을 고름. ¶

선군(先君)〖명〗①선왕(先王) 《동》선고(先考).

선:군(選軍)〖명〗《제도》고려 때의 군사 뽑는 일을 맡

선군-자(先君子)〖명〗《동》선고(先考).　　「았던 관청.

선굴(仙窟)〖명〗①신선이 사는 곳. abode of fairies ②

속세 밖의 거처. secluded spot

선=굿〖민속〗서서 하는 무당의 굿.

선궁(仙宮)〖명〗신선이 산다는 궁전. palace of fairies

선궁(禪宮)〖명〗〈불교〉'절'을 달리 일컫는 말.

선규(先規)〖명〗옛적부터의 규칙. 전례(前例).

선:근(善根)〖명〗〈불교〉좋은 응보(應報)를 받을 만한 원인이 되는 행위. good deeds

선:근-마(善根魔)〖명〗〈불교〉십마(十魔)의 하나. 자기가 하고 있는 좋은 일에 집착하는 일.

선-글라스(sunglass)〖명〗강렬한 광선에서 눈을 보호하기 위한 색안경.

선금(仙禽)〖명〗《동》두루미.

선금(先金)〖명〗먼저 치르는 돈. 선돈. 전금(前金)?. 《대》후불(後拂). advances

선급(先給)〖명〗값이나 삯을 미리 치러 줌. 선하(先下). payment in advance **하다**　　　　「긴 등급.

선급(船級)〖명〗선박의 규모·구조·설비 따위에 따라 매

선기(先期)〖명〗약속한 기한보다 앞섬. preceding the

선기(船旗)〖명〗배에 다는 기. [designated time **하다**

선기(鐥機)〖명〗《동》갈이틀.

선:기-옥형(璿璣玉衡)〖명〗《동》혼천의(渾天儀).

선:기-대(善騎隊)〖명〗말을 잘 타는 군대.

선:나(禪那)〖명〗〈불교〉염불방에서 참선(參禪)을 마치고 나오다. 방선(放禪)하다. 《대》선들다. finishing meditation

선나 후:주(先拿後奏)〖명〗《제도》범인을 먼저 잡아 놓고 나중에 임금에게 아뢰던 일. 범죄한 주임관(奏任官)을 잡던 절차. 《대》선주 후나.

선난(船難)〖명〗배가 항해중에 당하는 재난.

선:남(善男)〖명〗①착한 남자. good man ②〈불교〉불법에 귀의한 남자. 선남자(善男子). 《대》선녀(善女). believer in Buddhism

선:남 선:녀(善男善女)〖명〗①착한 남자와 착한 여자. good people ②〈불교〉불법에 귀의한 남녀. 신앙이 깊은 사람들. pious men and woman

선납(先納)〖명〗《동》에납(豫納). **하다**

선내(船內)〖명〗배의 안. in the ship

선내-다(禪一)〈자동〉〈불교〉염불방에서 선나게 하다. 《대》선들이다.　　　　　「다는 작업.

선내 하:역(船内荷役)〖명〗화물을 본선에 싣고 부리고

선-네고(←先 negotiation)〖명〗《경제》수출품이 선적되기 전에 은행이 수출 신용장을 매입하는 형식으로 해 주는 대출.

선:녀(仙女)〖명〗선경에 있는 여자. 선아(仙娥)①. fairy

선:녀(善女)〖명〗①마음씨가 착한 여자. 선량한 여자. 《대》악녀(惡女). good-natured woman ②〈불교〉불법에 귀의한 여자.　　　　「last year

선년(先年)〖명〗지난 해. 전년(前年). 《대》후년(後年).

선-녹색(鮮綠色)〖명〗밝은 녹색.　　　　「(禪門).

선니(禪尼)〖명〗〈불교〉불문에 들어간 여자. 《대》선문

선다-님(先達一)〖명〗선달의 높임말.

선:다-형(選多型)〖명〗〈교육〉객관적 시험 문제 형식의 하나. 세 개 이상의 선택 항목 중에서 정답 혹은 가장 적당한 항(項)을 하나 고르는 형식. multiple choice method 　　　　「단. ②《동》문섯주.

선-단〖명〗홀두루마기의 앞섶이나 치마폭에 덧대는 헝

선단(仙丹)〖명〗먹으면 신선이 된다는 장생 불사(長生不死)의 영약. 선약(仙藥)①. 금단(金丹). 단약(丹藥).

선단(先端)〖명〗앞쪽의 끝. foremost tip

선단(船團)〖명〗《동》선단(船團).

선단(船團)〖명〗여러 척의 배로 이룬 떼. fleet of vessels

선단-석(扇單石)〖명〗〈건축〉홍예문 등의 맨 밑을 괴는 크고 모난 돌.

선달〖건축〗살창이나 살목 위에 세우는 나무.

선달(先達)〖명〗《제도》문무과(文武科)에 급제하고 아직 벼슬하지 아니한 사람. 《유》선다님.　　「하는 집.

선당(禪堂)〖명〗〈불교〉절 안의 왼쪽에 있는 선방(參禪)

선대(先代)〖명〗조상의 세대. 선세(先世). 《대》세대. 당대(當代). 후대(後代). predecessor

선대(先貸)〖명〗치를 돈에서 치를 기한 안에 먼저 꾸어

선대 줌. payment in advance 하다

선대(船隊) 여러 척의 배로 구성된 대(隊). ¶수송(輸送) ~. fleet of ships

선대(船臺) 배를 건조할 때에 선체를 올려놓는 대(臺). building ship

선:대(善待) 잘 대접함. 선우(善遇). warm reception 하다

선-대[一때] 〈불교〉 염불방에 선들이고 선낼 때 치는 기구. 대쪽으로 부쳇살처럼 만들어 선들이고 선낼 때 치는 제구.

선대(禪代) 시대가 바뀜. change of age

선대(禪臺) 〈불교〉 대로 만든 선대를 올려놓아 두는 책상. 선상(禪床)②. your deceased mother

선:대-부인(先大夫人) 〈공〉 남의 별세하신 어머니.

선:대-왕(先大王) 돌아가신 전왕(前王). deceased king

선:대-인(先大人) 〈공〉 남의 돌아가신 아버지. your deceased father

선-대:칭(線對稱) 〈수학〉 도형 중의 서로 대응하는 어느 2점을 연결할 때 이들이 모두 어떤 직선에 의해서 수직으로 2등분되는 위치 관계. 선맞섬. 《대》면대칭(面對稱). 점대칭. line simmetry

선덕(先德) 〈불교〉 진언종(眞言宗)·천태종(天台宗)에서, 덕망 있는 죽은 중을 일컫는 말.

선:덕(善德) 착한 덕행. 《대》악덕(惡德). virtue

선덕(禪德) 〈불교〉 선리(禪理)에 밝아서 덕망이 높은 사람.

선데이 스쿨(Sunday school) 주일 학교(主日學校).

선도(仙桃) ①선경(仙境)에 있다는 복숭아. plum in the fairy land ②〈제도〉 헌선도(獻仙桃) 춤에 드리는 복숭아. 열매는 나무로 만들고 잎은 구리로 만듦.

선도(仙道) 신선(神仙)을 배우고자 닦는 도. Taoism

선도(先到) 남보다 먼저 도착함. prior arrival 하다

선도(先渡) 거래 매매에서 화물의 인도(引渡)가 계약 후 일정 기일 뒤에야 행해지는 일. forward delivery

선도(先導) 앞에 서서 인도함. guidance 하다

선:도(善途) 〈불교〉 선근(善根)을 닦는 길. 불상(佛像)을 만들어 그에 귀의하는 일.

선:도(善道) 착한 도리. good morality 하다

선:도(善導) 올바른 길로 인도함. proper guidance

선도(鮮度) 채소나 생선 따위의 신선한 정도.

선도(禪道) 〈불교〉 ①참선하는 도. ②〈동〉 선종(禪宗).

선도-교(仙道敎) 〈종교〉 증산(甑山) 강일순(姜一淳)을 교조(敎祖)로 하는 훔치교(吽哆敎) 계통의 하나.

선도-기(先導機) 〈군사〉 ①비행중에 있는 편대 내의 다른 항공기를 지휘하도록 지정된 항공기. ②비행중에 있는 2대 이상의 항공기 중에서 선두에 위치한 항공기. 도구의 총칭. 대자·줄자 따위.

신도-기(線度器) 길이의 표준기 또는 깊이를 재는.

선도미 후지미(先掉尾後知味) 개가 음식을 먹을 때 먼저 꼬리를 쳐서 내는 뜻에 나와, 무엇을 먼저 계획한 다음에야 그것을 얻는다는 말.

선도-반(仙桃盤) 헌선도(獻仙桃)할 때에 선도를 담는 은쟁반.

선도-사(宣道師) 〈종교〉 시천교(侍天敎) 대도사(大導師)의 지휘를 받아 교를 펴는 일에 종사하던 직무(職務). 또, 그 사람. 구자③. leader

선도-자(先導者) 앞장 서서 인도하는 사람. 《유》 선구자③

선도-적(先導的) 앞에서 인도하는(것). ¶~ 역할(役割).

선도-주(先導株) 〈경제〉 상장 주식중 어느 종목보다 앞서 시장 동향에 민감하게 움직이는 주식.

선-도지(先賭地) 〈농업〉 가을에 받을 것을 앞당겨 봄에 내는 도지.

선도-창(先導唱) 〈음악〉 여러 사람이 패를 갈라 소리를 부를 때 먼저 메기는 일. 또, 그 구실을 맡은 사람. 桃盤을 올려놓는 탁자.

선도-탁(仙桃卓) 〈제도〉 나라 잔치 때에 선도반(仙

선도표(線圖表) 통계 숫자를 곡선 또는 절선(折線)

선-돈(先一) 〈동〉 선금(先金). 으로 나타낸 도표.

선-돌 〈제도〉 석기 시대(石器時代)에 거석(巨石)을 기둥 모양으로 세워서 만든 상고의 숭배물. 입석(立石). menhir

선동(仙洞) 신선이 산다는 산골.

선동(仙童) 신선 나라에 산다는 아이 신선. fairy

선동(煽動) 〈불교〉 여러 사람의 일을 일으키게 함. 부추김. 추기다②. agitation 하다

선동-가(煽動家) ①군중의 감정을 부추기어 그들로 하여금 어떤 일을 일으키게 하는 사람. ②선동을 잘하는 사람.

선동-이(先童一) →선동이. 잘하는 사람.

선동-자(煽動者) 선동하는 사람.

선동-적(煽動的) 선동하는(것).

선동 정치가(煽動政治家) 〈정치〉 민중을 선동하여 사전을 일으키는 수단이 있는 정치가.

선두(先頭) 첫머리. 《대》후미(後尾)②. van

선두(船頭) 〈동〉 이물. 다. fringe

선-두르-다 가장자리에 무엇을 그리거나 꾸미다.

선두리 〈동〉 말선두리.

선둥-이(先童一) 쌍둥이 중에 먼저 나온 아이. 《대》후둥이. first twin 러진다. light

선드러지-다 태도가 가볍고 맵시 있다. 《작》산드

선 드레스(sun dress) 햇볕을 많이 받을 수 있도록 만든 여름용 여성복.

선-드리-다(禪一) 〈불교〉 법당에서 선대를 상 위에 놓고 소리를 내며 염불을 하다.

선득 갑자기 춥거나 놀라 몸에 찬 기운을 느끼는 모양. 《작》산득. 《센》선뜩. chillingly 하다

선득-거리다 연해 선득한 느낌이 있다. 《작》산득거리다. 《센》선뜩거리다. **선득=선득** 하다

선들-거리다 ①서늘한 바람이 연해 부드럽게 불다. blow gently ②사람의 성질이 시원하여 연해 흐늘거리는 맛이 있다. 《작》산들거리다. sprightly **선들=선들[되]** 하다

선-들다(禪一)[-드러] 〈불교〉 법당에 참선(參禪)하러 들어가다. 《대》선나다. go into meditation room

선들-바람 선들선들 부는 바람. 《대》산들바람. breeze 하다. 《대》선내다(禪一).

선-들이-다(禪一) 참선하러 염불 방에 들어가게.

선등(先登) 앞서서 먼저 오름. 맨 먼저 오름. climbing ahead 하다

선등(先等) 남보다 먼저 함. 하다

선등(船燈) 배에서 쓰는 등불.

선:-떡 잘 익지 않은 떡. half-baked ricecake

선떡 가지고 친정 간다더 남에게 물건을 선사하면서 하지 않느니만 못한 나쁜 것을 보낸다.

선떡 받듯 한다 마음에 차지 않아 불만스러운 태도를 짓는다.

선:떡 부스러기 ①선떡의 부스러진 조각. piece of underdone rice-cake ②어중이떠중이가 모인 실속 없는 무리를 가리킴. everybody ③엉성하여 될 일을 한 번 흩어지기만 하면 다시 결합하기 어려움.

선:-똥 먹은 것이 덜 삭은 채 나오는 똥. undigested

선똑 〈선〉→선뜩. dung

선뚝-거리다 〈센〉→선득거리다.

선뜻 가볍고 빠르고 시원스럽게. ¶~ 일어서다. 《작》산뜻. lightly 한 모양. 《작》산뜻산뜻 하다

선뜻-선뜻 몹시 선뜻한 모양. 또, 여럿이 모두 선뜻

선뜻-하다(一하다) 시원스럽게 깨끗하다. 《작》산뜻하다. smart **선뜻-이**

선란(煽亂) 소란(騷亂)을 일으키게 부추김. 하다

선래(先來) 〈불교〉 자신(使臣)이 돌아올 때에 앞서서 돌아오면 역관(驛官). van-courier 하다

선:량(善良) 착하고 어짊. 《대》불량(不良). goodness

선-량(線量) 〈물리〉 생물이 받은 방사선의 양. 보통 뢴트겐을 단위로 씀.

선:량(選良) ①뛰어난 인물을 선출함. 또, 그 인재(人材). choice ②국회 의원의 딴이름. representative

선려(仙侶)[명] 동행하거나 함께 노는 사람을 고상하게 칭찬하여 이르는 말. good companion
선려(先廬)[명] 조상 때부터 사는 집. patrimonial estate
선려(鮮麗)[명] 신선하고 아름다움. **하다**
선력(宣力)[명] 힘껏 주선함. accomodation **하다**
선령(先靈)[명] ①선조(先祖)의 영혼. spirit of the ancestors ②선열(先烈)의 영혼. spirit of the deceased patriots
선령(船齡)[명] 배가 진수(進水)한 때로부터의 경과 연수(年數). ship's age
선례(先例)[명] ①《을》전례(前例). ②〔법률〕일정한 판결에 나타난 취지나 원칙이 그 후의 판결에 의하여 도습되는 경우 앞의 판결을 이름. (약) 선결례(先決例).
선례 후학(先禮後學)[명] 먼저 예의를 배우고, 나중에 학문을 배우라는 말. 곧, 예의가 첫째라는 뜻.
선로(船路)[명] 뱃길. 주로(舟路).
선로(船櫓)[명] 《을》 고물³.
선로(線路)[명] ①전차·기차·버스 등이 지나가는 길. railroad tracks ②궤도(軌道).
선로-공(線路工)[명] 선로를 부설하거나 수리 보전하는 일을 맡아보는 사람.
선:록(選錄)[명] 가려서 적음. **하다**
선롱(先壟)[명] 《동》선산(先山).
선루(船樓)[명] ①배 위에 만들어 놓은 다락집. ②배의 이물·중앙 또는 고물의 상갑판 위의 구조물.
선-룸(sunroom)[명] 일광욕을 위해서 특별히 유리로 설비된 방. 일광욕실.
선류(蘚類)[명] 선태 식물(蘚苔植物)에 속하는 한 강(綱). 실과 같은 모양을 이루며, 생식 기관은 줄기나 가지의 맨 끝에 자웅 동주(雌雄同株) 또는 자웅 이주(雌雄異株)로 밀생하는 일에 덮여 있음. 물이끼·솔이끼 따위. moss
선륜(線輪)[명] '코일(coil)'의 구용어.
선륜-차(旋輪車)[명] 《동》선차.
선리(船利)[명] 《동》선변(船邊).
선리(船裏)[명] 《동》배따라기.
선:리(善吏)[명] 선량한 관리.
선:린(善隣)[명] 이웃끼리 사이 좋게 지냄. 또, 그러한 이웃. ¶우호(友好)~. neighbourly friendship
선:린 외:교(善隣外交)[명] 이웃 나라와의 친선을 꾀하여 취하는 외교 정책.
선:린 정책(善隣政策)[명] 〔정치〕①이웃 나라와 친선하려는 정책. good neighbour policy ②1933년에 미국의 루스벨트 대통령이 남북 아메리카 각 나라에 대하여 친하게 지내자고 세운 정책.
선림(禪林)[명] 〔불교〕①선종(禪宗)의 사원(寺院). ②여러 선객들이 모여 수도하는 절.
선망(羨望)[명] 《동》선보름.
선망(旋網)[명] 고기떼를 둘러서 잡는 그물의 하나.
선:망(羨望)[명] 부러워함. envy **하다**
선망 후(先忘後失)[명] 자꾸 잊어버리기를 잘함. forgetfulness **하다**
선-맞섬(線—)[명] 《동》선대칭(線對稱).
선매(先買)[명] 《동》예매(豫買). **하다**
선매-권(—權)[명] 《先買權》 남에게 앞서 물건이나 권리를 사는 권리. 먼저 살 권리.
선-머리(先—)[명] ①순서 있는 일의 맨 첫머리. ②행렬 따위의 앞 부분. (대) 후머리.
선:-머슴[명] 장난이 심하고 진득하지 못하고 마구 덜렁거리는 아이. naughty boy
선면(扇面)[명] 부채의 거죽. fan-paper
선명(宣明)[명] 분명히 밝혀서 선언함. announcement **하다**
선명(船名)[명] 배의 이름. ¶~록(錄).
선명(鮮明)[명] ①산뜻하고 밝음. 조촐하고 깨끗함. clearness ②뚜렷하여 다른 것과 혼동되지 않음. **하다**
선모(仙母)[명] 《동》왕모(王母).
선모(仙芽)[명] 〔식물〕영겨시과의 이년생 풀. 높이 1m이고 잎은 피침상 선형으로 여름에 자줏빛을 띤 꽃이 몇 개 핌. 다육근(多肉根)은 식용함. 관상용임.
선모(旋毛)[명] 머리의 가마. whirl of hair on the head
선모(腺毛)[명] 〔생물〕독나방·송충이 따위에 있는 털. 근모(根毛)의 일종이 있으며, 독액을 털의 중공(中空)부에서 유출함. tentacle
선:모(羨慕)[명] 부러워하고 흠모함. adoration **하다**
선모(選毛)[명] 양모(羊毛) 방적 공정에서 양모의 섬유를 그 상단의 품질에 따라 선별하는 일.
선모(蘚帽)[명] 선류(蘚類)의 조포체(造胞體)의 포자낭을 싸고 있는 모자 모양의 기관.
선모-충(旋毛蟲)[명] 〔곤충〕선모충과의 원형 동물. 돼지·개·쥐 따위에 기생하는데, 길이 1~4mm로 회충과 비슷함. 돼지의 날고기로부터 감염됨.
선묘(先墓)[명] 《동》선산(先山).
선묘(線描)[명] 선(線)만으로 그림. **하다**
선묘(鮮妙)[명] 산뜻하고 고움. 조촐하고 묘함. exquisiteness **하다** **히**
선무(先務)[명] 제일 먼저 해야 할 요긴한 일. 급무(急務). 급선무(急先務). pressing business
선무(宣撫)[명] 지방이나 점령지의 주민에게 정부 또는 본국의 본뜻을 이해시켜 인심을 안정시키는 일. pacification **하다**
선무 공신(宣武功臣)[명] 〔제도〕선조(宣祖) 때 임진란(壬辰亂)에 공을 세운 사람에게 내린 훈(勳).
선무 공작(宣撫工作)[명] 지방이나 점령지 주민의 민심을 안정시키고 정부 또는 본국의 시책을 이해시키기 위한 모든 활동. pacification work
선:=무당(—巫—)[명] 〔민속〕서투르고 미숙한 무당. green sorceress 「여 일을 망친다.
선무당이 사람 죽인다[속] 미숙한 사람이 노련한 체하
선무당이 장구 탓한다[속] ①할 줄 모르는 사람일수록 핑계가 많다. ②제 솜씨가 부족한을 다른 핑계로 변명한다.
선무-사(宣撫使)[명] 〔제도〕큰 재해나 난리가 났을 때 왕명을 받들어 그 지방 백성을 진무(鎭撫)시키던 임시 관원. 「도착 날짜를 미리 통지하던 공문.
선문(先文)[명] 〔제도〕관리가 지방에 출장할 때, 그
선문(先聞)[명] 일이 있기 전에 전하여지는 소문. 또, 그 소문. 선성(先聲)②. previous rumour **하다**
선문(線紋)[명] 소용돌이치는 물결 모양의 무늬.
선문(線紋)[명] ①선(線) 모양으로 된 무늬. 줄무늬.
선문(禪門)[명] 〔불교〕①선종(禪宗)의 문파(門派). ②불가(佛家). ③불문(佛門)에 들어간 남자. (대) 선니(禪尼).
선문-놓-다(先文—)[자동] 미리 알리다. inform beforehand
선물(先物)[명] 〔경제〕①물건을 장래 일정한 시기에 현품을 넘겨 줄 조건으로 매매 계약을 하는 거래 종목.
선:물(膳物)[명] 남에게 선사로 주는 물품. **하다**
선물 거:래(先物去來)[명] 〔경제〕장래의 일정한 기일에 현품의 수도(受渡)에 의하여 결제할 것을 원칙으로 하는 거래. (대) 실물 거래(實物去來).
선물-환(先物換)[명] 〔경제〕장래의 일정한 시기에 인수·인도를 하기 위해 매매되고 그 인수·인도와 동시에 대금이 결제되는 것을 조건으로 하는 외국환(外國換). 「용되는 시세.
선물환 시세(先物換時勢)[명] 〔경제〕선물환 거래에서 적
선미(船尾)[명] 《동》고물³.
선미(船美)[명] ①선과 미. ②착하고 아름다움. goodness and beauty **하다**
선미(線美)[명] 파선(波線)이나 곡선(曲線)에 있어서, 선 그 자체의 특유한 형식에 따르는 아름다움.
선미(禪味)[명] 〔불교〕마음을 가다듬고 정신을 통일하여 무아(無我)의 경지에 들어가는 맛.
선미(鮮美)[명] 산뜻하고 아름다움. fresh beauty **하다**
선미-등(船尾燈)[명] 고물에 단 회항의 등불.
선미-루(船尾樓)[명] 고물에 만든 선루(船樓).
선미익-기(先尾翼機)[명] 수직 미익이나 수평 미익을 기체의 앞쪽에 장치한 비행기. 「는 강재(鋼材).
선미-재(船尾材)[명] 고물에 있는, 키나 추진기를 붙이

선민(先民)영 ①옛날의 현인(賢人). ②옛날 사람.
선:민(善民)영 선량한 인민. 양민(良民).
선민(選民)영 하느님의 특별한 은총을 입어 택함을 받았다는 이스라엘 국민들의 자칭(自稱). chosen people
선=바람영 지금 차리고 나선 그대로의 차림새. present dress
선:바람 쐬:-다困 낯선 지방으로 돌아다니다. wander about in strange country
선박(船舶)영 크고 작은 배들. 배. vessels
선박 검:사(船舶檢査)영 〈법률〉상선의 선체와 기관을 검사하는 일. 하困
선박 공학(船舶工學)영 선박의 설계 및 건조에 관해 연구하는 학문. 조선학(造船學).
선박 관리인(船舶管理人)영 〈법률〉 선박을 이용하는 선박 공용자(船舶共用者)의 대표적인 관리인(管理人). ship's husband
선박=국(船舶局)영 항행중의 배에 설비되는 무선국.
선박 등기(船舶登記)영 〈법률〉 선적항(船籍港)을 관리하는 관청이 선박의 소유권·선박 관리인 따위에 관하여, 선박 등기부에 올려 적는 일. registration of ships
선박 보:험(船舶保險)영 〈경제〉해상 보험의 하나. 선박 자체에 관하여 항해에서 생기는 손해를 보상할 것을 목적으로 하는 보험. 선체 및 그것에 부속된 기구를 포함함. hull insurance
선박 사:무장(船舶事務長)영 선박에 타고, 그 선박의 경리 업무면을 담당하는 책임자.
선박 서류(船舶書類)영 〈법률〉선장이 선박 안에 언제나 비치해야 하는 서류(書類). 곧, 선박 국적 증서·해원 명부·항해 일지·여객 명부 따위.
선박 신:호(船舶信號)영 배와 배 또는 배와 육지간에 쓰는 신호. (압류. (동) 선박 억류.
선박 압류(船舶押留)영 ①선박에 대한 강제 집행상의 압류. ②자기 나라 항만에 있는 외국 선박을 억류하는 일. 선박 압류②.
선박 원부(船舶原簿)영 선박 등록을 위해 관할 해운 관청에 비치한 문서(公簿).
선박 직원(船舶職員)영 선장·항해사·기관장·기관사·선박 통신사 등 해기사(海技士) 면허장을 가진 사람. (향상의 차압.
선박 차압(船舶差押)영 〈법률〉선박에 대한 강제 집
선반(一盤)영 물건을 얹어 두기 위해 까치발을 받치어 벽에 달아 놓은 널빤지. (원) 현반(懸盤). shelf
선반(先般)영 지난번. 전번.
선반(宣飯)영 〈제도〉관청에서 끼니 때 관원에게 주는 밥. (동) 공반(公飯).
선반(旋盤)영 깎이 기계. (공하인 식사.
선반 놓-다(宣飯一)困 부역장(賦役場)에서 일꾼에게 식사 시간을 주다.
선반-턱(一盤一)영 선반 기장자리에 따로 붙인 나무. border of a shelf (발. moving
선-발영 집안에서 종일 서서 일하느라고 몹시 부르튼
선발(先發)영 ①길을 먼저 떠나감. (대) 후발(後發). going ahead ②야구 등에서, 제 1 회서부터 출전함. (협(試驗). selection 하困
선:발(選拔)영 많은 속에서 골라서 추려 냄. **∼ 시**
선발-대(一隊)(先發隊)영 다른 부대보다 앞서서 먼저 떠난 부대. advance party
선발 발전 도상국(一쩐一)(先發發展途上國)영 비교적 공업화가 진행되고 있는 발전 도상국.
선:발 시:험(選拔試驗)영 지원자 중에서 입학자·채용자를 선발하기 위하여 행하는 시험.
선발 제:인(先發制人)영 남의 꾀를 미리 알고 일이 생기기 전에 제어함. forestalling 하困
선발 투수(先發投手)영 야구에서, 경기 개시 전에, 양팀의 교환한 타격 순표(順表)에 기재되어 있는 투수. starting pitcher (secret of the hermit
선방(仙方)영 선인(仙人)의 방술(方術). 영묘한 방법.
선:방(善防)영 잘 막아 냄. strong defence 하困
선방(禪房)영 〈불교〉 참선하는 방. 선실(禪室). meditation room
선배(先輩)영 ①학문·덕행·경험·나이 등이 자기보다 앞선 사람. ②학교나 단체에 먼저 이름으로 거친 사람. 선진(先進)①. 전배(前輩). (대) 후배. senior
선배 알쫍(一쪽)(鐵杯乞足)영〈공업〉도자기의 몸을 손질하려는 것.
선=버들〈식물〉버들과의 낙엽 활엽 교목. 4월경에 이삭 꽃이 피고 흰 털이 있는 씨를 날림. 물가에 나며 건축용·제방용으로 많이 쓰임. (예.
선번(先番)영 먼저 하여야 할 차례에 당함. 또, 그 차
선번(線番)영〈약〉→선번호(線番號).
선-번호(線番號)영 철사나 전선(電線)의 굵기를 나타내는 번호. (약) 선번(線番). number of the line
선:벌(選伐)영 나무를 골라서 벰. 하困
선법(一빠)영〈음악〉악곡 가운데에 사용되는 모든 음을 높이 순으로 늘어놓고, 그 중에서 선율을 만드는 데 기초가 되는 몇 개의 음을 골라 옥타브 사이에 높이 순으로 배열하는 방법. 장음계는 장선법, 단음계는 단선법임. mode
선:법(一빠)(善法)영 도리에 맞고 자기에게 도움이 되는 방법. (ditation
선법(一빠)(禪法)영〈불교〉참선하는 법. rule of me-
선=변(一邊)영〈경제〉빌려 쓴 돈에 대하여 다달이 갚는 변리. (대) 누운변. monthly interests
선:변(先邊)영〈경제〉빚을 얻을 때 본전에서 미리 떼어 내는 변리. 선리(先利). 선이자. prepaid interest
선:변(善變)영 형편이 전보다 좋게 변함. better change 하困
선:별(選別)영 가려서 구별함. 선분(選分). choice 하困
선:별 금리(選別金利)영 거래선이나 자금의 용도에 따라서 다른 금리를 적용하는 일.
선:별 금융(一늉)(選別金融)영〈경제〉금융 기관이 융자 대상을 엄선, 융자하는 일.
선병(腺病)영〈의학〉어린이의 체질성 질환. 임파선·종창·습진·수포성(水泡性) 결막염 등의 전신병(全身病). gland disease (previous patient
선병-자(先病者)영 같은 병을 먼저 겪어 본 사람.
선병자 의:타(先病者依他)영 일과 물건에 관한 경험이 있는 이가 딴사람을 인도할 수가 있다.
선병-질(腺病質)영〈의학〉선병의 경향이 있는 체질. lymphatic ②체질이 허약하고, 흉곽이 편평(扁平)하며 빈혈질의 허약 체질(體質).
선보(先報)영 앞서의 보도. (대) 후보(後報).
선:보(善報)영〈동〉선과(善果).
선:보(繕補)영 고치고 기움. repair 하困
선:=보-다영 신랑·신부나, 자기가 소용되는 사람의 용모와 행동을 살피어 보다. interview with a view to marriage
선:-보름(先一)영 한 달의 1일부터 15일까지의 15일 동안. 선망(先望). (대) 후보름. first half the month
선:-보이-다困 사물을 처음으로 공개하여 여러 사람에게 보이다. 사물을 첫 등장시키다. ¶새 노벨을 ∼. (동) 섬을 보게 하다. (약) 선뵈다.
선복(船卜)영 배에 실은 짐. cargo
선복(船腹)영 ①배 안의 짐을 싣게 되어 있는 바닥. bottoms ②배에 짐을 실어 수송하는 능력. tonnage ③배의 중간 허리.
선:본(善本)영 ①좋은 책. 얻기 어려운 귀중한 책. rare book ②좋은 결과를 얻을 수 있는 선근 공덕(善根功德). 또는 일체의 선의 근본. root of all good things
선봉(先鋒)영 맨 앞장을 섬. 군대의 앞장. vanguard
선봉-군(先鋒軍)영 선봉에 서는 군대.
선봉-대(先鋒隊)영 선봉에 서는 대열. 또, 그 사람.
선봉 대:장(先鋒大將)영〈군사〉앞장 선 군대를 지휘하는 장수. (약) 선봉장(先鋒將).
선봉-장(先鋒將)영〈약〉→선봉 대장(先鋒大將).
선:=뵈-다困(약)→선보이다.
선부(先夫)영 죽은 남편. 이전 남편. (대) 후부(後夫).

선부(先父) 돌아가신 아버지. 선친(先親).
선부(船夫) 뱃사공. boatman
선부(船艀) 나루터. 부두(埠頭). ferry
선:부(善否) 좋음과 좋지 못함.
선:부군(先父君) 「선부」의 높임.
선:부형(先父兄) 돌아가신 아버지나 형.
선부 후:빈(先富後貧) 넉넉하게 지내던 사람이 차차 구차하게 됨. (대) 선빈 후부(先貧後富). become poorer
선분(線分) 〈수학〉 직선 위의 두 점 사이의 한정된 부분. 유한(有限) 직선. segment of a line
선:분(選分) 〈동〉 선별(選別). 하타
선:불 제대로 맞지 않은 총알. 섣맞은 총알. 분에 못 이겨 또는 노기 등등하여 매우 사납게 설침을 비유하는 말. stray bullet
선불(仙佛) 〈명〉 ①신선과 부처. hermit and Buddha ②선도(仙道)와 불도(佛道). Taoism and Buddhism
선불(先拂) 대가·보수 따위를 먼저 지불함. 선급(先給). (대) 후불(後拂). advance payment 하타
선:불-걸:다[걸었다] ①섣불리 건드리다. provoke rashly ②관계없는 일에 참견하여 해를 입다. rashly meddle in other's affairs and suffer damage
선불 맞은 호랑이 뛰듯 노기 등등하여 매우 사납게 설침.
선:-불선[-썬](善不善) ①착함과 착하지 아니함. good and evil ②잘됨과 잘되지 못함. good and wrong
선:불질(先-) 서투른 총질. 하타
선비 ①옛날에 학식은 있으나 벼슬하지 않은 사람. ②학덕(學德)을 갖춘 사람의 예스러운 말. ③어질고 순한 사람을 비유하는 말. scholar
선:비 자루가 길어서서 쓸기 쉬운 비. broom with a long handle
선비(先妣) 돌아가신 어머니. 선자(先慈). 전비(前妣). (대) 선고(先考). one's late mother
선비(船費) 〈동〉 선가(船價).
선비(鮮卑) 〈역사〉 몽고족과 퉁구스족과의 잡종으로 유목 민족.
선비 논 데 용 나고, 학이 논 데 비늘이 쏟아진다훌륭한 사람의 행적이나 착한 일에는 반드시 좋은 영향을 끼친다. 「靑」 등의 「士」의 이름.
선비사-부(—士部) 한자 부수(部首)의 하나. '壬·壬'
선비잡이-콩 〈식물〉 푸른 빛이 나고, 눈 양쪽에는 검은 점이 박힌 콩.
선빈 후:부(先貧後富) 가난하던 사람이 나중에 부자가 됨. (대) 선부 후빈. become richer
선사(仙槎) 신선이 타는 배. hermit's boat
선사(先史) 역사에 선행함. 유사 이전(有史以前).
선사(先祀) 선조의 제사.
선사(先祀) 세상을 떠난 스승. one's late teacher
선사(旋師) 전쟁에 이겨 군사를 돌려 옴. 개선(凱旋). triumphal return 하타
선:사(善事) ①윗사람을 잘 섬김. ②좋은 일. ¶길상(吉祥) ~. ③남에게 선물을 줌. presentation ④신이나 부처에 공양하는 일. offering 하타
선:사(善射) 활·총 따위를 잘 쏨. shooting well 하타
선사(禪師) 〈불교〉 선종(禪宗)의 절. 선찰.
선사(禪師) 〈불교〉 선법(禪法)에 통달한 법사. seon priest
선사(繕寫) 〈명〉 ①잘못을 바로잡아 다시 고쳐 베낌. corrective transcription ②부족한 점을 보충하여 정서(淨書)함. making a clean copy ③문서를 수집하여 기록함. collecting and recording 하타
선사 고고학(先史考古學) 〈명〉 선사 시대의 물질적 유물에 의하여, 인류의 과거를 연구하는 고고학.
선:-사령(善辭令) 익숙하게 잘하는 말. eloquence
선:사 상:관(善事上官) 상관을 잘 섬김. 하타
선사 시대(先史時代) 〈역사〉 고고학적(考古學的)상의 시대 구분의 하나. 문헌적 사료(史料)로 연구할 수 없는 시대. 대개는 신구석기(新舊石器) 시대를 일컬음. (대) 역사 시대. prehistoric age
선사-학(先史學) 〈명〉 선사(先史) 시대의 일을 연구하는 학문. 사전학(史前學).
선산(先山) 〈명〉 조상의 무덤이 있는 곳. 선묘(先墓). 선영(先塋). 선롱(先壟). (유) 족산(族山). ancestral graveyard
선:산(散散) 돈을 적절하게 잘 씀. 하타
선:산-밑(先山—) 〈명〉 선산의 아래 쪽. 선산하(先山下). 선영하(先塋下).
선산-발치(先山—) 〈명〉 선산의 산기슭.
선산-하(先山下) 《동》 선산밑.
선상(先山) 〈명〉 물건 값이나 빚을 얼마만 먼저 받음. 하타
선상(扇狀) 〈명〉 쥘부채를 편 것과 같은 모양. 부채꼴. 선형(扇形) ①.
선상(船上) 〈명〉 ①배 위. on the ship ②항행중의 배들. 「타고 있음.
선상(船商) 〈명〉 ①배를 사고 파는 장사치. vessel dealer ②배에 물건을 싣고 다니며 파는 사람. bumboatman 「면 일정한 상태에 있음. 유.
선상(線上) 〈명〉 ①선(線)의 위. ¶선분 A의 ~. ②어
선상(線狀) 실과 같이 가느다란 형상.
선:상(選上) 〈제도〉 지방의 노비(奴婢)를 뽑아 서울 관아로 올리던 일. 골라 뽑아 바침. 하타
선상(禪床) 〈불교〉 ①설법을 설법(說法)하는 중이 올라앉는 법상. ②〈동〉 선대(禪臺).
선상 대:장(先捕大將) 〈제도〉 거둥 때에 앞장선 군사를 거느리던 장수.
선상-지(扇狀地) 〈지리〉 골짜기를 경계로 하여 낮은 땅으로 향하여 부채를 편 것과 같이 된 지형. 충적선. fan-shaped valley 「대.
선상-진(先廂陣) 〈제도〉 거둥 때에 앞장 서던 군
선:상-피(腺上皮) 〈생리〉 분비 작용의 특히 왕성한 상피 조직. 편도선·임파선을 제외한 모든 선(腺)은 대개 이것으로 형성되어 있음. glandular epithelium
선색(鮮色) 〈명〉 산뜻하고 밝은. 고운 빛깔.
선:-샘 장마 끝에 땅 속에서 스며들었던 빗물이 솟아 나오는 샘. well
선생(先生) ①스승. teacher ②학예에 능한 사람. sir ③교원에 대한 일컬음. sir ④나이나 학식이 맞서거나 그 이상인 사람에 대한 일컬음. (공) 선생님.
선생(先生—) 〈명〉 old chap
선생-안(先生案) 〈제도〉 각 관청에서 전임(前任) 관원의 성명·직명·생년월일·본적 등을 기록하던 책. 안책(案册).
선생-질(先生—) 〈속〉 학교에서 글을 가르치는 일.
선서(宣誓) 〈명〉 ①여러 사람 앞에서 맹세하여 말함. ¶〈법률〉 소송에 있어 증인·감정인·통역인 각자의 양심에 맹세하여 성실하게 증언·감정·통역함을 맹세하는 일. ②〈법률〉 대통령이 취임할 때 국회에서 헌법을 지켜 선정(善政)을 베풀겠다고 국민에게 맹세하는 일. oath 하타 「manship 하타
선-서(善書) 〈명〉 글씨를 잘 씀. 또, 그 글씨. good pen-
선서-식(宣誓式) 〈법률〉 대통령이 취임할 때 국회에서 선서하는 의식. swearing-in ceremony
선선-하다[어미]①견디기에 알맞을 만큼 좀 서늘하다. 〈작〉 산산하다. cool ②성질이 쾌활하다. cheerful
선성(宣聖) 〈명〉 신선과 성인. 「선선-히
선성(先聖) 〈명〉 옛날 성인(聖人). ancient saint
선성(先聲) 〈명〉 ①전부터 알려져 있는 명성. well-known fame ②〈동〉 선대(先代).
선성(蟬聲) 〈명〉 매미 우는 소리.
선성 탈인(先聲奪人) 〈명〉 ①미리 소문을 퍼뜨려서 남의 기를 겪음. ②미리 소리를 질러, 남의 기세를 겪음.
선세(先世) 〈명〉 〈동〉 선대(先代). 「하타
선세(先貰) 〈법률〉 입차인(賃借人)이 임대료의 지불 및 임대(賃貸) 계약상의 채무를 담보할 목적으로 임대인에게 주는 돈. prepaid rent
선세(船稅) 〈명〉 배를 부리는 사람에게 부과하는 세금. tax on a ship
선-셈(先—) 〈명〉 물건을 받기 전 또는 기한 전에 돈을

치르는 셈. advance payment 하다
선소(鮮少·鮮少)[명] 매우 적음. minim 하다[형]
선-소리[¹][명] 대여섯 사람이 둘러서서 주고받고 하며 부르는 노동요. 입창(立唱). (대)앉은 소리. song [words
선:-소리[명] 경위에 잘 맞지 아니하는 말. improper
선소리-치다(先—)[자] 맨 앞에 서서 소리 지르다.
선속(船速)[명] 배가 달리는 속도. 항행 속도. speed of a ship
선손(先—)[명] ①남보다 먼저 시작함. 또, 먼저 한 착수. taking initiative ②먼저 손찌검을 함. 또, 그 손찌검. 선수(先手)①. dealing first blow
선손-걸다(先—)[타] 먼저 손찌검을 하다. give the first blow [forestall
선손-쓰다(先—)[자] 먼저 손을 대어 시작하다.
선손-질(先—)[명] 먼저 손을 대어 때리는 짓. start a fight 하다 [큰 해를 입게 됨.
선손질 후방망이(先—)[속담] 남을 먼저 해치던 자기는 후에
선수(先手)[명] ①[동] 선손②. ②기선(機先)을 제(制)하여 공격의 위치에 섬. take the initiative ③장기·바둑 등에서 상대편이나 둘 자리에 먼저 두기 시작하는 일. ¶~쓰다. ~ 치다.
선수(先守)[명] 야구 등에서, 먼저 수비함. 또, 그 수비
선수(船首)[명] 이물. [즉. (대) 선공(先攻). 하다
선:수(善手)[명] 솜씨가 남보다 월등한 사람. able man
선:수(選手)[명] 어떠한 운동 경기나 기술에 뛰어나서, 여러 사람 중에서 대표로 뽑힌 사람. player
선:수(選授)[명] 인재(人材)를 뽑아서 벼슬 자리를 줌.
선:수-권[—꿘](選手權)[명] 어떤 부문의 대회에서, 우승한 개인 또는 단체를 인정하는 자격. championship title [표 선수를 뽑는 경기 대회.
선:수권 대:회[—꿘—](選手權大會)[명] 여럿 중에서 대
선:수단(善手段)[명] 좋은 수단. good means
선:수-단(選手團)[명] 〈체육〉 어떤 경기의 선수들로서 조직된 단체. athletic team
선:수-상[—쌍](膳羞床)[명] 〈민속〉 무당이 굿할 때에 차려 놓는 제물상(祭物床)의 하나.
선술(仙術)[명] 신선의 술법. hermit's art
선술-집[—찜][명] 술청 앞에 선 채로 술을 먹게 된 간단한 술집. public house
선-스펙트럼(線 spectrum)[명] 〈물리〉 원자(原子)와 같은 다수(多數)의 순수(純粹)에 가까운 단광색(單光色)의 무리로 이루어지는 스펙트럼. 원자가 어떤 에너지 상태로부터 다른 상태로 옮길 때 생기며, 이로부터 원자의 종류·에너지 준위(準位)의 위치 및 성질을 알 수 있음. 휘선 스펙트럼.
선승(先勝)[명] 여러 번 하는 경기에서 먼저 이김. win the first game 하다 [〈선종(禪宗)〉의 중. seon priest
선승(禪僧)[명] 〈불교〉①참선을 수행(修行)하는 중. ②
선승(禪僧堂)[명] 선당(禪堂)과 승당(僧堂).
선시(宣示)[명] 널리 선포하여 알림. proclamation 하다
선-시력(線視力)[명] 〈의학〉 미세한 선의 존재 유무를 분간할 수 있는 눈의 능력. (대) 점시력(點視力).
선:시 선:종(善始善終)[명] 처음부터 끝까지 한결같이 잘함. 하다
선시-에(先是—)[부] 이에 앞서. prior to this
선:-신(善神)[명] 정법(正法)을 지키는 신. 복(福)을 주는 신. (대) 악신(惡神). god of righteousness
선신경 세:포(腺神經細胞)[명] 〈생리〉 신경 분비 작용을 가지는 신경 세포. 신경 분비 세포.
선신-세(鮮新世)[명] 〈지학〉 신생대 제 3 기를 다섯으로 구분한 중의 최후의 지질 시대.
선실(船室)[명] 선객(船客)이 쓰도록 된 배 속의 방. cabin
선실(璇室)[명] 옥(玉)으로 꾸민 방.
선실(禪室)[명] ①선방(禪房)[명] ②〈공〉'승려'를 이르는 말.
선실 기도(先失其道)[명] 일을 함에 있어 먼저 그 방법부터 그르침. employing wrong means 하다

선:심(善心)[명] ①착한 마음. virtue ②남을 도와 주는 마음. ¶~을 쓰다. (대) 악심(惡心). chivalry
선심(線審)[명] 〈운〉→선심판(線審判).
선심-판(線審判)[명] 〈체육〉 경기장의 선에 관한 규칙의 위반을 맡아보는 보조 심판. (약) 선심(線審). line umpire
선아(仙娥)[명] ①[동] 선녀(仙女). ②'달'의 딴이름.
선악(仙樂)[명] 신선의 풍악.
선:-악(善惡)[명] 착함과 악함. good and evil
선:악 개오사(善惡皆吾師)[명] 착한 일이나 악한 일이 모두 자기 몸가짐의 거울이 된다는 뜻.
선:악-과(善惡果)[명] 〈기독〉 선악과 나무의 열매. 아담과 이브가 이를 먹고 에덴 동산에서 쫓겨났다는 금단(禁斷)의 열매. forbidden fruit
선:악과 나무(善惡果—)[명] 〈기독〉 그 열매를 먹으면 선악을 알 수 있게 된다는 나무. 에덴 동산에 있었다 함. 생명수(生命樹)②. 선악수. tree of knowledge
선:악-관(善惡觀)[명] 선악에 관하여 가지는 견해.
선:악 불이(善惡不二)[명] 〈불교〉 선과 악이 두 가지가 아니고 평등 무차별하여 한 가지로 돌아감.
선:악 상반(善惡相半)[명] 선과 악이 서로 반씩 있음.
선:악-수(善惡樹)[명] [동] 선악과 나무. [하다
선:악 수연(善惡隨緣)[명] 〈불교〉 선과(善果)와 악과(惡果)가 인연을 따라 생김.
선:악의 피:안(善惡—彼岸)[명] 〈철학〉 도덕의 궁극적 이상은 선악의 차별과 대립을 초월한 경지에 있다는 말. 니체가 처음으로 씀.
선:악지-보(善惡之報)[명] 선과 악에 대한 갚음.
선암(腺癌)[명] 〈의학〉 선세포로부터 생긴 암. 위암·대장암 따위.
선암(禪庵)[명] 〈불교〉 선승의 암자. 선종의 절.
선야(先夜)[명] 전날 밤.
선약(仙藥)[명] ①[동] 선단(仙丹). ②효험이 아주 좋은 약. 성약(聖藥). medicine of wonderful efficacy
선약(先約)[명] 먼저 맺은 약속. 먼저 약속함. 전약(前約). previous appointment 하다
선양(宣揚)[명] 널리 떨치게 함. ¶국위(國威) ~. enhancement 하다
선양(煽揚)[명] 선동하여 일으킴. agitation 하다
선양(禪讓)[명] 선위(禪位). 하다
선양 조직(腺樣組織)[명] 망양(網樣) 조직.
선어(仙馭)[명] [동] 붕어(崩御). 하다
선:-어(善語)[명] 말을 잘함. eloquence 하다
선어(鮮魚)[명] 생선(生鮮).
선어말 어:미(先語末語尾)[명] 〈어학〉 선행되어 어말어미에 나타나는 활용 어미. '=시=(높임)'·'=음=(공손)'·'=았=었=(과거 시제)'·=덧=(과거 회상)'·=는=(현재 시제)'·'=겠=(미래 시제)' 등 경어(敬語)와 시상(時相)에 관한 것 등으로 나뉨. 비어말 어미(非語末語尾). 보조 어간(補助語幹). prefinal ending
선언(宣言)[명] ①당면의 문제에 관하여 널리 알림. ②단체나 국가가 자기의 방침과 주장을 외부에 정식으로 표명함. declaration 하다
선:언(善言)[명] 착한 말. 좋은 말. good words
선:언 명:제(選言命題)[명] 〈논리〉 선언적 판단을 나타내는 명제. 'A는 B나 C이다' 따위. disjunctive proposition
선언-문(宣言文)[명] 선언하는 취지를 쓴 글.
선언-서(宣言書)[명] 어떤 일을 선언하여 공표하는 문서. manifesto
선:언-율[—뉼](選言律)[명] 〈논리〉 사유(思惟) 법칙의 하나. 'A는 P이든지 Q임'이라는 형식으로 나타냄. 선택 판단의 기초 원리. 선언 원리.
선:언-적(選言的)[명] 〈논리〉 명제의 주사에 대하여 빈사가 두 개 이상 있고 그것을 선택할 의의가 있는(것). (대) 정언적(定言的). disjunctive
선:언적 개:념(選言的槪念)[명] 동일 종류의 개념이면서 그 외연(外延)이 전혀 달라 교차하지 않고 분리되어 있는 개념. 삼각형과 사각형, 젊은이

선:언적 명:제(選言的命題)[명]〈논리〉선언적 판단을 나타내는 명제. disjunctive proposition

선:언적 삼단 논법[-뻡](選言的三段論法)[명]〈논리〉복합적 판단에 관한 삼단 논법의 하나. 'A는 P이든가 또는 Q이다(대전제). A는 P가 아니다(소전제). 그러므로 A는 Q이다(결론).' 따위. 선언적 추리. disjunctive syllogism

선:언적 추리(選言的推理)[명]〈동〉선언적 삼단 논법.

선:언적 판단(選言的判斷)[명]〈논리〉둘 또는 그 이상의 개념을 빈사(賓辭)로 하는 판단. 'A는 B나 C나 D 중의 하나다' 따위. disjunctive judgement

선:언=지(選言肢)[명]〈논리〉선언적 판단에 있어서 선택된 두 개. 또, 그 이상의 빈사(賓辭).

선업(先業)[명]①〈불교〉전생(前生)에서 지은 업인(業因). ②선대(先代)의 기업(基業). 전서(前緖). 숙업(宿業). 「착한 일. good deed

선:업(善業)[명]〈불교〉좋은 과보(果報)를 받을 만한

선:=여(善與)=인교(善與人交)[명]남을 공경하여 오래 잘 사검. intimate association 하다.

선연(仙緣)[명]신선과의 인연. relation with a fairy

선연(船緣)[명]〈동〉뱃전.

선:연(善緣)[명]좋은 인연(因緣). (대) 악연(惡緣). good affinity   [beautiful

선연-하다(嬋姸--)[형여다]얼굴이 곱고 아름답다.

선연-하다(鮮姸--)[형여다]산뜻하고 아름답다. fair

선열(先烈)[명]①정의(正義)를 위하여 목숨을 바친 열사. martyr to loyalty ②전대(前代)의 유열(遺烈).

선열(船列)[명]몇 척 늘어서 있는 배. 또, 항해하는 배의 열.

선열(禪悅)[명]〈불교〉선정(禪定)에 들어선 즐거움.

선염(渲染)[명]〈동〉바림.

선염=법[-뻡](渲染法)[명]〈미술〉화면(畫面)에 물을 칠하고 채 마르기 전에 채색(彩色)을 하여서 몽롱(朦朧)한 묘미(妙味)를 나타내는 화법(畫法).

선영(先塋)[명]선산(先山).

선영-하(先塋下)[명]선산밑.

선예(蟬蛻)[명]〈동〉선퇴(蟬退). 「imperial wine 하다

선온(宣醞)[명]〈제도〉임금이 신하에게 술을 내려 줌.

선옹(仙翁)[명]나이 든 신선. old hermit

선와(旋渦)[명]①〈동〉소용돌이. ②분규가 한 곳에 모이는 것을 이름. whirl pool

선왕(先王)[명]①선대(先代)의 임금. 돌아간 임금. late king ②옛날의 성왕(聖王). 선군(先君)①. 〈공〉대왕(大王)②. royal ancestor

선왕 유제[-뉴-](先王遺制)[명]선왕이 남긴 제도.

선왕재하고 지벌 입었다[속]잘 되도록 애써 하고 일이 도리어 화근이 되었다.

선:외(選外)[명]선(選)에 들지 못함. left out of selection

선:외가(先外家)[명]선대의 외가.   [ction

선:외 가작(選外佳作)[명]입선(入選)은 안 되었으나 꽤 잘된 작품. good work failed to win a prize

선외-구(線外球)[명]〈동〉파울 볼.   「동하는 일.

선외 활동[-똥](船外活動)[명]우주선 밖으로 나와 활

선용(先用)[명]①미리 세낼으로 빌려 씀. borrowing in advance ②남에 앞서 씀. 하다.

선:용(善用)[명]알맞게 잘 씀. good use 하다.

선:용(選用)[명]여럿 가운데서 골라서 씀. use by selection 하다.

선용-품(船用品)[명]식료·연료·소모품·강삭(鋼索)·집기(什器) 등 선박에서 사용되는 물품.

선우(單于)[명]〈역사〉흉노(匈奴)의 추장(酋長).

선:우(善友)[명]좋은 친구. (대) 악우(惡友). good friend

선:우(善遇)[명]〈동〉선대(善待). 하다.

선우=월(蟬羽月)[명]음력 6월의 딴이름.

선우 후:락(先憂後樂)[명]근심할 일은 남보다 먼저 근심하고, 즐거울 일은 남보다 나중에 즐거워함.

지사(志士)·인인(仁人)의 마음. 하다.

선운(船運)[명]배로 나름. shipping 하다.

선운-산(船運山)[명]광산 구덩이의 원천.   [forced laugh

선:소(善笑)[명]우습지도 아니한데 거짓으로 웃는 웃음.

선원(船員)[명]〈법률〉선박을 타고 계속해서 선박의 노무를 하는 근로자. 또, 그런 예비원(豫備員). seaman ②〈법률〉상법(商法)상으로는 선장과 해원의 총칭. crew

선원(禪院)[명]선도(禪道)를 닦는 집. 선림(禪林).

선원 대:향(璿源大鄕)[명]이씨 왕실(李氏王室)의 본관(本貫).

선원 수첩(船員手帖)[명]선원의 신분을 증명하는 수첩.

선원=실(船員室)[명]배 안에서 선원이 거처하는 방.

선원=주의(先願主義)[명]〈법률〉둘 이상의 출원이 경합한 경우에, 먼저 출원한 사람을 우선적으로 다루.

선월(先月)[명]지난 달.   「는 주의.

선:위(選委)[명]〈약〉=선거 위원회(選擧委員會).

선위(禪位)[명]임금의 자리를 다음 임금에게 물림. 선양(禪讓). abdication 하다.

선위사(宣慰使)[명]〈제도〉큰 재해가 있을 때, 임금의 명령을 받들고, 백성의 질고(疾苦)를 위문하던 임시 벼슬.

선:위=설사[-싸](善爲說辭)[명]말을 솜씨있게 잘함.

선유(仙遊)[명]신선이 되어 뜻대로 유람함.

선유(先儒)[명]선대(先代)의 유학자(儒學者). 옛 선비. scholar of former days

선유(宣諭)[명]임금의 명령이나 유시(諭示)를 백성에게 공포(公布)함. 하다.

선유(船遊)[명]뱃놀이. 주유(舟遊). boating 하다.

선:유(善柔)[명]마음이 착하여 남을 기쁘게 하는 데는 곰살갖으나, 자기의 굳은 줏대가 없음. good naturedness 하다.

선유=락(船遊樂)[명]〈음악〉나라 잔치에 무기(舞妓) 채선(彩船)을 끌고 배 떠나가는 모양을 하는 춤.

선유=사(宣諭使)[명]〈제도〉병란(兵亂)이 났을 때에 왕명을 받들고 국민을 훈유하던 임시 벼슬.

선육(鮮肉)[명]신선한 고기. 생육(生肉).

선율(旋律)[명]〈음악〉악음이 여러 가지 높이와 율동으로서 연속적으로 흐름. 음악을 구성하는 가장 중요한 요소. melody

선율(禪律)[명]〈불교〉①선종(禪宗)과 율종(律宗). ②선종의 계율(戒律).

선음(先蔭)[명]조상(祖上)의 숨은 은덕.

선:음(善飮)[명]술을 잘 마심. 술을 좋아함. being fond of drink 하다.   「rup of a cicada

선음(蟬吟)[명]매미의 울음. 또, 그 소리. shrill chir-

선의(船醫)[명]항해중인 선박에서 승무원·선객의 건강을 맡아보는 의사.

선:의(善意)[명]①〈동〉호의(好意). ②좋은 뜻.   [을 입는 옷.

선의(禪衣)[명]〈불교〉선승(禪僧)이 입는 옷.

선의(鮮衣)[명]새뜻하고 아름다운 옷.

선:의=권(先議權)[명]〈제도〉일반 국민의 부담에 중대한 관계가 있는 예산이나 재정 법안에 관하여, 하원이 상원에 앞서서 심의를 행하는 권리(權利). right to prior consideration

선:의 점유(善意占有)[명]〈법률〉점유할 권리가 없는 점유자가 본래 아는 것으로 오신(誤信)하고 하는 점유. possession in good faith

선-이:자[-니-](先利子)[명]〈동〉선변(先邊).

선인(仙人)[명]①〈동〉신선(神仙). 선자(仙子)①.〈제도〉고구려 때의 벼슬의 하나. 화인(化人).

선인(先人)[명]①〈동〉선친(先親). ②앞 세대 사람. predecessors

선인(船人)[명]①뱃사공. ②뱃사람. sailor

선:인(善人)[명]①착한 사람. virtuous man ②마음이 바른 사람. (대) 악인(惡人). good man

선:인(善因)[명]〈불교〉좋은 결과를 가져오는 원인이 되는 착한 일. (대) 악인(惡因). good deeds

선:인 선:과(善因善果)[명]〈불교〉선업(善業)을 행하

면 그에 의하여 반드시 좋은 과보(果報)를 받음. 《데》악인 악과(惡因惡果).
선인-장(仙人杖)〖명〗구기자나무.
선인-장(仙人掌)〖명〗〈식물〉선인장과(仙人掌科)의 다년생 식물. 줄기는 즙이 많고 잎은 변태엽(變態葉)으로 가시 모양 또는 혹 모양이다. 꽃은 흰빛·누른빛·붉은 빛이 아름다우며 장과(漿果)는 식용한다. 열대·아열대 사막에 많으며 화분에 관상용으로 재배함. 백년초(百年草). 패왕수(覇王樹). 사보텐. cactus
선인-죽(仙人粥)〖명〗새벽 뿌리의 껍질을 벗기고 저며서 끓이다가 쌀을 넣고 쑨 죽.
선-일[―닐]〖명〗서서 하는 일.《데》앉은일. stand up
선일(先日)〖명〗지난날. 전날. other day
선임(先任)〖명〗먼저 맡은 직무나 그 사람. 또, 직무를 먼저 맡음.《데》후임(後任). predecessor
선임(船賃)〖명〗뱃삯.
선:임(選任)〖명〗사람을 가려 맡아서 일을 맡김. nomination 하다
선임-권(先任權)〖명〗선임제에 있어서, 고참자나 신참자보다 유리한 입장에 서는 지위.
선임-제(先任制)〖명〗승진이나 대우·경영 부진에 의한 휴직 등에 있어서, 고참자(古參者)를 우대하는 제도. seniority system
선임 하:사관(先任下士官)〖명〗〈군사〉특정한 부대의 같은 계급의 하사관 중에서 가장 먼저 임관된 하사
선-입(選入)〖명〗골라 뽑아 넣음. selection 하다
선입-감(先入感)〖명〗일에 앞서 미리 가지고 있는 느낌. preconception
선입-견(先入見)〖명〗먼저 마음속에 자리잡은 주견.
선입-관(先入觀)〖명〗일에 앞서 미리 마음속에 형성되어 있는 관념이나 관점(觀點). preconceived conception
선자(仔子)〖명〗①〖동〗선인(仙人)①. ②얼굴이 아름다운 여자를 이름.
선자(仙姿)〖명〗신선과 같은 모습이란 뜻에서, 속세(俗世)를 떠난 모습을 일컬음. hermit's attire
선자(仙者)〖명〗신선.
선자(先子)〖명〗옛 사람. 특히, 망부(亡父)나 선사(先[師]).
선자(先慈)〖명〗돌아가신 어머니. 선비(先妣). one's late mother
선자(扇子)〖명〗①〖동〗부채. ②〖약〗→선자 추녀.
선:자(選者)〖명〗많은 작품 중에서 좋은 것을 선택하는 사람. judge 【덮은 천정 널판.
선자 개판(扇子蓋板)〖명〗〈건축〉선자 추녀의 서까래를
선자 고래(扇子―)〖명〗부챗살 비슷하게 퍼져 나가게 하는 고래.
선-자귀〖명〗반 관 퇴의 두 쪽이 되 된 분합문. 「adze
선-자귀〖명〗서서 나무를 깎을 때 쓰는 큰 자귀. big
선-자물쇠[―쇠]〖명〗배목에 비녀장을 꽂는 간단한 구조의 자물쇠. 좌우로 여는 물짝에만 쓰임.
선자-연(扇子椽)〖명〗〈건축〉선자 추녀에 부챗살같이 댄 서까래.
선자 옥질(仙姿玉質)〖명〗신선(神仙) 바탕에 옥 같은 몸이라는 뜻으로, 아름다운 사람을 이름.
선자-지(扇子紙)〖명〗부채 따위를 바르는 데 쓰이는 질기고 흰 종이. white paper for fans
선자 추녀(扇子―)〖명〗〈건축〉부채와 같이 만든 추녀.《데》말굽 추녀(扇子―)②. fan-shaped rafters
선-잠[―짬]〖명〗깊이 들지 않은 얕은 잠. light sleep
선:잠(先蠶)〖명〗〈민속〉양잠(養蠶)을 시작했다는 신(神). 서릉씨. 잠신(蠶神). god of sericulture
선:잠-깨다〖자〗잠을 충분히 자지 못하고 깨다. 잠이 깊이 들지 아니하였다가 깨다.
선장(仙庄)〖명〗선가(仙家).
선장(先丈)〖명〗〖약〗→선고장(先考丈).
선장(先場)〖명〗〈제도〉문과(文科) 과거에서 가장 먼저 글장을 바치던 곳.
선장(船匠)〖명〗배를 만드는 목수. ship-carpenter
선장(船長)〖명〗선원의 우두머리. 배안의 사무를 도맡아 보는 사람. captain
선장(船檣)〖명〗①배의 돛대. mast ②배의 무전 안테나를 버티거나, 선기(船旗)의 게양 등에 쓰는 기둥.
선:장(選奬)〖명〗좋은 것을 골라서 장려함. 하다
선장(禪杖)〖명〗중의 지팡이. stick of an old priest
선장-등(船檣燈)〖명〗배의 진로 방향을 나타내기 위해 앞 돛대에 다는 등.
선장 집물(船裝什物)〖명〗배의 장식에 필요한 물건.
선재(仙才)〖명〗선인(仙人)과 같은 재주. 뛰어난 재주.
선재(先在)〖명〗먼저부터 있음. 하다 【talent
선재(船材)〖명〗배를 만드는 데 쓰는 자재(資材). timber for ship building
선재(船載)〖명〗배에 실음. loading on boat 하다
선:재(選材)〖명〗선별한 재료. 선택한 재료.
선재-성(先在性)〖명〗〈철학〉시간적 또는 심리적으로 앞서는 성질.
선저(船底)〖명〗배의 밑바다. ship's bottom
선적(先蹟)〖명〗선인(先人)의 사적(事蹟). achievement of predecessors
선적(船積)〖명〗배에다 물건을 싣는 일. loading 하다
선적(船籍)〖명〗선박(船舶)의 소속지(所屬地)를 정하고 그 관해 관청(管海官廳)에 선주(船主)가 신고하여 선박 원부(船舶原簿)에 등록된 것. 또, 그 사실. port of registry 【작성되는 여러 가지 서류.
선적 서류(船積書類)〖명〗수출 화물을 선적하는 경우에
선적-항(船積港)〖명〗화물을 선적하는 항구. port of shipment 【는 항구. port of registry
선적-항(船籍港)〖명〗선박의 선적(船籍)이 등록되어 있
선전(宣傳)〖명〗①〈사회〉어떤 일이나 주의·사상을 널리 이해시켜 공감하게 하는 일. 또, 그 방법. propaganda ②어떤 상품에 대하여 그 좋은 점을 널리 알려 많이 팔리도록 힘쓰는 일. advertisement ③〖약〗→선전관(宣傳官). ④말하여 널리 전함. publicity 하다
선전(宣戰)〖명〗〈법률〉상대국과 전쟁 상태에 있다는 일반적인 의사 표시.《데》강화(講和). declaration of war 하다
선전(旋轉)〖명〗빙빙 돌아감. revolution 하다
선:전(善戰)〖명〗잘 싸움. 실력 이상으로 싸움. good fight 하다 【(市廛).
선전(縉廛·線廛)〖명〗〈제도〉서울의 비단을 팔던 시전
선전-관(宣傳官)〖명〗〈제도〉선전 관청의 한 관원.〖약〗선전(宣傳)③.
선전 관청(宣傳官廳)〖명〗〈제도〉계라(啓螺)·부신(符信)·시위(侍衛) 따위의 전명(傳命)·형명(刑名)에 관한 일을 맡던 관청. 【문으로 다루는 사업.
선전 광:고업(宣傳廣告業)〖명〗선전 광고의 업무를 전
선전 도안(宣傳圖案)〖명〗간판·포스터 등 선전을 목적으로 그린 도안.
선전-문(宣傳文)〖명〗선전의 취지를 적은 글.
선전 삐라(宣傳―)〖명〗선전·광고를 위해 여러 사람에게 돌리거나 뿌리는 인쇄물. 【달성하는 기술.
선선-술(宣傳術)〖명〗가장 효과적으로 선전의 목적을
선전-원(宣傳員)〖명〗선전 업무에 종사하는 사람.
선전-전(宣傳戰)〖명〗전쟁간에 선전에 의한 싸움. 서로 다투어 선전하는 일.
선전-탑(宣傳塔)〖명〗선전·계몽을 목적으로 일정 기간 동안 세우는 높은 건조물.
선전 포:고(宣戰布告)〖명〗〈법률〉전쟁 개시의 뜻을 국내외에 널리 선언함. declaration of war 하다
선점(先占)〖명〗①남보다 먼저 차지함. ②〖약〗→선점 취득. 하다
선:점[―쩜]〖명〗〈선택〉〈토목〉측량하기 전에 현지에 가서 기점(基點)이 될 만한 곳을 미리 살펴 두는 일. reconnaissance 하다
선점 취:득(先占取得)〖명〗〈법률〉①민법상 소유자가 없는 물건을 남보다 먼저 점유하고 그 소유권을 얻음. acquisition by occupancy ②국제법상 어느 나라의 영토에도 속하지 않는 땅을 딴 나라보다 앞서 점령함.〖약〗선점②. 하다
선접(先接)〖명〗〈제도〉과거 때에 시험장에 먼저 들어

선접꾼(先接─) 〈제도〉 과거 때 맨 먼저 선접하는 가서 좋은 자리를 차지하던 일. 하타

선정(先正) 선대(先代)의 어진 현인(賢人). ancient sage

선:정(善政) 바르고 좋은 정치. 양정(良政). (대) 악정(惡政). 횡정(橫政). good government 하타

선정(煽情) 정욕(情慾)을 북돋우어 일으킴. lasciviousness

선:정(選定) 가려서 정함. 택정(擇定). choice 하타

선정(禪定) 〈불교〉 참선(參禪)하여 삼매경(三昧境)에 이름. 하타

선:정=비(善政碑) 선정을 베푼 관원의 덕을 길이 전하기 위하여 세운 비석. ¶애민(愛民) ~. (유) 거사비(去思碑).

선정=적(煽情的) 관 정욕을 자극하여 일으키는 (것). sensational

선제(先制) 선수를 쳐서 상대방을 제견함. 기선을 제함. 하타

선제(先帝) (약) → 선황제(先皇帝).

선제(先除) 먼저 뺌. 미리 뺌. 하타

선제(船梯) 배에 오르내릴 때 사용하는 사다리.

선제 공:격(先制攻擊) 상대를 견제하기 위하여 선수를 쳐서 공격하는 일.

선:제−후(選帝侯) 〈역〉 선거후(選擧侯).

선조(先祖) 먼 대(代)의 조상. ancestor

선조(先朝) 전조(前朝). [t(filament).

선조(線條) ①선을 이룬 줄. line ¶필리멘

선조=판(宣詔板) 〈제도〉 나라에 경사(慶事)가 있을 때에 조서(詔書)를 읽던 임시 관원.

선조=총(旋條銃) (동) 라이플(rifle).

선족(跣足) 맨발. barefoot

선종(旋踵) 발길을 돌려 돌아섬. turning one's face

선:종(善終) ①유종(有終)의 미(美)를 거둠. make a crowning glory ②천수(天壽)를 다함. die a natural death ③남의 죽음에 애도의 정을 다하여 조상함. mourn for other's death ④죽음을 두려워하지 아니하고 이를 초월함. transcend death

선종(腺腫) 〈의학〉 선상피(腺上皮)에 생기는 종양(腫瘍). 관상(管狀)·선방상(腺房狀)·여포상(濾胞狀)으로 나뉨.

선:종(選種) 〈농업〉 충실한 씨를 고름. 씨앗고르기.

선종(禪宗) 〈불교〉 설교와 문자를 떠나, 이심 전심(以心傳心)을 주장하여 참선(參禪)에 의하여 본성을 터득하려는 불교의 한 파. 선도(禪道)②. (대) 교종(敎宗). silent meditation of Seon Buddhism

선종 본산(禪宗本山) 〈불교〉 선종(禪宗)의 으뜸이 되는 절. head temple of the Seon-sect

선종 사원(禪宗寺院) 〈불교〉 선종의 도를 닦는 절. Seon-sect temple

선주(先主) ①선대(先代)의 군주(君主). former king ②전번의 주인. former master

선주(船主) 배 임자. ship-owner

선주민(先住民) 먼저 살던 사람.

선주 민족(先住民族) 〈역〉 먼저 살던 민족.

선:주인(先主人) 배로 나르는 물건의 매매를 거간하는 사람. middle merchant of ship's load

선주 후:나(先奏後拿) 〈제도〉 먼저 임금에게 아뢴 다음에 범인을 잡던 일. 범죄한 칙임관(勅任官)을 잡던 절차. (대) 선나 후주(先拿後奏).

선−줄 〈광물〉 세로 박혀 있는 광맥. longitudinal vein of ore

선중(船中) 배의 안. interior of a ship

선지 죽인 짐승 특히, 소에서 받아낸 피. 식어 묵처럼 엉긴 것을 국·찌개 따위에 씀. 선지피①.

선지(先志) 선조(先祖)의 유지(遺志).

선지(先知) ①알릴을 미리 알아차림. foresight ②남보다 일찍 도를 깨달음. 또, 그 사람. foreseer

선지(宣旨) 임금의 명령을 널리 펴서 알림. private royal command 하타 [wing-paper

선지(宣紙) 서화에 쓰이는 중국 종이. Chinese dra-

선:지식(善知識) 〈불교〉 ①사람을 교화 선도하는 덕이 높은 중. 진종(眞宗)에서 법주(法主)를 일컬음. 지식(智識)②. (대) 악승(惡僧). priest of high virtue

선지−자(先知者) ①남보다 먼저 아는 사람. ②(기독) 예수가 나기 전에 이를 예언한 사람. 또, 천국사정을 아는 사람. 선견자(先見者)②. prophet

선지=증(船之證) 〈제도〉 선박으로 화물을 운송하는 경우에 발행하는 증서. 「선혈. fresh blood

선지−피 関 (동) 선지. ②선지처럼 쏟아져 나오는 피.

선지 후:행설(先知後行說) 〈철학〉 앎이 행함보다 앞서야 한다는 주자(朱子)의 학설. (대) 지행 합일설(知行合一說).

선진(先陣) 전쟁에서 본진(本陣) 앞에 진(陣)을 치거나 앞장 서는 군대. vanguard

선진(先進) ①(동) 선배. ②(동) 선각자. ③앞서 나아감. (대) 후진(後進). advancement

선진 개발 도상국(先進開發途上國) 개발 도상국 가운데 급속한 공업화를 바탕으로 현저한 경제 발전을 이룩하고 있는 신흥 공업국의 딴이름.

선진−국(先進國) 경제와 문화에 있어 앞선 나라. developed nation

선진=수:(先進排後受) 물건을 먼저 바친 다음에 값을 받는 일. (약) 선진배(先進排).

선진 사:회(先進社會) 개인 소득이 많고 고도의 문명을 가진 사회.

선:집(選集) 〈문학〉 전 작품 중에서 몇 개의 작품을 추려 모은 책. selection [of cattle

선짓−국 〈약〉 선짓물 넣고 끓인 국. soup with freshblood

선차(先次) ①지난번. 전번. ②차례에 먼저.

선차(旋車) 〈공업〉 발로 돌리는 물레. [last time

선착(先着) 먼저 도착함. first arrival ②(약)→선착수(先着手). ③(약)→선착편(先着鞭). 하타

선착(船着) 배가 와 닿음. arrival of the ship 하타

선착=객(先着客) 어떤 곳에 남보다 먼저 도착하는 사람. [착(先着)②. undertaking first 하타

선착수(先着手) 맨 먼저 손을 대어 일함. (약) 선착(先着).

선착−순(先着順) 먼저 와 닿는 차례.

선착−편(先着鞭) 먼저 착수하거나 자리를 잡음. (약) 선착(先着). (유) 선편(先鞭). 하타

선찰(禪刹) 〈불교〉 선종(禪宗)의 절. 참선(參禪)을 주장하는 절. 선사(禪寺). temple of the seon sect

선참(先站) 먼저 길을 떠남. 하타

선참 후:계(先斬後啓) 군대의 기율(紀律)을 어기는 사람을 먼저 처형한 다음에 임금에게 아뢰던 일. 하타

선창(先唱) ①맨 먼저 주장함. taking the lead ②만세 삼창 등에서 먼저 부르는 일. chorus leading

선창(船窓) 배의 창문. port-hole

선창(船廠) (동) 조선소(造船所). 하타

선창(船艙) 물가에 다리처럼 만들어서 배가 닿게 하는 곳. (유) 배다리. [창(艙). wharf

선창(艀艙) 뜰 버짐.

선채(先綵) 먼저 지는 빚. former debt

선채(先綵) 신랑 집에서 신부 집으로 혼례에 앞서 보내는 채단.

선채(鮮菜) 신선한 야채.

선:채−마니(善採−) 인삼을 잘 캐는 능숙한 심마니.

선:책(善策) 좋은 꾀나 방법. good policy

선처(先妻) (동) 전처(前妻).

선:처(善處) 알맞게 처리함. meeting the situation properly 하타

선척(先尺) 〈제도〉 돈을 받기 전에 관아에 먼저 내던 영수증. [넌 영수증.

선척(船隻) 留 배의 수. [len 영수증.

선천(先天) 태어날 때부터 갖추어 있는 성질이나 체질. 후천(後天). innate quality

선천−독(先天毒) 〈의학〉 본래부터 몸에 지니고 있는 병독(病毒). congenital disease

선천−본(先天論) 〈철학〉 우리의 지식의 어떤 부분은 어느 사람에게 본래 갖추어져 있는 것이며, 또한 모든 사람에게 같은 성질로 갖추어져 있다는

설. 선천설(先天說).
선천 매독(先天梅毒)〈의학〉태아가 모체에 있는 기간 안에 매독에 감염되어, 출생 후 곧 그 증상이 나타나는 것. 보통 생후 4~6주간 지나서 발생하는 경우가 많고, 매독의 제 1 기의 증상은 없으며, 제 2 기및 제 3 기의 증상이 혼합하여 발생함. hereditary syphilis
선천 면:역(先天免疫)〈의학〉모체로부터 선천적으로 받은 면역. congenital immunity
선천-병[-뼝](先天病)〈의학〉날 때부터 가지고 있는 병. congenital disease
선천 부족(先天不足)〈한의〉부모의 유전으로 몸이 허약함. congenital disease [옛일. past events
선천-사(先天事)圀 현실과는 관계없는 이미 지나간
선천-설[-썰](先天說)圀 ↔ 선천론(先天論).
선천-성[-썽](先天性)圀 타고난 성질. apriority
선천성 기형[-썽-](先天畸形)圀〈의학〉날 때부터 신체에 기형을 나타내는 것. 곧, 배냇병신의 의학적인 일컬음.
선천-적(先天的)圀 ① 태어나면서부터 가지고 있는 (것). ¶~일 재능. (대) 후천적(後天的). inborn ② 《동》 선험적(先驗的).
설철(哲哲) 圀 옛날의 현자(賢者). 선현(先賢). ancient
선철(銑鐵) 圀《동》무쇠. [sages
선체(船體) 圀 배의 몸체. hull
선초(扇貂) 圀 부채 고리에 늘어뜨리는 장식품. 선추
선추(扇錘) 圀《동》선초(扇貂). [(扇錘).
선축(先蹴) 圀 축구 따위의 경기에서 먼저 차기 시작 선출(先出) 圀 맏물. ─하는 일. kick-off 하타
선-출(選出) 여럿 가운데서 뽑아 냄. election 하타
선충-류(線蟲類) 圀〈동물〉선형 동물의 한 강(綱). 몸은 실 모양 또는 원통형. 자웅 이체로, 기생하는 것, 흙 속에서 작은 뿌리를 해치는 것 등이 있음. 회충·십이지장충·요충 따위.
선취(先取) 圀 남보다 먼저 가짐. taking first 하타
선취(船醉) 圀《동》뱃멀미.
선:-취(選取) 圀 여럿 가운데서 골라 가짐. 하타
선취-권[-꿘](先取權)圀《약》→ 선취 특권.
선=취:득(先取得) 남보다 먼저 취득함. 하타
선취-점[-쩜](先取點)圀 운동 경기 등에서 먼저 딴 점수.
선취 특권(先取特權)〈법률〉담보 물권의 하나. 채무자의 재산에 대하여 다른 채권자에 앞서 자기의 채권의 변제(辨濟)로 받는 권리.《약》선취권. right
선층(船層) 圀 ① 뱃전. ② 배의 곁. [of priority
선:치(善治) 圀 백성을 잘 다스림. good government 하타 ─하고 나중에 물품을 내어 줌.
선치:부 후:출급(先置簿後出給) 圀 먼저 장부에 기입
선친(先親) 圀 남에게 돌아가신 자기의 아버지를 이르는 말. 선부(先父). 선인(先人)①. 선고(先考). my late father
선침(仙寢) 圀 임금의 무덤. 능침(陵寢). king's mausoleum [의 '이'의 이름.
선-칼도(-刀)圀 한자 부수(部首)의 하나. '刺·到' 등
선-캄브리아기(先 Cambria 紀)圀〈지기〉캄브리아기 이전의 지질 시대. 곧, 은생대(隱生代)·시생대(始生代)와 원생대(原生代)로 나뉨. 조균류(藻菌類)·무척추 동물(無脊椎動物)이 있었음. 전캄브리아기 (前 Cambria 紀).
선-키 섰을 때의 키. standing height
선탁(宣託) 圀《동》신탁(神託). [고르는 작업.
선탄(選炭) 圀 채굴한 석탄을 분류하여 정탄(精炭)을
선:탄 공장(選炭工場) 탄광이나 제철소 따위에 딸리어 선탄 작업을 하는 공장.
선:탄-장(選炭場) 圀 선탄 작업을 하는 곳.
선탑(禪榻) 圀〈불교〉참선(參禪)할 때에 올라앉는 좌상(坐床).
선태(鮮太) 圀 갓잡은 신선한 명태. 생태(生太).
선태(蘚苔) 圀《동》이끼.

선태-류(蘚苔類)〈식물〉선태 식물의 종류.
선태 식물(蘚苔植物)圀〈식물〉민꽃식물의 한 문(門). 몸은 작으며, 줄기·가지·잎의 구별이 없는 엽상체이며 헛뿌리로 양분을 섭취함. 홀씨로 번식하며 특히 세대 교번이 현저함.
선-택(選擇) 圀 골라서 뽑음. selection 하타
선:택 과목(選擇科目)〈교육〉선택하여 학습할 수 있는 과목. (대) 필수 과목(必修科目). elective course
선:택-권(選擇權)圀 ① 선택할 권리. ② 〈법률〉선택 채권에 있어서, 여러 개의 변제들 중 그 하나를 채무자가 선택 결정하는 권리.
선:택-도(選擇度)圀〈물리〉딴 주파수를 배제하면서 어떤 특별 신호를 수신하는 수신기의 능력의 정도.
선:택 무기명식 증권[--꿘](選擇無記名式證券)圀〈경제〉증권상에 특정인을 권리자로서 기재함과 동시에, 그 증권의 소지인도 권리자로 인정한다는 취지의 문언(文言)을 기재한 증권.
선:택 배:양법(選擇培養法)圀〈농업〉좋은 종자를 골라서 가꾸으로써 차차 좋은 식물로 개량하여 나가는 품종 개량법.
선:택 채:권[--꿘](選擇債權)圀〈법률〉채권의 목적이 몇 개의 급부 중에서 선택에 의하여 정하여지는 채권. alternative credit
선:택 채:무(選擇債務)〈법률〉선택 채권에 의하여 확정되는 채무. alternative obligation
선:택-형(選擇刑)圀〈법률〉법정형(法定刑)에 둘 이상의 것을 규정하고 선고(宣告)할 때, 그 중의 어떤 것을 선택하도록 한 형.
선통(先通) 圀 미리 알림. advance notice 하타
선퇴(蟬退) 圀〈한의〉매미가 환생할 때에 벗은 껍질. 열병이나 소아 경련에 약으로 씀. 선예(蟬蛻). cast off shell of a cicada
선:-투(善投) 圀 야구에서, 공을 잘 던짐. 하타
선파(璿派) 圀 전주 이씨 가운데 조선조 왕실에서 갈리어 나온 파.
선패(宣牌) 圀〈제도〉임금이 관원을 부를 때 쓰던 패.
선-팽창(線膨脹)〈물리〉고체에 있어 임의로 가린 두 점 사이의 길이의 온도에 따른 변화 현상. linear expansion [이와 그 이전의 길이와의 비.
선팽창 계:수(線膨脹係數)圀〈물리〉선팽창 후의 길
선-페스트(腺 pest)圀〈의학〉페스트의 하나. 균이 벼룩이나 몸 상처로 침입하여, 림프샘에 출혈성 염증을 일으키는 병. 장티푸스같이 급히 고열을 발하며 종창(腫脹)은 때로 주목만함. 치료 전염은 없음.
선편(先鞭) 圀《약》→선착편(先着鞭).
선편(船便) 圀《동》배편.
선:평(選評) 圀 선택하여 비평함. 또, 그 비평. 하타
선포(宣布) 圀 널리 세상에 알림. proclamation 하타
선폭(船幅) 圀 배의 가장 넓은 부분의 겉 너비의 폭.
선표(船票) 圀 배 타는 표. steamboat ticket
선풍(仙風) 圀 선인(仙人)과 같은 기질(氣質). 또, 그 풍채(風采). hermit-like appearance
선풍(旋風) 圀 ① 회오리바람. 용오름바람. whirl wind ② 갑자기 큰 영향을 미치는 그러한 사건. ¶검거(檢擧)~. sweeping(arrest)
선풍(颱風) 圀〈기상〉갑자기 저기압이 생길 때 그 둘레에서 소용돌이쳐 불어오는 저기압계의 회오리바람.《유》선풍(旋風). cyclone
선풍-기(扇風機) 圀 작은 전동기의 축에 날개를 달아 그 회전으로 바람을 일으키는 기계. electric fan
선풍 도:골(仙風道骨) 圀 신선이나 도인(道人)답게 생긴 풍채. 곧, 뛰어나게 고아(高雅)한 풍채. excellent appearance
선필(仙筆) 圀 시문(詩文)에 있어 특히 뛰어나게 고아함을 비유함. good at (poetry)
선하(先下) 圀《동》선급(先給). 하타
선하(船荷) 圀 배에 실은 짐. 또, 배에 실어 보내는 짐. cargo, freight, lading

선-하-다(善―)〖형여불〗〈약〉=서낙하다.

선:-하-다(鮮―)〖형여불〗 잊혀지지 않아 눈앞에 보이는 듯하다. vivid before one's eyes. **선:-히**〖부〗

선:-하-다(善一)〖형여불〗 착하다. good

선항-다-다(善―)〖형여불〗 서낙하다.

선학심 후:하심(先何心後何心)〖명〗 이랬다저랬다 하는 번쩍스런 마음을 이름. changeable mind

선하-주(船荷主)〖명〗 배에 실은 짐의 임자.

선하 증권[―권](船荷證券)〖명〗〈법률〉해상 운송 계약에 따른 운송품의 인도 청구권을 표시하는 유가(有價) 증권. bill of lading/B/L

선:=하품(鮮―)〖명〗 ① 먹은 음식이 체하려 할 때 나는 하품. light yawn ② 억지로 하는 하품. gasp

선학(仙鶴)〖명〗 두루미.

선학(先學)〖명〗 학문상의 선배(先輩). (대) 후학(後學).

선학(禪學)〖명〗〈불교〉선(禪)에 관한 학문. 선종(禪宗)의 교학(敎學). doctrine of *Seon* sect

선학-원(禪學院)〖명〗〈불교〉불교의 선리(禪理)를 연구할 목적으로 건립한 학원.

선한(先限)〖명〗〈경제〉주식을 매매 계약한 다음, 다음 월말에 인수·인도하는 일.

선함(船艦)〖명〗 보통 배와 싸움배. 곧, 여객선·상선 및 군함을 포함한 온갖 선박. 함선. vessels

선행(先行)〖명〗 ① 먼저 감. 앞섬. antecedence ② 딴 일에 앞서 행함. 먼저 행(行). preceding **하다**

선행(旋行)〖명〗 ① 돌아서 감. going around ② 〈음악〉 선율음(旋律音)이, 이 음에서 저 음으로 옮겨 감. **하다**

선:-행(善行)〖명〗 착한 행실. (대) 비행(非行). 악행(惡行). good conduct

선행 조건[―껀](先行條件)〖명〗 ① 선행하는 조건. 다른 것보다 앞서 행해야 할 조건. 앞서 있는 조건. ② 〈법률〉권리의 이전이 생기기 전에 일어난 조건. (대) 후행 조건(後行條件). precedent condition

선:향(仙鄕)〖명〗〈동〉선경(仙境)②.

선향(先鄕)〖명〗〈동〉관향(貫鄕).

선향(線香)〖명〗 가루로 풀로 굳게 길고 가늘게 만든 향. (위) 훈향(薰香). joss stick

선험(先驗)〖명〗〈철학〉경험에 앞서 경험을 규정하는 근거가 되는 내재적 원리. transcendental

선험-론(先驗論)〖명〗〈철학〉① 칸트의 비판주의 철학의 이론. transcendental philosophy ② 초경각적·정신적·직각적(直覺的)인 것을 역설하는 에머슨 등의 철학 이론. 선험주의. transcendentalism

선험-적(先驗的)〖명〗〈철학〉① 경험하기 이전에 인간에게 있는(것). ② 경험에 앞서서 인식의 주관적 형식이 인간에게 주어져 있다고 주장하는(것). 선천적(先天的)②. transcendental

선험적 관념론(先驗的觀念論)〖명〗〈철학〉모든 사상(事象)은 표상(表象)에 불과하며, 시간과 공간과 인과율을 단지 인식 형식으로 보는 철학. transcendental idealism

선험적 방법(先驗的方法)〖명〗〈철학〉인식의 보편 필연적 제약을 논증하는 방법. transcendental dialectics

선험적 실재론[―쩨―](先驗的實在論)〖명〗〈철학〉공간과 시간이 물체 자체를 제약하는 조건이라 보고, 공간에 나타나는 현상 그것이 사물이라고 생각하는 설.

선험적 연:역(先驗的演繹)〖명〗〈논리〉오성(悟性)의 선천적 개념이 대상에 적용됨의 권리를 증명하는 추리.

선험적 의:식(先驗的意識)〖명〗〈심리〉경험적인 제약을 받지 않는 의식.

선험적 통:각(先驗的統覺)〖명〗〈심리〉선험적이고 초경각 순수 의식의 인식론적 주관.

선험=주의(先驗主義)〖명〗〈동〉선험론.

선험 철학(先驗哲學)〖명〗 비판 철학.

선=헤엄(泅―)〖명〗 물 속에서 서서 치는 헤엄. 입영(立泳). (대) 앉은헤엄. treading water

선현(先賢)〖명〗〈동〉선철(先哲).

선현(船舷)〖명〗 뱃전.

선혈(鮮血)〖명〗 상하지 않은 피. 생생한 피. 선지피②. [fresh blood

선형(扇形)〖명〗 ① 부채의 형상 모양. 선상(扇狀). fan shape ② 〈수학〉어떤 원(圓)의 두 개의 반경과 그 호(弧)로써 둘러싸인 부분. 부채꼴. sector

선형(船型·船形)〖명〗 ① 배의 모양. ② 배의 겉 모양을 나타낸 모형.

선형(線形)〖명〗 ① 선(線)과 같이 가늘고 긴 모양. line shape ② 〈식물〉엽편(葉片)의 모양이 넓이가 좁고 길며, 엽연(葉緣)이 고른 모양.

선형-가(線型加速機)〖명〗 '롤리' 하전 입자(荷電粒子)의 속도를 올리는 기계. linear accelerator

선형 동:물(線形動物)〖명〗〈동〉원형 동물(圓形動物).

선:=형용(善形容)〖명〗 그럴 듯하게 시늉을 잘함. specious imitation **하다**

선혜 당상(宣惠堂上)〖명〗〈제도〉돈과 곡식의 출납을 맡아보던 선혜청(宣惠廳)의 제조(提調) 벼슬. (약) 혜당. [남을 맡았던 관청. (약) 혜청.

선혜-청(宣惠廳)〖명〗〈제도〉대동미(大同米)·돈·돈의 출

선호(船號)〖명〗 배의 이름. name of a ship

선:호(選好)〖명〗 여럿 중에서 가려서 좋아함. ¶ 남아(男兒) ~. **하다**

선혹(煽惑)〖명〗 추기어 흘리게 함. instigation **하다**

선홍(鮮紅·宣紅)〖명〗〈공업〉동질유(銅質釉)의 환원소성(還元燒成)으로 된 겟물. 제홍겟물.

선홍 보:석유(鮮紅寶石釉)〖명〗〈공업〉서홍 보석(西紅寶石)을 원료로 한 도자기의 겟물.

선홍 사기(鮮紅砂器)〖명〗〈공업〉석록(石綠)을 써서 붉은 빛을 낸 사기.

선홍-색(鮮紅色)〖명〗 산뜻한 다홍색. 새빨간 빛깔.

선화(仙化)〖명〗 병이나 탈이 없이 살다가 곱게 가는 노인의 죽음. natural death **하다**

선화(旋花)〖명〗 메꽃.

선화(船貨)〖명〗 배에 실은 화물. cargo

선:화(善化)〖명〗 선한 쪽으로 이끌어 변화시킴. lead a person to virtue **하다** [그림.

선화(線畫)〖명〗 색칠을 하지 아니하고 선만으로서 그린

선화(禪話)〖명〗〈불교〉선(禪)에 관한 온갖 이야기. talk on *Seon* philosophy

선화(蟬化)〖명〗 시해(尸解). [정당(正堂).

선화-당(宣化堂)〖명〗〈제도〉각 도의 관찰사가 일 보던

선화-지(仙花紙)〖명〗 갱지(更紙)보다 거칠고 질기며 빛이 희지 않은 종이. 봉지나 포장지로 사용함. thin rough paper [아연 제판.

선화 제판(線畫製版)〖명〗 문자·선화 등을 사진 제판한

선화 후:과(先花後果)〖명〗 먼저 딸을 낳고 뒤에 아들을

선환(仙寶)〖명〗〈동〉선경(仙境)②. [낳음을 이름.

선환(旋環)〖명〗 둥글게 빙빙 돎. **하다**

선-황제(先皇帝)〖명〗 선대의 황제. (약) 선제(先帝). 선황(先皇). late emperor

선회(旋回)〖명〗 ① 둘레를 빙빙 돎. revolution ② 항공기가 그 가는 길을 바꿈. circling **하다**

선회(禪會)〖명〗〈불교〉참선을 위한 모임. meeting for meditation **하다**

선회-계(旋回計)〖명〗〈공업〉비행기가 방향을 바꿔 빙돌 때에 그 도는 각속도(角速度)를 나타내는 계기(計器). gyroscope

선후(先後)〖명〗 ① 먼저와 나중. before and after ② 앞섬과 뒤섬. front and rear **하다**

선:-후(善後)〖명〗 뒷갈망을 잘하려고 꾀함. 뒷일을 잘 처리함. remedy

선후-걸이(先後―)〖명〗 말의 가슴걸이와 후걸이를 아울러 이르는 말. girth and crupper

선후 당착(先後撞着)〖명〗 앞뒤가 서로 맞지 아니하고 모순됨. contradiction **하다**

선후 도:착(先後倒錯)〖명〗 먼저 할 것과 나중 할 것이 뒤바뀜. reversing the proper order **하다**

선:-후배(先後輩)〖명〗 선배와 후배.

선:후지-지(善後之地)〖명〗 죽은 뒤에 묻을 땅.

선:후지-책(善後之策)〖명〗 뒷갈망을 잘 처리하려는 계

선후책. (약) 선후책(善後策). remedial measure
선:후=책(善後策)[명](약)→선후지책. [ired
선후천(先後天)[명] 선천과 후천. inherent and acqu-
선후=평(選後評)[명] 문예 작품을 골라서 등급을 매기고, 그 경과 및 작품에 대한 평. comment after selection of prize works
선후=획(先後畫)[명] 글씨를 쓸 때에 오른쪽보다 왼쪽을, 아래쪽보다 위쪽을 먼저 씀.
선훈(船暈)[명][동] 뱃멀미.
섣:달[명] 음력으로 한 해의 마지막 달. 극월(極月). 납월(臘月). December of the lunar month
섣:달 그믐[명] 음력으로 한 해의 마지막 날.
섣:달=받이[—바지][명] 음력 섣달 초순경에 함경도 앞바다로 몰려드는 명태의 떼.
섣달이 둘이라도 시원치 않다[관] 아무리 연기를 해도 일이 잘될 가망은 보이지 않는다.
섣:부르-다[르브] 솜씨가 아주 설고 어설프다. ¶선불리 손을 대지 말아라. unskillful
섣:불리[부] 선부르게. 어설프게. ¶〜 다루어서는 아니 된다.
설:[명] ①새해의 첫날. New Year's Day ②정월의 초승. 세수(歲首). 세초(歲初). 연두(年頭). 연시(年始). beginning of the year.
설-것[—] 충분하지 못함을 나타내는 말. ¶〜 삶다. 一익다. underdone
설(舌)[명][동] 혀.
설(說)[명] ①견해. 주의. 학설. ②풍설. 하타
설(楔)[명] 쐐기.
설가(挈家)[명] 온 가족을 데리고 감. 설권(挈眷). sup-[porting a family 하타
설가-다[광물] 광맥이 유약하고 금분이 적다. poor
설강(舌腔)[명] 혀가 굳어서 짧아짐.
설강-증[—쯩](舌强症)[명]〈의학〉혀가 굳어 말하기 어렵게 되는 병.
설객(雪客)[명]《동》〜세객(說客).
설객(說客)[명]→세객.
설-거위[명] 주로 어린아이의 직장(直腸)에 생기는 거위의 하나. intestinal worm
설거지-하다[타] 설거지를 하다. [done 설경=설경 하타
설겆-이[명] →설거지.
설겆-이물[명] →설거지물.
설겆-이통(—桶)[명] →설거지통.
설견(屑繭)[명] 부스러기 고치.
설경(舌耕)[명] 말하는 것으로써 한몫을 보아 먹고 사는 생활. living on one's fluent speech
설경(雪徑)[명] 눈이 쌓인 골짜기처럼 좁은 길 snowy narrow path
설경(雪景)[명] ①눈이 내리는 경치. ②눈이 쌓인 경치. 설광(雪光)①. 설색(雪色)②. snow landscape
설경(說經)[명] ①경전의 교의(敎義)를 풀어 가르침. teach Chinese classics ②〈제도〉경연청(經筵廳)의 정 8품 벼슬.
설계(設計)[명] ①계획을 베풀어 세움. ②제작·공사(工事) 등의 목적으로 공비(工費)·부지(敷地)·구조 등에 관한 계획을 도면(圖面) 따위에 명시함. design
설계(設契)[명] 계를 만듦. 하타
설계(雪溪)[명] 높은 산골짜기에 쌓여 있는 눈이 여름철에도 녹지 아니하고 그대로 남아 있는 계.
설계(設戒)[명]〈불교〉계율을 설명해 들려줌. 하타
설계-도(設計圖)[명] 건축이나 기계의 설계를 도면으로 그린 것. blueprint
설계=사(設計士)[명] 설계를 업으로 하는 기사(技士).
설계=서(設計書)[명] 설계한 것을 적어 놓은 문서. specifications
설계-자(設計者)[명] 설계하는 사람. designer

설계=진(設計陣)[명] 설계자들의 진용.
설골(舌骨)[명]〈생리〉혀뿌리에 붙은 말굽쇠 모양으로 생긴 작은 뼈. hyoid bone
설과(設科)[명]〈교육〉교과의 과정을 베푸는 일. 하타
설광(雪光)[명] ①동 설경(雪景). ②눈의 빛.
설교(雪橋)[명] 눈의 덮여진. 눈덩이.
설교(說敎)[명] ①〈종교〉종교의 뜻을 설명함. ¶〜단 (壇). preaching ②타일러 잘 가르침. admonish 하는 사람. preacher
설교-사(說敎師)[명]〈불교〉경전을 쉽게 풀어 설법하
설-구이[명] 유약(釉藥)을 바르지 않고 낮은 열로 구운 질그릇. unglazed pottery ②자기를 만들 때, 마침구이하기 전에 슬쩍 구워 굳히는 공정. 애벌구이. 하타
설국(設局)[명] ①약국을 벌임. ②노름판을 벌임. 하타
설굴(雪窟)[명] 눈 구덩이. snowpit
설궁(說窮)[명][동] 설빈(說貧). 하타
설권(舌卷)[명]〈한의〉혓바닥이 말려서 퍼지지 않는 병. 말을 할 수 없게 됨.
설권(挈眷)[명] 설가(挈家). 하타
설권 낭속(舌卷囊縮)[명]〈한의〉병세가 몹시 위중하여 혀가 꼬부라지고 불알이 오그라짐.
설권 증권[—꿘—](設權證券)[명]〈경제〉증권상의 권리가 증권의 작성에 의하여서 비로소 발생하는 유가 증권이나 어음·수표 따위.
설근(舌根)[명] ①〈생리〉혀의 뿌리. root of the tongue ②〈불교〉육근(六根)의 하나.
설근(舌筋)[명]〈생리〉혀를 이루고 있는 근육.
설기[명] 켜를 짓어 만든 시루떡. steamed rice-cake
설기짝 싸리채나 버들채 따위로 엮어서 만든 장방형의 상자. wicker basket
설기(泄氣)[명] 휘발성 기운이 새어서 흩어짐. 하타
설기(雪肌)[명][동] 설부(雪膚).
설-깨-다[자] 잠이 채 완전히 깨지 못하다.
설-꼭지[명] 질그릇의 넓죽한 꼭지.
설-깃[명] 소의 볼기짝 고기의 하나.
설:-날[명] 정월 초하룻날. 원일(元日). New Year's [Day
설-늙은이[명] 그다지 늙지 아니하였지만, 기질이 비교적 노쇠한 사람. person looking older than his age
설니(雪泥)[명] 눈으로 뒤범벅이 된 진땅.
설니 홍조(雪泥鴻爪)[명] 눈 위를 지나간 기러기의 발자국이, 눈이 녹아 버린 뒤에는 흔적이 없어지는 것과 같이, 인생의 자취가 흔적이 없음을 이름.
설:-다[르크][자] ①서투르다. not familiar ②덜 익다.
설:-다[一따][형] 〜섧다. [half-done
설-다듬이[명] 대강대강 다듬는 다듬이. falling roughly
설-다루다 서투르게 처리하다. do a poor job
설:-단[—딴](舌端)[명] 혀끝. 설두(舌頭). tip of the tongue
설단-음[—따—](舌端音)[명][동] 전설음(顚舌音).
설단=증[—쯩](舌短症)[명]〈의학〉혀가 짧아지는 병.
설당[—](屑糖)[명] →설탕. [음강승(瘖强症).
설당(雪糖)[명](원)→설탕(雪糖).
설대[—때](식물) 때의 하나. 높이 2〜6 m, 직경 2 cm, 마디와 마디 사이가 길. 화살·바구니·조리 따위를 만듦. arrow bamboo
설-데치-다 조금 설게 슬쩍 데치다. boiling slightly
설도(舌刀)[명] 칼날 같은 혀라 뜻으로, 날카롭게 하는 말을 이름.
설도(說道)[명] 도리를 설명함. 하타
설두[—](舌頭)[명] 설단(舌端).
설두[—](說頭)[명] 남의 앞에서 주선함. 하타
설득(說得)[명] ①설명하여 알아듣게 함. 복복(說服). persuasion ②〈심리〉다른 사람의 생각이나 행동에 영향을 주는 방법 가운데 비교적 이성적(理性的)인 방법. 하타
설득-력[—뜩—](說得力)[명] 상대방이 납득할 수 있게 여러 모로 설명하여, 잘 알아듣도록 깨우치는 힘.

설득 요법 [―得療法] 〖명〗 〈의학〉 심인성(心因性) 정신병 환자를 의사가 그 원인이 되는 비밀한 고민을 풀수 있도록 유도 설득하여 치료하는 방법. persuasion treatment

설―듣―다 〖타〗 충분하지 못하게 듣다. hear inattentively

설 때 굳긴 아이가 날 때도 굳긴다 〖속〗 힘들어 선 아이는 날 때도 힘들다. 곧, 처음이 순조롭지 못하면 내내 순조롭지 못하다.

설라―마(雪羅馬) 〖명〗 '서라말'의 취음으로 흰빛에 거뭇한 점이 섞인 말.

설랑 조사 '서'와 '르랑'이 겹친 말. ¶여기~ 놓아라. 부하고 저기~ 놓아라.

설랑―은 '설랑'의 힘줌말.

설량(雪量) 〖명〗 눈이 내린 분량. 강설량(降雪量). amount of snowfall

설렁 처마 끝에 달아 놓고 사람을 부를 적에 흔들어 소리를 내는 방울. 현령(懸鈴). bell hanging from the eave

설렁―거리―다 〖자〗 ①서늘한 바람이 가볍게 자꾸 불다. blow gently ②팔을 가볍게 저어 바람을 내면서 걷다. 〖작〗 살랑거리다. 〖예〗 썰렁거리다. walk with one's arms swinging **설렁=설렁** 〖하〗〖부〗 bell rope

설렁―줄[―쭐] 〖명〗 설렁을 흔들 때에 잡아당기는 줄.

설렁―탕(―湯) 〖명〗 소의 머리·족·내장 따위를 푹 삶아서 만든 국. kind of meat and rice soup

설렁―하―다 〖여형〗 ①서늘한 바람이 불어 조금 추운 듯하다. ②갑자기 놀라 가슴 속에 찬 바람이 도는 것 같다. 〖작〗 살랑하다. 〖예〗 썰렁하다. have a thrill of horror [다. flurry

설레 〖의명〗 센돈는 바람. ¶아이들 ~에 정신이 어지럼

설레기 낚시봉 없이, 또는 가벼운 낚시봉을 달아서, 낚시채비가 물살에 떠밀려 흘러 내려가게 해서 낚는 방법.

설레―다 〖자〗 ①안정되지 못하고 마음이 공연히 흔들리다. flutter ②가만히 있지 않고 자꾸만 움직이다. be restless

설레=설레 머리 따위를 가볍게 가로 흔드는 모양. 〖약〗설렁④. 〖작〗살래살래. 〖예〗쎌레쎌레. shake one's

설령(雪嶺) 〖명〗 눈이 쌓인 산봉우리. 설봉. head [하]

설령(設令) 〖부〗 그렇다 치더라도. 가정하여. 가령(假令). 설혹. 설사(設或). 설약(設若). 설사(設使). even if

설로(雪路) 〖명〗 눈이 쌓인 길. 설경(雪徑). snow covered road [red road

설론(舌論) 〖명〗 말다툼. 言爭(언쟁).

설리―고(雪梨膏) 〖명〗 〈한의〉 배를 찧고 호두와 붕사(硼砂)가루·생강즙·꿀 따위를 섞어서 끓인 약. 감기·과음·피로 따위에 씀. [하타]

설립(設立) 〖명〗 만들어 세움. 설치(設置). establishment

설립 강제(設立強制) 〖법률〗 일정한 자격을 갖춘 사람에 대하여, 법령으로 단체의 설립을 명령하는 것. [등의 '立'의 이름.

설립―변(一立邊) 〖명〗 한자 부수(部首)의 하나, '端·竭'

설립 행위(設立行爲) 〖법률〗 사단 법인·재단 법인 따위를 설립하는 행위.

설마 아무리 하기로, 아무리 하더라도. 〖준〗 으레.

설마(雪馬) 〖명〗 ⇒썰매. [surely (not)

설마가 사람 죽인다 〖속〗 설마 그러할 수가 있나 하고 마음을 놓는 일에서 탈이 남으로써.

설―마르―다〖르·자〗 덜 마르다. 불충분하게 마르다.

설만(褻慢) 〖명〗 행동이 무례함. [하]

설―망(―網) 〖명〗 견지낚시에서 밑밥을 넣어 물 밑에 내리는 철망 썩은 그릇.

설망―낚시(―網―) 〖명〗 밑밥을 넣은 설망을 물 밑에 내려놓고 하는 견지 낚시. 〖예〗 말에 붙인 납렬이.

설망―추(―網錘) 〖명〗 설망이 물 밑에 가라앉도록, 설망

설―맞―다 〖자〗 ①설게 따위가 빗맞다. go wide of the mark ②매 따위를 덜 맞다. 조금 맞다. not beaten enough

설맹(雪盲) 〖명〗 〈의학〉 적설(積雪)의 반사 광선에, 특히 강렬한 자외선(紫外線)으로 일어나는 눈의 염증. 설안염(雪眼炎). snow-blindness

설명=설명 설명한 다리로 걷는 모양. 〖작〗 살망살망

설명―하―다 〖여형〗 ①아랫 도리가 가늘게 성글하다. long legged ②옷이 키보다 짧다. 〖작〗살망하다.

설면―자(雪綿子) 〖명〗 〖동〗 풀솜. [outgrow one's clothes

설면―하―다 〖여형〗 ①자주 만나지 못하여 설다. estranged ②정답지 않다. be on cold terms with

설명(說明) 〖명〗 말하여 밝힘. 또, 그 말. 〖유〗 해설(解說). explanation [하타]

설명 개:념(說明槪念) 〖명〗 〈심리〉 일정한 사상(事象)이 일어나는 이유를 나타내기 위하여 구성된 개념. explanative concept

설명 과학(說明科學) 〖명〗 낱낱의 사실을 기초로 하여 일반 원리를 발견함으로써 특수한 사실의 근거를 밝히는 과학.

설명―문(說明文) 〖명〗 〈문학〉 사물의 이치를 설명하고, 지식과 이성의 만족을 꾀하는 문장. 〖대〗 서정문. explanatory writing [explanation

설명―서(說明書) 〖명〗 내용·이유·사용법 등을 설명한 글.

설명―어(說明語) 〖명〗 〖동〗 서술어(敍述語).

설명적 심리학(說明的心理學) 〖명〗 〈심리〉 정신 현상을 일정한 요소로부터 인과적으로 설명하는 심리학.

설문(設問) 〖명〗 문제나 물음을 냄. 또, 그 문제나 물음. question [하타]

설문(說文) 〖명〗 문자의 생김과 원뜻을 설명함. [하타]

설미(雪眉) 〖명〗 지혜. 총명. 눈썰미.

**설미―(雪眉) 〖명〗 센눈썹. 또는, 흰 눈썹을 가진 노인.

설미지근―하―다 〖여형〗 ①충분히 익고 뜨거워야 할 물건이 설익고 미지근하다. ②어떤 일에 임하는 태도가 빳긋하는 듯한 수투리 맛이 없고, 매우 약하다.

설―밀 세밀. 세모. 세말. [underdone and tepid

설백(雪白) 〖명〗 눈처럼 흼. snow-white [하명]

설법(說法) 〖명〗 설법을 풀어 밝힘. 불교의 교의를 들려줌. sermon [하타]

설병(說病) 〖명〗 병의 증세를 이야기함. [하타]

설―보―다 〖타〗 ①자세히 보지 않고 대강 보다. giving a glance to ②〖속〗 도둑질하다.

설복(說伏·說服) 〖명〗 알아듣도록 말하여 그리 믿게 함. 설득(說得)①. persuasion [하타]

설봉(舌鋒) 〖명〗 날카롭고 매서운 변설(辯說). [tongue

설봉(雪峰) 〖명〗 눈이 내려 덮인 산봉우리. 설령(雪嶺). snow-capped peak [skin

설부(雪膚) 〖명〗 눈처럼 흰 살. 설기(雪肌). snow-white

설부 화용(雪膚花容) 〖명〗 눈처럼 흰 살과 꽃처럼 아름.

설분(雪憤) 〖명〗 분풀이. 〖도〗 다운 얼굴.

설분 신원(雪憤伸寃) 〖명〗 신원 설치(伸冤雪恥). [타]

설비(設備) 〖명〗 ①베풀어서 갖춤. ②건축물에 부대(附帶)하는 기구(器具)·기계(機械)·전기(電氣)·난방(煖房) 장치 따위. equipment [하타]

설비=비品 〖명〗 ⇒설비.

설비 자:금(設備資金) 〖명〗 사업의 창설·확장·개량 등 설비에 요하는 자금. 고정 자본(固定資本).

설비 자본(設備資本) 〖명〗 〈경제〉 산업 자본 중 설비로서 보유되는 자본. 〖대〗 운전 자본.

설비 투자(設備投資) 〖명〗 공장·기계 등 생산 설비의 신설·증설을 위한 투자.

설빈(說貧) 〖명〗 살림의 구차스러움을 남에게 이야기함. 설궁(說窮). talking about one's poverty [하타]

설―빔 설에 새로 차리는 의관 따위. →설빔.

설사[―싸](泄瀉) 〖명〗 배탈이 났을 때에 자주 누는 묽은 똥. 사리(瀉痢). 설리(泄痢). loose bowels [하타]

설사[―싸](設使) 〖명〗 설령(設令).

설산[―싼](雪山) 〖명〗 ①눈이 쌓인 산. snow clad mountain ②〈불교〉 '히말라야산(Himalaya 山)'의 한자 이름.

설산 대:사[―싼―](雪山大士) 〖불교〗 〖공〗 석가.

설산 동:자[―싼―](雪山童子) 〖불교〗 설산에서 고행하던 때의 석가.

설산 성도[-쌍-](雪山成道)〖불교〗석가 여래가 설산에서 수행(修行)하여 오도(悟道)하고 성도(成道)한 일.

설산 수도[-쌍-](雪山修道)〖불교〗석가 여래가 설산에서 수도한 일.

설=삶다[-삼따]타 덜 삶아지다.

설=삶다[-따]타 푹 익도록 삶지 않고 설게 삶다.

설삶은 말대가리덜 완강하고 고집 세는 사람.

설상[-쌍](舌狀)명 혀의 모양. 혀처럼 생긴 형상. tongue-shaped

설상[-쌍](雪上)명 눈 위. on the snow

설상[-쌍](雪霜)명 ①눈과 서리. 상설. ②간고(艱苦)를 이르는 말.

설상[-쌍](楔狀)명 쐐기와 같은 모양. 설형(楔形).

설상 가상[-쌍-](雪上加霜)명 눈 위에 서리가 덮인 격으로, 불행한 일이 연거푸 일어남을 이름. to make matters worse

설상=골[-쌍-](楔狀骨)명 〖생리〗①후두(喉頭)를 이루는 쐐기 모양의 연골. sphenoid ②발뒤를 형성하는 부골(跗骨)의 일부.

설상=차[-쌍-](雪上車)명 폭이 넓은 궤도를 장비하여 설원(雪原)을 달릴 수 있도록 장치한 특수 자동차. [으로 된 꽃. lingulate flower

설상=화[-쌍-](舌狀花)명〖식물〗설상 화관(花冠)

설상 화관[-쌍-](舌狀花冠)명〖식물〗합판(合瓣) 화관의 하나. 하부는 대롱 모양으로 되고, 상부는 혀 모양으로 된 화관. 혀꽃부리.

설=색[-쌕](雪色)명 ①눈같이 흰 빛. as white as snow ②동 설경(雪景). [벼슬의 하나.

설서[-써](說書)명〖제도〗시강원(侍講院)의 정 7품

설선[-썬](雪線)명〖지리〗높은 산에 여름에도 눈이 녹지 않는 경계로 가정한 상상의 선. 적도 부근에서는 5000m, 위도 50°에서는 1000m, 극지방은 해면까지 내려옴. 항설선(恒雪線). snow-line

설설무 ①물이 천천히 끓는 모양. boil up slowly ②큰 온돌방이 골고루 뭉근하게 더운 모양. heating evenly ③긴 다리로 연해 가볍게 기는 모양. creeping slowly ④약→설렁설렁. ⑤두려워서 기세를 펴지 못하는 모양. (작) 살살. (센) 쎌쎌.

설설-거리다자 ①긴 다리로 연해 기어다니다. ②마음이 불안하여 연해 돌아다니다. ③머리를 연해 가볍게 젓다. (작) 살살거리다. (센) 쎌쎌거리다.

설설-기다 남 앞에서 두려워 행동을 자유로이 하지 못하다. (작) 살살기다. (센) 쎌쎌기다. to be under one's thumb

설성[-썽](舌聲)명〖동〗설음(舌音).

설=소차[-쏘-](-搔車)명 눈을 치는 장치를 가진 차량. snow plough [New Year

설=쇠다[-쐬-]자 새해를 맞이하다. 과세하다. greet the

설수[-쑤](雪水)명 녹은 눈물. snow water

설시[-씨](設始)명 처음으로 시설함. 하타

설시[-씨](設施)명 시설(施設). 하타

설시[-씨](說示)명 설명하여 보임. explanation 하타

설=신경(舌神經)명〖생리〗혀의 앞부분 점막에 분포하여 있는 미각과 지각을 맡은 신경.

설심 주[-씸-](設心做事)명 계획적으로 간사한 꾀를 부림. shirking 하타

설안-염(雪眼炎)명 설맹(雪盲).

설안 형창(雪案螢窓)명 눈이 비치는 책상과 반딧불이 비치는 창이란 뜻으로, 어려운 가운데서도 학문에 힘씀을 비유하여 이르는 말. →형설지공(螢雪之功).

설암(舌癌)명〖의학〗구강암(口腔癌)의 하나. cancer of the tongue

설야(雪夜)명 눈이 내리는 밤. snowy night

설야(雪野)명 눈에 덮인 들.

설약(設若)부 설혹(設或).

설언(褻言)명 음부스런 말. 너무 친근하게 하는 말.

설연(設宴)명 자리를 베풂. 연회를 함. 하타

설연(設筵)명 거적·돗자리를 깔아 잔치를 베풂. holding a banquet

설염(舌炎)명〖의학〗혀의 염증. 혀의 끝이나 가장자리에 흰빛 또는 회백색 반점이 생기고 몹시 아픔.

설영(設營)명 진영(陣營)을 마련함. 하타 [glossitis

설왕 설래(說往說來)명 서로 변론하여 말로 옥신각신함. repeated questions and answers 하타

설=외(-椳)명〖건축〗벽 속에 세로 세워서 얽은 외. (대) 누울외. [ation of one's honour 하타

설욕(雪辱)명 부끄러움을 씻음. 설치(雪恥). vindic-

설욕-전(雪辱戰)명 복수전(復讐戰).

설운(雪雲)명 ①눈 구름. ②눈을 내리게 하는 구름.

설=움(-)명 쉽게 느껴지는 마음. 서러움. sadness

설워-하다(-)여타 설움을 느끼는 태도가 있다. 서러워하다.

설원(舌院)명〖동〗사역원(司譯院). [워하다. grieve

설원(雪原)명〖지학〗넓은 면적에 걸쳐 만년설(萬年雪)이 쌓인 곳. 설선(雪線) 이상의 높은 곳의 평지. snow field

설원(雪寃)명 원통함을 풀어 줌. exoneration 하타

설월(雪月)명 ①눈과 달. snow and moon ②눈 위에 비치는 달. moon light on the snow [lit night

설월-야(雪月夜)명 눈이 내리는 밤의 달빛. snowy moon-

설=월화(雪月花)명 눈과 달과 꽃. 사시(四時)의 좋은 경치를 이름. snow, moon and flower

설유(說諭)명 말로 타이름. admonition 하타

설유-원(說諭願)명〖법률〗원통한 일을 당하였을 때 상대방을 설유하여 달라고 관계 관청에 제출하는 청원.

설음(舌音)명〖어학〗혀끝이 윗잇몸에 닿는 모양으로 내는 자음. 곧, ㄴ·ㄷ·ㄸ·ㅌ 따위. 혓소리. 설성(舌聲). lingual sound [병.

설음(舌瘖)명〖의학〗혀가 굳어서 말을 하지 못하는

설=음식(-飮食)명 설에 해먹는 색다른 음식. festive dishes for New Year

설의(雪意)명 눈이 내릴 듯한 하늘 모양. foreboding

설의(設疑)명 의문을 제기함. [of snow

설의(褻衣)명 ①동 사복(私服). ②동 속옷.

설의=법[-뻡](設疑法)명〖문학〗의문의 형식으로 끝맺어 독자로 하여금 스스로 생각하게 하는 수사법.

설이(雪異)명 엄청나게 많이 오는 눈이나, 때아닌 눈.

설=익다[-릭-]자 덜 익다. be half-done

설인 신경(舌咽神經)명〖생리〗귀속 뒤쪽에서 나와 혀뿌리 및 인두에 퍼진 혼합 신경.

설자(楔子)명〖동〗문설주.

설-자리명 ①서 있을 자리. ②활을 쏠 때의 [서는 자리.

설-자리[-짜-]명 ①서 있을 자리. ②활을 쏠 때에

설=잠(-)명 불완전하게 잠. hold loosely

설-잡죄다타 불완전하게 잡죄다. 잘못 잡도리하다.

설장=증[-짱쯩](舌長症)명〖한의〗중독이나 자극을 받아 혀가 부어 터져 입 밖으로 나오는 병. 양강증(陽强症). [snow damage

설재(-)(雪災)명 눈이 많이 내려서 입는 재해.

설저(舌疽)명〖인의〗혀에 생기는 악성 부스럼.

설-적[-쩍](屑炙)명 소의 고기나 내장 따위를 고명하여 꼬챙이에 꿰어 구운 음식. 송도 설씨(松都屑氏)가 시작한 데서 나온 말임. meat grilled on skewer

설전(舌戰)명 말다툼. (대) 필전(筆戰). verbal

설전(雪田)명〖동〗눈밭①. [battle 하타

설전(雪戰)명〖동〗눈싸움②. 하타

설전-음[-쩐-](舌顫音)명〖어학〗윗잇몸과 접근하여 떨려서 나는 소리. 즉, 사람·름·며리 따위 말에서 'ㄹ'음. 로마자 'r'과 같은 것. 혀구름 소리.

설점(雪點)명〖물리〗승화 성분의 증기압이 혼합 가스 중의 그 성분의 부분압과 같아지는 온도.

설정(泄精)명〖동〗몽설(夢泄). 하타

설정(雪程)명〖동〗설로(雪路).

설정(設定)명 ①베풀어 정해 놓음. establishment ②〖법률〗제한 물권(制限物權)을 새로이 발생시키는 행위. 하타 [路.

설제[-쩨](雪堤)명 눈 많은 지방에서 눈사태로 인한

피해를 막기 위해 그 눈을 돌담처럼 쌓아 올린 것.
설제=[—제](設題)[명] 문제·제목을 정함. 또, 그 문제나 제목. setting a title 하다
설종=[—쭝](舌腫)[명] 중혀.
설주=[—쭈](—柱)[명] →문설주.
설주=[—쭈](說主)[명] 〈불교〉불교의 설법을 하는 주장.
설죽=[—쭉](雪竹)[명] 자죽(紫竹).
설-죽다[자] 완전히 죽지 아니하다. 덜 죽다. half-died
설-중(雪中)[명] ①눈이 오는 가운데. in the snow ②눈 속. 눈 가운데.
설중-매[—쭝—](雪中梅)[명] 눈 가운데 핀 매화꽃.
설중 사:우[—쭝—](雪中四友)[명] 옥매(玉梅)·납매(臘梅)·다매(茶梅)·수선(水仙)을 일컫는 말.
설중 송백[—쭝—](雪中松柏)[명] 높은 절개, 굳은 절조를 이르는 말.
설증[—쯩](泄症)[명] 〈한의〉설사하는 증세. loose bowels
설진(舌診)[명] 혀의 상태로 병을 진단하는 일.
설창(雪窓)[명] ①눈이 오는 창. 눈이 보이는 창. ②가난한 집.
설채(設彩)[명] 〈미술〉색을 칠함. 부채(賦彩·傳彩). colouring 하다
설천(雪天)[명] ①눈이 내리는 하늘. snow sky ②눈 내리는 날.
설철(屑鐵)[명] 헌쇠.
설절(齧切)[명] 턱사라리.
설첨(舌尖)[명] 혀끝.
설-취하다(—醉—)[자여] 덜 취하다.
설-측음[—츠금](舌側音)[명] 혀끝이 잇몸에 닿아서 양쪽으로 숨이 나올 때의 소리. 혀옆소리.
설치(雪恥)[명] 설욕과 같음.
설치(設置)[명] 베풀어서 둠. 설립(設立). establishment
설치(楔齒)[명] 염습(殮襲)하기 전에 입에 낟알을 물리려고 시체의 이를 벌리는 일. 하다
설치-다[자] ①몹시 날뛰다. 행동을 거칠게 하며 날뛰다. ②〈속〉들아다니다. ¶설치지 말고 가만히 앉았거라. be rampant
설치-다[타] 제 한도에 차지 못해서 그만두다. ¶잠을 ~.
설치-류(齧齒類)[명] 〈동물〉포유류의 한 목(目). 송곳니가 없고, 앞니가 발달하여 물건을 잘 쏢. 대개 소형으로 초식성이며 겁이 많으나 민첩하고 번식력이 강함. 토끼·쥐 따위.
설컹-거리다[자] 덜 삶아진 밥이나 콩 따위가 씹히는 소리가 자꾸 나다. 또, 입안에서 무르지 않은 느낌이 자꾸 나다. 〈센〉썰겅거리다. be half
설탕[—糖](屑糖)[명] 가루 사탕. done 설컹=설컹 하다
설탕(雪糖)[명] ①가루 사탕. ②흰 가루 사탕. sugar
설태(舌苔)[명] 〈한의〉혀의 거죽에 생기는 이끼 같은 모양의 물질. coated tongue
설토-화(雪吐花)[명] 불두화(佛頭花).
설-통(약)→설통발.
설통(說通)[명] 웅변.
설-통발(—筒—)[명] 강이나 내의 여울에서 위에서 내려오는 물고기를 잡으려고 거꾸로 놓은 통발. 〈약〉설통. bamboo basket for fishing
설파(說破)[명] ①사실의 내용을 밝혀 말함. clear statement ②상대자의 이론을 깨뜨려 뒤엎음. 〈유〉도파(道破). refutation 하다
설판(設辦)[명] 신도·승려가 한 법회의 모든 비용을 마련해 냄. 하다
설판 재자(設辦齋者)[명] 〈불교〉설판하는 사람.
설편(雪片)[명] 눈송이.
설폐(說弊)[명] 폐단을 말함. refuting the evil 하다
설폐 구:폐(設弊救弊)[명] 먼저 폐단을 말하고 그 폐단을 바로잡음. talking and then correcting the abuse 하다
설-포장(設布帳)[명] 집 밖에 치는, 베 또는 무명 따위의 휘장. tent
설풍(雪風)[명] ①눈바람. ②눈과 함께 불어오는 바람. wind blowing through the snow
설피(雪皮)[명] 짜거나 엮은 것이 거칠고 성기다. 〈작〉살피다. coarse
설피=창이[명] 거칠고 성기게 짠 피륙. coarse cloth

설피=설핏[명] 짜거나 엮은 것이 거칠고 성긴 모양. 〈작〉살핏살핏. 하다
설핏-하다[형여] 짜거나 엮은 것이 조금 설핏 듯하다. 〈작〉살핏하다. somewhat coarse
설-하다(說—)[타여] ①설명하여 말하다. ②도리·이치·학설 등을 베풀어 말하다.
설하-선(舌下腺)[명] 〈생리〉타선(唾腺)의 하나. 혀 밑 점막(粘膜)의 아래쪽에 있으며, 분비의 타액을 도관(導管)에 의해서 구강(口腔) 안으로 보냄. 혀 밑샘. sublingual gland
설하 신경(舌下神經)[명] 〈생리〉설근(舌筋) 등에 퍼진 순 운동성 신경. hypoglossal nerve
설학(設學)[명] 학교를 설립함. 하다
설한(雪恨)[명] 원한을 씻음. clearing oneself of a disgrace 하다
설한(雪寒)[명] 눈이 오거나 온 뒤의 추위. ¶올 눈 ~. 찬바람. icy cold
설한-풍(雪寒風)[명] ①눈바람. ②눈이 올 때 부는 찬바람.
설해(雪害)[명] 눈으로 인한 피해. snow damage
설행(雪行)[명] 눈 속을 감. advance in snow 하다
설형(楔形)[명] 쐐기의 형상. 쐐기꼴. wedgeshape
설형 문자(楔形文字)[명] 고대 바빌로니아·앗시리아·페르시아 등 오리엔트 각지에서 쓰던 쐐기 모양의 글자. 젖은 찰흙판에 갈대로 찍어 적음. 쐐기글자. cuneiform character
설호(雪戶)[명] 눈이 내리고 땅이 얼음.
설혹(設或)[부] 설령(設令).
설화(舌禍)[명] 말 때문에 일어나는 재앙. 〈대〉필화(筆禍).
설화(屑話)[명] 자질구레한 이야기.
설화(雪花·雪華)[명] ①눈송이. ②나뭇가지에 내린 눈발. snow-clad trees
설화(雪禍)[명] 많이 내린 눈으로 말미암은 재화.
설화(說話)[명] ①이야기. story ②〈약〉→설화 문학(說話文學).
설화 문학(說話文學)[명] 〈문학〉소설 문학 이전의 것으로 신화·전설·민담(民譚)·우화 따위의 총칭. 〈약〉설화(說話). ②. legendary literature
설화 석고(雪花石膏)[명] 백색의 치밀한 알맹이 석고. 염료 등에 얇은 층을 이룸.
설화-지(雪花紙)[명] 강원도 평강에서 나는 백지의 하나.
설후(雪後)[명] 눈이 내린 뒤. after snow falling
섥(고) 섥기.
섦:-다[설따][형브] 원통하고 슬프다. 〈변〉서럽다. grievous
섬[고] ①층계. 계단. ②〈약〉→섬돌.
섬[명] 곡식을 담는 짚으로 엮어 만든 멱서리. strawbag 의[명] 곡물이나 액체 용량을 계산하는 한 단위. 석(石). sum, unit of measure
섬:(고) 〈지리〉사방이 바다로 둘러싸인 작은 육지. island
섬(纖)[근] 미(微)의 아래 단위. 곧, 하나의 천만 분의 일. unit of measure
섬[고] 섬돌.
섬개(纖芥)[명] 검부러기. straw-mat
섬-거적[—꺼—](—)[명] 섬을 엮거나 또는 뜯어 놓은 거적.
섬:=거:미[명] 〈동물〉정형류(正形類)에 속하는 극피동물(棘皮動物). 지름 5cm 가량의 구형으로, 표면에 밤송이와 같고, 북부의 중앙부에 입이 있으며, 등의 한가운데에 항문이 있음.
섬경(纖莖)[명] 〈식물〉가늘고 약한 줄기.
섬-곡식[—꼭—](—穀—)[명] 한 섬쯤 되는 곡식. 석곡(石穀). sum of cereals
섬광(閃光)[명] ①번쩍하는 빛. flash ②순간적으로 비치는 빛.
섬광 계:수기(閃光計數器)[명] 〈물리〉입자(粒子)가 어떤 물질에 부딪칠 때, 발생하는 적은 섬광을 사용하여 원자 입자를 계수하는 장치.
섬광-등(閃光燈)[명] 섬광 신호등에 쓰이는 등. flashing lamp
섬광 방:전등(閃光放電燈)[명] 〈물리〉축전기로 2,000 볼트 정도의 고전압을 공급, 수십 분의 방전·발광하게 하는 방전관. 고속도 사진·천연색 필름 촬영에 씀.
섬광-분(閃光粉)[명] 〈화학〉사진을 촬영할 때에 발화시키어 밝은 빛을 내는 마그네슘 가루. magnesium

powder 「십 분간, 빛을 더하는 변광성(變光星).
섬광=성(閃光星)명〈천문〉때때로 몇 분(分) 또는 수
섬광 신:호(閃光信號)명 주로 바다에서 밤에 섬광을 발하여 행하는 신호. flash signal
섬광 아:크(閃光 arc)명 대형 열전자료 전자(電子) 방사가 급격히 증대함으로써 생기는 아크.
섬광 전:구(閃光電球)명〈물리〉사진 촬영용의 전구. 산소를 봉입한 것으로 전류를 통하여 순간적인 강한 섬광을 얻음. flashing bulb
섬교하다(纖巧-)[혱] 섬세하고도 공교로움. delicacy 하[혱]
섬급(贍給)명하다타 물품을 주어서 도움. help by giving thing 하[혱] 「힘써 거들어 주다. wait on
섬기다타 ①모셔서 받들다. ¶부모를 ~. serve ②
섬:=나라 명 사면이 바다에 둘러싸인 나라. island
섬:=나무좀 명〈동〉자치². 「country
섬:=놈 명[하] 섬에 사는 사람. islander
섬=누룩 명 품질이 낮은 누룩. coarse malt
섬도(纖度)명 실의 굵기의 정도. 「않고 남은 종이.
섬도=지(閃刀紙)명 도련 칠 때 귀가 접혀서 베어지지
섬돌[-똘] 명 오르내리는 돌층계. 석제(石階). 석제(石梯). 탯돌. 보석². 승강석.〈약〉섬². ⑨섬돌층계. stone step
섬=떡 명 ①쌀을 한 섬이나 들여 만든 떡. 고수레떡.
섬뜩=하다[-뜩-][혱여] 가슴이 덜렁하도록 무섭고 꺼림칙하다. be taken aback
섬려(纖麗)명 섬세하고 아름다움. 하[혱]
섬록-암(閃綠岩)명〈광물〉녹색 빛을 띤 쌀알처럼 생긴 심성암의 하나. 주로 사장석·각섬석으로 됨. 건축용 석재. diorite
섬마=섬마 〈동〉따로따로 따로따로.
섬망(譫妄)명〈의학〉알코올 중독이나 모르핀 중독 및 급성 전염병 등에 따르는 병증. 의식 혼탁·착각·망상 및 이야기의 요령 부득, 때로는 비애·고민·상쾌 등을 띠며 혼미에 빠짐. delirium
섬=멍구럭 명 섬을 매는 망 얽이.
섬:-메새 명〈조류〉참새과의 멧새. 섬에 사는 익조. 제주도·울릉도에 분포함.
섬멸(殲滅)명 모조리 무찔러 없앰. annihilation 하[타]
섬멸-전[-쩐](殲滅戰)명 적을 다시 일어날 수 없도록 무찔러서 죽이는 전투. annihilation operations
섬모(纖毛)명 ①섬유로 된 가느다란 털. thin hair ②〈생리〉생물체의 세포(細胞) 표면에 수없이 난 가느다란 털과 같은 물질. ③⇒섬유(纖維).
섬모 상:피(纖毛上皮)명〈생리〉세포 표면에 많은 운동 섬모가 있는 상피 조직. 호흡도(呼吸道)의 내표면(內表面) 등에 있음. ciliated epithelium
섬모충=류(纖毛蟲類)명〈동물〉원생 동물의 한 강(綱). 몸 속에는 크고 작은 두 개의 핵이 있으며, 몸 거죽에 운동 기관으로서 섬모 또는 그 변형물을 가짐. 짚신벌레 따위. ciliata
섬미(纖眉)명 가는 눈썹. 아름다운 여자.
섬박(殲撲)명 때려 부숨. 하[타] 「cooked rice
섬=밥[-빱] 명 쌀 한 섬을 들여서 지은 밥. sum of
섬벅-섬벅 〈어〉연한 물건이 썩 잘 드는 칼에 쉽게 베어지는 모양. 또, 그 소리. 〈작〉삼박. 〈센〉썸벅. 섬벅 섬벅. sound of thing cutting something easily 하[타]
섬벅-섬벅² 〈어〉①잘 드는 칼에 쉽게 연해 베어지는 모양. 또, 그 소리. ②조금 단단하고 물기 많은 것이 잘 썰리는 모양. 또, 그 소리. 〈작〉삼박삼박. 〈센〉썸벅썸벅. 썸벅썸벅. 썸뻑썸뻑.
섬=벼 명 섬에 넣은 벼.
섬복[-뽁](纖匐枝)명〈식물〉가늘게 땅 위로 기어 뻗는 가지. 「ance 하[혱]
섬부(贍富)명 흡족하고 풍부함. 섬족(贍足). abund-
섬뻑 〈센〉→섬벅.
섬뻑-섬뻑 〈센〉→섬벅섬벅.
섬:=사람 명〈하〉섬에 사는 사람. islander
섬사-주(蟾蛇酒)명 살모사와 두꺼비를 갓 삶았을 때에 잡아서 빚어 만든 술.

섬:서-하다 〈혱여〉 상냥하지 않고 서먹서먹하다. 친절하지 않다.〈작〉삼사하다. unkindly
섬섬(閃閃) 번득이는 모양. flashing 하[혱]
섬섬(纖纖)명 가느다랗고 연약한 모양. slender 하[혱]
섬섬 약골(纖纖弱骨)명〈동〉섬섬 약질(纖纖弱質).
섬섬 약질(纖纖弱質)명 가냘프고 연약한 체질. 섬섬 약골. 「slender hands
섬섬 옥수(纖纖玉手)명 가냘프고 고운 여자의 손.
섬세(纖細)명 가느다람. 자세함. 아주 사소함. delicacy 하[혱] 히[혱]
섬소(蟾酥)명〈한의〉두꺼비의 양 눈썹 사이의 자질구레한 혹에서 짜낸 흰 물을 밀가루에 섞어 반죽한 약. 감병(疳病)·정(疔)·악종 따위를 고치는 데 씀.
섬소(纖疏)명 체격 또는 구조가 약하고 가늚. delicate constitution 하[혱]
섬수(纖手)명 가냘프고 연약한 손. slender hands
·섬=소·다〈동〉피로가 풀어지고 둔하다. 〈작〉성깃하다.
섬-아연광(閃亞鉛鑛)명〈광물〉등축 정계 사면체 반면상의 결정 광물. 빛깔은 황·갈·흑·적·백색 등이고, 아연의 주요 광석임. 수지 광택 또는 금강 광택이 남. zinc blende 「하[혱]
섬약(纖弱)명 가냘프고 연약함. 연약(軟弱). delicacy
섬어(譫語)명 ①헛소리. ②잠꼬대. delirium
섬:=엄나무 명〈식물〉섬엄나무과에 속하는 상록 활엽 관목. 높이 3m 가량으로 잎은 광택이 있고 약간 뒤로 말려 있음. 5~6월에 백색 꽃이 피어 황색으로 변하고 과실은 익으면 세 갈래로 갈라짐. 줄기는
섬여(蟾蜍)명〈동〉두꺼비. 「세공재로 씀.
섬연(纖姸)명 낯선하고 아름다움. 하[혱]
섬영(閃影)명 번득거리는 그림자. flashing shadow
섬월(纖月)명 초승에 보이는 가느다란 달. crescent
섬유(纖柔)명 가늘고 연약함. 하[혱] 「moon
섬유(纖維)명 ①〈생리〉생물체의 몸을 이루는 실 모양의 물질. ②실 모양의 고분자 물질. 천연·인조·합성의 세 섬유로 구성됨. 직물·종이 따위의 원료로 사용됨. 섬모②. 올실. fibre
섬유 공업(纖維工業)명〈공업〉동식물의 섬유를 원료로 한 공업. 대체로 제사·직물·편물 따위의 방직을 이르나 넓게는 제지·공업·셀룰로이드 공업의 섬유소 공업도 포함됨. textile industry
섬유 기계(纖維機械)명 섬유 원료로부터 제품 생산까지에 사용되는 기계의 총칭. textile machine
섬유=소(纖維素)명〈생물〉①식물체의 세포막 및 섬유를 이룬 주요 성분. 셀룰로오스(cellulose). ②혈장(血漿) 중의 용해성 단백질.
섬유 식물(纖維植物)명〈식물〉직물·종이 등의 원료가 되는 섬유를 공급하는 식물. 솜·삼·닥나무 따위. fiber plant
섬유 작물(纖維作物)명 섬유를 채취하기 위하여 재배하는 작물. 방적 원료로서 목화·아마 제지 원료로서 십자닥나무·다나무, 조재(組織) 원료로서 골풀·파나마풀, 가구 원료로서 대·으름덩굴 따위.
섬유 제:품(纖維製品)명 섬유를 원료로 하여 만든 제품. textile goods 「fibrous tissue
섬유 조직(纖維組織)명 섬유 세포로 된 생체 조직.
섬유=종(纖維腫)명〈의학〉결합 섬유 조직으로 형성되는 양성(良性) 종양. 극히 완만히 발육하여 흔히 혐 됨. fibroma
섬질(纖質)명 섬유로 된 물질. fibroid material
섬장=암(閃長岩)명〈광물〉약간의 유색 광물을 함하는 심성암의 하나. 정장석·조장석 등이 주성분.
섬전(閃電)명 순간적으로 번쩍하는 번갯불 또는 전기의 불꽃. 매우 빠름을 뜻함. lightning flashes
섬조(纖條)명 ①금속 으로 가느다란 줄. ②〈동〉필라멘트.
섬족(贍足)명〈동〉섬부(贍富). 하[혱] 「(filament).
섬주(蟾注)명 두꺼비 형상을 본떠서 만든 연적(硯滴).
섬지(纖指)명 여자의 가냘픈 손가락. woman's slender finger 「이. 한 마지기의 스무 곱절.
섬:=지기 명 볍씨 한 섬의 모를 심을 수 있는 논의 넓

섬진(纖塵)[명] 자질구레한 티끌.

섬진놈 먹진놈[동] 어중이떠중이.

섬질[명] 널빤지의 옆을 대패로 밀어내는 일. planing the sides of a board 하타

섬=작[속] 허름한 섭적적. ¶떨어진 ~.

섬찍지근-하-[형][여] 무섭고 꺼림칙한 느낌이 오랫동안 사라지지 않다. afraid

섬:=참새[명]〈조류〉참새과의 새. 참새와 비슷하며 날개 길이 7cm 가량이고 섬의 산과 들에 서식함. 농작물을 해침. russet sparrow

섬토(蟾免)[명] ①달 속에 있다고 상상하는 금두꺼비와 달. ②달의 별칭. │strawbag of rice

섬=통 곡식을 담아 놓은 섬의 부피. thickness of a

섬학(膽學田)[명]〈제도〉조선조 태조 때 태학(太學)에 경비 보조로 주던 땅.

섬학-전(膽學錢)[명]〈제도〉고려 충렬왕 때에 왕과 문무관으로부터 거두어 모아 국학에 보조로 쓰던 자금. │사물. thin thing

섬호(纖毫)[명] ①몹시 가는 털. thin hair ②썩 작은

섬홀-하-다〈閃忽-〉[형][여] 번쩍하다. flash

섬화(閃火)[명] 빛나는 불빛. spark │타나는 형상.

섬화(閃花)[명] 눈에 탈이 생겼을 때에 불빛을 보면 나

섬화 방:전(閃火放電)[명]〈물리〉성질이 반대되는 전기를 띤 두 도체가 가까운 거리에 접근할 때에 전기량이 상당히 높은 전기가 공기를 헤치고 소리와 열을 발하여 중화되는 현상. 불꽃 방전. 화학 방전. spark discharge │감창(疳瘡)에 씀.

섬회(籖灰)[명]〈한의〉두꺼비를 불에 살라서 만든 재.

섬금=류(涉禽類)[명]〈조류〉조류(鳥類) 분류상 목·부리·다리가 길어서 얕은 물 속을 걸어 다니며 먹이를 찾는 새. 두루미·황새 따위. wading birds

섭나모[명] 잎나무.

섭동(攝動)[명] ①행동을 섭리(攝理)함. regulation of conduct ②〈천문〉태양계의 천체가 다른 천체의 상호 인력과 태양의 인력으로 타원 궤도에 변화를 일으키는 일. ③〈물리〉역학계(力學系)에 있어서 중요한 힘의 작용에 의한 운동이 부차적 힘의 영향으로 교란(攪亂)되어 일어나는 운동. perturbation

섭동-력(攝動力)[명]〈천문〉천체가 상호 인력의 영향으로 그 운동에 변화를 미치는 힘.

섭력(涉歷)[명] 물을 건너고 산을 넘었다는 말로, 여러 가지 경험을 했다는 뜻. versatile experience 하타

섭렵(涉獵)[명] ①여기저기로 찾아다님. ranging over ②책을 많이 읽음. 하타

섭리(燮理)[명] 음양을 고르게 다스림. 하타

섭리(攝理)[명] ①병(病)을 조섭함. recuperation ②일을 대신하여 처리하고 다스림. acting for others ③바로잡아 다스림. redress ④〈기독〉우주를 다스리는 하나님의 뜻. providence ⑤[동] 승통(僧統).

섭백(鑷白)[명] 흰 머리털을 뽑아 버림. 하타

섭복(懾服)[명] 두려워 복종함. 하타

섭사(攝祀)[명] 남의 제사를 대신하여 지냄. 하타

섭=산:적(-散炙)[명] 쇠고기를 난도질하여 갖은 양념을 하여 반대기를 지어서 구운 음식. broiled meat

섭=새기-다〈미술〉속이 뜨게 파거나 또는 뚫어지도록 새기다. engrave

섭=새김[명]〈미술〉조각에서 글자·그림을 두드러져 오르게 새김. ¶~질. engraving 하타

섭생(攝生)[명] 양생(養生). 하타

섭섭-하-다[형][여] ①정에 끌려 서로 헤어지기가 서운하고 아쉽다. ②없어지거나 줄어서 아깝다. ③남이 자기에 대하는 태도가 서운하고 흡족하지 아니하다. sorry **섭섭-히**[부]

섭세(涉世)[명] 세상을 살아감. living 하타

섭=수(-數)[명] ①볏짚의 수량. number of sheaves ②잎나무의 수량.

섭수(涉水)[명] 물을 건넘. wading 하타

섭수(攝受)[명]〈불교〉자비한 마음으로 일체 중생을 두둔하고 보호함. 하타

섭심(攝心)[명]〈불교〉마음을 거두어 흩어지지 않게 함. 하타

섭씨(攝氏)[명]〈물리〉섭씨 온도계의 눈금의 명칭. 'C'로 표시함. [대] 화씨. Celsius

섭씨 온도계(攝氏溫度計)[명]〈물리〉물의 빙점을 0도, 비등점을 100도로 하는 섭씨 온도계. 섭씨 한란계. centigrade thermometer │「溫度計」.

섭씨 한:란계(攝氏寒暖計)[명][동] 섭씨 온도계(攝氏

섭양(攝養)[명] 양생(養生). 하타 │든 비녀.

섭-옥잠(鑲玉簪)[명] 옥으로 대가리를 물어 새겨서 만

섭외(涉外)[명] ①외부 특히, 외국과 연락·교섭하는 일. liaison ②어떤 법률 사항이 내외국(內外國)에 관계·연락되는 일. public relations

섭외 사법(涉外私法)[명][동] 국제 사법.

섭위(涉危)[명] 섭험(涉險). 하타

섭유(囁嚅)[명] 말을 하지 못하고 머뭇거리며 입을 여닫기만 함. mumbling 하타

섭유(顳顬)[명][동] 태양혈(太陽穴).

섭유-골(顳顬骨)[명]〈생리〉포유 동물의 두개골 바깥쪽에 관자놀이를 이루는 평평한 뼈. temporal bone

섭유-근(顳顬筋)[명]〈생리〉섭유골을 싸고 있는 부채 모양의 근육. │병.

섭의-증(涉疑症)[명]〈의학〉전염될 우려가 있는

섭정(攝政)[명]〈정치〉임금을 대신하여 정치함. 또, 그 사람. regency 하타

섭=조개(-)[명]〈조개〉홍합과(紅蛤科)의 바닷조개. 홍합과 비슷한데 패각이 10cm 가량이며 내만(內灣)·외양(外洋)·강어귀 등에 서식함. 살은 맛이 좋아 식용으로 양식함. 담채(淡菜). mussel

섭=죽(-粥)[명] 쌀과 섭조개를 넣고 쑨 흰죽. mussel and rice poridge

섭중(攝衆)[명]〈불교〉중생을 두둔하여 보호함. 하타

섭-집게(攝-)[명] 섭조개를 잡는 데 쓰는 집게.

섭취(攝取)[명] ①〈생리〉양분을 빨아들임. in take ②〈불교〉부처가 광명으로써 중생을 제도함. reception and protection 하타

섭치 여러 가지 물건 중 변변치 못한 물건. inferior

섭포(懾怖)[명] 두려워함. 하타 │article

섭행(攝行)[명] ①일을 대신 행함. ②일을 겸해서 행함. ③통치권을 대행함. regency 하타 │「venture 하타

섭험(涉險)[명] 위험한 것을 무릅씀. 섭위(涉危). ad-

섭호-선(攝護腺)[명]〈생리〉남성의 내생식기의 하나. 전립선(前立腺). │〈吏役〉의 하나.

섭=호장(攝戶長)[명]〈제도〉군아(郡衙)에 딸렸던 이역

섭화(攝化)[명]〈불교〉중생을 두둔하여 보호하여 교화

섯결-다[자] 엇결리다. │함. 하타

섯그리-다[타] 섞갈리다.

섯-다[타] 섞다.

섯돌-다[자] 섞이어 돌다.

섯들-다[자] ①섞이어 덮이어지다. 마구 떨어지다.

섯등 염전에서 소금을 만들 때 바닷물을 거르기 위하여 만들어 놓은 장치.

섯디르-다/섯딜-다[타] 섞갈리다. 뒤섞이다.

섯밀=다 소의 허 밑에 붙은 살코기. [원] 혓밑.

섯버무-다[타] 섞어 버무리다.

섯보-다[타] 섞어 붙다. 합주(合奏)하다.

섯불-다[타] 악기를 섞어 불다.

섯쟈-다[타] 석자.

섯-다[타] 섞다.

섰다[명] 화투 두 장씩으로 하는 노름의 하나.

섰-다[자] 섰다[1]의 준말.

성:¹ 불유쾌한 충동으로 왈칵 치밀어 오르는 노여운 감정. [공] 역정(逆情). anger

성(姓)→형(兄). │「씨(氏氏). family name

성:(姓)[명] 한 혈통을 잇는 겨레붙이의 칭호. [공] 성

성:(性)[명] ①사람이나 사물의 본바탕. nature ②〈철학〉사람이 나면서부터 갖고 있는 소질. nature ③〈불교〉만유(萬有)의 본체. fundamental nature behind the manifestation ④〈생리〉남녀 암수의 생

리적 차이. 섹스(sex) ⑤〈약〉성욕(性慾). ⑥〈어학〉인도유럽어에서 명사·대명사의 문법상의 남성·여성·중성. gender ⑦〈준〉속성(屬性).
성(省)圐 ①옛날 중국에서, '궁중(宮中)'의 뜻. ②〈제도〉옛 중국의 중앙 정부. 곧, 중서성(中書省). ③〈제도〉중국 중앙의 정치 기구. 곧, 내사 문하성(內中書 門下省)과 상서성(尙書省). ④〈지리〉중국의 지방 행정 구역. 곧, 허베이성[河北省] 등. ⑤외국의 중앙 행정 기관. ¶외무~. 국방~.
성(星)圐 〈약〉→성성(星星).
성(城)圐 적군을 막기 위하여 쌓아 올린 큰 담. castle
성:(聖)圐 ①〈약〉성인(聖人)②. ②지덕(知德)이 매우 뛰어나 남의 모범이 되는 사람. saint ③그 방면에 가장 걸출한 인물.
성:=(聖)젚미 〈기독〉天주교에서 성자(聖者)의 이름 위에 덧붙여 부르는 말. ¶~베드로. saint
=성(成)젚미 황금의 순도(純度)를 나타내는 말. 십성(十成)이 순금임. unit signifying the purity of gold
=성(性)젚미 명사 밑에 붙어, 그러한 성질·경향을 나타내는 말.
성가(成家)圐 ①따로 한 집을 이룸. establishing a family ②학문이나 기술로 한 체계를 이룸. establishing oneself as an expert ③〈동〉성취(成娶). 하타
성:가(聖架)圐 〈기독〉예수가 못박힌 십자가. holy cross ⌐룩한 집안. sacred family
성:가(聖家)圐 〈기독〉예수·마리아·요셉으로 이룬 거
성:가(聖歌)圐 〈기독〉천주와 천신과 성인을 찬송하는 노래. 성악(聖樂)②. hymn
성:가(聖駕)圐 〈동〉거가(車駕).
성가[一價](聲價)圐 세상의 좋은 평판. 성명(聲名). reputation ⌐가의 영광.
성:가 광영(聖架光榮)圐 〈기독〉예수가 못박힌 십자
성:가=대(聖歌隊)圐 성가(聖歌)를 부르기 위하여 조직된 합창대. 찬양대. choir ⌐낞다. troublesome
성가시-다[一까一](城一)圐 성 위에 나지막하게 쌓는 담. 성첩(城堞). 여장(女墻). ⌐세운 은사회(恩赦會)
성:가=회(聖家會)圐 〈기독〉성가를 모범하는 뜻으로
성각(城閣)圐 〈동〉성루(城樓).
성각(醒覺)圐 〈동〉각성(覺醒). 하타 ⌐ual feeling
성감(性感)圐 성교(性交)할 때의 생리적 쾌감. sex-
성:감(聖鑑)圐 임금의 분별하여 보는 일.
성감-대(性感帶)圐 성감을 느끼는 성기(性器) 이외의 부분. 곧, 유방·귀·목 따위.   ⌐임. 하타
성:개(盛開)圐 ①한창 성하게 핌. ②한창 성하게 열
성:거(盛擧)圐 성대한 장거(壯擧). ⌐ality 하타
성격[一껵](成格)圐 격식을 이룸. establishing form-
성:-격[一껵](性格)圐 ①한 사람의 특유한 성질. 인품. 성질. 품성. ¶~ 검사(檢査). personality ②〈심리〉인격의 도덕적·사회적 측면을 나타내는 특성. 습성·습관·경조·성향 따위가 통합된 것. character ③사물에 구비된 고유의 성질.
성:격=극[一껵一](性格劇)圐 〈연예〉주인공의 특수한 성격의 활동을 뚜렷이 표현하여, 성격이 근본이 되어 일어나는 희비(喜悲)의 여러 가지 현상을 전개하는 극. character drama
성:격 묘:사[一껵一](性格描寫)圐 〈문학〉개인의 성격적 특색을 그려냄. character delineation
성:격 배우[一껵一](性格俳優)圐 〈연예〉성격극에서 하나의 성격을 창조하는 배우. character actor
성:격 비극[一껵一](性格悲劇)圐 〈연예〉성격상의 특수성이 더림·알력을 일으켜 파별적 결과로 이끄는 사건을 그린 성격극.
성:격 유:형[一껵 一뉴一](性格類型)圐 여러 성격의 유사·친근을 추출, 몇 개로 나눈 형. character pattern
성:격 이:상[一껵一](性格異常)圐 〈의학〉주로 감정·의지 방면에 결함이 있는 정신적 불완전 상태.

abnormal character ⌐격①. 〈예〉결. nature
성:결[一껼](性一)圐 성품의 곱고 사나운 모양. 성
성결(聖潔)圐 거룩하고 깨끗함. sanctity and purity 하타
성:결=교(聖潔敎)圐 〈기독〉예수교파의 하나. 1901년 미국의 카우만과 질보른이 동양 각국에 선교. 중생(重生)·성결·신유(神癒)·재림(再臨)의 복음을 전하기 위하여 창립됨. Holy Church
성:경(誠敬)圐 정성스러움과 공경스러움. 하타
성경(聖經)圐 ①종교의 최고 법전(最高法典)이 되는 책. 예수교의 신약·구약, 불교의 대장경(大藏經), 유교의 사서 오경(四書五經), 회교의 코란(Koran) 등. scriptures ②후세에 길이 모범이 될 만한 책. 성서(聖書)② 성전(聖典). Bible
성:경(聖境)圐 〈동〉독경대(讀經臺).
성:경-대(聖經臺)圐 〈동〉독경대(讀經臺).
성:경-신(誠敬信)圐 〈종교〉천도교의 수도의 신조인 정성과 공경과 믿음. sincerity, respect and faith
성:경 현전(聖經賢傳)圐 성현들이 지은 온갖 책. 《약》경전(經傳)①. works of the sages ⌐일.
성:계(性戒)圐 〈불교〉속으로 마음을 경계하여 닦는
성:계(姓系)圐 ①성씨와 계통. ②〈동〉계도(系圖).
성:계 제:도(姓階制度)圐 〈사회〉인간이 태어나면서부터 일정한 계급에 딸리게 되는 사회 제도. 인도의 브라만·크샤트리아·바이샤·수드라의 카스트(caste; 四姓制度)가 그 대표적임.
성:골(聖骨)圐 〈제도〉신라 때 골품의 하나. 부모가 다 왕계인 사람으로 혁거세왕부터 28대 진덕 여왕까지가 이에 딸림. royal lineage
성공(成功)圐 ①뜻했던 바를 이룸. success ②사회적 지위를 얻음. 《대》실패(失敗). attain a social position 하타
성:공(性空)圐 〈불교〉무릇 물건의 근본이 공허함.
성:공(聖功)圐 거룩한 공적. holy merit
성:공(聖供)圐 〈불교〉부처에게 음식을 올리는 일.
성:공 무덕(聖功無德)圐 남을 위하여 노력만 하고 얻은 것이 없음.
성공-적(成功的)圐 성공했다고 할 만한(것). ¶이번 일은 ~으로 끝났다. successful
성:-공회(聖公會)圐 〈종교〉1534 년 로마 교회에서 분리된 영국의 기독교의 한 파. 영국 교회. Anglican church
성과[一꽈](成果)圐 일이 이루어진 효과. result
성곽(城郭)圐 ①성의 둘레. castlewall ②내성(內城)과 외성(外城)의 전부. castle
성곽 도시(城郭都市)圐 외적(外敵)을 막기 위하여 성곽으로 둘러싼 도시. walled city
성관(成冠)圐 관례를 행함. 성인(成人)②. 하타
성관(盛觀)圐 성대한 구경거리. grand spectacle
성:관(誠款)圐 〈동〉성심(誠心). ⌐마음.
성:관-하다[一셩](誠款性)圐 정성껏 남의 일을 돌보
성:-관세음(聖觀世音)圐 〈불교〉모든 관음의 근본이 되는 관음. 상호(相好) 원만, 대자비심을 나타냄. 《준》성관음(聖觀音).
성:=관음(聖觀音)圐 〈약〉→성관세음.
성:관음-법[一뻡](聖觀音法)圐 〈불교〉성관음을 본존으로 하고 기도하는 법.
성광(成狂)圐 광인(狂人)이 됨. 하타 ⌐모시는 기물.
성광(聖光)圐 빛불.
성:광(聖光)圐 〈기독〉성체 강복 때에 성체를 받들어
성:교(性交)圐 ①남녀가 육체적으로 관계하는 일. 교합(交合). 방사(房事). sexual intercourse ②포유동물의 암수가 수정(受精)하기 위하여 교접하는 일. 교접(交接). 교구(交媾). 육교(肉交). 구합(媾合). 교미(交尾). 하타
성:교(聖敎)圐 ①임금의 가르침. imperial teachings ②성인(聖人)의 교훈. sage's teachings ③〈동〉천주
성:=교:육(性敎育)圐 〈교육〉젊은 남녀에게 성에 대한 건전한 지식을 주기 위한 교육. sex education

성:교 중절법(一法)(性交中絶法)명 피임법의 하나. 사정(射精) 직전에 정액을 질외(膣外)로 사출하는 일.
성:교회(聖敎會)명 ①〈기독〉천주교회. Catholic church ②〈종교〉인도의 법(梵)을 유일신으로 믿는 교.
성구[一句](成句)명 ①글의 구절을 이룸. forming a phrase ②〈어학〉이미 만들어진 구절. ¶—어(語). (유) 관용구(慣用句). idiomatic phrase 하타
성:구[一句](聖句)명 성경의 굴귀. Biblical passage
성구(筬球)명(동) 바디.
성국(成局)명 체격·구조·짜임 따위가 알맞게 어울림. fine physique
성군(成群)명 떼를 짓거나 무리를 이룸. 하타
성군(星群)명 〈천문〉별의 무리.
성:군(聖君)명 덕화(德化)가 탁월한 어진 임금. 성왕(聖王). 성제(聖帝). 성주(聖主). wise and virtuous king
성군 작당(成群作黨)명 떼를 지음. conspiracy 하타
성:궁(聖躬)명 임금의 몸. 성체①. imperial person
성궐(城闕)명 성문(城門).
성규(成規)명 문장으로 이루어진 규칙. rules
성균-관(成均館)명 〈제도〉유교(儒敎)의 교육을 맡아보던 곳. 경학원(經學院). 태학(太學). 학궁(學宮). (약) 관(館).
성균관 개구리명 사철 글을 읽는 글방 도련님.
성그레뛰 부드럽고 천연스럽게 눈웃음하는 모양. 〈작〉 상그레. 〈센〉 쌩그레. smilingly 하타
성:극(聖劇)명 〈연예〉성경에 있는 사실을 기초로 하여 꾸미어 만든 연극. biblical drama
성근(誠勤)명 착실하고 부지런함. steadiness and diligence 하타
성글-거리-다재 부드럽고 천연스럽게 연해 눈웃음치다. 〈작〉 상글거리다. 〈센〉 쌩글거리다. beam 성글-대다뛰(동) 성글거리다.
성글-벙글뛰 성글거리면서 벙글거리는 모양. 〈작〉 상글방글. 〈센〉 쌩글뺑글. smilingly 하타
성금명 ①말한 보람. 「말이 ~이 섰다. effect ②일의 효력. 일한 보람. 「먹은 것이 ~에 안 간다. effect ③꼭 지켜야 할 명령. strict order
성금(誠金)명 정성으로 돈을 내는 돈. gift of money
성금-세-다혭 명령을 꼭 지키게 하다. force(someone) to keep the order
성:-금요일(聖金曜日)명 〈기독〉성주간(聖週間)의 하루로, 부활절의 이틀 전날. 예수가 십자가에 못박혀 죽음을 기념함. Good Friday (히) 히
성:급(性急)명 성미가 괄괄하고 매우 급함. haste 하타
성굿뛰 천연스럽게 얼핏 눈웃음을 짓는 모양. 〈작〉 상굿. 〈센〉 쌩굿.
성굿-거리-다재 천연한 태도로 연해 가볍게 눈웃음치다. 〈작〉 상굿거리다. 〈센〉 쌩굿거리다. 성굿-성굿뛰 「굿당굿. 〈센〉 쌩굿쌩굿. smilingly 하타
성굿-벙굿뛰 성굿거리면서 벙굿거리는 모양. 〈작〉 상굿방굿. 〈센〉 쌩굿뺑굿.
성굿-이뛰 천연스럽게 지긋이 눈웃음치는 모양. 〈작〉 상굿이. 〈센〉 쌩굿이.
성기(成器)명 ①완전하게 잘 만들어진 좋은 그릇. wellmade vessel ②온전하게 재질(才質)을 갖춤. being provided with perfect ability 하타
성:-기(性器)명(동) 생식기.
성기(星期)명 혼인할 날짜. wedding day
성:기(盛氣)명 기운이 버쩍 오름. 또, 그 기운. being in a great rage 하타
성:기(聖忌)명 기일(忌日).
성기(聲技)명 음악에 관한 재주. musical ability
성기(聲氣)명 ①음성과 기운. voice and spirits ②음악 기색. 성색(聲色)①. ③힘을 줌.
성기-다재 ①→성기다. ②→생기다.
성기-다혭 ①배지 않고 사이가 엉성하다. sparse ②서로 관계가 깊지 않고 버성기다. 성글다. 〈작〉 상기다. not close
성기 상통(聲氣相通) 소식이나 품은 생각이 서로 통함. mutual agreement 하타
성깃=성깃뛰 여러 군데가 모두 성깃한 모양. 〈작〉 상깃상깃. 하타
성깃-하-다혭 조금 성긴 것 같다. 〈작〉 상깃하다. rather sparse 〈질. (속) 성깔머리. sharp
성:=깔(性一)명 ①성질을 부리는 형세. ②날카로운 성질
성:-깔머리(性一)명 〈속〉성깔. temper
성:-나-다재 ①성이 나다. 화가 나다. get angry ②흥분되어 거친 기운이 일어나다. 〈궁〉 역정(逆情)나다. get excited ③잘못 건드려 종기가 덧나다. getting worse
성나 벼락 차기명 우둔하여 자기만 손해 보는 짓을 「함.
성:-낭(聖囊)명 〈기독〉미사(彌撤) 때나 봉성체(奉聖體)하러 갈 때에 성체를 담는 주머니.
성내(城內)명 성안. 성중(城中). 〈대〉성외(城外). inside of a castle
성:=내-다재 ①성을 내다. 화를 내다. be angry ②흥분되어 거친 기운을 내다. 〈궁〉노하다. be provoked
성내어 바위를 차니 제 발부리만 아프다→성나 바위 차기.
성낭명 유황·염소산칼리·이산화망간·적린(赤燐)·파라핀 따위의 원료를 중심으로 하여 만든 불켜는 물건. 마찰로써 불을 일으킴. match
성낭-간[一깐](一間)명 대장간.
성낭-갑[一깝](一匣)명 성낭개비가 든 갑. match box
성낭-개비명(一깨一) 성낭의 낱개비. match stick
성낭=노리명 대장장이가 외상 일의 품삯을 섣달에 농가에 가서 거두는 일.
성낭-일[一닐]명 대장장이가 하는 일. 대장일.
성낭-하-다재 불에 쇠를 불리다. temper
성:녀(聖女)명 ①〈기독〉여자 성인. 〈대〉성인(聖人)②. woman saint ②성덕이 뛰어난 여성.
성년(成年)명 〈법률〉일반적으로 사람의 지능이나 신체가 완전히 발달되었다고 보는 나이. 만 20세 이상. 〈대〉미성년. majority
성:년(盛年)명 원기가 왕성한 젊은 나이. 또, 그 사람. 장년(壯年). prime of life
성:년(聖年)명 〈기독〉성년 대사(大赦)를 베푸는 해. Holy year
성:년 대:사(聖年大赦)명 〈기독〉25년마다 또는 큰 경사가 있을 때 교황(敎皇)이 전세계 모든 신자에게 베푸는 대사.
성년-식(成年式)명 ①왕이나 왕족이 성년에 이를 때 행하는 의식. celebration of one's coming of age ②미개인 사회에서 사회적 단체의 성원(成員)으로서의 가입 자격을 주기 위하여 행하는 의식. 「adult
성년-자(成年者)명 성년에 이른 사람. 〈대〉미성년자.
성:-노(盛怒)명 몹시 성냄. fit of anger 하타
성:능(成膿)명(동) 화농(化膿). 하타
성:능(性能)명 ①성질과 능력. character and ability ②기계 따위가 일을 하여 낼 수 있는 능력. capability
성단(星團)명 〈천문〉하늘에 군데군데 모여 있는 별 떼들. 구상 성단(球狀星團)과 산개 성단(散開星團)으로 나눔. star cluster
성:-단(聖一)명 ①임금의 생일날. 성탄(聖誕)①. imperial birthday ②성세(聖世)의 원단(元旦). New Year's Day of a glorious reign
성:-단(聖壇)명 ①신을 모신 단. ②신성한 단.
성:단(聖斷)명 옳고 그름을 임금이 판단하는 일. imperial decision
성:-담곡(聖譚曲)명 〈음악〉오라토리오(oratorio).
성당(成黨)명 도당(徒黨)을 지음. formation of a faction 하타
성:당(唐唐)명 〈역사〉중국 당나라 현종(玄宗) 때부터 대종(代宗) 때까지 이태백(李太白)·두보(杜甫) 등의 대시인들이 나온 당시(唐詩)가 가장 성하던 무렵.
성:당(聖堂)명 ①거룩한 집. holy house ②공자(孔子)를 모신 묘(廟). 문묘. 성묘. Confucian shrine ③〈기독〉천주교 교회당 또는 천주 교회 안의 사제(司

성대〔祭〕가 미사 올리는 집. 주당(主堂). 천주당. church
④《동》 교회(敎會).
성대〔어류〕양성대과의 바닷물고기. 몸길이 40cm 내외로 가늘고 길며 주둥이는 내밀었음. 몸 빛은 등 쪽이 자회색, 배 쪽은 담색임. 맛이 좋아 식용됨.
성:대(盛大)〔명〕 크고 훌륭함. splendid 하다 히튀
성:대(聖代)〔명〕 성세(聖世).
성:대(聖帶)〔명〕 ①〈동〉 천사 옥대(天賜玉帶). ②〈기독〉 미사 제구의 하나. 〔기관. 목청. vocal chords
성대(聲帶)〔명〕〈생리〉 후두(喉頭) 중앙에 있는 발성
성대 모사(聲帶模寫)〔명〕 다른 사람의 목소리, 또는 짐승의 목소리를 그럴 듯하게 흉내내는 일. vocal mimicry
성덕(成德)〔명〕 ①덕을 이룸. perfecting virtue ②도덕을 닦아 훌륭한 사람이 됨. becoming a virtuous man 하다
성:덕(盛德)〔명〕 크고 훌륭한 덕. illustrious virtues
성덕(聖德)〔명〕 ①거룩한 덕. ¶〜사(事). holy virtue ②성인의 덕. sage's virtue ③임금의 덕. Imperial virtue
성덕 군자(成德君子)〔명〕 덕이 매우 높은 사람. virtuous man
성도(成道)〔명〕 ①수도하여 도리에 통하게 됨. mastering the secrets ②〈불교〉 음력 섣달 초여드렛날에 석가 여래가 큰 도를 이룸. attaining enlightenment 하다
성:도(性度)〔명〕 성품과 도량. character and ability
성도(星度)〔명〕 별이 돌아가는 도수(度數). revolutions of a star
성도(星圖)〔명〕〈천문〉 천구(天球) 위의 별자리를 지도와 같이 평면 위에 나타낸 그림. 항성도(恒星圖). star atlas
성:도(聖徒)〔명〕 ①〈기독〉 덕이 특히 높았던 신도(信徒)로서 성인(聖人) 지위에 오른 이. 성인(聖人)과 성녀(聖女). ②〈공〉 교인. saint
성:도(聖都)〔명〕 거룩한 도시. 영도(靈都). holy city
성:도(聖道)〔명〕 ①성인의 도. sage's teachings ②〈불교〉 자력문(自力門)으로 미(迷)를 끊고 도를 깨닫는 교법.
성:도 검:사(性度檢査)〔명〕〈심리〉 생물학적이 아닌, 심리학적으로 개인이 어느 정도로 남성적 성질, 또는 여성적 성질을 가지는가를 양적으로 측정하는 검사.
성:=도:착(性倒錯)〔명〕《동》 색정(色情) 도착증.
성=돌[一돌]〔성─〕〔명〕 성을 쌓은 돌. stone of a citadel
성동(成童)〔명〕 열다섯 살이 된 소년. youth
성동(城東)〔명〕 도성(都城)의 동쪽.
성=동(城─)〔명〕 한겨울은.
성동 격서(聲東擊西)〔명〕 동쪽을 친다고 말하고 실지로는 서쪽을 침. 용병술(用兵術)의 하나. strategem 하다 ¶서울의 동대문 운동장을 이름.
성동 원두(城東原頭)〔명〕 서울 동쪽의 넓은 벌판. 흔히
성두(星斗)〔명〕 ①〈동〉 별. ②북두(北斗)와 남두(南斗). Great Bear and the Little Bear
성두=토(城頭土)〔명〕《동》 성상토(城上土). 〔하다 〔명〕
성라(星羅)〔명〕 하늘의 별과 같이 벌이 늘어선 모양.
성라 기포(星羅碁布)〔명〕 별이나 바둑돌처럼 물건이 많이 벌어져 있는 모양. 하다
성:랍(聖蠟)〔명〕〈기독〉 예수 부활 전날 밤에 쓰는 축성 밀촉(祝聖蜜燭). 성촉(聖燭). 〔tower
성랑(城廊)〔명〕 성 위의 군데군데 세운 다락집. castle
성량(聲量)〔명〕 목소리의 크기와 양. 음량(音量). volume of voice
성:려(聖慮)〔명〕 임금의 염려. imperial intention
성:력(聖曆)〔명〕 ①성덕(聖德)이 있는 제왕이 다스리는 태평한 세상이나 시대. ②제왕의 나이.
성력(誠力)〔명〕 ①정성과 힘. sincerity and energy ②지성스러운 힘. whole-hearted devotion
성:령(聖靈)〔명〕 성신(聖神).
성:령 출세(─에)〔명〕(性靈出世)〔명〕〈종교〉 천도교에서 사람이 죽은 뒤에 그 성령이 미래의 사람의 성령으로 에 다시 태어난다는 말. reincarnation of the spirit
성례(成禮)〔명〕 ①예식을 이름. hold a ceremony ②혼인의 예식을 지냄. 하다
성:례(聖禮)〔명〕 ①거룩한 예식. holy ceremony ②〈기독〉 세례식·성찬식 따위의 예식.
성:로=신:공(聖路善功)〔명〕〈기독〉 예수의 십자가 행로(十字架行路) 열네 곳을 묵상하는 기도.
성:론(性論)〔명〕〈철학〉 사람이 타고난 성품(性品)에 관한 논의. 중국 철학의 중요 과제로서 성선설(性善說)·성악설(性惡說) 따위가 대표적임.
성루(城樓)〔명〕 성문 위에 세운 누각. 성각(城閣).
성루(城壘)〔명〕 ①성(城) 바깥 둘레의 흙담. rampart ②성보(城堡).
성루(聲淚)〔명〕 우는 소리와 눈물. tearful voice
성류(星流)〔명〕 ①〈천문〉 항성의 집단적 운동. 같은 방향·속도로 운동하는 현상. stardrift ②별이 흐르는 것처럼 빨리 가는 일. as fast as a falling star
성률(聲律)〔명〕 ①〈음악〉 음률(音律)과 율려(律呂). laws of sound ②〈어학〉 사성(四聲)의 규율.
성:리(性理)〔명〕 ①인성(人性)과 천리(天理). human nature and natual laws ②인성(人性)의 원리(原理). theory of human nature
성:리=학(性理學)〔명〕〈철학〉 중국 송(宋)나라 때의 유(儒學)의 한 계통. study of human nature
성림(成林)〔명〕 작은 나무들이 자라서 숲이 됨. growing into a forest 하다
성:림(聖林)〔명〕 ①중국의 곡부(曲阜)에 있는 공자(孔子)의 무덤을 둘러싼 숲. 공림(孔林). holy forest around Confucius's tomb ②〈기독〉 미국의 영화 도시 할리우드(Hollywood)의 한자 표기.
성립(成立)〔명〕 일이나 물건이 이루어짐. completion 하
성립 예:산(─例算)(成立豫算)〔명〕〈법률〉 국회의 의결을 거쳐서 성립된 예산.
성립 조건[─껀](成立條件)〔명〕 어떤 사건이 성립하는 데 필요로 하는 조건. 〔impetuous
성:=마르─다(性─)〔형〕〔트로〕 도량이 좁고 성질이 급하다.
성:막(聖幕)〔명〕〈기독〉 성체(聖體)를 모시어 두는 나무로 만든 궤. 〔번성함. prosperity 하다
성:만(盛滿)〔명〕 ①넘치도록 가득참. fullness ②집안이
성:=만:찬(聖晩餐)〔명〕〈기독〉 성찬식(聖餐式)에 행하는 식사(食事). 예수의 피와 살을 상징하는 포도주와 떡을 나누어 먹으면서 예수 수난(受難)의 전날 밤을 기념하는 일. sacrament of the Lord's Supper
성망(星芒)〔명〕 별의 광망(光芒). 별빛.
성:망(盛望)〔명〕 높고 큰 덕망.
성:망(聲望)〔명〕 명성과 덕망. reputation
성:면(聖面)〔명〕 ①임금의 얼굴. ②〈기독〉 예수의 얼굴. 성용(聖容)①. holy face
성:면(聖麵)〔명〕〈기독〉 미사 때 쓰는 축성(祝聖)한 면병(麵餠).
성:명(成命)〔명〕 신하의 일신상(一身上)에 관하여 결정적으로 내리는 임금의 명령. 〔命〕. full name
성:명(姓名)〔명〕 성과 이름. 씨명(氏名). 《공》 성함(姓
성:명(性命)〔명〕 인성(人性)과 천명(天命). human nature and life
성:명(盛名)〔명〕 크게 알려진 명성. 훌륭한 평판.
성:명(聖名)〔명〕〈기독〉 천주와 천신과 성인의 거룩한 이름. sacred name
성:명(聖明)〔명〕 임금의 밝은 지혜. imperial wisdom
성:명(聲名)〔명〕 좋은 평판이 드러난 이름. 명성(名聲). 성칭(聲稱). 성가(聲價). reputation
성:명(聲明)〔명〕 일정 사항에 관한 견해나 의견을 여러 사람에게 발표하는 일. 또, 그 의견. 성언(聲言). declaration 하다
성:명 부지(姓名不知)〔명〕《동》 성부지 명부지.
성명=서(聲明書)〔명〕 ①성명하는 뜻을 쓴 글. declaration ②정치·외교·사회 등의 책임자가 신문 따위를 통하여 일반에게 그 견해를 발표하는 글월. statement
성:명=없:─다(姓名─)〔형〕 학식·덕망·지위 등이 낮거나

성:명 철학(姓名哲學)圓〈민속〉음양설에 의하여 성명으로 길흉을 판단하는 것법.

성:명 판단(姓名判斷)圓〈민속〉성명을 분석, 그 사람의 운명·길흉을 점침.

성명-학(星命學)圓〈민속〉사람의 운명의 좋고 언짢음을 가려 헤아리는 학문.

성:모(聖母)圓 ①성인의 어머니. holy mother ②백성이 국모(國母)를 일컬음. queen ③예수를 낳은 마리아. 특히 천주교에서는 영원한 처녀로서, 금욕(禁慾)과 동정(童貞)과 공순(恭順)의 본이 되는 어머니. 동정녀(童貞女). 성모 마리아(聖母 Maria). ¶~ 승천(昇天). Holy Mother Mary

성:모(聖謨)圓임금이 통치하는 정치적 방책 또는 규모.

성모(聲貌)圓말소리와 얼굴 모습. voice and features

성:=모둠(姓—)圓지날총을 겨루는 장난의 하나. 책을 펴놓고 범위를 한정하여, 그 안에서 성자(姓字)가 되는 글자만을 골라서 적되, 가장 많이 적은 사람이 이김. 하다

성:모 마리아(聖母 Maria)圓 ⑧ 성모(聖母)③.

성:모 무염 시:태(聖母無染始胎)圓〈기독〉성모 마리아가 그의 아들 예수 그리스도의 공로를 미리 힘입어 원죄에 물듦이 없이 예수를 잉태한 일. 성모의 원죄없으신 잉태. Immaculate Conception

성:모 설지전(聖母雪地殿)圓〈기독〉로마에 있는 대성전(大聖殿)의 하나.

성:모 성:심회(聖母聖心會)圓〈기독〉1836년 12월에 프랑스 파리에서 설립된 은사회(恩赦會)의 하나.

성:모 성:월(聖母聖月)圓〈기독〉예수의 어머니 마리아를 특별히 공경하는 달. 곧 양력 5월.

성:모 수태(聖母受胎)圓〈기독〉성모 마리아가 가브리엘 천사(天神)의 고시(告示)를 듣고 성령을 느끼어 동정인 채로 성자 예수 그리스도를 잉태한 일. Immaculate Conception [성모 무염 시태.

성:모의 원죄없:으신 잉:태(聖母一原罪一孕胎)圓 ⑧

성:모 자헌(聖母自獻)圓〈기독〉성모 마리아가 자기의 일생을 천주에게 봉헌(奉獻)한 사실.

성:모 칠고(聖母七苦)圓〈기독〉성모 마리아가 예수의 어머니임으로 해서 당한 일곱 가지 고통. 하다

성목(成木)圓다 자란 나무. 나무가 됨. grown-up tree

성:=묘요일(聖木曜日)圓천주교에서, 성주간(聖週間)의 하루로 예수가 죽은 전날.

성묘(省墓)圓다 자란 묘목. 다 큰모.

성묘(省墓)圓조상의 산소를 살펴봄. 또, 그 일. 성추(省楸). ⊕배소(拜掃). 간산(看山). 참묘(參墓). visiting one's ancestral graves 하다

성:묘(聖廟)圓 ⑧ 문묘(文廟). 성당(聖堂).

성무(星霧)圓 ⑧ 성운.

성문(成文)圓 ①문장으로 표현함. 또 그 글. composition ②조문에 기재함. ⊕불문(不文). written ③완성된 문장. 완전한 글. reducing to writing 하다 [gate

성문(城門)圓성곽(城郭)의 문. 성귈(城闕). castle

성:문(聖門)圓 ①성인(聖人)의 도(道). introduction to sacred way ②공자(孔子)의 가르침. 공자의 문(門). 공문(孔門). teachings of Confucius

성:문(聖聞)圓임금이 듣는 일. 하다

성문(聲門)圓〈생리〉좌우의 성대(聲帶) 사이에 있는 좁은 틈. 곧, 숨이 통하는 구멍. glottis

성문(聲紋)圓목소리의 진동파(振動波)를 주파수 분석장치로 채취한 것. 범죄 수사 등에 응용됨.

성문(聲問)圓 ⑧ 방문(訪問). ⑧ 소식(消息).

성문(聲聞)圓 ①〈불교〉설법을 듣고 사제(四諦)의 이치를 깨달아 아라한(阿羅漢)이 되는 불제자. Sravaka, Hearer ②〈악〉→성문승(聲聞乘). ②명성(名聲)과 명망. reputation [허 만들어 맺는 계약.

성문 계:약(成文契約)圓문서에 약속 조문(條項)을 밝

성문-권[-권](成文券)圓문서로 작성된 권면(券面).

성문-법[-뻡](成文法)圓성문율(成文律).

성문-승(聲聞乘)圓〈불교〉성문(聲聞)을 수행(修行)하는 교법(敎法). 소승(小乘). ⑤성문(聲聞)②.

성문-승(聲聞僧)圓〈불교〉소승교의 계(戒)·정(定)·혜(慧)의 삼학(三學)을 닦는 중.

성문-율[-늘](成文律)〈법률〉문서에 의하여 공포된 법률. 성문법. written law

성문-음(聲門音)圓〈어학〉목구멍에서 나오는 소리 규칙. 곧, 'ㅎ·ㅇ' 따위의 소리.

성문-화(成文化)圓〈기독〉문장으로서 밝혀 둠. ⑧불문화(不文化). codification 하다

성미(性味)圓마음결. 성질과 취미. disposition

성미(誠米)圓 ①정성껏 신불(神佛)에게 바치는 쌀. contribution rice ②〈종교〉기독교나 천도교 신도들이 한 줌씩 떠서 하느님께 기도하는 뜻으로 모으는 쌀. 기도미(祈禱米). rice offering [down

성미가 가시다圓발끈 일어난 성미가 가라앉다. calm

성미가 나다圓성미가 거슬러 일다. get frustrated

성미를 부리다圓자기 성미에 맞지 않는다고 신경질을 부리다. get angry

성:미바르-다조형 →성싶다.

성:=바지(姓—)圓 ①성(姓)의 여러 종류. ¶여러 ~. various surnames ②같은 성을 가진 사람.

성-밖(城—)圓성문 밖. ⊕성안.

성:배(聖杯)圓〈기독〉금이나 은으로 만든 쟁반. 미사 제기(彌撒祭器)의 하나. chalice

성배(成杯)圓 ⑧ 주배(酒杯). 「의 만찬에 쓴 술잔.

성:배(聖杯)圓 ①성성한 잔. ②〈기독〉예수가 최후

성:=백복(鱧白熟)圓맛살 백숙.

성:=범(聖凡)圓 ①성인과 범부(凡夫). ②성스러움과 범상함. sanctity and commonness

성법[-뻡](成法)圓 ①정해진 법률. written law ②완수하는 방법. way of achievement

성:법[-뻡](聖法)圓 ①성인이 만든 법도(法度). sage's law ②거룩한 법. holy law

성벽(性癖)圓 ①굳어진 습관. one's natural disposition ②성질과 버릇. character and habit ③〈심리〉선천적으로는 주관적으로 정욕(情慾)의 만족을 지향하는 소질. libido

성벽(城壁)圓성곽(城郭)의 벽. 담벼락. castle wall

성변(星變)圓별의 위치나 빛에 생긴 이상. changes in the star

성:별(性別)圓남녀 또는 암수의 구별. sex distinction

성:별(聖別)圓〈기독〉신성한 용도에 충당하기 위해 보통 것과 구별하는 일. 하다 [become ill 하다

성병(成病)圓근심·걱정 또는 그 밖의 일로 병이 됨.

성:병(性病)圓〈의학〉주로 성교로 남녀간에 옮는 병. 임질·매독 따위. 사교병. 화류병(花柳病). venereal disease

성병(城病)圓굉장히 있는 시부(詩賦).

성보(城堡)圓산성(山城)의 하나. 적을 방비(防備)하기 위하여 성 밖에 임시로 만든 작은 요새(要塞). 성루(城壘)③. 성자(城子). [wearing mourning

성복(成服)圓초상이 났을 때 상복을 처음 입는 일.

성:복(盛服)圓훌륭히 차려 입은 옷. 성장(盛裝).

성복 뒤에 약방문圓때가 늦으면 소용이 없다. 사후청심환(死後清心丸).

성-불(成佛)圓〈불교〉성불물성(成不成).

성:부(聖父)圓〈기독〉천주 삼위 일체(天主三位一體) 가운데 제일위(第一位)의 이름. Father

성부(城府)圓 ①성시(城市). ②마음속에 쌓은 담. 곧, 남과 대할 때 마음을 터놓지 않음을 이름. deep-seated thoughts [자리. part

성부(聲部)圓〈음악〉소리의 높낮이에 따라 차지하는

성:부동 남(姓不同—)圓 친분이 썩 가까운 사람. 성이 달라서 남일 뿐, 친분으로는 일가나 마찬가지인 사람. 성부동 형제(姓不同兄弟). very intimate friends

성:부동 형제(姓不同兄弟)圓 ⑧ 성부동 남.

성:부르-다조형 →성싶다.

성:부지 명부지(姓不知名不知)圓이름도 성도 모름.

곧, 아무 관계도 없는 사람. 성명 부지. total stranger.
성북(城北)圀 도성(都城)의 북쪽.
성분(成分)圀 ①〈물리〉물체를 이루고 있는 원질(原質). component ②〈어학〉문장(文章)을 이루는 각 부분. part ③사람의 사상적인 성행(性行). disposition
성분(成墳)圀 봉분(封墳). ~하다
성분-력(成分力)圀〈물리〉하나의 힘이 두 이상의 힘을 합(合)한 결과라고 생각할 때 그 여러개의 힘을 각자 이름. 囮 분력(分力).
성분 부:사(成分副詞)圀〈어학〉한 문장의 특정 성분을 꾸며 주는 부사. 성상 부사(性狀副詞)·지시 부사(指示副詞)·부정 부사(否定副詞) 등임. 囮 문장 부사(文章副詞). 러 성분량의 비.
성분-비(成分比)圀〈화학〉한 물체를 이루고 있는 여
성불(成佛)圀〈불교〉①보살이 상구 보리(上求菩提)·하화 중생(下化衆生)의 덕을 완성하여 부처가 됨. 성불도. attaining Buddhahood ②좋은 일로 죽음.
성불-도[一또](成佛道)圀 성불(成佛)①. ~하다
성불-도[一또](成佛圖)圀 극락과 지옥을 비기어 만든 판으로 승부를 다투는 장난.
성-불성(成不成)圀 일의 되고 아니되는 것. 성부(成否). success or failure
성불성간-에[一쌩一](成不成間)匐 일이 되든지 아니 되든지 간에. 「의 개체수의 비율.
성:비(性比)圀 출생시에 있어서의 자웅 또는 남녀간
성:비(盛備)圀 성비(盛備). ~하다
성비-세:려(誠非細慮)匐 진실로 걱정이 적지 않음.
성빈(成殯)圀 빈소(殯所)를 만듦. ~하다
성빈(聖貧)圀 성빈(神貧).
성사(星使)圀 정부에서 파견된 사절(使節). 곧, 대사(大使)·공사(公使) 따위의 일컬음.
성사(成事)圀 일을 이룸. success ~하다
성사(星槎·星軺·星査)圀 ①성사(星使)가 탄 배. ②멀리 세계를 향행하는 선박. 「enterprise
성:사(盛事)圀 훌륭하고 큰 일. 성대한 일. splendid
성:사(聖史)圀〈기독〉예수의 한 일을 기록하여 네가지 복음서. 마태·마가·누가·요한의 복음. gospel
성:사(聖事)圀 ①성스런 일. ②〈기독〉형상 없는 표적으로 형상 없는 성총(聖寵)을 표하는 거룩한 행사. 곧, 세세(聖洗)·견진(堅振)·고해(告解)·성체(聖體)·종부(終傅)·신품(神品)·혼배(婚配)의 일곱 가지. sacrament
성:사-극(聖史劇)圀〈연예〉15세기부터 프랑스에서 기적극 이래 다시 일어난 종교극.
성사 재:천(成事在天)匐 일의 되고 안되는 것은 오로지 천우에 달렸음.
성사-후(成事後)圀 일을 이룩한 뒤.
성산(成算)圀 일의 이룩직한 가능성. 됨직한 예산. ¶ ~이 크다. confidence of success
성산(星散)圀 새벽 하늘의 별과 같이 흩어짐. 또, 뿔뿔이 헤어짐. dispersion ~하다
성산(星算)圀〔동〕천문 역수(天文曆數).
성:산(聖算)圀 ①임금의 나이. His Majesty's age ②나라를 다스리는 임금의 계략(計略).
성삼(聖三)圀〈天주〉천주 삼위(天主三位).
성:상(性狀)圀 ①됨됨이나 모양새. properties ②성질과 하는 짓. ③〔동〕성정(性情)②. 「그 현상(現相).
성:상(性相)圀〈불교〉삼라 만상(森羅萬象)의 본체와
성상(星狀)圀 별 모양. 곧, 방사상 돋기가 있는 형상
성상(星象)圀〔천문〕별자리의 모양.
성상(星霜)圀 ①세월(歲月)①. ②〔동〕햇수.
성상(城上)圀 성(城)의 위. on the castle
성:상(聖上)圀〔궁〕집정(執政) 중인 자기 나라의 임금을 부르는 말. His Majesty
성:상(聖像)圀 ①성인(聖人)의 화상이나 초상(肖像). icon ②성스러운 상. sacred image
성:상 관형사(性狀冠形詞)圀〈어학〉체언이 가리키는 사물의 성질이나 상태를 어떠한 방식으로 꾸며 주는 관형사. 새·헌·순(純) 따위. 그림 때김씨. 형용

관형사. 실질 관형사. attributive adjective
성:상 부:사(性狀副詞)圀〈어학〉성분 부사의 하나로, 한정을 받는 말(주로 용언의 내용을 성질·상태 등으로 꾸미는 부사. '어떻게'의 방식으로 용언을 꾸밈. 잘·매우·바로·얼마나 등.
성상-토(成上土)圀〈민속〉육십 갑자(六十甲子)에서 무인(戊寅)·기묘(己卯)에 붙이는 납음(納音). 성두토. ¶무인 기묘 ~.
성:상-학(性相學)圀 사람의 육체상에 나타나는 인상(人相)·골상(骨相)·수상(手相) 들로 사람의 성질이나 운명을 판단하는 학술. physiognomy
성:상 형용사(性狀形容詞)圀〈어학〉형용사의 큰 분류. 사물과 사람의 성질이나 상태를 표시하는 말.
성새(城塞)圀〔궁〕성채(城砦). 「'달다·고프다' 등.
성색(聲色)圀 ①말소리와 얼굴빛. 음, 맵시. 성기②. voice and countenance ②음악과 여색(女色).
성:-생활(性生活)圀 남녀의 육체적 교섭에 의한 생활. sexual life
성:성(盛暑)圀 [동] 한더위.
성:서(聖書)圀 ①성인이 쓴, 또는 그 행적을 적은 책. ②[동] 성경(聖經).
성:서(聖瑞)圀 ①거룩한 임금이 될 상서로운 조짐. ②거룩한 임금이 있을 때 나타나는 경사스러운 조짐.
성:서 공회(聖書公會)圀〈종교〉기독교를 보급시키기 위하여 성서를 각국어로 번역·출판·반포하는 공회. Bible Society 「의 총칭.
성:서-학(聖書學)圀〈종교〉성서에 관한 학술적 연구
성석(成石)圀 회(灰) 따위가 굳어져서 돌과 같이 됨. hardening into stone ~하다
성:석(聖石)圀〔기독〕미사 제구의 하나. 성해(聖骸)
성선(成善)圀 착한 일을 이룸. ~하다 「를 모신 돌관.
성:선(性腺)圀〔생리〕생식에 관계 있는 분비물을 분비하는 성선 기관(性腺器官)의 총칭. 대개는 고환(睾丸)·난소(卵巢)를 가리킴. 생식선(生殖腺). gonad
성:선-설(性善說)圀〈윤리〉사람의 본성(本性)은 선천적으로 착하다는 맹자(孟子)의 학설. 囮 성악설(性惡說). doctrine of innate goodness
성:설(性說)圀〈철학〉중국에서의 사람의 성(性)에 관한 논설. 성선설(性善說)·성악설(性惡說)·선악 혼효설(混淆說) 등. theories on human nature
성:설(盛說)圀 성대하게 잔치를 베풂. 성대한 차림. 성비(盛備). ~하다
성성(星星)圀〔천문〕이십팔수(二十八宿)의 스물다
성:성(聖性)圀 거룩한 품성. 〔셋째 별. 囮 성(星).
성성이(猩猩—)圀〔동〕유인원과에 속하는 지능 수준이 높은 짐승. 키는 1.6m 가량이고 얼굴 이외는 긴 털로 덮여 있음. 귀는 작고 코는 넓적하며 입은 폭이 넓고 쭈뼛함. 사지가 발달하여 반전립하여 걸어 다니거도 하며 힘이 몹시 강함. 보르네오(Borneo)·수마트라(Sumatra)에 분포함. 오랑우탄(orangutan) 「나. glay
성성-하다(星星—)圀〔동〕머리털이 희끗희끗 많이 세
성세(成歲)圀 세력을 이룸. 음식도 「age
성:세(盛世)圀 문화가 융성(隆盛)한 세대. prosperous
성:세(聖世)圀 어진 임금이 다스리는 세대. 성대(聖代). glorious reign
성:세(聖洗)圀〔기독〕'세례'를 성스럽게 이르는 말.
성세(聲勢)圀 들날린 이름과 위세(威勢). fame and
성:세-포(性細胞)圀〔생리〕성세포. 「influence
성:소(性巢)圀〔생리〕내부 생식기 가운데서 생식 세포의 형성을 행하는 부분. 수컷은 고환(睾丸) 또는 정소(精巢)이고 암컷은 난소(卵巢). 생식소(生殖巢).
성:소(聖召)圀〔기독〕성직(聖職) 또는 수도 생활을 위하여 천주께서 부르심. 「혜.
성소-작지(成所作智)圀〈불교〉도를 닦아서 얻은 지
성속(成俗)圀 풍속을 이룸. 또, 풍속으로 되어 버림. become a custom ~하다
성손(姓孫)圀〔동〕후손(後孫).
성:손(聖孫)圀 임금의 손자.

성:쇠(盛衰) 성함과 쇠함. 잘 되고 못 됨. 영고(榮枯). 영락(榮落). ¶흥망 ~. ups and downs
성:쇠지:리(盛衰之理) 순환하는 성쇠의 이치. 승제지리(乘除之理). law of ups and downs
성수(成遂)[동] 수성(遂成). 하타 「number 하타
성수(成數)[명] 일정한 수효를 이룸. forming a fixed
성수(成獸)[명]〈동물〉성장한 짐승. 다 큰 짐승.
성수(星宿)[명]〈천문〉모든 성좌의 별들. 진수(辰數).
성수(星數)[명] 운수(運數).
성:수(聖水)[명]〈기독〉성례(聖禮)에 쓰기 위하여 축성(祝聖)한 물. holy water
성:수(聖壽)[명] 임금의 나이. 또는 수명(壽命). His Majesty's age 「son of demand
성:수-기(盛需期)[명] 어떤 물품이 한창 쓰일 철. sea-
성:수 만:세(聖壽萬歲)[명] 성수 무강. 하타
성:수 무강(聖壽無疆)[명] 임금이 오래 살기를 비는 말. 성수 만세(聖壽萬歲). Long life of His Majesty 하타
성:수 불루(盛水不漏)[명] 물을 담아도 샐 틈이 없다는 뜻으로, 사물이 아주 정밀하게 짜여 있음을 말함. watertight 「구.
성:수-편(聖水鞭)[명]〈기독〉성수(聖水)를 뿌리는 기
성숙(成熟)[명] ① 열매가 익음. ripeness ② 생물이 완전히 발육함. full growth ③ 시기나 일 따위가 되어감. 《대》 미성숙(未成熟). maturity 하타
성숙-기(成熟期)[명] ① 생물의 발육이 완전해 가는 시기. ② 사람의 육체와 정신의 발육이 왕성인 시기.
성숙-란(成熟卵)[명]〈생리〉난소 안에서 성숙한 난세포.
성숙-아(成熟兒)[명]〈생리〉임신한 달로부터 10개월이 된 뒤에 낳은 아이. 《대》조산아. full-grown baby
성술(星術)[명] 천문(天文)의 형상을 보고 길흉(吉凶)을 판단하는 방법. 곧, 점성술(占星術). astrology
성-스럽다(聖-)[형] 거룩하고 고결하고 위대한 품성을 두루 갖추었다. holy 성:-스레미다. 하타
성습(成習)[명] 버릇이 됨. 습관이 됨. forming a habit
성시(成市)[명] 저자가 됨. 시장(市場)을 이룸. become market 하타
성시(城市)[명] 성으로 둘러싸인 시가. 성부(城府)①.
성:시(盛市)[명] 성황(盛況)을 이룬 시장. 「walled town
성:시(盛時)[명] ① 혈기가 왕성인 시기. prime of life ② 국력(國力)이 왕성인 시대. prosperous age
성:시(聖屍)[명]〈기독〉〈공〉예수의 시체를 일컬음. corpse of Christ
성시 의:외(誠是意外)[명] 정말 뜻밖임.
성시-증[-쯩](聲嘶症)[명]〈한의〉목소리가 쉬는 병의 증세. 《약》성시(聲嘶).
성:식(盛飾)[명]〈동〉성장(盛裝). 하타
성식(聲息)[명]〈동〉음신(音信).
성신(星辰)[명]〈동〉별. 「uous subject
성:신(聖臣)[명] 인격이 두드러지게 뛰어난 신하. virt-
성:신(聖神)[명]〈기독〉성부(聖父)와 성자(子子)와 함께 삼위 일체(三位一體)인 천주(天主). 거룩한 영으로부터 나온 초자연력이 인격화된 것. 보혜사. 성령(聖靈). Holy-Ghost 「러난 신앙. faith
성신(誠信)[명]〈동〉성실(誠實), 성심(誠心)에서 우
성:신 강:림절(聖神降臨節)[명]〈기독〉성신이 세상에 내려온 날을 기념하는 축일(祝日). 오순절(五旬節). white Sunday 「법을 배우는 책의 이름.
성:신 말:됨[-빰](-法)[명](-민숙〉무당들이 그의 술
성:신 세:례(聖神洗禮)[명]〈기독〉하느님의 영이 사람의 마음 속에 있게 하는 일.
성신 숭배(星辰崇拜)[명]〈종교〉성신에게 신비적 세력을 의뢰하고 존경 숭배하는 신앙과 의례. star-worship
성:신 십이:효(聖神十二效)[명]〈기독〉성신의 열두 가지 효능. 곧, 애덕·신락·평화·인내·인자·양선·관용·순량·충신·단정·담박·정결 따위.
성:신 쌍전(性神雙全)[명]〈종교〉천도교에서 영과 육을 일체로 보는 주의.
성:신 칠은(聖神七恩)[명]〈기독〉성신의 일곱 가지 은혜. 곧, 지혜·통달·의견·강의·지식·효경·경외(敬畏).
성실(成實)[명] 다 자라서 열매를 맺음. bear fruit 하타
성실(誠實)[명] 정성스럽고 참됨. 성신(誠信)①. 진실(眞實). 《대》허황(虛荒). sincerity 하타 히타
성실(聲實)[명] 소문과 실지의 속내. 명판과 실제. 명실(名實). rumour and reality
성:심(聖心)[명] ① 임금의 마음. 성인의 마음. sages mind ② 성스러운 마음. holy mind ③〈기독〉예수와 성모의 마음.
성심(誠心)[명] 정성스러운 마음. 성관(誠款). 정성(精誠). sincerity
성심-껏(誠心-)[부] 성심을 다하여.
성:심 성:월(聖心聖月)[명]〈기독〉예수의 성스러운 마음을 특별히 공경하는 달. 곧, 양력 6월.
성심 소:도(誠心所到)[명] 정성을 다한 결과.
성-싶다(-)[보형] 주관적 추측의 뜻을 나타내는 말. ¶날성쌍(成雙)[명] 성혼. 하타 「이 갤 ~. it seems
성:씨(姓氏)[명] 성명(姓名). surname
성:씨-부(姓氏部)[명] 한자 부수(部首)의 하나. '民·氏' 등의 '氏'의 이름. 「하타
성:악(性惡)[명] ① 사람의 본성은 악함. ② 성미가 악함.
성:악(聖樂)[명]〈음악〉① 종교적이고 장엄·엄숙한 음악. ②〈동〉성가(聖歌).
성악(聲樂)[명]〈음악〉사람의 음성으로 하는 음악. ~가(家). 《대》기악(器樂). vocal music
성:악-설(性惡說)[명]〈윤리〉중국의 순자(荀子)가 창한 것으로, 사람의 본성은 악(惡)하고 이욕(利慾)이 강하여 교육을 함으로써 착해질 수 있다는 설. 《대》성선설(性善說). doctrine of original sin
성안(成案)[명] ① 안을 꾸며 이룸. form a definite plan ② 성립된 안. 《대》미성안. concrete program 하타
성:안(城-)[명] 성문 안. 성중(城中). 《대》성밖. inside
성:안(聖顔)[명]〈동〉천안(天顔). 「the wall
성애[명] ① 물건의 홍정이 다 된 증거로 옆에 있는 사람을 대접하는 일. ② 흥정을 살 때 값을 치른 물건 외에 다른 물건을 더 얹어 받는 일. anything throw
성애²[명] →성엣1,2. 「in
성:애(性愛)[명] 성본능(性本能)으로 인하여 생기는 남녀간의 애정. affection
성야(星夜)[명] 별빛이 맑은 밤. 성월야(星月夜). starlit night 「night
성약(成約)[명] 계약을 이룸. make a contract 하타
성:약(聖藥)[명] 효력이 신통한 약. 선약(仙藥)②. elixir
성양(成樣)[명] 모양을 갖춤. forming 하타 「of life
성어(成魚)[명] 다 자란 물고기. 《대》치어(稚魚).
성어(成語)[명] ① 말을 이룸. 이루어진 말. idiomatic phrase ②〈동〉숙어(熟語)②. 하타
성어-기(盛漁期)[명] 계절적으로 고기가 많이 잡히는 시기. 《대》어한기(魚閑期). fishery season
성:언(聖言)[명] ① 성인의 말. 임금의 말. saint's saying ② 성서에 기록된 말. holy words
성언(聲言)[명]〈동〉성명(聲明). 「one's work 하타
성업(成業)[명] 학업이나 사업을 이룸. completion of
성:업(盛業)[명] 사업이 번창함.
성:업(聖業)[명] ① 거룩한 사업. 성스러운 사업. holy work ② 임금의 업적. Imperial achievements
성업-률(成業率)[명]〈동〉에이 큐(A.Q.)
성에[명] ① 겨울에 굴뚝이나 벽에 허옇게 얼어붙은 것. frostwork ②〈농업〉쟁기의 술의 윗머리에서 앞으로 뻗어나간 가장 긴 나무. beam of a plough
성엣-장[명]〈강물 또는 바닷물에 떠서 흘러 가는 얼음이. 유빙(流氷). 《약》성에12. floating ice
성역(城役)[명] 성을 쌓거나 수축하는 일.
성:역(聖域)[명] ① 거룩한 지역. sacred precincts ②〈동〉신전(神殿).

성역(聲域)[명] 〈음악〉사람이 노래 부를 수 있는 소리의 높낮이의 범위. 그 높고 낮음에 따라 여성(女聲)을 소프라노·메조 소프라노·알토, 남성(男聲)을 테너·바리톤·베이스로 나눔. gamut

성역 당상(城役堂上)[명] 〈제도〉성역을 잘 감독한 공으로 벼슬을 올린 통정 대부(通政大夫).

성:연(盛宴)[명] 성대한 잔치. grand banquet

성:열(盛熱)[명] [하타] 몹시 더움.

성열(聲咽)[명] 목메어 욺. crying 하타

성:염(盛炎)[명] 몹시 심한 더위.

성:염색체(性染色體)[명] 〈생물〉성의 결정에 관계되는 염색체. sex chromosome

성:영(聖詠)[명] 〈기독〉구약 시편(舊約詩篇) 제 150편의 이름. 천주를 찬송하는 시가임.

성:영(聖嬰)[명] 〈기독〉어릴 때의 예수

성:예(盛譽)[명] 몹시 칭찬함.

성예(聲譽)[명] 좋은 평판. good fame 「nasty smell

성예지:기(腥穢之氣)[명] 몹시 비리고 더러운 냄새.

성오(省悟)[명] 살펴 깨달음. comprehension 하타

성오(醒悟)[명] 깨달음. awakening 하타

성옥(成獄)[명] 〈제도〉살인 사건을 재판함. 하타타 히타

성:왕(盛旺)[명] 왕성(旺盛). [하타] 히타

성:왕(聖王)[명] 성군(聖君). 「of a castle

성외(城外)[명] 성문 안. [대] 성내(城內). out-side

성욕(性慾)[명] 성교를 하고자 하는 욕망. 정욕(情慾). 《약》성(性)⑤. sexual desire

성:욕 묘:사(性慾描寫)[명] 〈문학〉소설에서 남녀 양성간의 육정적 욕망을 묘사하는 일.

성:욕 이:상(性慾異常)[명] 〈의학〉심리적 원인이나 신체적 질환에 따르는 성욕의 장애. disturbances of sexual instinct

성:용(聖容)[명] ①성면(聖面)②. ②신불 등의 거룩한 자태. ③천자(天子)의 용모와 자태.

성용(聲容)[명] ①소리의 모양. ②음성과 용모. voice and appearance

성우(成牛)[명] 다 자란 소.

성우(星雨)[명] 운성(隕星).

성:우(聖佑)[명] 〈기독〉천주의 도우심. grace of Heaven

성우(聲優)[명] 〈연예〉라디오 방송극에 소속된 배우. radio actor

성운(星雲)[명] 〈천문〉은하의 군데군데에 구름같이 모여 있는 별들. 성무(星霧). nebula

성:운(盛運)[명] 흥성하는 운. 융운(隆運).

성:운(聖運)[명] 임금이 될 운수.

성운 가:설(星雲假說)[명] 〈천문〉프랑스의 라플라스(Laplace)와 독일의 칸트가 주장한 태양계의 기원에 대한 학설. 태초에 뜨거운 가스의 회전 운동과 냉각으로 생겼다는 것임. 성운설(星雲說). nebula hypothesis

성운간 물질(星雲間物質)[명] 〈천문〉은하계의 성운과 성운 사이 공간에 있는, 성간(星間) 물질보다 훨씬 희박한 물질. nebular matter

성운:군(星雲群)[명] 〈천문〉대우주의 어느 공간에 비교적 밀집하여 이루고 있는 성운의 무리. group of nebula

성운:단(星雲團)[명] 〈천문〉수백 또는 그 이상의 은하계에 딸리지 않은 성운이 밀집하여 한 무리를 이루고 있는 것.

성운:선(星雲線)[명] 〈천문〉가스 성운이나 태양 코로나 따위의 스펙트럼에 나타나는 고유의 휘선(輝線). 알려지지 않은 원소. 성운소(星雲素)에 말미암은 것이라고 가정되어 왔으나, 전리된 산소 원자의 특별한 스펙트럼선임이 밝혀짐. nebulium line

성운:설(星雲說)[명] [동] 성운 가설(星雲假說).

성운:학(星韻學)[명] 운학(韻學).

성:웅(聖雄)[명] 거룩한 영웅. hero saint

성:원(成員)[명] ①단체의 조직을 구성하는 사람. member ②회의를 성립시킴에 필요한 인원. ¶~ 미달(未達)로 유회(流會). quorum

성원(聲援)[명] ①옆에서 소리쳐서 사기를 북돋우어 줌. encouragement ②멀리서 격려 고무하여 형세를 도와 줌. 「가. member nation

성:원:국(成員國)[명] 동맹을 구성하는 성원이 되는 국

성월(星月)[명] 별과 달. star and moon

성:월(聖月)[명] 〈기독〉천주 또는 어떤 성인을 특별히 공경하는 달. sacred month

성:월=야(星月夜)[명] 별빛이 달처럼 밝게 보이는 밤. 성야(星夜). starlit night

성위(位位)[명] 〈천문〉항성의 자리. configuration

성위(聲威)[명] ①평판으로 위협함. ②들날리는 위엄. authority

성위=표(星位表)[명] 〈동〉항성표(恒星表). 「형

성:유(性柔)[명] 성질이 부드럽고 온화함. mildness 하

성:유(聖油)[명] 〈기독〉천주교에서 의식이나 전례를 베풀 적에 쓰는, 축성(祝聖)한 올리브유. holy oil

성:유(聖諭)[명] 임금의 훈시. Imperial Edict

성유=법(―法)[명] 〈어학〉사물의 소리를 그대로 묘사하여 그 소리나 상태를 실제와 같이 표현하는 비유법의 한 가지. 의성법(擬聲法). 사성법(寫聲法). 「法).

성육(成育)[명] 자라남. growth 하타

성:육(聖育)[명] 종교 교육.

성:은(盛恩)[명] 풍성한 은혜. great kindness

성:은(聖恩)[명] ①임금의 거룩한 은혜. imperial favour ②〈기독〉하느님의 은혜. divine mercy

성음(聲音)[명] ①[동] 목소리. 「字).

성음 문자(―文字)(聲音文字)[명] 표음 문자(表音文

성음=학(聲音學)[명] 음성학(音聲學).

성읍(城邑)[명] 고을.

성:의(盛儀)[명] 성대한 의식. grand ceremony

성:의(聖衣)[명] 〈기독〉성의회원(聖衣會員)이 입는 옷.

성:의(聖意)[명] ①〈종〉성지(聖旨). ②〈기독〉천주의 거룩한 뜻. will of God

성의(誠意)[명] 참되고 정성스러운 뜻. 실의(實意)①. sincerity

성:의=껏(誠意―)[부] 성의를 다하여. in all sincerity

성:의=패(聖衣牌)[명] 〈기독〉성의회원(聖衣會員)이 성의 대신으로 가지는 패.

성:의=회(聖衣會)[명] 〈기독〉은사회(恩赦會)의 하나. 이 회의 회원은 이에 상응한 옷이나 패를 가짐.

성이(星移)[명] 별의 위치가 옮겨진다는 뜻에서, 세월이 바뀜을 말함. change of the world

성인(成人)[명] ①이미 성년이 된 사람. 만 20세 이상의 남녀를 이름. 대인(大人). 어른. [대] 미성인. adult ②[동] 성관(成冠).

성인(成仁)[명] 인(仁)을 이룸. 덕을 갖춤. 하타

성인(成因)[명] 사물(事物)이 이루어지는 원인. origin

성:인(聖人)[명] ①지혜와 덕이 뛰어나게 높아 길이길이 스승이 될 만한 사람. 성자(聖者)①. 《약》성(聖)①. ②〈기독〉남자인 성자(聖者)①. [대] 성녀(聖女)①. sage saint ③[동] 마하살(摩訶薩).

성인 교:육(成人敎育)[명] 〈교육〉일반 성인에게 보통의 지식과 기능을 가르치는 교육. 사회 교육의 일부분서 넓은 뜻으로는 학교 교육 이외의 모든 교육 활동의 총칭. adult education

성인도 시속을 따른다[격] 사람은 누구나 세상일에 임기응변을 하며 산다.

성인도 하루에 죽을 말을 세 번 한다[격] 아무리 훌륭한 사람도 실수는 하는 법이다.

성인:병(―病)(成人病)[명] 〈의학〉주로 중년 이후에 나타나는 병의 총칭. 고혈압·간(肝)·당뇨병 따위. 《유》노인병(老人病).

성=인자미(成人之美)[명] 남의 아름다운 점을 도와주어 이루어 줌. assist the development of other's merits

성:일(聖日)[명] 〈기독〉성스러운 날. 곧, 주일(主日).

성일(誠一)[명] 마음과 뜻이 한결같이 굳음. single-hearted 하타 「name

성:자(姓字)[명] 성(姓)을 표시하는 글자. sur-

성:자(―字)(省字)[명] 〈제도〉왕세자가 군사 문서에 적힌 '省'자를 새긴 도장.

성자(城子)[명] [동] 성보(城堡).

성:자(盛者)[명] 세력을 크게 떨치는 사람.
성:자(聖子)[명] ①〈기독〉천주 삼위(三位)의 제2위. 곧, 그리스도. ②지덕이 가장 뛰어난 아들.
성:자(聖者)[명] ①[동]성인(聖人)①. ②〈불교〉속세의 괴로움을 버리고 바른 이치를 깨달은 사람. sage ③〈기독〉거룩하고 깨끗한 신도(信徒). saint
성:자 신손(聖子神孫)[명] 성군의 자손.
성:자 필쇠[-쇠](盛者必衰)[명]〈불교〉한번 성한 자는 반드시 쇠할 때가 옴. prosperous must decay
성:작(聖爵)[명]〈기독〉미사 제구의 하나로 성혈을 담는 잔. Holy Grail
성장(成長)[명] 자라서 점점 커짐. growth 하다
성장(星章)[명] 별 모양으로 된 표. 모장(帽章)·금장(襟章)등에 쓰임.
성장(城將)[명] 성을 지키는 장수.
성장(盛壯)[명] 혈기가 왕성함. energetic 하다
성장(盛粧)[명] 짙은 화장. gala dressing 하다
성장(盛裝)[명] 옷을 화려하게 차려 입음. 또, 그 차림새. 성복(盛服). 성식(盛飾). full dressing 하다
성장 거:점[-쩜](成長據點)[명]〈지리〉경제 지역·미개발 지역의 성장을 유도하기 위한 지역 개발의 근거가 되는 지점. ¶ ~ 도시. [기. 발육기(發育期).
성장-기(成長期)[명] ①성장하는 동안. ②성장하는 시
성장 사료(成長飼料)[명] 성장을 촉진시키기 위한 단백질이 많이 포함되어 있는 사료.
성장-소(成長素)[명] ①〔식물〕식물의 성장을 촉진하고 굴성(屈性)의 원인이 되는 물질. ②〔동〕성장 호르몬.
성장-점[-쩜](成長點)[명]〔식물〕식물의 줄기나 뿌리의 맨 끝에 있는 분열 조직으로서, 세포 분열을 하는 부분. growing point
성장-주(成長株)[명]〔경제〕장래의 발전 속도와 규모가 특히 큰 기업의 주(株). 발전주(發展株).
성장 호르몬(成長 hormone)[명]〔생리〕뇌하수체 전엽(前葉)에서 분비되며 포유류의 성장을 촉진하는 호르몬. 주로 뼈·근육·내장에 작용함. 성장소②. growth hormone   [숙달시켜 대성시킴.
성재(成才)[명] ①인재를 기름. 또, 그 재능. ②기예를
성:재(聖裁)[명] 임금의 재가(裁可). Imperial decision
성적(成赤)[명] 혼인날 신부의 얼굴에 붉은 마지를 연지를 찍는 일. bridal make-up 하다
성적(成績)[명] ①다 마친 뒤의 결과. result ②학습한 지식·기능·평가된 결과. record
성적(城跡)[명][동] 성터.   [holy places
성:적(聖蹟)[명] 성인들이 있는 성스러운 사적이나 고적.
성적(聲績)[명] 명성과 공적. fame and achievement
성적[-쩍](性的)[관]성에 관계되는(것). sexual
성적 매력[-쩍-](性的魅力)[명] 성욕상으로 상대자의 마음을 호리어 끄는 힘. sexual appeal
성적-분(成赤粉)[명] 혼인날 신부가 바르는 분.
성적 생활[-쩍-](性的生活)[명] 성욕이나 생식과 관계되는 방면의 생활. 《참》성생활(性生活).
성:적 충동[-쩍-](性的衝動)[명] 성욕을 일으키는 충동. sex urge
성적-표(成績表)[명] 사업이나 공부한 결과로 얻은 실적을 기입한 표. academic record 「(成)文의 법전.
성전(成典)[명] ①정해진 의식. ②성문
성:전(性典)[명] 성(性) 지식을 위한 책. sex book
성:전(盛典)[명] 성대한 의식. 성의(盛儀). grand ceremony
성:전(聖典)[명] ①성경(聖經)이나 불교의 경전 같은 종교상의 가장 신성한 문헌. sacred books ②성인이 쓴 책이나 성인의 언행을 기록한 책. sage's words ③〈기독〉교회의 법규.
성:전(聖殿)[명] 예배당. 성당.
성:전(聖傳)[명] ①〈기독〉성서 외의 입으로나 표적으로 전해 오는 예수의 행적에 관한 전설. ②성인(聖人)의 구수(口授)나 전승(傳承). sayings of a saint
성:전(聖戰)[명] 거룩한 사명을 띤 전쟁. holy war
성:전:환(性轉換)[명] 자웅(雌雄)의 성이 반대의 성으로 바뀌는 현상. ¶ ~ 수술. transformation of sex

성:절(聖節)[명] 성인이나 임금의 태어난 날을 경축하는 명절.   [logy
성점(星占)[명] 별의 빛이나 위치로서 치는 점. astro-
성점[-쩜](聲點)[명] 한자의 사성(四聲)을 표시하는 부호의 점. 「그런 나이. coming of age 하다
성정(成丁)[명]〈제도〉남자의 나이가 16세가 됨. 또,
성:정(性情)[명] ①사람이 본디 가지고 있는 성질. 천성. 마음씨. temperament ②사람의 마음을 이룬 두 개의 요소. 성질(性質)과 심정(心情). 성식(性息). 성상(性狀)③. 성품(性稟). 정성(情性). 《속》성정머리. nature and heart
성:정-머리(性情-)[명]《속》성정(性情)②.
성:제(聖帝)[명]《동》성군(聖君).
성:제(聖祭)[명] ①《동》미사(彌撒). ②〈종교〉종교적인 축제(祝祭). religious festival
성제-대(聖帝帶)[명] 천사 옥대(天賜玉帶).
성:제 명왕(聖帝明王)[명] 덕이 높고 지혜가 밝은 임금.
성조(成造)[명][동] 성주.
성조(成鳥)[명] 성장하여 생식력을 가진 새.
성:조(性躁)[명] 성질이 조급함. impatience 하다
성:조(聖祖)[명] ①〈기독〉인성(人性)으로서 예수의 선조되는 아브라함·이삭·야곱을 일컬음. ancestors of Christ ②거룩한 조상. 천자(天子)의 조상. ¶단군 ~. holy ancestor   [제위(帝位).
성:조(聖祚)[명] 천자(天子)의 위(位). 임금의 자리.
성:조(聖詔)[명] 제왕의 최유(勅諭).
성:조(聖朝)[명] ①어진 임금이 다스리는 조정. reign of a virtuous king ②당대의 왕조를 백성들이 일컫는 존칭.
성조(聲調)[명] ①목소리의 가락. tone ②〈어학〉음절 안에서 단어의 뜻을 분화할 수 있는 변별적 기능을 가진 소리의 고저·장단.   [pes
성조-기(星條旗)[명] 미합중국의 국기. Stars and Stri-
성:족(盛族)[명] 세력이 있는 족속. 번성하는 족속. influential family   [하다
성:졸(性拙)[명] 성질이 옹졸함. narrow-mindedness
성종(成宗)[명] 대종가(大宗家)에서 파(派)가 갈린 뒤에 며대를 거쳐서 새로 된 종가.
성종(成腫)[명] 종기가 곪음. 하다
성:종(聖鐘)[명]〈종교〉예배당·성당 등에 달아 의식의 시각을 알리기 위한 종.
성종(聲鐘)[명][동] 경시종(警時鐘).
성좌(星座)[명]〔천문〕별의 떼를 갈라 놓은 구역. 별자리. Constellation   [자리.
성:좌(聖座)[명] 신성한 자리. 성인이나 임금이 앉는
성좌-도(星座圖)[명]〔천문〕별자리를 적어 놓은 천체도. star chart
성주〈민속〉집을 지키는 신령. 상량신(上樑神). 성조(成造). guardian deity of a house
성주(星主)[명]〈제도〉조선조 때, '제주 목사(濟州牧使)'의 일컬음.
성:주(城主)[명] ①성의 우두머리. lord of a castle ②〈제도〉신라 때의 소국주(小國主). ③조상의 산소가 있는 지방의 수령.
성:주(聖主)[명][동] 성군(聖君).
성:=주간(聖週間)[명]〈기독〉그리스도의 수난을 기념하는 부활절 전의 1주일 동안. 성칠일. Holy Week
성:=주기(性週期)[명]〈동물〉암컷의 발정 주기. 사람에 있어서는 월경 주기.
성주 받:다(-)[자동]〈민속〉성주받이를 하다.
성주-받이[-바지]〈민속〉집을 새로 지은 뒤에나 이사한 뒤에 성주를 다시 받아들이는 굿. 성줏굿.
성주-탕(醒酒湯)[명] 해장국.   [하다
성주-풀이[명] 무당이 성주받이할 때 복을 빌기 위해 부르는 노래. 또, 그 굿. 하다
성죽(成竹)[명] 미리부터 세운 계획.
성줏-굿[명] 성주받이.
성줏-상[-床](-床)[명] 성주받이할 때에 성주를 위하여 차   [려 놓은 상.
성중(城中)[명][동] 성안.

성:중(聖衆)[명]〈불교〉극락 세계에 있는 온갖 보살.
성:지(性智)[명] 본디 타고난 지혜. in-born wisdom
성지(城池)[명] 성곽 그 바깥 둘레에 파 놓은 못. moat
성지(城址)[명][동] 성터.
성:지(聖旨)[명] 임금의 뜻. 성의(聖意)①. 성충(聖衷).
성:지(聖地)[명] ①거룩한 땅. 종교상의 유적이 있는 땅. Holy Land ②〈종교〉종교의 발상지. 기독교에서는 예루살렘, 이슬람교에서는 메카임. sacred ground 「는 나뭇가지.
성:지(聖枝)[명]〈기독〉성지 주일(聖枝主日)에 축성한
성:지(聖智)[명] 성인의 슬기.
성:지 순례(聖地巡禮)[명] 순례자가 성지나 사원 등을 차례로 돌아 참배하는 일. pilgrimages
성:지 주일(聖枝主日)[명]〈기독〉부활절 바로 전 주일. 성칠일.
성:직(聖職)[명] ①거룩한 직분. heaven-sent mission ②〈기독〉그리스도교의 선교사·목사·장로 등의 직분. holy orders 「rity 하타
성직(誠直)[명][하형] 성실하고 곧음. 참되고 올바름. since-
성:직-자(聖職者)[명]〈기독〉종교적 직분을 맡은 교역자(敎役者). minister
성:질(性質)[명] ①마음의 바탕. ②사물이 본디부터 가지고 있는 본바탕. nature 「characteristics
성:질(性質)[명] 남녀·암수의 성의 특이적 형질. sexual
성차(星次)[명]〈천문〉이십팔수(二十八宿)의 차례.
성:찬(盛饌)[명] 풍성하게 잘 차린 음식. ¶진수~. capital dinner
성:찬(聖餐)[명] ①〈불교〉부처 앞에 바쳤던 음식. ②〈기독〉성찬식 때에 쓰는 음식. 성체 배수(聖體拜). Holy Communion
성:찬=식(聖餐式)[명]〈기독〉예수가 못 박히던 전날 밤에 열두 제자에게 빵과 포도주를 나누어 준 것을 기념하는 예수교의 의식. sacrament
성찰(省察)[명] ①자기를 반성하여 살핌. reflection ②〈기독〉죄를 범한 것을 자세히 생각하여 냄. 하타
성:창(盛昌)[명][하형] 종기가 됨. 하타
성:창(盛昌)[명][하형] 세력이 왕성한 모양. 하타
성채(城砦)[명] 성과 진(陣)터. 성새(城塞). fortress
성책(成冊)[명] 책이 됨. 책으로 만듦. publication 하
성책(城柵)[명] 성에 둘러친 목책. castle and a stock- 「ade
성천(成川)[명] 내를 이룸. 하타
성:천자(聖天子)[명] 덕망이 높은 천자. 「하나.
성천-초(成川草)[명] 평남 성천(成川)에서 나는 담배의
성천 포:락(成川浦落)[명] 논이나 밭이 냇물에 스치어
성:철(聖哲)[명] 성인과 천인. sage 「떨어짐. 하타
성첩(成貼)[명]〈제도〉문서에 관청의 도장을 찍음. 하
성첩(城堞)[명][동] 성가퀴. 「타
성청(聲廳)[명] 세도가 있는 집의 하인들이 단절하여 메를 이룸. 하타 「물. 또, 그 몸.
성체(成體)[명]〈생물〉다 자라서 생식 능력이 있는 동
성:체(聖體)[명] ①〈동〉성궁(聖躬). ②〈기독〉예수의 신비한 참몸. 칠성사(七聖事)의 하나. body of Christ
성:체 강:복(聖體降服)[명]〈기독〉주일이나 어떤 특정한 날에 성체에의 강복을 행함.
성:체 거:동(聖體擧動)[명]〈기독〉성체를 모시고 성당 밖에 행렬함. sacramental procession
성:체 배:수(聖體拜受)[명][동] 성찬(聖餐)②.
성:체 성:사(聖體聖事)[명]〈기독〉천주교의 칠성사(七聖事)의 하나.
성:체=회(聖體會)[명]〈기독〉은사회(恩賜會)의 하나.
성:촉(聖燭)[명] 성랍(聖蠟).
성촉-절(聖燭節)[명] 마을을 이룩함. 하타
성:총(盛寵)[명] 풍성한 은총. 「y's sagacity
성:총(聖聰)[명] 임금의 총명스러운 지혜. His Majest-
성:총(聖寵)[명] 임금의 은총. Imperial favour ②〈기독〉천주가 주시는 초성(超性)의 은혜. 성성(聖性)과 조력(助力)의 두 가지이 있음. grace

성:추(盛秋)[명] 가을의 한창인 때. 한가을.
성축(盛祝)[명] 시회(詩會) 때에 지은 글을 두루마리에 그 차례대로 벌이어 적음. 하타
성:축(聖祝)[명] 경사를 축하함. 하타
성충(成蟲)[명]〈곤충〉곤충이 유충으로부터 성장하여 생식 능력이 있는 형태로 된 것. (대)유충(幼蟲). 「imago
성:충(聖衷)[명][동] 성지(聖旨).
성충(誠忠)[명][동] 충성(忠誠).
성취(成娶)[명] 장가들어 아내를 맞음. 성가(成家)③. marrying a woman 하타
성취(成就)[명] 일을 목적대로 이룸. accomplishment
성취(腥臭)[명][동] 비린내. 「하타
성취(醒醉)[명] 술에 취함과 술에서 깸.
성취 동:기(成就動機)[명] 목적한 대로 일을 이루어 보겠다는 행동·의욕을 일으키는 계기·근거.
성취 만:족(成就滿足)[명] 어떤 일을 목적한 대로 이룬 데서 오는 흐뭇함. 「고자 하는 생각.
성취 남:념(成就想念)[명] 어떤 일을 목적한 대로 이루
성층(成層)[명] 겹쳐서 층(層)을 이룸. 또, 그 층을 이루고 있는 것. stratification 하타
성층-권[一권](成層圈)[명]〈기상〉기온이 거의 일정한 어떤 높이 이상의 대기층으로 높이 약 10∼50 km. 등온층. (대)대류권(對流圈). stratosphere
성층-암(成層岩)[명][동] 수성암(水成岩).
성층 화:산(成層火山)[명]〈지리〉분출 용암·화산쇄설(碎)·화산회가 분화구의 주위에 퇴적되어 높은 이문 원추형(圓錐形)의 화산. 층상 화산(層狀火山). stratified volcano
성치(星馳)[명] 별똥이 떨어지듯이 몹시 급히 달림. running as a shooting star 하타
성:칙(聖勅)[명] 임금의 명령. imperial order
성:칠일(聖七日)[명][동] 성지 주일(聖枝主日).
성:칭(盛稱)[명] 몹시 칭찬함. extolment 하타
성칭(聲稱)[명] 훌륭한 명예. 성명(聲名). fame
성크름-하다[형여] 바람기가 많고 쌀쌀하다. chilly
성큼[부] 발을 가볍게 높이 들어 걷는 모양.《작》상큼. with long strides
성큼-성큼[부] 발을 연해 가볍게 높이 들어 걷는 모양.
성큼-하다[형여][형여] 키가 큰 사람의 아랫 도리가 윗도리보다 어울리지 아니하게 길쭉하다.《작》상큼하다. long-legged
성:탄(聖誕)[명] ①성인이나 임금의 탄생. 성단(聖旦)①. birth of a sage(king) ②〈기〉→성탄절.
성:탄-목(聖誕木)[명]〈기독〉크리스마스 트리(Christ- mas tree).
성:탄-일(聖誕日)[명] ①성인이나 임금이 탄생한 날. sage's(king's) birthday ②〈기독〉크리스마스.
성:탄-절(聖誕節)[명]〈기독〉①크리스마스. ②12월 24일부터 1월 1일 또는 6일까지의 성탄을 축하하는 명절.《약》성탄②.
성태(成胎)[명] 태에 잉태(孕胎). 하타
성:택(聖澤)[명] ①〈약〉→성택무(聖澤舞). ②임금의 은택. 천은(天恩).
성:택-무(聖澤舞)[명]〈음악〉우리 나라 잔치 때에 추는 춤의 이름. 열두 사람이 춤.《약》성택(聖澤)①.
성:터(城一)[명] 성이 있던 자리. 성지(城址). 성적(城跡). site of an old castle
성:토(城土)[명] 흙을 쌓음. 하타
성토(聲討)[명] 여러 사람이 모여 잘못을 토론하여 규탄(糾彈)함. ¶~대회(大會). impeachment rally 하타 「예수 부활의 전날.
성:토요일(聖土曜日)[명]〈기독〉성주간의 마지막 일.
성:판(聖板)[명]〈기독〉성작(聖爵)을 덮는 그릇. 미사 제구의 하나.
성패(成敗)[명] 성공과 실패. success or failure
성:패(聖牌)[명]〈제도〉은사(恩赦)에 부쳐서 내리는 온갖 패물.
성패-간(成敗間)[명] 성공하거나 실패하거나 간에.
성편(成篇)[명] 시문을 지어서 한 편을 완성함. 하타

성:포(聖布)圏 미사 제구의 하나.
성표(成票)圏 증서를 작성함. preparing a deed 하타
성:풀이圏 성난 마음을 푸는 일. venting one's anger 하타
성:품(性品)圏 성질과 품격(品格). personality
성:품(性稟)圏(동) 성정(性情).
성:품(聖品)圏 신품(神品)①.
성풍(成風)圏 풍습을 이룸. 하타
성풍(腥風)圏 피비린내가 풍기는 바람. bloody wind
성풍-하-다[어]혱 피비린내가 몹시 흔하다.
성하(星河)圏(동) 은하(銀河).
성하(城下)圏 성 밑. castle-town
성:하(盛夏)圏 한창인 여름. 한여름. midsummer
성:하(聖下)圏《기독》(공) 교황.
성-하-다혱 ①상한 데 없이 본디대로 온전하다. intact ②병이 없다. healthy 성=히튄
성=하-다조형[어]혱 듯하다. 용언의 어미 '-ㄴ·-은·-는·-ㄹ·-을' 밑에 덧붙어, 그 주체의 객관적 가능성을 막연히 추측하여 나타내는 말. ¶내 말이 맞을 ~. 날이 새는 ~.
성:-하(盛—)[어]혱 ①초목이 무성하다. dense ②사회·국가가 번창하다. 한창 세력이 많다. prosperous 성=히튄
성:하 목욕(聖河沐浴)圏《종교》힌두교도의 신앙. 성스러운 강물에 몸을 잠가서 죄나 더러움을 깨끗이 씻는 일.   [더위. hot weather
성:하 염열[-널](盛夏炎熱)圏 한여름의 아주 심한
성하지-맹(城下之盟) 적군에게 항복하면서 맺는 굴욕적인 강화의 맹약. capitulation
성학(星學)圏(동) 천문학(天文學).
성:학(聖學)圏 성인이 닦아 놓은 학문. 또는 가르친 학문. 특히, 유학(儒學)· sage's teachings
성학-가(星學家)圏 ①천문 학자. ②점술같은 하는 사람.
성한(星漢)圏 은하(銀河)의 딴이름. milky way
성:함(姓銜)圏(공) 성명(姓名).
성:합(聖盒)圏《기독》성체를 모셔 두는 합. 금 또는 은으로 만듦. holy grail
성:해(聖骸)圏 성인의 유골.
성:해(聲咳)圏 목소리와 기침소리. 곧 그분을 생각하게 됨. ¶~에 접하다.
성:행(性行)圏 성질과 행실. character and conduct
성:행(盛行)圏 매우 성하게 유행됨. great fashion 하타
성:행(聖行)圏《불교》보살들이 닦는 계(戒)와 정(定) [과 혜(慧).
성:=행위(性行爲)圏 성적(性的)으로 관계하는 행위. 성교. 성교(性交). sexual intercourse
성:향(性向)圏 성질상의 경향(傾向). 기질(氣質). inclination
성:향(姓鄕)圏《동》관향(貫鄕).
성향(聲響)圏 소리의 울림. 또, 울리어 나는 소리. sound   「(凡人). sages
성:현(聖賢)圏 성인과 현인. (대) 범우(凡愚). 범인
성혈(腥血)圏 비린내 나는 피. reeking blood
성:혈(聖血)圏《기독》①거룩한 피. holy blood ②예수의 피. blood of Christ
성형(成形)圏①《공업》그릇의 본새를 만듦. making a mould ②《의학》형체를 만듦. plastic operation
성형(星形)圏 별의 모양. 별 같은 모양.
성형 도법[-뻡](星形圖法)圏《지리》별 모양의 윤곽 안에 하나의 극을 중심으로 하여 표시하는 지도 투영법의 하나.
성형 수술(成形手術)圏《의학》미용을 목적으로 하는 수술. 낮은 코를 높이는 융비술(隆鼻術)이나 흉터에 피부를 이식하여 보기 좋게 하는 따위. plastic operation
성형 외과[-꽈](成形外科)圏《의학》형체의 표면상의 선천적 후천적 기형(畸形)이나 변형을 정상적인 모양으로 고치는 외과.
성형=품(成形品)圏 합성 수지류(樹脂類)를 높은 온도에서 틀에 끼워 일정한 모양으로 가공한 것.

성호(城壕)圏(동) 해자(垓字).
성:호(聖號)圏《기독》거룩한 표호(表號). 신자가 가슴에 그리거나 목에 거는 '十'자의 표. sacred sign
성:=호르몬(性 hormone)圏《생리》생물의 생식선에서 나오는 분비물. 생식기의 발달을 촉진하고 그 기능을 유지하며, 자웅의 성징을 발현함.
성혼(成婚)圏 혼사를 치름. 성혼. marriage 하타
성홍-열[―녈](猩紅熱)圏《의학》어린아이에게 많은 전염병으로 열이 높고 전신에 빨간 반점이 나타남. 양독(瘍毒)②. scarlet fever   「음. anxiety 하타
성화(成火)圏 몹시 마음을 태워서 답답하고 번거로
성:화(星火)圏 ①《천문》별똥. 운성(隕星). shooting star ②대단히 급한 일. urgent matter ③썩 작은 숯불. small charcoal fire ④운성이 빨리 쏘아 나가는 불빛.
성:화(盛火)圏 활활 타오르는 불길이 센 불. blaze
성:화(聖火)圏 ①신의 앞에 피우는 불. sacred fire ②《기독》하느님이 임재(臨在)함으로써 나타나는 불. ③올림픽 대회장소 앞 놓는 횃불. Olympic Flame
성:화(聖化)圏 ①성인이나 임금의 덕화(德化). August virtue of his Majesty ②거룩하게 됨. sanctification ③《기독》예수가 주는 신의 은총에 의해서, 의(義)라고 인정 받은 자가 성령(聖靈)을 받아 신성한 인격을 완성하는 일. sanctification 하타
성:화(聖花)圏《불교》부처 앞에 바치는 꽃. flower
성:화(聖畵)圏(동) 종교화.   offered to Buddha
성:화(聲華)圏 세상에 드러난 명성. great renown
성화-같-다(星火―)[어]혱 성화같이 몹시 급하다. urgent **성화-같이**튄
성:화-대(聖火隊)圏《체육》체육 대회 때에 성화를 맨기어 가져 오는 대원. sacred flame relay team
성:화-대(聖火臺)圏《체육》올림픽 경기나 전국 체육 대회 때 성화를 켜기 위하여 경기장 안에 설치한 장치. Sacred Flame Stand   「sing urgently 하타
성화 독촉(星火督促)圏 몹시 다급하게 재촉함. pres-
성화지-분(成化之分)圏 수령과 백성과의 신분의 한계.
성황(城隍)圏(원) →서낭.
성:황(盛況)圏 성대한 상황. prosperity
성황=단(城隍壇)圏(원) →서낭단.
성황=당(城隍堂)圏(원) →서낭당.
성:황-리(盛況裡)圏 성황을 이룬 속. ¶축하 공연이 ~에 끝나다. be a great success
성황=상(城隍床)圏(원) →서낭상.
성황=신(城隍神)圏(원) →서낭신.
성황=제(城隍祭)圏(원) →서낭제.   「(流會). 하타
성회(成會)圏 회의를 이룸. 회의가 성립됨. (대) 유회
성:회(盛會)圏 성대한 회합. grand meeting
성:회(聖灰)圏《기독》성지(聖枝) 주일에 축성한 나뭇가지를 다음 해 성회례(聖灰禮) 낮에 불태워 만들어 축성한 재. sacred ashes
성:회(聖會)圏《기독》①천주 교회. catholic church ②예배당. church
성:회-례(聖灰禮)圏《기독》'재의 수요일'에 사제가 성회를 신도의 머리 위에 뿌려, 인생의 허무함을 조심하라고 경계하는 예식. ceremony of putting ashes on the heads
성:회=수요일(聖灰水曜日)圏《기독》'재의 수요일'의 구용어.
성효(誠孝)圏(동) 효성.   Ash Wednesday
성:후(聖候)圏 임금의 안후(安候). 상후(上候). His Majesty's health   「teaching
성:훈(聖訓)圏 성인 또는 임금의 교훈. sage's (king's)
성:휘(聖諱)圏 성인의 휘. sage's posthumous name
섶[1]圏 ①웃옷의 깃 아래에 달린 긴 헝겊. gusset ②《약》→웃옷.
섶[2]圏 ①넘어지기 쉬운 식물에 곁들여 꽂아 두는 꼬챙이. support ②누에가 고치를 짓도록 준비하여 놓은 짚 따위. straw bed ③물고기가 많이 모이도록 물 속에 쌓아 놓은 나무. ④《약》→섶나무.
섶[3]圏 →섶². 옆.

섶=나무 잎나무·풋나무·물거리 등의 통칭. 《옛》섶². brushwood
섶을 지고 불로 들어가려 한다団 제가 짐짓 그릇된 짓을 해서 화를 더 당하려 한다.
섶-청울치団 꼬지 아니한 청울치.
섶-폭(一幅)団 섶의 나비.
세:관 셋. 圐∼명. three
=세[어미] 동사의 어간에 붙어 자기와 동등 또는 손아랫 사람에게 함께 하자는 뜻을 나타내는 말. ¶같이 가∼. let us
세:¹(洗)團 〈약〉→성세(聖洗).
세:²(洗)團 옛날 제례(祭禮) 때 손이나 술잔을 씻던 물그릇.
세:(稅)團 〈약〉→조세(租稅).
세:(貰)團 물건을 빌려 쓰고 그 값으로 주는 돈. hire
세:(勢)團 ①〈약〉→세력(勢力)①. ②인원수. 군대. 병력. 「의 뜻을 나타내는 말. ¶만 19∼
세:(歲)[의명] 한자말로 된 수사. 숫자 밑에 쓰이어 '살'
=세(世)[의명] ①세상의 뜻. ¶내(來)∼. world ②부자(父子) 상전(相傳) 또는 동체 동명의 왕호의 선후 관계를 나타내는 말. 무펠러 2∼. 3〈지리〉기(紀)를 세분하는 지질 시대(地質時代)의 한 단위. ¶홍적(洪積)∼. age
세:가(世家)團 여러 대를 두고 나라의 중요한 자리에 있는 집안. 세족(世族). old influential family
세:가(世家)團 《동》셋집. 「집안. 세문(勢門).
세:가(勢家)團 ①〈약〉→세력가(勢力家). ②권세 있는
세가락=메추라기團 〈조류〉세가락메추라기과에 속하는 새. 날개 길이 9∼10 cm 가량이며 몸의 상면은 회갈색에 등과 허리는 흑색과 밤색의 무늬가 있고 가슴은 등갈색임. 풀밭·산에서 서식함. 「의 일이 됨.
세가=소-탈(勢家所奪)團 세도 있는 사람에게 빼앗기
세:가 자제(勢家子弟)團 권세 있는 집안의 자제. children of a powerful family   「ects
세:간團 집안 살림에 쓰이는 모든 기구. household eff-
세:간(世間)團 ①《동》세상(世上)②. ②〈불교〉중생이 서로 의탁하여 사는 이 세상. 《대》속세간(俗世間). this world
세:간 나-다団 같이 살던 사람이 따로 살림을 차리다. 분가(分家)하다. set up housekeeping on one's own
세:간 내-다団 함께 살던 사람을 따로 살림시키다. 분가(分家)시키다.
세:간-인(世間人)團 세상 사람.
세:간-차지団 남의 집 세간을 맡아보는 사람. custodian of anothers household effects
세:간 치장(一治粧)團 살림에 쓰이는 온갖 기구를 치장하는 일. interior decorating 하団
세:강 속말(世降俗末)團 세상이 그릇되어 모든 풍속이 어지러움. corruption of custom 하団 「man
세:객(勢客)團 세도 있는 사람. 세력가. influential
세:객(歲客)團 《동》세배꾼.
세:객(說客)團 교묘한 말솜씨로 유세(遊說)를 일삼는 사람.
세:거(世居)團 한 고장에서 대대로 살고 있음. 하団
세:거리團 세 갈래로 난 길. 삼가리(三街里) 삼거리①. three way junction
세:거-우(洗車雨)團 음력 7월 7일에 내리는 비.
세:거지-지(世居之地)團 대대로 살고 있는 고장. home for generations
세:견(細見)團 ①자세히 들여다봄. 상세히 관찰함. close observation ②상세히 볼 수 있도록 만든 지도(地圖) 같은 것. 하団
세:견-선(歲遣船)團 〈역사〉조선조 때, 왜인의 교역을 허하여, 해마다 일정한 수의 배를 우리 나라에 보내게 한 일종의 무역선.
세:경(細徑)團 좁은 길. 소로(小路). lane
세:계(世系)團 대대의 계통. lineage
세:계(世界)團 ①온 세상. world ②온 인류 사회. all the countries ③동등류(同類)의 한 무리. circle ④〈철학〉시간의 흐름과 공간의 연장으로 나타나는 전 구역. universe ⑤〈불교〉널리 중생(衆生)이 사는(世는 과거·현재·미래, 界는 동·서·남·북·상·하). 환우(寰宇)②.

세:계(歲計)團 〈경제〉한 회계 연도 내의 세입과 세출의 총계. budget
세:계 개벽론(世界開闢論)團 《동》우주 개벽론.
세:계 경제(世界經濟)團 〈경제〉세계 전체를 포괄한 생산 관계와 이에 대응한 교환 관계의 총계. world economy
세:계-고(世界苦)團 〈철학〉인간의 욕망·욕구를 충족하지 못하는 데서 오는 고뇌. 「재.
세:계 고-금(世界古今)團 세계를 통해 본 옛적이나 현
세:계 공:황(世界恐慌)團 〈경제〉세계적 규모로 생기는 경제 공황. world crisis
세:계-관(世界觀)團 〈철학〉우주와 인생의 의의와 가치와 목적에 관한 통일적 견해. view of life and world
세:계관-학(世界觀學)團 〈철학〉이미 형성된 온갖 세계관을 심리학적·사회학적·인종학적·역사적 입장에서 설명하려는 학문.
세:계 국가(世界國家)團 〈정치〉모든 인류에 의하여 구성되어 전세계에 걸쳐 성립하는 통일 국가. world state 「2. world record
세:계 기록(世界記錄)團 기록 경기에서 세계 최고의
세:계 기시(世界起始)團 〈불교〉불교의 우주 개벽론(宇宙開闢論).
세:계 대:전(世界大戰)團 〈역사〉20세기 전반기에 일어난 두 번의 세계적 큰 전쟁. 1차는 1914∼1918년에, 2차는 1939∼1945년에 있었음. world war
세:계-력(世界曆)團 날짜와 주일을 고정되게 만든 역법. world calendar
세:계 무:대(世界舞臺)團 세계적인 범위에서의 활동 분야. international stage 「trade
세:계 무역(世界貿易)團 국제 무역. international
세:계 문학(世界文學)團 〈문학〉전인류의 공유 문화재로서 보편성을 가진 문학. 괴테가 제창함. 광의로는 세계적으로 뛰어난 문학, 또는 모든 시대와 민족에 걸쳐 전개된 세계적인 문학. 《대》국민 문학. world literature
세:계 보:건 기구(世界保健機構)團 〈사회〉1946년 유엔 총회 결의에 의하여 1948년 4월에 설치된 국제 연합의 보건 위생에 관한 전문 기구. World Health Organizations(W.H.O.)
세:계-사(世界史)團 세계 전체의 역사. world history
세:계사-적(世界史的)[관형·명] 세계 전체의 범위로 보아 역사적 의의를 가지는(것).
세:계-상(世界像)團 〈철학〉우리의 사유 안에 재현되는 자연의 전체적 영상.
세:계-선(世界線)團 〈물리〉러시아의 물리학자 민코프스키(H. Minkowski)가 제창한 상대성 이론에 있어서의 4차원 시공(時空) 세계의 세계점의 궤적(軌跡). world line
세:계-시(世界時)團 그리니치 자오선(子午線)상의 평균 태양시로, 세계에서 일률적으로 쓰는 시법(時法). universal time
세:계 시:장(世界市場)團 〈경제〉①세계적 무역에 의하여 이루어지는 추상적 시장. world market ②《동》국제 시장.
세:계-어(世界語)團 세계 각국에서 공통적으로 사용하려고 만든 언어. 에스페란토 따위. 국제어(國際語)②.
세:계 연방 운:동(世界聯邦運動)團 〈정치〉세계를 하나의 연방으로 하려고 하는 운동. movement of the World Federation 「world powers
세:계 열강(世界列强)團 세계의 여러 강대한 나라.
세:계 은행(世界銀行)團 〈경제〉국제 부흥 개발 은행(國際復興開發銀行)의 딴이름. 《약》세은(世銀). World Bank 「계주의자.
세:계-인(世界人)團 ①세계적으로 유명한 사람. ②세
세:계 인권 선언(―權―)(世界人權宣言)團 〈정치〉1948년 12월 10일 제3회 유엔 총회에서 채택된 선언. 인권의 보호와 촉진을 국제 사회의 의무로 규정하고 있음. Universal Declaration of Human Rights

세:계 잉여(歲計剩餘)[명] 세계상(歲計上)의 남은 액면.
세:계-적(世界的)[관형] 세계 전체의 범위나 규모로. 또, 그러한(것). 세계성을 띤(것). world-wide
세:계-점[-쩜](世界點)[명]〈물리〉러시아의 물리학자 민코프스키가 제창한 상대성 이론에 있어서 4차원 시공 세계(時空世界) 위의 중점. world point
세:계 정부(世界政府)〈정치〉전쟁과 폭력 혁명을 피하고, 하나의 세계를 수립하려는 구상으로서의 정부. World Government
세:계 정세(世界情勢)[명] 세계가 움직여 나가고 있는 형세.
세:계 정신(世界精神)〈철학〉세계를 지배하는 정신적 원리.
세:계 정책(世界政策)〈정치〉제국주의의 한 형태로서, 국가의 영역·세력 범위를 세계적으로 확대하려는 정책.
세:계 종교(世界宗敎)〈종교〉국경·인종을 초월하여 세계에서 널리 신앙되는 종교. 천주교·기독교·회교·불교 등을 말함.
세:계-주의(世界主義)[명] 민족·국가를 무시하여 온 세계를 한 국가, 온 인류를 한 동포라는 주의. Cosmopolitanism
세:계 지도(世界地圖)〈지리〉세계를 그린 지도. 만국 지도(萬國地圖). world map
세:계-항(世界港)[명] 연간 무역량이 300만 톤을 넘는 세계적인 항구. 또, 세계 각 지방과 항로가 개척되어 있는 항구. world harbor
세:계 화:폐(世界貨幣)〈경제〉세계적으로 유통되는 화폐. world money
세:고(世故)[명] 세상의 사고.
세:고(細故)[명] 작은 탈.
세:곡(稅穀)[명] 세대로 바치는 곡식. cereals for tax [payment
세:곡(洗骨)[명] 유해 처리법의 하나. 시체를 어느 기간 동안 보존해 연부(軟部)를 제거한 뒤, 뼈를 깨끗이 씻어 다시 매장함.
세:골-창(細骨窓)[명]〈동〉세살창.
세:공(細工)[명] 작은 물건을 만드는 수공. workman-
세:공(細孔)[명] 가는 구멍. slit [ship
세:공(歲功)[명] 해마다 철을 좇아 짓는 농사.
세:공(歲貢)[명] 해마다 나라에 바치던 공물.
세:공-물(細工物)[명] 세공한 물건. 세공품.
세:공-품(細工品)[명]〈동〉세공물(細工物).
세:과(歲過)[명] 해가 지나감. 세월이 흐름. 하[자]
세:관(細管)[명] 가느다란 관. slender tube
세:관(稅關)[명]〈법률〉외국과 거래하는 물건을 조사하고 그것에 대한 세금을 받는 정부의 기관. customhouse, customs
세:관 가:치장(稅關假置場)[명]〈법률〉입국 세관에서 검사한 화물을 잠시 동안 보관하는 장소.
세:관 감시서(稅關監視署)[명]〈제도〉밀수출입 따위를 미리 막으려고 선박의 출입을 감시하던 관청. Customs Inspection Office
세:관 공항(稅關空港)[명] 항공기에 의한 수입 화물에 관세를 부과하기 위한 법으로 지정한 공항.
세:관 면:장[-짱](稅關免狀)[명]〈법률〉세관에서 발행하는 면허장(免許狀). clearance certificate
세:관 보:세 구역(稅關保稅區域)[명] 통관 절차를 밟고자 하는 물품을 장치(藏置) 또는 검사하기 위해 설정한 구역. bonded area
세:관-원(稅關員)[명] 항구·비행장 또는 국경 지대에서 여객의 소지품·수출입 화물에 대하여 검사·허가·관세 사무를 보는 사람.
세:광(洗鑛)[명]〈광물〉구멍이 속에서 파낸 광석을 물에 씻어 흙과 잡물을 털어 버림. concentration of ores 하[자] [가는 패.
세:패(細牌)[명]〈인쇄〉인쇄소에서, 조판할 때 쓰는
세:교(世交)[명] 대대로 사귀어 온 교분. generations of family friendship [public morals
세:교(世敎)[명] 사회의 가르침. 사회의 풍교(風敎).
세:교(勢交)[명] 세력을 얻기 위한 사귐.

세:구(世仇)[명] 대대로 내려오는 원수.
세:구(歲久)[명] 여러 해 지나서 꽤 오램. 하[형]
세:구 연심(歲久年深)[명]〈동〉연구 연구 연심.
세:군(細君)[명] 한문 편지 등에서 자기의 아내를 일컬음. 동방삭(東方朔)이 그의 아내를 농담삼아 부른 고사에서 온 말. my wife
세:궁(細窮)[명] 약하고 궁함. 매우 가난함. poverty
세:궁-민(細窮民)[명] 매우 가난한 국민. 빈민.《약》세민(細民). needy people
세:궁 역진[-녁-](勢窮力盡)[명] 어려운 지경에 빠져서 꼼짝할 수 없게 됨. be driven to extremity 하[자]
세:권(稅權)[명]①과세의 권리.②국제 무역에서 관세 징수를 매동하게 보지(保持)하려는 권리.
세:규(世規)[명] 사회의 규율. social discipline
세:균(細菌)[명]〈식물〉생물체의 최하등의 생활체. 구조가 간단하여 엽록소가 없으며 세포막과 원형질로 됨. 다른 것에 기생하여 발효·부패시키고 병원(病原)이 됨. 미균(黴菌). 박테리아.《약》균(菌). bacteria [하여 만든 무기. baeteriological weapon
세:균 무:기(細菌武器)[명]〈군사〉전염병 세균을 이용
세:균 병:기(細菌兵器)[명]〈군사〉병원체를 살포하여 적지에 전염병을 유행시키는 병기. bacteriological (germ) weapon
세:균성 식중독[-쩡-](細菌性中毒)[명]〈의학〉세균의 오염으로 생기는 병. 복통·구토·설사·두통·발열(發熱) 등의 급성 위장 장애의 증상이 나타남.
세:균 역적[-녁-](勢均力適)[명] 세력이 서로 균등하고 힘이 엇비슷함. balance of powers 하[형]
세:균 유전학[-뉴-](細菌遺傳學)[명]〈의학〉박테리아의 유전과 변이 현상을 연구하는 세균학의 분야.
세:균-전(細菌戰)[명]〈군사〉세균 병기를 사용하는 전쟁. bacteriological (germ) warfare
세:균 전:술(細菌戰術)[명]〈군사〉급성 전염병 병원체를 뿌려서 적지(敵地)에 전염병을 유행시키는 전술. bacteriological warfare
세:균-학(細菌學)[명]〈생물〉세균의 형태와 성질을 연구하는 학문. bacteriology
세:극(細隙)[명] 광속(光束)의 단면을 적당히 제한하여 통과시키기 위한 빈틈. slit
세:근(細根)[명]〈식물〉토양 중에서 직접 양분이나 수분을 흡수하는 측근(側根)이 분화(分化)된 말단(末端). 근모(根毛).
세:금(稅金)[명]〈법률〉조세로서의 돈. 조세로 바치는 돈. 구실②. 세전(稅錢). tax [하는 돈.
세:금(貰金)[명] 세놓은 물건을 빌려 쓴 대가로서 지불
세:기(世紀)[명]①시대. 연대.¶우주 ~. period ②기력에 있어서 백 년을 단위로 하여 연대를 세는 말. century ③현대. present century ④백 년에 한 번밖에 없을 만큼 성대하다는 뜻.¶~의 향연(饗宴).
세:기(貰器)[명] 세를 받고 빌려 주는 그릇. vessels for hire
세:기-말(世紀末)[명]①한 세기의 끝. end of the century ②〈문학〉기성 도덕과 사회 이념을 부인하고 물질적 향락과 퇴폐적·병적인 19세기 말엽의 풍조.③어떤 사회의 몰락기에 나타나는 비정상적인 상태나 경향. 곧, 퇴폐·향락·염세·회의 등 모든 병적 경향을 비유하여 일컫는 말. [이 있는(것).
세:기말-적[-쩍](世紀末的)[관형] 세기말과 같은 경향
세:기-병(世紀病)[명] 그 세기에 특유한 병적인 경향. 시대병.
세:기-적(世紀的)[관형] 세기(世紀)를 대표할 만한(것). of the century
세:-끼[명] 하루에 아침·점심·저녁 세 번 먹는 끼니.
세끼를 굶으면 쌀 가지고 오는 놈 있다 아무리 궁해도 굶주린 법은 없다.
세:-나-다[자] 부스럼 따위가 덧나다. get worse
세:-나-다[자] 물건이 잘 팔려 자꾸 나가다. sell well
세:나절[명] 간단한 일을 일부러 느리게 하는 동안에 조롱삼아 하는 말. (takes) long time

세나클(cénacle 프)명 ①〈문학〉 뜻이 같은 문학자·예술가의 모임. ②〈기독〉 그리스도의 최후의 만찬실.
세:납(稅納)명 납세(納稅). 하다
세납-자(稅納者)명 세금을 바치는 사람. 납세자(納稅者).
세:-내-다(貰—)타 돈을 주고 남의 물건을 빌려 쓰다. hire
세:념(世念)명 세상살이에 대한 온갖 생각. worldly thoughts
세:농(細農)명 ①규모가 작은 농사. small scale farming ②약→세농가②.
세:농-가(細農家)명 ①아주 가난한 농가. needy farmer ②소규모로 농사를 짓는 집. (대)대농가. (약)세농②. poor-landed farmer [빌려 주다. rent
세:-놓다(貰—)타 돈을 받고 물건을 남에게 쓰도록
세:뇌(洗腦)명 뇌를 씻는다는 뜻으로 사상을 개조하기 위한 교육. ¶ ~ 교육. brain-washing 하다
세:뇨-관(細尿管)명 〈생리〉 혈액 중의 노폐물을 오줌으로 걸러내는, 신장 속의 무수한 가늘고 작은 관. renal tubules
세뇨라(señora 스)명 '미시즈(Mrs.)'의 스페인어.
세뇨르(señor 스)명 '미스터(Mister)'의 스페인어.
세뇨리타(señorita 스)명 '미스(Miss)'의 스페인어.
세 닢 주고 집 사고 천냥 주고 이웃 산다 ①새로 이사를 하려면 먼저 그 이웃을 보아야 한다. ②이웃이 중요하다.
세:-다자 ①머리털이 희어지다. be gray-haired ②얼굴의 혈색이 희읍스름하게 되다. grow pale
세:-다타 ①수효를 셈하다. count ②(약)→세우다.
세:-다형 ①굳세다. 힘이 많다. strong ②주량(酒量)이 크다. drink heavily ③세력이 크다. powerful ④마음이 굳세다. strong ⑤일정한 정도에 지나치게 강하다. ¶불길이 ~. fierce ⑥흐르거나 부는 속력이 빠르다. ¶바람이 ~. violent ⑦일이 감당해 견디어 내기 어렵다. ¶일이 ~. hard, difficult ⑧장기나 바둑 등의 수가 높다. strong ⑨먹는 물 속에 다른 성분이 섞여 있어 체질에 맞지 아니하다. do harm ⑩사주·팔자·터 등이 좋지 않다. ¶집터가 ~. unlucky
세다리명 사닥다리.
세:단(細斷)명 가늘게 자름. slicing 하다
세:단(歲旦)명 정월 초하루 아침. 원단(元旦).
세단(sedan)명 상자 모양의 큰 납작하고, 운전수석을 칸막이 않은 4~7명이 타게 된 보통 승용차(乘用車).
세:-단뛰기명 (동)삼단도.
세:담(細談)명 쓸데없는 잔말. chat
세:답(洗踏)명 빨래. 하다
세:답(貰畓)명 남에게 세를 내고 얻어 짓는 논. ricefield on lease
세:답 족백(洗踏足白) '상전의 빨래에 종의 발꿈치가 희다'란 말로, 남의 일을 하여 주면 그만한 소득이 있음. Serving others benefits the server
세:대(世代)명 ①여러 대. generations ②한 대. 약 30년. 한 시대 사람들. generation ③세상. ¶30세와 40세는 ~가 다르다.
세:대(世帶)명(의역)(동) 가구(家口).
세:대(細大)명 ①가느다란 것과 굵은 것. thick and slender ②작은 일과 큰일. great thing and trifle
세:대 교번(世代交番)명 〈생리〉 생물의 번식 형태의 한 현상. 무성 생식(無性生殖)을 하는 무성 세대와 유성 생식(有性生殖)을 하는 유성 세대가 번갈아 교체되는 일. 동물에는 해파리, 식물에는 이끼 무리에서 볼 수 있음. 세대 교체①. alternation of generations [떠.
세:대 교체(世代交替)명 ①(동) 세대 교번(世代交番). ②젊은이가 늙은이와 교대하여 어떤 일을 맡아함. substituting the younger generation for the older 하다
세:대-박이(世代—)명 돛대 셋을 세운 큰 배. 삼대선(三—船).
세:대 윤회(世代輪廻)명 (동) 세대 교번.
세:대-적(世代的)관형 세대에 관한(것). 연대(年代)의 층(層)에 관한(것). of the generations
세:대=주(世帶主)명 한 세대의 주장이 되는 사람. 집 주인. house-holder

세:덕(世德)명 여러 대를 거쳐 쌓아 오는 아름다운 덕화(德化). old virtues
세:도(世道)명 ①세상을 올바르게 다스리는 도리. statecraft ②세상의 도의. public morals
세:도(勢道)명 정치상의 권세를 잡음. political influence 하다 [진안. man or family in power
세:도-가(勢道家)명 세도하는 사람. 또, 세도를 가진
세:도-꾼(勢道—)명 세도 하는 사람.
세:도 곡(一形式)명 〈음악〉 한 곡이 세 부분으로 나뉘어 전부와 중부는 다른 형식으로 되고, 후부는 전부의 모형이나 변형으로 된 작곡 형식.
세:도 부리-다(勢道—)타 자기의 사회적 지위나 권세를 이용하여 부당하게 세력을 부리다. 세도 쓰다.
세:도 인심(世道人心)명 세상의 도의와 사람의 마음.
세:도 재:상(勢道宰相)명 세도를 잡고 나라의 대권(大權)을 좌지우지하는 재상. 세도 정치를 하는 재상.
세:도 정치(勢道政治)명 〈역사〉 신하가 강력한 권세를 가지고 왕을 대신하여 마음대로 하는 정치.
세:독(細讀)명 글에 맛을 들여 자세히 읽음. 《유》 정독(精讀). perusal 하다
세:두리명 ①한 상에서 세 사람이 같이 식사함. ②새우젓 등을 나눌 때에 한 독을 세 몫에 가르는 일. 또, 그 분량.
세:량(細凉)명 가는 바탕에 엷은 깃으로 바른 갓양태.
세레:데(Serenade 도)명 소야곡(小夜曲). 세레나드(sérénade 프)(동) 세레나데. [레나드.
세렌코프 방:사(Cerenkov 放射)명 〈물리〉 물과 같은 투명한 물질 속으로 전자가 통과할 때 발산하는 청색 광선. Cerenkov radiation [meditation 하다
세:려(細慮)명 꼼꼼하게 생각함. 또, 세심한 생각.
세:력(勢力)명 ①권력의 힘. (약)세(勢)①. influence ②일을 하는 데 필요한 힘. energy
세:력-가(勢力家)명 세력을 가진 사람. 세객(勢客). (약) 세가(勢家). man of influence
세:력-권(勢力圈)명 어떤 세력이 미치는 범위. sphere of influence [는 데두리.
세:력 범:위(勢力範圍)명 사물에 대하여 세력이 미치
세:련(洗鍊·洗練)명 ①성질·취미·시문(詩文)·사상 따위를 연마하고 고상하게 하게 함. polish ②잘 련마하여 어색한 데 없이 미끈함. elegance ③지식과 기술을 연마하여 익숙함. 또, 익숙하게 함. refinement 하다
세:련-미(洗鍊味)명 세련된 맛. ¶~가 있다.
세:렴(細廉)명 가는 대로 촘촘하게 결은 발.
세:렴(稅斂)명 (동) 수세(收稅)②.
세:례(洗禮)명 ①〈기독〉 죄악을 씻고 새사람이 되겠다는 표로 행하는 예수교의 의식. baptism ②쏟아지는 공격·비난·세례 따위.
세:례-자(洗禮者)명 〈기독〉 세례를 주는 사람. baptist
세:로(縱)명 두 물건 위에서 아래로 향하는 상태. 종(縱). (대) 가로. verticality [path of life
세:로(世路)명 세상에서 살아가는 길. 행로(行路).
세:로(細路)명 좁은 길. 좁은 길.
세:로 글씨명 글씨를 세로로 쓰는 글씨. (대) 가로 글씨.
세:로-금(—金)명 세로로 그은 금. 세로줄①. vertical line
세:로-기:움표(—標)명 문장에 끼움표로 쓰는 부호 '<'의 이름. 세로쓰기에 씀.
세:로-대(—線)명 〈수학〉 점의 위치를 나타내기 위한 기본되는 직선 중의 하나. 가로대에 수직으로 그은 직선. 종축(縱軸). (대) 가로대.
세:로-띠(—帶)명 세로 길게 띤 띠. 종대(縱帶). (대) 가로띠.
세:로-무늬명 세로 길게 이루어진 무늬. (대) 가로무늬. [가로쓰기.
세:로-쓰기명 글씨를 세로로 쓰는 일. 내려쓰기. (대)
세:로-줄명 ①세로로 그은 줄. 종렬(縱列). 종선(縱線). 세로금. (대) 가로줄. ②〈음악〉 악보에서, 마디를 구분하기 위하여 그은 수직선. ③〈음악〉 세로줄 가운데, 특히 한 줄로 그은 가느다란 수직선의 일컬음. 단종선(單縱線). (대) 겹세로줄.

세로지

세:로-지[종이] ① 종이나 피륙 등의 세로로 길게 된 조각. vertical stripe ② 엮은 발로 뜬 종이를 그 결이 세로로 되게 접거나 자르거나 쓰거나 할 때의 종이결. (대) 가로지. (약) 세지.

세:로-짜기[종이]〈인쇄〉활자를 세로로 짜는 방식. (대) 가로짜기.

세:로-축(一軸)[종이]〈수학〉직교 좌표에서 세로로 잡은 좌표축. (대) 가로축. ├─pend for generations

세:록(世祿)[종이] 대대로 나라에서 받는 녹봉(祿俸). st-

세:록지-신(世祿之臣)[종이] 대대로 나라에서 녹봉을 받는 신하. (약) 세신(世臣)①.

세:론(世論)[종이] 여론(輿論).

세:론(細論)[종이] 세밀하게 의논함. 또, 세밀한 의논. detailed discussion 하[종이]

세:릉(細䯢)[종이] 가느귀가 먹음. ┌rldly troubles

세:루(世累)[종이] 세상의 번거로운 걱정과 피로움. wo-

세루(serge 프)[종이] 옷감으로 쓰는 모직물(毛織物)의 하나. 서지(serge)의 한 종류로 그보다 바탕이 얇고 올래가 가늚.

세:류(細流)[종이]〈물리〉비행기가 날 때에, 날개 뒤에서 일어나는 기류. ┌eping willow

세:류(細柳)[종이] 가지가 가늘고 긴 버들. 세버들. we-

세:류(細流)[종이] 조붓하게 졸졸 흐르는 물. streamlet

세륨(cerium)[종이]〈화학〉납처럼 생긴 연한 금속 원소. 희토류 원소의 하나. 전성(展性)·연성(延性)이 있고, 주석보다 단단하며 아연보다 무름. 공기 중에서 가열하면 빛과 열을 냄. 원소 기호; Ce. 원자 번호; 58. 원자량; 140.12.

세륨-족(cerium 族)[종이]〈화학〉회토류(稀土類) 원소 가운데, 란탄·세륨·프라세오디뮴·프로메튬·네오디뮴·사마륨의 총칭. ┌official

세:리(稅吏)[종이] 세무 행정에 종사하는 관리. revenue

세리(勢利)[종이] ① 세력과 권리. power and right ② 권세와 이욕. power and greed

세리신(cericine)[종이]〈화학〉생사(生絲)의 표면에 묻은 아교 모양의 단백질. ┌의 뜻.

세리오소(serioso 이)[종이]〈음악〉"비장하게·장중하게"

세:리지-교(勢利之交)[종이] 권세와 이익을 목적으로 하여 맺는 교제. association for influence and gain

세리프(serif, ceriph)[종이] 로마자 활자에 있어 글씨의 획의 시작이나 끝 부분에 있는 작은 돌출선(突出線).

세:린(細鱗)[종이] 물고기의 자질구레한 비늘. tiny sc- ale② 작은 물고기. small fish

세:립(細粒)[종이] 자디잔 알갱이. granule

세:마(貰馬)[종이] 세를 받고 쓰도록 빌려 주는 말.

세:-마치(細-)[종이] ① 대장간에서 쇠를 불릴 때 세 사람이 돌려 가며 치는 큰 마치. sledge ②〈음악〉우리 민속 장단의, 보통 빠른 3박자의 8분의 9박자. 아리랑·양산도 따위. ┌striking with sledges

세:마치 장단(一長短)[종이] 세마치로 맞추어 치는 장단.

세:막(歲暮)[종이] 동지 섣달.

세:말(細末)[종이] 썩 곱게 빻은 가루. fine powder

세:말(貰一)[종이] 세를 받고 빌려 주는 말.

세:말(歲末)[종이] 연말(年末). ┌서(顯末書).

세:말-서(一末書)(細末書)[종이] (동)시말서(始末書). 전말

세말에 팔리듯(종이) 세말 아니면 기름 못 편다는 뜻으로, 누구에게나 악감을 사가는, 가는 곳마다 욕을 먹고 돌린다는 말.

세:말-하:다(細末一)[종이] 아주 곱게 가루로 빻다.

세:망(勢望)[종이] 세력과 인망.

세망(Semang)[종이] 니그리토족(系)의 종족. 말레이 반도, 수마트라 등지의 숲 속에 삶.

세:맥(細脈)[종이]〈식물〉① 가는 맥. ② 측맥(側脈)과 측맥 사이를 잇는 가는 엽맥.

세메다인(cemedine)[종이] 접착제의 상품명.

세:면(洗面)[종이] 얼굴을 씻음. washing one's face 하[종이]

세:면(細綿)[종이] (동)실명주.

세:면-구(洗面具)[종이]→세면 도구. ┌basin

세:면-기(洗面器)[종이] 얼굴을 씻는 그릇. 대야. wash- washstand ┌구. (약) 세면구.

세:면 도:구(洗面道具)[종이] 세면에 쓰는 여러 가지 도

세:면-소(洗面所)[종이] 세수하는 곳. lavatory

세:면-장(洗面場)[종이] 세면 시설을 갖추어 놓은 곳.

세:-모[종이] 삼각형의 각 모. 삼각(三角). triangle

세:모(世母)[종이] 세부(世父)의 아내. 백모(伯母). aunt

세:모(洗毛)[종이] 양모 방적 공정에서, 양모에 묻은 불순물을 씻어서 제거하는 일. 하[종이]

세:모(細毛)[종이] ①〈식물〉참가사리. ② 썩 가는 털.

세:모 기둥[종이]《동》삼각주(三角柱).

세:모-꼴[종이]《동》삼각형(三角形).

세:모-끌〈공업〉날이 반듯하나 등이 모저서 세모를 이룬 끌. triangular file

세:-모래(細一)[종이] ┌ ┌

세:모-뿔[종이]《동》사면체(四面體).

세:모 송곳[종이] 세모진 송곳.

세:-모시(細一)[종이] 올이 아주 가는 모시. 세저(細苧). (대) 장작모시. fine ramie cloth

세:모-자[종이]《동》삼각자.

세:모-제(歲暮祭)[종이] ① 세모에 지내는 제사. ②《제도》섣달 그믐날 나라에서 지내던 제향. rituals executed on the New Year's Eve

세:모-줄[종이] 쇠붙이를 깎는 세모진 줄.

세모-지-다(細一)[종이] 세모가 나 있다. threecornered

세:모-창(一槍)[종이] 끝이 세모진 창.

세:목[종이]→열막이.

세:목(細木)[종이] 올이 아주 가는 무명. fine cotton cloth

세:목(細目)[종이] ①《유》→세절목(細節目). ②《약》→교수세목(敎授細目).

세:목(稅目)[종이]《법률》조세(租稅)의 종목.

세:목-장(細目帳)[종이] 세목을 기록하는 장부.

세:무(世務)[종이] 세상살이의 온갖 일. worldly affairs

세:무(細務)[종이] 자질구레한 사무. 중대하지 않은 잔일. trifling affairs ┌tion business

세:무(稅務)[종이] 조세의 부과·징수에 관한 사무. taxa-

세:무-관(稅務官)[종이]《제도》조선조 때, 탁지부(度支部)의 주임관(奏任官) 벼슬의 하나.

세:무-사(稅務士)[종이] 세무사법에 의해, 남의 의뢰를 받아 세무 대리·세무 서류 작성 등을 업으로 하는 사람. tax practitioner ┌강제 조사.

세:무 사찰(稅務査察)[종이] 조세 규정을 어긴 데에 대한

세:무-서(稅務署)[종이]《법률》국세청에 소속된 지방 세무 관서. 내국세의 사무를 집행함. tax office

세:무 조:사(稅務調査)[종이] 세법(稅法)에 따라 행하는 세무 당국의 조사.

세:-문(細紋)[종이] 가는 무늬. 잔무늬.

세:문(勢門)[종이]《동》세가(勢家).

세:문(歲問)[종이] 해마다 일정한 시기에 선물을 보내어 문안하던 일. 흔히 시골에 있는 이들이 서울의 벼슬아치들에게 하던 일을 일컬음. 하[종이]

세:-문안(歲問安)[종이] 새해에 문안을 드림. 또, 그 문안. New Year's call 하[종이] ┌ngs for hire

세:물(貰物)[종이] 세를 받고 빌려 주는 온갖 물건. thi-

세:물-전(貰物廛)[종이] 혼인이나 장사 때에 셋돈을 받고 물건을 빌려 주는 가게. store of things for hire

세물전 영감이다[종이] 아는 것이 아주 많다.

세:미(世味)[종이]《동》세상맛.

세:미(細美)[종이] 가늘고 고움. fineness 하[종이]

세:미(細微)[종이] ① 아주 가늘고 작음. 세소(細小). 세쇄(細瑣). minute ② 신분이 아주 낮음. 미천(微賤). 하[종이]

세:미(稅米)[종이]《제도》조세로 바쳤던 쌀. rice paid

세:미(歲米)[종이] 세초(歲初)에 나라에서 늙은이에게 주던 쌀.

세:미(歲尾)[종이]《동》세밀(歲一).

세미(semi)[종이] 반(半). 얼마간의.

세미나(seminar)[종이] ①〈교육〉대학 따위에서 교수의 지도 밑에 학생이 그룹을 지어 행하는 공동 연구·연습 따위. ② 전문인 등이 특정한 과제에 관하여

여는 연수회나 강습회. ¶경영 ~. 〖교〗. ②신학교.
세미너리(seminary)〖명〗〖교육〗①학교. 학원. 전문 학교
세미-다큐멘터리(semi-documentary)〖명〗〈연예〉기록 영화 수법(手法)에 의하여 만들어진 극영화. 세미다큐멘터리 영화(semidocumentary 映畵).
세미-다큐멘터리 영화(semidocumentary 映畵)〖동〗세미다큐멘터리. ['인 ';'의 이름.
세미=콜론(semicolon)〖명〗가로쓰기 문장 부호의 하나
세미-톤(semitone)〖명〗〈음악〉반음(半音).
세미-파이널(semifinal)〖명〗〈체육〉①준결승(準決勝). ②권투 등에서, 본 경기 직전의 경기.
세미-프로(semipro)〖명〗〖약〗→세미프로페셔널.
세미-프로페셔널(semiprofessional)〖명〗①본직을 가지고 또 딴 직업을 가진 사람. ②〈체육〉반직업적 선수. 〖약〗세미프로. 〖〖약〗→세미프로(細窮形).
세:민(細民)〖명〗①가난한 사람. 빈민(貧民). the poor
세:민-가(細民街)〖명〗가난한 사람들이 사는 거리. slum
세:민 문학(細民文學)〖명〗〈문학〉빈민굴(貧民窟) 또는 극빈자의 생활 모습을 그린 문학. 또, 그 작품.
세:민-층(細民層)〖명〗세민들이 속하는 사회층. 빈민층(貧民層). uteness **하**다 **히**다
세:밀(細密)〖명〗세세하고 자상함. 면밀(綿密). min-
세:밀-성[一성](細密性)〖명〗세밀한 성질. elaborateness
세밀(歲―)〖명〗한 해의 마지막 때. 궁납(窮臘). 모세(暮歲). 세만(歲晚). 세모(歲暮). 세미(歲尾). 세저(歲底). 세종(歲終). 연말. 연모(年暮). 연종(年
세-바람[一―]〖명〗→서남풍.   yearend
세:바람(細바람)〖명〗찐 찰쌀을 말려 대강 빻은 가루. 산자(饊子·橵子) 속에나 묻혀 먹음.
세:반 강정(細飯―)〖명〗세반에 꿀을 묻힌 강정.
세:반 산:자(細飯橵子)〖명〗세반을 묻힌 산자. 희고 붉은 두 가지가 있음.   〖요리명〗.
세:반 요화-대[一때](細飯蓼花―)〖명〗세반을 묻어 만든
세:-발(洗髮)〖명〗머리를 감음. wash one's hair **하**다
세발-다리〖명〗→삼발이.
세발-뛰기〖명〗→삼단뛰기.
세발 자전거(―自轉車)〖명〗어린이들이 타는, 바퀴 셋 달린 자전거. tricycle
세:-방(貰房)〖명〗→셋방.
세:방-살이(貰房―)〖명〗→셋방살이.
세:-배(歲拜)〖명〗대그믐이나 정초에 하는 인사. 세알(歲謁). New Year's greetings 하다
세:배-값[一깝](歲拜―)〖명〗세뱃돈.
세:배-꾼(歲拜―)〖명〗세배하러 다니는 사람. 세객. man paying New Year's visit 〖주는 돈. 세뱃값.
세:배-돈[一돈](歲拜―)〖명〗세배하러 온 아이들에게
세:배-상[一쌍](歲拜床)〖명〗세배하러 온 사람을 대접하는 음식 상. New Year's feast
세:-버들(細―)〖명〗가지가 몹시 가는 버드나무. 세류(細柳). weeping willow
세:-벌(世閥)〖명〗〖동〗지체. 문벌.
세:벌 상투〖명〗고를 두 번 돌려서 짠 상투.
세벌 장대(―長臺)〖명〗세 층으로 포개 놓은 댓돌.
세:-법[一뻡](稅法)〖명〗〖법률〗조세(租稅)의 부과 및 징수에 관한 법규. 조세법. tax law
세:-변(世變)〖명〗세상의 변고(變故). great accident
세:-별(細別)〖명〗종류에 따라서 세밀하게 구별함. sub-division 하다
세:-병(洗兵)〖명〗전쟁을 끝냄. 병기(兵器)를 씻어서 거두다는 뜻. finishing the war 하다
세:-보(世譜)〖명〗계보(系譜)를 모아 엮은 책. genealogy
세:-보(細報)〖명〗자세한 보고. 상보(詳報). full report
세:-보고(貰步輸)〖명〗세를 내고 빌려 타는 가마. 하다
세:-보다[一―]〖명〗〖약〗→세어 보다.
세:-부(世父)〖명〗아버지의 맏형. 곧, 대(代)를 잇는 아버지라는 뜻으로, 백부(伯父)를 말함. uncle
세:-부(細部)〖명〗자세한 부분. 세밀한 부분. details
세:-부득이(勢不得已)〖명〗〖약〗→사세 부득이.
세:-부적(細部的)〖명〗세세한 부분까지 미친(것).

세:-분(細紛)〖명〗세상의 어지러운 온갖 일. troubles
세:-분(洗粉)〖명〗물건을 씻거나 닦는 데 쓰는 가루.
세:-분(細分)〖명〗잘게 나눔. 자세하게 나눔. subdivision 하다
세:=불양=립[――랑―](勢不兩立)〖명〗비슷한 두 형세가 동시에 같이 설 수 없음. incompatibility
세븐(seven)〖명〗①일곱. ②럭비에서, 포워드 7명이 스크럼을 짜는 일.
세븐 시스템(seven system)〖명〗〈체육〉럭비에서, 포워드(forward)를 7인으로 하고 백(back)을 8인으로 하는 포진(布陣).
세:-비(歲費)〖명〗①〖법률〗일년 동안의 경비. 세용(歲用). annual expenditure ②국회 의원들이 그 직무에 대한 보수로서 해마다 받는 수당. annual payment
세빙(細氷)〖명〗수증기가 빙정핵에(冰晶核)으로 승화되어 생긴 미세한 주상(柱狀) 또는 판상의 얼음 결정이 공기 중에 많이 부유하고 있는 현상.
세:-뿔(細―)〖명〗낱걸.
세:-사(世事)〖명〗〖약〗→세상사(世上事).
세:-사(世祀)〖명〗대대로 지내는 제사.
세:-사(世孫)〖명〗후손(後孫).
세:-사(細沙)〖명〗모래. 잔모래. 시새. fine sand
세:-사(細事)〖명〗잘고 자차분한 일. 사사(些事), trifle
세:사(細思)〖명〗아주 치밀한 생각. minute speculation
세:-사(細査)〖명〗세밀한 조사. 하다   [하다
세:-사(歲事)〖명〗일년 동안 일어나는 온갖 일.
세:사 난측(世事難測)〖명〗세상일의 변천이 심하여 알기 어려운 말.
세 사람만 우겨대면 없는 호랑이도 만들어 낼 수 있다〖속〗여러 사람이 떠들며 주장하는 것이 무섭다.
세:-사토(細沙土)〖명〗고운 모래흙.
세:-살(歲煞)〖명〗〈민속〉삼살방(三煞方)의 하나. 곧, 인(寅)·오(午)·술(戌)의 해는 축방(丑方)에, 사(巳)·유(酉)·축(丑)의 해는 진방(辰方)에, 신(申)·자(子)·진(辰)의 해는 미방(未方)에, 해(亥)·묘(卯)·미(未)의 해는 술방(戌方)에 독한 음기(陰氣)가 살이 있다고 함.
세 살 먹은 아이도 제 손엣 것 안 내놓는다〖속〗사람은 누구나 제 것을 내놓기 싫어한다.
세:-살(細―門)〖명〗살이 적어서 거칠게 생긴 창(窓).
세 살 버릇 여든까지 간다〖속〗어릴 때의 나쁜 버릇은 좀처럼 고치기 어렵다.
세:살 부채(細―)〖명〗①살이 가는 부채. fan of few ribs ②거의 다 찢어져서 살이 몇 개 남지 아니한 부채.
세:살=창(細―窓)〖명〗〈건축〉살창이 가는 창문. 세골창(細骨窓). window of thin frames
세:-상(世上)〖명〗①사람이 살고 있는 온 누리. 사회②. world ②절이나 수도원 또는 감옥 등의 사회 안에서 일컫는 바깥 사회. 세간(世間)①. 환내(寰內). 속세(俗世). world ③사람이 살아 있는 동안. 평생(平生). life ④나라를 다스리는 동안. reign ⑤한 계통이 이어 가는 동안. life ⑥마음대로 활동할 수 있는 무대(舞臺). \내 ~이다. favourable time for one's activity ⑦〖약〗→세상 인심(世上人心). ⑧
세:-상(世相)〖명〗〖동〗세태(世態). 〖천상에 대한 지상.
세:-상(上)〖명〗:사(世上萬事)〖명〗세상에서 일어나는 온갖 일.
세:상-맛(世上―)〖명〗세상의 쓰고 달콤한 온갖 맛. 또, 세상을 살아가는 재미나 취미. 세미(世味). sweet and bitter of life
세:상-사(世上事)〖명〗세상의 일. 세상일. 〖약〗세사(世事). worldly affairs
세:상-살이(世上―)〖명〗세상에서 살아가는 일. living
세:상=없어도(世上―)〖부〗무슨 일이 있더라도. 어떤 경우가 되어라도. 세상없어도. ¶요다음에는 ~ 아니 한다. by all means
세:상=없이(世上―)〖부〗세상에 짝이 없을 만큼. 천하 없이. beyond comparison
세:상-에(世上―)〖부〗①그런 일이 있을 수가 있나 하고,

세:상 인심(世上人心)圀 세상 사람의 마음. 《약》세상.
세:상-일[—닐](世上—)圀《동》세상사(世上事).
세:상 천지에(世上天地—)圀 놀라거나 어이없어 하는 뜻으로 쓰는 말. ¶~ 이런 일은 없네. on earth
세:서(細書)圀 세월이 바뀌어 가는 차례. world's order
세:서 성문(細書成文)圀 잘고 가는 글씨로 적은 것
세:서-연(洗鋤宴)圀 →호미씻이. 「록. 하田
세:석(細石)圀 잘고 잔돌.
세:석(細席)圀 올이 가는 돗자리. fine mat
세:선(細線)圀 가는 줄. 가는 금.
세:설(世說)圀 세평(世評).
세:설(洗雪)圀 부끄러움 따위를 씻어 버림. 하田
세:설(細雪)圀 잘게 내리는 눈. fine snow
세:설(細說)圀 ①자세히 하는 설명. detailed explanation ②잔소리. ③문제되지도 않을 너절한 말. 하田라田 「어 버리는 덩어리.
세:섯-덩이圀〈농업〉김맬 때에 흙을 떠서 앞으로 엎
세:성(歲星)圀《동》목성(木星).
세:세(世世)圀 여러 대대(代代).
세:세(歲歲)圀《동》연년(年年).
세:세 상전(世世相傳)圀 여러 대를 두고 전하여 내려옴. 하田
세:세 생생(世世生生)圀〈불교〉몇 번이라도 다시 환생(幻生)하는 일. 또, 그 때. 생생 세세(生生歲歲). reincarnation
세:세 손손(世世孫孫)圀《동》대대 손손.
세:세 연년(歲歲年年)圀《동》연년 세세(年年歲歲).
세:세-하다(細細—)圀 ①아주 자세하다. detailed ②자디잘아 보잘것없다. minute ③매우 가늘다. very thin 세-히圀
세:소(細小)圀《동》세미(細微)①. 하田「수가 없음.
세:소 고연(勢所固然)圀 일의 형세가 그렇게 아니 될
세:속(世俗)圀 ①세상의 풍속. 속간(俗間). custom of the world ②〈기독〉삼구(三仇)의 하나.
세:속 오:계(世俗五戒)圀〈역사〉신라 화랑(花郞)의 다섯 가지 계율. 즉, 사군 이충(事君以忠)·사친 이효(親事以孝)·교우 이신(交友以信)·임전 무퇴(臨戰無退)·살생 유택(殺生有擇). 「한 일.
세:속 잡사(世俗雜事)圀 세상의 여러 가지 자질구레
세:속-적(世俗的)관圀 세속의 범위를 벗어나지 못한
세:손(世孫)圀《약》→왕세손(王世孫). 「(것).
=세손(世孫名)圀 시조로부터 쳐서 몇 대째의 자손임을 나타내는 말.
세:손-궁(世孫宮)圀〈제도〉①《공》왕세손(王世孫). ②왕세손이 거처하던 궁.
세:손목-카래圀《약》→세손목카래.
세:손목-한카래圀〈농업〉장부잡이 한 사람과 두 사람의 줄군이 하는 가래질.《약》세손목카래. shovelling by three men
세:쇄(細瑣)圀《동》세미(細微)①. 하田
세:수(世守)圀 여러 대(代)를 두고 지켜 내려옴. 하田
세:수(世數)圀 계통상 부자(父子)간의 수. 상속상 피상속인과 상속인간의 수.
세:수(世襲)圀 여러 대를 이어 내려오는 원수.
세:수(洗手)圀 낯을 씻음. washing one's face and hands 하田
세:수(稅收)圀《약》→세수입(稅收入). 「頭
세:수(歲首)圀 새해의 처음. 세초(歲初). 연두(年
세:수-간[—깐](洗手間)圀 ①세수를 하도록 설비한 곳. wash-room ②〈제도〉액정서(掖庭署)의 한 부서. 「wash-basin
세:수 대:야(—臺—)(洗手—)圀 세수할 때 쓰는 대야.
세:수=물(洗手—)圀 세수하는 물. water for washing up 「누.
세:수 비누(—삐—)(洗手—)圀 세수하는 데 쓰이는 비

세:수 수:건[—쑤—](洗手手巾)圀 세수하고 물기를 닦는 수건. hand towel
세:수입(稅收入)圀 조세의 수입.《약》세수(稅收).
세:수-천(歲首薦)圀〈제도〉새해 처음에 관찰사나 수령이 되기에 알맞은 사람을 뽑아 추천해 올리는 일.
세슘(caesium 라)圀〈화학〉알칼리 금속의 하나. 광전관의 원료. 원소 기호; Cs. 원자 번호; 55. 원자량; 132.905.
세:습(世習)圀 세상의 풍속. custom
세:습(世襲)圀 명예·지위·재산 등을 대대로 물려받음. transmission by heredity 하田
세:습 군주국(世襲君主國)圀〈정치〉혈통에 따라 군주의 지위가 세습되는 국가.
세:습 재산(世襲財産)圀《법률》대대로 물려받아, 현재의 소유자가 마음대로 처분할 수 없는 재산. hereditary property
세:습-적(世襲的)관圀 세습의 요건을 갖춘 (것).
세:승(細繩)圀 가는 노끈.
세:시[—씨]圀 자세히 봄. scrutizing 하田
세:시(歲時)圀 ①일년 중의 때때. ¶~ 풍속. ②해의 때(時). ③《동》설.
세:시-기(歲時記)圀 연중 행사(年中行事)를 적어 놓은 책. almanac 「일컬음.
세:시 북랍(歲時伏臘)圀 설·삼복(三伏)·납향(臘享)의
세:시-증(歲時甑)圀 ①설때 철 때의 시루. ②못사람이 같은 행사 때에 쓰려고 찾는 물건.
세:신(世臣)圀 ①《약》→세록지신(世祿之臣). ②대대로 한 가문이나 왕가를 섬기는 신하.
세:신(細辛)圀〈한의〉족두리풀과 민족두리풀의 뿌리. 여러 가지 약제로 씀.
세:실(世室)圀 종묘(宗廟)의 신실(神室).
세:실(細—)圀 가는 실. fine thread
세:실과(細實果)圀 잘게 만든 숙실과(熟實果).
세:심(洗心)圀 마음을 깨끗하게 함. 세간(洗肝). purification of mind 하田
세:심(細心)圀 ①꼼꼼하게 주의하는 마음. carefulness ②아주 잔 데까지 마음을 씀. circumspection 하田
세:-쌍둥이(雙—)圀《동》삼태(三胎). 「히田
세:악(細樂)圀〈제도〉군중(軍中)에서 장구·북·피리·저·깡깡이로 편성한 음악.《대》취타(吹打).
세:악-수(細樂手)圀〈제도〉세악의 풍류를 하던 군사.
세:안(洗眼)圀 눈을 씻음. washing eyes 하田
세:안(洗顏)圀 얼굴을 씻음. 세변(洗面). 하田
세:안(細按)圀 자세하고 치밀이 없는 안건(案件).
세:안(歲—)圀 새해가 오기 전의 겨울 동안.
세:알(歲謁)圀《동》세배(歲拜). 하田 「대매.
세:알-모기[—모—](—莫—)圀 세 줄을 치도록 이가 성기 있는
세:액(稅額)圀 세금의 액수. amount of a tax
세:액(洗液)圀〈약학〉멍들거나 상한 국부(局部)를 씻는 약. lotion 「름.《대》세음(歲陰).
세:양(歲陽)圀 음양(陰陽)의 구별로 천간(天干)을 이
세:어 보:다圀 사물의 수효를 밝히려고 헤아리거나 따져 보다. look over.
세:언(世諺)圀 속담. 「꼽아 보다.
세:-언:치(—堰)圀〈토목〉흐르는 물의 양을 조절하기 위해 작은 건축 따위에 있는 둑에 콘크리트 따위로 가로질러 길 모양으로 만든 둑.
세:업(世業)圀 대대로 물려 내려오는 직업. hereditary occupation 「ore than a year
세:여(歲餘)圀 일년 남짓한 동안. period a little m-
세:=여파-죽(歲如破竹)圀 매우 거세가 맹렬하여 대항할 만한 적이 없다는 뜻.
세:연(世緣)圀 세상의 온갖 인연(因緣). worldly ka- 「rma connection
세:연(歲宴)圀 잘게 가루짐. 잘게 깨어짐. 하田라田
세:염(世染)圀 세상의 너저분한 일.
세:염(勢焰)圀 기세(氣勢)의 불꽃.
세:영산(細靈山曲)圀 「표잔영산(—靈山).
세:예(世譽)圀 세상이 모두 칭찬함. 세상의 명예. honours of the world 「unworldly place
세:외(世外)圀 세상 밖. 곧, 속세를 떠난 곳. 저승.
=세요어圀미《동》서요.

세:요(細腰)명 ①가는 허리. slender waist ②허리가 가는 여자. beauty with a slender figure

세:용(歲用)명 (동) 세비(歲費)①.

세우甼 ①→몹시. ②→자주.

세:우甼 가랑비.

세:우(貴牛)명 세를 주고 부리는 소. 셋소. cattle for hire

세우다⑴ ①서게 하다. stand ②움직이거나 가던 것을 멈추게 하다. ¶자동차를 ~. stop ③날카롭게 하다. ¶칼날을 ~. sharpen ④뜻이 자리잡게 하다. ¶목표를 ~. set ⑤짓거나 만들다. ¶건물을 ~. build ⑥효과가 나게 하다. make effective ⑦제도·조직 등을 이룩하다. ¶전통을 ~. establish ⑧어떤 자리를 차지하게 하다. ¶보증인을 ~. stand ⑨계획 따위를 짜다. ¶예산을 ~. make ⑩일 따위를 성취하다. ¶공훈을 ~. achieve ⑪생활을 유지하다. ¶글을 써서 생계를 ~. maintain oneself ⑫잃지 않고 보전하다. 《우》 세다²②. hold

세:우 사풍(細雨斜風)명 (동) 사풍 세우(斜風細雨).

세우 찧는 절구에 손 들어갈 틈 있다족 아무리 바빠도 틈을 내야겠다.

세:운(世運)명 세상 운수. luck of the times

세우=총(―銃) 명 〈군사〉 병사가 차려 자세를 취하고, 소총은 개머리판이 지면에 닿게 하여 우측에 잡는 집총 자세. ↔'에워총'의 구령. 하(동)

세:원(稅源)명 〈경제〉 조세가 부과되는 원천이 되는 소득 또는 재산. Source of a tax

세:원(勢援)명 기세를 돋우어 줌. encouragement 하(동)

세:월(歲月)명 ①흘러가는 시간. 광음(光陰). 연대(年代). 세화(歲華). 연화(年華). 춘추(春秋). 성상(星霜)①. time and tide ②지내는 형편이나 재미. ¶요즘 자네 ~이 좋은 모양이군. ③거래에서의 실속이나 벌이. ¶이런 판국에 무슨 장사를 ~이 있겠나. ④세상. 세상 형편. ¶안방에 앉아서 달나라 구경할 수 있는 좋은 ~이다.

세:월 없:다(歲月―)다 ①돈벌이가 잘 안 된다. dull ②일이 너무 더디어 언제 될는지 미리 말할 수 없다. 세:월 없:이甼

세:월 여류(歲月如流)명 세월이 물과 같이 빨리 흘러감. 곧, 덧없이 흐르는 세월을 이름. time flies swiftly 하(동)

세:위(洗胃)명 ①위(胃)를 씻어 깨끗이 함. washing the stomach ②악(惡)함을 시인하고 마음을 고치는 일. repent 하(동)

세:위(勢威)명 기세와 위엄. power

세:육(歲肉)명 정초(正初)에 쓰는 쇠고기와 돼지고기. meat for the New Year

세:율(稅率)명 〈경제〉 조세를 매기는 비율. tax rates

세:은(世銀)명 《준》 '세계 은행(世界銀行)'의 준말.

세:은(稅銀)명 〈제도〉 은전(銀錢)에서 세(稅)로 바치던 은.

세:음(歲陰)명 〈민속〉 음양(陰陽)의 구별로 지지(地支)를 이룸. 《대》 세양(歲陽). friendship

세:의(世誼)명 대대로 사귀어 온 정의. old family

세:의(世醫)명 대대로 하는 의원 노릇. hereditary medical profession end gift

세:의(歲儀)명 세밑에 선사하는 물건. 세찬². year-

세:이(洗耳)명 귀를 씻음. washing the ears ②더러운 말을 들은 귀를 씻고 깨끗이 함. 하(동)

세:―이레명 〈민속〉 아이를 낳은 지 스무하루 되는 날. 삼칠일. 《대》 첫이레. F-86.

세이버 제트기(saber jet機)명 〈군사〉 미국 공군의 제트 전투기.

세이브(save)명 ①도움. 구조. ②절약. 저축. 하(동)

세이빙(saving)명 ①구조. 구제. 절약. 저금. 저축. ②《체육》 럭비에서, 지면에 있는 공에 달려들어 상대의 전진을 방해하는 일.

세이지(SAGE)명 《준》 Semi Automatic Ground Environment 반자동식 방공 조직.

세이프(safe)명 ①《체육》 야구에서, 주자(走者)가 아웃을 면하는 일. ②안전(安全).

세이프 인(safe in)명 ①《체육》 야구에서, 주자가 무사히 본루에 들어오는 일. 홈인(home in). ②정구에서, 공이 무사히 규정선 안에 들어가는 일.

세이프티(safety)명

세이프티 레이저(safety razor)명 잘못하여 피부를 베거나 다치는 일이 없도록 안전 장치를 한 면도칼.

세이프티 번트(safety bunt)명 《체육》 야구에서, 타자가 1루(壘)에 살아 나아가기 위하여 행하는 번트. 《대》 새크리파이스(sacrifice) 번트.

세이프티 아일런드(safety island)명 《동》 안전 지대.

세이프티 위:크(safety week)명 《동》 안전 주간.

세이프티 존:(safety zone)명 《동》 안전 지대.

세이프티 퍼:스트(safety first)명 안전 제일.

세이프 히트(safe hit)명 《동》 안타(安打). 안전타(安全打).

세:인(世人)명 세상 사람. people

세:인(細人)명 ①《동》 간첩(間諜). ②《동》 소인(小人).

세:인(稅印)명 증서나 장부의 인지세(印紙稅) 납부 증명. seal of tax receipt

세인트(Saint, St., S.)명 〈기독〉 성자(聖者). 곧, 성인(聖人)과 성녀(聖女). 관 〈기독〉 성도(聖徒). 천사(天使). 성인과 성녀의 이름을 부를 적에 그 이름 위에 붙이는 말. ¶~ 요한.

세일(sale)명 《동》 판매(販賣).

세일러(sailor)명 ①뱃사람. ②수병(水兵). sailor bl-

세일러=복(sailor 服)명 해군복 비슷하게 만든 부인·어린이용의 옷.

세일러 팬츠(sailor pants)명 바지폭의 아래를 썩 넓게 만든 바지.

세일링 보:트(sailing boat)명 범선(帆船).

세:―일배(歲一拜)명 윗사람에게 한 해에 한 번 세배 드리는 일. 하(동)

세일즈―걸(salesgirl)명 여점원. 여판매원. 교원.

세일즈―맨(salesman)명 점원(店員). 판매원. 판매 외

세:입(稅入)명 세금으로 받아들이는 돈. tax yields

세:입(歲入)명 〈경제〉 일년 동안 또는 한 회계 연도(會計年度) 사이의 총수입. 《대》 세출(歲出). annual revenue

세:입 결함(歲入缺陷)명 세입, 특히 세수입이 당초 예정액을 밑돌아, 그 결과 세출에 비하여 세입이 모자라는 일.

세:입 보:전 공채(稅入補塡公債)명 〈경제〉 적자를 메우기 위해 발행하여, 그 수입이 일반 경비의 재원이 되는 공채.

세:자(世子)명 〈역〉→왕세자.

세:자(洗者)명 〈기독〉 영세자(領洗者)에게 성세를 주는 사제. baptist

세:자(細字)명 잘게 쓴 글자. small letters

세:자(細子)명 자더깨 같이 아는 관계.

세:자―궁(世子宮)명 〈제도〉 ①《동》 왕세자(王世子). ②왕세자가 거처하는 궁전. 동궁(東宮)②. 춘궁(春宮). 춘저(春邸). palace of the crown prince

세:자―부(世子傅)명 〈제도〉 ①고려 때 세자의 스승. ②세자 시강원의 정 1품 벼슬.

세:자―빈(世子嬪)명 〈제도〉 왕세자의 아내.

세:자 시:강원(世子侍講院)명 〈제도〉 왕세자의 시강(侍講)과 규간(規諫)하는 일을 맡았던 관청.

세:작(細作)명 《동》 간첩(間諜). 게 박은 나무.

세장명 지게나 걸채 따위의 두 짝이 가로질러서 짜여

세:장(世丈)명 세교(世交)로서 대대로 교분(交分)이 두터운 어른.

세:장(洗腸)명 〈의학〉 어린아이의 위장병, 특히 역리(疫痢)·대장염(大腸炎)을 치료하기 위하여 장(腸) 안에 있는 유독물을 깨끗하게 씻어 내는 일. enema

세:장(細長)명 가늘고 길. slender 하(동)

세:장―지(世葬之地)명 여러 대의 무덤이 있는 땅. ancestral graveyard

세:재(世才)명 세상의 물정에 능통한 재주. 또, 그런 재능(才能). 속재(俗才). wordly wisdom

세:저(細苧)명 《동》 세모시.

세:저(歲底)명 《동》 세밀. from generation 하(동)

세:전(世傳)명 여러 대를 전해 내려옴. handing down

세:전(細箭)[명] 아기살.
세:전(貫錢)[명] 세 낸 값으로 무는 돈. 셋돈. rent
세:전(稅錢)[명] 세금(稅金).
세:전(歲前)[명] 설을 맞기 전. (대)세후(歲後). before the New Year
세:전 노비(世傳奴婢)[명] 한 집안에 대를 이어 내려오는 종.
세:전-문(細箭門)[명] 〈건축〉 아기살같이 문살이 잘은 문. heirlooms
세:전지물(世傳之物)[명] 대대로 전해 내려오는 물건.
세:전지보(世傳之寶)[명] 대대로 전해 내려오는 보물.
세:-절목(細節目)[명] 자질구레한 조목(條目). (대)개요(概要). (약)세목(細目)①. details
세:정(世情)[명] ①세상의 사정. condition of the world ②세상의 인심(人心). 세상의 물정(物情). affairs of the world
세:정(洗淨)[명] 깨끗하게 씻음. 세척. washing 하다
세:정(細情)[명] ①자질구레한 데까지 맺힌 정. ②사소한 정. slight affection ③자세한 형편.
세:정(稅政)[명] 〈정치〉 세무(稅務)에 관한 행정. tax administration
세:정-제(洗淨劑)[명] →세제(洗劑)①.
세:제(世弟)[명] (약)→왕세제(王世弟).
세:제(世諦)[명] 〈불교〉 세속의 참된 도리.
세:제(洗劑)[명] ①물에서 다른 고체 표면에 붙은 물질을 씻어 내는 데 쓰는 약제. 비누 따위. 세정제. detergent ②[명] 세제. tem of taxation
세:제(稅制)[명] 〈법률〉 세무(稅務)에 관한 제도. system of taxation
세:제(歲除)[명] 섣달 그믐날 저녁.
세:제곱[명] 〈수학〉 같은 수를 세 번 곱함. 또, 그 결과인 곱. 삼승(三乘). cube ②길이의 단위명 뒤에 붙여, 그 길이를 한 변으로 하는 육면체에 해당하는 부피를 나타내는 일.
세:제곱=근(一根)[명] 〈수학〉 A를 세제곱한 것이 B일 때, B에 대한 A. 3은 27의 세제곱근임. 입방근(立方根). cube root
세:제곱근=풀이(一根一)[명] 〈수학〉 세제곱근을 계산하여 구함. 개립(開立). extraction of the cube root
세:제곱-비(一比)[명] 〈수학〉 세 개의 같은 비로 된 복비(複比). 곧, a×a×a : b×b×b = a³ : b³ 따위. 삼승비(三乘比).
세:제지:구(歲製之具)[명] 수의(壽衣).
세:족(世族)[명] 세가(世家).
세:족(洗足)[명] 탁족(濯足). 하다
세:족(勢族)[명] 권세가 있는 겨레붙이. powerful family
세:존(世尊)[명] (약)→석가 세존.
세:존 단지[一딴一][명] 〈민속〉 영·호남이 삼남(三南) 지방에서 농신(農神)을 위하여 가을 햇곡식을 넣어 모시는 단지.
세:종(歲終)[명] (동)세밑.
세:주(細註)[명] ①자세하게 설명한 주석(註釋). detailed notes ②세자(細字)로 단 주석. 잔주. notes in small type 「year's day
세:주(歲酒)[명] 설에 쓰는 술. wine for the new
세:-주:다(洗一)[타] 〈기독〉 천주교에 입교하려는 이에게 세례(洗禮)를 주다. (대)세받다. baptize
세:-주:다(貫一)[타] 일정한 값을 받고 집이나 물건을 빌려 주다. lease out
세:지(細智)[명] (약)→세로지②.
세:지(細智)[명] ①세상을 살아 나가는 지혜. 처세하는 지혜. worldly wisdom ②〈불교〉 세속적인 지혜. 속지(俗材).
세:직(世職)[명] (동)종직(宗職).
세:진(世塵)[명] 세상의 먼지. 세상의 속된 일. earthly affairs 「일. 접통(接風). warm reception
세:진(洗塵)[명] 멀리서 온 손님을 응숭하게 대접하는
세:진(細塵)[명] 작은 티. 자더잔 먼지. dust
세:진-계(細塵計)[명] 공기 중의 세진 함유량을 측정하는 기계. 「위를 씻는 일. carwashing 하다
세:차(洗車)[명] 차체·바퀴·기관 등에 묻은 먼지·흙 따위를 씻어 냄.
세:차(貫車)[명] 세를 받고 빌려 주는 차. car on hire
세:차(歲次)[명] 간지(干支)를 좇아 정한 해의 차례.
세:차(歲差)[명] 〈천문〉 춘분(春分)이 되는 날이 해마다 조금씩 이동하는 일. precession
세:차 운:동(歲差運動)[명] ①〈물리〉 넘어지려는 팽이의 축이 그리는 원추형 운동. precession ②〈지학〉 지구의 자전축이 지구의 공전 궤도면에 대하여 23.5도의 경사도를 가지고 자전하는 운동. precession
세:차-장(洗車場)[명] 세차 시설을 갖추고 돈을 받고 세차하여 주는 곳.
세:찬(歲饌)[명] ①세배 온 사람에게 대접하는 음식. new year's dish ②[명] 세찬(歲饌). 하다
세:찬=가-다(歲饌一)[자] 세찬을 보내다. send a new year's dish
세:찬-계(歲饌契)[명] 설날 준비를 하려고 모으는 계.
세:찰(細察)[명] 자세히 살핌. minute observation 하다
세:책(貫冊)[명] 세를 받고 빌려 주는 책. 대본(貸本). book for hire 「rental library
세:책-집(貫冊一)[명] 세를 받고 책을 빌려 주는 책방.
세:척(洗滌)[명] 깨끗하게 씻음. 세정. washing 하다
세:척-기(洗滌器)[명] 〈의학〉 상처·위·질(膣) 등을 세척하는 데 쓰는 기구.
세:척-제(洗滌劑)[명] 〈약학〉 상처·눈·귀·방광·질 따위를 씻어서 살균·소독 또는 점막을 깨끗이 하고, 이물(異物)을 제거하는 데 쓰는 약물. 살균수·생리식염수·봉숭아 따위. 세제②.
세:첨(細尖)[명] 끝이 가늘고 뾰족함. sharp point 하다
세:초(細草)[명] (동)애기풀.
세:초(歲初)[명] (동)세초.
세:초(歲抄)[명] 〈제도〉 ①해마다 유월과 섣달에 이조(吏曹)와 병조(兵曹)에서 허물 있는 벼슬아치를 임금에게 적어 올려서 감등(減等)·서용(敍用)하던 일. ②죽거나 병들거나 또는 다른 까닭으로써, 생긴 군병(軍兵)의 결원을 6월과 12월에 보충하던 일.
세:초-연(洗草宴)[명] 〈제도〉 국사(國史)의 찬수(撰修)를 마치고 원고를 정리할 때에 열던 잔치.
세:총(細葱)[명] (동)실파.
세:총 강회(細葱一膾)[명] 실파로 만든 강회.
세:-출(歲出)[명] 〈경제〉 일 년 동안 또는 한 회계 연도 안의 총지출. (대)세입(歲入). annual expenditure
세:-출입(歲出入)[명] 〈경제〉 세출과 세입. revenue and expenditure
세:치(細緻)[명] 자세하고 면밀함. 치밀(緻密). 하다
세:치(歲雉)[명] 새해 선물로 보내는 꿩.
세:치(一角)[명] (동)→세치 각목.
세:치 각목(一角木)[명] 세치 넓이로 네모지게 만든 각목. (약)세치각. square timber of 3×3
세:칙(細則)[명] ①자세한 규칙. detailed rules ②잔일에 관한 규칙. 「칙. taxation rules
세:칙(稅則)[명] 조세(租稅)를 매기고 받는 데 관한 규
세:침(細針)[명] 가는 바늘. 「대학. what is called
세:칭(世稱)[명] 세상에서 보통 말하는 것. 1~일류
세컨드(second)[명] ①둘째. ②(약)→세컨드 베이스. 세컨드 베이스맨. ③권투에서, 선수의 보조자. ④초시(秒時). 초침(秒針). ⑤(속) 첩(妾).
세컨드 런(second run)[명] 〈연예〉 개봉관(開封館)에 이어서 상영하는 이류 극장의 흥행(興行).
세컨드 베이스(second base)[명] 〈체육〉 야구에서, 이루(二壘). (약)세컨드②.
세컨드 베이스맨(second baseman) 〈체육〉 야구에서, 이루수(二壘手). (약)세컨드②.
세컨드-핸드(second-hand)[명] ①시계의 초침. ②중고품. 고물(古物).
세:-코-짚신[명] 발을 편하게 하기 위하여 앞쪽 양편에다 약간의 총을 넣어서 코를 낸 짚신.
세코짚신에는 제날이 좋다[속] 무엇이든지 분수에 알맞은 것이 가장 좋다.
세퀘이아(sequoia)[명] 〈식물〉 소나무과 삼목속(杉木屬)의 상록 교목. 북아메리카 태평양 연안의 산지 일부에 자생. 세계 최대의 나무로서 유명함.
세크레틴(secretin)[명] 〈생물〉 십이지장에서 소화액의

분비를 촉진시키기 위하여 분비되는 호르몬.
세:탁(洗濯)[명]《동》 빨래. 하다.　　　　　[machine
세:탁-기(洗濯機)[명] 빨래하는 데 쓰는 기계. washing
세:탁-물(洗濯物)[명] 세탁할 물건. washing
세:탁-부(洗濯婦)[명] 세탁을 위하여 고용된 부녀.
세:탁 비누(洗濯—)[명] 《동》 빨랫비누.
세:탁-소(洗濯所)[명] 빨래를 맡아 하여 주는 영업소.
　laundry　　　[소다의 진한 용액을 냉각시켜 만듦.
세:탁 소:다(洗濯 soda)[명] 세탁에 쓰는 소다. 탄산
세:탁-제(洗濯劑)[명] 빨래할 때에 쓰는 비누나 약품
　따위. detergent　　　　　　[거하는 일. 하다
세탄değer(洗炭)[명] 석탄을 씻어 불순물이나 불량탄을 제
세탄(Cetan 도)[명] 《화학》 세텐(cetene)에 수소를 첨
　가하거나, 팔미틴산(palmitin 酸)의 환원에 의하여
　얻어지는 물질.　　　　　　[social conditions
세:태(世態)[명] 세상의 상태나 형편. 세상(世相).
세:태 소:설(世態小說)[명] 《문학》 그 사회의 인정·유
　행·풍속·제도 따위를 묘사한 소설.
세:태 인정(世態人情)[명] 세상의 형편과 사람의 심적
　동태. 인심 세태(人心世態).
세:태-학(世態學)[명] '사회학'의 구칭.
세:태-화(世態畫)[명] 풍속도. 장르(genre).
세터(setter)[명] 《동물》 개과에 속하는 사냥개의 하나.
　영국 원산으로 키는 60 cm 가량이며 얼굴이 길쭉하
　고 온몸의 털이 깊. 성질이 온순하고 체질이 강하
　며 습지의 새 사냥에 적당함.
세텐(cetene)[명] 《화학》 불포화 탄화수소의 하나. 고
　래 기름 속에 들어 있는 물질. 알코올·에테르에 녹
　　　　　　　　　　[bur with three chestnuts in it
세:톨-박이[명] 한 송이에 세 톨이 같이 든 밤송이.
세:-톱(細—)[명] 이가 잘고, 날이 얇은 작은 톱. fine-
　tooth saw　　　　　　　　　[new year's days
세:-투(歲投)[명] 정초에 하는 노름. games played in
세트(set)[명] ①도구·기구 따위의 한 벌. 《음집》 ~.
　②영화·텔레비전 드라마 등의 촬영용으로 꾸며진 여
　러 장치. 《오픈 ~. ③《체육》 테니스·배구·탁구
　등에서, 1 회의 승부. 《3~째의 경기. ④퍼머할
　때에 머리카락을 마는 일. 또는, 그 도구. 《머리
　를 ~하다. 하다
세트 빌(set bill)[명] 《경제》 외국환(外國換) 어음에 있
　어서, 수송 도중에 분실하거나 연착할 경우에 대비
　하여 같은 내용, 같은 효력을 가진 어음을 두 장
　이상 작성해서 다른 경로를 달리하든가 발송의 시
　기를 달리하여 수취인에게 송부(送付)하는 어음.
세트 스크럼(set scrum)[명] 럭비에서, 가벼운 벌칙에
　대하여 양편의 포워드로 하여금 짜게 하는 스크럼.
세트 포인트(set point)[명] 《체육》 경기 용어로서, 세
　트를 결정짓는 중요한 득점.
세틀먼트(settlement)[명] ①이주시(移住地) ②《사회》
　하층 사회의 생활 개선과 향상을 목적으로 하는 탁
　산소(授産所)·탁아소(託兒所)·진료소(診療所) 따위
　의 사회 시설. 주민의 생활 향상을 돕는 사업.
세팅(setting)[명] ①《인쇄》 식자할 때, 앞 줄이 음
　직이지 않도록 스틱에 넣는 자. ②가구 등을 배치
　하는 일. ③녹음·영화 촬영 등의 장치를 배치하는
　일.
세:-파(世波)[명] ①모질고 거센 세상의 풍파. storms
　of life ②사회의 움직이는 형편. social conditions
　③괴로움이 많은 쓰라린 사회. bitter life
세:-파(世派)[명] 한 겨레붙이에서 갈려 나온 파(派).
세:-파(細—)[명]　　　　　　　　　　　[sect
세:파(細波)[명] 잔 물결. ripples
세:파(歲破)[명] 《민속》 팔장신(八將神)의 하나. 곧,
　바닷물을 맡아 다스린다고 하는 신령(神靈). 이 방
　위(方位)로 배를 타고 가거나 이사함을 꺼림.
세퍼레이츠(separates)[명] ①슈츠같이 보이나 실은 상
　하로 따로따로 되어 있는 여성복. ②위아래를 달리하여
　복장의 짜임새. 스웨터와 슬랙스 따위.

세퍼레이트(separate)[명] 스테레오 장치·가구 따위에
　서 한 세트의 도구를 자유로이 짝맞추어 쓸 수 있
　게 만든 것.
세퍼릿 코:스(separate course)[명] 《체육》 육상 경기의
　단거리·중거리 경주에서 구분(區分)된 주로(走路).
세:평(世評)[명] 세상의 평판. 평판(評判). 세설(世說).
　public opinion　　　　　　　[criticism 하다
세:평(細評)[명] 자세한 비평. 《대》 개평(概評). minute
세:폐-겨:납[—겨—](歲幣—)[명] 길이·너비·자수가 꼭
　규격에 맞는 겨납. 세포겨납. annual tribute
세:포(細布)[명] 올이 고운 삼베. 세마포. finetextured
　hemp cloth
세:포(細胞)[명] 《생리》 생물체를 조직하는 기본적인
　단위. cell ②공산당 등의 조직의 단위로 되어 있는
　작은 조직. 또는 개인을 이름.
세:포=겨:납(細布—)[명] 《동》 세페겨납(細幣—).　　[레.
세:포 기생충(細胞寄生蟲)[명] 세포 속에 기생하는 벌
세:포 단체(細胞團體)[명] 《사회》 한 단체를 조직하는
　하나하나의 단체.
세:포-막(細胞膜)[명] 《생물》 식물 세포의 원형질(原形
　質)의 표면을 싸고 있는 막(膜). 동물 세포에는 식
　물과 같이 세포막이 없으나, 원형질을 세포막이
　라 말할 때가 있음. cell-wall
세:포 분열(細胞分裂)[명] 《생물》 세포가 번식하기 위
　하여 그 개체가 나누어지는 현상. cell division
세:포 식물(細胞植物)[명] 《식물》 세포가 분화되지 아
　니하고 유관속(維管束)이 없는 식물. 《대》 유관(有
　管) 식물.
세:포-액(細胞液)[명] 《생물》 식물의 세포질의 공포(空
　胞) 속에 있는 액(液). 염류(鹽類)·탄수화물(炭水
　化物)·단백질(蛋白質)·산소 따위의 물질을 함유함.
　cell sap
세:포 조직(細胞組織)[명] ①《동》 망양(網樣) 조직. ②
　《생물》 세포의 연결로 된 생물체의 조직. cell syst-
　em ③《사회》 정당·단체 등의 성립 요소 및 기반(基
　盤)으로서의 단위를 연결시키는 일. cellular tissue
세:포-질(細胞質)[명] 《생물》 세포의 핵을 싸고 있는
　원형질 부분. 주성분은 단백질이며, 콜로이드로 이
　루고 있음. cytoplasm
세:포-학(細胞學)[명] 《생물》 생물체를 구성하는 세포
　의 형태·구조·생리(生理) 따위를 연구하는 학문.
세:포-핵(細胞核)[명] 세포 원형질 안에 있는
　동글동글한 물질. mesoplast
세:-품(細品)[명] 《동》 솔솔 부는 바람. 미풍(微風).
세:품(歲豊)[명] 《동》 풍년(豊年).
세:풍 사우(細風斜雨)[명] 《동》 사풍 세우(斜風細雨).
세:-피리(細—)[명] 《음악》 가는 피리의 하나. 향피리
　와 모양은 같은데, 가늘고 작음.
세피아(sepia 라)[명] 《미술》 암갈색의 수채화 물감의
　하나. 오징어 먹물로 만듦.
세:필(細筆)[명] ①잘게 쓴 글자. 또, 그것을 쓰는 일.
　②잔 글씨를 쓰는 붓. small brush 하다
세:-하(細蝦)[명] 《동》 쌀새우.
세:하-젓(細蝦—)[명] 쌀새우로 담가 만든 것.
세:한(歲寒)[명] 추운 겨울 계절. 겨울. cold winter
세:한 삼우(歲寒三友)[명] 겨울철 관상용(觀賞用)인 소
　나무·대나무·매화나무의 일컬음. 동양화의 화제(畫
　題).　　　　　　　　　　[잣나무의 기백이 드러남.
세한 지송백(歲寒知松柏)[명] 추운 겨울에야 소나무·
세:행(世行)[명] 대대로 교분(交分)이 있는 같은 또래
　의 벗. traditional friendship
세:혐(世嫌)[명] 두 집안 사이에 대대로 지녀 내려온
　원한과 미움. traditional feud
세:형(世兄)[명] 《공》 세의(世誼)가 있는 동년배(同年
　輩)의 사람을 이르는 말.　　　　　　[minute picture
세:화(細畫)[명] 섬세하게 그린 그림. 《대》 약화(略畫).
세:화(歲畫)[명] 《제도》 새해를 축하하는 뜻으로 궐내
　(闕內)에서 만들어 임금이 신하에게 돌려 주던 그

림.
세:환(世患)〖명〗 세상사로 인한 근심·걱정.
세:황(歲況)〖명〗 설을 맞는 정황(情況). festive mood of the new year
세:후(歲後)〖명〗 설을 쇤 뒤. [대] 세전(歲前). after the new year
섹셔널리즘(sectionalism)〖명〗 한 군데에만 편중하여 배타적으로 되는 주의. 파벌주의. 할거주의(割據主義).
섹션(section)〖명〗 ①단편(斷片). ②단면(斷面). 부분. 구획. ③문장·규약 등의 절, 또는 항. ④반(班). 부(部). ⑤〈군사〉 분대(分隊). [용지.
섹션 페이퍼(section paper)〖명〗 방안지(方眼紙). 제도
섹슈얼(sexual)〖명〗 성적 충동을 느끼게 하는 모양. 하
섹스(sex) 성(性) ④.
섹스 어필(sex appeal)〖명〗 성적(性的) 매력.
섹스턴트(sextant)〖명〗 ①〈동〉 육분의(六分儀). ②〈수학〉한 원의 6분의 1.
섹스테트(sextet 라)〖명〗 〈음악〉 육중주(六重奏)나 육중
섹시(sexy)〖명〗 성적 매력이 있는 모양. 하〖명〗
섹트(sect)〖명〗 ①분파. 당파. 종파. 파벌. ②사상적·정치적으로 신념·사상을 같이하는 사람의 집단.
섹트적(sect的)〖관형〗 분파적·섹트주의적.
섹트주의(sect 主義)〖명〗 〈사회〉 사회 운동에서 한 조직체 안의 한 파가 자기 파의 주장만을 고집하여 남을 배척하는 태도.
센:=개〖명〗 털 빛이 흰 개. white dog
센:내기〖음악〗 센박으로부터 시작하여 그 곡에 지정된 박자의 셈·여림이 일정하게 되지 않는 것.
센달나무〖식물〗 녹나무과의 상록 활엽 교목. 참나무와 비슷한데 높이 7〜9m로 잎은 긴 타원형이며, 뒷면에 흰 가루가 있음. 7월에 담황록색의 꽃이 피고 장과는 흑록색임. 기구재·신탄재로 씀.
센달로이(sendalloy)〖화학〗 탄화텅스텐을 주성분으로 하는 합금. [일컬음. white puppy
센:둥이〖명〗 털 빛이 흰 동물. 특히, 흰털의 강아지를
센동이가 검둥이고 검둥이가 센둥이다〖속담〗 빛이 희거나 검거나 개는 개인 것과 같이, 바꾸어 보아도 그런 것과 조금도 다름이 없다.
센:등=**논종다리**[一종一]〖조류〗 할미새과의 새. 논종다리와 같으나 등이 흼.
센:말〈어학〉 뜻은 같되, 어감이 강한 말. '검다'에 대한 '껌다' 따위가 것.
센:머리희어진 머리털. 백발(白髮).
센:물물 칼슘염 같은 광물질이 비교적 많은 물. 경수(硬水). hard water
센:바람풍력 계급의 하나. 풍속이 1초에 13.9〜17.1m 되는 바람. [는 따위. (대) 여린박.
센:박(一拍)〖음악〗 한 마디 안에서 세게 연주하
센서스(census)〖명〗 ①인구 조사. 국세 조사(國勢調査). ②특정한 사회 현상에 대하여 어느 시점에 일제히 시행하는 전수(全數) 조사.
센세이셔널(sensational)〖명〗 ①감동적(感動的). 선정적(煽情的). ②〜한 기사(記事). ③세상의 이목(耳目)을 이끄는 모양. 하〖명〗
센세이셔널리즘(sensationalism)〖명〗 ①〈문학〉 선정적 문체(煽情的文體). 선정주의(煽情主義). ②〈철학〉 감각론(感覺論). ③〈윤리〉 관능주의(官能主義).
센세이션(sensation)〖명〗 ①감각(感覺). 느낌. ②일시적인 평판이나 인기(人氣). ③흥분. 선정. 물의.
센:숫돌질이 거친 숫돌.
센슈얼(sensual)〖명〗 ①육욕적(肉慾的). 육감적. 관능적. ②〈철학〉 쾌락주의.
센슈얼리즘(sensualism)〖명〗 ①육욕주의. ②〈철학〉 감각론. 하〖명〗
센스(sense)〖명〗 ①감각. 특히, 그 기능이나 능력. ②지각. 의식. ③분별. 양식(良識). ④사물의 미묘한 느낌이나 의미를 깨닫는 일. [(感).
센시빌리티(sensibility)〖명〗 감수성(感受性). 민감(敏
센:입천장[―닙―]〖생리〗 입천장의 한 부분. (대)
여린 입천장. hard palate
센추리(century)〖명〗 세기(世紀).
센타:르(centare)〖명〗 면적의 단위. 1/100아르.
센터(center, centre)〖명〗 ①중심. 중앙. ②〈체육〉 농구에서 중견 공격수(攻擊手). ③〈체육〉 배구에서 전위(前衛)·중위(中衛)·후위(後衛)의 각기 중앙에 선 사람. ④〈야〉→센터 포워드. 센터필드. 센터필드. ⑤전문적·종합적 설비나 기능이 집중되어 있는 곳. [선(白線).
센터-라인(center-line)〖명〗 도로의 한가운데 그어진 백
센터링(centering)〖명〗 축구·하키 등에서, 터치 라인 근처의 플레이어로부터 중앙에 있는 자기편 플레이어에게 볼을 패스하는 행동.
센터 서:클(center circle)〖명〗 〈체육〉 농구 경기장의 중앙에 그어 놓은 반경 2피트의 원주(圓周).
센터 포:워드(center forward)〖명〗 〈체육〉 축구에 있어 서 제일 앞쪽의 중견 공격수. 〖약〗센터 F.
센터-폴(center-pole)〖명〗 ①전차가 왕복하는 궤도의 중간에 세운 전주. ②경기장·광장 등의 중앙에 세운 기둥. 기를 올리는 데는 [쪽으로 쳐 올린 공.
센터 플라이(center fly)〖명〗 〈체육〉 야구에서, 중견수
센터-필:더(center-fielder)〖명〗 〈체육〉 야구에서 중견수(中堅手). 〖약〗센터 ④.
센터-필:드(center-field)〖명〗 〈체육〉 야구의 중견(中堅).
센터-하:프(center-half)〖명〗 〈체육〉 축구에서 3명의 하프백 중 중간에 위치하는 사람.
센:=털빛이 희어진 털. gray hair
센텐스(sentence)〖명〗 ①〈어학〉 주어 또는 주부와 술어 또는 술부로 이루어져 한 덩어리의 완결된 사상·감정을 나타내는 글. 문장(文章). ②〈음악〉 주로 8소절로 이루어진 하나의 완결된 악구(樂句).
센토(CENTO)〖명〗 〈약〉 Central Treaty Organization 중앙 조약 기구(中央條約機構). [의 100분의 1
센트(cent)〖명〗 미국의 청동화(靑銅貨). 달러(dollar)
센트럴 히:팅(central heating)〖명〗 중심이 되는 한 곳에서 각각의 각부에 증기나 온수(溫水)를 보내는 난방 방식. 집중 난방. 중앙 난방.
센티(senti) 〖약〗→센티멘털.
센티(centi)〖명〗 〖약〗→센티미터.
센티(centi-)〖접두〗 미터법의 각 단위의 머리에 붙여서 100분의 1의 작은 단위를 나타냄.
센티-그램(centigram)〖명〗 1그램의 100분의 1.
센티-리터(centiliter)〖명〗 1ℓ의 100분의 1.
센티멘털(sentimental)〖명〗 감상적(感傷的)·감정적(感情的). 〖약〗센티(senti). 하〖명〗 [상가(感傷家).
센티멘털리스트(sentimentalist)〖명〗 감상적인 사람. 감
센티멘털리즘(sentimentalism)〖명〗 〈문학〉 감상주의(感傷主義).
센티멘트(sentiment)〖명〗 ①감상(感傷). ②정서(情緒).
센티미:터(centimeter)〖명〗 1미터의 100분의 1. 〖약〗센티.
셀러(cellar)〖명〗 ①지하실. ②〈체육〉 야구의 리그전에서, 가장 아래 자리의 팀. [여신(女神).
셀레네(Selene 그)〖민족〗 그리스 신화에서의 달의
셀렉션(selection)〖명〗 ①선택. ②〈생리〉 도태.
셀렌(Selen 도)〖화학〗 화학 원소의 하나. 유황과 비슷하여 공기 중에서 푸른 불꽃을 내며 타고, 물에 안 녹음. 천연적으로는 황화물 중에 소량이 산출됨. 유리의 착색·광전지(光電池)등에 쓰임. 원소 기호; Se. 원자 번호; 34. 원자량; 78.96.
셀렌 정류기(Selen 整流器 도)〖명〗 〈물리〉 철 또는 니켈판 위에 셀렌을 융착(融着)시켜, 다시 이 위에 납 또는 그 합금을 접착시킨 판을 사용하는 정류기.
셀로비오스(cellobiose)〖명〗 셀룰로오스를 무기산(無機酸)과 함께 찔 때 포도당으로 분해되기 전에 생기는 이당류(二糖類).
셀로얀(celloyarn)〖명〗 셀로판을 가늘게 잘라 꼰 것.
셀로텍스(celotex)〖명〗 〈건축〉 사탕수수의 찌꺼기를 압축하여 만든 건축 자재.

셀로판(cellophane)명 비스코스로 만든 종이 같은 물건. 색이 없이 투명하고 유리 같은 광택이 있음.
셀룰로오스(cellulose)명 〈화학〉식물 세포막의 주성분. 흰 무정형의 탄화수소. 무명 종이·인견사 따위의 물질을 이룸. 섬유소(纖維素).
셀룰로이드(celluloid)명 〈화학〉질산 섬유소(窒酸纖維素) 70%에 장뇌(樟腦) 30%로 된 무색 반투명의 물질.
셀프(self)명 자기. 자신.
셀프=서비스(self-service)명 대중 식당·슈퍼마켓 등의 자급식 판매 방법.
셀프=컨트롤(self-control)명 자제(自制). 극기(克己).
셀프=타이머(self-timer)명 사진기의 셔터를 일정한 시간을 두고 자동적으로 끊는 장치.
셀피시(selfish)명 자기 본위(自己本位). 이기적(利己的).
셈:명 ①세어서 헤아림. 계산. counting ②사물을 분별하는 슬기. discretion ③〈약〉→셈판①. ④〈약〉→셈셈이. ⑤주고받은 액수를 서로 따지어 밝히는 일.
셈:가죽명 양·영양 등의 부드럽게 다룬 가죽. 하관
셈:끌-다[-따] 셈을 쳐서 갚을 돈을 갚지 않고 뒷날로 미루다. one's years of discretion
셈:나-다囸 사물을 분별하는 슬기가 나다. attain
셈:놓다囸 →셈하다.
셈:들-다(걀-로뫄) 일이나 물건을 잘 분별하는 슬기가 있게 되다. ¶그도 셈들 나이가 되었는데…. come to have discretion   전 이름. arithmetic
셈:본명 ①셈에 관한 법칙. ②국민 학교 산수의 그
셈:속[-쏙]명 ①마음 속 내용. real state of affairs ②속셈의 실속. 이해 타산. selfish calculation
셈:수[-쑤]〈-數〉명 ⑨ 셈평①.
셈:씨명 〈어〉수사(數詞).
셈:어=족(Sem 語族)명 북아프리카로부터 서남 아시아에 걸쳐 있는 어족의 하나. 히브리어·아라비아어 등이 이에 속함. 함셈 어족.
셈:이름씨명 〈동〉수명사(數名詞).
셈:제기-다 한 번에 선 수효의 많음에 따라 승부를 정하는 제기 놀이의 하나.
셈:질기-다 남에게 셈하여 줄 돈이나 물건 따위를 끈질기게 끌며 주지 않다.
셈:책(一册)명 〈동〉치부책.
셈:치-다囸 셈하여 헤아리다. 계산하다. 조용 어떤 동작이나 사실을 요량(料量)으로 가정하다. ¶받은 ~. 먹은 ~. assume
셈:판명 ①사실의 형편. 또, 그 원인이나 이유. 《약》 셈③. circumstances ②〈동〉주판(籌板).
셈:퍼이-다囸 〈약〉→셈평 퍼이다.
셈:평명 ①타산적 내용. 셈속. ¶돈을 물쓰듯 하니 ~이 있는 사람 같지 않다. selfish calculation ②생활의 형편. condition of life
셈:펄 펴이-다囸 생활이 좀 넉넉해지다. 〈약〉셈퍼이다. Life becomes easier
셈프레(sempre 이)명 〈음악〉'항상·늘'의 뜻. [뜻.
셈플리체(semplice 이)명 〈음악〉'단순한·평범한'의
셈플리체멘테(semplicemente 이)명 〈음악〉'단순하게'의 뜻.
셉테트(septet)명 ①칠인조(七人組). ②〈음악〉칠중주. 칠중창. ③〈음악〉칠중주곡. 칠중창곡.
셋:주 하나에 둘을 더한 수. 삼(三). three
셋:=갖출명 저고리·바지·조끼를 갖춘 한 벌의 양복. 셋불이②.   [수 있도록 차린 상.
셋:=겸상(一兼床)명 한 상에서 세 사람이 함께 먹을
셋:=돈(貰-)명 세로 주는 돈. 세전(貰錢). rent
셋:=방(貰房)명 세를 받고 남에게 빌려 주는 방.
셋:=방=살이(貰房一)명 셋방을 빌려서 사는 살림살이. 하관
셋:=붙이[-부치]명 ①개피떡 세 개를 붙이어 만든 산병(散餠)의 하나. 삼부병(三付餠). ②양복의 바지·저고리·조끼를 갖춘 한 벌. 셋갖춤. threepiece suit
셋:=소명 〈동〉세우(貰牛).
셋:=잇=단음표[-다-]〈一音標〉〈음악〉본래 이등분한 음표를 삼등분한 음표.
셋:=줄(-勢)명 권세의 힘을 빌어 쓸 수 있는 길. 뒷 [줄.
셋:=집(貰-)명 세를 내고 빌려 사는 집. 세가(貰家).
셋:째주명 세 번째. 세 개째. third [house to let
셋:째=가리킴명 〈동〉제삼인칭(第三人稱).
셋:째=자리바꿈명 〈음악〉칠(七)의 화음의 제칠음을 베이스 또는 가장 낮은 음으로 하는 자리바꿈.
셍기-다囸 ①이말 저말을 연달아 주워 대다. rattle on ②남에게 자꾸 잇달아 일거리를 대어 주다. provide continuously
셍발(cymbale 프)명 〈동〉심벌즈(cymbals).
•셔명 □ 소까래.
셔-다囸 〈교〉서다.
셔:링(shirring)명 천을 여러 겹 누비어 줄인 장식품.
셔미네(cheminée 프)명 벽난로(壁煖爐).
셔방·맛-다/셔방-다囸 〈교〉시집가다.
셔:벗(sherbet)명 과즙(果汁)에 사탕을 넣어 얼린 얼 [음 과자.
셔블(shovel)명 삽(鋪).
=셔요관 〈약〉=시어요.
셔·울명 〈교〉서울.
셔츠(shirts)명 ①속옷. ②윗도리에 입는 서양식 속옷.
셔터(shutter)명 ①좁은 철판을 가로 연결한 덧문. ②사진기 따위의 렌즈의 투명 여닫는 장치.
셔틀=콕(shuttlecock)명 배드민턴 따위의 깃털 공.
•셕·셕명 〈교〉고삐.
셕명 〈교〉직분(職分).
션·빈명 〈교〉선비.
션븨명 〈교〉선비.
션-찬-다囸 〈약〉→시원찮다.
셜·이명 〈교〉쉽게.
셜혼주 〈교〉서른.
셟-다囸 〈교〉섧다.
:셥-다囸 〈교〉쉽다. 괴롭다.
:셥명 〈교〉섬.
셤·기-다囸 〈교〉섬기다.
셧 아웃[션-](shut out)명 ①내쫓기. 차단. ②공장 폐쇄. ③〈체육〉야구에서 상대편을 영패(零敗)시키 [는 일.
성가·시-다囸 시달리어 야위다.
성·각휙명 〈교〉성가퀴.
:성·납바-지명 〈교〉장색(匠色).
:성·녕명 〈교〉수공업(手工業).
셰가탈명 〈교〉말이 약간 탈탈거리고 걷는 걸음.
:세--다囸 〈교〉세다.
=세라미명 〈교〉=세라. =구나.
셰르파(Sherpa)명 〈지리〉히말라야 남쪽 산간 지대에 사는 몽고인계의 한 종족. 티베트와의 교역이 생업임.   [머, 포도가 주원료임.
셰리(sherry)명 양주(洋酒)의 하나. 스페인에서 나
셰이드(shade)명 ①차양. 차일. ②전등이나 전기 스탠드의 갓. ③차광기(遮光器).
셰이버(shaver)명 전기 면도기.
셰이빙(shaving)명 수염이나 털을 깎음. 면도. 하관
셰이빙 브러시(shaving brush)명 면도솔.   [림.
셰이빙 크림(shaving cream)명 면도할 때 쓰는 크
셰이커(shaker)명 칵테일을 만드는 교반기(攪拌器).
셰이크핸드 그립(shakehand grip)명 〈체육〉정구·탁구에서 라켓을 잡는 방법. 악수하듯이 잡음.
셰이퍼(shaper)명 작은 공작물(工作物)의 평면을 깎아 내는 공작 기계.
셰이프(SHAPE) 〈약〉 Supreme Headquarters of Allied Powers in Europe 북대서양군 최고 사령부.
셰파-드(shepherd)명 〈동물〉개의 한 종류. 프랑스 원산으로 늑대와 비슷하며 골격이 크고 영리하며 후각이 예민함. 군견(軍犬)·경찰견(警察犬) 등으로 쓰임.   [槽用)의 보트.
셸(shell)명 〈체육〉일인승의 극히 경쾌한 경조용(競
셸락(shellac)명 수지(樹脂)의 하나.
셸터-드 워=크숍(sheltered workshop)명 〈사회〉신체 장애자(身體障碍者)를 위하여 집과 일하는 곳을 함

께 마련한 곳.
소(動物)명 소과에 속하는 동물. 몸은 굵고 다리는 짧으며 두 개의 뿔과 긴 꼬리가 있음. 가축에는 짧은 털이 밀생하고 발굽은 둘로 갈라졌음. 육용(肉用)·유용(乳用)·사역용(使役用)들 품종이 많음. cattle
소명 ①떡·만두 따위의 속에 맛을 내기 위하여 익히기 전에 넣는 음식. fillings ②몽깃치 따위의 속에 넣는 여러 가지 고명. 속③.
=소어미 ① '하소' 할 자리에 받침 있는 용언에 붙어서 평서·의문·명령 등을 나타내는 종결 어미. ¶적~.먹~. ② '하소' 할 자리에 받침 있는 동사의 어간에 붙어 명령을 나타내는 종결 어미.
소(沼)명 ①땅바닥이 둘러 꺼지고 물이 깊이 괸 곳. pond ②〈지리〉호수보다 물이 얕고 진흙이 많으며 침수 식물이 무성한 곳. 늪. marsh
소:(素)명 ①흰빛의 견(絹). ②흰빛. white ③꾸밈지 아니한 것. pure ④사물의 근원. root ⑤음식이 나물로만 되었음. simple food ⑥〈민속〉 기중(忌中)에 고기를 먹지 않는 일. 하다
소(疏)명 ①임금에게 올리는 글. petition to the throne ②〈불교〉죽은 사람을 위하여 명부(冥府)에 아뢰는 글. ③〈불교〉경(經)·논(論)을 주해한 것. annotation
소(訴)명 〈법률〉법원에 대하여 심판(審判)을 청구하는 일. lawsuit
소(簫)명 〈음악〉아악(雅樂)에 쓰이는 악기의 하나.
소:(小)접두 작다는 뜻을 나타내는 말. 대(大). small, little
=소(所)접미 명사가 붙어서 처소를 나타내는 말. ¶연구(研究)~. place
·소명 물이 깊은 못(池).
소:가(小家)명 ①규모가 작은 집. ②가난한 집. ③첩은집. 첩(妾) ④작은집.
소:가(小暇)명 ①아주 짧은 겨를. 소한(小閑). short leisure ②짧은 말미.
소:가(小駕)명 대가(大駕)·법가(法駕)와 함께 임금이 타는 수레의 하나. small sedan chair
소-가족(小家族)명 식구가 적은 집안. ¶~ 제도(制度). small family ②〈사회〉부부(夫婦)와 미성년(未成年)인 자녀로써 구성되는 가족. 대 대가족
소-가축(小家畜)명 작은 가축. (大家畜)
소:-가지명 (속) 심성(心性).
소:가지-내-다통 (속) 성내다. get angry
소:각(小角)명 ①〈음악〉작은 나발. ②〈건축〉폭 20cm 쯤의 각재(角材).
소각(消却)태 ①지워 없애어 버림. 소거(消去)②. ②부채·차금(借金)등을 갚아 버림. pay off a debt
소각(燒却)태 불에 태워 없애어 버림. 소기(燒棄). destruction by fire 하다
소각 소독(燒却消毒)명 태워 버리는 소독법.
소:간(小簡)명 작고 좁게 만든 간지(簡紙).
소:간(所幹)명 볼일. business
소:간-사(所幹事)명 볼일.
소:갈-딱지/소:갈-머리명 (속) 심지(心志). mind
소:-갈비구이(素—)명 소 갈빗살로 갈비구이와 같이 만든 음식.
소:-갈이명 소로 논밭을 갊. 하다
소갈-증(消渴症)명 〈한의〉 목이 말라서 물이 자꾸 먹히는 병. intense thirst
소:감(所感)명 마음에 느낀 바. 또, 느낀 바의 생각. impressions
소:강(小康)명 ①소란하던 세상이 조금 안정됨. ¶~ 상태. lull 하다 ②큰 탈이 없이 조금 편안함.
소강(溯江)명 강을 거슬러 올라감. 소류(遡流)②. 하다
소같이 벌어서 쥐같이 먹어라쉬지 않고 애써 일하여 저축한 것을 조금씩 절약하여 써라.
소개(紹介)명 ①모르는 사이를 알도록 가운데서 관계를 맺어 줌. 또, 그 일. introduction ②두 사람 사이에 서서 일이 어울리게 함. 거간함. brokerage ③어떤 사실이나 내용을 잘 알도록 하는 설명. ¶관광지 ~. 하다
소개(疏開)명 ①〈군사〉적의 포화(砲火) 따위에서 행동할 때, 손해를 적게 하기 위하여 병사를 성기게 (散開) 시킴. dispersion ②적화(敵禍)를 피하기 위하여 인구가 밀집한 도시에서 지방으로 사람들이 분산하는 일. evacuation ③중요 건축물 따위를 전재(戰災)에서 보호하기 위하여, 주위의 작은 가옥 따위를 딴 곳으로 옮기거나 파괴하는 일. removal 하다
소:=개:념(小概念)명 〈논리〉삼단 논법에서 결론의 주사(主辭)가 되는 개념. 소사(小辭). 대 대개념 (大概念). minor concept
소개-소(紹介所)명 ①소개업을 하는 곳. ②→직업소개소.
소개-업(紹介業)명 구전을 목적으로 직업·집·토지 등의 매매나 임대(賃貸) 등의 소개를 일삼는 업(業).
소개-장(紹介狀)명 사람을 소개하는 서장. letter of introduction
소객(騷客)명 〈동〉시인(詩人).
소거(消去)명 ①사라져 없어짐. 또, 지워 없앰. disappearance ②〈수학〉연립 방정식으로부터 특정의 미지수가 포함되지 않는 방정식으로 유도하는 일. ③자기 테이프를 강력한 자장이나 고주파 교류 자장 속을 지나게 함으로써 기록을 제거하는 일. elimination 하다
소거-법(消去法)명 〈수학〉 몇 개의 미지수를 가진 방정식에서 어떤 미지수를 없애는 방법.
소:-걸이명 우승상인 소를 걸고 겨루는 씨름. 곧, 상(上)씨름.
소:검(小劍)명 작은 칼.
소:=겨:름명 잠깐 겨름. break 하다
소:-겨리명 겨리질을 할 수 있게 겨리에 두 마리의 겨릿소를 매어 짝을 묶는 일. 하다
소:-겨웃-명 소의 예갖이.
소격(疏隔)명 서로 사귐이 생기어 막힘. estrangement
소격=감(疏隔感)명 어쩐지 서먹서먹해지는 느낌.
소격-서(昭格署)명 〈제도〉하늘·땅·별에 지내는 초제(醮祭)를 맡아 보던 관청.
소견(召見)명 불러서 만나 봄. 하다태
소:견(所見)명 사물을 보고 헤아리는 생각. (속) 소견머리. one's views
소견(消遣)명 소일(消日)②.
소:견-머리(所見-)명 (속) 소견(所見). idea
소견 세:월(消遣歲月)명 ①하는 일 없이 세월을 보냄. ②그것에 마음을 두고 세월을 보냄. 하다태
소:견-표(所見表)명 〈교육〉학생의 학업·신체·품행 등 신상에 관한 소견을 적은 서류. shment 하다
소결(消結)명 죄수를 너그럽게 처결함. lenient punishment
소결 합금(燒結合金)명 〈공업〉금속 가루로 어떤 모양으로 압축·가열하여 굳힌 합금.
소:경(小京)명 ①눈이 멀어서 보지 못하게 된 사람. 봉사(奉事). 몽고(矇瞽). 고인(瞽人). 고자(瞽者). 장님. 맹인(盲人). 맹자(盲者). blindman ②사물이나 글에 아주 어두운 사람.
소:경(小京)명 〈제도〉신라 때에 정치상·군사상 특히 중요한 자리에 두었던 작은 서울. minor capitals of the Silla Dynasty
소:경(小徑·小逕)명 작은 길. 좁은 길. 행경(行經). path
소:경(小景)명 작은 경치. small landscape ②작은 규모의 풍경화. sketch
소:경(少頃)명 잠깐 지나는 동안. little while
소:경(少卿)명 〈제도〉태의원(太醫院)의 한 벼슬. ②어공원(御供院)의 버금 벼슬.
소경(蘇莖·蘇梗)명 〈한의〉 소엽(蘇葉)의 줄기. 성질은 순하며, 풍한·습비·근골·동통·각기·기창 등에 씀.
소경 기름값 내기 아무런 필요도 없는데 남이 하는 대로 따라 한다.
소:경-낚시명 미늘이 없는 낚시.
소:경 단청 구:경명 못 보면서 물건을 봄.
소:경 막대명 의지하고 다니는 지팡이.
소:경 매질[팔매질]하듯명 대중없이 일을 함부로 함.
소:경 문고리 잡듯명 우연히 어떤 일을 이루거나 맞힘.
소:경 북자루 쥐듯명 쓸데없이 일이나 물건을 잔뜩 쥐고 놓지 않음.
소:=경사(所經事)명 지내어 겪은 일.

소경의 월수를 내어서라도㊾ 아무리 구차한 돈이라도 돌려서 급히 모면을 한다. 「무란다.
소경이 개천을 나무란다㊾ 제 잘못은 모르고 남만 나
소경이 저 죽을 날을 모른다㊾ 아는 체하여도 제 앞 일을 알지 못한다.
소경 잠자나 마나㊾ 일을 하나 마나 성과가 없음.
소경 장 떠 먹기㊾ 어림하여 짐작으로만 일을 함.
소경 제 닭 잡아 먹기㊾ 공것으로 알고서 먹고 보니 자기만 손해 봄.
소경 죽이고 살인 빚 갚는다㊾ ①헛일을 하고도 그 일로 하여 화를 입는다. ②엉벙치 못한 것을 알리고, 좋은 것을 상한 것과 같은 손해를 본다.
소경 파발 두드리듯㊾ 아무 분계(分概) 없이 함부로 휘둘러대는 모양.
소:계(小計)㊽ 한 부분만의 합계. 《유》 소합(小合). 《대》 총계. subtotal 「제로 씀.
소:계(小薊)㊽ 〈한의〉 조방가새의 뿌리. 지혈제·해독
소:고(小考)㊽ 체계를 세우지 아니한 고찰. study
소:고(小姑)㊽ 〈동〉 시누이.
소:고(小故)㊽ 조그마한 사고. 작은 사건. small event
소:고(小鼓)㊽ ①〈음악〉 두 개의 채로 치는 운두가 낮고 얇은 가죽으로 메운 작은 북. small drum ② 《원》→소구. 「one's husband
소:고(少姑)㊽ 남편의 서모(庶母). step-mother of
소고(溯考)㊽ 옛일을 거슬러 올라가서 자세히 참고함. retrospection 하㊾ 「drum
소고(簫鼓)㊽ 퉁소와 북. bamboo clarinet and a
소:고기㊽ 〈동〉쇠고기.
소:고무(小鼓舞)㊽ 소고를 가지고 추는 춤.
소고의㊽ 〈제도〉 부녀의 짧은 저고리의 궁중말.
소:고잡이(小鼓—)㊽ 소고를 가지고 추는 사람.
소:곡(小曲)㊽ 〈악〉→소품곡(小品曲).
소:곤(小棍)㊽ 형구(刑具)의 하나.
소곤-거리다㉰㊿ 남이 못 알아듣게 목소리를 낮추어 비밀히 말하다. 《큰》 수군거리다. 《센》 쏘곤거리다. whisper **소곤-소곤**㊿ 《큰》수군수군.
소골(昭鶻)㊽ 〈조류〉 수리과에 속하는 매의 하나. 수리보다 작고 매보다 크며 사냥매로 길들이고 깃은 화살의 것으로 사용함. 일본·한국에 분포함.
소곰㊽ 〈고〉 소금.
소곳-하다㊿㊾ ①고개를 약간 숙인 듯하다. ②흥분이 좀 가라앉은 듯하다. 《큰》수굿하다. is drooping low **소곳-이**㊿
소:공(小功)㊽ ①오복(五服)의 하나. 소공친(小功親)의 상사에 다섯 달 동안 입는 복제. ②작은 공. small success
소:공원(小公園)㊽ 크기의 기선이 작은 공원.
소:공-친(小功親)㊽ 유복친의 하나. 종조부모(從祖父母)·재종 형제(再從兄弟)·종질(從姪)·종손(從孫) 등의 총칭.
소:과(小科)㊽ 〈제도〉 생원(生員)과 진사(進士)를 뽑던 과거. 《대》대과(大科). 「→소과괘(小過卦).
소:과(小過)㊽ 작은 잘못. 《대》대과(大過). 《약》→소과괘.
소과(蔬果)㊽ 나물과 과실. vegetables and fruits
소:과-괘(小過卦)㊽ 〈민속〉 육십사괘의 하나. 진괘(震卦)와 간괘(艮卦)가 거듭한 것. 《약》소과(小過).
소·과·리㊾ 〈고〉 쏘가리. 「②.
소:관(小官)㊽ 관리가 스스로 자기를 낮추어 일컬음.
소:관(所管)㊽ 맡아 다스리는 바. ¶~ 사무. jurisdiction 「cerned
소:관(所關)㊽ 관계되는 바. ¶팔자 ~. matters concern
소:관-목(小灌木)㊽ 〈식물〉 키가 작은 나무.
소:관-자(小管子)㊽ 아악기의 하나. 작은 피리 모양으로 가로 붙여 세 개의 구멍이 있음.
소:괄호(小括弧)㊽ 〈수학〉 작은 괄호. 곧, 손톱 묶 음 '( )'의 일컬음. parenthesis
소광(消光)㊽ ①낮을 보냄. ②어두워짐. 하㊾
소광(疏狂)㊽ 제도에 지나치게 수수하고 활발하여 상규(常規)에 벗어남. rude and brusque 하㊽
소광(韶光)㊽ 〈동〉 춘광(春光).
소:괴(小塊)㊽ 작은 덩어리. 「데 쓰던 양기(量器).
소:곡(小斛)㊽ 옛날 민가에서 곡식 열닷 말을 되는
소:교(素交)㊽ 사귄 지 오래 됨. 또, 그런 교제(交際). 구교(舊交). old acquaintance
소:교(素轎)㊽ 상제(喪制)가 타는 희게 꾸민 가마.
소:-교의(素交椅)㊽ 장사지내기 전에 신위(神位)를 모시는 희게 꾸민 교의(交椅).
소:구(←小鼓)㊽ 〈음악〉 농악기의 하나. tabor
소:구(小丘)㊽ 작은 산. 동산 언덕. small hill
소:구(小球)㊽ 작은 공.
소:구(訴求)㊽ 〈법률〉 소송에 의하여 권리를 행사하는 일. 특히, 청구권을 행사함을 이름. 하㊾
소구(溯求)㊽ 〈법률〉 어음·수표의 지급이 없든지 또는 그 우려가 있을 때에 어음이나 수표의 소지인이 어음의 작성이나 유통에 관여한 자에 대하여 어음 금액 기타 비용의 변상을 청구하는 일. 하㊾
소:구 당좌 예:금(小口當座預金)㊽〈동〉특별 당좌 예금(特別當座預金)
소구멍(광물) 위로 향하여 뚫는 남폿 구멍. upper hole for a dynamite 「대구분. 하㊾
소:-구분(小區分)㊽ 작게 구분함. 또, 그 구분. 《대》
소:구-잡이(←小鼓—)㊽ 〈음악〉 소구를 맡아 치는 사람.
소:구-춤(小鼓—)㊽ 소구를 가지고 추는 춤. 소구무.
소:구-치(小臼齒)㊽ 〈생리〉 송곳니 뒤에 있는 두 개씩의 이. 앞어금니.
소:국(小局)㊽ ①좁은 소갈머리. narrow-mindedness ②작은 판국. small situation 「ntry
소:국(小國)㊽ 작은 나라. 《대》 대국(大國). small cou-
소:국[—국](素—)㊽ 고기를 안 넣고 끓인 국. soup without meat
소:국민(小國民)㊽ 나이 어린 국민. 아이. younger generation 「막걸리의 하나.
소:국-주(小麴酒·少麴酒)㊽ 찹쌀로 밑을 하여서 담근
소:군(小君)㊽ 〈제도〉 고려 때 첫째(賤妾)의 몸에서 태어나서 중이 된 왕자(王子)를 일컬음. 「group
소:군(小群)㊽ 작은 무리. 《대》대군(大群). small
소굴(巢窟)㊽ 나쁜 짓을 하는 무리들이 모여 있는 곳. 굴혈(窟穴). 소혈(巢穴). 와굴. 《약》 굴(窟). den
소 궁둥이에다 꼴을 던진다㊾ 어리석고 미련한 사람은 가르쳐도 보람이 없다. 우후 투추(牛後投芻).
소:권(小圈)㊽ 〈수학〉 ①작은 권점(圈點). ②구면(球面)과 구(球)의 중심을 통과하지 않는 평면이 교차하여 생기는 원. 소원(小圓)②. 《대》 대권(大圈).
소권[—권](訴權)㊽ 〈법률〉 법원에 소송을 제기하는 권리.
소:귀-나무〈식물〉 소귀나무과의 상록 활엽 교목. 높이 10~20m로 4월에 담홍색 꽃이 피고 열매는 6~7월에 검은 홍색으로 익음. 산록에 나며 수피(樹皮)는 염료용, 과실은 식용함. 산도(山桃). 양매(楊梅). 소귀나무.
소:귀-신(—鬼神)㊽ ①소가 죽어서 된다는 귀신. ②몹시 검질긴 사람을 이르는 말. 쇠귀신. tough man
소:규모(小規模)㊽ 일의 범위가 좁아서 매우 작은 규모. 《대》대규모. small scale
소극(消極)㊽ ①부정(否定)·수동(受動)·퇴영(退嬰)·보수(保守)적인 태도. 흔히 마지 못해서 일을 하거나 자발적이 아닌 태도. ②무슨 일을 결정하지 못하고 어물거림. 《대》 적극(積極). hesitant ③《동》복작(復戰). ④〈물리〉 전지의 성극(成極)을 방해하는 일. 「가 하는 극. 소인극(素人劇).
소:극(素劇)㊽ 〈연예〉 직업 배우가 아닌, 연극 애호가
소극(笑劇)㊽ 익살과 웃음거리를 주로 하여 관객을 웃게 하는 연극. farce
소극 개:념(消極概念)㊽ 〈논리〉 부정(否定)을 나타내

소극 명사(消極名辭) 〈논리〉 소극 개념을 표시하는 말. 불확실(不確實)·비상식(非常識) 따위. 《대》 적극 명사(積極名辭).

소극 명:제(消極命題) 〈동〉 부정 명제(否定命題).

소극 방공(消極防空) 〈군사〉 적의 공습에 대하여 엄폐(掩蔽)·은폐(隱蔽) 및 소개(疏開) 등의 방법에 의한 방공(防空). passive measures against air attack

소극 방어(消極防禦) 〈군사〉 주도권을 장악하려는 기도 없이, 다만 적의 행동으로 인한 손상의 가능성을 감소시키고, 그 효과를 최소한으로 국한시키려는 방책.

소극 의:무(消極義務) 〈법률〉 일정한 행위를 하지 않는 의무. 부작위의 의무나 남의 재산을 침해하지 않는 의무 따위.

소:극장(小劇場) 〈연예〉 예술적이나 실험적인 목적으로 조직된 소규모의 극장. small play-house

소극 재산(消極財産) 〈법률〉 채무·부채의 일컬음. 《대》 적극 재산.

소극-적(消極的) 자진해서 일을 하지 않으려는 (것). 미온적(微溫的). 《대》 적극적(積極的). negative

소극적 개:념(消極的概念) 〈동〉 소극 개념(消極概念).

소극적 명:령(消極的命令) 어떤 일을 하지 말라는 명령. 《대》 적극적 명령(積極的命令).

소극적 의:지(消極的意志) 〈논리〉 자기의 욕망(欲望)을 억제하는 의지. 《대》 적극적 의지(積極的意志). negative will

소극적 잔상(消極的殘像) 〈심리〉 소극으로 나타나는 잔상. 《대》 적극적 잔상(積極的殘像).

소극적 판단(消極的判斷) 〈논리〉 부정 판단(否定判斷).

소극-제(消極劑) 〈물리〉 전지(電池)의 분극(分極) 작용을 없애는 데 쓰는 약품.

소극-주의(消極主義) 〈윤리〉 일을 소극적으로 하는 주의. 금욕주의·보수주의. 《대》 적극주의(積極主義). negativism

소금(―) 〈화학〉 염화나트륨이 주성분인 흰빛의 짠맛이 나는 결정물(結晶物). 양념으로 많이 씀. 식염(食鹽). 염화나트륨. salt

소:금(小金) 〈음악〉 대금(大金)보다 조금 작은

소:금(小芩) 〈음악〉 중금보다 조금 작은 삼금(三芩)의 하나.

소금(銷金) 〈미술〉 인물화를 그릴 때에 그 옷에다가 금으로 비단 무늬를 그림. gold design ②쇠붙이를 녹이는 일. melting ironware fire

소금-구이 ①바닷물을 달여 소금을 만드는 일. 또, 그 일을 하는 이. ②생선·쇠고기 따위에 소금을 쳐서 굽는 일. 또, 그 것. 하타

소금-기[—끼](―氣) 〈동〉 염분.

소금 깍두기 소금을 넣고 담근 깍두기.

소금 대:통[—때—](―大桶) 양치질할 소금을 넣어 두는 대통. salt case

소금도 먹은 놈이 물을 켠다 죄지은 놈이 벌을 당한다. 주먹밥. ③소금을 섞은 밥.

소금-밥 ①〈약〉→소금엣밥. ②소금물을 묻혀 뭉친 밥.

소금-버캐 엉기어 말라 붙은 소금. coagulation of salt

소금을 물로 끌어다 하면 듣는다 어떤 명령에도 순종한다.

소금에 아니 전 놈이 장에 절까 비상한 휴계에 빠지지 아니한 사람이 여간한 꾀임에 속을 리가 없다.

소금엣-밥 반찬이 변변하지 못하게 차린 밥. 《약》 소금밥. plain food

소금-쟁이(―) 〈곤충〉 소금쟁잇과의 곤충. 몸 길이 15mm 내외로 몸 빛은 흑색에 가슴과 배에 갈색 세로피가 있음. 물 위를 달릴 수도 있으며 못·개천·염분이 많은 물에 메지어 삶. 수민(水黽). water-spider

소금-절이 고기·채소 등을 소금에 절임. 또, 그 고기나 채소. 하타 「―는 제구. coffin cover

소:-**관**(小歛用棺) 덮쒸우거나 송장을 덮는

소금-쩍 어떤 물건에 소금기가 내솟아서 엉긴 조각. coagulation of salt 「편포.

소금 편포(―片脯) 소금을 쳐서 만든 편포.

소급(遡及) 과거로 거슬러 올라 미치게 함. ¶ ~하여 시행함. retroactivity 하타

소급-력(遡及力) 〈법률〉 새로 제정·공포된 법률의 시행 이전에 일어난 일에까지 거슬러 미치는 힘.

소급-효(遡及效) 〈법률〉 ①법률이나 법률 요건의 효력이 그 시행 이전에 일어난 일에까지 거슬러 미치는 일. ②법률 행위나 그 밖의 일반 법률 요건의 성립 이전까지 거슬러 미치는 일.

소:기(小技) 조그마한 재주. trifling skill

소:기(小朞) 〈동〉 소상(小祥).

소:기(小器) 〈동〉 ①조그마한 그릇. small vessel ②작은 기량(器量). 소인물(小人物). 《대》 대기(大器). narrow-minded person

소:기(少妓) 어린 기생. young geesaeng

소기(沼氣) 〈화학〉 시궁창의 밑바닥에서 나오는 가연성의 무색 무취의 기체. 메탄(Methan). marsh gas

소:기(所期) 기대한 바. ¶ ~의 목적. expected

소:기(素肌) 〈동〉 휜 살. fair skin ②옷을 입지 않아서 휜 살이 드러남. bare skin

소기(燒棄) 〈동〉 소각(燒却). 하타

소기(騷氣) 〈동〉 ①시인(詩人)의 기상·기질. temperament of a poet ②아담하고 우아한 기품. elegance

소기-다 [고] 속이다.

소:기름[—] 〈동〉 쇠기름.

소:기:업(小企業) 〈동〉 소규모의 기업.

소:기후(小氣候) 꽃밭가·사변·경지(耕地)·도시 같은 지역의 기후. 「소금에만 절여서 담근 깍두기.

소:-깍두기(素—) 젓국·양념 따위를 치지 아니하고,

소-꼴(―) 소에게 먹이는 꼴. ox fodder

소꿉 아이들이 소꿉질할 때 쓰는는 자질구레한 그릇 따위의 장난감. toy

소꿉-놀이(―) 소꿉질하며 즐기는 놀이. 하타

소꿉-동무(―) 어릴 적에 소꿉질을 하며 같이 놀던 동무. old playmate 「doll house 하타

소꿉-장난(―) 소꿉질하면서 노는 장난. play with a

소꿉-질(―) 아이들이 장난감으로 살림살이 흉내를 내는 짓. playing at housekeeping 하타

소나(SONAR) 〈물리〉 음파를 사용하여 수중 물체의 탐지·수심 측정 등에 이용하는 방식의 총칭. sound navigation and ranging

소나기(―) 여름철에 갑자기 퍼붓는 큰 비. 취우(驟雨). 백우(白雨)①. shower

소나기-밥 보통 때는 조금 먹다가 갑자기 많이 먹는 밥. suddenly overeating 「말.

소나기 삼형제(―三兄弟) 소나기는 반드시 세 줄기가 온다는

소나기-술 입에만 대면 한정 없이 먹는 술. awful over drinking

소-나무(―) 〈식물〉 ①솔과의 상록 침엽 교목. 높이 30m 가량이고 잎은 모여 남. 5월에 자웅 일가의 꽃이 피고 구과는 다음 해 9~11월에 익음. 건축재·시탄재로 쓰이고 화분은 식용, 잎은 약용·식용임. 솔¹. 송목(松木). 송수(松樹). ②〈약〉솔나무. 옥송(陸松)을 이르는 말. 적송(赤松). pine tree

소나무-겨우살이(―) 〈식물〉 소나무겨우살잇과의 기생 식물. 깊은 산중의 소나무 가지에 붙어서 실같이 여러 가닥으로 늘어지는데 빛은 엷은 황록색임. 한방에서 이노·거담제로 쓰임. 송라(松蘿). Spanish moss

소나무-자치(―) 〈곤충〉 자치과의 곤충. 몸 길이 4~5mm 내외로 몸 빛은 검음. 소나무에 해로움.

소나타(sonata) 〈음악〉 본디의 칸타타에 대하여 기악곡(器樂曲)의 뜻이었으나, 18세기에 특정한 형

식을 갖춘 뒤로는 관련 있는 몇 악장으로 이루어진 기악(器樂)의 독주곡(獨奏曲). 주명곡(奏鳴曲).
소나타 형식(sonata 形式)圓〈음악〉악식의 하나. 주제(主題)·제시(提示)·전개(展開)·주제 재현부(主題再現部)로 된 복잡한 내용의 형식. 주로 주명곡·교향곡·협주곡의 제 1 악장으로 쓰임.
소나티나(sonatina 이)圓〈음악〉소규모의 소나타. 소주명곡(小奏鳴曲).
소낙-비圓 소나기를 똑똑히 일컬음. shower
소낙비-구름圓〔동〕적란운.
소:난(小難)圓[하] 사소한 어려움.
소:날(숙)圓 축일(丑日).
소:납(所納)圓 어떤 일에 각각 소용되는 물건. requisite
소:납(笑納)圓 편지 따위에서 보잘것없는 물건이나 웃고 받아 달라는 말. 소류(笑留). 하타
소낭(嗉囊)圓〔동〕멀떠구니.
소넷(sonnet)圓〈문학〉13 세기경에서 이탈리아에서 일어난 10음절(音節) 14행으로 된 단시형(短詩型).
소:녀(小女)圓 키나 몸이 작은 여자 아이. small girl [국]여자가 웃어른에 대하여 자기를 겸손하게 가리키는 제일인칭.
소:녀(少女)圓 ① 나이가 어린 계집아이. (대) 소년(少年). little girl ② 속이 좁고, 행실과 말함이 몇몇하지 않은 여자. small-minded woman
소:녀-단(少女團)圓 걸 스카우트.
소:녀 문학(少女文學)圓〈문학〉소녀를 대상으로 한, 또는 소녀가 제작한 문학 작품. 대개 감상적이며 서정적임.
소:녀 취:미(少女趣味)圓 청년 전기에 있는 여성에게 공통적으로 보이는 취미. 감상적·몽상적 정서나 그것이 바탕이 되는 취미나 경향.
소:녀=풍(少女風)圓 비가 오기 전에 솔을 불어오는 바람. (대) 소남풍(少男風). breeze prior to the rain
소:년(小年)圓 나이가 어린 사내아이. 동몽(童蒙). (대) 소녀(少女)① . boy
소년 고생은 사서 하랬다[속] 젊었을 때의 고생은 많이 하는 것이 훗날에 크게 도움이 된다는 뜻.
소:년=공(少年工)圓 소년 직공.
소:년 교도소(少年矯導所)圓 소년원.
소:년-군(少年軍)圓 보이 스카우트(Boy Scouts).
소:년-단(少年團)圓 ① 소년으로 조직된 단체. ② 〔동〕보이 스카우트(Boy Scouts).
소:년 당상(少年堂上)圓 ① 젊은 사람으로서 과거에 급제하여 대번에 정3품(正三品) 이상의 벼슬을 하는 일. ② 내기나 노름에서 대번에 승리할 수 있는 자리를 차지하는 일을 이름.
소:년 등과[一파](少年登科)圓 〔제도〕아주 젊은 나이로 과거에 합격함.
소:년 문학(少年文學)圓〈문학〉소년을 대상으로 한, 또는 소년이 제작한 문학 작품. juvenile literature
소:년-배(少年輩)圓 젊은 사람의 무리. young people
소:년 범:죄(少年犯罪)圓 〔법률〕20세 미만의 소년의 범죄.
소:년-법[一뻡](少年法)圓 〔법률〕14세 미만은 형사 책임이 없고, 원칙적으로 14세 이상 20세 미만의 소년으로서의 부랑아(浮浪兒)·전과(戰科) 고아 등에 대한 사회적 구제를 목적으로 하는 법률. juvenile law
소:년 시절(少年時節)圓 소년기의 시절.
소:년-원(少年院)圓 〔법률〕법원에서 보호 처분으로 송치된 소년을 수용·교정하여 교육을 실시하는 법무부 장관 소속하의 기관. 소년 교도소. reformatory
소:념(所念)圓 마음먹은 일. 마음먹은 바. intention
소노라마(Sonorama 프) 소노시트를 보통의 인쇄된 페이지와 함께 제본받을 수 있게 하는 잡지. [지].
소노미터(Sonometer)圓 소리의 높낮이를 측정하는 장치.
소노-시:트(Sonosheet)圓 보통의 레코드판보다 얇고 부드러운 비닐 플라스틱제의 간단한 레코드.
소:농(小農)圓 〈사회〉중자작농·자작겸 소작농 따위의 수입의 근원을 온전하게 자기의 노동에다 두는 농민층(農民層). small farmer [대]대농가.
소:-농가(小農家)圓 작은 규모로 농사를 짓는 집.
소:-농지(小農地)圓 규모가 작게 농사 짓는 땅. (대) 대농지.
소:뇌(小腦)圓〔생물〕대뇌의 아래쪽에 있으며 몸의 운동을 맡는 뇌수의 한 부분. 작은 골. (대) 대뇌(大腦).
소뇌(韶腦)圓〔동〕장뇌(樟腦). [腦). cerebellum
소:다(soda 라)圓 ① 가성소다(苛性 soda). ② 〔약〕→탄산소다(炭酸 soda).
소:다 비:누(soda—)圓〈화학〉보드랍고 순한 비누에 대하여, 고급인 지방산(脂肪酸)의 나트륨염(鹽)을 주제(主劑)로 하는 막막한 비누. soda-soup
소:다 석회(soda 石灰)圓〈화학〉진한 가성소다 물에, 그 두 갑의 생석회를 섞어 넣어 만든 회백색 분상(粉狀)의 고체. soda lime
소:다=수(soda 水)圓 청량 음료수의 하나. 물에 무기 염류를 가하여 탄산가스를 포함시킨 음료(飮料). soda-water [하나.
소:다-유(soda 釉)圓〈공업〉도자기를 만드는 잿물중
소:다 유리(soda 琉璃)圓〈화학〉규산(硅酸)칼슘과 규산나트륨의 산염(酸鹽)으로 된 유리.
소:다 초석(soda 硝石)圓〈화학〉질산염(窒酸鹽)으로 이룬 광물. 〔유〕질산소듐. 칠레 초석(Chile saltpeter). sodium nitrate(NaNO₃)
소:다 펄프(soda pulp)圓〈화학〉섬유소 원료에서 가성소다로 그 불순물을 빼낸 펄프.
소:다-회(soda 灰)圓〈화학〉불순한 탄산나트륨 가루. 무수탄산나트륨. 무수탄산소다. soda ash
소단(騷壇)圓〔동〕문단(文壇).
소:-달구지圓 소가 끄는 수레. 우차(牛車).
소달긋-날〈민속〉음력 정월의 첫 축일(丑日). 이 날은 마소를 부리고 아니하고 위로한다 함.
소 닭 보듯 닭 소 보듯[속] 아무 관심이 없이 본 등 만둥 한다는 뜻. 〔심〕③. (대) 대담(大膽). 하타
소:담(小膽)圓 담력이 적음. 용기가 없음. 소심(小
소담(小痰)圓〔한의〕가래를 삭힘. 하타
소:담(笑談)圓 우스운 이야기. funny story 하타
소담-스럽다圓[ㅂ불] 소담하게 보이다. 소담한 맛이 있다. delicious-looking **소담-스레**圓 [재료.
소담지:제(消痰之材)圓〔한의〕가래를 삭히는 약의
소담지:제(消痰之劑)圓〔한의〕가래를 삭히는 약제.
소담-하다圓[여불] ① 생김새가 탐스럽다. ② 음식이 넉넉하여 보기에도 아름답고 먹음직하다. appetizing **소담-히**圓 [do
소:당-은(所當—)圓 마땅히 할 바는. what one should
소:대(小隊)圓〈군사〉군대의 편성으로 중대보다 작은 부대. platoon ② 〔제도〕행군할 때에 5오(伍)로 편제한 열 사람의 군사. ③ 적은 인원수의 한 떼. group
소대(昭代)圓 나라를 밝게 다스리어 태평한 세상.
소내(蘇耐)圓〔동〕부태접. 하타 [enlightened era
소대(燒臺)圓〈불교〉위패(位牌)를 불사르는 곳.
소:대 교:련(小隊敎鍊)圓〈군사〉소대를 기본으로 한 교련. close-order drill
소:-대:기(小大朞)圓 소대상(小大祥).
소:대:상(小大祥)圓 소상(小祥)과 대상(大祥). 소대기(小大朞). first and second anniversary of one's
소:-대:목(小大—)圓 크게 하고 싶은 일. [death
소:대:장(小隊長)圓〈군사〉소대를 지휘하는 장교. 소위(少尉)나 중위(中尉)가 됨.
소:-대:한(小大寒)圓 소한(小寒)과 대한(大寒).
소댕圓 솥을 덮는 뚜껑. 솥뚜껑. lid of a kettle
소댕=꼭지圓 소댕의 한가운데에 뾰족하게 선 손잡이. handle of a kettle cover
소더러 한 말은 안 나도, 처더러 한 말은 난다[속] 제 아무리 다정한 사이라도 말을 조심하라.
소:덕(所德)圓 남의 덕을 봄. 덕 입은 바. 소뢰(所賴). indebtedness
소:도(小刀)圓 작은 칼. small knife

소:도(小島)[명] 작은 섬. small island
소:도(小盜)[명] 좀도둑. 《대》 대도(大盜).
소:도(小道)[명] ①작은 길. path ②이단(異端). 제자백가(諸子百家)를 말함. ③작은 도의(道義). 《대》 대도(大道).
소도(蘇塗)[명]〈제도〉삼한 시대에 천신(天神)을 제사하던 성지(聖地). 정치적 군장의 세력이 미치지 못하는 지역인데, 이 지역은 신성 지역으로서, 죄인이라도 이 곳으로 도망하면 잡지 못하였음.
소:도:구(小道具)[명]〈연예〉대도구(大道具)에 대하여 무대에서 쓰는 작은 도구로 가구(家具)·장식물·갓·신·무기(武器)·부채·수피 따위. 소품(小品)⑤. 《대》 대도구. property
소=도둑[명] 소를 훔치는 짓. 또, 그 도둑.
소도둑=놈[명] ①소를 도둑질하는 사람. cattle thief ②성질이 음충맞고 욕심 많은 사람을 욕하는 말. greedy man
소도록=하-다[여율] 분량이 많아서 소복하다. 《큰》 수두룩하다. plenty of 소도록-히[부]
소도리[명] 작은 장도리. small hammer
소도 언덕이 있어야 비빈다[속] 누구나 성공하려면 먼저 의지할 데가 있어야 한다.
소독(消毒)[명]〈의학〉전염될 병균을 박멸시킴. 일광·자비(煮沸)·약품 소독 따위. disinfection 하[타]
소:독(素讀)[명] 책의 내용의 이해는 상관없이 글자만을 좇아 읽음. 거칠게 읽음. 《대》 숙독(熟讀). reading stammeringly 하[타]
소독=면(消毒綿)[명] 탈지면(脫脂綿).
소독=수(消毒水)[명] 소독약을 푼 물. antiseptic solution
소독=약(消毒藥)[명] 소독하는 약. 알코올·석탄산·포르말린 따위. disinfectant
소독=의(消毒衣)[명]〈의학〉병독(病毒)에 감염되기 쉬운 직업을 가진 사람이 입는 소독을 한 횃옷. disinfected clothes
소독=저(消毒箸)[명] 소독한 나무 젓가락. 위생저.
소독=제(消毒劑)[명] 소독에 쓰는 약제. disinfectant
소독=차(消毒車)[명] 소독하는 설비를 갖춘 차.
소:동(小童)[명] ①열 살 안쪽의 어린아이. 척동(尺童). ②심부름하는 작은 아이. boy servant
소동(騷動)[명] ①사건이나 큰 변. affair ②여럿이 싸우거나 떠들어댐. 아단법석. 소란(騷亂)①. tumult ③싸움·드잡이 따위. strife ④규모가 작은 폭동. riot ⑤학교 따위의 스트라이크. 캥란. strike 하[자]
소:=동맥(小動脈)[명]〈생리〉대동맥에서 각 기관으로 갈라져 나간 동맥. small artery
소:동 주의(所動注意)[명]〈동〉무의 주의(無意注意).
소두(小頭)[명] 혼인 관계를 맺은 두 집안 안팎 사돈끼리 생일 같은 때에 서로 보내는 물건.
소:두(小斗)[명] 닷 되들이 말. 곧, 10ℓ들이. 《대》 대두.
소:두(小豆)[명] 팥. 《대》(大斗). five doe measure
소:두(小痘)[명]〈의학〉작은 마마.
소두(疏頭)[명]〈제도〉여럿의 이름으로 하는 상소(上疏)에서 그 주장되는 사람. chief petitioner
소두(搔頭)[명] ①비녀. 삽두(揷頭). ornamental for the hair ②머리를 긁음. scratch the head 하[타]
소:=두엽(小豆葉)[명] 팥의 잎. leaves of a red-beans
소:두=장(小豆醬)[명] 팥과 밀가루로 메주를 만들어 담근 장. 팥장. sauce made from red-beans
소:두=증[—증](小頭症)[명]〈의학〉두개(頭蓋)가 이상적(異常的)으로 작은 병. 대개 정신 박약을 수반함. a red bean
소:두=화(小豆花)[명] 팥의 꽃. 부비(腐脾). flower of
소듐(sodium)[명] 나트륨(natrium).
소드락-질[명] 남의 재물을 노략하는 짓. pillage 하[타]
소:득(所得)[명] ①자기 소유가 됨. 또, 된 것. 《약》 득(得)². gains ②일의 결과로 생긴 이익. 수익(收益). 낳이. 소득. ③손실(損失). income ④〈경제〉생산에 관계한 사람이 일정 기간에 받는 보수. 소리(所利). 《약》 득. 《속》 건데기. earnings

소:득=밤[명] 겉꺼데기를 벗기지 않고 그냥 말린 밤. dried chestnuts
소:득-세(所得稅)[명]〈법률〉개인 또는 법인의 한 동안의 소득액을 표준으로 하여서 받는 직접 국세의 하나. income tax
소:득=수득. withered 하[자]
소:득-액(所得額)[명] 소득으로 들어온 돈의 액수.
소득 증대(所得增大)[명] 소득을 늘림.
소들=소들[명] 나무나 풀 뿌리 따위가 시들어 마른 모양. 《큰》 수들수들. somewhat withered 하[형]
소들-하-다[형여] 분량이 마음에 차지 않다. not sufficient 소들-히[부] 「putting out light 하[타]
소등(消燈)[명] 켜져 있던 불을 끔. 《대》 점등(點燈).
소등 나팔(消燈喇叭)[명] 군대 등에서 소등 시간을 알리는 나팔.
소등 시간(消燈時間)[명] 불을 끄고 잠자리에 드는 시간.
소:=딱지[명] 먹초나 먹머드에 흰 꼭지를 단 지연
소:-띠(명]〈민속〉소의 속성(屬性)을 상징하여 축생(丑生)을 일컬음. one born in the year of cattle
소:라[명]〈조개〉소라과의 연체 동물의 하나. 몸은 방추형으로 자끼는 암청색이고 내면은 희벽 진주광택이 남. 각표에는 뿔 모양의 돌기가 많음. 살은 식용. 각피는 세공·자개·단추·바둑돌에 사용함.
소:라(小鑼)[명]〈음악〉소라고둥의 껍데기로 만든 군대 악기. 나(螺). 나각(螺角). 법라⑦. 해라(海螺). trumpet shell
소:라(小鑼)[명]〈음악〉꽹과리보다 작은 동라(銅鑼).
=소라[어미]〈고〉=었노라. =노라. 「바람(呼囉). gong
소:라-게[명]〈동물〉십각목(十脚目)에 속하는 번게(變尾類) 동물의 총칭. 새우와 게의 중간형으로 꽁무니를 다른 권패(卷貝)의 껍데기 속에 박고 삶. 대개 바닷속 모래 바닥에 서식하나 육지에 사는 것도 있음. 살은 식용함. hermit-crab
소:라-고둥[명]〈조개〉소라고둥과의 연체 동물. 난해 암초에 나누는 소라 중의 대형(大形)으로 패각의 길이가 40cm 가량임. 각표는 홍색·갈색·백색의 반문이 있으며 입은 난형임. 살은 식용하며 패각은 악기로 사용함. 법라(法螺)①. trumpet-shell
소:라=딱지[명] 소라의 껍데기. shell of a top-shell
소:라=젓[명] 소라의 살로 담근 젓. 나해(螺醢). 활퇴. salted top-shell meat 「가머 치 것.
소:라-진(一陣)[명]〈군사〉소라 모양으로 뱅뱅 돌려
소라-소라[부] 말이나 짓이 요량이 없이 가볍운 모양. 《큰》 수럭수럭. thoughtlessly 하[자] 「만든 줄것.
소:란(小欄)[명]〈건축〉가는 나무 조각을 턱이 지게
소란(巢卵)[명] 밑알.
소란(騷亂)[명] 시끄럽고 어수선함. 소동(騷動)②. 《대》 평온(平穩). 안온(安穩). disturbance 하[형] 스[형]스레[하]
소:란 반자(小欄—)[명]〈건축〉반자틀에 소란을 박고 그 구멍을 벽장문같이 만들어 덮은 반자. 현란(懸欄). 울반자. coffered ceiling
소:란 반자틀(小欄—)[명]〈건축〉소란 반자의 반자틀.
소:람(笑覽)[명] ①웃으면서 봄. ②자기 것을 남에게 보아 달라고 할 때 겸손하게 하는 말. 하[타]
소:랑(小娘)[명] 나이 어린 소녀.
소래[명]→소래기.
소:-릭[명]〈고〉소리.
소래기[명] 뚝배기나 그릇으로 쓰이는 굽이 없는 질그릇. 또는 그 뚜껑. 《약》 소래. lid of a jar
소랭(蕭冷)[명] 쓸쓸하고 써늘함. desolation 하[형]
소략(疏略)[명] ①일에 대하여 데면데면하고 손이 거침. 소홀. careless ②엉성함. careless
소:량(小量)[명] 좁아 너그럽지 못한 마음. 《대》 대량(大量). narrow-minded 「quantity
소:량(少量)[명] 적은 분량. 《대》 다량(多量). small
소:량(素量)[명]〈물리〉구체적인 어떤 종류의 양의 최소 단위.

소:련(素輦)〈제도〉상중(喪中)에 쓰던 흰 연(輦).
소련(蘇聯)〈약〉 소비에트 사회주의 공화국 연방.
소:렴(小殮) 시체를 옷과 이불로 싸는 일. shrouding 하동
소렴(疎簾) 성기게 엮은 발. loosely plaited bamboo-blind
소:렴-금(小殮衾) 시체를 싸는 이불. winding sheet
소:렴-포(小殮布) 시체를 싸는 베. shroud
소:령(少領)〈군사〉영관(領官)의 최하급의 무관(武官). 중령의 아래, 대위의 위. major
소:로(小路) 작은 길. 세경(細徑). 협로(峽路). (대)대로(大路). lane
소:로(小櫨)圈 접시 받침.
소:로받침-집[─쩝](小櫨─)圈〈건축〉접시 받침으로 쌓은 집.
소로소로(로)튀 살금살금.
소:로 수장집[─쩝](小櫨修─)圈〈건축〉도리와 장여 밑에 접시 받침을 한 집.
소록(小祿) 작은 녹. 미록(微祿).
소:록(小錄) 요점만 간단히 적은 종이 쪽. excerpts
소록=소록톰 ① 아기가 곱게 자는 모양. sound sleep ② 비가 보슬보슬 내리는 모양. raining gently 하동
소:론(小論) 규모가 작은 논설·논문. 시론(試論)①.
소:론(少論)〈역사〉조선조 숙종 때 윤증(尹拯)·조지겸(趙持謙)들의 소장파가 세운 당파.
소:론(所論) 논하는 바. one's opinion
소롱-하다(消─)卽 재산을 아무렇게나 마구 써 가량으로 없애다. waste
소:뢰(所賴)圈등 소덕(所德).
소:뢰-정(掃雷艇)圈등 소해정.
소:료(所料) 요량한 바. what one guesses at
소:루(小累)圈등 접시 받침.
소루(疎漏)圈 꼼꼼하지 못하고 소홀함. (대)면밀(綿密). carelessness 하형 히튀
소루-쟁이〈식물〉마디풀과의 다년생 풀. 줄기는 60cm 가량으로 자색을 띠었으며 잎은 긴 타원성 피침형임. 6~7월에 암록색의 잔 꽃이 핌. 어린 잎은 식용함. 우설채(牛舌菜). (약)솔양근.
소루쟁이-국 소루쟁이 잎으로 끓인 국.
소:류(小流)圈등 실개천.
소:류(小類)圈 살푼 웃음(笑顔). 하동
소류(溯流)圈①물이 거슬러 흐름. 또, 그 물. flowing ②동 소강(溯江). 하동
소르디노(sordino) 伊〈음악〉약음기(弱音器).
소르르튀 ①얽힌 물건이 잘 풀어지는 모양. untie easily ②부드러운 바람이 천천히 부는 모양. blowing softly ③물이나 수 따위가 부드럽게 가만히 흐르거나 무너지는 모양. flowing softly ④졸음이 오는 모양. (큰)수르르. drowsily
소름 몹시 놀라거나 무섭거나 징그러울 때 피부에 도돌도톨하게 돋아나는 현상. 한속(寒粟). goose flesh
소:름=끼치-다圈 춥거나 무섭거나 징그러워서 피부에 소름이 돋다. get goose-skinned
소리圈①〈물리〉 귀를 자극하여 청각을 일으키는 물리적 작용. 물체의 진동으로 생기며 음파가 되어 퍼짐. sound ②사람이나 동물의 발성기에서 나는 소리. 목소리. voice ③동 음성(音聲). 성(聲). ④〈음악〉판소리·잡가·민요 등과 같은 속언 성악류. ⑤항간의 여론이나 호소. voice of the people 하동
소:리(小吏)圈등 아전(衙前).
소:리(小利)圈 작은 이익. (내)거리(巨利). small
소:리(所利)圈 낚척. 소득(所得)③. [profit
소리(疎履)圈 어머니가 돌아가신 상사에 쓰는 엄짚신.
소리-갈[─깔]圈 음성학(音聲學).
소리개圈 →솔개.
소:리-굽쇠圈 음차(音叉).
소리-글[─끌]〈어학〉소리만을 나타내는 글자. 한글·일본의 가나 따위. (대)뜻글. phonetic symbols
소리 글자[─짜](─字)圈등 표음 문자(表音文字).
소리-꾼圈 온갖 노래를 잘 부르는 사람. singer

소리-나무圈〈식물〉너도밤나무과의 낙엽 활엽 교목. 물참나무과 비슷하며 잎은 타원형에 굵은 톱니가 있음. 6월에 꽃이 피고 과실은 긴 타원형임. 재목은 시탄재·기구재로 쓰고 열매는 식용함.
소리-내:기圈등 발음(發音). 「이. 성역(聲域).
소리-넓[─널]圈〈음악〉사람이 노래 부를 수 있는 음넓
소리 마디圈〈음악〉음절(音節).
소리 맞추기圈 체조 등에서, 동작을 하나·둘 하는 소리에 맞추는 일.
소리=소리 격(激)한 감정으로 목소리를 크게 내는 모양. ¶~ 지르다. shouting 「처리함.
소리-소문 없이튀 동작의 드러남이 없이 슬그머니
소리-시늉圈등 의성(擬聲). 「는 모양.
소리 없는 고양이 쥐 잡듯튀 말이 없이 실천에 옮기
소리 없는 총이 있으면 놓겠다圈 상대방이 몹시 미울 때에 하는 말. 「'韻' 등의 '音'의 이름.
소리-부(─音部)圈〈한자〉부수(部首)의 하나. '韶·
소리의 동화(同化)圈등 음의 동화(同化).
소리의 맵시圈등 음색(音色).
소리의 이어바뀜圈등 음의 접변(接變).
소:리 장도(笑裏藏刀)圈 말은 좋게 하나 마음 속에 해칠 뜻을 가짐의 비유.
소리-장이圈 노래 부르기를 업으로 삼는 사람. singer
소리-지르-다타 ①목소리를 크게 내다. ②큰 목소리로 부르다.
소·리-참나무圈〈고〉소리나무. 「다. talk big
소리치-다自 ①소리를 지르다. shout ②기세를 펼치
소리-통(─筒)圈〈속〉①라디오. ②전화(電話). 「organs
소리-판圈〈생물〉동물체의 소리내는 기관. sound
소리-판圈 축음기에 쓰이는 소리가 새겨진 둥근 판. 음반(音盤). record
소리-흉내말圈등 의성어(擬聲語). 「sparse wood
소림(疎林)圈 나무가 듬성듬성 서 있는 숲. (대)밀림.
소:립(小粒)圈 작은 낱알의 알맹이. small grain
소:립(所立)圈 세운 바.
소:=립자(素粒子)圈〈물리〉물질 구성의 기초를 이루는 가장 작은 입자. 양자(陽子)·중성자·전자·양전자·중간자 따위. elemental particle
소:립자-론(素粒子論)圈 소립자의 성질 및 그 상호 작용을 연구하는 물리학의 한 부문.
소릿-값(─)〈어학〉발음 기관의 어떤 기초 조건에 의한 단위적(單位的) 작용으로 생기는 성음(聲音) 현상. 음가(音價). value of a sound
소릿-결圈등 음파(音波).
소릿-바람圈 펼치는 기세와 그 반향(反響). high spi-
소:마圈 오줌을 점잖게 이름. urine 「rits
소마(蘇摩←Soma 범)圈〈불교〉인도 고대(古代)에서부터 제사(祭祀)에는 쓰는 술의 이름. 또, 그것을 신격화(神格化)한 신.
수마-걸이[─거지]圈〈건축〉모난 기둥에 없히는 보의 어깨 양편 모서리 보이지를 둥글게 기둥면이 드러나게 하는 방식. 하동
소:마-보-다巷 오줌 누다'의 점잖은 말. pass urine
소마 세:월(消磨歲月)圈 하는 일 없이 세월만 보냄.
소:마-소:마튀 겁내는 모양. in fear 하형   「하동
소:만(小滿)圈 이십사 절기의 여덟째. 곧, 양력 5월 21일경.
소:만(掃萬)圈 모든 일을 제처놓음. putting aside all hindrances 하동   「ligence 하동
소만(疎慢)圈 일에 등한함. 어설프게 느즈러짐. neg-
소:=만두(素饅頭)圈 고기 없이 소를 만들어 넣은 만두. bun   「함. 하동
소:만 왕:림(掃萬枉臨)圈 모든 일을 제쳐놓고 왕림
소말=소말 마마 자국이 점점이 얕게 얽은 모양. pockmarked 하형   「원(願). wish 스튀 스러튀
소:망(所望) 바라는 바. 기대하는 바. 바람. 소원(所
소:망(素望) 본디부터 바라는 일. 유 희망(希望). long-cherished desire
소:망-일(小望日) 음력 정월 열나흘날을 달리 이

르는 말. 이 날 여러 가지 나물을 먹음.
소매圓 옷의 두 팔을 꿰는 부분. sleeves
소:매(小妹·少妹)圓 어린 누이동생.
소:매(小梅)圓 꽃 초라니.
소:매(小賣)圓 물건을 도매상에서 사서 중간 이익을 얻고 소비자에게 파는 장사. 산매(散賣). 《대》도매(都賣). retail sale 하타
소:매(笑罵)圓 비웃고 욕함. taunt 하타
소:매(素昧)圓 견문이 좁고 사리에 어두움. 하타
소:매 가격[—까—](小賣價格)圓 물건을 소매할 때의 가격. 산매 가격.
소매 길 김에 춤춘다囝 별로 생각이 없던 일이라도 그 일을 할 조건이 갖추어지면 하게 된다.
소:매 물가 지수[—까—](小賣物價指數)圓〈경제〉소매 단계의 물가 수준 변동을 나타낸 물가 지수.
소:매=상(小賣商)圓 소매하는 장사. 또, 장수. 《대》도매상. storekeeper
소:매 시:장(小賣市場)圓〈경제〉소매상들이 모여서 이룬 시장. retail market
소:매=업(小賣業)圓 소매하는 영업. 산매업. retail trade
소:매=인(小賣人)圓 소매하는 장수.
소:매=점(小賣店)圓 소매하는 상점. 산매점.
소매치기圓 길이나 차 안에서 남의 소지품을 슬쩍 훔치는 도둑. 도모(掏摸). 도아(掏兒). pickpocket
소매=통圓 소매의 넓이. width of the sleeves
소:면(素麵)圓 참밀. [wheat noodle
소:면(小麥麵)圓 밀가루. wheat flour ⑪밀국수.
소:분(小麥粉)圓〈동〉밀가루.
소:장(小麥醬)圓 참밀로만 메주를 쑤어 담근 장.
소맷귀圓 소맷부리의 구석.
소맷길圓 옷소매가 되는 조각. sleeve
소맷=동圓 옷의 소매 끝을 이은 동아리. added piece of a sleeve
소맷부리圓 옷소매의 아가리. 메구(袂口). sleeve opening
소맷자락圓 옷소매의 자락.
소:맹=선(小猛船)圓〈제도〉조선조 때 수영(水營)에
소머리圓〈동〉쇠머리. [딸렸던 싸움배의 하나.
소:면(素面)圓 화장을 하지 않은 얼굴. unpainted face
소:면(素麵)圓 고기 없이 맑거나 비빈 국수. vermicelli without meat
소면=기(梳綿機)圓 대강 탄 솜에서 불순물을 없앤 후 조면(繰綿)으로 만들어 실을 뺄 수 있게 하는 면방적기. [생장(生長). extinction 하타
소멸(消滅)圓 지워 없앰. 사라져 없어짐. 《대》발생.
소멸(掃滅)圓 쓸어 없앰. 싹 쓸어 없앰. sweeping 하타
소멸(燒滅)圓 태워 없앰. 타서 없어짐. destruction by fire 하타
소멸 시효(消滅時效)圓〈법률〉일정한 기간 행사하지 않는 권리를 소멸시키는 제도. 소유권 이외의 재산권은 다 이에 걸림. extinctive prescription
소:명(小名)圓 아명(兒名).
소명(召命)圓 ①신하를 부르는 임금의 명령. imperial summons ②〈기독〉사람이 어떤 특수한 신분으로 신에 봉사하는 신의 부르심을 받음. 하타
소명(昭明)圓 어린이의 속이 밝고 환함. brightness
소명(疏明·疏眀)圓 ①변명함. ②〈법〉재판에서, 당사자가 그 주장 사실에 대하여, 법관으로 하여금 일단 확실히 보인다는 의식을 갖게 하는 일. 또, 이를 위한 당사자가 증거를 제출하는 일. prima-facie evidence 하타 [명사.
소:=명사(小名辭)圓〈논리〉소개념(小概念)을 나타낸
소모(召募)圓 ①불러 모음. ②의용을 모집함. 하타
소모(消耗)圓 ①써서 없앰. 써서 닳아 없어짐. consumption ②〈의학〉영양 불량에 의해 만성적으로 몸이 수척해지는 현상. 하타
소모(梳毛)圓 매우 가늘고 긴 털섬유. 짐승의 털을 다듬어 강철로 만든 빗으로 빗으면서, 짧은 섬유는 없애고, 길이가 고른 긴 섬유만을 직선의 모양으로 평행이 되게 하는 일. 또, 그 긴 섬유. 하타

소모=관(召募官)圓〈제도〉조선조 때 의병을 모집하던 임시 관직.
소모 방적(梳毛紡績)圓 5~30cm 길이의 긴 양모를 소모(梳毛)한 뒤 모사(毛絲)로 만드는 방적.
소모=비(消耗費)圓 써서 없애는 비용.
소모=사(梳毛絲)圓 소모로 만들어진 실. 또, 소모에 다른 섬유를 섞어서 만든 털실.
소모=율(消耗率)圓 일정한 기간에 어떤 물자가 소모되는 정도를 나타내는 계수.
소:=모자(小帽子)圓 감투.
소:모=적(小毛賊)圓〈동〉좀도둑.
소모=전(消耗戰)圓 ①인원·병기·물자 따위를 자주 투입하여 쉽게 승부가 나지 아니하는 전쟁. ②상대편의 군수품을 소모시킴으로써 승리를 꾀하는 작전을 쓰는 전쟁. war of attrition
소모=증[—쯩](消耗症)圓〈의학〉유아(乳兒)영양 실조증의 증상이 심한 것.
소모=품(消耗品)圓 쓰는 데 따라 줄어 없어지거나 못 쓰게 되는 물품. 《대》비품(備品). consumption goods
소:=목(一目)圓〈동물〉포유류 중 유제류(有蹄類)의 한 목(目). 발굽은 우수(偶數)이며, 마치 하나가 둘로 갈라진 것처럼 보임. 대개가 초식이며 육상 생활을 함. 소·사슴·돼지·양 따위. 우제류(偶蹄類).
소:목(小木)圓→소목장이.
소목(昭穆·佋穆)圓 조상의 신주를 사당에 모시는 차례. 왼쪽 줄을 소(昭), 오른쪽 줄을 목(穆)이라 하는데, 천자(天子)는 1세를 가운데, 2·4·6세를 소, 3·5·7세를 목에 모심.
소목(燒木)圓 ①대궐에서 쓰던 잘게 쪼갠 참나무 장작. ②〈불교〉화장(火葬)에 쓰는 나무.
소목(蘇木)圓〈한약〉통경제(通經劑) 및 외과약으로 쓰이는 다목의 붉은 속살.
소:=목장(小木匠)圓〈동〉소목장이.
소:=목장이(小木匠一)圓 나무로 가구(家具) 따위를 짜는 일을 업으로 삼는 사람. 소목장(小木匠). 《약》소목(小木). cabinet maker
소몰이圓 ①소를 모는 일. cowherd ②〈동〉소몰이꾼.
소몰이=꾼圓 소를 모는 일을 업으로 하는 사람. 소몰이.
소:묘(素描)圓〈미술〉채색(彩色)의 바탕이 되도록 윤곽을 그리는 일. 또, 그 그림. 데생(dessin). sketch
소:문(小門)圓 ①작은 문. 《대》대문. small gate ②〈속〉보지.
소:문(所聞)圓 널리 떠도는 말. ¶뜬~. rumour
소문(疏文)圓〈불교〉부처 앞에 죽은 이의 죄복(罪福)을 아뢰는 글.
소문(訴聞)圓 명성(名聲)이 조금 퍼짐.
소문난 잔치에 먹을 것 없다囝 세상의 평판(評判)이 실제와 일치되지 않는다.
소:=문자[—짜](一字)〈小文字〉圓 ①작은 문자. ②서양 문자의 작은 체의 문자. 《대》대문자(大文字). small letter
소:=물(素物)圓 소찬(素饌)에 쓰는 나물 따위.
소:미(小味)圓 좁쌀.
소:=미사(小 missa)圓〈음악〉소규모의 미사.
소미지=급(燒眉之急)圓〈동〉초미지급(焦眉之急).
소:민(小民)圓 백성.
소밀(巢蜜)圓〈동〉개꿀. [빽빽한 정도. density
소밀(疏密)圓 ①엉성함과 빽빽함. rough and fine ②
소밀=파(疏密波)圓〈물리〉물체의 밀도 변화의 파(波). 액체·기체 속을 전하는 음파(音波) 따위.
소=바리圓 소의 등에 짐을 실어 나르는 일. 또, 그 짐. loading an ox
소바리=짐圓 소바리로 싣는 짐.
소:박(素朴)圓 ①사람의 손을 대지 않은 그대로임. artlessness ②꾸밈이 없이 그대로임. 박소(朴素). simplicity 하타 [ment of one's wife 하타
소박(疏薄·疎薄)圓 남편이 아내를 박대함. maltreat-

소박=데기(疏薄—)명 남편에게 소박맞은 여자. neglected wife
소박=맞-다(疏薄—)자 남편에게 소박을 당하다. be neglected by one's husband
소:박(素朴)명 소박한 맛. 「순박한 아름다움.
소:박-미(素朴美)명 꾸밈이나 거짓이 없는 수수하고
소-박이 명 ①〈약〉→오이소박이 김치. ②소를 넣어 만든 음식의 총칭.
소박이 김치 명→오이소박이 김치.
소:박적 실재론[—쩍—쩨—](素朴的實在論)명 〈철학〉 감관(感官)으로서 지각(知覺)되는 것을 그대로 객관적 사물의 진상(眞相)이라고 하는 학설.
소:박적 유물론[—쩍—](素朴的唯物論)명 〈철학〉 주관으로서 외계가 모사(模寫)되는 데에 인식이 성립한다는 학설. 「dinner table
소:반(小盤)명 음식을 벌여 놓고 먹는 상. 밥상. small
소반(沼畔)명 늪 가. 늪 언저리.
소:반(素飯)명〈동〉소밥(素—).
소:반 다듬이(小盤—)명 소반 위에 쌀을 퍼놓고 뉘·모래·잡물 따위를 골라내는 일. 하타
소발(梳髮)명 〈민속〉 일년 동안 모아 두었던 머리카락을 정월 초하룻날 저녁때에 대문 밖에서 살라 버리는 일.
소:-밥(素—)명 고기·생선 따위의 반찬 없이 먹는 밥. 소반(素飯). 소식(素食). meatless meal 「untry
소:방(小邦)명 작은 나라. 〈대〉대방(大邦). little co-
소방(消防)명 화재를 예방하고, 불을 끄는 일. 하타
소방(疏放·疎放)명 죄수를 너그럽게 처결하여 놓아 줌. release 하타 「은 살. 달여서 물감으로 씀.
소방(蘇方·蘇芳)명 다북의 목재의 속에 있는 붉
소방 공무원(消防公務員)명 〈법률〉 화재를 예방·경계 또는 진압함을 직무로 하는 공무원.
소방-관(消防官)명 '소방 공무원'의 통칭. 「uipment
소방-기(消防器)명 불을 끄는 기구. fire fighting eq-
소방-대(消防隊)명 소방수(消防手)로 조직된 단체. fire squad
소방-대원(消防隊員)명 소방대의 구성원.
소방 망:대(消防望臺)명 〈동〉소방 망루(消防望樓).
소방 망:루(消防望樓)명 화재를 재빨리 발견하고 급히 소방력을 발동시키기 위하여 설치한 망루. 소방 망대(消防望臺).
소방-목(蘇方木)명 〈동〉다목. 「대(消防望臺).
소방-복(消防服)명 소방관이 착용하는 방모·제복(制服)·소방화·표지장(標識章) 등의 총칭.
소:-방상(小方牀)명 험한 길이나 좁은 곳에서 쓰는 상여. 소여(小輿).
소방-서(消防署)명 〈법률〉 도회지에 설치된 소방 사무를 맡은 기관. fire station
소방-선(消防船)명 항만에 정박한 배 및 해안 건물의 화재 때 소방에 종사하는 배.
소방-수(消防手)명 소방서에 속하여 불이 났을 때 끄는 사람. fireman
소방 자동차(消防自動車)명 소방(消防)·인명 구조에 필요한 제구를 갖추어, 그 임무에 쓰이는 자동차. 〈약〉소방차. 〈속〉불자동차. fire engine
소:-방전(小方甎)명 성벽 같은 것을 쌓는 데에는 작은 방형의 벽돌.
소방-차(消防車)명 〈약〉→소방 자동차(消防自動車).
소방 펌우(消防 pump)명 소방 펌프. fire-pump
소:배(少輩)명 젊은 후배(後輩). 젊은 신진(新進). juniors 「입는 작은 흰옷. cassock
소:-백의(小白衣)명 〈기독〉 교회에서 예식을 행할 때
소:백 장의(小白長衣)명 〈기독〉 미사 제의(祭衣)의 하나. 장백의(長白衣). surplice
소범(所犯)명 범한 죄. guilt 〈동〉→소범 상한(所
소:범 상한(所犯傷寒)명 〈한의〉 방사(房事)의 피로로 일어난 상한증(傷寒症). 〈준〉소범 상한(所犯).
소벽(召辟)명 초야(草野)에 있는 사람을 예우를 갖추어 불러서 벼슬을 시킴. 초벽(招辟).
소:변(小便)명〈동〉오줌.

소:변(小變)명 ①약간의 변화. ②조그마한 사변.
소:변 간삽(小便艱澀)명 〈한의〉 오줌이 잘 나오지 않는 병. 「기구.
소:변-기(小便器)명 오줌을 누게 만든 여러 가지의
소:변 보-다(小便—)자 오줌을 누다.
소:변 불금(小便不禁)명 〈한의〉 오줌이 줄곧 나오는 병.
소:변 불리(小便不利)명 〈한의〉 오줌이 잘 나오지 않음.
소:변 불통(小便不通)명 〈한의〉 오줌이 조금도 잘 안 나옴.
소:별(小別)명 잘게 나눔. 소분(小分). 「나옴.
소:-별지[—찌](小別紙)명 〈제도〉 대각지(大角紙)보다 좀 얇은, 책 표지나 사령장으로 쓰던 종이.
소:병(小兵)명 적은 수의 병(兵). 〈대〉병사(兵士)가 자기를 낮추어 이르는 말.
소:병(小甁)명 작은 병.
소:병[—뼝](笑病)명 〈의학〉 실없이 웃는 미친병의 하나.
소:병(素屛)명 색칠을 붙이지 않고 흰 종이로만 바른 병풍. plain folding screen
소:복(小腹)명 〈동〉 아랫배.
소:복(小福)명 조그마한 복력(福力). piece of luck
소:복(素服)명 ①하얗게 차려 입은 옷. 흰 옷. 〈대〉화복(華服). white dress ②〈동〉상복(喪服).
소복(蘇復)명 ①앓고 난 뒤에 원기가 회복됨. recuperation ②앓고 난 뒤에 원기의 회복을 위하여 음식을 잘 먹음.
소:복 담:장(素服淡粧)명 아래위를 하얗게 입고 엷게 화장함. 또, 그러한 차림. 하타 「복. 하타
소복-소복 부 여럿이 모두 소복한 모양. 〈큰〉수북수
소복-하-다 형예 ①물건이 많이 담기어 있거나 쌓여 있다. ②살이 부어서 도드라져 있다. 〈큰〉수북하다. brimful 소복=히부
소:-복하-다(素服—)자여 소복을 입다. 「one
소:본(小本)명 같은 종류 중에서 작은 본새. small
소본(疏本)명 상소문의 원본(原本). original script
소:부(小富)명 자그마한 부자. 「of a petition
소:부(少婦)명 젊은 부인. young woman
소:부(所負)명①남에게 진 빚·신세. ②책임진 바. 또, 남에게 진 바.
소:-부대(小部隊)명 규모가 작은 부대. 〈대〉대부대.
소:-부등(小不等)명 조그마한 둥근 나무. 〈대〉대부등(大不等).
소:-부르주아(小 bourgeois 프)명 〈사회〉 ①소시민. ②작은 소유자와 독립한 작은 생산자의 총칭.
소:-부분(小部分)명 작은 부분. 적은 부문. part
소:북(小北)명 〈제도〉 조선조 선조 때, 사색(四色) 중의 북인(北人)에서 갈라진 당파의 하나. 「하타
소:분(小分)명 잘게 나눔. 또, 그 부분. 소별(小別).
소:분(小忿)명 작은 화. 약간 노한 일.
소:분(小紛)명 작은 분란(紛亂). 「사지내는 일. 하타
소분(掃墳)명 경사가 있어 조상의 산소에 가서 제
소:-불(小佛)명 작은 불상.
소:-불가:친(疏不間親·疎不間親)명 친분이 가깝지 못한 사람은 서로 가까운 사람들 간에 끼지 못함.
소:=불개의(少不介意)명 조금도 섭섭하게 여기지 않음. 소불개회(少不介懷). indifference 하타 「타
소:=불개회(少不介懷)명〈동〉소불개의(少不介意). 하
소:=불동:념(少不動念)명 조금도 마음을 움직이지 않음. indomitableness 하타
소:=불여의(少不如意)명 조금도 뜻대로 되지 않음. 뜻과 같지 않음. going amiss 하형
소:-불하(少不下)명 적어도. 적게 치더라도. 하불하(下不下). ¶인구가 ~ 40만은 된다. at least 「ure
소:비(所費)명 무슨 일에 든 돈이나 물건. expendit-
소비(消費)명 ①돈이나 물건을 써서 없앰. spending ②〈경제〉 경제재(經濟財)를 그 용도에 충당함. consumption ③사람의 욕망을 충족시키기 위하여 재화를 소모하는 행위. 〈대〉생산(生産). consumption 하타
소비(疏批)명 〈제도〉 상소(上疏)에 대한 임금의 답함.
소비 경기(消費景氣)명 〈경제〉 소비자의 소비 활동이

활발해짐으로써 생기는 경기.
소비 경제(消費經濟)[명]〈經濟〉재화의 직접 소비를 목적으로 하는 경제. consumer economy
소비-고(消費高)[명] 소비하는 분량. consumption
소비 금융[―늉](消費金融)[명]〈經濟〉각종 금융 기관이 개인의 소비 생활을 대상으로 하여 행하는 자금의 대부(貸付) 또는 할부(割賦)에 의한 각종 물품의 판매 제도 등의 총칭. 소비자 금융(消費者金融).
소비 대:차(消費貸借)[명]〈法律〉일방이 상대방으로부터 돈 또는 대체물(代替物)을 받아 소비하고, 뒷날에 같은 종류와 같은 분량의 물건을 돌려주는 계약.
소비 도시(消費都市)[명]〈經濟〉소비자가 주민의 대부분을 차지하는 도시. (대) 생산 도시. consuming city
소비-량(消費量)[명] 물품을 소비하는 분량. 「는 능력.
소비-력(消費力)[명]〈經濟〉어떤 물품을 구매·소비하
소비-물(消費物)[명] 한 번 쓰면 다시 쓸 수 없는 물건. consumption goods
소비 사:업(消費事業)[명] 직접 생산을 목적으로 하지 않는 문화·교육 따위의 사업. consumption enterprise
소비 성:향(消費性向)[명]〈經濟〉소득 증가에 따라 변화하는 소비의 경향. (대) 저축 성향(貯蓄性向).
소비-세[―쎄](消費稅)[명]〈法律〉물품의 소비로서 담세(擔稅) 능력을 추측하여 부과하는 조세(租稅)의 총칭. 간접세의 대부분이 이것임. consumption tax
소비-액(消費額)[명] 써 버린 금액. amount of consumption
소비에트(Soviet 러)[명] ①회의. 평의회. ②소련에서의 인민 대표자 회의. ③〖略〗소비에트 사회주의 공화국 연방.
소비에트 문학(Soviet 文學)[명]〈文學〉1917년 러시아혁명 이후에 형성된 마르크스 사회주의의 문학. Soviet literature 「의 공화국 연방.
소비에트 연방(Soviet 聯邦)[명]〈略〉소비에트 사회주
소비-자(消費者)[명]①물건을 소비하는 사람. consumer ②〈經濟〉생산의 어느 과정에도 직접적으로 관여하지 않는 사람. 곧, 정치·교육·문화 따위에 종사하는 사람. (대) 생산자.
소비자 가격[―까―](消費者價格)[명]〈經濟〉①어떤 재(財)가 실제로 가격에 이윤·운임 등을 낳은 가격. ②정부가 소비자에게 매도하는 가격. (대) 생산자 가격(生產者價格).
소비자 가격 지수[―까――](消費者價格指數)[명]〈經濟〉소비자 가격의 변동을 일정한 시기의 소비자 가격을 100으로 삼아서 이와 비교하여 나타낸 수. 시피 아이(C.P.I.).
소비자 금융[―늉](消費者金融)[명]〈動〉소비 금융.
소비자 보:호 운:동(消費者保護運動)[명]〈社會〉상품의 품질·가격·성능·유통에 있어서의 생산자의 횡포를 막기 위한 소비자의 권익 옹호 운동.
소비 자:본(消費資本)[명]〈經濟〉소비자 수중에 있는 소비되는 재화. (대) 생산 자본(生產資本).
소비-재(消費財)[명]〈經濟〉사람의 욕망을 채우는 데에 쓰이는 재화(財貨). (대) 생산재. consumer's goods
소비 조합(消費組合)[명]〈經濟〉소비자가 조직하는 협동 조합의 하나. 생산자 또는 도매상 따위에서 직접 생계에 필요한 일용품을 구입하여 조합원에 공급하고 생활의 합리화를 꾀하려는 기관. consumer's cooperative society 「산지(生產地).
소비-지(消費地)[명] 어떤 상품이 소비되는 곳. (대) 생
소비 지출(消費支出)[명] 수입에서 조세와 저축을 공제한 나머지의 식료비·피복비·광열비·잡비
소=뼈[명]〈動〉쇠뼈. 「등의 지출.
소:-사(小史)[명] 간략하게 적은 역사. short history
소:-사(小舍)[명] 작은 사지(舍知) 「사(大舍).
소:-사(小事)[명] 작은 일. 대수롭지 아니한 일. (대) 대
소:-사(小使)[명]〈動〉사정(使丁).
소:-사(小師)[명] 불가(佛家)에서 가르침을 받은 지 10년이 못 된 스승.
소:-사(小辭)[명]〈論理〉삼단 논법(三段論法)의 소전제와 단안(斷案) 가운데 있는 명사(名辭). 소개념(小概念).
소:-사(素沙)[명] 흰 모래. 백사(白沙).
소사(疏食)[명] 거친 음식. 소식(疏食). plain diet
소사(蔬食)[명] 나물 반찬의 음식. 소식(蔬食). vegetable diet
소사(燒死)[명] 불에 타서 죽음. death by fire 하(다)
소사(召史)[의명] ①과부의 성 아래에 붙이는 말. ¶박~. ②양가(良家)의 아내.
소사-거(繰絲車)[명] 고치로 실을 켜는 물레. spining wheel
소:=사람(小舍廊)[명]〈動〉작은 사랑.
소:-사미(少沙彌)[명]〈佛敎〉젊은 사미.
소사-스럽-다(―스러운)[형ㅂ] 하는 짓이 간사하고 좀스럽다. cunning 소사-스러(워)
소사이어티(society)[명] ①사회. 사교계. ②협회. 학회.
소사-탕(繰絲湯)[명] 명주 실을 켤 때에 고치를 삶은 물.
소삭(消索)[명] 드뭄과 잦음. 「用. 약으로 쓰임.
소삭(蕭索)[명]〈動〉소조(蕭條). 하(다) 히(用)
소:-산(小產)[명]〈動〉반산(半產). 하(다) 「물(所產物).
소:-산(所產)[명] ①생겨나는 바. product ②〈略〉→소산
소산(消散)[명] 흩어져 사라짐. dissipation 하(다)
소산(疏散·踈散)[명] ①서로의 사이가 탐탁하지 않아서 헤어짐. estrangement ②특정 지역에 밀집한 주민 또는 건조물을 분산시킴. 하(다)
소산(燒散)[명] 불살라 흩어짐. ②〈動〉화장(火葬). 하(다)
소:-산(=-물)(所產物)[명]〈略〉소산(所產)②. product
소산적 자연(所產的自然)[명]〈哲學〉범신론(汎神論)에 있어서의 신에 대한 자연.
소:-산-지(所產地)[명] 물건의 생산되는 곳.
소산-터(燒散―)[명] 화장터.
소:살(笑殺)[명] ①일소에 붙임. 웃고 문제시하지 않음. ②크게 웃음. 하(다)
소살(燒殺)[명] 불에 태워 죽임. burning to death 하(다)
소:살-판(小―)[명]〈體育〉관사(官射)에서 세 순(巡)을 맞히는 일.
소삼(蕭森)[명] ①가을 바람이 불어 마음이 쓸쓸함. desolateness ②나무가 빽빽이 들어섬. thickness
소:삽(小澁)[명] 어렵고 분명하지 아니함. 하(다) 히(用)
소삽-하-다(蕭颯―)[형여] 바람이 차고 쓸쓸하다. sobbing
소:-상(小祥)[명] 사람한지 한 돌 만에 지내는 제사. 연상(練祥). 기년제(朞年祭). 소기(小朞). first anniversary of one's death
소:-상(小像)[명] 작은 상(像). 조그만 초상. statuette
소상(昭詳)[명] 분명하고 자세함. clear and minute 하(다) 히(用) 「②본디부터의 소원. wish
소:-상(素尙)[명] ①검소하고 고상함. frugal and noble
소:-상(塑像)[명]〈美術〉①찰흙으로 만든 조각. 주물(鑄物)의 원형으로 쓰임. model ②조각의 원형이 되는 상. ③점토(粘土)나 석고로 만든 상. clay image 「하(다)
소상 분명(昭詳分明)[명] 밝고 자세하며 뚜렷뚜렷함.
소:-상인(小商人)[명] ①작은 규모로 장사하는 사람. ②〈法律〉자본금이 50만원에 미달하는 상인으로서, 회사가 아닌 자.
소상 팔경(瀟湘八景)[명] 중국의 소수(瀟水)와 상강(湘江)이 모이는 지방에 있는 여덟 곳의 아름다운 풍경. 「matism 하(다)
소색(消色)[명]〈物理〉색수차(色收差)를 없앰. achro-
소색 렌즈(消色 lens)[명] 색없앤 렌즈.
소:=색념(素色念)[명]〈動〉민색념.
소색 프리즘(消色 prism)[명] 색없앤 프리즘.
소:생(小生)[명] 자기가 낳은 자녀. one's child
소:생(巢笙)[명]〈音樂〉생(笙)과 비슷한 악기의 하나.
소생(疏生)[명] 띄엄띄엄 성기게 남. 하(다)
소생(蘇生·甦生)[명] 거의 죽어가던 상태에서 다시 살

소:생(蘇生)[하다자] 거의 죽어가다가 다시 살아남. 기사(起死). 소활(蘇活). 회생(回生). 회소(回蘇). revival 하자
소:생(小生)[대] ①자기를 웃어른에게 겸손하게 일컫는 말. myself ②〈제도〉의정(議政) 사이에 서로 스스로를 일컫는 말. 「본생가(本生家).
소:생-가(所生家)[명] 양자(養子)간 사람의 실가(實家).
=소서[어미] 〈공〉 '하소서'할 자리에서 동사 및 형용사 '있다·계시다'의 어간에 붙어 바라거나 시킴의 뜻으로 쓰는 종결 어미. please
소:서(小西)[명] 〈제도〉조선조 때 공서(功西)의 수령인 김유(金瑬)에 반발, 분파된 서인(西人)의 한 파.
소:서(小序)[명] 짧은 서문(序文). 시문(詩文)의 각 편의 머리 따위에 쓰는 짧은 서문(序文). short preface
소:서(小暑)[명] 이십사 절기의 11째. 곧, 양력 7월 7일경.
소서(消暑)[명] 더위를 가시게 함. keeping off heat
소:석(小石)[명] 잔돌. 자갈.
소:석고(燒石膏)[명] 〈화학〉 '구운 석고'의 구용어.
소:석회(消石灰)[명] 수산화칼슘(水酸化 calcium).
소:선(小船)[명] 작은 배. ↔거선(巨船). boat
소:선(小扇)[명] 조그마한 선행.
소:선(素扇)[명] 깁으로 만든 부채. silk fan
소:선(素膳)[명] 소찬(素饌).
소:선:거구(小選擧區)[명] 〈정치〉한 구에서 한 사람의 의원을 뽑아 내는 제도의 선거구. 「~제(制). (대)대선거구(大選擧區). small electoral district
소:설(小雪)[명] 이십사 절기의 20째. 양력 11월 22·23일경.
소:설(小說)〈문학〉①작가의 구상에 의하여 시대 사조·인간성 따위를 현실화시키서 그린 문학적 이야기. novel ②하→소설화. 「주장하는 바.
소:설(所說)[명] ①설명하는 바. 말하는 바. opinion ②
소설(昭晳)[명] 원통한 일을 밝히어서 씻음. 소석(昭析). clear oneself dishonour 하다
소:설(素雪)[명] 백설(白雪).
소설(騷說)[명] 시끄럽게 떠도는 소문. noisy rumour
소:설-가(小說家)[명] 소설을 쓰는 사람. novelist
소:설-계(小說界)[명] 소설을 쓰는 사람들의 사회. world of fiction
소:설-사(一싸)(小說史)[명] 〈문학〉소설의 발생·변천과정·발달 양식의 내력을 역사적으로 연구하는 학문. history of the novel 「of fiction
소:설-책(小說冊)[명] 소설을 쓴 책. (약) 소설[2]. book
소:설-화(小說化)[명] 어떤 사실을 소설로 꾸밈. novelization 하다
소:성(小成)[명] ①작은 성공. small success ②〈제도〉소과(小科) 중의 초시 또는 종시(終試)에 급제하던 일. 하다
소:성(小星)[명] ①작은 별. small star ②(俗) 작은집.
소:성(小聲)[명] ①작은 소리. ②낮은 소리.
소:성(素性)[명] 본디 타고난 성품. nature
소:성(笑聲)[명] 웃음 소리. laughter
소:성(塑性)[명] 탄성(彈性)의 한계를 넘어서 고체를 변형시키면 그 외력(外力)을 없애도 그 부분이 변형된 그대로 있는 성질. 가소성(可塑性). plasticity
소성(燒成)[명] 〈공업〉도토(陶土)를 높은 온도로 구워 만듦. 하다
소성(蘇醒)[명] 잃었던 정신이 다시 깨어남. revival 하다 「변형시키는 필요한 형태로 만드는 일.
소:성 가공(塑性加工)〈물리〉물체의 소성을 이용,
소:성 시멘트(塑性 cement)[명] 〈건축〉건축물의 틈을 메우기 위해 쓰이는 가소성 재료.
소성 인비(燒成燐肥)[명] 〈화학〉인(燐)광석을 반응해 (半融解)하여 서서히 덩이 모양으로 만든 인산 비료.   「〔유동 상태로 옮겨질 때의 합수비(合水比).
소:성 지수(塑性指數)[명] 〈지학〉흙이 소성 상태에서
소:성(小勢)[명] ①작은 세력. ②작은 인원.
소세(梳洗)[명] 머리를 빗고 낮을 씻는 일. washing and combing 하다
소:세:계(小世界)[명] ①소우주. ②좁은 세계.
소:셜(social)[명] ①사회적. ②사교적.   「[少).
소:少(少小)[명] 나이가 젊음. 또, 그 사람. 연소(年
소소(昭昭)[명] 뚜렷이 되살아 남. 어둡던 것이 밝아지고 죽었던 것이 살아남. resuscitation 하다
소소(疏疏·疎疎)[명] ①옷을 한껏 차려 입은 모양. gala dress ②드문드문한 모양. sparse 하다 히[부]
소:소(塑塐)[명] 〈미술〉흙으로 만든 온갖 조각물. 소형(塑型)·소상(塑像)·조소(彫塑) 등. clay image
소:소 곡절(小小曲折)[명] 자질구레한 여러 가지 까닭. trifling reasons
소소리-바람[명] ①이른봄에 살 속으로 기어드는 듯한 찬바람. chilly spring wind ②회오리바람. dust devil   「olous youngsters
소소리-패(一牌)[명] 나이가 어리고 경솔한 무리. frivolous youngsters
소소명명=하-다(昭昭明明一)[형][여불] 일이 아주 환하게 밝다. clear 소소명명-히[부]
소:소-배(宵小輩)[명] 간사하면서도 소견이 좁은 사람의 무리. wicked fellow
소소쓰-다[고] 사우 뜨다. 솟구쳐 오르다. 「하다
소소 응:감(昭昭應感)[명] 분명히 마음에 응하여 느낌.
소소-하-다(昭昭一)[형][여불] 밝게 보다. distinct
소:소-하-다(小小一)[형][여불] 자질구레하다. trifling 소:소-히[부]
소:소-하-다(小少一)[형][여불] ①키가 작고 나이가 젊다. small and young ②얼마 안 되다. trifling
소소-하-다(昭昭一)[형][여불] 사리가 뚜렷하여 분명하다. 소연하다(昭然一). clear 소소-히[부]
소소-하-다(蕭蕭一)[형][여불] 바람이나 빗소리가 쓸쓸하다. desolate 소소-히[부]
소소-하-다(蕭蕭一)[형][여불] ①비가 쓸쓸하게 오다. rain bleakly ②풍우가 심하게 치다. windy and rainy 소소-히[부]   「소소-히[부]
소소-하-다(騷騷一)[형][여불] 부산하고 시끄럽다. noisy
소:속(所屬)[명] 어떠한 기관에 딸려 있는 사람이나 물건. organization one belongs 하다 [to] 있는 무리.
소:속 부대(所屬部隊)[명] 군데에서 그 군인이 소속되는
소손(燒損)[명] 타서 못 쓰게 됨. 하다
소:솔(所率)[명] 자기에 딸린 식구. one's family
소송(訴訟)[명] ①〈법률〉법률상의 판결을 법원에 요구하는 절차. 송옥(訟獄). lawsuit ②〈제도〉송사(訟事). ③재판을 걺. 소송(訴訟). 하다
소송(燒送)[명] 〈불교〉위패(位牌) 따위를 불에 살라 버림. burn the mortuary tablet 하다
소송 계:속(訴訟繫屬)[명] 〈법률〉어떤 사건이 소송의 과정에 있는 상태. pendency of action
소송 고:지(訴訟告知)[명] 〈법률〉민사 소송에서, 당사자로부터 소송 참가를 할 수 있는 이해 관계에 있는 제삼자에게 그 소송이 계속(繫屬)하고 있음을 결정의 방식에 의하여 통지하는 일. notice of an action
소송 관계인(訴訟關係人)[명] 〈법률〉소송에 있어서, 당사자·대리인·증인 등 법률상으로 관계가 있는 사람. litigant
소송 기록(訴訟記錄)[명] 〈법률〉특정 소송에 관한 일체의 재판 자료를 일시순(日時順)으로 철한 장부.
소송 능력(訴訟能力)[명] 〈법률〉소송에 있어서, 당사자가 자기의 이익을 충분히 주장하고 방어할 수 있는 능력. litigation capacity
소송 당사자(訴訟當事者)[명] 〈법률〉소송에 있어서, 법원에 대하여 재판권 행사를 요구하는 사람 또는 그 상대방. parties to a lawsuit
소송 대:리인(訴訟代理人)[명] 〈법률〉소송 위임에 의하여 당사자에 대신하여 소송 행위를 하는 사람. counsel   「는 목적물. object of procedure
소송-물(訴訟物)[명] 〈법률〉민사 소송에 있어 소송이 되
소송-법(一뻡)(訴訟法)[명] 〈법률〉민사 또는 형사 소송상의 절차를 규정하는 법률. 민사·형사·행정·선거

소송법 등이 있음. code of legal procedure

소송 비:용(訴訟費用)〈법률〉소송 행위에서 발생하는 패소자의 부담에 속하는 모든 비용. cost of a lawsuit

소송 사:건[—껀](訴訟事件)〈법률〉소송을 일으킨 사건. 사건(事件)③. judicial case

소송 수속(訴訟手續)[동] 소송 절차(訴訟節次).

소송 요건[—껀](訴訟要件)[명]〈법률〉소송이 법원에 적법하게 계속(係屬)하는 데 필요로 하는 요건.

소송 위임(訴訟委任)〈법률〉당사자를 대신하여 소송 행위를 하는 위임. mandate of procedure

소송 자:료(訴訟資料)[명] 소송의 심판의 자료가 되는 사실의 주장 및 증거.

소송:장[—짱][명][동] 소장(訴狀)②.

소송 절차(訴訟節次)〈법률〉소송의 제기로부터 종국(終局)에 이르기까지의 모든 절차. 소송 수속. judicial procedure

소송 참가(訴訟參加)〈법률〉현재 소송에 걸려 있는 사건에 대하여 이해 관계를 주장하는 제3자가 개입하는 일.

소송 판결(訴訟判決)〈법률〉소송 요건에 흠결이 있을 때, 소(訴) 또는 상소를 각하하는 종국 판결. 《대》본안 판결(本案判決).

소송 행위(訴訟行爲)〈법률〉현재 또는 장래의 소송에 대하여 그 개시·발전·종료에 관계 있는 소송법상의 효과를 직접 생기게 하는 소송 관계자의 의사(意思) 행위. acts of procedure「sprinkling 하다

소:쇄(掃灑)[명] 먼지를 쓸고 물을 뿌림. sweeping and

소쇄(瀟灑)[명]〈하다〉속세를 떠난 느낌이 있음. elegant 《기운이 맑고 깨끗함. neat 하다

소수[의][명] 몇 달·몇 냥·몇 달에 조금 넘음을 나타내는 말. 《한 말 ~. some 「urine

소:수(小水)[명] ①약간의 물. some water ②오줌.

소:수(小綬)[명] 4등급·5등급의 훈장 및 포장을 패용할 때 가슴에 다는 작은 수(綬).

소:수(小數)[명] ①적은 수. small number ②〈수학〉1보다 적은 실수(實數). 절수(整數). decimal

소:수(少數)[명] 적은 수효. 《대》다수(多數).

소:수(所祟)[명] 귀신이 준 재앙. evil spell

소수(消受)[명]〈하다〉누리어 가짐. receiving 하다

소수(消愁)[명] 쓸쓸한 회포를 없애 버림. dispelling one's gloom 하다

소:수(素數)[명]〈수학〉그 수의 자신이나 1외의 수로는 똑 떨어지게 제(除)할 수 없는 정수(整數). 2·3·5·7 따위. 《대》비소수. prime number

소수(疏水)[명] 인공 판개용 수로. 하천·저수지·호수 등을 수원(水源)으로 함. 「기 위해 하는 공사.

소수 공사(疏水工事)[명] 물을 뽑아 내거나 물고를 트

소수 교질(疏水膠質)[명]〈화학〉교질 수용액 가운데서 적은 분량의 전해질을 가하면 쉽게 침전하는 것. 《대》친수 교질(親水膠質). hydrophobic colloid

소수-나다[재] 그 땅에서의 소출이 늘다.〈약〉솟아나다. field heavier crops

소:수 내:각(少數內閣)[명]〈정치〉주요한 소수 각료만으로 중요 정책을 신속히 심의·결정하는 내각. 전시·비상 사태에서 볼 수 있음.

소:수-당(少數黨)[명]〈정치〉소수의 사람으로써 조직된 정당. 국회에 있어서 의석이 적은 정당. 《대》다수당(多數黨). minority party

소:수 대:표제(少數代表制)[명] 다수파의 의석(議席) 독점을 막고 소수파도 어느 정도의 의석을 확보할 수 있도록 한 선거 제도.

소:수력 발전[—쩐](小水力發電)[명] 산간 벽지의 작은 하천이나 폭포수를 이용하여, 낙차의 원리로 발전하는 일.

소:수 민족(少數民族)[명] 여러 민족이 한 국가를 구성하였을 때, 인구가 적은 민족.

소수성[—썽](疏水性)[명]〈화학〉물에 대하여 친화력을 갖지 않는 성질. 곧, 용해 안 되고 침전하는 일.

《대》친수성(親水性).

소:수 의:견(少數意見)[명] 합의체(合議體)에서, 다수결에 의하여 의사 결정이 행하여지는 경우에, 다수의 찬동을 얻지 못하고 폐기된 의견.《대》다수 의견.

소:수점[—쩜](小數點)[명]〈수학〉단위 이하의 수를 적을 때 단위에 찍는 동그란 점. decimal point

소:수 정예주의(少數精銳主義)[명] 소수 정예에 기초를 두어, 질에 의해서 집단 활동의 효과를 얻고자 하는 주의.

소:수 주주권(少數株主權)[명]〈경제〉다수 주주에 의한 횡포를 막고, 회사의 공정한 이익을 보호하기 위하여 소수 주주에게 주는 권리.

소:수 집단(少數集團)[명] ①어떤 집단내의 소수파 의견의 그룹. ②대사회에 있어서 소수 민족이나 소수 인종이란 특성으로써 결합된 집단. 공동 의식이 강하고 배타적임.

소:수-파(少數派)[명] 수효가 적은 갈래. 《대》다수파

소:-순판(小楯板)[명] 작은 방패 모양의 판. [多數派]

소:-순환(小循環)[명] ①[동] 폐순환(肺循環). ②〈경제〉재고 부자의 변동으로 말미암아 일어나는 경기 순환. 《대》주순환(主循環).

소:술(所述)[명] 말하는 바.

소:스(sauce)[명] 서양 조미료(調味料)의 하나.

소:스(source)[명] ①원천(源泉). 근원(根源). ②출처(出處). 근거. 《그 문제의 ~.

소스라-뜨리다[타] 깜짝 놀라 몸을 갑자기 솟을 듯이 움직이다. make one start in fright

소스라-치다[타] 깜짝 놀라 몸을 떠는 듯이 움직이

소스-치다[타] 몸을 솟치다. raise 「다. be shocked

소스테누토(sostenuto 이)[명]〈음악〉'소리를 충분히 끌면서 음을 유지하여라'라는 뜻.

소슬-바람(蕭瑟—)[명] 가을에, 으스스하고 쓸쓸하게

소슬-하다(蕭瑟—)[형] 가을 바람이 으스스 춥고 쓸쓸하다. sobbing 소슬-히[부]「everyday manners

소:습(素習)[명] ①평소에 익힘. habit ②평소의 습관.

소:승(小乘)[명]〈불교〉대승(大乘)과 더불어 불교의 두 가지 큰 파의 하나. 대체로 타이·스리랑카·버마 등 남방 불교가 이에 속함. 성문승(聲聞乘). 《대》대승(大乘). Hinayana 「est

소:승(小僧)[명] 젊은 중. 《대》노승(老僧). young pri-

소:승(小僧)[인대] 중이 겸손되게 자기를 이르는 말.

소:승-경(小乘經)[명]〈불교〉소승교의 경전. 《대》대승경.

소:승-계(小乘戒)[명]〈불교〉소승교의 율장(律藏)을 풀이하는 계율(戒律). 《대》대승계(大乘戒). commandments of Hinayana

소:승-교(小乘敎)[명]〈불교〉오교(五敎)의 하나. 소인(小人)의 소승(所乘)이며, 소고(小苦)를 없애고 소이익(小利益)을 주는 교도(敎道)를 이름. 《대》대승교. exoteric Buddhism

소:승 불교(小乘佛敎)[명]〈불교〉소승을 주지(主旨)로 하는 교파의 총칭. 《대》대승 불교(大乘佛敎). Hinayana Buddhism

소:승-적(小乘的)[명] 조그만 일에 얽매이어, 대국적인 면을 보지 못함. 시야가 좁아, 너무 비근(卑近)한 (것). 《대》대승적(大乘的).

소:승-종(小乘宗)[명]〈불교〉우리 나라에 대승 불교가 들어오기 전에 먼저 온 소승파 불교.

소:시(小市)[명] ①작은 도시. ②작은 시장.

소:시(小枾)[명][동] 고욤.

소:시(小時)[명] 젊은 때. one's youth

소:시(所視)[명] 남이 보는 바.

소:시(昭示)[명] 똑똑하게 나타냄. express clearly 하다

소:-시민(小市民)[명] 자본가와 노동자의 중간층에 속하는 사람. 상공인·수공업자·하급 봉급 생활자 등. 중간 계급. 프티 부르주아지(petit bourgeoisie).

소:시민 계급(小市民階級)[명] 자본가 계급과 노동자 계급의 중간에 속하는 계급.

소:시민-성[-썽]**(小市民性)**[명] 소시민이 가지는 성질. 또, 소시민 사회에서 흔히 볼 수 있는 성질.

소:시오그램(sociogram)[명] 학급이나 어떤 그룹 따위에 속해 있는 사람들의 관계를 알기 위하여 그림으로 정리한 도표(圖表).

소:시울러지(sociology)[명] 사회학.

소:시-자(所恃者)[명] 믿고 의지할 만한 사람이나 일. dependable person

소:시-적[-쩍]**(少時-)**[명] 젊었을 적. while young

소시지(sausage)[명] 양념을 섞어 으깬 고기와 야채를 돼지 창자 속에 넣고 삶은 서양식 순대.

소:시지-과(小時之過)[명] 젊었을 적에 저지른 잘못.

소:-시호탕(小柴胡湯)[명] 〈한의〉 열이 내렸다 올랐다 하는 증세가 있는 외감(外感)에 쓰는 약.

소:식(小食)[명] 음식을 조금 먹음. 또, 적은 분량의 음식. (대) 대식(大食). light eating [하다]

소:식(所食)[명] ①[동] 요식(料食). ②먹는 분량. eating quantity

소식(消息)[명] 먹은 음식이 삭음. digestion [하다]

소:식(素食)[명] [동] 소밥(素-).

소식(消息)[명] ①안부를 전하는 편지. 음신(音信). letter ②천지 시운이 자꾸 순화하는 형편. ③상황·동정을 알리는 보도 같은 것. 보도(報道). 전언(傳言). 신(信)③. 성문(聲聞)②. information circumstances

소식(掃拭)[명] [동] 소제(掃除). [하다]

소식(疏食)[명] [동] 소사(疏食).

소식(蔬食)[명] [동] 소사(蔬食).

소식(蘇息)[명] 끊어질 듯이 막혔던 숨을 돌려서 쉼. regaining one's breath 하다

소식-란(消息欄)[명] 신문 등에 인사(人事)에 관계되는 기사를 내는 난. 인사란. personal column

소식 불통(消息不通)[명] ①소식이 없음. hearing nothing from ②소식을 전혀 모름. hearing nothing of ③어떤 일을 통 알지 못함. ill-informed

소식-자(消息子)[명] 〈의학〉 창공(創孔)·내강(內腔) 등의 탐사에 쓰는 외과용 금속에 막대기. 또, 위장 검사에 쓰는 고무제(製)의 가는 관.

소식자 영양법[-뻡]**(消息子營養法)**[명] 〈생리〉 음식을 먹지 못하는 환자 등에게 소식자를 통해 영양을 취하게 하는 방법.

소:식-주의(小食主義)[명] 소식(小食)은 인류에게 경제적일 뿐만 아니라, 건강을 증진시키고 두뇌를 명석하게 한다고 주장하는 주의. informed person

소식-통(消息通)[명] 소식에 정통한 사람·기관. well-informed

소:신(小臣)[명] 신분이 낮은 신하. [인데] 신하가 임금에 대하여 자기를 낮추어 이르는 말. your humble subject

소:신(小汛)[명] [동] 무쉬. 생각하는 바. belief

소:신(所信)[명] ①믿는 바. ②자기가 확실하다고 굳게

소신 공:양(燒身供養)[명] 〈불교〉 자기 몸을 불태워 부처에게 드리는 일.

소:실(小室)[명] 첩. 작은집. 부실(副室). concubine

소:실(所失)[명] ①허물. fault ②노름에서 돈을 잃음. 또, 그 돈.

소실(消失)[명] 물건이 없어지거나 삭아 버림. vanishing [하다] [하다]

소실(燒失)[명] 불에 타서 없어짐. destruction by fire

소실-점[-쩜]**(消失點)**[명] 〈수학〉 투시한 평행 직선군(群)이 집중되어 한 점에 모인 점.

소:심(小心)[명] ①공경하는 뜻으로 조심함. prudence ②도량이 좁음. narrow-mindedness ③담력이 없고 겁이 많음. (대) 대담(大膽). 방담(放膽). cowardice 하다 [스레] 스레하다 히]

소:심(素心)[명] 평소의 마음. 소지(素志). usual mind

소:심 공:포증[-쫑]**(小心恐怖症)**[명] 〈심리〉 아무 것도 아닌 것을 공연히 두려워하는 병적 증세. 정신 쇠약이나 강박(强迫) 신경증에서 볼 수 있음.

소:심 근:신(小心謹愼)[명] 마음을 조심하여 언행(言行)을 삼감. [하다]

소:심-자(小心者)[명] 소심한 사람.

소-싸움[민속] 단오날에 남부 각 지방에서 유행하던 행사로, 사나운 소 두마리를 끌어 넓은 들에서 싸움을 시킴. 투우(鬪牛). [의] 소쌈.

소:아(小我)[명] ①〈철학〉 다른 것과 구별하는 나. ego ②〈불교〉 육체의 나. (대) 대아(大我). selfish ego

소:아(小兒)[명] 어린 아이. 어린이. child

소아(騷雅)[명] ①[시문(詩文)을 짓고 읊는 풍류의 도(道). ②시문에 풍치가 있고 아담함. 묘아(妙雅).

소:아 결핵(小兒結核)[명] 〈의학〉 어린아이에게 걸리는 결핵증.

소:아-과[-꽈]**(小兒科)**[명] 〈의학〉 어린아이의 병을 전문으로 보는 의학의 한 분과. pediatrics

소:아 마비(小兒麻痺)[명] 〈의학〉 어린아이의 손발에 강직(强直)이 일어나는 증상. 그 원인이 두부에서는 연악하여 근육의 영양이 나빠짐. 하이네메딘씨병. poliomyelitis

소:아-반(小兒斑)[명] 아반(兒斑). [뜻.

소아베(soave 이)[명] 〈음악〉 '사랑스럽게·부드럽게'의

소:아-병[-뼝]**(小兒病)**[명] ①〈의학〉 어린아이들에게 흔한 병. children's disease ②생각이나 행동이 어려서 실정(實情)을 모르고 돌진(突進)하는 경향.

소:아-복(小兒服)[명] 어린이의 옷.

소:-아시아(小Asia)[명] 〈지리〉 지중해와 흑해 사이에 있는 서아시아(西Asia)의 반도 지역(半島地域). 넓이 50만 km². Asia Minor

소:아 실어증[-쯩]**(小兒失語症)**[명] 〈심리〉 어린아이가 말을 할 수 없게 되거나, 그 언어 기능이 저하되지 나 하는 일.

소:악(小惡)[명] 작은 나쁜 일. [short ease 하다]

소:안(小安)[명] ①잠시 동안 편안함. ②조금 안심함.

소:안(笑顏)[명] 웃는 얼굴. 소용(笑容). smiling face

소:안(素顏)[명] ①흰 얼굴. white face ②화장하지 않은 맨 얼굴. unpainted face

소안(韶顏)[명] 젊어 보이는 노인의 얼굴. 소용(韶容).

소암(小庵)[명] 조그마한 암자. [young beauty

소:아(少女)[명] 나이가 젊고 얼굴이 아름다운 여자.

소:액(小額)[명] 적은 액수. 과액(寡額). (대) 다운 액(巨額). small sum

소액(訴額)[명] 〈법률〉 소송물의 가액(價額).

소:액 사:건 심:판법[-쩐-뻡]**(少額事件審判法)**[명] 〈법률〉 소액의 민사 사건을 간이한 절차에 따라 신속히 처리하기 위하여, 민사 소송법에 의한 특례(特例)를 규정하는 법. [딴 금액이 적은 지폐.

소:액 지폐(小額紙幣)[명] 〈경제〉 보조 화폐의 성질을

소:액-환(小額換)[명] 우편환의 하나. 환증서의 소지자에게 어느 우체국에서나 그 증서의 상환으로 현금을 지급함.

소:야-곡(小夜曲)[명] 〈음악〉 ①저녁 노래. 남자가 여인의 창 밖에서 부르는 연연한 노래. ②서정적인 현악 합주 또는 소관악만을 위한 조곡(組曲). 세레나데. [원] 야곡(夜曲). serenade

소:약(小弱)[명] 작고 약함. 나이가 어리고 약함. ¶ ~국(國)). puniness [하다] [돈. Chinese silver coin

소:양(小洋)[명] 중국의 화폐 이름. 작게 만든 은(銀)

소:양(小恙)[명] 조금 앓는 병. light illness

소양(昭陽)[명] 〈민속〉 천간(天干) 계(癸)의 고갑자(古甲子) 이름.

소양(素養)[명] 평소의 교양. culture of a person

소:양(掃攘)[명] [동] 소탕(掃蕩). [하다] [itching [하다]

소양(搔痒·搔癢)[명] 가려운 데를 긁음. aching and

소양(霄壤)[명] [동] 천지(天地).

소양-감(搔痒感)[명] 가려운 느낌.

소양배양-하:다[연겹] 나이가 젊어서 날뛰고 철이 없다. 쇠양배양하다. rash [증세.

소양-증[-쯩]**(搔痒症)**[명] 〈한의〉 피부가 몹시 가려운

소양지:간(霄壤之間)[명] [동] 소양지판.

소양지판(霄壤之判)[명] 하늘과 땅처럼 두 사물이 엄청나게 서로 다름을 이름. 천양지판(天壤之判). 천

양시간. 소양시간.
소양-진(搔痒疹)[명] 몹시 가려운 신경성 피부병의 하나.
소:어(小魚)[명] 잔고기.
소:어(笑語)[명] ①우스운 이야기. funny tale ②웃으면서 하는 말. talk smilingly
소어(蘇魚)[명] 뱅댕이.
소:언(少焉)[명] 잠깐 동안.
소:언(所言)[명] 말한 바. 말한 것.
소:언(笑言)[명] 웃으면서 말을 함. 하다
소:업(所業)[명] 업으로 하는 일. business
소:업(素業)[명] 평소의 일. 또, 행실.
소:여(小輿)[명] 국상 때 좁고 험한 길에서 쓰던 대여보다 작은 상여의 하나. 소방상. small hearse
소:여(所與)[명] ①주어진 여건(與件). ②주어진 것. 부여된 바.   「나함. 하다
소:여(掃如)[명] 쓸어 내어 없앤 듯이 물건이 남지 아
소:여-꾼(小輿一)[명]《제도》국상 행렬에서 소여를 매던 사람. hearse carriers
소:여-성[-썽](所與性)[명]《논리》소여의 범주(範疇)
소:역(小驛)[명] 작은 역(驛).
소:연(小宴)[명] 조그맣게 차린 잔치. 작은 잔치. 소작
소:연(小鷰)[명]《동》제비.   [(小酌)①. small feast
소연(昭然)[명] 밝고 뚜렷함. 분명함. 하다
소:연(素鳶)[명] 색종이를 바르지 않은 흰 연.
소연(蕭然)[명] 쓸쓸함. 하다 히
소연(騷然)[명] 수선함. 떠들썩함. 하다 히
소연방 최고 회의(蘇聯邦最高會議)[명]《정치》소련 연방의 최고 권력 기관이며 유일한 입법 기관. supreme soviet
소염(疏髥)[명] 성긴 나룻. thin whiskers
소염-제(消炎劑)[명]《약학》염증(炎症)을 없애는 데 쓰는 약제. antiphlogistic
소염 화:약(消焰火藥)[명]《군사》밤에 총을 쏠 때 적군의 눈에 뜨이지 않게 불꽃이 나지 않도록 만든 화약. smoke consuming powder
소:엽(小葉)[명]《동》잔잎.
소엽(蘇葉)[명]《한의》차조기의 잎. 해수·천촉·자헌·곽란·각기 따위에 약으로 씀.
소:엽-맥문동(小葉麥門冬)[명]《식물》백합과의 여러해살이풀. 다년생풀. 잎의 높이 10 cm 쯤 되고 좁은 선형이고 뿌리에 총생함. 늦봄에 담자색 또는 흰 꽃이 피고 구형 장과는 벽자색으로 익음.
소:엽성 폐:렴(小葉性肺炎)[명]《의학》기관지 폐렴.
소:영(素英)[명] 중국에서 나는 비단의 하나.
소영도리-나무(小英一)[명]《식물》인동과(忍冬科)의 낙엽 활엽 관목. 잎의 앞뒤면에 거친 털이 있음. 5월에 장미빛 꽃이 피고 열매는 9월에 익음. 관상용으로 심음.
소:영-사(所營事)[명] 경영하는 바의 일.
소:영-창(小詠唱)[명]《음악》작은 아리아(aria). 아리에타(arietta).   「절. 또, 절을 간단히 함. 하다
소:예(小禮)[명] 약식 예절. 부처 앞에 간단히 하는
소:옥(小屋)[명] 규모가 작은 집. little house
소옴[명]《고》솜.   「mation that raises a disturbance
소와(騷訛)[명] 그릇 전해져 소동이 난 소문. misinfor-
소:완-초(小莞草)[명]《동》왕골.   「람.
소:왕(素王)[명] 왕자는 아니나 왕자의 덕을 갖춘 사
소외(疏外·疎外)[명] 서로 사이를 벌어지게 하여 물리침. 소척(疏斥). 소원(疏遠). estrangement ②《동》자기 소외.   「김.
소외-감(疏外感)[명] 남에게 따돌림을 당한 것 같은 느
소:요(所要)[명] 요구되는 바. 필요한 것. ¶~ 경비(經費). requirement 하다
소요(逍遙·消遙)[명] 한가롭게 거닐고 돌아다님. 《유》산책(散策). ramble 하다
소요(騷擾)[명] ①떠들썩하고 어수선함. disturbance ②《법률》뭇사람이 폭행·협박으로 공공 질서를 어지럽게 하는 행위. agitation 하다
소:요-량(所要量)[명] 소요되는 분량.
소:요 시간(所要時間)[명] 필요(必要)로 하는 시간. 무엇을 하는 데 소요되는 시간.
소:요-액(所要額)[명] 필요로 하는 금액.
소요 음영(逍遙吟詠)[명] 거닐면서 시를 읊조림. 하다
소요-죄[-쬐](騷擾罪)[명]《법률》여러 사람이 모여서 폭행·협박을 함으로써 성립하는 죄. 내란죄와는 구별됨. crime of sedition
소요 학파(逍遙學派)[명]《철학》페리파토스 학파(Peripatos 學派)의 역어(譯語). 아리스토텔레스의 학파. Peripateticism
소요-호(燒窯戶)[명]《공업》도자기를 굽는 사람의 집.
소:욕(小慾·少慾)[명] 욕심이 적음. 또, 그 욕심. little greed 하다   「은 나의 ~이다. one's wishes
소:욕(所欲)[명] 하고 싶은 바. 하고 싶은 일. ¶그것
소용[명] 자그맣고 가늘고 길게 생긴 병(甁). slender little bottle   [Dutch courage
소:용(小勇)[명] 작은 일에 내는 용기. 쓸데없는 용기.
소:용(所用)[명] ①쓰일 데. 쓰이는 바. ¶~ 있는 책. need ②쓰임. necessity 하다   「(命婦)의 품계.
소:용(昭容)[명]《제도》조선조 때 정 3품의 내명부(內
소:용(笑容)[명]《동》소안(笑顏).
소용(搔慵)[명] 몸골차지 못하고 게으름. 하다
소용(韶容)[명]《음악》숙종 때 박후승(朴後雄)이 예전부터 내려오던 하나의 희악(戲樂)을 본받아 새로
소용(韶容)[명]《동》소안(韶顏).   「지은 가곡.
소용-돌이[명] 바닥이 두꺼빠져서 물이 빙빙 돌며 흘러가는 부분. 선와①. whirlpool   「[상문(尚紋)紋).
소용돌이 무늬[명] 소용돌이치는 모양과 같은 무늬. 와
소용돌이-치-다[명] ①물이 빙빙 돌면서 흘러 내려가다. whirl ②어떤 힘·사상·감정 따위가 크고 강한 저력을 가지고 움직이다. surge
소:용-없:다[所用一](-따) 쓸데없다. **소:용=없:이**[부]
소용-질(沙용-)[명] ①닭이 몸을 파헤치고 앉아 몸을 버르적거림. sand bath ②말이 땅위를 구름. 토욕질.
소:우(小雨)[명] 조금 오다 마는 비. 《대》호우(豪雨).극우(極雨). drizzling rain   「anxiety 하다
소우(消憂)[명] 근심을 없애 버림. dispelling one's
소우(疏雨)[명] 성기게 오는 비. thin rain
소우(疏慮)[명] 조심성이 부족하여 생김.
소우-변(一牛邊)[명] 한자 부수(部首)의 하나. '牧·物' 등에서 '牛'의 이름.
소:=우:주(小宇宙)[명]《철학》우주의 한 부분으로서 그것이 한 덩어리의 우주와도 같은 상(相)을 나타내는 것. 인간 또는 혼(魂)을 이름. 소세계①. 《대》대우주(大宇宙). microcosm   「리.
소운(疏韻)[명] 드문드문 들리는 소리. 또, 쓸쓸한 소
소울(疏鬱)[명] 답답함을 풀어 헤침. dispelling one's
소:웅-궁(小熊宮)[명]《동》소웅좌.   [gloom 하다
소:웅-성(小熊星)[명]《천문》소웅좌(小熊座)의 별. 작은 곰별. Ursa Minor
소:웅-좌(小熊座)[명]《천문》북극성을 주로 한 성좌(星座). 북극성이 그 주성(主星)임. 소웅궁(小熊宮). 작은곰자리. 《대》대웅좌. Little Bear
소:원(小圓)[명] ①작은 원. 《대》대원(大圓). small circle ②[동] 소권(小圈).   「는 일. 하다
소:원(所員)[명] '소(所)'라고 이름 붙은 곳에서 근무하
소:원(所願)[명] 원하는 바. 바라는 일. wish 하다
소:원(素願)[명] 본래의 소원. long cherished wish
소원(訴冤)[명] 원통한 일을 관청에 호소함. 하다
소원(疏遠·踈遠)[명] 사이가 성기고 멀. 경원(敬遠). 소외(疏外). 《대》밀접(密接). 친근(親近). estrangement 하다 히
소원(訴願)[명] ①호소하여 원함. ②《법률》위법 또는 옳지 못한 행정 처분으로 자기의 권리가 이익을 침해당했다고 믿는 사람이, 그 처분 또는 재결을 한 행정 관청의 감독 관청에 대하여 처분·재결의 취소 또는 변경을 구하는 일. petition 하다
소:원(溯源)[명] ①물의 근원을 찾아 거슬러 올라감. tracing a river to it's source ②사물의 근원을 거슬러 찾아냄. investigation of the origin 하다

소:원 성취(所願成就)[명] 원하던 바를 이룸. 하다
소원-인(訴願人)[명] 소원을 제기한 사람.
소원-장(訴願狀)[명] 소원의 취지를 적은 문서.
소:월(小月)[명] 작은달.
소:월(素月)[명] ⟶백월(白月).
소:위(少尉)[명] 〈군사〉위관(尉官)의 최하급의 무관(武官). 중위의 아래. second lieutenant 「(所行).
소:위(所爲)[명] ①한 일. 하는 일. deed ②⟨동⟩소행
소:위(所謂)[명] 이른 바. so-called
소-위원회(小委員會)[명] 위원 중에서 다시 몇 사람을 골라 뽑아 일을 실제로 행하게 된 위원회. subcommittee
소:유(所有)[명] ①가진 물건. 또, 가짐. possession ②〈법률〉소유권을 가지는 물건. 또, 물건의 소유권이 있음. ownership 하다
소:유-격[-끽](所有格)[어학] 속격(屬格).
소유-권[-꿘](所有權)[명] 〈법률〉목적물(目的物)을 법률의 범위 내에서 자유로이 사용·수익·처분하는 등 전면적(全面的)으로 다룰 수 있는 권리. ownership 「진 사람.
소:유권-자[-꿘-](所有權者)[명] 〈법률〉소유권을 가
소:유 대:명사(所有代名詞)[어학] 서구어(西歐語)에서 소유를 나타내는 인칭 대명사를 이름. 영어의 'mine·yours' 따위. 가진대이름씨. possessive pronoun 「권의 목적물. possessions
소:유=물(所有物)[명] ①소유하는 물건. ②〈법률〉소유
소:유성(小遊星)[명] 〈천문〉화성(火星)과 목성(木星) 사이에 있는 작은 유성들. 작은 떠돌이별. minor planets 「to possess
소:유-욕(所有慾)[명] 소유하고 싶어하는 욕망.
소:유-자(所有者)[명] ①그 물건의 가진 임자. proprietor ②⟨동⟩소유주(所有主). 「者⟩②. owner
소:유-주(所有主)[명] 소유권을 가진 사람. 소유자(所有
소:유-지(所有地)[명] ①소유권을 가진 땅. one's land ②가지고 있는 땅. estate
소융(消融)[명] 재물을 다 씀. squandering 하다
소:은(小恩·少恩)[명] 적은 은혜. 사소한 은혜.
소:음(消音)[명] 소리를 없앰. silencing 하다
소음(騷音)[명] 시끄러운 소리. noise
소음-계(騷音計)[명] 소음의 크기를 측정하는 기계.
소음-기(消音器)[명] 내연 기관에서 배기(排氣) 가스의 세력을 줄여 가스와 공기가 충돌하는 폭음을 없애는 장치. 머플러②. 서일런서.
소:읍(小邑)[명] 작은 읍. 작은 고을. small town
소응(昭應)[명] 감응이 또렷이 드러남. response 하다
소:의(少義)[명] 의리(義理)가 모자람. 또, 그런 의리. lack of righteousness 하다
소:의(所依)[명] 의거(依據)하는 곳.
소의(昭儀)[명] 〈제도〉정 2 품 내명부(內命婦)의 품질.
소의(素衣)[명] 빛깔과 무늬가 없는 옷. white clothes
소의(宵衣)[명] 검은 깁으로 만든, 고대 여성들이 제사 때 입던 옷. ①날이 새기 전에 일어나 옷을 입음. 「(志). original idea
소:의(素意)[명] 근본되는 취지. 본디의 뜻. 소지(素
소의(疎意·疏意)[명] 멀리하는 마음. 격의(隔意). estrangement
소의 한:식(宵衣旰食)[명] 임금이 정치에 골몰하여 여가가 없음. 소한(宵旰). 하다
소:이(小異)[명] 조금 다름. minor difference 하다
소:이(所以)[명] 까닭. reason 「
소이(燒夷)[명] 태워 버림. destruction by burning 하
=소:이-다[어미]⟨약⟩→사오이다.
소이(所以然)[명] 그렇게 된 까닭. reason
소이-탄(燒夷彈)[명] 〈군사〉인축(人畜)·가옥 따위에 불을 붙여 태워 버리는 데 쓰는 탄환·폭탄. incendiary bomb
소:인(小人)[명] ①아주 작은 사람. 왜인(矮人). ⟨대⟩거인(巨人). dwarf ②간사하고 도량이 좁은 사람. ⟨대⟩

세인(細人)②. 소인물. ⟨대⟩군자(君子). smallminded person ③나이 어린 사람. 소년(少年). child ④무식하고 천한 사람. 서민(庶民). ignorant commoners ⟨예⟩귀한 윗사람에게 대한 자기의 겸칭.
소:인(小引)[명] ①짤막한 서문(序文). short introduction ②얼마 안 되는 색인(索引). short index.
소:인(素人)[명] 경험이 없는 서투른 사람. 아마추어. amateur
소:인(素因)[명] ①근본 까닭. cause ②병에 걸리기 쉬운 소질. predisposition ③체질이나 기질의 기능적인 경향. 소질(素質)③. disposition
소인(消印)[명] ①지우는 표시로 찍는 도장. 또, 그 도장을 찍음. cancellation stamp ②우체국에서 우표 따위에 찍는 일부인(日附印). 하다
소인(訴因)[명] 〈법률〉형사 소송에서, 공소 사실을 법적으로 구성시키는 것. 「낙인(烙印). brand
소인(燒印)[명] 불에 달구어 목재나 가죽에 찍는 도장.
소인(騷人)[명] ⟨동⟩시인(詩人). 「나라.
소:인-국(小人國)[명] 난쟁이들만 살고 있다는 상상의
소:인-극(素人劇)[명] 〈연예〉전문가가 아닌 사람들에 의하여 출연되는 연극. amateur theatricals
소:인-네(小人-)[명] ⟨원⟩→쇤네. 「람.
소인 묵객(騷人墨客)[명] 시문(詩文)·서화를 일삼는 사
소:인-물(小人物)[명] ⟨동⟩소인(小人)②. 소기(小器)②.
소:인-배(小人輩)[명] 간사하고 도량이 좁은 사람들. 또, 그런 사람의 무리. petty person
소:인수[-쑤](素因數)[수학] 소수(素數)로 된 인수. 원승수(原乘數). 원인자(原因子). prime factor
소:인수 분해[-쑤-](素因數分解)[수학] 합성수를 소수(素數)의 곱의 꼴로 바꾸는 일.
소:인-스럽-다(小人-)[형ㅂ불] 잔사하고 정대하지 못한 듯하다. 소:인-스레이.
소:인자(素因子)[명] ⟨동⟩소인수(素因數).
소:인지:용(小人之勇)[명] 혈기에서 오는 필부의 용기.
소:일(少一)[명] 아주 적음. tininess
소일(消日)[명] ①하는 일 없이 날을 보냄. idling away one's time ②어떤 일에 마음을 붙여 세월을 보냄. 소견(消遣). ¶낚시질로 ~하다. diversion 하다
소일-거리[-꺼-](消日-)[명] 그저 세월을 보내기 위해 하는 일. object of recreation 「한 근심 걱정.
소:일-탄(小一-之嘆)[명] 기쁜 일이 있을 때의 사소
소 잃고 외양간 고친다[속담] 이미 일을 그르친 뒤에 뉘우쳐도 쓸데없다. 실우치구(失牛治廐).
소:임(所任)[명] ①맡은 바 일. one's duty ②아랫급의 임원(任員). 색장(色掌). member of low position
소:입(所入)[명] 무슨 일에 든 돈이나 물건. expenses
소:자(小子)[명] 제자를 사랑스럽게 일컬음. dear disciple ⟨인대⟩①부모에게 대하여 자기를 일컬음. I ②임금이 자기 조상이나 국민에게 대하여 자기를 이름. we 「때의 이름. 아명(兒名).
소:자(小字)[명] ①조그마한 글자. small letter ②어릴
소:자(小疵)[명] 작은 흠. insignificant defect
소:자(少者)[명] 젊은 사람. 또, 자기보다 열살 이상 연하인 사람을 이름.
소자(消磁)[명] 대자(帶磁)를 소실시킴. 하다
소자(蘇子)[명] 〈한의〉차조기의 씨. 담(痰)을 삭히는 약재로 씀. 「에는 그때 전습시켰다고 함.
소:자 문서(小字文書)[명] 여진(女眞)의 글. 우리 나라
소:자:본(小資本)[명] 얼마 안 되는 작은 밑천. small capital
소자-주(蘇子酒)[명] 차조기 씨를 볶아 짓찧어 헝겊에 싸서 담가 익은 지 사를 쯤 지나 먹는 술.
소:자-출(所自出)[명] 사물이 어디로부터 나온 근본. 유래한 곳. source
소:작(小作)〈농업〉①남의 땅을 빌려서 농사를 지음. 박작(薄作)②. 자작(自作). sharecrop 하다
소:작(小斫)[명] 잘게 팬 장작. splint firewood
소:작(小酌)[명] ①⟨동⟩소연(小宴). ②술을 조금 마심.

일작(一酌). drinking little wine 하다
소:작(所作) 어떠한 사람의 제작. 또, 그 작품. work
소작(蘇雀)國 홍방울새.
소:작 관:행(小作慣行) 〈사회〉 소작 제도에 있어서 법률상이나 계약상에 성문(成文)은 없더라도 예로부터 내려오는 관습에 의하여 인정되는 행위. sharecropping practice 「right
소:작-권(小作權)國 〈법률〉 소작하는 권리. tenant
소:작-농(小作農)國 〈농업〉 ①소작하는 농사. tenant farming ②소작을 하는 사람. 소작인. 작인(作人). 작자(作者)②. (대) 자작농(自作農). tenant farmer
소:작-료(小作料) 소작인이 지주에게 주는 토지 사용료. rent for tenancy
소:작 문:제(小作問題) 〈사회〉 소작 제도로 말미암아 일어나는 모든 사회적·정치적·경제적 문제. tenant problem ②지주와 소작인 사이에 일어나는 여러 가지 문제. tenancy dispute
소:작-인(小作人)國 〈동〉 소작농⑫.
소:작 쟁:의(小作爭議)國 〈사회〉 소작인과 지주(地主) 사이에 일어나는 소작 조건에 대한 쟁의(爭議).
소:작 제:도(小作制度)國 〈사회〉 일정한 소작료를 받고 자기의 땅을 남에게 빌려 주던 제도. tenant system
소:작 조정(小作調停)國 〈사회〉 소작 쟁의에 대하여 법원이 조정 위원회로 하여금 문제의 해결책을 강구하게 하는 일.
소:작 조합(小作組合)國 소작인들이 소작에 대한 권리를 옹호하기 위하여 지주에게 대항하는 단체.
소:작-지(小作地)國 소작하는 땅. 「체.
소잔(消殘·銷殘) 삭아 없어짐. rusting 하다
소잡(疎雜) 정밀하거나 아주 빠지지 않고 많음. (대) 면밀
소잡(騷雜) 시끄럽고 난잡함. 하다 「(密緻).
소 잡은 터전은 없어도 밤 벗긴 자리는 있다더라 나쁜 일이면 조그마한 일이라도 잘 드러난다.
소:장(小腸)圈 〈생리〉 창자의 일부로서, 위와 대장 중간에 있는 소화기. 작은창자. small intestines
소:장(少壯)國 젊고 기운이 왕성함. youth 하다
소:장(少長)圈 〈동〉 노소(老少).
소:장(少將)圈 〈군사〉 장성급(將星級)의 한 계급. 준장(准將)의 위, 중장(中將)의 아래. major-general
소:장(所長)圈 ①소(所)의 명칭으로 된 기관의 우두머리. head of an office ②자기 능력 중 가장 잘하는 장점.
소:장(所掌) 맡아보는 바. 맡아보는 일.
소:장(所藏)圈 간직하여 둔 물건. one's possession 하다
소장(消長) 쇠하는 것과 성함. 사라짐과 자라남. rise and fall 하다
소:장(素帳)圈 장사지내기 전에 궤연(几筵) 앞에 드리우는 흰 포장. 「ple appearance 하다
소:장(素朴)圈 화장하지 않고 깨끗이 차린 차림. sim-
소:장[一짱](訴狀)圈 ①관청에 대하여 원하는 바를 진하는 글. 소첩(訴牒). petition ②〈법률〉 소송을 제기하려고 법원에 제출하는 문서. 소송장. (志). complaint 「the Throne
소:장(疏章)圈 〈제도〉 임금에게 올리는 글. letter to
소장지-변(蕭墻之變)圈 내부에서 일어난 변사 (變事). 소장지란. 자중지란(自中之亂). internal troubles
소장지-우(蕭墻之憂)圈 〈동〉 소장지변.
소:장-파(少壯派)圈 젊고 의기가 왕성한 사람들의 파. younger members 「품.
소:재(所載)圈 자기의 것으로 소유하고 있는 물건. 소:재(小才)圈 대수롭지 않은 재주. shallow brains
소:재(所在)圈 ①있는 바. 있는 곳. located in ②〈약〉→소재지. 「printed in 하다
소:재(所載) 신문·잡지 따위에 기사가 실려 있음.
소:재(素材)圈 ①〈문학〉 작품의 바탕이 되는 재료. 곧, 자연물·환경·인물의 행동·감정 따위. material ②기계적인 가공을 하지 아니한 그대로의 재료. natural materials

소:재 생산(素材生産)圈 나무를 벌채하여 통나무를 생산하는 일.
소:재-지(所在地)圈 있는 곳. ¶도청~. 〈약〉 소재
소:저(小姐)圈 《옛》 아가씨. 「(所在)②.
소:저(小著)圈 ①페이지 수가 적은 저서. ②'자기 저서'의 겸칭. 「ction 하다
소저(昭著)圈 분명하고 뚜렷함. 밝게 드러남. distin-
소:적(小賊)圈 《동》 좀도둑. 「enemy
소:적(小敵)圈 작은 적. 대수롭지 않은 적. little
소적(消寂)圈 심심풀이로 어떤 일을 함. doing something to kill the time 하다
소:전(小傳)圈 ①줄여서 간략하게 적은 전기(傳記). 약전(略傳). biographical sketch ②저서에 있어서, 저자의 이름 아래에나 책 끝에 저자의 학력이나 경력 등을 간단히 적은 글. 약력(略歷). brief life history
소:전(小篆)圈 고전 팔체서(八體書)의 하나. 대전(大篆)을 간략하게 변형한 글씨체. 「(黃銅錢).
소:전(小錢)圈 청(淸)나라 때 쓰던 자그마한 활동전.
소:전(所傳)圈 후세에 전하는 말·글·사물 따위.
소:-전제(小前提)圈 〈논리〉 삼단 논법에 있어서, 두 개의 전제 가운데 소전제를 포함한 쪽의 전제. (대) 대전제(大前提). minor premise
소:전-투(小戰鬪)圈 소규모의 전투.
소:절(小節)圈 ①작은 예절. trifling etiquette ②작은 절개(節槪). trifling chastity ③〈음악〉 악보의 오선상(五線上)을 구분하는 종선(縱線)과 종선 사이의 일컬음. bar 「평소의 행실.
소:절(素節)圈 ①〈동〉 소추(素秋). ②깨끗한 절개.
소절(紹絶)圈 끊어진 것을 이어 줌. 하다 「점(弊店).
소:점(小店)圈 ①작은 상점. ②'자기 가게'의 겸칭. 폐
소점(召接)圈 〈제도〉 임금이 신하를 불러서 물어 만나 보면 일. king's audience 하다
소:정(小正)圈〈약〉→소정자(小正字).
소:정(小亭)圈 작은 정자. 「(都目政事).
소:정(小政)圈 〈제도〉 음력 6월에 행하는 도목 정사
소:정(小艇)圈 작은 배. small boat 「thing
소:정(所定)圈 정해진 바. ¶~ 양식(樣式). fixed
소:-정맥(小靜脈)圈 〈생리〉 대정맥으로 모여 붙은 정맥.
소:-정월(小正月)圈 음력 정월 14일부터 16일까지.
소:-정자(小正字)圈 알파벳 글자체의 하나. 문장 첫머리 이외에 쓰이는 작은 정자 a·b·c·d 등. 〈약〉 소정(小正). printed small letter
소:제(小題)圈 ①작은 부제(副題).
소:제(掃除)圈 깨끗이 쓸고 닦아서 먼지 따위가 없게 함. 소식(掃拭). cleaning 하다
소:제(少弟)圈 나이가 일 살로부터 열두세 살 아래 되는 사람에 대한 자기의 겸칭. 《대》 대형(大兄)①.
소:-제:상(-床)圈 〈素飱床〉 장사를 치르기 전에 제물을 받쳐 놓는 흰 제상. stand for offering
소:조(小鳥)圈 조그마한 새. small bird
소:조(小朝)圈 〈제도〉 섭정하는 왕세자.
소:조(小照)圈 ①작게 박은 사진이나 화상. portrait of little size ②자기의 사진이나 화상의 겸칭.
소:조(小潮)圈 〈지리〉 간만(干滿)의 차가 심하지 않은 조수(潮水). neap-tide 「encounter 하다
소:조(所遭)圈 퍽 부끄러운 욕이나 어려움을 당함.
소:조(塑造)圈 〈미술〉 진흙으로나 조각(彫刻)의 원형(原型)을 만듦. moulding a model 하다
소조(蕭條) 분위기가 아주 쓸쓸함. 소삭(蕭索). dreariness 하다 히
소:족(素族)圈 벼슬 없는 백성. 곧, 평민.
소족(疎族)圈 촌수가 먼 족속(族屬). 원족(遠族).
소:존(所存)圈 《약》→소존자(所存者).
소존-성(一성)(燒存性)圈 불살라 버릴 물건의 형체가 재 속에 남아 있어, 그 물건을 알아볼 수 있는 성질.
소:존-자(所存者)圈 아직껏 남아 있는 것. 〈약〉 소존
소:졸(小卒)圈 힘없는 졸병. 「(所存). remainder

소졸(疎拙)[명] 면밀하지 못하고 능하지 못함. poor 하다 [sub-sect
소종(小宗)[명] 대종(大宗)에서 갈려진 방계(傍系).
소종(小鍾)[명] 〈불교〉 자그마한 종.
소:종래(所從來)[명] 지내온 내력. 좇아 온 바. history
소:죄(小罪)[명] ①작은 죄. 사소한 죄. ②〈기독〉 천주
소주(小主)[명] 작은 댁. |에 법을 조금 거스른 죄.
소:주(小註)[명] 주석(註釋)에 더 자세하게 풀어 낸 주석(註釋). brief notes
소주(燒酒)[명] 알코올 성분이 많고 물같이 맑은 술의 하나. distilled spirit
소주-고리[―고―](燒酒―)[명] 소주를 고는 오지그릇.
소:주:명곡(小奏鳴曲)[명] 〈동〉 소나티나(sonatina).
소-주방(燒廚房)〈제도〉 대궐 안의 음식을 만들던 곳. |서 일어나는 독한 기운.
소주-불[―뿔](燒酒―)[명] 소주를 많이 먹어서, 속에
소주-잔[―짠](燒酒盞)[명] 소주를 따라 마시는 데 쓰는 운두가 얕은 작은 술잔. cup of spirits
소-주주(小株主)[명] 약간의 주식을 가진 주주.
소중(消中)[명] 〈한의〉 소갈증(消渴症)의 하나. 음식 섭취량이 많아지고 많이 나며 오줌이 잦음.
소:중-도(笑中刀)[명] 겉으로 웃음을 띠면서 속으로는 해치려는 생각을 품음.
소:중 유:검(笑中有劍)[명] 겉으로는 친절한 체하지만, 속으로는 도리어 해롭게 함. 소리 장도(笑裏藏刀). have a dagger in one's smile
소:중-하다(所重―)[형] 매우 필요하고 중하다. valuable 소:중-히[부]
소증(素症)[명] 푸성귀만 너무 먹어서 고기가 먹고 싶은 증세. desire for meat
소:증기선(小蒸氣船)[명] 작은 기선(汽船).
소증 나면 병아리만 쫓아다도 낫다[속] ①생각이 간절하면 비슷한 것만 보아도 마음이 풀린다. ②어쩌다 육식을 하면 고기를 더 먹고 싶다.
소:증-사:남-다[所憎―](所憎―)[형] 하는 짓의 동기가 곱지 못하다. done with mixed motives
소:지(小志)[명] 작은 뜻. 원대하지 않은 뜻.
소:지(小枝)[명] 작은 나뭇가지.
소:지(小指)[명] ①〈동〉 새끼손가락. ②〈동〉 새끼발가락.
소지(小智)[명] 작은 지혜. 소혜(小慧).
소:지(小誌)[명] ①조그마한 잡지. ②자기가 관여하고 있는 잡지의 겸칭.
소지(沼池)[명] 늪과 못. 소택(沼澤).
소지(沼地)[명] 늪이 많은 땅.
소:지(所持)[명] 가지고 있음. 지니고 있음. possession
소:지(素地)[명] 밑바탕. 원인이 되는 바탕. nature
소:지(素志)[명] 〈동〉 소의(素意).
소지(掃地)[명] ①땅을 쑮. sweeping ②〈불교〉 마당 쓰는 일을 맡은 사람. sweeper 하다
소:지(訴志)[명] 〈동〉 소장(訴狀)①.
소지(燒紙)[명] 〈민속〉 신령의 앞에서 비는 뜻으로, 종이를 태워서 공중으로 올리는 일. 또, 그 종이. burning sacrificial paper 하다
소:지명(小地名)[명] 동네 이름과 같은 작은 땅 이름.
소:지 무여(掃地無餘)[명] 물건이 쓸어 낸 듯이 다 없어짐. nothing left 하다
소지올리다(燒紙―)[타] 신령 앞에서 비는 뜻으로서 얇은 종이를 불살라 공중으로 올라가게 하다. burn sacrificial paper
소:지의(素地衣)[명] 흰 헝겊으로 가장자리를 꾸며던 돗자리. rush-mat bordered with white strip of
소:지-인(所持人)[명] 소지하고 있는 사람. 소지인. [cloth
소:지-자(所持者)[명] 가지고 있는 사람. 소지인.
소:지-죄[―쬐](所持罪)[명] 〈법률〉 어떤 물건을 소지함으로써 성립되는 죄. 마약이나 총포 따위를 불법으로 소지하는 따위. |one's belongings
소:지-품(所持品)[명] 소지하고 있는 물건. 가진 물건.
소진(消盡)[명] 다 사라져 없어짐. disappearance 하다
소진(訴陳)[명] 상소하여 진술함. 조리(條理)를 세워서 상신함. statement 하다 [by fire 하다
소진(燒盡)[명] 타서 죄다 없어짐. entire destruction
소진-동(蘇秦童)[명] 말을 잘하는 아이.
소진 장의(蘇秦張儀)[명] 중국 전국 시대의 세객(說客)이던 소진(蘇秦)과 장의(張儀)처럼 구변이 매우 좋은 사람을 이르는 말. eloquent speaker
소:질(素質)[명] ①본래 타고난 성질. 천성. character ②장래 뻗어 나갈 만한 성질. 자질(資質). qualities ③〈생리·심리〉 육체상 및 정신상의 생득적(生得的)인 체제(體制). 또는 육체 및 정신의 전성장(全成長)의 바탕을 이루는 맨 처음의 단계에서 볼 수 있는 각 기관(器官)의 기질적·기능적인 구조. 소인(素因)③. constitution
소집(召集)[명] ①불러서 모음. call ②제대 군인 또는 예비역 군인을 필요에 의하여 불러 모음. mobilization ③국회를 열러고 의원들을 모음. convocation
소집-령(召集令)[명] 소집하는 명령. [하다
소집 영장[―짱](召集令狀)[명] 〈군사〉 제대 군인이나 예비역 군인을 소집하는 명령서. 소집장.
소:집회(小集會)[명] 인원수(人員數)가 적은 집회.
소:징 대:계(小懲大戒)[명] 장벌을 적게 하고 경계를 크게 함. 하다
소쩍-새[명] 〈조류〉 귀것을 가진 올빼미과의 새로, 침엽수림에 삶. '소쩍소쩍' 하고 울며 야행성임.
소쪽-박[명] 나무를 깎아 파서 만든 바가지.
소:차(小差)[명] 〈제도〉 기둥 때에 막을 치고, 잠시 동안 쉬던 곳. [difference
소:차(小差)[명] 조그마한 차이. 〈대〉 대차(大差). slight
소:차(小借)[명] 약차(藥借)의 하나. 간단한 방문(方文)의 약으로 힘을 세게 하는 일.
소차(疏箚)[명] 〈제도〉 상소(上疏)와 차자(箚子).
소착(疏鑿)[명] 개천이나 산을 쳐서 물이 통하도록 함. dredging 하다 |을 타 먹음. 하다
소:찬(素饌)[명] 고기 재능이나 공로도 없이 녹(祿)
소:찬(素饌)[명] 고기나 생선이 섞이지 않은 나물 반찬. 소선(素膳). plain side-dishes
소:참(小參)[명] 〈불교〉 도를 닦는 사람이 때를 정하지 아니하고 언제든지 스승과 더불어 문답하는 일.
소:창(小瘡)[명] 〈한의〉 작은 발진성 부스럼. [하다
소창(消暢)[명] 답답한 마음을 시원하게 함. recreation
소:창옷(小氅―)[명] 〈제도〉 중치막 밑에 입는 웃옷의 하나. 두루마기와 같으나 소매가 좁고 무가 없음.〈예〉 창옷. kind of coat [tables
소채(蔬菜)[명] 채소류(菜蔬類)의 나물. 채소②. vege-
소채-류(蔬菜類)[명] 〈식물〉 주로 그 줄기·잎·뿌리·열매를 부식물로 하는 초본의 총칭.
소채 원예(蔬菜園藝)[명] 소채의 생산 및 이용에 관한 기술. [없는 계책.
소:책(小策)[명] 조금 아는 것으로 제주를 피우는 쓸모
소:책자(小册子)[명] 자그마하게 만든 책. booklet
소:적(掃滌)[명] 씻기치어 깨끗하게 함. cleaning 하다
소척(疏斥)[명] 〈동〉 소외(疏外)①.
소:천(小川)[명] 자그마한 내.
소:천(所天)[명] 아내가 남편을 이름. my husband
소:천-문(小泉門)[명] 〈생리〉 후두골과 좌우의 두정골(頭頂骨) 사이에 있는 천문.
소:천세:계(小千世界)[명] 〈불교〉 일세계(一世界)를 천 개 모은 것으로, 수미산(須彌山)을 중심으로 이루어진 한 세계.
소:천어(小川魚)[명] 냇물에 사는 자질구레한 물고기.
소:천지(小天地)[명] 좁은 사회. 좁은 세계.
소철(蘇鐵)[명] 〈식물〉 소철과(蘇鐵科)의 상록 교목. 높이 3m로 자웅 이주(雌雄異株)이며 줄기는 굵고 검은 빛인데 잎은 크고 간 깃 모양임. 열매는 난형으로 식용, 강장제로 약용하며 근 광주리 등을 만듦. cycad
소:첩(少妾)[명] 젊은 첩. young concubine [인대] 여자가 자기를 낮춰 겸손되게 일컬음.
소첩(訴牒)[명] 〈동〉 소장(訴狀)①.

소ː청(所請)명 청하는 바. 청하는 일. entreaty
소청(訴請)명 ①하소연하여 청함. ②《법률》 징계 처분 등 불리한 처분을 받은 공무원이 그 처분에 불복하여 처분의 취소 또는 변경을 청구하는 일. 하타
소청(疏請)명 임금에 상소하여 청함. 하타
소청(疏廳)명 유생(儒生)들이 모여서 전의(建議)·상소(上疏)하는 집.
소ː체(小體)명 작은 몸뚱이.
소체(消滯)명 체한 음식을 소화시킴. digestion 하타
소체(疏遞)명 《제도》 임금께 글을 올리고 벼슬을 물러남. tendering resignation 하타
소초¹(小草)명 〈인쇄〉서양 문자의 활자체의 하나. 《대》 대초(大草). semi-cursive writing of letters
소ː초²(小草)명 〈한의〉 아기풀의 싹. 약재로 씀. sprout
소초(小哨)명 〈군사〉 전략적으로 중요한 지점에서 경계의 임무를 맡은 적은 인원의 부대. out-post
소초(疏草)명 〈제도〉 임금께 올리는 글의 초본.
소ː촌(小村)명 작은 촌락.
소ː총(小塚)명 작은 무덤.
소ː총(小銃)명 〈군사〉 개인 휴대용(携帶用) 총의 하나. 단발(單發)·연발(連發)·자동(自動)·반자동(半自動) 등이 있음. rifle 앞. bullet
소ː총ː탄(小銃彈)명 〈군사〉 소총에 쓰이는 탄
소ː총ː회(小總會)명 유엔의 상설 기관. 전체 가맹국으로 구성, 총회의 폐회 중에만 개최하며 국제 평화·안전에 관해 안보 이사회가 심의하지 않는 문제를 토의, 총회에 보고함.
소ː추(小秋)명 이른 가을. 첫가을.
소ː추(素秋)명 가을의 딴이름. 소절(素節)①. autumn
소추(訴追)명 〈법률〉 ①검사가 공소(公訴)를 제기함. prosecution ②탄핵(彈劾)의 발의를 하여 파면을 구하는 행위. impeachment 하타
소추(疏麤)명 피륙이 거칠고 굵음. 하영
소ː축(小畜)명 →소축괘(小畜卦).
소ː축=괘(小畜卦)명 〈민속〉 육십사괘(六十四卦)의 하나. 손쾌(巽卦)와 건쾌(乾卦)가 거듭된 것으로, 하늘에 바람이 다님을 상징함. 《준》 소축.
소ː춘(小春)명 음력 시월의 딴이름.
소ː출(所出)명 논밭에서 거둔 곡식. crops
소ː충(小蟲)명 작은 벌레. tiny insect
소ː취(小醉)명 조금 취함. 《대》 대취(大醉). 하자
소취(梳帚)명 《동》 빗솔.
소취(嘯聚)명 군호로서 많은 사람을 불러 모음. mobilizing by means of a password 하타
소ː치ː타(小吹打)명 《제도》 새벽과 밤에 진영문을 여닫을 때 하면 약식의 취타(吹打)
소치(召致)명 불러서 오게 함. call 하타
소ː치(所致)명 어떤 까닭에서 빚어진 일. 이룬 바의 까닭. reason
소치(騷致)명 시문의 아취(雅趣). literary taste
소ː친(所親)명 친한 사람. 가까운 사람. familiar person
소ː침(小針)명 시계의 작은 바늘.
소침(消沈·銷沈)명 ①기력이 푹 사그라지고 까라짐. depression ②삭아 없어짐. gloom 하영 쓰는 곳.
소침ː환(燒鍼丸)명 〈한의〉 젖먹이가 토사를 할 때에
소ː칭(小秤)명 작은 저울. small balance
소ː칭(所稱)명 일컫는 바.「구.
소켓(socket)명 전구 따위를 끼우는 나사 모양의 기
소쿠라ː지ː다[―] 급한 물결이 굽이쳐 힘차게 용솟음치다. surge up
소쿠리명 테를 둥글게 결은 대 그릇. bamboo basket
소크라테스=법(一―법)(Socrates 法)명 〈철학〉 소크라테스가 그의 대화에 사용하던 방법. Socratic method
소크라테스 학파(Socrates 學派)명 〈철학〉 소크라테스가 죽은 뒤에 그의 사상과 학설을 이은 여러 학파를 통틀어 일컫는 말. Socratic school
소ː크 백신(Salk Vaccine)명 〈약학〉 소아마비 예방 접종용의 백신.
소ː탁목(小啄木)명 《동》 쇠딱따구리.

소탈(疏脫·疎脫)명 예절과 형식에 얽매이지 않고 수수하고 거리낌이 없음. unconventionality 하영
소ː탐 대ː실(小貪大失)명 작은 이익을 탐하다가 큰 손실을 봄. suffering a heavy loss by pursuing a small profit 하타 in soup
소ː탕(素湯)명 생선이나 고기를 안 넣고 끓인 국. pla-
소ː탕(掃蕩)명 휩쓸어서 죄다 없애 버림. 소양(掃攘). sweeping 하타 mindedness 하영
소탕(疏宕)명 행동이 소탈하고 걸걸스러움. broad-
소ː탕=전(掃蕩戰)명 〈군사〉 패잔병을 모두 없애기 위한 싸움. mopping-up operation
소대(疏大)명 →소대나무. ②명 →소대 껍질. 「흰 몸.
소ː태(素胎)명 〈공업〉 잿물을 올리기 전의 도자기의
소ː태(笑態)명 ①웃는 맵시. ②웃음.
소태=같ː다[一] 맛이 몹시 쓰다.
소태 껍질명 〈한의〉 소태나무과의 껍질. 맛이 몹시 쓰며 약에 씀. 《약》 소태②. sumac bark
소태-나무명 〈식물〉 소태나무과의 낙엽 소교목. 높이 4m 가량으로 온 나무의 맛이 쓰며, 5~6월에 황록색의 꽃이 핌. 열매는 타원형으로, 익으면 황갈색을 띰. 수피는 뿌리와 함께 회충 구제약으로 쓰이며, 열매는 위약(胃藥)·살충제로 쓰임. 고련(苦棟).
소택(沼澤)명 《동》 소지(沼池). 《약》 소태②.
소택-지(沼澤地)명 늪과 못이 많은 땅.
소택=식물(沼澤植物)명 물가의 습지나 또는 얕은 물 속에 나는 식물.
소테(sauté 프)명 서양 요리의 하나. 육류(肉類)를 기름으로 데치는 음식의 총칭. ¶치킨 ~.
소토(燒土)명 ①논밭의 표토(表土)를 긁어 모아 그 위에 마른 풀이나 나뭇 조각을 놓고 태우거나 흙을 펴 놓은 철판 밑에서 불을 때어서 가열하여 살균하는 토양 소독법. 하타
소ː=톱(小一)명 작은 동가리톱. small saw
소ː통(小桶)명 ①자그마한 통. small tub ②서 말 가량의 분량을 담을 수 있는 소금 섬.
소통(疏通)명 ①막히지 않고 서로 통함. drainage ②의사(意思)가 서로 통함. mutual understanding ③도리(道理)와 조리(條理)에 밝음. well informed of truth ④닫히거나 막힌 것을 열어 트이게 함. 《대》 격조(隔阻). open 하자타
소ː파(小波)명 잔 물결.
소ː파(小派)명 작은 당파.「하자타
소ː파(小破)명 조금 깨짐. 조금 파손됨. little damage
소파(搔爬)명 〈의학〉 조직(組織)을 긁어 내는 일. 인공 유산(人工流産)을 행함. curettage 하타
소파(sofa 프)명 긴 안락 의자(安樂椅子).
소파 수술(搔爬手術)명 〈의학〉 자궁안의 질환의 치료나 인공 유산(人工流産)을 시킬 때처럼 그 조직을 긁어 내는 수술. 하타
소판(蘇判)명 ①《동》 잡찬. ②《제도》 고려 태조(太祖) 때의 네째 관계(官階).
소ː판=형(小判形)명 타원형(楕圓形).
소ː판(小瓣)명 작은 꽃잎.
소ː=팔초어(小八鮹魚)명 낙지.
소ː편(小片)명 작은 조각. small piece
소편(小篇)명 《동》 단편(短篇).
소ː포(小布)명 활 쏘는 데에 무명 따위로 만든 과녁.
소ː포(小包)명 ①자그마하게 싼 물건. parcel ②명 →소포 우편. 소포 우편물.
소ː포(小圃)명 채소 따위를 심는 작은 밭. small garden
소ː포(所逋)명 관청 물건을 사사로이 소비함. misappropriation 하타
소포(蔬圃)명 채소밭. vegetable field
소ː포-엽(小苞葉·小包葉)명 〈식물〉 꽃의 가장 가까이에 있는 포엽(苞葉).
소ː포 우편(小包郵便)명 물건을 자그마하게 싸서 보내는 우편. 하타
소ː포 우편물(小包郵便物)명 소포 우편으로 보내는 물품. 용적·중량에 제한이 있으며, 양목(量目)에

다소와 거리의 원근에 의하여 요금이 다름. 《약》 소포②. postal parcel
소:품(小品)[명] ①《문학》→소품문(小品文). ②《약》→소품물(小品物). ③자그마한 제작품. small article ④ 변변치 못한 물건. trifling article ⑤무대에서 사용하는 도구 중 배우가 지니는 물건 따위의 비교적 작은 물건. 소도구.
소:품-곡(小品曲)[명]《음악》작은 규모의 곡. 《약》소곡 (小曲). short piece
소:품-문(小品文)[명]《문학》일상 생활에서 보고 느낀 것을 간단히 쓴 짤막한 문장. 《유》단문(短文). 《약》소품(小品)①. sketch 「소품(小品)②. small piece
소:품-물(小品物)[명] 자그마한 그림이나 조각품.
소풍(消風)[명] 답답한 마음을 가볍게 하려고 바람을 쐬는 일. walk 하짜
소풍(逍風)[명] ①운동이나 자연의 관찰을 겸하여 야외 따위의 먼 길을 걷는 일. picnic ②[동] 산책(散
소-풍경(小風磬)[명] 《동》놔낭. [策).
소풍 농:월(嘯風弄月)[명] 자연 풍경을 애상(愛賞)함.
소풍-지(逍風地)[명] 소풍가서 노는 곳. 「하짜
소프(soap)[명] 비누.
소프라노(soprano 이)[명]《음악》여자·어린이의 목소리로 가장 높은 소리. 또, 그 음역의 가수.
소프트(soft)[명] ①펠트(felt)로 만든 부드러운 중절 모자. ②《약》→소프트 칼라. ③ 부드럽고 온화함. 하여
소프트 드링크(soft drink)[명] 알코올이 들어 있지 아니한 가벼운 음료. 소다수·홍차 따위.
소프트-볼(softball)[명] 《체육》 아이들이나 여자들에게 알맞게 만든 야구공. 글러브는 포수와 일루수만이 사용됨.
소프트-웨어(software)[명] 전자 계산기를 작동시키기 위한 프로그램을 짜거나 그 이용법을 연구하는 기술 부문. 《대》하드웨어.
소프트 칼라(soft collar)[명] 풀기가 적고, 감이 부드러운 칼라. 《약》소프트②.
소프트 포:커스(soft focus)[명] 영화의 화면을 부드럽게 하기 위하여 특수한 렌즈를 써서 초점이 흐리게 촬영하는 일.
소프호:스(sovkhoz 러)[명] 소련의 대규모 국영 농장.
소피(所避)[명] 오줌 누는 일. 하짜 [학파.
소피스트(sophist)[명] ①[동] 궤변가(詭辯家). ②궤변
소피스티케이션(sophistication)[명]《문학·예술》①궤변. 궤변으로 지껄이는 일. ②도회적인 세련된 작
소피아(sophia 그)[명] 지혜(智慧). [풍의 작품.
소:하(小蝦)[명] 새우의 새끼. shrimps 「ing 하짜
소하(消夏·銷夏)[명] 여름의 더위를 잊게 함. summer-
소:하(溯河)[명] 바닷물고기가 산란을 위해서 강물로 거슬러 올라감 하짜
소:하-다(素一)[자여튼] 고기를 먹지 않고 채소만 먹다. abstain from fish and meat
소:하물(小荷物)[명] 기차 편에 손쉽게 부칠 수 있게 꾸린 작고 가벼운 짐. package
소:하-어(溯河魚)[명] 생애의 대부분을 바다에서 보내고 산란을 위하여 강물로 올라가는 물고기. 연어·송어 같은 것.
소:학(小學)[명] ①송(宋)나라 때 아이들을 교육하면 곳. 또, 그 곳에서 가르치던 학과. school for children ②《약》→소학교.
소학(笑謔)[명] 웃으면서 농지거리함. joke 하짜
소:-학교(小學校)[명] 국민 학교의 옛 이름. 《약》 소학 (小學). elementary school
소:-학생(小學生)[명] 국민 학생의 옛 이름. primary-school child
소:한(小寒)[명] 이십사 절기의 23째. 양력 1월 6일 경으로 연중 가장 추운 때임. 《대》대한(大寒).
소:한(小閑)[명] [동] 소가(小暇)①.
소한(宵旰)[명] 《약》→소의 한식(宵旰旺食).
소한(消閑)[명] 한가한 때를 메꿈. 심심함이 풀림. 하 leisure 하짜

1063

소한(消寒)[명] 추위를 이겨 냄. overcome the cold 하짜
소:할(所轄)[명] 관할하는 바. ¶〜 소방서. 《유》관할. jurisdiction
소합-원(蘇合元)[명] [동] 소합환(蘇合丸).
소합-유(蘇合油)[명] 소합향의 기름. 끈끈한 아교풀 비슷하며 향내가 좋음. 약으로 씀. 소합향②.
소합-향(蘇合香)[명] ①《식물》조록나무과의 낙엽 활엽 교목. 높이 10m 정도이며 소아시아에 분포함. ②《동》소합유. 「상쾌하게 하는 약. 소합원.
소합-환(蘇合丸)[명] 《한의》위장을 맑게 하고 정신을
소:-항(小巷)[명] 작은 누항(陋巷).
소:-항(小港)[명] 작은 항구. 소항구.
소:-항(溯航)[명] 수류(水流)를 거슬러 항해함. 하짜
소:-해(一亥)[속] 축년(丑年).
소:해(掃海)[명]《군사》바다 속에 던져 둔 수뢰 따위의 위험한 물건을 없애어 항해를 안전하게 하는 일. sweeping of the sea
소해(疏解)[명] ①하나하나 상세하게 말하여 풀이함. explanation ②문서나 서적의 상세한 주석(註釋). annotation 하짜
소:해-정(掃海艇)[명]《군사》소해(掃海)를 임무로 하는 해군의 배. 소회정(掃海艇). minesweeper
소:행(所行)[명] 행한 일. 또, 행하는 일. 소위(所爲)②. one's doing
소:행(素行)[명] 평소의 행실. 평소의 품행. conduct
소행(宵行)[명] 밤길을 걸음. 하짜
소:-행(泝行)[명] 물의 흐름에 거슬러 올라감. 하짜
소:-행리(小行李)[명]《군사》전투 부대에 따라다니는, 필요한 군수품을 실은 짐.
소:=행성(小行星)[명]《천문》화성과 목성 사이의 궤도에서 태양을 도는 작은 천체. 총수는 1천∼4만으로 추정됨. 소유성(小遊星). 소혹성(小惑星).
소행-죽(蘇杏粥)[명] 차조기씨와 살구씨를 같은 분량으로 섞어서 매에 간 뒤에 쌀뜨물을 붓고 쑤어 꿀을 탄 죽.
소:향(所向)[명] 향하여 가는 곳. one's destination
소향(燒香)[명] 분향(焚香).
소:향 무적(所向無敵) 어디로 가든지 대적할 만한 사람이 없음. 「향탁.
소:=향탁(素香卓) 장사지내기 전에 칠을 않고 쓰는
소:허(少許)[명] 얼마 안 되는 분량. small quantity
소혈(巢穴)[명] 짐승의 굴.
소:=협주곡(小協奏曲)[명]《음악》소규모의 협주곡.
소:형(小兄)[명]《제도》고구려 때 벼슬 이름.
소:형(小型)[명] 물건의 작은 모양. 《대》대형(大形). small size
소:형(小型)[명] 작은 형(型). ¶〜 자동차.
소:형(小荊)[명] 《동》싸리.
소:형(素馨)[명] 말리(茉莉).
소:-형기(小型機)[명] 비교적 기체가 작은 비행기. 전투기·정찰기 따위. 「한 면허.
소:형 면:허(小型免許) 소형 자동차의 운전에 필요
소:형 행성(小型行星) 지구보다 작은 행성. 특히 수성·금성·화성·명왕성을 가리킴.
소:호(小戶)[명] ①작은 집. small house ②가난한 집. poor house ③식구 적은 가구(家口). small family
소:호(小毫)[명] ①작은 터럭. fine hair ②몹시 작거나 적은 분량이나 정도. bit
소호(沼湖)[명] 늪과 호수. 호소(湖沼). 「lakes marshes and
소:호-지(小好紙)[명] 종이의 하나. 대호지보다 길이 가 짧고 작음.
소:-혹성(小惑星)[명] [동] 소행성.
소혼(消魂)[명] 근심을 심히 하여 넋이 빠짐. over-whelmed by grief 하짜
소혼 단:장(消魂斷腸) 근심과 슬픔으로 넋이 빠지고 창자가 끊어지는 듯함. overwhelmed and heart-broken with grief 하짜
소홀(疏忽)[명] 탐탁하지 않고 범연함. 대수롭지 않고 예사임. 소략(疏略)①. carelessness 하여 히[
소:화(小火)[명] ①작은 불. ②작은 화재(火災). 《대》

소화 1064 속고의

대화(大火). little fire
소:화(小話)명 잘막한 이야기. short tale
소화(消化)명 ①물건이 사라져 없어지거나 바뀜. disappearance ②〈생리〉먹은 음식물을 흡수할 수 있는 액체로 만들고 세포(細胞)에 의하여 이용될 수 있는 단순한 물질로 변화시키는 과정. 보통은 소화 기관 안에서 소화액(消化液)의 분비에 의하여 행하여짐. 삭임. digestion ③배워서 얻은 바 지식을 내 것으로 만듦. comprehension ④공채(公債) 또는 상품 따위를 팔아서 없앰. absorption 하다
소화(消火)명 불을 끔. 난 불을 끔. 《대》방화(放火). 출화(出火). 점화(點火). fire-fighting 하다
소화(消和)명 〈화학〉생석회에 물을 부어 소(消)석회로 化함.
소:화(笑話)명 우스운 이야기. funny story
소화(韶華)명 젊은이처럼 빛나는 늙은이의 얼굴빛. childlike face
소화(燒火)명 불에 태움. burning 하다
소화(燒化)명 태워서 질(質)을 변화시킴. 하다 「관.
소화-계(消化系)명 〈생리〉소화 작용에 관계되는 기관.
소화-관(消化管)명 〈생리〉알뒤가 확히 열린 관상(管狀)의 소화기(消化器). 식도(食道)·위장(胃腸) 따위. 삭임관. 『기관동·권충·엽충 따위』. gut
소:화-기(小火器)명 〈군사〉소구경의 총기인 소총.
소화-기(消化器)명 〈생리〉먹은 음식물의 소화만을 맡는 기관. 보통 소화관과 소화선으로 이루어짐. 소화 기관. 삭임 기관. digestive organs
소화-기(消火器)명 불을 끄는 데 쓰는 기구. 기포식 (起泡式)·사염화탄소(四鹽化炭素) 따위의 소화기 및 소화탄이 있음. 삭임틀. fire-extinguisher
소화 기관(消化器官)명 동 소화기(消化器).
소화-력(消化力)명 음식물을 소화시키는 능력.
소:화-물(小貨物)명 철도에서, 여객 열차로 선착하게 운송되는, 수화물(手貨物) 이외의 가볍고 작은 화물. 『은 음식물이 잘 삭지 않음. indigestion
소화 불량(消化不良)명 〈의학〉소화기에 탈이 생겨 먹
소:화-산(消火山)명 사화산(死火山).
소화-선(消化腺)명 〈생리〉소화액을 분비하여 먹은 음식물을 삭게 하는 작용을 하는 선(腺). 타선(唾腺)·위선(胃腺)·쵀장(膵臟)·간장(肝腸)·장선(腸腺) 따위의 총칭. 삭임샘. peptic gland
소화-액(消化液)명 〈생리〉먹은 음식물을 소화하기 위하여 선세포(腺細胞)로부터 소화관내(消化管內)로 분비되는 액체. 효소(酵素)·산소(酸素) 따위를 포함하는 타액(唾液)·위액(胃液)·쵀액(膵液)·장액(腸液) 등의 총칭. digestive fluids 「양의 비율. digestibility
소화-율(消化率)명 일정한 분량 중 보람 있게 처분한
소:화 일편(笑話一片)명 우스운 이야기.
소:화-자(小火者)명 〈제도〉환관(宦官)의 후보 소년.
소화 작용(消化作用)명 〈생리〉먹은 음식물의 영양분을 분해하여 물에 녹기 쉽고 흡수되기 쉬운 물질로 변화시키는 작용.
소화-전(消火栓)명 화재가 일어났을 때 급수(給水)하기 위한 수도 장치. fire hydrant
소화-제(消化劑)명 〈약학〉소화를 도와서 빨리 하게 하는 약제. 건위제·건위제(健胃劑)·디아스타제·펩신 따위의 소화 효소 제제(製劑). digestive
소화 효소(消化酵素)명 〈생리〉소화관에서 분비되는 효소. 음식물의 소화를 도움.
소환(召喚)명 〈법률〉관청에서 오라고 부름. 호출(呼出)문 하다 《대》대 파견. call 하다
소환(召還)명 ①일을 마치기 전에 불러 돌아오게 함. ②〈법률〉국가나 지방 공공 단체의 공직(公職)에 있는 사람을 그 임기 종료 전에 국민 또는 주민의 발(發意)에 의하여 파면시키는 제도. 환제. ③〈법률〉파견국(派遣國)의 명령에 의한, 외교 사절이나 영사(領事)의 귀환 명령. recall 하다
소환-장(召喚狀)명 〈법률〉소환을 명하는 문서. summons
소환-제(召還制)명 동 소환(召還)②.

소활(疏闊)명 ①성품의 됨됨이가 어설프고 짜이지 못함. slovenliness ②서먹서먹함. 하다
소활(蘇活)명 동 소생(蘇生). 하다
소:황-충(小蝗蟲)명 버메뚜기.
소:회(小會)명 인원수가 적은 집회. 《대》대회(大會).
소:회(所懷)명 마음에 품고 있는 회포(懷抱). reflection
소:회(素懷)명 평소에 품고 있는 회포. opinion
소:회(遡洄)명 배를 저어 위로 거슬러 올라감. sailing up stream 하다 「글.
소:회경경(小悔罪經)명 〈기독〉죄를 회개하는 잘막한
소:회-향(小茴香)명 〈한의〉회향의 하나. 산증·요통 따위에 약으로 씀. 「다 세운 이정표(里程標).
소:후(小堠)명 〈제도〉조선조 때 지방 도로에 10 리마
소:후-가(所後家)명 동 양가(養家).
소훼(燒毀)명 불에 탐. 또는, 불에 태워 버림. 하다
소훙-주(紹興酒)명 중국 소흥 지방에서 나는 이름난 술. 「하다
소:희(笑戲)명 웃으며 장난함. laughing and playing
속(俗)명 ①일정하게 둘러싸인 것의 안. 이면(裏面). 《대》겉. interior ②물체의 걸을 이루는 부분. 순. 지. 『수박 ~. 사과 ~. substance ③〈생〉소². 『~. 속내. 『남의 ~도 모르다. mind ⑤배 안. 또는 거기에 든 내장. 뱃속. 『~이 아프다. entails ⑥마음. 『~이 너그러워. mind
속(屬)명 ①딸린 것. belongings ②〈약〉→속관(屬官). ③〈생〉분류의 단위의 하나. 과(科)와 종(種)의 중간에 딸림. genus 「redemption 하다
속(贖)명 죄를 씻기 위하여 물건을 대신하여 바침.
속(束)명 묶음. 뭇¹. bundle
속-(續)두 어떤 명사 위에 붙어 그전의 것에 잇대어 서 될 뜻을 나타냄. 『~대전(大典). continuation
속가(俗家)명 ①불교나 도교를 믿지 않는 사람의 집. layman family ②중의 생가(生家). native home of a priest 「(樂歌). popular song
속가(俗歌)명 속스러운 노래. 속창(俗唱). 《대》악가
속:가-량(一假量)명 속으로 대강대강 처보는 셈. 《대》겉가량. rough estimation 하다 「루. flour
속-가루(俗歌)명 빻아서 뺀 나중에 나오는 가루.
속-가죽(俗)명 겉가죽 속에 있는 가죽. 내피(內皮). 《대》
속-가지(俗)명 ③접요사(接腰辭). 「겉가죽.
속각(粟殼)명 〈약〉→앵속각(罌粟殼).

속 각각 말 각각(俗)(句)하는 말과 생각이 다르다.
속간(續刊)명 정지되었던 신문이나 잡지를 다시 간행함. 《대》정간(停刊). continuation of a publication
속:-감(一명) 쌍시(雙枾)의 속에 들어 있는 감. 「하다
속강(續講)명 계속해서 강의함. 또, 그 강의. 하다
속개(續開)명 일단 멈추었던 회의를 다시 계속하여 엶. resumption 하다
속객(俗客)명 ①〈불교〉속세의 손님. layman ②풍치가 없는 사람을 약간 속하게 이름. worldling
속거 천리(速去千里)명 〈민속〉귀신을 물리칠 때 어서 멀리 가라고 외치는 말. 「vulgar form
속격(俗格)명 속된 격식. 세상에서의 보통 격식.
속견(俗見)명 세속적인 생각. 속인(俗人)의 견식.
속결(速決)명 빨리 끝을 맺음. 얼른 결단함. 빨리 결재함. prompt decision 하다 「가 없는 곳.
속경(俗境)명 ①속인의 세계. 속계(俗界). ②풍류
속계(俗戒)명 〈불교〉오계·팔계 등의 재가계(在家戒).
속계(俗界)명 ①속된 사람의 세계. ②세속(世俗)의 사람이 사는 세계. 속경. 《대》선계(仙界). earthly world 「manuscripts
속고(續高)명 앞 원고에 이어 나간 원고. remaining
속:-고갱이(俗)명 한가운데 있어서 주장이 된 고갱이. heart 「잡아매는 노끈. 《대》겉고삿.
속:-고삿(俗)명 집을 이을 적에 먼저 지붕 위에 건너질러
속:-고의(一袴衣)명 속에 입는 고의. 속바지. women's

속고적 underwears
속고적(速古赤)〖원〗→속고지.
속고지(←速古赤)〖제도〗임금의 옷을 맡았던 숙위(宿衛)의 신하.
속곡(俗曲) 속스러운 노래 곡조. popular song
속곡식(一穀食)〖원〗겉곡질을 벗겨 낸 곡식. 《대》겉곡식. hulled grain
속골(俗骨) 범속한 골격. 또, 그런 사람. worldling
속:곳〖원〗속속곳과 단속곳의 통칭. 단의(單衣)②. woman's underwears
속:곳바람〖원〗속곳만을 입은 차림새. in night attire
속곳 벗고 함지박에 들어갔다〖속〗일이 다급하여 아무리 하여도 낭패를 보게 되었다.
속공(速攻) 지체함이 없이 재빨리 공격함. 《대》지공(遲攻). speedy attack 하다
속공(屬公) 임자가 없는 물건·금제품·장물 따위를 관부(官府)로 메어 붙임. reversion of an ownerless article to the state 하다
속공-법(一法)〖원〗(速攻法)〖체육〗경기에서 빨리 공격을 가하는 전술의 하나. speedy attack
속관(屬官) 장관에의 소속한 관원. 《약》속(屬)②. clerk
속교(俗交) 세속의 교제.
속구(俗句) 비속한 구(句). 속취(俗臭)를 풍기는 구.
속구(速球) 구기(球技)에서, 빠른 공.
속국(屬國)〖정치〗정치적으로 다른 나라에 매여 있는 나라. 속방(屬邦), 기미국(羈縻國), 식민지(植民地). 종속국. 《대》독립국. vassal state
속-귀〖원〗내이(內耳).
속근-근(續筋根) 메의 뿌리. 약재로 흔히 씀.
속:-긁다[-극-]〖자〗비위를 건드려서 속이 뒤집히게 하다.
속금(贖金)〖동〗속전(贖錢).
속:-긋 글씨·그림 등을 처음 배우는 사람을 위하여 종이를 덮어서 먼저 가늘게 그려 주는 획. copy
속:-긋넣다〖원〗속긋을 그어 주다. set a copy
속기(俗忌) 세속에서 꺼리는 일. taboo 하다
속기(俗氣) 속계의 기풍. 속된 기풍. 속취(俗臭)②. vulgarity
속기(速記)〖원〗①빨리 적음. rapid writing ②속기법으로 적음. stenography 하다
속기-록(速記錄) 속기술로 적은 기록을 보통 글자로 역문(譯文)하여 맨 책. stenographic records
속기-법(速記法)〖원〗《동》속기술(速記術).
속기-사(速記士)〖원〗속기를 업으로 하는 사람. shorthand writer
속기-술(速記術) 썩 간단하고 편리한 목적의 부호로써 담화·연설 따위를 그대로 빨리 적어 뒤에 보통 문자로 바꾸어 적는 법. 속기법. stenography
속기 축음기(速記蓄音器)〖동〗딕터폰(dictaphone).
속-까풀〖원〗걸꺼풀 아래에 겹으로 되어 있는 꺼풀. 《대》겉꺼풀.
속-껍질(一皮一)〖원〗겉껍질 안에 겹으로 되어 있는 껍질. 《대》겉껍질.
속-껍데기 겉껍데기 안에 겹으로 되어 있는 껍데기. 《대》겉껍데기.
속:-끓다〖자〗자주 마음을 태우다. worry oneself popular opinion
속-나깨 메밀의 고운 나깨. 《대》겉나깨. fine bran
속-나무〖원〗《약》소리나무. 〖of buckwheat
속:-내〖원〗《약》속내평.
속:-내-다〖타〗내비치어내다.
속:-내-다〖타〗대패나 끌 따위를 갈아서 새로 날카로운 날이 서게 하다. sharpen
속-복(一服)〖원〗(內服)〖원〗속내의①. 「내복. ②겉옷.
속:-내의(一內衣)〖원〗①내의 속에 껴입는 내의. 속옷.
속-내평〖원〗겉으로 드러나지 않은 사실. 이허(裏許). 《약》속내. internal conditions
속념(俗念) 세속에 얽매인 생각. 속된 생각. 속려. 속정②. worldly thoughts
속노(粟奴) 조의 깜부기.
속:-눈〖원〗글자를 반듯하게 'ㄱ'자 형으로 놓을 때, 아래쪽에 새겨 있는 눈. 《대》겉눈.
속:=눈〖원〗눈을 감은 체하면서 조금 뜬 눈.
속:-뜨다〖원〗겉으로는 눈을 감은 듯하나 속으로는 약간 떠서 보다. 겉을 감다. narrow one's eyes
속:=눈썹〖원〗눈시울에 난 털. 첩모. 《대》겉눈썹. eyelashes
속-다〖자〗①남의 꾀에 빠져 해를 볼. be tricked ②거짓을 참으로 알다. be deceived ③괴로움을 당하다.
속:-다짐〖원〗《약》속셈①. 「suffer
속닥-거리-다〖자〗동아리끼리 모여서 은밀히 이야기하다. 《큰》숙덕거리다. 《센》쏙닥거리다. 속닥=속닥하다 「쏙닥이다. whispering
속닥-이-다 비밀히 소곤거리다. 《큰》숙덕이다. 《센》
속단(速斷)〖원〗①빨리 판단을 내림. ②지례 짐작으로 그릇 판단하거나 결정함. hasty conclusion 하다
속단(續斷)〖식물〗꿀풀과의 다년생 풀. 줄기는 모가 나고 높이 1m 가량이며 잎은 난형임. 7월에 빨간 꽃이 피고 과실은 난형임. 산지에 나는데 뿌리·줄기는 약용, 어린 잎은 식용함. 〖음〗하다
속단 불허(速斷不許) 미리 판단하기를 용서하지 않음
속달(速達)〖원〗①썩 빠른 도달·배달. express delivery ②《약》속달 우편. 하다[타]
속달-거리-다 여럿이 모여 둘레를 살펴 가면서 가만가만 이야기하다. 《큰》숙덕거리다. 《센》쏙달거리다. whisper 속달=속달하다 하다
속:-달-다[르불] 애를 몹시 써서 가슴속이 더워지다. 몸달다. be anxious to
속달-뱅이〖원〗작은 규모. small scale
속달 우편(速達郵便) 특정 구역 안에서 보통 우편보다 빨리 배달되는 우편. 《약》속달②. express delivery post
속담(俗談)〖원〗①옛부터 내려오는 민간의 격언. proverb ②속된 이야기. 속설(俗說)①. 속어(俗語)③. 세언(世諺). common saying 「cards
속담-딱지(俗談一)〖원〗아이들 장난감의 하나. playing
속답(速答)〖원〗빨리 대답함. 빨리 해답함. 또, 그 대답이나 해답. speedy answer 하다
속:-대〖원〗①채소의 속 줄기. heart of vegetable ②댓개비의 속살인 무른 부분. 《대》겉대. wood parts of a bamboo
속대(束帶) 관(冠)을 쓰고 띠를 맴. 곧, 예복을 입음. put on a ceremonial robe 하다
속:-대=쌈〖원〗배추 속대로 먹는 쌈. 「conjecture
속:-대중〖원〗마음속으로만 치는 대중. 《대》겉대중.
속:=댓-국〖원〗배추 속대와 된장을 넣고 끓인 국. cabbage heart soup
속:-더께〖원〗덮어서 찌든 물체에 찐 속의 때. 《대》겉더께.
속도(速度)〖원〗①빠른 정도. speed ②〖물리〗운동하는 물체의 빠름의 정도와 방향까지를 아울러 생각한 양. velocity ③〖음악〗악곡을 연주하는 빠르기.
녹도(鹿島)〖원〗육지에 부속되어 있는 섬. 그 나라에 속하는 섬. 「키. speedometer
속도-계(速度計)〖원〗움직이는 속도를 스스로 재는 장
속도 위반(速度違反)〖원〗①교통 법규상 제한되어 있는 속도를 넘는 속력을 내는 일. ②〖속〗결혼 전에 아기를 갖는 일. 하다
속도 제한(速度制限)〖원〗철도나 도로를 달리는 열차나 차량의 속도에 제한을 가함. 「하다
속=도지(速圖之) 기회를 놓치지 않고 빨리 서두름.
속독(速讀) 빨리 읽음. ¶ ~술(術). 하다
속독-법(速讀法)〖원〗한 눈에 많은 양(量)의 글자를 읽는 훈련을 통해서 책을 빨리 읽기의 익히는 방법.
속:-돌〖원〗〖광물〗화산의 용암이 갑자기 식어서 된 다공질(多孔質)의 가벼운 돌. 경석(輕石). 부석(浮石). 수포석(水泡石). 수화(水花). 고석(蠱石). 해석(海石). pumice
속-되다(俗一)〖원〗①고상하지 못하고 천하다. vulgar ②세속적(世俗的)이다. 《대》고상하다. be worldly
속된-말(俗一)〖원〗세속적으로 일컫는 말. popular

속 들여다보이다 saying 「히 알 수 있다.
속 들여다보이다㊀ 속셈이나 거짓이 언뜻 보아도 빤
속(贖勝)명 물가·시세 등이 계속 오름. (대) 속락
속=등겨명 쌀겨. 　　(續落). continued rise 하타
속=떠보-다타 남의 속마음을 슬며시 알아보다.
속=뜨물명 곡식을 여러 번 씻은 다음에 나오는 깨끗
한 뜨물. (대) 겉뜨물.
속=뜻명 ①마음속으로 품고 있는 깊은 뜻. one's
inmost ideas ②글의 이러저러한 표현의 속을 흐르
고 있는 기본 의미. inner meaning of a sentence
속락(續落)명 자꾸 떨어짐. continues drop 하타
속량(贖良)명 ①(제도) 종을 풀어 주어서 양민(良民)
이 되게 함. 속신(贖身). emancipation of slaves
②(기독) 남의 환난을 대신하여 받음. 하타
속려(俗慮)명 (동) 속념(俗念).
속력(速力)명 속도를 이루는 힘. 빠르기. speed
속령(屬領)명 (동) 속지(屬地).
속례(俗例)명 세속의 관례(慣例). custom 「ners
속례(續例)명 풍속에서 생긴 예절. customary man-
속례(屬隷)명 붙어서 매임. 또, 그 사람. dependent
속로=회(贖虜會)명 〈기독〉 회회교인(回回敎人)에게
포로가 된 신도를 속출(贖出)하기 위하여 세웠던
수도회.
속론(俗論)명 ①세속의 논의(論議). 속의. public opin-
ion ②통속적인 의론. conventional views
속론(續論)명 토론할 적에 다 펴지 못한 듯을 다른
사람이 잇대어서 하는 언론. continued discussion 하타
속료(屬僚)명 속관의 동료. 요속(僚屬). subordinates
속루(俗陋)명 속되고 처함. 하타　　　　「of life
속루(俗累)명 세상살이에 얽매인 너저분한 일. toils
속류(俗流)명 아담한 맛이 없는 무리. 속배(俗輩).
vulgar crowd　　　　　　　「리. jack-in-office
속리(俗吏)명 속물(俗物)인 관리. 범용(凡庸)한 관
속리(屬吏)명 관(官)에 속한 하례(下隷). petty official
속립(粟粒)명 ①조의 낱알. ②극히 작은 물건.
속립 결핵(粟粒結核)명 결핵균이 전신에 퍼져
좁쌀알 크기의 결핵 결절(結節)을 형성하는 질환.
속립=종(粟粒腫)명 〈의학〉 얼굴 특히 눈까풀 및 그
주위 또는 음부에 잘 나는 좁쌀 만한 작은 종기.
낭종(囊腫)의 하나임.
속=마음명 겉으로 드러나지 않은 참마음. 속심(약).
속맘. one's inmost heart
속=말명 진정의 말. 본심에서 나오는 말. (대) 겉말.
속=맘명 (약) 속마음. confidential talk 하타
속망(屬望)명 〈의학〉 결핵균이 〈유〉 촉망(屬望·囑望). 하타
속명(俗名)명 ①본명 또는 학명 이외에 속되게 부르
는 이름. common name ②〈불교〉 중이 되기 전의
이름. (대) 법명(法名). 계명(戒名). 본명. secular
name ③속된 명성. common honour
속명(屬名)명 〈생물〉 생물을 분류할 때 속(屬)에 주
어진 명칭.
속=모명 윷놀이에서 앞밭으로부터의 다섯째 밭.
속 모 가다자 윷놀이에서 말이 속모에 가다.
속=모 보내-다타 윷놀이에서 말을 속모로 옮기다.
속목(屬目)명 (동) 주목(注目). 하타
속무(俗務)명 세속적인 잡무(雜務). worldly affairs
속문(俗文)명 ①통속적 문체로 쓴 글. colloquial style
②하잖은 글. vulgar style
속문(續文)명 문장을 얽어서 만듬. 〈유〉 작문(作文).
composition 하타타　　　「문학. vulgar literature
속=문학(俗文學)명 〈문학〉 예술적 가치가 적은 속된
속물(物物)명 ①배움이 없거나 식견이 좁거나, 풍류
를 모르는 사람. worldly man ②속된 물건. unre-
fined things
속물(贖物)명 속죄하기 위하여 내는 물건. pay ransom
속미(粟米)명 좁쌀.
속미=분(粟米粉)명 좁쌀 가루.
속미-음(粟米飮)명 좁쌀로 쑨 미음. millet gruel
속미-주(粟米酒)명 좁쌀로 담근 술.

속민(俗民)명 세속의 백성.
속민(屬民)명 ①딸린 백성. ②백성을 모음.
속-바람명 바람의 균형을 잃고 몸이 떨리는 현상.
속=바지명 (동) 속곳의.　　　　　　　「다. pay ransom
속=바치-다(贖一)타 죄를 덜하기 위하여서 재물을 내
속박(束縛)명 ①몸을 자유롭지 못하게 얽어 맴. (유)
굴레②. 포박(捕縛). binding ②지위를 빼앗음. 제
한을 함. 구속(拘束). 포박(捕縛). (대) 해방(解放).
restraint 하타
속박 전:자(束縛電子)명 〈물리〉 원자핵을 중심으로
하고 그 주위에 궤도 운동을 하고 있는 전자. bond
속반(粟飯)명 조밥. boiled millet 　　　　　　「electron
속발(束髮)명 ①머리털을 가지런히 맴. hair-dressing
②상투를 잠. tying of a top-knot ③서양풍의 머리
를 잡아 묶는 형식. 하타
속발(速發)명 ①곧 떠나. leaving for at once ②효과
가 빨리 남. immediate effect 하타　　　「하타
속발(續發)명 계속하여 일어남. successive occurrence
속=발진(一疹)(續發疹)명 〈의학〉 원(原)발진이 변화
하여 생기는 발진.　　　　　　　　　　　「lunula
속=발톱명 발톱 안쪽에 있는 반달 모양의 흰 부분.
속=밤명 껍데기의 속에 있는 밤알. (대) 겉밤. ches-
속방(屬邦)명 속국(屬國).　　　　　　　　　「tnut
속배(俗輩)명 (동) 속류(俗流).
속=배포(一排布)명 속으로 품고 있는 꾀. 복안(腹
案). plan in one's mind
속백(束帛)명 〈제도〉 ①나라 사이에 빙문(聘問)하던
비단 다섯 필을 각각 양끝을 마주 말아 한데 묶은
예(禮)폐. ②가례(嘉禮) 때 납폐(納幣)로 쓰던
검은 비단 여섯 필과, 붉은 비단 네 필의 양단.
속백-함(束帛函)명 〈제도〉 가례(嘉禮) 때 예백을 담
던 함(函).
속=버선명 속에 껴 신는 접버선.　　　　　「underwears
속=벌명 속에 입는 옷의 한 벌. (대) 겉벌. set of
속=병(一病)명 〈속〉 ①오래 된 몸 속의 병을 통틀어
서 일컬음. 속증. internal disease ②위장병(胃腸
속보(速步)명 빨리 걷는 걸음. quick pace　「病).
속보(速報)명 빨리 알림. 또, 그 보도. hurried report
하타　　　　　　　　　　　　　　　　「news 하타
속보(續報)명 계속하여 알림. 또, 그 보도. further
속보-대(續報臺)명 신문사 등에서 중대한 일이나, 그
날그날의 보도를 계속하여 알리기 위하여서 길거리
에 세운 게시판처럼 생긴 물건.　　　　　　「다.
속=보이-다(續一)자 속배포가 남에게 드러나다. 보이(약) 속뵈
속보-판(速報板)명 신문사에서 기사를 빨리 보도하기
위하여 길거리에 게시판처럼 만들어서 세운 물건.
flash board
속복(屬服)명 복종하여 따름. subordination 하타
속본(俗本)명 (동) 속서(俗書)①.
속-뵈:다(續一)자 (약) 속보이다.
속빈(速貧)명(동) 청빈(淸貧). 하타
속 빈 강정명 아무 실속도 없이 겉만 그럴 듯하나.
속빙(續聘)명 기한 후에도 계속하여 예로써 초빙함.
continued employment 하타
속=빼-다명 논을 두 번째 갈다. plowing a paddy
field twice　　　　　　　　　　　　　　　「heart
속=뽑-다타 남의 마음을 알아내다. sounding one's
속-사명 속마음을 드러내 보이다.
속사(俗士)명 ①세상살에 능한 사람. man knowing
the world well ②평범한 사람. mediocrity ③견식
(見職)이 모자라는 사람. uneducated person
속사(俗事)명 세상살이의 이런 것 저런 일. 속세의
일. 속용(俗用). (대) 성사(聖事). earthly affairs
속사(速射)명 빨리 쏨. quick firing 하타
속사(速寫)명 ①글씨를 매우 빨리 쓰거나 베낌. quick
copying ②사진을 빨리 적음. 하타
속사(俗思)명 그 관청에 속로된 다른 관청.
속사(贖死)명 재물을 바쳐 죽을 죄를 덜함. 하타
속=사:(一四柱)명 혼담이 결정된 뒤에 정식으로 사

속사 케이스

주 단자(四柱單子)에 적어 보내는 신랑측의 사주. 《대》 걸사주.

속사 케이스(速寫 case)[명] 소형 카메라에서, 무겁만 열면 촬영할 수 있게 만든 휴대용 케이스.

속사-판(速寫板)[명] ⇒등사판(謄寫板).

속사-포(速射砲)[명] ①특별한 장치가 있어 탄약의 공급및 발사를 빠르게 하여 발사 속도가 빠른 대포의 하나. ②(속) 기관총. quick-firing gun

속삭-거리-다[자] 나지막한 목소리로 가만가만 자꾸 이야기하다. **속삭-다**[자]. 「whisper

속삭-이-다 나지막한 목소리로 정답게 이야기하다.

속산(速算)[명] 빨리 셈함. 또, 그 셈. rapid calculation 하다. 《대》 걸산.

속:살¹ 걸부들의 겉살과 겉살 사이의 많은 살.

속:살²[명] ①옷으로 덮이진 살. 《대》 겉살. skin under clothes ②속으로 실속이 있게 찬 살. flesh ③소의 입 속의 고기. meat of beef's mouth

속살-거리-다[자] 자질구레한 말로 속닥거리다. 《큰》 숙설거리다. 《센》 쏙살거리다. whisper=속살하다.

속:살-다[돌자] 겉으로 가만히 있으나 속으로는 지지 않으려는 뜻이 있다. unbending internally

속:살 찌-다 ①속살이 올라 둥뚱해지다. fleshy ②겉으로는 보이지 않게 실속이 있다. substantial

속상(俗尚)[명] 시속(時俗)에서 공경하여 좋아하는 일. prevailing fashion

속-상우-다(一傷一)[타] 마음에 쓰리림이 있어 정신에 고통을 주다. be chagrined at

속:-상하다(一傷一)[타] ①속이 쓰리리다. painfull ②화가 나다. vexatious

속새[명] 〈식물〉 속새과의 상록 숙근초(宿根草). 속이 빈 원통형으로 높이 40～60 cm 정도이고 잎을 후생임. 산과 들의 음습한 곳에 나며 나막신을 닦는데 쓰며 수련체로도 씀. 목적(木賊)①. scouring-rush 「ring (with scouring-rush) 하다

속새-질 속새로 절질한 물건을 문지르는 짓. scou-

속생(續生)[명] 잇따라 생겨남. 속출. 하다

속:-셈[명] ①속으로 가만히 헤아려 따져 보는 일. 하다 ②⇒속산.

속:-샤스(—shirt)[명] ⇒속셔츠.

속서(俗書)[명] ①비속한 서적. 학문적이 아닌 저급한 책. 속된 책. 속본(俗本). cheap books ②〈종교〉 불경(佛經)이나 성경(聖經)이 아닌 속가(俗家)의 책. worldly books ③아답하지 못한 필적. poor handwriting

속서근-풀[명] 〈식물〉 꿀풀과의 다년생 풀. 줄기 높이 60 cm 가량이고 7~8월에 붉은 꽃이 핌. 뿌리는 굵고 쿠데, 황금(黃芩)이라 하여 약용함.

속선(東線)[명] 광속(光東)으로 보이는 빛살. pencil

속설(俗說)[명] ①(동) 속담(俗談)②. ②세간에 선해 내려오는 학설이나 견해. 「ular surname

속성(俗姓)[명] 〈불교〉 중이 되기 전의 속성. one's sec-

속성(速成)[명] 빨리 이룸. 빨리 됨. 《대》 만성(晚成). rapid completion 하다

속성(屬性)[명] ①〈철학〉 사물의 본래 구유(具有)한 특성. 이것을 제외하면 그 사물을 생각할 수 없는 조건. 징표(徵表). ②attribute ②어떤 주요한 성질에 부속한 성질. attribute ③사물의 특징 또는 성질. 성(性)⑦. characteristic

속성 개:념(屬性槪念)[명] 〈논리〉 사물의 성질·상태·관계·동작 등을 표시하는 빈개념(賓槪念). 《대》 대상 개념. attributive concept

속성-과(一科)[명] 《속성과》 단기에 빨리 이루는 학과.

속성 속패(速成速敗)[명] 급히 이루어진 것은 급히 결딴이 남. 속성 질망(速成疾亡). light come, light go 하다

속성 재배(速成栽培)[명] 《동》 온상 재배(溫床栽培).

속성 질망(速成疾亡)[명] 《속》⇒속성 속패(速成速敗). 하다

속세(俗世)[명] 《속》⇒속세간(俗世間).

속세:간(俗世間)[명] 속된 세상. 신앙의 세계나 선경(仙境) 등에 대하여 이 세상을 일컬음. 진경(塵境). 《속》 속세(俗世). this world 「娑婆」 세계.

속세:계(俗世界)[명] 속세의 사회. 현세(現世). 사바

속:-셈[명] ①마음속으로 하는 셈. 속다짐. 흉산(胸算). 심산(心算). 《약》 셈④. intention ②암산. m-ental calculation 하다

속셈이 있다[곁으로는 안 그런 체하면서, 뒤로는 수지 타산·계획 등의 실속을 차리고 있다.

속:-셔츠(—shirt)[명] 속에 입는 셔츠.

속소그레-하-다[형여] 여러 개의 조금 잔 물건이 크지도 작지도 않고 거의 고르다. 《큰》 숙수그레하다. 《센》 쏙소그레하다.

속:-소리[명] ①속으로 가늘게 내는 소리. murmur ②⇒자방. ③⇒중성(中聲).

속소리-나무[명] 〈식물〉 참나무과의 낙엽 교목. 높이 10 m 가량이고 잎의 표면은 광택이 있고 하면은 담녹색으로 가루가 떠느나 있음. 5월에 꽃이 피고 열매는 타원형으로 10월에 익음. 한국 특산종으로 열매는 식용함. 「commonly called

속:-속(俗所謂)[명] 속세간에서 말하는 바. what is

속속(續續)[부] 계속하여 자꾸. 연연(連連). successi-vely 「wers worn by women

속:속-곳[명] 여자의 아랫도리 맨 속에 입는 속옷. dra-

속:속-들이[부] 겉에서 속까지 온통. thoroughly

속속이(續續-)[명] 겨자과의 이년생 풀. 줄기 높이 60 cm 가량이고 5~6월에 노란 꽃이 피며 과실은 장각과(長角果)임. 어린 싹은 식용함. marsh cress

속-히(速—)[부] 매우 빠르게. 빨리빨리. rapidly

속:-손톱[명] 손톱의 반달 모양의 하얀 부분. lunula

속수(束手)[명] ①손을 묶음. folded arms ②《약》⇒속수무책(束手無策).

속수(束脩)[명] ①포개어서 묶은 포(脯). 옛날에 예물로 씀. ②성인이 되어 의관한 것. 「bundles

속수(東數)[명] 다발의 수효. 묶음의 수효. number of

속수 무책(束手無策)[명] 어찌할 도리가 없어 꼼짝 못함. 속수(束手). being at one's wit's end

속수-자(續隨子)[명] 〈식물〉 대극과(大戟科)의 이년생 풀. 줄기는 원주형이며 잎은 피침형임. 여름에 황자색 꽃이 피고 사과(蒴果)는 타원형으로 세 개의 씨를 가짐. 한방에서 뿌리를 속수자라 하여 약용함.

속수지:례(束脩之禮)[명] 제자가 되려고 할 때 스승에게 바치는 수폐. entrance-fee

속:-숨[명] 내호흡(內呼吸).

속스(socks)[명] ①목이 짧은 양말. ②가벼운 구두.

속집(俗集)[명] 세속의 집관. convention 「priest

속승(俗僧)[명] 속태(俗態)를 벗지 못한 중. worldly

속신(束身)[명] 몸을 삼감. 하다

속신(俗信)[명] 민간에서 행해지는 미신적 신앙.

속신(贖身)[명] 속량(贖良)①. 하다

속:-심(一心)[명] ⇒속마음.

속심(俗心)[명] 명예나 이익에 끌리는 마음. worldly 「mind

속:-싸개[명] 여러 겹으로 싼 물건의 겉싸개 밑에 드러나지 않은 싸개. 《대》 걸싸개. inner wrap

속:-쌀뜨물[명] 깨끗하게 받은 쌀뜨물.

속:-썩-다[자] 마음이 몹시 상하다. be vexed

속:-썩이-다[타] 뜻대로 되지 않는 일, 좋지 않은 일로 몹시 마음을 괴로하게 하다. ¶자식의 일로 ~. 《자동》 속썩다 하다. 《대》 걸썩히다.

속:-씨껍질[명] 〈식물〉 겉씨껍질 안쪽에 있는 얇은 껍질.

속:-씨 식물[명] 〈동〉 피자 식물(被子植物).

속:-아가미[명] 〈동물〉 양서 동물의 아가미의 하나. 《대》 걸아가미. 「osed upon

속아 넘어가-다 남의 꾀에 속아 실패하다. be imp-

속악(俗惡)[명] 천하고 고약함. vulgarity 하다

속악(俗樂)[명] ①통속적으로 돌아다니는 판소리·잡가·민요 따위. 《대》 아악(雅樂). popular music ②속된 음악. 《대》 정악. vulgar music 「eye

속안(俗眼)[명] 속인의 보는 바. 저급한 식견. common

속:=앉-다[-따] 자 배추·양배추 따위의 속이 생기다. garism ②동 상봉. ③동 속담②.
속어(俗語) 명 ①품격이 낮은 말. 낮은말. 속언. vulgarism
속림(俗-林) 명 속절책.
속언(俗言) 명 속어(俗語)①.
속언(俗諺) 명 민중 사이에 돌아다니는 상말. slang
속:=없:-다 명 ①마음의 중심이 없다. flippant ②악의가 없다. 속:=없:이 부
속여넘기-다 타 남이 속아 넘어가게 하다.
속여-먹-다 타 남을 속이어 이득을 취하다. deceive
속:=여:-다[-녀-] '속죽곳'의 궁중말.
속연(俗緣) 명 ①속세와의 인연. 속인(俗人)으로서의 연고(緣故). worldly connection ②〈불교〉중의 속세에 있었던 때의 친척 또는 연고자.
속연(續演) 명 계속하여 상연함. continued run of a show 하타
속=열매껍질[-널-] 명 〈식물〉열매 속의 씨를 싸고 있는 껍질. 내과피(內果皮). (대) 겉열매껍질.
속영(續映) 명 ①영화가 호평을 얻어 예정된 흥행 기간을 연장하여 상영함. ②1회의 상영이 끝난 뒤에 간격을 두지 않고 계속하여 상영함. 하타
속오-군(束伍軍) 〈제도〉 시골에 사는 15세 이상의 남자를 군적에 편입하여 평시에는 군포를 바치게 하고, 조련(操鍊) 때와 일이 있을 때에만 복무를 시킴. [섬복. (대) 겉옷. underwear
속:-옷 명 속에 깎아 입는 옷. 내복(內服). 설의(褻衣)②
속요(俗謠) 명 ①민중 사이에 널리 돌아다니는 시속 노래. 속창. 이가(俚歌). ②〈음악〉잡가(雜歌)의 딴이름. popular song
속:=요량[-뇨-] [-料量] 명 하는 일에 대한 혼자 마음속으로의 헤아림. 속작. 하타
속용(俗用) 명 속사(俗事).
속운(俗韻) 명 속된 음의(音韻). vulgarized vocal sound [nameless scholar
속유(俗儒) 명 뛰어나지 않아서 이름이 없는 선비.
속유(栗乳) 명 조로 만든 묵.
속:-윷[-뉻] 명 윷팔의 앞발로부터 넷째 말.
속음(俗音) 〈어학〉 한자(漢字)의 원음에서 변하여 대중이 통용하는 음. 가(個)→개, 노(腦)→뇌, 자(左)→좌 따위. 〈속〉익은 소리. popular phone of a Chinese character
속음(續音) 명 〈악〉→지속음(持續音). [딸림음.
속음(屬音) 명 〈음악〉음계·단음계의 다섯째 음.
속읍(屬邑) 명 〈제도〉 큰 고을에 소속된 작은 고을.
속의(俗議) 명 동 속론(俗論)①. [하타
속의(屬意) 명 어떤 일과 물건에 생각을 둠. attention
속이-다 타 거짓을 참처럼 곧이듣게 하다. deceive
속인(俗人) 명 ①세상 일반의 사람. 속세의 사람. 용인(庸人). layman ②학문이 없는 사람. 또, 풍류를 알지 못하는 사람. uneducated man ③〈불교〉불도(佛道)를 깨닫지 못한 사람. 또, 불교에 귀의(歸依)하지 아니한 사람. 속자(俗子). (대) 신선(神仙). worldling
속인-주의(屬人主義) 명 〈법률〉 사람을 기본으로 삼고서 법률의 지배 관계를 정하는 주의. 곧, 태어난 땅은 따지지 않고, 어버이의 국적에 따르는 주의. (대) 속지(屬地)주의. personal principle
속인 특권(屬人特權) 명 〈법률〉그 사람의 신분에 딸린 특권.
속임 명 거짓. [린 특권.
속임-수(-數) 명 남을 꾀어서 속이는 짓. 또, 속이는 퍼. 암수(暗數). 궤투(圈套)②. trickery
속:-잎[-닢] 명 나무 우듬지의 속에서 새로 나오는 잎. (대) 겉잎. inside leaf
속자(子) 명 동 속인(俗人)③.
속자(俗字) 명 한자(漢字)가 간단히 되거나 아주 변하여 통용되는 글자. '竝→並, 佛→仏, 巖→岩' 따위. (대) 정자(正字). popular form of a Chinese
속자(屬者) 명 따라다니는 사람. [characters
속:-자락 명 〈건축〉주의(柱衣) 등에 그리는 무늬의

속:=잠방이 명 속에 입는 잠방이.
속:=장[-짱] 명 알뒤 겉장의 안에 접어 넣은 각 지면의 종이. 〈속〉행장(行裝). 〈대〉겉장. inside pages
속장(束裝) 명 행장(行裝)을 거두어 차림. preparations for a journey 하타
속장(屬將) 명 천한 마음. 비속한 마음.
속장(屬長) 명 〈기독〉예수교 감리회의 속회(屬會)를 맡아 인도하는 교직.
속재(俗才) 명 속사(俗事)에 능한 재사(才士). 속재(世才)의 재사. 세재(世才). worldly wit
속재(續載) 명 동 연재(連載). 하타
속-재목(-材木) 명 나무 줄기의 중심부. (대) 겉재목. inside timber [리. undershirt
속-저고리 명 여자의 속에 입는 저고리. (대) 겉저고
속-적삼 명 맨몸이나 깨끗하게 하려고, 속에 껴입는 적삼. underwear [lore tradition 하타
속전(俗傳) 명 민중 사이에 전함. 또, 그 이야기. folk-
속전(速戰) 명 신속하게 싸워, 전쟁을 일찍 끝냄.
속전(粟田) 명 조를 심는 밭.
속전(續田) 명 땅이 나빠서 해마다 심지 못하는 논밭. sterile rice-fields [金). ransom
속전(贖錢) 명 죄를 벗어나려고 바치는 돈. 속금(贖
속전 속결(速戰速決) 세간 통속의 실제에 따라서 알기 쉽게 설명한 진리. 차별이 있는 현상계에 기초를 둔 가르침. (대) 진제(眞諦).
속전 즉결(速戰卽決) 명 동 속전 속결. 하타 [하타
속절(俗節) 명 〈민속〉철을 따라 사당(祠堂)에나 선영(先塋)에 차례(茶禮)를 지내는 날.
속절-없:-다 명 아무리 하여도 희망이 없이 단념할 수밖에 별 도리가 없다. hopeless 속절=없:이 부
속:-젓 명 조기의 내장만 빼어서 담근 것. 이해(鯉醢).
속-정(-情) 명 ①비밀한 사정이나 내용. ②은근하고 진실한 정분. [ature
속정(俗情) 명 ①동 속념. ②세간의 인정. human n-
속제(俗諦) 명 〈불교〉세간 통속의 실제에 따라서 알기 쉽게 설명한 진리. 차별이 있는 현상계에 기초를 둔 가르침. (대) 진제(眞諦).
속조(俗調) 명 ①속세에서 행하는 가락. ②비천한 가락. ③평범(平凡)한 가락.
속-족건(-足件) 명 '속버선'의 궁중말.
속-종 명 마음속의 의견. one's inmost thought
속죄(贖罪) 명 ①재물을 내고 죄를 면하는 일. atonement ②〈기독〉예수가 인류를 대신하여 십자가에 달려 죽음으로써 인류의 죄를 대속(代贖)한 것이라 하는 일. ③지은 죄를 공로(功勞)로써 비겨 없앰. atonement 하타
속죄-금(贖罪金) 명 지은 죄를 용서받기 위해 내는 돈.
속죄-론(贖罪論) 명 〈기독〉 인류를 죄악으로부터 구출하는 데 신(神)과 화합(和合)시키려는 그리스도의 구제 사업을 합리적으로 풀어 내려고 하는 논설. doctrine of atonement
속:-주-다 마음먹은 것을 숨김없이 드러내 보이다. 마음 주다. open one's heart
속중(俗衆) 명 중에 대하여 일반 사람을 일컫는 말. layman ②속인들. worldling
속:-증(-症) 명 동 속병.
속지(俗知·俗智) 명 속된 지혜. 범속한 지혜.
속지(屬地) 명 어느 나라에 속한 땅. 속토(屬土). 속령(屬領). territory
속지-법(-法)[-뻡] [屬地法] 명 〈법률〉국제 사법상(私法上)의 개념으로, 법정의 소재지·물건의 소재지·행위의 발행지가 속하여 있는 나라의 법률.
속지-주의(屬地主義) 명 〈법률〉토지를 기본삼아 법률의 지배 관계를 정하는 주의. 곧, 어버이의 국적을 따지지 않고, 태어난 곳을 주로 삼는 주의. (대) 보급주의. 속인주의. territorial principle
속진(俗塵) 명 속세의 티끌. 곧, 세상의 번잡한 사물. 황진②. mundane affairs
속:-질(-質) 명 〈생리〉실질성 기관(實質性器官)의 내

속짐작 1069 손거칠다

부를 차지한 조직. 골의 백질(白質) 같은 것. 《대》 피질(皮質).

속:=짐작圀 마음속으로 치는 짐작. 속어림. 속요량. 《대》 겉짐작. personal estimation

속집(續集)圀 잇따라 거둬 모은 문집(文集). supplementary volume of an anthology

속:-차리-다区 ①철이 난 것처럼 처신하려 하다. ②자기 실속을 차리다.

속:-창圀 구두 속에 덧까는 창. 《대》 밑창. insole

속창(俗唱)圀 속세의 노래. 비속한 가요. 속가(俗歌). 속요①.

속:-청圀 대나무 따위의 속에 있는 얇다란 꺼풀. inner lamella

속초(續抄)圀 ①못한 것이 나은 것을 따름. 空에서 나다가 남긴 일을 이어서 합의 겹침. rance 하다

속출(續出)圀 잇달아 나옴. 속생. successive appearance

속취(俗臭)圀 ①세속의 더러운 냄새. low taste ②속된 기풍. 속기(俗氣).

속취(俗趣)圀 ①세속의 취미. worldly taste ②취미. vulgar taste

속:-치레圀 속을 잘 꾸민 치레. 《대》 겉치레. inner decoration 하다

속:-치마圀 속에 입는 치마. 《대》 겉치마. chemise

속:-치장(一治粧)圀 속 부분의 꾸밈새. 《대》 겉치장. 하다

속칭(俗稱)圀 세속에서의 보통 호칭. 통속적인 일컬음. 《대》 아칭(雅稱). popular name 하다

속:-타-다区 마음이 달아 타는 듯하다. feel impatient

속:-타:점(一打點)圀 마음속으로 작정함. decision in one's heart 하다

속:-탈(一頉)圀 먹은 것이 삭지 아니하여 생기는 병. 배탈. stomach trouble

속태(俗態)圀 아담스럽지 못한 매골. vulgar appearance

속:-태우-다区 마음을 타게 하다. worries oneself

속토(屬土)圀 《동》 속지(屬地).

속투(俗套)圀 세속의 습관된 격식. conventional style

속:-트이-다区 심지가 활달하고 언행이 대범하다. 도량이 넓고 관대하다. mind

속:-판圀 ①《동》 목차(目次). ②《속》 심지(心志). 마

속판(續版)圀 앞서 나온 출판물에 잇대어 출판함. 또, 그 출판물. 하다

속편(續編-續篇)圀 먼저 나온 책·영화에 잇대어 뒷 이야기로서 만들어진 편. sequel

속:=표지(一表紙)圀 《인쇄》 서적의 제목·저자명·발행 소명 등을 나타내는 페이지. 안겉장. title page

속:-풀리-다区 ①불편한 가슴속·뱃속이 시원하여지다. ②뱃었던 원한이나 노염 따위가 누그러지다. 고 없어지다.

속풍(俗風)圀 세속적인 풍습.

속필(俗筆)圀 속악한 필적.

속필(速筆)圀 빨리 쓰는 글씨. quick writing

속-하-다(屬-)困영어뒤 매이거나 딸리다. belong to

속-하-다(續-)困영어뒤 잇다. 계승하다.

속-하-다(贖-)태형어뒤 대갚음으로 바치다.

속-하-다(速-)형영어뒤 빠르다. fast 속히튁

속학(俗學)圀 속된 학문. secular learning

속한(俗漢)圀 성품과 인격이 낮은 사람. layman

속항(續航)圀 계속하여 항해함. 하다

속해(俗解)圀 통속적인 해석. 하다

속행(速行)圀 빨리 감. fast going 하다

속행(續行)圀 잇달아서 실행함. continuation 하다

속현(續絃)圀 아내를 여읜 뒤 다시 새 장가를 드는 일. 재취(再娶)·삼취(三娶) 따위. remarriage 하다

속현(屬縣)圀 큰 고을 관할 안에 딸리어 있는 작은 고을.

속형(贖刑)圀 돈을 바쳐 형벌을 면함. atonement 하

속화(俗化)圀 ①세속에 젖음. popularization ②속되어 저속하게 됨. 또, 저속하게 함. vulgarization 하다

속화(俗畵)圀 속된 그림. 《대》 성화(聖畵). cheap picture

속화(俗話)圀 세속(世俗)의 이야기. 고상하지 못한 이야기.

속화(速禍)圀 재앙을 부름. bringing calamity 하다

속환-이(俗還-)圀 《약》→중속환이.

속회(續會)圀 회의를 다시 계속함. 《대》 유회(流會). resumption of a meeting 하다

속회(屬會)圀 《기독》 예수교 감리회에서 구역을 나누어 모이는 기도회. quick effect

속효(速效)圀 빨리 나타나는 보람. 《대》 지효(遲效).

속효성 비:료(一一性肥料)圀 《농》 (速效性肥料) 비교적 분해가 쉬우며 사용하자마자 곧 효과가 나타나는 비료. 황산암모늄·초석(硝石)·과인산석회 등의 금비(金肥)나 같은 것. 없어진다.

속히 더운 방 쉬 식는다冏 쉽게 되는 것은 또한 쉽게

솎-다匤 배게 나 있는 푸성귀 등을 사이가 성기게 하기 위하여 뽑아 내다. thin out

솎음圀 촘촘히 난 푸성귀 따위를 군데군데 뽑아 내는 일. 또, 그 물건. ¶~ 배추. ~질. 하다

솎음-질圀 채소 등을 솎아 내는 일. 하다

손¹圀 ①사람의 팔목 끝에 다섯 가락이 되어 달리어 무엇을 만지거나 잡거나 하는 부분. hand ②인체의 좌우의 어깨로부터 나온 부분. 곧, 손과 팔의 통칭. arm ③손가락. fingers ④손바닥. ¶~에 땀을 쥐게 하다. palm ⑤능숙. ¶그 사람~에 가야 한다. skill ⑥교제(交際). 관계. ¶오랜 친구와 ~을 끊다. association ⑦수완(手腕). 잠꾀. ¶그의 ~에 놀아나다. trick ⑧손버릇. ¶~이 거칠다. habit of the hand ⑨주선. 돌봐 주는 일. ¶그 사람의 ~을 빌렸다. assistance 10물건에 대한 아량. ¶~이 크다. generosity ⑪마음씨. ¶~이 맑다. mind ⑫소유(所有)나 권력을 부릴 수 있는 범위. ¶내 ~에 들어올 때까지 기다린다. influence

손²圀 ①먼 데서 임시로 와서 묵는 사람. guest ②주인을 찾아온 사람. visitor ③영업하는 집에 찾아온 사람. 객(客). customer

손³圀 수를 눌리는 표준 또는 기준. 곧, 손대중. ¶~을 넘기지 말고, 잘 둘려라. hand-measurement ②기회 또는 시기(時機). ¶~을 놓치지 말고, 제때에 팔아 버려라. chance

손⁴圀 호박이나 박의 덩굴 따위가 타고 올라가기 좋도록 대어 주는 섶 따위. straw support for growing vines

손⁵圀 《민속》 날을 따라 여기저기로 다니면서 사람을 방해 놓는 귀신. wandering evil spirit

손⁶[의]圀《하》 손아랫 사람을 일컬음. ¶젊은 ~. man

손⁷[의]圀 물고기나 채소 따위를 손으로 집어 내면서 세는 말.

손⁸区 '다·르'의 밑에 붙어서, 양보의 뜻을 나타내는 조사. ¶내가 그랬대~ 치더라도. even if

손:(孫)圀 《약》→후손(後孫). [時).

손:(損)圀 《약》→손해(損害). 손방(異方). 손괘(異

손:(損)圀 ①《약》→손해(損害). ②《약》→손괘(損卦).

손-가락[-까-]圀 손끝에 달린 짧은 다섯 가락. 수지(手指). fingers

손가락 무늬[-까-]圀 《생리》 손가락 끝마디 안쪽에 많은 잔금으로 이루어진 무늬. 또, 그것이 어떤 자리에 남긴 흔적. 지문(指紋). dactylogram

손가락으로 하늘 찌르기冏 ①막연하여 도무지 어찌할 바를 모르다. ②가망이 없는 일이다.

손가락-질[-까-]圀 ①손가락으로 가리키는 짓. pointing ②흉을 보는 짓. back-biting 하다

손:-가:마[-까-]圀 두 사람이 손을 '井'자처럼 엮어서 사람을 태우는 것. liefcase

손=가방[-까-]圀 손에 들고 다니는 작은 가방. bag

손강 영-설(孫康映雪)圀 진(晉)나라 때 학자 손강(孫康)의 집이 몹시 가난하여 등유(燈油)를 살 수 없어서 겨울 밤에는 눈빛으로 공부했다는 옛일.

손-거스러미[-꺼-]圀 손톱 뿌리가 박힌 자리에서 일어난 거스러미. agnail

손-거울[-꺼-]圀 손에 들고 쓰는 작은 거울.

손-거칠-다[-꺼-]匤 도둑질하는 버릇이 있다. 손버릇이 나쁘다. light-fingered

손=겨-다 여러 손님을 대접하다. entertain company
손=겨이[명] 여러 손님을 대접하는 일. company-entertaining 하다
손=결[-껼][명] 손등의 살결. texture of the hand
손=곱=다 추워서 또는 얼어서 손가락이 마음대로 움직이지 않는다. numb
손=공[-꽁](-功) 손끝으로 힘써 이루어진 공로. 곧, 노력하여 애쓴 결과. 수공(手功). result of toil
손=괘(巽卦)[명] 〈민속〉 팔괘(八卦)의 하나. 바람을 상징함. '≡'로써 표함. ②육십사괘(六十四卦)의 하나. 바람 아래 바람이 거듭됨을 상징함. 〔약〕 손(巽).
손=괘(損卦)[명] 〈민속〉 육십사괘(六十四卦)의 하나. 산 아래에 못이 있음을 상징함. 〔약〕 손(損)②.
손=괴(損壞)[명] 헐고 파괴함. destruction 하다
손=괴=죄[-쬐](損壞罪)[명] 〈법률〉 재물(財物) 또는 문서(文書)를 손괴(損壞)하여 그 효용(效用)을 멸실 감소(滅失減少)시킴으로써 성립되는 범죄. 훼기죄(毀棄罪).
손=구구[-꾸-](-九九)[명] 손가락을 꼽아 가면서 하는 셈. finger counting 하다
손구박[명]〔고〕 손복.
손=궤[-꿰](-櫃)[명] 들고 다니기 좋게 만든 조그마 [한 궤.
손=그릇[-끄-][명] 가까이 놓고 늘 쓰는 작은 세간. 버릇집·반짇고리 따위. domestic utensils
손=근지럽=다[명] 무엇을 몹시 하고 싶어 못 견디다.
손=금[-끔][명] 손바닥에 무늬로 줄이 진 금. 수문(手紋). 수상(手相)③. lines in the palm
손=금(損金)[명] 손해 본 돈. 또, 그 액수. pecuniary [loss
손금 보다[-끔-]자 〈민속〉 손금으로 길흉을 살피다. read one's palm ¶도착하다.
손금 보듯하다 낱낱이 환히 알다.
손금=장이[-끔-][명] 손금을 보아 주는 사람. palmist
손=기[-끼](-旗)[명] 수기(手旗)①.
손=기(損氣)[명] 심한 자극을 입어서 기운이 떨어짐. being disheartened 하다
손=기계[-끼-](-機械)[명] 동력을 이용하지 않고 사람의 손으로 돌리는 기계. 손틀①. hand-operated machine
손=길[-낄][명] ①손바닥을 펴서 늘어뜨린 손. join hand ②위해 주려는 마음으로 내미는 손. ¶구원의 ~.
손길 잡다[-낄-] ①두 손을 펴서 서로 잡다. shakehands ②서로 협력하다. cooperate
손=까불=다[태] ①재산을 날리다. ②경박한 행동을
손=깍지(-)[명] 손바닥과 같은 쪽. 장상(掌狀). handshaped
손꼴=겹잎[-닙](-)[명] 〈식물〉 겹잎의 하나. 잎자루의 꼭대기에 있는 여러 개의 작은 잎이 손바닥과 같이 방사상(放射狀)으로 붙는 잎. 장상 복엽.
손꼴=맥(-脈)[명] 〈식물〉 그물맥의 하나. 잎자루의 밑 끝에서 여러 개의 원맥이 뻗어 나가 손바닥 모양으로 된 잎맥. 장상맥.
손=꼽=다[태] ①손가락을 꼽아 수를 세다. ¶추석을 손꼽아 기다리다. count on the fingers ②많은 가운데에서 특히 손가락을 꼽아 셀 정도로 뛰어나 있다.
손꼽아 치=다[태] 손가락을 꼽을 만한 이름난 축에 들게 되다. become prominent
손=꽁치[명] 낚시·그물에 의하지 않고 수초(水草) 언저리에 모인 산란기의 꽁치를 손으로 잡는 고기잡이.
손=끝[명] ①손가락의 끝. finger tip ②손을 대어 매만졌기 때문에 생긴 독한 결과. smarting from a hard slap ③손을 놀리어 하는 일 솜씨. ¶~이 여물다. skill of the hand
손끝 맵=다[태] 손을 댄 결과가 모질다. 〔약〕 손맵다. hard slap 〔약〕 손맺다. idle
손끝 맺=다[자] 할 일이 있음에도 아무 일도 아니하다.
손끝에 물도 튀긴다[자] 아무 일도 하지 않고 손 하나 까딱하지 않는다.
손끝에 물이 오르다[자] 구차하던 살림이 유복해지다.
손끝 여물=다[형][타] 손으로 하는 일을 빈틈없이 회동 그렇게 잘하다. deft-fingered

손=나누-다 ①이별하다. 헤어지다. ②한 가지 일을 여럿이 나누어 하다.
손=나-다 일이 일단락지어져서 짬이 생기다.
손=내밀-다[자][타] ①무엇을 달라고 요구하다. 또, 무엇을 얻어 내려고 하다. ②악수를 하기 위해서 손을 앞으로 내밀다.
손=넘기-다 ①물건을 셀 때에 손을 넘기는 번수를 기준이나 표준을 잃어 잘못하다. miscalculate ②시기를 잃다. ¶장사치가 손을 넘기어, 물건을 팔지 못하고 믿기다. lose an opportunity
손녀(孫女)[명] 아들의 딸. 여손. 〔대〕 손자(孫子). granddaughter 　　　　　　　　　　　[ughter
손녀=딸(孫女-)[명] 손녀를 귀엽게 일컬음. granddau-
손=놀-다 일이 없어 쉬는 상태에 놓이다.
손=놓-다 일을 그만두거나, 관계를 떼어 버리다. 손메다①. sever connections with 〔비〕 hand quilt
손=누비[명] 손으로 누비는 일이나 그 물건. 〔대〕 뜰누비.
손=늦추-다[태] 긴장도를 조금 늦추다.
손=님[명] ①공 손. ②〔약〕→손님마마.
손님=마:마(-媽媽)[명] 〈민속〉 천연두. 별성 마마(別星媽媽). 〔약〕 손님②. smallpox
손님=상(-床)[명] 〈민속〉 무당이 굿을 할 때에 손님마마를 위하여 손님상에 차린 젯상.
손님=장(-醬)[명] 간장 담글 때 작은 그릇에 따로 특별하게 쓰려고 담그는 간장.
손=달리-다 바빠서 일손이 부족하다. 　　　[미치다.
손=닿:-다[자] ①힘이 미치다. ②어떤 테두리에 거의
손탁[명] 〔고〕 에게. 한테.
손대기[명] 잔심부름을 할 만한 아이. house-boy
손대 내리-다[-때-][자] 〈민속〉 무당 따위가 경문을 읽어서 귀신의 내림대에 내리다.
손=대:-다[태] ①손으로 만지다. touch ②일을 잡아 시작하다. begin ③남을 때리다. beat ④관계하다. ¶여자에 ~. ⑤수정하다. 고치다. ⑥남의 재물을 착복하다.
손대야[-때-][명] 작은 대야. washhand basin
손대중[-때-][명] 손으로 쥐어 보고 어림으로 아는 분량. hand-measurement 하다
손=더듬이[명] 물고기를 잡을 때 손으로 돌 밑을 더듬는 것과 같은 수단이나 그런 짓. groping
손=덕[-떡](-德)[명] 우연히 잘 맞는 손속. lucky hand
손=덤[손덤](-)[고] 지거나. 다수는 치러내다.
손=도(損徒)[명] 오륜(五倫)에 벗어난 행실이 있는 사람을 쫓아냄. banishment 하다
손=도끼[-또-] 한 손으로만 쓰는 작은 도끼. hatchet
손=도 맞=다(損徒-)[자] 도덕적 법칙으로 인하여 그 지방에서 쫓겨나다. be banished by ill-conduct
손=도장[-또-](-圖章)[명] 도장 대신에 엄지손가락으로 찍는 무늬. 지장(指章). sealing with a thumbprint
손=독[-똑](-毒)[명] 가려운 자리를 손으로 긁거나 헐어진 살에 손을 대어서 생긴 독기. hand poisoning
손독 오르-다[-똑-](-毒-)[자][자동] 손독이 나타나다. be poisoned by a hand
손독 올리-다[-똑-](-毒-)[태] 손독이 오르게 하다. be hand poisoned
손돌=바람[-똘](-)[명] 손석풍.
손돌이 추위[명] 음력 시월 스무날께의 심한 추위. late autumn cold
손=동:작[-똥-](-動作)[명] 손을 놀리는 동작. 하다
손=득(損得)[명] 손해와 이익. damage and profit
손=들=다[자] 자기의 힘 이상의 것을 만나 항복하다. 굴복하다. 어이가 없어 내던져 버리다.
손=등[-뜽][명] 손바닥의 뒤. 수배(手背). 〔대〕 손바닥. back of the hand
손=때[명] ①손으로 만져서 묻은 때. dirt from the hands ②손을 대어서 생긴 독한 결과. bad effect of the hands 　　　　　　　　　　　　　　　[다.
손때 먹-다 그릇·기구 따위에 손이 많이 가 길이

손때 먹이-다[타] ①광이 나게 하다. be well-thumbed ②오랜 세월을 두고 길들여 쓰다. tame ③어루만져 기르다. 양육하다. bring up
손=떠퀴[명] 손을 대기만 하면 좋거나 궂은 일이 따라 생김. effect of handling
손-떼-다[자] ①하던 일에서 관계를 끊다. 손놓다. sever connections with ②일을 마치다. finish
손-뜨겁-다[형][ㅂ변] 내민 손이 무안당하여 부끄럽다.
손-뜨-다[형] ①일하는 동작이 매우 느리다. ②파는 물건이 잘 팔려 나가지 않다. (대) 손빠르다.
손:료(損料)[명] 옷이나 세간 따위를 빌려 주어 그 닳고 상한 값으로 받는 삯. rent
손-맑-다[형] 일손이 많다. [귀. ghost of a virgin
손-말명[명]〈민속〉처녀로 죽어서 된 귀신. (대)몽달
손-말사[―싸]〈孫末寺〉[명]〈불교〉말사에 딸려서 본산의 지배를 간접으로 받는 작은 절.
손-맑-다[―막―][형] ①재주가 없어 생기는 것이 없다. inept in moneymaking ②인색하여 다랍다. stingy
손-맞-다[형] 함께 일하는 데 서로 보조가 맞다. 손발이 맞다.
손-맞잡-다[자] 서로 손에 손을 잡다. 서로 결속(結束)하다.
손-맺-다[형][ㅂ변] 〈약〉→손끝 맺다.
손-맺-다[자] 〈약〉→손끝 맺다.
손-멈추-다[자] 하던 동작을 잠깐 중지하다. [하다
손:명(損名)[명] 명예를 떨어뜨림. 평판을 나쁘게 함.
손:모(損耗)[명] 씀으로서 닳아 손실됨. 또, 손실되게 함. wear and tear 하다[자]
손-모가지[속] 손이나 손목. wrist
손-모자라-다[형] 일손이 부족하다.
손-목[명] 손과 팔이 이어진 부분의 손에 가까운 곳. 곧, 손의 관절이 있어 옴폭 파진 곳. 수수(手首). wrist
손목 시계(―時計)[명] 손목에 차는 작은 시계. wrist
손목을 잡고 말린다[관] 기어코 말린다.
손문=주의(孫文主義)[명] 삼민주의(三民主義).
손밀이 대:패[명] 동력으로 돌리는 기계 대패의 하나. kind of poweroperated plane
손-바꿈[명] ①능한 솜씨들을 서로 바꾸어 일함. ②사람을 서로 바꾸어 일함. 환수(換手). shift 하다
손-바느질[―빠―][명] 손으로 직접 하는 바느질. 하다
손-바닥[―빠―][명] 손의 안쪽. 곧, 손등의 반대되는 쪽. 수장(手掌). (대) 손등. [의 피.
손-바닥=뼈[―빠―][명]〈생리〉손바닥에 있는 다섯 개
손-바람[―빠―][명] 일을 잘 치러 나가는 솜씨. ¶~이 나서 일도 잘 되었다. swish of a hand
손-발[명] 손과 발. 수족(手足)①. hands and feet
손발 걷-다[자] 죽은 사람의 팔과 다리를 굳기 전에 거두어 놓다.
손발 맞-다[자] 함께 일을 하는 데 의견·수단·방법 등이 서로 맞다. [치다.
손발 치-다[자] 자기가 발견한 것을 여러 사람에게 외
손발-톱[명] 손톱과 발톱. finger-nails and toe-nails
손:방[명] 전혀 모르는 솜씨. clumsiness
손-방(巽方)[명]〈민속〉①십간 방위의 하나. 정동과 정남의 한가운데 15도의 각거리(角距離)를 차지함. ②팔방(八方)의 하나. 정동과 정남의 한가운데 45도의 각거리를 차지함. 〈약〉손(巽). south-east
손-버릇[―뻐―][명] ①손에 익은 버릇. habit of the hand ②남의 것을 훔치거나 망가뜨리는 버릇. ¶~이 사납다. habit of stealing
손-벌리-다[자] 무엇을 달라고 손바닥을 벌려서 내밀다.
손-보기[명] 여자가 정조(貞操)를 파는 것을 업으로 삼음. prostitution
손-보기[명] 일이나 물건 따위를 손질하여 보살핌.
손-보-다[자타] 물건 따위에 흠이 없이 손질하여 보살피다. maintain
손:-보-다(損―)[타] 손해보다. (대) 이보다(利―). lose
손:복(損福)[명] 복이 덜림. lose of good fortune 하다

손봐 주-다[타] 남의 일을 보살펴서 도와 주다. help
손부(孫婦)[명] 손자의 아내. granddaughter-in-law
손-부끄럽-다[형][ㅂ변] 바라는 일이나 물건에 내민 손이 허탕이 되어 무안하여 부끄럽다. abashed **손부끄러=이**[부]
손-붙이-다[―부치―][자] 어떤 일을 시작하다. begin
손-비-다[형] ①할 일이 없어 아무 것도 하지 않고 있다. ②수중에 돈이 하나도 없다.
손-빌리-다[자] 무슨 일을 하는 데 남의 도움을 받다. ask a hand [잘 팔려 나가다.
손-빠르-다[형] ①일처리가 빠르다. ②파는 물건이
손-뼉[명] 손바닥과 손가락을 합친 전면. palm
손-뼉=치-다[―써―][자] ①손바닥을 마주 쳐서 소리를 내다. clap hands ②어떤 일에 찬성하거나 좋아하다.
손:사(遜辭)[명] 겸양하는 말. humble words
손-사래[―싸―][명] 조용히 하라고 하거나 어떤 일을 부인하려고 할 때에 손을 펴서 휘젓는 짓. 〈준〉손살. gesture of a hand [waving of a hand
손사래=치-다[―싸―][자] 손을 펴서 함부로 휘젓다.
손사래-질[―싸―][명] 손사래를 하는 짓.
손사-풍(巽巳風)[명]〈민속〉손방(巽方)과 사방(巳方)곧, 동남향(東南向)에서 불어오는 바람.
손-살[명] 〈약〉→손사래.
손:상(損傷)[명] 떨어지고 상함. damage 하다[자타]
손:상 박하(損上剝下)[명] 나라에는 해를 끼치고 백성한테서는 재물을 빼앗음. 하다[자]
손:상 익하(損上益下)[명] 윗사람에게 해를 끼치고 아랫사람을 이롭게 함. 하다[자]
손-살[―쌀―][명] 손가락 사이. space between fingers
손-색(遜色)[명] 서로 견주어 보아서 못한 점. ¶~ 없다. inferiority
손서(孫壻)[명] 손녀의 남편. grandson-in-law
손-서투르-다[형][르변] 손에 익지 않다. (대) 손익다. 〈약〉손설다. clumsy
손:-서툴-다[형][ㄹ변] 〈약〉→손서투르다.
손석-풍(孫石風)[명] 음력 10월 20일께 부는 몹시 추운 바람. 손돌바람. 손돌풍.
손:설(殘泄)[명]〈한의〉음식이 먹은 그대로 다 나와 버리는 설사.
손:설-되-다[형][ㄹ변] 〈약〉→손서투르다.
손:세(孫世)[명] ①자손의 늘어가는 정도. posterity ②손자의 대. grandson's generation
·손소[명] 〈고〉손수.
손-속[―쏙―][명] 노름할 때 힘들이지 아니하여도 손대는 대로 잘 맞아 나오는 운수. 수덕(手德). good hand
손수[부] 남의 힘을 빌리지 않고, 스스로 제 손으로. 친히. with one's own hand [건. handkerchief
손-수건(―手巾―)(―手巾)[명] 몸에 지니는 자그마한 수
손-수레[명] 사람이 손으로 끄는 수레. 수거(手車).
손수레-꾼[명] 손수레를 끄는 일로 업을 삼는 사람.
손수-변(―手邊)[명] 한자 부수의 하나. '持·技'의 '扌'의 이름.
손-숫물[명] 손을 씻는 물. water of washing hands
손-쉽-다[형][ㅂ변] 일을 처리하기가 아주 쉽다. easy
손:-시(巽時)[명]〈민속〉이십사시의 열째. 곧, 상오 8시 반부터 9시 반까지의 사이. 〈약〉손(巽).
손-시늉[―씨―][명] 손으로 하는 시늉. hand gestures
손:실(損失)[명] ①축나서 없어짐. 유손②. damage ②밑짐. 손해①. 타격. (대) 이익(利益). 소득(所得). loss 하다[자] [(力率)과의 비율.
손:실=률(損失率)[명] 물질의 유전율(誘電率)과 역률
손:실 체면(損失體面)[명] 실수(失手)로써 체면을 잃음. losing face 하다[자]
손:심:부름[―씸―][명] 몸 가까이에 있는 일에 대한 자질구레한 심부름. housemaid's work
손심[명]〈고〉손금.
손-씻이[명] 손떼.
손-씹다[명] 손떼.
손-싸-다[형] 손이 빠르다. quick-handed
손-쓰-다[자][으변] ①때를 놓치면 안 될 일에 대하여 필

손씻다 요한 조치를 취하다. ②남에게 무엇을 선심쓰다.
손:씻-다[동] 손을 끊다. 관계를 끊다.
손-아귀[명] 남의 수고에 대하여 적은 물건을 주는 일. 또, 그 물건. 하타
손-아귀[명] ①엄지손가락과 다른 네 손가락과의 사이. space between the thumb and the fingers ②[동] 수중(手中)①. ③들어 쥐는 힘을 이룸. grasp ④어떤 세력이 미치는 범위. 수악(手握). under the influence of
손-아래[명] ①자기보다 나이가 어림. juniority ②항렬이 낮음. being junior in the degree of kinship ③일터에서 자기의 지위보다 낮은 사람들. 수하(手下). [대] 손위. subordinate
손아래-뻘[명] 손아래가 되는 관계를 나타내는 말. 「niority
손아랫 사람 손아래가 되는 사람. [대] 손윗 사람.
손-안[명] 수중(手中)①. 「junior
손:액(損額)[명] 손해를 본 액수. 「하여 양보함. 하타
손:양(遜讓)[명] ①겸손함과 사양함. modesty ②겸손
손-어림[명] 손으로 대강 헤아림. 또, 그 분량. 손짐작. measuring roughly with one's hand 하타
손에 붙은 밥풀 아니 먹을까[속] 이미 자기 차지가 된 것을 아니 가질 사람은 없다.
손오:공(孫悟空)[명] ①중국 소설 서유기(西遊記)에 나오는, 조화(造化)가 많다고 하는 가상적인 원숭이. ②[건축] 잠상(雜像)의 하나.
손:우(損友)[명] 이롭지 못하고 해될 벗. [대] 익우(益友). injurious friend
손:위[명] ①자기보다 나이가 많음. seniority ②항렬이 높음. being senior in the degree of kinship ③일터 따위에서 윗계급이 됨. 수상(手上). [대] 손아래. superiority
손:위(遜位)[명] 임금의 양위(讓位). abdication 하타
손윗 사람[명] 손위가 되는 사람. [대] 손아랫 사람. one's seniors
손은 갈수록 좋고 비는 올수록 좋다[속] 비는 많이 와야 농사에 좋으나 손은 어서어서 돌아가 주는 것이 좋다.
손:이(巽二)[명] [민속] 바람 귀신을 일컫는 말.
손:-익(損益)[명] ①손실과 이익. advantage and disadvantage ②[경제] 경영의 결과로 생긴 자본 총액의 감소(減少)와 증가(增加). profit and loss
손:익 계:산(損益計算)[명] 사업의 손익을 계산하여 확정하는 일.
손:익 계:산서(損益計算書)[명] [경제] 한 회계 기간에 있어서의 손익의 내용을 명확하게 하기 위하여 결산 후에 만드는 계산서. 손익표(損益表). statement of profit and loss
손:익 계:정(損益計定)[명] [경제] 한 회계 기간의 사업 실적을 명확하게 하기 위하여 결산기말(決算期末) 원장(元帳)에 베풀어지는 계정. profit and loss account 「[대] 손서투르다. skilled
손:-익:다[닉-][자] 무슨 일이 손에 익숙하게 되다.
손:익-표(損益表)[명] [동] 손익 계산서(損益計算書).
손자(孫子)[명] 아들의 아들. [대] 손녀(孫女). grandson
손-자국[짜-][명] 손이 닿았던 흔적. ¶∼이 나다.
손:-자귀[명] 한 손으로 쓰는 작은 자귀. flat adz(e)
손자-며느리(孫子-)[명] 손자의 아내. grandson's wife
손자 밥 떠먹고 천장 쳐다본다[속] 자기의 행동을 감추
손-자봉틀(-自縫-)[명] [동] 손자봉틀. 「려 든다.
손:자 삼요(損者三樂)[명] 인생 삼요(三樂). 몸에 넘치게 사치하고, 한가함을 즐거하고, 주색을 즐거함은 곧 세 가지 손해라는 뜻.
손:자 삼우(損者三友)[명] [동] 삼손우.
손자 새끼(孫子-)[명] 손자를 낮추어 이르는 말. 「다.
손자 턱에 흰 수염 나겠다[속] 오래 기다리기가 지루하
손:-작(-)[명] ①후하지 못하여 손을 쓰는 품이 작다. ②수단이 적다. [대] 손크다. stingy
손:-잠기-다[동] 어떤 일에 매이어 손을 뗄 수 없이 되다. be occupied with work
손-잡다[동] ①손과 손을 마주 잡다. join hands ②함께 힘을 합하여 일을 하다. work together
손-잡이[명] 무슨 물건에 덧붙여서 손으로 잡게 된 자루. handle 「ying with one's hands 하타
손-장난[-짱-][명] 쓸데없이 손가락을 놀리는 장난. to-
손-장단[-짱-](-長短)[명] 손으로 맞춰 치는 장단. beating time with the hand
손:재(損財)[명] 재물을 잃어버림. 또, 그 재물. 하타
손재간[-째-](-才幹)[명] 수완②.
손-재:다[동] 동작이 재빠르다.
손-재봉틀[-째-](-裁縫-)[명] 손으로 돌려서 바느질을 하는 재봉틀. [대] 발재봉틀. [약] 손틀②. hand operated sewing machine 「to one's possessions
손:재-수[-쑤-](損財數)[명] 재물을 잃을 운수. ill luck
손:재주[-째-](-才-)[명] 손으로 만들거나 쓰는 재주. 수교(手巧). 수재(手才). handiness
손잰 중 비질하듯[속] 동작이 재빠르게 무슨 일이든지 빨리 해낸다.
손-저리다[형] 당황하다. 겁나다. 떨리다.
손-저울[-쩌-][명] 손으로 쥐고 다는 저울.
손:전(損田)[명] 물·한발(旱魃)·바람·벌레·서리 등의 피해로 인하여 손해를 본 전답.
손:전-등(-電燈)[명] 전지(電池)를 장치하여 가지고 다닐 수 있게 만든 전등. 회중 전등(懷中電燈). flashlight
손:제(損弟)[명] 친구끼리 편지를 할 때에 자기를 식견이나 덕행이 부족한 동생으로 겸손하여 일컫는 말.
손-제:자(孫弟子)[명] [불교] 제자의 제자. disciples of a disciple
손:좌(巽坐)[명] [민속] 손방(巽方)을 등진 좌향(坐向).
손:좌 건향(巽坐乾向)[명] [민속] 손방(巽方)을 등지고 건방(乾方)을 향하게 된 좌향(坐向). 곧, 동남(東南)에서 서북(西北)쪽으로 바라보는 것.
손주→손자. 「위를 대어 주다. set up props
손:-주(孫曾)[명] 손자와 증손자. grandchild and a greatgrandchild
손지(孫枝)[명] 가지에서 다시 돋아 나온 곁가지. lateral
손-질[명] ①물건을 잘 매만지는 일. repair ②남을 함부로 때리는 일. beating 하타 「branch
손질 돌:쌓음[명] [건축] 다듬어서 만든 각석(角石)으로 돌쌓음하는 일.
손-짐작[-찜-][명] [동] 손어림. 하타
손-짓[-찓-][명] 손을 놀려 어떤 사물을 가리키거나 의사를 나타내는 일. 하타 「하타
손-짧손[명] 자질구레하고 얄밉궂은 손장난. fumbling
손-찌검[명] 손으로 툭툭 건드리는 일. striking 하타
손청-방(-廳房)[명] [건축] 몸채에서 떨어져 있는 사랑방. 「inn
손:-치다[동] 돈을 받고 나그네를 묵게 하다. keep an
손:-치다[타] ①물건을 매만져 바로잡다. arrange ②정돈된 물건이 흐트러지다. scatter 「guests
손치:다[고] 오라고 손짓하다.
손:치르-다[자][으] 여러 손님을 대접하다. entertain
손-크-다[형][ㄷ] ①마음이 후하다. liberal ②수단이 많다. [대] 손작다. able
손타-다[자] 물건의 일부가 없어지다. be partly lost
손:-털:-다[자][ㄹ] 밑천이나 사제를 모조리 내다.
손-톱[명] 손가락 끝에서 자라나는 각질(角質). 수조(手爪). 지갑(指甲). [대] 발톱. fingernails
손톱-각이[명] 손톱을 깎는 기구. nailclippers
손톱-눈[명] 손톱이 돋은 양쪽과 살과의 사이. corners of a nail 「[독기].
손:톱-독(-毒)[명] 손톱으로 긁거나 꼬집어서 생기는
손톱독 오르-다(-毒-)[자][르] 손톱독이 생기다. poison caused by finger-nails 「括弧]. bracket
손톱-묶음표[명] [인쇄] 묶음표 '( )'의 이름. 소괄호(小
손톱 밑에 가시 드는 줄은 알아도 염통 밑에 쉬 스는

손톱 발톱이 젖혀지도록 벌어 먹이다 어떤 사람을 위하여 몹시 고생을 하여 가면서 일을 한다.

손톱 여물을 썰다㉠ ①일을 당하여 혼자서만 큰 걱정을 끊고 애를 쓰다. ②음식 따위를 나누어 줄 때 조금씩 아끼면서 준다.

손톱을 튀기다㉠ 진일을 하지 아니하고 놀고 지낸다. [idle away

손톱 자국㉠ 손톱으로 다치어 생긴 자국.

손톱조=변(一爪邊)㉠ 한자 부수의 하나. '爬·爲' 등의 '爪·爫'의 이름.

손=틀㉠ ①손으로 부릴 수 있는 소형(小形)의 기계. 손기계. hand machine ②㉱→손틀기계.

손=티 약간 얽은 얼굴의 마마 자국. slight pockmark

손=풀무㉠ 풀무의 하나. 궤 안에 장치하여 손으로 쓰게 됨. hand bellows

손=풍금(一風琴)㉠ 손에 들고 타는 풍금. 아코디언. 수풍금(手風琴). accordion

손=피(遜避)㉠ 사양하여 피함. escape 하㉰

손=하 익상(損下益上)㉠ 아랫 사람에게 해를 입히고 윗사람을 이롭게 함. 하㉰

손=하=절(巽下絶)㉠ 팔괘(八卦)의 하나인 손괘(巽卦)의 상형(象形)인 '☴'의 일컬음.

손항(孫行)㉠ 손자뻘 되는 항렬.

손=해(損害)㉠ ①이익을 잃어버림. 손실(損失)②. 손(害損). loss ②해를 입음. 타격④. (대) 이익(利益). (어) 손⑤. damages

손해 배상(損害賠償)㉠ 〈법률〉 법률의 규정에 따라 남이 입은 손해를 메워 손해가 없는 것과 같은 상태로 회복하는 일. ¶～청구권(請求權). compensation for damages 하㉰

손해 보:험(損害保險)㉠ 〈법률〉 불의의 사고로 인한 재산상의 손해를 보상하기 위하여 미리 체결하는 보험. 해상 보험 따위. insurance against loss

손혜-다㉠ 싫어서 거절하는 뜻으로 손을 내두름.

손=회목㉠ 손목의 잘록하게 들어간 곳. 수와(手腕)②. slender part of a wrist

손=훅치기㉠ 〈체육〉 손으로 상대자의 무릎을 끌어당기며 윗몸으로 밀어 넘어뜨리는 씨름 재간의 하나.

솔솜㉠ 손톱.

솓바닥㉠ 손바닥.

솓바·독㉠ 손바닥.

솔¹㉠ 솔.

솔-다[―때]㉠ 솓다.

솔²㉠ 소나무①.

솔:² 먼지나 때를 쓸어 떨거나 풀칠하는 데 쓰이고, 털·가는 철사 등을 곱추세워 묶은 기구. brush

솔:³(외각)㉠ 피부병의 하나. 살에 좁쌀알 같은 것이 돌고 나중에는 그 속에 물이 생김. [녁. target

솔-(세육)㉠ 화살로 맞추는 눈금. 소포(小布)④.

솔⁵㉠ ㉱→솔기.

솔(sol 이)㉠ 〈음악〉 장조 음계(長音階)의 다섯째음.

솔가(率家)㉠ 온 집안 식구를 데려감. taking one's family with one 하㉰ [末).

솔-가루[―까―]㉠ 솔잎을 쪃어 만든 가루. 송말(松

솔-가리[―까―]㉠ 말라 떨어진 솔잎. dead pine needless ②땔감으로 쓰려고 묶어 놓은 소나무 가지.

솔-가지[―까―]㉠ 땔감으로 쓰려고 꺾어서 말린 소나무 가지. pine twig

솔개 〈조류〉매과에 속하는 새. 몸 빛은 암갈색이며 가슴에는 흑색의 세로 무늬가 있고 꽁지의 끝은 황백색임. 다른 매보다 온순함.

솔개-그늘㉠ 아주 작게 지는 그늘. thin shadow

솔개 까치집 빼앗듯㉠ 남의 것을 억지로 빼앗는 모양의 비유.

솔개도 오래면 꿩 잡는다㉠ 재주 없는 사람도 오래 노력하면 의의 있는 일을 이룰 수 있다. [았다.

솔개를 매로 보았다㉠ 못쓸 것을 쓸 것으로 잘못 보

솔거(率去)㉠ 사람들을 거느리고 감. taking away

솔관(고) 파녁. [하㉰

솔구=이:발(率口而發)㉠ 앞뒤를 가리지 않고 되는 대로 지껄임. 함부로 말을 함. talking recklessly 하㉰

솔권(率眷)㉠ 집안에 거느리고 있는 식구를 데려감. taking one's family with one 하㉰

솔기㉠ 옷 따위를 지을 때 두 폭을 맞대고 꿰맨 줄. 봉목(縫目). (약) 솔⁵. seam [lined 솔깃-이㉱

솔깃-하-다[―끋―]㉠ 그럴 듯하여 마음이 쏠리다. inc-

솔-나리㉠ 〈식물〉백합과의 다년생 풀. 잎은 가늘고 길며 15 cm 내외임. 초여름에 홍자색 꽃이 피며 삭과(蒴果)는 세 쪽으로 갈라지고 갈색의 씨가 있음. 관상용으로 심고 인경(鱗莖)은 식용함.

솔-나무㉠ 〈원〉→소나무②.

솔-나물㉠ 〈식물〉꼭두서니과의 다년생 풀. 줄기는 마디가 많고 잔털이 났으며 잎은 여덟 개씩 모여서 남. 6~8월에 노란 꽃이 피고 작은 열매가 달림. 산과 들에 남.

솔:-다[타]㉠ ①물기가 말라서 쬐어들다. shrink ②귀찮은 말이나 소리를 너무 들어서 귀가 아프게 되다. be sick of hearing ③〈약〉→무솔다.

솔:-다[자]㉠ ①굽으며 안 곰자녀 가렵다. itchy ②넓이가 좁다. (대) 너르다. narrow

솔=대[―때―]㉠ ①〈건축〉 판장 틈이나 문설주 따위에 가늘게 오려 붙이는 나무. 솔대목. slat ②〈세육〉 활을 쏠 때 솔을 버티는 장대. supporters of a target

솔=대-목[―때―](―木)㉠ 〈동〉 솔대①.

솔도파(率都婆)·**솔탑파**(率塔婆)=stūpa 범㉠ 〈불교〉부처의 사리(舍利)를 모시거나 묘표(墓表)나 공양(供養) 따위를 위하여 쌓은 탑. 솔탑파(率塔婆). pagoda

솔-따비㉠ 솔 뿌리의 따위를 캐는 따비.

솔-딱새 〈조류〉딱새과의 새. 날개 길이 약 8 cm, 등이 흑갈색, 배는 휨. 곤충을 잡아먹음.

솔라닌(solanin)㉠ 〈화학〉감자의 눈에 들어 있는 알칼로이드의 하나. 간혹 중독의 원인이 됨.

솔라리제이션(solarization) 〈사진〉화면에 물체의 명암이 거꾸로 나타나는 현상. 반전(反轉). [하㉰

솔래(率來)㉠ 거느려 데려옴. bringing a group in

솔래=솔래㉱ 살짝살짝 조금씩 빠져 나가는 모양. stealthily [狀)으로 전선을 감은 것.

솔레노이드(solenoid)㉠ 〈물리〉코일의 하나. 관상(管

솔레유(soleil 프)㉠ ①태양. 해. ② 〈식물〉해바라기.

솔로(solo 이)㉠ 〈음악〉①독창(獨唱). ②독주(獨奏).

솔리드=스테이트(solid-state) 텔레비전·라디오에서, 진공관 대신에 트랜지스터·IC 등 반도체로 회로를 구성하는 방식.

솔리스트(soliste 프)㉠ 〈음악〉독창가. 독주가.

솔무(率舞)㉠ 거느리고 춤을 춤. 하㉰

솔=문(―門)㉠ 경축이나 환영의 뜻을 나타내기 위하여 첫솔을 입혀 세운 문. pine arch

솔-바람㉠ 소나무에 이는 바람.

솔:-바탕㉠ 활터에서 솔내기 있는 데까지의 활 한 바탕. 보통 일백이십 걸음. shooting range

솔반(率伴)㉠ 인솔하여 함께 감. leading 하㉰

솔발(𨥏鈸)㉠ 놋쇠로 만든, 흔들어서 치는 작은 종. 요령(搖鈴). handbell

솔발 놓·다(𨥏鈸―)㉠ ①비밀을 소문내다. spread a rumor ②방울을 흔들다. ring a hand-bell

솔발=수(𨥏鈸手)㉠ 〈제도〉군중(軍中)에서 솔발을 흔들던 취타수(吹打手).

솔방(率榜)㉠ 〈제도〉과거 합격을 발표한 이튿날에 급제한 사람이 임금을 뵙고, 사은(謝恩)할 때에 집안의 윗사람이 따라가서 지도하던 일. 하㉰

솔=방울[―빵―]㉠ 소나무 열매의 송이. 송자(松子)①. pine cone

솔방울=고둥[―빵―]㉠ 〈조개〉비단들이고둥과의 고둥. 해변 돌 틈에 삶. 패각 길이 약 2 cm, 두툼한 솔방울 모양이며, 감람색을 띰. [grove

솔=밭 잔 솔이 많이 들어선 땅. 송전(松田). pine

솔-버덩 명 소나무가 무성하게 들어선 버덩.
솔베이-법 [-뻡] 명 (Solvay 法) 〈화학〉 탄산소다 제조법의 하나. 암모니아소다법. Solvay's method
솔병(率兵) 명 군사를 거느림. commanding soldiers
솔-보굿 [-뽀-] 명 소나무 껍질. pine bark
솔복(率服) 명 복종함. obeying 하자
솔봉이 명 나이가 어리고 촌티가 나는 사람. boorish young person
솔-부엉이 명 〈조류〉 올빼미과의 새. 올빼미와 비슷한데 등은 흑갈색, 배는 백색에 갈색의 세로무늬가 많음. 밤에 쥐나 새를 잡아먹으며 나무 구멍에 알을 낳음. brown hawk-owl
솔-불 [-뿔] 명 〈약〉→관솔불.
솔비 명 〈식물〉콩과의 낙엽 활엽 교목. 잎은 타원상 난형이고 8월에 황백색 꽃이 피며 열매는 10월에 익음. 산복에 나며 제주도 특산임. 목재는 기구재, 수피는 염료용임.
솔빈(率濱) 명 〈약〉→솔토지빈(率土之濱).
솔-뿌리 명 소나무 뿌리. pine roots
솔-새[1][-쌔] 명 〈조류〉 휘파람새과의 작은 새. 휘파람새와 비슷하며 등은 갈색, 얼굴은 황백색, 꼬리는 갈색임. 얕은 산의 땅 위에 집을 짓고 살며 해충을 잡아먹는 익조로 금렵조(禁獵鳥)임. arctic willow-warbler
솔-새[2] 명 〈식물〉 포아풀과의 다년생 풀. 높이는 1.5 m 가량으로, 잎은 선형이며 아래로 축 늘어짐. 8월에 흰 꽃이 피고 이삭은 갈색임. 뿌리는 솔을 만들고 대로는 지붕을 이음.
솔선(率先) [-썬] (率先) 명 남보다 앞섬. 무슨 일에 먼저 나섬. taking the lead of 하자
솔-솔 튀 ① 물·가루 따위가 연해 흐르거나 새어 나오는 모양. trickling ② 바람이 느리고 부드럽게 부는 모양. gently ③ 이슬비가 가볍게 내리는 모양. lightly ④ 말을 막힘없이 잘하는 모양. fluently ⑤ 얽힌 끈이나 실 따위가 잘 풀려 나오는 모양. 《큰》 술술. smoothly
솔솔-바람 명 약하게 솔솔 부는 바람. breeze
솔솔-이 튀 솔기마다.
솔송-나무 명 〈식물〉전나무과의 상록 침엽 교목. 높이 20 m 가량이고 수피는 회갈색, 잎은 선형임. 4월에 자색 꽃이 피고 구과(毬果)는 엷은 갈색으로 10월에 익음. 재목은 건축·제지(製紙)의 원료로 씀.
솔-수펑이 명 솔숲이 있는 곳.
솔-숲 명 소나무가 많이 들어선 숲. 송림(松林). pine
솔 심어 정자라 효과를 얻기 아득하다. [forest
솔-씨 명 →송충이.
솔악(率樂) 명 〈제도〉 과거에 급제한 사람의 성명을 나결 때에 급제한 사람이 북과 저(笛)를 갖춘 악대를 앞세우고 식장(式場)으로 가는 일. 하자
솔양(率養) 명 ① 양자를 삼음. ② 양자를 데려옴. ado-
솔-옷 명 〈고〉송곳. [ption 하자
:솔-옷 명 〈고〉소루쟁이. [plainness 하자
솔이(率爾) 명 몸가짐이 진중하고도 까다롭지 않음.
솔이(率爾) 튀 ① 경솔하다. rashly ② 갑작스럽게. suddenly
솔-이끼 [-리-] 명 〈식물〉솔이끼과의 선태류. 갈대 발을 가지지 아니하고 음습한 곳에서 군생(群生)하며 잎 모양으로 되었음.
솔-인진(-茵陳) 명 〈식물〉엉거시과의 다년생 풀. 높이 50 cm 내외이고 잎은 세열(細裂)로 선형(線形)임. 7월에 누르밀한 작은 두상화가 산방 화서로 핌. 산이나 들의 석회암 지대에 남.
솔-잎 [-립] 명 소나무 잎. 송엽(松葉). pine needle
솔잎 대강이 [-립] 명 머리털을 짧게 깎아 함함하지 못하고 빳빳하게 일어서 있는 머리. close-cropped head
솔잎-사초 [-립--莎草] 명 〈식물〉 방동사니과의 풀의 하나. 줄기는 총생(叢生)하며 잎은 선형임. 다갈색의 화수(花穗)가 줄기 끝에 하나씩 핌. 산지의 습지에 남.

솔잎 상투 [-립-] 명 짧은 머리털을 끌어올려서 짠 상투. small topknot
솔잎이 새파라니까 오뉴월로만 여긴다 속 근심이 쌓이고 우환이 겹친 것도 모르고, 어떤 작은 일이 하나되어가는 것만 보고 속없이 좋아라고 날뜀.
솔-장다리 명 〈식물〉명아주과의 일년생 풀. 줄기 높이 30 cm 가량으로 옆으로 호생하고 선상 원주형임. 여름에 담녹색의 꽃이 피고 열매는 짧은 난형임. 바닷가에 나며 어린 잎은 식용함. [seller
솔-장이 명 솔질하는 솔을 만들어 파는 사람. brush
솔-쟁이 명 〈약〉→소루쟁이. [subordinate
솔정(-丁) 명 (率丁) 자기 밑에 거느려 부리는 사람.
솔직(率直) 명 (率直) 거짓이나 꾸밈이 없이 바르고 곧음. ⓗ 왜곡(歪曲). frankness 하자 히자
솔-질 명 솔로 먼지 따위를 문질러 털거나 닦는 짓. brushing 하자
솔-집 명 〈약〉솔방울.
솔-찜질 명 솔잎으로 찜질하여 병을 고치는 한 방법.
솔창(率倡) 명 〈제도〉 방이 난 뒤 귀항할 적에 광대를 앞에 세우고 피리를 불리던 일. 하자
솔-채꽃 명 〈식물〉 산토끼꽃과의 이년생 풀. 줄기 높이 90 cm 내외이고 잎은 대생(對生)하며 타원형임. 7~9월에 자벽색 꽃이 줄기 끝에 피며 수과(瘦果)는 긴 타원형임.
솔토(率土) 명 〈약〉→솔토지빈(率土之濱).
솔토-민(率土之民) 명 온 나라 안의 국민. whole people
솔토지-빈(率土之濱) 명 ① 온 천하. world ② 온 나라의 지경 안. 〈약〉솔빈(率濱). 솔토(率土).
솔트(SALT) 명 〈약〉 Strategic Arms Limitation Talks 미소간의 전략 무기 제한 협정.
솔-트 유약(salt 釉藥) 명 〈공업〉 소성(燒成) 중에 가마 속에 투입할 소금과 반응해서, 석기(炻器) 표면에 형성하는 유약.
솔-파(sol-fa 이) 명 〈음악〉음계(音階)의 '도·레·미·파·솔·라·시', 또는 이를 사용하여 노래를 부르는 법.
솔페헤즈(solfège 프) 명 〈음악〉 성악(聲樂) 독보(讀譜)를 위한 기초 훈련의 하나. 곧, 음을 가사(歌詞)가 아닌 도·레·미·파의 계명(階名)을 써서 노래하는 독보법(讀譜法). 솔페지오.
솔페지오(solfeggio 이) 명 〈동〉솔페헤즈.
솔-포기 명 가지가 무성한 작은 소나무.
솔하(率下) 명 거느리고 있는 부하(部下). subordinate
쇳바올 명 〈고〉솔방울.

솜 명 목화의 삭과(蒴果) 속에 있는 흰 섬유(纖維)를 따서 씨를 뽑아 낸 물건. 초면(草綿). cotton
솜-나물 명 〈식물〉엉거시과에 딸린 다년생 풀. 화경의 높이 10~15 cm 가량이며 뿌리에서 나는 잎은 깃 모양으로 깊이 갈라지고 잎 뒤에 백색의 솜털이 있음. 5~9월에 백색 또는 담자색의 꽃이 피고 열매는 수과(瘦果)임. 어린 잎은 식용함.
솜냄불리즘(somnambulism) 명 〈의학〉 몽유병(夢遊病). sleep-walking
솜-눈 명 →함박눈.
솜-대 [-때] 명 〈식물〉 대과의 대의 하나. 지하경으로 벋으며 근경(根莖)에서 나온 줄기는 담녹색으로 겉에 솜같이 보이는 흰 반점이 있음. 6~7월에 꽃이 피어 영과(穎果)를 맺음. 죽순은 식용하고 줄기는 건축재·세공재로 쓰임. 감죽(甘竹).
솜-덩이 [-명-] 명 솜이 뭉쳐 덩어리.
솜-돗 [-똗-] 명 솜반을 짓는 데 쓰는 돗자리. 솜조각을 그 위에 놓고 펴서 두루만 다음에 잠이 자게 밟음. willowing mat
솜-뭉둥이 명 형겊 조각에 솜을 싸서 둥둥이처럼 만든 물건. 윤을 낼 때나 칠을 할 때 사용함. wad of cotton
솜 뭉치로 가슴을 칠 일이다 속 몹시 원통하다.
솜-반 [-빤] 명 〈약〉솜돗에 솜이 잠이 자게 만든 번반한 솜의 조각. thin slice of cotton
솜:-방망이 명 〈식물〉엉거시과의 다년생 풀. 몸은

솜방망이 휜털로 덮여 있고 잎은 좁은 난상 타원형 또는 피침형임. 5~6월에 황색 꽃이 피고 수과(瘦果)는 흰 관모가 있음. 어린 잎은 식용함.

솜=방망이[²] 솜을 쇠꼬챙이 끝에 뭉쳐 붙이고 방망이처럼 묶은 것. 기름을 적어 횃불로 씀.

솜=버선[명] 솜을 넣어 만든 두꺼운 버선. cotton-padded socks

솜=벌레[명] 〈곤충〉 솜벌레과의 나방. 길이 7 mm, 편 날개 17 mm, 몸은 암회색, 앞날개엔 흑색 반점이, 뒷날개는 회색 광택이 남. 연 2~3회 발생하여 목

솜=병아리[명] 알에서 갓 깬 병아리. 「화를 해침.

솜=붙이[—부치][명] 겹옷 입을 때에 입는 솜옷. 〈대〉 맞붙이. wadded clothes 「챙이 썩 넓은 모자.

솜브레로(sombrero)[명] 스페인·멕시코 등지에서 쓰는

솜=사탕(—砂糖)[명] 사탕을 기계로 돌려 솜처럼 부풀어 오르게 만든 과자. candy fluff 「하타

솜솜[부] 마마 자국이 곱게 얽은 모양. slightly pitted

솜씨[명] ①손을 놀려서 물건을 만드는 재주. skill ②일을 처리 나가는 재주. 수품(手品). ability

솜씨는 관 밖에 내어 놓아라[속] 무슨 일에나 솜씨가 좋지 않을게 재간 없다. 「wadded clothes

솜=옷[명] 솜을 두어 지은 옷. 면의(綿衣). 면복(綿服).

솜=진디[명] 〈곤충〉 진디과의 곤충. 몸 길이 1.2~1.5 mm, 몸 빛은 담황색·녹황색 또는 흑색이며, 배는 불룩함. 목화·콩·오이 따위를 해침. 면충(綿蟲).

솜=채[명] 솜을 잠이 자게 치는 대나무 채. beating stick

솜=털[명] 썩 잘고 보드랍고 고운 털. down

솜=틀[명] 솜을 틀어 부풀려 펴는 기계. 타면기(打綿機). willow

솜=화:약(—火藥)[명] 〈화학〉 셀룰로오스를 니트로화(化)한 질화도(窒化度)가 높은 니트로셀룰로오스. 압축하여 화약을 만듦. 면화면(火綿). gun-cotton

솝[명] 〈고〉 속. 「leap up

솟고라-지-다[자] ①끓어오르다. boil up ②솟아오르다.

솟구-다[타] 높이 뛰어오르다. leap up

솟구-다[타] 위로 솟아오르게 하다. draw up

솟구-치-다[자] 빠르고 세게 솟구다. draw up quickly

솟굴[국(고) 솟아오르며 끓다. 용솟음하다.

솟=나-다[자] 〈약〉 돋다.

솟-다[자] ①아래에서 위로 또는 속에서 겉으로 세차게 나오다. gush out ②높게 또는 높이 서다. ¶저 고층 건물이 ~. tower ③박혔던 것이 밖으로 비어져 나오다. ¶못이 ~. come out ④어떤 느낌이나 기운이 일어나 생기다. ¶기운이 ~. rise ⑤샘물 따위가 터져 나오다. spring ⑥끓어오르다. boil up

솟돋-다[자](고) 솟아 달아나다.

솟:-대[명] 〈제도〉 과거에 급제한 사람을 위하여 그 마을 어귀에 높이 세웠던 깃대. 곧, 굵게 칠한 장대 위에 푸른 칠을 한 나무로 만든 용(龍)을 단 것. 효죽(孝竹). ②〈민속〉 굼직한 농가에서 벼씨를 주머니에 담아 높이 달아매는 장대. ③〈민속〉 솟대장이가 올라가 재주를 부리는 장대. pole

솟:대-장이[명] 탈을 쓰고 솟대 꼭대기에 올라가서 재주를 부리는 사람.

솟=보-다[타] 물건의 내용을 잘못 보고 비싸게 사다. making a bad bargain

솟아-나-다[자] 솟아서 나오다. spring out [형] 여럿 가운데서 두드러지게 나타나다. distinct

솟아-오르-다[자,르] 솟아서 위로 오르다.

솟을=대:문(—大門)[〈건축〉 행랑채보다 기둥을 높게 세운 대문. 고주 대문(高柱大門). 「를 한 작은 기둥.

솟을=동:자(—童子)[명] 머름의 칸막이

솟을=무늬[명] 피륙에 놓은 두드러진 무늬. embossment

솟을=빗살문(—門)[명] 세전문의 하나. 세로로 긴 살을 댄 빗살문. 「삼문(高柱三門).

솟을=삼문(—三門)[명] 〈건축〉 뱃집 지붕으로 된 고실

솟을=주대금(—錦)[명] 〈건축〉 단청할 때의 금문(錦紋)의 하나.

솟을=화반(—花盤)[명] 〈건축〉 화반(花盤)의 하나.

솟치-다[타] 위로 높이 올리다. raise

송:(宋)[명] 〈역사〉 ①중국 남조(南朝)의 유유(劉裕)가 진(晉)을 멸하고 세운 나라. ②조광윤(趙匡胤)이 후주(後周)를 멸하고 세운 나라.

송:(訟)[명] 〈약〉→송괘(訟卦).

송:(頌)[명] 공덕을 기리는 글월. eulogy

송:가(頌歌)[명] ①기리는 노래. ②기리고 노래함. 가송(歌頌). ode

송간(松間)[명] 소나무 사이.

송:객(送客)[명] 손님을 보냄. seeing a guest off 하타

송거(松炬)[명] 관솔불.

송경(松京)[명] 고려의 서울인 개성(開城)의 일컬음. old name of Kaesong

송:경(誦經)[명] ①소경이 경문(經文)을 읽음. recitation of a Sutra ②불경을 읽. 하타

송계(松鷄)[명] 〈조류〉 들꿩. field pheasant

송고(松膏)[명] 송진(松津).

송:고(送稿)[명] ①원고를 편집 담당자에게 보냄. ②원고를 공장에 보냄. 하타

송고리(松鶻)[명] 〈조류〉 사냥꾼이 일컫는 송골매. peregrine

송골(松鶻)[명] 송골매.

송골=매(松鶻—)[명] 〈조류〉 ①매과의 새. 날개 길이는 약 30 cm이며, 등은 회색, 배는 희누르스름함. 북아시아에 분포하며 겨울에는 아시아의 남부와 아프리카 서북부로 이동함. ②매의 새끼. 해동청. 송골(松鶻). peregrine 「모양.

송골=송골(松鶻松鶻)[명] 땀·소름 따위가 자디잘게 많이 돋아나는

송곳[명] 나무나 쇠 따위에 구멍을 뚫는 끝이 뾰족하고 자루가 있는 연장. gimlet 「piercing eye

송:곳=눈[명] 날카롭게 쏘아보는 눈초리를 이르는 말.

송:곳-니[명] 〈생리〉 앞니와 좌우 어금니 사이에 있는 뾰족한 이. 견치(犬齒). cuspid 「하다.

송곳니가 방석니가 된다[속] 송곳 같은 한이 있어서 분해

송곳도 끝부터 들어간다[속] 일이란 순서가 있는 것이라 처음부터 시작해야 한다.

송곳 박을 땅도 없다[속] ①어떤 곳이 사람으로 가득차 ②자기 땅이라고는 조금도 없다.

송:곳=벌[명] 〈곤충〉 송곳벌과의 곤충. 몸은 비교적 크며, 길이 2.5 cm, 몸 빛은 검고 황갈색 무늬가 있음. 날개는 투명하며, 송곳 같은 산란관을 나무속에 박고 알을 낳음. 식물을 해침.

송곳으로 매운 재 끌어내듯[속] ①하는 짓이 미련하여 보기에 답답하다. ②무슨 일에나 적당한 도구를 쓰지 않고는 헛수고만 하게 되다.

송:곳=치기[명] 송곳을 가지고 끝기를 하는 장난.

송:곳=칼[명] 한 끝은 송곳, 한 끝은 날이 있는 칼. knife with a drill

송과-선(松果腺)[명] 〈생물〉 내분비 기관의 하나. 제 3 뇌실(腦室)의 후부에 있음. 7세까지 발달하여 성장을 촉진하다가 차차 없어진. 골윗샘.

송:관(訟官)[명] 〈제도〉 송사(訟事)를 처리하던 관원.

송:**=괘**(訟卦)[명] 〈민속〉 육십사괘(六十四卦)의 하나. 곧, 건괘(乾卦)와 감괘(坎卦)가 거듭된 것. 《역》 송(訟). 「히타

송:괴(悚愧)[명] 황송하고도 부끄러움. 하타 스태 스래피 히타

송:구(送球)[명] 〈체육〉 ①구기(球技)의 하나. 한 편이 11명. 하나의 공을 패스하여 상대편 골(goal)에 던져 넣기를 겨루는 경기. handball ②야구에서 공을 먼저 보내는 일. passing ③축구에서 패스하는 일. passing 하타 「하타

송:구(送舊)[명] 묵은해를 보냄. send off the old year

송:구(悚懼)[명] 마음에 두렵고 거북함. being sorry 하타 스태 스래피 히타

송:구 영신(送舊迎新)[] 가는 해를 보내고 새해를 맞음. 〈약〉 송영(送迎)②. 하타

송근-유(松根油)⟨명⟩ 소나무의 뿌리나 가지를 건류(乾溜)하여 만든 기름. 페인트·니스 따위의 용제(溶劑)로 쓰임. turpentine oil

송금(松禁)⟨명⟩ 소나무 벌채(伐採)를 못 하게 말림. ban of felling pinetrees 하다타

송금(送金)⟨명⟩ 돈을 부쳐 보냄. remittance 하다타

송:금 수표(送金手票)⟨경제⟩ 은행을 이용하여 송금할 때 쓰이는 수표. 대개 은행이 자기의 지점 또는 거래가 있는 다른 은행에 대해 발행함. remittance draft

송:금=환(送金換)⟨경제⟩ 먼 곳에서 송금하려는 사람이 현금을 보내는 대신에 송금 어음을 보내어 우체국이나 은행으로 하여금 대신 치르게 하는 일. 또, 그 어음. remittance cheque

송기(松肌)⟨명⟩ 소나무의 어린 가지의 속껍질.

송:기(送氣)⟨명⟩ 공기를 보냄. ¶ ~관(管).

송:기(誦記)⟨명⟩ 암송(暗誦). 암기(暗記). 하다

송기-떡(松肌-)⟨명⟩ 송기에 멥쌀가루를 섞어 만든 절편. 송편·개피떡 따위. 송기병(松肌餠)

송기-병(松肌餠)⟨명⟩ 송기떡.

송낙(←松蘿)⟨명⟩ 소나무 겨우살이로 엮어 만든 여승(女僧)의 모자. 송라립(松蘿笠).

송낙-뿔⟨명⟩ 둘이 다 옆으로 꼬부라진 쇠뿔. ⟨대⟩ 우걱뿔.

송:년(送年)⟨명⟩ 한 해를 보냄. ⟨대⟩ 영년(迎年). seeing the old year out

송:년=사(送年辭)⟨명⟩ 묵은해를 보내면서 하는 인사말이나 이야기.

송:년-호(送年號)⟨명⟩ 신문이나 잡지의 그 해를 보내면서 마지막으로 발행하는 호. last issue of a year

송:달(送達)⟨명⟩ ①편지나 물품 따위를 받을 사람에게 보내어 줌. delivery ②⟨법⟩ 법원 서기관(書記官) 또는 서기(書記)가 소송 관계의 서류를 소송 관계인(訴訟關係人)에게 집달리(執達吏)를 시키거나 또는 우편으로 보내는 일. ⟨대⟩ 수취(受取). serving a writ 하다

송:달-리(送達吏)⟨법률⟩ 송달의 집행 기관. 원칙적으로 집달리 및 우편 집배인의 총칭. 송달리는 송달을 실시하여 그 보고서를 작성, 법원에 제출할 의무가 있음. delivery man

송:달 서류(送達書類)⟨법⟩ 송달을 하여야 하는 서류의 총칭. 소장·답변서·소환장·판결서 등.

송:달-제(送達制)⟨명⟩ 상업 기관에서 상품을 사는 사람에게 송달하는 제도. home delivery service

송당=송당⟨부⟩ ①물건을 조금 굵고 거칠게 빨리 써는 모양. cutting quickly ②바느질을 거칠게, 호는 모양. ⟨큰⟩ 숭덩숭덩. ⟨센⟩ 쏭당쏭당. sewing roughly

송:덕(頌德)⟨명⟩ 덕망을 찬양하여 기림. eulogy 하다

송:덕-문(頌德文)⟨명⟩ 공덕을 기리는 글.

송:덕-비(頌德碑)⟨명⟩ 공덕을 기리어 후세에 길이 빛내기 위하여 세운 비석. monument in one's honour

송도(松都)⟨명⟩ 고려 때의 서울. 지금의 개성. old name of Kaesong

송도(松濤)⟨명⟩ 소나무가 바람에 흔들리어 물결 소리같이 나는 소리.

송:도(頌禱)⟨명⟩ ⟨동⟩ 송축(頌祝). 하다

송도 말년의 불가사리(松都末年-) 손 댈 수 없을 만큼 못된 행패를 부림.

송도 삼절(松都三絶) 개성(開城)의 유명한 세 존재. 서화담(徐花潭)·황진이(黃眞伊)·박연폭포(朴淵瀑布)를 이름.

송도 외장수 조금이라도 이익을 더 얻으려고 왔다갔다하다가 기회를 놓치고 낭패할 때를 이름.

송:독(誦讀)⟨명⟩ ①소리를 내어 읽음. loud reading ②외어 읽음. ⟨유⟩ 독송. recitation 하다

송-동(悚動)⟨명⟩ 공경하는 마음이 지나쳐 황송하여 떨림. awe 하다

송두리-째⟨명⟩ 물건이 있는 그대로 온통 다. root and branch

송라(松蘿)⟨명⟩ ⟨동⟩ 소나무겨우살이.

송라-립(松蘿笠)⟨명⟩ ⟨동⟩ 송낙.

송로(松露)⟨명⟩ ①솔잎에 맺혀 있는 이슬. dew on pine needles ②⟨식물⟩ 송로과에 속하는 버섯의 하나. 구상(球狀)으로서 갓과 자루의 구별이 없으며 솔 향기가 있고 맛이 좋음. truffle

송료(送料)⟨명⟩ 물건을 보내는 데 드는 요금. postage

송류(松類)⟨명⟩ ⟨제도⟩ 개성(開城)의 유수(留守)를 간단히 일컫는 말. ⟨태합. fear⟩ 하다 ⟨스페인⟩ 스레피

송:름(悚懍)⟨명⟩ 두려워서 주뼛주뼛함. 마음이 위태하여

송리(訟理)⟨명⟩ 송사(訟事)의 까닭. cause of a lawsuit

송린(松鱗)⟨명⟩ 물고기 비늘같이 된 여러 해 묵은 소나무의 겉껍질.

송림(松林)⟨명⟩ ⟨동⟩ 솔숲.

송명(松明)⟨명⟩ ①⟨동⟩ 관솔불. ②⟨동⟩ 관솔.

송목(松木)⟨명⟩ ⟨동⟩ 소나무.

송무 백열(松茂栢悅) 소나무가 무성하면 잣나무가 기뻐한다는 뜻으로, 벗이 좋게 됨을 기뻐함의 비유. ⟨대⟩ 혜분 난비(蕙焚蘭悲).

송:민(訟民)⟨명⟩ 송사(訟事)를 하는 백성. suitor

송방(松房)⟨명⟩ 다른 지방에 있는 개성(開城) 사람의

송방(松肪)⟨명⟩ ⟨동⟩ 송진(松津). ⟨주단(綢緞)⟩ 포목점.

송:배-전(送配電)⟨명⟩ 송전과 배전. ¶ ~시설.

송백(松柏)⟨명⟩ ①소나무와 잣나무. conifer ②껍질을 벗겨 솔잎에 꿴 잣. pine-nuts

송백-목(松柏木)⟨명⟩ 〈민속〉 육십 갑자(六十甲子)에서 경인(庚寅)·신묘(辛卯)에 붙이는 납음(納音). ¶ 경인 신묘 ~.

송백-조(松柏操)⟨명⟩ 소나무와 잣나무가 사시(四時)에 변하지 아니하는 것과 같이 뜻이 굳어 변하지 아니하는 절개. unwavering chastity

송:변(訟辯)⟨명⟩ 송정(訟廷)에서 변론함. pleading at the court 하다

송:별(送別)⟨명⟩ 사람을 이별하여 보냄. ⟨대⟩ 유벌(留別). farewell 하다

송:별=사(送別-辭)(送別辭)⟨명⟩ 남아 있는 사람이 떠나는 사람에게 하는 인사말. ⟨약⟩ 송사(送辭).

송:별-식(送別式)⟨명⟩ 고별식(告別式).

송:별-연(送別宴)⟨명⟩ 송별할 때 베푸는 잔치. farewell dinner

송:별-회(送別會)⟨명⟩ 송별할 때 베푸는 모임. farewell patry

송병(松餠)⟨명⟩ ⟨동⟩ 송편.

송:병(送兵)⟨명⟩ 군대를 보냄. dispatch of troops 하다

송:부(送付)⟨명⟩ 물건을 부치어 보냄. sending 하다

송:사(送辭)⟨명⟩ ⟨약⟩→송별사(送別辭).

송:사(訟事)⟨명⟩ ①⟨제도⟩ 백성끼리의 분쟁의 판결을 관청에 호소하는 일. suit ②⟨속⟩ 소송(訴訟). 하다

송:사(頌辭)⟨명⟩ 공덕을 찬양하는 말. eulogy

송사는 졌어도 재판은 잘하더란다 서로 다투다 비록 제가 지기는 하였으나 그것을 판결함이 공평하여 조금도 억울하지가 않다.

송:사리⟨동⟩ ①⟨어류⟩ 송사리과의 민물고기. 몸은 3~4cm 가량으로 길고 측편(側扁)함. 몸 빛이 담회갈색으로 옆구리에는 작은 흑점이 밀포함. 관상용으로 기르고 유전 실험에도 사용됨. 멸종 유속. 소양어(韶陽魚). killifish ②작고 하찮은 무리들을 이름. small fry

송사리 끓듯 수없이 많이 모여 있는 모양.

송삼(松蔘)⟨명⟩ 개성(開城)에서 나는 인삼. Kaesong ginseng (보내는 쪽의 송신기. transmitter

송:상-기(送像機)⟨물리⟩ 텔레비전의 영상(映像)을

송서(誦書)⟨명⟩ 글을 소리 내어 외움. 하다

송:설(誦說)⟨명⟩ ①읽는 일과 설명하여 밝히는 일. ②읽어서 해설함. read and explain 하다

송:성(頌聲)⟨명⟩ ①공덕을 찬양하는 소리. eulogy ②태평(太平)한 세상을 노래하는 음악 소리. songs in praise peace

송성(松性)⟨명⟩ ⟨물리⟩ 물질이 갖는 통유성(通有性) 중의 하나. 곧, 물질을 무엇이나 무수한 틈새를 지님.

송:소(訟訴)⟨명⟩ ⟨동⟩ 소송. 하다

송:송⟨부⟩ ①물건을 잘게 빨리 써는 모양. chopping quickly ②작은 구멍이 많이 뚫린 모양. holey ③피부의

좁쌀같이 잔 땀방울이나 소름 따위가 배게 내돋는 모양. 《큰》송송. having drops of sweat ④《약》→
송수(松樹)[명] 소나무①. [송당송당.
송ː수(送水)[명] 물을 보냄. water supply 하타
송ː수(送受)[명] ①보냄과 받음. ②송신(送信)과 수신
송ː수(頌壽)[명] 수를 기림. ¶~ 기념(記念). 〔(受信).
송ː수관(送水管)[명] 상수도(上水道)의 물을 공급(供給)하는, 땅 속에 묻은 철관(鐵管). water-pipe
송순(松筍)[명] 소나무의 새 순.
송순-주(松筍酒)[명] 송순을 넣고 빚은 술.
송ː술(頌述)[명] 칭송하여 그 사실을 글로 씀. write a eulogy 하타
송ː습(誦習)[명] 암송하여 배움. 고전 따위를 외어 읽으면서 배움. learn by memorizing 하타
송ː시(頌詩)[명] 공덕을 기리는 내용의 시. ode praise
송ː신(送信)[명] 통신(通信)을 보내는 일. 《대》수신(受信). transmission 하타
송ː신(送神)[명] ①제사가 끝난 뒤에 신을 보내는 일. 《대》영신(迎神). sending off the spirit ②마마가 나은 지 12일 만에 두신(痘神)을 짚으로 말 모양으로 만들어 강남(江南)으로 보내 버리는 일. 하타
송ː신-관(送信管)[명] 《물리》송신기에 사용되는 전자관. 수신관보다 많은 전력이 소요되어 모양이 큼.
송ː신-기(送信器·送信機)[명] 《물리》전기 통신을 위해 통신로에 부호 신호·음성 신호·화상(畫像) 신호 등을 직접 또는 변조하여 송출(送出)하는 장치. 《대》수신기.
송ː소(送所)[명] 방송국의 한 부서. 유선 전신이나 무선 전신 등 송신 업무를 맡은 기관. 방송 전파의 송신에 관한 사무를 분장함. transmission station.
송실(松實)[명] 소나무의 열매.
송심(松葉)[명] 《동》송이(松栮). 〔큰〕숭어리. cluster
송아리[명] 꽃이나 열매 따위가 잘게 모여 달린 덩어리.
송아지[명] 새끼 소. 독우(犢牛). calf
송아지 못된 것은 엉덩이에서 뿔이 난다[團] 좋지 못한
송아지-떼[명] 송아지. 〔놈이 못된 행동을 먼저 한다.
송악(松萼)〈식물〉두릅나무과의 상록 활엽 덩굴나무. 기근(氣根)이 있고 난형에 3∼5갈래로 갈라졌음. 가을에 녹색 꽃이 피고 핵과(核果)는 이듬해 봄에 검으로 익음. 관상용인데 줄기·잎은 약용함. 상춘등(常春藤)②. ivy
송ː안(訟案)〈제도〉송사(訟事)의 기록.
송알=송알[명] ①땀이 많이 나오는 모양. in drops ②고추장·술 따위가 괴는 모양. foamily
송액(松液)[명] 소나무 뿌리를 자른 데에서 흘러나오는 진. pine resin
송ː양지-인(宋襄之仁)[명] 옛 중국의 송양공(宋襄公)처럼 착하기만 하고 수단이 없는 사람을 이름. meek man
송어(松魚)[명] 〈어류〉연어과(鯉魚科)의 바닷물고기. 연어와 비슷한데 몸이 60 cm 가량이고, 몸빛은 등쪽이 농남색, 배 쪽이 은백색에 옆구리에 암갈색 점이 있음. 여름철 산란기에는 강을 거슬러 올라감. 맛이 매우 좋음. trout 〔원료. pine soot
송연(松烟·松煙)[명] 소나무를 태운 그을음. 먹[墨]의
송연(竦然·悚然)[명] 두려워하여 몸을 웅송그림. terrified 하타[團] 히
송연(煤松煙)[명] 《동》숯먹.
송엽(松葉)[명] 소나무의 잎. 솔잎. pine needle
송엽-주(松葉酒)[명] 솔잎을 넣고 만든 술. wine with pine-needles
송ː영(送迎)[명] ①사람을 보내고 맞음. welcoming and sending off ②《약》→송구 영신(送舊迎新). 하타
송ː영(誦詠)[명] 시가(詩歌)를 외며 읊조림. recitation 하타[團]〔에서 바라볼 수 있도록 만든 대.
송ː영-대(送迎臺)[명] 공항 등에서 송영할 때, 먼발치에
송ː옥(訟獄)[명] 《동》소송(訴訟)①. 하타
송운(松韻)[명] 바람에 흔들리는 소나무의 청아(淸雅)한 소리와 고아(高雅)한 운치(韻致).
송ː유(宋儒)[명] 중국 송나라 때의 송학(宋學)을 주장

하던 정주학파(程朱學派)의 선비.
송유(松油)[명] 솔가지를 잘라 불에 구워서 받은 기름. 송탄유(松炭油). pine resin
송ː유-관(送油管)[명] 석유 따위를 딴 곳으로 보내기 위하여 시설한 관. oil pipe
송ː의(送意)[명] 송별(送別)의 정.
송이[명] 꽃이나 열매 따위가 모여 달린 한 꼭지. ¶꽃 송이²[명] →궁궐마디. 〔한 ~. cluster
송이(松栮)〈식물〉솔밭에 나는 송이과의 버섯. 줄기는 원통형이고 표면에는 회갈색 또는 담흑갈색의 비늘이 있으며 줄기의 살은 백색임. 솔잎의 낙엽이 쌓여 축축한 곳에 군생(群生)함. 특별한 향기가 있고 식용함. 송심. 송이 버섯. pine mushroom
송이(松栮)〈식물〉방동사니과의 다년생 풀. 줄기는 삼릉형(三稜形)에 높이 50∼120 cm 임. 6∼8월에 좁고 긴 황록색의 이삭 꽃이 피고 수과(瘦果)는 갈색임. 높이나 습지에 남. ¶~국.
송이-밤(松栮─)[명] 밤송이 속에 들어 있는 밤. 《대》알밤. chestnuts in burs
송이-밥(松栮─)[명] 밥을 짓다가 송이를 썰어 넣어 버무려서 뜸을 들이어 지은 밥. 〔ters ②송이마다.
송이-송이(松栮─)[분] 송이가 또 한 송이가 이닿아나. in clus-
송이-술[명] 익은 술독에서 물을 타지 않고 전국으로 떠낸 술. undiluted wine
송이-재강[명] 술의 전국만 떠낸 재강. lees
송이-재(松栮菜)[명] 잘게 썰어 양념하여 볶은 쇠고기에 송이를 무쳐서 볶은 나물.
송이-풀[명]〈식물〉현삼과(玄蔘科)의 다년생 풀. 줄기는 방형이고 높이 60 cm 가량이며 잎은 긴 난형 또는 긴 타원형임. 8∼9월에 자홍색 꽃이 피고 삭과(蒴果)는 긴 난형임. 어린 잎은 식용함.
송자(松子)[명] ①《동》솔방울. ②《동》잣.
송자-병(松子餠)[명] 가운데 잣판을 박아 지져 낸 먹이.
송자(松子松)[명] 《동》잣나무.
송ː장[명] 사람의 시체. 주검. 시신(屍身). 사체(死體).
송ː장[一般](送狀)[명] 송증(送證). 〔시구(屍柩).
송ː장(送葬)[명] 송장을 장지(葬地)로 보냄. 장송(葬送). funeral 하타
송ː장-개구리[명]〈동물〉개구리과의 양서류. 몸 길이 6 cm 가량으로 몸은 야위고 길며 몸빛은 적갈색임. 뒷발에는 수영에 알맞은 갈발이 있음.
송장 때리고 살인 났다[團] 적은 죄를 짓거나 벌받을 만한 일을 하지 않고, 억울하게 큰 벌을 받게 될 때에 이르는 말.
송ː장-메뚜기[명]〈곤충〉메뚜기과의 곤충. 길이는 수컷이 4 cm, 암컷은 6 cm. 몸빛은 적갈색 또는 황갈색을 띰. 두정(頭頂)에서 앞날개까지 한 개의 누런 줄무늬가 있음. 풀밭에 서식함. patanga succinta
송ː장메뚜기 같다[團] 미운 사람이 주책없이 날뛸 때에 이르는 말.
송ː장-벌레[명]〈곤충〉송장벌레과의 갑충. 몸 길이 23 mm 내외로 몸 및 온 흙색에 네 개의 대적색 무늬가 있고 흉부 하면에 황색 털이 났음. 동물의 기체
송ː장-잡기[명] →통계문이. 〔에 모여듦.
송ː장-통(─桶)[명] 《광물》복덕이를 삭히어 금분(金分)을 가려내는 통.
송ː장-하늘소(─牛)[명]〈곤충〉하늘소과의 곤충. 몸빛은 방갈하고 목은 붉음. 살구나무에 많이 모임.
송ː장 헤엄(游泳)[명] 물을 대고 드러누워 치는 헤엄. 배영(背泳). back-stroke
송ː장-헤엄치개[명]〈곤충〉송장헤엄치개과의 물벌레. 몸 길이 13 mm 내외로 몸빛은 황갈색에 날개에 흑색 반문이 있으며 뒷다리는 매우 김. 연못·웅덩이에 서식함. 송조충(松藻蟲).
송ː적(送籍)[명] 혼인이나 양자 등으로 인해 다른 집의 호적으로 넘김. transfer of domicile 하타
송전(松田)[명] 《동》솔밭. 〔supply 하타
송ː전(送電)[명] 《물리》전류(電流)를 보냄. electric
송ː전(送傳)[명] 보내어 전해 줌. 하타

송:전-선(送電線)[명] 〈공업〉 발전소로부터 변압소 또는 배전소에 전력을 보내는 데 쓰는 선. power (transmission) line
송:전 손:실(送電損失)[명] 〈전기〉 송전중에 생기는 전력의 손실.
송절(松節)[명] 소나무의 마디. knots of a pine tree
송:정(送呈)[명] 보내어 드림. sending with compliments —하다
송:정(訟廷·訟庭)[명] 《동》법정(法廷).
송정-유(松精油)[명] 《동》테레빈유. 「②《약》→송조체.
송:조(宋朝)[명] ①중국 송(宋)나라의 조정(960~1279).
송:조-체(宋朝體)[명] 활자체의 하나. 중국 송나라 때의 해서체(楷書體)로 넓이가 좁고 풍아(風雅)함. 《약》송체(宋體). 송조(宋朝)②. type of writing of the Sung period
송조-충(松藻蟲)[명] 《동》송장헤엄치개.
송:조 활자[—자](宋朝活字)[명] 〈인쇄〉활자체의 하나. 중국 송나라의 서체(書體)로 해서(楷書)이며 획이 가늚. 「일을 마침. finish a funeral 하다
송:종(送終)[명] 장사(葬事)에 관한 모든 일. 또, 그
송:주(誦呪)[명] ①주문(呪文)을 욈. chanting a spell ② 《불교》다라니(陀羅尼)를 욈. chanting(呪詛).
송주(誦奏)[명] 임금에게 상주문(上奏文)을 읽어 올림. read a petition to the Throne 하다
송죽(松竹)[명] 소나무와 대나무. pine and bamboo
송죽(松粥)[명] 솔잎을 날것째로 짓찧어 짜낸 물. juice of pineneedles
송=죽-매(松竹梅)[명] 소나무·대나무·매화나무. 세한삼우(歲寒三友). pine, bamboo and plum-tree
송죽지-절(松竹之節)[명] 송죽과 같이 굳은 절개.
송:증[—짱](送證)[명] 물품을 보낼 때에 보내는 사람이 받을 사람에게 보내는 물품 명세서. 송장(送狀). 《대》수화인(受貨人). [invoice
송지(松脂)[명] 《동》송진(松津).
송지-암(松脂岩)[명] 역청석(瀝青石).
송지-유(松脂油)[명] 《동》테레빈유.
송진(松津)[명] 소나무에서 분비(分泌)되는 끈끈한 액체. 송고(松膏). 송방(松肪). 송지(松脂). pine resin
송:채(送采)[명] 혼인을 정한 뒤에 신랑 집에서 신부집으로 청색과 홍색의 채단(綵緞)을 보내는 일. 하다
송채(蒸菜)[명] 배추. 「(者).
송:적(訟隻)[명] 송사(訟事)에 있어서의 상대자(相對
송:청(送廳)[명] 《법》경찰에서 조사한 범죄 혐의자를 검찰청으로 넘겨 보냄. committal for trial 하다
송:체(宋體)[명] 《약》→송조체(宋朝體).
송:체(訟體)[명] 송사(訟事)를 듣고 처리하는 사람의 체면(體面).
송추(松楸)[명] 산소 둘레에 심는 나무의 총칭.
송-축(悚縮·悚蹙)[명] 송구스러워 몸을 움츠림. being overwhelmed 하다
송:축(頌祝)[명] 경사를 기리고 축복함. 송도(頌禱). admiration and blessing 하다
송충(松蟲)[명] 《동》송충이.
송충-나방(松蟲—)[명] 《곤충》솔나방과의 곤충. 편 날개 길이 7cm로 불규칙한 흰 줄 또는 검은 줄이 있음. 유충 송충이는 담화갈색인데 그 털에 쐬면 아픔. 송충이의 해충. 「lar-eaten pine
송충-목(松蟲木)[명] 송충이가 먹어 죽은 나무. caterpil-
송충-이(松蟲—)[명] 《곤충》송충나방의 유충. 몸은 누에 모양이고 빛은 대개 흑갈색이며 온몸에 긴 털이 났음. 소나무 잎을 먹는 해충임. 송충. 송점사. pine-eating caterpillar
송충이가 갈잎을 먹으면 떨어진다[관] 제 직분을 아니 하고 딴생각을 먹었다가는 낭패를 당한다.
송취(松翠)[명] 소나무의 푸른 빛깔. [uterus
송치[명] 암소의 뱃속에 들어 있는 새끼. calf in the
송:치(送致)[명] ①보냄. sending ②〈법률〉서류·피고인 등을 다른 곳으로 보내는 일. remand criminal
송탄(松炭)[명] 석탄을 보냄. 「하다
송탄-유(松炭油)[명] 《동》송유(松油).
송:파(送波)[명] 전파를 보냄. 하다

송:판(宋板·宋版)[명] 송조(宋朝) 때의 책판(冊板).
송판(松板)[명] 소나무 널빤지. 판자②. pine board
송편(松—)[명] 쌀가루를 반죽하여 소를 넣고 솔잎을 깔고 찐 떡. 송병(松餅). rice cake steamed on pine needles 「나 분해하는 이의 비유.
송편으로 목을 따 죽지[관] 하잘 것 없는 일로 갈갈하여 성내거
송:품(送品)[명] 물건을 보냄. sending goods 하다
송풍(松風)[명] 소나무 숲을 스치어 부는 바람. 송뢰(松籟). 「공기를 보내는 기계. blower
송:풍-기(送風機)[명] 실내·갱내(坑內)·용광로 따위에
송:하-인(送荷人)[명] 운송 계약에서, 물품의 운송을 위탁하는 사람. 《대》수하인(受貨人).
송:학(宋學)[명] 중국 송나라 때의 유학(儒學). 정주(程朱)의 성리학(性理學). Confucian study of the Sung dynasty
송:한(悚汗)[명] 송구스러워서 흘리는 땀.
송화(松花)[명] 소나무의 꽃. 또, 그 가루. 송황(松黃). pine pollen
송:화(送話)[명] 전화 등으로 상대자에게 말을 보냄. 하다
송화 가루[—까—](松花—)[명] 송화를 수비(水飛)하여 말린 가루.
송:화-기(送話器)[명] 담화(談話)를 전송(傳送)하는 전화기의 일부. 《대》수화기(受話器). transmitter
송화 다식(松花茶食)[명] 송화 가루를 꿀에 반죽하여 판에 박아 낸 다식.
송화-색(松花色)[명] ①송화와 같이 옅고 누른빛. yellowish colour ②인색한 사람의 딴이름. miser
송:화-자(送話者)[명] 전화 등으로 말을 보내는 사람. 《대》수화자.
송화-주(松花酒)[명] 송화를 넣고서 빚은 술.
송:환(送還)[명] 돌려 보냄. sending back 하다
송황(松黃)[명] 《동》송화(松花).
송:황(悚惶)[명] 송구스럽고 황송함. awe 하다 「pot
솥[명] 쇠나 양은 등으로 만든 음식을 끓이는 그릇. iron
솥-걸:-다[타] 솥을 부뚜막에 걸다. fix an iron pot
솥-귀[명] 솥의 운두 위로 뾰족하게 돋은 부분. ear of a kettle
솥 떼어 놓고 삼년이다[관] 오랫동안 결정을 못 짓고 수월찮음. 「면 안 됨다.
솥뚜껑[명] 솥의 소매. 「솥뚜껑 맞섭던다.
솥-물[명] 새 솥에서 처음 우러나는 쇳물.
솥-발[명] 솥 밑에 달린 발. tripod base of a kettle
솥발-이[명] 한배에 낳은 세 마리의 강아지. litter of three puppies
솥-솔[명] 솥을 속는 솔. brush for kettle
솥 씻어 놓고 기다리기[관] 다 준비하여 놓고 기다림.
솥에 개 누웠다[관] 여러 날 동안 밥을 아니 지었음을 알 수 있다.
솥에 넣은 팥이라도 익혀야 먹지[관] 일은 너무 서두르
솥은 부엌에 놓고 절구는 헛간에 놓아라[관] 지위나 능력에 따라 알맞은 자리에 있어야 한다. 「kettle
솥-전[명] 솥 바깥쪽 중턱에 돌려 붙인 전. rim of a
솥정-부(—鼎部)[명] 한자 부수(部首)의 하나. '鼎' 등의 '鼎'로의 이름. 「첫조자.
솥-젖[명] 솥이 걸리도록 솥 바깥 중턱에 붙인 세 개의
솥티/솥흙[[명] →놋숱.
쇄[명] ①나뭇가지나 물건 틈 사이로 스쳐 부는 바람 소리. whistlingly ②비바람 소리. rustlingly ③물이나 기타의 액체가 급히 내려가거나 급히 나오는 소리. 《센》쇄. noisily
쇄:=쇄[명] 연달아 나는 '쇄' 소리. 《센》쇄쇄.
쇄아레(soirée 프)[명] ①저녁. 밤. ②야회(夜會). 남자 야회복. evening party ③밤 공연. night run
쇄-줄[명] 〈고〉쇠사슬.
쇄솔[명] ①물이 거침없이 흐르는 모양. without stopping ②가루 따위가 쳇구멍으로 빠져 내리는 모양. flowingly ③머리털을 빗질하거나 짐승의 털을 솔질하는 모양. smoothly
쇄불쥐-다[타] 《고》재비 뽑다.
쇄[명] →씨아.

쇄:풍(碎風)[명] 바람을 쐼. airing 하타

쇄:하(殺下)[명] 아래쪽이 점점 여위고 살이 빠짐. 또, 야윈 물. 하타

쇄:항(鎖港)[명] 외국과의 통상을 끊고, 그 선박의 출입을 금함. 《대》개항(開港). closing the ports 하타

쇄:행(刷行)[명] 인쇄하여 발행함. 하타

쇄:호맥(碎胡麥)[명] 부수어 빻은 호밀.

쇄:환(刷還)[명] 외국에서 유랑(流浪)하는 동포를 데리고 돌아옴. repatriation 하타

쇠 ①[동]철(鐵). ②〈약〉열쇠. ③〈약〉자물쇠. ④쇠붙이 통칭. metal ⑤〈속〉지남철. 돈.

쇄:¹[동]식물의 작은 종류. small one [cattle

쇠:²[동]'소의' 뜻을 나타내는 말. ¶~고기. of

=쇠³[동] 일부 명사에 붙어, 사내아이의 이름을 나타내는 말. ¶돌~, 마당~.

쇠:가래[명] 가랫바닥이 쇠로 된 가래.

쇠:가죽[명] 소의 가죽. 우피(牛皮). 소가죽.

쇠가죽 무릅쓰다[관] 부끄러움이나 체면을 돌아보지 아

쇠:갈고리[명] 쇠로 만든 갈고리. iron hook [니하다.

쇠:갈비[명] 소의 갈비. [haustion 하

쇠감(衰減)[명] 쇠하여 줆. 쇠하여짐. 쇠모(衰耗). ex-

쇠:개똥벌레[명]〈곤충〉개똥벌레과의 곤충의 하나. 몸 길이 9mm 가량이고, 몸 빛은 흑색에 등과 가슴은 홍색이고 중앙에 세로줄이 있음. 복단(腹端)에 발

쇠경(衰境)[명] 늙바탕. [광부가 있어 빛을 냄.

쇠:고기[명] 소의 고기. 소고기. beef

쇠고랑[명]〈속〉수갑(手匣). 《약》고랑².

쇠고래[명]〈동물〉쇠고래과의 고래의 하나. 참고래와 비슷한데 몸 길이가 수컷은 11m, 암컷은 13m 가량이고 머리가 작고 전지(前肢)가 김. 몸 빛은 암회색으로 불규칙한 흰 무늬가 있음. 현재는 북빙평양에만 서식함. small whale

쇠=고리[명] 쇠로 된 고리. iron ring

쇠:고집(一固執)[명] 몹시 센 고집. 또, 그러한 사람.

쇠고집과 닭고집이다[관] ①매우 고집이 세다. ②양쪽이 모두 못지 않게 고집이 세다. [하형

쇠곤(衰困)[명] 몸이 쇠약(衰弱)하고 피곤함. fatigue

쇠=골[명] 소의 골. brain of cattle [ble build

쇠골(衰骨)[명] 가냘프게 생긴 골격. 또, 그 사람. fee-

쇠공이[명] 쇠로 만든 공이. iron pestle

쇠구(衰軀)[명] 쇠약하고 약해진 몸. emaciated body

쇠:구들[명] 불을 때어도 덥지 않은 방. badly-working ondol floor

쇠국(衰國)[명] 나라를 쇠하게 함. 《대》흥국(興國).

쇠:=귀[명] 소의 귀. 우이(牛耳). ears of a cow

쇠:귀-나물[명]〈식물〉택사과(澤瀉科)의 다년생 풀. 근경이 짧고 수염 뿌리가 총생(叢生)하며 땅 속으로 벋음. 6~7월에 흰 꽃이 핌. 괴경(塊莖)은 약용 및 식용한다. 각지에 재배함. 급사(及瀉). 망우(芒芋). 수사(水瀉). 자고(慈姑).

쇠:=귀신(-鬼神)[명] ①소 죽은 귀신. ghost of a cow ②성질이 몹시 검질긴 사람. dogged man [곱.

쇠귀에 경 읽기[관] 가르치고 일러주어도 알아듣지 못

쇠금(金-金邊)[명] 한자 부수(部首)의 하나. '針·鈴' 등의 '金'의 이름. [놓은 두 개의 쇳조각.

쇠=기동[명] 쇠로 된 낯을 끼우기 위하여 바닥에 박아

쇠:=기름[명] 소의 기름. 우지(牛脂). 소기름.

쇠:=기침[명] 오래도록 낫지 않아 센 기침. chronic cough

쇠=길앞잡이[명] 무당가뢰.
쇠=깽깽매미[명] 〈곤충〉매미과의 벌레의 하나. 몸 길이 30mm, 날개 길이 90mm 가량이고 앞가슴에 W자 무늬와 그 아래에 ×자 무늬가 있음.
쇠경[명] →거울.
쇠=꼬리[명] ①소의 꼬리. cow's tail ②베틀신의 끈.
쇠=꼬리-채[명] 베틀에 달린 날과 씨를 오르내리게 하는 기구의 하나. 추두(鰍頭).
쇠=꼬챙이[명] 쇠로 만든 꼬챙이.
쇠=끄트러기[명] ①물건을 만들고 남은 찌꺼기 쇠. rubbish of iron ②부스러기 쇠붙이. (약) 쇠끝. scrap
쇠=끄트머리[명] →쇠끄트러기. [iron
쇠=끝[명] (약)→쇠끄트러기.
쇠나·기[명] 〈고〉소나기.
쇠=나-다[자] ①음식에 녹난 것이 음식에 물이 들다. ②부스러기가 덧나다. boils get worse
쇠=내[명] ←쇳내.
쇠년(衰年)[명] 늙어 쇠약하여 가는 나이. 쇠령(衰齡). decline of one's life 「황의 하나.
쇠뇌[명] 여러 개의 화살을 쏘아 한꺼번에 나가게 하는
쇠-다[자] ①채소 따위가 억세게 굳다. be tough ②병이 덧나다. become deep-seated ③제 한도가 지나 점점 더하다. disease gets worse
쇠-다[타] 명절이나 생일을 지내다. observe
=**쇠-다**[어미] [하] ←소이다.
쇠=**다리**[명] 소의 다리. 쇠족. ox's legs
쇠=달구[명] 쇠로 만든 달구.
쇠=닻[명] 쇠로 만든 닻. 「나. 도리깨②. iron club
쇠=도리깨[명] 〈군사〉쇠로 만든 병장기(兵仗器)의 하
쇠=독(一毒)[명] 쇠가 지닌 독기(毒氣).
쇠=돌피[명] 〈식물〉포아풀과의 이년생 풀. 높이 50cm 가량이고 마디에는 수염 뿌리가 나며 잎은 선형(線形)임. 5~6월에 가늘고 긴 여러 개의 녹자색 이삭 꽃이 핌. 논에 남.
쇠=두겁[명] 쇠로 만든 두겁. 「post
쇠:=두엄[명] 외양간에서 쳐낸 두엄. 구비(廐肥). com-
쇠=딱따구리[명] 〈조류〉딱따구리과의 새. 딱따구리 중에서 가장 작은 종류로, 몸 빛은 회갈색에 두정(頭頂)은 좌우에 붉은 줄이 있고 배는 흼. 암컷은 머리에 붉은 줄이 없음. 소탁목(小啄木). Hondo pigmy woodpecker
쇠=딱지[명] 어린애들 머리에 눌어붙은 때. 쇠똥②.
쇠때[명] ←열쇠.
쇠=똥[명] 쇠를 불에 달구어 불릴 때에 튀어나는 부스러기. 철락(鐵落). 철설(鐵屑). 철소(鐵梢). scrap
쇠:=똥[명] ①소의 똥. cattle dung [동] ←쇠똥.
쇠:=똥-구리[명] 〈동〉말똥구리.
쇠똥에 미끄러져 개똥에 코박은 셈 기가 막히고 어이가 없다. 「찜질.
쇠:=똥-찜[명] 소의 똥을 구워서 부스럼 자리를 지지는
쇠뜨기[명] 〈식물〉속새과의 다년생 풀. 지하경은 길게 가로 벋으며 곧게 지상경이 남. 보통의 잎은 퇴화하여 칼집 모양이고 3~4월에 긴 타원형의 자낭 이삭이 돋아남. 어린 포자경을 뱀밥이라 함. 필두채(筆頭菜). horsetail
쇠락(衰落)[명] 쇠하여 말라 떨어짐. 하다
쇠령(衰齡)[명] 〈동〉쇠년(衰年).
쇠로-기[명] 〈고〉솔개.
쇠로지-년(衰老之年)[명] 쇠로한 나이.
쇠=막대기[명] 쇠로 만든 가늘고 긴 토막. 「라.
쇠망(衰亡)[명] 쇠퇴하여 멸망함. 쇠멸(衰滅). ruin 하
쇠=망치[명] 쇠로 된 망치.
쇠:=머리[명] 소의 머리. ¶←적육.
쇠:=머리-살[명] 소의 머리에 붙은 살코기. 「다.
쇠 먹은 똥은 삭지 않는다 뇌물을 쓰면 효과가 있
쇠:=먹이[명] 소에게 먹이는 물건. 여물 따위. fodder
쇠=메[명] 쇠로 만든 메.
쇠멸(衰滅)[명] 〈동〉쇠망(衰亡). 하다

쇠모(衰耗)[명] 힘이 약해져 없어짐. 쇠감. exhaustion 하다
쇠목[명] 장롱의 앞쪽 두 기둥 사이에 가로 대는 나무.
쇠:=못[명] 쇠로 된 못. 철정(鐵釘). (배) 나무못. 대못.
쇠=몽둥이[명] 쇠로 만든 몽둥이. 철봉. [iron nail
쇠=뭉치[명] 쇠로 만든 뭉치.
쇠:=무릎[명] 〈식물〉비름과의 다년생 풀. 줄기는 네모지고 마디는 소의 무릎과 같이 타원형으로 마디가 졌음. 잎은 난형 또는 타원형이고 8~10월에 녹색 꽃이 피고 열매는 가시가 있어 사람을 옷 같은 데에 달라붙음. 줄기와 잎은 해독제. 산현채(山莧菜). 대절채(對節菜). 우슬(牛膝). (원) 쇠무릎지기.
쇠:=무릎-지기[명] (원)→쇠무릎.
쇠=문(一門)[명] 쇠로 된 문. 철문.
쇠문(衰門)[명] 가산이나 자손이 줄어서 쇠퇴해 가는 집안. declining family
쇠문-이(衰門—)[명] 행동이 못되고 진취성이 없는 사람. man of passive character
쇠=물닭[—딱][명] 〈조류〉뜸부기과의 새. 연못의 풀 사이나 논에 삶. 날개 16cm 내외, 등은 감람갈색, 얼굴·목·배는 흑록색임. 헤엄을 잘 침.
쇠=뭉치[명] 뭉쳐진 쇳덩어리. 「기(興起). decline 하다
쇠미(衰微)[명] 쇠잔하고 미약함. (배) 번영(繁榮). 흥
쇠=바더리[명] 〈곤충〉말벌의 벌. 몸 빛은 흑갈색이고 가슴에는 쑥쑥 들어간 점이 있으며 아주 가느다란 털이 났음. 다른 말벌 처럼 부근에 집을 짓고 삶.
쇠=발-개=발[명] 아주 더러운 발을 비유로 일컫는 말.
쇠=발고무래[명] 쇠로 만든 발고무래. 「due to age
쇠백(衰白)[명] 체력이 쇠약하여 백발이 됨. infirmity
쇠=버집[명] 소를 잡아 파는 업을 하는 사람.
쇠:=버짐[명] 〈한의〉버짐의 하나. 백선(白癬). 우선(牛癬).
쇠:=별꽃[명] 〈식물〉너도개미자리과의 다년생 풀. 뿌리는 수염같이 생겼고 줄기는 많위로 벋으며 30~90cm 임. 5~6월에 흰 꽃이 피고 열매는 삭과(蒴果)임. 논이나 밭의 물기있는 곳에서 나며 어린 잎의 줄기는 식용함.
쇠:=병(一病)[명] 소에 일어난 병.
쇠병(衰病)[명] 늙어서 자연히 몸이 쇠약해져서 난 병. senile infirmity
쇠=보리[명] 〈식물〉포아풀과의 다년생 풀. 줄기 높이 30~80cm 로 잎은 길고 끝이 뾰족함. 6~7월에 대자 적색(帶紫赤色)의 이삭 꽃이 피고 이삭에는 가스랑이 없음. 흔히 해안에 남.
쇠보미-다[자] 쇠붙이가 녹슬다.
쇠북[명] 〈고〉종(鐘).
쇠=불알[명] 소의 불알.
·쇠·붐[명] 〈고〉쇠북. 종(鐘).
쇠=불이[—부치][명] 금·은·구리·철 따위 금속 원소나 그 화합물. 금속(金屬). metal
쇠비(衰憊)[명] 약해지고 피곤함. 하다
쇠=비름[명] 〈식물〉쇠비름과의 일년생 풀. 줄기 높이 15~30cm 로 길가·밭에 나며 5~8월에 황색 꽃이 피고 열매에는 검은 씨가 있음. 어린 잎은 식용, 풀 전체를 약용함. 마치현(馬齒莧). 오행초(五行草). 장명채(長命菜). (배) 참비름. purslane
쇠:=뼈[명] 소의 뼈. 소뼈.
쇠:=뿔[명] 소의 뿔. 우각(牛角). ox horn
쇠=뿔-고추[명] 쇠뿔 모양으로 된 고추. horn-shaped red pepper
쇠뿔도 단김에 뺀다고[관] 무슨 일이든지 기회가 왔을 때 바로 해치워야 한다. 「melon
쇠:=뿔-참외[명] 쇠뿔 모양으로 된 참외. horn-shaped
쇠사(衰死)[명] 쇠약하여 죽음. 시들어 죽음. decline and die 하다
쇠=사슬[명] ①쇠고리를 이은 줄. 철쇄. (배) 사슬¹. chain ②쇠사슬로 몸을 얽어 자유를 구속하게 비유하여 말함. restriction
쇠삭(衰索)[명] ①쇠하고 흩어짐. ②영성하게 됨. 하다

쇠-살문(-門)명 쇠로 만든 살문.
쇠:-살쭈명 소를 팔고 사는 것을 흥정붙이는 사람. 《약》살주. cattle broker
쇠-살창(-窓)명 쇠로 만든 살창.
쇠상(衰相)명 〈불교〉쇠해진 모양.
쇠-새명 〈조류〉쇠새과의 새. 몸은 참새보다 조금 크며 몸통은 등에서 꽁지까지는 광택 있는 암록색이고 하면은 다적색임. 물위 상공에 있다가 총알처럼 물 속에 들어가 물고기·개구리·새우 등을 포식함. 하천·무논·연못가에 서식함. 물새. 물청새. 물촉새. 물총새. 비취. 어구(魚狗). 어호(魚虎). 취조(翠鳥). kingfisher 〔약〕→쇠부엉이.
쇠:-서명 ①고기로서의 소의 혀. tongue of beef ②
쇠:서-나물명 〈식물〉꽃상추과에 속하는 이년생 풀. 산과 들에 나는데, 줄기 높이 50~90cm, 6~9월에 줄기나 가지 끝에 노란 두상 화서가 피고 열매는 수과임. 모련채(毛蓮菜).
쇠:서-받침명 〈건축〉전각(殿閣)의 기둥 위에 덧붙이는 소의 혀 모양으로 된 장식. 《약》쇠서②.
쇠세(衰世)명 망해 가는 세상. degenerated world
쇠세(衰勢)명 세력이 약하여짐. 쇠퇴하여진 세력. 〔약〕→쇠진한 세력. falling influence
쇠-소리명 쇠가 부딪혀서 울리는 소리. 또, 그처럼 울리는 말소리. metallic sound
쇠손명 〔고〕쇠로 만든 흙손.
쇠-솔딱새명 〈조류〉딱새과의 새. 야산 지대 나무에 집을 지음. 동박새보다 작은데, 등이 회갈색하며 면은 백색, 눈이 크고 검음.
쇠-수시렁이명 〈곤충〉수시렁이과의 곤충. 몸 길이 4mm 가량으로 몸 빛은 흑갈색에 광택이 나고 촉각은 담황갈색임. 성충은 5~6월에 여러 가지 꽃에 모이며 누에고치와 모직물의 해충임.
쇠:-숟가락명 놋쇠로 된 숟가락. 《약》쇠술.
쇠:-술명 《약》→쇠숟가락.
쇠:-스랑명 〈농업〉서너 개의 쇠발에 나무 자루를 낀 갈퀴 모양의 농구. 철탑. forked rake
쇠스랑-개비명 〈식물〉장미과의 다년생 풀. 줄기는 땅으로 벋고, 길이 60cm 가량이며 잎에는 거친 톱니가 있음. 5~7월에 황색 꽃이 피고, 수과(瘦果)
쇠시랑명 →쇠스랑. 〔는 구형이고 매끈함. 뱉허.
쇠시리명 〈건축〉문살의 어리, 기둥의 모서리 따위에 모양을 내기 위하여 모를 접어 두 끝이 나게 하는 일.
쇠-시위명 쇠로 된 활시위.
쇠:-심명 소의 심줄. beef's tendon
쇠:심-떠개명 심줄이 섞여서 아주 질긴 쇠고기. 《약》쇠심떠개. tough beef
쇠:심-회(-膾)명 소의 등심 속에 있는 쇠심떠개의 심으로 된 회로 얇게 썰어서 초고추장에 찍어 먹음.
쇠-쐐:기명 쇠도 만든 쐐기. 채석(採石)할 때 씀.
쇠안(衰眼)명 쇠약해진 안력(眼力). declining eyesight
쇠안(衰顏)명 여위어서 쭈그러진 얼굴. emaciated
쇠양치-질→송아지. 〔and wrinkled face
쇠야:기명 〔고〕쐐기.
쇠양(衰弱)-하-다 형여 쇠약하여 약해짐. weakness 하다
쇠양배양-하-다 형여 ①분수가 없다. 요령이 적다. thoughtless ②함부로 날뛰고 철이 없다. childish
쇠양치→송아지. 〔and frivolous
쇠:-여물명 소를 먹이기 위한 여물.
쇠:오줌명 소의 오줌.
쇠옹(衰翁)명 늙은이. old man
쇠:-옹두리명 소의 옹두리뼈. shankbones of a cow
쇠용(衰容)명 쇠한 모습.
쇠운(衰運)명 쇠하는 운수. decline
쇠:-자루명 쇠로 만든 자루.
쇠자루-칼명 자루가 쇠로 된 칼.
쇠잔(衰殘)명 ①힘이 빠져 거의 죽게 됨. being wornout ②쇠하여 잔약해짐. wane 하다
쇠-잠자리명 〈곤충〉잠자리과의 하나. 수컷의 몸은 붉은 빛이 낮은 적갈색이고 암컷은 몸과 낯

이 모두 누른빛임. 5~10월에 나타남.
쇠:-잡이명 농악에서 꽹과리나 징을 치는 일을 맡은
쇠장명 →쇠장. 〔사람.
쇠:-장(-場)명 소를 사고 파는 시장. 쇠전. cattle
쇠:-전(-廛)명 쇠장(場). [market
쇠:젖명 소의 젖. 우유.
쇠:-족(-足)명 소다리.
쇠:-종다리명 〈조류〉종다리의 새. 몸이 작고 빛은 담황백색이며 드리개기과의 것만 무늬가 있으며 부리가 짧고 큰 것이 특징임. North Chinese sandlark
쇠:-좆-꼬챙이명 →쇠추리막대.
쇠:-죽(-粥)명 황소의 생식기로 만든 옛 형구의 하나.
쇠:-죽(-粥)명 짚과 콩을 섞어 끓인 소의 먹이. gruel of beans and straw for cattle
쇠죽 가마명 쇠죽을 쑤는 큰 가마. 쇠죽솥.
쇠죽 가마에 달걀 삶아 먹을라관 불량한 아이를 경계한다는 것이 도리어 나쁜 방법을 가르치다.
쇠:-죽-물(-粥-)명 쇠죽을 끓이는 데 쓰는 쌀뜨물이나 개숫물 따위. [feed dipper
쇠:-죽-바가지(-粥-)명 쇠죽을 푸는 바가지. cattle-
쇠:-죽-솥(-粥-)명 쇠죽 가마.
쇠:-줄명 쇠로 만든 줄. 철사(鐵絲) 따위. iron wire
쇠증(-症)(衰症)명 노쇠(老衰)에서 오는 증세. senile condition
쇠지랑-물명 외양간 뒤에 쇠오줌이 괸 검붉은 물. 거름으로 씀.
쇠지랑-탕명 쇠지랑물을 받는 웅덩이. 〔름으로 씀.
쇠:-지레명 쇠로 만든 지레. 철정(鐵梃). crowbar
쇠진(衰盡)명 쇠하여 아주 없어짐. 곧, 송두리째 망해 빠짐. ruin 하다
쇠:-짚신명 소에게 일을 시킬 때 신기는 짚신.
쇠-찌르레기명 〈조류〉찌르레기과의 새의 하나. 작은 새로 수컷은 머리와 목의 뒤쪽이 백색, 가슴과 배는 회백색임. 암컷은 머리에서 꼬리까지 회갈색을 땀. 해충을 잡아먹음. redcheeked myna
쇠:-차돌명 산화철(酸化鐵)이 들어 있는 차돌. quartz with oxidized steel
쇠:-창살[-쌀-](-窓-)명 쇠로 만든 창살.
쇠-채명 거문고 따위를 탈 때 쓰는 쇠로 만든 채.
쇠-채²명 〈식물〉꽃상추과의 다년생 풀. 온몸에 흰 털이 있고, 잎은 폭이 좁고 긺.
쇠천명 (속) 소전(小錢).
쇠침명 〈건축〉머리초의 인워 끝에 돌려서 그린 무늬.
쇠춤-하-다 형여 →쇠적하다.
쇠:-치기-풀명 〈식물〉포아풀과의 다년생 풀. 줄기는 곧게 또는 비스듬히 벋으며 아주 두꺼고 백록색을 띰. 여름에 홍자색을 띤 깃 모양의 이삭이 나옴. 들·길가 등에 남.
쇠:-코명 ①소의 코. cow's nose ②〈농업〉보습의 뒷면 네모진 구멍 위에 가로로 건너지른 부분.
쇠:-코뚜레명 소의 코를 꿰는 고리와 같은 나무. 《약》코뚜레. nose-ring of cattle
쇠:-코-잠방이명 농부가 일할 때 입는 짧은 잠방이. 독
쇠:-코-짚신명 →세코짚신. [비콤.
쇠태(衰態)명 쇠약한 모습. weakness
쇠:-털명 소의 털. cow's hair
쇠털같이 하고한 날판 많은 나날.
쇠:-털-이슬명 〈식물〉바늘꽃과의 다년생 풀. 줄기 높이 40~50cm로 온몸이 짧은 털로 덮여 있음. 여름에 흰 꽃이 피고 도란 구형의 열매가 열리는데 갈고리 같은 갈색 털이 있음.
쇠:-테명 쇠로 만든 테. 철고. iron frame
쇠:-톱명 쇠를 자르는 톱. iron saw
쇠:-통(-桶)명 쇠줄의 넓이. 맥폭(脈幅).
쇠통명 →전쇠.
쇠:-통(-桶)명 쇠로 만든 통. 철통(鐵桶). iron tub
쇠퇴(衰退·衰頹)명 쇠하여 전보다 못하여 감. (대) 발전(發展). decline 하다
쇠:-파리명 〈곤충〉쇠파리과의 파리의 하나. 몸 빛은 황갈색이며 온몸에 검고 보드라운 털이 밀생함. 소

나 말의 살갗을 파고 흡혈을 하며 큰 상처를 냄.
쇠=판(-板)[명] 《동》 철판(鐵板).
쇠=팔[명] 《식물》 매우 단단한 팔의 하나. 적두. warble fly
쇠패(衰敗)[명] ①늙어서 기력이 여려짐. senile decay ②쇠하여 패망함. decline 하자
쇠폐(衰弊)[명] 지치고 쇠약해짐. debility 하자
쇠폐(衰廢)[명] 쇠하여 없어짐. fall 하자
쇠=푼 ①얼마 되지 않는 돈. ¶~이나 있나 보다. small sum of money ②《속》 돈.
쇠=풀[명] 《식물》 포아풀과의 일년생 풀. 줄기는 가늘고 비스듬히 벋으며 잎은 매우 얇고 짧은 선형(線形)임. 늦여름에 적자색의 이삭꽃이 피고 수과(瘦果)는 작고 가늚. 여름에 밭에 많이 남.
쇠=풍경(-風磬)[명] 소의 턱밑에 다는 방울.
쇠-하다(衰-)[자] ①힘이 차차 줄어지다. grow weak ②원기가 없어지다. lose vigour ③세력이 적어지다. be run down ④운수가 약해지다. ¶국운(國運)이 ~. decline
쇠=호두(-胡-)[명] 껍질이 두꺼운 호두. nuts with hard shells
쇠=화덕(-火-)[명] 쇠로 만든 화덕. 하자
쇠후(衰朽)[명] 쇠하여 썩음. 노쇠함. decrepitude
쇠 힘은 쇠 힘이요[속] ①각각 특수성이 있는 것이니 힘의 대소(大小)만으로 가치를 평가해서는 안 된다. ②워낙 비교가 안 된다.
쇤=네[대] 아랫사람이 웃어른이나 상전에 대하여 자신을 일컬음. (원) 소인네. your humble servant
쇰직-하다[형] 다른 것보다 좀 크거나 낫다. little bigger or better
쉽=싸리[명] 《식물》 꿀풀과에 속하는 다년생 풀. 줄기는 방형(方形)이고 높이 1m 내외로 잎은 넓은 피침형임. 6~8월에 작은 흰 꽃이 피고 열매는 수과(瘦果)임. 약용함. 택란[명]
쉿=내[명] 음식물에 솔물이 우러나서 나는 냄새. metalic taste
쉿=냥(-兩)[명] 돈냥.
쉿=독(-毒)[명] 쇠붙이에 찔려 생긴 독기. ¶못에 찔린 ~이 쉽게 풀리지 않는다. metallic poison
쉿=돌[명] 《광물》 쇠붙이의 성분이 들은 돌. ore
쉿=물[명] 쇠가 우러난 붉은 물. 녹물. rusty water
쉿=소리[명] 쇠가 부딪쳐서 울리는 소리. 또, 그처럼 울리는 말소리. metallic sound
쉿속[명] 《고》 자물쇠청.
쉿=조각[명] ①쇠의 조각. piece of iron ②성미가 아주 매몰스럽고 양체성이 없는 사람의 비유. ¶~ 같은 성질. heartless person
쉿=줄[명] 《동》 광맥(鑛脈).
쇼(show)[명] ①사람들에게 지시하는 일. 또는, 그런 모임. ②구경거리. ③《연예》 춤과 노래 따위로 엮어 진 가벼운 오락.
·**쇼**[명] 《고》 소.
쇼:-걸(show-girl)[명] 쇼에 나오는 여배우.
·**쇼:경**[명] 《고》 소경.
쇼:-다운(showdown)[명] 결전(決戰). 승부를 결정함.
쇼릭셩[명] 《고》 별박이.
쇼:리(←shorty)[명] ①꼬마. ②《속》 급사. 보이.
쇼:-맨(showman)[명] ①쇼에 나오는 남자 배우. ②그때그때의 효과면을 나타내고자 하는 사람.
쇼:맨-십(showmanship)[명] ①흥행사로서의 수완. 흥행능. ②특이한 언행으로 사람들에게 자기를 잘 보여서 효과를 올리려는 재능.
쇼비니슴(chauvinisme 프)[명] 《사회》 과장된 매혹적·배타적 애국주의. 국수적(國粹的)인 이기주의.
쇼시랑[명] 《고》 쇠스랑.
쇼: 윈도(show window)[명] 진열창(陳列窓).
쇼크(shock)[명] ①놀람. 심적(心的)의 충격. 타격. ②《의학》 갑작스러운 자극으로 일어나는 정신·신체의 특이한 반응.
쇼크=사(shock 死)[명] 《의학》 외상을 입었을 때나 수술을 하였을 때, 쇼크 증상을 일으키어 죽는 일. 충격사.
쇼크 요법[-뻡](shock 療法)[명] 《심리》 정신 의학적인 장애를 치료하는 방법의 하나. 약제·이산화탄소·

인슐린·전기 등을 써서 혼수 상태로 만들어 치료함.
쇼크 장기(shock 臟器)[명] 《의학》 항원·항체의 상호 작용에 대하여 과민하게 반응을 나타내는 장기나 조직.
쇼:트(short)[명] ①짧음. 모자람. ②《약》→쇼트스톱(shortstop).
쇼:트닝(shortening)[명] 제과·요리 등의 식품 가공에 쓰이는 반고체 상태의 유지(油脂) 제품. 지방율 100%로, 목화씨 기름·쇠기름·콩기름 등을 섞어 굳힌 것. 제과·요리 등에 쓰임.
쇼:트-서킷(short-circuit)[명] 《물리》 전기 회로의 두 점 사이를 작은 저항으로 접속하는 일.
쇼:트 쇼:트(short-short)[명] 《연예》 아주 짧은 소설. 추리 소설·공상 과학 소설이 많음.
쇼:트-스톱(shortstop)[명] 《체육》 야구에서 유격수(遊擊手). 또, 그 수비 위치. 《약》 쇼트②.
쇼:트 타임(short time)[명] ①짧은 기간. ②《경제》 조업(操業)의 단축. ③《속》 매음굴에서 짧은 시간 동안 지냄. 《속》 롱 타임. ¶약 907 kg.
쇼:트 톤(short ton)[명] 미국에서 쓰는 무게의 단위.
쇼:트 패스(short pass)[명] 《체육》 축구나 농구 따위의 경기에서 단거리(短距離)로 공을 주고받는 일. 하자
쇼:트 펀트(short punt)[명] 《체육》 축구에서 공을 짧게 차서 적진 안에 넣는 일.
쇼핑(shopping)[명] 장보기. 물건을 사러 가게를 돌아다님. ¶~ 센터. 하자
쇼핑 백(shopping bag)[명] 시장에서 산 물건을 넣는 바구니.
숙절업-다[형] 숙절답다.
숄:(shawl)[명] 여자가 장식으로 어깨에 걸치는 목도리.
숄:더 백(shoulder bag)[명] 어깨에 메는 백.
숍(shop)[명] ①상점. 소매점. ②공장. 작업장.
숍골[명] 《고》 송골매.
숏(shot)[명] ①《영》 컷(cut)④. ②발사. ③사격. ④《체육》 정구에서의 타구(打球).
송아-지[명] 《고》 송아지.
쇠거름[명] 《고》 소의 걸음.
수[명] 생물의 남성. 대체로 능동적 생식 기능의 체질을 지녔음. ¶~닭. ~것. 《대》 암. male
수의[명] ①일을 해치우는 좋은 도리와 방법. ¶잘 ~밖에 없다. means ②일을 해낼 만한 힘. ¶할 ~이다. ability
수(水)[명] 《민속》 오행(五行)의 하나. 방위(方位)로는 북쪽, 시절(時節)로는 겨울, 빛으로는 검정을 뜻함.
수(手)[명] ①바둑·장기 등에서 한번씩 번갈아 두는 일. 또, 그 기술. move ②남과 겨룰 때 나타내는 수완 (手腕). ③솜씨.
수(秀)[명] 성적 평점의 최고. 우(優)의 위. L재준.
수(受)[명] 《불교》 십이 인연(十二因緣)의 하나.
수(需)[명] 《약》→수패(需卦).
수(壽)[명] ①《문》 나이. age ②오래 삶. longevity ③《약》→수명(壽命).
수(綬)[명] ①중국에서 직인(職印)을 허리에 차는 끈. ②패옥(佩玉)의 끈. ③훈장·포장·기장 등을 띠는 데 쓰는 끈.
수:(數)[명] ①《수학》 셀 수 있는 물건의 많고 적음. ②《수학》 자연수·완전수·정수·부수·분수·무리수·실수·허수의 총칭. number ③《약》→수량(數量). ④《약》→운수(運數). ⑤좋은 운수. good fortune
수:(繡)[명] 헝겊에다 색실로 그림이나 글씨를 놓음. 또, 그 그림이나 글씨. embroidery
수(髓)[명] ①《생리》 골수(骨髓). marrow ②《식물》 줄기의 중심선에 있어 유관속(維管束)에 둘러싸인 연한 조직. pith ¶~을다. ②마리. ¶닭 열 ~.
수(首)[의명] ①《시》나 노래를 세는 단위. ¶시를 몇
수:(數)[관] ①'서너너덧'·'대여섯' 정도의 확실하지 않은 수를 나타내는 말. ¶~시간. ②'여러'의 뜻을 나타내는 말. ¶~차례.
=**수**(手)[의] 어떤 명사 앞에 붙어 그에 종사하는 사람을 나타내는 말. ¶운전~.
=**수**(囚)[의] 《죄수》의 뜻. ¶사형(死刑)~.
수(sou 프)[의명] 프랑스의 화폐 단위. 1수는 5상팀(centime)임.

수가(收家)〈제도〉 빚쟁이의 청구로 빚진 사람의 집을 관청에서 몰수하던 일. 하타

수가(受呵)〈동〉 꾸지람을 들음.

수가[一價](酬價)〈동〉 보수(報酬)로 주는 대가(代價). ¶의료 보험 ~.

수가(樹歌)〈동〉 상고대.

수가(隨駕)〈제도〉 거둥 때 임금을 모시고 따라감.

수가(讐家)〈동〉 원수의 집.

수가동=법[一법](囚家僮法)〈제도〉조선조 때, 양반이 죄를 범했을 때, 그 가노(家奴)가 대신 형(刑)을 받는 법. 가벼운 죄에만 적용됨.

수각(水閣)〈동〉 물가나 물 위에 세운 정각(亭閣). arbour by the waterside

수각(守閣)〈제도〉 의정(議政)이 긴급한 중대사로 임금에게 알현하기를 청하고, 그 하답(下答)이 있을 때까지 편전(便殿)의 문에서 그냥 기다리던 일.

수:각(數刻)〈동〉 몇 시간. 서너 시간 또는 대여섯 시간.

수각=대(獸角一)〈동〉 짐승 뿔로 만든 전지 낚싯대.

수각=집(水閣一)〈동〉 터가 습하여 늘 물이 나는 집.

수각 황망(手脚慌忙) 급작한 일에 놀라서 어찌할 줄 모름.

수간(手簡)〈동〉 수서(手書). [바를 모름. 하타]

수:간(囚間)〈동〉 집의 두서넛 칸. few rooms

수간(樹間)〈동〉 나무와 나무의 사이. between the trees

수간(樹幹)〈동〉 나무의 줄기. trunk [하타]

수간 두옥(數間斗屋)〈동〉 두서너 간밖에 안 되는 아주 [작은 집.

수간 모옥(數間茅屋)〈동〉 몇 간의 떳집.

수간 초옥(數間草屋)〈동〉 몇 간의 초가.

수=간호사(首看護師)〈동〉 간호사의 우두머리.

수감(收監)〈동〉 감방에 가두어 감금함. confinement 하

수감(隨感)〈동〉 마음에 느껴지는 그대로의 생각. occasional thoughts [적은 기록. stray notes

수감-록(隨感錄)〈동〉 마음에 느껴지는 그대로의 생각을

수감-자(收監者)〈동〉 수감된 사람.

수감-장(一狀)(收監狀)〈법률〉 검사가 수감을 명령하는 영장(令狀). commitment warrant

수갑(手匣)〈동〉 죄인의 두 손을 채우는 자물쇠. (속) 쇠

수갑(水閘)〈동〉 물문. [고랑. handcuff

수갑-세(水閘稅)〈동〉 운하 따위의 수문 통과세.

수갑식 운:하(水閘式運河)〈동〉 몇 개의 수갑을 이용하여 수위를 조절하게 되어 있는 운하.

수:값[一값](數一)〈동〉 수치(數値)②. [하타]

수강(受講)〈동〉 강습을 받음. attendance at a lecture

수강(髓腔)〈생리〉 골수(骨髓)가 들어 있는 뼈의 빈 구멍. [람. attendant at a lecture

수강-생(受講生)〈동〉 강의·강습 따위를 받거나 받은 사

수개(修改)〈동〉 손질을 하여 옛 모습을 고침. 《유》 중수 (重修). repair 하타

수:개(數個)〈동〉 두서너 개. severed pieces

수:개=월(數個月)〈동〉 두서너 달.

수객(水客)〈동〉 ①뱃사공. ②〈동〉 선객(船客). ③〈식물〉

수객(瘦客)〈동〉 매우 여윈 사람. skinny person

수갱(竪坑)〈동〉 〈광부〉 땅 속을 아래로 파 내려간 갱도. (대) 횡갱(橫坑). shaft

수거(手車)〈동〉 ①〈동〉 손수레. ②인력거(人力車).

수거(水渠)〈동〉 도랑. ditch

수거(收去)〈동〉 거두어 감. 하타

수=거미(水一)〈동〉 거미의 수컷. (대) 암거미. he-spider

수:건(手巾)〈동〉 얼굴이나 몸을 닦기 위한 헝겊 조각.

수:건-관(手巾冠)〈동〉 비교적 나이 많은 부인이 머리에 쓰는 수건 모양의 관. [excellence 하타

수걸(秀傑)〈동〉 재주와 기상이 뛰어난 인, 그런 사람.

수검(受檢)〈동〉 검사나 검열을 받음. ¶~자(者). undergoing an inspection 하타 [(驗). 하타

수검(搜檢)〈동〉 금제품이 있고 없음을 검사함. 수검(搜

수-게(一)〈동〉 게의 수컷. (대) 암게. he-crab

수격(手擊)〈동〉 주먹으로 침. striking with a fist 하타

수격(首擊)〈체육〉 격구에서 처음 시작할 때 맨 먼저 공을 치게 되는 사람. first hitter

수격 작용(水擊作用)〈물리〉 가득 찬 상태로 흐르는 관 속의 물을 판(瓣)으로 급히 막거나 열 때, 금속한 수압 변동으로 탄성파가 관내를 왕복하는 현상.

수견(收繭)〈동〉 섶에 지은 누에고치를 모으는 일. 하타

수견(狩犬)〈동〉 사냥개①.

수결(手決)〈동〉 도장 대신으로 자기 성명이나 직함 아래에 쓰는 일정한 자형(字形). 수례(手例). 수압(手

수결 두:다(手決一)〈동〉 수결을 쓰다. [押]. signature

수경(水莖)〈약〉⇒수중경(水中莖).

수경(水鏡)〈동〉 ①물 속에서 쓰는 안경. water-glasses ②물과 거울. '사사로움이 조금도 없음'을 비유함. impartiality ③남의 스승이 될 만한 사람의 비유. able teacher ④달의 비유. moon

수경(授經)〈동〉 경을 가르쳐 줌. 하타

수경(瘦勁·瘦硬)〈동〉 글자나 그림의 선이 가늘고도 힘이 있음. weak stroke 하타

수경=법[一법](水耕法)〈농업〉 흙을 사용하지 아니하고, 성장에 필요한 영양분을 용해(溶解)한 수용액(水溶液) 속에서 식물을 배양하는 방법. 물재배. hydroponics

수경-성[一성](水硬性)〈동〉 석회·시멘트처럼 물에 의하여 굳어지는 성질. [멘트.

수경 시멘트(水硬 cement)〈동〉 물 속에서 굳어지는 시

수경-증[一증](手痙症)〈의학〉 뇌척수막염으로 어린아이의 손이 빳빳하게 되는 증세.

수계(水系)〈지학〉 ①지표의 물이 점차로 모여서 흐르는 계통. 주체는 하천. ¶아마존 ~. ②같은 성질의 해수(海水) 덩어리. [계. sea-line

수계(水界)〈동〉 ①수권(水圈). ②수륙(水陸)의 경

수계(水鏡)〈동〉 비오리.

수계(囚繫)〈동〉 죄수를 가두어 맴. confinement 하타

수계(守誡)〈동〉〈기독〉 계명(誡命)을 지킴. observance of the Ten Commandments

수계(受戒)〈동〉〈불교〉 불법(佛法)을 닦아 계율을 받음. receiving Buddhist confirmation 하타

수계(授戒)〈동〉〈불교〉 중이 된 사람이 불법을 닦은 사람에게 계율을 줌. Buddhist confirmation 하타

수계(樹鷄)〈동〉 들꿩.

수계 감:염(水系感染)〈동〉 물을 매체(媒體)로 하는 감염. 콜레라·장티푸스·적리(赤痢) 따위에서 볼 수 있음. 수계 전염.

수계-망(水系網)〈동〉 그물처럼 널려 있는 하천·호소 등.

수계-선(水界線)〈동〉〈지학〉 수륙(水陸)의 경계선. 만조(滿潮) 때의 고수선(高水線)과 간조(干潮) 때의 저수선(低水線)의 두 가지가 있음. sea-line

수:=계:수(數係數)〈수학〉 적(積)으로 된 단항식(單項式)에서 문자 인수(因數)에 대하여 숫자 인수를 일컬음. numerical coefficient

수계 전염(水系傳染)〈동〉 수계 감염.

수:고(一) 일을 하는 데 힘을 들이고 애씀. trouble 하타 스럽 스레다

수고(手鼓)〈음악〉 우리 나라의 가죽으로 만든 민요(俗樂民謠)의 악기. 지름 약 30cm의 가죽 양면에 생핵하게 치고, 짧은 자루를 단 소형의 북.

수고(水鼓)〈동〉 물에 바가지를 엎어 놓고 두드리는 장구. 물장구②. [하타

수고(受膏)〈기독〉 성유(聖油)를 머리에 뿌려 받음.

수고(愁苦)〈동〉 이것저것 찾아서 상고함. 하타

수고(愁苦)〈동〉 근심 걱정으로 피로워함. care 하타

수고(壽考)〈동〉 장수(長壽). 하타 [remote age

수고(邃古)〈동〉 태고 시대(太古時代). 아득한 옛날.

수:고-롭-다(一) 일을 처리하기에 괴롭고 힘이 들다. troublesome 수:고-로이 [이. tomcat

수고양이(一) 고양이의 수컷. (대) 암고양이. (약) 수괭이

수고-자(受膏者)〈기독〉 성유(聖油)를 머리에 뿌려 받아 성화(聖化)한 사람. anointed person

수곡-도(水穀道)〈동〉 창자.

수곡-리(水穀痢)〈한의〉 음식에 체하여 설사가 나 [는 병.

수곡-선(垂曲線)〈수학〉 밀도가 한결같은 쇠사슬

수골 따위의 두 끝을 매어 둘 때, 제 무게로써 처져 생기는 곡선. catenary 「는 뼈. hand bones
수골(手骨)阁〈생리〉손가락 끝에서 손목까지에 이어
수골(收骨)阁 ①화장하고 남은 뼈를 주움. ②흩어진 뼈를 매장하기 위하여 주움.
수골(壽骨)阁 오래 살 수 있게 생긴 골격.
수=곰 곰의 수컷. (대) 암곰. he-bear
수공(水工)阁〈제도〉대궐 안의 각사(各司)에서, 물을 긷거나 마당을 쓸던 사람. servant
수공(手工)阁 ①손으로 만든 공예. manual work ② 간단한 물건을 만드는 것을 가르치는 교과(敎科). handicraft
수공(水孔)阁〈식물〉식물의 잎에 있어, 뿌리에서 빨아들인 수액을 배출하는 작은 구멍.
수공(手功)阁〈동〉손공(功).
수공(水攻)阁〈군사〉물을 써서 적군의 성을 공략하던 전법의 하나. water attack
수공(首功)阁〈제도〉적장의 목을 베어 얻은 공훈. meritorious service in the battle
수공(殊功)阁 특별한 공훈. distinguished service
수공=구(手工具)阁 공작에 사용하는 공구. 톱·대패·끌·칼 따위.
수공=업(手工業)阁 기계를 사용하지 않고 주로 손을 놀려서 생산하는 소규모의 공업. ¶~자(者).
수공=품(手工品)阁 손으로 만든 공예품(工藝品). handicraft
수=공학(水工學)阁 하수 처리장·정수장(淨水場)·댐·수력 발전소 등의 설계·건설·공사에 관계되는 토목 공학의 한 분야.
수=공후(手箜篌)阁〈음악〉수공후(竪箜篌)보다 좀 작고 가는 철사로 줄을 맨 현악기의 하나. small string instrument
수=공후(竪箜篌)阁〈음악〉반달 모양의 나무통에 짐승의 심줄로 줄을 매어, 세로 문질러 소리를 내는 현악기의 하나. string instrument
수과(水菓)阁〈동〉수박.
수과(守瓜)阁〈동〉노린재.
수과(瘦果)阁〈식물〉폐과(閉果)의 하나. 걸으로 보기에는 씨처럼 생겼음. 메밀·민들레 등의 열매.
수과(樹果)阁 나무의 열매. [achene
수곽(水廓)阁 ①강이나 바닷가에 있는 촌락. village on the waterside ②〈원〉→수화(水廓).
수관(水管)阁 ①물이 통하는 대통. water pipe ②〈동〉 연체(軟體) 동물에 있는, 외투막(外套膜)의 한 부분이며, 몸 밖의 물을 외투강(外套腔) 안으로 보내어 호흡 작용을 함. water vas
수관(收管)阁 ①죄인을 가족이나 친척이 거두어 맡음. ②맡아서 거두어 줌. backing support 하]
수관(受灌)阁〈불교〉불문(佛門)에 들어갈 적에, 관정(灌頂)을 받음. 하] [vertical boiler
수관(竪罐)阁 원통(圓筒)을 곧추세운 증기관(蒸氣罐).
수관(樹冠)阁 나무 윗부분의 가지와 잎으로 이루어진 윗층의 모양. crown of a tree
수관=계(水管系)阁〈동물〉극피 동물에 특별히 있는 운동 기관. water vascular system
수ː관형사(數冠形詞)阁〈어학〉사물의 수나 양을 나타내는 관형사. '두 개'·'세 마리' 등에서 '두'·'세' 따위. 수량 관형사.
수광(水光)阁 수면(水面)에 비치는 빛.
수광=벌(受光伐)阁 생장이 왕성한 나무만 남기어 두고, 그 생장 구역(區域)을 넓히어 충분한 햇볕을 받게 하는 가꿈벌의 하나.
수=괘(需卦)阁〈민속〉육십사괘(六十四卦)의 하나. 감괘(坎卦)와 건괘(乾卦)가 거듭된 것으로서, 구름이 하늘로 오름을 뜻함. (대) 수(需).
수괘(繡卦)阁〈민속〉육십사괘(六十四卦)의 하나. 태괘(兌卦)와 진괘(震卦)가 거듭된 것으로서, 못가에 우레가 있음을 뜻함.

수=괭이阁〈약〉→수고양이.
수괴(水塊)阁 해황 요소(海況要素)가 비교적 고른 물덩이.
수괴(水塊)阁〈동〉고삼(苦蔘). 「의 한 어미.
수괴(首魁)阁 괴수(魁首). 「스멜 스레미 히)
수괴(殊怪)阁 수상하고 괴이함. suspiciousness 하]
수괴(羞愧)阁 부끄럽고 창피함. 수치(羞恥). humiliation 하] 스멜 스레미 히) 「없음.
수괴 무면(羞愧無面)阁 부끄럽고 창피스러워 볼 낯이
수교(手巧)阁 손재주.
수교(手交)阁 손수 내어 주거나 전해 줌. handing 하]
수교(手敎)阁〈제도〉훈공(勳功)을 봉할 때 공신(功臣)에게 내리던 책명(策命).
수교(受敎)阁 임금의 교명(敎命).
수교(垂敎)阁 가르쳐 보이거나 가르치심을 받음. 수시(垂示). instruction 하]
수교(首敎)阁〈제도〉지방 장교의 우두머리.
수교(修交)阁 나라 사이에 교제를 맺음. amity 하]
수=교위阁 밀가루를 반죽하여 고기·오이 따위의 소를 넣고 만두 모양으로 찐 음식. dumpling
수교 조약(修交條約)阁 국교를 열기로 정하는 조약.
수교 포장(修交褒章)阁 국권의 신장 및 우방과의 친선에 공적이 있는 사람에게 주는 포장.
수교 훈장(修交勳章)阁 국권의 신장 및 우방과의 친선에 공적이 뚜렷한 사람에게 주는 훈장. 광화 대장(光化大章)과 광화장(光化章)·흥인장(興仁章)·숭례장(崇禮章)·창의장(彰義章)·숙정장(肅靖章)의 5등급이 있음.
수구(水口)阁 ①물이 흘러 나가는 아가리. outlet ②〈민속〉풍수 지리에서 말하는 득(得)이 흘러간 곳.
수구(水具)阁 제도 공부를 할 때, 손에 가지는 도구.
수구(水狗)阁〈동〉물개.
수구(水球)阁〈체육〉수상 경기(水上競技)의 하나. 7명씩 짠 두 편이 헤엄을 치며 공을 상대편의 골(goal)에 넣어서 득점하는 경기. water-polo
수구(守舊)阁 묵은 습관을 지킴. (대) 개화(開化). conservatism 하]
수구(秀句)阁 뛰어난 시구(詩句). 「ling 하]
수구(垂鉤)阁 낚시를 드리움. 곧, 고기를 낚음. angling
수구(首句)阁 시문의 첫 구(起句). first paragraph
수구(袖口)阁 소매의 부리. sleeve band
수구(需求)阁 필요하여 찾아 구하는 일. 하]
수구(壽具)阁 죽은 뒤 염할 때에 쓰는 옷이나 베개나 이불 따위. grave-clothes
수구(瘦軀)阁 수척한 몸.
수구(讎仇)阁 원수. enemy
수구=당(守舊黨)阁〈제도〉조선조 말엽에 구습을 지키기를 주장하던 보수파. (대) 개화당(開化黨).
수구=렁이阁 구렁이의 수컷. (대) 암구렁이. he-snake
수구레阁 ①쇠가죽 안에서 벗겨 낸 질긴 고기. tough meat ②〈광물〉남폿 구멍의 자리에 따라 몸을 수그리고 망치질하기에 편하게 만든 구멍.
수구레=편阁 수구레를 고아서 굳힌 음식. food cooked of tough meat
수구=막이(水口─)阁〈민속〉풍수 지리에서, 골짜기의 흐르는 물이 밀려 돌아서 하류(下流)가 보이지 않는 땅 모양. 수구 장문.
수구=말이阁 수구막이를 뚫는 망치질.
수구=문(水口門)阁 ①성 안의 물이 흘러 나가는 수구에 있는 문. ②〈속〉서울 광희문(光熙門)의 별칭.
수구문 차례(水口門次例)阁 ①술 마실 적에 나이 먹은 차례로 잔이 가는 것을 비꼬아 하는 말. ②죽을 날이 가까워졌음을 야유하여 일컫는 말.
수구 여병(水口如甁)阁 제 비밀을 지켜, 남에게 말하지 않음을 일컫는 말.
수구 장문(水口藏門)阁〈동〉수구막이.
수=구지=가(數口之家)阁 식구가 많은 가정.
수구 초심(首邱初心)阁 여우가 죽을 때 머리를 자기가 살던 굴로 향한다는 말로서, 고향을 그리워하는 마음을 일컫는 말.
수=구=화(繡毬花)阁〈동〉수국(水菊).

수국(水國)[명] ①바다의 세계. sea ②물나라.
수국(水菊)[명] 〈식물〉 수국과의 낙엽 소관목(小灌木). 높이 1m 가량이고 잎은 넓은 타원형으로 가에 톱니가 가 있다. 10월에 청자색 또는 홍색의 부등화(不登花)가 핌. 관상용이고 꽃을 말려 해열의 약재로 씀. 수구화. hydrangea
수군(水軍)[명] ①〈군사〉 해군. naval forces ②〈제도〉 해군의 옛날 이름. 수사(水師). 주군(舟軍).
수군-거리-다[재타] 목소리를 낮추어 비밀히 말하다. 《작》소곤거리다. 《센》쑤군거리다. talk in whispers **수군=수군**[부] 하다[타]
수군덕-거리-다[자] 질서없이 막 수군거리다. 《센》쑤군덕거리다. whisper at random **수군덕=수군덕**[부] 하다[자]
수군 절도사[-또-](水軍節度使)[명] 〈제도〉 수군을 거느리고 다스리던 벼슬의 하나. 《약》 수사(水使).
수군 첨절제사[-쩨-](水軍僉節制使)[명] 〈제도〉 조선조 때, 각 도 수영에 딸린 종3품의 외직 무관.
수굿수굿-하-다[형][여불] 여럿이 모두 수굿하다. 《작》 소곳소곳하다
수굿-하-다[형][여불] 좀 숙은 듯하다. 《작》 소곳하다.
수궁(水宮)[명] 〈동〉 용궁(龍宮).
수궁(守宮)[명] 궁전을 지킴. 하다[자]
수궁(壽宮)[명] 미리 마련하여 두는 임금의 관(棺).
수:궁(數窮)[명] 운수가 사나움. bad luck 하다[자]
수궁 대:장(守宮大將)[명] 〈제도〉 거둥 때 대궐을 지키던 무관의 임시 벼슬.
수권(水圈)(水圈)[명] 〈지학〉 지구를 이루고 있는 한 요소로서 해양(海洋)과 육수(陸水)의 총칭. 수계(水界)①. hydrosphere
수권(首卷)[명] 한 벌 책의 그 첫째 권. first volume
수권[-꿘](授權)[명] 〈법률〉 일정한 자격·권리·권한 등을 특정인에게 부여하는 일. §1~정당(政黨).
수권 자:본[-꿘-](授權資本)[명] 〈경제〉 주주가 이사회에 해당하는 주식의 발행권을 수여한 자본.
수권=학[-꿘-](水圈學)[명] 〈지학〉 해양·육수(陸水)의 상태·성질에 관하여 연구하는 학문.
수권 행위[-꿘-](授權行爲)[명] 〈법률〉 대리권을 수여하는 법률 행위의 하나. 위임과 대리권 수여의 기초가 되는 행위.
수귀(水鬼)[명] 「해중에 보이는 괴물.
수귀(水龜)[명] ①물을 다스리는 귀신. 물귀신. ②항
수귀(水龜)[명] 남생이.
수규(守閨)[명] 〈제도〉 여관(女官)의 종6품 벼슬.
수규(首揆)[명] 〈제도〉 영의정(領議政)의 딴이름.
수그러-지-다[자] 수그러지는 정도가 깊게 숙어지다. droop ②기세 따위가 차차 줄어지다. 「굽히거나 줄이다.
수그리-다[타] ①꽤 깊게 숙이다. droop ②기세를 꺾다.
수극화(水克火)[명] 〈민속〉 오행 운행(五行運行)으로 말하는, 「묽은 잎을 이루는 말.
수근(水斤)[명] 〈동〉 미나리.
수근(水根)[명] ①물의 근원. 수원(水源). source of a river ②〈농업〉 논에 댈 물이 생기는 곳. head-spring ③〈식물〉 수생 식물의 뿌리. water root
수근(樹根)[명] 나무 뿌리. root
수근(鬚根)[명] 〈식물〉 벼 따위의 줄기 밑에서 많이 나는 수염 같은 뿌리. fibrous roots
수-글[명] ①배워서 잘 써 먹는 글. useful knowledge ②옛날에 한문(漢文)을 남자의 글이라는 뜻으로 일컬음. 《대》 암글. Chinese classics
수금(水禽)[명] 〈동〉 물새. 「ement 하다[타]
수금(囚禁)[명] 죄인을 가두어 둠. 구수(拘囚). confin-
수금(收金)[명] 돈을 거두어 들임. §1~원(員). collection of money 하다[자]
수금(竪琴)[명] 〈악기〉 수금문고의 하나. 주로 양장(羊腸)의 줄로, 저음부는 금속으로 만든 것인데, 표정이 독특함. 아르파(Arpa). 「head of the enemy
수급(首級)[명] 전장에서 벤 적군의 목. decapitated
수급(需給)[명] ①수요(需要)와 공급(供給). demand and supply ②수요자(需要者)와 공급자(供給者).

수급-비(水汲婢)[명] 〈제도〉 물을 긷던 관비(官婢).
수급 시세(需給時勢)[명] 〈경제〉 주식에서, 시장 외부의 정세가 직접적인 원인이 아니고, 주식 그 자체의 수급 관계가 주된 원인으로 오르는 시세.
수긍(首肯)[명] ①그러하다고 고개를 끄덕임. nodding ②옳다고 승낙함. assent 하다[자타] 「manual arts
수기(手技)[명] 손으로 물건을 만드는 기술. 손재주.
수기(水氣)[명] ①물기운. moisture ②〈한의〉 신경(腎經)의 움기.[동] 수표(水標). 하다[자]
수기(手記)[명] ①손수 적은 기록. 수록(手錄). note
수기(手旗)[명] ①손에 쥐는 작은 기. 손기. ②〈제도〉 행군할 때 장수가 가지던 작은 기. ③배에서 물에 나 또는 딴 배로 기별 따위를 하는 붉은 손기와 흰 손기. signalling flag
수기(受記)[명] 〈불교〉 죽은 뒤 부처가 되겠다든가 또는 어떻게 되리라는 것을 미리 기록함을 받음. 하다[타]
수기(修己)[명] 자기의 몸을 닦음. 자기 수양을 함. 하다[자] 「을 달리함. 하다[자]
수기(殊技)[명] ①뛰어난 기술. excellent skill ②기능
수기(授記)[명] 〈불교〉 부처의 설법 중에서 문답식 또는 분류적 설명으로 되어있는 부분. ②부처가 예언기(豫言記)를 그 제자에게 줌. 또, 그 기록. 하다[자]
수기(羞氣)[명] 부끄러운 기색. 부끄러워하는 태도.
수기(需期)[명] 수요(需要)의 시기.
수기(壽器)[명] 살았을 때 만들어 둔 관(棺).
수:기(數奇)[명] 운수가 사나움. bad luck 하다[자]
수기(隨記)[명] 인생이나 자연에 대하여 생각나는 대로 붓가는 대로 형식이 없이 씀. 또, 그것. 수필(隨筆). 「하다[자]
수기(隨機)[명] ①어떤 기회에 따름. ②[동]→수기 응변.
수-기관(竪機關)[명] 상하로 왔다갔다하는 운동을 하는 기관의 그 아래 부분이 곧게 서 있는 기관.
수기량(隨其量)[명] 양에 따라 알맞게 함. 《약》 수량(隨量). 하다[자]
수기력(隨其力)[명] 제 힘에 따라 알맞게 함. 《약》 수력(隨力).
수기=목(杉木)[명] 삼목(杉木).
수기 신:호(手旗信號)[명] 흰 색과 붉은 색의 작은 기를 왼손과 오른손에 각각 들고 흔들면서 통신하는 신호. flag-signal
수기 응:변(隨機應變)[명] 기회를 따라 일을 해치움. 《약》 수기②. meeting the needs of the occasion 하다[자]
수기절(壽耆節)[명] 〈제도〉 고려 희종(熙宗) 때 정한 임금의 생일. 뒤에 수성절(壽成節)로 고침.
수긴[명] '수건(手巾)'의 궁중말.
수까:지-깨[명] 〈식물〉 벽오동과의 일년생 풀. 털이 많고 60cm 가량이며 잎은 난형으로 가에 톱니가 있음. 8∼9월에 황색 꽃이 피고 열매는 삭과(蒴果)임.
수-꽃[명] 〈식물〉 수꽃술만 있는 단성화(單性花)의 하나. 웅화(雄花). 《대》 암꽃. 자화(雌花). male flower
수-꽃술[명] 〈식물〉 꽃의 생식 기관의 하나. 꽃술대와 꽃밥의 두부분으로 됨. 웅예. 《약》 수술. stamen
수꿀-하-다[형] ①많이 끓어오르다. ②몸시 무서워 몸이 으쓱하다. shudder 「pheasant
수-꿩[명] 꿩의 수컷. 장끼. 《대》 암꿩. 까투리. cock-
수-나귀[명] ⇒수탕나귀.
수:-나-다(數—)[자] ①좋은 수가 생기다. windfall ②생각지도 않은 재물이 굴러 들어오다. make an unexpected gain
수-나무[명] 〈식물〉 자웅 이주(雌雄異株)로 된 나무에서 열매가 열리지 않는 나무. 《대》 암나무.
수-나방이[명] 나방이의 수컷. 《대》 암나방이.
수나사(—螺絲)[명] 소라처럼 표면(表面)에 나선형의 홈이 있어 암나사에 끼우게 된 나사. 《유》 나사못. 《대》 암나사. male screw
수나이[명] 피륙 두 필 짬 감을 주고, 한 필은 짜서 받고 한 필은 삯으로 주는 일. 《약》 수내.
수난(受諾)[명] 〈왜〉→수락. 「water
수난(水難)[명] 물로 인하여 받는 재난. disaster by

수난(受難)[명] ①재난(災難)을 당함. sufferings ②어려운 일을 당함. disasters ③〈기독〉 예수 그리스도가 십자가에 못박힐 때 당한 고난. crucifixion 하다

수난-곡(受難曲)[명] 〈음악〉 예수 그리스도 또는 그 밖의 순교자의 수난당한 이야기를 극적으로 나타낸 음악.

수난-극(受難劇)[명] 〈연예〉 그리스도의 생애(生涯)에 관한 주요한 일을 극화(劇化)한 것. passion play

수난-기(受難記)[명] 몸소 겪은 어려운 일의 기록. account of one's own sufferings

수난 대:재날(受難大齋一)[명] 〈기독〉 예수가 십자가에 못박혀 죽은 날.

수난-로(水煖爐)[명] 〈공업〉 증기 난로. 스팀. radiator

수난-사(受難史)[명] 재난을 당한 역사.

수난-일(受難日)[명] 〈기독〉 예수교에서 교인들이 지키는, 예수가 고난받아 죽은 날. Good Friday

수난-절(受難節)[명] 〈기독〉 예수의 수난을 기념하기 위하여 그리스도 교회에서 행하는 제전(祭典). 부활제 전 2주일간에 걸쳐 행함. Passion week

수납(收納)[명] 받아들여서 바침. 수입(收入)③. receipt

수납(受納)[명] 받아 넣어 둠. receipt 하다

수납(袖納)[명] 편지 따위를 지니고 가서 손수 드림. handing 하다

수납(輸納)[명] 실어다가 바침. delivery 하다

수납 기관(收納機關)[명] 〈법률〉 조세 그 밖의 수입금을 수령(受領)하여 납부하는 행정 기관.

수납-장(收納帳)[명] 현금의 수납을 기록하는 장부.

수납 전표(收納傳票)[명] 현금을 수납하였을 때, 작성하는 전표. 수입 전표.

수낭(水囊)[명] ①〈군사〉 기마대가 행군할 때 군마(軍馬)에게 먹이기 위하여 가죽으로 만든 물주머니. vater-bag ②〈동〉 여수라(濾水羅).

수:낭(繡囊)[명] 〈동〉 수주머니.

수내(囚內)[명] →수나이.

수내-소(一牛)[명] 송아지를 주고 그 소가 자란 뒤에 소의 값을 빼고 도조(賭租)를 내는 소.

수냉-식(水冷式)[명] 〈물리〉 물로써 열을 식히는 방식. 《대》 공랭식(空冷式). watercooled

수냉식 기관(水冷式機關)[명] 내연 기관 속에서 물을 순환시켜 기통을 냉각시키는 기관.

수냉식 발동기(一機)[명] 〈수냉식발동기〉[명] 수냉식에 의한 발동기. 《대》 공랭식 발동기.

수녀(修女)[명] 〈기독〉 수녀원에서 수도하는 여자. 독신·순종·검소·동정을 지킴. 교모(敎母). 《대》 수사(修士). sister of charity

수녀(須女)[명] ①〈민속〉 포백(布帛)을 맡았다는 별의 이름. ②천한 계집. lowly girl

수녀-원(修女院)[명] 〈기독〉 천주교 수도원의 하나. 수녀들이 일반 사회를 떠나서, 한평생을 천주(天主)를 섬기면서 도를 닦는 곳. 《대》 수사원(修士院). nunnery 하다

수년(垂年)[명] 늙어서 죽을 때가 가까움. 또, 그 나이.

수:년(數年)[명] 두서너 해. several years

수:년=래(數年來)[명] 두서너 해를 지나 지금까지 오는 동안. for several years

수녕(水濘)[명] 진창.

수노(首奴)[명] 〈제도〉 관노(官奴)의 두목.

수-노루(首一)[명] 노루의 수컷.

수-놈(雄)[명] ①짐승의 수컷을 귀엽게 일컫는 말. ②혈기에 찬 사람을 비유하여 일컫는 말. gallant man

수:-놓다(數一)[타] 수를 계산하다. count

수:-놓다(繡一)[타] 색실로 천겉에 그림이나 글씨를 놓다. embroider

수뇌(首腦)[명] 한 단체나 기관의 가장 우두머리. 主腦). head

수뇌(髓腦)[명] 〈생리〉 ①골수(骨髓)와 뇌. marrow and brain ②뇌수(腦髓). ③가장 중요한 부분.

수뇌-부(首腦部)[명] 어떠한 기관의 수뇌가 되는 간부급. governing body

수뇌 회:의(首腦會議)[명] 조직이나 집단의 최고 책임자[가 모여서 여는 회의.

수뇨-관(輸尿管)[명] 〈생리〉 오줌을 신장(腎臟)에서 방광(膀胱)으로 보내는 관(管). urethra

수늑(襨勒)[명] 버선 등의 꿰맨 솔기. seam [socks

수녹 버선[명] 젖먹이의 버선의 하나. children's Korean

수:다[명] 말이 많음. 하다 스럽다 히

수:다(數多)[명] 수가 많음. great number 하다 히

수:다-떨-다(一多)[타] 말을 수다스럽게 지껄이다. talkative

수다라(首陀羅←Sudra 범)[명] →수드라(sudra)

수:다-부리-다[자] 수다스런 행동을 하다. be garrulous

수:다 식구(數多食口)/수:다 식솔(數多食率)[명] 많은 식구. [말. chatter-box

수:다-쟁이[명] 몹시 수다스러운 사람을 얕잡아 일컫는

수단(手段)[명] 일을 꾸미거나 처리해 나가는 꾀와 솜씨. 도. 도구. 방법②. 수법(手法)②. 『그는 비상한 ~으로 목적을 달성하였다. means

수단(水團·水圖)[명] 쌀가루·밀가루 따위로 만들어서, 꿀물에 담가 먹는 음식. 유월 유두 때에 차례에 씀. Korean ladyfinger

수단(受單)[명] 여러 사람의 이름을 써서 모아 들인 단자(單子). list of names 하다

수단(壽短·脩短)[명] 〈동〉 수요(壽夭).

수:단(繡緞)[명] 수놓은 것같이 짠 비단. silk looking like embroidery

수-단추(一)[명] 후크 단추의 암단추에 끼우는 단추. 《대》 암단추. male snap

수달(水獺)[명] 〈동〉 물개.

수달-담(水獺膽)[명] 〈한의〉 물개의 쓸개. 눈병의 약으로 씀. gall-bladder of an otter

수달-피(水獺皮)[명] 물개의 겉가죽. otter-fur

수담-관(輸膽管)[명] 〈생리〉 간(肝)과 담낭에서 담즙(膽汁)을 받아서, 십이지장에 보내는 구실을 하는 기관의 하나. 〈약〉 담관(膽管). biliary ducts

수답(水畓)[명] 〈동〉 물답.

수답(酬答)[명] 남이 묻는 말에 말로 대답함. 수대(酬對). reply 하다 [wance

수당(手當)[명] 정한 급료 외에 따로 주는 보수. allo-

수당(壽堂)[명] 〈동〉 수실(壽室).

수당(壽黨)[명] 당파를 세움 한다.

수=당량(水當量)[명] 〈물리〉 열량계의 열용량이 얼마만한 물에 상당하는가를 나타내는 수. [하나.

수대(水大)[명] 〈불교〉 만물을 구성하는 사대(四大)의

수대(手袋)[명] 손에 들고 다니는 견대. 자루. 주로 손자루. [자루. bag

수대(水碓)[명] 〈동〉 물방아.

수대(酬對)[명] 〈동〉 수답(酬答). 하다

수대(樹帶)[명] 같은 높이의 나무가 띠처럼 산기슭을 둘러싸고 무성한 곳. forest belt

수대(獸帶)[명] 〈천문〉 황도(黃道)를 중심으로 남북 각 9도 곧 18도의 구간을 일컬음. 이 구간에 들어 있는 성좌를 십이궁(十二宮)이라 함. zodiac

수더분-하-다[형] 성질이 순하고 소박하다. simplehearted

수덕(手德)[명] 〈동〉 손속.

수덕(修德)[명] 덕을 닦음. 하다

수덕(酬德)[명] 은혜에 보답함. returning kindness 하다

수덕(樹德)[명] 덕을 베푸는 일. 하다

수도(水道)[명] 〈토목〉 ①뱃길. 물길. ②물이 흘러 들어오거나 흘러 나가게 된 통로. ③《준》 상수도(上水道). ④하수도(下水道). ⑤바다나 큰 호수로 접근하여 있는 육지 사이에 끼어서 좁게 뻗은 물.

수도(水稻)[명] 논에 물을 대어 심은 벼. paddy rice

수도(囚徒)[명] 감옥에 갇힌 사람. prisoner

수도(授渡)[명] 물건·돈 따위의 받음과 넘김. receipt and delivery 하다

수도(首都)[명] 나라나 한 지방의 정치의 중심지. 서울1.

수도(修道)[명] 도를 닦음. ascetic exercise 하다

수도(隧道)[명] 산이나 바다의 밑바닥을 뚫어 기차 따위가 통하는 길. 굴②. tunnel

수도 고동(水道一)[명] →수도 꼭지.

수도 공채(水道公債)[명] 〈경제〉 수도를 설치할 자금을

수도=관(水道管)圀 상수도 또는 하수도의 물이 통하는 파이프나 토관(土管).
수도=교(水道橋)圀 하천이나 도로 등의 위를 건너는 상하수도를 받치기 위해서 가설한 교량.
수도=권(─圈)(首都圈)圀 행정 구역으로서의 서울의 테두리를 넘어서 종합 도시 계획 수립 등을 목적으로 설정한, 서울을 중심으로 한 경기도 일원을 이름. ¶~ 방위. ~ 전철.
수도=기(囚徒記)圀 감옥에 가둔 사람의 성명을 적은 장부. list of prisoners
수도 꼭지(水道─)圀 상수도에서 물이 나오게 또는 그치게 하기 위해 손으로 틀어 열고 잠그는 부분.
수도 방식(水道方式)圀 초등 산수 교육의 새로운 한 방식에 붙인 이름. 「로써 도를 닦는 사람. monk
수도=사(修道士)圀〈기독〉수도원에서 금욕적인 생활
수도=승(修道僧)圀〈불교〉도를 닦는 중. monk
수도=원(修道院)圀〈기독〉수사원(修士院)과 수녀원(修女院)의 총칭. ¶~ 생활(生活). (약) 수원(修院). monastery
수도=자(修道者)圀 ①도를 닦는 사람. ascetic ②〈기독〉수사(修士)와 수녀(修女)의 총칭.
수도=전(水道栓)圀〈동〉수통(水筒)②.
수돈(水豚)圀〈동〉쏘가리.
수동(手動)圀 손으로 움직임. handoperated
수동(受動)圀 남에게 동작을 받음.《대》능동(能動). passivity 하자
수동(竪童)圀 심부름하는 더벅머리 아이. errand boy
수동 교환기(手動交換機)圀 교환수가 송신자・수신자 간의 회선을 접속하는 교환기.
수=동모圀〈민속〉남사당(男寺黨)패에서 암동모를 거느리어 서방 노릇을 하는 광대.
수동=성(─性)(受動性)圀 자발적이 아닌, 다른 것의 작용을 받아 움직이는 성질.
수동=식(手動式)圀 기계 따위를 손으로 움직여서 사용하게 된 식.《대》자동식(自動式).
수=동이圀〈동〉석유관. 의명 광석(鑛石)의 무게의 단위. 37.5 kg.
수동=적(─的)(受動的)판圀 ①남의 움직임을 받는 처지에 있는(것). passive ②자율적이 못되고 남이 시키는 대로만 하는 태도.《대》능동적(能動的).
수동=태(受動態)圀〈어학〉주어가 어떤 동작의 대상이 되어, 그 작용을 받을 때의 관계를 나타내는 동사의 형태. 수동형. 능동태(能動態).《참》passive
수동=형(受動形)圀〈동〉수동태. 「voice
수두(水痘)圀〈한의〉작은 마마. chicken-pox
수두(首頭)圀 (약)→수두자(首頭者).
수두(獸頭)圀〈동〉수면(獸面).
수두룩-하다匯〈형〉①많은 것이 매우 많아서 수북하다. plentiful ②매우 흔하다. 많다.《작》소도록하다. quite common **수두룩-이**튀
수=두부(水豆腐)圀 (두부) 순두부. 물두부.
수두 상기(垂頭喪氣)圀 근심・걱정으로 기가 죽고, 백이 풀림. being dejected 하자(頭). leader
수두=자(首頭者)圀 무슨 일에 앞장선 사람. (약) 수두
수둑-하다匯〈형〉→수두룩하다.
수드라(sudra)圀 인도(印度) 사성(四姓)의 최하위에 속하는 노예 계급. 농부・백장 따위.
수득(收得)圀 거두어 들이어 얻음. gain 하자
수득(修得)圀 배워 몸에 지님. 닦아 체득함. acquirement 하자
수득(搜得)圀 찾아 얻음. searching out 하자
수득-수득튀 뿌리 따위가 몹시 시들어 마른 모양.《작》소득소득. witheringly 하자
수득 수실(誰得誰失)圀 얻고 잃음이 분명하지 않음.
수득-수득튀 뿌리가 조금 시들어 마른 모양.《작》소득소득.
수디새圀〈고〉수키와. 「소들소들. withered 하자
수:-때우-다(數─)집 다른 고난을 겪음으로써 닥쳐올 불길한 운수를 대신하다. forestall bad luck

수:-땜(數─)圀 앞으로 닥쳐올 고난을 미리 다른 고난을 겪음으로써 대신함. forestalling bad luck 하자
수:-떨-다匯자 수다스럽게 떠들다. talk garrulously
수떨-하-다匯〈형〉수다스럽고 떠들썩하다. talkative and noisy
수:-띠(繡─)圀 수를 놓아 장식한 띠. 「meal
수라(水刺)圀〈어원〉임금께 올리는 진지의 궁중말. royal
수라(修羅)圀 ①〈약〉→아수라(阿修羅). ②싸움 잘하는 귀신의 이름. name of the devil of fighting
수라(蒐羅)圀 널리 모음. 하자
수라-간(─깐)(水刺間)圀 임금의 진지를 짓는 부엌. 어주(御廚). royal kitchen 「yal table
수라-상(─쌍)(水刺床)圀 임금께 올리는 진짓상. ro-
수라-장(修羅場)圀 ①뒤범벅이 되어 야단이 난 곳. shambles ②전란이나 투쟁으로 비참하게 된 곳.
수라장화-하-다(修羅場化─)巫 수라장이 되다.
수락(受諾)圀 요구를 받아들여 승낙함. 승낙(承諾). 하자 「이 드러남. extremely droughty
수락 석출(水落石出)圀 물이 말라 들어 밑바닥의 돌
수란(水卵)圀 끓는 물에 반쯤 익힌 달걀. soft-boiled egg 「grey mullet
수란(秀卵)圀 숭어 알로 만든 어란. dried spawn of
수란(愁亂)圀 많은 근심 때문에 정신이 어지러움. 수요(愁擾). distraction due to cares 하자 스렇 스럽다
수란(繡襴)圀〈제도〉예식 때 나인들이 입는 금실로 된 「수를 놓은 치마. 수치마.
수란-관(輸卵管)圀〈생리〉난소(卵巢)로부터 난자(卵子)를 밖으로 내보내는 나팔 모양의 관(管). 나팔관. oviduct 「릇. egg poacher
수란-짜圀 수란을 뜨는 데 쓰는 쇠로 된 그
수람(收攬)圀 사람들의 마음을 거두어 모아 잡아당김.
수랍(水蠟)圀〈동〉백랍(白蠟). 「grasping 하자
수랍=목(水蠟木)圀〈동〉쥐똥나무.
수랑(守廊)圀 행랑과 조금 떨어진 집주인의 객실.
수량(水梁)圀 물이 흐르다가 좁아진 곳.
수량(水量)圀 물의 분량. water volume
수량(銖兩)圀 ①수(銖)와 양(兩). 곧, 무게가 얼마 안 나가는 저울눈. ②근소(僅少).
수:량(數量)圀 수효와 분량. quantity
수량(隨量)圀 양에 따름.
수:량 경기(數量景氣)圀〈경제〉물가는 오르지 않으나, 생산량이나 거래량이 증대함으로써 기업의 수익이 늘어나 경기가 좋아지는 현상.《대》가격 경기.
수량=계(水量計)圀〈동〉양수기(量水器).
수:량 대:명사(數量代名詞)圀〈어학〉수대명사와 양대명사의 총칭.
수:량 지수(數量指數)圀〈경제〉수량의 변화를 표시하는 지수. 생산 수량 지수・무역 수량 지수 같은 것. 「lightly 하자
수럭=수럭튀 언행이 쾌활한 모양.《작》소락소락. spr-
수럭-스럽-다匯〈형〉언행이 쾌활하다. sprightly 수럭 =스럽튀 「in whispers **수런**=**수런하-다**匯
수런-거리-다匯 여러 사람이 모여 수군거리다. talking
수렁圀 깊고 무르게 풀린 진흙이나, 개흙이 괸 곳. 수 넝. 오목. swamp
수렁=논圀 수렁으로 된 논. swampy ricefield 「미.
수렁=배미圀 ─배─ 圀 수렁처럼 무른 개흙으로 된 논배
수레圀 바퀴를 달아 굴러가게 만든 제구. 타기도 하고, 짐을 싣기도 함. wagon
수레=변(─邊)圀 한자 부수(部首)의 하나. '輪・軸' 등의 '車'의 이름.
수레-바퀴圀 수레의 바퀴. 차륜(車輪). wheel
수레 위에서 이를 간다匯 이미 때가 늦은 뒤에 사람을 원망한들 소용없다. 「gracefulness 하자
수려(秀麗)圀 빼어나게 아름다움. ¶미모(眉目) ~.
수려 증권(─권)(受戻證券)圀〈법〉증권(證券)과 바꾸지 않으면, 채무자가 증권상의 빚을 갚지 않아도 되는 유가 증권. 어음・화물 증권. 창고 증권 등.
수력(手力)圀 손의 힘. hand-power

수력(水力)[명] ①물의 힘. ②〈물리〉물이 가지고 있는 운동의 에너지나 위치의 에너지를 이용하여 어떤 일을 하였을 때의 물의 동력. water power
수력(殊力)[명] 뛰어난 힘. 뛰어난 활동. distinguished
수력(隨力)[명]〈약〉→수기력(隨其力). [ability
수력 발전소(水力發電所)[명] 수력을 동력으로 하여 발전하는 곳. 수력 전기를 발생시켜 여러 방면으로 배송(配送)할 수 있는 설비가 있는 곳. 《대》화력 발전소. hydroelectric power station
수력 전기(水力電氣)[명]〈물리〉물의 힘으로써 발전기를 운전하여 일으키는 전기. 《약》수전(水電).
수력 지점(水力地點)[명]〈토목〉수력 전기를 일으키는 곳. 또, 그에 알맞은 곳.
수력=학(水力學)[명] 액체 특히 물의 역학적 성질을 공학상의 응용을 목적으로 연구하는 학문. hydraulics
수련(手鍊)[명] 솜씨가 익숙함. skill 하[타]
수련(垂憐)[명] 가련히 여겨 돌봄. 하[타]
수련(首聯)[명]〈문학〉율시(律詩)에서 첫 머리의 절(節). 기련(起聯). first stanza
수련(修鍊·修練)[명] 힘이나 정신을 닦아 단련함. 연수(練修). training 하[타]
수련(睡蓮)[명]〈식물〉수련과(睡蓮科)에 속하는 다년생 물풀. 잎은 뿌리에서 갈라져 연잎 같고 광택이 있음. 7~9월에 흰 꽃이 아침에는 피고 저녁에는 오무라짐. 관상용으로 연못·늪에 남. water-lily
수련 노동(修鍊勞動)[명]〈사회〉특수한 지식·기술·경험을 필요로 하는 전문적인 노동.
수련 병:원(修鍊病院)[명]〈사회〉보건 사회부 장관의 지정을 받아 전공의(專攻醫)를 수련시키는 의료 기관. [여자. 곧, 예비 수녀.
수련 수녀(修鍊修女)[명]〈기독〉수녀가 되기를 수련중인
수련=의(修鍊醫)[명]〈의학〉전문의(專門醫)의 자격을 얻기 위하여 병원 등에서 일정 기간의 수련을 하는 인턴과 레지던트.
수련지:회(修鍊之會)[명]〈기독〉연옥(煉獄)에 있는 영
수련=천(水連天)[명] 물과 잇닿아 보이는 아득한 하늘.
수련-하-다[형] 마음이나 생김새가 맑고 곱다. gentle **수련=히**[부] [害).
수렴(水廉)[명] 무덤 속의 송장에 물이 괴는 재해(災
수렴(收斂)[명] ①돈을 거두어 모음. collection of money ②오그라들게 함. astriction ③가혹한 세금을 과함. exaction ④방탕한 사람이 정신을 차림. sobriety ⑤〈수학〉일정한 법칙으로 셈해 나갈 때 그 수가 다른 수의 극한(極限)에 가까이 이르러 그 두 수의 차(差)가 극히 적어지는 상태. ⑥〈물리〉광선의 속(束)이 한 점으로 모이는 일. convergent 하[타]
수렴(垂簾)[명] ①발을 드리움. 또, 그 발. letting down a blind ②〈약〉→수렴 청정(垂簾聽政).
수렴 렌즈(收斂lens)[명] ①볼록 렌즈. ②전자 현미경에서, 전자선을 수렴하여 시료(試料)에 비추기 위한 전자 렌즈. convergent lens
수렴=막(垂簾膜)[명]〈의학〉트라코마의 독소로 인하여 눈망울이 흐려지는 눈병의 하나. [contributions
수렴=전(收斂錢)[명] 추렴하여 모은 돈. collection of
수렴=제(收斂劑)[명]〈약학〉①설사를 그치게 하는 약제. ②점막(粘膜)이나 다친 데에 작용하여 혈관 조직을 수축시키는 약제. astringent
수렴 청:정(垂簾聽政)[명]〈제도〉왕대비(王大妃)가 어린 임금을 대신하여, 정사(政事)를 돌봄. 발을 늘어뜨리고는, 신하의 의견을 듣고 다스리도록 하는 말.
수렵(狩獵)[명]〈동〉사냥. 하[타]. [《약》수렵②. 하[타]
수렵-기(狩獵期)[명] 사냥을 허락하는 시기.
수렵 면:허세(狩獵免許稅)[명]〈법률〉사냥의 면허를 받은 사람에게 부과하는 세금. hunter tax
수렵=장(狩獵場)[명]〈법률〉사냥 감독청의 허가에 의해 지방 장관이 내어 준 사냥의 면허장. shooting license
수렵=법(狩獵法)[명]〈법률〉짐승의 보호와 번식을 위하여 사냥에 관한 여러 가지 규정을 정한 법률. game law
수렵 시대(狩獵時代)[명] 사람의 지혜가 발달되지 아니

하여, 야생(野生)의 짐승을 사냥하여 주식물로 삼던 원시 시대. hunting stage [fowl
수렵=조(狩獵鳥)[명] 사냥할 수 있도록 허락된 새. game
수렵(狩獵地)[명] 사냥하는 곳.
수령(守令)[명]〈제도〉조선조, 각 고을을 맡아 다스리던 지방관. 관찰사·부사·부사 원(員).
수령(秀靈)[명] 제주가 빼어나고 영묘함. genius 하[형]스[형] 스레[부]. [receipt 하[타]
수령(受領)[명] 돈이나 물품을 받아들임. 영수(領受).
수령(首領)[명] 한 당파의 우두머리. leader
수령(壽齡)[명] 긴 생명. 《유》장수(長壽). longevity
수령(樹齡)[명] 나무의 나이. age of a tree
수령=관(首領官)[명]〈제도〉①감영(監營)과 유수도(留守都)의 벼슬. ②고려 문하성(門下省)의 벼슬.
수령 능력(受領能力)[명]〈법률〉타인의 의사 표시의 내용을 이해하는 능력.
수령 칠사[―사―](守令七事)〈역사〉조선조 때, 수령이 힘써야 할 일곱 가지 일. 농상(農桑)의 진흥, 호구(戶口)의 증가, 학교가 생기고, 군정(軍政)이 잘되고, 부역이 고르고, 사송(詞訟)이 잘 처리되며, 간활(姦猾)이 없어지게 하는 것.
수례(手例)[명]〈동〉수결(手決).
수로(水路)[명] ①물길. 뱃길. ¶ ~안내(案內). 《대》육로(陸路). watercourse ②〈체육〉수영 경기(水泳競技)에서 경기자가 헤엄쳐 나가도록 정해 놓은 길. waterway [rming hands
수로(手爐)[명] 손을 쬐게 만든 화로. fire-box for wa-
수로(囚虜)[명] 갇혀 있는 포로. prisoner
수로(酬勞)[명] 수고나 공로에 대한 갚음. reward 하[타]
수로=교(水路橋)[명]〈토목〉물길이 철로·도로 등을 횡단하여 통할 때 가설한 다리. aqueduct
수로=기(修路機)[명] 길 위의 흙을 다지는 기계. 바퀴가 원통형임. roller [도모하여 발행된 도서.
수로 도지(水路圖誌)[명] 해상 항행의 안전 등불화를
수로 만:리(水路萬里)[명] 매우 먼 뱃길.
수로=선(水路線)[명] 지도 등에 수로를 표시한 선.
수로=아(水老鴉)[명]〈동〉가마우지.
수로 측량(水路測量)[명] 심해·조류·바람·등대·지상 목표 등을 측량하는 일.
수로=학(水路學)[명] 해양·호소·하천 및 이들에 근접한 연안의 자연 상태를 측정·기술하는 학문.
수록(水鹿)[명]〈동물〉사슴과의 짐승. 동남 아시아에 분포하며 어깨 높이 1,5 m, 빛은 농갈색인데, 백반(白斑)은 없음. 뿔은 세 갈래, 1 m나 됨. 초식성으로 습지를 즐김. 물사슴. [記)①. notes 수
수록(手錄)[명] 손수 기록함. 또, 그 기록. 수기(手
수록(收錄)[명] ①모아서 기록함. 또, 그 기록. ②책이나 잡지에 실음. 하[타]
수:론(數論)[명]〈수학〉정수(整數)·유리수(有理數)·복소수(複素數) 등의 각종 수의 성질에 관하여 연구하는 수학의 한 분야. theory of number
수뢰(水雷)[명]〈군사〉물 속에서 터뜨리어 적의 배를 부숴 버리는 병기. torpedo [a bribe 하[타]
수뢰(受賂)[명] 뇌물을 받음. 《대》증뢰(贈賂). taking
수뢰 구축함(水雷驅逐艦)[명]〈동〉구축함.
수뢰 모:함(水雷母艦)[명]〈군사〉수뢰정의 뒤를 따라 다니며 보급과 수뢰정을 갑판에 실어서 목적지에 보내 주는 일을 맡은 특수 군함. terpedo-boat deport ship
수뢰 발사관[―사―](水雷發射管)[명]〈군사〉어형 수뢰를 발사하는 해군 병기. launching tube
수뢰 방어망(水雷防禦網)[명]〈군사〉적의 어뢰를 막기 위하여 함측(艦側)에 장치한 강철제(鋼鐵製)의 그물.
수뢰=정(水雷艇)[명]〈군사〉수뢰 발사기를 장비해 적함을 습격하는 작고 속력이 빠른 배. 《유》구축함(驅逐艦). torpedo-boat
수뢰=죄[―쬐―](受賂罪)[명]〈법률〉뇌물을 받아 먹는 죄. 수회죄. 《대》증뢰죄.

수료(水醪) 명 동 여귀.
수료(修了) 명 일정한 학과를 다 배워 마침. completion of a course 하다
수료-생(修了生) 명 일정한 학과를 다 배워 마친 학생.
수료-증[—쯩](修了證) 명 일정한 수업 과정을 마친 사람에게 주는 증서.
수룡(水龍) 명 ①물과 용. ②수중의 용. ③[동] 무자위.
수룡-음(水龍吟) 명 [음악] 나라 잔치 때 아뢰는 풍류.
수루(水漏) 명 물시계. water clock [의 하나.
수루(水樓) 명 물가에 세운 누각(樓閣)
수루(戍樓) 명 적군의 동정을 망보려고 성 위에 지은 망루. watch-tower
수루(垂淚) 명 눈물을 떨어뜨림. shedding tears 하다
수루(愁淚) 명 근심·걱정으로 흘리는 눈물. care-stricken tears
수류-나물 명 〈식물〉 현삼과(玄蔘科)의 다년풀. 줄기는 1∼1.5m이고 잎은 윤생(輪生), 넓은 피침형 합판화가 수상 화서로 여름에 홍자백색의 꽃이 피고 열매는 둥금. 뿌리는 한약재. 위령선(威靈仙).
수류(水流) 명 물의 흐름. watercourse   [speedwell
수류(垂柳) 명 〈동〉 수양버들(垂楊—).
수류(獸類) 명 포유류(哺乳類) 짐승의 총칭. animals
수류 운공(水流雲空) 명 흐르는 물, 하늘에 뜬 구름의 뜻으로, 지난 일의 흔적 없고 허무함을 이름. Life is but an empty dream
수류-탄(手榴彈) 명 〈군사〉 근접 전투에 사용하는 폭탄의 하나. 팔매질을 하거나 또는 소총으로 쏨. handgrenade   [한 진공용 펌프.
수류 펌프(水流 pump) 명 〈물리〉 수도의 수류를 이용한
수-륙(水陸) 명 ①물과 뭍. water and land ②수로와 육로. waterway and land course
수륙-군(水陸軍) 명 수군과 육군.   [당.
수륙 도:량(水陸道場) 명 〈불교〉 수륙제를 올리는 마
수륙 만:리(水陸萬里) 명 바다와 육지를 사이에 두고 멀리 떨어짐.
수륙 병:진(水陸竝進) 명 〈군사〉 수군·육군이 아울러 진출함. amphibious operation
수륙 분포(水陸分布) 명 〈지학〉 지구상의 바다와 육지의 분포 상태. water and land distribution
수륙-용[—뇽—](水陸兩用) 명 물 위에서나 육지에서나 다 활용할 수 있는 것.
수륙 양:용기[—뇽—](水陸兩用機) 명 〈군사〉 수상기(水上機)나 비행정에 바퀴를 달아, 수륙 양쪽에서 다 발착할 수 있는 비행기.
수륙 양:용 전:차[—뇽—](水陸兩用戰車) 명 〈군사〉 추진기를 갖추어 수륙(水陸)을 함께 다닐 수 있게 만든 전차.   [리는 제.
수륙-재(水陸齋) 명 〈불교〉 수륙의 잡귀를 위하여 올
수륙-전:진(水陸戰) 명 〈군사〉 바다와 육지에서의 싸움. amphibious operation
수륙 진미(水陸珍味) 명 산과 바다에서 나는 맛있는 음식물. 귀한 음식. 산해 진미(山海珍味).
수륜(水輪) 명 눈동자의 구멍. hole of the eye
수륜(水綸) 명 낚싯줄을 드리움. 낚시질을 함. 하다
수르나이(surnay 인) 명 〈음악〉 인도의 관악기. 우리 나라 날라리의 원형임.
수르르 튀 ①얽힌 물건이 잘 풀어지는 모양. smoothly ②부드러운 바람이 천천히 부는 모양. gently ③물이나 가루 따위가 보드랍게 가만히 흐르거나 떨어지는 모양. quietly ④졸음이 오는 모양. (작) 소르르. drowsily   [임금의 무덤.
수릉(壽陵) 명 살아 있는 동안에 미리 마련하여 두는
수릉-관(守陵官) 명 〈제도〉 능을 맡아 지키던 벼슬.
수릉-군(守陵軍) 명 〈제도〉 능을 맡아 지키고 그 초목을 가꾸던 군사. ⓒ 능군(陵軍).
수리 명 〈조류〉 매과의 큰 새. 몸은 대형이고 부리가 크며 날개의 폭이 넓음. 산악·평야에 살며 주행성(晝行性)이고 들쥐·토끼·닭 등을 잡아먹음. eagle
수리(水利) 명 ①수상 운반(水上運搬)의 편리. water transport ②물을 이용함. 곧, 물을 음료수로 하거나 논에 물을 대는 일. water supply
수리(水理) 명 하천의 분맥(分脈). 수맥(水脈)②.
수리(受理) 명 받아서 처리함. acceptance 하다
수리(修理) 명 고장난 데나 허름한 데를 손보아 고침. 수선(修繕). 대 파손(破損). repair 하다
수:리(數理) 명 ①수학의 이론(理論)이나 이치(理致). ②계산의 이치. ¶—에 밝다. mathematical princi-
수리-권[—꿘](—權) 명 단오(端午).   [ple
수:리 경제학(數理經濟學) 명 동 수리과 경제학(數理派經濟學).
수리-권[—꿘](水利權) 명 [법률] 하천의 물을 독점하여 사용할 수 있는 권리. water rights
수리-딸:기 명 〈식물〉 장미과의 낙엽 활엽 관목. 온몸에 가시가 나고 잎은 뒤에 잎의 융모(絨毛)가 있음. 4∼5월에 흰 꽃이 피고 과실은 6월에 붉게 익음. 과실은 식용함.
수리-먹다 자 밤이나 도토리 따위의 단단한 속살의 일부분이 상하여 꺼슬꺼슬하게 되다. be partly spoiled
수:리 물리학(數理物理學) 명 〈물리〉 물리 현상을 나타내는 수학적의 연구. 양자 역학·통계 역학·장(場)의 이론 등.
수리-부엉이 명 〈조류〉 올빼미과의 사나운 새의 하나. 몸 빛은 적갈색 또는 담갈색에 흑색 반점이 있음. 야간에 들쥐·산토끼 따위를 잡아먹고 괴상한 소리로 욺. 수알빼미.
수리 불안전답(水利不安全畓) 명 관개 시설이 되어 있지 않아 농사가 안전하지 못하는 논. 천수답 따위.
수:리 생물학(數理生物學) 명 〈생물〉 수학, 컴퓨터 기술 및 양적(量的) 이론 등의 생물학 체계로의 적용과, 그 체계의 기초가 되는 방법론을 포함하는 학문.   [dimly 하다
수리-수리 튀 옆에 띄어서 시력(視力)이 희미한 모양.
수리 안전답(水利安全畓) 명 관개 시설이 되어 언제나 물을 댈 수 있어 농사가 안전한 논. 수리답(水利畓).
수리 자:금(水利資金) 명 수리 사업을 위한 자금.
수:리-적 위치(數理的位置) 명 〈지리〉 어느 지점이 경도와 위도로 몇 도의 자리에 놓였는가를 보는 방법. mathematical position   [전신.
수리 조합(水利組合) 명 [법률] ‘토지 개량 조합’의
수:리 지리학(數理地理學) 명 〈지리〉 우주에 있어서의 지구의 위치나 역(曆)·방위(方位)·지도 따위를 연구하는 지리학의 한 분야. mathematical geography
수:리 철학(數理哲學) 명 〈철학〉 수학을 기초로 연구하는 철학의 한 부분. 근세 미적분학의 발달과 함께 출현. mathematical philosophy
수리취 명 〈식물〉 엉거시과의 다년생 풀. 잎은 타원형에 톱니가 있고 뒷면에 흰털이 있음. 9∼11월에 자색 또는 흰 꽃이 핌. 어린 잎은 식용으로 하는 부시깃을 만듦. 축축한 땅에 저절로 남.
수리취-떡 명 수리취의 잎을 섞어 만든 시루떡.
수:리파 경제학(數理派經濟學) 명 〈경제〉 수학적 수단으로써 경제학의 근본 법칙을 설명하려는 경제학의 한 파. 수리 경제학. mathematical economics
수리-학(水理學) 명 수로·하천·운하 등에서의 수류(水流)를 연구하는 학문. hydrography
수:리학-파(數理學派) 명 수학의 원리를 다른 학문에 응용하려는 학파.
수림(樹林) 명 나무가 우거진 숲. forest of trees
수립(竪立) 명 똑바로 꼿꼿하게 세움. erection 하다
수립(樹立) 명 공(功)이나 사업을 세움. establishment
수릿-날[—릳](— —) 명 단오(端午).   [하다
수마(水馬) 명 동 해마(海馬).
수마(手馬) 명 〈군사〉 기마병(騎馬兵)이 보병전(步兵戰)을 하기 위하여 타지 않는 말.
수마(水魔) 명 수해(水害)를 악마로 비유한 말. 물난리. 물마귀. flood
수마(睡魔) 명 몹시 졸리어 일에 방해되는 졸음. somnolence

수:마노(水瑪瑙)[명]〈광물〉광택이 아름다운 석영(石英)의 하나. 「이에 올리는 데 필요한 동력.
수:마:력(水馬力)[명]〈물리〉일정량의 물을 일정한 높
수:마:석(水磨石)[명]물결에 씻기어 서슬이 닳은 둥글된 돌. stone polished by the flow of water
수마잡이(手馬—)[명]〈군사〉싸움에 참가하지 못하고 기병(騎兵)의 수마를 보살피는 병졸.
수막(首幕)[명]〈제도〉비장(裨將) 중의 우두머리.
수:막(繡幕)[명]수를 놓아 꾸민 장막(帳幕). embroide-
수=막새〈건축〉'막새'로 된 수키와. red curtain
수:=만(數萬)[명] ①여러 만. 이삼 만 또는 오륙 만. tens of thousands ②썩 많은 수효.
수:=많-다(數—)[형]수효가 아주 많다. 헤아릴 수 없이 많다. **수:=많이**[부]
수말(동물)[명]말의 수컷. (대)암말. stallion
수말(水沫)[명] ①물거품. 수포(水泡)①. bubble ②물보라. 비말(飛沫). drop
수말(首末)[명]머리와 끝. beginning and end
수망(首望)[명]〈제도〉삼망(三望) 가운데의 첫째.
수매(水媒)[명]〈식물〉물에 사는 현화(顯花)식물의 화분(花粉) 수정(受精)이 물의 매개로 이루는 현상.
수매(收買)[명]거두어 사들임. ¶하곡 ~. 추곡 ~. 하다
수매-화(水媒花)[명]〈식물〉물의 매개에 의하여 수분(受粉)하는 꽃. water-fertilized flower
수맥(水脈)[명]강이나 바다에서 배가 다니는 길. 수로(水路). ②땅속에 흐르는 물의 줄기. 수리(水理). water-vein 「밑에 놓은 물구멍. sluice
수명(水明)[명]논에 물을 대거나 빼기 위하여, 둑이나 방죽
수메→숨비. 「the water
수면(水面)[명]물의 표면. 물바다. 물 위. surface of
수면(水綿)[명]〈식물〉녹조류 담수조(淡水藻)의 총칭. 논·못·늪 따위 물속에 뿌리 없이 헝클어진 머리카락처럼 떠 있음. 짙은 녹색. 석의(石衣). 수태(水苔). 해캄. 「일. 침수(寢睡). 하다
수면(睡眠)[명] ①졸음이나 잠. sleep ②활동을 쉬는
수면(獸面)[명] ①짐승의 얼굴을 본떠 만든 탈이나 조각. mask of an animal's ②방패나 병풍속에 그리거나 새긴 짐승의 얼굴. 수두(獸頭). carved face of an animal
수면-계(水面計)[명]증기관(蒸氣罐)속의 수면의 높이를 밖에서 알 수 있도록 만든 계기(計器).
수면 매립(水面埋立)[명]강·바다·호수 등의 수면을 메꾸어 육지로 만드는 일.
수면-병(睡眠病)[명]〈의학〉병의 원인으로 자꾸만 잠이 오는 증상. ②〈의학〉서아프리카의 콩고강 유역에서 발생하는 전염성 풍토병.
수면 부족(睡眠不足)[명]잠이 모자람.
수면 상태(睡眠狀態)[명] ①잠자고 있는 상태. ②어떤 단체·사업이 부진한 상태.
수면 양배(睡面盎盃)[명]광채가 나는 얼굴과 탐스러운 등이라는 뜻에서 '덕성이 있어 보이는 사람의 생김새'의 비유. 곧, 밝고도 화평한 기운은 겉에 그대로 드러남.
수면 운:동(睡眠運動)[명]〈동〉취면 운동(就眠運動).
수면-제(睡眠劑)[명]〈약학〉잠을 자게 하는 약효가 있는 약제. sleeping drug
수명(水明)[명]맑은 물이 햇볕에 비치어 똑똑하게 보임. ¶산자(山紫) ~. clear water
수명(受命)[명] ①명령을 받음. receiving an order ②《略》→수명어천(受命於天). 하다
수명(羞明)[명]눈이 흐리어 밝은 빛을 바로 보지 못하는 병. photophobia
수명(壽命)[명]목숨. 생명(生命)①. 《略》수(壽)③. life
수명 법관(受命法官)[명]〈법률〉재판장의 명으로 합의체를 대표하여 증거 조사, 화해(和解)의 권고, 증인 심문 따위의 소송 행위를 하는 합의체 구성원의 한 사람인 법관. commissioned judge
수:=명사(數名詞)[명] 수사(數詞).

수명(受命)=어천(於天) 천명(天命)을 받아 왕위(王位)에 오름. 《略》수명(受命)②.
수명 장:수(壽命長壽)[명]목숨이 길어 오래 삶. 주로 어린아이의 명이 썩 길기를 빌어서 하는 말. lon- gevity
수모(手母)[명]신부에 딸려 단장을 꾸며 주고, 예절을 거행하게 받들어 주는 여자. 수무(手—). brides-
수모(水母)[동]해파리. [maid
수모(受侮)[명]모욕을 당함. being insulted 하다
수모(首謀)[명] ①주장이 되어 어떤 일을 모의함. ②《略》→수모자(首謀者). 하다
수모(誰某)[대] 「우는 여자.
수모-곁시(手母—)[명]수모(手母)를 따라다니면서 배
수모-수모(誰某誰某)[대]아무개 아무개.
수모-시(壽母詩)[명]어머니의 생신에 장수를 비는 시.
수모-자(首謀者)[명]일을 꾸며 피하는 우두머리. 《略》수모(首謀)②. ringleader
수목(手目)[명]낡은 솜으로 실을 켜서 짠 무명.
수:목(數目)[명]낱낱의 수효. one by one
수목(樹木)[명] ①살아 있는 나무. ②〈식물〉목본 식물
수목(瞤目)[명]잠이 든 눈. 「의 총칭. trees
수목 농업(樹木農業)[명]〈농업〉수목을 주로 농작물로 삼는 농업. arboriculture
수목 참천(樹木參天)[명]수목이 울창함. 하다
수몰(水沒)[명] ①물에 묻힘. 지상에 있던 것, 특히 건조물이 물 속에 잠김. ②〈광물〉광산이 물에 잠기는 일. 하다 「dream
수몽(愁夢)[명]근심스러운 나머지 꾸는 꿈. uneasy
수무(手—)[명]수모(手母).
수무 족도(手舞足蹈)[명]몹시 좋아서 날뜀. 《略》도무(蹈舞). dancing for joy 하다
수=무지개[명]쌍무지개가 섰을 때, 빛이 곱고 똑똑하게 보이는 무지개. (대)암무지개. beautiful rainbow
수무-푼:전(手無—錢)[명]가진 돈이 한 푼도 없음. pe- niless
수묵(水墨)[명] ①빛이 연한 먹물. pale (India) ink ②〈미술〉유묵(流墨)무늬가 있는 그릇.
수묵 산수(水墨山水)[명]〈미술〉채색(彩色)을 쓰지 않고 산수(山水)와 수석(樹石)을 모두 수묵만으로 그린 산수화.
수묵-색(水墨色)[명]엷은 먹물의 빛깔. 「린 산수화.
수묵-지-다(水墨—)[명]그림·글씨의 획이나 점의 가장자리에 수묵이 어리어 나타나다. Indian ink runs
수묵-치-다(水墨—)[동]잘못된 곳에 수묵을 발라 감추다. cover up
수묵-화(水墨畫)[명]〈미술〉채색을 쓰지 아니하고 수묵(水墨)의 농담(濃淡)의 조화로 친 일치(天下一致)의 초자연적 표현을 주로 하는 그림. 주로 산수화에 그려짐. painting in Indian ink
수문(水文·水紋)[명] ①물 위에 일어나는 파문(波紋). water-ring ②파문처럼 어른어른한 무늬. wave-lets
수문(水門)[명]저수지나 수로에 설치하여 수량을 조절하는 문. 물문.
수문(手蚊)[명]〈동〉손금. 「하는 문. 물문.
수문(守門)[명]문을 지킴. guarding the gate 하다
수문(壽門)[명]대대로 장수(長壽)하는 집안. family with traditions of longevity
수문-군(守門軍)[명]〈제도〉각 궁문 및 성문을 여닫고 통행인을 검찰하던 병졸. 「지키던 벼슬.
수문 부장(水門部長)[명]〈제도〉도성(都城)의 물문을
수문 수답(隨問隨答)[명]묻는 대로 거침없이 대답함. following question with answers 하다
수문-장(守門將)[명]〈제도〉궐문·성문을 지키던 벼슬.
수:문-지기(水門—)[명]수문을 지키는 사람. [sentry
수문-학(水文學)[명]〈지학〉하천·호소(湖沼)·지하수·빙설 등의 형태로 육지에 존재하는 물의 상태를 연구 대상으로 하여, 그 기원·분포·순환, 물과 환경과의 상호 작용 등을 연구하는 학문.
수미(水味)[명]물맛. [eyebrows
수미(秀眉)[명]아주 빼어나게 아름다운 눈썹. beautiful
수미(首尾)[명]사물의 머리와 꼬리. 처음과 끝. 두미

수미(頭尾). beginning and end
수미(愁眉)명 수심에 찬 눈썹. 곧, 근심스러운 기색. knitted eyebrows
수미(粹美)명 잡된 것이 없이 아주 아름다움. pure
수미(壽眉)명 노인의 눈썹 가운데서 가장 긴 눈썹.
수미(鬚眉)명 수염과 눈썹. whiskers and eyebrows
수미=단(須彌壇)명 <불교> 절의 불전(佛殿) 안에 부처님을 두는 단.
수=미분(水米粉)명 쌀을 물에 불리어, 매에 갈아 체에 밭치어 가라앉힌 앙금. 무리².
수미=산(須彌山)명 <불교> 불교의 세계설에서 세계의 중심을 이루고 있다고 하는 상상의 큰 산으로 꼭대기에 제석천(帝釋天)이, 중턱엔 사천왕(四天王)이 살며, 그 높이가 8만 유순(由旬)이나 된다고 함.
수미 상응(首尾相應)명 머리에 말한 것과 끝에 말한 것이 서로 응하여 어울림. 하다
수미 상접(首尾相接)명 머리와 끝이 서로 접함. 하다
수민(秀敏)명 뛰어나고 현명함. intelligence 하다
수민(愁悶)명 근심 걱정으로 마음이 답답하고 번거로움. 수심에 싸여 번민함. agony 하다
수밀(水密)명 <물리> 그릇 따위가 속에 담긴 물을 조금도 흘리지 않고 물의 압력에 견디어 내는 작용.
수밀 격벽(水密隔壁)명 선박이 파괴되어 침수할 때, 이를 일부분에만 그치게 하고자 내부를 여러 방으로 갈라 막은 벽.
수밀=도(水蜜桃)명 껍질이 얇고 물이 많은 복숭아의 하나. peach
수=바늘(繡—)명 수놓을 때 쓰는 바늘.
수박(식물) 박과의 일년생 덩굴풀. 아프리카 원산. 자웅 동주로 꽃은 담황색, 열매는 둥글고 크며 맛은 단데 물이 많음. 수과(水瓜). 서과(西瓜). water-melon [이르는 말.
수박 겉 핥기(명) 일의 내용은 모르고 겉만 건드림을
수=박 깍두기(명) 겉껍질을 벗긴 수박의 껍질로 담근
수=박-단(—緞)명 비단의 하나. [깍두기.
수=박-등(—燈)명 수박 모양으로 만든 등의 하나.
수=박 정:과(—正果)명 수박의 껍질을 겉껍질째 썰어서, 꿀이나 설탕에 조린 정과.
수=박-풀(식물) ①아욱과의 일년생 풀. 높이 30~60 cm로 밑의 잎은 원형, 위의 잎은 3~5 갈래로 깊게 갈라짐. 7~8월에 담황색 꽃이 피고 과실은 삭과(蒴果)임. ②<동> 오이풀.
수반(水畔)명 물가. beach [water
수반(水飯)명 물에 만 밥. (대) 건반(乾飯). rice in
수반(水盤)명 사기나 쇠붙이로 운두가 낮고 평평하게 만든 그릇. 물을 담아 꽃이나 괴석(怪石) 따위를 넣어 보고 즐김. flower tray
수반(首班)명 ①행정부의 우두머리. head ②반열(班列) 가운데의 첫째.
수반(隨伴)명 ①붙좇아서 따름. ¶조건이 ~된다. accompaniment ②어떤 일과 함께 일어남. 하다
수:반-구(水半球)명 지구의 극을 48°S, 179°W로 하여 지구를 2 분할 때의 남반구. 전 면적의 88%가 바다임. (대) 육반구(陸半球). water hemisphere
수발(身邊)명 신변(身邊) 가까이에서 여러 가지로 시중을 듦. 바라지¹. 하다 [outstanding 하다
수발(秀拔)명 여럿 가운데서 특별히 뛰어나나 돋보임.
수발(鬚髮)명 수염과 머리털. whiskers and hair
수발 황락(鬚髮黃落)명 늙어서 쇠약함. dotage 하다
수방(水防)명 ①홍수(水害)의 방지. ②홍수에 대비하여 하천의 둑을 고쳐 쌓는 일. defence against flood
수방(守房)명 <민속> 첫날밤에 신랑을 지키는 일. 가까운 연고자나 시비(侍婢)들이 지키는 풍습. keeping a bridal room for the first day 하다
수방(殊邦)명 다른 나라. foreign country
수방(搜訪)명 수색하여 찾음. 하다
수방=단(水防團)명 큰 수재(水災)가 났을 때 제방의 감시, 이재민의 구제 따위를 하고자 조직된 단체. flood defence corps
수방=림(水防林)명 홍수 때 수해를 방지하기 위해 심어 놓은 삼림. 수해 방비림(水害防備林).
수:=방석(繡方席)명 수를 놓아 만든 방석.
수배(手背)명 《轉義》손등.
수배(手配)명 ①손을 나누어 어떤 일을 하게 함. disposition of men ②범인을 잡으려고 수사망을 폄. search instruction 하다
수배(受配)명 나눈 몫을 받음. being distributed 하다
수배(隨陪)명 <제도> 원을 따라다니는 아전.
수배-자(受配者)명 배급을 받는 사람.
수백(水伯)명 <동> 물귀신.
수백(粹白)명 아주 흰빛. snow-white
수:-백(數百)관 백의 두서너 배. hundreds [백만.
수:-백만(數百萬)관 여러 백만. 이삼백만 또는 사오
수=백분(水白粉)명 액체로 된 분. 물분.
수:버니(souvenir)명 ①기념품. 선물(膳物). ¶~솝. ②회상. 추억.
수:-버선(繡—)명 수를 놓아 지은 젖먹이의 버선.
수변(首邊)명 상어군의 우두머리. head
수=벌(명) 벌의 수컷. 웅봉(雄蜂). (대) 암벌. drone
수벌(受罰)명 벌을 받음. 하다
수=범(명) 범의 수컷. (대) 암범. tiger
수범(垂範)명 몸소 남의 모범이 되게 함. ¶솔선(率先)~. setting an example 하다 [offender
수범(首犯)명 죄를 범한 무리의 우두머리. principal
수법(—법)(手法)명 ①작품을 만드는 솜씨. technique 하다 ②<轉義>수단. 방법. means
수법(受法)명 <불교> 스승에게서 불법(佛法)을 받음.
수법(修法)명 <불교> 나라나 개인을 위하여 가지(加持) 기도할 때 단을 만들어 호마(護摩)를 태우며 진언(眞言)을 외고 손에 인(印)을 맺어 염불 수도(念佛修道)하는 법식.
수:법(—법)(數法)명 셈하는 방법. counting
수법(—법)(繡法)명 수놓는 방법. embroidery
수=베개(繡—)명 수를 놓아서 만든 베개.
수:=벡터(數 vector)명 <수학> 몇 개의 수를 가로·세로로 배열한 것. n개의 수를 가로로 배열한 것을 n차원의 행(行)벡터, 세로로 배열한 것을 n차원의 열(列)벡터라 함.
수벽(手擘)명 ①손바닥. palm ②손벽치기. 곧, 둘이 마주 앉아서 서로 손바닥을 마주치는 장난. handclapping game
수변(水邊)명 물가. water's edge
수병(水兵)명 <군사> 해군의 수병(兵士). seaman
수병(手兵)명 <약> 수하 친병(手下親兵).
수병(守兵)명 지키는 군사. 술병(戍兵). garrison
수병(戍兵)명 국경을 지키는 병사. 수졸(戍卒). guard
수병(受病)명 병을 얻음. falling ill 하다
수:병(繡屛)명 수를 놓은 병풍. embroidered folding
수병-복(水兵服)명 해군복(海軍服). [screen
수병=학(樹病學)명 <식물> 수목의 병을 대상으로 하는 식물병학.
수보(修補)명 상수지 않은 데를 깁고 허물어진 데를 더함. 보수(補修). 중수(重修). repair 하다
수보(酬報)명 《轉義》갚음을 받음(報答). 하다
수보(蒐補)명 모아다가 덜 갖춘 데를 기움. mending
수:=보-다(數—)타 제수가 좋고 나쁨을 보다. having one's fortune told [reclamation 하다
수복(收復)명 잃었던 땅을 도로 찾음. ¶9. 28 서울 ~.
수복(守僕)명 <제도> 묘(廟)·사(社)·능(陵)·원(園)·서원(書院) 등의 제사(祭祀)에 관한 일을 맡아보던 하급 관리(官吏).
수복(修復)명 ①수리하여 본 모습과 같이 함. repair ②편지의 답장을 함. reply 하다
수복(壽福)명 오래 사는 일과 복을 누리는 일.
수복 강녕(壽福康寧)명 오래 살고 행복하며 건강하고 마음이 평안함. longevity happiness and healthiness 하다
수복=민(收復民)명 수복 지구의 백성. 수복한 백성.
수복 지구(收復地區)명 잃었다가 되찾은 지역.
수:=부이(數—)명 갖가지 쇠고기를 조금씩 베어내어

수본(手本)[명] 〈제도〉 공사(公事)를 상관에게 보고하는 서류. report

수:본(繡本)[명] 수를 놓도록 본떠 놓은 바닥. pattern of embroidery

수봉(收捧)[명] ①세금을 징수함. 수쇄(收刷)②. tax collection ②남에게 빌려 준 돈을 거둬 들임. calling in debt 하타

수봉(秀峰)[명] ①썩 아름다운 산봉우리. ②썩 높은 산봉우리.

수부(水夫)[명] ①하급 선원(船員). seaman ②뱃사람. sailor ③[동] 조졸(漕卒)

수부(水府)[명] 〈제도〉 물장수.

수부(水府)[명] ①물을 맡은 신(神)의 궁궐. Sea God's Palace ②〈제도〉 조선조 때, 공조(工曹)를 달리 이르던 말.

수부(受付)[명] →접수(接受).

수부(首府)[명] 수도(首都).

수부(首富)[명] 첫째 가는 부자. 갑부(甲富).

수부(壽富)[명] 오래 살고 넉넉하게 잘삼.

수부 다남자(壽富多男子)[명] 오래 살고 유복하며 아들이 많음. 하타

수부-전(水夫田)[명] 〈제도〉 조선조 때, 수부(水夫)의 급료로 그 결세(結稅)를 주던 논밭.

수=부족(手不足)[명] ①사람 손이 부족함. ②바둑·장기 등에서, 수가 부족함. 하타

수부종(水付種)[명] 〈농업〉 못자리를 하지 않고 논에 바로 볍씨를 뿌림. 삶이⑥. 하타

수북=수북[부] 날날이 모두가 수북한 모양. [작] 소복. 하타

수북-하-[다][형] ①물건이 많이 담겨 있거나 쌓여 있다. ②살이 부어 두드러져 있다.《작》 소복하다. be brimful 수북-이[부]

수분(水分)[명] 물기.

수분(水盆)[명] 물을 담고 그 속에 꽃이나 괴석을 담아 두는 그릇.

수분(水粉)[명] ①물에 불린 쌀을 물과 함께 매에 갈아 체에 가라앉힌 앙금. 무리. ②[동] 물분. liquid face powder [in life 하타

수분(守分)[명] 제 분수를 지킴. keeping one's status

수분(受粉)[명] 〈식물〉 현화(顯花) 식물에서, 수술의 꽃가루가 암꽃술의 주두(柱頭)에 붙어 열매를 맺게 되는 현상. pollination 하타

수분(授粉)[명] 암술에 수술의 꽃가루를 붙여 줌.

수분-계(水分計)[명] 고체에 함유되어 있는 수분을 측정하는 장치.

수분-수(授粉樹)[명] 타화 수분(他花受粉)을 하기 위하여 혼식(混植)하는, 품종이 다른 과실 나무.

수불(受拂)[명] 받음과 치름. receipt and payments 하타

수=불석권(手不釋卷)[명] 손에서 책을 놓지 않고 늘 읽음. 부지런히 학문에 힘씀. reading without rest 하타

수비(水肥)[명] 액체로 된 비료. liquid fertilizer

수비(水飛)[명] ①곡식의 가루나 만들 흙 따위를 물에 넣고 휘저어 잡물을 없앰. selection by water ②〈미술〉 만들 흙을 물에 넣어 잡물을 없애는 일을 하는 사람. 하타

수비(守備)[명] 지키고 막음.《대》공격(攻擊). defense

수-빙[고] 쉽지.《군사》defense forces

수비-군(守備軍)[명] 〈군사〉 수비를 중요 임무로 하는 군대.

수비-대(守備隊)[명] 〈군사〉 수비의 경비를 위하여 배치된 군대. garrison

수=비둘기 비둘기의 수컷.《대》 암비둘기. cock-dove

수비-율(守備率)[명] 〈야구〉 야구(野球)에서, 어떤 선수의 보살(捕殺)과 척살(刺殺)의 수의 합계를 보살·척살 및 실책의 수의 합계로 나눈 백분율.

수비 점:령(守備占領)[명] 〈군사〉 군대가 싸움터에서 지켜 막는 목적으로 적국이나 제삼국의 땅을 점령함. defensive occupation

수비-진(守備陣)[명] 수비하는 편의 진.

수비-질(水飛-)[명] 수비(水飛)하는 일. 하타

수비토(subito 이)[부]〈음악〉'즉시로'·'곧'의 뜻.

수빈(愁矉)[명] 수염과 머리털.

수빙(水冰)[명] 물이 얼어서 된 얼음.

수빙(樹冰)[명] 과(過)냉각된 농무가 한랭한 지물(地物), 특히 나뭇가지에 응결된 얇은 얼음의 층.

수-빼:지-다[자] 말이나 행동을 실수하여 남에게 약점을 잡히다.

수사(水死)[명] 익사(溺死). 하타

수사(水使)[약]→수군 절도사(水軍節度使).

수사(水師)[명] 수군(水軍)②.

수사(手寫)[명] ①글을 손수 씀. copying by hand ②직접 베낌. 하타

수사(秀士)[명] 학문과 덕행이 빼어난 선비. excellent scholar

수사(首寺)[명]〈불교〉도(道)나 군(郡) 안에서 으뜸가는 절. 수찰(首刹).

수사(修士)[명]〈기독〉독신으로 수도원 곧 수사원에 들어가 수도하는 남자. 《대》수녀(修女). brother

수사(修史)[명] 역사(歷史)를 엮고 다듬음. compilation of a history 하타

수사(殊死)[명] ①목을 베는 형벌. beheading ②죽기를 작정하고 결행함. preparedness for death 하타

수사(修辭)[명] 말이나 문장을 꾸미어 보다 묘하고 아름답게 함. 또, 그 기술. 미사(美辭)②. figure of speech 하타 [from anxiety

수사(愁思)[명] 지나친 걱정으로 말미암아 죽음. die

수사(遂事)[명] 벌써 다 된 일. fait accomplish

수사(搜査)[명] ①찾아다니며 조사함. investigation ②범인의 행방을 찾거나 증거를 모음. ③〈법률〉검사 또는 사법 경찰관이 범인의 발견 및 범죄 사실의 증거를 수집하는 활동. search 하타

수사(愁思)[명] 근심스러운 생각. 수심(愁心)에 찬 생각. worry

수사(壽詞)[명] 오래 삶을 기리는 말이나 시가(詩歌) 또는 문장. poem for one's longevity

수:사(數詞)[명]〈어학〉 체언의 하나. 곧, 수나 차례를 나타내는 품사. 하나·둘·스물·첫째·둘째 따위. 양(量)수사와 서(序)수사가 있음. 셈씨. 수명사(數名詞). numeral

수사-가(修史家)[명] 역사를 편수하는 사람.

수사 기관(搜査機關)[명]〈법률〉범죄를 수사할 권한을 가진 국가 기관. 검사(檢事)·사법 경찰관 등의 총칭. [unlucky

수:=사:남-다(數一)[형] 운수가 아주 좋지 못하다.

수사-대(搜査隊)[명] 범인·용의자 따위를 찾아서 조사하는 일을 맡은 부대.

수=사돈(-査頓)[명] 사위 쪽의 사돈.《대》암사돈. father of one's son-in-law [care of 하타

수사 두호(隨事斗護)[명] 모든 일을 돌보아 줌. taking

수사-류(垂絲柳)[명]〈동물〉능수버들.

수사-망(搜査網)[명] 수사관을 그물처럼 이리저리 배치하여 놓은 수사의 태세.

수사-법(-法)(修辭法)[명]〈문학〉 문장 표현의 기교. 곧, 말이나 문장을 수식하여 보다 묘하고 아름답게 표현하는 방법. rhetoric [hand copied book

수사-본(手寫本)[명] 손으로 베끼어 낸 책. 사본(寫本)②.

수사 본부(搜査本部)[명] 중대한 범죄가 발생한 경우에 관할 경찰서 등에 설치되어, 그 수사의 지휘를 담당하는 본부.

수사 분투(殊死奮鬪)[명] 목숨을 걸고 힘을 펼쳐 싸움.

수사-원(修士院)[명]〈기독〉수사(修士)가 도를 닦는 곳. 수도원의 하나. 《대》수녀원(修女院). monastery

수사이(水賜伊)[동] 무수리1.

수사-자(水死者)[명] 물에 빠져 죽은 사람. 익사자.

수사-전(殊死戰)[명] 뜻을 정해 죽기를 마음먹고 하는 싸움. 하타

수사 제독(水師提督)[명]〈군사〉함대(艦隊)를 지휘하는 사령관. admiral [성한 전용.

수사(搜査班)[명] 범죄 수사를 위한 수사관들로 구

수사-학(修辭學)[명]〈문학〉독자에게 가장 감동을 줄 수 있도록 사상을 유효하게 표현하는 방법을 연구하는 학문. 미사학(美辭學). rhetoric

수삭(數朔)[명] 몇 달. several months [症).

수산(水疝)[명]〈한의〉불알이 붓고 아픈 병. 산증(疝

수산(水產)圈 강이나 바다에서 나는 산물. 《대》육산(陸産). marine products

수산(授産)圈 살 길을 열어 주기 위하여 일자리를 줌. providing with work 하다

수산(蓚酸)圈 〈화학〉유기산의 하나. 칼슘염(鹽)으로서 식물 속에 들어 있는 무색의 결정. 염료 공업·현상액·시약 등에 쓰임. oxalic acid

수산 가공업(水產加工業)圈 수산 동식물을 원료로 하여 식료·사료(飼料)·비료·유지(油脂)·가죽 등을 생산하는 공업.

수산 고등 학교(水產高等學校)圈 〈교육〉수산업에 종사할 사람에게 필요한 지식·기능을 가르치는 실업 고등 학교. fisheries high school

수산=기(水酸基)圈 〈화학〉수소와 산소 각각 한 원자량으로 이루어진 'OH' 원자단(原子團). hydroxy group

수산 대학(水產大學)圈 〈교육〉수산에 관한 전문적인 이론과 기술을 교수하는 단과 대학. fisherise college

수산=물(水產物)圈 어패류와 해조류 등과 같이, 바다·강·호수에서 나는 산물.

수산 비:료(水產肥料)圈 수산 동식물을 원료로 하여 만든 비료. manure prepared from marine products

수산세[-쎄](水產稅)圈 〈법률〉수산물의 산출(産出)에 따라 그 영업자에게 매기는 세금. marine product tax

수산 시:험장(水產試驗場)圈 수산에 관한 시험·조사·분석·감정·보급·지도를 위해 설립된 시험장.

수산=아산화철(水酸亞酸化鐵)圈 〈화학〉'수산제일철'의 속칭.

수산 양:식(水產養殖)圈 인공적으로 수산물을 길러 번식시키는 일.

수산=업(水產業)圈 수산의 어획·양식·제조 등에 관한 사업. fisheries

수산업 협동 조합(水產業協同組合)圈 〈법률〉수산업의 공동 이익을 피하기 위하여 설립한 법인 단체. marine products association

수산=장(授產場)圈 생활이 어려운 이들을 도우려고 취업·기능 습득의 기회를 주는 보호 시설. work center

수산=제:이:철(蓚酸第二鐵)圈 〈화학〉수산화제이철(水酸化第二鐵)에 수산(蓚酸)을 넣어 만든 녹색의 고체. 물에 잘 녹으며, 사진·염색의 재료로 씀.

수산=제:일철(蓚酸第一鐵)圈 〈화학〉황산제일철(黃酸第一鐵)의 용액에 수산(蓚酸)을 넣어 만든 적황색 가루. 사진술의 현상약으로 씀.

수산=청(水產廳)圈 〈화학〉수산에 관한 사무를 관장하는, 농수산부의 외국(外局)의 하나.

수산=학(水產學)圈 수산 기술과 수산 생물에 관해 연구하는 응용 과학. fisherico science

수:산호(水珊瑚)圈 도화색이 나는 산호.

수산화=나트륨(水酸化 Natrium)圈 〈화학〉탄산나트륨 수용액에 석회유(石灰乳)를 넣어 끓이거나, 또는 식염 용액의 전해(電解)로 얻는 흰 무정형 결정체. sodium hydroxide

수산화=물(水酸化物)圈 〈화학〉수산기(水酸基)를 지니고 있는 무기 화합물의 총칭. hydroxide

수산화=바륨(水酸化 barium)圈 〈화학〉산화바륨에 물을 작용시켜서 얻는 백색 무정형의 가루. barium hydroxide

수산화=석회(水酸化石灰)圈 〈동〉수산화칼슘.

수산화=암모늄(水酸化 ammonium)圈 〈화학〉암모니아가 물과 화합하여 되는 화합물. ammonium hydroxide

수산화=철(水酸化鐵)圈 〈화학〉제일철염에 알칼리를 더하여 얻는 흰 빛깔의 앙금인 수산화제일철과 제이철염의 용액에 알칼리를 더하여 얻는 수산화제이철. hydrated iron

수산화=칼륨(水酸化 kalium)圈 〈화학〉탄산칼륨의 희박한 용액에 소석회수를 가하거나, 염화칼륨의 전해(電解)에 의해 만드는 백색 무정형의 덩어리. 가성칼리. potassium

수산화=칼슘(水酸化 calcium)圈 〈화학〉생석회에 물을 넣으면 열을 내거나 붕괴하며 생기는 흰빛의 가루. 소석회(消石灰). 수산화석회(水酸化石灰). 가성석회(苛性石灰). 수화 석회(水化石灰). calcium hydroxide

수살(水殺)圈 〈민속〉시골 동네 어귀에 있는 돌 또는 나무. 동네를 수호하는 신성한 것으로 전염병이 유행할 때 새끼줄을 쳐서 모시며, 또 병이 나으라고 환자의 옷을 걸어 놓기도 함.

수살(愁殺)圈 매우 근심하고 슬퍼함. 또, 근심하게 함. '殺'은 뜻을 강조함.

수살 영산(水殺—)圈 →물귀신.

수삼(水蔘)圈 삼의 수포기. 암삼.

수삼(水蔘)圈 캐내어 아직 말리지 않은 인삼. 생삼(生蔘). 《대》건삼(乾蔘). raw ginseng

수:=삼배(數三杯)圈 술의 두서너 잔.

수:=삼차(數三次)圈 두서너 차례. several times

수삼(羞澁)圈 부끄러워 머뭇머뭇하는 모양. shyness 하다 스럽 스레다

수상(水上)圈 ①물의 위. 《대》육상(陸上). surface of the water ②흐르는 물의 상류(上流). upper stream

수상(手上)圈 손위. 《대》수하(手下). senior

수상(手相)圈 ①손바닥에 나타난 금. 손금. ②손금의 모양·손의 형상 등을 보고 운수·길흉을 점치하는 점. lines of the palm [red 하다

수상(受傷)圈 상처를 입음. 부상(負傷). being inju-

수상(受像)圈 〈물리〉영상(映像)을 전파나 영상 광선을 받아서 상을 비침. television image 하다

수상(受賞)圈 상을 받음. receiving a prize 하다

수상(首相)圈 ①내각(內閣)의 우두머리. 국무 총리. premier ②(옛) 영의정(領議政).

수상(殊狀)圈 ①형상을 달리함. 모양이 다름. ②딴 것과 틀린 형상. 특별히 기이한 형상.

수상(殊常)圈 보통과 다르게 이상함. suspiciousness 하다 스럽 스레다 히

수상(殊勳)圈 수상(殊常)한 조짐.

수상(殊賞)圈 특별한 상. special prize giving

수상(授賞)圈 상을 줌. prize-giving 하다

수상(愁傷)圈 몹시 슬퍼함. 하다

수상(樹上)圈 나무 위. 《대》수하(樹下).

수상(隨喪)圈 장사지내는 데 따라감. attending a funeral service 하다 /생각. occasional thoughts

수상(隨想)圈 일정한 계통이 없이 그때그때 떠오르는

수상(樹霜)圈 〈동〉상고대.

수상(穗狀)圈 곡식의 이삭과 같은 형상. spike shape

수:상(繡像)圈 수놓아서 만든 화상(畫像). embroidered figure

수:상(繡裳)圈 수놓은 치마. embroidered skirt

수상 경:기(水上競技)圈 〈체육〉경영(競泳)·다이빙·수구(水球) 등의 물에서 하는 운동의 총칭. 《대》육상 경기. aquatic sports

수상 경:찰(水上警察)圈 〈법률〉국내 수로(水路)에 있어서의 교통에 관한 일을 맡아보는 경찰. 해상 경찰. water-police

수상 경:찰서[—써](水上警察署)圈 〈법률〉수상 경찰의 사무를 맡아보는 경찰서.

수상관(受像管)圈 〈물리〉텔레비전의 전기 신호를 화상(畫像)으로 변화시키는 대형의 음극선관. television receiver

수상=쩍다(殊常—)르메다 좀 수상쩍다. suspicious

수상-기(水上機)圈 〈약〉→수상 비행기.

수상-기(受像機)圈 방송된 텔레비전 전파를 받아서 영상을 만드는 장치.

수상-기[一기](殊常氣)圈 수상한 기미. suspiciousness

수상-록(隨想錄)圈 그때그때 떠오르는 생각과 느낌을 기록한 책. ¶몽테뉴의 ~. stray notes, essays

수상=목(水上木)圈 상류에서 물에 띄워 떠 내려온 재

수상문=문(隨想文)[圀] 일정한 체계나 계통이 없이 그때그때 떠오른 감상이나 생각을 적은 글.

수상 비행기(水上飛行機)[圀] 플로트로서 물 위를 활주하여 발착할 수 있는 비행기. (약) 수상기(水上機).

수상 삼원색(受像三原色)[圀] 텔레비전 수신기(受信機)에서 만드는 삼원색.

수상 생활자(水上生活者)[─짜][圀] 물 위의 선박 등에 생활의 본거를 두고 있는 사람.

수상-선(水上船)[圀][동] 물뿌리 배. 「하는 소방 활동.

수상 소방(水上消防)[圀] 물 위에서의 재해를 대상으로

수상 수하(手上手下)[圀] 윗쪽 사람과 손아랫 사람.

수상-하다(手上手下間)[圀] 누구든지.

every one

수상-술(手相術)[圀] 손바닥의 금이나 그 배치를 보고, 그 사람의 운수·장래를 예언하는 방술(方術).

수상 스쿠:터(水上 scooter)[圀] 스쿠터를 타고 하반신을 물에 잠근 채 발로 키를 잡고 손으로 스피드를 조정하여 나아가는 스포츠.

수상 스키(水上 ski)[圀][체육] 모터 보트로 스키를 빨리 끌어 수상(水上)을 활주(滑走)하는 스포츠.

수상 식물(樹上植物)[圀][식물] 지의류(地衣類) 등과 같이 건생(乾生) 식물의 하나로서, 나무 위에서 자라는 식물. epiphyte

수상-자(受賞者)[圀] 상을 받는 사람.

수상-장(樹上葬)[圀] 시체를 가마니로 싸거나 관(棺) 또는 항아리에 넣어서 나무 위에 올려 놓아 살이 썩어 없어지기를 기다려 뼈를 주워 땅 속에 묻는 장사법.

수상-전(手相戰)[圀] 바둑에서, 단독으로 살지 못하고 있는 고립한 돌끼리 사활을 걸고 싸움을 벌이게 된 상황. 「picious man

수상자:인(殊常之人)[圀] 하는 짓이 수상한 사람. sus-

수상-쩍:다(殊常─)[혱] 수상한 데가 있다. 수상스럽다. suspicious

수상-판(受像板)[圀] 텔레비전 수상기(受像機)의 영상(映像)을 나타내는 형광막으로 된 판. fluorescent plate 「모양으로 피는 꽃. spicate flower

수상-화(穗狀花)[圀][식물] 꽃대에 많이 모여서 이삭

수상 화서(穗狀花序)[圀][식물] 벼, 보리, 밀 따위와 같이 이삭의 긴 꽃대의 둘레에 여러 개의 꽃이 모여 이삭 모양으로 피는 무한 화서(無限花序)의 하나.

수=새[圀] 새의 수컷. male bird 「나. spike

수색(水色)[圀] 물빛. light blue 「view

수색(秀色)[圀] 뛰어나게 맑고 아름다운 경치. superb

수색(殊色)[圀] 여자들의 뛰어난 얼굴. beautiful face

수색(羞色)[圀] 부끄러워하는 빛.

수색(愁色)[圀] 근심스러운 얼굴빛. worried look

수색(搜索)[圀]①더듬어서 찾음. groping ②[법률] 형사 소송법상 압수해야 할 물건 또는 체포·구인·구류해야 할 범인을 발견하기 위해 행하는 강제 처분. search 하다

수색-경(搜索鏡)[圀][천문] 큰 망원경에 딸려, 찾으려는 천체의 자리를 수색하는 데 쓰는 작은 망원경.

수색-대(搜索隊)[圀][군사] 조난자나 또는 적의 위치·병력·화력 등을 수색하기 위해 파견되는 부대. search party 「체계.

수색-망(搜索網)[圀] 수색하기 위하여 늘어놓은 조직

수색-병(搜索兵)[圀][동] 척후병.

수색 영장(─[녕짱](搜索令狀)[圀][법률] 검사 또는 사법 경찰관이 수색하는 경우에 법원이 발행하는 명령서. search warrant

수색-원(搜索願)[圀] 주로 잃어버린 사람이나 도망한 사람을 찾아 달라고 해당 기관에 제출하는 청원.

수생-균(水生菌)[圀][식물] 조균류(藻菌類)의 균류. 물 속의 유기물, 파리의 시체, 삼씨 등에 붙어 솜 모양의 균사(菌絲)를 붙이는데.

수생 동:물(水生動物)[圀] 물 속에서 생활하는 동물의 총칭. 해산 동물(海産動物)·담수 동물(淡水動物)·기수 동물(汽水動物)로 분류됨.

수생-목(水生木)[圀][민속] 물이 나무를 돕거나 생기게 한다는 오행 운행(五行運行)의 설.

수생 식물(水生植物)[圀][식물] 물 속에 나고, 식물체의 전부 또는 일부가 물에 잠기는 식물의 총칭. 물식물. water plant

수서(手書)[圀]①손수 쓴 글씨. 편지에 아랫 사람에 대해서는 쓰는 말. one's own handwriting ②자필의 편지. 수간(手簡). 수찰(手札). 수한(手翰). 수함(手緘). 자서(自署). autographic letter

수서(水棲)[圀] 물 속에서 삶. aquatic life 하다

수서(水鼠)[圀][동물] 뒤쥐과의 동물. 모양은 쥐와 같으며 헤엄을 잘 쳐 물 속의 곤충이나 작은 고기를 잡아먹음. [하다

수서(手署)[圀] 친히 이름을 씀. 사인을 함. signature

수=서기(首書記)[圀][제도] 지방 관청의 으뜸 서기.

수서 동:물(水棲動物)[圀][동물] 물 속에서 사는 동물. 유영 생활과 고착 생활을 하는 것이 있음.

수서 양:단(首鼠兩端)[圀][동] 진퇴 양난.

수석(水石)[圀]①물과 돌. 곧,물과 돌로 이뤄진 경치. landscape ②물 속에 있는 돌. 천석(泉石). ③관상용의 자연석. 수석(壽石).

수석(首席)[圀] 맨 윗자리. 또는 맨 윗사람. 수좌(首座)①. ¶~ 합격(合格). (대) 말석(末席). top seat

수석(壽石)[圀][동] 수석(水石)③.

수석(燧石)[圀] 부싯돌. flint

수석 대:표(首席代表)[圀] 우두머리가 되는 대표.

수선[圀] 정신을 어지럽히는 말이나 짓. fuss 하다 스럽다

수선(水仙)[圀]①물 속에 있다는 신선. sea god ②[식] →수선화(水仙花). 「라네는 일. 하다

수선(手選)[圀][광물] 광석이나 석탄 등을 손으로 골

수선(水蘚)[圀][식물] 개구리밥의 딴이름.

수선(垂線)[圀][수학] 한 직선이나 또는 평면과 직각을 이룬 직선. 수직선(垂直線). perpendicular line

수선(受禪)[圀][역사] 임금의 자리를 물려받음. succession to the throne 하다 「을을 이름. capital

수선(首善)[圀] 다른 곳보다 나은 지위라는 뜻으로, 서

수선(首線)[圀][수학] '시초선(始初線)'의 구용어.

수선(修禪)[圀][불교] 선정(禪定)을 수행함. 하다

수선(修繕)[圀] 낡은 것을 손보아 고침. 수리(修理). repair 하다 「broidered fan

수=선(繡扇)[圀] 그림 대신 수를 놓아 꾸민 부채. em-

수선-거(修繕渠)[圀] 건선거(乾船渠). 드라이 독.

수선-거리다[재]①정신이 어지럽게 떠들다. make a fuss ②떠들썩하여 정신이 산란하여지다. be confused 수선대다. 수선-이다. 「man

수선-공(修繕工)[圀] 수선하는 일을 맡은 직공. repair-

수선-떨:-다[재] 수선스러운 말·짓을 많이 하다. fuss

수선-법[─뻡](手選法)[圀][광물] 빛과 광택에 의해서 손으로 광석 중의 폐석을 골라내는 선광 방법(選鑛方法).

수선-부리다[재] 수선스럽게 행동하다. fuss noisy

수선-비(修繕費)[圀] 낡은 물건을 고치는 데 드는 비용.

수선 속도(垂線速度)[圀][물리] 광파(光波)의 속도.

수선-인(水先人)[圀] 수로(水路) 안내인. pilot

수선-장(修船場)[圀] 배를 고치는 곳. repair dock

수선-쟁이[圀] 몹시 수선부리는 사람. fussy person

수선-창(水仙菖)[圀][동] 수선화(水仙花).

수선 치:명(首善致命)[圀][기독] 천주교나 교회를 위해 맨 먼저 목숨을 바침. 하다

수선-피우다[재] 말이나 행동을 수선스럽게 하다. ¶선뢰우지 말고 가만히 앉았거라. make much ado

수선-화(水仙花)[圀][식물] 수선화과에 딸린 다년생 풀. 늦이 따뜻한 해변에 남. 잎은 좁은 선형, 초봄에 꽃줄기 끝에 백·황·등흥색의 꽃이 핌. 옆은 보는 산형상으로 피여 관상용임. 수선창(水仙菖). ®약용. 「선(水仙)②. daffodil

수설(水泄)[圀][동] 물뿌똥.

수설 불통(水泄不通)[圀] 경비가 몹시 엄중하여 비밀이

수성(一性)[명] 수컷의 성질. 《대》 암성.
수성(水性)[명] ①물의 성질. quality of water ②물에 녹기 쉬운 성질. 수용성(水溶性). ③《민속》 오행에서 수(水)를 사람의 생년월일에 배정하여 일컫는 말.
수성(水城)[명] 물가에 쌓은 성. castle by water's edge
수성(水星)[명]《천문》 행성중에서 가장 작고, 태양에 가장 가까이 있는 별. 해가 진 바로 뒤와 해가 뜨기 바로 전에 잠시 볼 수 있음. 진성(辰星). Mercury
수성(水聲)[명] 물소리. sound of flowing water
수성(守成)[명] ①부조(父祖)의 업을 지킴. preservation ②선군(先君)이 하던 정사(政事)를 그대로 잘 이어감. ~하다
수성(守城)[명] ①《지리》 강원도 간성(杆城)의 옛 이름. ②산성을 지킴. guarding a castle ~하다
수성(垂成)[명] ①거의 이루어짐. ②부조(父祖)가 이루어 놓음. ¶~의 업(業). ~하다 *primary star*
수성(首星)[명]《천문》 별자리 가운데서 가장 밝은 별.
수성(修成)[명] 수정하여 완전하게 이루어 놓음. ~하다
수성(遂成)[명] 어떤 일을 다 해냄. 성수(成遂) ~하다
수성(遂誠)[명] 정성을 다함. ~하다
수성(愁聲)[명] ①근심하여 탄식하는 소리. sorrowful crying ②구슬픈 소리. 「의 리(離).
수성(壽星)[명] ①남극 노인성(南極老人星) ②음력 8월
수성(獸性)[명] ①짐승의 성질. animality ②사람의 육체상의 정욕. sexual desire ③야만적 성질. 잔인한 성질. 《대》 신성(神性). brutality
수성 가스(水性 gas)[명]《화학》 수소와 일산화탄소(一酸化炭素)의 혼합 가스. water gas
수성 경과(水星經過)[명]《천문》 수성이 태양면을 작은 흑점(黑點)으로 보이면서 지나가는 일.
수성 광상(水成鑛床)[명]《광물》 수성암 속에 광석이 모여서 이룬 광상(鑛床). sedimentary deposit
수성=군(守城軍)[명] 성(城)을 지키는 군사.
수성 금(修城禁火司)[명]《제도》 조선조 초에 성곽의 수축과 궁궐·공해(公廨)·전국 각호(各戶)의 소화(消火)를 맡던 관청.
수성 도료(水性塗料)[명] 물을 매제로 하여 안료를 잘 이기 혼합한 무광택 도료. 수성 페인트.
수성암(水成岩)[명]《광물》 암석의 부스러진 조각·생물의 유해·화학적 침전물 등이 퇴적하여 된 암석. 침전암(沈澱岩). 침적암(沈積岩). 성층암(成層岩). 퇴적암(堆積岩). aqueous rock
수성=장(守城將)[명]《제도》 수성군(守城軍)을 통솔하여 산성(山城)을 지키던 무관의 벼슬.
수성지=업(垂成之業)[명] ①자손에게 뒤를 이어 이루게 하는 일. ②거의 이루어진 사업. 「증서.
수세(⇥ 休書)[명]《제도》 남자가 여자에게 주던 이혼
수세(水洗)[명] ①《기독》 성수(聖水)로 씻는 세(洗) 법의 하나. ②사진술에서 현상·밀착한 인화지를 물에 넣고 약액(藥液)을 씻어 내는 일. ③물로 깨끗이 씻는 일. ④~하다. washing ~하다
수세(水稅)[명]《약》→보수세(洑水稅). 「of water
수세(水勢)[명] 흐르는 물의 기세. 또, 그 형세. force
수세(收稅)[명] ①《법률》 조세(租稅)를 징수함. tax collection ②세전(稅錢)을 거둠. 세렴(稅斂). rent collection ~하다
수세(守勢)[명] 적을 맞아 지키는 형세. 또, 그 군세(軍勢). 《대》 공세(攻勢). defensive attitude
수세(守歲)[명]《민속》 음력 섣달 그믐날 제야(除夜)의 등촉을 집안 구석구석에 밝히고 온밤을 새우는 풍습. 이날 밤에 자면 눈썹이 세다는 전설이 있음. 별세(別歲). lighting every corner of the rooms on New year's Eve of the old calendar 「~하다
수세(受洗)[명]《기독》 세례를 받음. being baptized
수세(漱洗)[명] 양칫질하고 세수함. ~하다
수세(樹勢)[명] 나무의 자라나는 기세. 「current ~하다
수세(隨勢)[명] 세상 형편에 따름. swimming with the
수-세공(手細工)[명] 손으로 작은 물건을 만드는 수공.

수세=관(收稅官)[명]《제도》 조세(租稅)를 거두어 들이기 위하여 각 곳에 파견하던 중앙 관리.
수세 관리(收稅官吏)[명]《법률》 국세(國內稅)에 관한 일체 사무를 맡은 공무원.《약》 수세리. revenue officer
수-세:다(手—)[자] ①매우 세차다. strong ②바둑·장기 따위를 두는 솜씨가 매우 높다. good player
수세=리(收稅吏)[명]《약》→수세 관리.
수세미[명] 짚이나 수세미외로 만든, 설거지할 때에 그릇을 씻는 물건. scrubbing-brush
수세미=외[명]《식물》 박과의 일년생 덩굴풀. 열대 아시아 원산. 잎은 유행·호생·장상(掌狀)이며, 자웅동주, 과실은 원통상으로 긺. 열매의 섬유로는 수세미를 만들고 액즙은 화장수로 씀. 사과(絲瓜). sponge gourd
수세 베어 주-다[의]《제도》 하류 계급의 사람이 아내와 이혼할 때에 수세 대신으로 옷고름을 베어 주다.
수세-식(水洗式)[명] 변소에 급수 장치를 하여 오물이 물에 씻겨 내려가도록 처리하는 식.《약》 수세(水洗)①.
수세식 변소(水洗式便所)[명] 대소변기(大小便器)에 수통(水筒)을 설비하여 대소변을 본 뒤에 변기를 씻어 내게 된 변소. flush toilet 「才).
수세:지-재(需世之才)[명] 세상에 등용될 만한 인재(人
수-소[명] 소의 수컷. 모우(牡牛). 황소.
수소(水素)[명]《화학》 빛·맛·냄새가 없고 가연성이 높은, 가장 가벼운 원소. 비중 0.06952, 대기권의 상층부 및 성식물체에 널리 있음. 공업적으로는 물을 전기 분해하여, 실험적으로는 아연에 묽은 황산을 작용시켜 만듦. 원소 기호 ; H. 원자 번호 ; 1. 원자량 ; 1.008. hydrogen 「소(提訴). 하다
수소(受訴)[명]《법률》 소송(訴訟)을 받아들임.《대》 제
수소(愁訴)[명] 애처롭게 호소함. 애수에 잠긴 하소연. sorrowful appeal ~하다 「림. rumour 하다
수소-문(搜所聞)[명] 세상에 떠도는 소문을 더듬어 살
수소 법원(受訴法院)[명]《법률》 사건의 소송을 수리한 법원. court of a suit
수소 이온(水素 ion)[명]《화학》 산성 수용액 중에 그 산의 성질의 원인이 되는 일가(一價)의 양(陽)이온. hydrogen ion
수소 이온 농도(水素 ion 濃度)[명]《화학》 용액 중에 해리된 수소 이온의 농도. 보통 수소 이온 지수(pH)로써 나타냄. 순수한 물의 중성으로 pH가 7, 이것보다 큰 값은 알칼리성, 이것보다 작은 값은
수-소:지(手小指)[명] 새끼손가락.
수소 지수(水素指數)[명]《화학》 수소 이온 지수(ion 指數)의 하나. 수소 이온 농도를 나타내는 치(値). 기호 ; pH.
수소-탄(水素彈)[명]《약》→수소 폭탄(水素爆彈).
수소 폭탄(水素爆彈)[명]《물리》 수소의 원자핵이 열반응에 의해 융합, 헬륨 원자핵을 만들 때 방출하는 에너지를 이용하여 만든 폭탄.《약》 수소탄. hydrogen bomb
수속(手續)[명] 일을 행하는 절차(節次). ~하다
수속(收束)[명] ①한데 모아 묶음. binding together ②거두어 들여 다잡음. ~하다
수속(收贖)[명] 죄인이 죄를 벗어나려고 바치는 돈을 거둠. receipt of ransom ~하다
수속(殊俗)[명] 색다른 풍속. 특이한 풍속. odd customs
수속(隨俗)[명] 세상의 풍속을 따름. following the custom ~하다 「입학 ~.
수속=금(手續金)[명] 수속을 하는 데 납부하는 돈. ¶
수속-법[—뻡](手續法)《등》 절차법(節次法).
수송(輸送)[명] 기차·배·자동차·마차 따위로 짐을 실어 보냄. transportation ~하다
수송-기(輸送機)[명] 여객·화물·우편·군대 등의 항공 수송에 쓰는 비행기의 총칭. transport plane
수송=량(輸送量)[명] 온갖 교통 기관이 실어서 나르는 인원(人員)이나 화물(貨物) 등의 양.

수송-력(輸送力)[명] 교통 기관이 여객이나 짐 따위를 수송할 수 있는 힘.
수송-로(輸送路)[명] 수송하는 길.
수송-선(輸送船)[명] 여객·화물 등의 수송을 목적으로 만들어진 배.
수송-업(輸送業)[명] 여객·화물의 수송을 맡아 하는 영업.
수쇄(手刷)[명] 인쇄기를 손으로 움직여 인쇄함. 하타
수쇄(收刷)[명] ①동 수습(收拾)③. ②동 수봉(收捧)①.
수쇄(愁殺)[명] 몹시 근심함. 하타
수-쇠[명] ①아래짝 맷돌 가운데에 박은 뾰족한 쇠. pivot of millstone ②자물쇠 안의 뾰족한 쇠. ③동 수톨쩌귀. (대) 암쇠. bolt
수수[명] 〈식물〉 포아풀과의 일년생 재배 식물. 인도 원산. 줄기는 곧고 1.5~3m로 잎은 넓은 선형임. 7~9월에 20~30cm의 원추 화수가 피고 가을에 익음. 열매는 식용하고, 줄기는 건축재·비 등을 만듦. 고량(高粱). 촉서(蜀黍). Indian millet
수수(手首)[명] 손목.
수수(收受)[명] 거두어서 받음. receipt 하타
수수(袖手)[명] 팔짱을 낌. folding one's arms 하타
수수(授受)[명] 주고받고 함. giving and receiving 하타
수수(數數)[부] →삭삭(數數).
수수-개:떡[명] 찰수수 가루로 잔봄(葛粉)으로 만든 떡.
수수 경:단(─瓊團)[명] 찰수수 가루를 찬물에 반죽하여 둥글게 빚어서 녹말을 묻혀 삶아 찬물에 담갔다 가 건져 꿀고물을 묻힌 음식. dumplings made of Indian millet
수수-깡[명] 수수의 줄기. 수숫대. stalk of Indian millet
수수께끼[명] ①사물을 빗대어서 알아맞히는 놀이. riddle ②사물이 피이하여 알 수 없는 일. 미어(謎語). 퀴즈2. mystery ③일정한 대답을 바라는 사물의 비유적 묘사나 표현. puzzle
수수-꾸-다타 장난하는 말로 남을 부끄럽게 만들다. making fun of
수수-다/수스-다타(고) 들떼다. 떠들다. 수떨다.
수수-돌[명] 〈광물〉 금분이 섞인 붉은 차돌. ore
수수-떡[명] 찰수수 가루로 만든 떡. [긁게 되다.
수수러-지-다자 돛 같은 것이 바람에 부풀어 올라 둥
수수-롭-다(愁愁─)[형] ①몹시 근심스럽다. ②마음이 서글프고 산란하다. gloomy **수수 로이**[부]
수수-료(手數料)[명] 어떤 일을 돌보아 준 데 대한 보수. [증명서 발급 ─. commission
수수미-틀[명] 〈농업〉 검불 때 흙덩이를 떠서 들다가 반을 꺾어 누이는 일.
수수-밥[명] 찰수수로만 짓거나 수수쌀을 섞어 지은 밥.
수수 방:관(袖手傍觀)[명] ①팔짱을 끼고 보고만 있음. looking on with folded arms ②어떤 일을 당하여 간섭하거나 거들지 못하고 옆에서 보고만 있는 것. looking on in idleness 하타
수수-밭[명] 수수를 심은 밭. [꾸미.
수수-부꾸미[명] 수수 가루를 반죽하여 기름에 부쳐 부
수수-비[명] 이삭을 떨어 낸 수수깡으로 맨 비.
수수-쌀[명] 수수 열매의 껍질을 대끼어 벗긴 속알맹이. 당미(糖米). millet
수수어-리-다타(고) 떠들어대다. [떨다.
수수-엿[명] 수수로 고아 만든 엿.
수수워-리-다/수스워-리-다타(고) 떠들어대다. 수
수수-응이[명] 찰수수를 곱게 찧어 물이 끓을 때 가루를 풀어서 끓여 설탕을 타서 먹는 음식.
수수 풀떡[명] 팥과 검정콩을 조금 탄 소금물에 끓이다가 찰수수 가루를 넣고 버무려서 익힌 뒤에 꿀이나 설탕을 묻힘.
수수-하-다[형][여] ①사람의 태도·성질이나 옷차림이 좋지도 허름하지도 않아 무던하다. modest ②물건의 품질이 아주 뛰어나지도 않고 못하지도 않다. (대) 화려하다(華麗─). passable
수순-하-다[형][여] 떠들썩하여 정신이 어지럽다. noisy
수숙(手熟)[명] 손에 익어서 익숙함. dexterity 하타
수숙(嫂叔)[명] 형제의 아내와 남편의 형제.

수순(手順)[명] ①동 순서(順序). ②동 과정(過程).
수순(隨順)[명] 남의 뜻에 따름. 하타
수순 중:생(隨順衆生)[명] 〈불교〉 뭇사람의 의견이나 뜻을 따름.
수술[약]→수꽃술.
수술(手術)[명] 〈의학〉 의료 기계를 써서 몸의 탈난 곳을 째고 고침. surgical operation 하타
수술-대[一蘂][명] 〈식물〉 꽃 속에서 수술을 이루는 대. (대) 암술대. filament
수술-대(手術臺)[명] 수술을 위해 설비한 대.
수술 머리[명] 수꽃술의 맨 윗부분. [술료(手術料).
수술-비(手術費)[명] 수술하였을 때 지급하는 비용. 수
수술-실(手術室)[명] 수술하기 위하여 모든 수술 기구를 구비해 놓은 의료실(醫療室).
수술-의(手術醫)[명] 수술을 담당하는 의사.
수숫-겨[명] 수수를 찧어서 나는 겨.
수숫-대[명] 동 수수깡. [(上下)의 구별은 있다.
수숫대도 아래위 마디가 있다[관] 어떤 경우에나 상하
수숫-잎-팽이[─순]ㅁ[명] 불이 얇고 넓죽하여 자루를 끼우는 부분이 수숫잎의 밑동 모양을 한 괭이.
수숫잎-덩이[─순]ㅁ[명] 논의 김을 맬 때 호미로 모포기 사이를 길게 파서 당겨 수수의 잎과 같은 덩어리로 넘어가는 홈. [모양. 하타
수술-수술[부] 두창(痘瘡)이나 헌데 따위가 차츰 마른
수습(收拾)[명] ①흩어진 물건을 주워 모음. 수쇄(收刷)①. gathering ②산란한 마음을 가라앉히어 바로잡음. control 하타
수습(修習)[명] 학업이나 일을 닦고 익힘. practise 하타
수습-공(修習工)[명] 수습을 통하여 기술을 익혀 가는 과정에 있는 공원(工員). 견습공(見習工).
수습 기자(修習記者)[명] 수습기(修習期)에 있는 기자. 정식 기자가 아니고 배워 가는 과정에 있는 기자. 견습 기자(見習記者).
수습 변:호사(修習辯護士)[명] 고등 고시 사법과(司法科) 합격자로서 변호사 기술을 수습하던 사람.
수습 사:원(修習社員)[명] 정식 사원이 아녀고 수습기에 있는 사원. 견습 사원(見習社員).
수습 인심(收拾人心)[명] 인심을 수습함. control the public feeling 하타 [책.
수습-책(收拾策)[명] 사건을 수습하는 방책. 수습할 대
수습 행정관(修習行政官)[명] 고등 고시 행정과(行政科) 합격자로서 행정 실무를 수습하던 공무원.
수승(水昇)[명] 동 수연(晬讌).
수승(首僧)[명] 〈불교〉 중의 우두머리. chief of monks
수승(殊勝)[명] 〈불교〉 가장 뛰어난 일. excellence
수시(水柿)[명] 〈불교〉 수분이 많고 연한 동우리 감. juicy persimmon
수시(收屍)[명] 송장의 얼굴·수족 들을 바로잡음. laying out a body for burial 하타
수시(垂示)[명] 수교(垂敎). 하타
수시(隨時)[명] ①그때그때 때를 따름. ②때때로 언제든지. 어떤 때라도. 부정시(不定時). occasion 하타
수시 걷-다(收屍─)[타] 고복(皐復)이 끝난 뒤 시체가 굳기 전에 송장의 손발을 반듯이 펴서 시신을 끈으
수-시계(水時計)[명] 동 물시계. [로 매주 묶다.
수시렁이[명] 〈곤충〉 수시렁이과의 딱정벌레. 촉각은 5~11절이고 곤봉형이며 앞가슴에 촉각을 자유로이 담고 머리는 신축을 함. 유충과 성충은 마른 고기·모피·동물 표본·곡물 등의 해충임.
수시렁-좀[명] 〈곤충〉 수시렁이의 유충. 길이 1cm, 몸이 둥글고 온몸에 적갈색의 광택 있는 털이 남. 누에고치나·모직물·약재·식료품·동물 표본 등을 파먹는 해충임.
수시 변:통(隨時變通)[명] 때나 형편에 따라서 일을 처리함. adaptation to circumstances 하타
수시 순:응(隨時順應)[명] 무슨 일이든지 그때와 사정에 맞추어 함.
수시 응:변(隨時應變)[명] 때에 따라서 변하는 대로 따름. 임기 응변(臨機應變). 하타

수식(水蝕)[명]〈지리〉빗물이나, 흐르는 물의 침식(浸蝕) 작용이 지각(地殼)에 요철(凹凸)을 이루는 현상. 곧, 물이 땅을 파먹는 모양. erosion

수식(首飾)[명] 부녀자의 머리에 꽂는 장식품. hair decorations

수식(修飾)[명] ①겉모양을 꾸밈. ornamentation ②〈어학〉체언(體言)・용언(用言)에 종속하여 그 뜻을 더 자세히 설명하는 일. modification 하다

수:식(數式)[명]〈수학〉수(數)나 양(量)을 나타내는 숫자나 문자를 계산 기호로 연결한 식. 〔준〕 식(式). expression

수식(樹植)[명] ①초목을 심어 뿌리 박게 함. 식수(植樹). tree planting ②일의 밑바탕을 세워 놓음. establishment 하다

수식-곡(水蝕谷)[명] 침식곡(浸蝕谷).
수식-사(修飾詞)[명]〔동〕수식어(修飾語).
수식-산(水蝕山)[명]〈지리〉수식(水蝕)에 의하여 생긴 산. 대개의 산은 이에 속함. mountain formed by erosion
수식-어(修飾語)[명] 수식언(修飾言).
수식-언(修飾言)[명]〈어학〉체언 또는 용언을 수식・한정하는 말. 체언을 수식하는 관형어와 용언을 수식하는 부사어로 가름. 수식사. 수식어. modifier

수신(水神)[명] 물을 다스리는 귀신. 교리(蛟螭)③. 수기(水祇). 하백(河伯). god of water
수신(守臣)[명]〈제도〉수령(守令)의 딴이름.
수신(守身)[명] 몸을 지켜 불의에 빠지지 않음. taking care of oneself 하다
수신¹(受信)[명] ①편지・전보 따위의 통신을 받음. ②유무선(有無線) 통신에서 그 신호를 받음. 〔대〕발신(發信). 송신(送信). receipt of a message 하다
수신²(受信)[명]〈경제〉고객이 금융 기관을 신용하는 일. 〔대〕여신(與信). receipt of credit
수신(帥臣)[명]〈제도〉조선조 때 병사(兵使)와 수사(水使)를 일컫던 말.
수신(修身)[명] 악을 물리치고 선(善)으로 나아가게 몸과 마음을 닦아 도덕을 배우는 일. moral training 하다
수신(晬辰)[명] 생신(生辰)의 딴이름. 수일(晬日).
수신(瘦身)[명] 수척한 몸.
수:신(繡—)[명] 수놓은 신. 수혜(繡鞋).
수신(獸身)[명] 짐승의 몸.
수신-관(受信管)[명]〈물리〉라디오・텔레비전의 수신용으로 쉽게 제작한 진공관.
수신-기(受信機)[명] 유선・무선의 전신기(電信機)나 전화기에서 외부로부터의 진동 전류(振動電流), 혹은 전파(電波)를 받아 이것을 기계적인 진동으로 바꾸는 장치. telegraph receiver
수신=사(受信使)[명]〈제도〉조선조 말 고종 13년이후에 일본에 보내던 천선 사신(使臣). receiving envoy 〔참〕 수신하는 곳.
수신-소(受信所)[명] 무선 통신에서 송신소의 전파를 받는 곳.
수신 업무(受信業務)[명]〈경제〉금융 기관에서 수신에 관한 모든 업무를 이르는 말. 예금(預金)이 이에 딸림. 금융(金融)을 받는 일. reception
수신-인(受信人)[명] ①통신을 받는 사람. ②우편물이나 전신에 관한 서류를 받는 사람. 수신자. 〔대〕발신인. addressee
수신-자(受信者)[명] 우편물 또는 전보를 받는 사람.
수신 제가(修身齊家)[명] 행실을 닦고 집안을 바로잡음. moral training and home management 하다
수신=주의(受信主義)[명]〈법률〉의사 표시는 수신할 때에 효력을 발생한다고 하는 주의. 도달주의(到達主義). 〔대〕 발신주의(發信主義).
수신-함(受信函)[명] 보내 오는 우편물을 받는, 대문 등에 설치한 함.
수실(壽室)[명] 살아 있을 때 미리 만들어 놓는 자기 무덤. 수장(壽藏). 수당(壽堂). 수성(壽城). 수혈(壽穴). 수역(壽域)③. 수총(壽冢). grave made before one's death

수심(水心)[명] 수면(水面)의 중심. center of water
수심(水深)[명] 못・호수・바다 따위의 물의 깊이. depth of water
수심(垂心)[명]〈수학〉삼각형의 각 정점에서 대변(對邊)에 그은 세 수선(垂線)의 서로 만나는 점. orthocenter
수심(愁心)[명] 근심하는 마음. 또, 근심하는 일. 수의(愁意). ~. worry 하다
수심(獸心)[명] 짐승과 같은 모질고 사나운 마음. ¶인면(人面) ~. brutal heart
수심-가(愁心歌)[명]〈음악〉평안도 지방의 민요로, 곡조가 슬프게 엮어 넘어감. 'sad-song'
수심 정:기(守心正氣)[명]〈종교〉천도교에서, 한울님 마음을 항상 잃지 아니하며 사특한 기운을 버리고 도기(道氣)를 길러 천인 합일(天人合一)함을 목적으로 하는 수련 방법.
수:십(數十)[관] 이삽십 또는 삼사십 되는 수효. several tens
수씨(嫂氏)[명] 형제의 아내. sister-in-law
수아(繡—←水禾紬)[명] 품질이 좋은 비단의 하나. kind of excellent silk
수악(手握)[명] 손아귀④.
수악(水鴨)[명] 징경이.
수악(首惡)[명] 악한 무리 가운데 우두머리.
수안(水眼)[명]〈미술〉유약에 생긴 물거품 같은 잔 눈.
수안(愁顔)[명] 근심스러운 얼굴. sorrowful face
수알치-새[명] 수리부엉이.
수압(手押)[명]〔동〕수결(手決). 판압(判押).
수압(水壓)[명]〈물리〉물의 압력. hydraulic pressure
수압(收壓)[명] 〔한의〕두창(痘瘡)이 말라서 생긴 딱지.
수압-기(水壓機)[명] 물의 압력으로써 물건을 압착하거나, 밀어 올리는 기계. hydraulic press
수압 기관(水壓機關)[명] 물의 압력을 이용하여 만든 발동기. hydromotor
수압 시:험(水壓試驗)[명]〈물리〉제품이나 설비에 대한 현장 시험의 하나. 용도에 따라 적당히 수압을 가하여 새거나 또는 다른 결함이 없는가를 검사하는 일.
수애(水涯)[명] 물가. waterside 〔참〕는 일.
수액(水厄)[명] 물로 말미암은 재액. disaster by water
수액(水液)[명] 물. 액체. fluid
수:액(數厄)[명] 운수에 관한 재액. disaster
수:액(數額)[명] 물건의 수효.
수액(樹液)[명] ①땅 속에서 빨아올려 나무의 양분이 되는 액체. sap ②나무에서 흘러 나오는 액체.
수약(水藥)[명] 물로 된 약. 물약. liquid medicien
수양(水楊)[명] 갯버들.
수양(收養)[명] 맡버들. 〔기름〕. adoption 하다
수양(收養)[명] 버린 아이나 남의 아들딸을 거두어서
수양(垂楊)[명]〔약〕수양버들.
수양(修養)[명] 몸과 마음을 닦아 지식과 인격을 높임. 〔유〕교양(敎養). moral culture 하다
수양-가:다(收養—)[자] 수양딸이나 수양 아들로 남의 집에 가다. be adopted
수양-골[명] 쇠머리 속에 든 골. brains of cattle
수양-녀(收養女)[명] 〔대〕수양딸.
수양-등(水楊藤)[명]〔동〕겨우살이덩굴.
수양-딸(收養—)[명] 남의 자식을 데려다 기른 딸. 수양녀(收養女). 양녀.
수양딸로 며느리 삼는다[속] 아무렇게나 일을 처리하여 자기 이익만을 꾀한다는 뜻.
수양-모(收養母)[명] 수양 어머니. 〔대〕생모(生母).
수양-버들(垂楊—)[명]〈식물〉버들과의 낙엽 활엽 교목. 가지는 가늘고 길게 많이 늘어지며 봄에 잎보다 먼저 암꽃과의 꽃이 자웅 이주로 핌. 열매는 성숙한 후 솜 같은 털을 날림. 사류(絲柳). 수류(垂柳). 〔약〕수양(垂楊). weeping willow
수양-부(收養父)[명] 수양 아버지. 〔대〕생부(生父).
수양산 그늘이 강동 팔십리[속] 한 사람이 잘되어 기세가 좋으면 친척이나 친구들이 그 덕을 입는다.
수양-수(垂楊手)[명] ①수양버들처럼 부드럽고 곡선적인 팔의 움직임. ②옛날에 말을 타고 공을 치던 동작의 하나. 〔참〕수양자.
수양 아들(收養—)[명] 남의 자식을 데려다 기른 아들.

수양 아버지(收養—)〔명〕 자기를 데려다 친자식같이 길러 준 의리의 아버지. 〔하〕 수양 아비.

수양-액(水樣液)〔명〕 ①물처럼 투명한 액체. ②〈생리〉 안구 속의 각막과 수정체, 홍채와의 사이를 채우는 무색 투명한 액체.

수양 어머니(收養—)〔명〕 자기를 데려다 길러 준 어머니. 〔하〕 수양 어미. foster-mother

수양-오다(收養—)〔자〕 수양 아들 또는 수양딸로 남의 집에 오다.

수양-자(收養子)〔명〕 수양 아들.

수어(守禦)〔명〕 외환(外患)을 막음. defense 하다

수어(秀魚)〔명〕〈동〉 숭어.

수어(狩漁)〔명〕 사냥과 낚시질.

수:-어(數語)〔명〕 두어 마디 말. several words

수어-사(守禦使)〔제도〕 조선조 때 수어청(守禦廳)의 우두머리.

수어 시대(狩漁時代)〔명〕 어렵 시대(漁獵時代).

수어지-교(水魚之交)〔명〕 매우 가까워 떨어질 수 없는 사이. sworn friendship

수어지-우(水魚之友)〔명〕 ①물과 고기의 관계처럼 뗄 수 없이 친한 교분. sworn friendship ②임금과 신하가 서로 친함. 〔성을 수어하던 군영(軍營).

수어-청(守禦廳)〔제도〕 조선조 인조 이래 남한산

수어 혼-주(數魚混酒)〔명〕 잉어 탁수(一魚濁水).

수:-억(數億)〔명〕 억의 두서너 곱절 되는 수효. hundreds of millions 하다

수업(受業)〔명〕 기술이나 학업을 받음. taking lessons

수업(修業)〔명〕 학문이나 기술을 익히어 닦음. pursuit of one's studies 하다

수업(授業)〔명〕 학문이나 기술을 가르침. teaching 하다

수업-료(授業料)〔명〕 수업의 보수(報酬)로 피교육자가 납부(納付)하는 돈. tuition fee

수업-증(修業證)〔약〕 =수업 증서.

수업 증서(修業證書)〔명〕 학교에서 일정한 과정을 마친 학생에게 주는 수업의 증서. 〔약〕 수업증. certificate of graduation

수=없:-다〔도리〕가 방법이 없다. 곧, 재주나 수단이 나 능력이 없다. impossible

수:-없:-다[1](數—)〔형〕 행운이 없다. 재수가 조금도 없다. unlucky

수:-없:-다[2](數—)〔형〕 아주 많아 헤아릴 수 없다. innumerable **수:=없:이**〔부〕

수여(授與)〔명〕 증서·상장·상품 또는 훈장 따위를 줌. 〔대〕 수취(受取). presentation 하다

수여리〔곤충〕 꿀벌의 암컷. queen bee

수역(水域)〔명〕 물 위의 일정한 구역. waters

수역(水驛)〔명〕 역선(驛船) 등을 갖춘 수로(水路)의 역참(驛站).

수역(囚役)〔명〕 죄인에게 시키는 노역(勞役). putting a prisoner to labour

수역(首譯)〔제도〕 수석(首席)의 역관(譯官).

수역(殊域)〔명〕 멀리 떨어진 지방. remote district

수역(壽域)〔명〕 ①딴 지역(地域)에 비하여 수(壽)를 누리는 고장. ②오래 살았다고 할 만한 나이. longevity ③〈동〉 수실(壽室).

수역(獸疫)〔명〕 짐승들의 돌림병. cattle-disease 〔청.

수역 혈청(獸疫血清)〔명〕 가축의 전염병을 예방하는 혈

수연(水鉛)〔명〕〈화학〉 은백색의 크롬 같은 금속 원소. 몰리브덴. molybdenum

수연(水煙)〔명〕 ①잔 물방울이 퍼져 자욱한 물연기. 물보라. spray ②〈불교〉 발탑(佛塔)의 구륜(九輪) 윗부분에 불꽃 모양으로 된 장식. ring of a spire ③〔약〕=수연대(水煙臺).

수연(垂涎)〔명〕 ①먹을직하여 침을 흘림. watering at the mouth ②탐이 나서 가지고 싶어함. covetting

수연(晬宴)〔명〕〈동〉 생일 잔치. 〔하다

수연(愁然)〔명〕 걱정하거나 수심에 잠겨 있는 모양. 하다

수연(壽宴)〔명〕 장수(長壽)함을 축하하는 잔치. 보통 환갑을 일컬음. 수연(壽筵). birthday feast for an old man 〔이 없는 모양. purity 하다

수연(粹然)〔명〕 사람의 얼굴이나 마음이 순정하고 꾸

수연(壽筵)〔명〕〈동〉 수연(壽宴).

수연-대(水煙臺)〔명〕 담배 연기가 물을 거치어 나오게 만든 중국 사람의 담뱃대. 수연통. 〔약〕 수연(水煙)③.

수연 만:장(垂涎萬丈)〔명〕 제 손에 넣고 싶어서 몹시

수연-시(壽宴詩)〔명〕 장수를 축하하는 시. 〔답내.

수연 연광(水鉛鉛鑛)〔명〕〈광물〉 납과 몰리브덴의 산화물로 된 광물. 반투명인. 황연광(黃鉛鑛). wulfenite

수연-이나(雖然—)〔부〕 그러하나.

수연-증(—症)〔수연症〕(手輭症)〔명〕〈의학〉 어린아이의 손이 흐늘흐늘하고 힘이 없는 병.

수연-통(水煙筒)〔명〕〈동〉 수연대(水煙臺).

수:-열(數列)〔명〕〈수학〉 어떤 규칙에 따라 배열한 수. 급수(級數). progression

수염(鬚髥)〔명〕 가물가물.

수염(鬚髥)〔명〕 ①성숙한 남자의 코밑·턱·뺨에 나는 털. 나룻. 〔약〕 염(髥). 쉠. beard and whiskers ②벼·옥수수 따위의 낱알 끝에 난 가시랭이나 털 모양의 것. awn

수염-가래꽃(鬚髥—)〔명〕〈식물〉 숫잔대과의 다년생 풀. 줄기는 땅 위로 벋고 마디에서 뿌리가 나옴. 5~7월에 담자색 꽃이 피고 논·못·밭두렁 남.

수염-발[—빨](鬚髥—)〔명〕 길게 길러서 늘어뜨린 수염의 처럼한 채. long whiskers

수염-뿌리(鬚髥—)〔명〕 ①수염이 난 자리. root of beard ②〈식물〉 가늘고 수염같이 내린 뿌리. 수근(鬚根). thin root 〔bushy beard and whiskers

수염-수세(鬚髥—)〔명〕 수염이 많이 난 것. 수염의 숱.

수염-어(鬚髥魚)〔명〕〈어류〉 양볼락과의 바닷물고기. 몸이 쏘가리의 비슷하며 몸 빛은 서식 장소에 따라 다름. 연안에 사는 것은 흑갈색에 가깝고 좀 깊은 곳은 적색에 가까움. 태생(胎生)하는 고기로 겨울에 맛이 좋음. 쏨뱅이. 〔체머도 차릴 수 없다.

수염이 대 자라도 먹어야 양반이다〔속〕 배가 불러야만

수염-터(鬚髥—)〔명〕 수염이 나는 자리. 수염 자리. ¶∼가 잡히다.

수엽(樹葉)〔명〕 나뭇잎. leaf 〔단보의 ∼.

수엽-량(樹葉量)〔명〕〈농업〉 뽕잎을 따들이는 양. ¶1

수영(水泳)〔명〕〈식물〉 마디풀과의 다년생 풀. 어긋매끼고 잎은 긴 난형임. 몸에 부종이나 연두빛이 돋 뜀. 시모(酸模).

수영(水泳)〔명〕 헤엄. swimming 하다 〔산모(酸模).

수영(水營)〔명〕 미나리.

수영(水營)〔제도〕 조선조 때 수군 절도사의 군영

수영(秀穎)〔명〕 재질이 뛰어나고 훌륭함. 또, 그 사람. superiority 하다

수영(樹影)〔명〕 나무의 그림자. shadow of a tree

수영(輸贏)〔명〕 승부(勝負).

수영 도하(水泳渡河)〔명〕 도하(渡河) 방법의 하나. 헤엄을 치거나 나무통이나 판자 따위를 이용함.

수영-모(水泳帽)〔명〕 헤엄칠 때 쓰는 모자.

수영-복(水泳服)〔명〕 헤엄칠 때 입는 옷. swim suit

수영-장(水泳場)〔명〕〈동〉 pool(풀).

수영-화(水泳靴)〔명〕 헤엄칠 때 신는 신. 발을 보호하거나 헤엄치기에 편리하게 됨.

수예(手藝)〔명〕 손으로 다루는 기예(技藝). handicraft

수예(樹藝)〔명〕 곡식·나무 따위를 심고 가꿈. 식예(植藝). 수종(樹種)②. 식종(植種). cultivation 하다

수예-품(手藝品)〔명〕 손으로 만든 물품. 자수·편물 따위. handicraft articles

수오지-심(羞惡之心)〔명〕 불의(不義)를 부끄러워하고 불선(不善)을 미워하는 마음. sense of shame

수옥(水玉)〔명〕 '수정(水晶)'의 딴이름. crystal

수옥(囚獄)〔명〕〈동〉 뇌옥(牢獄). 감옥.

수온(水溫)〔명〕 물의 온도. water temperature

수온-계(水溫計)〔명〕 물의 온도를 측정하는 기계.

수와(睡臥)〔명〕 드러누워 잠. sleeping 하다

수완(手腕)〔명〕 ①〔동〕 손재주. ②일을 꾸미거나 처리하는 재간. 손재간. ability

수완-가(手腕家)〔명〕 수완이 있는 사람. able man

수왈 불가(誰曰不可)〔명〕 안 된다고 말할 사람이 없음.

No one will blame it
수왕지-절(水旺之節)[명] 〈민속〉 오행(五行)에서 물기가 왕성한 절기. 곧, 겨울을 이름.
수요(須要)[명] 꼭 소용이 됨. 필요. 하[타]
수요(愁擾)[명] 《동》 수란(愁亂). 하[형]
수요(壽夭)[명] 오래 삶과 일찍 죽음. 수단(壽短).
수요(需要)[명] ①필요해서 얻고자 함. 소용됨. need ②〈경제〉 구매력을 따라 시장에 나타나는 상품 또는 구매의 희망이나 그 분량. 《대》 공급(供給). demand
수요 공:급의 법칙(需要供給一法測)[명] 〈경제〉 상품(商品)의 가격은 그것에 대한 수요와 공급과의 관계에 의하여 결정된다는 법칙. principle of demand and supply
수요 심리(需要心理)[명] 수요자의 심리.
수요의 법칙(需要一法則)[명] 〈경제〉 가격이 높으면 수요는 줄고 가격이 낮으면 수요가 많아진다는 법칙.
수요=일(水曜日)[명] 칠요일(七曜日)의 하나. 일요일로부터 넷째 되는 날. Wednesday 「는 사람. user
수요=자(需要者)[명] 충족(充足)을 필요로 하여 요구하
수요 장단(壽夭長短)[명] 목숨의 길과 짧음.
수요 탄:력성(需要彈力性)[명] 〈경제〉 상품 가격의 변동에 따라 생기는 수요 변동의 정도.
수요 함:수(需要函數)[명] 〈경제〉 어떤 재(財)에 대한 수요량과 가격과의 관계를 나타내는 함수.
수욕(水浴)[명] 물에 미역을 감음. 냉수욕과 온수욕. bathing 하[자] 「하[자]
수욕(受辱)[명] 남에게서 치욕을 당함. being insulted
수욕(羞辱)[명] 부끄럽고 욕되는 일. humiliation
수욕(獸慾)[명] ①짐승의 욕심. carnal desires ②짐승과 같은 음란한 마음.
수욕=주의(獸慾主義)[명] 기성의 도덕·윤리를 배척하고 관능에 따라 동물적 욕망만을 채우려는 주의. 애니멀리즘(animalism).
수용(水茸)[명] 말리지 아니한 녹용. raw antler
수용(收用)[명] ①거두어 들여서 씀. expropriation ②〈법률〉 공공의 이익을 위해 특정물의 소유권 등의 권리를 강제 징수하여 국가나 제삼자(第三者)의 소유로 옮김. 하[타]
수용(收容)[명] ①일정한 곳에 거두어 넣는 일. accommodation ②사람·화물 등을 인수하여 넣어 둠. reception ③〈군사〉 전방 부대의 후퇴를 쉽게 하기 위하여 후방 부대가 적의 공격을 막는 일. defend 하[타]
수용(受用)[명] 받아 씀. receiving and using 하[타]
수용(受容)[명] 받아들임. 받아 넣어 담음. reception 하
수용(睟容)[명] 임금의 화상. 어진(御眞). ⌊[타]
수용(愁容)[명] 근심하는 빛이 나타나는 얼굴 모양.
수용(需用)[명] 구하여 씀. 꼭 써야 될 일. 또, 그 물건. consumption 하[타]
수용(瘦容)[명] 여윈 모양. 수척한 얼굴.
수용=기(受容器)[명] 〈생리〉 눈·귀·코 따위와 같이 어떤 외부의 자극을 받아들이어 뇌에 전달하는 감각 기관. sense organ 「다. be worn-out
수용=되-다(瘦容一)[자] 몹시 여위어 마른 얼굴이 되
수용 산출(水湧山出)[명] 글짓는 재주가 물솟듯 함. 곧, 뛰어난 글재주가 있음. ability of composition 하[자]
수용=성[—썽](水溶性)[명] 물에 녹는 성질. 수성(水性)①. water solubility
수용=소(收容所)[명] 많은 사람을 집단적으로 한데다가 모아 두는 곳. ¶포로 ~. camp 「water solution
수용=액(水溶液)[명] 어떤 물질을 물에 용해시킨 액.
수용=자(需用者)[명] 구해 쓰는 사람.
수용=체(受容體)[명] 〈심리〉 감각을 받아 넣는다는 몸.
수용=품(需用品)[명] 필요에 따라 꼭 써야 할 물품.
「ment
수우(水牛)[명] 《동》 물소.
수우(殊遇)[명] 특별하게 잘하는 대우. cordial treat-
수우(樹羽)[명] 〈음악〉 편종(編鐘)·편경 가자(編磬架子)에 꽂아 세우던, 나무로 만든 공작(孔雀).
수우=피(水牛皮)[명] 물소의 가죽.
수우=하-다(殊尤一)[형][여불] 특별히 낫다.
수운(水運)[명] 뱃길로 운반함. 《대》 육운(陸運). water transport 하[타]
수운(愁雲)[명] ①슬픔을 느끼게 하는 구름. gloomy clouds ②수심스러운 기색. gloomy atmosphere
수운(輸運)[명] 물건을 운반함. transport 하[타]
수운=교(水雲敎)[명] 〈종교〉 수운 최제우(崔濟愚)를 교조(敎祖)로 하는 동학 계통(東學系統)의 한 교. 곧,
수울[명] 《고》 술. ⌊천도교의 딴이름.
수원(水源)[명] 물의 근원. 수근(水根). head of a
수원(受援)[명] 원조를 받음. 하[자] ⌊stream
수원(修院)[명] 《약》→수도원(修道院). 「하[타]
수원(愁怨)[명] 근심하고 원망함. worry and grudge
수원(隨員)[명] ①《약》→수행원. ②외교 사절(使節)에 수행하는 사람. suite ③〈제도〉 외국에 가는 사신을 따라가는 관원(官員). 종자(從者). 「없음.
수원 수구(誰怨誰咎)[명] 남을 원망하거나 꾸짖을 것이
수원 숙우(誰怨孰尤)[명] 누구를 원망하고 탓할 수가 없음. Nobody is to blame 「곳. reservoir
수원=지(水源池)[명] 〈토목〉 상수도의 물을 모아 두는
수원 함양림(水源涵養林)[명] 수원(水源)의 고갈(枯渴)을 방지하고 빗물을 흡수해서 홍수(洪水)의 재해를 막기 위하여 꾸며진 숲. 「flected in the water
수월(水月)[명] ①물에 비친 달. ②물과 달. moon re-
수:월(數月)[명] 두서너 달. several months
수월=내기[명] 다루기 쉬운 사람. tractable person
수월=놀이[명] 《약》→수월래놀이.
수월래=놀이[명] 〈민속〉 '강강수월래'의 춤과 노래를 하는 놀이. 《약》 수월놀이.
수월=수월[부] 아주 수월하게. 모두 수월하게. 하[형]
수월=스럽-다[형][ㅂ불] 수월한 기미가 있다. **수월=스레**[부]
수월=찮-다[형] ①업신여길 수 없다. not easy ②까다롭고 힘이 들다. 《약》 수월하지 아니하다. hard **수월=찮이**[부]
수월=하-다[형][여불] ①힘이 아니 들다. 손쉽다. easy ②태도가 선선하다. light ③아주 예사롭다. simple **수월=히**[부] 「이. water level
수위(水位)[명] 바다·강·못 따위에 있어서의 수면의 높
수위(守衛)[명] ①지킴. guarding ②관청·학교·공장 따위의 경비를 맡아보는 사람. guard 하[타]
수위(秀偉)[명] 투철하고 위대함. excellent and great 하[형] 「위(末位). head
수위(首位)[명] 첫째 가는 자리. 우두머리 자리. 《대》 말
수위=계(水位計)[명] 수위를 재는 계기. water gauge
수위=실(守衛室)[명] 수위가 지키는 방.
수위 진:폭(水位振幅)[명] 일정한 기간 내의 최고 수위
수유(受由)[명] 《동》 말미. ⌊와 최저 수위의 차(差).
수유(受遺)[명] 유증(遺贈)을 받음. 하[타]
수유(茱萸)[명] 〈식물〉 수유나무의 열매. 기름을 짜서 머릿기름으로 씀.
수유(授乳)[명] 어린애에게 젖을 먹임. suckling 하[자]
수유(須臾)[명] 잠시 동안. 선간(霎間). moment
수유=기(授乳期)[명] 유아에게 젖을 먹여 기르는 시기.
수유 기름(茱萸一)[명] 수유나무의 열매로 짠 기름. 머릿기름으로 씀. 수유유(茱萸油).
수유=나무(茱萸一)[명] 〈식물〉 운향과의 낙엽 활엽 교목. 높이 10 m 가량이고 잎은 난형임. 여름에 녹백색 꽃이 피고 삭과(蒴果)는 가을에 적자색으로 익음. 인가 부근에 심으며 과실은 기름을 짜는 데 씀. Ev-
수유=유(茱萸油)[명] 《동》 수유 기름. ⌊odia Danelii
수육(←熟肉)[명] 삶아 익힌 쇠고기. boiled beef
수육(獸肉)[명] 짐승의 고기. meat
수은(水銀)[명] 〈화학〉 상온(常溫)에서 은백색인 액체 금속. 천연으로 진사(辰砂)로서 산출. 철·니켈·백금 등을 제외한 금속과 아말감을 만듦. 금은 채취·온도계·의약 등에 씀. 원소 기호 ; Hg. 원자 번호 ; 80. 원자량 ; 200.6. mercury 「dness 하[자]
수은(受恩)[명] 은혜를 입음. 《대》 보은(報恩). indebte-
수은(殊恩)[명] 특별한 은혜. special favour
수은(酬恩)[명] 《동》 보은(報恩). 하[자]

수은갑(水銀甲) 〔제도〕 쇳조각 비늘에 수은을 올려 만든 갑옷의 하나.

수은 건전지(水銀乾電池) 〔물리〕 양극에 산화수은, 음극에 아연, 전해액으로 가성칼리를 사용한 전지. mercury battery

수은광(水銀鑛) 〔광물〕 수은이 나는 광산.

수은 기압계(水銀氣壓計) 〔물리〕 기압계의 하나. 유리관 속의 수은의 무게가 기압과 균형을 이루도록 하여, 그 높이로 기압을 잼. 수은청우계. mercury barometer

수은등(水銀燈) 〔물리〕 진공관에 수은 증기를 넣고 양극(兩極)에 전압을 걸어 방전을 일으켜 광원(光源)을 얻는 등(燈). mercury lamp

수은 망극(受恩罔極) 입은 은혜가 한없음. 하다

수은 온도계(水銀溫度計) 〔물리〕 수은의 열팽창을 이용한 온도계. 수은 한란계. mercury thermometer

수은 요법[-뻡](水銀療法) 〔의학〕 수은제(劑)를 써서 매독을 치료하는 방법. 도찰법(塗擦法)·주사법·내복법(內服法) 따위가 있음. mercurial treatment

수은 정류기(水銀整流器) 〔물리〕 수은의 증기를 사용하여 교류(交流)를 직류(直流)로 고치는 장치. mercury rectifier

수은제(水銀劑) 수은 또는 이의 화합물을 섞은 내용(內用) 또는 외용(外用)의 약. mercuric preparation

수은주(水銀柱) 수은 한란계(寒暖計)나 수은 기압계의 유리 대롱에 수은으로 채워진 부분. 그 높낮이로 온도를 잼. column of mercury meter

수은 중독(水銀中毒) 〔의학〕 수은제를 내용(內用) 또는 외용하는 데서 생기는 중독. mercury poisoning

수은 청우계(水銀晴雨計) 〔물리〕 수은 기압계.

수은 한란계(水銀寒暖計) 〔동〕 수은 온도계.

수은행나무[-銀杏-] 〔식물〕 수꽃만 열리고 열매를 맺지 않는 은행나무. (대) 암은행나무.

수을〔고〕 술. gingko tree

수음(手淫) 〔동〕 용두질. 자독(自瀆). 하다

수음(秀吟) 훌륭한 시가(詩歌).

수음(殊音) 〔음악〕 가락이 특수한 음.

수음(樹蔭) 나무의 그늘. shade of a tree

수응(酬應) 남의 부름에 응함. complying with 하다

수의(水衣) 〔동〕 수면(水綿).

수의(囚衣) 죄수들이 입는 옷.

수의(首醫) 내의(內醫)의 수석(首席).

수의(遂意) 뜻을 이룸. 하다

수의(懋意) 주는 수심(慈心). 「임의(任意). voluntary

수의(隨意) 생각나는 대로 좇아함. 적의(適宜). 《준》

수의(壽衣·襚衣) 염습할 적에 시체에 입히는 옷. 세제지구(歲斂之具). shroud

수:의(繡衣) 수놓은 옷. embroidered clothes ②

수의(獸醫) 〔약〕→수의사. 〔약〕→수의 사도.

수의 계:약(隨意契約) 경쟁하는 입찰의 방법으로가 아니고, 일방적(一方的)으로 골라내 상대자와 체결하는 계약. (대) 경쟁 계약. private contract

수의 고고(守義枯稿) 절개를 지켜 의를 굳게 지키다가 죽음.

수의-과(隨意科) 〔隨意科〕〔약〕→수의 과목(隨意科目).

수의과 대학[-꽈-](獸醫科大學) 〔교육〕 가축·가금(家禽) 따위의 질병 치료와 위생에 관한 학리·기술을 교수·연구하는 단과 대학. 《약》 수의대. veterinary college

수의 과목(隨意科目) 학생이 임의로 택할 수 있는 과목. 선택 과목(選擇科目). 《준》 수의과(隨意科).

수의-근(隨意筋) 〔생리〕 뼈에 붙고 관절에 걸쳐 있어 마음대로 움직일 수 있는 근육. (대) 불수의근 「의. veterinarian. voluntary muscle

수:의사(獸醫師) 짐승의 병을 고치는 의사.

수:의 사:도[-繡衣使道](繡衣使道) 〔제도〕 어사또를 영화롭게 일컬음. 수의②. provincial governor

수:의 야:행(繡衣夜行) 영광스런 일이 남에게 알려지지 않음을 가리킴. honour not yet known

수의 운:동(隨意運動) 속박이나 제한이 없이 마음대로 골라서 하는 운동. 「연구하는 학문.

수의-학(獸醫學) 가축의 질병에 관한 의술(醫術)을

수의 행위(隨意行爲) 무의식적 또는 강박적으로 일어나는 행위에 대하여, 어떠한 일정한 목적 표상(目的表象)으로서 규정(規定)되어 있는 행위.

수이 쉽게. 용이하게. 《약》쉬. easily

수이 특별하게 하게. peculiarity 하다

수이(輸移) 수입이나 수출을 하여 물화(物貨)를 옮

수이〔고〕 쉬이. 「김. transport 하다

수이 보-다 가볍게 또는 쉽게 보다. underestimate

수이 여기-다 쉽게 여기다. underrate 「tation

수이-입(輸移入) 〔약〕 수입(輸入)과 이입(移入). importa-

수이-출(輸移出) 〔약〕 수출(輸出)과 이출(移出). In foreign and home trade 「소득②. profit

수익(收益) 이익을 거두어 들임. 수입되는 이익.

수익(受益) 이익을 얻음. receiving benefits 하다

수익 가치(收益價値) 〔경제〕 화폐 수익에 의거한 재산의 평가 가치.

수익-권(受益權) ①이익을 받는 권리. ②〔법률〕 국가에게 특정한 이익의 제공을 요구할 수 있는 국민의 공권(公權). 교육을 받을 권리, 근로권 따위. right to the profits

수익-다 손에 익거나 익숙하여지다. get used to

수익-세(收益稅) 〔법률〕 지조(地租)·가옥세(家屋稅)·영업세 따위와 같이 수익을 보는 물건이나 그 수익에 대하여 매기는 세금. profit tax

수익-자(受益者) 이익을 얻는 사람. beneficiary

수익자 부:담(受益者負擔) 〔경제〕 특정한 공적 사업에 요하는 경비(經費)에 충당하기 위하여 그 사업으로 인하여 특별한 이익을 받는 자에게 지우는 부담. Beneficiaries should bear the cost

수익 자:산(收益資産) 〔경제〕 ①수익을 낳는 자산. ②은행의 수익 원천이 되는 할인·대부·유가 증권 등의 총칭. 「산. ②재정 재산.

수익-재(收益財) 〔경제〕 ①수익의 근본이 되는 재

수익 증권[-꿘](收益證券) 〔경제〕 ①신탁 증서로 증권으로 한 것. ②증권 투자 신탁 재산의 관리·운용의 결과 생긴 이익을 받을 권리를 표시한 증권.

수익 체감(收益遞減) 〔경제〕 토지의 수익이 일정한 정도가 지나면, 이에 투자한 자본과 노력이 많이 증가하여도 그 수익의 비례는 점점 줄어짐. diminishing returns 「②자필의 서명 또는 그 문서.

수인(手印) 〔법〕 ①손바닥 모양을 찍어 증거로 삼는 일.

수인(囚人) 법령에 의하여 옥에 갇힌 사람. 죄수. convict

수인(修因) 〔불교〕 선악(善惡)의 인(因)을 닦음.

수:인(數人) 두서너 사람. several persons

수인 감:과(修因感果) 〔불교〕 착하고 악함의 인(因)을 행함으로써 고통과 즐거움의 인과 응보를 깨달음. 하다 「를 닦음. learning etiquette 하다

수인-사(修人事) 〔동〕 인사의 예절. etiquette ②인사

수인사 대:천명(修人事待天命) 사람으로서 할 수 있는 데까지 최선을 다하고 그 결과를 하늘이 하는 데에 맡김. 하다

수인성 전염병[-썽-뼝](水因性傳染病) 〔의학〕 물·음식물에 들어 있는 세균에 의해 전염되는 질환. 이질·장티푸스·콜레라 등.

수인-씨(燧人氏) 중국 고대의 삼황제의 하나. 불의 기술 및 음식 조리법을 전했다 함.

수일(秀逸) 빼어나고 뛰어남. superexcellence 하다

수일(昨日) 〔동〕 수신(晬辰).

수:일(數日) 두서너 날. 1~간(間). several days

수일(首日) 첫째. 제일. foremost

수일(讎日) 해마다 맞이하는 부모가 돌아가신 날을 원망하며 일컫는 말. anniversary of the death of one's parents

수일-의(隨---) 첫째로 뛰어난. first-rate

수임(水荏)〖명〗〈동〉들깨.
수임(受任)〖명〗①임무를 받음. acceptance of an assignment ②〈법률〉위임을 받음. acceptance of a mandate 하타
수입(收入)〖명〗①〈경제〉개인·단체·국가 따위가 합법적으로 얻어 들이는 일정액(一定額)의 화폐. revenue ②〈동〉소득(所得). ③금품을 거두어 들임. 수납(收納). 〔대〕지출(支出). earnings 하타
수입(輸入)〖명〗외국에서 물건을 들여옴. 〔대〕수출(輸出). import 하타
수입 관·리(輸入管理)〖명〗국제 대차(國際貸借)의 균형 및 화폐의 대외 가치(對外價値)를 유지하기 위하여 정부가 법령에 따라 수입품의 종류 및 수량을 제한하는 일. 수입 통제. import control
수입=금(收入金)〖명〗수입된 금액. amount of income
수입 금:제품(輸入禁制品)〖명〗〈법률〉수입이 금지 또는 제한된 외국의 물품. 〔대〕수출 금제품. contraband
수입 면장(輸入免狀)〖명〗〈경제〉화물 수입을 위한 통관 허가증. import license
수입 문학(輸入文學)〖명〗〈문학〉자기 나라 고유의 문학이 아닌 외국이나 외국 민족으로부터 배워 얻은 문학. imported literature
수입=부(收入簿)〖명〗수입을 적어 두는 치부책. [of receipte
수입=상(輸入商)〖명〗외국의 물품을 수입하는 장사나 장수. importer
수입 성:향(輸入性向)〖명〗〈경제〉국민 소득 중 수입 상품을 구매하는 데 소요되는 부분의 비율.
수입=세(輸入稅)〖명〗〈법률〉수입한 물건에 매기는 세금. import duty [의 일종에서 본 수출 신용장.
수입 신:용장[─짱](輸入信用狀)〖명〗〈경제〉수입업자
수입 의존도(輸入依存度)〖명〗〈경제〉한 나라의 경제가 의존하고 있는 정도 및 그 지표. 일반적으로 국민 소득이나 국민 총생산에서 차지하고 있는 수입액의 비율로 나타냄.
수입 인지(收入印紙)〖명〗〈법률〉국고의 수입이 되는 조세(租稅)·수수료(手數料) 및 기타의 수납금(收納金)을 징수하기 위하여 발행하는 증표(證票). 〔약〕인지(印紙). acceptance a stamp
수입 초과(輸入超過)〖명〗〈경제〉어떤 기간 동안에 수입한 총액수가 수출한 액수보다 많아진 상태. 〔대〕수출 초과. 〔약〕입초(入超). excess of imports
수입 통:제(收入統制)〖명〗〈동〉수입 관리.
수입 할당 제:도[─땅─](輸入割當制度)〖명〗〈경제〉일정한 상품에 대하여 그 수입 총량을 결정하고, 그 범위 내에서 수입하게 하는 수입 관리 제도.
수입=환(輸入換)〖명〗〈경제〉①수출 어음을 지급인인 수입상이 부르는 말. ②수입품에 지급할 목적으로 수입상이 사들이는 환어음.
수·있-다〖형〗수단이나 방법이 있다. be able to do
수:-있-다(數─)〖형〗좋은 운수나 재수가 있다.
수자(手刺)〖명〗손수 관직·성명을 써 넣은 쪽지. 명함(名銜). name card
수자(豎子)〖명〗①더벅머리. ②미숙자(未熟者).
수자(樹子)〖명〗적자(嫡子).
수:자(繡刺)〖명〗〈동〉자수(刺繡).
수자리 국경을 지키는 일이나 그 지키는 민병(民兵). 위수(衛成). frontier guards 하타
수·자:원(水資源)〖명〗산업에 이용되는 물의 자원. water resources
수자-직(繻子織)〖명〗옷감을 날줄이 적고 씨줄이 많이 짜는 방법의 하나.
수자-폰(sousaphone)〖명〗〈음악〉이 나팔꽃 모양으로 된 금관 악기의 하나.
수자해-좆〖명〗〈식물〉난초과의 기생 식물. 깊은 산에서 자라는데, 줄기는 높이 1m 정도로 곧게 자라며, 여름에 황적색의 꽃이 핌. 뿌리를 '천마(天麻)'라고 하며, 약재로 씀.
수작(秀作)〖명〗빼어난 작품.
수작(授爵)〖명〗작위(爵位)를 줌. 하타

수작(酬酢)〖명〗①술잔을 서로 주고받고 함. exchange of wine cups ②말을 서로 주고받음. exchange of words ③남의 말이나 행동을 업신여겨서 하는 말. ¶아니꼬운 ~. derisible words or action 하타
수작-떨·다(酬酢─)〖자변〗①이야기로써 까불다. frivolous ②음모를 꾀하다. plot
수:-잠 깊이 들지 않은 잠. 풋잠.
수장(手掌)〖명〗〈동〉손바닥.
수장(水葬)〖명〗송장을 물 속에 던져 장사함. 《유》해장. burial at sea 하타
수장(戍將)〖명〗〈제도〉변방을 지키던 장수.
수장(守藏)〖명〗〈제도〉주자(鑄字)를 감시하던 교서관(校書館) 잡직의 하나. [藏). garnering 하타
수장(收藏)〖명〗거두어 들여 깊이 간직함. 《유》비장(備
수장(受賞)〖명〗훈장 등을 받음. 하타
수장(首長)〖명〗주재(主宰)하는 사람. 우두머리.
수장(袖章)〖명〗고급 군인·경찰관이 정복 소매에 금줄 따위로 관등(官等)을 표시하던 표장. ssing 하타
수장(修粧)〖명〗집이나 기구들을 손질하고 단장함. dre-
수장(壽藏)〖명〗〈동〉수릉(壽陵).
수장(瘦長)〖명〗필치(筆致)가 가냘프고 길. slender
수:장(繡帳)〖명〗수놓은 휘장. embroidered curtain
수장 기둥[─끼─](修粧─)〖명〗〈건축〉초석(礎石) 위에 세우지 않고, 수장(修粧)하기 위해 임시로 세운 기둥. 수장주(修粧柱). temporary pillar
수장 도리(修粧─)〖명〗〈건축〉벽 속에 들어가는 도리. wall beam [목의 총칭. timber
수장-목(修粧木)〖명〗〈건축〉집을 수장하는 데 쓰는 재
수장-열[─녈](手掌熱)〖명〗〈한의〉손바닥에 열이 나 화끈 달아오르는 증세.
수장-주(修粧柱)〖명〗〈동〉수장 기둥. [화끈 나는 병.
수장-판(修粧板)〖명〗〈건축〉흙벽 대신에 나무벽에 쓰는 얇은 널. wainscotting 〈유〉집 지을 때 쓰는 널조각의 총칭. boarding
수대(手才)〖명〗〈동〉손재주.
수대(水災)〖명〗큰물로 인한 재앙. 수화(水禍). 〔대〕한재(旱災). 화재(火災). flood disaster
수대(收載)〖명〗거두어 적어 놓음. 하타
수대(秀才)〖명〗①재주가 빼어난 사람. 무재(茂才). 영재(英才). 준재. genius ②결혼 미혼 남자. [talent
수대(殊才)〖명〗특수한 재주. 색다른 재주. brilliant
수재-식(樹栽式)〖명〗〈농업〉두어 해나 수십 년 동안을 같은 밭에 같은 나무를 가꾸어 경영하는 방식.
수저①〖명〗숟가락. spoon ②숟가락과 젓가락. 시저(匙箸). spoons and chopsticks
수저(水底)〖명〗물밑.
수저-선(水底線)〖명〗물밑으로 부설한 전신선이나 전화선 따위. submarine cable [서적. holograph
수적(手迹)〖명〗손수 쓴 글씨나 만든 물건의 형적.
수적(水賊)〖명〗바다나 큰 강에 숨어 다니면서 남의 재물을 빼앗는 도둑. ¶~질. pirate [(硯滴).
수적(水滴)〖명〗①물방울. drops of water ②〈동〉연적
수적(水積)〖명〗〈한의〉물 따위 액체를 많이 먹어 위에 생긴 병.
수적(讎敵)〖명〗〈동〉원수(怨讎). [numerical
수:적[─쩍](數的)〖관·명〗숫자(數字)상으로 보는(것).
수전(水田)〖명〗〈동〉논.
수전(水電)〖명〗〔약〕→수력 전기(水力電氣). fight 하타
수전(水戰)〖명〗물에서 하는 싸움. 〔대〕육전(陸戰). sea
수전(收錢)〖명〗돈을 거둠. collection of money 하타
수전(袖傳)〖명〗편지 따위를 손수 가지고 가서 전함. 하타 [만 알고 쓸 줄 모르는 사람. 구두쇠. miser
수전-노(守錢奴)〖명〗돈을 지나치게 아껴 모을 줄
수전 동맹(守戰同盟)〖명〗다른 나라의 침입이 있을 때 서로 도와 공격을 막기 위하여 두 나라 이상이 체결하는 동맹. [양식하는 논.
수전 양:어(水田養魚)〖명〗흔히, 잉어·붕어 등을 논에
수전 전:력(受電電力)〖명〗수용가(需用家)에 공급되는

수전증[-증](手顫症)圈〈한의〉물건을 잡을 때마다 전력. 자꾸 손이 떨리는 병.

수절(守節)圈 ①절의(節義)를 지킴. remaining true to one's principles ②정절(貞節)을 지킴. (대) 변절(變節). 실절(失節). preserve chastity 하다

수절(秀絶)圈 썩 뛰어나고 훌륭함. 하다

수절(殊絶)圈 다른 것보다 뛰어나게 훌륭함. 하다

수절 사의(守節死義) 절개를 지키고 의롭게 죽음. 하다

수절 원사(守節冤死) 절개를 지키다가 원통하게 죽음. 하다

수점(受點)圈〈제도〉임금에게 낙점(落點)을 받는 일.

수접(酬接)圈 손을 접대함. reception 하다

수젓-다圈 →수줍다.

수젓-집(-集)圈 수저들을 넣어 두는 주머니. spoon and chopsticks-holder

수정(水亭)圈 물 위나 물가에 지은 정자. waterside arbour

수정(水程)圈《동》물길.

수정(水晶)圈〈광물〉무색(無色) 투명한 석영(石英)의 하나. crystal

수정(水精)圈 ①물 속에 산다는 요정(妖精). 물의 정령. 님프(nymph). ②'달'의 딴이름.

수정(守貞)圈〈기독〉동정을 지킴. (대) 실정(失貞). preserving virginity 하다

수정(受精)圈 ①〈생리〉암수의 생식 세포(生殖細胞)가 결합하는 일. 정받이. ②〈식물〉웅성 배우자(雄性配偶子)가 자성(雌性) 배우자와 합체하여 한 몸이 되는 일. fertilization

수정(修正)圈 올바르게 고침. amendment 하다

수정(修訂)圈 서적 등의 잘못을 고침. 《유》정정(訂正). correction 하다

수정(修整)圈 ①고쳐서 정돈함. adjustment ②사진술(寫眞術)에서 인화(印畫)의 화상(畫像)을 수정(修正)하는 일. retouching 하다

수정(輸情)圈 ①자기 나라의 정세를 적에게 알림. ②죄인이 실정을 다 말함. 하다

수=정:과(水正果) 세상을 달인 물에 설탕이나 꿀을 타고, 곶감·잣·계피 가루 등을 넣어 만든 음식.

수정-관(輸精管)圈〈생리〉음낭(陰囊) 안에 있어, 정충(精蟲)을 정낭(精囊)에 보내는 관. seminal vesicle

수정-궁(水晶宮)圈 수정으로 장식한 궁전.

수정-낭(受精囊)圈〈생리〉수정한 정충을 저장하는 주머니로, 연체 동물이나 절족 동물의 암컷의 생식기관. seminal receptacle 〔할 수 있는 힘. fertility

수정-능(受精能)圈〈생리〉암수의 생식 세포가 결합

수정-란(受精卵)圈〈생리〉정충을 받아 핵 내용이 배로 된 알. (대) 무정란(無精卵). fertilized ovum

수정-렴(水晶簾)圈 ①수정의 구슬로 꾸민 발. crystal blind ②수정 구슬을 꿰어 꾸민 발.

수정 마르크스주의(修正 Marx 主義)〈사회〉수정파

수정-막(受精膜)圈 난세포가 수정한 직후 그 주위에 형성되는 막. 수정란을 보호함.

수정 시계(水晶時計)圈 수정의 극히 안정된 압전성(壓電性)을 이용한 수정 발진기를 사용한 시계.

수정-안(修正案)圈 원안(原案)의 잘못된 곳을 수정한 의안(議案).

수정 유리[-유-](水晶琉璃)圈 광택 있는 유리로 광학 기계나 식기 등을 만드는 데 쓰임. crystal glass

수정 자:본주의(修正資本主義)〈사회〉자본주의 그 자체를 근본적으로 변혁하지 않고, 어떤 관점에서 자본주의의 모습을 완화하거나 위하여 수정한 주의. 신자본주의(新資本主義). modified capitalism

수정-체(水晶體)圈〈생리〉안구(眼球)의 일부로서, 동공(瞳孔)의 뒤쪽에 있는 볼록[凸] 렌즈 모양의 투명체. crystalline lens

수정-초(水晶草)圈〈식물〉더부살이 식물의 하나.

수정파 사:회주의(修正派社會主義)〈사회〉사회주의의 여러 가지 결점을 수정하여, 개혁(改革)하려는 사회주의. 수정 마르크스주의. revisionism 하다

수제(手製)圈 손으로 만듦. 또, 그 물건. hand-made

수제(水劑)圈 물에 녹이거나 혼합한 약제.

수제(首題)圈 공문 첫머리에 쓴 제목. 표제(標題). heading 〔고. hand-safe

수제 금고(手提金庫)圈 손에 들고 다니는 간단한 금

수제비圈 밀가루 반죽을 맑은 장국 등에 적당한 크기로 떼어 넣어 익힌 음식. 박탁(餺飥).

수제비 뜨-다圈 ①반죽하여 밀가루를 떼어 끓는 장국에 넣다. ②《우》→수제비 뜨다.

수제비 태껸圈 버릇없이 어른에게 덤비는 말다툼. unmannerly quarrel 하다 〔one's best pupil

수-제:자(首弟子)圈 학문과 기술이 가장 뛰어난 제자.

수조(手爪)圈《동》손톱.

수조(水鳥)圈 물새.

수조(水槽)圈 물을 담아 두는 큰 통. water tank

수조(水操)圈〈제도〉수군을 조련함. 하다

수조(水藻)圈 물 속에 나는 마름. duckweed

수조(守操)圈 지조(志操)를 지킴. 하다

수조(受胙)圈〈제도〉제사를 지낸 뒤에 제관(祭官)이 번육(燔肉)을 나누어 받는 일. 하다

수조(垂釣)圈 낚시를 물에 드리움. dropping a line

수조-관(收租官)圈〈제도〉궁방(宮房)의 추수(秋收)를 보러 가던 사람.

수=조기(-魚類)圈〈어류〉민어과의 바닷물고기. 몸 길이 30cm 내외로 모양은 민어와 비슷한데 비늘이 작고 몸 빛이 황적색임. 한국의 서남해·일본 서남해에 분포하며 맛이 좋음.

수조-안(收租案)圈〈제도〉감사가 호조(戶曹)에게 가을의 추수 예상고(豫想高)를 아뢰던 장부.

수족(手足)圈 ①《동》손발. ②수족과 같이 요긴하게 부리는 사람. right-hand man

수족(水族)圈 물 속에서 사는 동물의 족속. aquatic animals 〔키는 설비. aquarium

수족-관(水族館)圈 수족(水族)을 모아 기르고 구경시

수족 군영(手足軍營)圈〈한의〉얼어서 손과 발이 타지는 병.

수족 삼각형(垂足三角形)圈〈수학〉삼각형의 각 꼭짓점에서 그 대변에 내리그은 수선(垂線)의 밑점 셋을 꼭짓점으로 하는 삼각형. pedal triangle

수족-한(手足汗)圈〈한의〉손바닥과 발바닥에 땀이 많이 나는 병.

수졸(守拙)圈 어리석음을 지키고 본성을 고치지 않음. clinging to one's stupidity 하다

수졸(戍卒)圈〈제도〉북방 변경에서 수자리 사는 군사.

수종(水宗)圈 물마루. 〔수병(成兵).

수종(水腫)圈〈의학〉혈액성(血液性) 성분이 조직 속에 많이 나와서 붓기가 붓는 병.

수종(首從)圈 ①일의 앞잡이와 그에 따라 하는 사람. advocator and followers ②수범자(首犯者)와 종범(從犯)자. principal and accessory 〔kinds

수:-종(數種)圈 몇 가지의 종류. 두서너 가지. several

수종(隨從)圈 ①〈원〉→시종. ②따라다니는 하인. henchman 하다 〔《동》수에(樹藝).

수종(樹種)圈 ①나무의 여러 종류. kinds of trees ②

수종-다리(水腫-)圈《로》→수종다리.

수종-들-다(隨從-)圈《르》하다→시종들다.

수종 불분(首從不分) 수장자(首犯者)와 수종자(隨從者), 또는 수범(首犯)과 종범(從犯)을 가리지 않고 같은 죄에 처벌함. 하다 〔《유》국사(國事).

수좌(首座)圈 ①첫째의 자리. 수석(首席). top seat

수죄(受罪)圈 죄를 받음. be punished 하다

수죄(首罪)圈 가장 으뜸가는 죄. cardinal crime

수:-죄(數罪)圈 ①여러 범죄. several crimes ②범죄 행위를 낱낱이 들어냄. disclosure 하다

수:죄 구발(數罪俱發)圈〈법률〉구형판상의 규정의 하나. 한 사람이 저지른 여러 가지 죄과가 한꺼번에 드러남. 하다

수주(水柱)圈 기둥처럼 솟는 물. 물기둥.

수주(手珠)圈〈불교〉수주의 구슬을 고리 모양으로 꿰어, 늙은이가 손의 빳빳한 증세를 없애기 위하여 쥐고 돌리는 물건.

수주(守株)圈《동》주수(株守).

수주(受注) 주문을 받음. 하다
수주(壽酒) 장수(長壽)를 축하하는 술. toast
수:주(數珠)〖동〗염주(念珠).
수:-주머니(繡─)〖동〗수놓은 주머니. 수낭(繡囊). embroidered pouch
수주-점(壽酒亭)〖제도〗나라 잔치 때 술 그릇을 올려놓는 탁자.
수죽(脩竹)〖동〗밋밋이 자라난 대. well grown bamboo
수준(水準) ①사물의 어느 정도의 표준. standard ②〖약〗→수준기(水準器).
수준 거:표(水準擧表)〖토목〗수준 측량(水準測量)에서 지점(地點)의 높낮이를 정확히 재기 위하여 설치한 높이가 일정한 측표(測標). bench mark
수준-기(水準器)〖물리〗평면이 수평인가 아닌가를 알아보는 기계. 수평기(水平器). 평준(平準).〖약〗수준(水準)②. level
수준 원점(─點)(水準原點) 수준점의 높이를 재는 기준이 되는 원점.
수준-의(水準儀)〖토목〗수준기를 장치한 망원경으로 지점(地點)의 높고 낮음을 측량하는 데 쓰임.
수준-점(─點)(水準點) 측량할 지역에 거의 일정한 간격으로 묻는 표(標). 표점(標點).
수줍-다 부끄러운 기가 있고 활발하지 않다. shy
수줍어-하-다(─하─) 수줍은 태도가 있다. be shy
수줍음 수줍어하는 태도나 성질. shyness
수중(手中) ①〖동〗손안. 손아귀. ②. 장중(掌中). in the hands ②자기가 부릴 수 있는 세력 범위. in one's possession
수중(水中) 물 가운데. 물 속. underwater
수중(睡中) 잠이 든 동안. while sleeping
수중=경(水中莖)〖식물〗수생 식물의 물 속에 잠긴 줄기. 물에서 양분을 섭취하여 뿌리의 구실을 함. 〖약〗수경(水莖).
수중-다리〖한의〗병으로 퉁퉁 부은 다리. 〖원〗수종(水腫)다리. swollen leg
수중 안:경(水中眼鏡)〖물〗물속에서 볼 수 있도록 만든 안경. 물안경.
수중 유행(─遊行)(睡中遊行)〖의〗자다가 별안간 일어나서 여러 가지 행동을 하고는 깬 뒤에 이를 알지 못함. somnambulism 하다
수중익-선(水中翼船) 선체의 밑에 발을 달고 그 끝에 작은 날개의 부력으로 선체가 떠올라 물의 저항을 극히 적게 받음.
수중 청:음기(水中聽音器)〖군사〗적의 잠수함 따위가 가까이 옴을 알아내는 기계. hydrophone
수중 초음파 기기(水中超音波機器) 보낸 초음파의 반사파의 상태로 해저(海底)의 상태·어군(魚群)의 존재 등을 탐지하는 장치.
수중 추종(隨衆追從) 자기의 주견이 없이 남과 더불어 닝닝이 행동을 함. without one's own opinion 하다
수중-혼(水中魂) 물에 빠져 죽은 사람의 넋.
수=다욕(壽則多辱) 오래 살면 욕됨이 많음. 곧, 오래 살수록 고생이나 망신이 많음.
수즙(修葺) 집을 손질하고 지붕을 새로 이는 일. repairing a house 하다
수증(受贈) 선물을 받음. 〖대〗기증(寄贈). receipt of a gift 하다
수증-계(水蒸鷄)〖동〗닭백숙(─白熟).
수=증기(水蒸氣)〖물리〗물이 증발한 김. 〖약〗증기(蒸氣). vapour
수지(手指)〖동〗손가락.
수지(收支) 수입과 지출. income and outgo
수지(守志)(志操)를 지킴. remaining faithful to one's cause 하다
수지(受持)〖불교〗경전(經典)을 받아이수 잊지 않고 머리에 새겨 가짐. keep in one's mind 하다
수지(須知) 마땅히 알아야 할 일. what one ought to know
수지(樹枝) 나뭇가지. branch
수지(樹脂) 나무의 진. resin
수지(獸脂) 짐승의 기름. grease

수지 결산(─算)(收支決算)〖경제〗일정한 기간에 있어서 수입과 지출의 총계산. settlement of accounts
수지 계:산(收支計算) 수입과 지출의 계산.
수-지니(手─)〖조류〗①길들인 매나 새매. 수진(手陳).〖대〗산지니. tame hawk ②〖동〗수진매.
수지-맞-다(收支─)〖자〗이익을 보다. 이익이 남다. be profitable
수지 비누(樹脂─) 수지를 가성소다 또는 탄산소다액과 함께 끓어서 만든 비누. resin soap
수지-상(樹枝狀)〖동〗많은 가닥으로 벌어서 나뭇가지처럼 된 모양.
수지오지자웅(誰知烏之雌雄) 까마귀의 암수를 분간 하듯이 누구가 옳고 그름을 가릴 수 없다는 말.
수직(手織) 손으로 짜거나 짠 물건. hand weaving
수직(守直) 맡아서 지킴. guard 하다
수직(垂直)〖수학〗직선과 직선, 직선과 평면, 평면과 평면이 90도로 닿아 직각을 이룬 모양. 직각(直角). 직립(直立). ③.②반듯하게 드리움. 또, 그 상태. perpendicularity
수직(首職) 으뜸가는 벼슬. chief post
수직(壽職)〖제도〗해마다 정월에 80살이 넘은 관원과 90살이 넘은 백성에게 은혜로 주던 벼슬.
수직 거:리(垂直距離)〖수학〗수직의 직선 위의 두 점 사이의 거리. perpendicular distance
수직=권(垂直圈) 천정(天頂)을 통하여 지평면(地平面)에 수직(垂直)인 대원(大圓). Vertical circle
수직-기(手織機)〖동〗손으로 짜는 직기.
수직-면(垂直面)〖동〗연직면(鉛直面).
수직 미익(垂直尾翼) 비행기 동체의 뒤에 수직으로 세워 놓은 날개.
수직 분포(垂直分布)〖식물〗토지의 고저(高低)에 따라 각각 다른 식물상(相)의 변화.
수직 사고(垂直思考)〖철학〗어떤 문제를 해결함에 있어서 종래에 일반적으로 인정되어 온 순서를 밟아서 논리적으로 결론을 이끌어 내려는 사고 방식.
수직=선(垂直線)〖동〗수선(垂線).〖대〗수평 사고.
수:=직선(數直線) 직선상의 기점 0의 양쪽에 같은 간격의 눈금을 찍고 각 점마다 하나씩 실수(實數)를 대응시킨 직선. number line
수=직성(水直星)〖민속〗남자는 열두 살에, 여자는 열세 살에 처음 돌아온다는 아홉 직성의 하나.
수직 이:등분선(垂直二等分線)〖수학〗선분(線分)의 중점을 지나서 그 선분에 수직인 직선. perpendicular bisector
수직 전:위(垂直轉位)〖지학〗암층(岩層)의 일부가 그 중력으로 말미암아 수직 운동을 일으켜 잇닿은 지층에 대하여 그 위치를 바꾸는 일. vertical displacement
수직 투영도(垂直投形圖)〖동〗입면도(立面圖).
수신(手脣)〖동〗수지①.
수진(水盡) 물의 흐름이 끊어짐. 물이 다 떨어짐. exhaustion of water 하다
수진(受診) 진찰을 받음. consult a doctor 하다
수진(袖珍)《약》→수진본(袖珍本).
수진-매(手陳─) 길이 사람의 손으로 길들인 매. 수지니②.
수진-본(袖珍本) 소매 속에 들어갈 만한 작은 책. 〖약〗수진(袖珍). pocket-book
수질(水疾)〖동〗뱃멀미.
수질(水蛭)〖동〗거머리②.
수질(水質) 물의 성질. quality of water
수질(首絰) 상제가 상복(喪服)을 입을 때 머리에 두르는 짚과 삼으로 만든 테.
수질(髓質)〖생리〗실질상 기관의 내부를 차지하는 조직. 뇌의 백질(白質) 따위. 〖대〗피질(皮質). medulla
수질 오:염(水質汚染) 어떤 장소의 물이 하수(下水)나 산업 폐수로 인하여 인간의 보건에 실제적인 위해를 가할 정도로 더러워진 상태.

수집(收集)[명] 거두어 모음. collection 하다
수집(搜集)[명] 찾아 모음. searching and collection
수집(蒐集)[명] 여러 가지 재료를 찾아서 모음. 수집(蒐輯). collection 하다
수집(粹集)[명] ①고갱이만 뽑아 모음. ②일이나 물건의 가장 중요한 것만 골라 모음. selection 하다
수집(蒐輯)[명][동] 수집(蒐集). 하다
수집-되다 →수줍다.
수집-벽(蒐集癖)[명] 수집하기를 즐기는 버릇.
수집-상(蒐集商)[명] 골동품 따위를 모아 파는 장사.
수징(壽徵)[명] 오래 살 조짐.
수-짠지[명] 껑·닭고기를 잘게 썰어 기름에 묶은 것과 절여 둔 오이 썬 것과 달걀을 번철에 붙여 썬 것들을 맑은 장국에 넣어 만들어서 정월 차례나 귀한 손님 대접에 쓰는 음식
수-쪽[명]〈경제〉채권자가 가지는 어음의 오른편 조
수차(水車)[명][동] 물레방아.
수차(收差)[명]〈물리〉렌즈 또는 거울에 의하여 생기는 상이 일반적으로 한 점에 모이지 않고 여러 가지 원인으로 불선명한 상을 만드는 현상. aberration
수차(袖剳)[명]〈제도〉임금을 뵈고 만나서 직접 바치던 상소(上疏).
수:차(數次)[명] 두서너 차례. 누차. several times
수차 발전기[―[전―]](水車發電機)[명] 수차에 의하여 전기를 일으키는 장치. 를 제련하는 일.
수차 제:련(水車製鍊)[명]〈광물〉수차를 이용하여 금
수찬(修撰)[명] ①서책을 편집하여 찬술함. compilation ②〈제도〉홍문관의 정 제 6 품 벼슬. 하다
수찰(手札)[명] 수서(手書).
수찰(水察)[명][동] 기찰(譏察).
수찰(首刹)[명] 수사(首寺).
수참(水站)[명] ①뱃길의 머무는 곳. station on a waterway ②〈제도〉전라, 경상, 충청 삼 도의 세곡(稅穀)을 배로 서울에 날을 때 중로(中路)에서 쉬던 곳.
수참(羞慚)[명] 매우 부끄러움. 하다
수참(愁慘)[명] 썩 비참함. 매우 슬픔. extreme distress 하다
수창(水脹)[명]〈의학〉신장병(腎臟病)으로 몸이 붓는 병.
수창(守倉)[명]〈제도〉사창(社倉)의 사무를 맡아보던 사람.
수창(首唱)[명] ①두목이 되어 주창함. advocacy ②여러 사람 가운데서 맨 먼저 시를 읊음. chanting first
수창(首創)[명] 맨 먼저 창설함. 하다
수창(酬唱)[명] 시가(詩歌)를 불러 서로 주고받음. exchange of poemchanting 하다
수창(壽昌)[명] ①오래 살고 번창함. longevity and prosperity ②별 이름. 수성(壽星). 노인성(老人星).
수-창포(水菖蒲)[명] 꽃창. [道). drain
수채[명] 허드렛물을 흘러 가게 만든 곳. 하수도(下水
수채(水彩)[명] 채료(彩料)를 물에 풀어 색깔이나 light of water 를 골라서 씀. picking up 하다
수채(收採)[명] ①거두어 들임. garnering ②인재(人材)
수채(受采)[명] 신랑 집에서 보내는 납채를 신부 집에서 받음. (대) 납채(納采). 하다
수:-채우-다(數―)[자] ①일정한 수효에 이르도록 보내다. fill up ②물건의 수가 모자라서 임시로 비슷한 것으로서 대붙치다. make up a deficit
수:-채움(數―)[명] ①일정한 수효에 이르도록 채워 놓음. ②임시로 대붙침. (약) 수챔. making up a deficit 하다
수채-통(―筒)[명] 수챗물이 흘러 가도록 땅 속에 묻어 놓은 철관(鐵管)이나 토관(土管). 하수도관(下水道管). drain pipe
수채-화(水彩畫)[명]〈미술〉채색을 물에 풀어서 그리는 서양화. (대) 유화(油畫). water-colour painting
수채화-구(水彩畫具)[명] 수채화를 그리는 도료나 화구.
수책(水柵)[명] 물의 흐름을 막는 울타리. 말목을 박고 나무와 대를 가로 걸친.
수:-챔(數―)[명]〈약〉→수채움.

수책=구멍[명] 수채의 구멍. sinkhole
수:처(數處)[명] 두서너 곳. 뎃 곳. several places
수척(水尺)[명][동] 무자리.
수:척(數尺)[명] 두서너 자. several feet
수척(瘦瘠)[명] 몸이 여위어 파리함. (데) 비대(肥大). emaciation 하다
수천(水天)[명] 물과 하늘. 「생기는 숨찬 병.
수천(水喘)[명]〈의학〉심장병·신장병 따위로 인하여
수:천(數千)[명] 천의 두서너 곱절 되는 수효. 몇 천. thousands
수천 방:불(水天彷彿)[명] 바다 멀리 수면과 하늘이 서로 맞닿아서 그 경계를 알 수 없음을 이름. 수천 일색(水天一色).〈유〉수천 일벽(水天一碧).
수천 일벽(水天一碧)[명] 활짝 맑게 개어 바다와 하늘이 하나로 연이어져서 청청한 모양.〈유〉수천 방불.
수천 일색(水天一色)[명][동] 수천 방불.
수철(水鐵)[명][동] 무쇠.
수첩(手帖)[명] ①몸에 지니고 다니며 간단한 기록을 적은 작은 치부책. 괸첩(筆帖). note-book ②여러 가지 증명 목지를 넣어 엮어서 늘 몸에 지니고 다니게 한 작은 책. ¶제대 ~. pocket-book
수청(守廳)[명]〈제도〉①고관 앞에서 수종하는 일. attending on a high official ②청지기. servant
수청-들-다(守廳―)[자][르불] 기생이 지방 수령에게 잠시 몸을 바치다. attend on a high official
수청=목(水靑木)[명] 물푸레나무.
수청=방(守廳房)[명]〈제도〉①수청드는 사람이 있는 방. attendant's room ②청지기가 있는 방. janitor's room
수:체(數體)[명]〈수학〉각 요소가 실수·유리수를 포함하여 복소수(複素數)로 이루어진 체.
수초(手抄)[명] 손수 추리어 씀. 또, 그 기록. 하다
수초(水草)[명] ①물과 풀. water and grass ②〈식물〉물 속에서 자라는 풀. aquatic plant
수:초(數秒)[명] 수복이.
수-초자(水硝子)[명][동] 물유리.
수-치[명]〈제도〉노비(奴婢)의 수결(手決). 왼손 가운뎃손가락의 첫째와 둘째 마디 사이의 길이를 재어 그림을 그려서 도장 대신 씀. 좌촌(左寸).
수총(手銃)[명][동] 권총(拳銃).
수총(壽冢)[명][동] 수실(壽室). 「하다
수축(收縮)[명]〈의학〉 오그라듦. (대) 팽창(膨脹). contraction
수축(修築)[명] ①방축 따위의 헐어진 메를 고쳐 쌓음. repair ②집을 고쳐 지음. reconstruct 하다
수축=포(收縮胞)[명]〈생물〉밀물에서 사는 원생 동물의 작은 세포. 수축·확장을 행하여 배설과 호흡 작용을 함. contractile vacuole
수출(輸出)[명]〈경제〉외국으로 물화(物貨)를 내보냄. (대) 수입(輸入). export 하다
수출 금:제품(輸出禁制品)[명]〈법률〉법률로써 수출이 금지 또는 제한된 물품. contraband
수출 면:장(輸出免狀)[명]〈경제〉세관에서 발급하는 수출을 허가하는 서장.
수출 보:상법(―[―뻡](輸出補償法)〈법률〉수출 보상제를 규정한 법률. law of export compensation
수출 보:상 제:도(輸出補償制度)[명]〈경제〉수출 상품의 생산 또는 수출에 필요한 자금을 융통한 금융 기관이 손실을 입었을 때에 국가가 그 손실을 보상하는 제도. system of export compensation
수출-불(輸出弗)[명]〈경제〉수출에 의하여 그 대가로 받는 불화(弗貨). export dollars 「사.
수출-상(輸出商)[명] 국산품을 수출하는 장수·장
수출-세(輸出稅)[명]〈법률〉수출품에 부과되는 세금. export duty
수출 송:장(輸出送狀)[명]〈경제〉수출품에 첨가하여 보내는 품목·수량·가격 등을 기록한 송장.
수출 신용장[―짱](輸出信用狀)[명]〈경제〉국제간의 수출입 결제를 위해 개설된 상업 신용장의 수출지의 입장으로 보아 일컫는 말.

수-출입(輸出入)[명] 수출과 수입. exportation and importation

수출입 은행(輸出入銀行)[명] 중·장기 신용에 의한 수출입과 해외 투자에 관한 금융을 주로 다루는 특수 은행. Export-import bank

수출 자유 지역(輸出自由地域)[명] 외국인의 투자를 유치하여 수출의 진흥을 꾀하기 위하여 지정된, 바다에 임한 특정 보세(保稅) 지역.

수출 장:려금(輸出奬勵金)[명] 〈경제〉 특정 화물의 수출을 장려하기 위해 정부에서 수출상에게 주는 보조금.

수출 초과(輸出超過)[명] 〈경제〉 어떤 기간에 수출한 총액수가 수입한 총액수보다 많은 일. excess of exports

수출-품(輸出品)[명] 수출하는 물품. 《대》 수입품.

수출-환(輸出換)[명] 〈경제〉 수출상이 수출 상품의 대금을 받기 위해 외국 수입상에 지불된(으로 하는 어음을 발행하여 환은행에 그 매수를 의뢰하는 환어음.

수취(收取)[명] 거두어 들여 손에 넣음. collection 하타

수취(收聚)[명] 거두어 모아 가짐. collection 하타

수취(受取)[명] 받음. 《대》 수여(授與). 송달(送達). 지불(支拂). receiving 하타

수취 어음(受取-)[명] 〈경제〉 기재된 금액을 수취할 권리가 있는 어음. 《대》 지불 어음. bills receivable

수취-인(受取人)[명] ①서류나 물건을 받는 사람. ②〈법률〉 어음·수표 등의 발행자로부터 어음·수표의 교부를 받아 제일(第一)의 소지인(所持人)이 되는 사람.

수측(守則)[명] 〈제도〉 여관(女官)의 종 6품 벼슬. [랑.

수-치(-値)[명] 소금에 절여서 말린 민어(民魚)의 암치.

수치(修治)[명] 《동》 법제(法製)②. [shame 스렙스레함.

수치(羞恥)[명] 부끄러움. 수괴(羞愧). 《대》 영예(榮譽).

수치(數値)[명] 〈수학〉 ①계산하여 얻은 수의 값. 셈값. numerical value ②어떤 문자를 대표하는 수. 즉 a가 7을 대표하면 7은 a의 수치임. 수값.

수:-치레(數--)[명] 몸에 좋은 운수나 재수. good luck 하타

수:치 예:보(數値豫報)[명] 일기 예보의 한 방법. 현재의 대기 상태를 기초로 하여 기상 역학에 의해서 도출 방정식을 전자 계산기를 사용하여 풀어서 장래의 상태를 예보하는 일.

수치 요법[-뻡](水治療法)[명] 〈의학〉 냉수·온수·증기 등의 온도와 자극을 이용하여 질병을 치료하는 방법. water-cure

수-치질(-痔疾)[명] 〈의학〉 항문 바깥에 생기는 치질. 모치(牡痔). 《대》 암치질. external piles

수칙(守則)[명] 행동·절차에 관하여 지켜야 할 사항을 정한 규칙. ¶안전(安全)~.

수침(水沈)[명] ①물에 가라앉음. sinking ②물에 잠김. being submerged 하타   [pillow

수침(水枕)[명] 고무에 물을 넣어서 만든 베개. water

수침(受鍼)[명] 침을 맞음. be acupunctured 하타

수-캉아지[명] 강아지의 수컷. 《대》 암캉아지. he-puppy

수-캐[명] 개의 수컷. 《대》 암캐. he-dog

수-커미 →수거미.

수-컷[명] 짐승의 수놈. 《대》 암컷. 암놈. male

수-케 →수게.

수-코양이 →수고양이.

수-콤 →수곰.

수-꿩이 →수꿩이.

수-쿠렁이 →수구렁이.

수구령[식물] 포아풀과의 다년생 풀. 줄기는 총생(叢生)하고 잎은 빳빳하며 길고 끝이 뾰족함. 9월에 자주색의 이삭이 나오는데 작은 이삭이며 털이 빽빽이 남. 들이나 제방의 양지바른 풀밭을 남.

수:-클 →수글.

수-키와[명] 엎어 이는 쪽의 기와. 동와(童瓦). 모와(牡瓦). 부와(夫瓦). 《대》 암키와.

수타-다[형] →숱하다.

수탁(受託)[명] 부탁을 받음. 위탁을 받음. trust 하타

수탁 매:매(受託賣買)[명] 〈경제〉 부탁을 받아서 하는 매매. sales on consignment

수탁-물(受託物)[명] 부탁을 받은 물건.

수탁 법원(受託法院)[명] 다른 법원으로부터 적법(適法)한 공조(共助)의 촉탁을 받고 그 관할 안에 있어서의 증거의 조사·신문(訊問)·송달(送達) 따위를 하는 법원.

수탁 판매(受託販賣)[명] 〈경제〉 남의 위탁을 받아 위탁자의 계산으로 하되, 자기의 명의로 물품을 파는 일.

수탁 판사(受託判事)[명] 〈법률〉 법원간의 공조(共助)로서 소송이 계속(繫屬)되어 있는 수소(受訴) 법원의 촉탁을 받은 다른 법원에 있어서 수탁 사항(事項)을 처리하는 판사.

수탄(愁歎)[명] 근심하고 한탄함. grief 하타

수탄(獸炭)[명] 〈화학〉 동물의 뼈나 피를 건류하면 골유(骨油) 따위가 흘러 나가고 남는 탄. animal charcoal

수탈(收奪)[명] 빼앗음. 《속》 착취. plundering 하타

수-탉[-탁][명] 닭의 수컷. 웅계. 《대》 암탉. cock

수탐(搜探)[명] 살살이 조사하고 알아냄. search 하타

수탕(髓湯)[명] 《동》 골탕(-湯).   [기.

수-탕나귀[명] 당나귀의 수컷. 《대》 암탕나귀. 《약》 수나

수대(水苔)[명] 《동》 수면(水綿).   [하타

수태(受胎)[명] 아이를 뱀. 잉태(孕胎). impregnation

수태(羞態)[명] 부끄러운 태도. shy attitude

수태(愁態)[명] 수심스러운 태도. 근심하는 모양. grievous looks

수택(水澤)[명] 물이 고인 못.

수택(手澤)[명] ①책·그릇 따위에 자주 손을 대므로 생기는 윤택. polish ②물건에 남아 있는 옛사람의 손때. old finger-marks

수택-본(手澤本)[명] ①앞서 보던 사람이 여러 번 읽어서 손때가 묻은 책. finger-marked old book ②유애(遺愛)의 서책. inherited book ③읽던 사람이 참고 따위를 적어 넣은 책. foot-noted book

수토(水土)[명] ①물과 흙. water and earth ②도자기의 원료가 되는 흙의 하나. clay ③체질에 맞고 맞지 않고 하는 그 지방의 물과 풍토. climate

수토(守土)[명] 국토를 지킴. 守土.

수토 불복(水土不服)[명] 풍토나 물이 몸에 맞지 않아서 위장이 상함. 하타

수-뚜쩌귀[명] 암쪽뚜쩌귀에 꽂게 되어 있는, 촉이 달린 돌쩌귀. 수쇠③. 《대》 암뚜쩌귀. male-joint of a hinge

수통(水桶)[명] 《동》 물통.

수통(水筒·手筒)[명] 물을 담아서 차거나 메고 다니는 벼처럼 된 물건. 빨병. canteen

수통(水筒)[명] ①물이 통하는 관(管). water pipe ②상수도(上水道)의 물을 따라 쓰게 받든 장치. 꼭지을 틀면 마개가 열려 물이 나오게 됨. 수도전(水道栓). water-pail ③《동》 수도(水道).   [스렙

수통(羞痛)[명] 부끄럽고 분함. mortification 하타스렙

수통-바이(水筒一)[명] 깊거리에 수도(水道)가 박힌 곳.

수-돼지[명] 돼지의 수컷. 《대》 암돼지. hog

수투(水套)[명] 내연 기관이나 공기 압축기의 기통 따위를 외부에서 덮고 있는 방. 내부에 물이 통하여 기통을 냉각시킴.

수=투전(數闘牋)[명] 사람·물고기·새·꿩·노루·벌·말·토끼 등을 그린 투전. 팔목(八目). 팔대가(八大家)②.

수통-니[명] 〈곤충〉 아주 크고 살쩐 이. fat louse

수:-틀(繡一)[명] 수를 놓을 때 쓰는 틀. embroidery

수파(水波)[명] 물결.   [frame

수파-련(水波蓮)[명] 〈제도〉 잔치 때 장식으로 쓰이던 종이로 만든 연꽃. paper lotus-flower

수파-충(水爬蟲)[명] 〈곤충〉 개아재비과의 곤충의 총칭.

수판(壽板)[명] 《동》 관재(棺材).

수판²(壽板) 수의(襚衣)와 관짝(棺槨).
수-판(數板) 〖동〗 주판(籌板).
수팔십[―씹] (壽八十) 〖불교〗 석가가 팔십을 살았다는 말.
수해(水害) 〖동〗 수해(水害).
수패(獸牌) 〖제도〗 짐승의 얼굴을 그린 방패.
수펄 〖명〗 →수벌.
수펌 〖명〗 →수범.
수편(隨便) 〖명〗 편한 것을 따름. ¶같은 값이면 ~을 가려 하자. suiting one's own convenience 하다
수=평 〖약〗 →수평아리.
수평(水平) 〖명〗 ①잔잔한 수면처럼 기울지 아니하고 평평한 상태. 〈대〉 지형(地形). water level ②〈수학〉 지구 위에서 지구의 중력(重力)의 방향과 직각(直角)으로 만나는 방향과 있는 상태. ③〖약〗 →수평기(水平器). ④〖약〗 →수평줄(水平―).
수평(水萍) 〖식물〗 물 위에 떠 있는 개구리밥.
수평-각(水平角) 〈수학〉 각의 두 변(邊)이 다 수평면 위에 있는 각. horizontal angle
수평 거ː리(水平距離) 〖명〗〈수학〉수평면 안에서의 거리. 수평면 위에 투영(投影)된 두 점 사이의 거리. horizontal distance
수평 곡선(水平曲線) 〖동〗 등고선(等高線). 〖평〗③.
수평-기(水平器) 〖물리〗 수준기(水準器).
수평-동(水平動) 〈지학〉 지진(地震) 때에 지각(地殼)이 수평으로 흔들려 움직임. 〈대〉 상하동(上下動). horizontal motion
수평-면(水平面) 〖명〗 ①고요한 물 위의 평평한 바다. water level ②고요한 물의 평면에 평행하는 표면. horizontal level
수평-보기(水平―) 〖명〗 건물·시설물 따위의 수평 여부를 측정하기 위하여 수준기를 대어 보는 작업. levelling
수평-봉(水平棒) 〖체육〗 한 개나 두 개의 가로대는 나무로 되어 있는 체조에 쓰이는 제구의 하나. 〖약〗수평④. horizontal bar
수평 사고(水平思考) 〖명〗 어떤 문제를 해결함에 있어서, 종래 생각되어 온 한 가지만의 수단에 구애되지 않고 전혀 다른 여러 가지 각도에서 결론을 내리고 하는 사고 방식. 〈대〉 수직 사고.
수평-선(水平線) 〖명〗 ①〈수학〉 수평면에 평행하는 직선. horizontal line ②하늘과 바다가 맞닿아 보이는 선. horizon ③〈물리〉 정지한 액체의 표면에 평행인 직선. horizontal line 〖cock-chicken
수=평아리 병아리의 수컷. 〈대〉 암평아리.
수평 암층(水平岩層) 〈지리〉 대지(臺地)를 이룬 암석의 지층.
수평 운ː동(水平運動) 〖동〗 평형(衡平) 운동.
수평 자력(水平磁力) 〖물리〗 지자기(地磁氣)의 수평 방향의 분력(分力). horizontal magnetic force
수포(水泡) 〖명〗 ①물결. 수말(水沫) ②foam ③헛된 결과. naught
수포(水疱) 〖의학〗 살가죽이 부르터 올라 속에 물이 잡힌 부분. 물집②. blister
수포-군(守鋪軍) 〖제도〗 밤에 대궐문을 지키던 군사.
수:포(雄-) 꽃이 피는 포기. 웅구(雄株). 〈대〉 암포기.
수포-석(水泡石) 〖동〗 속돌.
수포성 가스[―씽](水胞性 gas) 〖의학〗 독가스의 하나. 살에 닿으면 피부에 수포가 생김.
수포-진(水疱疹) 〖의학〗 피부에 수포가 생기는 발진. 내부에 장액(漿液)을 포함한 발진. blister
수폭(水爆) 〖약〗 →수소 폭탄.
수표(水豹) 〖동〗 바다표범.
수표(手票) 〖명〗〈경제〉 당좌 예금자가 그 예금을 자기나 남에게 지불시키기 위하여 발행하는 표독. check
수표(手標) 〖명〗 돈, 물건을 부칠 때 주고받는 증서. 수기(手記)②.
수표(水標) 〖명〗 물의 부피를 헤아리는 돗돌. watermark
수:표(數表) 〖명〗 〈수학〉 대수표(對數表)·함수표 등의 수들을 모은 표. table of logarithms
수풀 〖명〗 ①나무가 무성한 곳. 〖동〗 forest ②풀·나무·덩굴이 엉킨 곳. 〖약〗. bush

수풀에 꿩은 개가 내몰고 오장엣 말은 술이 내몬다 술을 마시면 마음속에 있는 것을 모두 말해 버린다.
수품(手品) 〖명〗 솜씨. 〖계 된다.
수품(殊品) 〖명〗 뛰어난 물품. superior article
수-풍금(手風琴) 〖동〗 손풍금.
수ː프(soup) 〖명〗 서양 요리의 일종의 국물.
수피(樹皮) 〖명〗 나무의 껍질. bark
수피(獸皮) 〖명〗 짐승의 가죽. hide
수필(手筆) 〖명〗 자필(自筆).
수필(水筆) 〖명〗 붓촉을 항상 물에 적셔서 쓰는 붓. 만년필·펜·털붓 등. pens and brushes
수필(隨筆) 〖문학〗 일정한 주의가 없이 생각나는 대로 쓴 글. 만필(漫筆). 상화(想華). 만문(漫文). 만록(漫錄). 산록(散錄). essays
수필-가(隨筆家) 〖명〗 수필을 쓰는 데 일가(一家)를 이룬 사람. essayist
수필-집(隨筆集) 〖문학〗 수필을 모은 책. collection of essays
수하(手下) 〖동〗 손아래.
수하(水下) 〖명〗 내의 하류(下流). lower stream
수하(誰何) 〖명〗 누구냐고 불러서 물어 보는 일. 〖대〗 누구. ¶~을 막론하고 출입을 금함. anyone 하다
수하(樹下) 〖명〗 나무 아래. 나무 밑.
수-하ː다(壽―) 〖여ː변〗 오래 살다. live long
수-하물(手荷物) 〖명〗 ①손으로 들 만한 짐. package ②곁에 들고 가는 짐. personal effects ③곁에 도착까지 철도에 위탁하는 하물. baggage
수하-인(受荷人) 〖명〗 짐을 받을 사람. consignee
수하-좌(樹下坐) 〈불교〉 불타가 나무 밑에 앉아 수도한 방식.
수하 친병(手下親兵) 〖명〗 ①휘하(麾下)의 병졸. subordinate ②자기가 부리는 사람. 〈대〉 수병(手兵).
수학(受學) 〖명〗 학문을 배움. 수업을 받음. taking lessons 하다
수학(修學) 〖명〗 학업을 닦음. learning 하다
수ː학(數學) 〖명〗 〈수학〉 수나 양 및 공간의 도형에 있어서의 온갖 관계를 연구하는 학문. 산수(算數)·대수학(代數學)·기하학(幾何學)·해석학(解析學)·미분학(微分學)·적분학(積分學) 등의 총칭. 〖약〗 수(數)③. mathematics
수학 여행(修學旅行) 〖―녀―〗 〖명〗 학생들이 실지로 보고 들으며 지식을 넓히도록 교사의 인솔로 다니는 여행. shool excursion 〖교. peer's school
수학-원(修學院) 〖제도〗 왕족·귀족을 교육하던 학교.
수-한(水旱) 〖명〗 장마와 가뭄. flood and drought
수한(手翰) 〖동〗 수찰(手札).
수한(壽限) 〖명〗 하늘에서 받은 수명(壽命). span of life
수한 충ː해상(水旱蟲電害) 〖명〗 장마로 인한 큰물·가뭄·충해(蟲害)·우박(雨雹)·이른 서리 따위의 농사의 재앙.
수할-치(手―) 매사냥하는 사람. hawker
수함(手函) 〖명〗 수서(手書).
수함(獸檻) 〖명〗 짐승을 넣어 기르는 우리. cage
수합(收合) 〖명〗 거두어 합함. collection 하다 〖하다
수항(受降) 〖명〗 항복을 받음. acception of surrender
수항(數行) 〖명〗 두어 줄. several lines
수해(水害) 〖명〗 홍수로 인한 재해. 수패(水敗). 〈대〉 한해(旱害). flood disaster
수해(受害) 〖명〗 해를 입음. suffering 하다
수해(嗽咳) 〖명〗 해수(咳嗽).
수해(樹海) 〖명〗 울창한 산림의 광대함을 바다에 비유하여 일컫음. sea of forests
수행(修行) 〖명〗 행실을 닦음. ascetic exercises 하다
수행(遂行) 〖명〗 계획한 대로 해냄. accomplishment 하다
수행(隨行) 〖명〗 ①따라감. attendance of surrender 하다
수행(獸行) 〖명〗 ①짐승과 같은 행실. bestiality ②수욕을 채우려고 하는 행위. violation
수행-원(隨行員) 〖명〗 높은 지위에 있는 사람을 따라다니며 그를 돕거나 신변을 보호하는 사람. 〖약〗 수원(隨員)②.

수행=자(修行者)圀 ①〈불교〉불도를 닦는 사람. disciplinant ②무예를 닦는 사람. knight-errant
수향(水鄕)圀 ①물 근처에 있는 마을. 물이 많은 고장. ②소택(沼澤)·하천(河川)의 아름다움에 의해 이름난 지역. waterside village
수향(修香)圀〈제도〉제관(祭官)이 임금에게서 향과
수항(受降)圀 좌수(座首). 〖제문을 받음. 하㉠
수험(受驗)圀 시험을 치름. undergoing an examination 하㉠
수험(搜驗)圀㉠ 수검(搜檢).
수험=료(受驗料)圀 시험을 치르는 사람이 그 수수료로 내는 돈. examination fee
수험=생(受驗生)圀 시험을 치르는 사람. examinee
수험=표(受驗票)圀 수험하는 사람임을 증명하는 표.
수혈(竪穴)圀 세로로 판 구멍.
수혈(壽穴)圀㉠ 수실(壽室).
수혈(嗽血)圀〈의학〉가래에 피가 섞이어 나오는 병.
수혈(輸血)圀〈의학〉중환자에게서 환자와 동형(同型)의 건강한 사람의 피를 뽑아 환자 혈관에 주사하는 일. 실혈(失血)·쇠약·혈액 질환의 경우에 행함. 피 넣기. ㉠ 체혈(探血). blood-transfusion 하㉠
수혈성 황달[-썽-](輸血性黃疸)圀〈의학〉B 형 간염(肝炎) 바이러스를 가진 혈액을 수혈한 결과로 감염하는 간염. B형 간염.
수혐(讎嫌)圀 원수와 같이 미워함. hatred 하㉠
수협=관(搜挾官)圀〈제도〉과장(科場)에서 부정한 짓을 하는 사람이 있나 살피던 임시 벼슬.
수협=자(搜挾子)圀㉠ 집게벌레.
수형(水刑)圀 물을 콧구멍에 넣으면서 죄인을 고문(拷問)하는 방법. torture with water
수형(手形)圀 '어음'의 구칭. [nced 하㉠
수형(受刑)圀 죄인이 형을 받음. being under sentence
수형 교환(手形交換)圀㉠ 어음 교환.
수형 교환소(手形交換所)圀㉠ 어음 교환소.
수=형리(首刑吏)圀 지방 관아에 딸린 형리 중의 우두머리. 삼공형(三公兄)의 하나.
수형=자(受刑者)圀 형벌을 받고 있는 죄인.
수:(繡絲)圀 수실(繡-).
수혜=자(水鞋子)圀〈제도〉무관(武官)들이 비 올 때에 신던 장화. 쇄자. 수화자(水靴子).
수호(守護)圀 지키고 보호함. 경호(警護). protection
수호(修好)圀 사이 좋게 지냄. friendship 하㉠
수호=부(守護符)圀 몸을 지키기 위하여 지니는 부적(符籍). mascot
수호=신(守護神)圀 지켜 주는 신령. patron saint
수호 조약(修好條約)圀 국제법상의 제로칙을 아직 완전히 이행(履行)하고 있지 않은 나라와 국교를 맺음에 앞서, 미리 일정한 규약(規約)을 명시하여 이를 지켜 나갈 것을 약정(約定)하는 그약. treaty of amity
수=홍화(水紅花)圀 들쭉나무.
수화(水火)圀 물과 불. water and fire
수화(水化)圀〈화학〉물이 바위와 광물에 미치는 변화 작용. hydration 하㉠㉯
수화(水和)圀〈화학〉수용액 중에서 용질(溶質) 분자나 이온이 그 주위에 수개의 분자군(分子群)을 만드는 현상. 용매화(溶媒和)의 한 예.
수화(水花)圀㉠ 수증기.
수화(手話)圀 농아(聾啞)들이 구화(口話)를 대신하여 손짓으로 하는 말. ㉡ 구화(口話). finger language 하㉠
수화(水禍)圀㉠ 수재(水災).
수화(受話)圀 전화를 받음. receiving a telephone 하㉠
수화(燎火)圀 ①햇불. 봉화(烽火). ②부시를 쳐서 [불.
수=화(繡花)圀〈미술〉도자기의 몸에 수놓은 꽃처럼 도드라지게 한 무늬. relievos
수:화(繡畫)圀 수놓아 이룬 그림. embroidered picture
수화=기(受話器)圀 전화기의 일부로 귀에 대고 이야기를 들을 수 있도록 만든 장치. ㉡ 송화기. receiver

수화=물(水化物)圀〈화학〉물이 다른 분자와 화합하거나 결합하여 되는 분자 화합물. 분자의 끝로 물을 함유하는 물질. hydrate
수:화=물(手貨物)圀 ①여행자가 신변에 휴대하는 짐. ②여행 때 도착역까지 철도편에 위탁하는 짐.
수화=반(水和飯)圀㉠ 물말이.
수화=법(手話法)圀〈교육〉특수 교육에서 농아들이 손짓으로 말하는 법.
수화 불통(水火不通)圀 물과 불이 어울리지 않는 것처럼, 절교(絶交)함. breach of friendship 하㉠
수화 상극(水火相克)圀 물과 불이 서로 용납하지 못함과 같이, 서로 원수 사이가 됨. discord
수화 석회(水化石灰)圀㉠ 수산화칼슘.
수화=인(受貨人)圀 화물을 받을 사람. consignee
수화=자(水靴子)圀㉠ 수혜자(水鞋子).
수화 작용(水和作用)圀〈광물〉암석이 풍화할 때, 광물이 물을 흡수하여 함수 광물로 변하는 작용.
수화=주(水化酒)圀㉠ 소주.
수화 폐:월(羞花閉月)圀 꽃은 부끄러워하고, 달은 숨는다는 뜻으로, 여자의 얼굴이 극히 아름다움을 이름. flower of flowers
수확(水廓)圀 동공(瞳孔). ⦿ 수곽(水廓)②.
수확(收穫)圀 ①농작물을 거두어 들임. 도, 그 소출(所出). harvest ②어떠한 일에 대한 '성과'의 비유. 하㉠
수확=고(收穫高)圀 수확한 분량. yield [time
수확=기(收穫期)圀 곡식을 거두어 들일 시기. harvest
수확 체감(收穫遞減)圀〈경제〉토지의 생산력이 어떤 정도를 지나면 투자를 증가하여도 수확량이 점점 줄어드는 현상. diminishing returns
수환(水患)圀 수해로 말미암은 근심. fear of flood
수환(獸患)圀 짐승의 피해로 말미암은 근심. damage by wild beasts [quickness 하㉠
수활(手滑)圀 일에 익숙하여 가볍고도 재빠르게 함.
수황=증[-쯩-](手荒症)圀 남의 물건을 훔치는 병적인 손버릇. kleptomania [taking 하㉠
수회(收賄)圀 뇌물을 받음. 《대》증회(贈賄). bribe-
수회(愁懷)圀 근심스러운 회포. sorrow
수:회(數回)圀 여러 차례. several times
수:회 장상 복엽(數回掌狀複葉)圀〈식물〉장상 복엽의 잔잎이 다시 여러 차례 장상(掌狀)으로 된 잎. poly pinnate compound leaf
수:회=죄[-쬐-](收賄罪)圀㉠ 수뢰죄(收賂罪).
수:효(數爻)圀 물건의 수. number
수훈(垂訓)圀 후세에 전하는 교훈. precept
수훈(受勳)圀 훈장을 받음. 하㉠
수훈(首勳)圀 첫째 가는 큰 공훈. first-rate merit
수훈(殊勳)圀 특수한 공훈(功勳). 뛰어난 공훈. 수공(殊功). distinguished services
수=훈(樹勳)圀 공을 세움. distinguishing oneself 하㉠
수ː 수보(隨輕補)圀 훼손하는 대로 뒤메워 보충함. 하㉠
수희(隨喜)圀〈불교〉①남의 선행위(善行爲)에 따라 기뻐함. ②귀의(歸依) 또는 신앙(信仰)함으로써 고맙고 기쁘게 느끼는 생각. adoration 하㉠
숙감(宿憾)圀 오래 묵은 한감. old resentment
숙=갑사(熟甲紗)圀㉠→숙초 갑사.
숙객(熟客)圀 잘 알고 있는 손님. 단골 손님.
숙경(淑景)圀 ①봄의 경치. spring scenery ②자연의 맑은 경치. beautiful landscape
숙경(肅敬)圀 삼가 존경함. reverence 하㉠
숙계(叔季)圀 ①끝 동생. ②막내 아우. [dear sir [youngest
숙계(肅啓)圀 삼가 아뢴다는 뜻으로 편지에 쓰는 말. brother
숙고(熟考)圀 잘 생각함. 감고(勘考). 숙려(熟慮). ¶심사(深思) ~. deliberation 하㉠
숙=고사(熟庫紗)圀 누인 실로 짠 고사. [work
숙공(宿工)圀 오래 익히어 익숙한 일. accustomed
숙과(熟果)圀㉠→숙실과(熟實果).

숙구(叔舅)[명] ①외삼촌. 외숙(外叔). ②임금이 이성(異姓)의 제후(諸侯)를 말할 때 쓰던 말.

숙군(肅軍)[명] 군대 안의 부정이나 불상사에 관련된 군인들을 인사 조치하여 군을 숙정(肅正)하는 일. purge in the army 하다

숙균(淑均)[명] 선량하고 공평함. 하다

숙근(宿根)[명] 겨울에 땅 위에 있는 줄기는 말라 죽고 뿌리만 남았다가 이듬해 봄에 새로 움이 돋는 묵은 뿌리. perennial root

숙근-초(宿根草)[명] [식물] 해마다 봄에 묵은 뿌리에서 움이 다시 돋는 풀. 다년생 풀. perennial plant

숙금(宿芩)[명] 〈한의〉 황금(黃芩)의 묵은 뿌리.

숙기(夙起)[명] 아침에 일찍 일어남. 하다

숙기(宿耆)[명] 늙은이.

숙기(淑氣)[명] ①봄의 맑은 기운. clearness in spring ②자연의 맑은 기운. fineness of nature

숙-김치(熟―)[명] 늙은이가 먹을 수 있도록 무를 삶아서 담근 김치. 숙저(熟菹). pickles of boiled radish 하다

숙-깍두기(熟―)[명] 늙은이가 먹을 수 있도록 무를 삶아서 담근 깍두기.

숙냉(熟冷)[명] →숭늉.

숙녀(淑女)[명] ①교양과 예절·품격이 갖추어 있는 점잖은 여자. ②상류 사회의 여자. ③성년이 된 여자'의 미칭. 《대》신사(紳士). lady

숙-녹피(熟鹿皮)[명] ①부드럽게 만든 사슴의 가죽. skin of deer made soft ②유순(柔順)한 사람을 이르는 말. obedient person

숙-다[자] ①앞으로 기울어지다. bend down ②기운이 줄다. sink 하다

숙달(熟達)[명] 익숙하고 통달함. 《대》미숙(未熟). skill

숙담(熟談)[명] 이야기를 주고받으며 자세히 상담함. 하다 [purge in the party 하다

숙당(肅黨)[명] 정당이 내부의 부패를 바로잡는 일.

숙덕(淑德)[명] 숙녀의 덕과 행실. 정숙하고 단아한 여성의 미덕. feminine virtue

숙덕(宿德)[명] 오래도록 쌓은 덕망(德望).

숙덕-거리-다[자타] 여럿이 모여 자주 수군거리다. 《작》속닥거리다. 《센》쑥덕거리다. **숙덕-숙덕**[부] 하다

숙덕-공론(―公論)[명] 남 몰래 숙덕이는 의논. talk in whispers 하다

숙덕-이-다[자타] 은밀히 수군거리다. 《작》속닥이다. 《센》쑥덕이다. talk in whispers

숙덜-거리-다[자] 여럿이 한데 모여 은밀히 의논하다. 《작》속달거리다. 《센》쑥떨거리다. talk in a subdued tone **숙덜-숙덜**[부] 하다

숙도(熟度)[명] 과일 따위의 익은 정도.

숙독(熟讀)[명] 익숙하게 읽음. 자세히 읽음. 《대》소독(素讀). perusal 하다

숙두(熟頭)[명] 〈불교〉절에서 반찬을 장만하는 사람.

숙란(熟卵)[명] 삶아 익힌 달걀. 돌알.

숙란(熟爛)[명] (동) 난숙(爛熟). 하다

숙람(熟覽)[명] 자세히 봄. 눈여겨 살펴봄. careful inspection 하다

숙랭(熟冷)[명] ①숭늉. scorched-rice tea ②제사 때 올리는 냉수. fresh water offered on the altar

숙려(熟慮)[명] 곰곰이 잘 생각함. 숙사(熟思). 숙고(熟考). deliberation 하다

숙련(熟練)[명] 익숙하게 익힘. skill 하다

숙련-공(熟練工)[명] 능숙한 직공. skilled worker

숙로(宿老)[명] 경험이 많고 사물을 잘 헤아리는 노인.

숙로(熟路)[명] 익숙하게 아는 길. accustomed way

숙률(熟栗)[명] 삶은 밤. boiled chestnut

숙마(熟馬)[명] 길 잘 길든 말. well-drilled horse

숙마(熟麻)[명] 누인 삼 접질. dressed hemp

숙망(宿望)[명] ①오래 두고 바라던 소망. longcherished desire ②오래 된 명망(名望). old fame [숙맥 불변.

숙맥(菽麥)[명] ①콩과 보리. bean and barley ②(약)

숙맥-불변(菽麥不辨)[명] 콩인지 보리인지를 모른다는 뜻. 곧, 어리석고 못난 사람을 비유한 말. 《약》숙맥(菽麥)②.

숙면(熟面)[명] 익히 잘 아는 사람. 《유》관면(慣面). 《대》생면(生面). well-acquainted person

숙면(熟眠)[명] 잠이 깊이 듦. 또, 그 잠. 감면(酣眠). 갑숙(酣熟). 숙수(熟睡). sound sleep 하다

숙명(宿命)[명] 날 때부터 타고난 운명. 선천적인 운명. 숙운(宿運). fate

숙명-관(宿命觀)[명] 세계 및 인생의 일체의 사상(事象)은 숙명으로 정해져 있다고 보는 견해.

숙명-론(宿命論)[명] 〈철학〉사람은 나면서부터 선천적으로 타고난 운명을 벗어날 수 없다는 설(說). 정명론(定命論). 운명론(運命論). 숙명설(宿命說).

숙명-설(宿命說)[명] 〈동〉숙명론(宿命論). [fatalism

숙명-적(宿命的)[관][명] 타고난 운명에 의한 (것).

숙모(叔母)[명] 숙부의 아내. 작은어머니. 《대》백모(伯母). 《유》삼촌댁(三寸宅)②. aunt

숙묵(宿墨)[명] 먹을 갈아서 하룻밤을 지낸 먹물.

숙박(宿泊)[명] 여관이나 어떤 곳에 머물러 묵음. lodging 하다

숙박-료(宿泊料)[명] 여관 따위에서 숙박하는 데 내는 돈. lodging charge [ister

숙박-부(宿泊簿)[명] 숙박하는 사람의 명부. hotel reg-

숙박 신고(宿泊申告)[명] 여관에서 숙박하는 사람의 명부를 경찰에 제출함. 또, 그 서류. hotel report

숙박-인(宿泊人)[명] 여관 따위에서 숙박하는 사람.

숙배(肅拜)[명] 공경이 절하다는 뜻으로, 한문투의 편지 끝에 쓰는 말. Sincerely Yours

숙-백(叔伯)[명] 아우와 형. 형제. brothers

숙번(熟蕃)[명] 대륙 문화에 조금 동화된 대만의 번족(蕃族). 숙생번(熟生蕃). semicivilized aborigines

숙변(宿便)[명] 장(腸) 속에 오래 머물러 있는 변.

숙변(熟地黃)[명] 〈동〉숙지황(熟地黃).

숙병(宿病)[명] 오래 묵은 병. 숙아(宿痾). 숙질(宿疾). 숙환(宿患). deeprooted disease

숙보(宿報)[명] 〈불교〉전생에 지은 업인(業因)에 의하여 받는 금세(今世)의 과보(果報).

숙-보-다[타] →업신여기다.

숙복(熟鰒)[명] 삶은 전복(全鰒). 《대》생복(生鰒).

숙부(叔父)[명] 아버지의 동생. 작은아버지. 《대》백부(伯父). uncle

숙-부드럽(肅―)[형][비료] ①얌전하고 점잖다. gentle ②마음씨가 부드럽다. tender ③물건이 노글노글하고 부드럽다. meek

숙-부인(淑夫人)[명] 〈제도〉조선조 때 정 3 품(正三品) 당상관인 종친(宗親)·문무관(文武官)의 아내의 품계.

숙-불환생(熟不還生)[명] 익힌 음식이 날것으로 될 수 없어 그대로 두면 소용이 없다는 뜻으로, 남에게 음식을 권할 때 쓰는 말.

숙=붙-다[자] 〈약〉→도수붙다.

숙사(叔師)[명] 〈동〉사숙(師叔).

숙사(宿舍)[명] 숙박하는 집. lodgings

숙사(肅謝)[명] 은혜를 정숙하게 사례함. 숙은(肅恩). expressing one's thanks 하다

숙사(塾舍)[명] 숙생(塾生)의 기숙사.

숙사(塾師)[명] 사숙(私塾)의 스승. teacher

숙사(熟思)[명] 〈동〉숙려(熟慮). 하다

숙사(熟絲)[명] 삶아 익힌 명주실. boiled silk thread

숙살-지기(―之氣)[명] 〈肅殺之氣〉쌀쌀한 가을의 기운.

숙상(肅霜)[명] 된서리.

숙생(塾生)[명] 사숙에서 배우는 서생(書生).

숙석(夙昔)[명] 좀 오래 된 옛날. long ago

숙석(宿昔)[명] 머지 않은 옛날. not long ago

숙석(熟石)[명] 인공(人工)으로 다듬은 돌. faced stone

숙설(熟設)[명] 잔치 때에 음식을 만듦. preparing food for a feast 하다

숙설-간(―간)(熟設間)[명] 잔치 때에 음식을 만드는 곳. 과방(果房). 숙수간. 숙수방.

숙설-거리-다[자] 말소리를 낮추어 숙덕거리다. 《작》속살거리다. 《센》쑥설거리다. **숙설-숙설**[부] 하다

숙설-소(熟設所)〖동〗숙설청.

숙설 차지(熟設次知)〖명〗잔치 때 음식을 맡아보는 사람.

숙설-청(熟設廳)〖제도〗나라 잔치 때 음식을 만들던 곳. 숙설소(熟設所). city 하립

숙성(夙成)〖명〗나이에 비해 올되거나 키가 큼. precocity

숙성(淑性)〖명〗얌전하고 착한 성질.

숙성(熟成)〖명〗①사물이 충분히 이루어짐. 성숙(成熟). maturity ②〈화학〉물질을 적당한 온도로 오래 시간 내버려 두어 화학 변화를 꾀하여 일으키게 하는 일.

숙성(熟省)〖명〗깊이 반성함. deep reflection 하립

숙성-하다〖자〗어떤 현상이나 기세 따위가 차차 줄어지다. 「더위가 ~. become weak 「ious life

숙세(宿世)〖명〗〈불교〉전생(前生)의 세상. one's prev-

숙소(宿所)〖명〗머물러 있는 곳. one's address

숙소(熟素)〖명〗→숙소 갑사(熟素甲紗).

숙소 갑사(熟素甲紗)〖명〗숙사(熟絲)로 짠 갑사. (약) 숙갑사(熟甲紗). 숙소(熟素).

숙소-참(宿所站)〖제도〗관원이 출장할 때 묵던 집.

숙속지-문(菽粟之文)〖명〗여러 사람에게 널리 통하는 쉬운 글. 일컬음. simple diet

숙-수(菽水)〖명〗콩과 물. 곧, 변변하지 못한 음식의 뜻.

숙수(熟手)〖명〗①잔치 때 음식 만드는 일을 업으로 삼는 사람. 또, 맡아서 만들어 주는 사람. cook ②음식을 잘 만드는 사람. good cook ③일에 손이 익은 사람. (대) 생무자. expert

숙수(熟睡)〖명〗숙면(熟眠). 하립

숙수-간(─깐)(熟手間)〖명〗〖동〗숙설간(熟設間).

숙수그레-하다〖형〗여러 개의 조금 굵은 물건이 크지도 작지도 않고 거의 고르다. (작) 속소그레하다. (예) 쑥수그레하다. almost even in size

숙-수단(熟手段)〖명〗익숙한 수단.

숙수-방(─빵)(熟手房)〖명〗숙설간(熟設間).

숙수지-공(菽水之供)〖명〗가난한 중에도 정성을 다해 부모를 잘 섬기는 일. 「숙숙-히〖부〗

숙숙-하다(肅肅─)〖형〗엄숙하고 고요하다. solemn

숙습(熟習)〖명〗예로부터의 풍습.

숙습(熟習)〖명〗①익숙한 습관. habit ②익숙하도록 잘 익힘. getting accustomed to 하립

숙습 난당(熟習難當)〖명〗무슨 일에나 익어서 몸에 밴 사람에게는 남이 당해내지 못함. 「움.

숙습 난방(熟習難防)〖명〗몸에 밴 습관은 고치기 어려

숙시(熟枾)〖명〗나무에 매달린 채 무르익은 감. 〈유〉연시(軟枾). ripe persimmon

숙시(熟視)〖명〗자세히 눈여겨 봄. gaze 하립

숙시 숙비(熟是熟非)〖명〗옳고 그름이 똑똑하지 않음. 곧, 누가 옳고 그른지 알기 어려움. indiscernibleness

숙시=주의(熟枾主義)〖명〗익은 감이 저절로 떨어지기를 기다리듯, 일이 잘되거나 이뤄이 다가올 때까지 서서 기다리는 주의. wait and see principle

숙식(宿食)〖명〗①자고 먹음. sleeping and eating ②먹은 뒤 밤이 지나도 삭지 않는 음식. ③여관이나 집에서 자고 먹고 함. 또, 그 일. 하립

숙식(熟識)〖명〗①잘 앎. 숙지(熟知). long acquaintance ②친한 벗. good friend 하립

숙신(肅愼)〈역사〉지금의 만주·연해주(沿海州) 지방에 살던 퉁구스족(Tungus 族).

숙실(熟悉)〖명〗어떤 사정이나 상대의 의사 등을 충분히 양해함. 상지(詳知). 하립

숙-실과(熟實果)〖명〗유밀과(油密果)를 실과와 견주어 일컬음. 밤이나 대추를 삶거나 쪄서 꿀과 계피 가루를 치고 잣가루를 묻힌 음식. 〈약〉숙과(熟果). honey-and-oil candy

숙심(淑心)〖명〗선량한 마음. good-naturedness

숙씨(叔氏)〖명〗남의 셋째 형이나 셋째 아우. your (his, her, etc) brother

숙-아(宿痾·宿疴)〖명〗〖동〗숙병(宿病).

숙악(宿惡)〖명〗①이전에 저지른 죄악. 구악(舊惡). past crime ②〈불교〉전세(前世)에서 범한 악행. wrong committed in the past life

숙악(宿萼)〖식물〗완두의 꽃받침 따위와 같이 꽃 일이 진 뒤에도 남아 있는 꽃받침.

숙안(熟案)〖명〗미리부터 생각해 놓은 안(案).

숙야(夙夜)〖명〗이른 아침과 늦은 밤. day and night

숙약(宿約)〖명〗오래 된 약조. ¶~을 어기다. old promise

숙어(熟語)〈어학〉①두 마디 이상의 말이 합하여 하나의 뜻을 이루는 말. 합성어. 복합어(複合語). phrase ②관용(慣用)으로 특별한 뜻을 가진 성구(成句). 익은말. 성어(成語)②. 관용어. idiom

숙어-지다〖자〗①앞으로 기울어지다. bend down ②기운이 줄어지다. become weak

숙업(宿業)〖불교〗숙세(宿世)의 인연(因業). karma

숙-여진[─녀─](熟女眞)〖명〗〈요(遼)〉나라에 잘 복종하던 여진족. (대) 생여진(生女眞).

숙역(宿驛)〈제도〉교통이 잦은 요소에서 나그네들 묵게 하는 역. post-town

숙연(宿緣)〖명〗①오래 된 인연. ②〈불교〉숙세(宿世)의 인연. 숙인(宿因). fate

숙연(肅然)〖명〗①삼가 두려워하는 모양. solemn ②고요하고 엄숙한 모양. quiet 하립 히립

숙영(宿營)〈군사〉군대가 병영(兵營) 이외의 곳에서 숙박하는 일. billeting 「born bright 하립

숙오(夙悟)〖명〗숙성하여 영리함. 어릴 때부터 영리함.

숙용(淑容)〈제도〉종 3 품 내명부(內命婦)의 벼슬.

숙우(宿雨)〖명〗지난밤부터 잇달아 오는 비. 연일 오는 비. rain from previous night

숙운(宿運)〖명〗전세(前世)에서부터 정해져 있어서 개인의 노력으로는 변경할 수 없는 운명. 숙명(宿命).

숙원(宿怨)〖명〗오래 묵은 원한. deep-rooted enmity

숙원(淑媛)〈제도〉종 4 품 내명부(內命婦)의 벼슬.

숙원(宿願)〖명〗오래 묵은 소원.

숙위(宿衛)〖명〗밤샘하여 지킴. vigilant being

숙유(宿儒)〖명〗학문과 명망이 높은 선비. virtuous 「scholar

숙육(熟肉)〖명〗〈유〉→수육.

숙은(肅恩)〖명〗숙사(肅謝). 하립

숙의(熟議)〖명〗깊이 생각하여 의논을 거듭함. 여러 번 잘 의논함. deliberate 하립 「하다. hang down

숙이-다〖타〗고개를 숙게 하다. ¶머리를 숙이고 묵념

숙인(淑人)〖명〗①선량한 덕이 있는 사람. ②〈제도〉조선조 때 정 3 품의 당하관(堂下官) 및 종 3 품의 종친(宗親)·문무관(文武官)의 아내의 봉작(封爵).

숙인(宿因)〖명〗〈유〉→숙연(宿緣)②.

숙자(淑姿)〖명〗숙녀(淑女)의 덕스러운 자태. graceful appearance of a lady

숙자(熟字)〖명〗두 자 이상의 한자가 합하여 한 뜻을 나타내는 글자. 곧, '林·森·野' 등. phrase

숙잠(熟蠶)〖명〗다 자라서 고치를 짓기 시작하려는 누에. 「general

숙장(宿將)〖명〗나이도 많고 공훈도 많은 장수. veteran

숙-장아찌〖명〗무·두부·다시마 등을 썰어서 쇠고기를 섞고 간장에 조린 뒤에 양념을 한 밑반찬.

숙저(熟菹)〖명〗〖동〗숙김치.

숙적(宿敵)〖명〗오래 전부터의 원수. old enemy

숙전(熟田)〖명〗해마다 농사짓는 밭. farm cultivated every year

숙정(肅正)〖명〗삼가 정성들여 바로잡음. regulation 하립

숙정(肅整)〖명〗행동이 단정함. correctness 하립

숙정(肅靜)〖명〗엄숙하고 고요함. 정숙(靜肅). clean and quiet 하립

숙제(宿題)〖명〗①해결해 오도록 미리 내주는 문제. ¶방학 ~. home task ②두고 생각할 문제. ¶이 문제는 말로 ~거리다. pending question

숙족(熟足)〖명〗삶아 익힌 쇠족. boiled shank of beef

숙죄(宿罪)〖명〗〈불교〉전세(前世)에서 지은 죄. sins from an earlier life ②〈유〉원죄(原罪)①.

숙죄-론(宿罪論)〖명〗〈기독〉인간은 신의 창조물이지만 아담의 타락(墮落)의 결과로 죄악성(罪惡性)을 가지고 있다는 신학설(神學說). doctrine of the orig-

inal sin
숙주(熟→숙주나물.
숙주(宿主)명《동》기주(寄主).
숙주(熟紬)명 숙사(熟絲)로 짠 깁.
숙주-나물명 ①녹두를 물에 불려 콩나물처럼 싹을 틔워 기른 나물. 녹두채(綠豆菜). ②숙주를 양념에 무친 나물. ㈜ 숙주. 〔cherished intention
숙지(宿志·夙志)명 오래 전부터 마음먹은 뜻. long-
숙지(熟知)명 익숙하게 앎. 숙식(熟識)①. full knowl-edge 하타
숙지근-하 다재 맹렬하던 형세가 줄어들어 가다.
숙지-다자→숙성하다. 〔calm
숙-지황(熟地黃)명《한의》생지황(生地黃)을 술에 여러 번 쩐 것으로 허손증(虛損症)에 쓰는 한약재. 숙변(熟卞). 숙하(熟下). 〔대〕 생지황.
숙직(宿直)명 관청·회사 등의 직장에서 밤에 지키는 일. 또, 그 사람. 상직(上直)④. 〔대〕 일직(日直). night-watch 하타 〔duty room
숙직-실(宿直室)명 숙직하는 사람이 자는 방. night-
숙직-원(宿直員)명 직장에서 숙직하는 사람. person on night watch 〔nephew
숙질(叔姪)명 아저씨와 조카. 삼촌과 조카. uncle and
숙질(宿疾)명《동》숙병(宿病).
숙찰(熟察)명 익히 살핌. steady observation 하타
숙채(宿債)명 오래 묵은 빚. old debts
숙채(熟菜)명 삶아 익힌 나물. boiled vegetable
숙철(熟鐵)명《동》시우쇠. 〔하〕
숙청(肅淸)명 성품과 인행이 맑고 깨끗함. chastity
숙청(肅淸)명 엄격하게 다스려 잘못이나 그릇된 일을 치워 없앰. 또, 그런 사람을 없애 버림. 〔유〕 확청(廓淸). purge 하타 〔ing 하타
숙청(驌聽)명 삼가 들음. 고요히 들음. careful listen-
숙체(宿滯)명《한의》오래 묵은 체증. chronic indig-
숙초(熟綃)명 숙사로 짠 깁. 〔estion
숙취(宿醉)명 다음날까지 깨지 않는 취기. hang-over
숙친(熟親)명 아주 익히 잘 아는 친. intimacy 하타
숙폐(宿弊)명 오래 된 폐단. deeprooted evil
숙피(熟皮)명 다뤄서 만든 가죽. tanned leather
숙하(熟卞)명《동》숙지황.
숙학(宿學)명 오랫동안 학문을 깊이 연구하여 학리(學理)에 통한 사람. 석학(碩學). profound scholar
숙항(叔行)명 아저씨뻘의 항렬.
숙혐(宿嫌)명 오래 된 혐의. old suspicion
숙호 충비(宿虎衝鼻)명 잠자는 호랑이의 코를 찌른다는 뜻으로, 자기 스스로가 불리(不利)한 짓을 꾀함의 비유. 〔disease
숙환(宿患)명 오래 묵은 병. 숙병(宿病). deeprooted
숙황(宿荒)명 풍년으로 쌀값이 내려, 농민이 도리어 곤궁해짐. 하타 〔담근 장.
숙황=장(熟黃醬)명 묵은 콩과 밀가루로 메주를 쑤어
숙흥 야:매(夙興夜寐)명 아침에 일찍 일어나고 밤에 늦게 자며 부지런히 일함. working hard day and night 하타 〔①. hard-boiled
순 '아주'의 뜻으로 욕할 때 쓰는 말. ¶~ 알짜갱
순(旬)명 ①한 달을 셋으로 나눈 열흘 동안. 상순·중순·하순으로 이름. period of ten days ②10년을 일기로 한 이름. ¶칠~ 노인. decade
순(巡)명 ①〔예〕순배(巡杯). ②돌아오는 차례. ③활 쏠 때에 화살 다섯 대까지의 끝나는 바퀴.
순(笋)명《식물》식물의 싹. sprout
순(舜)명 ①성(姓)의 하나. ②중국 전설 시대의 임금의 이름. ¶요(堯) ~ 시대.
순(籈)명《음악》편종 가자(編鐘架子)와 편경 가자(編磬架子)의 횡목(橫木). 〔잠(箴). pure
순(純)명 순전함. ¶~백색(白色). ~이익(利益). 〔대〕
=순(順)[접미] 명사 뒤에 붙어서 차례를 뜻함. ¶가나다~. order
순각(楯桷)명《건축》풋집의 불벽(佛壁)과 첨차 사이 또는 첨차와 첨차 사이를 막는 판자. ¶~ 반자.
순간(旬刊)명 신문·잡지 등을 열흘에 한 번씩 내는 것. 순보(旬報)①. journal issued every ten days
순간(旬間)명 음력 초열흘께. 〔하타
순간(瞬間)명 잠깐 동안. ㈜ 영원(永遠). moment
순간 노:출기(瞬間露出器)명 순간적으로 물건을 보이게 하는 이치.
순간 풍속(瞬間風速)명 어떤 시각에 있어서의 풍속.
순강(巡講)명 여러 곳으로 돌아다니며 하는 강연. lecturing tour 하타
순검(巡檢)명《제도》①조선조 말 내부(內部) 경무청(警務廳)에 속한 경리(警吏). 지금의 순경(巡警)에 해당함. policeman ②밤에 순장(巡將)과 함께 순행하며 검독(檢督)하던 일. ㈜ 순포(巡捕). 하타
순검-막(巡檢幕)명《제도》순검이 파수보던 집.
순견(純絹)명 순 명주실로 짠 명주. pure silk
순결(純潔)명 아주 깨끗함. purity 하타
순결 교:육(純潔敎育)명《교육》청소년(靑少年)에게 성적(性的)인 순결(純潔)과 건전한 생활을 지도하는 교육. 성교육(性敎育). sex education
순결 무구(純潔無垢)명 마음과 몸가짐이 아주 깨끗하여 조금도 더러운 티가 없음. ¶~한 마음. chastity 하타 〔위하여 돌아다님. 하타
순경(巡更)명《제도》밤에 도둑·불 따위를 경계하기
순경(巡警)명 ①〔법〕경찰관의 최하 계급. constable ②돌아다니며 경계함. security patrol 하타
순:경(順境)명 마음먹은 대로 되는 경우. 〔대〕 역경(逆境). favourable condition
순경-꾼(巡更-)명 순경하는 사람.
순경-음(脣輕音)명《어학》고어에서 입술을 가볍게 하여 나오는 가벼운 소리. 'ㅸ·ㅹ' 따위. light lip sound
순계(純系)명《생물》유전자(遺傳子)에 이질적(異質的)인 것이 없는 계통. 순종(純種). pure line
순계 도태(純系淘汰)명《농업》농작물이나 가축 등의 품종 개량법의 하나. 여러 가지 계통이 뒤섞인 생물의 한 품종 중에서 자화 수분이나 그 밖의 방법에 의하여 순계를 골라내는 일. 순계 분리(純系分離). pure-line selection
순계 분리(純系分離)명《동》순계 도태.
순고(淳古)명 옛날 사람과 같이 순박함. old-fashioned simplicity 하타
순공(殉公)명 공(公)을 위해 한 몸을 희생함. 하타
순교(殉敎)명《종교》자기가 믿는 종교를 위하여 목숨을 바침. martyrdom 하타
순국(殉國)명 나라를 위하여 목숨을 바침. dying for one's country 하타 〔선조의 열사.
순국 선열(殉國先烈)명 나라를 위하여 목숨을 바친
순군(巡軍)명《제도》조선조 의금부의 딴이름.
순:-귀(順歸)명 돌아옴. return 하타 〔말.
순:-귀=마(順歸馬)명 돌아오는 인편(人便)에 따라오는
순:-귀-편(順歸便)명 되돌아오는 인편(人便). ㈜ 귀편(順便)①. 〔diligent 하태
순근(醇謹)명 성정이 양순하고 근실함. gentle and
순금(純金)명 다른 쇠가 섞이지 않은 황금(黃金). 정금(正金)①. pure gold
순금=량(純金量)명 함유된 순금의 양.
순:-기(順氣)명 ①풍작(豊作)이 예상되는 순조로운 기후. favorable weather ②도리에 맞는 올바른 기상(氣象). ③기후에 순응함. ④순조로운 기분.
순난(殉難)명 국가 사회를 위하여 목숨을 바쳐 의로운 일을 함. 공공을 위하여 몸을 희생함. dying for one's country 하타
순년(旬年)명 십년(十年). ten years
순:-담:배(筍一)명 담배의 순을 말린 담배.
순:당(順當)명 순서에 따라 적당함. 도리상 당연함. 마땅히 그리 되어야 할 듯. reasonableness 하타
순대명 돼지의 창자 속에 쌀·두부·숙주나물 등을 양념하여 넣어 삶아 만든 음식. sausage
순댓-국명 돼지 삶은 국물에 순대를 넣은 국.
순도(純度)명 품질의 순수한 정도. purity

순도(殉道)[명] 도의를 위하여 목숨을 바침. religious martyrdom 하다

순독(純篤)[명] (동) 순후(純厚).

순동(純銅)[명] 다른 쇠가 섞이지 않은 순수한 구리. pure copper

순-되-다[―뙤―][(順)―][자] 사람됨이 순직(順直)하고 진실하게 된다. become simple and faithful

순두(脣頭)[명] 입술의 끝. end of lips

순-두부(―豆腐)[명] 눌러서 굳히지 않은 두부. 수두부(水豆腐). uncurdled bean curd

순-들이[―뜨지][명] →순답배.

순라(巡邏)[약]→순라군(巡邏軍).

순라-군(巡邏軍)[명] <제도> 도둑과 화재를 경계하기 위하여 밤에 도성(都城) 안의 통행을 금지시키고 순행하던 군졸. [약] 순라. patrol

순라-선(巡邏船)[명] 순찰·경계하는 배.

순람(巡覽)[명] 여러 곳으로 돌아다니며 봄. going about for sight 하다

순량(純量)[명] 총량에서 포장물·용기 등의 양을 뺀 순수한 내용물의 양.

순량(淳良)[명] 성질이 순박하고 선량함. simple and good 하다

순:량(馴良)[명] 성질이 유순하고 착함. mild and good 하다

순량(循良)[명] 고을 원의 어진 정사(政事). 하다

순량(馴良)[명] 짐승이 길이 들어서 온순함. tameness

순량(醇良·純良)[명] 성질이 순하고 착함. pure and good 하다

순력(巡歷)[명] ① 차례로 돌아다님. itinerancy ② <제도> 감사가 도내의 각 고을을 돌아보는 일. 하다

순령-수(巡令手)[명] <제도> 대장의 전령·호위를 맡고 또는 순시(巡視所)·영기(令旗)를 드는 군사.

순례(巡禮)[명] ① 성지(聖地)·영장(靈場)을 예배하여 돌아다님. 또한 순례지를 차례로 방문함. pilgrimage 하다

순례(循例)[명] 관례(慣例)를 따름. following the custom

순례-자(巡禮者)[명] 순례하는 사람. pilgrim

순-로(順路)[명] ① 평탄한 길. regular route ② 거침이 없는 길. [대] 역로(逆路). even road

순록(馴鹿)[명] <동물> 사슴과에 속하는 짐승. 시베리아에 살며 여름털은 암갈색, 겨울털은 회색임. 암수가 다 뿔이 있음. reindeer

순론(順論)[명] 순리로 나가는 논리.

순료(醇醪)[명] 전국술. 무회주(無灰酒).

순-류(順流)[명] ① 물이 흐르는 쪽으로 따름. 곧, 제물으로 내려감. drifting with the tide ② 물이 아래로 흘러감. [대] 역류(逆流). flowing downward 하다

순리(純利)[명] →순이익. profit 하다

순리(殉利)[명] 이익만을 바라다가 몸을 망침. die for

순리(純理)[명] ① 순수한 학문의 이치. scientific principle ② <철학> 칸트의 '순수 이성(純粹理性)'의 뜻. pure reason

순리(循吏)[명] 규칙을 잘 지키며 열심히 근무하는 관리. faithful official

순-리(順理)[명] 도리에 순종함. 또, 순조로운 이치. ¶ ~에 벗어나다. reason 하다

순리-론(純理論)[명] <철학> 진리의 인식은 지각·경험을 떠나서 선천적 이성의 작용이라고 하는 이론. 오성론(悟性論). rationalism

순:리-롭-다(順理―)[접범] ① 도리에 맞아 순순하다. 순리롭게 타이르다. ② 무슨 일에 무리가 없다. 일이 순리롭게 진행되다.

순:리-적(順理的)[관]이치에 순종하는(것). 순조로운 이치에 의한(것).

순린(盾鱗)[명] 비늘 같은 무늬가 있는 고급 사(紗).

순막(瞬膜)[명] <생리> 눈을 보호하기 위하여 척추 동물의 눈꺼풀 속에 있는 반투명의 막. nictitating membrane

순:만(旬娩)[명] 해산(解産). 하다 [의 동안.

순망(旬望)[명] 음력 초열흘과 보름.

순망-간(旬望間)[명] 음력 초열흘날로부터 보름날까지의 동안.

순망 치한(脣亡齒寒)[명] 입술이 없으면 이가 시리다는 데 비유하여, 가까운 두 사람 중에서 한 사람이 망하면 다른 사람에게 그 영향을 받음을 가리키는 말. [만 지은 밥. 꽁보리밥. boiled barley meal

순-맥반(純麥飯)[명] 다른 곡식이 섞이지 않고 보리로

순면(純綿)[명] 무명실만으로 짠 직물. pure cotton

순명(殉名)[명] 명예를 얻기 위하여 목숨을 버림. [대] 순리(殉利). die for a fame 하다

순모(純毛)[명] 다른 것이 섞이지 아니한 순수한 털실. 또, 그 모직물. whole wool

순모 첨동(詢謨僉同)[명] 여러 사람의 의견이 다 같음.

순-무[명] <식물> 겨자과의 일·이년생 식물. 배추가 변종된 무의 일종으로 잎과 뿌리는 채소가 됨. 무청(蕪菁). 제갈채(諸葛菜). turnip

순무(巡撫)[명] 여러 곳으로 다니면서 국민을 위무(慰撫)함. tour of condolence 하다

순무 어:사(巡撫御史)[명] <제도> 왕명으로 지방에 변란(變亂)이나 재해(災害)가 있을 때 골고루 돌아다니면서 진무(鎭撫)하던 특사(特使).

순무-채(―菜)[명] 순무를 채쳐서 만든 생채.

순문(脣紋)[명] 입술 표면의 무늬. 지문과 같이 개인적인 특색이 있음.

순문(詢問)[명] 임금이 신하에게 물음. 하순(下詢). 하다

순문-사(巡問使)[명] (동) 절제사(節制使).

순-문학(純文學)[명] 순수 문학(純粹文學).

순-물[명] 순두부를 누를 때에 나는 물. [taste

순미(純味)[명] 다른 맛이 섞이지 않은 순수한 맛. pure

순미(純美·醇美)[명] ① 순수한 아름다움. absolute beauty ② 미적 정조(美的情操)를 일으키는 단순한 미(美). pure beauty 하다 [lute taste

순미(醇味)[명] 딴 맛이 섞이지 않은 순수한 맛. abso-

순:민(順民)[명] 순하고 착한 백성. law-abiding people

순:-민심(順民心)[명] 민심에 순응함. following the public opinion 하다 [음. simplicity 하다

순박(純朴·淳朴·醇朴)[명] 성질이 순량하고 꾸밈이 없

순발-력(瞬發力)[명] <체육> 외부적 자극에 응하여 순간적으로 몸을 움직여 곧 힘을 낼 수 있는 능력. [는 신관.

순발 신:관(瞬發信管)[명] 조그마한 충격에도 곧 터지

순방(巡房)[명] 각 방을 돌아다니며 봄. inspecting every room 하다

순방(巡訪)[명] 차례로 방문함. visit in order 하다

순배(巡杯)[명] 술잔을 차례로 돌림. 또, 그 술잔. 주순(酒巡). passing cups round 하다

순백(純白)[명] ① 순수한 흰빛. 정백(精白). whiteness ② 섞임이 없이 맑고 깨끗함. purity ③ [약]→순백색(純白色). 하다 [음. innocence 하다

순백(醇白)[명] ① 아주 흼. pure white ② 마음이 깨끗

순백-색(純白色)[명] 섞임이 없이 순수한 흰 빛깔. 새하얀 빛깔. 순백(純白) ③.

순:-번(順番)[명] 차례대로 갈아드는 번. turn

순변-사(巡邊使)[명] <제도> 왕명으로 군무를 띠고 변경을 순찰하던 특사(特使). king's inspector of frontier districts

순보(旬報)[명] ① 열흘에 한 번씩 나오는 신문. 순간(旬刊) . ten day report ② 열흘마다 내는 보고.

순:복(順服)[명] 순순히 복종함. obedience 하다

순복(馴服)[명] 길들어서 잘 섬김함. tameness 하다

순:부(順付)[명] 돌아오는 인편에 부침. 하다

순분(純分)[명] 지금(地金)에 함유된 순금(純金)·순은(純銀)의 분량. fineness

순분 공차(純分公差)[명] <경제> 법정 화폐의 순분과 실제 주조된 화폐의 순분과의 차. tolerance

순비기(―)[명] <식물> 마편초과의 소관목. 바닷가에 나는데 줄기는 땅위로 뻗으며 잎은 원형 또는 도란형임. 여름에 잦은 자줏빛이 피고 핵과(核果)는 가을에 익음. 열매는 만형자(蔓荊子)라 하여 한약재로 씀. 만형(蔓荊). wild pepper

순-=뽕(筍―)[명] 새순이 돋아 편 연한 뽕잎. young sprout of mulberry

순사(巡使)[약]→순찰사(巡察使).

순사(巡查)[명]〈제도〉일제 시대 경찰관의 최하위 계급. 지금의 순경에 해당함. policeman

순사(殉死)[명]①나라를 위하여 죽어 자살함. patriotic suicide ②임금이나 남편의 뒤를 따라서 자살함. 순절(殉節). self-immolation 하다

순사(循私)[명] 개인의 정분만 좇지 공도(公道)를 돌아보지 않음. 하다 [일컫던 말.

순:사:도[一도](巡使道)[명]〈제도〉〈공〉감사(監司)를

순산(旬産)[명] 초하루와 초열흘날. 1st and tenth of a

순산(巡山)[명] 산림(山林)을 돌아 살핌. 하다 [month

순:산(順産)[명] 탈없이 순하게 아이를 낳음. 순만(順娩). 순안(順安). (대) 난산(難産). easy delivery

순상(巡相)[명]〈동〉순찰사(巡察使). ┌하다

순:상(順喪)[명] 늙은 사람이 젊은 사람보다 먼저 죽는 일. (대) 악상(惡喪).

순상-엽(楯狀葉)[명]〈식물〉잎새의 모양에 따라서 나눈 하나. 방패 모양으로 생긴 잎. 연(蓮)·순채 등의

순상 화:산(楯狀火山)[명]〈동〉아스피네(aspite)= 〔잎.

순색(純色)[명] 순수한 빛깔. pure colour

순:보(巡報)[명]〈불교〉현세(現世)에 행한 선악(善惡)에 의하여 내생(來生)에 받는 그 과보(果報). 순생업(順生業).

순:생-보(順生報)[명]〈동〉순생보(順生報).

순:서(順序)[명] 정해진 차례. 수순(手順)①. 차서②. 서열(序列)②. order

순:서-수(順序數)[명]〈동〉서수(序數).

순석(巡錫)[명]〈불교〉중이 여러 곳으로 돌아다니며 교도(敎導)함. preaching tour 하다

순선(脣腺)[명]〈생리〉사람의 아래위 입술의 점막(粘膜)에 흩어져 있는 점액선(粘液腺).

순설(脣舌)[명] ①입술과 혀. lips and tongue ②수다스러움. 말을 잘함. ¶도비(徒費) ~. loquacity

순성(巡省)[명] 두루 다니며 살핌. 시찰함. 순시(巡視). 순찰(巡察). patrolling 하다

순성(巡城)[명] ①성의 주위를 순회하며 경계함. ②성을 돌아다니며 구경함. 하다

순성(脣聲)[명]〈음〉순음(脣音).

순:성(順成)[명] 아무 탈 없이 잘 이룩함. accomplishing smoothly 하다

순성(馴性)[명] ①사람에게 잘 따르는 짐승의 성질. tameness ②남이 하라는 대로 잘 따라 실행하는 성질. submissiveness

순소-득(純所得)[명] ①사회를 위한 생산물의 가치로 된 국민 소득의 한 부분. net profit ②소득 전체에서 소득을 얻기 위하여 들인 일체의 비용을 제한

순속(淳俗)[명]〈동〉순풍(淳風). [나머지의 소득.

순속(循俗)[명] 풍속을 좇음. following customs 하다

순속-반(順粟飯)[명] 차례로 섬. 강조밥.

순=손(順孫)[명] 조부모를 잘 받들어 모시는 손자.

순=손:해(純損害)[명] 판 돈에서 자본금을 빼고 순전히 축이 난 손해. 순이익(純利益). net loss

순수(巡狩)[명] 임금이 나라 안을 돌아 살핌. 순행(巡幸). Imperial tour 하다

순수(純粹)[명]①다른 것이 조금도 섞임이 없음. purity ②사념(邪念)·사욕(私慾)이 없음. innocence ③완전함. perfection ④사실이 경험에 의하지 않음. (대) 불순(不純). pure 하다 [하다

순:수(順守)[명] 도리를 좇아 지킴. following the truth

순:수(順數)[명] 차례로 셈. count one by one 하다

순수 개:념(純粹槪念)[명]〈철학〉경험에 바탕을 두지 않고 선천적으로 우리가 가지고 있다고 생각되는 개념. 칸트의 용어. (대) 경험적 개념. pure concept

순수 경제학(純粹經濟學)[명]〈경제〉순수하게 경제 현상만을 연구하려는 경향.

순수 경험(純粹經驗)[명]〈철학〉아직 주관이나 객관으로 갈라지지 않은 사유 이전(思惟以前)의 직접 경험. 제임스의 의식의 흐름, 베르그송의 순수 지속(純粹持續) 따위. pure experience

순수 문학(純粹文學)[명]〈문학〉①대중 문학에 대하여 작가의 순수한 예술성에 의거하는 문학. (대) 대중 문학(大衆文學). 통속 문학. pure literature ②광의(廣義)의 문학에 대하여 작가의 순수한 예술성에 의거하는 문학. 곧, 시가·소설·희곡 따위. pure literature

순수 배:양(純粹培養)[명]〈생물〉한 종류의 세균만을 분리하여 배양하는 일.

순수 법학(純粹法學)[명]〈법률〉법을 정치적·사회적 관심에서 분리하여 법·규범 그 자체의 실증적 탐구를 사명으로 하는 법학.

순수-비(巡狩碑)[명]〈제도〉임금이 순수(巡狩)한 곳을 기념하여 세운 비석. monument of royal tour

순수 소:설(純粹小說)[명]〈문학〉본질적으로 소설에 속해 있지 아니하면 모든 요소(要素)를 빼어 버린 소설. 프랑스 작가 지드(Gide, André)가 처음으로 주장함. pure fiction

순수-시(純粹詩)[명]〈문학〉순수하게 정서를 자극하는 것으로만 구성한 시. 프랑스 시인 발레리(Valéry, Paul)가 처음 주장함. pure poetry

순수-아(純粹我)[명]〈철학〉의식(意識) 일반(一般)을 형이상학화(形而上學化)한 우주의 원리.

순수 영화(純粹映畫)[명]〈연예〉프랑스에서 일어난 전위 영화의 하나. 영화에서 드라마와 기록성을 빼고 광(光)과 필름, 리듬만을 추구함. pure cinema

순수 예:술(純粹藝術)[명]〈문학〉순수한 예술적 동기에서 창조된 예술. 예술의 절대적 독립성을 주장하여 오로지 예술을 위하여서만 존재하여야 한다는 예술 지상주의적 이론. pure art

순수 의:식(純粹意識)[명]〈철학〉경험에 제약(制約)을 받지 아니하는 선천적(先驗的) 의식. pure consciousness

순수 의:지(純粹意志)[명]〈철학〉①경험적 동기(動機)를 떠난 선천적(先天的) 원리에 의하여 규정되는 자율적(自律的)·도덕적인 의지. ②도덕적 가치를 자기의 의지로부터 생산 전개하는 일.

순수 이:성(純粹理性)[명]〈철학〉감각과 경험을 초월한 선천적(先天的) 사유(思惟) 능력. (대) 실천 이성(實踐理性). pure reason

순수 지속(純粹持續)[명] 가장 직접적이고 구체적인 실지(實在)라는 베르그송 철학의 근본 개념. 내면적 지속.

순수 직관(純粹直觀)[명]〈철학〉시간과 공간을 감성적 여건(感性的輿件)의 선천적 종합 형식(先天的綜合形式)으로 보는 직관 형식(直觀形式). 칸트의 용어 (用語).

순수 철학(純粹哲學)[명]〈동〉순정 철학(純正哲學).

순수 통:각(純粹統覺)[명]〈철학〉의식 일반.

순숙(醇熟)[명] ①술이 잘 익음. matured wine ②부드럽고 익숙하게 됨. maturity 하다

순:순-하:다(順順―)[형]〈어〉①성질이 고분고분하게 하다. ¶순순히 복종하다. gentle ②음식 맛이 순하다. light 순:순-히

순순-하:다(諄諄―)[형]〈어〉타이르는 태도가 다정스럽고 친절하다. earnest 순순-히

순순환 소:수(純循環小數)[명]〈수학〉소수점 바로 아래 숫자부터 순환하는 소수. 0.232323… 따위. (대) 혼(混)순환 소수.

순시(巡視)[명] 돌아다니며 보살핌. 또, 그 사람. 순성(巡省). round of inspection 하다 ┌moment

순시(瞬時)[명] 지극히 짧은 시간. 삽시간(霎時間).

순시-간(瞬息間)[명] 아주 짧은 동안. in a twinkling

순신(純臣)[명] 순직하고 참된 신하. faithful vassal

순실(純實)[명] 순직하고 진실됨. naivety 하다

순실(淳實)[명] 순박하고 진실함. simplicity 하다

순안(巡按)[명] 여러 곳으로 돌아다니며 민정(民情)을 조사함. round of inspection 하다

순애(純愛)[명] 순수한 사랑.

순애(殉愛)[명] 사랑을 위하여 제 몸을 바침. 하다

순양(巡洋)[명] 해양을 순찰함. 하다

순양(純陽)[명] ①순연하여 더럽혀지지 않은 양기.

순양 virginity of stronger sex ②숫총각의 양기. 《폐》순음(純音). virginity of an innocent bachelor

순양(馴養)圀 길을 들여서 기름. 순육(馴育). domestication 하타

순양-함(巡洋艦)〈군사〉바다 위를 살피며 돌아다니는 군함. 전투함과 구축함의 중간 함형으로 공방력(攻防力)은 전함만 못하나 속력이 빠르고, 기동력은 구축함만 못하나 공방력이 강함. cruiser

순업(巡業)圀 여러 곳으로 돌아다니며 흥행(興行). provincial tour 하타

순여(旬餘)圀 열흘 좀 더 되는 동안. more than a decade

순:-역(順逆)圀 ①순종과 거역. ②순리(順理)와 역리

순연(純然)圀 ①본디 그대로의 순전하고 온전한 모양. absoluteness ②섞인 것이 없이 순수한 모양. 순호(純乎). purity 하타 히

순:연(順延)圀 차례로 연기함. postponement 하타

순:연(順緣)圀 〈불교〉 ①늙은 사람부터 차례로 죽는 일. ②자식이 어버이를, 어린 사람이 나이 많은 사람을 조상하는 일. ③착한 일을 하는 것이 불도(佛道)로 들어가는 인연이 되는 일. 《폐》역연(逆緣)

순연(焂然)圀 별안간. 갑자기. all of a sudden

순열(巡閱)圀 돌아다니며 검열함. tour of inspection 하타 [die for one's country 하타

순열(殉烈)圀 나라를 위하여 몸을 바침. 또, 그 사람.

순:열(順列)圀 ①차례대로 늘어선 줄. arrangement ②〈수학〉 많은 물건 중에서 몇 개를 끌어내어 어떠한 순서로 늘어놓은 것. 중복(重復) 순열과 비중복 순열이 있음. permutation

순영(巡營)圀 〈동〉 감영(監營). [or a month

순월(旬月)圀 열흘이나 달포 가량. period of ten days

순:위(順位)圀 차례를 나타내는 위치나 차례. ranking

순유(巡遊)圀 여러 곳으로 돌아다니며 놂. tour of play 하타

순육(馴育)圀 길들여서 기름. 순양(馴養). 하타

순은(純銀)圀 다른 잡쇠가 섞이지 아니한 순수한 은. 정은(正銀). pure silver

순음(純陰)圀 ①순연하여 더럽혀지지 않은 음기(陰氣). ②숫처녀의 음기. 《폐》 순양(純陽)

순음(脣音)圀 〈어학〉 입술이 맞닿아 나는 'ㅁ·ㅂ·ㅃ·ㅍ' 따위의 소리. 순성(脣聲). 입술소리. labial

순:-응(順應)圀 ①순순히 대응함. adjustment ②〈생물〉 외계에 적응하여 변화함. adaptation ③〈심리〉 자극이 점점 약해지는 현상. adaptation 하타

순:의(殉義)圀 의(義)를 위하여 죽음. 하타

순-이:익[一니—](純利益)圀 온갖 잡비를 덜어 낸 순전한 이익. 《폐》 순손해. 《약》 순익. 순리(純利).

쇼익(純益)圀 《약》→순이익(純利益).

순익-금(純益金)圀 순이익의 돈. 곧, 물건을 팔아서 얻은 이익금과 그 밖의 영업상의 이익금 따위의 모든 이익금에서, 제반 경비와 모든 손금을 제하고 남은 순수한 이익의 돈. net profit

순:인(順人)圀〈제도〉조선조 때, 정 6품 종친(宗親)의 아내의 품계. [month

순일(旬日)圀 음력 초열흘. tenth day of a lunar

순일(純一)圀 순전하고 오로지 하나임. purity 하타

순-잎[一닙](筍一)圀 순이 돋아나와서 편 일. young leaves [한 5개의 점.

순장도(旬葬圖)圀 마둑판의 네 변으로부터 각 넷째 줄을 6등분

순장(旬葬)圀 죽은 지 열흘 만에 지내는 장사.

순장(殉葬)圀〈제도〉임금이나 남편의 장사에 신하나 아내를 산 채로 함께 장사하던 일. burial of the living with the dead 하타

순적 백성[一쩍—](舜一百姓)圀 순임금 때의 백성들처럼 순박하고 선량한 백성을 이르는 말. man of innocence

순-전(-前)圀 개자리 앞.

순-전(旬前)圀 음력으로 초열흘 이전. within the tenth day of a month [purity 하타 히

순전(純全)圀 다른 것이 섞이지 아니하고 순수함.

순전(脣前)圀 무덤의 계절(階節) 앞.

순절(殉節)圀 ①충신(忠臣)이 충절을 지켜서 죽음. dying in defense of one's loyalty ②열부(烈婦)가 정절을 지켜서 죽음. 순사(殉死). 하타

순:접(順接)圀〈어학〉2개의 문장 또는 구가 양립할 수 있는 관계에서 접속하는 일. '…므로', '…어서' 따위의 뜻으로 나타내어지는 접속 관계. 《폐》역접(逆接)

순정(純正)圀 ①깨끗하고 올바름. pure and just ②미(美)나 이론을 주로 하고 응용·심리를 도외시함. ¶~과학. 하타 [heart

순정(純情)圀 순수한 감정. 꾸밈 없는 애정. pure

순:정(順正)圀 ①차례가 바름. right order ②사리(事理)에 어긋나지 않고 올바름. justice 하타

순정-률(純正律)圀〈음악〉이론적으로 올바른 방법으로 구성된 음악의 가락. 순정조(純正調).

순정 문학(純正文學)〈문학〉한문학에서 고문을 숭상하고 성정(性情)의 바른데서 나온 문학이란 뜻으로, 성리학(性理學)을 일컫던 말. 《폐》실학(實學). ②정치나 사회를 위한 부수적 목적이 없이, 오직 문학 자체를 위한 문학. pure literature

순정-조[—쪼](純正調)圀〈동〉순정률.

순정 철학(純正哲學)圀〈철학〉실재(實在)에 관한 궁극 문제를 체계적으로 연구하는 철학. 순수 철학. 《폐》응용 철학. metaphysics

순정 화:학(純正化學)圀〈화학〉응용보다도 그 순수한 원리 원칙을 주로 연구하는 화학. 《폐》응용 화학.

순제(旬製)圀〈제도〉①성균관(成均館)에서 열흘마다 거재 유생(居齋儒生)에게 보이던 시문(詩文)의 시험. ②승문원(承文院)의 벼슬아치에게 열흘마다 보이던 이문(吏文)의 시험.

순:조(順調)圀 ①아무 탈이 없이 잘 되어감. favourable condition ②고르게 잘 정돈함. 《폐》부조(不調). good arrangement

순:조-롭-다(順調—)혭(ㅂ변) 아무 탈이 없이 예정대로 잘 되어가다. favourable 순:조-로이튄

순종(純種)圀〈생물〉딴 계통과 섞이지 않은 순수한 종(種). 순계(純系). 《폐》잡종(雜種).

순종(脣腫)圀〈한의〉입술에 나는 부스럼.

순:종(順從)圀 순순히 따름. 복종(服從). 《폐》 불복(不服). obedience 하타

순주(醇酒)圀〈동〉무회주(無灰酒).

순증(純增)圀《약》→순증가.

순-증가(純增加)圀 실질적인 증가. 순전한 증가. 《약》 순증. net increase

순-지르기(筍—)圀 결순을 잘라 내는 일. 순지름. ¶초록을 ~. cut off buds 하타

순-지르다(筍—)태(르변) 결순을 잘라 내다. cutting

순-지르다(筍—)째(르변) 순지르기. 하타 [off sprouts

순직(純直)圀 마음이 수직하고 곧음. simpleness and uprightness 하圀 [at once's post 하타

순직(殉職)圀 직무를 다하다가 목숨을 잃음. dying

순직(純直)圀 온순하고 정직함. purity and honesty 하圀 [naive 하圀

순진(純眞)圀 마음이 꾸밈 없이 참됨. 천진(天眞).

순-집-다(筍—)→순지르다. [turn

순:차(順次)圀 돌아오는 차례. turn 튼 차례차례. in

순:차(循次)圀 차례를 좇음. following in order 하타

순:차-무사(順且無事)圀 아무 거침이 없이 잘 되어감. [진(것).

순:차(順次的)圀 순서대로인(것). 차례가 지켜

순찰(巡察)圀 여러 곳으로 돌아다니며 사정을 살핌. 순성(巡省). round of inspection 하타 [patrol

순찰-병(巡察兵)圀〈군사〉순찰의 임무를 맡은 병사.

순찰-사(巡察使)圀〈제도〉①난리 때 지방의 군무를 순찰하던 임시 벼슬. ②도(道)의 군무를 순찰하던 벼슬. 순상(巡相). 《폐》순사(巡使).

순찰=함(巡察函)圀 순찰한 결과를 적어 넣는 함. 순

순창(旬瘡)[명] 〈한의〉입술이 터서 갈라지는 병.
순채(蓴菜)[명] 〈식물〉수련과(睡蓮科)에 속하는 다년생 풀. 연못 따위에 나며, 타원형 잎은 방패 같고 여름에 흑자색의 작은 꽃이 핌. water-shield
순:천(順天)[명] =순천명(順天命).
순:천명(順天命)[명] 천명을 좇음. 〔약〕순천. 하타
순:철(純鐵)[명] 〈화학〉불순물이 전혀 섞이지 아니한 철. 전자기·진공관·합금 등의 재료 및 내식관(耐蝕板)·촉매(觸媒) 등으로 쓰임.
순청(巡廳)[명] 〈제도〉조선조 때 야순(夜巡)을 맡아 [보던 관청.
순:청(純靑)[명] 〔약〕=순청색(純靑色).
순청색(純靑色)[명] 순수하게 푸른 빛. 〔약〕순청. pure [blue
순:체(順遞)[명] 중요한 관직을 잘못됨이 없이 원만히 갈마들임. handing over one's post smoothly 하타
순초(巡哨)[명] 돌아다니며 적의 사정을 염탐하여 냄. patrol 하타
순초-군(巡哨軍)[명] 순초하는 군사. patrol
순치(脣齒)[명] 입술과 이빨.
순치(馴致)[명] ①짐승을 길들임. taming ②점점 어떤 상태에 이르게 함. bringing about 하타
순=치(筍一)[명] 발육을 좋게 하기 위하여 식물의 눈을 자르는. cutting off buds
순치 보:거(脣齒輔車)[명] 순망 치한(脣亡齒寒)과 보거 상의(輔車相依). 곧, 없어서는 안 될 사이의 깊은 관계. mutual dependence
순치=음(脣齒音)[명] 〈어학〉아랫입술과 윗니와의 사이에서 나는 소리. labiodental
순치지-국(脣齒之國)[명] 입술과 이빨의 관계처럼 이해 관계가 가장 깊은 나라. interdependent countries
순치지-세(脣齒之勢)[명] 입술과 이빨의 관계처럼 서로 의지하는 형세. interdependent relation
순:탄(順坦)[명] ①성질이 까다롭지 않음. even-mindedness ②길이 평탄함. 평탄(平坦). 〔대〕험난(險難). evenness 하타 히타 [nce
순통(順通)[명] 뜻을 외고 그 내용에 통하는. conversa-
순:통(順通)[명] 일이 순조롭게 잘 통함. 하타
순:편(順便)[명] ①〔약〕=순귀편(順歸便). ②거침새가 없음. smoothness 하타 히타
순:평(順平)[명] 성질이 유순하고 화평함. gentleness
순포(巡捕)[명] 〔속〕순검(巡檢). [nners
순풍(淳風)[명] 순박한 풍속. 순속(淳俗). simple ma-
순:풍(順風)[명] ①바람이 부는 쪽을 좇음. following the wind ②배가 가는 방향으로 부는 바람. favourable wind ③순하게 부는 바람. 〔대〕역풍(逆風). 광풍(狂風). mild wind
순풍 미:속(淳風美俗)[명] 인정이 두텁고 아름다운 풍속·습관. 특히 효도·우애·상화(相和)하는 일가 단란의 가족 도덕을 이름. good customs
순피(筍皮)[명] 죽순의 껍질.
순:-하다(殉一)[자](여불)목숨을 바치다.
순:-하다(順一)[형](여불) ①성질이 부드럽다. ¶그 집 개는 참 ~. 〔대〕사납다. gentle ②맛이 부드럽다. ¶이 집 술맛은 ~. 〔대〕독하다. mild ③일이 쉽고도 마음같이 잘되다. 〔대〕까다롭다. easy
순:합(順合)[명] 〈천문〉지구에서 보아 내행성과 태양과의 환경(黃經)이 같고, 또한 태양의 저편에 있는 현상. 외합(外合).
순항(巡航)[명] 수련 곳으로 배를 타고 다님. cruise 하타
순항 속도(巡航速度)[명] 배나 비행기가 운항 중 가장 연료를 절약할 수 있는 속도. 경제 속력.
순해-선(巡海船)[명] 바다를 순찰하는 경비선. patrol ship [going on patrol 하타
순행(巡行)[명] 여러 곳을 순찰하여 다님. 〔약〕순(巡)①.
순:행(巡幸)[명] 〈동〉순수(巡狩). 하타
순:행(順行)[명] ①차례대로 감. going in order ②거스르지 아니하고 따라감. 순행(順行). going in order ③〔약〕=순행 운동(順行運動). 하타
순:행 동화(順行同化)[명] 〈어학〉동화를 받는 음 앞에 오는 음의 영향을 받는 음운 현상. '칼날→칼랄'·'종로→종노'로 동화되는 따위.
순:행 운:동(順行運動)[명] 〈천문〉서에서 동으로 천구(天球) 위를 이행(移行)하는 천체의 시운동(視運動). 〔대〕역행 운동(逆行運動). 〔약〕순행③. progressive motion
순:현보(順現報)[명] 〈불교〉현세에 자기가 지은 죄로 말미암아 받는 업보(業報). 삼보(三報)의 하나. 순현업(順現業).
순:현-업(順現業)[명] 〈동〉순현보(順現報).
순혈(純血)[명] ①동물의 혈통이 순수함. thorough-bred ②순수한 혈액. 〔대〕혼혈(混血). pure blood
순형(楯形)[명] 방패와 같은 형상. form of a shield
순형-화(楯形花)[명] 순형 화관으로 된 꽃.
순형 화관(楯形花冠)[명] 〈식물〉합판 화관(合瓣花冠)의 하나. 위아래 두 쪽으로 나뉜 입술 모양의 화관. 입술꽃부리.
순호(純乎)[명] 〈동〉순연(純然). 하타
순-홍(純紅)[명] 〔약〕=순홍색(純紅色). [紅] pure red
순-홍색(純紅色)[명] 순수한 붉은 빛깔. 〔약〕순홍(純
순화(純化)[명] ①섞이지 않은 것을 없애어 순수하게 함. 〔동〕(醇化)③. purification ②사념을 없이 함. ③복잡한 것을 단순하게 함. simplification 하타
순:화(順和)[명] 순탄하고 화평함. peace 하타
순화(馴化)[명] 기후가 다른 곳에 옮겨진 생물이 점차로 그 환경에 적응하는 체질로 변하는 일. acclimatization 하타
순화(醇化)[명] ①정성어린 가르침에 감화됨. inspiring ②자연의 발육. ③〈동〉순화(純化)①. ④〈미술〉재료를 취사 선택하여 쓸데없는 분자(分子)를 없앰. refinement ⑤〈철학〉잡박(雜駁)한 지식을 분류하여 계통을 세워서 불순한 분자를 덜어 버림. 이상화. idealization 하타
순:화-롭-다(順和一)[형]〔ㅂ불〕순탄하고 평화스럽다. smooth and peaceful 순:화-로이[분]
순환(循環)[명] ①쉬지 않고 잇달아 돎. ¶피의 ~. ②돈을 내돌림. ③〈생리〉생물이 영양물을 몸의 각 부분에 운반하는 일. ④〔약〕=혈액 순환. circulation 하타
순환-계(循環系)[명] 〈생리〉순환기 전체를 하나의 기관(器官系)로 보고 이르는 말. 혈관계(血管系) 및 심장(心臟)으로 됨. system of circulation
순환 계:통(循環系統)[명] 〈생리〉심장에서 나온 피가 전신을 순환하며 영양을 공급하고 노폐물을 수용하는 작용의 조직.
순환 과:정(循環過程)[명] 물체가 어떤 변화를 일으켰다가 다시 본상태로 돌아갈 때의 일련의 과정.
순환 급수(循環級數)[명] 〈수학〉수의 뒤의 항(項)이 같은 차례로 되돌아 돌아 나오는 무한 급수의 하나. recurring series [기일이 돌아오는 기간. cycle
순환-기(循環期)[명] 자연의 현상이나 인위적(人爲的)
순환-기(循環器)[명] 〈생리〉혈액을 순환시켜서 섭취한 영양분·산소 따위를 몸의 각 조직에 운반하고, 또 노폐물을 몸의 각부로부터 모아서 배설하기 위하여 운반하는 기관(器官). 심장·혈관·임파관 따위. circulatory organ
순환 논법(--[循環論法)[명] 〈동〉순환 논증.
순환 논증(循環論證)[명] 〈논리〉논증되어야 할 것을 논증의 근거로 하는 논증. 순환 논법. vicious circle
순환 도:로(循環道路)[명] 일정한 지역을 순환할 수 있도록 닦아 놓은 도로. ¶남부 ~.
순환-류(循環流)[명] 〈지학〉흘러 오면 방향으로 다시 방향을 바꾸어 흐르는 바닷물의 흐름.
순환 변:동(循環變動)[명] 〈경제〉경제 현상을 시간적 변화로 관찰할 때에, 수년간의 간격을 두고 오르내리는 파동.
순환 소:수(循環小數)[명] 〈수학〉소수의 어떤 자리 다음부터 몇 개의 숫자가 한없이 되풀이 돌아 나오는 무한 소수의 하나. 곧, 3.141414… 따위. recurring

순환수 [圈]의 사이를 순환하는 물. decimal

순환=수(循環水)圈 기권(氣圈)·수권(水圈)·암권(岩

순환 장애(循環障礙)圈 〈의학〉혈액의 순환을 막는 장해. 심장병·신장병·동맥 경화증 및 만성 과로 등이 그 원인이 됨.

순환적 정:의(循環的定義)圈 〈논리〉전제와 거의 같은 개념의 말로 정의되는 허위(虛僞)의 정의.

순환=절(循環節)圈 〈수학〉순환 소수에서, 같은 차례로 되짚어 돌아 나오는 몇 개의 숫자 뭉치. 3.1414 14…에서의 14 따위.

순환지=도(循環之圖)圈 금전을 이리저리 변통하여 돌라대는 길. means of accommodation

순환지리(循環之理)圈 사물의 성쇠(盛衰)가 서로 바뀌어 도는 이치.

순=황(純黃)圈 〈약〉→순황색(純黃色).

순황(蚼黃)圈 〈동물〉개구리의 하나. 앞다리는 크고, 뒷다리는 작으며, 점이 있음. 「상대하여 일컬음.

순=황산(純黃酸)圈 〈화학〉황산을 희황산(稀黃酸)에

순=황색(純黃色)圈 순수한 황색. 〈약〉순황.

순회(巡廻)圈 여러 곳으로 돌아다니님. tour 하다

순회 대:사(巡廻大使) 일정한 나라에 주재하지 않고 특별한 사명을 띠고 여러 나라를 순회하는 대사.

순회 재판(巡廻裁判) 지방 법원의 판사가 소할 경찰서를 순회하며 경범자를 즉결 심판하는 재판.

순효(純孝)圈 깨끗한 효성(孝誠)의 마음.

순후(旬後)圈 음력 초열흘이 지난 뒤. later than the 10th day of a lunar month

순후(純厚·醇厚·淳厚)圈 순박하고 인정이 두터움. 순독(純篤). true-heartedness 하다

순:후=보(順後報)圈 〈불교〉현세에서 지은 죄를 삼생(三生)뒤에 받는 업보로, 삼보(三報)의 하나. 순후업(順後業).

순=후=업(順後業)圈 〈동〉순후보(順後報).

순=흑(純黑)圈 순흑색(純黑色).

순=흑색(純黑色)圈 순수한 검은 빛. 〈약〉순흑.

숟가락 밥이나 국 따위를 떠먹는 기구. 〈약〉반시(飯匙). 〈준〉숟갈. 〈공〉갈잠석. 눌릴석. 〈변〉살피가. spoon

숟가락=질圈 숟가락으로 음식을 떠먹는 일. 하다

숟가락=총 숟가락의 자루. handle of a spoon

숟=갈圈 〈약〉→숟가락.

술=막(-幕)圈 주막(酒幕).

술[1] 알코올 성분이 있어서 마시면 취하게 되는 음료의 총칭. 흔히 곡물(穀物)에 누룩을 넣어 만드나, 화학적으로 만들기도 함. 〈공〉약주(藥酒). alcoholic drink

술[2] 〈갱〉갓끝.

술[3] 거문고 따위의 현악기를 탈 때 줄을 듣는 도구. 「가다의. 실. tassel pick

술: 띠·끈·여자의 옷 따위에 장식으로 다는 여러

술: 책이나 피륙의 모개 부피. bulky

술[6] 숟가락으로 헤아릴 만한 적은 분량. ¶밥 한 ~. spoonful

술(戌)圈 〈민속〉①십이지(十二支)의 11 째. ②〈약〉술시(戌時). ③〈약〉→술방(戌方). 「면한~. art

=술(術)匹尾 명사에 붙어 그 재주를 표시하는 말. ¶

술가(術家)圈 음양·점에 정통한 사람. 술객(術客). 술사(術士)①. diviner

술=값[-깝]圈 술 먹은 값. drink money

술값보다 안주 값이 비싸다圈 주되는 것보다 그에 딸린 것이 더 많다.

술객(術客)圈 〈동〉술가(術家).

술계(術計)圈 일을 도모하는 꾀. 술책(術策). trick

술=고래(-鯨)〈속〉술을 많이 마시는 사람. heavy drinker

술과 안주를 보면 맹세도 잊는다 술을 즐기는 사람은 술을 끊는다 끊는다 하면서도 못 끊는다.

술=구기[-꾸-]圈 독이나 항아리에서 술을 푸는 데 쓰는 기구. winedipper 〈酒毆〉. 酒毆(酒毆).

술=구더기[-꾸-]圈 걸러 놓은 술에 뜬 밥알. 주의.

술=국[-꾹]圈 술집에서 안주로 주는 토장국. bean-paste soup taken with wine

술국=밥[-꾹-]圈 술집에서 주는 밥을 섞은 술국.

술=기[-끼](-氣)圈 술에 취한 기운. tipsiness

술=기운[-끼-]圈 술에 취함으로써 생기는 기운.

술=김[-낌]圈 술에 취한 김. 「influence of wine

술=꾸러기圈 →술고래.

술=꾼圈 ①술 먹는 사람들. drinker ②술을 좋아하며 많이 마시는 사람. 주객(酒客). drunkard

술=내圈 술 냄새.

술년(戌年)圈 〈민속〉태세(太歲)의 지지(地支)가 술(戌)로 된 해. ¶갑(甲)~. 무(戊)~.

술 담배 참아 소 샀더니 호랑이가 물어 갔다 돈은 모으기만 할 것이 아니라 쓸데는 써야 한다.

술=대[-때]圈 거문고를 타는 채. plectrum

술=대:접(一待接)圈 술로 하는 대접. 하다

술 덤벙 물 덤벙圈 세상 물정을 모르고 함부로 덤벙거림의 비유. 「양조장(釀造場). brewery

술=도가[-또-](-家)圈 술을 만들어 도매하는 집.

술=도깨비(-)圈 주정꾼. heavy drinker

술=독[-똑]圈 ①술을 담그거나 담는 독. jar for brewing wine ②→술고래.

술=독[-똑](-毒)圈 술 중독으로 얼굴에 나타나는 붉은 점이나 빛. 주독(酒毒). alcoholic poisoning

술=등[-뜽](-燈)圈 선술집 문 밖 장대에 달아 두는 유지로 만든 초롱. lantern of a public house

술:=띠圈 곤룡의 양쪽 끝에 술을 단 가는 띠.

술래(←巡邏)圈 술래잡기에서 숨은 아이들을 찾아내는 차례를 맡은 아이. tagger

술래=잡기圈 여러 아이 가운데 한 아이가 술래가 되어서 숨은 아이들을 찾아내는 놀이. hide-and-seek

술렁=거리=다圈 세상 인심이 소란하다. ¶모두 피난 짐을 꾸리고 ~. be in turmoil 술렁하다

술렁=이=다圈 어수선하게 설레다. get into a troubled

술레圈 〈식물〉배나무의 하나. 「state

술=막(-幕)圈 술집거리가 벌어지는 마당. site of a drinking

술=막(-幕)圈 〈동〉주막(酒幕). 「party

술말(戌末)圈 〈민속〉①십이시(十二時)의 11째의 끝. 곧, 하오 9시에 가까울 무렵. ②이십사시의 21째의 끝. 곧, 건시(乾時)에 가까운 하오 8시 반 무렵.

술=망나니圈 주정이 사나운 사람. drunkard

술=망태기(-)圈 주정꾼. 「drunkard

술먹은=개圈 〈비〉술에 취한 사람을 이르는 말.

술명=하다(-)圈 수수하고 걸맞다. fair 술명히

술=밑圈 찐 쌀과 누룩을 버무린 지에밥. 주모(酒母)①.

술=바닥[-빠-]圈 쟁기에 보습을 대는 넓고 삐죽한 부분. 「어 모욕을 당한다.

술 받아 주고 빰 맞는다 남에게 후하게 하고 도리

술=밥[-빱]圈 ①술 담글 때 쓰는 지에밥. boiled-rice for brewing ②술·간장·설탕 따위를 쌀에다 섞어 지은 밥.

술방(戌方)圈 〈민속〉이십사 방위(二十四方位)의 하나. 신방(辛方)의 다음. 곧, 서북서(西北西). 〈준〉술(戌)③.

술법(-)圈 (術法)〈민속〉음양(陰陽)과 복술(卜術)에 관한 이치. 또, 그 실현 방법. 술수(術數). wizardry

술=벗圈 술로 사귄 벗. 술친구. 주붕(酒朋).

술=병[-뼝](-病)圈 술을 너무 많이 마셔서 생긴 병. alcoholic disorder

술=병[-뼝]圈 술을 담는 병의 총칭. 주병(酒瓶). 주호(酒壺). liquor bottle

술병(戌兵)圈 〈동〉수병(守兵).

술부(述部)圈 문장 구성에 있어서 주부(主部)를 설명하는 부분. 〈대〉주부(主部).

술=부대[-뿌-](-負袋)圈 →술고래.

술=빛[-뼛]圈 주색(酒色).

술사(-)圈 (術士)圈 ①〈동〉술가(術家). ②술책(術策)에 능한 사람. 책사(策士). schemer

술=살 술을 먹고 오른 살. fat put on by drinking
술=상[―쌍][一床]圀 술과 안주를 차린 상. 주안(酒案). 주안상(酒案床). table laden with wine and some eatables
술생[―쌩][戌生]圀〈민속〉난 해의 태세(太歲)의 지[지(地支)가 술(戌)로 된 사람.
술서[―써][術書]圀 술법에 관한 책. book on wizardry
술수[―쑤][術數]圀〈동〉술법(術法). 술책(術策).
술:질①물·가루 따위가 잇달아 새어 나오는 모양. trickling ②바람이 느리고 부드럽게 부는 모양. gently ③가는 비가 가볍게 내리는 모양. drizzling ④말을 막힘없이 하는 모양. fluently ⑤문제·얽힌 끈·실 따위가 잘 풀려 나오는 모양. 〔작〕솔솔. easily
술시[―씨][戌時]圀〈민속〉①십이시의 11째. 하오 7시부터 9시까지의 시각. 유시(酉時)와 해시(亥時)의 사이. ②이십사시의 21째. 하오 7시부터 8시 반까지의 시각. 신시(辛時)와 건시(乾時)의 사이. 《약》술(戌)②.
술=쌀 술을 만들기 위한 쌀. rice for brewing
술=안주[―按酒]圀 술을 마실 때에 곁들여 먹는 음식. 주효(酒肴). relishes
술어[述語]圀〈어학〉동사·형용사 따위와 같이, 그 주어(主語)의 동작·상태를 풀이하는 말.〈동〉서술어. ③〈논리〉논리의 판단이나 명제(命題)에 있어서 주사(主辭)에 대하여 긍정 또는 부정의 입언(立言)을 하는 개념. predicate
술어[術語]圀《약》→학술어(學術語).
술어[術語]圀 술을 파는 여자. 주모(酒母). barmaid
술어=절[述語節]圀 서술어의 구실을 하는 절. 풀이 마디.《대》주어절(主語節). predicate clause
술업[術業]圀 음양(陰陽)·복술(卜術) 따위의 일에 종사하는 업.
술예[術藝]圀 ①기술과 문예. art and technique ②경서(經書)와 예술(藝術) confucian books and fine arts ③역수(歷數)·복서(卜筮)의 술(術). fortunetelling
술=오한[―惡寒]圀 술 먹은 것이 원인이 되어서 나는 오한. ¶ ～이 들다.
술월[戌月]圀〈민속〉잡술(甲戌)·병술(丙戌) 따위와 같이 월건(月建)의 지지(地支)가 술(戌)로 된 달.
술·위[고]수레.
술위벼[고]수레바퀴.
술은 괼 때 걸러야 한다俗 무슨 일을 함에 있어서나 최적(最適)의 기회가 있는 것이니, 기회를 놓치지 말고 그 때를 타서 행하여야 한다.
술은 초물에 취하고 사람은 훗물에 취한다俗 술은 처음 마실 때부터 취하나, 사람은 한참 사귀고 나서야 장점을 발견할 수 있고 하여 좋게 지낸다. [다.
술 익자 체 장수 지나간다俗 일이 우연히 잘 맞아 간
술일[戌日]圀〈민속〉잡술(甲戌)·병술(丙戌) 따위와 같이 일진(日辰)의 지지(地支)가 술(戌)로 된 날.
술=자루圀→술고래.
술자리[―짜―]圀 술을 마시고 노는 자리. 주석(酒席). site of a drinking party
술자지능[―짜―][述者之能]圀 ①문장이 잘 되고 못됨은 그 사람의 재능에 달렸음. ②일이 잘 되고 안 됨은 그 사람의 수단에 달렸음. [book 하다
술작[述作]圀 책을 저술함. writing of a
술=잔[―짠][―盞]圀 ①술을 따라 마시는 그릇. 주배(酒杯). wine cup ②몇 잔의 술. few cups of wine
술잔=거리[―짠꺼―][―盞―]圀 술잔이나 사 먹을 만한 적은 돈. drink money
술잔을 기울이다慣 부어 놓은 술을 마시다.
술잔을 나누다慣 함께 술을 즐기다.
술=잔치圀 술을 마시며 즐기는 간단한 잔치. 주연(酒宴). drinking party [하다
술=장사圀 술을 파는 일을 영업. liquor-selling business
술=적심圀 밥을 먹을 때 숟가락을 적신다는 뜻으로, 국·찌개 따위의 국물 있는 음식을 가리킴. ¶～도

술정[―쩡][戌正]圀〈민속〉술시(戌時)의 한가운데.
술좌=진향[―쫘―][戌坐辰向]圀〈민속〉술방(戌方)에서 진방(辰方)으로 향함. 곧, 서북서에서 동남동으로 향한 좌향.
술=주자[―쭈―][―酒榨]圀 술을 거르는 틀. 주자(酒榨).《유》주조(酒槽). tub for straining wine
술중[―쭝][術中]圀 계략(計略) 속. 수단 속. trick
술=질圀 음식을 먹을 때 숟가락을 쥐고 놀리는 일. 하다
술집[―찝]圀〈동〉술을 파는 집. 주점(酒店). 주사(酒肆). 기정(旗亭). bar
술=찌꺼기圀 술을 걸러 내고 남은 찌꺼.
술책[術策]圀 일을 도모하는 방술(方術)과 계책. 술계(術計).〈동〉술수(術數). strategy 「drinking stand
술=청圀 선술집에서 술을 따라 놓는 곳. 목로(木壚).
술초[戌初]圀〈민속〉①하루를 12시로 나눈 열한째인 술시(戌時)의 첫머리. 곧, 하오 7시가 지날 무렵. ②하루를 24시로 나눈 스물한째인 술시의 첫머리. 곧, 하오 7시 반이 지난 무렵.
술=추렴[←出斂]圀 ①술값을 여러 사람이 나누어 내는 추렴. sharing the expense of drinking ②차례로 돌아가며 내는 술.
술=친구[―親舊]圀 술로써 사귄 친구. 주붕(酒朋). drinking companion
술=타령[―打令]圀 ①볼 일을 젖혀 놓고 술만 마시는 일. being on the booze ②술 마시고 싶다고 자꾸 넋. asking for a drink 하다
술=탈[―頉]圀 술로 인하여 생긴 탈.
술=통[―桶]圀 술을 담아 두는 큰 통. wine barrel
술파구아니딘(sulfaguanidine)圀〈약학〉술폰아미드제(劑)의 하나. 백색 침상(針狀)의 결정성 가루약. 주로 세균성의 장내 질환·적리에 쓰임.
술파디아진(sulfadiazine)圀〈약학〉백색이나 청황색 결정성 가루약. 폐렴 구균·연쇄 구균 등 세균성 질환에 특효가 있음. [리.
술=파리[―파리][―蠅]圀〈곤충〉여름철에 술독에 생기는 작은 파
술파-민(sulfamine)圀〈약학〉①술폰아미드제(劑)의 백색 결정, 또는 분말. ②술폰아미드제의 일반 명칭. 「폰기(基)를 가진 화학 요법제의 통칭.
술파-제(sulfa 劑)圀〈약학〉술폰아미드제(劑) 및 술
술판圀 술을 마시고 있는 판. drinking party
술=패랭이꽃圀 너도개미자리과의 다년생 풀. 높이 30〜60 cm 로 잎은 선상(線狀) 피침형임. 9월에 홍자색 꽃이 피고 열매는 삭과(蒴果)임. 관상용임.
술폰-산(sulfonic 酸)圀〈화학〉탄소 원자에 술폰기(基)가 결합되어 있는 유기 화합물.
술폰아미드=제(sulfonamide 劑)圀〈약학〉프론토질(prontosil)에 기원한 술파닐아미드 유도체(誘導體)의 총칭.
술푸라타―멧새(sulphurata―)圀〈조류〉참새과의 멧새의 하나. 촉새와 비슷하며 날개 길이 7.5〜9cm 가량임. 수컷은 암석의 석판색(石板色)으로 되며 흑색 반문이 있고 암컷은 갈색임. 잡초의 씨·해충을 포식하는 익조임. 무당새.
술학[術學]圀 ①기예(技藝)와 학문. 예술①. learning and skill ②학문을 닦음. studying
술회[述懷]圀 마음먹은 여러 가지 생각을 말함. 또, 그 말. effusion of one's thoughts 하다
숨圀 ①사람과 동물이 코나 입으로 공기를 들이마시고 내쉬는 기운. breath ②푸성귀 따위의 생생한 기운. freshness
숨:=거두―다재 숨이 지다. 곧, 죽다.
숨:=결[―껼]圀 숨을 쉬는 속도나 상태. respiration
숨=고―다재 숨이 막히다. 질식 상태에 빠지다. be suffocated
숨:=골[―꼴]圀〈동〉연수(延髓).
숨:=관[―管]圀〈동〉숫구멍.
숨:=구멍[―꾸―]圀 ①숨쉬는 구멍. windpipe ②[
숨:=근[―끈][―筋]圀〈생리〉숨쉬기 운동을 맡은 힘

숨기 살. respiratory muscles
숨:기[-끼] (一氣)명 숨을 쉬는 기운. breathing
숨기-다타 드러나지 않게 감추다. hide
숨:-기척명 숨쉬는 기척. sign of breathing
숨김-표(一標)명《동》은자 부호(隱字符號).
숨:-넘어가-다자 숨이 끊어져 죽다. breathe one's last
숨:-다[-따] 남이 보이지 않게 몸을 감추다. hide oneself
숨:-돌리-다자 ①가쁜 숨을 가라앉히다. recover one's breath ②시간적인 여유를 얻어 휴식을 취하다. repose ③어려운 고비를 일단 넘기다. get over
숨:-막히-다자 숨이 막히거나 또는, 숨이 막힌 정도로 긴장하다.
숨:-모으-다으타 숨이 끊어져 가다. lose one's breath
숨:-문(一門)명 곤충류의 숨쉬는 구멍. 기문(氣門). stigma
숨바꼭-질 ①숨은 사람을 찾아내는 아이들의 장난. hide-and-seek ②무엇이 숨었다 보였다 하는 일.
숨박-질명 〈약〉숨바꼭질. 하자
숨:-붙-다자 생명이 유지되다.
숨:-뿌리명 〈식물〉식물의 어떤 것 중에 숨쉬기 작용을 하려고 생긴 뿌리. respiratory root
숨:-소리[-쏘-] 명 숨을 쉴 때 내는 소리. sound of breathing
숨숨甲 마마자국이 잘고 얕게 얽은 모양. 〖작〗솜솜.
숨:-쉬:기명 〈생리〉①숨을 내쉬었다 들이마심. ¶~ 운동(一動) ②생물이 산소를 들이마셔서 탄산가스로 바꿔 보내는 작용. respiration
숨:-쉬:-다자 숨을 내보냈다 들이마셨다 하다. breathe
숨:-열[-널] (一熱)명 식물이 숨을 쉴 때 생기는 열.
숨은고-장식(一裝飾)명 경첩의 하나. 몸이 문짝과 기둥에 한 폭씩 속으로 들어가 박히어 뵈 것.
숨은-글명 공개적으로 가르치거나 배우거나 하지 않고, 사사로이 가르치거나 배우거나 하는 글. ¶ ~를 배우다. private lesson [-글]을 조심하라.
숨은 내쉬고 말은 내 하지 말라판된 말은 입 밖에 내기
숨은-장명 〈건축〉은혈(隱穴)을 파서 겉으로 보이지 않게 쩨기를 지른 못. hidden peg
숨이 턱에 닿다판된 숨이 몹시 차다. pant
숨:-죽-다자 ①풀이나 나무 따위가 시들어서 생기(生氣)를 잃다. lose freshness ②소금 따위로 절인 푸성귀가 싱싱한 기운을 잃다.
숨:-죽이-다타 ①숨을 멈추다. ②숨소리가 들리지 않을 정도로 조용히 하다. I hold one's breath ③소금 따위로 야채의 싱싱한 기운을 잃게 하다.
숨:-지-다자 마지막 숨을 거두다. 운명(殞命)하다. 숨이 끊어져 죽다. breathe one's last
숨:-차-다자 숨쉬기가 가쁘다. pant
숨:-탄-것명 숨쉬는 일을 타고난 것. 곧, 모든 동물의 이름 animal
숨:-통(一筒)명 〈생리〉숨쉴 때에 허파로 공기가 드나드는 길. 기관(氣管). 기도(氣道). 숨관. wind- [pipe
숨:-틀(一一)명《동》호흡기(呼吸器).
숨:-표(一標)명《음악》쉼표가 없는 곳에서 숨을 쉬라는 표. 수출표. [는 표. ',' 또는 'V'. rest
쉼(교)명 수출표.
숫관도 잡것이 섞이지 않고 생긴 그대로 순진하게 있다는 뜻을 나타내는 말. innocent
숫명 →숯.
숫-가지명 →산가지①. [penthouse
숫-간(一間)명 몸채 뒤에 낮게 지은 칸. 또, 객실.
숫-것명 아직 손을 대거나 변하거나 하지 않은 그대로 있어 순수한 것. untouched thing
숫-구멍명 갓난아이의 정수리가 굳지 않아 숨쉴 때마다 뛰는 곳. 백회혈(百會穴). 숨구멍②. 신문(肉門)①. 정문(頂門)①. fontanel [전. simple person
숫-국명 숫보기의 모양이나, 진솔대로 있는 물
숫-기(一氣)명 수줍어하지 아니하는 기운. 활발하여 부끄럼이 없는 기운. vigour **숫기-없:이**부
숫기-없:-다(一氣一)형 숫기가 없어 부끄럼을 타다.
숫기-좋:-다(一氣一)형 부끄럼타지 않고 성격이 쾌활

숭배 하다. lively [rod(den) snow
숫-눈명 건드리지 아니하고 쌓인 채로 있는 눈. unt-
숫눈-길[-낄] 명 눈이 와서 덮인 후에 아무도 아직 [지나지 않은 눈길.
숫-대:집(數一)명 산가지로 여러 사람이 장난하는 놀이.
숫-돌명 칼 따위를 갈아서 날을 세우는 데 쓰는 돌. 여석(礪石). 지석(砥石). whetstone [nded
숫-되:-다(一)형 언행이 순진하고 어수룩하다. simple-mi-
숫두어리-다타 수떨다. [people
숫-백성(一百姓)명 소박하고 순진한 백성. rustic
숫-보기명 ①숫된 사람. simple-minded person ②숫총각이나 숫처녀. virgin
숫-사:람명 거짓이 없고 숫된 사람. innocent man
숫사:시명(동) 숫처녀.
숫-스럽-다ㅂ 보기에 숫되다. innocent **숫-스레**부
숫-실(繡一)명 수를 놓는 데 쓰는 실. embroidery thread [는 음식. 숫것. untouched food
숫-음식[순-] (一飮食)명 헐지 않고 만든 그대로 있
숫:-자(數字)명 ①수를 나타내는 글자. 1·2·3 또는 一·二·三 따위. ②통계 등 숫자로 표시되는 수량적(數量的)인 일이나 지식. ¶ ~에 밝다.
숫-잔대명 〈식물〉숫잔대과의 다년생 풀. 높이 1 m 가량이고, 잎은 피침형임. 7~8월에 벽자색 꽃이 핌. 산이나 들의 축축한 땅에 저절로 나며 약용함. lobelia [hearted
숫-접-다ㅂ형 태도가 순박하고 진실하다. simple-
숫제부 ①거짓이 없이 아주 진실하게 honestly ②무엇을 하기 전에 차라리. 아예. ③그렇지 맘에 없는 일이면 ~ 그만둬라. had better [vigorous
숫제:-롭-다ㅂ 부끄럼타지 않고 성격이 활발하다.
숫-지-다형 순박하고 인정이 두텁다. 순후(淳厚)하다. true-hearted [숫색시. (대) 숫총각. virgin
숫-처:녀(一處女)명 남자와 교접한 일이 없는 처녀.
숫-총:각(一總角)명 아직 한 번도 여자와 관계한 일이 없는 총각. (대) 숫처녀. bachelor
숫-티명 숫된 태도와 모양. innocent manner
숫-하-다형 순박하고 어수룩하다. ¶사람이 숫하게 생겨서 남에게 잘 속는다. naive
숭명 →흉.
숭감(一)명 →고물. [rence 하
숭경(崇敬)명 거룩하게 높여 존경하고 사모함. reve-
숭고(崇古)명 옛적의 문물을 숭상함. worship of ancient civilization 하자
숭고(崇高)명 매우 존엄하고 고상함. sublimity 하형
숭구(一口)명 →심다.
숭굴-숭굴부 ①성질이 너그럽고 원만한 모양. well-rounded ②얼굴이 귀염성 있고 덕스러운 모양.
숭냉(一)명 →숭늉. [amiable 하형
숭년(一年)명 →흉년(凶年).
숭늉명 밥을 푸던 그 솥에 물을 부어서 데운 물. 숙랭(熟冷)①. 쉬팅(炊湯). scorched-rice water
숭덩-숭덩부 ①물건을 굵고 거칠게 빨리 써는 모양. ¶무를 ~ 썬다. thickly ②바느질을 거칠게 호는 모양. 〖작〗송당송당. 〖세〗쑹덩쑹덩. with large stitches
숭람(菘藍)명 〈식물〉겨자과의 숭년생 이년생 풀. 높이 60~90 cm 로 봄에 누른 꽃이 피고 열매는 편평하고 길쭉함. 줄기와 잎은 파랑 물감의 원료로 씀.
숭려(崇麗)명 높고 화려함. 하형
숭례-문(崇禮門)명 서울 사대문(四大門)의 하나로 남쪽에 있는 정문인 남대문의 이름. South Gate
숭모(崇慕)명 우러러 사모함. adoration 하자
숭문(崇文)명 글을 숭상함. 또, 문학을 높임. 하자
숭물(一物)명 →흉물(凶物). [tiful 하형
숭미(崇美)명 숭고하고 아름다움. sublime and beau-
숭반(崇班)명 높은 지위. 높은 버슬. 숭위(崇位). 고위(高位).
숭배(崇拜)명 ①높이어 우러러 공경함. admiration ②종교적 대상(對象)을 숭경(崇敬)하고 귀의하는

숭보

심적 태도와 외적 표현의 총칭. worship 하다
숭보(崇報)[명] 은덕을 갚음. requital of favour 하다
숭봉(崇奉)[명] 숭배하여 받듦. esteem 하다
숭불(崇佛)[명] 불교를 숭상함. 부처를 숭배함. worship of Buddhism 하다
숭사(崇祀)[명] 숭배하여 제사지냄. 하다
숭상(崇尙)[명] 높이어 소중하게 여김. worship 하다
숭석(崇昔)[명] 아주 오랜 옛날. 태고(太古).
숭:숭[부] ①물건을 듬성듬성 빨리 써는 모양. coarsely ②피부에 큰 땀방울이나 소름 따위가 많이 나돋은 모양. ③큰 구멍이 듬성듬성 뚫린 모양. (작) 송송.
숭신(崇信)[명] 존중하여 믿음. 하다 [large stitches
숭신(崇神)[명] 신을 숭상함. worship of God 하다
숭앙(崇仰)[명] 높이어 우러러봄. esteem 하다
숭:어〈어류〉숭어과의 바닷물고기. 몸 길이 70 cm 내외로 길고 측편(側扁)하며 머리는 비교적 작고 폭이 넓음. 몸 빛은 등 쪽이 회청색이고 배 쪽은 은백색임. 맛이 좋음. 수어(秀魚). grey mullet
숭:어=뜀[명] 광대가 땅에 손을 짚고 연해 거꾸로 뛰어 넘는 재주. turning cartwheel [송아리. bunch
숭어리[명] 꽃이나 열매 따위가 모여 달린 덩어리. 《작》
숭얼=숭얼[부] ①숭어리가 여러 개 엉킨 모양. ②큰 거품이 방울방울 엉킨 모양.
숭엄(崇嚴)[명] 숭고하고 존엄함. dignity 하다
숭외(崇外)[명] 다른 나라를 우러러봄. admiration of other countries 하다
숭위(崇位)[명] 숭고한 지위. 숭반(崇班). high rank
숭유(崇儒)[명] 유교를 숭상함. [~ 척불(斥佛). worship of Confucianism 하다
숭이[명] 꽃이나 열매 따위가 모여 달린 한 꼭지. 《작》 송이. bunch, cluster
숭조(崇祖)[명] 조상을 숭상함. 하다 [함. 하다
숭조 상:문(崇祖尙門)[명] 조상을 숭배하고 문중을 위
숭존(崇尊)[명] 품위가 높음. 고준(高峻). 하다
숭중(崇重)[명] 받들어 존중함. 하다
숭채(菘菜)[명] 《동》 배추.
숭하(崇廈)[명] 크고 큰 집. 대하(大廈).
숯[명] ①나무를 숯가마 속에서 구워 낸 덩어리. 목탄. charcoal ②참숯·뜬숯의 총칭.
숯=가마[명] 숯을 구워 내는 구덩이. charcoal kiln
숯=검정[명] 숯의 그을음. 탄매(炭煤). soot
숯=내[명] 숯불에서 발산하는 가스의 냄새. [rcoal
숯=등걸[명] 숯의 덜 탄 조각. halfburned piece of cha-
숯=막(一幕)[명] 숯을 굽는 곳에 지은 막. shed by a charcoal kiln [by inhaling carbonic gas
숯=머리[명] 숯내를 맡아 아픈 머리. headache caused
숯=먹[명] 소나무의 철매로 만든 먹. 송연묵(松煙墨). charcoal inkstick
숯=불[명] 숯을 피운 불. 탄화(炭火). charcoal fire
숯은 달아서 피우고 쌀은 세어서 짓는다[속] 매우 인색하다. [어 릴이 적은 사람을 덮본다.
숯이 검정 나무란다[속] 자기 흉이 더 큰 사람이 도리
숯=자동차(一自動車)[명] 숯불의 가스로 발동시켜 운전하는 자동차. charcoal car
숯=장수[명] ①숯을 파는 장사치. charcoal dealer ②얼굴이 검은 사람을 농으로 이름. darkfaced person ③(속) 흑인(黑人). [or thickness
술[명] 물건의 부피나 분량. ¶머리 ~이 많다. bulk
술=[一]다[형] 술이 많다. bulky
술=하=다[형] ①물건의 분량이나 부피가 많다. ②돈을 숱하게 벌었다. many or bulky ②흔하다.
그따위 물건. common
숱해[부] 숱하게. heavely
숲[명] 《애》 수풀. [age
숲=길[명] 숲 속에 있는 길. forest path
숲=정이[명] 마을 근처에 있는 수풀. bush near a vill-
쉬:/쉬:이[명] 닭이나 참새 따위를 쫓는 소리. shoo!
쉬:[명] 파리의 알. flyblow

쉬:[3] [감] 떠드는 것을 막을 때에 쓰는 말. hush!
쉬:[4] [감] 어린아이에게 오줌을 누일 때 하는 소리. 쉬야
쉬·궁[명]《고》 시궁. [pass! tinkle-tinkle!
쉬:는=표(一標)[명]《동》휴식부(休息符)
쉬:는 화:산(一火山)[명]《동》휴화산(休火山)
쉬:=다[자] 음식의 맛이 시큼하게 변하다. go bad
쉬:=다[자] 목청에 탈이 나서 소리가 맑지 않고 흐리게 나다. get hoarse
쉬:=다[자타] ①잠을 자다. sleep ②하던 일을 잠시 그만두다. stop ③일을 하지 않고 놀다. lie idle ④피곤함을 풀게 하려고 몸을 편하게 두다. rest ⑤결근 또는 결석하다. be absent ⑥잠시 머무르다. ¶며칠 쉬어 가자. stay [두다.
쉬:=다[타] 피륙의 빛을 곱게 하기 위하여 뜨물에 담가
쉬:=다[타] ①호흡하다. breathe ②한숨을 쉬다. sigh
쉬르=리얼리즘(surréalisme 프)[명]《동》 초현실주의(超現實主義). [날까 ~. hush up
쉬:=쉬=하=다[여] 남이 알지 못하게 숨기다. ¶탄로
쉬:=슬=다[자타] 파리가 쉬를 깔기다. flyblow
쉬야[명]《유》 쉬[4].
쉬야=하=다[여] '쉬하다'의 어린이 말. [ease!
쉬어'차렷'의 자세를 풀게 하는 구령. stand at
쉬엄=**쉬엄**[부] 쉬어 가면서 하는 모양. resting at fre-
쉬에드(suède 프)→스웨이드. [quent intervals
쉬이[부] ①오래지 않아. soon ②쉽게. (약) 쉬[2]. easily
쉬이 보다[관] 가볍게 또는 쉽게 보다. [rish
쉬지근=하=다[여] 조금 쉰 듯한 냄새가 나다.
쉬척지근=하=다[여] 몹시 쉰 듯한 냄새가 나다. sour
쉬크(chic 프)[명] ①당세지풍(當世之風). ②멋이 있음. ③검잖음.
쉬:=파리[명]《곤충》 ①쉬파리과의 파리의 하나. 몸 빛은 회색이고 얼굴은 회황색이며 눈은 적색으로 다리는 검음. 여름에 육류에 쉬를 슬. 창승(蒼蠅). blowfly ②잿파리. 왕파리.
쉬프레마티슴(suprématisme 프)[명] 1913년 러시아의 말레비치(Malevich)가 제창한 회화상의 절대주의.
쉬프레히코르(sprechchor 도)[명]《음악》 집단적 낭송 (朗誦).
쉬:=하=다[여] '오줌 누다'의 어린이 말. piddle
쉬 하일(Schi Heil 도)[명] 스키하는 사람 사이의 인사
쉬훈[관]→쉰. [말. '행운이 있으라'.
쉰 길 나무도 베면 끝이 있다[속] 아무리 복잡해 보이는 일이라도 시작하여 해 나가면 끝마칠 때가 있다.
쉰=나리[명]《식물》 포아풀과의 피의 하나. 빛은 미백색(微白色)이고 까라기는 짧으며 2 월에 뿌리면 6 월에 익음. [ish smell
쉰=내[명] 음식 쉬어 나는 시큼한 냄새. sour-
쉰=둥이[명] 아버지나 어머니가 쉰 살에 낳은 아이. boy born of a fifty-year old parents
쉰무우[명]《고》 순무.
쉴라프삭(Schlafsack 도)[명] 등산할 때 쓰는 침대.
쉴:=손[一, 一쓴][부] 아마 틀림없이. 첩경(捷徑). ¶그렇게 들고 가다가는 ~ 깨트리겠 말. short-cut [rest
쉼=표(一標)[명]《음악》 악보에서 쉼을 나타내는 표.
쉽=다[형] ①어렵지 않다. easy ②간단하고 빨리 이룰 수 있다. simple ③가능성이 많다. (때) 어렵
:쉽=다/=일=다[형]《고》 쉽다. [다. be apt to
쉽=사리[부] 아주 쉽게. 힘들이지 않고 순조롭게. easily
쉿무우/쉿무수[명]《고》 순무.
슈거(sugar)[명] 사탕. 설탕.
슈노르켈(Schnörkel 도)[명] ①잠수중인 잠수함이 바다 표면에 관(管)을 내어 통풍·배기를 할 수 있게 한 장치. ②물 속을 헤엄치면서 숨을 쉴 수 있게 만든, 입에 무는 'J'형의 굽은 관. [다차다.
슈노르켈=차(Schnörkel 車 도)[명] 소방차의 하나. 사
슈=룸[명]《고》 우산.
슈미네(cheminée 프)[명] 벽난로. 멘틀피스.
슈미즈(chemise 프)[명] 부인 양장의 하나. 어깨끈을

달아 입음.
슈박《고》 수박.
슈붕(Schwung 도)명 스키에서, 회전(回轉).
슈:샤인(shoeshine)명 《동》 구두 닦기. 하자
슈:샤인 보이(shoeshine boy)명 구두 닦기 소년.
슈어《고》 숯어.
슈:즈(shoes)명 신. 구두. 단화.
슈 크림(←chou à la crème 프)명 얇게 구운 껍질 속에 크림을 넣어서 싼 양과자의 하나.
슈타르크의 효과(Stark—效果)명《물리》광원을 강한 전장 내에 두면 그 스펙트럼의 각각이 여러 개의 선으로 갈라지는 현상. 『덧신은 쇠로 만든 기구.
슈타이크—아이젠(steigeisen 도)명 등산 때 구두 밑에
슈투름 운트 드랑(Sturm und Drang 도)명 18세기 후반, 독일에서의 문학 혁명 운동. 합리주의·계몽주의의 반동으로 개성의 존중, 감정의 자유 및 천재주의를 주장함.
슈:트(shoot)명 야구에서, 투수가 던진 속구(速球)가 타자 앞에 와서 커브를 이루는 일. 또 그 공. 하자
슈:트(suit)명 ①의복. 양복. ②남자 양복 한 벌. 부인복의 웃옷과 스커트 한 벌.
슈:트케이스(suitcase)명 여행용 소형 가방.
슈:팅(shooting)명《체육》구기(球技)에서, 골이나 바스켓에 공을 차거나 던져서 넣는 일.
슈:팅 스크립트(shooting script)명《동》 콘티뉴이티 (continuity). 『척하여 나아가는 여장부.
슈:퍼—레이디(superlady)명 꿋꿋하게 자기의 길을 개
슈:퍼마:켓(supermarket)명 판매원을 따로 두지 아니하고 고객이 매장에서 상품을 고르고 대금은 계산대에서 치르게 되어 있는 연쇄 시장.
슈:퍼맨(superman)명 뜻이 강한 사람. 초인(超人).
슈:퍼스코:프(superscope)명 와이드 스크린 영화의 하나. 『작품.
슈:퍼스페셜(superspecial)명《연예》영화 등의 특선
슈:퍼임포:즈(superimpose)명《연예》외국 영화의 대사(臺詞)의 번역한 자막(字幕)을 필름의 화면 위에 이중 인화(二重印畫)하는 것.
슈:퍼탱커(supertanker)명 초대형 유조선.
슈:퍼필름(superfilm)명 초특작 영화(超特作映畫).
슈:퍼헤테로다인 수신기(superheterodyne 受信機)명《물리》울림 주파수를 만들고 그들을 증폭·검파하는 방식의 수신기.
슛(shoot)명 ①《연예》촬영함. ②축구·핸드볼·농구 등에서 골을 향해 공을 차거나 던지는 일. 하자타
스그을《고》 시골.
·스·구울명《고》 시골.
·스·굴명《고》 시골.
스키야키(すきやき 鋤燒 일)명 쇠고기를 얇게 저며 얇게 썬 양파와 함께 왜간장에 볶은 음식. 『총.
스나이더(snider 쓰)명 미국인 스나이더가 발명한 소
스나:크(Snark)명《군사》제트(jet) 추진에 의한 초고속 무인 수폭 유도기(超高速無人水爆誘導機).
스내치(snatch)명 역도에서, 단숨에 들어 올리기. 인상(引上). 『는 식당. 경식당(輕食堂).
스낵 바:(snack bar)명 간단히 먹고 마시고 할 수 있
스냅(snap)명 ①《약》→스냅쇼트. ②《체육》야구 따위에서 손목에 힘을 주어서 공을 속력 있게 던지는 일. ③《연예》일시적인 흥행 계약이나, 선전용의 스틸. 또, 그러한 배우의 채용. ④쇠로 만든 고리. 고리쇠.
스냅 사진(snap 寫眞)명 《약》→스냅쇼트 사진.
스냅쇼:트(snapshot)명 ①사진을 스케치하듯이 빨리 찍는 일. ②영화에서 시사적(時事的)인 인물이나 사건을 즉흥적으로 촬영한 사진.《약》 스냅.
스냅쇼트 사진(snapshot 寫眞)명 움직이는 물상을 빠른 속도로 찍은 사진.《약》 스냅 사진.
스냅 파:스너(snap fastener)명 볼록한 면과 오목한 면을 서로 맞추어 잠그는 단추. 똑딱단추. 『담배.
스너프(snuff)명 콧구멍에 끼워서 향기를 맡는 가루

스노브(snob)명 신사(紳士)인 체하는 속물(俗物). 가짜 신사. 《俗物根性》.
스노비즘(snobism)명 속된 인물의 성품. 속물 근성
스노:플라우(snowplough)명 ①길에 쌓인 눈을 치우는 기계. 배설기(排雪機). ②선로 위의 눈을 치우는 차. 제설차(除雪車).
스님〈불교〉①중이 그 스승을 일컬음. 사승(師僧). high priest ②《공》중. priest
·스·다《고》쓰다(書).
·스·다타《고》쓰다(冠).
=스라이미《고》구나.
스라소니명 ①《동물》고양이과의 짐승. 살쾡이 비슷하며 몸 길이 1m 가량임. 몸 빛은 회적갈색 또는 회갈색에 암갈의 반점이 있고 하면은 흼. 깊은 산이나 바위틈에 서식하며 나무에 잘 오르고 헤엄을 잘 침. ②몸이 몹시 약하고 무능한 사람. 토표(土豹). lynx
스란치마명 발이 보이지 않는 긴 치마. trailing skirt
·스·러디—다《고》사라지다.
스러지—다《고》①모양이나 자취가 차차 엷어져 없어지다.《적》사라지다. disappear ②사그라지다.
=스럽—다접미ㅂ변 명사 밑에 붙이어 형용사로 만드는 뜻.《스럽게》우러. 『복~. 일~.
스로—인(throw-in)명《체육》축구에서, 아웃라인 밖에 나간 공을 두 손을 높이 들어 경기장으로 던지는 짓. 하자
스루(through)명 《체육》정구나 탁구에서, 네트의 그물는 사이나 비트의 밑으로 빠져 나간 공. 실점 (失點)으로 됨.
스루—다타 ①쇠붙이를 불에 다시 불려서 센 기운을 덜다. soften ②센 다듬잇감을 잡아당기어 풀을 죽이다. smooth ③녹녹하고 보들보들하게 하다. soften
스르르무 ①엉키거나 뭉쳤던 것이 슬그머니 저절로 풀어지는 모양. slip off gradually ②졸음이 슬며시 오거나 또는 눈을 슬며시 감거나 뜨는 모양. gently ③슬며시 가만가만 움직이는 모양. quietly ④빨리 저절로 풀리는 모양. gradually ⑤빳빳한 원한이나 노여움이 저절로 풀어지는 모양. gradually ⑥쌓인 눈이나 얼음이 저절로 녹는 모양.《적》사르르. melt gradually
=스름—하접미여변 빛깔·모양을 나타내는 말의 어간에 붙어서 빛이 태가 나고 가장 열다는 뜻을 나타냄. 『블그~. somewhat
스리명 음식을 먹다가 불을 깨물거나 하여 까맣게 피가 맺힌 상처.
스리: 런(three run)명 《체육》야구에서, 타자까지 합쳐서 세 사람의 러너(runner) 일 이루는 홈런.
스리:배거(three-bagger)명 《체육》삼루타(三壘打).
스리:베이스 히트(three-base hit)명 《체육》야구에서, 삼루타(三壘打).
스리:쿼:터(three-quarter)명 ①지프와 트럭의 중산형의 자동차. 적재량이 3/4톤(ton)이어서 이렇게 일컬음. ②《약》→스리쿼터.
스리:쿼:터 백(three-qrarter back)명 《체육》럭비에서, 스탠드오프와 스탠드오프(stand-off)의 뒤에 자리하는 네 사람. 공격을 주요한 임무로 함.《약》스리쿼터②.
스릴(thrill)명 간담을 서늘하게 하거나 아슬아슬한 느낌. 전율(戰慄).
스릴러(thriller)명 소설·희곡·영화 등의 피기(怪奇)하고 아슬아슬한 느낌이 있는 작품. 『~극(劇).
스마일(smile)명 웃음. 미소.
스마:트(smart)명 모양이 경쾌하고 말쑥함. 하자
스매시(smash)명 《체육》정구나 배구에서, 전위(前衛)가 공을 몹시 힘차게 깎어서 치는 일.
스매싱(smashing)명 스매쉬하는 일. 하자
스맥(smack)명 ①크게 소리를 내며 하는 키스. ②풍미(風味). ③빙과자의 하나.
스머더 태클(smother tackle)명 《체육》럭비에서 상

스멀거리다 대편을 공과 함께 잡아 안아 패스를 못 시키게 하는 태클.

스멀-거리-다(자) 살갗에 작은 벌레가 기는 것같이 근질거리다. feel crawly 스멀=스멀-하(자)

스멜로-비전(smello-vision)(명)〈연예〉냄새를 풍기는 영화(映畵). 70 mm 대형 필름을 쓰는데, 여기에 냄새를 풍기는 채벌이 붙어 있음.

스며-들-다(자)(타) 스미어 들다. ¶찬바람이 ~.

스모그(smog)(명) 공장이나 난방의 연기가, 기상 조건에 따라 하늘에 끼는 연무(煙霧).

스모르찬도(smorzando 이)(명)〈음악〉'사라지듯 점점 여리게'의 뜻.

스모-크(smoke)(명) ①연기. ②담배 피우는 일. ③〈연예〉연기나 안개 등으로 효과를 내는 일. 하(자)

스모크(smock)(명) ①아동·부인·화가 등이 보통 옷에 덧입는 느슨한 웃옷. 주로 작업한 때 입음. ②수에의 하나. 천의 주름을 잡아 얽어서 여러 가지 무늬를 놓는 일.

스모킹(smoking)(명)[동] 끽연(喫煙).

스모킹 룸(smoking room)(명) 끽연실(喫煙室).

스무(관) 스물을 나타내는 말. ¶~ 개. twenty

스무-고개 어떤 문제를 스무 번 묻는 동안에 알아맞히는 놀이. twenty-questions

스무-나무(명)〈식물〉느릅나무과의 낙엽 활엽 교목. 높이 20 m 가량이고, 가지에 가시가 있으며 잎은 타원형으로 가에 톱니가 있음. 5월에 황색 꽃이 피고 과실은 6월에 익음. 기구재·시탄재로 쓰이고 어린 잎은 식용함. 자유(紫楡). Zelkova

스무-날 ①열흘의 갑절. twenty days ②스무째 되는 날. twentieth day of the month

스무:드(smooth)(명) ①유창함. 순조로움. ②미끄러운 모양. 하(자)

스무-째(관) 스무 개를 차례로 셀 때의 맨 끝.

스물 열의 갑절. twenty

스므시(교) 빌풀(髮鬚)하게.

·스-믈(교) 스물.

스미-다(자) ①액체가 물체에 배어들다. ¶많이 ~. soak into ②기계가 안이나 속으로 흘러 들다. ¶바람이 스며든다. infiltrate ③점차 몸속 깊이 느껴지다. ¶봄 기운이 가슴에 스며든다. come to feel ④어떤 마음·정 따위가 들어 있다. ¶깊은 애정이 스민 눈. come to have affection

스산-하-다(여)(형) ①쓸쓸하고 어수선하다. ¶거리가 ~. lonesome ②바람이 거칠고 맵짜다. ¶스산한 바람. cold ③마음이나 기분이 몹시 어수선하다. ¶마음이 ~. confused [스럼-없이(이)]

스스럼-없-다(형) 스스러운 마음이 없다. intimate 스

스럽-다(형)(비) ①부끄러운 생각이 나다. shy ②정분이 두텁지 않아서 조심스럽다. ¶스스러워서 말을 못했다. ill at ease [(하라). oneself

스스로(부) 자기 자신. ¶남에게 미루지 말고 스스로 그런 일을 ~할 일이다. for oneself

스스로(명) ①저절로. ②자진하여. ③자기 힘으로. ¶그런 일을 ~할 일이다. for oneself

스승 자기를 가르쳐 이끌어 주는 사람. 선생. 사군(師君). 함장(函丈). master

스식/스-식로(교) 스스로.

스시(すし일)(명) 초밥.

스와레(soirée 프)(명) ①저녁 파티. 야회(夜會). ②야회복(夜會服). [실내용의 부인 외투.

스왜거 코:트(swagger coat)(명) 넉넉하게 말라 만든

스웨덴 체조(Sweden 體操)(명)〈체육〉1810년경 스웨덴에서 시작된 체조. 신체 각부의 균형 잡힌 발육과 각 기능의 완전한 발달을 도모함. 서전 체조.

스웨이드(suède 프)(명) 새끼양·새끼소의 속가죽을 보드랍게 보푸린 가죽. 또, 그것을 모방하여 짠 직물.

스웨터(sweater)(명) 털실로 짠 자켓의 하나.

스웨트(sweat)(명) ①땀. ②습기. ③힘든 일.

스위밍(swimming)(명) 수영(水泳). 하(자)

스위밍 풀:(swimming pool)(명) 수영장(水泳場).

스카치 테이프

스위밍 풀:형 원자로(swimming pool 型原子爐)(명)〈물리〉우라늄 235 를 9%까지 농축시킨 원자 연료를 쓰고, 물을 채운 탱크에 넣어 붕소를 함유하는 막대를 아래위로 제어하는 농축 우라늄. 불균형질 원자로.

스위치(switch)(명) ①전기(電氣)의 개폐기(開閉器). ②철도의 전철기(轉轍機). ③레슬링에서, 공방의 태세나 전술을 일전하여 바꾸는 일.

스위치 무역(switch 貿易)(명) 중계 무역(仲介貿易).

스위치-보:드(switch-board)(명) ①배전반(配電盤). ②교환대. [둡게 하는 일. (대) 스위치 인.

스위치 아웃(switch out)(명)〈연예〉일시에 조명을 어

스위치 인(switch in)(명)〈연예〉일시에 조명을 넣는 일. (대) 스위치 아웃.

스위치-히터(switch-hitter)(명)〈체육〉야구에서 좌우 어느 쪽의 타석에서도 칠 수 있는 선수.

스위:트(sweet)(명) ①맛있음. ②아름다움. ③재즈에서, 느린 템포로 감미롭게 연주하는 일.

스위:트 피(sweet pea)(명)〈식물〉콩과의 일년생 덩굴풀. 줄기 높이는 1~2m. 꼬투리는 완두와 비슷함. 5월에 담홍색·백색·자주색 및 구혈점이 있는 꽃이 피며, 관상용으로 재배함.

스위:트 하:트(sweet heart)(명) 애인(愛人).

스위:트 홈:(sweet home)(명) ①즐거운 가정. ②갓 결혼한 가정.

스윙(swing)(명) ①〈체육〉권투에 있어서 옆으로 세게 치는 일. ②〈음악〉자유 분방한 재즈 음악의 한 형식. ③〈체육〉야구·정구 등에서 배트나 라켓을 흔드는 일. ¶풀 ~. 쇼트 ~. ④〈골프〉스키에서 내리 미끄러지는 방향을 바꾸든지 정지하든지 하는 기술의 일종. ⑤〈공업〉선반(旋盤)이 깎아 낼 수 있는 최대 직경. 하(자)

스윙 플레이(swing play)(명)〈체육〉럭비에서 공을 중횡으로 이리저리 돌려서 상대를 혼란시켜 그 틈에 트라이를 얻는 전법적(戰法的) 플레이.

스쳐-보-다(타) ①곁눈질하여 슬쩍 보다. cast a side glance ②세밀하지 않게 대강대강 빨리 보다. glance at

스치-다(자) ①서로 살짝 닿으며 지나가다. graze ②공기의 유동이 무엇에 부딪치며 지나가다. ¶찬바람이 귀밑을 ~. sweep over ③서로 닿을락 말락 지나가다. pass by ④어디를 거쳐서 가다. ¶밭머리를 스쳐가다. pass closely ⑤시선이 어디를 거쳐 지나다. ¶날카로운 시선이 뒷머리를 ~. sweep past ⑥어떤 생각이 퍼뜩 떠올랐다 사라지다. ¶문득 어제 일이 머리를 ~. flit through

·스치-다(교) 생각하다. 상상하다.

스카라무슈(scaramouche 프)(명)〈연예〉이탈리아 즉흥 희곡 중의 익살꾼.

스카우트(scout)(명) ①척후(斥候). 정탐(偵探). ②보이 스카우트나 걸 스카우트의 단원. ③우수한 운동 선수나 영화 배우 등을 뽑는 일. 또, 그 사람. 하(자)

스카이(sky)(명) 하늘.

스카이-다이빙(skydiving)(명) 비행기에서 뛰어내려, 공중을 활공하다가 지상 직전에서 낙하산을 펴고 착륙하는 하늘에서의 곡예.

스카이-라이트(skylight)(명) 사진관이나 화실(畫室) 같은 곳에, 광선이 천장으로부터 내려 쏘게 베푼 등.

스카이-라인(skyline)(명) ①지평선. 수평선. ②산이나 건물 등의 하늘과 맞닿은 윤곽.

스카이 블루(sky-blue)(명) 하늘빛. 짙은 청색.

스카이-사인(skysign)(명) 옥상 등에 전등을 이용하여 글자나 그림을 돌려가며 읽게 하는 일. 공중 광고.

스카이-스크레이퍼(skyscraper)(명) 마천루(摩天樓).

스카이-웨이(sky-way)(명) 산마루를 따라 이어진 관광 도로. 능선 도로(稜線道路). ¶북악 ~. [스키.

스카치 위스키(Scotch whisky)(명) 스코틀랜드산의 위

스카치 테이프(scotch tape)(명) 접착용 셀로판 테이프의 상품명.

스카:프(scarf)영 ①목도리. ②책상보.
스칸듐(Scandium 도)〈화학〉희토류 원소의 하나. 회백색의 금속으로서, 산에 녹고 3가의 염을 만든다. 원소 기호; Sc. 원자 번호; 21. 원자량; 44.9559.
스칼라(scalar)영 〈수학·물리〉하나의 수치만으로 완전히 표시되는 양. 방향의 구별이 없는 물리적 수량. 질량·에너지·밀도·전기량 등. (대) 벡터(vector).
스칼라-십(scholarship)영 ①〈교육〉장학금(獎學金). ②고전에 관한 학식.
스칼-렛(scarlet)영 ①진홍색. ②홍색 콜타르 염료.
스캐브(scab)영 파업(罷業)에 관한 약속을 어긴 직공(職工). 스트라이크에 참가하지 않은 사람.
스캔들(scandal)영 ①추문(醜聞). ②의옥(疑獄).
스캘럽(scallop)영 소맷부리나 웃자락 같은 데에 장식으로 베푸는 부채꼴이나 물결 모양으로 연속한 …
스캠프(scamp)영 (동) 악한(惡漢). [가장자리.
스커:트(skirt)영 양장의 치마. [미니 ~.
스커퍼(scupper)영 배 갑판(甲板) 위의 양 현측에 있는 배수(排水) 구멍. [버운 보트.
스컬(scull)영 좁고 긴 일인승(一人乘)의 가
스컹크(skunk)영 ①〈동물〉 식육류(食肉類)의 고양이만한 짐승. 북아메리카에 분포하는데, 항문에서 악취를 풍겨 의적을 막음. ②가까이하지 못할 사람. 비열한 놈. [(敗)의 뜻.
스컹크²(skunk)영 〈체육〉 야구 등 경기에서 영패(零
스케르찬도(scherzando 이)영 〈음악〉 '해학적(諧謔的)으로'의 뜻.
스케르초(scherzo 이)영 〈음악〉 경쾌하고 빠른 특징을 가진 기악곡(器樂曲). (유) 해학곡.
스케이터(skater)영 얼음을 지치는 사람.
스케이트(skate)영 〈체육〉 구두에 달아서 얼음 지치는 데 쓰는 강철로 만든 기구. ②얼음 지치기.
스케이트-장(skate 場)영 〈체육〉 스케이트를 하도록 특별히 설비를 갖추어 놓은 곳. skating rink
스케이팅(skating)영 〈체육〉 스케이트를 신고 얼음을 지침. 활빙. 하다
스케이팅 링크(skating rink)영 스케이트장.
스케일(scale)영 ①척도(尺度). 규모(規模). ②측정하기 위한 기구. 자 같은 것. ③천칭(天秤)의 접시. ④규모. ¶~이 크다. ⑤〈음악〉음계(音階).
스케줄(schedule)영 ①시간표. 일람표. 예정표. ②
스케처(sketcher)영 스케치를 그리는 사람. [계획.
스케치(sketch)영 ①(동) 사생(寫生). ②〈미술〉건물이나 풍경 등의 배치를 알기 쉽게 그린 약도. 사생화. ③〈문학〉소품문(小品文). ④〈음악〉소곡(小曲).
스케치-북(sketchbook)영 〈미술〉 사생첩(寫生帖).
스케치-판(sketch 板)영 〈미술〉 그림을 그리는 화판. sketching board [의주의.
스겝디시즘(ccepticism)영 〈철학〉 회의론(懷疑論).
스겝틱(sceptic)영 ①지식의 확실성이나 등느낌의 긴리에 대한 회의론자(懷疑論者). ②의심이 많은 사
스코어(score)영 ①〈음악〉 보표(譜表).
스코어(score)영 ①〈체육〉 경기(競技)의 득점수.
스코어러(scorer)영 〈체육〉 ①채점자(採點者). 득점을 기록제. ②득점자.
스코어링(scoring)영 ①〈체육〉 스코어를 올리는 일. ②〈음악〉 스코어에 쓰는 일.
스코어-보:드(scoreboard)영 (동) 스코어판.
스코어-북(scorebook)영 〈체육〉 운동 경기의 득점을 적은 책. 시합 경과 기록장.
스코어-판(score 板)영 경기의 진행에 따라 득점을 표시하는 판. 스코어보드. scoreboard
스코치(scotch)영 ①영국 스코틀랜드 남부 지방에서 나는 면양(綿羊)의 털 및 털실. 또, 모자를. ②스코틀랜드산(産)의 위스키. [청(警視廳).
스코틀랜드 야:드(Scotland Yard)영 영국 런던 경
스코틀랜드 학파(Scotland 學派)〈철학〉 스코틀랜드에서 발달한 계몽 철학의 한 학파. Scottish school

스코:프(scope)영 ①안계(眼界). 시야(視野). 범위. 영역(領域). ②〈교육〉교재나 학습 경험의 기준이 되는 범위.
스콜(squall)영 열대 지방의 소나기. 거의 매일 오후에 강풍·우렛소리와 함께 옴.
스콜라(schola 라)영 ①〈기독〉중세기 천주 교회나 수도원에 부속된 학교. ②학자. 고전 학자. scholar
스콜라 철학(schola 哲學)〈철학〉중세에 형성된 기독교 중심의 철학. 번쇄 철학(煩瑣哲學). scholasticism, scholastic philosophy [(縱帆船).
스쿠너(schooner)영 돛대가 2~4개 장치된 종범선
스쿠:터(scooter)영 ①아이들이 한쪽 발로 미끄러 타는 스케이트. ②소형 오토바이.
스쿠:프(scoop)영 딴 신문에서 찾아내지 못한 특수한 기사·재료를 찾아내는 일. 또, 그 기사. 하다
스쿨(school)영 ①학교(學校). ②학파(學派). 유파(流派). 화파(畫派).
스쿨-걸(school-girl)영 여학생.
스쿨: 데이즈(school days)영 학창 시절.
스쿨링(schooling)영 〈교육〉 통신 교육(通信敎育)의 학생이 받는 면접 수업(面接授業).
스쿨:-마:스터(schoolmaster)영 학교장. 교주(校主).
스쿨:-메이트(schoolmate)영 학우(學友). 동학(同學).
스쿨:-보이(schoolboy)영 남학생. [동창(同窓).
스퀘어(square)영 ①정방형. 사각. 사각형의 물건. ②네모진 광장이나 공원. ③〈수학〉제곱.
스퀘어 댄스(square dance)영 미국 향토 무용의 하나. 여덟 사람이 사각을 이루면서 서로는 단체적인 댄스.
스퀴:즈 플레이(squeeze play)〈체육〉야구에서 삼루(三壘)의 주자를 타자의 번트(bunt) 연타(軟打)로 생환시키는 공격법.
스크랩(scrap)영 ①조각. 파편. 부스러기. ②신문·잡지 등에서 오려 낸 조각. ③〈공업〉쇳조각. ④(약)
→스크랩북.
스크랩-북(scrapbook)영 신문·잡지에 실린 기사 중 필요한 부분만 오려 내어 붙이는 책. (약) 스크랩④.
스크러미지(scrummage)영 〈체육〉럭비 운동에서, 양군의 전위가 공을 둘러싸고 서로 어깨를 맞대어 밀어 제치는 것. (약) 스크럼①. [깍 끼고 모이는 일.
스크럼(scrum)영 ①(약)→스크러미지. ②여럿이 팔을
스크루(screw)영 ①나사. ②나사 모양으로 된 배의 추진기.
스크루:-드라이버(screwdriver)영 나사 돌리개.
스크루: 볼:(screw ball)영 야구에서 변화구의 하나로 투수가 공을 나선 모양으로 돌려서 먼저 타자가 치기 어렵게 하는 투구.
스크루펠(scrupel 비)영 약량(藥量)의 단위. 20그레인에 해당함. [압축하는 기구.
스크루: 프레스(screw press)영 나선 장치로 물건을
스크린(screen)영 ①〈연예〉영사막. ②〈인쇄〉인쇄 제판(製版)에 쓰이는, 많은 점으로 된 줄이 그어진 유리. 동판을 만들 때 감광판 앞에 내고 시진을 박음. [배우.
스크린: 스타(screen star)영 〈연예〉 인기 있는 영화
스크린: 프로세스(screen process)영 〈연예〉영화·텔레비전에서 어떤 장면의 배경을 따로 촬영하고, 그것을 스테이지의 안에서 세트(set)의 뒤쪽에 설치한 영사막의 뒤쪽으로부터 영사하여 실제로 로케이션하듯이 연기(演技)와 함께 촬영하는 일.
스크린: 플레이(screen play)영 ①〈연예〉영화극. ②〈체육〉농구에서, 숯불 편 상대편의 방해를 막기 위하여 자기편 선수를 앞세우고 그 뒤에서 골을 던지는 공격 방법.
스크립터(scripter)영 〈연예〉 영화를 촬영할 때, 촬영 및 연출(演出)에 관한 모든 일을 기록하는 계(係). 또, 그 사람.
스크립트(script)영 ①〈연예〉 영화 대본. 방송 대본(臺本). ②〈인쇄〉 필기체의 활자.
스키(ski)영 눈 위를 지치고 다니는 운동. 또, 그

스키드 / 스토브

기구. 가늘고 긴 판상(板狀)의 기구. 하관
스키드(skid)명 급히 브레이크를 걸었을 때 자동차가 옆으로 미끄러지는 일.
스키:어(skier)명 〈체육〉 스키를 하는 사람.
스키퍼(skipper)명 ①운동 경기에서 팀의 주장. ②요트 따위의 작은 배의 선장.
스킨(skin)명 피부. 살갗.
스킵(skip)명 두 발로 교대로 가볍게 뛰어가는 일.
스타(star)명 ①별. ②인기자(人氣者). ③〈연예〉인기 배우.
스타디움(stadium 라)명 큰 규모의 운동 경기장.
스타: 시스템(star system)명 〈연예〉 영화나 연극에 있어서 인기 있는 배우를 중심으로 하여 극을 꾸미는 방식.
스타일(style)명 ①형(型). 모양. 태도. 풍채. ②문체(文體). ③화풍(畫風). ④건축의 양식. ⑤유행(流行)의 복장 양식. ⑥형식. 격식.
스타일리스트(stylist)명 ①문체(文體)를 연마하는 사람. 명문가(名文家). ②자기의 풍채(風采)에 마음을 쓰는 사람. [옷을 모아 놓은 책.
스타일: 북(stylebook)명 유행되는 옷 모양이나 그 양식
스타카토(staccato 이)명 〈음악〉 음을 짧게 끊어서 선명하게 하는 연주. 기호는 음부(音符) 위에 '·' 표로 표시함.
스타카티시모(stacatissimo 이)명 〈음악〉 음을 아주 짧게 끊어서 하는 연주.
스타킹(stocking)명 ①긴 양말. 특히 부인용. ②〈체육〉 운동 경기에서 다리를 보호하기 위한 긴 양말.
스타:트(start)명 ①출발(出發). ②출발점. 하관
스타:트 대시(start dash)명 〈체육〉 단거리 경주에 있어서, 출발 직후에 앞으로의 속도에 닿는 것.
스타:트 라인(start line) 출발선.
스타:팅 멤버(starting member) 단체 경기에서 처음에 기용하는 선수. [발주용(發走用) 기구.
스타:팅 블록(starting block)명 〈체육〉 육상 경기의
스타하노프 운동(stakhanov 運動이)명 〈사회〉 경쟁적으로 생산의 증가를 꾀하는 사회주의적 운동. stakhanov movement
스태그플레이션(stagflation)명 〈경제〉 경기가 불황인 상태에서도 물가가 계속 오르는 현상.
스태미나(stamina)명 정력. 원기. ¶ ~ 식품. 왕성한 ~. [刻].
스태추(statue)명 〈미술〉 ①동상(銅像). ②조각(彫
스태프(staff)명 ①부원(部員). ②간부(幹部). ③〈군사〉 참모(參謀). ④〈연예〉 연극이나 영화에서 배우 이외의 원작·제작·각색·감독·음악·조명 등을 맡은 사람. ⑤철도 노선의 개폐(開閉)를 나타내는 것.
스탠더:드(standard)명 ①모범(模範). ②표준(標準).
스탠드(stand)명 ①〈체육〉 운동 경기의 관람석. ②물건을 올려놓는 대(臺). 잉크 스탠드 따위. ③선체로 먹는 음식점.
스탠드 바:(stand bar)명 서서 마시는 서양식 선술집.
스탠드-인(stand-in)명 〈연예〉 촬영 전에 구도(構圖)나 조명 등을 정하기 위하여 영화 배우의 대신으로 쓰이는 사람. [천 연기(演技).
스탠드 플레이(stand play)명 구경꾼을 의식하는 지나
스탠-바이(stand-by)명 준비. 대기.
스탠스(stance)명 〈체육〉 ①골프·야구에서 타수가 타구할 때에 발을 벌리는 방법. ②비교적 자연스럽게 온몸으로 하는 종합적인 운동. 기계 체조 따위.
스탠저(stanza)명 〈문학〉 시(詩)의 절(節). 시적 전개에 있어서 한 단위를 이룸.
스탬프(stamp)명 ①소인(消印). ②기념으로 찍는 도장. ③인(印紙). 우표.
스탬프 북(stamp book)명 명승 고적을 순례할 때에 각 처의 기념 도장을 찍어 모아 기념하는 책.
스탬프 잉크(stamp ink)명 고무 도장 따위에 쓰는 잉크. [하나.
스터코(stucco)명 〈건축〉 건축 자재인 도료(塗料)의

스터프(stuff)명 ①재료. 원료. ②서양 요리에서 내용물을 채워 넣는 일.
스턴트 맨(stunt man)명 〈연예〉 영화 촬영시 위험하고 아슬한 장면을 대역하는 전문 배우. [자동차.
스턴트 카:(stunt car)명 자동차 곡예(曲藝). 또, 그
스털링(sterling)명 ①영국 정화(正貨)의 순도(純度)의 표준. ②영국의 정화. 파운드.
스털링 블록(sterling bloc)명 〈경제〉 영국의 화폐. 곧, 파운드로 거래가 자유롭게 행하여지는 지역. 스털링 지역.
스테고돈(stegodon 라)명 〈지리〉 제삼기(第三紀) 선신세(鮮新世)·홍적세(洪積世)에 서식하던 화석(化石)의 코끼리.
스테레오(stereo)명 ①〈약〉→스테레오타입 ②입체로 는 입체의 뜻. [oadcasting
스테레오 방:송(stereo 放送)명 입체 방송. stereo br-
스테레오: 스코:프(stereoscope)명 평면이 그림을 보고 입체적인 느낌을 얻도록 고안된 장치. 입체경(立體鏡). 실체경(實體鏡).
스테레오 시스템(stereo system)명 〈연예〉 입체 음향.
스테레오:카메라(stereocamera)명 〈물리〉 입체 사진 촬영용의 사진기.
스테레오:타입(stereotype)명 ①〈인쇄〉 연판(鉛版). 〈약〉 스테레오①. ②틀에 박힌 것. 상투 수단.
스테아린(stearin)명 〈화학〉 스테아린산의 글리세린 에스테르. 양초의 제조에 쓰임.
스테아린-산(stearin 酸)명 〈화학〉 유지류(油脂類)의 주된 성분을 이루는 지방산의 하나. stearin acid
스테이션(station)명 ①정거장. 역(驛). ②기지(基地).
스테이션 브레이크(station break)명 라디오에서 방송 프로와 프로 사이의 짧은 시간에 콜 사인이나 광고 등을 방송하는 일.
스테이지(stage)명 ①무대(舞臺). ②단계. 정도.
스테이지 댄스(stage dance)명 흥행적인 무대 위의 댄스. 무대 무용. [독.
스테이지 매니저(stage manager)명 〈연예〉 무대 감
스테이지 세트(stage set)명 〈연예〉 스테이지 안에 세운 세트.
스테이츠-맨(statesman)명 정치가. 경세가(經世家).
스테이크(steak)명 서양 요리의 하나로 구운 고기를 일컫는 말.
스테이터스(status)명 ①사회적 지위. 신분. ②상태.
스테이트먼트(statement)명 성명(聲明). 성명서.
스테이플러(stapler)명 디자 모양의 철사를 사용하여 서류를 매는 연모. hotchkiss paper fastener
스테이플 파이버(staple fiber)명 인조 섬유를 짧게 자르고 적당히 컬(curl)을 한 인조 견사. 또, 그 섬유로 짠 옷감이나 실. 〈약〉 스파①. 스프(S.F.). 파이버③.
스테인드 글라스(stained glass)명 색유리를 쓰거나 색을 칠하여 무늬내 그림을 나타낸 판유리.
스테인리스-강(stainless 鋼)명 니켈·크롬 등을 많이 넣어 녹슬지 않고 약품에도 부식되지 않도록 한 강철. 스테인리스 스틸.
스텐실(stencil)명 본을 그린 종이의 그 본을 오려낸 구멍으로 브러시를 써서 물감을 칠하는 것.
스텔라이트(stellite)명 특수강의 하나. 고속도보다 훨씬 절삭력·내구력은 강하나 값이 비싸고, 성형(成型)이 곤란함. 내연 기관용 판의 판좌(瓣座)와의 접촉 부분에 쓰임
스텝(step)명 ①보조(步調). ②승강구의 발판. ③댄스에서의 발·몸의 한 동작.
스텝(steppe)명 〈지리〉 나무가 자라지 않는 초원 지대. 유럽 러시아의 동남부나 시베리아 서남부 등에 보임. 초원대(草原帶). ¶ ~ 기후.
스토:니(stony)명 〈건축〉 시멘트에 약품을 가하여 경화 응결시키고, 금속 대용품으로 씀. 도자 대리석.
스토:리(story)명 ①이야기. 소설. ②소설·희곡·영화 등의 줄거리.
스토:브(stove)명 난로.

스토브 리그(stove league)[명] ①스토브 주위에 둘러앉아 하는 야구 잡담. ②야구 시즌 이외의 프로야구 선수 쟁탈.

스토아 철학(Stoa 哲學)〈철학〉B. C. 300년경 그리스의 제논이 창시한 철학의 한 파. 윤리를 중심 문제로 하고 외물(外物)에 대한 욕망을 억제하여 자연의 법도에 좇을 것을 주장함.

스토아 학파(Stoa 學派)〈철학〉아리스토텔레스 (Aristoteles)의 뒤에 일어난 희랍 철학의 하나. 극기파(克己派). stoic school

스토울(stole)[명] 부인용의 긴 솔(shawl). 슈트 또는 드레스의 위에 걸침.

스토이시즘(Stoicism)〈철학〉엄숙주의(嚴肅主義)·금욕주의(禁慾主義) 등을 외치는 스토아 학파의 윤리학의 교설(敎說). 스토아주의.

스토익(stoic)[명] ①〈철학〉금욕주의자. 감정을 누르고 좋은 일이나 궂은 일에 냉담한 극기주의자(克己主義者). ②금욕적. 극기적. 하웹

스토ː커(stoker)[명] ①화부(火夫). ②급탄기(給炭機).

스토퍼(stopper)[명] 바위를 뚫는 기계. 터널 공사에 씀.

스톡(stock)[명] ①가지고 있는 상품. ②공채 증서(公債證書). 주식. 주권. ③스키의 지팡이.

스톡홀름 어필(Stockholm appeal)[명] 스톡홀름에서 1950년에 발표된 원자 폭탄 사용 반대 운동.

스톰(storm)[명] ①폭풍·폭풍우. ②기숙사 같은 데서 밤에 여럿이 갑자기 소란하게 발을 구르고 왕래하는 일.

스톱(stop)[명] ①중지(中止). 정지(停止). ②정지 신호. ③풍금 음의 음전(音栓).

스톱 밸브(stop valve)[명] 수도 따위의 마개.

스톱 워치(stop watch)[명]〈동〉타임 워치.

스튜(stew)[명] 고기에 감자·당근·마늘을 넣고 버터와 조미료를 섞어 지진 서양 요리.

스튜ː던트(student)[명] 학생. 특히 대학생. ¶~ 파워.

스튜디오(studio)[명] ①〈연예〉화가·조각가 등의 제작실. 아틀리에. ②영화 촬영소. ③방송국의 연주실.

스튜어디스(stewardess)[명] 비행기 안에서 승객에게 서비스하는 여자 종업원.

스트라이크(strike)[명] ①동맹 파업(同盟罷業). 동맹 휴학. ②〈체육〉야구에서, 투수(投手)가 던진 공이 스트라이크 존에 들어가는 일.

스트라이크 브로ː커(strike broker)[명] 자기의 이익을 위해 동맹 파업을 쏘는 사람.

스트라이크 존ː(strike zone)[명]〈체육〉야구에서, 투수가 던진 공이 스트라이크로 판정되는 범위. 곧, 타자가 타격 자세를 취하였을 때에 겨드랑이와 무릎 사이에 해당하는 높이의 홈 플레이트 위의 공간.

스트래터비전(stratovision)[명] 중계 설비를 실은 대형 비행기가 800m 가량의 상공에서 전파를 받아서 넓은 장(場)으로 중계 방송하는 대양(大洋) 원기리 텔레비전 중계 방식.

스트럭 아웃(struck out)[명]〈체육〉야구에서 세 번 스트라이크를 놓쳐서 아웃되는 일. 하웹

스트레스(stress)[명] ①〈어학〉강세(強勢). 억양. 악센트. ②〈물리〉압력(壓力). ③〈의학〉몸에 해로운 육체적·정신적 자극이 가해졌을 때, 그 생체(生體)가 나타내는 반응. ¶~ 해소.

스트레이트(straight)[명] ①곧음. 똑바르임. 직선(直線). ②〈체육〉한 번도 지지 않아서 결승전이 필요 없이 이김. ③〈체육〉야구에서 직선으로 던진 공. ④〈체육〉권투에서 직선으로 치는 타격. ⑤양주에 물 따위를 타지 않고, 그냥 마심. 또, 그 술.

스트레이트 코ː스(straight course)[명]〈체육〉직선으로 된 경주로(競走路).

스트레인저(stranger)[명] ①낯선 사람. ②이방인(異邦人). ③문외한(門外漢).

스트렙토ː마이신(streptomycin)[명]〈약학〉항생 물질의 하나로, 연쇄상(連鎖狀) 구균(球菌)에 따른 병. 뇌막염·결핵·전염성 열병 따위의 특효약. [약] 마이신. [빨대.

스트로ː(straw)[명] ①밀대. ②음료수를 빨아먹기 위한

스트로ː베리(strawberry)[명] 딸기.

스트로보ː스코ː프(stroboscope)[명]〈물리〉회전 운동 혹은 진동의 주기를 재고, 회전중의 운동 상태를 관측하는 장치.

스트로ː크(stroke)[명] ①〈체육〉조정(漕艇)에서 노를 한 번 젓는 일. 또, 정한 시간 안의 노의 운동 횟수. ②〈체육〉정구에서 라켓으로 공을 치는 일. ③〈체육〉골프에서 클럽으로 공을 치는 일. ④〈체육〉수영에서 크롤을 할 경우 손을 움직이는 동작. ⑤〈공업〉왕복 운동 기관(往復運動機關)에서, 피스톤이 기통(氣筒) 속을 오르내리는 동작 및 그 거리. 행정(行程). [생하는 어린아이 특유의 피부병.

스트로풀루스(strophulus 라)[명]〈의학〉첫여름에 발

스트로ː 해트(straw hat)[명] 맥고 모자.

스트론튬(strontium 도)[명]〈화학〉연한 은백색의 금속 원소. 원소 기호 ; Sr. 원자 번호 ; 38. 원자량 ; 87.62. [트론튬의 광석. strontium ore

스트론튬=광(strontium 鑛)[명]〈광물〉천연으로 된 스

스트리키닌(strychnine)[명]〈약학〉쥐어초과 식물의 줄기·접뿌리·씨 등에 함유되어 있는 알칼로이드. 미소량은 신경 자극제로 유효함.

스트리ː킹(streaking)[명] 벌거벗고 대로를 달리는 짓.

스트리ː트(street)[명] 시가(市街). 가로. 가(街).

스트리ː트=걸(street girl)[명] 거리의 여자. 창녀(娼女).

스트리퍼(stripper)[명] 스트립 쇼에 출연하는 여자.

스트린젠도(stringendo)〈음악〉'음을 차츰 빠르게'의 뜻.

스트링(string)[명] ①(→스트립 쇼). ②벌거벗음.

스트립 라이트(strip light)[명]〈연예〉무대 조명 장치의 하나. 배경의 평면적인 무대를 입체적으로 보이게 함.

스트립 쇼(strip show)[명] 춤을 추면서 차례로 옷을 벗어 나체로 되어, 보이는 쇼. 《약》스트립①.

스트링(string)[명] ①실. ②현악기의 줄. 현악기의 악수(樂手). [든 무색의 액체.

스티롤(Styrol 도)[명]〈화학〉에틸벤젠을 탈수소하여 만

스티렌 수지(Styren 樹脂 도)[명]〈화학〉에틸렌과 벤젠을 원료로 하는 합성 수지의 하나. 절연체·가정 용품에 쓰임. [바느질 자리를 내는 일.

스티치(stitch)[명] 자수나 양재에서 바느질 자리. 또,

스티커(sticker)[명] 선전 광고 또는 안표(眼標)로 붙이는, 풀칠이 되어 있는 라벨.

스틱(stick)[명] ①단장(短杖). 지팡이. ②〈인쇄〉식자공이 손에 들고 활자를 필요한 길이대로 늘어놓는 데쓰는 인쇄 용구. ③〈체육〉하키용의 나무 막대기.

스틱 걸(stick girl)[명] 산책할 때 동반하는 여자.

스틱 보ː이(stick boy)[명] ①동반하고 다니는 남자. ②《속》 식솔됨는 남자.

스틸(steal)[명] ①훔침. ②〈체육〉야구의 도루(盜壘).

스틸(steel)[명] 강철. [진. 선전용으로 쓰임.

스틸(still)[명] 영화의 한 장면을 인화지에 확대한 사

스틸ː 기타(steel guitar)[명]〈음악〉현악기의 일종. 모양은 일정하지 않으며, 무릎 위에 놓고 연주함. 경음악, 특히 하와이안 밴드에 중요함. 하와이안 기타.

스틸ː 새시(steel sash)[명]〈건축〉내화 건축의 창 등에 쓰는 강철제의 창틀. [나.

스틸ː 테이프(steel tape)[명] 측량용의 강철제 자의 하

스팀(steam)[명] ①증기(蒸氣). ②증기를 통하는 난로의 장치. [짐.

스팀 아웃(steam out)[명]《속》김이 빠짐. 흥이 없어

스팀ː 엔진(steam engine)[명] 증기 기관.

스팀ː 해머(steam hammer)[명]〈공업〉증기력에 의하여 상하 운동을 하는 망치. 피스톤에 붙인 망치. 실린더 자체에 망치를 붙여서 타격을 주는 것 등으로 분류. 또, 작용에 따라 단동식 및 복동식으로

스파 : ①〖약〗→스테이플 파이버. ②〖약〗→스파이크 슈즈.
스파게티(spaghetti 이)〖명〗 국수와 같은 이탈리아 음식으로 마카로니와 달리 구멍이 없음.
스파르타(Sparta)〖명〗〈역사〉 고대 그리스에 있던 도시 국가(都市國家).
스파르타 교육(Sparta 敎育)〖명〗〈교육〉 고대 스파르타에서 행하여진 극히 엄격한 국가주의의 교육. Sparta education [이 하는 연습.
스파:링(sparring)〖명〗〈체육〉권투에서, 실전과 똑같
스파이(spy)〖명〗 밀정(密偵). 간첩(間諜). ¶~ 망.
스파이럴 슈:트(spiral chute)〖명〗 건물의 기둥을 중심으로 하여 나선상(螺旋狀)으로 만든 하물(荷物)의 이동 장치.
스파이크(spike)〖명〗〈체육〉①구두 바닥에 박는 뾰족한 쇠. ②〖약〗→스파이크 슈즈. ③〈체육〉 배구에서, 우군이 네트 가까이 띄워 준 공을 상대방쪽으로 강하게 내리치는 방법.
스파이크 슈:즈(spike shoes)〖명〗 스파이크를 박은 육상 경기용 신.《〖약〗스파이크②. 스파ⓛ》.
스파:크(spark)〖명〗①불꽃. ②전기가 방전되어 일어나는 불꽃. [는 기구.
스패너(spanner)〖명〗 너트(nut)를 죄거나 늦출 때에 쓰
스패츠(spats)〖명〗 단화용(短靴用)의 짧은 각반. 먼지를 막고 발목을 보호하는 데 씀.
스퍼:트(spurt)〖명〗 달리기나 수영에서 전 속력을 냄. 역주. 역영. ¶라스트 ~.
스펀지(sponge)〖명〗①해면(海綿). ②해면 모양의 기포(氣泡)가 있는 고무. ③〈약〉→스펀지 볼(sponge ball).
스펀지 볼(sponge ball)〖명〗 연구(軟球).《〖약〗스펀지》.
스펀지 케이크(sponge cake)〖명〗 해면상(海綿狀)으로 된 무른 과자. 곧, 카스텔라 같은 것의 총칭.
스페셜(special)〖명〗 특별. 특수. 각별(各別).
스페셜리스트(specialist)〖명〗 전문가. 전문의(專門醫).
스페어(spare)〖명〗 예비품(豫備品). 여분(餘分).
스페어 캔(spare can)〖명〗 자동차에 예비로 달고 다니는 휘발유통. [린 그림이 있는 딱지.
스페이드(spade)〖명〗 트럼프에 하트 모양의 나뭇잎을 그
스페이스(space)〖명〗①공간(空間). 처소(處所). ②신문•잡지 따위의 여백. ③〖인〗 활판에 식자할 때에 활자 사이에 끼우는 첫조각. ④〈음악〉 악보의 선과 선의 사이.
스펙터클(spectacle)〖명〗①구경거리. ②장관(壯觀). 〈연예〉 영화에서 규모가 크고 호화스러운 장면.
스펙트럼(spectrum)〖명〗〈물리〉빛살이 프리즘 같은 것을 통과할 때에, 그 굴절률의 상이(相異)에 따라 단순한 성분으로 분산되어 나타나는 현상. 스펙트르.
스펙트럼 분석(spectrum 分析)〖명〗〈물리〉 스펙트럼(分光分析). ①스펙트럼의 파장을 측정하고 이들 빛을 내는 원자•분자 등의 에너지 준위(準位)를 정하는 일. 스펙트르 분석.
스펙트럼=형(spectrum 型)〖명〗〈천문〉 항성을 스펙트럼선의 종류나 강도에 따라 분류한 형. 보통 'P•Q•O•B•A•F•G•K•M•R•N•S'로 나눔.
스펙트르(spectre 프)〖명〗〈동〉스펙트럼.
스펙트르 분석(spectre 分析)〖명〗〈동〉스펙트럼 분석.
스펠(spell)〖명〗 한 낱말 안의 자모의 짜임새. 스펠링.
스펠링(spelling)〖명〗〈동〉스펠.
스펜타리스코:프(spinthariscope 프)〈화학〉 찬란광(燦爛鏡). 라듐에서 나오는 방사선인 형광(螢光)을 검사하는 데에 쓰는 장치.
스포르차토(sforzato 이)〖명〗〈음악〉'특정의 음을 강하게'의 뜻. 스포르찬도.
스포르찬도(sforzando 이)〖명〗〈동〉 스포르차토.
스포이트(spuit 네)〖명〗 잉크•액즙 등을 옮겨 넣을 때 쓰는 고무 주머니가 달린 유리관. 액즙 주입기.
스포:츠(sports)〖명〗〈체육〉 유희•경쟁•육체적 단련의 요소를 지닌 운동의 총칭. ¶~ 중계(中繼). ~광(狂).
스포:츠맨(sportsman)〖명〗 운동가.

스포:츠맨=십(sportsmanship)〖명〗〈체육〉 운동가로서의 인격과 정신. 또, 운동 경기에 대한 도덕 정신.
스포:츠 센터(sports center)〖명〗 온갖 스포츠를 할 수 있게 꾸민 실내(실내)의 대체육관.
스포:츠 의학(sports 醫學)〖명〗〈의학〉 스포츠 전반에 걸쳐, 신체의 관리•발달을 연구하는 의학.
스포:츠 카:(sports car)〖명〗 스피드를 내는 것에 중점을 두어 만들어진 오락용•경주용의 소형 자동차.
스포:크(spoke)〖명〗 바퀴의 살. [표각(代表角).
스포:크스=맨(spokesman)〖명〗①대변자(代辯者). ②대
스포크 어나운스(spoke announce)〖명〗 라디오 프로 사이에 끼워서 하는 짧은 광고 방송. [막.
스포:큰 타이틀(spoken title)〖명〗〈연예〉 영화의 자
스포=트라이트(spotlight)〖명〗〈연예〉 무대 조명 장치의 하나. 볼록 렌즈로 무대의 한 부분만을 특히 밝게 비치거나 평행광선에 흡사한 효과를 냄.
스포:티(sporty)〖명〗 복장 따위가 경쾌하고 활동적임. 하
스폰서(sponsor)〖명〗①보증인. 후원자. ②상업 방송에서 라디오•텔레비전 등에 프로를 제공하는 광고주(廣告主). [송 사이에 끼워 넣는 보도함.
스폿 뉴스(spot news)〖명〗 임시의 지급 뉴스. 정규 방
스폿 애드(spot ad)〖명〗 극장•영화관 등에서 막간을 이용해서 환등(幻燈) 따위로 하는 광고.
스폿 용접(spot 鎔接)〖명〗 대표적인 전기 저항 용접(電氣抵抗鎔接). 금속판을 포개어 놓고 위아래에 전극을 대고 전류를 통하여 한 점(點) 부분만을 용접하는 일.
스푸트니크(Sputnik 러)〖명〗 국제 지구 관측년인 1957년 10월, 소련에 의하여 발사된 세계 최초의 인공 위성.
스푼(spoon)〖명〗①주로 양식에 쓰는 숟가락. ②대가리가 숟가락 모양으로 된 골프의 채.
스푼 레이스(spoon race)〖명〗〈체육〉 숟가락 모양의 물건에 공을 올려놓고 달리는 경주.
스프〈약〉→스테이플 파이버(staple fiber).
스프레드 뉴:스(spread news)〖명〗 계속되고 있는 사건(事件)의 계통을 다룬 뉴스. [器.
스프레이(spray)/스프레이어(sprayer)〖명〗 분무기(噴霧
스프린터(sprinter)〖명〗〈체육〉 단거리 경주를 하는 선수.
스프린트(sprint)〖명〗〈체육〉 단거리 경주. [수.
스프링(spring)〖명〗①용수철. ②나선형으로 된 탄력 있는 강철. ③〈약〉→스프링 코트(spring coat).
스프링=보:드(springboard)〖명〗〈체육〉 도약판(跳躍板).
스프링보:드 다이빙(springboard diving)〖명〗〈체육〉 높이 1m 또는 3m의 구름판에서 뛰어내리는 다이빙 경기.
스프링 캠프(spring camp)〖명〗 춘계 합숙 훈련.
스프링 코:트(spring coat)〖명〗 봄•가을에 입는 외투. 《〖약〗스프링③》.
스프링클러(sprinkler)〖명〗①천장에 설비한 자동 소화(消火) 설비. ②관개용(灌漑用) 살수(撒水) 장치. 살수차(撒水車).
스플래셔(splasher)〖명〗 자동차•자전거 따위의 흙받기.
스피넬(spinel)〈광물〉 알루미늄•마그네슘의 산화물로 팔면체의 결정. 색체는 수 백 종 또는 적•녹•청•황•갈•흑색 등이며 순수한 것은 보석으로 쓰임.
스피:드(speed)〖명〗①속력. ②쾌속(快速).
스피:드 다운(speed down)〖명〗 속도를 줄이는 일.
스피:드 스케이팅(speed skating)〖명〗〈체육〉 일정 거리를 활주하는 스케이트 경기. [림.
스피:드 업(speed-up)〖명〗 속력을 냄. 능률(能率)을 올
스피:드 케이스(speed case)〖명〗 가방의 하나. 위에서 옆까지 쇠고리(chuck)가 달린 가방.
스피로헤타=팔리다(spirochaeta pallida 라)〖명〗 스피로헤타목(目)의 트리포네마속(屬)에 속하는 매독의 병원체. 길이 6~15 mμ. 10~12의 굴곡이 있음.
스피리추얼리즘(spiritualism)〖명〗〈철학〉①유심론(唯心論). ②심령론(心靈論).

스피리추얼즈(spirituals) 〖명〗 흑인 영가(黑人靈歌).

스피리토·소(spiritoso 이) 〖음악〗 '활기 있게'의 뜻.

스피리튜얼(spiritual) 〈철학〉 정신적. 형이상적(形而上的).

스피릿(spirit) 〖명〗 정신. 영혼.

스피츠(spitz) 〖명〗 애완용 개의 한 품종. 몸은 희고 긴 털로 덮였음. (manner). 하다

스피·치(speech) 〖명〗 ①말. ②연설(演說). ¶～ 매너

스피카(spica) 〖천문〗 처녀좌의 수성(首星).

스피카토(spiccato 이) 〖음악〗 바이올린 등 현악기 연주에서 손목을 움직여 음을 가늘고 짧게 끊는 일. 단주법(斷奏法).

스피·커(speaker) 〖명〗 ①연설하는 사람. ②〖약〗→라우드 스피커(loud speaker). ③〖통〗 확성기(擴聲器).

스피트·볼(spitball) 〖명〗 〈체육〉 야구에서 커브·드롭 따위를 낼 때 공의 솔기에 침이나 기름을 발라서 하는 투구(投球). 현행 규정에서는 금하고 있음.

스핑크스(sphinx 그) 〖명〗 ①〈민속〉 옛날 애급·시리아 등지에서 왕궁·신전·분묘 따위의 어귀에 장식으로 만들어 놓은 석상(石像). 얼굴은 사람과 같고 몸은 사자와 같다. ②그리스 신화에 나오는 괴물(怪物). ③수수께끼의 인물.

슬(瑟) 〖명〗 〈음악〉 앞쪽은 오동나무, 뒤쪽은 엄나무로 만들어 25 줄을 맨 현악기의 하나. harp with 25 strings 에 갇힌 짧은 옷.

슬갑(膝甲) 〖명〗 겨울철에 병정이 추위를 피하려고 무릎에 대는 옷.

슬갑 도적(膝甲盜賊) 〖명〗 남의 글을 훔쳐 베껴서 자기가 지은 글처럼 써 먹는 사람. 문필 도적(文筆盜賊).

슬건건 반·사(膝腱腱反射) 〖명〗 〖통〗 슬개 반사.

슬개(膝蓋骨) 〖명〗 〈생리〉 무릎 앞 가운데에 있는 뼈. 장단지 무릎. 슬골(膝骨); 종지뼈. kneepan

슬개 반·사(膝蓋反射) 〖명〗 무릎을 치면 아랫 다리가 앞으로 뻗는 반사. 슬건건 반사.

슬겁·다 〖형브〗 ①겉으로 보기보다는 속이 너르다. ¶그 사업은 보기보다는 ～. spacious in the interior ②마음이 미덥게 너그럽다. ¶슬거운 사람. 〖작〗 살갑다. generous

슬골(膝骨) 〖명〗 〖통〗 슬개골.

슬·관절(膝關節) 〖명〗 대퇴골 하단과 경골(脛骨) 및 비골(腓骨)의 상단과의 사이에 있는 관절. knee joint

슬그니 〖부〗→슬그머니.

슬그머니 〖부〗 남 몰래. 넌지시. ¶～ 들어와 앉다. 〖약〗 슬그머. 슬그미. 〖작〗 살그머니. stealthily

슬그미 〖부〗→슬그머니.

슬근·거리·다 〖동자〗 물건이 서로 닿아서 가볍게 비비다. 〖작〗 살근거리다. rub gently together **슬근·슬근** 〖부〗하다

슬금·슬금 〖부〗 눈치를 살펴가면서 몰래 슬그머니 하는 모양. 가만가만 하는 모양. ¶～ 살피다. 〖약〗 슬숨⑤. 〖작〗 살금살금. stealthily and generous

슬금·하·다 〖형여〗 속으로 슬기롭고 너그럽다. wise

슬기 ①사람을 맑게 나스리는 제능. sagacity ②사나 나무의 내용을 깨닫는 재주. 지혜(智). intelligence

슬기·롭·다 〖형브〗 슬기가 있다. sagacious **슬기·로이** 〖부〗 〖컨〗 슬기. wise man

슬기 주머니 〖명〗 남보다 뛰어난 슬기를 가진 사람을 이름.

슬·다〖자로〗 ①부성귀들이 누래지다. wither ②헌데 따위의 딱지나 고름이 끼친 흔적이 없어지다. vanish ③풀이 센 빨래를 손으로 만져 죽이다. soften

슬·다〖타로〗 ①물고기나 벌레가 알을 깔겨 놓다. oviposit ②쇠붙이에 녹이 생기다. rust

·슬·다〖고〗 사라지다.

슬두〔一頭〕(膝頭) 〖명〗 〖통〗 무릎.

슬라브(Slav 語) 〈어학〉 인구어(印歐語)에 속하는 슬라브족 계통의 언어. slavic

슬라브·족(Slav 族) 〖명〗 주로 동부 구라파에 사는 러시아·폴란드 등의 아리안어(系) 민족을 일컬음. slavs

슬라브주의(Slav 主義) 〈정치〉 1830년에 주창(主唱)된 러시아의 국수적 사상(國粹的思想). slavism

슬라이데·드 스케일(slide 制) 〖명〗→슬라이딩 스케일②.

슬라이더(slider) 〖명〗 〈체육〉 야구에서, 타자 가까이 와서 미끄러지듯 바깥쪽으로 빠지는 공. 「티브 필름.

슬라이드(slide) 〖명〗 환등기에 넣어 비추도록 만든 네거

슬라이드·제(slide 制) 〖명〗 슬라이딩 스케일①.

슬라이딩(sliding) 〖명〗 〈체육〉 경조응(競漕用) 보트에, 미끄러지게 장치한 좌석. sliding seat ②〈체육〉 야구(野球)에서 베이스로 미끄러져 들어감.

슬라이딩 스케일(sliding scale) 〖명〗 ①〈경제〉 생산물의 매매물 가격에 의하여 임금이나 배당을 증감(增減) 하는 일. 슬라이딩 임금법(從價賃金法). 슬라이드제. ②〈수학〉 계산척(計算尺). 〖약〗 슬라이드.

슬라이딩 스케일 시·스템(sliding scale system) 〈경제〉 종가 임금법(從價賃金法).

슬라이딩 시·스템(sliding system) 〈경제〉 일정한 임금(貨金) 베이스를 바탕으로 그때그때의 물가 지수(指數)나 생계비 지수의 변동에 따라서 임금을 증감하는 제도. 굴신 계산 제도(屈伸計算制度).

슬래그(slag) 〖명〗〖통〗 광재(鑛滓).

슬래브(slab) 〖명〗 ①등산 용어로서, 한 장으로 이루어진 평평한 큰 바위. ②건축에서 바닥이나 지붕을 한 장의 바위처럼 콘크리트로 부어 만든 구조. ¶～ 지붕. 「용임.

슬랙스(slacks) 부인용의 느슨한 바지. 주로 스포츠

슬랭(slang) 〖명〗 비어(卑語). 속어(俗語).

슬러(slur) 〖명〗 〈음악〉 악보(樂譜)에서 둘 또는 그 이상의 음부 위나 아래에 긋는 호선(弧線). 선율감(旋律感)을 주기 위하여 두 음을 연결시키는 부호.

슬러거(slugger) 〖명〗 〈체육〉 야구의 강타자.

슬러그(slug) 〖명〗 〈원자로(原子爐)에 쓰이는 분열성 물질의 작은 덩이.

슬럼·가(slum 街) 〖명〗 ①빈민굴. ②뒷골목.

슬럼프(slump) 〖명〗 ①〈경제〉 경기가 침체하는 일. ②〈체육〉 운동 선수가 일시적으로 부진(不振) 상태에 빠지는 일. ③털썩 주저앉음.

슬렁·슬렁 〖부〗 정신을 쓰지 않고 천천히 행동하는 모양. ¶～ 해치우다. slowly

슬레이브(slave) 〖명〗 ①노예. ②비열한 사나이.

슬레이크(slake) 〖명〗 평직(平織) 또는 능직(綾織)으로 된 면포(綿布)의 일종.

슬레이트(slate) 〖명〗 〈광물〉 규산질(珪酸質) 점판암(粘板岩)의 얇은 판. 청회색 또는 청흑색. 석판(石板). 석반(石盤). 석판와(石板瓦).

슬렌탄도(slentando 이) 〖명〗 〈음악〉 '차차 느리게'의 뜻.

슬로(slow) 〖명〗 늦음. 느림. 완만(緩漫). 〖대〗 퀵(quick).

슬로·건(slogan) 〖명〗 어떤 일을 함에 있어 그 주장·주의를 간결하게 나타낸 말. 표어(標語).

슬로그(slog) 〖명〗 〈체육〉 권투에서, 마구 사정없이 난타(亂打)하는 일. 「의 능률을 낮추는 노동 전술.

슬로·다운(slow-down) 〖명〗 ①속도를 늦추는 일. ②공장

슬로·모·션(slow-motion) 〖명〗 ①느린 동작. ②〈연예〉 영화를 촬영할 때 작은 움직임까지 확실하게 하기 위하여 실제 속도보다 느리거나 보이도록 카메라를 급속히 회전하는 일. 또, 그 느린 동작.

슬로·볼(slow ball) 〖명〗 야구에서, 투수가 던지는 스피드가 없는 공. 완구(緩球).

슬로·크랭킹(slow cranking) 〖명〗 〈연예〉 영화를 촬영할 때 카메라의 회전을 느리게 하여, 영사할 때 장면의 움직임이 빠르게 되는 촬영 수법.

슬로·프(slope) 〖명〗 ①비탈. 사면(斜面). ②경사(傾斜).

슬리커(slicker) 〖명〗 반드러운 고무를 입힌 비인 코트의 하나. 「에서 신는 신.

슬리·퍼(slipper) 〖명〗 발끝만 꿰게 된, 뒤축이 없는 방안

슬리·핑(slipping) 〖명〗 〈체육〉 권투에서 상대의 스트레이트를 막기 위하여 고개를 좌우로 흔드는 법.

슬리·핑 백(sleeping bag) 〖명〗 주머니처럼 크게 만들어 안에다 털이나 솜을 두텁게 둔 야영용(野營用)의 이불의 하나.

슬림 스커·트(slim skirt) 〖명〗 통이 썩 좁은 스커트.

슬립(slip) 〖명〗 ①전포. ②미끄러짐. ③부인의 속옷.

슬며시 〖부〗 ①드러나지 않게 가만히. ¶～ 들어오다.

슬몃슬몃 〖부〗 슬몃. ¶~ 돌아보다. 〖작〗 살며시. quietly

슬먹 〖부〗 슬며시. 《작》 살몃슬몃.

슬-믜-다 〖타〗 싫다. 싫고 밉다.

슬미움 〖명〗 싫고 미움. [하다. lukewarm

슬미지근-하-다 〖형〗 비위에 맞지 않게 조금 미지근

슬밉-다 〖ㅂ불〗 싫고 밉다. hate

슬:슬 〖부〗 ① 가만가만 기어가는 모양. softly ② 눈·설탕 따위가 모르는 사이에 녹아나는 모양. quietly ③ 남을 슬그머니 달래거나 꾀거나 속이는 모양. cajolingly ④ 바람이 조금씩 부드럽게 부는 모양. gently ⑤〖약〗슬금슬금. 〖작〗살살.

슬인 춤에 지게 지고 엉덩춤 춘다 〖속〗 ① 돈 많은 자가 착락하는데, 가난한 자가 부러워한다. ② 남이 한다고 무턱대고 좋아한다.

슬쩍 〖부〗 ① 남에게 들키지 않게 얼른. secretly ② 힘들이지 않고 능숙하게. 〖작〗살짝. lightly

슬쩍-슬쩍 〖부〗 ① 남의 눈을 피해 가면서 얼른 하는 모양. ② 힘들이지 않고 능숙하게 하는 모양. 〖작〗살짝살짝.

슬치 〖명〗 알을 슬고 나서 뱃속에 알이 없는 뱅어. 〖대〗

슬ㄹ장 〖부〗 싫게. 싫도록. [알치.

슬ㄹ지 〖부〗 싫게. 싫금도록.

슬프-다 〖으불〗 ① 뜻밖의 일에 낙심하여 몹시 괴롭다. sad ② 원통하고 싶다. 〖대〗기쁘다. pitiful

슬픔 〖명〗 슬픈 마음. sorrow

슬피 슬프게. ¶~ 우는 여인. sorrowfully

슬하(膝下) 〖명〗 어버이의 무릎 아래라는 뜻에서, 어버이의 곁. ¶~를 떠나다. parental roof [병.

슬한-증[-症](膝寒症) 〖명〗〈한의〉 무릎이 아프고 시린

슬행(膝行) 〖명〗 무릎으로 걸음. 하다

슳-다 〖형〗 〖고〗 슬퍼하다.

슳-다 〖타〗 〖고〗 싫다.

슴벅-거리-다 〖자타〗 ① 눈꺼풀을 연해 감았다 떴다 하다. ② 눈이나 살 속이 자꾸 찌르는 듯이 시근시근하다. 〖작〗삼박거리다. 〖센〗씀벅거리다. **슴벅=슴벅** 〖부〗

슴벅-이-다 〖자타〗 눈꺼풀을 움직여 눈을 감았다 뜨다.

슴베 〖명〗 호미·칼 따위의 자루 속에 들어 박히는 부분.

습(濕) 〖명〗 〈한의〉 하초(下焦)에 생기는 습기. [tang

습개(濕疥) 〖명〗 진옴.

습격(襲擊) 〖명〗 갑자기 적을 덮치어 침. attack 하다

습곡(褶曲) 〖명〗 〈지리〉 지각에 수평 또는 옆으로 힘이 작용하여 생긴 주름진 상태. fold 〖생긴 골짜기.

습곡-곡(褶曲谷) 〖명〗 〈지학〉 지각의 습곡으로 된 지형.

습곡 산맥(褶曲山脈) 〖명〗 〈지리〉 습곡 작용으로 인하여 지층이 물결 모양으로 주름져 꾸불꾸불한 산맥.

습관(習慣) 〖명〗 버릇.

습관-법[-뻡](習慣法) 〖명〗 관습법(慣習法).

습관-성[-썽](習慣性) 〖명〗 ① 익혀진 성질. habit ② 〈의〉

관습(慣習). 〖에 걸쳐 습관적으로 반복하는 유산.

습관 유산[-뉴-](習慣流産) 〖명〗 한 여자가 여러 차례

습관-음(習慣音) 〖명〗 〈어학〉 어법(語法)에는 어긋나나 일반의 버릇으로 이루어지는 말소리. 암탉·수퇘지 따위. 관음(慣音). 버릇 소리. habitual sound

습관-화(習慣化) 〖명〗 버릇이 되어 버림. 또, 버릇이 되게 함. 하다

습궐(濕厥) 〖명〗 〈한의〉 습기로 인하여 어지럽고 아픈 병.

습급(拾級) 〖명〗 계급이 한 등급씩 차례로 오름. 하다

습기(濕氣) 〖명〗 축축한 기운. 습한 것기. dampness

습기-배기(濕氣-) 〖명〗 습기배기. [미.

=습-니-다 〖어미〗 받침 있는 어간에 붙어 쓰이는 종결 어

=습니-까 〖어미〗 받침 있는 어간에 붙어 물음의 뜻을 나타내는 종결 어미.

=습니-다 〖어미〗 받침 있는 어간에 붙어 쓰이는 종결 어

습담(濕痰) 〖명〗 〈한의〉 습기로 생기는 가래. [하다

습답(濕畓) 〖명〗 논의 뉘를 밟아 그대로 함. following

습도(濕度) 〖명〗 〈물리〉 공기의 축축한 정도. humidity

습도-계(濕度計) 〖명〗 〈물리〉 습도를 재는 데 기는 기계. 그 종류는 매우 많으나, 보통 쓰이는 것은 건습구(乾濕球) 습도계·모발(毛髮) 습도계 등임. hygrometer

습독(習讀) 〖명〗 글을 익혀 읽음. intensive reading 하다

습득(拾得) 〖명〗 주워서 얻음. 〖대〗분실(紛失). 유실(遺失). picking up 하다

습득(習得) 〖명〗 배워 터득함. learning 하다

습득 관념(習得觀念) 〖명〗 〈철학〉 후천적·경험적으로 얻은 관념. 〖대〗본유(本有) 관념. acquired idea

습득-물(拾得物) 〖명〗 주워서 얻은 물건. find

습득 형질(習得形質) 〖명〗 〖동〗획득 형질.

=습디까- 〖어미〗 받침 있는 어간에 붙어 물음의 뜻을 나타내는 종결 어미. ¶많~.

=습디-다 〖어미〗 받침 있는 어간에 붙어 현재의 동작이나 상태나 나타내거나 긍정적인 서술로 쓰이는 종결 어미. ¶많이 먹~.

=습디-다 〖어미〗 받침 있는 어간에 붙어 존대하여 원칙적으로 있었던 과거의 일을 들어서 일러주는 뜻을 나타내는 종결 어미. ¶저와 같~.

습란(濕爛) 〖명〗 〈의학〉 피부의 질환. 피부가 서로 마찰하거나 땀의 침윤(浸潤) 따위에 자극되어 붉게 부품. 여름에 아이들이나 살찐 사람의 목·살 따위에 발생함. sore

습래(襲來) 〖명〗 쳐들어 옴. 덮쳐 옴. raid 하다

습랭(濕冷) 〖명〗 〈한의〉 습기로 인하여 가슴 아래가 찬 병. 한습(寒濕).

습량(濕量) 〖명〗 ① 짐 따위에서 물기를 품은 그대로의 무게. wet weight ② 공기 중에 포함된 수증기의 양.

습렴(襲殮) 〖명〗 〖동〗염습. [(量). humidity

습례(習禮) 〖명〗 예식을 미리 습득(習得)함. accustoming to manners 하다

습법(濕法) 〖명〗 ① 용액을 써서 하는 화학적 조작(操作). ② 시료(試料) 및 시약(試藥)을 수용액으로 만들어서 하는 분석. [릇. habit

습벽(習癖) 〖명〗 습관에 의하여 아주 몸에 젖어 버린 버

습보(習步) 〖명〗 걸음을 익힘. practising walking 하다

습보(襲步) 〖명〗 경마에서, 말이 쾌속조(快速調)로 달림. 또, 모둠발로 달림. gallop 하다 [하다

습복(慴伏) 〖명〗 두려워서 엎드림. submitting from fear

습비(濕痺) 〖명〗 〈한의〉 습기로 뼈마디가 저리고 쑤시는 병.

습사(習射) 〖명〗 활쏘기를 익힘. practising shooting 하

습사-원(習射員) 〖명〗 활쏘기를 연습하는 사람.

습상(習尚) 〖명〗 습관과 숭상하는 일.

습생(濕生) 〖명〗 ① 〈불교〉 사생(四生)의 하나. 습한 곳에서 삶. 또, 그 곳에서 사는 동물. 뱀·개구리 따위. ② 〈식물〉 식물이 축축한 곳에서 자라남. 하다

습생 식물(濕生植物) 〖명〗 〈식물〉 물가나 열대 강우림(熱帶降雨林)처럼 공기나 토양(土壤)이 항상 습윤(濕潤)한 곳에서 자라는 식물의 총칭. 〖대〗건생 식물(乾生植物).

습석(襲席) 〖명〗 염습(殮襲)할 때 까는 돗자리.

습선(濕癬) 〖명〗 진버짐.

=습-선거(濕船渠) 〖명〗 〖토목〗 선거(船渠)의 하나. 항만(港灣) 설비의 하나로, 육지를 파서 수면을 만든 후 안벽(岸壁)에 두르고 부두 잔교를 갖추어 풍파·조위(潮位)에 관계없이 배가 들어가서 짐을 싣고 부릴 수 있도록 한 곳. wet dock 〖섭(濕泄).

습설(濕泄) 〖명〗 〈한의〉 장마 때 많이 생기는 설사.

습성(習性) 〖명〗 습관에 의해서 이루어진 성질. habit

습성(濕性) 〖명〗 공기 중에서 잘 마르지 아니하는 젖어 있는 성질. 〖대〗건성(乾性). wet

습성 늑막염[-망념](濕性肋膜炎) 〖명〗 〈의학〉 늑막강(肋膜腔) 안에 삼출성(渗出性)의 액체가 괴는 늑막염. 〖대〗건성 늑막염(乾性肋膜炎). moist pleurisy

습소(濕笑) 〖명〗 쓴 웃음. bitter smile

습속(習俗) 〖명〗 ① 습관이 된 풍속. ② 〖법률〗 관습 중 특히 생활 양식에 관계되는 것을 가리킴. 풍속 중. 習 ¶~ 규범(規範). customs

습숙(習熟)[명] 익혀 숙달함. ¶~ 견문(見聞). versed in 하타

습습-장지(什襲藏之)[명] 귀중한 물건을 잘 감추어 둠.

습습-하다[형여튼] 남자답게 활발하다. manly 하타

습습-하다(習習-)[형여튼] 바람이 산들산들하다. gentle 습습=히튼

습식-법(濕式法)[명]〈광물〉광석을 상온에 있어서 용매로 처리하여 용액을 만들어 가지고, 금속을 추출(抽出)하는 방법. 《대》건식법(乾式法). wet process

습식 정련(濕式精鍊)[명] 화학적 또는 전기 화학적 방법으로 액체에 용출시켜 정련하는 방법.

습식 폭탄(濕式爆彈)[명] 중수소나 삼중 수소를 쓰는 수소 폭탄. 액체 수소의 상태로 장치를 꾸미므로 운반 및 취급이 곤란함.

습-신(襲-)[명] 염습(殮襲)할 때에 시체에 신기는 신. shoes for a dead body

습악(習樂)[명] 풍류나 음악을 익힘. learning music

습업(習業)[명] 학업·사업·기술 따위를 배워 익힘. practice 하타

습-여성:성(習與性成)[명] 버릇이 오래되어 천성이 됨.

습연(習沿)[명] 그전대로 받아 함.

습열(濕熱)[명]〈한의〉습기로 인하여 일어나는 열.

습염(濕染)[명] 버릇이 됨. 고칠 수 없을 만큼 깊이 몸에 뺌. become a habit 하타

습용(襲用)[명] 그 전대로 그냥 눌러 씀. following 하

습유(拾遺)[명] ①빠진 글을 뒤에 보충함. repairing omissions ②잃어버린 물건을 주움. finding lost things 하타 〔dampness 하타

습윤(濕潤)[명] 젖어서 질척질척함. 《대》건조(乾燥).

습윤 기후(濕潤氣候)[명]〈기상〉증발량(蒸發量)보다 강우량(降雨量)이 많은 지방의 기후. 《대》건조(乾燥) 기후. wet climate 〔하타

습의(習儀)[명] 나라의 길흉의 의식을 미리 배워 익힘.

습의(襲衣)[명]〈제도〉염습(殮襲)할 때에 주검에게 입히는 옷.

습인(襲因)[명] 인습(因襲).

습자(習字)[명] 글씨 쓰기를 익힘. practicing writing 하타 〔담는 질그릇. 습기(襲器).

습-자배기(襲-)[명] 염습(殮襲)할 때 향을 달인 물을

습자=지(習字紙)[명] 습자에 사용되는 가는. Chinese writing paper

습자=필(習字筆)[명] 글씨를 익힐 때 쓰는 막붓.

습작(習作)[명] 예술가가 연습으로 만든 작품. 또, 그 작품을 만듦. exercise 하타

습작(襲爵)[명] 부조(父祖)의 봉작(封爵)을 이어받음. 습승(承襲). succession to the title 하타

습장(濕葬)[명] 시체를 습하게 처리하는 장사지내는 법의 하나. 매장이나 수장 따위.

습-전:지(濕電池)[명]〈물리〉전해액(電解液)을 사용하는 전지. 《대》건전지.

습종(濕腫)[명]〈한의〉다리에 나는 부스럼. 습칭(濕症).

습증(濕症)[명]〈한의〉습기로 인하여 나는 병.

습지(濕地)[명] 습기가 많은 땅. swampy ground

습지(濕紙)[명] 도배할 때에 종이를 바르고 그 위를 문지르는 축축한 종이. moist paper

습지 식물(濕地植物)[명]〈식물〉습지에서 자라나는 식물. marsh plants

습직(襲職)[명] 직무를 이어 맡음. 하타

습진(習陣)[명]〈군사〉진치는 법을 배워 익힘. 하타

습진(濕疹)[명]〈의학〉살갗에 일어나는 염증. eczema

습집(拾集)[명] 주워 모음. 하타

습창(濕瘡)[명]〈동〉습종(濕腫). 〔land 하타

습처(襲處)[명] 습한 곳에서 삶. living in the swampy

습철(拾掇)[명] 주워 거두어 들임. 하타

습초(襲草)[명]〈식물〉습한 곳에 나는 풀. marsh grass

습취(襲取)[명] 습격하여 빼앗음. plundering 하타

습토(濕土)[명] 습기가 많은 흙.

습판(濕板)[명]〈물리〉문서의 복사(複寫)나 그림의 촬영에 쓰는 감광판(感光板)의 하나. 《대》건판(乾板). wet plate

습포(濕布)[명]〈의학〉물 또는 약액에 적신 헝겊을 환부에 대서 염증을 치료하는 일. 또, 그 헝겊. stupe 하다 〔다. cleanse the corpse

습-하다(襲-)[명여튼] 시체를 씻기고 옷을 갈아입히

습-하다(濕-)[형여튼] 축축한 기운이 있다. damp

숫[의] 사이.

·숫-다[타](고)①셋다. ②시키다.

승¹(升)[명]〈약〉→승패(升卦).

승²(升)[의명]〔동〕되.

승³(升)[명]〈약〉새⁶.

승¹(乘)[명]①〈약〉→승법(乘法). ②어느 수나 식을 곱함. 또, 그 결과로서 얻어지는 수. 《대》제(除). multiplication 하타

승²(乘)[명]〈불교〉중생(衆生)을 태워서 생사(生死)의 고해(苦海)를 건너 열반의 피안(彼岸)에 이르게 한다는 불교 교법의 하나. yanavehicle

승(僧)[명]〈불교〉중.

승가(僧伽←Samgha 범)[명] 중.

승가(僧家)[명] ①중이 사는 집. monk's house ②절. ③중들의 사회. priest's society

승-가기(僧佳妓)[명] 공주(公州) 명물로, 잉어나 조기로 도미 국수와 같이 만든 음식.

승가람(僧伽藍)[명]→승가람마(僧伽藍摩).

승가람마(僧伽藍摩←Samgharama 범)[명]〈불교〉중이 살며 도를 닦는 집. 《약》승가람(僧伽藍).

승가리(僧伽梨←Samghati 범)[명]〈불교〉중이 입는 붉은 빛깔의 가사(袈裟)의 하나.

승간(乘間)[명]〈동〉승극(乘隙). 하타

승감(升鑑)[명] 편지 받는 사람의 이름 아래 써 높임의 뜻을 나타내는 말.

승강(昇降)[명] 오르고 내림. going up and down 하타

승강(乘降)[명] 기차·자동차 따위를 타고 내림. 하타

승강-교(昇降橋)[명] 가동교(可動橋)의 하나. 기계의 힘으로 승강시킬 수 있는 것으로, 하천·운하 따위에서 다리 아래를 지나는 배의 통행에 충분한 공간이 없는 때에 가설함. lift bridge

승강-구(昇降口)[명] 오르고 내리는 출입구.

승강-기(昇降機)[명]〈동〉엘리베이터.

승강-석(陞降石)[명]〈동〉섬돌.

승강-이(昇降-)[명] 자기 주장을 서로 고집하여 결정짓지 못하는 일. little quarrel 하타 〔quarrel 하타

승강이-질(昇降-)[명] 서로 옥신각신하는 짓. petty

승강-장(昇降場)[명] 정거장이나 정류소에서 차를 타고 내리는 곳. platform 〔려 있는 키. flippers

승강-타(昇降舵)[명] 비행기의 뒷날개에 경첩식으로 달

승개-교(昇開橋)[명] 양쪽 끝에서 끌어당겨 교체(橋體)를 올리고 내리게 한 가동교(可動橋)의 하나. lift bridge 〔(客). passenger

승객(乘客)[명] 배 또는 차 따위에 타는 사람. 탑객(搭

승건(僧巾)[명] 중이 쓰는 두건(頭巾).

승검-초(一草)[명]〈식물〉미나리과의 다년생 풀. 높이 1m 가량이고 잎은 긴 타원형 또는 난형임. 8월에 포(苞)가 많은 흰 꽃이 피고 7mm 가량의 열매가 달림. 뿌리는 당귀(當歸)라 하여 한약재로 씀. 참당귀.

승겁-들다[자르타] 그리 힘들지 않고 저절로 이루다. accomplish easily 〔혭르타〕 믿달지 않고 천연스럽다. cool 〔motion in status 하

승격[-격](昇格)[명] 어떤 표준으로 자격이 오름. pro-

승-경(勝景)[명] 뛰어나게 좋은 경치. fine view

승경-도(陞卿圖)[명] 종이에 옛 벼슬의 이름을 차례로 그려 놓고 놀이감으로 쓰는 그림. 〔긴 알.

승경도-알(陞卿圖-)[명] 승경도할 때에 쓰는 갓수를 새

승경도-하다(陞卿圖-)[명여튼] 승경도 놀이를 하다.

승-경:지(勝景地)[명] 경치가 좋은 곳. beauty spot

승계(升啓)[명] 편지 겉봉에 받을 사람의 이름 아래 쓰는 말.

승계(昇階·陞階)[명] 벼슬이 오름. promotion 하타

승계(承繼)[명] ①뒤를 이음. ②〈법률〉남의 권리나

승계(承繼)〖법률〗 무를 이어받음. succession 하다

승계(僧戒)〖명〗〖불교〗중의 계율(戒律). Buddhist precepts

승계(僧階)〖명〗중의 계급. Buddhist monk's rank

승계-인(承繼人)〖명〗①〖법률〗권리·의무를 물려받아 행사하는 사람. inheritor ②이어받은 사람. successor

승계 취:득(承繼取得)〖명〗〖법률〗상속이나 양도의 경우처럼, 남의 권리로 인하여 어떤 권리를 취득하는 일. (대) 원시 취득. 하다

승:공(勝共)〖명〗공산주의자와 싸워서 이기는 일. 적극적으로 공산주의 세력을 무찔러 이겨 냄. ¶~ 통일 (統一). 하다

승과(僧科)〖명〗〖제도〗중의 과거.

승관(僧冠)〖명〗중이 머리에 쓰는 관.

승괘(升卦)〖명〗〖민속〗육십사괘의 하나. 곤괘(坤卦)와 손괘(巽卦)가 거듭된 것으로, 땅에 나무가 남음을 상징함. (약) 승(升)¹.

승교(乘轎)〖명〗가마. 「울은 없는 가마.

승교 바탕(乘轎—)〖명〗타는 사람이 앉는 자리만 있고,

승교-점(昇交點)〖명〗〖천문〗위성(衛星)·유성(遊星) 따위가 남쪽에서 북쪽으로 황도를 통과하는 점. 정교점(正交點). (대) 강교점(降交點). ascending node 「(起句)의 뜻을 받아서 그 뜻을 넓힘.

승구(承句)〖명〗한시(漢詩) 절구(絶句)의 제 2 구. 기구

승:구(勝區)〖명〗〖동〗승지(勝地).

승구(繩矩)〖명〗①먹줄과 곡척(曲尺). inked string and a measure ②〖동〗모범, 규모².

승:국(勝國)〖명〗〖동〗승조(勝朝). 「nk-soldier

승군(僧軍)〖명〗중으로 조직한 군사. 승병(僧兵). mo-

승:군(勝軍)〖명〗①싸움에 이긴 군대. victorious army ②경기(競技)에 이긴 편. (대) 패군(敗軍). victor

승귀-제(乘歸除)〖명〗〖동〗승제법(乘除法). 「precepts

승규(僧規)〖명〗〖불교〗승려가 지켜야 할 법규. priest's

승극(乘隙)〖명〗틈을 탐. 승간(乘間). seizing an opportunity 하다

승근(乘根)〖명〗〖수학〗어떤 수 a를 n 번 곱하여 C 가 되었을 때 C 에 대한 a의 일컬음. 멱근(冪根). 제곱근. root

승급(昇級·陞級)〖명〗등급이 오름. promotion 하다

승급(昇給)〖명〗급료가 오름. rise in salary 하다

승기(乘機)〖명〗좋은 기회를 탐. 승시(乘時). seizing an opportunity 하다

승:기-자(勝己者)〖명〗자기보다 재주가 나은 사람.

승:기자 염:지(勝己者厭之)〖명〗자기보다 재주가 나은 사람을 싫어함. hating a superior person

승낙(承諾)〖명〗①청하는 바를 들어줌. 응낙(應諾). 수락. (대) 거절(拒絶)·거부(拒否). consent ②〖법〗신청(申請)에 응하여 계약을 성립시키는 것. acceptance 하다

승낙 살인(承諾殺人)〖명〗〖법률〗피해자의 촉탁 또는 승낙을 받아 행하는 살인. murder with consent

승낙-서(承諾書)〖명〗승낙하는 바를 쓴 문서.

승냥이〖명〗〖동물〗개과의 짐승. 이리와 비슷한데 길이 1 m 내외이고, 몸 빛은 적갈색을 띤 회갈색에 하면 은 회백색임. 주둥이와 사지는 짧고 귀는 곧고 꼬리는 늘어뜨림. 산에서 살며 성질이 사나워 다른 동물을 잡아먹음. jackal

승-니(僧尼)〖명〗〖불교〗중과 여승. priest and priestess

승단(昇段)〖명〗바둑·유도 따위의 단수가 오름. ¶~ 대회(大會). promotion 하다

승답(僧畓)〖명〗중이 가진 논. rice field belong to a priest

승당(僧堂)〖명〗받아들여 감당함. 하다 「a temple

승당(僧堂)〖명〗중이 사는 집. 응당. living quarters of

승당 입실(升堂入室)〖명〗마루에 올라 방으로 들어온다는 뜻으로, 학문이 점점 깊어감을 이르는 말.

승도(僧徒)〖명〗〖불교〗승행(僧行)·수행(修行)·심학(習學)하고 있는 중의 무리. 승중(僧衆). Buddhist priests

승도(僧桃)〖명〗(약)→승도복숭아.

승도(僧都)〖명〗〖불교〗승직(僧職)의 세 가지 중의 둘째.

승도-복숭아(僧桃—)〖명〗〖식물〗앵도과의 복숭아나무의 하나. 과실 표면에 털이 없으며 서울 부근에서 많이 재배함. 승도(僧桃).

승두-선(僧頭扇)〖명〗꼭지를 둥글게 만든 부채. fan with a round

승두지-리(升斗之利·蠅頭之利)〖명〗적은 이익.

승두-화(僧頭花)〖동〗불두화(佛頭花).

승등(昇騰·升騰·陞騰)〖명〗값이 오름. rising 하다

승등(陞等)〖명〗직위 따위의 등급이 오름. 하다

승랍(僧臘)〖명〗중 노릇을 한 햇수. period of priesthood

숭뉭(僧尼)〖명〗중 승니.

승려(僧侶)〖명〗〖불교〗①〖동〗중. ②불도를 닦는 사람. 대화상(大和尚). 선실(禪室). bonze 「록한 문학.

승려 문학(僧侶文學)〖명〗〖문학〗승려가 승려 생활을 기

승:률(勝率)〖명〗경기(競技) 따위에서 이긴 비율. winning ratio 「mandments

승률(僧律)〖명〗〖불교〗불교의 계율. Buddhist com-

승률(繩律)〖명〗〖제도〗규칙. 하다

승:리(勝利)〖명〗겨루어 이김. (대) 패배(敗北). victory

승:리-감(勝利感)〖명〗승리한 데서 오는 우월감 또는 뿌듯한 마음.

승:리-자(勝利者)〖명〗승리한 사람. winner 「기름.

승림(僧林)〖명〗〖동〗승가(僧家).

승마(升麻)〖명〗〖식물〗성탈꽃과의 다년생 풀. 산지(山地)에 남. 줄기 높이 약 1m, 여름에 흰 꽃이 핌. 뿌리는 약용함. ②〖한의〗뿌리의 기운을 위로 끌어올리는 데 쓰는 약인 끼꺼리의 뿌리. 하다

승마(乘馬)〖명〗말을 탐. (대) 하마(下馬). horse-riding

승마-대(乘馬隊)〖명〗〖군사〗말탄 사람으로서 조직된 부대. mounted corps 「옷. riding dress

승마-복(乘馬服)〖명〗말을 탈 때 동작이 편하도록 만든

승마-술(乘馬術)〖명〗말을 타고 부리는 재주.

승마-전(乘馬戰)〖명〗승마대끼리 싸우는 유희전.

승망 풍지(承望風旨)〖명〗윗사람의 눈치를 살펴 뜻을 잘 맞추어 줌.

승멱(昇冪)〖명〗〖수학〗'오름차'의 구용어.

승:명(承命)〖명〗ving an order 하다

승명(承命)〖명〗임금이나 어버이의 명령을 받듦. receive

승명(僧名)〖명〗〖동〗법명(法名).

승모-근(僧帽筋)〖명〗〖생리〗등줄기에서 다른 근육과 함께 어깨뼈의 운동을 맡은 삼각형의 큰 힘줄. musculus trapezius

승모-판(僧帽瓣)〖명〗〖생리〗심장의 좌심실의 정맥구에 있는 판막. 피가 거꾸로 흐름을 막음. mitral valve

승:묘(勝妙)〖명〗뛰어나게 기묘함. being miraculous 하다 「올려 함사(合祀)함. 하다

승무(陞廡)〖명〗〖제도〗학덕이 있는 이를 문묘(文廟)에

승무(僧舞)〖명〗고깔을 쓰고 장삼을 입고 때때로 법고(法鼓)를 치면서 풍류에 맞춰 추는 춤. 중춤. monk dance 「아보는 사람. crewman

승무-원(乘務員)〖명〗차 안에서 승객에 관한 직무를 맡

승묵(繩墨)〖명〗먹줄.

승문(承聞)〖명〗존경하는 사람의 소식을 들음. hearing of one's respected person 하다

승문(僧門)〖명〗불가(佛家).

승문-고(升聞鼓)〖명〗〖동〗신문고(申聞鼓).

승문-원(承文院)〖명〗〖제도〗조선조 때 교린(交隣)에 관한 문서를 맡던 관청. 「를 보던 사람.

승발(承發)〖명〗〖제도〗지난 관원의 아전 밑에서 잡무

승방(僧房)〖명〗〖불교〗여승들이 사는 집. 이원(尼院). (약) 여승방(女僧房). Buddhist nunnery

승법(乘法)〖명〗〖수학〗'곱셈'의 구용어. 승 (乘)¹⑩. 「의 구용어.

승법 기호(乘法記號)〖명〗〖수학〗'곱셈 기호'

승-벽(勝癖)〖명〗〖동〗호승지벽(好勝之癖).

승-벽-부리-다(勝癖—)〖자〗어떻게 해서든지 이기려고 기를 쓰다.

승병(僧兵)〖명〗〖동〗승군(僧軍).

승보(陞補)〖명〗(약)→승보시(陞補試).

승:보(勝報)〖명〗싸움이나 경기에 이겼다는 보고. 또, 그 보도(報道). (대) 패보(敗報). message of victory

승보(僧譜)〈불교〉승니(僧尼)의 족보(族譜). preist's lineage

승보(乘寶)〈불교〉불도를 닦고 계율을 지켜 못사 「람의 본이 됨을 이름.

승보-시(陞補試)〈제도〉①해마다 음력 10월에 성균관 대사성(大司成)이 사학(四學)의 유생을 모아 12일 동안 보이던 초시(初試). ②고려 때 생원을 뽑던 시험. (약) 승보(陞補).

승복(承服)图 ①알아서 좇음. 응낙하여 좇음. submission ②죄를 스스로 고백함. confession 하탄

승복(僧服)图 승려의 옷. 법의(法衣). 승의(僧衣). clerical robe

승봉(承奉)图 윗사람의 명령을 받들어 지킴.

승부(承訃)图 부고를 받음. 하탄 「sion 하탄

승:부(勝負)图 이김과 짐. 수영(輸贏). 승패(勝敗). 영수(贏輸)②. victory or defeat

승비(縄菲)图 상복을 입을 때 신는 짚신.

승사(承史)图 승지(承旨)와 사관(史官).

승:사(勝事)图 ①뛰어난 사적. great achievement ②운치스러운 훌륭한 일. excellent matter

승사(僧舍)图〈동〉절.

승삭(縄索)图 노와 새끼. strings and ropes

승산(乘算)图〈수학〉'곱셈'의 구용어.

승:산(勝算)图 ①꼭 될 만한 수. practicable scheme ②꼭 이길 가망성. 장책(長策)②. ¶다음 경기에는 ~이 있다. prospect of victory

승상(丞相)图〈제도〉우리 나라 정승에 해당하던 중국의 옛 벼슬 이름.

승상(縄牀)图〈동〉승창.

승상 접하(承上接下) 윗사람을 받들고 아랫 사람을 어거하여 그 사이를 잘 주선함. conciliation 하탄

승-새(升一)图 ①피륙의 올. ②피륙의 세로 난 올과 올의 사이.

승서(承緒)图 제왕이나 선대(先代)의 업을 이어받음. succession to one's father's business 하탄

승서(陞敍)图 벼슬을 올림. promotion 하탄

승석(昇席)图 ①자리에 오름. ②집회할 때 지도자의 자리에 오름. 하탄 「는 뜻. early evening

승석(昇夕)图 이른 저녁때. 중이 저녁밥을 먹는 때라

승선(承宣)图〈제도〉'승지(承旨)'의 딴이름.

승선(乘船)图 배를 탐. (대) 하선(下船). embarkation

승선 입시(乘船入시)图 항상강(上甲)에 비가 오면, 그 동안에 비가 많이 와서 배를 타고 장에 가게 된다는 말.

승선-표(乘船票)图 배표. steamer ticket

승세(乘勢)图 세력을 믿고 덤빔. taking advantage of the situation 하탄

승:세(勝勢)图 이길 기세. (대) 패세. victorious spirit

승소(承召)图〈제도〉임금의 부름을 받음. receiving King's order 하탄 「(敗訴). winning a suit 하탄

승:소(勝訴)图 소송에 이김. 득송(得訟). (대) 패소

승소(僧梳)图 승려의 빗. 곧, 필요 없는 물건을 이름

승속(僧俗)图 승려와 속인. clergy and laity 「는 뜻.

승수(承受)图 윗사람의 명령을 받들어 이음. succeeding to one's superior 하탄

승수[-수](乘數)图〈수학〉어떠한 수에 곱하는 수. 곱수. (대) 피승수(被乘數). 제수(除數). multiplicator

승수 이:론[-수—](乘數理論)图〈경제〉어떤 경제 변량(變量)이 다른 경제 변량에 미치는 효과를, 파급 효과까지 포함하여서 최종적으로 어느 정도의 총효과를 얻을 수 있는가, 또 그 과정이 어떠한가를 밝힌 이론. 하탄

승순(承順)图 윗사람의 명령에 잘 따름. submission

승습(承襲)图 학풍(學風)이나 아버지의 봉작(封爵) 따위를 이어받음. succession to one's father's title 하탄

승승(縄縄)图 대대(代代)로 이어 끊이지 않음. 하탄

승승 장구(乘勝長驅)图 싸움에 이긴 여세를 타서 냅다 몰아침. victory 하탄 「seizing the moment 하탄

승시(乘時)图 때를 탐. 기회를 얻음. 승기(乘機).

승아〈식물〉마디풀과의 다년생 풀. 줄기는 원주형에 홍자색을 띰. 5~6월에 녹색 또는 담홍색 이삭꽃이 피며 수과(瘦果)는 세 개의 날개가 있음. 어린 잎과 줄기는 식용함. 산모(酸模). 수영. sorrel

승안(承顏)图 ①웃어른을 뵘. interview ②처음으로 만나 뵘. firstmeeting ③돌아가신 집안 어른의 얼굴을 마지막으로 뵈었던 일. 하탄 「hermitage

승암(僧庵)图 중이 사는 암자. 승려(僧廬). priest's

승압-기(昇壓器)图 전로(線路)에 직렬로 넣어 선로의 선간(線間) 전압을 상승시키는 변압기. 승압 변압

승압 변:압기(昇壓變壓器)图〈동〉승압기. 「기.

승야(乘夜)图 밤을 탐. 곧, 밤중을 이용함. under the cover of darkness 하탄 「in the night 하탄

승야 도주(乘夜逃走)图 밤을 타서 도망함. escaping

승야 월장[-짱](乘夜越牆)图 밤을 타서 남의 집의 담을 뛰어넘음. 하탄 「one's father 하탄

승:-어부(勝於父)图 자식이 아버지보다 나음. excel

승언-색(承言色)图〈제도〉동궁(東宮)에 있던 내시.

승업초[口] 승급초.

승여(乘輿)图 임금이 타는 수레. 대가(大駕).

승역-국(承役國)图 국제 지역의 설정으로, 영토상의 부담을 지는 나라.

승역-지(承役地)图〈법률〉지역권이 설정된 경우의 무릅 지는 처지에서 요역지(要役地)의 편익에 제공되는 토지. (대) 요역지.

승용-마(乘用馬)图 사람이 타고 다니는 데 쓰는 말.

승용-차(乘用車)图 사람이 타는 자동차. motorcar for riding

승운(乘運)图 좋은 운수를 탐. seizing a fortune 하탄

승운(勝運)图 이길 운.

승원(僧院·僧園)图 ①중이나 천주교의 수도자들이 수도하는 곳. 사원(寺院). 절. monastery ②〈역사〉중세 유럽에서 탈속주의의 일파인 승려들이 경영하던 승당. cloister

승위 섭험(乘危涉險)图 위태롭고 험난함을 무릅쓰고 나아감. braving danger and advancing forward 하탄 「fully 하탄

승-유(勝遊)图 즐겁게 잘 놂. amusing oneself cheer-

승윤(承允)图〈제도〉임금의 허락을 받음. 하탄

승은(承恩)图 ①신하가 임금으로부터 특별한 은혜를 받음. winning king's special favour ②여자가 임금에게서 사랑을 받아 밤에 모심. 하탄

승의(僧衣)图〈동〉승복(僧服).

승인(承認)图 ①수긍(首肯)하는 뜻을 나타냄. consent ②옳다고 인정하여 승낙함. approval ③들어주는 일. consent ④〈법〉국가·정부 또는 교전 단체 등에 대하여 국제법상의 주체의 지위를 새로 인정하는 일방적 행위. 인정(認定). (대) 거부(拒否). 불인정(不認定). recognition 하탄

승:인(勝因)图 ①싸움에 이긴 원인(原因). (대) 패인(敗因). cause of victory ②〈불교〉특별히 뛰어난 선인(善因).

승인-서(承認書)图 승인한 뜻을 기록한 문서.

승일(乘馹)图〈제도〉관원이 나라의 일로 어디 갈 적에 역마(驛馬)를 잡아 탐. 하탄

승임(陞任)图〈동〉승직(陞職). 하탄

승자(乘子)图〈동〉인수(因數). 「질(陞秩). 하탄

승자(陞資)图〈제도〉정 3품 이상의 품계에 오름. 승

승:자(勝者)图 이긴 사람. 또, 이긴 편. (대) 패자(敗者). 「of the monk-force

승장(僧將)图〈제도〉승군(僧軍)의 장수. commander

승적(承嫡)图 서자(庶子)가 적자로 됨. 하탄

승적(乘積)图〈수학〉둘 이상의 수나 식을 곱하여 얻은 수 또는 식. product

승적(僧籍)图〈불교〉승니(僧尼)의 이름·득도(得度) 따위를 기록한 호적. registry of the priests

승전(承前)图 먼저 것을 이음. 계속함. sequel 하탄

승전(承傳)图 ①이어받아 전함. handing down ②임금의 뜻을 전함. reporting imperial intention 하탄

승:전(勝戰)图 싸움에 이김. 승첩(勝捷). 전승(戰勝).

승전고

전첩(戰捷). victory 하다
승:전=고(勝戰鼓)명 싸움에 이겼을 때 치는 북. drum of victory
승:전-비(勝戰碑)명 승전을 기념하여 세운 비.
승전=빛(承傳-)명 이전의 빛과 같은 빛.
승전-색(承傳色)명 〈제도〉임금의 뜻을 전달하는 내시부(內侍府)의 한 직임(職任). 승전빛.
승접(承接)명 위를 받아 이어 줌. succession 하다
승:접(勝接)명 자기보다 학식이 나은 동접. fellow student superior to oneself
승정(僧正)명 〈불교〉삼강(三綱)의 하나. 승직(僧職)의 첫째. priest of the first clan
승정=원(承政院)명 〈제도〉조선조 때 임금의 명령을 들이고 내는 직무를 맡았던 관아.
승=제(乘除)명 〈수학〉곱하기와 나누기. multiplication and division
승제=법(-法)[-뻡](乘除法)명 〈수학〉승법과 제법(除法). 승귀제. multiplication and division
승:제(繩梯子)명 줄사닥다리. [前朝]
승:조(勝朝)명 전대(前代)의 나라. 승국(勝國). 전조
승조-원(乘組員)명 한 배에 함께 타고 뱃일을 하는 선원. crew
승종(承從)명 명령에 복종하여 좇음. submission 하다
승중(承重)명 장손으로 아버지 할아버지를 대신하여 승중(僧重)명 〈원〉→승통. [조상의 제사를 받듦. 하다
승중(僧衆)명 중의 무리. 승도(僧徒). crowd of priests
승중-상(承重喪)명 아버지를 여읜 맏아들로서 조부모의 돌아감을 당한 초상.
승지(承旨)명 〈제도〉①승정원(承政院)의 도승지(都承旨)·좌승지(左承旨)·좌우승지(左右副承旨)·동부승지(同副承旨)의 통칭. ②고려 밀직사(密直司)의 좌우승지·좌우부승지의 통칭.
승:지(勝地)명 경치 좋고 아름다운 땅. 경승(景勝). 승구(勝區). beautiful place [遷]. promotion 하다
승직(陞職·陞職)명 벼슬이 오름. 승임(陛任). 승천(陞陛)
승직(僧職)명 중의 벼슬. 승관(僧官). holy orders
승직(繩直)명 먹줄처럼 똑바름. straight 하다
승진(昇進·陞進)명 지위가 오름. promotion 하다
승진(昇塵)명 천장에 반자처럼 치고 보국에서 떨어지는 먼지와 흙을 받는 돗자리나 피륙.
승질(乘秩)명 벼슬을 승차(陞資)함. 하다
승차(乘車)명 차를 탐. (대)하차(下車). taking a car
승차(陞差)명 같은 관청에서 윗자리 벼슬로 오름. advancement to a higher post 하다
승차-권[-꿘](乘車券)명 차표. 차표(車票).
승창명 접지 않고 하고, 말 탈 때에 디디기도 하는 걸상 같은 물건. 거상(踞牀). 승상(繩牀). stool
승척(繩尺)명 ①측량할 때 쓰는 노끈으로 만든 자. tape-measure ②먹줄과 자. inking line and a ruler ③일정한 규칙. rule
승천(昇天·陞天)명 ①하늘에 오름. 등천(登天). ascension ②〈기독〉예수가 부활한 후 하늘에 올라간 일. 《대》강림(降臨). death of a Christian 하다
승천(陞遷)명 〈동〉승직(陞職). 하다
승천-일(昇天日)명 예수의 승천한 날.
승천 입지[-닙-](昇天入地)명 하늘에 오르고 땅에 들어감. 자취를 감춤. disappearance 하다
승:첩(勝捷)명 〈동〉승전(勝戰). 하다
승청보=갈-다명 →신청부같다.
승취(承醉)명 ①취흥을 탐. taking advantage of intoxication ②술취한 김을 탐. conviviality 하다
승:치(勝致)명 좋은 흥치나 경치. good scenery
승침(昇沈)명 인생의 성함과 쇠함. prosperity and decline [ding lineage 하다
승통(承統)명 종가(宗家)의 대(代)를 이음. Succee-
승통(僧統)명 〈불교〉승군(僧軍)을 통솔하던 중의 벼슬의 하나. 섭리(攝理).
승파(繩播)명 〈농업〉볍씨를 심는 방법의 하나. 오디를 새끼줄에 문질러서 그 새끼줄째 심음. 하다
승패(承牌)명 〈제도〉임금이 부르는 패를 받음. 하다

1130

시

승:-패(勝敗)명 《동》승부(勝負).
승평(昇平·承平)명 나라가 태평함. peace 하다
승평-계(昇平契)명 〈제도〉조선조 고종 때, 박효관(朴孝寬)과 안민영(安玟英) 등 평민 가객(平民歌客)들이 모여 조직한 교유(交遊) 단체.
승평 세:계(昇平世界)명 태평한 세상.
승표(乘標)명 〈수학〉곱셈을 표시하는 부호 '×'. 곱셈표. 승호(乘號). (대)나눗셈표. 제표(除標). sign of multiplication
승품(陞品)명 〈제도〉종 3품 이상의 품계에 오름. 하다
승품 파람(乘風破浪)명 큰 뜻이 있음을 말함. ambition
승핍(承乏) 인재가 부족해서 재능이 없는 사람이 벼슬을 함. appointment of an incapable man 하다
승하(昇遐)명 임금이 세상을 떠남. 예척(禮陟). 붕어(崩御). death of a king [multiply
승-하-다(乘-)타여 어느 수와 어느 수를 곱하다.
승:-하-다(勝-)타여 이기다. win 형여다 낫다. 뛰어나다. be superior to
승-하:선(乘下船)명 승선(乘船)과 하선(下船). 하다
승학(乘鶴)명 학을 타고 하늘에 오름. 신선이 됨.
승학-시(陞學試)명 〈제도〉성균관(成均館) 유생(儒生)들에게 학업의 진전을 알아보던 시험.
승함(乘艦)명 군함에 올라 탐. 하다
승합(乘合)명 여럿이 함께 탐. 합승(合乘). ¶~ 마차(馬車). ~ 자동차(自動車). riding together
승행(承行)명 명(命)을 받아서 행함. 명(命)을 받아서 행함.
승헌(陞獻)명 올림. 바침. 하다
승:협(勝俠)명 유쾌한 마음.
승혜(繩鞋)명 미투리.
승호(昇弧)명 비점(飛點)으로부터 탄도(彈道) 정점(頂點)까지의 탄도의 부분.
승호(乘號)명 〈동〉승표(乘標).
승호(蠅虎)명 〈동물〉승호과(蠅虎科)에 속하는 거미. 몸 빛은 검고, 한가운데 흰 줄이 있으며 은빛의 털과 비늘이 많음. 파리를 잘 잡아먹음.
승혼(乘昏)명 황혼을 틈탐. taking advantage of twilight 하다. [銀]. corrosive sublimate
승홍(昇汞)명 〈화학〉〈수〉염화제이수은(鹽化第二水
승홍-수(昇汞水)명 승홍(昇汞)을 탄 소독물. solution of corrosive sublimate
승화(昇華)명 ①〈화학〉가열하면 고체에서 액체로 되지 않고 바로 기화하며, 이것을 냉각시키면 바로 응결하여서 고체로 되는 현상. 드라이 아이스·장뇌 따위에서 보임. ②〈심리〉어릴 때 성적(性的)인 사상(事象)으로 향하여진 리비도(libido)가 장성하여서는 사회 생활면으로 미화·순화되어 문화적·예술적인 운동으로 전환하는 일. sublimation
승화-열(昇華熱)명 〈화학〉물질이 고체에서 기체로 변할 적에 흡수 또는 방출하는 열량. heat of sublimation
승:회(勝會)명 성대한 모임. successful meeting
승후(承候)명 웃어른에게 문안함. inquiring after an elder 하다 [cheerful atmosphere 하다
승흥(乘興)명 흥(興)을 탐. taking advantage of
승희(繩戱)명 줄타기. walking on the rope
싀익=후-다(古)②섭섭하다.
쉰다리(古)명 넓적다리.
쉰·대·초(古)명 멧배추.
시 시쁘게 생각되는 것을 나타냄. ¶~, 요것 뿐이야.
=시(진미)동사나 형용사의 어간에 붙여 높임의 뜻을 보이는 선어말어미. ¶누님이 일을 하~다.→으시.
시(긴지)명 빛깔이 아주 산뜻하게 짙음을 나타내는 말. ¶~빨갛다. (작) 새~. very
시:(市)[명] ①시장. 저자. market ②도시. 시가. city ③(약)→시청(市廳). ④〈법률〉지방 행정 구역의 하나. 특별시·직할시와 시로 나뉨. city
시(矢)[명] 화살.
시(是)[명] ①옳음. ②도리에 맞음. right

시:(時)圈 ①시간의 단위. hour ②시각을 나타내는 단위. 하루를 24시로 나눔. ③사람이 난 시각. time ④때. 시각(時刻). 점(點)②. time

시:(詩)圈〖문학〗①문학의 한 부분. 자연·인생 등의 모든 사물에 대하여 일어나는 정서·감흥·상상(想像)·사상(思想) 등을 일종의 운율적으로 표현 하게 한 것. 시가(詩歌)②. poetry ②끝에 운자(韻字)를 달아 짓는 글. 곧, 한시(漢詩). Chinese poetry

시:(諡)圈 통 시호(諡號). 〔on the husband's side

시:(媤)접두 '시집'의 뜻을 나타냄. ¶~부모. in-law

시:(C, c)圈 ①〈음악〉음이름의 하나. 다장조의 으뜸음. ②섭씨 온도를 나타내는 기호. ¶20°~. ③탄소의 원소 기호. 〔되는 마지막 음.

시:(si이)圈〈음악〉장조 음계(長調音階)의 일곱째가

·시[떼]圈 것이. 스의 주격형. 〔그 밑에만 쓰임.

시:가(市街)圈 ①도시의 큰 길. street ②저잣거리. 시정(市井)①. town

시:가[一까](市値)圈 시장의 시세. 시금(市金). 시치(市値). market price 〔치(時値). current price

시가[一까](時價)圈 현재의 물건 값. 시세(時勢). 시

시가(媤家)圈 결혼한 여자에게 있어서, 남편의 집안. 시집. 튄 시택(媤宅). family of one's husband

시가(詩家)圈 시인(詩人). 〔시(詩歌). poems

시가(詩歌)圈 ①시와 노래. songs and poems

시가-내이(試可乃已)圈 먼저 능(能)·불능(不能)을 시험하고 취사(取捨)를. selection

시가 발행[一까一](時價發行)圈 주식의 액면 가액에 구애되지 않고, 시가를 기준으로 하여 발행 가격을 정하여 행하는 것.

시:가-전(市街戰)圈〖군사〗시가지에서 벌어지는 전투. street fighting 하타〕〔를 달리는 전차.

시:가-전(市街電車)圈 시가의 노면에 부설된 궤도

시:가-지(市街地)圈 시가를 이룬 지역. urban district

시가-철도[一또一](一鐵道)圈 시가지에 부설된 철도.

시가-표[一까一](時價標)圈 어느 일정한 시기에 있어서의 특정물(特定物)의 시가(市價)를 나타낸 표.

시가-행 행진(行進)圈 시가를 통해 행진함.

시:각(始覺)圈〖불교〗불법(佛法)을 듣고 비로소 무명(無明)에서 벗어나 깨달음을 얻는 일. first spiritual enlightenment

시각(時角)圈〖천문〗천구의 북극과 천체를 지나는 원(圓)이 관측자의 자오선(子午線)과 이루는 각. hour angle

시각(時刻)圈 ①시간의 어떤 순간에서의 시점(時點). 시각(時刻)②. ②잡을 즈음. moment

시:각(視角)圈〖물리〗물체의 두 끝에서 눈에 이르는 두 직선이 이루는 각. visual angle

시:각(視覺)圈〖생리〗빛 또는 물상(物像)이 망막(網膜)에 비칠 때, 시신경을 자극함으로 뇌에 전달됨으로서 일어나는 감각. 보기 힘과. 시감(視感). sense of sight

시:각 교:육(視覺教育)圈〖교육〗직접 눈으로 볼 수 있는 사진·그림 등을 이용하는 교육.

시각-권(時角圈)圈 통 시권(時圈).

시각 대:변(時刻待變)圈 ①병세가 퍽 급하고 위중하게 된 상태. serious condition ②마음이 잘 변함. 하타

시:각 언어(視覺言語)圈 문자에 의하지 않고 색채·도형(圖形) 등에 의한 표현을 통해서 시각에 호소하는 언어. 「에 나타낸 것을 그대로 묘사하는 주의.

시:각-주의(視覺主義)圈〖미술〗기억을 물리치고 눈

시:각 표상(視覺表象)圈〖철학〗시각 작용에 의해 구성되는 표상.

시:각 혼:합(視覺混合)圈〖심리〗상이한 두 가지 이상의 빛을 나란히 놓았을 때, 어떤 거리에서 보면 혼합된 빛으로 보이는 효과.

시:각-화(視覺化)圈 볼 수 없는 것을 보아서 알 수 있는 형태로 만들어 보임. 하타

시:간(屍諫)圈 자기 자신을 죽여서까지 임금에게 간언(諫言)함. 하타

시간(時間)圈 ①어느 때로부터 어느 때까지의 사이. 때. 〈대〉공간(空間). time ②통 시각(時刻)①. ③〈심리〉전후(前後)·동시(同時)·계속의 장단(長短)에 관한 의식. time ④〖철학〗과거·현재·미래의 무한한 연속. 〈대〉공간(空間). time ⑤〈불교〉십심(心)과 색(色)이 합친 경계. 의퇴 60분 동안. hour

시간 강:사(時間講師)圈 매주 정해진 시간에만 수업에 나오게 된 강사.

시간 개:념(時間概念)圈 시간 지각을 통하여 얻은 개념. 〈대〉공간 개념. conception of time

시간 관념(時間觀念)圈 시간의 경과를 의식하게 하는 관념.

시간-급(時間給)圈 일한 시간에 따라서 또는 한 시간에 얼마씩 계산하여 주는 급료(給料). 시간불 임금. 시간삯. 〈略〉시급(時給).

시간 기록기(時間記錄器)圈 공장·회사 따위에서 종업원의 출근·퇴근의 시각을 기록하는 기계. 카드를 접수구에 넣고 핸들을 누르면 자동적으로 시각이 기록됨. 시간 등록기. time recorder

시간 등록기(時間登錄記)圈 통 시간 기록기.

시간 문:제(時間問題)圈 ①시간에 관한 문제. ②시간에 좌우되는 문제.

시간-미(時間美)圈〖미술〗시·음악·무용 따위와 같이 시간의 연속으로 인하여 표현되는 미(美). 〈대〉공간미(空間美). timing beauty 〔짓는 밥.

시간-밥[一빱](時間一)圈 날마다 일정한 시간에 먹게

시간 보:조 어:간(時間補助語幹)圈 통 시제 선어말어미.

시간 부:사(時間副詞)圈〈어학〉동작의 시간을 수식하는 부사. 일찍·저녁·자주·항상·금방·다음 따위.

시간불 임:금(時間拂貸金)圈 통 시간급(時間給).

시간-삯(一)圈 통 시간급(時間給).

시간 예:술(一네一)圈〖미술〗시(詩)·음악·무용·영화 등과 같이 시간의 지남에 따라 표현되는 예술. 〈대〉공간 예술(空間藝術). arts based on tempo

시간외 근무(時間外勤務)圈 정한 시간을 넘어서 하는 근무. extra work

시간-적(時間的)圈 시간상의(것). 시간에 관한(것).

시간 지각(時間知覺)圈〖심리〗시간적 전후 관계와 지속(持續) 시간의 장단 따위에 대한 인식. 〈대〉공간 지각. perception of time

시간차 공:격(時間差攻擊)圈〖체육〗배구의 전법의 하나. 평면적이며 장소적인 공격에 대하여 공격의 타이밍을 교묘하게 변화시켜 상대편의 수비를 혼란하게 하는 전법.

시간 착오(時間錯誤)圈〖심리〗두 개의 자극을 지각할 때, 앞의 어느 쪽의 인상이 과대하게 평가되는 현상.

시간-표(時間表)圈 ①일정한 시간 배당을 적어 놓은 표. ¶수업 ~. ②정기적으로 운행되는 기차·배·버스 등의 발착 시간을 적어 놓은 표. ¶열차 운행 ~.

시감(時感)圈 통 돌림 감기.

시:감(視感)圈 통 시각(視覺).

시감(詩感)圈 시적 감흥. ¶~이 일어난다.

시:강(侍講)圈〖제도〗조선조 때 임금을 모시고 경전(經典)을 강의하던 경연원(經筵院)·홍문관(弘文館)의 한 벼슬. King's tutor

시:강-관(侍講官)圈〖제도〗조선조 때 경연원(經筵院)의 정 4 품 벼슬.

시:강-원(侍講院)圈〖제도〗세자(世子) 시강원·왕태자궁(王太子宮) 시강원·황태자궁 시강원의 통칭.

시객(詩客)圈 시를 즐겨 짓는 풍류객. 시인(詩人). poet

시거(cigar)圈 엽궐련.

=시거늘[어미]선어말 어미 '=시='와 어미 '=거늘'이 합한 연결 서술형 어미. 〔'가 합한 연결 어미.

=시거든[어미]선어말 어미 '=시='와 어미 '=거든'이 합한 연결 어미.

시거든 뜁지나 말고 읅거든 검지나 말지 이모로도 저모로도 쓸모가 없는 사람을 이름.

시거렛(cigarette)명 궐련.

시거렛 케이스(cigarette case)명 담뱃갑.

시거에 ①우선 급한 대로. first of all ②머뭇거리지 않고 곧. at once

시:거의(視距儀)명〈공업〉거리 및 고차(高差)를 재는 기계의 하나. 이것을 사용하여 측량하는 것을 시거 측량이라 함.

시-건드러지-다형 시큰둥하게 건드러지다. pert

시-건방지-다형 시큰둥하게 건방지다. conceited

시:-걸(C-girl)명〈약〉확률적 현상을 수적으로 분석하여 얻은 수치의 계열. 기상(氣象)·경제 사상(事象)·서비스 업무 등을 수량적으로 분석할 때에 흔히 이용됨.

시계(市契)명 저자에서 사고 파는 곡식. 또, 그 시세. market price of cereals

시계-전(-廛)명 저자에서 곡식을 파는 가게. corn shop

시겟-금(-金)명 저자에서 파는 곡물의 시세. market price of cereals

시겟-돈명 저자에서 판 곡식의 값으로 받는 돈.

시겟-바리명 저자로 나르는 곡식을 실은 짐바리. market-bound cart laden with cereals

시겟-박(←食器-)명 ①선사로 보내는 물건을 담은 함지박. large round tray for gift ②식기를 담아 두는 함지박. large round tray for tableware

시격(詩格)명 ①시(詩)의 격식(格式). form of verse ②시의 품격. quality of a poem

시:경(市警)명 시(市) 경찰국.

시경(詩境)명 ①시의 경지(境地). poetical inspiration ②시정이 넘쳐흐르는 풍치. 시흥을 불러일으키는 아름다운 경치.

시-경(試硬器)명 광물(鑛物)의 굳은 정도를 시험하는 기계. sclerometer

시계(時計)명 시간을 가리키는 기계. 시종(時鐘). clock, watch

시:계(視界)명(동) 시야(視野)①.

시계-대(時計臺)명 고층 건물의 옥상에 큰 시계를 단 장치. clock tower

시계 신:관(時計信管)명 용수철로 움직이는 시계 장치를 이용한 신관.

시:계열(時系列)명 확률적 현상을 수적으로 관측하여 얻은 수치의 계열. 기상(氣象)·경제 사상(事象)·서비스 업무 등을 수량적으로 분석할 때에 흔히 이용됨.

시계:열 통:계(時系列統計)명 어떤 통계가 시간의 경과에 따라 변동하는 상황을 배열 표시한 통계.

시계-자리(時計-)명〈천문〉에리다누스좌의 동쪽에 있는 남쪽 하늘의 작은 성좌.

시계-추(時計錘)명 유사(遊絲)를 장치하지 아니한 시계에 달린 쇳덩이. 좌우로 흔들리는 바람에 태엽이 풀리게 됨. 〈약〉추(錘)②. pendulum

시계-탑(時計塔)명 시계를 멀리서 볼 수 있도록 장치한 높은 시설물. ¶우뚝 솟은 ∼. clock tower

시계-포(時計鋪)명 시계를 고치거나 사고 파는 점포. clock dealer

시고(詩稿)명 시의 초고 또는 원고. manuscripts of a poem

시-고모(媤姑母)명 남편의 고모. one's husband's aunt

시-고모부(媤姑母夫)명 남편의 고모부. 시고모의 남편. one's husband's uncle

시골명 ①서울에서 떨어져 있는 마을이나 지방. 교외(郊外). 향토. 〈대〉서울. country ②고향. one's home town [시골 사람. stupid rustic

시골-고라니[-꼬-]명 어리석고 모르면서, 고집이 센 시골 사람.

시골 구석[-꾸-]명 퍽 으슥하고 외딴 시골. remote corner of the country

시골-내기명 시골에서 자라난 사람. rustic

시골-뜨기명〈속〉견문이 적은 시골 사람.

시골-말명 시골에서 쓰는 사투리. 방언(方言). 〈대〉서울말. country dialect [ple ②고향 사람.

시골 사:람[-싸-]명 ①시골에 사는 사람. rural peo-

시골-집[-찝]명 ①시골에 있는 집. 촌가(村家). ② 시골 고향에 있는 자기 집. [티. rustic air

시골-티명 시골 사람의 촌스러운 모양이나 태도. 촌

시:공(施工)명 공사를 실지로 행함. construction 하다

시:공간(視空間)명〈심리〉시각(視覺)에 의하여 지각(知覺)되는 공간. visual space

시공 세:계(時空世界)명〈물리〉3차원의 공간에 4차원으로서 시간을 더하여 만들어진 4차원의 연속체. 사차원(四次元) 세계. world of space and time

시과(時果)명 그 계절의 과실.

시과(翅果)명〈식물〉열매의 하나. 과피(果皮)가 신장(伸長)하여 날개 모양이 되고 바람에 날리어 산포하게 됨. 단풍나무·물푸레나무·복장나무·신나무 등의 열매 따위. samara

시:관(視官)명〈생리〉시각(視覺)을 맡은 감각 기관. organ of vision

시관(試官)명〈제도〉조선조 때 과시(科試)에 관계되는 모든 직임. examiner 하다

시:교(示敎)명 보여서 가르침. 교시(敎示). instruction

시:교:육 위원회(市敎育委員會)명〈교육〉특별시 따위의 교육·학예에 관한 사무를 맡아보는 의결·집행 기관. board of education

시:구(市區)명 ①도시의 구역. street ②시(市)와 구(區). city and ward

시:구(始球)명〈체육〉야구 시합을 시작할 때, 주최자나 또는 내빈 중에서 어느 한 사람이 제일 먼저 공을 던지는 일. throwing the first ball 하다

시:구(屍柩)명 시체를 넣는 관. coffin

시:구(屍驅)명[동] 송장.

시구(時球)명 부두에 높이 달아 오정을 알리는 공 모양의 전기 장치. 공을 낙하시킴. 보시구(報時球).

시구[-꾸]詩句)명 시의 구절. verse, stanza

시:구-식(始球式)명〈체육〉야구 경기를 시작할 때, 주최자나 내빈 중에서 한 사람이 제일 먼저 공을 투수판에서 본루의 포수에게 던지는 행사. opening a ceremony of a ball game [것. 5마티칸 ∼.

시:국(市國)명 국가가 하나의 시(市)만으로 형성된

시국(時局)명 지금 일어나고 있는 당세의 판국. 당면한 국내 및 국제의 정세. situation

시국-관(時局觀)명 당면한 현시의 대세를 보는 관점.

시국-담(時局談)명 시국에 관하여 말하는 이야기. current topics

시:군(弑君)명 섬기던 임금을 죽임. regicide 하다

시:굴(試掘)명〈광물〉광상(鑛床)의 채굴 가부를 알아보기 위하여 시험적으로 파 봄. prospecting 하다

시:굴-권(試掘權)명〈법률〉특정한 광구(鑛區) 안에서 광물을 시굴할 수 있는 권리. prospecting rights

시굼-시굼여럿이 다 시굼한 모양. 매우 시굼한 모양. 〈작〉새굼새굼. 〈거〉시쿰시쿰. 하다

시굼-하다형여 깊은 맛이 있게 조금 시다. 〈작〉새굼하다. 〈거〉시쿰하다. sourish

시궁명 더러운 물로 흙이 썩어 이루어진 도랑창. [ditch

시궁-구멍[-꾸-]명 시궁의 구멍. opening of a cesspool

시궁-발치명 시궁의 근처. 〈약〉시궁치. near the

시궁-쥐명〈동물〉쥐과에 속하는 동물. 인가 근처의 시궁창에 사는데, 등은 황갈색, 배는 회백색, 꼬리는 갈색임. 페스트균을 옮김. brown rat

시궁-창명 ①시궁의 속. ②시궁창과 같이 썩어빠진 사회나 환경을 빗대어 이르는 말. ¶삶의 ∼에서 허덕

시궁-치명〈약〉→시궁발치. [이다. ditch

시:권(時圈)명〈천문〉천구의 두 극(極)을 지나 적도와 직각으로 만나는 원(圓). 시각권(時角圈). hour circle [글장.

시:권(試券)명〈제도〉과거 때 글을 지어 바친 종이.

시귀(蓍龜)명 점칠 때에 쓰는 가새풀과 거북.

시그널(signal)명 ①[동] 신호(信號). ②신호기. 건널 목 어귀 따위에 매단 신호주(信號柱).

시그널 뮤:직(signal music)명 연속적·정기적 방송 프로그램에서 그 방송의 직전·직후에 연주하는 음악.

시그러-지-다자 ①뻗친 힘이 사라지다. bate ②흥분 상태가 가라앉다. calm

시그마(Σ·σ·s)명 ①희랍어의 열여덟째 자모. ②〈수학〉총가 기호(總加記號). Σ를 씀.

시그무레-하-다형여분 조금 시금하다. 《작》새그무레하다. somewhat sourish

시극(猜克)명〈동〉시험(猜險). 하타 「verse drama

시극(詩劇)명〈연예〉시(詩)의 형식으로 꾸민 연극.

시:근(始根)명 근본되는 원인. origin

시:근(試根)명〈광물〉함지나 사발 따위로 색불 때에 육안에 띌 정도로 달리는 금분.

시근-거리-다자 배가 부르거나 분이 치밀어 가쁜 숨소리를 거칠게 자주 내다. 《작》새근거리다¹. 《센》씨근거리다. gasp 시근=시근¹ 하형

시근-거리-다자 뼈마디가 잇달아 시근하다. 《작》새근거리다². 《거》시큰거리다. stiff 시근=시근² 하형

시근-담(-담)〈건축〉①방고래를 칠 때 중방의 subscribed 가 고막이의 안쪽으로 돌아서 나지막하게 쌓아 올린 담. 곧, 구들장을 걸치는 부분. ②삼을 벗기기 위해 찌는 구덩이나 큰솥 어귀에 건너지르는 담.

시근-벌떡명 흥분되거나 배가 불러 가쁘게 숨을 쉬는 모양. 《작》새근발딱. 《센》씨근벌떡. 《거》씨근떡떡. gaspingly 하타

시근벌떡-거리-다자 숨이 차서 연해 시근거리며 헐떡거리다. 《작》새근발딱거리다. 《센》씨근벌떡거리다. 《거》씨근떡떡거리다. 시근벌떡=시근벌떡 하형

시근히부 시금치.

시근-하-다형여분 뼈마디가 조금 시다. 《작》새근하다. 《거》시큰하다. have a twinging ache

시글-버글부 →시글시글.

시글=시글부 우글우글 들끓는 모양. in swarms 하형

시:금(市金)명〈동〉시가(市價).

시:금(試金)명 ①화폐·판금(板金)·귀금속 따위의 순도(純度)를 살핌. ②〈화학〉광물·합금(合金) 등의 정량 분석(定量分析). assaying 하타

시금덜털-하-다형여분 맛이 조금 시고 떫다. 《거》시금털털하다. sourish and astringent

시:금-석(試金石)명 ①〈화학〉귀금속의 품질이나 진위(眞僞)를 가리는 데 쓰는 치밀하고 굳은 흑색의 돌. 충충돌. 충생돌. touchstone ②가치·능력·역량 등을 시험해 알아보는 기회나 사물. test

시금=시금부 여럿이 다 시금한 모양. 매우 시금한 모양. 《작》새금새금. 《거》시큼시큼. 하형

시금씁-하-다형여분 맛이 조금 시고 씁쓸하다. somewhat sour and bitter

시금치명〈식물〉명아주과에 딸린 일년생 또는 이년생 채소. 뿌리는 보통 담홍색이며 줄기는 속이 비었음. 여름에 녹색의 작은 꽃이 이삭 모양으로 됨. 잎에는 비타민과 철분이 많아 널리 식용으로 됨. 적근채(赤根菜). 파릉채(菠薐菜). spinach

시금털털-하-다형여분 《거》→시금떨떨하다.

시금-하-다형여분 초금 신맛이 있다. 《작》새금하다. 《거》시큼하다. sourish

시급(時急)명 때가 절박하여 몹시 바쁨. urgency 하형

시급(時給)명〈약〉→시간급(時間給).

시기(時期)명 시화(時悲). 「occasion

시기(時期)명 ①정한 때. time ②바라고 기다리던 때.

시기(時機)명 적당한 때·기회. opportunity

시기(猜忌)명 샘하여 미워함. 《대》사모(思慕). jealousy 하타 「결세(結稅).

시기=결(時起結)명〈제도〉새로 논밭을 이룬 땅의

시기 상:조(時機尙早)아직 때가 이름. 아직 때가 덜 되었다는 말. 《약》상조(尙早). premature

시기-심(猜忌心)명 남을 시기하는 마음. jealousy

시기-적(時期的)관명 때에 관한(것). 때에 비추어 본(것). in the view of time

시:-꺼멓-다형ㅎ 매우 질게 꺼멓다. pitch black ②매우 엄름하다. ¶속이 ~. 《작》새까맣다. 《거》시커멓다. foxy

시끄럽-다형ㅂ 듣기 싫은 만큼 매우 떠들썩하다. ¶애들아 ~, 나가서 놀아라. noisy ②말썽이 나거나 어지럽게 되다. ¶시끄러운 문제.

시끌시끌-하-다형여분 ①정신이 어지럽도록 시끄럽다. noisy ②일 저 일이 섞갈리어 정신이 어지럽다. confuse

시나(cina)명〈식물〉엉거시과에 딸린 다년생 풀의 하나. 덜 핀 꽃에서 산토닌을 얻어 회충약에 씀.

시나고그(synagogue)명〈종교〉유대교의 예배를 하기 위하여 만든 교회당.

시나리오(scenario 이)명〈연예〉영화 각본. 곧, 영화 장면의 순서, 배우의 대사(臺詞)·동작 따위를 적은 대본(臺本). 보통 100~200의 장면을 가짐.

시나리오 라이터(scenario writer)명〈문학〉영화의 각본을 쓰는 사람.

시나리오 문학(scenario 文學)명〈문학〉시나리오는 영화를 위하여 쓰여지지만 문자로 쓰여진다는 점에서 희곡이 문학인 것처럼 문학의 한 분야로 주장하는 문학. 「일을 하는 사이사이에.

시나브로명 ①모르는 사이에 조금씩 조금씩. ②다른

시난-고난부 병이 점점 더하여 가는 모양. becoming worse

시:납(施納)명〈불교〉절에 시주로 금품을 바침. 하타

시:내명 골짜기나 평지에서 흐르는 조그만 내. 계천. stream 「in the city

시:내(市內)명 시의 구역 안. 시중(市中). 《대》시외.

시:내 버스(市內 bus)명 시내에서만 운행되는 버스.

시:내-판(市內版)명 주로 시내에서 일어난 일을 편집하여 시내에만 돌리는 신문. city edition

시:냇=가명 시냇물 가의 땅. 시냇강변. riverside

시:냇=가명(一江邊)명〈동〉시냇가.

시:냇=물명 시내에 흐르는 물. stream

시너(thinner)명 도료(塗料), 특히 래커에 타서 묽게 하는 용제(溶劑).

시네라리아(cineraria)명〈식물〉엉거시과의 일년생 또는 이년생 풀. 온몸이 흰 솜털로 덮이고 초여름에서 초가을에 걸쳐 홍·자·남·백색 등의 꽃이 핌. 백묘국(白妙菊).

시네라마(cinérama 프)명〈연예〉와이드 스크린(wide screen)의 하나. 입체 영화(立體映畫).

시네마(cinéma 프)명 ①영화. 영화관. 키네마. ②《약》→시네마토그라프.

시네마 드라마(cinema drama)명〈연예〉연극의 양식(樣式)으로 된 영화. 극영화.

시네마=스코:프(Cinema-Scope)명〈연예〉1927년 프랑스에서 처음 발명된 와이드 스크린(wide screen)의 하나. 좌우 폭으로 압축 작용이 있는 특수한 렌즈를 써서 표준형 영화 화면의 세로와 가로가 1 대 1.33임에 대하여 1 대 2.55의 비율임. 《약》시네스코.

시네마토그라프(cinématographe 프)명〈연예〉①프랑스의 뤼미에르(Lumiere) 형제가 발명한 영사기. 1895년 세계 최초의 영화를 공개 상영하였음. ②영화. 키네마(kinema). 《약》시네마②.

시네스코명〈약〉→시네마스코프.

시네아스트(cinéaste 프)명〈연예〉영화 예술인. 영화인. 「스·기록 영화 따위에 쓰임.

시네-카메라(cinecamera)명 영화 촬영기의 하나. 뉴

시네-컬러(cine-color)명〈연예〉2색 또는 3색 감색법(減色法)에 의한 천연색 영화.

시네-포엠(ciné-poème 프)명〈문학〉영화의 수법으로 나타낸 시(詩). 영화시(映畫詩).

시:녀(侍女)명〈동〉궁녀. ②시중 드는 여자. 시비(侍婢). waiting maid

시:노(侍奴)명 시중을 드는 종. 「wood

시노(柴奴)명 땔나무를 하는 머슴. servant for fire-

시노님(synonym)명〈어학〉①동의어(同義語). ②뜻이 비슷한 말.

시뇌-악(詩腦樂)명〈동〉사뇌악(詞腦樂).

시:뇨(屎尿)명 똥과 오줌. excretions

시누(媤—)명〈약〉→시누이.

시:누래지-다 → 싯누래지다.
시:누렇-다[형] → 싯누렇다.
시:누이(媤―) 남편의 누이. 소고(小姑). 《약》시누. 시뉘. one's husband's sister
시누이 올케(媤―) 남편의 누이와 오라비의 아내. 《약》시뉘 올케. sister-in-law by marriage
시뉘(媤―) 《약》시누이.
시뷔 올케(媤―) 《약》→시누이 올케.
시늉 어떤 움직임이나 모양을 흉내내는 짓. gesture
시늠=시름 → 시름시름.
시니시즘(cynicism) 퀴닉 학파의 입장. 견유주의(犬儒主義).
시니어(senior) 연장자. 선배. 고참자. 상급생. (대)
시니컬(cynical) 냉소적. 하[한]
시닉(cynic) 〈철학〉퀴닉 학파적임. 견유적(犬儒的). 냉소적(冷笑的). 시니컬. 하[한]
시-다 ①초 맛과 같이 맛이 시다. sour ②뼈마디가 삐어서 시근시근하다. have a twinging ache
시-다랗다 ①눈이 강한 빛을 받아 슴벅슴벅 절리는 듯하다. too bright ②하는 짓이 눈에 벗어나 비위에 거슬리다. be an eyesore
시:다비림(尸陀林) 〈불교〉죽은 사람에게 마지막으로 하는 설법(說法).
시:다림 법사(尸陀林法師) 〈불교〉죽은 사람에게 설법하는 법사.
시닥-나무(―) 〈식물〉단풍나무과의 낙엽 소교목(小喬木). 잎은 장상(掌狀)이며 3~5 갈래로 갈라지고 톱니가 있음. 6~7월에 노란 꽃이 피고 과실은 10월에 익음.
시단(詩壇) 〈문학〉시인들로서 이루어진 사회. poetical circles
시:달-다 ①위에게 아래로 명령·통지 등을 문서로써 전달하다. direction ②〈법률〉행정상의 지휘·감독권의 발동으로, 소관 업무에 대하여 훈령·통첩의 형식으로 지시·주의 등을 행하는 행위. order ③관청에서 일반 국민에게 문서로써 알리는 일. instruction 하[한]
시달리-다 괴로움을 받다. be troubled 타[한] 괴롭게 굴다. bother
시달림 시달리는 일. being troubled
시:담(示談) ①싸움을 화해시키는 말. ②〈법률〉민사상의 분쟁을 사사로 해결하는 일. compromise
시답잖-다[형] → 시답지않다.
시-당숙(媤堂叔) 남편의 당숙. one's husband's uncle
시대(時代) ①시간을 역사적으로 나눈 한 기간. 제 오랜 기간. period ②어떤 사물의 기념상(紀年上)의 위치. 연대(年代). ③그 당시. 당대(當代). ¶~의 명물. times ④세상. ⑤시간이 경과하여 고색 창연한 것. historical
시대 감:각(時代感覺) 시대의 특성(特性)을 느낄 수 있는 감각. sense of the times
시대-극(時代劇) 〈연예〉어떠한 한 시대의 형편을 배경으로 하여 꾸민 연극. costume play
시대-병(―病) (時代病) 시대의 사조에 따라 일어나는 병폐(病弊) 또는 유행병. disease caused by current thoughts
시대 사상(時代思想) 어떠한 시대의 사회 일반에 널리 통하는 사상. current thoughts
시대 사조(時代思潮) 어떠한 시대의 사회 일반에 널리 통하는 근본적 사상. trend of the times
시대-상(時代相) ①그 시대의 되어가는 형편. phases of the time ②어떠한 시대 사상의 경향. trend of the times [색. characteristics of the times
시대-색(時代色) 그 시대 특유한 경향이나 특징. 特
시대-성(―性) (時代性) 어떤 시대의 특유한 사회적 성격. phases of the times
시대 소:설(時代小說) 〈문학〉지나간 시대의 사회의 형편을 배경으로 하여 쓴 소설. historical novel
시대-적(時代的) 그 시대에 특징적인(것).
시대 정신(時代精神) ①어떠한 시대의 사회 인식(人心)을 지배하는 정신. 그 시대를 특징짓는 정신. ②〈철학〉그 시대의 전문화(全文化)를 집중(集中)·

일관(一貫)하는 지도적인 정신적 경향. spirit of the times
시대 착오(時代錯誤) ①새 시대의 경향에 맞지 않고 뒤떨어지는 일. 현대에 알맞지 않는 일. ②〈문학〉기술·묘사가 시대의 의식이나 생활 형식의 실제에 부합되지 않는 일. anachronism
시댁(媤宅) 〈공〉시가(媤家). [tisfactory
시덥지-않-다[형] 보잘것없어 마음에 차지 않다. unsa-
시데로스탯(siderostat) 〈천문〉일주 운동(日週運動)으로 말미암아 움직이고 있는 천체에서 오는 광선을 임의의 일정한 방향으로 반사시키는 장치. 회전하는 두 개의 반사경으로 됨. 태양 관측·분광기 관측용이 있음.
시:도(示度) 계기(計器)가 가리키는 눈금의 숫자. 특히, 기압계가 나타내는 기압의 높이.
시:도(市道) 도로 종별(種別)의 하나. 시내의 도로로서, 시장이 그 노선을 인정하고 관리·유지하는 도로.
시:도(示導) 나타내 보여 지도함. 하[한] [도로.
시:도(始睹) 처음 봄. seeing for the first time 하[한]
시:도(視度) 〈물리〉공기 중의 가스나 부유물에 의하여 생기는 대기의 투명도. 시계(視界) 거리에 따라 0에서 9까지로 구분함.
시도(詩道) 시의 도. 시를 짓는 방법.
시:도(試圖) ①시험삼아 꾀하여 봄. ②마음속에 하는 계획. attempt 하[한]
시:도 동:기(示導動機) 〈음악〉어떤 인물의 행위·감정 등을 암시·상징하는 악구(樂句)를 써서 악곡의 통일을 꾀하고 주제적(主題的) 의의를 나타내는 동기.
시:도-식(始渡式) 다리를 놓고 처음 건너는 식. 초도식(初渡式). ceremony opening a new bridge
시:독(屍毒) 〈화학〉동물의 시체가 박테리아의 작용으로 분해되어 발생하는 유독물(有毒物)의 총칭. 프토마인(ptomain)도 그 하나임. ptomain poisoning
시독(柴毒) 〈한의〉가시에 찔려 곪는 병.
시돌(豕突) 앞뒤의 생각 없이 막 나아가 침. 저돌(猪突). 하[한] [던 어린아이.
시:동(尸童) 제사 때 신위(神位) 대신으로 앉혀 놓
시:동(始動) 처음으로 움직이기 시작함. 기동(起動). start moving 하[한] [page
시:동(侍童) 귀인(貴人) 밑에서 심부름하는 아이.
시:동-기(始動機) 기동기(起動機).
시:동 모:터(始動 motor) 스스로 시동할 수 없는 내연 기관 따위를 시동하게 하는 데 쓰는 보조 모터.
시-동생(媤同生) 남편의 동생. one's husband's younger brother
시두(時痘) 〈동〉천연두(天然痘).
시두-법(―法) (時頭法) 〈민속〉일진(日辰)의 천간(天干)을 보아서 그 날의 자시(子時)가 육십 갑자(六十甲子) 중의 어떠한 자시(子時)가 되는지를 알아내는 방법.
시:드(seed) ①〈식물〉종자(種子). ②정액(精液). ③〈체육〉토너먼트식 경기에서, 우수한 선수나 팀이 먼저 대항하지 않게 스케줄을 짜는 일.
시드럭-부드럭 차차 시들어 가는 모양. 《약》시득득. witheringly 하[한] [ered 하[한]
시드럭=시드럭 시든 모양. 《약》시득시득.
시:들-다 ①거의 마르게 되다. wither ②기운이 빠져 풀이 죽다. be dejected ③기세가 줄어들지 않아지다. be out of spirit
시들-다(下) 매우 어워다.
시들먹-하-다 시들한 기운이 있어 보이다. feel something wanting
시들=방귀 사물을 시들하게 여기는 것. thinking of nothing
시들-병[―病] (―病) 몸이 만성적으로 시들어 가는 병. 위병(萎病). deep-rooted disease

시들=부들[부] ①약간 시들어서 부드러워진 모양. withered ②새로운 맛이나 생기가 없어 시들한 모양. dry **하**[형]
시들=시들[부] 조금씩 시드는 모양. 또, 시든 모양. 《작》 새들새들. gradually withering **하**[형]
시들=하-다[형][여불] ①마음에 차지 아니하다. unsatisfactory ②우습게 여길 만큼 보잘것없다. ¶점심밥이 ~. trifling **시들=히**[부]
시들히=보-다[타] 시들하게 여기다.
시들히=여기-다[타] 대수롭지 않게 생각하다.
시디=시-다[형] 맛이 몹시 시다. very sour
시뜻=하-다[형][여불] ①다람고 시들하다. trifling ②같은 일에 지쳐서 싫은 생각이 나다. 《거》 시틋하다. weary of **시뜻=이**[부]
시라소니[명] →스라소니. 「wolf
시:랑(豺狼)[명] 〈동물〉 승냥이와 이리. jackal and a
시래기[명] 말린 무청. 청경(靑莖). ¶~죽(粥). dried radish leaves
시래깃=국[명] 무청을 말렸다가 삶아 우린 것으로 끓인 토장국. soup of dried radish leaves
시래 운:도(時來運到)[명] 때가 되어 운이 돌아옴. having a good fortune **하**[자]
시:량(柴糧)[명] 땔나무와 양식.
시러[부] 《고》 얻어. 능히.
시러곰[부] 《고》 능히. '시러'의 강조어.
시러베=아들[명] 《하》 실없는 사람을 일컬음. 시러베자식. frivolous fellow
시러베=자식(一子息)[명] 《동》 시러베아들. 「말.
시러베=장단(一長短)[명] 실없는 언행을 홀하게 일컫는
시러베장단에 호박국 끓여 먹는다[속] 실없는 짓으로
시럼[명] 《고》 시름. 근심. ⌊엉뚱한 일을 저지른다.
시럽(syrup)[명] 당밀에 구연산 등으로 산미를 가하고 향료와 색소를 넣어 착색한 음료.
시럽=장이[명] →실없쟁이. 「무. rack
시렁[명] 물건을 얹기 위하여 건너지른 두 개의 장나
시렁=가래[一까一][명] 시렁을 매는 데에 쓰이는 장나무. poles used for rack
시렁 눈 부채 손[속] 견식만 높고 수완이 없다.
시:력(視力)[명] 〈생리〉 눈으로 보는 힘. 《대》 청력(聽力). eyesight 「하는 일. eye test
시:력 검:사(視力檢査)[명] 〈의학〉 안력(眼力)을 검사
시:력 검:사표(視力檢査表)[명] 〈의학〉 시력 검사에 쓰이는 표. 측정 거리를 5 m 로 하여 0.1～2.0 까지 사이의 각종의 시력에 상당하는 시표(視標)를 차례로 배열한 표. 《약》 시력표(視力表). 시시력표(試視力表). visual map
시:력=표(視力表)[명] 《약》→시력 검사표.
시:련(侍輦)[명] 〈불교〉 부처나 죽은 이의 위패를 연(輦) 속에 넣어 두고 절 안을 세 번씩 도는 일. **하**[자]
시:련(試鍊)[명] ①시험하고 단련함. trial ②신앙이나 결심을 시험하여 봄. test **하**[타]
시련(詩聯)[명] 시로 된 주련(柱聯). scroll of poetry hung on the wall
시:련=기(試鍊期)[명] 시련을 겪는 시기. 「처소.
시:련=터(侍輦一)[명] 〈불교〉 절에서 시련(侍輦)하는
시령(時令)[명] ①《동》 절기(節氣). ②《동》 시환(時患).
시령(詩令)[명] 시를 짓자는 약속.
시례 고:가(詩禮故家)[명] 여러 대에 걸쳐 시(詩)와 예(禮)로써 이름 있는 집안. 「훈.
시례지=훈(詩禮之訓)[명] 아들에게 주는 아버지의 교
시로미[명] 〈식물〉 시로미과의 상록 소관목. 줄기는 땅으로 뻗으며 잎은 선형(線形)에 가장자리가 뒤로 젖혀짐. 붉은 꽃이 피고 열매는 가을에 흑색으로 익음. 관상용임. 「으로 부는 무더운 바람.
시로코(sirocco)[명] 〈지리〉 사하라 사막에서 지중해 쪽
시론(時論)[명] ①한 시대의 여론. public opinion ②그때그때 일어나는 시사(時事)에 대한 평론. comments upon current events ③〈역사〉 조선조 정조 때 벽론에 맞서던 한 당파. 《대》 벽론(僻論).
시론(詩論)[명] 〈문학〉 시(詩)에 대한 이론. 시학(詩學). poetics 「의론(議論).
시:론(試論)[명] ①《동》 소론(小論). ②시험삼아 해보는
시:료(施療)[명] 무료로 치료함. free medical treatment **하**[타] 「材). poetic data
시료(詩料)[명] 시의 재료. 시의 소재(素材). 시재(詩
시:료(試料)[명] 〈화학〉 시험·검사·분석 등에 쓰이는 물질 또는 생물. 「thenware steamer
시루[명] 떡·쌀 등을 찌는 데 쓰는 둥근 질그릇. ear-
시루=떡[명] 시루에 찐 떡. 증병. steamed rice cakes
시루에 물 퍼붓기[속] 아무리 비용을 들이고 애를 써도 효과가 나타나지 않음.
시룻=밑[명] 시루 바닥에 까는 가는 새끼로 떠서 만든 것. bottom of the steaming instrument
시룻=방석(一方席)[명] 떡을 찔 때 시루를 덮는 짚으로 두껍게 틀어 만든 것. cover of the steaming instrument
시룻=번[명] 시루를 솥에 안칠 때 그 틈에서 김이 새지 않도록 바르는 반죽. 《약》 번.
시룽=거리-다[자] 점잖지 못하게 꺼불거리며 지껄이다. 《작》 새롱거리다. chatter frivolously **시룽=시룽**[부]
시룽=새룽[부] 《동》 싱숭생숭. **하**[형] ⌊**하**[자]
시류(時流)[명] 그 시대의 풍조(風潮)·유행(流行). cur-
시르[명] 《고》 시루. ⌊rent of the times
시르=죽-다[자] ①기운을 못 차리다. be limp ②기를 못 펴다. be timid 「는 말.
시르죽은 이[속] 몰골이 초췌하고 초라한 행색을 놀리
시름[명] 마음에 걸려 풀리지 않는 근심과 걱정. anxiety **하**[타] 「xious
시름=겹-다[형][ㅂ불] 시름이 많아 못 이길 정도다. an-
시름=시름[부] 병세가 더하거나 낫지도 않으면서 오래 끄는 모양. inveterately
시름=없:-다[형] ①근심 걱정으로 맥이 없다. anxious ②아무 생각이 없다. absented-minded **시름=없:이**[부]
시리-다[형] 몸 한 부분에 찬 기운을 느끼다. cold
시리우스=성(Sirius 星)[명] 〈천문〉 큰개자리의 으뜸가는 별. 천랑성(天狼星).
시리:즈(series)[명] ①출판물·영화 등에서 일련의 연속성을 가진 것. 총서(叢書). 문고(文庫). ②야구 따위에서 일정한 기간 계속되는 경기.
=시릴씨[어미] 《고》 =실 것이므로.
시:립(市立)[명] 시에서 설립하여 관리·유지함. ¶~ 도서관. municipal establishment
시:립(侍立)[명] 웃어른을 모시고 섬. attendance **하**[자]
시마[명] '동남풍'의 뱃사람 말.
시마(緦麻)[명] 종증조(從曾祖)·삼종 형제(三從兄弟)·중증손(衆曾孫)·중현손(衆玄孫)의 상사에 석 달 동안 입는 상복.
시마(Sima)[명] 〈지학〉 지구 내부에서 시알(Sial)의 밑, 곧 지하 수십 km 로부터 약 1,200 km 깊이에 이르는 현무암질의 층.
시마=친(緦麻親)[명] 유복친의 하나. 오복(五服) 중에서 시마의 복에 따라서 인정되는 친족. 「and end
시:말(始末)[명] 처음과 끝. 시종(始終). beginning
시:말=서[一써](始末書)[명] 《동》 전말서(顚末書).
시:망(諡望)[명] 〈제도〉 미리 의정(議定)하여 상주(上奏)하던 세 가지 시호(諡號).
시:망=스럽-다[형][ㅂ불] 짓궂음이 몹시 심하다. gross-tempered **시:망=스레**[부]
시=매기-다(時一)[타] 서로 시간을 정하든지 제한하다. place a limitation on time
시맥(翅脈)[명] 곤충의 날개에 무늬처럼 있는 맥.
시맥(詩脈)[명] 시의 내용의 줄기. 시의 맥락(脈絡). context of a poem 「형.
시머트리(symmetry)[명] 〈미술〉 ①조화(調和). ②균
시먹[명] ①〈미술〉 먹으로 가는 획을 그어서 두 가지의 계선(界線)을 나타내는 줄. 세묵(細墨). black projection lines ②〈건축〉 단청(丹靑)할 때 물감 칠을 한 뒤에 무늬의 윤곽을 먹으로 그리는 일. **하**[자]

시먹-다 버릇이 나빠서 남이 이르는 말을 듣지 않다. be contrary

시:멘(C·men)명 (한) commerce department men 미국의 상무성(商務省)에서 밀수(密輸)에 대하여 감시하는 임무를 맡은 관리.

시멘테이션(cementation)명 〈화학〉제강의 한 방법. 단철을 숯가루와 함께 밀폐한 용기에 넣어 계속 가열하면 강철이 됨. 탄소 강화법(炭素鋼化法).

시멘트(cement)명 〈공업〉점토(粘土)와 석회석의 혼합물을 구워서 빻은 가루. 토목·건축의 접합제(接合劑)로 쓰임. 인조 석분.

시멘트 기와(cement─)명 〈건축〉 시멘트·모래·석면 등을 배합하여 만든 기와. 양기와.

시멘트 모르타르(cement mortar)명 〈토목〉시멘트와 모래를 물과 혼합하여 만든 접합제(接合劑). 축장(築墻)·블록·건축 공사 등에서 벽돌·타일·돌·콘크리트 블록 등의 접합제로 씀.

시멘트 콘크리:트(cement concrete)명 〈토목〉시멘트·모래·자갈 따위에 물을 혼합하여 만든 토목 자재.

시:멸(示滅)명 〈불교〉중생이 도를 닦지 않으므로 중생을 위해 석가가 돌아간 사실.

시:명(示命)명 훈시(訓示)와 명령.

시:명(示明)명 일반에게 자세히 알림. 하타

시명(詩名)명 시를 잘 지어 얻은 명예. poetical fame

시모(媤母)명 (동) 시어머니.

시:모-녀(媤母女)명 시어머니와 며느리. mother-in-law and a daughter-in-law

시목(柴木)명 땔나무.

시:묘(侍墓)명 부모의 거상 중에 무덤 옆에 막을 짓고 3년 동안 지내는 일. 하타

시:무(始務)명 ①어떤 일을 맡아보기 시작함. beginning of one's duty ②연초(年初)에 근무를 시작하는 일. ¶ ~식(式). beginning of one's work

시무(時務)명 ①시급한 일. 그 시대의 급한 일. urgent affairs ②duties 하타

시:무(視務)명 사무를 봄. performance of one's

시무룩-하다(形) ①말이 없이 불만스러운 듯한 때도를 보이다. sullen ②낯이 흐리어 그늘지다. (작) 새무룩하다. (센) 씨무룩하다. cloudy

시:무외(施無畏)명 〈불교〉부처나 보살이 중생을 보호하여 두려운 마음을 없이 하는 일.

시무-책(時務策)명 시무에 대한 책략.

시문(時文)명 ①그 시대에 쓰이는 글. contemporary writing ②중국의 현대문. current Chinese writing ③중국에서 과거에 쓰이던 문체. 즉, 팔고문(八股文). old Chinese writing

시:문(柴門)명 (동) 사립문.

시:문(詩文)명 시가와 산문. estion 하타

시:문(試問)명 시험하여 물음. ¶구두(口頭) ~. qu-

시:문-서:화(詩文書畫)명 시가(詩歌)와 산문과 글씨와 그림.

시:물(施物)명 〈불교〉시주(施主)의 제물. alms

시물(視物)명 눈으로 물건을 봄. looking 하타

시물-거리-다(타) 연방 입 언저리를 우물거리며 알아들을 수 없는 말을 지껄이다. (작) 새물거리다. 《센》씨물거리다. prattle **시물-[대:다**(타) ☞시물거리다.

시:민(市民)명 ①시(市)의 주민. citizen ②〈정치〉국정에 참여할 지위에 있는 사람. 공민. people ③부르주아의 역어. bourgeois ④〈제도〉서울 백각전(百各廛)의 상인들. shopkeepers of old Seoul

시:민 계급(市民階級)명 서양 봉건 시대의 제삼 계급이었던 도시 상공업 시민. 산업 혁명 후 근대 사회에 있어서의 자본가 계급에 속하는 사람. 부르주아지.

시:민-권[─꿘](市民權)명 〈법률〉 ①시민으로서의 행동·사상·재산·신앙의 자유가 보장되어, 거주하는 지역이나 국가의 정치에 참가할 수 있는 권리. citizenship ②시민이나 국민으로서의 권리. personal right

시:민 문학(市民文學)명 〈문학〉근대 시민 의식을 반영한 문학. 새로 대두한 부르주아 계급의 문제를 다룬 것으로, 19세기에 주류를 이루었던 문학. 부르주아 문학.

시:민-법[─뻡](市民法)명 ①고대 로마에 있어서 로마 시민에 적용된 법. Jus civile ②자유·평등한 개인으로 구성된 근대 시민 사회의 법. 민법. civil law

시:민 사:회(市民社會)명 〈사회〉시민 계급을 중심으로 한 사회. 근대 사회. 자본주의 사회. bourgeois society 각함. 하타

시:민 여자(視民如子)명 군주가 백성을 자식같이 생

시:민-증[─쯩](市民證)명 그 시에 사는 시민임을 증명하는 증명서. 현재는 주민등록증으로 바뀌었음.

시:민 혁명(市民革命)명 〈정치〉절대제(絶對制)를 타도하고, 법률상 자유와 평등을 누리는 시민 계급이 지배하는 사회를 건설하기 위한 혁명. 부르주아 혁명. 를 반복하는다는 뜻.

시밀레(simile 이)명 〈음악〉'먼저 부분과 같은 연주

시바(Siva)명 〈종교〉인도교에서, 과거·현재·미래를 꿰뚫어 보는 세 개의 눈을 가졌다는 파괴신. 습파천(濕婆天).

시:반(侍飯)명 〈동〉시식(侍食). 하타

시:반(屍斑)명 〈생리〉사람이 죽은 지 얼마 후에 정맥의 혈액으로 엉기어 시체에 생기는 자색의 얼룩점. dead spot

시반(詩伴)명 시우(詩友). poetical friends

시반(詩伴)명 서로 시(詩)를 같이 읊는 벗. 시붕(詩

시:발(始發)명 맨 처음 떠남. (대) 종단(終端). 종착(終着). first start 하타

시:발 수:뢰(始發水雷)명 〈군사〉항만이나 하구(河口)를 방어하기 위한 수뢰. 해저 수뢰와 부표(浮標) 수뢰가 있음. (착역(終着驛). departure terminal

시:발-역(始發驛)명 기차가 시발하는 정거장. (대) 종

시방(十方)명 〈불교〉사방(四方)·사우(四隅)·상하(上下)의 총칭. ten directions

시방(時方)명 추 지금. 금시. now shooting 하타

시:방(試放)명 총·대포 따위를 시험으로 쏨. test

시방-공(十方空)명 〈불교〉아무 것도 없는 빈 시방 세계.

시방-당(十方堂)명 〈불교〉①시방에서 온 중들이 사는 곳. ②시방 사람들이 도를 닦는 곳.

시:방-서(示方書)명 공사를 적은 문서. 특히, 설계가 복잡한 주문품의 내용이나 그림을 기록한 서류.

시방 세:계(十方世界)명 〈불교〉온 세계. 일.

시방 왕:생(十方往生)명 〈불교〉시방 정토에 왕생하는

시방 정:토(十方淨土)명 〈불교〉시방에 무량(無量)·무변(無邊)한 여러 부처의 정토. 하타

시:배(侍陪)명 따라다니며 시중드는 하인. attendant

시배(時輩)명 ①당시의 사람들. people of that period ②시류(時流)를 타고 명리(名利)만 좇는 사람들. upstart

시배:분 변:조(時配分變調)명 전기 통신의 변조 방식. 반송파(搬送波)를 충격파(衝擊波)로 변조하여, 어떤 짧은 시간에 충격파상(狀)의 반송파를 내보내어 통신하는 방법. poet of high standing

시백(詩伯)명 시를 잘 짓기로 으뜸가는 사람. 시종(詩

시:범(示範)명 모범을 보임. showing an example 하타 방법.

시법[─뻡](諡法)명 시호(諡號)를 상의하여 정하는

시베리아-알락할미새(Siberia─)명 〈조류〉할미새과에 속하는 새. 날개와 꽁지가 각각 85 cm 가량임. 부리 아래에서 녹, 그리고 날개의 대부분이 흰 것이 특징임. 시베리아 등지에서 번식하고 남방에서 월동함. 백두응(白頭鷹).

시벽(詩癖)명 ①시 짓기를 좋아하는 버릇. passion for poetry ②작시(作詩)에 있어서 그 사람의 특유한 귀[?]. peculiarity in one's poetry

시:변(市邊)명 시가지의 변두리. outskirts of a city

시:병(侍病)명 병자 곁에서 시중드는 일. 하타

시병(時病)명 (동) 시환(時患).

시보(時報)명 ①때때로 알리는 보도. current news

시보

②때를 알리는 보도. time siren
시:보(試補)圈 관직에 정식으로 임명되기 전에 그 일에 종사하여 익히는 일. 또, 그 직. probationer
시:보(諡寶)圈〈제도〉임금의 시호를 새겨 놓은 어인(御印). donators
시:복(施福)圈〈불교〉시주가 많이 있는 것. many
시복(時服)圈 ①철에 맞는 옷. seasonable clothes ②〈제도〉관원이 임시(入侍)할 때나 공무를 볼 때 입던 관복(官服)의 하나.
시:복(諡福)圈〈기독〉죽은 뒤에 복자품(福者品)에 올리는 일. ¶~식(式). 하타
시:봉(侍奉)圈 부모를 모시고 받듦. waiting on one's parents 하타
시부(媤父)圈 시아버지. [parents 하타
시부(詩賦)圈 시와 부(賦). poetry
시부러기圈 →시부러기.
시부렁-거리-다困 쓸데없는 말을 함부로 자꾸 지껄이다.〈작〉사부렁거리다.〈센〉씨부렁거리다. chatter
시부렁圈→시부렁.
시부룩-하-다圈어〉①마음에 시쁘게 여기다. ②시들하여 대수롭지 않다. be unsatisfied
시:부모(媤父母)圈 시아버지와 시어머니. 남편의 부모. woman's parents-in-law [silently
시부적:기圈 힘들이지 않고 가만히.〈작〉사부자기.
시부적-이圈 잇달아 시부저기 행동하는 모양.〈작〉사부작사부작.act silently 하타
시:분(匙粉)圈 ①〈미술〉분으로 가늘게 긋는 줄. line drawn with powder ②〈건축〉단청(丹靑)할 때 물감칠을 한 뒤에 무늬의 윤곽을 분으로 그리는 일. 하타
시:불가실(時不可失)圈 기회는 한 번 밖에 안 옴. 곧, 기회를 잃지 말 것. Lost chances never come back
시:불재래(時不再來)圈 한 번 간 때는 다시 오지 아니함. Lost time never come back
시붕(詩朋)圈 시 짓는 벗. 시반(詩伴). 시우(詩友). poetic friends
시:비(市費)圈 시가 부담하는 비용. 시의 경비.
시:비(侍婢)圈《동》시녀(侍女)②.
시:비(施肥)圈 논밭에 거름을 줌. fertilizing 하타
시:비(是非)圈 ①잘잘못. ②옳으니 그르니 하고 다투는 일. ③이러나 저러나 좋지 않게 말하는 일. wrangling 하타
시:비(詩扉)圈 사립문.[~. monument of poem
시:비(詩碑)圈 시를 새긴 돌비. 노래비.¶소월(素月)
시:비 곡:직(是非曲直)圈 옳고 그르고 굽고 곧음.
시:비 선:악(是非善惡)圈 시비와 선악. 옳고 그르며 착하고 악함.[Corporation 캐나다 방송 협회.
시: 비: 시(C.B.C.)圈〈약〉Canadian Broadcasting
시: 비: 에스(C.B.S.)圈〈약〉Columbia Broadcasting System 콜럼비아 방송 회사.
시비-질(是非質)圈 시비 총동.[defiant tone
시:비-조[-쪼](是非調)圈 시비하는 것 같은 말투.
시:비-주비[-쭈-](是非-)圈 ①시비가 일어나는 데에 관여하는 패. gang of roughs ②절찍하면 남의 시비를 잘 듣는 사람의 별명.[of dispute
시비지-단(是非之端)圈 시비가 일어나는 단서. cause
시비지-심(是非之心)圈 ①시비를 가릴 수 아는 마음. power of distinguishing right and wrong ②사단(四端)의 하나.[은 속. 시비장(是非場).
시:비 총중(是非叢中)圈 시비가 분분하여 말썽이 많
시빌리언(civilian)圈 ①군인·성직자에 대하여 일반인을 이르는 말. 민간인(民間人). ②군대에서의 비전투원, 군속.[開化).
시빌리제이션(civilization)圈 ①문명(文明). ②개화
시쁘-하-다(어)圈 시들하게 여기다. 못마땅하게 생각하다. feel unsatisfied
시:뻘걸-다困 ②매우 짙게 뻘걸다.〈작〉새빨갛다.
②뻘겅 빛과 관련되어 대상이나 행동을 나타내는 말과 결합하여 아주 심하게, 아주 대단히의 정도를 나타내는 뜻을 가진 형용사.¶시뻘걸게 상기된 얼굴. deep red

시상

시쁘-다圈으〉마음에 흡족하지 아니하다. unsatisfactory[factory 시쁘장-스레圈
시쁘장-스럽-다圈〈브〉보기에 시쁘다. looks unsatis-
시:사(示唆)圈 남모르게 넌지시 일러줌. suggestion
시:사(市肆)圈《동》시전(市廛).[하타
시:사(侍史)圈 ①주인의 곁을 모시는 서기. ②공경하는 뜻으로 편지 걸봉에 받는 이의 이름 아래로 쓰는 말. Esquire
시:사(侍師)圈 스승을 모심. studying under
시사(時仕)圈 이속(吏屬)이나 기생이 그 매인 관아에서 봉사하는 일. service 하타
시:사(時祀)圈《동》시향(時享).
시:사(時事)圈 ①그 당시에 생기는 여러 가지 세상일. events of the day ②현대의 사회 사상(社會事象).
시:사(視事)圈 임금이 나라를 다스리는 일. holding a court 하타[등을 밝힌 저술. history of poetry
시사(詩史)圈〈문학〉시(詩)의 발생·변천·발달·양식
시:사(詩社)圈 시인으로 조직된 문학적 단체. group
시사(詩思)圈《동》시상(詩想)②.[of poets
시:사(詩射)圈〈제도〉활 쏘는 사람을 시험하여 뽑음. test in archery ②활 쏘 따위를 시험으로 쏨. test shooting of an arrow 하타
시:사(試寫)圈 시험으로 영화를 상영함. preview 하타
시사-담(時事談)圈 시사에 관한 이야기. 시사를 서로 이야기함. 하타
시사 만:평(時事漫評)圈 당시에 생긴 여러 가지 세상일을 어떠한 주의 없이 생각나는 대로 한 비평. comments on current topics
시사: 제(時事問題)圈 그 당시에 일어난 세상일의 중요한 문제. current question
시사-물(時事物)圈 시사에 관한 기사물(記事物). articles on current events
시사 보:도(時事報道)圈 시사에 관한 보도.
시사-성[-썽](時事性)圈 시사가 내포하고 있는 시대적·사회적 성격. newscharacter of the times
시:사 여귀(視死如歸)圈 대절(大節)을 지키는 사람이 죽음을 두려워하지 아니하고 고향에 돌아가듯이 여긴다는 뜻. look upon death as going home 하타
시사 용:어(時事用語)圈 시사에 관한 용어.
시:사-터(詩射-)圈 궁술을 연마하던 곳.
시사 해:설(時事解說)圈 국내·국제의 중요 시사 문제를 일반 대중을 상대로 알기 쉽게 들어 설명함. 하타
시:사회(試寫會)圈 영화 시사(試寫)를 위해서 모이는 회. cinema preview
시:산(試算)圈 ①시험적으로 하는 계산. trial accounting ②계산에 틀림이 있고 없음을 다시 검사하는 일. verification of accounts 하타
시:산-표(試算表)圈〈경제〉부기의 원장에 올린 것이 맞는가 안 맞는가를 시험하기 위해 기입하는 표. trial balance sheet
시:산 혈해(屍山血海)圈 사람의 시체가 산처럼 쌓이고 피가 바다같이 흐름. 곧, 많은 인명이 죽었다는 말. Corpses lie in heaps in the sea of blood
시:살(弑殺)圈 부모나 임금을 죽임. 시역(弑逆). 시해(弑害). regicide 하타
시: 삼촌(媤三寸)圈 남편의 삼촌. 시숙부(媤叔父). uncle of one's husband
시삼촌-댁[-땍](-宅)圈 ① 시삼촌의 집. 시작은아버지의 집. husband's uncle's house ②시삼촌의 아내. 시작은어머니. 시숙모(媤叔母). one's
시:상(市上)圈《동》시장(市場).[husband's aunt
시:상(施賞)圈 상품 또는 상금을 줌. warding a
시:상(柿霜)圈《동》시설(柿雪).[prize 하타
시상(狀狀)圈 그 때의 세상 형편.
시:상(時相)圈〈제도〉그때의 정승(政丞).
시:상²(時相)圈〈제도〉그때의 정승(政丞).
시:상(視床)圈〈생리〉간뇌(間腦)의 대부분을 차지하는 큰 회백질의 덩어리. 지각 계통의 대중심을 이룸.
시상(詩想)圈 ①시작(詩作)의 근본되는 착상. 시의

시:상 구상. poetical sentiment ②시에 나타난 사상. 시사(詩思). thought and feelings expressed in a poem ③시적(詩的)인 생각이나 상념(想念). poetic thought ¶―는 긴 널. 〔속〕 울음대.

시:상=판(屍床板) 명 입관(入棺) 전에 시체를 얹어 놓는 널.

시:새 명 ⇒ 새사(細沙).

시새=다 [약] → 시새우다.

시새우-다 ① 저보다 나은 이를 투기하다. be jealous ② 서로 남보다 낫게 하려고 하다. [약] 시새다. emulate each other

시:색(柿色) 명 다갈색(茶褐色).

시색(時色) 명 시대의 추세(趨勢). tendency of the times

시:생(侍生) 인대 웃어른에 대한 자기의 겸칭.

시:생-계(始生界) 명 〈지학〉 시생대에 생성된 지층. 화석이 극히 드물게 포함되어 있음.

시:생-대(始生代) 명 〈지학〉 지질 시대 중 최초의 시대. 약 30억 년 전으로 여겨지며 방산충(放散蟲)·해면(海綿) 등이 살았음. 시원대(始原代).

시서(時序) 명 시절의 순서. order of the seasons

시서(詩書) 명 ① 시경(詩經)과 서경(書經)을 아울러 이르는 말. ② 시와 글씨. poetry and penmanship

시서늘-하다 형 음식이 식어서 차다. cold

시:서:모(媤庶母) 명 서모인 시어머니.

시:석(矢石) 명 옛날 전장에서 쓰이던 화살과 돌. arrows and stones of olden times

시:선(視線) 명 ① 눈의 중심점과 바라보는 점과의 이어진 선. ② 눈의 방향. 눈길. one's gaze

시선(詩仙) 명 ① 시작(詩作)에만 몰두하여 세상사를 잊은 이. ② 선풍(仙風)이 있는 시의 대가. 시성(詩聖). great poet

시선(詩選) 명 시를 뽑아 모은 책. anthology

시:선(試選) 명 시험을 보이어서 뽑는 일. selection by an examination 하타

시:설(枾雪) 명 곶감 거죽에 생기는 흰 가루. 시상(柿霜).

시:설(施設) 명 베풀어서 차림. 설시(設施). facilities 하타

시설=거리-다 싱글싱글 웃는 낯으로 재미있게 지껄이다. [작] 새살거리다. chatter 시설-시설 부 하타

시설-궂-다 매우 시설스럽다. [작] 새살궂다. very talkative

시설-떨-다 邪 시설스럽게 행동하다. [작] 새살떨다. act frivolously

시설-스럽-다 실없이 수선부리기를 좋아하다. [작] 새살스럽다. talkative 시설-스레 부

시:설 자:재(施設資材) 명 공업 생산 시설을 설비하는 데 소요되는 자재.

시성(詩性) 명 시로서 본디 가지고 있는 성질. 시에 공통되는 듯한 성질.

시성(詩聖) 명 역사상 위대한 시인. 시선(詩仙). poet

시:성 분석(示性分析) 명 〈화학〉 각 원소의 함량(含量)을 알아내고, 또한 각 원소의 결합 양식을 나타내기 위한 화학 분석.

시:성=식(示性式) 명 〈화학〉 화합물이나 분자 속에서 어떤 원자단을 포함하고 있는가를 보이는 식. rational formula

시:성-식(諡聖式) 명 〈기독〉 죽은 뒤 성인품(聖人品)에 올리는 예식. consecration

시:세(市勢) 명 ① 시의 인구나 산업·재정·시설 등의 종합적인 상태. state of a city ② 〈경제〉 경제계에 있어서 수요(需要)와 공급의 잘되어 나가는 정도.

시세(時世) 명 그 때의 세상.

시세(時勢) 명 ① 그 때의 형세. tide of the times ② 그 때의 물건 값. ¶물가 ~. current price, market price

시세 닿-다(時勢―) 邪 가격이 시세에 맞다. bring a good price

시세도 모르고 값 놓는다 물건의 귀천도 모르고 평잡는 것을 배제하고 형태·색채의 단순화를 지향한 직선 위주의 방법임.

시세션(secession) 명 건축·미술의 한 양식. 사실 잡는 것을 배제하고 형태·색채의 단순화를 지향한 직선 위주의 방법임.

시세 예:측(時勢豫測) 명 〈경제〉 과거와 현재의 시세 되어 오는 것을 보아서 미리 그 장래를 미루어 알아보는 일. speculation

시:소(試所) 명 〈제도〉 과거의 시험을 치르던 곳. 시원(試院). place where examination was held

시:소(seesaw) 명 ① 〈체육〉 긴 널빤지의 중심을 괴어, 두 끝을 타고 서로 오르락내리락하는 틀. 도, 그 유희. ② 널. 널뛰기.

시:소: 게임(seesaw game) 명 〈체육〉 양쪽의 세력이 비등하여 서로 번갈아 우세한 현상. 일진 일퇴의 접전. (대) 원사이드 게임.

시소=공지=찰(總小功之察) 명 석달 복(服)과 같은 먼 복까지는 살피라는 뜻으로, 대국(大局)은 살피지 않고 작은 일에만 몰두함을 비유하는 말. fussy discretion

시:소: 폴리시(seesaw policy) 명 기회주의적인 정책.

시속(時俗) 명 그 시대의 인정과 풍속. customs of the age

시속(時速) 명 한 시간에 닫는 속도. ¶~ 30 마일. speed per hour

시:-하(侍下) 명 어른을 모시고 아랫 사람을 거느림. supporting one's family

시:수(矢數) 명 과녁에 맞은 화살의 수효. number of hits

시:수(屍水) 명 ⇒ 추깃물.

시:수(柴水) 명 땔나무와 먹을 물. firewood and drinking water

시:수(時囚) 명 그 때의 죄수.

시:수-꾼(矢數―) 명 과시(官射) 과녁에 화살 50개를 쏘아 반 이상을 맞히는 사람.

시숙(媤叔) 명 남편의 형제. 시아주버니와 시아주비.

시:술(施術) 명 술법을 베풂. 수술. surgical operation 하타

시:스(sheath) 명 ① 칼집. ② 연필·만년필 따위를 넣는 가죽 주머니.

시:-스카우트(sea-scout) 명 해양 소년단.

시스터(sister) 명 ① 자매(姉妹). ② 여학생간의 동성애 관계. ③ 〈기독〉 수녀(修女). 자매. 체계.

시스템(system) 명 ① 조직(組織). 제도(制度). 계통.

시스티매틱(systematic) 명 조직적. 계통적. 하다

시습(時習) 명 때때로 복습함. occasional reviewing 하타

시:승(市升) 명 옛날 시장에서 쓰이던 되. 장되. measure of the market

시:승(試乘) 명 시험삼아서 타 봄. trial ride 하타

시승(詩僧) 명 시문(詩文)에 능통한 중. monk talented in poetry

시: 시(C. C., cc) 명 [약] cubic centimeter 가로와 세로와 각각 1cm씩 용적.

시시 각각(時時刻刻) 명 부 시간이 흐름에 따라. 자꾸 자꾸. 시각마다. every moment

시시-거리-다 자 [약] → 시시덕거리다.

시시-담(時時曇) 명 날씨가 개었다가 때때로 흐림. (대) 시시청(時時晴). occasionally cloudy

시시덕=거리-다 실없이 잘 웃고 몹시 지껄이다. [약] 시시거리다. jest 시시-덕 부

시시덕-이 명 시시덕거리기를 잘하는 사람의 별명. jester

시시덕이는 재를 넘어도 새침데기는 골로 빠진다 보기에 떠드는 사람보다 겉으로 얌전한 체하는 사람이 때로는 더 악한 마음을 갖는다.

시시 때때로(時時一) 부 '때때로'의 힘줌말.

시:시력=표(試視力表) 명 ⇒ 시력 검사표.

시시-로(時時―) 부 [동] 때때로.

시시-부지 부 ① 어름어름 아무렇게나 하여 넘기는 모양. hit-and-miss manner ② 우물쭈물하는 동안에 저절로 없어지거나 희미해지는 모양. 하다

시:시-비비(是是非非) 명 ① 여러 가지의 잘잘못. right and wrong ② 서로 옳으니 그르니 하며 다툼. ③ 잘 잘못이 없이 옳은 것은 옳다고 찬성하고, 그른 것은 그르다고 반대함. argument 하다

시:시비비-주의(是是非非主義) 명 중립적인 입장에서 시비를 명확히 가리는 주의.

시: 시: 시: 이(CCC) 명 [약] Commodities Credit Corporation 1932년 미국의 뉴딜 정책의 일부로서, 농촌 불황(不況)을 타개할 목적으로 설립한 상품 금융 회사.

시시 종종(時時種種) 부 때때로 있는 갖가지. 여러 가지.

시:시=청(時時晴)图 날씨가 흐렸다가 때때로 갬. (대) 시시담(時時曇). occasionally clear

시시-쿨쿨图 시시하여 고리고 배린 모양. 시시하고 배리게 미주알고주알 따지고 캐는 모양. 시시히

시시풍덩-하-다图 시시하고 실갑지 않다. (예)시풍덩하다. 「장이 호지부지하다. of no consequence

시시-하-다图 ①변변하지 못하다. trashy ②끝

시:식(侍食)图 웃어른을 모시고 음식을 먹음. 시반(侍飯). being in attendance at dinner 하다

시:식(施食)图 〈불교〉음식을 보시(布施)함. feeding the poor 하다

시식(時食)图 그 시절에 맞는 음식. seasonable food

시:식(試食)图 맛이나 요리 솜씨를 보기 위하여 시험 삼아서 먹음. ¶~회(會). sampling 하다

시:식(試植)图 새 품종의 식물을 시험적으로 심음. 하

시:식-대(施食臺)图 〈동〉시식물.

시:식-돌(施食─)图 〈불교〉영혼의 천도식(薦度式)을 마치고 마지막으로 문박에서 잡귀에게 밥을 주며 경문(經文)을 읽는 자리. 시식대(施食臺).

시식-잖-다图 갈갈고 되갈다. (엔)시식잖다. trifling

시:심(矢心)图 마음속으로 맹세함. determination 하

시:심(始審)图 일심(一審).

시심(詩心)图 시를 짓게 하는 마음. 시를 느끼는 마음. poetical feeling

시아게(しあげ仕上げ)图 다듬질. 마무리. 뒷손질.

시아 교(shiah 敎派)图 〈종교〉이슬람교의 이대 종파(二大宗派)의 하나.

시-아버님(媤─)图 (공)시아버지.

시-아버지(媤─)图 남편의 아버지.

시-아비(媤─)图 (비)시아버지.

시:아이디(C.I.D.) (약) Criminal Investigation Department 군사 범죄 수사대.

시:아이시(C.I.C.) (약) Counter Intelligence Corps 적국의 동정을 조사·연구하는 정보 부대.

시:아이에이(C.I.A.) (약) Central Intelligence Agency 미국 대통령에 직속하는 중앙 정보부.

시:아이에프(C.I.F.)图 〈경제〉 (약) Cost, Insurance, and Freight 무역에 있어서 모든 잡비즉, 보험료·운임·선임 등을 포함한 데에 계약.

시-아주버니(媤─)图 남편의 형제. one's husband's brothers

시-아주버니(媤─)图 ①시동생. ②(비)시아주버니.

시:약(恃惡)图 자기의 모진 성품을 믿음. presuming upon one's own evil 하다

시:안(試案)图 시험적으로 만든 안. tentative plan

시안(cyan)图 〈화학〉수은·은·금의 시안화물을 적열(赤熱)하여 생기는 무색·유독의 기체. 청소(青素).

시안-가리(cyan 加里)图 시안 청산가리.

시안-산(cyan 酸)图 〈화학〉요소(尿素)에 가열하여 만드는 극독 무색(劇毒無色)의 액체. cyan acid

시안수소-산(cyan 水素酸)图 시안화수소의 수용액. 청산(青酸).

시안-은(cyan 銀)图 〈동〉청화은(青化銀).

시안화-나트륨(cyan 化 Natrium)图 청산소다.

시안화-물(cyan 化物)图 〈화학〉청소(青素)와 금속의 화합물. cyanides

시안화-수소(cyan 化 水素)图 〈화학〉시안화칼슘이나 페로시안화칼륨에 황산을 가하고 증류하여 얻은 무색 액체. 청산.

시안화-수은(cyan 化 水銀)图 산화수은과 시안화수소 산을 작용시켜 만드는 무색 투명의 주상(柱狀) 결정. 청화홍(青化汞).

시안화-은(cyan 化 銀)图 〈화학〉질산은 용액에 시안화알칼리를 가한 때 생기는 백색의 앙금. 물에 좀처럼 잘 녹지않으나 다량의 시안화알칼리를 가하면 가용성의 은시안화알칼리로 되어 용해함. 청화은(青化銀).

시안화-칼륨(cyan kalium)图 〈동〉청산가리.

시알(Sial)图 〈지학〉지각 최상층의 주로 화강암질 암석으로 된 부분. 대륙은 이가 이살로서 이루어졌음.

시앗图 남편의 첩. husband's concubine

시앗-보-다图 남편이 첩을 두다. have a concubine

시앗 싸움에 돌부처도 돌아앉는다图 ①시앗을 보면 아무리 착한 아내도 노한다. ②부처님같이 무던한 사람도 노할 때는 노한다.

시앗 싸움에 요강 장사라图 ①두 사람의 싸움에 딴 사람이 이익을 본다. ②관계없는 남의 일에 공연히 간섭하고 나선다.

시액(詩額)图 시를 써서 거는 현판. frame for a poem

시:야(視野)图 ①눈의 보는 힘이 미치는 범위. 시계. visual field ②지식이나 사려(思慮)의 미치는 범위. 식견. 안계(眼界)②. ¶~가 넓다.

시:야 비:야(是也非也)图 옳으니 그르니 함. 왈시왈비(日是日非). 「weak form 하다

시:약(示弱)图 약점(弱點)을 드러내 보임. expose one's

시:약(施藥)图 무료로 약을 지어줌. 또, 그약. 하다

시:약(試藥)图 〈화학〉화학적으로 물질을 검출(檢出)하거나 정량(定量)을 시험하는 데 사용되는 약품. reagent 「not to see 하다

시:약불견(視若不見)图 보고도 못 본 체함. pretending

시:약심상(視若尋常)图 감정의 동요를 일으킴이 없이 심상하게 봄. looking at with composure 하다

시:약-청(侍藥廳)图 〈제도〉임금이 병이 났을 때에 임시로 베풀어 약쓰는 일을 맡던 직소(職所). royal dispensary

시:약초월(視若超越)图 서로 멀리하고 돌아보지 않음. look on with utter indifference 하다

시:어(市語)图 ①시중에 유행하는 말. jargon ②상인이 거래에 사용하는 암어(暗語). slang of merchants 「있는 말. poetical word

시어(詩語)图 〈문학〉시(詩)에서 쓰는 말. 시에 들어

시어 다골(鰣魚多骨)图 맛 좋은 준치에 잔 가시가 많음과 같이, 좋은 일 한편에는 탈이 있음을 가리킴. Lights are usually followed by shadows

시-어머니(媤─)图 남편의 어머니. 시모(媤母).

시어머니가 죽으면 안방이 내 차지图 주장하던 사람이 없어지면 그 다음 사람이 권력을 잡게 된다.

시-어머님(媤─)图 (공)시어머니. 「law

시-어미(媤─)图 (비)시어머니. woman's mother-in-

시어미 미워서 개 옆구리 찬다图 꾸지람을 듣고, 그 화풀이를 다른 데다 한다.

시:어-소(時御所)图 〈제도〉그때그때 임금이 있던 대궐. 시좌궁(時坐宮). 시좌소(時坐所·時座所).

-시어요·-셔요 선어말 어미 '-시-'와 어말 어미 '-어요'가 결합된 종결 어미. (약)-셔요.

시:언(矢言)图 아주 굳게 언약한 말. solemn promise

시:업(始業)图 영업·학업 등을 시작함. (대) 종업(終業). opening 하다 「(林). commercial forest

시:업-림(施業林)图 특별한 목적으로 만든 삼림(森)

시:업-식(始業式)图 시업하는 의식. opening ceremony

시에나-파(Siena 派)图 〈미술〉13〜15세기에 걸쳐 이탈리아의 플로렌스에 경쟁하여 시에나를 중심으로 하여 발달한 건축·조각·회화의 한 파.

시: 에이 아르 이(CARE) (약) Cooperative for American Remittances to Europe, Inc 유럽 구제를 위하여 미국의 종교 자선 단체에 의하여 만들어진 기관. 케어.

시:에이 에프 이:에이(CAFEA)圀 (약) Commission on Asian and Far Eastern Affairs 국제 산업 회의소의 지역별 위원회의 하나인 아시아 극동 문제 위원회. 카페아

시:에프(cf)圀 (약) confer '비교하라·참조(參照)하라'

시:엠(C.M.)圀 (약) Commercial message 라디오·텔레비전의 상업 프로에 끼어 넣는 광고문. ¶~송(—song).

시:여(施與)圀 남에게 거저 물건을 줌. almsgiving

시역 힘이 드는 일. toil

시:역(市域)圀 시의 구역.

시:역(始役)圀 공사나 역사를 시작함. starting work 하다

시역(時疫)圀 철에 따라 생기는 질병. 유행병. epidemic

시:역(弑逆)圀 시살(弑殺). 하다

시:연(侍宴)圀 대궐 안에 열린 잔치에 모든 신하가 참석하는 일. attendance at a court banquet 하다

시:연(試演)圀 시험삼아 하는 연극. trial performance 하다

시:영(市營)圀 시에서 경영함. municipal management

시:영(始映)圀 극장에서, 영화를 상영하기 시작함.

시:예(試藝)圀 시제(試才). 하다

시오니즘(Zionism)圀 유태인의 민족주의. 민족의 근거지를 팔레스티나(Palestine)로 정하려는 민족 운동. 시온 운동.

시오=리(十五里)圀 십 리에 오 리를 더한 거리. fifteen ri

시온(Zion)圀 (기독) ①예루살렘에 있는 언덕의 이름으로, 천국(天國)의 뜻. ②그리스도 교회(敎會).

시온 운:동(—運動)圀 시오니즘.

시온주의=자(Zion 主義者)圀 시오니즘을 신봉하는 사람. zionist

시옷(ㅅ)圀 (어학) 한글의 자모 'ㅅ'의 이름. name of Korean letter 'ㅅ'

시왕(十王)圀 (불교) 저승에 있다는 시왕(十大王)—염라 대왕(閻羅大王) 등 열 명의 대왕. 십대왕(十大王).

시왕=가르다(十王—)圀圀 〈민속〉 죽은 사람의 명복을 빌기 위해 무당이 굿을 하다.

시왕=가름(十王—)圀 〈민속〉 시왕가르는 일. 지노귀새 굿. exorcizing of the Ten Kings

시왕=전(十王殿)圀 (불교) 시왕을 모신 법당. Temple of the Ten Kings

시왕=청(十王廳)圀 ①시왕이 저승에서 거처하는 곳. ②저승. 명부(冥府). Hades

시:외(市外)圀 도시의 밖. ¶~ 버스(bus). (대) 시내 (市內). suburbs

시외(淸畏)圀 미워하고 두려워함. hate and fear 하다

시:외=가(媤外家)圀 남편의 외가. husband's mother's house

시:외=삼촌(媤外三寸)圀 남편의 외삼촌. husband's maternal uncle

시:외=삼촌댁(媤外三寸宅)圀 ①남편의 외숙모. one's husband's aunt ②남편의 외삼촌 집. house of one's husband's

시:외=조모(媤外祖母)圀 남편의 외할머니.

시:외=조부(媤外祖父)圀 남편의 외할아버지.

시:외=편(媤外便)圀 ①남편의 외가(外家) 쪽. one's husband's maternal family ②남편의 외족(外族).

시:용(施用)圀 베풀어 사용함. use 하다

시:용(試用)圀 시험삼아 써 봄. trial 하다

시우(時雨)圀 철을 맞추어서 오는 비. seasonable rain

시우(詩友)圀 (고) 시반(詩伴). 시웅(詩翁).

시우=쇠圀 무쇠를 불려 만든 쇠붙이. 선철(銑鐵). 숙철(熟鐵). 유철(柔鐵). 정철(正鐵). pig iron

시욱圀 (고) 전(氈). 전방석(氈方席).

시운(時運)圀 때의 운수. 시대의 운수. fortune

시운(詩韻)圀 ①시의 운율. 시의 운치. ②시의 운자. rhythme

시:=운:동(視運動)圀 〈천문〉 지구에서 본 천체의 외관상의 운동. 향성이 태양이 일어나 달아나 동쪽에서 서쪽으로 운동하는 것처럼 보이는 현상 따위. apparent motions

시운 불행(時運不幸)圀 시대의 운수가 불행함. 하다

시:운=전(試運轉)圀 새로 만든 자동차나 기차 등을 시험삼아 운전하여 봄. trial run 하다

시울圀 눈·입 따위의 가장자리. ¶눈~. 입~. edge

시울/시웅圀 (고) 시위. 활시위.

시:원(始原)圀 처음. 원시.

시:원(試院)圀 (동) 시소(試所).

시:원(試員)圀 〈제도〉 고려 때 감시(監試)를 보이던 관리.

시:원=대(始原代)圀 〈지리〉 지질 시대의 첫째 시대. 시생대(始生代)와 원생대(原生代)의 총칭. 시생대 (始生代). 태고대(太古代). 은생대(隱生代). Archean era

시:원=림(始原林)圀 〈동〉 원시림(原始林). ean era

시원섭섭—하다 시원하면서도 한편으로는 섭섭하다. feel relieved but sorry 시원—스레圀

시원—스럽다(스러)圀圀 시원한 태도나 느낌이 있다. frank

시원하:—다圀圀 말이나 하는 것이 맺고 끊음이 같아 매우 시원스럽다. open-hearted 시원시원—히圀

시원(時任)圀 (고) 시임(時任)과 원임(原任).

시원—찮다圀 시원하지 아니하다. not refreshing

시원찮은 국에 입가 덴다 평소에 우습게 알았던 사람으로부터 뜻밖의 봉변을 당했을 때를 이름.

시원—하:다圀圀 ①마음이 상쾌하다. refreshing ②언행이 활발하고 명랑하다. frank ③알맞게 선선하다. light ④더운 때 시원한 바람이 불어와서 몸에 서늘함을 느끼다. cool ⑤음식의 국물 맛이 탑탑하지 않다. ⑥답답하거나 아픈 느낌이 없어지다. fresh 시원—히圀

시월(十月)圀 구월의 다음 달. October

시:월(是月)圀 이 달.

시월 막사리(十月—)圀 시월 그믐께. end of October

시월 상:달(十月上—)[—딸]圀 음력 시월을 새로 난 곡식을 신에게 드리기에 가장 좋은 달이라는 뜻에서 이르는 말. (약) 상달.

시월 혁명(十月革命)圀 〈역사〉 1917년 11월 7일 러시아 달력으로 (10월 25일) 레닌이 지도한 러시아에서의 무산 계급의 혁명. October Revolution

시:위(時雨)圀 강물이 넘쳐 육지로 침범하는 일. inundation

시:위圀 (약) 활시위.

시:위(尸位)圀 ①제사 때 신위(神位)에 시동(尸童)을 앉히는 자리. ②재덕(才德)이 없으면서 함부로 관위(官位)에 오르는 일. sinecure

시:위(示威)圀 위력을 보임. demonstration 하다

시:위(侍衛)圀 임금을 모셔 호위함. 또, 그 사람. imperial bodyguards 하다

시:위(施威)圀 위엄을 베풀어 뽐냄. showing power 하다

시:위—나다圀 강에 큰물이 나다. be flooded

시:위=대(侍衛隊)圀 〈제도〉 임금을 호위하던 군대. royal guards

시:위 소:찬(尸位素餐)圀 직책은 다하지 않고 자리만 차지하여 녹(祿)만 먹는 일. (약) 시소(尸素). holding a sinecure 하다

시:위 운:동(示威運動)圀 많은 사람이 시위를 하여 상대방을 위협함. 또, 그 일. 또는 그것을 위한 행진이나 집회. 데모. demonstration

시위—잠圀 활시위 모양으로 몸을 웅크리고 자는 잠. sleeping in a huddle

시위적—거리다 일을 힘들게 하지 않고 되는 대로 천천히 하다. scamp 시위적—시위적圀 하다

시:유(市有)圀 시(市)의 소유. ¶~림(林). municipal ownership

시유(柴油)圀 땔나무와 기름. firewood and lantern oil

시율(詩律)圀 시(詩)의 율격(律格). rule of metrical composition

시:은(市恩)圀 자기의 이익을 얻고자 남에게 은혜를 베푸는 일.

시:은(市銀)圀 (약) ⇒시중 은행(市中銀行).

시:은(市隱)圀 세상을 피하여 시중(市中)에서 숨어 사는 사람.

시:은(施恩)圀 ①남에게 은혜를 베풂. showing a favour ②(불교) 시주(施主)로부터 받는 은혜. alms given by a benefactor 하다

시:음(侍飮)圀 웃어른을 모시고 술을 마심. attendance at a drinking bout 하다

시음(詩吟)[명] 시를 읊음. 하[자]
시음(詩淫)[명] 시를 짓기에 골몰하여 생활에 무관심한 일. excessive passion for poetry
시:음(試飮)[명] 술·음료수 따위를 맛보기 위하여 시험삼아 마심. ¶~장(場). sampling 하[타]
시:의(示意)[명] 남에게 보인 뜻. signified intention
시:의(市議)[명] 《약》→시의회(市議會).
시:의(侍醫)[명] 궁중에서 임금·왕족의 진료를 맡은 의사. court physician 「표시하는 일. 하[자]
시:의(施意)[명] 약간의 금품을 주어서 자기의 뜻만을
시의(時宜)[명] 그 때의 사정에 맞음. 시기에 맞음. 《유》 기의(機宜). opportune 하[형] 「of the time
시의(時議)[명] 그 당시 사람들의 의론. public opinion
시의(猜疑)[명] 남을 시기하고 의심함. suspicion 하[타]
시의(詩意)[명] 시의 뜻.
시:=의원(市議員)[명] 《약》→시의회 의원.
시:=의회(市議會)[명] 〈법률〉 시민이 공선(公選)한 의원으로써 조직된 자치 단체로서의 시(市)의 의결 기관. 《약》 시의(市議). city assembly
시:의회 의원(市議會議員)[명] 시민에 의해 선출된 시의회를 구성하고 있는 사람. 《약》 시의원(市議員).
시:=이불견(視而不見)[명] 보기는 하되 보이지 않음. 시이불시. trying to see in vain 하[타]
시:=이불공(恃而不恐)[명] 믿는 곳이 있어서 두려워하지 아니함. being unafraid of 하[자] 「見). 하[타]
시:=이불시[—씨](視而不視)[명] 《동》 시이불견(視而不
시이 사:왕(時移事往)[명] 세월이 지나고 사물이 바뀜. 하[자] 「느끼는 병.
시:인(尸咽)[명] 〈한의〉 목구멍 속에 가려움과 아픔을
시:인(矢人)[명] 화살을 만드는 사람. arrow maker
시:인(侍人)[명] 《동》 시자(侍者)②.
시:인(是認)[명] 옳다고 인정함. 자인(自認). 《대》 부인(否認). admission 하[타]
시인(時人)[명] 그 때의 사람들. people of the time
시인(詩人)[명] 시를 잘 짓는 사람. 소객(騷客). 소인(騷人). 시가(詩家). 시객. 《공》 시백(詩伯). poet
시:일(侍日)[명] 〈종교〉 천도교에서 일요일을 일컬음.
시:일(是日)[명] 이 날. this day
시일(時日)[명] 때와 날. 날짜. 「한 약속.
시일(seal)[명] ①도장. 봉인(封印). ②비밀을 지키기로
시임(時任)[명] ①현재의 관리. 《대》 원임(原任). 전임(前任). incumbent officials ②《동》 현임(現任).
시:자(侍者)[명] ①〈불교〉 설법사(說法師)를 모시는 사람. ②귀인(貴人)을 가까이 모시는 사람. 시인(侍人). attendant
시:작(始作)[명] ①처음으로 함. ②쉬었다가 다시 하기를 비롯함. 남상(濫觴). beginning 하[타]
시작(詩作)[명] 시를 지음. 또, 그 작품. 작시(作詩). verse making 하[자] 「trial manufacture 하[타]
시:작(試作)[명] 시험적으로 만들어 봄. 또, 그 작품.
시작이 반이다[속] 무슨 일이나 셈을 잡아서 시작하면 그 뒷일은 어려울 것이 없다.
시=작인(時作人)[명] 그 당시의 소작인(小作人). 현시의 소작인. tenant farmer of that time
시:잠(視箴)[명] 사물잠(四勿箴)의 하나. 예(禮)가 아니어든 보지 말라는 규계(規戒). 비례물시(非禮勿
시장[명] 배가 고픔. hunger 하[형] ⌊視).
시:장(市長)[명] 〈법률〉 한 시(市)의 행정을 맡은 우두머리. mayor
시:장(市場)[명] ①매일 또는 정기적으로 상인이 모여 상품을 매매하는 장소. 또, 매매를 위해 시설한 장소. fair ②《약》→공설 시장(公設市場). ③〈경제〉 상품 경제에 있어서 매매 당사자간에 이루어지는 거래 관계의 총칭. 시상(市上). market
시:장(市葬)[명] 시장 명의로 행하는 장례. 「書).
시:장(屍帳)[명] 시체를 조사한 검시 증명서(檢屍證明
시장(柴場)[명] ①땔나무를 사고 파는 시장. firewood
시장(詩章)[명] 시의 장절(章節). ⌊market ②나뭇갓.
시:장(試場)[명] 시험을 보는 장소. 시험장①. place where an examination is hold
시:장(諡狀)[명] 〈제도〉 재상(宰相)이나 유현(儒賢)들의 시망(諡望)을 논의하여 상주(上奏)할 때, 그의 생존시에 한 일을 적은 글발.
시:장 가격[—까—](市場價格)[명] 〈경제〉 그때그때 시장에서 상품이 실지로 매매되는 가격. market price
시:장 가치(市場價値)[명] 〈경제〉 시장에 있어서, 같은 종류의 여러 상품을 그 낱낱의 가치를 합하여 평균을 낸 같은 종류 상품의 평균 가치. market value
시:장 광:장(市場廣場)[명] 장이 서는 넓은 마당. 장이 서는 곳. 장터. 「nger
시장=기[—끼](—氣)[명] 배가 고픈 느낌. 공복증. hu-
시:장 대:리인(市場代理人)[명] 〈경제〉 증권 회사에서 직원으로서 증권 거래소의 승인을 얻어 거래소 시장에서 증권 회사의 매매 거래 업무를 맡아보는 사람.
시:장 독점(市場獨占)[명] 트러스트·카르텔 등의 방법을 이용하거나 큰 회사가 강대한 재력으로 상품 공급의 지배권을 장악하는 일.
시:장 생산(市場生産)[명] 시장 수요를 넘겨 잡고 생산자 스스로의 위험 부담에 의해 행하는 생산. 《대》 주문 생산.
시장이 반찬이다[속] 배가 고프면 반찬이 없어도 밥맛이 있다.
시:장 이:자율(市場利子率)[명] 〈경제〉 시장에서 결정되는 실제의 이자율. 곧, 화폐 이자율.
시: 장조[—쪼](C 長調)[명] 〈음악〉 시(C) 음을 기본음으로 한 장조. 다 장조.
시:장 조사(市場調査)[명] 〈경제〉 생산자가 소비자에게 상품을 파는 데 따라 생기는 모든 사실을 수집·분류·기록하는 일. 시장 분석·판매 조사·소비자 조사·광고 조사 등이 이에 속함.
시장=질[명] 어린아이의 두 손을 붙들고 앞뒤로 자주 움직여 주는 일. 하[자]
시장=찮-다[형] 시장하지 아니하다. not hungry
시장한 사람더러 요기시키라 한다[속] 제 일도 감당 못하는 사람에게 힘에 겨운 일을 무리하게 요구한다.
시재(時在)[명] ①현재에 가진 돈이나 곡식. money or grain on hand ②《동》 현재(現在).
시재(時宰)[명] 그 당시의 재상(宰相).
시재(詩才)[명] 시를 짓는 재주. poetical talent
시:재(試才)[명] 재주가 있고 없음을 시험하여 봄. 시예(試藝). test 하[타]
시재(詩材)[명] 시의 소재(素材). 시료(詩料).
시재(詩齋)[명] 〈제도〉 구재(九齋)의 하나. 조선조 초에 성균관(成均館)의 시전(詩傳)을 전공하던 한 분과(分科). 「돈을 넣어 둔 궤. savings box
시재=궤[—꿰](時在櫃)[명] 쓰고 그 당시에 남아 있는
시재=금(時在金)[명] 《동》 시재돈(時在—).
시재=돈[—똔](時在—)[명] 쓰고 현재 남아 있는 돈. 시재금(時在金). 시재문(時在文). 시재전(時在錢). leftover money
시재=문(時在文)[명] 《동》 시재돈(時在—).
시재=시재(時哉時哉)[감] 좋은 때를 만나 기뻐하여 감탄하는 말. 시호시호(時乎時乎).
시재=장[—짱](時在帳)[명] 현재 가지고 있는 돈이나 곡식의 양을 적은 장부.
시재=전(時在錢)[명] 《동》 시재돈(時在—).
시저(匙箸)[명] 《동》 수저②. 「음을 이르는 말.
시:적(示寂)[명] 〈불교〉 보살(菩薩)이나 높은 중의 죽
시적[—쩍](詩的)[관][명] ①사물이 시의 정취를 가진(것). poetic ②현실을 떠나 감흥에 잠기는(것). poetical
시적=거리-다[자][타] 마음에 없는 것을 억지로 참고 말이나 행동을 하다. do reluctantly 시적=시적[부] 하[자][타] 「감흥이 들어 있는 공상.
시적 공상[—쩍—](詩的空想)[명] 현실을 떠나 시적인
시:전(市典)[명] 〈제도〉 동서남 세 곳에 두었던 신라 시대의 관청. 「of the market place
시:전(市廛)[명] 시장거리의 가게. 시사(市肆). shops

시전(時箋)/시전=지(詩箋紙) 시·편지 등을 쓰는 종이. 화전지. writing paper

시: 전=원(C電源)〈물리〉 삼극 진공관의 그리드(grid)에 전압을 부여하는 전원.

시: 전=지(C電池)〈물리〉 삼극 진공관의 그리드(grid)에 전압을 주는 전지.

시절(時節) ①철. season ②때. ¶~을 낚다. chance ③사람의 한 평생을 나눈 그 동안. ¶청년 ~. times

시절=가(時節歌) ①시절을 읊은 속요(俗謠). songs of the seasons ②시조(時調). Korean ode ③〈문학〉영남 내방 가사의 하나.

시절=병[--뼝](時節病) 시환(時患).

시점[--쩜](時點) 시간의 흐름 위의 어떤 한 점. point of time

시:점[--쩜](視點) ①〈생리〉시력의 중심이 가 닿는 곳. 주시점(注視點). visual point ②〈회화(繪畫)〉에서 평행선이 한 점이 되는 곳. point of sight

시:접 속으로 접혀 들어간 옷솔기의 한 부분. inseam

시:접(匙楪) 제사 때에 수저를 담는 놋그릇.

시:정(市井) ①인가(人家)가 모인 곳. 가구(街衢). 거리. 방간(坊間). 시가(市街). streets ②《약》시정아치.

시:정(市政) 시의 행정. city administration

시:정(侍丁)〈제도〉80살 이상된 노인의 아들 가운데서 그 어버이를 봉양하기 위하여 국역(國役)을 면제 받던 사람.

시:정(施政) 정사를 시작함. ~하다

시:정(是正) 그릇된 것을 바로잡음. correction ~하다

시:정(施政) 정사를 다스림. 또, 그 정치. commencement of administration ~하다

시정(時政) 그 당시의 정치. government of the time

시정(柴政) 땔나무에 관한 국가의 시책(施策).

시정(詩情) 시적인 정취(情趣). 시를 짓고 싶어지는 마음. poetical sentiment

시정=기(時政記) 정무(政務) 중에 역사의 자료가 될 만한 것을 사관(史官)이 채록(採錄)한 것. historiographical record

시:정=배(市井輩) 시정아치.

시:정=비(施政費) 〈경제〉나라가 국민의 정신적 생활을 향상시키기 위하여 모든 시설과 방책을 강구하는 데 쓰는 비용. government expenses

시:정 소:설(市井小說)〈문학〉서민의 생활상을 주제로 한 소설. novels of common people

시:정=아치(市井-) 시정에서 장사에 종사하는 무리. 시정배(市井輩). 《약》시정(市井)②. market

시:정 잡배(市井雜輩) 시중의 부랑배. [tradesman

시:제(施濟) 구제를 베풂. ~하다

시제(時制) 〈어학〉동사·형용사 등의 때의 관계를 나타내는 형식. 때매김. 시상(時相). tense

시제(時祭) ①일 년에 네 번, 철마다 지내는 종묘의 제사. ②〈동〉시향(時享).

시제(媤弟) 남편의 아우. 시동생.

시:제(試製) 시험삼아 만듦. trial manufacture ~하다

시제(詩題) 시의 제목. 시의 제재(題材). poetical theme 「정하는 법률. 경과법(經過法).

시제=법[--뼙](時際法) 법률의 시간적 효력 범위가

시제 선어말 어미(時制先語末語尾)〈어학〉용언(用言)의 어간과 어미 사이에 끼어서 어간 노릇을 하면서 시간의 어미짐을 나타내는 보조 어간. 곧 '는 ='샀:겠:' 따위. 시간 보조 어간(時間補助語幹).

시:조(始祖) ①한 족속의 맨 위의 조상. 비조(鼻祖). founder ②어떤 학문·기술 등의 길을 처음으로 연 사람. ¶원자 물리학의 ~. father

시:조(始釣) 얼음이 풀린 뒤 처음으로 하는 낚시질. ¶~회(會). 「[施主]②. offering ~하다

시:조(施主) 중이나 부처에게 물건을 바침. 시주

시조(時鳥) ①시절에 따라 우는 새. ②두견새.

시조(翅鳥) 하늘을 날아다니는 새.

시조(時調) 〈문학〉고려 말엽부터 발달하여 온 우리 나라 고유의 정형시. 시절가(時節歌)②. form

시:조모(媤祖母) 시할머니. [of Korean verse

시:조부(媤祖父) 시할아버지.

시:조=새(始祖-)〈조류〉중생대 쥐라기(Jura 紀)에 생존하였던 조류의 선조. 조류와 파충류의 중간 위(位)의 것으로 간주되며, 쌍방에 공통된 형질(形質)을 구유함. 날개의 앞 끝에는 세 개의 발가락이 있음.

시:조=조(始祖鳥)〈조류〉시조새.

시:조=하다(時調-)[자동] ①시조를 읊듯 언행을 느리게 하다. say or do something slowly ②남의 말 하는 것을 얕잡아 일컬음. ¶그만 시조하고 떠나자. make light of

시:종(始終) 처음과 끝. 시말(始末). beginning and end 처음부터 끝까지. 항상. 종시(終始). always

시:종(侍從)①〈제도〉임금을 모시고 있던 시종원(侍從院)의 한 벼슬. chamberlain ②〈기독〉미사나 기타 예식에서 집전하는 일을 하는 사람.

시종(時鐘)〈동〉시계(時計).

시:종=관(侍從官)〈제도〉왕세자궁 시강원(侍講院)의 한 벼슬.   「왕을 호종(扈從)하던 무관.

시:종 무:관(侍從武官)〈제도〉시종 무관부에 딸린

시:종 여일(始終如一) 처음이나 나중이나 한결같아서 변함이 없음. 《유》시종 일관(始終一貫). consistency ~하다

시:종=원(侍從院)〈제도〉임금의 비서(祕書)·어복(御服)·어물(御物)·진후(診候)·의약 따위를 맡던 궁내부의 한 관청.

시:종 일관(始終一貫) 처음부터 끝까지 한결같이 함. 《유》시종 여일(始終如一). being consistent ~하다

시:좌(侍坐) ①웃어른을 모시고 앉음. ②〈제도〉임금이 정전(政殿)에 나갈 때 세자가 그 옆에서 모시던. ~하다 「석.

시:좌(諡座)〈제도〉시호(諡號)를 정하기 위하여 모인 좌

시:좌궁(時座宮)〈동〉시어소(時御所).

시:좌소(時坐所·時座所)〈동〉시어소(時御所).

시:주(施主)〈불교〉절에 중에게 물건을 베풀어 주는 사람. 단나(檀那). 단월(檀越). 화주(化主). offerer ②절이나 중에게 물건을 바쳐 주는 일. 시조(施助). offering to a temple ~하다

시:주(試走) ①자동차 따위를 시승함. ②경주에서, 뛰기 전에 컨디션을 시험함.

시주(詩酒) 시와 술. poetry and wine

시주 걸:립(施主乞粒)〈민속〉중이 시주의 곡식이 나 돈을 얻으려고 집집의 문 앞에서 하는 걸립.

시:준(視準)〈물리〉망원경의 방향을 목적물에 맞추는 일. collimation 「highest market price

시:준:가[--까](時準價) 당시의 제일 비싼 시세.

시:준=경(視準鏡)〈동〉시준의(視準鏡).

시:준=기(視準器)〈물리〉틈새에 넣은 광선을 렌즈계로써 평행 광선으로 하는 기계.

시:준=선(視準線)〈천문〉망원경의 대물(對物) 렌즈의 광심(光心)과 대안(對眼) 렌즈의 두 중심점을 통하는 직선. 시축(視軸線). line of collimation

시:준 오:차(視準誤差)〈천문〉망원경의 시준선(視準線)과 십자선이 일치하지 않을 때 일어나는 오차. error of collimation

시:준=의(視準儀)〈천문〉별을 관측하는 망원경의 시준선(視準線)의 조절에 쓰이는 소형 망원경. 시준경(視準鏡). collimator

시:준=축(視準軸)〈동〉시준선(視準線).

시중 옆에서 잔심부름하는 일. 《원》수종(隨從). attendance ~하다

시:중(市中) 도시의 안. 시내(市內). in the town

시:중(試中) 시험에 급제함. pass the examination ~하다

시:중 금리(市中金利) 중앙 은행 이외의 금융 기관이 내우는 표준적인 콜레이트(call rate) 및 할인율.

시중=들다[자동][르불] 옆에서 온갖 심부름을 하다. 《원》

수종들다. attend
시:중 은행(市中銀行)[명] 민간의 보통 은행. 민간 은행. 일반 시은행(市銀). city bank
시:중 판매(市中販賣)[명] 시장에서 일반에게 판매함. 《약》시판(市販)③. on sale 하타
시:즌(season)[명] ①철. ②호시기(好時期). ③유행기.
시:즌 오프(season off)[명] 제철이 아닌 것. 철에 앞서거나 늦은 것.
시:즌 티켓(season ticket)[명] 정기 승차권(定期乘車券).
시:즙(屍汁)[명][동] 추깃물.
시:지(試紙)[명] 《제도》 과시(科試)에 쓰이던 종이. 명지(名紙). 정초(正草). examination paper
시:지(C.G.)[명] career girl 자기의 봉급(俸給)으로 복식(服飾)·오락·유흥비 등을 충당할 수 있는 여성.
시지근—하—다[형][여] 선 듯해서 음식맛이 약간 시다. somewhat sour
지지도 않아서 군둥내부터 먼저 난다 [속] 같잖은 것이 미리부터 노숙한 체한다.
시지르—다[타][르][속] 졸다.
시:지(—不知) 호기부지.
시:지: 에스 단위계(C.G.S. 單位系) 《물리》 단위계의 하나. 길이는 센티미터, 질량은 그램, 시간은 초(秒)로 나타냄. centimetre, gramme, second system
시:—직경(視直徑) 《천문》 관측자가 본 천체 직경의 각.
시:진(市塵)[명] ①거리의 티끌과 먼지. ②거리의 혼잡.
시진(時辰)[명] 시각. 시각.
시:진(視診)[명] 육안으로 몸을 보고 그 외부의 변화로써 병상을 진단하는 일.
시질(時疾)[명][동] 시환(時患).
시:—집 남편의 집. 시부모가 있는 집. 시가(媤家). 구가(舅家). 《대》 친정(親庭). 《공》 시댁. one's husband's family
시집[명] 시를 여러 편 모아서 엮은 책. anthology
시집—가—다(媤——)[자] 남의 아내가 되다. get married
시집도 가기 전에 기저귀 장만한다 [속] 너무 준비가 빠르다. 미리 서둔다.
시집—보내—다(媤—一)[타] 남편을 얻어 주다. 출가시키다. 《대》 장가들이다. marry off a girl
시집—살이(媤——)[명] ①여자가 시집에서 하는 살림살이. living with one's husband's family ② 《속》 남의 밑에서 감독·간섭을 받으면서 하는 고된 일의 비유. intolerable life under strict supervision 하타
시집—오—다(媤——)[자] 여자가 결혼하여 시집에 들어오다. get married
시차(時差)[명] ①《천문》 태양시(太陽時)와 평균시(平均時)와의 차(差). 균시차(均時差). equation of time ②《지리》 지방시의 차. 경도(經度) 15도마다 한 시간의 차가 생김. difference in time ③어떤 일을 하는 시간·시작에 차기 지게 하는 일. ¶〜를 두다.
시:차(視差)[명] ①서로 다른 두 장소에서 동일한 물체를 보았을 때의 방향차. ②《천문》 관측자의 위치에서 본 천체의 방향과 어떤 표준의 점에서 본 천체의 방향과의 차. parallax
시:차 압력계(示差壓力計)[명] 《물리》 'U'자관의 양쪽 끝에 있어서의 액면(液面)의 차로써 압력을 측정하는 장치.
시:차 운—동(視差運動)[명] 《천문》 태양계의 공간 운동에 따라 생기는 천체의 외관 운동. parallactic motion
시차—제(時差制)[명] 어떤 일을 하는 데 시간상의 차이를 두는 제도. ¶〜 통근. system of staggering office attendance
시:찰(視察)[명] 실지 사정을 돌아다니면서 살펴봄. ins- pection 하타
시:찰—관(視察官)[명] ①현지나 현장을 돌아다니며 사정을 살피는 공무원. ②《제도》 내부(內府)의 한 벼슬.
시참(詩讖)[명] 우연히 지은 시가 뜻밖에 뒷일과 꼭 맞음.
시창[명] 배의 고물머리에 깐 작은 마루. poop deck

시:창(始唱)[명] ①처음으로 부름. ②학설 등을 처음으로 주창함. 하타
시:—창(—窓)[명] door
시:—찰(時—)[명] 거의 죽게 되다. be at death's door
시:채(市債)[명] 《경제》 자치 단체인 시에서 발행하는 채권에 대한 금전 채무. municipal loan 하타
시:책(施策)[명] 책략을 베풂. 그 계책. measure
시:책(諡册)[명] 시책문(諡册文)을 새긴 옥책(玉册)이나 죽책(竹册).
시:책—문(諡册文)[명] 왕이나 왕비의 시호를 올릴 때 그 생전의 공적을 찬양하여 지은 글.
시:처(媤處)[명] 《불교》 시주(施主)가 많이 사는 곳.
시=처:위(時處位)[명] 때와 곳과 지위. 곧, 사람의 경우. status of a person
시척지근—하—다[형][여] 음식이 쉬어서 신맛이 약간 나며 볼쾌하다. 《약》시치근하다. 《거》새척지근하다.
시:천—교(侍天敎)[명] 《종교》 천도교에서 갈라져 나온 종교의 하나. sect branched from Chundokyo
시철—하—다(侍—)[자][여] 시장하다. man
시:첩(侍妾)[명] 귀인의 옆에 모시는 첩. waiting wo- man
시:청(市廳)[명] 행정 구역의 하나인 시(市)의 행정 사무를 맡아보는 곳. 또, 그 청사(廳舍). 《약》시(市)④. city hall
시:청(視聽)[명] ①눈으로 보고 귀로 들음. sight and hearing ②《동》이목(耳目). 주의. 주목. 하타
시:청(試聽)[명] 레코드 등을 시험삼아 들음. audition 하타
시:청—각(視聽覺)[명] 시각과 청각. sight and hearing
시:청각 교—육(視聽覺教育)[명] 《교육》 추상적·이론적 인식을 영화·라디오·레코드 등의 감성적 수단을 매개로 효과 있게 학습하여, 그 얻은 바 지식을 실제 생활에 적용할 수 있는 능력을 기르는 교육 방법. audio-visual education
시:청—료(視聽料)[명] 텔레비전을 시청하는 요금.
시:청—률(視聽率)[-뉼][명] 텔레비전의 프로가 시청되고 있는 정도.
시:체(侍體)[명] '부모를 모시고 있는 몸'이란 뜻으로, 편지 받을 사람의 안부를 물을 때 쓰는 말. your health
시:체(枾帶)[명] 《한의》 감의 꼭지. 한약재로 씀.
시:체(屍體)[명] 죽은 사람의 몸뚱이. 시신(屍身). 송장. 이물(異物). 주검.
시체(時體)[명] 그 시대의 풍습과 유행. latest fashion
시체(詩體)[명] 《문학》 시를 짓는 격식. style of verse
시쳇—말(時體—)[명] 당대(當代)에 유행하는 말.
시:초(枾草)[명] 품질이 낮은 굵게 썬 살담배. cut tob- acco of inferior quality
시:초(始初)[명] 맨 처음. ②비롯됨. 《대》 종말(終末). beginning
시:초(柴草)[명] 땔나무로 쓰는 마른 풀.
시:초(翅鞘)[명] 속날개나 배를 보호하는 갑충(甲蟲)의 딴딴한 겉날개. elytron
시초(詩抄)[명] ①시를 추려 내어 적은 책. selection of poems ②시를 적음. copy poem 하타
시초(詩草)[명] 초잡아 쓴 시. 시의 초고. draft of verse
시:초—선(始初線)[명] 《수학》 직선이 한 점의 주위로 돌 때, 그 출발한 자리를 정하는 일정한 직선. initial line
시:초—잡—다(始初—)[타] 시작하다.
시:추(試錐)[명] 《광업》 광상(鑛床)의 탐사, 지질·지반(地盤)의 조사, 또는 갱내(坑內)의 통기(通氣)·배수(排水)·양수(揚水) 등의 목적으로 지상으로부터 맞추 깊이 구멍을 파 보는 일. drilling
시추에이션(situation)[명] ①위치. 형편. 정세. ②연극·소설·영화 등에서, 결정적 장면. 국면(局面).
시축(詩軸)[명] 시를 적어 놓은 두루마리. scroll of poems
시:취(屍臭)[명] 시체에서 풍기는 냄새.
시:취(試取)[명] 시험을 보게 하여 인재를 뽑음. sele- ction of people by examination 하타
시취(詩趣)[명] ①시정(詩情)을 일으키는 취미. poetical sentiment ②시적인 취미.

시:측(侍側)圓 웃어른을 결에 모시고 있음. attendance 하다

시치(時直)圓 시가(時價).

시치근-하-다[형여불] (약)시척지근하다.

시치-다[타] 바느질할 때 임시로 듬성듬성 호다. baste

시치름-하-다[형여불] 시치미를 떼고 짐짓 태연한 기색을 꾸미다. (약) 시침하다. feign indifference

시치미圓 매의 임자를 밝히려고 주소를 적어 매의 꽁지털 속에 매어 둔 네모진 뿔.

시치미圓 알고도 모르는 체하는 행동. (약) 시침①. feigned ignorance

시치미-떼-다回 모르는 체하다. pretend not to know

시:친(屍親)圓 살해당한 사람의 친척.

시침圓→시치미². (약) 시칠질.

시:침(侍寢)圓 임금을 모시고 잠. 하다

시:침(施鍼)圓 침을 몸에 놓음. acupuncture 하다

시침(時針)圓 시계의 시를 가리키는 짧은 바늘. 단침(短針). (대) 분침(分針). hour-hand

시침 바느질[--빠-]圓 양복 따위 바느질에서 틀에 잘 맞추어 만들기 위하여 임시로 시치는 바느질. 가봉(假縫). tacking 하다

시침-질圓 바늘로 시치는 일. (약) 시침②. basting 하다

시침-하-다[형여불] (약)→시치름하다.

시-커멓-다[형ㅎ불] 더할 수 없이 꺼멓다. (작) 새카맣다.

시컨트(secant)圓 〈수〉삼각 함수의 하나. 직각 삼각형의 빗변과 한 예각을 낀 밑변과의 비를 그 각에 대하여 이른 말.

시:쾌(市儈)圓 시장에서 흥정 붙이는 일을 업으로 삼는 사람. 장주릅.

시쿰=시쿰함 (거)→시굼시굼.

시쿰-하-다[형여불] (거)→시굼하다.

시:퀀스(sequence)圓 ①연속(連續). 순서. ②〈교육〉커리큘럼을 구성할 때 단원(單元)이나 단원 내의 내용과 활동의 배열을 이룸. ③〈연예〉몇 개의 장면(場面)이 모여 하나의 삽화를 이룬 부분을 이름. ④〈음악〉반복 진행(反復進行).

시:크릿(secret)圓 비밀(祕密). 비결(祕訣).

시큰-거리-다[자] (거)→시근거리다².

시근둥-이圓 시큰둥한 사람.

시큰둥-하-다[형여불] ①주책넘고 점방지다. impudent ②말이나 하는 짓이 아니꼽고 메가 있다. pert

시근-하-다[형여불] (거)→시근하다.

시클라멘(cyclamen)圓 〈식물〉앵초과의 다년생 풀. 화경의 높이 15〜20 cm이고 잎은 난형 또는 심장형임. 표면은 암색의 반점이 있고, 뒷면은 광택있는 홍자색을 띰. 봄에 백색·자색·홍색 등의 꽃이 핌. 실내에서 재배함.

시큼=시큼함 (거)→시금시금.

시큼-하-다[형여불] (거)→시금하다. ¶ke one do

시키-다[타] 무엇을 하게 하다. 부리다. ¶ 일을 〜. ma-

=**시키-다**[접미] 일부 명사에 붙어 사역의 뜻을 가진 동

시킴-꼴[--] [동] 명령형. [사를 만드는 말. ¶운동〜.

시킴-법[--뻡] [-- 법] 명령법.

시:탄(柴炭)圓 ①땔나무와 숯·석탄 따위. 신탄(薪炭). firewood and charcoal ②일반적인 연료의 총칭. ¶〜상(商). fuel

시:탕(侍湯)圓 부모의 병환에 약시중하는 일. tending one's sick parent 하다

시태圓 소 등에 실은 짐. burden loaded on cow's

시태(時態)圓 그 당시의 세태. social conditions of

시태-질圓 시태를 실리는 짓. 하다 [the time

시:토(SEATO)圓 (약) South East Asia Treaty Organizaition 동남(東南) 아시아 조약 기구.

시:통(始痛)圓 마마를 앓을 때 살갗에 두창(痘瘡)이 솟기 전에 일어나는 신열이나 다른 증세.

시통(詩筒)圓 ①시객(詩客)이 읊은 대나무 조각에 한시(漢詩)의 운두(韻頭)를 적어 넣어 가지고 다니던 통. tube to carry poems in ②벗에게 주는 시를 담는 대통. bamboo-tube to send poems in

시투(猜妬)圓 시기(猜忌)와 질투(嫉妬). jealousy 하

일은 모두 시퉁머리지는 짓뿐이다. very pert

시퉁-스럽-다[형비불] 시퉁한 데가 있다. **시퉁-스레**[부]

시퉁-하-다[형여불] 하는 짓이 매우 주제넘고 건방지다.

시:트(seat)圓 자리. 좌석(座席).

시:트(sheet)圓 ①방석. 요. ②종이 한 장.

시트론(citron)圓 〈식물〉운향과의 상록 활엽 교목. 가지에 가시가 많고 큰 장과는 구형인데 향기가 남. ②청량(淸凉) 음료수의 하나.

시:트 파일(sheet pile)圓 〈토목〉기초 공사 때, 토사의 붕괴를 막기 위하여 쓰는 강철판 말뚝.

시퉁-하-다[형여불]→시뚱하다.

시티(city)圓 ①도시. ②시(市).

시:티: 에:스(C. T. S)圓 (약) Central Transportation System, Central Terminal Station 대형 유조선으로 실어온 원유를 대량으로 저장하는 기지. 석유 저장 기지.

시파(柴把)圓 〈농업〉씨앗을 뿌리고 흙을 덮을 때나, 또는 흙을 고르는 데 쓰는 연장. 고무래. rake

시파(時派)圓 〈제도〉조선 후기에 일어난 당파의 하나. 사도 세자(思悼世子)를 동정한 남인 계열로, 벽파(僻派)와 대립함.

시:판(市販)圓 ①시장에서 판매함. ¶〜 가격. ②圓 →시중 판매. marketing 하다 [의. dial

시판(時版)圓 시계에서 시간을 나타내는 숫자들을 그린

시:퍼렇-다[형ㅎ불] ①매우 짙게 퍼렇다. (작) 새파랗다. deep blue ②위풍이나 세력이 당당하다. ¶서슬이 〜. stately [(대) 종편(鐘便).

시편(詩便)圓 시계에서 시간이 돌아가게 하는 장치.

시편(詩篇)圓 ①시의 편장(篇章). 완결된 시. poem ②시를 편찬한 책. collection of poems ③〈기독〉구약 성서 중의 한 편. 고대 히브리 사람들이 신을 칭송한 시 150편. Psalms

시평(時評)圓 ①그 시대의 비평이나 평판. criticism of the times ②시사(時事)에 관한 평론. comments on current events

시평(詩評)圓 시에 대한 비평. criticism of poems

시폐(時弊)圓 그 시대의 폐단. 나쁜 풍습. abuses of the age [기풍(氣風). poetical style

시풍(詩風)圓 어떤 시인의 작품 속에 나타나는 독특한

시풍-하-다[형여불]→시풍덩하다.

시프-다[조형ㅎ불] (원)→싶다.

=**시피**[접미] '다시피'의 뜻의 접미사.

시:피:(C. P.) 圓 〈군사〉 (약) Command Post 지휘소.

시:피: 아이(C. P. I.) 圓 (약) Consumer's Price Index 소비자 가격 지수. [소비자 가격 조사.

시:피: 에:스(C. P. S.) 圓 (약) Consumer's Price Survey

시:피: 엑스(CPX)圓 〈군사〉 (약) Command Post Exercise 지휘소 연습.

시:필(試筆)圓 시험삼아 써 본 글씨. 시호(試毫). ¶ 신춘(新春) 〜. trial writing 하다

시:필-기(始畢期)圓 시작하는 시기와 마치는 시기.

시:하(侍下)圓 조부모 또는 부모가 생존하여 모시고 있는 사람. person under his paternal roof

시하(時下)圓 '이때·요즈음'의 뜻으로 편지에서 씀. nowadays

시:하-인(侍下人)圓 시하의 사람에게 그가 모시고 있는 웃어른에게 편지를 좀 전해 달라는 뜻으로, 편지 겉봉에 쓰는 말. Esquire [하다

시학(視學)圓 학사(學事)를 시찰함. school inspector

시학(詩學)圓 〈문학〉시의 본질·기교·종류 등에 대하여 연구하는 학문. 시론(詩論). 메트리크. poetics

시한(時限)圓 기한이 정하여져 있음. timelimit

시한-부(時限附)圓 시간의 한계를 붙임. ¶〜 조건.

시한 신:관(時限信管)圓 탄환이 일정 시간을 비행한 뒤 작렬하는 신관. [된 폭탄.

시한 폭탄(時限爆彈)圓 일정한 시간 후에 폭발하게끔

시:할머니(媤---)圓 남편의 할머니.

시:할-미(媤--)圓 시가의 할머니.

시:할아버지(媤---)圓 남편의 할아버지.

시:합(試合)圓 서로 있는 재주를 부리어 우열(優劣)을

시합 다투는 일. 경기(競技). match 하다 「함. 하다
시합(詩合)명 〈문학〉 시의 나음과 못함을 경쟁(競爭)
시:항(試航)명 시험삼아 하는 항행(航行). trial navi-
시해(弑害)명(동) 시살(弑殺). 하다 「gation 하다
시:행(施行)명 ①실지로 행함. carrying out ②〈법률〉
 법령을 공포한 후 실제로 그 효력을 발생시킴. 실
 시. 실행. 《대》 폐지(廢止). enforcement 하다
시:행(試行)명 시험삼아 행함. trial 하다
시:행 규칙(施行規則)명 〈법률〉 법령 시행에 관한 사
 항을 정한 규칙. enforcement regulations
시:행 기일(施行期日)명 〈법률〉 법령을 공포하여 그
 효력이 발생되는 날.
시:행 기한(施行期限)명 〈법률〉 법령을 공포하여 그
 의 시행이 있을 때까지의 동안. period of effective-
 ness
시:행-령(施行令)명 〈법률〉 법률의 시행 세칙이나 그
 위임에 말미암은 규정을 내용으로 하는 명령. enfo-
 rcement ordinance
시:행 착오(試行錯誤)명 〈교육〉①학습 양식의 하나.
 학습자가 한 과제에 당면했을 때 알고 있는 동작
 을 반복하다가 우연히 성공 후 반복하면 무익한 동
 작은 배제하게 되는 일. ②과제를 해결할 전망이
 서지 않을 때, 시도(試圖)와 실패를 거듭하며 적응
 하는 일. trial and error
시향(時享)명 〈민속〉①해마다 음력 2월·5월·8월·
 11월에 사당에 지내는 제사. regular services at
 the family shrine ②해마다 음력 10월에 5대 이상
 의 조상의 산소에 지내는 제사. 시사(時祀). (時奉)②. regular memorial service before ancest-
 or's graves in October 「하얗다. snow white
시:허옇-다[-허어타](ㅎ변) 아주 더할 수 없이 허옇다. 시
시헌-력[-녁](時憲曆)명 독일의 선교사 탕약망(湯
 若望), 곧, 아담샤알이 명나라 숭정(崇禎) 때 만들
 어 명(明)·청(淸)에서 쓰던 역법(曆法)의 하나.
 imperial calendar of China 「(淸克). 하다
시험(猜險)명 심하는 마음이 많고 아주 음큼함.
시:험(試驗)명 ①어떤 사물의 성질·능력·정도 등에
 관하여 실지로 증험하여 봄. experiment ②〈교육〉
 이해의 확실성을 알아보고 학업 성적의 우열을 알
 아봄. test ③문제를 내어 해답을 구하거나 실지로
 시켜보아 급락(及落)·채부(採否)를 결정함. 고고
 (考校). 고사(考査). 고시(考試)①. examination 하
 다
시:험 결혼(試驗結婚)명 두 남녀의 합의에 의하여 임
 시로 함께 살다가 일정 기간이 지난 뒤에 뜻이 맞
 으면 정식으로 혼인하는 일. 하다
시:험-관(試驗官)명 시험하는 일을 맡아보고 감독하
 는 사람. examiner 「바닥이 있는 유리관. test tube
시:험-관(試驗管)명 〈화학〉 자연 과학 실험에 쓰는 밑
시:험관 아기(試驗管-)명 〈의학〉 난자(卵子)를 몸 밖
 으로 꺼내어 유리관 안에서 수정(受精)시키고, 세
 배기(胞胚期)까지 배양시킨 배(胚)를, 다시 본래의
 올겨 자궁에 착상(着床)시켜 완전한 태아로 발육시
 킨 아기. 1978년 영국에서 처음으로 탄생함.
시:험-대(試驗臺)명 ①물리·화학 따위의 학문의 시험
 연구를 하는 데 앞맞도록 만든 대. testing table ②
 가치·기량(技倆) 따위를 시험하는 자리. guinea-pig
시:험 매:매(試驗賣買)명 〈경제〉①그전에는 매매하지
 않던 새로운 물건을 시험적으로 매매하는 일. trial
 sale ②살 사람이 실제로 시험하여 보고 마음에 들면
 산다는 조건에 행하여지는 매매. 시미 매매(試味
 賣買). purchase on trial
시:험-삼아(試驗-)팀 시험적으로.
시:험-소(試驗所)명 〈동〉 시험장.
시:험-액(試驗液)명 ①물이나 하등 동물을 시험삼아
 기르는 데 쓰는 액체. culture fluid ②〈화학〉 화학
 적 물체의 성질·반응 따위를 시험하는 데 쓰는 액
 체. reagent
시:험-장(試驗場)명 ①학업의 시험을 행하는 장소. ¶

입학 ~. 시장(試場). examination hall ②농업·공
 업등에서 발명·개량에 관하여 실지로 시험하는 상
 설 시설. 시험소. experimental station
시:험-적(試驗的)명 시험삼아 하는(것). tentative
시:험-조[-쪼](試驗調)명 남을 시험하는 듯한 태도.
 ¶~로 물어본다. by way of experiment
시:험 조업(試驗操業)명 기계의 성능·능률 또는 제품
 의 품질 등을 알아보기 위하여, 시험적으로 운전
 해 봄. test operation 하다
시:험-지(試驗紙)명 ①시험 문제가 적힌 종이나 답안
 을 쓰는 종이. examination paper ②〈화학〉 시약
 (試藥)을 바른 종이. test paper
시:험 지옥(試驗地獄)명 지원자가 많아서 시험을 치르
 뽑을 때, 합격이 곤란하여 응시자가 큰 고통을 받
 는 상태의 비유. ordeal of entrance examination
시:험-침(試驗針)명 어떤 쇠붙이가 다른 쇠붙이와 섞
 인 분량을 알아보는 데 쓰는 바늘. tester
시:험-항(試驗杭)명 〈토목〉 땅의 하중(荷重)을 받치
 는 힘을 시험하기 위하여 박는 말뚝.
시:현¹(示現)명 〈불교〉①신불이 영험을 나타내는 일.
 ②부처가 중생을 제도(濟度)할 목적으로 속세에 태
시:현²(示現,示顯)명 나타내 보임. 하다 「어난 일.
시:현-탑(示現塔)명 〈불교〉 금강산의 수미탑(須彌塔)
 따위와 같이 자연적으로 된 탑.
시혐(猜嫌)명 시기하여 싫어함. 하다
시형(詩形)명 〈문학〉 시의 형식. form of verse
시형-학(詩形學)명 〈문학〉 시의 형태학. prosody
시:혜(施惠)명 은혜를 베풂. 또, 그 은혜. favour
 하다
시:호(市虎)명 어떤 사람을 속이기 위하여 시장에 범
 이 들었다 하여, 사람들이 경탄하게 여겼다는 데서
 온 말. 곧, 근거 없는 거짓말.
시:호(時好)명 그 당시의 유행. fashion
시호(豺狐)명 승냥이와 여우.
시호(柴胡)명 〈식물〉 미나리과에 속하는 다년생 풀.
 각지의 산야에 저절로 나며 뿌리는 한약재로 씀.
시:호(試毫)명(동) 시필(試筆).
시:호(詩號)명 시인의 아호(雅號). penname
시호(詩豪)명 매우 뛰어난 대시인(大詩人). great poet
시:호(諡號)명 〈제도〉 임금·정승 또는 유현들의 생
 전의 공덕을 기리어 죽은 뒤에 주는 이름. 시(諡).
 posthumous title
시:호=시:호(時乎時乎)명(동) 시재시재(時哉時哉).
시:호 통신(視號通信)명 두 지점에서 서로 볼 수 있
 는 기구를 사용하여 부호나 신호로 하는 통신.
시·혹(시) 혹시. 「sentiment
시혼(詩魂)명 시를 짓는 마음. 시정(詩情). poetic
시화(柿花)명 〈식물〉 시화과의 다년생 풀. 줄기는 짧고, 잎
 은 타원형으로 두껍고 연함. 여름에 담자색 꽃이 피
 며 열매는 삭과임. 어린 잎은 식용하며 민간에서
 위상학으로도 씀. 고거(苦苣). 야거(野苣). 편거(編
 苣).
시화(柴火)명 섶나무에 붙인 불. fire of brushwood
시화(詩化)명 시적인 것으로 바꿈. poetization 하다
시화(詩畫)명 ①시와 그림. poem and picture ②시를
 곁들인 그림. picture with a poem
시화(詩話)명 시에 관한 이야기. talk on poetry
시:화-법[-뻡](視話法)명 발음할 때에 입술이나 혀의
 움직임을 그림으로 나타내어 발음법을 습득하게 하
 는 방법. 발음 장애자를 위하여 쓰임. lip language
시화 세:풍(時和歲豐)명 시화 연풍. 하다
시화 연풍(時和年豐)명 나라가 태평하고 곡식이 잘
 됨. 시화 세풍. peaceful and fruitful 하다
시화 전:람회(詩畫展覽會)명 시화를 전시하는 전람회.
 (수) 시화전. 「한시를 쓴 두루마리. (수) 시축².
시화-축(詩畫軸)명 화면 위쪽 여백에 그림에 알맞은
시환(時患)명 〈한의〉 한의 따라 유행하는 상한(傷寒).
 시병(時病). 시질(時疾). 시절병(時節病). 시기(時
 氣). 염질(染疾). 시령(時令)②.

시:황(市況)[명] 시장의 상황(商況). market

시회(詩會)[명] 시인 또는 시의 애호인으로써 구성하는 모임. poetry party

시효(時效)[명] 〈법률〉 어떤 사실 상태가 일정한 기간 계속하였을 때, 그 사실 상태를 존중하여 권리 관계로 인정하는 제도. prescription

시효 기간(時效期間) 〈법률〉 시효 완성에 필요한 기간. period of prescription

시효 정지(時效停止) 〈법률〉 시효 기간이 거의 만료될 무렵에 시효의 중단에 곤란한 사유가 있을 경우, 시효 완성을 유예(猶豫)하는 일. suspension of prescription

시효 중단(時效中斷)[명] 〈법률〉 시효의 기초가 되는 사실 상태를 방해하는 어떤 사실이 있을 때, 시효 기간의 진행을 중단하는 일. interruption of prescription

시후(時候)[명] 사철의 절기. season

시휘(時諱)[명] 그 시대에 꺼림을 받는 언행.

시흥(詩興)[명] 시를 짓고 싶은 마음. 또, 시에 도취되어 일어나는 마음의 흥취. poetical inspiration

식[명] 좁은 틈에서 김이 세차게 나는 소리.

식(式)[명] ①이미 습관이 된 전례·표준 또는 규정. fashion ②[약—] 식(算式). ③[약] 의식(儀式). ④〈논리〉 삼단 논법을 조직하는 판단의 종류. mood a system ⑤중국에서, 수레의 앞에 댄 가로장.

=**식**(式)[Z][미] 명사 밑에 붙어 법식(法式)을 나타내는 말. ¶서울~. 전자(電子)~. style, method

식가(式暇)[명] 〈제도〉 관원이 규정에 의해 받던 휴가.

식가(食價)[명] 밥값. 식대(食代).

식각(蝕刻)[명] [동] 부각(腐刻). 하—

식각 요판[—凹—](蝕刻凹版)[명] 약액(藥液)으로 부식하여 만든 요판의 하나.

식각 판화(蝕刻版畫)[명] 약품을 써서 유리·금속 등에 조각한 그림.

식간(食間)[명] 식사와 식사 사이의 사이. [조각한 그림.

식객(食客)[명] 세력 있는 대가(大家). 집에 기식하면서 문객(門客) 노릇을 하는 사람. hanger-on

식거(植居)[명] 〈제도〉 밥의 거둥 때 길 양쪽에 횃불을 죽 세우던 일. 하— [걱정.

식=걱정(食—)[명] 일상 생활에서 밥을 짓고 못 짓는 비유.

식견(息肩)[명] 무거운 책임을 벗음의 비유.

식견(識見)[명] 학식과 견문(見聞). 곧 사물을 분별할 수 있는 능력. 지견(知見). 견식(見識). 시야(視野)②. discernment [안 되는 동안. for a while

식경(食頃)[명] 한 끼의 음식을 먹을 만한 시간. 얼마

식경(息耕)[명] 면적을 헤아리는 말. 하루갈이의 6분의 1. unit of measure of fields

식계(蝕溪)[명] 평시에는 물이 없다가 큰 비만 오면 물이 사납게 흐르며 구배(勾配)가 몹시 급한 물길.

식고(食告)[명] 〈종교〉 천도교에서 식사할 때마다 한울님께 고하는 일. 하—

식곡(食穀)[명] 이식을 붙여 갚기로 하고 주는 곡식.

식곤=증[—症](食困症)[명] 〈한의〉 식후에 정신이 어찔어찔하고 나른하여 자주 졸음이 오는 증세.

식공(食供)[명] 음식을 제공함. offering meals 하—

식과(式科)[명] ⇒식년과(式年科).

식관(食管)[명] 〈생리〉 식도(食道)를 이루는 막관(膜管).

식=교자(食交子)[명] 온갖 반찬과 국·밥 따위를 골고루 차린 음식상. 얼교자. (대)건교자(乾交子). dinner table [람. 식솔(食率).

식구(食口)[명] 한 집안에서 살며 끼니를 함께 하는 사

식권(食券)[명] 음식점이나 식당에서 음식물과 바꾸어 주기로 약속된 표. food-ticket [병.

식궐(食厥)[명] 〈한의〉 과식하여서 졸도하여 말을 못하

식균 세:포(食菌細胞)[명] 〈생리〉 동물체의 피 또는 조직 속을 자유로 운동하면서 세균이나 그 밖에 이물(異物) 혹은 조직의 분해물을 잡아먹는 세포. 회체불·임파구 따위. (약) 식세포(食細胞). phagocyte

식균 작용(食菌作用)[명] [동] 방축.

식근(食根)[명] ①논밭의 딴이름. ②먹고 살아가는 길.

식기(食旣·蝕旣)[명] 〈천문〉 일식이나 월식 때 개기식(皆旣食)의 이지러지기 시작한 뒤의 잠깐 동안. beginning of a total eclipse [접.

식기(食器)[명] 음식물을 담는 그릇. ②주발. ③주발 대

식기=장[—欌](食器欌)[명] 식기를 넣어 두는 장.

식=나무[명] 〈식물〉 층층나무과에 속하는 상록 활엽 교목. 높이 2m 가량으로 잎은 긴 타원형임. 4월에 암자색 꽃이 피고 핵과는 타원형으로 가을에 익음. 재목은 기구를 만드는 데 씀.

식년(式年)[명] 〈제도〉 과거 보이는 시기를 정한 해로서 자년(子年)·묘년(卯年)·오년(午年)·유년(酉年)의 3년마다 한 번씩 돌아옴.

식년=과(式年科)[명] 〈제도〉 식년(式年)마다 보이던 과거. 동당(東堂). (약) 식과(式科).

식념(食念)[명] 음식을 먹고 싶어지는 생각. appetite

식능(食能)[명] 먹이에 관한 동물의 습성.

식-다[자] ①더운 것이 차게 되다. get cold ②이미 때가 지나서 늦다. late ③무슨 일에 대한 열성이 줄어지다. flag

식단(食單)[명] ①음식점이나 또는 식당에서 제공할 수 있는 요리의 종류, 또는 그 가격을 적은 표. menu ②가정에서 한 주일, 또는 한 달 동안의 매 시사마다의 요리 예정표. 차림표. 식단표(食單表). menu

식단(食團)[명] 완자처럼 만든 비빔밥을 밀가루로 꼭 싸고 달걀을 씌워 지져서 장국에 넣어 먹거나 그냥

식단-표(食單表)[명] [동] 식단(食單). [먹는 음식.

식달(識達)[명] 식견이 있어서 사리에 통달함. 하—

식당(食堂)[명] ①음식을 먹도록 설비된 방. diningroom ②간단한 음식을 파는 집. eating house

식-당(植黨)[명] 한 무리 또는 한 떼를 짓는 일.

식당-지기(食堂—)[명] 〈제도〉 성균관(成均館) 안에 있던 식당에서 선비들에게 음식을 공급하던 사람.

식당-직(食堂直)[명] [동] 식당지기. [당직(食堂直).

식당-차(食堂車)[명] 열차 안에서 내부가 식당으로 차려진 차간(車間). dining-car

식=대[명] 〈식물〉 대과에 속하는 대의 하나. 줄기 높이 6m 가량으로 마디 사이가 길며, 잎은 피침형임. 해변이나 촌락 부근에 나는데 제방의 방풍림으로 심음. 줄기는 죽세공재, 죽순은 식용됨.

식대(食代)[명] ①음식 값. ②공역(公役)을 보던 사람에게 차례를 바꿔 가며 식사하던 일.

식=대:령(食待令)[명] 당직한 병졸(兵卒)에게 식사를 하

식도(食刀)[명] 식칼. [도록 틈을 주던 명령.

식도(食道)[명] ①〈생리〉 소화관(消化管)의 일부로, 삼킨 음식이 지나가는 통로. 목구멍에서 위(胃)에 이르기까지의 사이. gullet ②병량(兵糧)을 나르는 길로. route of military provisions

식도-경(食道鏡)[명] 〈의학〉 식도의 어떠한 이상(異狀)을 보거나 제거(除去)하는 데 쓰는 의료 기구의 하나. gullet mirror [락으로 삼는 일. epicurism

식도-락(食道樂)[명] 여러 가지 음식을 먹어 봄을 도

식도-암(食道癌)[명] 식도에 생기는 암의 일종으로, 40~60세 남자에게 많음. cancer of the esophagus

식도 협착(食道狹窄)[명] 〈의학〉 식도에 생기는 여러 가지 병으로 인하여 식도의 일부가 좁아져서 음식을 삼키지 못하는 증상. esophagotenosis

식-되(食—)[명] 가정에서 쓰는 작은 되. 식승(食升). measure for domestic use

식량(食量)[명] 먹는 음식의 분량. (유) 먹성. (약) 양. one's capacity for eating

식량(食糧)[명] 먹을 양식. 양식(糧食). provisions

식량(識量)[명] 사람이 지니고 있는 견문과 도량. discernment and ability

식량-난(食糧難)[명] 흉작·인구 팽이 따위로 식량을 얻기 어려운 일. shortage of food

식량 문:제(食糧問題)[명] 〈사회〉 인구가 늘어나는데 식량이 부족함으로 인하여 생기는 여러 가지 문제.

식력(識力)[명] 사물을 식별하는 능력. [food question

식례(式例)[명] 이미 있어 온 일정한 전례. traditions

식례(式禮)[명] ①예의. ②의식(儀式).

식록(食祿)〖명〗 ①《동》 녹봉(祿俸). ②녹을 받음. 하目
식료(食料)〖명〗 음식을 만드는 재료. food-stuffs
식료-품(食料品)〖명〗 식료가 되는 물품. 식용품(食用品). 식용품(食用品). 《약》 ~품(食品). foodstuffs
식리(殖利)〖명〗 이익을 늘림. 흥리(興利). money-making 하目
식림(植林)〖명〗 나무를 심어 숲을 만듦. 《대》 벌채(伐採).
식-면포(食麵麴)〖동〗 식빵. [지티]
식멸(熄滅)〖명〗 ①없애 버림. ②불이 사라져 없어짐. 하
식모(式帽)〖명〗 의식 때 쓰는 예모.
식모(食母)〖명〗 ①남의 집에 고용되어 부엌일을 맡아하는 여자. kitchenmaid ②《제도》 관아에 딸린 여자
식모(植毛)〖명〗 《의학》 털을 옮겨 심음. 《종 》 종의 하나.
식모-술(植毛術)〖명〗 《의학》 머리카락을 모근(毛根)째 로 옮겨 심는 방법.
식목(拭目)〖명〗 눈을 씻고 자세히 봄. 하目
식목(植木)〖명〗 ①나무를 심음. planting trees ②심은 나무. 식수(植樹). 종수(種樹). planted trees 하目
식목-일(植木日)〖명〗 나무를 아껴 가꾸고 많이 심기를 권장할 목적으로 정한 날. 4월 5일. Arbor Day
식물(食物)〖명〗 먹는 물건. 먹을 물건. 식이(食餌). food
식물(植物)〖명〗 《생물》 생물계에서 동물과 둘로 크게 구분되는 일군의 생물의 총칭. 초목·균류(菌類)·조류(藻類) 등. 《대》 동물(動物). 광물(鑛物). vegetation
식물=계(植物界)〖명〗 《식물》 식물이 생존하는 세계. 지구상에 생존하는 식물을 총칭하여 일컬음. vegetable kingdom
식물구=계(植物區系)〖명〗 《식물》 한 지방에서 자라는 식물의 종류 전체를 총괄하여 이름. flora
식물 군락(植物群落)〖명〗 《식물》 기후·토질·일광·수분 등의 외계(外界)의 영향에 따라 같은 종류의 식물이 한 곳에 모여 사는 곳. 식물 떼판. colony of plants
식물 기후(植物氣候)〖명〗 식물이 사는 지표 부근의 기후.
식물=대(植物帶)〖명〗 《식물》 지구 위의 식물의 분포를 몇 부분으로 가른 것. 북대(北帶)·신열대(新熱帶)·구열대(舊熱帶)·남대(南帶) 따위로 나눔. floral zone
식물 도감(植物圖鑑)〖명〗 일정한 식물구계 안의 모든 식물을 채집하여 그 형상·상태 등을 밝히고 이에 설명을 붙인 책.
식물 떼판(植物—)〖명〗 《동》 식물 군락(植物群落).
식물 병:리학(植物病理學)〖명〗 《식물》 식물의 병과 재해의 원인을 구명하고 그 예방 및 방지 방법을 강구하는 학문. phytopathology
식물 분류학(植物分類學)〖명〗 《식물》 식물의 모양과 비슷한 방법이 서로 비슷한 것은 모으고, 다른 것은 나누어 체계를 세우는 학문. classificatory botany
식물 분포(植物分布)〖명〗 《식물》 지구상의 어떠한 지방에 어떠한 종류의 식물이 살고 있는 상태. 기후와 온도에 가장 관계가 깊음. geographical distribution of plants
식물=산(植物酸)〖명〗 《화학》 식물체 속에 들어 있는 여러 가지 산(酸).
식물 상아(植物象牙)〖명〗 《식물》 상아 야자(象牙椰子) 종자의 배유(胚乳). 희고 단단하여 상아와 비슷함. vegetable ivory
식물 생리학(植物生理學)〖명〗 《식물》 식물의 모든 기관의 작용을 고찰하며 그 생장과 번식의 원리를 연구하는 식물학의 한 분과.
식물 생태학(植物生態學)〖명〗 《식물》 식물이 외계(外界)의 환경에 적응하여 생존하는 모양을 연구하는 식물학의 한 분과. ecological botany
식물=성[—성](植物性)〖명〗 식물체 고유의 성질. 《대》 동물성. vegetability.
식물성 기능[—성—](植物性機能)〖명〗 《생물》 호흡·배설·순환·생식 따위와 같이 동식물에 있어서의 공통적인 생리적 기능.
식물성 섬유[—성—](植物性纖維)〖명〗 《식물》 식물의 잎·줄기·과실 따위로부터 얻어지는 섬유. vegetable fibre

식물성 식물[—성—](植物性食物)〖명〗 식물계에 딸린 음식물.
식물성 신경[—성—](植物性神經)〖명〗 《동》 자율 신경(自律神經).
식물성=유[—성—](植物性油)〖명〗 《식물》 식물의 씨·열매 따위에서 짜낸 기름. 《약》 vegetable oil [변질로 생긴 암석.
식물=암(植物岩)〖명〗 《광물》 식물의 침적(沈積). 또는
식물 연쇄(食物連鎖)〖명〗 《동》 초식 동물을 어떤 육식 동물이 잡아먹고 그 동물을 다른 육식 동물이 잡아먹음으로써 이루어지는 식성으로 이어진 생물 간의 과대.
식물=원(植物園)〖명〗 《식물》 식물학의 연구·진보·향상 및 식물에 관한 지식을 보급하기 위하여 설비한 식물을 모아 기르는 곳. 《대》 동물원. botanical garden
식물=유(植物油)〖명〗 《약》→식물성유(植物性油).
식물 인간(植物人間)〖명〗 대뇌의 낭해(損害)로 의식이나 운동성은 없으나, 뇌간부(腦幹部) 이하에 이상이 없기 때문에 호흡이나 순환은 유지되는 환자.
식물 중독(食物中毒)〖명〗 《동》 식중독(食中毒).
식물=질[—질](植物質)〖명〗 식물성의 물질. 《대》 동물질. vegetable matter
식물질 비:료[—질—](植物質肥料)〖명〗 썩게·풀 따위와 같이 식물계에서 얻는 비료. botanical manure
식물 채:집(植物採集)〖명〗 《식물》 학습·학술상의 필요로 야생의 식물을 그대로 따옴. 하目
식물=학(植物學)〖명〗 《식물》 식물을 연구 대상으로 하여, 식물의 생활 현상의 일반적 법칙을 연구하는 자연 과학의 한 분과(分科). botany
식물 해:부학(植物解剖學)〖명〗 《식물》 식물의 내부 구조를 연구하는 식물학의 한 분과.
식물 형태학(植物形態學)〖명〗 《식물》 식물학의 한 분과. 식물의 외부와 내부의 형태 및 세포, 세포 내용물, 엽색체의 모양 따위를 연구하는 학문. morphological botany [—는 호르몬.
식물 호르몬(植物 hormone)〖명〗 《식물》 식물체내에 있는
식민(植民)〖명〗 《경제》 경제적 발전을 꾀하여 국외의 미개지(未開地)나, 또는 제 나라와 정치적 종속(從屬) 관계를 가진 토지에 많은 국내인(國內人)을 보내어 살게 하는 일. 또, 그 이주(移住)한 이민. colonization 하目 [nial country
식민(植民國)〖명〗 《정치》 식민지를 가진 나라. colo-
식민=사(植民史)〖명〗 《역사》 세계 각국의 식민 운동, 곧 식민지의 획득·보지(保持)·발전·상실(喪失) 등에 관한 역사.
식민 정책(植民政策)〖명〗 《정치》 식민지를 다스리기 위하여 베푸는 모든 정책. colonial policy
식민=지(植民地)〖명〗 본국 밖에 있어서 본국의 특수 통치를 받는 지역. 속국. 속령. colony
식미 회:사(植民會社)〖명〗 식민지의 개발·경영 및 무역을 목적으로 하는 상사 회사. [tabel
식반(食盤)〖명〗 음식을 받쳐 놓고 먹는 상. small food
식별(識別)〖명〗 잘 알아서 분별함. ¶~력(力). 《유》판별(判別). discrimination 하目
식별=역(識別閾)〖명〗 빛이나 소리의 식별의 경우처럼 어떤 작용인(作用因)의 양적(量的) 차이의 자극 효과에 관한 역(閾). 변별역(辨別閾).
식보(食補)〖명〗 원기를 돕기 위하여 좋은 음식을 먹음. taking nourishments 하目
식복(食復)〖명〗《한의》증병을 치르고 나서 완전히 회복되기 전에 음식 조절을 잘못하여 다시 앓는 병.
식복(食福)〖명〗 먹을 복. 식수(食數). luck in eating
식부(植付)〖명〗 ①나무나 풀을 심음. ②모내기. ¶~면적. 하目
식분(食分)〖명〗 《천문》 일식 또는 월식 때에 해 또는 달이 가리어 보이지 않는 정도. 가리워진 부분을.
식불 念拂[—](食佛)〖명〗 불식(拂拭).
식불(試拂)〖명〗《불》불식. 쥐나 적경과의 비.
식=불감미(食不甘味)〖명〗 근심·걱정 따위로 음식을 먹어도 맛이 없음. 하目

식=불언(食不言)〖명〗 음식을 먹을 때에 쓸데없는 말을 식브-다〖조형〗〖고〗 싫다. 〖않음〗. do not talk at table
식비(食費)〖명〗 식사의 비용. 밥값. 식대(食代)〖이〗. charge for board 〖낸 빵. 식면포(食麪麭). bread
식=빵(食一)〖명〗 밀가루에 효모를 넣고 반죽하여 구워
식사(式事)〖명〗 의식(儀式)의 행사. ceremony
식사(式辭)〖명〗 식장에서 베푸는 인사의 말. ceremonial address 하다
식사(食事)〖명〗 생활하여 가는 데 필요한 영양분을 섭취하기 위하여 여러 가지 음식을 먹는 일. 또, 그 음식. meal 하다
식사(飾詐)〖명〗 남을 속이기 위하여 거짓으로 꾸밈. 하다
식사(飾辭)〖명〗 듣기 좋게 꾸미어 하는 말.
식사-문(式辭文)〖명〗 식사(式辭)를 적은 글.
식산(殖産)〖명〗 재산을 불리어 늘림. 식재(殖財). increase of production 하다
식상(食傷)〖명〗 ①과식하였거나 좋지 않은 음식을 먹어서 일어나는 배탈. 토사·곽란 같은 병. indigestion ②같은 음식이나 사물의 되풀이로 물림. 하다
식상(蝕像)〖명〗〈광물〉부식산(腐蝕酸)을 광물의 결정면에 부을 때 결정면에 생기는 부식상.
식색(食色)〖명〗 음식에 대한 욕망과 이성에 대한 욕망. appetite for food and sex
식=생활(食生活)〖명〗 먹고 사는 일. food life
식서(食緖)〖명〗 피륙의 가장자리의 올이 풀리지 않도록 짠 부분. (데) 투서.
식성(食性)〖명〗 ①음식에 대하여 싫어하고 좋아하는 성미. 음식이 ∼에 맞다. taste ②〈동물〉동물의 섭식상(攝食上)의 습성. food habit
식=세포(食細胞)〖명〗=식균 세포(食菌細胞).
식=소라(食一)〖명〗→밥소라.
식소 사:번(食少事煩)〖명〗 먹을 것은 적은데 할 일만 〖많음〗. 하다
식솔(食率)〖명〗〖동〗식구(食口).
식송(息訟)〖명〗 화해하고 송사를 그침. 하다
식수(食水)〖명〗 식용으로 쓰이는 물. 음료수. (食福).
식수(食數)〖명〗 뜻밖에 먹을 것을 먹게 되는 재수.
식수(植樹)〖명〗 나무를 심음. 식목(植木). 수식(樹植). planting trees 하다
식수-난(食水難)〖명〗 식수의 부족으로 겪는 어려움. shortage of drinking water 〖전〗. planting area
식수-대(植樹帶)〖명〗 가로수를 심기 위하여 마련한 터
식=수유(食茱萸)〖명〗〖동〗오동나무.
식순(式順)〖명〗 의식 진행의 차례. program of a ceremony
식승(食升)〖명〗〖동〗식되. 〖때.
식시(食時)〖명〗 아침 저녁으로 끼니를 먹을 때. 끼니
식:식(食食)〖명〗 숨을 가쁘게 쉬는 소리. (작) 색색. (센) 씩씩. 하다
식:식-거리-다〖자〗 연해 숨을 가쁘게 쉬어 식식 소리를 자주 내다. 〖숨이 차서 ∼〗. (작) 색색거리다. (센) 씩씩거리다. gasping 〖in charge of food
식신(食神)〖명〗〈민속〉음식을 주관한다는 귀신.
식심(食甚·蝕甚)〖명〗〖천〗일식 또는 월식 때에 해 또는 달이 가장 많이 가리어진 때. largest eclipse
식야(識野)〖명〗〈심리〉의식하는 범위.
식언(食言)〖명〗 언약한 말대로 시행하지 아니함. 거짓말을 함. 〖∼을 일삼다〗. eating one's words 하다
식역(識閾)〖명〗〈심리〉 어떤 순간에 있어서의 의식 경험의 전 범위. 또, 어느 감각을 일으킬 수 있는 최소한의 자극의 강도(强度).
식열(食熱)〖명〗 어린아이가 과식하여 나는 신열. fever
식염(食鹽)〖수〗〖동〗소금. 〖due to overeating
식염=수(食鹽水)〖명〗 ①식염을 탄 물. ②〈약〉생리적 식염수.
식염=유(食鹽釉)〖명〗〈공업〉자기를 가마에 넣고 굽다가 겉에 소금을 넣어서 양잿물의 작용을 기면(器面)에 입으키게 한 것. 타일·기와 등.
식염 주:사(食鹽注射)〖명〗〈의학〉살균한 식염수를 피하 조직(皮下組織) 또는 정맥(靜脈) 안에 주사하여

독소를 풀고 수분을 보충하기 위하여 놓는 주사. 염수 주사(鹽水注射). salt injection
식염=천(食鹽泉)〖명〗〈광물〉물 1ℓ 속에 1g 이상의 식염의 고형분(固形分)을 함유하는 온천의 총칭. salt
식예(植藝)〖명〗 수예(樹藝). 〖spring
식욕(食慾)〖명〗 음식을 먹고 싶어하는 욕심. 밥맛②. 〖of appetite 하다
식욕 부진(食慾不振)〖명〗 식욕이 줄어드는 상태. loss
식욕 이:상(食慾異常)〖명〗〈의학〉식욕이 과하거나 모자라는 병. perverted appetite 〖다
식용(食用)〖명〗 먹을 것에 씀. 〖∼유(油)〗. edibility 하
식용=개구리(食用一)〖명〗〈동물〉개구리의 하나. 몸길이 20cm. 수컷의 등은 암녹색에 담흑색 반점이 있고, 암컷의 등은 갈색에 흑색 반점이 있음. 고기가 닭고기와 비슷하여 요리에 씀. bullfrog
식용-균(食用菌)〖명〗〈식물〉사람이 먹을 수 있는 버섯. 송이버섯·싸리버섯·기와버섯·송버섯 따위. edible mushrooms
식용-근(食用根)〖명〗〈식물〉식료(食料)로 쓰이는 식물의 뿌리. 무·감자 따위. edible root
식용=달팽이(食用一)〖명〗〈동물〉식용으로 하는 달팽이의 하나. 담황색에 구형(球形)이며 프랑스 요리에 씀.
식용=색소(食用色素)〖명〗〈동〉식용 색소(食料品). 〖많이 쓰임.
식용=색소(食用色素)〖명〗 음식물의 빛깔을 아름답게 하기 위하여 쓰는 무해(無害)의 색소. food coloring
식용=식물(食用植物)〖명〗〈식물〉사람이 먹을 수 있는 식물의 총칭. esculent plants
식용 작물(食用作物)〖명〗〈농업〉식용을 목적으로 재배하는 농작물. 곡류(穀類)·채소 따위. crops
식용-품(食用品)〖명〗〈동〉식료품(食料品).
식원-복(食遠服)〖명〗〈의학〉음식을 먹은 지 한참 지난 후에 약을 먹는 일. drugs to be taken after each meal 하다 〖meat diet 하다
식육(食肉)〖명〗 ①먹는 고기. meat ②고기를 먹음.
식육-류(食肉類)〖명〗〈동물〉포유류의 한 목(目). 주로 육식을 하는 짐승으로 대개는 사나움. 개과·고양이과·곰과 따위. 육식류(肉食類).
식육 부:귀(食肉富貴)〖명〗 맛있는 고기만 먹어 가면서 누리는 부귀. 〖고 생기는 급성 위장병.
식육 중독(食肉中毒)〖명〗〈의학〉식중독 중 고기를 먹
식은=땀(一)〖명〗 ①몸이 쇠약하여 덥지 아니하여도 병적(病的)으로 저절로 흐르는 땀. cold sweat ②정신이 긴장되어 흐르는 땀. sweat with fear
식은 죽도 불어 가며 먹어라〖속〗 무슨 일이라도 틀림없을 듯해도 잘 알아보고 조심을 해야 한다.
식음(食飮)〖명〗 먹고 마심. 또, 그 일. eating and drinking 하다 〖fasting 하다
식음 전폐(食飮全廢)〖명〗 음식을 아주 먹지 아니함.
식읍(食邑)〖명〗〈제도〉 나라에서 공신에게 조세(租稅)를 개인이 받아 쓰도록 내려 준 고을.
식이(食餌)〖명〗 ①먹이. ②조리한 음식물. 식물(食物).
식이 반:사(食餌反射)〖명〗 실험 동물이 식기(食器) 소리를 듣거나 사육자가 오는 것을 보고 반사적으로 군칠을 흘리는 현상.
식이 요법(食餌療法)〖명〗〈의학〉일상 섭취하는 음식물의 품질·성분·분량 등에 과학적인 연구를 가하여 병을 치료하는 방법. dietary treatment
식이 전염(食餌傳染)〖명〗〈의학〉식용물에 의한 질병의 전염. 〖로 여기는 미개인의 관습으로 함.
식인(食人)〖명〗 사람 고기를 먹는 것을 신성한 의식으
식인=귀(食人鬼)〖명〗〈불교〉사람을 잡아먹는다는 귀신. cannibal demon 〖미개인 종족. cannibal race
식인=종(食人種)〖명〗 사람의 고기를 먹는 풍습이 있는
식일(式日)〖명〗 ①날마다. every day ②의식(儀式)이 있는 날. ceremonial day
식자(植字)〖명〗〈인쇄〉인쇄소에서 활자(活字)로 판을 짜는 일. composition 하다 〖ding the letters
식자(識字)〖명〗 글자를 아는 일. 글을 앎. understan-
식자(識者)〖명〗 학식·상식이 있는 사람. 아는 것이 많

은 사람. intelligent people
식자=공(植字工)圓 인쇄소에서 식자를 하는 직공. [compositor
식자 우:환(識字憂患)圓 학식이 있는 것이 도리어 근심을 이끌어 온다는 뜻으로 곧, 아는 것이 탈이라는 말. Knowledge brings calamity
식자=판(植字版)圓〈동〉활판(活版).
식-작용(食作用)圓〈생리〉병원(病原) 미생물이나 이물(異物)을, 식세포가 자체의 포체(胞體) 안에 넣어서 무해(無害)한 것으로 처리하는 작용. 식균 작용(食菌作用).
식장(式場)圓 식을 거행하는 곳. state-room
식재(殖財)圓〈동〉식산(殖產). **하**타
식적(食積)圓〈한의〉음식이 잘 삭지 않고 뭉치어 생기는 병. 체적(滯積). indigestion
식전(式典)圓 의식(儀式).
식전(食前)圓 ①밥을 먹기 전. before meals ②아침밥을 먹기 전. 아침 일찍. (식후(食後). before breakfast 때. before breakfast
식전-바람[-빠-](食前-)圓 아침 식사를 하기 전인
식전 방장(食前方丈)圓 진미(珍味)의 음식물을 자기 자리 앞에 사방으로 한 길이나 되게 차려 놓은 것. 진수 성찬(珍羞盛饌).
식전=잠[-짬](食前-)圓 아침 식사를 하기 전에 자 [는 잠.
식전=참(食前站)圓 ①아침에 일어나서 아침밥을 먹을 때까지의 사이. interval before breakfast ②아침밥을 먹기 전에 도착할 수 있는 역참(驛站). post town which can be reached befor breakfast
식정=수(食精水)圓〈동〉밥물②.
식종(植種)圓 수에(樹齡).
식종(飾終)圓 죽은 사람의 최후를 장식함.
식=주인(食主人)圓 나그네를 재우고 밥을 파는 집의 주인. proprietor of an inn
식-중독(食中毒)圓〈의학〉음식물을 섭취한 후 전신 부조(全身不調)·설사·복통·구토 등의 증상이 나타나며 피부에 발진이 생기는 중독 상태. 썩은 물고기·복어·독초·독버섯 따위를 먹은 뒤에 일어남. 식물 중독(食物中毒). food poisoning
식지(食指)圓〈동〉집게손가락.
식지(食紙)圓 음식이나 밥상을 덮어두는 데 쓰이는 기름 먹인 종이. oiled paper for covering food
식지에 붙은 밥풀團 대수롭지 않은 것은 그럭저럭 없 [어진다.
식찬(食饌)圓〈동〉반찬(飯饌).
식채(食債)圓 외상 음식을 먹고 생긴 빚. debts for food [indigestion
식체(食滯)圓〈한의〉먹은 음식이 소화가 안 되는 병.
식초(食醋)圓 약간의 초산(醋酸)을 포함한 신맛이 있는 조미료. vinegar
식충(食蟲)圓 ①식충류 등이 벌레를 잡아먹는 일. insectivorous ②〈동〉식충이.
식충=류(食蟲類)圓〈동물〉두도 빌베를 잡아먹기 사는 포유류의 한 목(目). 몸은 작고 구멍 속이나 나무 위에 살며, 입이 길고 눈이 작음. 두더지·고슴도치·땃쥐 따위.
식충 식물(食蟲植物)圓〈식물〉잎이나 또는 잎의 변화된 포충 기관(捕蟲器官)으로 벌레를 잡아 소화 흡수하여 양취를 취하는 식물. 모드파리풀·끈끈이귀개·벌레잡이 식물. carnivore
식충=엽(食蟲葉)圓〈식물〉벌레잡이 식물의 잎. 모드라기풀·끈끈이귀개 따위의 잎. insectivorous leaf
식충=이(食蟲-)圓 ①밥을 많이 먹는 사람을 놀러어 하는 말. glutton ②밥만 먹고 노는 사람의 별명. 식충(食蟲)②. 밥벌레. 밥보. drone
식=칼(食-)圓 음식 장만할 때 고기·채소 같은 것을 자르는 칼. 식도(食刀). 부엌칼. kitchen knife
식칼이 제 자루를 못 깎는다團 제가 제 일 하기는 어렵다. [여 놓는 데 쓰이는 큰 탁자. dining table
식탁(食卓)圓 식사나 식사할 때에 음식을 벌
식탈(食頉)圓 과식하거나 좋지 않은 음식을 잘못 먹어서 생긴 병. disagreement of food
식탐(食貪)圓 음식에 대하여 욕심내어 탐냄. greediness for food 하타
식토(植土)圓 점토질을 50% 이상 포함한 흙. 치토.
식품(食品)圓 사람이 일상 섭취하는 음식물.
식품=유(食品油)圓〈동〉먹음새.
식품 위생(食品衛生)圓 음식에 기인하는 위생상의 위험한 재해를 방지하기 위한 위생 활동. food hygiene
식피-술(植皮術)圓〈의학〉건강한 부분의 일부를 다른 피부 결손부에 이식(移植)하는 의술의 방법.
식해(食醢)圓〈동〉생선젓②. [skin-graft operation
식혜(食醯)圓 쌀밥에 엿기름 가루를 우린 물을 부어 삭힌 뒤에, 진한 설탕물을 부은 음식. 감주(甘酒). sweet drink made with fermented rice
식혜 먹은 고양이 상 같다團 몹시 찌푸린 얼굴을 이르는 말. [죽.
식혜 암:죽(食醯-粥)圓 식혜를 익혀서 걸러 끓인 암
식화(食貨)圓 음식과 재물. food and money
식화(殖貨)圓 재화(財貨)를 늘리는 일. 하타
식-활:산(熄火山)圓〈동〉사화산(休火山). [a meal
식후(食後)圓 식사를 마친 뒤. (대)식전(食前). after
식후-경(食後景)圓 좋은 구경도 배가 불러야 구경할 맛이 있다는 말. ¶금강산도 ~.
식후-복(食後服)圓 식사를 마친 뒤 잠깐 있다가 약을 먹음. taking after meals 하타
식히-다타종 더운 기운을 없어지게 하다. cool
신[뼈]圓 발에 신고 걷는 데에 쓰이는 물건의 총칭. 신발. ¶고무 ~. footgear [다. interest
신[뼈]圓 흥미와 열성이 생기어 좋아진 기분. ¶~이 나
신(申)圓〈민속〉①십이지(十二支)의 아홉째. 원숭이를 상징함. ②신방(申方), ③신시(申時).
신:(臣)圓 ①→신하(臣下). [대] 신하가 임금에 대하여 자기를 일컫는 말. (대) 짐(朕). subject
신(辛)圓〈민속〉①천간(天干)의 여덟째. ②〈약〉→신 방(辛方). ③〈약〉→신시(辛時).
신:(信)圓 ①오상(五常)의 하나. 거짓이 없음. 믿음성이 있고 성실함. faith ②의심하지 않음. 믿음. 신용. trust ③〈동〉소식(消息). 통신.
신(神)圓 ①종교의 대상으로서, 초인간적 또는 초자연적 위력을 가지는 존재. god ②〈약〉→신명(神明). 귀신. ③〈기독〉하나님. God ④영묘 불가사의(靈妙不可思議)한 것. spirit ⑤거룩하여 감히 침범할 수 없는 것. holiness
신:(腎)圓 ①〈약〉→신장(腎臟). ②자지. penis
신:(新)圓 어떠한 명사 위에 붙이어 새롭다는 뜻. (대)구(舊)=. new
신:(scene)圓 ①극·영화의 장면. ②경치.
신가[-가](身價)圓〈동〉몸값.
신=가정(新家庭)圓 ①결혼한 지 얼마 안 되는 가정. 새살림하는 가정. new home ②신시대(新時代)의 가정. modern home
신간(辛艱)圓〈동〉신고(辛苦). 하타
신간(新刊)圓 ①새로 발행한 책. 신서(新書)①. 신본(新本)②. new book ②책을 새로 간행함. (대)구간(舊刊). 고서(古書). new publication 하타
신간(新墾)圓 토지를 새로 일구어 농토를 만듦. newly bringing under cultivation 하타
신간 비:평(新刊批評)圓 새로 간행된 도서에 대하여 신문 또는 잡지를 통하여 그 내용을 비평함. (약)신 간평.
신간(新墾地)圓 새로 일구어 농토로 만든 땅.
신간-평(新刊評)圓〈약〉→신간 비평.
신갈-나무圓〈식물〉너도밤나무과의 낙엽 활엽 교목. 잎은 긴 타원형이고 뒷면에는 털이 있음. 꽃은 6월에 피고 견과는 초가을에 익음. 목재는 차량 및 기구재로 쓰이고 과실은 식용함.
신감(神感)圓 신의 감응.
신:감(腎疳)圓〈한의〉몸이 수척해지고 오한과 열이 심하며 식욕이 줄고 설사가 잦은 병.

신=감:각파(新感覺派) 〖문학〗 문법과 상식을 초월하여 참신한 감각을 주관적으로 표현하고자 하는 도시적인 인상의 한 파. neosensualists

신감기[―감―] 〖원〗→신경기. [opened 하다타

신개(新開) 〖명〗 황무지를 개간함. 또, 그 토지. newly

신:객(信客) 〖명〗 약속을 잘 지켜 신용이 있는 사람.

신객(新客) 〖명〗 새로 온 손님. [man of his words

신=갱기[―갱―](新―) 〖명〗 짚신 따위의 총갱기와 뒷갱기의 총칭. 〖약〗 갱기. 〖원〗 신갱기.

신건[―껀](新件) 〖명〗 새것. 새로운 사건 또는 물건. new case or thing

신건=이(新件―) 〖명〗 하는 일이나 말이 싱거운 사람의 별명. [silly person

신검(神劍) 〖명〗 신묘한 검. magical sword

신:겁(腎怯) 〖명〗 색(色)을 쓰기 전에 남자의 생식기가 위축되는 일. impotence 〖대〗 인격(人格). divinity

신격(神格) 〖명〗 신으로서의 자격. ¶~화(化).

신:=결석[―썩](腎結石) 〖명〗→신장 결석.

신:=결핵(腎結核) 〖명〗→신장 결핵.

신=겸노복(身兼奴僕) 〖명〗 살림이 구차하여 몸소 종의 일을 겸하여 함.

신:경(信經) 〖명〗 〈기독〉 천주교의 신조를 적은 경문.

신경(神經) 〖명〗 ①〈생리〉 중추부(中樞部)인 뇌 또는 척수와 온몸의 말초 기관(末梢器官)을 서로 분포되어 있는 실 모양의 기관. 지각·운동·분비·영양을 지배함. nerve ②지각. 정신. sensibility

신:경(腎經) 〖명〗 ①〖동〗 콩팥. ②신장의 경락(經絡).

신경=계(神經系) 〖명〗 〈생리〉 몸의 각 기관계를 연결, 하나의 유기체(有機體)로서 통일하는 한 계통의 기관. 중추신경계와 말초 신경계로 나뉨. 신경 계통. nervous system

신경 계:통(神經系統) 〖동〗 신경계.

신경=과[―꽈](神經科) 〖동〗 정신과.

신경 과:민(神經過敏) 〖명〗 미약한 자극에 대하여서도 쉽게 감응하는 신경 계통의 불안정한 상태. ¶~증.

신경=교(神經膠) 〖명〗 〈생리〉 신경 세포 사이의 틈을 메우는 결체(結締) 물질. [포의 집합.

신경=괴(神經塊) 〖생리〉 같은 기능을 가진 신경 세

신경 마비(神經痲痺) 〖명〗 〈의학〉 뇌 또는 척수(脊髓)에서 나온 신경이, 그 말초 경로(末梢經路) 중에서 전도 중절(傳導中絶)되어 운동 혹은 감각의 장애를 일으키는 상태. nervous paralysis

신경=병[―뼝](神經病) 〖명〗 〈의학〉 신경 계통의 기질적(器質的) 질환 및 기능 장애. nervous disease

신경 섬유(神經纖維) 〖명〗 〈생리〉 신경 세포의 세포질(細胞質)에서 섬유 모양으로 길게 된 돌기(突起). nerve fiber

신경 세:포(神經細胞) 〖명〗 〈생리〉 신경 기능(神經機能)을 맡아보는 조직 세포(組織細胞) 중 가장 잘 분화(分化)된 세포. nerve cell

신경 쇠약(神經衰弱) 〖명〗 〈의학〉 신경의 피로로 감정이 발작적으로 변하여 노하기 쉽고, 비관에 빠지기 쉽고, 권태를 느끼며, 기억력이 줄고, 불면증에 빠지는 질환. neurasthenia

신경=염[―념](神經炎) 〖명〗 〈의학〉 신경계의 한 부분에 염증이나 여러 가지 장애 때문에 그 부분의 기능에 이상이 생기는 병. neuritis

신경=원(神經元) 〖명〗 〈생리〉 신경계의 기능 및 형태상의 단위가 되는, 한 개의 신경 세포 및 그것이 가지는 모든 돌기. 뉴런(neuron).

신경=전(神經戰) 〖명〗 〈군사〉 적극적으로 공격하지 않고 모략·선전 등으로 서서히 상대방의 신경을 피로하게 함으로써 사기(士氣)를 잃게 하는 전법(戰法). psychological warfare

신경=절(神經節) 〖명〗 말초 신경 세포의 집합체(集合體). 지각(知覺)에 관계하는 것과 자율 신경계(自律神經系)의 두 가지가 있음. ganglion

신경 조직(神經組織) 〖명〗 〈생리〉 신경을 구성하는 신경 세포와 신경 섬유와 신경교로 된, 동물계에서만 특수 조직의 하나. nervous tissue

신경 중추(神經中樞) 〖생리〉 신경 기관 중 신경 세포가 집합하여 있는 곳. 자극을 받고 통제하며 명령하는 작용을 함. 중추 신경.

신경=증[―쯩](身輕症) 〖명〗 〈한의〉 뇌척수(腦脊髓)의 병으로 몸과 힘줄이 뻣뻣하게 되는 어린애의 병.

신경지(新境地) 〖명〗 전과는 아주 다른 새로운 경지.

신경=질(神經質) 〖명〗 ①신경이 지나치게 예민하거나 병적이어서, 쉬 감동하거나 골똘하며 성급한 성질. nervousness ②〈심리〉 기질(氣質)의 하나. 감동하기 쉽고 민첩하며 성급하여 우유 부단(優柔不斷)함. nervous temperament

신경=통(神經痛) 〖명〗 〈의학〉 일정한 감각 신경의 분포 구역에 일어나는 아픈 증세. neuralgia

신경향(新傾向) 〖명〗 사상·풍속의 구태(舊態)를 벗어나려고 하는 경향. new trend

신경향=파(新傾向派) 〖문학〗 1920년 전후에 우리 나라 문단에 등장한 사회주의 문학파. Anti-Conventional School

신계(晨鷄) 〖명〗 새벽을 알리는 닭.

신:고(申告) 〖명〗 ①〖법률〗 국민이 법률상의 의무로서 행정 관청에 일정한 사실을 진술·보고하는 일. ②〖군사〗 군대에서 발령 및 어떤 임무에 임명되는 경우에, 소속 상관 또는 지휘관에게 인사로서 보고하는 일. report 하다

신:고(辛苦) 〖명〗 어려운 일을 당하여 몹시 애씀. 또, 그 고생. 간고(艱苦). 신간(辛艱). hardships 하다 스럽다.

신=고(新古) 〖명〗 새것과 헌것. 새로움과 낡음.

신고 납세 제:도(申告納稅制度) 〖명〗 〈법률〉 납세 의무자가 스스로 세금을 계산하여 예정 신고·납세하는 제도. selfassessment system

신고=법[―뻡](申告法) 〖명〗 납세 의무자의 납세액을 정하기 위하여 그의 소득·재산·직업 등을 소관 관청에 보고하게 하는 방법. law of report

신고:전주의(新古典主義) 〖문학〗 20세기 초기에 독일에서 일어난 예술 운동. 자연주의와 신 낭만주의를 배척하고 민족 문화를 기본으로 하는 새로운 고전주의. neoclassicism

신곡(新曲) 〖명〗 새로 지어진 곡조. 〖대〗 구곡(舊曲).

신곡(新穀) 〖명〗 햇곡식. 〖대〗 진곡(陳穀). 구곡(舊穀).

신곡=계(新穀契) 〖제도〗 그 해의 햇곡식을 공물(貢物)로 바치던 계.

신곡=머리(新穀―) 〖명〗 햇곡식이 날 즈음. harvest time

신=골[―꼴](―骨) 〖명〗 신을 만들 때에 쓰는 골. shoemaker's last [shoemaker's hammer

신골=방망이[―꼴―] 〖명〗 신골을 칠 때 쓰는 방망이.

신공(神工) 〖명〗 ①신기하고 묘하게 만든 물건. consummate piece of work ②물건을 신묘하게 잘 만드는 사람. master craftsman

신공(神功) 〖명〗 ①신(神)의 공덕. 신령(神靈)의 공덕. God's merit ②〈기독〉 기도와 선공(善功). prayers and good deeds [(雜職).

신:과(愼果) 〖제도〗 장원서(掌苑署)의 종7품 잡직

신관(新―) 〖명〗 남의 얼굴.

신:=관(信管) 〖명〗 탄환에 장치한 도화관. 탄환이 날아가 어느 한 점, 또는 목표에 충돌할 때 작약(灼藥)에 불이 붙어 터지도록 되어 있는 것. fuse

신관(腎管) 〖명〗 〈생리〉 환형 동물의 배설 기관. 체강에 모여 있던 노폐물을 밖으로 배출시킴.

신관(新官) 〖명〗 ①새로 임명된 관리. new official ②새로 부임한 관리. ¶~ 사또. 〖대〗 구관(舊官).

신관(新館) 〖명〗 본관(本館)에 딸린, 새로 지은 집. 〖대〗 구관. new building

신광(晨光) 〖동〗 서광(曙光)①.

신괴(神怪) 〖명〗 이상하고 괴이함. strangeness 하다

신:=교(信敎) 〖명〗 종교를 믿음. 또, 믿는 종교. religious belief 하다 [하다타

신교(神交) 〖명〗 정신적으로 사귐. spiritual intercourse

신교(神敎) 〖명〗 신의 가르침. teachings of God

신교(新敎) 〖명〗 ①새 종교. new religion ②독일

신교도의 루터가 개혁한 기독교의 한 파(派). 프로테스탄트. (대) 구교(舊教). Protestant

신교도(新教徒)명 신교를 믿는 사람들. 프로테스탄트.

신-교:육(新教育)명 〖교육〗 ①옛날의 한학(漢學) 중심의 교육에 대하여, 현대의 학교를 중심으로 삼은 교육. new education ②종래의 형식적·획일적(劃一的)·주지적(主知的) 교육에 대하여, 피교육자의 흥미와 경험을 기본으로 삼아서 자유·개성·환경을 존중하는 새 교육.

신:교의 자유(信教－自由)명 제한이나 간섭을 받지 아니하고 자유 의사에 따라 어떤 종교이건 믿을 수 있는 자유. 신앙의 자유. 종교의 자유.

신-구(伸救)명 남의 죄가 없음을 사실대로 들어서 변명하여 구원함. pleading 하타

신-구(信口)명 말을 할 때 주의하지 않고, 입에서 나오는 대로 맡겨 둠. carelessness in speech

신-구(慎口)명 말을 삼가함. 신언(慎言).

신-구(新舊)명 새것과 헌것. new and old

신구-관(新舊官)명 신관과 구관. new and old officials

신구 교대(新舊交代)명 ①새것과 헌것이 교대함. ②신관과 구관이 교체함. 하타

신구 사:상(新舊思想)명 새로운 사상과 오래된 남은 사상.

신구 서적(新舊書籍)명 새 책과 헌 책.

신구-세(新舊歲)명 새해와 지난해.

신구 세:계(新舊世界)명 ①〖지리〗 신대륙과 구대륙. ②〖생물〗 동식물의 분포학 상 구분한 신세계와 구세계.

신구-식(新舊式)명 신식과 구식.

신구-약(新舊約)명 〖기독〗 신약 성서와 구약 성서. New and Old Testaments

신국(神國)명 〖기독〗 신이 지배·통치하는 영원·완전한 나라.

신:국(訊鞫)명 죄상을 물어 조사함. 하타

신국(神麴)명 〖한의〗 소화약(消化藥)으로 쓰는 약재.

신국면(新局面)명 새로 벌어지는 국면.

신권(神權)명 ①신의 권리. divine right ②〖기독〗 성직자(聖職者)가 행사하는 직권. ③〖제도〗 신으로부터 부여된 신성한 권력이라는 뜻으로, 유럽 군주 전제 국가에서 통치권의 구실로 쓰이던 관념.

신권-설(一權一說)(神權說)명 《약》=제왕 신권설(帝王神權說).

신귀(神龜)명 신령스러운 거북.

신규(新規)명 ①새로 베푼 규칙. new regulations ②완전히 새롭게 이번 일을 하는 일. new

신규 등록(新規登錄)명 새로이 하는 등록.

신규 사:업(新規事業)명 새로 경영하는 사업.

신극(新劇)명 〖연예〗 신파극에 영향을 받은 연극. 구극·신파극 이후에 일어난 서양 근대극에 영향을 입은 연극. (대) 구극(舊劇). new (trend) drama

신근(伸筋)명 〖생물〗 척추 동물에서 사지(四肢)를 펴는 작용을 하는 근육의 총칭.

신근(辛勤)명 심히 애써서 근로함. 하타

신-글(信心)〖神〗(유) 기러기. 「heart

신금(宸襟)명 임금이 품고 있는 마음속. Emperor's

신-급(迅急)명 매우 급함. 하타

신기(身氣)명 몸의 기력. energy

신기(神技)명 신묘한 기술. consummate skill

신기(神奇)명 신묘하고 기이함. marvelousness 하타 스럽다 스레 [ven and earth

신기(神祇)명 천신(天神)과 지기(地祇). gods of hea-

신기(神氣)명 ①만물을 짜 내는 기운. divinity ②비름과 불가사의의 기운. ¶ ～가 감돈다. weird air ③정신과 기운. ¶ ～가 약하다. energy ④정신. 마음. spirit [기(軍旗)의 하나.

신기(神旗)명 말을 탄 신장(神將)의 화상을 그린 군

신기(神機)명 ①신묘한 계기(契機). golden opportunity ②헤아릴 수 없는 기략(機略)이나 신령한 활동. inexhaustible resourcefulness

신기(神器)명 ①신령에게 제사를 올릴 때 쓰는 그릇. 대기(大器). sacred vessel ②임금의 자리. [기(崎).

신기(神騎)명 〖제도〗 고려 때 별무반(別武班)에 딸린

신-기(腎氣)명 ①자지의 기운. ②사람의 활동 근원. 정력(精力). virility

신기(新奇)명 새롭고 기이함. novelty 하타 스럽다 스레

신기 누:설(神機漏泄)명 비밀한 일을 누설함. leakage of confidential matter 하타

신기-다(－끼－)타 신을 신겨 주다. 신게 하다. ¶ 구두를 ～. let a person wear

신기록(新記錄)명 이제까지 있었던 기록보다 뛰어난 새로운 기록. ¶ ～을 세우다. new record

신기-롭다(神奇－)형(ㅂ변) 좀 이상하고 신통함이 있다. 신기한 느낌이 있다. marvelous 신기-로이튀

신기-롭다(新奇－)형(ㅂ변) 좀 새롭고 이상함이 있다. strange 신기-로이튀 [삼는 사람. cobbler

신기료 장수명 낡은 신을 고치어 꿰매는 일을 업으로

신:기-루(蜃氣樓)명 ①열 또는 찬 기운 때문에 대기 속에서 빛이 굴절되어 공중이나 땅 위에 물상이 있는 것처럼 보이는 현상. (약) 신루(蜃樓). 신시(蜃市). mirage ②〖동〗 공중 누각(空中樓閣).

신기원(新紀元)명 ①새로운 기원. new era ②획기적(劃期的)인 사실로 말미암아 새로운 방향으로 나아가게 된 시대. turning point

신기-전(神機箭)명 불놀이나 신호로 쓰는 불화살.

신-기전(新起田)명 새로 일구어 만든 밭. (약) 신전(新田). newly-cultivated field

신기축(新機軸)명 종래에 있던 것과 아주 다른 새로운 방법 또는 그 체제. new device

신나(thinner)명 →시너.

신-나다图 흥이 일어나 기분이 매우 좋아지다. ¶ 잘한다고 칭찬해 주었더니 신나서 더 야단이다. get elated

신-나무명 〖식물〗 단풍나무과의 낙엽 활엽 소교목. 높이 3m 가량이고 잎은 난형 또는 넓은 피침형으로 톱니가 있다. 6～7월에 연한 황백색 꽃이 피고 과실은 9월에 익음. 줄기와 잎은 염료로 쓰임.

신나무-진디명 〖곤충〗 진디과의 곤충. 몸에 회백색의 긴 털이 있고 날개는 투명하지 않음. 단풍나무의 해충임.

신-날명 짚신에 미투리 바닥에 새로 놓는 날.

신:-남(信男)명 〖불교〗 불교를 착실히 믿는 남자. 《대》 신녀(信女). man Buddhist

신-낭(腎囊)명 불알.

신-낭만주의(新浪漫主義)명 〖문학〗 20 세기 초에 상징주의와 더불어 자연주의에 대한 반동으로서 나타난 낭만적 경향의 총칭. neoromanticism

신-내리-다(神－)图 〖민속〗 무당에게 신이 접하다.

신:-녀(信女)명 〖불교〗 불교를 착실히 믿는 여자. 《대》 신남(信男). woman Buddhist

신년(中年)명 태세(太歲)의 지지(地支)가 신(申)으로 된 해. 곧, 갑신(甲申)·병신(丙申) 따위.

신년(新年)명 《유》 새해.

신:념(信念)명 굳게 믿는 마음. belief

신념(宸念)명 임금의 마음. 임금의 뜻. 임금의 걱정. king's intention

신노(神怒)명 신명(神明)의 노여움. anger of God

신농-씨(神農氏)명 중국 전설에 나오는 제왕의 하나. 몸은 사람이요 머리는 소의 형상으로, 백성들에게 농사짓는 법과 의료(醫療)를 처음으로 가르쳐다 함.

신-다(－따)타 신이나 버선을 발에 꿰다. wear

신단(神壇)명 신령에게 제사지내는 단(壇). 제단(祭壇). altar [decision 하타

신단(宸斷)명 임금의 재결(裁決) 또는 재결함.

신답(新畓)명 새로 만들거나 새로 산 논. new fields

신당(神堂)명 ①신령을 모시어 놓은 집. shrine ②〖동〗 부군당(府君堂). [party

신당(新黨)명 〖법〗 새로 조직한 당. new political

신-대(－때)명 베틀의 두 베어머리 중간에 박아서, 뒤로 내밀쳐 그 끝에 베틀 신끈을 다는 조금 굽은 막대.

신-대:륙(新大陸)명 〖지리〗 ①남북 아메리카와 오스트레일리아를 일컫는 말. new continent ②새로 발

신:덕(信德)명 〈기독〉 신학 삼덕(神學三德)의 하나로, 천주의 신조(信條)를 꼭 믿는 덕을 이름.

신덕(神德)명 신의 공덕. divine virtues

신데렐라(Cinderella)명 ①유럽 옛 동화 속의 여주인공. ②무명의 신세에서 하루 아침에 명사가 될 사람의 일컬음. [loyal subject

신도(臣道)명 신하로서 지켜야 할 도리. way of a

신도(伸圖)명 원도(原圖)보다 축척(縮尺)을 크게 하여 줄여 그린 그림. enlargement [ever

신:도(信徒)명 종교를 믿는 사람들. 교도(敎徒). believer

신도(神道)명 ①공 귀신. ②상리(常理)로 추측할 수 없는 도리. ③일본 고유의 한 종교. Shindoism

신도(新都)명 새로 정한 도읍. 대 구도(舊都). new capital

신도-비(神道碑)명 〈제도〉 종 2품 이상의 벼슬아치의 무덤 근처 길가에 세우던 비. [new rice

신도-주(新稻酒)명 햅쌀로 담근 술. wine made from

신:도(愼獨)명 ①홀로 있을 때에도 도리에 어그러짐이 없도록 몸가짐을 삼감. self-restraint ②자기만이 아는 자기 마음속의 변화에 조심하여 잡념이 일어나지 않도록 함. self-control 하다

신-돌리명 신의 가장자리에 장식으로 낸 물건.

신동(神童)명 제주와 지혜가 특별히 뛰어난 아이.

신두-복숭아(--桃)명 →승도 복숭아. [infant prodigy

신둥-부러지-다명 지나치도록 주제넘다. insolent

신-뒤:축[-뛰-]명 신의 발꿈치가 닿는 부분. heel

신-들리-다(神--)명 사람에게 초인간적인 영격(靈的) 존재가 씌다. ¶신들린 듯한 춤.

신등(神燈)명 신명(神明) 앞에 켜는 등. holy lamp

신:등(臣等)대 임금에 대하여서 신하들의 제 1 인칭 복수 일컬음. we

신디케이트(syndicate)명 〈경제〉 ①공동 판매 기능을 담당하는 카르텔 중앙 기관. ②신디케이트를 가지고 있는 카르텔. ③공·사채의 인수를 위해 조직된 증권 인수단.

신디케이트 은행(syndicate 銀行)명 〈경제〉 공채(公債)와 사채(私債)의 발행을 인수(引受)할 목적으로 조직된 은행단(銀行團). syndicate bank

신-딸(神-)명 〈민속〉 늙은 무당의 대를 이어받은 젊은 무당. 대 신어미. young witch

신-떨음(神--)명 신이 나는 대로 실컷 해 버림. 하다

신라(新羅)명 〈역사〉 삼국 시대의 한 나라. 박혁거세가 경주를 도읍으로 삼아 건국하였음. 뒤에 삼국을 통일하였으나, 고려 태조 왕건에게 멸망함(B.C. 57~A.D. 935).

신랄(辛辣)어 ①맛이 몹시 쓰고 매움. bitter ②수단이 가혹하고 매움. ¶~한 비평. sharp 하다 히

신랑(新郞)명 갓 결혼한 남자. 대 신부(新婦). bridegroom [물. 낭재(郞材). likely bridegroom

신랑-감[-깜](新郞-)명 신랑이 될 만한 또는 될 인

신래(新來)명 ①새로 옴. newly arrived ②〈제도〉 과거에 새로 급제한 후, 임관하여 처음으로 관아에 종사하는 사람. 신은(新恩). [대하던 일.

신래 침학(新來侵虐)명 신래를 고참자가 모욕

신량(神糧)명 〈기독〉 영혼의 양식(糧食). 곧, 성체(聖體)와 착한 행실. [autumn

신량(新凉)명 초가을의 서늘한 기운. coolness of early

신려(宸慮)명 임금의 뜻.

신:려(愼慮)명 신중하게 생각함. prudence 하다

신력(神力)명 ①신의 위력. ②신통한 도력(道力). 대 인력(人力). divine power [력(太陽曆).

신-력(新曆)명 ①새 책력. new calendar ②양

신련(神輦)명 〈제도〉 국장(國葬) 때 신백(神帛)을 모시고 가던 연. 혼련(魂輦)

신령(神靈)명 〈민속〉 민속으로 섬기는 모든 신. 약 영(靈). deities ③신통하고 영묘함. divinity

신령-체(神靈體)명 신령한 개체. [하다

신례(臣禮)명 신하로서 지켜야 할 예의(禮儀).

신례(新例)명 새로운 예.

신로 심불로(身老心不老) 몸은 비록 늙었으나 마음은 늙지 않았다는 뜻. eternal youth

신록(新綠)명 초목의 새잎의 푸른 빛. fresh verdure

신:뢰(迅雷)명 맹렬한 우레.

신:뢰(信賴)명 믿고 의뢰함. ¶~감(感). reliance 하다

신:뢰-성[-썽](信賴性)명 믿음성. [도로.

신료(臣僚)명 ①모든 신하. all vassals ②신하끼리의

신루(蜃樓)명 약→신기루(蜃氣樓)①.

신린(臣隣)명 같은 임금 밑에서 높은 벼슬을 지낸 신하끼리의 동료(同僚).

신말(申末)명 〈민속〉 신시(申時)의 마지막. 곧, 하루를 12시로 나눈 하오 5시 되기 바로 전.

신-맛명 먹는 초와 같은 맛. 산미(酸味). sourness

신:망(信望)명 믿고 바람. 믿음과 덕망. confidence and popularity 하다

신:-망:애(信望愛)명 〈기독〉 믿음·소망·사랑의 삼덕(三德). faith, hope and love

신-맬서스주의(新 Malthus 主義)명 〈경제〉 인공 피임(人工避妊)으로 수태(受胎)를 예방하여 인구의 증가를 제한하고 생활의 조화를 도모하고자 하는 주의. neo-Malthusianism

신-면목(新面目)명 새로운 면목. new phase

신명명 흥겨운 신이나 멋. ¶~이 나다. transport

신명(申明)명 생각을 말하여 밝힘. 하다

신명(身名)명 몸과 명예. body and fame

신명(身命)명 몸과 목숨. 구명(軀命). life

신명(神明)명 천지의 신령. 약 신(神)②. deities

신명(神命)명 ①〈기독〉 영성(靈性)의 생명. life of divinity ②신의 명령. God's order

신명(晨明)명 새벽녘. at dawn

신명-나다명 흥겨운 신이나 멋이 나다. ¶신명나서 야단이다. get enthusiastic

신명-지다명 신나고 멋들어지다. joyous [ding plan

신모(身謀)명 자기 몸을 돌보기 위한 꾀. self-defen-

신모(神謀)명 신통스러운 꾀. wonderful plan

신목(神目)명 〈기독〉 영신(靈神)의 눈을 봄.

신묘(辛卯)명 〈민속〉 육십 갑자(甲子)의 28째. [꾀.

신묘(神妙)명 신통하고 아주 묘함. marvelousness 하다

신무(神武)명 뛰어난 무덕(武德). [tongue 하다

신-묵(愼默)명 삼가서 잠잠히 있음. restraining one's

신문(囟門)명 ①동 숫구멍. ②동 정수리.

신문(神門)명 신명(神明)이 있는 건. shrine

신:문(訊問)명 ①캐어물음. ②〈법률〉 증인·감정인 또는 피고에 대하여 구두로 사건을 조사하는 일. questioning 하다

신문(新聞)명 ①새로운 소식. news ②새로운 소식이나 비판을 빨리 보도하는 정기 간행물. newspaper ③약→신문지(新聞紙).

신문-고(申聞鼓)명 〈제도〉 조선조 태종 때 대궐 문루에 달아 두고 백성이 원통한 일을 하소연할 때 치던 큰북. 등문고(登聞鼓). 승문고(升聞鼓).

신문 광:고(新聞廣告)명 신문에 실려 알리는 광고.

신문 구독료(新聞購讀料)명 신문을 구독하고 내는 요금. subscription

신:-문기(新文記)명 논밭·집터 따위의 새로 낸 문서.

신문 기자(新聞記者)명 신문에 게재할 기사의 취재·수집·집필·편집에 종사하는 사람. journalist

신-문명(新文明)명 새 시대의 새로운 문명. modern civilization

신문-사(新聞社)명 신문을 발행하는 회사.

신문 소:설(新聞小說)명 〈문학〉 신문에 여러 회로 나누어 연재하는 소설. newspaper novel

신문-안(新聞眼)명 보통 사람이 주의하지 못하는 곳에서 새 소식을 발견하는 기민한 안식(識識).

신문-업(新聞業)명 기업으로서 신문을 제작·판매하는 기업. journalism

신-문예(新文藝)명 새로운 경향의 문학 예술. 흔히

신문의 날(新聞-) 신문의 사명과 책임을 자각하고 강조하기 위해 신문인들이 정한 날. 매년 4월 7일.
신문=인(新聞人) 신문에 관한 일에 종사하는 사람.
신문 전:보(新聞電報) 먼 곳에서 신문 기사(記事)를 신문사로 보내기 위하여서 치는 전보. press cables
신문 정략(新聞政略) 〈정치〉 자기의 정략적인 목적으로 신문을 발행하거나 또는 신문사·신문 기자를 이용하는 일.
신:문 조:서(訊問調書) 〈법률〉 신문(訊問)받은 자의 진술 내용을 주로 하여, 기타 신문의 전말을 적은 문서. interrogatory
신문-지(新聞紙) 신문을 박아 낸 종이. (약) 신문(新聞)②.
신문-철(新聞綴) 여러 장의 신문을 철할 때에 쓰는 기구. 또, 그 철해 놓은 신문.
신문-팔이(新聞-) 거리에서 신문을 파는 사람.
신=문학(新文學) 〈문학〉 19세기 말, 특히 갑오 경장 이후 개화(開化) 사상에 따라 일어난 새로운 형식의 문학. modern literature
신문-학(新聞學) 신문을 중심으로 한 매스커뮤니케이션을 연구 대상으로 하는 사회 과학.
신=문화(新文化) 새 시대의 새로운 문화.
신-물 ①〈생리〉 먹은 것이 체하여 트림할 때에 나오는 시척지근한 물. 산패액(酸敗液). bile vomited ②지긋지긋하여 진절머리나는 일. ¶ 병이라면 ~이
신:-물(信物) 〈동〉 신표(信標). 난다. disgusting
신물(神物) 신묘한 물건. mysterious thing
신-물(新物) 처음으로 나오는 물건. new thing
신:-물(贐物) 먼 길을 떠나는 사람에게 보내는 물건. farewell present
신물-나-다 마음에 없는 일을 너무 오래 하여 지긋지긋하고 진절머리나다. get sick and tired of
신미(辛味) 〈민속〉 육십 갑자(六十甲子)의 여덟째.
신미(辛味) 매운 맛. spicy taste
신미(新米) 햅쌀. 준 구미(舊米). new rice
신미(新味) 새로운 맛. 새 맛. fresh taste
신미양요(辛未洋擾) 〈역사〉 조선조 고종(高宗) 8년(1871)에 미국 군함 5척이 강화 해협에 침입하여 소동을 일으킨 사건. 「신서(臣庶). subject
신민(臣民) 군주국(君主國)에 있어서 관원과 국민.
신민 주권(臣民主權) 〈법률〉 군주국(君主國)에서 신민을 통치하는 국가의 주권. popular sovereignty
신밀(愼密) 신중하고 면밀함. 하다
신-바닥[-빠-] 신의 밑바닥. shoe sole
신-바람[-빠-] (속) 어깻바람. ¶ ~이 난다. excitement
신-발[-빠-] 〈동〉 신.
신=발명(新發明) 새로운 발명. new invention 하다
신발-장[-짱] (-欌) 신을 넣어 두는 장. shoe chest
신발-차 심부름하는 사람에게 노중(路中)의 비용이나 사례로 주는 돈. tip
신방(申方) 〈민속〉 이십사 방위(二十四方位)의 17째. 곧, 서남서(西南西)쪽. (약) 신(申)②.
신방(辛方) 〈민속〉 이십사 방위(二十四方位)의 20째. 곧, 서북서(西北西)쪽. (약) 신(辛)②.
신방(信防) 〈건축〉 일각문(一角門) 등의 기둥 밑 좌우쪽에 받친 베갯목.
신방(神方) ①효력이 신기한 약방문. wonder medicine ②신기한 방(方術).
신:방(訊訪) 찾아봄. 하다
신방(新房) 신혼 부부를 위해 꾸민 방. bridal room
신방(新榜) 〈제도〉 과거에 새로 급제한 사람의 이름을 써 붙여 발표하던 방(榜).
신백(神帛) 빈전(殯殿)에 모시는, 베로 만든 신주
신벌(神罰) 신으로부터 받는 벌. divine punishment
신법(神法) 〈철학〉 신의 의사에 의거하는 법. divine law
신법[-뻡] (新法) ①새로 제정한 법. (대) 구법(舊法). newly-enacted law ②〈제도〉 중국 송(宋)나라

신종(神宗) 때 왕안석(王安石)의 부국 강병 정책으로서 시행한 법명.
신: 벼슬. 신의 울과 바닥창을 잇대어 꿰맨 곳.
신변(身邊) 몸의 둘레. side of person
신변(神變) 사람의 지혜로써 헤아릴 수 없는 신비로운 변화. miracle 「수필체의 글.
신변 잡기(身邊雜記) 신변에서 일어난 일들을 적은
신병(身柄) 보호의 대상으로서의 본인의 몸. ¶ ~을
신병(身病) 몸의 병. 신양(身羔). sickness 「확보.
신병(神兵) ①신이 보낸 군사. soldier sent by god ②싸움에 있어서 신통 귀출하여 적이 맞서올 수 없는 강병의 비유. invincible army
신병(新兵) 새로 뽑은 군사. (대) 고병(古兵). recruit
신보(申報) 알려 줌. 고하여 알림. report 하다
신보(神步) 〈제도〉 고려 별무반(別武班)의 보병(步
신보(新報) 새로운 보도. new report 「兵).
신보(新譜) ①새로운 악보. ②음악 곡의 레코드.
신복(申複) 같은 사실을 거듭 상신(上申)함.
신복(臣服·臣服) 신하가 되어 복종함. subordination 하다
신복(臣僕) 〈동〉 신하(臣下).
신:복(信服) 믿고 복종함. honest submission 하다
신본(本本) 〈제도〉 왕세자가 섭정할 때 판서·감사·병사 등이 올리던 문서. 달본(達本).
신본(新本) 아직 더럽혀지지 않은 새 책. new book ②〈동〉 신간(新刊)①.
신:-불[-뿔] 신의 불. 신의 넓이. ¶ ~이 좁아서 발이 아프다. width of shoes
신:봉(信奉) 옳은 줄로 믿고 받듦. belief 하다
신:부(信否) 믿을 수 있는 일과 믿지 못할 일.
신:부(神符) 〈제도〉 대궐에 드나드는 일정한 하인에게 병조(兵曹)에서 주던 나무로 만든 표.
신부(神父) 〈기독〉 천주교의 교직(敎職)의 하나.
신부(神符) 〈동〉 부적(符籍). 「사제(司祭). father
신부(新婦) 새색시. 색시②. (대) 신랑(新郎). bride
신부-감[-깜] (新婦-) 신부가 될 만한 인물.
신부-관(神父冠) 〈기독〉 신부들이 의식(儀式)을 행할 때 쓰는 모자. 「는 예식. 하다
신부-례(新婦禮) 새색시가 처음 사집을 예에 올리
신:-부인(愼夫人) 〈제도〉 조선조 때, 당상관 정3품 종친의 아내되는 외명부(外命婦)의 품계.
신분(身分) ①개인의 사회적인 지위와 계급. social standing ②〈법률〉 법률상의 일정한 지위나 자격. status
신분-권[-꿘] (身分權) 〈법률〉 친권(親權)·부권(夫權)·호주권(戶主權) 따위와 같이 신분법상 그 지위(地位)上)로 정하여진 바 지위에 따라 부여되는 사권(私權)의 하나. (대) 재산권. rights from domestic relations
신분-범(身分犯) 〈법률〉 직권 남용죄(職權濫用罪)·수회죄(收賄罪) 따위와 같이 일정한 신분이 범죄 구성의 요건으로 되어 있는 범죄. crime of official otatue
신분-법[-뻡] (身分法) 〈법률〉 사법 중 가족적 신분 관계에 관한 법규의 총칭. 친족법·상속법 등.
신분 보:증인(身分保證人) 신분을 보증하는 사람.
신분 상속(身分相續) 〈법률〉 민법에서, 호주가 사망했을 때, 그 신분을 이어받는 상속. inheritance from family status
신분-장[-짱] (身分帳) 교도관 등의 호적·이력·성적 따위를 적어 둔 장부. 한 사람에 대하여 한 책(冊)씩 되어 있음. personal status book
신분 제:도(身分制度) 〈사회〉 근세 시민 사회(市民社會) 이전인 봉건 시대에 있어서 신분 관계에 의하여 숙명적 또는 세습적으로 고정(固定)된 계급 제도의 하나. caste system
신분제 의회(身分制議會) 〈역사〉 중세 후반기의 유럽에 형성되어 절대 국가 성립 때까지 존재하였던 의회. 성직자·귀족·시민의 신분별로 구성됨.
신분-증[-쯩] (身分證) (약)= 신분 증명서.

신분 증명서(身分證明書)[명] 학교·관청·회사 등에서 그 직원·학생·사원임을 증명하는 표. (약)신분증. identification certificate

신불(神佛)[명] 신과 부처. gods and Buddhas

신=불림[명] 신발 장수가 자기가 들고 나온 신을 팔기 위하여 소리 높이 외치는 것. ¶신발 장수가 목청 좋게 ~을 하며 지나갔다. 하타 「기를 꺼리는 일.

신불 합장(辛不合掌)〈민속〉 신일(辛日)에 장담그

신=붕(信朋)[명] 서로 믿는 사이의 친구.

신비(神祕)[명] ①영묘하고 이상야릇한 비밀. ②보통의 이론이나 인식을 초월한 일. ③인간의 지력(知力)으로는 헤아릴 수 없는 불가사의한 비밀. mystery 하타 스럽 스레타

신비=경(神祕境)[명] 신비스러운 지경. mysterious land

신비=극(神祕劇)[명]〈연예〉중고(中古) 시대에 유럽에서 흔히 있던 종교극. 처음에는 깊숙한 곳에서 돈독한 신자들이 모여 신의 인연·내력을 영감적(靈感的) 흥분에서 몸짓으로 연출하였고, 그 후 교회 정면 광장에 무대를 설치하고 목사의 연출로 수난극·부활제극(復活祭劇) 따위를 상연하였음. 기적극(奇蹟劇). mystery drama **신비=로이**[로이]

신비=롭-다(神祕─)[형] 신비한 상태에 있다. mystery

신비=적(神祕的)[관]〈명〉신비한 상태를 띤(것). mystic

신비주의(神祕主義)〈철학〉순수한 내면적 직관과 직접적 체험에 의해 최고 실재자를 인식하려는 종교·철학·문학상의 경향. mysticism

신비판설(新批判說)[명]〈철학〉19세기 중엽 칸트의 철학에 의한 실증론·직각설을 극복하고, 쇠퇴하여 가는 유심론·절충론(折衷論)을 다시 일으키려던 프랑스에서 일어난 철학의 한 파.

신빈(神貧)[명]〈기독〉자기의 가난함을 천주를 위해 잘 참음. 성빈(聖貧). 「만한 정보. credence 하타

신=빙(信憑)[명] 믿어서 증거나 근거로 삼음. ¶~할

신=빙성[─생](信憑性)[명] 자백·증언 따위에 대하여 신용할 수 있는 정도. authenticity

신사(臣事)[명] 신하가 되어 임금을 섬김. 하타

신사(辛巳)[명]〈민속〉육십 갑자(甲子)의 18째.

신=사(信士)[명] ①신의(信義)가 있는 사람. man of faith ②〈불교〉속인으로 불문(佛門)에 들어간 남자. 거사(居士).

신=사(信使)[명]〈동〉사자(使者)①. 사절(使節).

신사(神祀)[명]〈민속〉원시 종교에서의 신에게 제사드리는 일. 굿.

신사(神祠)[명]〈민속〉신령을 모신 사당. shrine

신=사(紳士)[명] ①품행·예의가 바르고 학덕·기풍을 갖춘 사람. 군자(君子). gentleman ②상류 사회의 남자. man of the upper class ③일반 남자에 대한 미칭. gentlemen ④(속) 양복을 의젓하게 차려 입은 남자. (대) 숙녀. gentlemen

신=사(愼思)[명] 어떤 일을 삼가고 깊이 생각함. reflection 하타

신사(新射)[명]〈체육〉처음으로 활을 쏘는 사람.

신사=도(紳士道)[명] 신사로서 마땅히 지켜야 할 도덕. ¶~에 어그러짐이 없도록. code of a gentleman

신사=륙판(新四六版)[명]〈인쇄〉보통 사륙판보다 조금 작은 책의 판.

신=사복(紳士服)[명] 신사가 입는 양복. 보통 상의·조끼·하의의 세 가지가 한 벌을 이룸. business suit

신=사상(新思想)[명] 새로 일어난 사상.

신사=실주의(新寫實主義)[명]〈문학〉베르그송(Bergson)·오이켄(Eucken) 등의 영향을 받은 것으로서 사실주의에서 일보 전진하여, 인생의 내면적 진리를 파악하려는 예술상의 주의. 네오리얼리즘.

신=사업(新事業)[명] 새로운 사업. new promotion

신사=적(紳士的)[관] 신사다운 태도. 곧, 예절 바르고 남의 처지를 존중하는(것). gentlemanly

신사 협약(紳士協約)[명] ①비공식(非公式)의 국제 약. informal international agreement ②상호간에 상대방을 신뢰하고 맺는 사적(私的)인 비밀 협정.

신사 협정. gentlemen's agreement

신=사 협정(新師協定)[명](동) 신사 협약②.

신산(新刪)[명]〈불교〉갓 삭발하고 중이 된 사람.

신산(辛酸)[명] ①맵고 심. bitter and sour ②세상살이의 고됨을 이르는 말. ¶~한 살림살이. hardship 하타 「③영산.

신산(神山)[명] ①신을 모신 산. ②신선이 산다는 산.

신산(神算)[명] 신기(神奇)한 계책. 영묘한 계략. wonderful plan

신=상(新喪)[명] 새로 이룬 산소. new tomb

신=상(身上)[명] ①몸. one's person ②한 몸의 형편. one's circumstances 「형상. god's image

신=상(神像)[명] 신령을 그린 그림이나 돌·나무로 새겨

신=상(紳商)[명] 상류에 속하는 장사치. 점잖은 상인. wealthy merchant 「세히 적은 기록.

신상 명세서(身上明細書)[명] 일신상에 관한 사항을 자

신상 상담(身上相談)[명] 일신상에 관한 사항을 남과 상담하는 일.

신=상투(新─)[명] 성관(成冠)하여 상투를 처음으로 튼 사람. one who recently attain manhood

신=상 필벌(信賞必罰)[명] 공이 있는 사람에게는 반드시 상을 주고, 죄가 있는 사람에게는 반드시 벌을 줌. 곧, 상벌을 공정하고 엄히 하는 일.

신색(神色)[명] 얼굴빛. countenance

신=색(愼色)[명] 여색(女色)을 삼감. abstinence from sensuality 하타 「年)에 난 사람. 잔나비띠.

신생(申生)[명]〈민속〉십이지(十二支) 가운데 신년(申

신생(新生)[명] ①새로 태어남. new birth ②인생을 새 출발함. new life ③신앙으로 인하여 마음이 바뀜. 아관 신흥(新興). 하타

신생=대(新生代)[명]〈지학〉지질 시대(地質時代)에서 제 3기와 제 4기를 이르는 가장 새로운 시대. 심한 지각 변동과 화산 운동이 있었고, 현화 식물·연체 동물·포유류 등이 많이 살았던 인류 생활에 가장 중요한 시대임. Cenozoic era 「new phase

신=생면(新生面)[명] 새로운 방면. ¶~를 개척하다.

신=생명(新生命)[명] ①새로운 생명. ②정신적으로 개혁한 새로운 생명. 신앙에 의하여 심경(心境)이 일변한 상태. new life

신생=아(新生兒)[명]〈생리〉난 지 약 7일부터 1개월 가량의 어린아이. 갓난아이. newborn baby

신=생활(新生活)[명] 새로운 생활 윤리와 방식으로 영위하는 생활.

신생활 운=동(新生活運動)[명] 낡은 생활 양식을 개선하고 국민의 생활 의식을 높이려고 하는 사회 운동의 하나. 곧, 관혼상제의 간소화, 의식주 생활의 개선·개량을 꾀하는 운동. new life movement

신서(臣庶)[명]〈동〉신민(臣民).

신=서(信書)[명]〈동〉편지.

신서(新書)[명] ①〈동〉신간(新刊)①. ②(약)→신서판.

신=서의 비=밀(信書─秘密)[명]〈법률〉통신의 비밀을 법률의 정한 바에 의하여 침해받지 않는 자유. privacy of correspondence

신=서적(新書籍)[명] 새로 간행된 서적.

신서=판(新書判)[명] 책의 형식(判型)의 하나. 세로 약 18cm, 가로 약 11cm. 비교적 가벼운 내용의 글을 싣는 책이 많음. (예) 신서(新書)⑦.

신=석(信石)[명]〈동〉비석(砒石).

신석(晨夕)[명] 아침 새벽과 해질 저녁. 조석(朝夕). 조만(朝晚). morning and evening

신석(新釋)[명] 새로운 해석. 하타

신석기 시대(新石器時代)[명]〈역사〉고고학상 금속기 사용 이전의 시대로서 석기(石器) 문화의 최성기(最盛期)임. (대) 구석기 시대. Neolithic era

신선(神仙)[명] ①속세를 떠나 선경(仙境)에 살며, 불로 장생하는 도를 닦아, 신비 자재(神變自在)의 능력이 있는 도가(道家)에서의 이상적인 인격. Taoist hermit with supernatural powers ②〈불교〉도를 닦아서 신통하게 된 사람. 선객(仙客). 선인(仙人). 어휴

지객. 선자(仙者). 《대》속인(俗人). sage
신선(新選)圈 새로 뽑음. new selection 하타
신선(新鮮)圈 새롭고 깨끗함. freshness 하圈
신선 놀음에 도끼 자루 썩는 줄 모른다㈜ 바둑·장기 등의 놀이에 정신이 팔려서 시간 가는 줄 모름.
신선-도(神仙圖)圈 〈미술〉신선의 세계를 추상(推想)하여 그린 그림. picture of hermit's life
신선-로(神仙爐)圈 ①상 위에 놓고 연각자를 끓이는 쇠릇이 그릇. cook-pot heated with charcoal ②신선로에 끓인 열구자탕.
신설(伸雪)圈 〈약〉→신원 설치(伸寃雪恥). 「설(漢泄).
신설(晨泄)圈 〈의학〉매일 새벽마다 설사하는 병. 양
신설(新設)圈 새로 베풀어 둠. new establishment 하타 「②새로운 풍설. 《대》구설(舊說).
신설(新說)圈 ①새로운 학설이나 의견. new theory
신-섭(愼攝)圈 몸을 삼가고 잘 조섭함. 하圈
신성(辰星)圈 〈천문〉①시각 측정의 기준이 되는 항성(恒星). 천랑성(天狼星). ②중국에서는 수성(水星)을 일컫는 말.
신성(神性)圈 ①신의 성격. 신과 같은 성격. divinity ②마음. 정신. 《대》인간성(人間性). spirit 「하圈
신성(神聖)圈 신과 같이 거룩스러움. sacredness
신성(晨星)圈 샛별. morning star
신성(晨省)圈 아침 일찍거니 부모의 침소(寢所)에 가서 밤새의 안부를 살피는 일. ¶혼정(昏定)~. morning visit to one's parents 하圈
신성(新星)圈 〈천문〉하늘에 갑자기 나타나서, 며칠 동안 빛을 환히 보이다가 다시 빛이 꺼져 버리는 별. nova ②사회, 특히 연예계에 새로 등장하여 인기를 모은 사람. 일시성(一時星). new star
신성 동맹(神聖同盟) 〈역사〉1815년 러시아·오스트리아·프러시아의 세 군주가 파리에 모여 체결한 종교상의 신앙을 골자로 한 국제 동맹. Holy Alliance
신성 로마 제=국(神聖 Roma 帝國)囹 독일 왕 오토 (Otto) 1세가 로마 황제로 대관된 때(962)부터 프란츠(Franz) 2세가 나폴레옹에게 패하여 제위를 내놓기까지의 독일 제국의 정식 명칭. Holy Roman Empire 「수 없음. sacred and inviolable
신성 불가=침(神聖不可侵)圈 존엄하여 함부로 건드릴
신세圈 남에게 도움을 받거나 피로움을 끼치는 일. ¶남에게 ~을 지다. debt of gratitude
신세(身世)圈 ①가련하거나 피로움을 당하고 있는 사람의 처지나 형편. one's lot ②남에게 도움을 받거나 피로움을 받는 작은 은혜. favor
신세(新歲)圈 새해. ¶~은 문안(問安). New Year
신-세=계(新世界)圈 ①지금까지 없던 새로운 세계. ②《신대륙(新大陸). 《대》구세계(舊世界).
신-세=기(新世紀)圈 새로운 세기.
신-세대(新世代)圈 새로운 세대. new generation
신세 조지다(身世一)囹 신세를 망치다.
신세-지다圈 남에게 도움을 받다. be indebted
신세 타=령(身世打令)囹 넋두리하듯이 자기 신세에 관하여 뇌까리는 일. 또, 그 이야기. story of one's miserable life 하圈
신소(申訴)圈 고소(告訴). 하타
신:소(汎掃)圈 물을 뿌리고 깨끗이 쓸어냄. 하타
신:소(哂笑)圈 소리 없이 빙그레 웃음. 하圈
신=소리圈 상대자의 말을 슬쩍 농쳐서 받아넘기는 말. clever parry of a question
신=소리²(一쏘―)圈 신을 끌면서 걷는 발자국 소리. sound of walking sound
신=소=설(新小說)圈 〈문학〉갑오개혁 이후의 개화기를 배경으로 하여 창작된 소설. new style fiction
신:-소체(腎小體)圈 〈생리〉신장의 피질 속에 존재하며, 신세동맥(腎細動脈)으로부터 오줌의 성분을 걸러내는 장치. 말피기(MalPighi) 소체.
신속(臣屬)圈 신하로써 예속됨. 또, 신하. 하圈
신속(迅速)圈 몹시 빠름. 신급. 질속(疾速). 급속(急速). quickness 하圈 히타

신속(神速)圈 아주 놀랄 만큼 빠름. surprising qui
신:솔(迅溜)圈 말을 일찍 뿌림. 하圈 「ckness 하圈
신수(身手)圈 ①용모와 풍채. ¶~가 좋다. ②사람의 얼굴에 나타난 건강색. one's appearance
신-수(身數)圈 그 사람이 지닌 운수. ¶~을 보다. one's star 「하圈
신:-수(信手)圈 일이 손에 익어 능숙함. skillfulness
신-수(神秀)圈 훌륭하여 기품이 높음. loftiness 하圈
신:-수(神授)圈 신이 내리어 줌. 하圈
신:-수(腎水)圈 ①신장(腎臟)의 물기. ②정액.
신수(新修)圈 ①책 같은 것을 새로 편수(編修)함. compile newly ②새로 수선함. mend 하타
신수(新愁)圈 지금까지 없었던 새로운 근심.
신수(薪水)圈 ①봉급(俸給). salary ②뗄나무와 먹을 물. 시수(柴水). fuel and water
신수=비(薪水費)圈 연료와 식수에 드는 비용.
신수-설(神授說)圈 〈법률〉왕권(王權) 따위를 신이 내려 준 것으로 보고, 신성하여 침범할 수 없다는 주장. divine gift theory
신수지=로(薪水之勞)圈 뗄나무를 하고 먹을 물을 긷는 수고로움. 곧, 썩 천한 일.
신:숙(愼宿)圈 이틀 밤을 묵음. 하圈
신술(神術)圈 신기한 술법. 불가사의한 재주. miracle
신승(辛勝)圈 경기(競技) 따위에서 간신히 이김. 《대》압승(壓勝). win by a narrow margin 하타
신승(神僧)圈 〈불교〉정신이 신령과 서로 통하는 중.
신-승(新升)圈 새로 나와 현재 쓰는 되. 용량은 2 리터(l)임.
신시(申時)圈 〈민속〉①십이시(十二時)의 아홉째, 곧, 하오 3시부터 5시까지. ②이십사시(二十四時)의 17째. 곧, 3시 반부터 4시 반까지. 《대》신(申)③.
신시(辛時)圈 〈민속〉이십사시(二十四時)의 20째. 곧, 하오 6시 반부터 7시 반까지. 《대》신(申)③.
신시(神市)圈 〈역사〉환웅(桓雄)이 하느님의 뜻을 받들어, 태백산 신단수 밑에 베푼 도시.
신시(新詩)圈 ①새로 지은 시. new poem ②〈문학〉새로운 형식으로 지은 시. new-style poem ③새 맛을 풍기는 시. 《대》고시(古詩). new poem
신시(薪柴)圈 장작과 섶나무.
신-시=가(新市街)圈 도시의 새로 뻗어 나가 발전한 시가지(市街地). 《대》구시가(舊市街).
신-시대(新時代)圈 새로운 시대. 《대》구시대.
신-시조(新時調)圈 〈문학〉개화기 이후에 서구의 신시의 기법과 정신을 도입한 시조. 현대 시조.
신-식(信息)圈 《동》음신(音信).
신식(新式)圈 새로운 형식. 《대》구식(舊式). new style
신:신(信臣)圈 믿을 만한 신하. faithful retainer
신신(藎臣)圈 충성스러운 신하. 「양. earnestly
신신(申申)圈 남에게 여러 번 거듭하여 부탁하는 모
신신 낭부(申申當付)圈 《동》신신 부탁(申申付託). 하타
신신 부=탁(申申付託)圈 몇 번이고 연거푸 간절히 하는 부탁. 신신 당부(申申當付). 《약》신탁(申託). explicit solicitation 하타 「가 돌아 새롭다. fresh
신신-하―다(新新―)圈 채소 또는 과실 등이 생기
신:-실(信實)圈 믿음성이 있고 꾸밈이 없음. 거짓이 없음. sincerity 하圈 「어 둔 방.
신실(神室)圈 봉상시(奉常寺) 안에 있는 신위를 모시
신-실재론(―째―)圈 〈新實在論〉〈철학〉종래의 실재론이 초월적 실재를 세운다든가 또는 이원론적(二元論的)인 데 대하여, 일원적(一元的)이며 알려지는 대상(對象)은 내재적(內在的)인 동시에 각자 독립하여 있다는 것을 주장하는 논설.
신:심(信心)圈 ①종교를 믿는 마음. faith ②옳다고 믿는 마음. belief
신-심리주의(新心理主義)圈 〈문학〉20세기 초, 정신분석학을 문예상에 이용하여 새로운 경지를 개척한 주의.
신:심 직행(信心直行) 옳다고 믿는 대로 행함. 하타

신아(新芽) 명 새싹. sprout
신아(晨雅) 명 신령스러운 산.
신악(新樂) 명 새로운 음악. 곧, 서양 음악. (대) 구악(舊樂). western music
신안(神眼) 명 ①지술(地術)이나 관상(觀相)에 정통한 눈. ②귀신을 능히 보는 눈. supernatural eye
신:안(腎岸) 명 [동] 불두덩.
신안(新案) 명 ①새로운 고안. new design ②새로 생각해 낸 안. new idea
신안 특허(新案特許) 《동》 실용 특허(實用特許).
신알(晨謁) 명 이른 아침마다 사당에 뵙는 일. 하다
신:앙(信仰) 〈종교〉 신불(神佛) 등 어떤 신성한 대상을 절대시하여 믿고 따르는 일. faith 하다
신:앙 개:조(信仰簡條) 〈기독〉 교회가 공인하는 표준적 교의(敎義)로서, 신앙의 요지를 간결한 조목으로 나타낸 것. creed, articles of faith
신:앙 고:백(信仰告白) 〈기독〉 성서의 말씀을 있는 그대로 받아들이고 기독교의 신앙을 공적(公的)으로 나타내는 일. 특히 하느님의 말씀·계시(啓示)에 대한 응답. confession of faith
신:앙-심(信仰心) 명 신앙의 마음.
신:앙의 자유(信仰─自由) 〈법률〉 어떠한 종교든지 믿을 수 있는 자유. 또는 믿지 않을 수 있는 자유. 신교(信敎)의 자유. freedom of worship
신:앙 재판(信仰裁判) 〈기독〉 천주교가 로마 제국(帝國)의 국교(國敎)로 되었을 때 이단설(異端說)에 대하여 한 신문(訊問) 재판. inquisition
신:앙 철학(信仰哲學) 〈철학〉 18세기 말에 계몽사상과 윤리주의(倫理主義)에 반대하여, 독일에서 일어난 한 파의 사상. 곧, 경험적 인식도 초감각계(超感覺界)에 대한 신앙과 같이 그 근저(根底)는 감정 또는 직관에 의한다는 주장. 「and love 하다
신:애(信愛) 명 ①믿고 사랑함. ②신앙과 애정.
신야(長夜) 명 이른 아침과 저문 밤. morning and night
신약(身弱) 명 몸이 약함. delicate constitution 하다
신:약(信約) 명 약속. 맹세. pledge 하다
신약(神藥) 명 신기한 효험이 있는 약. magic medicine
신약(新約) 명 ①새로운 약속. ②〈기독〉 그리스도가 이 세상에 난 뒤 하느님이 인간에게 대한 약속. ③〈준〉→신약 성서. (대) 구약(舊約).
신약(新藥) 명 ①서양 의학에 의하여 조제된 약. (대) 한약(漢藥). western medicine ②최근에 새로 발견된 약. new medicine
신약 성:서(新約聖書) 〈기독〉 기독교의 성서 중, 예수 탄생 후의 신의 계시를 기록한 것. 예수의 복음과 제자들의 전도 기록과 그 서간들로 되어 있음. 신약 전서. (대) 구약 성서. 〈약〉 신약(新約)③. New Testament
신약 시대(新約時代) 〈기독〉 그리스도가 육신을 입어 세상에 난 때로부터 재림할 때까지의 은혜 시대. Age of the New Testament
신약 전서(新約全書) 《동》 신약 성서(新約聖書).
신양(身恙) 명 《동》 신병(身病).
신어(宸御) 명 임금의 화상(畫像). 어진(御眞).
신어(新語) 명 새로 생긴 말. 또, 외국어가 우리 말로 귀화한 외래어. (대) 고어(古語). newly-coined word
신-어미(神─) 명 〈민속〉 제자에게 신의 계통을 전하는 늙은 무당. 「speech 하다
신:언(愼言) 명 말을 삼감. 신구(愼口). prudence in
신:언=서:판(身言書判) 명 사람이 갖추어야 할 신수·말씨·문필·판단력의 네 조건.
신업(身業) 《불교》 몸으로 지은 죄업(罪業).
신에 붙잡다 마음에 꼭 차지 않다.
신-여성[─녀─] (新女性) 명 신식 교육을 받은 여자. (대) 구여성. modern woman
신역(身役) 명 ①노동에 종사하는 일. labour ②몸으로 치르는 노역(勞役). ¶ 고된 ~. physical labour
신역(神域) 명 ①신성한 장소. holy place ②신이 있는 지역. 「translation 하다
신역(新譯) 명 새로 번역함. (대) 구역(舊譯). new
신연(宸宴) 명 임금이 베푸는 주연(酒宴).
신연(新延) 명 〈제도〉 도(道)나 군(郡)의 장교(將校)·이속(吏屬)들이 새로 부임하는 감사나 사령을 그 집에 가서 맞아 오는 일. 하다
신연-증[─증] (身軟症) 명 〈의학〉 뇌척수(腦脊髓)의 병 때문에 몸과 힘줄이 연약하여지는 소아병.
신열(身熱) 명 병 때문에 일어나는 몸의 열. (약) 열(熱). fever
신:열(腎熱) 명 〈한의〉 손끝으로 피부를 가볍게 누르면 열감(熱感)이 없고, 힘있게 누르면 열감이 대단한 병.
신열대-구[─녈때─] (新熱帶區) 명 세계 생물 분포 여섯 구역의 하나. 남아메리카·중부 아메리카·멕시코 남부. neotropical region
신예(呻吟) 명 《동》 신음(呻吟). 하다
신예(新銳) 명 새롭고 기세가 날카로움. ¶ ~ 작가(作家). new and superior
신예-기(新銳機) 명 새로 제작된 성능이 좋은 비행기.
신=예:술(新藝術) 명 《동》 아르누보.
신오(宸悟) 명 신비하고 오묘함. 하다
신옥(新屋) 명 새로 지은 집. (대) 고옥(古屋). new by built house
신:옹(腎癰) 명 〈한의〉 불두덩에 생기는 종기.
신외 무물(身外無物) 명 몸이 다른 무엇보다도 가장 귀중하다는 말.
신:용(信用) 명 ①믿고 임용함. confidence ②믿고 의심하지 않음. 약속을 지킬 것을 믿는 일. trust ③평판이 좋고 인당이 있음. reputation and popularity ④〈경제〉 재화 및 화폐의 급부(給付)와 반대 급부 사이에 시간적인 차이가 있는 일반 교환. (약) 신(信)②. 하다
신용(神用) 명 사람의 지혜로는 생각할 수 없는 용기.
신:용(神容) 명 신과 같은 거룩한 용모. divine appearance
신:용 거:래(信用去來) 〈경제〉 매매·고용 등의 계약을 할 때에 서로 믿고 화폐의 지불을 뒷날에 하게 하는 거래. credit transaction
신:용 경제(信用經濟) 명 〈경제〉 화폐보다도 상대방의 신용을 주로 하여 어음 또는 신용 증권 따위로 거래하는 경제 상태. (대) 화폐 경제(貨幣經濟). credit economy
신:용 공황(信用恐慌) 명 〈경제〉 불환(不換) 지폐·어음 따위의 증발로 본위화(本位貨)의 신용이 없어지는 신용 금융면의 공황. credit crisis
신:용 기관(信用機關) 명 〈경제〉 신용을 이용하여서 금전의 융통을 도모하는 기관. 전당포·은행 따위. organ of credit
신:용 대:금(信用貸金) 명 〈경제〉 채무자를 신용하여 담보 또는 보증이 없이 금전을 대부하는 일. open credit
신:용 대:부(信用貸付) 명 〈경제〉 채무자를 신용하여 담보 또는 보증이 없이 금전 또는 물품을 대부하는 일. credit loan 하다
신:용 보:험(信用保險) 명 〈경제〉 ①채무자가 지급을 거절하거나 지불할 수 없게 될 때 채권자가 받는 손해를 보충하는 보험. credit insurance ②사용인의 부정 행위로 말미암아 입는 사용자의 손해를 보충하는 보험. credit insurance
신:용 어음(信用─) 〈경제〉 어음의 할인에 있어서 담보를 취하지 않는 어음.
신:용=장(信用狀) 명 〈경제〉 유명한 은행이 거래하는 수입상(輸入商)으로서의 의뢰받고 이의 신용을 공여(供與)하여, 수입상의 지불을 보증하는 서장(書狀). 일반적으로 L/C로 약칭함. letter of credit
신:용 조사(信用調査) 〈경제〉 금전의 대부에 있어서 상대방의 지급 능력, 곧, 재산의 종류·가격·부

신:용 조합(信用組合)명〈경제〉조합원이 각각 소액의 돈을 내 조직하고, 조합원에게 자금의 대부, 저금의 편의를 얻도록 하는 산업 조합. credit union
신:용 증권(信用證券)명〈경제〉신용에 의하여 일반적으로 사용되는 증권으로서, 뒷날 채무를 이행할 것을 믿고 받는 증권. 곧, 어음·공채·채권(債券)·수표 따위. instrument of credit
신:용 카드(信用 card) 기업이나 개인이 카드 회사와 가맹점(加盟店)과 제휴하여 행하는 신용 판매 제도. credit card 「는 일.
신:용 판매(信用販賣)명〈경제〉외상으로 물건을 파
신:용 화폐(信用貨幣)명〈경제〉액면 가격이 소재(素材) 가격보다 높은 통화. 본위(本位) 화폐 이외의 통화. credit money
신우(神佑)명 신조(神助).
신우(宸憂)명 임금의 근심.
신:우(腎盂)명〈생리〉척추 동물의 신장 안에 있는 빈 곳. 오줌은 이 곳에 모였다가 방광으로 빠짐.
신:우-염(腎盂炎)명〈의학〉각종 병원체(病原體), 특히 대장균에 의하여 생기는 신우의 염증. 오한이 나고 열이 나면서 열이 고, 신장부에 동통이 남.
신운(身運)명⇨운수(運數).
신운(神韻)명 신비스럽고 도한 기품이 흐르는 운치.
신-울명 신의 양쪽 가에 대, 받등까지 올라오는 울타리. outer rim of shoes
신원(身元)명 일신상의 관계. 곧, 신분·직업·성행(性行)·원적·주소 따위. one's identity
신원(伸寃)명 가슴에 맺힌 원한을 풀어 버림. redressing a grievance 하타
신원(新元)명 새해. 설날. New Year's Day
신원 보:증(身元保證)명〈법률〉①사람의 신상(身上)·자력(資力) 등의 확실함을 책임지는 일. ②고용 계약에서 피고용자가 고용주에게 손해를 끼칠 경우, 그 배상을 위해 일정한 금전을 담보로 내게 하거나 보증인을 세워 배상 의무를 지게 하는 일. personal reference 「기로 정한 사람. surety
신원 보:증인(身元保證人)명〈법률〉신원 보증을 하
신원 설치(伸寃雪恥)명 마음에 맺힌 원한을 풀고, 수치스러운 일을 씻어 버림. 설분 신원. 《약》 신설(伸雪). 하타
신-원소(新元素)명〈화학〉1940년 이후에 발견된 원자 번호 93 이상의 초우라늄 원소 및 재래의 원소표에 공백으로 되어 있던 43, 61, 85, 87번 원소의 총칭.
신월(申月)명〈민속〉월건(月建)의 지지(地支)가 신(申)으로 된 달. 갑신(甲申)·병신(丙申) 등.
신월(新月)명 초승달. 삭월(朔月). new moon
신위(神位)명 신령이 의지할 자리. 지방(紙榜) 따위. ancestral tablet
신뷔(神威)명 신의 위덕(威德).
신유(辛酉)명〈민속〉육십 갑자(六十甲子)의 58째.
신은(新恩)명⇨신래(新來)②.
신음(呻吟)명 ①몸이 아파서 끙끙거림. groan ②괴로움이나 고통으로 허덕이며 고생함. 신에(呻哎). 하
신음=성(呻吟聲)명 괴로워서 끙끙거리는 소리.
신:의(信義)명 믿음성과 의리. faithfulness
신:의(信疑)명 믿음과 의심. belief or disbelief
신의(宸意)명 임금의 뜻. 신지(宸旨). king's will
신의(神意)명 신의 의지(意志). 신의 뜻. God's will
신의(神醫)명 귀신같이 병을 잘 고치는 의원. wonderful physician
신의(新義)명 새 뜻. new meaning
신의(新醫)명⇨양의(洋醫). 「따위.
신의(贐儀)명 먼 길을 떠나는 사람에게 보내는 금품
신의=설(神意說)명〈정치〉국가의 존립 근거 및 군주(君主) 권력의 근원은 신의 의사에 있다는 학설.
신이(辛夷)명〈식물〉①'개나리'의 잘못된 말. ②
백목련(白木蓮).
신이(神異)명 신기하고 이상함. mysterious 하타

신이(新異)명 새롭고도 이상함. mysterious 하타
신:이=상주의(新理想主義)명〈문학〉문학의 새로운 정신면을 개척해 나가려는 이상주의적 경향을 띤 문예 사조. ②〈철학〉자연주의 철학의 반동으로 19세기에 와서 칸트 학파·헤겔 학파 등의 철학 사상. neoidealism
신이-포(辛夷苞)명 백목련의 꽃봉오리.
신이-화(辛夷花)명〈식물〉'개나리 꽃'의 잘못된 말.
신:-익다[-닉-]〈神-〉일을 많이 처리해 본 까닭으로 어떤 일에도 익숙하다. be skilled
신인(神人)명 ①신령한 사람. god man ②신과 사람. God and man ③〈기독〉예수 그리스도를 일컫는 말. Jesus Christ「예술가. ¶~ 가수. new figure
신인(新人)명 ①새사람. 새댁. bride ②새로 나타난
신:인(愼人)명〈제도〉조선조 때 정3품·종3품 종친의 아내의 품계.
신인 공:노(神人共怒)명〈동〉천인 공노(天人共怒). 하
신인 공:분(神人共憤)명 신과 사람이 다 함께 분하게 생각함. Both God and man are enraged 하타
신인 동형설(神人同形說)명 추상 무형의 신에게 인류와 유사한 성질을 주어 이야기하는 설. anthropomorphism
신:-인문주의(新人文主義)명〈문학〉계몽주의 반동으로 18세기 후반기에 독일 문단에 일어난 운동으로, 그리스의 이상을 추구하고 인성(人性)의 자연한 발전을 도모하자는 주의. neo-humanism
신-인물(新人物)명 ①새로 참가한 사람. new man ②새로 나타난 사람. stranger
신:-인상주의(新印象主義)명〈미술〉인상주의를 부활시키고 새로운 감각과 강렬한 자극을 추구하여, 신기(新奇)하고 지방색(地方色)이 풍부한 특이성(特異性)을 포착(捕捉)하는 주의.
신일(申日)명〈민속〉일진(日辰)의 지지(地支)가 신(申)으로 된 날. 병신(丙申)·무신(戊申) 등.
신일(辛日)명〈민속〉일진(日辰)의 천간(天干)이 신(辛)으로 된 날. 신사(辛巳)·신미(辛未) 등.
신:임(信任)명 믿고 일을 맡김. confidence 하타
신임(新任)명 새로 임명됨. ¶~ 인사. new appointment 하타
신:임-장[-짱](信任狀)명 ①〈법률〉특정인(特定人)을 외교 사절(使節)로서 파견한다는 취지(趣旨)의 공문서. 때 해임장(解任狀). credentials ②〈경제〉은행에서 여행하는 거래인(去來人)의 편리를 돕기 위하여 그 곳의 금융 기관 또는 특정인에게 어느 한도가지의 금액을 지불해도 좋다고 의뢰하는 유가 증권. letter of credit
신:임 투표(信任投票)명〈정치〉국민의 대표 기관인 의회(議會)가 정부에 대하여 신임 여부를 결정하기 위하여 하는 투표. vote of confidence 「ing 하타
신입(新入)명 어느 단체나 모임에 새로 들어옴. entering
신입 구:출(新入舊出)명 새 것이 들어오고 묵은 것이 나감. change of people 하타
신:-입사(新入射)명〈민속〉처음으로 사원(射員)이 되는 일.
신입-생(新入生)명 새로 입학한 학생. freshman
신:자(臣子)명⇨신하(臣下).
신:자(信者)명 종교를 믿는 사람. 때 불신자(不信者)
신자(新字)명 새로 만든 글자. new character
신:-자본주의(新資本主義)명〈경제〉자본주의 수정 자본주의.
신:-자유주의(新自由主義)명〈사회〉자유 방임적인 자유주의의 결함을 인정하여 국가에 의한 사회 정책의 필요를 승인하면서도 자본주의의 자유 기업의 전통을 지키려는 사상.
신작(新作)명 새로 만듦. 또, 그 작품. ¶~ (作). new work 하타
신작(新斫)명 새로 벤 장작. newly cut firewood
신작-로(新作路)명 새로 만든 큰 길. 새로낸 길. 때 버릇길. new highway
신:-장[-짱](-欌)명 신을 넣는 장.
신:장(身長)명 키¹. 「남. elongation 하타
신장(伸長)명 길이·힘 따위를 길게 늘임. 길게 늘어
신장(伸張)명 물체·세력 따위를 늘여 넓게 퍼거나 뻗

신:장(信章)[명] ⇨ 인(印). [extension 하다
신:장(訊杖)[명] 신문할 때 매질하는 몽둥이.
신장(神將)[명] ①신과 같은 장수. invincible general ②(민속) 장수격을 가진 귀신. god of war ③신병을 거느리는 장수. ④(어)→화엄 신장(華嚴神將).
신:장(腎臟)[명] 〈생리〉오줌 배설 기관. 사람에는 복강(腹腔) 등뼈 상부에서 척추의 양쪽에 한 쌍이 있음. 콩팥. (약) 신(腎)①. kidney
신장(新粧)[명] 새로 꾸밈. newly finished 하다
신장(新裝)[명] ①새로운 장치. ¶~ 개업(開業). new equipment ②새로운 복장. new dress 하다
신:장 결석[-썩](腎臟結石)[명] 〈의학〉신우(腎盂)나 신배(腎杯)에 생기는 요석(尿石). 몹시 아픔. (약) 신결석(腎結石). nephrolith
신:장 결핵(腎臟結核)[명] 〈의학〉신장에 감염된 결핵. (약) 신결핵(腎結核).
신:장-대[-때](神將-)[명] 〈민속〉무당이 굿할 때에 드는 막대기. 신장이 내리는 칼. shaman's rod
신:장-병[-뼝](腎臟病)[명] 〈의학〉신장에 일어난 병의 총칭. 신장염·신장 결석(結石)·신장 결핵 따위.
신:장-염[-념](腎臟炎)[명] 〈의학〉신장에 생기는 염증. 요단백(尿蛋白)·혈뇨(血尿)·부종 따위가 생김. 급성과 만성이 있음. nephritis
신:장 종양(腎臟腫瘍)[명] 〈의학〉오줌을 걸러내는 신장에 종양이 생기는 악성 질환. tumor of kidney
신저(新著)[명] 새로 지은 저서. new work
신-전(一廛)[명] 신을 파는 가게. 혜전. shoe shop
신:전(伸展)[명] 늘이어 펼침. 하다
신:전(迅電)[명] 빨리 전함. 하다
신:전(信傳)[명] 틀림없이 전함. 하다
신:전(信傳)[명] 〈제도〉교외(郊外)에 거동할 때, 선전관(宣傳官)이 각 영(營)에 군령(軍令)을 전하는 데.
신전(神前)[명] 신령의 앞. before god [쓰던 화살.
신전(神殿)[명] 신령을 모신 전각(殿閣). 성역(聖域)②. shrine
신전(新田)[명] ①새로 사들인 밭. newly bought field ②(어)→신기전(新起田).
신-전(新錢)[명] 새로 주조한 돈.
신전 반:사(伸展反射)[명] 〈생물〉골격근을 오래 뻗고 있으면, 그 뻗친 근육에 반사적으로 수축이 일어나 긴장이 항진되는 현상.
신절(臣節)[명] 신하가 지켜야 할 절개. loyalty
신:절(愼節)[명] (高) 타인의 병.
신점(新占)[명] 집터나 또는 산소 자리를 새로 정하는 일. newly selected site 하다
신접(神接)[명] 신령이 몸에 접함. contact with a god
신접(新接)[명] ①새살림을 이룸. new home ②타향으로부터 새로 들어와 삶. new settlement 하다
신접=살림(新接一)[명] →신접살이.
신접=살이(新接一)[명] 처음으로 차려 놓은 살림살이. life of a new home 하다
신정(申正)[명] 〈민속〉①하루를 십이시로 나누는 네 시. ②하루를 이십사시로 나누는 하오 네 시.
신정(神政)[명] 종교상의 대변자인 제사(祭司)가 지배권을 가진 정치. 신정치(神政治). theocracy
신정(新正)[명] ①새해의 정월. 새해의 처음. New Year ②양력설. (대) 구정(舊正). New Year's Day
신정(新政)[명] 새로운 정치. new government 하다
신정(新訂)[명] 새롭게 고쳐 바로잡음. new revision
신정(新情)[명] 새로 든 정. (대) 구정(舊情). new love
신정 국가(神政國家)[명] 〈정치〉정권을 신의 의지에 종속시키는 국가. theocratic state
신-정식(新定式)[명] 새로 정한 규정.
신정이 구만리 못하다(관) 사람에게는 새로 사귄 사이보다 오래 사귄 옛 정이 더 두텁다. [은 태.
신정지-초(新情之初)[명] 새로 정이 들어 얼마 되지 않
신제(新制)[명] ①새로운 제도. new system ②새로운 체제. (대) 구제(舊制). 고제(古制). new form

신제(新帝)[명] 새로 자리에 오른 황제. new emperor
신제(新製)[명] 새로 지음. 또, 그 물건. 신조(新造). (대) 고제(古製). new make 하다
신:조(信條)[명] ①신앙의 조목. article of faith ②굳게 믿고 있는 생각. creed [~. divine aid
신조(神助)[명] 신의 도움. 신우(神佑). ¶천우(天佑)
신조(神造)[명] 신이 만든 물건. divine make
신조(新造)[명] 새로 만듦. 신제(新製).
신조(新調)[명] ①새 곡조. new melody ②양복을 새로 만듦. make a new suit 하다
신:조-학(信條學)[명] 〈기독〉기독교 신학(神學)에서 교회의 신앙 개조(信仰箇條)를 연구 대상으로 하는 학문. symbolics
신:족(信足)[명] 발 가는 대로 걸음을 맡김.
신종(臣從)[명] 신하로서 따라 좇음. 또, 그 사람. 하다
신:종(信從)[명] 믿고 좇음. honest submission 하다
신:종(愼終)[명] 어버이의 상사(喪事)를 당하여 장례를 정중히 함. funeral of one's parent 하다
신종(新種)[명] ①새로운 종류. ¶~ 발명. ②새로 발견되거나 새로이 인공적으로 만들어진 생물의 종류.
신좌(申坐)[명] 〈민속〉신방(申方)을 등지고 좌(坐).
신좌(辛坐)[명] 〈민속〉신방(辛方)을 등지고 좌(坐).
신좌 을향(辛坐乙向)[명] 〈민속〉신방(辛方)을 등지고 을방(乙方)을 향한 좌향(坐向).
신좌 인향(申坐寅向)[명] 〈민속〉신방(申方)을 등지고 인방(寅方)을 향한 좌향(坐向).
신주(神主)[명] 죽은 사람의 위패(位牌). 대개 밤나무로 만듦. 사판(祠版). mortuary tablet
신주(新注·新註)[명] 새로 붙인 주석(註釋). new notes
신주(新酒)[명] 햅쌀로 빚은 술. new brew
신주(新株)[명] 〈경제〉주식 회사가 증자(增資)하기 위하여 새로 발행하는 주식. (대) 구주(舊株). new stocks [분한다.
신주 개 물려 보내겠다(속) 하는 짓이 칠칠찮고 흐리터
신주-락(新株落)[명] 증자(增資) 신주의 할당 기일이 지나, 구주(舊株)에 할당되는 신주 취득의 권리를 잃는 일.
신주 모시듯(관) 조심스럽고 정성스럽게 다루는 모양.
신주-보(神主褓)[명] 〈동〉독보(櫝褓).
신주 양:자(神主養子)[명] 이미 죽은 사람을 양자로 들여서 대를 잇게 하는 일. 사당 양자(祠堂養子). adopt a dead child 하다
신주 인:수권[-꿘](新株引受權)[명] 〈경제〉신주를 우선적으로 인수할 수 있는 권리.
신주 치레(神主一)[명] 높은 벼슬 이름이 쓰인 신주를 특별히 융숭하게 모심. 하다 「할 일을 못한다.
신주 치레하다가 제 몫 못 지낸다(속) 모양만 내다가 정작
신:중(俗) 여자 중. 여승(女僧). 이승(尼僧).
신:중(愼重)[명] 매우 조심스러움. (대) 경솔(輕率). prudence 하다 히다
신중산 계급(新中産階級)[명] 근대화 과정에서 특히 2차 대전 후 급속히 성장한 중산 계급에 속하는 집단군. 도시 봉급자.
신:중=상주의(新重商主義)[명] 〈경제〉국제간의 상업 경쟁의 격화로 인하여 통상 무역을 개인에게 방임하지 않고, 관세 정책에 의하여 외국 화물의 수입을 제한하는 주의. neo-mercantilism
신종=절(佛)[명] 여승들의 가는 절. 여승방.
신즉물주의(新卽物主義)[명] 〈문학〉사물(事物)의 본질을 냉정하게 관찰하고, 그것을 정확(正確)하게 묘사하려는, 제1차 대전 직후에 독일에서 일어난
신:증(信證)[명] 믿을 만한 증거. [문에 운동(運動).
신:지(信地)[명] 목적하는 곳. 목적지(目的地).
신지(宸旨)[명] 임금의 뜻. 신의(宸意).
신지(神智)[명] 신묘한 지혜. mysterious wits
신지(新智)[명] 새로 신긴 신(鞋). [nfidence 하다
신:지 무의(信之無疑)[명] 꼭 믿어서 의심이 없음. co-
신:지식(新知識)[명] 새로운 지식.
신:지피-다(神一)[명] 〈민속〉신이 사람에게 내리어,

신지-학(神智學)명 〈철학〉 자연으로 된 비밀로 보고, 이 비밀에 들어가 신(神)과 신비적으로 합일(合一)함으로써 그 본질을 인식하려는 일종의 종교적 교리.

신직(神職)명 〈기독〉 교역의 직분. [비슷]신직(神祕說).

신진(新陳)명 ①제도으로 그 해를 묵힌 발. 결세(結稅)를 징수할 때 쓰던 말. ②새 것과 묵은 것.

신진(新進)명 ①어떠한 사회에 새로 나아가는 일. 또, 그 사람. rising member of a society ②새로 벼슬에 오름. 《대》기성(既成). 하자

신진 대:사(新陳代謝)명 ①〈생리〉생물체가 영양물을 섭취하고 노폐물을 배설하는 생리 작용. metabolism ②묵은 것과 새 것과의 교체(交替). replace the old with the new 하자

신-짚[—찝]명 짚신을 삼는 데 쓰는 짚. straw for sandals

신-짝명 ①신의 한 짝. odd shoe ②'신'을 흘하게 이르는 말. ¶봉당에 ∼이 어지럽게 널려 있다.

신찐-나무명 베틀의 용두머리에서 눈썹대와 반대되는 방향으로 맞춘 굽은 나무.

신찐-줄명 신찐나무 끝에 매어 놓은 끈.

신차(新茶)명 새싹을 따서 만든 차. tea made of young buds

신착(新着)명 새로 도착함. 또, 그 물건. 하자

신-착립(新著笠)명 관례(冠禮)를 지낸 뒤, 나이가 좀 많아져서 비로소 초립(草笠)을 벗고 갓을 쓰던 일.

신찬(神饌)명 신령에게 올리는 음식물. 하자

신찬(新撰)명 새로 책을 지어 엮어 냄. 또, 그 책. new compilation 하자

신참(新參)명 ①새로 들어온 사람. new comer ②새로 벼슬한 사람이 처음으로 관청에 들어감. 《대》고참(古參). first attendance at office 하자

신-창명 신바닥의 밑바닥. sole

신채(神彩·神采)명 ①정신과 풍채. mind and appearance ②고상(高尙)한 얼굴 모습. god-like appearance

신책(神策)명 신기(神奇)한 책략. 영묘한 책략. wonderful plan

신:천-옹(信天翁)명 〈조류〉 신천옹과의 거위보다 날개가 긴 바닷새. 날개와 꽁지는 검고 목 뒤는 황갈색, 주둥이는 황색이며 그 외의 부분은 백색임.

신천지(新天地)명 새로운 세상. new world

신철(伸鐵)명 〈공업〉 강철 부스러기를 가열·압연한 강철. ∼는 말.

신첩(臣妾)대 여자가 임금에게 대하여 자기를 이르는 말.

신청(申請)명 단체나 기관에 대하여 요청함. 《대》접수(接受). request 하자

신:청(信聽)명 믿고 곧이듣음. taking for truth 하자

신청(神廳)명 〈민속〉 무당이 도(道)를 닦는 곳.

신청(新晴)명 오랫동안 날씨가 좋지 않다가 새로 맑아짐. [로운 청년.

신-청년(新靑年)명 새시대의 교육을 받아 사상이 새

신청부-같-다형 ①근심·걱정이 많아 사소한 일은 돌아볼 여유가 없다. be preoccupied with cares ②물건이 너무 시시하여 마음에 차지 아니 하다. unsatisfactory [brewed pure liquor

신청주(新淸酒)명 햅쌀로 빚은 맑은 술. newly

신체(身體)명 ①사람의 몸. 구체(軀體). body ②〈공〉금방 죽은 송장. dead body

신체(神體)명 신을 상징하는 신성한 물체.   「style

신체(新體)명 새로운 체재. 《대》고체(古體). new

신체 검:사(身體檢査)명 ①건강 상태를 알기 위하여 신체 각부(各部)를 검사하는 일. physical examination ②체격의 좋고 나쁨 또는 합격·불합격을 정하는 검사. ③소지품이나 복장의 검사. 하자

신체-권[一꿘](身體權)명 〈법률〉 인격권의 하나. 사람이 불법히 신체에 상해를 받지 않을 권리. personal rights   「뚱이의 전체.

신체 발부(身體髮膚)명 몸과 머리털과 피부. 곧, 몸

신체-시(新體詩)명 〈문학〉 ①우리 나라의 신문학 운동 초창기에 시험된 신시(新詩)의 형식. ②중국의 수(隋)·당(唐) 이후에 확립된 오언(五言)·칠언(七言)의 율시(律詩)·배율(排律)·절구(絶句)의 총칭. new style poem

신체의 자유(身體—自由)명 〈법률〉 법률의 힘이 아니고는 신체적 구속을 받지 않는 자유. personal liberty

신체 적성(身體適性)명 각종 직업에서의 개인의 신체적 능력.

신=체제(新體制)명 새로운 질서 및 편제(編制). 《대》구체제. new structure

신체형(身體刑)명 〈법률〉 형벌의 하나. 범인에게 육체적 고통을 가하는 형벌. 징역(懲役)·금고(禁錮) 따위. corporal punishment

신초(辛楚)명 피로음. 고초(苦楚).

신초(神草)명 《동》 산삼(山蔘).   「tobacco

신초(新草)명 그 해에 처음 난 담배. 햇담배. new

신=초리(新—)명 새로 돋은 나뭇가지.

신=초리(新—)명 그 해의 신을 달아맨.

신-촉명 짚신이나 미투리의 총.   「의 딴이름.

신추(新秋)명 ①첫가을. early autumn ②음력 7월

신축(辛丑)명 육십 갑자의 서른여덟째.

신축(伸縮)명 늘어남과 줄어듦. 늘이고 줄임. 서축(舒縮). exparuction 하자다

nsion and contraction 하자다

신축(新築)명 새로 지음. 또, 그 건축물. new construction

신축 관세(伸縮關稅)명 관세율의 증감을 일정한 한도 내에서 행정 관청이 행하여 외국 상품의 부당한 염가에 대항하려는 일. 또, 그런 목적의 관세.

신축 자재(伸縮自在)명 마음대로 신축함.

신춘(新春)명 ①새봄. ②새해. New Year

신출(新出)명 ①새로 사회에 나온 (이나 물건. ¶∼ 품종. new comer ②만물. ③교과서 등에, 새로 나옴. 하자

신출 귀:몰(神出鬼沒)명 나타났다 숨었다 함이 귀신처럼 빠르고 자유 자재로움. elusiveness 하자

신출-내기(新出—)명 처음 나섰기 때문에 아직 익숙지 못한 사람. 하룻강아지. novice

신충(忠臣)명 신하로서의 충의(忠義). loyalty

신:칙(申飭)명 알아듣도록 거듭 타일러 훈계함. 하자다

신친(神親)명 〈기독〉 대부모(代父母)와 대자녀 사이의 친권.   「을 닮음.

신친 당지(身親當之)명 남에게 맡기지 않고 몸소 일

신칸트 학파(新Kant 學派)명 〈철학〉 칸트 철학의 근본 정신을 부활 발전시키려는 학파.

신 케이 에스 강(新KS鋼)명 〈공업〉 자석강의 하나. 케이 에스 강에 비해 열처리하기 쉬움.

신=코명 신의 앞 끝의 뾰족한 곳. toe cap

신탁(申託)명 《얽》→신신 부탁(申申付託).

신:탁(信託)명 〈법률〉 다른 사람에게 맡겨서 관리하게 하는 일. trust 하자

신탁(神託)명 신이 사람을 매개자로 하여 그의 의사를 나타내는 일. 선탁(宣託). 탁선. oracle

신:탁-물(信託物)명 신탁(信託)의 목적인 재물(財物). trust property

신:탁 사:업(信託事業)/**신:탁-업**(信託業)명 〈경제〉 다른 사람의 재산을 맡아서 적당한 관리·운영 또는 처분을 하여 재산 소유자의 이익을 꾀하는 영업. trust business

신:탁 은행(信託銀行)명 신탁업(信託業)과 은행업을 경영(兼營)하는 주식 회사. trust bank

신:탁 통:치(信託統治)명 〈정치〉 국제 연합의 신탁을 받아 연합국이 일정한 영토를 통치하는 일. trusteeship

신:탁 통:치 이:사회(信託統治理事會)명 〈정치〉 신탁 통치에 관한 문제를 처리하는 국제 연합의 한 기관. Trusteeship Council

신:탁 회:사(信託會社)명 〈경제〉 신탁의 인수를 목적으로 하는 주식 회사. trust company

신탄(薪炭)명 땔나무와 숯. 시탄(柴炭)①. firewood and charcoal

신탄=상(薪炭商)圀 땔나무와 숯 등을 파는 장사. 또, 그 가게나 장수. 시탄상(柴炭商). fuel dealer

신택(新宅)圀 새로 지은 집. new house

신토=불이(身土不二)圀 사람의 몸과 그 고장의 토양은 뗄 수 없는 밀접한 관계이므로 제 고장에서 난 농산물을 애용해야 한다는 말.

신통(神通)圀 ①이상하고도 묘함. wonder ②모든 일에 시기하게 통달함. conversance ③약효가 신기하게 나타남. ¶~한 효험. 하타팀 스레 스레타

신=트림(神—)圀 시큼한 냄새나 목구멍으로 넘어오면서 나는 트림. waterbrash belch 하타

신=틀圀 미투리·짚신을 삼는 데 쓰는 틀. sandal lasts

신틸레이션 카운터(scintillation counter)圀〈물리〉방사선 측정용(放射線測定用)의 계수관의 하나. 방사선이 형광체에 닿아서 발하는 형광을 광전 증배관(光電增倍管)으로 받아, 증폭시킨 다음, 전기 신호로써 입사 입자수(入射粒子數) 또는 에너지를 계속하는 장치.

신파(新派)圀 ①새파. 새로 나온 갈래. 〔대〕구파(舊派). new school

신파=극(新派劇)圀〔약〕→신파 연극(新派演劇).

신파 연=극(新派演劇)圀〈연예〉재래의 형식과 전통을 깨고 현대 취향과 인정 비화 등을 제재로 한 통속적인 연극.〔대〕구파극.〔약〕신파극. 신파국.

신:판(迅辦)圀 급하게 처리함. 하타팀

신판(新版)圀 ① 새로 출판된 책.〔대〕구판(舊版). new edition ② 기왕에 있었던 어떤 사물·인물·작품과 같은 새로운 인물이나 사물을 이름. 「단(俳事)...

신:패(信牌)圀 증거로 삼기 위한 자그마한 조각. 패

신:편(信便)圀 믿을 만한 인편(人便).

신편(新編)圀 새로운 편집. 또, 그 책. new compilation 「무명, 또는 베.

신포(身布)圀〈제도〉신역(身役)의 대신으로 바치던

신:표(信標)圀 뒷날에 들림없음을 보이기 위하여 서로 나누어 가지는 것. 신물(信物). tally

신-풀이(神—)圀〈민속〉귀신들린 사람을 위하여 푸닥거리를 하는 일. 하타팀 「field 하타

신-풀이(新—)圀 새로 만드는 논. newly made rice-

신품(神品)圀 ①가장 뛰어난 품격. 또, 그 물건. 성품(聖品). 일품(逸品). superior dignity ②〔약〕→신품 성사(神品聖事).

신품(新品)圀 새 물건.〔대〕고물(古物). new article

신품 성:사(神品聖事)圀〈기독〉천주교의 칠성사(七聖事)의 하나. 신학을 전공하고 부제(副祭)로 있다가 신부(神父)가 되기 위하여 주교(主敎)로부터 받는 성사. 성품 성사(聖品聖事).〔약〕신품③. holy orders

신풍(晨風)圀〔동〕바람까비②.

신풍(新風)圀 ①신선한 바람. ②새로운 유풍.

신=풍조(新風潮)圀 새로운 풍조. new trend

신=플라톤주의(新 Platon 主義)圀〈철학〉플라톤설의〈神〉과 같이 숭배하였으며 모든 존재는 신으로부터 흐른다고 주장하는 주의.

신필(神筆)圀 아주 잘 쓴 뛰어난 글씨. excellent ca-「lligraphy

신:필(宸筆)圀 임금의 글씨. emperor's autograph

신하(臣下)圀 임금을 섬기어 벼슬하는 사람. 신복(臣僕). 신자(臣子). 인신(人臣). 예신(隸臣).〔대〕군주(君主).〔약〕신①. minister

신하(新荷)圀 새로 입하하는 물품.

신학(神學)圀〈기독〉기독교의 원리를 조직적으로 연구하는 학문. theology

신=학교(神學校)圀〈기독〉기독교의 원리를 가르치고 교역자(教役者)를 길러 내는 학교. theological school

신=학기(新學期)圀 새 학기.

신=학문(新學問)圀 재래의 한학에 대해 서양에서 들어온 새 학문.〔대〕구학문(舊學問). modern sciences

신학 삼덕(神學三德)圀〈기독〉천주교에 있어서의 세 가지 덕. 곧, 믿음·소망·사랑. faith, hope and love

신:한(宸翰)圀 임금의 편지. 임금의 친찰. imperial letter 「넓쩨.

신해(辛亥)圀〈민속〉육십 갑자(六十甲子)의 마흔여

신:해(信解)圀〈불교〉신앙에 의하여 불법(佛法)의 진리를 더득하는 일.

신해 혁명(辛亥革命)圀〈역사〉1911년 무창(武昌)을 중심으로 일어난 중국의 혁명. 이로써 청이 망하고 중화 민국이 수립됨. Chinese revolution of October 10 1911

신행(新行)圀〔동〕혼행(婚行). 하타팀

신:행(贐行)圀 먼 길을 떠나는 이에게 주는 글이나 돈. 「settlers

신향(新鄕)圀 타향에서 새로 이사 온 향족. new

신:허(腎虛)圀〈한의〉하초(下焦)가 부실한 병. 정신이 노곤하고 식은땀이 나며 정수(精水)가 흐르는 증세. 「여 일어나는 허리가 아픈 병.

신:허 요통(腎虛腰痛)圀〈의학〉지나친 성교로 인하

신험(神驗)圀 신비한 영험(靈驗).

신-헤겔주의(新 Hegel 主義)圀〈철학〉20세기에 들어와서 헤겔주의를 부활시킨 주의. 종합성(綜合性) 내지 변증법의 재파악을 달성하려는 주의.

신혈(新穴)圀〈광물〉광물을 캐어 나가다가 새로 발견하여 쓴 광맥. new mineral vein

신혈=먹:다(新穴—)〈광물〉신혈을 발견하여 큰 이익을 얻다. make great profit from the new vein

신형(新型)圀 종래의 것과 다른 형. 새로운 형. new model

신:호(信號)圀 ①일정한 부호를 써서 멀리 있는 곳에서 서로 의사를 통하는 방법. 또 그 부호. 긔 널①. ②미리 약속한 방법으로 어떤 일을 알리는 것. signaling 하타팀

신호(新戶)圀 새로 지어 생긴 집. newly built house

신:호-기(信號旗)圀 신호용의 수기(手旗). signal flag

신:호-기(信號機)圀 열차 승원에서 위험의 유무(有無)·진행의 가부(可否) 따위를 알리는 기계. signal apparatus

신:호 나팔(信號喇叭)圀 신호로 부는 나팔.

신:호-등(信號燈)圀 신호용으로 켜는 등. signal lamp

신:호-수(信號手)圀 신호의 임무를 맡아보는 사람.

신:호-수(信號手)圀〔동〕수기①. 「로보. flagman

신:호-장(信號場)圀〈토목〉역 이외의 곳에서 열차의 대기·교환 등을 행하는 장소. 「ball

신:호-탄(信號彈)圀 신호로 발사하는 탄환. signal

신:호-표(信號標)圀 신호로 쓰는 표. signal code

신혼(神魂)圀 정신과 넋. 심혼(心魂). soul

신:혼(晨昏)圀 새벽과 황혼. morning and evening

신혼(新婚)圀 새로 혼인함. 갓 결혼함. new marriage

신혼 골수(神魂骨髓)圀 정신과 육체.

신혼 여행(—녀—)(新婚旅行)圀 예식을 마치고 신혼 부부가 함께 하는 여행. 밀월(蜜月) 여행. honeymoon 하타팀

신화(神化)圀 ①신의 조화(造化). moral reform by god ②기이한 변화. mysterious change ③신으로 화함. 신격화(神格化). deification 하타팀

신화(神火)圀 ①불가사의(不可思議)의 불. mysterious fire ②〔동〕 비불②.

신화(神話)圀 사람의 지혜가 아직 열리지 못한 아주 오랜 옛날에 신(神)을 중심으로 한 이야기. myth

신화 시대(神話時代)圀 역사가 있기 전의 신화에만 남아 있는 시대. mythological age

신화-학(神話學)圀 신화의 기원(起源)·성립·발전·분포·기능 및 그의의 등을 연구하는 학문. mythology

신환(新患)/**신:환:자**(新患者)圀 새 환자. 「하타팀

신효(神效)圀 신기한 효험. 특효. wonderful efficacy

신후(申後)圀〈민속〉신시(申時)가 지난 뒤. 오후 5

신후(身後)圀 죽은 뒤. after death 「시. 후.

신:후(信厚)圀 신의가 있고 덕이 두터움. trustworthy and generous 하타팀

신:후(愼候)圀 병석에 있는 손윗 사람의 안부.

신:후-지계(身後之計)圀〔약〕→신후(身後之計).

신후리圀 고등어 잡이에 쓰는 '후릿그물'의 하나. 강원도 동천 지방에서 쓰는 말.

신후-명(身後名)圀 죽은 뒤의 명예. posthumous fame

신후사(身後事)圈 죽은 뒤의 일. 곧, 장사지내는 일. funeral
신후지계(身後之計)圈 죽은 뒤의 계획. 약 신후계.
신후지지(身後之地)圈 살아 있는 동안에 정하여 두는 산소 자리. grave site selected before one's death
신흥(新興)圈 새로 일어남. ¶~ 국가. ~ 도시(都市). rising 하자 상태가 윤택해진 계급.
신흥 계급(新興階級)圈 사회 정세의 변동으로 갑자기
신흥 문학(新興文學)圈 〈문학〉 ①새로 일어난 문학. ②제1차 대전 후 새로 일어난 문학의 여러 유파(流派). 곧, 프롤레타리아 문학이나 미래파·표현파·초현실파·신즉물주의(新卽物主義) 등의 문학의 총칭. new literature
신흥 종교(新興宗敎)圈 기성 종교에 대하여 새로 설된 종교.
신희(新禧)圈 새해의 복. 신지(新祉). New Year's happiness
신(圈 신나무.
신나무(고) 신나무. 단풍나무.
싣ː다(터⑤) ①물건을 운반하려고 배·수레에 얹다. load ②출판물에 글이나 그림 같은 것을 나게 하다. print ③보(洑)나 논바닥에 물이 괴게 하다. gather water
실圈 ①고치·솜·삼·털 등 동식물의 섬유를 길고 가늘게 자아 겹으로 꼰 것. 직물(織物)·편물(編物)·자수(刺繡)·바느질 등에 쓰임. ②실과 같이 가늘고 긴 것. thread
실=관용 일부 명사 앞에 쓰이어, '가느다란'·'썩 작은'·'엷은'의 뜻을 나타내는 말.
실(失)圈 노름판에서 잃은 돈. 댑 득(得). loss
실(室)圈 ①집. 방. 사무실. room ②약~실성(室星).
실(實)圈 ①약~실과(實相). ②약~실수(實數). ③본체(本體). 내용. substance ④약~실의(實意). ⑤수학) 피승수(被乘數) 또는 피제수(被除數). multiplicand or a dividend
=실(室)접미 ①출가(出嫁)한 손아래 여자를 시집의 성(姓) 밑에 붙여 그 집 사람임을 나타내어 부르는 말. ¶유(柳)~. 박(朴)~. ②명사 아래 붙어서 방을 나타내는 말. ¶사장(社長)~.
실가(室家)圈 집. 가정. home
실가(實家)圈 ①자기가 난 집. 생가(生家). one's parent's family ②〈법률〉 결혼을 하거나 또는 양자로 타가(他家)에 들어간 사람이 그 본생 부모(本生父母)의 집을 이름. 친가(親家). one's original house 에누리없는 값. real price
실가[一까](實價)圈 ①실제의 값. intrinsic value ②
실=가지圈 가느다란 나뭇가지. thin branch
실가두(室家之樂)圈 부부 사이의 화락.
실각(失脚)圈 ①일이 잘못되어 패함. failure ②발을 헛디딤. 실족(失足). ③loss of position ③처지·지위를 잃음. ④정계에서 ~되다. downfall 하자
실각-성(失脚星)圈 〈천문〉 선에 있다가 떨어진 것이 이제는 찾아볼 수 없게 된 별.
실감(實感)圈 ①실제의 느낌. actual feeling ②실물에 접할 때 일어나는 감정. ¶~ 있는 이야기. 댑 가상 감정(假想感情). realization 하자 육감(肉感).
실=감개圈 실을 감아 두는 물건. spool 하자
실=개울圈 작은 개울. small brook stream
실=개천圈 폭이 썩 좁은 개천. 소류(小流). small
실=갯지렁이圈 〈동물〉 갯지렁이과의 환형 동물. 담수 해변의 진흙 속에 사는데, 몸은 가늘고 길며 머리가 300개, 길이 20∼25cm 임. 낚싯밥에 씀.
실거리-나무圈 〈식물〉 차풀과의 낙엽 활엽 관목. 덩굴져서 벋으며 줄기에 가시가 남. 초여름에 황색꽃이 피고 과실은 긴 타원형이고 가을에 익음. 종
실=거위圈 〈동물〉 요충(蟯蟲). 자는 염주를 만듦.
실=겨우살이圈 맥문아재비과의 다년생 상록초. 화경의 높이 10 cm 내외로, 잎은 뿌리에서 나고 좁은 선형임. 담자색 꽃이 피고 열매는 벽록색으로 익음. 뿌리는 약재로 씀.
실격[一껵](失格)圈 ①격식에 맞지 아니함. ②〈법률〉

법령의 규정, 또는 행정 처분에 의하여 자격을 잃음. ③〈체육〉 경기에 참가할 자격을 잃음. 댑 입격(入格). disqualification 하자
실경(實景)圈 실지의 경치. 또는 풍경. actual view
실계(失計)圈 〈동〉 실책(失策)①.
실=고기圈 〈어류〉 실고기과에 속하는 물고기. 몸이 가늘고 길며 암갈색에 흰 점이 있음. 해조(海藻) 사이에서 서식하며 먹지 못함.
실=고사리圈 〈식물〉 실고사리과에 속하는 고등 은화(隱花) 식물. 근경은 가로 뻗으며 흑색에 광택이 남. 잎은 톱니가 있고 하면 가장자리에 자낭군이 배열함. 한방에서 포자를 약용함. 난지(暖地)의 산이나 들에 저절로 남. shredded red pepper
실=고추圈 실과 같이 가늘게 썬 고추. 고명으로 씀.
실=골목圈 폭이 썩 좁은 골목. narrow alley
실공(實工)圈 실속 있는 착실한 공부.
실공(實功)圈 실제의 공력. 실효(實效).
실과(實果)圈 ①식물의 줄기에 달리는 초목의 열매. fruit ②열매로 된 과자. 과실(果實). 댑 조과(造果). fruit cake practical course
실과[一꽈](實科)圈 〈교육〉 실제 업무에 필요한 학과.
실과 나무(實果-)圈 〈동〉 과수(果樹).
실과=즙(實果汁)圈 〈동〉 과즙(果汁).
실교-우(實交友)圈 〈기독〉 성실한 교우.
실구(失口)圈 〈동〉 실언(失言). 하자
실=구름圈 실같이 가늘고 기다란 구름. thin cloud
실=국수圈 발이 가늘게 뽑아 낸 국수. 사면(絲麪). 세면(細麪). fine vermicelli
실=굽[一꿉]圈 그릇 밑에 달린 받침. base of a vessel
실=굽-달이[一꿉一]圈 실굽이 달린 그릇. vessel with a base
실권[一꿘](失權)圈 권리나 권세를 잃음. loss of one's right 하자 는 권세. real power
실권[一꿘](實權)圈 실제로 행사할 수 있는 권리. 또
실권 약관[一꿘—](失權約款)圈 〈법률〉 채무자가 채무를 불이행할 때, 당연히 계약상의 권리를 잃는다는 취지를 계약에 붙들어 정하는 약관.
실=귀圈 〈전축〉 귀를 가늘게 귀접이한 재목.
실그러=뜨리-다터 한쪽으로 비뚤어지게 하거나 기울어지게 하다. 《작》샐그러뜨리다. 《센》씰그러뜨리다. distort
실그러지-다재 한쪽으로 비뚤어지거나 기울어지다. 《작》샐그러지다. 《센》씰그러지다. be distorted
실=그물圈 누에의 똥을 가릴 때 쓰는 그물. 실잠망(-蠶網).
실근(實根)圈 〈수학〉 대수 방정식(代數方程式)의 근(根)으로 실수(實數)인 것. 댑 허근(虛根). real root 그은 금. thin line
실=금圈 ①그릇 따위에 생긴 가는 금. crack ②가늘
실금(失禁)圈 대소변을 참지 못하고 쌈. 하자
실=금가-다困 그릇 따위가 깨져 가는 금이 생기나. be cracked distorted
실굿用 조금 실그러지는 모양. 《작》샐긋. 《센》씰긋.
실긋=거리-다困티 한쪽으로 비뚤어지거나 기울어지게 자꾸 움직이다. 또, 그리 되게 하다. 《작》샐긋거리다. 《센》씰긋거리다. 하자 《작》샐긋샐긋.
실긋-샐긋用 실긋거리고 샐긋거리는 모양. 《센》씰긋씰긋. 하자 《작》샐긋하다. 《센》씰긋하다.
실긋-하다터 한쪽이 조금 비뚤어져 있다.
실기(失期)圈 일정한 시기를 어김. failing to keep an appointed time 하자 unity 하자
실기(失機)圈 좋은 기회를 놓침. miss of an opportunity
실기(實技)圈 실지의 기술. practical skill
실기(實記)圈 사실의 기록. record
실=기본(-基本)圈 그 근본됨을 잃음. 하자
실기죽用 조금 실그러지게 움직이는 모양. 《작》샐기죽. 《센》씰기죽. wabble a bit
실기죽=거리-다困티 비뚤어지거나 기울어지게 잇따라 천천히 움직이다. 《작》샐기죽거리다. 《센》씰기죽

실기죽-샐기죽 실기죽거리고 샐기죽거리는 모양. 《센》 쌜기죽쌕기죽. 하다타

실 둥그렇게 감아 놓은 실뭉치. ball of thread
실-꾼(實-) 명 일을 능히 감당할 능력이 있는 일꾼.
실-낱 실의 올. ply
실:낱-같-다 ①아주 가늘고 작다. fine ②목숨이 곧 끊어질 것 같다. ¶목숨이 ~. be near death
실내(室內) 명 ①방의 안. 옥내(屋內). 《반》 실외(室外). interior of a room ②남의 아내의 일컬음. other's wife
실내 교향곡(室內交響曲) 명 《음악》 실내악적 소편성
실내-등(室內燈) 명 실내에서 켜는 등. 《대》 외등(外燈). room light
실내 마님(室內-) 명 《옛》 남의 아내를 이르는 말.
실내-복(室內服) 명 방안에서만 입는 옷. indoor dress
실내-악(室內樂) 명 《약》 →실내 음악.
실내 유:희(室內遊戲) 명 장기·당구·트럼프 따위와 같이 방안에서 하는 간단한 운동이나 오락. indoor games
실내 음악(室內音樂) 명 《음악》 독주 악기를 모아 연주되는 소규모의 합주곡. 크지 않은 장소에서 연주하기에 알맞은 음악. 이중주곡에서 팔중주곡까지 있음. 《약》 실내악. chamber music
실내 장식(室內裝飾) 명 건축물 내부를 그 용도에 따라 꾸미고 장식하는 일. interior
실내 촬영장(室內撮影場) 명 영화나 사진을 실내에서 촬영할 수 있게 특별한 장치한 건물이나 방. [es
실내-화(室內靴) 명 방안에서만 신는 신발. indoor sho-
실녀-궁(室女宮) 명 《천문》 십이궁(十二宮) 중의 여섯 번째. 사자궁(獅子宮)과 천칭궁(天秤宮)의 중간에 있음. 2처서(處暑) 때 태양이 이르는 성좌(星座). 처녀궁(處女宮). 쌍녀궁(雙女宮).
실념(失念) 명 ①생각에서 없어짐. 망각(忘却). forgetting ②《불교》 정념(正念)을 잃음. 하타
실념(實稔) 명 곡식이 익음. 하자
실념-론(實念論) 명 《철학》 보편적 개념은 주관적 추상이 아니고 실재하는 것이라는 이론. 개념 실재론. 실재론(實在論)③. 《대》 유명론(唯名論). realism
실농(失農) 명 농사의 시기를 잃음. 농사를 실패함. missing the season for planting 하자
실-농가(實農家) 명 《동》 실농군(實農軍)①.
실-농군(實農軍) 명 ①숙달된 농군. 실농가(實農家)②. steady farmer ②실지로 농사를 지을 수 있는 사람.
실-눈 ①짓고 가느스름한 눈. narrow eyes ②가늘게 뜬 눈.
실-다[-타-] 교 얻다.
실달다[-딸-](悉達多←Sidhartha 범) 《불교》 석가 여래가 태자(太子)였을 때의 이름.
실담[-땀](失談) 명 실수로 잘못한 말. improper
실담[-땀] 명 《약》 →실담 자모(悉曇字母). [language
실담[-땀](實談) 명 ①실제로 있었던 말. true story ②거짓이 아닌 참말. truth
실담 자모(悉曇字母) 명 《어학》 범어(梵語)의 자모. 자음 35자, 모음 12자. 《약》 실담(悉曇).
실-답-다(實-)[日변] 진실하고 미덥다. dependable
실답지않-다(實-)[-않-] 착실하거나 미덥지 않다. 꾸밈이나 거짓이 없다. 《약》 실답잖다. undependable
실담[-땀](失談) 명 이치와 도리에 어그러짐. improper
실대:승(實大乘) 명 《약》 →실대승교.
실대:승-교(實大乘敎) 명 《불교》 천태(天台)·화엄(華嚴)·진언(眞言)·선(禪) 등과 같이, 대승교 가운데서 특히 진실하고 도무지 방편(方便)을 띠지 않은 교법(敎法). 《대》 권대승교(權大乘敎). 《약》 실대승.
실-=대패 가늘게 깎는 작은 대패.
실덕[-떡](失德) 명 덕을 잃음. 일덕. losing one's reputation ②점잖은 이의 과실. gentleman's fault 하자
실덕[-떡](實德) 명 ①진실한 덕성. ②실지로 효과가 [있는 음덕.

실:=도랑 명 작은 도랑. 폭이 아주 좁은 도랑. narrow ditch
실동-률[-똥늘](實動率) 명 연간 일수에 대한 기계나 설비의 사용 당수의 비율.
실동 시간[-똥-](實動時間) 명 휴식 시간을 빼고 실제로 근무하는 시간. 《대》 구속 시간.
실-드(shield) 명 터널 등을 팔 때 겉부터 보호하는 둥바리와 받침대.
실득[-뜩](實得) 명 실제로 얻음. actual acquirement
실떡-거리-다 실없이 웃고 쓸데없는 말을 자주 하다. talk nonsense **실떡=실떡** 하자타 「willing
실똥머루-하-다(實-) 마음에 내키지 아니하다. un-
실-=뜨기 명 실의 두 끝을 마주 매어 두 손에 걸고 두 사람이 주고받으면서 여러 가지 모양을 만드는 장난. cat's cradle
실-=띠 명 실로 꼬아 만든 띠. thin band
실-락원(失樂園) 명 기쁨과 즐거움을 잃은 실망의 동
실랑양(悉朗) 명 《약》 →실랑이질. [산. Paradise Lost
실랑이-질 남을 못 견디어 굴어 시달리게 하는 짓. 《약》 실랑이. pestering people 하자 「잃음.
실량(失藏) 명 땅 속에 묻힌 도자기가 오래 되어 빛을
실러블(syllable) 명 《어학》 음절(音節). 합성음(合成音). [명 무력(武力).
실력(實力) 명 ①실제의 역량. ¶~ 배양. real ability
실력(實歷) 명 몸소 겪은 실제의 이력.
실력-굿 《민속》 집안이 편안하게 되어 달라고 3년만에 한 차례씩 하는 굿.
실력-다짐(實力-) 명 ①실력을 더욱 강화함. ②실력으로 남을 굴복시킴. 하타
실력-범(實力犯) 명 《동》 강력범(強力犯).
실력 행사(實力行使) 명 ①어떤 일을 이루기 위해 실제 행동을 취하는 일. using force ②노동 쟁의(勞動爭議)에서 스트라이크 등을 행하는 일. going on a strike 하자 [禮]. 실수(-). impoliteness 하자
실례(失禮) 명 예의에 벗어난 일. 또, 그런 일. 무례(無
실례(實例) 명 실제의 본보기. example
실로(失路) 명 길을 잃음. going astray 하자
실-로(實-) 문 참으로. really
실로폰(xylophone) 명 《음악》 타악기(打樂器)의 하나. 음계의 순서로 나열한 조각들로 쳐서 음을 냄. 목금(木琴).
실록(實錄) 명 ①어떤 임금의 재위 연간(年間)의 사실을 적은 사체(史體). ¶왕조(王朝) ~. authentic history of a king ②사실을 그대로 적은 기록. ¶제2차 대전 ~. authentic record ③《약》→실록물(實錄物).
실록-물(實錄物) 명 《문학》 사실에 공상(空想)을 덧붙여서 그럴 듯하게 꾸며 놓은 소설. 《약》 실록③. historical novel
실록-자(實錄字) 명 《인쇄》 조선조 역대의 실록을 박기 위해 현종 9년(1668)에 만든 구리 주자(鑄字). types of printing annals
실루리아-기(Siluria 紀) 명 《지학》 지질 시대(地質時代)에서 고생대(古生代) 중 오르도비스기(紀)의 뒤, 데본기(紀)의 앞 시대.
실루엣(silhouette 프) 명 《미술》 ①윤곽 안을 검게 칠한 화상(畫像). ②검은 색의 반면(半面) 화상. ③그림자로 비친 화상.
실룩 근육 또는 피부의 일부분이 갑자기 저절로 움직이는 모양. 《자》 샐룩. 《센》 씰룩. convulsively 하자
실룩-거리-다 연하여 실룩하다. 또, 연하여 실룩이게 하다. 《자》 샐룩거리다. 《센》 씰룩거리다. **실룩=실룩** 하자타
실룩-샐룩 실룩거리면서 샐룩거리는 모양. 《센》 씰룩쌜룩. having convulsive fit 하자
실리(失利) 명 손해 봄. loss 하자
실리(實利) 명 실제의 이익. 실속②. 실익(實益). profit

실리-다¹ 〘속〙 가지다.
실리-다² 〘속〙 글이나 것이 실음을 당하다. be recorded ②짐을 실어 가지다. ②짐을 실어 기다다. lean ③실어서 보내다. load 「또, 그 이익.
실리 실득[—특] (實利實得)〘명〙 실제로 이익을 얻음.
실리 실익(實利實益)〘명〙 실제의 이익.
실리-주의(實利主義)〘명〙 ①〘윤리〙 일상 생활에서 실제의 이익이 있는 일만을 행하려고 하는 주의. 공리주의(功利主義). ②〘법률〙 사회의 안녕 질서의 보호를 목적으로 든 형벌은 사회의 필요와 실익에 기인한다는 법리상의 주의. ③바둑 둘 말을 잡는 것보다도 자기 집을 크게 지으려는 수의. utilitarianism
실리콘(silicone)〘화학〙 규소 수지(珪素樹脂).
실리콘-가공(silicone 加工)〘명〙 물건에 실리콘을 바르거나 먹이는 가공.
실린더(cylinder)〘명〙〘물리〙 내연 기관이나 증기 기관에서 피스톤을 장치하고 있는 원통. 기통(氣筒).
실링(ceiling)〘명〙 ①천장. ②가격·임금 등의 최고 한도. 〘약〙→실링 로제트.
실링(shilling)〘의〙 영국의 은화(銀貨). 또, 화폐의 단위. 파운드의 20 분의 1.
실링 로제트(ceiling rosette)〘명〙 로제트. 〘약〙 실링③.
실-마디〘명〙 실에 생긴 마디. knot of a thread
실:-마리〘명〙 ①실의 맨 첫머리. end of a thread ②사전의 맨 첫머리 단서. 『사전의 ~가 풀리다. clue
실망(失望)〘명〙 희망을 잃어버림. 낙심함. 실의(失意). 〘대〙 희망. disappointment 하타
실-망초(—草)〘명〙〘식물〙 국화과의 일년생 풀. 줄기 높이 30~60cm 가량이고, 근생 잎은 털이 있음. 8~10월에 황백록색의 꽃이 핌. 황무지나 길가에
실-머리〘명〙→실마리. 「남.
실-머리동이〘명〙 넓이가 닷 푼 되는 색종이를 머리에 이은 연. 「steady servant
실-머슴(實—)〘명〙 막일을 세차게 꾸준히 하는 머슴.
실면(實綿)〘명〙 씨를 빼지 않은 솜. raw cotton
실명(失名)〘명〙 이름이 드러나지 않아 아는 이 없음. anonymousness 하타 「sight 하타
실명(失明)〘명〙 눈이 멂. 『~ 상이 용사. loss of eye-
실명(失命)〘명〙 목숨이 끊어짐. 죽음. loss of life 하타
실명(實名)〘명〙 진짜 이름. 본명(本名)②. 〘대〙 가명(假名). real name
실명-씨(失名氏)〘명〙 무명씨(無名氏).
실모(實母)〘명〙 친모(親母).
실-뭉치〘명〙 실을 구며 감은 뭉치. 실뭉치.
실무(實務)〘명〙 실제로 맡아보는 일. practical business
실무-가(實務家)〘명〙 실무가.
실무-성(實務性)〘명〙 실무에 대한 능력.
실무-자(實務者)〘명〙 ①실무를 담당하는 사람. ②실무에 익숙한 사람. 실무가.
실무-적(實務的)〘관형〙 실무와 관계되는(것). practical
실무-주의(實務主義)〘명〙 실무만을 가장 중시하는 주장이나 태도.
실문(實聞)〘명〙 어떤 사실을 실지로 들음. 하타
실물(失物)〘명〙 잃어버린 물건. 또, 물건을 잃음. loss of an article 하타
실물(實物)〘명〙 ①실제로 있는 물건·사람. ②〘경제〙 주식이나 상품 등의 현품. 『~ 거래(去來). real thing
실물 경제 시대(實物經濟時代)〘명〙〘경제〙 인류의 문화가 아직 미개하여 화폐 제도가 실시되지 않고 물물 교환에 의하여 모든 거래가 행하여지던 시대. age of an object economy
실물 광:고(實物廣告)〘명〙 실물의 일부 또는 전부를 공중(公衆)의 앞에 제시하는 광고.
실물 교:수(實物敎授)〘명〙〘교육〙 구체적인 사실과 물건의 직관을 통해서 교수하는 방법. 직관 교수.
실물 교환(實物交換)〘명〙〘경제〙 화폐(貨幣)의 매개(媒介)에 의하지 않고 실물을 서로 바꾸어 수요(需要)와 공급(供給)의 관계를 채움. object barter
실물-대(實物大)〘명〙 크기가 실물과 같은 것. full size
실물-세[—세](實物稅)〘명〙 현물세.
실물-수[—수](失物數)〘명〙 물건을 잃어버릴 운수. being to destined to lose things
실물 임:금 제:도(實物賃金制度)〘명〙〘경제〙 실물로서 지불하는 임금 제도. 〘대〙 화폐 임금 제도. system of paying wages in kind
실물 환:등(實物幻燈)〘명〙〘물리〙 실물 따위를 그대로
실-뭉치〘명〙 실뭉덩이. 「영사하는 환등 기계.
실미(實米)〘명〙 정미(正米)②.
실미적지근-하-다〘형여〙 ①음식이 조금 식어서 미지근하다. lukewarm ②게을러 빠져서 열성이 적다. 〘약〙 실미지근하다.
실미지근-하-다〘형여〙〘약〙→실미적지근하다.
실-바람〘명〙 실버들가지가 흔들릴 정도로 솔솔 부는 바람. light air 「質樸). 하타
실박(實樸)〘명〙 꾸밈이 없고 자연스러우며 숫됨. 질박
실-반대[—빤—]〘명〙 고치실을 뽑아 둥글게 사려 놓은 무더기. bundle of thread
실-밥[—빱]〘명〙 ①누벼져 있는 실. seam ②기워졌던 실의 부스러기. waste thread
실백(實柏)〘명〙〘약〙→실백잣.
실백-잣(實柏子)〘명〙〘동〙 실백잣.
실백-잣(實柏—)〘명〙 껍데기를 벗긴 알맹이 잣. 실백자. 〘대〙 겉잣. 〘약〙 실백(實柏). kernel of pinenut
실-뱀〘명〙〘동물〙 뱀과의 뱀의 하나. 몸은 몹시 가늘고 작음. 등쪽은 감람갈색, 복부는 황백색을 띠고 두부(頭部)에 몇 개의 흑색 반점이 있음. small thin snake
실-뱀:장어〘어류〙 뱀장어의 새끼. young eel
실뱀 한 마리가 온 바닷물을 흐린다〘속〙 한 사람의 소인(小人)이 전체에 좋지 아니한 영향을 미친다.
실버(silver)〘명〙 ①은(銀). ②은화(銀貨).
실-버들〘명〙 가늘고 길게 늘어진 버들. 수양버들을 달리 이르는 말. weeping willow
실범(實犯)〘명〙〘법률〙 실제로 범죄를 저지른 사람. actual criminal
실-보무라지[—뽀—]〘명〙 실의 부스러기. 사설(絲屑). bit of thread
실-복마(實卜馬)〘명〙 무거운 짐을 실을 수 있는 튼튼한 말. draught horse
실본(失本)〘명〙〘속〙 낙본(落本). 하타
실봉(實俸)〘명〙 ①실제로 받을 세금이나 빚. actual amount of tax(debt) ②반드시 빚을 갚을 사람. 〘대〙 실부(實父)〘명〙〘동〙 친부(親父). 「reliable debtor
실부(實否)〘명〙 진짓말과 거짓. ②〘동〙실은실부(實不實).
실-부모(實父母)〘명〙 자기를 낳은 부모. 〘대〙 양부모.
실-북〘명〙 북을 달리 이르는 말. 「one's real parents
실-부모〘명〙 실의 부모를 이르는 말.
실-불실(實不實)〘명〙 ①차실함과 차실하지 아니함. honesty and dishonesty ②살림살이가 넉넉함과 넉넉하지 못함. 〘대〙 rich and poor
실-불이기[—부치—]〘명〙 한 개의 고치실이 다 커지기 전에 거기에 다른 고치실의 오리를 붙여 주는 일.
실비(實費)〘명〙 실제로 드는 비용. 『~ 제공. actual expense
실비 변:상(實費辨償)〘명〙 실비를 변상함. 하타
실사(實事)〘명〙 실지로 있는 일. fact
실사[—싸]〘명〙 실지에 대하여 조사함. on the spot survey 하타
실사〘명〙 실물(實物)·실경(實景)을 그리거나 적음. 또, 그 그림이나 사진. photograph taken from life 하타
실사(實辭)〘명〙〘어학〙 체언이나 용언의 어간(語幹)처럼 실질적인 뜻을 나타내는 부분. 개념어(槪念語). 〘대〙 허사(虛辭). 「리를 탐구하는 일.
실사 구시[—싸—](實事求是)〘명〙 사실에 토대하여 진
실:-사리〘명〙〘식물〙 부처손과의 상록 다년생 풀. 줄기

는 가는 원주형이고 땅 위로 뻗어 실 모양의 뿌리를 냄. 꽃은 담홍색인데 작은 이삭 모양으로 핌. 높은 산에 남.

실:사:변[一絲邊] 한자 부수의 하나. '糸.紅' 등의 「糸」의 이름.

실사 영화[一寫映畵] 〈연예〉 배우나 세트를 쓰지 않고 실황을 그대로 찍은 영화. 극적인 효과나 요소보다도 풍속·실경(實景)·뉴스 따위를 찍은 영화. documentary film

실=회[一社會](實社會) 실제의 사회. 현실 사회. ¶대학에서 ~로 나오다. real world

실=살[一一](實一) 겉으로 드러나지 않은 실상의 이익. material gain

실살-스럽-다[一一](實一)[ㅂ변] 겉으로 드러남이 없이 내용이 충실하다. 실살-스레

실상[一](實狀) ①실제의 상태. actual state of affairs ②있는 그대로의 상황(狀況). real circumstances ③실제로.

실상[一](實相) ①실제의 모양. 〈약〉실(實)①. real aspect ②〈불교〉만유(萬有)의 생멸 무상을 떠난 진실의 상(相). reality

실상[一](實像) 〈물리〉발광체에서 나온 광선이 반사·굴절하여 생기는 실제의 상(像). 〈대〉허상(虛像). real image

실상 무루[一一](實相無漏) 〈불교〉몸의 더러움을 버리고 번뇌의 티끌을 떠난 정각(正覺)의 경지.

실상 중도[一一](實相中道) 〈불교〉진실의 상(相)과 중용(中庸)의 도(道).

실=**새=삼**[一](實一) 새삼과의 일년생 기생 덩굴풀. 줄기는 황색이고 잎은 없으며 가는 인편(鱗片)이 드물게 남. 7~8월에 흰 꽃이 핀 후 삭과(蒴果)가 달림. 주로 콩 같은 식물에 기생하는데, 열매는 약재로 쓰임. 「悾然」~. losing one's colour 하다

실색[一](失色) 놀라서 얼굴빛이 변함. ¶아연 ~

실생[一](實生) 〈식물〉씨가 싹터서 자란 식물. 〈대〉접목(接木). spermatophyte 하다

실생=법[一](實生法) 씨를 심어 일반 식물을·농작물을 재배하는 방법.

실=생활[一](實生活) 실제로 하는 생활. ¶~에 맞는 교육. real life 「하여 보통의 선.

실선[一](實線) 제도상(製圖上)에서, 점선에 대하여

실섭[一](失攝) 몸을 잘 돌보지 못함. 몸조리를 잘못함. intemperance 하다

실성[一](失性) 정신에 이상이 생겨 본성(本性)을 잃음. 실진(失眞). insanity 하다

실=**성**[一](室星) 〈천문〉이십팔수(二十八宿)의 13째 별. 〈약〉실(室)②.

실성[一](實性) 실제의 성품. 본성(本性). nature

실세[一](失勢) 세력을 잃음. ¶~ 만회(挽回). 〈대〉득세(得勢). losing one's power 하다

실세[一](實勢) ①실제의 세력. 또, 그 기운. 〈대〉허세(虛勢). real force ②실제의 시세. real situation of the times

실소[一](失笑) ①픽 웃는 웃음. stifled laugh ②무심코 웃는 웃음. uncontrolled laughter ③실수로 웃는 웃음. burst out laughing 하다 「한 소.

실=**소**[一](實一) 농사용으로 부릴 수 있는 튼튼

실=**속**[一](實一) ①실지의 내용. substance ②겉으로 드러나지 않는 이익. 실리(實利). material gain ②비행기의 대지 속도(對地速度).

실속[一](實速) ①실제의 속도. 실속도(實速度).

실=**속도**(實速度) 실제의 속도. 실속(實速)①.

실솔[一](蟋蟀) 귀뚜라미.

실수[一](失手) ①잘못하여 그르침. 또, 그 것. mistake ②〈俗〉실례(失禮). 表.

실수[一](實收) 실제의 수입. 실수입(實收入). real income ②실제의 수확고. actual yield

실수[一](實數) ①실제의 수효. actual number ②〈수학〉피승수(被乘數) 또는 피제수(被除數). 〈대〉허수(虛數). ③유리수(有理數)와 무리수(無理

總稱. 〈대〉실(實)②. real number

실수-고[一一](實收高) 실제로 수확하거나 수집한 수량. actual yield

실수-금[一一](實受金) 실제로 받은 돈.

실=수요(實需要) 실제의 수요. 실제로 소비하기 위한 수요. 〈대〉가수요(假需要). 「사람. ②증명서.

실=수요자(實需要者) 실제로 필요해서 얻고자 하는

실=수익(實收益) 실지의 수익. net profit

실습[一](實習) 실제로 익혀 배움. ¶가사(家事) ~. practice 하다 「apprentice

실습생[一](實習生) 실습을 하는 학생. student

실습 수업[一一](實習授業) 〈교육〉가르치는 기능과 숙련을 가지기 위하여 교육 실습생이 받는 수업. teaching practice 「지.

실습-지[一一](實習地) 실습을 위하여 마련된 토

실시[一](失時) 때를 놓침. missing an opportunity 하다 「in practice 하다

실시[一](實施) 실제로 행함. 시행(施行). putting

실시 등급[一一一](實視等級) 〈천문〉육안으로 본 별의 광도(光度)에 따른 등급. 〈대〉절대 등급.

실시 쌍성(實視雙星) 〈천문〉육안이나 망원경으로 볼 때 두 개의 별로 구별되어 보이는 쌍별.

실신[一](失身) 몸을 버림. 정조를 잃음. lose one's chastity 하다 「ing one's credit 하다

실신[一](失信) 신용을 잃음. 실절(失節). los-

실신[一](失神) ①본 정신을 잃음. 상신(喪神). ②〈의학〉정신에 가해진 급격한 타격, 또는 외상에 의하여 반사적으로 뇌빈혈을 일으켜서 일시적으로 의식을 잃는 일. swoon 하다

실=실[一] 실없이 웃기나 잠담하는 모양. 〈작〉샐샐. in a silly manner 하다

실심[一](失心) 근심·걱정으로 인해 마음이 산란하고 맥이 빠짐. 상심(喪心). dispiritedness 하다

실심[一](實心) 참마음. 진심(眞心). true heart

실쌈-스럽-다[一](ㅂ변) ①말과 행실이 독실하다. sincere ②언행이 얌전하지 못하고 늘 부산하다. 뷰스러스럽다. 실쌈-스레 「안개. thin mist

실=**안개**[一] 흐릿하게 줄이 저서 끼인 안개. 엷게 낀

실액[一](實額) 실제의 돈의 액수. actual amount

실어(失語) ①잘못 말을 함. 실언(失言). ②말을 잊거나 바르게 말하지 못함. forget a word 하다

실어(實語) 실행하여 서로 맞는 말. true word

실어=**중**[一](失語症) 〈의학〉뇌의 언어 중추(言語中樞)에 병이 생겨서 말을 잘 못하게 되는 병. aphasia

실언(失言) 말을 실수함. 또, 실수한 말. 실어(失語)①. 실구(失口). slip of the tongue 하다

실업(失業) ①생업을 잃음. ②노동자가 노동력을 가지고도 노동할 기회를 얻지 못하거나 일자리를 잃음. 〈대〉취업(就業). unemployment 하다

실업(實業) ①실제의 일. 실제로 맡아보는 업무. business ②농·상·공 따위의 생산적 경제적인 사업. industry 「businessman

실업-가(實業家) 경제적 사업에 관여하는 사람.

실업-계(實業界) 실업가들로 이루어진 사회적 분야. business world

실업 고등 학교(實業高等學校) 실업 교육을 위주로 하는 고등 학교. 〈약〉실업 학교②.

실업 교:육(實業敎育) 〈교육〉농업·공업·상업 등의 실업에 대하여 연구하고, 또 이에 종사하는 사람에게 실업에 관한 지식이나 기능을 체득시키는 교육. vocational education 「제하고자 지출하는 경비.

실업 대:책비(失業對策費) 국가 등이 실업자를 구

실업=률[一](失業率) 노동력을 가진 인구에 대하여 실업자가 차지하는 비율.

실업 보:험(失業保險) 〈사회〉실업자의 생활을

실업 수당 (失業手當)〖사회〗실업자에게 실업 보험 규약에 따라서 지불되는 수당. unemployment allowance

실업 인구 (失業人口) 일할 능력과 의사가 있으나 취업하지 못하고 있는 인구. [람. unemployed

실업=자 (失業者) 실업한 사람. 일자리를 잃은 사람

실업 학교 (實業學校)〖교육〗실업에 관한 제반 교육을 시행하는 학교. vocational school ②〈약〉→실업 고등 학교.

실없는 말 무실하게 하는 말. 실답지 않은 말. useless words

실없는 말이 송사간다(족) 무실하게 한 말 때문에 큰 변이 생긴다. 「아 미덥지 못하다. insincere **실=없:이**[]

실=없-다[] 말이나 행동이 실답지 못하다. 참되지 않다.

실없=쟁이 실없는 사람의 별칭. false person

실 엉킨 것은 풀어도 노 엉킨 것은 못 푼다(족) 작은 일은 해결하기 쉬워도 큰 일은 좀처럼 해결하기 힘들다.

**실·에[ ](고) 시렁.

실역 (實役)〖군사〗현역(現役)으로서 치르는 병역. ¶ ~ 정년(停年). active service

실연 (失戀) 연애에 실패함. 또, 이루지 못한 연애. disappointed love **하다**

실연 (實演) ①실제로 해 보임. acting ②〈연예〉영화 배우가 무대에서 극을 연기함. stage performance **하다타**

실연적 판단 (實然的判斷)〖논리〗주개념(主概念)과 빈개념(賓槪念)이 일상 성립(成立)함을 나타내는 판단. 'A is B이다'로 표현. 〈대〉 개연적 판단(蓋然的判斷). 필연적 판단(必然的判斷). apodictic judgement [대소변이 순조롭지 못한 병.

실열 (實熱)〖한의〗몸이 더워지고, 갈증이 나며,

실엽 (實葉)〖식물〗고비·고사리 등의 식물에 씨주머니가 있는 잎. sporophyll

실=영상 (實映像)〖물리〗오목거울이나 볼록렌즈의 촛점 밖에 광점을 놓아서 얻는 영상. real image

실:=오라기[명] 실오리.

실:=오리[명] 한 가닥의 실. 실오라기. ply of thread

실온 (室溫) 실내 온도. indoor temperature

실외 (室外) 방밖. 〈대〉 실내(室內). outdoor

실용 (實用) 실제로 씀. practical use **하다**

실용 단위 (實用單位)〖물리〗시 지 에스(C. G. S.) 단위를 실제로 쓰는 데 편리하게 만든 단위. 암페어·볼트·와트 등. practical unit

실용=문 (實用文) 실생활에서 쓰는 글·편지 등.

실용 법학 (實用法學)〖법률〗재판 또는 실용적 목적에 쓰이는 법학의 통칭. 법해석학(法解釋學). practical jurisprudence [성. utility

실용-성[] (實用性) 실용에 알맞은 성질이나 특

실용 신안 (實用新案)〖법〗산업에 이용할 수 있도록 물품의 형상·구조·결합 따위에 새로운 고안을 베푸는 일. utility model

실용 신안 특허 (實用新案特許)〖법률〗물품의 형상·구조 또는 결합에 관한, 실용적인 새로운 형(型)의 산업적 고안에 대한 권리의 특허.

실용=적[] (實用的)[관]명 실지로 쓰기에 적당한(것). ¶ ~ 가치. practical

실용=주의 (實用主義) 지식의 가치를 실제의 효용에 따라 정하려는 주의. 실제주의. 프래그머티즘. practicalness

실용 특허 (實用特許)〖법률〗실용 신안에 관한 권리의 특허. 신안 특허. utility patent

실용=품 (實用品) 실용 가치가 있는 물품. 〈대〉 사치품(奢侈品). necessaries [게 함. **하다자**

실용=화 (實用化) 실제로 널리 쓰이게 됨. 또, 그렇

실유 (實有)〖불교〗삼라 만상은 공(空)임에도, 중생의 미망(迷妄)된 눈에, 이를 실재라고 하는 일. 〈대〉 가유(假有).

실은 (實一)〖부〗사실은. 실제로는. in fact

실음 (失音)〖한의〗목소리가 쉼. hoarse voice **하다**

실의 (失意)〖동〗실망(失望). **하다자**

실의 (實意) ①본뜻. 진실한 마음. 본심. real meaning ②친절한 마음. 성실(誠實). 〈약〉실(實)④.

실의 (實義) ①[] 진실. 친절. 성의. ②진실한 의의(意義). 진실한 도리. truth

실이 와야 바늘이 가지(족) 베풀이 있어야 보답이 있다.

실익 (實益) 실제의 이익. 실리(實利). net profit

실인 (失認)〖의학〗감각은 완전하지만 대상(對象)의 사물에 대한 인식이 없는 정신 이상. 실인증(失認症).

실인 (室人) 자기의 아내를 일컫는 말. my wife

실인 (實印) 인감에 찍는 도장. 〈대〉 인인(認印). legal seal [diate cause

실인 (實因) 살해를 당한 사람의 죽은 원인. imme-

실-인심 (失人心) 인심을 잃음. lose the hearts of the people **하다**

실-인증 (一症)〖실인증〗〖동〗실인(失認). [child

실자 [一짜] (實子) 자기가 낳은 아들. one's real

실자 [一짜] (實字) 한자(漢字)에서 형상이 있는 사물을 나타내는 글자. 日·月·山·水·木 따위. 〈대〉 허자(虛字). concrete word

실자 [一짜] (實姉) 부모가 같은 친누이. 〈대〉 의자(義姉). real sister [tenant farmer

실작-인 (實作人) 농사를 착실하게 잘 짓는 소작인.

실=작자 (實作者) 믿을 만한 사람. reliable man

실:=잠망 (一蠶網)〖동〗실잠.

실:=잠자리〖곤충〗실잠자리과의 곤충. 몸 빛은 황갈색에 배는 푸른 빛을 띰. 냇가·연못 등에 서식함. 기생잠자리(妓生ー). [literary talent

실재 [一째] (實才) 글재주가 있는 사람. person of

실재 [一째] (實在) ①현실에 존재함. 또, 그 것. 유(有). real existence ②실제로 존재하는 사물·사상(事象)·사유 혹은 체험. 본체. 실존(實存)①. reality **하다자**

실재=감 [一째一] (實在感)〖미술〗그려진 물건이 일으키는 실제적 연상(聯想). realization [根據.

실재 근거 [一째一] (實在根據)〖동〗존재 근거(存在

실재=론 [一째一] (實在論)〖철학〗일반적으로 사물을 어떤 인식 주관(認識主觀)과도 독립하여 존재한다고 하는 입장. 〈대〉 관념론(觀念論). realism ②인식은 실재의 모사이며, 표상은 사물의 진상을 보여 준다는 인식론. 실재설. ③〈동〉 관념론(觀念論).

실재=설 [一째一] (實在說)〖동〗실재론(實在論)②.

실재=성 [一째一썽] (實在性)〖철학〗실험·인식·사유 들로부터 독립한 시간적 또는 공간적 존재. 객관 개념성. reality [特性을 가진(것). actual

실재=적 [一째一] (實在的)[관]명 실재하는, 또는 실재의 것.

실재=화 [一째一] (實在化) 형식이나 명목만으로 그치던 것이 실제로 존재하는 것으로 되거나 되게 함. realization **하다자**

실적 [一쩍] (失跡) 형적이 아주 없게 됨. disappearance **하다**

실적 [一쩍] (實跡) 확실한 형적. evident traces

실적 [一쩍] (實積) 실제의 면적·용적. 알부피. solid measure [actual results

실적 [一쩍] (實績) 실제로 이룬 업적. 또는 공적.

실-적 [一쩍] (實的)〖철학〗순수 의식에 대하여 초절적(超絶的)이 아니고 내재적(內在的). reality

실전 [一쩐] (失傳) 묘지(墓地)·고적 등의 전해 오던 사실을 알 수 없게 됨. loss of the record **하다**

실전 [一쩐] (實戰) 실제로 싸움. actual fighting

실전-담 [一쩐一] (實戰談) 실지로 겪은 전투에 대한 이야기.

실절 [一쩔] (失節) 절개를 굽힘. 실신(失神). 실정(失貞)②. 〈대〉 수절(守節). loss of one's fidelity

실점 [一쩜] (失點)〖체육〗경기·승부 등에서 점수를 잃음. 또, 그 점수. 〈대〉 득점(得點). **하다자**

실정[―쩡](失政)[명] 정치의 방법을 그르침. 또, 잘못된 정치. misgovernment 하타

실정[―쩡](失貞)[명] ①동정(童貞)을 잃음. 《대》 수정(守貞). ②정조를 잃음. 실절(失節). loss of one's chastity 하타

실정[―쩡](實定)[명] 실제로 정함. 하타

실정[―쩡](實情)[명] ①실제의 사정. 실태(實態)②. real condition ②진실한 마음. true-friendship

실정-법[―쩡뻡](實定法)[명] 〈법률〉현실적으로 행하여지고 있는 법. 주로 성문법임. 《대》 자연법(自然法). positive law

실정법-학[―쩡―](實定法學)[명] 〈법률〉실정법을 대상으로 하는 학문. 실정법에 대하여 목적론적 해석을 가하여 이것을 실제 사회의 요구에 맞고, 이론적으로 모순이 없는 규범의 체계로서 설명하려는 법해석학(法解釋學). positive jurisprudence

실제[―쩨](實弟)[명] 친아우. 《대》 의제(義弟). real brother

실제[―쩨](實際)[명] ①실지의 경우나 형편. 사실. 《대》 이론(理論). truth ②〈불교〉진여 실상(眞如實相)의 의성 이치(理性). reality

실제-로(實際―)[부] 사실이나 상상이 아니고 현실적으로 ―로. 실지로.

실제-적[―쩨―](實際的)[명] 실제상의(것). ¶ ~ 가능성 을 타진해 보다. practical

실제-주의[―쩨―](實際主義)[명] 실용주의(實用主義).

실조[―쪼](失調)[명] 조화나 균형을 잃음. ¶영양 ~. disharmony │ slip ②행동을 잘못함. mistake in act

실족[―쪽](失足)[명] ①발을 잘못 디딤. 실각(失脚)②.

실존[―쫀](實存)[명] ①[동] 실제(實在)②. 현존(現存). ②인식이나 의식으로부터 독립하여 사물이 존재하는 일. 곧, 현실적 존재. 《대》 본질. ③인간적인 현실적 존재 또는 주체적·자각적 생존의 뜻. existence 하타

실존-주의[―쫀―](實存主義)[명][동] 실존 철학.

실존 철학[―쫀―](實存哲學)[명] 〈철학〉19세기의 합리주의적 관념론 및 실증주의에 대한 반동으로 일어나, 주체적 존재로서 실존을 중심 개념으로 하는 철학적 입장. 실존주의. 《대》 허무주의(虛無主義). existentialism

실종[―쫑](失踪)[명] 종적을 잃어서 그의 소재지(所在地)를 알 수 없게 됨. disappearance 하타

실종 선고[―쫑―](失踪宣告)[명] 〈법률〉일정한 기간(5년 또는 3년), 생사를 모르는 사람을 이해 관계가 있는 사람의 청구에 의하여 사망한 것으로 결정하는 법원의 결정. adjudication of disappearance

실종-자[―쫑―](失踪者)[명] ①종적을 잃어버린 사람. missing person ②법원에서 실종 선고를 받은 사람.

실주[―쭈](實株)[명] 주식의 현물. 《대》 공주(空株).

실죽[―쭉](實竹)[명] 줄기의 속이 비지 않은 대.

실증[―쯩](實證)[명] ①확실한 증거. 사실에 의해 증명함. actual proof ②[동] 실험(實驗). 하타

실증-론[―쯩―](實證論)[명] 〈철학〉형이상학적(形而上學的)인 사변(思辨)을 배척하고 관찰과 실험으로 현상간의 관계와 법칙을 연구하는 입장. 실증주의(實證主義). 실증 철학. 실증 철학(實證哲學).

실증-적[―쯩―](實證的)[명] 단지 사고(思考)에 의해 논증(論證)하는 것이 아니라, 경험적(經驗的)인 사실의 관찰에 따라 적극적으로 증명하는 것.

실증-주의[―쯩―](實證主義)[명] 〈철학〉형이상학적 사변(思辨)을 물리치고 경험적 사실을 기초삼아 현실을 해석하려는 철학. 프랑스의 콩트(A. Comte)가 제창. 실증론. 실증 철학. positivism

실증 철학[―쯩―](實證哲學)[명] 형이상학적. 실증

실지[―찌](失地)[명] 잃어버린 영토. ¶ ~ 회복. lost territory │ actuality

실지[―찌](實地)[명] ①실제의 처지. ¶ ~ 경험(經驗).

실지(實智)[명] 〈불교〉진제(眞諦)의 진리를 깊이 깨달은 참된 지혜. 《대》 권지(權智).

실지 검:증[―찌―](實地檢證)[명] 〈법률〉범죄의 현장(現場) 또는 법원(法院) 밖의 일정한 장소에 임하여 행하는 검증. inspection of the scene

실지 답사[―찌―](實地踏査)[명][동] 현지 답사(現地踏査). 하타

실지-로[―찌―](實地―)[부] 실제로. ﹝踏査﹞. 하타

실지 시:험[―찌―](實地試驗)[명] 실지로 하는 시험. 하타

실지 연습[―찌―](實地練習)[명] 실지로 하는 연습.

실지-적[―찌―](實地的)[관] 실지와 같은(것). practical

실직[―찍](失職)[명] 직업을 잃어버림. 《대》 취직(就職). unemployment 하타

실직[―찍](實直)[명] 성실하고 정직함. 하타

실직[―찍](實職)[명]〈제도〉①실무를 보는 문무관(文武官)의 벼슬. 본직(本職). 정임(正任). 정직(正職). 《대》 잡직(雜職). ②실무(實務)에 당하는 실제의 관직. 《대》 차함(借銜). actual government service

실직-록[―찍―](實職祿)[명] 〈제도〉실직(實職)의 봉록(俸祿).

실진[―찐](失眞)[명][동] 실성(失性). 하타

실질[―찔](實質)[명] ①실상의 본바탕. substance ②사물의 내용·성질. 실제(實體). substantiality

실질 관형사[―찔―](實質冠形詞)[명] 성상 관형사(性狀冠形詞).

실질-론[―찔―](實質論)[명] 실질주의(實質主義).

실질 명사[―찔―](實質名詞)[명] 자립 명사(自立名詞).

실질-범[―찔―](實質犯)[명] 〈법률〉법률상 이익의 침해 또는 위험의 결과가 생겨야만 성립되는 범죄. 결과범(結果犯). 《대》 형식범(形式犯).

실질-법[―찔뻡](實質法)[명] 〈법률〉국제 사법상(國際私法上)의 문제에 원용하여 법률 관계를 직접 규정하는 법. 민법·상법·형법 따위.

실질 임:금[―찔―](實質賃金)[명] 〈경제〉명목 임금으로 실제로 구매할 수 있는 물자 또는 서비스의 양. 《대》 명목 임금(名目賃金). real wages

실질-적[―찔쩍](實質的)[명] ①실상의 본 바탕인(것). practical ②꾸밈이나 헛됨이 없이 실다운(것). ¶ ~인 문제. 《대》 명목적. 형식적. real

실질적 진:리[―찔쩍―](實質的眞理)[명] 〈철학〉사유와 대상이 일치하는 경우의 진리. material truth

실질-주의[―찔―](實質主義)[명] 〈철학〉형식에 얽매이지 않고 내용을 중히 여기는 주의. 실질론(實質論). 《대》 형식주의. practicalism

실질 판결[―찔―](實質判決)[명][동] 본안 판결(本案判決).

실질 형태소[―찔―](實質形態素)[명] 〈어학〉구체적인 대상이나 동작·상태를 표시하는 형태소. 《대》 형식 (形式) 형태소.

실쭉[―쭉][부] ①싫그러지는 모양. distortedly ②마땅치 않은 감정을 나타내면서 눈이나 입이 싫그러지게 움직이는 모양. 《작》 샐쭉. sullenly 하타

실쭉-거리:다[―쭉―][자][타] ①한쪽으로 길쭉이 싫그러진 형상으로 연해 움직이다. ②싫증이 나서 얼굴을 연해 실그러뜨리다. 《작》 샐쭉거리다. **실쭉=실쭉**[부] 하타

실쭉-샐쭉[부] 실쭉거리며 샐쭉거리는 모양. wryly 하타

실쭉-하:다[―쭉―][여불] ①싫은 생각이 나서 얼굴을 한쪽으로 길쭉하게 실그러뜨리다. be discontented ②물건이 각도가 변하도록 자꾸 움직이다. 《작》 샐쭉하다. move out of balance

실차(實差)[명] 〈제도〉나라에 중대한 일이 있을 때 임시로 두었던 차비관(差備官)의 정임관(正任官).

실착(實錯)[명][동] 과실(過失).

실책(失策)[명] ①잘못된 계책. 실계(失計). ②실수함. error 하타

실책(失責)[명] 실제의 계책. practical measure │ 하타

실천(實踐)[명] 실제로 행함. 《대》 이론(理論). practice

실천(實踐)[명] 〈제도〉주서(注書)를 천거하던 일.

실천-가(實踐家)[명] 할 일을 꼭꼭 실천하는 사람. practician │ practice 하타

실천 궁행(實踐躬行)[명] 몸소 실제로 이행함. personal

실천-력[―녁](實踐力)[명] 실천하는 힘. competence

실천 윤리[-뉸-](實踐倫理)명 〈윤리〉도덕의 실천적 방면. 곧, 도덕적 원리의 응용과 그 실현의 방법을 주로 연구하는 윤리학의 한 부분. practical ethics

실천 이:성(實踐理性)명 〈철학〉도덕적 원리에 기초하여 인식하고 욕망을 통어하고, 의지 행위를 규정하는 이성. (대) 순수 이성(純粹理性). practical reason

실천=적(實踐的)[대]명 행위에 관한(것). 실천에 근거를 두는(것). (대) 이론적. practical

실천적=애(實踐的愛)명 〈윤리〉의무(義務)의 관념에서 행하는 딴사람에 대한 친절.

실천적 의:성(實踐的理性)명 〈윤리〉이성이 선(善)이라고 인정되는 바를 행위에 표현하려는 도덕적 의지(意志). (대) 이론적 이성.

실천 철학(實踐哲學)명 〈철학〉①윤리학 또는 심미학(審美學). ②의지 및 행위와 그 법칙을 다루는 철학. (대) 이론 철학. practical philosophy

실천=화(實踐化)명 실천에 옮김.

실첩명 여자의 손그릇의 하나. 종이로 접어 만들어, 실이나 헝겊 조각 따위를 담는 부녀의 손그릇. sewing basket made paper

실청(失聽)명 청력(聽力)을 잃음. 귀머거리가 됨. loss of hearing 하자

실체(失體)명 체신을 잃음. disgrace 하자

실체(實體)명 ①실제의 물체. ②성질 또는 작용의 본체. ③〈철학〉생멸 변화(生滅變化)하는 현상의 배후에 있는, 영원히 변화하지 않는 본체. substance

실체-경(實體鏡)명 〈물리〉사진이나 그림 따위와 같은 평면 도형을 실물과 같이 입체(立體)로 보이게 하는 장치의 광학 기계(光學機械). 입체경(立體鏡). stereoscope

실체-론(實體論)명 〈철학〉①정신 및 물질의 실체가 작용이나 현상을 떠나서, 그 배후에 존재한다고 주장하는 학설. 실체설(實體說). ②ⓓ 존재론(存在論).

실체=법[-뻡](實體法)명 〈법률〉법규의 실현·확증을 위한 수단 형식을 규정하는 수속법·실현법에 대하여 주체(主體)간의 관계 그 자체를 규정하는 법규. 민법·상법 따위. (대) 수속법(手續法). 절차법. substantial law

실체 사진(實體寫眞)명 (동) 입체 사진(立體寫眞).

실체-설(實體說)명 (동) 실체론(實體論)①.

실체 자:본(實體資本)명 〈경제〉화폐가 아닌 실체적인 재화의 존재로서의 기업 자본. (대) 명목(名目) 자본. substantial (것).

실체=적(實體的)[대]명 실체·본체·본질을 갖추어 있는

실체 진:자(實體振子)명 〈물리〉어떤 물체를 그 내부에 한 고정점을 지나는 축에 매달아 중력의 작용으로 그 주위를 진동하게 만든 장치. 복진자(複振子).

실체=화(實體化)명 〈철학〉개념적·추상적·비물질적·비독립적인 것을 실제적·독립적인 것으로 하는 구체화(具體化). 하자타

실총(失寵)명 총애를 잃음. losing one's favour 하자

실추(失墜)명 신용·권위 등을 떨어뜨림. 또는 떨어짐. loss 하자타

실측(實測)명 실지로 측량함. actual measurement

실측=도(實測圖)명 실측한 도면. ordnance map

실컨부 → 실컷.

실컷부 마음에 원하는 대로 한껏. ¶ ~ 자거라.

실켓(silket)명 명주실과 같은 광택이 있는 실. 인조

실:=켜기명 고치에서 실을 켜는 일. [견사(人造絹絲).

실:-=켜-다명 고치에서 실을 뽑아 내다. reel

실크(silk)명 ①생사(生絲). ②깁. 명주(明紬).

실크 로:드(Silk Road)명 아시아 내륙 지방을 횡단하던 고대 동서 교통로.

실크 스크린(silk screen)명 〈미술〉공판화(孔版畫)의 한 기법. 눈이 성긴 명주실을 들에 붙이고, 인쇄하지 아니할 부분을 가리고 형지(型紙)로 덮어 가

린 뒤, 그 위에서 고무 롤러로 잉크를 눌러 인쇄함. ¶ ~ 인쇄.

실크 프린트(silk print)명 명주에 날염한 것.

실크 해트(silk hat)명 남자의 예모(禮帽). 춤이 높고 딱딱한 모자로, 광택 있는 까만 깁으로 덮여 있음.

실큼-하-다형여 마음에 싫은 생각이 나다. come to dislike

실탄(實彈)명 총(銃)이나 포(砲)에 재어 쏘아서 실제의 효력이 있는 탄알. ball-cartridge 하자

실탄 사격(實彈射擊)명 총포의 실탄을 재어 발사함.

실탄 연습[-년-](實彈演習)명 실탄을 사용하며 하는 연습. 하자 [사나운 모양. blunder

실태(失態)명 ①본 면목을 잃는 일. disgrace 발성

실태(實態)명 ①있는 그대로의 모양. realities ②실제의 형적. 실정(實情)①. actual condition

실-터명 집과 집 사이에 남은 길고 좁은 빈터.

실:-테명 물레의 얼레에 일정하게 감은 실의 분량. skein of thread

실:테 뜨기명 실오리가 헝클어지지 않도록 하기 위하여 얼레에 감겨 있는 실테를 서너 곳 듬성듬성 떠서 매는 일. [whole truth 하자

실토(實吐)명 거짓없이 사실대로 말함. telling the

실-토리명 《동》실뭉. [actual circumstance 하자

실-토정(實吐情)명 사실대로 것을 말함. telling

실:-톱명 실같이 가는 톱. thin saw

실:-롯명 방추형으로 감아 놓은 실뭉치. 퍼룩을 잘 때에 북에 넣어서 쓰기도 함. 실토리. spool of thread spread [andah

실:-퇴(-退)명 〈건축〉퇴 좁은 뒷마루. narrow ver-

실투(失投)명 야구 등에서, 잘못 던지는 것. 하자

실투-유(失透釉)명 〈미술〉투명하지 않은 도자기의 몸에 씌우는 유. (細瓷). 세자. thin onion

실:-파명 〈식물〉몸이 가느다랗게 자라나는 파. 세총

실팍-지-다형 실팍한 모양이 있다. solid

실팍-하-다형여 사람이나 물건이 보기에 매우 튼튼하다. solid

실:-패명 실을 감아 두는 작은 나무쪽. spool

실패(失敗)명 일이 목적과는 반대로 헛일이 됨. (대) 성공(成功). failure 하자 [짓는 일.

실패(失牌)명 골패에서 오관(五關) 따위의 패를 잘못

실패-강정(失敗-)명 실패 모양으로 만든 강정. spool-shaped gluten and rice cake

실포(失捕)명 잡았던 죄인을 놓침. let escape 하자

실-핏줄명 〈동〉모세 혈관(毛細血管).

실-하-다(實-)자여 깨고물로 쓸 깨를 물에 불려서 껍질을 벗기다. rind sesame-seeds

실-하-다(實-)형여 ①튼튼하다. solid ②속이 옹골지다. substantial ③재산이 넉넉하다. wealthy ④믿을 수 있다. reliable

실학(實學)명 ①실제로 소용되는 학문. practical science ②〈문학〉조선조 임진(壬辰)·병자(丙子)의 두 난리 뒤에 국민적 자각과 유교에 대한 반동으로 실생활에 유익됨을 목표로 실사 구시(實事求是)와 이용 후생(利用厚生)에 관하여 연구하던 학문. practical learning

실학=주의(實學主義)명 〈교육〉교육의 이론과 현실생활에 직면한 구체적이고 실제적인 학습을 중심으로 하는 경향으로 실물(實物)·자연 과학 등을 중시하는 주의. positivism [학을 주장한 학파.

실학-파(實學派)명 〈역사〉조선조 중엽에 실사 구시의

실함(失陷)명 ①실족하여 구멍에 빠짐. falling into ②적을 막던 성이 잘못되어 함락됨. 또, 함락되게 함. surrender 하자 [차함(借衛).

실함(實銜)명 실제로 근무하는 벼슬. 실직(實職). (대)

실행(失行)명 ①도의에 어그러진 못된 행동을 함. misdeed ②〈심리〉의식과 운동 능력에는 장애가 없고, 소기(所期)의 운동의 일부, 또는 전부가 실패·불능에 빠지는 일. 하자

실행(實行)명 실제로 행함. 시행(施行)=. practice 하자

실행력(實行力)<u>명</u> 실행하는 능력. executive ability

실행 미:수(實行未遂) <u>명</u> 〈법률〉 범죄의 실행을 종료하였으나 그 결과가 발생하지 않은 사실.

실행 예:산(實行豫算) <u>명</u> 〈법률〉 성립된 예산의 범위 안에서 정부가 실제로 그 연도(年度)에 집행할 목적으로 재편성한 예산. working budget

실행 정:범(實行正犯) <u>명</u> 〈법률〉 교사(敎唆)와 같은 무형적 정범에 대하여, 직접적으로 범죄를 실행하는 유형적 정범.

실행 중지범(實行中止犯) <u>명</u> 〈법률〉 범죄 행위를 실행한 뒤에 그 결과가 생기지 않도록 범인이 자의(自意)로 방지한 범죄 사실. 또, 그 범인.

실행-증[-쯩] (失行症) <u>명</u> 〈의학〉 스스로의 의지로는 운동이 불가능한 병증.

실행 행위(實行行爲) <u>명</u> 〈법률〉 어떤 잠재하여 있는 세력을 구체적으로 실천시키기 위한 일체의 행위. execution 하자

실향(失鄕) <u>명</u> 고향을 잃음. 고향에 돌아갈 길을 잃음.

실향-민(失鄕民) <u>명</u> 고향을 잃고 타향살이를 하는 백성.

실험(實驗) <u>명</u> ①실제로 시험함. 또, 실제의 시험. actual test ②실지의 경험. actual experience ③자연 현상에 인위를 가하여 변화를 일으켜 관찰하는 일. 실증(實證)². experiment 하자

실험 과학(實驗科學) <u>명</u> 실험적 방법에 의하여 연구하는 과학. experimental science

실험 교:육학(實驗敎育學) <u>명</u> 〈교육〉교육 문제를 실험 방법에 의하여 연구하는 학문. 19세기 후반에 아동 심리학의 발달에 영향되어 그 심리의 발달·타고난 재능·피로(疲勞)·학습 상태 따위의 심리적 실험에 기초하여 교육학을 수립하려고 하였던 학설. experimental education

실험 극장(實驗劇場) <u>명</u> 〈연예〉 새로운 연극을 연구하기 위해 영리를 떠나 실험적으로 운영하는 극장. experimental theater

실험 소:설(實驗小說) <u>명</u> 〈문학〉 작가의 상상이나 작위 등을 제외하고, 작가 자신이 실험한 사실을 기초로 하여 구성하는 소설. 졸라(Zola)가 주장한 소설론. experimental romance

실험-식(實驗式) <u>명</u> 〈화학〉 원소 기호(元素記號)로 화합물의 조성(組成)을 가장 간단하게 표시하는 화학식. empirical formula

실험-실(實驗室) <u>명</u> 실험을 목적으로 설치한 방. laboratory

실험 심리학(實驗心理學) <u>명</u> 〈심리〉 일반 자연 과학과 같이 객관적 실험을 연구의 방법으로 하는 심리학. experimental psychology

실험-장(實驗場) <u>명</u> 실험을 하는 장소.

실험적 경험론(實驗的經驗論) <u>명</u> 〈철학〉 경험을 생물의 환경에 대하여, 행동으로 직접 교섭(交涉)하는 온갖 과정(過程)이라고 보는, 미국의 철학자 듀이(Dewey)의 경험론.

실험 학교(實驗學校) <u>명</u> 〈교육〉교육상의 새로운 이상이나 새 방법을 실제에 적용하여 그 가부를 연구하는 학교. laboratorial school

실험 현:상학(實驗現象學) <u>명</u> 〈심리〉 현상의 특성이 있는 그대로 관찰·기술하는 심리학의 한 부문. 루빈이 발전시킴. experimental phenomenology

실현(實現) <u>명</u> 실제로 나타남. 실제로 나타냄. ¶과학자의 꿈을 ~시키다. realization 하자

실현-성[-썽] (實現性) <u>명</u> 실현될 가능성. ¶~ 없는 계획. realizability

실현-화(實現化) <u>명</u> 실제로 나타나게 함. 하자

실혈(失血) <u>명</u> 출혈이 그치지 아니함. 탈혈(脫血). loss of blood 하자

실혈-증[-쯩] (失血症) <u>명</u> 〈한의〉 피가 몸 밖으로 나오는 병의 총칭. 각혈(咯血)·변혈(便血) 등. 혈증.

실형(失兄) <u>명</u> 〈동〉 친형(親兄).

실형(實刑) <u>명</u> 〈법률〉 형의 집행 유예(執行猶豫)가 아닌 실제로 받은 체형(體刑). actual punishment

실형(實形) <u>명</u> 실제의 모양.

실혜(實惠) <u>명</u> 실지로 받은 은혜. real benefit

실혼(失魂) <u>명</u> 몹시 두려워서 정신을 잃음. faint 하자

실-혼처(實婚處) <u>명</u> 믿을 수 있는 혼처. reliable marriageable person

실화(失火) <u>명</u> 잘못하여 불을 냄. (대) 방화(放火). accidental fire 하자

실화(失和) <u>명</u> 사이가 좋지 않게 됨. 서로 불화(不和)함. 하자

실화(實話) <u>명</u> 실지로 있는 이야기. true story

실화 문학(實話文學) <u>명</u> 〈문학〉 실화로서 내용적 흥미에 치중한 종류의 문학.

실화-죄[-쬐] (失火罪) <u>명</u> 〈법률〉 과실로 인하여 건조물·기차·자동차·선박·항공기 따위를 소실(燒失)함으로써 성립되는 죄.

실황(實況) <u>명</u> 실제의 상황. ¶~ 보고(報告). actual scene

실황 방:송(實況放送) <u>명</u> 실제의 상황을 현장에서 방송함. 또, 그 방송. on-the-spot broadcasting 하자

실효(失效) <u>명</u> 효력을 잃음. (대) 발효(發效). invalidation 하자

실효(實效) <u>명</u> 실제의 효과. 실공(實功). 유효(有效). effectiveness

실효 가격[-까-] (實效價格) <u>명</u> 〈경제〉 생활하기 위하여 사들일 때의 실제의 가격. 소비자가 실제로는 공정 가격으로만이 아니고 암시세(暗市勢)로 물건을 사고 있는 경우 실제로 지불하고 있는 가격은 그 양쪽을 가중 평균(加重平均)한 것이 되는데 이 때의 가격의 일컬음. effective price

실=히(實-) <u>문</u> 실하게. ¶무게는 1킬로그램이 ~ 되었다. virtually

싫:다[실타] <u>형</u> 〈않〉. (대) 좋다². unwilling
<u>형</u> ①마음에 언짢다. disagreeable ②하고 싶지 않다.

싫어-하:다[실-] 태여불 ①싫게 여기다. 미워하다. dislike ②하기를 꺼려하다. abhor ③싫음을 내다. feel repugnance for

싫은 매는 맞아도 싫은 음식은 못 먹는다㈜ 무슨 짓을 하더라도 구미에 안 맞는 음식만은 먹을 수 없다는 뜻.

싫-증[-쯩] (-症) <u>명</u> ①싫은 생각. dislike ②반갑잖게 여기는 마음. 염증(厭症). weariness

심 소의 심줄. ¶등~. beef's tendon

심(心) <u>명</u> ①종기에 약을 발라 찔러 넣는 헝겊 조각. wick ②나무의 고갱이. heart ③무 따위의 뿌리 속에 섞인 질긴 줄기. pith ④죽(粥)에 곡식 가루를 잘게 풀어 놓은 것이. 새알심. 등. solid ingredients ⑤양복의 어깨나 깃에 특별히 넣은 빳빳한 헝겊. padding ⑥속에 들어 있는 물건. core ⑦[약]→촉심(燭心). ⑧[심→] 심성(心性).

심(←蔘) <u>명</u> 〈속〉 4년 이상 된 산삼(山蔘).

심(尋) 〈의〉 노끈이나 물 깊이 따위를 재는 길이의 단위. 우리 나라에서는 6척이며, 중국에서는 8척임. fathom ¶동정(同情)~. sentiment

=심(心) <u>접미</u> 어떠한 명사에 붙이어 그 마음을 표하는 말.

심삼(心蔘) <u>명</u> 인삼(人蔘).

심각(深刻) <u>명</u> ①깊고 절실함. seriousness ②깊이 새김. deep engraving 하자 히

심간(心肝) <u>명</u> ①마음속. 참된 마음. heart ②심장과 간장(肝臟). heart and liver

심감(心疳) <u>명</u> 〈한의〉 어린애의 감병(疳病)의 하나.

심갱(深坑) <u>명</u> 깊은 구덩이. deep pit

심겁(心怯) <u>명</u> 담력이 없어서 대단찮은 일에 겁을 잘 냄. cowardice 하자

심결(審決) <u>명</u> 〈법률〉 특히, 특허청의 심판에 있어서의 결정.

심경(心經) <u>명</u> 〈한의〉 심장에서 갈려 나온 경락(經絡).

심경²(心經) <u>명</u> [약]→반야 심경.

심경(心境) <u>명</u> 마음의 상태. 마음의 경지. 의태(意態). state of mind

심경(深更) <u>명</u> 〈동〉 심야(深夜).

심경(深耕) <u>명</u> 〈농업〉 땅을 깊이 갊. deep plowing 하자

심경(深境) <u>명</u> 깊은 경지(境地).

심경 소:설(心境小說) <u>명</u> 〈문학〉 작가가 자기의 심경을 솔직히 묘사한 소설. 사소설(私小說).

심계(心界)[명] ①마음이 편하고 편하지 못한 형편. state of mind ②마음의 세계. 정신계. (대) 물계(物界). mental world ③〖철〗형이상학(形而上學)의 세계. metaphysical world

심계(心悸)[명]〖생리〗사람 몸의 왼편 가슴의 전면 제오륵(第五肋) 사이에서 감지할 수 있는 심장의 고동.

심계(深戒)[명] 깊이 경계함. strict precaution 하타

심계(深計)[명] 깊은 계략. secret plan

심:계(審計院)[명]〖법〗대통령에 직속됐던 심계 사무 기관. 감사원(監査院)의 전신. Board of Audit and Inspection

심계 항:진(心悸亢進)[명]〖의학〗정신적 흥분·병약(病弱)·육체적 과로(過勞)·심장병 등에 의해서 심장의 동계(動悸)가 빠르고 또, 세어지는 일. heart acceleration 〔심장도 만들어 낸 고.

심-고(心告)[명] 천도교에서, 모든 일을 할 때 먼저 한울님께 마음으로 고(告)하는 일. confession 하타

심곡(心曲)[명] 간절하고 애틋한 마음. 충곡(衷曲). earnest mind

심곡(深谷)[명] 깊은 골짜기. deep valley

심골(心骨)[명] ①마음과 뼈. heart and bone ②마음속. heart 〔정. '대학(大學)'에 나오는 말.

심광 체반(心廣體胖) 마음이 너그러워서 몸에 살이

심교(心巧)[명] 마음이 공상스러움. meticulosity 하형

심교(心交)[명] 서로 마음을 터놓고 사귀는 벗. 정신적인 교제. bosom friend

심교(深交)[명] 정분이 깊은 교제. close connection 하타

심구(心垢)[명]〖동〗번뇌(煩惱).

심구(深究)[명] 깊이 연구함. deep study 하타

심구(深溝)[명] ①깊은 도랑. deep ditch ②성 아래 도랑을 깊이 파는 일. deep moat

심구(深究)[명] 찾아서 밝힘. 하타

심굴(深窟)[명] 깊숙한 굴. deep cave

심궁(心弓)[명] 흉부의 X선 사진에서, 좌우로 만입(彎入)된 활 모양의 심장부의 음영(陰影).

심궁(深宮)[명] 깊고 그윽한 궁중. secluded palace

심규(深閨)[명] 여자가 거처하는 집. 깊숙한 방. boudoir

심그-다[타][고] 심다.

심념(心念)[명] 마음. 마음씨. mind

심근(心筋)[명]〖생리〗심장의 벽을 형성하는 근육으로, 심장에만 있는 특이한 불수의근(不隨意筋). cardiac muscle

심근(心根)[명] 마음이 박힌 뿌리. deep root

심근 경색증(心筋梗塞症)[명]〖의학〗심근 조직 일부의 기능이 마비되어 피를 충분히 밀어내지 못하는 병.

심금(心琴)[명] 외부의 자극을 받아 움직이는 미묘한 마음을 거문고에 비유하여 이름. ¶ ~을 울리는 멜로디. heartstrings

심:급(審級)[명]〖법〗동일 사건을 반복하여 심판하는 각각 다른 법원 사이의 심판 순서. 또, 그 상하의 계급. trial system

심기(心氣)[명] ①사물에 대하여 느끼는 마음. sensation ②마음으로 느끼는 기분. feeling

심기(心機)[명] 마음의 기능. 마음의 활동. mind

심기-다[자동] 심게 하다. make one plant 〖피동〗심음을 당하다. be planted

심기 일전(心機一轉)[명] 어떤 동기에 의하여 지금까지 품었던 마음을 바꿈. 마음이 홱 달라짐. ¶ ~하여 갱생의 길을 찾는다. turn a new life 하타

심기-증(心氣症)[명]〖의학〗자기가 중병(重病)에 걸린 것같이 생각하는 병증(病症). hypochondria

심-나물[명] 소의 심줄을 물에 흠씬 불리어서 길게 잘라, 데쳐서 숙주나물과 무친 음식. 우근채(牛筋菜).

심:난(甚難)[명] 매우 어려움. 지난(至難). very difficult 하형

심낭(心嚢)[명]〖생리〗심장과 심장에서 뻗은 대혈관의 기부를 싼 막성(膜性)의 주머니. 염통 주머니. pericardium

심념(深念)[명] 깊은 생각. deep thought

심뇌(心惱)[명] 마음속에 일어나는 괴로움. anguish

심-다[-따][타] ①초목의 뿌리를 땅 속에 묻고 흙을 덮다. plant ②씨앗을 뿌리다. sow

심담(心膽)[명] ①심지(心地)와 담력(膽力). mind and pluck 하타

심담(深潭)[명] 깊은 연못. 심연(深淵)①.

심대(-때)(心-)[명] 둘둘 말린 물건의 속에 박지 된 방망이. 축(軸). axis 하타

심:대(甚大)[명] 심히 막대함. 매우 큼. enormousness

심덕(心德)[명] 너그럽고 착한 마음의 덕. virtue

심도(心到)[명] 책을 읽는 데만 열중하고 다른 것은 생각하지 않음.

심도(深度)[명] 깊은 정도. depth

심-돋우개(心-)[명] 등잔의 심지를 돋우는 쇠꼬챙이. wickraiser of a lamp

심독(心讀)[명] 마음속으로 읽음. 하타

심동(心動)[명] 마음이 움직이거나 들썽거림. perturbation 하타

심동(深冬)[명] 추위가 한창인 겨울. severe winter

심드렁-하-다[형][여불] ①급하지 않다. ¶심드렁한 모습. not feeling anxious ②병이 더 중해지지 아니하고 오래 끌다. protracted

심득(心得)[명] ①마음 깊이 체득(體得)함. 충분히 이해함. full understanding ②마음에 깨달아서 간직하고 주의함. 또, 그 일. bear in one's mind 하타

심-떠깨[명][약]→쇠심떠깨.

심란(心亂)[명] 마음이 산란함. 심산(心散). ¶ ~한 심경. confused in mind 하형

심람(深藍)[명] 짙은 남색. deep indigo

심량(深量)[명] 깊이 헤아림. 또, 깊은 생각. profound thought 하타

심량 처:지(深諒處之)[명] 깊이 헤아려서 처리함. 하타

심려(心慮)[명] 마음속의 걱정. 마음으로 걱정함. worry 하타

심려(深慮)[명] 깊이 생각함. 깊은 사려(思慮). (대) 천려(淺慮). profound thought 하타

심력(心力)[명] ①마음과 힘. ¶ ~을 기울이다. mind and strength ②마음이 미치는 힘. mental power

심렬(深裂)[명] 깊이 터지거나 찢어짐. 또, 깊게 찢음. 하타

심령(心靈)[명] ①마음속의 영혼. ②〖철학〗육체를 떠나서 존재한다고 생각되는 마음의 주체. soul ③〖심리〗정신 과학으로 설명할 수 없는 신비하고 불가사의한 심적 현상. spirit

심령-론(心靈論)[명] 심령이 물질계에 신비력인 현상을 일으키는 힘을 가졌다는 설. psychics

심령-술(心靈術)[명] 심령 현상을 일으키는 여러 가지 술.

심령-학(心靈學)[명] 심령 현상을 연구하는 학문.

심령 현:상(心靈現象)[명] 과학(科學)으로는 설명할 수 없는 불가사의(不可思議)한 일종의 정신 현상. spiritual phenomenon

심로(心勞)[명] ①마음속의 괴로움. worry ②마음의 피로.

심록[-녹](深綠)[명]〖동〗갈매. green

심록-색[-녹-](深綠色)[명] 짙은 초록색. 갈매.

심리(心理)[명] ①마음의 상태와 현상. mental state ②〖약〗→심리학. heart

심리(心裏)[명] 마음속. 마음의 중심. 심중(心中).

심:리(審理)[명] ①사실이나 조리를 자세히 조사하여 처리함. inquiry ②〖법〗재판의 기초가 되는 모든 소송를 함. investigation ③〖제도〗옥수(獄囚)의 죄안(罪案)을 특지(特旨)로써 재심하던 일. 하타

심리-극(心理劇)[명]〖심리〗사회적 부적응 및 인격 장애의 진단·치료를 목적으로 하는 방법으로서의 극. psychodrama

심리 묘:사(心理描寫)[명]〖문학〗소설 등에서, 작중 인물의 심리적 경과를 자세한 해부(解剖)·분석이

심리 상태(心理狀態)[명] 정신이나 의식이 놓여진 상태.

심리=설(心理說)[명] [동] 심리주의(心理主義).

심리 소:설(心理小說)[명] 〈문학〉 작중(作中) 인물의 심리적 경과를 자세히 분석·해부하여 그 심리 묘사에 특히 중점을 둔 소설. 근대 낭만주의의 반동으로 발생하여 1830년 프랑스의 스탕달에 의하여 확립되었고, 도스토예프스키·프루스트 등을 거쳐서 심리 소설로 발전. psychological novel

심리 요법[一뻡](心理療法)[명] 〈의학〉 심리적인 치료법의 총칭. 암시·설득·정신 분석·작업의 모든 요법. 정신 요법. psychotherapy

심리 유보(心裏留保)[명] 표의자가 자기의 표시 행위가 내심의 의사와는 다른 뜻으로 해석될 것을 알면서 행하는 의사 표시.

심리적 분석(心理的分析)[명] 〈심리〉 주어진 복잡한 정신 작용의 단순한 내용을 얻거나 또는 내적 구조를 알기 위하여 내성(內省)함으로써 의식을 분석함.

심리=전(心理戰)[명] 〈약〉→심리 전쟁.

심리 전:쟁(心理戰爭)[명] 〈군사〉 상대방 국민의 심리에 작용하게 하여, 외교·군사 등 자기 나라에 유리한 작전으로 이끌게 하는 방법. 〈약〉심리전. psychological warfare

심리주의(心理主義)[명] 〈철학〉 모든 지식·철학 문제의 고찰을 심리학에 기초를 두고, 발생적 방법에 의해 연구하는 주의. 심리설. 《대》논리주의. psychologism

심리 철학(心理哲學)[명] 〈철학〉 정신의 본체 및 영혼 등에 관해 연구하는 심리학의 분야.

심리-학(心理學)[명] 〈심리〉 의식의 관찰, 유의적·무의적 신체 활동의 관찰, 실험과 측정 따위의 방법으로 심리적 현상을 연구하는 학문. 《약》심리(心理)②. psychology

심리학적 측정(心理學的測定)[명] 〈심리〉 심리학에 있어서의 측정 방법의 총칭. 정신 능력의 측정법·기억 실험법·학습 실험법·지능 검사법·적성(適性) 검사법 등이 있음. psychological measurement

심리 환경(心理環境)[명] 〈심리〉 행동을 규정하고 있는 환경. 코프카가 제창한 개념임. 생활 환경(生活環境).

심림(深林)[명] 깊이 무성한 수풀. 유림(幽林). deep forest

심=마니[명] 산삼을 캐는 것을 업으로 삼는 사람. 채삼군(採蔘一). 〈속〉심메군.

심마니=말[명] 심마니들이 쓰이는 말. 곧, '쌀'을 '모새'라고 하는 따위.

심막(心膜腔)[명] 심낭과 심장과의 사이.

심막=액(心膜液)[명] 심막강 안을 부드럽게 적시고 있는 소량의 장액(漿液).

심만 의:족(心滿意足)[명] 마음이 흡족함. 〈약〉만의(滿意). satisfaction 하다

심=메[명] 산삼을 캐러 산에 가는 일. going to dig wild ginseng

심메-꾼[명] 〈속〉심마니.

심메보-다[자] 산삼의 싹을 찾다. looking for the sprouts of wild ginseng

심모(深謀)[명] 깊은 꾀. 심원한 모책. ¶~ 원려(遠慮). deeply laid plan

심목(心目)[명] ①마음과 눈. ②〈건축〉기둥의 중심선.

심목(楨木)[명] [동] 물푸레나무.

심목(深目)[명] 움쭉 들어간 눈. 「눈과 높지신 코.

심목 고준(深目高準)[명] 생김새를 이르는 말로 깊숙한

심무(深霧)[명] 자욱한 안개. thick fog 「tancy 하다

심무-소:주(心無所主)[명] 마음에 줏대가 없음. inconstancy

심문(心門)[명] 〈한〉 피가 심장으로 드나드는 문.

심문(尋問)[명] 심방(尋訪). 하다

심:문(審問)[명] ①자세히 따져서 물음. inquiry ②〈법률〉서면(書面) 또는 구술(口述)로 당사자 및 그 밖의 사람에게 진술시키는 일. formal interrogation 하다 「eciation of beauty

심:미(審美)[명] 미(美)와 추(醜)를 분별하여 살핌. appr-

심:미 비:평(審美批評)[명] 〈문학〉 비평의 기준을 쾌감이나 미감의 추출·분석 등에 두는 주관적 방법에 비평.

심:미-안(審美眼)[명] 미(美)와 추(醜)를 식별하는 눈. 또, 그 능력. eye for beauty

심:미-학(審美學)[명] 〈철학〉 자연이나 예술에 나타나는 미(美)의 여러 모를 연구하는 학문. esthetics

심밀(深密)[명] ①뜻이 깊고 빈틈이 없음. deliberativeness ②깊이 무성함. deep and dense ③〈불교〉 깊은 비밀. deep secrecy 하다

심박(深博)[명] 학문·지식 따위가 깊고 넓음. deep and extensive(knowledge) 하다

심=박동(心搏動)[명] 〈생리〉 심장이 주기적으로 줄었다 늘었다 하는 운동. heart beat

심발 지진(深發地震)[명] 진원(震源)이 상당히 깊은 지진.

심방(尋訪)[명] 〈건축〉 일자 대문의 두 기둥을 세울 수 있게 건너지르는 도리 같은 나무. top beam of a 2-pillar gate

심방(心房)[명] 〈생리〉 심장 가운데 정맥과 직결되어 있는 부분. 우심방과 좌심방이 있음. 염통방. 심이(心耳)②. atrium

심방(尋訪)[명] 방문하여 찾아봄. 심문(尋問). call 하다

심방-변(心傍邊)[명] 한자의 부수(部首)의 하나. '恨·怪' 등의 '忄'의 이름.

심배(深杯)[명] 깊고 큼직한 술잔.

심벌(symbol)[명] ①상징(象徵). ②기호.

심벌리즘(symbolism)[명] 상징주의(象徵主義).

심벌즈(cymbals)[명] 〈음악〉 쇠붙이로 둥글넓적하게 만든 타악기의 하나. 셈발(cymbale).

심-법[一뻡](心法)[명] 마음을 쓰는 법.

심벽(心壁)[명] 〈토목〉 둑 등의 물이 새어 나가지 못하게 그 심(心)에 들어 막는 벽체(壁體).

심병(心病)[명] ①마음속의 근심. worry ②〈의학〉 극도로 흥분하면 까무러치는 병. 심질(心疾). fainting

심보[一뽀](心一)[명] [동] 마음보.

심복(心服)[명] 〈약〉→심열 성복(心悅誠服).

심복(心腹)[명] ①가슴과 배. breast and belly ②썩 진하여 없어서는 안 될 사물. indispensable thing ③〈약〉→심복지인(心腹之人).

심복-지인(心腹之人)[명] 매우 친밀한 사람. 마음 놓고 믿을 수 있는 부하. 〈약〉복심(腹心). 심복(心腹)③. confidant

심복=지환(心腹之患)[명] 없애기 어려운 근심. worry

심복=통(心腹痛)[명] 〈한〉 근심으로 생긴 가슴앓이.

심부(深部)[명] 표면에서 깊은 속. 「heartache

심:-부름[명] 남의 시킴을 받아 하는 일. errand 하다

심:-부름꾼[명] 심부름을 하는 사람. errand boy

심=부전(心不全)[명] 〈의학〉 대혈관을 통해서 심장으로 돌아오는 혈액을 심장이 충분히 박출(搏出)할 수 없는 상태.

심불(心佛)[명] 〈불교〉 ①마음의 부처. 곧, 제 마음의 성스러운 본성. ②화엄종에서 말하는 행경(行境) 십불의 하나. 유식(唯識)의 이치에 의하여 여래(如來).「으로 생각하는 일과 실제의 일.

심사(心事)[명] ①마음에 생기는 일. thinking ②마음을 쓰는 본새. ②좋지 않은 마음보. disposition 「deliberation 하다

심사(心思)[명] ①마음을 쓰는 본새. ②좋지 않은 마음보.

심사(深思)[명] 깊이 생각함. 또, 그 생각. mature

심사(深謝)[명] ①성심으로 사례하거나 사죄(謝罪)함. expressing one's heartfelt gratitude ②마음속으로 용서를 빎. 하다

심:사(審査)[명] ①자세히 조사함. 심의(審議)하여 사정(査定)함. ¶~평(評). inspection ②〈법률〉사람의 자격이나 물건의 성질·가격 등을 심사 사정하고, 이에 일정한 자격·성질·가격 등을 부여하는 행위. investigation 하다

심사가 꿀지벌레라[관] 마음씨가 사나와 남의 일에 방해 놓기를 좋아하는 사람을 이름.

심사가 놀부라[관] 본성이 아름답지 못하며, 탐욕을 일

삼아 일마다 심술을 부리는 사람을 이름.
심:사-관(審査官)명 ①심사를 맡은 관리. judge ②〈제도〉제실(帝室) 회계 심사국의 한 벼슬.
심사 광:상(深砂鑛床)명〈광물〉 딴 지층이나 용암류로 되어 있는 오래 된 지질 시대의 표사 광상.
심사는 좋아도 이웃집 불붙는 것 보고 좋아한다담 남의 불행을 보고 좋아하는 야릇한 심리를 일컫는 말.
심사 묵고(深思默考)명 깊이 조용히 생각함. 또, 그런 생각. deep consideration 하다타
심사-부리-다(心思一)자 고약한 마음보로 일부러 남의 일을 방해하다. ¶올케없이 ~. disturb
심사-사납-다(心思一)형ㅂ불 마음보가 나쁘고 심술궂다. malicious
심사 숙고(深思熟考)명 깊이 생각하고 익힌 생각함. 또, 그런 생각. contemplation 하다타
심:사-원(審査員)명 심사를 맡은 사람.
심산(心散)명(心亂) 심란(心亂). 하형
심산(心算)명(동) 속셈①. 목산(目算)②.
심산(心酸)명 마음이 몹시 고통스러움. worry 하형
심산(深山)명 깊고 험한 산. deep mountain
심산 계곡(深山溪谷)명 높은 산과 깊은 골짜기.
심산 궁곡(深山窮谷)명 깊은 산의 험하고 가파른 골짜기. remote mountainous region 골짜기.
심산 유곡[-뉴-] (深山幽谷)명 깊은 산 속의 으슥한 골짜기.
심:-살[-쌀](心一)명〈건축〉상인방(上引枋)과 하인방(下引枋) 사이에 세워 외(根)를 튼튼하게 하는 나무. 외가지. 벽심(壁心).
심살-내리다[-쌀-](心一)재 잔 근심이 늘 마음에서 떠나지 아니하다. worry about
심상(心狀)명 마음의 상태. mental state
심상(心相)명 (동) 마음씨.
심상(心象)명〈심리〉①관념으로 재생된 인상. ②감각으로부터 직접 생기는 표상(表象). image.
심상(心喪)명 상복(喪服)은 입지 않되 상제와 같은 마음으로 몸을 삼가는 일. mourning
심상(心想)명 ①마음. ②마음속의 생각. thought
심상(心傷)명 (동) 상심(傷心). 하다자
심상(尋常)명 대수롭지 아니함. 범상(凡常). (대) 비상(非常). commonness 함·¶을 하는 사람.
심상-인(心喪人)명 상제(喪制) 밖의 사람으로서 심상을 하는 사람.
심서(心緒)명 (동) 심회(心懷).
심설(深雪)명 깊이 쌓인 눈.
심성(心性)명 ①(약→심정성(心性情). ②〈불교〉참되고 변하지 않는 타고난 본성. nature ③〈심리〉정신의 특성. ¶별. (약)심(心).
심성(心星)명〈천문〉이십팔수(二十八宿)의 다섯째 별. 곧, 말. sound of mind
심성(心聲)명 마음에 있는 것을 소리로 표현하는 일.
심성(深省)명 깊이 반성함. deep reflection 하다타
시석-암(深成岩)명〈광물〉 땅 속 깊은 곳에서 강압하에 암장(岩漿)이 서서히 냉각 응고하여서 된 암석의 총칭. plutonic rocks 성(心性)①. nature
심-성:정(心性情)명 본디부터 타고난 마음씨. (약) 심성.
심수(心受)명 깨달음. 마음으로 받음. comprehension 하다
심수(心授)명 마음에서 쓰는 법을 가르쳐 전함. instruction of mental attitude 하다
심수(心髓)명 ①물건 속에 있는 심. 중심이 되는 골수. core ②마음속. heart
심수(深水)명 깊은 물. worry 하다
심수(深愁)명 깊은 근심. 깊은 시름. 농수(濃愁). deep
심수(深邃)명 깊고 그윽함. 하형
심수-만경전(心隨萬境轉)명〈불교〉 경우에 따라 마음은 이리저리 변하여 달라진다는 말.
심술(心術)명 온당하지 않고 고집스럽고, 남을 시기하는 마음. 엄부럭. 심청. (속)심술딱지. 심머리. cross temper 스형 스레다
심술 거:복(心術去福)명 심술쟁이는 복을 받지 못한다.
심술궂-다(心術一)형 심술이 몹시 많다. ill-tempered
심술-기[-끼](心術氣)명 심술스러운 기.
심술-꾸러기(心術一)명 심술궂은 사람. 심술쟁이. 심술군. 심술주머니②. cross-grained person
심술-꾼(心術一)명 (동) 심술꾸러기.
심술-때(心術一)명 심술을 부리기 시작하는 나이.
심술-딱지(心術一)명 (속) 심술. cross with
심술-맞나니(心術一)명 아주 심술이 많은 망나니.
심술-머리(心術一)명 (동) 심술. with
심술-부리-다(心術一)자 심술궂은 짓을 하다. be cross
심술-사:납-다(心術一)형ㅂ불 심술이 나쁘고 모질다.
심술-쟁이(心術一)명 심술꾸러기. malicious
심술-주머니[-쭈-](心術一)명 ①심술이 들어 있는 마음보. ②(동) 심술꾸러기.
심술-퉁이(心術一)명 샘하여 심술을 부리는 사람. cross-grained person
심술-패기(心術一)명 심술궂은 아이. cross-patch
심술-피우-다(心術一)자 심술을 가끔 내다. often be cross with
심술-선(Simson線)명〈수학〉 삼각형의 외접원(外接圓) 위의 한 점에서 각 변에 그은 수선(垂線)의 발은 직선 위에 있는데, 이 직선을 일컬음. Simson's line
심신(心身)명 마음과 몸. 정신과 육체. 심혈(心血)②.
심신(心神)명 마음과 정신. mind and body
심신(深信)명 깊은 믿음. 꼭 믿음. deep belief 하다
심:신(審訊)명 자세히 따져서 물음. interrogation 하다
심:신(審愼)명 언행을 조심하고 삼가함.
심신 모약자(心神耗弱者)명〈법률〉 '심신 박약자(薄弱者)'의 구용어.
심신 미약자(心神微弱者)명 (동) 심신 박약자.
심신 박약자(心神薄弱者)명〈법률〉 심신 상실(喪失)보다는 가벼우나, 정신이 쇠약하여 식별력(識別力)이 극히 모자라는 사람. 심신 미약자. feeble-minded person 하형
심신 불안(心神不安)명 마음과 정신이 편하지 않음.
심신-산:란(心神散亂)명 마음과 정신이 산란함. 하형
심신 상관(心身相關)명 심리와 생리와는 그 작용·활동이 직접으로 관계가 있는 일.
심신 상실자[-짜](心神喪失者)명〈법률〉 정신의 장애로 식별력이 모자라는 사람. 형법상 책임이 없음. mentally deranged person
심신 피로(心身疲勞)명 마음과 몸이 피로함. 하형
심실(心室)명〈생리〉 심장 가운데, 동맥과 직결되어 있는 부분. 근육질의 벽을 가지고 그 수축에 의해 혈액을 몸으로 유출시킴. 우심실과 좌심실이 있음. 염통집. ventricles of the heart
심실(深室)명 ①깊숙한 곳에 있는 방. deep room ②죄인을 넣어 둔 방. cell
심심(深心)명〈불교〉 ①보리와 선도(善道)를 구하는 마음. ②부처를 깊이 믿는 마음. faithfulness
신신(甚甚)명 마음의 표현 정도가 매우 깊고 심함. ¶~한 사의를 표하다. very deep 하형 히형
심심(深深)명 매우 깊음. very deep 하형
심심 산곡(深深山谷)명 깊고 깊은 산골짜기. ¶~의 백도라지.
심심 산천(深深山川)명 아주 깊은 산 속.
심심 상인(心心相印)명 말없는 가운데 마음과 마음의 뜻이 서로 통함. 이심 전심(以心傳心). mind transference 하다 (do something to kill time 하다
심심 소일(一消日)명 심심풀이로 어떠한 일을 함. to
심심 장:지(深深藏之)명 소중한 물건을 깊이깊이 감추어 둠. hide secretly 하다
심심 파:적(一破寂)명 심심풀이. 하다
심심-풀이(一)명 할 일도 재미볼 일도 없어서 시간 보내기 위하여 하는 짓. 심심 파적. something done to kill time 하다 다. taste slightly flat
심심-하-다(一)형여 음식의 맛이 성겁다. 《작》삼삼하다.
심심-하-다(一)형여 별로 할 일이 없어 시간 보내기가 멋없다. be bored **심심-히**부

심=쌀(心―)명 죽을 끓일 때 넣는 쌀. rice used in making gruel

심:악(甚惡)명 ①가혹하여 용서함이 없음. heinous ②성질이나 하는 짓이 몹시 악함. cruel -하다 스럽다

심안(心眼)명 ①마음과 눈. mind and eyes ②사물을 살펴 분별하는 마음의 작용. 《대》육안(肉眼). mind's eye

심:안(審按)명 자세히 살펴 조사함. 깊이 살펴 생각함.

심애(深愛)명 깊이 사랑함. deep love -하다

심야(深夜)명 한밤중. 깊은 밤. 심경(深更) 《대》백주(白晝). midnight

심약(心弱)명 마음이 약함. weak mind -하다

심연(深淵)명 ①물이 깊은 못. 심담(深潭). abyss ②빠져 나오기 어려운 깊은 구렁을 비유하여 이르는 말. gulf ③뛰어넘을 수 없는 큰 간격을 비유하여 이르는 말. wide gap

심열(心熱)명 ①무엇이 이루어지기를 바라는 마음속의 열망. ardent wish ②울화로 일어나는 열.

심열 성복(心悅誠服)명 즐거운 마음으로 성심을 다하여 순종함. 《약》심복(心服). -하다

심오(深奧)명 깊고 그윽함. 심현(深玄). profundity -하다

심옹(心癰)명〈의학〉젖가슴에 생기는 종기.

심외(心外)명〔동〕염치.

심외(心外)명 마음의 밖. unexpectedness

심외 무별법(心外無別法)명〈불교〉모든 법은 마음 속에 있는 것이지 마음 밖에 있는 것이 아니라는 말.

심우(心友)명 마음으로 사귄 벗. 마음이 서로 통하는 벗. 《대》(心友). bosom friend

심:우(甚雨)명 심하게 퍼붓는 비. 대우(大雨). 호우(豪雨). heavy rain

심우(深憂)명 깊이 근심함. 또, 그 근심. deep worry

심원(心遠)명 ①깊고 멀어서 헤아릴 수 없음. 《대》비근(卑近). 천근(淺近). profundity ②〈미술〉삼원(三遠)의 하나. 산수화(山水畫)를 그릴 때에 바로 앞에서 산의 배후를 넘어다보는 방법. -하다

심원(心願)명 마음으로 바람. 또, 그 일. one's heart's desire -하다

심원(深苑)명 그윽하고 깊숙한 동산. secluded garden

심원(深怨)명 깊이 원망함. 원한이 깊음. deeprooted

심원(深遠)명 깊고 멂. -하다 [grudge] -하다

심월(心月)명〈불교〉도(道)를 깨달은 마음을 밝은 달에 비유해 일컫는 말. 달과 같이 맑고 티 없는 마음.

심육(心肉)명〔동〕등심(一心).

심음(心音)명〈생리〉심장이 고동(鼓動)할 때에 생기는 소리.

심의(心意)명 마음과 뜻. 정신. mind and meaning

심의(深衣)명 고사(高士)의 웃옷. 흰 베로 소매를 넓게 만들고 검은 비단으로 가를 둘렀음. [ing

심의(深意)명 깊은 뜻. 심오한 의미. profound mean-

심:의(審議)명 심사(審査)하여 논의함. discussion -하다

심:의:회(審議會)명 어떤 사항을 심의하고자 모인 회.

심이(心耳)명 ①마음과 귀. 또, 마음으로 들음. mind-and ears ②심방(心房). ③〈생리〉좌우 심방의 일부가 귀 모양으로 앞쪽으로 튀어나온 부분. auricles of the heart

심인(心印)명〈불교〉선가(禪家)에서 글이나 말에 의하지 않는 불타(佛陀)의 내심(內心)의 실증(實證). 곧, 이심 전심(以心傳心)으로 전하여진 깨달음의 내용을 이르는 말. 《대》외인(外印).

심인(心因)명 정신적·심리적인 원인. 《대》내인(內因).

심인(尋人)명 찾는 사람. 또, 사람을 찾음. missing person -하다

심인성 반:응(心因性反應)명〈의학〉심적 체험으로 말미암아 일어나는 이상한 심적 반응. 곧, 경악 반응·파라노이아 반응 등.

심입(深入)명 깊이 들어감. going into -하다

심-잡음(心雜音)명〈의학〉심장부에서 청취되는 잡음.

심장(心腸)명 마음의 속내. heart

심장(心臟)명 ①〈생리〉순환 기관의 한 부분으로, 정맥에서 혈액을 받아 동맥에 의하여 몸의 각 부분으로 보내는 주머니. 염통. heart ②뻔뻔스러움. ¶~이 세다. be brazen ③가장 중요한 곳. ¶서울은 한국의 ~이다. heart

심장(深長)명 깊고 긺. ¶의미 ~. profundity -하다

심장(深藏)명 물건을 깊이 감추어 둠. hide deeply -하다

심장 마비(心臟痲痺)명〈의학〉갑자기 심장 장애가 일어나서 죽게 되는 것을 이름. heart attack

심장-병(―甁)(心臟病)명〈의학〉심장에 생기는 병증의 총칭. 심장 작용이 이상을 나타내어 심장 동계(動悸)·호흡 곤란 따위가 일어남. 심장 내막염·심장염·심장 신경증 따위임. heart disease

심장 적구(尋章摘句)명 옛 사람의 글귀를 뽑아서 시문(詩文)을 짓다. -하다

심장-통(心臟痛)명〈의학〉흉골의 아래쪽, 특히 심장부에 생기는 발작적인 통증.

심장 판막증(心臟瓣膜症)명〈의학〉심장의 판막에 이상이 생겨 일어나는 증세.

심재(心材)명 나무 줄기의 목질부의 내층(內層). 적갈색의 단단한 중심부. heartwood

심-적[―쩍](心的)관명 마음에 관계되는(것). ¶~ 불안(不安). 《대》물적(物的). 인적(人的). mental

심적 복합체[―쩍―](心的複合體)명〈심리〉표상·정서·의지 따위와 같이 심적 요소가 결합하여 이룬 비교적 간단한 의식적 통일체로 상대적으로 존재를 가지고 있는 것.

심적 상호 작용설[―쩍―](心的相互作用說)명〈사회〉사회의 본질이 개인 사이의 심적 상호 작용 또는 그 관계에 있다고 하는 설.

심적 에너지[―쩍―](心的 Energy)명〈심리〉정신력(精神力)이 주의 작용(注意作用)으로써 현실의 의식 과정을 일으킬 가능성.

심적 요소[―쩍―](心的要素)명〈심리〉의식(意識) 현상을 설명하기 위하여 추상(抽象)·분석으로써 얻은 구성적 단위(構成的單位).

심적 인과[―쩍―](心的因果)명〈심리〉심적 과정을 합법칙(合法則的)인 현상으로 보고, 심적 과정에는 그 특수한 인과(因果) 과정이 있다고 주장하는 설.

심적 포:화[―쩍―](心的飽和)명〈심리〉같은 일을 되풀이하면 일에 대한 의욕이 감퇴하여, 작업 성적이 저하되고 마침내 싫증이 나서 그만두게 되는 현상. mental saturation

심적 현:상[―쩍―](心的現象)명〈심리〉우리의 의식 속의 사건이나 상태. 표상(表象)·판단·정의 활동(情意活動)의 세 가지로 나누어지며 표상(表象)이 그 일에는 기초적인 구실을 함. 의식의 현상.

심적 활동[―쩍―통](心的活動)명〈심리〉정신적 작용의 총칭. mental activity

심전(心電計)명 심장의 활동 전류(電流)를 기록하는 장치의 총칭. electrocardiograph

심전-도(心電圖)명 심장의 수축에 따르는 활동 전류를 곡선으로 기록한 도면. -하다

심절(心絶)명 서로의 사귐을 아주 끊어 버림. breach

심절(深切)명 깊고 절실함. urgency -하다

심정(心情)명 마음의 정경. 마음의 정화(情況). heart

심정(心旌)명 바람에 펄럭거리는 깃발처럼 마음이 산란함.

심정(深情)명 ①상대방을 깊이 생각하는 마음. 진심(眞心). 성의(誠意). sincerity ②마음을 숨김. close mindedness -하다

심:정(審廷)명 소송을 심판하는 법정.

심:정(審定)명 자세히 살피어 정함. inquiry -하다

심정 애:욕(心情愛慾)명 남녀 간에 생기는 동경·열정 등과 같이 심정적 체험을 통해서 우러나오는 사랑. 그 밑바닥에 성애(性愛)가 흐름. 에로스애.

심제(心制)명〈제도〉대상(大祥) 때부터 담제(禫祭)

심조(深阻) 깊고 험한 것. steepness
심조(深造) 깊은 조예(造詣).
심조 자득(深造自得) 학문의 뜻을 밝히고 스스로 이해함.
심증(深-症) 〈한의〉 마음 쓰임이 지나쳐서 가슴이 아프고 붉어지는 병.
심주(心柱) 마음의 줏대. settled conviction
심-줄[-쭐] 〈준〉 힘줄.
심중(心中) 마음속. 심리(心裏). 의중(意中). 심흉(心胸). 〈유〉 뇌리(腦裏). in the heart
심중(深重) 생각함이 깊고 무거움. prudence 하타
심중 소회(心中所懷) 마음속의 감회.
심중인(心中人) 의중의 인(意中人).
심중힐(-힐) 센 활에 다음가는 활.
심증(心證) ①마음에 받는 인상(印象). impression ②〈법률〉 법관이 소송 사건을 심리하는 과정에서 그 마음속에 얻는 인식이나 확신. conviction
심지(心-) ①등잔·남포·초 따위에 실이나 형겊을 꼬아 짖고 불을 붙이게 된 물건. 등심(燈心). wick ②폭파시키기 위한 남포·폭탄 따위를 터뜨리기 위하여 불을 달게 되어 있는 줄. fuse ③상처 따위에 박은 솜. wick sponge ④〈동〉 제비.
심지(心地) 마음의 본바탕. 마음자리.
심지(心志) 마음에 지니는 의지. 마음과 뜻. will
심:지어(甚至於) 심하게. 심하게는. ¶ ~ 욕설까지 퍼붓다. what is worse
심질(心疾) 심병(心病)②.
심:찰(審察) 자세히 살피어 조사함. 하타
심창(深窓) 깊숙이 있는 방. 깊숙한 방.
심책(深責) 깊이 허물을 꾸짖음. 절책(切責). severe rebuke 하타
심천(深淺) 깊음과 얕음. depth and shallowness
심청(深-) 〈동〉 심술(心術).
심청(深靑) 짙은 푸른 빛. deep blue
심:청 고약(沈淸膏藥) 〈속〉 부모 봉양을 위하여 된 창녀(娼女).
심:축(心祝) 참 마음으로 축하함. hearty congratulation 하타
심축(心縮) 마음속 깊이 축하함. 마음으로 축복함.
심춘(尋春) 봄의 아름다운 경치를 찾음. 하타
심충(深衷) 깊고 참된 속마음. deep heart
심취(心醉) 깊이 빠져 마음이 취함. intoxication 하타
심취(深醉) 몹시 취함. dead drunkenness 하타
심층(深層) 속의 깊은 층. ¶ ~부.
심층 심리학(深層心理學) 〈심리〉 정신의 의식적 부분에 대해 무의식적 부분의 기능을 다루는 심리학.
심탐(深耽) 일에 매우 열중함. devotion 하타
심토(心土) 〈농업〉 표토(表土)의 하층의 토양. 발을 깊게 갈아서도 닿지 않는 부분의 토양. 는 장치.
심토리(-) 땅을 깊이 갈기 위하여 호리나 쟁기에 덧대
심-통[-] 〈광물〉 도랑으로 뚫어져 있는 광맥.
심통(心通) 언어(言語)·상태 이외에 초탈부어 있는 의(意義)를 마음속으로 느끼어 아는 일. understanding 하타
심통(心統) 나쁜 마음자리. ¶ ~이 사납다. bad disposition
심통(心痛) 마음이 괴롭고 아픔. pain of mind 하타
심통(深痛) 마음이 괴롭고 아픔. 몹시 슬퍼함. grief
심:판(審判) ①〈법률〉 사건을 헤아리고 판단 또는 판결. trial ②〈체육〉 운동 경기에서 판칙 행위와 우열(優劣)과 순위를 가림. 또, 그 사람. referee ③〈기독〉 천주(天主)가 세상의 선악을 재제함. judgement 하타
심:판관(審判官) ①〈동〉 심판원. ②〈법률〉 군법 회의의 재판관으로서 임명된 법무사 이외의 장교.
심:판-대(審判臺) 심판관이 있는 자리. judge's seat ②판단이나 결정이 내려지는 자리. place of decision ¶ ~에 퍼세다. 심판대에 오르다.
심:판-원(審判員) 경기의 심판을 하는 사람. 엄파이어.
심:판의 날(審判-) 〈기독〉 이 세상이 끝나면서 하느님이 만인을 재판한다는 날.

심:판-장(審判長) 심판원의 장(長).
심폐(深弊) 매우 해가 되는 일. 심한 폐단. great evil
심포니(symphony) 〈동〉 교향곡(交響曲).
심포니 오:케스트라(symphony orchestra) 〈동〉 교향악단(交響樂團).
심포닉 포엠(symphonic poem) 〈음악〉 표제(標題)를 붙여서, 문학적인 내용을 표현한 관현악곡(管絃樂曲). 교향시(交響詩).
심포지엄(symposium) ①한 문제를 두 명 이상이 각기 다른 면에서 고찰한 뒤를 강연하는 논한 후, 청중·사회자 등의 질문에 답변하는 토론의 한 형식. ②논문집(論文集).
심플(simple) 단순(單純). 간단(簡單). ¶ ~ 라이프(life).
심피(心皮) 〈식물〉 피자(被子) 식물에서 암술이 되는 잎.
심피(椹皮) 〈한의〉 물푸레나무의 껍질. 강장제(强壯劑) 또는 안약으로 씀.
심:-하다(甚-) 〈여불〉 정도에 지나치다. excessive
심학(心學) 마음을 닦는 학문. 곧, 정자학(程子學) ·주자학(朱子學)과 같은 학문. -tion 하타
심한(深恨) 깊이 원망함. 또, 깊은 원한. lamentation
심항(深港) 깊숙히 속에 박혀 있는 나루.
심해(深海) ①깊은 바다. (대) 천해(淺海). deep sea ②깊이가 200 m 이상의 바다.
심해-선(深海線) 깊은 바다에 쓰는 해저 전선. deep sea cable
심해 성층(深海成層) 〈지학〉 태양 광선이 전혀 꿰뚫지 못하는 암흑(暗黑)의 심해 지층. 1,000∼2,000 m의 바다 밑.
심해 수도(深海水道) 〈지학〉 심해의 해저에 생긴 얕은 골짜기.
심해-어(深海魚) 깊은 바다에서 사는 고기. deep sea fish
심:해(審覈) 일의 실상을 자세히 조사함. close investigation 하타
심허(心許) 참 마음으로 허락함. hearty permission
심허(心虛) 정신이 허약해지는 병증.
심험(心險) 마음씨가 음침하고 험상궂음. wickedness 하타
심험(深險) ①마음씨가 매우 음험함. evil-heartedness ②산이 깊고 험함. deepness 하타
심현(深玄) 〈여〉 심오(深奧). 하타
심혈(心血) ①심장의 피. heart's blood ②있는 대로의 힘. 모든 힘. 온 정신. 심신(心身). heart
심혈(深穴) 깊은 구멍. deep hole
심협(深峽) 깊은 산협.
심형(深刑) 〈동〉 혹형(酷刑).
심혜(深慧) 깊은 슬기. profound wisdom
심-호흡(深呼吸) 깊게 쉬는 숨. deep breathing
심혼(心魂) 마음과 혼. 마음과 정신. 신혼(神魂). soul
심홍(深紅) 짙은 다홍빛. crimson
심화(心火) ①마음속에서 일어나는 울화. passion ②〈한의〉 마음이 답답하고 화가 나는 병. ¶ ~병.
심화(深化) 점점 더 깊어감. deepening 하타
심황(-黃) 〈식물〉 생강과의 다년생 풀. 근경은 황색으로 굵고 있은 타원형임. 가을에 황색 꽃이 핌. 열대 지방에서 재배하는데 근경은 지혈제(止血劑) ·건위제(健胃劑)로 쓰고, 건조한 근경의 분말은 황색 염료로 씀. 울금(鬱金). turmeric plant
심황(深黃) 짙은 누른 빛. saffron-yellow
심황-산(-黃散) 〈한의〉 심황의 가루. 성질은 차고 매운데 심통(心痛) 따위의 약제로 씀. 울금분(鬱金粉).
심회(心懷) 마음속의 품은 생각. 심서(心緖). feeling
심후(深厚) 깊고 두터움. profundity 하타
심흉(心胸) 가슴속. 가슴속의 마음. 심중. bosom
심흑(深黑) 진한 검은 빛. jet black
십(十) 열.
십간(十干) 〈민속〉 천간(天干)의 열개. 곧, 갑(甲)

십걸(十傑)圀 어떤 분야에 뛰어난 열 사람의 인물. 대게는 운동 기록 등에서 상위 열 사람을 일컬음.

십경(十經)圀 유가(儒家)의 경서 열 가지. 곧, 주역(周易)·상서(尙書)·모시(毛詩)·예기(禮記)·주례(周禮)·의례(儀禮)·춘추 좌씨전(春秋左氏傳)·공양전(公羊傳)·곡량전(穀梁傳) 및 논어(論語)와 효경(孝經)을 모두 일컬음. ten Confucian classics

십계(十戒)圀〈불교〉불가(佛家)에서 열 가지 경계하는 말. 곧, 살생(殺生)·도독질·간음·술·고기·망령된 말·욕방·허물·거짓말·사견(邪見)의 열 가지. Buddhist's Ten Commandments

십계(十界)圀〈불교〉불계(佛界)·보살계·연각계(緣覺界)·성문계(聲聞界)·천상계(天上界)·인간계·수라계(修羅界)·축생계·아귀계·지옥계의 열 세계. ten Buddhist worlds

십구·명(十誡命)圀〈기독〉예수교에서 금하는 열 가지 계명. 곧, 다른 신(神)을 섬기지 말 것, 우상을 섬기지 말 것, 여호와의 이름을 망령되게 하지 말 것, 안식일을 지킬 것, 효도할 것, 살인하지 말 것, 간음하지 말 것, 도독질하지 말 것, 거짓말하지 말 것, 탐내지 말 것. Ten Commandments

십구공·탄(十九孔炭)圀 구멍이 19개 뚫린 연탄. 《약》 구공탄②. 19-hole briquette coal

십구·체(十句體)圀〈문학〉 열 개의 글귀로 이루어진 시가의 형식.

십국(十國)圀 ⇨ 오대 십국(五代十國).

십규·증(十疰症)圀〈민속〉죽은 사람의 혼령이 내리어서 미쳤다가 마침내는 죽게 되는 병.

십·년(十年)圀 열 해.

십년 감·수(十年減壽)圀 수명이 십 년은 줄어든다는 뜻으로, 대단한 고통이나 몹시 위험한 일을 당하여 놀랐을 때 씀. 「아기 다쳤는가 보아서 ~했다. 하

십년 공부(十年工夫)圀 십 년 동안 쌓은 공. 오랜 동안 쌓은 공. long devotion

십년 공부 나무 아미타불/십년 공부 도로 아미타불圄 오랜 동안 애쓴 일이 보람이 없게 됨. 오랜 동안 공들인 일이 허사가 됨.

십년 묵은 환자라도 지고 들어가면 그만이다圄 아무리 오래 된 빚이라도 그것을 갚은 후라면 떳떳하다.

십년 세도 없고 열흘 붉은 꽃 없다圄 부귀 영화란 오래 지속하지 못한다.

십년 일득[-특](十年一得)圀 홍수 혹은 가뭄을 타기 쉬운 논이 어쩌다가 풍년이 듦을 이름.

십년지·계(十年之計)圀 오래 전부터 사귀어 온 친구. 장구한 계획. ten-year-plan [old friend

십년 지기(十年知己)圀 오래 전부터 사귀어 온 친구.

십념(十念)圀〈불교〉①나무 아미타불을 열 번 부름. ②불(佛)·법(法)·승(僧)·계(戒)·시(施)·천(天)·휴·안반(安般)·몸·죽음의 열 가지를 정성껏 외는 것.

십-다圁〈교〉섭다. 마음의 통일을 꾀하는 일. 하

십대(十代)圀 ①열 번째의 대(代). ② 20년 안쪽의 소년·소녀의 시대. 틴에이저(teen-ager).

십대 동·천(十大洞天)圀 신선이 다스리는 열 군데.

십·대·왕(十大王)圀〈동〉시왕(十王). 의 동천.

십대 제·자(十大弟子)圀〈불교〉석가 모니의 고제(高弟) 열 사람. 곧, 가섭, 아난, 사리불, 목건련, 아나를, 수보리, 부루나, 가전연, 우바리, 나후라.

십두·드·리·다圁〈교〉짓섭다.

십량·주(十兩紬)圀 중국산 좋은 명주의 하나. silk of

십·리[-리](十里)圀 fine quality

십리 길에 점심 싸기圄 준비를 든든히 하라는 말.

십리 눈치 꾸러미다圄 십 리 밖에서도 눈치를 알아차릴 만큼 눈치가 아주 빠른 사람임.

십·만(十萬)圀 만의 열 배 되는 수효.

십맹 일장[-짱](十盲一杖)圀 열 소경에 한 막대. 곧, 어떠한 사물이 여러 사람에게 다 같이 긴요하게 쓰임을 가리키는 말.

십모(十母)圀 ①'십간(十干)'의 별칭. ②친모·출모·가모·서모·격모·계모·자모·양모·유모의 총칭.

십목 소·시(十目所視)圀 여러 사람이 다 같이 보고 있음. 곧, 세상 사람을 속일 수 없음. in public

십목 십수(十目十手)圀 보는 사람과 손가락질을 하는 사람이 많음. many persons see and criticize

십방(十方)圀 ⇨시방(十方). 「무가 없다는 뜻.

십벌지·목(十伐之木)圀 열 번 찍어서 안 넘어가는 나

십분(十分)圄 한 사람의 욕분의 일. ten minutes 圄 넉넉하게. 아무 부족함이 없이. enough

십분 무의(十分無疑)圀 조금도 의심할 여지가 없음. doubtless 하

십분 상사(十分相似)圀 아주 서로 닮음. 「타

십분 준·신(十分準信)圀 아주 믿어 버림. reliance 하

십사·도(十四道)圀〈지리〉우리 나라의 행정 구역인 열네 도. 곧, 전라 남도·전라 북도·충청 남도·충청 북도·경상 남도·경상 북도·강원도·경기도·황해도·평안 남도·평안 북도·함경 남도·함경 북도·제주도. 14 provinces of Korea

십삼·도(十三道)圀〈지리〉우리 나라의 열 세 도(道). 14도가 되기 전에 제주도를 제외한 것.

십상(十一成)圀 매우 잘된 일이나 물건. ¶그 직장이 너에게는 ~이다. very thing desired

십상 팔구(十常八九)圀 열이면 여덟·아홉은 그러함. 거의 다 됨. 십중 팔구(十中八九). ten to one

십생 구사(十生九死)圀〈동〉구사 일생(九死一生). 하

십선(十善)圀 ①〈불교〉십악(十惡)을 행하지 아니함. 곧, 십게(十戒)를 지킴. 《대》십악(十惡). ten great virtues ②열 사람의 착한 벗. ten good friends

십성(十成)圀 ①황금의 품질을 열 등분한 제일등. first grade of gold ②⇨십상.

십습 장지(十襲藏之)圀 귀중한 물건을 잘 감추어 둠. hide a treasure secretly 하

십승·법(十乘法)圀〈동〉십진법(十進法).

십승지·지(十勝之地)圀 ①국내의 열 군데의 명승지. ②〈민속〉병가(兵家)가 말하는, 기근(饑饉)·병화(兵火)를 당할 근심이 없다는 열 군데 땅.

십시 일반(十匙一飯)圀 열 술이면 한 사람 분의 분량이 된다는 뜻으로, 여럿이 힘을 합하면 한 사람을 돕기 쉽다는 말.

십신(十神)圀 문루(門樓)나 전각의 지붕 네 귀퉁이에 꾸미어 앉히는 대당 사부(大唐師傅)·손행자(孫行者)·저팔계(猪八戒)·사화상(沙和尙)·마화상(麻和尙)·삼살 보살(三殺菩薩)·이구룡(二口龍)·천산갑(穿山甲)·이귀박(二鬼朴)·나토두(裸土頭) 같은 잡신(雜神).

십실 구공(十室九空)圀 큰 전쟁이나, 홍수 또는 극심한 전염병 같은 것으로 인하여 많은 사람들이 뿔뿔이 흩어지거나 죽는 사람이 많은 일.

십악(十惡)圀〈불교〉몸·입·뜻의 세 가지에서 나누는 열 가지의 악업(惡業). 곧, 살생(殺生)·투도(偸盜)·사음(邪淫)의 신업(身業)과, 망어(妄語)·기어(綺語)·양설(兩舌)·악구(惡口)의 구업(口業)과, 탐욕(貪慾)·진에(瞋恚)·우치(愚癡)의 의업(意業). 《대》십선(十善). ten great evils

십악 대·죄(十惡大罪)圀〈제도〉대명률(大明律)에 정한 모반(謀反)·모대역(謀大逆)·모반(謀叛)·악역(惡逆)·부도(不道)·대불경(大不敬)·불효(不孝)·불목(不睦)·불의(不義)·내란(內亂)의 극히 열 가지의 큰 죄.

십=억(十億)圄 억(億)의 열 배가 되는 수효. 「죄.

십여(十餘)圀 여남은.

십오·야(十五夜)圀 음력 보름날 밤. 삼오야(三五夜). night of the fifteenth of the lunar month

십육 밀리 영화[-뉴-](十六 milli映畫)圀〈연예〉16 밀리 필름으로 찍은 영화. 소형(小型) 영화의 대표적인 것. 16-millimetre film

십육 방위[-뉴-](十六方位)圀 동서 남북을 다시 16

십육분 쉼표[一○一](十六分—標)[명]〈음악〉온쉼표의 1/16의 길이를 가지는 쉼표. ♪. 십육분휴지부.

십육분 음표[一뉴—](十六分音標)[명]〈음악〉팔분음표의 반을 나타내는 표. ♪.

십육분 휴지부[一뉴—](十六分休止符)[명]〈동〉십육분표.

십육 회전 레코:드[一뉴—](十六回轉 record)[명] 1분 동안에 16과 2/3 회전하는 12인치 레코드.

십이:궁(十二宮)[명] ①〈천문〉황도(黃道)의 변두리 위에 벌여 놓은 열두 성좌(星座). 십이 성좌(十二星座). zodiac ②〈민속〉사람의 생년·생월·생일·생시를 성좌(星座)에 배당한 것.

십이:-분(十二分)[명] 정도를 넘는 모양. 예기한 이상으로 만족한 모양.

십이: 사:도(十二使徒)[명]〈기독〉그리스도가 복음을 전파하려고 특별히 뽑은 12제자. Twelve Apostles

십이: 사:화(十二士禍)[명]〈역사〉조선조 단종 원년(1453)으로부터 경종 2년(1722)까지에 일어난 열두 사화. 곧, 계유·병자·무오·갑자·기묘·신사·을사·정미·기유·계축·기사·신임 사화.

십이: 성좌(十二星座)[명]〈동〉십이궁(十二宮)①.

십이:-승(十二升)[명] 가는 실로 곱게 짠 모시 베. fine ramie cloth

십이:-시(十二時)[명] 하루를 열둘로 나누어 십이지(十二支)의 이름을 붙인 말. 자시(子時)는 밤 11시부터 1시까지임. twelve periods of a day

십이:-신(十二神)[명] ①열두 신장. ②구나(驅儺)할 때 쥐·소·범·토끼·용·뱀·말·양·잔나비·닭·개·돼지의 형상의 탈을 쓴 나자(儺者).

십이:-열국(十二列國)[명]〈역사〉중국 춘추 시대의 노(魯)·위(衛)·진(晉)·정(鄭)·조(曹)·채(蔡)·연(燕)·제(齊)·진(陳)·송(宋)·초(楚)·진(秦) 등의 열두 나라. [mber

십이:=월(十二月)[명] 한 해의 마지막 달. 섣달. Dece-

십이:=율(十二律)[명]〈음악〉음악의 육률(六律)과 육려(六呂).

십이:율관(十二律管)[명]〈음악〉오래된 해죽(海竹)으로 만든 악기의 하나.

십이:-음(十二音)[명]〈음악〉한 옥타브 중에 있는 서로 다른 12개의 음. 반음계를 구성하는 열 두 음을 가리킴. [階].

십이:음 음계(十二音音階)[명]〈동〉반음 음계(半音音

십이:음 음악(十二音音樂)[명]〈음악〉12의 반음으로 한 단위의 음형을 만들어 곡(曲) 전체를 이 음형의 연주로써 작곡하는 음악.

십이: 인연(十二因緣)[명]〈불교〉불교의 기초적인 근본 교리. 아함경(阿含經)의 무명(無明)·행(行)·식(識)·명색(名色)·육근(六根)·촉(觸)·수(受)·애(愛)·취(取)·유(有)·생(生)·노사(老死) 십이인연②.

십이:=자(十二子)[명]〈동〉십이지(十二支)①.

십이: 세:자(十弟子)[명]〈기독〉예수를 좇던 베드로 등 열두 제자. 십이 사도.

십이:-지(十二支)[명]〈민속〉①열두 개의 지지(地支). 곧, 자(子)·축(丑)·인(寅)·묘(卯)·진(辰)·사(巳)·오(午)·미(未)·신(申)·유(酉)·술(戌)·해(亥). 십이자. twelve horary signs ②[동]십이 인연.

십이:지장(十二指腸)[명]〈생리〉위(胃)에 가까이 붙어 있는 소장(小腸)의 일부분. duodenum

십이:지장-충(十二指腸蟲)[명]〈동물〉열대(熱帶)·아열대(亞熱帶) 지방에 걸쳐 널리 사람에게 기생(寄生)하는 선충류(線蟲類). hookworm

십인 십색(十人十色)[명] 사람이 즐겨함과 생각하기가 저마다 다름을 이름. 각인 각색(各人各色). Everyone has a different mind

십일(十日)[명] ①열흘. ②열흘날.

십일면 관세음(十一面觀世音)[명]〈불교〉본체(本體) 외에 머리 위에 조그마한 11개의 얼굴이 있는 관음상(觀音像). 아수라도(阿修羅道)를 구함한 함.

십일-세[一쎄](十一稅)[명]〈동〉십일조(十一租).

십일=월(十一月)[명] 한 해의 11 번째 달. 동짓달. November

십일-제[一쩨](十一除)[명] ①열에서 하나를 빼냄. ②〈제도〉장색(匠色)이 물건을 주문하면 장사가 받은 물건 값의 1/10을 십부름 은 사람에게 주는 일. 하[日]

십일-조[一쪼](十一租)[명] ①생산량의 10 분의 1 을 바치는 조세(租稅). 십일세(十一稅). tithe ②〈기독〉교회에서 자기 수입의 1/10을 헌납하는 일.

십자(十字)[명] '十'의 자형(字形). cross

십자-가(十字架)[명] ①옛날 어떠한 죄인을 사형하던 십(十)자형의 형틀. cross ②〈기독〉예수가 사형 받던 형틀. Holy cross ③〈기독〉기독교의 상징으로 교인들이 위하는 십자 모양의 표. cross

십자-가(十字架)[명]〈동〉베거리.

십자-고사리(十字—)[명]〈식물〉고사리과의 다년생 상록 양치 식물. 근경은 비대하고 높이는 50 cm 가량임. 잎은 혁질(革質)인데 깃꼴로 갈라졌음. 산림지대의 나무 밑에 남.

십자 고상(十字苦像)[명]〈기독〉십자가에 못 박힌 그리스도의 수난을 묘사한 그림·조각상.

십자-군(十字軍)[명]〈역사〉1096 년부터 1291년까지 일곱 번, 유럽 각지의 기독교도가 예루살렘의 성지를 회복하려고 일으켰던 원정군(遠征軍). Crusade ②어떤 이상이나 신념을 바탕으로 한 집단적인 전투 행위. ¶정의의~.

십자-꽃부리(十字—)[명]〈동〉십자 화관. [crossroads

십자-로(十字路)[명] 네 갈래로 갈라지는 길. 네거리.

십자-맞춤(十字—)[명]〈건축〉두 개의 재목을 '十'자 걸이로 하는 일.

십자-매(十姉妹)[명]〈조류〉참새목의 작은 새. 참새와 비슷하며 몸 빛은 대체로 백색이나 상면은 암갈색, 하면의 복부와 꼬리는 백색이며 가슴에는 갈색 띠가 있음. 관상용으로 많이 기름. lovebird

십자-목(十字木)[명] 물방아 굴대에 십자 모양으로 박아 돌아가는 바로 방아공이를 울리는 나무.

십자-성(十字星)[명]〈천문〉남쪽 하늘에 십(十)자 모양으로 보이는 별. crux [수.

십자-수(十字繡)[명] 실을 십자형으로 엇갈리게 놓는

십자-집(十字—)[명]〈건축〉지붕의 정마루가 십자로 된 집.

십자 포화(十字砲火)[명]〈동〉십자화(十字火).

십자-표(十字標)[명]〈인쇄〉문장 수식(數式)에서 더하는 표로 쓰는 부호. '十'의 인쇄상의 이름.

십자-형(十字形)[명] '十'자 모양으로 된 형상. cross shape

십자형 화관(十字形花冠)[명]〈동〉십자 화관.

십자-화(十字火)[명] 전후 좌우에서 놓는 총이나 대포의 불. 십자 포화(十字砲火). cross fire

십자 화관(十字花冠)[명]〈식물〉이판 화관의 하나. 네 개의 꽃잎이 십자형으로 꽃부리. 십자꽃부리. 십자형 화관. cruciferous corolla

십장(什長)[명] 인부를 직접 감독하는 누목. foreman ②〈제도〉병졸 열 사람의 우두머리.

십장-거리(十帳—)[명]〈건축〉열 개의 서까래로 이루어진 선자연(扇子椽).

십-장생(十長生)[명] 오래 살고 죽지 않는다는 열 가지. 곧, 해·산·물·돌·구름·솔·불로초·거북·학·사슴. ten acrogenic things [계하는 그날.

십-재일(十齋日)[명]〈불교〉불가(佛家)에서 다달이 재

십전(十全)[명] ①모두가 갖추어져 전혀 결점이 없음. 완전. wholeness ②조금도 위험이 없음. complete safety 하[[명]

십전 구도(十顚九倒)[명]〈동〉칠전 팔도(七顚八倒). 하

십전-대:보탕(十全大補湯)[명]〈한의〉원기를 돕는 탕약. [약]대보탕.

십종 경:기(十種競技)[명]〈체육〉육상 경기의 하나. 한 선수가 이틀에 걸쳐서 10종목의 경기를 하여 총득점으로 승부를 가리는 경기. 혼성 경기. decathlon

십중 팔구(十中八九) 〔명〕〔동〕 십상 팔구(十常八九).
십지(十指) 〔명〕 열 손가락. ten fingers
십지 부동(十指不動) 열 손가락을 꼼짝 아니함. 곧, 행동의 게으름을 가리킴. complete laziness 하다
십진=급수(十進級數) 〈수학〉 십진법(十進法)으로 연 은 여러 가지 단위로 헤아린 수.
십진=법[一뻡](十進法) 〈수학〉 수를 셀 때 어떠한 단위가 열이 모이면 그 위의 단위로 올리는 셈법. 십승법. decimal system
십진 분류법[一뻡](十進分類法) 〔명〕 도서 분류법의 하나. 10개의 기초류(基礎類)로 나눠, 그 아래에 10개의 강·목을 두고 모든 것을 아라비아 숫자로 표기함.
십진=수(十進數) 〈수학〉 십진법으로 표시된 수.
십철[一쳘](十哲) 공자(孔子) 문하(門下)의 열 사람의 뛰어난 제자. 곧, 안회(顏回)·민자건(閔子騫)·염백우(冉伯牛)·중궁(仲弓)·재아(宰我)·자공(子貢)·염유(冉有)·자로(子路)·자유(子游)·자하(子夏).
십촌(十寸) 같은 오대조(五代祖)의 자손. [種].
십칠=사(十七史) 〈역사〉 중국의 정사(正史) 17종
십팔=공(十八公) '松'의 해자(解字). 곧 소나무의 딴이름.
십팔=기(十八技) 중국에서 들어온 18가지의 무예(武藝). 곧, 무에 육기에 죽장창·기창(旗槍)·예도(銳刀)·왜검(倭劍)·교전(交戰)·월도(月刀)·협도(挾刀)·쌍검(雙劍)·제독검(提督劍)·권법(拳法)·본국검(鞭棍)의 열두 가지를 더한 것. eighteen feats of arms of old China
십팔=번(十八番) 그 사람이 가장 잘하는 일. 특히, 가장 잘 부르는 노래. (유) 장기(長技). 특기(特技).
십편=거리(十片一) 〔명〕 열 뿌리가 열엿 냥쭝 한 근이 되는 인삼. [金].
십품=금(十品金) 불려서 가장 좋은 십성(十成)의
십한 일폭(十寒一曝) 열흘 춥고 하루 햇볕이 쬔다는 뜻으로, 일을 할 때 근실하지 못하고 끊임이 있음을 가리키는 말. 〔작〕 샛=. deep
싯- 빛깔이 선뜻함을 나타내는 말.
싯-꺼멓-다〔형〕〔호로〕→시꺼멓다.
싯-누렇-다 빛깔이 더할 수 없이 누렇다. 〔작〕 샛노랗다. vivid
싯-다〔교〕씻다.
싯다운(sit-down) 〔명〕 싯다운 스트라이크.
싯다운 스트라이크(sit-down strike) 농성 파업. 농성 투쟁. 〔약〕 싯다운.
싯발-달-다(詩一) 〔동〕 한시(漢詩)를 지을 때 운자를 달다.
싯-뻘겋-다〔형〕〔호로〕→시뻘겋다.
싯-퍼렇-다〔형〕〔호로〕→시퍼렇다.
싯-허옇-다〔형〕〔호로〕→시허옇다.
싱〔속〕돈.
싱건김치〔명〕 김장 때 삼삼하게 담근 무김치. 싱건지. unsalty pickled radish
싱건=지〔명〕 싱건김치.
싱검기는 고드름 장아찌라 매우 멋없고 싱겁기만 하다는 말.
싱겁-다〔형〕〔ㅂ로〕①짜지 않다. (대) 짜다. not salted enough ②술이 독하지 않다. mild ③몸피에 어울리지 않다. clumsy ④말이나 짓이 멋적다. ¶그 사람은 언행이 좀 ~. nonsensical
싱겅싱겅-하-다〔형〕〔여〕방이 차고 서늘하다. ¶방이 이렇게 싱겅싱겅해서 어디 자겠느냐? chilly
싱갱이〔명〕→싱경이.
싱경이〔명〕 청배과의 바다 이끼. 속이 빈 관상(管狀)의 1층으로 된 세포로 형성되고, 모양은 머리털 비슷한. 장아찌·쌈·장조림 등을 만들어 식용함. [scented
싱그럽-다〔형〕〔ㅂ로〕 냄새가 신선한 향기가 있다. sweet
싱그레〔명〕 소리 없이 눈웃음치는 모양. 〔작〕 생그래. 〔센〕 씽그레. with a gentle smile 하다

싱글(single) 〔명〕①홑. 외점. ②〔체육〕 야구에 있어서의 일루타(一壘打). ③〔체육〕 정구나 탁구에 있어서의 단식 시합(單式試合). (대) 더블(double). ④〔약〕→싱글 플레이어. ⑤남자 양복의 저고리의 앞이 외줄 단추로 되고 겹쳐는 섶이 좁은 것. ⑥[6]로 독신.
싱글-거리-다 소리 없이 연해 부드럽게 눈웃음치다. 〔작〕 생글거리다. 〔센〕 씽글거리다. smile 싱글=싱글 하다
싱글=벙글 싱글거리면서 벙글거리는 모양. ¶무엇이 좋은지 ~하고 있느냐? 〔작〕 생글방글. 〔센〕 씽글빵글. smilingly 하다
싱글 베드(single bed) 혼자 눕도록 만든 침대. (대) 더블 베드(double bed).
싱글 플레이어(single player) 〔명〕 골프에서, 핸디가 9 이하인 플레이어. 〔약〕 싱글④.
싱글=히트(single hit) 〔명〕 〔체육〕 야구에서 타자(打者)가 일루(一壘)를 얻을 수 있는 안타(安打).
싱긋〔명〕 소리 없이 눈만 움직여 은근하게 얼핏 웃는 모양. 〔작〕 생긋. 〔센〕 씽긋. with a smile 하다
싱긋-거리-다 소리 없이 연해 정답게 눈웃음치다. 〔작〕 생긋거리다. 〔센〕 씽긋거리다. 싱긋=싱긋 하다
싱긋=빙긋 싱긋거리면서 빙긋거리는 모양. 〔작〕 생긋방긋. 〔센〕 씽긋빙긋. smilingly 하다
싱긋=이 은근한 태도로 지그시 눈웃음치는 모양. 〔작〕 생긋이. 〔센〕 씽긋이.
싱둥싱둥-하-다〔형〕〔여〕 기운이 줄지 않고 본디의 기운이 그대로 남아 있다. 〔작〕 생둥생둥하다. vigorous
싱둥-하-다〔형〕〔여〕 싱싱하게 생기가 있다. lively
싱숭=**생숭**〔명〕 마음이 들떠서 어수선하고 갈팡질팡하는 모양. 시름새름. ¶마음이 ~하여 하루 종일 길을 걸었다. uneasily 하다
싱숭=증〔명〕〔一증〕〔一症〕 마음이 들떠서 싱숭생숭한 느낌이 일어나는 증세.
싱싱-하-다〔형〕〔여〕①축나거나 썩지 않고 본디 그대로의 생기를 가지고 있다. fresh ②빛이 맑고 산뜻하다. ③원기가 왕성하다. 〔작〕 생생하다. 〔센〕 씽씽하다. vivid
싱아〔명〕 〔식물〕 마디풀과의 다년생 풀. 산·들에 나는데 높이 1m, 잎은 호생하며 여름에 흰 꽃이 핌. 어린 잎과 줄기는 식용됨.
싱어〔명〕 〔어류〕 멸치과의 바닷물고기. 연해에 분포하는데, 길이 약 24cm의 칼 모양이고 등은 회자 배는 황색임. 하천의 기수(汽水)까지 소강하여 산란하고 바다로 가서 죽음.
싱어(singer) 〔명〕 가수(歌手). 성악가(聲樂家).
싱코페이션(syncopation) 〔명〕 〔음악〕 '당김음'의 영어명.
싱크(sink) 〔명〕 부엌의 설거지대(臺)의 수조(水漕). 부 [분.
싱크(sync) 〔명〕 〔약〕 싱크로나이즈. [영 세간.
싱크=대(sink 臺) 〔명〕 싱크 장치가 붙은 장 모양의 부
싱크로나이즈(synchronize) 〔명〕 ①영화나 텔레비전에서 화면과 음향이 일치함. 동시 녹음(同時錄音). ②사진기에서 플래시와 셔터가 시간적으로 일치함. 〔유〕 싱크(sync).
싱크로나이즈드 스위밍(synchronized swimming) 〔명〕〔체육〕음악의 반주에 맞추어 헤엄치면서 기술의 정확함과 표현의 아름다움을 겨루는 수영 경기의 일종. 수중 발레.
싱크로=사이클로트론(synchro-cyclotron) 〔물리〕 1945년 미국의 맥밀란과 소련의 벡슬러가 각자 독립으로 고안한 하전 입자(荷電粒子) 가속 장치.
싱크로=트론(synchrotron) 〔물리〕 사이클로트론과 베타트론을 합하여 개량한 하전 입자(荷電粒子) 가속 장치.
싶-다〔조형〕①용언의 말끝 '-고' 아래에 쓰이어 하고자 하는 마음이 있음을 나타냄. ¶가고 ~. 보고 ~. want to ②(←시프다) 활용어의 의문형 어미 '-ㄴ가'·'-은가'·'-는가'·'-을까'·'-을까'의 아

=싶다 ‖ 래에 쓰이어, 추측이나 유사함을 확실하지 않게 나타내는 말. ¶좀 빠른가 ~.

=싶-다[접미] 의존 명사 '듯'이나 '성'에 붙어서 '듯싶다'나 '성싶다'를 이루는 말. ¶네가 말을 잘 들을 듯~. it seems…

싶어-하-다[조동][여불] 용언의 어미 '-고'의 아래에 쓰이어 하고자 하는 마음이 있음을 나타냄. ¶가지고 ~. want

싸라디-[고] 까라지다.
설-다[타] [고] 깐다.
·찌-다[타] [고] 깨다[覺].
·찌돋-다[자] [고] 깨닫다.
·써·디-다[자] [고] 꺼지다. 빠지다.
·써리·[타] [고] 꺼리다.
:썰·빔[명] [고] 꺼리게[忌]. 어렵게.
:삶-다[형] [고] 꺼림칙하다[忌]. 어렵다.
쎄티[명] [고] 의 '티'는 힘줌을 나타냄.
쏘리[명] [고] 꼬리.
·쏠[명] [고] 꼴. 모양.
쐭[명] [고] 꾀. 계책(計策).
쐬오-다[타] [고] 에누리하다.
쐬오-다[타] [고] 꾀다.
·쑤·미-다[타] [고] 꾸미다.
쿨[명] [고] 꿀.
·꿀-다[타] [고] 꿇다.
쓸[명] [고] 꿈.
·꿈안[명] [고] 꿈속.
쿵[명] [고] 꿩.
싀/쁨[명] [고] 틈.

·싀·/人·긔[조] [고] 께. 에게.
·싀·--[타] [고] 꺼리다. 시세우다.
·싀·셔[조] [고] 께서.
씟긋굿-다[형] [고] 깨끗하다.
·끼--다[타] [고] ①끼다. 틈에 박다. ②가두다. 얽매다. ③연기나 수증기 따위가 엉기어 흩어지지 아니하다.
씬[명] [고] 끈. 먼지나 때 따위가 덮어 붙다.
·싸[명] [고] ①땅. ②곳.
=싸나[어미] [고] =말거나.
=:싀·녀[어미] [고] =이랴. 이겠느냐. =르까보냐.
·싀·닉잇·가[어미] [약] =이겠나이까.
·싀다-다[자] [고] 터지다.

산똠[명] [고] 따름.
싸·보[명] [고] 따비.
=산여[어미] [고] =랴. =겠느냐. =르까보냐.
·쏠¹[명] [고] 근원(根源).
·쏠²[명] [고] 딸.
·쏨[명] [고] 땀.
쏨·되야·기[명] [고] 땀띠.
쫒도흠[명] [고] ①오갈피. ②벳두릅.
·쌔-[타] [고] 때우다.
·씨실-다[타] [고] 때 끼다. 때가 묻다. 때깨 생기다. 누[명](陋名)을 쓰다.
·쇽[명] [고] 먹.
·쇽·소[명] [고] 먹소.
·쏙-[타] [고] 도.
쏭[명] [고] 똥.
·쯔--[타] [고] 뜨다. 그릇에 담긴 물건을 덜어내거나 또는 퍼내다.
쯔-다²[형] [고] 뜨다. 둔(鈍)하다. 느리고 더디다.
쯔리[명] [고] 작은마마. 수두.
·쯔·믈[명] [고] 뜨물.
쫌[명] [고] 틈³.
쯤[명] [고] 사이.
쯤쯔-다[자][로불] [고] 틈을 뜨다.
쯱[명] [고] 띠⁴.
쯱[명] [고] 띠⁴. 띠를 두르다.
샏깃[명] [고] 사냥하는 매의 꽁지에 다는 새의 것.
싸-다[타] [고] 빼다.
샯라-다[자] [고] 빠르다.

쌔여나-다[자] [고] 빼어나다.
쌰이-다[타] [고] 빼다. 빼어내다.
섇이-다[타] [고] 뽑히다.
·쌔혀-나-다[자] [고] 빼어나다.
·쌔혀-[타] [고] 빼다. 빼어내다.
·쌔혀-[타] [고] 빼다. 빼어내다.
·썰--다[타] [고] 빨다[吮].
·썰--다[타] [고] 빨다[濯].
쓀·리[타] [고] 빨리.
·쌤[명] [고] 땀.
쎄티-다[타] [고] 빼다.
쌔혀-다[타] [고] 빼다.
써줏=흥-다[타] [고] 비슷하다.
쎄[명] [고] 뼈.
·쌔고도·리[명] [고] 뼈로 만든 고도리살.
쎄-타[타] [고] 뿌리다.
쏭나무[명] [고] 뽕나무.
쑤·븨-다[타] [고] 비비다.
쑨[명] [고] 뿐. 만. 뿐만.
·쓰·리-다[타] [고] 뿌리다.
쓰리-다[자] [고] 헐다.
·쏠[명] [고] 뿔.
·쎄유·기[명] [고] 벨기.
쎄·타[타] [고] 뿌리다. →쁭다.
쎄l-다[타] [고] 뿌리다.

쓰[쌍시옷] 〈어학〉 ㅅ의 본소리. double letter of 'ㅅ'
싸각=거리-다[자] [고] =사각거리다.
싸갈=머리[명] [고] →싹수머리. [→싸개통①.
싸개[명] ①물건을 싸는 종이나 헝겊. wrapper ②(약)
싸개=나-다[자] [고] 여러 사람이 둘러싸고 다투며 싸우는 판이 벌어지다. quarrel takes place
싸개=갓장이(-匠-)[명] 갓싸개하는 장색.
싸개=장[匠][명] 싸개질을 업으로 하는 사람. upholsterer
싸개=질[명] 의자·침대·책의 앉은 자리를 헝겊이나 가죽으로 싸는 일. upholstering 하[자][타]
싸개=질[명] 젖먹이가 똥·오줌을 싸는 짓. easing nature of a baby 하[자]. quarreling 하[자]
싸개=질[명] 여러 사람이 에워싸고 다투며 승강이하다.
싸개=통[명] ①여러 사람이 둘러싸고 다투며 승강이하는 일. (약) 싸개②. quarrelling ②여러 사람에게 둘러싸여 욕을 먹는 일. being abused by a crowd
싸개=판[명] 싸개통이 벌어진 판. scene of quarrel
싸고=질-다[자] ①맨 가운데를 둘러싸고 둘에게 움직이다. turn around ②돌보아 힘싸 주다. (약) 쓰돌다. protect
싸구려[명] 시세보다 싸게 파는 물건. 매우 값이 싼 물건. [감] 장사치들이 자기 물건을 더 많이 팔려고 싸다는 뜻으로 외치는 소리. cheap article
싸구려=판[명] 되는 대로 마구 싸게 물건을 파는 일. selling at any price
싸느랑-다[형][호불] (센) →사느랗다.
싸늘-하-다[형][여불] (센) →사늘하다.
싸-다[타] ①보자기나 종이 따위로 물건을 안에 넣고 둘러 보이지 않게 하다. wrap ②보살펴 주다. take care of ③둘레를 둘러서 가리거나 막거나 하다. ¶집을 둘러싼 군중들. protect ④다른 곳에 가져 가서 먹으려고 음식을 담아서 꾸리다. ¶김밥을 ~. pack
싸-다[자] 똥·오줌 따위가 번지를 대거나 변소에 가기 전에 급하게 나오다. relieve nature
싸-다³[형] ①입이 재다. talkative ②걸음걸이가 물데돌 듯이 빠르다. quick ③불꽃이 세고 빠르다. intense ④기세가 세고 곧다. fool-hardy
싸-다⁴[형] ①물건 값이 표준보다 적다. 《대》비싸다. cheap ②지은 죄에 비추어 받는 벌이 마땅하거나 오히려 적다. ¶맞아도 ~. deserve
싸-다니-다[자] 여기저기를 채신없이 바삐 돌아다니다. (약) 싸대다. (비) 싸지르다. walk about

싸다듬이[명] 매나 몽둥이로 마구 때리는 짓. thrashing
싸−다[타] →싸다니다.
싸−데려가다[타] 신랑 쪽에서 모두를 부담하여 가난한 신부와 혼인하다. marry a poor woman
싸−돌−다[자타] →싸고 돌다.
싸라기[명] ①부스러진 쌀알. 절미(折米). broken bits of rice ②(약)→싸라기눈.
싸라기−눈[명] 빗방울이 갑자기 찬바람에 얼어서 떨어지는 싸라기 같은 눈. (약) 싸라기②. 싸라눈. small pellets of dry snow
싸라기 밥을 먹었다 반말하는 사람을 편잔 주는 말.
싸락−눈[명](약)→싸라기눈.
싸르륵−싸르륵[부] 눈이나 싸락눈이 조용히 내려 쌓이는 소리.
싸리[명] 싸리나무. 소형(小荊).
싸리−나무[명] 〈식물〉 콩과의 낙엽 활엽 관목. 잎은 세 잎이 나오고 넓은 타원형 또는 긴 타원형으로 톱니가 없음. 7월에 짙은 자색 또는 홍자색 꽃이 핌. 섬유 및 사료 식물임. 싸리. bush clover
싸리−말[명] 〈민속〉 마마를 쫓을 때 쓰는 싸리로 만든 말. twig horse used to exorcise small-pox
싸리말−태우다[타] '쫓아내다'의 곁말.
싸리−문(−門)[명] ①싸리를 엮어 만든 문. bush clover wood gate ②(약) 사립문.
싸리밭에 개 팔자[속] 팔자 남부러울 것 없는 편한 처지를 이름.
싸리−버섯[명] 〈식물〉 싸리버섯과에 속하는 식용으로 쓰는 버섯의 하나. turban-top
싸리버섯−해면(−海綿)[명] 〈동물〉 해면동물의 하나. 싸리버섯과 비슷한데, 반구형이고 회백색의 군체(群體)를 이룸. 얕은 바다의 암초에 삶.
싸리−비[명] 싸리로 만든 비.
싸리−세(−鐵)[명] 기계로 손가락처럼 길게 뽑아낸 쇠.
싸리−개비[명] 싸리의 줄기나 쪼갠 한 토막.
싸릿−대[명] 싸리의 줄기.
싸−매−다[타] 헝겊 따위로 싸서 묶다. bind
싸목−싸목[부] 느릿느릿 천천히 걷는 모양. with a slow step
싸부랑−거리다[자] (낮) →사부랑거리다.
싸우−다[자] ①말·힘·무기 따위로 상대를 이기려고 다투다. ¶ 하찮은 일로 친구와 〜. ②기쁨의 우열을 가리다. ¶당당히 싸워 이기다. ③장애나 곤란 등을 극복하려고 하다. ¶질병과 〜. ④무엇을 쟁취·실현하기 위하여 힘쓰다. ¶ 조국 근대화를 위해 싸우련다.
싸울−아비[명] 〈동〉 무사(武士).
싸움[명] 싸우는 짓. 다툼. 싸움². (對) 맞상대(−相)
싸움−닭[−딱][명] 투계(鬪鷄). (약) 쌈닭.
싸움−배(−盃)[명] 전함. 군함. (약) 쌈배.
싸움은 말리고 붙은 끄랬다[속] 좋지 않은 일은 중지시키는 것이 옳다.
싸움은 말리고 흥정은 붙이랬다[속] 나쁜 일은 하지 못하게 말리고 좋은 일은 하도록 권함이 옳다.
싸움−터[명] 전쟁을 하는 곳. 전장(戰場). 전지(戰地). (약) 쌈터. battlefield a quarrel
싸움−판[명] 싸움이 일어나는 판국. (약) 쌈판. scene of
싸움−패(一牌)[명] 싸움을 일삼거나, 싸움을 잘하는 무리. (약) 쌈패.
싸이−다[자][어] 속에 들어서 쌈을 당하다. be wrapped up [사동] 대소변을 싸게 하다. let one pass
싸−잡다[타] 한 속에 같이 묶어 잡다. include
싸−잡히−다[자][어] 싸잡음을 당하다. be included
싸−전(−廛)[명] 쌀과 잡곡을 많이 벌여 놓고 파는 가게. 미전(米廛). 쌀가게. rice-store
싸전에 가서 밥 달라고 한다[속] 성질이 몹시 급하다.
싸전−장이(一廛−)[명](속) 싸전을 경영하는 장수.
싸−지르−다[타] (속) ①싸다니다. wander about ②똥이나 오줌을 함부로 싸다. pass water any where ③불을 함부로 지르다. set fire at random
싸−하−다[여][어] 혀나 목구멍이 자극을 받아 아리다. pungent
싹¹[명] ①식물의 씨에서 돋아난 첫 잎과 줄기. sprout ②사물의 근원이나 시초. origin ③(약)→싹수.
싹²[명]→삭.
싹독[부]→삭독.
싹독−거리다[자타](센)→삭독거리다.
싹독−싹독[부−하−다][형][여](센)→삭독삭독하다.
싹독−거리다[자타] 연한 물건을 잇달아 토막쳐서 자르는 모양. 또, 그 소리. (작) 싹독. (큰) 썩둑. clip
싹둑−거리다[자타] 연한 물건을 잇달아 토막쳐서 자르다. (작) 싹둑거리다. (큰) 썩둑거리다. 싹둑−싹둑 하다[자타]
싹−수[명] 앞날이 트일 징조. 있어 보이는 빌미. 싹¹③. (속) 싹수머리. prospect
싹수−없−다[형] 싹수가 없다. [없다. 싹수−없이[부]
싹수−있−다[형] 싹수가 있다. 장래성이 있다. (약) 싹있다. show promise of success
싹싹[부]→삭삭. [할 때에 손으로 비는 모양.
싹싹[부] 잘못을 용서하여 달라고 원하거나 애걸(哀乞)
싹싹−거리다[자](센)→삭삭거리다.
싹싹−하−다[형][여] 성질이 상냥하고 재빠르다. (큰) 썩−없−다[형](약) 싹수없다. [썩하다. affable
싹이 노랗다[관] 처음 나온 싹이 노랗게 말라 죽었다는 뜻으로, 맨일이 애당초부터 보이지 않는다는 말. 싹수가 노랗다. show no promise of success
싹−있−다[형](약)→싹수있다.
싹−트−다[자] ①식물의 싹이 생겨나다. sprout ② 어떠한 일이 생겨나다. begin
싼−값[명] 세세에 비하여 헐한 값. 염가. low price
싼−거리[명] 물건을 싸게 사는 일. 또, 그 물건. ¶ −질. getting bargain 하다[자]
싼 것이 비지떡[속] 값이 싼 물건은 그 품질이 나쁘다는 뜻으로 싼 것을 샀다가 도리어 손해를 볼을 이르는 말.
쌀−홍정[명] 싼값으로 사고 팖. good bargain 하다[자]
쌀[명] ①벼의 껍질을 벗긴 알맹이. 멥쌀과 찹쌀. rice ②(약)→입쌀. ③화본과(禾本科) 곡식의 껍질을 벗긴 알맹이의 총칭. 대미(大米). 미곡.
쌀−가게[−까−][명] 쌀을 파는 가게. 싸전. rice-store
쌀−가루[−까−][명] 쌀을 빻아 만든 가루. rice flour
쌀−강거리−다[자타](센)→살강거리다.
쌀−강아지[명] 털이 짧은 강아지. shorthaired pup
쌀−강정[명] 쌀로 만든 강정. [무 막대기.
쌀개[명] 방아 허리에 가로 맞추어 방아를 걸게 된 나
쌀−개[명] 털이 짧은 개. shorthaired dog
쌀−겨[−쎠][명] 쌀을 쓿을 때 나는 고운 속겨. rice bran
쌀−고치[명] 희고 굵으며 단단하게 지은 좋은 고치. (대) 무리고치. well spun cocoon
쌀−집[−찝][명] →쌀순대.
쌀−광[−꽝][명] 쌀을 두는 광.
쌀−금[−끔][명] 쌀의 금새. 쌀값.
쌀굿−거리−다[자타](센)→살굿거리다.
쌀굿−하−다[형][여](센)→살굿하다.
쌀−깃[−낏][명] 갓난아이의 배냇저고리 아래쪽에 옷 대신으로 싸는 헝겊 조각. swaddling cloth
쌀−누룩[명] 쌀가루를 쪄서 띄운 누룩. 미국(米麴).
쌀−눈[명] 쌀의 배아(胚芽). malted rice
쌀독에서 인심난다[속] 부유하여야 남을 도울 수 있다는 말.
쌀−되[−뙤][명] ①쌀을 되는 되. dry measure ②쌀한 되 가량. about a doe of rice
쌀−뜨물[명] 쌀을 씻어 낸 보얀 물. 미감(米泔). 미수(米泔水). 미감수(米泔水). rice water
쌀랑−거리−다[자](센)→살랑거리다.
쌀랑−하−다[형][여](센)→살랑하다.
쌀래−쌀래[부]→살래살래.
쌀−목탁(−木鐸)〈불교〉절에서 밥 지을 쌀을 가져오라는 신호로 치는 목탁. [서 '米'를 이르는 말.
쌀−미−변(−米−邊)[명] 한자 부수의 하나. '粒·精' 등에
쌀−밥[명] 입쌀로 지은 밥. 미반. boiled rice
쌀−벌레[−뻘−][명] ①〈곤충〉쌀을 갉아먹는 벌레.

rice weevil ②무위 도식(無爲徒食)하는 사람을 비꼬아 하는 말. good-for-nothing
쌀-보리團 〈식물〉 포아풀과에 속하는 일년생 풀. 보리의 한 종류인데 까끄라기는 길고 껍질과 알이 딱 붙지 아니하여 쉽게 벗어짐. 나맥(裸麥). 청과맥(靑顆麥). 밀보리②. rye
쌀-부대[―뿌―]團(―負袋) 쌀을 담는 부대. rice bag
쌀-북團〈불교〉절에서 밥 지을 쌀을 모을 때 치는 북.
쌀-새우團〈동물〉쌀새우과의 새우의 하나. 몸 길이 7~8 cm 가량으로 붉은 빛을 띠면서 투명하고 광택이 나며, 300~400 m의 깊은 바다에 삶. 식용함. 미하(米蝦). 세하(細蝦). 백하. transparent shrimp
쌀-수수團〈식물〉수수의 하나. 가시랭이가 없고 알은 회읍스름하며, 초가을에 익음.
쌀-순대團 돼지 창자에 돼지고기를 썰어 넣고 삶은 음식.
쌀:쌀團〈센〉→살살[1,3].
쌀쌀-거리-다圃圈〈센〉→살살거리다.
쌀쌀-하-다圄圈 ①날씨가 차고 조금 흐릿하다. 《큰》쓸쓸하다. chilly ②정다운 맛이 없고 차다. cold
쌀쌀-히圖
쌀-알團 쌀의 낱알. 곧, 겨를 벗기운 낱알. grain of rice
쌀-장사團 쌀을 매매하는 영업. 미상(米商). dealing in rice 하團
쌀-장수團 쌀장사하는 사람. rice dealer
쌀-채박團 싸릿대로 결어 만든 쌀을 담는 그릇. rice container made of twigs
쌀캉-거리-다圃圈〈센〉→싹캉거리다.
쌀로-부(―包部) 한자 부수의 하나. '勿·匍' 등의 글자에서 'ᄀ'를 이르는 말.
쌀-풀團 쌀가루로 쑤어 만든 풀.
쌈團 상추나 김 등으로 밥과 반찬을 싸 먹는 일. 또, 그 음식. rice wrapped in a leaf of lettuce
쌈²團〈약〉→싸움.
쌈³團 ①바늘 24개. ¶바늘 두 ~. twenty-four needles ②(광물) 금(金) 100 냥쭝. one hundred nyang of gold ③다듬이 감이 얄팍게 싸 놓은 피륙의 뭉치
쌈=김치團〈약〉→보쌈김치. ㅡ덩이. bundle of cloth
쌈=노團 나뭇 조각을 묶이는 데 쓰는 노끈. string
쌈:=닭[―딱]團〈약〉→싸움닭.
쌈박團〈센〉→삼박.
쌈박-쌈박團〈센〉→삼박삼박.
쌈:=배[―빼]團〈약〉→싸움배.
쌈빡團〈센〉→삼박.
쌈빡-거리-다圃圈〈센〉→삼박거리다.
쌈빡-쌈빡團〈센〉→삼박삼박².
쌈:-싸우-다圄 ①서로 다투다. quarrel ②전쟁을 하다. make war against
쌈지團 담배·부시 등을 담는 주머니. tobacco pouch
쌈지 돈이 주머니 돈돈 한 가족끼리의 재산은 누구의 것이라고 특별히 구별 짓지 않고 다 같이 그 집의 재산이란 말. 중 양식이 절 양식.
쌈:=질團 싸우는 짓. fighting 하團
쌈:=터團〈약〉→싸움터.
쌈:=판團(―鬩)〈약〉→싸움판.
쌈:-패團(―牌)〈약〉→싸움패.
쌉싸래-하-다圈 맛이 조금 쌉쌀한 듯하다. 《큰》씁쓰레하다. bitter taste
쌉싸름-하-다圈→쌉싸래하다.
쌉쌀-하-다圈 조금 쓴 맛이 있다. 《큰》씁쓸하다. [bitterish
쌍(雙)團 ①둘씩 짝을 이루는 물건. ¶주발 대접 한 ~. pair ②암컷과 수컷. couple ③두 개나 암수를 하나로 셈. ¶한 ~의 원앙새. pair
쌍가락지-다團(雙一)團→쌍갈지다.
쌍-가마¹團(雙一)團 머리 위에 가마가 두 개 있는 것. 또, 그런 가마를 가진 사람. 쌍선모(雙旋毛). double vortex of hair
쌍=가마²團(雙一)〈제도〉 말 두 필을 써서, 각기 앞 뒤 채를 메고 가는 가마. 쌍교(雙轎). 쌍마교. 가교마(駕轎馬). litter and pair
쌍-가지團(雙一)團→아귀쟁이.
쌍가지 소켓(雙一socket)團 두 갈래로 갈라진 소켓.
쌍각(雙脚)團 두 다리. 양각(兩脚). [총칭.
쌍각-류(雙殼類)團〈조개〉패각이 두 개씩 연결되어 있는 조개의
쌍-간균(雙桿菌)團〈의학〉두 개씩 연결된 간균.
쌍-갈(雙一)團〈건축〉인방(引枋) 머리를 두 갈래지 도록 바심만하는 방법. [two
쌍갈-지-다(雙一)圈 두 갈래로 갈라지다. forked into
쌍검(雙劍)團 ①〈악〉→쌍수검(雙手劍). ②〈체도〉십팔기(十八技) 또는 이십사반 무예(二十四般武藝)의 하나.
쌍-겨리(雙一)團〈동〉겨리.
쌍견(雙肩)團 양쪽 어깨. 두 어깨. one's shoulders
쌍견(雙繭)團〈동〉쌍고치.
쌍-결이(雙一)團→겨리.
쌍겹-눈(雙一)團 눈꺼풀이 겹친 눈. double eyelid eyes
쌍계(雙紒)團〈동〉쌍상투.
쌍계(雙鷄)團 한 알의 앞에서 두 마리로 나온 병아 [리. twin-chicken
쌍계 가족(雙系家族)團 부계·모계 쌍방의 계통을 인정하여 결합되는 가족.
쌍-고치(雙一)團 누에 두 마리가 같이 지은 고치. 공동견(共同繭). 동공견(同功繭). 쌍견(雙繭). double cocoon
쌍-곡선(雙曲線)團〈수학〉한 평면 위의 두 정점(定點)에서의 거리의 차가 일정한 점의 궤적. hyperbola
쌍곡선-면(雙曲線面)團〈수학〉쌍곡선의 주축을 축으로 하여, 회전시켜서 얻은 곡면. 《약》쌍곡면(雙曲面). hyperboloid
쌍곡선 함=수[―쑤](雙曲線函數)團〈수〉지수(指數)를 근거로 정의할 수 있는 쌍곡 정현(正弦) 함수·쌍곡 여현(餘弦) 함수·쌍곡 정접 함수·쌍곡 여접(餘接) 함수·쌍곡 여할 함수·쌍곡 여할(餘割) 함수의 여섯 함수의 총칭. 삼각 함수와 유사한 성질을 가짐. hyperbolic function
쌍-공후(雙箜篌)團〈음악〉줄이 안팎에 있어 양손으로 약밖 줄을 한꺼번에 타는 현악기의 하나.
쌍관(雙關)團〈약〉→쌍관법(雙關法).
쌍관-법(雙關法)團〈문학〉한시(漢詩) 작법의 하나. 한문에서 상대되는 구(句)를 늘어놓아 한 편 한시(漢詩)의 골자로 삼고 이에 맞추어 구성해 나가는 것. 《약》쌍관(雙關).
쌍관-어(雙關語)團 한 단어가 두 뜻을 가진 말.
쌍교(雙轎)團 쌍가마²(雙駕馬).
쌍-구균(雙球菌)團〈의학〉두 개의 균체(菌體)가 짝을 이루어 연결된 구균. 폐렴균·임균(淋菌) 따위. diplococcus
쌍구-법(雙鉤法)團 ①붓을 잡는 방법의 하나. 엄지와 집게손가락과 장가락으로 붓대를 걸쳐서 잡음. 《대》단구법(單鉤法). ②빗돌 따위에서 글자를 새길 적에 글자의 획의 둘레를 둘러 가며 가늘게 줄을 그어 표하는 법. ③글씨를 그대로 베낄 때 그 획과 자형(字形)의 윤곽을 가는 선으로 그려 내는 법. ④〈동〉구륵(鉤勒).
쌍구 전=묵(雙鉤塡墨)團 글씨를 모방하여 쓸 때, 먼저 쌍구를 그린 다음에, 쌍구 사이의 빈 부분에 먹칠을 하는 일.
쌍굴뚝-박이(雙一)團 굴뚝이 두 개 달린 기선.
쌍-권총(雙拳銃)團 양손에 각각 쥔 두 개의 권총.
쌍-그네(雙一)團 둘이 함께 뛰는 그네.
쌍그렇-다(雙一)圈 추울 때 베옷 따위를 입은 모양이
쌍그레團〈센〉→상그레. 매우 쓸쓸하다. look chilly
쌍글-거리-다圃圈〈센〉→상글거리다.
쌍글-뺑글團 쌍글거리면서 뺑글거리는 모양. 《큰》 씽글뺑글. 하團 [칼과 비슷하게 생긴 두 개의 쇠.
쌍금-쇠(雙一)團〈공업〉나무에 금을 긋는 데에 쓰는
쌍긋團〈센〉→상긋.
쌍긋-거리-다圃圈〈센〉→상긋거리다.

쌍긋=빵긋[-끋] 《센》→상긋방긋.
쌍긋-이 《센》→상긋이.
쌍=기마(雙騎馬) 두 필의 말을 나란히 탐. 하—
쌍=기역(雙——)〖어학〗'ㄲ'의 이름. 그의 된소리. double letter of 'ㄱ'
쌍-꺼풀(雙——)圕 두 겹으로 겹쳐진 눈시울. 또 그런 눈. double eyelids
쌍꺼풀-지-다(雙———)재 눈시울이 겹쳐지이다.
쌍끗 《센》→상끗. have double eyelids
쌍끗-거리-다 《센》→상끗거리다.
쌍끗=빵끗[-끋] 《센》→상끗방끗.
쌍끗-이 《센》→상끗이.
쌍날-칼(雙——)圕 날이 양쪽에 다 있는 칼. two-edged sword
쌍녀(雙女)圕 쌍둥딸. 女寧.
쌍녀-궁(雙女宮)〖천문〗십이궁의 하나. 처녀궁(處
쌍-년(雙——)圕 →상년②. even number
쌍년(雙年)圕 나이가 우수(偶數)로 된 해. age of
쌍=놈(雙—)圕 →상놈②.
쌍-니은(雙——)〖어학〗'ㄴ'을 겹쳐쓴 옛 글자 'ㅥ'의 이름. double letter of 'ㄴ'
쌍도(雙刀)圕 쌍수도(雙手刀).
쌍도-배(雙桃杯)圕 복숭아 둘을 붙인 모양으로 된 술 잔.
쌍동(雙—)圕 물건이 단번에 썰어지는 모양. 큰 썽둥. cutting
쌍동-딸(雙童—)圕 쌍동이로 난 딸. 쌍생녀(雙生女). 쌍녀(雙女). twin daughters
쌍동-밤(雙童—)圕〖식물〗두 쪽이 한 알 속에 들어 있는 밤. twin chestnuts (子). twin sons
쌍동-아들(雙童——)圕 쌍동이로 난 아들. 쌍생자(雙生
쌍동 중-매(雙童仲媒)圕 짝을 지어 다니며 중매를 업
쌍-되-다(雙——)[-되-, -뒈-]혱 →상되다. 으로 하는 사람.
쌍두(雙頭)圕 ①나란히 붙어 있는 두 개의 머리. 양두(兩頭). ②두 사람.
쌍-두레(雙——)圕 두 사람이 마주 끈을 잡고 물을 푸는 두레. double well buckets
쌍두 마-차(雙頭馬車) 두 마리의 말이 끄는 마차. carriage and pair
쌍-둥이(←雙童—)圕 한 태에서 난 두 아이. 쌍생아(雙生兒). twin
쌍둥이-강(←雙童—江)圕〖지리〗한 지방에서 발원하여 중도에서 갈라졌다가 하류에서 다시 합류하여 흐르는 강.
쌍둥이-자리(←雙童—)圕〖천문〗북쪽 하늘의 성좌. 수성(首星)은 카스토르(castor)로, 3월 초순의 저녁 녘에 남(南)에 함. 쌍자궁(雙子宮). Twins
쌍둥이-좌(←雙童—座)圕 쌍둥이자리.
쌍둥이 화-산(←雙童—火山)〖지리〗구조·모양·암석. 크기 따위가 거의 같은 두 개의 화산체로 된 화산. 쌍자 화산(雙子火山).
쌍=디귿(雙—)〖어학〗'ㄸ'의 이름. ㄷ의 된소리. double letter of 'ㄷ'
쌍-떡잎[-닢](雙——)〖식물〗한 개의 배(胚)에서 나오는 두 개의 떡잎. 쌍자엽(雙子葉). 」 ~ 써义.
쌍떡잎 식물[-닢—](雙—植物)〖식물〗속씨식물의 한 강(綱). 마주 붙어 난 두 개의 떡잎이 있고 줄기는 비대, 잎맥은 그물 모양. 쌍자엽 식물.
쌍란-국(雙蘭菊)圕 국화 비슷.
쌍룡(雙龍)圕 한 쌍의 용. 두 마리의 용.
쌍루(雙淚)圕 두 눈에서 나오는 눈물.
쌍륙(雙六)圕 여러 사람이 편을 갈라 가지고 차례로 돌을 던져서 사위대로 판에 말을 써서 먼저 궁에 들어보내는 내기. 원 상륙(象陸). Korean backgammon
쌍륙-판(雙六板)圕 쌍륙의 말이 가는 발을 그린 판. 원 상륙판(象陸板). backgammon board
쌍륜(雙輪)圕 ①앞뒤로, 또는 양쪽으로 달린 2개의 바퀴. ②〖약〗→쌍륜차.
쌍륜-차(雙輪車)圕 바퀴가 둘 달린 수레. 《약》쌍륜②.
쌍림(雙林)圕 사라 쌍수(沙羅雙樹).
쌍마-교(雙馬轎)圕〖동〗쌍가마. 하—
쌍=말(雙—)圕 쌍스러운 말. 하—

쌍=맹이(雙—)〖광물〗광산에서 돌구멍을 뚫을 때, 정을 때리는 큰 쇠망치. sledgehammer
쌍메-질(雙—) 두 사람이 번갈아들며 메로 치는 일. hammering by turns 하—
쌍모(雙眸)圕〖동〗양안(兩眼).
쌍모=점(雙—點)〖인쇄〗횡서(橫書)에 쓰이는 중지부(中止符) ':'의 이름. 쌍점②. colon
쌍무(雙務)圕〖법률〗계약 당사자 쌍방이 서로 의무를 짐. bilateral
쌍무 계약(雙務契約)〖법률〗계약 당사자 쌍방이 서로 의무를 부담하는 계약. 대 편무 계약(片務契約). bilateral contract bows
쌍=무지개(雙—)圕 쌍을 지어 선 무지개. twin rain-
쌍문-주(雙紋紬)圕 중국에서 나는 비단의 하나.
쌍미(雙眉)圕 좌우 양쪽의 눈썹.
쌍-바라지(雙——)圕 좌우로 열어 젖히게 된 창.
쌍박(雙拍)圕〖음악〗좌우수(左右手)로 치는 박자.
쌍-반:점(雙半點)〖음악〗문장의 같은 등급의 부분끼리를 가르거나 대동절의 전절과 후절 사이에 쓰는 정류부(停留符). ';'표. semi-colon
쌍-받침(雙——)〖어학〗똑같은 닿소리가 겹친 된소리 종성(終聲). double final consonant
쌍발(雙發)圕 ①발동기를 두 개 가짐. bimotored ②총알 나오는 구멍이 둘임. 옆총(獵銃). 대 단발(單發). double-barrel gun
쌍방(雙方)圕 양방(兩方).
쌍방 대:리(雙方代理)〖법률〗동일인이 같은 법률 행위에 관하여 당사자 쌍방의 대리인이 되는 일.
쌍방울=표(雙——標)圕 백분율표 '%'의 이름.
쌍벌-죄(雙罰罪)〖법률〗간통죄를 범한 상간자(相姦者) 쌍방을 처벌하는 죄.
쌍벌-주의(雙罰主義)〖법률〗간통죄를 범한 상간자(相姦者) 쌍방을 처벌하는 주의.
쌍벽(雙璧)圕 ①두 개의 구슬. part of jewels ②여럿 가운데 우열의 차가 없이 특별히 뛰어남. 유 쌍주(雙珠). two greatest authorities 하—
쌍보(雙補)圕〖한의〗한의 약을 먹어서 음양을 함께 보함.
쌍봉(雙峰)圕 나란히 선 두 개의 봉우리.
쌍봉-낙타(雙峰駱駝)〖동물〗낙타과의 짐승. 몸 빛은 회갈색, 등에 육봉(肉峰)이 한 쌍 있음. 성질은 온순하고 한랭과 기갈에 잘 견디어 사막의 교통 수단으로 쓰이움. 쌍봉타(雙峰駝). 쌍봉 약대. 쌍안타(雙駝). 단봉낙타(單峰駱駝). Bactrian camel
쌍봉 소:준(雙鳳小罇·雙鳳小樽)圕 봉황(鳳凰)을 양각에 그리거나 새긴 술병.
쌍봉 약대(雙峰—) 쌍봉낙타.
쌍분(雙墳)圕 합장하지 않고 나란히 쓴 부부의 무덤.
쌍-분합문(雙分閤門)〖건축〗두 짝으로 여닫게 된 분합.
쌍=비읍(雙—)〖어학〗자음(子音) 'ㅃ'의 이름. 곧, 쌍사슬 고리(雙———)圕 쇠사슬이 두 개 달린 문고리.
쌍-상투(雙——)圕 관례(冠禮) 때에 짜면, 머리를 갈라 들어 올린 두 날의 상투. 쌍계(雙紒).
쌍생(雙生)圕 동시에 두 아이가 태어남. 또, 두 아이.
쌍생-녀(雙生女)圕〖동〗쌍동딸. 를 낳음. 하재—
쌍생-아(雙生兒)圕〖동〗쌍동아.
쌍생-자(雙生子)圕〖동〗쌍동아들. 대 쌍태(雙胎). 대 단생아(單生兒).
쌍서(雙棲)圕 부부 또는 암컷과 수컷이 함께 사는 일.
쌍선-모(雙旋毛)圕 쌍가마. hands 하—
쌍성(雙性)圕〖동〗양성(兩性).
쌍성-꽃(雙性—)圕〖식물〗암꽃술과 수꽃술을 갖춘 꽃. 홀홀꽃.
쌍=성화(雙成火)圕 ①이러해도 저러해도 성화가 됨. dilemma ②한 가지 성화에 딴 성화거리가 덧붙은 성화. anxieties
쌍=소리(雙—)[-쏘—]圕 쌍스러운 말. 소리.
쌍수(雙手)圕 두 손. 을 들어 환영함. both
쌍수(雙袖)圕 양쪽의 소매. both sleeves
쌍수-검(雙手劍)圕 두 손에 한 자루씩 쥐는 칼. 《약》

쌍검① 쌍칼①. 「십팔기(十八技)의 하나. 쌍도.
쌍수-도(雙手刀)명 ①〈군사〉 군기(軍器)의 하나. ②
쌍=스럽-다[-쓰-] 형[ㅂ불] 〈센〉→상스럽다.
쌍시(雙柿)명 속에 작은 감이 들어 있는 감.
쌍시=류(雙翅類)명〈곤충〉 파리목(目).
쌍=시옷(雙-)명〈어학〉 한글의 합성 자모 'ㅆ'의 이름. double letter of 'ㅅ'
쌍-심지(雙心-)명 ①한 등잔에 있는 두 개의 심지. ②몹시 화가 나 두 눈에 핏발이 서는 일.
쌍심지-나-다(雙心-) 재 두 눈에서 불이 날 만큼 몹시 성화가 나다. flare up
쌍심지-켜-다(雙心-) 타 몹시 성을 내어 눈에 핏대를 띄우다.
쌍십-절(雙十節)명 중화 민국의 혁명 기념일. 10월 10일. Double Tenth Festival of China
쌍쌍-이(雙雙-)명 둘씩 쌍을 지은 모양. in pairs
쌍아(雙蛾)명 미인의 양쪽 눈썹.
쌍안-경(雙眼鏡)명〈물리〉 두 개의 망원경의 광축(光軸)을 평행하게 나열하여 두 눈으로 멀리까지 볼 수 있게 한 광학 기기. 양안경(兩眼鏡). binoculars
쌍안 사진기(雙眼寫眞機)명〈물리〉 완전히 입체적 영상(立體的影像)을 촬영하는 사진기. binoculars camera
쌍-알(雙-)명 노른자가 둘 들어 있는 달걀. [mera
쌍알=모기(雙-)명〈공업〉 창살 따위의 등밀이를 만드는 데 쓰는 날이 두 골로 된 대패. 「하나. Pisces
쌍어-궁(雙魚宮)명〈천문〉 황도 십이궁(十二宮)의
쌍열-박이[-녈-](雙-)명 총열이 두 개로 이루어진 총. double-barrelled gun 「lunar calendar
쌍오(雙五)명 단오(端午)의 딴이름. May fifth of
쌍-을실(雙-)명 두 올을 겹으로 꼰 실. 이겹실. two ply thread
쌍익(雙翼)명 양쪽 날개. 양쪽의 것.
쌍일(雙日)명 우일(偶日). ②짝이 맞는 날. 곧 우수(偶數)의 날. (대) 편일(片日). days bearing even numbers
쌍-자엽(雙子葉)명〈식물〉 한 개의 배(胚)에서 나오는 두 개의 자엽. 쌍떡잎. (대) 단자엽(單子葉). dicotyledonous
쌍자엽 식물(雙子葉植物)명〈동〉 쌍떡잎 식물.
쌍자엽 종자(雙子葉種子)명〈식물〉 자엽(子葉)이 둘 인 씨. dicotyledonous seed
쌍-장부(雙-)명〈건축〉 턱장부는 두 개로 된 장부.
쌍장부-끌(雙-)명〈공업〉 쌍구멍을 파는 데 쓰는, 한 자루에 갈은 치수의 날이 두 개 붙은 끌. chisel with twin blades
쌍=장애(雙-)명〈광물〉 샘에 괸 물을 들 때에 곧은 수레바퀴를 이용하여 한 쌍의 두레박을 달아 쓰게 된 장치. [being perfect in both 하 형
쌍전(雙全)명 양쪽 다 모두 온전함. (유) 겸전(兼全).
쌍점(雙點)명 ①두 개의 점. ②〈어학〉 가로쓰기의 문 장에서 중지부로 쓰이는 부호 ':'의 이름. 포갤점. 중지부(中止符). 쌍모점. colon
쌍점박이=멸구(雙點-)명〈동〉 두점멸기강충이.
쌍정(雙晶)명〈광물〉 같은 종류의 두 결정 고체가 어느 면이나 축에 대하여, 대칭의 관계를 가지고 상접한 물질.
쌍조-잠(雙鳥簪)명 한 쌍의 새를 아로새긴 비녀.
쌍주(雙紬)명 명주의의 한 종류.
쌍줄=붙임표[-부침-](雙-標)명〈인쇄〉 종서(縱書)에 쓰이는 접합부(接合符)인 '‖'의 이름.
쌍줄=표(雙-標)명〈인쇄〉 문장이나 수식(數式)에 쓰이는 부호 '='의 인쇄상의 이름. 등표(等標). sign of equality 「이름. double letter of 'ㅈ'
쌍-지읒(雙-)명〈어학〉 한글의 합성 자모인 'ㅉ'의
쌍-지팡이(雙-)명 ①두 다리가 성하지 못한 사람이 짚는 두 개의 지팡이. twin sticks ②참견을 잘하는 사람을 비꼴 때 덧얹어 쓰는 말. meddler
쌍창(雙窓)명〈건축〉 문짝이 둘 달린 창문. double-leaf window 「미닫이. double sliding-door
쌍창 미닫이[-다지](雙窓-)명〈건축〉 쌍창으로 된
쌍창=워라(雙-)명〈동물〉 엉덩이만 흰 가라말.
쌍철(雙鐵)명 겹줄의 철도(鐵道). (대) 단철(單鐵).
쌍-촉(雙鏃)명〈건축〉 두 개로 된 장부촉.
쌍축 결정(雙軸結晶)명〈물리〉 광축(光軸)을 둘 가지는 결정.
쌍친(雙親)명〈유〉 양친(兩親). 「정. 이측 결정.
쌍-칼(雙-)명 쌍수검(雙手劍). ②양손에 한 자루씩의 칼을 잡고 쓰는 사람.
쌍-코(雙-)명 두 줄로 솔기를 댄 가죽신의 코.
쌍코=**발**(雙--)명 쌍코로 된 신.
쌍코=줄변자(雙-邊子)명 남자가 신는 가죽신의 하나.
쌍태(雙胎)명 한 태 안의 두 태아(胎兒). twin fetus
쌍태-머리(雙-)명 가랑머리. 「in the uterus
쌍태 임:신(雙胎姙娠)명〈생리〉 자궁(子宮) 안에 태아(胎兒) 둘을 밴 상태. 일란성(一卵性)과 이란성(二卵性)이 있음. conception of twins
쌍턱=걸지(雙-)명〈건축〉 십자형으로 재목을 맞출 때, 교차되는 부분을 쌍턱이 지도록 따서 맞 들어 맞게 하는 것. 「이단으로 된 것.
쌍턱=장부촉(雙-鏃)명〈건축〉 장부촉이 두 턱이 되어 있는 것.
쌍-피리(雙-)명〈음악〉 대가 두 줄로 된 관악기의 하나. double-pipe flute
쌍학 흉배(雙鶴胸背)명〈제도〉 한 쌍의 학을 수놓은 흉배. 문관의 당상관(堂上官)이 붙임. (대) 단학 흉배. 「만 항아리.
쌍-항아리(雙紅--)명 두 개가 붙은 양념을 담는 조그
쌍현(雙絃)명〈음악〉 줄이 두 가닥인 월금(月琴) 비슷한 모양을 한 악기. double string
쌍호 흉배(雙虎胸背)명 한 쌍의 호랑이를 수놓은 흉배. 무관(武官)의 당상관(堂上官)이 붙임. (대) 단호 흉배(單虎胸背). 「cupboard
쌍-홍장(雙-欌)명 부엌 안에 그릇을 넣어 두는 갓.
쌍화-탕(雙和湯)명 피로를 회복하고 허한(虛汗)을 긋 두는 탕약. 「는 데 쓰임.
쌍희자[-짜](雙喜字)명 '囍'자의 이름. 그림 수놓
쌍히읗-(雙-)명〈어학〉 훈민 정음(訓民正音) 반포 당시에 쓰이던 한글의 옛 자모 'ㆅ'의 이름. double letter of 'ㅎ'

쌓-다 타 ①물건을 접접이 포개어 놓다. pile up ②덕이나 공적을 여러 번 세우다. achieve ③기술·경험 등을 거듭하여 기르다. accumulate ④기초를 세우다. lay the foundation
쌓-이다 자 물건·일·걱정·근심 따위가 한데 겹치다.
(약) 쌔다. be piled up 「¶ ~물건.
쌔:고-쌘:다 ①쌓이고 싸인. ¶ ~ 원한. ②흔해빠진.
쌔고=쌨-다(雙-)형 매우 흔하다. superabundant
쌔근-거리-다 재〈센〉→새근거리다.
쌔근덕-거리-다 재〈센〉→새근덕거리다.
쌔근발딱-거리-다 재타〈센〉→새근발딱거리다.
쌔근발딱-이-다 재타〈센〉→새근발딱이다.
쌔기 → 빨리.
쌔:-다 재 [본] 〈약〉→싸이다. 쌓이다. (사동)〈약〉→싸이나.
쌔리-다 타〈속〉→때리다.
쌔리다 타〈속〉→때리다.
쌔무룩-하다 형여〈센〉→새무룩하다①.
쌔물-거리-다 재〈센〉→새물거리다.
쌔부루-다 → 황부루.
쌔비-다 타〈속〉 남의 물건을 훔치다.
쌕 부 한번 열핏 눈으로만 웃고 그만두는 모양. (큰) 색. smiling lightly
쌕새기 명 여치과에 속하는 곤충. 빛은 담록색 또는 갈색이며 촉각이 매우 김.
쌕:쌕 부〈센〉→색색.
쌕쌕-거리-다 재〈센〉→색색거리다.
쌕쌕-이 명 제트기(jet機).
쌘:다 형 흔하다. ¶ 그 ~ 책 중에서 하필 그걸 골랐단 말이냐?
쎌그러-뜨리-다 타〈센〉→셀그러뜨리다.
쎌그러-지다 재〈센〉→셀그러지다.
쎌긋-거리-다 재타〈센〉→셀긋거리다.
쎌긋-하-다 형여〈센〉→셀긋하다.

쎌기죽=거리-다[자타] 〈센〉→샐기죽거리다.
쎌룩[부] 〈센〉→샐룩.
쎌룩=거리-다[자타] 〈센〉→샐룩거리다.
쎌쭉=거리-다[자타] 〈센〉→샐쭉거리다.
쎔[명] 〈약〉 고든쎔.
쎗 : 다[형] 많고 퍽 흔하다. superabundant
쌩 : 세찬 바람이 나뭇가지에 부딪치는 소리.《큰》
쎙그레[부] 〈센〉→생그레. [성. whistel
쌩글=거리-다[자타] 〈센〉→생글거리다.
쌩글=쌩글[부] 〈센〉→생글뱅글.
쌩긋[부] 〈센〉→생긋.
쌩긋=뱅긋[부] 〈센〉→생긋뱅긋.
쌩긋=거리-다[자타] 〈센〉→생긋거리다.
쌩쌩=하-다[형여불] 〈센〉→생생하다.
쌩이=질[명] 뜻밖의 방해. unexpected obstruction 하다
써[관] '그것을 가지고'·'그것으로 인하여'의 뜻의 접
써걱[부] ·····〈속 부사. 〔말로→대결하다.
써걱=거리-다[자타] 〈센〉→서걱거리다.
써=내-다[타] ①글씨를 써서 내놓다. ②글로 쓰기를 능히 감당한다. write
써=넣-다[타] 쓸 자리에 무엇을 쓰다. 기입(記入)하다. ¶ 빈칸에 해답을 ~. enter, fill in
써느렇-다[형] 〈센〉→서느렇다.
써늘=하-다[형여불] 〈센〉→서늘하다.
써-다[자] ①괸 물이 줄다. subside ②조수가 나가다.
써=력=초(一草)[명] →살담배. [ebb
써=레[명]〈농업〉말이나 소로 끌게 하여 갈아 놓은 논밭의 바닥을 고르는 데 쓰는 농구. 초파(耖耙). harrow [of a harrow
써레=몽둥이 〈농업〉 써레의 몸이 되는 나무. frame
써레=질[명]〈농업〉 써레로 논바닥을 고르는 일. harrowing 하다
써=렛=발[명] 써레 몽둥이에 박아 땅을 고르게 하는 나무리[명] [썰다®. rake
써리-다[타]〈농업〉 논바닥을 써레질하여 고르다.
써=먹-다[타] 〈속〉활용(活用)하다. use
썩¹[명] →썩⁶.
썩²[부] 표준점에서 한결 뛰어나게. awfully
썩-다[자] ①물기를 가진 물질이 바깥 공기를 쐬어 본디의 바탕이 변하여지다. rot ②좋은 재주를 가지고도 이를 발휘하지 못하다. be buried in oblivion ③분을 삭지 못하고 참아서 속이 상하다. ④사람의 마음이 건전성을 잃어 쓸모없이 되다. ¶ 정신이 썩은 놈. corrupted ⑤나라의 정치가 문란하여 구제
썩둑[부] 〈센〉→석둑. [할 수 없이 되다.
썩둑=거리-다[자타] 〈센〉→석둑거리다.
썩박이[명] 잘 익지 아니한 박을 통째로 말린 다음에 타서 쓰는 바가지. gourd
썩=버력[명]〈광물〉 광산에서 갱내(坑內)에 버린 버력.
썩 : 썩¹[부] →석석. [ore refuse
썩 : 썩²[부] 잘못을 용서하여 달라고 원하거나 애걸(哀乞)할 때에 손으로 비는 모양. 《작》 싹싹. imploringly
썩썩¹[부] 〈센〉→석석.
썩썩=하-다[형여불] ①성질이 부드럽고 쾌활하다. 《작》 싹싹하다. amiable ②눈치가 빠르며 서근서근하다.
썩어도 준치[名] 가치가 있는 물건은 아무리 낡거나 헐어도 제대로의 가치를 지님. [letely
썩어=빠지-다[자] 아주 못 쓰도록 썩다. decay completely
썩은=새[명] 집을 인 지 오래 되어 썩은 이엉. decayed thatch [일을 한다.
썩은 새끼로 범 잡기 어수룩한 방법으로 뜻밖에 큰
썩은 새끼를 잡아당기다간 끊어지지[名] 몸이 쇠약한 사람에게 고된 일을 시키면 죽고 만다. ⑥남은 것을 세게 긁어뜨면 아주 못 쓰게 된다.
썩은=흙[명]〈동〉 부식토(腐植土).
썩이-다[동] 썩게 하다. corrupt
썩=정이[명] ①썩은 물건. rotten thing ②〈동〉삭정이.
썩=초(一草)[명] 빛깔이 검고 품질이 낮은 담배. low [tobacco
썰겅=거리-다[자] 〈센〉→설겅거리다.

썰-다[타르] ①물건을 동강치다. 도막 내다. cut ②
썰렁=거리-다[자] 〈센〉→설렁거리다. [〈동〉써리다.
썰렁=하-다[형여불] 〈센〉→설렁하다.
썰레=놓-다[타] 안 될 일이라도 될 수 있게 마련하다.
썰레=썰레[부] 〈센〉→설레설레.
썰매[명] 눈 위나 얼음 위로 타고 다니는 기구. 사람을 태우거나 물건을 싣고 끎. 《원》 설마(雪馬). sled
썰=무[명] 멍구럭 따위에 넣어 마소에 싣고 팔러 다니는 무. radishes carried on cattle to the market for sale [물. 《대》 밀물. ebb tide
썰=물[명]〈지리〉 밀려 나가는 바닷물. 낙조(落潮). 날
썰썰¹[부] 〈센〉→설설.
썰썰=거리-다[자] 〈센〉→설설거리다.
썰썰=기-다[자] 〈센〉→설설기다.
썰썰=하-다[형여불] 시장기가 나다. hungry
썰 : 음=질[명] 톱으로 나무를 자르는 일. sawing 하다
썰컹=거리-다[자] 〈센〉→설컹거리다.
썸벅[부] 〈센〉→섬벅.
썸벅=썸벅[부] 〈센〉→섬벅섬벅.
썸뻑[부] 〈센〉→섬뻑.
썸뻑=썸뻑[부] 〈센〉→섬뻑섬뻑.
썽그레[부] 〈센〉→성그레.
썽글=거리-다[자] 〈센〉→성글거리다.
썽글=뺑글[부] 〈센〉→성글벙글.
썽긋[부] 〈센〉→성긋.
썽긋=거리-다[자] 〈센〉→성긋거리다.
썽긋=뺑긋[부] 〈센〉→성긋벙긋.
썽긋=이[부] 〈센〉→성긋이.
썽끗[부] 〈센〉→성끗.
쎙둥[부] 물건이 단번에 가볍게 썰어지는 모양. 《작》 쌍둥. manner of cutting easily
쎙둥=쎙둥[부] 물건을 가볍게 계속해서 썰어 나가는 모양. 《작》 쌍둥쌍둥.
쏘가리[명]〈어류〉농어과의 민물고기. 길이 40~50 cm로 머리가 길고 입이 크며 불규칙한 자회적색 반문이 많음. 하천의 돌이 많은 곳에 분포하며 맛이 좋음. 관상용으로도 사육됨. 궐어(鱖魚). 금린어. 수돈(水豚). mandarin fish
쏘개=질[명] 남의 비밀을 알려 훼방놓는 짓. divulgence
쏘곤=거리-다[자] 〈센〉→소곤거리다. [하다
쏘 : -다[타] ①화살이나 총알을 놓아 날아가게 하다. shoot ②벌레 따위가 살을 찌르다. sting ③듣는 이가 따끔하게 느낄 만한 말로 자극을 주다. criticize
쏘=다니-다[자] 여기저기 분주하게 돌아다니다. 《약》 쏘대다. 《속》 쏘지르다. gad about, wander
쏘=대-다[자] 〈약〉→쏘다니다.
쏘삭=거리-다[타] ①자꾸 뒤지고 쑤시다. ransack ②남을 꺼거나 추기어 들썩이게 만들다. 《큰》 쑤석거리다. instigate 쏘삭=쏘삭[부] 하다
쏘시개[명] →불쏘시개.
쏘시개=나무[명] 불쏘시개로 쓸 나무. kindling wood
쏘아=붙이-다[타] ①갑자기 세게 튀기는 힘으로 나가게 내쏘다. ¶총을 마구 ~. ②뜨끔하게 느낄 만한 말로 말하다.
쏘이-다[자동] 쐼을 당하다. 《약》 쐬다. be exposed
쏘=지르-다[자르] 〈속〉→쏘다니다.
쏙[부] ①몹시 내밀거나 들어간 모양. projecting ②깊이 밀어 넣거나 길게 뽑아 내는 모양. with a push ③말이 경솔하고 거리낌없는 모양. rashly ④가볍게 찌르는 모양. 《큰》 쑥. with a prick
쏙닥=거리-다[자] 〈센〉→속닥거리다.
쏙닥=이[부] 〈센〉→속닥이.
쏙달=거리-다[자] 〈센〉→속달거리다.
쏙대기[명] 돌김으로 성기게 떠서, 종이처럼 얄팍하게 만든 김. [말린 김.
쏙독=새[명]〈동〉 바람개비.
쏙살=거리-다[자] 〈센〉→속살거리다.
쏙소그레=하-다 크기가 쏙 고르게 작다.
쏙쏙[부] ①여러 군데가 다 쏙 내밀거나 들어간 모양. projectingly ②연해 쏙 집어 넣거나 뽑아 내는 모

쏜살같다

양. with a jerk ③말을 방정맞게 거리낌없이 해대는 모양. ④계속해서 찌르거나 쑤시는 모양. 《큰》쑥쑥.
쏜살-같다[형] 쏜 화살같이 몹시 빠르다. as fast as a flying arrow 쏜살-같이[부]
쏜살-로[부] 쏜살처럼. at full speed
쏟-다[타] ①물건을 거꾸로 기울여서 안에 든 것을 내보내다. ¶항아리의 물을 ~. pour out ②나오게 하다. ¶코피를 ~. shed ③품거나 지닌 것을 드러내다. ¶푸념을 ~. express ④마음을 기울이다.
쏟-뜨리다[타] '쏟다'의 힘줌말. devote
쏟아-지다[자] ①한꺼번에 많이 떨어지거나 몰려나오거나 생겨나다. ¶재미가 ~. come out ②속에 든 물건이 밖으로 세차게 나오거나 흐르다. ¶물은 다 쏟아지고 빈 통만 남았다. be spilt
쏠[명] 작은 폭포. small waterfall
쏠-다[타] 쥐 따위가 물건을 짓씹다. gnaw
쏠라닥-거리다[자타] ①쥐가 좀스럽게 싸다니며 물건을 함부로 쏠아 못 쓰게 만들다. gnawing ②남의 눈을 피해 가며 좀스럽게 못된 장난을 하다. cheating 쏠라닥~쏠라닥[부] 하다[자타]
쏠리-다[자] ①한쪽으로 치우쳐 몰리다. ¶차가 급정거하는 바람에 몸이 앞으로 쏠렸다. incline ②한쪽으로 몰리어 가거나 오거나 하다. ¶군중이 환성을 울리며 자동차 앞으로 쏠렸다. crowd around ③마음이나 시선이 어떤 대상에 끌리어 기울어지거나 집중되다. ¶자주 고향으로 쏠리는 마음. inclined to
쏠리-다[타] '쏟다²《속》 배앓다.
쏠쏠-하다[형][여] 품질·정도·수준 따위가 보통이어서 그만하면 무던하다. 《큰》쑬쑬하다. pretty good
쏭당-쏭당[부] 《센》→송당송당.
쏴[부] 《센》→사.
쏴-쏴[부] 《센》→사사.
쐐:기¹[명] 나무나 댓개비를 V자형으로 깎아 짜인 물건의 틈새에 박아서 사개가 물러나지 못하게 하는 나무못. wedge
쐐:기²[명] ①《약》→안타까비쐐기. ②《약》→풀쐐기.
쐐:기글자[-짜][명] 《동》 설형 문자(楔形文字).
쐐:기-나방[명] 《동》 쐐기나방.
쐐:기-나비[명] 《곤충》 쐐기나비과의 곤충. 유충은 독이 있는 털이 있고 오리나무·배나무·사과나무의 나뭇잎을 갉아먹음. 쐐기나방.
쐐:기-돌[명] 〈건축〉 축석(築石)의 틈 사이에 들어가 물리는 돌. 돌 전자. stone wedge
쐐:기-풀[명] 〈식물〉 쐐기풀과의 다년생 풀. 줄기 높이 1m 가량으로 잎은 난형이고 7~8월에 엷은 녹색 꽃이 핌. 온몸에 독이 있는 털이 있어서 쏘이면 몹시 아픔. 심마(蕁麻). nettle
쐑[명] 돌.
쐬:-다[타] ①바람·연기 따위를 몸이나 얼굴에 받다. expose oneself to ②자기 물건의 가치가 있고 없고를 남에게 평가받아 보다. expose to the public appreciation
쐬:-다[자료] 《약》→쏘이다.
수군-거리다[자타] 《센》수군거리다.
수군덕-거리다[자타] 《센》수군덕거리다.
수-다[타] 곡식의 알이나 가루를 끓이어 죽이나 풀 따위를 만들다. make
수석-거리다[타] ①자주 뒤지고 들추고 쑤시다. poke about ②가만히 있는 사람을 부추겨 수다. 《작》소삭거리다. instigate 수석수석[부] 하다[타]
수시개[명] 수시어 후비거나 닦아 내는 데 쓰는 물건. ¶이~. (tooth)pick
수시-다[타] 바늘로 찌르듯이 아프다. [타] ①구멍이나 틈을 막대기나 꼬챙이로 찌르다. prick ②가만 있는 사람을 부추겨 버릇질다. provoke
쑥¹[명] 〈식물〉 엉거시과의 다년생 풀. 높이 60~90cm, 잎의 뒷면은 젖빛 솜털이 있고 향기가 남. 여름·가

을에 담홍자색 꽃이 핌. 식용·약용함. 다복쑥.
쑥²[명] 순하고 어리석은 사람을 비유하여 일컬음. ¶그 녀석 영 ~이야. fool
쑥³[부] ①몹시 내밀거나 들어간 모양. projectingly ②깊이 밀어 넣거나 길게 뽑아 내는 모양. pushingly ③깊이 움직여 내는 모양. recklessly ④가볍게 찌르는 모양. 《작》쏙. lightly
쑥-갓[명] 〈식물〉 엉거시과의 일이년생 풀. 잎은 우상(羽狀)으로 깊이 갈라지고 녹색을 띰. 5월에 담황색 또는 흰 꽃이 피는데 냄새가 향긋함. 비타민 A가 함유되어 있는 식물로 나물로 먹음. crowndaisy
쑥갓-쌈[명] 쑥갓을 날것으로 밥을 싸 먹는 쌈.
쑥-경:단(-瓊團)[명] 찹쌀 가루와 쑥을 이기어 반죽해서 만든 경단.
쑥-고(-膏)[명] 쑥잎으로 고아 만든 고약. 애고(艾膏). plaster made from mugwort
쑥-굴리[명] 쑥으로 소가 든 쑥경단.
쑥-대[명] 쑥의 줄기. stem of a mugwort
쑥-대강이[명] 짧은 머리털이 흐트러져 산란한 대가리.
쑥-대강:이[명] 종이처럼 얇게 만든 돌김. 《봉두(蓬頭).
쑥대-머리[명] 긴 머리털이 흐트러져서 어지럽게 된 머리. tangled hair
쑥대-밭[명] ①쑥이 우거져 거친 밭. ②황폐한 자리. 폐허. 《약》쑥밭.
쑥대-쌈[명] 쑥을 뜯어 말려서 묶은 자루에 붙여 놓은 쑥대.
쑥덕-거리다[자타] 《센》→숙덕거리다.
쑥덕-공론(-公論)[명] 남 몰래 여럿이 쑥덕거리는 공론. 하다[자]
쑥덕-이다[자타] 《센》→숙덕이다.
쑥덜-거리다[자타] 《센》→숙덜거리다.
쑥-돌[명] 〈광물〉 쑥빛(艾石). ②화강암.
쑥-돼:지벌레[명] 〈곤충〉 잎벌레과의 벌레. 몸 빛은 흑람색이고 몸의 하면과 다리는 흑록색이며 걸낚개에는 점각이 많음. 주로 쑥잎을 갉아먹음. 쑥잎벌레.
쑥-떡[명] 쑥을 섞어 넣어서 만든 떡. 애고(艾糕).
쑥-밥[명] 쑥을 섞어 지은 밥.
쑥-방망이¹[명] 〈식물〉 엉거시과의 다년생 풀. 줄기 높이 1m 내외로 잎은 깃꼴로 갈라지고 피침형임. 8~9월에 노란 꽃이 피고 과실은 수과(瘦果)임. 산지에 남.
쑥-방망이²[명] 쑥떡을 만들 때 흰떡과 쑥이 골고루 섞이도록 문질러 치는 작은 방망이. 떡메보다 썩 작음.
쑥-밭[명] 《약》→쑥대밭.
쑥-버무리[명] 쌀가루와 쑥을 한데 버무려서 시루에 찐 떡. mugwort and rice-cake
쑥-부쟁이[명] 〈식물〉 엉거시과의 다년생 풀. 지하경이 뻗어 번식하고 줄기는 가지는 자색을 띰. 잎은 피침형 또는 선형이고 7~10월에 담자색 꽃이 핌. 어린 잎은 봄에 뜯어 식용함.
쑥설-거리다[자타] 《센》→숙설거리다.
쑥수:레-하다[형] 《센》→숙수그레하다
쑥-스럽다[형][ㅂ변] 하는 짓이나 그 모양이 격에 안 어울려 우습고 점잖다. silly 쑥-스레[부]
쑥=쑥[부] ①잇달아 쑥 나오거나 내밀거나 들어간 모양. projectingly ②거리낌없이 함부로 말을 해대는 모양. ③계속해서 쑤시거나 아픈 모양.
쑥-잎벌레[-닙-][명] 《동》쑥돼지벌레.
쑥-전(-煎)[명] 쑥을 소금에 절여 밀가루에 묻혀 지진 번호떡.
쑬쑬-하다[형][여] 품질이 웬만하고 쓸만하다. 《작》쏠쏠하다. fairly good
쑹덩-쑹덩[부] 《센》→숭덩숭덩.
쑹쑹-이[명] 성질이 음험한 사람의 별명.
쒜:쒜:-쒜[부] 어린아이가 몸을 다쳐 아파할 때 다친 자리를 만지며 위로하는 소리
쓰개[명] 머리에 쓰는 물건의 총칭. headpiece
쓰개-치마[명] 부녀자가 나들이할 때 머리와 윗몸을 가리어 쓰던 치마. old fashioned shawl
쓰-다[타][으변] ①글씨를 그리다. write ②글을 짓다.

쓰다 compose ③글자로 나타내다. describe
쓰-다[태][으] ①물건을 만드는 데 연장을 사용하거나 원료를 사용하다. use ②돈을 들이거나 없애다. spend ③약을 먹거나 바르다. administer ④어떤 말을 사용하다. ¶서투른 영어를 ~. use ⑤남을 부리어 일을 시키다. employ ⑥무엇에 익숙하게 힘을 들이다. ¶일에 힘을 ~. devote oneself to ⑦어떤 수단이나 방법을 적용하다. ¶꾀를 ~. employ ⑧몸이나 팔다리를 놀리다. ⑨허리를 잘 못쓰다. move ⑨남에게 빚을 지다. contract debts ⑩장기·윷 놀음의 말을 규칙에 따라 옮겨 놓는다. move ⑪크게 소리를 지르거나 큰 소리를 하다. cry ⑫음식을 대접하다. ¶생일턱을 ~. treat
쓰-다[태] ①모자 따위를 머리에 얹다. wear ②머리가 보이지 않도록 이불 따위를 덮다. draw over ③우산을 받다. hold up ④안경 따위를 얼굴에 붙이 있게 하다. put on ⑤옛날 형구(刑具)의 하나인 칼을 목에 걸다. put on ⑥먼지·가루·액체 등을 몸에 잔뜩 받다. ¶먼지를 ~. be covered with ⑦억울한 지목을 당하거나 당치 않은 죄를 입다. ¶누명을 ~. be accused unjustly
쓰-다[태][으] 묏자리를 잡아서 시체를 묻다. bury
쓰-다[태][으] ①맛이 소태와 같다. bitter ②입맛이 없다. have a poor appetite ③마음에 언짢은 느낌이 있다. unpleasant ④괴롭다. painful
쓰다듬-다[━따] ①귀엽거나 탐스러워 손으로 쓸어주다. pat ②성이 났거나 울고 있는 어린아이를 달래어 가라앉히다. soothe ③수염 등을 손으로 만지다. stroke
쓰디-쓰-다[태][으] ①매우 쓰다. 몹시 쓰다. bitter ②몹시 피롭다.
쓰라리-다[형] ①다친 자리가 쓰리고 아리다. painful ②아픔이 몹시 피롭다. bitter
쓰러-뜨리-다[태] 한쪽으로 쓰러져 넘어지게 하다. throw down
쓰러지-다[자] ①쌓여 있거나 서 있던 것이 한쪽으로 쏠리어 넘어지다. fall over ②형세를 지탱하지 못하여 패하거나 망하거나 하다. be ruined ③힘이 다하여 죽거나 부상을 당하여 죽다. fall dead
쓰렁-쓰렁 ①[부] 비밀히 하는 모양. ②일을 정성껏 하지 않는 모양.
쓰렁쓰렁-하-다[형][여] 사귀던 정이 벌어져 서로의 사이가 쓸쓸하다. estranged
쓰레기[명] 비로 쓸어 모은 먼지나, 쓰지 못하여 내버릴 물건의 총칭. dirt
쓰레기-꾼[명] 쓰레기를 처가는 위생 인부. dustman
쓰레기-차(━車)[명] 쓰레기를 운반하여 버리는 청소차.
쓰레기-통(━桶)[명] 쓰레기를 모아서 두는 그릇. waste-basket
쓰레-받기[명] 비로 쓴 쓰레기를 받아 내는 기구. dustpan
쓰레-장판[명] 장판으로 만든 쓰레받기. dust-pan
쓰레-질[명] 쓰레기를 쓸어 내는 일. sweeping 하다
쓰레-하-다[형][여] 곧 쓰러질 듯이 한쪽으로 기울어져 있다. slanting
쓰르라미[명] 〈곤충〉매미과의 곤충. 몸은 수컷이 암컷보다 좀 크며 몸빛은 적갈색 또는 밤색이고 녹색과 흑색의 반문이 있음. 6~8월에 출현하며 수컷에만 공명실(共鳴室)이 있음. 한선(寒蟬).
쓰람-쓰람[부] 쓰르라미가 잇달아 우는 소리.
쓰리[명] 겨울에 잉어 따위를 낚기 위하여 얼음을 깨는 쇠꼬챙이. iron stick
쓰리(つり 일)[명] 소매치기.
쓰리-다[형] ①쑤시는 듯이 아프다. smarting ②뱃속이 비어 속이 쓰리다. sharp-set
쓰이-다[자] 글씨가 써지다. 〈약〉씌다¹. be written [사동] 글씨를 쓰게 하다. 〈약〉씌다¹. make one write
쓰이-다²[자] 쓰임을 당하다. 〈약〉씌다².
쓱-거리-다[자] ①물건이 맞닿아서 비비어지다. rub ②쓰레질을 대강대강 하다. sweep in a cursory manner 쓱적=쓱적이 하다[자]
쓱 ①슬쩍 사라지는 모양. ②척 내닫는 모양. ③빨리 지나가는 모양. ④슬쩍 문지르는 모양. quickly
쓱싹 ①[부] 톱질이나 줄질을 할 때 나는 소리. sound of sawing ②갚아야 할 빚을 서로 맞비기어 버리는 모양. set off ③옳지 않은 일을 슬쩍 얼버무려 버리는 모양. hush up
쓱싹-거리-다[자태] 톱질이나 줄질을 할 때 연해 쓱싹 소리가 나다. 또, 연해 쓱싹 소리를 내게 하다. 쓱싹=쓱싹이 하다[자]
쓱-쓱 ①여러 번 문지르는 모양. rubbing ②일을 손쉽게 거침없이 해치우는 모양. easily
쓴-너삼[명] 〈식물〉콩과의 다년생 풀. 줄기는 원추형이며 높이 90 cm 가량임. 6~8월에 엷은 황색 꽃이 피고 과실은 협과(莢果). 뿌리는 고삼(苦蔘)이라 하여 한방에서 약재로 씀.
쓴 맛 단 맛 다 보았다[관] 온갖 괴로운 일과 즐거운 일을 다 겪었다.
쓴 배도 맛들일 탓[관] 모든 일의 좋고 나쁨은 그 일을 하는 사람 자신의 주관에 달려 있다.
쓴-술[명] ①맛이 쓴 술. bitter wine ②찹쌀술에 대하여 멥쌀술의 일컬음.
쓴=웃음[명] 억지로 웃는 웃음. 마지 못하여 웃는 웃음. bitter smile
쓸개[명] 〈생리〉①간장(肝臟)에 딸린, 속에 쓴 물이 든 주머니. gallbladder ②속 생각. thought
쓸개-관(━管)[명] 〈생리〉간과 쓸개에 쓸개즙을 받아서 샘창자로 보내는 관. bile duct
쓸개-머리[명] 소의 쓸개에 붙어 있는 고기. 「비유」
쓸개 빠진 놈[관] 제 정신을 바로 차리지 못한 사람의 비유.
쓸개-주머니[명] 〈생리〉쓸개에서 나오는 쓸개즙을 일시적으로 담아 두는 얇은 막의 주머니. 담낭(膽囊). gall-bladder
쓸개-즙(━汁)[명] 〈생리〉간의 세포로부터 분비되는 진. bile
쓸까스르-다[태][르] 남을 추겼다 낮췄다 하여 비위를 거스르다. ¶젊은이가 늙은이를 ~. offend
쓸-다[태][르] ①비로 쓰레기를 한데 모아 없애다. sweep ②손으로 어루만져 문지르다. rub ③일정한 범위 안에 있는 것을 반반하게 다 없애 치우다. clear away ④「한꺼번에·모조리」의 뜻을 나타냄. ¶쓸어 담다. wholly ⑤전염병이 널리 퍼지다. ¶전염병이 온 마을을 ~. prevail ⑥어떤 곳의 돈이나 물건을 혼자 독차지하다. monopolize
쓸-다[태][르] 쇠가 녹슬다. rust
쓸-다[태][르] 줄 따위로 문질러서 닦다. file
쓸데-없-다[━에━][형] 이용할 곳이 없다. 소용없다. useless 쓸데-없이[부]
쓸리-다[자] 한쪽으로 비스듬히 기울어지다. lean
쓸리-다²[피동] 비로 쓸게 하다. let someone sweep [자] ①비로 쓸어가 쓸어지다. be swept ②마찰되어 거죽이 벗겨지다. be rubbed
쓸-모[명] ①쓸 만한 값어치. utility ②쓸 만한 자리. usefulness
쓸쓸-하-다[형][여] ①날씨가 차고 흐릿하다. 〈작〉쌀쌀하다. gloomy and chilly ②외롭고 적적하다. 소연하다(蕭然━). solitary 쓸쓸-히[부]
쓸쓸-하-다[형][여] 뱃속이 헛헛하고 쓰리다. ¶아침을 먹지 않았더니 배가 ~. 〈작〉쌀쌀하다. hungry
쓸어 들-이-다[태][르] 쓸어서 한쪽으로 모여들다. crowd in(a house)
쓸어 모으-다[태] 쓸어서 한쪽으로 모여들게 하다. gather on one side
쓸어 버리-다[태] 쓸어서 없애 버리다. sweep away
쓸음-질[명] 줄로 쓸어서 닦는 것. 쓰는 짓. filing 하다
씀-다[태] 곡식을 찧어 속껍질을 벗기고 깨끗하게 하다. polish(rice)
씀은-쌀[명] 씳어서 껍질을 벗겨 깨끗하게 한 쌀. 정미(精米). cleaned rice
씀바귀[명] 〈식물〉꽃상추과의 다년생 풀. 줄기는 30

cm 내외로 줄기 잎은 난형임. 5~7월에 황색 빛을 띤 꽃이 핌. 산이나 들에 나는데 뿌리·줄기 및 어린 잎은 식용함. 고채(苦菜). ¶~나물. sowthistle
씁벅=거리=다 〖자타〗 〖센〗→습벅거리다.
씁벅=씁벅 〖부〗→습벅습벅.
씁쓸=이 〖명〗살림에 드는 비용. daily expenses
씁스레-하-다 〖형여불〗 맛이 조금 씁쓸한 듯하다. 〖작〗쌉싸레하다. somewhat bitter
씁쓸=하-다 〖형여불〗 조금 쓴 맛이 있다. 〖작〗쌉쌀하다. bitterish
씌-다 〖자〗 〖예〗→쓰이다¹.
씌-다 〖자〗 귀신이 접하다. ¶죽은 이의 혼이 ~. touch of a ghost
씌-다 〖자〗 글의 주인자리가 되다.
씌우개 〖명〗 덮어 씌우는 물건. cover
씌우-다 〖타〗 ①머리에 쓰게 하다. ¶모자를 ~. put on ②손을 남에게 돌리다. 〖약〗씌다. impute
씨¹ 〖동〗 품사(品詞).
씨² 〖명〗 피륙의 가로 건너 짠 실. 〖대〗날. woof
씨³ 〖명〗 ①식물의 싹이 트는 시발. 꽃이 가루받이하여 씨방 속의 밑씨가 자란 것으로, 싹이 터서 새로운 식물로 자람. 씨앗. seed ②과실의 핵(核). stock ③동물이 발생하는 근원. stock ④아버지의 혈통. 자손. posterity ⑤사물의 근본. 또는 그 근원. 종물(種物). cause
씨(氏) 〖명〗 ①같은 성(姓)의 계통을 표시하는 일컬음. family ②〖약〗→씨족(氏族). 〖인대〗〖공〗 이름 대신에 쓰는 말. ¶~는 사계의 권위자이다.
=씨(氏) 〖접피〗〖공〗 성(姓) 또는 이름 밑에 붙이어 부름. ¶김~. Mr.
씨(氏) 〖것〗 의 주격형. '=ㄹ' 밑에만 쓰임. →시.
씨=가지 〖동〗 접사(接辭).
씨=고치 〖명〗 누에 알을 낼 나비가 들어 있는 고치. cocoon with the moth inside
씨=곡(一穀) 〖명〗 씨앗으로 둘 곡식. 종곡(種穀).
씨=긋둥-하-다 〖형여〗 비위에 거슬려 못마땅하다. unpleasant
씨근=거리=다 〖자〗 〖센〗→시근거리다¹.
씨근벌떡 〖부〗 〖센〗→시근벌떡.
씨근벌떡=거리=다 〖자〗 〖센〗→시근벌떡거리다.
씨근-씨근 〖부〗 어린아이가 곤하게 자는 모양. 〖작〗쎄근 ~. peacefully
씨근-펄떡 〖부〗 〖거〗→시근벌떡. [쎄근. peacefully 하다
씨근펄떡=거리=다 〖자〗→시근벌떡거리다.
씨=금 〖명〗 위선(緯線).
씨=내리 〖명〗 남편이 성적(性的) 불구일 경우, 시부모와 남편의 동의로 외간 남자와 단 한 번 만 관계를 갖던 일. 〖대〗씨받이.
씨=눈 〖명〗 〖동〗 배아(胚芽).
씨다리 〖명〗 〖광물〗 사금(沙金)의 낟알. grain of alluvial gold
씨=닭 〖명〗 씨를 받으려고 기르는 닭. 종계(種鷄). chicken raised for breeding
씨도(一度) 〖명〗 〖동〗 위도(緯度).
씨=도둑 〖명〗 한 집안에 대대로 내려오는 버릇·모습·전통에 따르지 않고 남을 닮는다는 뜻. acting against hereditary custom
씨도둑은 못 한다 지녀온 내력은 아무도 없애지 못한다는 뜻으로, 부전 자전(父傳子傳)의 뜻.
씨도리 〖명〗 〖약〗→씨도리배추.
씨도리=배추 〖명〗 씨앗을 받으려고 밑동을 남겨 둔 배추. 〖약〗씨도리. white rape grown for seeds
씨=동무 〖명〗 씨앗처럼 새롭다가 자라는 동무.
씨=돼=지 〖명〗 씨를 받으려고 기르는 돼지. 종돈(種豚). breeding pig
씨르래기 〖동〗 여치.
씨르륵=씨르륵 〖부〗 여치의 우는 소리.
씨름 〖명〗 ①〖체육〗 두 사람이 샅바를 서로 잡고 재주를 부리어 상대방을 먼저 넘어뜨리면 이기는 우리 나라 고유의 경기. 각저(角抵). 각력(角力). 각희(角戲). 각희(脚戲). Korean wrestling ②어떤 대상을 극복하려고 끈기 있게 달라붙어 몰두하는 행동. ¶책과 ~하다. wrestle with 하다
씨름=꾼 〖명〗 씨름하는 사람. wrestler
씨름은 잘해도 등허리에 흙 떨어지는 날 없다 재간은 있으나 벌수벌이 막일이나 하고 산다.
씨름=잠방이 〖명〗 씨름할 때 입는 잠방이. wrestling pants
씨름=판 〖명〗 씨름을 하는 판. wrestling match
씨=말 〖명〗 종마(種馬).
씨명(氏名) 〖명〗 성명(姓名).
씨=모 〖명〗 종묘(種苗).
씨무룩-하-다 〖형여〗 〖센〗→시무룩하다.
씨물=거리=다 〖자〗→시물거리다.
씨=받기 〖명〗 채종(採種). 하다
씨=받이 아내가 수태하지 못할 경우 아내의 동의를 얻어 다른 여자와 관계를 갖던 일. 또는 그 사람. 〖대〗씨내리.
씨=방(─房) 〖명〗 꽃의 암술 밑 쪽에 있는 불룩한 부분. 속에 식물에만 있으며, 자라서 열매가 되는 부분. 자방(子房). [벌(門閥). lineage
씨벌(氏閥) 〖명〗 대대로 이어 내려오는 집안의 지체. 문
씨=벼 〖명〗 종도(種稻).
씨보(氏譜) 〖명〗 씨족(氏族)의 계보. 족보.
씨 보고 춘추 〖관〗 성미가 급하여 늘 일찍 서두른다.
씨부렁=거리=다 〖자〗→시부렁거리다.
씨=뿌리다 〖자〗 ①파종하다. ②사물의 근원을 만들다.
씨=소 〖명〗 종우(種牛).
씨식=잖=다 〖형여〗→시식잖다.
씨아 〖명〗 목화의 씨를 빼는 기구. 교거(攪車). 연거(碾車). cotton gin
씨아=손 〖명〗 씨아의 손잡이. 도개(掉拐). handle of a cotton gin
씨아와 사위는 먹어도 안 먹는다 사위를 귀여워하는 말.
씨아=질 〖명〗 씨아로 목화의 씨를 빼는 일. ginning 하다
씨=알 〖명〗 ①조류(鳥類)의 번식을 위하여 얻는 알. spawn ②목화 등의 종자로서의 낟알. seed ③〖광물〗광물의 잔 알갱이.
씨알=머리 〖명〗 남을 욕할 때 그의 혈통을 빈정거리며 일컫는 말. ¶~ 없는 놈. bad seed
씨=암탉 〖명〗 종자를 얻으려고 기르는 암탉. breeding hen
씨암탉 걸음 아기작거리며 조용히 걷는 걸음.
씨앗 〖명〗 채소 또는 곡식의 씨. 종자 ①. seed
씨=양이-질 〖명〗 바쁠 때 쓸데없는 일로 남을 귀찮게 구는 짓. botheration 하다
씨억씨억-하-다 〖형여〗 성질이 굳세고 활발하다. manly
씨우적=거리=다 〖자〗 마땅하지 않아 입속으로 불평스럽게 말하다. grumble 씨우적=씨우적 하다
씨=자[─字](一字) 〖명〗 〖인쇄〗 활자의 어미인 자모(字母)를 주조해 내기 위해서 놋쇠로 만든 본. 종자(種子). matrix
씨=젖 〖명〗 배유(胚乳).
씨족(氏族) 〖명〗 〖사회〗 부족 사회의 단위를 이루는 동일한 조상을 가진 혈족 단체. 겨레(族) ②. clan
씨족 공=산체(氏族共産體) 〖명〗 〖사회〗 사회 사상, 계급이 발생하기 이전인 씨족 사회에 존재했다고 추정되는 단순 공산 조직. 동일 혈족 단체에서의 재(財)는 공유(共有)였음. 원시 공산체(原始共産體).
씨족 사=회(氏族社會) 〖명〗 〖사회〗 씨족 제도로 된 원시 사회. clannish community
씨족=신(氏族神) 〖명〗 〖민속〗 각각의 씨족이 따로 모시어 숭배하던 신. 씨족의 수호신.
씨족 제=도(氏族制度) 〖명〗 원시 시대에 씨족을 중심으로 구성되었던 사회 제도. 고대에서 흔히 볼 수 있었음. clan system
씨=종 〖명〗 상전의 집에서 대대로 종노릇을 하는 사람. man of the servant class
씨=주머니 〖명〗 〖동〗 자낭(子囊).
씨=줄 〖명〗 ①피륙의 씨. woof ②〖동〗 위선(緯線).
씨=짐승 〖명〗 씨를 받으려고 기르는 짐승. 종축(種畜).

breeding stock
씩甲 한 번 얼핏 눈으로만 웃고 그만두는 모양. 《작》쌕. smilingly
=씩접미 여럿이 다 같은 수로 나누이거나 또는 되풀이됨을 나타내는 말. ¶한 개~. 한 달~. so much, so many each
씩둑=거리-다자 부질없는 말을 수다스럽게 지껄이다. rattle on **씩둑=씩둑**甲 하다
씩ː씩甲→식식.
씩ː씩=거리-다자 《센》→식식거리다.
씩ː씩=하-다형여불 굳세고 위엄이 있다. manly
씰그러=뜨리-다타 《센》→실그러뜨리다.
씰그러=지-다자 《센》→실그러지다.
씰긋甲 《센》→실긋.
씰긋=거리-다자타 《센》→실긋거리다.
씰긋=씰긋甲 《센》→실긋실긋.
씰긋=하-다자타형여불 《센》→실긋하다.
씰기죽甲 《센》→실기죽.
씰기죽=거리-다자타 《센》→실기죽거리다.
씰기죽=씰기죽甲 《센》→실기죽실기죽.
씰룩甲 《센》→실룩.
씰룩=거리-다자타 《센》→실룩거리다.
씰룩=씰룩甲 《센》→실룩실룩.
씹명 ①〈생리〉 성숙한 여자의 생식기. vulva ②《속》성교(性交). 하다
씹=거웃명 성숙(成熟)한 여자의 생식기의 두두룩한 언저리에 나는 털.
씹-다타 ①입에 넣고 이로 계속 깨물다. chew ②남을 나쁘게 말하다. ¶그 사람을 그렇게 씹지 말아라. speak ill of ③같은 말을 되풀이하다. repeat
씹=두덩명 씹 언저리의 두두룩한 부분.
씹=조개명 〈조개〉 말씹조개과의 민물 조개. 패각의 길이 10 cm 가량으로 흑색 광택이 남. 못이나 늪의 진흙 속에 살며, 어린 것은 살이 연하여 맛이 좋음. clam
씹히-다자동 ①씹음을 당하다. be chewed ②남에게 씹는 말을 당하다. 사동 씹게 하다.
씻=가시-다타 씻어서 더러운 것이 없게 가시다. wash up
씻기-다자동 씻음을 당하다. 사동 씻게 하다. be washed up
씻-다타 ①물 따위로 더러운 것을 없애다. wash ②누명ㆍ치욕ㆍ죄과 따위를 벗다. vindicate ③원한 따위를 풀다. clear oneself ④'말끔하게' '깨끗하게'의 뜻을 나타냄. clearly [wash up
씻=부시-다타 그릇 따위를 씻어서 깨끗하게 하다.
씻어 내-다타 씻어서 더러운 것을 내버려 깨끗이 하다. [어 버리다.
씻어 버리-다타 ①씻어서 깨끗이 만들다. ②누명을 벗
씻은듯 부신듯甲 아무 것도 남지 않은 모양. clear
씻은 듯이甲 아주 깨끗하게 없어진 모양. cleanly
씽甲 세찬 바람이 큰 나뭇가지에 부딪치는 소리. 《작》생. whistling
씽그레甲 《센》→싱그레.
씽글=거리-다자 《센》→싱글거리다.
씽글=뻥글甲 《센》→싱글벙글.
씽긋甲 《센》→싱긋.
씽긋=거리-다자 《센》→싱긋거리다.
씽긋=뻥긋甲 《센》→싱긋빙긋.
씽긋=이甲 《센》→싱긋이.
씽ː씽甲 ①나뭇가지나 전선 같은 데에 계속해서 세게 부딪치는 바람 소리. ②쓰르라미의 우는 소리.
씽씽=매ː미명 〈곤충〉 매미과의 곤충. 암황록색에 녹색 반점이 있고, 여름에 활엽수에서 생생하고 소리내어 욺.
씽씽=이명 《속》 하모니카.
씽씽=하-다자형여불 《센》→싱싱하다.

經世訓民正音圖說字 ㅇ ㅇ ㅇ 訓民正音字

ㅇ [이응] 〈어학〉 ①한글 자모의 여덟째 자. the 8th letter of the Korean alphabet ②자음의 하나. 음절의 첫소리에서는 소리값이 없음. 받침에서는 혀뿌리를 목젖에 붙이어 입길을 막고 콧구멍 길을 튼 뒤에 목청을 떨고 코 안을 울리어 내는 소리. ③(고) 첫소리에서나 받침에서나 다 목구멍과 콧구멍을 함께 열 때의 음자.

ㆆ [여린 히읗] 〈고〉 옛 자음의 하나. 경음 부호(硬音符號)의 하나로 지격 촉음(持格促音)으로 많이 쓰였ㆆ로의 의.

ㆁ [옛이응] 〈고〉 옛 자음의 하나. 현재에 쓰는 'ㅇ'은 =ㅎ개/=ㅎ까(어미) 〈고〉 =니까. [받침 소리와 같음.

아¹ 〈어학〉 한글의 모음 글자 'ㅏ'의 이름. name of a Korean letter [호격 조사. ¶ 현숙~.

아² 조 자음으로 끝나는 명사에 붙어 부름을 나타내는

아³ 조 ①놀라거나 당황하거나, 초조 또는 급한 느낌을 나타낼 때 내는 소리. ah! ②근심·걱정·한탄·유감 따위의 느낌을 나타내는 소리. oh! ③갑자기 떠오르는 생각이나 상대방의 주의를 일으킬 때 내는 소리. (큰) 어. well

아⁴ 김 ①어떤 사물에 감동되었을 때 내는 소리. ¶~그것 참 굉장하군. oh! ②어른 사람이나 벗 사이에 대하는 소리. ¶~이제 알았네. (큰) 어. yes

=**아어미** 끝 음절이 양성 모음인 'ㅏ·ㅗ'로 된 어간에 붙어서 부사형을 이루는 말. ¶ 닮~ 가다. 놓~.

아(我) 대 ①나의 자칭 대명사. (대) 피(彼). ②접두어적으로 쓰여 소유격을 나타내는 말. ¶~왕가(王家). our

아:=(亞)절 ① '다음가는'의 뜻. sub ②〈화학〉무기산(無機酸)의 산소 원자가 비교적 적다는 뜻.

=**아**(兒)접 〈어학〉어린이를 가리킴. baby or child ②남자다운 씩씩한 남아의 뜻.

아도 〈고〉 1 야. 영탄을 나타내는 조사.

아:가(雅歌)명 ①우아한 노래. 고상한 노래. elegant songs ②〈기독〉구약 성서의 편명(篇名). [ghter

아가-딸(―)명 〈속〉시집가지 아니한 딸. unmarried dau-

아가리〈속〉명 ①입. ¶메기 ~. ②속으로 둘린 구멍의 어귀. 병 ~. mouth

아가리-질[―찔]명 ①말질. chattering ②통 악다구니①.

아가미(고)〈동〉물속에서 사는 동물의 숨쉬는 기관.

아가미-구멍[―꿍]〈어류〉아가미의 벌어놓는 빗이질때 하는 구멍. 새강(鰓腔) 안에서 몸 밖으로, 또는 몸 밖에서 안으로 통하는 입구. 아감구멍. 새공.

아가미-뚜껑[―뚱]〈어류〉아가미를 닫치며 벌리게 하는 뚜껑 같은 구실을 하는 부분.

아가미-썩개[―썩]명 아감뼈.

아:가 사장(我歌査唱)명 내가 부를 노래를 사돈이 부른다는 뜻으로, 책망을 들을 사람이 도리어 큰 소리를 한다는 말. [손가락 시누이를 가리키는 말.

아가씨[―씨]명 ①①(공)처녀. young lady ②시집가지 않은

아가위〈식물〉산사나무의 열매. 맛이 심. 당구자. 산사(山査). 산사자(山査子). haw

아가위-나무〈식물〉능금나무과의 작은 낙엽 활엽 교목. 골짜기·촌락 부근에 남. 초여름에 꽃이 피고 가을에 붉은 이과가 익음. 과실 '산사자'는 식용함. 산사나무.

아가타(阿伽陀←Agada 범)명 〈불교〉 ①무병(無病)·불사(不死)·무가(無價)의 약이라는 뜻으로, 온갖 병을 고친다는 인도의 영약(靈藥). 아가타약. ②'술'을 달리 이르는 말.

아가타-약(阿伽陀藥)명〈통〉아가타(阿伽陀)①.

아가페(agape 그)명〈종교〉①신의 사랑. 곧, 신이 죄인인 인간에 대하여 자기를 희생으로 하며 궁휼히 여기는 사랑. ②자기를 희생함으로써 실현되는 신과 이웃에 대한 사랑. (대) 에로스(eros).

아갈-머리명〈속〉입.

아갈-잡이명 소리를 지르지 못하게 헝겊·솜 따위로 입을 틀어막는 짓. gagging 하다

아:=**갈탄**(亞褐炭)명 아탄(亞炭).

아감-구멍명 아가미구멍.

아감-딱지명〈어류〉물고기의 아가미를 덮어 보호하는 골질(骨質)의 얇은 판. 새개(鰓蓋). gill cover

아감-뼈명〈어류〉물고기의 머리 양옆에 있어서 아가미 안에 있는 활 모양의 뼈. 아가미뼈. 새골(鰓骨).

아감-젓[―젇]명 생선의 아가미로 담근 젓. 어새해(魚鰓醢). salted gills

아감-창(牙疳瘡)명〈한의〉신감(腎疳)에 걸려 어린애들의 잇몸이나 입술이 헐어서 썩는 병. 아구창(牙口疳). aphtha

아강(亞綱)명〈생물〉생물 분류학상의 한 단위. 강(綱)과 목(目)의 사이에 둠. subclass

아:객(雅客)명 ①귀여운 손님. welcome guest ②마음이 바르고 품위 있는 사람.

아객(衙客)명〈제도〉고을의 원을 찾아와서 지방 관아에서 묵고 있는 원의 손님.

아:견(我見)명〈불교〉칠견(七見)의 하나. 자기 멋대로의 생각. 자기 생각에만 집착하는 생각. selfish view [loftiness 하명

아:결(雅潔)명 마음과 하는 짓이 고상하고 결백함.

아경(亞卿)명〈제도〉참판·좌우윤(左右尹) 등의 벼슬로, 경(卿)의 다음가면 종 2품 벼슬.

아:경(俄頃)―에 무 ①통 아까. ②조금 있다가. after

아:계(牙祭)명 이가 이어진 부분. [a while

아:계(雅契)명 깨끗하고 점잖게 사귄 정분.

아고라(agora 그)명〈역사〉고대 그리스의 폴리스(polis)의 중앙 광장. 시민들의 일상 생활의 중심 장소였으며, 신전(神殿)·정청(政廳)·상점 등에 들러 있고, 이곳에서 정치나 학문의 연구·토의 등이 행하여졌음.

아:=고산대(亞高山帶)명〈지리〉식물의 수직 분포(垂直分布)에서 나타 지대를 나누는 단위의 하나. 고산대(高山帶)의 아래로서, 표고(標高)는 곳에 따라 다르나 대체로 1500~2500m 사이가 많음. 저온(低溫)이고 건조하며 침엽수가 많고, 활엽수는 거의 없음. subalpine zone

아-과[―꽈] (亞科)명〈생물〉동식물 분류상의 한 단위. 과(科)와 속(屬), 어떤 경우에는 족(族)과의 중간에 둠. suborder [서로 접하여 있는 곳.

아관(牙關)명〈생리〉입 속의 윗잇몸과 아랫 잇몸이 [

아:관(衙官)명〈동〉좌수(座首).

아관(俄館)명〈제도〉조선조 말에 러시아의 공사관(公使館)을 일컫던 말. Russian legation

아관 긴급(牙關緊急)명〈의학〉턱의 근육이 경련을 일으켜 입이 벌어지지 않게 되는 증상.

아:=관목(亞灌木)명〈식물〉관목(灌木)과 초본(草本)의 중간 식물. 줄기와 가지는 목질이며, 가지 끝부분은 초질인 식물. subshrub

아관-석(鵝管石)명 ①〈동물〉석산호류(石珊瑚類)의 산호의 하나. 빛은 보통 녹갈색이며 국화 모양의 무늬가 있음. 바닷속 바위에 붙어 사는 강장 동물로 가루를 만들어 약에 씀. 해화석(海花石). ②〈광

아관 파천(俄館播遷) 〈역사〉 1896년 2월 11일부터 1897년 2월 25일까지 1년간에 걸쳐 고종이 러시아 공사관으로 옮겨서 거처한 사전. 친일 내각에 반대하여 친러파가 러시아 공사와 결탁하여 일으킨 사건으로, 이를 계기로 친러 내각이 성립되었다.

아교(阿膠)명 맵시 있는 여자.

아교(阿膠)명 동물의 가죽을 끈끈하도록 고아서 굳힌 황갈색의 접착제(接着劑). 갖풀. glue

아:교목(亞喬木)명 〈식물〉 교목(喬木)과 관목(灌木)의 중간 성질을 띤 식물.

아교-주(阿膠珠)명 〈약학〉 아교를 잘게 썰어 불에 볶아 구슬 모양으로 만든 환약. 보폐제(補肺劑)·지혈제 등으로 쓴다. 〈참〉도, 그런 물질. gelatinoid

아교-질(阿膠質)명 〈화학〉 갖풀같이 끈적끈적한 성질.

아교 포수(阿膠泡水)명 지질(紙質)을 좋게 하기 위하여 끓인 아교물을 한 종이에 바르는 일. 하타

아교-풀(阿膠-)명 〈동〉 갖풀.

아:교(阿丘)명 한쪽이 높은 언덕.

아-구(亞歐)명 아시아와 구라파. Asia and Europe

아구-맞추다 이것저것 여럿을 어울려 수효에 들어서게 하다. manage

아구장-나무(식물) 조팝나무과의 낙엽 활엽 관목. 잎은 도란형이며 뒷면에 털이 나 있음. 5월에 흰 꽃이 피고, 열매는 8월에 익음. 시탄재로 씀.

아구-창(牙口瘡·鴉口瘡)명①〈동〉아감창(牙冏瘡). ②소에 나는 병의 하나.

아구-통(-筒)명 〈동〉아구.

아:국(我國)명 우리 나라. 아방(我邦). 〈대〉 적국(敵國). our country

아:국(俄國)명 아라사(俄羅斯). 노국(露國). Russia

아:군(我軍)명 우리 편의 군대. 우리 편. ¶~의 승리. 〈대〉 적군(敵軍). our forces

아궁(약-아궁이).명 〈을 돌보지 못한.

아:궁 불열(我窮不閱)명 자기가 몹시 궁상스러워 남

아궁이(건축) 가마나 방·솥에 불을 때려고 구멍 만든 구멍. 〈약〉 아궁. fuel hole

아귀(1)명 ①물건의 갈라진 곳. ¶~ fork ②두루마기나 여자의 속곳에 옆을 터놓은 구멍. ③씨의 싹이 트고 나오는 구멍. budding sprouts ④〈체육〉활의 줌통과 오금이 닿은 오긋한 부분.

아귀(2) 〈어류〉아귀과의 바닷물고기. 몸 길이 60 cm 가량으로 머리 폭이 넓고 입이 큼. 비늘이 없고 몸 앞쪽에 촉수 모양의 가시가 있음. 해초 또는 해조가 있는 해저에서 사는데 살은 탄력 있고 맛이 좋음. 안강(鮟鱇).

아:귀(餓鬼)명 ①〈불교〉굶주린 귀신. 악업(惡業)을 저질러 아귀도에 떨어진 귀신. 항상 굶주린다는 것. starving devil ②염치도 없이 먹을 것만 탐내는 사람의 비유. glutton ③싸움을 잘하는 사람의 비유. quarrelsome person

아:귀-계(餓鬼界)명 〈불교〉십계의 하나. 아귀의 세계.

아귀-다툼명 〈속〉말다툼. quarrelling 하타

아:귀-도(餓鬼道)명 〈불교〉 삼악도(三惡道)의 하나로 아귀들이 모인 세계. Buddhist Hell of Starvations

아귀-맞추다 ~아구맞추다.

아귀-무르다므르 마음이 굳세지 못하고 남에게 잘 굴하다. 〈대〉아귀세다. timid

아:귀-병[一病](餓鬼病)명 ①음식을 먹지 못해 몸이 마르는 병을 이르는 말. ②항상 배고파하는 병을 이르는 말. 비감(痺疳).

아귀-세:다형 〈동〉아귀차다.

아귀-아귀명 욕심스럽게 음식을 먹는 모양. ¶~ 먹다. 〈큰〉어귀어귀. greedily

아귀-차:다형 ①뜻이 굳어서 남에게 굽히지 않다. intrepid ②손으로 쥐는 힘이 세다. 아귀세다. grasping 〈물리는 흙 또는 회삼물.

아귀-토(一土)명 〈건축〉기와집 첫마의 수키와 끝에

아귀-트:다(트르)〈동〉두루마기나 속곳에 옆을 트다.

②싹 날 자리가 벌어지다. bud opens ③아침 해가 떠오르다. morning sun rises

아귀=피(一皮)명 활의 줌통 아래와 위에 벗나무의 접질로 감은 것.

아그노스티시슴(agnosticisme 프)명 〈철학〉불가지론

아그레망(agrément 프)명 ①내락(內諾). 승인(承認). ②〈정치〉외교상 타국에 외교관을 파견할 때 그 인물에 대하여 미리 상대국이 동의하는 의사 표시.

아그배 아그배나무의 열매. 배와 비슷하나 작고 맛이 시고 떫음. wild pear

아그배-나무명 능금나무과의 낙엽 활엽 교목. 높이 3 m 들을 일은 타원형이며 톱니가 있음. 5월에 등황색 꽃이 피고, 과실은 9월에 황색 또는 홍색으로 익는데, 오래 되면 흑색으로 변함. wild pear tree

아그파 컬러(Agfa colour)명 1936년 독일의 아그파 회사에서 완성한 색채 사진 제법(製法).

아근(俄頃)명 ①사개가 꼭 맞지 않고 벌어져 흔들리는 모양. shaky ②서로의 마음이 맞지 않아 짜그락거리는 모양. 〈큰〉어근버근. discordant with 하타

아금-받:다형 알뜰하게 발달다. shrewd

아긋=아긋[一긋一긋]무 물건의 각 조각이 이가 맞지 아니하여 끝이 조금씩 어긋나 있는 모양. 〈큰〉어긋어긋. 하타

아긋-하:다형어 ①물건의 각 조각이 이가 맞지 않아 틈이 조금 생기다. loose ②목적한 곳에 겨우 미치다. ¶그 시간에 아긋하게 대어 가다. 〈큰〉어긋하다. barely reach

아기(1)명 ①어린아이. 〈약〉아². baby ②나이 어린 딸이나 며느리를 일컬음. young daughter ③남을 어리게 여겨 하는 말. baby

아기(2)명 〈무형〉 상아로 만든 그릇. ivory works

아:기(雅氣)명 ①맑은 기운. refinement ②아담하고 고상한 기품. nobleness ③풍류를 좋아하는 기질. elegance

아기=금매화(一金梅花) 〈식물〉성탄꽃과의 다년생 풀. 7~8월에 횡꽃이 피며 숲숲이 나 있어 저절로 남.

아기-낳이 아기를 낳는 일. 출산(出産). 하타

아기-능(-陵)명 어린 세자(世子)나 세손(世孫)의 능. tomb of a prince or princess

·아·기·디·다 〈고〉아이 지다.

아기동-거리다 ①키가 작은 사람이 몸을 좌우로 흔들면서 바라지게 걷다. strut ②말이나 짓을 자주 엉뚱스럽게 하다. ¶어기동거리다. swagger 아기동~아기동1 하타

아기동-하:다형어 ①유난히 교만한 태도가 있다. pert ②조금 틈이 생겨 있다. 〈큰〉어기동하다. gap

아기빈-다:다 〈고〉아이 배다.

아기=살(-箭)〈체육〉 날쌔고 꿋꿋하는 힘이 센 짧은 화살. 세전(細箭). stout arrow

아기-서-다 아기를 배기 시작하다. conceive

아:기수(兒旗手)명 〈제도〉군영(軍營)에서 장교가 부리던 아이.

아기-씨명 ①처녀 또는 새로 시집온 이에 대하여 아랫 사람이 이르는 말. 〈약〉 아씨². young lady ②남의 딸 처녀. ③손아래 시누이의 높임말.

아기-씨름명 아기씨름.

아기-자기명 ①여러 가지가 어울려 예쁜 모양. lovely ②기막히게 잔재미가 있는 모양. ¶~한 모임. cozy ③마음속에 오롯이 재미와 흥미를 느끼는 모양. sweet 하타

아기작-거리다 다리를 마음대로 놀리지 못하고 팔을 자주 놀리며 바라지게 더디 걷다. 〈약〉아깃거리다. 〈큰〉어기적거리다. walk unsteadily 아기작~아기작1 하타

아기족-거리다 다리를 마음대로 놀리지 못하고 억지로 조금씩 겨우 걷다. 〈큰〉어기죽거리다. waddle **아기족~아기족1** 하타

아기-집명 〈동〉자궁(子宮).

아기풀명 〈고〉애기풀.

아깆-거리-다 재 →아기작거리다.

아까 조금 전에. 앞서. 아경에(俄頃—)①. ¶~ 만났다. short time ago

아까워-하-다 타여 매우 섭섭한 느낌을 나타낸다.

아깝-다 형ㅂ ①버리거나 잃기가 싫다. 손을 떼기가 아쉽고 섭섭하다. ¶버리기 ~. too good for ②마구 할 수가 없다. 귀하고 소중하다. ¶아까운 인재. dear ③아주 섭섭하고 아쉽다. precious

아께 남이 어떤 일에 실패하는 것을 보거나 또는 어린아이들이 예상 밖으로 신통한 짓을 하는 것을 보았을 때 조롱으로 하는 말. 「하게 쓰다. grudge

아꿰-쓰-다 타여 ①얻어 아끼며 쓰다. ②물건을 인색

아끼-다 타 ①귀중히 여겨 함부로 쓰지 않다. spare ②마음에 들어 알뜰하게 여기다. value

아끼면 똥된다/아끼는 것이 찌로 된다 물건을 아끼고 쓰지 아니하면 무용지물(無用之物)이 되고 만다는 말.

아낌-없이-다 형여 아끼는 마음이 없다. ungrudge **아낌**

아:나¹ '여봐라·옜다'의 뜻으로, 아이에게 쓰임. ¶~, 이리 좀 다오. hello

아:나² 《약》→아나 나비야.

아나³ 명 ①《약》→아나운서. ②《약》→아나키스트. 아나=ㅇ-니즘이 준말.

아나고(あなご穴子) 명 붕장어. pussy cat

아:나 나비야 고양이를 부르는 소리. 《약》아나².

아나나스(ananas 스) 명 〈식물〉아나나스과의 상록초. 길이 1 m 가량이고, 여름에 잎 사이에서 출방울 모양의 자색 꽃이 핌. 과실은 15 cm 가량의 타원형 인데 초겨울에 황적색으로 익으며 이것을 파인애플이라 하여 식용함.

아나서 〈제도〉 정 3 품(正三品) 이하 벼슬아치의 첩을 하인(下人)들이 이르던 말.

아나운서(announcer) 명 ①방송국의 방송원. ②경기장에서 경기 종목·기록 등을 알리는 계원. 《약》아나³.

아나크로니즘(anachronism) 명 시대 착오(時代錯誤). 아나².

아나키스트(anarchist) 〈사회〉 무정부주의자. 《약》 아나³.

아나키즘(anarchism) 명 〈사회〉 무정부주의. 《약》 아나².

아나톡신(anatoxin) 명 디프테리아 예방주사약.

아나필락시(Anaphylaxie 도) 명 〈의학〉 알레르기(Allergie)의 한 형. 항원(抗原)의 접종에 의하여 체질이 변화하고, 다시 이 항원을 주사하면 몹시 심한 쇼크(shock) 증상을 일으키는 현상.

아낙 명 ①《궁》부터 거처하는 곳. 내전(內間). 내정(內庭). boudoir(프) ②《약》→아낙네.

아낙 군:수:(─郡守) 명 안방에만 늘 들어앉아 있는 사람의 별명. 안방 샌님. ¶젊은 사람이~ 노릇만 하다니. stay-at-home

아낙-네 명 남의 부녀의 통칭. ¶빨래터의 ~들. 《약》아낙². woman

아난다(阿難陀=Ananda 범) 명 〈불교〉석가의 십대(十大) 제자의 한 사람으로, 십육 나한(十六羅漢)의 한 사람. 기억력이 좋아 불멸(佛滅) 후 경권(經卷)의 대부분은 그의 기억에 의해 결집(結集)되었다고 =아=늘 어미 《고》 =거늘.

아날로그 시:계(analogue 時計) 명 문자판에 바늘로 시간을 나타내는 시계.

아날로지(analogy) 명 〈논리〉유추(類推).

아날리스트(analyst) 명 분석가. 특히, 증권(證券) 분석가. 정신 분석가.

아-남자(兒男子) 명 어린 사내. 사내아이. boy

아내 명 시집가서 남자의 짝이 된 여자를 그 남자에 대하여 일컬음. 권속②. 규실(閨室). 반려자②. 《대》 남편. 《속》마누라. wife

아내가 귀여우면 처갓집 말뚝 보고도 절한다 하나가 마음에 들면 그 주위의 다른 것까지도 좋아 보인다.

아내 나쁜 것은 천년 원수, 된장 쉰 것은 일년 원수 아내를 잘못 맞으면 평생을 그르치는 것이 된다.

아냐 《약》→아니야.

아네로이드 기압계(aneroid 氣壓計) 〈물리〉수은(水銀)을 이용하지 않고 금속제의 상자를 써서 만든 기압계의 하나. 휴대하는 데에 편리하여 용도가 넓음. 아네로이드 청우계(aneroid 晴雨計). 「기압계.

아네로이드 청우계(aneroid 晴雨計) 명 →아네로이드

아네모네(anemone 라) 〈식물〉미나리아재비과의 다년생 풀. 잎은 가늘게 우상(羽狀) 분열하며 긴 타원형, 또는 이하형이며 4~5월에 적색·청색·백색 등의 꽃이 핌.

아녀(兒女) 명 《약》→아녀자(兒女子). 「의 꽃이 핌.

아-녀자(兒女子) 명 ①속이 좁은 아이나 여자. ②아이와 여자. children and woman

아노(衙奴) 〈제도〉 수령(守令)이 사사로이 부리던 사내 종. 《대》아비(衙婢). 「는 말.

아노님(anonym) 명 〈음악〉작자 불명의 악곡을 이르는 말.

아노락(anorak) 명 후드(hood)가 달린 가볍고 짧은 외투. 방한용으로 스키·등산 때 입음.

아노미(anomie 프) 명 ①〈사회〉행위를 규제하는 공통의 가치나 도덕 기준을 잃은 혼돈 상태. ②〈심리〉불안·자기 상실감·무력감 등에서 볼 수 있는 부적응 상태.

아노펠레스(anopheles) 명 〈곤충〉학질모기. 「현상.

아누다라 삼먁 삼보리(阿耨多羅三藐三菩提＝Anuttara-samyak-sambodhi 범) 명 〈불교〉①부처의 최상의 지혜. ②부처의 지덕을 칭송하는 한 칭호.

아느작-거리-다 재 부드럽고 길고 가느다란 나뭇가지나 풀잎 따위가 잇따라 춤추듯 흔들리다. 《약》아느작거리다. flap 아느작~아느작짝 하다.

아느작-이-다 재 →아느작거리다.

아늑-하-다 형여 둘레가 폭 싸이다. 되바라지지 않고 속이 깊어서 오목하다. 《큰》으늑하다. cosy 아늑-히 부 ¶많다.

아는 것이 병 모든 것을 알기 때문에 도리어 걱정이 많다.

아는 길도 물어 가랬다 쉬운 일도 신중을 기하여야 한다. 「를 일으킨다.

아는 도끼에 발등 찍힌다 친한 사람에게 도리어 화

아늘-거리-다 재 빠르고 가벼운 모습으로 아느작거리다. flap 아늘~아늘 하다.

아늘음 불을 이루고 있는 살. cheek

아니¹ 부 용언 위에 붙어 부정의 뜻을 나타내는 말. ¶~ 쓰다. 《약》 안². do not

아니² ①부정하는 대답에 씀. ¶다 마쳤나? ~ 아직 다 못했어. no ②무슨 강조나 의아한 뜻을 나타내는 말. ¶~, 이게 웬일이야? oh

=**오-니** 어미 《고》 =으니.

아니-꼽-다 형ㅂ ①뱃속이 뒤집혀 토할 듯하다. feel vomiting ②같잖은 짓이나 말에 불쾌하다. disgusting 「아니꼽살-스레

아니꼽살-스럽-다 형ㅂ 몹시 아니꼽다. disgusting

아니나-다르랴 과연 짐작했던 바와 같다고 할 때 쓰는 말. ¶~아니나다를까. as was expected

아니나-다를까 통 →아니나다르랴.

아니-다 형 사실을 부정할 때 잡아서 일컫는 말. 그렇지 않다. not

아니 되면 조상 탓 일이 뜻대로 안 되면 남을 원망한다.

아니 땐 굴뚝에 연기 날까 사실의 원인이 없으면 그런 일이 있을 수 없다.

아니리 명 〈음악〉판소리에서, 연기자가 창(唱)을 하다가 중간 중간에 장면의 변화나 경정 묘사를 설명하는 사설. 「활발하게」의 뜻.

아니마토(animato) 명 〈음악〉'생기(生氣) 있게'.

아니 밴 아이를 자꾸 낳으란다 때가 안 되었는데 무리하게 재촉한다.

아니스(anise) 명 〈식물〉미나리과의 일년생 풀. 지중해 연안에서 나는데, 건위·거담약 또는 향미료로 씀.

아니스-유(anise 油) 명 아니스의 씨를 증류하여 만든 기름. 독특한 향기가 있어 비누·화장품 등의 원료로 씀. 《약》아나. no

아니-야 친구나 아랫사람에게 부정의 뜻을 나타냄.

아니옷 《고》 아니 곧. 아니.

=**아니와**[어미]〖고〗=어니와. =거니와.
아니완흥-다[형]〖고〗악하다. 나쁘다. 사납다.
=**아·니이-다**[어미]〖고〗=으니이다. =−것입니다.
아니-참[감] 어느 생각이 문득 떠올랐을 때, 그 말 앞에 쓰이는 말. ¶~, 그 사람은 갔어. oh
아니-하다[조동][조형][본어] 용언 아래 붙어 부정의 뜻을 나타냄. 〈약〉않다. do not
아니한[관]〖고〗많지 않은. 적은.
아·니한덛[명]〖고〗잠시.
아니·한·삐[명]〖고〗잠시(暫時).
아·니한수시[명]〖고〗잠시. 「의 뜻. I dare say
아니할말로[관]'그렇게는 감히 말할 수 없는 말이나'
아닌게=아니라[관] 과연 그렇다는 뜻으로, 긍정하며는 말 앞에 쓰는 말. 미상불(未嘗不). 미상비(未嘗非). indeed 「of a sudden
아닌 밤중[−中][명] 뜻하지 않은 때. 뜻밖. all
아닌 밤중에 차시루떡[관] 뜻밖의 요행이나 횡재의 비유.
아닌 밤중에 홍두깨[관] 갑자기 불쑥 내놓음. 「유.
아닐린(anilin 도)[명]〖화학〗니트로벤젠을 쇠붙이와 염산으로 환원시켜 만든, 색이 없고 특이한 냄새가 나는 액체로 염색의 원료임.
아닐린 블랙(anilin black)[명]〖화학〗아닐린의 염산염을 산화할 때에 생기는 흑색 물감. 무명용 물감.
아닐린 수지(anilin 樹脂)[명]〖화학〗아닐린을 산성 또는 알칼리성 촉매로 포름알데히드와 축합(縮合)하여 얻는 수지산 물질의 총칭. anilin resin
아닐린 염·료(anilin 染料)[명]〖화학〗콜타르 물감. 아닐린의 화하여 유도되는 인조 색소의 총칭.
아다개(阿多介)[명]〖고〗털요.
·**아·드기**[부]〖고〗아득히. 어듭게.
아·드님[명]〖고〗아드님. 「'도륵 느리게'의 뜻.
아다지시모(adagissimo 이)[명]〖음악〗'썩 고요하고 되 아주 빠르게'의 뜻.
아다지에토(adagietto 이)[명]〖음악〗'아다지오보다 약간 빠르게'의 뜻.
아다지오(adagio 이)[명]〖음악〗'매우 느리고 평온하게'의 뜻. ①발레에서, 느린 음악에 맞춰 추는 춤. ②발레에서, 우아한 선(線)과 균형을 위한 기본 연습의 하나. 〈대〉알레그로.
아닥-치듯[부] 기를 쓰며 말다툼을 하는 모양. ¶왜 그리 ~ 다투느냐? severely
·**아·독흥-다**[형]〖고〗아득하다. 어듭다. 우매하다.
=**아·돈**[명]〖고〗=거든.
아단-단지[명]〈제도〉소이탄(燒夷彈)과 같은 폭탄이다. 임진 왜란 때, 이순신(李舜臣) 장군이 썼다 함. kind
아·둘렁[명]〖고〗 「of old incendiary bomb
아달린(Adalin 도)[명]〖약학〗디에틸브롬아실 요소 (Diethylbromacetyl 尿素)의 상품명. 약간 쓴맛이 있는, 무취(無臭)의 백색 결정성 분말로, 최면제·진정제로 씀. 「[명] 스웨 스레트 히틀
아·담(雅淡·雅澹)[명] 고아하고 담박함. refinement 하
아·담(雅談)[명] 고아(高雅)하고 조촐한 이야기. chats on unworldly topics
아담(Adam)[명] 신이 처음으로 창조하였다는 남자. 히브리어로 '사람'의 뜻.
아담-창(鴉啖瘡)[명]〖한의〗어린애가 태중에 모체(母體)에서 독(毒)을 받아 처음 낳았을 때 돈구멍만한 부스럼이 나서 차차 번지는 병.
아·당(亞堂)[명]〖동〗참판(參判).
아당(阿黨)[명] 남의 마음을 사로잡기 위하여 알랑거리고 아첨함. 또, 그 무리. 하
·**아·당흥-다**[고] 아당하다. 아첨하다.
아데노비루스(Adenovirus 도)[명]〖의학〗편도선염 따위를 일으키는 바이러스가 감기의 병원체.
아데노이드(adenoid)[명]〖의학〗편도선의 비대증. 흔히 어린이에게 생기는데, 코의 발육이 불완전하여지며, 때때로 잘 들리지 않고 기억력이 나빠짐.
아데닌(Adenin 도)[명]〖화학〗동물의 조직이나 찻잎 등에서 얻을 수 있는 결정성 물질.
아데르민(adermine)[명]〖화학〗비타민 B_6의 이름. 살

거·효모·간장(肝臟) 등에서 얻을 수 있는데, 피부병에 유효함.
=**아도**[어미] 양성 모음으로 끝나는 용언 아래에 붙어 그 사실을 인정하나 다음 말과는 상관이 없음을 나타내는 말. ¶암만 보~ 모르겠다. though
아도름(Adorm 도)[명]〖화학〗물에 잘 풀리지 아니하는 결정성 상물. 강력한 최면제의 상품명.
아도-물(阿賭物)[명] '돈'을 달리 이르는 말.
아:동(我東)[명]〈약〉=아동방(我東方).
아동(兒童)[명] ①어린아이. 대개 3~12세까지의 어린아이. child ②국민 학교에 다니는 아이. 학동(學童). school children
아동-관(兒童觀)[명]〖교육〗아동의 본질에 대한 견해. 그것은 시대와 더불어 변화하며 교육 방법을 결정하는 바탕이 됨. view on children
아동 교·육(兒童敎育)[명]〖교육〗아동을 상대로 하는 교육. education of children
아동-극(兒童劇)[명]〖연예〗①아동들이 하는 연극. ②아이들에게 보이기 위한 연극. 〈약〉동극. juvenile drama 「공공 도서관의 하나. juvenile library
아동 도서관(兒童圖書館)[명] 아동들을 위하여 설비한
아동 문학(兒童文學)[명]〖문학〗아동을 위하여 창작한 문학 작품. juvenile literature
아:=동방(我東方·我東邦)[명] 우리 나라가 동쪽에 있으므로 백성들이 본국을 부르던 말. 〈약〉아동(我東). our country
아동-병(兒童病)[명]〖의학〗아동들에게 잘 걸리는 병. 곧, 소아마비·백일해·홍역·마마 따위의 병. child's disease
아동 보·호(兒童保護)[명]〖사회〗사회의 책임 아래 모든 아동을 보호하는 사회 정책. juvenile protection
아동-복(兒童服)[명] 아동들이 입게 마련된 옷. 어린이 옷. children's wear
아동 심리학(兒童心理學)[명]〖심리〗아동의 심리 및 그 발달을 연구하는 발달 심리학의 한 부문. child
아동-어(兒童語)[명] 아동이 쓰는 말. 「psychology
아동-용(兒童用)[명] 아이들에게 소용되는 물건의 총칭.
아동 작가(兒童作家)[명] 아동들을 위한 문예 작품을 창작하는 작가.
아동 주·졸(兒童走卒)[명] 철모르는 아이들과 어리석은 사람들. children and stupid persons
아동 판수 육갑 외듯[관] ①알아듣지 못할 소리로 지껄인다. ②듣기 싫은 소리를 크게 내지른다.
아동 편사(兒童便射)[명]〈제도〉동리마다 아이들만으로 편을 짜서 활쏘는 기예(技藝)를 겨루던 일.
아동-학(兒童學)[명]〖교육〗어린이의 자라는 상태를 연구하여, 그들에 대한 도덕과 법률 따위를 역사적으로 연구하는 학문.
아동-화(兒童畫)[명] 아동이 그린 그림. 특히 아동 심리·미술 교육 등의 면에서 그림을 연구하는 경우에 이르는 말. 〈약〉동화(童畫).
아두개(阿斗筒)[명]〈제도〉늙은 대신에게 특별히 주던, 표범의 가죽으로 만든 진요(褥).
아둔-패기[명]〈속〉아둔한 사람. 〈약〉둔패기.
아둔-하-다[형여] 영리하지 못하고 어리석다. ¶아둔해서 이것을 알아낼 수는 없지 모르겠다. dull
아드-님[명] 남의 아들. 〈대〉따님. your son
아드득 ①단단한 물건을 힘껏 깨물 때에 나는 소리. 「날밤을 ~ 깨물어 먹다. crunchingly ②이를 한 번 세게 가는 소리. 〈큰〉으드득. gratingly 하
아드득-거리·다[자타] 자꾸 아드득 소리가 나다. 또, 자꾸 아드득 소리를 나게 하다. 〈큰〉으드득거리다.
아드득=아드득[부] 하
아드등-거리·다[자] 서로 제 생각만 하고 고집하여 자꾸 다투다. ¶아드등거리기만 하고 지내야지. 〈큰〉으드등거리다. snarl at each other **아드등=아드등**[부] 하
아드레날린(adrenalin 도)[명]〖화학〗척추 동물의 부신(副腎)에서 생기는 하나의 호르몬. 혈압을 높이

아드 리비툼 (ad libitum 라)[명]〈음악〉①일정한 속도에 구애됨이 없이 연주하는 일. ②합주곡에서, 연주자의 뜻대로 악곡의 일부를 변주하는 일. ③'자유스럽게'의 뜻.

아득-바득[부] 악착스럽게 애를 쓰거나 우겨대거나 하는 모양. fussily 하[자]

아득아득-하-다[형][여불] 정신이 까무러졌다가 깨어났다

아득-하-다[형][여] ①끝없이 멀다. far distant ②매우 멀어서 정신이 조금 까무러질 듯하다. ③까마득하게 오래다. (큰)어득하다. long past **아득=히**[부]

아들[명] 사내 자식. (대)딸. (속)아이¹. son

아들-내미[명] 어린 아들을 귀엽게 일컫는 말. 《원》아들남(男)이.

아들네 집 가 밥 먹고 딸네 집 가 물마신다[속] 부모는 흔히 아들보다 딸의 살림살이를 아끼고 생각해 준다.

아들-놈[명] 자기의 아들을 겸손하게 일컫는 말. (대)딸년. my son 「성의젓한 태도가 있다. filial

아들-답-다[형][ㅂ불] 부모를 잘 모시어 자식의 도리가

아들-딸[명] 아들과 딸. 자녀(子女). son(s) and daughter(s) 「garlic

아들=마늘[명] 마늘종 위에 열리는 작은 마늘. small

아들 못난 건 제 집만 망하고, 딸 못난 건 양 사돈이 망한다[속] 여자가 못나면 시집에도 화를 미치고 친정에도 폐를 끼치게 된다. 「두 개의 좁은 베.

아들-바퀴[명] 쳇불을 메우는 데에 곁바퀴 안쪽에 대는

아들-아이[명] 남에게 자기의 아들을 이르는 말. (대)딸아이. (약)아들애. my son

아들-애[명](약)→아들아이. 「side ear

아들-이삭[명] ―리―「벼의 곁줄기에 생기는 이삭.

아들-자[명]〈수학〉길이나 각도를 잴 때 큰 자에 붙여서 가장 작은 값의 끝수를 정밀하게 재는 데에 쓰는 보조자. 부척(副尺). 노에미자. vernier

아들-자식(-子息)[명] 남에게 대하여 자기의 아들을 일컫는 말. (대)딸자식. my son

아=등(我等)[대] 우리. 「거리다.

아등-거리-다[자] 말다툼하여 함부로 우그러지다. (큰)어등

아등그러-지-다[자] ①바싹 말라서 배틀어지다. warp ②날씨가 흐려지며 점점 음산해지다. (큰)으등그러지다. become cloudy

아둥-바둥[부] 몹시 악착스럽게 자꾸 애를 쓰거나 우겨대는 모양. ¶~ 우겨대다. 하[자] 「는 말.

아디유(adieu 프)[감] '안녕·평안히'의 뜻. 헤어질 때 쓰

아딧-줄[명] 바람의 방향을 맞추기 위하여 돛에 매어 쓰는 줄. (준)앗줄.

아따[감] 몹시 성나거나 못마땅할 때 내는 소리. ¶~

아따[감] 여덟. 「골은 왜 내. (큰)어따. why

아뜩-수(-手)[명] 불안한 장기짝을 움직이는 짓.

아뜩아뜩-하-다[형][여] 머리가 어지러워 자꾸 까무러질 듯하다. (큰)어뜩어뜩하다.

아뜩-하-다[형][여] 갑자기 정신을 잃었다 까무러질 듯하다. (큰)어뜩하다.

=아라[어미] ①양성 모음으로 끝나는 동사 어간에 붙어서 명령의 뜻을 나타냄. ¶놓~. 빨~. ②양성 모음으로 끝나는 형용사의 어간에 붙어서 감탄의 뜻을 나타냄. ¶아이 좋~.

야라[고] 아래.

아라라 선인(阿羅羅仙人←Arada-kalama 범)[명]〈불교〉인도의 수론파(數論派) 철학자. 한때 석가의 스승이었으나, 뒤에 석가의 제자가 되었음.

아라랏=산(←Ararat 山)[명]〈기독〉노아의 홍수 위에 방주(方舟)가 처음 착륙하였다는 곳. 소아시아 북방 아르메니아에 있음.

아라리(阿喇唎←alali 범)[명]〈불교〉①허허벌판에 사람이 없는 지경. ②거만해서 모든 사람을 업신여기는

아 라 모드(à la mode 프)[명] 최신 유행. 「마음.

아라베스크(arabesque 프)[명] ①아라비아 사람의 공예품이나 건축물의 장식에 쓰이는 동식물의 당초문(唐草紋). ②〈문학〉아라비아적이라는 뜻에서, 다양성 있는 문에 작품. ③〈음악〉아라비아풍의 화려한 장식이 많은 악곡(樂曲). ④무용에 있어서의 하나. 한쪽 다리로 서서, 한쪽 다리는 곧게 뒤로 뻗친 자세.

아라비아=고무(Arabia gomme)[명] 아라비아·북아프리카 등지에서 나는 고무나무. 약품·고무풀 등을 만드는데 씀.

아라비아고무-나무(Arabia gomme-)[명]〈식물〉콩과의 상록 관목. 잎은 우상 복엽으로 줄기에는 아래로 뻗친 가시와 노란 빛의 꽃이 핌. 수액(樹液)으로 아라비아고무를 만듦. 아라비아와 북아프리카에 많이 남. Acacia senegal

아라비아=말(Arabia-)[명]〈동물〉아라비아 원산의 말. 온순·강건·영리하여 승용(乘用)으로 씀.

아라비아 숫:자(Arabia 數字)[명]〈수학〉1·2·3·4·5·6 따위의 숫자. 산용 숫자(算用數字). Arabic numerals

아라비아-어(Arabia 語)[명]〈어학〉아랍 여러 나라의 공통어. 셈어계(Sem 語系)에 속하며, 서남 아시아의 여러 나라와 북아프리카 여러 나라에 분포되어 있음. Arabian

아라비아-인(Arabia 人)[명] 셈족(Sem 族)의 한 갈래. 서남 아시아의 아라비아·시리아·쿠웨이트·요르단·레바논·이라크 등과 북아프리카 여러 나라에 분포되어 아라비아어를 공용하는데, 주로 이슬람교를 신봉함.

아라비아 철학(Arabia 哲學)[명]〈철학〉주로 아라비아 사람들 사이에 발달한 아리스토텔레스 학파의 철학.

아라비안 나이트(Arabian Night)[명]〈문학〉'천일 야화(千一夜話)'라고도 하는 아라비아의 설화집. 특히 아동 문학으로도 널리 읽힘. Abrabian Night Entertainments

아라사(俄羅斯)[명] '노서아(露西亞)'의 구칭.

아라야(阿頼耶←alaya 범)[명]〈불교〉팔식(八識)의 하나. 사람의 심식(心識)의 근본으로서, 안으로는 일체 만유의 종자를 간주하여 있고 만법 연기(緣起)

아라우(고)[명] 아래위. 「의 근본이 되는 것.

아 라 카르트(à la carte 프)[명] 호텔·요정 등에서 손님이 식성에 따라 정가적으로 주문하는 요리. 일품요리—一品料理).

아라한(阿羅漢←Arahan 범)[명]〈불교〉소승 불교(小乘佛教)에서 온갖 번뇌를 끊고 사제(四諦)의 이치를 밝히어 얻어서 세상 사람들의 공경을 받을 만한 공덕을 갖춘 성자(聖者).

아라한-과(阿羅漢果)[명]〈불교〉아라한의 깨달음의 경지. 곧, 소승 불교에 있어서 궁극에 이른 성자(聖者)의 지위.

아란(俄蘭)[명](동)만주 뿔돌다리. 「곳.

·오·란(고)[명] 오탕.

아란약(阿蘭若←aranya 범)[명]〈불교〉①절. ②한적한

아람[명] 밤·상수리 따위가 나무에 달린 채 저절로 충분히 익은 상태. 안밤② ¶밤~. fully ripened

아람(阿藍)[고]〈불교〉만주 뿔종다리.

아람[명] ①사사(私事). 혼잣일. ②백성(百姓).

아람[명](고) 아름(抱).

아·롬-답·다[형](고) 아름답다.

아·롬답·다[형](고) 아름답다.

아·롬도·이[부](고) 사사로이.

아람드리[명]→아름드리.

아람 문자(-字)[명]〈어학〉기원 전 7세기경부터 쓰여서 셈어족(Sem 語族) 문자의 기초가

아롬발[명](고) 자기 소유의 발. 몫 문자.

아람-불-다[자][ㄹ불] 밤·상수리 따위가 충분히 익어 나무에서 떨어질 상태에 있다.

아람-집[명](고) 사삿집. 사삿방.

아람-치[명] 자기의 차지. one's share

아·롯것[명](고) 아람치. 「私有].

아람(Arab)[명] 이슬람교를 믿고, 아라비아어를 사용하며, 이슬람 문화의 영향을 크게 받고 있는, 서남 아시아와 북아프리카 지역에 흩어져 사는 민족의 총칭.

아랍 연맹(Arab 聯盟)[명]〈정치〉아랍 여러 나라의 독립과 주권을 옹호하기 위하여 1945년에 이집트·시리아·레바논·이라크·요르단·사우디아라비아·예멘 등 일곱 나라가 조인한 기구. Arab League

아랍 연방(Arab 聯邦)[명] 1958년에 이라크 왕국과 요르단 왕국이 합하여 만든 연방. Arab Federation

아랑[명] 소주를 고아 낸 뒤에 남은 찌끼. draff

아랑곳[명] 남의 일에 나서서 알려고 들거나 간섭하는 짓.《대》모른체. meddling 하다

아랑곳-없다[형] 관계하거나 간섭할 필요가 없다. ¶나는 그 일에 ~. have nothing to do(with) **아랑곳-없이**[부]

아랑-주(-酒)[명] 소주를 고고 난 찌꺼기로 만든, 질이 낮으며 독한 소주.

아랑-주(-紬)[명] 날은 명주실로 쓰고, 씨는 명주실과 무명실을 두 올씩 아국씩 바꾸어 가며 짠 피륙. 반주(斑紬). cotton and silk mixtures

아래[명] ①물건이 땅으로 향한 쪽. 바닥이 되는 쪽. bottom ②물건의 머리와 반대되는 쪽. foot ③적위·신분·수량이 낮은 쪽. low-side ④다른 것보다 못한 쪽. below ⑤나이가 젊음. younger ⑥다음. following ⑦[밀. 《대》위. under

아:래[명]〈고〉전일(前日). 예전. 일찍.

아릭[명] 전일(前日). 예전. 일찍.

아래-닫기[명] 책상 서랍의 밑에 대는 나무. board for the bottom of a drawer

아래-대(-㙜)[명]〈제도〉서울 장안에서 동대문과 광희문(光熙門) 방면을 이르는 말. 《대》우대. downtown

아래댓-사:람[명]〈제도〉아래대에 살면 군총(軍摠) 계급의 사람.

아래-덧방[명]〈농업〉쟁기의 한마루에 내리 꿰어 얇이리가 보슴 머리를 누르는 장방형의 두꺼운 나무.

아래-미: 닫이[명-다지--][명]〈건축〉장지나 미닫이 따위를 끼어 여닫는 홈을 판 문지방. door-sill

아래-뻘[명] 손아래뻘. junior

아래-아[명]〈어학〉옛 모음의 ‘·’의 이름.

아래-아귀[명] 활의 줌통의 아래.

아래-애[명]〈어학〉옛 모음의 ‘ㅣ’의 이름.

아래-옷[명] 아랫도리에 입는 옷. lower garments

아래위-턱[명] ①아랫 사람과 윗사람의 구별. distinction of superiors and inferiors ②좋고 그름과 급하고 아니 급함의 구별. distinction of good and bad

아래윗-막이[명] ①물건의 양쪽 머리를 막는 부분. ②아랫도리옷과 윗도리옷. upper and lower garments

아래윗-벌[명] 옷의 아랫벌과 윗벌. coat and trousers

아래-짝[명] 아래위가 한 벌을 이루는 물건의 아래에 있는 짝. 《대》위짝. lower part

아래-쪽[명] ①아래가 되는 쪽. 《대》위쪽. lower direction ②어떤 지방에서 그 남쪽 지방을 가리키는 말.

아래-채[명]〈약〉→들아래채.

아래-청(-廳)[명] 웃어른을 섬기는 사람이 따로 잡고 있는 자리. 하청(下廳). 《대》위청. detached place

아래-층(-層)[명] 여러 층 가운데 아래 되는 층. 하층(下層). 밑층. 《대》위층. down stairs

아래-치마[명] 가는 대나무를 가로 대고 새끼로 엮은 갈 위의 뒤초리 쪽으로 맨 가장 짧은 고. 《대》위치마.

아래-턱[명] 턱의 아래 부분. 하악(下顎). 《대》위턱.

아래턱-뼈[명]〈생리〉아래턱을 이루고 있는 뼈. 하악골(下顎骨). bone of the lower jaw

아래-통[명] 아래 부분의 둘레. 《대》위통.

아래-팔[명]〈생리〉팔굽치에서 손목까지의 부분.《대》위팔. forearm

아래-편짝(-便--)[명] 아래로 치우치 편짝.

아래-포:청(-捕廳)[명]〈제도〉(속) 좌포도청.

아랫[관] 아래의. 아래에 있는. 《대》윗. lower

아랫-간(-間)[명] 아궁이에 가까운 쪽의 간. 《대》윗간. room near the fireplace

아랫-것[명] 《속》지체가 낮은 하인들을 이르는 말. servants

아랫-길[명] ①아래쪽에 있는 길. low road ②품질이 그보다 못한 물품. 또, 그 품질. 《대》윗길. inferior quality

아랫-녘[명] ①〈동〉앞대. ②경상도·전라도를 일컫는 말. southern provinces

아랫-녘장수[명] 화류계(花柳界) 여자를 농으로 이르는 말. 창부(娼婦).

아랫-눈시울[명--씨--][명] 아래쪽의 눈시울.

아랫-눈썹[명] 아래 눈시울에 있는 속눈썹. 《대》윗눈썹. lower eyelid

아랫-니[명] 아랫잇몸에 난 이. 《대》윗니. lower teeth

아랫-다리[명] 다리의 아랫 부분. lower leg

아랫-단[명] 옷의 아래 가장자리를 안으로 접어 붙이거나 감친 부분.

아랫-당줄(-줄)[명] 망건의 편자 끝에 단 당줄. 《대》윗당줄.

아랫-덧줄[명]〈음악〉악보의 다섯 줄의 아래에 붙은 덧줄. 《대》윗덧줄.

아랫-도리[명] ①허리 아랫 부분. 하체(下體). 《대》윗도리. lower part of the body ②〈약〉→아랫도리옷. ③지위가 낮은 계급.

아랫도리-옷[명] 아랫도리에 입게 만든 옷. 아랫마기. 《대》아랫도리옷. lower garments

아랫-돌[명] 아래쪽에 있는 돌. stones below

아랫돌 빼어서 윗돌 괴고 윗돌 빼어 아랫돌 괴기[관] 곤란한 형편에서 우선 당장 급한 것을 막기 위하여 이리저리 둘러대는 임시 변통을 이르는 말.

아랫-동(-洞里)[명] 냇물의 하류 쪽에 있는 동네. 아랫마을. 《대》윗동리. 《동》 lower part

아랫-동아리[명] 아래쪽 부분. 《대》윗동아리. 《약》아랫동.

아랫-두리[명] →아랫도리.

아랫-마기[명] 아랫도리옷.

아랫-마디[명] 화살의 찰촉에 가까운 마디.

아랫-마을[명] 아래쪽에 있는 마을. 아랫동리. 하리(下里). 《대》윗마을.

아랫-막이[명] 물건의 아래쪽 머리를 막은 부분. 《막이》. bottom piece

아랫-머리[명] 아래위가 같은 물건의 아래쪽 머리. 《대》윗머리. end of the lower part

아랫-목[명] 구들 놓은 방에서, 아궁이가 있는 쪽의 부분. 《대》윗목. warmest part of the Korean room

아랫-물[명] 흘러가는 강이나 시내의 아래쪽의 물. 《대》윗물. lower stream

아랫-바람[명] ①하류(下流)에서 불어오는 바람. wind from down stream ②연 날릴 때 동풍(東風)을 가리킴.

아랫-바지[명] 아랫도리에 입는 바지. 《대》리킴.

아랫-반(-班)[명] ①아래 학년의 학급. lower-grade ②아래위의 등분을 여럿으로 나눈 가운데의 아래 되는 반. 《대》윗반(-班). lower-class

아랫-방(-房)[명] ①아궁이에 가까운 쪽의 방. 《대》윗방(-房). warmer room ②〈약〉→들아랫방.

아랫-배[명]〈생리〉배꼽보다 아래에 있는 배. 하복(下腹). 소복(小腹). 《대》윗배. abdomen

아랫-변(-邊)[명]〈수학〉평면 다각형의 아래의 변. 하저(下底). lower base

아랫-불[명]〈생리〉아래쪽의 불 부분. 《대》윗불.

아랫-뻘[명] 손아래뻘. junior

아랫 사:람(-숨)[명] ①손아래 사람. junior ②지위가 낮은 사람. inferior ③부하. 《대》윗사람. subordinate

아랫-사랑(-숨廊)[명] ①아래채에 있는 사랑. 사랑. detached drawing room ②작은 사랑.

아랫-수(-手)[명] 하수(下手).

아랫-수염(-鬚髥)[명] 턱에 난 수염. 《대》윗수염. beard

아랫-알[명--앤--][명] 주판의 가름대 밑부분의 4개의 알. 《대》윗알.

아랫-입술[명--닙--][명] 아래쪽의 입술. ¶~을 깨물다.

아랫-잇몸[명--닌--][명] 아래니가 나는 잇몸. 《대》윗잇몸.

아랫-자리[명] ①아랫 사람들이 앉는 자리. 하좌(下座). lower provinces ②여러 자리 가운데서 아래쪽에 있는 낮은 자리. lower seat ③〈수학〉십진법(十進法)에서 어느 위(位)의 다음 자리. lower order

아랫-중방(-中枋)[명]〈건축〉벽 아래쪽 기둥 사이의

아랫집 바로 아래쪽에 이웃하여 있는 집.
야:량(雅量)囘 너그럽고 깊은 마음씨. generosity
야:레囘 ① →접때. ② ─그저께.
아레테(aretē 그)囘〈철학〉 우수 탁월(優秀卓越). 도덕적(道德的)인 탁월. 덕(德). 그리스 철학, 특히 소크라테스의 실천 철학에 있어서의 중요한 개념.
아:려(雅麗)囘 ①곱고 아담함. ②품(品)이 훌륭함. elegant 하囘
아련囘囘 어리고 예쁜 모양. 아름다운 모양.
아련-하-다囘囘囘 ①정신이 희미하다. faint ②흐릿하게 어렴풋이 보이다. **아련=히**囘
아렴풋-하-다囘囘囘 ①기억이 또렷하지 않다. faint ②흐릿이 보이지 않다. dim ③똑똑히 들리지 않다. indistinct ④잠이 깊이 들지 않다. 《큰》 어렴풋하다. light sleep **아렴풋=이**囘
아:령(啞鈴)囘〈체육〉 운동 기구의 하나. 양쪽 끝을 공처럼 만든 쇠뭉치. 두 개가 한 벌임. dumbbells
아:령 체조(啞鈴體操)囘〈체육〉 두 손에 아령을 가지고, 팔·다리·머리·몸의 운동을 하는 체조. dumbbell exercise 「직하다. dim **아령칙=이**囘
아령칙-하-다囘囘囘 기억이 또렷하지 않다. 「는 어령
아례(衙隸)囘〈제도〉 지방 관청의 심부름꾼.
·오·로囘囘〈고〉 으로.
아로=다록囘 조금 성기고 연하게 여기저기 알록 달록한 모양. 《큰》 어루룩더루룩. 《센》 알록달록. 하囘
아로록=아로록囘 조금 성기고 연하게 여기저기 알록알록한 모양. 《큰》 어루룩우루룩. 《센》 알록록알록.
아로롱=다로롱囘 점이나 줄로 된 무늬가 고르지 않고 성긴 모양. ¶ ∼ 한 파라솔. 《큰》 어루룽더루룽. 《센》 알롱달롱. unevenly spotted or striped 하囘
아로롱=아로롱囘 점이나 줄로 된 무늬가 고르고 성긴 모양. 《큰》 어루룽어루룽. 《센》 알롱록알롱. evenly spotted or striped 하囘
아로마라마(Aromarama)囘〈연예〉 1959 년판, 뉴욕에서 공개한 냄새까지도 맡을 수 있게 만든 영화.
아로-새기-다囘 ①교묘하게 새기다. ¶아로새긴 무늬. ②명심(銘心)하다. engrave on one's mind
아록(衙祿)囘〈제도〉 지방 수령(守令)의 식구 몫으로 「주던 식료(食料).
아롬囘〈약〉 아둠하.
아롱囘〈곤충〉 아둥.
아롱-거리-다囘囘 점이나 줄이 고르게 무늬져 아른거리다. 《큰》 어룽거리다. 《센》 알롱거리다. flicker **아롱=아롱**囘 하囘
아롱=다룽囘 점이나 줄로 된 무늬가 고르지 않고 총총한 모양. 《큰》 어룽더룽. 《센》 알롱달롱. unevenly spotted or striped 하囘 「두 줄기의 줄이 있음.
아롱=등에囘〈곤충〉 등에과의 벌레. 몸은 검고 등에 「진 무늬. even speckles or stripes 「aitch-bone
아롱=무늬囘 점이나 줄로 고르게 또는 총총히 이루어
아롱=사태囘 소의 뒷다리 윗마디에 붙은 살덩이.
아롱=이囘 아롱진 점. 또, 그런 점이 있는 짐승이나 물건. 《큰》 어룽이. 《센》 알롱이. spot
아롱-지-다囘囘 아롱아롱한 무늬가 생기다. be spotted 囘 아롱아롱한 무늬가 있다. 《큰》 어룽지다. 《센》 알룽지다. 「람 앞에서 풍악을 하여 드리다.
아뢰-다囘①〈궁〉 알리다. 말하다. 사뢰다. tell ②웃어
아룀=말-씀囘─짱=(─張)囘 ①어느 일을 알리어 안내하는 글. 통지서. written information ②초청장.
아:류(亞流)囘 ①무리. adherent ②그 유파(流派)의 둘째 가는 사람. second ③어떤 학설이나 주의의 뒤를 따르는 사람. follower
아:류산(亞硫酸)囘〈동〉 아황산.
아:류-주의(亞流主義)囘 창조성이 없이 모방 또는 남의 사상이나 주의의 계승을 일삼는 경향. tendency to imitate or adopt other's works
아륜(牙輪)囘〈동〉 톱니바퀴.
아륜(蛾輪)囘〈농업〉 누에 알받이를 할 때 판지 위에 쐬우고 그 속에 암나방을 넣는 물건.
아르(are 프)囘囘 미터법에 의한 면적 단위. 1 아르는 $100m^2$. 기호 ; a.
아르곤(argon)囘〈화학〉 기체로 된 원소의 하나. 적은 분량이 공기 중에 들어 있으며, 빛·냄새·맛이 없고 어떤 물질과도 화합하지 않으므로 $187°C$ 에서 액화함. 원소 기호 ; Ar. 원자 번호 ; 18. 원자량 ; 39. 948.
아:르 누보(art nouveau 프)囘〈미술〉 1880∼1905 년경, 프랑스·벨기에·독일·오스트리아를 중심으로 일어난 건축·공예의 신예술 운동.
아르렁囘①짐승이 성내어 부르짖는 소리. roaring ②보드랍지 못한 말로 다투는 소리. 《큰》 으르렁. snarl 하囘
아르렁-거리-다囘①잇따라 아르렁 소리를 지르다. ②순하지 못한 말로 서로 자꾸 다투다. 《큰》 으르렁거리다. **아르렁=아르렁**囘 하囘 「/or designs
아르롱囘 아동진 점이나 무늬. 《큰》 어르룽. specks
아르르囘①몸이 아스스 떨리는 모양. tremblingly ②애처롭거나 아까워서 멀다시피 하는 모양. ¶그것을 가지고 뭘 ∼하니. 《큰》 으르르. grudgingly 하囘
아르르=하-다囘囘囘 조금 알알한 느낌이 있다. ¶고추장이 매워서 ∼. hot
아르마다(armada 이)囘 무적 함대(無敵艦隊).
아르마딜로(armadillo)囘〈동물〉 아르마딜로과의 야행성(夜行性) 포유 동물. 온몸이 견고한 갑(甲)으로 싸여 있으며 앞발에는 강력한 발톱이 있음. 남미와 열대 아메리카의 삼림이나 건조 지대에 사는데, 개미·곤충·달팽이·지렁이 등을 잡아먹음.
아르바이트(Arbeit 도)囘①일. 노동. 작업. ②학생이나 직업인의 부직(副職). ③학자의 연구하는 일. 문학상의 저작(著作)하는 일.
아르보스(Arbos 도)囘 누런 빛깔을 띤 횐빛의 고체(固體). 장뇌와 같은 냄새가 있으며 물에 잘 녹아 소독제로 쓰임.
아르스(ars 라)囘 예술(藝術). 학술(學術). 아트(art).
아:르 알:르 합금(RR 슘금)囘〈화학〉 영국의 롤즈로이스 회사에서 처음 사용한 알루미늄 합금. 고온에 잘 견디어 실린더·피스톤 등에 쓰임.
아:르 앤드 비:(R&B←rhythm and blues)囘〈음악〉 흑인들의 블루스에서 발달한 무곡.
아:르 에스 시:(RSC←referee stop contest)囘〈체육〉 아마추어 권투에서, 위험 방지를 위해 주심이 시합을 정지시키는 일.
아:르 에이치 네거티브(Rh negative)囘〈생리〉 아르 에이치 음성(陰性). 「이치 음성(陰性).
아:르 에이치 마이너스(Rh minus)囘〈생리〉 아르 에
아:르 에이치식 혈액형(Rh 式血液型)囘〈생리〉 인간이 아르 에이치 인자의 유무(有無)에 따라 계통 세워지는 혈액형의 체계.
아:르 에이치 양성(Rh 陽性)囘〈생리〉 아르 에이치 인자를 가진 혈액형. 기호 ; 'rh+'.
아:르 에이치 음성(Rh 陰性)囘〈생리〉 아르 에이치 인자를 가지지 않은 혈액형. 기호 ; 'rh−'.
아:르 에이치 인자(Rh 因子)囘〈의학〉 적혈구 가운데에 있는 응집소의 하나.
아:르 엔 티 시:(R.N.T.C.)囘〈약〉 Reserve Non-commissioned Training Corps 하사관 후보생 훈련단 (下士官候補生訓練團). 「한 민국(大韓民國).
아:르 오: 케:이(ROK)囘〈약〉 Republic of Korea 대
아:르 오: 티: 시:(R.O.T.C.)囘〈약〉 Reserve Officers Training Corps 재학중인 대학생에게 군사 훈련을 실시하여 소정 과정을 마친 후, 예비 장교로 편입시키는 제도, 예비역 장교 훈련단.
아르카이슴(archaisme 프)囘 ①의고주의(擬古主義). ②고풍(古風). ③고대 모방주의(古代模倣主義).
아르카이크(archaique 프)囘 고풍(古風)이 있음. 매우 오래 됨. 하囘

아르카이크 예ː술(archaique 藝術 프)⒨ 단순·소박·고졸(古拙)하여 원시성·자연성을 아직 잃지 않은 고전기 이전의 예술.

아르케(arkhe 그)⒨ ①근원. 원리. ②〈철학〉그리스 초기의 자연 철학에서, 우주의 근본이 되는 물질, 곧, 원질(原質)을 뜻함.

아르코(arco 이)⒨ 현악기의 활.

아르키메데스 원리(Archimedes 原理)⒨〈물리〉액체 속의 물체는 그 물체가 밀어낸 액체의 무게만큼 가벼워진다는 원리. Archimedes' principle

아르티스트(artiste 프)⒨ ①예술가. 미술가. ②문에·미술 비평에 흔히 쓰이는 말로서, 시인·소설가·극작가·조각가·화가·건축가·작곡가 등의 총칭.

아ː르 티ː오ː(R.T.O.)⒨〈영〉Railway Transportation Office 군용 철도 수송 사무소.

아르티장(artisan 프)⒨ 뛰어난 표현의 기교를 가지면서도 그를 뒷받침하는 사상성·예술성이 결핍한 까닭에 본격적인 예술가가 되지 못하는 사람을 비판적으로 이르는 말.

아르파(arpa 이)⒨〈동〉수금(竪琴)

아르페지오(arpeggio 이)⒨〈음악〉피아노 등의 건반 악기에 있어서 원칙적으로 화음을 낮은 음에서 높은 음으로 빨리 연주하는 것을 말함.

아르헨티나 탱고(Argentina tango)⒨〈음악〉19세기 말 아르헨티나 부에노스아이레스를 중심으로 발달한 2/4 박자의 리드미컬한 탱고 음악. 또, 그 음악에 맞추어 추는 댄스. 《대》콘티넨탈(continental) 탱고.

아른거리다 ①조금 보이다 말다 하다. flicker ②그림자가 희미하게 움직이다. ③물이나 거울에 비친 그림자가 흔들려 안정되지 못하다. 《큰》어른거리다. 《센》알른거리다. **아른=아른** 하다

아ː른스럽다⒝〈브⒞〉①소년이 어른인 체하는 태도가 있다. pretending to be a man ②어린아이의 언동이 깜쩍하게 어른다운 데가 있다. 《큰》어른스럽다. **아ː른ː스레**

아름⒨ 두 팔을 쭉 벌려 껴안았을 때의 둘레의 길이. 《세》~이나 되는 느티나무. stretch of arms 《의》두 팔로 껴안을 수 있는 단위. 1두 ~. armful

아름거리다⒧ ①말을 우물쭈물하며 분명하지 않게 하다. mumble ②일을 눈속임하여 넘기다. ③그렇게 아름거리면서 아예 그만두어라. 어름거리다. scamp **아름=아름** 하다

아름답다⒝〈브⒞〉①예쁘고 곱다. 《꽃이》~. beautiful ②사물이 잘 조화되어서 감각이나 감정에 기쁨과 만족을 줄 만하다. lovely 《큰》 armful thing

아름=드리⒨ 한 아름이 넘는 큰 나무나 물건. 1~소

아름작거리다⒧⒧ 느리게 아름거리다. 《큰》어름적거리다. scamp **아름작=아름작** 하다 [for

아름차다⒝ 힘에 벅차다. 힘에 겹다. be too much

아리다⒝ ①너무 매운 음식이 혀끝을 쏙쏙 찌르는 느낌이 있다. acrid ②상처가 찌르는 것같이 아프다. tingling ③수족이 얼어서 감각을 못 느끼도록 아프다. numbed ④감자 같은 것을 날것으로 씹을 때 같은 느낌이 나다. pungent 《큰》 charming

아리땁다⒝〈브⒞〉마음이나 몸매·몸가짐이 썩 아름답다.

아리랑⒨〈영〉아리랑 타령.

아리랑 타ː령(―打令)⒨〈음악〉우리 나라의 대표적인 민요의 하나. 《영》아리랑. folksong

아리바이(←alibi)⒨=알리바이.

아리새⒨〈고〉할미새.

아리송=아리송⒨ 여럿이 모두 아리송한 모양. 《큰》어리숭=어리숭

아리송하다⒝ 비슷비슷한 것이 뒤섞여서 알아보기 어렵다. 《영》알쏭하다. 《큰》어리숭하다. indis-

아리쇠⒨〈고〉삼발이. [tinct

아리숭하다⒝ ①정신이 도련하지 못하고 생각이 분명하지 않다. 희미하다. dim ②아련하다.

아리스토크라시(aristocracy)⒨ ①귀족 정치. ②귀족 계급. 귀족 사회. ③일류(一流)의 사람들.

아리스토크라트(aristocrat)⒨ 귀족. 귀족 정치를 주장하는 사람.

아리스토텔레스 연쇄식(Aristoteles 連鎖式)⒨〈논리〉삼단 논법에 있어서, 좁은 개념으로부터 넓은 개념으로 차례로 미치게 하는 추리식(推論式).

아리스토텔레스 학파(Aristoteles 學派)⒨ 페리파토스

아리아(aria 이)⒨〈음악〉①오페라 등에서 악기의 반주가 있는, 길고 서정적인 내용의 매우 선율적인 독창곡. 원래는 가요(歌謠)의 뜻으로 오페라에서 주역이 부르는 영창(詠唱). ②서정적인 소곡(小曲).

아리아=하ː다⒝⒧ 어련히 아런 느낌이 나다. 《매운 것을 많이 먹어 허끝이 ~. pungent ②모두가 아리송하다. 《큰》어리어리하다. be much the same

아리안(Aryan)⒨ 인도·게르만 어족의 오칭(誤稱). ②인도·게르만 어족의 한 갈래로 인도와 이란에 정주(定住)한 민족. 아리아 인.

아리안ː어(Aryan 語)⒨〈어학〉인도·게르만어.

아리에타(arietta 이)⒨〈음악〉소규모의 아리아(aria). 기악에 쓰일 때에도 하며, 대부분 중간부가 없음.

=아리어⒠⒨〈고〉=리아. 「독창곡. 또, 그 악곡.

아리오소(arioso 이)⒨〈음악〉다소 서창적(敍唱的)인

아리우스설 논쟁(Arius 說論爭)⒨〈종교〉4세기의 기독교 신학자 아리우스의 주장을 중심으로 일어난 논쟁. 예수의 본질은 신과 동등하지 않으며 신과 인간과의 중간적 존재라는 주장임.

=·우ː리잇·가⒠⒨〈고〉=으리까. =을 것입니까.

아리잠직=하다⒝⒧ ①키가 작고 겉모습이 얌전하며 아울러서 고와 어린 태도가 있다. childlike ②온화하고 솔직하다. gentle

아린(芽鱗)⒨〈식물〉겨울눈을 싸고, 뒤에 꽃이나 잎따위가 될 연한 부분을 보호하는 질(質)이 단단한 비늘 조각 모양의 것.

아릿거리다⒝ 정신이 희미하고 생각이 없이 움직이다. 어릿거리다. stagger **아릿=아릿** 하다

아릿하다⒝〈여⒞〉허끝이 몹시 아리다. 《큰》어릿하다. very pungent

아마⒨ 꼭 단정하기는 어려우나 어느 정도 그러하리라고 생각되는 빛. perhaps

아마(兒馬)⒨ ①길들지 않은 작은 말. pony ②《제도》하급 관리가 조그마한 공(功)을 세웠을 때 내려 주던 말의 하나. foal

아마(亞麻)⒨〈식물〉아마과의 일년생 재배 식물. 줄기 높이가 1m 내외로 잎은 퍼침형이고 5~7월에 벽자색 꽃이 핌. 씨는 아마인이라 하여 기름을 짜는데와 약으로 쓰이며, 껍질의 섬유는 피륙을 짜는데 쓰임. flax

아마(―amateur)⒨〈약〉=아마추어.

아마겟돈(Harmagedon 그)⒨〈기독〉묵시록(默示錄)에 기록된 선과 악이 마지막 대결하는 싸움터.

아마ː도⒨〈영〉'아마'의 힘줌말.

ː아마레⒨〈고〉아무렇게. 어떠어떠하게.

ː아ː무리⒨〈고〉아무리.

아마릴리스(amaryllis)⒨〈식물〉수선과의 다년생 풀. 6~7월에 적색·백색 또는 황색의 꽃이 핌. 열대 아메리카 원산의 구근 식물로 관상용임.

아마빌레(amabile 이)⒨〈음악〉'사랑스럽게·부드럽게·귀염게·연하게'의 뜻.

아마ː유(亞麻油)⒨ 아마의 씨로 짜낸 기름. 인쇄 잉크나 인주를 만드는 데 씀. linseed oil

아마ː인(亞麻仁)⒨〈한의〉아마의 씨. 당뇨병의 약으로 쓰임. [로 씀.

아마인유(亞麻仁油)⒨〈동〉아마유.

아마인지(亞麻印紙)⒨ 아마유를 칠하여 만든 종이.

아마존(亞麻―)⒨〈식물〉박주가리과의 다년생 풀. 줄기 높이 50~80cm로 잎은 두껍고 타원형 또는 난형임. 5~7월에 흑자색 꽃이 핌. 뿌리는 약재로 씀. 백미(白薇)다.

아마추어(amateur)⒨ ①전문적 또는 직업적이 아닌 운동가·기술자·연예인 등. ②어느 일에 익숙하지 못한 사람. 《대》프로페셔널. 《영》아마.

아ː마추어(armature)⒨〈물리〉발전기나 전동기 속

아마추어극(amateur 劇)명 〈연예〉 아마추어들이 꾸미는 연극.

아마:포(亞麻布)명 린네르.

아막(阿幕)명 동 애마(愛馬).

아:만(我慢)명 〈불교〉 자기 자신을 자랑하면서 남을 업신여기는 마음.

아말감(Amalgam 도)명 물금.

아말감=법(―법)(Amalgam 法)명 〈화학〉 아말감에서 수은을 증류하고 금이나 은을 가려내는 야금법(冶金法).

아말감 충전(Amalgam 充塡)명 〈의학〉 치과(齒科)에서, 충치로 말미암은 공동(空洞)을 주석과 카드뮴의 아말감으로 충전하는 일.

아:망 아이들이 부리는 오기. obstinate mind

아:망―부리―다 타 아망을 행동으로 나타내다. to become obstinate

아망위(←あまじい)명 외투·비옷 따위의 것에 덧붙여 머리에 뒤집어 쓰는 것.

아망위에 턱을 걸었다 등 뒤의 위력을 믿고 하찮게 없는 것이 교만함을 이르는 말.

아:먼드(almond)명 ①〈식물〉 장미과의 낙엽 교목. 열매는 복숭아 비슷하면서도 식용, 씨는 약용. 편도(扁桃). ②양과자에 쓰는 살구.

아메리슘(americium)명 〈화학〉 1944 년에 발견된 인공 원소. 은백색의 금속 원소로, 화학적 성질은 희토류와 비슷함. 원소 기호; Am. 원자 번호; 95. 원자량; 243.[플루토늄으로 귀화(歸化)함. 하다타

아메리카나이즈(americanize)타 미국화(美國化)함.

아메리카니즘(Americanism)명 미국풍(美國風). 미국 기질. 미국투. 미국식.

아메리카 철학(America 哲學) 〈철학〉 북미에서 발달한 철학. 실용주의·관념론적 인격주의 등의 경향이 있음.

아메리카 합금(America 合金) 〈화학〉 미국에서 많이 쓰이는, 동을 7~9% 포함하는 알루미늄 합금.

아메리카 합중국(America 合衆國)명 〈지리〉 북아메리카 대륙의 중앙부를 차지하는 연방 공화국. 미국(美國). United States of America

아메리칸(American)명 미국인. 미국식.

아메리칸 인디언(American Indian)명 남북 아메리카에 분포되어 사는 원주민. 피부는 구릿빛, 머리는 흑색, 눈동자는 검음. 태고에 동부 아시아에서 베링 해협을 거쳐 이주했다고 함.

아메리칸 크롤(American crawl)명 〈체육〉 미국에서 발달된 자유형 수영법(水泳法).

아메리칸 풋볼(American football)명 〈동〉 미식 축구.

아메:바(amoeba)명 〈동물〉 단세포의 원생 동물의 하나. 몸의 조직이 매우 간단하고 형체가 일정하지 않음. 종류가 매우 많으며 흔히 연못 바닥 같은 곳에 서식함.

아메:바 운:동(amoeba 運動)명 아메바와 같이 원형질의 유동에 의해 위족(僞足)을 이루며 행하는 운동. [소리로'의 뜻.

아메차 보체(amezza voce)명 〈음악〉 '더 부드러운

아:멘(amen 그)명 〈기독〉 기도나 찬미의 끝에 그 내용에 찬동한다는 뜻으로 쓰는 말.

아멘도(amendoa 포)명 〈식물〉 편도(扁桃).

아명(兒名)명 어릴 때 부르는 이름. [명. artistic name

아:명(雅名)명 풍아(風雅)한 이름. 아취(雅趣) 있는

아모(阿母)명 어머니.

:아모 대 〈고〉 아무. 관 〈고〉 아무.

아모레(amore 이)명 〈음악〉 '애정을 가지고 상냥하게'의 뜻. 아모로소.

아모로소(amoroso 이)명 동 아모레(amore).

아모르(Amor)명 로마 신화의 사랑의 신. 그리스의 [에로스에 해당.

아모제(阿母弟)명 동 아우 배.

아:목(亞目)명 생물의 분류학상의 한 단계. 목(目)과 과(科)의 사이. suborder

아:무 대 꼭 이름을 지정하지 아니할 때 쓰는 대명사. ¶~나 할 수 없는 일. anyone

아:무관 꼭 정하지 않았거나 확실하지 않음을 나타내는 관형사. ¶~ 것이나 해라. any

아:무―개(하) 아무. 수모(誰某). Mr. So and So

아:무 데 대 아무 곳. ¶~나 앉아라. anywhere

아:무 때 대 어떠한 때. ¶~라도 좋다. anytime

아무래도 부 ①아무리하여도. ¶~ 좋다. ②아무리 하여도. ¶~ 너를 못 당하겠다. no matter what [one may do

아무러=하―다 여뷰 아무 모양이나 형편·정도 또는 아무 조건으로 되어 있다. 〈준〉아무렇다. anyway

아무런 관 〈약〉 아무러한. any

아무런들 부 〈약〉 아무러한들. whatever may happen

아무렇거나 부 〈약〉 아무러하거나. do as one pleases

아무렇게나 부 〈약〉 아무러하게. in whatever way

아무렇―다 형ㅎ 〈약〉→아무러하다.

아무렇지면 부 〈약〉 아무러하지면.

아무렇든 부 〈약〉 아무러하든.

아무렇든지 부 〈약〉 아무러하든지. in any case

아무러나 부 그렇지 아니하다는 하라고 승낙하는 말. ¶하고 싶거든 ~ 해 보렴. do as you like

아무려니 부 그렇게 되지 않기를 바라면서 설마의 뜻을 나타냄. he is the last man to

아무려면 부 물론 그렇다는 뜻을 나타내는 말. 〈약〉 아무렴.

아무렴 부 〈약〉→아무려면. [무렴. 암4. Certainly!

아:무르(amour 프)명 사랑. love affair

아:무리 부 ①아무렇게. ¶~ 말해도 안 듣는다. however ②〈약〉→제아무리. ③비록. 암만. ¶사람이 ~ 좋다 해도. no matter how

아무리 바빠도 바늘 허리 매어 쓰지 못한다 속 아무리 바빠도 격식대로 해야 한다. [면은 차려야 한다.

아무리 쫓기어도 신발 벗고 가랴 속 급한 경우에도 체

아:무 말 부 어떠한 말. 무슨 말. ¶~이나 함부로 하지 마라. ¶암만. any words one likes

아:무―아:무 대 한 사람 이상을 지정하지 않고 부르는 말. 아무와 아무. 모모(某某). 모야모야(某也某也). Mr. So and So. 아무 아무.

아:무―짝부 아무 방면. ¶~에도 못 쓰겠다. of no use

아:무―쪼록 부 될 수 있는 대로. 모조록. by all means

아무튼 부 아무러하든.

아무튼지 부 〈약〉 아무러하든지.

아문(牙門)명 동 군문(軍門)①.

아:문(亞門)명 〈생물〉 동식물 분류의 한 단계. 문(門)과 강(綱)의 중간에 듦. subphylum

아:문(雅文)명 ①바른 문장. 또는 학문. good writing ②우아(優雅)한 문장. elegance

아문(衙門)명 〈제도〉 ①상급의 관청. superior offices ②관청의 총칭. government offices

아물―거리―다 자 ①정신이 희미하여 눈에 똑똑하게 보이지 않다. flicker ②언행을 똑똑잖게 하다. equivocate 아물―대―다 하다자

아물―다 자타 부스러미나 상처가 나아서 맞붙다. heal

아물리―다 타 ①상처를 낮게 하다. heal up ②흩어진 일을 잘 되도록 어우르거나 잘 맞추다. settle ③일이나 셈을 끝내다. close

아물거리다 자 아무러하거나.

아뭇지도 부 〈약〉 아무러하지도.

아미(阿彌)명 아첨함. flattery 하다자

아미(蛾眉)명 누에나방의 눈썹처럼 아름다운 눈썹. 미인의 눈썹. lovely eyebrows

아미(ami 프)명 친구. 벗. 특히 이성간의 친구. 애인.

아미노―기(amino 基)명 암모니아의 수소 원자 1개를 제한 나머지의 기(基). 아미도(amido).

아미노―산(amino 酸) 〈화학〉 흰자질을 구성하는 질소(窒素)를 포함한 물질. amino acid

아미노산 간장(amino 酸―醬) 〈화학〉 콩깻묵이나 말린 생선을 염산으로 끓여 얻은 단백질을 아미노산으로 가수 분해하여, 가성소다로 중화하여 만든 간장.

아미노피린(aminopyrine) 〖약학〗 안티피린의 3~4 배의 약리 작용을 하는 해열·진통·진정제로 백색 결정성 분말.

아미노=화(amino 化) 〖화학〗 유기 화합물의 분자 중에 아미노기(基)를 도입시키는 반응. 하다타

아미도(amido) 〖동〗 아미노기(amino 基).

아미돌(Amidol 도) 〖화학〗 사진 현상약의 하나. 알 칼리를 가하지 않아도 현상 능력이 있음.

아미를 숙이다(蛾眉—) 여자가 머리를 숙이다.

아미=월(蛾眉月) 〖공〗음력 초사흗날의 달.

아미타(阿彌陀=Amitabha 범) 〖공〗〖불교〗 서방 정토(西方淨土)에 있다고 하는 부처의 이름. 무량불(無量佛) 또는 무량광불(無量光佛)이라고도 함. 아미타불.

아미타=경(阿彌陀經) 〖공〗〖불교〗 아미타의 공덕과 극락 세계의 일을 기록한 경문(經文).

아미타 만다라(阿彌陀曼荼羅) 〖공〗〖불교〗 아미타불을 가운데 모시고 관음·문수(文殊)·미륵(彌勒)·유마(維摩)의 네 보살을 배치하여 그린 그림.

아미타=불(阿彌陀佛) 〖공〗 아미타.

아미타 삼존(阿彌陀三尊) 〖공〗〖불교〗 아미타불과 그의 협시인 대세지 보살(大勢至菩薩)과 관세음 보살(觀世音菩薩).

아미타 여래(阿彌陀如來) 〖공〗 아미타.

아민(amine) 〖공〗 아미류.

아민=류(—類)(amine 類) 〖화학〗 암모니아 중의 수소 원자로 탄화수소기(炭水水素基)로 치환하여 얻은 화합물의 총칭. 아민. [se].

아밀라아제(Amylase 도) 〖동〗 디아스타아제(Diasta-

아밀로오스(amylose) 〖화학〗 전분의 80%를 점하는 중요 성분. 전분의 푸른 빛 요오드 반응은 이것에 의한 것임.

아밀로이드(Amyloid 도) 〖공〗셀룰로오스를 진한 황산에 녹이고 물을 가하면 백색으로 침적되는 물질. ②단백질의 하나. 병적으로 뇌·췌장 기타 여러 기관에 생김.

아밀롭신(amylopsin) 〖화학〗췌장으로부터 분비되는 아밀라아제의 하나.

아밀=알코올(amylalcohol) 〖화학〗자극성이고 불쾌한 냄새를 가진 기름 모양의 액체.

아·바:님 〖공〗〖고〗 아버님.

아바=마:마(—媽媽) 임금이나 임금의 아들딸이 그 아버지를 일컫던 궁중 말. my father(father of a king or a prince)

아바사멘토(abhassamento 이) 〖공〗〖음악〗 '낮춰서'의 뜻.

아바투아(abattua 프) 〖공〗〖음악〗'정확한 박자로'의 뜻.

아박(牙拍) 〖공〗 ①상아(象牙)로 만든 박(拍). ivory baton ②나라 잔치 때에 추던 춤의 이름.

아박=무(牙拍舞) 〖공〗〖음악〗 나라 잔치 때에 추던 춤의 하나.

아반(兒斑) 〖공〗 〖의학〗 어린아이의 피부 진피층(眞皮層) 가운데 색소 세포가 있어 생긴 푸른 반문(斑文). birthmark

아반도네(abbandone 이) 〖공〗〖음악〗'자유롭게'의 뜻.

아:방(我方) 〖공〗우리 쪽. 우리 편. 《대》 적방(敵方).

아:방(我邦) 〖공〗〖공〗our side

아방(兒房) 〖공〗〖제도〗 대궐 안의 장신(將臣)이 때때로 직숙하러 자던 곳.

아:방(亞房) 〖공〗〖제도〗 관청의 사령(使令)이 있던 곳.

아방=가르드(avant-garde 프) 〖공〗①〖동〗전위대(前衛隊). ②화.

아방가르드 영화(avant-garde 映畫) 〖공〗〖연예〗전위 영화.

아방=게:르(avant-guerre 프) 〖공〗①제일차 세계 대전 이전의 예술 사조의 총칭. ②제이차 세계 대전 이후 유럽에 비하여서 고풍(古風)이 있고 비민주적이며, 시대에 뒤진 사상이나 생활 태도 등을 일컫는 말. 전전파(戰前派). 《대》 아프레게르(après guerre).

아방=궁(阿房宮) 〖공〗〖역사〗 중국 진시황(秦始皇)의 궁. ②매우 크고 화려한 집의 비유. grand mansion

아방 나찰(阿防羅刹—Avorakasa 범) 〖공〗〖불교〗 지옥에서 죄인을 괴롭히는 옥졸(獄卒). 머리는 소, 몸은 사람의 형상으로 힘이 세어 산도 뽑을 수 있다고 함. [을 떤 연애 사건.

아방튀:르(aventure 프) 〖공〗①의외의 사건. ②모험성

아:배(我輩) 〖공〗우리들. we

아배(兒輩) 〖공〗①아이들. children ②남을 유치하게 취급할 때 쓰임. guy [(所有格形).

아·비(고) 〖공〗아버지. 아버지의. '아비'의 소유격형

아비고마(공) 아버지의 첩(妾). 서모(庶母).

아비:집(고) 〖공〗 아버지의 집.

아버=님(공) 〖공〗아버지. Father

아버지(공) ①자식을 가진 남자. 남자 어버이. 부(父). 부부(父父). ⓐ어머니. 〖공〗아버님. 아범①. ⓐ끈애. father ②〖기독〗하나님을 친하게 일컬음. 천부(天父). father

아범(공) ①〖속〗아버지. 〖공〗늙은 남자 하인을 친근하게 이르는 말. old servant ③윗사람이 아이 있는 손아래 남자를 친근히 일컫는 말. 《대》 어멈.

아베 굴절계(—切—)(Abbe 屈折計) 〖공〗 액체·점성체의 굴절률을 측정하는 광학 기계.

아베날린(avenalin) 〖화학〗귀리의 낟알에서 뽑아낸 글로불린(globulin).

아베뉴(avenue) 〖공〗①남북으로 통하는 큰 길. 《대》 스트리트(street) ②가로수 길.

아베로에즈=설(Averroes 說) 〖철학〗 인간에게 공통으로 있는 보편적 이성(理性)에서 심신은 불멸이라는 학설. '아리스토텔레스 해석자 중의 한 파.

아베로에즈=파(Averroes 派) 〖철학〗 문에 부흥기의

아베 마리아(Ave Maria 라) 〖기독〗①〖공〗성모 마리아. ②성모 마리아를 찬송하는 노래.

아베스타(Avesta) 〖공〗〖종교〗 고대 페르시아에 있어서의 배화교(拜火敎)의 성전(聖典).

아베크(avec 프) 〖공〗 젊은 남녀의 동반(同伴). 하다

아:벤트(Abend 도) 〖공〗 밤에 열리는 모임. 연주회·강연회 등을 뜻하는 말.

아병(牙兵) 〖공〗 군사의 한 종류. kind of soldiers

아병=보(牙兵保) 〖공〗 아병의 요포(料布)를 부담하는 백성의 집.

아:보(牙保) 〖공〗〖법률〗 '알선(斡旋)'의 구용어.

아:보(雅步) 〖공〗고상하고 우아한 걸음걸이. gentle gait

아보가드로 가:설(Avogadro 假說) 〖공〗 기체는 같은 온도·압력 밑에서는 같은 부피 속에는 같은 수의 분자를 포함하고 있다는 설. 1811년 이탈리아인 아보가드로(Avogadro)가 제창함. 아보가드로 법칙. 기체 분자수의 법칙. [가설(假說).

아보가드로 법칙(Avogadro 法則) 〖동〗 아보가드로

아보가드로=수(Avogadro 數) 〖물리〗영도(零度) 1기압에서의 기체 1 g 분자 안에 포함되어 있는 수. 곧, 6.023×10^{23} 개.

아부(阿父) 〖공〗〖동〗 아버지①. [하

아부(阿附) 〖공〗 남의 비위를 맞추고 알랑거림. flattery

아:부·악(雅部樂) 〖공〗 중국 주(周)나라 이전의 고전악(古典樂). 〖공〗 아악②. ancient music of China

아=부용(阿芙蓉) 〖공〗 양귀비꽃.

아부=적(阿附的) 〖공〗 남의 비위를 맞추고 알랑거리는 (것).

아불리가(阿弗利加) 〖공〗 '아프리카'의 음역(音譯).

아불리가=주(阿弗利加洲) 〖공〗 아프리카 주.

아불식=초(鵝不食草) 〖공〗 밀밭의 풀.

아브라함(Abraham) 〖공〗 이스라엘 민족의 시조(始祖).

아블라우트(Ablaut 도) 〖공〗〖화학〗 모음 교체(母音交替). 인도 게르만 어족(語族)의 여러 말에서 볼 수 있는 현상의 하나. sing-sang-sung 의 i-a-u 따위.

아비(공) 〖공〗①〖공〗여자가 자식을 낳은 뒤에 시부모에게 자기 남편을 이르는 말.

아비(阿比) 〖공〗〖조류〗 아비과의 바닷새. 갈매기만하며 몸빛은 머리와 목은 잿빛, 등은 암갈색에 작고 흰 점이 산재하며 배는 흼. 여름에는 북극 근처에 번식하고, 겨울에는 널리 해양에 떼지어 삶.

아비[아婢]〖제도〗수령(守令)이 사사로이 부리던 계집종.〔대〕아노(衙奴).

아·비[고] ①아버지. ②남자의 범칭.

아비 규환(阿鼻叫喚)〖불교〗아비 지옥에서 고통을 참지 못하여 울부짖는 소리. ②많은 사람이 지옥과 같은 고통에 견디지 못하여 측은한 소리로 울며 부르짖는 모양. agonizing cries

아비 만한 자식이 없다[속] 자식이 아무리 훌륭하게 되었더라도 경험으로 보아 그 아버지만은 못하다.

아:비:산(亞砒酸)〖화학〗삼이산화 비소(三二酸化砒素). 맹렬한 독약. 무미 무취의 흰빛의 조각. 많이 먹으면 복통·구토를 일으키며, 심장이 마비되어 죽으나 적당히 쓰면 강장제. arsenious acid

아:비:산 가리액(亞砒酸加里液)〖화학〗아비산과 중탄산칼륨을 주정(酒精) 용액에 녹인 액체. 향내가 나며, 살바르산의 재료가 됨. 법수(法水).

아비 없는 후레자식 아비 없이 자라서 버릇 없는 사람이라는 뜻으로, 남을 욕하는 말.

아비 지옥(阿鼻地獄←Avici 범)〖불교〗팔대 지옥의 여덟째. 고통이 제일 심하다는 곳. 무간 지옥(無間地獄).〔讓住宅〕.

아비타용(habitation 프)〖명〗아파트식의 분양 주택(分讓住宅).

아빠[명] 아버지의 어린이 말. papa

아뿔싸[감] ①잘못을 뉘우칠 때 내는 소리. ②미치지 못하여 못 이루었을 때에 내는 소리. ¶~ 이 일을 언제 한담.〔큰〕어뿔싸. alas

아:사(雅士)[명] 맑고 깨끗한 선비. refined gentleman

아:사(雅事)[명] 아치(雅致) 있는 일. 아름다운 일. lovely thing

아:사(餓死)[명][지] 굶어 죽음. 기사(飢死). death from hunger 하다

아수[고] 아우.

아사 감:광도(ASA 感光度)〖약〗American Standards Association 미국 표준 규격 협회에서 제정한, 사진 감광 재료의 감광도를 나타내는 수치.

아수누이다[고] 누이동생.

아사달(阿斯達)〖역사〗단군 조선 때의 국도(國都).

아수우·다[고] 아우답다. 공손하다.

·아·수라·흐·다[고] 아득하다. 까마아득하다.

·아·수라·히[고] 아득히. 까마아득히.

아사리(阿闍梨←ācārya 범)〖불교〗①스승될 만한 승려(僧侶). ②천태종(天台宗)·진언종(眞言宗)·율종(律宗)의 학위(學位).

아:사지·경(餓死之境)[명] 아사지경(餓死之境).

아수어:돌[명] 작은아들. 다음 아들.

아수아자·비[명] 작은아버지.

아사이(assai 이)[명]〖음악〗'매우·더욱'의 뜻.

아:사·자(餓死者)[명] 굶어서 죽은 사람.

아:사지·경(餓死之境)[명] 굶어 죽게 된 지경. 아사선상(餓死線上). brink of starvation

아삭[부] 싱싱하고 연한 과실 따위를 한입으로 깨물어 바스러뜨리는 소리.〔큰〕어석.〔센〕아싹. munching 하다

아삭-거리·다[자][타] 연해 아삭 소리가 나다. 또, 연해 아삭 소리를 내다.〔큰〕어석거리다.〔센〕아싹거리다. **아삭=아삭**[부] 하다

아산이 깨어지나 평택이 무너지나[속] 결판이 날때까지 크게 싸우자고 벼를 때 이름.

아산·화:질소[-쏘](亞酸化窒素)[명] 단맛이 있고 빛깔이 없는 기체. 질산암모늄을 가열하면 발생함. 화학적 성분은 질소와 비슷하여 연소를 도우며, 마취제·방부제 등에 쓰임.

아:살(餓殺)[명] 굶겨 죽임. starving to death 하다

아·쇔[명] 겨레. 친족(親族). 친척(親戚).

아삼-꾼(亞三-)[명] 정분이 있는 사람.

아=삼·륙(-二三六 중)[명] '쌍진아·쌍장삼·쌍준륙'의 세 쌍. 쌍비연(雙飛燕)이라 일컬어 끗수를 세 곱함. ②서로 꼭 맞는 짝. pair

아삽(亞翣)[명] →늡삽(翣).

아·상(我相)[명]〖불교〗①자아(自我)에 대한 집착.

---

self-advertising ②자기의 모든 것은 자랑하고, 다른 사람은 업신여기는 마음. self-importance

아생(芽生)[명] 받아(發芽). 하다

아생·법[-뻡](芽生法)[명] 아생 생식(芽生生殖).

아생 생식(芽生生殖)[명]〖식물〗몸의 일부(一部)가 증식 분화(增殖分化)하여, 독립한 새로운 개체(個體)를 만드는 생식법. 아생법(芽生法). 발아법(發芽法). reproduction by budding

=**우사**[어미][고] =으시어.

=**우·산**[어미][고] =으신.

아서《방》→아서라.

=**아서·라** '해라' 할 자리에 그리 말도록 말리는 말. 낮~. 보~. as, because〔약〕아서. stop doing

아선·약[-냑](阿仙藥)[명]〖한의〗인도에서 나는 콩과에 속하는 카테큐(catechu) 나무의 속이나 동부의 아(Uncaria)라는 나무의 잎에 물을 붓고 불로 졸여 만든 약. 지혈(止血)·수렴제(收斂劑)로 씀.

아성(牙城)[명] ①우두머리(主將)이 있는 내성(內城). inner citadel ②아주 중요한 근거지. 본거(本據). ¶적의 ~. stronghold

아:성(亞聖)[명] ①성인의 다음가는 대현(大賢). ②대성 공자(大聖孔子)에 대하여 그 다음가는 맹자를 일컬음.

아성·어(兒聲語)[명] 어린이 말. infantile talk

아성(兒聲)[명] ①어린이의 소리. child's voice ②유치한 음성.

아:=성층권[-꿘](亞成層圈)[명] 대기의 권계면(圈界面)보다 조금 아래로, 지상에서부터 8~12 km의 층. 기압은 400~250 mb, 기온은 영하 40°C~영하 60°C임. substratosphere 〔~. 하다〕

아세(阿世)[명] 세상에 붙좇아 아첨함. ¶곡학(曲學)

아:세(亞歲)[명] 동지(冬至).

아세나프텐(acenaphthene)〖화학〗무색의 결정. 콜타르 중에 함유됨. 물감의 합성 원료.

아세아·주(亞細亞洲)[명] 아시아 주.

아세안(ASEAN)[명] Association of Southeast Asian Nations 동남 아시아 국가 연합의 약칭. 1967년 8월에 미국·말레이시아·필리핀·인도네시아·싱가포르 등 5개국이 결성한 지역 협력 기구.

아세테이트(acetate)[명]→아세테이트 인견.

아세테이트 견사(acetate 絹絲)[명] 아세테이트 인견(人絹).

아세테이트 인견(acetate 人絹)[명] 아세틸셀룰로오스를 무수초산을 작용시켜서 만든 화학 섬유의 하나. 탄력성·내수성이 강하고 촉감이 부드러워 모직물 대용으로 쓰임. 아세테이트 견사.〔약〕아세테이트.

아세톤(acetone)[명]〖화학〗나무를 건류할 적에 메틸 알코올을 분해 얻거나 아세틸렌을 원료로 하여 합성하는 휘발성의 액체. 피나 오줌 가운데에 미량(微量)이 들어 있음. 〔진통제·해열제로 쓰임〕.

아세트=아닐리드(acetanilide)[명]〖화학〗무색의 결정.

아세티시즘(asceticism)[명] 금욕주의.

아세틸렌(acetylene)[명]〖화학〗탄화칼슘(炭化 calcium)에 물을 부어 만드는 무색의 기체.

아세틸렌-등(acetylene 燈)[명]〖화학〗아세틸렌 가스를 등화에 이용한 것. 카바이드를 넣은 용기의 상부에서 물통이 있고, 이것으로부터 물을 카바이드 위에 떨어뜨려 아세틸렌 가스를 발생시켜서 관 끝의 화구에 점화하는 장치로 됨.

아세틸렌 용접(acetylene 鎔接)[명] 취관(吹管)을 사용하여 아세틸렌 가스와 산소의 공급을 기계를 만들고, 이것에 점화하여 생기는 고온(2천 수백 도)의 불꽃을 써서 금속을 용접하는 일.

아세틸살리실·산(acetylsalicylic 酸)[명]〖화학〗살리실 산을 무수초산으로 아세틸화하여 얻은 냄새가 없는 백색의 결정. 해열제·진통제로 쓰임.

아세틸셀룰로오스(acetylcellulose)[명]〖화학〗셀룰로오스의 초산에스테르. 흡습성이 낮고 잘 타지 않음. 인견·안전 필름·절연용으로 쓰임. 섬유소에 무수초

아소 [㈎] 앗아라. 마소. [(醋酸纖維素).
아소티드 꽃발(assorted—)[명] 원형 또는 타원형으로 북받이 배부르고 벋두리가 점점 낮게 꾸민 꽃발.
아:=속(雅俗)[명] 아담함과 속됨. culture and vulgarism
아손(兒孫)[명] 자기의 아들과 손자를 아울러 일컬음. sons and grandsons
아:수(我修)[명] 〈불교〉삼수(三修)의 하나. 불타의 몸인 법신(法身)이 진아(眞我)의 자유를 보는 법.
아수라(阿修羅←asura 범)[명] 〈불교〉악귀(惡鬼)의 세계에서 항상 싸움을 일삼는 귀신. (약) 수라(修羅).
아수라-도(阿修羅道)[명] 〈불교〉지옥의 하나. 아수라가 살며, 늘 투쟁이 그치지 않는 세계. 생전에 교만심과 시기심이 많은 사람이 간다고 함. (약) 수라도(修羅道).
아수라-왕(阿修羅王)[명] 〈불교〉아수라도의 우두머리. 범천 제석(梵天帝釋)과 싸워 정법(正法)을 없애려고 하는 악신(惡神).
아수룩=하-다[여변] ①숫되고 후하다. simpleminded ②되바라지지 않고 어리석은 듯하다. (큰) 어수룩하다. unsophisticated 있음. 하[형]
아:순(雅馴)[명] 말씨·필적·문장 등이 점잖고 기품이
아쉬운 감장수 유월부터 한다 (속) 돈이 아쉬워서 물건 답지도 않은 것을 미리 판다.
아쉬워=하-다[타변] 필요할 때 모자라거나 없어서 서운하고 만족하지 못하다.
아쉰=대로 마음에 흐뭇하지 못하나 그런대로. ¶ ~ 참아라. (큰) 어쉰 대로. as a temporary makeshift
아쉰=소리[명] 필요한 것을 남에게 써서 빌리기 위하여 사정하는 말. ¶ 남에게 ~를 하기가 싫다. (원) 아쉬운 소리.
아쉽-다[ㅂ변] ①없거나 모자라서 서운하고 만족하지 못하다. ②아깝고 서운하다. miss
아스라=하-다[여변] 아슬아슬하게 높거나 까마득하게 멀다. (약) 아스랗다. very lofty 아스라-이[부]
아스랗-다[ㅎ변] →아스라하다.
아스러-뜨리-다[타] 덩어리를 깨뜨려 여러 조각이 나게 하다. (큰) 어스러뜨리다. break into pieces
아스러-지-다[자] 덩어리가 깨어져 여러 조각이 나다. (큰) 으스러지다. be broken into pieces ②살이 깨져서 벗겨지다. (큰) 으스러뜨리다. get hurt
아스로크(ASROC)[명] 〈군사〉(약) AntiSubmarine Rocket 잠수함 공격용 로켓 어뢰(魚雷). 지대 수중(地對水中) 미사일.
아스름-하다[여변] →아슴푸레하다.
아스베스토스(asbestos 라)[명] 〈동〉돌솜.
아스스[부] 차고 싫은 기운이 몸에 사르르 일어나는 모양. (큰) 으스스. 오스스. feel a chill 하[형] 벌짓.
아스코르빈=산(Ascorbin 酸 도)[명] 〈화학〉비타민 C의
아스타틴(astatine)[명] 〈화학〉1947년 처음으로 발견된 방사능을 가진 원소의 하나. 원소 기호; At. 원자 번호; 85. 원자량; 210.
아스테로이드=호(asteroid 弧)[명] 〈수학〉어떤 일정한 원에 그 원의 1/4의 반경을 가지는 원이 내접하여 떨어지지 않고 굴러갈 때, 그 원주상의 한 정점이 그리는 곡선.
아스트라한(astrakhan)[명] ①소련의 아스트라한 지방에서 나는 새끼 양의 꼬불꼬불한 털이 붙은 모피. 또, 그것을 본떠서 짠 명주·모직물·비로드 따위. 아스트라한 모피. ②아스트라한 모피나 직물로 만든 듯. 가죽지에 쓰이는 털실로 하나.
아스트롤라베(Astrolabe 그)[명] 〈천문〉천체의 운행과 위치를 관측하는 기계. 혼천의(渾天儀).
아스트롤라륨(astrolabium 라)[명] 〈천문〉①고대의 천문 관측 기계. ②천체의 고도를 측정하는 휴대용 기계. [영성이 많은 화장수(化粧水).
아스트린젠트(astringent)[명] ①수렴성(收斂性). ②수
아스파라거스(asparagus 라)[명] 〈식물〉백합과(百合科)에 속하는 다년생 풀. 어린 줄기는 식용한다.

아스팍(ASPAC)[명] 〈정치〉(약) Asian and Pacific Council 아시아 태평양 이사회.
아스팔트(asphalt)[명] ①〈화학〉석유 중에 포함된 고비점(高沸點). 탄화수소. ②아스팔트로 포장한 길.
아스팔트 콘크리-트(asphalt concrete)[명] 아스팔트를 녹여서 자갈·쇄석(碎石) 따위를 섞은 것. 도로 포장에 쓰임.
아스팔트 포장(asphalt 鋪裝)[명] 〈토목〉길바닥에 적당한 크기의 자갈을 깔고 전압(輾壓)하여, 아스팔트를 침투시켜 반반하게 다지는 일. 또, 그렇게 다진 포장.
아스피린(Aspirin 도)〈약학〉아세틸살리실산의 약품명. 빛이 희고 냄새 없는 가루. 해열제·진통제 등으로 쓰임.
아스피테(aspite 도)[명] 〈지학〉화산의 한 형태. 밑면적이 현저히 큰 데 비하여 높이가 낮은 화산. 순상 화산(楯狀火山). [금 비뚤어져 있다. slanting
아슥아슥=하-다[여변] 여러 물건이 모두 한쪽으로 조
아슬랑-거리-다[자] 몸이 작은 사람이나 짐승이 몸을 좀 흔들어 찬찬히 걸어다니다. (큰) 어슬렁거리다. walk lazily 아슬랑-아슬랑[부] 하[형]
아슬-아슬[부] ①몸에 찬 기운이 닿아서 소름이 끼치듯이 조금 추워지는 모양. (큰) 으슬으슬. 오슬오슬. chilly ②몸시 위태로워 몸에 소름이 끼치게 두려움을 느끼는 모양. ¶ ~한 고비. thrilling 하[형]
아슴푸레=하-다[여변] 기억에 똑똑히 남지 않거나, 먼 곳에 있는 물건이 뚜렷하게 드러나지 않아 보기에 매우 희미하다. (큰) 어슴푸레하다①. dim
아습[명] 말이나 소의 아홉 살. nine-year-old cattle
아승기(阿僧祇←asamkhya 범)[명] 〈불교〉무한(無限)히 긴 시간. 무량(無量)의 대수(大數). ②십진급 수(十進級數)의 단위의 하나. 항하사(恒河沙)의 만배. 무량수(無量數)의 만분의 일.
아승기-겁(阿僧祇劫)[명] 〈불교〉한량없이 기나긴 시간. 무량겁(無量劫).
아시[명] →애벌.
아·시(阿·시)[명] 〈고〉애벌.
아시[명] 〈동〉원고(原稿).
=아시·늘[어미] 〈고〉=시거늘.
=으·시니이·다[어미] 〈고〉=으실 것입니다.
=아시든[어미] 〈고〉=시거든. =시면.
=으시러니와[어미] 〈고〉=으시거니와.
=으·시리잇·가[어미] 〈고〉=으시리이까. =을 것입니
아시아(Asia)[명] 〈동〉아시아 주.
아시아 개발 은행(Asia 開發銀行:ADB)[명] 〈경제〉 아시아 지역의 개발 도상국에 대하여 개발 자금을 융자하기 위한 국제 은행. Asian Development Bank
아시아 경기 대회(Asia 競技大會)[명] 〈체육〉아시아 여러 나라의 우호 증진과 세계 평화를 목적으로 아시아 경기 연맹이 주최하는 운동 경기 대회. 1951 년 이후로 4년에 한번 국제 올림픽 대회의 중간 해에 각국 수차로 개최함. Asian Game
아시아 극동 경제 위원회(Asia 極東經濟委員會: ECAFE)[명] 〈정치〉1947년에 설립된 국제 연합 경제 사회 이사회에 딸린, 극동의 경제 재건을 목표로 하는 상설(常設) 기구. 아시아 태평양 경제 사회 위원회의 전신. Economic Commission for Asia and the Far East
아시아 민족 반공 연맹(Asia 民族反共聯盟: APACL)[명] 〈정치〉이승만 전 대통령의 주장으로, 1954년에 결성된 아시아 지역의 민간 반공 기구. 아파클. Asian Peoples Anti-Communist League
아시아식 농업(Asia 式農業)[명] 〈농업〉동남 아시아에서 행하여지는 용수(用水)식 수전(水田) 경작을 주체로 하는, 집약적이고 영세한 농업 형태.
아시아 영화제(Asia 映畵祭)[명] 아시아 영화 제작자 연맹이 주최하는 동양의 국제적 영화제. Asian Film Festival
아시아-인(Asia 人)[명] 아시아 여러 나라의 민족. Asian

아시아 인종(Asia人種)圀 인종적 계통이 아시아 기원으로 추측되는 몽고 인종 계통의 여러 종족의 총칭. Asian races

아시아적 생산 양식[―냥―](Asia的生産樣式)圀 〈경제〉 고대 아시아 사회 경제의 발전을 특징짓는 생산 양식. 생산은 집약적 소규모 농업이 기본이며, 근대 농업은 후진성을 면치 못했음.

아시아적 정체성[―쌩](Asia的停滯性)〈사회〉 외부의 유래가 끊어진 폐쇄적인 사회에서, 그 사회 내에 이질적 요소(異質的要素)가 들어오지 못하여, 주로 농목(農牧) 중심의 단순 재생산만을 되풀이하여, 특수한 진보를 볼 수 없는 현상. Asiatic stagnation 「장 큰 대륙. 아시아. 아세아주.

아시아 주(Asia 洲)圀 〈지리〉 6 대주의 하나로서, 가

아시아 태평양 경제 사회 위원회(Asia 太平洋經濟社會委員會:ESCAP)圀 〈경제・사회〉 국제 연합 경제 사회 이사회에 딸린, 아시아 태평양 지역의 경제・사회면의 향상 발전을 목표로 하는 상설 기구. 1947 년에 아시아 극동 경제 위원회를 개편한 기구. 에스캅. Economic and Social Commission for Asia and Pacific

아시아 달러(Asian dollar)圀 〈경제〉 싱가포르 금융 시장에서, 은행이 외국인에게서 받아들이는 미화 (美貨)예금. 유럽 달러에 상대되는 말임. 아시아 달러.

아식 축구(一式蹴球)圀 〈체육〉 각자 11 인씩으로 편을 짜서 하나의 공을 발 또는 머리로 나르면서 상대편 골(goal)에 넣기를 겨루는 경기. 사커 (soccer). 어소시에이션 풋볼(association football).

=**으실・싴**囮圀 =으실새. ―으시므로.

아싹쎕 =아삭.

아싹-거리-다囮타 쎕=아삭거리다.

아쏙튀 ①느끼지 않은 때 위태로운 경우를 당하여 놀라서 느끼는 모양. surprising ②갑자기 무섭거나 찬 기운이 돌아 몸에 닿을 때 움츠러지는 모양.(큰)으쏙. feel a chill 하圀

아・씨圀 ①며느리 보기 전의 젊은 부인에 대하여, 하인이 부르는 말. young lady ②아기씨.

으-아囹 ①의외의 일을 당했을 때, 내는 소리. (큰) 어어. ah ②떼지어 싸울 때, 기운을 돋우려고 내는 소리. 「(bloc).

아-아(阿亞) 〈지리〉 아프리카와 아시아. ¶ ~블록

아오囮 (고) 아우.

아오누이圀 누이동생.

아오랗-다囮 (고) 아득하다. →아으라다.

아오라히囮 아득하게. →아으라히.

아・악(雅樂)圀 〈음악〉 ①옛날 우리 나라에서 정식(正式)으로 쓰던 음악. 아부악(雅部樂)과 당부악(唐部樂)과 향부악(鄕部樂)의 세 가지가 있음. (대) 속악 ①. court music ②〈약〉 아부악(雅部樂).

아・악-기(雅樂器)圀 〈음악〉 아악에 쓰이는 온갖 악기. court music instruments 「court music

아・악-보(雅樂譜)圀 〈음악〉 아악의 악보. notes of

아・악-서(雅樂署)圀 〈제도〉 ①아악의 발전과 사무를 담당하던 관청. 고려 공양왕 3 년에 설치함. ②조선조 초기에 아악을 맡아보던 관아. 태조 원년(1392)에 「설치함.

아옴圀 (고) 겨레. 친척.

아압(鵝鴨)圀 거위와 오리. geese and ducks

아야囹 갑자기 얻어맞거나 꼬집히거나 찔리거나 할 때에 아픔을 느끼는 소리. ouch!

=**아야**어미 ①'ㅏ'나 'ㅗ'의 모음으로 끝나는 어간에 붙어서 뒷말에 대한 어떤 조건이 꼭 필요함을 뜻함. ②빛깔이 좋~ 사지. ②가정(假定)을 암만 크게 하여도 결국 별일이 없음을 말할 때 쓰는 어미. ¶ 아무리 졸라보~ 쓸데없다.

아야나囮 겨우. 애오라지.

아야로시囮 (고) 겨우.

=**아야만**어미 '=아야'의 힘줌말.

=**아야지**어미 〈약〉 =아야 하지.

아약(兒弱)圀 제대로 뼈가 굳지 않은 연약한 어린애들. 아직 덜 자란 아이들. weak child

아얌圀 겨울에 부녀자가 나들이할 때 방한용으로 머리에 쓰던 물건. 액엄(額掩). hood

아얌-드림圀 아얌 뒤에 달린 길고 넓게 늘어뜨린 비단. hood ribbon

아양圀 귀염을 받으려고 알랑거리는 짓. 귀염을 받으려고 알랑거리는 태도가 있다. flattery 스圀 스레圀

아양 떨-다囮로 남에게 귀염을 받으려고 일부러 애교 있는 말이나 행동을 하다. flatter

아양 부리-다囮 남에게 귀염을 받으려고 아양스러운 태도를 일부러 나타내다. flatter

아양-피(兒羊皮)圀 새끼양의 가죽.

아양-피우-다囮 남에게 귀염을 받으려고 아양스러운 태도를 일부러 나타내다. cajole

아어(俄語)圀 러시아 말. 노어(露語).

아:어(雅語)圀 바르고 좋은 말. 아담하게 쓰는 말. 아언(雅言). (대) 속어(俗語). polite expression

아:언(雅言)圀 (동) 아어(雅語).

아역(兒役)圀 〈연예〉 연극・영화 등에서, 어린이의 역. 또, 그 역을 맡은 사람.

아연(亞鉛)圀 〈광물〉 청백색의 빛을 띤 쇠붙이. 유기・양은・철사・철판 등에 습기(濕氣)를 막기 위하여 합금(合金)하는 데 쓰임. 원소 기호; Zn. 원자 번호; 30. 원자량; 65.38.

아연(啞然)圀튀 ①뜻밖이어서 웃는 모양. silent smiling ②놀라 입을 벌린 모양. agape 하圀 히圀

아연(俄然)圀튀 갑작스러운 모양. ¶국제 정세가 ~ 긴박해졌다. suddenly 하圀 히圀

아연-광(亞鉛鑛)圀 〈광물〉 아연을 파내는 광산. 또, 그 광물. zinc ore

아연 도-금(亞鉛鍍金)圀 〈화학〉 철물의 녹을 막기 위해 표면에 아연을 얇게 올리는 일. galvanizing

아연 보르도액(亞鉛 Bordeaux 液)圀 〈화학〉 보르도액의 황산동 대신에 황산아연을 사용한 농업용 살균제.

아연 실색(―색)(啞然失色)圀 뜻밖의 일에 너무 놀라서 얼굴빛이 변함. taken aback 하圀

아연-철(亞鉛鐵)圀 (동) 함석.

아연광(亞鉛鑛鐵)圀 〈광물〉 등축 정계, 8 면체의 결정의 광물. 철흑색을 띠고, 아금속 광택을 가짐.

아연 철판(亞鉛凸版)圀 〈인쇄〉 아연판(亞鉛版)을 판재(版材)로 한 철판. 사진 제판법을 응용하여 질산(窒酸)으로 부식시켜 판면(版面)을 만듦. 보통 선화 철판(線畵凸版)을 말함. 아연판(亞鉛版). anastatic plate

아연-판(亞鉛版)圀 〈인쇄〉 아연판(亞鉛版)을 사용한 인쇄판의 총칭. 아연 철판. 징크판.

아연 평판(亞鉛平版)圀 (동) 징크 평판(zinc 平版).

아연-화(亞鉛華)圀 〈화학〉 의약이라든가 또는 화장품을 만드는 데 소용되는 산화아연(酸化亞鉛)의 가루.

아연화 연:고(亞鉛華軟膏)圀 〈약학〉 아연화와 안식향 (安息香)과 돼지 기름을 섞어 만든 고약으로, 피부 병에 씀. zinc ointment

아:열(亞熱)圀 〈화학〉 체온이 섭씨 37.1~38.0 도의

아:열대[―때](亞熱帶)圀 〈지리〉 열대와 온대의 중간 지대. 대체로 남북 위도 각각 20~30 도 사이의 지대. subtropics

아:열대 기후[―때―](亞熱帶氣候)圀 〈지리〉 1년의 평균 기온이 4~11 개월은 20℃ 이상, 8~1 개월은 20℃ 이하인 아열대 지방의 기후.

아:열대-림[―때―](亞熱帶林)圀 〈식물〉 아열대에 적합한 수목이 무성한 삼림(森林). subtropical forest

아:열대-성[―때쌩](亞熱帶性)圀 아열대의 성질을 지님. ¶~ 기후.

아:열염화-철(亞鹽化鐵)圀 (동) 염화제일철(鹽化第一鐵).

아영(牙營)圀 (동) 본영(本營).

아예튀 ①애초부터. ¶~ 그만두어라. from the first ②절대로. ¶그런 생각일랑 ~ 말아라. never

아옥(고) 아욱.

아옹 ①고양이의 울음 소리. mew ②얼굴을 가리고 있다가 손을 떼면서 어린아이를 어르는 소리. 하다

아옹(阿翁) ①시아버지. 시아버지를 일컬음. my father-in-law ②며느리가 시아버지를 일컬음. my father-in-law

아옹=개비 고양이를 어린애들에게 이르는 말. pussy

아옹=거리=다 ①소견 좁은 사람이 자기 뜻에 맞지 않아 투덜거리다. grumble ②사이가 좋지 못하여 서로 투덜거리다. quarrel ③고양이가 자꾸 아옹아옹 울다. 아옹=아옹 하다

아옹=다옹 자질구레한 일로 함부로 자주 다투는 모양. quarrelsome 하다

아옹=하=다 ①쑥 오므라져 들어가 있다. 《큰》어웅하다. hollow ②속이 좁은 사람이 자기의 뜻에 맞지 않아 못마땅한 태도가 있다. sulky

아왜=나무 〈식물〉 인동과의 작은 상록 교목. 잎은 타원형으로 6월에 엷은 분홍색 또는 흰 꽃이 핌. 산기슭에 재배.

-아요 〈어미〉 'ㅏ'나 'ㅗ'의 모음으로 된 동사·형용사 아래에 붙어 서술·청원·의문의 뜻을 나타내는 종결 어미. ¶콩을 볶~.

아:욕(我慾) 자기의 이익만을 탐하는 욕망.

아우 ①동기간에 자기보다 나이가 적은 사람. younger brother ②자기와 같은 항렬에서 나이가 적은 사람. junior ③동료간에 자기를 낮추어 일컬음. 《대》 형. 《어》《공》 아우님.

아:우(雅友) 청아하고 점잖은 벗. respectable friend

아우=거리 〈농업〉 흙덩이를 모조리 파 젖히며 김을 아우=님 동생④. 매는 일. weeding

아우러=지=다 여럿이 한 덩어리나 한 동아리로 이루게 되다. 《큰》어우러지다. harmonize, join together

아우르=다(트) ①여럿이 한 덩어리나 한 판을 이루다. join together ②윷놀이에서, 두 바리 이상의 말을 같이 합치다. join ③여럿이 모여 조화를 이루다. 《큰》 어우르다. harmonize

아우=보 아우가 생기다. 아우가 늘다. have a new younger brother

아우성 여럿이 기세를 올려 부르짖는 소리. 함성 (喊聲). shouting

아우성 치=다 여러 사람이 악을 쓰고 고함을 지르다. shout a battle cry

아우스게할텐(Ausgehalten 도)〈음악〉'음(音)을 보속(保續)하여'의 뜻. '풍부하게'의 뜻.

아우스드룩스폴(Ausdrucksvoll 도)〈음악〉'표정'의 뜻.

아우어=등(Auer 燈)〈화학〉 맨틀을 사용하는 석탄 가스등. 적외선의 광원으로 사용함.

아우어 합금(Auer 合金)〈화학〉 발화(發火) 합금의 하나. 세륨 60~70%와 철 30~35%의 합금으로 라이터·가스 점화기 등에 씀.

아우=타다 어머니가 아기를 가졌거나 해산한 뒤에 젖이 줄어 젖먹이 아이가 여위어지다.

아우타르키(Autarkie 도) 자급 자족. 자주 경제.

아우트=라인(outline) 개략. 윤곽.

아우프=헤:벤(Aufheben 도)(동) 지양(止揚). 하다

아욱〈식물〉 아욱과에 속하는 일년생 풀. 잎은 넓은 난형이고 잎꼭지가 긺. 여름에 담홍백색 또는 흰 꽃이 피고 모가 진 삭과가 달림. 우리 나라 특산의 재배 식물로 잎과 줄기는 식용함. 노규(露葵). marsh mallow

아욱 장아찌 '싱거운 아욱 장아찌'라는 뜻으로, 싱거운 사람을 이름. senseless fellow

아운(兒暈)〈의학〉 태중(胎中)에 생기는 급한 병. 몸 속에 생긴 독소의 중화(中和)·배설이 잘 안 될 때 생기며 사망에도 이름. 자간(子癎).

아울(訝鬱) 의아하여 가슴이 답답하다. 하다

아울러 ①여럿을 한데 합하여. ②여럿을 함께. all together ③아우르게 하여.

아울리=다 ①아우르게 되다. mix together ②한데 섞여 고르게 되다. match well 비동 아우름을 당하다. 〈준〉 〈큰〉어울리다.

아웃뎬 →가웃.

아웃(out) ①밖. 〈체육〉 정구·탁구·배구 등에서 공이 규정선 밖으로 나가거나, 야구에서, 타자(打者)나 주자(走者)가 공격할 자격을 잃는 일. 《대》 인(in). 「임시로 베풀어 놓은 무대 장식.

아웃도어 세트(outdoor set)〈연예〉 야외(野外)에

아웃=드롭(outdrop)〈체육〉 야구에서, 투수(投手) 가 던진 공이 타자(打者) 가까운 곳에서 바깥쪽으로 휘어져 떨어짐. 또, 그 공.

아웃룩(outlook) 조망(眺望). 시야(視野).

아웃보:드 엔진(outboard engine) 엔진이 선체(船體) 밖에 붙어 있는 것. 선외(船外) 엔진.

아웃=복싱(out-boxing)〈체육〉 권투에서, 상대편에 접근하지 않고 멀어져서 상대편의 자세를 충분히 살리면서 타격을 가하는 전법(戰法)의 하나.

아웃=사이더(outsider) ①전문가가 아닌 사람. 직접 관계가 없는 사람. ②사냥꾼에게 부상당한 사람. ③〈경제〉 트러스트나 카르텔 등의 가격 협정에 참가하지 않은 동업자.

아웃=사이드(outside) ①외면(外面). 외부. ②외계 (外界). ③〈체육〉 테니스·배구 등에서, 공이 일정한 경계선 밖으로 떨어지는 일. 《대》인사이드 (inside).

아웃사이드 슈:트(outside shoot)〈체육〉 야구에서, 직구(直球)가 저절로 타자의 바깥으로 빗나가는 일. 또, 그 공.

아웃사이드 킥(outside kick)〈체육〉 축구에서, 발의 바깥쪽으로 공을 차는 일. 「지는 일.

아웃=오브=데이트(out-of-date) 시대나 유행에 뒤

아웃=오브=바운드(out-of-bound)〈체육〉 농구·배구 등에서, 공이 경계선을 넘어서 코트 바깥으로 나가는 일.

아웃=커:브(outcurve)〈체육〉 야구에서, 투수(投手) 가 던진 공이 타자(打者)의 바로 앞에서 왼쪽으로 돌아 떨어짐. 또, 그 공.

아웃=코:너(outcorner) 야구에서, 홈베이스에 있어서 타자로부터 먼 쪽에 있는 각(角). 외각(外角).

아웃 코:스(out course)〈체육〉 ①야구에서, 타자에게서 먼 쪽으로 지나가는 공의 길. ②육상 경기에서, 트랙의 바깥쪽으로 도는 주로(走路).

아웃 포:커스(out focus)〈체육〉 ①초점을 잃음. ②진장이 풀린 상태. ③영화 기교(技巧)에서 초점을 일부러 맞추지 않고 촬영하는 일.

아웃=풋(output) ①전기의 출력. ②생산. 생산고. 산출(産出). ③전자 계산기가 처리하여 나오는 결과. ④레코드 플레이어나 녹음기를 확성기에 연결하는 장치. 「를 받는 편의 선수. 《대》 인 플레이어.

아웃 플레이어(out player) 정구에서, 서브

아웃=필:드(outfielder)〈체육〉 야구에서, 아웃필드를 지키는 선수. 외야수.

아웃=필:드(outfield)〈체육〉 야구에서 내야 바깥쪽에 파울 라인으로 제한해 놓은 곳. 외야(外野).

아위(阿魏)〈식물〉 미나리과에 속하는 다년생 풀. 줄기 높이 1m 가량으로 황색 꽃이 핌. 이란·아프가니스탄 원산으로, 뿌리의 진은 특유한 냄새로 지닌 회유성을 띠고 있음. 뿌리는 진경(鎭痙)·조경(調經)·구충(驅蟲)·거담(祛痰)의 약재로 쓰임.

아유 ①뜻밖에 벌어진 사건에 놀람의 느낌을 나타내는 소리. 『~ 깜짝이야. ②〈큰〉 어유. oh ②힘에 부치거나 피곤할 때 내는 소리. 『~, 무거

아:유(阿諛)(동) 아첨(阿諂). 하다 冫워. 《큰》어유.

아:유(雅遊) 아담스러운 아취가 있는 놀이. 하다

아유 구용(阿諛苟容) 남에게 아첨을 하며 구차스레 구는 일. 하다

아:윤(亞尹)〈제도〉 조선조에 한성부(漢城府)의 부윤(府尹) 다음인 좌윤(左尹) 또는 우윤(右尹)을 이르는 말. 「쏙매질돼 나오는 소리. oh!

아으(감)(고) 갑자기 심한 느낌으로 인해서 어깨가 으

아음(牙音)명〈어학〉훈민 정음에서 'ㄱ·ㄲ·ㆁ·ㅋ'소리 일컬음. 허뿌리가 목구멍을 막는 모양. 어금닛소리. dental sound

아:의(雅意)명 ①고아(高雅)한 취미. noble taste ②평생의 뜻. life-long hope ③남의 뜻을 존경하여 일컬음. your intension

아이명 ①어린아이. (약. 애)③. ②(속) 아들. 아자(子).

아이깜 남에게 무엇을 조를 때에 내는 소리. ¶~ 빨리 가.

아이고깜 ①몹시 아플 때, 슬플 때, 놀랐을 때, 힘들 때, 원통할 때, 기막힐 때 내는 소리. 아유①. (큰) 어이구. Dear me! ②우는 소리. 특히 상중에 곡하는 소리. 부모의 상과 종손이 그 조부모의 상에 곡하는 소리. (변) 애구. sound of crying

아이고나깜 어린아이의 묘한 재롱이나 착한 일을 함을 보고 기특해서 내는 소리. (큰) 아이구나. attaboy!

아이고=머니깜 '아이고'보다 느낌이 더 깊고 간절할 때 내는 소리. ¶~이 일을 어쩌나. (약) 애고머니. (큰) 어이구머니. Oh dear!

아이구깜 →아이고.

아이=기생(-妓生)명 머리를 하지 않은 쪽찌지 않은 어린 기생. young keesaeng

아이 낳는데 속옷 벗어 달라단다속 바쁘고 힘든 일을 하고 있는 사람에게 당치도 않은 청구를 한다.

아이=년(-年)명 계집 아이. (약) 애년.

아이=놈(-)명 사내 아이. (약) 애놈.

아이누(Ainu)명 현재 일본 홋카이도 및 사할린 등지에 사는 한 종족.

아이는 칠수록 운다속 아이는 달래야지 때리면 더 운다.

아이=다타 (교) 빼앗기다.

아이 더블류 더블류(I.W.W.)명〈사회〉(약) Industrial Workers of the World 1905년 미국에서 생긴 노동 조합. 일종의 사회 혁명적 노동 단체였으나 제 1차 대전과 동시에 해산. 세계 산업 노동자 동맹.

아이도 낳기 전에 포대기 장만한다속 제때가 되기도 전에 너무 서둘다.

아이도 사랑하는 데로 붙는다속 사람은 정이 많은 데로 따라간다.

아이들(idol)명 ①(동) 우상(偶像). ②그리워하거나 존경하는 것.

아이들 시스템(idle system)명〈경제〉공장에서 생산을 감소할 필요가 있을 때, 실업자를 내지 않기 위하여 노동 시간의 단축·귀휴(歸休) 등의 수단으로 임금을 저하시키는 방법.

아이들 코스트(idle cost)명〈경제〉공장의 생산 설비나 노동력이 정상으로 이용되지 않음으로써 생기는 손실.

아이디어(idea)명 ①〈철학〉이념. 사상. ②관념. 독창적인 생각. 구상. 착상.

아이디얼(ideal)명 ①이상(理想). 전형적으로.

아이디얼리스트(idealist)명 ① 이상주의자. 몽상가. ②〈철학〉관념론자. 유심론자.

아이디얼리즘(idealism)명 ①이상주의. ②〈철학〉관념론. 유심론(唯心論).

아이 디: 에이(IDA)명 (약) International Development Association 국제 개발 협회(國際開發協會). 개발 도상국을 위한 국제 금융 기관.

아이 디: 오(IDO)명 (약) International Disarmament Organization 국제 군축 기구(國際軍縮機構).

아이딜(idyll)명〈문학〉전원시(田園詩). 목가(牧歌).

아이 라인(eye line)명 눈을 크게 보이기 위하여 눈언저리에 칠하는 선.

아이러니(irony)명 ①반어(反語). 풍자(諷刺). ②참다운 인식에 도달하기 위해 소크라테스가 쓴 문답법.

아이러니컬(ironical)명 ①풍자적. ②역설적(逆說的).

아이론(iron)명 ①서양식 다리미. ②머리털을 곱슬슬하게 만드는 가위같이 생긴 기구.

아이를 기르려면 무당 반에 어사 반이 되어야 한다속 아이를 기르는 어머니는 여러 가지를 알아야 한다.

아이를 예뻐하면 옷에 똥칠을 한다속 어리석은 사람과 친하게 다니면 제게 손해되는 일만 생긴다.

아이리스(iris)명〈식물〉붓꽃과의 화초. 높이 30~60cm이고 잎은 넓은 선형(線形)임. 봄에 백색·자색의 창포 비슷한 꽃이 핌.

아이리스 아웃(iris out)명〈연예〉영화 화면의 주위에서 한가운데나 특정한 부분을 둥글게 몰려들어 사라지는 현상. (대) 아이리스 인. (약) 아이 오(I.O.).

아이리스 인(iris in)명〈연예〉영화 화면의 한가운데서부터 주위로 둥글게 확 퍼져 그 전체로 퍼지는 현상. (대) 아이리스 아웃. (약) 아이 아이(I.I.).

아이 말도 귀여겨 들으랬다속 누구의 말이든 허술하게 듣지 말라.

아이 말 듣고 배 딴다속 어리석은 아이의 말을 믿고 그대로 행하다가는 큰 낭패를 본다.

아이모(Eyemo)명 뉴스 영화 따위에 쓰이는 35mm 휴대용 영화 촬영기의 상품명.

아이 배:-다자 뱃속에 아이를 가지다. 잉태(孕胎)다. conceive a child

아이 뱅크(eye bank)명 죽은 뒤에 자기의 각막(角膜)을, 눈이 안 보이는 사람에게 양도하기 위하여 맡기는 제도나 기관. 눈 은행. 안구 은행.

아이 버릴 덤불은 있어도 나 버릴 덤불은 없다속 자식에 대한 사랑이 크다고 하나, 자기 자신에 대한 사랑만큼은 못하나.

아이 보는 데는 찬물도 못 먹는다속 ①아이들 보는 데서는 행동을 삼가야 한다. ②아이들은 남이 먹는 것은 무엇이나 다 먹고 싶어 한다.

아이보리(ivory)명 ①상아(象牙). ②상아 빛깔의 두껍고 광택 있는 서양지(西洋紙). 명함·그림 엽서 등에 쓰임. 「만든 검은 채색료(彩色料).

아이보리 블랙(ivory black)명〈미술〉상아를 태워

아이 본 공과 새 본 공은 없다속 남의 아이를 아무리 잘 보아 주어도 도 와 한 번 실수라도 있으면, 그것으로서 큰 원망만 받는다.

아이비(ivy)명 ①〈식물〉담쟁이덩굴. ②(약)→아이비 리그. ③아이비 스타일.

아이비 리:그(ivy league)명〈체육〉미국 동부의 8개 대학이 형성하는 축구 리그. (약) 아이비②.

아이비 스타일(ivy style)명 ①아이비 리그에 가입되어 있는 대학생들의 전통적인 스타일. ②대표적인 미국의 대학생 스타일. 짙게 한 신사복에 단추가 셋 달려 있으며 전체적으로 홀쭉함. (약) 아이비③.

아이 비: 아:르 디:(IBRD)명 (약) International Bank for Reconstruction and Development 국제 부흥 개발 은행(國際復興開發銀行). 통칭 세계 은행.

아이 비: 엠(I.B.M.)명 (약) International Business Machines 미국의 전자 계산기 제조 회사. 또, 이 회사가 만든 전자 계산기.

아이빔(I-beam)명〈건축〉'I'자 모양의 도리.

아이사이트(eyesight)명 안계(眼界). 시야(視野).

이이 섀도(eye shadow)명 눈두덩에 바르는 화장품 (化粧品)의 하나. (변) 아이 섀도.

아이 서:-다자 아이가 자궁(子宮) 안에 생기기 시작하다. (약)에서다. conceive

아이=셰이드(eyeshade)명 햇볕을 가리기 위한 셀룰로이드제의 모자챙. 챙만으로 되었으며, 정구할 때에 씀.

아이소=타이프(isotype)명 (약) international system of typographic picture education 그림 문자 언어. 각가지 지식을 조직적으로 시각화하려는 시도가 나로, 교통 표지나 통계 도표 등에 씀.

아이소토:프(isotope)명 동위 원소(同位元素).

아이 손님이 어렵다속 철없는 아이라고 해서 함부로 「대하면 안 된다.

아이스(ice)명 얼음.

아이스 링크(ice rink)명 (동) 스케이트장.

아이스=박스(icebox)명 얼음을 넣어 쓰는 냉장고.

아이스-반(Eisbahn 도)명 눈의 표면이 굳어서 얼음같이 된 상태. 또, 그런 산의 사면이나 스키장.

아이스 백(ice bag)명 얼음 주머니. 빙낭(氷囊).

아이스버:그(iceberg)명 ①(동) 빙산(氷山). ②쌀쌀한

아이스 쇼(ice show)[명] 〈연예〉 얼음판에서 스케이트를 타면서 여러 가지 곡예나 가벼운 댄스 등을 관중에게 보이는 쇼.

아이스 스케이트(ice skate)[명] 빙상 스케이트.

아이스 요트(ice yacht)[명] 풍력을 이용하여 얼음 위를 달리는 보트.

아이스캔디(ice-candy)[명] 설탕·우유에 옥수수 가루, 과실 즙, 향료를 넣어 얼린 과자.

아이스 커피(ice coffee)[명] 커피에 얼음을 넣어 차게 한 음료(飮料).

아이스 케이크(ice cake)[명] 얼음 과자.

아이스크림(ice-cream)[명] 우유에 설탕을 섞어 향료 및 달걀 노른자를 넣어 얼린 과자.

아이스크림 선디(ice-cream sundae)[명] 아이스크림에 초콜릿·딸기·파인애플 등을 얹은 것.

아이스크림 소:다(ice-cream soda)[명] 아이스크림에 소다수를 섞은 청량 음료.

아이스=하:켄(Eishaken 도)[명] 등산할 때, 빙설(氷雪) 사면(斜面)에서 지점(支點)을 확보할 때에 박아 두는 기구.

아이스 하키(ice hockey)[명] 〈체육〉 얼음 위에서 스케이트를 지치면서 행하는 하키. 6명씩 두 팀이 90분에 득점이 많은 팀이 이김. 빙구(氷球). 〔약〕 아키. 〔積回路〕.

아이 시:(IC)[명] 〔약〕 integrated circuit 집적 회로(集

아이 시: 비: 엠(I.C.B.M.)[명] 〔군사〕 Intercontinental Ballistic Missile 사정 거리 8,000 km 이상의 유도탄. 대륙간 탄도 병기(大陸間彈道兵器).

아이 시: 시:(I.C.C.)[명] 〔약〕 International Chamber of Commerce 국제 상업 회의소. 각국 상공 회의소의 연락 조정 기관.

아이 시: 에이(I.C.A.)[명] 〔약〕 International Cooperation Administration F.O.A.에 대신하여 미국 국무성(國務省) 안에 설치된 미국의 대외 원조 운영 기관. 국제 협조처(國際協助處).

아이 시: 에프 티: 유(I.C.F.T.U.)[명] 〔약〕 International Confederation of Free Trade Unions 국제 자유 노동 조합 연맹.

아이 시: 제이(I.C.J.)[명] 〔약〕 International Court of Justice 국제 사법 재판소(國際司法裁判所).

아이 시: 피: 오:(I.C.P.O.)[명] 〔약〕 International Criminal Police Organization 국제 형사 경찰 기구. 보통 '인터폴'이라 일컬음. 가맹국 상호의 협력에 의하여 국제 범죄의 방지를 목적으로 한 조직체.

아이 아르(I.R.)[명] 〔약〕 information retrieval 각종 정보를 축적해 두고 필요한 정보를 단시간에 끄집어 낼 수 있게 만든 조직. 정보 검색(情報檢索).

아이 아르 비: 엠(I.R.B.M.)[명] 〈군사〉 〔약〕 Intermediate Range Ballistic Missile 중거리 탄도 미사일.

아이 아르 시:(IRC)[명] 〈사회〉 〔약〕 International Red Cross 국제 적십자사.

아이 아버지[명] ①자녀를 가진 남자. father ②자기 남편을 남에게 이르는 말. 〔대〕 아이 어머니. my husband

아이 아이(I.I.)[명] 〔약〕→아이리스 인(iris in).

아이 어머니[명] ①자녀를 가진 부인. mother ②아이를 가진 어머니를 다른 부인이 이르는 말. 〔대〕 아이 아버지.

아이언 로:(iron law)[명] 철칙(鐵則). 〔幕〕.

아이언 커:튼(iron curtain)[명] 〈정치〉 철의 장막(帳

아이 에스 에프 에이(I.S.F.A.)[명] 〔약〕 International Scientific Film Association 국제 과학 영화 협회.

아이 에이 에프(I.A.F.)[명] 〔약〕 International Astronautics Federation 국제 우주 여행 연맹(國際宇宙旅行聯盟). 〔Finance Croporation 국제 금융 회사.

아이 에프 시:(IFC)[명] 〈정치〉 〔약〕 International

아이 에프 티: 유(I.F.T.U.)[명] 〔약〕 International Federation of Trade Unions 국제 노동 조합 연맹(國

際勞動組合聯盟). 「미국에 있던 국제 통신사.

아이 엔 에스(INS)[명] 〔약〕 International News Service

아이 엘 에스(ILS)[명] 〔약〕 Instrument Landing System 비행장에서 밤이나 안개가 끼었을 적에 계량기로 지시되어 착륙되도록 하는 방법.

아이 엘 오:(ILO)[명] 〈정치〉 〔약〕 International Labour Organization 국제 노동 기구(國際勞動機構).

아이 엠 에프(IMF)[명] 〈경제〉 〔약〕 International Monetary Fund 국제 통화 기금(國際通貨基金).

아이예[감] 아예. 애닥초.

아이 오:(I.O.) [명] 〔약〕→아이리스 아웃(iris out).

아이 오: 시:(I.O.C.)[명] 〈체육〉 〔약〕 International Olympic Committee 국제 올림픽 위원회. 1894년에 파리에서 조직된 올림픽의 중앙 운영 기관. 〔증서.

아이 오: 유:(I.O.U.)[명] 〈경제〉 〔약〕 I owe you 차용

아이 오: 제이(I.O.J.)[명] 〔약〕 International Organization of Journalists 국제 저널리스트 기관(機關).

아이온(Aion 그)[명] 〈철학〉 시간의 계속을 뜻하는 말로, 영원 또는 시대를 일컬음.

아이와 늙은이는 <u>꾀는 대로 간다</u>〔속〕 사랑하고 돌보아 주는 데로 따라감은 사람의 상정임을 이름.

아이와 늙은이는 이윤 그것이 심하다. 「(國際單位).

아이 유:(I.U.)[명] 〔약〕 International Unit 국제 단위

아이 이:(I.E.)[명] 〔약〕 Industrial Engineering 산업 공학(産業工學). 경영 공학(經營工學).

아이 자라 어른 된다〔속〕 완전하지 못한 것이 점점 발전하여 완전한 것이 되다.

아이젠(Eisen 도)[명] 등산할 때 구두 밑에 덧신는 쇠로 만든 기구. 아이스아이젠(steigeisen).

아이=종[명] 나이 어린 종. 가동(家僮)② 〔다.

아이 좋다니까 씨암탉을 잡는다〔속〕 추켜 주면 좋아한

아이=지:다[자] 산모가 병이나 그 밖의 일로 달이 차기 전에 태아(胎兒)가 죽어서 나오다. 《유》 딸갖이². 에지다. have a still-born child

아이 지: 시:(I.G.C.)[명] 〔약〕 International Geophysical Cooperation 국제 지구 관측 협력년(國際地球觀測協力年).

아이 지: 와이(I.G.Y.)[명] 〔약〕 International Geophysical Year 국제 기상 관측년(國際氣象觀測年).

아이징=글라스(isinglass)[명] 철갑상어 같은 물고기의 부레로 만든 흰 순백색 젤라틴.

아이=참[감] 크게 언짢을 때, 실망하였을 때, 초조할 때, 또는 심란(心亂)할 때 내는 소리. ¶~ 속상해. Dear me! 〔로 꾸민 아이. 진자(孩者).

아이 캐리니[명] 〈제도〉 나자(離者)의 하나로, 코나자

아이=캐처(eye-catcher)[명] 상품의 선전 광고나 사람의 눈을 끌기 위한 특징한 동물·식물 따위의 그림이나 인형(人形).

아이코노=스코:프(iconoscope)[명] 텔레비전의 송상(送像) 장치의 일부. 진공관 중에 있는 모자이크 상(狀)의 광전면(光電面)위를 음극선이 주사(走査)하여 상의 각 부분을 연해 전류로 변화시키는 장치.

아이코노=클래즘(iconoclasm)[명] ①우상 파괴(偶像破壞). ②구습 타파(舊習打破)

아이콘(icon)[명] ①〈종교〉 우상·초상의 뜻으로, 특히 예수나 성자의 초상. ②컴퓨터에서, 지시·명령을 기호화한 도형.

아이쿠[감] 몹시 부딪치거나 갑자기 놀랐을 때 내는 소리. ¶~ 이마야. 〈큰〉 어이쿠. Heavens!, Ouch!

아이 큐:(I.Q.)[명] 〈교육〉 〔약〕 Intelligence quotient 지능 검사에서 나타난 정신 연령을 역연령(曆年齡)으로 나누고 100배 한 것. 지능의 발달 정도를 나타냄. 지능 지수(知能指數). 〔목본의 데이터.

아이템(item)[명] ①항목. 품목. ②컴퓨터에서, 한 묶

아이 티: 브이(ITV)[명] 〔약〕〈물리〉 industrial television 공업용(工業用)텔레비전.

아이 티: 아이(I.T.I.)[명] 〔약〕 International Theater Institute 국제 연극 협회(國際演劇協會).

아이 티: 에프(ITF)[명] 〔약〕 International Trade Fair

국제 견본시(國際見本市).
아이 티: 유:(ITU)图 〈약〉 International Telecommunication Union 국제 전기 통신 연합(國際電氣通信聯合).
아이 피: 아:르(IPR)图 〈정치〉《약》 Institute of Pacific Relations 태평양 문제 조사회(太平洋問題調査會).
아이 피: 아이(I.P.I.) 〈약〉 International Press Institute 국제 신문 편집인 협회(國際新聞編輯人協會).
아이 피: 유:(IPU)图 〈약〉 Inter-Parliamentary Union 국제 의회 연맹(國際議會聯盟).
아이형-강(I型鋼)图 〈공업〉 단면(斷面)이 'I'자 모양인 구조용 강재(構造用鋼材).
아이형 형교(I型桁橋)图 〈토목〉 다리의 중요한 체대를 아이빔(I-beam)으로 만든 다리. I-beam bridge
아이훈 조약(―璦琿條約 중)图 〈역사〉 1858년 아이훈에서 청(淸)나라와 러시아 사이에 맺은 조약. 흑룡강(黑龍江)을 두 나라의 국경선으로 정한 조약이며, 이로서 러시아의 세력이 만주로 뻗치게 되었음.
아:인(雅人)图 풍아(風雅)한 사람. 아취 있는 사람. elegant person
아인라이퉁(Einleitung 도)图 ①서론. 입문(入門). ②〈음악〉 서곡(序曲).
아-인산(亞燐酸)图 〈화학〉 삼염화인(三鹽化燐)에 물을 작용시켜 그 용액을 냉각시킬 때 생기는 무색 결정. phosphorous acid
아인시타이늄(Einsteinium 도)图 〈화학〉 초(超)우라늄 원소의 하나. 열핵 폭발의 파편 속에서 발견됨. 원소 기호 ; Es. 원자 번호 ; 99. 원자량 ; 253.
아일릿(eyelet)图 사뜨는 자수(刺繡)의 하나. 장식이나 단춧구멍에 쓰임.
아잇=적(―的)图 어른이 되기 전. 아이 때. childhood
아자(牙子)图 〈한의〉 해독제로 쓰이는 짚신나물의 뿌리.
아자(兒子)图 아이①. │. 리. 견아(犬牙).
아자(啞者)图 〈동〉 벙어리.
우자(子)图 〈한〉. [살의 교창.
아:자 교창(―字交窓)图 〈건축〉 '亞'자형 문
아·주마:님图 〈고〉 아주머님.
아·주-간(―間)图 〈건축〉 문짝의 살대가 '아'자형(亞字形)으로 된 문. 아자 쇄문.
아·주미图 〈고〉 아주머니. 아주미.
아·자-방(――字房)图 〈건축〉 방고래를 '亞'자 모양으로 만들어 구들을 놓은 방.
아자-비图 〈고〉 아저씨. 아재비.
아-자 쇄문(―字瑣門)图 〈동〉 아자문.
아-자제(衙子弟)图 〈제도〉 아버지를 좇아 지방 관청에 와 있는 아들. 아문의 자제.
아·자-창(――字窓)图 〈건축〉 문살의 모양이 '亞'자 모양으로 되어 있는 장지. [녁.
아-자형(―字形)图 '亞'자의 형상 또는 그 무
아작-{젹 좀 단단한 과실이나 무·배추 등을 단번에 씹을 때 나는 소리.《큰》서걱.《센》아짝, crunching 하다
아작-거리-다자타 연해 아작 소리가 나다. 또, 아작 소리를 나게 하다.《큰》어적거리다.《센》아짝거리다.
아작-아작 〈부〉 하다
·아-줄음―다재 아찔하여진다. 혼미(昏迷)하다.
아장(牙帳)图 옛날에 군대에서 쓰던 장막(帳幕).
아:장(亞長)图 〈제도〉 조선조 때, 사간원(司諫院)의 사간(司諫)과 사헌부(司憲府)의 집의(執義)를 이르던 말.
아:장(亞將)图 〈제도〉 병조 참판(兵曹參判)·금위 중군(禁衛中軍)·도감 중군(都監中軍)·어영 중군(御營中軍)·포도 대장(捕盜大將)·용호 별군(龍虎別軍) 등을 두루 이르던 말.
아장-거리-다재 ①키가 작은 사람이나 짐승이 얌전하게 걸어가다. toddle ②얌전한 태도로 천천히 거닐다.《큰》어정거리다. ramble 아장-아장〈부〉 하다
아장-걸음图 아장아장 걷는 걸음. toddling
아장=바장图 일없이 이리저리 아장거리는 모양.《큰》어정버정. ramblingly 하다

아재图 〈비〉 아저씨. 아주버니.
아재비图 〈비〉 아저씨.
아쟁(牙箏)图 〈음악〉 고전 악기의 하나. 대쟁(大箏)보다 조금 작고 칠현(七絃)으로 된 현악기의 하나.
아저(兒猪)图 고기로 먹을 어린 돼지. 애저.
아저씨图 ①부모와 같은 항렬의 남자. uncle ②부모와 같은 또래의 사람을 정답게 부름.《대》아주머니④.《속》아제①.
아저씨 아저씨하고 길짐만 지운다 듣기 좋은 소리를 하면서 남을 이용한다.
아:-전(衙銓)图 〈제도〉 이조 참판(吏曹參判)의 딴이름.
아전(衙前)图 〈제도〉 지방 관아에 딸려 말단 행정 실무에 종사하는 이속. 원역. subordinate official
아전의 술 한 상이 환자가 섯 섬이라고〈속〉 관리로부터 적은 신세를 지면 몇 곱으로 쳐서 갚게 된다.
아:전 인수(我田引水)图 '자기 논에 물 대기'란 뜻으로, 세계 이로운 대로만 함. arguing from a self-centered angle
아접(芽椄)图 〈농업〉 대목(臺木)의 피부(皮部)를 여러 가지 방법으로 결개(割開)하여 따 낸 눈을 접하는 접목법의 하나. bud-grafting
아접-도(芽椄刀)图 〈농업〉 아접(芽椄)에 쓰는 칼. bud-grafting knife [in conduct 하다 한다
아·정(雅正)图 아담하고 바름. refined and correct
아제①〈속〉 아저씨. ②자매(姉妹)의 남편을 여자쪽에서 부르는 말. brother-in-law
아제(阿弟)图 동생을 친밀히 이르는 말. 주로 글에서 쓰임. my dear younger brother
아젹图〈고〉 아침.
아전图〈고〉 아전(衙前).
아조(牙彫)图 〈미술〉 상아(象牙)를 조각의 재료로 하는 조각법의 하나. ivory sculpture
아·조(我朝)图 '우리 왕조(王朝)'란 뜻으로 쓰이는 말. our dynasty or country
아조(鵝鳥)图 〈동〉 거위.
아조(azo)图 〈화학〉 '질소'라는 뜻의 연결형(連結形).
아조-벤젠(azobenzene)图 〈화학〉 물에 잘 녹지 않는 등색(橙赤色)의 결정. 아조 염료의 원료로 쓰임.
아조 염료(azo 染料)图 〈화학〉 아조벤젠의 유도체(誘導體)에 속하는 물감의 총칭. azo dyes
아조 화합물(azo 化合物)图 〈화학〉 아조기(基)(―N=N―)를 갖는 화합물의 총칭. 염료 화학상 매우
아:-족(我族)图 우리 민족. 우리 겨레. [중요함.
아·줄(雅拙)图 성품이 단아하고 고지식함. elegance and simplicity 하다
아:-종(亞種)图 〈생물〉 생물학 분류상의 한 단위. '종(種)'의 아래로, 특별한 구별이 필요할 때에 씀.
아주〈부〉①더 생각할 여지도 없이. 아예. =결정하다. quite ②다시는 또 없이. entirely
아·주图 잘하는 체하는 남의 행동을 비웃는 말. ¶~, 제가 체닐이 클 아나 봐. pohaw
아주(阿洲)图 〈지리〉 아프리카 주. Continent of Africa
아주(亞洲)图 〈지리〉 아시아 주. Continent of Asia
아주까리图 ①〈식물〉 대극과(大戟科)의 재배 식물. 줄기는 원주형으로 높이 2 m 가량임. 잎은 장상(掌狀)으로 7~9 갈래로 갈라졌고, 8~9월에 엷은 홍색의 꽃이 핌. 씨로는 기름을 짬. ¶~ 기름. castor-oil plant ②아주까리의 씨. 피마자. castor-beans
아주까리대에 개똥참외 달리듯图 ①능력이 없는 자가 분에 넘치게 계집을 많이 데리고 산다. ② 힘 없는 과부에 딸린 자식이 많다.
아주=낮춤图 〈어학〉 인칭 대명사에서 가장 낮추어 이르는 말. '저·소인·너' 따위의 말. 최비칭(最卑稱).
아주=높임图 〈어학〉 인칭 대명사에서 가장 높여 이르는 말. '각하·폐하·어르신' 따위의 말. 최존칭(最尊稱).
아주머니图 ①부모와 같은 항렬의 여자. aunt ②아저씨의 아내. aunt ③자기와 같은 항렬되는 사람의 아내. sister-in-law ④부인네를 높이어 정답게 부

름. (대) 아저씨. ⑤(공) 아주머님. lady
아주머니 떡도 커야 사 먹지 백사에 이해 관계가 앞
아주머님(공) 아주머니⑤.
아주-먹이(명) ①더 손댈 필요가 없을 만큼 정하게 쓿은 쌀. 정백미(精白米). polished rice ②겉옷을 입을 때에 입는 솜옷. wadded clothes
아주미(하) 아주머니.
아주버니(명) ①남편과 같은 항렬이 되는 남자. 시숙(媤叔). ②(공) 아주버님.
아주버님(공) 아주버니②. brother-in-law
아주버니(명) 아주버니.
아주-심기(명) 다시 손댈 여지없이 완전히 심는 일. [planting
아중(衙中)(명) 지방 관아의 안. local government
아즐(명) 감탄하는 소리의 하나.
아즐-아즐(부) 어린 강아지 따위가 꼬리를 휘저으며 확실하지 않은 걸음을 걷는 모양. toddling
=아지(접미) 명사 아래에 붙어 '새끼·작은 것·낮은 것'의 뜻을 나타낸다. ¶망~. 송~. suffix mean-
아지(阿之) '유모'의 궁중말. [ing 'young'
아지(兒枝)(명)(식물) 어린 가지. 새순이 자라난 가지. twig
=아지-다(어미) ①양성 모음으로 끝나는 동사 어간에 붙어 그렇게 됨을 나타내는 어미. ¶높~. ②양성 모음으로 끝나는 형용사의 어간에 붙어 동사로 전성시키는 어미.
아지랑이(명) 맑은 봄날 먼 공중에 아른아른하게 보이는 공기의 현상. 양염(陽炎). 유사(遊絲). 염정(炎情). shimmering of heated air [는 말.
아지 못거라(고) '알 수 없다'는 뜻을 감단하는에 쓰
아지-삐라(←agitation bill)(명) 선동(煽動)을 목적으로 뿌리는 삐라. [아에 기원을 둔 종교적 음악극.
아지오네 사크라(azione sacra 이)(연예) 이탈리
=아지이-다(어미) 'ㅏ'나 'ㅗ' 등 양성 모음으로 끝나는 어간에 붙어 소원을 나타내는 어미. ¶보~. suffix meaning 'a wish'
아지직(부) 단단한 물건을 힘껏 깨물 때 나는 소리. (큰) 으지직. with a crack 하(자)
아지작-거리다(자)(타) 자꾸 아지작 소리가 나다. 또, 자꾸 아지작 소리를 나게 하다. (큰) 으지적거리다. 아지작-아지작(부) 하(자)
아지직(부) 단단한 물건이 바스러져 찌그러지는 소리. ¶~ 씹다. (큰) 으지직. crashingly 하(자)
아지직-거리다(자)(타) 계속해서 아지직 소리가 나다. 또, 계속해서 아지직 소리를 나게 하다. (큰) 으지직거리다. 아지직-아지직(부) 하(자) '격하게'의 뜻.
아지타토(agitato 이)(음악) '홍분하여 빠르게·급
아지트(←agitation point)(명)(사회) 비합법적인 운동이나 노동 쟁의(勞動爭議) 따위의 근거지로 사용하는 집회소나 지도 본부. 비밀 본부.
아지-프로(←agitating propaganda)(명) 선동을 목적으로 하는 선전.
아직(부) ①때가 되지 못한 뜻. ②이미 있던 일이 달라지지 아니한 뜻. ¶~ 그대로 남아 있다. still ③'까지'와 결합하여 지금의 뜻을 나타냄. ¶~까지는 희망적이다. till now
아직-까지(부) 지금까지. till now
아직-껏(부) 아직까지. till now
아직-도(부) '아직'의 힘줌말. yet
아질 미양(명) (고) 새끼 양.
아질·게말(명) (고) 망아지.
아-질산[―싼](亞窒酸)(명) 〈화학〉 무기산(無機酸)의 하나. 물에 잘 녹는 결정물(結晶物)로 담황색임. 공기 중의 산소에 의해서도 쉽게 질산이 됨. 아초산. nitrous acid
아질산 박테리아[―싼―](亞窒酸 bacteria)(명) 〈화학〉 암모니아를 산화하여 아질산으로 만드는 박테리아.
아질아질-하다(어미) 눈이 캄캄해지며 머리가 자꾸 어지럽다. (큰) 어질어질하다. (센) 아찔아찔하다. dizzy

아:집(我執)(명) ①자기의 뜻만 주장하며 소승(小乘)에 쏠림. ②(불교) 항상 존재하는 실체가 자기 마음 아짝(부) 아주. [속에 있다고 믿는 고집. egotism
아짝-거리다(자)(타)→아작거리다.
아찔아찔-하다(어미) (센)→아질아질하다.
아찔-하다(어미)(자) 갑자기 어지럽고 정신이 내어 둘리다. ¶기둥에 부딪혀 ~. (큰) 어찔하다. dizzy
아차(감) 잘못된 것을 깨달았을 때 언뜻 나오는 소리. ¶~ 실수했군. Heavens!
아·초산돌(명) 아초산. [소리. Heavens!
아차차(감) 몹시 당황하여 '아차'를 빠르게 거듭 내는 아간(阿干) 〈제도〉 신라 때 열일곱 관등 중에 여섯째 등급. 대아찬의 다음. 아척간(阿尺干).
아촌설(명) (고) 작은설. 설달 그믐.
아촌설밤(명) (고) 설달 그믐날 밤.
아촌설밤(명) (고) 조카딸. 질녀(姪女).
아·촌·아·돌(고) 조카.
아·촌 아침.
아·춤나조(명) (고) 아침 저녁. 조석(朝夕).
아창-거리다(자)(타) 키가 작은 사람이 활기 있게 걸어가다. (큰) 어청거리다. toddle 아창=아창(부) 하(자)
아·천·다(어미)(고) 싫어하다.
아·첨브-다(어미)(고) 싫어하다.
아첨(阿諂)(명) 남에게 환심을 사기 위하여 알랑거림. 미첨(媚諂). 아유. 아유(阿諛). flattery 하(자)
아청(鴉靑)(명) 검푸른 빛. 야청. dark blue
아첼레란도(accelerando 이)(음악) ①'점점 빠르게'의 뜻. ②점점 빠르게 하는 악절이나 연주법.
아쳐라후-다/아쳐러후-다(고) 싫어하다.
아·쳐·롬(명)(고) 싫어함.
아쳘-다/아쳗-다(어미)(고) 싫어하다.
아·초산(亞硝酸)(명) 〈화학〉 아질산(亞窒酸). [baby
아총(兒塚)(명) 어린 아이의 무덤. 애총. grave of a
아:취(雅趣)(명) 고아한 정취. 또, 그런 취미. ¶~ 있는 풍경. tastefulness
아초-조금(명) 무수기를 볼 때에, 이레와 스무이틀을 이르는 말. [적측(敵側). our side
아·측(我側)(명) 우리 측. 우리 편. (대) 피측(彼側).
=아치(접미) 명사 밑에 붙어서, 그 일에 종사하는 사람을 뜻하는 말. ¶벼슬~.
아치(牙齒)(명)(동) 어금니. [오래 살 징조라 함.
아치(兒齒)(명) 늙어서 이가 다 빠진 뒤에 다시 나는 이.
아:치(雅致)(명) 고아한 운치. artistry
아:치(arch)(명) ①〈건축〉 홍예문(虹霓門). ②축하 환영의 뜻으로 나무로 만든 커다란 푸른 문. 건축 상의 기법의 하나. 창이나 문의 위쪽을 곡선형으로 쌓아 올린 것. ③호형(弧形)으로 만든 다리.
아:치 고절(雅致高節)(명) 고아한 운치와 높은 절조.
아치랑-거리다(자)(타) 키가 작은 사람이 힘없이 아슬랑거리다. (센) 아치랑거리다. (큰) 어치렁거리다. toddle 아치랑=아치랑(부) 하(자)
아치장-거리다(자)(타) 키가 작은 사람이 기운이 빠져 찬찬히 걷다. (센) 아치장거리다. (큰) 어치정거리다. toddle 아치장=아치장(부) 하(자)
아:칙(雅飭)(명) 성품이 단아하고 조심스러움. 하(자)
아창-거리다(자)(타) (약)→아치랑거리다.
아침(명) ①날이 새어 아침밥을 먹을 때까지의 동안. 날이 새고 얼마 안되는 동안. morning ②(약)→아침밥. [for breakfast
아침-거리[―꺼―](명) 아침 끼니를 만들 거리. food
아침-결[―껼](명) ①낮이 되기 전. forenoon ②아침 기분이 가시기 전. morning [나절. forenoon
아침-나잘(명) 아침밥을 먹은 뒤의 한나절. (대) 저녁
아침-내(부) 이른 아침부터 아침밥을 먹을 때까지 계속하여. ¶~ 일을 했다.
아침-놀(명) 아침에 해가 뜨기 전에 하늘에 벌겋게 보이는 기운. (대) 저녁놀. morning glow
아침-때(명) ①'아침'의 힘줌말. ②아침밥을 먹을 시간. breakfast time

아침=먹이[명] 아침밥을 지을 양식. food for breakfast
아침=밥[—빱][명] 아침에 먹는 밥. 조반(朝飯). ⦅약⦆ 아침②. breakfast
아침=선반[명] 일터에서 일꾼들이 아침밥을 먹고 쉬는 시간. labourer's rest after breakfast
아침=쌀[명] 아침밥을 짓는 쌀. rice for breakfast
아침=잠[—짬][명] ①아침에 자는 잠. morning sleep ②아침에 늦도록 자는 잠. 늦잠.
아침=저녁[명] ①아침과 저녁. 조석(朝夕)①. morning and evening ②아침밥과 저녁밥. 조석반(朝夕飯). breakfast and supper
아침 진:지[명] ⦅공⦆ 아침밥. breakfast
아침=참(—站)[명] ①아침을 먹고 잠시 쉬는 동안. recess after breakfast ②일할 때의 아침과 점심 사이에 쉬는 동안에 먹는 샛밥.
아칫=거리-다[자] 어린아이가 이리저리 위태롭게 걸음을 떼어 놓다. toddle **아칫=아칫**[부] **하**[자]
아:칭(雅稱)[명] 고아한 칭호. ⦅대⦆ 속칭. nick name
아카데미(academy)[명] ①그리스의 성지 아카데미아(聖地 Akademia)로서 플라톤이 철학을 강의하던 곳. 또는 플라톤 철학을 계승한 학파. ②과학·문학·미술 등의 연구 발달을 목적으로 하는 단체. ③학사원(學士院)·학술원(學術院)·한림원(翰林院) 따위.
아카데미=상(Academy 賞)[명] 미국의 영화 예술 과학 협회가 해마다 그 전년도의 영화 각 부문의 최우수자에게 수여하는 상. 작품상·남배우상·여배우상·감독상 등 20여 부문에 걸쳐 상을 주며, 미국에서 가장 권위 있는 상. 1927년에 창설함. 오스카상.
아카데미즘(academism)[명] 〈문학〉 ①관학적(官學的)인 학풍. ②고전적 작품을 본을 삼아 창작하여 개성적인 정열이 결핍된 예술.
아카데믹(academic)[명] ①학구적. 관학적(官學的). ②정통파의 학문적 경향. 학구적이기는 하나 비실제적인 경향. ③예술에 있어서 틀에 박힌 양식. 학교풍(學校風). ④〈미술〉 미술상의 정통파. **하**[형]
아카사니[감] 힘을 써서 무거운 물건을 쳐들려고 할 때에 내는 소리. ⦅큰⦆ 이커서니. yo-ho
아카시아(acacia 프)[명] 〈식물〉 콩과의 갈잎 큰키나무. 가지에는 가시가 많고 잎은 난형 또는 타원상의 난형임. 5~6월에 흰 나비 모양의 꽃이 핌. 북미 원산으로 철도 침목, 기구재로 쓰이며 잎은 사료 및 약용함.
아 카펠라(a capella 이)[명] 〈음악〉 ①'교회풍으로'의 뜻. ②'무반주 합창'·'무반주 합창곡'의 뜻.
아:케이드(arcade)[명] ①〈건축〉 홍예문(虹霓門)이 연속된 건물. ②지붕이 덮인 상점가(商店街).
아코:디언(accordion)[명] 〈음악〉 주름 상자를 갖춘 사각 상자 모양의 풀무에 건반 장치가 있어, 주름 상자를 신축시키고 건반을 눌러 연주하는 악기. 손풍금.
아코:르(accord 프)[명] 〈음악〉 화음.
아콸렁(aqualung)[명] 〈물리〉 간단한 잠수 장치의 하나. 등에 짊어지는 압착 공기의 용기. 압력 조정기가 붙은 송기관(送氣管)·흡기관(吸氣管) 따위로 되고, 잠수 시간은 한 시간 전후로 수심 50m 정도까지 잠김.
아쾌(牙儈)[명] ⦅동⦆ 거간꾼(居間—).
아퀴[명] 일을 끝내어 마무르는 일. ¶일의 ~를 잘 지어라. settlement
아퀴=쟁이[명] 가장귀가 진 나뭇가지. long-forked branch
아퀴=짓:-다[타][스불] 일의 끝을 아물리다. 일의 가부를 결정하다. bring to a conclusion
아:크(arc)[명] ⦅동⦆ 아크 방전.
아:크=등(arc 燈)[명] 〈물리〉 수은(水銀)이나 두 개의 탄소 막대기와 자동 조정기로 되어 있어, 호광 방전(弧光放電)을 일으키어 센 빛을 내는 장치. 백열 와사등(白熱瓦斯燈). 호광등. 호등. arc light
아:크=로(arc 爐)[명] 〈물리〉 아크 방전에 의하여 생기는 고온도를 이용한 전기로. 전기 호광로(電氣弧光爐).
아크로마이신(acromycin)[명] 〈약학〉 항생 물질의 하나. 성상(性狀)·약효 등은 오레오마이신 등과 비슷하나, 안정도·부작용 면에서 약간 우수함.
아크로매틱(achromatic)[명] 색수차(色收差)를 일으키지 아니한다는 뜻. ¶~ 렌즈.
아크로바티크 당스(acrobatique danse 프)[명] 곡예(曲藝) 댄스.
아크릴(acryl)[명] ①⦅약⦆→아크릴산 수지(樹脂). ②⦅약⦆→아크릴계 섬유.
아크릴계 섬유(acryl 系纖維)[명] 〈화학〉 아크릴로니트릴(acrylonitrile)을 주성분으로 하는 단량체(單量體)에서 합성한 섬유. ⦅약⦆ 아크릴②. acrylic fiber
아크릴=산(acryl 酸)[명] 〈화학〉 알릴알코올이나 아크롤레인을 산화하면 생성되는, 가장 간단한 수용성 무색의 유기산(有機酸). acrylic acid
아크릴산 수지(acryl 酸樹脂)[명] 〈화학〉 아크릴산이나 메타크릴산(methacryl 酸) 또는 그 유도체의 중합체(重合體)에서 이루어지는 합성 수지의 총칭. 아크릴 수지. ⦅약⦆ 아크릴①. acrylic resin
아크릴 수지(acryl 樹脂)[명] ⦅동⦆ 아크릴산 수지.
아크메이즘(akemeizm)[명] 〈문학〉 실감파(實感派)라는 뜻으로, 1912년에 러시아 시단(詩壇)에서 일어난 운동. 염세적·암흑적·회의적인 데서 벗어나 소박하고 생기 있는 인생을 찾으려 하였음.
아:크 방:전(arc 放電)[명] 〈물리〉 기체 방전의 하나. 양과 음의 단자(端子)에 고압 전위차를 가할 경우 발생하는 밝은 전기 불꽃. 전호(電弧). 아크.
아킬레스(Achilles 그)[명] 그리스 전설의 영웅으로, 호머의 시 일리아드(Iliad)의 주인공. 불사신(不死身)이었으나, 약한 발뒤꿈치에 화살을 맞아 죽었다 함.
아킬레스=건(Achilles 腱)[명] 〈생리〉 발뒤꿈치의 뼈 위에 붙어 있는 건(腱). 인체 중에서 가장 강한 심줄로 보행(步行)·운동에 중요함.
아타락시아(ataraxia 그)[명] 〈철학〉 정신의 안정(安靜). 마음이 격(激)하지 않은 것. 에피쿠로스 학파의 중심 사상으로 행복의 필수 조건.
아:탄(亞炭)[명] 〈광물〉 탄화(炭化)의 정도가 낮고 질이 나쁜 석탄. 아갈탄(亞褐炭).
아테네(Athene 그)[명] 그리스 신화에 나오는 전쟁·학문·예술의 여신. 로마 신화의 미네르바에 해당함.
아테브린(Atebrin 도)[명] 〈약학〉 학질에 특효가 있는 화학 요법제의 상품명.
아 템포(a tempo 이)[명] 〈음악〉 '본래의 속도로'의 뜻.
아토니(Atonie 도)[명] 〈의학〉 수축성 기관의 무긴장(無緊張).
아토미즘(atomism)[명] 〈철학〉 ①원자설(原子說). ②원자설보다 더 광범위하게, 모든 사물이 각각 독립적인 여러 단위에 의해 구성된다는 사유(思惟) 경향.
아토믹(atomic)[명] 〈화학〉 원자력(原子力).
아:=토양(亞土壤)[명] 암석의 분해가 충분하지 못하여 흙과 암석의 중간 상태의 흙.
아:토타이프(artotype)[명] 사진판의 하나. 아교판(阿膠版).
아톰(atom)[명] ①〈화학〉 원자(原子). ②〈철학〉 사물 구성 최후의 미소(微小) 존재. 현상 세계의 다양성이, 모양·크기·배치를 달리하는 아톰의 집합 이산(集合離散)에 기인한다고 함.
아:트(art)[명] ①예술. ②미술. ③기술. 술책. ④인공 기교. ⑤신문·잡지의 삽화. ⑥⦅약⦆→아트지(art 紙).
아:트 디렉터(art director)[명] 〈연예〉 미술 감독.
아트로핀(atropine)[명] 〈약학〉 벨라도나에서 채취하는 유독 식물 염기. 주상(柱狀) 또는 침상(針狀)의 결정으로, 쓴맛이 있는데, 진경제(鎭痙劑)·산동제(散瞳劑) 등으로 씀.
아:트만(atman 범)[명] 〈종교〉 인도의 성전(聖典) 베다에서, 호흡·영(靈)·아(我)의 뜻. 정신 활동의 기초 원리. 곧, 초월적 자아, 영혼을 말함.
아:트=지(art 紙)[명] 사진판이나 인쇄에 쓰는 불투명하고 매끄러운 종이의 하나. 아트 페이퍼. ⦅약⦆ 아트⑥.
아:트 타이틀(art title)[명] 〈연예〉 영화의 자막(字幕).
아:트 페이퍼(art paper)[명] ⦅동⦆ 아트지(紙).

아:트 포: 아:트(art for art)圓 예술을 위한 예술. 예술 지상주의의 입장.

아틀라스(Atlas 그)圓 그리스 신화 중의 거인(巨人). 천계(天界)를 혼란시킨 죄로 하늘을 두 어깨에 메는 벌을 받았다고 함.

아틀란티스(Atlantis)圓 그리스 전설상의 한 섬. 이상향(理想鄕)의 의미로 쓰임. 「(畫室)」

아틀리에(atelier 프)圓 ①스튜디오(studio). ②화실

아:티스트(artist)圓 ①예술가. ②미술가. ③책략가(策略家).

아:티피셜(artificial)圓 ①인공적. ②기계적. 하回

아:티피셜 라이트(artificial light)圓 〈물리〉영화 촬영 따위에 천연 광선의 보조로서, 혹은 단독으로 쓰이는 인공 광선.

아파(牙婆)圓 방물을 팔러 다니는 여자. 방물 장수.

아파시 당스(apache danse 프)圓 퇴폐적이고 난폭한 댄스의 하나. 파리의 하층 사회에서 행하여졌음.

아파시오나~토(appassionato 이)圓 〈음악〉'정열적으로·열정적으로'의 뜻.

아파치 족(Apache族)圓 아메리카 인디언의 한 부족. 가장 오랫 동안 백인과 대결하여 용맹을 떨쳤음.

아파테이아(apatheia 그)圓 〈철학〉불행한 격(激)한 감정으로 인하여 생기는 고로 격정(激情)으로부터 탈각(脫却)되때 이상 상태(理想狀態)에 도달함을 이름. 스토아 학파의 생활 이상.

아파:트(←apartment)圓 한 채의 건물 안에 많은 세대(世帶)가 살게 된 임대용 또는 분양용 집. 공동 주택. apartment house

아파:하 다回回 아픔을 느끼다. complain of pain

아패(牙牌)圓 〈제도〉호패(號牌)의 하나. 상아(象牙)로 만들었는데, 2품 이상의 문무관(文武官)이 썼고'고'의 뜻.

아페르토(aperto 이)圓 〈음악〉'피아노의 페달을 밟

아페리티프(apéritif 프)圓 식욕 증진제. 식욕을 증진시키기 위하여 식사 전에 마시는 술. 〈약학〉건위제. 하제(下劑). 이뇨제. 발한제.

아페이론(apeiron 그)圓 〈철학〉무한(無限). 곧, 유한(有限)인 것을 포괄하는 아페이론 자체는 생멸이 없고 양에 있어서도 무한함을 이름.

아편(阿片·鴉片)圓 덜 여문 양귀비 열매에 홈을 내어 분비한 진액을 말린 흑갈색의 가루. 성분은 10~15%의 모르핀·코데인·파파베린 따위. 마약(麻藥)②. 아편. 아편 「주사 맞는 비밀 처소. opium den

아편-굴(阿片窟)圓 많은 사람이 아편을 먹고 마시고

아편-법(一法)[一뻡](阿片法)圓 〈법률〉아편의 제조·매매 기타 단속 방법 등에 관한 법규.

아편-상(阿片商)圓 아편을 사고 파는 장사.

아편-연(阿片煙)圓 ①아편을 넣어서 만든 담배. ②아편을 피우는 연기.

아편-쟁이(阿片—)圓 아편을 먹거나 마시거나 또는 주사를 맞는 사람. 또, 그러한 것이 중독이 된 사람. 아편 중독자. opium eater

아편 전:쟁(阿片戰爭)圓 〈역사〉1840~1842년에 청(淸)나라와 영국 사이에 일어난 전쟁. 1838년에 선종(宣宗) 황제가 임칙서(林則徐)에게 명하여 광동(廣東)에 있던 영국 상인의 아편을 태워 버리고 아편 수입을 금지한 것을 구실로 하여 일어났는데, 이 전쟁의 결과 청나라가 패하여 남경 조약을 맺고 홍콩을 영국에 떼어 주었음. Opium War

아편 중독(阿片中毒)圓 아편 상습(常習)으로 생기는 중독 작용. 두통·현훈(眩暈)·호흡 부정·피부 창백 따위를 일으키고 정신에 이상을 초래하며 혼수 상태에 빠짐. opiumism 「거위포.

아포(牙胞)圓 짐승의 고기를 소금에 절여서 말린 포.

아포레마(aporema 그)圓 〈논리〉문제를 여러 방면으로 검토하여 그 난점을 이해하려는 변증적 방법.

아포리아(aporia 그)圓 〈철학〉사유(思惟)가 궁하여 해법(解法)이 없는 난관(難關)을 의미함. 내버려 둘 수 없는 논리적인 난점(難點).

아포리즘(aphorism)圓 간결한 말 속에 깊은 체험적인 진리를 교묘히 표현한 단문(短文). '정의(定義)'들의 의미를 교묘하게 만들어진 말로서, 금언(金言)·격언(格言)·잠언(箴言)·경구(警句) 등이 이에 가까운 뜻을 가짐.

아 포스테리오리(a posteriori 라)圓 ①〈철학〉후천적(後天的). ②〈논리〉귀납적(歸納的). 【대】아 프리오리.

아 포코(a poco 이)圓 〈음악〉'조금씩·차차'의 뜻.

아포크리파(Apocrypha 그)圓 〈기독〉전어를 믿을 수 없어 성경에 수록되지 않은 30 여편의 문헌. 위경 성서(僞經聖書). 경외 성서(經外聖書).

아폴로(Apollo)圓 〈민속〉그리스 신화에 나오는 시가·음악·예언을 맡은 태양신(太陽神). 제우스 다음으로 숭배되고 그리스 국민의 생활 및 정치에 관계가 깊음. 아폴론.

아폴로 계:획(Apollo 計劃)圓 미국 항공 우주국(航空宇宙局)의 달 착륙 비행(飛行) 계획. Apollo project

아폴로니우스의 원(Apollonius—圓)圓 〈수학〉두 점(定點)에서의 거리의 비가 일정한 점의 궤적(軌跡). 이는 두 개의 점점을 양 끝으로 하는 선분을 일정한 비로 내분(內分) 및 외분(外分)하는 점을 직경의 양끝으로 하는 원임.

아폴론(Apollon)圓 《동》아폴로.

아폴론-형(Apollon 型)圓 예술 활동에 있어서 지적(智的)·정적(靜的)·개별적(個別的)이어서 조화와 통일로 향하는 유형으로 심리학상 몽환(夢幻)의 세계에 속함. 아폴론적 예술 형식은 조형 미술과 서사시 따위로 나타난다는, 니체가 예술론에서 쓴 말. 【대】

아:표(餓莩)圓 굶주려 죽은 송장. 「디오니소스형.

아프간(afghan)圓 아프가한 바늘을 써서, 바느질하기와 코바느질의 기술을 혼합, 왕복 두 번의 동작을 되풀이해 가며 뜨는 입체적인 뜨개질 방식.

아프-다回圓 몸이나 마음이 몹시 괴롭다. painful

아프레-걸(après girl 프)圓 전후파적(戰後派的)인 여인.

아프레-게:르(après-guerre 프)圓 전후파(戰後派). 곧, 대전(大戰) 뒤에 현저하게 보여지는, 종래의 전통이나 습관이나 관념 따위에 얽매이지 않는 경향. 【대】아방게르(avant-guerre).

아프-레코(←after recording)圓 〈약〉→애프터 레코딩.

아프로디테(Aphrodite)圓 그리스 신화에 나오는 사랑과 미의 여신. 제우스와 디오네의 딸. 로마 신화의 비너스에 해당함.

아 프리오리(a priori 라)圓 ①〈철학〉선천적(先天的). ②〈논리〉연역적(演繹的). 【대】아 포스테리오리.

아프리카 주(Africa 洲)圓 〈지리〉6 대주의 하나. 수에즈 운하에 의하여 아시아 주와 연결되어 있는 세계 제 2의 대륙.

아프리카-코끼리(Africa—)圓 〈동물〉코끼리과〔象科〕의 동물. 대형의 코끼리로, 어깨 높이 3.3 m 이상. 무게 6 t에 달함. 몸 빛은 흑회색이며 귀는 둥글고 큼. 사하라 사막 이남의 아프리카 수림 지대에 널리 분포함.

아프테(Aphthe 도)圓 〈의학〉어린아이의 입술과 잇몸이 헐어서 썩는 병. 아구창(牙口瘡). 아감창(牙疳瘡). ¶—성 구내염(口內炎).

아프트-식(Abt 式)圓 스위스 사람 아프트가 발명한 특수 철도로서, 급경사를 오르내릴 때 활동(滑動)을 막기 위해 궤도의 중간에 이가 달린 막대기를 설치하여, 기관차에 장치한 톱니바퀴와 맞물려 가게 장치한 특수 철도.

아플리케(appliqué 프)圓 천·레이스(lace)·가죽 따위에 다른 천·레이스·가죽 같은 것을 여러 가지 모양으로 오려 꿰매어 붙여서 만든 장식. 아동복·실내 장식으로 많이 씀. 오려대기. 오려붙이기.

아픔 감:각(一感覺)圓 〈생리〉살갗에 일어나는 아픔의 느낌. sense of pain

아 피아체레 (a piacere 이)〖음악〗'임의의 속도로·자유롭게'의 뜻.

아하〖감〗미처 생각하지 못한 일을 깨달아 느꼈을 때 내는 소리. ¶ ~ 그랬었구나. 〖준〗어허. Ah!

아:-하다(雅—)〖여⦁뵈〗아담하다. 깨끗하고 맑다.

아·후래〖고〗아호래.

아하히〖감〗일부러 지어서 몹시 우스운 듯이 웃는 소리.

아·흥〖고〗아호. Aha!

아:-한대(亞寒帶)〖명〗〖지학〗한대와 온대의 사이에 있는 지대(地帶). 냉대(冷帶). ¶ ~ 기단. subpolar

아함(阿含經=Agama 범)〖명〗〖불교〗①석가모니의 언행록(言行錄). ②소승(小乘) 불교 경전(經典)의

아해(兒孩)〖명〗→아이. [총칭.

아·헌〖고〗아흔.

아 해 다르고 어 해 다르다〖속〗같은 내용의 이야기도 이렇게 말해 다르고 저렇게 말해 다르다는 말.

아해 사리〖식물〗가시랭이가 없고 빛이 흰 피(稗)의 하나. [술잔을 올리는 일. 하⦁자

아:-헌(亞獻)〖명〗〖민속〗제사를 지낼 때에 둘째 번으로

아헌관(亞獻官)〖명〗종묘 제향(宗廟祭享) 때 아헌을 올리는 제관(祭官).

아:헌-악(亞獻樂)〖명〗〖음악〗종묘 제향(宗廟祭享) 때 아헌을 올리면서 연주하는 음악. 〖대〗 초헌악. 종헌 악. music played at the second offering of wine

아형(阿兄)〖명〗'형(兄)'을 친근하게 이르는 말. 글에서 만 쓰는 말. elder brother

아형(阿衡)〖명〗〖동〗대신(大臣). [말.

아:-형(雅兄)〖명〗〖문〗남자 친구끼리 상대방을 이르는

아:호(雅號)〖명〗문인·학자·화가 등이 본이름 외에 지어 부르는 이름. 별호. pen name

아혹(訝惑)〖명〗의혹(疑惑). 하⦁자

아·흑〖고〗아욱.

아홉〖수〗여덟에 하나를 더한 수. 구(九). nine

아홉-무날〖명〗〖민속〗무수기를 셀 때에 사흘과 열여드 레를 일컬음.

아홉 섬 추수하는 자가 한 섬 추수하는 자더러 그 한 섬을 채워 열 섬으로 달라 한다〖속〗남의 사정은 조금도 생각지 않고 제 욕심만 채우려 한다.

아홉=수(―數)〖명〗〖민속〗9·19·29·39 따위와 같이 9 가 든 수. 남자 나이의 수가 들면 꺼림. number with a nine

아홉-째 〖명〗여덟째의 다음. ninth [차환(叉鬟).

아환(丫鬟)〖명〗상전을 가까이 모시는 젊은 계집종.〖원〗

아환(兒患)〖명〗①어린아이의 병. children's disease ② 자기 자식의 병. illness of one's own child

아환(鴉鬟)〖명〗검은 머리. [머리를 이르는 말.

아환 선빈(鴉鬟蟬鬢)〖명〗여자의 머리 털이 검고 아름

아:황산=가스(亞黃酸 gas)〖명〗〖화학〗이산화유황이 물에 풀려서 생기는 이염기산(二鹽基酸). 아유산.

아·황산(亞黃酸)〖명〗→이산화유황.

아:회(雅會)〖명〗①글을 지으려고 모이는 모임. literary writing meeting ②풍아(風雅)스러운 모임.

아:회(雅懷)〖명〗아담한 회포.

아후라-마즈다(Ahura-Mazda)〖명〗〖종교〗고대 페르시아의 조로아스터교(Zoroaster 教)의 전지 전능한 창조신. 아후라는 '신(神)', 마즈다는 '슬기'의 뜻.

아훔(阿吽·阿吒=A-Hum 범)〖명〗〖불교〗①밀교(密教)에서, 일체 만법(一切萬法)의 시작과 끝. ②절의 산문 앞에 있는 인왕(仁王)의 입 모양. 또, 그 내는 소리 모양. [nine days

아흐레 ①〖약〗→아흐렛날①. ②아홉날. 구일(九日).

아흐렛-날 ①〖명〗아흐레의 날. ②〖명〗→초아흐렛날. ninth day

아흔〖수〗열의 아홉 곱절. 구십(九十). ninety

아흔-째〖명〗아흔을 차례로 셀 때의 맨 끝. ninetieth

아희〖고〗→아이.

아희(兒戲)〖명〗어린아이들의 장난. children's play

악〖명〗있는 힘을 다하여 모질게 마구 쓰는 기운. ¶ ~을 쓰다. doggedness

악² 〖약〗→아기①.

악³ 〖명〗①상대자에게 대항하여 지르는 소리. loud voice ②남을 놀라게 갑자기 지르는 소리. shout ③놀랐을 때 무의식적으로 지르는 소리. ah!

악(惡)〖명〗①착하지 않음. 올바르지 아니함. vice, badness ②〖윤리〗양심을 좇지 않고 도덕을 어기는 일. vice ③〖철학〗가치 관념에 있어서 적극에 대한 소극의 의미.〖대〗선(善). evil

악(握)〖명〗〖체육〗검도(劍道)에서 손에 끼는 가죽으로

악(萼)〖명〗〖동〗꽃받침. [만든 장갑. fencing-gloves

악가(樂歌)〖명〗〖음악〗악곡(樂曲) 또는 악장(樂章)에 의하여 부르는 노래. 〖대〗속가(俗歌). classical

악감(惡感)〖명〗〖약〗→악감정(惡感情). [songs

악-감:정(惡感情)〖명〗①좋지 아니한 감정. ill feeling ②분하고 미운 감정. 〖대〗호감정(好感情).〖약〗악 감. unfavourable impression

악계(樂界)〖명〗〖동〗악단(樂壇).

악곡(樂曲)〖명〗〖음악〗①음악의 곡조. musical melody ②곡조를 나타낸 부호. musical piece

악골(顎骨)〖명〗생리〗턱을 이루는 뼈. 사람은 두 개의 하악골과 한 개의 상악골로 됨. jaw-bone

악공(樂工)〖명〗①주악(奏樂)하는 사람. court musician ②〖제도〗주악에 종사하던 장악원(掌樂院)의 잡직.

악과(惡果)〖명〗〖불교〗나쁜 짓에 대한 갚음. 악보(惡報)②. 〖대〗선과(善果). fruit of evil deeds

악관(樂官)〖명〗〖음악〗→악공(樂工)①. [사이의 관절.

악-관절(顎關節)〖명〗〖생리〗하악골(下顎骨)과 두개골

악구(惡口)〖명〗①험구(險口). ②〖불교〗십악(十惡)의 하나. 남에게 악한 말을 하는 짓. 악설(惡舌·惡說). 악언(惡言)①. abuse [느 정도 뭉쳐진 작은 구름.

악구(樂句)〖명〗〖음악〗두 소결부에서 네 소절까지의 어

악궁(樂弓)〖명〗〖음악〗현악기(絃樂器) 연주용의 활.

악귀(惡鬼)〖명〗아주 몹쓸 귀신. 악한 귀신. demon

악극(樂劇)〖명〗①가극(歌劇)이 노래와 음악에만 치우침을 반대하고 음악을 극적 내용에 합치시킨 음악극. musical drama ②가악(歌樂)과 연주.

악극-계(樂劇界)〖명〗①악극의 영역(領域). ②악극을 하는 사람들의 사회.

악극-단(樂劇團)〖명〗〖연예〗악극을 상연하기 위하여 모인 단체. operetta troupe [악의(惡意)①.

악기(惡氣)〖명〗①고약한 냄새. 못된 기운. nasty ②〖동〗

악기(樂器)〖명〗〖음악〗음악을 연주할 때 쓰이는 기구. 관악기·현악기·타악기 등의 구별이 있음. musical instrument

악-기류(惡氣流)〖명〗순조롭지 못한 대기(大氣)의 유동(流動). treacherous air-current [게.

악기-점(樂器店)〖명〗여러 가지 악기(樂器)를 파는 가

악녀(惡女)〖명〗①성질이 나쁜 여자. wicked woman ②용모가 흉악한 여자. 추녀(醜女). ugly woman [bad intention

악념(惡念)〖명〗모진 생각. 나쁜 마음. 악상(惡想).

악다구니〖명〗①서로 욕하며 싸워 싸우는 짓. 아가리 질②. bickering ②버티고 겨룸. rivalry 하⦁자

악다구늬〖명〗→악다구니.

악단(樂團)〖명〗〖음악〗음악을 연주하는 단체. orchestra

악단(樂壇)〖명〗음악가의 사회. 악계(樂界). ¶ ~의 공로자. musical world

악담(惡談)〖명〗남을 못 되도록 저주하는 나쁜 말. ¶ 그것은 크나큰 ~이다. 〖대〗덕담(德談). curse 하⦁자

악담은 덕담이라 악담은 그것을 받는 이에게 오히려 덕담의 효능을 가져온다.

악당(惡黨)〖명〗나쁜 무리. 악도(惡徒). gang

악:대〖명〗→악대소.

악대(樂隊)〖명〗〖음악〗음악을 연주하기 위한 악사(樂士)의 무리. 주악대(奏樂隊). band

악대〖고〗불깐 짐승. 거세(去勢)한 짐승.

악·대돝〖고〗거세(去勢)한 돼지.

악:대-말〖명〗거세(去勢)한 말. castrated horse, gelding

악대돌〖고〗거세(去勢)한 말.

악:대-소〖명〗거세(去勢)한 소. 〖약〗악대. bullock

악:대=양(一羊)[명] 거세(去勢)한 양.
악·대·한·쇼[명] 거세(去勢)한 소.
악덕(惡德)[명] ①나쁜 마음씨. wickedness ②도덕에 위반됨. (대) 선덕(善德). vice 하[형] 히[형]
악덕-한(惡德漢)[명] ①마음씨 사나운 사람. wicked person ②인륜(人倫)에 어그러진 짓을 하는 사람.
악도(惡徒)[명] 《동》악당(惡黨). [devilish man
악도(惡道)[명] ①흉하고도 험한 길. evil way ②《불교》현세에서 악업(惡業)을 저지른 결과 죽은 뒤에 가야 할 고통의 세계. 지옥도(地獄道)·아귀도(餓鬼道)·축생도(畜生道)의 길. 악취(惡趣). hell ③유탕(遊蕩)의 길. 주색(酒色)에 빠지는 길. way to riotous life
악도리[명] 모질게 덤비는 사람이나 짐승. roughneck
악독(惡毒)[명] 흉악하고 독살스러움. atrocity 하[형] 스험[형] 스레피[명] 히[형] [꾸러기. playful fellow
악동(惡童)[명] ①행실이 나쁜 아이. bad child ②장난
악랄(惡辣)[명] 매섭고 표독함. ¶~한 언사(言辭). viciousness 하[형] 히[형] [power
악력(握力)[명] 손아귀로 물건을 쥐는 힘. grasping
악력-계(握力計)[명] 손아귀 힘의 강함과 약함을 재는 기구. hand-dynamometer
악력 지수(握力指數)[명] 두 손의 쥐는 힘을 합한 수와 체중의 비. index number of grasping power
악령(惡靈)[명] 원한을 품고 재앙을 내린다는 영혼. evil spirit
악례(惡例)[명] 나쁜 전례(前例). bad example
악률(樂律)[명] 《동》악조(樂調).
악리(樂理)[명] 음악의 이치. musical grammar
악마(惡魔←Mara 범)[명] ①《불교》사람의 선(善)한 일을 방해하는 악신(惡神). evil spirit ②《불교》신(神)에 적대(敵對)하고 인심을 미혹하게 하며, 사람을 악도로 유인하는 요귀. demon ③《기독》남을 괴롭히는 아주 독한 사람이나 악령(惡靈). devilish man
악=마디(惡一)[명] 결이 지나치게 꼬여서 모질게 된 마춘(것).
악마-적(惡魔的)[관명] 악마와 같은. 악마의 요소를 갖춘(것).
악마-주의(惡魔主義)[명] 《문학》19세기말에 나타난 문예 또는 사상의 한 경향. 인생의 압흑면(暗黑面)인 죄악·추(醜)·병 등에서 미(美)를 찾아내려는 문예상의 퇴폐적(頹廢的) 경향. diabolism
악마주의-파(惡魔主義派)[명] 《문학》악마주의를 신봉하는 문예상의 한 갈래. (준) 악마파. diabolist
악마-파(惡魔派)[명] (약)→악마주의파.
악막(幄幕)[명] 진중(陣中)에서 치는 장막.
악매(惡罵)[명] 욕하고 꾸짖음. curse 하[타]
악=머구리[명] 참개구리를 잘 운다는 뜻으로 이르는 말. frogs [들어댄다.
악머구리 끓듯 한다[관] 많은 사람이 매우 시끄럽게 떠
악명(惡名)[명] ①추악한 이름. bad name ②나쁜 평판(評判). (대) 방명(芳名). bad reputation
악모(岳母)[명] 《동》장모(丈母).
악모(惡毛)[명] 붓 속에 섞어 있는 몽당한 털. 악치①.
악목(惡木)[명] 재목으로 쓰기에는 적당치 않은, 질이 나쁜 나무. timber of bad quality
악몽(惡夢)[명] ①불길한 꿈. bad dream ②흉악한 꿈.
악무(樂舞)[명] 음악과 춤. music and dance
악문(惡文)[명] 졸렬한 문장(文章). 좋지 못한 글. poor
악물(惡物)[명] 《동》악종(惡種).
악=물-다[타][五] ①단단한 결심을 하거나 매우 성내거나 또는 몹시 아플 때 아래위의 이를 힘있게 물다. gnash ②단단히 물고 떨어지지 아니하다. ¶이를 악물고 공부하다. 《큰》을물다. stick to
악=물리-다[자][五] 악묾을 당하다. (큰) 을물리다. be
악미(惡米)[원] (원)→악미. [bitten
악-바리[명] ①성미가 깐깐하고 고집이 센 사람의 별명. wicked person ②똑독하고 영악한 사람. ¶어지간한 ~로군. clever and ferocious person
악박골 호랑이 선불 맞은 소리[관] 상종을 못 할 만큼 사납고 무섭게 나쁨. 또, 사납게 지르는 비명을 형용.
악법(惡法)[명] ①좋지 않은 법규. bad law ②옳지 못한 방법. (대) 양법(良法). wrong way
악벽(惡癖)[명] 나쁜 버릇. 악습(惡習)①. bad habit
악병(惡病)[명] 나쁜 병. 악질(惡疾). foul disease
악보(惡報)[명] ①상서롭지 못한 기별. (대) 길보(吉報). bad news ②《동》악과(惡果).
악보(樂譜)[명] 《음악》음악의 곡조를 적은 부호. 곡보(曲譜). 음보(音譜). musical note
악부(岳父)[명] 《동》장인(丈人).
악부(握斧)[명] 구석기 시대의 유물로, 한쪽은 손에 쥘 수 있고, 한쪽은 날카롭게 된 돌도끼.
악부(惡婦)[명] ①성질이 나쁜 부녀. wicked woman ②보기 흉하게 생긴 여자. 추녀(醜女). (대) 악녀(惡女).
악부(樂府)[명] ①한시(漢詩)의 한 형식. 인정 풍속을 읊은 것으로, 글자의 장단(長短)이 있음. ②《동》악장(樂章)①. [wrong doing
악사(惡事)[명] 흉악한 일. 나쁜 짓. (대) 호사(好事).
악사(樂士)[명] 악기로 음악을 연주하는 사람. musician
악사(樂師)[명] 《제도》①주악(奏樂)에 종사하던 장례원(掌禮院)의 한 벼슬. ②장악원(掌樂院)의 전악(典樂)·전율(典律). ③아악부(雅樂部)의 한 벼슬. 악관(樂官).
악사=장(樂師長)[명] 《제도》①음악을 가르치고 연주하는 일을 맡아보던 장례원(掌禮院)의 한 벼슬. ②아악부(雅樂部)의 한 벼슬.
악사 천리(惡事千里)[명] 나쁜 일은 곧 세상에 알려짐.
악산(惡山)[명] 험악한 산. 험산(險山). steep mountain [서투르지 못한 상격(相格).
악상(惡相)[명] ①흉악한 얼굴 모양. sinister look ②상
악상(惡喪)[명] 자식이나 손자가 부모보다 앞서 죽은 초상. (대) 호상(好喪).
악상(樂想)[명] ①작곡상(作曲上)의 착상(着想). musical plot ②음악 속에 나타난 사상(思想). theme
악=상어(←어구)[명] 악상어과의 바닷물고기. 몸은 방추형이며 3 m 정도, 아래위의 턱에 삼각형의 이가 있는 태생어로 성질이 사나움. 한대성 어종임.
악생(樂生)[명] 《제도》음악을 연주하는 일을 맡아보면 장악원(掌樂院)의 잡직. [book
악서(惡書)[명] 읽어서 해로운 책. (대) 양서(良書). bad
악서(樂書)[명] 음악에 관한 책. book on music
악=선전(惡宣傳)[명] 나쁘게 말하는 일. 남을 중상하기 위하여 나쁜 소문을 퍼뜨리는 일. 악의적인 선전. 하[타]
악설(惡舌·惡說)[명] ①나쁜 말. ②남을 나쁘게 욕하거나 헐뜯으려는 모진 말. 악언(惡言)②. abuse ③《동》악구(惡口)②. 하[타]
악성(惡性)[명] ①모질고 악독한 성질. ②병의 질이 나쁨. ¶~ 전염병. malignancy
악성(惡聲)[명] ①듣기 싫은 소리. bad voice ②《동》악평(惡評). evil reports [musician
악성(樂聖)[명] 음악에 몹시 뛰어난 사람. celebrated
악성 인플레이션(惡性 inflation)[명] 《경제》화폐·공채의 증발(增發)에 의해 극도로 통화가 팽창한 결과, 화폐 가치가 폭락하고 물가가 계속 앙등하는 현상. vicious inflation
악성 종양(惡性腫瘍)[명] 《의학》주위 조직에 대하여 침윤성(浸潤性)과 파괴성을 가지며, 또한 전이(轉移)를 형성하는 종양. 생기는 자리에 따라 암종과 육종으로 가름. 암(癌)①. malignant tumor
악=세:-다[형] ①식물의 잎이나 줄기가 빳빳하고 세다. stiff ②악착스럽고 세차다. ¶한 번 말은 일이나 악세게 진행하다. (큰) 억세다. hard
악세러터(←accelerator)[명]→액셀러레이터.
악센트(accent)[명] ①《어학》말 가운데의 어떤 음절 또

악-소:년(惡少年) 행실이 나쁜 소년. 악동(惡童). [bad boy
악속(惡俗)圖 {동} 악풍(惡風)①.
악송-이(惡松-)圖 제대로 잘 자라지 못한 소나무. 「일. 하타
악-송:구(惡送球) 야구에서, 받기 어렵게 송구하는
악수(惡水)圖 물을 퍼붓듯이 세차게 내리는 비. {큰} 억수. heavy rain
악수(握手)圖 ①두 사람이 서로 손을 마주 잡음. shaking-hands ②친애(親愛)와 화해의 뜻을 나타내기 위하여 서로 손을 마주 잡음. shaking hands ③서로 교제를 맺음. having connection with 하타
악수(握手)圖 소렴(小殮)할 때에 시체의 손을 싸는 헝겊.
악수(惡手)圖 바둑이나 장기에서, 부적당한 나쁜 수.
악수(惡獸)圖 모질고 사나운 짐승. ferocious beast
악수(樂手)圖〈음악〉악대에 딸려 기악(器樂)을 연주하는 사람. band(s) man
악수-례(握手禮)圖 악수하는 예의.
악-순환(惡循環)圖 ①순환이 좋지 않음. 순환이 나쁨. ②〈경제〉밀접한 관계가 있는 물가와 임금이 서로 관련하여 한없이 악화되는 일. 인플레이션 말기의 물가와 임금이 통화의 증발 등의 관계 따위. vicious circle
악숭이圖 {동} 알구지.
악습(惡習)圖 ①나쁜 버릇. 악벽(惡癖). bad habit ②나쁜 풍속. {대} 양속(良俗). abuses
악승(惡僧)圖 ①계율(戒律)을 지키지 않고 나쁜 행동을 하는 중. sinful bonze ②무예 등에 뛰어난 중의 이칭. {대} 선지식(善知識). courageous monk
악식(惡食)圖 ①나쁜 음식. 또, 그런 음식을 먹음. {대} 호식(好食). 미식(美食). plain food ②〈불교〉몰래 식육을 하는 일. eating meat stealthily ③상식상 식용이 아닌 것을 먹는 일. 하타
악식(樂式)圖〈음악〉악곡의 형식. 리드·변주곡·론도·소나타·푸가·론도 소나타 등의 형식이 있음.
악신(惡神)圖 정법(正法)을 어지럽게 하는 나쁜 신(神). 화(禍)를 주는 신. {대} 선신(善神). devil
악심(惡心)圖 ①악한 마음. evil intention ②남을 해치려는 마음. {대} 선심(善心). malice
악-쓰:다 악을 내어 소리를 지르다. ¶악쓰며 싸우다. be desperate
악아(惡) 아기야. [모양. 하타
악악(諤諤)圖 바른 말을 거리낌 없이 함. 또, 그러한
악악-거리-다目 불만이나 화가 나서 연해 소리치다.
악인 상대(惡顔相對) 좋지 못한 얼굴빛으로 서로 마주 봄. face with angry faces each
악액-질(惡液質)圖〈의학〉암종·결핵·학질·내분비 질환 등의 경과 중 특히 말기에 나타나는 특이한 쇠약 상태. 살갗이 누르스름해지며, 표정이 굳어짐.
악야(惡夜)圖 ①폭풍우가 몹시 휘몰아치는 무서운 밤. ②공포에 떨며 새우는 밤. ③무서운 꿈을 꾸는 밤. horrible night
악어(鰐魚)圖 {동} ①악어목(鰐魚目)의 파충류의 총칭. ②악어과에 속하는 파충류의 총칭. 도마뱀과 비슷하며 몸 길이는 2~10m 가량이고몸 빛은 암록색에 불규칙한 회황색의 횡대가 있음. crocodile
악언(惡言)圖 ①남을 나쁘게 말하는 말. {동} 악구(惡口). 악설(惡舌)②. 「나무라는 짓. 하타
악언 상가(惡言相加) 서로 좋지 않은 말로 꾸짖고 또
악업(惡業)圖〈불교〉고생을 가져 오는 원인이 되는 나쁜 행위. {대} 선업(善業). karma
악역(惡役)圖 ①유희나 놀이 따위에서 악인(惡人)으로 분(扮)하는 배역(配役). 악인역. ②무대극에서 거나 나쁜 역(役). villain's part

악역(惡疫)圖 나쁜 돌림병. plague [achery
악역(惡逆)圖 몹시 악하여 도리에 벗어나는 짓. tre-
악역 무도(惡逆無道)圖 비길 데 없이 악독하고 도리에 어긋남. 하타 [히囹
악연(愕然)圖 몹시 놀라는 모양. in amazement 하타
악연(惡緣)圖 ①헤어질래야 헤어질 수도 없는 남녀의 인연. unhappy marriage ②〈불교〉뺏어서 좋지 않은 인연. 「나짐. 하타
악연 실색(愕然失色)圖 깜짝 놀라 얼굴빛이 달
악-영:향(惡影響)圖 나쁜 영향. bad effect
악용(惡用)圖 ①잘못 씀. misuse ②나쁜 일에 씀. {대} 선용(善用). abuse 하타
악우(惡友)圖 나쁜 벗. 사귀어서 해로운 벗. {대} 선우(善友). bad companion
악운(惡運)圖 ①사나운 운수. bad fortune ②고달픈 운명. {대} 길운(吉運). ill fate
악월(惡月)圖 ①운이 나쁜 달. ②음력 오월의 딴이름. ③음양도(陰陽道)에서 말하는 흉월(凶月).
악으로 모은 살림 악으로 망한다圓 나쁜 짓을 하여 모은 재산은 오래 가지도 못하고 오히려 해롭다.
악음(樂音)圖 발음체(發音體)가 규칙적인 진동을 계속하거나 일정한 높이를 가지고 소리가 변하여 유쾌한 느낌을 주는 소리. {대} 조음(噪音). musical tone
악의(惡衣)圖 나쁜 옷. 너절한 옷.
악의(惡意)圖 ①남을 해치려는 마음. 나쁜 뜻. 악기(惡氣)②. ill will ②〈법률〉법률 관계의 발생·소멸 효력에 영향을 미칠 수 있는 어떤 사정을 알고 있는 일. {대} 선의(善意). evil intention
악의 악식(惡衣惡食) 거친 옷을 입고 맛없는 음식을 먹음. {대} 호의 호식(好衣好食). poor clothing and poor food 하타
악의 점유(惡意占有)圖〈법률〉본권(本權)이 없는 점유자가 본권이 없다는 것을 알고 있는 점유.
악인(惡人)圖 성질이 악한 사람. 흉예(凶穢). {대} 선인(善人). bad man 「인(善因). evil cause
악인(惡因)圖〈불교〉나쁜 결과를 주는 원인. {대} 선
악인(樂人)圖 악사(樂師)·악공(樂工) 등의 총칭. musician
악인 악과(惡因惡果)〈불교〉악한 일을 하면 반드시 앙갚음이 옴. {대} 선인 선과(善因善果).
악인-역(惡人役)圖 {동} 악역(惡役)①.
악-인연(惡因緣)圖〈불교〉좋지 못한 인연.
악일(惡日)圖〈민속〉운이 나쁜 날. {대} 길일(吉日).
악작(樂作)圖 풍악을 시작함. 하타
악장(岳丈)圖 {공} 장인(丈人). [승. maestro
악장(樂匠)圖〈음악〉음악에 통달한 사람. 음악의 스
악장(樂長)圖 음악을 연주하는 단체의 우두머리. bandmaster
악장(樂章)圖〈음악〉①나라의 제전(祭典) 연례(宴禮)에 쓰는 악가(樂歌)나 그 기록한 가사(歌詞). 악부(樂府)② 악장문(樂章文). words ②교향곡 등에서 그 구성한 한 악곡의 각 부분의 곡. 보통 교향곡은 4악장, 협주곡은 3악장으로 이루어짐. movement ③악장문의 갈래. sentence
악장-문(樂章文)圖 {동} 악장(樂章)①.
악장-치-다目 악을 쓰며 싸우다. ¶악장치듯 싸우다.
악재(惡材)圖 {동} =악재료.
악재(樂才)圖 음악에 대한 재능. musical genius
악-재료(惡材料)圖 ①나쁜 재료. ②〈경제〉시세를 하락(下落)시키는 요인(要因). {대} 호재료(好材料). {준} 악재(惡材). unfavorable factors
악전(惡戰)圖 고된 싸움. 몹시 싸움. ¶~ 고두(苦鬪). hard fighting 하타
악전(惡錢)圖 ①부정 또는 부당한 방법으로 얻은 돈. illgotten money ②조악(粗惡)한 돈. bad money
악전(樂典)圖〈음악〉악보에 관한 일체의 규범. 또는 그 책. musical grammar
악절(樂節)圖〈음악〉두 개의 악구(樂句)로 성립되어 하나의 악상(樂想)을 표현하는 구절. passage

악정(惡政)[명] 백성을 해롭게 하는 정치. 비정(秕政). 예정(穢政). 《대》선정(善政). misgovernment

악제(惡制)[명] 나쁜 제도.

악조(樂調)[명] 음악의 가락. 악률(樂律). musical tone

악=조건(一件)[惡條件][명] 나쁜 조건. 《대》호조건(好條件). bad condition

악조=증[一症][惡阻症][명][동] 입덧.

악종(惡種)[명] ①성질이 흉악한 사람 또는 동물. ②악물(惡物).

악증(惡症)[명] ①나쁜 증세. malignant disease ②나쁜 짓. misdeed

악지[명] 잘 안 될 일을 무리하게 억지로 해내려는 고집. ¶~가 센 아이. 《준》억지. trying to do the impossible 스럽다

악지(惡地)[명] 사람 살기에 적당하지 않은 땅. bad land

악지(樂止)[명] 풍악이 그침. 하다

악지-부리다[자] 무리한 고집을 세우다. 《큰》억지부리다

악지-세-다[형] 무리하게 고집을 부리는 힘이 세다. 《큰》억지세다. obstinate 억지세우다. assert oneself

악지-세우-다[타] 무리한 고집으로 끝내 버티다. 《큰》억지세우다

악=지식(惡知識)[명]〈불교〉사람을 그르치어 좋지 못한 곳으로 이끌어 가는 사람. 《대》선지식(善知識). harmful knowledge 억지쓰다. be egoistic

악지-쓰-다[자](으로) 무리한 고집을 수단으로 쓰다. 《큰》

악지 악각(惡知惡覺)[불교] 불과(佛果)를 얻는 데 그르침을 주는 사악한 지식. harmful knowledge

악질(惡疾)[명] 고치기 어려운 병. 악병(惡病). malignant disease

악질(惡質)[명] ①못되고 나쁜 성질. 또, 그러한 사람. wicked fellow ②좋지 못한 바탕. 《대》양질(良疾). evil nature 끼치는 사람. vicious element

악질 분자(惡質分子)[명] 성질이 못되어 남에게 해를

악질=적(惡質的)[관형] 바탕이 좋지 않은(것).

악직=손[명] 고집대로 해내는 솜씨.

악차(幄次)[명] 상제가 시묘(侍墓)하면서 거처하는 뜸. 집.

악착(齷齪)[명]〈제도〉거둥 때 쉬도록 장막을 친 곳.

①도량이 좁음. narrow-mindedness ②성질이 모질고 깜찍스러움. fastidiousness ③사소한 일에도 끈기가 있고 모짊. doggedness, tenacity 하다 스럽다. tenaciously 악착같이 같다.

악착-같-다(齷齪)[형] 끈기가 있고 모질다. 《큰》억척같다

악착-꾸러기(齷齪)[명] 몹시 악착스러운 사람. 《큰》억척꾸러기. tough guy 척부리다. do doggedly

악착-부리-다(齷齪)[타] 악착같이 일을 하다. 《큰》억

악착-빼기(齷齪)[명] 몹시 악착스러운 아이. 《큰》억척빼기. tenacious kid

악창(惡瘡)[명] 고치기 힘든 악성 부스럼. bad boil

악처(惡妻)[명] ①성질이 아주 나쁜 아내. 《대》양처(良妻). bad wife ②얼굴이 추한 아내.

악=천후(惡天候)[명] 몹시 나쁜 날씨. 《대》호천후(好天候). bad weather

악첩(惡妾)[명] 성질이 사나운 첩. bad concubine

악초(惡草)[명] 질이 몹시 나쁜 담배.

악=초구(惡草具)[명] 고기맛은 조금도 없고 거칠어서 맛이 없는 음식. poor food

악초 악목(惡草惡木)[명] 발육이 좋지 못한 초목.

악충(惡蟲)[명] 이롭지 못하고 나쁜 벌레. 해충(害蟲). noxious insect

악취(惡臭)[명] ①고약한 냄새. nasty smell ②물건이 썩는 냄새. 이취(異臭). putrid smell

악취(惡趣)[명][동] 악도(惡道)②.

악=취:미(一味)[惡趣味][명] ①좋지 못한 취미. bad taste ②괴벽한 취미. peculiar taste 찌끼기. dregs

악지(惡一)[명] ①[동] 악모(惡毛). ②추려 내고 남은

악-치듯[惡一]→악패듯. 「나가게 던지는 일.

악투(惡投)[명]〈체육〉야구에서, 수비가 공을 사뭇 빗

악티=우라늄(actinuranium)[명]〈화학〉악티늄계 붕괴 계열의 시발(始發)이라는 뜻으로 일컫는 우라늄 235를 말함.

악티늄(actinium)[명]〈화학〉방사성 원소의 하나로 피치블렌드에 함유되어 있음. 화학적 성질은 희토류와 비슷함. 원소 기호; Ac. 원자 번호; 89. 원자량; 227.

악티늄=계(actinium 系)〈화학〉자연 방사성 원소의 붕괴 계열의 하나. 질량수 235의 우라늄을 출발점으로 하여 남의 동위 원소로 끝나는 계열.

악티니드(actinide)[명]〈화학〉악티늄보다 원자 번호가 큰 원소의 총칭.

악티브(actib 러)[명] 단체의 활동 분자. 첨에 분자(尖銳分子). radicals

악=파듯[→악패듯.

악판(顎板)[명] 지렁이 따위의 머리 부위에 같이 인두(咽頭) 안에 있어 딴 동물에 붙어 피를 빨아먹을 수 있도록 된 턱.

악패-듯[부] 사정없이 들이닥치는 모양. 《큰》억패듯. violently

악편(萼片)[명]〈식물〉꽃받침의 조각.

악평(惡評)[명] 나쁜 평판. 악성(惡聲)②. 《대》호평(好評). bad reputation 하다

악폐(惡弊)[명] 좋지 않은 폐단. abuse

악풍(惡風)[명] ①나쁜 풍습. 악속(惡俗). 《대》미풍(美風). ②양풍(良風). bad custom ②모진 바람. severe wind

악=풍증[一症](惡風症)[명][동] 오풍증.

악필(惡筆)[명] ①잘 쓰지 못한 글씨. 졸필(拙筆). 《대》달필(達筆). poor hand-writing ②품질이 나쁜 붓. writing-brush of bad quality

악-하-다(惡一)[형] ①성질이 모질고 독하다. ②〈윤리〉양심(良心)을 속이고 도덕률에 벗어나다. vicious 스캠프. 《대》호한(好漢). rascal

악한(惡漢)[명] 나쁜 짓을 일삼는 자. 《대》흉한(兇漢)②.

악행(惡行)[명] 몹시 그릇된 행실. 《대》선행(善行).

악향(惡向)[명] 풍기가 어지러운 고장. misconduct

악혈(惡血)[명] ①고름이 섞여 나오는 피. impure blood ②해산한 뒤에 나오는 궂은 피. black blood

악형(惡刑)[명] 혹독한 형벌. severe punishment 하다

악형=틀(惡刑一)[명] 악형을 주기 위한 형구(刑具).

악화(惡化)[명] ①좋지 못하게 변함. 《대》호전(好轉). deterioration ②병이나 일이 못되게 더침. 「사태가 ~되다. change for the worse 하다

악화(惡貨)[명] 품질이 나쁜 화폐. 값이 낮은 화폐. 《대》양화(良貨). bad money

악화는 양화를 구축한다[ ] 악화와 양화의 두 종류의 화폐가 유통될 때, 양화는 유통 범위에서 자취를 감춘다는 그레샴의 법칙.

악희(惡戲)[명] 못된 장난. prank

안[명] ①사물이 둘러싸인 가에서 가운데로 향한 곳이나 쪽. 《교실을. 《대》밖. inside ②여자들이 거처하는 곳. 내실(內室). inner room ③표준에 미치지 못한 정도. 《10미터 ~까지는 승낙한다. within ④[약]안정①. ⑤〈속〉아내. my wife 【주】여자를 이

안[감][약]→아니¹. 「르름. ¶~주인. woman

안(岸)[명] 육지가 바다나 강에 접한 곳. 《태평양(太平洋)~. coast

안:(案)[명] ①[약]→안건(案件). ②앞을 가리는 산·담·벽 등의 총칭. obstacle. 고안. idea

안[명][고] 마음속. 가슴속.

·온[관][고] 「house

안가(安家)[명] 집안 사람들이 모두 편안함. peaceful

안-가[一家](安價)[명] ①[동] 염가(廉價). ②수월함.

안가(安價)[명][형] 붙어[崩価]. easiness 하다

안-가업(一家業)[명] 안방에서 술이나 기타의 음식을 파는 일. 하다

안=각:미(一價品)[安價品][명] 값이 싼 물건. cheap article

안:각(眼角)[생리] 윗눈까풀과 아랫눈까풀이 만나는, 눈의 양쪽에 있는 각.

안-간:힘[一間一][명] 고민·아픔 따위를 참으려 하되 저절로 나오는 간힘. ill-contained (resentment) 참다. bearing (pain) stoically

안간힘 쓰-다[一깐一][관용] 불평과 괴로움을 억지로

안-감[一깜][명] ①물건의 안에 대는 감. lining ②[동] 안접①. 《대》겉감.

안:감:망(安敢望)[명] 감히 기대할 수가 없음.
안갑(鞍匣)[명] 안장을 덮는 헝겊.
안강(安康)[명] 편하고 건강함. 아무 탈도 없음. good
안강(安康)하다[형] [동] 아귀². [health 하다
안강망(鮟鱇網)[명] 아귀를 잡는 데 쓰는, 눈이 굵은 그물.
안-갚음[명] ①부모의 은혜를 보답함. filial devotion ②까마귀 새끼가 자라 어미를 먹임. 반포(反哺). 하다
안:개[명] 수증기가 찬 기운을 만나 미세한 물방울이 되어 지상 가까운 대기 속을 연기처럼 부옇게 떠돌아다니는 것. 무로(霧露). ¶~ 가 끼다. fog
안:개-구름[명] ①《속》 층운(層雲). ②《속》 성교(性交). having sexual intercourse
안개구름 끼-다[동] 성교(性交)하다.
안:개-뿜이[명] 물을 안개 모양으로 뿌게 하는 기계. 분무기. sprayer
안거(安居)[명] ①편안히 지냄. peaceful life ②《불교》 중들이 한데 모여 일정 기간 동안 외출하지 않고 도를 닦는 일. 산림(山林)④. 하다 「peaceful life
안거 낙업(安居樂業) 편안히 살면서 업을 즐김.
안거 위사(安居危思) 편안할 때에 어려움이 닥칠 것을 잊지 말고 미리 대비하여야 함을 일컫는 말.
안:건(案件)[명] 토의나 연구를 위하여 문서에 적어 놓은 사건이나 계획. 《약》안(案)①. agenda
안걸이(−)[명] 씨름에서 상대자의 오금을 자기의 걸어 넘어뜨리는 재주의 하나. (대) 밭걸이. 하다
안:검(按劍)[명] 칼을 빼려고 칼자루를 어루만짐. 하다
안:검(按檢)[명] 안찰(按察). 하다
안:검(眼瞼)[명] 《동》 눈꺼풀.
안:검 상시(按劍相視) 서로 원수처럼 대함. 하다
안:검-염(眼瞼炎)[명] 《의학》 다래끼.
안걸장-빵(印刷) 겉장 안의 면지(面紙)와 속장의 사이에 놓인, 겉장처럼 된 지면(紙面)의 종이. 속표지. 안표지. (대) 겉장. 속장. 《속》 안장. title page   「는 기구. eyeglasses
안:경(眼鏡)[명] 눈을 보호하거나 시력을 돕기 위해 쓰
안:경-다리[−따−](眼鏡−)[명] 안경테의 양쪽에 달아 귀에 거는 것. bow
안:경-방[−빵](眼鏡房)[명] 안경을 만들고 파는 가게.
안:경-알(眼鏡−)[명] 안경테에 끼우는 렌즈.
안:경 자국[−짜−](眼鏡−) 안경을 오래 써서 얼굴에 난 자국.
안:경-쟁이(眼鏡−)[명] 《속》 안경을 쓴 사람.
안:경-집[−찝](眼鏡−)[명] 안경을 넣는 집.
안:경-테(眼鏡−)[명] 안경알을 끼우는 테두리.
안:계(眼界)[명] ①눈으로 바라보는 범위. sight ②생각이 미치는 범위. 시계(視界). 시야(視野). prospect
안-고나-다[−꼬−][타] 남의 책임을 짊어지다. answer
안-고름[−꼬−][명] 《약》→안옷고름.   [for
안고 수비(眼高手卑) 마음은 크고 눈은 높으나 재주가 없어 따르지 못함. 하다
안고 지고[−꼬−] 품에 안고 등에 지고.
안:고-지기[−꼬−][명] 두 짝의 문을 한데 붙여 아래 위로 된, 또는 두 짝을 한쪽으로 밀어붙여서 문턱까지 함께 열리게 된 미닫이. single sliding-door
안:고-지:다[−꼬−][자] 남을 해치려다 도리어 해를 입다. be entrapped by one's trick
안-골[−꼴][명] ①골짜기의 깊은 속. deep valley ②안쪽에 있는 마을.   「물어 죄는 연장.
안공《工業》 둘 이상의 나무를 붙이는 데 한꺼번에
안:공(眼孔)[명] ①《생리》 눈구멍. socket of one's eye ②견식(見識)의 범위. extent of one's knowledge
안:공(鞍工)[명] 말 안장을 만들고 고치는 일을 업으로 하는 사람.
안:공 일세[−세](眼空一世) 세상 사람을 업신여김. 지나치게 교만을 부림. make light of the world 하다
안과(安過)[명] 아무 탈없이 지냄. 또, 아무 탈 없이 나감. peaceful living 하다[타] [ophthalmology
안:과[−꽈](眼科) 《의학》 눈병을 고치는 의술.
안:과(眼窠)[명] 《생리》 눈구멍. 안와(眼窩).
안:과-의[−의](眼科醫)[명] 안과 전문 의사. 《약》안의. ophthalmologist
안과 태평(安過太平) 탈없이 태평하게 지냄. 하다
안:과-학[−꽈−](眼科學) 《의학》 안구와 그 부속 기관(器官)의 질병 및 치료를 연구하는 학문.
안:광(眼光)[명] ①눈의 정기. 안색(眼彩). brightness of the eye ②보는 힘. 관찰력. power of observation
안:광(眼眶)[명] 《동》 눈자위.
안:구(眼球)[명] 《동》 눈알.
안:구(鞍具)[명] 말 안장에 딸린 제구. saddle
안:구-근(眼球筋)[명] 《생리》 눈망울의 운동을 맡은 일곱 가지의 근육. 《약》안근(眼筋). orbicularis palpebrarum   「튀어나온 상태. exophthalmos
안:구 돌출(眼球突出)[명] 《의학》 눈알이 비정상적으로
안:구-마(鞍具馬)[명] 안장을 얹은 말. 안마(鞍馬)①.
안:구 백막(眼球白膜)[명] 《생리》 각막(角膜)과 이어져 안구의 외벽(外壁)을 이루고 있는 백색의 막.
안:구 은행(眼球銀行)[명] 각막 이식할 때, 이식용 각막을 제공하는 기관. 아이 뱅크.
안:귀[−뀌][명] 내이(內耳).
안:근(眼筋)[명] 《약》→안구근(眼球筋).
안기나(Angina 도)[명] 《의학》 ①목구멍에 생기는 염증. ②급성 편도선염.
안기-다[동] 남의 품속에 들다. be embraced [타] ①안도록 하다. let embrace ②책임을 지우다. charge ③새나 닭 따위에 알을 품어 새끼를 까게 하다. set eggs ④《속》 때리다.
안:-깃[−깃][명] 저고리·두루마기 따위의 안자락의 들어가는 깃. (대) 겉깃.   「부분. inner shell
안-껍데기[명] 조개·알 등의 껍데기 속에 있는 얄팍한
안껍데기-막(−膜)[명] 안껍데기를 이루고 있는 아주
안:-낚시[명] →안걸이.   「엷은 막.
안:-날[명] 바로 전 날. previous day 「방에서 나는 쌀.
안남-미(安南米)[명] 주로 인도차이나 반도의 안남 지
안남-인(安南人)[명] 안남을 중심으로 인도차이나 반도의 동부에 거주하는, 약 1700만 명의 남방계 몽고 인의 한 분파.
안:낭(鞍囊)[명] 《군사》 말 안장 앞 양쪽에 달아 군기(軍器)를 넣어 두는 가죽 주머니. saddlebags
안:내(案內)[명] ①이끌어 내용을 일러줌. 인도(引導). 향도(嚮導). guiding ②주인에게 데려어 줌. ③《약》→안내서. 안내인. show one in 하다
안:내-서(案內書)[명] 안내하는 글을 적은 책. 또, 글. 《약》안내(案內)③. guidebook
안:내-소(案內所)[명] 어떤 장소나 사물에 부설되어, 그 사물이나 장소에 대한 안내를 맡아보는 곳. information(center)
안:내-업(案內業)[명] ①외국인에 내린 인비·통역을 업으로 하는 직업. ②안내를 맡아보는 직업. guide
안:내-인(案內人)[명] 안내하는 사람. 《약》안내③. guide
안:내-장[−짱](案內狀)[명] 안내하는 초대장.
안녕¹(安寧)[명] ①탈없이 무사함. ②《공》 평안(平安). tranquillity 하다[동] 히다
안녕²(安寧)[감] 헤어질 때의 인사말. 하다[동] 히다
안녕 질서[−써](安寧秩序)[명] 생명·재산 등이 안전하고 사회의 질서가 바른 상태. maintaining peace
안:노·인(−老人)[명] 여자 노인.   [and order
안니-다[고] 돌아다니며 앉다.
안:-다[−따][타] ①두 팔로 끼어서 가슴에 품다. embrace ②날짐승이 알을 품다. sit on ③남의 일을 책임지고 맡다. answer for ④안으로 들어오는 것을 몸으로 막아 받다. ⑤생각으로 지니다.
안다니 동파리[−리] 아는 체하는 사람.
안:-다미[−][명] 안담(按擔). 擔)
안:다미로[부] 담은 분량이 그릇에 넘치도록 많이. 넘치게. ¶술을 ~ 담다. brimfully

안:다미―씌우―다 자기의 책임을 남에게 지우다. 《약》 다미씌우다. put on another one's responsibility for

안:다미―조개[―] 〈조개〉 안다미조개과의 바닷조개. 새고막 비슷하며 길이 약 5cm. 살이 연하고 맛이 좋음. 살조개. ②소나타 등의 느린 악장.

안단테(andante 이)[] 〈음악〉 '천천히·느린 속도

안단테 칸타빌레(andante cantabile)[] 〈음악〉 '느린 빠르기로 노래하듯이'의 뜻.

안단티노(andantino 이)[] 〈음악〉 '안단테보다 조금 더 빠르게'의 뜻. [하]

안달[] 속을 태우며 조급하게 번민함. ¶ ~쟁이. fret

안―달²[―발][] 바로 전달.

안달루시안(Andalusian)[] 〈조류〉스페인의 안달루시아 지방 원산의 난용종(卵用種) 닭.

안달―뱅이[] ①늘 안달을 잘하는 사람. fretful person ②속이 좁고 인색한 사람.《약》안달이. narrowminded

안달복달―하―다[] 몹시 안달하다. worry [person

안달―이[] 《약》 →안달뱅이.

안:―담(按擔)[] 남의 책임을 도맡아 짐. 안다미. shouldering responsibility [하]

안―당[―] (―堂) 《속》 정당(正堂).

안당 사:경[―] (―堂四更) 〈민속〉실력굿에 어서 사경(四更)에 하는 굿거리. [하]

안:대(案對)[] 두 사람이 마주 봄. facing each other

안:대(眼帶)[] 눈병이 났을 때 아픈 눈에 대는 천 조각. eye bandage

안:―대:문(―大門)[] 바깥체에서 안체로 통하는 대문. gate from the outer to the main building

안:―댁(―宅)[] (―宅) 《공》 남의 부인. your wife

안명[] 기드림.

안도(安堵)[] ①사는 곳에서 편히 지냄. living peacefully ②마음을 놓음. relief [하]

안:도(案圖)[] 주희(朱熹)의 독서 삼도(讀書三到)의 하나. 글을 읽을 때에는 눈을 집중시키는 일.

안도―감(安堵感)[] 평안한 느낌. 안심하는 심정. 안심감(安心感). feeling of relief [문서.

안:―독(案牘)[] ①문안(文案)과 간독(簡牘) ②관청의

안―돈(―頓)[] 여자들이 가지고 있는 소액(少額)의 돈. small amount of money

안돈(安頓)[] 사물을 매만져 바로잡음. 사물을 잘 정돈함. management [하]

안:―돌이[] 험한 산길에 바위 같은 것을 안고 겨우 돌아가게 된 곳. 《대》지돌이. rugged mountain pass

안:―동(眼同)[] 사람을 따지어 하고 가는 것. ¶하인을 ~해 보내다. taking with one [하]

안―동 답답이(按胸沓沓―)[] 기둥을 안은 것처럼 가슴이 몹시 답답한 모양. fretfulness

안동 도호부(安東都護府)[] 〈제도〉고구려가 망한 뒤, 그 영토를 다스리기 위해 평양에 두었던 당나라의 통치 기관.

안:―동:맥(眼動脈)[] 〈생리〉내경(內頸) 동맥에서 나와 시신경(視神經)의 구멍 바깥 아래쪽으로 통하여 눈구멍으로 들어가 갈라지는 맥.

안동―포(安東布)[] 경상 북도 안동에서 나는 올이 가늘고 길이가 누런 삼베.

안 되는 놈은 자빠져도 코가 깨진다[] 운수가 사나운 사람은 무슨 일을 해도 실패를 한다.

안:되다(案―)[] 섭섭하거나 가엾고 애석한 느낌이 있다.

안 되면 조상 탓[] 제가 잘못하고 남을 원망함.

안:―두(案頭)[] 책상머리. top of a desk

안두리기 기둥(建築)[] 건물의 안 둘레에 돌려 세운 것

안―뒤:꼍[―뛰―][] 안체 뒤에 있는 뜰이나 마당. 또는

안―뒤:뜰[] 안체 뒤에 있는 뜰. back yard [밭.

안:―뒷:간[] 안체에 딸린 뒷간. 내측(內厠). inner lavatory

안팎내놓고 똥누고 앉아가씨더러 밑 씻겨 달라겠다[] 지나치게 염치 없고 채신이 없다는 말.

안드로스테론(androsterone)[] 〈약학〉남성 호르몬의 하나. 성욕을 일으키며 부성기(副性器)를 발육시킴.

안:―득불연(安得不然)[] '어찌 그러하지 않겠는가'의 뜻. [젊고 오돌도돌하게 됨.

안―뜨기[] 결물의 대바늘 뜨기의 하나. 겉 표면이 두

안―뜰[] 안체에 있는 뜰. 내정(內庭). inner garden

안락(安樂)[] 마음과 기운이 평안하고 즐거움. 괴로움이 없음. 강락(康樂). 《대》고생(苦生). comfort

안락―국(安樂國)[] 《동》극락 세계(極樂世界). [하

안락―사(安樂死)[] 병이 나을 가망이 없는 환자에 대하여서 본인의 희망에 따라 고통이 적은 인공적 방법으로 죽음에 이끄는 일. 《약》안사(安死). euthanasia

안락 세:계(安樂世界)[] 《동》극락 세계.

안락 의자(安樂椅子)[] 팔걸이가 있고 앉아서 편하게 기댈 수 있는 의자. armchair

안락 정:토(安樂淨土)[] 《동》극락 정토.

안:―력(眼力)[] 눈으로 온갖 물건을 알아보는 힘. 안세(眼勢). 시력(視力).

안:―롱(鞍籠)[] 수레·가마 따위에 덮는 우비. 사자를 그린 유지(油紙)로 만듦. cover [로 삼던 사람.

안:―롱―장(鞍籠匠)[] 〈제도〉안롱을 만드는 일을 업으

안:―료(顏料)[] ①연지·분 등과 같은 얼굴에 바르는 화장품. cosmetics ②《동》 도료(塗料).

안:마(按摩)[] 몸을 주무르고 두드려 피가 잘 돌게 하는 일. massage [하]

안:마(鞍馬)[] ①안장을 갖춘 말. 안구마. saddled horse ②《체육》체조 경기의 한 종목. 또, 그 기구. vaulting horse [courtyard

안:―마당[] 안체에 있는 마당. 내정(內庭). inner

안:―마루[] 안체에 있는 마루.

안마지:로(鞍馬之勞)[] 먼 길을 달려가는 수고로움.

안:―막(眼膜)[] 《동》 각막(角膜).

안:―말이[] 머리털을 안으로 컬(curl)한 스타일. 모양의 변화는 다소 있으나 유행을 초월한 헤어스타일.

안매(安寐)[] 싸게 잠. [하] ['안으로 들어간 부분.

안:―맥(建築) 서까래 또는 부연이 도리나 평고대

안:―맥(按脈)[] 맥을 짚어 봄. 혈액의 순환을 진찰함. feeling the pulse [하]

안:―맹(眼盲)[] 눈이 멀음. blindness [하]

안 먹겠다 침 뱉은 물 돌아서서 다시 먹는다[] 후일에 청을 드릴 일이 있을지도 모르니 언제 누구에게나 좋게 대하라. [떠들기만 한다는 말.

안 먹는 씨아가 소리만 난다[] 소용없는 인물이 오동

안:―면(―面)[] 내면(內面). [ful sleep [하]

안면(安眠)[] 편하게 잘 잠. 안침(安枕·安寢). peace-

안면(顏面)[] ①얼굴. 낯. face ②서로 얼굴이나 알 만한 사귐. acquaintance

안면=각(顏面角)[] 사람의 미간(眉間)에서 위턱까지 그은 직선과 외이공(外耳孔)에서 그은 수평선과의 짓는 각도(角度). 이의 크기로 지능을 헤아림. facial angle

안면―근(顏面筋)[] 《동》 표정근(表情筋).

안면 박대(顏面薄待)[] 아는 사람을 무례하게 대함. [하]

안면 방해(安眠妨害)[] 남이 잠잘 때 요란하게 굴어서 잠을 방해하는 짓. [하] [total stranger

안면 부지(顏面不知)[] 얼굴을 모름. 또, 그 사람.

안면 신경(顏面神經)[] 〈생리〉안면근의 운동 및 침의 분비와 미각 등을 맡아보는 얼굴에 분포되어 있는 제7 뇌신경(腦神經). facial nerve

안: 신경 마비(顏面神經麻痺)[] 〈의학〉얼굴 신경의 마비. 여러 가지 질병에 기인함. 보통 한 쪽에 일어나며 환부 쪽은 대개 느즈러지고, 구각(口角)은 아래로 처지며 웃을 수가 없게 됨. facial paralysis

안면 신경통(顏面神經痛)[] 〈의학〉삼차 신경통의 속칭. 얼굴의 일 아픈 증세인데 특발성(원인 불명)과 증후성(종양·뇌막염·충치·전염병 따위의 의함)의 두 가지로 나뉨. 전자는 발작적으로, 후자는 지속적으로 아프며, 한랭·자극·저작(咀嚼)·진동 따위 때문에 유발됨. facial neuralgia

안면 치레(顏面―)[] 안면만 있는 정도의 사람에게

차리는 체면.
안면=통(顔面痛)〖약〗→안면 신경통.
안:명 수쾌(眼明手快)〖명〗눈썰미가 있고 손이 몹시 재어, 하는 일이 날쌤.
안모(顔貌)〖명〗얼굴의 생김새. feature
안목(—)〖명〗집의 간살이나 그릇의 안으로 잰 치수. inner measurement
안:목(眼目)〖명〗사물을 분별하는 힘. 면안(面眼).
안:목 소:견(眼目所見)〖명〗남의 눈들이 집중되어 보고 있는 터. 안목 소시(眼目所視).
안:목 소:시(眼目所視)〖명〗⇒안목 소견.
안:무(按舞)〖명〗〈연예〉가곡·가요에 수반되는 동작을 연구하여 창안함. 또, 그것을 연기자에게 가르치는 일. choreography 하타
안:무(按撫)〖명〗백성을 잘 어루만져 위로함. 하타
안:무릎(—)〖체육〗씨름에서, 오른손으로 상대편의 무릎을 밀어젖혀 넘어뜨리는 재주. inner thighs
안:무-사(按撫使)〖제도〗①조선조 때, 함경 북도 경성(鏡城) 이북의 열 고을을 다스리던 외직도. ②지방에 변란이나 재난이 있을 때, 왕명으로 파견되어 백성을 안무하던 임시직.
안:문(—門)〖명〗①안으로 통하는 문. inner gate ②안쪽의 창과 문. (대) 바깥문. inner door and window
안:문(按問)〖명〗법에 의하여 심문함. inquiry 하타
안:문(案文)〖명〗①문장을 생각함. thinking about the sentence ②초잡아 쓴 문서. 또, 문서를 초안함. draft 하타
안:물(贋物)〖명〗위조하여 만든 물건. 가짜. imitation
안민(安民)〖명〗백성을 편안하게 함. wise rule 하타
안밀(安謐)〖명〗조용하고 평안함. 하타 히타
안반〖명〗떡을 칠 때에 쓰는 두껍고 넓은 나무판. board for rice cake
안:-반상(—飯床)〖제도〗궁중에서 대비·왕비·공주 또는 옹주에게 드리는 음식상. (대) 바깥 반상.
안:-받-다〖자타〗①부모가 자식에게서 안갚음을 받다. ②어미 까마귀가 그 새끼에게서 먹이를 받다.
안방〖고〗안팎.
안:-방(—房)(一房)〖명〗①집 안채의 부엌에 붙은 방. inner room ②주부가 쓰는 방. (대)바깥방. women's quarters
안방-구석(—房—)(一房—)〖속〗안방.
안방 샌:님(—房—)(一房—)〖명〗안방에만 처박혀 바깥 출입이 없는 남자. 나약 군주. stay-at-home
안방 술집(—房—)(一房—)〖명〗→내외 술집.
안방에 가면 시어머니 말이 옳고, 부엌에 가면 며느리 말이 옳다〖속〗각자 일리(一理)가 있어 그 시비를 가리기 어렵다.
안:-배(按排 按配)〖명〗접두하여 배치함. arrangement
안:-번지기(—)(一)〖체육〗씨름에서, 자기의 오른 다리를 상대의 앞에 내어 딛고 공세를 막는 재주의 하나. 걸메. 발목. inner wall
안:-벽(—壁)(一壁)〖건축〗안쪽의 벽. 내벽(內壁).
안:벽(岸壁)〖명〗①깎아지른 듯이 험한 물가의 낭떠러지. cliff ②〈건축〉선박(船舶)을 육지에 가까이 대기 위하여 쌓은 옹벽(擁壁). quay
안벽 치고 발벽 친다〖속〗①겉으로는 도와 주는 체하고 속으로는 방해하다. ②두 사람 사이에서 서로 다른 말을 하여 이간을 붙이다.
안:병(眼病)〖명〗눈병.
안보(安保)〖정치〗①〖약〗→안전 보장(安全保障). security ②〖약〗→안전 보장 이사회.
안보(安堵)〖명〗임금이 옥새를 찍음. 하타
안보 이:사회(安保理事會)〖약〗→안전 보장 이사회(安全保障理事會).
안:복(眼福)〖명〗①진기(珍奇)한 것을 보는 행복. ¶~을 누리다. ②눈의 보양(保養).
안:본(贋本)〖명〗위조한 책. 가짜로 된 책. (대) 진본(眞本). counterfeit book

안 본 용은 그려도 본 뱀은 못 그린다〖속〗사실을 있는 그대로 정확하게 파악하기란 지극히 어렵다.
안:-봉투(—封套)〖명〗겹으로 된 봉투의 속에 있는 봉투. (대) 겉봉투. inner envelope
안부(安否)〖명〗①편안함과 편안하지 아니함. 또는, 그런 소식. ②편안 여부를 묻는 인사. ¶~ 편지. one's state of health 하타
안:부(眼部)〖명〗눈이 있는 부위. eyes
안:부(雁夫)〖명〗혼인 때 신부 집에 목안(木雁)을 가지고 가는 사람. 기러아비. 「간 부분.
안:부(鞍部)〖명〗산마루가 말 안장처럼 잘록하게 들어
안부모(—)(一父母)〖명〗①어머니를 일컫는 말. (대) 바깥부모. mother ②〖동〗안어버이②.
안:-부인(—夫人)(一夫人)〖공〗남의 부인.
안분(安分)〖명〗제 분수를 지켜 편안히 있음. be contented with one's lot 하타
안:-분(按分)〖약〗→안분 비례(按分比例).
안:분 비:례(按分比例)〖수학〗어떠한 비례로 분배하는 산법. 비례 배분(比例配分). 〖약〗안분(按分). proportional allotment
안분 지족(安分知足)〖명〗편안한 마음으로 제 분수를 지키어 만족함을 앎. 하타 「누다. allot
안:분-하다(按分—)〖타〗미리 작정된 대로 잘라 나
안:-불망위(安不忘危)〖명〗편안한 때일지라도 늘 스스로를 경계함. 하타 「가 없음. being very busy 하타
안비-막개(眼鼻莫開)〖명〗일이 분주하여 눈코 뜰 사이
안빈(安貧)〖명〗가난한 가운데서도 마음을 편안히 먹음. honest poverty 하타
안빈 낙도(安貧樂道)〖명〗몹시 곤궁하게 살면서도 편안한 마음으로 자기의 분수를 지킴. 하타
안:사(安死)〖약〗→안락사(安樂死).
안:사(顔私)〖명〗서로 안면이 익숙하여 생기는 사사로
안:-사돈(—)(一查頓)〖명〗딸의 시어머니나 며느리의 친정 어머니. (대) 바깥 사돈.
안:-사람(—)(一—)〖속〗아내. my wife
안:-사랑(—)(一舍廊)〖명〗안채에 붙은 사랑. inner drawingroom
안산(安産)〖명〗순산(順産). 하타
안:산(案山)〖명〗집터나 묏자리의 맞은편에 있는 산. hill on the opposite side
안산-암(安山岩)〖명〗화산암의 일종. 회흑색으로 치밀함. 사장석·각섬석·흑운모·휘석(輝石)을 함유하며, 판상(板狀)·주상(柱狀)의 절리(節理)가 있음. 건축 용재로 씀. andesite
안:-살림(—)(一—)〖약〗→안살림살이.
안:살림-살이(—)(一—)〖명〗집안의 살림살이. 안식구들에 의한 살림살이. (대) 바깥 살림살이. 「안살림. housekeeping
안상(安詳)〖명〗성질이 꼼꼼하고 자세함. 하타 형 「by a saddle
안:-상(床上)〖명〗책상 위.
안:상(鞍傷)〖명〗안장에 마찰되어 생겨난 상처. scratch
안:-상제(—)(一喪制)〖명〗여자 상제. (대) 바깥 상제. female mourner
안색(顔色)〖명〗얼굴의 기색. 얼굴빛. look 「하타
안생(安生)〖명〗편안한 삶. 편안히 삶. comfortable life
안:서(雁書)〖약〗→안신(雁信).
안:석(案席)〖명〗앉아서 몸을 기대는 방석. 안식(案息). cushion for the back
안:-맞춤(安城—)〖명〗①든든하게 잘된 물건. well-made thing ②때 맞추어 잘된 일의 비유. thing done well
안-섶(—)〖명〗저고리의 안으로 들어가는 섶.
안:-손님(—)(一—)〖명〗여자 손님. 내객(內客). (대) 바깥 손님. woman caller
안:손-방(眼損方)〖민속〗이사(移徙)할 때 방위를 보는 구궁수(九宮數)의 하나로 좋지 아니한 방위.
안:수(按手)〖기독〗①목사나 장로가 기도를 받는

사람의 머리 위에 손을 얹는 일. ②감독이나 목사가 성직 후보자의 머리 위에 손을 얹는 일. imposition of hands 하타 「하여 기도하는 일.
안:수 기도(按手祈禱)團〈기독〉목사나 장로가 안수
안:수=례(按手禮)團〈기독〉기도받는 사람의 머리 위에 손을 얹고 기도하는 의식. ordination
안-슬프-다國[─프어]→안쓰리다.
안식(安息)團 편안하게 쉼. rest 하타
안:식(案息)團〈동〉案息.
안:식(眼識)團 사물의 선악(善惡)을 분별하는 지식과 전문. discrimination
안식-교(安息敎)團〈기독〉토요일을 안식일로 지키는 기독교의 한 교파. Seventh-Day Adventist Church
안=식구(─食口)團[─썩─]〈食口〉①여자 식구. (대) 바깥식구. female members of a family ②<俗>아내. wife
안식-년(安息年)團〈기독〉①유태 사람이 7년 만에 1년씩 쉬던 해. sabbatical ②서양 선교사들이 7년 만에 한 번씩 쉬는 해.
안식-산(安息酸)團〈약〉→안식향산(安息香酸).
안식-소(安息所)團〈동〉안식처(安息處).
안식-일(安息日)團〈기독〉①신자가 모든 일을 쉬고 종교상의 의식을 행하는 날. ②기독교에서의 일요일, 유태교에서는 토요일. sabbath day 「refuge
안식=처(安息處)團 편안히 쉬는 곳. 안식소(安息所).
안식-향(安息香)團〈식물〉때죽나무과의 낙엽 교목. 수피는 다갈색이어서 어린 가지에는 잘색 털이 많고 잎은 난형에 끝이 뾰족함. benzoin
안식향=산(安息香酸)團〈화학〉안식향(安息香)을 승화(昇華)시켜 만든 백색의 결정체. 방부제나 담을 없애는 약으로 씀.〈약〉안식산(安息酸).
안신(安身)團 몸을 편안하게 함. comfortableness 하타
안신(雁信)團 편안한 소식. letter conveying reassuring 「雁使). 안서(雁書). letter
안:신(雁信)團 먼 곳에서 소식을 전하는 편지. 안사
안-심(─心)團 소의 갈비 안쪽에 붙은 고기. 부드럽고 연함. meat inside of ribs
안심(安心)團 ①근심 걱정이 없고 마음이 편안함. 방념(放念). 방심③. 휴심. 휴심. peace of mind ②〈불교〉아미타불에게 귀의(歸依)하여 왕생 극락의 자리를 정하는 일. calm resignation 하타
안심-감(安心感)團 안도감(安堵感).
안심 결정(─定)(安心決定)團〈불교〉확실한 안심을 얻어 마음이 움직이지 않음.
안-심:부름[─쎰─]團 집안 부녀자의 심부름. (대) 바깥심부름. lady's errand
안심-살團 안심에 붙은 고기. 전골에 쓰임. 안심쥐.
안심 입명(安心立命)團 ①안정된 마음으로 모든 것을 천운에 맡기고 의혹(疑惑)·외계(畏怯)하지 않음. peace of mind and enlightenment ②〈불교〉사의 도리를 깨달아 내세의 안심을 폐함.
안심-쥐(─)團〈동〉안심살.
안심-찮-다(安心─)國 ①안심이 아니되다. uneasy ②남에게 폐를 끼쳐서 미안하다. sorry
안-쓰립-다國〈ㅂ불〉자기로 인하여 사람에게서 폐를 끼치거나 도움을 받았을 때, 또는 그런 사람이 힘에 겨운 일을 할 때 미안하고 안되어 여기다. feeling sorry 「responsibility
안아-맡-다國 남의 일을 맡아 책임을 지다. bear the
안아-맹이(─)團 위치에 따라서 몸을 놀리기 편하도록 남못구멍 둘을 곳을 둔 뒤에 두고 망치를 알아서서 만든 남못구멍.
안다-치-다國 ①씨름에서 상대방의 몸틈을 안고 메치다. ②뒤로 돌아서서 어깨 너머로 망치질을 하다.
안:압(眼壓)團〈생리〉안구 내의 수양액(水樣液)의 압력. intra ocular pressure
안:약(眼藥)團 안질에 쓰는 약. eye lotion
안양(安養)團〈불교〉마음을 편안하게 지니고 몸을 쉬게 함. 하타
안=양:반[─냥─](─兩班)團〈공〉안주인. 바깥 양반.
안양 세:계(安養世界)團〈동〉극락 세계.
안양 정:토(安養淨土)團〈동〉극락 정토.
안-어버이[─](團 ①어머니. (대) 밭어버이. mother ②여자가 시집 어른에게 대하여 자기의 어머니를 일컬음. 안부모②. my mother
안어울림=음(─音)團〈음악〉둘 이상의 음이 동시에 날 때 전체가 조화 융합하지 않아 불안정한 느낌을 주는 화음. 불협화음(不協和音).
안어울림 음정(─音程)團〈음악〉서로 어울리지 않는 두 음 사이의 음정. 두 음의 진동수의 비(比)가 간단한 정수비(整數比)가 되지 않을 때 생김. 불협화음정(不協和音程). 「eful living 하타
안업(安業)團 편안한 마음으로 업무에 종사함. peac-
안에 들다團 일정한 표준에 미치지 못하다. fall short
안:여(晏如)團 편안 연연(晏然). 하타
안여반석(安如磐石)團 안여태산(安如泰山).
안여태산(安如泰山)團 배산같이 마음이 든든하고 그 먹었음. 안여석. 「ness 하타 히타
안:연(晏然)團 마음이 편안하고 침착함. 안여. calm-
안:=연:고(眼軟膏)團 눈에 넣거나 바르는 연고.
안:염(眼炎)團 눈에 생기는 염증(炎症). 눈병. 안질(眼疾). ophthalmia
안-올걸이團→안걸이. 하타 히타
안온(安穩)團 조용하고 편안함. (대) 소란(騷亂). peace
안-올리-다國 그릇 따위의 속을 칠하다. paint the inner surface
안-옷團 여자들의 옷. (대) 바깥옷. women's garments
안-옷고름團 옷의 안깃을 여미어 잡아매는 옷고름. (대) 겉옷고름. 〈약〉안고름. insidecoat-strings
안와(安臥)團 편안히 누움. comfortable lying 하타
안:와(眼窩)團〈동〉안과(眼窠).
안울림 소리(─)團〈어학〉발음할 때, 목청을 떨어 울리지 않고 나오는 소리. 곧, 파열음(ㄱㄲㅋ, ㄷㄸㅌ, ㅂㅃㅍ)·파찰음(ㅈㅉㅊ)·마찰음(ㅅㅆㅎ) 등 15자임. 청음(淸音). 무성음(無聲音). (대) 울림소리, 유성음(有聲音). voiceless sound
안위(安危)團 편안함과 위험함. ¶북한에 계신 부모님의 ~이 걱정되다. fate 「타
안위(安胃)團 소화가 잘 되도록 위를 편안하게 함. 하
안위(安慰)團 몸을 편안하게 하고, 마음을 위로함. ¶환자를 ~시켜 주다. consolation 하타
안위 미:정(安危未定)團 아직 안정이 되지 않은 상태.
안유(安遊)團 편안히 놉. 평안히 지냄. peaceful life 하타 「ing into assurance 하타
안유(安諭)團 안심이 되도록 위로하고 타이름. reason-
안:의(眼醫)團〈약〉→안과의(眼科醫).
안이(安易)團 ①쉬움. 어렵지 않음. (대) 지난(至難). easiness ②근심이 없고 편안함. ¶~한 생활. peace 하타
안인(安人)團〈제도〉조선조 정·종 7품 문·무관의 아내의 품계.
안 인심이 좋아야 바깥 양반 출입이 넓다團 제 집에 오는 이의 대접을 잘 해야 다른 데 가서도 대접을 잘 받는다. 「바깥일. household work
안-일[─닐]團 집안에서 주로 여자들이 하는 일. (대)
안일(安逸)團 편안하고 한가함. indolence 하타 히타
안일 호:장(安逸戶長)團〈제도〉안일하게 된 호장. 고려 때, 호장이 70세가 되면 퇴직시키되 봉록(俸祿)을 주었음.
안=자락[─짜─]團 저고리나 치마 따위를 여미게 할 때, 안쪽으로 들어가는 옷자락. (대) 겉자락.
안자일렌(Anseilen 도)團 등산할 때, 등산자가 등산 로프로 서로 잡아매는 일.
안:작(贋作)團〈동〉위조(僞造). 하타
안-족(─)團〈고〉→안족.
안잠-자기[─짬─]團 남의 집에서 안잠을 자며 일하는 여자. resident maid servant
안잠-자-다[─짬─]國 여자가 남의 집에서 자면서 일을 거들어 주며 살다. live in

안=장[一짱]圈《약》→안걸장.
안장(安葬)圈 편안하게 장사지냄. 영장(永葬). peaceful 하다
안:장(鞍裝)圈 ①말의 등에 얹어서 사람이 타게 만든 제구. ②자전거에 앉아서 타게 된 자리. saddle
안장코(鞍裝一)圈 말의 안장 모양으로 콧등이 잘록하게 들어간 코. 또, 그런 사람. flat nose
안:저(眼底)圈 안구(眼球)의 밑바닥. [wet nurse
안저지圈 어린아이를 안아 보살펴 주는 여자 하인.
안=전[一젼]圈 그릇의 아가리나 전의 안쪽. inside rim   [내전(內殿). inner palace
안=전[一젼](一殿) 궁궐 안의 임금이 거처하는 집.
안전(安全)圈 평안하고 온전함. 위험이 없음. 탈이 없음. 《대》 위험(危險). safety 하형 히튀
안:전(眼前)圈 ①눈앞. before the eyes ②눈으로 보는 그 당장. under one's very nose
안:전(案前)圈 하급 관리가 상급 관리에게 존대하여 하던 존칭 대명사(尊稱代名詞).   [느낌.
안전=감(安全感)圈 안전하여 조금도 위태로움이 없는
안전 개폐기(安全開閉器)圈〈물리〉집 안의 전기 배선(配線)을 일정한 곳에서 끊게 된 장치. 열고 닫아서 끊고 이으며, 또 많은 전류가 흐르는 경우와 합선될 때에는 회로에 있는 퓨즈(fuse)가 녹아서 끊어짐. 두꺼비집. 《약》안전기(安全器). cutout switch
안전 교:육(安全敎育)圈 고장·지장·부주의·무지 등으로 인한 사고와 위험성을 사전에 예방하고 습관성을 기르는 일.
안전=기(安全器)圈 →안전 개폐기.
안전=답(安全畓)圈〈농업〉수리(水利)가 좋고 걸어서 가물을 타지 않는 논. 《대》천수답(天水畓). safe rice field   [에서 쓰는 등. safety lamp
안전=등(安全燈)圈 광산 같은 곳에서 광부들이 갱 안
안:전 모동(眼前母童)圈 똑똑한 아이라도 항상 가까이 있으면 저절로 정이 붙는다는 뜻.
안전 면:도기(安全面刀器)圈 살을 벨 염려가 없이 된 면도기. safety razor
안전 보:장(安全保障)圈〈정치〉조약국이 상호간에 상대국의 영토적 안전을 보장하는 일. 《약》안보①. security
안전 보:장 이:사회(安全保障理事會)圈〈정치〉국제적인 평화와 안전의 유지를 임무로 하는 유엔(U.N.)의 한 기구. 《약》안보(安保)②. 안보 이사회. Security Council
안전=봉(安全棒)圈〈물리〉제어봉의 하나. 원자로 안에서 중성자가 늘어 폭주를 일으킬 위험이 생겼을 때 노심(爐心)에 삽입하는 막대. 붕소를 넣은 카드뮴 막대처럼 중성자를 잘 흡수하는 것이 쓰임.
안전 사:고(安全事故)圈 공장 따위에서, 안전 교육의 미비 또는 일상의 부주의 등으로 일어나는 사고.
안전 성냥(安全一)圈 석린(赤燐)을 사용한 성냥. 성냥개비의 약품과 성냥갑의 측면에 바른 약품이 마찰되어야 불이 일어남. safety matches
안전 시:거(安全視距)圈 ①차에서 바라보아서 마음 놓고 운전할 수 있는 거리. 또는 앞의 길의 거리. ②굽은 길 또는 고개에서, 양쪽에서 오는 차가 서로 발견되는 거리. safety distance
안전 유리(安全琉璃)圈《동》방탄(防彈)유리.
안전=율(安全率)圈 ①기계나 구조물의 예정된 강도(强度)와 실제로 견딜 수 있는 강도와의 비율. factor of safety ②안전을 보유할 수 있는 정도. safety coefficient
안전 장치(安全裝置)圈〈군사〉①위험을 막기 위해 붙이는 장치. safety device ②총의 방아쇠가 움직이지 않도록 하는 장치. lock
안전 전:류(安全電流)圈〈물리〉전선에 전류가 안전하게 흐를 수 있는 전류의 수치. 이 수치보다 전류가 많으면 도선이 타 버림. safety current
안전 제:일(安全第一)圈 위험이나 실패가 없도록 조심함이 제일이라는 뜻. safety first

안전 주간(安全週間)圈 공장·학교·교통 따위에 있어서, 각 개인에게 위험에 대한 예방의 관념을 새롭게 하여, 사회 안전을 꾀하는 주간. 세이프티 위크 (safety week).
안전 지대(安全地帶)圈 ①차를 타고 내리는 사람의 위험을 막기 위해 정류장 등에 설치한 지역. ②재해에 대하여 안전한 곳. safety zone
안전=타(安全打)圈 야구(안타).
안전=판(安全瓣)圈 ①증기관(蒸氣罐) 안의 압력이 규정 이상으로 오르면 자동적으로 밸브가 열려 일정 압력 이상의 초과 수증기가 알맞게 나가도록 하는 장치. safety valve ②다른 사물의 위험이나 파멸을 예방하는 장치. escape valve
안전=핀(安全 pin)圈 ①서양에서 옛날에 브로치(broach)처럼 쓰이던 물건. ②타원형으로 구부려서 끝을 숨긴 바늘. safety-pin   [지내다. be overanxious
안절부절=못=하다困困 마음이 불안하여 초조하게
안:접(安接)圈 근심없이 평안히 지냄. 하다
안정(安定)圈 ①안전하게 자리잡음. 물가가 ~. 《대》동요(動搖). stability ②〈물리〉중심(重心)이 물체 바닥의 중심에 있어, 힘을 가했을 때에 원상태로 돌아가려는 성질을 가지는 일. equilibrium ③〈화학〉화합물이 쉽게 분해되지 않는 상태. stability 하형 히튀   [peaceful 하다
안정(安靖)圈 편안하게 함. 나라를 편안하게 다스림.
안정(安穩)圈 정신과 마음이 고요하고 편안함. ¶~가료(加療). ~시키다. quietness 하형 히튀
안:정(眼睛)圈 눈동자. pupil of the eye   [정.
안:정(顔情)圈 여러 차례의 안면이 있어서 일어나는
안정=감(安定感)圈 안정된 느낌.
안정 공:황(安定恐慌)圈〈경제〉인플레이션 뒤에 통화 정리에 의하여 통화 안정에 수반하여 일어나는 마찰(摩擦) 혼란. 《약》공황(恐慌)③. stabilization crisis
안정=도(安定度)圈〈물리〉물체가 한군데 놓였을 때의 밑면·중심(重心) 및 무게에 의한 안정의 정도. stability   [지하는 시세.
안정=세(安定勢)圈 ①안정된 세력. ②안정 상태를 유
안정=의(安定儀)圈 선박(船舶)의 동요를 막기 위한 장치. 고속도로 회전하는 바퀴를 배에 달았음. stabilizing apparatus
안정=적(安定的)圈困 안정스러운(것).
안정=책(安定策)圈 안정을 위한 대책. 또, 그 계획.
안정 통화(安定通貨)圈〈경제〉물가의 안정을 목표로 하여 화폐량의 신축(伸縮)을 조절하는 일. 안정 화폐(安定貨幣). currency stabilization
안정=판(安定板)圈 비행기 미익(尾翼)의 수직 및 수평 날개의 방향타(方向舵)와 승강타(昇降舵)가 달린 앞쪽의 고정되어 있는 각 부분. stabilizer
안정 포말(安定泡沫)圈 여러 시간 동안 꺼지지 않는 거품. 비누·굳팀·답배짐 등의 수용액에 생기는 거
안정 화:폐(安定貨幣)圈《동》안정 통화.   [품 따위.
안젤루스(Angelus 라)圈〈기독〉천사 가브리엘의 성모 마리아의 수태 고지(受胎告知) 기념으로 아침·낮·저녁에 행하는 기도. 또, 그 시각에 치는 종.
안:조(贋造)圈 위조(僞造). 하다
안:족(雁足)圈《동》기러기발.
안존(安存)圈 ①사람됨이 얌전하고 조용함. gentleness ②편안하게 있음. peacefulness 하다
안좌(安坐)圈 ①편히 앉음. quiet sitting ②〈불교〉부처를 법당에 앉음. ③〈불교〉부처 앞에서 무릎을 꿇고 안정(安靜)하여 앉음. 하다   [하다
안주(安住)圈 자리를 잡고 편안히 삶. peaceful living
안주(按酒)圈 술을 마실 때 곁들여 먹는 음식. 술안
안:주(眼珠)圈 눈망울.   [주. side-dish
안:주(雁柱)圈《동》기러기발.   [side-dish
안주-감[一껌](按酒一)圈 안주가 될 수 있는 음식.
안-주머니[一쭈一](一一)圈 옷 따위의 안쪽에 달린 주머니.
안주=상[一쌍](按酒床)圈 안주를 차려 놓은 상.

안주인[-쭈-](-主人)명 여자 주인. 주부(主婦). (대) 바깥 주인. lady of the house

안-주장[-쭈-](-主張)명(하) 내주장(內主張).

안주 향:라(安州亢羅)명 평안 북도 안주에서 생산되는 항라. (준) 안항라(安亢羅).

안-중(-中)명 마음속. mind

안:중(眼中)명 ①눈 속. in the eyes ②마음속. ¶~에도 없는 일. in heart

안:중 무인(眼中無人)명 안하 무인(眼下無人).

안:중문(-中門)명 안마당으로 들어가는 중문. inner gate

안:중-인(眼中人)명 ①항상 염두에 두고 만나기를 원하는 사람. dear person ②전에 본 일이 있는 사람.

안:중-정(眼中釘)명 눈엣가시.

안지(安地)명 편안한 땅. peaceful land

안지밀[-찌-](-至密)명(제도) 궁중에서 내전(內殿)에 거처하고 있는 지밀. (대) 밭지밀.

안-지히(an sich 도)명(철학) ①현상에서 독립한 그 스스로의 존재. 자체(自體). ②모든 현상적 작용에서 독립하여 실제함.

안직[-찌] =아직. 서

·안직명(고) 가장.

안:진(雁陣)명 ①줄지어 날아가는 기러기의 행렬. ②기러기 행렬같이 치는 옛날 진법(陣法)의 하나.

안:질(眼疾)명(동) 눈병.

안질-깨명 →앉을깨.

안질-뱅이/안짐-뱅이 →앉은뱅이.

안질에 고춧가루를 상극되어 매우 꺼리는 것을 이르는 말.

안-집[-찝]명 ①한인들이 자기네 주인집을 이름. main building ②한 집에서 여러 세대가 살 때의 주인 격. ③(房)안체. landlord's wing

안-짝명 ①표준으로 잡은 거리나 수에 미치지 못한 범위. ¶스물 ~. 십리 ~. within ②글 한 귀의 앞에 있는 짝.

안짝-다리명 두 발끝을 안쪽으로 몰아 걷는 사람. (대) 밭짱다리. person walking intoed

안쪽명 안으로 대한 쪽. inside

안쫑-잡ː다타 ①마음속에 품어 두다. cherish ②걸가량으로 헤아리다. estimate roughly

안찌명 윷판의 밭에서 꺾이 둘째 밭.

안찌:대-다타 윷판 안찌에 말을 놓다.

안-찝[-찝]명 ①옷의 안감. 안감②. lining ②소나 돼지의 내장. viscera of animal ③관(棺).

안찝 광ː목(-廣木)명 안찝으로 쓰는 광목.

안차다 다라지다관용 겁없이 깜찍하고 야무지며 당돌하다.

안차-다형 겁이 없고 깜찍하다. bold

안착(安著·安着)명(하) 무사히 도착함. ¶~하였다는 소식. safe arrival 하

안:찰(按察)명(하) 자세히 살펴서 조사함. 안검(按檢). close inspection 하

안찰 기도(按擦祈禱)명(기독) 목사나 장로가 기도 받는 사람의 몸의 어느 부위를 어루만지는 일. 하

안:찰 기도(按擦祈禱)명(기독) 목사나 장로가 안찰하며 기도하는 일.

안참명(생리) 끝금니 다음에 있는 잇몸.

안-창명 신 속에 까는 가죽이나 헝겊. inner sole

안:창(雁瘡)명(한의) 흔히 첫 추위가 들 때 생기는 다리의 부스럼.

안-채명 안뜸 각 채로 된 집에서 안의 집채. 내사(內舍). 안집③. (대) 바깥채. main building of a house

안:채(眼彩)명(동) 안광(眼光)①.

안채다타 ①앞으로 들이치다. ②맡아서 당하게 되다. take charge of

안:책(案冊)명 선생안(先生案).

안:-천자(贋天子)명 폐위된 임금. 폐제(廢帝).

안:초-공(按草工)명(건축) 기둥 머리에 얹어서 주심포(柱心包)를 받드는 초각대(草刻臺).

안:총(眼聰)명 시력(視力).

안추르-다타(르) ①고통을 꾹 참고 억누르다. endure ②분노를 눌러서 가라앉히다. bear

안:출(案出)명(하) 연구해 냄. 생각해 냄. 염출(捻出)②.

안-측(-側)《동》내측(內側). [contrivance 하

안치(安置)명(하) ①안전하게 잠. installation ②신불의 상(像)·위패·시신(屍身)을 잘 모시어 둠. enshrine ③〈제도〉옛날 죄인(流配罪人)을 가두어 둠. confinement 하 서 닫다. be confronted by

안치-다자 ①어려운 일이 앞에 밀리다. ②앞에와 안치 다타 끓이거나 찔 물건을 솥이나 시루에 넣다. ¶떡쌀을 ~. prepare for cooking

안치-소(安置所)명 안치하여 두는 곳.

안:치수(-數)명 안쪽으로 잰 길이의 치수.

안침·안:침(安枕·安寢)명(동) 안면(安眠). 하

안타(安打)명(체육) 야구에서, 타자가 베이스에 나아갈 수 있도록 공을 치는 일. 안전타. hit

안타고니즘(antagonism)명 반대. 반대 세력. 반대 행동. 적대(敵對). 대립. 상극(相剋).

안타까워-하ː다자여 안타까운 생각을 겉으로 드러내다. feel anxious

안타까이문 안타깝게. impatiently

안타깝-다형(日) ①남이 애를 쓰거나 괴로워하는 것을 보고 퍽 딱한 생각이 들다. feel anxious ②일이 뜻대로 잘 되지 않아 마음이 안쓰럽다. 답답하다. irrita-

안타깝-이명 곧잘 안타까워하는 사람. [ted

안타깨비명 명주실의 토막을 이어서 짠 굵다란 명주.

안타깨비명 안타깨비 베짜기.

안타깨비-쐐ː기명(곤충) 쐐기나방의 유충(幼蟲). 몸은 짧고 굵으며 독침을 지닌 육각상 돌기(肉角狀突起)가 있어 이에 닿으면 아픔. 감·배·능금나무 등의 해충임. (약) 안타깨비².

안-타다자 말·가마·인력거 같은 것을 탄 사람과 함께 앉아 타다. ride together

안태(安胎)명 뱃속의 태아가 놀랐을 적에 다스리어 평안하게 함. quieting the quickening womb 하

안태(安泰)명 편안하고 태평함. peace 하

안태-본(安胎本)명 태중에 있을 때부터의 본관(本貫). 곧, 선조 때부터의 고향. one's native place

안-태우다타 ①마음을 태우게 하다. be worried ②말이나 가마 같은 것을 탄 다른 사람을 자기 앞에 앉아 타게 하다. have somebody ride in front of oneself

안택(安宅)명〈한의〉뱃속의 태아가 놀라 낙태할 염려가 있을 때에 쓰는 약.

안택(安宅)명〈민속〉 판수나 무당이 집안에 탈이 없도록 터주를 위로하는 일. 하 경문.

안택-경(安宅經)명〈민속〉 안택할 때에 판수가 읽는

안택-굿(安宅-)명〈민속〉 안택을 하는 굿. 하

안테나(antenna)명〈물리〉 무선 전신이나 라디오·텔레비전 따위에서 전파를 송신 또는 수신하기 위하여 공중에 세우는 도선 장치.

안토(安土)명 그 땅에 편안히 삶. peaceful living 하

안토님(antonym)명〈어학〉 반의어(反義語). (대) 시 [노님(synonym). 아니립. 하

안토 중ː천(安土重遷)명 고향을 떠나기를 즐겨하지 아니함.

안토-통명 그릇의 안쪽 넓이. inside area of a vessel

안트라센(anthracene)명〈화학〉콜타르의 안트라센유(油)로부터 얻어지는 판상 결정(板狀結晶).

안=들다자(르) 일정한 수효나 값의 한도 내에 들다.

안티-(anti-)두 '반(反)·반대'의 뜻.

안티노미(antinomie)명〈논리〉이율 배반(二律背反).

안티모니(antimony)명(동) 안티몬.

안티몬(Antimon 도)명〈화학〉청백색의 금속 원소. 보통 휘안광(輝安鑛)으로부터 얻음. 주로 합금으로서 활자나 여러 가지 기물 제조에 씀. 안티모니. 원소 기호; Sb. 원자 번호; 51. 원자량; 121.75.

안티-테ː제(Antithese 도)명〈철학〉반정립(反定立).

안티피린(Antipyrn 도)명〈약학〉빛이 희고, 냄새가 없고, 쓴 맛이 도는 가루약. 해열제·진통제 따위로 쓰임. 거나 덜함. ③아내와 남편.

안-팎명 ①안과 밖. inside and outside ②약간 웃돎

안팎 곱사등이 ①가슴과 등이 병적으로 내민 사람. 귀흉 귀배(龜胸龜背). ②하는 일마다 막히고, 그로 해서 다른 일까지 막혀, 움치고펼 수 없이 된 형편.
안팎 노:자(一路資)명 가고 오는 여비. expenses for a round trips 「walls
안팎=벽(一壁)명 안벽과 바깥벽. inner and outer
안팎=살림명 안살림과 바깥 살림.
안팎=식구(一食口)명 안식구와 바깥 식구. male and female members of a family
안팎=심부름명 안심부름과 바깥 심부름.
안팎=일[一닐]명 안일과 바깥일.
안팎=장사명 이 곳에서 물건을 사서 다른 곳에 가져 다가 팔고, 그 돈으로 그 곳의 싼 물건을 사서 이 곳에 가져다가 파는 장사. itinerant hawking
안팎=중:매(一仲媒)명 부부가 나서서 하는 중매.
안팎=채명 안채와 바깥채. inner and outer buildings
•안팎명 (교) 안팎. →안팎.
•안·팎[교) 안팎. →안팎.
안=편:지(一便紙)명 아낙네가 받거나 보내는 가정부 리의 편지. 내간(內簡). 내서(內書). letter from or to a woman 하다
안·포(眼胞)명 (동) 눈꺼풀.
안:표(眼標)명 뒤에 보아 알 수 있게 표함. 또, 그 「표. sign 하다
안:표지(一表紙)명 (동) 안겉장.
안:피·지(雁皮紙)명 안피(雁皮)라는 산닥나무 종류의 껍질의 섬유로 만든 종이. 매우 얇으면서 질기고 투명하여 임사용(臨寫用) 등으로 많이 쓰임.
안:하(眼下)명 ①눈 아래. under one's eyes ②내려 다보이는 곳. place under one's eyes
안:하-다[—타]형 (약)=아니하다
안:하 무인(眼下無人)명 성질이 방자하고 교만하여 모든 사람을 업신여김. 안중 무인. overbearance
안한(安閑)명 평안하고 한가로움. 완서(緩舒). peace-
안:항(雁行)명 (공) 남의 형제. 「fulness 하다 히
안:항라(安亢羅)명 안주 항라.
안해명 바로 전 해. 전년(前年). last year
안해명 →아내. 「하다
안:핵(按覈)명 썩 자세히 살핌. close investigation
안:핵=사(按覈使)명 〈제도〉 시골에서 일이 있을 때 그 일을 살피기 위하여 보내던 임시직(臨時職).
안:행(雁行)명 (동) →안항(雁行).
안향(安享)명 하늘이 준 복을 편안히 누림. enjoyment of one's happiness 하다
안향 부:귀(安享富貴)명 부귀를 편안히 누림. 하다
안:험(按驗)명 잘 살펴서 증거를 세움. close invest-igation 하다 「ters
안=형제(一兄弟)명 여자 형제. 자매(姉妹). girl's sis-
안:혼(眼昏)명 시력(視力)이 흐림. amblyopia 하다
아홉-색(鴉鶻色)명 검붉은 색.
안:화(眼花)명 〈의학〉 눈앞에 불똥이 이는 것 같은 느낌을 가지는 눈병. 「socket
안:-확(眼一)명 눈구멍. ¶~이 쑥 들어갔구나. eye
안:환(眼患)명 (공) 눈병. eye disease
안회(安蛔)명 거위가 있는 배를 고쳐 다스림. 하다
안후(安侯)명 (동)=안신(安信).
안후(顏厚)명 낯가죽이 두껍다는 말로 염치가 없고 뻔뻔스러움을 이름. impudence 하다
앉-다[안따]재 ①엉덩이를 바닥에 붙이고 몸을 편하게 세우다. sit down ②새·곤충 등이 어떤 물건에 발을 디디고 붙다. alight 하다 ③건물에 자리를 잡다. be situ-ated ④지위를 차지하다. ¶과장 자리에 ~. assume ⑤가루·먼지 따위가 처지거나 붙다. 「먼지가 보얗 게 ~. ⑥그것을 담지 받기는 매우 어렵다.
앉아 주고 서서 받는다는 돈을 꾸어 주기는 쉬우나 받기는 어렵다는 뜻.
앉았-다[약] 앉아 있다. be sitting
앉은-걸음명 ①앉은 채의 걸음걸이.
앉은-검정명 〈한의〉 솥 밑에 붙은 검은 철매. 지혈ㆍ지설제로 씀. 백초상(百草霜). 당묵(鐺墨). soot collected under a pot
앉은=굿〈민속〉 장구나 춤이 없이 하는 굿의 하나. exorcism without music or dance
앉은-뱅이명 ①일어나 앉기는 해도 서지 못하는 불구자. 좌객(坐客). cripple ②〈곤충〉 잠자리.
앉은뱅이=걸음명 앉은뱅이가 걷듯이 앉은 채로 걷는 걸음걸이. (약) 앉은걸음.
앉은뱅이 용쓴다 능력으로는 도저히 불가능한 일을 억지로 하려고 애쓴다는 뜻.
앉은뱅이=저울명 저울의 하나. 받침판에 물건을 올려 놓고 용수철에 의한 무게의 전달을 분동(分銅)으로 조절하여 잼. platform scale 「상.
앉은뱅이=책상(一冊床)명 앉아서 쓰게 만든 낮은 책
앉은-부채명 〈식물〉 천남성과(天南星科)의 다년생 풀. 뿌리와 줄기는 짧고 굵음. 잎은 넓고 크며 심장상의 난형임. 5~6월에 담자색 꽃이 잎보다 먼저 핌. 계곡의 음지에 남.
앉은-소리명 〈음악〉 앉아서 부르는 소리. 좌창(坐唱). (대) 선소리¹. sedentary singing 「work
앉은-일[—닐]명 앉아서 하는 일. (대) 선일. sedentary
앉은 자리명 ①그 당장. 자리를 옮기지 않고 그대로 있는 곳. 즉석(卽席). at once ②앉아 있는 자리. 좌석(坐席)①. one's seat 「매우슬 만큼 냉정하여다.
앉은 자리에 풀도 안 나겠다 사람이 너무 깔끔하다.
앉은=장사명 일정한 처소에 가게를 내고 하는 장사. 좌상(坐商). 좌고(坐賈). (대) 도부 장사. sedentary work 「상 물정에 어두워 자주 손해를 봄.
앉은 장사 선:두무명 전문이나 교제 범위가 좁아서 세
앉은 저울명 →앉은뱅이저울.
앉은 차례(一次例)명 죽 앉아 있는 그대로의 차례. order of seating sitting
앉은키명 앉은 사람의 좌면(坐面)부터 머리 끝까지 의 높이. 좌고(坐高). (대) 선키. 「업.
앉은=해엄명 앉은 자세를 하고 치는 해엄. (대) 선혜
앉을-깨명 ①베틀에 앉는 자리. seat of the weaver at a loom ②걸터앉는 데 쓰이는 모든 물건의 통칭. seat ③(동) 밑싣개.
앉을=자리명 ①물건의 땅에 놓이게 된 밑바닥. ②앉으려는 자리. 앉을 만한 자리.
앉음-새명 (동) 앉음앉음. 「manner
앉음-앉음명 자리에 앉아 있는 태도. 앉음새. sitting
앉히-다타 ①앉게 하다. make one sit down ②올려 놓다. 걸쳐 놓다. place on ③버릇을 가르치다. chastise ④문서에 무슨 줄거리를 따로 잡아 기록하다. parenthesize ⑤어떤 자리에 취임시키다.
않-다[안타][조동ㆍ타][형] =아니하다. 「질.
않힐=낚시명 물 밑바닥에 미끼를 가라앉혀 낚는 낚시
알명 ①새ㆍ물고기ㆍ벌레 따위의 새끼가 될 물건. spawn ②열매 따위의 낱개. 곡식의 낱개. piece ③둥근 물건의 낱 개. ball ④달걀. egg ⑤배추 따위의 고갱이를 싸고 여러 겹으로 뭉친 덩이.
알-(접두) 겉을 덮어 싼 것이나 또는 딸린 것을 다 떨 어 버린 것을 나타냄. ¶~몸. ~밤. something without a shell or a cover
•알옵조 (교).
알-개:미명 아주 작은 개미. 「립자(微粒子).
알갱이명 ①열매 따위의 낱개. 낱알. piece ②미
알갱이명 장롱의 쇠목과 동자목 사이에 낀 널빤지.
알-거:지[—껀지]명 일푼이 되어 거지끌이 된 사람. real beggar
알-건달(一乾達)명 알짜 건달.
알겨-내:다타 소소한 남의 것을 좀스러운 응행으로 꾀어서 빼앗아 내다. trick out of small thing
알겨-먹:다타 약한 사람이 가진 적은 물건을 꾀어서 빼앗다. cheat(one) out of
알-겯:다[—껃따]재 암탉이 발정(發情)한 때, 알을 배기 위하여 수탉을 부르는 소리를 내다. cackle
알-고기씨명 알도 많이 낳고 고기맛도 좋은 닭의 씨. 또, 그러한 닭.

알-고명[명] 달걀의 흰자와 노른자를 따로따로 받아서, 번철에 얇다랗게 부쳐서 잘게 썬 고명.

알-곡(─穀)[명] ①쭉정이나 잡것이 섞이지 않은 곡식. 알곡식. selected grain ②깍지를 벗긴 곡식. corn

알-곡식(─穀食)[명] <동> 알곡①.

알-과(憂過)[명] ①친한 사람의 문앞을 지나가면서 들리지 않음. ②그냥 지나감. passing by 하[타]

알-과:녁[명] 과녁의 한복판. bull's-eye

알-관(─管)[명] <동> 수란관(輸卵管).

알-관:주(─貫珠)[명] 한시(漢詩) 등을 끊을 때에, 비점(批點) 위에 찍던 관주.

알-패[─째][명] (─卦) 알 만한 일. 알조.

알구지[명] 지게 짜래기의 아귀진 부분. 악숭이.

알궁(軋弓)[명] 아쟁을 키는 활.

알-궁둥이[명] 벌거벗은 궁둥이. naked buttocks

알-권리(─權利)[명] 국민이 각종의 정보나 의견, 특히 정부나 행정 기관의 공적(公的) 정보에 쉽게 접할 수 있고, 이것을 지득(知得)할 수 있는 권리.

알근달근-하다[형여] 맛이 조금 맵고도 달다. 《큰》 얼근덜근하다. hot and sweet

알근-하다[형여] ①매워서 입안이 조금 알알하다. hot ②술이 조금 취하여 정신이 어릿하다. 《큰》 얼근하다. 《거》 알큰하다. mellow 알근-히[부]

알금-뱅이[명] 얼굴이 알금알금 얽은 사람. 《큰》 얼금뱅이. pockmarked person

알금-삼삼[부] 잘고 얇게 얽은 자국이 드문드문 있는 모양. slightly pitted 하[형]

알금-송송[부] 잘고 얇게 얽은 자국이 배게 있는 모양. 《큰》 얼금숭숭. pitted 하[형]

알금-알금[부] 잘고 얇게 얽은 자국이 성긴 모양. 《큰》 얼금얼금. slightly pitted 하[형]

알기[명] →쎄기1.

알기는 달밤 귀뚜라미[명] 무슨 일에나 안다고 자랑하는 사람.

알기는 태주 같다[명] 매우 총민하다.

알기는-살기는[부] 이리저리 뒤섞여 얽힌 모양. 《큰》 얼기설기. entangling 하[형]

알긴-산(algin 酸) <화학> 갈조(褐藻)로부터 얻어지는 점성(粘性)이 강한 산. 점착제(粘着劑)·유화제(乳化劑)·필름 제조용. alginic acid

알-까기[명] 동물의 알이 까짐. 또, 까지게 함. hatch

알까기 전에 병아리 세지 말라[곰] 일이 이루어지기 전에 미리부터 거기에서 나는 이익을 계산할 경계하여 이르는 말.

알-깍쟁이[명] ①성질이 다부지고 모진 아이를 욕하는 말. illnatured boy ②아이 깍쟁이. 어려서부터 깍쟁이의 성격을 띤 사람. miser

알-깨우기[명] 가금(家禽)의 알을 새끼로 변하게 하는 일.

알-껍데기[명] 알의 맨 겉을 싼 껍데기. egg shell

알-낳[낟][명] <동> 난형(卵形).

알-꽈:리[명] <식물> 가지과에 속하는 다년생 풀의 하나. 꽃은 누런 빛이고 열매는 둥글고 붉음. 산골짜기의 음지에 남.

알-끈[명] 알 속의 노른자의 양쪽을 알막에 이어댄 흰 자질의 끈. 노른자 배반(胚盤)의 위치를 위로 향하게 함. chalaza

알-나리[명] 나이가 어리고 키가 작은 사람이 벼슬했을 때 농으로 이름.

알나리-깔나리[명] 아이들이 남을 놀리는 말.

알-내기[명] 양계장 같은 데에서 많은 알을 낳도록 닭이나 오리를 기르는 일. poultry farming

알-낳[낟][명] 부화기에 알을 넣는 일.

알-눈[명] ①<식물> 탈바꿈한 곁눈의 하나. ②<동> 배.

알:-다[타 리] ①모르는 것을 깨닫다. know ②인식하다. understand ③분별하다. discern ④경험한 것을 기억하다. remember ⑤서로 낮이 익다. 사귀다. get acquainted ⑥생각하여 판단하고 분별하다.

알던 정 모르던 정 없다[곰] 공사(公事)에는 사심이 없다.

알데히드(aldehyde)[명] <화학> 알코올이 불완전하게 산화(酸化)할 적에 생기며, 자극성 냄새가 있는 액체로 휘발하기 쉬운 화합물.

알도[─토](─道)[명] <번>→갈도(喝道).

알-도요[명] <조류> 도요과의 염조(獵鳥). 날개 길이 10∼12cm로 몸의 상면(上面)은 담갈색이며 하면은 백색이고 눈 아래 흰 고리를 둘렀음. 해안·냇가 등의 자갈 모래밭에 서식함.

알-돈[명] 알짜가 되는 돈.

알-돌[명] <건축> 직경 25 cm 가량 되는 둥근 돌.

알-둥지[명] 날짐승이 알을 낳는 둥지. nest

알-땅[명] ①비나 바람을 막을 수 있는 아무런 준비도 없는 땅. bare land ②나무도 풀도 없는 헐벗은 땅. 나지(裸地). barren land

알-뚝배기[명] 자그마한 뚝배기. small earthen bowl

알-뜯이[명] 누에알을 알볼이 종이에서 뜯어내는 일. 소란(掃卵).

알-뜨[─뜨][동여] 늦가을에 알을 꺼낸 것.

알뜰-살뜰[부] 살림을 아끼며 정성껏 규모 있게 꾸려나가는 모양. frugally 하[형] 히[부]

알뜰-하다[형여] ①살림을 정성껏 규모 있게 하여 빈 구석이 없다. prudent ②헤프게 쓰지 않고 아끼다. frugal ③살림이 오붓하다. cozy 알뜰-히[부]

알랑[부] 이상함을 느낄 때 내는 소리.

알라(alla 이)[명] <음악> '…조(調). …풍(風)'의 뜻. ¶ ~ marcia(행진곡조로). ~ tedesca(독일풍으로). ~ zingara(유랑하는 것).

알라(Allah)[명] <종교> 이슬람교에서 섬기는 유일·절대의 신.

알라꿍-달라꿍[부] 어수선하게 몹시 알락달락한 모양. 《큰》 얼러꿍덜러꿍. mottled 하[형]

알라르간도(allargando 이)[명] <음악> 차차 느리게.

알라차[감] ①경쾌한 뜻을 나타낼 때 내는 소리. ②'알라'나 '아차'가 어우른 소리.

알락[명] 바닥에 다른 빛깔이나 점이 조금 섞인 모양이나 자취. 얼럭. with a spot

알락-곰:치[명] <어류> 곰치과의 바닷물고기. 열대성 어종으로, 길이 약 75cm, 몸에 알락 무늬가 선명하며 피부는 두껍고 탄력성이 있어 가죽으로 이용됨.

알락-끌뚱이[명] <곤충> 끌뚱이과의 곤충. 몸 길이 20∼25 mm이고 날개는 없으며, 등은 곱추등이 모양으로 융기되어 있음. 부엌이나 마루 밑의 습한 곳에 서식함. 알락왕뚱이.

알락-나방[명] <곤충> 알락나방과의 곤충. 날개 길이 약 3cm, 몸 빛은 흙빛으로 털이 많고 날개는 투명함. 유충은 활엽수의 잎을 갉아먹음.

알락-달락[부] 여러 가지 빛깔의 점이나 줄이 고르지 않게 무늬를 이룬 모양. 《큰》 얼럭얼럭. spotted 하[형]

알락-범[명] →표범.

알락-왕뚱이[명] 여러 가지 빛깔의 점이나 줄이 고르지 않게 무늬를 이룬 모양. 《큰》 얼럭얼럭. mottled 하[형]

알락-왕뚱이[명] <동> 알락끌뚱이.

알락-하늘소[─쏘](─牛)[명] <곤충> 하늘소과의 곤충. 몸 길이 25∼35mm이고 몸 빛은 광택 있는 흑색 바탕에 흰 반점이 산재함. 성충과 유충 모두가 과수(果樹)의 해충임.

알락-할미새[명] <조류> 할미새과의 새의 하나. 얼굴과 빰은 백색, 상면은 흑색이며, 몸의 하면은 백색임. 익조(益鳥)로 금렵조.

알람미(←安南米)[명] →안남미.

알랑-거리다[자여] 교묘한 말을 하며 간사하게 비위 맞추는 짓을 자주 하다. 《큰》 얼렁거리다. flatter 알랑-당당[부]

알랑-똥땅[부] 엉터리를 부리며 일결에 남을 속여 넘기는 모양. 《큰》 얼렁뚱땅. trickily 하[타]

알랑-방:귀[명] ⦗속⦘ 알랑거리는 짓.

알랑-쇠[명] 알랑거리는 사람을 얕잡아 하는 말. 《큰》 얼렁쇠. flatterer

알랑-수[명] ⦗수단⦘ 《큰》 얼렁수. sly trick

알래스카 공로(Alaska 公路)[명] 미국에서 1942년에 일본의 침공을 예상하여서, 알래스카 등지에 뻗게 하여 만든 군용 보급로. 1948년 일반에 개방됨.

알량=하다 〖여〗 ①보잘것없다. trifling ②품성과 인격이 천하다. base

알레고리(allégorie 프) 〖문학〗 겉으로 드러내지 않고, 속에 품은 뜻으로 나타내는 설명법. 비유. 우의(寓意). 풍유(諷諭). 「활하게'의 뜻.

알레그라멘테(allegramente 이) 〖음악〗 '즐겁게·쾌

알레그레토(allegretto 이) 〖음악〗 '알레그로보다 조금 느리게'의 뜻.

알레그로(allegro 이) 〖음악〗 ①발레에서 속도가 빠른 무용. ②〖음악〗 '경쾌하고 빠르게'의 뜻.

알레그로 콘 브리오(allegro con brio 이) 〖음악〗 '씩씩하고 빠르게'의 뜻. 「게'의 뜻.

알레그리시모(allegrissimo 이) 〖음악〗 '가장 빠르

알레르기(Allergie 도) 〖명〗 여러 가지 물질의 주사·섭취로 체질이 변화하여, 그 물질에 대하여 정상이 아닌 과민 반응을 나타내는 일.

알레르기성 질환〔—썽—〕(Allergie 性疾患) 〖명〗 〖의학〗 알레르기에 의해 일어나는 질병. 두드러기 따위.

알렉산더 보·석(alexander 寶石) 〖명〗 금록옥의 하나. 진한 녹색을 나타내나 등불에 비추면 적자색으로 보임. 알렉산드라이트.

알렉산드라이트(alexandrite) 〖명〗 ⇒알렉산더 보석.

알렐루야(alleluia 라) 〖명〗 ⇒할렐루야(hallelujah).

알력(軋轢) 〖명〗 ①수레바퀴의 삐걱거림. creaking ②의견이 맞지 않아 서로 충돌이 됨. 불화(不和). discord

알로〔?〕 알록알록한 무늬나 점. 또 그러한 물건. 얼루기. mottled patten 「clever

알로 까·다 〖여〗 '몹시 약다'는 뜻을 얕잡아 일컫는 말.

알로록=달로록 〖명〗→아로록다로록.

알로록-알로록 〖명〗→아로록아로록.

알로롱=달로롱 〖명〗→아로롱다로롱.

알로롱-알로롱 〖명〗→아로롱아로롱.

알로하=셔츠(aloha-shirts) 〖명〗 하와이에서 처음 유행한 여름용 셔츠. 프린트 무늬의 천으로 소매를 짧게 만들어 바지 위에 늘여서 입음.

알로하=오에(Aloha-oe) 〖명〗 '안녕하가 그대여'의 뜻으로 나그네가 애인에게 남기는 말. 하와이 민요.

알록=달록 〖명〗 여러 가지 빛깔로 된 점이나 줄이 고르지 않게 이룬 무늬가 밴 모양. 〈큰〉 얼룩덜룩. in mottles 〖하〗

알록=알록 〖명〗 여러 빛깔로 된 점이나 줄이 고르게 이룬 무늬가 밴 모양. 〈큰〉 얼룩얼룩. mottled 〖하〗

알록이〖명〗→알로기.

알록=점(一點) 〖명〗 물건에 알록알록하게 박힌 잘고 많은 점. 〈큰〉 얼룩점. spot

알록=지·다 〖자〗 알록알록하게 되다. 「리 총각.

알롱이 〖제도〗 지방 관아의 전령을 맡아보던 엄지머

알롱=거리·다 〖자〗 알롱거리다.

알룽=달룽 〖명〗→아룽다룽.

알룽-알룽 〖명〗→아룽아룽.

알룽이 〖명〗→아룽이.

알루마이트(Alumite) 〖명〗 〖화학〗 알루미늄 표면에 산화알루미늄의 피막(皮膜)을 만들어서 내부를 보호하도록 한 것의 상품명.

알루멜(alumel) 〖명〗 〖화학〗 니켈을 주성분으로 한 합금으로, 금속 전기 저항 재료의 하나.

알루미나(alumina) 〖명〗 〖화학〗 산화알루미늄.

알루미나 시멘트(alumina cement) 〖명〗 고급 시멘트의 하나. 20세기 초에 발명한 것으로 산화알루미늄 30~40% 함유되어 있음. 반도 시멘트.

알루미나 자기(alumina 瓷器) 〖명〗 산화알루미늄으로 성형(成形)하여 1600°C 이상으로 구운 사기 그릇. 화학용 기구 제조에 씀.

알루미늄(aluminium 라) 〖명〗 〖화학〗 은색의 가벼운 금속 원소. 연성(延性)·전성(展性)이 풍부하며 상온에서는 산화하지 않음. 식기·부엌 세간 등에, 특히 경합금의 주성분으로 널리 쓰임. 경은(輕銀)의 원소 기호 ; Al. 원자 번호 ; 13. 원자량 ; 26. 98.

알루미늄 경합금(aluminium 輕合金) 〖명〗 〖화학〗 알루미늄을 주성분으로 하여, 구리·마그네슘·니켈·망간·규소(珪素)·아연 등을 가하여 만든 경합금.

알루미늄 새시(aluminium sash) 〖명〗 알루미늄으로 만든 창틀. 스틸 새시(steel sash)에 비해 가볍고, 녹이 슬지 않는데다 기밀(氣密)이 좋음. 「屬.

알루미늄=족(aluminium 族) 〖명〗 〖동〗 토류 금속(土類金

알루미늄 청동(aluminium 靑銅) 〖명〗 동을 주성분으로 하여 7~10%의 알루미늄을 섞어서 만든 합금.

알룩제비=꽃(一꽃)(一꽂) 〖식물〗 오랑캐꽃과에 속하는 다년생 풀. 5월에 자색 꽃이 잎 사이로부터 가는 꽃줄기가 나와 좌우 상칭으로 핌. 「swirling stream 〖하〗

알류(斡流) 〖명〗 물이 돌아 흐르거나, 돌아 흐르는 물.

알륵(←軋櫟) 〖명〗→알력(軋櫟).

알른=거리·다 〖센〗→아른거리다.

알리·다〖타〗 통지하다. 알게 하다. 전하다. inform

알리바이(alibi) 〖법률〗 형사 사건이 있었을 때, 그 현장에 있지 않았다는 증명. 현장 부재 증명(現場「하게 되다. be well known

알리어-지·다 〖자〗 ①알게 되다. come to know ②유명

알리자린(alizarin) 〖명〗 〖화학〗 고대부터 알려진 미려한 붉은 색소. 예전에는 주로 꼭두서니의 뿌리에서 원료를 얻었으나 오늘날에는 안트라센을 합성하여 제

알림 〖명〗 〖동〗 알리는 일. 「조합. 물감으로 쓰임.

알마초(고) 알맞게. 적당하게.

알:=마치 〖부〗→알맞추.

알:=맞·다 〖자〗 적당하게 들어맞다. 〈큰〉 얼맞다. suitable

알:=맞음 동식물이 환경에 걸맞게 형태·습성을 갖

알:=맞추 알맞게. suitably 「춤. suitability

알매〖건축〗 산자(橵子) 위에 받는 흙.

알매(曖昧) 〖명〗 일에 어두워 사실을 분별하기 어려움. 애매(曖昧). 〖하〗

알맹이〖명〗 ①물건의 껍질을 벗기고 남은 속. kernel ②사물의 중심·요점. 사물의 핵심. 핵자(核子) ③. core

알=머리〖명〗 모자 같은 것을 쓰지 않은 맨머리. barehead

알=모이〖명〗 곡식 알이나 또는 그 알을 잘게 타서 주는 모이. grain feed

알=몸〖명〗 ①벌거벗은 몸. 나체(裸體). 적신(赤身). naked body ②아무 것도 가진 것이 없는 사람. 《속》 알몸뚱이①. penniless man

알=몸뚱이〖명〗 ①알몸. ②알몸의 덩치. naked body

알=묘(挖苗) 〖명〗 싹의 줄기를 뽑아 올린다는 뜻으로, 급하게 이(利)를 얻으려고 하다가 도리어 해를 보는 일을 두고 이름. 〖하〗

알묘(謁廟) 〖명〗 사당에 참례함. 〖하〗

알밉=알밉〔一밉一밉〕 〖부〗 아름거리며 미적미적하는 모양. ②자기의 허물을 남에게 넘기려는 모양. 〈큰〉

알=바가지 〖명〗 작은 바가지. 「열지열밋. 〖하〗

알=바늘 〖명〗 실을 꿰지 않은 바늘. needle without its

알=박이 〖명〗→알배기. 「thread

알=받대기 〖명〗 닭알을 번철에 부쳐서 만든 얇은 지짐이.

알=받이〔一바지〕 〖명〗 기르기 위하여 새나 물고기, 또는 벌레의 알을 받는 일. 「breeding cock

알받이=씨 〖명〗 종자를 받으려고 기르는 닭. 또, 그 씨.

알=발 〖명〗→맨발.

알=밤 〖명〗 ①밤송이에서 빼내거나 떨어진 밤톨. 《대》 송이밤. cracked chestnut ②주먹으로 머리를 한 대

알=방구리 〖명〗 작은 방구리. 「치는 일.

알=방동사니 〖식물〗 방동사니과의 일년생 풀. 줄기는 총생(叢生)하며 높이 50cm 가량. 잎은 선형으로 줄기보다 짧고 폭은 8~9월에 핌.

알=배기 〖명〗 ①뱃 속에 알이 든 생선. spawner ②겉보다 속이 아무진 것. 외모에 비하여 내용이 알차고 겉보다 충실한 것. substantial thing

알=배·다 〖자〗 ①알을 가지다. ②곡식의 알이 들다.

알=벌(一蟲) 〖명〗 매우 작은 벌인데, 그 유충이 농작물을 해하는 벌레의 알에 기생하여 그것을 죽임.

알=보·지 〖속〗 맨보지.

알봉(閼逢) 〖명〗 고갑자(古甲子)의 십간(十干)의 첫째. 갑(甲)과 같음.

알=부랑자(一浮浪者)圏 아주 못된 부랑자. 알짜 부랑자. real tramp 「속에 들어 있는 단백질의 일종.
알부민(Albumin 도)圏〈화학〉알의 흰자, 혈청 등의
알=부:자(一富者)圏 겉보기라는 실속이 있는 부자.
알=부피圏 ①실지로 재어 본 부피. 물건 그 자체의 부피. net volume ②실제의 평수(坪數). 실적(實績).
알=불圏 무엇에 싸이거나 담기지 않은 불등걸. glowing charcoal
알=불이기圏[一부치一]圏 참나무로만든 방법의 하나. 주머니에 든 알을 떼어 종이에 옮겨서 나무마디에 붙여서 꿰움.
알=뿌리圏〈동〉구근(球根). 「탕. balled drops
알=사탕一(砂糖)圏 알을 동글동글하고 작게 만든 사
알=살圏 아무것도 걸치거나 가리지 않은 채로 드러낸 몸의 살. bare flesh
알=삽[一쌈](戛霙)圏 ①정신이 아리숭함. ②글의 문리(文理)가 어려워서 알아보기 힘듬. 하圏
알=새[一쎄]圏 열매의 알의 크기. ¶~가 큰 사과와 복숭아.
알선[一썬](斡旋)圏 ①남의 일을 거들어 보살펴 줌. 주선. intercession ②〈법률〉사정을 알아, 수수료를 받고 장물 매매를 주선해 주는 행위. 하圏
알=섬圏 사람이 살지 않는 작은 섬. isolated island
알성[一썽](謁聖)圏 임금이 성균관 문묘(文廟)의 공자 신위에 참배함. 하圏
알성=과[一썽一](謁聖科)圏〈제도〉임금이 알성한 뒤에 보이던 과거. 알성시(謁聖試).
알성 급제[一썽一](謁聖及第)圏〈제도〉알성과에 급제함. 또는, 그 급제한 사람. 하圏
알성 무:과[一썽一](謁聖武科)圏〈제도〉임금이 성균관에 알성한 뒤에 보이던 무과. (대) 알성 문과.
알성 문과[一썽一](謁聖文科)圏〈제도〉임금이 알성한 뒤에 보이던 문과. (대) 알성 무과.
알성=시[一썽一](謁聖試)圏 알성과.
알성 장:원[一썽一](謁聖壯元)圏〈제도〉알성 문과의 갑과(甲科) 세 사람 중에 뽑혀 급제함. 하圏
알 세뇨(al segno 이)圏〈음악〉'기호가 있는 곳에'의 뜻.
알=세:포(一細胞)圏〈동〉난세포(卵細胞).
알소[一쏘](訐訴)圏 없는 사실로 남을 헐뜯어 윗사람에게 말함. taletelling 하圏
알=속[一쏙]圏①〈생물〉세포의 한가운데의 생활 기능의 중추(中樞)가 되는 공모양으로 작게 생긴 몸의 속. ②핵심(核心). ③비밀히 알린 내용. secret information ④겉보기보다 충실한 실속. substance ⑤수량·무게·길이·부피 등의 헛것을 털어 버리고 남은 실속. net quantity 하圏
알=송편(一松一)圏 번철에 기름을 두르고, 달걀을 부쳐 한 옆이 익은 뒤에 맞붙여 반달처럼 만든 음식. 알쌈②. egg roll
알=슬=다(란)〈图〉물고기나 벌레 등이 알을 낳아 붙이다. oviposit
알=심[一씸]圈 ①은근한 동정심. sympathy ②속에 있는 힘. preserving strength ③보기보다 야무진 힘.
알싸=하=다圏〈형〉매운 맛이나 냄새 때문에 혀와 콧속이 알알하다. acrid
알=쌈圈 ①달걀 깬 것을 얇게 펴서 익힌 다음에 고기를 넣고 써서 반달처럼 만든 음식. 계란포. meat omelet ②〈동〉알송편.
알쏭=달쏭圏 ①여러 가지 얕은 빛깔로 된 줄이나 점이 고르지 않게 한부로 무늬를 이룬 모양. motley ②생각이 자꾸 헛갈리는 한 듯 하면서도 여럿 분간이 안되는 모양. 《큰》얼쑹덜쑹. jumbled 하圏
알쏭=쏭圏 ①여러 가지 빛깔로 된 줄이나 점이 무늬를 이룬 모양. varied(designs) ②생각이 자꾸 헛갈리어 알 듯 알 듯 하면서도 알아지지 않는 모양. 《큰》얼쑹얼쑹. vaguely 하圏
알쏭=하=다圏〈형〉아리송하다.
알=씨圏 알로 된 씨. seed grain 「열선.
알씬圏 작은 것이 눈앞에 얼른 나타나는 모양. 《큰》
알씬=거리=다(란) 눈앞에서 떠나지 않고 자꾸 뱅뱅 돌다. 《큰》얼씬거리다. flicker 알씬=알씬圏 하圏
알아=내:=다(란) ①모르던 것을 새로 깨닫다. notice ②찾거나 연구하여 내다. find out 「stand
알아=듣=다(란) 말의 뜻을 분별하여 듣다. understand
알아=맞히=다(란) 추측이나 계산이 사실과 꼭 맞다. guess
알아=주=다(란)〈수〉알아듣다. 알아맞히다. understand
알아=방이=다(란) 무슨 일의 낌새를 알고 미리 처리하다. forestall
알아=보=다(란) ①조사하여 보다. examine ②더듬어 보다. search ③다시 볼 때 잊지 않고 기억하다. 《수》알아먹다. recognize
알아=주=다(란) ①인정하여 주다. recognize ②남의 어려운 처지를 잘 이해하여 주다. sympathize with
알아=차리=다(란) ①미리 주의하다. grasp the situation ②《수》알아채다.
알아=채=다(란) 낌새를 미리 알다. 알아차리다②. notice
알아 하=다(란) ①요량하여 행하다. do as one thinks fit ②잘 생각하여 처리하다. manage
알=알圏 여럿 중의 하나하나의 알.
알알=이閾 알의 하나하나마다. 알마다. grain by grain
알알=하=다圏 ①맛이 맵거나 독하여 혀끝이 몹시 아리다. pungent ②지나치게 햇볕을 받아 살갗이 아프다. hot ③상처가 몹시 아리다. 《큰》얼얼하다.
알=약[一략](一藥)圏〈동〉환약(丸藥). 「다. smarting
알의=다(란)圈〈고〉아픔다. 고(告)하다.
알=요강[一료—](一尿鋼)圏 아주 작은 요강. small
알은=척[一一]圏〈동〉알은 체. 하圏 「bed-pan
알은=체[一一]圏 ①남의 일에 관계하는 태도. interference ②사람을 보고 인사하는 듯한 표정. 알은척. notice 하圏
알음圏 ①사람끼리 서로 아는 일. acquaintance ②알고 있음. understanding ③신의 보호, 또는 보호하여 주신 보람. patronage 「의 친분.
알음=알음圏 ①서로 아는 관계. acquaintance ②서로 가까이 아는 사람. acquaintance
알음=알이圏 ①서로 가까이 아는 사람. acquaintance ②꾀바른 수단. subtle trick ③자라나는 재주.
알음=장[一짱]圏 눈치로 넌지시 알려 줌. winking 하圏
알음지圏 →아랍치.
알자[一짜](謁刺)圏 지위가 높고 귀한 사람에게 뵙기를 청하러 내는 명함. visiting card
알=자[一짜](謁者)圏 ①알현을 청하는 사람. ②빈객을 주인에게 안내하는 사람.
알자루(圏〈동〉밀알. 「자리. brooding place
알=자리[一짜一](圏〈새 따위가 알을 낳거나 품고 있는
알=장[一짱](一縱)圏 머릿장 가운데 제일 작은 장.
알=저기=다(란)→알계기다.
알전[一쩐](一錢)圏 푼돈.
알=젓[一쩟]圏 ①생선 알로 담근 것. 난해(卵醢). pickled roe ②《수》버선·양말의 해진 구멍으로 내민 발가락.
알젓 찌개圏〈동〉알젓 국물에 고기·두부·파 등을 썰어 넣고 끓인 찌개. 「하圏
알정[一쩡](謁情)圏 사귀어 벗은 정을 끊음. breach
알젖=다(란) 눈동자에 흰 점이 생기다. 《약》제기다. have a white spot on the pupil
알=조[一쪼]圏〈동〉알체.
알=족(乞足)圏〈공업〉도자기의 굽 속을 파내는 일.
알=종아리圏 아무것도 가리잎이 드러낸 종아리.
알=짐圏 물고기의 알을 싸고 있는 얇은 껍질. spawn sac of a fish
알=주머니[一쭈一]圏 생선의 알을 싸고 있는 얇은 껍질.
알=줄圏 거죽에 아무것도 두르지 않은 금속의 줄. 나선(裸線). bare cord
알=줄기[一쭐—](圏〈동〉구경(球莖).
알지=게圏〈곤충〉풀장군과의 벌레. 몸 길이 18~22mm로 난형이고 몸 빛은 암황갈색에 긴 털이 밀생함. 수컷은 등에 알을 붙여 지고 다님. 논·못·양어
알=집[一찝]圏〈동〉난소(卵巢). 「장에 서식함.
알=짜[一짜]圏 ①여럿 중에서 가장 중요한 물건. essence ②조금도 모자람이 없이 표본이 되는 것.

알짝지근-하다〖형〗〖어〗 ①살이 알알하게 아프다. prickly ②술이 알맞게 취하다. slightly intoxicated ③음식의 맛이 조금 맵다. 〖약〗알찍근하다. 《큰》얼쩍지근하다. slightly acrid

알짬〖명〗 여럿 중에서 가장 중요한 내용. essence

알짱-거리다〖자〗 ①아첨하여 남을 속이다. flatter ②아무 일도 없으면서 자꾸 돌아다니다. 《큰》얼쩡거리다. loiter **알짱-알짱 하다**

알쭝-거리다〖자〗 여러 가지 말을 하여 알찐거리다. 《큰》얼쭝거리다. flatter **알쭝-알쭝 하다**

알-찌개〖명〗 달걀·오리알 따위를 깨어 그릇에 담고 장이나 된장을 친 다음에 고기와 여러 가지 양념을 넣어 끓인 찌개.

알찌근-하다〖약〗→알짝지근하다②.

알찐-거리다〖자〗 앞에서 가까이 돌며 자꾸 아첨하다. 《큰》얼찐거리다. fawn upon **알찐=알찐 하다**

알-차다〖형〗 실속이 있다.

알창〖속〗 고철(古鐵). 구리.

알-천〖명〗 ①재산 가운데 가장 중요한 부분. one's forte ②음식 가운데 가장 맛있는 음식.

알-청하다(—請—)〖자〗〖여〗→알겊다.

알-추녀〖건축〗 추녀 밑에 베푼 층받침.

알-치〖어〗〖어류〗 알을 밴 맹어. 《대》술치.

알치(耄歯)〖명〗〖동〗 교치(咬歯).

알칼로이드(alkaloid)〖명〗〖화학〗 식물 속에 있는 질소를 포함한 염기성(鹽基性) 화합물. 보통 고체이고, 일반적으로 유독하며 특수 약리 작용을 가짐.

알칼로시스(Alkalosis 도)〖의학〗 알칼리 중독(Alkali 中毒).

알칼리(alkali)〖명〗〖화학〗 물에 녹는 염기(鹽基)의 총칭. 주로 알칼리 금속·알칼리 토금속의 수산화물. 그 수용액은 알칼리성 반응을 나타내며 붉은 리트머스를 청색으로 바꿈. 알칼리성 반응을 나타냄.

알칼리 금속(alkali 金属)〖명〗〖화학〗 나트륨·칼륨·리튬·루비듐·세슘·프란슘 따위 금속 원소의 총칭.

알칼리 섬유소(alkali 纖維素)〖명〗〖공업〗 알칼리와 섬유소를 결합한 것. 비스코스법(viscose 法) 인조 견사를 제조할 때 생기는 중간 생성물임.

알칼리-성(—性)(alkali 性)〖명〗〖화학〗 물에 녹아서 붉은 리트머스 시험지나 용액을 푸른 빛으로 변화시키는 염기성을 나타내는 성질. 염기성. 《대》산성(酸性). alkaline

알칼리성 반응(—性—)(alkali 性反應)〖명〗〖화학〗 붉은 리트머스 시험지나 용액을 푸른 색으로 변하게 하는 화학 현상.

알칼리성 식품(—性—)(alkali 性食品)〖명〗 체내에서 연소해 알칼리성을 나타내는 식품. 야채·과일·우유 따위. 《대》산성 식품.

알칼리성 중독(—性—)(alkali 性中毒)〖명〗〖의학〗 체내의 산과 알칼리와의 균형이 깨어져서 혈액이 알칼리성 쪽으로 기울어지는 일. 또, 그 증상. 알칼로시스. 《대》산독증(酸毒症).

알칼리 토금속(alkali 土金属)〖명〗〖동〗알칼리 토류 금속.

알칼리 토류 금속(alkali 土類金属)〖명〗〖화학〗 칼슘·스트론튬·바륨·라듐 따위의 총칭. 모두가 백색의 가벼운 금속. 그 수산화물은 알칼리성 반응을 나타내며 물에 녹는 일은 적음. 알칼리 토금속.

알코올(alcohol)〖명〗〖화학〗 ①탄화수소의 수소 원자를 수산기로 치환한 화합물의 총칭. 메틸알코올·에틸알코올·글리세린 따위. 주정(酒精). ②'술'의 대명사.

알코올 램프(alcohol lamp)〖명〗 알코올을 연료로 하는 램프.

알코올-박(alcohol 粕)〖명〗〖동〗 지게미.

알코올 발효(alcohol 醱酵) 《동》 주정 발효. [질.

알코올-성(—性)(alcohol 性)〖명〗 알코올이 들어 있는 성질.

알코올 온도계(alcohol 温度計)〖물리〗 알코올의 열에 의한 팽창을 이용한 온도계.

알코올 음료(alcohol 飲料)〖명〗 알코올 성분이 있는 음료. 곧, 술. alcoholic beverage

알코올 중독(alcohol 中毒)〖명〗〖의학〗 다량의 술을 마심으로써 생기는 알코올분에 의한 중독. 두통, 심신의 작용력 감퇴, 정신 이상 등의 증세가 발생함.

알콘-하다〖형〗〖여〗→알근하다. [holism

알킬-기(Alkyl 基 도)〖명〗〖화학〗 탄소·수소가 모여서 된 일가(一價)의 기(基)의 총칭. 메틸기·에틸기 따위.

알타이 어-족(Altai 語族)〖명〗〖어학〗 터키어·몽고어·만주어를 포함하는 어군(語群)의 총칭. 두음 법칙·모음 조화·교착적 구조 등이 특징임. 한국어·일본어 등도 이에 속함. Altaic family of language

알-탄(—炭)〖명〗 알과 같이 둥글게 만든 덩어리의 석탄.

알-탄(—彈)〖명〗〖동〗 탄알. [탄. oval briquette

알탄-갈탄〖부〗→애면글면.

알토(alto 이)〖명〗〖음악〗 ①여성(女聲)의 가장 낮은 음. 또, 그 가수. 알트. ②팔세토(falsetto)를 쓰는 남자의 최고 음부(最高音部). ③대위법(對位法)의 악곡에 있어 위에서 둘째의 성부(聲部). 《대》소프라노.

알-토란(—土卵)〖명〗 털을 다듬은 토란. [노.

알토란-같다(—土卵—)〖형〗 ①내용이 충실하다. substantial ②살림이 오붓하여 아무 것도 아쉬운 것이 없다. **알토란-같이**

알-톡토기〖곤충〗 알톡토기과의 곤충. 몸 길이 1.5mm 내외, 몸은 구형(球形), 측각에서 다리까지 암자색·등황색의 작은 점, 또는 무늬가 줄을 지어 산재함. 농작물의 뿌리를 갉아먹는 해충임.

알-통〖명〗 인체에서, 근육이 불룩 나오는 부분.

알트(Alt 도)〖명〗〖음악〗 →알토(alto)①.

알파(A, α 그)〖명〗 ①희랍어의 첫째 자모. ②사물의 최초. 처음. 《대》오메가. ③미지수를 나타내는 기호. ④〖체육〗야구에서, 선공(先攻)한 편의 득점이 후공(後攻)한 편보다 적어서 승패가 명백한 경우, 마지막 회 말의 공격을 안하고 후공한 편에게 승리를 주고, 그 득점을 붙이는 A 부호.

알파-다〖자〗 아프다.

알파벳(alphabet)〖명〗 ①자음과 모음의 총칭. ② A. B. C… 등 로마 글자 26자를 일컬음. ③입문. 초보.

알파벳-순(alphabet 順)〖명〗 로마자의 ABC 의 순.

알파 붕괴(α 崩壞)〖명〗〖물리〗 원자핵이 α 입자(헬륨 원자핵)를 방출하여 다른 안정한 원자핵으로 변하는 과정. 이 결과 본디의 원자핵은 원자 번호가 2, 질량수가 4 감소됨.

알파-선(—線)〖명〗〖물리〗 방사능 원소에서 나는 방사선의 하나. 양전기를 가진 미립자. alpha ray

알파-성(α 星)〖명〗〖천문〗 각 성좌 중 가장 뚜렷한 별. 수성(首星).

알파와 오메가〖명〗 처음부터 끝까지. 처음과 마지막.

알파인 클럽(alpine club)〖명〗 등산가가 모이는 클럽. 산악(山岳). 구락부.

알파 입자(α 粒子)〖명〗〖물리〗 방사능 물질에서 방출된 고속도의 하전 입자(荷電粒子). alpha particles

알파카(alpaca)〖명〗 ①〖동〗 남미의 페루(Peru)에서 많이 사육하는 낙타과의 산양의 하나. 털은 천을 짜는 데 씀. ②알파카의 털로 만든 실이나 천.

알-판(—版)〖광물〗 방아채 밑바닥에 깔아서 방아촉과 맞부딪치게 하는 둥글넓적한 무쇳덩이. 광산에서 쇄광(碎鑛)에 씀. [—은 곳수.

알-팔(—八)〖명〗 투전·골패 따위에서 하나와 여덟을 잡

알펜슈톡(Alpenstock 도)〖명〗 갈고리가 달린 등산용 지팡이(山岳). [Alpine ski).

알펜-스키(alpenski)〖명〗 산악(山岳) 스키. 알파인 스키

알-풍뎅이〖곤충〗 풍뎅이과의 갑충(甲蟲). 몸 빛은 흑람색에 금속성의 광채가 있음. 썩은 물질이나 나무 알-피(—皮)〖고〗 아픔. 병(病). [무 등에 모임.

알 피네(al fine 이)〖음악〗 '끝으로 끝까지'의 뜻.

알피니스트(alpinist 도)〖명〗 알프스 등산가(登山家).

알피니즘(alpinism)〖명〗 등산가로서의 도덕. 등산 정신.

알-합(一盒)〖명〗 아주 작은 합. 난합(卵盒). small

알-항아리〖명〗 작은 항아리. small pot [wooden bowl.

알현(謁見)[명] 지체가 높은 사람에게 뵈옴. 현알(見謁). audience 하다

알형(軋刑)[명] 〈제도〉 수레바퀴 밑에 깔아 뼈를 부수던 형벌.

얽-다[억─][자] 얼굴에 마마의 자국이 생기다. 《큰》 읽다. become marked with pits

얽독-빼기[억─][명] 얼굴에 잘고 얽은 사람. 《큰》 읽둑빼기. person with pocky face

얽둑-얽둑[억-억-][부] 얼굴에 잘고 깊이 얽은 자국이 생긴 모양. 《큰》 읽둑읽둑. pocky 하다

얽박-얽박[억-억-][부] 얼굴에 잘고 깊이 얽은 자국이 밴 모양. 《큰》 읽벅읽벅. pocky 하다

얽작-빼기[억─][명] 얼굴에 얽작얽작 얽은 사람. 《큰》 읽죽빼기. 얽적빼기. person with a pocky face

얽작-얽작[억-억-][부] 잘고 굵은 것이 섞여 얽은 자국이 밴 모양. 《큰》 읽죽읽죽. 얽적얽적. closely pitted 하다

얽적-빼기[억─][명] 얼굴에 얽적얽적 얽은 사람. 《작》 얽작빼기. 《큰》 읽죽빼기. person with a pocky face

얽적-얽적[억-억-][부] 잘고 굵은 것이 섞여 얽은 자국이 곱지 않은 모양. 《큰》 읽죽읽죽. 《작》 얽작얽작. evenly pocky 하다

앎[암][명] 아는 일. 지식.

앎[교][명] ①앞. ②남쪽.

앎-니[교] 앞니.

앎뒤[교] 앞뒤.

앎[교] 앞. ~앞.

앎느니 죽지[속] 이왕에 조그만 곤란을 당할 바에는 큰 걱정을 끼쳐 버리는 것이 낫다는 말. 시원하다.

앎-다[자타] ①병에 걸려 괴롭게 지내다. be ill ②속태우다. worry

앎던 이 죽은 것 같다[속] 걱정을 끼쳤던 것이 없어진 시원하다.

=앓이[암─][접] 명사에 붙어 '병'의 뜻을 나타내는 접미어. ¶가슴~. 배~.

암[암][명] 생물의 근원. 곧, 유성 생식의 수정자(受精子).

암²[암][명] 물의 어린이. [대] 수. female

암:³[암] →암죽.

암[암][감] 아무려면.

암(岩)[약]→암석(岩石).

암(庵)[명] ①암자(庵子). ②접미사적으로 쓰여 조그마한 절을 나타냄.

암:(癌)[명] ①〈의학〉 상피성(上皮性)의 악성 종양(腫瘍). 위장·유방암·자궁암·폐암 따위가 있음. 악성 종양(惡性腫瘍). cancer ②고치기 어려운 나쁜 폐=암(岩)[의] 암석의 뜻. [단. 암종. evil

암(arm)[명] ①동 팔. ②〈동〉 수화기(受話器). ③재봉틀의 머리 부분.

암-갈색[-색][암褐色] 어두운 갈색. 검은 기운이 도는 갈색. dark brown 한 배수로. culvert

암:-거(暗渠)[명] 〈토목〉 땅 속으로 파서 만든 도랑. 지

암:-거래(暗去來)[명] 법령을 어기고 몰래 하는 거래. black-marketeering 하다

암-거미[명] 거미의 암컷. [대] 수거미. she-spider

암-게[명] 게의 암컷.

암:-계(暗計)[명] 비밀한 계교. 암모(暗謀). plot 하다

암-고양이[명] 고양이의 암컷. [대] 수고양이. 《약》 암쾡

암-곰[명] 곰의 암컷. she-bear [이]. she-cat

암:-관(暗款)[명] 〈동〉 암화(暗花).

암-괭이[명] →암고양이.

암괴(岩塊)[명] 바위 덩어리. rock

암구-다[타] 교미를 시키다. 흘레를 붙이다. mate

암-구렁이[명] 구렁이의 암컷. [君]. imbecile ruler

암:-군(暗君)[명] 어리석은 임금. 암주(暗主). 혼군(昏君)

암:-글[명] ①백용 알기는 하지만 실제로 쓸 줄 모르는 글의 지식. impractical knowledge ②〈하〉 한글을 여자의 글이라고 일컫던 말. [대] 수글.

암:-기[─끼](─氣)[명] 암상스러운 마음. 시기심. jealearning by heart 하다

암:기(暗記)[명] 외어 잊지 않음. 송기(誦記). 아니라는 힘.

암:기-력(暗記力)[명] 사물을 외는 힘. 기억하여 잊지

암=꽃(植物) 〈식물〉 수꽃술이 없는 단성화(單性花)의 하나. 자화(雌花). [대] 수꽃. pistillate flower

암=꽃술(植物)[명] 꽃의 주두(柱頭)·화주(花柱)·자방(子房)으로 되어 있어 꽃의 중앙부에 있는 생식 기관의 하나. 자에(雌蕊). [대] 수꽃술. 《약》 암술. stamen

암-꿩[명] 꿩의 암컷. 까투리. [대] 수꿩. female hen

암-나무[명] 〈식물〉 자웅 이주(雌雄異株)에서 열매를 맺을 수 있는 나무. 열매가 열리는 은행나무 같은 것. [대] 수나무.

암-나방[명] 나방의 암컷. [대] 수나방.

암-나비[명] 나비의 암컷. [대] 수나비.

암-나사(─螺絲)[명] 나사못이 들어가게 된 구멍. 소라 모양으로 빙빙 비틀리어 고랑이 졌음. [대] 수나사.

암-내¹[명] 겨드랑이에서 나는 좋지 못한 냄새. 액취(腋臭). 액취(腋臭). axillary odour

암-내²[명] 암컷이 발정기에 내는 냄새.

암내-내-[자] 암컷이 흘레를 피우다. be in rut

암낭[명] →암령(押領).

암-노루[명] 노루의 암컷. [대] 수노루.

암:-녹색(暗綠色) 어두운 녹색. ⎯〔female animal

암-놈[명] 동물의 암컷을 귀엽게 일컫는 말. [대] 수놈.

암-눈비앗[명] 〈동〉 익모초(益母草). ⎯〔female button

암-단추[명] 단추꾸이 들어가 걸리는 단추. [대] 수단추.

암:-달러(暗dollar)[명] 암시장에서 몰래 거래되는 달러 화폐. ¶~상(商).   [고 막연함. dismal 하다

암:-담(暗澹)[명] ①어두컴컴하고 쓸쓸함. ②희망이 없

암데나[약] 아무 데나.

암:-독(暗毒)[명] 음험하고도 음악함. insidiousness 하다

암되-다[피─][형] 남자의 성격이 적극적이지 못하고 여자처럼 얌전하며 수줍어하기를 잘한다.

암:-둔(暗鈍)[명] 어리석고 우둔함. stupidity 하다

암디새[교] 암키와.

암:-띠-다[타] ①비밀을 좋아하는 성질이 있다. be furtive in one's actions ②부끄러움을 잘 타는 성질이 있다. shy   ⎯〔sed in 하다

암:-련(諳練)[명] 모든 사물에 정통함. being well ver-

암:-루(暗淚)[명] 소리 없이 흘리는 눈물. silent tears

암류(岩流)[명] 〈지학〉 풍화 작용으로 생긴 암설(岩屑)의 층이 사면(斜面) 위를 천천히 이동하는 현상.

암:-류(暗流)[명] ①겉에 드러나지 않고 흐르는 물. undercurrent ②겉에 나타나지 않은 움직임.

암:-매(暗賣)[명] 곡식을 흔해졌을 때에 싸게 사서 비쌀 때에 내어 팔고 흔할 때에 사들여 사사로이 이(利)를 탐하는 일. hoarding 하다

암:-범선(─船)[명] 내부에 추진기가 장치되어 있어 겉으로는 드러나지 않은 기선. screw steamer

암-막(暗幕)[명] 광선을 막고 방을 캄캄하게 하는 검은 막. dark curtain   ⎯〔수막새.

암-막새(建築)[명] '내림새'를 '막새'로서 일컬음. [대]

암만¹[명] 밝힐 필요가 없는 값이나 수량 따위에 쓰는

암만²[명] 아무리. [대] 대. ever much

암만=암만[명] 밝혀 말할 필요가 없는 값·수량 등이 두 자리 이상의 단위로 애개키를 일컫는 말.

암만=해도[부] 아무리 힘써 보아도. however ⋯ may

암-말¹[명] 〈동물〉 말의 암컷. [대] 수말. mare

암:매장(暗埋葬)[명] 암장(暗葬). ⎯⎯⎯⎯⎯〔음. stupidity 하다

암:매(岩梅)[명] 〈식물〉 암매과의 낙엽 활엽 관목. 7월에 흰 꽃이 피고 열매는 가을에 검게 익음. 깊은 산의 증거리에서 나름.

암:매(暗昧·闇昧)[명] 못나고 어리석어서 생각이 어두

암:매(暗買)[명] 물건을 몰래 삼. [대] 암매(暗賣). illicit purchase 하다

암:매(暗賣)[명] 물건을 몰래 팜. 잠매(潛賣). [대] 암매(暗買). illicit sale 하다

암:-매매(暗賣買)[명] 물건을 몰래 팔고 삼. 암거래(暗去來). black-market dealings 하다

암:-장(暗埋葬)[명] 몰래 장사 지냄.

암:-맥(岩脈)[명] 땅 속에서 화성암의 마그마가 다른 암석 사이에 뻗어 나가 굳은 줄기.

암:먼 → 아무러면.
암:면(暗面)뗑 암흑면.
암:면 묘:사(暗面描寫)뗑 〈문학〉 인생의 암흑면을 제재로 하여 묘사함. depicting the seamy side of life
암:모(暗募)뗑 암계(暗計).
암모나이트(ammonite)뗑 두족류(頭足類)의 화석(化
암모늄(ammonium)뗑 〈화학〉 질소 1원자와 수소 4원자로서 되는 염기성의 일가(一價)의 기(基). 산과 화합하여 염(鹽)을 만듦.
암모늄-기(ammonium 基)뗑 〈화학〉 질소 1원자와 수소 4원자로 된 기(基).
암모늄-염(ammonium 鹽)뗑 〈화학〉 수산화암모늄이 산과 중화할 때에 이온이 삼가지와 치환되어 생긴 것.
암모니아(ammonia)뗑 〈화학〉 ①질소나 수소의 화합물로 무색의 자극성 악취가 있는 기체. 제빙·염색공업·약품 제조 등으로 널리 쓰임. ②≪준≫ 유안(硫安).
암모니아 냉:동법[—뻡](ammonia 冷凍法)뗑 〈공업〉 암모니아의 높은 기화열(氣化熱)을 이용한 냉동법의 하나.
암모니아 소:다법[—뻡](ammonia soda 法)뗑 〈화학〉 소금의 진한 용액에 암모니아를 포화시켜서 이것에 탄산 가스를 통하면 중탄산소다가 되고, 이것을 가열하여 탄산소다로 만드는 법.
암모니아-수(ammonia 水)뗑 〈화학〉 암모니아의 수용액. 알칼리성 반응을 나타내는 무색의 액체. liquid ammonia
암-무지개(暗—)뗑 쌍무지개가 섰을 때, 빛깔이 엷고 흐린 무지개를 일컬음. ≪대≫ 수무지개.
암:-묵(暗默)뗑 ①보이지도 않고 들리지도 않음. silence ②자기 의사를 밖에 나타내지 않음. 침묵. taciturnity 하타
암:-문(暗門)뗑 성벽에 누(樓)가 없이 만들어 놓은 문. ⌐arch gate
암:-물(暗—)뗑 보얀 빛을 띤 맑은 물. clear water
암미:터(ammeter)뗑 《동》전류계(電流計).
암반(岩盤)뗑 ①다른 바위 속으로 돌입하여 굳어진 불규칙한 대형의 바위. ②바위로 이루어진 당바닥.
암반-층(岩盤層)뗑 땅 속에 암반을 이루고 있는 층.
암:-벌(—)뗑 벌의 암컷. ≪대≫ 수벌. female bee
암:-범(—)뗑 범의 암컷. ≪대≫ 수범. tigress
암:-범(暗犯)뗑 비밀히 범함. committing a crime unnoticed 하타 ⌐은 바위. cliff
암벽(岩壁)뗑 벽 모양으로 깎아지른 듯이 험하게 솟
암:-비둘기(暗—)뗑 비둘기의 암컷. ≪대≫ 수비둘기. she-dove
암:-사(暗射)뗑 ①맹목적으로 쏨. ②실물을 보지 않고 알아맞히는 일. blind firing 하타
암-사돈[—싸—](—查頓)뗑 며느리쪽의 사돈. ≪대≫ 수사돈. bride's family
암-사슴(—)뗑 사슴의 암컷. ⌐사돈.
암:사 지도(暗射地圖)뗑 지명을 적어 넣지 않고 부호만을 적어 넣은 지도. skeleton-map
암산(岩山)뗑 바위가 많은 산. 거산(巨山).
암:-산(暗算)뗑 필기나 주판을 쓰지 않고 마음속으로 계산함. ≪대≫ 필산. mental arithmetic 하타
암살(暗殺)뗑 아프거나 피로움을 거짓 꾸미거나, 보채어 나타내는 태도. ≪준≫ 암살. feigned pain 하타
암:-살(暗殺)뗑 사람을 남 몰래 죽임. 도살(盜殺)①.
암:-삼(暗—)뗑 암꽃만 있는 삼포기. [assassination 하타
암:-살(暗—)뗑 남을 시기하고 샘을 잘 내는 잔망스럽고 매서운 심술. jealousy 하타 스럽 스레
암상(岩床)뗑 〈지학〉 암장(岩漿)이 지층 사이로 뚫고 가서, 명석 자리 모양으로 굳어진 것. rock floor
암:-상(暗箱)뗑 ①어떤 형상. dark shape ②어둠 속에서 윤곽만 나타난 형상. silhouette
암:-상(暗箱)뗑 어둠 상자. ②광선을 막기 위하여 만든 상자. dark box
암:상-굿 다뗑 몹시 암상스럽다. jealous
암:상-꾸러기(暗—)뗑 암상스러운 사람. jealous person
암:상-내:-다(暗—)뗑 암상스러운 언행을 하다. be jealous
암:상-부리-다(暗—)뗑 암상스러운 태도를 일부러 내다.

pretend to be jealous
암상 식물(岩上植物)뗑 〈식물〉 바위 위에서 사는 건생(乾生)식물. 암생 식물(岩生植物). 바위 식물. rock plant
암:상-인(暗商人)뗑 법을 어기고 몰래 상품을 매매하
암:-상피우-다(暗—)뗑 암상스러운 태도를 나타내다. jealous
암:-새:뗑 새의 암컷. ≪대≫ 수새. ⌐[色]. dark colour
암:-색(暗色)뗑 어두운 색. 어두운 빛깔. ≪대≫ 명색(明
암:-색(暗索)뗑 ≪어≫ 암중 모색(暗中摸索).
암생 식물(岩生植物)뗑 《동》 암상 식물.
암서(岩嶼)뗑 바위로 된 섬.
암석(岩石)뗑 바위. 《어》 암(岩). rock
암석-권(岩石圈)뗑 〈지학〉 땅거죽을 이룬 암석의 부분. lithosphere
암석 단구(岩石段丘)뗑 〈지학〉 기반(基盤) 암석으로 이루어져서 사력층(砂礫層)이 얇은 단구.
암석 사막(岩石沙漠)뗑 〈지리〉 우량이 적고 바람이 심하여 바위와 돌투성이의 지형. 돌사막.
암석 섬유(岩石纖維)뗑 〈공업〉 현무암·안산암 등을 녹여 작은 구멍으로 흘러내리게 하면서 고압 공기 따위로 날려서 섬유 모양으로 만든 것. 보온·보냉(保冷)잘 및 흡음재(吸音材)로 씀. ⌐stratum
암석-층(岩石層)뗑 〈지학〉 암석으로 이루어진 지층.
암석-학(岩石學)뗑 〈공업〉 바위의 성질·조직 따위를 연구하는 지질학의 한 분과. petrology
암:-선(暗線)뗑 〈물리〉 자외선 따위와 스펙트럼 속에 나타나는 검은 선. 흑선(黑線). ⌐기.
암설(岩屑)뗑 〈지학〉 풍화 작용에 의한 바위 부스러
암설-토(岩屑土)뗑 암설이 주성분인 토양.
암:-성(暗聲)뗑 〈천문〉 빛이 없는 별.
암:-세:포(癌細胞)뗑 〈의학〉 암의 본태(本態)를 이루
암:-소(—)뗑 소의 암컷. ⌐는 유해한 세포.
암:-소(暗笑)뗑 마음속으로 비웃음. scorn 하타
암:-송(暗誦)뗑 책을 보지 않고 글을 욈. 송기(誦記). recitation 하타
암-쇠(—)뗑 ①자물쇠 등의 수쇠가 들어가 걸리게 된 쇠. lock ②맷돌 위짝 한가운데에 박힌 구멍 뚫린 쇠. ≪대≫ 수쇠.
암:-수(—)뗑 암컷과 수컷. 자웅(雌雄). male and female
암:-수(暗數)뗑 《동》 속임수. ⌐trickery 하타
암수-거리(暗數—)뗑 속임수로 남을 속이는 행동.
암수-딴그루(—)뗑 〈식물〉 암꽃과 수꽃이 서로 딴 나무에 있음. 은행나무·소철·시금치 등이 이에 속함. diclinous
암수-딴몸(—)뗑 〈동물〉 동물의 암컷과 수컷이 생식기가 서로 다르고 각각 몸도 달리 함. 척추 동물과 절지 동물이 이에 속함. dioecious
암수-한그루(—)뗑 〈식물〉 암꽃과 수꽃이 한 나무에 있음. 호박·오이·소나무 등이 이에 속함. monoecious
암수-한몸(—)뗑 동물의 난소와 정소(精巢)가 같은 개체에 있음. 지렁이·달팽이 등이 이에 속함. hermaphrodite
암:-순:응(暗順應)뗑 〈심리〉 밝은 곳에서 어두운 곳에 갑자기 들어갔을 때, 처음은 아무 것도 보이지 않다가 차차 보이게 드러나는 현상. ≪대≫ 명순응(明
암술-대[—때](—)뗑 〈식물〉 꽃술에서 암술을 이루는 대. 화주(花柱). ≪대≫ 수술대. style
암술-머리(—)뗑 《동》 주두(柱頭).
암스테르담 인터내셔널(Amsterdam International)뗑 〈사회〉 네덜란드의 암스테르담에 본부가 있는 국제 노동 조합 연합.
암:시(暗示)뗑 ①넌지시 깨우쳐 줌. ≪대≫ 명시(明示). hint ②〈심리〉 의지의 매개를 거치지 않고 직접 정신적·신체적 활동을 일으키는 관념 작용. suggestion 하타
암:시(暗視)뗑 공업용 텔레비전의 하나. 적외선 마이크로파를 이용하여 육안(肉眼)으로 안 보이는 물체를 수상관(受像管)에 나타내는 장치. noctovision

암:시법[—뻡](暗示法)[명]〈문학〉느낌이나 생각을 암시의 방법으로 나타내는 표현법. suggestive method [tendency
암:시-성[—씽](暗示性)[명] 암시하는 성격. suggestive
암:-시세(暗時勢)[명] 암거래의 시세.
암:-시장(暗市場·闇市場)[명] 암시세의 상품을 매매하는 상점이 모여 있는 곳. 블랙 마켓(black market).
암:실(暗室)[명] ①밀폐하여 광선이 들어가지 않도록 설비한 어두운 방. dark room ②교도소에서 중죄인을 가두는 방.
암:실 램프(暗室lamp)[명] 암실에서 사진의 전판을 처리할 때, 붉은 빛이나 누른 빛의 유리를 끼워 쓰는 램프.
암암(岩岩)[명] 산이 높이 빼어난 모양. lofty 하[형] 허[형]
암:암-리(暗暗裏)[명] 남이 모르는 가운데. 암중(暗中)②. ~에 거래하다. secretly
암암-하다[형] 잊혀지지 아니하고 가물가물 보이는 듯하다. lingering
암:야(暗夜)[명] 어두운 밤. dark night
암:야-행(暗夜行)[명] ①밤길을 지향없이 감. walk aimlessly in a dark night ②목적이나 희망도 없이 맹목적으로 생활하고 행동함. aimless life
암:약(暗躍)[명]〈약〉→암중 비약(暗中飛躍).
암:약(闇弱)[명] 어리석고 뱅충맞음. 암잔(闇孱). ignorant and irresolute 하[형]
암=양[—냥](—羊)[명] 양의 암컷.《대》숫양. ewe
암=어(暗語)[명] 특정인만이 알도록 꾸민 암호로서의 말. cipher
암=여의[—녀—](—)[명] 암꽃술의 에스러운 이름. pistil
암:연(暗然)[명] 어두운 모양. 마음이 아득한 모양. 하[형] 히[부] [상태. tearfulness 하[형]
암연(黯然)[명] 작별할 무렵에 서글퍼서 정신이 아득한
암:열-선[—썬](暗熱線)[명]〈물리〉스펙트럼(spectrum)의 붉은 부분에서 오는 복사선(輻射線). 적외선(赤外線). infrared ray
암염(岩鹽)[명]〈광물〉지하에서 천연으로 산출되는 염화나트륨의 결정. 식염 제조에 쓰임. 돌소금. 석염(石鹽). rock salt
암:영(暗影)[명] ①어두운 그림자. dark shadow ②어떤 일의 성사에 지장이나 방해가 될 나쁜 징조. gloom
암:영(暗營)[명] 비밀히 진영을 침. 또, 그 진영. secretly-pitched camp 하[형]
암:우(暗愚)[명] 바보스러움. 어리석음. 하[형]
암:운(暗雲)[명] ①컴컴하게 낀 구름. dark clouds ②불길한 기미. ill omen
암유(暗喩)[명] 은유(隱喩).
암:-은행나무(—銀杏—)[명]〈식물〉열매를 맺는 은행나무.《대》수은행나무. female ginko tree
암자(庵子)[명]〈불교〉①큰 절에 딸린 작은 절. small temple ②중이 임시로 거처하며 도를 닦는 집.〈약〉
암:-자색(暗紫色)[명] 검붉은 빛. [암(庵)①. hermitage
암:잔(闇孱)[명]〈약〉→암약(闇弱). 하[형]
암장(岩漿)[명]〈동〉마그마(magma).
암:장(暗葬)[명] 남 몰래 지내는 장사. 암매장(暗埋葬). 투장(偸葬).《약》secret burial 하[동]
암:-적[—쩍](癌的)[관형] 큰 장애가 되고 있는(것). 또, 고치기 힘든 나쁜 병폐가 있는(것).
암:-적갈색[—쩍](暗赤褐色)[명] 검은 기운이 도는 어두운 적갈색. reddish brown
암:-적색(暗赤色)[명] 검붉은 빛. deep dark red
암:전(暗箭)[명] 과녁에 맞지 않고 빗나가는 화살.
암:전(暗轉)[명]〈연예〉무대를 어둡게 하여 놓고 그 동안에 무대를 장치하거나 장면을 변화시키는 일.《대》명전(明轉). dark change
암:조(暗潮)[명]①〈지학〉표면에 드러나지 않은 조류(潮流). ②겉에 나타나지 않은 풍조나 세력.
암:종(癌腫)[명]〈동〉암(癌)①.
암주(庵主)[명] 암자(庵子)의 주인. 또는 거기 거처하는 중. master hermitage

암:주(暗主)[명]〈동〉암군(暗君).
암:-죽(—粥)[명] 젖 대신 먹이는 묽은 죽.
암:죽-관(—粥管)[명] 어린에게 우유나 암죽을 먹이는데 쓰이는 고무·사기 등으로 된 관. pap pipe
암:-중(暗中)[명] 어두운 속.〈약〉암암리(暗暗裏).
암:중 모색(暗中摸索)[명] ①어두운 데서 물건을 더듬어 찾음. search a thing in darkness ②어림짐작으로 일을 점작함.《약》암색(暗索). guess 하[동]
암:중 방:광(暗中放光)[명] ①어둠 속에서 빛을 발함. radiation in darkness ②뜻밖에 일이 잘 해결됨으로 이름. good fortune
암:중 비약(暗中飛躍)[명] 은밀한 활동. 또, 비밀히 맹렬하게 활약함.《약》암약(暗躍).
암증-널[—쯩](—)[명] 흙으로 도자기 따위를 만들 때 쓰는 널빤지. clay board
암지(岩地)[명] 바위가 많은 땅.
암:-지르다[—르—][타르불] 으뜸되는 것에 몰아붙여서 하나가 되게 하다. integrate [쪽. counterfoil
암:-짝(暗—)[명] 채무자가 가지는 어음의 원편 조각.《대》수
암:차(暗車)[명] 배 밑바닥에 붙여 놓은 프로펠러.
암천(岩泉)[명] 바위틈에서 솟아나는 샘.
암:체(暗體)[명]〈물리〉스스로 빛을 내지 못하는 물체. dark thing
암:-체어(armchair)[명] 팔걸이가 좌우에 붙은 의자.
암:초(暗草)[명] 남 몰래 시문(詩文)을 초함. drafting privately 하[동]
암:초(暗礁)[명] 물 속에 잠겨서 보이지 않는 바위. 은암(隱岩). 여². 초석(礁石). reef
암:층(暗層)[명] ①어두운 층. dark stair ②갈피를 잡을 수 없음. puzzling
암:치[명] ①소금에 절여 말린 암민어.《대》수치. ②소금에 절여 말린 민어의 총칭. 염민어. dried salted croaker
암:치-질(—痔疾)[명]〈의학〉항문 안에 나는 치질. 내치(內痔).《대》수치질. internal piles
암:-캉아지[명] 강아지의 암컷.《대》수캉아지. she-puppy
암:-캐(—)[명] 개의 암컷.《대》수캐. she-dog
암커나《약》아무러하거나.
암:-커미[명]→암거미.
암:컷[명] 동물의 암놈.《대》수컷. female animal
암:-케[명]→암게.
암:-코양이[명]→암고양이.
암:-콤[명]→암곰.
암:-퀑[명]→암꿩이.
암:-쿠렁이[명]→암구렁이.
암크령[명]〈식물〉포아풀과의 다년생 풀. 높이 60cm 가량이고 잎은 선형(線形)임. 8〜9월에 긴 타원형의 꽃이 핌. 잎은 밧줄의 대용 또는 편물용으로 쓰임. 지풍초(知風草).
암:-클[명]→암글.
암키와[명] 지붕의 고랑이 되는 데에 까는 기와. 앙와(仰瓦). 여와(女瓦).《대》수키와. upturned tile
암탈개비[명]〈곤충〉모시나비의 유충.
암:-탉[명] 닭의 암컷. 빈계(牝鷄).《대》수탉. hen
암탉이 울면 집안이 망한다[격] 여자가 지나치게 나서서 간섭하면 집안 일이 잘 안 된다.
암:-탕나귀[명] 당나귀의 암컷.《대》수탕나귀.
암:-토끼[명] 토끼의 암컷.
암:-톨쩌귀[명] 문짝의 수톨쩌귀를 끼는 구멍 뚫린 돌쩌귀.《대》수톨쩌귀. gudgeon
암:-퇘:지(—)[명] 돼지의 암컷.《대》수퇘지. sow
암:투(暗鬪)[명] 드러내지 않고 서로 적의를 품고 다툼. secret strife 하[동]
암:투-극(暗鬪劇)[명] 암투가 아주 심함을 연극에 견주어 쓰는 말. undercover strife [하[형]
암:-팡스럽다[—따][형ㅂ불] 성질이 음흉스럽고 얄밉상스럽다. snaky
암팡=스럽다[형ㅂ불] 암팡진 듯하다. bold **암팡=스레**[부]
암팡-지다[형] 몸은 자그마하여도 힘차고 다부지다. plucky

암:팍(暗愎) 성질이 음충맞고 강팍스러움. 하다
암:펄→암벌.
암:펌→암범.
암페어(ampere) 〈물리〉전류의 실용 단위. 1초 동안에 1 쿨롬(coulomb)의 전기량이 흐를 때에 전기의 세기. 기호 ; A.
암페어-계(ampere 計) 〈물리〉암페어를 눈금의 단위로 만든 전류계의 하나. 전류계.
암페어 법칙(ampere 法則) 〈물리〉바른 나사가 나아가는 방향에 전류를 흘려면, 그 전류의 주위에 나사가 돌아가는 방향의 자계가 생긴다는 법칙.
암페어-시(ampere 時) 〈물리〉1 암페어의 전류가 한 시간 동안에 흐르는 분량. 기호. Ah. amperehour
암=평(鵪) 〈약〉암평아리.
암=평아리 병아리의 암컷. (대)수평아리. 〈약〉암평.
암=포기 암꽃이 피는 포기. (대)수포기.
암=표(暗票) 암거래로 사고 팔고 하는 차표나 극장표 따위.
암:표(暗標) 비밀한 표. 자기만 알도록 눈으로 한 표. winking 하다
암피둘기→암피둘기.
암하 고:불(岩下古佛) ①바위 밑의 오래된 불상(佛像). ②선량하지만 지혜성이 없는 사람의 비유. ③강원도 지방 사람의 성격을 평한 말. 암하 노불. excessively good man
암:-하다[여럽] 조금 암상하다. 하다
암:합(暗合) 뜻하지 않은 것이 우연히 같게 됨.
암:해(暗海) 빛이 미치지 못하여 어두운 바다 속. deep and dark sea 〔secretly kill
암:해(暗害) 비밀히 해치거나 죽임. hurt or kill
암:행(暗行) 남 모르게 다님. incognito travelling 하다
암:행 어:사(暗行御史) 〈제도〉조선조 때, 지방 정치의 잘잘못과 백성의 질고를 살피기 위하여 왕명으로 파견하는 비밀 사자. 직지사(直指使). 〈약〉어사(御史)②. regius secret inspector
암:향(暗香) 아주 그윽하게 풍기는 향기. ¶~부동(浮動). floating perfume
암혈(岩穴) 바위의 굴. 석굴(石窟). den
암:혈-도[-또](暗穴道) 〈불교〉중죄인이 간다는 과라국(果羅國)의 길.
암혈지=사[-찌-](岩穴之士) 속세를 떠나 깊은 산 속에서 은거하는 선비.
암:호(暗號) 당사자끼리만 알도록 약속된 비밀한 신호나 부호. ¶~ 전보(電報). watchword
암:호=해:독(暗號解讀) 암호로 된 문장을 읽어서 그 뜻을 밝혀내는 일. cryptography
암:홈(armhole) 진동 둘레.
암홍엽(暗紅葉) 〈식〉돈나무
암:화(暗花) 〈공업〉젯물속에 잠겨 있는 꽃무늬. 암꽃 〔暗款〕
암:회색(暗灰色) 검은 젯빛. dark grey
암:흑(暗黑) 어둡고 캄캄함. (대)광명(光明). darkness 하다
암:흑-가(暗黑街) ①가로등이 켜 있지 않은 어두운 거리. dark quarter ②갖은 범죄가 저질러지는 거리. underworld
암:흑-기(暗黑期) 문화가 쇠퇴하여 도덕이 문란하여 어지러운 시기. 암흑 시대①. dark age
암:흑 대:륙(暗黑大陸) 문화가 열리지 못한 미개한 대륙. 곧, 아프리카 주. dark continent
암:흑=면(暗黑面) ①사물의 밝지 못한 면. ②비참하고 추악한 장면. 암면(暗面). (대)광명면. gloomy side
암:흑 사:회(暗黑社會) ①문화가 쇠퇴하여 발전이 정체된 사회. ②범죄나 부도덕한 행위가 난무하여 무질서한 사회. ③억압을 받아 희망을 가질 수 없는 사회.
암:흑-상(暗黑相) ①어둡고 컴컴한 상태. terribly dark ②질서가 문란하여 온갖 범죄가 일어나는 어둡고 비참한 세상(世相). world full of sine
암:흑 성운(暗黑星雲) 〈천문〉은하의 군데군데에 있는 암흑한 부분. 불투명한 가스상(狀) 물질이 있어 먼데의 별이 보이지 않으므로 생김.
암:흑 세:계(暗黑世界) ①범죄와 죄악으로 가득 찬 세계. world full of sins ②어둠의 세계.
암:흑 시대(暗黑時代) ①세태가 혼란한 시대. 암흑기. dark age ②〈역사〉서양사에서 5세기 처음부터 14세기까지를 일컬음. (대)광명 시대.
암:흑-연(暗黑然) ①어두운 모양. ②사회가 혼란한 모양. 하다 〔하다
암:희(暗喜) 겉으로 드러내지 않고 은근히 기뻐함.
압(押) 〈약〉화압(花押).
=옵〔접미〕(고)=읍=.
압각(壓覺) 〈심리〉압력이나 충격이 피부에 주어질 때의 접촉 감각. pressure sensation
압각-수(鴨脚樹) 〈동〉은행나무. 〔입쟁이.
압객(狎客) ①터놓고 썩 가깝게 지내는 사람. ②오
압경(壓驚) 놀란 마음을 진정시키기 위하여 술을
압교(押交) 〈동〉압부(押付). 하다 〔마시는 일.
압권(壓卷) ①그 책 가운데에서 가장 잘 지은 부분. best part ②여러 책 가운데에서 제일 잘 된 것. masterpiece
압궤(壓潰) 눌러서 부숨. 하다
압근(狎近) 예의가 없이 남에게 가까이 다가붙음.
압닐(狎昵) 〔親押〕한 기생.
압기(狎妓) 귀염게 여겨 돌보아 주는 기생. 친압
압기(壓氣) ①기세에 눌려서 무서워함. being overwhelmed ②기세를 누름. overwhelm 하다
압뇨소(鴨尿草) 〈동〉조팝나무.
압닐(狎昵·狎眤) 정분이 매우 두터움. 매우 친하고
압다→아파. 〔가까움. 하다 히다
압도(壓度) ①압력의 정도. pressure ②단위 면적에 작용하는 압력의 크기.
압도(壓倒) ①상대방을 눌러서 넘어뜨림. overwhelming ②힘과 재주가 다른 사람보다 뛰어남. excellence 하다
압도-적(壓倒的) 〔관형〕세차서 남을 위압할 만한(것). 뛰어나게 남을 능가하는(것). ¶~ 승리. overwhelming
압두(壓頭) 첫머리를 차지함. dominating 하다
압량 위천(壓良爲賤) 양민을 강압하여 종을 삼음. 하다 〔filter press
압려-기(壓濾器) 압력 장치로 물을 거르는 기구.
압력(壓力) ①어떤 물체가 다른 물체를 누르는 힘. pressure ②권세로 누르는 힘. 압박하는 힘.
압력-계(壓力計) 〈물리〉압력을 기체의 압력을 재는 기구의 총칭. pressure gauge
압력 단체(壓力團體) 특정의 이익이나 주의(主義)의 달성을 위하여 의회·정당·행정 관청 등에 정치적 입력을 가하는 사회 집단. pressure group
압력 변:(壓力變) 〈지학〉암석이 지각의 내부에서 받는 강한 압력으로 그 질이 변하는 일.
압력-부(壓力釜) 〈물리〉액체의 면에 가하여진 압력이 클수록 그 액체의 비등점이 높아진다는 이치를 응용하여서, 물체를 연하게 찌는 솥. pressure pot 〔내는 선.
압력-선(壓力線) 〈물리〉압력의 방향과 양을 나타
압력-솥(壓力-) 두껍은 안쪽을 고무테 따위로 패킹(packing)하고 나사로 밀폐할 수 있도록 장치한 솥. 온도가 100℃ 이상까지 오르므로 음식물이 짧은 시간에 끓음.
압령(押領) ①죄인을 데리고 감. escoting ②물건을 호송함. bringing under escort 하다 〔매장함. 하다
압로 파순(壓顱破脣) 남의 무덤의 영역을 범하여
압류(壓留) 〔법〕①국가 권력으로 특정한 유체물(有體物) 또는 권리에 대해 사인(私人)의 처분을 금하는 행위. ②행정법상, 국세 체납자의 재산을 강제 처분하는 행위. ③형사 소송법상 압수(押收)의 일종. ④금전 채권에 대한 강제 집행의 절차로서

우선 채무자의 재산을 임의로 처분하지 못하게 하는 행위. 차압(差押). ¶~ 명령(命令). ~ 조서(調書). attachment 하다타

압맥(壓麥)명 납작보리. [함. oppression 하다타
압박(壓迫)명 ①내리누름. ②세력으로 누르고 구박
압박-감(壓迫感)명 내리눌리는 느낌. 조여 드는 느낌. sense of oppression [powering 하다타
압복(壓伏·壓服)명 세력으로 눌러서 복종시킴. over-
압부(押付)명 죄인을 압송하여 넘김. 압교(押交). sending criminals 하다타 [pressure 하다타
압사(壓死)명 무거운 것에 눌려서 죽음. death from
압살(壓殺)명 눌러서 죽임. pressing to death 하다타
압생트(absinthe 프)명 프랑스·스위스 등에서 산출하는 술. 압생트 쪽으로 조미하여 쓴맛이 나며, 70%의 주정이 함유되어 똑다.
압서(押署)명 도장을 찍고 이름을 씀. 서명 날인(署名捺印). signature 하다타
압설(狎褻)명 ①녀무 사이가 가까워져서 예의가 없음. 음란함. 방종함. 하다 히다
압설-자[-짜](壓舌子)명 〈의학〉 혓바닥을 아래로 누르는 의료 기구. [escort a criminal 하다타
압송(押送)명 〈법률〉 죄인을 잡아보냄. 호송(護送).
압쇄-기(壓碎機)명 ①설탕 제조기의 하나. ②눌러서 으깨어 부수는 기계의 총칭. crushing roll
압수(押收)명 〈법률〉 증거물로 쓰일 것을 법관의 영장에 의해 국민의 소유물을 차압하고 그것을 관청에서 몰수하는 강제 처분. seizure 하다타
압수 펌프(壓水 pump)명 원통·피스톤 및 위로 여는 판(瓣)으로 이루어진 펌프.
압슬(壓膝)명 〈제도〉 옛날에, 죄인을 심문할 때 널빤지로 무릎을 몹시 누르던 고문의 하나. [具).
압슬-기(壓膝器)명 옛날에, 압슬할 때 쓰던 형구(刑
압승(壓勝)명 압도적으로 승리함. (대) 참패(慘敗). sweeping victory 하다타
압시(壓視)명 만만하게 넘봄. 멸시함. contemp 하다타
압신(壓紳)명 기계의 작용이 피부에 닿아서 일으키는
압억(壓抑)명〈동〉억압. [감각.
압연(壓延)명 회전하는 압연기의 롤 속에 금속을 넣어 막대기 또는 판자 모양으로 만드는 일. rolling 하다타
압운(押韻)명 ①(漢詩賦)의 일정한 곳에 같은 운자(韻字)를 쓰는 일. ②시에서, 어구 끝에 같은 음이나 유사음을 규칙적으로 배치하여 운율적인 효과를 내는 일. rhyming 하다타
압인(押印)명 도장 따위를 찍음. sealing 하다타
압자일렌(Abseilen 도)명 등산에서, 급사면을 자일을 써서 내려가는 일. 현수 하강(懸垂下降).
압-전:기(壓電氣)명 〈물리〉 누르는 힘에 의하여 어떤 광물에 일어나는 전기. piezoelectricity
압점(壓點)명〈생리〉 피부에 분포되어 압각(壓覺)을 느끼게 하는 피부 위의 점. pressure spot [tack
압정(押釘)명 손가락으로 눌러 박는 납작한 쇠못.
압정(押政)명 권력으로 국민을 억누르는 정치. despotic government [pression 하다타
압제(壓制)명 압박하고 억제함. ¶~ 정치(政治). op-
압제-력(壓制力)명 억제하는 힘.
압조(壓條)명〈동〉취목(取木). 하다타
압존(壓尊)명 어른에 대한 존대스러운 마음이 더 높은 어른 앞에서는 줄어짐을 이름.
압지(押紙·壓紙)명 잉크나 먹물 따위를 마르기 전에 빨아들이는 종이. blotting paper
압착(壓搾)명 눌러서 짜냄. pressure 하다타
압착 공기(壓搾空氣)명〈동〉 압축 공기(壓縮空氣).
압착-기(壓搾機)명 압착하여 액체를 내는 기계. press
압축(壓軸)명 하나의 시축(詩軸)에 실린 여러 시 가운데 가장 잘 된 시. best one of the poems
압축(壓縮)명 눌러서 오그라듦. compression 하다타
압축 가스(壓縮gas)명〈물리〉 ①압축한 기체. ②천연 가스·석탄 가스나 하수도 등의 메탄 발효에 의한 부패 가스를 고압 용기에 충전하는 것. compre-
ssed gas
압축 공기(壓縮空氣)명〈물리〉 압력을 가하여 그 용적을 축소시킨 공기. 원동기·전차의 자동 개폐 장치·공기 제동기 등에 쓰임. 압착 공기(壓搾空氣). compressed air
압축-기(壓縮機)명〈물리〉 강한 압력을 가하여 물체의 용적을 축소시키거나 물질의 밀도를 크게 하는 장치. 압축 펌프·수압기 따위. compressor
압축-률(壓縮率)명〈물리〉 왕복 기관에서, 활색(活塞)의 행정 용적(行程容積)과 연소실의 들이외의 합을 연소실의 들이로 나눈 비율. compressibility
압축 산소(壓縮酸素)명 산소를 상온에서 높은 압력을 가하여 그 부피를 압축한 것. 의료용, 또는 수소나 석탄 가스와 혼합하여 금속의 용접·절단용으로 쓰임.
압축 펌프(壓縮 pump)명〈물리〉 유체를 압축하여서 그 압력을 높은 곳으로 내는 데 쓰이는 펌프. 기체의 액화·압축 공기의 제조 등에 쓰임.
압출(壓出)명 눌러서 밀어냄. press 하다타
압출 진통(壓出陣痛)명〈의학〉 태아가 음부를 나올 때 받는 진통. pressure produced by labor pains
압통-점[-쩜](壓痛點)명〈의학〉 피부 위로 눌러서 아픈 감각을 느끼는 점. point of oppressive pain
압핍(狎逼)명〈동〉 압근(狎近). 하다자
압핍-지(狎逼之地)명 무덤이나 집터 따위의 바로 곁에 이웃하고 있는 땅.
압흔(壓痕)명〈의학〉 눌렀던 자리가 쉬 원상태로 돌아가지 아니하고 우묵하게 그대로 있는 흔적.
앗감 깜짝 놀랐을 때에 내는 소리. Oh! Heavens
앗명(고) 아우. →앗.
앗명(고) 아우. →앗.
앗가명(고) 아까.
앗갈-다타 아깝다. [doing
앗-게: 하게 할 자리에 그리 말도록 말리는 말. stop
앗기-다타①→빼앗기다.
앗-기-다타①→빼앗기다.
앗-다타①(약) 앗다. ②껍질을 벗기고 씨를 빼다. gin ③남의 하는 일을 가로채 가지다. snatch ④깎아 내다. shave off
앗-다자 품을 품으로 갚다. 품일을 해 주고 품을
:앗·-다타(고) 빼앗다. [언다.
앗·-다타 ①빼앗다. →앗다1①.
앗-사위명 쌍륙(雙六)이나 골패놀이에 승부가 끝나는 판. critical set of the game
앗-쎔명 엇비슷하며 통한 구덩이.
앗아→아서.
앗아-넣다타 한쪽으로 쏠리지 않도록 끝을 깎아 어 [긋꺼꺼 넣다. drive in obliquely
앗아라→아서라.
앗·이·다타(고) 빼앗기다.
앗자창(壓字瘡)명〈건축〉 문살의 모양이 '亞'자처럼 되어 있
앗-줄명(약)→앗줄. [는 장지.
-았(선미) 동사나 형용사의 양성모음 어간에 덧붙어서 과거를 나타냄. 즐겁게 하다
-았습니다(어미) 선어말 어미 '-았'과 '-습니다'가 합치어 된 종결 어미.
앙[1] 개 따위가 왈칵 물려고 덤빌 때 내는 소리.
앙[2] 어린이들의 울음을 나타내는 말. sound of
앙(盎)명 중배가 부른 동이. pot [crying 하다자
앙가-발이명 ①다리가 짧고 굽은 사람을 이름. man with bandy-legs ②잘 달라붙는 사람.
앙가-슴명 두 젖 사이의 가슴.
앙가-조촘명 ①아주 앉지도 서지도 않고, 몸을 반쯤 굽히고 있는 모양. crouch ②거부를 결정짓지 못하고 망설이는 모양. (률) 엉거주춤. hesitating 하다자
앙가주망(engagement 프)명 정치 참가(政治參加). 사회 참여(社會參與).
앙·각(仰角)명〈수학〉 ①'올려본각'의 구용어. angle of elevation ②포구(砲口)가 위로 향했을 때, 포신(砲身)과 수평면이 이루는 각. 고각(高角). elevation of gun

앙감-질 한 발은 들고 한 발로만 뛰어가는 짓. hopping 하다

앙갚-음 남이 자기에게 해를 주었을 때에, 저도 그에게 해를 주는 행동. 보구(報仇). 보복(報復). 보수(報讐). 보원(報怨). 복수(復讐). revenge 하다

앙견(仰見) 우러러봄. 앙관(仰觀). 앙시(仰視). looking up 하다

앙경(殃慶) 재앙과 경사스러운 일. good or ill luck

앙계(鴦鷄) 〈조류〉 뜸부기과의 새. 뜸부기와 비슷하며 날개 12cm 가량. 다리와 부리가 길며, 꽁지는 짧음. 끝닭.

앙:고(仰告) 우러러 고함. reporting to 하다

앙고라-모(Angora 毛) 앙고라염소의 털. 순백색이며 광택이 많음. 모직물의 원료임.

앙고라-염소(Angora—) 〈동물〉 앙카라 지방 원산인 염소의 한 변종. 모헤어 염소.

앙고라-토끼(Angora—) 〈동물〉 토끼과의 짐승. 원산지는 소아시아 앙카라 지방으로 몸은 중형이고 귀는 짧음. 털빛은 대개 희나 갈색·회색·흑색도 있

앙:관(仰觀) 우러러봄. 앙시(仰視).

앙-괭이 ①〈민속〉정월 초하룻날 밤에 내려와서 잠자는 아이들의 신을 신어 보아서 맞는 신을 가져간다는 귀신. 약왕귀(藥王鬼). 야광귀(夜光鬼). ②얼굴에 먹이나 검정으로 함부로 그려놓은 꼴.

앙괭이 그리다 얼굴에 먹칠을 함부로 하다. daub blacks on one's face

앙구-다 ①음식 따위를 식지 않도록 불에 놓거나 따뜻한 데에 덮어 놓아 보아서 맞는다. keep warm ②한 그릇에 여러 가지 음식을 어울리게 붙이어 담다. 곁들이다. garnish ③사람을 안동하여 보내다. accompany

앙귀(昻貴) 〈동〉등귀(騰貴).

앙그러-지다 ①음식이 먹음직하다. tempting ②모양이 보기에 좋다. good-looking ③하는 짓이 어울리고 야무지다. becoming

앙그루(←anchor escapement) 시계 태엽의 힘을 등시적(等時的)으로 풀어내는 작용을 하는 장치.

앙글-거리다 어린아이가 소리 없이 연해 귀엽게 웃다. beamingly ②무엇을 속이면서 연해 꾸며서 웃다. sweetly **앙글-앙글** 하다

앙글-방글 앙글거리면서 방글방글 웃는 모양. 〈큰〉엉글벙글. smiling a forced smile

앙금 ①물에 가라앉는 녹말 따위의 부드러운 가루. ②〈동〉침전(沈澱). deposit

앙금(鴦衾) 〈약〉→원앙금(鴛鴦衾).

앙금-쌀금 앙금앙금 굼틀거리다가 재빨리 기는 모양. 엉금썰금. crawling slowly and rapidly

앙금-앙금 어린아이나 다리가 짧은 동물이 기어가는 모양. 〈큰〉엉금엉금. crawlingly

앙-급자손(殃及子孫) 죄악의 갚음이 자손에게 미침. 하다

앙-급지어(殃及池魚) 성문에 난 불을 못물로 껐으므로 그 못의 물고기가 다 죽었다는 고사에서, 엉뚱하게 당하는 재난을 비유로 이르는 말.

앙뉘(ennui 프) ①권태. 애수. 불안. ②〈문학〉19세기의 세기말적인 풍조에서 생긴 기운. 곧, 인생의 무의미함을 느끼고 초조감에 사로잡힘.

앙-니 →송곳니.

앙달-머리 어른스러운 체하고 야살스레 구는 짓. high-flown behaviour 스럽 스레

앙당그러-지다 ①마르거나 굳어지면서 조금 뒤틀리다. be bent ②춥거나 겁이 나서 몸이 옴츠러들다. shrink

앙당-그리다 춥거나 겁이 나서 몸을 옴츠리다. 〈큰〉응등그리다. shrink

앙등(昻騰) 〈동〉등귀(騰貴). 하다

앙동-하다 조그만 사람이 분수에 지나치는 말이나 짓을 하다. talking wild

앙:련(仰蓮) 〈건축〉꽃부리가 위로 향한 연꽃 무늬.

앙:련(仰聯) 제사나 잔칫상의 음식을 높이 괼 때, 무너지지 않게 두꺼운 종이나 색종이로 접시 둘레와 같이 싸붙여 올리고 그 속에 쌀을 넣는 것.

앙:련-좌(仰蓮座) 〈건축〉앙련의 모양의 대좌(臺座).

앙롱(佛弄) 나이 많은 사람에게 실없이 굶. impertinence 하다

앙:망(仰望) ①우러러봄. looking up ②우러러 바람. 앙원(仰願). desire 하다 못함. 하다

앙:망 불급(仰望不及) 우러러 바라보아도 미치지 못함.

앙:면(仰面) 얼굴을 쳐듦. 하다

앙:모(仰慕) 우러러 사모함. adoration 하다

앙묘(秧苗) 벼의 싹. 볏모. young rice-plants

앙바틈-하다 짤막하고 딱 바라지다. 〈큰〉엉버틈하다. stumpy **앙바틈-히** sist stubbornly

앙-버티-다 끝가지 고집하다. 끝내 대항하다. resist stubbornly

앙:벽(仰壁) 〈건〉치받이②.

앙:부 일구(仰釜日晷) 해시계의 하나. 모양은 가마 비슷하며 안쪽에 이십사 절기의 금을 긋고, 해의 그림자로 시간을 헤아리었음. 앙부 일영.

앙:부 일영(仰釜日影) 〈동〉앙부 일구(仰釜日晷).

앙분(怏憤) 분하게 여겨 앙갚음할 마음을 품음. bitter feeling 하다

앙분(昻奮) 몹시 흥분함. excitement 하다 케우다

앙분-풀이(怏憤—) 앙심을 품고 원수를 갚는 짓.

앙:사(仰射) 높은 곳을 향하여 내어 쏨. 하다

앙:사 부:모(仰事父母) 우러러 부모를 섬김. 하다

앙:사 부:육(仰事俯育) 위로 부모를 섬기고, 아래로 처자를 거느림. able to support the family 하다

앙살 엄살을 피우며 반항함. noisy protest 하다 스럽

앙살-궂다 매우 앙살스럽다. 〈동〉스럽다

앙살-부리-다 앙살하는 태도를 일부러 나타내다. object loudly noisy protest

앙살-피우다 앙살스러운 태도를 나타내다. make a haggard

앙살-피-다 몹시 앙상하다. haggard

앙상블(ensemble 프) ①통일. 조화. ②〈음악〉중주합주. ③〈연예〉통일적 무대 성과를 꾀하는 일. ④양장에서 조화가 잘된 것.

앙상블 스테레오(ensemble stereo) 모든 장치를 한 대의 캐비닛에 담아 놓은 일체형(一體型)의 플로어(floor)형 스테레오.

앙상-하다 ①꼭 째이지 않아 아울리지 않다. unbecoming ②뼈만 남도록 바짝 여위다. 〈큰〉엉성하다. haggard 하히

앙-세:-다 몸은 약해 보여도 다부지다. weak-looking but has hidden strength

앙숙(怏宿) 원한을 품고 서로의 사이가 좋지 못함. bearing a grudge against each other 하다

앙:시(仰視) 〈동〉앙관(仰觀).

앙시앵 레짐(ancien régime 프) 프랑스 혁명 전의 절대 군주 정체. 구제도(舊制度).

앙심(怏心) 원한을 품고 앙갚음을 벼르는 마음. grudge against

앙심-먹-다(怏心—) 앙심을 품다. bear a grudge

앙알-거리다 윗사람에게 대하여 원망하는 뜻으로 자꾸 종알거리다. 〈큰〉엉얼거리다. make complaints **앙얼-앙얼** 하다

앙:앙(昻昻) 어린아이가 크게 우는 소리. 또, 그 모양. 〈큰〉엉엉. crying 하다

앙앙(怏怏) 마음에 만족하지 않은 모양. gloomy

앙앙-거리다 ①어린아이가 앙앙 소리내어 울거나 괴로워서 성가시게 굴다. ②가난의 괴로움을 하소연하다. 〈큰〉엉엉거리다. my mind

앙앙지-심(怏怏之心) 앙앙하게 여기는 마음. gloomy

앙양(昻揚) 높여서 드러냄. elevation 하다

앙얼(殃孼) 〈동〉앙화(殃禍). cursed

앙얼-입-다(殃孼—) 신불(神佛)의 앙화를 받다. be

앙연(怏然) 앙앙한 마음을 품은 모양. 하다 히

앙:와(仰臥) 〈동〉 앙침.

앙:와(仰瓦) 배와 가슴을 위로 하고 반듯이 누움.

앙:우(仰友) 재주와 학식·덕망이 자기보다 나은 벗.

앙원

respectable friend
앙:원(仰願)[명] 우러러 원함. 앙망(仰望)②. desire 하다
앙잘앙잘-거리-다[자] 잔소리로 앙알거리다. (큰)엉절거리다. murmuring 앙잘앙잘-하다[형]
앙장(仰帳)[명] 천장이나 상여 위에 치는 휘장.
앙장(怏將)[명] 양의 반자. 또는 반자틀의 총칭. frame
앙장(鞅掌)[명] 일이 매우 복잡하고 바쁨. 하다
앙재(殃災)[명] 재앙.
앙증-맞-다[형] 얄밉게 앙증하다. ¶앙증맞은 소녀.
앙증-스럽-다[형][ㅂ변] 보기에 앙증하다. ¶앙증스럽게 생긴 인형. 앙증-스레[부] unbecomingly small
앙증-하-다[형] 모양이 제 격에 맞지 않게 작다.
앙짜 ①성질이 깐작깐작하고 암상스러운 사람. jaundiced person ②젊게도 점잔을 빼는 짓. be having as good as gold
앙:천(仰天)[명] ①하늘을 우러러봄. looking up the sky ②탄식하는 소리. ③(동) 앙천 대소하다
앙:천 대:소(仰天大笑) 하늘을 쳐다보고 크게 웃음. 앙천(앙). hearty laugh 하다
앙:천 부:지(仰天俯地) 하늘을 우러러보고 땅을 굽어봄.
앙:천 축수(仰天祝手)[명] 하늘을 우러러 빎. 하다
앙:첨(仰瞻)[명] 쳐다봄. looking up 하다
앙:청(仰請)[명] 우러러 청함. request 하다
앙:축(仰祝)[명] 우러러 축원함. congratulation 하다
앙칼-스럽-다[형][ㅂ변] 앙칼진 듯하다. obstinate 앙칼-스레[부] 「다. persistent ②매우 앙칼하다. crafty
앙칼-지-다 ①제 힘에 넘치는 일에 악을 쓰고 덤비
앙케:트(enquête 프)[명] ①조사. 탐문. 조회. ②사용지. 질문표. 통신 조사. 엽서 회답. questionnaire
앙코:르(encore 프)[명] '다시 한 번'의 뜻. 재청(再請).
앙콩-상콩 짧은 다리로 발을 무겁게 떼었다 가볍게 떼었다 하며 걷는 모양. (큰) 엉금성금. toddling
앙큼-스럽-다[형][ㅂ변] 앙큼한 듯하다. overambitious 앙큼-스레[부] (큰) 엉큼스럽다.
앙큼=앙큼 (거)→앙금앙금.
앙큼-하-다[형][여변] 엉뚱한 욕심을 품고 제 분수에 넘치는 짓을 하고자 하는 태도가 있다. (큰) 엉큼하다.
앙:탁(仰託)[명] 우러러 청탁함. 하다 「crafty
앙탈[명] ①시키는 말을 듣지 않고 꾀를 부림. evasive answer ②마땅히 해야 할 것을 핑계를 대어 피함. evasion 하다 「answer
앙탈-부리-다 앙탈을 몹시 하다. give an evasive
앙탕트(entente 프)[명] 협상. 협약.
앙:토(仰土)[명] 치받이. 「plasterer
앙:토-장이(仰土匠-)[명] 치받이를 바르는 미장이.
앙:토-질(仰土-)[명] 치받이를 바르는 일. 하다
앙-투카(en-tout-cas 프)[명] 육상 경기장의 경주로(競走路)나 테니스 코트에 쓰이는 벽돌 가루처럼 가공한 인조(人造) 흙. 또, 그 흙을 깐 경기장.
앙트레(entrée 프)[명] 서양 요리에서, 생선 요리와 로스트(roast) 사이에 나오는 요리.
앙트르샤(entrechat 프)[명] 발레에서, 위로 바로 뛰면서 공중에서 두 발을 교차(交叉)하는 기법.
앙티=로망(anti-roman 프)[명] 〈문학〉전통적 근대 소설의 개념을 거부한고 소설 형식의 혁신을 꾀하는, 현대 프랑스 소설의 한 경향. 반소설(反小說).
앙티크(antique 프)[명] 〈인쇄〉활자 자체(字體)의 하나. 고딕체의 로만(roman)에 세리프(serif)를 단 자체로, 고딕에 비하여 부드러움.
앙판(怏板)[명] (동) 못자리.
앙팡 테리블(enfant terrible 프)[명] 〈문학〉큰 일을 저지를 무서운 아이.   「를 무서운 아이.
앙:포(仰哺)[명] 부모를 자손이 봉양함. 하다
앙:하-다[형][여변] 속으로 성이 난 기색이 있다. sullen
앙:혼(仰婚)[명] 자기의 집보다 문벌이 높은 사람과 혼인함. (대) 강혼(降婚). marry into a higher status 하다 「(怏怏). calamity
앙화(殃禍)[명] 죄의 앙갚음으로 받는 온갖 재앙. 앙얼
앞[명] ①뒤의 반대되는 곳. front ②미래. 장래. future ③이전. 먼저. past ④차례에 먼저 있는 편. former

1228

앞못보다

⑤전면. presence ⑥몫. share ⑦명사나 인칭 대명사 다음에 쓰이어 '에게', '게'의 뜻으로 쓰임. to
앞-가리마[명] 앞머리 한가운데에 반듯하게 가른 가리마.
앞-가림[명] 학식이 겨우 제 앞의 무식이나 가리어 갈 만함. poor knowledge 하다
앞-가슴[명] ①'가슴'의 힘줌말. breast ②윗도리의 가슴. 전흉(前胸). (대) 뒷등.
앞=가슴마디〈곤충〉곤충의 세 가슴마디의 앞마디로서, 한 쌍의 앞다리가 붙었음. 전흉절.
앞=가지[명] 접두사(接頭辭).   「또, 그 일. 하다
앞-갈망[명] 앞에 놓인 일을 당하여 능히 처리해 냄.
앞-갈이[명] ①논을 애벌가는 일. first tillage ②햇농사. 곧, 보리갈이 등. first crop 하다   「뒷갱기.
앞-갱기[명] 짚신·미투리 따위의 앞갱기를 일컬음. (대)
앞-거리[명] ①도심지의 앞쪽 길거리. ②어떠한 처소의 앞쪽 길거리. (대) 뒷거리. front road
앞-걸이[명] 수레를 끌 때나 탈 때에 말을 세우도록 말 앞가슴에 대어 지르는 혁대 마구의 하나. hamesstrap
앞-길[명] ①장차 나아갈 길. 전도(前途). 전정(前程). way ahead ②앞으로 살아갈 길. future
앞-길²[명] 집채나 마을 앞으로 난 길. (대) 뒷길.
앞-길[명] 웃옷의 앞쪽에 대는 가는 길. front of the coat   「이루려면 아직도 멀다.
앞길이 구만리 같다[관] 앞길이 멀다. 즉, 뜻한 바를
앞-날[명] 앞으로 올 날. 남은 세월. remaining years
앞=남산(-南山)[명] 남쪽에 위치한 마을 앞의 산.
앞-넣-다[타] 윷놀이에서 말을 앞밭에 옮겨 놓다.
앞-니[명] 앞쪽의 아래위에 각각 두 개씩 난 이. 이 끝이 얇음. 문치(門齒). 전치(前齒). front tooth
앞-니다그-다[자] →앞다그다.
앞-다리[명] ①네 발 짐승의 앞에 있는 두 다리. 전각(前脚). forelegs ②베틀 앞에 높게 세운 나무. forelegs ③집을 남에게 내주고 다른 곳으로 갈 집. new residence ④앞잡이가 될 사람. cat's paw 하다.
앞-다투-다[자] 뒤지지 않으려고 다투어 나아가거나 행하다.   「-다지기] 구두의 앞부분.
앞-당기-다[타] 정한 때나 곳을 당기어 미리 하다. shorten   「뗑남①. southern section
앞-대 어떤 지방에서 그 남쪽의 지방을 가리킴. 아
앞=대:문(-大門)[명] 집의 정문.   「or to face
앞-두-다[타] 닥쳐올 때나 곳을 바라보다. have ahead
앞-뒤[명] 앞과 뒤.
앞뒤=갈이[명] ①앞갈이와 뒷갈이. first and second plowing ②봄장이와 가을갈이. spring and autumn
앞뒷=문(-門)[명] 앞문과 뒷문. front gate and back gate   「ching 하다
앞뒷-질[명] 배가 앞뒤로 흔들리는 일. (대) 옆질. pit-
앞뒷-집[명] 앞과 뒤에 있는 이웃집. neighbouring house
앞-들[명] 마을 앞에 있는 들판. (대) 뒷들.   「use
앞-들-다[타] ①앞서서 들어서다. ②윷놀이에서 말이 앞밭에 이르다.
앞-딱지[명] 풍뎅이의 앞쪽으로 나온 엷은 넓빤지. protruding plank
앞=뚜루[명] (속) 앞호주머니.
앞-뜰[명] 집채 앞에 있는 뜰. front yard
앞-마구리[명] 걸에의 앞쪽에 가로 댄 나무. 앞채③. (대) 뒷마구리.   「yard
앞-마당[명] 집채 앞에 있는 마당. (대) 뒷마당. front-
앞-막이[명] 검도(劍道)할 때의 충격을 머리나 상체(上體)를 보호하려고 앞을 가리는 일. front protector
앞-머리[명] ①(생리) 정수리 앞쪽 부분의 머리. sinciput ②물건의 앞쪽. head ③행렬의 앞쪽.
앞머리-뼈[명] (동) 전두골(前頭骨).   「(대) 뒷머리. van
앞메-꾼[명] 대장간에서 달군 쇠를 큰 메로 치는 사람.
앞-면(-面)[명] 전면(前面).
앞-모개[명] 윷판의 앞밭으로부터 안으로 꺾어 둘째 밭.
앞-모도[명] 윷판의 앞밭으로부터 안으로 꺾어 첫 밭.
앞-몸[명] (동) 전신(前身).
앞-못-보-다[자] ①눈이 멀어 사물을 보지 못하다. be

blind ②무식해서 제 앞을 가리지 못하다. be ignorant
앞=무릎치기[명] 《체육》 씨름에서 상대편이 앞으로 내더딘 다리의 무릎을 치는 재주.
앞=문(-門)[명] 집이나 방의 앞쪽의 문. 《대》 뒷문.
앞=바닥[명] ①신바닥의 앞쪽 부분. fore part of a sole ②《俗》 앞장².
앞=바람[명] ①《동》 마파람. ②《동》 역풍(逆風)⁴.
앞=발[명] 네 발 짐승의 앞쪽의 두 발. 《대》 뒷발. paw
앞발=질[명] 앞발을 마구 움직이는 짓. 앞발로 차는 짓.
앞=방(-房)[명] 《속》 앞호주머니. 《대》 뒷방¹. 하타
앞=밭[명] 집 앞에 있는 밭. fore field ②울판의 시작하는 밭으로부터 다섯째 밭.
앞=볼[명] 버선을 기을 적에 바닥의 앞쪽에 덧대는 두 폭 붙이의 헝겊 조각. 《대》 뒷볼. toe patch of Korean socks
앞=산(-山)[명] 집 앞쪽에 있는 산.
앞=서[부] ①지난 번에. lately ②미리. beforehand ③다른 이보다 먼저. before
앞서=가=다[자타] ①남의 앞에 서서 가다. 먼저 가다. precede ②남을 앞질러 가다. go ahead of ③남보다 뛰어나다. lead 〔뒤에 서기도 하며.
앞섰거니 뒤섰거니 혹은 앞에 서기도 하고, 혹은
앞=서=다[자] ①남보다 먼저 나아가다. surpass ②먼저 요구되다. ③웃어른 생전에 손아랫 사람이 죽다.
앞=서서[부] 정한 시간보다 먼저. 어떤 일보다 먼저. 일찍이. earlier
앞=세우=다[타] ①앞에 먼저 서게 하다. let one go ahead ②먼저 내어 놓다. present first
앞=수구미[명] …… 셋집덩이.
앞=수표(-手票)[명] 《경제》 발행 일자를 실제의 발행일 이후의 날짜로 발행한 수표. 연(延)수표.
앞=앞[명] 제각기의 앞. front of each person
앞앞=이(앞-)[부] 저마다의 앞에. in front of each ②몫몫이.
앞에서 꼬리치는 개가 뒤후에 발뒤꿈치 문다[속] 아첨하는 자일수록 돌아서면 도리어 험담을 한다.
앞=이마(-니-)[명] ①'이마'의 힘줌말. forehead ②이마의 가운데 부분. middle of the forehead
앞=일(-닐)[명] 앞으로 닥쳐올 일. future
앞=자락[명] 앞쪽 자락. 저고리·두루마기 따위의 앞에 있는 섶. front of a coat
앞=잡이[명] ①앞에서 이끌어 주는 사람. guide ②남의 시킴을 받고 움직이는 사람. 주구(走狗). 전도자 (前導者).
앞=장[명] ①여럿이 나아갈 때에 맨 앞에 서는 사람. head ②《광물》 사금판에서 파 나아가는 앞으로 남아 있는 바닥. 앞바닥².
앞장=서=다[자] 맨 첫머리에 서서 나아가다. head
앞장=세우=다[타] 남들보다 맨 앞에 서서 나아가게 하다. make one go ahead
앞=전(-殿)[명] 종묘(宗廟)의 정전(正殿).
앞=정강이 '정강이'의 힘줌말. foreshin
앞=주(-註)[명] 장하주(章下註)의 앞에 있는 큰 주.
앞=지르기[동] 추월(追越). 하타
앞=지르=다[자타] 빨리 나아가서 남들보다 먼저 앞을 차지하다. take the initiative
앞=집[명] 집 앞에 이웃한 집. 《대》 뒷집.
앞짧은=소리[명] ①장래성이 볼 것 없거나, 장래의 불행을 뜻하게 되는 말마디. ②하지도 못할 일을 하고자 미리하는 말.
앞=차(-車)[명] 먼저 떠난 차. 또는 앞쪽에서 달리는 차. 《대》 뒷차. preceding car
앞=차=다[자] 마음이 군고 든든하여, 믿음성이 있다. 〔dependable
앞차=소리[명] →잎차소리. 〔stage
앞=참(-站)[명] 다음에 머무를 곳. 전참(前站). next
앞=창(-窓)[명] 방의 앞쪽에 있는 창. 《대》 뒷창. front window
앞=채[명] ①한 울안의 몸체 앞에 있는 집채. front building ②가마·상여 등의 앞에서 메는 채. preceding

sedan chair ③《동》 앞마구리. 〔매는 줄.
앞=철기[명] 질마의 양편 궁둥막대에 소의 목을 휘둘러
앞=총[명] →엄지총.
앞=치마[명] 취사 따위를 할 때 옷 앞을 가리는 겉치마. apron
앞=편짝[명] 앞에 있는 편짝. 또의 앞편쪽.
앞=편(-片)[명] ①옷의 앞쪽에 붙인 헝겊 조각. front piece ②나무로 짜는 물건의 앞쪽에 대는 널조각. 《대》 뒤쪽. front board
애¹[명] 《어학》 한글의 모음 'ㅐ'의 이름.
애²[명] ①근심으로 초조한 마음속. 간장(肝腸)². anxiety ②마음과 힘의 수고로움. trouble
애:³[명] 《약》→아이¹¹.
애⁴[감] 업신여기는 뜻을 나타내는 소리. hey
애⁵[감] 어리거나, 앳되거나 또는 처음의 뜻을 나타냄. ¶~호박. young
애(哀)[명] 어머니를 여읜 자식. 《대》 고(孤)⁴. son deprived of his mother
애(埃)[부] ①소수(小數) 단위의 하나. 진(塵)의 10분의 1. 묘(渺)의 10배. ②소수의 단위의 하나. 진의 억분의 일, 묘의 억 배.
-애(愛)[접미] 접미사처럼 쓰이어 무엇에 대한 사랑을 나타냄. ¶조국~. love
:애[명] (고) 창자.
·애[명] (고) 애.
애³[고] 아아.
·이[조] (고) ①의.. ②에. ③게.
·이[조] (고) 아아.
=이[어미] (고) =게.
애가(哀歌)[명] 《음악》 ①슬픈 마음을 읊조린 노래. elegy ②사람의 죽음을 슬퍼하는 노래. funeral song
애각(涯角)[명] 궁벽스럽고 먼 땅.
애개[감] ①'아뿔싸' 보다 얕은 말. Oh dear! ②작은 것을 업신여기는 소리. what a small amount!
애개개 '애개'를 거듭할 때 줄어드는 소리. 〔대타
애걸(哀乞)[명] 슬피 소리내어 빎. supplication
애걸 복걸(哀乞伏乞)[명] 연방 굽실거리며 갖은 수단으로 머리 숙여 빌고 원함. 하타
애:견(愛犬)[명] 개를 귀여워함. 또, 그 개. 하타
애경(哀慶)[명] 슬픈 일과 경사스러운 일.
애:경(愛敬)[명] 《속》 경애(敬愛). 하타
애고[감] 《약》→아이고.
애고(哀告)[명] 애처로운 고백. sad confession
애고(哀苦)[명] 슬픔과 피로움. sorrow and agony
애:고(愛顧)[명] 사랑하여 돌보아 줌. favour 하타
애고-대:고[부] 소리를 마구 지르면서 우는 모양. crying
애고-머니[감] 아이고머니. 〔and wailing
애고-애고[부] 상제가 곡하는 소리. cries of lamentation
애고-지고[부] 소리를 내어 애통히 우는 모양. 〔ion
애곡(哀曲)[명] 슬픈 곡조. elegy
애곡(哀哭)[명] 슬퍼하여 흐느끼 욺. wailing 하타
애관(礙管)[명] 전기가 다른 대로 통하지 못하게, 전선을 꿰어서 쓰는 사기나 유리 관. insulator 〔하타
애:교(愛校)[명] 학교를 사랑함. 또, 사랑하는 학교.
애:교(愛嬌)[명] 남에게 귀엽게 보이는 태도. charms
애구[감] →아이고.
애:국(愛國)[명] 자기 나라를 사랑함. patriotism 하타
애:국-가(愛國歌)[명] ①나라를 사랑하는 뜻으로 온 국민이 부르는 노래. patriotic song ②나라를 상징하는 노래. national anthem
애:국 공채(愛國公債)[명] 《경제》 국가에서 비상시에 국민의 애국심에 호소하여, 이자를 없게 하거나 또는 싸게 하여 공모(公募)하는 공채. patriotic bond
애:국 선언(愛國先烈)[명] 나라를 위하여 싸우다가 목숨을 바친 이. 순국 선열(殉國先烈). deceased patriots   〔조국애(祖國愛).
애:국-심(愛國心)[명] 나라를 사랑하고 아끼는 마음.
애:국-열[-녈](愛國熱)[명] 나라를 사랑하고 아끼는 열성.
애:국-자(愛國者)[명] 나라를 사랑하는 사람. patriot
애:국=적(愛國的)[관][명] 애국하는(것).

애:국 지사(愛國志士)[명] 신명을 다하여 나라에 이바지한 사람. patriot
애국=채(艾菊菜)[명] 쑥갓 나물.
애:군(愛君)[명] 임금을 사랑함. love of the king 하[자]
애그러지게 나가며 어그러지게 들어온다[속] 미운 놈은 하는 짓마다 밉다.
애그리=비지니스(agribusiness)[명] ①농업 관련 사업. 농업과 그에 밀접히 관계되는 농업 생산 자재 제조업 및 농산물 가공업 등의 총체. ②농사에만 종사하는 것이 아니라, 농산물의 가공·유통의 기능도 아울러 영위하는 개개의 농업 기업체.
애급(埃及)[명] '이집트(Egypt)'의 음역(音譯).
애긋-다/익긋-다[자] 《고》 애끊다. 단장(斷腸)하다.
애긍(哀矜)[명] 불쌍하게 여김. 보기에 불쌍함. pity 하[자][타]
애기[명] 《속》 아기.
애:기(愛己)[명] 자기를 사랑함. 자애(自愛). 《대》 애타(愛他). 하[자]
애:기(愛妓)[명] 사랑하는 기생. 귀여운 기생. pretty *keesaeng*
애:기(愛機)[명] 자기가 조종하는 비행기. one's favourite plane
애기(噯氣)[명] 《동》 트림.
애거=고추나물[명] 〈식물〉 물레나물과의 다년생 풀. 줄기 높이 10~30cm 로 잎은 난형임. 6월에 노란 꽃이 피고 과실은 삭과(蒴果)임. 들의 습지에 남.
애기=꽃무지[명] 〈곤충〉 풍뎅이과의 벌레의 하나. 몸 길이 10~15 mm 이고, 몸 빛은 윗면은 녹색에 백색 반문이 산재하고 촉각은 흑갈색임. 성충은 장미류·싸리나무 등의 활엽수의 꽃을 먹고 서식함.
애기=나리[명] 〈식물〉 은방울꽃과의 다년생 야생풀. 높이 15~40 cm 로, 4~5월에 녹백색 꽃이 핌.
애기=나방[명] 〈곤충〉 애기나방과의 곤충. 몸 길이 약 1.5 cm, 편 날개 3.8 cm 가량으로 몸 빛은 흑색, 앞날개에 5개의 투명한 무늬가 있음. 유충은 배나무·사과나무 등의 잎을 갉아먹는 해충임.
애기똥=풀[명] 〈식물〉 애기똥풀과의 다년생 풀. 줄기 높이 50 cm 가량이며 감황색 유액(乳液)이 들어 있음. 5~8월에 황색 꽃이 피고 과실은 삭과(蒴果)임. 독이 있어 약재로 씀.
애기=마름[명] 〈식물〉 바늘꽃과의 일년생 풀. 물 속에서 성장하며, 줄기는 가늘고 마디에서 실 모양의 뿌리가 나옴. 7월에 흰꽃이 피며, 과실은 핵과임.
애기=메꽃[명] 〈식물〉 메꽃과의 다년생 만초(蔓草). 나팔꽃과 비슷함. 6~8월에 홍색 꽃이 줄기 끝에 달려 낮에만 핌.
애기=뿌리[명] 땅 속에 처음 난 연한 뿌리. young root
애기=수영[명] 〈식물〉 마디풀과의 다년생 풀. 근경은 가로 벋으며 높이 46cm 내외임. 잎은 긴 타원형 또는 피침형으로, 5~6월에 갈록색 꽃이 핌. 어린 잎은 식용함.
애기=씨름[명] 씨름판에서 기술이 서투른 선수끼리 하는 씨름. 아기씨름.
애기=잠[명] 누에의 첫번째 자는 잠. first sleep of a silkworm
애:기=주의(愛己主義)[명] 《동》 이기주의(利己主義).
애기=태(一太)[명] 작은 명태. small pollack
애기=패(一牌)[명] 물주를 상대로 하여 승부를 다투는 여러 사람의 패. gamblers
애기=풀[명] 〈식물〉 원지과(遠志科)의 다년생 야생초. 잎은 난형 또는 긴타원형이고 5월에 자색 꽃이 피며 삭과(蒴果)는 방패 모양임. 한방에서 약으로 씀. 세초(細草). 영신초(靈神草). 원지(遠志). milkwort
애=깍이[명] 〈미술〉 속을 우묵하게 파내는 데 쓰는 조각칼의 하나.
애꾸[명] 《약》→애꾸눈. 애꾸눈이.
애꾸=눈[명] 한쪽이 먼 눈. 반맹(半盲). blind eye 《약》 애꾸.
애꾸눈=이[명] 한쪽 눈이 먼 사람. 외눈박이 《약》 애꾸. one-eyed person
애=꿎-다[형] 죄 없이 횡액을 당하여 억울하다. innocent
애:=끊-다[자] 몹시 슬퍼서 창자가 끊어질 듯하다. one's heart bleeds
애:=끌[명] 큰 끌.
애:=끓-다[자] 《동》 애타다.
애끼=찌[명] 활을 만드는 특수한 나무. 궁간목(弓幹木).
애:=나무[명] 어린 나무.
애내(欸乃)[명] 이두 글자로, 어부가 부르는 노래.
애내=성(欸乃聲)[명] 배를 저으면서 부르는 노래 소리. boating song
애:=년[명] 《약》→아이년.
애년(艾年)[명] 쉰 살. fifty years of age
애:념(愛念)[명] 사랑하는 마음. love
애:=놈[명] 《약》→아이놈.
애:=늙은이[명] 하는 짓이나 체질이 아주 노숙한 어린 아이. precocious child
애니멀리즘(animalism)[명] ①동물적인 활동이나 생활. ②야수주의. ③인간에게는 영성(靈性)이 없다고 하는 인간 동물설.
애니메이션(animation)[명] 〈연예〉 그림에 그린 동물 등의 선화(線畫)가 살아 있는 것처럼 보이게 하는 특수한 영화 기술. 만화 영화 수법으로 쓰임. 동화(動畫).
애니모미터(anemometer)[명] 풍속계(風速計). 풍력계(風力計).
애니미즘(animism)[명] 〈종교〉 넋의 존재를 인정하여 그것이 자연이나 인간에 붙어 다니며 영향력을 가진다는 신앙(학설). 정령설.
애니버:서리(anniversary)[명] 기념일(紀念日). 기념제. 연제(年祭).
애:=달-다[자][ㄹ탈] 마음이 쓰이어 속이 달치는 듯하다. sorrowful
:애돌-·다[타] 《고》 애달프다. 애달파하다.
애돌옴[명] 《고》 애달음.
애:달프-다[형][으탈] ①마음이 아프고 쓰리다. pathetic ②몹시 안타깝다.
애:닯-다[一달따][형] →애달프다.
애:당(愛黨)[명] 자기 당을 아낌. love of one's party 하[자]
애=당초(一當初)[명] '애초'의 힘줌말.
애댑테이션(adaptation)[명] 개작(改作). 번안(飜案). 각색(脚色).
애:덕(愛德)[명] 〈기독〉 신학 삼덕(神學三德)의 하나로, 천주와 사람을 사랑하는 마음.
애덤자이트(adamsite)[명] 〈화학〉 재채기를 나게 하는 질소성 독가스.
애도(哀悼)[명] 사람의 죽음을 슬퍼함. 애척(哀戚). 《대》 축하(祝賀). mourning 하[타]
애도래라[형] 《고》 애달파라. 애닯구나.
애:독(愛讀)[명] 즐겨서 읽음. reading with pleasure 하[타]
애:독=자(愛讀者)[명] 어떤 신문·잡지·글 따위를 늘 즐겨서 읽는 사람.
애동대동=하-다[형][여불] 퍽 젊다. youthful
애동=호:박[명] →애호박.
애=돌[명] 한 살이 된 돼지.
애드 리브(ad lib)[명] 〈연예〉 즉흥적인 대사나 연극.
애드맨(adman)[명] ①광고에 관한 일을 맡은 사람. ②광고에 쓸 글이나 도안을 작성하는 사람.
애드미럴(admiral)[명] 해군 대장. 제독.
애드버타이저(advertiser)[명] 광고주(廣告主).
애드=벌룬(ad-balloon)[명] 광고 풍선(風船).
애드벤티스트=파(Adventist 派)[명] 〈종교〉 밀러(William Miller)가 1831년에 미국에서 일으킨 종파. 그리스도의 재림을 예언하였음.
애드=카(ad-car)[명] 광고 선전용의 자동차.
애디슨=병[一뼝](Addison 病)[명] 〈의학〉 1855년 토머스 에디슨이 발견한 부신(副腎) 기능 감퇴에 따르는 내분비 질환. 주로 부신의 결핵이 원인이 됨. 심신의 심한 권태감·혈압 강하를 일으키며, 피부 및 점막이 흑갈색이 됨.
애락(哀樂)[명] 슬픔과 즐거움. ¶희로(喜怒) ~. grief and pleasure
애:락(愛樂)[명] 〈불교〉 스스로 사랑을 베풀어 즐기는 일.
애:란(愛蘭)[명] '아일랜드'의 음역(音譯).
애련(哀憐)[명] 가엾고 애처로움. pity 하[자] 히[부]
애련(哀戀)[명] ①사정에 의해 실패된 연애. disappointed love ②슬픈 연모(戀慕). sad love
애:련(愛憐)[명] 어리거나 약한 사람을 도탑게 사랑함. pet 하[타]
애:련(愛戀)[명] 사랑하여 그리워함. love 하[타]
애로(隘路)[명] ①좁고 험한 길. narrow path ②일을 하는 데 곤란한 고비. bottle-neck

애:린(愛隣)圓 이웃을 사랑함. **하다**
애:림(愛林)圓 ①수풀을 사랑함. love for forest ②산에 나무가 잘 자라도록 가꿈. forest conservation **하다**
애:마(愛馬)圓 사랑하는 말. one's favourite horse
애:막(막)(교) 움집.   [瞙]. vagueness **하다**
애:매(曖昧)圓 희미하여 분명하지 못함. (대) 명료(明
애:매 모호(曖昧模糊)圓 확실하지 못하고 희미함. ambiguity **하다**
애:매미(곤충)⟨곤충⟩ 매미과의 곤충. 몸 길이 30 mm 가량, 몸 빛은 암황녹색에 흑색 무늬가 있고 황금색의 가는 털이 많이 나 있음. 8~10월에 나타나는데, 유충은 수년간 땅 속에 삶.
애:매설(曖昧說)圓 ⟨문학⟩ 19세기 프랑스의 탐미파(耽美派) 작가들이 주장한 학설. 사상·감정을 표현하는 데 있어, 말은 너무도 애매하고 부족하다는 주장.
애:매-하다(교)여메 아무 잘못도 없이 책망을 받다. (약) 앱하다. be held responsible unreasonably 애:(약)
애:-먹다⟹ 애타다.   [매=히:
애:면圓①영흥하게 딴. ②애매하게 딴. ¶ ~ 사람이 욕을 먹다.
애면-글면圓 약한 힘으로 무엇을 이루느라고 애쓰는 모양. doing what little one can **하다**
애명→애명(兒名).   「ing one's memory **하다**
애모(哀慕)圓 죽은 사람을 슬퍼하고 사모함. cherish-
애:모(愛慕)圓 사랑하고 사모함. love **하다**
애:무(愛撫)圓 사랑하여 어루만짐. caressing **하다**
애:-물(-物)圓 ①어려서 부모 앞에 죽은 자식. one's child died at an early age ②애를 태우는 물건. source of trouble   「thing
애:물(愛物)圓 사랑하여 아끼는 물건. one's favourite
애민(哀憫)圓 불쌍히 여김. 슬프게 여김. compassion **하다**
애:민(愛民)圓 백성을 사랑함. loving the people **하다**
애-바르다(형)(르) 재물과 이익에 발밭게 덤비다. greedy   「gain
애:발圓 애바른 사람의 별명. person greedy of
애버레이션(aberration)圓①바른 길에서 벗어나는 일. ②⟨천문⟩ 광행차(光行差). ③⟨의학⟩ 정신 이상.
애버리지(average)圓⟨체육⟩①야구에서, 타율(打率). ②볼링이나 당구에서, 평균점(平均點).
애:-벌圓 한 물건에 같은 일을 되풀이할 때의 첫 번째 차례. 초벌.
애벌-갈이圓 논이나 밭을 첫번 가는 일. 초경(初耕).
애벌-구이圓(동) 설구이. **하다**   「rough tilling **하다**
애벌-기름圓 ~애잇기름.
애벌-김圓 논밭의 첫번째의 김매기.
애벌-논圓 애벌 논.
애벌-닦기圓 ~애벌닦기.   「larva
애벌-레圓 곤충류의 알에서 갓 깬 벌레. 유충(幼蟲).
애벌-빨다圓 애벌빨래하다. wash
애벌-빨래圓 맨 처음 대충 빠는 빨래. rough washing
애벌-찌다🖭 음식물 따위를 첫번째 찌다. steam for the first time
애별(哀別)圓 슬프게 이별함. sad parting **하다**
애:별(愛別)圓⟨불교⟩ 사랑하는 사람과 이별함. parting from a beloved person **하다**
애:별-리고(愛別離苦)圓⟨불교⟩ 팔고(八苦)의 하나. 부모·형제·처자·애인 등과 생별(生別)·사별(死別)하여 받는 고통.
애:-보기圓 아기의 시중을 드는 일. 또, 그 사람.
애:부(愛夫)圓 ①창부(娼婦) 따위가 정을 둔 남자. ②(유)정부(情夫). lover   「적(病的). **하다**
애브노:멀(abnormal)圓 변태(變態). 이상(異常). 병
애비(교) ~아비.   「문을 새긴 면.
애:비(崖扉)圓 자연의 암벽(岩壁)의 민(面)을 갈아 비
애:비(愛婢)圓 사랑하는 여자 종. one's favourite maid-servant

애사(哀史)圓 슬픈 역사. 불행한 내력. sad history
애사(哀詞)圓 사람의 죽음을 슬퍼하여 지은 글. poem or letter of condolence 「함. ¶ ~ 정신(精神).
애:사(愛社)圓 자기가 근무하는 회사를 아끼고 사랑
애산(礙産)圓 아기의 목이 걸려서 몹시 힘드는 해산.
애살-스럽다(ㅂ) 군색하고 애바른 데가 있다. indigent and greedy 애살-스레圓   「ing **하다**
애상(哀喪)圓 상사(喪事)를 당하여 슬퍼함. mourn-
애상(哀想)圓 슬픈 생각. sadness
애상(哀傷)圓 ①죽은 사람을 생각하고 마음을 상함. mourn ②슬퍼하고 가슴 아파함. sorrow **하다**
애상-적(哀傷的)圓 슬퍼하여 가슴 아파하는(것).
애:서(愛壻)圓 자식(子息).   「son-in-law
애:서(愛壻)圓 사랑하는 사위. one's beloved
애:서(愛書癖)圓 책을 지나치게 사랑하는 버릇.
애:-서-다(자)→아이서다.   「bibliomania
애석(艾石)圓⟨광물⟩ 화강암(花崗岩)의 하나. 썩 단단하며, 검푸른 잔 점이 많음.
애석(哀惜)圓 슬프고 아까움. grief **하다** 히⟪부⟫
애:석(愛石)圓 수석(水石) 따위, 모양이나 빛깔이 재미있게 생긴 돌을 애호하는 것.
애:석(愛惜)圓 사랑하고 아깝게 여김. ¶~심(心). loathing to (part) **하다** 히⟪부⟫
애:-성이圓 분하여 성이 난 감정. resentment
애서(교) 에서.
애소(哀訴)圓 슬프게 호소함. petition **하다**
애:손(愛孫)圓 사랑하는 손자.
애-솔圓 어린 솔. 애송. young pine tree
애솔-밭圓 애솔이 가득히 들어선 땅. 애송밭. grove
애:-송(-松)圓 애솔.   「of young pines
애:송(愛誦)圓 글이나 노래를 즐겨서 욈. favourite
애송-목(-松木)圓 어린 소나무.   「reading **하다**
애송-밭(-松-)圓⟨동⟩ 애솔밭.
애송-아지圓 어린 송아지. young calf
애송-이圓 애티가 있어 어려 보이는 사람이나 물건. young person
애송이-판圓 애송이들로 득실거리는 판.
애:수(哀愁)圓 가슴에 스며드는 슬픈 시름. sorrow
애:-순(-筍)圓 풀이나 나무의 새로 나는 어린 싹.
애:숭이圓→애송이.   「어린순. young buds
애:시圓 ~애초.
애:식(愛息)圓 사랑하는 자식.
애:-쓰-다(타)(으) 일을 이룩하기 위하여 마음과 힘을 다하여 움직이다. make an effort
애:-씌우다(통) 애태우다.
애:아(愛兒)圓 애자(愛子).
애:-아버지圓 ①자녀를 가진 남자. ②타인에게 자기 남편을 가리킴. (대) 애어머니. my husband
애:안圓 자녀를 둔 아들을 부모가 일컫는 말. (대) 애어멈.   「nevolent Buddha's eyes ②눈을 아낌.
애:안(愛眼)圓⟨불교⟩ 자비스러운 부처의 눈. be-
애안(崖眼)圓 눈에 거슬림.
애애(哀哀)圓 슬퍼하는 모양. grief
애애(皚皚)圓 서리·눈 따위가 내려 모든 곳이 깨끗하고 흰 모양. pure and white as snow **하다** 히⟪부⟫
애애(藹藹)圓 ①아주 많은 모양. swarming ②초목이 우거져 무성한 모양. exuberant ③향기로운 모양. fragrant **하다** 히⟪부⟫
애애(靄靄)圓 ①구름이 많이 낀 모양. trailing ②평화로운 기운이 있는 모양. peaceful **하다**
애야루시(교) 겨우. ~애오라지.   「히⟪부⟫
애:-어른圓 나이는 어리되 하는 짓과 생각이 어른과 같은 아이.
애:-어머니圓 ①자녀를 가진 부인. ②자기 아내를 남에게 대하여 일컫는 말. (대) 애아버지.
애:-어멈圓 자녀를 둔 며느리를 시부모가 일컫는 말.
애:역(呃逆)圓(동) 딸꾹질. **하다**   「**하다** 히⟪부⟫
애연(哀然)圓 슬픈 기분을 자아내는 모양. sorrowful
애:연(愛宴)圓(동) 애찬(愛餐).

애:연(愛煙)[명] 담배를 즐김. habitual smoking 하다
애:연(愛緣)[명]〈불교〉은애(恩愛)에 의하여 맺은 인연.
애연(藹然)[명] 초목이 우거져 몹시 무성한 모양. luxuriant 하게
애:연-가(愛煙家)[명] 담배를 즐기는 사람.
애:열(愛悅)[명] 사랑하고 기뻐함. delight 하다
애:염(愛染)[명] 애집(愛執)②. 하다
애:염 명왕(愛染明王)〈불교〉불법을 보호하는 명왕의 하나. 몸은 붉고 눈은 셋, 팔은 여섯, 머리에는 사자관을 썼음.
애엽(艾葉)[명]〈한의〉약쑥의 잎사귀.
애:엽(艾葉豹)[명]〈동물〉고양이과에 속하는 표범의 하나. 표범에 비하여 무늬가 크고 불규칙하며 추운 지방에 살므로 모피가 두껍고 털·다리·꼬리가 긺.
애:영(愛詠)[명]〈동〉애음(愛吟)②.
애오-라지 마음이 부족하나마 겨우. ¶∼ 나라를 위해 힘쓰다. somewhat
애옥-살림[명] 애옥살이.
애옥-살이[명] 가난에 쪼들려 고생스럽게 사는 살림살이. 애옥살림. indigent life 하다
애옥-하-다[여]쓰] 살림이 매우 구차하다. poor
·애와-려즈-하-다[고] 분해하고 슬퍼하다.
애와-티-다[고] 분해하다. 슬퍼하다. 한탄하다.
애:완(愛玩)[명] 매우 사랑하여 가까이 두고 다루며 즐김. ¶∼ 동물. pet 하다
애완-구(愛玩具)[명] 애완하는 장난감.
·애완브-다[고] 슬프다. 원통하다.
애:욕(愛慾)[명] ①애정과 육심. love and lust ②애착과 탐욕. passion
애:용(愛用)[명] 사랑하여 씀. 즐겨 씀. ¶국산품 ∼. habitual use 하다
애운-하-다[여]쓰] ∼섭섭하다. ment 하다
애원(哀怨)[명] 슬픈 소리로 원망함. tearful resentment
애원(哀願)[명] 슬픈 소리로 간절히 바람.〈유〉탄원. supplication 하다
애원-성(哀怨聲)[명] 슬프게 원망하는 소리. bitter cry
애:육(愛育)[명] 사랑하여 기름. tender nurture 하다
애음(哀音)[명] 슬픈 소리. sad tone
애:음(愛吟)[명] 시가(詩歌) 등을 즐겨서 읊음. 애영.
애:음(愛飮)[명]〈동〉애주(愛酒). 하다
애읍(哀泣)[명] 슬프게 욺. lament 하다
애이갈이[명] →애벌갈이.
애:이-다[자]쓰] →빼앗기다.
애이불비(哀而不悲)[명] 슬프기는 하나 겉으로 나타내지 않음. 하다
애이-빨래[명] →애벌빨래.
애인(艾人)[명] 쉰 살 된 사람.
애:인(愛人)[명] ①사랑하는 사람. 연인(戀人). lover ②남을 사랑함. loving others 하다
애인 무가증(愛人無可憎)이요 증인 무가애(憎人無可愛)라 고운 사람 미운 데 없고 미운 사람 고운 데 없다는 뜻으로, 인성(人性)이 원만함은 얻기 어렵다는 뜻.
애:인 여기(愛人如己)[명] 남을 제 몸같이 사랑함. love others as oneself 하다
애:인이목(礙人耳目)[명] 다른 사람의 이목을 거리낌.
애:인 휼민(愛人恤民)[명] 사람을 사랑하고 백성을 불쌍히 여김. 하다
애:일(愛日)[명] ①겨울날. winter sun ②해를 아낀다는 뜻으로, 부모에 대한 효양(孝養)을 이룸.
애잇-기름[명] 애벌 짠 기름. roughly processed oil
애잇-닦기[명] 애벌 닦는 일. rough wiping 하다
애잇-대끼[명] →애잇닦기.
애-잎[명] 어린 잎. young leaf
애자(孩子)[명] 어머니가 돌아갔을 때에 상제가 자신을 일컬음.〈대〉고자(孤子).
애:자(愛子)[명] 사랑하는 아들. 또, 아들로서의 애아(愛兒). beloved child 하다
애자(碍子·礙子)[명]〈물리〉전선의 가선 공사(架線工事) 때에, 전선을 지탱하고 또 절연하기 위해 지주 등에 다는 기구. 재료는 일반적으로 자기 또는 합성 수지의 제구. insulator
애자자-원(睚眥之怨)[명] 아주 작은 원망.
애:자지-정(愛子之情)[명] 부모로서 자식을 사랑하는 정. parental affection
애잔-하-다[여]쓰] ①매우 잔약하다. feeble ②애되고 아리잠직하다. ¶애잔한 얼굴. weak ③애처롭고 애틋하다. ¶수심을 떤 애잔한 모습. sad 애잔-히
애:장(愛藏)[명] 소중히 간수하는 일. 하다
애재(哀哉) '슬프도다'의 뜻. How sorrowful
애:저(一猪·一猪)[명] 고기로 먹을 어린 돼지. 아저.
애:저녁[명] →초저녁. ¶∼ 구이.
애적/애전(哀切)[명] →애초.
애절(哀切)[명] 몹시 애처롭고 슬픔. 하게 히
애절(哀絶)[명] 몹시 슬픔. lamentation 하게 히
애-젊다[一따] 아주 앳되게 젊다. very young
애-젊은이[명] 아주 젊은 사람. youngster
애정(哀情)[명] 가엾이 여기는 마음. sadness
애:정(愛情)[명] ①사랑하는 마음. ②〈동〉연정(戀情).
애조(哀調)[명] 슬픈 곡조. 애절한 가락. plaintive tone
애:조(愛鳥)[명] 새를 사랑함. 또, 사랑하는 새. 하다
애:족(愛族)[명] 겨레를 사랑함. ¶애국(愛國)∼. fraternity 하다 [여 피함. 하다
애좌 애우(挨左挨右)[명] 서로 위하는 마음으로 양보함
애:주(愛主)[명]〈기독〉천주를 사랑함. love of the Lord 하다 [tual drinking 하다
애:주(愛酒)[명] 술을 매우 좋아함. 애음(愛飮). habi-
애:중(愛重)[명] 사랑하고 소중히 여김. love and prize 하다 히
애:증(愛憎)[명] 사랑과 미움. 애증. love and hatred
애증 후:박(愛憎厚薄)[명] 사랑과 미움과 후함과 박함.
애:지-다[자]〈애〉아이지다. ¶∼김. dotingly 하다
애:지-중(愛之重之)[명] 매우 사랑하고 소중히 여
애:집(愛執)[명] ①애정에의 집착. ②〈불교〉자기의 소견이나 소유를 지나치게 생각하는 일. 애염(愛染). 애착(愛着)③. attachment 하다
애차(挨次)[명]〈동〉순서. [그 차. 하다
애:차(愛車)[명] 자기의 자동차를 사랑하고 아낌. 또,
애:착(愛着)[명] ①사랑하고 아껴서 단념할 수가 없음. ②사랑하여 떨어질 수 없음. ③〈동〉애집(愛執)②. 하다
애착 생사(愛着生死)[명]〈불교〉무상(無常)의 불가함을 모르고 괴로운 인간 세계에 집착하는 일.
애:착-심(愛着心)[명] 사랑하여 떨어질 수 없는 마음. affection
애:찬(愛餐)[명]〈기독〉옛날 기독교도가 성찬식이 끝난 뒤 한 자리에 모여 회식하던 잔치. 애연(愛宴).
애찬-성(一性)[명](膾粲性)[명]〈동〉불가입성(不可入性).
애:창(愛唱)[명] 어떤 노래나 시조를 즐겨 부름. sing merrily 하다
애:창-곡(愛唱曲)[명] 즐겨 부르는 곡. favourite song
애채[명] 나무의 새로 돋은 가지. young branch
애책-문(哀冊文)[명] 제왕이나 후비의 죽음을 슬퍼하여 지은 글. [one's beloved wife 하다
애:처(愛妻)[명] 아내를 사랑함. 또, 사랑하는 아내.
애:처-가(愛妻家)[명] 유별나게 아내를 아끼고 사랑하는 남자. devoted husband
애처-롭-다[너변] ①보기에 딱하고 가엾다. pitiful ②불쌍하여 슬픈 마음이 들다. lamentable 애처-로이
애:척(哀戚)[명]〈동〉애도. 하다
애:첩(愛妾)[명] 사랑하는 첩. one's favourite mistress
애:청(愛聽)[명] 즐겨 들음. 하다
애체(靉靆)[명] 걸리어 막혀 버림. 하다
애초[명] 맨 처음. 당초(當初). 초두(初頭). 초세(初世)②. beginning
애초(旺艸)[명]〈동〉본다.
애초-에[명] 맨 처음에. ¶∼ 가면 될 것을.
애-총(一塚)[명]〈동〉아총(兒塚).
애최[어] →애초에.
애추(崖錐)[명]〈지학〉풍화 작용으로 말미암아 낭떠러지나 경사진 산허리에 쌓여 모인 바위의 부스러

애:기. [하다]
애:친(愛親)[명] 부모를 사랑함. loving one's parents
애:친 경:장(愛親敬長)[명] 부모를 사랑하고 어른을 공경함. [하다]
애:칭(愛稱)[명] 정답게 부르는 이름. 또, 그렇게 부르는 이름. pet name
애:칼[명] →애벌깎이.
애크로매틱 렌즈(achromatic lens)[명][동] 색지움 렌즈(―lens).
애:타(愛他)[명] 남을 사랑함. [하다]
애:타-다[자] 너무 근심이 되어 속이 타는 듯하다. 애끓다. be much worried
애:타-설(愛他說)[명][동] 애타주의. [spirit
애:타-심(愛他心)[명] 남을 사랑하는 마음. altruistic
애:타-주의(愛他主義)[명][윤리] 자기의 복리를 버리고, 남의 행복의 증진을 도덕적 목적으로 삼는 주의. 애타설. 이타주의. [대] 이기주의. altruism
애탄-지탄[부] ―에떤갈면.
애탕(艾湯)[명] 어린 쑥에 고기와 고명을 넣고 둥글게 만들어 알을 씌워, 맑은 장국에 끓인 국.
애:태우-다[타] 애타게 하다. worry
애터비즘(atavism)[명][생물] 격세 유전.
애통(哀痛)[명] 매우 슬퍼함. deep lamentation
애:통 터:지다[자] 너무 걱정이 되어서 가슴이 터지는 듯하다. be worried to death [數).
애트 배트(at bat)[명][체육] 야구에서, 타석수(打席
애트 홈(at home)[명] ①날짜와 때를 정해 초대하고, 손님은 시간 안에 아무 때나 오게 하는 모임. ②집에 있음.
애틋-하-다[형][여] ①애가 타는 듯하다. worried ②매우 아깝고 서운하다. very regretful ③정을 끄는 다정한 맛이 있다. [애틋한 사이. 애틋-이[부]
애:티[명] 어린 태도나 모양. childishness
애틱-식(Attic式)[명][건축] 고대 그리스의 아티카 (Attica) 지방에서 발달된 건축 양식. 모난 기둥으로 기교로 주로 함.
애프터 레코:딩(after recording)[명][연예] 영화의 찰영을 먼저 하고 뒤에 대사(臺詞)·음향·음악을 녹음하는 일. [대] 프리레코딩(prerecording). [약] 애프레코.
애프터-서:비스(afterservice)[명] 상품을 판 뒤에 무료나 실비로 수리 기타의 봉사를 하는 일.
애프터-케어(aftercare)[명] 회복기에 있는 환자, 특히 결핵 환자로 하여금 재발을 방지하면서 사회 생활로 복귀시키기 위한 지도. 주로 가벼운 작업을 시킴.
애플(apple)[명] 사과.
애플 파이(apple pie)[명] 설탕을 넣고 조린 사과를, 밀가루에 달걀·버터 등을 넣어 넓게 만든 것으로 싸서 찐 양과자. [(獨) 에헤.
애해 우스운 일이나 기막힌 일을 볼 때에 내는 소리.
애햄 짐짓 점잔을 빼스나 또는 기가 여기 있음을 알리기 위하여 크게 기침하는 소리. [본] 에헴. [하다]
애:향(愛鄕)[명] 자기의 향토를 사랑하여 아낌. love of one's native place [하다] [르는 노래.
애:향-가(愛鄕歌)[명] 자기의 향토를 사랑하고 아껴 부
애:향-심(愛鄕心)[명] 자기의 고향을 사랑하고 아끼는 마음.
애호(哀號)[명][동] 슬피 부르짖음.
애호(哀呼)[명] 슬프게 하소연함. appeal [하다]
애호(哀號)[명] 슬프게 울부짖음. wailing [하다]
애:호(愛好)[명] 사랑하고 즐김. [대] 증오(憎惡). 혐오 (嫌惡). love [하다]
애:호(愛護)[명] 사랑하고 보호함. protection [하다]
애-호리기병[명] (一葫―瓶一)[명][곤충] 말벌과의 곤충. 앞에는 몸 길이 16~19 mm로 몸 빛은 흑색임. 진흙으로 호리병 모양의 집을 짓고 삶.
애:-호박[명] 아직 어린 호박. green pumpkin
애:호 체읍(哀號涕泣)[명] 소리를 내어 부르짖으며 슬피 지냄. [지 괴로움. [하다]
애화(哀話)[명] 슬픈 이야기. sad story [지 괴롭. [하다]
애환(哀歡)[명] 슬픔과 기쁨.
애:휼(愛恤)[명] 불쌍히 여겨 은혜를 베품. mercy [하다]
애:희(愛姬)[명] 총애하는 여자. be loved girl

애:희(愛戱)[명] ①즐겨 하는 장난. ②사랑과 희롱.
애:희(噯噫)[명] 먹은 것을 토해 낼 때 나오는 소리. sound of [vomitting
액(厄)[명] 사나운 운수. misfortune
액(液)[명] 액체로 화한 물체. liquid
액(額)[명][약]→전액(全額). [수출~. amount
=액(額)[접미] 다른 말에 붙어 액수를 나타내는 말. ¶
액각(額角)[명][생물] 일부 하등 동물의 이마 부분에 뿔 모양으로 쭉 내민 부분.
액과(液果)[명][식물] 중과피(中果皮) 부분이 물 같은 액즙(液汁)으로 되어 있는 과실. berry
액구(隘口)[명] 좁고 험한 목졸기. narrow gorge
액기(厄氣)[명] 액운(厄運)이 있을 듯한 기색. ill luck
액기(腋氣)[명][동] 암내[1].
액내(額內)[명] ①정한 수의 안. within the fixed number ②한집안 사람. member of a family ③한패에 든 사람. [대] 액외(額外).
액년(厄年)[명] 운수가 모질고 사나운 해. unlucky year
액-달(厄一)[명] 운수가 모질고 사나운 달. 액월. ill-fated month
액-때우-다(厄一)[타] 앞으로 닥처올 액을 다른 가벼운 고난으로 겪어 때우다. escape evil
액-때움(厄一)[명] 앞으로 올 액을 다른 고난을 겪어 미리 때우는 일. 면액. (약) 액땜. escape from evil
액뗌[명](약)→액때움. [하다]
액란(液卵)[명] 달걀같을 깨트려 껍질을 까 버린 알.
액랭 기관(液冷機關)[명] 특수한 액체로 냉각시키는 기관. 고온에서도 충분히 전열(傳熱) 작용을 하므로 방열기 면적이 작아도 상관 없음.
액량(液量)[명] 액체의 분량. liquid measure
액례(掖隷)[명][제도] 조선조 때, 액정서(掖庭署)에 딸린 낮은 관원이나 하인.
액로(阨路)[명](동)→애로(隘路). mere outlook
액-막이(厄一)[명][민속] 앞으로 다가올 액을 미리 예방하는 일. escaping evil [하다]
액막이-굿(厄一)[명][민속] 그 해의 재액을 막기 위하여 정월 대보름 전에 행하는 굿. [하다]
액막이-연(厄―鳶)[명][민속] 정월 열나흗날에 액막이로 띄워 버리는 연. [이로 내버리는 옷.
액막이-옷(厄一)[명][민속] 정월 보름에 그 해의 액막
액면(液面)[명] 액체의 표면.
액면(額面)[명] ①[경제] 유가 증권 등에 적힌 일정한 돈의 액수. face value ②말한 그대로의 사실. ¶ 그의 말은 ~ 그대로 믿을 수는 없다. mere outlook
액면 가격[―까―](額面價格)[명] ①유가 증권 등의 권면(券面)에 적힌 가격. face(par) value ②화폐의 면에 표기된 금액.
액모(腋毛)[명] 겨드랑이에 난 털. hairs of the armpit
액비(液肥)[명][농업] 동물·오줌·뜨물 따위와 같은 묽은 거름. [hanging 하다]
액사(縊死)[명] 스스로 목을 매어 죽음. death by
액살(縊殺)[명] 목을 졸라 매어 죽임. murder by str [angling 하다]
액상(液狀)[명] 액체가 되어 있는 상태.
액상(液相)[명] 액체 상태를 이루는 상(相).
액색(阨塞)[명] ①운수가 꽉 막힘. bottleneck ②궁하게 지냄. hardship [하다] [남. [하다]
액생(腋生)[명] 싹이나 꽃이 잎이 붙어 있는 자리에서
액세서리(accessory)[명] 의복에 딸려서 그 조화를 꾀하는 장식물. 핸드백·모자·브로치·이어링 등.
액세스=권[―꿘](access權)[명] 신문·방송 등 언론의 자유를 확보하기 위하여 이견(異見)을 가진 자가 매스 미디어에 접근하여 반론(反論)하는 자유.
액셀러레이터(accelerator)[명] ①발로 밟게 된 자동차의 가속 장치. 이를 밟으면 엔진의 회전수와 출력이 증대함. ②가속 장치.
액션(action)[명] ①동작. 행위. ②배우의 연기.
액수(扼守·扼守)[명] 요지(要地)를 굳게 지킴. guarding [하다]
액수(額手)[명] ①손을 이마에 댐. touching the forehead ②존경하여 우러러보는 모양. 경의(敬意)를

액수 표하는 태도. doing honour to ③사정을 살피는 태도. looking about 하다. [number of people
액수(額數)명 ①돈의 머릿수. sum ②사람의 수효.
액신(厄神)명 재앙을 내린다고 하는 악한 신. evil spirit
액아(腋芽)명 《식물》잎겨드랑이에 나는 싹. axillary bud
액엽(額掩)명 →아얌.
액와(腋窩)명 《동》겨드랑이. [ching one's fists 하다
액완(扼腕·搤腕)명 팔짓을 하며 분격(奮激)하는. clen-
액외(額外)명 ①정원(定員)의 밖. supernumerary ②한집안 밖의 사람. unrelated person 《데》액내(額內). outsider
액우(厄雨)명 음력 시월경에 오는 비. [tune
액운(厄運)명 액을 당할 모질고 사나운 운수. misfor-
액월(厄月)명 《동》액달.
액자(額子)명 그림·글·사진 따위를 넣어 걸기 위한 틀.
액자(額字)명 현판에 쓴 글자. 액틀. framed caligraphy
액적 모형(液滴模型)명 《물리》원자핵의 성질을 설명하기 위하여 근사적으로 상정(想定)한 원자 모형의 하나. 원자핵을 액체의 작은 방울로 생각하는 것.
액정(掖庭)명 《동》궁중(宮中).
액정-서(掖庭署)명 《제도》조선조 태조(太祖) 때, 비문 전달(傳達)·공어 믿공(供御筆硯)·금접 포설(禁庭鋪設) 따위를 맡아보던 관청.
액제(液劑)명 액체로 된 약제. 《데》분제(粉劑). 정제(錠劑). liquid medicine
액즙(液汁)명 《동》즙(汁).
액차 지대(額差地代)명 《경제》토지의 풍도(豊度)와 위치의 차이로 인하여 생기는 초과 이윤. 토지 사용료의 형태로 지주에 귀속됨. differential rent
액체(液體)명 《물리》 일정한 부피는 있으나 일정한 모양이 없이 유동하는 물질. 《데》고체. 기체. liquid
액체 공기(液體空氣)명 《물리》공기를 영하 140°이하의 온도와 39 기압 이상의 압력 밑에서 냉각 압축해서 된 담청색(淡青色)의 액체. liquid air
액체 금속 연료(液體金屬燃料)명 원자로의 액체 연료의 하나. 핵연료 물질이 용융(熔融) 금속 속에 용입(溶入)되어 있음.
액체 배:양(液體培養)명 《생물》미소한 동식물을 액상(液狀)의 배양기 속에서 배양하는 일.
액체 산소(液體酸素)명 《화학》액화된 산소. 영하 183 °C에서 기화함. [력을 가하여 액화한 것.
액체 아류산(液體亞硫酸)명 《화학》아류산 가스에 압
액체 아황산(液體亞黃酸)명 《화학》아황산 가스에 압력을 가하여서 액화시킨 물질.
액체 암모니아(液體 ammonia)명 《화학》압력을 가하여서 액화한 암모니아.
액체 압력(液體壓力)명 《물리》액체내의 중력으로 생기는 압력. hydraulic pressure
액체 연료(液體料)명 연료로 쓰는 액체의 총칭. 주유체 연료(중유·경유·등유·휘발유)·알코올류·석탄액화 연료 등. liquid fuel
액체 염소(液體鹽素)명 《화학》액화한 염소. 황색, 비점 영하 33.7 도. 염소는 쉽게 액화됨. 상하수도의 살균, 산화제·표백료 따위 공업 화학 약품의 제조, 섬유의 표백 따위에 쓰임. [소.
액체 질소(液體窒素)명 《화학》압축 액화한 질
액체 탄소(液體炭素)명 《화학》압축 액화한 탄산 가스. liquid carbon dioxide
액체 폭약(液體爆藥)명 성분 하나가 상온에서 액체를 이루는 혼합 폭약 및 폭발성의 액체 폭수제이며, 충분히 건조하지 않은 혼합 폭약의 총칭.
액체=화(液體化)명 《동》액화(液化). 하다타
액출(腋出)명 가지·꽃자루 등이 엽액(葉腋)에서 나옴. 하다자. [derarm odor
액취(腋臭)명 겨드랑이에서 나는 냄새. 암내¹. un-
액태(液態)명 액체의 상태.
액터(actor)명 《연예》배우(俳優).

액트리스(actress)명 《연예》여배우(女俳優).
액틀(額―)명 사진이나 그림 등을 끼우는 틀. 액자(額子). picture-frame
액티브(active)명 ①활동적. 능동적. ②노동자 조직의 앞장서는 활동적인 성원(成員). 하다
액포(液胞)명 《식물》식물의 생장한 세포로 원형질 안에 있는 가다란 공포(空胞)로, 내부에 액백, 즉 세포액을 채우고 각종의 당류·색소·유기산(有機酸)
액한(腋汗)명 《동》결땀². [등이 녹아 있음.
액화(扼和)명 액으로 말미암아 입는 재앙.
액화(液化)명 《물리》기체가 변하여 액체가 되는 현상. 액체화. 《데》기화(氣化). liquefaction 하다자타
액화-열(液化熱)명 《물리》기체가 액체 상태로 변할 때에 밖으로 방출하는 열. [fortune
액회(厄會)명 재앙이 닥치는 때. 불행한 고비. mis-
앤생이명 가냘픈 사람. 또는 물건을 얕잡아 이름. weakling a fragile thing
앤저스(ANZUS)명 《정치》《약》Australia, New Zealand and the United States 태평양 안전 보장 조약(太平洋安全保障條約)
앤티노크(anti-knock)명 내폭제(耐爆劑).
앤티 프로톤(anti-proton)명 《화학》반양자(反陽子).
앨리데이드(alidade)명 《지리》경위의(經緯儀)의 눈금판에 붙어 있는 판. 포면에 부척(副尺) 또는 지표(指標)가 붙어 있어 눈금판의 둘레를 돌며 눈금을 세밀하게 읽을 수 있도록 하였음.
앨범(album)명 사진첩(寫眞帖).
얼:-써명 《약》애를 써서. with an effort
앰불런스(ambulance)명 ①야전 병원(野戰病院). ②상병자(傷病者) 운반용의 자동차·배·비행기 등. 구급차(救急車). 앰블런스 카(ambulance car).
앰블런스 카:(ambulance car)명 《동》앰블런스⑨.
앰비션(ambition)명 공명심. 야심. 큰 뜻.
앰플(ampoule)명 《의학》한 번에 쓰는 분량의 주사약을 넣어 밀폐하는 병.
앰프(amp)명 →앰플리파이어. [《약》앰프.
얍:-하다[얍아] 《감》예에하다.
앰플리파이어(amplifier)명 《물리》증폭기(增幅器).
앱설루:트 뮤:직(absolute music)명 《음악》절대 음악. 음(音) 그 자체가 가진 효과만을 목표로 하는 음악. [술(抽象藝術).
앱스트랙트(abstract)명 ①추상적. 이론적. ②추상 예
앱스트랙트 발레(abstract ballet)명 어떤 줄거리나 스토리가 없이 순수하게 동작만으로 구성된 발레.
앳토 《고》에. 에의. 에 있는.
앳-되다 애티가 있어 보이다. childlike
앵명 모기나 벌 등이 날아갈 때에 내는 소리. 《큰》앵. 하다[리. 《큰》앵. oh!
앵②² 짜증이 나거나, 성이 나거나 뒤우칠 때 내는 소
앵(鶯·鸎)명 목이 기다란 병. [ingale
앵가(鶯歌)명 꾀꼬리의 우는 소리. song of a night-
앵글(angle)명 각도·관점의 뜻. 신문·잡지에서 기사를 취재하는 특정의 경향.
앵글로-색슨(Anglo-Saxon)명 ①독일의 색슨 민족과 영국의 앵글로 민족이 융합되어 이룬 민족. ②영국 민족. ③영어를 말하는 민족.
앵글리칸 교:회(Anglican教會)명 《기독》영국 국교회(英國國敎會).
앵도(櫻桃)명 →앵두. [회(英國國教會).
앵도-창(櫻桃瘡)명 《한의》목에 앵두만하게 나는 부스럼.
앵=돌아지-다자 ①들어져 홱 돌아가다. be estranged from ②마음이 토라지다. turn sulky [cherries
앵두(櫻―)명 《식물》앵두나무의 열매. 《원》앵도(櫻桃).
앵두-나무명 《식물》앵도과의 낙엽 활엽 관목. 높이 1∼3 m이고 잎은 도란형 또는 타원형임. 흰빛 또는 연분홍 꽃이 핌. 열매는 맛이 좋음. cherry-tree
앵두-따:다《속》울다. 눈물을 흘리다.
앵무(鸚鵡)명 ①《동》앵무새. ②《비》벙어리.
앵무=새(鸚鵡―)명 《조류》앵무과의 새의 통칭.

앵무-조개 (鸚鵡-)〖명〗〖조개〗앵무조개과의 바닷조개. 좌우 상칭의 대형 패각(貝殼)에 쌓여 있는데 그 패각을 주둥이 쪽에서 보면 앵무새의 부리와 닮아서 붙은 이름. 부리는 대체로 크고 끝이 굽었음. 종류에 따라서 다른 새의 소리나 사람의 말을 잘 흉내내는 것이 특징임. 앵무①.

앵미 (-米)〖명〗쌀에 섞여 있는 겉이 붉고 품질이 낮은 쌀. 적미(赤米). 〖원〗악미(惡米). poor rice

앵삼 (鶯衫)〖명〗〖제도〗생원·진사에 급제하였을 때 입던 연두 빛깔의 예복.

앵성 (鶯聲)〖명〗①꾀꼬리의 우는 소리. ②꾀꼬리처럼 고운 목소리를 비유하여 이르는 말.

앵속 (罌粟)〖명〗〖동〗양귀비.

앵속-각 (罌粟殼)〖명〗양귀비 열매의 껍질. 거담(祛痰)·진경약(鎭痙藥)·설사·이질 등에 씀.

앵-속자 (罌粟子)〖명〗양귀비의 씨. 〖하〗

앵-실 (罌-)〖명〗모기나 벌 등이 날아갈 때 연이어 나는 소리.

앵앵-거리-다 〖자〗모기나 벌 등이 날면서 앵앵 소리를 내다.

앵어 (鶯語)〖명〗꾀꼬리의 소리.

앵월 (櫻月)〖명〗음력 삼월의 딴이름. March of the lunar calendar

앵이 〖속〗돈.

앵접 (鶯蝶)〖명〗노래하는 꾀꼬리와 춤추는 나비.

앵초 (櫻草)〖명〗〖식물〗앵초과(櫻草科)의 다년생 풀. 화경(花莖)의 높이 20 cm 내외로 잎은 긴 타원형에 톱니가 있음. 7월에 홍자색 꽃이 피고 과실은 삭과(蒴果)임. 관상용으로 가꿈. 풍과. 풍륜초.

앵커 (anchor)〖명〗 ①닻. ②〖체육〗계주(繼走)의 마지막 달린 사람. ③〖동〗앵그로. ④야구에서, 한 팀의 최강타자. ⑤〈군사〉방어선의 중요 지점.

앵커 맨 (anchor man)〖명〗방송에서, 각종 뉴스를 종합한 원고로 해설하는 사회자. 종합뉴스 사회자.

앵클 (ankle)〖명〗〈물리〉시계의 톱니바퀴의 회전을 제어하고 시계추의 진동을 지속시키는 기계.

앵클 부:츠 (ankle boots)〖명〗발목까지 길이의 부츠.

앵포르멜 (informel 프)〖명〗제2차 세계 대전 후에 서유럽에서 일어난 추상 회화의 한 파. 무형성의 화면에 선·색·리듬 등에 의한 강렬한 예술적 효과를 노림. 무형화(無形畵). 부정형화(不定形畵).

앵프롱프튀 (impromptu 프)〖명〗〖음악〗즉흥곡(卽興曲).

앵-하다〖형〗〖속〗뜻밖에 손해를 보았을 때 마음이 분하고 아깝다. resentful [soms〖동〗벚꽃.

앵화 (櫻花)〖명〗〖식물〗앵두나무의 꽃. cherry blos-

야〖어학〗한글의 모음 'ㅑ'의 이름.

야:² 돈치기할 때 던진 돈이 두서너 푼씩 한데 포개지거나 될 때.

야〖조〗①받침 없는 체언이나 조사·어미에 붙어, 특히 그에만 한정되거나 그 뜻을 강조하는 특수 조사. ¶그 일은 꼭 하고~ 말겠다. ②받침 없는 명사에 붙어, 부름을 나타내는 조사. ¶창수~.

야:¹ 〖감〗①놀라운 일을 볼 때에 나오는 소리. Oh dear! ②사람을 부르는 소리. ¶~이리 좀 오너라. hello

야: (野)〖명〗①들. field ②〖~하다〗야인(野人)③.

야:-가 (野歌)〖명〗시골 노래. 산가(山歌). rural song

야:간 (夜間)〖명〗밤사이. 야래(夜來). 〖대〗주간(晝間). night time [아배(夜牛) 도주. 〖하〗

야:간 도주 (夜間逃走)〖명〗야음(夜陰)을 타서 달아남.

야:간-부 (夜間部)〖명〗〖교육〗야간 교수를 하는 중·고등·대학교의 부속 교육 기관.〖대〗주간부. evening class of a school [밤차. night train

야:간 열차 (夜間列車)〖명〗밤중에 달리는 열차.

야:간 작업 (夜間作業)〖명〗밤에 작업함. 밤일. night work (방夜). 〖하〗

야:간 촬영 (夜間撮影)〖명〗밤에 사진이나 영화 따위를 촬영함. night photographing 〖하〗

야:객 (夜客)〖명〗밤손님.

야:객 (野客)〖명〗벼슬하지 않고 초야(草野)에 묻혀 사는 사람. [vessel

야:거 (野艇)〖명〗시화. single-masted

야거리 돛대가 한 개인 작은 배. single-masted

야거리-대〖명〗야거리의 돛대. single mast

야:견 (野犬)〖명〗주인 없이 홀로 들판에서 자라는 개. 들개. stray dog

야:견 (野繭)〖명〗멧누에의 고치. 작견(柞繭).

야:견-사 (野繭絲)〖명〗산에서 나는 고치에서 뽑은 실.

야:경 (夜景)〖명〗밤의 경치. 야색(夜色). night view

야:경 (夜警)〖명〗밤에 동네를 돌며, 화재·범죄 등의 경계를 하는 일. 또, 그 사람. night watch 〖하〗

야:경 (野徑)〖명〗들길. field path

야:경 (野景)〖명〗들의 경치. 야색(野色). scenery of the field [도는 사람.

야:경-꾼 (夜警-)〖명〗방범·방화 등을 목적으로 야경을

야:경-스럽-다 (夜警-)〖보〗밤중에 떠들썩하다. no-

야:계 (野鷄)〖명〗〖조류〗꿩. [isy at night 〖하〗 〖야:계-스레

야:고-초 (野古草)〖명〗〖식물〗포아풀과에 속하는 다년생 풀. 높이 20~120 cm로 잎은 보리와 비슷한데 털이 있음. 7~9월에 담녹색 또는 담자색 꽃이 줄기 끝에 핌.

야:곡 (夜曲)〖명〗→소야곡. [염이 있음. 목초로 씀.

야:공 (冶工)〖명〗대장장이. blacksmith

야:공 (夜工)〖명〗밤일. 〖하〗 [타.

야:공 (夜攻)〖명〗어둠을 타서 적을 침. 야습(夜襲). 〖하〗

야:광 (夜光)〖명〗①'달'의 딴이름. moon ②밤에 빛나는 빛.

야:광-귀 (夜光鬼)〖명〗〖동〗앙괭이①.

야광-나무〖명〗〖식물〗배나무과의 낙엽 활엽 교목. 잎은 난형이고 4~5월에 흰 꽃이 피며 지름 2 cm 가량의 열매는 10월에 익음. 과실은 돌배라고 하며 식용됨. 돌배나무.

야:광 도료 (夜光塗料)〖명〗밤에 어두운 데서 빛이 나는 도료. 발광 도료(發光塗料). luminous paints

야:광 명월 (夜光明月)〖명〗①빛나는 밝은 달. bright moon ②야광주(夜光珠)와 명월주(明月珠).

야:광 시계 (夜光時計)〖명〗바늘과 문자판에 방사성 발광(發光) 도료를 칠한 시계. luminous watch

야:광-운 (夜光雲)〖명〗〈지학〉높이 74~92 km의 기층에 드물게 나타나는 권층운(卷層雲)과 비슷한 구름. 밤에 나타나며 푸른 빛을 띤 은색의 섬유상(纖維狀)·띠 모양·파상(波狀)의 구름임.

야:광-주 (夜光珠)〖명〗①중국 고대에 있었다는 구슬. 밤에도 빛나는 귀중한 보석. 야명주(夜明珠). ②〖광〗금강석(金剛石). diamond

야:광-충 (夜光蟲)〖명〗〖동물〗편모충류에 속하는 원생동물의 하나. 몸은 각진 구형이며 투명함. 바닷속에 군집하여 있어서 밤에 빛을 발함. noctiluca

야:구 (冶具)〖명〗①야금(冶金)에 소용되는 연장. metallurgical instruments ②대장장이에 소용되는 여러 가지 연장. blacksmith's instruments

야:구 (野球)〖명〗〈체육〉아홉 사람으로 된 두 팀이 서로 공을 쳐서 득점을 다투는 경기. baseball

야:구 방망이 (野球-)〖명〗야구에서, 공을 치는 긴 방망이. bat [mond

야:구-장 (野球場)〖명〗야구 경기를 하는 운동장. dia-

야:구-팬 (野球 fan)〖명〗야구 경기의 열광적인 애호가.

야:구-화 (野球靴)〖명〗야구를 할 때 신는 세 발 달린 징을 박은 가죽신.

야:국 (野菊)〖명〗〖동〗들국화. [duty 〖하〗

야:근 (夜勤)〖명〗밤에 근무함. 〖대〗주근(晝勤). night

야:금 (冶金)〖명〗광석에서 쇠붙이를 공업적으로 골라내거나 합금을 만드는 일. metallurgy 〖하〗

야:금 (夜禁)〖명〗〈제도〉인경 친 뒤의 통행을 금하던 일. [(食). wild fowls

야:금 (野禽)〖명〗산이나 들에서 사는 새. 〖대〗가금(家

야:금-거리-다 무엇을 입 안에 넣고 찬찬히 깨물다. mumble 야금야금 〖하〗

야:금-술 (冶金術)〖명〗야금하는 방법. metallurgy

야:금-야금 [-냐-]〖부〗①조금씩 자꾸 탐내어 가지거나 소비하거나 하는 모양. bit by bit ②맛깔스러운 듯이 조금씩 자꾸 씹는 모양. bite by bite

야:금-학 (冶金學)〖명〗야금의 학리 및 기술을 연구하는 학문. metallurgy

야굿-야굿[―나―] 톱날같이 어긋비슷한 모양. 하甲

야:기(夜氣) 밤 공기의 눅눅한 기운. night air

야:기(惹起) 끌어 일으킴. causing 하甲

야기-부리-다 마음에 언짢아서 야단치다. grumble

야:기 요:단(惹起鬧端) 시비의 시초를 끌어 일으킴. ㈜ 야단(惹端)③. 요료(惹鬧)②. arousing dispute 하甲

야기죽-거리-다 간사한 말을 얄밉게 찬찬히 재깔이다. (큰)이기죽거리다. **야기죽-야기죽** 하甲

야나-치-다 영락없이 매몰하다. cold-hearted
=야·놀어미 ㈅ →어늘.

야:뇨(夜尿) →야료(惹鬧).

야:뇨증[―쯩](夜尿症) 〈의학〉 밤에 자다가 무의식중에 오줌을 싸는 증세. ㈜ 유뇨증. nocturnal incontinence

야-대:시(夜對時) 〈제도〉비상한 일이 생겼을 때 사헌부(司憲府)의 감찰이 밤중에 모이는 일. court

야다-하면 어찌할 수 없이 긴급하게 되면. if compelled

야:단(惹端) ① 떠들고 법석거림. commotion ② 큰 음성으로 마구 꾸짖는 일. scolding ③(약)→야기 요단(惹起鬧端). 하甲 스럽甲 스레甲
=야·둔[―툰]=―니.

야:단-나-다(惹端―) ① 떠들썩한 일이 벌어지다. 큰일이 생기다. great trouble occurs

야:단-받이[―바지](惹端―) 남의 꾸지람이나 야단을 받는 일. 또, 그 사람.

야:단 법석(野壇法席) ①〈불교〉들에 베푼 강좌. ②한곳에 많은 사람이 모여서 서로 다투고 떠들어 시끄러운 판. clamour

야:단-스럽-다[惹端―][ㅂ甲] ① 함부로 떠들어 대는 모양. ② 마구 꾸짖는 모양.

야:단-치-다(惹端―)[자甲] ① 큰 목소리로 마구 꾸짖다. give a great scold ② 함부로 떠들어 대다다. yell

야:담(野談) 야사(野史)의 이야기. historical tale

야:당(野黨) 〈정치〉정당 정치에서 현재 정권을 잡지 않은 정당. 재야당(在野黨). ㈜ 여당(與黨). (약) 야(野)③. opposition party

야:당-계(野黨系) 야당(野黨)의 계통. 야당의 직접적인 영향 아래 야당 활동을 지원하는 기관이나 사업체 및 인사(人士)를 통틀어 일컫는 말.

야:당-권[―꿘](野黨圈) 야당(野黨)과 그 편을 드는 넓은 테두리. 야당권(野黨圈).

야당=스럽-다[ㅂ보] ① 약마르고 매몰스럽다. shrewd and cold-looking ② 매몰하고 사악한 태도가 있다. cold-looking **야당-스레**甲

야:대(也帶) 〈제도〉문무과(文武科)의 방이 났을 때 급제한 사람이 띠던 띠.   ㈕, 그 도둑.

야:도(夜盜) 밤을 타서 남의 물건을 훔치는 일.

야:도-충(夜盜蟲) 〈곤충〉야도충나방의 유충. 거염

야:도-충나방(夜盜蟲―) 〈동〉밤나방.   〔벌레.

야:독(夜讀) 밤에 글을 읽음. night reading 하甲

야:동(野童) 시골 아이. country child

야:드(yard) [의명] 야드파운드법의 길이의 단위. 1yd= 3ft=91.44cm. 마(碼).

야드르르 반들반들하고 윤이 나는 모양. (약) 야드르. 이드르르. lustrous 하甲

야:드-파운드-법[―빱](yard-pound 法) 야드파운드를 기본으로 하는 서양의 도량형 제도.

야드를 (약)→야드르르.   〔very lustrous 하甲

야들-야들 부드럽고 윤이 나는 모양. (큰) 이들이들.

야라보(呀喇菩) 〈식물〉물푸레나무과의 상록 교목. 높이 20m 이상으로 흰 꽃이 핌. 목재는 건축·그릇을 만드는 데 쓰고, 씨는 기름을 짜고 짓은 호동유(胡桐淚)에 씀.

-야랑(冶郎) ① 연약한 남자. feeble man ② 바람난 남자. 오입쟁이. 유야랑(遊冶郎). libertine

야:래(夜來) (名) 밤 사이. 야간(夜間).

야:로(惹鬧) 〈속〉남에게 드러내지 않은 우물쭈물한 셈속이나 수작. 흑막(黑幕). conspiracy

야:로(冶爐) 〈동〉풀무.   〔stic old man

야:로(野老) 농촌에 사는 늙은이. 야옹(野翁). rustic old man

야로비 농법[―뻡](yarovi 農法 러) 〈농업〉어떤 작물에 대하여 일정한 시기에 저온 상태 등 일정한 조건을 경과하게 하여 식물 발육에 변화를 주고 개화와 결실을 빠르게 하는 방법. 미추린 및 리셍코의 유전학설에 의한 농법. 또는 육종법(育種法). 춘화 처리(春化處理).

야:료(←惹鬧) ① 까닭 없이 트집을 부리고 마구 떠들어 대는 짓. provoking a trouble ②(약)→야기 요단(惹起鬧端). 하甲   〔하다. strange

야롯-하-다(―些―)[트甲] ① 좀 이상하다. odd ② 특별히 괴상

야리-다 ① 질기지 못하고 조금 무르다. soft ② 조금 모자라다. short ③ 감정·의지 따위가 보드랍고 약하다. (큰) 단단하다. ④ 여리다. frail

야:마(夜摩←yāma 범) 〈동〉염라 대왕(閻羅大王).

야:마(野馬) 〈동〉야생마. ②〈동물〉들말. 야생마

야마리(변)→얌통머리.   〔말.

야마리-없:-다 얌통머리가 없다. impudently **야마리-없이**[이甲] ~한다. must

야:만(野蠻) '야'와 '만'이 겹쳐서 된 보조사. I 네가 가

야:만(野蠻) ① 지능이 미개하여 문화가 유치한 상태. 또는, 그런 종족. savagery ② 교양이 없고 교양이 없는 사람. 미개(未開). (큰) 문명(文明). uncivilized man 하甲 스럽甲 스레甲   〔sm

야:만-성[―생](野蠻性) 야만스러운 성질. barbari-

야:만-시(野蠻視) 야만으로 봄. look as a savage 하甲

야:만-인(野蠻人) 미개하고 문화의 정도가 낮은 사람. 변민(蕃民). (큰) 문화인(文化人). (약) 야인(野人)④. savage

야:만 정책(野蠻政策) 정치적 목적을 달성하기 위하여 인도(人道)에서 벗어난 수단으로 국민이나 타 민지를 다스리는 정책.

야-말로 받침 없는 체언에 붙어, '그것이야 참말로'의 뜻을 나타내는 보조사. ¶ 사자~ 짐승의 왕이다.

야:망(野望) ① 무리한 욕심을 이루려는 희망. ambition ② 남 몰래 품고 있는 큰 희망. (큰) 야욕(野慾). secret design   〔tree

야:매(野梅) 야생(野生)의 매화나무. wild plum-

야:맹(夜盲) 밤이 되면 시력이 줄어 물건을 식별하지 못하는 눈. 또, 그러한 사람. 계맹(鷄盲). (큰) 주맹(晝盲). night blindness

야:맹증[―쯩](夜盲症) 〈의학〉망막의 능력이 감퇴하여 어두운 데서는 물건을 식별하지 못하는 증상. 비타민 A의 결핍으로 일어남. night blindness

야멸-스럽-다[ㅂ甲] 야멸친 태도가 있다. callous **야멸-스레**甲   〔한 태도가 있다. heartless

야멸-치-다 남의 사정을 돌보지 아니하고 제 일만

야:명-사(夜明砂) 〈한의〉박쥐의 똥. 안질·감독(疳毒)·얌내 등의 약재로 씀.

야:명-주(夜明珠) 〈동〉야광주(夜光珠)①.

야:목(野鶩) 〈동〉물오리.

야:묘(夜猫) 〈동〉수달치새.

야:묘(野猫) 〈동〉살쾡이.

야:묘피(野猫皮) 〈동〉삽피.

야무(幃無)→염우(廉隅).

야:무방(也無妨) 해로울 것 없음. 야자무방(也自無妨). 야자불방(也自不妨).

야무 얌치(변)→염우 염치(廉隅廉恥).

야무-지-다 ① 야물고 오달지다. firm ② 영악하고 오달지다. solid ③ 모질고 야물다. (큰) 여무지다. hard boiled   〔없음. 하甲

야:무청초(野無靑草) 가물어 나지 않은 어린아이나 염소 따위가 입을 귀엽게 놀리며 야금야금 먹다. mumble **야물-거리다** 하甲

야물-다[ㄹ르] ① 열매가 단단하게 익다. ripen ② 살림살이를 하거나 재물을 다루는 데 있어 허투루

야:민(野民)[명] [속] 농민(農民).
야:밀(野蜜)[명] 야생하는 벌의 꿀.
야:바위[명] ①남을 속여 따먹는 노름의 하나. juggle ②협잡의 수단으로 그럴 듯하게 꾸미는 일. tricks
야:바위-치-다 ①그럴 듯한 방법으로 남의 눈을 속여 거짓을 꾸미다. perform tricks ②남 몰래 속여 좋은 것과 나쁜 것을 바꾸다. juggle
야:바위-통[명] 여러 사람이 야바위치는 가운데. while juggling
야:바위-판[명] 여럿이 협잡을 꾸미는 판국. scene of juggling
야:바윗-속[명] 여러 사람이 야바위치는 속내. plot of juggling
야:박(夜泊)[명] ①밤에 외박(外泊)함. stopping out ②밤중에 배를 정박(碇泊)시킴. cast anchor at night ③밤에 배에서 지냄. stay in a boat at night 하다
야:박(野薄)[명] ①남의 사정을 돌보지 않음. inhumanity ②정이 두텁지 못하고 야멸참. heartlessness 하다 스럽다 스레 히다 [midnight
야:반(夜半)[명] 한밤중. 밤 12시를 말함. 야분(夜分).
야:반 도주(夜半逃走) 한밤중에 도망함. 야간(夜間) 도주 한다 다.
야:반 무례(夜半無禮) 밤중에는 예의를 갖추지 못 [한다는 뜻.
야:발[명] 얄망궂고 되바라진 태도. 또, 그 말씨. sophistication 스럽다 스레
야:발-단지[─딴─][명] [속] 야발쟁이.
야:발-쟁이[명] 야발스러운 사람. sophisticated person
야:밤(夜─)[명] 깊은 밤.
야:=밤중[─쯩][명](夜─)[명] 한밤중. midnight [watch
야:번(夜番)[명] 밤에 드는 번. 또, 그 사람. night
야:=별초(夜別抄)[명] 〈제도〉고려 고종(高宗) 때, 최우(崔瑀)가 밤에 순행(巡行)하여 도둑을 막기 위하여 조직한 특수한 군대.
야:부(野夫)[명] 시골에 사는 사람. 시골의 농부. rustic
야:부(野鳧)[명] 〔동〕 물오리.
야:분(夜分)[명] 한밤중. 야반(夜半). midnight
야:-불답백(夜不踏白)[명] 밤길에 하얗게 보이는 것은 물이기 쉬우므로 조심해서 걸으라는 말.
야:-불폐:문(夜不閉門)[명] '밤에 대문을 닫지 않는다'는 뜻으로, 세상이 태평하고 인심이 좋음.
야:비(野卑·野鄙)[명] ①품행이 속되고 천함. ②고상하지 않음. [대] 고상(高尙). vulgarity 하다
야:비-다리[명] 보잘것없는 사람이 제만에 만족한 듯이 내는 교만. haughtiness
야비다리-치-다 사실은 그렇지 아니하면서 겉으로 일부러 겸손한 체하다. pretend modesty
야:사(夜事)[명] 남녀간의 성교. 방사(房事). sexual intercourse 하다 [생각. nocturnal thoughts
야:사(夜思)[명] 밤이 깊어 고요한 때에 일어나는 온갖
야:사(野史)[명] 풍속·전설 따위를 기록한 민간의 사기. 야승(野乘). [대] 정사(正史)①. unofficial history
=**야·사**[어미] [고] =여야. =여서야.
야:산(野山)[명] ①들에 있는 낮은 산. hillock ②숲이 짙지 않은 산. thinly-forested mountain
야:산(夜山)[명] [동] 밤산달러.
야:산-고사리(野山─)[명] 〈식물〉고사리과의 다년생 양치류(羊齒類). 잎은 우상(羽狀)으로 갈라짐. 포자엽(胞子葉)은 두 줄로 포자낭군(胞子囊群)이 있음. 자실체(子實體)는 흑갈색의 자낭이 생기고 다음해까지 남음. 습지에 남.
야:살[명] 말이나 짓이 얄망궂고 되바라진 태도. perversity 스럽다 스레
야:살-까-다 야살스럽게 행동하다. perverse
야:살-떨-다 야살을 몹시 부리다. be cross
야:살-부리-다 일부러 야살스러운 행동을 하다. be perverse
야:살-이(略) → 야살쟁이. [perverse
야살-쟁이[명] 야살스러운 사람의 얄잡이. cross-grained person [do something crabbed
야:살-피우-다[동] 낯이 간지러울 만큼 야살을 부리다.
야:삼경(夜三更)[명] 밤의 삼경시(三更時). 자정 전후의 시각. [속] 야경(夜更).
야:상(夜商)[명] 밤에 거래하는 장사.
야:상-곡(夜想曲)[명] 〈음악〉본래는 종교(宗敎)상의 곡을 의미하였으나, 변하여 조용한 밤의 정서를 표현한 악곡(樂曲)을 말함. 몽환곡(夢幻曲). nocturne
야:상-인(夜商人)[명] 밤에 장사하는 사람.
야:색(夜色)[명] [동] 야경(夜景).
야:색(野色)[명] [동] 야경(野景).
야:생(野生)[명] ①동식물이 산이나 들에서 저절로 생장함. 또, 그 동식물. wild ②순하게 길들지 않는 성질. undomesticated 하다 [(飼育) 동물.
야:생 동:물(野生動物) 야생하는 동물. [대] 사육
야:생 식물(野生植物)[명] 야생하는 식물. [대] 재배(栽培) 식물.
야:생-아(野生兒)[명] 야생의 동물 모양으로 성격이 사납고 교양이 없는 사람의 비유. wild boy
야:생-인(野生人)[명] 야생아로서 성장한 사람. 야생적인 성격을 가진 사람. [나 길들지 않은(것).
야:생-적(野生的)[명][관형] 산이나 들에서 저절로 자랐거
야:생-종(野生種)[명] 〈생물〉산이나 들에 절로 나는 동식물의 종류. uncultivated [wer
야:생-화(野生花)[명] 들에 절로 피는 화초. wild flo-
야:서(野鼠)[명] [동] 들쥐.
야:설(夜雪)[명] 밤에 내리는 눈. night snowfall
야:성(野性)[명] ①교양이 없는 거친 성질. vulgarity ②길들지 아니한 성질. wild nature ③좋게받기 싫어하는 성질. [풍기는 아름다움.
야:성-미(野性美)[명] 거친 성질이나 본능적인 풍모에서
야:성-적(野性的)[명][관형] 야생의 성질을 가진(것).
야:소(耶蘇)[명] '예수'의 취음.
야:소-교(耶蘇敎)[명] '예수교'의 취음.
야:속(野俗)[명] 하다①인정머리 없고 쌀쌀함. cold hearted ②섭섭하여 언짢음. unpleasant 하다 스럽다 스레 히다
야:수(夜嗽)[명] 밤이면 나는 기침. [총칭. fielder
야:수(野手)[명] 〈체육〉야구에서, 내야수와 외야수의
야:수(野狩)[명] 들에서 하는 사냥. field hunting
야:수(野獸)[명] ①들에서 사는 짐승. [대] 가축(家畜). wild beast ②성질이 몹시 사나운 사람. ¶~적(的). wild person [change
야수-다[타] 기회를 노리다. [준] 여수다. watch for a
야:수-성[─쩡][명](野獸性)[명] 야수와 같은 성질. brutality
야:수-주의(野獸主義)[명] 기성 도덕을 허위·죄악이라고 배격하고, 자기의 관능이 명령하는 대로 동물적 욕망을 채우는 것을 인생의 목적으로 하는 주장. animalism
야수-파(野獸派)[명] 〈미술〉1905 년에 프랑스식 발(反) 아카데미파의 화가가 창시한 혁신적인 화풍으로 굵은 선을 써 대담한 단순화를 시도함. 포비즘(fauvisme). [踏宿). camping 하다
야:숙(野宿)[명] 들이나 산에서 잠. 초찬(草竄). 녹숙
야:순(夜巡)[명] 야간의 경계를 위하여 돌아다니며 순찰함. night patrol 하다
야스락-거리-다 입담 좋게 계속하여 말을 늘어놓다. [여] 야스락이다. chatter 야스락~야스락 하
야슬-거리-다 [약] → 야스락거리다.
야:습(夜習)[명] 밤에 연습하는 것. night study 하다
야:습(夜襲)[명] 밤에 습격하는 것. 야공(夜攻). night attack 하다
야:승(野乘)[명] [동] 야사(野史).
야:승(野僧)[명] ①시골 중. rustic monk ②중이 자기를 겸손하여 이르는 말. priest
야:시(夜市)[명] 밤에 벌이는 저자. 밤장(─場)②. 야시장(─場). night fair
=**야시·놀**[어미] [고] =시거늘.
=**야시·늘**[어미] [고] =시거늘.
=**야시·든**[어미] [고] =시거든.

야:시=붓대〖식물〗 버섯의 하나. 가을철에 길가에 남. 냄새가 심함.

야:시=장(夜市場)〖명〗 밤에 벌이는 시장. 야시(夜市).

야:식(夜食)〖명〗 밤에 먹는 음식. 밤에 음식을 먹음. 밤밥. 밤참. midnight meal 하타

야:심(夜深)〖명〗 밤이 깊음. late at night 하타

야:심(野心)〖명〗 ①무리한 욕심·야비한 욕심을 이루려는 마음. ambition ②남 몰래 품은 소망. secret designs ③순복(馴服)하지 않고 걸핏하면 해치려는 마음. malice 〔―심(已甚). 하타 스럽 스레하타 히타

야:심(偌甚)〖명〗 지나치게 심함. 심히 강박함. 《준》이

야:심-가(野心家)〖명〗 야심을 품은 사람. ambitious person 히타

야:심 만:만(野心滿滿)〖명〗 야심이 가득 차 있음. 하타

야:심-작(野心作)〖명〗 새로운 시도를 대담하게 표현한 작품. 주로 예술 작품에 쓰임.

안(野雁)〖동〗 능에.

야:압(野鴨)〖동〗 물오리.

야야(夜夜)〖명〗 밤마다. 매야(每夜). every night

야:양(野羊)〖동〗 소과의 짐승. 면양과 비슷하나 몸은 훨씬 크며 다리는 길고 가늘며 고기 맛이 좋음. 몽고·만주의 고원 지방에 야생함.

야:-피(野皮)〖명〗 양양 가죽. 요·갑옷 따위에 씀.

야:어(野語)〖명〗 시골 말. 야언(野言). rustic slang

야:언(野言)〖명〗 〖동〗 야어(野語).

야:업(夜業)〖명〗 밤 일. night work 하타

야:업(野業)〖명〗 들에서 하는 일. field work 하타

야:역(夜役)〖명〗 밤에 하는 토목·건축 따위의 일. night work 하타

야:연(夜宴)〖명〗 밤에 베푸는 술잔치. 야연(夜筵). evening banquet 하타

야:영(夜影)〖명〗 달밤에 땅 위에 비치는 그림자. shadow in a moonlight night

야:영(野營)〖명〗 들에 진영을 침. 또, 그 진영. 노영(露營). camping 하타

야옹 고양이의 우는 소리. meow!

야:옹(野翁)〖명〗 시골 늙은이. 야로(野老). rustic old man

야:외(野外)〖명〗 ①들판². ②시가지에서 멀리 떨어진 들. 교외(郊外). field

야:외-극(野外劇)〖연예〗 야외에서 자연의 경치를 배경으로 하는 극. outdoor play

야:외 수업(野外授業)〖명〗 야외에서 하는 수업.

야:요(도) 체언 밑에 쓰이며, 반말투로 사물을 단정하거나 묻는 종결형 서술격 조사 '야'에, 친근이나 존경을 나타내는 조사 '요'가 어울린 말. 〔그 분은 형의 친구야.

야:욕(野慾)〖명〗 ①분에 넘치는 욕망. ambition ②야비한 정욕. 〔성적 ~을 채우다. wild desire

야:용(冶容)〖명〗 얼굴을 예쁘게 단장함. 또, 그 얼굴. making up one's face 〔음을 일으킨다는 말.

야:용지-회(冶容之誨)〖명〗 야하게 단장함은 음탕한 마

야:우(夜雨)〖명〗 밤에 내리는 비. night rain

야:우(野牛)〖명〗 들소. burning

야울=야울 불이 살살 타는 모양. 〈큰〉 어울어울.

야웨(Yahweh)〖명〗 여호와. 「위다. become thin

야위-다〖자〗 몸의 살이 빠져 파리하게 되다. 〈여〉 여

야원 말이 짐 탐한다〖속〗 ①몸이 약한 사람이 남보다 일을 많이 하려 한다. ②야윈 사람이 많이 먹으려 한다. 〔게 놈. prodigality 하타

야:유(冶遊)〖명〗 ①회롱하며 놂. ②주색에 빠져 방탕하

야:유 유(野柔←Yajur 법)〖명〗〖불교〗 베다(Veda)의 하나. 제사지낼 적에 읽는 제문.

야:유(夜遊)〖명〗 밤에 놀이. 하타 evening amusement

야:유(野遊)〖명〗 ①들놀이. picnic ②경상 남도 일부 지방에서 행하여지는 가면극. 하타

야:유(揶揄)〖명〗 빈정거려 놀림. banter 하타

야:유-랑(冶遊郞)〖명〗 야유(冶遊)하는 사람. 방탕아.

야:유-회(野遊會)〖명〗 들놀이를 하는 모임. picnic party

야:음(夜陰)〖명〗 밤의 어둠. 야분(夜分). darkness

야:음(夜飮)〖명〗 밤에 술을 마심. evening drink 하타

야:-이:계:주(夜以繼晝)〖명〗 밤낮으로 쉬지 않고 함. 하타

야:인(野人)〖명〗 ①시골 사람. 파인(巴人). rustic ②예절이 없는 사람. 교양이 없고 거친 사람. impolite ③서슴하지 않은 사람. 〔며 (野)〕². civilian ④〈약〉…야마인. ⑤옛날 두만강과 압록강 이북에 살던 종족. 여진(女眞).

야:임(野荏)〖명〗 들깨.

야:자(椰子)〖식물〗 ①〖동〗 야자나무. ②야자나무의 열매.

야:자-나무(椰子一)〖식물〗 종려과(棕櫚科)의 상록 교목. 높이 20~30 m 되는 줄기 끝에 20~30개가 모여 남. 꽃은 육수 화서로 피고 자웅 동주임. 열매는 핵과(核果)이며 회색의 겉껍질은 영양분이 많아 식용하며, 속의 기름을 짬. 전세계 열대 지방에 분포함. 야자①. 야자수(椰子樹). coconut palm 「다. forget entirely

야자-버리-다〖타〗 모두 잊다. 아주 잊다. 〈센〉 잊어버리

야:자-수(椰子樹)〖명〗〖동〗 야자나무.

야:자-유(椰子油)〖명〗 야자의 씨에서 짠 기름. 주로 누의 원료로 씀.

야:잠(野蠶)〖명〗 멧누에. 「누의 원료로 씀.

야:잠-사(野蠶絲)〖명〗 멧누에의 고치에서 뽑은 실.

야:잠-아(野蠶蛾)〖명〗 멧누에나비.

야:장(治匠)〖명〗 대장장이. blacksmith

야:장(夜葬)〖명〗 밤에 지내는 장사. night funeral 하타

야:장(夜裝)〖명〗 야회(夜會)에 나갈 때 입는 옷차림. 또, 그 옷. evening dress

야:장-간(治匠間)〖명〗 대장간.

야:장미(野薔薇)〖명〗〖동〗 찔레.

야:저(野猪)〖명〗 멧돼지.

야:적(野積)〖명〗 노적(露積). 하타

야:적-장(野積場)〖명〗 물건을 한데다 쌓는 곳.

야:전(夜戰)〖명〗 밤에 하는 전투. night operations 하타

야:전(野戰)〖군사〗 ①산이나 들에서 하는 전투. field operations ②공성전(攻城戰)·요세전(要塞戰) 이외의 작전. 하타

야:전-군(野戰軍)〖군사〗 야전에 종사하는 군대. 야

야:전-대(野戰隊)〖명〗〖동〗 야전군. 「전대. field army

야:전 병기창(野戰兵器廠)〖명〗 야전에서 필요한 병기를 맡아서 그의 보급과 수리를 하는 곳.

야:전 병:원(野戰病院)〖군사〗 전선(前線)에 가까운 후방에 설치하여 부상을 입거나 병든 군인을 수용하고 응급 치료를 하는 병원. field hospital

야:전-포(野戰砲)〖군사〗 야전에 쓰는 대포. 105 밀리 곡사포·산포(山砲) 등. 〈약〉야포. fieldpiece

야점-잡-다〖동〗 야점하지 아니하다. 〈준〉 의젓잖다. ill-behaved

야점-하:다〖여타〗 태도나 됨됨이가 옹졸하거나 잘지 않아서 점잖고 무게가 있다. 〈준〉 의젓하다. dignified

야점-이〖어〗

야:정(野情)〖명〗 ①소박한 마음. simplicity ②소박한 취미(趣味). 야취(野趣)². simple taste

야:제-병(夜啼病)〖한의〗 젖먹이가 밤이 되면 자꾸 우는 병. night practice

야:조(夜操)〖명〗 밤에 군사를 훈련함. 하타

야:조(野鳥)〖명〗 산과 들의 새. 들새. wild bird

야죽-거리-다〖약〗 →야기죽거리다.

야:중(夜中) →나중.

야:중(夜中)〖명〗 밤중. middle of the night

야:중(野中)〖명〗〖동〗 들².

-야지〖어미〗 '-야 하지'의 뜻의 부사형 및 종결 어미. 어미 '-야·-어' 등의 밑에 쓰임. 〔학교에 가야지. must 「field

야:지(野地)〖명〗 넓은 들이 많은 평평한 땅. 〈대〉 산중.

야지랑-떨:-다〖르타〗 일부러 야지랑스러운 짓을 자주 하다. 〈큰〉 이지렁떨다. flatter 「〈큰〉 이지렁부리다.

야지랑-부리-다〖타〗 야지랑스러운 행동을 일부러 하다.

야지랑-스럽-다〖ㅂ변형〗 얄밉도록 능청맞으면서도 천연스럽다. 〈큰〉 이지렁스럽다. sly and cool **야지랑-스레**〖어〗 「이지렁부리다.

야지랑-피우-다 야지랑스러운 태도를 나타내다. 〈큰〉

야지러-지-다 한 쪽이 줄어지다. 한 귀퉁이가 떨어지다. 《큰》이즈러지다.

야:직(夜直)圓 궁중에서 숙직함. night duty in a palace 하다

야:집(野集)圓 질서 없이 떼를 지어 모임. ¶~한 군중. 하다

야짓 차근차근히 모조리. ¶다 읽어야 할 책이거든 처음부터 ~ 보아라. steadily and throughly

야:차(夜叉)圓 ①《불교》모양이 추하고 잔인하여 사람을 해치는 흉악한 귀신. ③《동》염마졸(閻魔卒).

야:차-등(夜叉燈)圓《제도》 교회에 거둥할 때, 임시로 머무르던 곳. [한 형상을 이름.

야:차-두(夜叉頭)圓 악귀의 흩어진 머리털. 곧, 추악한 형상을 이름.

야:찬(夜餐)圓 밤에 먹는 음식.

야:참(夜一)圓 '밤참'의 궁중말. [채소. vegetables

야:채(野菜)圓 들에서 나는 나물. ②푸성귀. 남새.

야:채-원(野菜園藝)圓 야채를 재배하는 원예.

야:처(野處)圓 집이 없이 들에서 거처함. ¶혈거(穴居) ~. living in open air 하다

야:천(野川)圓 들 가운데를 흐르는 내.

야청(-靑)圓 검은 빛을 띤 푸른 빛. 아청(鴉靑). dark-blue [wild grass

야:초(野草)圓 사람이 가꾸지 않고 저절로 나는 풀.

야:출(野出)圓 이끌어 냄. 하다

야:취(野趣)圓 ①전야(田野)의 아름다움. rural scenery ②소박한 취미. 야정(野情)②. 야치(野致). rustic taste

야:치(野致)圓《동》야취(野趣)②. [가 죽다.

야코-죽-다《속》위압되어 지기(志氣)를 못 펴다. 기

야코-죽이-다다《속》위압하여 지기(志氣)를 못 펴게 하다.

야크(yak)圓 ①《동》야우(野牛) 비슷한 소과의 짐승. 북인도·티베트 고원에 사는데, 역용(役用)·육용(肉用)·유용(乳用)으로서 중요함.

야:태(野態)圓 촌스러운 모양.

야:토(野兎)圓《동》산토끼.

야트막-하다圖 꽤 야트막하다. 《큰》여트막하다. very shallow **야트막:-히**圖

야틈-하-다圖 약간 얕은 듯하다. 《큰》여틈하다. [somewhat shallow

야:편(野便)圓 아편(阿片).

야:포(野砲)圓 야전포.

야:포-대(野砲隊)圓《군사》 야포를 중심으로 하여 조직된 부대. field artillery corps

야:표(野標)圓 들에 보이는 한 표지물.

야:풍(野風)圓 속되고 천박한 풍속. 또, 그러한 모습. boorish manner

야:-하-다(冶-)圄여 상스럽고 깊은 맛이 없이 천박하게 아리땁다. ¶빛깔이 ~.

야:-하-다(野-)圄여 ①품이나 격이 상스럽고 천하다. ②수수하고 진실한 맛이 없이 이곳보이다. ¶하는 짓이 ~. greedy

야:학(夜學)圓《의학》밤이면 앓는 학질. 하다

야:학(夜學)圓 ①밤에 배움. 또, 그 공부. 《대》주학(晝學). night study ②《약》→야학교. 하다

야:학(夜鶴)圓《동》두루미.

야:학-교(夜學校)圓《교육》 밤에 가르치는 학교. 《약》야학(夜學)②. evening school [ing school pupil

야:학-생(夜學生)圓 야학교에서 배우는 학생. even-

야:한(夜寒)圓 ①밤의 한기(寒氣). ②가을 밤의 쌀쌀한 느낌. 또, 그 추위. night chill

야:합(野合)圓 ①부부 아닌 남녀가 정을 통함. illicit connection ②좋지 못한 목적으로 한데 어울림. banding together 하다

야:합-피(夜合皮)圓《한의》자귀나무의 껍질. 한방(漢方)에서 강장제로 따위로 쓰임. [silktree

야:합-화(夜合花)圓 자귀나무의 꽃. flowers of a

야:항(夜航)圓 밤에 항행함. nightvoyage 하다

야:행(夜行)圓 밤에 길을 감. ¶~ 열차. night travelling 하다

야:행-성[-썽](夜行性)圓 먹이를 구하는 행동 따위를 낮에는 쉬고 밤에 하는 동물의 습성. 《대》주행성(晝行性). nocturnal habit

야:호(夜壺)圓《동》요강.

야:호(野狐)圓《동》여우.

야:호(yo-ho)圓 등산하는 사람이 서로 부르는 소리.

야:홍(野紅花)圓《동》엉겅퀴.

야:화(夜話)圓 ①밤에 모여 앉아서 하는 이야기. evening story ②《문학》설화풍(說話風)의 줄거리를 주로 한 소품(小品).

야:화(野火)圓 들에서 일어난 불. wild-fire

야:화(野花)圓 ①들에 나는 풀의 꽃. 야방(野芳). wild flowers ②하층 사회나 화류계의 미녀(美女)의 비유. beauty of low birth [시골 이야기.

야:화(野話)圓 ①항간에 떠도는 이야기. folk-lore ②

야:화 식물(野化植物)圓《식물》 인공 재배 식물이던 것이 함부로 흩어져 퍼져서 야생종으로 된 식물.

야:회(夜會)圓 ①밤에 모여 만남. night meeting ② 밤에 하는 연회나 유흥을 위한 모임. evening party 하다 [ing dress

야:회-복(夜會服)圓 야회에 나갈 때 입는 옷. even-

야:훼(Yahweh)圓《동》여호와.

약[1](約)圓 화투나 마작놀이에서 특정한 경우에 특별한 끗수를 얻을 수 있는 특권이 생기는 일. 또, 그 특권. 비약·초약·풍약 등이 있음.

약(略)圓 ①《약》→생략(省略). ②《제도》강독(講讀) 시험의 성적을 매기는 등급의 하나. 통(通)의 다음, 조(粗)의 위로 격정하는 등급. 하다

약(葯)圓《식물》수꽃술 끝에 붙어서 화분을 가지고 있는 부분. 약포(葯胞). anther

약(藥)圓 ①병·상처를 고치려고 먹거나 바르거나 주사하는 물건. 약품①. ¶의(醫)~. medicine ②몸이나 정신에 유익한 물건. good ③어떤 물질이나 물건에 들어가서 그 바탕의 변화를 일으키게 할 계기가 되는 물건. 술·누룩·아편 따위. agent ④유해 동식물을 제거하는 데 쓰는 물건. ¶모기~. poison ⑤구두 따위에 발라 윤이 나게 하는 물건. polish ⑥《약》→화약(火藥). ⑦고추·담배 등 자극성 풀이 잘 성숙하여 지니는 독특한 성분. ⑧벌컥 일어나는 골. ¶~이 오르다. anger

약[2](約)圓 어느 수량에 거의 가까운 정도를 나타내는 말. 대강. about

=약(弱)個 =빠듯. little less than

약가(藥價)圓《동》약값.

약가-심(藥-)圓 약을 먹고서 입을 가시는 짓. 또, 그 음식. taking off the after-taste of a medicine

약간(若干)圉 얼마 안 됨. 얼마쯤. some [하다

약갑(藥匣)圓 약을 넣는 갑. [(代).

약-값(藥-)圓 약의 대가(代價). 약가(藥價). 약대(藥

약건(鑰鍵)圓 ①《동》열쇠. ②문빗장에 내리지르는 쇠.

약계(藥契)圓 한약을 지어 파는 곳. drugstore

약계 바라지[--빠-](藥契-)圓 약제방의 틈창처 중턱에 가로 눈널 바라지 두 개가 있어서 눈 너머로 놓고 내다보게 되었으며, 겉창 대신 안쪽으로 널조각의 두개가 두 개가 있음.

약계 봉:사(藥契奉事)圓 약국을 내어 한약을 지어 파는 사람. 약계 주부(藥契主簿).

약계 주부(藥契主簿)圓《동》약계 봉사.

약=고초장(藥苦草醬)圓《동》약고추장②.

약=고추장(藥-醬)圓 ①묽은 고추장. ②찹쌀에 고춧가루를 썩 많이 넣어 담근 고추장. 약고초장.

약골(弱骨)圓 ①몸이 약한 사람. 병골(病骨). 약질. weakling ②약한 골격. 잔골(屠骨). weak constitution [일. ¶그만 일은 ~다. easy thing

약과(藥果)圓 ①과줄. ②감당하기 어렵지 않은

약과는 누가 먼저 먹을는지《속》 약과는 제물이라 사람이면 그것을 먹음을 알 수 없다는 말.

약과-문(藥果紋)圓 ①검은 담비 가슴패기의 황갈색의 얼룩 무늬처럼 네모진 무늬. ②비단의 약과 모양

약과 장식(藥果裝飾) 장의 문이나 귀퉁이에 박는 네모진 장식.

약관(約款) 약속하여 정한 하나하나의 조항. 규약(規約). stipulation

약관(弱冠) ①남자가 스무 살이 된 때. boy of twenty years of age ②〈동〉 약년(弱年).

약국(弱國) 국력이 약한 나라. 국세가 기울어지는 나라. 〈대〉 강국(強國). lesser power

약국(藥局) 약사가 양약·한약을 포함한 모든 의약품을 제조·판매하는 곳. drugstore

약국-방(藥局方) 약제(藥劑)의 조합(調合) 방법. 또, 이를 기술한 책. pharmacopoeia

약국-생(藥局生) 〈의학〉 약사 면허 없이 병원 안의 약국에서 약을 짓는 사람. 조제사. assistant herb druggist

약군(弱群) ①약한 무리. lesser crowd ②〈농업〉 군세(群勢)가 약한 벌떼. lesser swarm of bees

약-그릇(藥-) 약을 따라 마시거나 담는 그릇. 약기(藥器). bowl for medicine

약기(略記) 간략하게 적음. 또, 적은 것. 생기(省記)②. 〈대〉 상기(詳記). brief sketch 하다

약기(藥器) 〈동〉 약그릇.

약기(躍起) 뛰어 일어남. springing up 하다

약-꼬챙이(藥-) 〈동〉→약막대기.

약-꿀(藥-) 약으로 쓰이는 꿀.

약낭(藥囊) 약을 넣는 주머니. drug bag

약년(若年) 나이가 젊음. 또, 그 사람. youth

약년(弱年) 나이가 어림. 어린 나이. 약관(弱冠)②. 〈대〉 노년(老年). youth

약년(藥碾) 〈원〉→약연(藥碾). [dical chest

약-농(-藥籠) 약을 담아 두는 채롱이나 궤. me-

약농중물(藥籠中物) ①약농 속의 약품이라는 뜻. 곧, 꼭 필요한 인물. indispensable man ②가까이 사귀어서 자기 편으로 한 인물. 약농지물. confidant

약-다(-) ①눈치가 있고 펀펀하다. ②항상 자기에게 이롭게만 꾀를 부리는 성질이 있다. 〈동〉 역다. clever [는 말. ¶〜을 보다.

약단(約短) 화투놀이에서, 약과 단을 아울러 이르

약-담배(藥-) 아편의 딴 이름. ¶〜를 빨다.

약대(-動物) ①단봉(單峯) 약대와 쌍봉(雙峯) 약대의 총칭. ②약대과의 짐승. 다리가 걸고 발굽이 둘로 갈라졌으며 등에 혹 모양의 육봉(肉峯)이 있음. 사막 생활에 중요한 가축임. 낙타(駱駝). 타마(駝 [馬). camel

약대(藥大) 〈준〉→약학 대학.

약대(藥代) 〈동〉 약값.

약-대접(藥-) 약그릇으로 쓰는 대접.

약-덕(藥德) 먹어서 효력을 본 약의 덕. virtue of a medicine [robbing 하다

약도(掠盜) 노략질하고 도둑질함. plundering and

약도(略圖) 간략하게 대충 그린 그림. sketch map

약독(藥毒) 약의 독기. virulence of a medicine

약동(藥童) 〈제도〉 고려 전의시(典醫寺)와 상약국의 구실아치.

약동(躍動) 생기가 있고 활발하게 움직임. lively mo-

약동-감(躍動感) 생기가 펄펄 넘치는 느낌. [tion 하다

약-되다(藥-) 약효가 생겨서 몸에 유익하다. be good for the health [물 두구리.

약-두구리(藥-) 약을 달이는 자루가 달린 놋그릇.

약-둥이(←-童-) 약은 아이. smart boy

약략-하다(略略-) ①매우 간략하다. ¶이 글은 너무 〜. ②약소하다. brief **약략-히**

약량(藥量) 복약하는 분량. dose of medicine

약력(略歷) 대강의 이력. brief history

약력(略曆) 〈원〉→약본력. [dicine

약력(藥力) 약의 효력. 약효(藥效). effect of me-

약령(藥令) 봄·가을에 약재를 팔고 사는 장. 대구·청주·공주 등지에 섬. 약령시(令). 〈약〉 영(令)1. medicine-fair

약령-보-다(藥令-) 약령에 가서 약재를 사고 팔다. 〈약〉 영보다. go to a medicine-fair

약령-서-다(藥令-) 약령에 많은 사람들이 모여들어 약재를 팔고 사다. 〈약〉 영서다①. hold a drug market

약령-시(藥令市) 〈동〉 약령.

약로(藥路) 여러 약을 써서 그 병이 듣는 약을 얻게 된 길.

약론(約論) 요약하여 논함. 요약한 논의. brief discussion 하다

약론(略論) 간단하게 줄여 논함. 〈대〉 상론(詳論). brief discussion 하다

약롱(藥籠) 〈원〉→약농.

약료(藥料) 〈약〉→약재(藥材料).

약리(藥理) 〈약학〉 약품에 의하여 일어나는 생리적 변화의 이치. ¶〜 작용.

약리-학(藥理學) 〈약학〉 생물체에다 일정한 화학적 물질을 투여하였을 때에 일어나는 생리적 변화를 연구하는 학문. pharmacology

약마-복중(弱馬卜重) 맡은 일에 비해서 그의 재주와 힘이 너무 부족함.

약-막대기(藥-) 탕약을 짤 때 약수건을 비트는 데 쓰는 막대기. herb medicine stick

약맹(約盟) 맹세하여 굳은 약속을 맺음. 또, 그 약속. 맹약(盟約). promise 하다

약-면약(弱綿藥) 〈화학〉 솜을 질산과 황산의 혼합액 속에 담가서 질산의 작용을 약하게 만든 질산 셀룰로스. 무연(無煙) 화약의 재료로 씀.

약명(藥名) 약의 이름. name of a medicine

약모(略帽) 〈군사〉 군인들이 전투나 훈련 때에 쓰는 약식의 모자. 〈대〉 정모(正帽).

약-모음(弱母音) 〈동〉 음성 모음(陰性母音).

약문(約文·略文) 〈인쇄〉 여러 가지의 기호·활자·구두점(句讀點)·괄호·권점(圈點) 따위의 총칭.

약-물(藥-) 약효가 있는 샘물. 약수. medicinal water ②약을 타거나 달이거나 우린 물. 약액(藥液). medical fluid

약물(藥物) 약재가 되는 물건. medicines

약물-꾼(藥-) 약물터로 약물을 마시러 오는 사람. spa visitor

약물 소독(藥物消毒) 약품을 써서 하는 소독으로 석탄산·포르말린 등을 주로 사용함.

약물 알레르기(藥物 Allergie) 페니게 약제나 페니실린 등에서 흔히 일어나는 약물에 의한 알레르기.

약물 요법(-療法·藥物療法) 〈의학〉 약물로 병을 고치는 치료법. medical therapy

약물 중독(藥物中毒) 〈의학〉 약물의 과용·오용 등에 의한 중독. medical poisoning [spring

약물-터(藥-) 약물이 나는 곳. 약수터. mineral

약물-학(藥物學) 〈약학〉 약리학의 구칭. pharmacology

약박(弱拍) 〈음악〉 소절(小節)의 도중 약부(弱部)에서 시작되는 경우의 박자. 여린박. 〈대〉 강박(強 [拍).

약반(藥飯) 〈동〉 약밥.

약-발(藥-) 겉으로 드러나는 약의 효험.

약밤-나무(-) 〈식물〉 너도밤나무과의 낙엽 활엽 교목. 보통 밤나무와 갈으나 잎의 뒷면가 깊으며 밤송이의 가시는 짧고 열매는 잘게 맛이 짧다. 중국 원산임. 〈준〉 약(弱)·속(栗).

약-밥(藥-) 찹쌀을 꼬들꼬들하게 쪄서 설탕·참기름 등을 섞고 다시 진잣·잣·밤·대추 등을 넣어서 전 밥. 약식(藥食). 약반(藥飯). [tion

약방(藥房) 약의 처방법. 조제법(調劑法). prescrip-

약방(藥房) 약방상이나 약종상을 일컫는 말.

약-방문(藥方文) 〈한의〉 약을 짓기 위한 약명과 분량을 적은 종이. 약화제(藥和劑). 화제(和劑). ¶사후(死後)〜. 방문(方文). prescription

약방에 감초(속) 어떤 일에도 빠짐이 없이 낀다.

약-밭(藥-) 약초를 심은 밭. 약전. herbal garden

약배(若輩) 경험이 적은 사람. inexperienced man
약법(約法) ①약장(約章). ②중화 민국의 헌법. Constitution of the Republic of China
약병(藥甁) 약을 담는 병.
약보 약은 사람의 별명. 약빠리. shrewd person
약보(略報) 개략적인 보고나 보도. 《대》상보(詳報).
약보(略譜) ①대략의 계보(系譜). ②《음악》오선보(五線譜)에 대하여서 산용 숫자(算用數字)로 음계를 나타낸 악보.
약보(藥補) 약으로 몸을 보함. 《대》식보(食補). strengthen the body with medicine
약보(藥褓) ①약을 많이 써서 여간한 약은 써서는 약효가 나지 않는 일. ②《동》약수건.
약복(略服) 약식의 복장. 《대》정복(正服).
약-복지(藥袱紙) 첩약을 싸는 네모진 종이. 약지. 《약》지(狀紙). paper for packing medicine
약본(略本) 간단하게 기록한 서적.
약-본력(略本曆) 본력을 기준으로 하여 일반인에게 필요한 것만이 간추려 반포하는 달력. 《약》약력(略曆).
약-봉지(藥封紙) 약을 담는 봉지.
약부(藥夫) 《제도》지방 관아에 딸려 약을 캐던 사람.
약분(約分) 《수학》분수의 분모와 분자를 공약수로 제하는 일. 맞줄임. reduction of a fraction
약비(略備) 대강 갖춤.
약-비(藥-) '약으로 되는 비'라는 뜻으로, 요긴한 때에 내리는 비를 이름. timely rainfall
약비-나-다 정도가 너무 지나쳐 몹시 싫증이 나다. be bored
약-비누(藥-) 《약학》살균하여 썩지 않게 하는 비누.
약빠르-다 꾀바르고 눈치가 빠르다. ¶그는 약빠르게 빠놓았다. 《큰》약빠르다. shrewd **약빨리** 리어 속속한 데가 있다.
약빠른 고양이 밤눈 못 본다 지나치게 영리하면 도
약-빠리 약빠른 사람. 약보. shrewd one
약사(略史) 간단히 줄여서 기록한 역사. ¶한국의 ~. historical sketch
약사(藥事) 의약품·의료 기구·화장품 기타의 조제· 감정 및 취급 일체에 관한 사항.
약사(藥師) 《법률》약사 면허를 가지고 약사 명부에 등록되어 있으면서 의약의 조제·보존·교부에 관한 실무를 행하는 사람. pharmaceutist
약-사발(藥沙鉢) ①약을 담는 사발. medicine bowl ②나라에서 사약할 때 쓰던 그릇. cup of poison
약사 삼존(藥師三尊) 《불교》약사 여래와 그를 좌우에서 협시(脇侍)하는 일광 보살과 월광 보살을 함께 일컫는 말. 《약》삼존.
약사 여래(藥師如來) 《불교》중생은 병에서 구해 준다는 부처. 왼손에 약병, 오른손으로는 이세외(施無畏)의 인(印)을 맺고 있음. 약사 유리광 여래(藥師瑠璃光如來). Bhechadjaguru
약사-전(藥師殿) 《불교》약사 여래를 모신 곳.
약삭-빠르-다 꾀가 있고 눈치가 재빠르다. **삭-스레다** tactful
약삭-스럽-다 약삭빠른 데가 있다. tactful 약
약산(弱酸) 《화학》해리(解離)하는 정도가 적은 산. 수용액 중에서 수소 이온을 발생시키는 농도가 적은 산. 탄산 또는 낙산이나 대개의 유기산 따위. 《대》강산(强酸). weak acid
약-산:적(藥散炙) 《동》장산적(醬散炙).
약상(藥箱) 약을 담는 상자. medicine chest
약-샘(藥-) 약물이 나는 샘. medicinal spring
약서(約誓) 서약(誓約).
약서(略敍) 약술(略述).
약석(藥石) 약과 침. medicine and needles ②약제의 총칭. 또, 치료의 뜻. medicines
약석지-언(藥石之言) 남의 그릇된 짓을 훈계하는

말. admonition. mal establishment
약설(略設) 간략하게 설비함. 또, 그 설비. infor-
약설(略說) 간단하게 줄여 설명함. 또, 그 설명. 《대》상설(詳說). outline
약성(藥性) 약의 성질. medicinal character
약세(弱勢) 약한 세력. 세력이 약함. weak influence
약소(弱小) 약하고 작음. 《대》강대(强大). puni-
약소(略少) 단출하고 적음. trifle ness
약소=국(弱小國) 《약》→약소
약소 국가(弱小國家) 국토·군사력·자원 등이 보잘 것없는 작은 나라. 《약》약소국. lesser power
약-소금(藥-) 《한의》①두터지 소금. ②양칫질 할 때나 눈을 씻는 데 쓰기 위하여 볶아서 곱게 찧은 소금. ②잘 정제하고 소독하여 약으로 쓰이는 소금. fine ground roasted salt
약소 민족(弱小民族) 강대국에 의하여 정치·경제상으로 지배를 받는 민족. lessor nation
약속(約束) 장래의 일에 대하여 상대자와 서로 결정하는 둠. 권약(券約). promise
약속 어음(約束-) 《경제》채무자가 채권자에 대하여 채권자 또는 그가 지정하는 사람이나 그 어음을 가지고 있는 사람에게 일정한 금액을 지불할 것을 약속하는 어음. promissory note
약속 우편(約束郵便) 《법률》정기 간행물 및 인쇄물 따위의 우송에 있어서 일정한 기일이 지난 뒤에 그 발송한 수량에 대하여 요금을 지불하도록 우체국과 특약한 우편. promissory post
약-손(藥-) ①만지면 낫는다고 달래며 아이들의 아픈 자리를 어루만져 주는 어른의 손을 이름. comforting hand ②《약》→약손가락.
약-손가락[-까-](藥-) 엄지손가락으로부터 넷째 손가락. 무명지. 약지(藥指). 《약》약손②. ring fin-
약-솜(藥-) 《동》탈지면(脫脂綿). ger
약수(約數) 《수학》어떤 정수(整數) 또는 정식(整式)이 0 이외의 다른 정수 또는 정식으로 정제(整除)될 때의 피제수(被除數)에 대한 제수(除數)의 일컬음. 《대》배수(倍數). divisor
약수(藥水) 《동》약물①.
약수(藥狩) 《민속》단오에 약초를 캐어 모으는 일. 본래는 사슴을 사냥하여 그 뿔을 구하던 것에서 전하여 온 말.
약-수건(藥手巾) 달인 탕약을 짜는 베헝겁. 약보
약-수염(藥-) 《약》→약보②.
약수-터(藥水-) 약수가 있는 곳. 약물터.
약술(略述) 간략하게 논술함. 약서(略敍). summary
약-술(藥-) ①약을 넣어 빚은 술. wine mixed with medicine ②약으로 먹는 술. 약주①. medicinal liquor. 약-스레
약-스럽-다 성질이 피이하고 좀 못나다. odd
약시(若是) 《동》여차(如此).
약시(弱視) 《생리》약한 시력. 또, 그러한 사람.
약시(鑰匙) 열쇠. weak sight
약-시(藥-) 앓는 사람을 위하여 약을 쓰는 일. administering of medicine
약시-약시(若是若是) 이만저만함. 이러이러함. 약 차약차. like this
약-시중(藥-) 병자에게 약의 시중을 함.
약식(略式) 간략한 의식이나 양식. 《대》정식(正式).
약식(略食) 약밥. summary trial
약식 명:령(略式命令) 《법률》약식 절차로 내려지는 명령. 이것이 확정되면 판결과 같은 효력을 띠게 됨. summary order
약-식염천(弱食鹽泉) 《지리》광천(鑛泉) 1 kg 에 식염 5 g 이하를 함유하는 광천. 만성 위장병에 효험이 있음. 《략》악천으로 처리하는 재판.
약식 재판(略式裁判) 《법률》가벼운 법칙 사건을 간
약식 절차(略式節次) ①의식(儀式) 따위에서, 번거

약실 1242 **약지르다**

로움을 피하여 약식으로 하는 절차. ②〈법률〉형사(刑事)에 관한 특정 절차로서, 간이 재판소에서 공판의 절차를 거치지 않고 약식 명령으로써 벌금이나 과료를 물게 하는 절차. summary procedure

약실(藥室)圀 ①병원에서 약을 조제하거나 간직하여 두는 방. ②〈군사〉총포(銃砲)의 탄약을 재는 부분. powder chamber

약 심부름(藥─)圀 심부름. 하타

약-쑥(藥─)圀〈식물〉약재로 쓰는 쑥. 흔히 산쑥을 일컬음. medicinal wormwood

약아-빠지-다圀 몹시 약다. too clever

약액(藥液)圀〈동〉약물②.

약약-하-다圂 싫고 귀찮은 것을 억지로 하는 태도가 있다. unwilling

약어(略語)圀 어떤 말을 줄여 간략하게 쓰는 말. 준말.

약어(鰯魚)圀 멸치.

약언(約言)圀〈동〉언약(言約). 하타

약언(略言)圀 간략하게 대강 말함. brief statement

약여(躍如)圀 ①생기 있게 뛰어 노는 모양. animated ②사실처럼 눈앞에 나타나는 모양. lively 하타 히旡

약연(藥碾)圀〈약학〉약재를 가루로 만드는 돌・쇠・나무 따위로 된 기구. 《약》연(碾). druggist's mortar

약-염기(弱鹽基)圀〈화학〉해리도(解離度)가 작은 염기. 곧, 수용액 가운데에서 수산 이온 OH의 농도가 낮은 염기. (대) 강염기.

약오르-다圂①고추・담배 따위가 잘 익어 자극성의 성분이 생기다. ripen ②성이 나다. be ruffled

약-올리-다타 성이 나게 하다. provoke

약왕-귀(藥王鬼)圀〈약〉앵뱅이①.

약왕 보살(藥王菩薩)圀〈불교〉25보살의 하나. 양약(良藥)을 시여(施興)하여 중생의 심신의 병고를 덜어 주고 고쳐 준다는 보살.

약용(藥用)圀 ①약으로 씀. medical use ②약으로 쓰는 비용. expense for medicine 하타

약용 비누(藥用─)圀〈약학〉장뇌・살리실산・석탄산・붕산 따위를 섞어서 만든 비누. 관창(灌腸)용・소독용・화장용이 있음. medicated soap [inal hen

약용 식물(藥用植物)圀 약으로 쓰이는 식물. medic-

약용 식물학(藥用植物學)圀 약용 식물에 관하여 여러 가지 사실을 연구하는 학문. medicinal botany

약용-탄(藥用炭)圀〈약학〉위장약으로 쓰이는 검은 가루약. 색소・독소・알칼로이드 따위 물질을 빨아들이는 성질이 있고 열을 가하면 잘 탐.

약용 효모(藥用酵母)圀〈약학〉맥주의 효모를 씻어서 쓴 맛을 없앤 가루약. 엷은 갈색으로 자양제・소화제로 쓰임. medicinal yeast

약-우물(藥─)圀 약수가 솟아나오는 우물. medicinal spring

약원(藥院)圀〈동〉내의원(內醫院).

약원(藥園)圀 약포.

약육(弱肉)圀 약한 생명의 뜻. weak life

약육 강식(弱肉强食)圀 약한 자는 강한 자에게 먹힘. weak becomes the victim of the strong [design

약은-꾀(藥─)圀 자기에게 이롭도록 생각하는 꾀. clever

약음(約音)圀〈어학〉한 말 가운데 서로 이어진 두 음절이 한 음절로 합쳐지는 현상. '가아보다'를 '가보다'로 줄여 발음하는 따위. contraction

약음(弱音)圀 약하게 하는 음. 으린 힘. feeble voice

약음-기(弱音器)圀〈음악〉악기에 붙여서 음을 약하게 하거나 부드럽게 하는 데 쓰는 기구. mute

약이(藥─)圀 약이 되는 음식. 약물과 음식. 이약. medicinal food

약인(藥人)圀 사람을 꾀어서 빼앗음. 하타

약인(略印)圀 생약에 쓰는 약자로 찍는 도장.

약일(藥日)圀〈민속〉단오를 '약초를 캐어 모으는 날'이라는 뜻으로 일컫는 말.

약자(弱者)圀 ①세력이 약한 사람. weak ②기술 하위가 모자라는 사람. (대) 강자(强者). underdog

약자(略字)圀 글자의 획수를 줄여 간략하게 쓴 글자.

'双'은 '雙'의 약자 따위. 생문(省文). 약체(略體)②. (대) 정자(正字). simplified character

약자 선수(弱者先手)圀 바둑・장기 따위에 있어서 수가 낮은 사람이 먼저 두는 일.

약장(約長)圀〈제도〉향약(鄉約) 단체의 우두머리.

약장(約章)圀 서로 약속한 법이나 규칙. 약법(約法)①. agreement

약장(略章)圀 약식의 휘장(徽章)・훈장(勳章)・문장(紋章) 따위. (대) 정장(正章). miniature medal

약장(略裝)圀 약식(略式)의 복장. informal dress

약-장롱(藥欌籠)圀 약장을 넣어 두는 장. medicine chest

약-장수(藥─)圀 ①약을 파는 사람. 약상(藥商). medicinal herb dealer ②이것저것 잘 끌어내어 이야기를 잘하는 사람의 비유. chatterbug

약재(藥材)圀〈동〉→약재료(藥材料).

약-재료(藥材料)圀 약을 짓는 데 쓰는 재료. 약종(藥種). 〈약〉약료. 약재. [衡]. 약칭(藥秤).

약-저울(藥─)圀 약의 무게를 다는 저울. 약형(藥衡)

약전(藥典)圀 둘 이상의 음절(音節)이 접속하여 모음이나 음절이 탈락하거나 모음 변화를 일으키는 현상.

약전(弱電)圀 통신 등에 쓰이는 약한 전류. 또, 통신 등을 다루는 전기 공학 부문의 통칭. (대) 강전(强電). [brief biography

약전(略傳)圀 대강 추려 적은 전기. 《俗》소전(小傳).

약전(藥田)圀〈동〉약밭. [법전. pharmacopoeia

약전(藥典)圀〈법률〉국가에서 제정한 약품에 관한

약전(藥箋)圀 처방전(處方箋).

약-전국(藥─)圀〈한의〉콩을 찌거나 삶아서 소금과 새앙을 섞어, 훈제한 것. 한약재로서 상한(傷寒)・두통・학질 따위의 해독・발한제로 씀. 두시(豆豉).

약-전해질(弱電解質)圀〈화학〉전리도(電離度)가 0.01 정도, 또는 그 이하의 해전질. (대) 강전해질.

약점(弱點)圀 불충분한 점. 모자라서 남에게 뒤떨어지는 점. 결점(缺點). (대) 강점. weak point

약정(約定)圀 약정한 사항을 기록한 문서. written agreement [해진 이식.

약정 이식(約定利息)圀 당사자 사이의 계약으로 정

약제(藥劑)圀 여러 가지 약재를 섞어 조제한 약. 약품③. medicine

약제-관(藥劑官)圀 약품에 관한 일체 사무를 맡아보던 관원. official in charge of medicines

약제-사(藥劑師)圀 약사의 일본식 표기. [방.

약제-실(藥劑室)圀 병원에서 약사가 약을 조제하는

약제-초(藥劑草)圀 약재에 쓰이는 약초. medicinal

약연국(藥─國)圀 약종국. [herbs

약조(約條)圀 조건을 붙여 약속함. 또, 약속된 조문. agreement 하타

약조-금(約條金)圀〈법률〉계약 보증금.

약졸(弱卒)圀 힘이 약한 군졸. coward soldier

약종(藥種)圀〈동〉약재료(藥材料). [drug merchant

약종-상(藥種商)圀 약재를 파는 장사. 또, 그 사람.

약주(弱主)圀 ①나이 어린 임금. young king ②세력이 없는 임금. powerless king ③정사에 밝지 못한 임금. 혼군(昏君). (대) 명군(明君). stupid king

약주(弱奏)圀〈음악〉약하게 연주하는 일. 악보의 위나 아래에 'P'로 표시되어 있음. 하타

약주(藥酒)圀 ①〈동〉약술②. ②맑은 술. 약주술. pure liquor ③〈공〉술. [dicinal herb broker

약주-릅(藥─)圀 약재의 매매를 거간하는 사람. me-

약주-상[─쌍](藥酒床)圀 술상을 점잖게 이르는 말.

약주-술(藥酒─)圀〈동〉약주②. [drinking table

약지(藥志)圀 약한 의지. ¶~박행(薄行).

약지(藥指)圀〈동〉약손가락.

약지(藥紙)圀 약을 싸는 데 쓰는 종이. 약복지(藥袱紙). 약포지(藥包紙).

약=지르-다(藥─)타旡 술을 빚어 놓은 뒤에 주정(酒精)의 발효를 돕기 위하여 약품을 넣다. add che-

micals to wine
약지주(藥漬酒)[명] 여러 가지 약을 넣고 담근 술.
약진(弱震)[명] 〈지학〉 진동하는 정도가 아주 약한 지진. weak quakes
약진(藥疹)[명] 〈의학〉 약을 쓴 뒤에 특이한 사람의 몸에 발진(發疹)하는 현상. medical exanthema
약진(躍進)[명] ①빠르게 진보함. remarkable development ②앞으로 뛰어나감. 하자
약진-상(躍進相)[명] 약진하는 모양. signs of a remarkable development
약질(弱質)[명] 몸이 약한 체질. 또, 약한 사람. 약골(弱骨)[명]. person of feeble strength
약-질(藥—)[명] ①술을 빚은 뒤에 약을 넣는 일. ②마약 중독자가 모르핀을 자주 쓰는 일. administering morphin ③병을 고치려고 약을 쓰는 일. administering medicine 하자
약차(若此)[부][동] 여차(如此). 하자
약차(藥茶)[명] 약재를 달여 차 대신으로 마시는 물. [herb tea
약차(藥借)[명] 약을 먹어 몸과 기운을 굳세게 함. growing strong by a tonic 하자
약차약차(若此若此)[부] 약시약시(若是若是). 하
약찬(略饌)[명] 간소하게 차린 음식. plain dishes
약채(藥債)[명] 빚진 책임. [는 책.
약책(藥冊)[명] 약국에서, 단골 자리의 거래를 적어 두
약철(藥鐵)[명] 화약과 철환(鐵丸). [약함. effete
약체(弱體)[명] ①약한 몸. weak body ②조직 따위가
약체(略體)[명] ①정식 체제를 간략하게 한 형식. ②자획을 줄인 글자체. 약자(略字).
약체 보ː험(弱體保險)[명] 〈경제〉 몸이 약한 사람만이 가입할 수 있는 특수한 생명 보험. substandard life insurance
약체-화(弱體化)[명] ①몸이 약하게 됨. ②어느 조직이 본래의 지녔던 조직체보다 약하여짐. 하자
약초(藥草)[명] 약에 쓰이는 풀. 약풀. medicinal herbs
약취(略取)[명] ①빼앗아 가짐. capture ②〈법률〉 폭행·협박 따위의 수단으로 타인을 자기의 실력적 지배하에 두는 행위. plunder 하자
약취 강ː도(略取强盜)[명] 〈법률〉 사람을 약취하여 그 석방(釋放)의 대가로 재물을 취득하는 행위.
약취 유ː기(略取遺棄)[명] 〈법률〉 사람을 그 소재지로부터 자기 또는 제삼자의 실력적 지배 안에 두어 자유를 지배하는 행위. 약취 유인. 하자
약취 유인(略取誘引)[명] 약취 유기. 하자
약취 유인죄[—罪](略取誘引罪)[명] 〈법률〉 약취하거나 유인하여 자기 또는 제삼자의 지배하에 둠으로써 성립되는 죄. abduction [하자
약치(掠治)[명] 〈제도〉 볼기를 때리면서 죄인을 심문함.
약치(藥治)[명] 〔약〕=약치료. (藥治)[명] 〔약〕 약치
약ː치료(藥治療)[명] 약을 써서 병을 다스림.
약-칠(藥—)[명] ①아프거나 다친 곳에 약을 바름. ②물건에 광택을 내기 위하여 약을 칠함. [약]
약-침(藥鍼)[명] 약과 침. 의약(醫藥)과 침술(鍼術).
약칭(略稱)[명] 생략하여 부르는 명칭. short name 하
약칭(藥秤)[명] 약저울.
약탈(掠奪)[명] ①폭력을 써서 억지로 빼앗음. 양탈(攘奪). 창탈(搶奪). 겁략(劫掠). plunder ②전시에 정당한 명령에 의하지 않고 적의 공사(公私)의 재산을 탈취하는 일. pillage 하자
약탈 농업(掠奪農業)[명] 〈농업〉 원시적 농법의 하나. 비료를 주지 않고 작물을 재배하여 수확하는 농업. exhausting system of agriculture
약탈-혼(掠奪婚)[명] 〈사회〉 신부(新婦)될 사람을 다른 부족에게서 약탈하여 오던 원시 시대의 결혼 형태의 하나. [인 물. infusion
약탕(藥湯)[명] 한의(韓醫)에서 약으로 쓰기 위하여 약초를 달
약탕-관(藥湯罐)[명] 탕약을 달이는 데에 쓰는 질그릇. 약탕기(藥湯器)②. clay pot for medicine [관.
약-탕ː기(藥湯器)[명] ①탕약을 담는 그릇. ②〔동〕=약탕
약-통(藥—)[명] 둥글게 생긴 인삼이나 더덕 따위의 몸통.
약-통(藥桶)[명] 약을 담는 통.
약-팔ː다(藥—)[라르][자] 《속》 수다를 떨다.
약포(藥胞)[명] 〔동〕 약(藥).
약포(藥包)[명] ①약을 싸는 종이. cachet ②화포(火砲)에 사용하는 발사용 화약. cartridge
약포(藥圃)[명] 약초를 심어 가꾸는 밭. 약원(藥園). garden for medical herbs
약포(藥脯)[명] 쇠고기를 얇게 저며 양념을 하여 말린 포. dried beef slices seasoned with spices
약포(藥鋪)[명] 〔동〕 약방(藥房)②.
약표(略表)[명] 대략을 표시한 간단한 도표.
약-풀(藥—)[명] 약으로 쓰이는 풀. 약초(藥草).
약품(藥品)[명] ①〔동〕 약(藥)①. ②약의 품질. quality of medicines ③〔동〕 약제(藥劑).
약품-명(藥品名)[명] 약품의 이름.
약-풍로(藥風爐)[명] 탕약을 달이는 데 쓰는 풍로.
약필(略筆)[명] ①중요한 점 이외를 생략하여 쓰는 일. 또, 그 문장. brief ②글자의 획을 생략하여 쓰는 일. abbreviation 하자
약하(若何)[부][동] 여하(如何). 하여.
약-하ː다(約—)[라여][자] ①계약하다. 약속하다. promise ②약분하다.
약-하ː다(略—)[타여][자] 《약》 생략하다.
약-하ː다(藥—)[라여][자] ①약에 쓰이다. use something for medicine ②약을 쓰다. administer medicine
약-하ː다(弱—)[형여][자] ①튼튼하지 않다. weak ②여리다. mild ③연하고 무르다. (대) 강(强)하다.
약학(藥學)[명] 약품의 화학적 성질·제법·효능·치료상의 작용 따위를 연구하는 학문.
약학 대학(藥學大學)[명] 〈교육〉 약학에 대한 전문적인 원리와 지식을 교수·연구하는 단과 대학. 〔약〕 약대(藥大). college of pharmacy
약합 부절(若合符節)[명] 〔동〕 여합 부절. 하자
약해(略解)[명] 간단하게 풀이함. (대) 상해(詳解). 정해(精解). brief explanation 하자
약해(藥害)[명] 약을 과용하거나 체질에 맞지 않아서 받는 해. harm of a medicine
약행(弱行)[명] ①실행력이 약함. 무슨 일에도 굳은 의지가 없음. feeble will ②바로 걷지 못함. 또, 그런 사람. 절름발이. cripple 하자
약협(藥莢)[명] 〔동〕 탄환(彈丸).
약형(藥衡)[명] 〔동〕 약저울.
약호(略號)[명] 알기 쉽고 간략하게 만든 부호. ¶전신(電信) ~. abbreviation [gagement 하자
약혼(約婚)[명] 결혼하기로 약속함. 혼약(婚約)①. en-
약혼-기(約婚期)[명] 약혼하고 결혼식이 있을 때까지의 기간. period of engagement
약혼 반지(約婚半指)[명] 약혼한 여자에게 기념 정표로 주는 반지. engagement ring [예물.
약혼 서ː물(約婚膳物)[명] 약혼의 기념 정표로 선사하는
약혼-식(約婚式)[명] 약혼을 선언하는 의식. engagement ceremony [gagement person
약혼-자(約婚者)[명] 약혼한 상대편의 남자나 여자. en-
약화(弱化)[명] 세력이 약하게 됨. 세력이 약하여짐. (대) 강화(强化). weakening 하자
약화(藥畫)[명] 〈미술〉 사물을 취재하거나 기억을 더듬어서, 간략하게 그린 그림. sketch
약-화제(藥和劑)[명] 〔동〕 약방문.
약-화ː학(藥化學)[명] 약품의 조제·정제·품질 등에 관해 연구하는 학문.
약회(約會)[명] 서로 만나기를 약속함. 하자
약효(藥效)[명] 약의 효험(效驗).
-=얀마ː로[어미] 〈고〉 =건마는. →언마ː로. [pity
안정[인정(人情)을 얕잡아 쓰는 말. 《속》 안정머리.
안정머리-없ː다[—따] 《속》 안정없다. **안정머리-없ː이**[부]
안정-없ː다[—따] 다른 사람을 동정하는 마음이 없다. 《속》 안정머리없다. pitiless **안정-없ː이**[부]
알개[명] 야살스러운 짓을 하는 사람.

얄궂다

얄궂-다형 ①성질이 괴상하다. odd ②이상야릇하고 짓궂다. ¶얄궂은 운명. strange ③약→얄망궂다.
얄긋-거리다재 짜인 물건의 네모가 서로 맞지 않고 자꾸 움직이다. 큰 얄긋거리다. shaky 얄긋얄긋 하타
얄그-다형여 한 쪽으로 조금 비뚤어져 있다. 큰 일긋다.
얄기죽-거리다재 허리를 이리저리 느리게 연달아 흔들다. 큰 일기죽거리다. 얄기죽=얄기죽하타
얄-나다자 야살스럽게 신바람이 나다.
얄따랗-다형ㅎ 생각보다 더 얄팍하다. 대 두껍다랗다.
얄동치=매랍-다형ㅂ변 →얄밉다.   땋다. very thin
얄라차감 잘못됨을 이상야릇하게 또는, 신기하게 생각하였을 때 내는 소리. Heavens!
얄랑-거리다 물에 뜬 작은 물건이 물결에 따라 이리저리 흔들리다. 큰 일렁거리다. waver 얄랑얄랑 하타 얄랑=얄랑③. erratic
얄망-궂다형 성질이 점잖지 못하여 까다롭고 얄밉다
얄망-스럽다형ㅂ변 좀 얄망궂은 듯하다. illtempered 얄망=스레브
얄밉-다형 언행이 간사스럽고 밉다. hateful
얄밉상-스럽다형ㅂ변 보기에 좀 얄미운 듯한 데가 있다. somewhat hateful 얄밉상=스레브
얄브스름-하다형여 좀 얇은 듯하다. somewhat thin 얄브스름=히브
얄쭉-거리다재 허리를 이리저리 빠르게 내어 흔들다. 큰 일쭉거리다. swing 얄쭉=얄쭉하타
얄찍-하다형여 좀 얇은 듯하다. somewhat thin
얄팍-썰기명 칼질의 한 방법. 무·감자·오이·두부 등을 얄팍하게 써는 일.
얄팍-얄팍[-낙-]브 여러 개가 모두 얄팍한 모양.
얄팍-하다형여 좀 얇다. thin   하타
얇-다[얄따]형 ①두께가 두껍지 않다. 대 두껍다. thin ②빛이 진하지 않다. ③사람의 하는 짓이 빤히 들여다보이다. transparent ④밀도가 빽빽하지 아니하고 좀 성기다. 큰 엷다. thin
얇-다랗-다[얄따-]형ㅎ →얄따랗다.
얇직-하다[얄찍-]형여 →얄찍하다.
얌냠→냠냠.
얌냠-거리다→냠냠거리다.
얌냠-이명→냠냠이.
얌냠이=대-다ㅌㅂ →냠냠하다.
얌냠-하다→냠냠하다.
얌생이명속 도둑질. 하타   「jealousy
얌심명 사막스럽고 암상스럽게 남을 샘하는 마음.
얌심-꾸러기명 얌심이 많은 사람. jealous person
얌심-데기[-떼-]명 얌심스러운 사람. jealous person
얌심-부리다재 얌심스러운 짓을 하다. be jealous
얌심-스럽다형ㅂ변 보기에 얌심이 있는 듯하다. 얌심=스레브   「lous
얌심이-피우다재 얌심스러운 태도를 나타내다. be jea
얌전-떨다자ㄹ변 짐짓 얌전한 태도를 드러내다.
얌전-부리다재 얌전한 태도를 나타내다.
얌전-빼다자 짐짓 얌전한 태도를 짓다.
얌전-이명 얌전한 아이의 별명. well behaved child
얌전-피우다재 얌전한 태도를 드러내다.
얌전-하다형여 ①성질이 유순하고 침착하다. gentle ②사람이나 물건이 음전하고 쓸모가 있다. ¶보기에 ~. 얌전=히브   「shame
얌체명속 얌치가 없는 사람. man of no sense of
얌치명 조촐하고 깨끗하여 부끄러움을 아는 마음. 큰 염치. 속 sense of shame
얌통-머리명속 얌치. 야마리. 속 염통머리.
얍감 불끈 힘을 주거나 정신을 모을 때 내는 소리.
얍의명 ①윗말에 붙어 모양의 뜻을 나타냄. ¶학자인 ~. ②윗말에 붙어 의향을 나타냄. ¶갈 ~으로. 먹을 ~으로.
양(羊)명 ①〈동물〉소과의 반추 동물. 대체로 몸 빛은

1244

양강

회백색이고 뿔은 있는 것과 없는 것이 있으며 몸은 섬세한 털로 덮였음. 건조지에 적당하며 모피는 섬유 및 공업용, 지방은 비누 제조용으로 쓰임. sheep ②〈기독〉예수교에서 신자를 양에 비유하는 말. Christian
양(良)명 성적·품행 또는 등급을 매기는 평점의 하나. 미(美)보다 못하고 가(可)보다는 나음.
양(羘)명 소의 밥통의 고기. stomach of cattle
양(梁)명 굴건(屈巾)·금량관(金梁冠) 따위의, 앞에서부터 우뚝 솟아올라가 둥긋하게 마루를 이루어 뒤에 닿은 부분.
양(陽)명 ①역학(易學)에서 말하는 천지의 두 갈래 가운데 적극적인 것. 곧, 봄·불·수(雄) 따위를 상징함. 대 음(陰). positive 약→양극(陽極).
양(量)명 ①약→분량. 국량(局量). 식량(食量). ② 수량·무게·부피의 정도. 대 질(質). quantity
양(樣)명 약→양식. 약→양태(樣態).
양(孃)명 십진급수의 단위의 하나로 자(秭)의 만 곱절. unit of the decimal system
양-(兩)접두 어떠한 명사 위에 붙어 '두·양쪽편' 등의 뜻을 나타냄. ¶~선수. both
양-(洋)접두 명사 위에 붙어 서양의 것이나 서양식을 나타냄. ¶~담배. foreign, western
양-(養)접두 양자의 자식을 자기의 자식으로 만들었을 때 서로의 연고 관계를 나타냄. ¶~부모. adopted
=양(洋)접미 ①바다의 뜻으로 쓰임. ¶태평~. ocean ②광대한 것으로 쓰임. ¶~서. 서.
-양(孃)접미 여자의 성명 아래 붙어 처녀의 뜻을 나타냄. Miss
양가(良家)명 ①양민의 집. house of a good citizen ②지체가 있는 집안. 양갓집. respectable family
양가(楊家)명 중국 전국 시대의 학자인 양주(楊朱)의 학설을 신봉하는 학자.
양가(養家)명 양자로 들어간 집. 양어머니의 집. 소후가(所後家). 대 생가(生家). 실가(實家). 본생가(本生家). 관 양정(養庭). one's adopted family
양가 독자(兩家獨子)명 양가와 양가의 두 집 모두에서의 외아들. only son of the two families
양가문 한 집에는 까마귀도 앉지 말랬다속 처척 두 집 살림하는 집과 가까이 사귀면 말 많고 이로울 것이 없다.
양가 여자(良家女子)명 지체 있는 집안의 여자. woman of a good family
양각(羊角)명 ①양의 뿔. 한방에서 약재로 씀. horns of a sheep ②회오리바람. 약 양각풍(羊角風). whirlwind
양각(兩脚)명 두 다리. 양쪽 다리. 쌍각. both legs
양각(陽刻)명 철형(凸形)으로 새김. 철조(凸彫). 돋을새김. 대 음각(陰刻). engraving in relief
양각-규(兩脚規)명동 컴퍼스.   하타
양각-기(兩脚器)명동 컴퍼스.
양각-등(羊角燈)명 양의 뿔을 고아서 만든 얇고 투명
양각-정(兩脚釘)명동 거멀못. [한 껍질을 씌운 등.
양각-풍(羊角風)명동 회오리바람.
양간(羊肝)명〈한의〉양의 간. 한방에서 약으로 씀.
양간(兩間)명 두 쪽의 사이.   「liver of a sheep
양-간수(洋-)명〈화학〉염화마그네슘의 통칭. magnesium chloride
양-갈보(洋-)명 ①서양 사람을 상대로 하는 갈보. prostitute catering to foreigners ②서양 여자의 갈보. 양공주(洋公主). foreign prostitute
양-갈소-로(兩-小橹)명〈건축〉화반이나 장혀 사이에 끼우는 소로.
양감(涼感)명 시원한 느낌.
양감(量感)명 ①〈미술〉회화(繪畫)에 있어, 화면(畫面)에 실물의 부피나 무게의 느낌이 나도록 그리는 것. 또는, 그런 느낌. 볼륨. ②크고 풍만한 느낌. sense of volume
양갓-집(良家-)명동 양가②.
양강(良薑)명 약→고량강.

양강-증[-쯩](陽强症)[명] 〈동〉설장증(舌長症).
양갱(羊羹)[명] 〈동〉단팥묵.
양거(羊車)[명] 〈불교〉삼거의 하나. 성문승(聲聞乘)에 비유함.
양거리[명] 여러 남자가 모여 노는 그 가운데, 아내가 아이 밴 사람이 있을 때, 덜어놓고 한턱 먹고서 남자 아이가 출생하면 아이 낳은 사람이 그 돈을 내고 여자 아이가 출생하면 여러 사람이 그 돈을 나누어 내는 장난. 하타
양건(陽乾)[명] 햇볕에 말림. drying in the sun 하타
양-걸침(兩-)[명] 바둑에서, 귀에 둔 상대방의 돌을 양쪽에서 공격하는 일. me 하타
양검(量檢)[명] 헤아려 검사함. inspection of the volu-
양-견(兩肩)[명] 두 어깨. one's shoulders 「하타
양견(養犬)[명] 개를 기름. 또, 그 개. dog-keeping
양결(佯譎)[명] 사정을 잘 헤아려서 판결함. wise judg-
양경(佯驚)[명] 거짓 놀라는 일. 하타 「ment 하타
양경(陽莖)[명] 〈동〉음경(陰莖).
양:경-장수[명] '도둑'의 곁말.
양:-계(兩界)[명] ①두 땅 사이의 경계. boundary bet-ween two lands ②〈제도〉고려 현종(顯宗) 때 정했던 지방 행정 구역. 곧, 동계와 서계.
양계(陽界)[명] 이 세상. (대) 음계(陰界). this world
양:계(養鷄)[명] 닭을 기름. 또, 그 닭. poultry-farming 하타 「poultry farm
양:계-장(養鷄場)[명] 닭을 기르기 위하여 설비한 곳.
양고(良賈)[명] 큰 상인. 또, 어진 상인.
양고는 심장한다 장사를 잘하는 상인은 상품을 깊숙이 숨겨 두고 늘어놓지 않는다. 어진 사람은 함부로 나대지 않는다.
양곡(洋曲)[명] 서양의 악곡. western music
양곡(洋谷)[명] 〈지학〉해저곡의 하나. 대륙붕의 사면(斜面)을 따로 내려가는 골짜기.
양곡(陽谷)[명] 동쪽의 해가 돋는 곳. east
양곡(糧穀)[명] 양식으로 사용하는 곡식. corn for pro-visions
양곡 관:리(糧穀管理)[명] 식량의 생산·유통·소비 등에 「관한 일을 국가가 관리하는 일.
양곡-미(糧穀米)[명] 양곡으로 쓰이는 쌀.
양곡 증권(糧穀證券)[명] 양곡 매입비 지출에 충당하기 위하여 정부가 발행하는 유가 증권.
양:-곤마(兩困馬)[명] 바둑에서, 두 군데가 곤마로 몰린 형세.
양골(陽骨)[명] 〈동〉양지머리뼈.
양골-뼈(陽骨-)[명] 〈동〉양지머리뼈.
양골 조림(陽骨-)[명] 소의 양지머리뼈를 토막쳐서 장에 조린 음식.
양공(良工)[명] ①재주가 있는 장색(匠色). 양장(良匠). skilled artisan ②〈불교〉가사(袈裟)를 짓는 침공
양-공주(洋公主)[명] 〈동〉양갈보. 「(針工).
양-과자(洋菓子)[명] →서양 과자.
양:-관(兩館)[명] 〈제도〉조선조 때, 홍문관(弘文館)과 예문관(藝文館)을 아울러서 일컫던 말.
양관(洋館)[명] ①구미 각국의 공사관 또는 영사관. foreign consulate or embassy ②서양식으로 지은 집. western style building 「레타
양광[명] 분에 넘치는 호강. excessive luxury 스럽다
양광(佯狂)[명] 거짓으로 미친 체함. 하타
양광(陽光)[명] ①태양빛. sunlight ②진공 방전 때 중앙 부근에 나타나는 고운 광망(光芒).
양구(羊韭)[명] 〈동〉겨우살이풀.
양구-에(良久-)[명] 조금 있다가. 한참 있다가. before
양:-국(兩國)[명] 두 나라. both countries 「long
양국(洋國)[명] 〈약〉→서양국.
양국(洋菊)[명] 〈식물〉달리아.
양:-군(兩軍)[명] ①양쪽의 군사. both armies ②운동 경기에서, 양쪽 팀. both teams
양궁(良弓)[명] 좋은 활. good bow
양궁(洋弓)[명] 서양식의 활. 또, 그 궁술(弓術).
양:-궁 상합(兩窮相合)[명] 가난한 두 사람이 함께 모임. 하타 「(氣)는 병.
양궐(陽厥)[명] 〈한의〉신열이 난 뒤에 궐랭(厥冷)이 생

양-귀[명] 말·나귀의 굽은 귀. 곡이(曲耳). crooked ear
양:귀:비(楊貴妃)[명] 〈식물〉양귀비과의 풀. 줄기 높이 1∼1.3m로 전체가 분처럼 휨. 잎은 백록색의 긴 타원형. 5∼6월에 백색·홍색·자색 등의 꽃이 핌. 덜 익은 열매에서 아편을 채취함. 앵속(罌粟). poppy
양:귀:비-꽃(楊貴妃-)[명] 〈식물〉양귀비의 꽃. 아편꽃.
양:-귀포(兩-包)[명] 장기에서, 포를 자기 궁의 맨 끝 줄 장군의 양쪽으로 벌이는 일.
양-귤(洋橘)[명] 〈식물〉네이블 오렌지. navel orange
양:-그루(兩-)[명] 두 그루갈이.
양:-극(兩極)[명] ①〈지리〉남극과 북극. south and no-rth poles ②〈물리〉양극과 음극. positive and ne-gative poles
양극(陽極)[명] 양전극(陽電極). (약) 양(陽)②.
양:-극단(兩極端)[명] 두 사물 가운데 몹시 심한 거리가 있는 일. 양쪽의 극단. both extremes
양:극-선(陽極線)[명] 〈물리〉진공 방전할 때에, 양극(陽極)에서 음극으로 흐르는 양전기를 띤 방사선(放射線). anode rays
양:극 체제(兩極體制)[명] 세계가 미국과 소련을 정점으로 하는 두 진영으로 갈리어져 있는 국제적 조직의 상비. 「양이온이 되는 원자의 집단.
양근(陽根)[명] ①남자의 생식기. 곧, 자지. ②〈화학〉
양-글(陽-)[명] ①소가 논밭을 갈거나 짐을 싣는 일. plough-ing and carrying ②같은 논에서 한 해에 소출을 두 번 거둬 들이는 일. harvesting two crops a year 하타 「bride and bridegroom
양:-금(兩衾)[명] 신랑 신부의 이부자리. bedding of the
양금(洋琴)[명] 〈음악〉piano ①우리 나라와 중국에서 쓰는 속악기(俗樂器). 오동나무로 만든 바탕에 놋쇠로 만든 현(弦)이 있음. kind of harp
양금 미:옥(良金美玉)[명] 좋은 금과 아름다운 옥이란 뜻으로, 뛰어난 문장(文章)을 일컬음. excellent style
양금-채(洋琴-)[명] ①양금을 치는 채. 해죽(海竹). stick ②가냘픈 것의 비유. feeble thing ③고운 목소리. sweet voice
양:기(兩岐)[명] 두 갈래. 양 갈래. forking
양기(涼氣)[명] 서늘한 기운. 음음(涼陰)①. coolness
양기(陽氣)[명] ①햇볕의 기운. sunlight ②만물이 발생·활동하려는 기운. vitality ③남자의 정기(精氣)와 성욕(性欲). (대) 음기(陰氣). sexual vigour
양기(揚氣)[명] 의기가 솟음. excitement 하타
양기(陽氣)[명] 〈동〉양택(陽宅)②.
양기(揚棄)[명] 〈동〉지양(止揚).
양기(量器)[명] ①물건의 분량을 되는 그릇. measure ②소임(所任)을 잘할 재능(才能)과 도량(度量). 기량(器量). capacity
양:기(養氣)[명] ①원기를 기름. 또, 기른 기운. ②유가에서 맹자(孟子)가 주장하는 정신 수양법. mental cultivation ③도가에서 연명술(延命術)을 행하던 일. 하타
양기-석(陽起石)[명] 〈한의〉무수(無水)규산과 고토(苦土)가 주성분인 돌. 음위(陰痿)·낭습(囊濕)의 약으로 씀.
양:-기(洋-)[명] 시멘트로 만든 기와. 「로 씀.
양:-껏(兩-)[명] 먹을 수 있거나 할 수 있는 양의 한도까지. 만족하도록. 마음대로. ¶∼ 먹어라.
양:-끝(兩-)[명] 양쪽의 끝. both ends
양:-끼(兩-)[명] 아침 저녁의 끼니. breakfast and supper
양:난(兩難)[명] 이러기도 어렵고 저러기도 어려움. 두쪽이 다 어려움. ¶진퇴(進退) ∼. 하타
양:-날(羊-)[명] 〈민속〉미일(未日)의 통칭.
양:-날(兩-)[명] 양쪽에 날이 있음. 「saw
양:날-톱(兩-)[명] 양쪽에 날이 있는 톱. double-edged
양남(兩南)[명] 〈지리〉호남과 영남을 합쳐 일컬음.
양남-거리-다[명] 불만스러운 일로 짜증을 내며 종알거리다. grumble
양남-고자[명] 〈세공〉활 끝의 심고가 걸리는 부분.
양남이[명] ①〈속〉입. ②끼니 음식 밖의 군것질거리.

sweets
양냥이=뼈[명] 《속》 턱뼈.
양냥이=줄[명] 《속》 자전거의 앞뒤 기어를 연결하는 쇠사슬.
양녀(洋女)[명] 서양 여자. foreign woman
양녀(養女)[명] 수양딸. adopted daughter
양년(兩年)[명] 두 해. 이태. two years
양념[명] ①음식 맛을 돋우려고 쓰는 재료의 총칭. seasoning ②무엇이든지 재미를 더하게 하는 재료. 하다[타]
양념-감[—깜][명] 양념으로 쓰는 재료. 조미료(調味料). 양념거리.
양념-값[—깝][명] 주된 재료 외에 양념에 드는 비용.
양념-거리[—꺼—][명] 《동》 양념감.
양념-딸 고명딸. only daughter
양념-장(—醬) 여러 가지 양념을 한 간장.
양념 절구[명] 깨소금·후춧가루 따위의 양념을 찧는 작은 절구.
양노(佯怒)[명] 거짓 노함. 하다[자] [—은 절구.
양능(良能)[명] 선량한 백성. good people
양능(良能)[명] 닦지 않고도 저절로 갖추어 있는 재능.
양=다리(兩—)[명] 양쪽 다리. [endowment
양다리 걸 다[구] 양쪽에서 이익을 보기 위하여 두쪽과 다 관계를 가지다. sitting on the fence
양-단(兩端)[명] 두 끝. 《대》일단. both ends
양-단(兩斷)[명] 하나를 둘로 자름. cutting in two 하다[타]
양단(洋緞)[명] 고급 비단의 하나. 수놓듯이 짜여짐. kind of excellent silk
양-단-간(兩端間)[명][부] 어찌하든지. 두 가지 가운데. 좌우간(左右間)②. anyhow [ace
양(陽)—[명] 볕이 잘 드는 곳. 《대》음달. sunny pl-
양-달력(洋—曆)[명] 걸어 놓는 달력. 괘력(掛曆). wall calendar [목과 비슷함. 양대포. cotton cloth
양-달령(洋—)[명] 서양 피륙의 하나. 두껍고 질긴 양
양달-쪽(陽—)[명] 볕이 바른 쪽. sunny side
양-닭[—딱](洋—)[명] 《동물》 서양종의 닭.
양-담:배[—빼](洋—)[명] 서양에서 만들어 온 담배. 특히 미국제를 일컬음. imported tobacco
양-담요[—뇨](洋毯—)[명] 서양식으로 만든 담요.
양답(良畓)[명] 토질이 좋은 논. fertile ricefield
양-당(兩堂)[명] 《공》 남의 부모. your parents
양당 외:교(兩黨外交)[명] 《정치》 큰 정당이 둘일 경우에, 정당을 초월한 외교. bipartisan foreign poli-
양-대(兩大)[명] 두 큰. 양쪽이 다 큼. ¶~세력. [icy
양대:포(洋大布)[명] 양달령.
양덕(陽德)[명] ①양(陽)의 덕(德). 만물을 생성시키는 우주의 덕. ②사람에게 알려지게 행하는 덕행. 《대》음덕(陰德). virtue
양-도(兩刀)[명] ①두 자루의 칼. ②쌍수검(雙手劍).
양:-도(兩度)[명] ①두 번. 양차(兩次). 재차(再次). two times ②두 벌. two sets
양도(洋刀)[명] 서양식의 작은 칼.
양도(洋島)[명] 《동》 대양도(大洋島).
양도(洋陶)[명] 서양풍(西洋風)의 도기(陶器).
양도(陽道)[명] ①남자의 지켜야 할 도리. morality of a man ②남자의 정력(精力). [짐. supply of food
양도(糧道)[명] ①양식의 씀씀이. ②군량을 운반하는
양:-도(讓渡)[명] ①남에게 넘겨 줌. 《대》양수(讓受). transference ②《법률》권리·재산 및 법률상의 지위 등을 타인에게 이전함. conveyance 하다[타]
양:도 논법[—뻡](兩刀論法)[명] 《논리》 삼단 논법에서 가언적 명제와 선언적 명제를 병용한 논법. 딜레마(dilemma).
양:도 담보(讓渡擔保)[명] 《법률》 목적물인 재산권을 채권자에게 양도하는 방법의 물적(物的) 담보.
양:도 뒷보:증(讓渡保證)[명] 《경제》 지도 증권(指圖證券)상의 권리를 양도하는 방법의 뒷보증.
양-도=일(兩都日)《제도》 일년에 두 번, 곧, 유월 선달에 도목 정사(都目政事)를 행하던 일.
양:도 소:득(讓渡所得)[명] 자산의 양도에 따른 소득.
양:도 소:득세(讓渡所得稅)[명] 《법률》 개인의 토지·건물 등을 양도하여 얻은 양도 차익에 대하여 과세하

는 조세.
양:도-인(讓渡人)[명] ①물건을 남에게 넘겨 주는 사람. transferer ②《법률》 권리·재산 및 법률상의 지위를 타인에게 넘겨 주는 사람. 《대》양수인(讓受人). assignor
양:도-체(良導體)[명] 《물리》 열이나 전기의 전도율이 극히 큰 물체. 은·동·알루미늄 등. good conductor
양독(陽毒)[명] ①《약》→양독 발반. ②《동》 성홍열.
양독 발반(陽毒發斑)[명] 《한의》 홍역보다 증상이 발반을 하는 어린아이의 열병의 하나. 《약》 양독(陽毒)①.
양:=돈[—똔](兩—)[명] 한 냥 가량의 돈.
양:-돈(養豚)[명] 돼지를 먹여 기름. swinekeeping 하다[자]
양:-돈:사(兩—)[명] 한 냥에 몇 돈을 더한 금액. little
양동(洋銅)[명] 녹은 구리. [more than a nyang
양-동이(洋—)[명] 동이와 같이 물을 담는, 함석으로 만든 그릇. metal bucket
양동 작전(陽動作戰)[명] 《군사》 자기편의 기도(企圖)를 숨기고 적의 판단을 그르치게 하기 위하여, 어떤 행동을 유별히 드러내어 적의 주의를 그쪽으로 쏠리게 하는 작전. 《속》 살찐 사람. fat fellow
양-돼:지(洋—)[명] ①서양종의 돼지. foreign pig ②
양-두(羊頭)[명] 양의 머리. 한방에서 보허 안심제(補虛安心劑)의 약으로 씀. head of a sheep
양:-두(兩頭)[명] ①머리 둘. 양수(兩首). doublehead ②쌍방(雙方). 또는 쌍방의 끝. both sides ③두 마리. two heads
양:두(讓頭)[명] 지위를 남에게 넘겨 줌. 하다[타]
양두 구육(羊頭狗肉)[명] 겉은 그럴 듯하게 내세우나 속은 음흉한 만생각이 있음. all outside show
양:두 마:차(兩頭馬車)[명] 《동》 쌍두 마차(雙頭馬車).
양:두-사(兩頭蛇)[명] 몸의 양쪽에 머리가 하나씩 달렸다는 가상의 뱀. 이것을 보는 사람은 죽는다는 전설이 있음. amphisbaena
양:두 정치(兩頭政治)[명] 《정치》 두 사람의 지도자가 다스리는 정치. 이두 정치. diarchy
양:두-필(兩頭筆)[명] 한편에는 연필을 끼우고, 다른 한편에는 펜을 끼워서 쓰게 된 붓. 또는 한쪽은 붉고 다른 한쪽은 푸른 색으로 된 붓.
양-드기(洋—)[명] →둘잡이.
양:-득(兩得)[명] ①《약》→일거 양득. ②[동] 둘잡이. [여.
양등(洋燈)[명] 서양식으로 만든 등불. 남포. lamp
양:-딸(養—)[명] 《약》→수양딸.
양-딸:기(洋—)[명] 《식물》 장미과의 다년생 풀. 줄기는 땅 위로 뻗고 잎의 뒷면과 앞꽃자에는 견모(絹毛)가 있음. 봄에 흰 꽃이 피고 열매는 장과(漿果)임, 열매는 날로 먹기도 하고 잼을 만드는 데 쓰임. strawberries [정하여 일컬음. year of sheep
양:-띠(羊—)[명] 《민속》 미생(未生)을 양의 속성을 상
양:략(良略)[명] 말[馬]을 잘 분별하거나 부리는 사람을 일컬음. horse experts
양란(洋亂)[명] 《동》 요소(洋擾).
양람(洋藍)[명] 《동》 인디고(indigo).
양:략(兩略)[명] 어느 한 쪽을 이루고저 두 가지 계략을 한번에 베풂. double strategy
양력(揚力)[명] 《물리》 비행기의 날개에 의하여 진행 방향에 수직으로 작용하여 비행기를 공중에서 지탱하는 힘. lift
양력(陽曆)[명] 지구가 태양의 주위를 공전하는 시간을 365일로 정하여 정한 달력. 태양력. 《대》음력. solar
양:례(襄禮)[명] 《동》 장례. [calendar
양:-로(養老)[명] ①늙은이를 받들어 시중함. taking good care of the aged ②늘은 여생을 안락하게 지냄. 하다[자]
양:-로(兩路)[명] 길을 서로 비켜 줌. 하다[자]
양:로 보:험(養老保險)[명] 피보험자가 일정한 노년(老年)에 이를 때 보험금을 받는 생명 보험의 하나. endowment insurance
양:로 연금(養老年金)[명] 일정한 금액을 적립시켜 후 노후(老後)에 안락하게 지내기 위하여 그것을

금으로 교부하는 일. old-age pension
양:로-원(養老院)[명]〈사회〉의지할 곳 없는 늙은이를 수용하여 돌보아 주는 곳. old folk's home
양록(洋綠)[명]〈미술〉석록(石綠)과 같은 빛의 진채(眞彩)의 하나.
양:론(兩論)[명] 대립되는 두 논설. ¶~으로 갈리다.
양롱(佯聾)[명] 거짓 귀먹은 체함. 하다
양류(楊柳)[명]〈식물〉버드나무.
양류-목(楊柳木)[명]〈민속〉육십 갑자(六十甲子)에서 임오·계미에 붙이는 납음(納音).
양:륙(陽陸)[명] ①물 속에 잠긴 것을 뭍으로 건져 냄. taking up to land ②배에 실린 짐을 뭍으로 끌어내림.《대》적선(積船). landing 하다
양률(陽律)[명] 십이율(十二律) 가운데 육률(六律)을 일컬음.《대》음려(陰呂).
양리(良吏)[명] 백성을 잘 다스리는 선량한 관리.《대》오리(汚吏). good public officer
양:립(兩立)[명] 둘이 함께 맞섬. coexistence 하다
양마(良馬)[명] 좋은 말. 준마. swift horse
양-마늘(洋一)[명] 양파.
양마-석(羊馬石)[명] 무덤 옆에 세우는 돌로 만든 양과 말. stone statues of horse and sheep
양막(羊膜)[명]〈생물〉자궁(子宮) 내에서 안에 양수(羊水)가 들어 있고 태아를 싸서 보호하는 반투명의 막(膜). 모래집. amnion
양말(洋襪)[명] 기계로 짜서 서양식 버선. socks
양말(糧秣)[명] 군량과 말먹이 풀. 양초(糧草). provisions and fodder 《게》치는 서양식 대님. garters
양말 대님[一때—](洋襪一)[명] 양말이 흘러 내리지 않
양:망(養望)[명]〈동〉저망(貯望).
양매(楊梅)[명]〈식물〉소귀나무.
양매-창(楊梅瘡)[명] 창병(瘡病).
양매-청(楊梅靑)[명]〈동〉공청(空靑).
양:맥(兩麥)[명] 보리와 밀. barley and wheat
양-머리(洋一)[명] ①서양식의 머리 단장. western-style hairdo ②고수머리. curly hair
양:면(兩面)[명] ①앞면과 뒷면. both faces ②두 면. both sides ③두 가지 방면. two directions
양:면 가치(兩面價値)[명]〈심리〉사람이나 물건 따위의 동일 대상에 대해서, 동시에 정반대의 감정이 공존하는 일.
양:면 작전(兩面作戰)[명] ①두 방면에서 하는 작전. ②두 가지 수단을 쓰는 일. ¶강압과 회유의 ~.
양명(亮明)[명] 환하게 밝음. 명량(明亮). 하다
양명(揚名)[명] 명성을 날림.《대》낙명(落名). making one's name 하다 [night 하다
양명(陽明)[명] 햇볕이 환하게 밝음. brightness of su-
양닝(陽明)[명] 햇볕이 잘 들어와서 밝은 방위. sunny direction
양명-학(陽明學)[명] 중국 명나라 때의 철학자 왕양녕(王陽明)이 주창한 학설. 지행 합일(知行合一)을 주창하여 이론과 실제의 일치를 강조. doctrines of Wang Yangming
양모(羊毛)[명] 양의 털. wool [foster mother
양:모(養母)[명] 양가의 어머니. 양어머니.《대》생모.
양:모(釀母)[명] 효모균(酵母菌).
양:모-작(兩毛作)[명]〈동〉이모작(二毛作).
양:모-제(養毛劑)[명] 털이 나게 하는 약. 모생약(毛生藥).《대》탈모제. hair tonic
양모-지(羊毛脂)[명] 라놀린.
양-모직(羊毛織)[명] 양털로 짠 직물.
양목(洋木)[명]〈동〉당목.
양:목(養木)[명] 나무를 가꾸어 기름. tree-growing 하다
양:목(養目)[명] ①안력(眼力)을 보호함. ②눈요기함.
하다 [경.
양:목-경(養目鏡)[명] 안력을 보호하기 위하여 쓰는 안
양-몰이(羊一)[명] 놓아 먹이는 양떼를 모으는 일. 또, 그 사람.
양몰이-꾼(羊一)[명] 양몰이를 업으로 하는 사람.

양묘(良苗)[명] 좋은 묘목. sapling
양:묘(養苗)[명] 묘목을 기름. cultivating saplings 하다
양묘-기(揚錨機)[명] 배의 닻을 감아 올리고 풀어 내리는 장치.
양문(陽文)[명] 양각(陽刻)한 인장(印章)이나 명(銘) 등의 문자.《대》음문(陰文). [서양 품종.
양-물(洋一)[명] 서양의 문물이나 풍속. 서양식의 생활
양물(洋物)[명] 서양의 물품. 양품(洋品).
양물(陽物)[명] ①숨결(陰莖). ②양기 있는 사람을 농으로 일컬음. energetic person
양:미(兩眉)[명] 두 눈썹. both eyebrows
양미(凉味)[명] 시원한 맛. 서늘한 맛.
양미(糧米)[명] 양식으로 쓰는 쌀. rice [rehead
양:미-간(兩眉間)[명] 두 눈썹 사이. middle of the fo-
양미리(어류) 양미리과의 바닷물고기. 몸 길이가 15cm 내외로 가늘고 길며 배지느러미는 없음. 등 쪽은 갈색이고 배 쪽은 은백색임. 양사어. sand eel
양민(良民)[명] ①선량한 백성. good people ②천역(賤役)을 하지 않는 일반 백성. 양인(良人) ①.
양민 오착(良民誤捉)[명] ①죄 없는 백성을 잘못 잡음. ②관계가 없는 사람을 잘못 알고 관계가 있다고 하는 것을 가리키는 말. 하다 [서양 품종의 밀.
양:밀(洋一)[명] ①서양에서 수입한 밀가루. ②
양:밀(釀蜜)[명] 꿀을 만듦. honey-collecting 하다
양-밀가루[一까—](洋一)[명] 양밀을 빻아 만든 가루.
양:박(洋舶)[명] 서양의 선박(船舶). [하다 희다
양박(凉薄)[명] 얼굴 생김이나 마음이 후덕하지 못함.
양:반(兩半)[명] 한 냥의 돈 돈을 더한 금액.
양:반(兩班)[명]〈제도〉①동반과 서반. eastern and western factions of old Seoul ②〈제도〉조선조 중엽 이후에 있어서 지체나 신분이 높은 사람을 일컬음.《대》상사람. civil and military nobility ③남자를 높여 이르거나 흔하게 이르는 말. gentleman ④자기 남편을 제삼자에게 지칭하는 말. ¶우리집 ~.
양:반 계급(兩班階級)[명]〈역사〉조선조 때 주로 관료 계급(官僚階級)과 유식층을 부르던 말로서, 동반(東班)과 서반(西班)을 아우른 사대부(士大夫) 계급을 뜻하는 말.
양반 못된 것이 장에 가 호령한다 못난 사람일수록 만만한 데 가서는 기운을 내어 잘난 체한다.
양반은 가는 데마다 상이요 상놈은 가는 데마다 일이라 양반은 일 안 하고도 대접을 받고, 상놈은 일만 하게 된다.
양반은 물에 빠져도 개헤엄은 안 한다 ①아무리 급한 때라도 추한 짓은 하지 않는다. ②기개 있는 사람은 죽게 되어서도 지조를 지킨다.
양반은 얼어 죽어도 겻불은 안 쬔다 아무리 궁해도 체면에 어울리지 않는 일은 안 한다.
양반의 새끼는 고양이 새끼요, 상놈의 새끼는 돼지 새끼라 양반과 상놈을 동물에 견주어서 한 말.
양반인가 두 냥 반인가 양반을 놀리는 말.
양방(良方)[명] ①좋은 방법. good method ②약효기 있는 양방문. good recipe
양:방(兩方)[명] 이쪽과 저쪽. 쌍방(雙方). both sides
양:배-추(洋一)[명]〈식물〉겨자과의 이년생 풀. 잎은 넓고 내부는 황백색이며 꽃은 담황색의 십자화가 핌. 여러 품종이 있으며 널리 식용됨. 감람. cabbage
양=버들(洋一)[명]〈식물〉버들과에 딸린 낙엽 활엽 교목. 잎은 이등변 삼각형(稜狀形)이고 자웅 이가임. 유럽 원산으로 성냥개비·건축재·가로수로 쓰임. 포플러 원산. poplar
양범(揚帆)[명] 돛을 올림. 하다
양법(良法)[명] ①좋은 법규. good law ②좋은 방법.《대》악법. good method
양:벽-부(禳辟符)[명] 재앙과 액운을 물리친다는 부적의 총칭. divine tablet
양:변(兩邊)[명] 양쪽의 가장자리. 두 편 쪽. both sides
양병(良兵)[명] ①훌륭한 병사(兵士). 정병(精兵). good soldier ②좋은 무기(武器). good weapons
양:병(佯病)[명]〈동〉꾀병. 하다

양병(洋甁)[명] 질그릇의 하나. 배가 부르고 목이 좁고 짧은 오지병.

양:병(養兵)[명] 군사를 기름. military training **하다**

양:병(養病)[명] ①병을 조섭하여 다스림. 양아(養痾). recuperation ②치료를 게을리하여 병이 더하게 됨. **하다**

양:보(讓步)[명] ①남에게 제 자리를 내어 줌. offering a seat ②제 주장을 굽혀 남의 의견을 좇음. concession **하다** 「colours

양-보라(洋一)[명] 서양에서 만든 보랏빛 물감. violet

양복(洋服)[명] 서양식으로 만든 옷. (속) 양복떼기. western clothes

양복-감[-깜](洋服-)[명] 양복을 지을 감. 양복지(洋服-)

양복-떼기(洋服-)[명] (속) 양복.

양복-장(洋服欌)[명] 양복을 넣어 두는 장. wardrobe

양복-장이(洋服-)[명] 양복을 만드는 사람. tailor

양복-쟁이(洋服-)[명] 양복을 입은 사람. man in western clothen 「양복상(洋服商). tailor shop

양복-점(洋服店)[명] 양복을 만들거나 또는 파는 가게.

양복-지(洋服地)[명] (동) 양복감.

양복-짜리(洋服-)[명] 양복 입은 사람의 금새를 헐하게 잡아 하는 말. man in foreign clothes

양:-뵈기(膵一)[명] 소의 양을 잘게 썰어서 볶은 음식.

양 본위-제(兩本位制)[명] 〈경제〉 금화와 은화 두 가지를 본위 화폐로 하는 제도.

양:봉(養蜂)[명] 꿀을 받기 위하여 벌을 침. ¶ ~원(園). ~장(場). bee-keeping **하다**

양:봉(襄奉)[명] 장례를 지냄. **하다**

양:봉-가(養蜂家)[명] 벌을 기르는 사람.

양:봉 제비(兩鳳齊飛)[명] '두 마리의 봉황이 나란히 날아간다'는 뜻으로, 형제가 함께 영달(榮達)함을 비유.

양:봉=타(洋峰駝)[명] 〈동물〉 쌍봉낙타.

양봉투(洋封套)[명] 서양식의 봉투.

양부(良否)[명] 좋음과 좋지 못함. good or bad

양:부(兩府)[명] 〈제도〉 조선조 때, 동반의 의정부와 서반의 중추부의 병칭. 곧, 문무(文武) 양부. ②고려 때, 도평의(都評議)와 밀직사(密直司)의 병칭.

양:부(養父)[명] 양가의 아버지. 양아버지. 소후부(所後父). (대) 실부(實父). adoptive father

양:-부모(養父母)[명] 양가의 아버지와 어머니. 양자로 들어간 집의 부모. 양어버이.

양부-인(洋婦人)[명] ①서양 사람의 부인. foreigner's mistress ②양갈보를 점잖게 이름.

양:=부호(陽符號)[명] 양수를 나타내는 부호. 곧, '+'.

양:-분(兩分)[명] 둘로 나눔. bisection **하다**

양:분(養分)[명] 영양이 되는 성분. 자양분. nourishment

양:-분책(兩分策)[명] 둘로 나누는 방책.

양:분-표(養分表)[명] 양분의 포함 정도를 기록해 놓은 표. table of nutriment

양붕(良朋)[명] 양우(良友).

양비-담(攘臂大談)[명] 소매를 걷어 올리며 큰 소리를 함. 양비 대언(攘臂大言). **하다**

양비 대:언(攘臂大言)[명] 양비 대담. **하다**

양=비둘기(洋-)[명] 〈조류〉 집비둘기의 원종으로, 빛깔은 보통의 집비둘기와 비슷한데, 벼랑의 바위 구멍 따위에 집을 지음. 「사간원(司諫院)의 병칭.

양-사(兩司)[명] 〈제도〉 조선조 때, 사헌부(司憲府)와

양사(洋紗)[명] 〈약〉→서양사(西洋紗).

양사(洋絲)[명] 〈동〉 당사.

양사-외(陽邪-)[명] 〈동〉 양증 외감(陽症外感).

양사(陽事)[명] 남자가 하는 방사(房事). man's sexual

양:-사(養士)[명] 선비를 양성함. 「intercourse

양:-사(養嗣)[명] 양자를 들임. adopting **하다**

양-사자(--) 호주 상속의 양자.

양사 주:석(揚沙走石)[명] 세차게 부는 바람으로 인하여, 모래가 흩날리고 돌멩이가 굴러 달음질함. 비사 주석(飛沙走石). **하다**

양:사 합계(兩司合啓)[명] 〈제도〉 조선조 때, 사헌부와 사간원이 연명하여 올리는 계사(啓辭).

양삭(陽朔)[명] 음력 10월 초하룻날.

양산(洋傘)[명] (동) 박쥐 우산.

양산(洋算)[명] 아라비아 숫자를 쓰는 산법.

양산(量産)[명] 〈약〉→대량 생산(大量生産).

양산(陽傘)[명] 별을 가리기 위하여 쓰는 우산처럼 만든 것. parasol

양:-산(養山)[명] ①산림(山林)을 잘 가꾸고 기르는 일. cultivation of forests ②묘지에 식목하고 가꾸는 일. taking care of the graves **하다**

양-살구(洋-)[명] 〈식물〉 비파의 열매.

양상(良相)[명] 어진 재상. 현상(賢相).

양상(樣相)[명] 생김새나 모습. aspect

양상 군자(梁上君子)[명] ①도둑의 딴이름. ②쥐.

양상 급유(洋上給油)[명] 급유선(給油船)에 의하여 해상에서 항행중인 선박에 연료를 보급하는 일. 하다

양상 도회(梁上塗灰)[명] 들보 위에 회를 바름. 얼굴에 분을 많이 바른 것을 비웃는 말. **하다**

양-상추(洋-)[명] 〈식물〉 잎이 둥글고 넓으며 결구성(結球性)인 개량종의 상추.

양:상 화매(兩相和賣)[명] 흥정하는 사람 사이에 서로 잘 의논하여서 물건을 팔고 삼. **하다**

양:색(兩色)[명] 두 가지의 빛깔 또는 물건. two colours

양색-단(洋色緞)[명] 두 가지 빛깔의 씨와 날로 짠 비단.

양:생(養生)[명] 병에 걸리지 않고 오래 살기를 꾀함. 섭생. 섭양. taking care of health **하다**

양:생-가(養生家)[명] 양생하는 사람.

양:생-방(養生方)[명] 〈동〉 양생법. 「生方)

양:생-법[-뻡](養生法)[명] 양생하는 방법. 양생방(養

양서(良書)[명] 좋은 책. good book

양서(兩西)[명] 〈지리〉 황해도와 평안도. Whanghai and Pyungan provinces 「amphibious

양:서(兩棲)[명] 물 속과 땅의 양쪽에서 삶. being

양서(洋書)[명] ①서양 서적. foreign books ②서양의 글씨. foreign writing 「물. 개구리·도롱뇽 따위.

양:서 동:물(兩棲動物)[명] 〈동물〉 양서류에 속하는 동

양:서-류(兩棲類)[명] 〈동물〉 척추 동물의 한 강(綱). 개구리류. amphibia

양:=서리목(胖--)[명] 넓게 벤 소의 양을 장과, 기름·파를 이긴 것과 깨소금·후춧가루를 함께 버무려서 꼬챙이에 꿰어서 재었다가 구운 음식.

양:서 분명(兩書分明)[명] 국한문(國漢文)을 다 잘 앎.

양석(羊石)[명] 양을 새긴 석수(石獸).

양:-선(洋-)[명] 〈약〉→서양식의 배. westernstyle ship ②서양식의 배. European-style ship

양:선(胖-)[명] ①소의 양을 얇게 썰어서, 녹말을 묻혀 기름에 지진 음식 ②소의 양을 잘게 썰어 채소와 갖은 고명을 넣어서 겨자에 버무린 음식.

양선(凉扇)[명] 부채. (속) 단선(團扇). fan

양:선(讓先)[명] 남에게 앞을 양보함. concession **하다**

양선-하-다(良善-)[형여] 어질고 착하다. **양선-히**[부]

양:설(兩舌)[명] 여기저기 다니며 쓸데없는 말을 하여, 이간을 붙여 싸우게 하는 일. double-tongue

양:성(兩性)[명] ①남성과 여성. ②응성과 자성. two sexes 「性). positivity

양성(陽性)[명] 적극적으로 나아가는 성질. (대) 음성(陰

양성(陽聲)[명] ①〈음악〉 봉(鳳)의 울음을 상징한 육률(六律)의 소리. ②〈어학〉 맑은 소리.

양:성(養成)[명] 길러 냄. 육성(育成)①. training **하다**

양:성(養性)[명] 자기의 천성을 길러 자라게 함. **하다**

양:성(釀成)[명] ①술 따위를 빚어 만듦. brewing ②어떤 분위기나 경향을 자아냄. bringing about. **하다**

양성 모:음(陽性母音)[명] 〈어학〉 모음 가운데서 양음(陰音)이나 어감(語感)이 밝고 산뜻한 것. 곧, 'ㅏㅗ'의 음성 모음(陰性母音). clear vowel

양성 반:응(陽性反應)[명] 〈약〉 투베르쿨린 반응의 하나. 결핵 감염의 양성·음성을 알아내는 방법에 서양 성으로 나타남. positive reaction

양:성 산화물(兩性酸化物)[명] 〈화학〉 산성과 알칼리성의 양 성질을 띤 산화물. amphoteric oxide

양:성 생식(兩性生殖)圈〈생리〉자웅(雌雄) 양성의 생식 세포에 의해 이루어지는 생식. 《대》단성 생식(單性生殖). amphigony

양:성-소(養成所)圈 어떠한 기술자를 길러 내는 곳.

양:성 원소(兩性元素)圈〈화학〉금속·비금속의 두 성질이 있는 원소. amhoteric element

양성 장마(陽性-)圈 집중 호우와 같은 소나기성의 장마. 《대》음성 장마.

양성 전:이(陽性轉移)圈 투베르쿨린 반응이 음성에서 양성으로 변함. 《약》양전(陽轉).

양성 종:양(良性腫瘍)圈〈의학〉발육이 완만하고 국부에 국한하여 있어 치료하기 쉬운 종양. 《대》악성 종양.

양:성-화(兩性花)圈〈식물〉한 꽃 속에 수술과 암술이 있는 꽃. 《대》단성화(單性花).

양:성-화(陽性化)圈 사물이 걸으로 드러남. 또, 드러나게 함. ¶정치 자금의 ~. 하타타

양:성 화:합물(兩性化合物)圈〈화학〉산성의 용액에 대하여는 염기의 작용을 하고, 염기성의 용액에 대하여는 산의 작용을 하는 화합물. amphoteric compound

양세(量稅)圈 세금을 매김. taxation 하타

양소(良資)圈〈동〉양호(良好).

양-소금(洋-)圈 서양에서 나는 소금. western salt

양:-소매 책상(兩―冊床)圈 양쪽에 여러 층의 서랍이 있는 책상. 양서궤(兩袖机). kneehole desk

양속(良俗)圈 좋은 풍속. 아름다운 풍속. good customs and manners

양속(洋屬)圈 ①서양에서 만든 피륙의 총칭. foreign cloth ②서양 물건.

양:-손(兩-)圈〈동〉양편 손. 왼손과 오른손. 양수(兩手)①.

양:-손(養孫)圈〈동〉양손자(養孫子)①.

양:-손녀(養孫女)圈 아들의 양녀.

양:-손자(養孫子)圈 아들의 양손. 양손(養孫). 하타

양:-송(養松)圈 소나무를 가꿈. cultivate pine trees 하타

양-송이(洋松栮)圈 서양종의 송이버섯. (pine) mushroom

양수(羊水)圈〈동〉모래질물.

양:-수(兩手)圈 ①〈동〉양손(兩-). ②장기·바둑 등에서, 두 군데에 한목 걸리는 수.

양수(揚水)圈 물을 길어 올림. pumping 하타

양수(陽數)圈〈수학〉영보다 큰 수. 《대》음수(陰數). positive number

양수(陽樹)圈〈식물〉양지에서 자라고 번식하는 나무. 버드나무 따위. 《대》음수(陰樹). sunny tree

양:-수(讓受)圈 남에게서 넘겨 받음. 《대》양도(讓渡). taking over 하타

양:-수 거:지(兩手据地)圈 ①절한 뒤에 두 손으로 땅을 짚고 꿇고 엎드림. ②두 손을 마주 잡고 서 있음. 하타

양:-수걸이(兩手-)圈 ①일을 이루기 위하여 관계를 두 군데로 걸어 놓음. making double connections ②바둑이나 상기에서, 한 수로 두 쪽이 잡히게 되는 수.

양:-수 겸장(兩手兼將)圈 장기에서, 두 개의 말이 일시

양:-수계(量水計)圈〈동〉양수기(量水器).

양:-수-궤(兩袖机)圈 양소매 책상.

양수-기(揚水機)圈〈동〉무자위.

양:-수기(量水器)圈 수도의 사용 수량을 헤아리는 기계. 수량계(水量計). water meter

양:수-사(量數詞)圈〈어학〉물건의 수를 나타내는 수사(數詞). 하나·열·스물 등. 으뜸셈씨. 기본 수사(基本數詞). 《대》차례셈씨. cardinal numerals

양:수-인(讓受人)圈 ①물권을 넘겨 받는 사람. ②〈법〉타인의 권리·재산 및 법률상의 지위를 양도하는 사람. 《대》양도인(讓渡人). transferee

양:수-잡이(兩手-)圈 ①바둑·장기 등에서, 양수걸이를 둠. ②양손의 힘과 기술이 마찬가지인 사람. 양쪽잡이②. ambidextrous person 하타타

양:수 집병(兩手執柄)圈 두 손에 떡을 쥐고 있듯이, 가지기도 어렵고 버리기도 어려운 경우를 가리키는 말.

양수-척(揚水尺)圈〈동〉무자위.

양수-표(量水標)圈 강물·호수·바다 등의 수위(水位)

를 측정하는 표지. 「하타」히타

양순(良順)圈 어질고 순함. being good and obedient

양:-숟가락(洋-)圈 쇠붙이·나무·대·사기 따위로 만든 양식 숟가락. spoon 「good habit

양습(良習)圈 ①좋은 버릇. ②좋은 풍습. 《대》악습.

양:시 쌍비(兩是雙非)圈 양편에 다 이유가 있어서, 시비를 분간하기 어려운 경우를 이름.

양식(良識)圈 건전한 식견(識見). good sense

양식(洋式)圈 서양식.

양식(洋食)圈 서양 요리. foreign food

양식(樣式)圈 ①일정한 모양과 격식. form ②〈문학〉작품의 완성된 표현 형식. 《약》양(樣)①. style

양:-식(養殖)圈 인공적으로 길러 번식하게 함. raising

양식(糧食)圈 먹고 살 거리. 식량. food stuff

양식-거리(糧食-)圈 양식으로 할 거리. ¶~가 떨어지다. 「발달 형태를 연구하는 학문.

양식-사(樣式史)圈 예술의 양식이 변천해 온 과정과

양:식-업(養殖業)圈 양식에 관한 모든 사업.

양:식 진주(養殖眞珠)圈 인공적으로 진주 조개에 자극물을 넣어 양식하여 얻은 진주. pearl culture(d)

양신(良臣)圈 어진 신하.

양신(良辰)圈 좋은 날. 길일.

양:-신병(兩身病)圈〈의학〉자기가 두 사람인 줄로 인정하고 참된 자기를 모르는 병.

양식-죽(羊腎粥)圈 멥쌀과 구기자 잎, 양의 콩팥, 파를 기어 쑨 죽.

양:-실(兩失)圈 ①두 가지 일을 다 실패함. double failure ②두 가지 다 잃음. double loss ③두 편이 다 이롭지 못하게 됨. disadvantage to both sides 하타타 「실. 양사(洋絲)

양-실(洋-)圈 서양에서 수입한 실. 양식으로 만든

양실(洋室)圈 서양식으로 꾸민 방. room furnished in foreign style

양실(凉室)圈〈건축〉햇볕을 가리기 위하여 방 또는 마루의 처마끝에 차양을 덧 달아 지은 집.

양심(良心)圈 사물의 선악(善惡)·정사(正邪)를 판단하고 명령하는 능력. 도덕적 의식. conscience

양:-심(兩心)圈 두 마음. 겉다르고 속다른 마음. double-mind 「cultivation 하타

양심(養心)圈 심성을 기름. 또, 그 심성. mental

양심-범(良心犯)圈 사상·신념만의 이유로 투옥·구금되어 있는 사람을 이르는 말. 양심수.

양심-수(良心囚)圈〈동〉양심범.

양심의 자유(良心-自由)圈 자기 양심에 어그러지는 신념이나 행동에 강요되지 않고, 자기 양심에 따라 행동할 수 있는 자유. 여러 나라의 헌법에서 보장되어 있음. freedom of conscience

양심-적(-的)圈圓(良心的)圈圓 양심에 비추어 보아, 거리낌이나 부끄럽지 않은(것). ¶~ 태도. conscientious

양:-쌀(洋-)圈 서양에서 나는 쌀. 대만미·안남미의 총칭. Formosan rice

양:-씨(洋-)圈 서양서 온 동식물의 씨.

양:-아(養荷·養痾)圈 양병(養病)①. 하타

양:-아들(養-)圈〈동〉양자(養子).

양:-아비(養-)圈 양아버지.

양-아욱(洋-)圈〈식물〉아욱과의 다년생 풀. 줄기 높이 2m 가량으로 줄기와 잎에 거친 털이 밀생함. 6~8월에 적색·황색·백색의 꽃이 피며 열매는 편편한 원형임. 관상용으로 재배함.

양아치圈 거지. beggar

양악(洋樂)圈〈약〉서양 음악. 「하타

양:-악(養惡)圈 못된 습관을 기름. indulgence in vices

양악-기(洋樂器)圈〈음악〉서양 음악에 사용하는 악기. 피아노·바이올린·흔른·드럼 등. western musical instrument

양안(良案)圈 좋은 안. 좋은 생각. good idea

양:-안(兩岸)圈 양쪽의 강 언덕. both banks

양:-안(兩眼)圈 두 눈. 왼쪽과 오른쪽의 눈. 쌍안.

양안(兩眼). both eyes
양안(量案) 〖제도〗 논밭의 소재·자호·위치·등급·면적·사표(四標)·소유주 등을 기록한 토지 대장.
양:―안경(兩眼鏡) 〖동〗 쌍안경.
양안(洋鞍裝) 서양식의 안장.
양암(諒闇) 임금이 상중에 있을 때 거처하는 방. 또, 그 기간. 양음(諒陰).
양:액(兩腋) 양쪽 겨드랑이.
양야(良夜) 하늘이 맑고 달이 밝은 밤. 양소(良宵). [moonlit night
양야(涼夜) 서늘한 밤.
양약(良藥) 매우 효험이 있는 약. good medicine
양약(洋藥) ①서양의 의술에 의하여 만든 약. ②서양에서 수입한 약. (대) 한약. Western medicine
양약 고구(良藥苦口) 효험이 좋은 약은 입에 씀. 충언(忠言)은 듣기는 싫지만 자신에게 이로움. good medicine tastes bitter
양:―약국(洋藥局) 양약을 파는 가게. 양약방(洋藥房).
양:―약방(洋藥房) 〖동〗 양약국(洋藥局).
양약 부지(佯若不知) 알고도 모르는 체함. 하타
양약재(洋藥材) 양약을 만드는 데 필요한 재료.
양양(洋洋) ①바다가 끝없이 넓은 모양. ②호수나 큰 강물이 넘칠 듯이 가득한 모양. boundless ③사람의 앞길이 한없이 넓이 발전성이 있는 모양. ¶ ~한 전도. broad bright 하타
양양(揚揚) 득의(得意)하는 빛이 외모와 행동에 나타나는 모양. being exultant 하타 히타
양양(漾漾) ①떠돌아다니는 모양. wandering ②흔들흔들 움직이는 모양.
양양 자득(揚揚自得) 뜻하는 바와 같이 되어서 뽐냄. 하타 [proud of
양양-하다(揚揚―) 뽐내는 태도가 있다. being
양:―어(養魚) 물고기를 길러 번식시킴. 하타
양:―어미(養―) 〖동〗 양모(養母).
양:―어미(養―) (하) 양어머니.
양:―어버이(養―) 양자로 들어간 집의 어버이. 양부모. [farm
양:어―장(養魚場) 시설을 갖추어 양어하는 곳. fish
양언(揚言) 공공연하게 말함. declaration 하타
양:―여(讓與) 자기 소유를 다른 사람에게 넘겨 줌. transfer 하타
양연(良緣) 좋은 인연. good connection
양:열 재료(―熱材料) 〖농업〗 온상(溫床) 등에 쓰이는 인공 발열(發熱) 재료. 낙엽·짚·겨 따위의 미생물이 분해될 때 생기는 열을 이용함.
양염(陽炎) 〖동〗 아지랑이.
양엽(陽葉) 〖식물〗 직사 광선이 쬐는 곳에서 발육한 잎. 비교적 작고 책상(柵狀) 조직이 발달되어 있어 두껍우며, 진한 녹색임. (대) 음엽(陰葉). sun
양:―오금(洋烏金) 〖동〗 오금유(烏金釉). [leaf
양옥(洋屋) 서양식으로 지은 집. Western-style house [와. tile
양와(洋瓦) 시멘트·모래·석면 등을 섞어서 만든 기
양:―외:가(養外家) 양어머니의 친정.
양요(洋擾) 〖역사〗 ①조선조 고종(高宗) 3년 프랑스 군함(軍艦)이 강화도에 침입한 난리. Invasion of the French fleet 1866 ②고종 8년 미국 군함이 강화도에 침입한 난리. 양란. Invasion of an American fleet 1871
양:요 렌즈(兩凹 lens) 〖물리〗 양쪽이 다 오목하게 된 렌즈. doubleconcave lens [style dishes
양:―요리(洋料理) 서양식으로 만든 요리. western
양:용(兩用) 양쪽 방면에 쓰임. 겸용(兼用). ¶수륙 ~ 탱크. [友). good friend
양우(良友) 좋은 친구. 양붕(良朋). (대) 악우(惡
양우(涼雨) 서늘한 비. cool drizzle [sing 하타
양:―우(養牛) 소를 기름. 또, 기르는 소. cattle rai-
양웅(良雄) 좋은 영웅.
양웅 불구립(兩雄不俱立) 두 영웅은 양립할 수 없어, 싸워 하나가 패하게 됨. 세불 양립(勢不兩立).

양원(良媛) 〖제도〗 세자궁에 딸렸던 종 3품 내명부(內命婦)의 벼슬.
양:―원(兩院) 〖법률〗 양원 제도에 있어서의 두 의원. 곧, 민의원과 참의원, 상원과 하원 등. 이원(二院). two Houses
양:―원 제:도(兩院制度) 〖법률〗 양원으로 조직된 의회 제도. 이원 제도(二院制度). 《약》 양원제(兩院制). bicameral system
양월(良月·陽月) 음력 시월의 딴이름.
양:위(兩位) ①〖어〗→양위분(兩位分). ②〖불교〗 죽은 부부. deceased couple [位). abdication 하타
양:―위(讓位) 임금이 자리를 물려줌. 선위(禪
양:위―분(兩位分) 부모나 부모처럼 섬기는 사람의 내외분. 《약》 양위(兩位). parents
양유(羊乳) 양에서 짠 젖. 양젖. sheep's milk
양유(良莠) 좋은 풀과 나쁜 풀. 좋은 사람과 악한
양육(羊肉) 양의 고기. mutton [사람의 비유.
양:―육(養育) 부양하여 기름. 육양. bringing up 하타
양육-비(養育費) 양육하는 데 소용되는 비용. expense of bringing up a child
양:육-원(養育院) 혼자 살아갈 능력이 없는 어린애·노인·과부나 행로 병자(行路病者)를 수용하여 돌보 주는 기관. nursery home
양용(洋戎) 〖수〗 서양에서 만든 융의 하나.
양:―으로(陽―) 남에게 알 만큼 드러나게. 《대》 음(陰)으로. openly
양:―은(洋銀) 〖동〗 구리·아연·니켈을 합금하여 만든 쇠. nickel silver 《약》→양은색.
양은 그릇(洋銀―) 양은으로 만든 그릇.
양:―은전(洋銀錢) 서양의 은전. 〖수〗→양은(洋銀)②. 양전(洋錢). [나무 그늘. shade
양음(涼陰) ①서늘한 기운. 양기(涼氣). ②서늘한
양음(諒陰) 〖동〗 양암(諒闇).
양:―응(養鷹) 매를 가꾸어 기름. 하타
양:응-가(養鷹家) 매를 전문으로 기르는 사람.
양의(良醫) 병을 잘 고치는 의사. 명의(名醫). skillful physician
양:―의(兩儀) ①양(陽)과 음(陰). positive and negative ②하늘과 땅. heaven and earth
양:―의(洋醫) ①서양 의학을 전공한 의사. doctor physician ②서양인의 의사. 〖유〗 신의(新醫). 《대》 한의(漢醫). Western doctor
양의(量宜) 잘 헤아림. good consideration 하재타
양이(洋夷) 〖동〗 서양 오랑캐.
양:―이(量移) 〖제도〗 섬이나 변지(邊地)에 유배(流配)시켰던 죄인의 형을 감형하여 내지(內地)나 가까운 곳으로 옮기던 일. 하타
양:―이(攘夷) 외국 사람을 얕게 보고 배척함. exclusion of foreigners 하타
양이-다(良―) 〖속〗 좋다. 괜찮다. good
양:―이:론(攘夷論) 〖역사〗 외국과의 교섭을 끊고 쇄국(鎖國)하자는 주장. Western 집정 시대에 대두됨.
양:―이온(陽 ion) 〖물리〗 ①전자(電子)를 방출하여서 양(陽)으로 대전(帶電)한 원자(原子), 또는 원자단(原子團). ②음극에 끌리는 이온. positive ion
양:―익(兩翼) ①양쪽의 날개. both wings ②〖군사〗 중군(中軍)의 좌·우 양쪽에 있는 군의 군대. both flanks
양인(良人) 〖동〗 양민(良民)②. ②착한 사람. good-natured person ③부부가 서로상대방을 일컫는 말. husband and wife
양:―인(兩人) 두 사람. two persons
양:―인(洋人) 서양 사람. Westerner
양:―일(兩日) 두 날. 이틀①. two days
양일(洋溢) 〖동〗 해일(海溢).
양:―일-간(兩日間) 이틀 동안. 이틀 사이. for two [days
양입 계:출(量入計出) 〖동〗 수입을 헤아리고 지출을 계획함. 수지를 꼭 알맞게 함. 하타

양:자(兩者)명 두 가지 물건이나 사실. 또는 두 사
양자(洋紫)명 《동》 천단청(天壇靑). 「람. both
양자(陽子)명 〈물리〉 중성자와 함께 원자핵의 구성
요소인 소립자의 하나. 전자와 등량(等量)의 양전
기를 가지며, 질량은 전자의 약 1,836.14배. 수소
의 원자핵은 한 개의 양자로 됨. proton
양자(量子)명 〈물리〉 어떤 양(量)을 분할할 수 있는
극미량(極微量). 물리량은 보통 연속적인 값으로
나타나나, 물체가 내는 복사 에너지의 연구로부터
특별히 불연속적인 값으로서만 나타나는 것이 있음
을 알고 이것을 에너지의 양자라고 이름 붙임.
quantum
양:자(養子)명 아들 없는 집에서 대(代)를 잇기 위하
여 동성 동본(同姓同本)인 친족 남자를 데려다 기
르는 사내 아이. 계자(繼子). 양아들. adopted child
양자(樣子)명 얼굴 모양. feature of a face
양자(樣姿)명 모양. 모습. feature
양즈명 《고》 모양. 모습. 「가다. get adopted
양:자=가-다(養子—)자 양자로 작정되어 양가로 살러
양자 가:설(量子假說)명 《동》 양자론(量子論).
양=자기(洋磁器)명 《원》→양재기.
양:자=들-다(養子—)자ㄹ탈 남의 집의 양아들이 되다.
being adopted into a family
양자=론(量子論)명 〈물리〉 열복사·빛·원자를 대상으
로 해서 에너지에는 소량(素量)이 있다는 가정 위
에 선 이론. 종전의 이론 체계로 설명할 수 없는 미
시적(微視的) 존재의 구조·기능을 추구하기 위해서
양자적 관점에서 전개되는 물리학 이론의 총칭. 양
자 가설. quantum theory
양=자리(羊—)명 〈천문〉 북천(北天)에 있는 성좌. 황
도 위에 있는 두 번째의 성좌로, 초겨울의 초저녁에
천정(天頂) 가까이에서 남중(南中)함.
양:자=세우-다(養子—)타 양아들로 작정하여 들여 세
우다. 입후(立後)하다. adopt a child
양자 역학(量子力學)명 〈물리〉 거시적(巨視的)인 물
체를 다루는 고전 역학에 대하여, 에너지에 소량(素
量)이 있다는 양자론. 복사에 따라 전자·원자·분
자·광자(光子) 등 미시적인 대상을 역학적으로 다
루는 학문. quantum mechanics
양:자 연조(養子緣組)명 〈법률〉 사실상 어버이와 자
식의 관계가 없는 당사자 사이에 법률상 어버이와
자식의 관계를 맺게 하는 법률 행위. 입양(入養).
양=자주(洋紫朱)명 서양에서 만든 자줏빛 물감. Am-
erican violet colour 「alternative 하자
양:자 택일(兩者擇一)명 둘 중에서 하나를 골라 잡음.
양:자=하-다(養子—)타여불 양아들을 정하여 데려오
다. adopt a child
양자 화:학(量子化學)명 〈화학〉 양자론을 응용하여 화
학상의 여러 문제를 해결하는 이론. 화학의 한 분
야. 원자가의 이론·분자 구조론·결정 화학·반응 속
도론 등은 양자 역학의 도입으로 큰 발전을 함.
quantum chemistry 「riculture 하자
양:잠(養蠶)명 고치를 얻을 목적으로 누에를 침. se-
양:잠=업(養蠶業)명 누에치기를 업으로 삼는 일. se-
ricultural industry
양:잠=지(養蠶地)명 양잠하는 고장.
양장(羊腸)명 ①양의 창자. sheep's guts ②꼬불꼬
불한 길의 비유. ¶구절(九折) ~. winding road
양장(良匠)명 《동》 양공(良工)①.
양장(良將)명 훌륭한 장수. good general
양:장(兩場)명 〈제도〉 ①과거의 초시(初試)와 복시
(覆試). ②초시·복시·전시(殿試)의 초장(初場)과
종장(終場).
양장(洋裝)명 ①여자의 서양식 복장 또는 장식. for-
eign-style dress ②서양식으로 책을 꾸며 맴. fore-
ign-style binding 하자타 「lady in foreign dress
양장 미:인(洋裝美人)명 양장한 아름다운 여자. young
양:장 시조(兩章時調)명 〈문학〉 종장(終章)을 포함하
여 두 장(章)만으로 된 시조의 한 형식. 《대》 단시조
(短時調). 「하는 상점. 의상실②. dressmaker's
양장=점(洋裝店)명 양장을 짓고 파는 일을 전문으로
양:장 진:사(兩場進士)명 〈제도〉 조선조 때, 사마시
(司馬試)의 진사과 복시에서 초장·종장에 급제한
진사. 「종장에 급제함. 또, 그 사람.
양:장 초시(兩場初試)명 〈제도〉 초시(初試)의 초장·
양=장판(洋壯板)명 리놀륨(linolium) 따위로 만든 서
양식의 장판.
양재(良才)명 좋은 재주. 또, 그 사람. good talent
양재(良材)명 ①좋은 재목. 동재(桐材). good timber
②뛰어난 인물. man of fine caliber
양재(洋裁)명 양복을 마르는 일. foreign dressmaking
하자 「材).
양재(涼材)명 〈약학〉 성질이 냉한 약재. 《대》 온재(溫
양:재(禳災)명 신령이나 귀신에게 빌어 재앙을 물리
침. 하자
양=재기(←洋磁器)명 안팎에 파란을 올린 그릇. 알루
미늄·알루마이트 그릇도 포함됨. enamelware
양=재봉사(洋裁縫師)명 《동》 양재사.
양재=사(洋裁師)명 ①양복의 재단을 하는 사람. ②양
복 바느질을 하는 사람. 양재봉사. dress-maker
양=잿물(洋—)명빨래에 쓰는 수산화나트륨. 《약》 잿물.
caustic soda
양적[—쩍](量的)관명 양(量)으로 따지는(것). ¶~
으로 우세하다. 《대》 질적(質的). quantitative
양:전(良田)명 좋은 밭. good field
양:전(兩全)명 두 가지가 다 온전함. satisfaction of
both sides 하형 「(兵曹)를 아울러 일컫던 말.
양:전(兩銓)명 〈제도〉 조선조 때, 이조(吏曹)와 병조
양전(洋錢)명 《약》→양은전.
양전(洋氈)명 서양식으로 짠 모직물의 하나. western
woolen cloth
양전(量田)명 논밭을 측량함. farm surveying 하자
양전(陽電)명 《약》→양전기.
양전(陽轉)명 《약》→양성 전이.
양=전:극(陽電極)명 〈물리〉 ①직류 전원에서 전류가
유출하는 곳. ②부하(負荷)에서 전류가 흘러 드는
곳. 진공 방전에 있어서 전위가 높은 곳. 《대》 음
전극(陰電極). 《약》 양극(陽極). positive electrode
양=전:기(陽電氣)명 〈물리〉 유리 막대를 비단 헝겊에
문지를 때 유리 막대에 생기는 전기. 또는, 그런 성
질의 전기. '+' 부호로 표시함. 정전기(正電氣).
《대》 음전기. 《약》 양전. positive electricity
양=전:자(陽電子)명 〈물리〉 전자와 같은 전량과 전하
량(電荷量)을 가지고 있지만, 양성 전기를 띤 입자
(粒子). 《대》 음전자(陰電子). positron
양=전:하(陽電荷)명 〈물리〉 물체가 음전기보다 양전기
를 많이 지니고 있음을 이름. 《대》 음전하(陰電荷).
양:절 연초(兩切煙草)명 양쪽의 끝을 자르고 물부리
를 달지 않은 궐련.
양접(陽接)명 접본(接本)을 옮겨 심은 뒤에 접목(接
木)하는 일. 하타
양=접시(洋—)명 운두가 낮고 넓은 접시의 하나.
양정(良丁)명 양민으로서의 장정. 「just rule
양정(良政)명 좋은 정치. 선정(善政). 《대》 악정(惡政).
양정(量定)명 헤아려서 정함. 하타
양:정(養庭)명 《공》 양가(養家).
양정(糧政)명 양곡 관계의 모든 정책이나 정사(政事).
양=젖(羊—)명 《동》 양유(羊乳).
양제(良劑)명 몸에 특효한 좋은 약제.
양제(洋制)명 서양식 제도나 물건. foreign goods
양제(涼劑)명 〈약학〉 찬 성질이 있는 약. 《대》 온제.
cool drug 「쟁이의 뿌리.
양제=근(羊蹄根)명 〈한의〉 옴·탈모제에 쓰는 소루
양제=초(羊蹄草)명 《동》 소루쟁이.
양:조(兩朝)명 ①앞뒤의 두 왕조(王朝). both dynas-
ties ②앞뒤 두 임금의 시대. two successive reigns
③두 나라의 왕조. dynasties of two countries
양조(陽鳥)명 《동》 기러기.

양:조(釀造)[명] 술·간장·초 따위를 담가서 만드는 일. brewing 하다 「명하게 하는 일. 무릎맞춤. 하다
양:조 대:변(兩造對辨)[명] 원고와 피고를 대질시켜 변
양:조-가(釀造家)[명] 양조로 간 집의 할머니.
양:조모(養祖母)[명] 양조로 간 집의 할머니.
양:조부(養祖父)[명] 양조로 간 집의 할아버지.
양:조-업(釀造業)[명] 술·간장 따위를 만드는 일을 업으로 삼는 일.
양:조-장(釀造場)[명] 양조 설비를 갖춘 공장. brewery
양:조-주(釀造酒)[명] 곡류나 과실을 원료로 발효시켜서 만든 술. 청주·포도주·맥주 따위. 합성주(合成酒). brewage
양:족(兩足)[명] 양쪽 발. 두 발. both feet
양존(陽尊)[명] 속으로는 해할 마음을 품고 겉으로는 존경하는 체함. pretending to respect 하다
양종(良種)[명] 질이 좋은 품종. thoroughbred, good seed
양:종(兩宗)[명] <불교> ①조계종과 천태종. ②교종과 선종. doctrinal Buddhism and Zen Buddhism
양종(洋種)[명] 서양 종자. foreign variety
양종(陽種)[명] 허식이 없고 소탈하여 있는 그대로를
양주(良酒)[명] 좋은 술. 「드러내는 사람.
양:주(兩主)[명] <俗> 부부. couple
양주(洋酒)[명] ①서양산의 술. foreign liquor ②서양식으로 빚은 술.
양주(陽鑄)[명] 주조(鑄造)에서 동판(銅板) 따위의 표면에 무늬·명문(銘文) 등을 표면보다 조금 높게 나타내는 일. relievo
양:주(釀酒)[명] 술을 빚어서 담금. brewing 하다
양주 싸움은 칼로 물베기[관] 부부 싸움은 아무리 심해도 쉽게 화합된다.
양:(佯醉酊)[명] 거짓으로 꾸며 하는 주정. 하다
양:중(兩中)[명] <민속> 남자 무당의 하나.
양중(陽中)[명] 봄의 딴이름.
양:즙(腸汁)[명] 소의 양(䏩)을 끓이거나 볶아서 짜낸 즙. juice of beaf stomach
양증(陽症)[명] ①성질이 명랑함. 또, 그런 사람. cheerfulness ②<한의> 오전에나, 또는 몸을 덥게 하거나 더운 성질의 약을 먹거나 하면 더해지는 병의 총칭. ③<약>→상한 양증(傷寒陽症).
양증 상한(陽症傷寒)[명] 상한 양증.
양증 외:감(陽症外感)[명] <한의> 외부의 영향으로 일어나는 급성 실증(實證)의 병. 양사(陽邪). (대) 음증 외감(陰症外感).
양지(羊脂)[명] 양의 지방. 식용하거나 비누·양초를 만
양지(良知)[명] ①배우지 않고 선천적으로 아는 지능. innate moral sense ②양명학(陽明學)에서 말하는 마음의 본체(本體).
양:지(兩地)[명] 두 곳. 두 지방. two regions
양지(洋紙)[명] ①서양식의 종이. ②서양에서 만든 종이. foreign paper 「地). sunny place
양지(陽地)[명] 볕이 잘 드는 땅. 양달. (대) 음지(陰
양지(量地)[명] 땅을 잼. land surveying 하다
양지(知)[명] 미루어 헤아려 앎. understanding 하다
양:지(諒志)[명] 뜻을 기림. cultivate one's will 하다
양지(諒知)[명] 살펴서 앎. 찰지(察知). understanding
양지(陽地)[명] 양의 강도.
양·지(古) 양지. 양지질. 「복이 많다.
양지가 음지 되고 음지가 양지 된다[관] 세상 일은 번
양지-꽃(陽地—)[명] 장미과의 다년생 풀. 줄기와 잎에는 거친 털이 나고 근경은 굵고 짧음. 4~6월에 황색 꽃이 피고 수과(瘦果)는 구형임. 어린 잎과 줄기는 식용함. cinquefoil
양지니(鳥類) 참새과의 새로 숲이나 야산에 삶. 참새보다 조금 크며 목 부리는 피리새 비슷하며, 수컷은 고운 홍색에 빨과 목은 광택 있는 은빛색이며, 머리와 밑에는 장미빛, 등에는 검은 세로 반점이 있음. 겨울새로 10월에 와서 이듬해 4월에 북쪽으로 되돌아감.
양지-두(陽支頭)[명] (동) 양지머리①.
양지=머리(陽支頭)[명] ①소의 가슴에 붙은 살과 뼈. 양지두(陽支頭). ribs of beef ②쟁기의 술의 둥글고 삐죽한 우두머리 끝. 「골뼈(陽骨—).
양지머리=뼈(陽支頭—)[명] 소의 양지머리의 뼈. 양골(陽骨). 양
양지-바르다(陽地—)[형][르] 땅이 볕을 잘 받다. sunny 「식물.
양지 식물(陽地植物)[명] <식물> 양지에서 잘 자라는
양지 아문(量地衙門)[명] 구한국 때, 땅을 재어서 조사하는 일을 맡았던 관청.
양지 양능(良知良能)[명] <철학> 경험이나 교육에 의하지 않고 선천적으로 선·악·정·사(善惡正邪)를 판단할 수 있는 능력.
양지-옥(羊脂玉)[명] 양의 기름 덩이같은 광택이 있는 흰 옥. 「place
양지-쪽(陽地—)[명] 따스한 볕이 내리쬐는 곳. sunny
양지-초(羊脂—)[명] 양의 기름을 원료로 써서 만든 초.
양지-촉(羊脂燭)[명] (동) 양지초. 「양지촉(燭).
양직(亮直)[명] 마음이 밝고 곧음. 하다 히다
양직(洋織)[명] 서양에서 짠 직물. 또는 서양식으로 짠 직물. Western textiles 「는 진. both camps
양:진(兩陳)[명] 전투나 운동 경기에서 서로 대하고 있
양진(痒疹)[명] <의학> 피부의 각부에 두드러기가 돋고 몹시 가려운 증세가 있는 만성 피부병의 하나. prurigo
양:진말(陽塵末)[명] 양밀의 가루. 「urigo
양질(良質)[명] 좋은 바탕. ¶ ~의 옷감. (대) 악질(惡質). good quality
양질 호:피(羊質虎皮)[명] 속은 양이고 거죽은 범이라는 뜻으로, 본바탕이 갖지 못한 사람이 외양만 꾸미는 것을 가리키는 말.
양:짝(兩—)[명] 두 편짝. 두 짝. both pairs
양:쪽(兩—)[명] 두 편쪽. 두 쪽. both sides
양:차(兩次)[명] 두 번. 두 차례. 양도(兩度)①.
양:차-다(兩—)[형] ①만족할 정도로 excess 부르다. enough ②마음에 만족하다. satisfactory
양:차렵(兩—)[명] 봄·가을 두 철에 입는 솜을 얇게 둔 차렵. 「(量狹). 하다
양착(量窄)[명] ①음식을 먹는 양이 작음. ②(동) 양협
양찬(糧饌)[명] 양식과 반찬.
양찰(亮察)[명] 밝게 살핌. 하다 「다
양찰(諒察)[명] 헤아려 살핌. 양촉. consideration 하
양창(亮窓)[명] <건축> 창살이 없는 창.
양책(良策)[명] 좋은 계책. good policy
양:처(良妻)[명] 착한 아내. 현처(賢妻). (대) 악처(惡妻). good wife
양:처(兩處)[명] 두 곳. both places
양처 현모(良妻賢母)[명] 현모 양처.
양처 현모주의(良妻賢母主義)[명] <교육> 어진 아내·어진 어머니가 될 것을 목적으로 하는 여자 교육상의 주의.
양:척(兩隻)[명] <법률> 원고(原告)와 피고(被告).
양:척(攘斥)[명] 쫓아 물리침. 물리쳐 좋음. 하다
양천(良賤)[명] 양민과 천민. noble and the humble
양천(涼天)[명] 서늘한 날씨. cool weather
양천(陽天)[명] <천문> 동남쪽에 있는 구천의 하나.
양:-천주(養天主)[명] <종교> 천도교에서, 한울님을 봉양하고 그의 영을 마음에 길러, 그의 뜻대로 하는
양철(洋鐵)[명] 생철. 「일.
양철 가위(洋鐵—)[명] 양철을 베는 데 쓰는 가위.
양철-공(洋鐵工)[명] 양철로 물건을 만드는 직공.
양철 렌즈(洋凸 lens)[명] 푸리一이 두 쪽 볼록한 렌즈. biconvex lens
양철-통(洋鐵桶)[명] 생철통. 「ㄴ. biconvex lens
양첨(凉籤)[명] 여름철에 볕을 가리기 위하여 임시로 덧낸 처마. awning 「good concubine
양첩(良妾)[명] 양민의 신분으로 남의 첩이 된 사람.
양청(洋靑)[명] <미술> 당청(唐青)보다 빛깔이 밝고 진한 물감. 「질이 좋은 담배.
양초(兩草)[명] 엽초 한 냥쭝 무게로 한 뭉음을 한 품
양초(洋—)[명] 서양식 초. 지방이나 석유의 찌꺼기를 정제하여 만듦. 양촉(洋燭). candle 「egar
양초(洋醋)[명] 화학 약품으로 만든 서양식 식초. vin-

양초(糧草)[명] 군량과 마소에게 먹일 풀. 양말(糧秣).
양초 시계(洋─時計)[명] 불시계의 하나. 양초가 타서 줄어드는 깊이로 시간을 헤아리는 장치.
양촉(諒燭)[명] 양찰(諒察). 하타
양총(洋銃)[명] 서양식 총. musket
양추(涼秋)[명] ①서늘한 가을. ②음력 구월의 딴이름.
양추-기(─器)[명] →양치기(養齒器).
양:축(養畜)[명] 가축(家畜)을 기름. stock farming 하
양춘(陽春)[명] ①음력 정월의 딴이름. ②따뜻한 봄철. spring time 「springtime
양춘 가절(陽春佳節) 따뜻한 봄의 절기. pleasant
양춘 화기(陽春和氣) 봄철의 따뜻하고 맑은 기운.
양=춤(洋─)[명](속) 서양식의 춤. 발레·사교춤 따위.
양충(陽蟲)[명] 모기 따위와 같은 양증의 성질을 가진
양취(佯醉)[명] 거짓으로 취한 체함. 하타 「벌레.
양:취=등(洋吹燈)[명] 성냥. 「(대) 편측(片側).
양=측(兩側)[명] ①두 편. 양방(兩方). ②양쪽의 측면.
양:치(養齒)[명](예)→양치질.
양:치-기(養齒器)[명] 이를 닦는 데 쓰는 제구. gargling bowl
양:치-대야[─때─] 양치기를 받치는 대야처럼 된 그릇. gargling bowl stand
양치-류(羊齒類)[명]〈식물〉양치 식물의 한 강(綱). 줄기는 대개 땅 속에 있고 잎은 거의 우상 복엽인데 자낭(子囊)이 잎의 뒷면에 생겨 포자(胞子)를 가짐. ferns
양:치-물(養齒─)[명] →양칫물.
양:치-소금[─치─] 양치질에 쓰는 소금.
양치 식물(羊齒植物)[명]〈식물〉은화(隱花) 식물의 한 문(門). 석송류(石松類)·목적류(木賊類)·양치류(羊齒類)로 나눔. 뿌리·줄기·잎이 구별되고 포자(胞子)는 싹이 트면 전엽체가 됨. pteridophyte
양:치-질(養齒─)[명] 이를 닦고 물로 입을 가셔 내는 일. (예) 양치. gargling 하타
양:친(兩親)[명] 부모(父母). 쌍친(雙親). parents
양:친(養親)[명] ①부모를 봉양함. supporting one's parents ②길러 준 어버이. ③양자가 집의 어버이. parents-in-law 하타
양칠(洋漆)[명] 안료(顏料)와 기름을 꼭같은 분량으로 섞어 고아서 만든 서양식의 칠. paint
양칠 간죽(洋漆竿竹) 빨강·파랑·노랑의 빛깔로 알록달록 칠한 담배설대.
양침(洋針)[명] 서양식으로 만든 바늘.
양:칫-물(養齒─)[명] 양치질에 쓰는 물. 「탄 돈 저울.
양:칭(洋秤)[명] 저울판의 한 쪽이 눈 위에 양의 무게를 나
양=코(洋─)[명] ①서양 사람이나 그들의 높직한 코를 농으로 일컬음. long nosed person ②큰 코나 또는 큰 코를 가진 사람을 농으로 일컬음.
양코-배기(洋─)[명](속) 서양 사람. yankee
양=콩-잡이(兩─)[명] ①바둑 둘 때 한 점을 놓아서 두 쪽으로 한 점씩 따먹는 수. ②(동) 양수잡이②. 하
양키(Yankee)[명](속) 미국 사람. 「타.
양키 스타일(Yankee style)[명] ①미국식. ②옷차림이나 거동을 미국식으로 경쾌하게 하는 태도.
양키=이즘(Yankeeism)[명] 미국식. 미국 사람의 기질.
양타-락(羊駝酪)[명] 양젖을 물이 죽처럼 걸쭉한 음식.
양=탄:자(洋─)[명] 짐승의 털을 굵은 베실에 박아 짠 피륙. 흔히 방바닥이나 마룻바닥에 깖. carpet
양탈(攘奪)[명] 양탈(掠奪)①. 하타
양태[약]→갓양태.
양태(─魚)[명] 양태과의 바닷물고기. 몸 길이 50cm 가량으로 길쭉하며, 머리는 크고 꼬리는 가늚. 근해 정착성 어종으로 모래톱에 서식함. 낭태(浪太). 낭태어(浪太魚). 우미어(牛尾魚). Eastern flat-head
양태(樣態)[명] 사물의 상태와 양상. (예)(樣)②.
양택(陽宅)[명] ①(민속) 집터. ②사람이 세상에 사는 집. 양가(陽家). (대) 음택(陰宅). ③마을이나 고을의 터. site of official buildings
양=털(羊─)[명] 양의 몸에 난 털.
양:토(養兎)[명] 토끼를 기름. 또, 그 토끼. rabbit-farming 하타

양토(壤土)[명] ①(동) 강토(疆土). ②〈농업〉식토(埴土)보다는 덜 찐득거리고 사토(砂土)보다는 습기가 많은 땅. 경작에 가장 알맞음. loamy soil
양=통(兩通)[명] 서류 따위의 두 벌. two copies
양통(痒痛)[명] 가려워서 긁은 뒤의 아픔. itching ache
양-틀[명] 양수에서 들어온 재봉틀.
양=파(洋─)[명]〈식물〉나리과의 다년생 풀. 화경(花莖)의 높이 30~100cm로, 꽃은 흰빛의 구형임. 인경(鱗莖)은 3~10cm로 구형 또는 편구형임. 양파늘. 옥총(玉葱). onion 「planing board
양판 대패질할 때 밑을 받쳐 놓는 나무 판대기.
양:=팔(兩─)[명] 두 팔.
양패(佯敗)[명] 거짓으로 패한 체함. 하타
양:편(兩便)[명] 두 편. both sides
양:편(兩便)[명] 두 편이 다 편함. 하타
양:편 공사(兩便公事)[명] ①시비를 판단하기 위해 그 이유를 들어낸 두 편의 공사. ②두 편에 다 공편한 일. impartiality
양:편-쪽(兩便─)[명] 두 편쪽.
양표(洋表)[명] 시계(時計). 「brass basin
양품(洋品)[명] 음식을 담고 또는 데우는 데 쓰는 놋그릇.
양품(良品)[명] 좋은 물품. 가품(佳品). superior article
양품(洋品)[명] 서양식으로 만든 액세서리나 일용 잡화. 양화(洋貨). 양품류①. foreign articles
양품-점(洋品店)[명] 양품을 파는 가게. 양물점(洋物店).
양풍(良風)[명] 좋은 풍속. 미풍(美風). (대) 악풍(惡
양풍(洋風)[명](통)→서양풍. 「風). good custom
양풍(涼風)[명] ①서늘한 바람. 선들바람. cool breeze ②북풍 또는 남서풍.
양풍(陽風)[명](동) 춘풍(春風). 동풍(東風).
양풍 미:속(良風美俗)[명](통) 미풍 양속(美風良俗).
양피(洋皮)[명] 양의 가죽. sheep skin
양피 구두(羊皮─)[명] 양의 가죽으로 지은 구두.
양피 배:자(羊皮褙子)[명] 양의 가죽으로 만든 배자. 배자 중에서 최상품임.
양피-지(羊皮紙)[명] 양의 가죽을 씻어 늘인 다음 석회로 처리하여 전조 표백한 서사(書寫)용 재료. parchment
양=피:화(兩被花)[명]〈식물〉화피(花被)를 완전히 갖춘 꽃. 살구나무·배나무 따위. dichlamydeous flower
양필(良匹)[명] 좋은 배필(配匹). God-given couple
양필(良筆)[명] ①좋은 붓. good writing-brush ②훌륭한 글씨. good ③훌륭한 문장. good stylist
양하(蘘荷)[명]〈식물〉생강과에 속하는 숙근초(宿根草). 높이 50~100cm이고 잎은 피침형임. 7~8월에 담황색 꽃이 피고 삭과(蒴果)는 난형임. 다육질로 된 지하경은 향미료로 쓰임.
양-하다 의존 명사 '체'·'척'에 접사 '-하다'가 붙어서 어미 '-ㄴ·-는·-은'(관형사)의 아래에 쓰이고, 사실과 비슷하게 꾸미는 거짓 태도를 나타내는 데 쓰함.〖학생이 ~ pretend to
양:-하다(養─)[타여] ① 기르다. breed ②먹여 살리다. feed 「learning
양학(洋學)[명] 서양의 학문. (대) 한학(漢學). western
양:한(兩漢)[명]〈역사〉중국의 전한(前漢)과 후한(後漢). two Han dynasties of China
양항(良港)[명] 좋은 항구. good harbour
양=항라(洋亢羅)[명] 무명실을 재료로 하여 짠 항라.
양:해(諒解)[명] 사정을 잘 알아 잘 이해함. 너그러이 용납함. 이해(理解)③. understanding 하타
양핵(陽核)[명](동) 원자핵(原子核).
양행(洋行)[명] ①서양으로 감. going abroad ②수출입을 영업으로 하는 상점. trading company ③서양식 상점. foreign style firm 하타
양향(糧餉)[명](동) 군량.
양:허(亮許)[명] 사정을 잘 알아서 용서하거나, 허용함. 「하타
양허(陽虛)[명]〈한의〉양기가 허하여 으스스 춥고 떨리는 병. 하형

양:현-고(養賢庫)[명]〈제도〉①고려 때 유생의 양식을 대던 국학에 딸린 관아. ②조선조 때, 성균관 유생의 식사를 마련하였던 관아. 「of the blood 하라
양:혈(養血)[명] 약을 써 피를 도와 보함. nourishing
양협(量狹)[명] 도량이 좁음. 양착(量窄)⑧. narrow-mindedness 하라
양형(量刑)[명] 형벌의 정도를 정함. 하라
양혜(洋鞋)[명]〖동〗구두.
양호(羊毫)[명]〈약〉→양호필.
양호(良好)[명] 매우 좋음. good 하라 「용자(勇者)」
양:호(兩虎)[명] ①두 마리의 범. ②역량이 비슷한 두
양:호(兩湖)[명]〈지리〉호남(湖南)과 호서(湖西), 곧, 전라도와 충청도.
양:호(養戶)[명]〈제도〉부자가 천민(賤民)의 조세를 대납하여 공역(公役)을 면제시키고 대신 제 집에서 부리던 백성의 집.
양:호(養虎)[명] ①범을 기름. ②후환(後患)을 장만한다는 뜻을 비유로 이르는 말. 하라
양:호(養護)[명] ①기르고 보호함. nursing ②학교에서 학생의 건강이나 위생에 대하여 돌보아 주는 일. 하라
양:호 상투(兩虎相鬪) 두 사람의 영웅 또는 두 강대국이 서로 싸움. Diamond cuts diamond 「말.
양:호 유환(養虎遺患)[명] 화근을 길러 근심을 산다는
양호-필(羊毫筆)[명] 양털로 만든 붓. ⑧ 양호(羊毫).
양홍(洋紅)[명]〈미술〉연지벌레에서 짜내어 만든 붉은 물감. 화구(畫具)와 착색제로 씀. carmine
양화(良貨)[명] 품질이 좋은 화폐. 실질(實質)의 가격과 법정 가격과의 차(差)가 적은 화폐. 《대》악화(惡貨).
양화(洋貨)[명] ①〈약〉양품(洋品). ②서양의 화폐. foreign currency [명] ①〈약〉→서양화. ②서양에서 제작한 영
양화(洋畫)[명] ①〈약〉→서양화. ②서양에서 제작한 영
양화(洋靴)[명] 구두. shoes 「화.
양화(凉花)[명] 목화(木花).
양화(陽畫)[명]〈미술〉음화(陰畫)를 감광지(感光紙)에 밀착시킨 사진. 명암·흑백이 똑같이 나타남. 《대》음화(陰畫). positive picture
양:화(釀禍)[명] 화근을 만듦. 재앙을 빚어 냄. 하라
양:화 구복(禳禍求福)[명] 재앙을 물리치고 복을 구함.
양화료(洋花氈)[명] 양탄자로 만든 요. carpet 「하라
양화포(洋花布)[명] 꽃무늬를 놓아 무명실로 짠 서양식 피륙.
양황(洋黃)[명]〈미술〉서양에서 만든 노란 빛의 물감.
양회(洋灰)[명] 시멘트(cement).
양해(諒解)[명] 자세히 살펴 앎. comprehension 하라
양=휘항(凉揮項)[명] 털을 붙이지 않은 휘항.
얕-다[얃따] ①깊지 않다. 겉에서 속, 위에서 밑까지의 길이가 짧다. 《대》깊다. shallow ②빛깔이 연하다. light ③심지(心志)나 정의가 두텁지 못하다. not close ④학문이나 지식이 적다. 《큰》옅다. shallow
알디-알-다[명] 아주 얕다. very shallow
얕-보다[-따]얕잡아 보다. 《한》돋보다. hold cheap
얕은-꾀[명] 얕게 생각하는 꾀. 속이 뵈는 꾀. transparent guile 「있게 해야 한다.
얕은 내도 깊게 건너라 모든 일을 언제나 조심성
얕은-맛[명] 산뜻하고 싹싹하고 부드러운 맛. nice taste
얕-잡-다[-따] 낮추어 하찮게 대하다. treat with contempt
얕추다[명] 얕게. shallowly 「tempt
얘[명]〈어학〉한글 합성자모. 'ㅒ'의 이름.
얘:²[대]〈약〉→이애.
얘:[감] 과연 놀랄 만함을 느낄 때 내는 소리.
얘:기[명]〈약〉→이야기.
얘:깃-거리[명] 얘기가 될 만한 거리. 《약》이야깃거리.
얘:야[감]〈약〉→이야야.
얜:[약] 이 아이는.
얠:[약] 이 아이를.
어¹[명]〈어학〉한글 자모의 자형(字形) 'ㅓ'의 이름.
어²[감] ①가벼운 놀람이나 초조감·당혹한 느낌 따위를

나타내는 소리. Oh! ②상대자의 주의를 일으키려고 말에 앞서 내는 소리. 《략》아. well
어:³[감] ①사물에 감동되었을 때 내는 소리. ②벗이나 손아랫 사람에게 대답하는 소리. 《략》아. Oh!
-어[어미] 끝 음절이 'ㅓ·ㅜ·ㅡ·ㅣ'로 된 어간에 붙어 쓰임. ①부사 모양의 말을 만드는 전성 어미. ¶늙 ~ 가다. ②서술·의문·존유·명령을 나타내는 반말의 종결 어미. ¶문 열~!
어(敔)[명]〈음악〉악기의 하나. 형상이 엎드린 범과 같고 등에 27개의 톱니가 있어, 견(鎌)으로 긁어서 소리를 내며, 풍류를 그칠 때 씀. 갈(楬).
어(於)[조] 한문 투의 문장에서 '에서'의 뜻을 나타내는 말. 「경하는 뜻을 나타내는 말. imperial
어:=(御)[접두] 임금에게 관계된 말의 머리에 붙여 공
=어(語)[접미] '말'이란 뜻으로 명사 뒤에 붙는 말. ¶한국~. 영~. 일~. word, language
어:가(御街)[명] 대궐로 통한 길. 대궐 안의 길. road to the imperial palace
어:가(御駕)[명] 임금의 수레. imperial carriage
어가(漁家)[명] 고기잡이의 집. fisherman's house
어가(漁歌)[명] 고기잡이의 노래. fisherman's song
어:간[명] ①집안의 넓은 사이. ②넓은 사이.
어간(魚肝)[명] 물고기의 간.
어:간(御間)[명]〈불교〉절의 법당이나 큰 방의 한복판에 있는 간.
어:간(語幹)[명]〈어학〉동사·형용사 등 용언이 활용할 때 변하지 않는 부분. 이것은 의미부(意味部), 곧 뜻을 나타내는 부분임. '가다·먹다' 등에서 '가·먹' 따위. 줄기⑤. 《대》어미. stem
어:간 대:청(一大廳)[명] 방과 방의 사이에 있는 대청. hall between the rooms
어:간 마루[명] 방과 방 사이의 마루.
어간-유(魚肝油)[명]〈약학〉생선의 간에서 짠 기름. 《약》간유(肝油). codliver oil
어:간 장지(一障子)[명] 대청이나 큰 방의 중간을 막은 장지. sliding screen
어:간=재비[명] ①사이에 칸막이로 둔 물건. screen ②몸집이 썩 큰 사람. giant
어감(語感)[명] 같은 뜻을 가진 말이 음상(音相)의 차이에서 생기는, 듣을 때의 느낌. nuance
어:=갑주(御甲冑)[명] 임금의 갑옷과 투구.
어강도리(御降調理)[고] 노래의 가락에 맞추는 후렴의 하나.
어개(魚介)[명] ①물고기와 조개. fishes and shellfishes ②바다 속에 사는 동물의 총칭. Sea-fishes
어개[명] →어여차.
어:거리 풍년(一豐年)[명] 썩 드물게 보는 큰 풍년. bumper crop rare in recent years
어거지[명] →억지.
어:거-하:다(駅車—)[타여불] ①말이나 소를 몰다. ②데리고 있으면서 바른 길로 나가게 하다.
어게인(again)[부] ①다시. ②듀스→듀스어게임.
어:격[—격](語格)[명] 말하는 격식. 어법(語法). dic-
어렴(御簾)[명] 뒤범벅이 됨. be confused 「tion
어:계(語系)[명]〈어학〉언어의 계통. 말의 계통. family of languages
어:고(御庫)[명] 임금이 사사로이 쓰는 대궐 안의 창고.
어골(魚骨)[명] 고기의 뼈. 생선의 가시.
어골-경(魚骨鯁)[명] 생선의 가시.
어:공(御供)[명] 임금에게 물건을 바침. offering to the king 하라
어:공-미(御供米)[명] 임금에게 바치는 쌀. rice offered
어:공-원(御供院)[명]〈제도〉궁중에서 말려, 땅의 개간·고기잡이·사냥·어공하는 물건 따위를 맡았던 관아.
어곽(魚藿)[명] 해산물의 총칭. marine products
어곽-전(魚藿廛)[명] 해산물을 파는 가게.
어교(魚膠)[명] 《약》→어표교.
어:구(魚狗)[명]〈조류〉물총새.
어:구(御溝)[명] 대궐에서 흘러 나오는 개천.

어:구(語句)**명** ①말과 구(句). ②말의 구절. phrase and words
어구(漁具)**명** 고기잡는 데 쓰는 모든 도구. fishing tackle
어구(漁區)**명** 수산물을 잡거나 듣거나, 또는 가공을 위하여 특별히 정한 구역. fishing ground
어구머니감(약)→어이구머니.
어:군(魚群)**명** 물고기의 떼. 어대(魚隊). shoal of fish
어:군(語群)**명** 〈어학〉지리적 또는 기타의 관계로하여 분류한 언어의 무리. 어족(語族). language family
어:군 탐지기(魚群探知機)**명** 수중 초음파(超音波)를 이용하여 어군의 존재를 탐지하는 기기(機器).
어:굴(語屈)**명** 말이 굴려서 대답이 막힘. being silenced in an argument **하자**
어:궁(御宮)**명** 대궐. 궁중(宮中).
어:궁(語窮)**명 《동》어색(語塞). 하자**
어궤 조산(魚潰鳥散) 물고기 메같이 헤어지고 새 떼처럼 사방 팔방으로 흩어짐.
어귀(←於口)**명** 드나드는 길목의 첫머리. entrance
어:귀(語句)**명**→어구(語句).
어귀=세:다형 어귀차다.
어귀=어귀用 음식을 욕심껏 입 안에 많이 넣고 마구 씹어 먹는 모양. 어기아기. cram-jam
어귀=차:다형 ①마음이 굳세어 남에게 굽히지 않다. unyielding ②손으로 쥐는 힘이 세다. 《작》아귀차다. hold tightly
어그러=지다자 ①빗나가 들어서다. deviate ②생각과는 맞지 않다. be contrary to ③사이가 좋지 못하게 되다. become unfriendly
어그럽=다형 너그럽다.
어그르=추다타 어기어다.
어그르츠=다타 어긋나다.
어:근(語根)**명**〈어학〉용언의 낱말을 분해(分解)하여서 그 말의 원요소로서 다시 더 나누지 못할 부분. 이것만으로 어간이 되기도 하고 딴 말이 붙어합쳐 어간이 되기도 함. '선선하다'의 '선선', '탐스럽다'의 '탐' 따위. radical of a word
어근=버근用 ①짝 맞춘 자리가 벌어져 흔들리는 모양. loosely ②서로의 마음이 맞지 않아 찌그러지는 모양. 《작》아근바근. discordantly **하자**
어글=어글用 ①얼굴의 각 구멍새가 널찍널찍한 모양. face with large features ②→서글서글.
어금=깔음**명**〈건축〉돌을 갈지(之)자 모양으로 까는 일.
어금=겹쇠명 양쪽 끝이 서로 반대 방향으로 구부러진 꺾쇠.
어금=니명 입 안의 송곳니 안쪽으로 있는 모든 이. 가운데가 확처럼 오목함. 아치(牙齒). 구치(臼齒). molar '犬-齒·臼-齒'의 이름.
어금니아=변(一邊)**명** 한자 부수(部首)의 하나. '牙'
어금닛=소리명《동》아음(牙音).
어금=막히다자 서로 어긋나게 놓이다. be laid crosswise
어금버금=하:다형여《동》어금지금하다.
어금=쌓기명〈건축〉길이모쌓기에서 벽돌을 갈지자(之字)로 쌓는 일.
어금어금=하:다형여→비금비금하다.
어금지금=하:다형여 서로 어슷비슷하여 큰 차가 없다. 어금버금하다. well-matched
어긋=나기명〈식물〉잎차례의 하나. 잎이 서로 맞은 편짝으로 가지·잎줄기에 어긋맞게 붙음. 호생. 《대》 마주나기.
어긋=나다자 ①서로 엇갈리다. cross each other ②서로 꼭 맞지 아니하다. runs counter to
어긋=놓다타 서로 엇갈리게 놓다. lay crosswise
어긋=맞:다형 이쪽저쪽 어긋나게 마주 있다. facing each other crosswise
어긋=매끼다타 어긋나게 맞추다. 《예》엇매기다. cross
어긋=물다자타 서로 어긋나게 물다. 《약》엇물다.
어긋=물리다자 서로 어긋나게 물리다. 《약》엇물리다. interlock
어긋=버긋用 여럿이 고르지 못하여 서로 어그러져 있는 모양.
어긋=어긋[—긋—]用 여럿이 서로 어그러져 있는 모양. 《약》아긋아긋. cross each other **하자**
어긋=하:다형여 조금 어그러져 있거나 어그러진 듯하다. 《작》아긋하다. somewhat swerved
어:기(語氣)**명** 말하는 솜씨. 말하는 기세. 어투(語套)
어기(漁基)**명** 어장(漁場)①. 《套》. 어세(語勢).
어기(漁期)**명** 특정 해역에서 어떤 종류의 고기가 한창 많이 잡히는 시기. fishing season
어기(漁磯)**명** 낚시질하는 자리. 낚시터.
어기=다타 ①약속·시간·명령·규칙 등을 지키지 않다. break ②틀리게 하다. act against
어기대:=다타 순종하지 않고 빗나가다. oppose
어기적=거리다자 ①키가 큰 사람이 연해 몸을 좌우로 흔들면서 걷다. walk with a swing of the body ②말이나 짓을 자꾸 엉뚱스럽게 하다. 《작》아기작거리다. impertinent 어기뚱거리다 **하자**
어기뚱=하:다형여 ①남보다 담대하고 교만한 데가 있다. audacious ②조금 틈이 생겨 있다. 《작》아기뚱하다. gapped
어기야用 뱃사람들이 노를 저을 때에 하는 소리. 《약》어기야. 어야디야. 에야디야. yo-heave-ho
어기야=디야用 어기야.
어기어=지:다자 ①어그러지게 되다. deviate ②어기여차다**자**《동》어여차. be deviated
어기적=거리다자 다리를 마음대로 놀리지 못하고 억지로 천천히 걷다. 《작》어깃거리다. 아기작거리다. waddle 어기적=어기적用 **하자**
어기죽=거리다자 다리를 마음대로 놀리지 못하고 억지로 걷다. 《작》아기죽거리다. walk stiffly 어기죽=어기죽用 **하자**
어기중=하:다형여(於其中一) ①그 가운데쯤을 취하다. middle ②그 가운데쯤 되다. average
어기=차:다형 성질이 매우 굳세다. hardy
어김명(←어기다) [어김=없:이用
어김=없:다형 어기는 일이 없다. 틀림없다. unerring
어깆=장명 짐짓 어기대는 행동.
어깆=거리다자《약》→어기적거리다.
어깨명 ①팔이 몸에 붙은 자리에서 목까지의 부분. ②짐승의 앞다리나 새의 날개의 윗부분. shoulders ③옷의 앞부분과 등판을 붙인 소매와 깃 사이의 솔기. 또, 그 부분. shoulders ④〈속〉폭력 쓰기를 일삼는 불량배. 깡패.
어깨가 가볍다 무거운 책임에서 벗어나 마음이 홀가분하다. [=크다.
어깨가 무겁다 무거운 책임을 져서 마음의 부담이
어깨=걸이명 부인용 목도리의 하나. shawl
어깨너머=문장(一文章)**명** 정식으로 공부를 하지 않고, 남이 공부하는 옆에서 얻어들어서 배운 사람.
어깨너넛=글명 남이 공부하는 옆에서 얻어들어 배운 글. picked-up knowledge
어깨=동갑(同甲)**명《동》**자치동갑.
어깨=동무명 ①서로 어깨에 팔을 얹어 끼고 노는 아이들의 놀음. 또, 그렇게 하는 짓. linking each other's arms over the shoulders ②나이나 키가 어슷비슷한 친한 동무. playmate ③어릴 때의 친하던 동무. childhood friend **하자**
어깨를 겨누다자 대등한 위치에 서다. 비슷한 세력이나 힘을 가지다. 어떤 일에서 서로 나란히 하다.
어깨 번호(一番號)**명**〈인쇄〉본문(本文)의 오른쪽 위에 작게 매긴 번호.
어깨=뼈명〈생리〉사람의 어깨의 뼈. 넓적하고 세모꼴로 생겼음. 견갑골(肩胛骨).
어깨 차례(一次例)**명** ①순서가 거르지 않고 돌아가는 차례. 연차(肩次). ②turn 순기.
어깨=총(一銃)**명**〈군사〉집총법의 하나. 총을 어깨에 메는 것. 또, 그 구령. shoulder **하자**
어깨=춤명 신이 나서 어깨를 위아래로 으쓱거리는 짓이나 그렇게 추는 춤.

어깨=통[―筒]명 어깨의 둘레. 어깨의 넓이. size of shoulders [der-pad
어깨=바대명 적삼의 어깨에 속으로 덧댄 조각. shoul-
어깨=바람명 신이 나서 동작을 활발하게 하는 기운. 신바람. swaggering [oulder area
어깨=부들기명 어깨의 뿌리 또는 언저리. lower sh-
어깨=춤명 어깨를 들먹거리며 피로운 듯이 쉬는 숨. deep breathing moving the shoulders
어깻=맞춤[―字―]명 한 줄 건너씩 나란히 있는, 같은 글자를 찾아내는 내기.
어깻=죽지명 어깨와 팔이 붙은 부분. shoulder joint
어깻=짓명 어깨를 흔들거나 움직이는 짓. gesturing with shoulders
어쭈우=하―다[형][여불] ①음식의 맛이 순하고 구수하다. dainty ②하는 말이 그럴 듯하여 썩 비위에 맞다. plausible
어ㄴ[관] 어찌. 관[고] 어느.
=어ㄴ아[어미][고] 거늘.   「붙은 원자 로켓포의 하나.
=어ㄴ놀[어미][고] 거늘.
어네스트 존(Honest John) 〈군사〉 이동 발사대가
어ː녹―[약]=얼녹.
어ː녹이―다[약]=얼녹이다.
어ː녹이―치―다[자] 여기저기서 두루 얼다가 녹다가 하다. freeze and melt here and there
어농(漁農) 명 어업과 농업.
=어ː뇨[어미][고]=인가. =입니까. =ㅂ니까.
어ː누[관][고] 어느. 어떤.
어ː눌(語訥) 명 말을 더듬거림. 《변》 어둘. stammer 하[형][여]
어ː느[관] 여럿 가운데의 어떤.
어ː느[관][고] 어느 것. 무엇. 관 어찌. 관 무슨. 어떤.
어느 겨를에[관] 어느 틈에. 어느 여가에. before one knows
어느 구름에서 비가 올지[관] ①어느 때 어떤 일이 생길지 알 수 없다는 뜻. ②일의 결과는 미리 짐작할 수 없다는 말.
어느 누구[인대] '누구'의 힘줌말. whoever   [are of
어느=덧[관] 어느 틈엔가. 어언간에. before one is aw-
어느 바람이 들이 불까[관] 능히 감당할 힘이 있으니, 조금도 염려 없다고 장담하는 말.
어느=새[관] 어느 틈에. before one is aware ②벌써. already   [언제. how soon
어느 세ː월에(―歲月―)[관] 얼마나 세월이 지난 뒤에.
어느 장단에 춤을 추랴[관] 시키는 일이 여러 갈래일 때에 어느 것을 따라야 할지 몰라 난처함을 이르는 말.
어ː느제[관][고] 어느 때. 언제.   [이르는 말.
어느 천년에(―千年―)[관] 어느 세월에.
어느 틈에[관] 어느 겨를에.
어느 하가에(―何暇―)[관] '하가에'의 힘줌말.
어느 해가에(―奚暇―)[관] '해가에'의 힘줌말.
어ː는=점(―點)[명][물] 빙점(冰點).
=어ː늘[어미][고] 거늘.
어늬[지대][고] 거늘.
어늬[지대][고] 어느 것이. 무엇이. '어느'의 주격형(主格形). 관[고] 어느.
=어ː니[어미][고] =거니. =으니. =니.
=어니와[어미][고] 거니와.
어ː느메[관][고] 어느 곳. 어디.
어대(魚隊) 명[동] 어군(魚群).
=어도(―途) 음성(陰性) 모음으로 끝나는 어간에 붙어서 가정(假定)을 나타내는 연결 어미. 「길은 멀~ 마음만은. even if
어도(魚道) 명 ①물고기 떼가 늘 지나는 일정한 길. ②물길이 둑으로 막힌 곳에 물고기가 상류로 올라 [가도록 만들어 놓은 길.
어도록[관][고] 어느 만큼.
어동(禦冬) 명 겨울을 지낼 준비. winterization 하[자]
어동서=에(於東於西―)[관] 이리도 저리도. 어차어피에.
어동 육서[―肉―](魚東肉西) 명 제사 때에 어찬(魚饌)은 동쪽, 육찬(肉饌)은 서쪽에 놓음을 이르는 말.

어ː두(語頭) 명 낱말의 첫머리. 낱말의 서두(緖頭). beginning   [끝.
어두귀ː면=지(魚頭鬼面之卒) 명 지지리 못난 사람
어두 봉ː미(魚頭鳳尾) 명 = 어두 육미(魚頭肉尾).
어두운 밤에 눈 꿈적이기[관] 남이 보지 않는 데서 일을 함. 곧, 아무 보람이 없음.
어두움[명] 어두운 상태. 어둠고 캄캄함. 《원》 어둠.
어두 육미(魚頭肉尾) 명 생선은 머리, 짐승은 꼬리 부분이 맛이 좋다. 어두 봉미(魚頭鳳尾).
어두 일미(魚頭一味) 명 물고기는 대가리 쪽이 그 중 맛이 있다는 말.
어두커니[부] 새벽 어두어 올 때에. at dawn
어두컴컴=하ː다[형][여여] 어두하여져서 컴컴하다. gloomy
어둑=새벽[명] 어둑어둑한 새벽. 여명(黎明)①. dusk at dawn   [다. getting dark
어둑어둑―하―다[형][여여] 날이 자꾸 저물어서 어두워지
어둑―하―다[형][여여] ①조금 어둡다. gloomy ②되바라지지 않고 수수푹하다.
어ː둔(語鈍) 명 말굳음. 말이 둔함. 하[형]
어ː둔(語遁) 명 말이 막혀 시원하지 못함. 하[형]
어둔 밤중에 홍두깨 내밀듯[관] 생각도 아니한 일이나 의견, 또는 안건을 갑자기 제시한다는 뜻.
어둠[명] 《원》 =어두움.   [한 밤길.
어둠=길[―낄] 명 날이 저문 뒤의 어두워진 길. 캄캄
어둠=별[―뼐] 명 〈천문〉 해가 진 뒤에 서쪽 하늘에 반짝거리는 금성(金星). 개밥바라기.
어둠 상자(―箱子) 명 〈물리〉 일정한 곳으로만 빛을 들어오게 만든 사진기의 렌즈와 감광판이 붙은 상자. dark box   [어둠침침=히[부]
어둠침침=하ː다[형][여여] 어둡고 흐리다. dark and dismal
어둡―다[형][ㅂ불] ①밝지 않고 컴컴하다. dark ②빛깔의 느낌이 무겁고 침침하다. 「옷감의 빛이 ~. dark ③시력(視力)이나 청력(聽力)이 약하다. ¶귀가 ~. 밤눈이 ~. 《대》 밝다. purblind ④어리석다. ¶실사회에 ~. ignorant 5분위기나 표정 등이 침울하다.
어둥명/어둥정[부] 어리둥절.   [하다. gloomy
어둥둥[부]=어하둥둥.
어ː드러[지대][고] 어디로. 어느 곳으로.
어드러로[관][고] 어디로. 어느 곳으로.
어드러―하―다[형][여여]=어떠하다.
어ː드ː리[관][고] 어떻게. 어찌.
어ː드매[지대][고] 어느 곳. 어디.
어ː드ː메[지대][고] 어느 곳. 어디.
어드미션(admission) 명 ①승인(承認). ②들어옴을 허가하는 일. 입학 허가.
어드바이스(advice) 명 충고. 조언. 권고. 하[타]
어드바이저(adviser) 명 고문. 보조역.
어드밴티지(advantage) 명 〈체육〉 정구할 때에 듀스가 된 다음에 어느 편에서든지 먼저 하는 득점. 《약》 밴티지(vantage).
어드밴티지 리시ː버(advantage receiver) 명 〈체육〉 정구에서 듀스가 된 다음, 서브를 받는 편에서 먼저 하는 득점. 어드밴티지 아웃.
어드밴티지 서ː버(advantage server) 명 〈체육〉 정구할 적에 서브편에서 먼저 하는 득점. 어드밴티지 [리시버.
어드밴티지 아웃(advantage out) 명[동] 어드밴티지
어드밴티지 인(advantage in) 명[동] 어드밴티지 서버.
어드ː티스먼트(advertisement) 명 광고(廣告).
어드움[명][고] 어둠.
어득―하―다[형][여여] ①끝없이 멀다. far away ②매우 멀어 정신이 까무러질 듯하다. [작] 아득하다. dim
・어ː득―다[형][여여] 어둑어둑하다.   [어득=히[부]
=어ː든[어미][고] =거든. =는. =으니.
어ː들―다[형][고][동] 어둡다.
어ː들ː다[형][고] 어둡다.
어ː듸[지대][고] 어디.
어ː듸던/어ː듸썬[관][고] 어찌.
어디[지대][고] ①어느 곳. 정하여 있지 않는 곳. ¶~든지

어디가거라. where ②밝힐 필요가 없는 곳. ¶~좀 다녀오리라. somewhere ③값어치가 큼. ¶궁한 판에 그게 ~냐?

어디回 ①벼르거나 다짐하는 뜻을 강조하여 씀. ¶~두고 보자. wait and see ②반문함을 강조하는 말. ¶이게 ~될 뻔이나 한 말이오? ③딱한 사정에 있는 형편을 강조하는 말. ¶일 넘겨 넘었어도 ~쥐어 받진. have the least idea to

어디回 (약)→어디여.

어디 개가 짖느냐 한다回 남의 말을 무시하여 들음

어디롬回 (고) 어짊.

어디-메回→어디.

어디여回 ①소가 길을 잘못 들려고 할 때 꾸짖어서 바른 길로 모는 소리. ②소를 오른편으로 가게 모·**어딜**~**다**回 (고) 어질다. 는 소리. (약)어디³.

어따回 마음에 못마땅하여 좀 빈정거림을 나타내는 소리. (작)아파. phew

어때回 '어떠하냐'의 준말. how

어떠-하-다回(형)(여) ①일의 성질이나 상태가 어찌되어 있다. such and such ②무어라고 꼬집어 말할 수가 없다. 하여(何如)하다. (약) 어떻다. hard to point

어떡-하-다回 (약)어떠하게 하다. out

어떤回 (약) 어떠한.

어떻게回 어떠하게.

어떻-다回(형)(여) (약)→어떠하다.

어떻든지回 (약) 어떠하든지.

어땋-사형용사(形容詞).

어뜨무러차回 어린이를 안아서 들어올릴 때, 또는 무거운 물건을 들어올릴 때에 내는 소리.

어둑回 얼핏 지나치는 바람에. quickly

어둑=비뚝回 ①몸가짐이 바르지 못한 모양. improperly ②자리가 한 줄에 고르게 놓이지 못한 모양. zigzagging 하回

어둑=어둑回 그림자가 어른거리는 모양. 하回

어둑어둑-하-다回 정신이 어지러워 연해 까무러질 듯하다. (작) 아득아득하다.

어둑-하-다回(형)(여) ①갑자기 정신이 어지러워 까무러질 듯하다. dizzy ②그림자가 어른거리하다. (작) 아득하다. 어뜩=어뜩回 하回

=**어라**(어미) ①음성(陰性) 모음으로 된 동사의 어간에 붙어 명령의 뜻을 나타내는 종결 어미. ¶빨리 먹~. particle of command ②음성 모음으로 된 형용사의 어간에 붙어 감탄의 뜻을 나타내는 종결 어미. ¶가엾~. particle of exclamation

=**어라우**(어미)→어요.

어란(魚卵)回 물고기의 알. spawn ②소금을 쳐서 말린 생선의 알.

어람(魚籃)回 물고기를 담는 바구니.

어:람(御覽)回 임금이 봄. 상람(上覽) 예람. 친람. emperor's inspection

어룸回 (고) 얼음[冰].

어:람건[-껀](御覽件)回 임금이 볼 서류.

어랍(魚蠟)回 어류나 바다 짐승의 기름으로 만든 밀 모양의 굳은 지방.

어량(魚梁)回 물이 한군데로 흐르도록 물길을 막은 뒤에 그 곳에 통발을 놓아 고기를 잡는 장치.

어러=더러回 많은 사람이 지껄이며 오락가락하는 모양. with much noise 하回

어렵쇼回 어허.

어레미回 바닥의 구멍이 큰 체. riddle

어레=빗回→얼레빗.

어레인먼트(arraignment)回 ①(법률) 영미(英美)의 형사 소송 절차. 본래 기소 사실을 고하고, 이에 대하여 답변을 구하기 위하여 피고인을 공판정에 출두하게 하는 법원의 행위를 말함. ②(非婚).

어레인지(arrange)回 ①정리 정돈. ②(음악) 편곡(編曲). 정조(整調). ③(연예) 작색. 하回

어렝이回 광산에서 쓰는 통싸리로 만든 삼태기의 하나. 보통의 삼태기보다 작음.

어려워-하-다回(여) ①윗사람을 어렵게 생각하다. be in awe of one's elders ②일할 때 힘이 들어 애를 쓰다. feel difficulty

어려이回 어렵게. (약) 어레. with difficulty

어련무던-하-다回(여) ①그리 언짢을 것 없다. not awkward ②성질이 까다롭지 않고 무던하다. generous 어련무던-히回

어련-하-다回(여) ①알아서 하여 틀림없다. certain ②이치에 어긋나지 않다. reasonable

어렴-성[-쎵]回 남을 어려워하는 기색. reserve

어렴-스럽다回→어렴성.

어렴풋-하-다回(여) ①기억이 또렷하지 않다. vague ②또렷이 보이지 않다. dim ③자세히 들리지 않다. faint ④잠이 깊이 들지 않다. (작) 아렴풋하다. light 어렴풋-이回 fishing and hunting

어렵(漁獵)回 ①(통) 고기잡이. ②고기잡이와 사냥.

어렵-다回(ㅂ변) ①하기에 힘이 들거나 괴롭다. (작) 섭다. hard ②살기에 고생이 되다. difficult ③성미가 꽤 까다롭다. fastidious ④말이나 글이 그 뜻을 알기 힘들게 깊거나 까다롭다. difficult to understand ⑤마음 놓고 행동하기가 조심스럽고 거북하다. 두렵다③. ackward ⑥병이 위중하다. serious

어렵-사리回 매우 어렵게.

어렵-선(漁獵船)回 고기잡이에 종사하는 배.

어렵 시대(漁獵時代)回 자연물의 채취, 곧 어렵 등으로 생활하던 원시 시대. 수어 시대(狩漁時代). fishing age

어·렵-다回(고) 어렵다.

어:령(御令)回(통) 어명(御命).

어령칙-하-다回(여) ①기억이 또렷하지 않다. (작) 아령칙하다. vague 어령칙-이回

어레미回→어러미.

어:로(御路)回 (제도) 거둥길. 연로(輦路).

어로(漁撈)回(통) 고기잡이. 하回

어로(漁撈)回 (고) 어로.

어로-권[-꿘](漁撈權)回(통) 어업권(漁業權).

어로 불변(魚魯不辨)回 어자(魚字)와 노자(魯字)를 구별하지 못함. 곧 무식함을 말함. ignorance

어로-선(漁撈船)回(통) 어선(漁船).

어로 수역(漁撈水域)回 고기잡이하는 구역.

어로 작업(漁撈作業)回 해산물을 잡거나 채취하는 작업. fishing 하回

어·록(語錄)回 학자나 고승의 말씀을 모은 책. sayings

어롱(漁籠)回 고기 잡아서 담는 자그마한 다래끼. creel

어뢰(魚雷)回 (약)→어형 수뢰.

어뢰 발사관[-싸-](魚雷發射管)回 (군사) 함정(艦艇)에 장비되어, 어뢰를 발사하기 위하여 쓰이는 원통형(圓筒形)의 장치. torpedo tube

어뢰-정(魚雷艇)回 (군사) 어뢰 발사 장치를 가지고, 주로 적의 함선을 공격하는 소형 함정. torpedo-boat

어룡(魚龍)回 (동물) ①물고기와 용. ②수족(水族)의 총칭. ③지질 시대에 바다에 있던 파충류. 몸의 길이 10m에 달하고 생김새는 물고기를 닮았다 함. 전룡(鱻龍). leucoderma

어루回 (고) 얼추. 가(可).回 ichthyosaur

어루-꾀-다回 ①남을 달래어서 꾀이다. take in ②남을 속이다. wheedle

어루-다回 (고) 교합(交合)하다. 성교(性交)하다.

어루-더듬-다[-따]回 손으로 어루만져 찾다. grope

어루러기回 (한의) 흔히 땀이 잘 나는 사람의 온몸에 사상균(絲狀菌)의 기생으로 생기는 피부병의 하나. 처음에는 원형 또는 타원형의 작은 점으로부터 시작하여 차차 번지면 황갈색 또는 검은 빛으로 변함. 전풍(巔風). leucoderma

어루러기-지-다回 얼룩얼룩하게 얼룩이 생기다. (약) 얼룩지다. become stained

어루룩=더루룩回 조금 성기고 연하게 여기저기 얼룩덜룩한 모양. (작) 아로록다로록. (센) 얼루룩덜루룩. 하回

어루룩=어루룩回 조금 성기고 연하게 여기저기 얼룩얼룩한 모양. 얼러얼러. (작) 아로록아로록. (센)

무룩얼루룩. 하혱

어루룽=더루룽핌 점이나 줄로 된 무늬가 고르지 않고 성긴 모양. 《작》아로롱다로롱. 《센》얼룽덜룽. spotted 하혱

어루룽=어루룽핌 점이나 줄로 된 무늬가 고르고 성진 모양. 《작》아로롱아로롱. 《센》얼룽얼룽. dappled 하혱

어루-만지-다탄 ①쓰다듬어 주다. caress ②위로하여서 마음이 좋도록 하여 주다. soothe

어루-쇠명 쇠붙이를 갈아서 만든 거울. iron mirror

어루숭=어루숭핌 줄이나 점으로 이루어진 무늬가 눈에 현란한 모양. 하혱

어루-화초담(一花草-)명 〈건축〉어룽어룽하게 여러 빛깔로 여러 가지 무늬를 나타내며 쌓은 화초담.

어·룰(←語訥)명 《변》→어눌.

어룽명 《야》→어룽이.

어룽-거리-다잠 눈앞에 가린 것처럼 어른거리다. 《작》아룽거리다. 《센》얼룽거리다. flicker **어룽=어룽**하혱

어룽=더룽핌 넓은 점이나 줄로 된 무늬가 고르지 않고 총총한 모양. 《작》아롱다롱. 《센》얼룽덜룽. spotted 하혱

어룽=어룽핌 《양》《작》아롱아롱. 하혱

어룽=어룽핌 점이나 무늬 같은 것이 고르게 촘촘한 모양. 《작》아롱아롱. fondle 하혱

어룽-이명 어룽진 점. 또는 그런 점이 있는 짐승이나 물건. 《야》어룽. 《작》아롱이. 《센》얼룽이. spots

어룽-지-다잠 어룽어룽한 무늬가 생기다. become spotted 혱 어룽어룽한 무늬가 있다. 《작》아롱지다. 《센》얼룽지다. spotted

어류(魚類)명 ①물고기의 총칭. finny tribe ②물고기의 종류. 어속. kind of fishes

어·류(語類)명 ①말의 종류. ②말을 분류한 것.

어룹명 〈고〉어리석음.

어르명 〈고〉얼레. 자새.

어르고 빼치기판 그럴 듯한 말로 은근히 남을 해치다.

어르-녹-다잠 얼룩얼룩하다. 무늬지다.

어르-다타르르 ①어린아이, 또는 짐승을 달래어 기쁘게 하여 주다. fondle ②《야》싸우다.

어르-다잠타〈고〉혼인(婚姻)하다.

어르·러·지명 〈고〉어루러기.

어르렁=거리-다잠 〈고〉→으르렁거리다.

어르룽이핌 어룽어룽한 점. 또는 무늬. 《작》아르롱이.

어르리명 →어리보기. [이. spots

어르룽핌 〈야〉→어룽이.

어르신=네명 〈공〉남의 아버지나 어른. your father

어·른명 ①다 성장한 사람. adult ②나이·지위·항렬이 자기보다 위인 사람. superior

어른-거리-다잠 ①조금 보이다 말다 하다. flicker ②그림자가 희미하게 어른거리다 flicker ③물이나 거울에 비친 그림자가 흔들리다. 《작》아른거리다. 《센》얼른거리다. waver **어른=어른** 하혱

어·른-스럽-다형비르 어린아이의 말과 행동이 의젓하고 어른 같은 데가 있다. 《작》아른스럽다. **어·른-스레**부

어·름명 ①두 물건의 끝이 닿은 자리. point of contact ②물건과 물건의 한가운데. middle ③《동》어림.

어·름명 〈민속〉광패 재인(才人)들의 재주의 하나. 줄타기를 일컬음.

어름=거리-다잠타 ①말을 우물쭈물 똑똑하지 않게 하다. murmur ②일을 분명하게 하여 않고 속이다. 《작》아름거리다. scamp **어름=어름** 하혱

어름적=거리-다잠타 느릿느릿하게 어름거리다. 《작》아름작거리다. **어름적=어름적** 하혱

어리명 ①병아리 따위를 가두어 기르기 위하여 싸리나 가는 나무로 엮어 만든 기구. hen-coop ②닭을 넣어 가지고 팔러 다니도록 만든 기구. cage ③새장.

어리명 〈건축〉문을 다는 곳. 문지방과 좌우 문선.

어리잡사 어떤 명사 위에 붙어서, 그와 비슷하거나 가까움을 나타냄. ¶~호박벌.

어리(漁利)명 ①어업상의 이익. fishing profit ②《약》→어부지리(漁夫之利).

어·리명 〈고〉우리. 권내(圈內).

어리광핌 어른에게 어리고 예쁜 태도를 보여 귀염을 받으려는 것. coquetry 하혱 스혱 스레혱

어리=광대명 →어릿광대.

어리광=떨-다잠터 어리광을 자주 부리다. play the baby to 「baby

어리광=부리-다잠 어리광을 일부러 하다. play the

어리광-피우-다잠 어리광의 태도를 나타내다.

어리=굴젓명 소금에 절인 굴에 고춧가루를 넣어 얼간으로 삭힌 것. 홍석화해(紅石花醢). 얼굴젓. oysters pickled with red pepper

어리=나무쑤시기명 〈곤충〉어리나무쑤시기과의 곤충. 몸 길이 3.5~6.5mm, 몸 빛은 검으며, 등 쪽은 금동색, 잎·다리·촉각은 적갈색, 곁날개에는 황갈색 무늬가 있음. 썩은 나무나 장작에 모임.

어리-눅-다잠 짐짓 못생긴 체하다. pretend to be foolish

어리-다잠 ①엉기어 피다. gather ②눈물이 괴다. tears stand in one's eyes ③혼란한 빛을 볼 때 눈이 어른어른하여지다.

어리-다혱 ①나이가 적다. very young ②경험이 적거나 생각이 모자라다. green ③유치(幼稚)하다. ④황홀하여 눈이 부시다. be dazzle

어·리·-다혱〈고〉①어리석다. ②홀리다. 미혹(迷惑)되다. 「der one's nose

어리-대-다잠 남의 눈앞에서 어정거리다. loiter un-

어리둥절-하-다형여 정신이 얼떨떨하다. confused

어리둥절-히부

어리똑똑-하-다형여 말이나 짓이 똑똑하지 못하다. 어리뚝빙하다②. equivocal

어리=마리핌 잠이 든 둥 만 둥한 모양. half-sleeping

어리무던-하-다형여 무던하다.

어리=박각시명 〈곤충〉박각시과의 곤충. 벌 비슷한데, 몸 길이 2.6cm, 날개 길이 5cm 정도, 몸 빛은 암회색이며, 배 끝에는 털 뭉치가 있음. 여름에 나타나 꽃의 꿀을 먹고, 성충으로 월동함. 「뱅어젓.

어리뱅어-젓명 고춧가루를 넣고 간이 덜 짜게 담근

어리뻥뻥-하-다형여 얼빠진 것같이 정신이 어리둥절하여 무엇을 할 것인지 갈피를 잡을 수 없다. 《센》어리뻥뻥하다. bewildered **어리뻥뻥-히**부

어리-보기명 정신이 투미한 사람. stupid person

어리빙빙-하-다형여 ①정신이 얼떨떨하여 갈피를 잡을 수 없다. confounded ②《동》어리뚝하다. 《센》어리뺑뺑하다. **어리빙빙-히**부

어리빙이명 →어리보기.

어리뺑뺑-하-다형여 《센》→어리뻥뻥하다.

어리뻥뻥-하-다형여 《센》→어리빙빙하다.

어리=상:수리혹벌명 〈곤충〉혹벌과의 곤충. 몸 길이 3mm 가량이고 머리는 황갈색, 가슴은 황갈색 내지 적갈색임. 날개는 투명하고 앞날개에는 회색 점이 많음. 참나물의 몸에 기생함. 「하다. foolish

어리석-다형 사물에 어둡고 지능이나 사고력이 부족

어리숙-하-다형여 →어수룩하다.

어리숭-하-다형여 ①비슷비슷한 것이 뒤섞여서 분간하기 어렵다. indistinguishable ②어리어리하고 어리석은 듯하다. 《약》엉숭하다. 《작》아리송하다. look foolish 「아리하다. be dull

어리어리-하-다형여 모두가 어리숭하다. 《작》아리

어리=여치명 〈곤충〉어리여치과의 곤충. 몸 길이 3cm 가량, 몸 빛은 녹색, 머리는 짧고 긋슴. 산란관이 매우 길고, 수놈은 수풀 밤 고운 소리로 매우 잘 울음.

어리=연꽃(一蓮一)명 〈식물〉조름나물과의 다년생 수초. 연(蓮)과 비슷하며 잎은 수면에 뜸. 8월에 흰 꽃이 됨. 못이나 도랑에 저절로 남.

어리=염낭거미(一囊一)명 〈동물〉어리염낭거미과의 거미. 몸 길이 1cm 가량으로 두흉부는 황색에 농갈

어리장사 어리장수의 영업. poultry-dealing 하다

어리=장수명 닭이나 오리 등을 어리나 장에 넣어 가지고 다니며 파는 장수. poulterer

어리=전(—廛)명 꿩·닭·오리 따위를 파는 가게. 치계전(雉鷄廛). 따위. salted pickles

어리=젓명 얼간으로 담은 젓. 어리굴젓·어리뱅어젓

어리=치다자 너무 심한 자극으로 정신이 흐릿해지다. be dazed

어리칙칙-하다형여불 능글능글하게 어리석은 체하다. saucy and wily

어리하늘소[—쏘] 〈곤충〉 어리하늘소과의 곤충의 총칭.

어리=호박벌 〈곤충〉 꿀벌과의 곤충. 수컷의 몸 길이 20~24mm로 몸 빛은 흑색인데, 머리와 가슴의 아래쪽 배·다리에는 흑색의 긴 털이 밀생하며, 가슴·배에는 황색 털이 밀생한다. 호박벌.

어린(魚鱗)명 물고기의 비늘. fish scales
어린=것명 (속) 어린아이. young ones
어린=년명 (비) 어린 계집애.
어린=놈명 (비) 어린 사내아이.
어린=눈명 〈식물〉 씨의 배(胚)의 한 부분으로서, 눈이 터서 줄기나 잎이 되는 것. sprouts
어린=소:견(—所見)명 ①어린애의 생각. child's intention ②유치한 생각. childish opinion
어린=아이명 나이가 어린 아이. 아동(兒童). (약) 어린애. (속) 어린것. 치아(稚兒). child
어린아이 가진 떡도 뺏어 먹겠다 염치없이 제 욕심을 채우려 어리석은 자를 속인다.
어린아이도 괴는 데로 간다 누구든지 조금이라도 더 저를 사랑하는 주는 편에 붙는다.
어린아이 말도 귀담아 들어라 ①어린아이에게도 배울 점이 있다. ②어린아이의 말도 무시하지 말라.
어린-애명 → 어린아이. 면 손해가 된다.
어린애 매도 많이 맞으면 아프다 작은 손해도 겹치
어린=양[—냥](—羊)명 〈기독〉 ①인류의 죄를 대신 속죄(贖罪)한 구세주로서의 예수. Jesus Christ ②남을 위하여 자기를 희생하는 사람을 일컬음. ③사나운 것에 대한 유순함의 상징으로 쓰는 말.

어린-이명 『부정 대명사(不定代名詞) children
어린이-날 〈사회〉 어린이를 위하여 정한 날. 5월 5일. Children's Day
어린이 헌:장(—憲章) 인간으로서의 어린이들의 권리와 복지를 보장하여 줄 것을 어른들이 서약한 헌장. 1957년 5월 5일에 선포.

어린 학익(魚鱗鶴翼) 〈군사〉 물고기의 비늘이 벌려진 것 같은 진형(陣形)과 학의 날개를 편 것 같은 진형을 일컬음. 터 국어 다시 고침이 된다.

어릴 때 굽은 길맛가지图 좋지 않은 버릇이 어릴 적부
어림명 겉 가량하여 헤아림. 어림③.
어림 대:이름씨(—代—)명 부정 대명사(不定代名詞).
어림 반 닷곱 없는 소리 한다 천부당 만부당한 소리를 한다.
어림=셈명 어림쳐서 하는 셈. 개산(槪算). 가산(假算). (유) 개수(槪數). 어림수. (대) 정산(精算). estimation 하다 (사) 개산. 어림셈. estimate
어림=수[—쑤](—數)명 짐작으로 잡은 수효. 개수.
어림-없:다[—따]형 ①너무 많거나 커서 겉가량도 잡을 수 없다. fabulous ②일정한 의견이 없다. wavering ③도저히 될 가망이 없다. impossible ④너무 모자라다. very short of **어림=없:이**부 어림없다.
어림-잡=다타 어림으로 헤아려 보다. 어림치다.
어림=쟁이명 일정한 주견이 없는 어리석은 사람. blockhead ate 하다
어림=짐작명 어림으로 친 짐작. 가량. rough estim-
어림-치=다동 어림잡다.
어:립(御笠)명 임금의 갓. Emperor's Kat
어릿-간(—間)명 마소 따위를 들여 매어 놓기 위하여 사면을 막은 곳.

어릿-거리-다자 활발하지 못하고 생기가 없이 움직이다. 《작》 아릿거리다. be spiritless **어릿=어릿**부 하다
어릿=광:대명 ①정작 광대가 나오기 전에 우숩고 재미 있는 언행으로 판을 어우르는 사람. clown ②무슨 일에 알잡이로 나서서 그 일을 시작하거나 떠드르지 않게 하여 주는 사람. (대) 얼럭광대. helper
어릿=광이명 → 얼뜨기. rted vision
어릿-보:다타 혀끝이 몹시 쓰리고 따갑다. 《작》
어릿보기=눈명 〈생리〉 어릿보기인 눈. eyes of distorted vision 아릿하다.
어마갑 →어마나.
어:마(馭馬)명 말을 부림. managing a horse 하다
어마나갑 끔찍하고 엄청난 것에 놀라서 내는 소리. ¶ ~ 불쌍해라. (약) 어마. (큰) 어머나. O my!
어머니명 →어머니.
·어마=님명 (고) 어머님.
어마=뜨거라갑 ①몹시 뜨거운 것이 닿을 적에 놀라 지르는 소리. Ouch! ②무섭거나 꺼리는 것을 갑자기 맞났을 때 지르는 소리. Heaven!
어:마=마:마(—媽媽)명 어머님의 궁중 말.
어마어마-하다형여불 엄청나고 굉장하고 장엄하다. impressive
어마이명 →어머니.
어마지두명 무섭고 놀라워서 정신이 얼떨떨한 판. 어만대 →애면. at a loss
어-만두(魚饅頭)명 생선과 나물 따위를 소로 넣은 만두.
어:말 어:미(語末語尾) 〈어학〉 활용 어미에 있어서 어간이나 선어말 어미에 뒤서며, 단어의 끝에 오는 '~다'와 같은 어미를 가리킨. 그 자체만으로도 단어를 이룰 수 있음. 종결 어미와 비종결 어미로 나뉨. (대) 선어말 어미(先語末語尾).
어망(魚網)명 물고기를 잡는 그물. fishing net
어망 홍리(魚網鴻離) 물고기를 잡으려고 쳐놓은 그 물에 큰 새가 걸린다는 뜻으로, 구하는 것이 아닌 것을 얻은 때 이르는 말.
어매명 →어머니.
어:맥(語脈) 〈어학〉 ①말과 말의 유기적인 관련. ②말이 변천하여 온 경로. main meaning
어머/어머나갑 끔찍할 때나 갑작 놀라서 내는 소리. 주로 여성들이 쓰는 말. 《작》 어마. 어마나.
어머니명 ①자기를 낳은 여성. ②자식을 가진 여자를 자식에 대한 관계로 일컫는 말. ③무엇이 생겨난 근본. ¶필요는 발명의 ~. (공) 모주(母主). (비) 어멈②. 어미①. mother
어머니가 반 중매쟁이가 되어야 딸을 살린다 과년한 딸을 가진 어머니는 딸의 결혼을 위하여 무척 애쓴다.
어머니가 의붓어머니면 친아버지도 의붓아버지가 된다 흔히 새어미 아버지가 후처를 자식보다 중히 여긴다.
어머니 교:실(—敎室) 어린이 교육에 필요한 교양을 어머니들에게 부여하기 위하여 베푸는 사회 교육.
어머님명 (공) 어머니. mother
어머이명 →어머니.
어먼대 → 애먼.
어멈명 ①남의 집에서 심부름하는 여자. woman servant ②(비) 어머니. ③윗사람이 자식 있는 아랫사람을 친근하게 일컫는 말. (대) 아범. name
어:명(御名)명 임금의 이름. 어휘(御諱). Emperor's
어:명(御命)명 임금의 명령. 어령(御令). Imperial command
어:모(禦侮)명 외부로부터 받는 모욕을 방어함.
어목(魚目)명 ①물고기의 눈. fish eyes ②(유) →어목 연석(魚目燕石). 목자(牧者).
어목(漁牧)명 ①어렵(漁獵)과 목축. ②어부(漁夫)와
어목-선(魚目扇)명 흰 뼈로 사북을 박은 쥘부채.
어목 연석(魚目燕石)명 물고기의 눈과 중국 연산(燕

山)에서 나는 돌은 구슬 같으면서 구슬이 아니라는 뜻으로, 사이비(似而非)의 사물을 이르는 말. (약)어목(魚目)②.

어목-창(魚目瘡)〈한의〉생선의 눈 같은 부스럼이 온몸에 나는 병. [하다

어:무 윤척(語無倫脊)圈 말이 차례와 줄거리가 없음.

어-묵(魚一)圈 생선의 살을 으깨어서 소금·달걀·미림(味淋) 따위를 섞어 나무판에 올려 쪄서 익힌 일본식 음식.

어:문(語文)圈 말과 글. 언어와 문장. words and sentences

어:문 일치(語文一致)圈 말과 글의 일치. 곧 말을 그대로 글로 옮기어 적을 수 있도록 하기 위하여, 논리적 문법적으로 맞추는 일. 언문 일치(言文一致).

어:문-학(語文學)圈 어학과 문학. linguistics and literature

어물(魚物)圈 생선을 가공(加工)하여 말린 해산물.

어물(御物)圈 임금이 쓰는 물건.

어물-거리-다ⓕ ①말이나 짓을 똑똑하지 않게 하다. equivocate ②눈앞에서 보일 듯 말 듯하게 조금씩 자꾸 움직이다. flicker 어물~어물圈 하다

어물-다ⓗ[르다] 사람이 여무지지 못하다. careless

어물-상(一商)圈 어물을 전문으로 파는 장사.

어물어-빠지-다ⓕ 몹시 어물다.

어물-전(魚物廛)圈 어물을 파는 가게. 어물점(魚物店).

어물전 망신은 꼴뚜기가 시킨다ⓛ 못난 것은 그와 같은 무리에게 누를 끼칠 일만 한다.

어물-점(魚物店)圈 어물전.

어물쩍-거리-다ⓕ 꾀 부리느라고 말이나 행동을 부지런히 하지 않는다. 어물쩍~어물쩍圈 하다

어물쩍-하-다ⓕ 말이나 행동을 얼리어 넘기다. equivocate

어물쩡-하-다ⓕ →어벙쩡하다.

어미 圈 ①(비) 어머니. ②동물의 암컷을 그 새끼와의 관계로 일컬음. mother

어:미(御米)圈 양귀비의 씨. 앵속자(罌粟子).

어:미(魚尾)圈 →판심 어미(版心魚尾).

어:미(魚味)圈 물고기의 맛.

어:미(語尾)圈〈어학〉용언의 어간에 붙어 여러 가지 어법적인 관계로 활용되는 부분. 끝. '오다·오지·오면'의 '다·지·면' 등. 圈④. 씨끝. (데) 어간. ending of a word

어미 그루圈 뿌리를 가지고 있는 주된 그루. main stem

어미-금圈 선이 운동하여서 면이 생기게 할 때, 그 면에 대한 그 선의 일컬음.

어미 모르는 병 열두 가지를 앓는다ⓛ 자식이 자라는 동안, 어머니도 그 속을 다 알지는 못한다.

어:미 변:화(語尾變化)圈〈어학〉문법적 구실을 나타내기 위하여 용언의 어미가 여러 가지로 활용되는 현상. '보다'가 '보고·보니·보게' 등으로 바뀌며, 특수하게 변화되는 경우를 '탈락 불규칙 활용'이라 함. 끝바꿈. 활용². inflection

어미-자圈 자(尺)의 하나. 주척(主尺).

어미-자(一字)圈 자모(字母)②. [한다.

어미 팔아 동무 산다ⓛ 사람은 누구나 친구가 있어야

어민(漁民)圈 고기잡이를 업으로 삼는 사람. fisherman

어반(於牛)圈 (약)어상반.

어방圈 어림.

어백(魚白)圈 생선의 이리. 이리². fish milt

어:백미(御白米)圈 임금에게 진공(進供)하던 흰 쌀. 왕백(王白). rice offered to a king

어버시/어버·시圈 (교) 어버이.

어버이圈 아버지와 어머니를 아울러 일컬음. 자기를 낳은 이. 부모. parents

어버이-날圈 어버이를 위하여 제정한 날. 5월 8일. 1974년부터 '어머니날'을 바꾼 것. Parent's Day

어벌쩡-하-다ⓕ 남을 속여넘기려고 엄벙한 말로 유혹하다. quibble

어:법(一一)(語法)圈 ①말의 분간이 있고 앞뒤가 있는 태도. 어격(語格). diction ②〈어학〉말의 조직

에 관한 법칙. 문법(文法). grammar

어변 성룡(魚變成龍)圈 물고기가 변하여 용이 된다는 말로, 곤궁하던 사람이 부귀하게 된 것을 가리키는 말.

어별(魚鼈)圈 ①물고기와 자라. fishes and snapping turtles ②바다 속의 총칭. marine animals

어:병(一빵)(語病)圈 말의 폐단이나 결점. 어폐(語弊). unfitness of expression

어보(魚譜)圈 어류(魚類)에 관하여 계통과 순서를 따라 유집(類集)하여 기술한 책. atlas of fish

어:보(御寶)圈〈제도〉옥새와 옥보.

어:복(於腹)圈 (약)→어복점.

어:복(御服)圈 (동) 어의(御衣).

어복(魚腹)圈 ①물고기의 배. belly of fish ②(동) 만지.

어복 장:국(一醬一)圈 평안도식 음식의 하나. 소반만한 큰 쟁반에 국수 만 것을 수효대로 벌여 놓고, 한가운데에 전육을 담은 그릇을 놓고 여럿이 둘러앉아 먹음.

어복 쟁반(一錚盤)圈 어복 장국을 담은 쟁반.

어복-점(於腹點)圈 바둑판 한가운데 놓은 바둑. 배꼽점. (약) 어복(於腹).

어복-포(魚腹脯)圈 어복의 살로 뜬 포.

어복포-되-다(魚腹脯一)圈 아주 수가 나다. lucky

어:부(御府)圈 임금의 물건을 넣어 두던 곳집. king's

어부(漁夫)圈 (동)어부(漁父). storage ground

어부(漁父)圈 고기잡는 일을 업으로 하는 사람. 어부(漁夫). (공) 어옹(漁翁). (속) 어부한(漁夫漢). fisherman

어부르-다ⓕ[르다]→어우르다.

어부름圈 →어름.

어부-림(魚付林)圈 어군(魚群)을 유도할 목적으로 해안이나 호안·강안 등지에 나무를 심어 이룬 숲.

어부바圈 어린아이에게 업히라고 할 때 부르는 소리. 또, 어린아이가 업어 달라고 하는 소리. 《약》부바.

어부바-하-다ⓕ '업다·업히다'의 어린이 말.

어부슴(魚一)圈 음력 정월 보름날, 그 해의 액(厄)막이로 조밥을 강물에 던져 고기가 먹게 하는 일. 하다

어부지-리(漁父之利)圈 쌍방이 싸우는 틈을 타서 제 삼자가 애쓰지 않고 가로챔. 어인지공. (약) 어리(漁利)②. fishing in troubled waters

어부-한(漁夫漢)圈 (속) 어부. 어부한이.

어부한-이(漁夫漢一)圈 어부한.

어분(魚粉)圈 물고기를 말려 빻은 가루. 조미료로 씀. powder of dried fish

어:=불근리(一不近理)圈 말이 이치에 맞지 않음.

어:=불성설(一一성一)(語不成說)圈 말이 사리에 맞지 않음. 또, 그 말. 《약》불성설. unreasonable talking

어:=불택발(語不擇發)圈 말을 삼가지 않고 함부로 함.

어붓-딸圈 →의붓딸.

어붓-아들圈 →의붓아들.

어붓-자식圈 →의붓자식.

어비ⓕ →에비.

어비(魚肥)圈〈농업〉물고기를 원료로 만든 거름. [fish manure

어:비(御批)圈 ①임금이 정사(政事)를 처리함. Imperial dealing ②임금이 열람한 문서에 붙이는 평.

어:비(御碑)圈 (고) 어비. [하다

어비-딸圈 아버지와 딸. father and daughter

어비 몬·내圈 (고) 족장(族長).

어비-아들圈 아버지와 아들. father and son

어빌리티(ability)圈 능력. 재능.

어빡-자빡圈 고르지 않게 포갠 모양. 서로 어긋막힌 모양. disorderedly 하다

어빽-자빽圈 →어빡자빡.

어뿔싸圈 ①잘못한 일을 뉘우치거나 놀랐을 때 내는 소리. oh dear! ②미치지 못하여 뜻 이루었을 때 내는 소리. 《작》아뿔싸. 《거》허뿔싸. Alas!

어:사(御使)圈〈제도〉임금의 명령으로 지방 정치의 치적(治績)이나, 민심을 살피기 위하여 왕이 특파하던 임시 벼슬. Royal inspector ②《약》

(暗行)어사.
어:사(御使)[명] 임금의 심부름군. king's messenger
어:사(御賜)[명] 임금이 아랫 사람에게 돈이나 물품을 내림. Imperial grant
어:사(語辭)[명][동] 언사(言辭). 말5.
=어·사[어미][고]=어사.
어사는 가어사가 더 무섭다[관] 참 권세를 지닌 사람보다 가짜가 더 혹독하게 한다.
어:사=대(御史臺)[명] ①[제도] 어사가 사무를 보던 관청. ②고려 때, 시정(時政)의 논집(論執)·풍속의 교정·백관(百官)의 규찰(糾察)을 맡아보던 관청.
어:사=대:부(御史大夫)[명]〈제도〉고려 때, 어사대(御史臺)의 으뜸 벼슬. 종 3 품임.
어:사도(御史道)[명] →어사또.
어:사또(御史―)[명][궁]→어사.
어=사리(漁―)[명] 그물을 쳐서 크게 고기를 잡는 일. 어수와[고] 어여차. 「net fishing 하[자]
어사인멘트(assignment)[명] 학습·작업 또는 과목을 개개의 학생이나 그룹에게 할당하여 맡기는 교육 방법.
어사지간=에(於斯之間―)[부] 어느새.
어:사=출—두(―出頭)[명][동] 어사 출도. 하[자]
어:사 출도(御史出道―)[제도] 암행 어사가 중요한 사건을 처리하기 위하여 지방 관청에서 좌기(坐起)하던 일. 어사 출두. 노종(露蹤). 하[자]
어:사=화(御賜花)[명]〈제도〉임금이 문무과에 급제한 사람에게 내려 주면 종이로 만든 꽃. 모화(帽花).
어=살(漁―)[명] 물 가운데에 나무를 둘러 꽂아서 고기를 들게 하는 울. 어전(漁箭).《약》살④. weir
어살궂=다[형] →어살궂다.
어:삼(語澁)[명] 말이 잘 나오지 않음. faltering 하[형]
어상(―商)[명] 소를 사서 장에 갖다 파는 사람. cattle dealer
어상(魚商)[명] 생선을 파는 장수. 생선 장수. fishmonger
어:상(御床)[명] 임금의 수라상. imperial dinner table
어=상반(於相半)[명] 서로 비슷함. 양편에 손익이 없음을 나타냄.《약》어반. 하[형]
어:새(御璽)[명] 임금의 도장. 옥새. 어인(御印). imperial seal
어색(漁色)[명] 여색(女色)을 탐함. carnal desire 하[형]
어:색(語塞)[명] ①말이 막힘. 말이 궁하여 물음에 답할 수가 없음. 어궁(語窮). being stuck for a word ②열적거나 겸연적고 서먹서먹함. 하[형] 히[부]
어서[부] '빨리·곧'의 뜻으로 행동을 빨리 시작하기를 재촉하는 말. quickly
=어서[어미] 어미 '-어'와 조사 '서'가 합쳐서 된 말로 끝 음절이 음성 모음인 용언의 어간에 붙는 어미를 연결 어미. ①선행(先行)의 뜻을 나타냄. ¶실을 풀~. ②사실·원인 등의 뜻을 나타냄. ¶폭이 넓~.
어석기[광][명] 금숙이 떨어졌다가 다시 시작되는
어석기기〈―氣〉 →으스럭송아지. 「부분.
어서=어서[부] 어떤 일이나 행동을 빨리 되기를 재촉하는 말. ¶~ 오너라. 「하게 맞이하는 인사말.
어서 오게 '하게' 할 자리에, 찾아온 사람을 다정
어서 오너라 '해라' 할 자리에, 찾아온 사람을 다정하게 맞는 인사말.
어서 오시오 '하오' 할 자리에, 찾아온 사람을 다정하게 맞는 인사말.
어서 오십쇼 '하십쇼' 할 자리에, 찾아온 사람을 다정하게 맞는 인사말. 「게 맞는 인사말.
어서 읍쇼 '합쇼' 할 자리에, 찾아온 사람을 다정
어석[형] 싱싱하고 연한 과실을 힘있게 깨무는 소리.《작》아삭.《센》어썩. crunch 하[자]
어석거리-다[자] 연해 어석 소리가 나다. 또, 연해 어석 소리를 내다.《작》아삭거리다.《센》어썩거리다. 어석어석[부] 하[자][타]
어석=소[명] →으스럭소아지.
어석=송아지[약] →으스럭송아지.
어선(魚鮮)[명] 생선.
어:선(御膳)[명] 임금께 올리는 음식. 어로선. meal for a king

어:설프-다[으형] ①꼭 짜이지 못하여 조밀하지 않다. coarse ②탐탁하지 못하다. clumsy
어설픈 약국이 사람 죽인다[관] 잘 알지도 못하면서 아는 체하여 일을 아주 그르친다.
어:설피[부] 설불리. 어설프게. ¶일을 ~ 벌였다가는 큰 코 다친다. carelessly
어섯[명] ①사물의 일부에 지나지 않은 정도. only a part ②완전하게 다 되지 못하는 정도. deficiency
어섯눈=뜨다[자] 지능이 생겨 일의 대총을 grasp the outline
어:성(語聲)[명] 말소리. 언성. ¶~이 크다. voice
어성=꾼(魚―)[명] ①~게 으름꾼①. ②~한산인(閑散人).③~
어:성(御聖)[명][동] 어우(御宇). 「거간군.
어세(漁稅)[명] 어업자에게 매기는 세금. 어업세. fishery tax 「(語套). stress
어:세(語勢)[명] 말의 높낮이와 억양. 어기(語氣). 어투
어셈블리(assembly)[명] ①집회(集會). 회의(會議). ②기계 따위의 조립(組立).
어:소(御所)[명] 임금이 계시는 곳. palace
어소(漁所)[명] →어장(漁場)①.
어속(魚屬)[명][동] 어류(魚類).
어:수(御手)[명][동] 옥수(玉手)①.
어:수(御水)[명]①임금에게 올리는 우물의 물. ②대궐 안에 있는 연못의 물.
어루룩-하-다[여형] ①뇌바라지지 않고 조금 어리석은 듯하다. simplemindedness ②말이나 행동이 숫되고 후하다.《작》아수룩하다. 「우물.
어:수(御水―)[명] ①우수로 쓰는 물. ②《궁》어수물②.
어수선산:란-하-다(―散亂―)[여형][동] 몹시 어수선하다. much confused
어수선-하-다[여형] ①가지런하지 않고 마구 형클어지다. confused ②근심이 많아서 마음이 뒤숭숭하다. ¶집안이 ~. nervous
어:수 물(御水―)[명] 우물을 긷는 우물.《약》어수물②.
어:순(語順)[명] 일정한 말이나 글이 되게 주어·술어·목적어·수식어 등을 늘어 놓은 순서.
어숭그러-하-다[여형] ①일이 제법 잘되다. satisfactory ②그리 까다롭지 않다. easy
어:스(earth)[명] 전기 장치와 대지 사이에 전로(電路)를 만드는 일. 또, 그 장치. 접지.
어스러기[명] 옷을 따위가 어슷하게 닿은 곳. fray
어스러지-다[자] ①말이나 품새가 보통 모양을 벗어나다. become eccentric ②한쪽이 이지러지다. ¶어스러진 성품은 버려라. be frayed
어스럭=송아지[명] 중소가 되게 될 만큼 자란 큰 송아지.《약》어석소. 어석송아지. big calf
어스렁이=고치[명] 밤나무벌레의 고치.
어스레-하-다[여형] 날이 저물어 약간 어둑하다. 어스름하다.《약》어슬하다. dusky
어스름[명] 새벽이나 저녁의 어스레한 빛이나 또는 그 「런 때. dusk
어스름[명] →어스름.
어스름—달[―딸][명] 어스름하여 빛이 흐릿한 달
어스름—달밤[―빰][명] 어스름하여 달이 흐릿한 달밤.
어스름 달빛[―삩][명] 어스름달의 빛.
어스름=밤[명] 날이 어스레한 밤.
어스름-하-다[여형][동] →어스레하다
어:스=선(earth線)[명] 접지선(接地線).
어슥비슥-하-다[여형][동] 어슷비슷하다.
어슥=어슥[부] 여러 개가 모두 한쪽으로 조금씩 비뚤어지다. jagged 하[형]
어슬(魚蝨)[명]〈동물〉갑각류(甲殼類)에 속하는 기생 동물. 몸은 편평한 원형이고, 악각(顎脚)이 두 쌍 있는데 그 한 쌍은 흡반(吸盤)을 이룸.
어슬렁=거리-다[자] 몸집이 큰 사람이나 짐승이 몸을 좀 흔들며 천천히 걸어 다니다.《작》아슬거리다. stroll about 어슬렁=어슬렁[부] 하[자] 「at dusk
어슬막[명] 어둑어둑하여 길이 질무 렵. ¶~에 그가 왔다.
어슬=어슬¹[약] 어슬렁어슬렁.
어슬=어슬²[부] ①날이 어두워지거나 밝아지는 모양. dim

어슬핏하다 1262 =어요

②추워지는 모양. chilly 하휑
어슬핏-하-다휑연들 조금 어스레하다.
어슬=하-다휑연들 (약)→어스레하다.
어슴막뗑 →초저녁.
어슴새벽뗑 어스레하게 밝아 오는 새벽. dawn
어슴푸레-하-다휑연들 ①기억이 희미하거나 먼 곳에 있는 물건이 보기에 매우 희미하다. 《작》아슴푸레하다. indistinct ②아주 밝지도 않고 어둡지도 않고
어슷[뗑 (고) 여섯.
                 희미하게 흐리다. dim
어슷-거리-다짜 맥이 빠져 힘없이 걷다. walk languidly 《내》 어슷어슷[뗑 하튀
어슷비슷-하-다휑연들 ①서로 비슷하다. somewhat alike ②이리 쏠리고 저리 쏠려 가지런하지 못하다. 《내》실력이 ~. 어슷비슷하다. disorderly
어슷=썰:기뗑 무 따위를 한쪽으로 비슷하게 써는 일. cutting aslant
어슷-하-다휑연들 물결의 모양이 연이어 한쪽으로 비뚤어진 모양. 하튀   「다. slanting
어슷-하-다휑연들 물건의 모양이 한쪽으로 비뚤어지
어:승-마(御乘馬)뗑 임금이 타는 말. king's horse
어-시[뗑 (고) 어버이. →어버이.
=어시:늘[어미 (고) =시거늘. →어시늘.
=어시:늘[어미 (고) =시거늘.
=어시:니[어미 (고) =시거니.
=어시:든[어미 (고) =시거든. =시면.
어시스턴트(assistant)뗑 조수(助手). 보좌. 보조역.
어시스트(assist)뗑 축구·농구 따위에서, 득점에 직접 크게 공헌하는 패스를 보낸 사람.
어시:에(於是一)튀 여기에 있어.
어:시:장(魚市場)뗑 어물을 파는 시장. fish-market
어시지혹(魚家之惑)뗑 글자의 잘못 쓰임. 곧, 여러 번 옮겨 쓰면 반드시 오자(誤字)가 생김.
어시:해(魚醢醯)뗑 (동) 아감젓.   「그럴 줄이야.
어:시:호(於是乎)튀 이제야 이에 있어서. 《내》 ~이니
어:식(御食)뗑 ①임금에 올리는 음식. meal of king ②식사를 권함. ③식사의 시중을 듦. attend at table ④임금이 내려 준 음식. dinner given by a king
어신(魚信)뗑 낚시질에서, 물고기가 미끼를 물 때 꿈틀하는 찌나 낚싯대의 반응.
=어신[어미 (고) =으신. =신. 'ㄹ'소리와 'ㅣ'소리 밑에서 '=거신'의 'ㄱ'이 없는 형태.
=어신마르는[어미 (고) =시건마는.
=어신마·른[어미 (고) =시건마는. →어신마로는.
어신-찌(魚信-)뗑 어신을 보기 위한 낚싯찌.
어:-신필(御宸筆)뗑 임금의 친필(親筆).
어심(於心)뗑 마음속. heart
어써-대[튀 거들먹거리며 거만한 언행을 함부로 나타냄.
어쩍[튀 (세) =내는 버릇이 있다. impudent
어썩-거리-다짜튀 (세)→어석거리다.
어슷-하-다휑연들 의협심이 있고, 작은 일에 거리끼지 않는 마음이 있다. chivalrous
어안[뗑 (동) 정신.
어안(魚眼)뗑 물고기의 눈.
어안 렌즈(魚眼lens)뗑 (물리) 180도의 사각(寫角)을 가지는 카메라 렌즈. 전천(全天)의 구름 분포를 동시에 촬영하는데 씀.
어안 사진(魚眼寫眞)뗑 (물리) 어안 렌즈로 찍은 사진. 화상(畫像)이 만곡(彎曲)을 이룸.
어안-석(魚眼石)뗑 (광물) 유리 따위와 같이 광택이 나는 장석(長石)이 분해되어 된 광석.
어안이 벙벙하다[튀 ①기가 막혀서 어리둥절하여 말이 안 나오다. be dumbfounded ②일이 너무 많아 정신을 차릴 수가 없다. 《내》너무 갑작스러운 일이라 ~. be confused 《내》 어압(御押).
어:압(御押)뗑 《제도》임금의 수결(手決)을 새긴 도
=어야[어미 ①음성 모음으로 된 어간에 붙어서 뒷말에 대한 어떤 조건이 꼭 필요함을 나타내는 연결 어미. 《내》약을 먹~ 정신을 차릴 수 있다. ② 음성 모음으로 된 어간에 붙어서 가정(假定)을 암시하는

게 하여도 별 차이가 생기지 않음을 나타내는 연결 어미. 《내》울~ 소용없다. even if
어야-디야[튀 (약) →어기야디야.
=어야만하다[튀 '어야'의 힘줌말.
=어야지[어미 (약) =어야 하지.   (속) 어렵쇼. ah!
어어[튀 뜻밖의 일을 당할 때 내는 소리. 《작》아아.
어어리-나무[뗑 개나리.
어언(於焉)뗑 (튀)→어언간.
어언-간(於焉間)뗑 어느듯. 어느 사이. 《내》 ~ 십년이 흘렀다. 《약》 어언(於焉). 《원》 어언지간(於焉之間). before one knows
어언드 런(earned run)뗑 (체육) 야구에서, 주자(走者)가 잇달은 타자(打者)의 안타·사구(四球) 등에 의하여 득점함.
어:연-박과(語言薄過)뗑 그리 대단하지 않은 실언.
어언지-간(於焉之間)뗑 (원) →어언간.   「fishery
어업(漁業)뗑 수산 동식물을 잡거나 기르는 사업.
어업-권(漁業權)뗑 《법률》공용 수면(公有水面) 또는 이와 통한 공유 아닌 수면에서 배타적으로 할 수 있는 권리. 어로권(漁撈權). fishery right
어업 면:허(漁業免許)뗑 《법률》일정한 수역에 어업권을 부여하는 행정 행위.
어업-세(漁業稅)뗑 《법률》어업 또는 어업권에 대하여 그 어업자 또는 어업권자에게 물리는 지방세의 하나. 어세(漁稅). fishery tax
어업-자(漁業者)뗑 어업에 종사하는 사람.
어업 자:생(漁業資生)뗑 어업으로 생활함.
어업 자:원(漁業資源)뗑 경제적 자원으로서의 어업 대상물. 곧, 해산 동식물.
어업 전관 수역(漁業專管水域)뗑 연안국에 한정하여 어업권이 인정되는 수역. 어업 영해(漁業領海).
어업 정책(漁業政策)뗑 《정치》국가에서 어업의 보호·장려·감독에 관하여 하는 정책.
어업 조합(漁業組合)뗑 《경제》어업권·입어권(入漁權)을 취득, 또는 차용(借用)하여 공동 시설함을 목적으로 하는 사단 법인의 하나. fishermens association
어여-머리[뗑 조선 시대에 여자의 예장 때에 머리에 얹은 큰머리. 《약》동의머리. 하튀
어여쁘-다[휑르들 '에쁘다'의 예스러운 말. pretty
어여쁘지 않은 색시 삿갓 쓰고 으스름 달밤에 나선다[튀 밉살스러운 사람이 하는 짓마다 밉살스러운 짓만 함을 이르는 말.
어여삐[튀 어여쁘게. handsomely
어여차[튀 여럿이서 힘을 합할 때에 일제히 내는 소리. 어기여차. heave-ho
어:-연(御筵)뗑 《제도》임금이 앉은 자리.
어연간-하-다휑연들 정도가 표준에 꽤 가깝다. 《약》 엔간하다. moderate 어연간=히튀
어연듯-하-다휑연들 남에게 드러내 보이기에 번듯하고 떳떳하다. fair and imposing 어연듯-이[튀
어염[뗑 《약》→어머니.
어염(魚鹽)뗑 생선과 소금.
어염 시수(魚鹽柴水)뗑 생활에 필요한 물건의 총칭. 곧, 생선·소금·나무·물 따위. daily necessities
:어엿브-다[휑르들 (고) 근심하다. 《동》 불쌍하다.
:어엿-비[튀 (고) 불쌍히. 사랑스럽게.
어엿-하-다휑연들 행동이 당당하고 떳떳하다. 《내》사내는 이러이러히 ~하여야 하오. dignified 어엿=이[튀
어:영 대:장(御營大將)뗑 《제도》 어영청의 종 2품 우두머리 장수. 《약》 어장(御將).   「양.
어영-부영[튀 되는 대로 어물어물 넘겨서 처리하는 모
어영차[튀 →어차.
어:영-청(御營廳)뗑 《제도》조선조 때, 삼군문(三軍門)의 하나인 군영의 하나.
어:온(御醞)뗑 임금이 마시는 술.
어옹(漁翁)뗑 ①고기잡는 늙은이. aged fisherman
어와[뗑 (고) 아아.   ②《공》 어부(漁夫).
=어요[어미 =아요. 어미 '어'에 조사 '요'가 결합서

어용 된 종결 어미. 상대 높임법의 '해요' 체임. ¶싫~.
어:용(御用)團 ①임금이 씀. for imperial use ②정부에서 씀. for governmental use ③권력에 영합하여 그 이익을 위해서 자주성 없이 행동함. 하타
어:용 기자(御用記者)團 어용 신문 기자. journalist in government pay
어:용 문학(御用文學)團 그 시대의 권력 기관에 아부하여 그 정책에 공명·찬양하는 문학.
어:용 상인(御用商人)團 관아 또는 부호에게 물건을 대는 장수. purveyor to the government
어:용 신문(御用新聞)團 정부의 보호를 받고 그 정책을 두둔하는 신문. 어용지. government mouthpiece
어:용지(御用紙)團〔통〕어용 신문.
어:용 학자(御用學者)團 집권자의 보호 밑에서 집권자의 정책을 정당화시켜 곡학 아세(曲學阿世)하는 학자. government patronized scholar
어:우(御宇)團 임금이 나라를 다스리는 동안. 어세(御世).
어·우-다다 [고] 어우르다. 《세》. imperial reign
어우러-지다 여럿이 한 덩어리나 한 동아리가 이루게 되다. 《작》아우러지다. be banded together
어우렁-더우렁團 여러 사람들과 어울려 정신없이 지내는 모양. 하타
어우르-다(르트) ①여럿으로 한 덩어리나 한 판을 이루다. unite with many others ②윷놀이에서 말 두 바리 이상을 함께 합치다. ③여럿이 모여 조화를 이루다. 《작》아우르다. harmonize with many others ④성교하다. have connection with
어우와 [고] 아아.
어욱새團 억새.
어·운(語韻)團 말의 음운(音韻). 말의 운치. rhyme
어·울-다다 [고] 어우르다.
어울러-지다 여럿이 한 덩어리나 한 판을 이루다. 「하다.
어울리-다 ①어우르게 되다. mix with ②두 가지 이상의 것이 서로 조화되어 자연스럽게 보이다. 《약》얼리다①. 《작》아울리다. be suitable
어울리-다 어우름을 당하다. 타 어우르게 하다. 《작》아울리다. be mixed with
어울림團〔동〕조화(調和).
어·울우·-다다 [고] 어우르다.
어울이9장사團 →얼렁장사.
어울타-다 어울러 타다.
어웅-하다[형여]團 속이 빈 구멍이나 굴 따위가 침침하여 잘 보이지 않다. 《작》아웅하다.
어:원(御苑)團 대궐 안의 동산. 금원(禁苑). 비원(祕苑). palace garden
어:원(語源·語原)團〔어학〕단어가 성립한 근원. 말의 근원. 밑말②. etymology
어월團 [고] 오이나 참외.
어위團 [고] 흥(興).
어·위-다다 [고] 넓다. 너그럽다.
어·위크·-다다 [고] 넓고 크다. 관대(寬大)하다.
어·위키團 [고] 관대(寬大)하게. 너그럽게.
어유團 뜻밖에 벌어진 사건에 놀라는 느낌을 나타내는 소리. 《작》아우. good Heavens!
어유(魚油)團 물고기에서 짜낸 기름. fish oil
어유아리團 [고] 바리때.
어육(魚肉)團 ①생선의 고기와 짐승의 고기. fish and meat ②생선의 고기. fish(meat). ③아주 짓밟아 결단을 냄의 비유. crumble up
어육-장(魚肉醬)團 어육을 살짝 데쳐서 넣어 담근 장.
어음圖團 [고] 어스름.
어음團〔경제〕일정한 돈을 일정한 곳에서 남을 시키거나 자기가 치르기로 한 증권. 약속 어음, 환어음의 두 가지가 있음. bill ②〔제도〕일정한 금액을 일정한 기일에 증권의 주인에게 치르기로 채권자와 채무자가 한가운데를 짜개어 나눠 가지던 표쪽. tally
어:음(語音)團 말의 소리. 말의 음조. tone
어음 개:서(一改書)團〔경제〕지급 기한을 연장하기 위하여 만기일에 어음을 고쳐 쓰는 일.

어음 교환(一交換)團〔경제〕각 은행이 수입(受入)한 어음을 일정한 시간과 장소를 마련하여 한꺼번에 가지고 가서 은행끼리 주고받고 할 돈을 서로 상쇄(相殺)하여, 잔고(殘高)만 가지고 결제하는 방법. clearance
어음 교환소(一交換所)團〔경제〕같은 지역에 있는 무리의 은행이 일정한 어음을 서로 바꾸어서 서로 그 대차(貸借)를 청산하기 위해 만든 단체. 또는 그 일을 처리하는 곳. clearing house
어음 대:출(一貸出)團〔경제〕금융 기관이 행하는 금전 대출의 한 방법. 곧, 차용 증서 대신에 차용인에게 은행을 수취인으로 하는 약속 어음, 또는 환어음을 떼게 하는 일. 하타
어:음 상통(語音相通)團 ①양쪽의 거리가 가까워서 말소리가 서로 들림. ②말로 하는 의사가 서로 통함. come to an understanding 하타   「책.
어음-장[-짱](一帳)團〔경제〕어음 용지를 철(綴)한
어음-지(一紙)團〔경제〕어음을 쓴 종이. bill
어음-쪽團〔경제〕어음을 쪼갠 한 쪽. one of two parts of a check
어음 할인(一割引)團〔경제〕어음 소지인이 어음에 기재된 지급 기일 전에 돈을 쓰고자 할 때, 은행에서 그 기일까지의 이자를 액면 금액에서 뺀 잔금을 지급하고, 그 어음을 사들이는 일. discount of bill 하타
어음 행위(一行爲)團〔법률〕어음에 서명하는 것에 의하여 어음상의 책임을 지는 법률 행위. drawing a bill   「clothes
어:의(御衣)團 임금의 옷. 어복(御服). Imperial
어:의(御醫)團 임금의 병을 다스리던 의원. court physician
어:의(語義)團 말의 뜻. meaning of a word
어:=의대(御衣襨)團《궁》의대①.
어이1團 [고] 어처구니.
어이2團 어미 짐승. 짐승의 어미. other animal
어이3團 '어쩌'의 예스러운 말. why
어이4團〔약〕→어이구.
어이5團 [고] 어버이. →어이.
어이=곡(一哭)團 곡(哭)하는 방식의 하나. 상중에, 부모상과 종손의 조부모상 이외에 하는 곡에 '아이어이' 하며 읊는다. lamentation
어이구團 몹시 아플 때, 슬플 때, 놀랐을 때, 힘들 때, 기막힐 때에 내는 소리. 《약》이. 예구. 《작》아이고. ouch!
어이구-나團 어린아이의 묘한 재롱이나 착함을 보고 기특하여 내는 소리. 《작》아이고나. There!
어이구-머니團 '어이구'의 힘줌말. 《약》구머니. 에구머니. Good Heavens!
어이-다團 [고] 피(避)하다. 에돌다.
어이 동자(一童子)團〔건축〕머름의 칸막이에 있어서 기둥에 붙여 세운 동기기둥.   「daughter
어이-딸團 어머니와 딸. 모녀(母女). mother and
어이딸로 두부 안듯團 무슨 일을 함에 의사가 맞고 손이 맞아 쉽게 잘한다.
어이=며느리團 시어머니와 며느리. 고부(姑婦). mother and daughter-in-law
어이=새끼團 짐승의 어미와 새끼. mother animal and litter   「son
어이-아들團 어머니와 아들. 모자(母子). mother and
어이-어이團 상중에 복을 입은 사람이나 조상하는 사람이 우는 소리. wailing of mourners
어이-없:다團 엄청나거나 기가 막히다. 《속》어처구니 없다. dumbfounded 어이-없:이團
어이쿠團 몹시 부딪치거나 갑자기 놀랐을 때 내는 소리. 《준》아이쿠. ouch!
어:인(御人)團 ①임금을 모시고 있는 사람. imperial attendant ②거마(車馬)를 구종드는 사람. groom ③남을 억압하여 자유를 빼앗음. restraint
어:인(御印)團〔동〕어새(御璽).

어인_語〖고〗 어찌된.
어인지=공(魚人之功)〖동〗 어부지리(漁夫之利).
어일싸_語 비웃는 뜻을 나타낼 때 나오는 말. Hum!
어:자(御者·馭者)_명 ①마차를 부리는 사람. ②말을 다루는 사람. driver
어즈러이_부 어지러이. 어지럽게.
어즈미문(魚子紋)_명《미술》도자기에 덧 씌우는 잿물에 생기는 잘고 가는 무늬.
어:장(御將)_명〖약〗어영 대장.
어장(魚醬)_명 생선을 넣어 담근 장.
어장(漁場)_명 ①고기잡이를 하는 곳. 어기(漁基). 어소(漁所). fishing grounds ②〈지리〉수산 자원이 풍부한 곳.   〔료.
어장=비(魚腸肥)_명 물고기의 내장을 원료로 하는 비
어장이 안 되려면 끓는다_속 되지 않는 일에는 달갑지 않은 것만 모여 들끓는다.
어재(魚滓)_명 살을 발라냈거나 기름을 짜고 난 물고기의 찌꺼.
어저귀_명〈식물〉아욱과의 일년생 풀. 줄기는 원주형으로 1.5m 가량이고 7~8월에 황색 꽃이 핌. 줄기 껍질은 섬유로 쓰이며 경실이라 하여 한약으로 쓴다.   〔쓴. Indian mallow
어저께_명〖동〗어제.
어적_명 좀 단단한 것을 단번에 씹을 때 나는 소리. 《센》어쩍. with a munching 하_{다자}
어적(魚炙)_명 생선으로 만든 적. baked fish
어:적(禦敵)_명 적의 침략을 막음. defence 하_{다자}
어적=거리-다_자 연하여 어적 소리가 나다. 또는 그런 소리를 내게 하다. 《작》아작거리다. 《센》어쩍거리다. 어적=어적_부 하_{다자}
어:전(御田)_명 임금이 친경하면 밭. 적전(耤田)
어:전(御前)_명 임금의 앞. presence of a king
어:전(御殿)_명 임금이 있는 전각. imperial palace
어전(語典)_명 ①〈어학〉어법(語法)을 설명한 글. 문전(文典). ②사전(辭典).
어:전 풍류(御前風流)_명 임금 앞에서 베풀던 풍류.
어:전 회:의(御前會議)_명〈정치〉임금 앞에서 각료가 모여 국가 대사를 의논하는 회의. council in the royal presence 하_{다자}
어절(語節)_명〈어학〉언어 형식의 일종. 문절(文節)
어접(魚蝶)_명〈곤충〉①새미유(鰓尾類)에 속하는 벌레의 총칭. Bran chiura ②어접과에 속하는 벌레의 하나. 몸 길이 3~5mm이고 몸은 원반상에 납작하고 투명함. 민물고기의 피를 빨아먹고 삼.
어정_명 ①〖약〗→어정잡이. ②일을 건성으로 하여 탐탁하지 않음. halfheartedness
어정(漁艇)_명 고기잡이 하는 배. fishing boat
어정=거리-다_자 키가 큰 사람이나 짐승이 점잖게 건다. 아장거리다. 《거》어청거리다. walk gently
어정=어정_부 하_{다자}
어정=뜨-다_{형으} 마땅히 할 일을 건성으로 하여 넘기거나 탐탁하지 못한 태도가 있다. half-hearted
어정=뱅이_명 ①갑자기 잘된 사람. upstart ②일을 제대로 하지 않고 어물어물 지내는 사람. idler ③할 일을 빈둥빈둥 놀고 지내는 사람. sluggard
어정=버정_부 한가한 모습으로 이리저리 어정거리는 모양. 《~하지 말고 공부하라. 《작》아장바장. leisurely 하_{다자}
어정=잡이_명 ①형식만 꾸미고 실상이 없는 사람. showy person ②좀 모자라 일을 잘 뱃지 못하는 사람. 《어》어정이. deceptive appearance
어정쩡=하-다_{형여} ①미심하며 마음이 꺼림직하다. dubious ②기억이 토렷하지 않고 흐릿하다. doubtful ③매우 난처하다. embarrassing 어정쩡=히_부
어정 칠월(—七月)_명 칠월은 농사일이 바쁜 페이프로 어정거리다는 동안에 빨리 지나가 버린다는 말. fleeting July
어정 팔월 동동 팔월_명 농가에서 칠월은 어정어정하는 사이에 지나가고, 팔월은 추수에 바빠 동동거리는 사이에 지나가 버린다.

어지빠르다_형
어제 오늘의 하루 전날. 어저께. yesterday
어:제(魚梯)_명 하천에 폭포·언제(堰堤) 따위가 있어 물고기의 교통이 막혔을 때, 그곳에 사면(斜面)이나 계단을 만들어서 물고기가 통하여 위로 통행할 수 있게 만든 장치.   〔king's work
어:제(御製)_명 임금이 몸소 지은 글이나 만든 물건.
어:제(御題)_명 임금이 보이던 과거의 글제.
어제가 다르고 오늘이 다르다_관 어떤 사물 현상의 변화하는 속도가 아주 빠름을 이르는 말.
어제 보던 손님_관 ①그 동안에 낮이 익었다는 뜻. ②만나자 곧 친한 사이가 됨을 이르는 말.
어제일리어(azalea)〈식물〉석남과의 상록 관목. 관상용으로 온실에 재배하는데, 백색·홍색·주황색
어져_감〖고〗어. 아.   〔등의 큰 꽃이 핌. 양진달래.
어:조(語調)_명 말의 가락. 악센트②. tone
어:조-사(語助辭)_명〈어학〉한문의 토. 실질적인 뜻은 없고 다른 글자의 보조로만 쓰임. 곧, 어(於)·의(矣)·언(焉)·야(也) 따위. 조어(助語)[1]. particle
어족(魚族)_명 물고기의 종족.〈유〉어류(魚類). fishes
어:족(語族)_명〈어학〉각 언어의 구조나 어법을 가르고 그 계통을 연구하여 같은 기원으로부터 분화되어 보는 언어를 일괄하여 일컫는 말. 인도 유럽 어족·햄셈 어족·우랄 어족·알타이 어족 등. 어군(語群). family of languages
어:졸-하-다(語拙—)_{형여} 말솜씨가 졸렬하다. 언졸하다. 《그는 몹시 ~. awkwardness in speech
어:좌(御座)_명 ①임금이 앉는 자리. 옥좌(玉座). king's chair ②〖동〗왕위(王位).
어:주(御酒)_명 임금이 내린 술. imperial gift wine
어:주(御廚)_명〖동〗수라간(水刺間).「루. fishing ship
어주(漁舟)_명 낚시질하는 데 쓰는 작은 배. 낚싯
어주-자(漁舟子)_명 고기잡이꾼. fisherman
어죽(魚粥)_명 생선으로 쑨 죽.
어:줍-하다_{형여} ①말이나 동작이 시원스럽지 않다. vague ②손에 익지 않아 서투르다. awkward ③손·발·허리 따위가 저려서 맘대로 놀리지 못하다. be numbed
어=중간(於中間)_명 ①거의 중간이 되는 곳. halfway ②엉거주춤한 형편. good for-nothing 하_{다자} 히_부
어중=되-다(—되—)_형〈於中—〉분수나 정도가 넘고 어중=뜨-다_형 →어중되다.   〔처지다. unfit
어:중(—middle)_명 어중되어 쓸모없는 사람.
어:중이=떠:중이_명 각 방면에서 모여든 별로 신통치 못한 여러 사람. 섭긴놈 먹긴놈. rabble
·어즈러-비_부〖고〗어지러이. 어지럽게.
·어-즈러-빙_부〖고〗어지러이.
·어-즈럽-다_형〖고〗어지럽다. 번쿠럽다.
·어-즈럽-다_형〖고〗어지럽다.
·어즈버_감〖고〗아아 슬프다.
·어즐-ㅎ-다_형〖고〗어질어질하다. 황홀하다. 어득어득하다. 희미하다.
어:지(御旨)_명 임금의 뜻. king's intention
어지간-하-다_{형여} ①거의 근사하다. 상당하다. fair ②그저 그만하다. tolerable ③생각보다 무던하다. considerable 어지간=히_부
=어지-다_{어미} ①음성 모음으로 된 동사 어간에 보조적 연결 어미 '어'에 보조 동사 '지다'가 어울려서 되는 수동·자동의 뜻을 나타내는 어미. ¶뚫~. 벗~. become ②끝음절이 음성 모음인 형용사의 어간에 붙어서 동사로 전성시키는 어미. ¶높~.
어지러-뜨리-다_타 어지럽게 하다. confuse
어지럼_명 어지러운 기운. 현기(眩氣).
어지럼-증[—증](—症)_명〖동〗현기증(眩氣症).
어지럽-다_{형ㅂ} ①눈이 아득아득하고 정신이 얼떨떨하다. dizzy ②모든 것이 제자리에 있지 않아 어수선하다. confused
어지렁=어지렁_부 →어정버정.
어지르-다_{타르} 정돈되어 있는 것을 흐트러뜨리다.   〔disarrange
어지-빠르다_{형르} 넘고 처져서 어느 한쪽에도 맞지

=어지이다
아니하다. 엇되다②. 《얍》 엎빠르다. unsuitable
=어지이-다[어미] 음성 및 중성 모음의 어간 밑에 붙어 기원(祈願)하는 뜻을 나타내는 종결 어미. ¶합격되~.
어·지-자지[명] 남자와 여자의 생식기를 한 몸에 겸하여 가진 사람이나 동물. 고녀(睾女). hermaphrodite
어지-중간(-之中間)[명] 어중간.
어·지-증[-症](語遲症)[명] 《동》 구어증(口啞症).
어:진(御眞)[명] 임금의 화상이나 사진.
어진-혼(-魂)[명] 착하고 어진 사람의 죽은 영혼. spirit of a departed good man
어진혼-나가-다(-魂-)[一] 밖으로부터의 심한 충격에 의하여 정신을 잃다. 이러거나 저러거나. 「humane
어질-다[르불] 마음이 너그럽고 부드러우며 착하다.
어질더분-하-다[형] 어질러 놓아 지저분하다. untidy
어질-머리[명] →어질충.
어질-병[-病](-病)〈의학〉정신이 어질어질한 병.
어질병이 지랄병 된다[속] 작은 병통이 점점 커져서 나중에는 큰 병통이 된다.
어질-어질[명] 눈이 캄캄해지며 머리가 자꾸 어지럽다. 《작》아질아질. 《센》어찔어찔. feel dizzy 「하
어질-증[-症](-症)[명]〈한의〉 어질병의 증세. 현훈증(眩暈症). 현기증(眩氣症). vertigo
어쩨[부] 《얍》어찌하여.
어째서[부] 《얍》어찌하여서.
어쨌든[부] 《얍》어찌하였든.
어쨌든지[부] 《얍》어찌하였든지.
어쩌고-저쩌고 '여차여차'를 익살스럽게 하는 말. say all kinds of things
어쩌다[부] 《얍》→어쩌다가.
어쩌다가[부] ①어떻게 하다가. 우연히. accidentally ②이따금. 간혹. once in a while
어쩌면[부] 《얍》어찌하면. how
어쩍[센] →어적.
어쩍-거리-다[센] →어적거리다.
어쩐[부] 《얍》어찌한. 「how
어쩐지[부] 무슨 까닭인지는 모르나. 왜 그런지. some-
어쭙-잖다[형] 시원찮지 않다.
어쭙지-않-다[형] 분에 넘치는 말이나 행동을 하므로 비웃을 만하다. 《얍》어쭙잖다. contemptible
어찌[부] 어떠한 이유로. why 어떠한 방법으로. ¶냇물이 불어 ~ 건널꼬. how ③'어떻게'의 뜻으로 느낌과 물음을 아울러 나타내는 말: ¶~ 무섭던
어찌-꼴[명] 부사형. 「지 잠을 못자다. so
어찌나 '어찌'의 힘줌말. how
어찌도 '어찌'의 힘줌말.
어찌-마디[명] 《동》 부사절(副詞節).
어찌-말[명] 《송》 부사어(副詞語).
어찌-씨[명] 《동》 부사(副詞).
어찌-자리토씨[명] 부사격 조사.
어찌타[부] 어찌하다가. 어떻게 해서. ¶~ 그 꼴이 되었느냐? 「제. why
어찌-하여[부] 어떠한 원인이나 이유로 인하여. 《얍》어
어찔-어찔[센] →어질어질.
어찔-하-다[형] 갑자기 어지럽고 정신이 내어둘리
어차[감] →어여차. 「다. 《작》아찔하다. feel dizzy
어차(魚叉)[명] 물고기를 찔러 잡는 창.
어차간-에(於此間-)[부] 말을 잇달아 하는 김에.
어차어피-에(於此於彼-)[부] ①이렇든지 저렇든지 하든지. 이러거나 저러거나. in any case 어떻게 되든지. 어찌피든. 어동어서(於東於西). 이차피(以此比彼). ¶~ 간섭은 싫다. 《얍》어차피[於此彼]. 「upon
어차-에(於此-)[부] 여기에서. 이 때에 있어서. here-
어차피(於此彼)[부] 《얍》→어차어피에.
어채(魚醢)[명] 날로 만든 반찬. cooked fish
어:찰(御札)[명] 임금의 편지. imperial letter
어창(魚倉)[명] 물고기를 넣는 창고.
어채(魚菜)[명] 생선과 곤쟈소니·해삼·버섯 따위를 잘

게 썰어 양념하여 녹말에 무쳐서 데친 것을 깨국에 넣어 먹는 음식.
어채(漁採)[명] 고기잡는 일. fishing
어처구니[명] 엄청나게 큰 사람이나 물건을 일컫는 말. 어이!. giant 「어처구니-없:이[부]
어처구니-없-다[형] 《속》 어이없다. be dumbfounded
어천만사-에(於千萬事-)[부] 어떤 일에든지. in any matter
어·천-절(御天節)[명]〈종교〉대종교에서, 단군이 탄생한 지 216년 만에 다시 하늘에 오른 명절. 3월 15일.
어:첩(御帖)[명] ①임금의 명함. royal namecard ②〈제도〉 기로소(耆老所)에 보관하면 임금의 입사첩(入社帖). 「royal genealogy
어:첩(御牒)[명] 왕실의 계보의 대강을 뽑아 적은 책.
어청-거리-다[재] →어정거리다.
어초(魚酢)[명] 생선 토막과 흰밥·소금·천초 따위를 넣은 생선젓.
어초(漁樵)[명] 고기잡이와 나무하는 일. 또, 그 사람. 어부와 초부. fishing and wood-cutting
어촌(漁村)[명] 고기잡이를 하는 사람들이 모여 사는 마을. fishing village
어촌 문학(漁村文學)[명]〈문학〉어촌의 풍경과 그 사람들의 생활을 취재한 문예 작품.
어:취(語趣)[명] 말하려는 중요한 뜻. 말의 취지. context of a speech
어치〈조류〉까마귀과의 새. 비둘기보다 조금 작은데, 몸은 포도빛, 머리는 흰 바탕에 검은 반점이 있으며, 목소리는 곱고 다른 새들의 소리를 잘 흉내낸. 언지². 언치새. 「~의 사탕. worth
=어치[접미] 그 값에 해당하는 분량이나 정도. ¶100원
어·치[명] 마소의 언치.
어치렁-거리-다[재] 키가 좀 큰 사람이 힘없이 어슬렁거리다. 언치렁거리다. 《작》아치랑거리다. trudge along 어치렁=어치렁[하다][부]
어치브먼트 테스트(achievement test)[명]〈교육〉 ①객관적 고사법. ②상부 관청에서 보이는 연합 고사.
어치정-거리-다[재] 키가 큰 사람이 기운이 빠져서 천천히 걷다. 《작》아치장거리다. trudge along 어치정=어치정[하다][부]
어칠-거리-다[재] 《얍》→어칠거리다.
어칠-비칠[부] 어칠거리고 비칠거리는 모양. unsteadily
하[다] 「bed
어:침(御寢)[명] 임금의 취침(就寢). king's going to
어탁(魚拓)[명] 물고기의 탁본. 또, 그 탁본. 하[다]
어:탑(御榻)[명] 임금이 앉는 상탑(牀榻).
어탕(魚湯)[명] ①생선국. ②생선 건더기가 많고 국물이 적은, 제사 때 쓰는 탕의 하나. fish soup
어태치먼트(attachment)[명] 어떤 기계에 장치하여 그 기계의 작용 범위를 넓히는 부속품. 사진기에 붙이는 부분·망원 렌즈 따위.
어택(attack)[명] ①공격. 습격. ②〈음악〉노래 부를 때, 명료한 소리를 내는 방법. ③〈음악〉합주할 때, 제일 먼저 소리를 내는 것이 모두 junto 먹는 일. ④등산에서, 험한 산봉우리에 대한 도전. 하[다]
어:통(語通)[명] 말이 통함. 하[다] 「(語氣).
어:투(語套)[명] 말하는 버릇. 말투. 어세(語勢). 어기
어트랙션(attraction)[명]〈연예〉 인력·매력의 뜻으로 영화나 연극에서 일부러 삽입한 짤막한 장면.
어트랙티브(attractive)[명] ①매력적. 매혹적. ②인력(引力)이 있음. 하[다]
어틀랜티:즈(atlantes)[명]〈건축〉남자의 선 자세를 조각하여 이룬 기둥. 그리스 건축의 한 양식이다. 《대》캐리애티드.
어:파(語派)[명]〈어학〉동일한 어족(語族) 중에서, 동일한 시기에 분화되었다고 생각되는 여러 언어의 총칭. 어족의 하위 개념임.
어퍼-컷(upper-cut)[명]〈체육〉①권투에서, 상대편의 아랫턱을 위로 올리는 공격법. ②급소에 타격을 가

어:폐(語弊)閱 ①말의 폐단이나 결점. unfitness of expression ②남의 오해를 받기 쉬운 말. ¶그의 말에는 〜가 있다. liability to misapprehension
어포(魚脯)閱 생선을 저며서 양념을 해서 말린 포.
어포스트러피(apostrophe) 영어 따위에서, 소유격이나 글자의 생략을 나타낼 때 쓰는 부호인 ' ' '.
어표(魚鰾)閱 부레.
어표=교(魚鰾膠)閱 부레풀. 〔약〕어교(魚膠).
어푸=어푸閱 물에 빠져서 괴롭게 물을 켜며 내는 소리. 또, 그 모양. splashingly madly 하다타
어프로:치(approach)閱 ①접근(接近)하는 일. ②어귀. 입구(入口). ③〔체육〕스키에서, 스타트에서 점프까지의 활주하는 동안. ④〔체육〕골프에서, 가까운 지점에서 볼을 향하여 치는 타구법(打球法).
어피(魚皮)閱 ①물고기의 가죽. fish skin ②〔약〕사어피(鯊魚皮).
어피(鮫皮一)閱 상어의 가죽으로 된 안경집. sharkskin spectacle case
어:필(御筆)閱 임금이 쓴 글씨. king's handwriting
어필(appeal)閱 ①많은 사람들에게 호소함. ②남의 마음을 꼭 질러 자극함. 하다타
어:필-각(御筆閣)閱 임금의 글씨를 보관하는 집.
어:핍(語逼)閱 말이 남이 부정(不正)하다고 하여 꺼리는 데에 가까워짐. 하다자
어하(御下)閱 아랫 사람을 지도함. 하다자
어:-하다(語)타며 어린아이의 음성을 받으며 어버이가 주다.
어:학(語學)閱 ①언어를 연구하는 학문. 특히 문법학을 이름. linguistics ②〔약〕→언어학. ③외국어를 배우는 일. language study
어:학-도(語學徒)閱 어학을 공부하는 학생. 어학생. linguistics student
어:학-자(語學者)閱 ①어학을 연구하는 학자. ②외국어에 능통한 사람.
어:한(禦寒)閱 추위를 막음. protection against the cold 하다자
어한-기(魚閑期)閱 고기가 잘 잡히지 않는 시기. 〔대〕성어기(盛漁期).
어:함(御啣)閱〔동〕어압(御押).
어항(魚缸)閱 ①완상용으로 물고기를 기르는 데 쓰는 유리 항아리. fish globe ②물고기를 잡는 데 쓰이는 파리통 모양의 기구.
어항(漁港)閱 어선이 모여드는 항구. 어업의 설비를 한 항구. fishing port
어항에 숭붕어 놀 듯閱 남녀간에 서로 잘 노는 것을 비유하는 말
어해(魚醢)閱 생선으로 담근 젓.
어해(魚蟹)閱 물고기와 게. fish and crab
어해-도(魚蟹圖)閱〔미술〕물 속에서 사는 동물을 그린 그림. 인계도(鱗介圖).
어해-적(魚蟹炙)閱〔한의〕생선이나 게 따위를 먹고 체한 배탈.
어허閱 미처 생각하지 못한 일을 깨달아 느꼈을 때 내는 소리. 〔작〕아하. Why!
어허-둥둥閱 노래를 겸하여 아기를 어를 때에 내는 소리. ¶〜우리 아기. 〔약〕어둥둥.
어허라=달구야閱 땅을 다질 때에 여럿이 힘을 모으려고 노래하듯 부르는 소리.
어:허렁(御許廊)閱〔제도〕새로 과거에 급제한 사람이 창방(唱榜) 뒤에 유가(遊街)할 때 창부(唱夫)가 앞에서 춤추며 부르던 소리.
어허야=어허閱 땅을 다질 때 동작이나 힘을 맞추려고 내는 소리. Yo-heave-ho!
어허허-허閱 조금 무게 있게 너털웃음을 웃는 소리. 〔작〕아하하. Ha, Ha!
어험閱 일부러 위엄을 내어서 기침하는 소리. Ahem!
어험=스럽-다(−스러우)형ㅂ 閔 ①짐짓 위엄이 있어 보이다. dignified ②덩 비고 우중충하다. empty and gloomy 어험-스레用

어:혈(瘀血)閱〔한의〕타박상 등으로 혈액 순환이 잘 되지 못하여 한 곳에 머물러 피가 맺히어 있는 것. 또, 그런 병. 적혈. 축혈(蓄血). extravasated
어:혈-지-다(瘀血−−)자 어혈이 되다. blood 하다자
어혈진 도깨비 개천물 마시듯閱 술 따위를 맛도 모르고 마구 들이키는 것을 비웃는 말.

어:형(語形)閱〔어학〕단어나 말의 형태. form of word
어:형-론(語形論)閱〔동〕형태론(形態論).
어형 수뢰(魚形水雷)閱〔군사〕공격을 목적으로 하는 수뢰. 물고기 모양으로 방향·심도(深度)를 유지하는 장치가 있고, 압축 공기의 힘으로 물 속으로 나아가 목적물에 맞으면 폭발함. 〔약〕어뢰(魚雷). fish torpedo
어혜(魚醢)閱 생선으로 담근 젓갈.
어호(漁戶)閱 어부의 집. 고기잡이하는 이의 집. 어가(漁家). fishman's house 〔소리〕¶〜벗님네야.
어:화閱 기쁜 마음을 나타내어 노래로 누구를 부르는 말.
어화(漁火)閱 고기잡이 배에 켜는 등불이나 횃불.
어화-둥둥閱 '어허둥둥'의 에스터르 말. fishing fire
어:환(御患)閱 임금의 병. king's illness
어황(漁況)閱 어떤 어장에서의 그 해의 어획 상황.
어:−리(御貝리−)閱〔식물〕자두의 한 종류. 알이 좀 크고 살이 두꺼우며, 씨가 작고 맛이 달고 좋음.
어회(魚膾)閱 생선을 잘게 썰어 간장이나 고추장에 적어 먹는 음식. 생선회(生鮮膾). dish of raw fish
어회(漁會)閱 어부들이 조직한 단체나 모임. fishermen's party amount of fishery 하다자
어획(漁獲)閱 수산물을 포획·채취함. 또, 그 수산물.
어획=고(漁獲高)閱 어획한 수산물의 총량. 또는, 그 가격의 총액. 어획량(漁獲量). catch
어획=기(漁獲期)閱 고기잡이에 적당한 시기. 고기잡이 철. fishing season
어획=량(漁獲量)閱〔동〕어획고(漁獲高).
어획=물(漁獲物)閱 어획한 수산물(水產物). fish
어획=장(漁獲場)閱 고기잡이를 하는 장소. fishing place inner of speech
어:훈(語訓)閱〔어학〕말하는 태도나 법. 말투.
어:휘(御諱)閱 임금의 이름. 어명(御名).
어:휘(語彙)閱 ①일정한 범위에 사용되는 말의 총체. ¶〜력. vocabulary ②〔어학〕어떤 종류의 말을 간단한 설명을 붙여 순서대로 모아 놓은 낱말의 전체. 말수인. ¶〜의 변화.
어흥閱 ①범이 우는 소리. roar ②아이를 겁내게 하기 위하여 범의 소리를 흉내내는 소리.
어흥-이閱 어른이 어린아이에게 '범'을 무섭게 이르기 위하여 쓰는 말.

억(億)閱 ①만(萬)의 만 곱절. 억만①. hundred million ②수가 많음을 나타냄. innumerableness
억강 부약(抑强扶弱)閱 강한 자를 누르고 약한 자를 도와 줌. 하다자 ¶〜의 용사가 되다. 〔상〕eternity
억겁(億劫)閱〔불교〕무한히 긴 오랜 동안. 또, 그 시간.
억견(臆見)閱 억측의 소견. 억상(臆想). conjecture
억결(臆決)閱 억측하여 결정함. conjecture 하다자
억기(憶起)閱 ①〔심리〕관념 연합(觀念聯合)에 의하여 과거의 경험을 다시 마음에 되살리는 작용. ②기억을 더듬어 일으킴. remembering
억년(億年)閱 ①1억년(一億年). ②매우 장구한 세월.
억념(憶念)閱 단단히 기억하여 잊지 않음. 또, 그 기억. 하다자 ¶〜. suppress
억-누르-다(−르트)타며 억지로 마구 내리누르다. ¶자유를
억-눌리-다자 억누름을 당하다. overpowered
억단(臆斷)閱 억측하여 판단함. 억작(臆判). conjecture 하다자
억대(億代)閱 아주 멀고 오랜 세대(世代). ure 하다자
억대(億臺)閱 억으로 헤아릴 만함. ¶〜의 재산.
억료(臆料)閱〔동〕억측(臆測).
억류(抑留)閱 ①억지로 머무르게 함. detention ②자유를 구속하여 억지로 붙잡아 둠. seizure 하다자
억류-자(抑留者)閱 억류되어 있는 사람. ¶〜수용소. detainee
억만(億萬)閱 ①〔동〕억(億)①. ②아주 많은 수효. innumerableness
억만-년(億萬年)閱 무궁한 해. 무궁한 세월. eternity
억만 장:자(億萬長者)閱 몇 억대의 많은 재산을 가진 사람. billionaire 들입. forced purchase 하다자
억매(抑買)閱 남의 물건을 강권에 못이겨 억지로 사는 짓.
억매(抑賣)閱 물건을 억지로 팖. forcing a sale 하다자

억매 흥정[명] 부당한 값으로 억지로 매매하려는 흥정. forced merchandising 하다

억무개[명] 〈어류〉 곤들매기. 「양. disordered 하다

억박-적박[부] 뒤죽박죽으로 보기 흉하게 어긋매끼는 모양

억병[명] 한량없이 술을 마시는 양. 또는 많이 마셔 의주가 된 상태. ¶~으로 취하다. heavy drinking

억-보[명] 억지가 센 사람. obstinate person

억불(抑佛)[명] 불교를 억제함. ¶숭유(崇儒) ~ 정책

억산(臆算)[명][동] 억측(臆測). 하다 ¶(政策). 하다

억상(臆想)[명][동] 억견(臆見).

억새[명] 〈식물〉 포아풀과의 다년생 풀. 줄기 높이 1~2m이고 잎은 긴 선형임. 7~9월에 자색을 띤 황색 꽃이 핌. 산과 들에 저절로 나며, 잎을 베어 지붕을 잇는 데도 쓰임. purple eulaia

억새 반지기[명] 억새가 많이 섞인 땔나무.

억색(臆塞)[명] 원통하여 가슴이 막힐 지경임. being filled with resentment 하다

억석 당년(憶昔當年)[명] 오래 전에 지난 일을 돌이켜 생각함. 「부리지 말라. surmise 하다

억설(臆說)[명] 근거와 이유가 없는 억측의 말. ¶~을

억=다[형] ①식물의 잎이나 줄기가 뻣뻣하고 세다. tough ②몸이나 뜻이 굳세고 세차다. ¶~센 몸짓. 《작》 악세다. stubborn

억수[명] 물을 퍼붓듯 세차게 내리는 비. 호우(豪雨). ¶~ 같은 비. 《작》 악수. pouring rain

억수 장마[명] 여러 날을 계속하여 억수로 내리는 비.

억실억실-하-다[여]형[여] 얼굴 모양이나 생김새가 선이 굵고 시원스럽다. 「抑). suppression 하다

억압(抑壓)[명] 힘으로 억누름. 억지로 누름. 압억(壓

억약 부강(抑弱扶强)[명] 약한 자를 억누르고 강한 자를 붙잡아 도와 줌. 하다

억양(抑揚)[명] ①혹은 억누르고 혹은 찬양함. repeated praises or censures ②〈음악〉 음조(音調)나 말의 고저(高低)와 강약(强弱). intonation ③문체(文體)의 기복(起伏). rythm ④인플렉션(inflexion). 하다

억양 반복(抑揚反覆)[명] 혹은 억누르기도 하고 혹은 찬양하기도 하고 여러 번 뒤집음. 하다

억양=법[-뻡](抑揚法)[명] 문장 기법의 하나. 문세의 기복에 있어, 먼저 누르고 뒤에 올리거나, 또는 먼저 올리고 후에 누르는 수사법.

억울(抑鬱)[명] ①억제를 받아 답답함. feeling pent-up ②애먼 일을 당하여 원통하고 가슴이 답답함. chagrin 하다 히다

억울(抑鬱)[명] 억울하고 원통함. feeling victimized

억재(億載)[명] 억 년. 끝없는 햇수. 영원한 세월. '載'는 '年'과 같음. eternity 「sexual desire 하다

억정(抑情)[명] 욕정(慾情)을 억누름. restrain one's

억제(抑制)[명] ①내리눌러서 꼼짝 못하게 함. suppression ②억지로 못하게 함. 금압(禁壓). 금제(禁制). 억륵(抑勒). 《대》 촉진(促進). restraint 하다

억조(億兆)[명] ①억과 조. hundred million and a trillion ②썩 많은 수. countless number

억조 창생(億兆蒼生)[명] 수많은 백성. people

억지[명] 자기의 생각이나 행동을 무리하게 관철해 보려는 고집. 《작》 악지. obstinacy 스럽다 스레

억지(抑止)[명] 억눌러서 제지함. restraint 하다

억지가 사촌보다 낫다 남에게 의뢰함보다는 억지를 써서라도 자력으로 함이 낫다는 뜻.

억지 다짐[명] 억지로 받는 다짐. forced answer

억지-로[부] 강제로. 무리하게. ¶~을 시키다. by force 「다. persist in

억지-부리다[자] 무리한 고집을 부리다. 《작》 악지부리다

억지-세-다[형] 무리한 고집을 부리는 힘이 세다. 《작》 악지세다. obstinate

억지-세우-다[타] 무리한 고집을 끝내 부리다. 《작》 악지세우다. stubbornly insist 「be stubborn

억지-쓰-다[자][으] 몹시 억지를 부리다. 《작》 악지쓰다

억지 웃음[명] 억지로 웃는 웃음. forced smile

억지 춘향이(一春香一)[명] 순리로 된 것이 아니라 억

지로 우겨대어 겨우 이루어진 일. doing by force

억지=손[명] 무리하게 해내는 솜씨. 《대》 약진손. strong measure 「doggedness 스럽 스레

억척[명] 모질고 끈덕진 태도. 《작》 악착. excessively dogged 억척=같이[부]

억척-꾸러기[명] 매우 억척을 부리는 사람. 《작》 악착꾸러기

억척-보두[명] 속마음이 완악하고 굳은 사람을 가리키는 말. obstinate person

억척-부리다[자] 억척스럽게 행동하다. 《작》 악착부리다. dogged

억척-빼기[명] 매우 억척스러운 아이. 《작》 악착빼기. dogged boy 「~ 일을 해낸다. doggedly

억척-으로[부] 억척을 부려서. 지악하게 억척을 떨면서.

억천만-겁(億千萬劫)[명] 〈불교〉 무한한 시간. 영원한 세월. eternity

억측(臆測)[명] 이유와 근거 없는 추측. 억료(臆料). 억산(臆算). 억지 추측. 억탁. presumption 하다

억탁(臆度)[명][동] 억측(臆測).

억탈(抑奪)[명] 억지로 빼앗음. extortion 하다 「living

억판(抑判)[명] 매우 가난한 처지. 매우 곤궁한 경우. bare

억판(臆判)[명][동] 억단(臆斷). 하다

억매-듯[부] 사정(私情)이나 마구 강박하는 모양. 《작》 악째듯. without mercy

억-하심정(抑何心情)[명] 대체 무슨 생각으로 그러는지 그 마음을 모르겠다는 말. why in the world

억혼(抑婚)[명] 당사자의 의견을 무시하고 강제로 시키는 혼인. forced marriage 하다

언[명](고) 둑. 「는 혼인. forced marriage 하다

언(諺)[고](미)[명] =ㄴ. =은.

언=간(諺簡)[명] '언문 편지'라는 뜻으로 한글로 쓴 편지를 얕잡아 이르던 말. letter in Korean alphabet

언간-하-다[여]형[여] →어연간하다.

언-감생심(焉敢生心)[명] 감히 그런 마음을 먹을 수도 없음. '언감생심이지'의 뜻.

언감-히(焉敢一)[부] 어찌 감히. how dare

언거번거-하-다[여]형[여] 쓸데없는 말이 너무 많고 경망하여 수다스럽다. garrulous

언거 언래(言去言來)[명] ①여러 말을 서로 주고받음. 설왕 설래(說往說來). 언쟁 어사. ②말다툼. 하다

언=건(偃蹇)[명] ①거드름을 피우며 거만함. 언억(偃蹇). haughtiness ②성대한 모양. 하다 히다

언걸[명] ①남의 일 때문에 당하는 피로움이나 해. 《약》열. by-blow ②큰 고생. suffering

언걸-먹-다[자] 남의 일로 해를 입어 골탕먹다. get a by-blow ②큰 고생을 당하다. suffer troubles

언걸-입-다[자] 남의 일로 해를 당하다. 《약》 결입다.

언경(言輕)[명] 말이 경솔함. 《대》 언중(言重). words lacking in dignity 하다

언-과 기실(言過其實)[명] 말만 크게 내놓고 실행이 부족함. 실제보다 소문이 지나침. 하다

언관(言官)[명] 간관(諫官). 「서(敎書).

언-교(諺敎)[명] 〈제도〉 언문(諺文)으로 쓴 왕비의 교

언구(言句)[명] 말의 구절. 어구(語句).

언구러[명] 사특하고 교묘한 말로 남의 속깊을 떠보는 등 남을 농락하는 태도. honeyed words 스럽 스레

언구러-부리-다[자] 언구러을 일부러 행동에 나타내다.

언권[-꿘](言權)[명] 《약》→발언권(發言權). 「act slick

언근(言根)[명] 소문이 퍼진 근거. 소문의 출처. source of rumour 「깊고 으뭇함.

언근 지원(言近旨遠)[명] 말은 쉬운 듯 하나 그 속뜻은

언급(言及)[명] ①어떤 일에 말이 미침. referring ②그 일에 대해서 말함. reference 하다

언-기 식고(偃旗息鼓)[명] 전쟁터에서 군기(軍旗)를 누이고 북을 쉰다는 말. 곧, 휴전(休戰)의 뜻. armistice 「→어랜아이.

언나[명] →어랜아이.

언년[명] 손아래의 계집아이를 귀엽게 부르는 말. lass

언놈[명] 손아래의 사내아이를 귀엽게 부르는 말. lad

언니[명] ①'형(兄)'을 정답게 부르는 말. ②여자들이 자기보다 나이가 위인 여자를 정답게 부르는 말.

elder sister(brother)

언단(言端)圓 말다툼을 일으키는 시초. 언지(言地)①. ¶그들의 ～은 돈 때문이었다. beginning of quarrel

언단(言壇)圓 ①여러 사람 앞에서 생각을 널리 발표 하는 마당. ②동 언론계(言論界).

언담(言談)圓 圖 言辭). ＝동. 또, 그 조직.

언더그라운드(underground) 비합법적인 지하 운

언더라인(under-line)圓 주위를 환기시키기 위하여 가로쓰기의 글자 밑에 긋는 선. 밑줄.

언더스로(under-throw) 〈체육〉야구에서, 아래로 부터 던지는 투구(投球)의 하나. (得).

언더스탠드(understand)圓 ①이해(理解). ②납득.

언더월드(under-world)圓 ① 저승. 하계(下界). 지 옥. ②대도시의 마굴(魔窟). 사회의 최하층. 하류 사회(下流社會).

언더웨어(underwear)圓 속옷. 내의(內衣).

언더컷(undercut)圓 〈체육〉테니스·탁구 등에서, 공 을 아래로 깎아 치기.

언더 파:(under par)圓 〈체육〉골프에서, 18홀을 기준 타수(基準打數)인 파(par) 72 이하로 일주(一周)하 는 일.

언덕圓 ①땅이 좀 높고 비탈진 곳. ②나지막한 산. 구 릉(丘陵). 구릉(丘墳)②. 구릉(丘壟)③. hill road

언덕-길圓 언덕에 걸쳐난 좀 비탈진 길. sloping

언덕-바지圓= 언덕배기.

언덕-밥圓 솥에 쌀을 언덕지게 안쳐서 한쪽은 질게, 한쪽은 되게 지은 밥. unevenly cooked rice

언덕부:변(一阜邊)圓 圖 좌부방.

언덕-빼기圓 언덕의 꼭대기나 또는 언덕이 몹시 비탈 진 곳. 언덕바지. top of a hill

언덕-지:다圓 ①경사(傾斜)지다. ②길이 평탄하지 않 고 높낮이가 있다. sloping

언명(言明)圓 언정.

언도(言渡)圓 〈법률〉'선고(宣告)'의 구법상의 이름.

언동(言動)圓 〈약〉＝언어 행동(言語行動).

언:-두부(豆腐)圓 겨울에 두부를 얼린 다음에 바싹 말린 것. 동두부(凍豆腐). frozen bean curd

언뜻圓 ①잠깐. 별안간. suddenly ②잠깐만 나타나는 모양. in a flash

언뜻-하면圓 ①무슨 일이 눈 앞에 잠깐 나타나기만 하 면. in an instant ②무슨 생각이 언뜻 마음 속에 일 어나기만 하면.

언론(言論)圓 말이나 글로 자기의 사상을 발표하여 논 의함. 담론(談論)1. 의론(議論)②. speech

언론-계(言論界)圓 말이나 글로써 언론하는 사람들의 사회. ＝언론계②. press

언론 기관(言論機關)圓 인쇄·방송·영화 등에 의하여 언론을 담당하는 기관. 신문사·잡지사·방송국 같은 곳. mass media 「사하는 사람. journalist

언론-인(言論人)圓 신문이나 잡지 따위의 언론계에 종

언론 자유(言論自由)圓 〈법률〉개인이 그 사상이나 의 견을 언론에 의해 발표하는 자유. 표현의 자유.

언론-전(言論戰)圓 공개적인 언론으로써 서로의 의견 을 주장하여 옮고 그름을 다투는 일. 논전(論戰). verbal clash

언론 통:제(言論統制)圓 국가가 공권력(公權力)으로 민중의 표현 활동을 제한하는 일. control of press

언롱(言弄)圓 〈음악〉가곡(歌曲)의 하나. '만년 장환 지곡(萬年長歡之曲)' 26곡 중의 하나. 만횡(蔓橫).

＝**언마는**어미 〖대〗＝건마는. ＜대〉평롱(平弄)》.

＝**언마른**어미 〖고〗＝건마는.

＝**언마:른**어미 〖고〗＝건마는. 「irrigation dam

언:-막이(堰一)圓 논에 물을 대기 위하여 막은 둑.

＝**언만**어미 '건만'을 예스럽게 일컫는 말.

언명(言明)圓 말로써 의사(意思)를 분명히 나타냄. declaration

언모(言貌)圓 말씨와 용모. voice and countenance

언:무(偃武)圓 무기를 보관하여 사용하지 않는. 곧, 전쟁이 끝남.

언:무 수문(偃武修文)圓 난리를 평정하고 문사(文事)

언무:이:가(言無二價)圓 물건 값을 에누리하지 않음.

언문(言文)圓 말과 글. written and spoken language

언문(諺文)圓 한글을 전에 일컫던 말. ¶～책(冊). Korean alphabet

언문 일치(言文一致)圓 실제 쓰는 말과 글로 적은 말 이 일치함. 어문 일치(語文一致). unity of speech and writing

언문 일치 운:동(言文一致運動)圓 〈사회〉갑오 경장 (甲午更張) 무렵 최남선(崔南善) 등에 의하여 글을 말하는 대로 쓰자고 주장하던 운동.

언·문 풍월(諺文風月)圓 ①언문으로 지은 풍월. ②격 식을 갖추지 않은 풍월이나 사물.

언미-필:에(言未畢一)圓 말이 채 끝나기도 전에.

언 발에 오줌누기圓 임시 모면은 되나 결국 효력을 못

언:밥=수기(圖)말밥수기. ·보고 마는 짓을 뜻함.

언밸런스(unbalance)圓 균형이 잡히지 않은 모양. 불 균형(不均衡). 불균형형(不平衡). 〈대〉밸런스.

언변(言辯)圓 말솜씨. 말재주. 구변. ¶～ 불공(不 恭). 《속》구변머리(口辯一). eloquence

언-비천리(言飛千里)圓 말이 빠르고도 멀리 퍼짐. word flies fast 「공손한 ～. speech

언사(言辭)圓 말. 말씨. 어사(語辭). 언담(言談). ¶

언사(言辭)圓 〔言辭不恭〕말이 공손하지 못함.

언삼 어:사(言三語四)圓 〔동〕 언거 언래(言去言來)①.

언-색(言色)圓 언어와 안색. 「하다

언:색(堰塞)圓 물의 흐름을 막음. check a current

언:색-호(堰塞湖)圓 〈지리〉강물이 사태나 화산 폭발 로 말미암아 가로막혀 이루어진 호수. 언제호(堰堤 湖). 언지호(堰止湖). 폐색호(閉塞湖). 〈대〉유각호 (有脚湖). 「rean

언:서(諺書)圓 언문으로 쓴 책. book written in Ko-

언:서 고:담(諺書古談)圓 언문(諺文)으로 쓴 옛날 이

언설(言舌)圓 벌설(辯舌). ·야기 책.

언설(言說)圓 ①설명하는 말. words ②말로써 설명 함. statement

언성(言聲)圓 말소리. 어성(語聲). voice

언소(言笑)圓 〔동〕 담소(談笑).

언소 자약(言笑自若)圓 말하며 웃는 기색이 태연하여 조금도 다를 바 없음. 담소 자약(談笑自若).

언습(言習)圓 말버릇.

언안(讞案)圓 〈법률〉형사 사건에 관계된 서류.

언약(言約)圓 말로 약속함. 또, 그 약속. 약언(約言). verbal promise

언어(言語)圓 음성 또는 문자를 수단으로 하여 사람 의 사상·감정을 표현하여 전달하는 활동. language

언어(鰋魚)圓 〈동〉메기.

언어 도:단(言語道斷)圓 말문이 막힌다는 뜻으로, 말 이가 없어 이루 말로 나타낼 수 없음을 이르는 말. 언어 동단(言語同斷). 〈약〉도단(道斷). inexcusableness

언어 동단(言語同斷)圓 〔동〕 언어 도단(言語道斷).

언어 불통(言語不通)圓 말이 서로 달라 통하지 못함. difficulty of communication

언어 사:회(言語社會)圓 언어로써 이루어지고 운영되 는 사회. 곧, 사회 생활을 함에 있어서 언어가 차지 하는 위치가 중함을 뜻함.

언어 사:회학(言語社會學)圓 언어 또는 언어 현상을 언어 사회와의 연관에서 연구하는 언어학의 한 분야.

언어 상통(言語相通)圓 말이 서로 통함. facility of communication

언어 수작(言語酬酢)圓 말을 주고받고 함.

언어 예:술(言語藝術)圓 언어로 표현되는 예술. 시·소 설·희곡 따위. 〈대〉음향 예술. language arts

언어 유희(言語遊戱)圓 말이나 문자를 소재로 하는 유 희. 말짓기 놀이.

언어 장애(言語障礙)圓 발음 불명료·더듬·실어증(失 語症) 등의 언어상의 장애. aphasia

언어-적(言語的)圓 ①말다운(것). linguistic ②말의

언어 정보(言語情報)[명] 언어를 매개로 하여 전달되는 지식·정보.

언어 정책(言語政策)[명] 국가가 국민이나 식민지의 인민에 대하여 행하는 언어에 관한 정책.

언어 중추(言語中樞)[명] 언어의 생성 및 운용에 관여하는 중추의 총칭. speech center

언어 지리학(言語地理學)[명] 〈어학〉 인문 지리학의 한 분과(分科). 언어 현상 중에서 특정한 현상을 포착하여 언어의 지역적 분포·변천 등을 연구하는 학문. linguistic geography

언어 치료사(言語治療士)[명] 〈의학〉 언어 장애를 일으킨 환자에게 발음·대화 따위의 훈련을 행하는 전문 기술자.

언어학(言語學)[명] 언어를 대상으로 문자·음운·문법·어휘 등에 관해 역사적·지리적 형태를 밝히고, 그 계통을 세우는 학문. 〔약〕어학(語學)②. linguistics

언어학자(言語學者)[명] 언어를 대상으로 음운·문자·문법·어휘 등에 관하여 역사적·구조적·지리적 형태를 밝히고 그 계통을 세우는 등의 연구를 하는 학자. 〔약〕어학자(語學者). linguist

언어 행동(言語行動)[명] 입으로 하는 말과 몸으로 하는 행동. 말투와 몸가짐. 〔약〕언동(言動). 언행(言行).

언연 사:사(言言事事)[명] 모든 말과 모든 일. in every case [解]. translation into Korean 하다

언:역(諺譯)[명] 언문으로 번역함. 또, 그 글. 언해(諺

언:연-하다(偃然-)[형여] 거만하다. impertinent

언:와(偃臥)[명] 거만하게 누워 있음. 하다

언왕 설래(言往說來)[명] 이야기가 오고 감. 설왕설래(說往說來). bandying words 하다

언외(言外)[명] 말에 나타낸 뜻의 밖. 말로 하지 아니한 바. 언표(言表). beyond expression

언외-에(言外-)[부] 말에 나타난 뜻 이외에.

언외지의(言外之意)[명] 말 밖에 숨어 있는 딴 뜻. 〔대〕언중지의(言中之意). implied meaning

언용(言容)[명] 말씨와 용모.

언:월(偃月)[명] ①안으로 좀 구부러진 반달. 현월(弦月). half-moon ②반달같이 둥근 형상. semicircle ③모자나 벙거지의 가운데 둥글게 우뚝 나온 부분.

언:월-도(偃月刀)[명] ①언월같이 생긴 옛날의 대도(大刀). ②(례→)청룡 언월도(青龍偃月刀).

언:월-예(偃月翳)[명] 〈한의〉 예막(瞖膜)이 한쪽은 두껍고 한쪽은 얇아서 마치 언월같이 된 눈병.

언의(言議)[명] 이러니 저러니 하는 소문.

언자(言者)[명] 말하는 사람. speaker [letter

언:자(諺字)[명] 언문 글자. 곧, 한글. Korean

언잠(言箴)[명] 공자(孔子)가 안회(顏回)에게 가르친 사물잠(四勿箴)의 하나. '예(禮)가 아니거든 말하지 말라'고 경계하는 계율(戒律). 비례물언(非禮勿 [言]

언재(言才)[명] 말재주. oratorical talent

언쟁(言爭)[명] 말다툼. quarrel 하다

언:저리[명] 둘레의 근방. 주위의 부근. bounds

언적(言的)[명] 남이 모르게 자기들끼리만 통하는 구호(符牒).

언:정(言定)[명] 받침 없는 말 밑에서 '느로지언정'의 뜻으로 쓰이는 조사. ¶영사(寧死) ~ 항복은 않겠다. even if [음음. 하다

언정 이:순(言正理順)[명] 말이나 이치가 사리에 닿고

언:제[명] 어느 때. 하(何時). when [관] 어느 때에.

언:제(堰堤)[명] 〈동〉 제언(堤堰). [when

언:제-나[부] ①어느 때에나. ②끊임없이. 계속하여. always

언제는 외조할미 콩죽으로 살았나[속] 남의 덕으로 지내지 않았으니, 새삼스레 남의 호의를 거절하는 말.

언:제-든지[부] 어느 때든지. ¶~ 볼 수 있다. at any time

언제 쓰자는 하눌타리냐[속] 아무리 좋은 것도 쓰지 않고 묵혀 두기로서니 무슨 소용에 닿겠느냐.

언:제=인가/언:제가[부] 어느 때에 가서는. 조만간

(早晚間). ¶~ 후회하게 될 것이다. ②이전(以前). 어느 때에. ¶~ 가 본 일이 있다.

언:제-호(偃堤湖)[명] 〈동〉 언색호(堰塞湖).

언-족이식비(言足以飾非)[명] 말이 너무 교묘하고 그럴듯하게 잘못을 옳은 것처럼 꾸미기에 족함.

언줄=하다(言拙一)[형여] 말이 어줍(語拙)하다.

언:주(堰柱)[명] 〈토목〉 제방의 한 부분에 물이 넘어 나가는 길을 낼 때에 그 양쪽에 만드는 기둥.

언죽=번죽[부] 조금도 수줍거나 부끄러워하는 기색이 없고 비위가 좋은 모양. shamelessly 하다

언중(言中)[명] 말 가운데. in words

언중(言重)[명] 말씨가 가볍지 않고 책임 있음. 《대》언경(言輕). 하다 히다

언중(言衆)[명] 같은 언어를 사용하는 사회 안의 대중(大衆). 같은 말을 쓰는 사람들.

언중 유:골[一-](言中有骨)[명] 예사로운 말 속에 단단한 속뜻이 들어 있음. words with hidden meaning [다른 뜻이 들어 있음. significant word

언중 유:언[一-](言中有言)[명] 예사로운 말 속에 또

언중지의(言中之意)[명] 말 속에 들어 있는 뜻. 《대》언외의(言外之意). implication [said is correct

언-즉시:야(言則是也)[명] 말인즉 사리에 맞음. what is

언:지(言地)[명] 〈산〉 언단(言端). ②〈제도〉 간관(諫

언지(言贄)[명] →언질(言質). [官)의 지위.

언지 무익(言之無益)[명] 말해 보아야 소용없음. 하다

언진(言盡)[명] 말이 다함. 더 할 말이 없음. 하다

언질(言質)[명] ①어떤 일을 약속하는 말의 꼬투리. pledge ②남이 한 말을 이용하여서 뒤에 자기가 할 말의 증거로 삼음. 또, 그 말. 질언(質言).

언질 잡-다(言質一)[자] 남의 말을 이용하여 자기가 할 말의 증거로 삼다. take another's pledge

언질 주-다(言質一)[자] 남에게 증거 잡힐 말을 하다.

언집(言執)[명] 자기의 말을 고집함. 하다 [unpleasant

언짢-다(言一)[형] 마음에 좋지 않다. bad ②보기에 싫다.

언참(言讖)[명] 말이 미래의 사실과 꼭 맞음.

언책(言責)[명] ①자기가 한 말에 대한 책임. responsibility for one's words ②말로 하는 책망. rebuke

언청-계:용(言聽計用)[명] 남을 깊이 믿어 그가 하자는 대로 함. 하다

언청-샌님[명] 언청이를 놀려서 일컫는 말. harelip

언청이[명] 윗입술이 선천적으로 찢어진 사람. 결순(缺 [脣). [끄는 말.

언청이 아니면 일색[속] 번연한 결점을 핑계삼음을 비

언:초(偃草)[명] 바람에 쓸려 쓰러진 풀이라는 뜻으로, 백성이 잘 교화(敎化)됨의 비유.

언치[명] 마소의 등에 덮어 주는 방석이나 담요. ¶말에 ~을 놓아라. pad

언치[명](동) 어치.

언치 뜯는 말[속] 같은 혈족을 해치는 것은 자기를 해

어치-새[명] 〈동〉 어치.

언커:크(UNCURK)[명] 〈정치〉 〔약〕 United Nations Commission for Unification and Rehabilitation of Korea 국제 연합 한국 통일 부흥 위원단(1950~ 1973).

언컷(uncut)[명] ①〈인쇄〉 책이나 잡지 등의 제본에서 종이를 접은 그대로 도련하지 않은 것. ②검열 이전의 커트하지 않은 인쇄물 또는 영화 필름.

언탁(言託)[명] 남에게 말로 부탁함. 하다

언턱[명] ①물건 위에 층이 진 곳. arris ②언덕의 턱. edge of a hill [거리. cause of a dispute

언턱-거리[명] 남에게 말썽을 부릴 만한 핑계. ¶덕

언투(言套)[명] 말버릇. [모양. uneven floor 하다

언틀-먼틀[부] 바닥이 들쭉날쭉해 요철(凹凸)이 심한

언파(言罷)[명] 말을 끝냄. 하다

언:패(諺稗)[명] 패관(稗官)들이 언문으로 쓴 옛 소설. 패관 소설(稗官小說).

언편(言篇)[명] 〈음악〉 가곡의 하나. 평탄치 않은 선율(旋律)을 이름. 《대》편삭 대엽(編數大葉).

언표(言表)[명] ①〈동〉 언외(言外). ②말로 나타낸 바.

언품(言品)圏 말의 품위(品位).
언=필칭(言必稱)甼 말을 할 때마다 반드시. ¶요즘 젊은이는 ~ 남녀 동권이야. always
언필칭 요순(言必稱堯舜)圏 ①매사에 같은 말만 되풀이함. ②늘 말만 내세우고 고고한 체함.
언하(言下)圏 말하는 바로 그 자리. at once ②말이 떨어지자 곧 그 때.
언:해(諺解)圏 한문을 한글로 풀이함. 또, 그 책. Korean annotation of Chinese classics 하다
언행(言行)圏〔約〕→언어 행동(言語行動).
언행-록(言行錄)圏 말과 행실을 적어 모은 책.
언행 일치(言行一致)圏 하는 말과 행동이 같음.
언힐(言詰)圏 말로 잘못을 꾸짖고 나무람. verbal rebuke 하다
얹-다囨 ①물건을 다른 물건의 위에 올려놓다. put upon ②윷놀이에서, 한 말을 다른 말과 합치다.
얹은 머리 여자의 머리를 땋아서 위로 둥글게 둘러 얹은 머리. chignon〔nged bow
얹은=**활**圏 활시위를 걸어 놓은 활. (대) 부린활. stri-
얹혀=살:-다囨 남에게 의지하여서 붙어 살다.
얹히-다囨 ①물건이 높은 곳에 올려 놓이다. be placed on ②남에게 붙어 살다. depend upon ③먹은 음식이 소화되지 않아 체하다. lie heavy on one's stomach ④어느 물건 위에 덮쳐 눌려지다. be placed on ⑤배가 좌초하다. be stranded ⑥없게 하다.
:얼·니.-다囨(고) 얻어 다니다. 찾아다니다. '니'는 행동의 계속을 뜻하는 말이니 '니어'가 줄면 '녀'가 됨.
얻다囧 어디에다.
얻:-다囨 ①주는 것을 받아 가지다. receive ②보고 들어 자기 것으로 만들다. gain ③주인이 있는 물건을 줍다. get ④이해하다. 터득하다. ⑤병에 걸리다. become ill
얻다가囧 어디에다가.
얼=**씨**囨(동) 형용사(形容詞). 얼멓쳐.
얼:어-걸리-다囨 ①우연히 제 것이나 제 몸이 되다. ①잘못 얻어걸렸다가 큰일난다. ②이익을 보다. ¶일자리가 ~.
얼:어-내:-다 상대방으로 하여금 내놓게 하여 그것을 차지하다. ¶찬조금을 얻어 ~.
얼:어-듣-다囮 남들의 말을 우연히 들어서 알다. ¶얼어들은 지식. learn by hearsay
얻어들은 풍월囧 정식으로 배우지 못하여 남에게 자주 들어 아는 지식.
얼:어-맞-다囨 남에게 매를 맞다. receive a blow
얼:어-먹-다囨 ①남의 음식을 공으로 먹거나 빌어서 먹다. live as a beggar ②욕이 자기에게 돌아오다. be reprimanded 〔하는 짓을 이르는 말.
얻어 온 쐐기囧 남의 집에와 가만히 앉아서 먹기만
얼:어-터:지-다囨(속) 얻어맞다. ¶〔것보다 많음.
얻은 떡이 두레 반囜 얻은 것이 정작 만들어
얼:은 잠방이囜 남에게 일껏 얻은 것이 그리 신통한 것이 없음을 이름. get a thing of little importance
얼¹囧 ①밖에 드러난 흠. defect ②〔약〕→얼갈이. ③사
얼:²囧 정신. 혼. 넋. spirit〔고 또는 탈.
얼-²囧 ①명사 위에 붙어서 '덜 된'·'똑똑하지 못한'의 뜻을 나타내는 말. imperfect ②동사 위에 붙어 '여러 가지가 뒤섞여'·'분명하지 않게'의 뜻을 나타내는 말. incomplete
얼(孼)囜(동) 서=(庶).
얼=간囧 ①소금에 조금 절이는 잔. 또, 그 절임. 담염(淡鹽). ②〔약〕→얼간 망둥이. ③〔약〕
→얼갈이. 하다
얼간 구이囧 생선에 얼간을 하여 구운 음식. 담염구이(淡鹽灸). slightly salted boiled fish
얼간 망:둥이囧 주책없고, 아무 데에나 경충거리기만 하는 사람의 별명. 〔약〕 얼간². simpleton
얼간-이囧 됨됨이가 똑똑하지 못하고 모자라는 사람.
〔약〕 얼간³. fool
얼:=갈이囜〈농업〉 ①겨울에 논밭을 대충 갈아엎는 일. winter cultivation ②푸성귀를 겨울에 심는 일. 또, 그 푸성귀. winter-sown greens 하다
얼·갈이=김치囜 얼갈이 배추로 담근 김치. 동파저(凍
얼개囧 짜임새. 구조(構造). structure〔播菹).
얼개=빗囧 →얼레빗. 〔반сти층으로 된 개화.
얼-개화(一開化)圏 완전하거나 익숙하게 되지 못하고
거리圏 일의 골자만을 대충 추려 잡은 전체의 테두
얼-결[-껼]圏〔약〕→얼떨결. 〔리. outline
얼결-에[-껼-]囧〔약〕얼떨결에. 〔자.
얼교자(一交子)圏 식공자와 진교자를 섞어 차린 교
얼교자-상[-쌍]圏(一交子床)圏 얼교자로 차린 상.
얼굴¹圏 ①목 위, 머리의 앞쪽. 곧 이마와 턱과 두 귀 와의 둘레의. 면¹⑤. 〔공〕 신면. face ②얼굴에 생긴 모양. 용모. countenance ③물건의 표면. surface ④체면. 신용이나 평판. honour ⑤표정. 안색. look ⑥아는 범위. 안면. ¶~이 넓다. popularity
얼굴²(一고) 모양. 형상(形狀).
얼굴=값[-깝]圏 얼굴이 생긴 만큼의 값어치. ¶~도 못한다. value of face〔countenance
얼굴-빛[-삗]圏 얼굴에 나타난 기색. 안색(顔色).
얼굴빛이 변하다 당황하거나 흥분하거나 부끄럽거나 또는 화가 나서 안색이 달라지다.
얼굴빛이 붉으락푸르락하다 극도의 분노와 흥분을 이기지 못하여, 안색이 벌겋게 상기되었다 창백하여졌다 하다.
얼굴에 모닥불을 담아 붓듯囮 매우 부끄러워 낯이 뜨거움.
얼굴이 뜨겁다囮 무안을 당하거나 부끄럽거나 하여 뜨거움.
얼굴이 반반하다囮 얼굴의 생김새가 얌전하고 예쁘다.
얼굴-판(-)囧 낯. 안면(顔面). face
얼근-덜근囧 술이 반쯤 취해서 건들거리는 모양.
얼근-달콤-하다囨 맛이 조금 맵고도 달다.〔작〕알근달근하다. somewhat hot and sweet
얼근-하다囨 ①조금 매워서 입안이 얼얼하다. ¶얼근한 국. hot ②술이 거나하여 정신이 어렸하다. ¶얼근하게 취하다.〔작〕알근하다.〔거〕얼큰하다. somewhat intoxicated 얼근-히囧
얼금-뱅이圏 얼굴에 얼금얼금 얽은 사람.〔작〕알금뱅이. pockmarked person
얼금-숨숨囧 굵고 얇게 얽은 자국이 밴 모양.〔작〕알금솜솜. pockmarked 하다
얼금-얼금囧 굵고 얇게 얽은 자국이 여기저기 성긴 모양.〔작〕알금알금. slightly pitted 하다
얼-기-다(고) 얽히다.
얼기-설기囧 ①이리저리 얽힌 모양. entangled ②일들을 이리저리 맞추어 해내는 모양.〔작〕알기살기.〔거〕얼키설키.
얼김[-낌]圏 다른 일이 되는 바람. impulse ¶~해
얼김-에[-쎕-]囧 다른 일이 되는 바람에. ¶~ 해버렸다. 〔the confusion of the moment
얼낌덜낌[-에]囧 여러 가지로 북비고 바쁜 가운데. in
얼-넘기-다囮 일을 얼버무려서 넘기다. scamp
얼-넘어가-다囨 일을 얼버무려 넘어가다. it gets done in a scampy way
얼-노래圏〈종교〉대종교에서 예식 때 부르는 노래.
얼-녹다囨 얼다가 녹다가 하다.〔약〕어녹다. 〔다.
얼-녹이-다囮 얼렸다녹았다 녹였다하다.〔약〕어녹이
얼:-다囨 ①찬 기운을 만나 응결하다. ¶얼음이 ~. freeze ②추위로 몸의 감각이 없어지다. ¶손이 ~. ③〔속〕남의 위세로 기가 죽다. ④누에에 주기 위해 따 놓은 뽕잎이 시들다.
얼더듬-다囨 이말 저말 뒤섞여서 알아들을 수 없는 모호한 말을 하다.
얼떨-결[-껼]圏 여러 가지가 복잡하고 혼란되어 정신이 얼떨떨한 판. ¶~에. in the confusion of
얼떨떨-하다囨 정신이 몹시 얼떨하다. confused
얼떨-하다囨〔약〕①뜻밖의 일을 잡자기 당하거나 복

잔하여 정신을 바로 차리지 못하다. flurried ②골이 심하게 울려 아프다. dizzy　　　　　[cute baby
얼뚱-아기圀 둥둥 얼려 주고 싶도록 재롱스러운 아기.
얼=뜨기圀 정신이 얼뜬 사람. stupid person
얼=뜨-다나[으턔] 다부지지 못하고 겁이 많아 얼빠진 데가 있다. stupid　　　　　　[끝을 당하다.
얼뜬 봉빗이다配 공연히 남의 일에 걸려 들어 창피한
얼:락-녹을락圀 ①얼 듯 말 듯, 얼었다 녹았다 하는 모양. now freezing and now melting ②남을 다 잡았다 늦추었다 하며 놀리는 모양. make fool of 하配　　　　　　[and now falling 하配
얼락-배락圀 성했다 망했다 하는 모양. now rising
얼러기圀 털 빛이 얼럭얼럭한 짐승. 얼루기. spotted animal　　　　　　　　　　[추다. flatter
얼러-맞추-다타 교묘한 말로 남의 비위를 얼러서 맞
얼러-먹-다타 서로 어울러서 함께 먹다. eat together
얼러-방망이圀 때리려고 얼러 버르는 짓. 하다.
얼러-방치-다타 두 가지 이상의 일을 한거번에 해내
얼러-붙-다재 둘이 어우러져 서로 붙다. ¶얼러붙어 서 싸우다. grapple with　　　　[grapple with
얼러-붙이-다타 둘이 어우러져 서로 붙게 하다.
얼러-치-다타 ①둘 이상의 것을 한꺼번에 때리다. beat both at a time ②둘 이상의 물건 값을 합산하 다. count in the lump　　　　　[얼락. spots
얼럭圀 본바닥에 다른 빛깔이나 점이 섞인 자취.
얼럭-광:대圀 정작 광대를 '어릿광대'에 대하여 이르 는 말. (대) 어릿광대. actor
얼럭-나방圀〈곤충〉얼럭나방과의 나방. 몸 빛이 얼럭 얼럭. 유충은 물푸레나무 등의 잎을 갉아먹음.
얼럭-덜럭圀 여러 가지 빛깔의 점이나 줄이 고르지 않 게 무늬를 이룬 모양. ¶~한 옷. 알락달락.
얼럭-말圀 털 빛이 얼럭진 말.　　　　[in spots 하配
얼럭-소圀 털 빛이 얼럭진 소.
얼럭-얼럭圀 여러 가지 빛깔의 점·줄이 고르게 칠해 지거나 새겨진 모양. (작) 알락알락. parti-coloured 하配
얼럭-지-다재 ①본바닥에 얼럭덜럭한 무늬가 생기다. become stained ②일의 처리가 치우쳐 공평하지 못하게 되다. be partial
얼럭-집圀 한 집의 각 채를 여러 가지 양식으로 지은 집. house of mixed styles
얼럴럴 상사뒤야圀 '농부가'의 후렴.
얼렁-거리-다재 교묘한 말과 짓으로 남의 비위를 맞 추다. 얼썬거리다②. (작) 알랑거리다. flatter 얼렁-얼렁圀 하配
얼렁-뚱땅圀 엉터리로 남을 교묘히 속이는 모양. 엄 벙뗌. (작) 알랑땅. trickily 하配타
얼렁-수圀 얼렁거리는 사람. cunning person　[ick
얼렁-수[-쑤]圀 얼렁뚱땅하는 수단. (작) 알랑수. tr-
얼:렁-장사圀 여러 사람이 자본을 어울러서 하는 장 사. joint business
얼렁-질圀 실 끝에 돌을 매어 서로 걸고, 그 실의 강약을 가르는 장난. game of testing the streng- th of strings 하配
얼레圀 실을 감는 기구. 설주 두 개나 네 개 또는 여 섯 개로 짜서 중앙에 자루를 박고 실을 감음. reel
얼레-공圀 장치기할 때에 양편의 주장(主將)이 경기 장의 중앙에 파 놓은 구멍에서 공을 서로 빼앗기 해 공을 넣는 짓.　　　　　[빗. coarse-tooth comb
얼레-빗圀 빗살이 굵고 성긴 빗. 월소(月梳). (대) 참
얼레빗 참빗 품에 품고 가도 제 복 없으면 못 산다配 출가할 때 예장을 많이 해야만 좋은 것이 아니다.
얼레살-풀-다자[르불] 난봉이 나서 재물을 없애기 시작 하다. start dissipation
얼레지〈식물〉백합과의 다년생 풀. 화경은 가늘고 길며 잎은 타원형이고 4∼5월에 홍자색 꽃이 핌. 관상용으로 함. 재비늘이 뿌리·줄기는 식용·약용함. adder's-tongue lily　　　　　[from adder's tongue lily
얼레짓-가루圀 얼레지의 뿌리에서 빼낸 전분. starch

얼루기圀 ①얼룩얼룩한 무늬나 점. ②몸 빛 또는 털 빛이 얼룩진 동물. (작) 알로기. dapple
얼루룩-덜루룩圀 (센)→얼루룩더루룩.
얼루룩-얼루룩圀 (센)→얼루룩얼루룩.
얼루룽-덜루룽圀 (센)→얼루룽덜루룽.
얼룩圀 ①본바닥에 다른 빛이 뚜렷하게 섞인 자국. ②색체가 스며들어서 더러워진 자국.
얼룩-날치〈어류〉날치과의 물고기. 우리 나라의 남해·서해에서 나며 말리거나 절여서 먹는데 맛이 좋음.
얼룩-덜룩圀 여러 가지 빛깔로 된 점이나 줄이 불규 칙하게 이룬 무늬가 밴 모양. (작) 알록달록. parti- coloured 하配
얼룩-말〈동물〉말과의 짐승. 말 비슷한데 조금 작 고, 백색 또는 담황색 바탕에 흑색 줄무늬가 있음. 초원에 메지어 사는데, 사나워서 길들이기 어려움. 동남부 아프리카에 분포. zebra
얼룩-무늬圀 얼룩진 무늬.
얼룩-배기圀 겉이 얼룩진 동물이나 물건.
얼룩-백로(一白鷺)圀〈조류〉백로과의 새. 머리 위로 부터 목 뒤까지는 검고, 목의 좌우는 밤색이며 눈 의 주위는 누름. 남부 아시아에 분포함. 얼룩해오 라기. 자로(紫鷺).
얼룩을-빼-다타 얼룩을 빼내다. remove a stain
얼룩-소圀 털 빛이 얼룩얼룩한 소. 이우(梨牛).
얼룩-얼룩圀 여러 가지의 빛깔로 된 점이나 줄이 규 칙적으로 이룬 무늬가 밴 모양. (작) 알록알록. spott- ed 하配
얼룩-이圀→얼루기.
얼룩-점(一點)圀 물건에 얼룩얼룩하게 박힌 점. (작)
얼룩-지-다재(약)→이루어기지다.　　[알록점. spots
얼룽-거리-다재 (센)→어룽.
얼룽-거리-다재 (센)→어룽거리다.
얼룽-덜룽圀 (센)→어룽더룽.
얼룽물圀 (口) 얼룩말.
얼룽이圀 (센)→어룽이.
얼룽-지-다재 (센)→어룽지다.
얼른 속히, 빨리의 뜻으로 동작의 날램을 나타내는 말. 얼씬. 퍼뜩②. quickly
얼른-거리-다재 (센)→어른거리다.
얼른-얼른圀 '얼른'을 강조하는 말. quickly
얼리-다자 ①(피)→어울리다!. ②서로 얽히게 되다. be entangled 타 어울리게 하다. make one join
얼리-다자타 얼게 하다. freeze
얼:마圀 ①어떠한 수효나 분량이나 정도. how much ②밝힐 필요가 없는 수효나 양이나 정도. ¶~ 되 지 못하다. not much ③정하지 않은 수효나 분량 이나 정도. 기하(幾許). ¶품삯이 하루~냐? how much
얼:마-간(一間)圀튀 일정한 수효에서 얼마만큼은 다는 말. ¶~ 기다리시오. some　　　　　　　[죽.
얼:마-나圀 ①얼마 가량이니. how much ②어복. 오
얼:마-든지圀 어떠한 수효의 분량이나 정도(실)라도 좋다는 뜻을 나타내는 말. as many as one likes
얼=마르-다자[르] ①얼어 아주 차차 마르다. be fro- zen into drying ②완전히 마르지 않다. be wettish
얼:마-만큼圀 얼마만하게. (약) 얼마큼. how much
얼:마-큼圀 ¶책값이 ~ 들겠느냐.
얼:마-큼圀(약)→얼마만큼.
얼:망(一網)圀 새끼나 노끈 따위로 두편의 벽놋을 그 물처럼 엮은 물건.　　　　　　　　[맞다. suitable
얼:맞-다형 정도에 넘치거나 모자라지 않다. (작) 알
얼:=먹-다자 놀라서 어리둥절해지다.
얼멍-덜멍圀 죽·물 따위가 잘 풀어지지 않고 여기저 기 덩어리가 진 모양. lumpy 하配
얼멍-얼멍圀 ①죽이나 풀 같은 것의 국물이 확 풀리지 않은 모양. lumpy ②실·총으로 짠 물건의 밑바닥 이 존존하지 않은 모양. coarse 하配
얼멍-다配 (口) 성기다. 설피다.

얼=미닫이[-다지]圕〈건축〉두 짝이 엇물리게 닫히는 는 미닫이. sliding door

얼밋=얼밋[-믿-믿][-]①어름어름하고 미적미적하는 모양. putting off indefinitely ②자기 허물이나 책임을 남에게 넘기려고 하는 모양. 《작》얄밋얄밋. irresponsively 하다

얼=바람둥이 실없이 허황한 짓을 하는 사람. absu-
얼바람맞=다圐 어중간히 바람맞은 것처럼 실없는 짓을 하다. nonsensical ⌈rd person

얼바람맞은 놈 언행이 망탄(妄誕)한 사람을 일컬음.

얼=버무리-다圀回 ①뚜렷하지 않게 이말저말 뒤섞어 슬쩍 넘겨 버리다. ¶얼버무리지 말고 사실대로 말해라. equivocate ②잘 씹지 않고 삼키다. swallow without chewing well ③여러 가지를 대충 섞어서 버무리다. mix at random

얼=보다圀回 ①분명하게 보지 못하다. see dimly ②바로 보지 못하다. see amiss

얼=보이-다困 ①분명하게 보이지 않다. be dimly seen ②바로 보이지 아니하다. loom

얼=부풀-다[-르다] 얼어서 부풀어 오르다. be frozen and swell up

얼=비치-다困 광선이 눈에 반사되게 비치다. reflect

얼=빠지-다圀 ①넋을 잃다. be disconcerted ②정신이 혼란하다. be consternated ⌈certed

얼=뜨-다[-따]圛 남을 얼떠지게 하다. make one discon-
얼빰=붙이-다[-부치-]匝 얼떨결에 뺨을 때리다. slapping other's cheek in confusion

얼싸①흥겨워 내는 소리. ¶~ 좋구나！Bravo!
②동 얼싸③.
얼싸=둥둥 ①남의 운에 끌려 영문모르고 행동하는 모양. ②흥겨워 아기를 어르는 소리. There's a good baby!
얼싸=안-다[-따]匝 두 팔을 벌려 껴안다. hug
얼싸 절싸①흥겨워 뛰노는 모양. how delightful
②중간에서 양편이 해롭지 않도록 주선하는 모양. 하다

얼쑹=덜쑹 같은 빛깔이나 다른 빛깔로 된 줄이나 점이 불규칙하게 무늬를 이룬 모양.《작》얄쏭달쏭. uneven 하다

얼쑹=얼쑹 ①여러 가지 빛깔로된 줄이나 점이 규칙적으로 무늬를 이룬 모양. ②생각하기에 보이는 희미하여서 분명하지 않은 모양.《작》얄쏭얄쏭. 하다

얼쑹=하-다圂圂《약》→어리송하다.

얼씨구①흥에 겨워서 떠들 때에 장단을 가볍게 맞추며 내는 소리. 얼씨구나. ¶~좋다. How delightful! ②보기에 눈꼴 사나울 때에 조롱하로 하는
얼씨구=나 얼씨구①. ⌈소리. 얼씨우.
얼씨구나 절씨구나圂 흥겨워서 떠들 때에 아주 좋다고 마구 지르는 소리. 얼씨구나절씨구나.
얼씨구 절씨구 흥에 겨워 마구 떠들 때에 내는 소리. 얼씨구나 절씨구나. What a pleasure!
얼씬 어떤 것이 잠깐 나타나는 모양. 얼른. 잠깐.《작》앨씬. flickeringly 하다

얼씬=거리-다屆 ①눈앞에서 떠나지 않고 자꾸 나타나다. ②동 얼렁거리다.《좌》얄씬거리다. flit about
얼씬=얼씬 하다 ⌈be unable to come in sight
얼씬=못:하-다屆屆 눈앞에 감히 나타나지 못하다.
얼씬=아니하-다屆屆 잠깐도 나타나지 않다. do not come in sight at all
얼씬=없-다[-따]圉 얼씬하는 일이 없다. do not show up even for a moment **얼씬-없:이**圕
얼씬=하-다屆屆 잠깐 나타나다. ⌈mit
얼=안 테두리의 안쪽. 범위의 안. within the li-
얼어=붙-다[-따]困 물건이 얼어서 꽉 들러붙다. be frozen fast to

얼얼=하-다圉 ①맛이 매우 맵거나 독하여서 혀끝이 몹시 아리고 쓰리다. hot ②살을 다치어 몹시 아리다.《작》알알하다. tingling ⌈없:이圕
얼:=없-다圉 조금도 틀림없다. 폭같다. same **얼=**

얼에빗《고》얼레빗. ⌈re morsel
얼=요기[-료-]*(-療飢)*圐 충분하지 못한 요기. me-
얼우-다匝《고》시집보내다. 혼인하다.
얼우=다圂图《고》얼리다.
:얼∙운-다《고》어른. ⌈진 것. ice
얼음[圐] 물이 섭씨 0도 이하의 온도에서 고체로 굳어
얼음=걷기〈식〉울벼의 하나. 꺼끄러기가 없고 껍질이 얇고 빛이 누름. 해빙할 무렵에 적종함.
얼음 과자 (-菓子)圐 사탕물에 과실즙·향료 등을 섞어 얼려서 만든 과자. 빙과(氷菓).
얼음 낚시圐 겨울에 강이나 저수지 등의 얼음을 깨고 낚싯줄을 드리워서 물고기를 잡는 낚시질.
얼음 냉:수(-冷水)圐①얼음을 넣어서 차게 한 물. ②얼음같이 찬 물. 빙수(氷水)①. ice water
얼음=덩이[-뎡-]圐 얼음의 덩어리.
얼음말-타-다圀(동) 얼음지치다.
얼음=문(-紋)圐 갈라지 얼음장을 도안화한 무늬.
얼음=물圐 얼음을 띄워 차게 한 물.
얼음 박이圀 동상(凍傷)에 걸리다. be frost-bitten
얼음 베개圐 속에 얼음을 넣은 고무나 비닐제의 베개. ice-pillow
얼음 사탕(-砂糖)圐 얼음같이 생긴 사탕. rock candy
얼음=산(-山)圐(동) 빙산(氷山).
얼음에 자빠진 쇠눈깔圂 갑자기 놀라서 휘둥그래진 눈.
얼음=엿(-년)圐 달걀·우유·설탕·옥수수 가루 따위에 향료를 섞어서 얼리어 만든 엿. 아이스 캔디.
얼음=장(-張)圐 얼음의 좀 넓은 조각. flat piece of ice ⌈차거나 싸늘하기가 얼음장=같이圕
얼음장같-다[-짱-]圉 방바닥·몸·인정 따위가 몹시
얼음=점(-點)〈물〉①물이 얼기 시작할 때, 또는 얼음이 녹기 시작할 때의 온도. 0°C 임. ②물질의 응고점. 빙점(氷點).《대》끓는점.
얼음 조기圐 얼음을 질러 상하지 않게 한 생은 조기.
얼음 주머니(-주-)圐 ①얼음을 넣는 주머니. ② 열 환자의 머리에 얼음찜질을 하려고 얼음을 넣는 얇은 고무·비닐제의 주머니. ice bag
얼음=지치기圐 얼음 위를 지치는 운동. 빙활(氷滑). ice skating 하다 ⌈을타다. skate
얼음=지치다圐 얼음판 위에서 미끄러져 나가다. 얼
얼음=찜(-의학) 몸의 한 부분에 얼음을 대어 열을 내리게 하는 법. relieving fever with an ice-bag
얼음=찜질圐 얼음찜을 하는 일. 하다 ⌈(茶).
얼음=차(-茶)圐 얼음을 넣어 차게 한 차. 빙차(氷
얼음치(-魚類)圐 잉어과의 민물고기. 몸 길이가 25cm, 몸 빛은 등 쪽은 은색 바탕에 갈색을 띠고, 배쪽은 흼. 옆구리에 7~8개의 흑점 줄이 있음.
얼음=판圐 얼음지치기에 적당한 얼음의 거죽. 물 위나 땅바닥에 얼음이 마당처럼 된 곳. ice-covered ground
얼음 편자圐 얼음 위에서 미끄러지지 않게 말굽에 박는 쇳조각. horseshoe for frozen ground
얼의-다圂回 엉기다.
얼∙이∙-다圂回 혼인시키다. 시집보내다.
얼=입-다[-립-](*(-*)-)匝 남의 잘못으로 해를 입다. suffer loss from other's fault
얼자[-짜](*蘖子*)圐 서자(庶子).
얼젓국圐 젓국을 조금 타서 국물이 적게 담근 김치. 담해저(淡醢菹). pickled vegetables with sal-
얼=조개젓圐 얼것으로 담근 조개젓. ⌈ted fish
얼짜圐 얼치기인 물건.
얼쩌지근=하-다圉 ①살이 얼얼하게 아프다. smarting ②술이 알맞게 취하다. half tipsy ③음식의 맛이 조금 맵다. somewhat hot ④살끝이의 관계나 알음알음이 있는 것 인연이 있는 듯하다.《약》얼찌근하다.《작》얄짝지근하다.

얼쩡=거리-다圀 ①얼렁거리며 남을 속이다. cajole ②아무 일도 없이 와서 자꾸 동아니다다.《작》 얄짱거리다. loiter **얼쩡=얼쩡** 하다

얼쭝=거리-다圀 여러 가지 말을 하며 자꾸 얼전거리

얼쯤편 주춤거리는 모양. 하타 《작》알쫑거리다. cajole
얼쭝=얼쯩편 연해 주춤거리는 모양. 하타
얼찌근=하-다형[어][無]→얼찍지근하다.
얼찐-거리다타 앞에서 가까이 돌며 심히 아첨하는 태도를 보이다. 《작》 알찐거리다. flatter 얼찐-얼찐 하타
얼추편 ①대강. ②거의 가깝게. ¶맡은 일을 ~ 끝냈다. nearly
얼추-잡다타 대강을 작정하다. 전목치다. roughly estimate at 「고, 미꾸라지는 넣지 않은 추어탕.
얼-추탕(擘鰍湯)명 밀가루 국에 여러 가지 양념만 넣
얼-치기명 ①이도 저도 아닌 중간치기. things half-done ②탁탁하지 않은 사람. half-trained person ③이것저것이 조금씩 섞인 것. thing mixed with many others 「다. be entangled
얼크러-지다자 일이나 물건이 이리저리 서로 얽히
얼큰-하다형[여][無]계→얼근하다.
얼키-설키편 [게]→얼기설기.
얼토당토 아니하다형[여][無] ①전혀 관계 없다. preposterous ②전혀 합당하지 않다. ¶얼토당토 아니하단 말. 《약》얼토당토 않다. absurd
얼토당토 않-다형 《약》→얼토당토 아니하다.
얼통(擘統)명 첩 소생의 형통. [kat brim
얼-통량(一統涼)명 거칠게 만든 통량. coarsely made
얽-다¹[억-]자 ①얼굴에 마마 자국이 생기다. become marked with pits ②물건의 거죽에 흠이 많이 나다. 《작》 앍다. flaw
얽-다²[억-]타 ①없는 일을 있는 것처럼 이리저리 꾸미다. make up ②노끈이나 새끼 따위로 이리저리 걸어서 묶다. bind
얽-동이다[억-]타 얽어서 동여매다. bind
얽둑-빼기[억-]명 얼굴에 마마 자국으로 얽둑얽둑한 사람. 《작》 앍독빼기. person with a pocky face
얽둑-얽둑[억-역-]편 얼굴에 얽은 자국이 굵고 얽게 생긴 모양. 《작》 앍독앍독. pocky 하타
얽-매:다[억-]타 ①얽어서 매다. bind ②일에 몸과 마음을 기울이다. restrict
얽-매이다[억-]타 어떠한 일에 매이어 몸이나 또는 마음이 벗어나지 못하다. ¶시험 준비에 ~. be bound 얽어매이다. be taken up
얽박-고:석[억-](-古石)명 ①몹시 얽은 낯은 돌. pockmarked stone ②몹시 얽은 얼굴. pockmarked face
얽벅=얽벅[억-역-]편 얼굴에 굵고 깊게 얽은 자국이 많은 모양. 《작》 앍박앍박. pocky 하타
얽-빼기[억-]명 얼굴에 얽은 자국이 많은 사람. pockmarked person
얽어-내:다[억-]타 ①물건을 얽어서 끌어내다. bind and drag out ②남의 것을 손씨를 부려서 약약빠르게 끄집어내다. drag out cunningly
얽어도 유자(一柚子)명 가치 있는 물건은 좀 흠이 있어도, 본디 갖춘 제 값어치는 지니고 있다는 말.
얽어-매:다타 얽어서 매다. bind up 「는 일.
얽어-짜임명 《건축》 창이나 문 등의 문살을 얽어 짜
얽은 굵은 슬기몜 얼굴은 얽었으나 슬기롭다. 곧, 외양만 가지고 평가할 수 없다.
얽이명 짜임새. 구조(構造). structure
얽이²명 ①물건을 보호하기 위하여 거죽을 이리저리 써서 얽는 일. binding ②일의 대강 순서나 배치를 잡아 보는 일. plan 「cross
얽이-치다타 이리저리 얽어서 매어 놓다. tie crisscross
얽적-빼기[억-]명 얼굴이 얽적얽적 얽은 사람. 《작》 앍작빼기. person with a pocky face
얽적-얽적[억-역-]편 얼굴에 잘고 굵은 것이 섞여서 얽은 모양. 《작》 앍작앍작. 《큰》 얽죽얽죽. pocky 하타
얽죽-빼기[억-]명 얼굴이 얽죽얽죽 얽은 사람. 《작》 앍죽빼기. pockmarked person
얽죽-얽죽[억-역-]편 얼굴에 잘고 굵은 것이 섞이

어 깊이 얽은 자국이 성긴 모양. 《작》 앍죽앍죽. pocky 하타 「cky 하타
얽히고 설키다[無] 이리저리 얼키다.
얽히-다[억-]자 ①서로 엇걸리다. be complicated ②애매하게 걸리다. be entangled in ③어떤 심리 작용이 복잡해지다. be complicated ④얽어 감기다.
얽히-다²[억-]자 얽음을 당하다. be bound
엄:명→어음.
엄(掩)명 《야》=엄폐(掩蔽)®.
:엄(嚴)명 [고]어금니. ②[芽].
엄각(嚴刻)명[동] 엄혹(嚴酷). 하형 히
엄갑(嚴勘)명 엄중하게 처단함. strict measure 하타
엄-개(掩蓋)명 참호나 방공호 등의 위를 덮는 물건.
엄:격(掩擊)명[동] 엄습(掩襲). 하타
엄격[-껵](嚴格)명 ①말과 행실이 엄숙하고 정당함. severity ②말이나 짓이 딱딱함. strictness 하형 히
엄견(嚴譴)명[동] 책망(嚴責). 하타 「히
엄계(嚴戒)명 엄중히 경계함. strict watch 하타
엄고(嚴鼓)명 《제도》 임금이 정전(正殿)에 출어(出御)할 때, 또 거둥 때에 엄숙한 뜻을 보이고, 백관(百官)과 시위 군사(侍衛軍士)가 제자리에 대기하도록 큰 북을 울리는 일.
엄곤(嚴棍)명 형벌로 엄하게 곤장을 침. 하타
엄:-광:창(掩壙窓)명 관(棺)을 묻기 전에 구덩이를 덮는 창짝. 「teaching ②명 남의 가르침.
엄교(嚴敎)명 ①엄하게 가르침. 교훈. strict
엄군(嚴君)명 자기 아버지. my father 「하타
엄금(嚴禁)명 엄하게 막음. ¶입산 ~. interdiction
엄-나무명 두릅나무과의 낙엽 활엽 교목. 줄기 높이 15~25m로 가시가 많고 5~6월에 황백색 꽃이 핌. 재목은 기구를 만드는 데 쓰이고 수피는 한약재로 씀. 자동(刺桐). 해동(海桐). 「센 송곳니. tusk tree
엄-니명 ①육식 동물의 아래와 양턱에 난 날카롭고 군
엄-니아-변(一牙邊)명 한자 부수의 하나. '掌·觺'의 '牙'. 아부(牙部).
엄:닉(掩匿)명 덮어서 숨김. concealment 하타
엄단(嚴斷)명 《약》→엄중 처단. 「orders 하타
엄달(嚴達)명 엄중히 명령을 내림. giving strict
엄담(嚴談)명 엄격한 담화. strict negotiation 하타
엄-대(-一代)명 외상 판매시에 물건 값을 표하는 길고 짧은 금을 새긴 막대기.
엄-대:답(-對答)명 남이 써 놓은 어음에 대하여 보증함. endorsement 하타 「하타
엄-대:질(-一代一)명 엄대를 가지고 하는 외상 거래.
엄독(嚴督)명 ①엄중하게 감독함. 또는 그 감독. strict supervision ②엄히 독촉함. 또는 그 독촉. urging 「winter
엄동(嚴多)명 몹시 추운 겨울. 용동(隆多). severe
엄동 설한(嚴冬雪寒)명 눈이 오고 몹시 추운 겨울. 용동 설한. 《약》 엄한(嚴寒). depth of winter
엄-루명 감히 무엇을 하려는 마음. daring
엄랭(嚴冷)명 ①몹시 참. Intense cold ②성질이 엄하고 쌀쌀함. cold-hearted 하형 히
엄령(嚴令)명 엄중한 명령. strict order
엄립 과조(嚴立科條)명 엄중하게 규정을 세움. 하타
엄마명 어머니의 어린이 말. mammy
엄마리명 《광물》 장마 물에 밀리어 흐르는 사금(砂金)을 한 곳으로 몰아 받아 내는 일.
엄:-매명 송아지가 우는 소리. lowing
엄:-매(掩埋)명 《약》 엄토(掩土). 하타
엄매-명 송아지가 엇달아 우는 소리. moo
엄명(嚴命)명 엄중한 명령. 엄하게 명령함. strict order 하타 「clear 하형 히
엄명(嚴明)명 엄격하고 명백함. being solemn and
엄:-문(掩門)명 문을 닫음. 하타
엄밀(嚴密)명 ①매우 비밀함. strict secrecy ②엄중하고 세밀하여서 빈틈이 없음. ¶~한 조사. strictly confidential 하형 히

엄발-나다자 벗나가는 태도가 있다. be selfish

엄버(umber)圀 〈화학〉천연의 갈색 안료(顔料). 성분은 이산화망간 및 규산염을 함유한 수산화철로 덩어리를 이루는 산물임. [vere punishment 하타
엄벌(嚴罰)圀 엄중한 처벌. 엄하게 벌을 내림. se-
엄범부렁-하-다휑여불 실속은 없으면서 겉만 부푸다. 《약》엄부렁하다. showy [치료법. fomentation
엄법[-뻡](罨法)圀 〈의학〉 찜질하거나 열을 식히는
엄법[-뻡](嚴法)圀 엄중한 법. strict order [하타
엄벙-덤벙튀 주관 없이 함부로 덤벙이는 모양. rashly
엄벙-띵튀 〈동〉얼렁뚱땅. 하타
엄벙-통튀 엄벙한 가운데. tumult
엄벙-판튀 엄벙한 장면. tumult
엄벙-하-다휑여불 ①말이나 짓이 착실하지 못하고 떠벌리다. frivolous ②일을 슬쩍 넘겨 어름어름하다.
엄봉(嚴封)圀 단단히 봉함. 하타
엄부(嚴父)圀 엄한 아버지. 《대》자모(慈母). strict
엄부럭圀 〈동〉엄살. 심술. [father
엄부럭 떨-다[-떨-]태 철없이 엄살을 떨다. [with
엄부럭 부리-다태 철없이 심술을 부리다. be cross
엄부럭-하-다휑여불 《약》→엄범부렁하다.
엄=**부형**(嚴父兄)圀 엄한 부형. strict parents and
엄=**분부**(嚴吩咐)圀 엄중한 분부. [brothers
엄비(嚴批)圀 〈제도〉상주한 글에 대한 임금의 비답(批答). king's answer to the report
엄비(嚴祕)圀 엄중한 비밀. strict secret
엄사(嚴査)圀 엄중하게 조사함. 또는 그 조사. close examination 하타
엄사(嚴師)圀 엄격한 스승. strict teacher
엄살圀 고통이나 어려움을 거짓 꾸미거나 과장해서 나타내는 태도. 엄부럭. 《작》암살. exaggeration of pain 하타 스럽 스레
엄살(掩殺)圀 뜻하지 않은 때에 엄습하여 죽임. killing with a sudden attack 하타
엄살-궃-다휑 엄살스러운 데가 있다. pretending
엄살-꾸러기圀 엄살을 잘 부리는 사람. cry-baby
엄살-떨-다태 엄살을 몹시 부리다. pretend pain
엄살-부리-다태 엄살하는 태도를 나타내다. exagger-
엄살-풀圀 〈동〉미모사. [ate pain
엄상(嚴霜)圀 된서리. [rn expression
엄색(嚴色)圀 엄격한 표정을 지음. 또, 그 표정. ste-
엄서(嚴暑)圀 혹독한 더위. 혹서(酷暑). 《대》엄한(嚴寒). severe heat
엄선(嚴選)圀 엄정하게 가려냄. 또는 그 가림. careful selection 하타 [타
엄수(嚴囚)圀 엄중하게 가둠. strict confinement 하타
엄수(嚴守)圀 엄격하게 지킴. ¶시간 ∼. 《대》위반(違反). strict observance 하타
엄수(嚴修)圀 의식(儀式) 같은 것을 엄숙하게 지냄. ¶사회장을 ∼하다. 하타
엄숙(嚴肅)圀 ①장엄하고 정숙함. ¶∼한 예식. solemnity ②위품 있고 엄중(嚴重)함. 삼숙(森肅). austerity 하타 히튀
엄숙=**주의**(嚴肅主義)圀 〈윤리〉도덕적 동기에서 욕망을 억제하고 쾌락이나 행복을 배척하는 입장. 엄숙설(嚴肅說). 엄격주의(嚴格主義). 《대》방임주의(放任主義). puritanism [attack 하타
엄:**습**(掩襲)圀 불시에 습격함. 엄격(掩擊). sudden
엄승(嚴繩)圀 몹시 엄정(嚴正)함.
엄:**시**-하(嚴侍下)圀 아버지만 생존한 경우. having
엄:**신**(嚴親)圀 《약》→엄집신. [only father to serve
엄:**신**(嚴親)圀 집이 가난하여 허름한 옷으로 몸만 겨우 가림. bare living 하타
엄:**심**-갑(掩心甲)圀 가슴을 가리는 갑옷.
엄쏘리圀 〈교〉어금닛소리. 아음(牙音).
엄:**엄**(奄奄)튀 숨이 곧 끊어지려고 하거나 몹시 약한 모양. gasping for breath 하휑
엄:**엄**(掩掩)튀 향기가 확 풍기는 모양. fragrant 하타
엄엄(嚴嚴)튀 ①매우 엄한 모양. solemn ②위품이 있는 모양. dignified 하휑

엄:**연**(儼然)튀 ①겉모양이나 언동이 씩씩하고 점잖음. majesty ②아무리 해도 움직일 수 없는 모양. sternness 하타 히튀
엄위(嚴威)圀 엄하여 두려운 위품. majesty 하휑
엄의(嚴毅)圀 엄격하고 굳셈. 하휑
엄:**이**(掩耳)圀 귀를 막는다는 뜻으로, 듣지 않으려고 하는 짓. 하타
엄:**이 도령**(掩耳盜鈴)圀 귀를 가리고 방울을 훔친다는 뜻으로, 다 드러난 잘못을 얕은 수로 속이고자 함의 비유. 눈 가리고 아옹. 귀 막고 방울 훔치기.
엄:**인**(閹人)圀〈동〉고자(鼓子).
엄장圀 풍채 있는 큰 덩치. fine looking bulk
엄장(嚴杖)圀 엄한 장형(杖刑)에 처함. 또는, 그 장형. severe thrashing 하타
엄장(嚴壯)圀 몸을 가지는 태도가 장대함. 하휑
엄장 뇌수(嚴杖牢囚)圀 엄장한 후에 가둠. 하타
엄:**적**(掩迹)圀 잘못된 형적을 가리어 덤음.
엄전-스럽-다휑비풀 엄전한 태도가 있다. **엄전**=스레튀
엄전-하-다휑여불 하는 짓이 정숙하고 점잖다.
엄절(嚴切)圀 성질이 몹시 엄격하여 뺏구 끊은 듯함. 하휑 히튀
엄정(嚴正)圀 엄격하고 바름. strict fairness 하휑 히튀
엄정 중립(嚴正中立)圀 ①어느 편에도 기울지 않음. strict neutrality ②〈정치〉국외 중립(局外中立)의 지위를 엄수하여 교전국의 어느 편도 돕지 않음.
엄조(嚴祖)圀 엄한 할아버지. [하타
엄:**족**-반(掩足盤)圀 반기를 나르는 데 쓰는, 다리가 짧은 소반.
엄:**존**(儼存)圀 엄연하게 존재함. existence 하타
엄주(嚴誅)圀 〈제도〉엄하게 주벌(誅罰)에 처함. severe punishment 하타
엄준(嚴峻)휑〈동〉엄격(嚴格)¹. 하타 히튀
엄중(嚴重)圀 ①엄격히 진중함. ②몹시 엄함. 《대》관대(寬大). strictness 하휑 히튀 [《약》엄단.
엄중 처:**단**(嚴重處斷)圀 엄격하게 벌을 주어 처단함.
엄중 처:**지**(嚴重處地)圀 《약》→엄지처.
엄:**지**[-찌](-紙)圀 →어음지.
엄지(嚴旨)圀 엄중한 왕의 교지(敎旨). king's strict instruction [指). 《약》엄지. thumb, big toe
엄지-가락圀 엄지손가락이나 엄지발가락. 거지(巨
엄지머리 총:**각**(-總角)圀 평생을 총각으로 지내는 사람. old bachelor
엄지-발圀 《약》→엄지발가락.
엄지-발가락[-까-]圀 가장 굵고 짧은 발가락. 장지(將指). 《약》엄지발. big toe
엄지-발톱圀 엄지발가락의 발톱. nail of the big toe
엄지-손圀 《약》→엄지손가락.
엄지-손가락[-까-]圀 가장 굵고 짧은 손가락. 무지(拇指). 대지(大指). 《약》엄지손. thumb
엄지-손톱圀 엄지손가락의 손톱. thumb nail 「은 톱.
엄지-총圀 짚신이나 미투리의 코빼기 양편에 굵게 박
엄징(嚴懲)圀 엄중하게 징벌함. 엄승(嚴繩). severe punishment 하타
엄:**짚신**圀 상제가 초상 때부터 졸곡(卒哭) 때까지 신는 짚신. 흰 종이로 울을 감쌌음. 《약》엄신. mourner's straw sandals
엄:-**쪽**圀 →어음쪽.
엄책(嚴責)圀 엄하게 꾸짖음. 또는 그 책망. 엄견(嚴譴). sharp rebuke 하타
엄처(嚴處)圀 엄중하게 처단함. 하타
엄처 시:**하**(嚴妻侍下)圀 아내에게 쥐어 사는 남편을 조롱하는 말. henpecked husband
엄청-나-다휑여불 생각한 것보다 너무 심한 정도로 차이가 나다. extravagant
엄:**체**(淹滯)圀 ①세상에 나서지 못한 채 파묻혀 있음. being indiscovered ②오래 지체함. over stay 하타
엄:**체**(掩體)圀 〈군사〉사격을 용이하게 하거나, 도탄 적탄에 대해 사수(射手) 등을 엄호하는 설비.

엄:치(掩置)[명] 숨기어 둠. concealment 하다

엄치(嚴治)[명] ①엄중히 다스림. strict administration ②엄격하than 처벌함. severe punishment 하다

엄칙(嚴飭)[명] 엄중히 타이르고 경계함. 하다

엄친(嚴親)[명] ①밭어버이. ②남에 대하여 자기의 아버지를 일컬음. 가친(家親). (대) 자친(慈親). my father

엄탐(嚴探)[명] 엄밀히 정탐함. strict search 하다

엄:토(掩土)[명] 흙이나 떼를 덮어서 간신히 지내는 장사(葬事). (掩埋). poor burial service 하다

엄:=파[명] →움파②. [soft and plump

엄:파-닫-다[타] 움파와 같이 희고 보드랍고 통통하다.

엄파이어(umpire)[명] 〈체육〉심판원.

엄펑-소니 의뭉스럽게 남을 속이거나 꾀리는 솜씨나 짓. trickery [대도가 있다. **엄펑-스레**[부]

엄펑-스럽-다[형] 음흉하게 남을 속이거나 꾀리는 데가 있다.

엄:폐(掩蔽)[명] ①가리어 숨김. cover ②〈천문〉항성이나 행성(行星)이 항성(恒星)을 가리는 현상. 성식(星蝕). (약) 엄(掩). 하다

엄:폐-물(掩蔽物)[명] 〈군사〉적의 포탄을 막아 낼 수 있는 지상물의 총칭. covering facility

엄:폐-호(掩蔽壕)[명] 〈군사〉적에게 보이지 않도록 위를 덮어 만든 호. (略) 엄호(掩壕). covered trench

엄:포[명] 실속 없는 말로 남을 위협하는 일. bluffing

엄:포-놓-다[타] 실속 없는 말로 남을 호령하거나 위협하다. bluff

엄=하-다(嚴−)[여형] ①규율이나 예절을 따지는 데 매우 딱딱하고 바르다. austere ②잘못되지 않도록 잡도리가 심하다. ¶엄하신 선생님. strict ③매우 심하다. **엄-히**[부]

엄한(嚴寒)[명] 〈약〉→동설 설한. [嚴寒)함. 하다

엄핵(嚴覈)[명] 법에 위반되는 사실 등을 엄중히 핵실

엄핵 조:율(嚴覈照律) 사건의 실상을 엄중히 조사하여 법대로 엄하게 처단함. 하다

엄형(嚴刑)[명] 엄중한 형벌. 엄한 형벌에 처함. severe punishment 하다

엄:호(掩壕)[명] 〈약〉→엄폐호(掩蔽壕).

엄:호(掩護)[명] ①남의 허물을 덮어 줌. 회호(回護). covering ②〈군사〉자기편의 행동이나 목적을 적의 공격으로부터 안전하게 보호함. protection 하다

엄:호-대(掩護隊)[명] 〈군사〉엄호하는 일을 맡은 부대.

엄:호-밀(厂戶−)[명] 한자 부수(部首)의 하나. '庚·庭' 등의 '厂'의 이름. '등의 厂'의 이름. 민엄호밀.

엄:호-변(厂戶邊)[명] 한자 부수(部首)의 하나. '厓·厚'.

엄:호 사격(掩護射擊)[명] 〈군사〉엄호하기 위하여 쏘는 사격하는 일. 소총 부대가 싸우는 뒤에서 포(砲)로 사격하는 일 따위. covering fire

엄혹(嚴酷)[명] 엄하고 혹독하다. 매우 엄함. 엄각(嚴刻). severity 하다 히

엄홀(奄忽)[명] 갑작스러운 모양. suddenly 하다 히

엄훈(嚴訓)[명] 엄중한 훈계(訓戒). strict instruction

업[명] 〈민속〉한 집안에 있어서 살림이, 그 덕이나 복으로 늘어간다는 가장 비중 중점을 둔 동물이나.

업(業)[명] ①〈약〉→직업(職業). ②〈불교〉몸과 입과 뜻으로 짓는 선악의 소행(所行). ③〈불교〉전세(前世)의 소행으로 말미암아 현세에 받는 응보(應報). karma(법).

업(up)[명] ①'위·위에'의 뜻. (대) 다운(down). ②〈체육〉골프 경기에서, 현재 이긴 홀의 수. ③〈약〉→업스타일(upstyle). ④〈약〉→클로즈업(close-up). ⑤〈약〉→크랭크 업(crank up).

업간 체조(業間體操)[명] 공장·회사 등에서 점심 시간 등을 이용하여 하는 보건 체조.

업-거울[명] 〈민속〉업의 구실을 한다는 거울.

업경(業鏡)[명] 〈불교〉저승의 길 입구에 있다는 거울. 명경대(明鏡臺). 업경대(業鏡臺).

업경-대(業鏡臺)[명] →업경(業鏡).

업계(業界)[명] 동일한 산업(產業)이나 상업(商業)에 종사하는 사람의 사회. ¶~ 동향(動向). industrial world [인하여 받는 고통.

업고(業苦)[명] 〈불교〉전생(前生)의 악업(惡業)으로

업과(業果)[명] 업보(業報).

업과 기시(業果起始)[명] 〈불교〉탐애(貪愛)로 인하여 태생(胎生)·난생(卵生)·습생(濕生)·화생(化生)으로 나타나는 업보.

업-구렁이[명] 〈민속〉집안에 업의 구실을 한다는 구렁이. ②〈동물〉살무사과의 구렁이. 길이 1~2m로 가늘고 어릴 때는 담갈색이나 크면 암회록색을 띰. 인가에 출입하여 참새·쥐 따위를 잡아먹음. 청사(靑蛇).

업-다[타] ①사람이나 물건을 등에 지다. carry on one's back ②남을 이용하려고 끌고 들어가다. win over ③업어다주기 놀이에서, 남의 말이 제 말의 등에 놓이다. ④윷놀이에서, 두 말을 한데 어우르다. ⑤연이 열린 뒤에 연줄을 재빠르게 감아 들여서 남의 연을 빼앗다.

업-더디-다[고] 엎드리다.

업-두꺼비[명] 업 노릇을 한다는 두꺼비.

업-둥이(←一童−)[명] 자기 집 문간에 있었거나, 우연히 얻어서 거두어 기르는 아이.

업드르-다[고] 엎드리다.

업라이트 피아노(upright piano)[명] 〈음악〉피아노의 하나. 현을 세로로 친 직립형의 피아노. 가정용·연습용임. 수형(竪型) 피아노. (대) 그랜드 피아노.

업력(業力)[명] 〈불교〉과보를 이끄는 업인(業因)의 힘.

업무(業務)[명] ①직업으로 행하는 직무. business ②맡아서 하는 일. duty

업무 감사(業務監査) 기업체의 회계 기록의 검토 기타 각종 업무의 능률적인 운영 여부에 대한 감사.

업무-권[−꿘](業務權)[명] 〈법률〉일정한 사항을 업무로 보통 때 허락되지 않는 행위를 할 수 있는 권리. 의사나 권투 선수의 행위가 상해죄가 되지 않는 것.

업무 방해죄[−−쬐](業務妨害罪) 〈법률〉허위의 풍설을 유포하는 것, 또 위계(僞計)나 위력(威力)을 써서 타인의 업무를 방해함으로써 성립되는 죄. interference in the execution of one's duty

업무용 서류(業務用書類)[명] 업무에 사용되는 문서. business documents ②제4종 우편물의 하나. 특정인에게 주는 통신문의 성질을 띠지 않은 문서.

업보(業報)[명] 〈불교〉전세(前世)의 악업(惡業)의 앙갚음. 업과(業果). karma effects

업보 연기(業報緣起)[명] 〈불교〉선악의 업인(業因)으로 말미암아 일어나는 온갖 연기.

업-사이드(upside)[명] 위쪽. 상부(上部). 상면(上面).

업수-놓-다[타] 광산에서, 갱내(坑內)의 물을 밖으로 흐르게 설비하다. establish drainage in the pit

업숭이[명] 하는 짓이 변변하지 못한 사람을 조롱하는 말. dull fellow

업-스타일(upstyle)[명] ①여자의 머리 꾸밈새의 하나. 머리를 위로 끌어올려 꼭짓머리를 드러내는 형식. ②〈약〉머리 중점을 둔 형식의 복장. (약) 업(up)③.

업습(業習)[명] 버릇. 습관. habit

업시름[명] 업신여김과 구박. contemptuous treatments

업:-시우-다 · **-다**[타] 업신여기다.

업:-신-여기-다[−녀−][ㄹ] 교만심에서 남을 낮추보거나 멸시(蔑視)하다. disregard

업:신-여김[−녀−][명] 남을 업신여기는 일. (약) 업심.

업:-심[명] →업신여김. [mpt

업:신-받-다[타] 업신여김을 받다. be despised conte-

업액(業厄)[명] 〈불교〉악업(惡業)의 보답으로 받는 재난. retribution for the deeds of a former life

업왕(業王)[명] 〈동〉업왕(業王).

업어 가도 모른다[관] 잠이 깊어 웬만한 일에는 깨어나지 못하는 상태에 있다.

업어다-주기[명] 윷놀이의 하나. 남의 말이 제 말 있는 밭에 오면, 그 차례에 자기가 노는 윷을 그 말에 꽂아 주어 가게 하고 제 말은 다음 차례에나 갈

업어 온 중[名] 싫으면서도 괄시하기 어려운 사람.
업어-치기[名] ①씨름에서, 몸을 돌려 궁둥이에 상대방의 배를 대고 들어 올려 앞으로 메어치는 기술. ②유도에서, 메치기 기술 중의 하나. 상대를 자기 뒤로 업어서 어깨 너머로 넘기는 기술.
업연(業緣)[名]〈불교〉업보(業報)의 인연. 업인(業因).
업왕(業王)[名] 집안에서 재수를 맡아 도와 준다는 신. 업양(業樣). household deity of luck
업원(業冤)[名]〈불교〉전생(前生)에서 지은 죄로 인하여 이승에서 받는 괴로움. karma-effects
업음-질[名] 번갈아 업어 주는 짓. bearing one another on the back 하타
업의-항(一紅)[名]〈민속〉살림을 보호해 준다는 신을 위해 쌀이나 돈 따위를 넣어 모시는 항아리.
업인(業人)[名]〈불교〉악업(惡業)을 쌓은 사람.
업인(業因)[名]〈불교〉선악(善惡)의 과보를 일으키는 원인. 업연(業緣).
업자(業者)[名]〈약〉→당업자(當業者).
업장(業障)[名]〈불교〉전생(前生)에 지은 죄(罪)로 인해 이승에서 받는 마장(魔障).
업저지[名] 어린아이를 업어 주며 보아주기 위하여 둔 계집 하인. nursemaid
업적(業績)[名] 일을 다 마치어 이루어 놓은 실적. ¶~이 크다. achievements
업-족제비[名]〈민속〉업의 구실을 한다는 족제비.
업종(業種)[名] 영업의 종류. type of industry
업죄(業罪)[名]〈불교〉전생에 지은 죄. offence
업주(業主)[名]〈약〉→영업주(營業主).
업진[名] 소의 가슴 부분에 붙은 고기. brisket
업진 편육(一片肉)[名] 업진을 삶아서 만든 편육.
업차(業次)[名] 매일 하는 일의 순서. routine
업체(業體)[名] 사업이나 기업의 주체(主體). 〈약〉기업체(企業體). [of business
업태(業態)[名] 영업이나 사업의 실태. actual condition
업-투데이트(up-to-date)[名] ①가장 새로움. ②현대식. 현대적. 첨단적(尖端的). 최신식(最新式). 하타
업해(業海)[名]〈불교〉넓고 넓은 업보(業報)의 세계.
업화(業火)[名]〈불교〉①불길이 일어나는 노여움. fury ②중생이 과거에 지은 악업으로 받는 지옥의 맹렬한 불. fierce hell fire
업히-다[他] 업음을 당하다. be carried on one's back 사동 남의 등에 업게 하다. be piled up
없:는[冠] 없이 사는. 가지지 않은. ¶~ 주제에 허세만 부린다. poor
없는 게 없다[구] 없는 것이 없이 무엇이나 다 있다.
없:-다[形] ①있지 않다. there is no … ②가지지 않다. have not ③남지 않다. 당진하다. ¶쓰고 ~. run short of ④끊어지다. childless ⑤ 살아 있지 않다. ¶지금은 있는 사람. dead ⑥가난하다.
없:-애다[他]〈약〉→없이하다. [[대]. 없다. poor
없어 비단 옷[구] 구차해서 단벌 밖에 없는 비단옷을 입었다. 즉, 구차한 사람이 아끼던 물건을 쓰게 되는 경우를 비유한 말.
없:어-지-다[自] ①가진 것이 분실되다. be lost ②다 써서 남지 않게 되다. be used up ③있던 것이 사라지다. disappear ④죽다. die
없으면 제 아비 제사도 못 지낸다[구] 가난하면 아버지 제사도 못 지내는데 하물며 다른 데 비용 드는 일을 어떻게 할 수 있겠느냐는 말.
없:-을무-부(一無部)[名] 한자 부수의 하나. '旣' 등의 '无'의 이름.] [에 있는 상태로. without
없:이[副] 없는 상태로. without ┘ '无'의 이름.
없:-이살-다[自][르]구차하게 살다. be in poverty
없:-이하-다[他]〈약〉없이하다. 〈대〉없애다. remove ¶~가다. ~베다. ~셈. aslant
엇[접두] '비뚜로·어긋나게·서로 걸쳐서·조금'의 뜻.
=엇[冠][고] 아래의 뜻을 나타내는 선어말 어미. 「먹겠다 하시니(먹었다 하시니). [여 덟은 헛가격.
엇=가게[名]〈건축〉지붕을 한편이 어긋나게 기울게 하

엇=가-다[自] 언행이 사리에 어그러지게 나가다. 엇나가다③. unreasonable
엇=가리[名]〈농업〉대나 채를 엮어서 위는 둥글고 아래는 평평하게 만들어 곡식을 담고 덮는 데 쓰는 농구(農具).
엇=각(一角)[名]〈수학〉두 직선에 한 직선이 만나서 생기는 여러 개의 각 가운데서 한 직선의 반대쪽에 있어서 서로 마주 대하는 내각. 착각(錯角). alternate interior-angles
엇=갈리-다[自] 서로 빗나가다. cross paths
엇=걸:-다[타][르] 서로 마주 걸다. cross
엇=걸리-다[自] 서로 마주 걸리다. cross
엇=계[名][그] 어깨.
엇=결-다[他][르] 서로 어긋매끼어 짜거나 겯다. cross
엇결[名] 틀리거나 엇나간 나무의 결. cross grain
엇=결리-다[自] 엇걸음을 당하다.
엇구뜰-하-다[形][여] 조금 구수한 맛이 있다. somewhat nice
엇구-수하-다[形] ①음식 맛이 조금 구수하다. tasty ②하는 말이 구미에 닿거나 이치에 그럴 듯하다. plausible 엇구수-히[副]
엇=그루[名] 엇비슷하게 자른 그루터기. stump of a tree cut diagonally
엇=깎-다[他] 비뚤어지게 깎다. cut obliquely
엇나-다[自] ①장작 따위가 비뚤어지게 쪼개지다. split diagonally ②줄 따위가 바르지 않게 그어지다. deflect ③비위가 틀려서 언행을 사리에 어긋나게 하다. deviate
엇=눈[名]〈식물〉꼭지눈이나 곁눈의 자리 이외의 자리에서 생기는 눈. 〈대〉제눈.
엇니-톱니바퀴[名]〈평치열(平齒列)〉톱니바퀴의 축(軸)에 대하여 나사 모양을 이루는 톱니바퀴.
엇다[感] 받침 없는 체언에 붙어, 무엇이라고 이미 인정된 일이나 물건을 다지어 말할 때 쓰는 종결적 서술격 조사. ¶오늘이 초하루이~.
=엇다[語尾] 형용사 '아니다'의 어간에 붙어 그러함을 강조하여 단정하는 종결 어미. ¶그것은 사슴이 아니~.
엇=대:-다[他] ①어긋나게 대다. apply obliquely ②대어 놓고 빈정거리다. ¶엇대지 말라. be cynical
엇더호-다[形][고] 어떠하다.
:엇-몌[冠][고] 어이, 어째서. [지푸르다.
엇=되-다[自] ①좀 건방지다. somewhat pert ②〈동〉어떤된-놈[名] ①〈속〉좀 건방진 사람. ②〈속〉엇나가는 말이나 짓을 잘하는 사람. pert person
엇디[副][고] 어찌.
엇디호-다[形][고] 어찌하다.
엇=뜨[名][으로] 눈동자가 한쪽으로 몰아 박혀서 빗뜨보다. ¶보기가 흉하니 엇뜨지 말아라. squint
엇=막-다[他] 비뚤어지게 막다. pronounce.
엇-막이[名]〈체육〉격구(擊毬)할 때 공을 친 동작의 하
엇=매끼-다[他]〈약〉어긋매끼다. [나. 횡방(橫防).
엇=나-다[自] ①나무를 켤 때 톱이 비뚜로 썰어 들어가다. deviate ②언행을 사리에 맞지 않게 하다. unreasonable
엇=메:-다[他] 한쪽 어깨에서 다른 쪽 겨드랑이 밑으로 걸쳐서 메다. bear on one's shoulder
엇몰이 장단(一長短)[名]〈음악〉판소리나 산조(散調)에 쓰이는 장단의 하나.
엇=물-다[他][르]〈약〉→엇굿물다.
엇=물리-다[自]〈약〉→엇굿물리다.
엇=바꾸-다[他] 서로 마주 바꾸다. exchange
엇=바뀌-다[自] 서로 마주 바뀌다.
엇=바꾸이-다[自動] 엇바꿈을 당하다. 〈약〉엇바뀌다.
엇=박-다[他] ①엇슷하게 박다. drive into obliquely ②서로 엇갈리게 박다. drive into alternately
엇=박이다[名] 한 곳에 고착되지 못하고 갈아들거나 이리저리 움직이는 상태. 또는 그런 사물. [lly.
엇=베:-다[他] 물건을 엇비뚜름하게 베다. cut diagonally
엇=베이-다[自] 엇벰을 당하다.
엇=보(一保)[名] 두 사람이 한 곳에서 빚을 얻을 때 서

로 서는 보증. mutual guarantee
엇부루기圀 아직 큰 소가 되지 못한 수송아지. bull-calf
엇-불-다匣 비스듬하게 맞닿다. touch at an angle
엇-불-이-다[—부치—]匣 엇불게 하다.
엇비뚜름-하-다匣옐 한쪽으로 약간 비뚜름하다. slightly oblique 엇비뚜름-히
엇비스듬-하-다匣옐 조금 비스듬하다. 엇비스듬-히
엇비슷-하-다匣옐여 ①어지간하게 거의 같다. much the same ②약간 비스듬하다. slightly oblique 엇비슷-이
엇-뿌리匣〈식물〉제 뿌리 이외의 자리에서 생기는 어린 뿌리.
엇-서-다匣 모질고 어긋매게 맞서다.
엇-석-다匣 서로 어긋매게 섞다. mix
엇-섞이-다匣외 엇섞음을 당하다.
엇-셈匣 ①서로 주고받을 것을 빼고 하는 셈. 상쇄(相殺). offset ②마주 에기는 셈. 하匣
엇-송아지 아직 덜 자란 송아지. calf
=엇스라〔교〕=어 있으라.
엇-시조(旕時調)匣〈문학〉시조 형식의 하나. 초·중·종 삼장 가운데서 종장을 제외한 어느 한 구절이 평시조보다 글자 수가 더 많은 시조. 중시조.
엇-시침匣 시침질의 하나. 바늘을 직각으로 시침한. 두꺼운 모직이나 안감을 맞출 때나 시점 넣을 때에 이용함. 「창법에서, 수잡가(首雜歌)의 구집.
엇엮음 시조[—녁—](—時調)匣〈음악〉시조(時調)의
엇우부-다匣〔교〕 에뻐다.
엇-장단(—長短)匣〈음악〉신놀이 장단(長短).
엇-접匣 접목법의 하나. 서로 엇베어서 접하는 것.
엇-치량(—棵)匣〈건축〉집의 넓이를 두 칸 반 통이 되도록 보를 여섯 줄로 세로 올리어 짓는 법. 「집.
엇치량-집[—접](—棵—)〈건축〉엇치량으로 지은
엇턱-이음匣〈건축〉둥근 통나무 같은 것의 이음 부분을 양쪽 다 턱이 지게 하여 맞추어 있는 이음.
=었〔고〕 '동사·형용사'의 음성·중성 모음으로 끝나는 어간에 붙어, 과거 시제를 나타내는 선어말 어미. ¶나는 그 점에 있었~다.
=었-〔고〕 '—았—'·'—었—'의 아래에 붙어 과거 완료의 시제를 나타내는 선어말 어미. ¶그는 중학교 농구 선수이었~다.
=었습니다〔고〕 '—었—'과 '—습니다'가 합쳐 종결 어미. ¶어제는 책을 읽~.
엉匣 개 따위가 덤빌 때 내는 소리. bow-wow 하匣
엉거능측-하-다匣옐 능청스러워 남을 속이는 수단이 있다. ¶엉거능측해서 믿지 못하겠다. crafty
엉거시匣〈식물〉엉거시과의 이년생 풀. 줄기는 가시와 가느다란 모양의 날개가 두 줄 있음. 6~10월에 홍자색 꽃이 피고 과실은 관모(冠毛)가 있음. 어린 잎은 식용함.
엉거-주춤匣 ①앉지도 서지도 않고 몸을 반쯤 굽히고 있는 모양. be in half-rising posture ②일을 딱 잘라 하지 못하고 망설이는 모양. 〈작〉앙가조촘. hesitate 하匣
엉검匣 끈끈한 물건이 마구 범벅이 되어 달라붙은 상태. ¶손에 엉검을 하였다. sticky
엉검-결에匣 미처 뜻하지 않은 겨를에. in surprise
엉겅퀴匣〈식물〉엉거시과의 다년생 풀. 6~8월에 자색 꽃이 줄기 끝과 가지 끝에 피고. 줄기와 잎은 약용 및 식용함. 야홍화(野紅花). ¶ ~ 나물. thistle
엉구-다匣 여러 가지를 모아서 일을 되게 하다. arrange
엉그름匣 질게 갠 흙바닥이 말라 터져서 넓게 벌어진 금. ¶논바닥에 ~이 간다. crack on the surface of a clay-work
엉글-거리-다匣 ①어린애가 소리 없이 연해 웃다. ②무엇을 속이면서 연해 억지로 웃다. 〈작〉앙글거리다. 엉글-엉글 하匣
엉글-벙글匣 ①속이면서 꾸며 웃는 모양. with a forced smile ②젖먹이가 탐스럽게 웃는 모양. 〈작〉앙글방글. with a sweet smile 하匣

엉금-썰썰匣 굼뜨게 기다가 재빠르게 기는 모양. 〈작〉앙금쌀쌀. 「금. 〈거〉엉큼엉큼. on all fours
엉금-엉금匣 느리고 굼뜨게 기는 모양. 〈작〉앙금앙
엉기-다匣 ①액체가 한데 뭉치어 붙다. 엉키다®. congeal ②매우 힘들게 간신히 기어가다. go on all fours ③일을 척척 해치우지 못하고 허둥지둥하다. be tardy 「in disorder
엉기-정기匣 질서 없이 여기저기 벌여 놓인 모양.
엉너리匣 남의 환심을 사려고 어벌쩡하게 서두르는 짓. pleasing other's humour 「추다.
엉너리-치-다匣 능청스러운 수단으로 남의 비위를 맞
엉너릿-손匣 남을 후리는 솜씨. flattery
엉:-머리匣〈속〉엉덩이.
엉:덩-방아匣 엉덩이로 바닥에 털썩 부딪치는 짓. 궁둥방아. falling on one's bottom
엉:덩방아-찧-다匣 엉덩이를 땅에 부딪듯 주저앉다. fall on one's bottom
엉:덩이匣 허리와 허벅다리 사이의 부분. 둔부(臀部).〈속〉엉덩머리. buttocks
엉덩이가 근질근질하다匣 한 곳에 조신히 있을 수 없이, 돌아다니거나 활동하려 하다.
엉덩이가 무겁다匣 한 번 앉으면 좀처럼 일어나지 아니하다. 궁둥이가 질기다.
엉덩이에 뿔이 났다匣 아직 자주 자립할 처지에 이르지 못한 사람이 남의 가르침을 받지 않고 빗나갈 때에 이르는 말.
엉:덩잇-바람匣 기세 좋게 엉덩이를 내두르며 걷는 일.
엉:덩잇-짓匣 엉덩이를 흔들거나 움직이는 짓. swinging one's buttocks 하匣 「dance
엉:덩-춤匣 신이 나서 엉덩이를 들먹거리는 짓. hip
엉:덩-판匣 엉덩이의 두툭한 부분. hips
엉두-걸이-다匣 원망·불만이 있어 중얼거리다. grumble 엉두덜 엉두덜匣 하匣
엉뚱-스럽-다匣ㅂ옐 엉뚱한 듯하다. 엉뚱-스레
엉뚱-하-다匣옐 ①분수에 지나치는 말이나 짓을 하다. 〈작〉앙똥하다. extraordinary ②느닷없거나 상식을 넘어서 생각 밖인 느낌이 있다. eccentric
엉망 일이나 물건이 헝클어지고 뒤섞여서 갈피를 잡을 수 없는 어수선한 상태. mess
엉망-진창匣〈영망〉의 힘줌말.
엉-머구리匣〈동물〉개구리의 한 종류. 몸은 크고 누르며 등에 검누른 점이 있음. spotted frog
엉버틈-하-다匣옐 커다랗게 떡 벌어져 있다. 〈작〉앙바틈하다. 엉버틈-히
엉성-궂-다匣옐 매우 엉성하다. 〈작〉앙상궂다. loose
엉성-하-다匣옐 ①꽉 째이지 못하다. loose ②뼈만 남도록 버쩍 마르다. 〈작〉앙상하다. gaunt ③탐탁하지 못하다. unsatisfactory 엉성-히
엉세-판匣 가난하고 궁한 판. poverty
엉얼-거리-다匣 ①원망하는 뜻으로 중얼거리다. 〈작〉앙얼거리다. grumble ②〈동〉응얼거리다. 엉얼-엉얼 하匣 「blubbering ③남을 눌러 떼 쓰.
엉엉匣 ①크게 소리내어 우는 소리. 〈작〉앙앙.
엉:-거리-다匣 ①가난의 피로움을 호소하다. complain of one's poverty ②목놓아 울다. 〈작〉앙앙 거리다. cry loudly
엉이야-벙이야匣 일을 얼럴수로 꾸며대는 모양. 하匣
엉절-거리-다匣 군소리로 원망하는 뜻을 나타내다. 〈작〉앙잘거리다. complain 엉절-엉절匣 하匣
엉정-벙정匣 쓸데없는 물건을 벌여 놓는 모양. in disorder 하匣
엉클(uncle)匣 백부. 아저씨. 숙부(叔父).
엉클-다匣 일이나 물건이 서로 뒤섞여서 풀어지지 않게 되다. entangle
엉클리-다匣 엉큼을 당하다. 「미국인의 별명.
엉클 샘(Uncle Sam)匣 미국의 정부, 또는 전형적인
엉클어-뜨리-다匣 엉클어지게 하다.
엉클어-지-다匣 일이나 물건이 서로 얽히게 되다. 〈약〉엉키다®. 〈거〉헝클어지다. get entangled

엉큼=대:왕(―大王)[명] 엉큼한 짓을 잘하는 사람. impostor
엉큼=성큼[부] 긴 다리로 발을 무겁게 떼었다 가볍게 떼었다 하며 걷는 모양. 《작》 앙큼상큼. with long steps 「**엉큼=스레**[부]
엉큼=스럽-다[형][ㅂ불] 엉큼한 듯하다. 《작》 앙큼스럽다.
엉큼=엉큼[부] 《거》→엉금엉금.
엉큼=하-다[형][여불] 엉뚱한 속심을 품고 제 도에 넘치는 일을 할 경향이 있다. 《작》 앙큼하다. overambitious
엉키-다[자] ①《약》→엉클어지다. ②《동》 엉기다①.
엉터리[명] ①터무니없는 말이나 행동을 하는 사람. unreliable person ②허울만 있고 내용이 빈약하거나 졸렬한 사물이나 사람. 궤탄(詭誕). gasbag ③대강의 윤곽. ¶겨우 ~를 잡았다. outline ④사물의 근거. 터무니. ground
엉터리=없:-다[형] 터무니없다. 이치에 닿지 않다. exorbitant **엉터리=없:이**[부]
엊=그저께[명] 이삼 일 전. 어제 그저께. 《약》 엊그제.
엊=그제[명] 《약》→엊그저께. ⌊few days ago
엊=빠르-다[형][르불] 《약》→어지빠르다.
엊=저녁[명] 《약》 어젯저녁. last evening
엎=누르-다[타][르불] 《약》→엎어누르다.
엎=눌리-다[피동] 엎누름을 당하다.
엎-다[타] ①밑바닥과 윗바닥을 바꾸어서 뒤집어 놓다. overturn ②망쳐 버리다. spoil ③못 일어나도록 위를 덮다. knock down
엎더=지-다[자] 《약》→엎드러지다. 「fall down
엎드러=뜨리-다[타] 앞으로 넘어지게 하다. make one
엎드러=지-다[자] 잘못되어 앞으로 엎어지다. 《약》 엎더지다. fall down
엎드러지면 코 닿을 데[속] 배우 가까운 곳.
엎드리-다[자] ①몸의 앞 부분을 땅에 가깝게 대거나 붙이다. prostrate oneself ②몸의 앞 전체를 땅에 대
엎디-다[자] 《약》→엎드리다. ⌊다. 《약》 엎디다. lie flat
엎어=놓-다[타] 밑바닥이 위로 향하도록 놓아 두다. put something upside-down 「엎누르다. oppress
엎어=누르-다[타][르불] 내려눌러 못 일어나게 하다. 《약》
엎어=말-다[타][ㄹ탈] ①국수·떡국 같은 것을 두 그릇을 한데 말다. mix into ②고기가 보이지 않게 속에 넣고 음식을 말다.
엎어=말이[명] 엎어만 국수나 떡국. ¶~ 세 그릇.
엎어=삶:-다[―삼따][타] ①그럴싸한 말로 속여 넘기다. trick ②노름에서 앞판에 이겨, 차지할 돈의 전부를 그대로 대어 놓고 또 승부를 겨루다.
엎어=지-다[자] ①위아래가 뒤집히다. upset ②일이 죄 망쳐지다. be spoiled ③일어나지 못하게 되다. be knocked down 「나지 않게 하는 것.
엎=자치[명] 장지문·선반 등의 어깨를 서로 앗아 틈이
엎=지르-다[타][르불] 액체가 그릇 밖으로 쏟아지게 하다. spill 「water
엎지른 물[구] 회복할 수 없이 된 일. 엎친물. spilt
엎질러=지-다[자] 액체가 그릇 밖으로 쏟아져 나오게 되다. be spilled 「높고 뒤쪽은 낮게 한 집.
엎=집[명] 〈건축〉 빗물이 한쪽으로 흐르게 지붕 앞쪽은
엎쳐=뵈:-다[자] ①구차하게 남에게 머리를 숙이다. cringe ②《속》 절하다. 「말.
엎=치-다[자][타] 배를 땅 쪽으로 깔다. '엎다'의 힘줌
엎치락=뒤치락[부] 연해 엎쳤다 뒤쳤다 하는 모양. tossing about **하**[자][타]
엎친 데 덮치다[구] 난처한 일이 연해 겹쳐 일어난다. misfortunes never come single 「음을 이르는 말.
엎친=물[명] '엎지른 물'의 뜻으로, 다시 회복할 수 없
에[1][명] 〈어학〉 한글의 합성 모음. 'ㅔ'의 이름.
에[2][조] ①명사 아래에 쓰여서, 처소(處所)를 나타내는 부사격 조사. ¶산 위~ 뜬 구름. ②명사 아래에 쓰여서, 진행 방향을 나타내는 부사격 조사. ¶학교~ 가다. ③명사 아래에 쓰여서, 원인을 나타내는 부사격 조사. ¶큰 소리~ 잠이 깼다. 바람~ 날리는 갈대. ④명사 아래에 쓰여서, 시간을 나타내는 부사격 조사. ¶다섯시~ 만나자. ⑤명사 아래에 쓰여서, 2개 이상의 체언을 동등 자격으로 열거하는 접속 조사. ¶떡~ 밥~ 많이 먹었다. ⑥《약》→에다가.
에[3][감] ①뜻에 맞지 않을 때 내는 소리. ¶~ 거참 듣기 싫군. ②거절하거나 나무랄 때 내는 소리. ③스스로 생각을 끊어 버리려 할 때에 하는 소리. Eh!
에[4]**:**[감] 연설을 할 때에 말마다 중간에 끼워 앞말과의 연락을 부드럽게 하는 말. well
에(E 도)[명] 〈음악〉 시장조(C 長調) 음계의 제삼음(第三音). ⌊三音).
=에[어미] 《고》 =게.
에게[조] ①사람을 가리키는 체언 아래에 붙어서 상대편을 나타내는 조사. ¶누구~ 줄까? to ②체언 아래에 붙어서 상대격을 나타내는 부사격 조사. ¶경찰~ 잡혔다. by
에게로[조] 체언에 붙어서 사물이 귀착되는 것을 나타내는 부사격 조사. ¶책임이 누구~ 갈까? to
에게서[조] 체언에 붙어 그것에서 출발하는 것을 나타내는 조사. ¶선생님~ 배웠다. 《약》 게서. from
에계[감] ①'어뿔사'보다 얕은 말. Dear me! ②작거나 칙살맞아 업신여겨 하는 소리. ¶~ 요것 밖에 안 줘? Well, I am surprised!
에계=계[감] '에계'를 연거푸 하여 줄어 된 말.
에고(ego 라)[명] 〈철학·윤리〉 ①자아(自我). ②《약》→에고이스트(egoist). ③《약》→에고이즘(egoism).
에고이스트(egoist)[명] 〈철학·윤리〉 이기주의자(利己主義者). 자부심이 강한 사람. 《약》 에고(ego)②.
에고이즘(egoism)[명] 〈철학·윤리〉 이기주의(利己主義). 자기 중심(自己中心). 《약》 에고(ego)③.
에고티즘(egotism)[명] ①자기 중심주의(自己中心主義).
에구[감] 《약》→어이구. ⌊②자아주의(自我主義).
에구구[감] 지극히 상심하거나 놀랐을 때에 부지중 나오는 소리. 《거》 에쿠쿠. Dear me!
에구=데구[부] 소리를 마구 지르며 우는 소리. 《작》 애
에구머니[감] 《약》→아이구머니. ⌊고대고. wailing
에구=에구[감] 몹시 슬피 우는 소리. blubbering
에:굽-다[형][ㅂ불] 약간 휘우듬하게 굽다. slightly crooked 「Oh!
에그[감] 가엾거나 징그럽거나 섬뜩할 때 내는 소리.
에그그[감] 퍽 놀랐을 때 부지중 나오는 소리. Good heavens! 「음료.
에그 밀크(egg milk)[명] 뜨거운 우유에 달걀을 넣은
에그 프라이(egg fry)[명] 기름에 부친 달걀.
에:기[감] 마음에 못마땅할 때 내는 소리. 《약》 엑. 《센》
에꾸[감] 《약》→에꾸나. ⌊에끼[2]. damn it!
에꾸나[감] 깜짝 놀랄 때 스스로 내는 소리. 《약》 에꾸.
에꾸-다[타] 《동》 에끼다. ⌊《거》 에쿠나. Oh!
에끄[감] 《약》→에끄나.
에끄나[감] 갑자기 놀랄 때 내는 소리. 《약》 에끄. Oh!
에끼[1][감] 갑자기 놀랐을 때 내는 소리. 《거》 에키. Ah!
에:끼[2][감] 《센》→에기. 「다. 에꾸다. set off
에끼-다[타] 주고받을 일이나 물건을 서로 비겨 없애
에나멜(enamel)[명] ①금속 기구·도기·유리 그릇 등의 위에 무늬를 착색하는 데 쓰는 유리질의 도료. 법랑(琺瑯). ②《동》 에나멜 페인트.
에나멜 가죽(enamel―)[명] 가죽의 표면에 에나멜을 칠하여, 광택을 내고 내수성(耐水性)을 갖게 한 것.
에나멜=지(enamel 紙)[명] 〈인쇄〉 점토(粘土)·황산바륨·탄산석회 등의 흰 안료(顔料)의 자디잔 가루와 카세인 용액과를 섞은 것을 바른 종이. 인쇄 용지로 씀. 「를 배합한 도료. 에나멜②.
에나멜 페인트(enamel paint)[명] 〈화학〉 니스와 안료
에너지(energy)[명] ①정력. 원기. ②〈물리〉 물체가 물리학적인 일을 할 수 있는 능력. 그 일의 양으로써 에너지의 양을 나타냄. 에너지의 형태에 따라 열·위치·운동·전기 등 각 에너지로 구분함.
에너지=관(energy 觀)[명] 〈철학〉 자연 현상을 에너지에 관한 원칙에 의하여 기술함을 자연 과학 인식의 극

에너지 대사 치라고 하는 주장.

에너지 대:사(energy 代謝) 〈생물〉 생물체에 있어서, 물질 대사와 관련되어 행하여지는 에너지의 출입·변화. 일반적으로 식물은 태양 광선의 에너지를 화학적 에너지로 변화시키고, 동물은 이 화학적 에너지를 열에너지와 운동 에너지로 변화시켜 체온을 유지하고 운동을 함. energy metabolism

에너지=론(energy 論) 자연 현상을 지배하는 것을 에너지라 하여 모든 자연 법칙을 에너지의 변화에서 유일한 형식 밑에 돌리는 학설.

에너지 보:존 법칙(energy 保存法則) 〈물리〉 외부로부터의 영향이 완전 차단된 물체나 복사(輻射)의 모임에서는, 그 내부에 어떤 물리적·화학적 변화가 일어나도 전체로서의 에너지는 불변한다는 법칙. 에너지 불멸 법칙. law of conservation of energy 「보존 법칙(energy 保存法則).

에너지 불멸 법칙(energy 不滅法則) 〔동〕 에너지

에너지 산:업(energy 産業) 전력·석탄·석유 등 동력을 공급하는 산업. energy industry

에너지=원(energy 源) 에너지의 근원. 곧, 석탄·석유·지열(地熱)·태양열·수력·풍력 따위. energy source

에너지 준:위(energy 準位) 〈물리〉 원자나 분자가 갖는 에너지의 값. 또는 그 상태. energy level

에너지 혁명(energy 革命) 석탄에서 석유·천연 가스 등으로의 전화(轉化), 나아가서는 물질의 연소(燃燒)에 의하지 않는 원자력에의 전화 등을 말함.

에넘느레-하:다〔어〕 종이나 헝겊 따위가 난잡하게 늘어져 있다. be littered

에네르게이아(energeia 그) 〈철학〉 가능성이나 잠재하여 있는 세력이 형상(形相)과 결합하여 현실화함을 일컬음.

에누리 ①값을 더 얹어서 부르는 일. over-charge ②물건 값을 깎는 일. depreciation ③자기에게 유리하게 사실보다 더 보태거나 줄여서 말하는 일. exaggeration 하다

에누리-없:다〔어〕 에누리하지 않다. **에누리-없:이**

에=는 부사격 조사 '에'에 보조사 '는'이 붙어, 강조 및 대조의 뜻을 나타내는 조사. 〔약〕엔.

에:-다 ①〔약〕에우다. ②에리다 연장으로 도려 「내다. gouge

에다² 〔약〕→에다가.

에다가 ①무엇이 더하여 짐을 나타내는 부사격 조사. and ②두는 곳, 놓는 위치를 나타내는 부사격 조사. 〔약〕에다². 에다². where

에덴(Eden 그) 〈기독〉 인류의 조상인 아담과 이브가 죄짓기 전에 살았다는 낙원. ¶~ 동산.

에델바이스(edelweiss 도) 〈식물〉 엉거시과의 고산 식물. 높이 10〜20cm, 일·줄기에 흰 솜털이 나고, 꼭대기에 몇 개의 두상화가 핌.

에도 명사 아래에 붙어서 '또한'의 뜻을 나타내는 부사격 조사. ¶가을~ 꽃이 핀다.

에도-다 〔고〕 뻥 돌아가다.

에:=돌:다 〔자트〕 멀리 나아가서 하려고 하지 않고 슬슬 피하여 그 자리에서 돌다.

에:=두르-다 〔타르〕 ①둘러 막다. ¶포장을 ~. enclose ②바로 말하지 않고 둘러서 말을 하여 점작하게 하다.

에:-둘리-다 〔자어〕 '에두르다'의 피동. 「다. suggest

에디션(edition) ①출판(出版). ②간행(刊行).

에디슨 전:지(Edison 電池) 〈화학〉 알칼리 축전지의 하나. 에디슨이 고안하였음. Edison cell

에디터(editor) 편집인. 편집자. 주필.

에디푸스(Oedipus) 그리스 신화에 나오는 비극적인 인물. 모르고서 아버지를 죽이고 스핑크스의 수수께끼를 풀었다.

에디푸스 콤플렉스(Oedipus complex) 〈심리〉 정신 분석학에서, 남아(男兒)가 아버지를 배척하고 어머니의 사랑을 얻으려는 잠재 의식. 그리스 신화에 에디푸스의 이름을 따서 프로이트가 이름 지음. 〈대〉 엘렉트라 콤플렉스.

에메랄드그린

에:-뜨거라 〔감〕 '혼날 뻔하였다'는 뜻으로 내는 소리. Good heavens!

에라 〔감〕 ①실망·단념의 뜻을 나타내는 소리. ¶~! 모르겠다. No help for it! ②아이나 아랫 사람에게 '그리 말라'는 뜻으로 나무라는 소리. stop it ③암만하여도 생각을 끊어 버려야 하게 된 때에 스스로 하는 소리. ④〔약〕→에루화.

=에라 〔어미〕 형용사나 동사 밑에 붙어 감탄함을 나타내는 어미. 선어말 어미 '-았='의 뒤에서 쓰임. ¶아침 해가 밝았~.

에러(error) 〔명〕 과실(過失). 오류(誤謬). 실책(失策).

에렙신(Erepsin 도) 〈화학〉 장액(腸液) 중에 들어 있는 소화 효소. 단백질의 분해 산물인 알부모제 및 펩톤을 다시 아미노산으로 분해하여 흡수를 쉽게 함. 「ism).

에로(ero) 〔약〕→에로틱(erotic). 에로티시즘(erotic-

에로=그로(erogro) 〔명〕 에로틱(erotic)하며 그로테스크 (grotesque)함. 「문학.

에로 문학(ero 文學) 〈문학〉 에로틱한 소재를 다룬

에로스(Eros 그) ①그리스 신화의 사랑의 신. 아프로디테의 아들. 로마 신화의 아모르에 해당함. 큐피드. ②〈종교〉 신의 사랑. 플라톤에 의하면 정순한 우정 및 진선미(眞善美)에의 노력의 상징으로서 쓰인 말. 〔대〕아가페(agape). ③〈천문〉 행성(行星) 의 이름. 화성과 목성 사이에 긴 타원형의 궤도를 이루고, 거의 2년마다 지구에 접근한다.

에로이카(eroica 도) 〈음악〉 베토벤 작곡의 '교향곡 제3번 내림 마장조'의 통칭. 영웅 교향곡(英雄交響曲). Sinfonia Eroica 「하게'의 뜻.

에로이코(eroico 이) 〔명〕 〈음악〉 '씩장하게·장쾌(壯快)

에로티시즘(eroticism) 〔명〕 ①사랑·성애(性愛)·연애 등의 뜻. 원래는 정신적인 사랑을, 뒤에 육체적인 사랑을 뜻하게 됨. ②문예상으로는 연애를 묘사한 문학. 에로 문학(ero 文學). 〔약〕에로(ero).

에로틱(erotic) 〔명〕 호색적(好色的). 색정적(色情的). 〔약〕에로(ero). 에로!(ero). 「라④. Oh what fun!

에루화 노래할 때 흥겨움을 나타내는 말. 〔약〕에

에르고스테린(Ergosterin 도) 〔명〕 〈화학〉 효모(酵母) 표고 버섯·목에 들어 있는 유지질(油脂質). 자외선을 쬐면 비타민 D_2의 작용이이는 물질을 생성함.

에르그(erg 도) 〔의역〕 〈물리〉 일의 양의 단위. 1다인의 힘이 물체에 작용해, 그 힘의 방향으로 1센티미터 움직이는 일.

에르븀(erbium) 〔명〕 〈화학〉 희토류 원소의 하나. 이트륨 속에(亞族)에 속하며 옥셀나이트·가돌나이트 등속에 존재함. 원소 기호; Er. 원자 번호; 68. 원자량; 167. 2.

에르스텟(oersted) 〔의역〕 〈물리〉 시 지 에스 전자 단위계 또는 가우스 단위계에서의 자장(磁場)의 세기를 나타내는 단위. 단위 자극(磁極)에 1다인의 힘이 작용했을 때의 세기를 말함. 기호; Oe.

에를 〔조〕 부사격 조사 '에'와 목적격 조사 '를'이 접처 쓰는·목적을 나타내는 조사. ¶집~가다. 〔약〕엘. to

에리트로=마이신(erythromycin) 〈약학〉 항생 물질의 하나. 폐렴·편도선염·디프테리아·발진티푸스 등의 치료음. 독성이 적은 것이 특색임. 상품명; 아일로타이신.

에마나시온(Emanation 도) 〈화학〉 라듐 붕괴 과정 중에 생성되는 방사성 기체 원소. 토론·악티늄·라돈의 세 동위 원소가 있음.

에머리(emery) 〈광물〉 강옥(鋼玉)의 하나. 입자(粒狀)이며, 보통 자철광·석영이 혼합되어 있음. 연마용으로 씀.

에메랄드(emerald) 〔명〕 〈광물〉 녹주석(綠柱石)의 한 가지로 특히 취록색의 광택 있는 보석. 녹주옥(綠柱玉). 녹옥(綠玉). 취옥(翠玉).

에메랄드=그린(emerald-green) ①에메랄드같이 맑은 녹색. ②〈화학〉 초산동(醋酸銅)과 아비산동(亞砒酸銅)의 복염(複鹽). 맑고 화려한 녹색을 띠며,

에메틴(Emetin) 도圈《약학》 흰 가루 모양의 결정으로 아메바 이질에 특효약임.

에멀무지-로圈 ①말이나 짓을 헛일 겸 시험삼아. on trial ②물건을 단단하게 묶지 않은 모양. loosely

에멀진(Emulsin) 도圈《화학》 고편도(苦扁桃)·살구씨 등에 들어 있는 배당체(配糖體)를 가수 분해하는 효소.

에뮤(emu, emeu)圈《조류》 에뮤과의 새. 타조형으로 키 1.5 m 정도이고 빛은 암회색, 날개·꽁지는 퇴화, 다리는 길고 튼튼하며 발가락이 셋인데, 잘 달림. 오스트레일리아 서부 초원에 삶.

에밀레-종(一鐘)圈《불교》 봉덕사종(奉德寺鐘)의 속칭. 성덕왕 신종(聖德王神鐘).

에버-글레이즈(ever glazes)圈《공업》 면포나 화학 섬유에 수지 가공(樹脂加工)을 하여 내구성(耐久性)을 준 직물로 의류용. 〔(sharp pencil).

에버샤:프 펜슬(ever-sharp pencil)圈《器》 샤프 펜슬

에버-플리:트(ever pleat)圈 기계적으로 주름지게 만든 옷감. 비를 맞아도 주름이 퍼지지 않음.

에벌류:션(evolution)圈《동》 진화(進化).

에보나이트(ebonite)圈《물리》 생고무에 다량의 황을 넣고 장시간 가황(加黃)하여 만든 뼈 같은 물질. 질이 굳고, 흑색 광택이 있음. 전기 절연체·빗·만년필·파이프·의료 기계 등에 쓰임.

에부수수-하-다圈圈 ①찬찬하게 짜이지 못하고 거칠고 엉성하다. ②물건이 속이 차지지 못하다. 《약》 부수수하다. ¶에푸수수하다. loosely piled

에비圈圈 아이들에게 "무서운 것"이라는 뜻으로 놀라게 하는 말. 또, 그런 것.

에서圈 ①체언 뒤에 연결되어 사물의 움직이고 있는 처소(處所)를 나타내는 부사격 조사. ¶아이들이 강~ 수영을 한다. ②체언 밑에 붙어, 움직임의 출발점을 나타내는 부사격 조사. ¶나는 서울~ 부산까지 간다. 《약》 서. ③문장의 주어가 단체임을 나타내는 주격 조사. ¶우리 학교~ 우승하였다.

에서=부터圈 '에서'와 '부터'가 겹쳐진 보조사. ¶집~ 학교까지. 《약》 서부터. from 〔교~ 하면 된다.

에서=처럼圈 '에서'와 '처럼'이 겹쳐진 보조사. ¶학

에설랑圈 '에서'와 '랑'이 겹친 보조사. ¶그 곳~

에설랑=은圈 '에설랑'의 힘줌말. 〔놀지 마라.

에세이(essay)圈《문학》 ①수필(隨筆). 산문(散文). 수상(隨想). ②특별한 주제(主題)에 관한 논설이나 시론(試論).

에세이스트(essayist)圈《문학》 수필가(隨筆家).

에센스(essence)圈 ①본질(本質). 본체(本體). 정수(精髓). ②정유(精油). 향유.

-에·셔(圈)《고》=보다. =에서.

에스(S, s)圈 ①《어학》 알파벳의 19째 자모. ②《지학》 '남쪽·남구'의 부호(south의 머리글자). ③여학생 사이의 동성애의 대상을 나타내는 말(sister의 머리글자). ¶~ 동생. ~ 언니. ④스파이(spy).

에스-극(S 極)圈 남극(南極)®.

에스놀로지(ethnology)圈 인종학(人種學). 민족학(民族學).

에스 디: 아:르(SDR)圈《경제》《약》 special drawing rights 국제 통화 기금(IMF)의 특별 인출권(引出權).

에스 사이즈(S size)圈 셔츠·블라우스 등의 규격 중 작은 것.

에스상 결장[-腸](S 狀結腸)圈《생리》 대장(大腸)의 일부로, 직장(直腸)과 잇닿은 부분.

에스 아:르 가공(SR 加工)圈《약》 soil release 가공. 폴리에스테르와 같은 합성 섬유 천의 대전성(帶電性)을 없애 더러움이 묻는 것을 방지하는 가공.

에스 에스 엠(S. S. M.)圈《군사》《약》 surface to surface missile 지대지 유도탄(地對地誘導彈).

에스 에스 티:(S. S. T.)圈《약》 supersonic transport 초음속 제트 여객기(超音速一旅客機).

에스 에이 에스(S. A. S.)圈《약》 Scandinavian Airlines System 1951년 데마크·스웨덴 및 노르웨이의 세 나라 공동 출자에 의한 반관 반민의 국제 항공 회사. 북극 항로를 처음으로 개설했음.

에스 에이치 에프(S. H. F.)圈《물리》《약》 superhigh frequency 초고주파(超高周波). 센티미터파(波).

에스 에프(SF)圈《문학》《약》 science fiction 공상 과학 소설.

에스 엠 디:(S. M. D.)圈《물리》《약》 Sony magnetodiode 1968년 일본의 소니 회사가 개발한 반도체 소자(半導體素子).

에스 오: 에스(SOS)圈《약》 ①만국 무선 전신 회의에서 제정한 항공기나 선박의 조난 구조 신호. ②구원 신호.

에스카르고(escargot 프)圈《동물》 식용 달팽이. 주로 프랑스 요리에 씀.

에스캅(ESCAP)圈《약》 Economic and Social Commission for Asia and Pacific 아시아 태평양 경제 사회 이사회. 1974년에 고친 에카페(ECAFE)의 새로운 이름. 〔하여 감.

에스컬레이션(escalation)圈 점차적·단계적으로 확대

에스컬레이터(escalator)圈 승객을 위층 또는 아래층으로 운반하는 자동 계단. 〔확대되어 감. 하다

에스컬레이트(escalate)圈 분쟁 따위가 단계적으로

에스코:트(escort)圈 ①호위(護衛)·호송의 뜻으로, 특히 여자를 집까지 데려다 줄 때 말함. ②단체 여행 등의 안내원. 하다

에스키모(Eskimo)圈 북미의 북극해 연안·그린란드 등지에 사는 몽고 인종계의 종족. 피부는 황색, 어로와 수렵에 능함.

에스테라아제(Esterase 도)圈《화학》 에스테르(Ester)를 산(酸)과 알코올로 분해하는 효소의 총칭. 리파아제(Lipase)·포스파타제(Phosphatase) 등.

에스테르(Ester 도)圈《화학》 유기산 또는 무기산과 알코올이 탈수 반응에 의해 결합하여 생긴 실제의 화합물을 가진 모합하는 구조를 가진 화합물의 총칭. 중성이며 끓는 점이 낮고, 물에 안 녹음.

에스-파(S 波)圈《지학》 지진파(地震波)의 하나. 횡파(橫波). 진행 방향에 직각으로 초속 3~4 km, 진폭은 종이며, 고체 내에서만 전파하는 파동. 성분상 p파에 잇달아 오는 판 파.

에스페란토(Esperanto)圈《어학》 세계 공통어. 폴란드의 안과의(眼科醫) 자멘호프(L. Zamenhof)가 창안하여 1887년에 발표한 인공 보조어.

에스프레시보(espressivo 이)圈《음악》 "표정을 풍부하게"의 뜻.

에스프리(esprit 프)圈 ①혼. 정신. ②기지(機智).

에스프리 누보(esprit nouveau 프)圈《문학》 새로운 정신.

에스피:-반(SP 盤)圈《음악》《약》 standard playing record LP판·EP판 등의 새로운 판 종류에 대하여 구별하기 위하여 1분간 78회전의 보통 레코드를 말함.

에스 피: 에스(S. P. S.)圈《약》 service propulsion system 달 비행용의 아폴로 우주선의 동력 부분인 기계선(機械船)의 으뜸 엔진.

에야-디아圈(®)~어기야더야.

에어(air)圈 공기. 흔히 압축 공기를 이름. 〔무원.

에어 걸(air girl)圈 여객기의 서비스 담당 여자 승

에어-내:-다圈 사람의 마음을 쪼아 내듯이 슬픈 감정이 일어나다. break a person's heart

에어데일 테리어(Airedale terrier)圈《동물》 개의 한 품종. 영국 원산. 호위견·군용견에 적당함.

에어-라인(airline)圈 정기 항공로.

에어러-그램(aerogram)圈 외국으로 보내는 청흑 색 색의 항공 우편용 봉함 엽서.

에어로졸(aerosol)圈 밀폐된 용기 속에 넣어 가스의 압력으로 품어 내는 기체. 화장품·살충제 등에 씀.

에어리어(area)圈 구역. 지대. 지역. 〔鐵道〕

에어리얼 레일웨이(aerial railway)圈 가공 철도(架空

에어 마이크로미터(air micrometer)_명 〈물리〉1μ 정도의 미소한 것을 측정하는 기계.
에어맨(airman)_명 공군 요원.
에어 메일(air mail)_명 항공 우편. 에어 포스트.
에어 버스(air bus)_명 장거리용의 점보 제트기에 대하여, 단·중거리용의 제트 여객기.
에어 브러시(air brush)_명 압착 공기에 의한 분무기.
에어 브레이크(air brake)_명 공기 제동기. 열차·대형 자동차 등에서, 압축 공기를 사용하여 차량을 제동하고 속도의 조절·정거 등을 맡은 장치.
에어 서비스(air service)_명 ①〈군사〉항공대. ②항공 근무. ③항공 수송. 또는 항공편.
에어 쇼(air show)_명 ①공중 전시(空中展示). ②곡예 비행(曲藝飛行).
에어 슈터(air shooter)_명 서류를 넣은 캡슐을 파이프 속에 넣어 압축 공기의 힘으로 같은 건물 안의 다른 부서로 보내는 장치.
에어 스테이션(air station)_명 항공기의 뜨고 내리는 곳.
에어식(airsick)_명 항공기를 타서 생기는 멀미.
에어십(airship)_명 비행선(飛行船).
에어 캐슬(aircastle)_명 〈동〉공중 누각(空中樓閣).
에어 커튼(air curtain)_명 냉난방 장치가 있는 건물 입구에 외기(外氣)의 유입을 막기 위한 위에서 아래로 흐르는 공기의 벽.
에어 컨디셔너(air conditioner)_명 실내의 공기를 보전 또는 생산 능률상 필요한 상태로 조절하는 기계.
에어 컨디셔닝(air conditioning)_명 온도·습도 등 공기를 조절하는 일. 공기 조절.
에어 컴프레서(air compressor)_명 공기 압축기.
에어 쿠션(air cushion)_명 ①바람을 넣어 푹신하게 만든 방석이나 베개 따위. ②호버크라프트(Hovercraft) 등이 지면·해면을 향해 고압 공기를 분출할 때, 지면·해면과 기체(機體)와의 사이에 생기는 공간. 「技」.
에어 패전트(air pageant)_명 비행기의 공중 연기(演).
에어 펌프(air pump)_명 공기 펌프.
에어 포스트(air post)_명 에어 메일.
에어 포켓(air pocket)_명 공중에서, 국부적으로 기상 조건이 급변하여, 항공기가 침강(沈降)하는 일정한 처소.
에어포트(airport)_명 공항(空港). 비행장.
에어플레인(airplane)_명 비행기.
에어 홀(air hole)_명 통풍창(通風窓). 공기통.
에에 다음 말을 주저하거나 곧 나오지 않거나 할 때 내는 군소리. ¶책과 노트와 ~, 그리고 연필.
에에차 〈어여차〉를 받아니간 소리. 샀다.
:**에예·비**[고] 불쌍히. 사랑스럽게.
에오(제도) 거동할 때에 노상의 모든 나쁜 귀신을 물리치기 위해 유지(油紙) 조각에 그린 짐승의 이름. 다리를 지날 때 '에오'하고 소리를 쳐서 다리 밑의 모든 악귀를 달아나게 함.
에오신(eosine)_명 〈화학〉적색 형광 염료. 물에 녹지 않는 결정으로, 주로 화장품·조색액(調色液)에 쓰임.
에우다<타> ①사방을 둘러싸다. fence ②장부 따위의 쓸데없는 곳을 지우다. cross out ③딴 길로 돌리다. have one make a detour ④딴 음식을 먹음으로써 끼니를 때우다. 〈약〉에다①. substitute something for a meal 「의 이.
에우쭈루[감] (제도) 벽제(辟除)하느라고 외치는 소리
에움—길[—결] 굽은 길. detour
에워—가—다<자타> ①바른 길로 가지 않고 둘러 가다. make a detour ②장부 등의 필요 없는 곳을 지우다. go on crossing out
에워—싸—다 둘레를 둘러싸다. encircle
에워—싸이—다 [피동] 에워쌈을 당하다.
에웨—가—다<타> 한 점을 피하여 둘러 가다.
에의 진행 방향을 나타내는 부사격 조사 '에'의 관형사적 용법. ¶국제 무대~ 진출.

에이[감] ①실망하여 단념의 뜻을 나타내는 말. ¶~ 그만두겠다. God! ②〈약〉→에이끼.
에이(A, a)_명 ①〈어학〉영어의 첫째 자모. ②최상·최고. ③〈음악〉음계의 여섯째 음. 곧, 라(La).
에이그 아주 밉거나 한탄스러울 때 내는 소리. ¶
에이—급[—급](A 級)_명 제 1급. ¶~, 저를 어쩌나.
에이끼 손아랫 사람을 꾸짖을 때, 못마땅하다는 뜻으로 나타내는 소리. 〈약〉에이②. 에이.
에이—다<타> 사람의 마음을 깎아 내듯이 슬픈 감정이 들다. 에다②. ¶살을 에이는 듯한 추위. break one's heart
에이도스(eidos 그)_명 〈철학〉'형상(形相)'의 뜻. 플라톤은 '이데아'와 같은 뜻으로 쓰고, 아리스토텔레스는 질료(質料)에 대한 정신적인 형상의 뜻으로 썼음. 「오렌지 ~.
에이드(ade)_명 과일즙에 당분과 물을 넣은 음료. ¶
에이 디:(A. D.)_명 서력 기원(西曆紀元). 라틴어의 Anno Domini에서 온 말. ¶~ 1971. <대> B. C.
에이 디: 비:(A. D. B.)_명 〈경제〉〈약〉Asian Development Bank 아시아 개발 은행.
에이 디 아이 제드(A. D. I. Z.) / **에이디즈**(ADIZ)_명 〈군사〉Air Defense Identification Zone 방공 식별권(防空識別圈). 방공을 위하여 영토 주위에 환상(環狀)으로 설정한 항공기 식별 구역으로서, 이 식별권을 드나드는 항공기는 반드시 사전에 통보해야만 함.
에이 디: 에프(ADF)_명 〈약〉automatic direction finder 자동 방향 탐지기(自動方向探知機).
에이 디: 엔(A. D. N.)_명 〈약〉Allgemeines Deutsches Nachrichten Bureau 의 국영 통신사.
에이 비:¹(ABC)_명 ①영어 자모 중의 처음 석 자. ②초보·입문의 뜻. ③영어의 초보.
에이 비:²(A. B. C.)_명 ①〈약〉American Broadcasting Company 미국 방송 회사. ②〈약〉Argentina, Brazil and Chile 아르헨티나·브라질·칠레의 세 나라.
에이 비: 시: 대:회(A. B. C. 大會)_명 Asia Basket-ball Championship 아시아 여자 농구 선수권 대회.
에이 비: 시: 전:략(ABC 戰略)_명 〈군사〉원자(原子; atom), 생물학(生物學; biology), 화학(化學; chemistry) 등을 이용한 병기(兵器). 즉, 원폭(原爆)·세균(細菌)·독가스(毒gas) 등을 쓰는 전략.
에이 비: 시: 전:쟁(ABC 戰爭)_명 아토믹(atomic; 원자력)·박테리아(bacteria; 세균)·케미컬(chemical; 화학)의 삼자(三者)를 사용하는 전쟁.
에이 비: 엠(A. B. M.)_명 〈군사〉〈약〉anti-ballistic missile 탄도탄(彈道彈) 요격 미사일. 미사일 요격 미사일. 「Union 아시아 방송 연합(放送聯合).
에이 비: 유:(A. B. U.)_명 〈약〉Asia Broadcasting
에이스(ace)_명 ①최고(最高). 트럼프·주사위의 으뜸. ②제 1인자. ③〈체육〉테니스의 서브로 얻은 한 점. ④〈체육〉야구의 주선(主戰) 투수.
에이 시:(A. C.)_명 〈약〉Atlantic Charter 대서양 헌장(大西洋憲章).
에이 시: 티: 에이치(A. C. T. H.)_명 〈의학〉〈약〉adrenocortico tropic hormone 소의 뇌하수체 전엽에서 뽑은 부신 피질(副腎皮質) 자극 호르몬.
에이 아이 디:(A. I. D.)_명 〈약〉Agency for International Development 미국의 해외 원조 통합 기관.
에이 아이 디: 에스(A. I. D. S)_명 〈동〉에이즈.
에이 에스 에이(A. S. A.)_명 〈약〉American Standards Association 미국 표준 규격 협회가 제정한 감광도 측정의 규격.
에이 에스 엠(A. S. M.)_명 〈군사〉〈약〉Air to Surface Missile 적기의 지상 진지(地上陣地)를 목표로 하고 비행기에서 발사하게 된 유도탄.
에이 에이(AA)_명 ①〈약〉Asian-African 아시아와 아프리카. ¶~ 그룹. ②〈약〉automatic approval 수입의 자동 승인.

에이 에이 에이(A. A. A.) 〖약〗 Amateur Athletic Association 아마추어 체육 협회.

에이 에프 엘 시 아이 오(AFL-CIO) 〖약〗 American Federation of Labor & Congress of Industrial Organization 미국 노동 총동맹 산업별 회의 (A.F.L과 C.I.O가 합병한 것).

에이 에프 케이 엔(A.F.K.N.) 〖약〗 American Forces Korea Network 주한 미군의 한국 방송망.

에이 에프 피(A.F.P.) 〖약〗 Agence France Presse 프랑스의 통신사 이름.

에이 엘 비: **엠**(A.L.B.M.) 〖약〗 air-launched ballistic missile 항공기에서 지상을 향하여 발사하는 탄도탄. 공대지 미사일.

에이 엘 시: **엠**(A.L.C.M.) 〖약〗 air launching cruising missile 공중 발사 순항 미사일.

에이 엠(A.M. 라) 〖약〗 ①오전(午前). 라틴어의 ante meridiem에서 온 말. ②문학사(文學士). 라틴어의 Artium Magister에서 온 말.

에이 엠 방송(A.M. 放送) 〖약〗 amplitude modulation 방송. 진폭 변조 무선 방송(振幅變調無線放送). 음성 전류의 변화에 따라 음파의 진폭을 변화시키는 방법으로, 종래의 방송 양식임. 《대》에프엠 방송.

에이 엠(A.M.M.) 〖군사〗 〖약〗 anti-missile missile ICBM 요격용 지대공(地對空) 유도탄.

에이 오: **판**(A 5 判) 〖인쇄〗 서적·용지 등의 규격 (規格)의 하나로 210 mm×148 mm. 구규격(舊規格)의 국판(菊判)보다 약간 작은 판형(判型).

에이 원(A 1) 〖명〗 제 1 급. 최상급. 「의 광고 대행업자.

에이전시(agency) 〖명〗 ①대리업. ②대리점. ③방송 등

에이 전: **지**(A 電池) 〖물리〗 진공관의 음극(陰極)을 가열하기 위한 전지. 〈통상 1.5~6.0볼트의 전압을 갖는 축전지 또는 건전지를 씀. A battery

에이전트(agent) 〖명〗 대리인. 지배인.

에이즈(AIDS) 〖명〗 〖의학〗 〖약〗 acquired immunodeficiency syndrome 후천성 면역 결핍증(後天性免疫缺乏症). 에이 아이 디 에스.

에이지(age) 〖명〗 ①나이. ②시대. 〖아토믹 ~.

에이 지 에프(A.G.F.) 〖약〗 Asian Games Federation 아시아 경기 연맹(Asia 競技聯盟).

에이치(H, h) 〖명〗 ①영어의 여덟째 자모(字母). ②〈약〉 hard 연필심(芯)의 경도(硬度)를 나타내는 부호. 〖HB/2H.

에이치 봄(H-bomb) 〖명〗 수소 폭탄(水素爆彈).

에이치 비(HB) 〖명〗 〖약〗 hard black 연필 따위의 질고 연한 것을 유별하는 기호.

에이치 비: **프로세스**(H.B. process) 〖인쇄〗 미국인 휘트버니가 고안한 다색 사진 평판(多色寫眞平版)의 제판법.

에이치 아르(H.R.) 〖명〗 〖약〗 human relations 조직 (組織)에 있어서의 인간 관계(人間關係). 특히 노사(勞使)에 있어서 인간 관계를 긴밀히 함을 목적으로 함.

에이치 이(H.E.) 〖명〗 〖약〗 human engineering 인간 공학(人間工學).

에이커(acre) 〖명〗 영국의 야드 파운드법의 면적의 단위. 1에이커는 4,047 m², 4단(段) 24보(步)임.

에이 큐: (A.Q.) 〖교육〗 〖약〗 achievement quotient 교육율(敎育率)을 지능률(知能率)로 나눈 것에 100을 곱한 수치. 성취 지수(成就指數).

에이 클래스(A class) 〖명〗 ①제 1급. A급. ②A 학급.

에이트(eight) 〖명〗 〖체육〗 ①여덟 사람이 젓는 경조(競漕用) 보트. 또, 그 선수. ②럭비에서, 8인조의 스크럼. 또는 선수.

에이 티: **시**: (A.T.C.) 〖물리〗 〖약〗 Automatic Train Control 열차 자동 제어 장치(列車自動制御裝置).

에이 티 에스¹(ATS) 〖명〗 〖약〗 Automatic Train Stopper 열차의 자동 정지 장치. 붉은 신호 앞에서 자동으로 열차를 세움.

에이 티 에스²(A.T.S.) 〖명〗 〖약〗 Application Technology Satellite 응용 기술 위성(應用技術衛星). 통신·기상·과학 위성 따위의 개발에 필요한 새 기술을 실험하는 미국의 인공 위성.

에이 티: **피**(A.T.P.) 〖생리〗 〖약〗 adenosine triphos phatase 동물의 모든 조직. 특히 근육에 풍부히 함유된 일종의 인산 에스테르(燐酸Ester).

에이 판(A 判) 〖명〗 〖인쇄〗 서적 용지 규격의 하나. 1,189×841 mm의 크기(1 m²). 《대》비판(B 判).

에이프런(apron) 〖명〗 ①어깨에 걸어 앞에 늘이는 서양식 앞치마나 턱받기. ②→에이프런 스테이지.

에이프런 스타일(apron style) 〖명〗 계집아이가 입게 되었거나, 작업복으로 입게 된 복장 스타일의 하나.

에이프런 스테이지(apron stage) 〖명〗 극장에서 관객석 가운데로 쑥 내민 무대의 일부. 《약》에이프런②.

에이프릴 풀(April fool) 〖명〗 ①에이프릴 풀즈 데이에 거짓말에 넘어간 이. ②〖동〗 에이프릴 풀즈 데이.

에이프릴 풀: **즈 데이**(April Fool's Day) 〖명〗 4월 1일. 이날 동안은 남을 속이는 풍습이 있음. 에이프릴 풀②. 만우절(萬愚節).

에이 피: (A.P.) 〖명〗 〖약〗 The Associated Press of America 1847년에 창립된 미국의 가장 오래된 연합 통신사.

에익〖감〗 〖약〗→에이기.

에인젤(angel) 〖명〗 ①천사(天使). ②천사 같은 이.

에인젤 피시(angel fish) 〈어류〉 열대 민물고기의 하나. 남비 북부 원산. 몸 길이 최대 13 cm, 몸은 납작하고 납빛임. 관상용임.

에일(ale) 〖명〗 영국산 맥주의 하나. 맥아(麥芽)를 발효시킨 음료. 6% 가량의 알코올을 함유하고 있으며, 보통 맥주보다 쓰고 독함. 「Pshaw!

에잇〖감〗 마음이 불쾌할 때 내는 소리. 〖~! 귀찮아.

에: **참**〖감〗 뜻에 맞지 않거나 부득이 그러하지 않을 수 없을 때 스스로 내는 소리. 〖~! 하기 싫다. Oh deer!

에칭(etching) 〈인쇄〉 동판 위에 질산에 부식되지 않는 초 같은 것을 바르고 표면에 바늘이나 그림이나 글을 새겨 이것을 질산으로 부식시켜 만든 요판(凹版) 인쇄술. 또, 그 인쇄물. 부식 동판(腐蝕銅版).

에카페(ECAFE) 〖명〗 〖경제〗 〖약〗 Economic Commission for Asia and Far East 아시아 극동 경제 위

에코¹(Echo) 그리스 신화 속의 숲의 요정. 「원이.

에코²(echo) 〖명〗 산울림. 메아리.

에코노미컬(economical) 〖형〗 →이코노미컬.

에코노믹스(economics) 〖명〗 →이코노믹스. 「니멀.

에코노믹 애니멀(economic animal) 〖명〗 →이코노믹 애

에코 머신(echo machine) 〖명〗 반향·울림 따위를 더하는 기계. 라디오 드라마·레코드 음악 등에 쓰임.

에코 위성(Echo 衛星) 〈물리〉 미국의 통신 중계 실험용 기구(氣球) 위성.

에콜(école 프) 〖명〗 학파(學派). 유파(流派).

에콜 드 파리(école de Paris 프) 〖미술〗 프랑스 화단의 한 유파. 제1차 대전 후 파리에서 야수(fauves)를 중심으로 인상파·입체파·초현실파 등 여러 가지로 불린 독창(獨創)을 주로 한 화풍의 총칭.

에루/에루카〖감〗 깜짝 놀랐을 때 내는 소리.

에쿠쿠〖거〗→에구구.

에쿼티(equity) 〖법률〗 영국의 일반법 코먼 로(common law)에 대하여 이의 결함을 도덕률에 따라서 보정(補正)하는 법률. 《대》코먼 로.

에크〖약〗→에크나.

에크나 갑자기 몹시 놀랐을 때 내는 소리. 〖~!

에키〖감〗→에키. 「뭐라구? 《약》에크. Dear me!

에키호스(exihos) 〈약학〉 백도토·글리세린·산수 가루를 주성분으로 하고, 소량의 티몰·알리실산 메틸·박하유를 가하여 만든 약품. 소염·진통·흡열 등의 습포제(濕布劑)로 쓰임.

에탄(éthane 프) 〖화학〗 파라핀계 탄화수소의 하나. 석탄 가스나 천연 가스 중에 함유되어 있는 무

색의 기체로 메탄과 성질이 같음.

에탄올(éthanol)〖명〗〈화학〉술의 주성분이며 주정(酒精) 또는 알코올이라고도 함. 감자·고구마와 같은 녹말을 알코올을 발효시켜 만듦. 무색의 향기로운 액체로서 마시면 취하고 공기 중에서 태우면 연한 불꽃을 내어 탐. 에틸알코올(ethyl alcohol).

에:테르(Äther 도)〖명〗①〈물리〉호이헨스에 의해 전 우주에 미만(彌滿)하여 광(光)이나 전자파를 전하는 매질(媒質)로 가정된 가상적 물질(그 존재는 부정되어 있음). ②〈화학〉알코올 두 분자에서 한 분자가 빠지고 결합된 형태의 구조로 산소 원자에 두 개의 탄화수소기(炭化水素基)가 결합한 유기 화합물의 총칭. 에틸에테르(ethyl ether).

에:토스(ethos 그)〖명〗〈철학〉성격이란 뜻으로, 보편적이고 이성적인 의식의 상태. 어느 사회 집단에 특유한 관습. (대)파토스(pathos).

에튀드(étude 프)〖명〗①습작. ②〈연예〉시연(試演). ③〈음악〉주로 기악의 연습을 위해 만든 악곡. 연습곡.

에트랑제(étranger 프)〖명〗①외인. 외국인. ②나그네.

에티켓(étiquette 프)〖명〗①예의(禮儀). ②의식(儀式).

에틸(ethyl)〖명〗〈화학〉탄소 2분자, 수소 5분자로 이루어진 1가(價)의 알킬기.

에틸-기(ethyl 基)〖명〗〈화학〉유기 화합물에서, 'C_2H_5-'인 1가(價)의 알킬기.

에틸렌(ethylene)〖명〗〈화학〉무색 가연성의 기체. 에틸알코올에 농황산(濃黃酸)을 가하여 만들 수 있으며, 각종 합성 화학 공업의 원료로 쓰임.

에틸-알코올(ethyl alcohol)〖명〗〈동〉에탄올(ethanol).

에틸-에:테르(ethyl ether)〖명〗〈동〉에테르.

에틸탄:산 키니네(ethyl 炭酸 kinine)〖명〗〈화학〉바늘 모양으로 결정된 흰빛의 약. 금계랍 대용으로 쓰임.

에페(épée 프)〖명〗〈체육〉①펜싱 종목의 하나. 온몸을 대상으로 하고, 찌르기를 주로 함. ②펜싱에 쓰는 검의 하나.

에페드린(ephedrine)〖명〗〈약학〉마황(麻黃) 중에 함유되어 있는 알칼로이드. 무색의 결정으로, 기관지염·백일해·천식 등에 씀.

에펠-탑(Eiffel 塔)〖명〗파리에 있는 높이 약 312m의 철탑. Eiffel Tower

에포케(epokē 그)〖명〗〈철학〉판단 중지(判斷中止). 고대 회의론(懷疑論)의 용어. 모든 판단을 중지함으로써 도리어 진리를 파악할 수 있다 함.

에폭(epoch)〖명〗새로운 시대나 시기. 신기원(新紀元).

에폭-메이커(epoch-maker)〖명〗사회적·역사적으로 구현한 사람. 〖어는 일. 이전에 미처 없던 일.

에폭-메이킹(epoch-making)〖명〗①획기적. ②신기원을 이룸.

에쿠수-하:다〖혈〗〖명〗〖구〗~부수수하다.

에프(F, f)〖명〗①영어의 여섯째 자모. ②〈음악〉바음(音). ③〈음악〉포르테의 약호. ④〈물리〉화씨 온도를 표시하는 부호. ⑤〈연필실의 경도를 표시하는 부호. ⑥〈생물〉〖약〗filial 유전의 법칙에서, '새끼'를 의미하는 기호.

에프-기(F 機)〖명〗〈약〉fighter 미국 군용기의 기종(機種)의 하나로, 전투기의 일컬음.

에프 넘버(F number) 사진 렌즈에서 초점 거리에 비례하고, 렌즈의 직경에 반비례하는 수.

에프 비: 아이(F.B.I.)〖약〗 Federal Bureau of Investigation 미국 연방 수사국.

에프 아이(F.I.)〖약〗→페이드 인(fade in).

에프 에이 에스(F.A.S.)〖경제〗〖약〗free alongside ship 외국 무역 거래 조건의 하나. FOB가 수송데 선적항(船積港)에서 구매자가 지정하는 선박의 뱃전에서 물품 인도(物品引渡)를 끝내는 것이 다름. 선측 인도.

에프 에이 오:(FAO)〖약〗Food and Agriculture Organization 국제 연합 식량 농업 기구.

에프 에프 에이치(F.F.H.)〖약〗 Freedom from Hunger 세계 기아 구제 운동(世界飢餓救濟運動).

에프 엠 방:송(F.M. 放送)〖약〗frequency modulation 방송. 주파수 변조(周波數變調) 방송.

에프 오:(F.O.)〖약〗→페이드 아웃(fade out).

에프 오: 비:(F.O.B.)〖경제〗〖약〗free on board 국제적 매매 계약의 약칭. 무역 거래 조건의 하나로 매주(賣主)가 상품을 상대국에서 선박에 넘겨 주기까지의 모든 책임 및 비용을 부담한다는 계약. 본선(本船) 인도.

에프 오: 에이(F.O.A.)〖약〗Foreign Operations Administration 미국의 대외 활동 본부.

에프-층(F層)〖명〗지상 약 200~250km에 걸쳐 있는 전리(電離)된 매기의 층. 전파(電波)를 반사함.

에피게네시스(epigenesis 라)〖생물〗생물의 형태가 알[卵] 또는 정자(精子) 속에 기성(旣成)되어 있다는 전성설(前成說)을 부정하고 발생 과정 중에 생물의 형태는 신생(新生)된다는 오늘날의 통설. 1759년 볼프(C.F. Wolff)가 주창.

에피고:넨(Epigonen 도)〖명〗모방하는 사람. 아류(亞流). 계승자.

에피그램(epigram 도)〖명〗①〈문학〉풍자시. ②기발(奇拔)한 감상을 간결하게 표현한 글귀. 경구(警句).

에피소:드(episode)〖명〗①이야기나 사건의 본줄거리 사이에 삽입하는 이야기. 삽화(揷話). ②일반적으로 알려지지 않은, 어떤 일을 하는 데에 따라 생긴 이야기. 일화. ③〈음악〉악곡 가운데 주제의 사이에 삽입되는 부분.

에피쿠로스=주의(Epikuros 主義)〖철학〗개인적·감성적 쾌락의 추구를 인생 최대의 목적으로 하는 주의. 에피큐리어니즘. 「의자(快樂主義者).

에피큐리언(epicurean)〖철학〗향락주의자. 쾌락주

에픽(epic)〖문학〗서사시 (敍事詩).

에필로:그(epilogue)〖명〗①〈시가(詩歌)·소설·연극 따위의 종결부. (대) 프롤로그. ②〈음악〉소나타 형식에서, 제2주제에의거한 소(小) 종결부.

에헤〖감〗①기막힌 일이나 가소로운 일을 당할 때에 내는 소리.〖작〗애해. Eh! ②노래에서 소리를 흥청거려 낼 때에 하는 소리.

에헤라〖동〗에헤야. 「라. │~는 좋구나 좋다.

에헤야〖감〗노래에서 '에헤'를 멋있게 뺏는 소리. 에헤

에헤헤〖감〗①가소롭다는 듯이 웃는 웃음 소리. ②친하고 비굴하게 웃는 웃음 소리.

에헴〖감〗점잔을 빼거나 자기가 여기 있다함을 알리느라고 내는 헛기침 소리.〖작〗애햄. hem!

엑(ek)〖감〗~에기. │~는 헛기침 소리.〖작〗애햄. hem!

엑사이트(excite)〖명〗흥분.

엑사이팅 게임(exciting game)〖명〗백열전(白熱戰).

엑스(X, x)〖명〗①〈어학〉영어의 24째 자모(字母). ②로마 숫자의 10. ③〈수학〉미지수를 나타내는 부호. unknown number ④명칭을 알 수 없는 것. unknown thing ⑤시험 답안 등에서 틀린 답안의 표시. ⑥〈군사〉차기(次期)의 뜻.

엑스(ex)〖명〗〖약〗→엑스트랙트(extract).

엑스-각(X 脚)〖명〗〈의학〉X자 모양의 비정상적인 각형(脚形). 바로 설 때 양 무릎이 닿고 복사뼈가 붙

엑스 광선(X 光線)〖명〗〈물리〉①〈동〉엑스선(X 線). 〖지〗 않음.

엑스 단위(X 單位)〖의물〗〈물리〉엑스선 분광을·엑스선 결정학에서 길이의 단위. 기호는 XU 또는 XE.

엑스 레이(X ray)〖명〗①〈동〉엑스선. ②엑스선 사진.

엑스 밴드(X band) 몇 가닥의 용수철을 나란히 엮어 놓은 체조 용구의 하나. 두 손으로 잡아당겨 가슴을 넓히는 운동에 씀.

엑스-선(X 線)〖명〗〈물리〉고속도의 전자(電子)가 급격히 금속벽에 부딪칠 때 발생하는 짧은 파장의 전자파(電子波). 물질을 투과하는 힘이 강하고 간섭·회절 현상이 일어나며 사진 건판을 감광시키므로 결정 구조의 연구, 흉부 촬영, 스펙트럼 분석에 이용됨. 학술상·의학상 용도가 넓음. 엑스 광선. 엑스 레이.

엑스선=관(X 線管)〖명〗〈물리〉고속도의 음극선을 어떤

엑스선 분석 〖물리〗(X線分析) X선을 응용하여 물질을 식별(識別)하는 분광학적 분석. 그 밖에 X선을 이용하여 행하는 물질의 감별법(鑑別法).

엑스선 사진 (X線寫眞) 〖물리〗 엑스선을 이용하여 육안으로 볼 수 없는 물체의 내부를 촬영(撮影)하는 사진. 특히, 폐결핵의 진단, 결정 해석 따위에 쓰임. 엑스 레이②. 뢴트겐 사진(Röntgen 寫眞). X-ray photograph

엑스선 조:영제 (X線造影劑) 〖의〗 엑스선 검사 때, 기관지·소화관·혈관 따위의 내부를 외부에 주입하는 약제. 소화관에는 확산바륨, 기관지·척수강·자궁강에는 요오드화유(Jod化油), 혈관·요로(尿路) 등에는 유기 요오드 화합물(有機 Jod 化合物)을 사용함.

엑스선 텔레비전 (X線 television) 엑스선에 의한 영상을 텔레비전으로 방영하는 장치. 방사선의 장애를 방지하고, 많은 사람이 동시에 관찰할 수 있는 이점을 가짐.

엑스선 현:미경 (X線顯微鏡) 〖물리〗 엑스선을 이용하는 현미경. 배율은 3000~10000이며, 생물학이나 결정 구조 해석에 유용함.

엑스 엑스 엑스 (XXX) 무선 전신에 의한 만국 공통의 긴급 신호. 'SOS' 다음가는 제2급의 위난에 발신함.

엑스 염:색체 (X 染色體) 〖생리〗 성(性)의 결정을 지배하는 성염색체의 하나. 수컷의 몸 세포에 짝이 없이 하나로 하나 들어 있고, 암컷의 몸 세포에 두 개씩 들어 있음. X chromosome

엑스커베이터 (excavator) 〖토〗 ①굴착기의 하나. 바스켓으로 흙이나 모래를 퍼내거나 깎아 내는 장치. ②〖의학〗 이의 속을 파 내는 치과용 기구.

엑스터시 (ecstasy) 〖토〗 정신이 황홀한 상태.

엑스트라 (extra) 〖토〗 ①신문·잡지 등의 임시 증간(增刊)이나 호외. ②연극이나 영화 촬영에 단역(端役)을 하는 임시 고용의 배우. 〖전〗(延長戰).

엑스트라 이닝 (extra inning) 〖체육〗 야구에서, 연장전.

엑스트랙트 (extract) 〖토〗 ①약물이나 식물에서 그 정액(精液)만을 뽑아서 만든 물약이나 액체. ②사물의 정수(精髓). 물체의 진액. 〖준〗 엑스.

엑스퍼:트 (expert) 〖토〗 전문가. 노련가.

엑스포 (EXPO) 〖토〗 〖약〗 World Exposition 만국 박람회(萬國博覽會).

엑슬란 (Exlan) 〖토〗 미국에서 발명된 폴리아크릴계 합성 섬유의 일본 상품명. 미국의 상품명은 크레슬란(Cresslan).

엑시비셔니스트 (exhibitionist) 〖토〗 ①육체 노출증(露出症) 환자. ②자기를 선전하는 버릇이 있는 사람.

엑시비션 (exhibition) 〖토〗 ①전람. ②전람회. 전시회. 학예회.

엑시비션 게임 (exhibition game) 〖토〗 〖체육〗 시범 경기. 곧, 승부를 겨루기보다 기술을 보이기 위한 공개(公開) 경기.

엑조세 (Exocet) 〖토〗 프랑스제 대함 미사일의 이름.

엑조티시즘 (exoticism) 〖토〗 이국 정조(異國情調). 이국 취미(異國趣味). 이국풍(異國風).

엑조틱 (exotic) 〖토〗 이국적(異國的)의. ¶~한 용모. 하다

엑지스탕샬리슴 (existentialisme 프) 〖토〗 실존(實存)주의.

엔 〖약〗 ~에를.

엔 (en) 〖인쇄〗 구문(歐文) 활자의 폭(幅)의 크기를 나타내는 이름. 국·한문 활자의 이분에 해당함.

엔.N.n 〖토〗 ①〖어〗 영어의 14째 자모. ②〖지학〗 north 의 두문자(頭文字). 북쪽·북극을 나타내는 부호. ③〖수학〗 부정수(不定數)·부정량(不定量)의

엔 (えん 円 일) 〖토〗 일본의 화폐 단위. yen 〖부호〗

엔간-찮-다 〖토〗 짐작보다는 정도가 넘치다. enough

엔간=하-다 〖토〗 〖약〗 어연간하다.

엔게이지 (engagement) 〖토〗 ①약혼. ②초빙. ③예약.

엔게이지 링 (engagement ring) 〖토〗 약혼 반지.

엔굽이=치-다 〖토〗 물이 굽이처럼 밑으로 빙돌아서 흐르다. wind its way

엔-담 사방으로 빙 둘러쌓은 담. encircling wall

엔드 (end) 〖토〗 ①종말. 끝. ②목적.

엔드 라인 (end line) 〖체육〗 배구·농구 등에서 코트의 짧은 쪽의 구획선(區劃線).

엔들 〖토〗 명사 아래에 붙어 반어(反語)의 뜻으로 쓰이는 보조사. ¶어느 곳~ 못 가리? even though

엔 비: 시: (NBC) 〖토〗 〖약〗 National Broadcasting Company 내서널 방송 회사. 미국의 4대 방송 회사 중의 하나. 〖전서〗(百科全書).

엔사이클로피디어 (encyclopaedia) 〖토〗 백과 사전. 백과

엔 에이치 케이 (NHK) 〖토〗 〖약〗 Nippon Hoso Kyokai 일본 방송 협회.

엔 오: (N.O.C.) 〖토〗 〖약〗 National Olympic Committee 국가 올림픽 위원회.

엔자임 (enzyme 도) 〖토〗 〖생물〗 효소(酵素).

엔조이 (enjoy) 〖토〗 누림. 즐김. 향락함. ¶청춘을 ~하다 〖하다〗 ¶실패한 경우에 쓰는 말. 실패.

엔 지: (N.G.) 〖토〗 〖약〗 no good 영화 촬영이나 녹음에서.

엔지니어 (engineer) 〖토〗 ①기계 기사. ②기관사. 기관수. ③〖군사〗 육군의 공병(工兵).

엔지니어링 (engineering) 〖토〗 공학(工學).

엔진 (engine) 〖토〗 기관. 원동기(原動機). 특히, 왕복 기관만을 말할 때가 많음.

엔타시스 (entasis) 〖토〗 〖건축〗 기둥의 중배가 약간 부르도록 한 양식. 흘림기둥.

엔트로피 (entropy) 〖토〗 ①〖물리〗 열량과 온도에 관한 물질계(物質系)의 상태를 나타내는 열역학적(熱力學的) 양(量)의 하나. ②〖수학〗 정보를 내어 보내는 근원의 불확실도를 나타내는 양. 〖명부〗.

엔트리 (entry) 〖토〗 경기 참가 신청. 참가 등록. 참가자.

엘 〖약〗 ~에를.

엘 (L, l) 〖토〗 ①영어의 12째 자모. ②로마 숫자의 50.

엘라스틴 (elastin) 〖토〗 〖화학〗 혈관 등의 탄성 조직의 일종.

엘랑 〖토〗 →에는.   〖백질〗.

엘랑 비탈 (élan vital 프) 〖토〗 〖철학〗 생명의 비약(飛躍).

엘랑-은 〖토〗 →에는.   〖職〗. 베르그송류의 철학 용어.

엘러큐:션 (elocution) 〖토〗 화술(話術). 낭독법 연극의 발성·발음상의 기술.

엘레간테 (elegante 이) 〖토〗 〖음악〗 '우미(優美)하게'의

엘레이 학파 (Elea 學派) 〖토〗 〖철학〗 그리스 철학 중에서 사물의 본질은 개념적 사유로서만 인식될 수 있다고 주장하는 학파. Elea School

엘리직 (elegiac) 〖토〗 구신(狗腎).

엘리지 (élégie 프) 〖토〗 슬픔과 설움의 곡조. 비가(悲歌). 만가(挽歌). 애가(哀歌).   「가조(悲歌調)로.

엘레지아코 (elegiaco 이) 〖토〗 〖음악〗 '슬프게'의 뜻.

엘렉트라 콤플렉스 (Electra complex) 〖토〗 〖심리〗 정신 분석학의 용어. 딸이 어머니를 배척하고 아버지를 그리는 경향. 〖대〗 에디푸스 콤플렉스.

엘렉트로 (electro) 〖토〗 →일렉트로.

엘렉트론 (elektron 도) 〖토〗 →일렉트론.

엘리간스 (elegance) 〖토〗 우아(優雅). 고상(高尙).

엘리먼터리 (elementary) 〖토〗 ①초보. ②기본.

엘리먼덜리즘 (elementalism) 〖토〗 〖미술〗 미술에 있어서 사물의 근본 형태만을 인정하여 소재 대상의 본질적인 요소를 묘사하는 파.   「원소.

엘리먼트 (element) 〖토〗 ①요소. 성분. ②〖화학〗 화학

엘리미네이터 (eliminator) 〖토〗 라디오에서, 전통선의 교류 전기를 수신기용의 전원(電源)으로서 쓸 수 있게 하는 장치.

엘리베이터 (elevator) 〖토〗 동력으로 사람이나 화물을 상하로 운반하는 기계. 승강기.

엘리베이터 걸: (elevator girl) 〖토〗 엘리베이터를 조종하는 여자.

엘리 엘리 라마 사박다니 (Eli Eli lama sabachtani) '나의 하느님, 나의 하느님 어찌하여 나를 버리셨나이까'의 뜻으로 예수가 십자가 위에서 외친 말.

엘리트(élite 프)圀 ①선발된 소수의 정예(精銳). ②선량(選良).

엘리트 의ː식(élite 意識)圀 자신은 선출된 정예(精銳), 즉 엘리트라고 자부하는 마음.

엘-사이즈(L size)圀 셔츠·블라우스 따위의 규격 중 대형의 치수.

엘=시ː(L/C)圀 〈경제〉(약) letter of credit 신용장(信用狀).

엘 시ː 엠(L.C.M.)〈수학〉(약) least common multiple 최소 공배수(最小公倍數).

엘 에스 디ː(LSD)〈약학〉(약) lysergic acid diethlamine 귀리에 생기는 맥각(麥角)으로 만든 강력한 환각제.

엘 에스 아이(LSI)(약) large scale integration 고밀도 집적 회로(高密度集積回路).

엘 에스 티ː(LST)〈군사〉(약) landing ship tank 미국의 상륙 작전용 함정.

엘 엔 지ː(L.N.G.)(약) liquefied natural gas 액화 천연 가스.

엘 엠 지ː(L.M.G.)〈군사〉(약) light machine gun 경기관총(輕機關銃).

엘피ː 가스(LP gas)圀 〈동〉엘 피 지(LPG).

엘피ː반(LP盤)圀 (약) long playing record 장시간 연주용 레코드. 1분에 33⅓회전. 도넛판을 포함하여 일컫기도 함.

엘 피ː 지ː(LPG)(약) liquefied petroleum gas 액화 석유 가스. 프로판 가스. 엘피 가스(LPgas).

엠(em)圀〈인쇄〉①구문(歐文) 활자의 폭(幅)의 크기를 나타내는 데 쓰이는 이름. 국·한문 활자의 전각(全角)에 해당. ②구문 활자의 행(行)의 길이의 단위.

엠(M, m)圀 ①〈언어〉 영어의 13째 자모(字母). ② menses의 두문자(頭文字). 월경(月經). ③ 로마 숫자의 천. ④(속) 자지. ⑤man의 두문자(頭文字). 남성·남성적 요소.

엠-단추(M—)圀 남자 양복 바지의 앞 단추.

엠 비ː 피ː(MVP)〈체육〉(약) most valuable player 최우수 선수.

엠 시ː(M.C.)(약) master of ceremonies 주로 방송 프로나 연예 공연의 사회자(司會者).

엠 아ː르 비ː 엠(MRBM)〈군사〉(약) medium range ballistic missile 준중거리 탄도탄(準中距離彈道彈) 미사일. 사정 거리 800~2,400 km 내외.

엠 아ː르 에이 운ː동(MRA 運動)〈사회〉(약) Moral Re-Armament 기독교 정신을 근본으로 도덕의 재무장을 하여 세계의 평화를 수립하려는 운동. 도덕 재무장 운동. [System 경영 정보 시스템.

엠 아이 에스(MIS)圀(약) Management Informati

엠 에스 에이(M.S.A.)〈정치〉 ① (약) Mutual Security Agency 미국의 상호 안전 보장 본부. ② (약) Mutual Security Act 미국의 상호 안전 보장법. 군사 원조적 성격이 강함. [(學術士).

엠 에이(M.A.)(약) Master of Arts 문학 석사(文

엠 엠 시ː(M.M.C)의(약) micro micro curie 방사선(放射線)의 측정 단위(測定單位). 10⁻¹² 퀴리에 해당함.

엠 지ː 엠(MGM)圀(약) Metro Goldwyn Mayers 메트로 골드윈 메이어 회사. 미국의 저명한 영화 제작 회사.

엠 케이 강(MK 鋼)圀 니켈·알루미늄 기타 구리·망간·코발트·팅스텐 등을 함유한 합금. 강한 자성(磁性)이 있는 자석강(磁石鋼)의 하나로 전기 기기에 널리 쓰임.

엠 케이 에스 단위계(MKS 單位系)圀〈수학〉엠 케이 에스 법을 기본으로 하여 이끌어 낸 여러 단위와 그 체계. MKS system

엠 케이 에스 법(MKS 法)圀〈수학〉 기본 단위법의 하나. Meter-Killogram-Second system

엠 케이 에스 에이 단위(MKSA 單位)圀 미터·킬로그램·세컨드·암페어의 네 기본 단위.

엠 티ː 피ː(M.T.P.)圀(약) Management Training Program 관리자(管理者) 훈련 계획.

엠파이어(empire)圀 제국(帝國).

엠파이어 클로ː스(empire cloth) 바니시를 머금고 있는 면포. 전기 기구·전선의 절연에 씀.

엠 판(M 判)圀 셔츠·블라우스 따위의 규격 중 중치의 것. middle size

엠 피ː(M.P.)圀 ①〈군사〉(약) military police 육군 헌병. ②(약) member of parliament 국회 의원.

엠피ː반(MP盤)圀(약) medium playing record LP 반과 회전수가 같으나 홈의 넓이가 커서 큰 음량의 녹음을 할 수 있는 레코드. 회전 시간은 LP반보다 짧음.

엠 피ː 에이치(M.P.H)(약) miles per hour '시속(時速) 몇 마일'의 뜻. ¶15~(시속 15마일).

엣圀 '에 있는'의 뜻.

엥冾 짜증이 나거나 성이 나거나 뒤우칠 때 내는 소리. (작) 앵.

엥겔 계ː수(Engel 係數)圀〈경제〉 총생활비 중에서 차지하는 음식비의 비율. Engel's coefficient

엥겔 법칙(Engel 法則)圀〈경제〉 음식물비가 총생계비에서 차지하는 비율은 가난할수록 커진다는 법칙. 엥겔이 주창했음. Engel's law

여冾〈어학〉한글 자모(字母) 'ㅕ'의 이름.

여ː圀 물 속에 잠겨 있는 바위. 암초. sunken rock

여冾 받침 없는 체언 아래에 쓰이어 호소하는 뜻을 나타내는 호격 조사. ¶거레~! 거레~. 동포~. 학우~. oh!

=**여**冾 '하다'가 붙는 동사나 형용사의 어간에 붙어 부사형을 만드는 어미. ¶구하~ 얻다.

여(女)圀 ① 圀→여성(女性). ② (약)→여성(女星).

여(如)圀〈불교〉 법이 있어나 늘 변하지 않는 실제의 모양. 진여(眞如).

여(旅)圀 圀→여괘(旅卦).

여ː(汝)⺠ 너. 자네.

여(余·予)⺠ 나.

=**여**(餘)冾 한자로 된 수사(數詞) 밑에 붙어 그 이상이란 뜻을 나타내는 말. ¶천~ 명. more than

여가(女嫁)圀 딸을 시집보냄. marry off a girl

여가(閻家)圀〈동〉여염집.

여가(餘暇)圀 겨를. 틈.

여각(旅閣)圀〈제도〉해산물·곡물 따위의 매매를 거간하며, 또한 물건 임자를 묵게 하는 영업. ¶~ 주인(主人).

여각(餘角)圀〈수학〉두 각의 합이 직각일 때, 한 각의 다른 각에 대한 일컬음. complementary angle

여간(如干)⺠ 보통으로. 조금. 어지간하게. fairly

여간-내기(如干-)圀 보통내기.

여ː간수(女看守)圀 여자 간수.

여간 아니다⺠ ①보통이 아니다. uncommon ②웬만한 정도가 아니다. ③엄신여길수 없다.

여간-일[-닐](如干-)圀 보통 웬만한 정도가 아닌 일.

여간-하다(如干-)圀ً⺠ 어시간하다. [이쿠는 일

여ː감(女監)圀 여자 죄수를 가두어 두는 감방. 여감방(女監房). prison ward for females

여감방(女監房)圀〈동〉여감(女監).

여개(餘皆)圀 나머지. 나머지 것. spare

여객(旅客)圀 여행하는 사람. 나그네. 유자(遊子). 정인(征人)②. passenger [ger airplane

여객기(旅客機)圀 여객을 수송하는 비행기. passen

여객-선(旅客船)圀 여객의 운반을 주요 목적으로 하며, 객실 기타 소요 시설을 갖춘 시설. passenger ship

여객 열차[-녈-](旅客列車)圀 여객 운송용의 열차. (데) 화물 열차. 여객차(旅客車). passenger train

여객-차(旅客車)圀(약)→여객 열차(旅客列車).

여ː건[-껀](與件)圀 ①주어진 조건. ②〈논리〉 추리·연구의 출발점으로 주어지거나 가정(假定)된 사물. 《소여(所與)》. datum

여건[-껀](餘件)圀〈동〉여벌②.

여걸(女傑)[명] 여자 장부. [tively
여겨-듣다[타ㄷ불] 정신을 기울여 듣다. listen atten-
여겨-보다[타] 눈여겨 똑똑히 보다. 정확하며 오래 기억되도록 똑똑히 보다. ¶눈~. look closely
여:격[-격](與格)[명]〈어학〉①→여격 조사. ②유럽어 등에서, 간접 목적을 나타내는 주어의 격 또는 어미 변화의 형태. dative case
여:격 조:사[-격-](與格助詞)〈어학〉체언 아래서 체언에 주는 영향을 받는 자리에 서게 하는 격조사. 한테·에게·께·더러 등. [약]여격①. dative particle
여견=심폐(如見心肺)[명] 남의 마음속을 꿰뚫어 보는 듯함. 여견폐간(如見肺肝). -하다
여견-폐:간(如見肺肝)[명][동] 여견심폐. -하다
여경(女鏡)[명] 여자가 쓰는 거울이나 안경.
여경(女警)[명] 여자 경찰관. policewoman
여경(餘慶)[명] 남에게 착한 일을 한 보람으로 그 자손이 받는 경사. [대]여앙(餘殃). recompense
여계(女系)[명] 여자의 계통. 어머니 쪽의 혈통(血統). [대]남계(男系). female line
여계(女戒)[명] 여색(女色)을 삼가라는 가르침.
여계(女誡)[명] 여자의 생활 및 처신 등에 관한 계율(誡律). commandments for women [친족.
여계-친(女系親)[명] 여자를 통해서 혈통이 이어지는
여고(女高)[명]《약》여자 고등 학교(女子高等學校).
여고(旅苦)[명] 여행에서 겪는 피로움. hardships of travel ¶나그네의 고생. traveler's privations
여곡(餘穀)[명] 가용(家用)에 쓰고 남은 곡식. extra grains [woman ②[동] 여공(女功).
여공(女工)[명] ①여자 직공. [대] 남공(男工). factory
여공(女功·女紅)[명] 부녀자가 하는 길쌈질. 여공(女工)②. weaving by a woman
여공-불급(如恐不及)[명] 시키는 대로 실행하지 못할까 하여 마음을 졸임. -하다
여:과(濾過)[명]〈물리〉액체 따위를 걸러서 받아 냄.
여:과=기(濾過器)[명] 액체를 거르는 데 쓰는 기구. filter
여:과성 병:원체(濾過性病原體)[명]〈생물〉보통 현미경적인 미립자(微粒子)로 일정한 크기를 가지며, 증식 능력을 가지 미생물. 천연두·광견병·유행성 뇌염 등은 사람에 대하여 병원성(病原性)을 가짐. 바이러스. 미립자 병원체(微粒子病原體).
여:과-지(濾過池)[명] 상수도의 물을 걸러 받이기 위하여 만들어 놓은 못. filter-bed
여:과-지(濾過紙)[명] '거름종이'의 구용어. 《약》여지(濾紙). filter paper
여관(女官)[명]〈제도〉궁중에서 대전(大殿)·내전(內殿)을 가까이 모시던 내명부(內命婦). 나인(內人).
여관(旅館)[명] 여객(旅客)을 묵게 하는 집. 여사(旅舍)·저사(邸舍). 역려(逆旅). 《유》객점(客店).
여광(餘光)[명] ①해나 달이 진 뒤의 은은히 남은 빛. ②[동] 여덕(餘德). afterglow
여:광:대(女-)[명] 여자 광대.
여광-여취(如狂如醉)[명] 매우 기뻐서 미친 듯도 하고 취한 듯도 함. 여취 여광(如醉如狂). -하다
여=괘(旅卦)[명]〈민속〉육십사괘의 하나. 이괘(離卦)와 간괘(艮卦)가 거듭된 것. 산 위에 불이 있음을 상징함. 〈준〉여(旅).
여=교:사(女敎師)[명] 여자 교사. 여선생(女先生).
여=교:장(女校長)[명] 여자 교장.
여구(如舊)[명] 옛날의 모양과 같음. 여전(如前). be same as in old times. -하다 -히 [luggage
여구(旅具)[명] 여행할 때 소용되는 제구. traveling
여국(女國)[명]①부상국(扶桑國) 동쪽에 있는 여자들만 산다는 나라. 여인국. woman's country ②여자만 모여 사는 곳. 또, 여자만 모여 있는 곳.
여국(女麴)[명] 찐 찹쌀수를 반죽하여 쑥으로 얇게 덮은 뒤 누른 곰을 입혀 말려 만든 누룩.
여군(女軍)[명]〈군사〉①군인으로 복무하는 여자. ②여자로 조직된 군대. Women's Army Corps

여권[-꿘](女權)[명] 여자의 사회·정치·법률상의 권리. woman's rights
여권[-꿘](旅券)[명] 외국 여행자의 신분·국적을 증명하고, 그 보호를 의뢰하는 증명서. passport
여:권[-꿘](與圈)[명]《약》여당권(與黨圈).
여권 신장[-꿘--](女權伸張)[명]〈사회〉여자의 사회·정치·법률상의 권리의 지위를 늘리어 폄. 여권 확장(女權擴張).
여권-주의[-꿘-](女權主義)[명]〈사회〉여자에게 법률·정치·사회상에 있어서 남자와 동등한 권리와 지위를 부여하자는 주의. feminism [伸張).
여권 확장[-꿘-](女權擴張)[명]《동》여권 신장(女權
여:귀(厲鬼)[명] ①제사를 못 받는 귀신. malevolent spirit ②못된 돌림병으로 죽은 귀신. demon of epidemics
여근(女根)[명][동] 하문(下門).
여금(如今)[명] 지금. 이제. 현제. now
여급(女給)[명] ①양식점이나 카페 등에서 손님의 시중을 드는 여자. ②여자 급사. 접대부.
여기[지대] 이 곳. 차처(此處). this place [여]이곳에. 《약》예. [작]요기. here
여기(女妓)[명] 기녀(妓女).
여:기(診氣)[명] 독한 기운.
여:기(厲氣)[명] 못된 돌림병을 일으키는 기운.
여기(餘技)[명] 전문적이 아니고 취미로 하는 재주나 일. hobby [증(餘症)①.
여기(餘氣)[명] ①남은 기습(氣習). old habit ②[동]여
여기-다[타] 마음을 그렇게 인정하거나 그러하다고 생각하다. ¶대수롭지 않게 ~. regard 「키는 말.
여기 소:종(診檢所鍾)[명] 요사하고 독한 사람을 가리
여기-자(女記者)[명] 여자 기자. [저곳.
여기-저기 이곳 저곳에. here and there [대]이곳
여뀌〈식물〉마디풀과에 속하는 일년생 풀. 줄기 높이 60 cm 가량으로 홍갈색을 띠고 잎은 피침형임. 6~9월에 백색 꽃이 핌. 잎은 조미료로 쓰임.
여뀌=누룩 찹쌀로 만든 누룩. 요곡. 요국(蓼麴). malt made from glutinous rice
여낙낙-하:다[형여] 성미가 곱고 부드러우며 상냥하다. gentle 여낙낙-히
여난(女難)[명] 여색(女色)이나 여인 교제로 인해 일어나는 환난(患難). danger from women
=여남[어미][고] =이거늘.
여-남(女男)[명] 여자와 남자. [some ten odd
여남은[관] 열이 조금 넘는 어림수. 십여(十餘).
여남은-째 열남은 번째.
여년(餘年)[명] 죽을 때까지의 나머지 세월. 여령(餘齡). 여생(餘生). one's remaining years
여년-묵다[자] 여러 해 묵다. remain for many years
여념(餘念)[명] ①딴생각. wandering thoughts ②어떤 일에 정신을 쓰고 남은 생각. 타념(他念). distraction [열심히.
여념 없다(餘念-)[다른 생각은 하지 않을 정도로
여느[관] 보통의. 예사로운. usual ②그 밖의 다른.
=여:늘[어미][고] =어늘. =거늘. [else
여: 두래[명][고] 여드레.
여단(旅團)[명]〈군사〉군대 편제 단위의 하나. 보통 2개 연대로 구성. brigade
여-단수족(如斷手足)[명] 손발이 잘림과 같이, 요긴한 사람이나 물건이 없어져서 아쉬움. absolutely lonesome
여:-닫다[타] 열고 닫고 하다. open and close
여:-닫이[-다지][명] ①열고 닫는 일. opening and closing ②미닫이·내리닫이의 총칭. sliding door
여담(餘淡)[명] 여덟. 수여덟.
여담(餘談)[명] 용건 밖의 이야기. 잡담(雜談). ¶~은 삼가라. digression
여-담 절각(汝-折角) '네 담 아니면 내 쇠뿔 부러지라'는 뜻. 곧, 남에게 책임을 지우기 위하여 억지쓰는 말. 여장 절각(汝牆折角).

여:답평지(如踏平地)閉 험지(險地)를 평지(平地)가 듯 쉽게 다님. good walking 하冏

여:당(與黨)團 ①〈정치〉정부의 편을 들어 그 정책을 지지하는 정당. 정부당(政府黨). (때) 야당(野黨). government party ②자기나 편이 되는 당파. 도당. 동지(同志). comrades

여당(餘黨)團 남아 있는 무리. 패잔(敗殘)의 도당. 잔당(殘黨). 여류(餘類). remnants of a party

여:당=권[-꿘](與黨圈) 여당(與黨)과 그에 편을 드는 넓은 테두리. 여당권(與黨圈).

여:당=적(與黨的)團彩 여당처럼 된(것). (때) 야당적. of the government party

여대(女大)團 (약) 여자 대학(女子大學).

여대(麗代)團 (약) 고려 시대(高麗時代).

여대=생(女大生)團 (약) 여자 대학생.

여덕(女德)團 여자로서 마땅히 행해야 할 도덕. woman's virtue

여덕(餘德)團 나중까지 남아 있는 은덕이나 덕망(德望). 여광(餘光)②. 여택(餘澤). influences of great virtue

여덟團 일곱에 하나를 더한 수. 팔(八). eight

여덟=모[-덜-]團 여덟 개의 모. octagonal

여덟모-꼴[-덜-]團 여덟 개의 직선을 연결하여 둘러싼-은 평면. 팔각형(八角形).

여덟-무날[-덜-]團 무수기를 볼 때 초이틀과 열이 틀을 가리키는 말.

여덟-째[-덜-]團 '여덟'의 서수사(序數詞).

여덟팔-부[-덜-](-八部)團 한자 부수의 하나. '公·共·其' 등의 '八'의 이름.

여덟팔자 걸음[-덜-짜-](-八字-) '八'자로 자드름을 피우며 걷는 걸음. out-toed walk

여도團 받침을 없는 체언에 붙어, 가정·양보의 뜻을 나타내는 연결형 서술격 조사. ¶남자라면 누구~ 상관없다.

=**는**(旅徒)團 '-아도'의 뜻으로, '여'불규칙 어간에 붙는 종속적 연결 어미. ¶지금 퇴근하~ 좋다.

여도(女徒)團〈동〉여수(女囚). 「way

여도(女道)團 여자로서 지켜야 할 도리. 「woman's

여독(旅毒)團 여행에 의한 해독이나 피로.

여독(餘毒)團 ①채 가시지 않은 나머지 독기. lingering poison ②뒤까지 남은 해독. 후독(後毒). 여열(餘熱). lingering fatigue

여동(女童)團〈불교〉여동밥을 떠 놓는 조그마한 밥그릇.

여동-밥團〈불교〉중들이 귀신에게 주기 위해 밥 먹기 전에 여동대에 떠 놓는 밥.

여-동생(女同生)團〈동〉누이동생.

여동-통(-桶)團〈불교〉여동밥을 넣어 두는 통.

여두 소:읍(如斗小邑)團 아주 작은 고을의 비유.

여드랫당(-堂)團〈민속〉제주도에서 뱀의 신령을 모신 신당(神堂).

여드레團 ①여덟 날. ¶걸어서 가면 ~는 걸릴 것이오. ②(약)→여드렛날. eight days

여드레 삶은 호박에 이(도래 송곳) 안 들어갈 소리團 하는 말이 사리나 이치에 닿지 않음의 비유.

여드렛-날團 ①여덟째의 날. 여드레③. ②(약) 초여드렛날.

여드름團 주로 얼굴에 생기는 종기의 하나. 깨알만큼 씩한 적혈점의 응기로 사춘기 남녀에게 흔함. pimple

여-득천금(如得千金)團 천금을 얻은 것과 같이 마음에 흡족하다는 뜻을 일컫는 말. great satisfaction

여든團 열의 여덟 곱절. 팔십. eighty

=**여든**어미 (고) =거든. =먼. 「self

여든:대:다團國 억지를 쓰다. 메를 쓰다. assert one

여든에 둥둥이團 진취성이 없는 사람을 비웃는 말. one who lacks progressive spirit 「어렵다.

여든에 첫아이 비치듯團 사물의 이루어짐이 지극히

여:늘-없다:다[團] 하는 짓이 멋없고 둔하다. clumsy

여:룹圍 (고) 여물. 「**여:들-없이**

여듭團 말이나 소동의 여덟 살. eight-years old horse

여:등(汝等)때 너희들. (때) 여등(余等). you

여등(余等)[때] 우리들. (때) 여등(汝等). we

=**여라**때 '하다'가 붙는 동사·형용사의 어간에 붙어 명령·감탄의 뜻을 나타내는 종결 어미. ¶꽃이 곱기도 하~.

여라(女羅)團〈식물〉선태류에 속하는 이끼. 나무 위에 나는데, 광택이 있고 줄기가 실같이 가늘고 길.

여:라(고) 여러.

여량(女郎)團 남자와 같은 재주나 기질을 가지고 있는 여자. mannish woman 「pack-saddle

여량(旅囊)團 안장의 뒤 좌우 쪽에 다는 마구의 하나.

여래(如來)團 (약)→석가 모니 여래(釋迦牟尼如來).

여러冠 수효가 많은. ¶~ 번. many 「kinds

여러 가지團 ①온갖 종류. ②이런 것 저런 것. many

여러모-꼴團〈동〉다각적(多角的).

여러 모로冗 다각적으로. 여러 방면으로. from many

여러분[代彩] 여러 사람. ladies and gentlemen

여러해-살이團〈식물〉뿌리 또는 나무 줄기가 남아 있어서 해마다 다시 줄기와 잎이 돋아나는 것. 다년생(多年生). 오래살이. (때) 한해살이. 두해살이. perennials

여러해살이 식물(-植物)團〈식물〉3년 이상 생존하는 식물의 총칭. 다년생 식물. 여러해살이 풀.

여러해살이 풀團〈식물〉여러해살이로서, 겨울에는 땅 위 부분이 말라 죽으며 봄이 되면 다시 움이 돋아나는 것을 통틀어 일컬음. 국화·카네이션 따위가 이에 속함. 여러해살이 식물. 다년생 풀.

여럿圍 ①많은 수. large number ②많은 사람.

=**여럿**어미 (고) =젓느다. 「numbers of people

여:력(勢力)團 ①〈동〉완력. ②근육의 힘.

여력(餘力)團 일을 하고 난 나머지의 힘. 또는 다른 일을 할 수 있는 힘. ¶남을 도울 ~이 없다. reserve power

여:력 과:인(勢力過人)團 완력이 남보다 뛰어남. 하旺

여령(女伶)團〈제도〉진연(進宴) 때에 모시는 기생이나 또는 의장(儀仗)을 드는 여자 종.

여령(餘齡)團〈동〉여년(餘年). 여명(餘命).

여례(女禮)團 여자의 예의 범절. lady's etiquette

여로(旅路)團 여행하는 노정(路程). 나그네의 길. 객로(客路). journey

여로(女露)團〈식물〉백합과의 다년생 풀. 높이 1m가량. 줄기는 곧고 잎은 넓은 선형으로 봄여름에 줄기 끝에 흑자색의 작은 꽃이 핌. 유독 식물. 뿌리는 농업용 살충제.

여록(餘祿)團 여분의 소득. 가외의 벌이.

여록(餘錄)團 나머지 사실의 기록. 여적(餘滴)②. additional record

여룡(驪龍)團 온몸이 검은 용. 흑룡(黑龍).

여류(女流)團 어떤 명사 앞에 쓰이어 그 방면에 능숙한 여성임을 나타내는 말. 여성(女性).

여류(如流)團 흐름과 같음. 유수(流水)와 같음. ¶세월이 ~하여……. 하冏

여류(餘流)團 ①주되는 흐름 외의 흐름. ②주되는 사조(思潮) 밖의 하찮은 사조. secondary trend

여류(餘類)團〈동〉여당(餘黨).

여류 문사(女流文士)團〈동〉여류 문인(女流文人).

여류 문인(女流文人)團 여자로서 문필 생활을 하는

여류 문학(女流文學) 〖문학〗 여성에 의해 이루어진
여류 문학가(女流文學家) 〖동〗 여류 문인(女流文人).
여류 시인(女流詩人) 여자로서 시작(詩作)을 하는 사람. 규수 시인(閨秀詩人). poetess
여류 작가(女流作家) 여자로서 문학적 창작 활동을 하는 사람. 규수 작가(閨秀作家). woman novelist 〖람. 규수 화가(閨秀畫家).
여류 화:가(女流畫家) 여자로서 그림을 그리는 사
여름 네 철의 하나. 봄과 가을의 중간 계절. summer
여름〖교〗 열매.
여름고사리=삼〖식물〗 고사리삼과의 다년생 풀. 모양은 고사리삼과 비슷하나 조금 큼. 여름에 잎사이에서 줄기가 나와 이삭 모양을 이루고 그 위에 자낭이 총생(叢生)함. summer ferns
여름-날 여름철의 날. 하일(夏日).
여름-낳이 여름에 짠 피륙. 특히, 무명. cloth produced in summer
여름=내 온 여름 동안. all summer through
여름=냉:면(—冷麪) 여름철 음식의 하나. 메밀에서 뽑은 국수에다 온갖 양념과 얼음덩이를 넣어 먹음.
여름=눈〖식물〗 여름에 나서 그 해 안으로 완전히 자라는 눈. 오이·가지 등. 하아(夏芽).
여름-밀감(—蜜柑) 〖식물〗 운향과의 상록 소교목. 높이 3 m 가량이고 잎은 녹색으로 넓고 긺. 과실은 넓은 구형으로 겨울에 누른빛을 띠고 다음해 여름에 익음.
여름 방:학[—빵—] (—放學) 여름 한창 더울 때에 하는 방학. 하기 방학(夏期放學). summer vacation
여름 불도 쬐다 나면 섭섭하다〖관〗 ①쓸데없는 듯한 것이라도 없어지면 서운하다. ②오래 지니던 것을 잃거나 습관된 짓을 그만두기가 서운하다.
여름=살이 여름에 입는 베옷. summer wear
여름-새〖조류〗 봄·초여름에 한 지방에 와서 번식한 뒤, 가을에 남쪽 월동지로 가는 철새. 제비·두견새 따위. 〖대〗 겨울새. 〖clothes
여름-옷 여름에 입는 옷. 하복(夏服). summer
여름 작물(—作物) 벼·콩 등과 같이 여름 동안에 가꾸어서 가을에 거두어 들이는 작물.
여름=잠〖—점〗 〖동물〗 동물이 여름철의 더위와 건조를 피하여 신진 대사를 절약하기 위해 한동안 먹기를 중지하고 잠을 자는 일. 하면(夏眠). 〖season
여름=철 여름 동안의 절기. 하절(夏節). summer
여름-타:다 여름이 되면 식욕이 줄고 몸이 쇠약해지다. suffer from the summer heat
여름-털 여름과 겨울에 털이나 깃의 빛깔이 달라지는 짐승이나 새의 여름철의 털. ②사슴의 털이 중하(仲夏) 이후에 누른색이 되어 흰 반점이 선명하게 나타난 즈음의 털.
여름 휴:가(—休暇) 〖동〗 하기 휴가(夏期休暇).
여릉귀-잡히-다〖타〗 능(陵)을 헤치다가 잡히다.
여리-꾼 상점 앞에 섰다가 지나는 손님을 끌어들여 물건을 사게 하는 사람.
여리-다〖형〗 ①질기지 않고 연하다. fragile ②감정이나 의지가 모질지 못하고 무르다. 조금 모자라다. ¶ 백 리가 ~. 〖작〗 야리다. short of
여·리-다〖교〗 무르다.
여리박빙(如履薄氷) 얇은 얼음을 밟는 듯함. 곧, 매우 위태로움. extremely dangerous 하〖타〗
여린-내기〖음악〗 여린박부터 시작되는 곡.
여린-박(—拍) 〖음악〗 음악 한 마디 안에서 센박 다음에 오는 여리게 연주하는 박자. 곧, 악센트가 없는 박자. 상박(上拍). 약박(弱拍). 〖대〗 센박.
여린-뼈〖동〗 물렁뼈. 연골(軟骨).
여린 입천장[—넙—] (—天障) 〖생리〗 입천장의 한 부분. 센입천장의 뒤쪽에 있음. 〖대〗 센입천장.
여린 입천장 소리[—넙—] (—天障—) 〖어학〗 연구

개음(軟口蓋音)의 풀어 쓴 말.
여립=**줄기**〖어류〗 물고기의 지느러미를 이루고 있는 연한 뼈. 물렁살. 연조(軟條).
여립=켜-다 여리꾼이 손님을 끌어들이다. tout
여릿-하다 동작이 부드럽고 약하게. 하〖타〗
여:마(輿馬) 임금이 타는 수레와 말. royal carriage
여마(驢馬) 〖동물〗 당나귀. 〖and its horses
여막(廬幕) 궤연(几筵) 옆이나 무덤 가까이에 상제가 거처하는 초가.
여말(麗末) 고려의 말기. 여계(麗季). end of the
여뭇〖명〗 진실한. 정말. 〖Koryo dynasty
여망(餘望) ①아직 남은 희망. faint gleam of hope ②장래의 희망. future hope
여:망(輿望) 여러 사람의 기대. 중망(衆望). popu-
여맥(餘脈) ①남아 있는 맥박. pulsation ②세력이 점점 줄어들어 간신히 허울만 유지하는 일. ¶겨우 ~만 남아 있다. remaining strength 〖larity
여메:기〖어류〗 몹시 큰 메기. 종어(宗魚). eel
여:명(黎明) ①희미하게 밝아 오는 새벽. 어둑 새벽. 단명(旦明). 질명(質明). dawn ②희망의 빛. 〖대〗 박모(薄暮). ray of hope
여명(餘命) 남아 있는 목숨. 여생(餘生). 여령(餘齡). 여천(餘喘). ¶~이 얼마 남지 않았다. remainder of one's life
여:명=기(黎明期) ①밝아 올 무렵. ②거국적인 자각 아래 문화의 신생면(新生面)을 개척하려는 기운(氣運)이 태동하는 시기. dawn
여모(건축) 서까래나 판장 마루 등의 양 옆을 가로 대어 가리는 널빤지.
여모(女帽) ①여자가 쓰는 모자. ②여자의 시체를 염습(殮襲)할 때에 머리를 싸는 베.
여묘(廬墓) 상제가 무덤 가까이에 여막을 짓고 살며 무덤을 지키는 일. 하〖타〗
여무(女巫) 〖민속〗 여자 무당. female shaman
여무(女舞) 여자가 추는 춤. 〖대〗 남무(男舞). woman's dance 〖지는 의논할 여지가 없음.
여무-가:론(餘無可論) 대강이 이미 결정되어 나머
여무-지-다 ①영악하고 오달지다. ¶그 여자는 퍽 ~. ②빈틈이 없고 여물다. 〖작〗 야무지다. staunch
여묵(餘墨) 〖동〗 여적(餘滴).
여문(閭門) 〖동〗 동네 어귀에 세운 문. 이문(里門). gate at entrance of a town
여문(儷文) 〖문〗→변려문(駢儷文).
여물 〖명〗 ①마소를 먹이기 위해 말려서 썬 짚이나 풀. ②흙을 이길 때, 바른 뒤 헤지지 않고 붙어 있도록 섞는 여물. provender 〖tish water
여물(癘物) 물이 좀 짜서 허드렛물로 쓰는 우물물. sal-
여물(餘物) 나머지 물건. 남은 물건. left-over
여월〖—깐〗 〖—間〗 〖명〗 광을 쟁여 두는 헛간.
여물-다 〖타〗 ①열매가 단단하게 익다. ¶벼가 잘 ~. ripen ②살림이나 경제(經濟)에 있어 헤프지 않고 단단하다. 〖작〗 야물다. thrifty ¶일이 잘 되어 뒤탈이 없다. ¶여물게 만들었다. go-well ②사람이 헤프지 않고 단단하다. ¶제법 여물게 생겼구나. 〖작〗 야물다. firm
여물 바가지 여물죽을 푸는 자루 바가지.
여물-죽(—粥) 마소에게 먹이는 여물로 쑨 죽.
여물-통(—桶) 여물을 담는 통. 〖boiled fodder
여미(麗美) 곱고 아름다움. beauty
여미-다 옷섶 또는 장막 등을 바로잡아 합쳐서 단정하게 하다. ¶옷깃을 ~. adjust 〖言
여:민 동락(與民同樂) 임금이 백성과 함께 즐김. 하〖타〗
여-반장(如反掌) 손바닥을 뒤집는 것처럼 매우 쉽다는 뜻. 이여반장(易如反掌). ¶그까짓 것이야 ~이다. being as easy as turning a hand
여-발통:치(如拔痛齒) 앓던 이 빠진 것처럼 피로운 일을 벗어나 시원함을 뜻함.
여방(餘芳) 그 곳을 떠나거나 또는 죽은 뒤의 명예.

여:배(汝輩) [대] 너희들. you
여배(余輩) [대] 우리들. we
여배우(女俳優) [명] 여자로서 배우 생활을 하는 사람. 《대》남배우. 《약》여우(女優). actress
여백(餘白) [명] 글씨를 쓰고 남은 빈 자리. 남은 자리. 공백(空白). ¶~을 이용하시오. margin
여벌(餘一) [명] ①가외의 물건. extra ②다음에 쓰기로 남겨 둘 물건. 여건(餘件). spare articles
여범(女犯) [명] ①여자 범인. ②《불교》중이 사음계(邪淫戒)를 범하는 일.
여범(女範) [명] 여자가 지켜야 할 규범.
여변:칙 용언(一變則用言) [명] 여불규칙 용언(一不規則用言).
여병(餘病) [명] 앓고 있던 병 이외에 겹쳐 든 병. complication
여보 ①[하] 여보시오. Hullo! ②부부간에 서로 부
여:보게 [명] 여보시게. Hullo!
여:보시게 친한 벗이나 아랫 사람을 부를 때 또는 그의 주의를 환기시킬 때 예사로 높여서 부르는 말. 《하》여보게.
여:보시오 나이가 비슷한 벗이나, 또는 모르는 사람을 부를 때 또는 그의 주의를 환기시킬 때 예사로 높여서 부르는 말. 《약》염쇼. 《준》여보시오. 《하》여보①. I say
여=보십시오 [공] 여보시오. 《약》여봅시오.
여복(女卜) [명] 여자 복술가. woman fortune-teller
여복(女服) [명] ①여자의 옷. ②남자가 복색을 여자처럼 꾸민 차림새. 여장(女裝). 《비》남복(男服).
여복(艶福) [동] 염복(艶福). [female attire 하
여=봅시오 《약》→여보십시오.
여:봐:라 [감] '여기 보아라'의 뜻으로, 손아랫 사람을 부르거나 주의를 일으키는 소리. ¶~, 이리 오너라. Look here!
여봐:란=듯이 [부] 남에게 수모를 받다가 그것을 면하게 된 때에, 이젓 좀 보아라 하는 것처럼 자랑할 이를. ostentatiously
여:부(與否) [명] 그러함과 그렇지 않음. ¶~를 알려라. [yes or no
여:부=없:다(與否一) [형] ①여부를 말할 필요가 없다. sure ②조금도 틀림이 없다. undoubted 여:부=없:이[부]
여부인(如夫人) [명] 남의 첩. your concubine
여북 [부] '응당・오죽'의 뜻으로 언짢은 경우에 쓰이는 말. ¶~하면 그런 짓을 했겠나. how 《하》
여북=이나 '얼마나・오죽이나'의 뜻으로, 의문문 앞에 쓰이어 반어(反語) 구실을 하는 말. ¶~ 피로웠을까? how much
여분(餘分) [명] 나머지. ¶~의 과자. extra
여분(餘憤) [명] 남아 있는 분기(憤氣). 덜 가신 울분. lingering resentment
여불규칙 용언(一不規則用言) [어학] 동사 '하다' 및 접미어 '=하다'가 붙는 모든 동사・형용사에서 어미의 첫소리 '어'가 '여'로 변하는 용언. 여변칙 용언(一變則用言).
여:불비(餘不備) 《약》→여불비례(餘不備禮).
여:불비례(餘不備禮) 예를 못 갖추었다는 뜻으로 편지 끝에 쓰는 말. 《약》여불비(餘不備). Sincerely yours [velling expenses
여비(旅費) [명] 여행에 드는 비용. 노자(路資). tra-
여:비(女祕書) [명] 여자로서 비서의 일을 맡은 사람.
여사(女士) [명] 학덕(學德)이 높은 여자의 경칭.
여사(女史) [명] ①시집간 여자의 높임말. Mrs. ②사회적으로 저명한 여자의 이름 아래에 쓰는 말. Ma-
여사(如斯) [동] 여차(如此). 《하》히[
여사(旅舍) [명] 여관(旅館). [dame
여사(餘事) [명] ①본업 외에 하는 일. side job ②필요하지 않은 일. extra things ③딴 일. other things
여사(麗史) [명] 고려 시대의 역사. [speaking
여사(麗辭) [명] 고운 말씨. 미사(美辭). gentle way of

여수(一) [고] 여우.
여:사군(興士軍) 《제도》여사청(興士廳)에 딸려 인산(因山) 때에 대여(大輿)・소여(小輿)를 메던 사람. 《도 대장이 겸임하였음.
여:사 대:장(興士大將) 《제도》여사청의 대장. 포
여:사=무원(女事務員) [명] 여자로서 사무를 맡아보는 사람. 《하》원[田
여사=여사(如斯如斯) [이러이러함. 여차여차(如此如斯).
여:사:장(女社長) [명] 여자로서 회사 사장 직위에 있는 사람. ¶~ 위해 포도청의 아래에 임시로 베푼 관청.
여:사:청(興士廳) 《제도》인산 때 여사군을 통할하
여:삼추(如三秋) [명] 삼추와 같다는 뜻으로, 기다리기에 지루하여 오랜 세월로 느껴진다는 말. ¶일각(一刻)이 ~.
여상(女相) [명] 여자 얼굴처럼 생긴 남자 얼굴. 《대》남상(男相). womanish features of a man
여상(女桑) [동] 움뽕.
여상(女商) [명] ①《약》여자 상업 고등 학교(女子商業高等學校). ②《약》여자 상인(女子商人).
여상(女喪) [명] 여자의 상사(喪事). woman's death
여상(如上) 위와 같음. same as above 《하》
여상(如常) [명] 보통 때와 같음. 늘 같음. being as
여상(旅商) [동] 행상(行商). [usual 하[
여:새(一) 《조류》여새과의 새. 머리에 길고 뾰족한 우관(羽冠)이 있고, 미우(尾羽)에 황색・홍색 부분이 있음. 대개 북부구의 북부에서 서식하고 겨울에는 온대에서 월동함. 연새. 연작(連雀).
여색(女色) [명] ①여자의 모습이나 얼굴빛. woman's beauty ②여자와의 육체적 관계. ¶~에 탐닉하다. 《대》남색(男色). 《약》③. carnal pleasure ③미인(美人). 미색(美色).
여색(餘色) [명] ①《미술》보색(補色). ②《물리》두 빛깔의 광(光)이 혼합한 결과 백색광이 될 때, 한쪽의 빛깔을 다른 쪽의 빛깔에 대하여 하는 말. 홍(紅)과 녹(綠), 청(靑)과 등(橙), 황(黃)과 자(紫) 등.
여색(麗色) [명] ①아름다운 빛. fine colour ②아름다운 얼굴빛. fine looking face
여생(餘生) [명] 앞으로 남은 인생. 노후의 생애. 여년(餘年). 여명(餘命). ¶~을 학문에 바치겠다. rest of one's life
[여서 [어미] '=아서'의 뜻으로 여불규칙 용언의 어간에
여서(女壻) [명] 사위. son-in-law [붙여 쓰는 말.
여서보-다/여서보-다 《준》여보다.
여석(礪石) [명] 숫돌. whet-stone
여=선생(女先生) [명] 여교사(女敎師).
여섯 [수] 다섯에 하나를 보탠 수. 육(六). six
여섯=잎꽃[一꼰닙] [명] 《식물》꽃잎이 여섯 개로 피는 꽃. 글라디올러스 따위.
여섯-때 [명] 《불교》하루를 여섯으로 나누어 염불 독경하는 때. 아침・한낮・저녁・초밤・밤중・새벽을 이름. 육시(六時). six period of a day
여섯=무날 [명] 무수기를 볼 때, 음력 보름과 그믐을 이르는 말.
여섯발-이 [명] 《동물》잔나비게과의 조그만 게. 등딱지는 앞쪽이 뒤쪽보다 좁고, 뒷쨰 다리가 없어 보각(步脚)은 세 쌍. 딱지에는 작은 구멍이 산포되고 거머리・지렁이 따위와 공서(共棲)함.
여섯-째 [명] 《수학》'여섯'의 서수사(序數詞).
여성(女性) [명] ①여자. 여류(女流). woman ②여자의 성질. feminine ③《어학》서구어(西歐語) 문법에서, 단어를 성에 따라 구별하는 하나. ¶~ 명사(名詞). ~ 대명사(代名詞) 《대》남성(男性). 《약》여(女)②. feminine gender
여성(女星) 《천문》이십팔수의 하나. 여수(女宿).
여성(女聲) [명] 여자의 목소리. ¶~ 합창. 《대》남성(男聲). female voice
여성=계(女性界) [명] 여성들의 사회.
여성=관(女性觀) [명] 여성을 보는 관념.
여성-미(女性美) [명] 체질과 성질이 여성답게 정숙하고,

부드럽고 아름다움. (대)남성미(男性美). womanly beauty ⌐superfluous power
여세(餘勢)[명] 어떤 일이 끝난 뒤의 나머지 세력.
여:세(與世)[명] 여세 추이. 하❀
여:세 추이(與世推移)[명] 세상이 변함에 따라 함께 변함. 여세 부침(與世浮沈). 하❀
여손(女孫)[명] 손녀(孫女). ⌐손.
여:송(輿頌)[명] 여러 사람들의 칭송. 사회 일반의 칭
여:송-연(呂宋煙)[명] ①필리핀의 루손 섬에서 나는 향기가 좋고 독한 엽궐련. ②[동] 엽궐련. cigar
여수(女囚)[명] 여자 죄수. 여도(女徒). (대)남수(男囚). female prisoner
여수(旅愁)[명] 나그네의 수심. 객수(客愁). traveler's melancholy ⌐receiving 하❀
여:수(與受)[명] 주고받음. 수수(授受). giving and
여수(餘水)[명] 나머지 물.
여수(餘祟)[명] 여증(餘症).
여:수(餘數)[명] 나머지 수효. 남은 수. remainder
여:수(濾水)[명] 더러운 물을 걸러서 깨끗이 함. ¶~장치.
여수-구(餘水口)〈토목〉 저수지·수도 등에 필요한 양 이상으로 괸 물을 다른 곳으로 배수(排水)해 버리기 위한 물구멍. spill-way
여:수 동죄(與受同罪)[명] 장물(贓物)을 주고받는 일은 둘 다 죄가 같음.
여-수투수(如水投水) 철저하지 못하고 흐리멍덩함.
여:-순경(女巡警)[명] 여자 순경. (약)여경(女警).
여=술(女—)[명] 여자용 숟가락. (대)남숟. woman's
여쉰[주] 예순. ⌐spoon
여스[고] 여우.
여-스님(女—)[명]〈불교〉 여승(女僧)의 경칭.
여습[명] 마소의 여섯 살. six-years old cattle
여습(餘習)[명] 남아 있는 버릇. 습관. traces of old
여·슷[고] 여섯. ⌐custom
여승(女僧)[명]〈불교〉 여자 중. 비구니(比丘尼). (대)남승(男僧). nun
여승(女乘)[명]〈불교〉자기 종파의 교법(敎法)을 종승(宗乘)이라고 하는 데 대해, 타종(他宗)의 교법을
여승-당(女僧堂)[명] [동] 신중절.
여승-방(女僧房)[명] 신중절.
여시[명] ①영방망이. ②꿀망태.
여시(女侍)[명] 나인(內人). 궁녀(宮女).
여시(如是)[명] [동] 여차(如此). 하❀
여시(餘矢)[명]〈수학〉 삼각 함수에서 1에서 어떠한 각의 여현(餘弦)을 감한 것. 즉 1—cos A는 A각의 여시가 됨.
=**-여시-놀**[어미][고]=시거늘.=으시거늘.
=**-여시-늘**[어미][고]=시거늘.=으시거늘.
여시 아: 문(如是我聞)[명]〈불교〉 나는 이와 같이 들었다는 뜻. 부처님의 지교(指敎)에 따라 제자 아난(阿難)이 불경(佛經)을 편찬할 때 모든 경(經)의 앞(冒頭)에 붙인 말. [명]히⊙
여시-여시(如是如是)[동] 여차여차(如此如此). 하❀
여식(女息)[명] 딸. daughter
여신(女神)[명] 여성의 신(神). goddess
여:신(與信)[명]〈경제〉 금융 기관에서, 고객에게 신용을 부여하는 일. (대)수신(受信). giving credit
여신(餘燼)[명] 타고 남은 불기운. embers
여:신 계:약(與信契約)[명]〈경제〉 당사자의 일방이 상대방에 대하여 일정 금액을 한도로, 장래 상대방의 필요에 의하여 융자해 줄 것을 약속하는 계약. 당좌 대월 계약 등.
여:신-도(女信徒)[명] 여자 신도. 여신자(女神者).
여:신 업무(與信業務)[명]〈경제〉 금융 기관의 여신에 관한 모든 업무. 어음 할인(割引)·대부(貸付)·어음 인수(引受)·신용장(信用狀)의 발행·채무 보증 등이 이에 속함. (대)수신 업무(受信業務). loaning business ⌐信徒」. female believer
여=신:자(女信者)[명] 여자 신자(女子信者). 여신도.

여실(如實)[명] ①사실과 꼭 같음. same as the reality ②〈불교〉 우주 만유(萬有)의 실제로서 현실적이며 평등 무차별한 절대의 진리. 진여(眞如). reality 하❀ 히⊙
여심(女心)[명] ①여자의 마음. woman's mind ②간사하고 중심이 없는 마음.
여-쌔[명] 엿새.
여아(女兒)[명] ①여자 아이. young girl ②딸. (대)남아(男兒). daughter ⌐하❀
여아(麗雅)[명] 아름답고 우아함. 아려(雅麗). elegance
여오[명][고] 여우.
여악(女樂)[명]〈제도〉 궁중 연회(宴會) 때 여기(女妓)가 악기를 타고 노래 부르고 춤추던 일.
여알(女謁)[명] 대궐 안 정사(政事)를 어지럽히는 여자.
여압[명]〈건축〉 부연 끝, 평교대 위에 막는 나무.
여:압-복(與壓服)[명] 고공(高空) 비행기의 기밀복(氣密服). 고공 비행에서 생기는 기압의 저하나 가속도의 변화로부터 비행사를 보호함.
여앙(餘殃)[명] ①나쁜 일을 하여 그 값으로 받는 재앙. retribution ②뒤끝까지 남은 재앙. remaining disaster ⌐ning disaster
여액(餘厄)[명] 아직 남은 재액. 여얼(餘孼)①. remai-
여액(餘額)[명] 쓰고 남은 돈의 액수. amount left
여액 미:진(餘厄未盡)[명] 여액이 아직 다하지 않음. 하❀
여야[명] 받침 없는 체언에 붙어, 뒷말에 대한 어떤 조건이 꼭 필요함을 나타내는 연결형 서술격 조사. ¶ 간호사는 환자를 위한 봉사자~ 한다.
=**여야**[어미] '-아야'의 뜻으로, '하다'가 붙는 어불규칙 어간에 붙여 쓰는 어미. ¶노력하~ 목적을 달성할 수 있다. ⌐tion parties
여:야(與野)[명] 여당과 야당. government and opposi-
여얼(餘孼)[명] ①[동] 여액(餘厄). ②여승(餘症). ③멸망한 사람의 자손. offsprings of a ruined person
여업(餘業)[명] ①선인(先人)이 남긴 일. inherited profession ②부업(副業). ⌐疫」②.
여역(癘疫)[명]〈한의〉 전염성 열병의 통칭. 온역(瘟
여:역 발황(癘疫發黃)[명]〈한의〉 여역에 황달을 겸한 병. ⌐(毒). remaining heat or fever
여열(餘熱)[명] 큰 더위나 신열 뒤에 남은 열기. 여독
여염(閭閻)[명] 백성의 집이 모여 있는 곳. 여리(閭里). 여항(閭巷). commoner's residential quarters
여염(餘炎)[명] ①타고 남은 불꽃. ②남은 더위.
여염(麗艷)[명] 곱고 예쁨. beauty 하❀
여염=집[-쩝](閭閻—)[명] 일반민의 살림집. 여가(閭家). ¶~ 여자(女子). (약) 염집. commoner's house
여영(餘榮)[명] ①죽은 뒤의 영화. surviving glory ②선조의 여광(餘光).
여예(餘裔)[명] ①혈통의 맨 끝. 말류(末流)②. descendants ②[동] 후예(後裔).
여옥(如玉)[명] 구슬과 같이 아름다운 모양. flawlessness
여옥 기인(如玉其人)[명] 얼굴이나 성품이 옥과 같이 깨끗하고 흠이 없는 사람.
여와(女瓦)[명] 암키와.
여왕(女王)[명] ①여자 임금. queen ②벌·개미 등의 암컷. 여주(女主). queen bee or ant
여왕-개:미(女王—)[명]〈한의〉 산란(産卵) 능력이 있는 암캐미. 보통 일개미보다 큼. queen ant
여왕=벌(女王—)[명]〈곤충〉 사회 생활을 하는 벌떼에서 산란 능력(産卵能力)이 있는 암벌. 여왕봉(女王-)
여왕-봉(女王蜂)[명] [동] 여왕벌. 〔蜂〕. queen bee
여-요[조] 받침 없는 체언에 붙어 친근감을 담아 애교스럽게 사실을 긍정적으로 단정하거나, 지적하여 물는 종결형 서술격 조사. ¶우리 학교 선수~.
여요(汝窯)[명]〈공업〉 자기(瓷器)를 굽는 가마. pottery
여요(麗謠)[명]〈약〉→고려 가요(高麗歌謠).
여용(餘勇)[명] 한 가지 일을 용감하게 끝낸 뒤의 나머지 용기. remaining courage
여용(麗容)[명] 예쁜 얼굴. 아름다운 용모. beauty

여우(①〈동물〉 개과의 짐승. 개와 비슷한데 몸이 홀쭉하고, 주둥이가 길고 뾰족하며 꼬리는 굵고 길. 털 빛은 적갈색 또는 황갈색인데 성질이 교활함. 모피는 목도리에 많이 이용됨. fox ②〈속〉 매우 교활하고 번드르한 여자. 야호(野狐). foxy woman

여우(如優) → 여배우(女俳優).

여우(如右) 오른쪽 사항과 같음. 하튼

여우(旅寓) ①〈동〉객거(客居). ②객거하는 곳. 하튼

여우=같-다 배우 삼가하다 요망하다.

여우 구슬 〈식물〉여우주머니과에 속하는 일년생 풀. 줄기 높이 20cm 내외, 잎은 타원형이며 잔 가지의 양쪽에 배열함. 7~8월에 적갈색 꽃이 피고 과실은 삭과로. 으로 남을 흐리다.

여우=떨-다 간사하게 아양을 떨다. 간드러진 언행

여우=볕 비가 오는 날 잠깐 났다가 사라지는 볕.

여우=비 볕이 난 날 잠깐 오다가 그치는 비.

여우오줌=풀(〈식물〉엉거시과의 이년생 풀. 높이 60~100cm 며 8~9월에 황색 꽃이 핌. 줄기와 뿌리는 배앓이·회충 등의 약재로 씀. 천만청(天蔓菁). 천명정(天命精). │있다. remaining luck

여운(餘運) 아직 더 남아 있는 운수. ¶아직 ~이

여운(餘韻) ①아직 가시지 않은 운치. trailing note ②떠난 사람이 남겨 놓은 좋은 영향. remaining influence ③〈동〉여음(餘音).

여운=시(餘韻詩)〈문학〉말의 여운을 남겨서 효과를 노리는 서정시의 한 형식.

여울 강이나 바다에 물살이 빠르고 세차게 흐르는 곳. 천단(淺灘). swiftly flowing part on stream

여울=돌 [—돌] 여울 밑에 깔린 돌.

여울로 소금 섬을 끌래도 끌지 무엇이든지 명령대로 하겠다는 말. │current

여울=목 여울 물이 턱진 곳. mouth of a swift

여울=여울 물이 슬을 타는 모양. 《작》아울아울. slow burning

여월(如月) 음력 2월의 이칭(異稱).

여월(餘月) 남은 달수. 달수가 그 이상 더 됨을 나타내는 말. ¶십(十)~. more than a month

여위(餘威) ①어떤 위엄을 보이고 난 뒤의 나머지 위엄. superfluous dignity ②선인이 남긴 위광(威光).

여위-다 ①몸이 수척하여지고 파리하게 되다. ¶몸이 ~.《작》야위다. lean ②가난하여 살림이 보잘것없다. ¶여윈 살림. wretched

여위=살이 시집보내는 일.

여원(餘眠) ①흠뻑 자지 못한 잠. insufficient sleep ②충분하지 못한 잠. light sleep

여유(餘裕) ①넉넉하고 남음이 있음. surplus ②답 비지 않고, 사리를 너그럽게 판단하는 마음이 있음. ¶~있는 태도 composure

여유 작작(餘裕綽綽) 빠듯하지 않고 넉넉함. 다우여지(餘地)가 있는. 게시행함. 하튼

여율령 시:행(如律令施行) 명령이 내려지기가 무섭

여으 〈고〉여우.

여음(女陰) 여자의 음부(陰部). 여자의 생식기.

여음(餘音) 소리가 끊어진 뒤의 울림. 여운(餘韻)③. trailing note │blessing

여음(餘蔭) 조상의 공덕으로 받는 복. inherited

여읍 여소(如泣如笑) 우는 것 같기도 하고 웃는 것 같기도 함.

여의(女醫)(약)→여의사(女醫師).

여의(如意) ①〈불교〉독경·설법 때 강사인 중이 손에 갖는 승구(僧具)의 하나. 뼈·나무·대·쇠 등으로 만듦. priest's staff ②뜻과 같음. 뜻대로 됨. ¶~치 않다. turning out as one wishes 하튼

여의(餘意) 말 끝에 함축된 속뜻. implied meaning

여·의(고)꽃잎.

여의-다 ①죽어서 이별하다. ¶부모를 ~. be bereaved ②멀리 떠나 보내다. 시집보내다. ¶딸을 ~. part

여의 보:주(如意寶珠)〈불교〉여의주(如意珠)를 보배롭게 일컫는 말.

여의=봉(如意棒) 중국의 고소설인 '서유기(西遊記)'에서 주인공 손오공이 들고 다니던 것으로, 길이를 자유자재로 늘이거나 줄이면서 신통력을 발휘하는 몽둥이. │doctor

여:의사(女醫師) 여자 의사. 〈약〉여의(女醫). woman

여의주(如意珠) 용의 턱 아래에 있다는 구슬. 이 구슬을 얻으면 갖은 조화를 마음대로 부릴 수 있다.

여의=찮-다(如意─) 〈준〉여의하지 아니하다. │함.

여인(女人) 여성인 사람. 여자 부녀. woman

여인(旅人) 나그네. traveller

여인(麗人) 아름다운 여자. 미인(美人). beauty

여인=국(女人國) → 여국(女國)①.

여인 동락(與人同樂) 남과 더불어 같이 즐김. sharing one's joys with others 하튼

여:인 상약(與人相約) 남과 서로 약속함. appointment 하튼 │고 숙박료가 싼 여관. inn

여인=숙(旅人宿) 나그네를 상대로 하는, 규모가 작

여일(如一) 한결같음. ¶시종(始終) ~. constancy 하튼 히튼

여일(餘日) ①남은 날. remaining days ②앞날.

여일(麗日) 화창한 날. 날씨가 좋은 날. beautiful day │자. woman

여자(女子) 여성인 사람. 여인. ¶~ 대학(大學).《대》남

여자(餘資) 쓰고 남아 있는 자금. remaining fund

여자(勵磁) 자석을 만들기 위하여 강철에 전선을 감아 전류를 공급하는 일. 자화(磁化).

여자(麗姿) 예쁜 자태. beautiful figure

여자가 셋이면 나무 접시가 드논다 여자가 모이면 말이 많고 떠들썩하다.

여·자=기(勵磁機) 교류 발전기나 동기(同期) 전동기 등의 계자(界磁) 코일에 전류를 공급하는 직류 발전기.

여자는 사흘에 안 때리면 여우가 된다 여자는 숫대가 없어 흔들리기 쉬우니 힘으로 다루어야 한다.

여자는 제 고을 장날을 몰라야 팔자가 좋다 여자는 세상일을 도무지 모르고 집안에서 살림만이 하는 여자가 가장 행복하다. │and receiver

여:자 수자(與者受者) 주는 사람과 받는 사람. giver

여:자 전:류(勵磁電流) 장자석(場磁石)을 움직이기 위해 코일에 통하는 전류.

여장(女將)〈약〉→ 여장군(女將軍).

여장(女裝) 남자가 여자의 옷차림을 함. 여복(女服). 《대》남장(男裝). dressing in female attire 하튼

여장(女墻) 성 위에 낮게 쌓은 담. 성가퀴(城─).

여장(旅裝) 길 떠날 차림. 여행의 차림. 정의(征衣). ¶~을 차리다. travelling outfit

여장(蒸杖)〈고〉여장부(女丈夫).

여·장군(女將軍) 〈약〉①여자 상사(將師). woman general ②몸이 큰 여자를 놓으로 일컫는 말.《약》여장(女將). bulky woman

여·장=부(女丈夫) 남자같이 헌걸차고 기개가 있는 여자. 여걸(女傑). heroine

여:장 절각(汝墻折角) 〈동〉여담 절각(汝─折角).

여재(餘在) 쓰고 남은 돈이나 물건. 여존(餘存). 영여(零餘). remaining property │fortune

여재(餘財) 쓰고 남은 재물. 남은 재산. remaining

여재=문(餘在文) ①셈을 치르고 남은 돈. ②셈 끝이 나지 않고 처져 있는 돈.

여적(女賊) 〈동〉①남자의 마음을 어지럽히는 여색(女色). feminine charms ②여도둑. female thief

여적(餘滴) ①글을 다 쓰거나 그림을 다 그리고 남은 먹물. 여묵(餘墨). drippings ②〈동〉여록(餘錄).

여적=란(餘滴欄) 신문·잡지 등에서 여록(餘錄)이나 가십(gossip) 등을 기재하기 위하여 특별히 설정된 지면(紙面). 편집 후기(編輯後記). editor's note

여전(如前)[副] 전과 다름이 없음. ¶~히 쾌활하다. being as before 하形 히副

여전(餘錢)[名] 쓰고 남은 돈. 나머지 돈. money left

여절(餘切)[名] 《수학》'코탄젠트(cotangent)'의 구용

여점(旅店)[名] 객점(客店).

여=점(女店員)[名] 여자 점원.

여접(餘接)[名] 《수학》'코탄젠트(cotangent)'의 구용

여정(旅情)[名] 여행할 때 마음에 우러나는 회포. 여포(旅抱). weary thoughts of a traveller

여정(旅程)[名] ①여행의 도정(道程). 노정(路程)②. ② 여행의 일정. 객정(客程). travel-route

여정(餘情)[名] 아직 남아 있어 가시지 않은 정(情).

여정(餘醒)[名] 아직 덜 깬 술. lingering love

여=정(輿情)[名] 어떤 일이나 행동에 대한 일반 사회의 정적(情的)인 반응.

여:정(勵精)[名] 정신을 가다듬어 힘씀. assiduity 하[타]

여:정 도치(勵精圖治)[名] 정성을 다하여 정치에 힘씀.

여정-목(女貞木)[名] 광나무.

여정-실(女貞實)[名] 《한의》광나무의 열매. 동지 때에 따서 술을 뿜어 쩌서 강장제로 씀. 여정자(女貞子).

여정-자(女貞子)[名] 여정실(女貞實).

여정-하-다(如一─)[形] 과히 틀림이 없이 거의 같다. be much the same

여제(女弟)[名] 누이동생. younger sister

여제(女帝)[名] 여자 황제. 여황(女皇).

여:제(厲祭)[名] 《민속》여귀(厲鬼)에게 지내는 제사.

여조(餘條)[名] 금전·곡식을 셈할 때의 나머지 부분.

여조(麗朝)[名] 《약》→고려조(高麗朝).

여조(麗藻)[名] 아름답게 지은 시나 문장. flowery style

여조 과:목(如鳥過目)[名] 나는 새가 눈앞을 스쳐감. 곧, 빠른 세월. How fast time flies!

여존(女尊)[名] 여제(女帝).

여존 남비(女尊男卑)[名] 사회적 지위나 권리에 있어서 여자를 남자보다 우대하고 존중하는 것. 《대》남존여비(男尊女卑). lady first

종=(女一)[名] 종노릇하는 여자. 계집종.

여좌(如左)[副] 왼쪽에 기록된 것과 같음. 하形 히副

여=좌:침:석(如坐針席)[名] 바늘 방석에 앉은 것과 같이 마음이 몹시 불안함. being ill at ease

여죄(餘罪)[名] 그 죄 이외의 죄. 다른 죄. ¶그의 ~를 심문하다.

여주[─:쥬][名] 《식물》박과의 일년생 덩굴물. 줄기는 가늘고 길어 덩굴손으로 감아 오르며 잎은 장상(掌狀)으로 갈라짐. 여름과 가을에 누른 꽃이 피며 과실은 긴 타원형으로 혹 같은 돌기가 많음. 어린 과실은 식용함. 고과(苦瓜). 금여지(錦荔枝). 나포도(癩葡萄). 여지(荔枝). balsam-pear

여주(女主)[名] 여왕(女王).

여=주:빈(女主賓)[名] 청함을 받은 가장 주요한 부인 손님.

여=주인공(女主人公)[名] ①여자 주인. ②사건이나 소설·연극·영화 등에서 가장 중심적인 역할을 하는 여자.

여죽(女竹)[名] 여자가 쓰는 담뱃대. woman's smoking pipe

여줄가리[名] ①주된 몸통이나 원줄기에 딸린 물건. accessory ②중요한 일에 딸린 중요하지 않은 나머지. incident

여중(女中)[名] 《약》여자 중학교(女子中學校).

여중(旅中)[名] 객중(客中).

여중 군자(女中君子)[名] 숙덕(淑德)이 높은 여자. lady of eminent virtue

여중 호걸(女中豪傑)[名] 호방하고 걸출한 여자.

여증(餘症)[名] ①병의 나머지 증세. 여기(餘氣)②. after effects of a disease ②어떠한 병 끝에 덧붙어 나는 다른 병. 여증(餘證). 여얼(餘蘗)②. secondary disease

여:지(荔枝)[名] →여주.

여지(餘地)[名] ①남은 땅. 여분의 토지. unoccupied place ②아직도 희망이 있는 앞길. room ③나위. ¶의심할 ~가 없다. ④일이나 생각의 여유가. 재고(再考)할 ~없이. margin

여:지(輿地)[名] 《동》지구. 대지(大地).

여:지(濾紙)[名] 《약》→여과지(濾過紙).

여지(鑢紙)[名] 거죽에 금강사(金剛沙)나 유리 가루를 발라서 줄삼아 쓰는 질긴 종이. 사포(砂布). 샌드페이퍼. emery-paper

여지:도(輿地圖)[名] 세계 지도. 지도.

여지=없-다(餘地─)[形] 더할 나위가 없다. no room left for 여지:없이副

여=직공(女職工)[名] 여자 직공. 공녀. 여공(女工).

여진(女眞)[名] 《역사》동북주와 연해주 방면에 살던 반농 반수렵의 퉁구스계 부족. 금(金)·청(淸)나라 등을 세웠으나 쇠퇴했음. 야인(野人)⑤. 여진족(女眞族). Manchu tribe

여진(餘塵)[名] 옛 사람이 남겨 놓은 자취. footprints of predecessors

여진(餘震)[名] 《지학》큰 지진이 있은 다음에 잇따라 일어나는 작은 진동. after shock

여진 문자(女眞文字)[名] 12세기에 여진족의 국가인 금(金)이 제정한 문자.

여진 여퇴(旅進旅退)[名] 일정한 절개나 주견이 없이 여럿이 부화(附和)하여 진퇴를 같이 함. 하[자]

여질(女姪)[名] 조카딸. one's niece

여질(麗質)[名] 청초하고 곱게 생긴 체질. 옥질(玉質).

여=집합(餘集合)[名] 《수학》집합 A가 집합 B의 부분집합일 때, B에 원(元)으로 이루어지는 집합을 B에 대한 A의 여집합 또는 B와 A와의 차(差)라 하여 B−A로 표시함. 보집합(補集合). complementary set

여짓=거리-다(──)[自] 말을 할 듯 할 듯 자꾸 머뭇거리다. 「여짓=하다[自]

여짓-하다[自] '여쭙다'를 에스럽게 이름. tell

여-주다[他] 웃어른에게 사연을 아뢰다. tell an elder

여쭙다[他ㅂ] 《약》여쭈다. tell an elder

여쭙-다[他ㅂ] 《약》→여쭈다.

여차(如此)[副] 대수롭지 않은 사물. ¶내 실수는 내게 대면 ~. trifle

여차²[感] →이영차.

여차(如此)[副] 이러하다. 이와 같음. 약시(若是). 약차. 여사. 여사(如斯). being like this 하形 히副

여차(旅次)[名] '여행할 때 머무는 곳'이라는 뜻으로 아랫 사람에게 편지할 때 씀. stop-over

여차:여차(如此如此)[副] 이러이러함. 여사여사(如斯如斯). 여시여시(如是如是). 하形 히副

여=차장(女車掌)[名] 여자 차장. bus girl, conductress

여차-하면(如此─)[副] 무슨 일이 일어나기만 하면. if anything happens

여창(女唱)[名] ①《음악》남자가 여자의 음조로 노래 부르는 일. 또는 그 노래. 여창(女─)②. 《대》남창(男唱). ②《약》여창 남수(女唱男隨). singing with a woman's voice. 하[자]

여창(旅窓)[名] 나그네가 객지에서 묵는 방. 객창(客窓). traveller's room

여창 남수(女唱男隨)[名] 여자가 앞에 나서서 서두르고 남자는 따라만 함. 《약》여창(女唱)②.

여창 지름 시조(女唱─時調)[名] 《음악》시조 창법의 하나. 평 시조와 같되, 초장(初章) 첫 장단을 지르지 않고, 가성으로 곱게 발성함.

여천(餘喘)[名] ①아직 죽지 않고 겨우 부지해 있는 목숨. lingering life ②얼마 남지 않은 목숨. 여명(餘命). one's remaining day

여:천지 무궁(與天地無窮)[名] 천지와 더불어 다함이 없다는 뜻으로, 사물의 영속함을 이르는 말. 여천지 해망(與天地偕亡). 하形 無窮

여:천지 해망(與天地偕亡)[名] 여천지 무궁(與天地無窮).

여철(藜鐵)[동] 마름쇠.

여청(女─)[名] 여창(女唱)①.

여청(女青)[名] 곡두서니과의 다년생 풀. 봄에 거죽은 회백색이고 안은 적자색인 종지 모양의 꽃이 핌. 뿌리는 약재로 쓰임.

여체(女體)[名] 여자의 육체. 《대》남체(男體).

여체(旅體)[名] 객체(客體).

여초(餘草)[名] ①소용 없게 된 시문의 초고(草稿).

waste manuscripts ②심심풀이로 쓴 글.
여축(餘蓄)뗑 쓰고 남은 물건을 모아 둠. 또, 그 물건. ¶식량의 ～. saving 하다
여:출-액(濾出液)뗑〈생리〉피 속의 혈청이 혈관벽의 여과 작용으로 조직 속에 들어간 액. transudate
여:-출일-구(如出一口)뗑 이구 동성(異口同聲).
여취 여광(如醉如狂)뗑〈동〉여광 여취. 하다
여:측-이심(如廁二心)뗑 '뒷간에 갈 적 마음 다르고 올 적 마음 다르다'는 말로 자기에게 긴할 때에는 다 급하게 굴고 그 일이 끝나면 마음이 변한다는 말.
여:치(곤충)뗑 여치과의 곤충. 몸 길이 3～4cm이 며 메뚜기 비슷하되 긴 촉각이 있다. 접은 날개의 배면은 갈색, 측면은 갈색 반점이 많은 녹색임. 한 여름에 들에 많이 수컷은 옮.
여침(旅寢)뗑 여행중에 묵는 잠자리. traveler's bed
여쾌(女儈)뗑 ①중매하는 여자. ②뚜쟁이. female matchmaker
여타(餘他)뗑 그 밖의 다른 것. 그 나머지.
여:타 자별(與他自別)뗑 남보다 사이가 유달리 가까 울 일. 하다
여:(權), giving and taking 하다
여:탈(與奪)뗑 주는 일과 빼앗는 일. ¶생살 ～권
여:탐뗑 무슨 일이 있을 때 웃어른의 뜻을 살피기 위 하여 미리 여쭙는 일. 《원》예탐(豫探). advance consultation 하다
여:탐-굿뗑 집안에 경사가 있을 때 조상에게 먼저 아 뢰는 굿. 《원》예탐-굿. 하다
여탕(女湯)뗑 여자용의 목욕탕. 《대》남탕(男湯).
여태뗌→여태까지. ┌woman's bath-room
여태(女態)뗑 여자처럼 보이는 태도. womanly atti- tude ┌till now
여태-까지뗌 이때까지. 지금까지. 여적. 《준》여태.
여태-껏뗌 여태까지. till now
여태-혜(女太鞋)뗑 볼이 좁고 간략하여 여자의 신과 비슷한 남자용 가죽신. └main behind
여택(餘澤)뗑 끼쳐 놓은 은택. blessings which re-
여택(麗澤)뗑 학우가 서로 도와 학덕을 닦는 일. har- monious pursuit of study
여토-다(고)여투다. 저축하다.
여투-다目 물건이나 돈을 아껴서 쓰고 나머지를 모아 두다. be frugal of one's money ┌shallow
여트막-하-다囹 매우 여트막하다. 《작》야트막하다.
여틈-하-다囹 약간 옅은 듯하다. 《작》야틈하다. somewhat shallow
여파(餘波)뗑 ①바람이 잔 뒤에도 아직 이는 파도. lingering waves ②뒤에까지 미치는 영향. ¶졸업 때의 ～. after-effect
여:파-기(濾波器)뗑 여러 주파수(周波數)가 섞여 있 는 전파(電波)로부터 어떤 특정 주파수(周波數)의 것만을 가려내는 전기(電氣)적 장치. selector
여편-네뗑 ①결혼한 여자. 여인. ②《이》아내
여폐(餘弊)뗑 남은 폐단. 뒤에까지 미치는 폐단.
여정(旅情)뗑〈동〉여정(旅情). └aftermath
여:포(濾胞)뗑〈생리〉난소 속에서 알이 만들어질 때 알의 주위를 싸는 여러 세포로 된 주머니. 난포(卵 胞). └胞)자극 호르몬.
여:포 자극 호르몬(濾胞刺戟 hormone)뗑 난포(卵
여:포 호르몬(濾胞 hormone)뗑〈동〉발정(發情) 호르 몬.
여풍(餘風)뗑 남아 전해 온 풍습. surviving custom
여풍(麗風)뗑 북서풍(北西風).
여필(女筆)뗑 여자의 글씨. woman's handwriting
여필-종부(女必從夫)뗑 아내는 반드시 남편의 뜻을 따라야 함. Wives should follow their husbands
여하(如何)뗑 어떠함. 약약(若何). ¶정세 ～에 따 라. how 하다 히다 ┌anyway
여하-간(如何間)뗌 어떻든간에. ¶～ 일을 끝내라.
여하-다(如何一)囹 같나. same 여하히뗌
여하-튼(如何一)뗌 어떻든. anyway
여-학교(女學校)뗑〈교육〉여자만을 가르치는 학교의

통칭. 《대》남학교(男學校). girls' school
여-학사(女學士)뗑 ①대학을 나와 학사 학위를 가진 여자. ②학문이 훌륭한 여자. woman scholar
여-학생(女學生)뗑 여자 학생. 《대》남학생(男學生).
여한(餘恨)뗑 풀지 못한 남은 원한. 나머지 원한. smouldering grudge
여한(餘寒)뗑 큰 추위가 지난 뒤에 남은 추위. 입춘 뒤의 추위. lingering cold
여할(餘割)뗑〈수학〉'코시컨트(cosecant)'의 구용어.
여夏(고)여올.
여:함-수(一严)(餘函數)뗑〈수학〉삼각 함수에서, 직 각 삼각형의 직각 아닌 각의 사인과 코사인, 탄젠 트와 코탄젠트, 시컨트와 코시컨트를 서로 다른 편 의 여함수라 함. 《꼭》보여함수. 약칭 부함. 하다
여합 부절(如合符節)뗑 부절(符節)을 맞추듯 사물이.
여항(餘項)뗑 나머지의 항목(項目). other items
여항(閭巷)뗑〈동〉여염(閭閻).
여항-간(閭巷間)뗑 보통 민중들 사이. 촌간(村間). 《약》항간(巷間). among the people
여항-인(閭巷人)뗑 항간의 사람들.
여행(旅行)뗑 볼일이나 유람의 목적으로 다른 고장이 나 외국에 가는 일. travel 하다
여:행(勵行)뗑 힘씀. 또, 행하기를 독려함. strict enforcement 하다
여행-기(旅行記)뗑 여행중의 견문(見聞)·체험(體驗) 등을 기록한 글. travel book
여행-사(旅行社)뗑 여행자의 편의를 돌봐 주는 일을 업으로 하는 영업 기관. tourist bureau
여행 안내(旅行案內)뗑 ①여행하는 사람의 편의를 위하여 기차·선박·여객기 따위를 소상하게 설명하 는 일. 또는 그 책. guidebook ②여행하는 사람을 따라다니며 여러 가지로 편의를 도모하며 안내함. 또, 안내하는 사람. guide
여행-자(旅行者)뗑 여행하는 사람.
여행자 수표(旅行者手票)뗑 해외 여행자가 외국에서 비용을 쉽게 조달할 수 있도록 은행이 발행하는 수 표. 세계 어디서나 현금으로 바꿀 수 있음.
여행 증명(旅行證明)뗑《법률》외국에 여행하는 사람 에게 본국이 그 여행을 허가하고 그 신분을 증명하 는 문서. traveller's certificates ┌lingering odour
여향(餘香)뗑 뒤에까지 남아 있는 향기. 여훈(餘薰).
여향(餘響)뗑 뒤에까지 남아 있는 음향. 여음(餘音). reverberation
여현(餘弦)뗑〈수학〉'코사인(cosine)'의 구용어.
여현 정리(餘弦定理)뗑〈수학〉'코사인 정리(cosin 定 理)'의 구용어.
여혈(餘血)뗑 해산한 뒤에 나오는 악혈(惡血).
여혐(餘嫌)뗑 아직 남아 있는 혐의. remaining sus-
여:형(女兄)뗑 손위 누이. elder sister └picion
**여-형(女形)뗑 여지같이 보이는 형상. womanly looking
여형 약제(如兄若弟)뗑 친하기가 형제와 같음. 하다
여:-형제(女兄弟)뗑 여색누이와 누이동생. 자매(姉妹).
여혜(女鞋)뗑 여자가 신는 가죽신. leather shoes for women
여호와(Jehovah)뗑〈기독〉구약 성서에 나오는 이스 라엘 족속의 최고 유일한 신. 야웨. 야훼.
여호와의 증인(Jehovah-證人)뗑〈기독〉그리스도의 재림을 믿고, 현실의 모든 제도를 부정하는 한 종 파. 《사. ¶～ 안 되면 어떡하지? if
여혹(如或)뗌 '만일·혹시'의 뜻으로 쓰이는 접속 부사.
여혼(女婚)뗑 딸자식의 혼인. ¶～ 잔치. 《대》남혼(男 婚). marriage of one's daughter ┌women
여화(女禍)뗑 여색으로 인한 재앙. trouble through
여환(如幻)뗑〈불교〉모든 존재는 무상하여 환영(幻 影)처럼 덧없음. ┌(女帝). empress
여:황(女皇)뗑 여성으로서의 황제. 여왕(女王). 여제
여황(旅況)뗑〈동〉객황(客況).
여회(旅懷)뗑〈동〉객회(客懷).

여회(餘灰)圈〈한의〉명아주를 불에 태운 재. 약으로 씀. 동회(冬灰).

여훈(餘薰)圈뒤에까지 남아 있는 향기. 여향(餘香).

여훈(餘醺)圈아직 깨끗이 깨지 못한 술기운.

여휘(餘暉)圈(동) 석조(夕照).

여흔(餘痕)圈남아 있는 자취. 남은 흔적. ¶~이 남

여・흘(回) 여울. | 아 있다. remaining traces

여흥(餘興)圈①놀이 끝에 남아 있는 흥. remaining mirth ②연회 끝에 흥을 돕기 위하여 하는 연예. entertainment

여희(麗姬)圈아주 여자를 멋스럽게 이르는 말.

여회圈〈고〉꽃술

여・희・다(回)〈고〉여의다. 이별하다.

역(力)圈〈제도〉달음박질하던 경기의 하나. 두 손에 50근 무게의 물건을 하나씩 들고 감. 일력(一力)・이력(二力)・삼력(三力)의 세 등급이 있음.

역(役)圈①국민이 공공(公共)의 필요로써 쓰이는 일. ¶부(賦)~. service ②(약)→역가(役價). ③특별히 맡아보는 소임. ¶감사~. charge ④(동) 징역(懲

역(易)圈(동) 주역(周易).   (役). 복역(服役).

역(逆)圈①반대. 거꾸로임. ②(약)→반역(反逆). ③〈논리〉어떤 정리(定理)의 가설과 종결을 뒤바꾸어 얻은 정리. 역정리(逆定理). ¶~도 또한 진(眞)이다. converse ④〈수학〉A의 B에 대한 관계를 기준으로 하였을 때 그 거꾸로 되는 B의 A에 대한 관계. converse

역(域)圈(약)→경역(境域). |관계. converse

역(閾)圈〈심리〉사람이 인지(認知)할 수 있는 극한(極限)의 경계에 해당하는 자극. ¶감각(感覺)~.

역(驛)圈①기차가 발착하는 곳. station ②〈제도〉공문을 중계하여 전하고 공용의 마필(馬匹)을 공급하는 곳. 우역(郵驛). post town

역(役)〔의〕연극・영화에서, 배우가 맡아서 하는 소임. ¶춘향이 ~. part

역(譯)圈 번역(飜譯). ¶김안서(金岸曙) ~.

역(亦)圈 또한. 역시. also

역-(逆)圍어떤 명사 위에 붙어서 그 일이 반대가 될을 나타내는 말. (대) 정(正)①. contrary

역가(役價)圈①역사(役事)의 품삯. ②〈제도〉경주리(京邸吏)와 영저리(營邸吏)가 받는 보수. ¶~미(米). (약) 역(役)②.

역간(力諫)圈힘써 간함. string admonition 하타

역강(力强)圈힘이 굳셈. 세력이 넉넉함. strong hold

역=결(逆一)圈거꾸로 된 나뭇결. interlocked grain

역=겹・다(回)(形)图 몹시 역(逆)하다. ¶나 보기가 역겨워 가실 때에는. repulsive

역경(易經)圈(동) 주역(周易).

역경(逆境)圈뜻대로 되지 않는 경우. 고통이 많은 경애(境涯). (대) 순경(順境). adversity

역공(力攻)圈힘을 다하여 공격함. strong attack 하타

역과(譯科)圈〈제도〉조선조 때, 잡과(雜科)의 하나. 외국어에 통한 사람을 역관(譯官)으로 등용하기 위해 시험하여 뽑던 과거.   「리.

역관(曆官)圈〈제도〉달력에 관한 일을 맡아보던 관

역관(歷官)圈여러 관직을 역임함. 하타

역관(譯官)圈①통역을 하는 관리. official translator ②〈제도〉사역원(司譯院) 관리의 총칭.

역관(驛館)圈역참(驛站)에서, 인마(人馬)의 중계를 맡아보던 집.

역-광선(逆光線)圈〈물리〉대상(對象)의 배후로부터 비치는 광선. ¶~으로 찍은 사진. counter-light

역구(力求)圈힘써 구함. trying hard to get 하타

역구(力救)圈힘들여 구원함. trying hard to help 하타

역구(歷久)圈오래 됨. very long 하타

역=구구(逆九九)圈〈수학〉큰 수를 승수(乘數), 작은 수를 피승수(被乘數)로 하는 구구셈. 2・1은 2, 3・2는 6 같은 셈법.

역-구내(驛區內)圈 역 건물에 딸린 구역의 안.

역군(役軍)圈①공사장에서 삯일하는 사람. 역부(役夫). coolie ②일꾼. able hand

역군(逆軍)圈반역 군사. 적군(賊軍). rebel army

역권(力勸)圈힘써 권함. urging 하타

역권(役權)〈법률〉일정한 목적을 위하여 타인의 물건을 이용하는 물권(物權). 「causing disease

역귀(疫鬼)圈전염병을 일으키는 귀신. evil spirit

역기(力技)圈(동) 역도(力道).

역기(力器)圈근육 운동을 할 때에 쓰는 기구. implement for weight lifting

역기(力氣)圈(동) 육기(肉氣).

역-기전력(逆起電力)圈〈물리〉전기 회로에 있어 가해진 기전력에 반대로 움직이는 기전력. back electromotive force

역내(域內)圈일정한 구역의 안. (대) 역외(域外).

역내(閾內)圈문지방 안. indoor |interior

역내 무역(域內貿易)圈일정한 구역 내의 국가나 가맹국끼리 조직적으로 행하는 무역.

역년(歷年)圈①책력을 지냄. 여러 해를 지냄. 또, 지나온 여러 해. 역세(歷歲). lapse of years ②〈역사〉한 왕조(王朝)가 왕업을 누린 햇수. length of dynasty 하타

역년(曆年)圈①책력에 정해진 한 해. 태양력에서는 평년은 365일, 윤년은 366일. calendar year ②(동) 세월(歲月).

역노(驛奴)圈〈제도〉역참에 딸려 심부름하는 남자 종. 역례(驛隸). (대) 역비(驛婢). (속) 역놈.

역-놈(驛一)圈(속) 역노(驛奴). |assiduously 하타

역농(力農)圈힘써 농사를 지음. 역전(力田). farming

역-다(回)①눈치가 있고 꾀가 바르다. ②자기에게 이롭게만 꾀를 부리는 태도가 있다. (작) 샤프하다. sharp

역답(驛畓)圈〈제도〉역참에 딸려 그 소출을 경비에 쓰게 된 논. paddyfields attached to a station

역당(逆黨)圈역적들의 무리. 역도(逆徒). traitors

역대(歷代)圈대대로 이어 내려온 그 여러 대. 또, 그 동・안. 역세(歷世). ¶~ 대통령. successive

역=대=수(逆對數)圈(동) 진수(眞數). |generations

역도(力道)圈〈체육〉역기를 들어 올리는 운동. 역기(力技). weightlifting

역도(力徒)圈 무리. labourers

역도(役徒)圈①인부(人夫). coolie ②부역에 종사하는 사람.

역도(逆徒)圈역당(逆黨).

역도(逆睹)圈앞일을 미리 내다봄. 하타

역독(譯讀)圈번역하여 읽음. translation 하타

역두(驛頭)圈〈제도〉역의 앞. 역전(驛前).

역-둔토(驛屯土)圈〈제도〉역에 급전(給田)으로 사급된 둔토(屯土).

역란(逆亂)圈(동) 반란(叛亂).

역람(歷覽)圈①여러 곳을 다니면서 구경함. tour ②하나하나 살핌. 일일이 눈에 거침. careful inspection 하타   「지러움.

역랑(逆浪)圈①거슬러 밀려오는 물결. ②세상이 어

역량(力量)圈어떤 일을 해낼 수 있는 힘. 또, 그 힘의 정도. ability

역량(役糧)圈역사(役事)할 때 쓰이는 양식.

역량-계(力量計)圈사람이 낼 수 있는 극대(極大)의 신체적 역량을 측정하는 제기

역려(逆旅)圈(동) 여관.

역려 과객(逆旅過客)圈①지나가는 손과 같이 관계가 없는 사람. stranger ②세상은 여관과 같고 인생은 나그네와 같다. We are but travellers in this transient world

역력(瀝瀝)圈①물 소리. sound of the water ②바람 소리. sound of the wind

역력-하다(歷歷一)圈(形)图 하나하나 그 자취가 뚜렷하다. ¶역력한 업적. clear 역력-히 하타

역로(逆路)圈①되짚어 오는 길. return-trip ②역경(逆境)에서 헤매는 고난의 길. adversity ③어떤 일의 반대되는 방향. (대) 순로(順路). reverse

역로(歷路)圈지나가는 길. 과로(過路). route

역로(驛路)圈역참(驛站)으로 통하는 길. route leading to a post-town

역료(譯了)〖명〗 번역을 끝냄. **하다**

역류(逆流)〖명〗 ①물이 거슬러 흐름. counter-current ②거슬러 흐르는 물. 역수(逆水). ③ 흐르는 물을 거슬러 올라감. (대) 순류(順流). going against the stream **하다**

역륜(逆倫) 인륜(人倫)에 벗어남. contrary to morality **하다**

역률(力率)〖명〗 전력과 전압·전류의 곱의 비율. 보통, 퍼센트로 나타냄. dysentery

역리(疫痢)〖명〗〈의학〉 급성 전염성 설사병의 총칭.

역리(逆理)〖명〗 ①사리에 어그러짐. ②도리를 어김. 배리(背理). (대) 순리(順理). irrationality

역리(驛吏)〖명〗〈제도〉 역참에 딸린 이속(吏屬). officials of a post-town

역린(逆鱗)〖명〗 임금의 분노. **하다**

역마(驛馬)〖명〗 부리는 일을 시키는 말.

역마(驛馬)〖동〗 역말¹.

역마-살(驛馬煞)〖명〗 늘 분주하게 여행을 하도록 된 액운(厄運). ¶~이 낀 사람.

역-마을(驛—)〖제도〗 역참(驛站)이 있던 마을. 역촌(驛村). (유) 역말². village near the station

역마 직성(驛馬直星)〖명〗 늘 분주하게 다니는 사람의 별명. busy person

역-마차(驛馬車)〖명〗 서양에서 여객·소화물·우편물을 싣고 정기적으로 다니던 마차. stage-coach

역-말¹(驛—)〖명〗〈제도〉 각 역참에서 항상 대기시키어 두고 관용(官用)에 쓰던 말. 역마(驛馬).

역-말²(驛—)〖명〗〈약〉역마을.

역말도 갈아타면 낫다 일을 갈아 가며 하면 기분이 새로워지고 있음이 없어진다.

역면(力勉)〖명〗 부지런히 힘씀. working hard **하다**

역명(逆命)〖명〗 ①임금이나 웃사람의 명령을 어김. going against on order ②정도에서 벗어난 포학한 명령. **하다** (받는 은전(恩典).

역명지-전(易名之典)〖명〗 임금으로부터 시호(諡號)를

역모(逆謀)〖명〗 반역하는 꾀. 반역을 도모함.(유) 흉모. conspiracy **하다**

역-모:션(逆motion)〖명〗 ①야구 등에서, 지금까지와는 반대되는 동작을 일으키는 일. ②영화 촬영 기술의 하나. 높은 곳에 뛰어오르는 장면을 촬영할 때, 높은 곳에서 뛰어내리는 장면을 촬영하여 프린트할 때 반대로 돌리는 방법.

역목(櫟木)〖동〗 떡갈나무. [때 반대로 가는 방법.

역무(役務)〖명〗 노역(勞役)을 하는 일. labour service

역무 배상(役務賠償)〖명〗 상대편에 끼친 손해를 금전이나 물품에 의하지 않고 역무로써 배상하는 일. **하다**

역-무:역(逆貿易)〖명〗 이미 교역(交易)한 물건을 다시 교역하는 무역. reimport or reexport **하다**

역문(譯文)〖명〗 번역해 놓은 글. (대) 본문(本文). translation

역-반:응(逆反應)〖명〗〈화학〉 일성된 비응에 대하여 그 비응에서와 그 반대 방향으로 진행되는 반응. inverse reaction

역발산 기개:세(力拔山氣蓋世)〖명〗 힘이 산이라도 빼어 던질 만하고, 세상을 덮을 정도로 기력이 웅대(雄大)함. 발산 개세(拔山蓋世).

역방(歷訪)〖명〗 여러 곳을 돌리서 방문함. 역문(歷問). ¶각국을 ~하다. tour **하다**

역벌(逆罰)〖명〗 이치에 닿지 아니한 벌을 신불(神佛)께 빌다가 도리어 받는 벌.

역법(曆法)〖천문〗 천체(天體)의 운행(運行)을 기준으로 일년(一年)과 날짜의 순서를 정하는 방법. calendar [는 농작물의 유행병. ②악성 유행병.

역병(疫病)〖명〗〈의학〉 ①역병균의 의한 급성 전염으로 생기

역복(易服)〖명〗 거상 동안이나 탈상 때, 옷을 바꿔 입는 일. 또, 그 옷. **하다** [book

역본(譯本)〖명〗 번역한 책. (대) 원본(原本). translated

역본-설(力本說)〖철학〗 자연 철학설의 하나. 자연계의 모든 존재·현상의 근본은 힘이며 그것이 물질·존재·공간 등을 성립시킨다고 주장하는 설. dynamism

역부(役夫)〖명〗〈동〉 역군(役軍)①.

역부(驛夫)〖명〗 ①역에서 잡무에 종사하는 사람. 역원(驛員). station porter ②〈제도〉 역졸(驛卒).

역=부득(易不得)〖명〗〈약〉→이역 부득(移易不得).

역=부족(力不足)〖명〗 힘·기량(技術) 등이 모자람. **하다**

역분-전(役分田)〖제도〗 고려 태조가 공신에게 그 공의 차에 따라 나누어 준 토지 제도. [to **하다**

역-불급(力不及)〖명〗 힘이 미치지 못함. being unequal

역비(逆比)〖동〗 반비(反比).

역비(驛婢)〖명〗〈제도〉 역참에 딸린 여자종. (대) 역노(驛奴).

역-비:례(逆比例)〖동〗 반비례(反比例).

역-빠르-다(逆—)〖르불〗 꾀바르고 눈치가 빠르다. 〈작〉 약빠르다. sharp [man

역사(力士)〖명〗 뛰어나게 힘이 센 사람. 장사. strong

역사(役事)〖명〗 토목·건축 등의 공사. construction work **하다**

역사(歷史)〖명〗 ①인류 사회의 과거에 있어서의 변천·흥망의 기록. history ②어떤 사물의 오늘에 이르기까지의 변화의 기록. past and present

역사(歷事·歷仕)〖명〗 대대로 섬김. 대대의 임금을 섬김. serving the kings for many generations **하다**

역사(歷辭)〖명〗 부임하기 전에 각 관아에 돌아다니며 인사하던 일. **하다** [한 가사.

역사(譯詞)〖명〗 외국 노래의 말을 번역함. 또, 그 번역

역사(轢死)〖명〗 차에 치어 죽음. death from vehicular accident **하다**

역사(驛舍)〖명〗 역으로 쓰는 건물. station building

역사-가(歷史家)〖명〗 역사를 연구하는 사람. 역사에 정통한 사람. historian

역사 과학(歷史科學)〖명〗 빈델반트의 과학 분류에 의하여 방법상 자연 과학에 대립하는 것. (대) 법칙학. historical science

역사-관(歷史觀)〖명〗 역사적 세계의 구조 및 발전에 대한 하나의 체계 있는 견해. historical view

역사-극(歷史劇)〖명〗 사실(史實)에서 취재하여 만든 연극. historical drama [談). story on history

역사-담(歷史談)〖명〗 역사에 관한 이야기. (약) 사담(史

역사 문학(歷史文學)〖문학〗 역사상의 사실을 주요 제재로 하고 사실(史實)을 배경으로 해서 인간의 보편성을 표현한 문학. historical literature

역사-미(歷史美)〖미술〗 역사적 사실에 의거하여 느끼는 미관(美觀). 또, 미감(美感).

역사 법칙(歷史法則)〖명〗 ①역사의 진보·발전에 관한 법칙. ②역사 법칙의 역사적 시대에만 타당한 법칙.

역사 법학(歷史法學)〖명〗 〈법률〉 역사적 관찰하에 법의 발달 및 현상을 연구하여 그 원리를 밝히고 법학의 조직을 세우려는 학문. historical jurisprudence

역사-상(歷史上)〖명〗 역사적으로 보아서. (유) 사상(史

역사-성(歷史性)〖명〗 역사적인 성질. 〈上〉. historically

역사 소:설(歷史小說)〖문학〗 역사적인 사건 또는 인물을 소재로 하여 꾸민 소설. historical novel

역사 시대(歷史時代)〖명〗 고고학상 시기·시대 다음으로, 인류 생활에 관한 문헌 자료가 전해져 있는 시대. (대) 선사 시대(先史時代). historic ages

역사 신학(歷史神學)〖명〗〈종교〉 기독교를 역사적으로 연구함을 목적으로 하는 신학의 한 분과. historical theology

역사-적(歷史的)〖관-명〗 ①역사에 오래 남을 만하게 중요한(것). ¶~ 사건. ②역사의 발전 과정을 통한 (것). ¶~으로 고찰하다. ③역사의 발전 법칙에 따라 제기되는(것). historical

역사적 연:구(歷史的研究)〖명〗 어떤 사건의 변천을 조사하여 그 원리를 연구하는 일.

역사 지리학(歷史地理學)〖지리〗 역사의 지리적 견지을 연구하는 학문. 또는 지리의 역사적 연혁을 연구하는 학문. historical geography

역사 철학(歷史哲學)〖철학〗 역사의 본질과 의의 등에 관해 철학적 고찰을 돌리는 학문. philosophy of history [일터.

역사-터(役事—)〖명〗 역사(役事)하는 곳. 역소(役所).

역사파 경제학(歷史派經濟學)[명]〈경제〉19세기 고전파의 반동으로 일어난 학파의 경제학. 경제 현상은 시대와 함께 발생 소멸하는 구체적인 현상이라는 주장. economics of historical school

역사=학(歷史學)[명] 역사를 연구의 대상으로 하는 학문. 또, 역사 연구의 본질을 규명하는 학문.

역사=화(歷史畵)[명]〈미술〉역사상의 정경이나 역사상의 인물을 소재로 하여 그린 그림. (약) 사화(史畵). historical painting 「산. traitor's property

역산(逆産)[명] ①〈동〉도산(倒産). ②역적·부역자의 재

역산(逆算)[명] 거꾸로 하는 계산. counting backward

역산(曆算)[명] 역학(曆學)과 산학(算學). 「하타

역살(轢殺)[명] 차바퀴로 깔아 죽임. killing by runing over 하타

역상(曆象)[명]〈천문〉①해·달·별 등 천체의 현상. ②달력에 의하여 천체의 운행을 추정하는 일.

역상(轢傷)[명] 차바퀴에 깔리어 부상함. injury by a vehicle 하타

역-상속(逆相續)[명]〈법률〉직계 비속(卑屬)이 상속하는 보통의 것과는 반대로, 피상속인의 직계 존속이 하는 상속. 「divination

역서(易書)[명] 점에 관한 것을 기록한 책. book of

역서(曆書)[명] ①〈동〉책력. ②역학에 관한 서적. almanac, calendar

역서(譯書)[명] 번역한 책. (대) 원서(原書). translations

역석(礫石)[명] 조약돌. 자갈.

역=선전(逆宣傳)[명] 상대의 선전에 대해, 반대의 입장에서 상대에게 불리하도록 선전하는 일. counter propaganda 하타

역-선풍(逆旋風)[명]〈지리〉고기압에 공기의 소용돌이로, 중심에 대해 북반구에서는 좌로, 남반구에서는 우로 나선상(螺旋狀)으로 부는 바람. anticyclone

역설(力說)[명] 자기의 의도를 힘주어 말함. 고조(高調)③. emphasis 하타타

역설(逆說)[명] ①일반적으로 진리라고 인정되는 것에 반하는 설. ②〈논리〉진리에 반대하고 있는 듯하나, 잘 음미해 보면 진리인 설. paradox

역설-가(逆說家)[명] 역설을 잘하는 사람.

역성[명] 옳고 그름에는 관계없이 한 쪽만 편들어 줌. 한 쪽 편만 두둔하는 일. stand up for 하타

역성(易姓)[명]〈동〉혁세(革世)

역성=들-다[타][들] 역성하다. 편역들다. take sides

역성 혁명(易姓革命)[명] ①〈역사〉왕조(王朝)가 바뀌는 일. revolution ②중국 고대의 정치 사상. 천명(天命)에 의하여 유덕한 사람이 왕위에 오르고, 천의(天意)를 거스리는 자는 왕위를 잃는다는 말. establishment of a new dynasty

역세(歷世)[명] 지나간 세대. 역대(歷代). successive

역세(歷歲)[명]〈동〉역년(歷年). 「generations

역소(役所)[명]〈동〉역사(役事)터.

역수(民俗)[명] 음양의 이치에 의하여 길흉 화복을 미리 아는 술법. art of divination 「stream

역수(逆水)[명] 거슬러 흐르는 물. 역류(逆流). counter

역수(逆修)[명]〈불교〉①꺼꾸로 익힘. 죽기 전에 미리 죽은 뒤의 명복을 빌기 위하여 칠재일의 불사(佛事)를 닦는 일. ②젊어서 죽은 사람의 명복을 살아 있는 어버이가 비는 일. ③자기가 복받으려고 죽은 이의 명복을 비는 일.

역수(逆數)[명]〈수학〉어떤 수나 식의 분자와 분모를 바꾼 수. 곧, 2의 역수는 2분의 1. 반수(反數). inverse number

역수(曆數)[명] ①윤월(閏月)과 한서(寒暑)가 철따라 돌아가는 순서. calendar ②자연의 돌아오는 운수. one's lot ③연수. 연대. age

역수(歷數)[명] 하나씩 셈. numbering 하타

역=수송(逆輸送)[명] 잘못 수송하여 떠난 곳으로 되돌아가는 수송. 하타

역=수입(逆輸入)[명]〈경제〉일단 수출하였던 물품을 그 나라로부터 다시 수입함. (대) 역수출. reimport 하타

역=수출(逆輸出)[명]〈경제〉일단 수입하였던 물품을 그 나라로 다시 수출함. reexport 하타

역순(逆順)[명] 거꾸로 된 순서. counter-order 「하타

역순(歷巡)[명] 차례로 순회함. making a round tour

역술(譯述)[명] 번역하여 기술함. 번역하여 말함. translation 하타

역=스럽-다(逆-)[혱][ㅂ불] →역겹다.

역습(逆襲)[명] 방어의 입장에 서 있는 편이 반대로 공격에 나서는 일. ¶적을 ~하다. counter-attack 하타

역승(役僧)[명]〈불교〉일하는 중. 역사(役事)에 종사하는 중. working priest

역시(譯詩)[명] 번역한 시. translated poems

역시(亦是)[부] ①또한. ¶나 ~ 합격했다. too, also ②전과 다름없이. ¶나 ~ 몰두했다. still

역=시간(逆時間)[명]〈물리〉원자로 반응도의 단위. 1 역시간은 원자로의 반응 시간이 1 시간임을 나타냄. 「for livelihood 하타

역식(力食)[명] 힘써 일해서 먹고 삶. working hard

역신(疫神)[명] ①〈동〉호구 별성(戶口別星). ②〈동〉두창(痘瘡). 「subject

역신(逆臣)[명] 반역한 신하. (대) 충신(忠臣). rebellious

역신 마:마(疫神媽媽)[명] 역신(疫神). 「다.

역신-하-다(疫神-)[자동] 두창을 치르다. 마마를 앓

역심(逆心)[명] 반역하려는 마음. 모반하려는 마음. (대) 충심(忠心). traitorous mind 「저 출산하는 아이.

역아(逆兒)[명]〈의학〉배아가 거꾸로, 큰 다리부터 먼

역암(礫岩)[명]〈지학〉자갈이 진흙이나 모래에 섞여 굳어져서 된 퇴적암. conglomerate

역약(力弱)[명] 힘이 약함. weak 하타 「임(歷任).

역양(歷揚)[명] ①청환(淸官)으로 오래 지냄. ②〈동〉역

역어(譯語)[명] 번역에 쓰이는 말. 번역어된 말. (대) 원어(原語). words used in translation

역업(譯業)[명] 번역의 일. 또, 번역의 업적.

역-여시(亦如是)[부] 이것도 또한. 이도 역시. this too

역연(亦然)[부] 또한 그러함. also, too 하타

역연(歷然)[명] 뚜렷함. 분명함. 명백함. 하타 히타

역-연령(曆年齡)[명]〈심리〉생명력에 대하여 실제의 연령을 이름. 생활 연령(生活年齡). chronological

역영(力泳)[명] 힘껏 헤엄침. 하타 「age

역외(域外)[명] 구역의 밖. 경계(境界)의 밖. (대) 역내(域内). out of a border

역외(闕外)[명] 문지방 바깥. outdoor

역용(役用)[명] 노역(勞役)에 사용함. 하타

역용(逆用)[명] 반대로 이용함. 잘못 씀. (원) 역이용(逆利用). reverse use 하타

역용 동:물(役用動物)[명] 농사나 수레 끄는 일 따위에 부리는 가축의 총칭. draft animals

역우(役牛)[명] 부리어 일을 시키는 소. draft ox

역운(逆運)[명] 순조롭지 못한 운명. 좋지 못한 운수. 붙은 (不運). 비운(悲運).

역원(役員)[명] 임원(任員).

역원(驛院)[명]〈제도〉역로(驛路)에 있던 일종의 여관.

역원(驛員)[명] 역무(驛務)에 종사하는 사람. 역부(驛夫)①. station staff

역위(逆位)[명]〈생물〉①염색체의 일부가 찢어져서 거꾸로 되어 다시 붙는 현상. ②동물 체제(體制)에서의 좌우가 역전하여 심장의 위치나 장(腸)의 회전이 거꾸로 되는 것 같은 현상.

역위(逆胃)[명] 위가 음식을 잘 받지 않음. nausea 하타

역=위답(驛位畓)[명]〈동〉마위답(馬位畓).

역=위전(驛位田)[명]〈동〉마위전(馬位田).

역유(歷遊)[명] 두루 돌아다니며 놂. 순유(巡遊). 하타

역유:토피아(逆 utopia)[명]〈문학〉가장 부정적인 암흑 세계의 픽션(fiction)을 묘사함으로써 현실을 비판하는 문학 작품. 이상 사상. 디스토피아.

역의(逆意)[명] 반역(反逆)의 의도.

역이(逆耳)[명] 귀에 거슬림. 하타

역=이:용(逆利用)[명] (원) → 역용(逆用).

역이지언(逆耳之言)[명] 귀에 거슬리는 말. 곧, 나에게 충고하는 말.

역인(役人)[명] 〈제도〉 관아나 육주비전(六注比廛)에 딸려 물건 운반과 심부름을 하던 사람.

역인(驛人)[명] 〈제도〉 역인(驛吏)·역졸(驛卒)의 총칭. officials of a post station

역일(曆日)[명] 현행력(現行曆)에 의한 일일(一日). 상오 영시를 경계로 하는 일(日). (calendar) day

역임(歷任)[명] 차례로 여러 지위를 지냄. 역양(歷敭)②. successive service in various posts 하타

역자(易者)[명] 점치는 사람. fortune teller

역자(譯者)[명] 번역한 사람. 번역자. translator

역작(力作)[명] 힘들여 지음. 또, 그 작품. 노작(勞作). laboured work 하타 [field

역장(力場)[명] 〈물리〉 힘의 작용이 미치는 범위. force

역장(驛長)[명] 역의 우두머리. station-master

역재(譯載)[명] 번역하여 실음. publishing the translations 하타

역쟁(力爭)[명] 힘을 다하여 다툼. resorting to force

역저(力著)[명] 힘들여 지은 책. 훌륭한 저서. fine literary work [impulse

역적(力積)[명] 〈물리〉 '충격량(衝擊量)'의 구용어.

역적(逆賊)[명] 주군(主君)에 반역하는 적도(賊徒). (대) 충신(忠臣). traitor

역적 모의(逆賊謀議)[명] 역적들이 모여 반역을 꾀함.

역적=질(逆賊──)[명] 반역하는 짓. rebellion 하타

역전(力田)[명] 《동》 역농(力農).

역전(力戰)[명] 힘을 다하여 싸움. 역투(力鬪). hard fight 하타 [rattack

역전(逆戰)[명] 〈군사〉 역습하여 나아가 싸움. counte-

역전(逆轉)[명] ①거꾸로 회전함. reversal ②형세가 뒤집혀짐. going reverse ③일이 잘못되어 좋지 않게 벌어져 감. turning bad 하타

역전(歷傳)[명] 대대로 전하여 내려옴. 하타

역전(歷戰)[명] 많은 싸움을 겪음. ¶~의 용장(勇將). fighting experience 하타

역전(驛田)[명] 〈제도〉 역에 딸린 논밭. 역토(驛土).

역전(驛前)[명] 역 앞. 역두(驛頭). ¶~에 집합하다.

역전(驛傳)[명] 《동》 역체(驛遞). 하타 [station front

역전 경:주(驛傳競走)[명] 〈체육〉 장거리 계주(繼走)경기로서, 몇 사람이 한 팀을 이루어 각각 한 구간씩을 달리는 경주. 역전 릴레이. 역전 마라톤. ¶경부(京釜) ~. long distance relay race

역전 릴레이(驛傳 relay)[명] 《동》 역전경주(驛傳競走).

역전 마라톤(驛傳 marathon)[명] 《동》 역전 경주(驛傳競走).

역전=승(逆轉勝)[명] 형세가 뒤바뀌어서 이김. 처음에

역절=풍(歷節風)[명] 〈한의〉 뼈마디가 아프거나 붓거나 굴신(屈伸)을 잘 못 하는 병.

역점(力點)[명] ①사물의 주안점. stressed point ②중점이 되는 점. ③〈물리〉 지레의 힘이 걸리는 점. (대) 지점(支點).

역점(易占)[민속] 팔괘(八卦)·육십사괘에 의하여 일의 길흉(吉凶)을 판단하는 점(占).

역접(逆接)[명] 〈어학〉 앞서 이은 A, B 두 개의 문장 또는 구의 접속 양식의 하나. A에서 서술한 사실과 상반되는 사태 또는 그와 일치하지 않는 사태가 B에서 성립함을 나타내는 것. '그러나·그렇지· 하지만' 따위. (대) 순접(順接).

역정(力征)[명] 힘을 다하여 적군을 침. attack with the best strength 하타

역정(役丁)[명] 《동》 역군(役軍).

역정(逆情)[명] 《동》 스레[명].

역정(歷程)[명] 경과하여 온 노정. 지나온 경로. course

역정(驛程)[명] ①역과 역 사이의 이수거리. ②노정(路程).

역정=내:다(逆情──)[타] 《공》 성나다.

역-정:리(逆定理)[명] 〈수학〉 가설과 종결이 서로 바뀌어 놓인 두 정리를 각각 다른 것에 대하여 이르는 말. 역(逆)③. inverse theorem

역정=풀이(逆情──)[명] 역정을 참지 않고 닥치는 대로 함부로 푸는 일. venting one's anger 하타

역제(曆制)[명] 책력(冊曆)에 관한 제도(制度). calendar system

역조(力漕)[명] 보트 따위를 힘껏 저음. 하타

역조(逆潮)[명] ①바람의 방향과 반대 방향으로 흐르는 조류(潮流). counter-tide ②배의 진행 방향과 반대로 흐르는 조류(潮流). head-tide

역조(逆調)[명] 일의 진행이 나쁜 방향으로 향하는 상태. ¶무역의 ~ 현상. adverse condition

역조(歷朝)[명] 역대의 왕조·조정. successive dynasties

역졸(驛卒)[명] 〈제도〉 역에 딸려 심부름하던 사람. 역부(驛夫)②. employees of a post-station

역종=신(役終身)[명] 무기 징역.

역주(力走)[명] 힘껏 달림. running with one's best

역주(譯註)[명] ①번역과 주석. translation and notes ②번역자가 다는 주석. notes of a translator

역증(逆症)[명] 《동》 성. 하타

역지=사지(易地思之)[명] 처지를 서로 바꾸어 생각함.

역지정가 주:문(逆指定價注文)[명] 〈경제〉 유가증권의 매매를 증권업자에게 위탁할 때의 주문 방법의 하나. 자기가 지정한 가격보다 시세가 오르면 매입하고, 내리면 팔도록 위탁하는 주문 방법.

역직(役職)[명] ①조직을 운영하는 데에 중요한 위치. 의장·국장·중역 따위. ¶~자(者). ②특히 관리직의 일컬음.

역직=기(力織機)[명] 수력(水力)·전력 등의 동력으로 움 [직이는 베틀.

역진(力盡)[명] 힘이 다함. exhaustion 하타

역진(逆進)[명] 반대 방향으로 나아감. (대) 전진(前進).

역진=세(逆進稅)[명] 과세 물건의 수량이 증가함에 따라 세율이 내리는 조세(租稅).

역질(疫疾)[명] 《동》 천연두(天然痘). [order

역차(逆次)[명] 거꾸로 된 차례. 뒤바뀐 차례. reverse

역참(歷參)[명] 차례로 참예(參預)함.

역참(驛站)[명] 〈제도〉 역말을 갈아 타던 곳. post-stage

역천(力薦)[명] 힘써 천거함. strong recommendation 하타

역-천(逆天)[명] 천명(天命)을 어김. 역천명(逆天命).

역-천자(逆天者)[명] 천명(天命)을 거역하는 사람.

역청(瀝青)[명] 〈화학〉 천연산의 탄화수소 화합물의 총칭. 고체의 아스팔트, 액체의 석유, 기체의 천연가스 등. 도로 포장·방부(防腐)·방수(防濕) 등의 재료로 쓰임. pitch

역청=석(瀝青石)[명] 〈지학〉 암녹색·흑색·적색 유리질(琉璃質)의 화산암. 역청암(瀝青岩). 송지암(松脂岩). pitchstone

역청=암(瀝青岩)[명] 《동》 역청석(瀝青石).

역청 우라늄-광(瀝青 uranium 鑛)[명] 《동》 피치블렌드(pitchblende).

역청=탄(瀝青炭)[명] 〈광물〉 석탄의 일종. 칠흑색(漆黑色)으로 유질(油質)이 많고 무연탄보다 탄소분이 적고 불꽃이 많음. 연탄(軟炭). bituminous coal

역체(驛遞)[명] 〈제도〉 역참에서 공문을 차례로 전하던 일. 역전(驛傳). 하타

역촌(驛村)[명] 역이 있던 마을. 역마을. post-town

역추산=학(曆推算學)[명] 〈천문〉 천문학 가운데서 역서(曆書)를 엮는 일이나 천체 현상의 추산을 연구하는 한 부분.

역축(役畜)[명] 사역(使役)용의 가축. 소·말 따위. draft

역출(譯出)[명] 번역하여 냄. translation 하타

역치(閾値)[명] 〈심리〉 생물체가 자극에 대한 반응을 일으키는 데 필요한 최소 한도의 자극의 강도를 표시하는 수치(數値).

역-코:스(逆 course)[명] ①보통의 진로를 거스르는 코스. ②역사의 진로에 역행하는 일.

역탐지(逆探知)[명] 전파나 전화의 발신소·수신소를 탐지하는 일. 하타

역토(礫土)圖〈지학〉자갈이 많이 섞인 땅.
역토(驛土)圖〈동〉역전(驛田).
역투(力投)圖 힘껏 던짐. ¶투수가 ~하다. 하타
역투(力鬪)圖 힘찬 싸움. 역전(力戰). 혈투(血鬪). fighting with one's best 하타
역표(曆表)圖〈천문〉장차 일어날 천체 현상의 일시(日時)를 추산 예보한 표.
역표=시(曆表時)圖〈천문〉천체력(天體曆)에 기재된 달·해 등의 위치로 정한 시각.
역풍(逆風)圖 ①거슬러 부는 바람. 앞바람②. headwind ②바람을 안고 감. 《대》 순풍(順風). going against the wind 하타
역풍 역수(逆風逆水)圖 ①거슬러 부는 바람과 거슬러 흐르는 물. ②바람과 물결을 거스름. 하타
역-하다(逆―)圏 ①거역하다. disobedient 圖반하다. betray 圖〈준〉① ②마음에 거슬리다. ¶그의 말이 ~. be disgusting ②구역이 날 듯 속이 메슥메슥하다. ¶연한 냄새. repellent
역학(力學)圖 ①〈물리〉물리학의 한 분과. 물체간에 작용하는 힘과 이것에 의해 결과되는 운동과의 관계를 연구하는 학문. dynamics ②〈학문의 길에 힘씀. 면학(勉學). 하타
역학(易學)圖〈철학〉주역에 관하여서 연구하는 학문.
역학(疫瘧)圖〈한의〉유행성 학질. ⌜of calendar
역학(曆學)圖 책력에 관한 연구를 하는 학문. science
역학적 세:계관(力學的 世界觀)〈철학〉세계의 모든 현상(現象)이나 형상(形象)을 역학적인 방법으로 연구·검토하고, 역학적인 원리에 입각하여 설명하려는 주장.
역학적 에너지(力學的 energy)〈물리〉역학적인 양에 의해 정해지는 에너지. 보통, 운동 에너지와 위   ⌜치 에너지를 말함.
역할(役割)圖 소임. 구실.
역함:수(逆函數)圖〈수학〉번수(變數) x 의 함수 $y=f(x)$ 가 있을 때, 변수 y 의 구실에서 $x=f^{-1}(y)$ 라 쓰고, 이를 원래의 함수에 상대하여 일컫는 말. $y=2x+1$ 의 역함수는 $x=1/2(y-1)$ 임. inverse function
역해(譯解)圖 번역하여 풀이함. translation 하타
역행(力行)圖 힘써 행함. 노력함. exertion 하타
역행(逆行)圖 ①거꾸로 나아감. retrogression ②순서를 뒤바꾸어 행함. doing in reverse ③뒷걸음질침. ¶시대에 ~하다. 《대》 순행(順行). 하타
역행 운:동(逆行運動)圖〈천문〉태양에서 보아, 지구의 공전 운동과 반대 방향으로 운행하는 천체의 진(眞)운동. ②지구에서 보아, 천구 위 동에서 서로 이행(移行)하는 천체의 시운동(視運動). 《대》 순행 운동(順行運動). retrograde motion
역형(逆刑)圖〈법제〉기결수를 교도소 안에 가두어 노역(勞役)을 시키는 형벌. penal servitude
역혼(逆婚)圖 형제 자매 가운데서 차례를 바꾸어 결혼하는 일. 도혼(倒婚). marriage in reverse order
역환(疫患)圖〈천연두(天然痘).   하타
역-효:과[―콰](逆效果)圖 얻고자 하는 효과의 정반대의 효과. counter effect
엮-다囲 ①노끈이나 새끼로 이리저리 여러 가닥으로 어긋매게 묶다. ¶바자를 ~. plait ②물건을 열기 섯기 맞추어 매다. ¶울타리를 ~. bind together ③여러 사실을 줄이어 말하거나 글로 적다. describe ④책을 편찬하다. ¶사전을 ~. compile 엮다
엮은-이圖 엮은 사람. 편집(編輯). 편집자(編輯者).
엮음圖 ①엮은 것. 엮는 것. editing weaving ②〈음악〉믾은 따위에서 많은 사설을 엮어 가면서 잽싸게 부르는 창법(唱法). 또, 그런 소리.〈약〉엮음 소리.   ⌜음②.
엮음 소리圖 아주 잦은 박자로 부르는 노래.〈약〉엮
엮이-다저型 엮음을 당하다.
연(年)圖 ①일 개년. 한 해. 곧. 365 일을 단위로 하는 시간의 단위. 해. 재(載). ¶~평균(平均). year ②나이. age

---

연(煙)圖 연기가 낀 것 같은 흑갈색의 연수정(煙水晶).
연(鉛)圖 납.   ⌜의. smoky colour
연(鳶)圖 종이에 댓가지를 붙여 실에 달아 공중에 날리는 장난감. 지연. 풍연. 풍쟁. kite
연(碾)圖〈약〉약연(藥碾).
연(蓮)圖〈식물〉연꽃과의 다년생 풀. 근경은 비후(肥厚)하고 마디가 있으며 가로 뻗음. 잎은 물 위에 뜨고 여름에 흰빛 또는 붉은 빛의 아름다운 꽃이 핌. 불가(佛家)에서 특히 존중하는 꽃으로 열매는 연밥이라 함. 뇌지(雷芝). lotus
연(緣)圖 ①〈약〉연분(緣分). ②〈불교〉원인을 도와 결과를 낳게 하는 작용. 인연(因緣).
연(輦)圖 임금이 타던 지붕 모양의 가마. 난가(鸞駕). 난여(鸞輿). 《궁》 옥련(玉輦). royal carriage
연(燕)圖〈역사〉중국 춘추 전국 7 웅(雄)의 하나. 진시황에게 멸망함. ②중국 동진(東晉) 때 선비족(鮮卑族)이 세운 나라들. 전연·후연·서연·남연·북연의 다섯 나라.
연(連)의圖 ①양전지(洋全紙) 500 장을 한 묶음하여 이름. ¶종이 100~. ream ②거리의 단위. 100 주척(周尺).
연(延)圖 일부 명사나 수사 앞에 쓰이어 '숫자적인 것을 총계하면'의 뜻을 나타냄. ¶~인원(人員). ~일수(日數).
연-:(軟)접두 '부드러운·연한·옅은'의 뜻. ¶~보라.
연-:(連)접두 '계속하여·잇달아'의 뜻. ¶~사흘. ~닷새째 비가 내리다. running
연가(連枷)圖〈동〉도리깨.
연가(煙家)圖〈건축〉굴뚝 위에 장식으로 얹은 기와로 만든 지붕 모양의 물건.
연가[ㅡ까](煙價)圖 여관이나 주막의 밥값.
연:가(戀歌)圖〈戀歌〉사랑의 정을 읊은 노래. 사랑 노래. 염가(艶歌). 염곡(艶曲). 정가(情歌). love song
연:-가시[ㅡ까ㅡ](軟-)圖〈동물〉연가시과의 선형동물. 실같이 가느맨 때로 길이 90 cm 에 달함. 몸 빛은 유충(幼蟲) 때에는 황백색, 성체(成體)가 되면 흑갈색임. 유충은 수서(水棲) 곤충에 기생하고, 뒤에 다른 곤충(사마귀)에 포식되어 그 체내에서 성충이 된 뒤 빠져 나와 담수(淡水)로 돌아감.
연각(緣覺)圖〈불교〉열두 인연의 이법(理法)을 인식하여 혹(惑)을 끊어 버리고 불생불멸(不生不滅)의 진리(眞理)를 깨달은 성자.
연각-계(緣覺界)圖〈불교〉십계(十界)의 하나. 연각만, 독성(獨聖)의 세계. ⌜의 자리에 이르는 교법.
연각-승(緣覺乘)圖〈불교〉삼승(三乘)의 하나. 연각
연각-탑(緣覺塔)圖〈불교〉연각(緣覺)·성문(聲聞)을 중심으로 하여 세운 탑.
연간(年刊)圖 일 년에 한 번씩 간행함. 또, 그 간행   ⌜물. annual
연간(年間)圖 ①한 해 동안. ¶~생산액. for a year ②어느 왕이 재위한 동안. ¶세종(世宗) ~.
연간 계:획(年間計畫)圖 한 해 동안에 이룰 사업에 대한 계획. year-by-year program
연-갈색[ㅡ쌕](軟褐色)圖 옅은 갈색.
연감(年鑑)圖 어떤 사항에 관한 1 년간의 여러 가지 사건·통계 등을 자료로서 실은 연 1 회의 정기 간행물. ¶경제(經濟) ~. year-book
연:-감(軟-)圖 흠뻑 익은 감. 연시(軟枾). 홍시(紅枾). 숙시(熟枾). mellowed persimmon
연갑(年甲)圖〈동〉연배(年輩).
연:갑(硯匣)圖 벼룻집.   ⌜riverside
연강(沿江)圖 강가에 벌어 있는 땅. 연하(沿河).
연:강(軟鋼)圖 탄소 함유량이 0.12~0.2% 정도로, 가단성·인성(靭性)이 커서 가공에 적합한 강철.
연:강(軟薑)圖 살집이 연한 새앙.
연개-판(椽蓋板)圖〈건축〉서까래 위에 가는 널판.
연:거(碾車)圖〈동〉씨아.
연거(燕居)圖 한가히 있음. 한거(閒居). 하타
연-거푸(連一)圖 계속하여 여러 번. ¶~ 물을 마시

다. repeatedly
연:건(延件)圏 〈제도〉 소과(小科)에 뽑힌 사람에게 백패(白牌)를 줄 때, 금제한 사람이 쓰던 건.
연구-평(延建坪)圏 건물이 차지한 바닥의 면적을 종합한 평수. 2층 건물인 경우, 1층과 2층의 평수를 합한 평.　ew 하타
연견(延見)圏 맞아들여 만나봄. 영견(迎見). intervi-
연결(連結)圏 잇대어 맺음. 맺어 합침. 결련(結連)②. ¶문장을 ∼하다. （대）단절(斷絶). connection 하
[이] 맺어짐. attachment 하
연:결(戀結)圏 사랑하고 그리워 잊을 수가 없도록 정
연결-기(連結器)圏 ①차량 등을 서로 연결하는 장치. 나선식·링크식·자동식 등이 있음. ②동력이나 축력(畜力)에 연결하여 전야(田野) 작업을 할 수 있게 만든 기계나 기구.
연결-선[-썬](連結線)圏 《동》 슬러(Slur).
연결 어:미(連結語尾)圏 〈어학〉 한 문장을 종결시키지 못하고 뒤에 오는 문장에 이어주는 구실을 하는 어말 어미. 대등적·종속적·보조적 연결 어미가 있음. '-고·-으며·-이어·-지' 등.
연결 추리(連結推理)圏 〈논리〉 복합적 삼단 논법. 둘 이상의 삼단 논법이 겹쳐 있어 앞의 삼단 논법의 결론 뒤의 삼단 논법의 전제가 되는 추리(推理).
연결-형(連結形)圏 〈어학〉 문장을 끝맺지 못하고, 연결시켜 주는 활용. '-고·-게' 등. 접속법. 하타
연경(連境)圏 지경이 잇닿은 곳. 접경(接境). frontier
연경(煙景)圏 ①아지랑이·남기(嵐氣)가 아물거리는 봄 경치. mist-veiled scenery ②운영(雲影)이 한가한 아름다운 봄의 경치. spring scenery
연경(煙鏡)圏 검은 빛의 색안경. smoked glasses
연경(燕京)圏 〈지리〉 중국 '북경(北京)'의 고명(古名) 또는 아명(雅名). 옛 연(燕)나라의 도읍지였음.
연계(聯句)圏 〈문학〉 한시(漢詩)의 대구(對句). cou-
연계(連繫)圏 ①이어서 맴. 함께 함. connection ②남의 죄에 관계되어 옥에 맴. 연루(連累). compl-icity in a crime 하타
연계(軟鷄)圏 〈원〉→영계.
연계=증(軟鷄蒸)圏 〈동〉 영계찜.　　　old age 하
연고(年高)圏 나이가 많음. 연로(年老). 연만(年晩).
연:고(鉛膏)圏 〈약학〉 고약의 하나. 지방·글리세린 등에 경소를 섞어 만든 외용약. ointment
연고(緣故)圏 ①〈동〉 사유(事由). ② 혈통·정분 또는 법률상의 관계. relation ③인연(因緣).
연고-권[-권](緣故權)圏 〈법률〉 일반적으로 귀속 재산의 임대·관리권을 가진 사람이 국가가 그 귀속 재산을 매도(賣渡)할 때 우선적으로 매도받을 수 있는 권리.　　　　　　　　　　　　　　　　si. therefore
연고-로(然故―)團 '그러한 까닭으로'의 뜻의 접속 부
연고-자(緣故者)圏 혈통·정분 또는 법률상의 관계나 인연을 맺고 있는 사람. 연반(緣絆). relative
연고-지(緣故地)圏 혈통·정분 또는 법률상의 인연이 나 관계가 뱃어 있는 곳. place one has relation with
연:골(軟骨)圏 ①〈생리〉 여린 뼈. 물렁뼈. （대）경골(硬骨). cartilage ②나이가 어려 채 뼈가 굳지 않은 체질. 또, 그 사람.
연:골-막(軟骨膜)圏 〈생리〉 연골의 겉을 덮은 질긴 막. 혈관과 신경을 통하고 연골에 영양을 공급함. perichondrium
연:골 조직(軟骨組織)圏 〈생리〉 연골을 이루는 결체 조직의 하나. 교질로 연골질로 되어 있으며, 결체 조직(結締組織)과 골조직(骨組織)의 중간형임. ca-rtilage tissue　　　자. backboneless fellow
연:골-한(軟骨漢)圏 의지가 박약하고 줏대가 없는 남
연공(年功)圏 ①여러 해 동안 근무한 공로. long ser-vice ②여러 해 동안 익힌 기능. long experience
연공(年貢)圏 해마다 제왕에 바치는 공물. annual tribute
연공 가봉(年功加俸)圏 연공에 따라 본봉 외에 가산해 급여하는 봉급. added salary for length of se-rvitude salary
연공 서:열(年功序列)圏 근속 연수·나이가 늘어남에

따라 지위가 올라가는 일. 또, 그 체계.
연관(連貫)圏 〈체육〉 잇달아 과녁을 맞힘. 하타
연관(鉛管)圏 납으로 만든 관. 주로 급수·배수·가스 공사 등에 사용함. lead pipe
연관(煙管)圏 ①담뱃대. ②기관(汽罐) 바닥에서 발생한 화기를 통과시키는 곳. smoke pipe
연관(聯關)圏 ①〈동〉 관련(關聯). ② 많은 경험 내용이 일정한 관계에 따라 결합하여 하나의 전체를 구성하는 일. ③〈생물〉 같은 염색체 안의 두 유전 인자가 같은 행동을 취하는 현상. 머리카락이 누르면 눈동자가 파랗게 되는 따위. 하타
연관 생활(聯關生活)圏 〈생물〉 일정한 지역에 사는 생물군(生物群)이 전체적으로 연관(聯關)하여 평형(平衡)을 유지하는 일종의 공동 생활. coenobiosis
연관-성[-씽](聯關性)圏 〈동〉 관련성(關聯性).
연광(年光)圏 ①변하는 사철의 경치. seasonal chan-ges in the scenery ②젊은 나이. ③세월.
연광(鉛鑛)圏 납을 캐내는 광산. lead mine
연교(連翹)圏 ①〈동〉 개나리. ②〈한의〉 개나리 열매. 성질이 냉하여 내복약(內服藥)으로 씀.　　　명랭.
연교(蓮轎)圏 〈제도〉 임금이 연석(莚席)에서 내리는
연교-차(年較差)圏 〈기상〉 기온이나 습도 등의 1년 간 측정치의 최대값과 최소값의 차. annual range
연구(年久)圏 세월이 매우 오램. 여러 해가 됨. ma-ny years 하
연:구(研究)圏 어떤 일에 대하여 깊이 생각하고 사리를 따지어 보는 일. 궁리(窮理). ¶∼가(家). rese-arch 하
연:구(軟球)圏 〈체육〉 연식 야구·정구에 쓰는 보드라운 고무공. （대）경구(硬球). sponge ball
연-구(聯句)圏 〈문학〉 한시(漢詩)의 대구(對句). cou-　　　　　　　　　　　　　　　　　　　　[plet
연:-구개(軟口蓋)圏 〈생리〉 입천장의 뒤쪽 여린 부분. 경구개 뒤쪽의 연한 곳인데 점막 밑에 횡문근(橫紋筋)이 있어 코로 음식물이 들어감을 막고 뒤끝 중앙에 목젖이 있음. （대）경구개(硬口蓋). soft palate
연:-구개음(軟口蓋音)圏 〈어학〉 자음을 발음할 때, 혀의 뒷부분과 연구개(軟口蓋)에서 나는 소리. ㄱ·ㄲ·ㅋ·ㅇ 등.
연:구-물(研究物)圏 연구하는 목적물. object of study
연:구-생(研究生)圏 〈교육〉 대학을 마치고, 학위를 얻기 위하여 연구 기관에 머물러서 연구하는 학생. 연구원(研究員). research student ②어떤 사물에 대하여 연구하는 학생.
연구 세:심(年久歲深)圏 오랜 세월. 또, 세월이 썩 오램. 세구 연심(歲久年深). 연구 월심(年久月深). long years 하타　　　　[연구하는 곳. research institute
연:구-소(研究所)圏 어떤 사물의 부문을 전문적으로
연:구 수업(研究授業)圏 〈교육〉 수업 방법의 효과 측정 등의 목적으로, 참관자들 앞에 두고 하는 수업.
연:구-실(研究室)圏 학교나 기관에 딸려 어떤 사물의 연구를 전문적으로 하는 기관. 또, 그 방. laboratory
연구 월심(年久月深)圏 〈동〉 연구 세심(年久歲深). 하타
연:구 학교(研究學校)圏 〈교육〉 교육의 이념·방침 및 기술을 연구하기 위하여, 지정된 학교. 고등 학교·중학교·국민 학교 등이 있음.
연:구-회(研究會)圏 연구를 목적으로 토론·의견 교환 등을 하기 위한 회. 또, 그 단체.
연군(烟軍)圏 〈제도〉 각호(各戶)에 출역하는 부역 인부. forced labour service　　　　　　　[soft bow
연:궁(軟弓)圏 〈체육〉 가장 무른 활. （대）강궁(强弓).
연:-귀(鳶―)圏 〈건축〉 면과 면을 맞추려고 문짝 등의 귀 끝을 모지게 엇벤 곳. （원）연구(燕口). oblique plane
연:귀-솔(鳶―)圏 〈건축〉 연귀를 맞추는 데 쓰는 솔.
연:귀-자(鳶―子)圏 연귀를 맞추는 데 쓰는 45°로 모진 자. oblique measure
연:귀-판(鳶―板)圏 나무를 45°로 엇베는 데 쓰는 틀.
연:극(演劇)圏 〈연예〉 배우의 연기·무대 장치·조명·효과 따위를 통하여 희곡을 무대 위에서 연출하는

연극계 종합 예술. 《약》 극(劇). drama

연:극-계(演劇界) 연극에 종사하는 사람들의 사회.

연:극-하다(演劇-) 남을 후리거나 속이기 위하여 진실처럼 꾸며서 행동하다.

연:극-단(演劇團) 〈예예〉 연극인의 단체. 극단(劇團). dramatic company [사람. stage actor

연:극-인(演劇人) 연극을 연구하거나 실지로 하는

연:극-장(演劇場) 연극을 할 수 있도록 베풀어 놓은 곳. theatre

연근(蓮根) 〈식물〉 연의 뿌리. 구멍이 많으며 식용에 주로 씀. 연뿌리. 연우(蓮藕). lotus root

연금(年金) 〈법률〉 국가나 단체가 국가나 사회에 공로가 있는 사람에게 일정 또는 부정(不定)의 기간 동안 매년 지급하기로 되어 있는 돈. ¶종신 ~.

연:금(捐金) 《약》→의연금(義捐金). [annuity

연:금(軟禁) 정도가 너그러운 감금. 신체의 자유는 구속하지 않고 다만 외부와의 연락을 금하거나 제한함. house arrest 하다 [하다

연:금(鍊金) 쇠붙이를 달구어 단련함. tempering

연금 공채(年金公債) 〈경제〉 이자와 원금의 한 부분과의 합계를 연금의 형식으로 상환하는 조건 아래 기채(起債)가 공체. annuity bond

연금 보:험(年金保險) 〈경제〉 연금의 형식으로 보험 금액을 일정 기간 동안 지급할 것을 약속하는 생명 보험의 하나. insurance against annuity

연:금-사(鍊金師) 연금술에 능한 사람. alchemist

연금-산(年金算) 〈수학〉 상업 산출의 하나. 연금액·연금 수수(授受) 기간·이율 같은 것을 대상으로 하는 계산.

연:금-술(鍊金術) 고대 이집트에서 시작되어 유럽에 퍼진 원시적 화학 기술. 비금속(卑金屬)을 금·은·동 등 귀금속(貴金屬)으로 변화시키고, 또, 불로 장사(不老不死)의 영약(靈藥)을 만들려던 화학 기술. alchemy

연급(年級) 〈교육〉 학교 교육에 있어서 학생의 학력에 따라 학년별로 갈라 놓은 등급. grade

연급(年給) 1년으로 정한 봉급. 연봉(年俸). annual salary [세하게 적은 연보.

연기(年紀) ① 대강의 나이. 해의 바뀜의 뜻. ② 자

연기(年期) 〈동〉 연한(年限).

연기(延期) 기한을 물려서 늘림. 퇴기(退期). 퇴한(退限). postponement 하다 [in a series 하다

연기(連記) 잇대어 적음. 《대》 단기(單記). writing

연기(煙氣) 물건이 탈 때에 나는 검거나 희뿌연 기체. smoke

연:기(演技) 〈예예〉 구경꾼들 앞에서 연극·곡예·가무·음악 등의 기예를 행동으로 보이는 일. 연예. performance 하다

연기(緣起) ①〈불교〉 만물의 인연에 의해 생기는 일. ② 사물의 원인이나 유래. history ③ 좋은 일의 길흉(吉凶)의 조짐. 기연(起緣). 〈원〉 인연 생기(因緣生起). portent

연기명 투표(連記名投票) 〈동〉 연기 투표(連記投票).

연기-받이[-바지](煙氣-) ① 담뱃대 물부리에 낀 가는 구멍. smoke hole ② 낮은 굴뚝이나 한실 아궁이 위의 직접 그을리기 쉬운 곳에 판자 같은 것으로 가리어 댄 물건.

연기 소:작(年期小作) 〈농업〉 지주가 일정한 기간 동안 소작인에게 빌려 주고 경작시키는 소작. tenant farming on a fixed-term basis

연:기-자(演技者) 연기하는 맡은 사람. performer

연:기-장(演技場) 연기하는 장소. 연예장(演藝場). variety hall

연기 투표(連記投票) 〈법률〉 한 번의 투표에서 둘 이상의 피선거인을 적는 투표제. 연기명 투표(連記名投票). 《대》 단기 투표(單記投票). cumulative voting

연-길(涓吉) 〈민속〉 혼인 기타의 경사 때 좋은 날을 택함. choosing an auspicious day 하다

연-꽃(蓮-) 〈식물〉 연의 꽃. 보통 16판화이며, 분홍·연분홍·백색 등이 흔함. 부용(芙蓉)①. 연화(蓮花). 하화(荷花). lotus flower [각을잎.

연꽃-끌(蓮-) 연처럼 날의 한편이 오목한 끌. 조

연꽃 누룽(蓮-) 연꽃과 밀가루와 누룩과 참쌀을 짓찧은 다음에 치초(川椒)를 넣고 한데 반죽하여 만든 누룩. 연화국(蓮花麴).

연-날리기(鳶-) 연을 공중에 띄우는 놀이. 비연(飛鳶). 양연(揚鳶). kite-flying [리를 언던 일.

연-납(捐納) 돈이나 곡식을 상납(上納)하고 벼슬 자

연내(年內) 올해 안. 이해 안. within the year

연년(年年) 해마다. 매년(每年). ¶~ 자라다.

연년(延年) 《약》→연년 익수(延年益壽).

연년(連年) 여러 해를 계속함. year after year

연년-생(連年生·年年生) 해마다 한 살 아이를 낳음. 또, 그런 아이. [년. each year

연년 세:세(年年歲歲) '매년'의 강조어. 세세 연

연년-이(年年-) 해마다 거르지 아니하여. ¶~ 세배 드리다. every year

연년 익수(延年益壽) 수명을 더 오래 늘여 나감. 《약》 연년(延年). 수수(延壽). having a prolonged

연-놈 〈하〉 계집과 사내. [life 하다

연단(鉛丹) 〈화〉 사산화연(四三酸化鉛).

연:단(煉丹) ① 진사(辰砂)로 황금을 만드는 연금술(鍊金術). ② 몸의 기력을 단전(丹田)에 모으는 법.

연:단(演壇) 강연·연설 등을 하는 사람이 올라서는 조금 높게 만든 단. 연대(演臺). platform

연:단(鍊鍛·鍊鍛) 〈동〉 단련(鍛鍊). 하다

연-달(-) 말이[鳶-] 연의 머리·허리·가운데와 네 귀를 열러서 꼬챙이처럼 깎아 붙이는 데.

연:달다(練達·鍊達) 익숙하고 단련이 되어서 행하게 통달함. skill 하다

연-달다(連-) [러] 연하여 잇닿다.

연담(緣談) 〈동〉 혼담(婚談).

연당(鉛糖) 〈동〉 초산연(醋酸鉛).

연당(蓮堂) 연못을 구경하기 위하여 연못가에 지은 정

연당(蓮塘) 〈동〉 연못. [자. 연정(蓮亭).

연대(年代) ① 지나온 시대. age ② 시대. 세상. ③ 행수와 대수. ~ 역수(歷數). era

연대(連帶) ① 서로 연결함. connection ② 〈법률〉 2인 이상이 공동하여 책임을 지는 일. solidarity 하다

연대(煙臺) 〈동〉 담뱃대.

연:대(演臺) 〈동〉 연단(演壇).

연:대(演臺) 《약》→연화대(蓮花臺).

연대(聯隊) 〈군사〉 육군 및 해병 부대의 편제 단위의 하나. 사단의 아래, 대대(大隊)의 위. 3개 대대로 편성됨. regiment

연대-기(年代記) 〈역사〉 연대순을 따라 중요한 사실을 적은 책이나 기록. 기년체 사기(紀年體史記). chronicle

연대 보:증(連帶保證) 〈경제〉 보증인이 채무자와 연대하여 채무를 부담하는 보증. joint liability on guarantee [joint responsibility

연대-성(一性) (連帶性) 연대의 성질을 가진 것.

연대-순(年代順) 연대의 차례. 연대를 따라 벌인 순서. chronological order

연대 운:송(連帶運送) 〈법률〉 몇 사람의 운송인이 연달아서 운송하는 일. 상차 운송(相次運送).

연대 의:식(連帶意識) 연대적인 의식.

연대=장(聯隊長) 〈군사〉 연대를 통솔하는 지휘관. 보통 대령(大領). regimental commander

연대 채:무(連帶債務) 〈경제〉 두 사람 이상이 연대하여 책임을 지는 채무. joint obligation

연대 책임(連帶責任) 연대하여 부담하는 책임. 공담 의무(共擔義務). joint liability

연대 측정법[-뻡](年代測定法) 〈물리〉 방사성 원소가 일정한 반감기(半減期)에서 피변(壞變)하는 것을 이용하여 암석 등의 생성 절대 연대(生成絕對年代)를 측정하는 방법.

연대=표(年代表)圀 연대순으로 생긴 일을 죽 벌여 적은 표. (약)연표(年表). chronological table

연대=학(年代學)圀 역학(曆學)·천문학 등을 인용하여 역사상의 사실에 대해 정확한 시간 또는 시간적 관계를 규명하는 학문. 기년학(紀年學). chronology

연도(年度)圀 사무나 회계 처리상 편의를 따라 구분한 일년간의 기간. ¶회계(會計) ~. year

연도(沿道)圀 《동》연로(沿路).

연도(羨道)圀 증기 기관내의 연기가 굴뚝으로 빠져나가는 통로.

연도(羨道)圀 고분(古墳)의 입구에서 시체를 안치한 방에까지 이르는 길.

연독(煙毒)圀 연기 속에 함유된 독기. smoke pollution

연독(鉛毒)圀 ①《동》납독. ②《동》납중독.

연돌(煙突)圀 굴뚝.

연-동(鉛銅)圀 납과 구리. lead and copper

연동(聯動·連動)圀 기계 장치 따위에서 한 부분을 움직임에 따라 그에 연결된 다른 부분도 통일적으로 움직이는 일. ¶~기(機). 하타

연동(蠕動)圀 ①벌레가 꾸물꾸물 움직임. vermiculation ②《생리》근육의 수축파(收縮波)가 서서히 이행(移行)하는 것과 같은 모양의 운동. 지렁이의 이동 또는 고등 동물의 위나 장 속의 것이 항문으로 이동하는 것은 이와 같은 운동임. peristalsis 하타

연:동(戀童)圀 《동》면².

연두(年頭)圀 해의 첫머리. 세초(歲初).

연두(軟豆)圀 《약》→연두빛.

연두-벌레(軟豆一)圀 유글레나.

연두=법[一뻡](年頭法)圀〈민속〉그 해의 천간(天干)으로 정월의 월건(月建)을 하는 법.

연:두-빛[一삗](軟豆一)圀 연한 초록빛. (약)연두.

연두=사(年頭辭)圀 연초에 하는 새해의 인사말. New Year's greetings 「the New year

연두-송(年頭頌)圀 새해를 예찬하는 글. eulogy of

연득-없:-다[一업ː] 갑자기 행동하는 모양이 있다. sudden

연=들-다[一튼ː] 감이 무르게 익다. ripen

연등(連等)圀《동》평균(平均). 하타

연등(連騰)圀 물가(物價)가 연속적으로 오름. 《대》연락(連落). 하타

연등(煙燈)圀 아편 흡연시 아편에 불을 켜는 등. opium-lamp 「燃燈會」

연등(燃燈)圀 ①(약)→연등절(燃燈節). ②(약)→연등회

연등-놀이(燃燈一)圀 연등절에 등을 달고 불을 켜고 노는 놀이. Lantern Festival

연등-달[一딸](燃燈一)圀 음력 이월. February of the lunar calendar

연등-절(燃燈節)圀〈불교〉등을 달고 불을 켜는 명절의 뜻으로, 사월 초파일. (약)연등(燃燈)①.

연등=회:(燃燈會)圀〈불교〉정월 보름에 불을 켜고 부처에게 복을 빌며 노는 놀이. (약)연등(燃燈)②.

연=때(緣一)圀 인연이 맺어지는 계기. chance to form a connection

연락 부절(連絡不絕)圀 왕래가 잦아 끊이지 않음. 하

연락(宴樂)圀 잔치를 벌여 즐김. merry-making 하타

연락(連絡·聯絡)圀 ①서로 관련을 가짐. ¶~을 끊다. connection ②통보함. communication ③잇대어 계속함. 《대》돈절(頓節). connection 하타

연락(連落)圀 물가(物價)가 연해 떨어짐. 《대》연등(連騰). 하타 「소형 비행기.

연락-기(連絡機)圀〈군사〉공중 연락 임무를 수행하는

연락-망(連絡網)圀 연락을 유지하기 위한 유선, 무선 또는 인적(人的) 통신망. wireless network

연락-병(連絡兵)圀〈군사〉군대 사령부간의 연락을 위해 문서 또는 전언(傳言)을 가지고 왕래하는 병사. messenger soldier 「된.

연락-선(連絡船)圀 호수·해협 등의 양안(兩岸)의 교통을 연락하는 배. connecting steamer 「絡所」.

연락-소(連絡所)圀 연락을 주고받는 처소. 연락처(連

연락 운:송(連絡運送)圀〈법률〉장거리 여러 구간의 운송에 있어서, 각 구간의 운송인들이 공동으로 운송을 맡아 구간이 바뀔 때의 승차권의 교환 및 탁송환(託送換) 등을 필요로 하지 않는 운송. through transportation

연락 장:교(連絡將校)圀〈군사〉①단위 부대와 단위 부대, 또는 사령부와의 긴밀한 연락을 위하여 파견되는 장교. ②휴전 같은 군사 교섭에서 예비 교섭 또는 쌍방의 문서 교환을 위하여 파견되는 장교. liaison officer

연락-처(連絡處)圀《동》연락소(連絡所).

연란(鰱卵)圀 연어의 알. 「하타

연람(延攬)圀 남을 맞아 보아 그 마음을 끌어당김.

연=랑(練囊)圀 깨끗한 비단 주머니.

연래(年來)圀 여러 해 전부터. for-years

연-력(年力)圀 나이와 정력. age and energy

연력(年歷)圀 다년간의 내력.

연련(連連)圀《동》속속(續續).

연련(硏鍊)圀 갈고 닦아 단련함. 하타

연:련(戀戀)圀 →연연(戀戀).

연령(年齡)圀 나이. age

연:령(煉靈)圀〈기독〉연옥에 들어 있는 영혼.

연령=별(年齡別)圀 나이대로 가름. 연령에 따라 구별함. according to ages

연령=초(延齡草)圀〈식물〉나릿과의 다년생 풀. 근경은 굵고 짧으며 줄기는 20~40cm 임. 여름에 녹색 또는 자갈색의 꽃이 피고 열매는 자홍색이며 씨는 과실은 생식하고 근경은 약재로 씀. 「事」 annual

연례(年例)圀 해마다 내려오는 전례. ¶~ 행사(行

연:례(宴禮)圀 나라에 경사가 있을 때 베푸는 잔치. court festivities

연:례=악(宴禮樂)圀〈음악〉궁중의 조회나 연회 때에 궁중무(宮中舞)에 맞추어 연주하던 음악을 통틀어 일컬음. 《대》제예악(祭禮樂). 「annual meeting

연례-회(年例會)圀 해마다 정기적으로 하는 모임.

연로(年老)圀 나이가 많아서 늙음. 연고(年高). 《대》연소(年少). old age 하타

연로(沿路)圀 여행에서 거쳐가는 길의 부근. 큰 길의 좌우 근처. 연도(沿道).

연료(燃料)圀 가열용의 석탄·장작·코크스·가스·유류(油類) 등의 총칭. ¶월동 ~ 대책. ~비(費). fuel

연료 가스(燃料 gas)圀 가열용 가스의 총칭. gaseous fuel

연료 광:상(燃料鑛床)圀 석유·석탄·천연 가스·우라늄 등 열에너지원(熱 energy 源)이 되는 광상의 총칭.

연료 액화(燃料液化)圀 고체 연료를 인공적으로 액체 연료로 만드는 일. 석탄 액화와 같은 것. inquefaction of fuel

연루(連累·緣累)圀〈법률〉남의 범죄에 관계됨. 연좌③. 연계(連繫)②. ¶~자(者). complicity 하타

연류(聯類)圀 ①《법률》한패를 이룬 동아리. 동류 同類. ②《동》농아리².

연륙(連陸)圀 육지에 잇닿음. 육지에 이어짐. 하타

연륜(年輪)圀 ①《식물》결테. 나이테. ②《사》annual ring ②전통적인 기예에 종사하는 사람이나 그 작품에서 볼 수 있는, 숙련도의 높이. ③나이. age

연리(年利)圀〈경제〉1 년간에 얼마로 정해진 이율. 연변(年邊). ¶~ 6 푼으로. annualy interest

연리=지(連理枝)圀 ①한 나무의 가지가 다른 나무의 가지와 맞닿아 결이 서로 통한 것. common boughs ②화목한 부부 또는 남녀 사이의 일컬음. harmonious couple

연리=초(連理草)圀〈식물〉콩과의 다년생 풀. 높이 30~60cm 로 5월에 나비 모양의 홍자색 꽃이 핌. 산지의 초원에 남.

연립(聯立)圀 잇닿음 섬. 어울러 섬. coalition 하타

연립 내:각(聯立內閣)圀 둘 이상의 정당을 배경으로 한 내각. 연립 내각(聯立內閣). 연립 정부.

연립 방정식(聯立方程式)圀〈수학〉두 개 이상의 방정식에 미지수(未知數)가 있을 때, 그 미지수들의

각 값이 각 방정식의 각 값을 만족시키는 방정식. simultaneous equations

연립 정부(聯立政府)명 연립 내각(聯立內閣). 《준》 연 정(聯政).

연립 주:택(聯立住宅)명 3 층 이하의 공동 주택. 대지·복도·계단 및 설비 등의 전부 또는 일부를 공동으로 사용하는 각 세대가 한 건물 안에서 각각 독립된 주거 생활을 할 수 있는 구조로 된 주택.

연마(連磨)명 바둑에서, 여러 군데 떨어진 말들을 이어 놓음. study 하타

연:마(研磨·練磨)명 ① 갈고 닦음. 마연(磨研). polishing ② 학예를 깊이 연구함. 지려(砥礪). ¶ 기술·학예를 ~하다. study 하타

연마는톤 《약》연마는.

**받칠 없는 체언에 붙어, '건마는'의 뜻으로 보다 에스럽게 일컫는 연결형 서술격 조사. ¶ 좋은 시기는 기회가 없다. 《약》연만. 「는 뒷마루.

연=마루(椽一)〈건축〉층 집의 아래층의 지붕에 있

연:마 장양(鍊磨長養)명 오래 갈고 닦아 기름. 하타

연막(煙幕)명 사격 목표가 될 만한 물건을 가리고 적의 전망을 가리기 위해 발연제(發煙劑)를 써서 대기 중에 떠는 연무(煙霧).

연막치다(煙幕一) 연막을 터뜨려서 아군을 적의 눈에서 가리다. 전하여, 진의(眞意)를 숨기기 위하여 교묘한 말로 너스레를 늘어놓다.

연만톤 《약》 →연마는.

연만(年晚·年滿)명 나이가 많음. 고령임. 연고(年高).

연말(年末)명 세밑(歲末). 세모(歲暮). 세밑.

연말 상여금(年末賞與金)명 연말에 주는 상여금.

연말 정산(年末精算)명 급여 소득에서 원천 징수한 소득세에 대하여, 연말에 그 과부족(過不足)을 정산하는 일.

연=망간광(軟 Mangan 鑛)명〈광물〉섬유상·토상(土狀)의 치밀한 철색(鐵色)의 광물. 반금속 광택이 나며, 제철 및 도기·유리의 착색에 중요함.

연매(煙煤)명 ① 명 철매. ② 명 그늘음.

연:맥(燕麥)명 명 귀리.

연맹(聯盟)명 공동 목적을 가진 두 사람이 동일하게 행동할 것을 맹약하는 일. 또, 그 조직체. league 하타

연메=꾼(輦一)명 연을 메는 사람. litter carrier

연면(連綿)명 오래 연이어서 끊어지지 않음. continuity 하타 히타 「수촌의 ~. aggregate area

연=면:적(延面積)명 각 면적을 종합한 총면적. ¶ 선

연면=체(連綿體)명 서도(書道)에서 초서(草書) 등이 잇달아 쓰여 있는 체.

연멸(煙滅)명 연기처럼 가뭇없이 사라짐. extinction

연명(延命)명 ① 목숨을 겨우 이어감. eke out a scanty livelihood ② 〈제도〉감사나 수령이 부임할 때 궐패(闕牌) 앞에서 왕명(王命)을 전로(傳布)하던 의식. ③ 〈제도〉원이 감사를 처음 가서 보던 의식. 하타

연:명(捐命)명 목숨을 버림. 연생(捐生). throwing away one's life 하타

연명(連名·聯名)명 두 사람 이상의 이름을 한 곳에 죽 잇대어 씀. joint signature 하타

연명 차:자(聯名箚子)명〈제도〉두 사람 이상의 이름을 연명하여 임금께 올리는 글. 《약》연차(聯箚). joint petition to the king 「cooperation 하타

연메(聯袂·連袂)명 행동을 같이함. 연공(聯節·連節).

연모(年貌)명 나이와 용모. age and appearance

연모(年暮)명《동》세모(歲暮). 세밑. 「ing 하타

연:모(戀慕)명 사랑하여 그리워함. love and yearn-

연:목(軟木)명 무른 나무. soft timber

연목(椽木)명 《동》서까래.

연목 구어(椽木求魚)명 나무에 올라 고기를 구하듯 불가능한 일을 하려고 함. going up a tree for fish

연목 느리개(椽木一)〈건축〉서까래 뒷목을 눌러 박은 느리개. 「(池). lotus pond

연-못(蓮一)명 연을 심은 못. 연당(蓮塘). 연지(蓮

연못-가(蓮一)명 연못의 변두리.

연못=물(蓮一)명 연못의 물. 「의 넓이.

연무(延袤)명 연(延)은 동서, 무(袤)는 남북. 곧, 땅

연:무(演武)명 무예를 연마함. military exercise 하타

연무(煙霧·烟霧)명 ① 연기와 안개. ② 고운 먼지와 그을음이 공중에 부유하여 생기는 대기의 혼탁. smoke and mist 「cise 하타

연:무(演武)명 무예를 연습하다. ¶ ~장. military exer-

연:무(鍊武)명 무예를 단련함. ¶ ~대(臺). military drill 하타

연무 신:호(煙霧信號)명 항해 중, 연무로 인한 선박의 충돌을 피하기 위하여 기적·나팔·종 따위를 울려 선박의 소재·진로를 서로 알리는 신호.

연:묵(硯墨)명 벼루와 먹. 「없는 글귀). pleonasm

연문(衍文)명 글 가운데 잘못되어 글 속에 낀 쓸데

연문(戀文)명 연애 편지. 연서(戀書). love letter

연:=문학(軟文學)명〈문학〉주로 연애·정사(情事)를 주제로 한 문학. 쉽고 부드러운 감정을 나타낸 홍미 중심의 문학.《대》경문학(硬文學). light literature

연미(年尾)명《동》세월.

연미(軟美)명 부드럽고 아름다움. 유미(柔美). mild

연:미(燕尾)명 제비 꼬리. 「and beautiful 하타

연:미-복(燕尾服)명 남자용 예복의 하나. 검은 나사로 지으며 저고리의 뒤 아랫쪽이 쩨져 제비 꼬리같이 됨. swallow-tailed coat

연:=미사(煉彌撒)명〈기독〉'위령 미사'의 구용어.

연미지=액(燃眉之厄)명 썩 급히 닥치는 재액. 곧, 절박한 역경(逆厄)을 비유하는 말.

연:미-형(燕尾形)명 제비 꼬리같이 기름하고 둘로 갈라진 모양. swallow-tailed 「ion 하타 히타

연민(憐憫·憐愍)명 불쌍하고 가련함. 막함. compass-

연:반(碾盤)명《동》연자매.

연:반(延燔)명 장사지내러 갈 때 등을 들고 감. 하타

연반-경(緣礬莖)〈식물〉덩굴손이 있어 다른 물건에 감기어 몸을 지탱하며 뻗어 나가는 줄기.

연:반-꾼(延燔一)명 장사지내러 매 등을 들고 가는 사람. 「착(延着). delayed departure 하타

연발(延發)명 정한 기일·시각을 늦춰 출발함. 《대》연

연발(連發)명 ① 연이어 일어남. ¶ 사고가 ~하다. doing in succession ② 잇달아 쏨. successive occurrence ③ 잇달아 놓음. 연방(連放). running fire 하타

연발(鉛鉢)명 약연(藥鉛)의 연마탕.

연발-총(連發銃)명 탄창 속에 여러 개의 탄환을 넣어 연발할 수 있는 총. 6 연발·8 연발 등. 《대》단발총(單發銃). magazine rifle 「[蓮子]. lotus fruit

연-밥[一빱](蓮一)명 연풍의 열매. 연실(蓮實). 연자

연밥 먹이다[一빱一](蓮一)[타] 살살 구슬려서 남의 마음을 부추기다. 「에 넣어 묽은 음식.

연밥 장아찌[一빱一](蓮一)명 연밥의 알맹이를 진장

연밥-죽[一빱一](蓮一·粥)명 연밥의 속 알맹이를 갈아 멥쌀과 함께 쑨 죽. 연자죽(子粥).

연방톤 잇달아 곧. 연이어 곰방. ¶~ 구벅거리다. continuously 하타

연방(連放)명《동》연발(連發)③. 하타

연방(蓮房)명 연밥이 든 송이.

연방(蓮榜)명〈제도〉조선조 때, 소과(小科) 합격자

연방(聯邦)명〈정치〉둘 이상의 국가가 결합하여, 공통의 주권을 가지는 한 국가를 형성하고, 대내적으로는 상호 독립의 관계를 유지하면서 외교권을 갖지 않은 나라. 미국·스위스·소련 등. 연합 국가(聯合國家) ②. ¶ ~ 공화국(共和國). federation

연배(年輩)명 나이가 거의 서로 비슷한 또래. 또, 그 사람. 연갑(年甲). person of the same age

연:-백(鍊白粉)명 크림(cream) 모양의 분. paste-

연번(連番)명《약》→일련 번호(一連番號). 「powder

연벽(聯璧·連璧)명 ① 한 쌍의 옥. 재학(才學)이 뛰어난 반의 벗. ¶ gem ② 형제가 동시에 과거에 급제함. ③ 두 사람이 서로 친밀히 지내고, 하는 행동이 같이 아름다움.

연변(年邊)〖동〗연리(年利).
연변(沿邊)〖명〗국경·강·철도 또는 큰길 등이 있는 일대의 지방. border district
연변(緣邊)〖명〗①둘레·테두리. verge ②혼인상의 친척 관계. relative by marriage ③〈동〉연고자(緣故者).
연변 태좌(緣邊胎座)〖식물〗둘방꽃술로 된 단실(單室) 씨방의 한쪽 벽에 있는 태좌(胎座). 콩·완두 따위의 태좌. marginal placenta
연별(年別)〖명〗해에 따라 구별함. 하다
연별 예:산[─례─](年別豫算)〖명〗1년을 기간으로 하여 편성하는 예산. annual budget
연:병(硯屛)〖명〗먼지와 먹의 튐을 막기 위하여 벼루 머리에 치는 작은 병풍.
연:병(練兵)〖명〗〈군사〉각 병과의 전투에 필요한 동작의 명시의 훈련. 조련(調練)①. military drill 하다
연병(戀病)〖명〗〈동〉상사병(相思病).
연:병-장(練兵場)〖명〗〈군사〉병영 소재지에 설치하여 군대를 교련·연습시키는 일정한 곳. drill ground
연보(年報)〖명〗어떤 사실·사업에 관해 1년에 한 번씩 내는 보고나 보고 간행물. 〔대〕일보(日報). annual report
연보(年譜)〖명〗개인 일대의 이력을 연월순으로 적은 기록. ¶작가의 ~. chronological personal history
연보(捐補)〖명〗①자기 재물을 내어 남을 도와 줌. 연조(捐助). contributions to help others ②〈동〉헌금(獻金)②. 하다
연보(蓮步)〖명〗미인의 고운 걸음걸이의 비유.
연:보-금(捐補金)〖명〗연:보:돈[─補─]〖명〗〈기독〉헌금으로 내는 돈. 연보전(捐補錢). money contribution
연:-보라(軟─)〖명〗연한 보랏빛. light purple
연:보-전(捐補錢)〖명〗연보금(捐補金).
연복(練服)〖명〗〈소상〉(小祥) 뒤로부터 담제(禪祭) 전까지 입는 상제의 옷.
연복-초(連福草)〖명〗〈식물〉연복초과(連福草科)에 딸린 다년생 풀. 뿌리 줄기는 가로 뻗고 끝이 굵으며 비늘 조각이 있고 산지에 자생(自生)함. 줄기는 15cm 안팎임. 4∼5월에 황록색 꽃이 피고, 열매는 핵과(核果)임. Adoxa Moschatellina
연봉(年俸)〖명〗1년을 단위로 한 해 동안에 받는 봉급. 연금(年給). 〔대〕월급(月給). annual salary
연봉(延逢)〖명〗〈제도〉수령이 지위가 높은 사람을 나아가 맞던 일. 하다
연봉(連峰)〖명〗죽 이어져 있는 산봉우리. ¶알프스의 ~. 〔예〕고봉(孤峰). moutain-peaks
연-봉[─봉](蓮─)〖명〗①피기 시작하는 연꽃 봉오리. lotus flower-bud ②〈약〉=연봉잠(蓮─簪).
연봉-무지기(蓮─)〖명〗연꽃 빛깔처럼 끝만 붉게 물들인 무지기.
연봉-잠[─짬](蓮─簪)〖명〗연봉을 본떠 만들고 산호 구슬을 물린, 여자 머리에 꽂는 장식품의 하나. 〔약〕연불(蓮─)②. lotus shaped hairpin
연부(年賦)〖명〗납부 또는 반제해야 할 금액을 연액 얼마큼로 할당하여 지급하는 일. 또, 그돈. 연불(年拂). yearly installment
연부(然否)〖명〗그러함과 그렇지 아니함. ¶~를 막론하고. whether or not
연부-금(年賦金)〖명〗연부에 있어 각 1회의 급부금. annual installment
연:부-년(連復年)〖명〗해마다 계속. year after year
연:부-병[─뼝](輦腐病)〖명〗무름병.
연부-불(年賦拂)〖명〗연부로 지급함. annual installment
연부 역강(年富力强)〖명〗나이가 젊고 힘이 셈. young and energetic 하다
연분(年分)〖명〗①일년 중의 어떤 때. season ②〈제도〉 농사의 풍흉(豊凶)에 따라 해마다 정하던 전세(田稅)의 율. yearly field tax
연분(連墳)〖명〗상하분(上下墳).
연분(鉛粉)〖명〗〈동〉백분(白粉)⑦.
연분(緣分)〖명〗하늘에서 베푼 인연. 인연(因緣). ¶~으로 맺어진 부부. 〔약〕연(緣)①. fate to have conjugal relations

연:-분홍(軟粉紅)〖명〗엷은 분홍. ¶~ 치마 저고리. light pink
연:분홍-산호(軟粉紅珊瑚)〖명〗〈동물〉산호류 중 가장 큰 종류. 높이 1m, 폭 1.6m 가량. 전세가 부채
연불(年拂)〖명〗〈동〉연부(年賦). [모양인에 연분홍빛임.
연불(延拂)〖명〗지급을 늦추어서 지체함. 하다
연불 보:험(年拂保險)〖명〗보험 기간 중, 해마다 한 번씩 보험료를 지급하는 보험.
연:-붉다[─북─](軟─)〖형〗연하게 붉다. light red
연비(連比)〖명〗〈수학〉두 개의 비 a:b, b:c가 있을 때, 이것을 a:b:c로 적은 것.
연비(燃比)〖명〗자동차 등이 1리터의 연료로 달릴 수 있는 거리를 나타낸 수치. 연료 소비 효율.
연비(聯臂)〖명〗①사이에 사람을 넣어 소개함. indirect introduction ②서로 이리저리 알게 됨. 하다
연:비-례(連比例)〖명〗〈수학〉여러 개의 비가 연달아 있어, 이들 가운데서 서로 이웃하는 임의의 세 개를 취할 때 중앙의 것이 양 옆의 것의 비례 중항(中項)이 되는 경우의 관계. a:b=b:c=c:d이면 a, b, c, d는 연비례를 이룬다 함. continued ratio
연비-연비(聯臂聯臂)〖부〗여러 겹의 간접적인 소개로. 연줄연줄. through indirect introduction indirectly
연빈(延賓)〖명〗손님을 맞음. 하다
연빙(延聘)〖명〗예로써 맞음. cordial reception 하다
연-뿌리(蓮─)〖명〗연근(蓮根). [丹靑).
연뿌리-초(蓮─草)〖명〗〈건축〉서까래 끝에 그린 단청
연사(年事)〖명〗농사가 되어 가는 형편. 농형(農形).
연사(連査)〖명〗사돈으로 맺어진 사돈.
연:사(軟絲)〖명〗반죽한 찹쌀 가루를 얇고 모나게 썬 다음에, 기름에 튀겨서 엿을 바르고 참쌀 튀김을 묻힌 엿.
연사(連辭)〖명〗〈동〉계사(繫辭). [유밀과의 하나.
연사(鉛絲)〖명〗끝에 납덩이를 단 실. 건축이나 토목 공사에서 수직(垂直)이나 면의 검사에 쓰임.
연:사(演士)〖명〗연설하는 사람. speaker
연사(鳶絲)〖명〗〈동〉연실(鳶─).
연:사(練祀)〖명〗〈동〉=연제사(練祭祀).
연:사(練絲)〖명〗생실을 비누나 소다물에 담가서 광택 있게 만든 실. 〔대〕생사(生絲). refined silk thread
연사(蓮絲)〖명〗연의 줄기의 섬유. 또, 그것으로 만든 실.
연사-간(連査間)〖명〗사돈끼리의 사이. [iner
연사-기(撚絲機)〖명〗방적에 쓰이는 실 꼬는 기계. tw-
연사-질(緣辭─)〖명〗교묘한 말로 남을 꾀어 그의 심중을 말하게 하는 것. beguiling into revealing himself 하다
연산(年產)〖명〗일 년 동안의 생산고 또는 산출고. annual production
연산(連山)〖명〗죽 잇대어 있는 산. mountain ranges
연:산(演算)〖명〗운산(運算). 하다 [products
연산-액(年產額)〖명〗일 년 동안의 생산액. annual
연:산-자(演算子)〖명〗〈수학〉연산에 쓰이는 기호. 미적분 기호 따위. operator
연산-품(連產品)〖명〗〈경제〉동일 재료를 사용하고, 동일한 공정(工程)을 거쳐 생산되는 두 가지 이상의 종류가 다른 제품. 주종(主從)의 관계없이 항상 연속적으로 생산됨. 석유 공업에서의 석유·휘발유·등유·중유·경유가 대표적인 예임. joint products
연:-쌀[─쌀]〖명〗멧가루로 결은 엿의 쌀.
연상(年上)〖명〗자기보다 나이 많음. 또, 그 사람. 장(長). ¶~의 여인. 〔대〕연하(年下). seniority in age
연상(連喪)〖명〗잇달아 초상이 남. 또, 그 초상. having funeral services in succession
연:상[─쌍](硯床)〖명〗문방 제구를 벌여 놓아 두는 작은 책상. desk
연:상(硯箱)〖명〗벼루를 넣어 두는 상자. 벼룻집①.
연:상(鉛商)〖명〗①연광(鉛鑛)만을 허가했을 시대에 금이나 은을 채취하여 비밀히 매매하던 사람. ②덕대의 자본주. 필요시에 물품 또는 금전을 대어 주고 채광 후에 이익 배당을 받음.

연:상(練祥)[명]〈동〉소상(小祥).
연상(聯想)[명]〈심리〉한 관념으로 말미암아 관련되는 다른 관념을 생각하게 되는 현상. 관념. 연합②. association of ideas [하타]
연상-라(緣桑螺)[명]〈조개〉유폐목(有肺目)에 딸린 조개. 우렁이와 비슷하며, 패각의 높이 19~20mm임. 각구(殼口)는 둥근데 껍질이 얇아 잘 깨짐. 표면은 담황색 또는 흑색인데 강한 광택이 남. 농작물·뽕나무 따위를 해롭게 함. Eulota siboldiana
연상-물(聯想物)[명]〈심리〉사람의 마음속에서 다른 것과 연결된 사물이나 사전.
연상 심리학(聯想心理學)[명]〈심리〉정신을 관념 또는 기타 정신적 요소의 연합에 의하여 설명하는 학설. 연합 심리학(聯合心理學). associationism
연상약-하-다(年相若一)[형]나이가 서로 비슷하다. of about the same age
연상 테스트(聯想 test)[명]〈심리〉정신 진단법의 하나. 말에 대한 연상을 이용하여 인격 진단의 자료를 얻고자 하는 검사법. 「주장자놈
연상 학파(聯想學派)[명]〈심리〉영국의 연상 심리학의
연=새[명]〈동〉여새. 「서 생겨남. [하타]
연생(緣生)[명]〈불교〉일체 만법은 인연 화합을 따라
연생이[명]잔약한 사람이나 물건. 보잘것없는 사람의 별명. tiny thing
연서(連署)[명]같은 문서에 여러 사람이 죽 잇따라 서명함. 《유》연판(連判). joint signature [하타]
연:서(戀書)[명]연문(戀文). 「[hall
연:석(宴席)[명]연회의 좌석. 또, 그 자리. banquet
연석(連席)[명]여러 사람이 한 곳에 죽 늘어 앉음. sitting together [하타]
연-석(硯石)[명]벼룻돌. inkstone
연:석(筵席)[명]임금과 신하가 모여 자문 주답(諮問奏答)하던 자리. 연중(筵中).
연석(緣石)[명]〈토목〉차도(車道)와 보도(步道), 또는 가로수 사이의 경계가 되는 돌. curbstone
연:석(燕石)[명]〈광물〉중국 연산에서 나는 옥 같으면서 옥이 아닌 돌.
연석(僚惜)[명]불쌍히 여기어 아낌. [하타]
연선(沿線)[명]선로나 해안을 따라서 있는 땅. area along the railroad line 「올리는 말. [하타]
연설(筵說)[명]연석(筵席)에서 임금의 자문에 답하여
연:설(演說)[명]공중(公衆) 앞에서 자기의 주의·주장이나 의견을 진술함. speech [하타]
연:설-조[一조](演說調)[명]연설하는 어조(語調). 또, 그 같은 어조나 말투. oratorical tone
연성(延性)[명]〈물리〉물체가 탄성의 한계를 넘어서, 파괴되지 않고 늘어나는 성질. ductility
연:성(軟性)[명]부드러운 성질. 유연한 성질. 《대》경성(硬性). softness
연성(連星·聯星)[명]〈천문〉항성(恒星)이 서로 인력(引力)으로 관련되어 공통의 중심(重心)을 중심(中心)으로 하여 공전 운동(公轉運動)을 하는 것. 이중성(二重星). binary star
연성(連聲)[명]〈어학〉앞의 음절의 자음이 뒤의 음절의 최초의 모음과 합하여 형성하는 별개의 소리. '나뭇잎'이 '나무닙'으로 되는 현상.
연성(緣成)[명]〈불교〉인연에 의하여 이루어짐. [하타]
연:성(練成)[명]심신(心身)을 연마하여 육성함.
연:성 하-감(軟性下疳)[명]〈의학〉성병의 하나. 연성하감균에 의해 음부(陰部)에 발생하는데, 동통(疼痛)이 심하고 서혜(鼠蹊)임파선이 부음. 《대》경성 하감. soft chancre
연:성 헌:법[一뻡](軟性憲法)[명]〈법〉일반 법률과 같은 개정 절차로 개헌이 가능한 헌법. 《대》경성 헌법(硬性憲法).
연세(年歲)[명]나이. age(of elder)
연:세(捐世)[명]〈공〉사망(死亡). death(of elder)[하타]
연세(連歲)[명]해마다. ¶~ 풍년(豊年). every year
연소(年少)[명]나이가 어림. 《대》연로(年老). youth

[the fire [하타]
연소(延燒)[명]불길이 이웃으로 번져서 탐. spread of
연소(燕巢)[명]①제비의 보금자리. swallow's nest ②[동]연와(燕窩).
연소(燃燒)[명]①불이 붙어 탐. ②〈화학〉주로 물질이 산소와 화합할 때, 다량의 열을 내며 동시에 빛을 발하는 현상. [하타]
연소-관(燃燒管)[명]〈화학〉고열에 견디는 경질 글라스(硬質 glass). combustion tube [하타
연소 기예(年少氣銳)[명]나이가 젊고 기운이 팔팔함.
연소 몰각(年少沒覺)[명]나이가 어리고 철이 없음. 연천 물각(年淺沒覺). [하타]
연소-물(燃燒物)[명]①불에 타는 물건. ②〈화학〉산소와 화합(化合)하여 열과 빛을 낼 수 있는 물질. combustibles
연소-배(年少輩)[명]나이가 어린 무리. youth
연소 숟가락(燃燒一)[명]〈화학〉고열에 견디는 금속 숟가락 모양의 실험 기구. 화학 분석 실험 등에서 연소 물질을 담음.
연소-열(燃燒熱)[명]〈화학〉물질이 완전 연소할 때 발생하는 열량. 보통 1g 또는 1mol에 대한 열량으로 표시함. heat of combustion
연소-율(燃燒率)[명]보일러 속에서 파이어 그레이트(fire grate) 1m² 당한 시간 동안의 석탄의 연소량. combustion rate
연소-자(年少者)[명]①나이가 어린 사람. 나이 젊은 사람. youth ②미성년자(未成年者). ¶~ 출입 금지. minor 「combustible
연소-체(燃燒體)[명]타는 물체. 연소할 수 있는 물체.
연속(連續)[명]끊이지 않고 죽 이음. continuity [하타]
연속-극(連續劇)[명]〈연예〉①방송·텔레비전 등에서 일부분씩을 연속하여 상연하는 방송극. serial play ②[동]연쇄극(連鎖劇).
연속-범(連續犯)[명]〈법률〉동일한 범의(犯意)로 범한 수개의 행위가 동일한 죄명에 해당되는 범죄. 또, 그 범인. 하나의 죄로 처벌함. connected offence 「uninterrupted continuity [하타]
연속 부절(連續不絶)[명]잇따라 이어져서 끊이지 않음.
연속 스펙트럼(連續 spectrum)[명]〈물리〉파장(波長)의 어떤 범위에 걸쳐 연속적으로 분포한 스펙트럼. 고체 또는 액체가 발하는 온도 복사(輻射)의 스펙트럼이 이에 속함. continuous spectrum
연속-파(連續波)[명]〈물리〉잇따라 진동하는 파동의 순환. continuous wave
연송(連頌)[명]책 한 권을 내리 워. [하타]
연쇄(連鎖)[명]①양편을 연결하는 사슬. chain ②서로 연이어 맺음. linking 두 「street
연쇄-가(連鎖街)[명]연쇄점이 모여 있는 거리. chain-
연쇄-극(連鎖劇)[명]〈연예〉실연(實演)과 영화를 섞어 상연하는 극. 연속극(連續劇)②. combination play
연쇄 반:응(連鎖反應)[명]〈화학〉한 곳에서 일어난 반응이 원인이 되어 차례차례로 다른 곳에 계속하여 일어나는 반응. chain reaction
연쇄상 구균(連鎖狀球菌)[명]〈의학〉연쇄상을 이루는 구균의 하나. 단독·폐렴·중이염, 또 여러 화농성 질환의 병원균. streptococcus
연쇄-식(連鎖式)[명]①연쇄의 형식이나 방식으로 된 것. ②〈논리〉복합 삼단 논법의 하나. 다수의 삼단 논법의 결론을 생략하고 전제(前提) 만을 연결하여 최후의 판단을 내리는 추론식(推論式)임. 'A는 B임. B는 C임. C는 D임. 고로, A는 D임' 따위. sorites
연쇄-점(連鎖店)[명]동일 메이커의 상품을 취급하는 다수의 소매 상점이 각지에 산재하여, 또 중앙부의 경영 아래 있는 점포 조직. 체인 스토어(chain store).
연쇄 편:지(連鎖便紙)[명]한 사람이 다른 여러 사람에게 편지하고, 또, 그 여러 사람은 각자가 자기의 여러 친구들에게 하여 그 줄기가 죽 잇닿는 편지. 일

명 행운의 편지. 체인 레터(chain letter).
연수(年收)똉 한 해의 수입. 일 년 동안의 수입. an-
연수-수입(年首)똉《동》설②. 「nual income
연수[一쑤](年數)똉 햇수. ¶∼가 지나다. number of years
연수(延壽)똉《약》→연년 익수(延年益壽).
연수(延髓)똉《생리》뇌간의 일부로, 뇌와 척수에서 오는 신경 섬유가 교차되며, 호흡·순환·소화 운동 의 중추가 됨. 숨골. 「outlay for a banquet
연:수(宴需)똉 잔치에 드는 물건과 비용. ¶갈 ∼.
연:수(軟水)똉 칼슘·마그네슘·염류 등 광물질을 조금 치 않거나 극히 조금 포함한 물. 단물③. 《대》경수 (硬水). soft water
연수(硏修)똉 연구하고 닦음. ¶∼생(生). ∼회(會). study and training 하타
연수(硯水)똉 ①《동》벼룻물. ②《동》연적(硯滴).
연수(練修)똉 정신이나 육체를 단련함. 수련(修練). 하타 「위하여 절 안에 지은 집이나 방.
연수-당(延壽堂)똉《불교》양로(養老)·치병(治病)을
연-수정(煙水晶)똉 광물 연기가 낀 것 같은 흑갈색 수정. smoky quartz
연-수표(延手票)똉《동》앞수표.
연:숙(鍊熟)똉 단련되어서 익숙함. expertness 하타
연습(沿襲)똉 전례(前例)를 좇음. following a precedent 하타
연:습(演習)똉 ①《동》연습(練習)①. ②《군사》군대 또 는 함대를 실전(實戰)의 상황을 상정(想定)하여 그 것에 대응하는 동작을 연마함. ¶도강(渡江) ∼. 사격 ∼. mimic warfare ③《교육》대학에서 학생이 중심이 되어 지도 교수의 지도 밑에 연구·토의하는 일. 세미나.
연:습(練習·鍊習)똉 ①학문·기예 등을 반복 연마하여 익힘. 연습(演習)①. ②일정한 작업을 반복하여 새 로운 습관을 만듦. practise 하타
연:습-곡(練習曲)똉《음악》기악이나 성악의 기술 향 상을 위하여 쓰여진 곡. 에튀드(étude)③.
연:습-기(練習機)똉《군사》조종 연습용의 비행기. training plane
연:습-림(練習林)똉 학생의 임학(林學) 실지 연구에 쓰이는 삼림. experimental plantation
연:습-선(練習船)똉 상선(商船)·수산(水産) 계통의 학 생들에게 해상 실무(海上實務)를 연습시키기 위한 선박. school-ship
연:습-장(練習帳)똉 연습하는 필기장. drill book
연승(連繩)똉《동》주낙. 「다타
연승(連乘)똉《수학》여러 수·식을 연하여 곱함. 하
연승(連勝)똉 잇따라 이김. 연첩(連捷). 연파(連破). 《대》연패(連敗). straight victories 하타
연승 어업(延繩漁業)똉 무명이나 나일론으로 만든 긴 끈의 곳곳에 낚시찌를 달아 일정한 수면에 띄우고, 낚시찌와 낚시찌 사이에 낚시 바늘을 드리워 고기 를 낚아 올리는 어업.
연시(年始)똉 ①《동》연초(年初). ②《동》설.
연시(軟柿)똉《동》연감.
연시(聯詩)똉《문학》여러 사람이 여러 구절을 모아 한 편으로 만든 한시(漢詩). 연주시(聯珠詩).
연-시조(連時調)똉《문학》두 개 이상의 평시조가 접 쳐 있는 시조 형식. 연형 시조(連形時調). 《대》단 시조(單時調).
연식(年式)똉 기계류, 특히 자동차의 제조년(製造年) 에 의한 형식(型式). ¶∼이 높다.
연:식(軟式)똉 부드러운 재료를 쓰는 방식. 《대》경식
연:식(軟食)똉 국수·빵·죽 등의 주식과 소화되기 쉬 운 부식을 곁들인 식사.
연:식 야-구[-냐-](軟式野球)똉《체육》연구(軟球) 를 쓰는 야구. 《대》경식 야구(硬式野球). kittenball
연:식 정구(軟式庭球)똉《체육》연구를 사용하는, 극 동 몇 나라에 특유한 정구. 《대》경식 정구(硬式庭 球). softball tennis

연:식 지구의(軟式地球儀)똉 축(軸)을 조립식으로 하 고, 이중으로 인쇄한 지도를 풍선처럼 발라, 접고 펼 수 있는 지구의.
연신(連信)똉 소식이 끊이지 않게 계속하여 전함. 또, 그 소식. continuous communication 하타
연실(鉛室)똉《화학》연판(鉛板)으로 둘러싼 큰 상자. 연실법에 있어서, 글러버산(glover酸)을 물에 녹여 황산을 만드는 데 쓰임. lead chamber
연실(煙室)똉 화력을 이용한 기관(汽罐)에서 연기를 모아 굴뚝으로 빠지게 하는 곳. 「kite-string
연:실[一씰](鳶一)똉 연줄로 쓰는 실. 연사. 연줄.
연실(蓮實)똉《동》연밥.
연실 갓끈(蓮實一)똉 연밥 모양의 구슬을 꿰어 만든 갓끈.
연실-법[一뻡](鉛室法)똉《화학》황산 제조법의 하나. 삼산화황(三酸化黃)으로 만든 다음, 이것을 물에 흡수시켜서 황산을 질소 화합물을 촉매로 하여, 연 실 중에서 이산화황(二酸化黃)과 산소를 화학시켜 만듦. 산화 작용. lead chamber process
연실-죽(蓮實竹)똉 대통을 연밥같이 만든 담뱃대.
연실 황산(鉛室黃酸)똉《화학》연실법에 의하여 만들 어지는 황산. 접촉법에 의한 접촉 황산보다 순도가 떨어지고, 주로 과린산석회·유산 따위의 인조 비료 의 제조에 쓰임. chamber acid
연:세(年歲)똉 나이가 많음. ¶∼하신 어버이. 《유》연 로(年老). 하타
연:심(戀心)똉 사랑하여 그리는 마음. love 「하타
연심 세:구(年深歲久)똉 연구 세심(年久歲深).
연심 세:월(年深歲月)똉 일을 장원(長遠)하게 차림.
연안(沿岸)똉 ①하해(河海) 또는 호수에 연한 물가. ②하해·호수의 물가에 연한 지방. coast
연:안(安宏·燕安)똉 몸과 마음이 한가하고 편안함. 연 한(燕閑). peace 하타
연안-국(沿岸國)똉《지리》연안에 있는 국가.
연안-류(沿岸流)똉《지리》해안을 따라 물의 표면을 흐르는 조류. littoral current
연안 무:역(沿岸貿易)똉《경제》한 나라의 같은 연안 의 각 항구 사이에 행하는 무역. 연해 무역(沿海貿 易). 연안 상업(沿岸商業). 《대》외국 무역(海外貿 易). coastal trade
연안 어업(沿岸漁業)똉 원양에서 멀지 않은 가까이 하 는 어업. 연해 어업(沿海漁業). 《대》원양 어업(遠 洋漁業). coastal fishery 「방. coastal bar
연안-주(沿岸洲)똉 모래가 해안선과 나란히 퇴적된
연안 항:로(沿岸航路)똉 동일 국가에 딸리는 여러 항 구간의 항로. 곧, 연안 무역이 행하여지는 항로. 연해 항로(沿海航路). coastal service
연안-해(沿岸海)똉《지리》연안에 가까운 바다. 간 조선에서 최소한 3해리(5.558 km) 이내의 해역. 만 (灣)·내해와 함께 영해를 형성함. 연해(沿海)②. 영 해(領海). coastal waters
연안 해:저 지역(沿岸海底地域)똉《제리》대륙붕(大 陸棚)의 새로운 일컬음.
연:-알(碾—)똉 약연(藥碾)에 쏟은 약재를 갈 때 굴리 는 바퀴 모양의 쇠. wheel shaped pestle
연양(年央)똉 한 해의 중간. 「《유》particle
연:애(消挨)똉 물방울과 티끌, 곧, 아주 작은 것의 비
연애(憐愛)똉 불쌍히 생각하여 사랑하는 마음. compassionate love 하타 「하타콸타
연:애(戀愛)똉 남녀간의 그리워 사모하는 애정. love
연애(煙靄)똉 ①아지랑이. 남기(嵐氣).
연:애 결혼(戀愛結婚)똉 연애에서 출발하여 맺어지는 결혼. love-marriage 하타
연:애 소:설(戀愛小說)똉《문학》연애 관계를 주제로 한 소설. 염정 소설(豔情小說). love story
연:애 순례(戀愛巡禮)똉 정조 관념이 많이 있는 사람 에게 번갈아 가면서 연애를 구하는 일.
연:애 지상주의(戀愛至上主義)똉 연애는 인생의 최고 ·지상의 목적이며 결혼의 핵심임과 동시에, 그 정

체라고 하는 주의. love for love's sake
연액(年額)[명] 한 해 동안의 금액. 일년간의 총계. annual sum
연야(連夜)[명] ①밤마다. ②연하여 밤을 계속함. 연소(連夜)
연:약(軟弱)[명·하형] 연하고 약함. 연취(軟脆). ¶〜한 여자. weakness 하형
연:약(煉藥)[명] ①〈약학〉개어서 만든 약. 단약(丹藥). electuary ②〈한의〉약을 곰.
연:약과(軟藥果)[명] 말씬말씬하고 맛이 좋은 약과.
연:약밥(軟藥—)[명] 보들보들하고 맛이 좋은 약밥.
연:약 외:교(軟弱外交)[명] 상대편의 의사마다 무슨 일이든지 편하게 해결해 주는, 주장·줏대없는 외교.
연:양(軟痒)[명·하동] 간지럼.
연어(鰱魚)[명] 〈어류〉 연어과의 바닷물고기. 몸 길이 70~90cm, 몸은 방추형, 몸 빛은 등 쪽이 남회색, 배 쪽은 은백색임. 살은 황적색, 가을에 강에 올라 모래 바닥에 알을 낳고 죽음. 맛이 썩 좋음. salmon
연여(羨餘)[명] 관청 물건의 쓰고 난 나머지.
연역(煙役)[명] →연호 잡역(煙戶雜役).
연:역(演繹)[명·하타] ①한 가지 일로 다른 일을 추론함. 부연하여 말함. ②〈논리〉 일반적인 원리로 전제로 하여 특수한 사실을 이끌어 내는 추리. 〈대〉귀납(歸納). 〈참〉논리학(論理學). deduction 하타
연:역=법(演繹法)[명] 〈논리〉 논리 2대 방법의 하나. 일반적인 원리로부터 특수한 사실을 이끌어 내는 논리적 방법. 3단 논법이 여기에 해당됨. 즉 결론을 앞에 내세우고 다음에 그 타당성을 증명해 나가는 방식. A=B 다. C=A 다. 그러므로, B=C다. 〈대〉 귀납법(歸納法). deductive method
연:역=적(演繹的)[관·명] 일반적인 원리로부터 특수한 사실을 이끌어 내는 추리의 성질을 띤(것). 〈대〉귀납적(歸納的). deductive
연:역적 논증(演繹的論證)[명] 〈논리〉 이미 알고 있는 진리에 근거를 두어 다른 사실을 증명하는 논증. deductive demonstration
연:역적 방법(演繹的方法)[명] 〈논리〉 이미 알고 있는 어떤 진리에 근거하여 바르고 참된 인식에 도달하려는 방법. deductive method
연:역적 추:리(演繹的推理)[명] 〈논리〉 전체에 관한 일반적 지식 또는 보편적 원리를 전제로 하여, 그것으로부터 특수 지식·원리·사실을 논증하는 삼단 논법. 형식적 추리(形式的推理). deductive reasoning
연:역 학파(演繹學派)[명] 〈경제〉 연역적 방법으로 경제적 원리를 연구·설명하는 학파. deductive school
연연(涓涓)[명] 시냇물이 졸졸 흐르는 모양. murmuring 하형 히부 ¶〜름답고 예쁨. beauty 하형 히부
연연(娟娟)[명] ①빛이 엷고 고움. light colour ②〜 하여 아름답고 예쁨.
연연(連延)[명] 연하여 길게 뻗음. extension 하타
연:연(軟娟)[명] 가냘프고 약함. 섬약(纖弱). 하형
연:연(戀戀)[명] 그립고 애틋하여 잊지 못하는 모양. being ardently attached to 하타
연염(煙焰)[명] 연기와 불꽃. 연기 속에서 타오르는 불꽃. smoke and flame
연엽(蓮葉)[명] →연엽상.
연엽(蓮葉)[명] 연잎.
연엽=관(蓮葉冠)[명] 처음 상투를 짜고서 쓰는 연잎 모양이며 두께가 얇은, 연엽 반상에 속한 대접. lotus-leaf shaped horse-hair hat
연엽 대:접(蓮葉—)[명] 밑이 빨고 위가 바라져서 연잎 모양이며 두께가 얇은, 연엽 반상에 속한 대접.
연엽 바리때(蓮葉—)[명] 밑이 빨고 위가 바라져서 연잎처럼 생긴 바리때.
연엽 반상(蓮葉飯床)[명] 그릇들의 위가 모두 짝 바라지고 운두가 나부족하여 연잎 모양인 반상.
연엽살(蓮—)[명] 소의 도가니에 붙은 고기. 《약》 연엽.
연엽 주발(蓮葉周鉢)[명] 밑이 빨고 위가 바라져서 모양이 연잎 같고 두께가 얇은, 연엽 반상에 속한 주발.
연:예(演藝)[명] 공중 앞에서 연극·음악·무용·만담 등을 공연하는 일. 연기(演技). entertainment 하타
연예(蓮蕊)[명] 연의 꽃술. 불좌수(佛座鬚).

연:예(鍊銳)[명] 잘 훈련된 군대. world
연:예=계(演藝界)[명] 연예인들의 사회. entertainment hall
연:예=란(演藝欄)[명] 신문·잡지 등에서 주로 연예에 관한 기사를 싣는 지면(紙面)의 난(欄). entertainments column of a newspaper
연:예인(演藝人)[명] 연예에 종사하는 배우·가수 등을 통틀어 일컬음. performer artist
연:예장(演藝場)[명] 연예를 하는 곳. 연기장(演技場). entertainment hall
연:옥(軟玉)[명] 〈광물〉 옥의 일종. 각섬석(角閃石)과 양기석(陽起石)으로 된 것이 있음. 특별히 비취(翡翠)란 이름. nephrite
연:옥(煉獄)[명] 죽은 사람이 바로 천국에 들지 못할 때 그 영혼이 불로 정화된다고 하는 곳. 천국과 지옥의 사이. purgatory Hell hing sand
연:옥=사(研玉沙)[명] 옥을 갈 때 쓰는 잔 모래. polis-
연:옥색(軟玉色)[명] 엷은 옥색.
연:옹 지:치(吮癰舐痔)[명] 종기의 고름을 빨고, 치질 앓는 밑을 핥는다는 뜻으로, 남에게 지나치게 아첨함을 일컫는 말.
연:와(煉瓦)[명·하동] 벽돌.
연:와(燕窩)[명] 바위에 사는 금사연(金絲燕)의 보금자리. 물고기와 해조(海藻)를 물어다가 침을 발라 만든 것으로, 중국 요리의 상등 국거리임. 연소(燕巢)②. edible swallow's nest
연:완(姸婉)[명] 마음이 곱고 얼굴이 예쁨. being gentle and charming 하형
연우(延虞)[명] 상례(喪禮)에서 반우(返虞) 때 성문 밖에 나가 신주를 맞이하는 일.
연우(連雨)[명] 연일 잇달아 내리는 비. zzle
연우(煙雨)[명] 안개처럼 부옇게 내리는 가는 비. dri-
연우=량(年雨量)[명] 일년 동안에 내린 비의 총량.
연운(年運)[명] 그 해의 운수. one's lot of the year
연운(煙雲)[명] ①연기와 구름. smoke and cloud ②구름처럼 피어나는 연기. cloudy smoke
연원(淵源)[명] 사물의 근본. 본원(本源). origin
연원(淵遠)[명] 깊고 멂. deep and remote 하형
연월(烟月·煙月)[명] ①연기와 달. 운연(雲煙)에 어린 은은한 달빛. ②세상이 매우 태평한 모양. ¶태평(太平) 〜.
연월(連月)[명] 여러 달을 계속함. continuing for months 하타 달마다. 달마다 계속하여. month after month 하타
연월=일(年月日)[명] 해와 달과 날. 아무 해 아무 달 아무 날. ¶사망 〜. 출생 〜. date
연=월=일=시(—-—時)[年月日時][명] 해와 달과 날과 시. 아무 해 아무 달 아무 날 아무 시. 사주(四柱). date and hour
연유(宴遊)[명] 잔치를 베풀어 즐겁게 놂. 하타
연:유(煉乳)[명] 우유를 농축한 것. condensed milk
연유(緣由)[명] ①〈동〉유래(由來). ②〈동〉사유(事由).
연유(燃油)[명] 연료로 쓰는 기름. fuel oil 하타
연육(蓮肉)[명] 〈한의〉 연밥의 살. 한방의 약재로 씀.
연음(延音)[명] ①〈어학〉 한 개의 음(音)이 길게 뻗어서 두 개의 음으로 되는 일. long vowel (syllable) ②〈음악〉 한 음을 규정된 박자(拍子) 이상으로 길게 연장하는 일. prolonged sound
연음(宴飮·讌飮)[명] 잔치하는 자리에서 술을 마심.
연음(連音)[명] 소리를 이어서 내는, 떠는 음.
연음 기호(延音記號)[명] 늘임표. mordent
연음부(連音符)[명] ⇒ 잇단음표.
연음 현:상(連音現象)[명] 〈어학〉 자음으로 자음을 가진 형태소 뒤에 모음으로 시작되는 형식 형태소(조사·선어말 어미·어말 어미 등)가 올 때, 그 형태소의 끝 자음이 다음 음절의 첫소리로 발음되는 현상. 그러나 자음으로 끝나는 형태소 뒤에 모음으로 시작되는 실질 형태소가 올 때는 일단 음절의 끝소리 현상이 적용되고 난 다음 (절음) 다시 연음되게 됨. 옷이→[오시] 값이→[갑시] 옷아래→[온아래] (절음)→[오다래] (변음)로 소리나는 따위.

연읍(沿邑)[명] 연로(沿路)에 있는 읍.
연:의(演義)[명] 사실을 부연하여 재미있게 설명함. 또, 그러한 책이나 창극. ¶삼국지(三國志) ~. popular version 하타
연:의 소:설(演義小說)[명]〈문학〉중국에서 사실(史實)을 부연하여 속어체(俗語體)의 통속 소설. 삼국지연의 따위. popular version novel
연이(軟餌)[명] 끓이어 익힌 모이. soft feed
연-이나(然-)[접] '그러나'의 뜻의 접속 부사. but
연-이:율[-니-](年利率)[명] 일 년을 단위로 정한 이율. [또, 그 푀. 하타
연:익(燕翼)[명] 조상이 자손을 편안하게 잘도록 도움.
연인(延引)[명] 길게 잡아 늘임. elongation 하타
연인(連引)[명] 관계 있는 것을 죽 끌어댐. listing 하타
연인(戀人)[명] 연애의 상대자. 사랑하는 사람. 애인(愛人)①. lover
연-인수[-쑤](延人數)[명] 연인원(延人員).
연-인원(延人員)[명] 어떤 일에 사용하는 인원을, 하루에 완성하는 것으로 하여, 일수(日數)를 인수(人數)로 환산한 총인원수. 연인수(延人數). total mandays
연인 접족(連姻接族)[명] 친척(親戚)과 인척.
연일(連日)[명] 날마다. 여러 날을 계속함. 《유》누일(累日). 적일(積日). day after day
연일-석[-썩](延日石)[명] 경북 영일군(迎日郡)에서 나는 아름다운 숫돌.
연일-수[-쑤](延日數)[명] 어떤 일에 걸린 일수를 한 사람이 완성하는 것으로 하여 인수를 일수로 환산한 총수. total number of days [in day out
연일 연야(連日連夜)[명] 날마다 밤마다 계속하여. day
연임(連任)[명] 임기가 끝난 법관의 임기제 관리를 그 지위에 재임용함. reappointment 하타
연-잇:-다[-닏-](連-)〈스변〉연속하여 잇다. join
연-잎[-닙](蓮-)[명]〈식물〉연의 잎. 연엽(蓮葉). 하엽(荷葉). lotus leaf
연잎-쌈[-닙-](蓮-)[명] 삶은 연잎을 따서 약간 삭아 먹는 쌈. 연엽포(蓮葉包).
연:-자[-짜](衍字)[명] 글귀 가운데 잘못 들어간 군글자. redundant word
연자(蓮子)[명] 연밥. [연자맷간.
연:자-간[-깐](研子間)[명] 연자매를 차려 놓은 간.
연:자-마(研子磨)[명]〈동〉연자매.
연:자-매(研子-)[명] 마소로 끌어 돌리는 곡식을 찧는 큰 맷. 연자마. 연자방아. millstone worked by horse [자간(研子間). beastworked mill
연:자맷-간(研子-間)[명] 연자매를 차려 놓은 곳. 연
연:자-방아(研子-)[명]〈동〉연자매(研子-).
연작(連作)[명]①〈농업〉한 땅에 같은 곡식을 해마다 지음. 이어짓기. 《대》돌려짓기. 윤작(輪作). plant consecutive ②〈동〉연작(聯作). 하타
연작(連雀)[명]〈동〉여새.
연작(聯作)[명]〈문학〉몇 사람의 작가가 각 부분을 나누어 맡아서 한 작품을 지음. 또, 그 작품. 연작(連作)②. 하타
연:작(燕雀)[명]①제비와 참새. swallow and sparrows ②도량이 좁은 사람. 작은 인물. narrow-minded person
연작 소:설(聯作小說)[명]〈문학〉몇 사람의 작가가 한 작품의 여러 부분을 나누어 맡아서 차례차례로 지은 소설. [남근(男根).
연장[명]①어떤 일을 하는 데 쓰는 기구. tool ②〈속〉
연장(年長)[명] 자기보다 나이가 많음. 또, 그 사람. seniority 하타
연장(延長)[명]①길게 늘임. 늘어 남. 《대》단축(短縮). extention ②길이. 뻗친 길이. ¶~ 총 1000 km. ③〈수학〉유한(有限) 직선의 끝에서 그 방향으로 늘인 부분. production 하타타
연장(鍊粧)[명] 예쁘게 매만져 단장함. 하타
연장(連將)[명]〈동〉→연장군(連將軍). [of walls 하타
연장(連牆·連墻)[명] 담이 서로 잇대어 닿음. linking
연장-걸이(-)[명]〈체육〉씨름에서, 오른 다리로 상대자의 오른 다리를 밖으로 꼬아 걸어 넘기는 재간.
연:장-군(連將軍)[명]〈장기〉에서, 연이어 부르는 장군. 《약》연장(連將). repeated checkmating [box
연장-궤[-꿰](-櫃)[명] 연장을 넣어 두는 궤. tool-
연장 기호(延長記號)[명]〈음악〉악보의 발상(發想)기호의 하나. 어떤 음부(音符)나 휴지부(休止符)의 위 또는 아래에 '⌒'를 붙여 특히 연장하여 주창(奏唱)함을 나타냄. 늘임표. prolongation mark
연장-선(延長線)[명] 연장한 선분이나 선로.
연장-자(年長者)[명] 나이가 위인 사람.
연장-전(延長戰)[명]〈체육〉운동 경기에서, 예정 시간 안에 승부가 나지 않을 경우, 시간을 연장하여 계속하는 경기. extra innings
연장 접옥(連牆接屋)[명] 집과 담이 이웃과 이어 붙어 있음. 집이 이웃하여 닿음. 접옥 연가(接屋連家). 하타
연장 주머니[-주-](-)[명] 목수·미장이 등 일군의 연장을 넣어 가지고 다니는 주머니.
연장-포(聯裝砲·連裝砲)[명]〈군사〉군함의 한 포가나 포탑에 2문 이상의 포신을 장치한 포.
연재(烟滓)[명]〈동〉그을음. [의 일종음.
연:재(軟材)[명] 목공예(木工藝)에서, 침엽수(針葉樹)
연재(連載)[명] 신문·잡지 등에 긴 원고 따위를 여러 회로 나누어서 연속 게재함. 속재. serial publication 하타 [만화 따위.
연재-물(連載物)[명] 신문이나 잡지에 연재하는 소설·
연재 소:설(連載小說)[명]〈문학〉신문이나 잡지 등에 연재하는 소설. serial story
연:적(硯滴)[명] 벼룻물을 담는 그릇. 수승(水丞). 수적(水滴). 연수(硯水)②. ¶청자 ~. ink-water container
연:적(戀敵)[명] 자기 연인을 빼앗거나 연애를 방해하는 사람. 연애의 경쟁자. 라이벌. rival in love
연전(年前)[명] 두서너 해 전. 몇 해 전. some years ago
연전(連戰)[명] 연달아 싸움. series of battles 하타
연:전(硯田·畊田)[명] 문인들이 생계(生計)를 위하여 글을 쓸 때 버루를 농사 짓는 논(畓)에 비유하여 일컬음. literary man's ink-stone
연:전(捒箭)[명] 활쏘기를 익힐 때에 무겁에 떨어진 화살을 활량들이 돌아 가며 주워 오는 일. arrow collecting 하타 [길.
연:전=길[-낄](捒箭-)[명] 떨어진 화살을 주워 오는
연:전=동(捒箭童)[명] 떨어진 화살을 주워 나르는 아이. arrow-collecting boy
연:전띠-내기(捒箭-)[명] 제각기 표를 지른 화살을 사원(射員)에게서 한 개씩 거두어 섞이어서 구성(構成)하고자 하는 편의 수대로 사정(射亭)의 뜰에 한 개씩을 차례로 먼저 화살의 표를 보아 무릎 가르고 상머리로서 차례로 활을 쏘아 가장 적게 맞진 편인 하여가 화살을 주워오는 내기.
연전 연승[-년-](連戰連勝)[명] 싸울 때마다 연달아 이김. series of wins 하타
연전 연패[-년-](連戰連敗)[명] 싸울 때마다 연달아 짐. successive defeats 하타
연:절(軟癤)[명] 살에 생긴 작은 멍울이 고쳐 가는 대로 자꾸 생겨 좀처럼 낫지 않는 병.
연접(延接)[명]〈동〉영접(迎接). 하타 [하타
연접(連接)[명] 이어 맞붙음. 이어 맞닿음. connection
연정(蓮亭)[명]〈동〉연당(蓮堂).
연정(聯政)[명]〈약〉→연립 정부(聯立政府).
연:정(鍊正)[명] 도자기를 만들 때, 흙이나 잿물을 다루는 사람.
연:정(戀情)[명] 연모(戀慕)하여 그리워하는 마음. 애정(愛情)②. 염정(艶情). ¶~을 품다. love [eech
연:제(演題)[명] 연설이나 강연의 제목. subject of sp-
연:제(練祭)[명]〈약〉→연제사(練祭祀). [상복.
연:제-복(練祭服)[명] 상제가 소상 뒤 대상 전에 빨아
연:-제:사(練祭祀)[명] 아버지 생전에 돌아간 어머니의

소상을, 열한 달 만에 다가서 지내는 제사. 《약》연사(練祀). 연제(練祭).

연조(年租)[명] 1년간의 조세(租稅).

연조(年祚)[명] ①나라의 수명. tenure of country ②사람의 수명. span of life ③임금의 재위 연수. years of King's reign

연조(年條)[명] ①어떤 해에 어떤 일이 있었다는 것을 나타내는 조목. ¶세종 ~. ②어떤 일이나 경력의 처음부터 경과한 햇수. 역사나 유래. ¶~를 따지다. chronological record

연:조(捐助)[명] 남을 도와 줌. 연보(捐補)①. help 하다

연:조(軟條)[명] 잘 여린 줄기. [senior

연-존장(年尊長)[명] 자기보다 스무 살 이상의 어른.

연종(年終)[명] [동] 세밑.

연:좌(宴坐)[명] [동] 좌선(坐禪). 하다

연좌(連坐)[명] ①잇따라 앉음. ¶~ 시위. sit side by side ②[법률] 한 사람의 범죄에 대해 특정 범위의 몇 사람이 연대 책임(連帶責任)을 지고 처벌되는 일. 연좌(緣坐). implication ③[동] 연루(連累). 하다 [역좌(連坐)②. 하다

연좌(緣坐)[명]《제도》집안의 범죄로 하여 처벌당함.

연좌(蓮座)[명]《약》→연화좌(蓮花座)①.

연좌 구들[명] 골을 켜고 놓은 구들. 《대》허튼 구들.

연좌-제(連坐制)[명] 범죄인과 특정한 관계에 있는 사람에게 연대 책임을 지워 불이익한 처우를 하는 제도.

연주(連珠)[명] ①구슬을 뀀. 꿴 구슬. 연주(聯珠)①. ②《약》→연주창(連珠瘡). ③《동》 오목(五目).

연:주(演奏)[명] 여러 사람 앞에서 기악(器樂)을 들려줌. musical 하다 [軍]. 하다

연주(筵奏)[명]《제도》임금에게 나아가 아룀. 연품(筵

연주(聯奏)[명]《음악》둘이서 같은 종류 또는 하나의 악기를 동시에 연주함. 하다 [珠詩.

연주(聯珠)[명] ①[동] 연주(連珠)①. ②《약》→연주시(聯

연:주-가(演奏家)[명] 음악을 연주하는 사람. 또, 그것을 업으로 하는 사람. [tory

연:주 곡목(演奏曲目)[명] 연주할 악곡의 이름. reper-

연주 광행차(年周光行差)[명]《지학》지구의 공전(公轉) 운동에 의하여 생기는 광행차(光行差). annual aberration

연주 나력(連珠瘰癧)[명]《한의》목 근처에 멍울이 생기어 쉬이 낫지 않는 병. 터져서 연주창이 되기도 함.

연:주=법(-[ㅡ뻡])(演奏法)[명] 음악을 연주하는 방법. 《약》주법(奏法). technical skill

연:주=소(演奏所)[명] 무선 전화기에 의하여 방송국에서, 강연·음악·시사 등을 방송하게 되어 있는 곳. 방송국 안에 설치되어 있음. radio studio

연주-시(聯珠詩)[명]《문학》칠언 절구(七言絕句)로 된 당시(唐詩) 중에서 잘된 것을 뽑아 모은 시집. 연시. 《약》연주(聯珠)②.

연주 시:차(年周視差)[명]《천문》지구 공전(公轉) 궤도의 양단에서 동일한 항성(恒星)을 지구와 태양에서 보는 시차(視差). 이것으로 천체의 거리를 결정함. 일십 시차(日心視差). annual parallax

연:주-자(演奏者)[명] 연주하는 사람. performer

연주-차(年周差)[명] [동] 연차(年差).

연주-창(連珠瘡)[명]《한의》연주 나력이 터져서 생긴 부스럼. 현대 의학의 경부 림프절 결핵. 나력(瘰癧). 《약》연주(連珠)②. scrofula

연주-체(聯珠體)[명]《문학》풍유(諷喩)와 가탁(假託)을 주장으로 하여 대구(對句)로 이어 엮어 짓는 시문(詩文)의 한 체.

연주-혈(連珠穴)[명]《민속》풍수 지리에서, 연주처럼 잇단 혈. [는 모임. concert

연:주=회(演奏會)[명] 여러 사람 앞에서 음악을 연주하

연죽(煙竹)[명] 담뱃대. [ipe shop

연죽-전(煙竹廛)[명] 담뱃대를 파는 가게. tobacco-p-

연-줄[명](鳶-)[명] 연을 매어서 날리는 실. 연실.

연-줄(緣-)[명] 인연이 맺어지는 길. connection

연줄-연줄[一련―](緣-緣-)[명] 연비연비(聯臂聯 臂). [혼인.

연줄 혼인(緣-婚姻)[명] 연줄이 닿는 사람끼리 하는

연중(年中)[명] 그 해의 동안. year in year out

연중(連中)[명] 연달아 꼭 맞힘. consecutive hits 하다

연중-독(鉛中毒)[명] [동] 납중독. [year round 하다

연중 무휴(年中無休)[명] 한 해에 쉬는 날이 없음. open

연중-석(鉛重石)[명]《광물》볼프람 철망·중석과 함께 텅스텐의 광석. stolzite [의 접속 부사.

연중-에(然中-)[명] '그런데다가·그러한 가운데'의 뜻

연중 행사(年中行事)[명] 일년 동안에 철을 따라 행하는 항례 행사. regular annual events [if so

연즉(然則)[명] '그런즉·그러면'의 뜻의 접속 부사.

연증 세:가(年增歲加)[명] 해마다 더하여 늚. yearly increase 하다 [sisters

연지(連枝)[명] 형제 자매(兄弟姉妹). brothers and

연:지(硯池)[명] 벼루 앞쪽의 오목하게 파진, 물을 붓는 자리. 연해(硯海). hollow part of an ink-stone

연지(蓮池)[명] 연못.

연지(撚紙)[명] 책 등을 매기 위해 손끝으로 비비 꼰 종이 끈. 지노(紙-). twisted-paper string

연지(臙脂)[명] ①여자가 화장할 때 입술·뺨에 바르는 홍색 안료. ②자색·적색을 섞은 그림 물감.

연지-묵(臙脂墨)[명] 연지에 먹을 섞은 채료(彩料). 검붉은 밤빛과 같음.

연지-분(臙脂粉)[명] ①연지와 분. rouge and powder ②화장품. cosmetics [cular

연직(鉛直)[명] 연직선의 방향. 수직(垂直). perpendi-

연직 거:리(鉛直距離)[명]〈수학〉2점간의 거리의 연직 방향에서의 성분. 곧, 그 거리를 연직선으로 정사영(正射影)한 길이. vertical distance

연직-면(鉛直面)[명]〈물리〉연직선을 포함하는 평면. vertical plane

연직-선(鉛直線)[명]〈물리〉중력(重力)의 방향. 곧, 수평면과 수직을 이루는 직선. vertical line

연:진(研塵)[명] 진리를 연구하여 닦음. 하다

연진(煙塵)[명] [동] 병진(兵塵).

연:질(軟質)[명] 질이 무름. 또, 그런 성질의 물질. 《대》경질(硬質). softness

연:질-미(軟質米)[명] 물기가 15% 이상 있어 질이 변하기 쉬운 현미. 《대》경질미(硬質米). soft rice

연:질 유리[―뉴―](軟質琉璃)[명] 연화점(軟化點)이 낮으며 가공하기 쉬운 유리. 가장 일반적인 소다회(soda 灰) 유리를 가리키는 경우가 많음.

연차(年次)[명] ①나이의 차례. order by age ②햇수의 순서. order by year ③매년(每年).

연차(年差)[명]〈천문〉달의 황경(黃經)에서의 주된 주기 섭동(周期攝動)의 하나. 지구의 궤도가 타원형이기 때문에, 태양과 지구의 거리가 일년을 주기로 변화함에 따라 태양과 달의 거리도 변화하는, 그 결과 달에 미치는 태양의 인력(引力)도 일년을 주기로 변화하기 때문에 일어나는 달 운행이 불균등(不均等)하게 되는 현상. 연주차(年周差).

연:차(聯借)[명] 여럿이 연명하여 빌림. borrowing on joint liability 하다

연차(聯劄)[명]《약》→연명 차자(聯名劄子).

연차(連次)[명] 차례를 계속하여. 가끔. 번번이. repeatedly

연차 계:획(年次計劃)[명] 그 연도(年度) 일년간의 계획. 해마다 고쳐 세우는 생산 계획 등.

연:=차관(軟借款)[명] 낮은 금리·긴 상환 기간 등의, 유리한 조건의 차관. soft loan

연차 교:서(年次敎書)[명]《정치》매년 정기적으로 대통령이 의회에 보내는 교서.

연차 대:회(年次大會)[명] 해마다 한번씩 정기적으로 하는 대회. annual meeting

연차 유:급 휴가(年次有給休暇)[명]〈법률〉해마다 종업원에 주도록 정해진 유급의 휴가. 《약》연차 휴가(年次休暇). 연가(年暇). [給休暇).

연차 휴가(年次休暇)[명]《약》→연차 유급 휴가(年次有

연착(延着)[명] 정한 일시보다 늦게 도착함. delayed arrival 하다
연=**착륙**(軟着陸)[명] 우주 공간을 비행하는 물체가 지구나 그 밖의 천체에, 속도를 늦추어 충격을 줄이면서 착륙하는 일. soft landing 하다
연:**찬**(研鑽)[명] 깊이 연구함. 찬연(鑽硏). study 하다
연:**창**(一窓)[명] 〈건축〉 안방·건넌방에 딸린 덧문. shutter
연창(煙槍)[명] 아편 연기를 빠는 관(管). pipe for smoking opium
연창문(連窓門)[명] 〈건축〉 문짝의 중간 부분만을 창살로 한 사분합(四分閤).
연채(鉛彩)[명] 〈미술〉 도자기에 그린 연하고 고운 그림의 빛깔. 중국 청나라 옹정(雍正) 때에 발달하였음. 분채(粉彩).
연천(年淺)[명] ①나이가 아직 적음. short in age ② 햇수가 얼음. 시작한 지 몇 해가 아니 됨. short in time 하다
연천 몰각(年淺沒覺)[명] 연소 몰각(年少沒覺).
연:**철**(軟鐵)[명] 〈광물〉 탄소 함유량이 0.01%보다 적은 쇠. 연철(鋼鐵).
연철(鉛鐵)[명] 〈광물〉 연과 철이 섞인 광석.
연철(練鐵·鍊鐵)[명] 〈광물〉 ①잘 단련된 쇠. ②탄소를 0.2% 함유하는 철. 철선·못 등의 재료.
연:**철**−**심**(軟鐵心)[명] 〈물리〉 연철로 만든 심. 이것에 절연 동선을 감으면 전자석이 됨. soft iron core
연철−**줄**(鉛鐵一)[명] 〈광물〉 남이나 못이 끼어 있는 광맥.
연첩(連捷)[명] 연승(連勝). 하다
연:**청**(軟靑)[명] 연하게 푸름.
연체(延滯)[명] ①기한이 지나도록 미루어 지체됨. delay ②〈법률〉 기한이 늘어 채무나 납세가 지체됨. 건체(愆滯). ¶ ~ 대출(貸出). ~ 일보변(日步變). arrearage 하다
연:**체**(軟體)[명] 연하고 무른 체질. soft body
연체−**금**(延滯金)[명] 연체료(延滯料).
연:**체 동**:**물**(軟體動物)[명] 〈동물〉 동물계를 분류한 한 문(門). 몸이 뼈가 없어 연하고 부드러우며, 대부분 좌우 상칭임. 머리·발·내장낭·외투막으로 구성됨. 자웅 이체로 유성 생식을 하여, 쌍경류·복족류·굴족류·부족류·두족류 등 5강으로 나뉘며 대부분이 수서 동물임. 민물 조개·달팽이·대합·물조개·낙지 등임. Mollusca
연체−**료**(延滯料)[명] 세금 등 공과금(公課金)을 연체하기가 기간에 따라 지급하는 추가 요금(追加料金). 연체금(延滯金).
연체 이자(延滯利子)[명] 원금의 지급을 연체했을 때 연체기간에 따라 지급하는 추가(追加) 요금. 지연이자(遲延利子). overdue interest
연초(年初)[명] 세해 여시(年始)①. beginning of the year
연초(煙草)[명] 〈동〉 담배.
연초(鉛醋)[명] 〈화학〉 염기성 초산연액(醋酸鉛液).
연−**촌**(鉛硝子)[명] 납유리.
연촌(烟村)[명] 안개·비·이내 등에 가리어 희미하게 보이는 마을.
연축(攣縮)[명] 〈생리〉 자극을 받은 근육이 흥분되어 오그라들었다가 이어 느즈러지는 과정(過程). twitch
연축기(連軸器)[명] 클러치(clutch). 하다
연−**축전**:**지**(鉛蓄電池)[명] 〈동〉 납축전지(一蓄電池).
연:**출**(演出)[명] 〈연예〉 각본 또는 시나리오를 기초로 하여, 연극·영화를 조성하는 각 요소. 즉, 배우의 연기·무대 장치·세트·조명·음악·음향(音響) 등을 종합하여 무대 위에 상연이나 영화 제작을 지도하는 일. production 하다
연:**출**−**가**(演出家)[명] 각본을 기초로 하여, 배우의 연기·무대 장치·조명·음악 등을 종합하여 통일적으로 무대 위에 상연하는 것을 지도하는 사람. producer
연:**축**−**대**(一臺)[명] 연 토담을 쌓을 때 쓰는 나무. board used for setting up a mud wall
연츳−**대**(鳶一)[명] 연의 구멍에 가로 대는 나무.
연충(淵衷)[명] 깊은 속마음. one's inmost heart
연충(蠕蟲)[명] 꿈틀거리며 기어다니는 벌레. worm

연충−**류**(蠕蟲類)[명] 〈동〉 연형 동물(蠕形動物).
연:**취**(軟脆)[명] 연약(軟弱). 하다
연취(煙嘴)[명] 〈동〉 물부리.
연층 갱도(沿層坑道)[명] 탄광에서, 탄층(炭層)을 따라 개착한 사갱(斜坑) 또는 수평 갱도.
연치(年齒)[명] 〈공〉 나이.
연칙(筵飭)[명] 〈제도〉 연석(筵席)에서 임금이 단단히 훈칙함. 하다
연−**치다**[연치어] 연속하여 때리거나 침. hit in successsion 하다
연−**타**(軟打)[명] 〈체육〉 야구에서, 주자를 진루(進壘)시키기 위해 타자가 배트를 공에 가볍게 대는 방법. 번트(bunt).
연−**탄**(軟炭)[명] 〈동〉 역청탄(瀝青炭).
연탄(連彈·聯彈)[명] 〈음악〉 한 대의 피아노를 두 사람이 치는 일. ¶ ~. joint performance 하다
연:**탄**(煉炭)[명] 주원료인 무연탄에다 코크스·목탄 등의 탄화물을 분쇄하여 배합하거나 피치·해조(海藻)·석회 등의 점결제(粘結劑)를 섞이어 굳히어 만든 연료. ¶ 탄(炭). briquet
연탄 가스(煉炭 gas)[명] 연탄을 피워서 나는 가스. 일산화탄소를 주성분으로 함.
연통(連通)[명] 남몰래 서로 연락(連絡)함. secret communications 하다
연통(煙筒)[명] ¶ 〈동〉 stove pipe
연통(煙筒)[명] 양철·슬레이트 등으로 둥글게 만든 관.
연통=**관**(連通管)[명] 〈물리〉 두 개 이상의 관의 밑을 하나로 연결한 관. 액체의 밀도(密度) 측정 등에 이용됨. communicating vessel
연투(連投)[명] 〈체육〉 야구에서, 투수가 2회 이상의 시합에 연속해서 등판하여 투구함. 하다
연:**투**(軟投)[명] 〈체육〉 야구에서, 투수가 느린 공을 던짐. 하다
연−**파**(軟派)[명] ①연약한 의견을 가진 당파. moderate party ②문예상 에로티시즘을 주로 다루는 파. ③신문·잡지에서, 사회면이나 문화면 등과 같은 남녀의 정사 등을 담당하는 기자. ¶ ~ 기자. ④장래의 경기(景氣)를 약하게 보고 주권(株券) 등을 팔려는 파. ⑤이성과의 교제만을 목적으로 하는 불량 소년·소녀. ¶대 경파(硬派). romantic group
연파(連破)[명] 상대를 연속하여 무찔러 패배시킴. 연승(連勝). 하다
연파(煙波)[명] ①자욱하게 끼어 있는 연기. volumes of smoke ②아지랑이가 낀 수면(水面). hazy sea
연판(連判)[명] 연명(連名)으로 도장을 찍음. ¶유 (連署). joint signature 하다
연판(鉛版)[명] 〈인쇄〉 원판 늘름을 높이고자 현판(現版)에 대고 지형을 뜬 다음에, 납·주석·알루미늄의 합금을 녹여 부어서 뜬 인쇄판.
연판−**장**[一짱](連判狀)[명] 연판한 서장(狀).
연패(連敗)[명] 싸울 때마다 연달아 짐. ¶연전 ~.¶대 연승(連勝). successive defeats 하다
연패(連覇)[명] 연달아 우승함. 계속하여 패권을 잡음. successive victory 하다
연면 누:**독**(連篇累牘)[명] 쓸데없이 문장이 장황함.
연편−**하**−**다**(聯翩一)[명] 모두 잇따라 가볍게 나부거리다. flutter
연−**평수**[一쑤](延坪數)[명] 여러 층의 건물에서 각 층의 평수를 종합한 평수. total flooorage
연−**포**(練布)[명] 누인 베. 빤 베. glossed cloth
연포−**국**(一)(軟一)[명] 무·두부·고기 등을 맑은 장에 넣어 끓인 국. 초상집에서 끓임.
연포지−**목**(連抱之木)[명] 아름드리의 나무.
연폭(連幅)[명] 피륙·종이 넓빤지 등의 조각을 마주이어 붙임. 또 그렇게 된 것. junction 하다
연폭(連爆)[명] 잇따라 폭격함.
연표(年表)[명] 〈약〉 연대표(年代表).
연−**풍**(年豊)[명] 풍년이 듦. good crop 하다
연풍(軟風)[명] ①솔솔 부는 바람. gentle breeze ②바닷가에서 낮과 밤의 온도차가 클 때의 바람.
연풍(連豊)[명] 여러 해 계속해 드는 풍년. fruitful

years in succession

연:풍=대(燕風臺)〔명〕 ①기생이 노래를 부를 때에 빙빙 돌아가느니 춤. ②〈음악〉 기생이 추는 칼춤의 하나.

연피 전:선(鉛被電線)〔명〕 도선(導線)을 고무 또는 절연된 피륙 등으로 싸고 다시 납을 씌운 전선.

연필(鉛筆)〔명〕 흑연의 분말과 점토의 혼합물을 고열로 구워 심을 만들고 나무때기 속에 박은 것. 목필. pencil

연필=심(鉛筆心)〔명〕 연필의 중심에 넣은 심. lead of a pencil

연필 철광(鉛筆鐵鑛)〔명〕〈광〉 적철광(赤鐵鑛)의 하나. 연필 모양의 개체로 갈라지기 쉬움.

연필=향나무(鉛筆香-)〔명〕〈식물〉 향나무과의 상록 교목. 북미 원산으로 연필재·정원수로 쓰임. 높이 30m 가량으로 잎은 침상 또는 인편상(鱗片狀)임. 봄에 꽃이 피고 열매는 다음해 10월에 흑색으로 익음. red cedar

연필=화(鉛筆畵)〔명〕〈미술〉 연필로 그린 그림. sketch

연하(年下)〔명〕 자기보다 나이가 적음. 또, 그 사람.〈대〉 연상(年上). junior

연하(年賀)〔명〕 새해의 복을 빌고 하례함. New Year's greeting

연하(沿河)〔명〕〈동〉 연강(沿江).

연하(宴賀)〔명〕 축하의 잔치를 베풂. party 하다

연하(煙霞)〔명〕 ①안개와 놀. haze ②고요한 산수(山水)의 경치.

연하(嚥下)〔명〕 꿀꺽 삼켜서 넘김. 하다

연하 고질(煙霞痼疾)〔명〕 자연을 사랑하고 여행을 즐기는 성벽. 연하지벽(煙霞之癖).

연-하-다(連-)〔자연타여〕 ①이어 대다. ②잇닿다. 또, 잇대어 있다. connect

연:-하-다(練-)〔타여〕 ①소숙하다. ②소상(小祥) 때에 상복을 빨아 부들부들하게 다듬다.

연:-하-다(軟-)〔형여〕 ①무르고 부드럽다. ¶고기가 ~. soft ②빛이 옅고 산뜻하다. light

=연하다(然-)〔형여〕 '-인 체하다·-인 것처럼 뽐내다'의 뜻. ¶학자(學者)~. pretend to

연하 우편(年賀郵便)〔명〕 특별 취급 우편물의 하나. 연하장·크리스마스 카드와 같은 새해 인사의 우편. New Year's mail

연하 일휘(煙霞日暉)〔명〕 안개와 놀에 빛나는 햇살. 곧, 아름다운 자연 경치.

연하-장[-狀](年賀狀)〔명〕 신년을 축하하는 글을 적은 간단한 내용의 서장(書狀). New Year's card

연하지-벽(煙霞之癖)〔명〕〈동〉 연하 고질(煙霞痼疾).

연:학(硏學)〔명〕 학문을 연구함. pursuing one's studies 하다 ¶~무(-務)~. term

연한(年限)〔명〕 작정된 햇수. 연기(年期). ¶근무(勤務) ~.

연-한(燕閑)〔명〕 아무 근심 걱정이 없고 몸과 마음이 한가함. 연안(燕安). 하다 히

연합(椽合)〔명〕〈건축〉 서까래 끝의 평교대 위에 기왓골을 받기 위해, 암키와가 놓일 만하게 촘촘하게

연:함-석(燕含石)〔명〕〈광〉 석연(石燕). 맨 나무.

연합(煉合)〔명〕 고아서 합함. smelting together 하다

연합(聯合)〔명〕 ①둘 이상의 것이 합동함. 또, 서로 동맹하여 합함. union ②〈동〉 연상(聯想). 하자타

연합 고사(聯合考査)〔명〕 어떤 지역의 전체 학교가 연합하여 동시에 전학생에게 보이는 시험.

연합-국(聯合國)〔명〕 ①주의·사상을 같이하여, 동일한 행동을 취하기로 동맹한 국제간의 나라. allies ②제 2차 세계 대전 때, 추축국(樞軸國)에 대항하여 싸운 나라들. 미·영·불·소·중 등. allied nations (Powers)

연합 국가(聯合國家)〔명〕〈정치〉 ①둘 이상의 독립국이 연합하여 하나의 주권 국가를 이룬 나라. ②〈동〉 연방(聯邦). confederated state

연합-군(聯合軍)〔명〕〈군사〉 ①두 나라 이상의 군대가 연합한 군. ②연합국의 군대. allied forces

연합 내각(聯合內閣)〔명〕〈동〉 연립 내각(聯立內閣).

연합 심리학(聯合心理學)〔명〕 연상 심리학(聯想心理學).

연합 작전(聯合作戰)〔명〕〈군사〉 단일 기본 임무를 수행하기 위하여, 공동 행동을 취하는 두 나라 이상의 동맹국 부대에 의하여 실시되는 작전. combined operations

연합 전:선(聯合戰線)〔명〕〈군사〉 여러 나라, 또는 여러 부대가 연합하여 펴는 전선. united front

연합 채:무(聯合債務)〔명〕〈법률〉 동일한 채무 관계로서, 각 채무자가 각각 그 일부분에 대하여서 책임을 지는 채무. 「합하여 편성한 함대. combined fleet

연합 함:대(聯合艦隊)〔명〕〈군사〉 둘 이상의 함대가

연해(沿海)〔명〕 ①〈동〉 연해변(沿海邊). ②육지에 가까운 바다. 연안해(沿岸海). 〈대〉원양(遠洋). inshore sea

연:해(硯海)〔명〕〈동〉 연지(硯池).

연해(煙害)〔명〕 연기의 독으로 인한 해. injury from smoke

연해(緣海)〔명〕〈지리〉 대양(大洋)의 연변을 차지하는 바다로서 반도·열도 등으로 둘러싸인 바다. inland sea

연해(連-)〔부〕 자꾸 계속하여. incessantly

연해 기후(沿海氣候)〔명〕〈지리〉 연해 지방 일대에서 볼 수 있는. 대륙 기후와 해양 기후의 중간 기후형. 해연풍(海軟風)과 육연풍이 밤낮으로 바뀌어 불며 공기가 맑고 그 습도에도 비교적 따뜻함.

연해=무:역(沿海貿易)〔명〕 연안 무역. inshore

연해=변(沿海邊)〔명〕 바닷가의 근처 지방. 연해(沿海)①.

연해 상업(沿海商業)〔명〕 연안 무역(沿岸貿易).

연해=선(沿海線)〔명〕 해안선(海岸線).

연해=안(沿海岸)〔명〕〈지리〉 바닷가를 따라서 있는 언덕. 해안(海岸). coast shore

연해 어업(沿海漁業)〔명〕 연안 어업(沿岸漁業).

연해 연방(連-連放)〔명〕 그칠 사이 없이 잇달아서 자꾸. incessantly

연해=읍(沿海邑)〔명〕 바닷가 근처의 고을.

연해-지(沿海地)〔명〕 바닷가에 인접해 있는 땅.

연해 항로(沿海航路)〔명〕〈동〉 연안 항로(沿岸航路).

연행(連行)〔명〕 ①데리고 감. 함께 감. going together ②〈법률〉 피의자 등을 체포하려여 동행함. ¶범인을 ~하다. 하다 「함. performance 하다

연:행(演行)〔명〕 ①배우가 연기를 함. ②연출하여 행

연행(燕行)〔명〕〈제도〉 사신이 북경에 간다. 또, 그 일 행. 하다

연:향(宴享·讌享)〔명〕〔given to a national guest 하다 국빈을 대접하는 잔치. feast

연:향(宴饗)〔명〕〈동〉 향연(饗宴).

연혁(沿革)〔명〕 변천하여 온 내력. ¶~사(史). history

연:혁(硏革)〔명〕 면도칼을 가는 데 쓰는 가죽. razor strap

연형(年形)〔명〕 농형(農形).

연형 동:물(蠕形動物)〔명〕〈동물〉 재래식 동물 분류에서의 한 문(門). 좌우 동형으로, 대개 편평 또는 선형(線形)의 무척추 동물의 총칭. 편형 동물(扁形動物)·원형 동물(圓形動物)·윤형 동물(輪形動物)·환형 동물(環形動物) 등으로 나누고 있음. 연충류(蠕蟲類).

연형 시조(連形時調)〔명〕〈동〉 연시조(連時調).

연호(年號)〔명〕〈약〉→다년호(←多年號).

연호(連互)〔명〕 이쪽에서부터 저쪽까지 길게 이음. connect from end to end 하다

연호(連呼)〔명〕 계속하여 부름. repeated calling 하다

연호(煙戶)〔명〕 굴뚝에서 연기가 나는 집. 곧, 사람 사는 집. house

연호-법[-뻡](煙戶法)〔명〕〈제도〉 조선조 태조 때 정한 호적법의 하나. 상호(上戶)·중호(中戶)·하호(下戶)·무호(無戶)(下下戶)로 구별되었음.

연호 잡역(煙戶雜役)〔명〕〈제도〉 민가 매호(每戶)마다 과하던 여러 부역.〈약〉연역(煙役).

연혼(連婚)〔명〕 혼인으로 말미암아 얽힌 관계가 생김.

연화(年華)〔명〕 세월.

연-화(軟化)〔명〕 ①단단한 것이 부드럽고 무르게 됨. softening ②강경하던 태도를 부드럽게 버리고 타협함. relaxation ③〈경제〉 금융 시장이나 거래소에서 시세가 하락(下落)함. depreciation ④〈공업〉 탄소강(炭素鋼)의 재질(材質)을 부드럽게 하는 열처리의 한 방법. 726°C 정도로 열함. ⑤식용하는 작물이 뻣뻣하

여 그대로 먹기 어려울 때, 통풍 또는 일광을 막아 연하게 함. 《대》 경화(硬化). 하다타

연:(軟貨)명《경제》주조 화폐 이외의 통화. paper

연화(煙火)명《동》인연(人煙). 화화(花火). [money

연화(煙花)명 ①봄의 경치. spring scene ②《동》화포(花砲). ③《동》기녀(妓女)②.

연화(鉛華)명《동》백분(白粉).

연화(蓮花·蓮華)명《동》연꽃.

연화-국(蓮花國)명《불교》연꽃의 나라. 곧, 극락 정토(極樂淨土). 극락 세계(極樂世界).

연화-대(蓮花臺)명《불교》극락 세계에 있다는 대. 《약》연대(蓮臺). shape of a lotus flower

연화-등(蓮花燈)명 연꽃 모양의 등. lamp of the

연화-문(蓮花紋)명 연꽃을 도안하한 무늬.

연:화-병(軟花病)명《농업》몸이 약화해져 죽은 누에의 병의 총칭. [하나.

연화-부(蓮花部)명 밀교(密敎) 삼부(三府)의

연화 세:계(蓮花世界) '극락 정토(極樂淨土)'를 달리 이르는 말. 극락 세계(極樂世界).

연화-소(煉火所)명《불교》불사(佛事)를 특별히 맡아 보는 임시 사무소.

연:화-유(軟火釉)명《공업》여린 불에서 녹는 잿물.

연화-좌(蓮花座)명《불교》연꽃 모양의 불좌(佛座). 《약》연좌(蓮座). ②《건축》연꽃 새김을 한 대좌(臺

연화 중인(煙火中人)명 화식(火食)을 하는 사람. 곧, 속세(俗世)의 인간. 《대》신선(神仙). earthly man

연환(連環)명 고리를 잇대어 맨 쇠사슬. chain

연환-계(連環計)명 적에게 간첩을 보내어 계교를 꾸미게 하고, 그 사이에 자기는 승리를 얻는 계교.

연:활(軟滑)명 연하고 매끄러움. light and soft 하다형

연회(年會)명 ①일년에 한 번 있는 집회. ②《기독》목사와 평신도의 대표로 조직되어 일년에 한 번씩 모이는 모임. annual meeting convention

연:회(宴會)명 여러 사람이 모여 축하·위로·환영·석별을 위해서 주식(酒食)을 베풀고 가창(歌唱)·무도 등을 하는 일. banquet

연후(然後)명 그러한 뒤. afterwards, after that 《약》연후(然後)에. [after that

연후-에(然後-)튀 그러한 뒤에. 《약》연후(然後).

연후지:사(然後之事)명 그러한 뒤의 일.

연훈(煙薰)명 연기로 말미암아 훈훈히 더움.

연휴(年休)명→연차 유급 휴가(年次有給休暇).

연휴(連休)명 휴일이 이틀 이상 겹쳐, 연달아 노는 일. consecutive holidays

연휼(憐恤)명 불쌍히 여겨 물품을 내어 도와 줌. relief 하다타 [succession

연흉(連凶)명 계속해서 드는 흉년. lean years in

연흔(漣痕)명 ①《지학》호수가나 해안의 지층, 특히 퇴적암(堆積岩)의 표면 등에 새서나 있는 물결의 흔적. 화석(化石)이 되어 나타나기도 함. ripple mark ②바람에 의하여 모래나 눈 위에 만들어진 자국 따위의 흔적. 《약》 play 하다타

연:희(演戲)명《연예》말과 동작으로 재주를 부림.

연-다(連-)[고] 없다.

:열명(口) 이제.

열-아홉쥔 여덟이나 아홉. 팔구(八九). eight or nine

:열-잡-다타[고] 여쭈다.

열명《공》→총열. [끈 따위.

열명 도리깨나 채찍 따위의 끝에 달려 있는 회초리나

열㈜《수학》아홉에 하나를 더한 수. 십(十). ten

열-쥔 명사 앞에 붙어서 어림을 나타내는 말. ¶ ~ 무. ~명. [lumn, rank

열(列)명 사람·물건이 죽 벌여선 줄. ¶ ~중(中).

열(熱)명 ①《물리》물체 속으로 들어가서 그 온도를 높이고 온·난의 감각을 주는 원인이 되는 것. heat ②흥분된 마음. ¶ ~을 올리다. ③《약》→신열(身熱). ④《약》→열성(熱誠). ⑤《약》→열화(熱火).

열-가:소성[--성](熱可塑性)명《화》가열하면 연화

(軟化)하여 다른 모양으로 변형할 수 있는 성질. ¶ ~ 수지(樹脂). [minor angle

열각(劣角)명《수학》공액각(共軛角) 중의 작은 각.

열간 가공(熱間加工)명 가열한 금속을 냉각하기 전에 하는 압연·단조(鍛造) 등의 가공.

열감(熱疳)명《한의》뺨이 발그레하고 입 안이 타며, 변비증이 생기고 몸이 차차 말라가는 어린애의 감

열감(熱感)명 신열이 나는 느낌. [병(疳病).

열강(列强)명 강력한 나라. 여러 강국(强國). ¶ ~의 각축. great power

열개(裂開)명 젖어 벌림. dehiscence 하다타

열거(列擧)명 하나씩 들어 말함. enumeration 하다타

열거-법[-뻡](列擧法)명 문장 수사법 중 강조법의 하나. 비슷한 어구나 내용으로 연결이 있는 어구를 늘어놓아 부분적으로 각기 자격과 표현적 가치를 가지면서도 전체적인 내용을 강조하는 수법.

열결(熱缺)명 ①번개. ②매우 높은 하늘.

열고-나-다타 몹시 급하게 서두르다. make haste

열 골 물이 한 골로 모인다 여럿이 지은 죄값으로 받게 되는 벌이 자기 한 사람에게만 모인다.

열-공학(熱工學)명 연료와 증기를 이용하는 데 대한 이론과 기술을 연구하는 과학. thermoengineering

열과(裂果)명《식물》익으면 자연히 껍질이 벗어져서 종자를 살포하는 건조과의 하나. 완두·나팔꽃 등의 열매. dehiscent fruit

열-관:리(熱管理)명《공업》석탄·석유·가스·전열(電熱) 따위, 열원(熱源)이 가지는 열에너지를 공업상 가장 유용하게 이용하기 위한 연료·연소·노체(爐體) 등에 관한 기술. control of heat

열광(烈光)명 강력한 빛. glare

열광(熱狂)명 미칠 만큼 열심임. ¶ ~적(的) 환영. wild enthusiasm 하다자

열교(裂敎)명《기독》천주교측에서 '신교(新敎)'를 이르는 말. 분열되어 나간 교회라는 뜻. heresy

열구(悅口)명 음식이 입에 맞음.

열-구름명 지나가는 구름. 행운(行雲). ¶ ~이 달을 가리운다. cloud drift

열구자(悅口子)명《동》→열구자탕(悅口子湯)

열구자-탕(悅口子湯)명 신선로에 여러 어육과 채소를 색스럽게 넣고 그 위에 각종 과실을 넣어 끓인 음식. 《약》열구자(悅口子). stew served in a brass cook-pot

열구지-물(悅口之物)명 입에 맞는 음식. delicacies

열국(列國)명 여러 나라. 열방(列邦). powers

열:-굽명 열삼의 국.

열궁-형(劣弓形)명《수학》'열활꼴'의 구용어.

열권[-꿘](熱圈)명 대기권 구분의 하나. 대기를 기온의 수직 분포을 바탕으로 성층 구분한 경우의 하나. 성층권이나 중간권보다 위층인 높이 80 km 이상의 고층. 기온이 증가하는 층으로 공기가 매우 희박하며, 낮과 밤의 기온 변화가 매우 심함.

열기(列記)명《동》목록(列錄). 하다타

열기(熱氣)명 ①뜨거운 기운. 서기(暑氣). heat ②드겁게 가열된 기체. ¶ ~ 소독. 《대》냉기(冷氣). ③높은 체온. 신열(身熱). temperature ④흥분된 의기(意氣). fiery spirit

열-기관(熱機關)명《공업》원동기의 일종. 열을 기계적 에너지로 바꾸는 기계의 총칭. 증기 기관·내연 기관 등. heat engine

열-기구(熱氣具)명 전기·가스·석유 등의 열을 이용하는 기구. 스토브·풍로 따위.

열기 기관(熱氣機關)명 밀폐기(密閉機)에 넣은 공기에 가열(加熱)·냉각을 번갈아 하여 그 팽창·수축을 이용하여 동력을 얻는 원동기. hot air engine

열기 요법[-뻡](熱氣療法)명《동》열기욕(熱氣浴).

열기-욕(熱氣浴)명《의학》류머티즘·신경 마비를 앓는 환자에게 전열(電熱) 장치의 상자 안에서 가열한 공기로 치료하는 요법. 열기 요법(熱氣療法). hot air treatment

열 길 물 속은 알아도 한 길 사람의 속은 모른다[속] 사람의 마음은 헤아릴 수 없다.

열=김[―김](熱―)[명] ①가슴 속에서 타오르는 열의 움직. heat of passion ②화김.

열끼[명] 눈동자에 드러난 정신의 담찬 기운.

열=나―다(熱―)[자] ①몸에서 열이 나다. become feverish ②열성이 솟아나다. become enthusiastic ③화가 나다. get angry

열―나절[명] 일정한 한도 안에서, 매우 오랫동안. ¶~이 꾸물거리다. for a long time

열녀(烈女)[명] 절개가 곧은 여자. 열부(烈婦). virtuous woman

열녀=문(烈女門)[명] 열녀를 표창하여 세운 문. gate in honor of a virtuous woman

열녀 불경 이=부(烈女不更二夫)[명] '열녀는 두 번 시집가지 않고 정절을 지켜야 한다'는 말. [약] 열불경(烈不二更).

열녀=비(烈女碑)[명] 열녀의 행적을 기리기 위하여 세운 비. monument for a virtuous woman

열녀=전(烈女傳)[명] 열녀의 행적을 적은 전기. book describing the life of a virtuous woman

열년(閱年)[명] 일 년 이상이 걸림. taking more than a year 하[형]

열뇨(熱鬧)[명] 많은 사람이 모여 떠들썩함. 하[형]

열―다[라타] 열매 등이 맺다. bear

열―다²[라타] ①닫히거나 막히거나 가리어진 것을 터놓거나 당기거나 밀거나 젖히어 틔우다. ¶교문을 ~. open ②어떤 모임을 개최하다. ¶동창회를 ~. 학예회를 ~. hold ③사업·흥행 등을 시작하다. 경영하다. ¶점포를 ~. start ④새로운 기틀을 마련하다. ¶새시대를 ~. give an opportunity

열담[―땀](熱痰)[명] 〈한의〉신열이 오르고, 얼굴이 충혈이 되어 눈이 진무르고 목이 잠기며 정신이 불안해지는 병. 화담(火痰).

열대[―때](列代)[명] 〈동〉대대(代代).

열대[―때](熱帶)[명] 〈지리〉 ①적도를 중심으로 남북 위도 각각 23°27' 이내의 지대. 남낮의 장단차·사철의 변화가 거의 없음. ②1년 평균 기온이 20°C 이상인 지대로 ①보다 범위가 넓고 대체로 야자(椰子)가 나는 지대와도 일치. tropics

열대 강=우림[―때―](熱帶降雨林)[명] 열대의 비가 많은 곳에 발달한 식물 군락(群落). 열대 우림(熱帶雨林). tropical rain forests

열대 과=실[―때―](熱帶果實)[명] 〈식물〉바나나·파인애플·용안(龍眼) 등 열대 지방산의 과실.

열대 기후[―때―](熱帶氣候)[명] 〈지리〉기후형의 하나. 연중 고온인데 한서의 차가 작고 주야의 기온 차가 크며, 수증기가 많아 구름과 우량이 많고, 일정한 우기와 전기로 나뉨. 온대 기후. 한대 기후. tropical climate

열대=림[―때―](熱帶林)[명] 〈지리〉남북 양회귀선 사이의 열대 지방의 삼림 식물대(森林植物帶). [대] 한림대(寒林帶). tropical forest

열대=병[―때―](熱帶病)[명] 〈의학〉열대 지방 특유의 질병. 수면병·말라리아·콜레라·페스트 따위. tropical disease

열대=산[―때―](熱帶産)[명] 열대 지방에서 나는 산물.

열대=성[―때―](熱帶性)[명] 열대 지방의 특유한 기질이나 성품. 또, 그런 성질을 띤 것. tropical

열대 식물[―때―](熱帶植物)[명] 〈식물〉열대 지방에서 자라는 식물. 고온다습에서 자라며 온대 식물보다 잎의 잎·잎이 진기·미려함. 선인장·야자 등. 온대 식물(溫帶植物). 한대 식물(寒帶植物). tropical plants

열대―야[―때―](熱帶夜)[명] 밤의 옥외의 기온이 25°C 이상인 날의 밤.

열대―어[―때―](熱帶魚)[명] 〈어류〉열대의 담수에서 서식하는 물고기의 총칭. tropical fish

열대=우=림[―때―](熱帶雨林)[명] 〈동〉열대 강우림(熱帶雨林).

열대 작물(熱帶作物)[명] 〈농업〉열대 지방에서 나는 야자나무·고무나무·바나나·커피·파인애플·마닐라삼·기나수(幾那樹) 같은 열대 특유의 농작물.

열대 저=기압[―때―](熱帶低氣壓)[명] 〈지학〉북위 5~10°C, 수온이 27°C 이상인 열대 해상(수온 수렴체)에서 발생하는 저기압. 북동 무역풍과 남서 무역풍이 만나 수렴하여 공기의 소용돌이를 이루게 함. 대개 중심부에서 하강 기류가 나타나서 태풍의 눈이 형성됨. 발생하는 지역에 따라 특정한 이름을 가짐. 태풍·허리케인(hurricane)·사이클론(cyclone) 등. 열대 저기압은 그 위세 풍속에 따라 열대 저기압·열대 폭풍우·태풍으로 분류됨. [대] 온대 저기압(溫帶低氣壓). tropical cyclone

열대=호[―때―](熱帶湖)[명] 수온이 연중 4°C 이상이며, 물 속보다 표면 수온이 높은 호수. tropical

열=댓[―땐][명] 열다섯 가량. about fifteen

열도[―또](列島)[명] 〈지리〉바다 위에 줄지어 모여 있는 섬들. 줄섬. archipelago

열도[―또](熱度)[명] ①신열의 도수. degree of heat ②열심의 정도. ¶면학의 ~가 대단하다. degree of enthusiasm [진의 일종. 온독(溫毒)

열독[―똑](熱毒)[명] 〈한의〉더위로 인하여 생기는 발

열독[―똑](閱讀)[명] 책 따위를 죽 훑어 읽음. perusal 하[타] [나고 몹시 아픈 병.

열독―창[―똑―](熱毒瘡)[명] 〈한의〉전신에 부스럼이

열두:거리 무=가[―뚜―](―巫歌)[명] 무가의 일종. '큰굿'에서 불려지는 각 거리의 무가. [고두.

열두:발 고무[―뚜―][명] 놀이옷의 하나. 말발이 열둘인

열두:신장[―뚜―](―神將)[명] 〈민속〉판수나 무당이 경을 욀 때 부르는 신장.

열두:제자[―뚜―](―弟子)[명] 〈기독〉십이 제자.

열두:째[―뚜―][명] 열둘을 셀 때의 맨 끝째.

열두:하님[―뚜―][명] 혼인 때에 신부를 따르는 두 명의 하님.

열등[―뜽](劣等)[명] ①떨어짐. 낮은 등급. low grade ②등급이 낮음. [대] 우등(優等). inferiority 하[형]

열등―감[―뜽―](劣等感)[명] 용모·능력 등에서 남만 못하다는 느낌. [대] 우월감(優越感). inferiority complex

열등 복합[―뜽―](劣等複合)[명] 〈심리〉열등감을 벗어나려는 관념의 집합. 무의식 중에 보상(補償)·공격(攻擊)·방위 따위의 행동을 일으킴. inferiority complex [대] 우등생(優等生). poor student

열등―생[―뜽―](劣等生)[명] 성적이 보통 이하인 학생.

열등 의=식[―뜽―](劣等意識)[명] 자신이 남보다 열등하다고 느끼는 의식. inferiority consciousness

열―띠―다[자] 열성을 띠다. 열기(熱氣)를 품다.

열락(悅樂)[명] ①기뻐하고 즐김. pleasure ②〈불교〉유한적인 욕구를 초탈하여 얻은 안위와 만족. 큰 환희. ¶~에 젖어들다. 하[자]

열람(閱覽)[명] 책 등을 죽 내리훑어서 봄. ¶~료(料). ~실(室). inspection 하[타]

열량(熱量)[물리] 물질의 온도를 높이는 데 소요되는 열의 양. 단위 표시는 칼로리(calorie)로 함. quantity of heat

열량―계(熱量計)[물리] 어떤 물체가 가지는 열량을 측정하는 기계. 물체의 비열(比熱)이나 반응열 등의 측정에도 사용됨. 칼로리미터. calorimeter

열렁―거리―다[자] 크고 긴 것이 연해 약간 흔들리다.

열렁―열렁[부] 하[자]

열력(熱力)[명] 열의 힘. [대] 수력(水力).

열력(閱歷)[명] 〈동〉경력(經歷). 하[자] [겪음. 하[타]

열력 풍상(閱歷風霜)[명] 오랜 세월을 두고 온갖 풍상을

열렬(熱烈·烈烈)[명] 주의·주장·애정·실행(實行) 등이 매우 맹렬함. ¶~한 주장. ardour 하[형] 히[부]

열렴(熱廉)[명] 열로 인해 광풀이 갈라지는 현상.

열록(列錄)[명] 죽 벌여 기록함. 열기(列記). 열서(列書). ¶이름을 ~하다. enumeration 하[타]

열뢰(熱雷)[명] 〈지학〉여름철에, 지면(地面)의 과열로 상승 기류가 국부적으로 나타나서, 적란운(積亂雲)의 발생을 수반하여 생기는 우레.

열루(熱淚)명 뜨거운 눈물. 감격하여 흘리는 눈물. hot tears

열릅명 마소의 열 살. ten years of age of cattle

열리(熱痢)명《동》서리(暑痢)

열리-다㉠ ①닫히거나 막히거나 가리어진 것이 트이다. ¶문이 활짝 ~. be opened ②문화나 문물이 개발되다. ¶새로운 시대가 ~. become civilized ③사업·경영·흥행 등이 시작되다. 경영하다. ¶전람회는 내일 ~. open begin ④어떤 모임이 개최되다. ¶기념식이 ~. be held ¶~. bear fruit

열리-다㉡ 열매가 뻗어서 달리다. ¶복숭아가 많이 ~.

열린 사:회(一社會)명 개방된 사회로서, 개인이 동기를 받으며 사회의 비약으로 연결되는 동적(動的)·창조적 사회. ¶닫힌 사회(一社會)

열립(列立)명 여러 사람이 죽 벌여 섬. standing in a row 하타 ┌ wish 하타

열망(熱望)명 열렬히 바람. ¶평화를 ~하다. ardent

열매명 ①식물이 수정(受精)한 후, 씨방이 자라서 된 것. 과실. fruit ②결과. 성과. come to fruition

열명(列名)명 여러 사람의 이름을 벌여 적음. listing of names 하타

열명 정장(列名呈狀)명《제도》여럿이 열명(列名)하여 관가에 소장(訴狀)을 제출하던 진정서. 하타연타

열모(悅慕)명 기뻐 사모함. deep attachment 하타

열목-이(熱目一)명《어류》연어과의 물고기. 몸 빛은 은빛. 옆구리·등지느러미 등에 무늬가 산재함. 냉수성 어족으로, 일생을 하천 상류에서만 삶.

열목-카레명 두 개의 가레를 연복한 것에 장부잡이 둘과 줄잡이 여덟 사람이 하는 가레찔.

열무명 어린 무. ¶~ 김치. young radish

열무(閱武)명 임금이 친히 열병함. 閱兵

열무-날명 조수와 간만의 차를 볼 때 음력 4일·19일의 일컬음.

열문(熱門)명 권세가 있어 사람이 많이 드나드는 집. influential family ┌ ivolous 하다

열박(劣薄)명 열등하고 경박함. being stupid and frivolous

열반(涅槃)《불교》①도(道)를 이루어 모든 고통과 번뇌가 끊어진 해탈의 경지. 해탈(解脫)②.《유》멸도(滅度). (대) 윤회(輪廻)②. nirvana ②입적(入寂). death of Buddhist priest 하타

열반-경(涅槃經)명《동》대반 열반경(大般涅槃經).

열반 적정(涅槃寂靜)명《불교》열반의 경지는 제행무상(諸行無常)과 제법 무아(諸法無我)의 이치를 터득하고 집착을 버리면, 고요한 최고 행복의 경지에 이를 수 있다.

열반=종(涅槃宗)명《불교》①우리 나라 불교 종파 중 하나로 신라 무열왕 때 보덕 화상이 개종함. ②대반 열반경을 소의 경전으로 삼는 중국 불교의 한 종파. Nirvana sect

열방(列邦)명 여러 나라. 열국(列國). many countries

열방사(熱放射)명《동》열복사(熱輻射).

열 번 찍어 안 넘어가는 나무 없다㈜ 아무리 강철 같은 심지를 가진 사람이라도 여러 차례 꾀고 달래면 결국 그 유혹에 넘어가고 만다.

열변(熱辯)명 열렬한 변론. fervent speech

열병(閱兵)명《광물》열로 인해 물질이 변화하는 현상. 하다 [참고] inspection of troops 하타

열병(閱兵)명《군사》군대를 정렬시켜 검열함. 사열

열병(熱病)명 ①열이 높이 오르는 병. 두통·불면·식욕 부진 등이 따름. febrile disease ②장티푸스. fever

열병-식(閱兵式)명《군사》정렬된 군대의 앞을 지나면서 검열하는 의식. 사열식(査閱式). review (of troops)

열-보라(一보라)명《조류》흰빛을 띤 보라매.

열복(悅服)명 기쁜 마음으로 복종함. (대) 외복(畏服). willing submission 하다

열복사(熱輻射)명《물리》고온도로 열한 물질로부터 전자파(電磁波)가 방사하는 현상. 열방사(熱放射). heat radiation

열-복통(熱腹痛)명《의학》뱃속이 항상 뜨겁고 몹시 아프다가 갑자기 멎기도 하는 병.

열부(烈夫)명 절개가 굳은 사람. loyal man

열부(烈婦)명 열녀(烈女).

열분-수(熱粉水)명 쌀가루나 보릿가루를 냉수에 풀어서 끓여 다시 식힌 음료.

열브스름-하-다㉠㉡ 부드럽게 엷다. (적) 얄브스름하다. thinnish 열브스름히

열비(劣比)명《수학》전항의 값이 후항의 값보다 작음.

열사(一싸)(烈士)명 절개가 굳은 사람. 열장부(烈丈夫). patriot

열사(熱沙)명 사막 등의 햇빛에 타서 뜨거워진 모래. hot sand

열 사람이 지켜 한 도둑 못 막는다㈜ 여럿이 애써 지켜보고 살피도 한 사람의 나쁜 짓을 못 막는다.

열사-병[一싸뼝](熱射病)명《의학》온도가 높은 곳에서 체온의 방산(放散)이 곤란할 때 생기는 병. heat stroke

열 살 부스럼명 천연두.

열-삼(一參)명《식물》씨를 받기 위해 기르는 삼.

열상[一쌍](裂傷)명 피부가 찢어진 상처. 열창(裂創). ¶~을 입다. laceration

열상[一쌍](熱想)명 열렬하게 불타는 감정이나 상념.

열새-베[一쌔ㅡ](念). passionate idea

열색(悅色)명 기쁜 얼굴빛.

열서[一써](列書)명《동》열록(列錄). 하타

열석[一썩](列席)명 자리에 죽 벌여 앉음. 열좌(列座). ¶~자(者). attendance 하다

열선[一썬](熱線)명 ①《물리》전자파(電磁波) 중에서 가시 광선(可視光線)보다 파장이 긴 부분. 적외선(赤外線). heat ray ②《전기》전류를 통하여 열을 발생하기 위한 도선(導線). hot wire

열선 전:류계[一썬ㅡ](一電流計)명《물리》열선의 팽창에 의해 전류의 세기를 측정하는 계기(計器). hotwire ammeter

열설(熱泄)명《한의》배가 아플 때마다 붉은 빛의 설사가 나는 병. 화설(火泄).

열성(劣性)명《생물》생물 형질이 다른 두 품종을 교배할 때, 잡종 제1대에 나타나지 않는 형질. (대) 우성(優性).

열성[一썽](列星)명《천문》하늘에 있는 뭇별. 열수(列宿). ¶~. all the stars in the sky ┌ kings

열성[一썽](列聖)명 대대의 여러 임금. successive

열성(劣性)명 ①열등되기 쉬운 성질. ②열등을 수반하는 성질. (대) 냉성(冷性). inferiority

열성(熱誠)명 열렬한 정성. 《약》열(熱)④. earnestness 스럽 스레타

열성-껏[一썽ㅡ](熱誠一)명 열성을 다해.

열성 유전[一썽ㅡ](劣性遺傳)명《생리》열성 유전자에 의하여 형질이 자손에게 전하여지는 현상.

열성-조[一썽ㅡ](列聖朝)명 여러 대 임금의 시대. 《약》열조(列朝). reigns of successive kings

열세[一쎄](劣勢)명 힘이 약함. 세력이 열등함. 또, 그 세력. (대) 우세(優勢). interiority in numbers

열세(熱洗)명 화세(火洗). 하다

열손(熱損)명《물리》①열의 손실. ②전기 기계에서 전력이 열로 변하여 소실되는 현상.

열 손가락에 어느 손가락 깨물어 아프지 않을까㈜ 자식이 아무리 많아도 부모에게는 다 같이 중하다.

열-쇠[一쐬](一)명 ①자물쇠를 여는 쇠. 개금(開金). ②일을 해결하는 데 필요한 사물. 약건(鑰鍵)①. 약시(鑰匙). ¶해결 ~. 《약》쇠①. key

열-쇠돈[一쐬ㅡ](一)명《제도》열쇠를 폐어 두는 데 사용하므로, 별견(別鑑)을 일컫는 따이름.

열:쇠-표[一쐬ㅡ](一標)명 열쇠로 배역을 감기게 되어 있는 손목 시계. 자(鑑官)의 이름.

열수[一쑤](列宿)명 ①《동》열성(列星)②《제도》'낭'.

열-수(一수)(列樹)명 줄을 지어 나란히 서 있는 나무.

열-수(熱水)명《지학》고온(高溫) 이상, 임계점(臨界點) 이하의 물. hot-water

열=수[一쑤](熱嗽)명《한의》더위로 생기는 병의 하

나. 발열·기침·구갈·객혈 등을 일으킴.

열습=―습(熱濕)圀 뜨겁고 축축함. hot and moist

열시―시(閱視)圀 하나하나 밝히어 봄. inspection 하다

열심=―심(熱心)圀❶한 가지 사물에 깊이 마음을 기울임. 어떤 일에 골몰함. eager 하형 히튀

열심=성―씸썽(熱心性)圀 사물에 깊이 마음을 기울이는 성질. ardour

열심=으로―씸―(熱心―)튀 →열심히.

열심=히―씸―(熱心―)튀 열심한 마음으로.

열심=자―씹짜(―十部)圀 한자 부수(部首)의 하나. '干·博' 등의 '十'의 이름.

열십자=로―씹짜―(―十字―)튀 한자 십(十)자의 형상으로.

열:빼―다톱 매우 재빠르고 날래다. quick adroit

열씨(列氏)圀 열씨 한란계의 눈금의 명칭.

열씨 한란계(列氏寒暖計)圀 물의 빙점을 0°로 하고 비등점을 80°로 한 한란계. Réaumur thermometer

열악(劣惡)圀 품질·능력 따위가 몹시 떨어지고 나쁨. 몹시 질이 낮음. inferior 하형

열안(悅眼)圀 눈을 즐겁게 사물을 보고 즐거움을 느낌. pleasing the eye 하다

열안(関眼)圀 잠깐 열람함. looking over 하다

열애(熱愛)圀 열렬히 사랑함. 또, 그 사람. ardent

열약(劣弱)圀 열등하고 약함. weak 하형 love 하다

어 젖트리-다톱 문·창 등을 와락 넓게 열어 놓다. push open

열:=없-다톱 ❶조금 부끄럽다. feel abashed ❷성질이 묽고 줴기지 못하다. effeminate ❸담이 작고 겁이 많다. 열적다. **열:=없이**튀

열:없쟁이圀 '열없는 사람'의 별명. shy person

열-에너지(熱 energy)圀〈물리〉물체의 온도를 높이는 원인의 하나로 생각되는 열을 에너지의 형식으로 보는 경우의 말.

열-역학―력―(熱力學)圀〈물리〉열의 현상에 관한 근본 원칙 및 그 응용을 연구하는 물리학의 한 분과. thermodynamics

열연(熱延)圀 금속을 어느 온도 이상으로 눌러 펴서 널 모양으로 가공하는 일. 열간 압연(熱間壓延). ¶―강판. (대) 냉연(冷延).

열연(熱演)圀 열렬하게 연기함. ardent play 하다

열-연결―련―(列連結)圀〈물리〉전지의 같은 극끼리 한데 이어 연결하는 일. serial connection

열-오르-다(熱―)튁르 ❶신열이 올라 몸이 뜨거워지다. ❷화가 나다. ❸일시적으로 흥분하다.

열-올리-다(熱―)톱 ❶열중하다. ❷무슨 일에 열중하서 흥분하다. 매력에 사로잡혀 흥분하다. ❸기염을 토하다.

열외(列外)圀 ❶늘어선 줄의 밖. 대열(隊列)의 외부. outside of a row ❷어떠한 몫이나 축에 들지 않는 부분. ¶―로 취급하다.

열-용량(熱容量)圀〈물리〉물체의 온도를 1°C 올리는 데에 필요한 열량. heat capacity

열-우-다튁 고 얇다.

열원(熱援)圀 열렬한 응원. 하다

열원(熱源)圀 열이 발생하는 근원. heat source

열원(熱願)圀 열렬히 원함. ardent desire 하다

열월(閱月)圀 한 달을 지냄. 하다

열위(列位)圀 여러분. gentlemen

열위(劣位)圀 남보다 못한 지위. (대) 우위(優位). inferiority

열-음극(熱陰極)圀〈물리〉열전자(熱電子)를 방출시킬 목적으로 전자관 안에 장치한 음극. thermocathode

열읍(列邑)圀 여러 고을. every town

열의(熱意)圀 열심한 마음. 열성스런 의사. zeal

열인(閱人)圀 다수의 사람을 겪어 봄. 하다

열일(烈日)圀 여름의 격렬하게 내리쬐는 태양. 세찬 기세의 비유. scorching sun

열입 성=품(列入聖品)圀〈기독〉성인 반열에 들어감. joining the group of saints

열-장부―짱―(烈丈夫)圀 절개가 굳은 남아. 열사

(烈士). patriotic man

열장=이음―짱―(―쭝)〈건축〉이음의 하나. 볼록한 열장장부촉과 오목한 열장장부촉을 끼어 맞추어 있는 방법.

열장=장부촉―짱장―(―鏃)〈건축〉장부촉의 하나. 비둘기 꽁지 모양으로 끝이 넓게 퍼진 장부촉.

열=적:-다《동》열없다.

열적―쩍(烈蹟)圀 열렬히 싸워 남긴 뚜렷하게 빛나는 공적(功績). brilliant achievement

열전―쩐(列傳)圀 많은 사람의 전기(傳記)를 차례로 벌여 기록한 책. series of biographies

열전―쩐(熱戰)圀 ❶열렬한 쟁패전.(대) 냉전(冷戰). ❷무력에 의한 본래의 전쟁. heated match

열=전:기(熱電氣)圀〈물리〉두 금속을 이어 만든 회로에서 두 금속 끝의 온도가 각각 다를 때, 이 회로 속에 생기는 전기. thermoelectricity

열=전달(熱傳達)圀〈물리〉열에너지가 이동하는 현상. conduction of heat

열=전:대(熱電對)圀《동》열전쌍(熱電雙).

열=전도(熱傳導)圀〈물리〉물체가 접촉에 의해서 열을 전달하는 현상. 이때 열은 항상 고온 쪽에서 저온 쪽으로 전달됨. thermal conduction

열전도=율(熱傳導率)圀〈물리〉어떤 물질의 길이가 1m이고 단면적이 1m²일 때 양쪽의 1°C의 차이로 1초 동안 전도되는 열량. 비례 상수 K. heat conductivity 전류. thermoelectric current

열=전:류(熱電流)圀 열전기의 회로에 생기는 전류.

열=전:쌍(熱電雙)圀〈물리〉두 가지 금속을 접합하여 고리 모양으로 만들어 접점(接點) 사이에 온도차를 주어 열기전력(熱起電力)을 일으키게 하는 장치. 열전대(熱電對). 열전지. thermocouple

열=전:자(熱電子)圀〈물리〉고온도에 있는 금속 물질의 표면에서 방출되는 전자. thermoelectron

열=전:지(熱電池)圀《동》열전쌍(熱電雙).

열전-체―쩐―(列傳體)圀〈문학〉열전의 형식으로 기술한 문체. biographical style

열절―쩔(烈節)圀 곧은 절개. 열렬한 절조. 의(義)라고 믿는 것을 굳게 지킴. lowpassions

열정―쩡(劣情)圀 ❶천박한 심정. ❷정욕. 육욕.

열정―쩡(熱情)圀 ❶열중하는 마음. fervour ❷열렬한 애정. passion

열정 문학―쩡―(劣情文學)圀 비열한 정욕을 촉발시키는 저속한 문학. suggestive literature

열=정산(熱精算)圀 공급된 열량과 출열(出熱)된 열량의 계산. [것].

열정=적―쩡―(熱情的)圀 어떤 일에 열중하는

열조―쪼(列朝)圀〈약〉→열성조(列聖朝).

열조―쪼(烈祖)圀 큰 공훈이 있는 조상.

열종―쫑(劣種)圀 나쁜 품종. inferior grade

열좌―쫘(列坐)圀〈동〉열석(列席). 하다

열좌―쫘(列座)圀 물건을 이리저리 벌여 놓음. whole company 하다

열주(列柱)圀 줄지어 늘어선 기둥.

열중―쯍(熱中)圀 늘어선 줄의 가운데.

열중―쯍(熱中)圀 정신을 한 가지 일에 쏟음. ¶학업에 ~하다. enthusiasm 하다

열-중성자(熱中性子)圀〈물리〉상온의 기체 분자와 같은 정도의 에너지를 가지는 충돌 속도가 느린 중성자. thermal neutron

열=중쉬―쭝―(列中―)圀 줄지어 선 채로 약간 편한 자세를 가지라는 구령. relax

열증―쯩(熱症)圀〈의학〉체온이 높은 증세. fever

열지(裂指)圀 부모에게 산 피를 드리려고 제 손가락을 베다. 하다

열진―찐(列陣)圀 진을 벌어 침. encampment 하다

열진―찐(烈震)圀〈지학〉가옥 등이 30% 도괴되는 정도의 지진. 진도(震度)는 6.

열=째쮜 열을 차례로 셀 때 맨 끝.

열쭝이 ①겨우 날기 시작한 새 새끼. ②작고 겸약한
열차(列次)圈 죽 벌여 놓은 차례. order 「자.
열차(列車)圈 기관에 객차·화차 등을 연결하고 운전 장치를 설비한 차량. ¶신혼~. ~운행표(運行表). train
열차-원(列車員)圈 여객차에서 여객 전무나 차장을 도와 열차 내의 여러 가지 일을 보살피는 승무원.
열:=창(一窓)圈 〈건축〉여닫을 수 있는 창. (대) 붙박이창. window that opens
열창(熱唱)圈 노래 따위를 열심히 부름. 하타
열:=채圈 쳇열이 달린 쳇퀴. whip with a lash
열처:리(熱處理)圈 〈화학〉주로 합금을 높은 온도로 가열에 여러 가지 방법으로 그 성질을 변화시키는 일. heat treatment 하타
열천(冽泉)圈 차고 맑은 샘. cold mineral spring
열-치다圈 힘차게 열다. 열어 젖뜨리다. fling open
열친(悅親)圈 부모의 마음을 기쁘게 함. pleasing one's parents 하타 「(湯). boiling water
열탕(熱湯)圈 뜨겁게 끓인 국이나 물. (대) 냉탕(冷
열퇴(熱退)圈 〈의학〉환자의 열이 점차 내림. 하타
열투(熱鬪)圈 열기 띤 시합·경기.
열:=퉁적-스럽다圈 언어 동작이 메퉁스럽다. rough
열파(裂破)圈 찢어 결딴냄. 파열(裂破).
열파(熱波)圈 ①기온이 40°C 전후에 달하는 격심한 더위가 엄습하는 현상. (대) 한파(寒波). heat wave ②〈물리〉열전도에 있어서의 열의 파동.
열패(劣敗)圈 열등한 자가 우월한 자에게 패함. (대) 우승(優勝). defeat 하타
열=팽창(熱膨脹)圈 〈물리〉물체의 온도가 올라감에 따라 그 체적이 증대하는 현상. thermal expansion
열품(劣品)圈 품질이 낮은 품종. inferior article
열풍(烈風)圈 ①맹렬하게 부는 바람. violent wind ②풍속 15~29m의 바람. gale
열풍(熱風)圈 열기(熱氣)를 품은 바람. (대) 냉풍(冷風). hot wind 「다. heat
열-하다(熱—)圈[여불] 열이 생기게 하다. 뜨겁게 하
열화 우라늄(劣ㄹuranium)圈 〈화학〉우라늄 235가 0.712% 이하 포함된 우라늄.
열학(熱瘧)圈 〈한의〉학질의 하나. 더위를 먹어 신열이 심하게 나고 오한이 따르는 병. 서학(暑瘧)
열학(熱學)圈 〈물리〉열에 관한 현상을 연구하는 물리학의 한 부문. thermotics
열한(烈寒)圈 몹시 심한 추위. bitter cold
열한(熱汗)圈 심한 운동이나 노동을 한 후에 흘리는
열한–째圈 열하나를 차례로 셀 때의 맨 끝. 땀.
열=해:리(熱解離)圈 〈화학〉가열에 의하여 진행되는 해리(解離). 복잡한 조성(組成)을 가진 원소나 화합물들이 가열에 의하여 간단한 성분·원소나 화합물로 분리하는 현상. 가역 반응(可逆反應)의 일종.
열핵(熱核)圈 〈물리〉격렬한 열에너지를 내는 원자핵. 열 원자핵(熱原子核).
열핵 반:응(熱核反應)圈 〈물리〉열핵이 충돌 융합하는 반응. 열핵 융합반응(熱核融合反應).
열핵 융합 반:응(熱核融合反應)圈 열핵 반응(熱核反應). 「deed of a woman
열행(烈行)圈 여자의 정렬(貞烈)한 행적. virtuous
열혈(熱血)圈 ①열이 아직 있는 더운 피. hot blood ②열정으로 끓는 피. fiery spirit
열혈-한(熱血漢)圈 감격하기 쉬운 남아(男兒). passionate man 「호. minor arc
열호(劣弧)圈 〈수학〉컬레호(共軛弧) 중의 작은 쪽의
열화(烈火)圈 맹렬히 타는 불. furious flames
열화(熱火)圈 ①뜨거운 불. blazing fire ②급한 화증. 열(熱)⑤. fiery rage
열=화:학(熱化學)圈 〈화학〉화학 변화와 열 현상과의 상호 관계를 연구하는 화학의 한 부문. thermo-chemistry
열=확산(熱擴散)圈 〈물리〉분자 질량이 다른 기체 혼합물의 열의 전도가 일어날 때, 그에 따라 농도차

가 생기는 현상. thermal diffusion
열=활꼴(劣—)圈 〈수학〉반원(半圓)보다 작은 활꼴. 열궁형(劣弓形). minor segment
열=효:율(熱效率)圈 〈물리〉기관에 공급된 열량과 그 기관이 발생한 출력과의 비율. thermal efficiency
열후(列侯)圈 〈동〉제후(諸侯).
열혼(熱昏)圈 〈의학〉신열이 오르고 어지러우며 갈
열흘圈 ①십 주야(晝夜). ②열흘날. ten days
열흘 굶어 군자 없다固 아무리 점잖은 사람이라도 빈곤이 극도에 이르면 옳지 못한 짓을 하게 된다.
열흘-날圈 ①그 달의 열째 날. tenth day ②〈약〉초열흘날.
열흘 붉은 꽃 없다固 부귀 공명(富貴功名)이란 오래 못 간다. 화무십일홍(花無十日紅).
엷:-다[열따]圈 ①두께가 두껍지 않다. thin ②빛이 진하지 않다. light ③인행히 빠히 들여다보이다. shallow ④웃음 따위가 보일 듯 말 듯 은근하다.
엷-다圈(고) 옅다. 「(작) 얇다. loose
엷:=붉다[열북-]圈 엷게 붉다. light red
엷쇠圈(고) 열쇠.
염圈 풍수 지리설에서, 무덤 속 시체 속에 드는 이상 상태. 물이 차 있는 수렴, 구들 속같이 시커먼 화렴, 나무나 풀뿌리 같은 것이 꽉 엉키어 있는 목렴, 벌레가 많이 있는 충렴 등.
염²(—)圈 바윗돌로 된 작은 섬. small rocky islet
염(炎)圈〈약〉→염증(炎症).
염(髥)圈〈약〉→수염(鬚髥).
염(殮)圈〈약〉→염습(殮襲).
염(廉)圈〈문학〉한시(漢詩)에서 자음의 높낮이를 맞추는 형식의 하나. 가새염 등이 많이 쓰임.
염(鹽)圈 ①소금. salt ②〈화학〉산과 염기에서 생성된 화합물 중 물을 뺀 물질. 중성염·산성염·염기성 염 등이 있음.
염가[—까](廉價)圈 값이 쌈. 싼 값. 안가(安價)①. 저가(低價). ¶~품(品). low price
염가(艷歌)圈〈동〉연가(戀歌).
염:간(念間)圈 스무날께.
염간(鹽干)圈 염전에서 소금 만들던 사람.
염객(廉客)圈〈동〉염탐꾼.
염검(廉儉)圈 청렴하고 검소함. upright and plain 하다 히 「honesty 하다 히
염결(廉潔)圈 청렴하고 결백함. 염개(廉介). 염백.
염:경(念經)圈〈기독〉기도문을 욈. 하타
염경(廉勁)圈 청렴하고 강직함. uprightness 하타
염:고(厭苦)圈 싫어하고 괴로워 여김. loathing 하타
염-곡(鹽曲)圈 연가(戀歌). 「of dye house
염공(染工)圈 염색 공장에서 일하는 사람. worker
염교圈〈식물〉백합과의 다년생 초본. 화경의 높이가 30 ~60cm로 잎은 지하 인경(鱗莖)에서 총생(叢生)함. 가을에 잎 사이에서 자색 6판화가 핌. 인경은 식용함. 해채(薤菜). 개지(藠芝). scallion
염:구(殮具)圈 염습할 때 쓰는 모든 기구.
염구(簾鉤)圈 발을 거는 갈고리.
염글-다圈(고) 여물다.
염글리-다圈 일을 성취시키다. accomplish
염금(斂襟)圈 옷깃을 바로 여밈. 염임(斂衽). 하타
염:기(厭忌)圈 싫어하고 꺼림. abhorrence 하타
염기(艷妓)圈 아름다운 가희(歌姬). 기생(妓生). 미기(美妓). beautiful singing girl
염기[—끼](鹽氣)圈 염분이 섞인 축축한 기운. salt-
염:기(艶氣)圈 요염(妖艶)한 기운. beauty 「iness
염기(鹽基)圈〈화학〉산과 반응하여 염을 만드는 화합물. base
염기-도(鹽基度)圈〈화학〉산의 한 분자 중에 들어 있는 수소 원자 가운데서 이온을 낼 수 있는 수소 원자의 수. basicity
염기-성(鹽基性)圈〈동〉알칼리성(alkali 性).
염기성 물감[—썽—깜](鹽基性—)圈 인조 물감의 하나. 유기 염료와 염산이나 다른 산류로 만듦. 중

성이나 알칼리성 용액에 담가, 비단·털 등의 동물섬유에는 직접 물들이고, 식물섬유에는 매염제를 씀. 염기성 염료(鹽基性染料).
염기성 산화물[―성―](鹽基性酸化物)圓〈화학〉산에 녹고 중화되어 소금을 만드는 산화물. basic oxide
염기성 암[―성―](鹽基性岩)圓〈광물〉규산을 비교적 소량, 곧 52% 이하 함유하는 화성암. 현무암·반려암 등. (대) 산성암(酸性岩). basic rock
염기성 염[―성―](鹽基性鹽)圓〈화학〉다산 염기를 중화할 때, 염기의 수산화기의 일부가 산기로 치환된 염. basic salt 「감(鹽氣性―).
염기성 염:[―성―](鹽基性染料)圓 염기성 염료(鹽氣性-).
염기성 탄·산동[―성―](鹽基性炭酸銅)圓〈화학〉구리를 습기가 있는 공기 속에 두면, 수증기와 탄산가스 때문에 산화되어서 녹청색으로 변한 것. basic copper carbonate
염기성 탄·산연[―성―](鹽基性炭酸鉛)圓〈화학〉납에 초산 증기를 작용시켜 만든 무색·무미·무취의 가루. 도기 제조·건조제·살로를 등을 만드는 데 씀. 白(鉛白). basic lead carbonate
염낭(―囊)圓 아가리에 잔주름을 잡고 끈 두 개를 양쪽에 꿰어서 여닫게 된 주머니. 두루주머니. 원 협낭. pouch
염낭―거미(―囊―)圓〈곤충〉염낭거미과의 거미. 몸 길이 약 1cm, 배갈은 갈색, 배는 회황색에 암자색 점무늬의 줄이 있다. 지상에 원통형 집을 짓는 습성이 있음.
염낭 쌈지(―囊―)圓 염낭 모양의 쌈지. tobacco pouch
염―내(鹽―)圓 두부·비지 등에서 나는 간수의 냄새. saltiness
염:념(念念)圓 ①염(念)은 매우 짧은 시간의 뜻. 즉 한 순간도 잊지 않고 생각한다는 뜻. bear in mind always ②여러 가지 생각. many thoughts
염:념 불망(念念不忘)圓 자주 생각이 나서 잊지 못함. 염념 재자(念念在玆). 하타
염:념 재:자(念念在玆)圓〈동〉염념 불망(念念不忘).
염담(恬淡·恬澹)圓 욕심이 없이 깨끗하고 담담함. 염연(恬然) unselfishness 하타 히
염담 퇴수(恬淡退守)圓 아무런 욕심도 의욕도 없이 소극적으로 자신의 본분만을 지킴.
염도(鹽度)圓 소금기의 정도. 짠 정도.
염독(炎毒)圓 더위의 독기(毒氣). bite of heat 「하타
염:독(念讀)圓 정신을 차려 읽음. intensive reading
염:두(念頭)圓 ①생각의 시초. ¶입학을 ~에 두고 정진하라. beginning of thinking ②마음속. 심두(心頭). ¶진실을 ~에 두라. mind
염라(閻羅)圓〈동〉염라 대왕. 「승.
염라-국(閻羅國)圓〈불교〉염라 대왕이 다스리는 저
염라 대:왕(閻羅大王)圓〈불교〉지옥에 살며, 18의 장관과 8만 옥졸을 거느리고, 죽어 지옥에 떨어지는 인간의 생전의 선악을 심판·징벌하는 대왕. 염왕(炎王). 야마(yāma 범). 염라. 염마 대왕. 염마왕. king of the Hell
염량(炎凉)圓 ①더위와 서늘함. heat and cold ②세력의 성함과 쇠함. rise and fall
염:량(念量)圓 헤아려 생각함.
염량 세:태(炎凉世態)圓 세력이 있을 때엔 좇고, 권세가 없어지면 푸대접하는 세속 인심. 염부 한기(炎附寒棄). flattering world
염:려(念慮)圓 ①마음을 놓지 못함. anxiety ②걱정하는 마음. worry 하타 스럽 스레圓 「하타
염:려(艶麗)圓 태도가 아름답고 고움. elegant beauty
염려 놓다(念慮―)타 마음 놓다.
염:력(念力)圓 생각의 힘. 일신(一身)의 온 정력.
염:료(染料)圓 염색에 쓰는 재료. 물감.
염료 식물(染料植物)圓〈식물〉치자·잇꽃·쪽 등 염료의 원료가 되는 식물.
염류(鹽類)圓 산의 수소 원자를 금속으로 치환하는

가, 염기의 수산기를 산기로 치환하여 생기는 화합물. salts
염류-천(鹽類泉)圓〈지리〉염류의 함유량이 큰 온천.
염리(廉吏)圓 마음이 청렴한 관리. 정리(清吏). (대) 오리(汚吏). 탐관(貪官). clean-handed official
염:리(厭離)圓〈불교〉세상이 싫어져서 속세(俗世)를 떠남. 하타
염마 대:왕(閻魔大王)圓〈동〉염라 대왕(閻羅大王).
염마-장(閻魔帳)圓〈불교〉염라 대왕이 죽은 이의 생전의 죄상을 치부해 둔 장부.
염마-졸(閻魔卒)圓〈불교〉염라국에 살며 죄인을 가책(呵責)하는 옥졸. 귀졸(鬼卒)②. 야차(夜叉)③.
염마-청(閻魔廳)圓〈불교〉죽은 이의 죄상을 문초하는 염라국의 법정.
염마 하늘(閻魔―)圓〈불교〉염라 대왕과 같으나 특히, 밀교(密敎)에서 받드는 신. 염마천(閻魔天).
염마 하늘 공양(閻魔―供養)圓〈불교〉죄인을 위하여 공양하는 밀교의 수법의 하나.
염막(簾幕)圓 발과 장막. bamboo-blind and curtain
염막(鹽幕)圓 소금을 굽는 곳. saltworks
염매(廉買)圓 싸게 삼. 헐값에 삼. (대) 염매(廉賣).
염매(廉賣)圓 싸게 팖. bargain sale 하타
염:명(廉明)圓 마음이 청렴하고 밝음. integrity 하타
염:문(廉問)圓 남이 모르게 사정을 물어 봄. secret inquiry 하타
염:문(艶文)圓〈동〉염서(艶書). 「하타
염:문(艶聞)圓 연애나 정사(情事)에 관한 소문.
염문-꾼(廉問―)圓〈동〉염알이꾼. 염탐꾼.
염:미(染尾)圓② 부들이.
염:미(艶美)圓 남의 장점(長點)을 부러워함. envy other's strong point 하타
염밀(恬謐)圓 고요하고 평안함. calmness 하타
염:박(厭薄)圓 밉고 싫어서 쌀쌀하게 대함. coldtreatment 하타 「diet
염반(鹽飯)圓 소금엣밥. 곧, 반찬이 없는 밥. plain
염발(炎魃)圓〈동〉가물음.
염:발(染髮)圓 머리털을 염색함. 하타
염:발(炎髮)圓 머리를 쪽찌거나 틀어 올림.
염:발-제(―[剤](染髮劑)圓 열발에 쓰는 약제.
염방(炎方)圓 더운 곳이라는 뜻으로 '남방(南方)'을 이름. hot southern regions 「courtesy
염:방(廉防)圓 염치(廉恥)와 예방(禮防). honor and
염:발(廉―)圓 바다와 조수를 이용하여 소금을 만드는 밭. 염장(鹽場), 염전(鹽田). salt farm
염백(廉白)圓 청렴하고 결백함. 염결(廉潔). uprightness 하타
염:병(染病)圓 ①〈동〉장티푸스. ②〈약〉―전염병.
염:병-할(染病―)[관타] '염병을 앓을'의 뜻으로, 욕하는 말. ¶~, 날씨도 지독히 덥네.
염-보-다(廉―)타 한시(漢詩)를 지을 때, 자음(字音)의 높낮이를 맞게 하다.
염:복(艶福)圓 이성(異性)이 잘 따르는 복. 여복(女福). good fortune in love
염부(廉夫)圓 마음이 청렴한 사람. upright person
염부(閻浮)圓〈불교〉중생이 사는 속세. this world
염부(鹽釜)圓 바닷물을 고아 소금을 만드는 가마. 소금 가마. 염분(鹽盆). saltpan
염부 한기(炎附寒棄)圓〈동〉염량 세태(炎凉世態).
염분(鹽分)圓 ①바닷물 속에 함유된 염류의 양. ②소금기. salt ③〈제도〉과아나 궁방(宮房)에서 소금 장수에게 받던 세금.
염분[2](鹽盆)圓〈동〉염부(鹽釜).
염분(艶粉)圓 여자의 음문 밖으로 자궁이 비어져 나온 것.
염:불(念佛)圓〈불교〉불경을 외거나, 부처의 상호(相好)와 공덕을 생각하면서, 입으로 불명(佛名)을 부르는 일. 또, 나무 아미타불의 명호를 외는 일. Buddhist invocation 하타 「정을 씻는 일.
염:불(殮拂)圓〈민속〉장례 뒤에 소금을 몸에 뿌려 부
염:―불급타(念不及他)圓 바빠서 다른 일을 생각할 틈이 없음. very busy

염:불-당(-堂)[염불땅](念佛堂)명〈불교〉염불을 하는 법당(法堂).

염:불 삼매(念佛三昧)명〈불교〉①염불에 의하여 잡념을 없애고 영지(靈知)가 열려 부처의 진리를 보는 일. ②일심 불란하게 염불하는 일.

염:불 송:경(念佛誦經)명(동) 염송(念誦). 하다

염불에는 마음이 없고, 잿밥에만 마음이 있다족 맡은 일에는 정성을 들이지 않고, 딴 곳에만 마음을 쓴다.

염:불 왕:생(念佛往生)명〈불교〉아미타불의 위지하고, 그 명호를 외어 극락 왕생을 이루는 일.

염:불위괴(恬不爲愧)명 옳지 않은 일을 하고도 조금도 부끄러워하지 않음.

염사(廉士)명 마음이 청렴한 선비. man of probity
염:사(艷事)명 남녀간의 정사(情事)나 연애에 관한 일. love affairs

염산(鹽酸)명〈화학〉염화수소의 수용액. 무색 발연성(發煙性)의 액체임. 강산(强酸)의 대표적인 것으로 공업용·의약용 등 용도가 넓음. 염화수소산. hydrochloric acid

염산 가스(鹽酸 gas)명(동) 염화수소(鹽化水素).

염산-모르핀(鹽酸 morphine)명〈화학〉백색 침상의 비단 빛깔이 있는 결정. 물과 알코올(alcohol)에 녹으며, 진통(鎭痛)·진경(鎭痙)·최면(催眠) 및 진정제로 쓰임.

염산-에메틴(鹽酸 emetin)명〈화학〉백색 결정의 쓴맛이 있는 에메틴의 염산염(鹽酸鹽). 아메바 이질·디스토마병의 특효약임.

염산-칼륨(鹽酸 kalium)명〈화학〉'염소산칼륨'의 딴 칭.
염산-퀴닌(鹽酸 quinine)명〈화학〉맛이 쓰고 가용성인 백색 침상(針狀)의 가루. 학질·간헐열·신경통·감기·폐렴 등에 해열제로 쓰임.

염상(鹽商)명 ①소금 장사. ②소금 장수.
염:색(染色)명 물을 들임. 색염(色染). (대) 탈색(脫色). dyeing 하다
염:색(艷色)명 요염한 얼굴. beautiful face
염:색 미:술(染色美術)명 섬유 공예의 하나. 염료를 써서 섬유 자체에 염착되기시는 염색을 수단으로 하여, 직물·종이 따위 섬유 제품의 미적 가치를 높이는 일.

염색 반:응(焰色反應)명〈화학〉'불꽃 반응'의 구용
염:색-법(染色法)명(동) 염색술(染色術).
염:색-술(染色術)명 물리적·화학적 방법으로 피륙에 물을 들이는 방법. 염색법(染色法).
염:색-질(染色質)명〈생물〉핵 속에 있는, 염기성 색소에 잘 염색되는 물질. chromatin
염:색-체(染色體)명〈생물〉분열하는 세포핵에 나타나는 유형체. 염기성 색소에 잘 염색되고 생물의 종류에 따라 그 수가 일정하며, 생물의 성질을 결정하는 성(性)염색체가 들어 있음. chromosome

염색체 지도(染色體地圖)명〈생물〉유전자(遺傳子)의 상대적 위에의 위치를 표시한 도표. 유전 지도(遺傳地圖).

염생 식물(鹽生植物)명〈식물〉해중·해안·염호(鹽湖) 등 염분이 많은 곳에 생육하는 식물. 세포 속에 염(食鹽)이 많이 들어 있음. 큰보리대가리·해안에 꽃등. 염성 식물(鹽性植物).
염:서(念書)명 책을 읽음. 독서(讀書). reading
염서(炎暑)명(동) 염열(炎熱). 〈문〉love letter
염:서(艷書)명 사랑의 정을 써 보내는 편지. 염문(艷文).
염석(鹽析)명〈화학〉유기 물질의 용액에 가용성 염류(可溶性鹽類)를 넣어 그 용질(溶質)을 석출하는 일. 비누·염료 등의 응축에 이용함. 하다
염:선(厭羨)명 남의 좋은 점을 부러워함. envying another's elegance 하다
염성(鹽性)명 소금기가 있거나 소금기를 좋아하는 성질.
염성 식물(鹽性植物)명(동) 염생 식물.
염:세(厭世)명 세상이 괴롭고 귀찮아서 싫어함. (대) 낙천(樂天). weariness of life 하다

염:세[-쎄](鹽稅)명 소금을 만드는 사람에게서 징수하는 세금. salt tax
염:세-가(厭世家)명 염세관을 품은 사람. 염세주의자. 염천가(樂天家). pessimist
염:세-관(厭世觀)명①(동) 염세주의. ②〈심리〉세상이 싫어하는 삶의 보람을 느끼지 않고 이를 부정하는 인생관. pessimistic view of life
염:세 문학(厭世文學)명〈문학〉세상이나 인생에 대한 가치를 부정하는 사상을 주제로 한 문학. pessimistic literature
염:세-주의(厭世主義)명〈철학〉인생의 참된 행복 내지 만족을 찾아내기에 절망하거나 얻을 수가 수 없는 것이라 체념한 주의. 또, 그러한 학설. 쇼펜하우어·쉬타르너가 대표. 염세관①. (대) 낙천주의. pessimism

염소명〈동물〉소과의 가축의 하나. 면양과 비슷하며 턱수염이 있고 성질이 활발하고 민첩함. 반추(反芻) 동물로 체질이 강하며 독초를 제외한 모든 풀잎·나뭇잎을 먹음. 젖과 고기를 이용함. 고력. 산양(山羊)①. 왕양(羖羊). goat
염소(鹽素)명〈화학〉기체 원소의 하나. 천연으로는 식염·염화마그네슘으로 존재함. 황록색, 악취가 나고 공기보다 무거우며 다른 원소와 잘 화합함. 산화제·표백제의 원료 및 살균제·독가스 등에 쓰임. 원소 기호 ; Cl. 원자 번호 ; 17. 원자량 ; 35. 453. chlorine
염소-량(鹽素量)명 바닷물 1kg에 들어 있는 염소의 양. 그램으로 표시함.
염소-산(鹽素酸)명〈화학〉염소산바륨 용액에 황산을 넣어서 만든 강산(强酸). 산화제로 씀. chloric acid
염소산-나트륨(鹽素酸 Natrium)명〈화학〉염소산염의 하나. 무색·무취의 결정. 산화제로서 염색에 쓰임. 염소산소다.
염소산-염[-념](鹽素酸鹽)명〈화학〉염소산의 염류. 염소산칼륨·염소산나트륨 등. chlorate
염소산-칼륨(鹽素酸 kalium)명〈화학〉무색의 광택 있는 결정. 산화력이 세고, 열을 가하면 산소를 내며, 충돌시키면 폭발함. 함수제(含嗽劑) 기타의 약품·성냥·꽃불 등의 원료로 쓰임. 염소산칼리. potassium chlorate [(준) 염소산칼리(kalium).
염소산-칼리(鹽素酸 kali)명(동) 염소산칼륨(鹽素酸).
염소-수(鹽素水)명〈화학〉염소의 수용액(水溶液). chlorine water
염소-자리(鹽素-)명〈천문〉톨레미(ptolemy) 별자리의 하나. 황도상의 궁수(弓手)자리의 동쪽에 있음. 9월 하순 저녁에 남중(南中)함. 산양좌(山羊座). 약자 Cap. Capricornus
염:속(厭俗)명(동) 세속이로 sophistication 하다
염:송(念誦)명〈불교〉마음속으로 부처를 억념(憶念)하고 불경을 욈. 염불 송경. ¶불경을 ~하라. chant prayers 하다
염:수(斂手)명 ①어떤 일에 손을 대지 않거나 쓰는 하다가 떼어버림. ②서서 두 손을 공손히 모아 잡음.
염수(鹽水)명 소금물. salt water [음. 하다
염수-선(鹽水選)명〈농업〉소금물에 곡식의 씨를 넣어 드는 것은 버리고 가라앉는 것만 쓰는 종자 선택 방법의 하나. brine assortment 하다
염수 주:사(鹽水注射)명(동) 식염 주사(食鹽注射).
염수-초(鹽水炒)명〈한의〉소금물에 약재를 담갔다가 볶는 일. 로잡고 단정히 앉음. 하다
염:슬 단좌(斂膝端坐)명 무릎을 거두어 옷자락을 바
염:습(殮襲)명 죽은 이의 몸을 씻긴 후에 옷을 입히는 일. 습렴. (약) 염(殮). shrouding 하다
염식(饜食)명 배불리 먹음. gluttony 하다
염:심(染心)명〈불교〉번뇌로 인하여 더럽혀진 마음.
염심(焰心)명 불꽃 중심부의 광휘(光輝)가 약한 부분. 가연성(可燃性) 가스가 있는 부분. center of flare
염:아(恬雅)명 이익에 욕심이 없이, 늘 마음이 화평(和平)하고 단아함. 염안(恬安). 염태(恬泰). pea-

염아자(一字) 〈식물〉 초롱꽃과의 다년생 풀. 줄기 높이 90 cm 내외이며 잎은 난상 타원형임. 7~9월에 자색의 꽃이 피고 과실은 삭과임. 산지에 나며 어린 잎은 식용함.

염-알이(廉―) 명 비밀하게 염탐하기. spying 하타

염알이-꾼(廉――) 명 비밀히 염탐하는 사람. spy

염:야(艶冶) 곱고 아름다움. beauty 하형

염양(炎陽) 몹시 뜨겁게 내리쬐는 볕. 불볕. heat of the sun

염:양(艶陽) 명 따스한 봄날의 기후. warm sunlight

염어(鹽魚) 명 소금에 절인 생선. salted fish

염:어(艶語) 명 요염한 말. 염언(艶言). beautiful words

염:언(念言) 명 깊이 생각한 바를 나타낸 말. prayer

염:언(艶言) 명 [동] 염어(艶語).

염-역(染疫) 명 유행병에 전염됨. catch a contagious disease

염연(恬然) 욕심 없이 마음이 평안한 모양. 마음에 아무런 생각도 없는 상태. peacefulness 하형 히튀

염열(炎熱) 매우 심한 더위. 불같이 뜨거운 더위. 염서(炎暑). intense heat

염염(一冉) 〈冉冉〉 ① 점점 멀어져서 없어지려는 모양. ②달이나 해가 점점 기울어지는 모양. ③비나 이슬이 고요히 내리는 모양. 하형 히튀

염염(炎炎) 이글이글하는 모양. 하형 히튀

염-오(染汚) 명 [동] 오염(汚染). 하타

염오(厭惡) 싫어서 미워함. hatred 하타

염-외(念外) 생각 밖. unexpectedness

염:용(艶容) 명 예쁘고 아리따운 용모. charming features

염우(廉隅) 명 품행이 바르고 절조가 굳음. 《유》 염치(廉恥). integriy

염우 염치(廉隅廉恥) 명 염우와 염치. (변) 야우 얍치.

염:원(念願) 명 생각하고 바람. one's heart's desire

염위(炎威) 명 복중(伏中) 더위의 무서운 위세. intense heat

염의(廉義) 명 ~ 염우(廉隅). **염의-없:이** 명 체모가 없다. 염치없다. shameless

염-일(一日) 명 한 달의 20일째 되는 날. 스무 날. 20th day

염:자(艶姿) 아리따운 자태. charming figure

염장(炎瘴) 더운 지방의 개펄에서 나는 독한 기운.

염:장(殮匠) 명 염장이.

염:장(殮葬) 명 시체를 염습(殮襲)하여 장사함. burial 하타

염:장(艶粧) 예쁘게 단장함. beautification 하타

염장(鹽場) 명 [동] 염밭.

염장(鹽醬) 소금에 절이어 저장함. 하타

염장(鹽醬) ①소금과 장. salt and beanpaste ②양념의 총칭. seasoning

염장-법(一法) 〈鹽藏法〉 명 소금에 절이어 저장하는 법. 소금물의 삼투(滲透) 작용에 의하여 수분을 없앰으로써 미생물이 생활할 수 없게 됨.

염-장이(殮匠一) 명 염장하는 일로써 업을 삼는 사람. 《유》 염장(殮匠). undertaker

염:적(染跡) 명 깨끗하지 못한 자국. dirty traces

염:적(斂跡) 명 ① 종적을 감춤. ②어떤 일에서 발을 뺌. 하타

염:전(念前) 스무 날이 되기 전. 염내(念內). ~ 〈장(大腸) ~. 하ㄷ

염:전(捻轉) 명 비틀어짐. 뒤틀어서 방향이 바뀜. ¶대

염:전(厭戰) 명 전쟁을 싫어함.

염:전(斂錢) 명 거둘 모은 돈. 돈을 거두어 모음. 하타

염전(鹽田) 명 [동] 염밭.

염전(鹽廛) 명 소금을 파는 가게.

염전로-부(一―――) 〈鹽田鹵部〉 명 한자 부수의 하나. '鹹' '鹽' 등의 '鹵'의 이름.

염전-법(一法) 〈鹽田法〉 명 햇볕에 바닷물을 증발시켜 소금을 만드는 방법의 하나. saltern method

염절(廉節) 명 염직(廉直)한 절개. chastity

염:절(艶絶) 비길 바 없이 아름다움. very beautiful 하형

염점(一店) 명 종이나 피륙 따위의 가장자리를 접어서 가지런하게 함. neat folding 하타

염:접 종이·피륙 등의 가를 접거나 베어 가지런하게 함.

염정(炎程) 명 찌는 듯한 더위에 걸어가는 길. traveling on a hot summer day

염정(炎精) ①태양. sun ②불을 맡은 신. god of fire ③아지랑이. gossamer

염정(恬靜) 명 [동] 안정(安靜). 하형 히튀

염정(廉正) 명 마음이 청렴하고 공정함. integrity 하형

염정(廉靜) 청렴 청정(淸淨聽政). 하형

염정(鹽井) 명 ①소금을 만들 바닷물을 모아 두는 웅덩이. 염지(鹽池). seawater ponds of salt fields ②화염법(火鹽法)에서 바닷물을 애벌 고아서 담아 두는 곳. saltwater ponds ③ 염분을 함유하고 있는

염:정(戀情) 명 [동] 연정(戀情).

염정(鹽井) ~ 우물. salty well

염정-성(廉貞星) 명 구성(九星) 가운데의 다섯째 별. 문곡성(文曲星)의 아래, 무곡성(武曲星)의 위임. 결백하고 정대(正大)한 인품을 지닌 인물을 상징

염:정 소:설(戀情小說) 〈동〉 연애 소설.

염제(炎帝) 〈민속〉 ①불을 맡은 신. ②여름을 맡은 신. 여름의 무더위. 《유》 화제(火帝). god of summer 하형 히튀

염:족(厭足) 명 흔하고 넉넉함. 만족함. satisfaction

염:좌(捻挫) 명 〈의학〉 삐어서 뼈를 다치는 일. sprain

염:주[1](念珠) 〈불교〉 불·보살에게 예배할 때 여러 개의 보리자(菩提子)를 손목에 걸거나, 손으로 돌리는 법구(法具)의 하나. 또, 염불하는 수를 세는 데도 씀. 수주(數珠). ¶ 백팔(百八) ~. rosary

염:주[2](念珠) 〈식물〉 볏과의 다년생 풀. 줄기는 곧고 녹색에 흰 분가루의 있어 잎은 넓은 선형임. 둥근 열매는 과피(果皮)가 단단한 법랑질로 싸여 염주 따위의 재료로 씀.

염:주-나무(念珠―) 〈식물〉 피나무과의 낙엽 활엽 교목. 산에 남. 높이 3 m 이상으로 잎은 뒤에 푸른 백색의 성상모(星狀毛)가 밀생함. 6월에 꽃이 피고 열매는 구형으로 10월에 익음. 정원수로 심고 열매는 염주를 만듦. 〈낚시꾼.

염:주-찌(念珠―) 명 작은 구슬찌를 여러 개 달아 쓰는

염증[1](一症) 〈炎症〉 〈의학〉 몸의 어느 부분이 붉게 붓고 아픈 병증. 《약》 염증. inflammation

염증(炎蒸) 명 찌는 듯한 더위. sultriness

염:증[2](一症) 〈厭症〉 명 [동] 싫증.

염:지(染指) 명 남의 물건을 정당하지 않게 몰래 가짐. embezzlement

염:지(稔知) 명 익숙히 앎. 숙지(熟知). 하타

염지(鹽池) 명 [동] 염정(鹽井).

염지(鹽指) 명 집게손가락.

염:지-서(染指書) 명 집게손가락에 먹을 묻혀서 곧게 세워 글씨 쓰는 일. ~ eing and weaving 하타

염:직(染織) 명 ①피륙에 물들임. ② 염색과 직조. dyeing

염직(廉直) 명 청렴하고 강직함. integrity 하형 히튀

염:질(染疾) 명 [동] 시환(時患).

염:질(艶質) 명 아름다운 바탕. fine nature

염:-집(一―) 〈엽―〉 여염집.

염찰(廉察) 명 [동] 염탐(廉探). 하타

염창(簾窓) 명 [동] 발창.

염채(鹽菜) 명 ①소금과 채소. salt and vegetables ②소금에 절인 채소. pickled vegetables

염:처(艶妻) 명 아름다운 아내. charming wife

염천(炎天) 〈天〉 ①여름날의 몹시 더운 날씨. broiling weather ②구천(九天)의 하나. 남쪽 하늘. (俺) 한 천(天). southern sky 〈鹽泉〉.

염천(鹽泉) 〈지리〉 소금기가 있는 온천. 식염천.

염:체(艶體) 〈문학〉 사조(詞藻)가 아름답고 시정이 풍부한 여성적인 시체(詩體). beautiful verse

염초(焰硝) 명 ①〈한의〉 박초(朴硝)로 만든 약재. ②〈동〉 초석(硝石). ③〈동〉 화약.

염초-청(焰硝廳) 〈제도〉 조선조 때, 훈련 도감의 분장으로 화약 만드는 일을 맡던 기관.

염초청 굴뚝 같다[句] 마음속이 검고 음융하다.
염:출(捻出)[명] ①비틀어 냄. ②생각해 냄. 안출(案出). contriving ③돈을 억지로 장만함. 각출(各出). raising money 하다
염치(廉恥)[명] 염결(廉潔)하여 수치를 아는 마음. ¶ ~ 없는 녀석. 《유》 염우(廉隅). 《작》 얌치. sense
염치=고개[명] 《속》 염치(廉恥). of shame
염치=없:-다(廉恥-)[형여불] 염치를 돌아보는 마음이 없다. 《작》 얌치없다. shameless 염치=없:이[부]
염치 차리-다(廉恥-)[구] 염치를 살가 부끄럽지 않게 행동하다. 체면을 차리다. 「aking highly of 하다
염:칭(艶稱)[명] 부러워하고 칭찬함. 매우 칭찬함. spe-
염탐(廉探)[명] 남 몰래 사정을 조사함. 염찰(廉察). spying 하다 「(廉客). 염문꾼. secret agent
염탐=꾼(廉探-)[명] 몰래 사정을 조사하는 사람. 염객
염탐=질(廉探-)[명] 염탐하는 행동을 낮잡아 이르는 말. 하다
염탕(鹽湯)[명] 소금을 넣고 끓인 물. 소금국.
염:태(艶態)[명] 아름다운 자태. charming figure
염통[명] 《동》 심장①.
염통=구이[명] 소의 염통을 양념하여 구운 음식.
염통=귀[명] 〈생리〉 염통 내강(內腔)의 상반(上半). upper half of the heart
염통=근(-筋)[명] 〈생리〉 '심장근'의 풀어 쓴 말.
염통=꼴[명] 염통과 같이 생긴 모양. 심장형. 심형(心形). heart shaped
염통=머리[명] 《속》 염치(廉恥). 《작》 얌통머리.
염통=문(-門)[명] 〈생리〉 피가 염통에 드나드는 문.
염통=방(-房)[명] 《동》 심방(心房). [심문(心門).
염통 산:적(-散炙)[명] 소의 염통을 넓게 저며 꼬챙이에 꿰어 양념해서 구운 음식. 「쓴 말.
염통=주머니[-쭈-][명] 〈생리〉 '심낭(心囊)'의 풀어
염통=집[-찝][명] 심실(心室). 「함. 하다
염퇴(恬退)[명] 명예나 이익에 뜻이 없어 벼슬을 사직
염파(簾波)[명] 창에 드리운 발 그림자의 어른어른하는 무늬의 결.
염평(廉平)[명] 욕심이 적고 공평함. 하다 히[부]
염:포(殮布)[명] 염습할 때에 시체를 묶는 베. 교포(絞布). winding sheet
염:폐(殮肺)[명] 얇게 저며 소금에 절인 포육.
염:못(殮布)[명] 밭얼날 상가(喪家)에서 먹는 맑은 장국. 쇠고기·북어·다시마·두부 등을 넣고 끓임.
염풍(炎風)[명] 《동》 북동풍(北東風).
염:피(厭避)[명] 마음에 싫어서 피함. aversion 하다
염:필(染筆)[명] ①붓에 먹이나 물감을 묻힘. ②붓으로 글씨를 쓰거나 그림을 그림. 하다
염하(炎夏)[명] 여름. 더운 여름. hot summer
염:-하다(念-)[태여불] 〈불교〉 불경이나 진언(眞言) 등을 외움을 외거나, 마음에 품다.
염:-하다(殮-)[태여불] 염습(殮襲)하다.
염:-하다(廉-)[형여불] ①값이 싸다. cheap ②《예》 청렴하다. upright 「weather
염한(炎旱)[명] 한여름에 드는 가뭄임. scorching dry
염한(鹽干·鹽漢)[명] 소금을 굽는 사람. salter
염호(鹽湖)[명] 《동》 함수호(鹹水湖).
염화(鹽化)[명] 〈화학〉 어떤 물질이 염소와 화합하는 현상. chloridation 하다
염화=가리(鹽化加里)[명] 《동》 염화칼륨(鹽化 kalium).
염화=금(鹽化金)[명] 〈화학〉 ①금에 염소를 작용시켜서 얻은 물질. ②금염화수소산의 준말. gold chloride
염화=나트륨(鹽化 Natrium)[명] 〈화학〉 '소금'의 화학명 sodium chloride
염화=동(鹽化銅)[명] 〈화학〉 염화제일동(鹽化第一銅)과 염화제이동(鹽化第二銅)의 총칭. copper chloride
염화=마그네슘(鹽化 magnesium)[명] 〈화학〉 조제(粗製) 식염 중에 함유되어 있는 조해성(潮解性)이 많은 쓴맛의 백색 결정질.
염화=물(鹽化物)[명] 〈화학〉 염소(鹽素)가 음성 원소로서 화합된 물질의 총칭. chloride

염화 미소(拈華微笑)[명] 〈불교〉 문자나 말에 의하지 않고 마음에서 마음으로 전하는 일을 일컬음. 이심전심(以心傳心). 염화 시중. 불립 문자. 점화 미소. mind transference
염화=바륨(鹽化 barium)[명] 〈화학〉 무색 평평한 사각형 결정. 중정석(重晶石)으로 만듦. 물에 잘 녹고 황산 이온을 만나면 황산바륨의 백색 앙금을 생성함.
염화=백금산(鹽化白金酸)[명] 〈화학〉 백금을 왕수(王水)에 녹여 증발하서 얻은 암등적색(暗橙赤色)의 주상 결정(柱狀結晶). 백금염화수소산(白金鹽化水素酸).
염화=비닐(鹽化 vinyl)[명] 〈화학〉 비닐의 하나. 염화수소와 아세틸렌을 접촉 반응시켜 얻음. 염화비닐 수지의 합성 원료로 쓰임.
염화=수소(鹽化水素)[명] 〈화학〉 염소와 수소의 화합물. 소금에 황산을 작용시켜 만듦. 무색이고 자극적인 냄새가 있으며 물에 잘 풀리는데 이 수용액을 염산이라 함. 염산 가스(鹽酸 gas). hydrogen
염화=수소산(鹽化水素酸)[명] 《동》 염산(鹽酸). chloride
염화 미소(拈華示衆)[명] 염화 미소(拈華微笑).
염화=아연(鹽化亞鉛)[명] 〈화학〉 아연과 염소가 화합하여 된 흰빛의 고체. 조해성(潮解性)이 강하여, 방부제·금속 멜팅·소독제 등으로 쓰임. zinc chloride
염화=암모늄(鹽化 ammonium)[명] 〈화학〉 가스액을 증류 농축한 것에 염산을 가하여 만든 무색 무취의 결정. 암모늄의 염화물로 짠맛이 있으며, 물에 잘 녹고 알코올에는 약간 녹음. 공업과 의료상에 쓰임.
염화=은(鹽化銀)[명] 질산은 용액에 염소를 넣어서 얻은 흰 빛깔의 앙금. silver chloride
염화=제:이:수은(鹽化第二水銀)[명] 〈화학〉 무색 투명한 결정 또는 가루. 황산제이수은과 소금의 혼합물을 가열하여 승화시켜 만듦. 맹독이 있으나 살균력이 있으므로 소독제로 쓰고, 사진술에도 쓰임. 승홍(昇汞).
염화=제:이:철(鹽化第二鐵)[명] 〈화학〉 염산 가스에 철을 작용시켜 얻는 화합물. 물에 잘 녹고 공기 중에 빨리 산화함. 염색·약품 등에 쓰임. ferric chloride
염화=제:일수은(鹽化第一水銀)[명] 〈화학〉 염화제이수은(鹽化第二水銀)에 수은을 작용시키든지 황산제이수은과 수은과 식염을 섞어 승화시켜 얻는 황백색의 가루. 물에 녹지 않고, 햇빛을 보면 변화하여 승홍이 됨. 약학상 감홍(甘汞)이라 하고, 한방에서는 경분(輕粉)이라 함.
염화=제:일철(鹽化第一鐵)[명] 〈화학〉 철을 염산에 용해하여 얻는 결정질. 아연철. ferrous chloride
염화=주석(鹽化朱錫)[명] 〈화학〉 주석을 염산에 작용시켜 만든 결정체.
염화=철(鹽化鐵)[명] 〈화학〉 철과 염소와의 화합물의 총칭. 염화제일철과 염화제이철의 두 가지가 있음. iron chloride
염화=칼륨(鹽化 kalium)[명] 〈화학〉 쓰고 짠맛이 있는 백색 입방체의 결정. 탄산칼륨·염소산칼륨·초석 등의 칼륨염(鹽)의 제조 원료, 또는 비료로 사용함. 염화가리(鹽化加里). 염화포타슘. kalium chloride
염화=칼슘(鹽化 calcium)[명] 〈화학〉 탄산칼슘·소석회(消石灰)에 염산을 작용시켜 얻은 용액을 농축·증발하여 만드는 백색의 결정 또는 가루. calcium chloride
염화=포타슘(鹽化 potassium)[명] 《동》 염화칼륨.
염:회(念晦間)[명] 스무날경부터 그믐까지의 사이.
염:후(念後)[명] 그 달의 스무날이 지난 후.
엽(葉)[의명] 종이·잎·작은 배 같은 것을 셀 때 한 장을 이르는 단위. ¶일 ~ 편주(片舟). sheet
엽각(葉脚)[명] 〈식물〉 잎의 밑둥.
엽견(獵犬)[명] 〈동물〉 사냥개. hound
엽고=병[-뼝](葉枯病)[명] 잎마름병.
엽관(靨冠)[명] 상중(喪中)에 머리에 쓰는 관(冠). 두건(頭巾). mourner's hempen cap

엽관(獵官)圀 온갖 방법으로 서로 관직을 얻으려고 아심적으로 경쟁함. office-hunting 하다

엽관 운ㆍ동(獵官 動)圀 관직을 얻으려고 벌이는 운동. 분경(奔競)②. 「감탕ㆍ염총 따위. hunting tool

엽구(獵具)圀 새ㆍ짐승 등을 잡는 데 쓰는 도구. 그물

엽구(獵狗)圀 ①사냥개. hunting dog ②상관의 명령에 잘 복종하는 사람의 비유.

엽구(獵區)圀 사냥하는 구역. hunting area

엽=권ː수(葉卷鬚)圀 图 잎덩굴손.

엽ː권ː연(葉卷煙)圀 图→엽궐련.

엽권=충(葉捲蟲)圀 〈곤충〉 곤충의 유충으로 잎을 말아 그 속에 사는 습성을 가진 것의 총칭.

엽ː궐련(葉—)圀 담뱃잎을 통째로 돌돌 말아서 만든 담배. 여송연(呂宋煙)②. 图 엽련연. cigar

엽기(獵奇)圀 괴이한 것에 흥미가 끌려 쫓아다니는 일. bizarrerie hunting 하다

엽기(獵期)圀 ①사냥하는 데 좋은 시기. ②사냥을 허가하는 기간. 법규상 10월 1일부터 이듬해 3월 31일까지. hunting season

엽기 소ː설(獵奇小說)圀 〈문학〉 흥미 본위로 변태적이고 기이한 세계를 소재로 한 소설. bizarre story

엽량(葉量)圀 잎의 양(量). ¶ ~이 많은 나무.

엽렬(葉列)圀 图 잎차례.

엽렵(獵獵)图 ①매우 영리하고 날렵한 모양. 분별 있고 의젓한 모양. ②부는 바람이 가볍고 부드러움. 하다 히

엽록=소(葉綠素)圀 〈식물〉 잎의 엽록체 속에 들어 있는 녹색의 색소. 빛에너지를 흡수하여 광합성이 일어나는 데, 탄소 동화 작용을 행함. 청록색ㆍ황록색 등이 있음. 잎파랑이. chlorophyll

엽록=체(葉綠體)圀 〈식물〉 녹색 식물의 잎 세포 속에 들어 있는 녹색의 알갱이. 엽록소를 품고 있으며 녹색을 띠며, 광합성이 일어나는, 탄소 동화 작용을 하여 전분을 만드는 중요 부분. 엽록체의 작용은 그라나와 스트로마가 있음. 잎파랑치.

엽맥(葉脈)圀 〈식물〉 잎에 분포하는 수분이나 양분의 통로가 되는 유관속(維管束). 평행맥ㆍ망상맥(網狀脈)의 두 가지가 있음. 잎맥. vein

엽병(葉柄)圀 〈식물〉 잎을 지탱하는 꼭지. 잎을 햇볕 방향으로 돌리는 작용도 함. 잎꼭지. 잎자루.

엽복(獵服)圀 사냥할 때 입는 옷. hunting suit

엽부(獵夫)圀 사냥꾼.

엽비(葉肥)圀 〈농업〉 녹비(綠肥)의 하나. 나뭇잎 따위를 섞어서 만든 거름. compost

엽사(獵師)圀 图 사냥꾼. 엽인. hunter

엽산(葉酸)圀 〈화학〉 비타민 B 복합체의 하나. 이것이 부족하면 빈혈을 일으킴. 시금치 등의 푸른 잎의 야채, 동물의 간장 등에 포함됨. folic acid

엽삽=병[—뼝](葉澁病)圀 〈농업〉 보리의 병해. 수균류(銹菌類)의 기생으로 일어남. 녹병.

엽상(葉狀)圀 잎과 같은 모양. leaf-like

엽상=경(葉狀莖)圀 〈식물〉 잎과 같고 또 엽록소가 있어 동화 작용을 하는 줄기. 선인장 등에 있음. 잎줄기.

엽상 식물(葉狀植物)圀 〈식물〉 뿌리ㆍ줄기ㆍ잎 등 세포가 분화되지 않고, 유관속(維管束)이 없는 식물. 균식물. 조식물. 세포식물(細胞植物). 图 경엽 식물(莖葉植物). thallophyte

엽상=체(葉狀體)圀 〈생물〉 ①세포 식물에 있어서, 줄기와 잎의 구별이 없고, 전체가 잎과 비슷하게 편평하여 잎과 같은 작용을 하는. 우산이끼나 바닷말 등. ②강장 동물인 해파리의 자낭(子囊)을 부분적으로 덮고 있는 투명체. 보호엽.

엽색(獵色)圀 여색(女色)을 탐함. ¶ ~ 행각. 하다

엽색=꾼(獵色—)圀 엽색하는 사람.

엽서(葉序)圀 〈식물〉 잎이 배열되어 붙는 상태. 호생(互生)ㆍ대생(對生)ㆍ윤생(輪生)ㆍ총생(叢生) 등으로 구별됨. 잎차례. phyllotaxis

엽서(葉書)圀 《약》→우편 엽서. 그림 엽서.

엽쇼ː가《약》→여보시오.

엽신(葉身)圀 图 잎새①. 엽편(葉片).

엽아(葉芽)圀 〈식물〉 잎눈. leaf-bud

엽액(葉腋)圀 〈식물〉 식물의 가지나 줄기에 잎이 붙은 자리. 잎겨드랑이. leaf-axil 「gin

엽연(葉緣)圀 〈식물〉 잎의 가장자리. 잎가. leaf mar-

엽연(曄然)图 기상(氣象)이 빛나고 성한 모양. 하다

엽=연초(葉煙草)圀 图 잎담배.

엽우(獵友)圀 함께 사냥다니는 동무. hunting friend

엽월(葉月)圀 '음력 8월'의 딴이름. August of the lunar calendar

엽육(葉肉)圀 〈식물〉 잎의 내외피(內外皮) 안쪽에 있는 녹색의 연한 세포 조직. 잎에서 엽맥을 제외한 다른 부분의 총칭. 잎살. mesophyll

엽인(獵人)圀 사냥하는 사람. 엽사(獵師). hunter

엽자(葉子)圀《약》엽자금(葉子金)②.

엽자=금(葉子金)圀 최상품의 금. 얇게 불려 잎사귀 모양으로 된 십품금(十品金). 图 엽자(葉子). fine

엽장(獵場)圀 사냥하는 곳. 사냥터. 「gold

엽전(葉錢)圀 ①놋으로 만든 옛날의 돈. 일전. old Korean brass coin ②〈속〉 봉건적 인습에서 아직 탈피하지 못한 사람이라는 뜻으로, 한국 사람을 자학적으로 일컫는 말.

엽전(葉錢坪)圀 图 엽전풀이.

엽전=풀이(葉錢—)圀 다른 돈을 엽전으로 환산하는 일. 엽전평(葉錢坪). 엽평(葉坪). 「game bird

엽조(獵鳥)圀 사냥을 허락한 새. 엽금조(禁獵鳥).

엽주(獵酒)圀 술을 우려먹기 위해 아는 사람을 찾아다님. 주렵(酒獵). asking for wine 하다

엽차(葉茶)圀 ①차나무의 잎을 따서 액은 찻감. 또, 그 물. leaf tea ②한 번 우려 낸 홍차(紅茶)를 재탕한 차. ③차나무의 어린 잎을 따서 말린 차.

엽채(葉菜)圀 잎사귀를 식용하는 채소. 잎채소. vegetable

엽채=류(葉菜類)圀 〈식물〉 잎을 식용(食用)하는 채소류. 배추ㆍ미나리ㆍ근대ㆍ시금치 등. 잎줄기 채소.

엽초(葉草)圀 图 잎담배. 「edible leafy plants

엽초(葉鞘)圀 〈식물〉 잎꼭지가 칼집 모양으로 줄기를 싸고 있는 것. 벼ㆍ보리 등 포아풀과 식물에

엽총(獵銃)圀 사냥하는 총. hunting gun 「많음.

엽축(葉軸)圀《약》잎줄기①.

엽충(葉蟲)圀 〈곤충〉 잎벌레.

엽치=다圀 보리를 대강 찧다. hull barley roughly

엽침(葉枕)圀 〈식물〉 잎이 붙은 곳, 또는 잎 밑동의 볼록한 부분. pulvinus, cushion

엽침(葉針)圀 〈식물〉 잎이 변하여 바늘같이 된 것. 선인장의 가시 등. 잎바늘. needle

엽탁(葉托)圀 〈식물〉 떡잎. 탁엽(托葉).

엽편(葉片)圀 〈식물〉 잎의 넓은 부분. 잎새①. 엽신(葉身). leaf blade

엽호(獵戶)圀 ①사냥꾼의 집. ②사냥꾼.

엽황=소(葉黃素)圀 〈식물〉 잎 속에 있는 엽록체 중의 노란 색소(色素). 가을에 잎이 누른 것은 이 색소 때문임. 잎노랑이.

엿圀 전분 또는 전분 함유 원료를 엿기름으로 당화(糖化)시킨 달고 끈끈한 식품. 이당(飴糖). wheat-gluten

엿²관 ㄴㆍㄷㆍㅁㆍㅂㆍㅅㆍㅈ 등을 첫소리로 한 일부 명사 앞에 쓰이여 여섯의 뜻을 나타내는 말. six

엿圀 여우. 「gluten

엿=가락圀 图 엿가래.

엿=가래圀 가래엿의 날개. 엿가락. stick of wheat

엿=가위圀 엿장수가 들고 다니는 큰 가위.

엿ㆍ귀《고》여귀.

엿=기름圀 밀ㆍ보리에 물을 부어 싹을 내어 말린 것. 효소가 많이 들어 있음. 식혜ㆍ엿을 만드는 데 씀. 맥아. dry barley sprout

엿기름 가루[—까—]圀 엿기름을 빼에 타서 만든 가루. 식혜 가루.

엿ㆍ다타《고》엿보다.

엿단쇠[리] 엿장수가 엿을 사라고 외치는 소리.
엿=단쇠[당][리] 탄수화물 중 이당류의 하나. 당당류인 포도당이 2개 결합한 영양소. maltose
엿:=듣-다[ㄷ변][타] 남 몰래 가만히 듣다. overhear
엿 먹어라 남에게 골탕을 좀 먹으라고 하는 말.
엿 먹이다 남을 슬쩍 제치고 있게 꿇어 주거나 속이다.
엿-목판(一木板)[명] 엿을 담는 목판.
엿-물[명] 엿기름물에 밥을 담아 삭혀서 짠물. 이것을 고면 엿이 됨. water of glutinous rice jelly
엿물을 켜렸다[관] 녹초가 되도록 곤란을 많이 당했다
엿=반대기[명] 엿으로 만든 반대기. 엿자박. [는 말.
엿=밥[명] 엿을 만들고 남은 찌끼. 이박(飴粕).
엿=방망이[명] ①투전 노름이나 골패 노름의 하나. ② [약]→엿죽 방망이②.
엿:=보-다[타] ① 남 몰래 가만히 보다. glance furtively ②때를 노리고 기다리다. ¶기회를 ~. watch and
엿:=보이-다[자] 엿봄을 당하다.   [wait
엿:=살피다[타] 남 몰래 가만히 살피다. feel out
엿새[명] ①[약]→엿샛날. ②여섯 날. six days
엿샛-날[명] ①그 달의 여섯번째의 날. 육일(六日). [약]에새. sixth day ②[약]→초엿샛날.
엿-자박[명] 엿반대기.
엿-장수[명] 엿을 파는 사람.
엿장수 마음대로[관] 엿장수가 엿을 늘이듯, 무슨 일을 제 마음대로 이랬다저랬다 하는 모양. ¶~는 안
엿=죽[약]→엿죽 방망이.   [될걸.
엿죽 방망이[명] 엿을 골 때에 젓는 막대기. ②하기 쉬운 일을 농으로 하는 말. [약] 엿죽. 엿방망이②. easy thing
엿-치기[명] 엿가래를 부러뜨려 구멍의 크고 작음으로 [고] 여우.   [승부를 다루는 내기. 하타
엇··다[타][고] 엿보다.
엮-다[타][고] 엮다.
=였[큰미] ①과거 시제 선어말 어미 '=었'의 한 번 최. 용언의 어간 '하-' 아래에만 쓰임. ¶그는 그 날 퍽 고단하~다. ②어간 형성 접미사 '-이'가 바로 다음에 놓인 과거 시제 선어말 어미 '=었'과 합쳐져서 된 준말. ¶먹~다. 숙~다.
=였습니-다[어미] 선어말 어미 '=였'과 '=습니다'가 접 [처세 종결 어미.
영¹[명]→이영.
영: 깨끗하게 잘 주민 집 안이나 방 안의 밝고 나는 기운. ¶~이 돌다. vitality
영¹(令)[명]①[약]→명령(命令). ②[약]→법령(法令). ③[함. zero [약]→약령(藥令).
영(零)[명] [수학] 수가 전혀 없는 것. '0'을 기호로
영(營)[명][약]→영문(營門)①.
영(鮭)[명][동] 재².
영(齡)[명] 누에가 봉지 매고 발육하는 시기. 보통 5령(齡) 끝에 가서 실을 토하여 고치를 만들기 시작함. [대] 몇(眠).
영(靈)[명] ①[약]→신령. ②[약]→영혼.
영²(靈)[의]가죽을 세는 단위. ¶호피 일 ~. sheet
영(永)[약]→영영(永永)①.
영(英)[약] 영국. 영어. ¶~문학. ~미(英). 「는 말.
영(令-)[접] 남의 가족을 높여 발할 때 명사 위에 쓰는
영-가(詠歌)[명][동] 창가(唱歌). 하타
영가(靈駕)[명][약]→영혼(靈魂)②.   [and dance
영가 무:도(詠歌舞蹈)[명] 노래를 읊고 춤을 춤. sing
영각(靈駕)[명] 암소를 찾는 황소의 우는 소리. 하타
영각(影閣)[명] 항공기가 기류의 흐름에 대하여 기체 날개가 놓인 방향 사이의 각.
영:각(影閣)[명][불교] 고승(高僧)의 초상을 모신 곳.
영각(影閣)[명][불교] 고승(高僧)의 초상을 모신 곳.
영감(令監)[명]①[제도] 정3품과 종2품의 관원을 일컫던 말. 영공(令公). your excellency ②좀 나이 많은 남편이나 남자 노인을 가리켜 일컫는 말. ¶[공] 영감님. old man ③명장·군수·판사 등 지체 높은 사람을 존중하여 일컫는 말.
영감(靈感)[명]①신의 영묘한 감응. ②의 계시를 받

은 것 같은 느낌. inspiration
영=감-마:님(令監一)[명] [공] '영감①'을 이르는 말.
영감-무(靈感巫)[명]〈민속〉영감을 받아 된 무당.
영감-쟁이(令監一)[명][하] '영감'을 이르는 말. '늙은이'를 일컫는 말.
영=감-태기(令監一)[명][하] '늙은이'를 익살스럽게 또 는 홀하게 이르는 말. [대] 시아(侍下).
영:감-하(永感下)[명] 부모가 돌아가셔 계시지 않는
영갑(合甲)[명] 법령(法令).
영감(領去)[명] 함께 데리고 감. ¶죄인을 ~하다. 하타
영거(寧居)[명] 안심하고 편안히 삶. 하타
영거:리 사격(零距離射擊)[명]〈군사〉근거리의 적에 대하여 포탄이 발사 직후에 파열하도록 조절해서 하는 사격. [대](世代). ②청소년층(靑少年層).
영거 제너레이션(younger generation)[명] 젊은 세대
영건(營建)[명] 건물을 지음. 궁전을 지음. 영구(營構). construct a palace 하타
영걸(英傑)[명]①영웅과 호걸. heroes ②영특하고 기상이 걸출한 사람. 또, 그 사람. great man 하타 스럽 [히] [가진 군주.
영걸지-주(英傑之主)[명] 영걸스러운 기상을
영-검(靈一)[명] 사람의 기원(祈願)에 대한 신불(神佛) 의 영묘한 감응. [원] 영험(靈驗). miracle
영검(靈劍)[명] 영묘한 힘을 가진 검.
영검-스럽-다(靈一)[ㅂ변][형]①영검한 듯하다. ②[동] 영절스럽다. [약] 영검=스레[부]
영검-하다(靈一)[형] 영검이 있다. [약] 영하다.
영:겁(永劫)[명]〈불교〉극히 긴 세월. 영원한 세월. 백겁(百劫). eternity
영:겁 회귀(永劫回歸)[명]〈철학〉우주는 영겁으로 반복하는 원환(圓環) 운동이라는 니체의 학설.
영격(迎擊)[명]①〈군사〉공격하여 오는 적을 맞아서 침. 요격(邀擊). ②찾아오는 사람을 중도에서 맞음.
영견(迎見)[명][동] 연견(延見). 하타 [남. 하타
영:결(永訣)[명] 죽은 사람과 산 사람이 영원히 이별 [유] 영이별(永離別). last parting 하타
영:결-사(永訣辭)[명] 영결식에서 고인을 추도하는 말.
영:결-식(永訣式)[명] 장례 때, 친지가 모여 죽은 사람 과 영결하는 의식. funeral ceremony
영:결 종천(永訣終天)[명] 죽어서 영원히 이별함. 하타
영경(英京)[명] 영국의 수도. 곧, 런던.
영경(靈境)[명]①영묘한 경지. 영역(靈域)①. supernatural state ②속진(俗塵)을 멀리 떠나 경치 좋고 조용한 곳. solitary land [鷄]. spring chicken
영계(一鷄)[명] 병아리보다 좀 큰 닭. [원] 연계(軟
영계(領戒)[명]〈종교〉대종교(大倧敎)에서 신자에게 자격을 주는 예절.
영계(靈界)[명]①영혼의 세계. 사후의 세계. 저승. abode of spirits ②정신 또는 그 작용이 미치는 범위. [대] 육계(肉界). spiritual world
영계 구이(一鷄一)[명] 햇닭 고기를 저며서 양념을 해 구운 음식. 연계구(軟鷄灸).
영계 백숙(一鷄白熟)[명] 영계를 튀하여 털과 내장을 없애고 통째로 삶은 음식.
영계-찜(一鷄一)[명] 영계를 튀하여 삶은 다음에 뼈를 추려 낸 것에다 밀가루·녹말을 끓여서 붓고, 양념을 치고 고명을 얹어 만든 음식. 연계증(軟鷄蒸).
영고(鈴鼓)[명]〈민속〉옛날, 부여국에서 연중 행사로 음력 섣달에 행하던 제천 의식. 일명 '맞이굿'. 온 나라 사람이 하늘에 제사지내고 회의를 열어, 며칠 동안 음식을 마시고 노래하고 춤을 추었다고 함.
영고(榮枯)[명] 성함과 쇠함. 영락(榮落).
영고(靈告)[명] 신령의 계시(啓示). revelation
영고(靈鼓)[명]〈음악〉지신(地神)에게 제사지낼 때 치던, 누른 빛의 팔면고(八面鼓).
영고 성:쇠(榮枯盛衰)[명] 개인이나 사회의 성하고 쇠함이 서로 뒤바뀌는 현상. vicissitudes of fortune
영곡(嶺曲)[명] 영남 지방에서 나는 곡삼(曲蔘).

영공(領空)[명]〈정치〉영토(領土)의 영륙(領陸)과 영해(領海)의 상공으로, 그 나라의 주권이 미치는 범위. ¶~ 수호. territorial sky 「밥. 영반(靈飯).
영공(靈供)[명]〈불교〉부처나 죽은 사람의 영전에 바치는 젯
영공-설(領空說)[명]〈정치〉세계 각국은 영토의 영륙과 영해의 상공에 대하여 국가 주권을 행사할 수 있다는 설. theory of terriorial
영:과(穎果)[명]〈식물〉과피(果皮)가 건조하여 종피(種皮)와 꼭 붙어 있고 씨도 하나임. 벼·보리·밀 등의 열매와 같은 것. 곡과(穀果).
영관(領官)[명]〈군사〉군에서 소령·중령·대령의 총칭. 「field-officer
영관(榮冠)[명]영예의 관. 곧, 썩 영광스러운 승리나 성공의 비유. ¶승리로 ~을 차지하다. crown
영광(榮光)[명]빛나는 영예. 광영(光榮). 영요(榮耀). 빛⑤. glory 하田 스레[명]
영광(靈光)[명]신령한 빛. 이상한 빛.
영교(令嬌)[명]〈동〉영애(令愛).
영-구(永久)[명]①길고 오램. 끝없이 오램. ②시간이 무한히 계속되는 일. 영원(永遠). eternity 하田 히田
영구(營構)[명]《동》영건(營建).
영구(靈柩)[명]시체를 넣은 관. coffin
영:구 가스(永久 gas)[명]〈동〉영구 기체(永久氣體).
영:구 경수(永久硬水)[명]〈화학〉황산염·칼슘 등을 함유하고 있어서, 끓여도 연수가 되지 않는 경수. 영구 센물. 《대》일시 경수(一時硬水). permanent hard water
영:구 공채(永久公債)[명]〈경제〉국채의 하나. 정기적으로 이자만을 지급하고, 일정 기일에 원금을 상환할 의무가 없는 정부 발행의 공채. 영원 공채(永遠公債). 무기한 공채.
영:구 기관(永久機關)[명]〈물리〉외부로부터 에너지의 공급을 받지 않고 운동을 계속하는 가상적 기관. 제일 영구 기관과 제이 영구 기관이 있음. perpetual mobile
영:구 기체(永久氣體)[명]〈화학〉산소·수소·질소 등은 입계 온도가 낮아 액화 불능이라고 생각했기 때문에 붙인 이름. 액화법의 발달로 영구 기체의 존재는 없어졌음. 영구 가스(永久gas). permanent gas
영:구-성[-성](永久性)[명]영구히 변하지 않는 성질. 시간적으로 오래가는 성질. 영원성(永遠性). 항구성(恒久性). permanency
영:구 센-물(永久-)[명]〈동〉영구 경수(永久硬水).
영:구 운:동(永久運動)[명]〈물리〉외부에서 에너지를 공급하지 않아도 자동적으로 영구히 움직이는 기계 운동.
영:구 자석(永久磁石)[명]〈물리〉한번 자화(磁化)된 다음의 자기(磁氣)를 영구히 보존하는 자석. permanent magnet
영:구 장천(永久長川)[부]한결이 늘. 언제나 늘. ages
영:구-적(永久的)[명]영구히 변하지 않는(것). 항구적. 《대》일시적(一時的). everlasting
영:구-차(靈柩車)[명]영구를 운반하는 자동차. hearse
영:구-치(永久齒)[명]〈생리〉유치(乳齒)가 빠진 후에 나는 이와 대구치(大臼齒)의 합칭. 사람은 윗아래 도합 32개가 있음. 간니. 《대》유치(乳齒). permanent tooth 「함. 하田
영:구-화(永久化)[명]영구하게 되도록 함.
영국 국교회(英國國敎會)[명]잉글랜드 및 웨일즈에 있는 국교. 영국 왕을 교회의 수장으로 하며 국가에 예속함. 앵글리칸 교회. 영국 성공회(聖公會).
영국-말(英國-)[명]영국의 말. 영어. English
영국-톤(英國 ton)[명]영국에서 쓰는 무게의 단위인 톤. 1톤은 1,016.06kg, 2,240파운드. long ton
영군(領軍)[명]군사를 거느림. 군대를 통령(統領)함. commanding an army
영궤(靈几)[명]〈동〉영좌(靈座).
영귀(榮貴)[명]벼슬이 높고 귀함. 영화롭고 귀함. 영달(榮達). high rank and nobility 하田
영귀(靈鬼)[명]이상한 귀신. 꾀어한 정령(精靈). de-parted spirit
영귀=접(靈鬼接)[명]〈민속〉'귀신이 접하였다'는 뜻으로, 드러내지 않은 일을 알아맞히는 일. 하田
영규(令閨)[명]〈공〉'남의 아내'를 이르는 말. your wife 「experience
영금[명]따끔하게 당하는 곤욕. ¶~을 당하다. bitter
영금(營金)[명]영교(營校).
영기(令旗)[명]①〈제도〉조선조 때 군중(軍中)에서, 영자(令字)를 쓴 군령(軍令)을 전하던 기. ②줄다리기 등에서, 지휘 신호를 하는 데 쓰는 기.
영기(英氣)[명]〈영기居住〉우수한 재기(才氣). 뛰어난 기상(氣象). excellence 「atmosphere
영기(靈氣)[명]신령스럽고 신묘한 기운. mysterious
영-기호(嬰記號)[명]〈동〉영음 기호.
영남(嶺南)[명]〈지리〉조령(鳥嶺)의 남쪽. 경상 남북도 지방을 이름. 교남(嶠南).
영내(領內)[명]영륙·영해·영공 등의 영토 안. 영역내(領域內). territory, boundaries
영내(營內)[명]〈군사〉병영(兵營)의 안. 영중(營中). 《대》영외(營外). inside the barracks
영내 거주(營內居住)[명]〈군사〉군인이 외박하지 아니하고 영내에서 침식하는 생활. 《대》영외 거주(營外居住). living in barracks
영-내:-다(令-)[자]명령을 내다. command
영녀(令女)[명]〈동〉영애(令愛).
영녀 문학(令女文學)[명]〈문학〉여유있는 따남들이 한가로이 읽도록 재미있게 쓴 문예 작품. ②문재(文才) 있는 처녀가 지은 소설이나 시. 영양 문학(令嬡文學). 「근高. long time
영:년(永年)[명]진 세월. 오랜 동안. 영대(永代). ¶~
영년(迎年)[명]한 해를 맞이함. 《대》송년(送年). greeting the New Year
영:년 변:광성(永年變光星)[명]〈천문〉1세기 이상의 시간에 걸쳐 서서히 그 광도(光度)가 증감하는 별. variable star long time
영노(營奴)[명]〈제도〉각 군영이나 감영(監營)·병영(兵營)·수영(水營) 등 영(營)자 붙는 관청에 딸린 관노.
:영노·하·다[자]총명하다. 「하田
영농(營農)[명]농업을 경영함. 경농(經農). farming
영농 방법(營農方法)[명]농업을 경영하는 방법. 《약》영농법(營農法).
영농-법(營農法)[명]《약》→영농 방법(營農方法).
영농 자:금(營農資金)[명]농업을 경영하는 데 소요되는 자금. farming fund
영단(英斷)[명]①슬기롭고 용기 있게 일을 결정함. decisive judgement ②뛰어난 결단. 과감한 결단. 과단(果斷). 용단(勇斷). ¶~을 내림. ~을 바람. decisive measure 하田
영단(營團)[명]국가의 정책에 의한 공익 사업을 행하기 위하여 설치한 특수 법인. corporation
영단(靈壇)[명]영혼의 위패를 두는 단.
영달(令達)[명]명령을 전달함. 또, 명령으로서 전달함. ¶예산 ~. instruction 하田
영달(令達)[명]〈동〉영명(英明). 하田
영달(榮達)[명]지위가 높고 귀하게 됨. 영귀(榮貴). 《대》영락(零落). 하田
영:대(影臺)[명]《약》→영당(影堂).
영당(令堂)[명]〈공〉'남의 어머니'를 이르는 말. 영모(令母). 자당(慈堂).
영:당(影堂)[명]이름 난 사람의 화상이나 위패를 모신 사당. 영도(影圖). 영전(影殿)②.
영대(永代)[명]영세(永世). 영년(永年).
영대(靈臺)[명]①마음을 이르는 말. 영부(靈府). 정신. spirit ②〈제도〉임금이 올라와서 사방을 바라보던 대(臺).
영:대=강(永代講)[명]〈불교〉죽은 사람의 명복을 빌기 위하여 해마다 신도를 모아서, 불교를 강설(講說)하는 일.
영:대 소:작(永代小作)[명]《동》영소작(永小作).

영:대 차:지권(永代借地權)[-꿘][명] 《법률》국내 거류 외국인에게 허여되는, 일정한 지대(地代)를 지불하고 영구히 토지를 사용·처분할 수 있는 권리.

영덕(令德)[명] 아름다운 덕. 미덕(美德).

영덕(盛德)[명] 영묘한 덕. miraculous virtue

영도(英圖)[명] 뛰어난 계획. 영명한 계획. 영략(英略). wise plan 「리. zero degree

영도(零度)[명] 도수(度數)를 셈하는 기점이 되는 자

영도(領導)[명] 거느려 이끎. leadership 하타

영도(影堂)[명] 《동》영당(影堂).

영도(靈都)[명] 《동》성도(聖都).

영도-권(領導權)[-꿘][명] 영도하는 권한.

영도-력(領導力)[명] 영도하는 능력.

영도-자(領導者)[명] 영도하는 사람. leader

영도-적(領導的)[명] 영도하거나, 영도할 수 있는 성질을 가진(것). ¶~ 역할을 담당하다. leading

영독(獰毒)[명] 모질고 독살스러움. ferocious 하타

영동(棟棟)[명] ①기둥과 도리. ②가장 중요한 인물의 비유. key person

영동(嶺東)[명] 《지리》강원도 대관령(大關嶺) 동쪽의 땅. 관동(關東). 《대》영서(嶺西).

영동 팔경(嶺東八景)[명] 관동 팔경(關東八景).

영=둔전(營屯田)[명] 《제도》조선조 때 각 영문(營門)에 급전(給田)으로 사급(賜給)하던 둔전(屯田). 영둔토(營屯土).

영=둔토(營屯土)[명] 영둔전(營屯田).

영득(領得)[명] ①취득하여 제 것을 만듦. ¶~죄(罪). ②사물의 이치를 깨달음. 하타

영득(嬴得)[명] 남기어 얻음(利得).

영:등(影燈)[명] 등(燈)의 하나. 초통 속에 회전하는 기구를 장치하고, 종이로 짐승 따위의 모양을 만들어 그 위에 붙여 바람이나 불기운에 빙빙 돌게 하며 그 모양이 겉으로 나타나게 함. 주마등(走馬燈).

영등-날(靈登-)[명] 《민속》음력 이월 초하룻날. 이날 영등할머니가 내려온다 하며, 이날 비가 오면 풍년, 바람이 불면 흉년이 든다고 함.

영등-할머니(靈登-)[명] 《민속》영등날 세상에 내려와서 집집이 다니며 농촌의 실정을 조사하고 하늘로 올라간다는 할미니.

영락(零落)[명] ①초목의 잎이 시들어 떨어짐. 조락(凋落)①. falling ②세력이나 살림이 아주 보잘것없이 됨. 낙백(落魄). 낙박(落泊). 영체(零替). 《대》영달(榮達). downfall 하타

영락(榮枯)[명] 《동》영고(榮枯).

영락(榮樂)[명] 영화롭고 즐거움. 영화의 즐거움. 하타

영락(瓔珞)[명] 목·팔 등에 두르는 구슬을 꿴 장식품. decorations 「라-없:이[甲]

영락-없:다(零落一)[甲] 조금도 틀림이 없다. sure 영

영란(英蘭)[명] 어가(御駕)를 맞음. 하타

영란(英蘭)[명] 《지리》'잉글랜드'의 음역(音譯).

영람(令臘)[명] 《동》영식(令息).

영략(英略)[명] 《동》영도(英圖).

영략(領略)[명] 대강을 짐작하여 앎. inference 하타

영력(營力)[명] 《지학》지구 표면을 변화시키는 힘. 물·바람·동식물 등의 작용에 의한 외적 영력과, 지진·화산 작용·지각 운동 등의 작용에 의한 내적 영력이 있음. 지질 영력(地質營力).

영련(楹聯)[명] 《동》주련(柱聯).

영령(泠泠)[명] 물소리·바람 소리·거문고 소리·목소리 등이 듣기에 맑고 시원함. 하타

영령(英領)[명] 영국 영토.

영령(英靈)[명] ①거룩한 영혼. spirit of the departed ②산천의 수려한 기운을 타고난 사람.

영령 쇄:쇄(零零碎碎)[명] 썩 잘게 부스러짐. being trivial 하타 「모양. 영령(零靈). 하타

영령 쇄:쇄(零零瑣瑣)[명] 보잘것없이 몹시 자질구레한

영로(榮路)[명] 출세의 길. 「록. prosperous fortune

영록(榮祿)[명] ①영화로운 복록. ②영에로운 관직과

영롱(玲瓏)[명] ①광채가 찬란함. ¶~한 아침 이슬.

brilliance ②금옥이 울리는 소리. sound of gold and gems 하타 히타

영류(癭瘤)[명] 혹①. [and gems 하타 히타

영륙(領陸)[명] 한 나라의 주권이 미치는 육지.

영릉-향(零陵香)[명] 《식물》콩과에 속하는 이년생 풀. 여름에 엷액에서 꽃주머니가 나와서 작은 나비 모양의 꽃이 핌. 유럽 원산으로 한약재로 쓰임.

영:리(怜悧·伶俐)[명] 똑똑하고 민첩함. 《대》우둔. cleverness 하타

영리(英里)[명] 마일(mile). [verness 하타

영리(榮利)[명] 영화와 복리. fame and profit

영리(營吏)[명] 《제도》조선조 때, 감영·병영·수영에 있던 아전.

영리(營利)[명] 재산상의 이익을 도모함. 하타

영리 경제(營利經濟)[명] 《경제》영리를 목적으로 하는 경제 행위. commercial economy

영리 단체(營利團體)[명] 영리를 목적으로 조직한 단체. profit-making organization

영리 법인(營利法人)[명] 《법률》영리를 목적으로 하는 사단 법인. 곧, 상법상의 회사. 영리 사단(社團). 《대》공익 법인(公益法人). profitmaking corporation

영리 부기(營利簿記)[명] 영리를 목적으로 하는 기업에서 사용하는 부기. 상업 부기·공업 부기·은행 부기 등이 있음. 《대》비영리 부기(非營利簿記).

영리 사:단(營利社團)[명] 《동》영리 법인(營利法人).

영리 사:업(營利事業)[명] 영리를 목적으로 경영하는 사업. profitable commercial enterprise

영리-주의(營利主義)[명] 《경제》이익의 획득을 경영 활동의 제일의적(第一義的) 방침이나 원칙으로 삼는 일. commercialism

영리한 고양이가 밤눈 못 본다(속) 똑똑한 체하는 사람이 못난 짓을 한다. 「ministration 하타

영림(營林)[명] 임야(林野)를 경영하는 일. forest a-

영림-서(營林署)[명] 《법률》내무부 산하 산림청 소속의 관서. 국유 임야 및 국유 임야의 관리 경영에 관한 사무를 관장함. forestry bureau

영립(迎立)[명] 임금 자리에 맞아들이어 세움. 하타

영-마루(嶺-)[명] 고개의 맨 꼭대기. 영상(嶺上). top of a mountain pass

영만(盈滿)[명] 가득하게 참. fullness 하타

영망(令望)[명] 좋은 명망. good reputation

영매(令妹)[명] 《공》'남의 누이동생'을 이르는 말. 《대》여자(令姉). your sister

영:매(永賣)[명] 아주 팔아 버림. 토지·가옥 등을 아주 팖. 영영 방매(永永放賣). 하타

영매(英邁)[명] 영민하고 비범함. wisdom 하타

영매(靈媒)[명] 《종교》신령이나 망자의 영과 의사를 통할 수 있는 매개자. 「가 의사를 통하는 술법.

영매-술(靈媒術)[명] 영매의 매개로 망자(亡者)의 생각

영맹(獰猛)[명] 모질고 사나움. fierceness 하타 히타

영:면(永眠)[명] 영원히 잠듦. 곧, 죽음. 영서(永逝). 잠매(潛寐). eternal sleep 하타 「거짐. 하타

영:멸(永滅)[명] 영원히 멸망함. 불·희망 따위기 아주

영명(令名)[명] ①좋은 명예. 영문(令聞). 영예(令譽). 영칭(英稱). fair name ②남을 상대방의 이름.

영명(英名)[명] 뛰어난 이름. 뛰어난 명성. fame

영명(英明)[명] 뛰어나게 사리에 밝음. 영달(英達). ¶~한 군주. 《대》우매(愚昧). cleverness 하타

영명(榮名)[명] 영예(榮譽).

영명-성(英明性)[명] 영명한 성질.

영모(令母)[명] 《동》영당(令堂).

영:모(永慕)[명] ①오래도록 사모함. longing ②죽은 때까지 어버이를 잊지 않음. longing for one's parents 하타

영모(翎毛)[명] 《미술》새나 짐승을 그린 그림.

영모(榮慕)[명] 남의 덕을 기리고 흠모함. 하타

영목(嶺木)[명] 영남(嶺南)에서 나는 무명.

영몽(靈夢)[명] 영검한 꿈. 신령한 꿈.

영-묘(英妙)[명] 재능이 뛰어난 젊은이. 「acle 하타 히타

영묘(靈妙)[명] 신령스럽고 기묘함. 영이(靈異). mir-

영묘(靈廟)[명] 선조의 영혼을 모신 사당. 영전(靈殿).
영무(英武)[명] 영민하고 용맹스러움. surpassing valour 하다
영무(榮茂)[명] 번화하고 무성함. prosperity 하다
영문[명] 까닭. 형편. ¶무슨 ~인지 알 수 없다. reason
영문(令聞)[명] 영명(令名)①.
영문(英文)[명] ①(동) 영서(英書). ②영어로 쓴 문장. English composition 「아보고 하례함. 하다
영문(榮問)[명] 〈제도〉 새로 과거에 급제한 사람을 찾
영문(營門)[명] ①병영의 문. 군문(軍門). 〔약〕 영(營). ②구세군에서, '교회'의 일컬음. ③(동) 감영(監營).
영문-모르-다[르다][동] 까닭이나 형편을 모르다. do not know the reason 「ammar
영=문법[ㅡ뻡](英文法)[명] 영문법. English gr-
영=문자[ㅡ짜](英文字)[명] 영어를 표기하는 데 쓰는 문자. 〔약〕 영자(英字).
영-문학(英文學)[명] ①영국의 문학. ②영어로 표현된 문학 및 그것을 연구하는 학문. English literature
영물(英物)[명] ①독특한 인물. 뛰어난 인물. ②사리에 어둡고 우둔한 사람을 놀이어 이르는 말. able person
영=물(詠物)[명] 〈문학〉 조수(鳥獸)·초목(草木)·화월(花月)·어충(魚蟲) 등을 글제로 하여 시가(詩歌)를 지음. 또, 그 시가. 영물시(詠物詩)。 하다
영물(靈物)[명] 신령한 물건이나 짐승. spiritual being
영=물-시(詠物詩)[명] 〈문학〉 경치나 물건을 제목으로 하여 지은 시. 영물(詠物).
영미(英美)[명] 영국과 미국. England(Britain) and 「America
영미=법[ㅡ뻡](英美法)[명] 〈법률〉 영국과 미국의 법률. 관습법과 판례법에 의한 불문법. 〔대〕 대륙법. English and American laws
영민(英敏)[명] 영특하고 민첩함. sagacity 하다 히
영민(穎敏)[명] 재치(才智)·감각·행동 등이 날카롭고 민첩함. sharp 하다
영-바람[ㅡ빠ㅡ](ㅡ意氣)[명] 양양한 의기(意氣). high spirits
영반(靈飯)[명] 〈불교〉 영가(靈駕)에 올리는 밥. 또, 그 의식. 영공(靈供).
영발(英發·英拔)[명] 재기가 특이하게 뛰어남. 뛰어나게 영리함. showing one's genius 하다
영발(暎發)[명] 광채가 번쩍번쩍 빛남. 하다
영방(營房)[명] 〈제도〉 영리(營吏)가 사무를 보던 곳.
영=방주(楹方柱)[명] 〈건축〉 돌기둥 위에 세운 방주.
영백(嶺伯)[명] 〈제도〉 조선조 때, 경상도 관찰사의 일컬음. 「영복(永福).
영=벌(永罰)[명] 〈기독〉 지옥에서 받는 영원한 벌. 〔대〕
영법[ㅡ뻡](泳法)[명] 헤엄치는 방법. 수영하는 방법. swimming style
영법[ㅡ뻡](英法)[명] ①영국의 법률. 또, 그것을 연구하는 학문. ②영국의 법식. English law 하다
영변(佞辯)[명] 구변(口辯) 좋게 아첨함. 또, 그 말.
영:별(永別)[명] 영영 이별함. 영구히 이별함. last parting 하다 「것을 천사에게서 기별받음.
영보(領報)[명] 〈기독〉 성모 마리아가 성자를 잉태할
영=보-다(ㅡ슈ㅡ)[타] 〔약〕 약령(藥令)보다.
영=복(榮福)[명] 〈가톨릭〉 '묵주의 기도' 가운데 '영광(榮光)의 신비(神秘)'의 구용어. 〔대〕 영벌(永罰). et-
영복(營福)[명] 복을 구함. 하다 「ernal blessing
영=본(影本)[명] 〈미술〉 탑본(搨本).
영봉(零封)[명] 경기 등에서, 상대편을 득점 없이 패하게 함. shut-out 하다
영봉(靈峰)[명] 신비스러운 봉우리. 신령한 봉우리. 영산(靈山)①. hallowed mountain
영부(靈府)[명] '신령한 곳'의 뜻. 마음의 일컬음. 마음. 영대(靈臺)①. mind
영=부인(令夫人)[명] 〔공〕 '남의 부인'을 이르는 말. 귀부인(貴夫人). 令室(令室). 현합(賢閤). ¶김 박사와 ~. esteemed wife
영분(領分)[명] ①영지내(領地內). jurisdiction ②세력의 범위. 맡은 일의 한계. extent
영분(榮墳)[명] 〈제도〉 새로 과거에 급제하거나 벼슬한 사람이 그 향리의 조상 묘에 찾아가 풍악을 잡히며, 그 영예를 봉고(奉告)하던 일. 하다
영=불(英佛)[명] 영국과 프랑스.
영=불출세[ㅡ쎄](永不出世)[명] 집안에 들어박혀 영원히 세상에 나오지 않음. 하다
영비(營裨)[명] 〈제도〉 감사(監司)의 비장(裨將).
영빈(迎賓)[명] 손님을 맞음. reception of a guest 하다
영빙(迎聘)[명] 남을 맞아들이어 모심. 청배(請拜). welcome 「lar
영사(令士)[명] 착한 선비. 선량한 선비. gentle scho-
영사(令嗣)[명] 〔공〕 '남의 사자(嗣子)'를 이르는 말.
영사(佞邪)[명] 간사하고 마음이 바르지 못함. 또, 그 사람. flatterers 하다
영사(英士)[명] 뛰어난 인물. excellent man
영:사(映射)[명] 광선이 반사함. reflection 하다
영:사(映寫)[명] ①토지의 표면을 평면으로 그림. ②화나 활동을 상영함. projection ③원도(原圖)와 같이 정밀하게 옮겨 그림. copy 하다
영사(領事)[명] 〈법률〉 국가 공무원의 한 관명. 또, 그 직위에 있는 사람. 외국에 있으면서 자국(自國)의 무역 통상의 촉진과 자국민(自國民)의 보호를 담당하는 관리. 영사관(領事官). consul
영:사(影祀)[명] 영당에서 지내는 제사.
영:사(影寫)[명] 글씨나 그림을 밑에 받쳐 놓고 그 위에 덧그리거나 덧씀. tracing 하다
영사(營舍)[명] 군대가 머물러 있는 집. 병사(兵舍). 영소(營所). barracks
영사(靈砂)[명] 〈한의〉 수은을 고아서 결정체로 만든 약제. 흥열사와 백영사가 있음. 경기·곽란·토사 등에 쓰임.
영사(靈祠)[명] 신성한 사당(祠堂). 「의 아으로 쓰임.
영:사-관(領事官)[명] (동) 영사(領事).
영사-관(領事館)[명] 〈법률〉 영사가 주재지에서 직무를 수행하는 관서. consulate
영:사-기(映寫機)[명] 전구의 강력한 광원과 여러 렌즈 장치에 의해 영화·슬라이드·환등 따위의 필름 등을 확대하여 영사막에 영사하는 기계. projector
영:사-막(映寫幕)[명] 영화나 환등을 비추는 막. 영화막(映畫幕). 은막(銀幕). screen
영:사-본(影寫本)[명] 원본(原本)을 투사(透寫)한 모사본(模寫本)의 하나. 〔대〕 임사본(臨寫本). tracing copy 「projection room
영:사-실(映寫室)[명] 영사기를 장치하고 영사하는 방.
영사-언정(ㅡㅡㅡ)[명] 차라리 죽을지언정.
영사 재판(領事裁判)[명] 〈법률〉 영사가 영사 재판권에 의하여 행하는 재판. consular trial
영사 재판권(領事裁判權)[ㅡ꿘](領事裁判權)[명] 특별한 국제 조약에 의해 영사가 주재국에서 자국민에 관계된 소송을 자기 나라 법률로 재판하는 권리. consular jurisdiction
영산〈민속〉 참혹하고 억울하게 죽은 넋.
영:산(影算)[명] 〈수학〉 '삼각법'의 구칭. 영수(影數). trigonometry
영산(靈山)[명] ①신령한 산. 영봉(靈峰). 영선(靈仙). 영악(靈嶽). ②신불(神佛)을 모시어 제사지내는 산. ③〔약〕 →영취산(靈鷲山).
영산-놀이(靈山ㅡ)[명] 〈음악〉 농악의 한 부분. 연주종목 가운데서 가장 절정이 됨. 「우는 일.
영산 마지(靈山麻旨)[명] 〈불교〉 ①담배. ②담배를 피
영:산-백(映山白)[명] 〈식물〉 석남과(石南科)에 속하는 관목. 높이 1m 가량으로 가지가 많고 잎은 피침형에 광택이 남. 나리꽃 모양의 흰 꽃이 핌. 붉은 꽃은 특히 영산홍이라 함. 백영산. 「쓰는 제물상.
영산-상(ㅡ쌍)(靈山床)[명] 〈민속〉 굿을 할 때 무당이
영산-오르-다[라][르다][숙] 〔숙〕 신이 나다. 신이 나서 덤비다. 「(映山白).
영:산-자(映山紫)[명] 〈식물〉 자주색 꽃이 피는 영산백
영:산-홍(映山紅)[명] 〈식물〉 담홍색 꽃이 피는 영산백

(靈山白).

영산회(靈山會)명 〈불교〉석가 여래가 영취산(靈鷲山)에서 제자를 모아 놓고 설법한 일. Buddha's sermon on the mount

영산 회:상(靈山會相)명 〈음악〉엣 곡조의 하나. 석가 여래가 설법하던 영산회(靈山會)의 불보살을 노래한 악곡. 6구로 약장 가사(樂章歌詞)에 전해 옴.

영삼(嶺蔘)명 영남 지방에서 나는 인삼.

영:상(映像)명 ①비치는 그림자. ②〈물리〉광선의 굴절 또는 반사에 의하여 물체의 상(像)이 비추어진 것. 영상(影像)②. image reflection

영상(零上)명 기온의 도수를 나타낼 때, '0°C 이상'을 이르는 말. ¶ ~ 5°C. (대) 영하(零下). above zero

영상(領相)명 〈제도〉'영의정'을 달리 이르는 말.

영:상(影像)명 ①동 영정(影幀). ②동 영상(映像)②.

영상(嶺上)명 고개의 위. 영마루. summit [칠(嶺嶂).

영상(靈床)명 대렴(大殮)한 뒤에 시체를 두는 곳. 영

영상(靈像)명 〈공〉신불(神佛)의 상(像).

영:상 레이더(映像 radar)명 비행기에 싣고 지형의 상(像)을 비치는 레이더.

영상화 사:회(映像化社會)명 유선(有線) 텔레비전을 기반으로 하여 형성되는 사회.

영색(佞色)명 남에게 아첨하는 얼굴빛. ¶교언(巧言) ~. servile looks

영:생(永生)명 ①영원한 생명. 또, 영원히 삶. immortality ②〈기독〉예수를 믿고 그 가르침대로 생활함으로써 천국에 회생(回生)하여 영원토록 삶. eternal life 하자

영생(營生)명 삶을 영위함. 곧, 살아감. living 하자

영:생 불멸(永生不滅)명 영원토록 살아서 없어지지

영생이(명)박하의(薄荷). 아니함. eternity 명

영서(令壻)명 〈제도〉왕세자가 왕 대신에 정치할 때 내리던 영지(令旨).

영:서(永逝)명(동)영면(永眠). [in-law

영서(令壻)명 '남의 사위'를 이르는 말. your son-

영서(英書)명 영자(英字)로 쓴 글씨. 또, 그 서적. 영문(英文)①. English book

영서(嶺西)명 〈지리〉강원도의 대관령(大關嶺) 서쪽 땅. (대) 영동(嶺東). region west of the *Taekwan*

영서(靈署)명 신령스러운 기묘한 조짐. [pass

영:서=다(令~)(동一)자 〈약〉약령(藥令)서다.

영선(嶺扇)명 영남 지방에서 나는 부채.

영선(營繕)명 건축물의 영조(營造)와 수선. 선영(繕營). building and repairing 하자

영선(靈仙)명 ①〈민속〉장생 불사하는 신선(神仙). ② 범에게 물려 가서 죽은 귀신. ③(동)영산(靈山)①.

영선-비(營繕費)명 건축물의 신축·수리에 드는 비용.

영:실 독서(映雪讀書)명 눈빛에 비추어 글을 읽음.

영설지-재(─才)(詠雪之才)명 여자의 글재주.

영성(英聖)명 학덕이 뛰어나고 사리에 밝음. 또, 그런 사람. [tiness 하자

영성(零星)명 수효가 적어서 보잘것없는 모양. scan-

영성(靈性)명 신령한 품성. divinity

영-성:체(領聖體)명 〈기독〉천주교에서, 성체 성사(聖體聖事)를 받음.

영성:체-경(領聖體經)명 〈기독〉'영성체송'의 구용어.

영성:체-송(領聖體頌)명 〈기독〉미사중 성체(聖體)를 부를 때 읊는 성가(聖歌).

영:세(永世)명 영원한 세대 또는 세월. 영대(永代). 영원(永遠). eternal world [하자

영세(迎歲)명 새해를 맞이함. greet the new year

영세(零細)명 ①작고 가늘어서 변변하지 못함. trivial ②수입이 적고 생활이 군색함.

영세(領洗)명 〈기독〉성세 성사(聖洗聖事)를 받음. 세례를 받음. 성세(洗世). ¶ ~를 베풀다. baptism

영세(寧歲)명(동)풍년(豊年).

영세 기:업(零細企業)명 경영 규모가 아주 작은 업체. 종업원의 수가 5명 이하인 기업을 말함. small business

영세-농(零細農)명 경지(耕地)가 적어 생활이 매우 군색한 농민. petty farmer

영:세 무궁(永世無窮)동 영원 무궁(永遠無窮). 하자

영:세-민(零細民)명 영세한 백성. poor people

영:세 불망(永世不忘)명 영원히 잊지 않음. everlasting remembrance 하자

영:세 중립국(永世中立國)명 〈법률〉국제법상 다른 국가간의 전쟁에 관여하지 않는 대신, 그 독립과 영토의 보전이 다른 국가들로부터 약속·보장된 나라. 영구 중립국. permanently neutral country

영소(領所)명 〈불교〉절의 사무소. temple office

영소(營所)명 〈군사〉군대가 주둔해 있는 집. 군영(軍營). 영사(營舍).

영:소:작(永小作)명 구민법하(舊民法下)에서, 20년 이상 50년 이하의 기간을 정하고 소작 계약을 하고 임차 경작(賃借耕作)하던 일. 영대 소작(永代小作). [설정했던, 영소작의 권리.

영:소:작-권(永小作權)명 〈법률〉구민법(舊民法)에

영속(永續)명 오래 계속함. permanence 하자자

영속(領屬)명(동)소속(所屬).

영속(營屬)명 〈제도〉각 군영(軍營) 및 영문(營門)이 있는 관청에 딸린 영리(營吏)와 영노(營奴)의 총칭.

영:속 변:이(永續變異)명 〈생물〉개체의 세포질(細胞質)의 변화에 의하여 일어나는 변이. 일반적으로 자손에게 전하여지나 대가 지남에 따라 차차 소멸됨. 계속 변이(繼續變異).

영:속-성(永續性)명 오래 계속되는 성질. ¶이 장사는 ~에 있다. permanence

영:속-적(永續的)관 오래 계속되는(것). lasting

영손(令孫)명 남의 손자. 영포(令抱). your grandchild [率). ¶ ~자(者) commanding 하자

영솔(領率)명 부하·제자·식솔 등을 거느림. 대솔(帶

영송(迎送)명 맞는 일과 보내는 일. 송영(送迎)①. reception and send-off 하자 [ion 하자

영:송(詠誦)명 시가(詩歌)를 소리 내어 읊음. recitat-

영쇄(零碎)명 ①멀어져 부서짐. ②자질구레함. 하자

영색(零塞)명 〈약〉→영령 쇄색(零零瑣瑣).

영:수(永壽)명 장수(長壽). 명

영:수(英數)명 영어와 수학. ¶ ~ 학원(學院). English and Mathematics

영수(─手)명(零數)명 10·100·1000 등의 정수(整數)에 차지 못하거나 차고 남은 수. 제로. zero

영수(領水)명 〈법률〉한 나라의 주권이 미치는 범위의 수역(水域). 영해와 내수로 이어짐.

영수(領收·領受)명 돈이나 물건을 받아들임. receipt

영수(領袖)명 ①여럿 중의 우두머리. leader ②〈기독〉장로교에서, 조직이 아직 안 잡힌 교회를 인도하는 사람.

영수(影數)명 ①동 영상(影算). [직분.

영수(靈水)명 불가사의한 효험이 있는 물. 영검이 있는 물. holy water [신수(神獸).

영수(靈獸)명 가장 신령한 짐승. 곧, 기린의 일컬음.

영수-서(領收書)명(동)영수증(領收證).

영수-원(領收員)명 세금·사용료·구독료 등을 영수하는 사람. [러 다니는 사람.

영수-인(領收人)명 영수하는 사람.

영수-인(領收印)명 돈이나 물건을 받았다는 표로 주는 사람의 것이 찍힌 도장. receipt signature

영수-증(領收證)명 돈이나 물건을 받았을 때, 그 증거로 주는 문서. 세금 계산의 자료가 되므로 잘 보관해야 함. 영수서. (대) 송증(送證). receipt

영시(英詩)명 〈문학〉영문으로 쓴 시. English poems

영:시(詠詩)명(동) reciting poems 하자

영시(零時)명 12시 또는 24시에서 1시까지 사이의 시각. twelve o'clock

영식(令息)명 '남의 아들'을 이르는 말. 영랑(令郎). 영윤(令胤). (대) 영애(令愛). your son

영식(寧息)명 편히 쉼. rest 하자

영:신(令辰)명 좋은 때. 영일(令日). [bject

영신(佞臣)명 간사하고 아첨하는 신하. flattering su-

영신(迎神) 제사 때 신을 맞아들임. 《대》송신(送)

영신(迎晨) 날이 밝아 올 때. dawn

영신(迎新) ①새로운 것을 맞아들임. greeting the new ②새해를 맞음. 《대》송구(送舊). greeting New Year 하다

영신(靈神) 영혼(靈魂)③. ②영검이 있는 신.

영실(令室)《동》영부인(令夫人). 현합(賢閤)

영실(榮實·桀實)〈한의〉찔레나무의 열매. 하설제(下泄劑)·이수약(利水藥)의 약제로 씀.

영실(靈室)《불교》영혼의 위패를 모시는 곳. 궤연 (几筵)①. room for the spirits of the departed

영아(迎阿) 남의 비위를 맞추어 알랑거림. flatter

영아(嬰兒) 젖먹이. 유아(乳兒). infant 하다

영아-기(嬰兒期) 생후 1∼2개월까지의 신생아로부터 이수년이 지나기까지의 시기. infancy

영아 세:례(嬰兒洗禮)《기독》영아에게 하는 세례.

영악(獰惡) 모질고 악착스러움. 하다

영악-스럽다(ㅂ변) 보기에 영악하다. **영악-스레**

영악-하다(어변) 이해에 분명하고 열성이 대단하다. clevery

영안-실(靈安室) 병원(病院)에 차린 빈소(殯所) `mortuary

영애(令愛)《공》'남의 딸'을 이르는 말. 영교(令嬌), 영녀(令女). 영랑(令孃). 영원(令嬡). 영식(令息). your daughter 「이슬①. dew

영액(靈液) ①영묘한 물. mysterious water ②《동》

영약(靈藥) 불가사의한 효험이 있는 약. wonder

영양(令孃) 《동》영애(令愛). 「drug

영양(羚羊·聆羊) 《동》소과에 속하는 염소와 비슷한 짐승. 길이 115cm, 어깨 높이 약 70 cm, 뿔은 8∼15 cm. 온몸에 보드라운 긴 털이 빽빽하고 속 털이 없음. 몸 빛은 검은 회색을 띤 황갈색임. 모피는 방한·방습용. 고기는 식용. 중국·한국·만주 등지에 남. 산양(山羊)②. antelope ②염소·산양 따위의 짐승을 통들어 이르는 말.

영양(榮養) ①지위와 명망이 높아져서 부모를 영화롭게 잘 모심. 봉양(奉養). 영친(榮親). filial piety ②《기독》인간으로서 천주를 잘 섬김. 하다

영양(營養)《생리》생물이 외부로부터 물질을 섭취하여, 소화·흡수·순환·배설 등 모든 생활 기능을 조정하여 체성분(體成分)을 만들며, 체내에서 에너지를 발생시켜 생명을 유지하는 데 불가결한 양분. 자양(滋養). ②영양이 되는 물질. ¶∼을 섭취하다. nutriment

영양=가(−價)(營養價) 영양소의 영양적 가치. 영양소 1g을 완전 연소했을 때 발생하는 열량. nutritive value

영양-각(羚羊角)〈한의〉영양의 뿔. 진경(鎭痙)·통경(通經)·치간(治癎) 따위의 약제로 씀.

영양 기관(營養器官)《생리》생물체의 영양을 맡은 기관. 동물체에서는 보통 소화 기관을 일컬으나, 널리 호흡·순환·배설 등의 여러 기관을 포함하며, 식물체에서는 뿌리·잎·줄기 등을 이름. organs of nutrition 「되는 물질. nutritious food

영양-물(營養物) 영양소를 함유한 음식물. 영양이

영양 부족(營養不足) 영양분이 부족되는 일.

영양-분(營養分) 영양소의 분량. 영양이 되는 성분.

영양 불량(營養不良)《의학》영양 장애·영양 부족에 의한 신체의 불건전한 상태. malnutrition

영양-사(營養士) 면허를 따, 영양 섭취 지도에 종사하는 사람. nutritionist

영양 생식(營養生殖)《식물》무성(無性) 생식의 하나. 식물의 생식 기관(꽃)이 아닌 영양 기관(잎·줄기·뿌리 등)으로 성장·번식하는 생식법. 다른 순종과의 교잡이 되지 않아 품종의 특성을 그대로 보존되며, 자연과 인공의 두 영양 생식이 있음. vegetative reproduction

영양-소(營養素) 생물체의 영양이 되는 물질. 3 대 영양소(탄수화물·지방·단백질)와 3 부 영양소(비타민·무기염류·물)로 말함. nutritious elements

영양=식(營養食) 영양가에 주안을 두고 만든 음식. 또, 그것을 먹는 일. nourishing meal 하다

영양 실조(−調)(營養失調)《의학》영양의 부족으로 일어나는 이상 상태. malnutrition

영양-액(營養液) ①《생리》체내의 모세관에서 스며 나오는 혈액에서 생기는 무색 단백질의 액체. ②《식물》식물을 만들고 필요한 물질을 용해시킨 수용액. 식물의 수재배(水栽培)에 쓰임.

영양-엽(營養葉)《식물》동화 작용에 따라서 영양만 섭취하는 잎. 포자를 만들지 않음. 나엽(裸葉). 《대》포자엽(胞子葉). sterile leaf 「法].

영양 요법(一療)(營養療法)〈의〉식이 요법(食餌療

영양 장애(營養障礙)《생리》섭취한 영양소가 체내에서 충분히 소화·흡수되지 않고 신진 대사의 기능이 순조롭지 않은 상태. malnutrition

영양-제(營養劑) 영양분을 보충하는 약제. nutrient

영양 지수(營養指數) 영양의 상태를 나타내는 지수. index of nutrition

영양-질(營養質)〈생리〉체내에 소화·흡수되어 생활체를 구성하고, 동작 발현(發現)에 필요한 물질. nutrient

영양-학(營養學)〈생리〉생물의 영양에 대하여 연구하는 생리학(生理學)의 한 분과. dietetics

영양 화:학(營養化學)〈생리〉인체내의 영양물질의 화학적 변화 현상을 생리학·생리 화학을 기초로 하여 연구하는 학문. nutritial chemistry

영어(囹圄) 죄수를 가두는 곳. 감옥. prison

영어(英語)〈어학〉인구어(印歐語)에 딸리며, 영국·미국·캐나다·뉴질랜드·오스트레일리아·남아 공화국 등에서 일상어로 쓰이는 말. English

영어(營魚) 어업을 경영함. ¶∼자금.

영어 생활(囹圄生活) 감옥살이, imprisonment 「歌).

영:언(永言)《시(詩)》와 노래. 시가(詩歌). 영가(永

영연(英彥) 뛰어난 선비. perspicacious man

영업(營業)《경제》영리를 목적으로 하는 사업. 《약》업(業). business 「는 감찰. business licence

영업 감찰(營業鑑札) 영업을 허가한 증거로 내어주

영업-권(營業權)〈법률〉영업을 할 수 있는 권리. 그 영업이 보통 이상의 수익을 낼 경우, 그 초과 수익을 취득하는 특권. 일종의 무형 재산(無形財産). right of trade

영업 금:지(營業禁止)〈법률〉행정 처분으로 허가를 취소하고 영업을 금지시키는 일. prohibition of business

영업-비(營業費)《경제》기업을 경영함에 있어 지출되는 여러 경비. 영업 활동과 직접적인 관계에서 발생하는 영업상의 비용으로, 일반 관리비와 판매비로 나뉨. business expenses

영업-세(營業稅)《경제》영업에 대해 부과하는 직접 국세. 부가 가치세법의 시행에 따라 폐지됨. business tax 「operating income

영업 소:득(營業所得) 영업 활동에서 생기는 소득.

영업 수익(營業收益)《경제》기업의 주영업에 의한 상품 매출과 관계되어 발생하는 수익. 《대》영업외 수익(營業外收益).

영업 신:탁(營業信託)《경제》신탁의 인수(引受)를 영업으로 할 때의 신탁. business trust

영업 양:도(−讓)(營業讓渡)《경제》영업 재산을 중심으로 한 조직체의 영업을 계약에 의해 남에게 양도하는 행위.

영업 연도(−년−)(營業年度)《경제》영업자가 영업의 수지·손익을 결산하기 위해 설정한 연도. 결산기와 결산기 사이의 기간은 보통 1년 또는 반년.

영업외 비:용(營業外費用)《경제》기업의 주요 영업과 직접 관계가 없는, 본래의 영업 활동 외에서 나타나는 비용.

영업외 수익(營業外收益)《경제》기업의 주요 영업 이외의 원인으로 본래의 영업 활동 외에서 발생하는 여러 가지 수익. 《대》영업외 수익.

영업=인(營業人)[명] 영업자(營業者).
영업=자(營業者)[명] 자기 명의로써 영업하고 그 영업으로 인하여 생기는 모든 권리 의무를 부담하는 이. 영업인(營業人).
영업 자:생(營業資生) 영업을 하여 살아감. 하타
영업 재산(營業財產)[명]〈경제〉특정한 영업을 하기 위해 있는 조직적인 모든 재산. 상품·자금·점포·채권 따위. stock-in-trade
영업 정지(營業停止)〈법률〉영업자가 단속 규정에 위반했을 때, 행정 처분에 의해 일정 기간 영업을 정지시키는 일. suspension of business
영업 조합(營業組合)[명]〈경제〉일정한 지역에서 동업자가 공동 이익을 도모하거나, 경쟁으로 인한 손해 방지 등을 위하여 조직하는 공공 단체.
영업=주(營業主)[명]〈경제〉영업상의 명의주. (약) 영주. business proprietor [체]. business firm
영업=체(營業體)[명]〈경제〉영업을 행하기 위한 조직
영역(令域)[명] ①상여(喪輿). ②요여(腰輿).
영역(英譯)[명] 영어로 번역함. English translation 하타
영역(塋域)[명] 산소(山所).
영역(領域)[명] ①학문·연구 등에서 그 관계자가 관심을 기울이고 있는 부분. sphere ②〈법률〉영토의 범위. 곧, 일국의 주권이 미치는 범위. territory
영역(靈域)[명] 신령한 지역. 사찰(寺刹) 따위가 있는 신성한 곳. 영경(靈境)①. sacred ground
영=권(領域權)[명] 자기 나라의 영역에 대하여 가지는 국가의 권리. 영토권(領土權). 영토 주권(領土主權). [하타] 히타
영영(盈盈)[명] 물이 가득히 피어 있는 모양. brimful
영영(營營)[명] 명예·세력·이익 등을 얻기 위해 분주히 왕래하거나 열심히 노력하는 모양. 하타 히타
영:영(永永)[명] ①영원히. 언제까지나. (약) 영(永). forever ②다시는 있을 수 없게.
영영 급급(營營汲汲)[명] 명리·세력을 얻기 위해 매우 바쁘게 지냄. 영영 축축(營營逐逐). eagerness for riches 하타
영:영 무궁(永永無窮)[명][동] 영원 무궁(永遠無窮).
영영 방:매(永永放賣)[명][동] 영매(永賣). 하타
영영 축축(營營逐逐)[명][동] 영영 급급(營營汲汲). 하
영예(令譽)[동] 영명(令名)①. [uteness 하타
영예(英銳)[명] 영민하고 기개가 날카로움. mental ac-
영예(榮譽)[명] 영광스러운 명예. 광영. 영관(榮冠)·광. 영명(名名). 영요(榮耀). (대) 치욕(恥辱). honour
영예=권(-權)[榮譽權][명] 영예의 표창을 받거나 누릴 권리.
영예=롭-다(榮譽-)[타][보] 영예로 여길 만하다. 영예 스럽다. honorable 영예-로이[타]
영오(英悟)[명] 문덕하고 총명함. 하타
영오(領悟)[명] 깨달아 앎. enlightenment 하타
영오(領烏)[명] 상서로운 까마귀. [명]
영:오(穎悟)[명] 남보다 뛰어나게 총명함. sagacity 하
영외(營外)[명] 병영의 밖. 영내(營內). out-side barracks
영외 거주(營外居住)[명]〈군사〉장병이 허가를 받고 영외에서 거주하는 생활. (대) 영내 거주(營內居住). living out of barracks 하타
영요(榮耀)[명][동] 영광. 영예(榮譽).
영=욕(榮辱)[명] 영예(榮譽)와 치욕(恥辱). 명예와 수치. honour and disgrace
영용(英勇)[명] 영특(英特)하고 용감(勇敢)함. wise
영용 무쌍(英勇無雙)[명] 영웅적이고 용감하기가 비길데 없음. unparalleled bravery 하
영우(零雨)[명] 큰 빗방울이 떨어지는 비.
영우(靈雨)[명] 때 맞추어 신통하고 알맞게 오는 비.
영운(嶺雲)[명] 산마루 위에 뜬 구름.
영운(英運)[명] 재능(才能)과 지력(智力) 또는 용맹과 담력(膽力)이 특히 뛰어나 대업을 성취할 사람. 웅 운(雄運). hero
영웅 교향곡(英雄交響曲)[명] 에로이카(Eroica).

영웅 기인(英雄欺人)[명] 영웅이 책략(策略)을 써서 다른 사람을 속임.
영웅=담(英雄譚)[명] 영웅이 행한 사적(事蹟)을 중심으로 하여 쓴 전설. chivalric romance
영웅 서:사시(英雄敍事詩)[명] 영웅시(英雄詩).
영웅=성(-性)(英雄性)[명] 영웅적인 품성. 영웅다운 성품. heroism
영웅=시(英雄詩)[명]〈문학〉역사상·전설상의 영웅을 주인공으로 하여 그의 무용(武勇)이나 운명을 읊은 서사시. 호메로스의 시나 니벨룽겐의 노래 등. 영웅 서사시(英雄敍事詩).
영웅 신화(英雄神話)[명] 영웅의 생장(生長)·결혼 및 그 초인간적인 행동을 내용으로 한 신화.
영웅=심(英雄心)[명] 기개(氣槪)와 용략(勇略)이 뛰어남을 나타내려는 마음. [life story of heroes
영웅=전(英雄傳)[명] 영웅의 생애(生涯)를 기록한 책.
영웅=주의(英雄主義)[명] ①영웅을 숭배하거나 영웅적 행동을 사랑하여 영웅인 체하는 심정. ②다수 민중이나 계급의 힘을 경시 내지 무시하여 영웅을 최상으로 여기는 개인주의의 하나. heroism
영웅지(英雄之材)[명] 영웅이 될 만한 재질(才質)을 갖춘 사람.
영원(令嬡)[명] 영애(令愛).
영:원(永遠)[명] ①앞으로 시간이 끝없이 오램. ¶~한 세상. ②앞으로 오래도록 변함없이 계속됨. ¶~한 이별. (대) 순간(瞬間). eternity 하타 히타
영원(螈蚖·蠑蚖)[명]〈동물〉도룡뇽 종류의 한 종. ②도룡뇽류에 속하는 도룡뇽 비슷한 동물. 수컷은 8.5cm, 암컷은 10.5 cm 가량으로 몸 빛은 흑갈색에 등은 검고 날카로우며 복부는 선홍색에 검은 반점이 있음. 하천·연못·물논에 서식함. newt
영원(靈園)[명] 공동 묘지의 일컬음.
영:원 공채(永遠公債)[명] 영구 공채(永久公債).
영:원 무궁(永遠無窮)[명] 영원히 다함이 없음. 영세 무궁(永世無窮). 영영 무궁(永永無窮). eternity 하 [everlasting 하타
영:원 불멸(永遠不滅)[명] 영원히 없어지지 아니함.
영:원-성(-性)(永遠性)[명] 영구히 존재하는 성질. 영구성. eternity [月).
영월(令月)[명] ①음력 2월의 딴이름. ②(동) 길월(吉
영월(迎月)[명] 달맞이. 하타
영월(盈月)[동] 만월(滿月).
영위(英偉)[명] 영명스럽고 위대함. greatness 하타
영위(領位)[동] 영좌(領座).
영위(榮位)[명] 영광스러운 지위(地位). honourable po-
영위(營爲)[명] 일을 경영함. management 하타
영위(靈位)[명] 상가에서 모시는 혼백(魂帛)이나 신위(神位)의 일컬음. 위패(位牌).
영위(靈威)[명] 신령스럽고 묘한 위력(威力). myster-
영:=위답(影位畓)[명]〈불교〉신자가 자기 영상(影像) 앞에 향불을 피우기 위하여 절에 헌납한 논. (약) 영담(影畓). [ssion 하타
영:유(永有)[명] 영원히 차지하여 가짐. eternal posse-
영유(領有)[명] 점령하여 차지함. possession 하타
영육(靈肉)[명] 영혼과 육체. soul and body
영육 일치(靈肉一致)[명]〈철학〉정신과 육체는 높고 낮은 차별이 있는 두 개의 것이 아니라 오직 하나라고 하는 사상. 본디 그리스의 사상으로 중세 기독교에서 부인되었으나 문예 부흥기에 부활한 사상임. unity of soul and body
영윤(令胤)[동] 영식(令息). [sperity 하타
영윤(榮潤)[명] 집안이 번영하고 재물이 넉넉함. pro-
영=음(詠吟·詠音)[명] 노래함. 하타
영음 기호(嬰音記號)[명]〈음악〉'올림표(#)'의 한자 이름. 영기호(嬰記號). 샤프(sharp)③.
영:의:정(領議政)[명]〈제도〉조선조 때 의정부의 으뜸 벼슬. 품계는 정 1품. 내각을 총괄하는 으뜸 지위임. 상상(上相). 영규(領揆). 영상(領相). 영합(領閤). Premier of old Korea [ery 하타
영이(靈異)[명] 신령스럽고 이상함. 영묘(靈妙). myst-

영:이 돌다:-다 ⑬ ⓒ 집안의 구밈새가 명랑하고 청결한 태가 가득 차 있다. orderly and harmonious
영:이별[-니-] (永離別) 囘 다시 만나지 못하는 영원한 이별. eternal parting 하타
영인 (伶人) 囘 악공(樂工)과 광대.
영·인 (佞人) 囘 간녕(奸佞)한 사람. 간사스럽게 아첨하는 사람. flatterer
영인 (英人) 囘 영국 사람. Englishman
영·인(影印) 囘 서적 따위를 사진으로 복사 인쇄함. photostat 하타
영-인본 (影印本) 囘 원본을 사진이나 기타 과학적 방법으로 복제(複製)한 인쇄본. phototype
영일 (今日) 囘 좋은 날. 경사스러운 날. 길일(吉日). 영신(令辰). lucky day
영·일 (永日) 囘 긴 날. 온종일. 장일(長日)①. all day
영일 (盈溢) 囘 가득 차 넘침. 하타
영일 (寧日) 囘 무사하고 평화로운 날. peaceful day
영입 (迎入) 囘 환영하여 맞아들임. welcome 하타
영자 (姉娘) 囘 남의 손위 누이. (때) 영매(令妹). your elder sister
영·자 (泳者) 囘 수영하는 사람. 특히, 경영(競泳)에서 「수영하는 사람」
영자 [-짜] (英字) 囘 (약) → 영문자(英文字).
영자 (英姿) 囘 영매(英邁)한 자태. gallant figure
영자 (英資) 囘 영매(英邁)한 자질. high character
영·자 (影子) 囘 (동) 그림자.
영자 (纓子) 囘 ① (약) → 구영자(鉤纓子). ② <불교> 가사 (袈裟)의 끈. breast tie of a surplice ③ 문끈
영:자 팔법[-짜-뻡] (永字八法) 囘 한(漢)나라 채옹 (蔡邕)이 산정한 서법 전수 (書法傳受)의 한 방법. 영(永) 한 자로서 모든 글자에 공통되는 여덟 가지
영작 (英作) 囘 (약) → 영작문(英作文). [-운필법(運筆法).
영작 (榮爵) 囘 영예로운 작위. 현작(顯爵). peerage
영작 (營作) 囘 (동) 영조(營造). 하타
영-작문 (英作文) 囘 영어의 작문. (약) 영작(英作). English composition
영장[-짱] (令狀) 囘 ① 관청에서 발부하는 명령서. ¶소집 (召集) ~. 징병 (徵發) ~. writ ② <법률> 법원에서 강제 처분의 재판을 기재한 재판서 (裁判書). 소환장·구속 영장·압수 (收收) 영장의 세 종류가 있음. warrant
영·장 (永葬) 囘 (동) 안장 (安葬). 하타
영장 (英將) 囘 영걸한 장수. great general
영장 (營將) 囘 (약) → 진영장 (鎭營將).
영장 (靈長) 囘 가장 영묘한 힘을 가진 으뜸이나 우두머리. 곧, 사람을 가리키는 말. ¶ 인간은 만물의 ~. Lord of all creation
영장-류 (靈長類) 囘 <동물> 생물학적으로 인간과 가장 가까운 동물 종류. 인류(人科)에 속하는 인류와 고릴라·침팬지·비비(狒狒 baboon) 등 원숭이(猿科)와 유인원(類人猿)들의 총칭. primates
영장류-목 (靈長目) 囘 <동물> 포유 동물의 한 목. 뇌가 잘 발달되었고, 얼굴은 짧으며, 가슴에 한 쌍의 유방을 갖추고 수족은 물건을 잡기에 적당함. 인류·유인원 (類人猿)·원과 (猿科) 등. primates
영재 (英才) 囘 탁월한 재주. 또, 그런 사람. gifted
영재 (零材) 囘 조금 처진 나머지. leavings 「person
영·재 (穎才) 囘 특히 뛰어난 사람. 또, 그러한 사람. 수재 (秀才). brilliant man
영저 (嶺底) 囘 높은 재의 아래 기슭. low part of pass
영저-리 (營邸吏) 囘 <제도> 각 감영 안에 있어서 읍과의 연락을 맡아 보던 아전. 영주인.
영적 (靈蹟) 囘 신령한 사적. 또, 그것이 있었던 곳. holy place
영적[-쩍] (靈的) 관명 신령스러운 (것). 정신·영혼에 관한 (것). (때) 육적 (肉的)인. spiritual
영적 감응[-쩍-] (靈的感應) 정신상의 감응.
영적 교감[-쩍-] (靈的交感) 멀리 떨어져 있는 사람 사이에 불가사의의 의사가 감응 (感應)되는 일.
영전 (令前) 囘 명령이 내리기 전. before giving an order
영전 (令箭) 囘 군령 (軍令)을 전하는 화살. signal arrow
영전 (迎戰) 囘 오는 적을 맞아 나가서 싸움. interception 하타
영전 (榮典) 囘 ① 영광스러운 전례 (典例). honourable ceremony ② 경사스러운 의식 (儀式). happy ceremony ③ 명예를 표창하기 위한 제도.
영전 (榮轉) 囘 먼저 있던 자리보다 좋은 자리나 지위로 옮김. (때) 좌천 (左遷). promotional transfer 하타
영·전 (影殿) 囘 ① 임금의 진영 (眞影)을 모신 전각. ② (동) 영당 (影堂).
영전 (靈前) 囘 신이나 죽은 이의 영혼을 모셔 놓은 앞. before the spirit of the departed
영전 (靈殿) 囘 신이나 죽은 이의 영혼을 모셔 놓은 사당. 영묘 (靈廟). alter of the spirit
영전-위 (零電位) 囘 전위가 없음을 이름.
영·절 (永絶) 囘 영원히 끊어져 없어짐. extinction 하타
영절 (令節) 囘 가절 (佳節).
영절-스럽-다 (-스러워) ⑬ ⓒ 말로는 그럴 듯하다. plausible ② 역력한 듯하다. 영검스럽다. 영절-스레 면
영점[-쩜] (零點) 囘 ① 득점이 없음. (때) 만점 (滿點). zero ② 어떤 일의 성과가 전혀 없음. zero ③ 섭씨·열씨 (列氏)의 온도계에서의 빙점 (氷點). freezing point
영점 에너지[-쩜-] (零點 energy) 囘 절대 영도 (絶對零度)에 있어서의 물질 분자에 의해 보유되고 있는 운동 에너지.
영접 (迎接) 囘 손님을 맞아서 응접함. 연접 (延接). 「reception 하타
영정 (零丁) 囘 영락하여 의지할 데가 없는 모양. 영락하여 기력을 잃은 모양. forlornness 하타
영·정 (影幀) 囘 화상 (畫像)을 그린 족자 (族子). 영상 (影像)①. portrait scroll
영정 (營庭) 囘 영문 안에 있는 마당. barracks ground
영제 (令弟) 囘 남의 아우. (때) 영형 (令兄). your younger brother
영·제 (永制) 囘 영원히 시행하는 법. 영원한 제도. permanently-operative law
영·조 (映照) 囘 밝히 비춤. reflection 하타
영조 (零條) 囘 조금 모자라 남은 액수. 「rest
영조 (營造) 囘 토목·건축을 역사 (役事)하여 지음. 영작 (營作). building 하타
영조 (營造) 囘 <嶺調> 영남 지방에서 부르는 시조의 창법 (唱法). (때) 경조 (京調).
영조 (靈鳥) 囘 신령한 새. 상서로운 새. 봉황. 영금 (靈禽).
영조-척 (營造尺) 囘 목수들이 쓰는 자의 하나. 주척 (周尺)의 한 자 반 비 치 9푼 9리에 해당. 목척 (木尺). carpenter's measure 「permanence 하타
영·존 (永存) 囘 ① 영원히 존재함. ② 영원히 보존함.
영존 (令尊) 囘 '남의 아버지'를 이르는 말. 춘부장. your father
영종 (令終) 囘 고종명 (考終命). 하타
영·종 (影從) 囘 그림자같이 따라다님. 하타
영-종정경 (領宗正卿) 囘 <제도> 종친부의 으뜸 벼슬.
영좌 (靈座) 囘 한 부락이나 한 단체의 우두머리. 영위 (領位). head
영좌 (靈座) 囘 ① 영위 (靈位)를 모셔놓은 자리. 궤연 (几筵)②. 영궤 (靈儿). 영여 (靈髮). place containing a tablet
영·주 (永住) 囘 한 곳에서 오래 삶. permanent residence 하타
영주 (英主) 囘 영명한 군주. 뛰어난 임금. wise ruler
영주 (領主) 囘 ① <역사> 영지 (領地)·장원 (莊園)의 소유주 (所有主). lord ② <도> 지주 (地主).
영주 (瀛洲) 囘 ① 삼신산 (三神山)의 하나. ② 진시황 (秦始皇

영주권 [-꿘] (永住權)[명] 〈법률〉 소정 자격을 갖춘 외국인에게 주는 그 나라에 영주할 수 있는 권리. 영구 거주권(永久居住權). right of permanent residence

영ː주민 (永住民)[명] 한 곳에 오래 사는 사람.

영주산 (瀛洲山)[명] 〈동〉영주(瀛洲).

영주인 (營主人)[명] 〈동〉 영저리(營邸吏).

영주 재판권 [-꿘] (領主裁判權)[명] 〈역사〉 서유럽 중세의 봉건 사회에서 장원(莊園)의 영주가 그의 예속민에 대하여 관습적으로 행사하던 재판권.

영준 (英俊)[명] 영민하고 준수함. 또, 그런 사람. 영철(英哲). genius 하자

영지 (슈旨)[명] 왕세자나 황태자의 명령서. royal order

영지 (英智)[명] 영민한 지혜. wisdom

영지 (領地)[명] ①〈동〉영토(領土). ②〈동〉봉토(封土).

영ː지 (營紙)[명] 경장간지(井間紙).

영지 (嶺紙)[명] 영남에서 나는 종이. holy ground

영지 (靈地)[명] 신령스러운 땅. 신불의 영검이 있는 땅.

영지 (靈芝)[명] 〈식물〉 모균류(帽菌類)에 속하는 버섯. 높이는 10 cm 내외이며 갓갓은 직경 5∼13 cm로 단단함. 갓의 하면만이 황색이고 그 밖에 것은 적갈색 또는 자갈색임. 활엽수의 그루터기에 남.

영지 (靈智)[명] 영묘한 지혜. wisdom 지초(芝草)①.

영ː직 (影職)[명] 차함(借銜).

영지 (嶺蔘)[명] 영남에서 나는 적삼(直蔘).

영진 (榮進)[명] 벼슬이나 지위가 높아짐. rise 하자

영질 (姪姪)[명] 《공》 '남의 조카'를 이르는 말. 함씨(咸氏). 아니한 집합.

영=집합 (零集合)[명] 〈수학〉 원소(元素)를 하나도 갖지

영ː차 (略) 이영차.

영ː찬 (影讚)[명] 영정(影幀)을 찬송하는 글.

영찬 (營饌)[명] 음식을 장만함. 하자

영ː창 (咏唱·詠唱)[명] 〈음악〉 성악곡(聲樂曲)의 하나. 아리아(aria). 영창곡. (略) 창(唱).

영ː창 (映窓)[명] 〈건축〉 방을 밝게 하기 위하여 방과 마루 사이에 낸 두 쪽의 미닫이. window for admitting light dow

영ː창 (映窓)[명] 유리를 끼운 창. 유리창. glass win-

영창 (營倉)[명] 〈군사〉 군대에서 범법하였을 때 이를 제재하기 위하여 가두는 영창있는 건물. 또, 그 곳에 가두는 형벌. 함창(艦倉). detention room

영ː창=대 [-때] (映窓-)[명] 〈건축〉 영창을 끼우기 위하여 돌을 파서 댄 긴 나무. window sill

영ː채 (映彩)[명] 환하게 빛나는 빛깔. bright colour

영척 (英尺)[명] ①영목에서 쓰는 자의 하나. English ruler ②길이의 한 단위. 피트. foot

영척 (盈尺)[명] 한 자에 찬 한 자 정도. about one

영천 (靈泉)[명] ①〈동〉 온천(溫泉). ②영험스러운 약효가 있는 샘. magical fountain wisdom 하자

영철 (英哲·穎哲)[명] 영명하고 현철함. 또, 그런 사람.

영ː청 (影靑)[명] 중국 당송(唐宋)시대, 강서성(江西省) 경덕진요(景德鎭窯)에서 만들어낸 연한 물빛의 청순(淸純)한 백자(白磁). 공청(空靑). 음청(陰靑).

영체 (零替)[명] 쇠잔하게 됨. 영락(零落)②. ruin 하자

영체 (靈體)[명] 영묘한 몸. 신령한 몸. spiritual body

영초 (英硝)[명] 〈동〉황산나트륨.

영초 (英綃)[명] 중국에서 나는 비단의 하나. 모초(毛綃) 비슷한데, 품질이 좀 낮음.

영초 (靈草)[명] ①약으로서 영검한 효력이 있는 풀. 불사(不死)의 약초(藥草). mysterious grass ②담배를 달리 일컫는 말. cubine

영총 (令寵)[명] 《공》 '남의 첩'을 이르는 말. your concubine

영총 (榮寵)[명] 임금의 은총. royal favor 하자

영총 (靈寵)[명] 신불이 내리는 은총.

영추 (迎秋)[명] 가을을 맞이함. greeting the autumn

영추문 (迎秋門)[명] 〈지리〉 경복궁의 서문. 일반 관원들이 드나들었음. 연추문(延秋門). insufficiency

영축 (盈縮·贏縮)[명] 남음과 모자람. sufficiency and

영축 (零縮)[명] 수가 줄어 모자람. decrease 하자

영춘 (迎春)[명] ①봄을 맞이함. greeting the spring ②동 개나리. forsythia 하자

영취=산 (靈鷲山)〈불교〉 중인도(中印度) 마갈타국(摩竭陀國), 왕사성(王舍城) 동북쪽에 있는 산. 석가 여래가 이곳에서 법화경(法華經)과 무량수경(無量壽經)을 강(講)하였다고 함. (略) 영산(靈山)③.

영치 (領置)[명] 〈법률〉 국가가 피의자·피고인, 또는 재감자(在監者)에 딸린 물건을 강제력을 쓰지 아니하고 보관 및 처분하는 행위. 《유》 압수(押收). provisional holding 하자

영치=금 (領置金)[명] 재감자(在監者)가 교도소의 관계부서에 일시 맡기는 돈. money in custody

영ː치기 [명] 무거운 물건을 여럿이 목도할 때 동작과 힘을 맞추려고 내는 소리. Yo-ho!

영칙 (令飭)[명] 명령을 내려 단단히 하여 일러 경계함. 하자

영친 (榮親)[명] 부모를 영화롭게 함. 또는 영화롭게 영양(榮養)①. 모심. bring honor to one's parents

영침 (靈寢)[명] 〈동〉 영상(靈床)①.

영칭 (英稱)[명] 〈동〉 영명(令名)①.

영탁 (鈴鐸)[명] 마응. 요령. 탁령(鐸鈴). bell

영ː탄 (永嘆·永歎)[명] 길게 한숨쉬며 탄탄함. 하자

영ː탄 (詠嘆·詠歎)[명] ①목소리를 길게 뽑아 심원(深遠)한 정회(情懷)를 읊음. chanting ②동 감탄(感歎). 하자

영ː탄=법 [-뻡] (詠嘆法)[명] 〈문학〉 문장 표현 방법 중 강조법의 하나. 감탄사 '오!·아!' 또는 감탄 어미 '-구나·-이여' 등을 써서 기쁨·슬픔·놀라움·아픔 따위의 감정을 고조하고 강조하는 표현 기법. exclamation 하자

영탈 (穎脫)[명] 재능이 뛰어나게 우수함. excellence

영토 (領土)[명] ①영유하고 있는 땅. territory ②한 나라의 주권을 행사할 수 있는, 배타적으로 지배하는 공간 지역. 영륙·영해·영공을 포함함. 국토(國土). 영지(領地)①. 여 갖는 일체의 권능.

영토=권 [-꿘] (領土權)[명] 〈법률〉 국가가 영토에 대하

영토 보ː전 (領土保全) 제 나라의 영토를 남의 나라에게 침범당하거나 간섭을 받지 않고 자주적으로 온전히 주권을 부림.

영토 주권 [-꿘] (領土主權) 〈법률〉 국가가, 영토 안의 사람과 물건에 대하여는 일체의 지배권(支配權). sovereignty upon land

영토=하ː다 (領土-)[여어] 영리하고 똑똑하다. wise and clever

영통 (靈通)[명] 신령스럽게 통함. wonderful divination

영특 (英特)[명] 영걸스럽고 특별함. wise 하자

영특 (獰慝)[명] 성질이 영악하고 간특함. 하자

영ː판 [명] 영검이 무척하여 길흉을 잘 맞추어 냄. 또, 그러한 사람. wonderful diviner

영ː판소 → 아주.

영패 (零敗)[명] ①경기 등에서, 한 점도 얻지 못하고 패함. shut-out ②경기 등에서 형편없이 패함. 하자

영폐 (永廢)[명] 영영 폐지함. 아주 없애버림. perma-

영포 (令抱)[명] 〈동〉 영손(令孫). nent abolition 하자

영포 (嶺布)[명] 영남(嶺南)곧, 경상도 각지에서 산출되는 베. 그 중 안동포(安東布)를 가리킴.

영토 (令票)[명] 〈제도〉 각 영문에 주장(主將)의 명령을 전하던 나무쪽.

영풍 (英風)[명] 영걸스러운 풍채. eminent qualities

영ː피ː다 [명] 기운을 내려고 뽐내다. cheer up

영하 (零下)[명] 온도계의 빙점(冰點) 이하. below zero

영ː하ː다 (靈-)[여어] (略) → 영검하다. 울.

영함 (營含)[명] 〈제도〉 감영이나 병영이 있는 고을 이름. 하자

영함 (迎合)[명] ①한랭한 계절을 맞음. ②음력 팔월의 딴 이름. 하자

영합 (迎合)[명] ①남의 마음에 들도록 뜻을 맞춤. 아침하여 좇음. ¶ 세에에 ∼하다. ②마음과 힘을 합하

영합(迎合)[명][동] 영의정(領議政).
여 서로 맞게 함. ¶온 사원이 ~하여 회사를 이끌어 간다. flattery 하다
영합주의(迎合主義)[명] 자기 주장은 없이 남의 뜻만 맞추어 나가려는 태도. opportunism
영해(領海)[명] 〈법률〉한 국가의 주권이 미치는 범위로서 연안해·항만·내해·해협 등을 포함하는 기선(基線)으로부터 12해리로 되어 있음. 영수(領水). 연안해(沿岸海)². 육해(沿海)². ¶~을 침범한 외국 선박. 《대》공해(公海). territorial waters
영해(嬰孩)[명] 어린아이. baby
영해선(領海線)[명] 〈지리〉영해의 한계선. 곧, 한 국가의 국내법이 외국인에게 미치는 영역의 한계선. territorial water line
영해 어업(領海漁業)[명] 영해 안에서의 어업. 자국에서 자국민 및 자국 선박에 의하여 독점함.
영:향(永享)[명] 길이 이어받음. 길이 누림. 하다
영:향(影響)[명] 한 가지 사물로 인해 다른 사물에 작용이 미치는 결과. influence
영:향력(影響力)[명] 영향을 미치는 힘. influence
영허(盈虛)[명][동] 영휴(盈虧). 하다
영험(靈驗)[명]〈원〉→영검.
영현(英賢)[명] 슬기롭고 뛰어남. 하다
영현(英顯)[명]〈공〉죽은 사람의 영혼을 이르는 말. 영령(英靈). souls of the departed war heroes [형]
영현(榮顯)[명] 영달하고 귀현(貴顯)함. distinction 하다
영형(令兄)[명] ①〈공〉남의 형. 《대》영제(令弟). your elder brother ②편지에서, '친구'를 이르는 말.
영혜(英慧)[명] 영민하고 지혜로움. sagacity 하다
영혜(靈慧)[명] 신령스럽고 지혜로움. sagacity 하다
영:호(永好)[명] 오래도록 사이 좋게 지냄. perpetual friendship 하다
영혼(靈魂)[명] ①죽은 사람의 넋. 정혼(精魂). 혼령(魂靈). ②〈불교〉육체를 떠나서도 존재하며, 인간 활동의 원동력으로 생각되는 정신적 실체(實體). 영가(靈駕). 영각(靈覺). ③〈기독〉신령하여 불사 불멸하는 정신. 영신(靈神)①. ④육체와 구별되어, 육체에 머물면서 마음의 작용을 맡고 생명을 부여하고 있다고 여겨지는 비물질적 실체. 혼(魂). 《대》육신(肉身). 육체(肉體). 《약》영(靈)⑤. soul
영혼 불멸설(靈魂不滅說)[명]〈철학〉죽은 후에도 인간의 영혼이 영원토록 지성과 의지의 힘을 발휘하여 미래의 생활을 존속한다고 하는 설. 조상 숭배·윤회 전생설 등은 이러한 사상에서 성립된 것임. doctrine of the immortality of the soul
영화(英貨)[명] 영국의 화폐. 파운드. pound sterling
영화(英華)[명] 빛나는 외화(外華).
영:화(映畵)[명] ①스크린이라는 일정한 공간 위에 빛과 그림자로 이루어진 영상(映像)이 시간의 경과에 함께 움직이어 흐르는 공간 예술·시간 예술임. 시나리오를 토대로 감독의 지휘로 배우의 연기 및 물상(物像)의 촬영이 마치고 과학적 공정을 거쳐 완성되며 촬영에 의한 영상(映像)으로 스크린에 비쳐 보여 줌. ②《약》→극영화(劇映畵). movie
영화(榮華)[명] ①귀하게 되어 몸이 세상에 드러나고 이름이 빛남. ¶~을 누림. ②외부에 나타난 뛰어난 재능이나 명예. ③뛰어나게 운치있는 시(詩)나 문장. prosperity 스럽다 스레 하다
영화(營火)[명] 화톳불.
영화(靈化)[명] 영적(靈的)이 되도록 함. 또, 그렇게 되게 함. 하다
영:화 각본(映畵脚本)[명] 시나리오. 《약》영화(脚本). scenario
영:화 감독(映畵監督)[명] 영화를 촬영할 때 배우의 연기·배역·조명·진행·편집 등 모든 감독을 하며, 영화에 통일성을 주는 사람. director
영:화계(映畵界)[명] 영화와 관계되는 사회. film world
영:화관(映畵館)[명]〈연예〉영화를 상시 상영하여 관객이 볼 수 있도록 설비한 상설관. movie theatre
영:화극(映畵劇)[명]〈연예〉연극의 양식으로 된 영화. 시네마 드라마. 《대》무대극(舞臺劇). screen play
영:화롭다(榮華一)[형][ㅂ불] 몸이 귀하게 되어 이름이 드러나다. glorious 영화로이
영:화-막(映畵幕)[명] 영사막(映寫幕).
영:화 배우(映畵俳優)[명] 영화 제작을 위해 연기하는 배우. movie actor
영:화-사(映畵社)[명] 영화의 제작·배급 또는 수입·수출을 업으로 하는 회사. cinema company
영:화 소:설(映畵小說)[명]〈문학〉영화를 만들기 위하여 쓴 소설. 문장 표현보다는 내용과 이야기의 줄거리에 치중함. movie story
영:화 예:술(映畵藝術)[명] 실용 본위·흥미 본위로부터 떠난, 일종의 예술로서의 영화. 영화를 예술의 한 분야로서 일컬음. motion picture arts
영:화 음악(映畵音樂)[명] 영화의 표현을 돕기 위해서, 필름 속에 대사(臺詞)나 음향 효과 등과 함께 녹음되었다가 화면과 동시에 재생되는 음악. [men
영:화-인(映畵人)[명] 영화계에 종사하는 사람. movie-
영:화 촬영기(映畵撮影機)[명] 영화를 촬영하는 사진기.
영:화(映畵化)[명] 소설·전기 등을 각색하여 영화로 만듦. adaptation for the films 하다
영활(靈活)[명] 정신력이 뛰어나고 민활함. spiritualization 하다
영활-성(靈活性)[명] 영활한 성질이나 특성.
영:회(詠懷)[명] 회포(懷抱)를 시가(詩歌)로 읊음. composing a poem 하다
영효(令孝)[명] 부모를 영화롭게 하는 효도.
영효(靈效)[명] 영묘(靈妙)한 효력. marvelous efficacy
영후(令後)[명] 명령을 내린 뒤. after the order issued
영휴(盈虧)[명] ①〈천문〉천체의 빛이 그 위치에 의하여 증감하는 현상. ②가득 참과 이지러짐. 또, 가득함과 빔. 영허(盈虛). 하다

옅-다[형] ①표면에서 바닥·안까지의 거리가 가깝다. 깊지 않다. shallow ②빛이 짙지 않다. 빛이 묽다. light ③의지(心志)나 정의가 두텁지 못하다. slight ④학문·지식 등의 정도·분량이 적다. [적] 얕다
옆[명] 양쪽 곁. sides [shallow
옆-갈비[명]〈생리〉몸의 양쪽 옆구리에 있는 갈빗대. side ribs [부분. flank
옆-구리[명] 갈빗대가 있는 가슴등 등의 사이를 이룬
옆구리 운:동(一運動)[명]〈체육〉몸의 옆구리를 좌우로 굽혔다 폈다 하는 운동.
옆-길[명] 큰 길 옆으로 따로 난 작은 길.
옆-널[명] 목기(木器)의 좌우 옆의 넓빤지. sidepiece
옆-댕이[명]〈속〉'옆'. [of a woodenware
옆-들다[ㄹ변] 옆에서 도와 주다. ¶옆들어도 힘이 안 났다. help
옆-막[명] 양옆을 가로막은 물질. partition [sides
옆-면(一面)[명] 앞뒤에 대한 양옆의 면. 측면(側面).
옆-바람[명] 배의 돛에 옆으로 쳐는 바람.
옆-발치[명] 누운 사람의 옆 아래. 발치의 옆.
옆-쇠[명] 장통·양복장 등의 기둥과 기둥을 옆으로 질러 대는 나무.
옆-심(心)[명] 배에 있는 튼튼의 서까래. [낸 나무.
옆-얼굴[명] 옆에서 본 얼굴.
옆쪽-이[-녁-][부] 이 옆 저 옆에. ¶~조르는 사람 뿐이다. on this side and that [side]
옆장부 시:위(一廂一侍衛)[명]〈제도〉사인교를 타고 행차할 때, 벽에 부딪치지 않도록 살펴보라는 시위소리.
옆-줄[명]〈생물〉물고기의 감각 기관. 몸의 옆구리에 구멍 뚫린 비늘이 양쪽으로 한 줄씩 있다. 흐름의 방향, 물의 깊이, 소리의 속도 등을 느낄 수 있는 기관. side line [gill. rolling 하다
옆-질[명] 배가 좌우로 흔들리는 일. 롤링. 《대》앞뒷
옆-집[명] 옆에 있는 집. 인가(隣家). next door
옆-찌르다[ㄹ변][동] 넌지시 알려 주기 위하여 옆구리를 찌르다. give a nudge in one's side
옆 찔러 절 받기[명] 상대편은 모르고 있거나 또는 할 생각은 없는데, 스스로가 요구하거나 알려 줌으로써 대접을 받는다.

옆-폭(一幅)[명] 옆에 박는 널빤지. side board
옆-훔이[―훔치][명] 홈 따위의 옆을 훌어 내는 연장. corner chisel
예[1][관] 〈어학〉 한글의 합성 자모 '혜'의 이름.
예[2][명] 오래 전. 옛적. ¶~나 이제나. old times
예[3][대][명] 〈약〉→여기. 「내는 관형사. ¶~자. six
예[5][명] 일정한 명사 위에서만 쓰여 여섯의 뜻을 가진
예:[5][감] ①존대할 자리에 대답하는 말. ¶~, 알겠읍니다. yes, sir ②존대할 자리에 재우처 묻는 말. ¶~, 뭐라고요. pardon ③때릴 기세로 이르는 말. ¶~, 이놈.
:예[고] 왜(倭).
:예[고] 에.
예:(例)[명] ①〈약〉→전례(前例). ②세상에 흔한 것. ¶~의 그 가게. common thing ③전거(典據)와 표준이 되기에 족한 사물. 본보기로서 족한 것. 하타
예(豫)[명] 〈약〉→예패(豫卦). [~를 들다. example
예(禮)[명] ①사람이 마땅히 지켜야 할 의칙(儀則). ② 사의(謝意)를 표하는 말. 또, 사례로 보내는 금품. ③〈약〉예법(禮法). ④〈약〉경례(敬禮). 하타
예가(禮家)[명]→예문가(禮文家).
예:각(銳角)[명]〈수학〉직각보다 작은 각. (대) 둔각.
예:각(豫覺)[명][동] 예감(豫感). 하타 [acute angle
예:각 삼각형(銳角三角形)[명]〈수학〉내각(內角)들이 모두 예각인 삼각형. (대) 둔각 삼각형. acute angled triangle
예:감(銳感)[명] 예민한 감각. (대) 둔감(鈍感).
예:감(豫感)[명] 무슨 일이 있기 전에 그 일을 암시적 (暗示的)으로 또는 제육감(第六感)으로 미리 느낌. 예각(豫覺). premonition 하타
예:거(例擧)[명] 예를 드는 것. giving an instance 하타
예:건(―건)(例件)[명] 전부터 있는 사건. 항상 있는 일. 의례(依例). 의례건(依例件). [shed form
예:격(例格)[명] 전례로 되어 온 격식(格式). establi-
예:견(豫見)[명] 어떤 일이 있기 전에 미리 앎. 선견 (先見). foreknowledge 하타 [정함. 하타
예:결(豫決)[명]①예산과 결산. ②어떤 일을 미리 결
예경(禮敬)[명] 부처·성현(聖賢)에게 예배함. worship
예:계(豫戒)[명] 미리 경계함. precaution 하타
예:고(豫告)[명] 미리 알림. advance notice 하타
예:고 기간(豫告期間)[명]〈법률〉미리 통지한 때부터 일정한 기간이 경과해야만 그 법률의 효력이 발생하게 되는 기간. 토지는 1년, 건물은 3개월, 동산은 1일이 경과해야 효력이 발생함.
예:고 수당(豫告手當)[명]〈법률〉사용자가 근로자를 해고함에 있어서, 적어도 30일 전에 예고를 하지 아니하였을 때 지급되도록 된 수당.
예:고-편(豫告篇)[명] 영화·텔레비전 프로의 내용들을 미리 알리기 위하여, 그 일부를 뽑아 모은 것.
예:과(―과)(豫科)[명] 본과(本科)에 들기 위한 예비의 과정. ¶~생. 의대 ~. (대) 본과(本科) preparatory course
예광-탄(曳光彈)[명]〈군사〉탄도(彈道)를 알 수 있도록 빛을 내며 날아가게 한 탄환(彈丸). tracer bullet
예:-괘(豫卦)[명]〈민속〉육십사괘의 하나. 진괘(震卦)와 곤괘(坤卦)가 거듭된 것으로, 우뢰가 땅에서 나와 멸침을 상징한 것. 〈약〉예(豫). [quette
예교(禮教)[명] 예의에 관한 가르침. teaching of eti-
예궁(禮弓)[명]〈제도〉예식(禮式) 때 쓰이던 활의 하나. 여섯 자 길이에 모양은 각궁(角弓)과 같음. 노궁(弩弓). 대궁(大弓).
예:궐(詣闕)[명] 대궐에 들어감. 입궐(入闕). 참내(參內). proceeding to the Royal Palace 하타
예:규(例規)[명] ①관례와 규칙. ②관례로 성립된 규. established rule
예:금(預金)[명]〈경제〉금융 기관의 신용에 의하여 개인이나 기업으로부터 장기 혹은 단기에 통화의 예입을 받는 것. 또, 그 금전. 요구급 예금과 저축성 예금이 있음. ¶당좌 ~. 저축 ~. 정기 ~. deposit 하타

예:금 담보(預金擔保)[명]〈경제〉은행으로부터 금전을 차용(借用)하는 경우에, 그 은행에 대하여 소유하는 정기금 기타의 예금 채권을 담보하는 일.
예:금 보:험(預金保險)[명]〈경제〉은행의 파산으로 말미암아 생기는 예금자의 손해를 보충하기 위한 보험. deposit insurance
예:금-액(預金額)[명] 예금한 액수.
예:금 어음(預金一)[명]〈경제〉은행에서 일정한 금액의 예탁(預託)을 받았다는 표로 예금주에게 주는 증서. deposit certificate
예:금 은행(預金銀行)[명]〈경제〉예금을 맡아서 그 자금을 상공업자에게 단기(短期)의 경영 자금으로 융자해 주는 은행. 곧, 일반 상업 은행. (대) 채권 발행 은행(債券發行銀行). bank deposit
예:금-자(預金者)[명] 예금주(預金主).
예:금-주(預金主)[명] 예금을 한 사람. 예금자(預金者). depositor
예:금 지급 준:비(預金支給準備)[명]〈경제〉은행이 예금의 지급에 대비하여 자금을 준비하여 두는 일.
예:금 통장(預金通帳)[명] 우편국·은행 등이 예금자에게 교부하여 두고, 예입·지급의 내용을 기재하는 통장. deposit passbook
예:금 통화(預金通貨)[명]〈경제〉입금표에 의하여 입입과 수표에 의하여 언제든지 찾아 쓸 수 있는 당좌 예금을 이르는 말. 「은행끼리 맺는 협정.
예:금 협정(預金協定)[명]〈경제〉예금 이율에 관한
예:기[부] 떼릴 기세로 나무랄 때 내는 소리. ¶~ 고얀놈. 〈센〉에끼①. You rascal!
예:기(銳氣)[명] 날카로운 기세. 날카로운 기상. ¶~에 찬 청년. vigour
예:기(銳騎)[명]〈군사〉날쌔고 굳센 기병.
예:기(豫期)[명] 앞으로 닥칠 일을 미리 기대하거나 예상함. ¶~치 못한 사진. anticipation 하타
예:기(穢氣)[명] 더러운 냄새. foul odour
예기(禮器)[명][동] 제기(祭器).
예:기(藝妓)[명] 가무(歌舞)·서화(書畫)·시문(詩文) 따위의 예능을 익혀 손님을 접대하는 기생. 현기(弦妓·絃妓).
예:기 방장(銳氣方張)[명] 예기가 한창 성함. 하타
예:기-지르-다(銳氣一)[르불] 남의 예기를 꺾다. shake one's spirit
예:끼[감] ①〈센〉→에기. ②〈동〉에기.
예:납(例納)[명] 전례에 따라 상납함. payment according to a precedent 하타
예:납(豫納)[명] 기한 전에 미리 바침. 선납. 전남(前納). payment in advance 하타
예:년(例年)[명] ①보통으로 지나온 해. ordinary year ②매년. 해마다. every year
예:능(藝能)[명] ①예술과 기능. ¶~계(界). ②연극·영화·음악·무용·가요 따위의 총칭. arts
예-니레[명] 엿새나 이레. six or seven days
예-닐곱[명] 여섯이나 일곱. six or seven
예-다[자][고] 가다.
예다-제다[부] 〈약〉→여기다가 저기다가. [하타
예:단(豫斷)[명] 미리 판단함. 또, 그 판단. prediction
예단(禮單)[명] 예폐(禮幣)를 적은 단자(單子). list of the present of silk [as a present
예단(禮緞)[명] 예폐(禮幣)로 주는 비단. silk given
예:담(例談)[명] 의례조로 하는 이야기. familiar story
예:답-다(禮一)[ㅂ불][형]〈약〉→예모(禮貌)답다.
예당(禮堂)[명]〈제도〉조선조 때 예조의 당상관.
예:대(預貸)[명] 예입과 대출. ¶~ 금리의 격차.
예대(禮待)[명] 예로써 대우함. 정중히 맞이함. 예우(禮遇). 예접(禮接). honourable treatment 하타
예:대 대:학(藝大大學)[명] 예술대학(藝術大學).
예:대-율(預貸率)[명]〈경제〉은행의 예금 잔액에 대한 대출 잔액의 비율.
예:덕(睿德)[명] 왕세자의 덕망. virtue of the prince
예:덕(穢德)[명] 임금의 불미(不美)한 행동. king's

예덕나무

scandal

예덕-나무 ⟨식물⟩ 깨풀과의 낙엽 활엽 교목. 여름에 녹황색의 꽃이 핌. 과실은 삭과(蒴果)인데 물감으로 쓰이며 재목은 상자재(箱子材)·기구재로 쓰임.

예:도(銳刀)[명] ①⟨군사⟩ 군도의 하나. 환도와 같은데 끝이 뾰족한 군도. 장검(長劍). sharp sword ②⟨제도⟩ 보졸(步卒)이 환도로 하는 검술.

예도(禮度)[명] 예의와 법도. 예법(禮法). 예절(禮節).

예:도(藝道)[명] 기예(技藝)의 길. 연예(演藝)의 길.

예:도-옛날[명] 아주 옛날. long long ago

예:둔(銳鈍)[명] ①날카로움과 무딈. sharpness and dullness ②민첩함과 우둔함. alacrity and slowness

예라 ①아이들에게 비키라거나 또는 그리 말라고 할 때에 하는 소리. stop! ②무슨 일을 해보겠다가나, 그만두겠다고 작정할 때 내는 소리. 예 ~ 그냥 두겠다. well then 「에라」의 뜻.

예라-꺼라 ⟨제도⟩ 벅벅(辟除) 소리의 하나.

예라-끼놈 ⟨제도⟩ 벅벅 소리의 하나. '에라 이놈'의 뜻.

예락(醴酪)[명] ①감주(甘酒). ②덜 익은 술.

예:람(睿覽)[명] 왕세자(王世子)가 열람함. prince's personal inspection 하다

예:람(叡覽)[명] 임금이 열람함. 상람(上覽). 어람(御覽). 하다

예레미야-서[Jeremiah 書][명] ⟨기독⟩ 구약(舊約) 예언서(豫言書)의 하나. Jeremiah

예려(豫慮)[명] 미리 하는 염려.

예:령(豫令)[명] 구령(口令)을 내릴 때에, 어느 동작이가를 시키고, 그 동작을 하기 위해서 미리 준비할 수 있도록 하는 구령. '앞으로 가·뒤로 돌아 가'에서 '앞으로·뒤로 돌아' 따위.

예론(禮論)[명] 예절에 관한 이론. theory on courtesy

예:록(藝錄)[명] 예측(豫測)의 동. 예측(豫測).

예루살렘[Jerusalem][명] ⟨지리⟩ 이스라엘과 요르단에 걸치는 도시. 유대국의 성도(聖都). 이스라엘의 수도(首都).

예:리(銳利)[명] ①연장 따위가 날카로워 잘 듦. ¶ ~한 칼날. sharpness ②두뇌나 판단력이 날카롭고 정확함. 섬에(銛銳). ¶~한 판단. keenness 하다

예리-성(曳履聲)[명] 신 끄는 소리. scraping sound of

예:림(藝林)[명] ⟨동⟩ 예원(藝苑). the shoes

예-막(翳膜)[명] ⟨의학⟩ 적막(赤膜)·백막(白膜)·청막(青膜)이 눈자위를 가리는 병.

예망(曳網)[명] ①풀어당기어 물고기를 잡는 그물의 총칭. seine ②그물을 풀어당김. drag net 하다

예:망(譽望)[명] 명예와 인망(人望).

예:매(豫買)[명] ①물건을 받기 전에 미리 값을 쳐서 삼. purchasing in advance ②시기가 되기 전에 미리 삼. advance purchasing 하다

예:매(豫賣)[명] ①물건을 건네기 전에 미리 값을 쳐서 팖. sale in advance ②일정한 시기가 되기 전에 미리 팖. 전매(前賣). ¶입장권 ~. ⒞ 예매(豫買). advance sale 하다

예:매-권[-꿘](豫賣券)[명] 예매하는 차표·입장권 따위. ticket sold in advance

예:매-처(豫賣處)[명] 미리 파는 곳.

예:명(叙明)[명] ⟨동⟩ 예민(叙敏). 하다

예:명(藝名)[명] 연예인(演藝人)의 본명 외에 예도상(藝道上) 따로 지어 일컫는 이름. stage name

예모(禮帽)[명] 예복을 입을 때 쓰는 모자. ceremonial

예모(禮貌)[명] 예절에 맞는 모양. manners 「hat

예모-답-다(禮貌—)[형](ㅂ)변] 태도가 예절에 맞다. ⒞ well mannered 「ntence

예:문(例文)[명] 예(例)로서 드는 문장. illustrative se-

예:문(例問)[명] ①⟨제도⟩ 각 지방관이 그 곳의 특산물을 정례적으로 중앙의 고관에게 선사하던 일. 예봉(例封). ②예로서 하는 문제. ¶~1을 풀어라. 하다 「②⟨불교⟩ 예불하는 의식.

예문(禮文)[명] ①예법의 명문(明文). written etiquette

예:문(藝文)[명] ①학예와 문학. ②기예(技藝)와 문필(文筆). 문예.

예봉

예:문(譽聞)[명] 좋은 평판. 훌륭한 명성. reputation

예문-가(禮文家)[명] 예법(禮法)을 잘 알고, 그것을 그대로 지키는 사람. 도, 그런 집안. ⒞ 예가(禮家).

예물(禮物)[명] ①사례의 뜻을 표하여 주는 물건. present ②시집 어른들이 신부로부터 첫인사를 받은 답례로 주는 물품. ③결혼식에서 신랑 신부가 정표로 주고받는 물건.

예:물(穢物)[명] 더러운 물건. foul things

예:민(銳敏)[명] 재지(才智)·감각·행동 등이 날카롭고 첨렴. ¶신경이 ~하다. ⒞ 둔감(鈍感). acuteness 하다 히 「[예명](叙明). 하다

예:민(叡敏)[명] 임금의 천성(天性)이 영명(英明)함.

예:민-색(銳敏色)[명] ⟨물리⟩ R=575μℓ의 간섭색(干涉色). 아름다운 적자색이나, R의 약간의 변화에 대해서 예민하게 된다. sensitive colour

예:바르-다(禮——)[형](ㄷ변] 예절을 잘 지키다. 예절이 밝고 바르다. courteous

예-반(—盤)[명] 나무나 쇠붙이로 둥글고 납작하게 만들고, 칠을 한 쟁반 모양의 그릇. ⒜ 왜반(倭盤). lacquered plate

예반(禮盤)[명] ⟨불교⟩ 본존 앞에 베풀어 놓은 높은 단.

예:방(豫防)[명] 무슨 일이나 탈이 있기 전에 미리 막음. 방예(防豫). prevention ②⟨원⟩-이발. 하다

예방(禮訪)[명] 증경(中正)을 잃지 않도록 예법으로써 막음. 하다 「sy call 하다

예방(禮訪)[명] 인사차 방문함. 예로써 방문함. courte-

예:방 경:찰(豫防警察)[명] 공공(公共)의 안녕 질서(安寧秩序)에 대한 장애가 발생하기 전에, 그 위험을 제거하기 위한 경찰.

예:방-액(豫防液)[명] 혈청(血清) 속에 면역 물질을 항성시켜 전염병에 걸리지 않게 예방하기 위하여 쓰는 주사액. preventive

예:방 의:학(豫防醫學)[명] ⟨의학⟩ 병의 예방을 중심으로 건강 증진·생활 환경의 개선 등을 목적으로 하는 의학. preventive medicine

예:방 접종(豫防接種)[명] ⟨의학⟩ 전염병 따위에 대한 면역을 주기 목적으로 미리 하기 위해 면역원(免疫原)을 인체에 주사하거나 접종하는 일. 종두 및 디프테리아 예방 주사 등이 있음. preventive inoculation

예:방 주:사(豫防注射)[명] 주사기로 예방액을 체내에 주사하여 면역성을 만드는 예방 접종. preventive injection

예:방-책(豫防策)[명] 예방하기 위한 방책.

예배(禮拜)[명] ①경의를 표하여 배례함. ②⟨종교⟩ 신이나 부처 앞에 경배하는 의식. ③⟨기독⟩ 교회 당에서 신자가 기도하는 종교적 의식의 하나. ④⟨천주⟩ 흠숭(欽崇)하고 기도하는 일. worship 하다

예배-당(禮拜堂)[명] ⟨기독⟩ 기독교 신자들이 모여 예배를 보는 회당. 교회(教會). 성당(聖堂). church

예배 보다(禮拜—)[명] 신자들이 예배당에 가서 의식에 참례하다. 「날. worship day

예배-일(禮拜日)[명] ⟨종교⟩ 신도가 모여 예배를 보는

예백(曳白)[명] ⟨제도⟩ 옛날 과장(科場)에서 답안을 짓지 못하고 백지대로 가지고 나오던 일. 타랙(拖白).

예번(禮煩)[명] 예의가 번폐스러움. 하다

예법[—](禮法)[명] ⟨도덕⟩ 예(禮)로서 지켜야 할 규범. 법례(法禮). 예문(禮文). ⒞ ①~이 번거롭다. ②예절(禮節). ⒜ 예(禮). etiquette

예:병(銳兵)[명] ⟨군사⟩ ①정예(精銳)의 군사. 예출(銳卒). picket troops ②예리한 무기.

예:보(豫報)[명] 앞일을 미리 알림. ¶일기(日氣) ~. 「forecast 하다

예:복(隷僕)[명] ⒞ 종[3].

예복(禮服)[명] 의식 때에 착용하는 옷. 예절을 특별히 차릴 때 입는 옷. ⒞ 평복(平服). full dress

예복-짜리(禮服—)[명] 예복 입은 사람.

예:봉(銳鋒)[명] ①날카로운 창 끝. 또는 칼 끝. ¶~을 피하다. sharp spearhead ②날카로운 논봉(論鋒)·필봉(筆鋒)이나 기세. brunt ③정예(精銳)한 선봉. trenchant attack

예부(禮部)명 〈제도〉 ①신라 때 의례(儀禮)를 맡아 보던 관아. ②고려 때 육부(六部)의 하나. 의례·제향(祭享)·조회(朝會)·교빙(交聘)·학교·과거(科擧)

예:불(禮佛)명 꽃수.

예:불(禮佛)명 〈불교〉 부처 님에게 경배함. worshipping Buddha 하다

예불-상(禮佛床)명 〈불교〉 예불할 때에 올리는 상.

예:비(例批)명 전례(前例)에 의한 임금의 비답(批答).

예:비(豫備)명 ①미리 준비함. 또, 그 준비. ②〈법률〉 범죄 실행의 착수 직전에 있어서의 일체의 준비 행위. ¶ ~ 음모. 살인 ~. preparation 하다

예:비-건(豫備件)명 본건(本件) 이외의 예비적으로 준비한 안건. plan in reserve

예:비 고시(豫備考試)명 〈법률〉 본고시를 치르기 전에 그 고시에 응시할 수 있도록 예비적으로 실시하는 고시. 예비 시험. (대) 본고시(本考試).

예:비 관:제(豫備管制)명 방공 연습에 있어서 예비적으로 등화 관제를 하기 전에 예비적으로 하는 관제.

예:비 교:육(豫備敎育)명 어떤 일을 실시하기 전에 또는 정식으로 학과를 가르치기 전에, 예비적으로 실시하는 교육. preparatory education

예:비-군(豫備軍)명 〈군사〉 ①예비병으로 편성된 군대. reserve army ②(동) 예비대. ③(약)→향토 예비군(鄕土豫備軍).

예:비군 포장(豫備軍褒章)명 〈법률〉 예비군의 육성 발전에 공적이 뚜렷한 사람, 직무에 정려(精勵)한 사람에게 주는 포장.

예:비-금(豫備金)명 ①예비로서 마련해 둔 돈. reserve fund ②(동) 예비비(豫備費)②.

예:비-대(豫備隊)명 〈군사〉 육전에 있어서 후방에 배치하여 필요한 경우에 전선의 원조, 병력의 보충 따위를 맡는 군대. 예비군(豫備軍)②. reserve corps

예:비-병(豫備兵)명 〈군사〉 ①예비역에 복무하는 병사(兵士). reserve army ②직접 전투병에 대하여, 지원 교체할 수 있는 예비의 병사. reservist

예:비 병역(豫備兵役)명 (동) 예비역(豫備役).

예:비-비(豫備費)명 〈법률〉 ①예측할 수 없는 세출 예산(歲出豫算)의 부족에 충당하기 위해 예산 중에 계상(計上)되는 비목(費目). 예비금(豫備金)②. money held in reserve

예:비 시:험(豫備試驗)명 본시험 이전에 앞서, 본시험을 치를 만한 학력의 유무를 알아보기 위한 시험. 예비 고시(豫備考試). (약) 예시(豫試). preliminary examination

예:비-역(豫備役)명 〈군사〉 현역 복무가 끝난 자가 일정 기간 복무하는 병역. 보통 때에는 시민으로서 생활하다가 비상시 또는 연습 때에 소집되어 군무에 복무하는 병역. 예비 병역(豫備兵役). (대) 현역(現役). reservists

예:비-적(豫備的)명 예비가 되는(것).

예:비 지식(豫備知識)명 어떤 사항을 연구하는 데에 예비로서 필요한 지식. preliminary knowledge

예:비-함(豫備艦)명 〈군사〉 재적(在籍) 군함에 있어, 함대에 편입되지 않고, 또 경비·연습·측량 기타 특별 임무에 종사하지 않는 함선. reserve fleet

예빙(禮聘)명 예로써 초빙함. courteous invitation 하다

예:쁘-디:예:쁘-다[으르] 아주 예쁘다. [=스레답]

예:쁘장-스럽-다[으르][ㅂ르] 예쁘장한 데가 있다. **예:쁘장**

예:쁘장-하-다[여르][여르] 좀 예쁘다. lovely

예쁜 자식 매로 키운다 귀여운 자식일수록 매로 다스려 바른 길로 가르쳐야 한다.

예:사(例事)명 (약)→예상사(例常事).

예:사(銳士)명 굳세고 날카로운 병사. picket troops

예사(禮辭)명 〈제도〉 예조(禮曹)에서 내리던 양자(養子)의 재허서(裁許書).

예:사(禮謝)명 고마운 뜻으로 사례함. recompense 하다

예:사-낮춤(例事一)명 보통 비칭(普通卑稱).

예:사-높임(例事一)명 (동) 보통 존칭(普通尊稱).

예:사-로(例事一)부 보통의 일로. 아무렇지도 않게. ¶ 철수는 어려운 일도 ~ 척척 해낸다.

예:사-롭-다(例事一)[ㅂ르] 예사로 있을 만하다. 흔하다. (약) 예:사-로이

예:산(叡算)명 임금의 나이. King's age

예:산(豫算)명 ①미리 비용을 계산함. 또, 그 금액. estimate ②전작부터의 작정. ③〈경제〉 국가 또는 지방 자치 단체의 한 회계 연도에 있어서의 세입과 세출의 계획. 본예산과 추가 경정 예산이 있음. (대) 결산(決算). budget 하다

예:산 단가[一까](豫算單價)명 〈경제〉 예산 계상(豫算計上)의 기초로서 표준적인 인건비나 물건비에 대하여 정하는 단가.

예:산 사정(豫算査定)명 각 부처로부터 제출된 세입·세출·국고 채무 부담 행위 등의 견적서를 경제 기획원 장관이 검토하여 필요한 조정을 하는 일.

예:산 선의권(豫算先議權)명 〈정치〉 양원제의 국회에서 하원이 예산을 먼저 심의할 수 있는 우월적(優越的) 권한.

예:산 심의(豫算審議)명 〈법률〉 국회에서 예산안을 확정하기 위하여 심의하는 일. deliberation on the budget

예:산-안(豫算案)명 ①〈경제〉 예산의 초안. ②〈법률〉 의회의 심의 결정을 얻기 전의 예산의 원안. budget bill [예산에 제정된 금액. amount of budget

예:산-액(豫算額)명 ①미리 계산한 금액. estimate ②

예:산-외(豫算外)명 ①예산의 비목(費目)에 들지 않은 것. ②예정되는 예산 밖.

예:산 초과(豫算超過)명 〈경제〉 세입·세출 또는 지출이 예산액을 초과함. excess over the estimates

예:상-말(例常一)명 ①보통으로 예사들이 하는 말. ¶ ~로 했는데, 화낼 것 없지…. ②겸사나 공대의 뜻이 없는 보통의 말. (대) 겸사말. 공대말.

예:상-소리(例常一)명 〈어학〉 자음 중 'ㄱ·ㄷ·ㅂ·ㅅ·ㅈ'과 같이 거세거나 된소리가 아닌 소리. 평음(平音). [이 아니야.

예:상-일[一닐](例事一)명 보통 있는 일. ¶ 그냥 ~

예:상(豫想)명 ①미리 상상함. 또, 그 상상. ¶ ~액(額). expectation ②〈군사〉 이동 목표(移動目標)가 일정한 시간 후에 도달할 위치를 미리 상정(想定)하는 일. anticipation 하다

예:상-고(豫想高)명 수확·수입 전에_미리 상정(想定)해 둔 수량. estimated amount

예:상-사(例常事)명 보통 있는 일. 예상일. (약) 예사(例事). 상사(常事). ordinary affair

예:상-외(豫想外)명 생각 밖. 뜻밖. ¶ ~로 크다. unexpectedness

예:상-일[一닐](例常一)명 (동) 예상사(例常事).

예새(미술) 도자기를 만드는 데 쓰는 나무칼. 목 [칼. wooden knife

예서(《에》 여기서.

예:서(預壻·頂婿)명 (동) 데릴사위.

예:서(隸書)명 한자 서체(漢字書體)의 하나. 전서(篆書)의 번잡함을 생략하여 만들었음. seal character

예서(禮書)명 ①예법에 관한 책. book on manners

예선(약) 여기서는. [②(동) 혼서(婚書).

예선(曳船)명 배를 끎. 또, 다른 배를 끄는 배. tug-boat 하다

예:선(豫選)명 본선(本選)에 앞서 미리 뽑음. ¶ ~전(戰). __통과. 결선(決選). preliminary sele-

예:선(豫先)명 먼저. 미리. previously [ction 하다

예선-기(曳線器)명 전선을 잡아 늘이는 데 쓰는 강철로 된 기구.

예설(禮說)명 예절에 관한 설. theory on manners

예:성(叡聖)명 임금이 덕이 밝고 성대(聖大)함.

예:성(譽聲)명 ①명예와 성문(聲聞). honourable reputation ②칭찬하는 소리. admiration

예:성 문무(叡聖文武)명 문무를 겸비한 임금의 성덕.

예셔주(《에》 여기서.

예:속(隸屬)명 ①딸려서 매임. subordination ②윗사

예손(裔孫)[명] 대수(代數)가 먼 자손. descendant
예송(例送)[명] 정례에 따라 보냄. 하타
예송(禮訟)[명] 예절에 관한 논란. dispute on manners
예수(豫受)[명] 미리 받음. receipt in advance 하타
예수(豫修)[명] ①미리 익혀 놓음. learn in advance ②《불교》죽어 극락에 가고자 생전에 미리 공을 닦는 일. 하타 ①에 알맞는 예의. suitable manners
예수(豫數)[명] ①주객이 서로 만나 보는 예절. ②신분.
예:수(Jesus)[명] 〈기독〉기독교의 개조(開祖). 기독(基督). [tantism
예:수교(Jesus 敎)[명] 〈기독〉기독교의 신교. Protes-
예:수교인(Jesus 敎人)[명] 예수교를 믿는 사람. Christian
예:수교회(Jesus 敎會)[명] 〈기독〉 예수교의 신도가 모여 예배를 보는 곳. Christian church
예:수 그리스도(Jesus Christ)[명] '구세주 예수'의 뜻.
예:수금(豫受金)[명] 예수한 금액.
예수남은[수] 예순이 좀 더 되는 수. about sixty
예:수재(豫修齋)[명] 〈불교〉죽어서 극락 세계에 가기 위하여 불전에 올리는 재.
예:수쟁이(Jesus—)[명] 《속》예수교인.
예:수회(Jesus 會)[명] 16세기 중엽, 이그나티우스 로욜라가 신교에 대항해 카톨릭교의 발전을 위해 조직한 수도회.
예순[수] 열의 여섯 배. 육십(六十). sixty
예:술(藝術)[명] ①기예(技藝)와 학술(學術). 술학①. ②특수한 재료(材料)·기교(技巧)·양식 따위에 의한 미(美)의 창작과 표현. 조각·건축·회화·공예(공간 예술), 시·음악·무용·영화·연극(시간 예술) 따위의 총칭. ¶인생은 짧고, ~은 길다. art
예:술가(藝術家)[명] 예술 작품을 전문으로 창작 또는 표현하는 사람. 예술인. artist
예:술계(藝術界)[명] 예술가들의 사회. artistic circles
예:술관(藝術觀)[명] 예술의 본질·목적·가치 등에 관한 일정한 견해. view of art
예:술 교:육(藝術敎育)[명] 예술에 관한 교육 기관에서 행해지는 예술의 전문 교육 및 일반적으로 학교나 사회에서 행해지는 문예·음악·미술·무용·영화·연극 등의 교육. art education
예:술 대:학(藝術大學)[명] 〈교육〉예술 과목을 교수하는 단과 대학. (준 예대(藝大). arts college
예:술론(藝術論)[명] '예술'이라는 일반적 명제(命題)에 대하여 연구하고 주장하는 이론. theory of arts
예:술미(藝術美)[명] 예술로서 표현된 아름다움. (대) 자연미(自然美). beauty of art
예:술사(藝術史)[명] 예술의 기원·변천·발달 양식 등을 역사적으로 연구하는 학문. 또, 그것을 기록한 저술. [영한 사진.
예:술 사진(藝術寫眞)[명] 예술적인 효과를 꾀하여 찍
예:술성(—性)(藝術性)[명] ①예술의 특성. ②예술품이 지닌 또는 지녀야 할 예술적인 성질.
예:술 운:동(藝術運動)[명] 예술을 사회적으로 모든 계급에게 개방하려는 운동. artistic movement
예:술=원(藝術院)[명] 예술의 향상·발전을 도모하며 예술의 연구와 발전에 관한 중요 사항을 심의하고 예술 작품의 제작과 연구 조성에 관하여 정부의 자문에 응하는 일. 그러기 위해 설치한 국가적 예술인 기관. 《대》학술원(學術院). Art Academy
예:술=인(藝術人)[명] 예술 작품을 창작하거나 예술에 종사하는 사람. 예술가(藝術家). artist
예:술=적(藝術的)[관형][명] ①예술다운(것). 예술에 관한(것). ②예술면에서 본(것). ¶~ 가치(價値). ~ 양식(樣式). artistic
예:술=제(—祭)(藝術祭)[명] 음악·무용·문학·연극 등을 주로 발표하는 예술의 제전(祭典). arts festival
예:술 지상주의(藝術至上主義)[명] 〈문학〉'예술을 위한 예술(l'art pour l'art)'을 원리로 삼고, 예술의 절대적 가치를 주장하는 입장. 유미주의. art for art's sake
예:술=파(藝術派)[명] 〈문학〉 예술 지상주의를 신봉하는 일파. 《대》인생파(人生派). art for art school
예:술=품(藝術品)[명] 예술가가 제작한, 예술미를 표현한 작품. work of art
예:술=학(藝術學)[명] 예술의 본질·성립 조건·기능(機能)·목적 등을 고찰하기 위하여 예술 작품 자체의 형상(形相)을 대상으로 하여, 이것을 과학적 방법으로 기술·설명하는 학문. science of art
예:술=화(藝術化)[명] 예술이 되게 함. 하타
예스(yes)[명] 긍정이나 승낙의 뜻을 나타내는 말. '예'. 그렇다'의 뜻.
예:스럽다[형][ㅂ변] 옛맛이 있다. 예:스레다
예스=맨(yes-man)[명] 무엇이든지 '예예'하고 잘 듣거나 좇는 사람. 줏대 없는 사람. 유유 낙낙(唯唯諾諾)하는 사람. [習]. preparatory exercise 하타
예:습(豫習)[명] 미리 익힘. 미리 학습함. 《대》복습(復
예:승(例陞)[명] 규례에 따라 벼슬을 올림. 하타
예승=즉이(禮勝則離)[명] 예의가 지나치면 도리어 사이가 멀어짐. 하타
예:시(例示)[명] 예로써 보임. illustration 하타
예:시(豫示)[명] 미리 보임. indication 하타
예:시(豫試)[명] 《약》예비 시험(豫備試驗).
예:시위(詣侍衛)[명] 〈제도〉 봉도(奉導)에 쓰는 외침. '모시고 나가자'라는 뜻.
예:식(例式)[명] 정례에 따른 식(式). established form
예:식(禮式)[명] 예법에 따라 행하는 식. ceremony
예식=장(禮式場)[명] 예식을 거행하도록 설비한 곳. 주로 결혼식장을 이름. wedding hall
예:신(隸臣)[명] 신하. 부하. subject
예신(例賑)[명] 〈제도〉신하가 병들었거나 곤궁할 때에 임금이 물품이나 약품을 하사하던 일.
예:신(穢身)[명] 〈불교〉깨끗하지 않은 몸. [다
예실(禮失則昏)[명] 예의를 잃으면 혼미에 빠짐. 하
예:심(豫審)[명] 〈법〉 구(舊)형사 소송법에서, 공소 제기 후 피고 사건을 공판에 회부할 것인가의 여부를 결정하기 위한 소송 절차. 현재 우리 나라에서는 예심 절차를 인정하지 않음. 《대》 결심(結審). preliminary examination
예:심(穢心)[명] 〈불교〉깨끗하지 않은 마음.
예:악(穢惡)[명] ①남의 명예를 더럽히고 욕되게 함. defamation ②더러운 것. dirtiness 하타
예악(禮樂)[명] 예법과 음악. etiquette and music
예:약(豫約)[명] ①미리 약속함. 또, 그 약속. ¶전세 ~. 좌석 ~. precontract ②《법》장래에 성립시켜야 할 본계약에 관해 미리 약속해 두는 계약. 하타
예:약=금(豫約金)[명] 예약의 보증으로 거는 돈. subscription price
예:약 전:보(豫約電報)[명] 특정 구간에 일정한 자수에 한해, 요금 후납(後納)으로 발신할 수 있는 전보.
예:약 전:화(豫約電話)[명] 특정 구간을 일정한 시간에 한해 전화선을 전용(專用)하는 일. 주로, 신문사·통신사·방송국 등이 이용.
예:약 출판(豫約出版)[명] 간행에 앞서 구독자를 모집하고, 그 예약 신청자에게만 출판물을 배부하는 일. publication by subscription
예:약 판매(豫約販賣)[명] 《경제》미리 구매 신청을 받고, 그 신청자에 한하여 물품을 파는 일. sale by subscription
예양(禮讓)[명] 예의를 지키어 사양함. courteous refusal
예:언(例言)[명] 책 머리에서 미리 일러두는 말. 범례(凡例). preface
예:언(豫言·預言)[명] ①미래의 일을 미리 말함. 또, 그런 말. ②〈기독〉기독교 등에서, 신탁(神託)을 받은 자가 신의 말을 듣고 신의 의지를 사람들에게 전하는 일. 또, 그 말. prophecy 하타
예:언(譽言)[명] 칭찬하여 이르는 말. compliment
예:언=자(豫言者·預言者)[명] ①앞일을 예언하는 사람. ②《동》선지자(先知者).

예연(禮宴)[명] 축하·환영 등의 뜻을 나타내기 위하여 예를 갖추어 베푸는 연회. banquet

예:열-기(豫熱器)[명]《공업》재료나 유체(流體) 따위를 주요 가열 장치로 보내기 전에 미리 가열시키는 장치. 　　　　　　　　[령(導駕使令)이 앞서 나가며 지름.

예오(辟除)[명] 벽제(辟除) 소리의 하나. 거둥 때에 도가 사

예:외(例外)[명] 일반적인 규칙이나 통례(通例)를 벗어나는 일. 또, 그런 것. exception

예:외-법(例外法)[명]《법률》특수한 경우에 원칙법(原則法)의 적용(適用)을 배제(排除)하고 이것에 대신하여 적용되어야 할 법규(法規). ↔원칙법(原則法). exceptional law 　[벗어난(것).

예:외-적(例外的)[관] 일반적인 규칙이나 통례에서

예요[조] 여요. ¶저희 어머니~.

예:욕(穢慾)[명] 더러운 욕심.

예:용(銳勇)[명] 날카롭고 굳셈. keen and strong [하](형)

예용(禮容)[명] 예절 바른 태도. courteous attitude

예우(禮遇)[명] 〈동〉예대(禮待). [하](타)

예원(禮願)[명]《불교》신불에 소망을 거는 일. [하](타)

예:원(藝苑·藝園)[명] ①예술가들의 사회. 예림(藝林). artistic circle ②〈제도〉전적(典籍)이 모이는 곳.

예:월(例月)[명] 매월(每月).   　　　　　　[rness

예:의(銳意)[명] 단단히 차리는 마음. ¶~ 관찰. eage-

예:의(豫議)[명] 미리 상의함. consultation in advance [하](타)　　　　　　　　　　　　　　[시. respects

예의(禮意)[명] ①예로써 나타내는 경의. ②예(禮)의 정

예의(禮義)[명] ①예절과 의리. courtesy and justice ②사람이 행하여야 할 올바른 예(禮)와 도(道). moral code

예의(禮誼)[명] 사람이 마땅히 지켜야 할 도리. rule of

예의(禮儀)[명] 예절과 몸가짐. courtesy

예의 범절(禮儀凡節) 일상 생활의 모든 예의와 절차. rules of etiquette

예:의-염:치(禮義廉恥)[명] 예의와 의리와 청렴 및 부끄러움을 아는 태도. courtesy, probity and honour

예의지-국(禮義之國)[명] 예의를 숭상하여, 이를 잘 지키는 나라. 예의지방. courteous country

예의지-방(禮義之邦)[명] 〈동〉예의지국(禮義之國).

예:는(威儀)를 갖출 때 짐게 대답하는 소

예:=이제[부] 옛날과 지금. past and now 　[리. yes sir

예:인(銳刃)[명] 날카로운 칼날. ¶~ 섬광(閃光). sharp edge

예:인(藝人)[명] 예능(藝能)을 업으로 삼는 사람. artist

예인-선(曳引船)[명] 강력한 기관(機關)을 갖추고 딴 배를 끌고 가는 배. tug-boat

예:입(預入)[명] 맡겨 둠. 기탁(寄託)함. ¶돈을 은행에 ~하다. deposit [하](타)

예:입-금(預入金)[명] 예입한 금액.

예:-자(隸字)[명] 예서체(隸書體)의 글자.

예:장(禮將)[명] 낱배 장수. sharp general 「of thanks

예장(禮狀)[명] ①〈동〉혼서(婚書). ②사례의 편지. letter

예:장(禮葬)[명] ①예식을 갖춘 장사. ceremonial funeral ②〈동〉국장(國葬). 　　　　　　　　　　　[dress [하](타)

예장(禮裝)[명] 예복 입고 위의를 갖춤. ceremonial

예장=함(禮狀函)[명] 혼서지(婚書紙)와 채단(采緞)을 넣는 함. 안은 붉고, 겉에는 검은 칠을 함.

예:전[명] 퍽 오래 된 지난 날. 옛적. old times

예:전(例典)[명] 정해진 법식. 전례(典例).

예:전(隸篆)[명] 예서(隸書)와 전서(篆書). 전례(篆隸).

예전(禮典)[명] ①예법으로 규정한 제도. ②〈책〉육전(六典)의 하나. 예조(禮曹)의 여섯 가지 사무를 규정한 책. moral code

예전(禮奠)[명] 신불의 영(靈)에 예를 다하여 공물(供物)을 바침. 또, 그 공물. offering to God or Buddha

예전-색(禮典色)[명]《기독》천주교에서, 각 축일(祝日)과 연중 전례 시기를 따라 쓰는 제복의 빛깔. 백·홍·녹·자·흑·장미색/금색 등이 있음. 　　　　　　[etiquette

예절(禮節)[명] 예의와 범절. 예법(禮法). 의절(儀節).

예접(禮接)[명]《동》예대(禮待). [하](타)

예:정(豫定)[명] 미리 정함. 미리 내다보고 하는 작정. 《대》 확정(確定). prearrangement [하](타)

예:정(豫程)[명] 미리 정한 노정(路程). planned distance

예:정(穢政)[명] 《동》비정(批政). 악정(惡政).

예:정=상(豫定相)[명]《어학》동사의 동작상(動作相)의 하나. 상황이나 상태가 그렇게 전개될 것임을 나타냄. 현재·과거·미래 예정상이 있음.

예:정-설(豫定說)[명]《기독》①일체의 사건은, 자유로운 의사나 행위까지도 포함하여 모두 미리 결정되어 있다는 설. ②인간이 구함을 받느냐 멸망을 당하느냐는 미리 신에 의해 정해져 있다는 설.

예:정-일(豫定日)[명] 예정한 날짜.

예:정-표(豫定表)[명] 할 일의 차례를 미리 작정하여 써 놓은 표. schedule 　　　　　　　　[저기. here and there

예:제(禮制)[명] ①여기저기의 구별. ¶~없이. ②여기와

예:제(例祭)[명] 항례(恒例)대로 지내는 제사.

예:제(例題)[명] ①연습을 위해, 보기로서 내는 문제. ②정례(定例)로 내리는 제사(題辭). 　　[글. [하](타)

예:제(睿製)[명] 왕세자나 왕세손이 글을 지음. 또, 그

예:제(豫題)[명] 예상한 문제. 미리 넌지시 알려 준 문제. ¶~집(集). expected problem

예제(禮制)[명] 상례(喪禮)에 관한 제도. rule of funeral

예:제(藝題)[명] 상연하는 연예물(演藝物)의 제목. 프로그램. title 　　　　　　　　　　[same 예제=없:이[부]

예제=없:-다[형] 여기나 저기나 구별이 없다. almost

예:조(栂組)[명]《어》박에 원조(方栂圓整).

예:조(銳爪)[명] 날카로운 손톱·발톱. sharp nails

예조(禮曹)[명]《제도》①조선조 때, 육조의 하나. 예악·제사·연향(宴享)·조빙(朝聘)·학교·과거 따위에 관한 일을 맡음. ②고려 때 육조의 하나. 예의사의 고친 이름.

예조 판서(禮曹判書)《제도》조선조 때, 예조의 으뜸 벼슬. 정2품 문관임. 〈약〉예판(禮判).

예:졸(銳卒)[명] 예병(銳兵)①.

예:종(隸從)[명] 예속하여 복종함. obedience [하](타)

예:좌(猊座)[명]①《불교》부처가 앉는 자리. ②《불교》고승(高僧)이 앉는 자리. ③《천문》사자(獅子)자리. Leo constellation

예주(禮奏)[명]《음악》앙코르에 응한 답례 연주. [하](타)

예:주(醴酒)[명] 《동》단술.

예:증(例症)[명] ①평상시에 앓고 있는 병. ②버릇.

예:증(例證)[명] 예를 들어 증명(證明)함. 증거가 되는 전례(前例). example, illustration [하](타)

예:-증권(預證券)[명]《법률》창고업자가 화물 임치인(任置人)의 청구에 의하여, 화물 보관의 증서로서, 질입 증권(質入證券)과 함께 교부하는 증권.

예:지(睿旨)[명]《제도》왕세자의 명령. 　　　　　[mind

예:지(銳志)[명] 예기(銳氣)가 있는 의지(意志). sharp

예:지(豫知)[명] 미리 앎. foresight [하](타)

예:지(銳智)[명] 날카로운 지혜. sharp brains

예:지(叡智)[명] 밝고 뛰어난 슬기. ¶~에 가득찬 표현.

예:지-적(叡智的)[관]《철학》오성(悟性)에 의해서만 포착·사유(思惟)할 수 있는 것. intelligible

예:지적 허무주의(叡智的虛無主義)《철학》예지에 의하여 보는 것은 허구(虛構)이므로 이성의 정결을 허무하다고 하는 주의.

예:진(銳進)[명] 용감하게 나아감. dashing forwards

예:진(豫診)[명]《의학》미리 진찰함. 또, 그 진찰. preliminary medical examination [하](타)

예:차(豫差)[명]《제도》유사시에 쓸 차비관(差備官)을 미리 정함. [하](타)

예찬(禮讚)[명] ①《불교》삼보(三寶)를 예배하고, 그 공적을 찬탄함. ②칭찬하여 높임. ¶국토(國土) ~. admiration [하](타)

예참(禮參)[명]《불교》부처나 보살 앞에 예배함. [하](타)

예참(禮懺)[명]《불교》부처나 보살 앞에 예배하고 참

예:척(銳陟)[명] 승하(昇遐). 훙어(薨御). 　[회함. [하](타)

예:철(睿哲·叡哲)[명] 지혜가 깊고 사리에 밝음. 영철(英哲). wisdom [하](형)

예:측(豫測)[명] 미리 추측함. 예탁(豫度). 예료(豫料). pre-estimate 하다

예:치(預置)[명] 맡기어 둠. keeping 하다

예:치-금(預置金)[명] ①〈경제〉보조부를 비치하여 수지 명세를 기록하든지 원장(元帳)에 한 과목을 만들어 그것만으로 정리하여도 좋은 예금. deposit ② 맡게 둔 금액.

예:컨대(例―)[부] 이를테면. 예를 들건대. for instance

예:탁(預託)[명] 부탁하여 맡겨 둠. depositing 하다

예:탁(豫度)[명] 《동》 예측(豫測). 하다

예:탁(豫託)[명] 미리 부탁함. 하다

예:탁(穢濁)[명] 더럽고 탁함. dirty and muddy 하다

예:탐(豫探)[명] ①미리 탐지함. ②〔원〕→여탐. 하다

예:탐-굿(豫探―)[명] 〔원〕→여탐굿.

예:탐-꾼(豫探―)[명] 미리 탐지하는 사람. spy

예:토(穢土)[명] 〈불교〉 더러운 국토. 곧, 이 세상.

예:통(豫通)[명] 미리 알림. 하다

예:투(例套)[명] 전례가 된 버릇. custom

예판(禮判)[명] 〈약〉→예조 판서.

예:팔(隸八)[명] 예서(隸書)와 팔분(八分).

예:―팥[식물][명] 빛이 붉고, 모양이 길쭉한 팥. 「red-bean long

편(扁)[명] 시베리아에 떠일함.

예폐(禮幣)[명] 고마움과 공경하는 뜻으로 보내는 물품. present

예포(禮砲)[명] 〈군사〉 군대 예식의 하나. 경의를 표하기 위하여 쏘는 공포(空砲). salute [stic taste

예:풍(藝風)[명] 예술·예도(藝道)의 풍취나 경향. arti-

필(筆)[명] 왕세자의 글씨.

예:비(藝筆)[명] 예비역의 글씨.

예:하(例下)[명] 정례에 따라 내려 줌. 하다

예:하(猊下)[명] 〈불교〉 '고승(高僧)'의 경칭. 예좌하(猊座下)라 뜻으로, 중에게 보내는 서장(書狀) 한 옆에 씀.

예:하(麾下)[명] 수하(手下)에 딸린 자. 휘하(麾下). ¶~ 부대. troops under one's command [ing

예:학(睿學)[명] 왕세자가 배우는 학문. prince's learn-

예학(禮學)[명] 예법에 관한 학문. morals

예항(曳航)[명] 다른 선박이나 물건을 끌고 항해함. 하다

예:행(豫行)[명] 미리 행함. 예습으로 행함. 또, 그 일. rehearsal 하다

예:행 연:습[―년―](豫行演習)[명] 학교 등에서 운동회나 학예회 등을 개최하기 전에, 그 당일과 꼭 같은 순서로 해보는 종합적인 연습. rehearsal, preliminary exercise

예:혈(豫血)[명] 혈액 은행에 맡김. 하다

예호바(Jehovah 히)[명] 《동》 여호와.

예:화(例話)[명] 예로 들어 하는 이야기.

예술과 교화(藝術―敎化)[명] 예의와 교화. courtesy and culture

예화 사격(曳火射擊)[명] 〈군사〉 예화탄(曳火彈)을 써서 하는 사격.

예화탄(曳火彈)[명] 《동》 예광탄(曳光彈).

예:=황제(―皇帝)[명] 별로 하는 일이 없이 호의 호식하고 부랑하게만 지내는 임금. carefree king

예황제 부럽잖다[명] 몹시 안락하게 지낸다. [meeting

예:회(例會)[명] 정례적으로 모이는 모임. regular

예:후(豫後)[명] ①의사가 병자를 진찰한 다음 미리 그 병세의 진전을 단정한 병세. prognosis ②병후의 경과.

엔:장[감] 실망하여 내는 소리. ¶~, 손해만 봤지.

엘로(yellow)[명] 노란색. 노랑.

엘로-저:널리즘(yellow journalism)[명] 독자를 끌기 위해 흥미 본위의 선정적인 기사를 주로 보도하는 신문. 또, 그런 신문 논조(論調).

엘로-카:드(yellow card)[명] 〈체육〉 축구에서, 고의로 반칙한 선수에게 주심이 경고하여 보이는 종이쪽지.

엘로-페이퍼(yellow paper)[명] 야비·저속하고 선정적인 기사를 주로 다루어 독자를 끌려고 하는 신문. [황색 신문.

예:[관] 지나간 때의. 옛날의. old

옛:=길[명] 지난날 다니던 길. 구도(舊道).

옛:=날[명] 옛적의 날. 옛 시대의. 석년(昔年). 석일(昔日). 왕자(往者). ancient times

옛날-옛:적[―렏―][명] 매우 오래된 옛적.

옛:날 이야기[―리―][명] ①옛날에 있었거나 또는 있었다고 가정하고 하는 이야기. 고담(古談). ②지금은 있을 수 없는 과거의 이야기. 옛이야기.

옛:=등걸[명] 오래된 고목(古木)의 등걸.

옛:=말[명] ①옛날에 쓰이던 말. 고어(古語). archaic word ②옛사람의 말.

옛:=모습(―貌襲)[명] 전날의 모습. remains

옛:=사:람[명] ①이전에 살던, 지금은 죽고 없는 사람. ②고풍스런(古風)의 사람.

옛:사랑[명] ①지난날 맺었던 사랑. old love ②지난날 사랑하던 사람. old lover

옛:―스럽-다[ㅂ변][형] 예스럽다.

옛:―이야기[―니―][명] 《동》 옛날 이야기.

옛:―일[―닐][명] 옛적의 일. 지나간 일. bygones, ancient event

옛:적[명] ①오랜 옛 시대. 석시(昔時). 석자(昔者). ancient time ②세월·물정이 판이하게 달라지기 전의 때. ¶작년은 이미 ~이다. old days

옛:정(―情)[명] 지난날에 사귄 정. 구정(舊情). ¶~ 이 새로워진다.

옛:집[명] ①옛적 집. ②전에서 살던 집. old house

옛:―추억(―追憶)[명] 지나간 추억. 옛날에 대한 추억. ¶~이 새롭다. [다시 그린다.

옛:―친구(―親舊)[명] 사귄 지가 오래된 친구. ¶~가

옛:=터[명] 《동》 옛터전. 고적(古跡·古蹟).

옛:=터전[명] 옛적에 사람들이 자리를 잡고 살았거나 사건이 있었던 곳. 옛터. 유적(遺蹟).

옛:=풍속(―風俗)[명] 옛적의 풍속. 고풍(古風).

옛네[감] '여기 있네'가 줄어서 된 말. '하게'할 사람에게 무엇을 줄 때 쓰임. Here it is!

옛―다[감] '여기 있다'가 줄어서 된 말. '해라'할 사람에게 무엇을 줄 때 쓰임. Here it is!

옛소[감] '여기 있소'가 줄어서 된 말. '하오'할 사람에게 무엇을 줄 때 쓰임. Here it is!

옛습니―다[감] '여기 있읍니다'가 줄어서 된 말. '합쇼'할 사람에게 무엇을 줄 때 쓰임. Here it is!

옛:어[명] '옛다'의 받말.

옛읍니―다[감] →옛습니다.

오[감] 〈어학〉 한글의 모음 'ㅗ'의 이름.

오:[감] ①옳다. ②《아》→오냐. ③놀람·칭찬 등 절실한 느낌을 나타낼 때 내는 소리. ¶~ 찬란한 아침이여! Oh!

=오[접미] 공손의 선어말 어미 '읍'의 'ㅂ'이 모음이나 미음을 만나 변하여진 선어말 어미. ¶가―나.

=오[어미] 보통으로 말할 때 받침 없는 어간에 붙어 의문문·평서문·명령문을 만드는 종결 어미. ¶슬프~.

오[감] 《아》→오냐.

오:(午)[명] ①〈민속〉십이지의 일곱째. ②《약》→오시(午時). ③《약》→오방(午方).

오:(伍)[명] 〈제도〉 군대할 때, 다섯 사람씩 편제한 일대(一隊). ②종대나 횡대에서 가로 벌인 일 조(一組). 田 오(五)의 잦은자(字).

오(墺)[명] 〈약〉→오지리(墺地利).

오:(五)[주] 다섯. five

오:(O, o)[명] ①영어 자모의 제15자모. ②〈화학〉 산소의 원소 기호. Oxygen ③ABO식 혈액형의 하나. O형. ④시험 답안 등에서, 맞았다는 표시.

오[의] 〈고〉 이고.

=오[어미] 〈고〉 =고. 'ㄹ'과 'ㅣ' 아래의 'ㄱ'의 탈락.

오:가(五加·五佳)[명] 《동》 오갈피나무.

오:가(五家)[명] ①다섯 채의 집 또는 다섯 세대. ②다섯 사람의 명인(名人). ③〈불교〉선종에서, 임제(臨濟)·위앙(潙仰)·조동(曹洞)·운문(雲門)·법안(法眼)의 다섯 종파.

오:=가다[자] 오고 가고 하다. 왕래하다. come and go

오가리[명] ①박·호박의 살을 길게 오리거나 썰어서 말

오가리 린 것. 호박고지. ¶무 ~. dried radish or pumpkin slices ②식물의 잎이 병들고 말라 오글쪼글한

오가리다〖자〗〖고〗왜가리. 〖상태〗curled leaves

오가리=들-다〖라탈〗식물의 잎 등이 병들어서 말라 오글쪼글해지다. 〖약〗오갈들다①. curl up

오가리-솥〖명〗위가 옥은 옹솥.

오:가-재비(五─)〖명〗굴비나 자반 준치 따위를 다섯 마리씩 한 줄에 엮어 세는 일컬음.

오:가-피(五加皮)〖명〗→오갈피.

오:가피-나무(五加皮─)〖명〗⑧오갈피나무.

오:각(五角)〖명〗다섯 모. five corners

오:-각(五角)〖명〗〖의학〗대퇴골과 경골이 바깥쪽으로 구부러져 두 다리가 'O'자처럼 된 다리. 「각기둥.

오:각-기둥(五角─)〖명〗〖수학〗다섯 모가 진 기둥 또는

오락-대(烏樂帶)〖제도〗①품대(品帶)의 하나. 정 7품에서 종 9품까지의 벼슬아치가 띠는 것으로, 은 테두리에 검은 뿔 조각을 붙였음. ②품대의 하나. 정 1품 이하의 벼슬아치가 천담복(淺淡服)을 입을 때 띠는 띠.   「뿔. five faced pillar

오:각-뿔(五角─)〖수학〗밑변이 오각형으로 된 각

오:각-주(五角柱)〖명〗〖수학〗'오각기둥'의 구용어.

오:각-추(五角錐)〖명〗〖수학〗'오각뿔'의 구용어.

오:각-형(五角形)〖명〗〖수학〗모가 다섯인 도형. 오변 형. pentagon

오:간(午間)〖명〗낮때. 한나절. broad daylight

오:갈=들-다〖라탈〗①⑧오가리들다. ②두려움에 기운을 펴지 못하다. be terrificed

오갈-병[─병](─病)〖명〗〖농업〗줄기 또는 잎의 발육이 좋지 않게 되어서 식물체가 몹시 오그라들며 약해지는 병. 잎이 황록색으로 변함. 팥 등에 많이 생김. 위축병(萎縮病)

오갈피〖한의〗오갈피나무 뿌리의 껍질. 성질은 온(溫)하며 소변 여력(餘瀝)·낭습(囊濕)·음위·요통 등의 약재로 씀. 〖약〗오가피(五加皮).

오갈피-나무〖식물〗두릅나무과의 낙엽 관목. 높이 약 2m에 가시가 있고, 암수 딴그루로 초여름에 황록색의 다섯 잎 꽃이 가지 끝에서 산형 꽃차례로 피고, 핵과(核果)는 장과(漿果) 모양이며, 9월에 까맣게 익음. 오가(五加). 오가피(五加皮)나무.

오갈피-술 오갈피 삶은 물로 빚은 술.

오:감(五感)〖명〗〖생리〗시(視)·청(聽)·후(嗅)·촉(觸)·미(味)의 다섯 감각. five senses

오감-스럽-다〖형〗〖ㅂ변〗불만한 태도로 경망스럽다. odd and rash 오감-스레〖부〗   「satisfactory

오감-하다〖형여〗분수에 맞아 만족히 여길 만하다.

오:강(五江)〖명〗서울 근처에 긴요한 나루가 되던 한강·용산·마포·현호(玄湖)·서강(西江) 등 다섯 군데의 겉가 마을. five riverside villages of Seoul

오:개년 계:획(五個年計劃)〖경제〗5년 동안에 일정한 목표를 이루려는 사업 계획. 〖경세〗 매우 ~.

오:거나이저(organizer)〖명〗노동자·농민 등의 대중 속에 들어가, 조합이나 무산 정당을 조직하는 사람. 조직자(組織者). 〖약〗오르그.   「기구.

오:거니즘(organism)〖명〗①유기체. 생물체. ②조직.

오:-거리(五─)〖명〗길이 다섯 군데로 통한 곳. fiveway juncture

오:거-서(五車書)〖명〗다섯 수레에 실을 만한 많은 책. 곧, 많은 장서(藏書). 〖약〗오거(五車). large collection of books   「view

오:견(誤見)〖명〗옳지 못한 의견. 잘못된 견해. wrong

오:결(誤決)〖명〗잘못 처결함. 그릇된 재결(裁決). wrong decision 하타

오:경(五更)〖명〗①하룻밤을 다섯으로 나눈 다섯째. last of the five periods of a night ②하룻밤을 다섯으로 나눈 일컬음. 곧, 초경(初更)·이경(二更)·삼경(三更)·사경(四更)·오경(五更).

오:경(五硬)〖명〗〖한의〗어린아이 체질의 다섯 가지 뻣뻣한 병적 증상. 손·다리·허리·살·목 따위. 《대》 오연(五軟).

오:경(五經)〖명〗①다섯 가지 경서. 곧, 시경·서경·주역·예기·춘추. Five Books of Confucianism ②〈기독〉모세가 기록한 구약의 다섯 가지 경전. 곧, 창세기·출애굽기·레위기·민수기(民數記)·신명기(申命記).

오경(烏鏡)〖명〗〖약〗→오수경(烏水鏡).

오:경 순라(五更巡邏)〖명〗오경에 도는 순라.

오:계(五戒)〖명〗①〈불교〉속세(世俗)에 있는 신자들이 지켜야 할 다섯 가지 계율. 곧, 불살생(不殺生)·불투도(不偸盜)·불사음(不邪淫)·불망어(不妄語)·불음주(不飮酒). five commandments ②〖동〗세속 오계 (世俗五戒).   「in the daytime

오:계(午鷄)〖명〗한낮에 우는 닭. cock which crows

오:계(悟界)〖명〗〖불교〗오도(悟道)의 세계. 《대》미계(迷界).   「오골계(烏骨鷄).

오계(烏鷄)〖명〗①털이 새까만 닭. black hen ②〖명〗→

오:계(誤計)〖명〗그릇된 계획. 실책(失策). mistaken plan 하타

오:계-성(午鷄聲)〖명〗한낮에 우는 닭의 울음 소리.

오:고(五苦)〖명〗〖불교〗①인생의 다섯 가지 피로움. 생로병사고(生老病死苦)·애별리고(愛別離苦)·원증회고(怨憎會苦)·구부득고(求不得苦)·오음성고(五陰盛苦). 또는 ·생·노·병·사·우(獄)의 피로움. ②〖명〗(迷界)의 다섯 가지 피로움. 제천고(諸天苦)·인도고(人道苦)·축생고(畜生苦)·아귀고(餓鬼苦)·지옥고(地獄苦).

오:고(午鼓)〖제도〗임금이 정전(正殿)에 임어(臨御)하여 있을 때, 정오를 알리기 위해 치던 북.

오:곡(五穀)〖명〗①쌀·보리·조·콩·기장의 다섯 가지 곡식. five cereals ②곡식의 총칭. 오종(五種)②. staple grains   「with all five grains

오:곡-밥(五穀─)〖명〗오곡으로 지은 밥. dish made

오:곡 백과(五穀百果)〖명〗온갖 곡식과 여러 가지 과실.

오:곡 수라(五穀水剌)〖명〗임금에게 올리는 '오곡밥'의

오:곡-충(五穀蟲)〖명〗똥에 생긴 구더기.   「궁중말.

오골-계(烏骨鷄)〖명〗살·가죽·뼈가 모두 암자색이며, 체질이 약하고 산란수가 적은 아시아 원산의 닭. 습증·풍협·허약증에 약으로 삶아 먹음. 〖약〗오계(烏鷄)②.

오골-호박[─박]〖명〗거죽이 오그라진 호박. wrinkled pumpkin

오:곰〖고〗오금.

오공(蜈蚣)〖명〗①〈동물〉지네. ②〈한의〉말린 지네. 유독한데 볶아서 종기약으로 씀. dried centipede

오공-계(蜈蚣鷄)〖명〗닭의 내장을 빼고 말린 지네를 넣고 곤 닭. 내종(內腫)이나 부족증에 먹음.

오:공-이(悟空─)〖명〗'잡성(雜聲)의 손오공(孫悟空)처럼 생겼다'의 뜻으로, '몸이 작고 옹골찬 사람'을

오공-철(蜈蚣鐵)〖명〗지네쇠.   「농으로 이르는 말.

오:과(五果)〖명〗복숭아·자두·살구·밤·대추의 다섯 가지 과실. five kinds of fruits

오:과-리[─리]〖고〗왜가리.

오:과-차(五果茶)〖명〗호두·은행·대추·밤·곶감을 생강과 짓이겨 두었다가 달인 차.   「하나희.

오:관(午貫)〖명〗골패나 화투로 혼자 소일(消日)하는 유희의

오:관(五官)〖생리〗오감(五感)을 낳는 다섯 가지 감각 기관. 곧, 눈(시각)·귀(청각)·혀(미각)·코(후각)·피부(촉각)의 총칭. five organs of sense

오:관(五款)〖명〗천도교인의 다섯 가지 수도(修道) 방법. 주문(呪文)·청수(淸水)·시일(侍日)·성미(誠米)·기도(祈禱).

오:관 떼:기〖명〗화투나 골패로 오관을 떼는 일.

오:관-왕(五冠王)〖명〗육상·수영·체조 따위 경기에서 다섯 종목에 걸쳐 우승한 사람(선수).

오:광(五光)〖명〗화투에서, 송학·벚꽃·공산·오동·비 등 스무 끗자리 다섯 장을 이르는 말.

오:교(汚交)〖명〗성질이 오활(迂闊)하고 기괴함. 하타

오:교(五交)〖명〗세교(勢交)·회교(賄交)·논교(論交)·궁교(窮交)·양교(量交)의 다섯 가지 정당하지 못한 사귐. five kinds of wrong association

오:교(五敎)〖명〗①오륜(五倫)의 가르침. ②〖동〗세속

오구(世俗五戒). ③〈불교〉 신라 때 불교의 다섯 종파. 곧, 열반종(涅槃宗)・계율종(戒律宗)・법성종(法性宗)・화엄종(華嚴宗)・법상종(法相宗).

오구(五)굵은 실로 용수 모양으로 뜨고, 아가리에 둥근 테를 메운 위에 '十'자형의 긴 자루를 맨 어구(漁具)의 하나.

오구(烏口) 제도용(製圖用) 기구의 하나. 줄을 긋는 데 쓰임. drawing pen

오구(烏韭)[명]〈동〉 겨우살이풀.

오구구[부] 자디잔 것이 한군데 많이 모여 있거나 모여 덤비는 모양. in swarms

오구목(烏臼木)[명]〈식물〉대극과에 딸린 갈잎 큰키나무. 높이 약 6 m로 잎은 끝이 뾰족하고 가을에는 붉어짐. 여름에 황색의 작은 꽃이 피고 가을에 구형의 삭과가 열림. 씨에서 얻은 지방은 비누・초의 원료로 씀. 남경 황로(南京黃櫨).

오:국(誤國)[명] 나라의 전도(前途)를 그르침. 하[자]

오군(吾君)[명] ①우리의 임금. ②왕을 부를 때 신하가

오군 만:년(吾君萬年)[감] 만세(萬歲). ‥쓰는 말.

오:군영(五軍營)[명]〈제도〉조선조 임진 왜란 후 오위(五衛)를 고쳐 둔 다섯 군영. 훈련 도감(訓鍊都監)・금위영(禁衛營)・어영청(御營廳)・수어청(守御廳)・총융청(摠戎廳)의 총칭. 오군문(五軍門). 오영문(五營門).

오:궁 도화(五宮桃花)[명] 바둑에서, 빈 집이 열십자로 벌여 선 다섯 집으로 이루어진 오궁. 상대편이 중앙에 놓으면 살지 못함.

오귀(惡鬼)[명]〈민속〉무당굿에서, 열두거리의 아홉째. 죽은 이의 넋을 비는 굿. 마른 오귀와 지노귀가

오귀-발[명]〈동〉 붕가사리. ‥있음.

오그-들다[자][ㄹ불] ①점점 오그라져 들어가다. ②오그라져 작아지다. shrink ②오그라져서 우묵하게 들어가다. [타]들이다. 뜨리다. crush

오그-뜨리다[타] 힘주어 세게 오그리다. 큰 우그뜨리다.

오그라-지다[자] ①가장자리가 안쪽으로 옥아들다. be crushed ②오그라들다. 좋아들다. ③오므라지다. 우그러지다. be contacted ④다 하는 망태기.

오그랑-망태 아가리에 돌려 뀐 줄로 오그렸다 벌렸다 하는 망태기.

오그랑-오그랑[부] 여러 군데가 모두 오그랑한 모양. 《약》오글오글³. 큰 우그렁우그렁. 하[형]

오그랑-이[명] ①오그랑하게 생긴 물건. 큰 우그렁이. shrunk object ②마음씨가 꼬부라진 사람. crooked person

오그랑-장사[명] 이를 못 남기고 밑천을 먹어 들어가는 장사. 밑지는 장사. 《약》옥장사. failing business

오그랑-쪼그랑[부] 여러 군데가 오그라지고 쪼그라진 모양. 큰 우그렁우그렁. 하[형].

오그랑-쪽박[명] ①시들어서 쪼그라진 작은 박. ②덜여문 박으로 만들어서, 말라 오그라진 쪽박. shrunk gourd ‥우그렁하다. be battered

오그랑-하다[형][여] 안으로 조금 오그라져 있다. 큰

오그르르¹[부] 적은 물이 좁은 그릇에서 야단스럽게 끓어오르는 소리. 큰 우그르르¹. simmering 하[자]

오그르르²[부] 벌레 따위의 작은 것이 많이 모여 있는 모양. 큰 우그르르². in swarms 하[자]

오그리-다[타] 오그라지게 하다. 큰 우그리다. shrink

오:극(五極)[명] 사람의 행할 바 가장 착한 일. 인(仁)・의(義)・예(禮)・지(智)・신(信)의 지극(至極)한 일. five ultimate good qualities

오:근(五根)[명]〈불교〉①외계를 인식하는 다섯 가지 기관. 곧, 안근(眼根)・이근(耳根)・비근(鼻根)・설근(舌根)・신근(身根). ②번뇌를 누르고 성도(聖道)로 이끄는 다섯 가지의 근원. 곧, 신근(信根)・정진근(精進根)・염근(念根)・정근(定根)・혜근(慧根).

오글-거리다[자] ①물이 자꾸 끓어오르다. simmer ②작은 벌레 따위가 한데 많이 모여 자꾸 움직이다. 오글-거리다. swarm 큰 우글-오글[부]. 하[자]

오글-보글[부] 물이나 찌개가 오글거리고 보글거리며 뒤섞여 끓는 모양. 또, 그 소리. 큰 우글부글.

bubbling 하[자] ‥우글우글. wrinkled 하[형]

오글=오글³[부] 짧고 좁은 주름이 많이 잡힌 모양. 큰

오글=오글³[부]→오그랑오그랑

오글=쪼글[부] 오그라지고 쪼그라진 모양. 큰 우글쭈글. crumpled 하[자]

오금[명] ①무릎의 구부러지는 안쪽. 곡추(曲瞅). hollow of the knee ②[약]→발오금. ③[약]→한오금.

오:금(五金)[명] 금(황)・은(백)・동(적)・철(흑)・주석(청)의 다섯 가지 금속. five metals

오금(烏金)[명] ①구리 100에 금 1∼10을 섞은 합금. 빛이 검붉으며 장식용임. black metal ②적동(赤銅)・철(鐵)의 딴이름. ③먹의 딴이름.

오금-대-패[명] 재목을 둥글게 우비어 깎는 대패.

오금-뜨-다[자][으불] 침착하게 한 곳에 오래 있지 못하고 달뜨서 나댄다. be always on the move

오금 못 쓰다[자] 지질리어서 꼼짝 못하다.

오금 못 펴다[자] 오금을 못 쓰다.

오금-박-다[자] 언제 큰소리를 치던 사람이 그와 반대되는 언행을 할 때, 그 큰소리를 들어 논박하다. cavil at one's previous orders

오금-박히다[자] 오금박음을 당하다.

오금아 날 살려라[자] 도망칠 때 다리가 더 빨리빨리 놀려지기를 바라는 뜻.

오금-유(烏金釉)[명]〈미술〉중국 청나라 때 도자기를 만드는 데에 쓰이던 잿물. 양오금(洋烏金).

오금이 굳다[자] 꼼짝을 못하게 되다. ‥이 있다.

오금이 저리다[자] 힘이 빠져 오금을 못 펼 지경이 되

오금-쟁이[명] →오금.

오금-팽이[명] 구부러진 물건의 굽은 자리의 안쪽. inner side of the hand of a hook ‥굿우굿. 하[형]

오굿-오굿[부] 여러 군데가 모두 오굿오굿한 모양. 큰 우

오굿-하다[형][여] 안으로 조금 옥은 듯하다. 큰 우굿하다. 오굿-이[부]. ‥수(曆數)의 총칭.

오:기(五紀)[명] 세(歲)・월(月)・일(日)・성신(星辰)・역

오:기(五氣)[명] ①〈한의〉한(寒)・열(熱)・풍(風)・조(燥)・습(濕)의 병증(病症)의 다섯 가지 기운. ②중앙과 사방(四方)의 기(氣). ③비 오고, 볕 나고, 덥고, 춥고, 바람 부는 다섯 가지 날씨.

오:기(傲氣)[명] ①오만스러운 기운. haughtiness ②남에게 지기 싫어하는 마음. ¶~로 버티다. unyielding spirit ‥writing 하[자]

오:기(誤記)[명] 잘못 적음. 또, 그 기록. mistake in

오기노-법[명][←荻野法 일]〈생리〉일본의 오기노 박사의 주장에 의한 월경과 배란(排卵)과의 시기적 관계를 이용한 피임법. 사람의 배란일은 월경전 12∼16 일이므로 이를 피하면 수태를 면할 수 있다는 것. Ogino's theory

오나-가나[부] 가는 경우나 가는 경우나 모두. 가는 곳마다. ¶~ 말썽이다. wherever one may be

오나니즘(onanisme 프)[명] 자위(自慰). 수음(手淫).

오늘[명][口]→오늘.

오:납(誤納)[명] 잘못 바침. 하[자]

오:늘(五藝)[명] 염습 때 망인의 머리털, 좌우의 손톱・발톱을 베어 넣는 다섯 개의 작고 붉은 주머니.

오:내(五內)[명]〈동〉오장(五臟).

오닉(午)[명][口]오늬[엽].

오:냐[감] 아랫사람에게 대답할 때에 혼잣말로 긍정이나 허락을 나타내는 소리. 《약》오²[엽]. yes

오:너 드라이버(owner driver)[명] 자기의 자동차를 자기가 운전하는 사람.

오너라-가너라[부] 괜히 실없이 남을 오라고도 하고 가라고도 하는 모양. ordering people about 하[자]

오:너먼트(ornament)[명] ①예술품의 장식. ②〈음악〉장식음.

오:년(午年)[명]〈민속〉태세(太歲)의 지지(地支)가 오(午)로 된 해. 갑오년・병오년・무오년 따위. Year of

오:녹(懊惱)[명]→오뇌. ‥ the Horse

오:뇌(懊惱)[명] 뉘우쳐 한탄하고 괴로워함. [원]오뇌.

오:누[명]《약》→오누이. ‥anguish 하[자]

오=누이[명] 오라비와 누이. 남매(男妹). (약) 오누. 오
오=뉘[명] →오누이.   [뉘. brother and sister
오누=죽(一粥) 멥쌀과 찬 팥을 쉬어 쑨 죽.
오:=뉴월 오월과 유월. (원) 오륙월. May and June
오뉴월 감기는 개도 아니 앓는다[격] 여름에 감기 앓는 사람을 비웃는 말.
오뉴월 쇠불알 떨어지기만 기다린다[격] 가망 없는 일
오:뉴월 염천[一렴一](五六月炎天) 오뉴월의 더위가 심한 때.
오는 말이 고와야 가는 말이 곱다[격] 남이 험어 말을
오는 정이 있어야 가는 정이 있다[격] 남이 잘 하면 이쪽에서도 그만큼 대가를 하게 된다.
오늘[명] ①이날. 본일(本日). 금일(今日). today ②
오늘=껏[부] 오늘까지. 여태껏. till now   [오늘날.
오늘=날[명] 지금의 시대. (약) 오늘②. these days
오늘=내일(一來日)[부] 오늘이나 내일. 곧, 당장에.
오늘내일 하다[자] ①해산할 때·죽을 때 따위가 가까이 다가오다. ②그날이 오기를 고대하다.
오늘=따라[부] 하필 왜 오늘 같은 날에. ¶ ~ 비가 오네. today of all days
오늬 화살의 머리를 시위에 끼도록 에어 낸 부분. 광대싸리로 짧은 동강을 만들어 화살 머리에 붙임. notch   [것.
오늬 도피(一桃皮) 화살의 오늬를 싼 복숭아나무
오:니(汚泥) 더러운 흙. 특히, 오염 물질을 포함한 있는 진흙. 토니(土泥).
=오니까[어미] 받침 없는 형용사의 어간에 붙어, '하소서'할 자리에서 현재의 상태를 묻는 의문형 종결어미. ¶몸집이 크~.
오-다[자] ①공간적·시간적으로 가까이 닥치다. 《대》가다. come ②때나 철이 되다. 《때》가다. come round ③연락·비밀·말 따위가 도달하거나 전하여지다. come to hand ④비·눈·서리 따위가 내리다. fall ⑤어떤 곳이나 정도에 이르다. reach ⑥자기 차례가 되다. come ⑦어떠한 상태에 들어가다. grow 차례 방(來訪)하거나 부임(赴任)하다. be called on ⑨어떠한 원인으로 말미암다. because by ⑩유래하다. derive from ⑪일정한 기간에 가까워지다. be at hand ⑫정해진 상태나 현상이 이루어져 가다. become
오-다[조동] 동사·형용사의 어미 '-아·-어' 뒤에 쓰여 그 동작이나 상태가 지금까지 진행됨을 나타내는 조동사. ¶날이 밝아 ~. 고생을 겪어 ~. become
오다가다[부] 가끔 어쩌다가. 우연히 지나는 길에. ¶ ~ 만난 사람. somehow
오:단(誤斷)[명] 그릇된 판단이나 단정. 하타
오:단 교:수(五段敎授) 〈교육〉 예비·제시·연결·종합·응용의 다섯 단계로 하는 교수 방법.
오:달(五達)[명] 길이 다섯 군데로 통함.
오:달-지-다[형] 올차고 너무지게 실속이 있다. ¶오달진 사람. (준) 오지다. solid
오:답(誤答)[명] 잘못된 대답을 함. 또, 그 대답. 《대》정답(正答). incorrect answer 하타
오:대(五一)[명] (속) 다섯.
오:대(五大) 〈불교〉 지(地)·수(水)·화(火)·풍(風)·공(空)의 다섯 가지 큰 요소. 일체의 물체를 편재하며, 그것을 구성하기 때문에 대(大)라 함. 오륜(五輪)①.
오:대(五代)[명] ①다섯 대. ②〈역사〉중국의 당(唐)과 송(宋)의 과도기에 중원(中原)에 흥망한, 후량(後梁)·후당(後唐)·후진(後晉)·후한(後漢)·후주(後周)의 5 왕조 대. five generations
오:대(五帶) 〈지리〉지구상의 다섯 기후대. 곧, 열대, 남북의 양온대, 남북의 양한대를 이름.
오딘(고) 오디. 뽕나무 열매.
오:=대:양(五大洋) 〈지리〉 지구 표면에 둘러 있는 다섯 대양. 곧, 태평양·대서양·인도양·남빙양·북빙양. five oceans   [祖).

오:대:존 명왕(五大尊王) 〈불교〉 진언종(眞言宗)에서 신봉하는 부동(不動)·항삼세(降三世)·군다리(軍茶利)·대위덕(大威德)·금강 야차(金剛夜叉)의 오대 명왕(五大明王).
오:대 종지(五大宗旨) 〈종교〉 대종교(大倧敎) 교도들이 지키는 다섯 가지 주지(主旨). 곧, 공경으로 한얼을 받들고, 정성으로 성품을 닦고, 사랑으로 겨레를 합하고, 고요함으로 행복을 구하고, 부지런으로 살림에 힘쓸 것.
오:=대:주(五大洲) 〈지리〉 지구상의 다섯 대륙. 아시아(Asia) 주·유럽(Europe) 주·아프리카(Africa) 주·오세아니아(Oceania) 주·아메리카(America) 주. 또는 아시아 주·유럽 주·아프리카 주·북아메리카 주·남아메리카 주. five continents
오:더(order)[명] ①순서. ②주문. ¶ ~ 메이드. ③(약)→배팅 오더. ④〈건축〉고전 건축에 있어서 기둥 각부의 형태·장식 따위를 규정한 건축 형식의 규범.
오:덕(五德)[명] ①유교의 다섯 가지 덕. 곧, 온화·양순·공손·검소·경양. ②병가(兵家)의 다섯 가지 덕. 곧, 지(智)·신(信)·인(仁)·용(勇)·엄(嚴). ③〈불교〉비구가 지녀 여기는 포마(怖魔)·걸사(乞士)·정계(淨戒)·정명(淨命)·약악(破惡). five virtues
오뎅(おでん 일)[명] 곤약(菎蒻)·생선묵·무·유부(油腐) 등을 여러 개씩 꼬챙이에 꿰어, 끓는 장국에 넣어 익힌 일본식(日本式) 술안주, 또는 반찬. 꼬지.
오:도(五道)[명] 《동》오취(五趣).
오:도(悟道)[명] 〈불교〉①번뇌를 해탈하고 불교에 들어갈 수 있는 길. way of enlightenment ②불도의 묘리를 깨침. spiritual awakening 하타
오:도(誤導)[명] 그릇 인도함. mislead 하타
=오도어미[명] →고도. ¶ rash. 오도깝-스레
오도깝-스럽-다[형] 경망하게 나댐비는 태도가 있
오=도깨비[명] 괴상한 잠것.
오도당-거리-다[자타] 쌓아 둔 물건이 무너져 떨어지는 소리가 자꾸 나다. (큰) 우두덩거리다. clatteringly
오도당=오도당[부] 하타
오도독[부] ①단단한 물건을 야무지게 깨무는 소리. ②작은 물건이 부러지는 소리. (큰) 우두둑. with crunching sound 하타
오도독-거리다[자타] 오도독 소리가 계속하여 나다. 또, 그런 소리를 연거푸 나게 하다. (큰) 우두둑거리다. 오도독=오도독[부] 하타
오도독-뼈[명] 소나 돼지의 여린 뼈. gristle
오도독 주석(一朱錫) 〈광물〉빛이 아주 노란 주석. yellow tin
오:도 명관(五道冥官) 〈불교〉오도(五道)로 가는 중생의 죄를 다스리는 판관(官人).
오:=도:미〈어류〉몸 길이 30~60 cm로 길고 측편하여, 입은 작고 몸 빛은 선적색임. 옥돔(玉一).
오도=방정[명] 몹시 방정맞은 언행.   [하다.
고도방전 떨다[관] 몹시 방정맞은 행동을 하다.
오도카니[부] 무슨 걱정이나 생각하는 바가 있어 맥없이 서 있거나 앉아 있는 모양. (큰) 우두커니. idly
오:독(汚瀆)[명] ①더러운 도랑. 수렁. dirty ditch ②작은 도랑. 오거(汚渠). small ditch ③더러움. 또, 더럽힘. dirting 하타
오:독(誤讀)[명] 잘못 읽음. misreading 하타
오독도기[명] ①점화하면 연해 터지는 소리를 내며 멀어지는 불꽃. fire crackers ②〈문학〉속가(俗歌)의 하나.
오독도기[명] 〈식물〉성탄꽃과의 다년생 풀. 뿌리는 흑갈색이며 줄기는 높이 60 cm 가량임. 8월에 엷은 자색 꽃이 피고 과실은 골돌과(蓇葖果)를 맺음. 산에 나며 독이 있고 뿌리는 한약재임.
오독=오독(약)오도독오도독.
오돌또기[명] 〈음악〉제주도 민요의 하나.
오돌-돌[부] ①열골이나 땅이 얼낱처럼 깨물기에 좀 단단한 모양. ②작은 것이 잘 삶아지지 않은 모양. ③오동통하고 보드라운 모양. (큰) 우둘우둘.

오돌 plump soft but crispy 하

오:돔(명)《약》→오도미.

오동(명) 배의 높이. height of a ship

오동(烏銅)(명) 검은 빛이 나는 적동(赤銅). 오금(烏金)과 같은 광택이 있어 장식품에 씀. oxidized copper

오동(梧桐)(명) 〈동〉오동나무.

오동-나무(梧桐-)(명) 〈식물〉 오동과의 낙엽 활엽 교목. 줄기 높이 10m 가량으로 잎은 난형이고 잎 뒤에 갈색의 짧은 털이 밀생함. 5월에 백색 또는 자색의 꽃이 피고 삭과는 10월에 익음. 목재는 가볍고 고와서 장롱·상자·악기·가구를 만드는 데 쓰임. 오동. 식수유(食茱萸). paulownia

오동 딱지(烏銅-)(명) 오동으로 된 물시계의 껍데기.

오동-보동(명) 오동통하고 보동보동한 모양. plump 하

오동-빛(-삧)(烏銅-)(명) 검붉은 구릿빛.

오동 상장(梧桐喪杖)(명) 모친상에 짚는 오동나무 지팡이. paulownia stick [동 장롱(梧桐欌籠)

오동-장(梧桐欌)(명) ①오동나무로 만든 장. ②〈동〉

오동 장·롱(梧桐欌籠)(명) 오동나무로 만든 장과 의롱(衣籠)을 이름. 오동장(梧桐欌).

오:-동지(-冬至)(명) 음력으로 동짓달 초순에 든 동지.

오:-동지(五冬至)(명) 음력 오월과 동짓달. 동짓달에 눈이 오는 양(量)에 비례하여 다음 해 오월에 비가 온다고 하여 상대적으로 이르는 말. May and November of the lunar month

오동 철갑(烏銅-)(명) 때가 묻어 까맣게 된 상태.

오동통-하다(烏銅-)(형여) 몸이 작고 통통하다. 《큰》 우둥퉁하다. plump [부둥, plump 하

오동-포동 오동통하고 포동포동한 모양. 《큰》 우둥퉁

오:-되-다(재) 《약》→올되다.

오두(烏頭)(명) ①《동》 바꽃². ②《약》→천오두(川烏頭).

오두-막(-幕)(명) 작게 지어 사람이 겨우 거처할 만한 막. 《약》오막. hut

오두막-집(-幕-)(명) 오두막의 집. 오막살이. [급.

오:-두미(五斗米)(명) ①닷 말의 쌀. ②얼마 안 되는 봉

오:-두발광(-發狂)(명) 매우 방정맞게 날뛰는 짓.

오두-잠(烏頭簪)(명) 보통 때 쓰는 꼭대기를 턱지게 만든 비녀. [의 윗부분. rim of a cup

오둠지(명) ①옷의 깃고대가 붙은 어름. collar ②그릇

오둠지 진·상(-進上)(명) ①지나치게 높이 올라 붙었음을 이르는 말. ②싸움터 먹살을 잡아 번쩍 들어올리는 짓. 하

오드(ode)(명) ①고대 그리스에서, 음악에 맞추어 부르기 위해 지은 시. ②근대 서양에서, 사람·물건에 부치어 지은 시.

오:-득(悟得)(명) 깨달아 얻음. enlightenment 하

오들-오들 춥거나 무서워서 몸을 작게 떠는 모양. 《큰》 우들우들. tremblingly

오:-등(五等)(명) ①《약》→오등작(五等爵). ②유녀의 다섯 가지 등급. 곧, 후(后)·부인(夫人)·유인(孺人)·부인(婦人)·처(妻). five grades of a married woman ③죽음의 다섯 등급. 곧, 붕(崩)·훙(薨)·졸(卒)·불록(不祿)·사(死). five classes of death

오:등(吾等)(인대) 우리들. we

오:등-작(五等爵)(명) 《제도》 고려 때 작위를 다섯 등분한 것. 곧, 공(公)·후(侯)·백(伯)·자(子)·남(男)을 이름. 《약》 오등①. 오작(五爵).

오디(명) 뽕나무의 열매. 상실(桑實). mulberry

오디-새(조류) 날개 길이 15cm 정도로 개똥지빠귀와 비슷함. 나무 구멍에 알을 낳아 새끼를 기르며 곤충을 포식하는 익조임. 후투티.

오:디션(audition)(명) ①방송 프로의 시청(試聽). ②가수·배우 등을 등용할 때의 청취 테스트.

오:디오(audio)(명) ①라디오·텔레비전 따위의 음(音)의 부분. 오럴(aural). 《대》 비디오(video).

오:디오 기기(audio 機器)(명) 라디오·전축·카세트 등과 같이, 음의 특징을 수반 있는 가전 기기(家電機器).

오:디오-미터(audiometer)(명) 청력계(聽力計).

오:디오 팬(audio fan)(명) 하이파이(hifi) 애호가.

오:디오-폰(audiophone)(명) 보청기(補聽器).

오뚜기(명) →오뚝이.

오뚝(부) 물건이 높이 솟아 있는 모양. 《큰》우뚝. aloft

오뚝-오뚝(부) 여럿이 모두 오뚝한 모양. 《큰》우뚝. 하

오뚝-이(명) 아무렇게나 굴려도 오뚝오뚝 서는 아이들의 장난감. 부도옹(不倒翁).

오뚝-이(부) 오뚝하게. 《큰》우뚝이.

오뚝이-찌(명) 오뚝이 모양으로 만든 낚시찌.

오:라(명) 옛날 도둑이나 죄인을 묶는 붉고 굵은 줄. 홍사(紅絲). policeman's rope

=:오라(어미)(고) =노라. 감탄의 뜻으로 쓰임. →=우라.

오:라기(명) 종이·헝겊·실 따위의 좁고 긴 조각. 《실》-.

오락-다(재) (고) 오르다. [한 ~의 짚. piece

오·라·다(형) (고) 오래다. [brother

오라버니(명) 여자의 같은 항렬이 되는 손위 남자. elder

오라버님(명) 오라버니.

오라범(하) 오라버니. [brother's wife

오라범-댁(-宅)(하) 오라비의 아내. 올케. elder

오라비(하) ①오라버니. ②여자가 자기의 사내 동생을 일컫는 말. younger brother

오라사 (고) 오라 뒤에마. [신호.

오라-줄(명) 옛날 도둑이나 죄인을 묶던 줄. 포승(捕繩). policeman's rope

오:라-지-다(재) 죄인이 손을 오라로 묶이어 뒷짐을 지다. 오랏줄②. be bound by the rope

오:라-질(명) 오라로 묶이어 갈. 경칠. god damn!

오라토리오(oratorio 이)(명) 《음악》 기도장에서 행해지는 종교적 악극. 보통 성서에서 취제(取材)하며, 독창·합창·기악 반주를 사용함. 중세의 교회극에서 발달하여 뒤에 가극의 요소를 넣음. 성담곡(聖譚曲). 성가극.

오:락(娛樂)(명) ①쉬는 시간에 재미있게 놀아서 기분을 즐겁게 하는 일. recreation ②《동》 환락(歡樂). 하

오:락(誤落)(명) ①《약》→오자 낙서(誤字落書). ②잘못하여 높은 데서 떨어짐. fall by mistake 하

오락-가락(부) ①연해 왔다갔다 하는 모양. coming and going ②비나 눈이 내리다 말다 하는 모양. ③생각이 떠오를 듯 말 듯 하는 모양. 정신이 얼떨떨하여 아뜩아뜩한 모양. 하

오:락-물(娛樂物)(명) 오락을 위한 물건. 오락을 위주로 하여 만든 연예물(演藝物). [길 수 있는 내용.

오:락-성(娛樂性)(명) ①오락의 성질. ②오락으로서 즐

오:락-실(娛樂室)(명) 오락에 필요한 시설이 마련되어 있는 방. 곧, 오락을 하는 방. recreation hall

오란비 (고) 장마.

오랍(묫집)(명) 〈식물〉 마디풀과의 쪽의 일종. [긷고 씨는 힘.

오:랍-바람(명) 오라를 차고 나선 포졸(捕卒)의 위풍.

오람-우탄(orang-utan 말레이) 《동》 성성이(猩猩-).

오랑캐(명) 옛날 두만강 일대에 살던 여진족(女眞族)의 일컬음. 왕화(王化)를 받지 못한 미개한 종족. 외이(外夷). 융이(戎夷). 융적(戎狄). savage

오랑캐-꽃(명) 《동》 제비꽃.

오래[명] 한 동네에서 같이 한 골목으로 도는 이웃이 되어 있는 구역 안. district of village

오래² 시간상으로 길게. 《~ 살다.

오래³(명) (고) 문(門).

오래-가·다(재) 상태 따위가 시간상으로 길게 계속 되다. for long. after a long time [long

오래-간·만(명) ①오랜 뒤. 오래 된 끝. 《~에 외출하

오래-다(형) 한 때로부터 다른 때까지의 사이가 길다.

오래-도록(부) 시간이 오래 지나도록. 오래 되도록. for

오래 되·다(형) 지난 동안이 오래다. [a long time

오래-뜰(명) 대문 앞의 뜰. 문정(門庭). front court

오래-오래(부) 오래도록. for a long

오래-오래²(부) 돼지를 연해 부르는 소리.

오래-전(-前)(명) 오래 된 이전.

오랜[관] 아주 오래 된. ¶～ 세월.
오랜=만[명] ⟪약⟫→오래간만.
오랫 동안[명] 시간적으로 썩 긴 동안. for a long time
오:량(五樑)[명] 〈건축〉 보를 다섯 줄로 놓아 두 간통되게 짓는 집의 제도.
오:량=각(五樑閣)[명] ⟪동⟫ 오량집. 「보.
오:량=보[—뽀](五樑—)[명] 오량집의 한가운데 줄의
오:량=집[—찝](五樑—)[명] 〈건축〉 오량으로 지은 집. 오량각(五樑閣). house with main beams
오:량=쪼구미(五樑—)[명] 오량보를 받치도록 들보 위에 세우는 짧은 기둥.
오러클(oracle)[명] 신탁(神託).
오러토리(oratory)[명] ①웅변. ②〈종교〉 예배당.
오:럴(aural)[명] ⟪동⟫ 오디오(audio).
오:럴=법[—뻡](oral 法)[명] 구두법(口頭法).
오:레오=마이신(aureomycin)[명] 〈약학〉 '클로르테트라사이클린'의 상품명. 일종의 방사균(放射菌)으로부터 분리한 황색 분말상의 약품. 복막염·폐렴·매독·임질·발진티푸스·제사(第四) 성병·백일해·아메바이질 및 여러 가지 안질 등에 유효함. 「오렌지.
오렌지(orange)[명] ①⟪동⟫ 등자(橙子). ②⟪약⟫→네이블
오렌지=색(orange 色)[명] 등색(橙色). 「은 음료수.
오렌지에이드(orangeade)[명] 오렌지즙에 설탕·물을 섞
오렌지 주:스(orange juice)[명] 네이블 오렌지의 과즙
오려[명] ⟪고⟫ 올벼. ⌊(果汁).
오:려=논[명] 올벼를 심은 논.
오려 백복(烏驢白腹)[명] 온몸은 검고 배만 흰 나귀.
오:력(五力)[명] 〈불교〉 신(信)·염(念)·정진(精進)·정(定)·혜(慧)의 다섯 가지 수행(修行)에 필요한 힘.
오련=하-다[형][여불] ①보일 듯 말 듯 희미하다. ②빛깔이 엷고 곱다. ⟪큰⟫ 우련하다. faint **오련=히**[부] 「[타]
오:렴(誤廉)[명] 염탐(廉探)을 그릇함. 또, 그 염탐. **하**
오렴=매(烏蘞苺)[명] ⟪동⟫ 거지덩굴. 「까지의 동안.
오:령(五齡)[명] 누에의 넉 잠 잔 뒤부터 섶에 올릴 때
오:령(五靈)[명] 다섯 가지의 신령한 동물. 곧, 기린·봉황·거북·용·백호(白虎). five sacred animals
오:령=지(五靈脂)[명] 〈한의〉 한호충(寒號蟲) 산박쥐의 똥. 이질·하혈(下血)·복통·산증·학질 등에 유효함.
오:례[명] ⟪약⟫→오례쌀.
오:례(五禮)[명] 〈제도〉 나라에서 지내는 다섯 가지 의례(儀禮). 즉, 길례(吉禮)·흉례(凶禮)·빈례(賓禮)·군례(軍禮)·가례(嘉禮)를 이름.
오:례 송편(—松—)[명] 오례쌀로 빚은 송편.
오례=쌀[명] 올벼의 쌀. ⟪약⟫ 오례.
오:로(迂路)[명] 멀리 둘러가게 된 길. round about way
오로(烏鷺)[명] ①까마귀와 해오라기. ②흑과 백. ③⟪동⟫ 바둑①. 「한 물.
오:로(惡露)[명] 산후(産後)에 음문에서 흐르는 불그레
오로[부] ⟪고⟫ 온전히. 오로지.
오:로라[1](Aurora)[명] 아우로라(Aurora)
오:로라[2](aurora)[명] 남북 양극에 가까운 고위도의 지방에 때때로 나타나는 아름다운 광대(光帶). 흑점극대기에 태양면에서 생기는 일종의 폭발 현상으로 플레어(flare)에 의해 지구에 생기는 현상의 하나. 대전 입자가 지구 자기에 끌려 극 상공에서 공기 분자와 충돌하여 섬광을 내는 현상. 극광(極光).
오로지[부] 오직 한 곬으로. ¶마음을 ～ 학문에만 쏟다. only **하**[타] 「recording **하**[타]
오:록(誤錄)[명] 그릇 기록함. 잘못된 기록. error in
오:론(誤論)[명] 이치에 당치 않는 말. 틀린 말. **하**[자]
오롯=이[1][부] 고요하고 쓸쓸하게. 호젓하게. ¶～ 앉아 있다. 「=이[2][부]
오롯=하-다[형][여불] 완전하다. 원만하다. perfect **오롯**
오롱이=조롱이[명] 오롱조롱하게 각기 달리 생긴 여럿을 이르는 말. variously 「각기 다른 모양. **하**[형]
오롱=조롱[부] 몸피가 작은 물건 여럿이 모양과 크기가
오:료(悟了)[명] 모두 깨달음. perceive **하**[타]
오룡=차(烏龍茶)[명] 중국 복건성 및 대만에서 나는 차의 하나. 독특한 향기가 있음.
오:류(誤謬)[명] ①그릇되어 이치에 어긋남. mistake ②〈논리〉 이치에 틀린 인식. 유오. paralogism
오류=마(烏騮馬)[명] 온몸이 검은 말. black horse
오:=륙(五六)[명] ⟪동⟫ 대여섯.
오:륙=월(五六月)[명] ⟪원⟫→오뉴월.
오:륜(五倫)[명] 유교 실천 도덕에 있어서 기본적인 다섯 가지의 인륜. 곧, 부자 유친(父子有親)·군신 유의(君臣有義)·부부 유별(夫婦有別)·장유 유서(長幼有序)·붕우 유신(朋友有信). 오상(五常)③. 오전(五典)①. 인륜(人倫). five cardinal articles of morality
오:륜(五輪)[명] ①⟪동⟫ 오대(五大). ②⟪약⟫→오륜 성신(五輪成身). ③왼쪽으로부터 청색·황색·흑색·녹색·적색 순서로 5대륙을 상징하여 'W'자 형으로 연결한 다섯 개의 고리. 올림픽 마크임. Five-Rings of the Olympic Symbol 「그림.
오:륜=기(五輪旗)[명] 올림픽의 기. 흰 바탕에 오륜을
오:륜 대:회(五輪大會)[명] ⟪동⟫ 국제 올림픽 경기 대회.
오:륜 성신(五輪成身)[명] 〈불교〉 오대(五大)가 육체를 형성한다는 뜻으로 진언종에서 부모로부터 물려받은 몸을 말함. ⟪약⟫ 오륜(五輪)②.
오:륜 성:화(五輪聖火)[명] 국제 올림픽 경기 대회에 쓰는 성화. Olympic torch
오:륜=탑(五輪塔)[명] 〈불교〉 오륜(五輪)을 상징하는 다섯 부분으로 이루어진 탑.
오르가슴(orgasme 프)[명] 성교시의 쾌감의 절정.
오르간(organ)[명] ①〈음악〉 풍금. ②〈생물〉 기관(器官).
오르간 페이퍼(organ paper)[명] 기관지(機關紙).
오르골(orgel 네)[명] 〈음악〉 음악 상자(音樂箱子). 자명악(自鳴樂).
오르그[명] ⟪약⟫→오거나이저(organizer).
오르=내리[명] 위로 오르고 아래로 내려감.
오르=내리-다[자] ①올랐다 내렸다 하다. rise and fall ②남의 입길에 말거리가 되다. be talked about ③먹은 음식이 잘 삭지 아니하고 가끔 거꾸로 올라오는 느낌이 있다. does not settle ④어떤 기준보다 조금 넘쳤다 모자랐다 하다.
오르-다[자][르불] ①높게 솟다. rise ②높은 곳으로 자리를 옮기다. mount raise ③상륙하다. land ④타다. ¶버스에 ～. get on ⑤낮은 것이 높게 되다. ¶계급이 ～. be promoted ⑥진보하다. ¶성적이 ～. progress ⑦효과가 있다. ¶성과가 ～. produce ⑧병독이 옮게 되다. ¶옴이 ～. be infected ⑨기록에 적히다. ¶명단에 ～. be recorded ⑩값이 비싸지다. ¶쌀 값이 ～. rise ⑪떠나다. 출발하다. ¶여행길에 ～. set out ⑫몸에 살이 많아지다. ¶살이 ～. grow fat ⑬어떤 것에 이르다. 달하다. ¶수십만에 ～. amount ⑭의제 따위가 제출되다. ¶논제에 ～. come up ⑮환성 따위가 일어나다. ¶환성이 ～. be raised ⑯겉이나 거죽에 묻다. ¶튀어 ～. get dirty ⑰이익·수확 등이 있다. ¶수입이 ～. profit ⑱술기가 온몸에 퍼지다. ¶약주가 오르셨군. be intoxicated ⑲불꽃 따위가 타서 일어나다. ¶불길이 타～. flame up ⑳왕이 되다. 즉위하다. ¶왕위에 ～. ascend ㉑남의 이야깃 거리가 되다. ¶뭇사람 입에 ～. be talked
오르도비스=기(Ordovice 紀)[명] 〈지학〉 지질 시대의 하나. 고생대(古生代) 중 캄브리아기의 뒤, 실루리아기 이전의 시대. 삼엽충(三葉蟲)·필석(筆石)·두족류·완족류·산호 등이 발달하였고, 최초의 척추 동물인 인류가 나타났음. 약 4억 4천만~5억 년 전.
오르 되:브르(hors d'oeuvre 프)[명] 서양 요리에서 식전 또는 술의 안주로 먹는 가벼운 요리. 전채(前菜).
오르락=내리락[부] 계속해서 오르내리는 모양. going up and down **하**[자][타]
오르로[부] 오른편으로 향하여. ⟪대⟫ 외로. to the right
오르르[부] ①조그만 아이나 동물이 한번에 바쁘게 내닫거나 쫓아오는 모양. in a flurry ②액체가 갑자

오르를 기 작은 그릇에서 끓어오르거나 넘쳐흐르는 모양. simmering ③쌓였던 작은 물건들이 무너지는 모양. 또, 그 소리. rumbling ④갑자기 추워서 몸을 웅크리고 떠는 모양. (른)우르르. shiveringly 하

오르를다 '오르르'의 힘줌말.

오르다 올라가는 길. 내리막. ascending road

오르막길 오르막으로 된 길. uphill road

오-르브와르(au revoir 프)감 안녕. 평안. 헤어질 때의 인사말.

오르지 못할 나무는 쳐다보지도 말아라 되지도 않을 일은 처음부터 뜻하지도 말아라.

오르케스트라(orquesta 스)명 오케스트라(orchestra).

오르케스트라 티피카(orquesta tippica 스)〈음악〉스페인어를 사용하는 나라의 표준 편성 관현악단.

오르토-(ortho-)접두 그리스어로 정규(正規)의 뜻. ①〈화학〉 벤젠핵(benzene 核)에 1·2위의 치환기(置換基)를 가지고 있음을 나타내는 말. 기호 o—. ②산소산(酸素酸)의 분류에서, 산성 산화물의 수화(水化)에 의해 생기는 산 가운데에서 수화가 가장 높은 산에 대한 말.

오르토-헬륨(ortho-helium)명 〈화학〉두 개의 전자(電子)의 스핀이 같은 방향인 헬륨 원자.

오르티콘(orthicon 도)명 텔레비전 촬상관의 하나. 아이코노스코프(iconoscope)를 개량한 것.

오른관 오른쪽. (대) 왼. right side

오른-걸음명 〈건축〉동자 기둥의 아래쪽 두 가랑이를 'ㅅ' 형상처럼 오른쪽으로 대각(對角)되게 만드는 방식. (대) 왼걸음.

오른-나사(-螺絲)명 시계 방향과 같은 방향으로 도는 나사. (대) 왼나사.

오른-배지기〈체육〉씨름에서, 오른쪽 옆구리를 상대자의 배 밑에 넣어 넘어뜨리는 재간. (대) 왼배지기. 위로 돌려 잡. twist to the right

오른-빔명 빔의 하나. 실의 오른쪽 아래로부터 위쪽.

오른-새끼명 오른쪽으로 꼰 새끼. (대) 왼새끼.

오른-손명 오른쪽의 손. (대) 왼손. right hand

오른-씨름명 〈체육〉샅바를 왼쪽 다리에 끼고, 고개와 어깨를 오른쪽으로 숙이고 하는 씨름.

오른-쪽명 ①(약)→오른편쪽. ②앞을 향해 오른손의 쪽. 우측. (대) 왼쪽. right side

오른-편(-便)명 오른쪽의 편. (대) 왼편. right side

오른-편쪽(-便-)명 오른쪽의 편쪽. (대) 왼편쪽.(약)오른쪽①. right pair

오름-내림명 오름과 내림. rise and fall

오름-세(-勢)명 시세·물가 따위가 오르는 형세. bullish (strong) market

오름-차(-次)명 〈수학〉정식(整式)의 각 항을 같은 문자의 가장 작은 차(次)의 항으로부터 차례로 배열하는 일. '$5-8y+5y^2-10y^3$' 따위. 승멱(昇冪)은 구용어. (대) 내림차.

오리명 실·나무·대 따위의 가늘고 길게 오린 조각.

오:리²(鳥類)①오리과의 새의 총칭. ②(약)→집오리.

오:리(五里)명 십리(十里)의 절반 되는 거리. five ri

오:리(五厘·五釐)명 ①한 돈이나 한 푼의 절반 되는 돈. ②돈의 절반 되는 무게. ③분(分)의 절반 되는 길이.

오:리(汚吏)명 청렴하지 못한 관리. 썩은 관리. ¶탐관 ~. (대) 염리(廉吏). 청리(淸吏). 양리(良吏). corrupt official

오:리-걸음명 오리처럼 뒤뚱거리며 걷는 걸음.

=**오리까**어미 받침 없는 동사 어간에 붙어, 상대방을 아주 높이는 '합쇼'할 자리에서 '그리 할까요'의 뜻으로 자기의사에 대한 상대방의 가부(可否)를 묻는 의문형 종결 어미. ¶제가 가 뵈~.

오리나무명 자작나무과의 낙엽 활엽 교목. 높이 20m 가량이고 3월에 자웅 동주의 꽃이 피며 타원형의 열매가 10월에 익음. 재목은 건축 및 가구재로 쓰고 껍질과 열매는 염료로 씀. 유리목(楡理木). 적양(赤楊). alder tree

오:리-너구리〈동물〉오리과의 원시적 짐승. 너구리 비슷하며, 주둥이는 오리의 부리 같고, 발가락에는 물갈퀴가 있어 헤엄을 잘 침. 알을 낳고, 깐 새끼는 젖을 먹여 기름. 오스트레일리아 남부의 특산임. duck-bill

오리-다칼이나 가위로 조각을 베어내다. cut in-

=**오리다**어미 받침 없는 동사의 어간에 붙어, '합쇼'할 자리에서 '그리하겠습니다'의 뜻으로 자기 의사를 나타내는 평서형 종결 어미.

오리-목(一木)명 〈공업〉길고 가늘게 켠 목재. lath

오:리 무:중(五里霧中)짙은 안개 속에서 길을 찾기 어려움과 같이, 무슨 일에 대하여 알 길이 없음을 일컬음. being in a fog

오리-발명 ①(동)물갈퀴. ②손가락이나 발가락 사이의 살가죽이 달라붙은 손발을 조롱하여 일컬음. web

오리 보고 십리 간다(속)작은 일이라도 유익한 일이면 수고를 아끼지 아니해야 된다는 뜻.

오리엔탈(oriental)명 동양적. 동양식(東洋式).

오리엔탈리즘(orientalism)명 동양풍(東洋風). 동양학(東洋學). '에 대한 진로 지도(進路指導).

오리엔테이션(orientation)명 신입 학생·신입 사원 등

오리엔트(Orient 라)명 ①동방. 동방. 〈지리〉아시아 전반. 서남 아시아와 동북 아프리카. 중근동(中近東).

오리온(Orion 그)명 그리스 신화에 나오는 거인 사냥꾼.

오리온 성무(orion 星霧)〈천문〉오리온 성좌(orion 星座)의 중앙에 부채 모양으로 퍼져 있는 큰 성운. 오리온 성운(orion 星雲).

오리온 성운(orion 星雲)명 (동) 오리온 성무(星霧).

오리온-자리(orion—)명 〈천문〉하늘의 적도의 양측에 걸쳐 있는 별자리. 겨울에 가장 똑똑히 보임. 오리온 성좌(orion 星座).

=**오리이까**어미 받침 없는 동사 어간에 붙어, '하소서'할 자리에서, '그리 할까요'의 뜻으로 자기의 의사에 대한 상대방의 가부(可否)를 묻는 의문형 종결 어미.

=**오리이-다**어미 받침 없는 동사 어간에 붙어, '하소서'할 자리에서 '그리 하겠습니다'의 뜻으로 자기의 의사를 나타내는 평서형 종결 어미.

오리자닌(Oryzanin 도)명 〈화학〉쌀겨에서 추출되는 각기(脚氣)의 특효약. 비타민 비(B)를 다량 포함함.

오리지낼리티(originality)명 독창. 독창력. 창의.

오리지널(original)명 ①본원. 근원. ②독창적. ③미술·문학 작품의 원작 또는 원본. ¶~ 시나리오(scenario).

오리지널 칼로리(original calorie) 달걀·쇠고기 등 축산물 자체가 함유하는 칼로리에 대해서, 그것들을 생산하는 데 소요되는 사료의 칼로리.

오리진(origin)명 기원(起原·起源).

오림-장이(一匠一)명 오목판 따위를 켜는 공장이. lath

오:림-송(五粒松)명 (동) 잣나무.

오:마(五馬作隊)명 〈제도〉마병(馬兵)이 행군할 때 5열 종대로 편성하는 방식. 하

오막명 (약)→오두막.

오막살이명 오두막집에서 사는 살림살이. grass hut

오막살이-집명 오두막집으로 사는 살림집.

오:만(傲慢)명 잘난 체하여 방자함. haughtiness 하

스럼 스레

오:만(五萬)관 퍽 많은 수량. numerous

오:만 가지(五萬一)명 너저분하게 많은 여러 가지. ¶~ 짓을 다하다. 지낸다.

오:만-날(五萬一)명 허구한 날. 만날. ¶~을 놀고

오:만 무:례(傲慢無禮)명 거만하여 예의를 돌보지 아니함.

을 짓다.

오:만-상(五萬相)명 얼굴을 잔뜩 찌푸린 형상. ¶~

오:만 소리(五萬一)명 수다스럽게 지껄이는 구구한 소리. ¶~를 다하다.

오:말(午末)명 오시(午時)의 끝. 즉, 오후 한 시 경.

오:망(五望)명 음력 보름날에 드는 망(望).

오:망(迂妄)명 요망(妖妄)스러운 태도. (원) 우망(迂

오망 떨다 妄). 스형 스레헝 「리다.
오망 떨-다(迂妄一)재탈 몹시 경솔하게 오망을 부
오망-부리[迂妄]명 전체에 비하여 어느 부분이 너무 볼품 없이 작게 된 물체. disproportionate figure
오망=부리-다(迂妄一)재 오망스러운 행동을 하다. act frivolously 「(큰) 우멍하다. hollow
오망-하-다[형여불 물건의 바닥이 납작하고 오목하다.
오:맞이=꾼(五一)명 약물터에 가는 여자를 조롱하는 말. 약물터에 간 탓으로 물맞고, 비맞고, 도둑맞고, 서방맞고, 매맞는다고 하는 말.
오매 껍질을 벗기고 짚불 연기에 그슬리어 말린 매실. 기침·소갈에 쓰며 삼출약으로도 씀.
오:매(寤寐)명 깬 때나 자는 때. asleep or awake 하다
오:매-간(寤寐間)명 잠에서 깨거나 잠이 들거나 언제나. asleep or awake
오:매=구지(寤寐求之)명 자나 깨나 늘 찾음. 하다
오:매 불망(寤寐不忘)명 자나 깨나 잊지 못함. remembering awake or asleep 하다
오매-육(烏梅肉)명 오매의 씨를 발라낸 살. 오매차를 만들고, 구워서 약용도 됨.
오매-차(烏梅茶)명 오매육(烏梅肉)을 잘게 빻아, 백청(白淸)을 끓이다가 타서 만든 차. 항아리에 담아 두고 냉수에 타 먹음.
오메가(omega, Ω,ω)명 ①그리스 문자의 최종 자모. ②최종. 끝. ③전기 저항의 실용 단위 옴(ohm)의 기호. ④스위스에서 생산하는 고급 시계의 상표.
오면=가면 오면서 가면서. while going or coming
오:면-체(五面體)명〈수학〉다섯 평면으로 둘러싸인 입체. pentahedron
오:명(五明)명〈불교〉인도 바라문(婆羅門) 종족이 연구하는 다섯 가지 학술. 즉, 성명(聲明)·공교명(工巧明)·의방명(醫方明)·인명(因明)·내명(內明).
오:명(汚名)명 ①더러워진 이름. ②(동) 누명(陋名).
오명-마(五明馬)명 네 발이 희고 온몸이 검은 말. black and white horse
오:목(五目)명 바둑판에 흑백의 돌을 번갈아 놓아 종 횡 또는 모로 다섯 개를 먼저 줄지어 놓으면 이기는 놀이. 연주(連珠)③.
오목(烏木)명〈식물〉흑단(黑檀)의 심재(心材). 빛은 순흑색 또는 담홍색으로 단단하여 젓가락·담배 설대·문감(文匣) 등의 재료로 씀.
오목=거울[一]명〈물리〉요형(凹形)으로 만들어 반사면을 가지는 거울. 보통은 구면(球面)의 안쪽을 반사면으로 한 것을. 요면경(凹面鏡). concave mirror
오목=누비[명] 솜을 누이고 실 따위의 줄을 굵게 잡아 골이 깊게 한 누비. quilting
오목=눈명 오목하게 들어간 눈.
오목눈-이명〈조류〉박새과의 새. 박새와 비슷하면서 좀 작고 꽁지가 김. 머리는 모두 흰색이며, 뒷목과 등은 짙은 데다가 등 옆과 어깨 깃은 붉은 포도색임. 우리 나라 북족에 번식하는 익조임.
오목 다각형(一多角形)명〈수학〉다각형의 한 변 또는 여러 변을 연장할 때 그 도형의 안을 통과하는 다각형. 적어도 한 각의 내각(內角)이 2직각보다 큰 다각형이어야 함. concave polygon
오목=다리명 누비어 지은 어린애의 버선. 앞에는 꽃을 수놓고, 목에는 대님을 다는 것이 보통임. Korean child's socks
오목 렌즈(一lens)명〈물리〉복판이 얇고 가로 갈수록 두꺼워 오목하게 된 렌즈. 광선을 발산하는 작용을 하므로 근시(近視)의 교정에 쓰임. (대)볼록렌즈. concave lens
오목=설대[一때](烏木一)명 오목으로 만든 담배 설대.
오목=오목명 바닥이 군데군데 조금씩 들어간 모양. 《큰》우묵우묵. 하다
오목=조목 조금 큰 것과 작은 것이 이목이목하게 섞여 있는 모양. (큰)우묵주묵. hollow here and there 하다
오목=주발(一周鉢)명 속을 오목하게 만든 주발. 여자

나 아이들의 밥그릇으로 많이 씀. 《큰》우묵주발. bowl 「그릇. 《큰》우묵하다.
오목-하-다[형여불] 가운데가 조금 들어가 깊다. 「오목한
오:몽(午夢)명 낮잠 자면서 꾸는 꿈. day dream
오:묘(奧妙)명 심오하고 미묘함. profundity 하다 스 러. mumbling old man
오무래미명 이가 죄다 빠진 입을 늘 오물거리는 늙은
오:문(誤聞)명 잘못 들음. mishearing 하다
오:물(汚物)명 ①더러운 물건. ②쓰레기. 오예물. ¶ ~ 수거(收去).
오물-거리-다재 ①작은 벌레나 물고기 따위가 한 군데에 모여 꼼지락거리다. ②입 안에 든 음식을 이리저리 굴리면서 씹는 시늉을 하다. ③말을 속시원히 하지 않고 조금씩 나타내는 둥 마는 둥 하다. 《큰》우물거리다. mumble 오몰-오몰 하다재
오:물-장(汚物場)명 오물을 버리는 곳. 오예장(汚穢 場).
오므라-들다재르 차차 오므라져 들어가다. 《큰》우므러들다. become narrower 「뜨리다.
오므라-뜨리-다 '오므리다'의 힘줌말. 《큰》우므러
오므라이스(←omelet rice)명 오믈렛 안에 밥을 고기 따위와 섞어서 볶아 넣은 요리.
오므라-지-다재 물건의 가장자리 끝이 한군데로 향하여 모이다. 《큰》우므러지다. become narrower
오므리-다 오므라지게 하다. 《큰》우므리다. close
오믈렛(omelet)명 고기·양파 따위를 곱게 썰어 양념한 것을 프라이팬에 지진 달걀로 싼 요리.
오미명 평지보다 다른 곳보다 낮고, 수초가 나머 물이 피어 있는 곳. puddle 「가지 맛. five tastes
오:미(五味)명 신맛·쓴맛·매운맛·단맛·짠맛의 다섯
오:미(五美)명 다섯 가지 아름다운 덕(德). 곧, 남에게 은혜를 베풀어 낭비(浪費)하지 않고, 수고하되 원망하지 않고, 욕심을 갖되 탐(貪)하지 않고, 태연하되 교만하지 않고, 위세가 있되 사납지 않음.
오미-뇌[고]명 꽃무늬. 「일. five virtues
오:미-자(五味子)명〈한의〉오미자나무의 열매. 폐를 돕는 효능이 있어 기침·갈증에 쓰며 땀과 설사를 멈추는 데도 씀.
오:미자-나무(五味子一)명〈식물〉오미자과의 낙엽 활엽 만목. 잎은 난형이고 뒷면에 털이 났음. 황백색 꽃이 피고 과실은 이삭 모양으로 늘어져 홍색으로 익음. 열매는 맛이 심.
오:미자-차(五味子茶)명 오미자와 미삼(尾蔘)을 달인
오미트(omit) ①제외. ②생략. 하다 「차.
오:민(五民)명 온 백성. 사·농·공·상·고(士農工商賈) 의 백성. people of all classes
오밀-조밀(奧密稠密)명 ①요에에 관한 의장(意匠)이 세밀한 모양. ②사물에 대한 정리의 솜씨가 세밀하고 자상한 모양. 하다
오:반(午飯)명 점심밥. lunch
오:발(誤發)명 ①잘못하여 발포·발사함. ¶ ~ 사건. accidental firing ②말을 잘못함. blunder 하다
오:발-탄(誤發彈)명 잘못 발사한 탄환. misfired bullet
오:발-중[一종](午一中)명 한낮중. 오야(午夜). midnight
오:방(午方)명〈민속〉이십사 방위의 하나. 정남방을 중심으로 한 15도 각도의 안. 《약》오(午)③.
오:방(五方)명 동·서·남·북과 중앙. all directions
오:방(五房)명 재래의 잡화를 팔던 가게. grocery
오:방 신장(五方神將)명(동) 오방 장군. 「store
오:방 잡처(五方雜處)명 여러 곳의 사람이 섞여 삶. 하다
오:방 장군(五方將軍)명〈민속〉방위를 지키는 신. 동의 청제, 서의 백제, 남의 적제, 북의 흑제, 중앙의 황제. 무당 집에는 오방 장군과 신장을 그려 이고 제사함. 오방 신장.
오배(吾輩)대 우리들. 오제(吾儕). we
오:배-자(五倍子)명〈한의〉붉나무 잎에 오배자벌레가 기생하여 된 혹 모양의 충영(蟲癭). 타닌제로서

오배자나무 1344 오상

오:배자나무(五倍子一)圈〈동〉붉나무.
오:배자벌레(五倍子一)圈〈곤충〉오배자벌레과에 속하는 곤충. 암컷의 몸 길이는 1mm 가량이고 날개는 투명한데 자갈색의 충영(蟲癭)을 지음. 충영은 오배자라 하여, 타닌(tannin)의 재료로 약에 쓰임. schlechtendalia mimifushi
오:백=계(五百戒)圈〈불교〉여승이 지켜야 할 온갖 계법.
오:백 나한(五百羅漢)圈〈불교〉석가의 제자인 오백 사람의 나한. 오백 아라한(五百阿羅漢).
오:버(over)圈 ①위의·밖의·위로부터·넘어서 따위의 뜻. 초과하음. ③약⇒오버코트. ━타圈
오:버=랩(overlap)圈〈연예〉하나의 장면 위에 다음 장면이 겹쳐져서 번져 가는 장면 전환의 한 방법. 시간 경과, 동작 생략, 회상, 인물이나 사건을 비교할 때 쓰임. 오 엘(O. L.)②.
오:버=론(overloan)圈〈경제〉은행이 예금의 한도를 넘어서 대부를 많이 하는 일. 초과 대부(超過貸付).
오:버=센스(over sense)圈〈속〉너무 예민함. 지나친 생각. 신경 과민. [있음.
오:버=슈:즈(overshoes)圈 방수용으로 구두 위에 신
오:버=스로(overthrow)圈〈체육〉야구에서, 팔을 위로부터 아래로 휘둘러 던지는 투구법.
오:버=올(overall)圈 ①직공들이 입는 내리닫이 작업복. ②실험자·의사·여성 등이 옷 위에 덧입는 긴 작업복. [곡.
오:버추어(overture)圈 서곡(序曲). 서악(序樂). 전주
오:버=코:트(overcoat)圈 외투. 오버(over)③.
오:버=타임(overtime)圈 규정 시간 이외의 노동 시간.
오:버=홀(overhaul)圈 검사나 수리를 위해 해체(解體)하는 일. 분해 검사.
오:버=히:트(overheat)圈 엔진 따위의 과열.
오벨리스크(obelisk)圈 고대 이집트의 신전의 문전 앞에 세운 한 쌍의 세장(細長)한 첨두(尖頭) 사면 석주(石柱). 측면에 상형 문자가 새겨졌음.
오:변=형(五邊形)圈 오각형(五角形).
오:보(午報)圈 정오(正午)를 알리는 일. 고동·종·포를 사용함. noon siren [지 보물.
오:보(五寶)圈 금·은·진주·산호·호박(琥珀)의 다섯 가
오:보(誤報)圈 잘못 보도함. 또, 그 보도. incorrect report ━하다国
오보록-하-다圈여튼 많은 풀이나 나무 따위가 한데 뭉쳐 다보록하다. 〈약〉오복하다. 〈큰〉우부룩하다. thick 오보록-히튄
오보에(oboe 이)圈〈음악〉고음을 내는 목관 악기. 상단은 금속관 위에 혀가 둘 있고, 슬픈 음조를 냄.
오:복(五福)圈 다섯 가지 상복. 참최(斬衰)·자최(齊衰)·대공(大功)·소공(小功)·시마(緦麻).
오:복(五福)圈 다섯 가지 복. 수(壽)·부(富)·강녕(康寧)·유호덕(攸好德)·고종명(考終命). five kinds of felicity
오:복=소복圈 오보록하고 소복한 모양. ━하다国
오:복=음(五福飮)圈〈한의〉오장을 보하는 약.
오:복=조르듯튄 심하게 조르는 모양. 하다国
오:복=탕(五福湯)圈 도라지·닭고기·돼지고기·해삼·전복의 다섯 가지로 끓인 국.
오복-하-다圈여튼〈약〉⇒오보록하다.
오:봉=초(五鳳草)圈〈동〉택칠(澤漆).
오:부(五父)圈 아버지로 섬겨야 할 다섯 사람. 실부(實父)·양부(養父)·계부(繼父)·의부(義父)·사부(師父). fathers
오불=꼬불国 고르지 못하게 꼬불꼬불한 모양. winding
오:불효(五不孝)圈 다섯 가지 불효. 즉, 게을러서 부모를 돌보지 아니함, 도박과 술을 좋아하여 부모를 돌보지 아니함, 재화(財貨)와 처자만을 좋아하여 부모를 돌보지 아니함, 유흥을 좋아하여 부모를 욕되게 함, 성질이 사납고 싸움을 잘하여 부모를 불안하게 함 등.

오봇-하-다圈여튼 ①허실이 없이 필요한 것만 있다. enough ②살림이 포실하다. contented 오봇-이튄
오:불라-토(oblato 포)圈 녹말로 만든 얇은 원형 박편(薄片) 또는 삼각형의 낭체. 써서 먹기 어려운 산약 따위를 싸 먹는 데 씀.
오:블리가토(obbligato 이)圈〈음악〉피아노나 관현악 등의 반주가 있는 독창곡에, 다시 다른 한 개의 독주적(獨奏的) 성질을 가진 악기를 동반하게 하는 일. 조주(助奏).
오: 비=(OB)圈〈약〉→올드 보이(old boy).
오비-다타 ①구멍이나 틈의 속을 갉아 내다. 〈큰〉우비다. 〈게〉호비다. scoop out ②'때리다'의 어린이 말. ¶한대 ∼. hit ③〈속〉훔치다.
오비 삼척(吾鼻三尺)圈 내 사정이 급해서 남을 돌볼 겨를이 없음. 내 코가 석 자다.
오비어 넣:-다타 속을 헤치어 가면서 무엇을 욱이어 밀어 넣다. 〈큰〉우비어 넣다. 〈게〉호비어 넣다. cram
오비어 파-다타 ①오비어서 깊이 파다. scoop out ②일의 실상을 자세히 캐다. 〈큰〉우비어 파다. 〈게〉호비어 파다. ferret out
오비 이락(烏飛梨落)圈 우연의 일치로 남의 혐의를 받기 쉬움을 가리킴. '까마귀 날자 배 떨어지다'의 뜻. situation liable to be suspected
오비작-거리다재 오비다. 〈큰〉우비적거리다. 〈게〉호비작거리다. scoop out 오비작=오비작튄
오빠圈 '오라버니'의 어린이 말. elder brother 하타
오:사(五事)圈 ①예절상(禮節上)의 다섯 가지 중요한 일. 즉, 모(貌)·언(言)·사(思)·시(視)·청(聽). ②옛 병법(兵法)상 중요한 다섯 가지. 즉, 도(道)·천(天)·지(地)·장(將)·법(法). ③〈불교〉항상 조절해야 할 중요한 다섯 가지. 심(心)·신(身)·식(息).
오사(烏紗帽)圈→면(冕)류관(冠).
오:사(誤死)圈 형벌이나 재앙을 당하여 비명에 죽음. accidental death 하다国 [cription 하타
오:사(誤寫)圈 잘못 베낌. 오서(誤書). wrong trans-
오:-사리圈 ①이른 철 사리에 잡힌 해산물. early sea products ②이른 철 사리에 잡힌 새우. 잡것이 섞임.
오수리圈〈고〉오소리.
오:사리 잡놈(五一雜一)圈 ①온갖 지저분한 짓을 거침없이 하는 심한 잡놈. contemptible person ②여러 종류의 불량한 잡패들. 오색 잡놈. rascals
오:사리-젓圈 오사리로 담근 새우젓. 〈약〉오젓.
오:사=모(烏紗帽)圈〈동〉사모.
오사바사-하-다圈여튼 마음이 부드럽고 사근사근하여 잔 재미는 있으되 요리조리 변하기 쉽다. affable but fickle
오:사 운:동(五四運動)圈〈역사〉1919년 5월 4일 북경에서 일어난 학생과 군경과의 충돌 사건으로 발단한 중국 민중의 반봉건·반제국주의 운동. 나중에 전국적 대중 운동으로 발전. 후에 중국 혁명의 방
오삭=오삭튄 오슬오슬. 하다国 [향을 결정함.
오:산(誤算)圈 ①잘못 계산함. 또, 그 셈. ②잘못 추정함. 잘못 봄. miscalculation 하다타
오:산화-인(五酸化燐)圈〈화학〉인을 공기 중에서 태울 때 생기는 흰빛의 가루. 무수인산.
오:살(誤殺)圈 잘못하여 죽임. accidental homicide
오살圈〈욕설〉모두 무찔러 죽일 놈.
오:상(五相)圈〈불교〉불교의 진언 행자(進言行者)가 초발심(初發心)으로부터 성불(成佛)에 이르기까지 수습(修習)하는 다섯 단계의 수행. 즉, 통달 보리심(通達菩提心)·수보리심(修菩提心)·성금강심(成金剛心)·증금강신(證金剛身)·불원만(佛身圓滿).
오:상(五常)圈 ①부의(父義)·모자(母慈)·형우(兄友)·제공(弟恭)·자효(子孝)의 다섯 가지 마땅한 짓. 오전(五典)②. moral rules to govern the five human relations ②인(仁)·의(義)·예(禮)·지(智)·신(信). ③〈동〉오륜(五倫).
오:상(五傷)圈〈기독〉천주교에서, 그리스도가 수난

때 입은 양손·양발·옆구리의 다섯 상처. 「tion 하타
오:상(誤想)명 착각에 의한 그릇된 생각. misconcep-
오:상 고절(傲霜孤節)명 「서릿발이 심한 속에서도 굴하지 않고 외로이 지키는 절개」의 뜻으로, '국화(菊花)'를 비유하는 말.
오:상 방위(誤想防衛)명 《법률》 정당 방위의 요건이 구비되어 있다고 오신(誤信)하여 반격을 가하는 위법적인 방위 행위. 착각 방위(錯覺防衛). fallacy defense
오:상 성불(五相成佛)명 《불교》 오상을 닦아 부처가 되는 일. 하타
오:상 피:난(誤想避難)명 《법률》 긴급 피난의 요건이 구비되어 있다고 오신(誤信)하여 긴급 피난으로 허용된 행위를 의식적으로 행한 위법 침해. 착각 피난(錯覺避難). fallacy defense
오:색(五色)명 ①청·황·적·백·흑의 다섯 가지 빛. five colours ②여러 빛깔.
오:색(傲色)명 오만한 기색. haughty air
오:색-나비(五色-)명 《곤충》 비발나비과에 딸린 곤충. 날개 길이는 7 cm 내외이고, 몸 빛과 날개는 흑갈색, 중실(中室)과 반문은 등갈색, 그 외는 흑갈색에 검은 반문이 있음. [색의 칠.
오:색 단청(五色丹靑)명 ①오색으로 칠한 단청. ②오
오색-딱따구리(五色-)명 《조류》 딱따구리과에 속하는 새. 날개 길이 13 cm, 부리는 3 cm 가량이고 꼬리는 매우 김. 몸의 상면(上面)은 흑색에 백색 반문이 있고 하면은 오백색(汚白色)이며, 아랫배 이하는 홍색임. 나무를 쪼아 소리를 울림.
오:색 무주(五色無主)명 공포에 사로잡혀 연해 안색이 여러 빛으로 변함. 하타
오:색-실(五色-)명 오색의 실.
오:색 영롱(五色玲瓏)명 여러 가지 빛이 한데 섞이어 황홀하고 아름다움. 오채 영롱. shining brilliantly in all the five colors 하타
오:색 잡놈(五色雜-)명 오사리 잡놈.
오:색 찬란(五色燦爛)명 여러 가지 빛깔이 한데 섞이어 황홀하고 아름다움. 하타
오:색-한삼(五色汗衫)명 여자의 예장(禮裝)에나 무기(舞妓)들이 쓰는 빨강·노랑·초록·파랑·하양 따위 오색의 색동 헝겊으로 만든 한삼.
오:생(午生)명 오년(午年)에 난 사람.
오:생(五牲)명 제로로 쓰는 다섯 가지 짐승. 곧, 사슴·고라니·본노루·이리·토끼.
오:서(誤書)명 잘못된 글씨. 또, 그릇 씀. 오사(誤寫). incorrect writing 하타
오:서독스(orthodox)명 정통파(正統派). 정통적(正統的). 하타
오석(烏石)명 《광물》 빛이 검은 파리질(玻璃質)의 개각상(介殼狀)의 단구(斷口)에 있는 암석. 비석·인재(印材)·기물·장식품 등에 씀. 흑요석.
오:서(五善)명 ①사술(射術)에 있어서의 다섯 가지 선덕(善德). 속, 화(和)·용식(容儀) 주립(主庆)·화송(和頌)·흥무(興武). five necessary qualities for archery ②《불교》 오계(五戒)를 잘 지키는 일.
오:선(五線)명 《음악》 악보에 쓰이는 다섯 줄의 평행선. score
오:선(五選)명 다섯 번 뽑음. 또, 다섯 번 뽑힘. 하타 라 타
오:선-주(五仙酒)명 오가피(五加皮)와 아이라·쇠무릎·삼주·소나무의 마디를 넣어 빚은 술.
오:선-지(五線紙)명 《음악》 오선을 인쇄한 종이. 음보(音譜)를 기입하는 데 쓰임. music paper
오:성(五性)명 사람의 다섯 가지 성정. 즉, 기쁨·노여움·욕심·두려움·근심. five natures of man
오:성(五星)명 《천문》 금성·목성·수성·화성·토성의 다섯 별. five star
오:성(五聖)명 ①고대 중국의 다섯 성인. 곧, 황제(黃帝)·요(堯)·순(舜)·우(禹)·탕왕(湯王). five chinese saints of ancient china ②문묘에 합사(合祀)하는 공자·안자·자사·맹자들. five conf-
오:성(五聲)명 《동》 오음(五音). [ucian saints

오:성(悟性)명 ①《심리》 개념의 형성과 판단에 소요되는 마음의 능력. 지성(知性). ②《철학》 사물을 이해하는 일. 이성과 감성의 중간에 위치한 논리적 사유의 능력. (매) 감성(感性). understanding
오:성-론(悟性論)명 《철학》 모든 진리의 인식은 오성의 선천적 작용으로 되어진다는 이론. 순리론(純理論). rationalism [원수(元帥).
오:성 장군(五星將軍)명 별이 다섯 달린 장군. 곧,
오:세(汚世)명 더러운 세상. 탁세(濁世). this earthly world
오세아니아(Oceania 라)명 《지리》 멜라네시아·폴리네시아·미크로네시아 및 오스트레일리아·뉴질랜드를 포함하는 섬들과 대륙으로 이루어진 지역의 총칭. 대양주(大洋州).
오소리(동물) 족제비과의 동물. 너구리와 비슷하며 몸 길이 40~50 cm 가량임. 여름과 겨울에 따라 몸 빛이 변함. 모피는 건필용, 털은 붓이나 솔의 재료로 씀. 토저(土猪). badger [거지.
오소리-감투명 털이 붙은 오소리의 가죽으로 만든 벙
오:소리티(authority)명 ①그 방면의 권위(자). 대가(大家). ②당국. ③근거. 전거(典據).
오소소튀 깨·줍쌀 등 썩 잔 물건이 소복하게 쏟아지는 모양. 《튼》 우수수. fluttering down
오:손(汚損)명 더럽히고 손상함. stain 하타
오솔-길[-낄]명 호젓한 길. lonely alley
오솔-하다형 사위가 피괴하여 무서울 만큼 호젓하다. lonely
오:수(午睡)명 《동》 오침(午寢).
오:수(汚水)명 더러운 물. 구정물. 탁수(濁水). (매) 정수(淨水). sewage [(약) 오경(烏鏡).
오수-경(烏水鏡)명 오수정(烏水晶)의 알로 만든 안경.
오:수 부동(五獸不動)명 닭·개·사자·범·고양이가 한 곳에 모이면 서로 무섭고 꺼림하여 못 움직임.
오-수유(吳茱萸)명 《식물》 운향과(芸香科)의 낙엽 활엽 관목. 중국 원산. 높이 약 3 m. 일·줄기에 털이 있고 자웅 이주. 곧은 줄기에 가지는 십자형으로 퍼지며, 황록색의 꽃이 핌. 과실은 한방에서 약재로 씀. 《약》 오유(吳萸). Evodia officinalis [crystal
오:수정(烏水晶)명 《광물》 빛이 검은 수정. black
오:순-도순튀 의좋게 노는 모양. 정답게 이야기하는 모양. harmoniously
오:순절(五旬節)명 《종교》 천주교에서는 사순절 바로 전의 일요일. 신교에서는 부활절 후 50 일째로 되는 성령 강림절(聖靈降臨節). [의 합금.
오스람(osram)명 《화학》 오스뮴(osmium)과 텅스텐
오스람 전:구(osram 電球)명 오스람을 발광선으로 한 전구. 소비량이 적고 내구력(耐久力)이 큼.
오스뮴(Osmium 도)명 《화학》 백금속 원소의 하나. 금속 중에서 최대의 비중과 백금속 중에서 최고의 융점을 가지 있으며, 청회색 또는 금속 광택이 있음. 원소 기호; Os. 원자 번호; 76. 원자량; 190. 2.
오스뮴 전:구(osmium 電球)명 오스뮴을 필러멘트로 한 백열(白熱) 전구. 소비량이 적고 내구량이 큼.
오스스튀 차고 싫은 기운이 몸에 일어나는 모양. 《튼》 으스스. 《자》 아스스. chilly 하타
오스카(Oscar 賞)명 《동》 아카데미상.
오스트라시즘(ostracism)명 《역사》 고대 아테네에서 도자기 조각으로 시민 투표를 하여 이단자·위험 인물을 국외로 추방한 일.
오스트랄라시아(Australasia)명 《지리》 오세아니아를 가리키며, 오스트레일리아·태즈메이니아·뉴질랜드에 걸치는 지역의 총칭. 호주(濠洲).
오스트랄로피테쿠스(Australopithecus)명 원인류(猿人類). 1925 년 이후 남아프리카 여러 지방에서 발견된 최고(最古)의 화석 인류.
오슬-오슬튀 소름이 끼친 듯이 몸이 움츠러지면서 추위지는 모양. 오삭오삭. ¶ ~이 추워지다. feel chilly 하타
오:승(五乘)명 《불교》 교법의 다섯 종별. 인승(人乘)·

오승포 천승(天乘)·성문승(聲聞乘)·연각승(緣覺乘)·보살승.
오-승-포(五升布)명 다섯 새의 베나 무명. [菩薩乘].
오:시(午時)명 ①십이시(十二時)의 일곱째 시. 곧, 오전 열한시부터 오후 한 시까지. ②이십사시(二十四時)의 열째 시. 곧, 오전 11시 30분부터 0시 30분까지의 동안. 오(午)②. noon
오:시(五時)명 ①다섯시. ②달력에서 계절이 변하는 시기. 곧, 입춘(立春)·입하·대서·입추·입동의 총칭. ③[약]→오시교(五時敎).
오:시교(五時敎)명 [불교] 석가 여래의 일생을 다섯 기간으로 나누어 그 설법한 경전에 의하여 구별한 교관(敎判). 화엄시(華嚴時)·아함시(阿含時)·방등시(方等時)·반야시(般若時)·법화 열반시(法華涅槃時). [약] 오시(五時)③.
=**오시·니**[어미](고)=시오니. [심.
오:시=목(烏柿木)명 ①[동] 먹감나무. ②감나무의 검은
오:시=중(五矢五中)명 화살을 다섯 번 쏘아서 다섯 번을 다 맞힘. [약] 오중(五中). dead shot 하타
오:시=화(午時花)명 [동] 금전화(金錢花).
오:식(五識)명 [불교] 오근(五根)에서 일어나는 다섯 가지 심식(心識). 즉, 색(色)·성(聲)·향(香)·미(味)·촉(觸).
오:식(誤植)명 [인쇄] 활판에 활자를 잘못 꽂음. 또, 그 활자나 실수로 해서 생긴 인쇄상의 잘못. misprint 하타
오:신(誤信)명 그릇 믿음. misbelief 하타
오:신명(誤身命) 몸과 목숨을 그르침. harm one's body and mind 하타
오:신채(五辛菜)명 오훈채(五葷菜).
오:실(奧室)명 안방. 깊숙한 방.
오실로그래프(oscillograph)명 [물리] 진동의 모양을 가시 곡선(可視曲線)으로 표시하는 기계. 전기 진동계. [진동 기록 장치.
오실로스코프(oscilloscope)명 [물리] 전류(電流)의
오:심(惡心)명 [한의] 가슴 속이 불쾌해지며 토할 듯한 기분이 생기는 현상. [ment 하타
오:심(誤審)명 잘못 심판함. 또, 그 심판. misjudge
오:심-열(-널)(五心熱)명 [한의] 위경(胃經) 속에 화기가 뭉쳐서 몹시 더워지는 병.
오:십(五十)팔 쉰. fifty
오:십보 백보(五十步百步)명 [동] 오십보 소백보.
오:십보 소:백보(五十步百步) 차이가 있기는 있으나, 실상은 별로 없음. 오십보 백보(五十步百步). [약] 오십 소백. little difference between the two
오:십 소:백(五十笑百)명 [약]→오십보 소백보(五十步笑百步).
오:십음-도(五十音圖)명 [어학] 인도의 실담 자모(悉曇字母)의 배열을 본따서, 일본 글자의 오십음을 성음(聲音)의 종류에 따라 자음(子音)이 같은 것은 같은 행(行)으로, 음운(音韻)이 같은 것은 같은 단(段)으로 배열한 표.
오싹부 추위나 무서움을 느껴 별안간 몸이 움츠러드는 모양. ¶소름이 ～ 끼치다. 하타
오싹-오싹부 날씨가 갑자기 추워 오는 모양. becoming colder 하타
오·오·로부(고) 온전히. 전혀. [ming colder 하타
오아시스(oasis)명 ①사막 가운데서 물이 나고 수목이 자라는 옥지(沃地). 취락(聚落)의 형성과, 대상(隊商)의 휴식에 긴요. 천지(泉地). ②위안이 되는 것. 또, 그런 장소.
오:악(五惡)명 [불교] 불가에서 오계(五戒)를 어기는 일. 살생(殺生)·투도(偸盜)·사음(邪淫)·망어(妄語)·음주(飲酒). five evils for a Buddhist
오:악(五嶽)명 ①[지리] 우리 나라의 다섯 명산. 곧, 금강산·묘향산·지리산·백두산·삼각산. ②중국의 다섯 영산(靈山). 태산(泰山)·화산(華山)·형산(衡山)·항산(恒山)·숭산(嵩山). ③사람의 얼굴에서 이마·코·턱·좌우 관골.
오:안(五眼)명 [불교] 불타의 다섯 눈. 육안(肉眼)·천안(天眼)·법안(法眼)·혜안(慧眼)·불안(佛眼).
오올-다[고] 온전하다. 완전하다.

오:야(午夜)명 자정(子正). 밤 열두시. 오밤중. midnight
오:야(五夜)명 오후 7시부터 오전 5시까지의 하룻밤을 갑야(甲夜)·을야(乙夜)·병야(丙夜)·정야(丁夜)·무야(戊夜)로 나눈 일컬음.
오야약(烏藥)명 [한의] 천태 오약(天台烏藥) 또는 형주 오약(衡州烏藥)의 뿌리. 곽란·토사 등에 약재로 씀.
오얏명→자두.
오얏-나무명→자두나무.
오·얒명[고] 자두.
오어(oar)명 노(櫓). 삿대.
오:언¹(五言)명 인·의·예·지·신의 오덕(五德)의 말.
오:언²(五言)명 [문학] 다섯 자로 된 한 구(句)를 이룬 한시(漢詩). 한 구절이 다섯 글자로 이루어진 한시(漢詩)의 글귀. five-foot line of Chinese poetry
오:언 고:시(五言古詩)명 [문학] 한시의 한 형식. 오언의 구(句)로 이루어진 고체의 시.
오:언=시(五言詩)명 한 구(句)가 오언(五言)으로 된 한시(漢詩)의 총칭.
오:언=율[-늘-](五言律)명 [동] 오언 율시(五言律詩).
오:언 율시[-시](五言律詩)명 [문학] 5언 8구 총 40자로 이루어지는 시형. 오언율(五言律). [약] 오율(五律).
오:언 절구(五言絶句)명 한시(漢詩)의 한 형식. 오언 사구(五言四句)로 된 당대(唐代)에 성행되던 근체시(近體詩). [약] 오절(五絶)②.
오:엑스 문:제(O.X. 問題)명 학습 평가에서, 문제를 맞은 곳에는 동그라미표(O), 틀린 곳에 가새(X)표로 답안을 작성하는 시험 문제. 선택 문제.
오:엘(O.L.)명 ①여자 사무원. 직장 여성. office lady ②[동] 오버랩(overlap).
오:역(五逆)명 [불교] 무간 지옥(無間地獄)에 떨어질 다섯 가지 악행(惡行). 살부(殺父)·살모(殺母)·살아라한(殺阿羅漢)·파화합승(破和合僧)·출불신혈(出佛身血). ②주군·부·모·조부·조모를 시해(弑害)하는 일. [betrayal 하타
오:역(作逆)명 배반하여 모역(謀逆)함. 반역(反逆).
오:역(誤譯)명 잘못된 번역. mistranslation 하타
오:역부지(吾亦不知)명 나도 또한 알 수 없음. 하타
오:연(五軟)명 어린아이의 체질의 다섯 가지 무력(無力)이나 병적 증세. 목고개·신체·입과 허·살·손발 들이 무력한 것. [대] 오경(五硬).
오:연(傲然)부 오만한 태도. 태도가 오만함. haughtiness 하타 히
오:열(悟悅)명 깨달아 희열을 느낌. joy 하타 [타
오:열(嗚咽)명 목이 메어 욺. 흐느껴 욺. sobbing 하
오:염(汚染)명 더럽게 물듦. 염오(染汚). ¶대기 ~.
오:염(汚染度)명 오염된 정도. [taint 하타
오:염원(汚染源)명 자동차의 배기 가스·공장의 폐수 등 환경을 오염시키는 근본적 원인.
오:염화-인(五鹽化燐)명 [화학] 인을 염소 가운데서 태워서 만든 황백색의 결정. phosphorous petroride
오엽(梧葉)명 오동나무의 잎.
오:염-병(汚染病)명 그을음병.
오엽-선(梧葉扇)명 태극선(太極扇)의 살부모 굵은 살끝을 휘어서 오동나무 잎의 엽맥(葉脈)과 비슷하게 만든 둥근 부채. kind of fan
오:엽-송(五葉松)명 잣나무.
오:=영문(五營門)명 [동] 오군영. [dirtiness
오:예(汚穢)명 지저분하고 더 더러움. 더러워진 것.
오:예-물(汚穢物)명 지저분하고 더러운 물건. 오물.
오:예-장(汚穢場)명 오물장(汚物場). [(汚物)
오:=오:백년(五五百年)명 [불교] 2,500년 동안을 교법 성쇠에 의해 다섯으로 나누어 이르는 말.
오:옥(五玉)명 오색의 옥. 곧, 창옥(蒼玉)·적옥(赤玉)·황옥(黃玉)·백옥(白玉)·현옥(玄玉).
오옥(烏玉)명 빛깔이 검은 보석.
오:온(五蘊)명 [불교]불교의 근본 사상의 하나. 세계를 창조·구성하고 있는 요소를 다섯 가지로 분류한 것. 색(色)·수(受)·상(想)·행(行)·식(識)의 5요소

오요요 강아지를 부르는 소리.
오:욕(五欲)명 〈불교〉 ①동 오진(五塵). ②재(財)·색(色)·음식·명예·수면에 대한 욕심.
오:욕(汚辱)명 더럽히고 욕되게 함. disgrace ―하다
오:용(誤用)명 그릇 씀. 잘못 사용함. misuse ―하다
오우(吳牛)명 물소의 딴이름. buffalo
오우(烏芋)명 〈한의〉 올방개의 뿌리. 지갈(止渴)·명목(明目)·개위(開胃) 따위의 약으로 씀.
오:운(五雲)명 오색 구름.
오:운-거(五雲車)명 신선(神仙)이 타고 다닌다는 수레.
오:원 외:교(五元外交)명 1970 년대 후반부터 두드러진, 미국·소련·중공·유럽 공동체 그리고 일본을 중심으로 한 외교.
오:월(五月)명 ①〈민속〉 월건(月建)이 오(午)로 된 달. ②오야(午夜)의 달.
오:월(五月)명 일년 중의 다섯째 달. May
오월(吳越)명 ①춘추 시대의 오나라와 월나라. ②오와 월이 적대 관계에 있던 데서, 원수 같은 사이.
오월(梧月)명 〈동〉 오추(梧秋).
오:월국(五月菊)명 〈식물〉 국화의 한 종류. 5월에 꽃이 핌.
오월농부 팔월신선(五月農夫八月神仙)[관용] 가장 어려운 때인 오유월에는 땀 흘려 고된 일을 하고, 추수기에 팔월부터는 신선처럼 편히 지낼 수 있다.
오월 동주(吳越同舟)명 사이가 나쁜 사람끼리 같은 장소·처지에 함께 놓임. 물건의 비유.
오:월-로(五月爐)명 필요는 없어도 없어지면 아쉬우며 있어도 쓸모는 없는 물건의 비유.
오:월-추(五月秋)명 음력 오월의 모내기로 바쁜 시절. busy season of planting young rice-plants
오:위(五衛)명 〈제도〉 조선조 때의 군대 편제의 이름. 5 대 문종 1년(1451)에 군제를 고쳐 정한 다섯 위(衛). 곧, 중위(中衛)로 의흥(義興), 좌위(左衛)로 용양(龍驤), 우위로 호분(虎賁), 전위로 충좌(忠佐), 후위로 충무(忠武)를 두고 한 위를 다섯 부, 한 부를 네 통(統)에 나누어, 전국의 군사가 여기에 딸리게 하였음. [무(武務)를 맡던 관청.
오:위 도총부(五衛都摠府)명 〈제도〉 오위(五衛)의 군무(軍務)를 맡던 관청.
오:위-장(五衛將)명 〈제도〉 오위(五衛)의 군사를 거느리는 장수. 수효는 열둘, 나중에 열다섯. 품계는 종 2 품.
오:유(迂儒)명 → 우유(迂儒)
오유(烏有)명 사물이 아무 것도 없이 됨. ¶ ~로 돌아가다. reverting to nothing
오:유(娛遊)명 오락과 유희. 즐기고 놂. enjoy ―하다
오:유(遊遊)명 재미있게 놂. amusing oneself ―하다
오유 선생(烏有先生)명 실제에 없는 가공의 인물.
오:언(五言)명 〈약〉 → 오언 율시(五言律詩)
오:음(五音)명 〈음악〉 궁(宮)·상(商)·각(角)·치(徵)·우(羽)의 다섯 음률. 오성(五聲).
오:음(五飮)명 다섯 가지 음료(飮料). 물, 물·미음·약주·단술·청주, five kinds of drinks
오:음 음계(五音音階)명 〈음악〉 오음으로 이루어진 음계. 한국과 중국 음악의 기초를 이루는 외에 세계 각지의 민요에도 볼 수 있음.
오:의(奧義)명 매우 깊은 뜻. 오지(奧旨). secret
오이명 〈식물〉 박과의 덩굴성 한해살이 만초(蔓草). 덩굴손은 다른 물건을 감아 뻗으며 잎은 장상(掌狀)으로 얕게 갈라짐. 장과(漿果)는 긴 타원형이고 녹색 또는 황백색이나 나중에 황색으로 익음. 열매는 중요 채소로 식용함. 물외. 호과(胡瓜). 황과. 《약》외. cucumber. 〔瓜〕의 이름.
오이과-부(一瓜部)명 한자 부수(部首)의 하나. '瓢'.
오이 김치명 오이로 담근 김치. 《약》 외김치.
오이는 씨가 있어도 도둑은 씨가 없다(족담) 도둑질을 우연적으로 하는 것이 아니다.
오이-다[자] 받침 없는 체언에 붙어, '하소서' 할 자리에서 '비다'보다 좀더 정중하게 쓰는 종결형 서술격 조사. ¶ 훌륭한 선생님 ~. 《약》외다.
= 오이-다[어미] 받침 없는 어간에 붙어, '하소서' 할 자리에서, 자기의 사실을 설명하는 평서형 종결 어미. ¶ 머리가 희~. 아버님께서 부르~. 《약》외다.
오이-무름명 오이를 소금물로 절이어 삭인 반찬.
오이-소박이명 《약》 → 오이소박이 김치. [외무름.
오이소박이 김치명 오이의 꼭지를 따고 허리를 네 갈래로 에어, 속에 파·마늘·새우·고춧가루 등을 섞은 소를 넣고 담근 김치. 과실과(瓜實菹). 《약》 소박이①. 소박이 김치. 오이소박이. cucumber pickles
오이-순(一筍)명 오이의 어린 순.
오이스터(oyster) 명 〈조개〉 굴.
오: 이 시:(O.E.C.)명 《약》 Office of the Economic Coordinator 경제 조정관실. '한미 경제 조정에 관한 협정'에 의한 대한(對韓) 경제 원조 사업에 관하여 아이 시 에이(I.C.A.)를 대표하던 기관. 유솜(USOM)의 전신.
오: 이 시: 디:(O.E.C.D.)명 《약》 Organization for Economic Cooperation and Development 경제 협력 개발 기구. 1961 년에 경제 성장·개발 도상국에 대한 원조·통상 확대를 주요 목적으로 발족.
오이-씨명 오이의 씨. 《약》 외씨.
오이씨 같다[관용] 버선 신은 여자의 발이 갸름하고 예쁘다.
오이-장(―醬)명 오이를 어슷어슷 굵게 저며서 고기·파를 썰어 기름·깨소금·달걀·고추장을 치고 물을 조금 붓고 끓인 음식.
오이-지(―漬)명 오이를 독아니 항아리에 담고 소금물을 끓여 식힌 것을 부은 뒤에 익힌 반찬. 《약》 외지.
오이-찬국명 오이를 잘게 썰어 간장에 절인 다음 냉국에 넣고 파·초·고춧가루를 친 음식.
오이-풀명 〈식물〉 짚신나물과의 다년생 풀. 잎은 난상 타원형 또는 긴타원형임. 6~9월에 홍자색 꽃이 피고 과실은 수과(瘦果)임. 뿌리는 지혈제로 쓰고 어린 잎은 물에 우리어 식용함. 수박풀②.
오:인(午人)명 〈동〉 남인(南人)①.
오:인(誤認)명 그릇 인정함. mistaken ―하다
오인(吾人)대 ①나. I ②우리 인류. we, mankind
오:―인도(五印度)명 〈동〉 오천축(五天竺)
오:인-일(午日)명 〈민속〉 일진(日辰)의 지지(地支)가 오(午)로 된 날. 갑오(甲午)·병오(丙午)·무오(戊午)
오일(oil)명 ②석유.
오:일 경조(五日京兆)명 오래 계속되지 못하는 일의 비유. 해 축적되는 산유국의 잉여 외화.
오일 달러(oil dollar)명 《경제》 원유(原油) 거래에 의함.
오일-세일(oil-shale)명 석유를 함유하는 일종의 암석. 유모 혈암(油母頁岩).
오일 쇼크(oil shock)명 유류 파동(油類波動).
오일-스킨(oilskin)명 기름을 먹여 방수한 천. 유포(油布).
오일-스토:브(oilstove)명 경유(輕油)를 연료로 하는 난로.
오일 실크(oil silk)명 명주에 기름 또는 수지 용액을 입힌 것. 레인코트용.
오:일-장(五日葬)명 초상난 지 닷새 만에 지내는 장사. ―하다
오일-클로스(oilcloth)명 면플란넬 따위의 두툼한 천에 에나멜을 입히고 무늬를 그린 천. 책상보로 쓰임.
오일 페니실린(oil penicillin) 명 《약학》 페니실린을 정제하여 기름에 녹인 약. 근육 주사용.
오:입(誤入)명 〈불교〉 행(行)에 의하여 도를 깨달아 실상(實相)의 세계에 들어감. perception of truth ―하다 도(外道)②. 외입(外入). whoring ―하다
오:입(誤入)명 남자가 노는 계집과 상종하는 일. 외입.
오:입-쟁이(誤入一)명 오입질하는 남자. 야랑②. debauchee
오:입-질(誤入一)명 오입하는 행동. ―하다 [quarters
오:입-판(誤入―)명 오입쟁이들이 노는 사회. gay
오:자[―짜](誤字)명 틀린 글자. 잘못 쓴 문자. 《대》 정자(正字). wrong word
오-자기(烏瓷器)명 〈동〉 오지 그릇.
오:자 낙서(誤字落書)명 글씨를 그릇 쓰는 일과 빠트리고 쓰는 일. 오락(誤落)①. ―하다
오:작(五爵)명 《약》→오등작(五等爵)
오:작(仵作)명 〈제도〉 지방 관아에 딸려, 수령이 송장을 임검할 때 송장을 만지는 하인.

오작(烏鵲)몡 까막까치. crow and a magpie
오작-교(烏鵲橋)몡《민속》칠석날에 견우와 직녀의 두 별의 상봉을 위하여 까막까치가 모여 은하(銀河)에 놓는다는 다리.
오작=오작몡 ①조금씩 자꾸 나아가는 모양. ②작고 가벼운 것이 무너지는 모양. ③김치·깍두기 등을 조금씩 자꾸 씹는 소리나 모양.《큰》우적우적②. chunching sound 하다태

오장(五臟)몡《한의》간장·심장·비장·폐장·신장(腎臟)의 다섯 내장. 오내(五內). five vital organs
오-장 육부[―뉵―](五臟六腑)몡《한의》내장의 총칭. 곧, 오장과 육부. bowels
오재(五材·五才)몡 다섯 가지 재료. 곧, 금·목·수·화·토. 또는 금(金)·목(木)·피(皮)·옥(玉)·토(土). five elements
오쟁이몡 짚으로 만든 작은 섬. small straw bag
오쟁이-지다자 자기의 아내가 다른 사내와 간통하다. misconduct
오적(五賊)몡《역사》구한말에 을사 오조약(乙巳五條約)에 찬동, 이의 체결에 참가한 다섯 매국노. 곧, 외부 대신 박제순(朴齊純), 내부 대신 이지용(李址鎔), 군부 대신 이근택(李根澤), 학부 대신 이완용(李完用), 농상공부 대신 권중현(權重顯).
오적-어(烏賊魚)몡 오징어.
오전(五典)몡 ①[동]오륜(五倫). ②[동]오상(五常).
오전(午前)몡 0시부터 정오까지의 사이. 상오(上午).《대》오후(午後). ante-meridiem
오전(誤傳)몡 사실과 틀리게 전함. 또, 그 전달. misrepresentation 하다타
오전(鏖戰)몡 역전 고투하여 전사자를 많이 낸 싸움.
오전-반[―빤](午前班)몡 이부제(二部制)로 수업을 하는 학교에서 오전에 수업을 하는 학급.《대》오후반(午後班).
오절(五絶)몡 ①사람을 죽이는 다섯 가지 죄. 목베어 죽는 의(縊), 물에 빠져 죽는 익(溺), 눌려 죽는 압(壓), 얼어 죽는 동(凍), 몹시 놀라서 죽는 경(驚). five ways of accidental death ②[약]→오언 절구(五言絶句).
오점[―쩜](汚點)몡 ①더러운 점. stain ②명예를 더럽히는 흠집. blemish
오점선(五摺扇)몡 검을 칠을 한 쥘부채.
오:-정(약)→오사리젓.
오정(午正)몡 낮 열두시. 정오(正午). 탁오(卓午).《대》자정(子正). noon
오정(五情)몡 사람의 다섯 가지 감정. 곧, 희(喜)·로(怒)·애(哀)·락(樂)·욕(慾). 또, 희·로·애·오·욕. fiive passions
오정-주(五精酒)몡 솔잎·구기자(枸杞子)·천문동(天門冬)·백출(白朮)·황정(黃精)으로 빚어 만든 술.
오정-포(午正砲)몡 오정을 알리는 대포.《약》오포(午砲). noon gun
오:제(五帝)몡《역사》고대 중국의 다섯 성군(聖君). 소호(少昊)·전욱(顓頊)·제곡(帝嚳)·요(堯)·순(舜). 사기(史記)에는 소호 대신 황제(黃帝). ¶삼왕(三王) ~.《민속》오방(五方)을 맡은 다섯 신. 동의 청제(靑帝), 서의 백제(白帝), 남의 적제(赤帝), 북의 흑제(黑帝) 및 중앙(中央)의 황제(黃帝).
=오·져어미(고)=오.
오:-조(五條)《식물》일찍 익는 조. early millet
오:-조룡(五爪龍)몡 ①발톱이 다섯 있다는 용. ②《식물》거지덩굴.
오:조약(五條約)몡《약》→을사 오조약(乙巳五條約).
오족(五足)몡 씨 다섯 옴씩 배게 하고 간(間) 걸러서 짠 천.
오족(五族)몡 ①고구려 오족. ②중국에 있는 다섯 민족. 곧, 한족(漢族)·만주족·몽고족·티베트족·위구르족. five races of China 붙은 쇠.
오족-철(烏足鐵)몡《건축》문짝이 벌어지지 않게 덧
오족(五足亢羅)몡 오족으로 짠 항라.
오존(ozone)몡《화학》독특한 냄새가 있는 미청색(微靑色)기체. 건조한 산소 가스 중에서 무성 방전(無聲放電)하여 얻음. 여러 가지 작용으로 공기 중에서 미량으로 생길 적도 있음. 산성이 강하며, 살균·소독·표백 등에 쓰임. 분자식 O_3.
오존-층(ozone 層)몡 오존을 많이 포함하고 있는 공기층. 지상 약 30 km 상공. ozone layer
오졸-거리다·대다재 몸피 작은 사람이나 짐승이 몸을 율동적으로 떨며 자꾸 움직이다.《큰》우줄거리다.《센》오똘거리다. 오졸=오졸 하다태
오:졸-하다몡 (고).
오·좀·매[고] 오줌봉.
오종(五宗)몡《약》→선가 오종(禪家五宗). [穀].
오종(五種)몡 ①다섯 가지. 다섯 종류. ②[동]오곡(五
오종 경:기(五種競技)《체육》육상 경기의 한 종목. 한 선수가 넓이뛰기·투창·200 m 경주·투원반·1500 m 경주들을 하루에 하여 그 총득점을 겨루는 경기. 여자는 제 1일에 투포환·높이뛰기·200 m 경주, 제 2일에 80 m 허들 경주·넓이뛰기를 함. pentathlon
오종종-하다[여벤] ①잘고 둥근 물건이 빽빽하게 놓여 있다. thick ②얼굴이 작고 옹졸스럽다.
오:좌(午坐)몡《민속》오방(午方)을 등진 좌(坐).
오죽 여간. 얼마나. how much 하다옝 이다
오죽(烏竹)몡《식물》대과(科)에 딸린 대의 하나. 솜대보다 좀 작고, 잎은 피침형이고, 자흑색의 꽃이 6~7월에 핌. 수피는 처음은 녹색이나 다음해부터 자흑색으로 변함. 촌락 부근에 심어 죽세공의 재료로 씀.
오죽-잖다[―잔타] 보통도 못 되다. be not up to par
오줌몡 혈액으로부터 유용한 성분을 흡수하고 남은 찌꺼기, 신장에서 생성되어 요도를 통해 몸 밖으로 배설되는 액체. 소변(小便). urine
오줌-관(―管)몡 요도(尿道).
오줌-누:다재 오줌을 몸 밖으로 내보내다. pass urine
오줌-독[―똑]몡 오줌을 누거나 모아 두는 독.
오줌-똥몡 오줌과 똥.
오줌-마렵다[혤벤] 오줌을 누고 싶은 느낌이 있다. have a desire to pass water
오줌-버케몡 오줌을 담아 둔 그릇에 허옇게 엉겨 붙은 물질. 또, 가라앉은 찌꺼. 인중백(人中白). crust of urine stains
오줌-소태《한의》방광염이나 요도염으로 오줌이 자주 마려운 증세의 병. 삽뇨증(澁尿症).
오줌-싸개몡 ①오줌을 잘 가누지 못하는 아이. ②오줌을 가눌 줄 알면서도 실수로 오줌을 싼 아이를 조롱하는 말. bedwetter
오줌-싸:다재 무의식 중에 또는 수습할 사이 없이 오줌이 나오다. wet the bed at night
오줌에도 데:겠다몸이 너무 허약함을 조롱하여 이르는 말. [장군. urine-barrel
오줌 장군[―짱―]몡 오줌을 담아 나르는 장군.《약》
오줌-통(―筒)몡(동)요도(尿道).
오줌-통(―桶)몡 ①《생리》방광(膀胱). ②오줌을 누거나 담아 두는 통. tub for urination
오줌-틀몡《생리》오줌을 걸러내는 일을 맡은 기관.
오:중(午中)몡(동)정오(正午).
오:중(五中)몡→오시 오중(五矢五中).
오:중(五重)몡 다섯 겹.
오:중(誤中)몡 과녁이나 목표를 그릇 맞침. 하다타
오:중-례(五中禮)《제도》새로 들어온 사원(射員)이 처음으로 오시 오중(五矢五中)하였을 때, 교방(敎坊)·사두(射頭)·수임(首任) 등 여러 사람에게 술잔치를 베풀어 사례하는 일.
오:중-별(五重―)몡《동》오중성(五重星).
오:중-성(五重星)《천문》천구상(天球上)에서 별이 서로 접근하여 육안으로는 하나로 보이나 망원경으로는 다섯으로 떨어져 보이는 별. 오중별.
오:중-주(五重奏)《음악》다섯 개의 악기에 의한 합주(合奏). quintet(te)

오:중=창(五重唱)[명]〈음악〉 다섯 성부(聲部)로 하는 성악의 중창(重唱). quintet(te)

오:중-탑(五重塔)[명]〈동〉 오층탑(五層塔).

오중어[명]〈교〉 오징어.

오지①[약]→오지 그릇. ②[약]→오짓물.

오:지(五指)[명] 다섯 손가락. five fingers

오:지(五智)[명]〈불교〉 밀교(密敎)에서, 부처가 갖추고 있는 다섯 가지의 지(智). five parts of Buddha's wisdom

오:지(汚池)[명] ①물이 깨끗하지 못한 못. ②[동] 겁버 [섯.

오:지(忤旨)[명] 임금의 뜻을 거역함. 하타

오지(洿池)[명] 웅덩이. 못.

오:지(奧旨)[명]〈동〉 오의(奧義).

오:지(奧地)[명] 해안이나 도시에서 멀리 떨어진 대륙 내부의 땅. hinterland

오지 그릇[명] 붉은 진흙으로 만들어 볕에 말린 위에 오짓물을 입혀 구운 질그릇. 오자기(烏瓷器). 도기 (陶器). 옹기(甕器). [약] 오지①. pottery

오지끈 단단하고 부피가 작은 물건이 부서지는 소리. [큰] 우지끈. snappingly 하타

오지끈-거리-다 작고 단단한 물건이 연하여 부서지는 소리를 내다. 《큰》우지끈거리다. **오지끈=오지끈** [부] 하타

오지끈-뚝딱 크고 단단한 물건이 별안간 부서지며 세게 부딪는 소리. [큰] 우지끈뚝딱. snap 하타

오:지-다[형] [약] →오달지다. 「대륙 내부에 있는 지대.

오:지대(奥地帯)[명] 해안이나 도시에서 멀리 떨어진,

오지-동이[명] 오지로 만든 동이.

오지락 웃옷이나 윗도리에 입는 겉옷의 앞자락. front [참견하다. foreword

오지랖-다[…널따] 주제넘어서 아무 일에나 잘 [약] 오(澳).

오지리(墺地利)〈지리〉'오스트리아'의 음역(音譯).

오지-벽돌(一甓─)[명] 오짓물을 입혀 구워낸 벽돌. 도벽(陶甓). 「甌」・「甈」등의 「瓦」의 이름.

오지병벽-부(一甁甓部)[명] 한자 부수(部首)의 하나.

오:지-서(五指書)[명] 다섯 손가락에 힘을 주어 붓대를 잡고 쓴 글씨.

오지 자배기[명] 오지를 칠하여 만든 자배기.

오지 자웅(烏之雌雄)[명] 까마귀의 자웅을 구별할 수 없다는 뜻에서, 선악과 시비(是非)를 분별할 수 없다는 뜻.

오지직 ①잘 마른 짚 등이 불에 타는 소리. ②물이 불에 바짝 졸아붙는 소리. ③단단한 조개 껍데기 따위가 마스러지는 소리. ④굵지 않은, 잘 마른 나뭇가지를 부러뜨릴 때 나는 소리. 《큰》 우지직. 하타

오지직-거리-다 오지직 소리가 연하여 나다. 《큰》 우지직거리다. **오지직=오지직** [부] 하타

오지 항아리[명] 오지를 칠하여 만든 항아리.

오직[부] 다만, 단지, 오로지. only

오:직(汚職)[명] 관리가 직권을 남용하여 이익을 꾀함. 독직(瀆職). with a crackle

오직률(一聿部)[명] 한자 부수(部首)의 하나. '肅'・'肆'등의 '聿'의 이름.

오:진(五塵)[명]〈불교〉 중생의 진성(眞性)을 더럽히는 다섯 가지 더럼. 색(色)・성(聲)・향(香)・미(味)・촉 (觸). 오욕(五慾).

오:진(五鎭)[명]〈지리〉 백악산(白嶽山)을 중심으로 동에 오대산(五臺山), 서에 구월산(九月山), 남에 속리산(俗離山), 북에 장백산(長白山)의 다섯 곳의 진산(鎭山).

오:진(汚眞)[명] 타고난 품성(品性)을 더럽힘. disgrace

오:진(汚塵)[명] 더러운 먼지. 「neous diagnosis 하타

오:진(誤診)[명] 잘못된 진단. 또, 그 진단. erro-

오집(烏集)[명]〈동〉 오합(烏合). 하타

오집지-교(烏集之交)[명] 믿음성이 없는 사귐. 이욕(利慾)으로 맺어진 사이.

오짓-물 흙으로 만든 그릇에 올리어서 구우면 윤이 나는 잿물. [약] 오지②. glaze

오징어〈동물〉 오징어과의 연체 동물. 십각목에 딸린 어류. 몸은 원통형으로 길이 30~40 cm 가량이고 적갈색의 작은 반점이 많음. 몸 빛은 주위 환경에 따라 변하나 대체로 암갈색이고 열 개의 다리가 있음. 난류에 군서(群棲)하고 어린 물고기・새우 등을 잡아먹음. 날로 먹기도 하고 말려서 먹기도 함. 목어(墨魚). 남어. 오적어(烏賊魚). cuttlefish

오징어포(―脯)[명]〈동〉 오징어포.

오쫄-거리-다[자타] [센] →오졸거리다.

오:차(誤差)[명] ①〈수학〉 참값과 근사값과의 차이. error ②착오(錯誤).

오:차-물(五借物)[명]〈불교〉 중생(衆生)이 빌려 사는 다섯 가지 물질. 흙・물・불・바람・공기.

오:차-율(誤差率)[명]〈수학〉 운산(運算)의 결과와 그 근사값과의 비율. 오차의 정도.

오:착(五鑿)[명] 이(耳)・목(目)・구(口)・비(鼻)・심(心)의 다섯 구멍. five holes of man [ture 하타

오:착(誤捉)[명] 사람을 잘못 알고 잡음. wrong cap-

오:착(誤錯)[명] 착오(錯誤).

오:찬(午餐)[명] 잘 차린 점심. 주식(晝食). 주찬(晝餐). 디너(dinner). [비] 만찬(晚餐). lunch

오:찬-회(午餐會)[명] 손님에게 오찬을 대접하기 위한 모임. luncheon party

오:채(五彩)[명] ①청・황・적・백・흑색의 다섯 가지 아름다운 빛깔. five colours ②경채(硬彩).

오:채 영롱(五彩玲瓏)[명] 오색 영롱(五色玲瓏). 하타

오:천(午天)[명] 한낮. [약] 오천축(五天竺).

오:천(五天)[명] ①동・서・남・북 및 중앙의 하늘. ②

오:천축(五天竺)[명] 고대 인도의 다섯 개의 정치적 구획. 곧, 동・서・남・북・중(中)의 다섯 천축우(天竺). 인도(印度). [약] 오천(五天).

오:첩 반상(五一飯床)[명] 칠첩 반상보다 접시 두 개가 적은 반상.

오:청(五淸)[명] 문인화(文人畵)의 소재가 되는 다섯 가지 깨끗한 물건. 곧, 송(松)・죽(竹)・매(梅)・난(蘭)・석(石). 또는 송・죽・파초・난・석 또는 매・국(菊)・파초・죽・석. 하타

오:청(五聽)[명] 소송(訴訟)을 듣는 다섯 가지 방법. 곧, 사청(辭聽; 말이 번거로우면 옳지 않은 증거), 색청(色聽; 옳지 않으면 얼굴이 발개짐), 기청(氣聽; 거짓이면 숨이 참), 이청(耳聽; 귀기울여 들을 잘못 들음), 목청(目聽; 진실이 아닐 때 눈에 정기가 없음).

오:청(誤聽)[명] 잘못 들음. 하타 [가 없음).

오:체(五體)[명] ①사람의 온몸. 전신(全身). ②〈불교〉머리와 사지. ③다섯 가지 서체(書體). 전(篆)・예(隷)・진(眞)・행(行)・초(草).

오:체 투지(五體投地)[명]〈불교〉 불교의 경례하는 법의 하나. 먼저 두 무릎을 땅에 꿇고, 두 팔을 땅에 대고 그 다음에 머리를 땅에 닿도록 절을 함. 하타

오:촌(五寸)[명] ①다섯 치. five inches ②종숙(從叔) 또는 종질(從姪). cousin once removed

오:촌-정(五寸釘)[명] 길이 5치되는 못. five-inch nail

오:촌-척(五寸戚)[명] 오촌이 되는 친척.

오총-이(烏驄─)[명]〈동물〉 흰 털이 섞인 검은 말.

오추(梧秋)[명] 음력 7월의 딴이름. 오월(梧月).

오추-마(烏騅馬)[명] ①검은 털에 횐털이 섞인 말. white and black horse ②옛날, 중국의 항우(項羽)가 탔었다는 준마(駿馬).

오:축(五畜)[명] 집에서 기르는 다섯 가지 짐승. 곧, 소・양・돼지・개・닭. five domestic animals

오:충(五蟲)[명] 다섯 가지 종류의 벌레. 인충(鱗蟲)・우충(羽蟲)・모충(毛蟲)・나충(裸蟲)・개충(介蟲).

오:취(五臭)[명] 다섯 가지 냄새. 곧, 노린내・비린내・향내・타는 내・썩는 내. five kinds of smells

오:취(五趣)[명]〈불교〉 중생이 선악의 업보(業報)에 따라 이르게 되는 다섯 곳. 곧, 천상(天上)・인간・지옥・축생(畜生)・아귀(餓鬼). 오도(五道).

오:취(汚臭)[명] 더러운 냄새.

오:층-탑(五層塔)[명]〈불교〉 지・수・화・풍 및 공(空)의

오대(五大)를 본며 만든 다섯 층의 탑. 오중탑(五重塔).

오칠-일(五七日)圀《불교》사람이 죽은 뒤 35일 동안, 또는 35일 째 되는 날. 35 days after one's death
오칠-판(五七版)圀 →국판(菊版).
오침(午寢)圀 낮잠. 오수(午睡).
오칭(誤稱)圀 잘못 일컬음. 그릇된 명칭. false name
오카리나(ocarina)圀《음악》찰흙·사기 따위로 만든 비둘기 모양의 피리. 양손의 손가락으로 8~10개의 구멍을 여닫으며 붊.
오케스트라(orchestra)圀 ①관현악(管絃樂). ②관현 악단(管絃樂團).
오케스트라 박스(orchestra box)圀《음악》가극에서 오케스트라를 연주하는 자리. 무대의 아래에 있음.
오-케이(O.K.)圀 ①완료·만사 해결·합격·옳다 따위의 뜻. ②교정 또는 검사를 마침의 뜻.
오케이 놓다 교정을 끝마치고 교료(校了)를 놓다.
오-탁(五濁)圀 이 세상의 다섯 가지 더러운 것. 곧, 명탁(命濁)·중생탁(衆生濁)·번뇌탁(煩惱濁)·견탁(見濁)·겁탁(劫濁).
오-탁(汚濁)圀 더럽고 흐림. 탁오(濁汚). impurity
오-탈(誤說)圀 ①오자와 탈자. ②오류(誤謬)와 탈루(脫漏). 탈오(脫謬).
오토(烏兎)圀 ①해와 달. sun and moon ②금오(金烏)와 옥토(玉兎).
오-토 단청(五土丹靑)圀《미술》분(粉)·먹·엷은 연옥색·육색(肉色)·석간주(石間硃)로 칠하고 잠획을 긋은 단청.
오-토-레이스(auto-race)圀 자동차·오토바이 따위의 경주.
오-토매틱(automatic)圀 ①자동적(自動的). ②자동권총.
오-토맷(automat)圀 ①자동 판매기(自動販賣器). ②사진기 셔터(shutter) 등이 자동적으로 걸리는 장치. 자동 장치(自動裝置).
오-토메이션(automation)圀 자동 제어 방식. 전자 장치를 이용한 자동 제어(制御)에 의해 전생산 공정을 자동화하는 방식.
오-토-모빌(automobile)圀 자동차(自動車).
오-토-바이(autobike)圀 발동기를 장치하여 그 동력으로 바퀴를 회전시키게 만든 자전거. 자동 자전거(自動自轉車).
오-토-자이로(Autogyro) 보통의 비행기 위쪽에 프로펠러형의 서너 쪽의 큰 회전익(回轉翼)을 달아 좁은 땅에서 이착륙(離着陸)할 수 있는 비행기.
오-토-카(autocar)圀 자동차.
오-토트랜스(←autotransformer)圀《물리》벽암기(變壓器)의 일종으로, 철심(鐵心)에 감은 1차 코일의 2차 코일의 어느 부분에서 전류가 동시에 흐르게 되는 것. (piano).
오-토-피아노(auto piano)圀《음악》자동 피아노(自動
오톨=도톨 물건의 거죽이나 바닥이 잘고 고르지 못하게 부풀어 오른 모양. (큰) 우툴두툴. unevenly
오-트(oat)圀 귀리.
오-트-밀(oatmeal)圀 귀리 가루로 죽을 쑤어 설탕·소금·우유 등을 넣어 먹는 음식.
오-판(誤判)圀 그릇된 판단. 틀린 심판. misjudgement
오-판-화(五瓣花)圀《식물》꽃잎이 다섯인 꽃. 무궁화·복숭아꽃 따위.
오팔(opal)圀《동》단백석(蛋白石).
오-패(五覇)圀《역사》중국의 춘추 시대의 다섯 패자. 곧, 제(齊)의 환공(桓公)·진(晉)의 문공(文公)·진(秦)의 목공(穆公)·송(宋)의 양공(襄公)·초(楚)의 장왕(莊王).
오-퍅(傲愎)圀 교만하고 독살스러움. 하타
오퍼(offer)圀 ①신청(申請). 제공(提供). 매매의 신청. ②《경제》수출업자가 상대국의 수입자에게 내는 판매 신청.
오퍼레이션(operation)圀 ①증권 시장의 두기 매매. 매매에 의한 시장 조작. ②수술. ③작전.
오퍼레이션 리서-치(operations research)圀 ①《군사》과학적·수학적인 작전 계획 방법. ②《경제》합리적 경영법의 연구.

오퍼레이터(operator)圀 ①기계류의 조작에 종사하는 사람. 특히, 계산기의 조작자·무선 통신사·전화 교환수. ②수술하는 사람.
오퍼-상(offer 商)圀《상업》수출업 관계의 오퍼 업무를 전문으로 하는 수출업자. 또, 그 영업.
오퍼류-니스트(opportunist)圀 기회주의자. 편의주의자.
오퍼튜-니즘(opportunism)圀 기회주의. 편의주의.
오페라(opera)圀《음악》가극(歌劇).
오페라 글라스(opera glass)圀 주로 관극(觀劇)할 때 쓰는 소형의 쌍안경.
오페라 밴드(opera band)圀《연예》가극단(歌劇團).
오페라 코믹(opera comique 프)圀《음악》대화를 섞은 가극. 비제(Bizet)의 '카르멘'과 같이 비극적인 계통의 것도 포함.
오페라 하우스(opera house)圀《연예》가극용의 극장.
오페레타(operetta 이)圀《음악》경가극(輕歌劇).
오펙(OPEC)圀《경제》《약》Organization of Petroleum Exporting Countries 석유 수출국 기구.
오-평(誤評)圀 그릇된 평론. 그릇 평론함. wrong criticism 하타 of one's life 하타
오-평생(誤平生)圀 평생을 그르침. make a failure
오-포(五布)圀《건축》 추가지가 다섯인 건축.
오-포(午砲)圀《약》→오정포(午正砲).
오-품(五品)圀 ①오전(五典)·오륜(五倫)·오상(五常) 등의 통칭. ②《제도》조선조 관직의 다섯째 품계(品階). 정(正)·종(從)의 구별이 있음.
오-품(惡品)圀《동》마바람. 이키지 못하는 병.
오풍(烏風)圀《한의》눈이 가렵고 아프며, 머리를 돌
오-풍 십우(五風十雨)圀 닷새에 한 번씩 바람이 불고 열흘 만에 한 번씩 비가 온다는 뜻으로, 기후(氣候)가 순조롭고 품년이 들어 천하(天下)가 태평한 모양을 일컬음. 우순 풍조(雨順風調).
오-품-증(惡風症)圀《한의》오한증과 같이 열성은 아니나 몸이 오슬오슬 추운 증세. 악품증.
오프(off)圀 ①떨어짐. 벗어남. 『시즌 ~. ②스위치 (switch)나 기계 등이 정지중임. (대) 온(on).
오-프닝(opening)圀 ①상점 등이 신장 개업하는 일. ②방송 주오를 시작하는 일. 『~쇼.
오-프닝 나이트(opening night)圀 영화의 시사 따위가 있는 야간 흥행.
오프 더 레코-드(off the record)圀 기록하지 않음. 비공식임. 사적임. 보도 관계자에게 정보를 제공할 때 '보도를 공표하지 않는' 조건을 붙이는 말.
오프라인 시스템(off-line system)圀 취득(取得)한 데이터를 종이 테이프나 자기(磁氣) 테이프 등의 중간 기억 매체(中間記憶媒體)에 기록하고, 적당한 시간이 지난 뒤에 컴퓨터에 투입하여 처리하는 방식.
오프 리미츠(off limits)圀 출입 금지. (대) 온 리미츠.
오프-사이드(offside)圀《체육》축구·럭비·하키 따위에서 규칙 위반의 하나로, 경기해서는 안 되는 위치에서 플레이하는 일.
오프셋(offset)圀《약》오프셋 인쇄(offset 印刷).
오프셋 인쇄(offset 印刷)圀《인쇄》평판 인쇄의 하나. 판(版)·고무 블랭킷·압(壓)의 세 원통이 접촉하면서 회전하며 간접적으로 판면(版面)에 물과 잉크를 발라 판면으로부터 일단 고무 블랭킷에 인쇄되고 다시 종이에 전사 인쇄됨. 오프셋.
오프 신:(off scene)圀《연예》화면(畵面) 밖. 곧, 화면 밖의 인물에 의하여 이야기되는 대사나 설명.
오-픈(open)圀 개방(開放). 공개(公開).
오-픈 게임(open game)圀 정식 경기가 아니고, 참가 자격에 제한 없이 참가할 수 있는 경기.
오-픈 세트(open set)圀 촬영소내의 옥외 촬영.
오-픈 카(open car)圀 무개 없는 자동차. 포장으로 무개을 한 차.
오-피:(O. P.)圀《군사》《약》observation post 관측소(觀測所).
오피스(office)圀 사무소. 관청.
오피스 걸:(office girl)圀 여사무원.

오:한(惡寒)[명] 〈한의〉 몸이 오슬오슬 춥고 괴로운 증세. chill

오:한(悔恨)[명] 〈동〉 회한(悔恨). ―하다[자] 「나는 증세.

오:한 두통(惡寒頭痛)[명] 〈한의〉 오한에 겸하여 두통이 있는 증세.

오:한-증[―증](惡寒症)[명] 몸에 오한이 생기는 증세. rigour ―하다[자]

오:함(汚陷)[명] 땅바닥이 움푹 패어 들어감. hollow

오합(烏合) 까마귀가 모이는 것처럼, 무질서하게 모임. 오집(烏集).

오:합 무지기(五合―)[명] 길이가 같지 않은 다섯 벌의 무지기 색을 층층이 한꺼번에 입음.

오합지졸(烏合之卒)[명] ①갑자기 모인 훈련 없는 병사. undisciplined mob ②규율도 통일성도 없는 군중. 오합지중(烏合之衆). ruck

오합지중(烏合之衆)[명] 오합지졸.

오:해(誤解)[명] ①그릇 해석함. misunderstanding ②뜻을 잘못 앎. 오해(誤解). ―하다[타]

오해-태:지콩[명] 〈식물〉 콩의 하나. 깍지와 낟알이 모

오:-희양[五―](五月)[고] 외양간. 「두 흰데, 5월에 파종함.

오:행(五行)[명] ①〈민속〉 우주간의 다섯 원기. 곧, 금(金)·목(木)·수(水)·화(火)·토(土). 오행 상생(五行相生)과 오행 상극(五行相剋)의 이치로 천지 만물을 지배한다고 함. ②〈불교〉 보시(布施)·지계(持戒)·인욕(忍辱)·정진(精進)·선정(禪定)의 다섯 가지 수행(修行). five kinds of ascetic exercises

오:행 상극(五行相剋)[명] 〈민속〉 오행이 서로 이기는 이치. 곧 토는 수[土剋水]를, 수는 화[水剋火]를, 화는 금[火剋金]을, 금은 목[金剋木]을, 목은 토[木剋土]를 이김.

오:행 상생(五行相生)[명] 〈민속〉 오행이 순환하여 서로 생(生)해 주는 이치. 곧, 금은 수[金生水]를, 수는 목[水生木]을, 목은 화[木生火]를, 화는 토[火生土]를, 토는 금[土生金]을 생함.

오:행-설(五行說)[명] 〈철학〉 우주 만물이 오행의 상생(相生)·상극(相剋)의 힘에 의하여 생성된다고 하는 설. 음양 오행설(陰陽五行說).

오:행 오:음표(五行五音表)[명] 〈민속〉 궁(宮)·상(商)·각(角)·치(徵)·우(羽)의 5음이 각각 오행인 토(土)·금(金)·목(木)·화(火)·수(水)에 각각 응하여 육십갑자(六十甲子)의 납음(納音)의 기초를 이루는 것 적은 표.

오:행-점(五行占)[명] 〈민속〉 주역(周易) 사상의 음양

오:향(五香)[명] ①〈불교〉 다섯 가지 향. 전단향(栴檀香)·계설향(鷄舌香)·침수향(沈水香)·정자향(丁子香)·안식향(安息香). five kinds of incenses ②〈한의〉 5종의 약재. 「의 하나. fivestringed harp

오:현-금(五絃琴)[명] 〈음악〉 다섯 줄로 된 거문고.

오:형(五刑)[명] 〈제도〉 ①옛날의 다섯 가지 형벌. 태형(笞刑)·장형(杖刑)·도형(徒刑)·유형(流刑)·사형(死刑). ②옛날 중국의 다섯 가지 형벌. 피부에 먹물로 자자(刺字)하는 묵(墨), 코를 베는 의(劓), 발뒤꿈치를 베는 비(剕), 불알을 까는 궁(宮), 목을 베는 대벽(大辟). five punishments

오:형(吾兄)[명] 정다운 벗 사이에서 편지를 쓸 때 쓰는 말. dear brother

오:호(五胡)[명] 〈역사〉 한(漢)·진(晉) 무렵 서북방으로부터 중국 본토에 이주한 북방 다섯 민족. 흉노(匈奴)·갈(羯)·저(氐)·강(羌)·선비(鮮卑).

오호(嗚呼)[감] 슬플 때나 탄식할 때 내는 소리. Alas!

오호-라(嗚呼―)[감] 슬플 때 내는 소리. Alas!

오:호 십육국(―六―)(五胡十六國)[명] 〈역사〉 옛 중국의 진(晉)나라부터 남북조 시대에 걸쳐 오호가 화북 지방에 세운 13국과 한족이 세운 3국을 합한 것. 「16국.

오호 애재(嗚呼哀哉)[감] 아아 슬프도다.

오호 통:재(嗚呼痛哉)[감] 아아 슬프고 원통하도다.

오호호(嗚呼呼)[감] 간드러지게 웃는 여자의 웃음소리. Ha! ―하다[자]

오=흡-다(於―)[감] 감탄하여 찬미할 때 내는 소리. Oh!

오:활(迂闊)[명] ①실제와의 관련이 멂. unreality ②사정에 어두움. inattentiveness ③주의가 부족함.

오:황(五黃)[명] 토성(土星). [carelessness ―하다[형]

오:회(五悔)[명] 〈불교〉 죄를 없이 하는 다섯 가지 법. 곧, 참회(懺悔)·권청(勸請)·수희(隨喜)·회향(回向)·발원(發願).

오:회(悟悔)[명] 잘못을 깨닫고 뉘우침. repentance ―하

오:회(懊悔)[명] 〈동〉 회한(悔恨). ―하다[자]

오:후(午後)[명] 정오로부터 자정(子正)까지의 사이. 하오(下午). 주후(晝後). (대) 오전(午前).

오:후-반[―빤](午後班)[명] 이부제(二部制)로 수업하는 학교 또는, 오후에 수업을 하는 학급. (대) 오전반(午前班).

오:후 한량(午後閑良)[명] 〈속〉 한량 음식(閑良飮食).

오:훈-채(五葷菜)[명] 불가(佛家)나 도가(道家)에서 먹기를 꺼리는 다섯 가지 자극성이 있는 채소. 불가에서는 마늘·달래·무릇·김장파·실파, 도가에서는 부추·자총이·마늘·평지·무릇 등을 말함. 오신채(五辛菜).

오:―휘(五―)[명] 〈건축〉 머리초 끝에 색(色狀)으로 둘린 오색(五色) 무늬의 휘.

오희(於戲)[감] 감탄하여 찬미할 때 내는 소리.

오희양(於戲)[고] 외양간.

오히려[부] ①생각한 바에 비하여 차라리 그보다. ¶듣기보다는 ~ 더 못하던데. rather ②아직도 좀. 그래도 좀. 말하자면 좀더. 전혀(專―). ¶~ 모자라는 형편이다. 〈약〉 외려. on the contrary

옥-[접두] '안으로 오그라진'의 뜻을 나타내는 말.

옥(玉)[명] ①구슬. 보석. ②〈광〉 옥이 고운 손. ③동양에서 귀중 여기는 경옥(硬玉)·연옥(軟玉)·백옥·비취·황옥(黃玉) 등속. precious stone

옥(獄)[명] 죄인을 가두는 곳. 감옥. prison

=옥(屋)[접미] 음식점이나 상점의 상호에 붙이는 접미어. ¶서울~. [(環). jade ring

옥-가락지(―――)[명] 옥으로 만든 가락지. 옥지환(玉指

옥-가루(―)[명] 옥의 가루라는 뜻으로, 썩 곱고 깨

옥각(屋角)[명] 지붕의 모서리. 「끗한 가루의 비유.

옥-갈:―다[―ㄹ타] 칼이나 낫·대패 등의 날을 세워 빛 문질러 갈다.

옥갑(玉匣)[명] 옥으로 만든 갑. jade case

옥개(屋蓋)[명]①〈약〉→옥개석(屋蓋石). ②〈동〉 지붕.

옥개-석(屋蓋石)[명] 탑의 옥신석(屋身石) 위에 얹은 개석(蓋石). 〈약〉 옥개(屋蓋)①.

옥경(玉京)[명] 하늘 위의 옥황 상제(玉皇上帝)가 산다고 하는 가상적인 서울. 백옥경(白玉京). imaginary

옥경(玉莖)[명] 음경(陰莖). [capital of heaven

옥경(玉磬)[명] 옥으로 만든 경쇠.

옥계(玉階)[명] 대궐 안의 섬돌. 옥섬돌(玉―). stone steps in the imperial palace

옥계(玉溪)[명] 옥과 같이 맑은 물이 흐르는 계곡.

옥계(玉鷄)[명] 털 빛이 흰 닭. white hen

옥계 청류(玉溪淸流)[명] 옥계에 흐르는 맑은 물.

옥고(玉稿)[명] 다른 사람의 원고. your manuscript

옥고(獄苦)[명] 옥살이하는 고생. hard prison life [lips

옥곤 금우(玉昆金友)[명] 옥 같은 형과 금 같은 아우라는 뜻으로, 남의 모범이 될 만한 형제(兄弟).

옥골(玉骨)[명] ①옥과 같이 희고 깨끗한 골격. ②살빛이 희고 고결한 사람. high spirited person

옥골 선풍(玉骨仙風)[명] 살갗이 희고 고결하여 신선

옥공(玉工)[명] 옥장이. [과 같은 풍채.

옥관(玉冠)[명] 옥으로 치장한 관. jeweled crown

옥-관자(玉貫子)[명] 〈제도〉 옥으로 만든 관자. 옥권 (玉圈). [(寶輦). imperial palanquin

옥교(屋轎)[명] 〈제도〉 임금이 타는 교여(轎輿). 보련

옥교-배(屋轎陪)[명] 〈제도〉 옥교를 메는 사람. 호련대(扈輦隊) 차비(差備)의 하나.

옥교 봉:도(玉轎奉導)[명] 〈제도〉 임금이 궁중에서 옥교를 타고 거둥할 때마다 별감(奉導別監)이 앞채의 머리를 좌우에서 잡고 나아가면서 어가(御駕)를 편히 모시라 주의시키는 소리.

옥구(獄具)[명] 옥에서 형벌을 주는 제구. implements of punishment

옥기(玉肌)[명] 옥 같이 고운 살갗. 옥부(玉膚). spotless skin

옥기(玉器)[명] 옥으로 만든 그릇. 또는 옥과 같이 귀중한 물건. jade vessel

옥-나비(玉—)[명] 옥으로 나비 모양을 만들어 금으로 장식한 노리개의 하나.

옥-난간(玉欄干)[명] 옥으로 장식한 난간.

옥내(屋內)[명] 집의 안. 실내(室內). ¶~ 집회(集會). (대) 옥외(屋外). inside of a house

옥녀(玉女)[명] 마음과 몸이 옥과 같이 깨끗한 여자. virgin

옥니(玉—)[명] 안으로 옥게 난 이. (대) 뻐드렁니. 벋니.

옥니(玉—)[명] 옥으로 만들어 박은 의치(義齒). 옥치(玉齒)③. jade artificial tooth

옥니-박이[명] 옥니가 난 사람.

옥니박이 곱슬머리와는 말도 말아라[속] 옥니인 사람과 곱슬머리인 사람은 흔히 매섭고 매우 깐깐하다.

옥-다(—)[자] 안으로 오그라져 있다. (대) 벋다. (큰) 욱다. bend inwards [장사 등에서 본전보다 밑지다. incur a loss

옥답(沃畓)[명] 기름진 논. (대) 박답. rich rice-field

옥당(玉堂)[명] 〈제도〉 ①홍문관(弘文館)의 딴이름. ②홍문관 부제학(副提學) 이하 교리(校理)·부교리·수찬(修撰)·부수찬 따위 실무에 당하는 관원의 총칭.

옥-당목(玉唐木)[명] 품질이 낮은 옥양목. calico of inferior quality [만든 띠. jade girdle

옥대(玉帶)[명] 벼슬아치가 공복(公服)에 띠던 옥으로

옥도(玉度)[명] 임금의 기거(起居). 임금의 체도(體度).

옥도(沃度)[명] 요오드. imperial health

옥도-가리(沃度加里)[명] 요오드화칼륨.

옥도가리 전:분지(沃度加里澱粉紙)[명] 요오드화칼륨 녹말종이.

옥-도끼(玉—)[명] 옥으로 만든 도끼. 옥부(玉斧).

옥도-아연(沃度亞鉛)[명] 요오드화아연.

옥도 적정법(沃度適定法)[명] 요오드 적정법.

옥도 전:분 반:응(沃度澱粉反應)[명] 요오드 녹말 반응.

옥도 정기(沃度丁幾)[명] 요오드팅크처.

옥도-포름(沃度form)[명] 요오드 form.

옥-돌(玉—)[명] 옥이 든 돌. 또, 가공하지 않은 옥. 옥석(玉石)①.

옥-돔(玉—)[명] 〈어류〉 옥돔과의 바닷물고기. 몸 길이 30~60 cm로 측편하며 입은 무디고 작으며, 몸 빛은 선적색, 옆구리에 너더벗 줄의 황적색 가로띠가 있음. 맛이 좋음. 오도미.

옥동(玉童)[명] ①옥경(玉京)에 있다는 밝고 깨끗한 모양을 한 아이. ②(동) 옥동자.   [면.

옥동(屋棟)[명] ①지붕의 서까래. rafter 지붕의 경사

옥=동귀[명] 까귀의 하나. 양쪽에 날이 있으며 매우 옥게 자루를 맞추옥음.

옥=동:자(玉童子)[명] 옥같이 예쁜 어린 아들; 몹시 소중한 아들. 옥동②. precious son

옥두(玉斗)[명] 옥으로 만든 국자.

옥등(玉燈)[명] 옥으로 만든 등잔.

옥란(玉蘭)[명] 〈식물〉 백목련(白木蓮).

옥려(屋廬)[명] 살림집. 주택(住宅). dwelling house

옥련(玉輦)[명] 〈제도〉〈공〉 연(輦)을 이르는 말.

옥렴(玉簾)[명] 옥으로 장식한 발. 주렴(珠簾). jade decorated bamboo blind   [dewdrops

옥로(玉露)[명] 맑고 깨끗하게 방울진 이슬. pearly

옥로(玉鷺)[명] 해오라기 모양으로, 옥으로 만든 갓머리에 다는 장신구.

옥룡(玉龍)[명] ①옥을 새겨서 용의 모양을 만든 물건. jade dragon ②눈. ③눈이 쌓여 있는 나뭇가지. ④폭포를 형용하는 말. fall

옥루(玉漏)[명] 옥으로 만든 물시계. 옥호(玉壺)②. jade waterclock ②풍수설에서 말하는 무덤 속의 해골에 누렇게 맺힌 이슬. 자손이 복을 받는다 함.

옥루(玉樓)[명] 〈속〉→백옥루(白玉樓).

옥루(屋漏)[명] ①지붕이 샘. leaking of the roof ②방의 서북쪽 구석. 집안에서 가장 어둡고 구석진 곳.

darkest corner ③사람이 잘 안 보는 곳. out-of-the way place 하다

옥류=수(屋霤水)[명] 낙숫물. eavesdrops

옥륜(玉輪)[명] '달'의 미칭(美稱). moon

옥리(獄吏)[명] 〈제도〉 감옥에서 죄수를 감시하는 이원(吏員). jailer

옥매(玉梅)[명] 〈식물〉 앵도과의 낙엽 활엽 관목. 줄기는 무더기로 나고 잎은 피침형임. 4월에 담홍색 꽃이 피고 핵과(核果)는 여름에 홍색으로 익음. 관상용으로 심으며 열매는 식용됨.

옥모(玉貌)[명] ①위엄이 있고 거룩한 모습. ②옥과 같이 아름다운 얼굴. 옥면(玉面). beautiful face

옥문(玉文)[명] 아름다운 문장. excellent style

옥문(玉門)[명] ①〈동〉 음문(陰門). ②대궐의 옥으로 장식한 화려한 문.

옥문(獄門)[명] 감옥의 문. prison gate

옥=문방(玉文房)[명] 옥으로 만든 문방구. jade stationary

옥-물부리[—뿌—](玉—)[명] 옥으로 만든 물부리.

옥-밀이[명] 세공질에 쓰는 연장. 도래송곳같이 생기고 끝이 안으로 옥은 것이다. '옫 대어 주는' 일. 하다

옥-바라지(獄—)[명] 죄수에게 사사로이 옷과 음식을 대어 주는 일. 하다

옥반(玉盤)[명] ①옥으로 만든 예반. ¶~ 가효(佳肴). jade tray ②'예반'의 미칭. beautiful dish ③'달'의 미칭.

옥반에 진주 구르듯[속] 썩 깨끗하고 맑은 목소리.

옥방(玉房)[명] 옥으로 여러 가지 물건을 만드는 곳. 또, 그런 물건을 파는 곳. jeweller's store

옥방(獄房)[명] 〈동〉 감방(監房).

옥배(玉杯)[명] 옥으로 만든 잔. 잔을 아름답게 부르는 말. 옥치(玉巵). jade cup

옥백(玉帛)[명] ①옥과 비단. ②옛날 제후들이 조빙(朝聘)할 때나 회맹(會盟)할 때 가지고 오던 예물.

옥병(玉屛)[명] 옥으로 장식한 병풍. jade screen

옥병(玉瓶)[명] 옥으로 만든 병. jade vase

옥보(玉步)[명] ①걸음걸이의 미칭(美稱). ②임금이나 왕후의 보행(步行).

옥보(玉寶)[명] 임금의 존호를 새긴 도장. imperial seal

옥부(玉膚)[명] 〈동〉 옥기(玉肌).

옥-부용(玉芙蓉)[명] ①아름다운 연꽃. beautiful lotus ②눈의 아칭(雅稱). snow   [釵] jade hairpin

옥비녀(玉—)[명] 옥으로 만든 비녀. 옥잠. 옥차(玉

옥빈 홍안(玉鬢紅顔)[명] 아름다운 귀밑머리와 붉은 얼굴. 곧, 아름다운 젊은이의 모습. beauty

옥사(屋舍)[명] 잘 지은 집. 사옥(舍屋). building

옥사(獄死)[명] 감옥 안에서 죽음. 뇌사(牢死). death in prison 하다   [(牢獄). prison

옥사(獄舍)[명] 감옥으로 쓰는 집. 뇌옥(牢獄). 뇌옥

옥사(獄事)[명] 역적·살인법 등의 중범죄를 다스리는 일. 또, 그 사건. ¶~를 일으키다. criminal case

옥사-장이(獄—)[명] 〈제도〉 옥에 갇힌 사람을 맡아 지키는 하례(下隸). 옥정(獄丁). 옥졸(獄卒). 〈약〉 사장이. 옥쇄장(獄鎖匠). jailer

옥=살이(獄—)[명] 〈약〉→감옥살이.

옥-상(屋上)[명] 지붕의 위. house-top

옥상 가옥(屋上架屋)[명] 지붕 위에 거듭 지붕을 얹는다는 뜻. 있는 위에 무익하게 거듭함의 비유. 옥하 가옥(屋下架屋). building on top of a building

옥상 정원(屋上庭園)[명] 서양 건축에서 옥상에 설비한 정원. roof garden   [와. defective rooftile

옥-새[명] 〈건축〉 잘못 구워져서 안으로 오그라든 기

옥새(玉璽)[명] 임금의 인(印). 국새(國璽). 대보③. 새. 어보(御寶). 인새. seal of the emperor

옥색(玉色)[명] 약간 파르스름한 빛깔. jade green

옥-생각(玉—)[명] ①순탄하게 생각하지 않고 하는 생각. prejudiced thinking ②사리를 잘못 깨닫고 그릇되게 하는 생각. misunderstanding 하다

옥서(玉書)[명] ①신선이 전하는 글. heavenly letter ②〈공〉 남의 편지. your letter

옥석(玉石)⃞ ①⟨동⟩ 옥돌. ②옥과 돌. 좋은 것과 나쁜 것. wheat and tares ③모서리가 둥글고 큰 천연 석재.

옥석 구분(玉石俱焚)⃞ 옥과 돌이 함께 탄다는 말. 곧, 선악의 구별없이 함께 멸망함을 비유.

옥석 혼효(玉石混淆)⃞ 옥과 돌이 한데 섞여 있다는 뜻으로 선악이 뒤섞임.

옥설(玉屑)⃞ ①⟨한의⟩ 옥을 바수어 만든 가루. 약재로 씀. ②'눈'의 미칭. ③씩 잘 지은 글귀. elegant prose「snow ②사물의 깨끗함을 이름. clearness

옥설(玉雪)⃞ ①하늘에서 내리는 '눈'의 미칭(美稱).

옥섬(玉蟾)⃞ ①'달'의 딴이름. moon ②달 속에 있다는 두꺼비. imaginary toad in the moon

옥=섬돌[―똘]⃞(玉―)⃞ ⟨동⟩ 옥계(玉階). 「하다

옥성(玉成)⃞ 완전한 인물을 이룸. become a man

옥=셈⃞ 생각을 잘못하여 제게 불리하게 계산하는 셈. miscalculation 하다

옥=션(auction)⃞ 경매(競賣).

옥소(玉簫)⃞ ⟨약⟩→옥통소(玉洞簫).

옥소(沃素)⃞ ⟨동⟩ 요오드.

옥송(獄訟)⃞ 형사상의 송사.

옥=송골(玉松鶻)⃞ ⟨조류⟩ 좋은 송골매.

옥쇄(玉碎)⃞ 공명(功名)·충절을 위하여 깨끗이 죽음. 《내 와전》(瓦全). death for honour 하다

옥쇄=장(獄鎖匠)⃞ ⟨원⟩→옥사장이.

옥수(玉手)⃞ ①임금의 손. 어수(御手). emperor's hand ②옥과 같이 고운 손. hands of a beauty

옥수(玉水)⃞ 썩 맑은 샘물. clear spring-water

옥수(獄囚)⃞ 옥에 갇힌 죄인. prisoner

옥수수⃞ ⟨식물⟩ 옥수수나무의 열매. 옥고량(玉高粱). 옥촉서(玉蜀黍). 옥출(玉秫). 강냉이. corn

옥수수=나무⃞ ⟨식물⟩ 포아풀과의 일년생풀. 높이 2~3 m이고 잎은 수수잎과 같이 길고, 폭이 5~7 cm 가량임. 열매는 널리 식용 또는 사료용으로 쓰임.

옥수수=떡⃞ 옥수수를 맷돌에 타서 껍질을 버리고 물에 담갔다가 곱게 갈아서 만든 떡.

옥수수=묵⃞ 옥수수를 맷돌에 타서 까분 다음에 물에 담갔다가 곱게 갈아서 쑨 묵.

옥수수=밥⃞ 옥수수를 맷돌에 갈아서 까분 다음에 곱 삶아 잔밥 모양으로 지은 밥.

옥수수=쌀⃞ 옥수수를 맷돌에 타서 껍질을 벗긴 속 알.

옥수숫=대⃞ 옥수수나무의 줄기.

옥순(玉脣)⃞ 미인의 입술. lips of a beauty

옥시글=거리=다⃞ 유별나게 여럿이 한데 많이 모여 오글거리다. 「시장에 인파(人波)가 ~. 《큰》 욱실거리다. 《세》 옥시글거리다. seethe with great confusion **옥시글=옥시글**⃞ 하다

옥시다아제(oxydase)⃞ ⟨생물⟩ 산화 환원 효소(酸化還元酵素). 《동식물의 체내에 함유되어 있는 산화 작용이 있는 효소.

옥시돌(oxydol)⃞ ⟨약학⟩ 과산화수소의 2.5~3.5% 수용액(水溶液)에 적당한 안정제를 가한 약품. 무색 투명한 액체로 살균 소독제·함수제(含漱劑) 및 견모(絹毛) 등의 표백용으로 씀.

옥시풀(oxyful)⃞ '옥시돌'의 상품명.

옥식(玉食)⃞ ①맛있는 음식. delicious meal ②흰쌀밥. boiled rice「wrangling 하다

옥신=각신⃞ 옳으니 그르니 하고 서로 다투는 모양.

옥신=거리=다⃞ ①작은 것이 여럿이 한데 몰려 반복거리다. jostle one another ②몸의 다친 자리가 자꾸 쑤시면서 욱신 치오르기도 아파 오다. 《큰》 욱신거리다. tingle ③옳으니 그르니 하며 서로 다투다. **옥신=옥신**⃞ 하다

옥신-석(屋身石)⃞ 석탑의 탑신(塔身)을 이루는 돌.

옥신=실=다⃞ ⟨옛⟩→옥시글거리다. 「우는 기둥.

옥심=기둥(屋心―)⃞ ⟨건축⟩ 다층 건물의 중심에 세

옥안(玉眼)⃞ 수정·주옥·유리 따위를 박은 불상(佛像) 등의 눈. eyes of a beauty

옥안(玉顏)⃞ ①⟨동⟩ 용안(龍顏). ②아름다운 얼굴. 미인의 얼굴. beautiful face「는 경칭.

옥안-하(玉案下)⃞ 편지 겉봉의 상대편 이름 아래 쓰

옥액 경장(玉液瓊漿)⃞ 빛깔과 맛이 좋은 술.

옥야(沃野)⃞ 기름진 들. fertile land

옥야 천리(沃野千里)⃞ 끝없이 넓은 기름진 땅. vast area of fertile land

옥양(沃壤)⃞ 옥토(沃土). 「륙. calico

옥=양목(玉洋木)⃞ 생목보다 발이 곱고 흰 무명의 피

옥-양사(玉洋紗)⃞ 옥양목의 하나. 감이 얇고 생사보다 고움. fine calico「게도 조그만 흠이 있다.

옥에도 티가 있다⃞ 아무리 훌륭한 물건이나 사람에

옥메 티⃞ 본바탕은 옥 좋은데 아깝게도 흠이 있다는

옥여(玉輿)⃞ 귀인이 타는 화려한 가마. 「뜻.

옥연(玉硯)⃞ 옥으로 만든 벼루.

옥염(玉艷)⃞ ⟨한의⟩ 학질이 쑥 나오고 거죽은 옥색, 속은 청흑색으로 되는 눈병의 일종.

옥외(屋外)⃞ 집의 밖. 《대》 open air

옥외=등(屋外燈)⃞ 옥외에 가설한 전등. 《약》 외등. outdoor lamp「회.

옥외 집회(屋外集會)⃞ 옥외에서의 집회. 《대》 옥내 집

옥요(沃饒)⃞ 토지가 기름져서 산물이 많음. 하다

옥용(玉容)⃞ 옥같이 고운 용모. 미인의 얼굴. face as beautiful as a jewel

옥우(屋宇)⃞ 집. 여러 집체. houses

옥운(玉韻)⃞ ⟨공⟩ 남의 시가(詩歌).

옥음(玉音)⃞ ①임금의 음성. emperor's voice ②미인의 음성. silver voice ③⟨공⟩ 음신(音信).

옥의 옥식(玉衣玉食)⃞ 좋은 옷과 좋은 음식. good clothes and delicious meal 하다

옥피(玉皮)⃞ 옥으로 만든 귀고리.

옥이-다⃞ 한쪽으로 오목게 만들어다. 《큰》 욱이다. bend

옥인(玉人)⃞ ①⟨동⟩ 옥장이. ②모양과 마음이 아름다운 사람. man of perfect character ③옥으로 만든 인형. jade doll

옥인(玉印)⃞ 옥으로 새긴 인장. jade seal

옥자강이⃞ ⟨식물⟩ 옥벼의 한 종류.

옥-자귀⃞ 끝이 안쪽으로 옥은 자귀. 무엇을 후비어 파는 데 씀. adze

옥자=둥이⃞(←玉子童―)⃞ 어린아이를 귀하고 보배롭다는 뜻에서 쓰는 말. lovely baby

옥=자새⃞ 끝이 안으로 꼬부라진 자새.

옥작=거리=다⃞ 여럿이 한 곳에 모여 복작거리다. 《큰》 욱적거리다. swarm 옥작=옥작⃞ 하다

옥잠(玉簪)⃞ ⟨동⟩ 옥비녀.

옥잠=화(玉簪花)⃞ ⟨식물⟩ 물옥잠과의 다년생 풀. 높이 30 cm 가량이며 잎은 크고 넓으며 타원형임. 여름에 자줏빛이나 흰빛의 꽃이 핌. 연못 등에 관상용으로 심음. 중국 원산. plantain lily

옥장(玉匠)⃞ ⟨동⟩ 옥장이.

옥장(玉章)⃞ ①⟨공⟩ 남의 편지. ②아름다운 시문(詩文). beautiful prose and poetry

옥장(玉帳)⃞ 장수가 거처하는 장막을 아름답게 일컫던 말. general's camp

옥=장사⃞ ⟨약⟩→오그랑장사.

옥=장이(玉匠―)⃞ 옥을 다루는 사람. 옥공(玉工). 옥인(玉人). 옥장(玉匠). lapidary

옥저(沃沮)⃞ ⟨역사⟩ 함경도 일대에 위치하고 있던 고조선의 한 부족. 또, 이 부족이 세운 나라.

옥적(玉笛)⃞ ⟨음악⟩ 대금이나 횡소으로 비슷한 취악기. 《신라 삼보(三寶)의 하나. jade flute

옥적-석(玉滴石)⃞ 단백석(蛋白石)의 하나로 무색 투명하며 포도상 또는 괴상(塊狀)으로 된 광석.

옥전(玉殿)⃞ 옥으로 꾸민 아름다운 궁전(宮殿). jade palace

옥전(玉田)⃞ 기름진 논. lapidary

옥절(玉折)⃞ 재사(才士)나 가인(佳人)의 요절(夭折).

옥절(玉節)⃞ 옥으로 만든 부신(符信). 옛날 관직을 제수(除授)할 때에 받던 증서(證書). jade tally

옥접 뒤꽂이(玉蝶―)⃞ 옥으로 나비를 새긴 뒤꽂이.

옥정(獄丁)[명] 옥사장이.
옥정(獄情)[명] 옥사(獄事)의 정상. conditions of a prison
옥정-반(玉井飯)[명] 연뿌리와 연실(蓮實)을 넣고 지은 멥쌀밥.
옥정-수(玉井水)[명] 옥이 나는 곳에서 나는 샘물.
옥조(玉條)[명] ①아름다운 나뭇가지. beautiful branch ②극히 중요한 조목(條目)이나 규칙(規則). ¶금과(金科) ~. golden rule
옥졸(獄卒)[명] 옥사장이.
옥좌(玉座)[명] 용상(龍床)이 있는 자리. 보좌①. 보탑(寶榻). 어좌①. 왕좌(王座)①. imperial throne
옥-죄:-다[타] 몸의 한 부분을 바싹 옥여 죄다. ¶목을 ~. [본] 옥죄다.
옥-죄이-다[자] 몸의 한 부분이 아프도록 옥여 죔을 당하다. [본] 옥죄이다. be fitting too closely
옥중(獄中)[명] 옥의 속. 감옥의 안. 옥창(獄窓)②. ¶~ 결혼. ~ 수기(手記). in prison
옥지(玉支)[식물] 철쭉. royal azalea
옥지(玉指)[명] 옥과 같이 아름다운 손가락. beautiful finger
옥지(玉趾)[명] ①임금의 발. King's feet ②[공] 남의 발. your feet
옥=지르-다[터르불] 눌러 죄다. 두들겨 부수다. [본] 옥지르다. press down
옥-지환(玉指環)[명] 옥가락지.
옥진(玉塵)[명] 눈(雪)의 딴이름. snow
옥질(玉質)[명] 구슬같이 아름다운 자질(資質). 여질(麗質). one's beautiful quality
옥=집[명] 바둑에서, 필요한 연결점을 상대방이 차지하고 있기 때문에, 집처럼 보이면서 집이 아닌 곳.
옥차(玉釵)[명] 옥비녀.
옥찬(玉饌)[명] 매우 값지고 맛있는 반찬. delicious dedish
옥찰(玉札)[공] '남의 편지'를 이르는 말.
옥창(獄窓)[명] ①옥사(獄舍)의 창. window of a prison ②[공] 옥중(獄中)①.
옥책(玉册)[명] [제도] 제왕·후비의 존호(尊號)를 올릴 때에 송덕문을 새긴 책(册).
옥책-문(玉册文)[명] [제도] 제왕·후비의 존호를 올릴 때, 옥책에 새긴 송덕문(頌德文).
옥척(屋脊)[명] 용마루.
옥천(玉泉)[명] 옥같이 썩 맑은 샘. clear spring
옥첩(玉牒)[명] ①황실(皇室)의 계보(系譜). genealogy of the imperial family ②하늘에 제사지낼 때에 제문(祭文)을 쓴 문서.
옥체(玉體)[명] ①임금의 몸. royal person ②[공] 남의 몸. your health
옥치(玉齒)[명] 옥배(玉杯). [Γ=]니. white teeth
옥치(玉齒)[명] ①[공] 남의 이. ②미인의 이.
옥칙(獄則)[명] 감옥의 규칙. prison regulation
옥타보(octavo)[명] [인쇄] 서책의 판형의 명칭. 전지(全紙)를 팔절(八折)한 것. 또, 그 인쇄물. 보통 15.3×24 cm 임.
옥타브(octave)[명] ①[음악] 음계의 어떤 음에서 8음 정이 되는 음. 또, 그 양자의 간격. ②[물리] 진동수가 2배 되는 음정.
옥탄(octane)[명] [화학] ①메탄계(系) 탄화수소의 하나. 석유를 정밀 분류하여 얻어 내는 무색의 액체. n-옥탄. 정(正)옥탄. ②메탄계 탄화수소 중 탄소의 수 8개를 가지는 화합물의 총칭.
옥탄-가[-까](octane 價)[명] [화학] 연료의 내폭성(耐爆性)을 나타내는 수치. 가솔린의 내폭성을 측정하는 데에 쓰는 단위. 이소옥탄(isooctane)의 옥탄가를 100으로 하고, 가솔린이 몇 %의 이소옥탄을 함유하고 있는 것에 해당하는 내폭성을 보유하고 있는가를 계산하여 결정함. octane number
옥탄트(octant)[명] [천문] 360도를 팔분한 것으로 각도를 측정하는 기계. 팔분의(八分儀).
옥탑(屋塔)[명] [건축] 고층 건물의 옥상에 세운 작은 건물.
옥뎃(octet)[명] [음악] 여덟 사람의 연주자로 구성되는 일단. 또, 그 팔중주곡(八重奏曲).
옥토(玉兔)[명] ①옥토끼①. ②'달'의 딴이름.

옥토(沃土)[명] 기름진 땅. 옥양(沃壤). [대] 백토. fertile land
옥-토끼(玉-)[명] ①달 속에 산다는 전설상의 토끼. 옥토(玉兔)①. rabbits in the moon ②털이 흰 토끼. white rabbit
옥-통소(玉洞簫)[명] [음악] 옥으로 만든 퉁소. [약] 옥소(玉簫).
옥판(玉板)[명] 족두리·아얌·거문고·벼룻집 따위에 붙여 꾸미는 잘게 새김질한 얇은 옥조각. jade plate
옥판 선지(玉板宣紙)[명] 폭이 좁고 두꺼운 서화(書畫)에 쓰이는 선지의 하나.
옥패(玉佩)[명] 옥으로 만든 패물. jade pendants
옥편(玉篇)[명] ①[출판] 자전(字典). ②[속] 썩 박식한 사람.
옥필(玉筆)[명] 타인의 필적이나 시문(詩文). your hand-writing
옥하 가옥(屋下架屋)[명] 옥상 가옥(屋上架屋).
옥하 사담(屋下私談)[명] 쓸데없는 사사로운 이야기.
옥-할미(獄-)[명] [민속] 옛날의 부군당(府君堂)에 모셨다는 할미 귀신. prison ghost
옥함(玉函)[명] 옥으로 만든 함. box made of jade
옥합(玉盒)[명] 옥으로 만든 합. round jade tray
옥항(玉缸)[명] 옥으로 만든 항아리. jade pot
옥향(玉香)[명] 여자들의 노리개의 하나. 옥을 잘게 새겨 속을 비우고 그 속에 사향을 넣음. jade perfume trinket
옥형(玉衡)[명] [천문] 북두 칠성의 다섯째 별.
옥호(玉虎)[명] [제도] 옥으로 범 모양을 만든, 무관의 갓머리에 다는 장신구. jade tiger shaped ornament for an officer's hat
옥호(玉毫)[불교] 부처의 미간에 있는 흰 털.
옥호(玉壺)[명] ①옥으로 만든 작은 병. jade bottle ②[동] 옥루(玉漏)①.
옥호(屋號)[명] 가게나 술집의 이름. shop name
옥호 광명(玉毫光明)[불교] 옥호에서 나오는 빛.
옥호-빙(玉壺氷)[명] 옥병의 얼음. 마음이 깨끗함을 이름.
옥화(沃化)[명] 요오드화. 하~[름. clear ice
옥화-물(沃化物)[명] 요오드화물.
옥화-수소(沃化水素)[명] 요오드화수소.
옥화-은(沃化銀)[명] 요오드화은.
옥화-칼륨(沃化 Kalium)[명] 요오드화칼륨.
옥황 상:제(玉皇上帝) 도가(道家)에서 말하는 하느님을 일컬음. 옥제(玉帝). Heaven
온¹ 전부의. 모두의. 전(全). whole
온² 이상한 일을 당할 때 나오는 소리. ¶~, 그런 말이 어디 있어. gosh!
온(on)[명] [체육] 테니스 등에서, 공이 선 위에 떨어지는 일. ②스위치나 기계가 접동중(接動中)·조작중(操作中)임. [대] 오프(off). ③[체육] 골프에서, ·온(-)[명] [놀이 그린(Green) 위에 오름.
=온[어미] [고] =거든. =이.
온감(溫感)[명] [심리] 피부의 온도보다 높은 온도를 갖는 대상에 자극되어 일어나는 감각. [대] 냉각(冷覺). sensation of warmth
온간(溫簡)[명] 남에게서 보내 온 서간(書簡).
온-갖[관] 모든 종류의. 여러 가지의. ¶~ 사람. all kinds [고] 건조함. warm and dry 하~
온-건(穩健)[명] 따뜻하고 습기가 없음. 날씨가 따뜻함.
온-건(穩健)[명] 온당하고 건전함. ¶~. [대] 과격(過激). moderate 하~히~
온고(溫古)[명] ①옛 것을 익힘. ②옛일에 통달함. 하~
온고 지신(溫故知新)[명] 옛 것을 익히고 나아가서 새 것을 앎.
온고지-정(溫故之情)[명] 옛 것을 살피고 생각하여 그리는 정. longing for the old times [width
온-골[명] 종이나 피륙 따위의 전폭(全幅). overall
온공(溫恭)[명] 온화하고 공손함. politeness 하~
온-공일(-空日)[명] 하루를 온전히 쉬는 날이라는 뜻으로, 일요일.
온 공전(一工錢)[명] 전부를 다 주는 공전. wages
온구(溫灸)[명] [한의] 환부를 뜨겁게 뜸질하는 요법.

온기(溫氣)명 따뜻한 기운. 《대》 냉기(冷氣). warmth

온기(溫器)명 음식을 끓이거나 데우는 데 쓰는 그릇. heating vessel 「다시 돌기 시작하다. get warm

온기=**돌**:**─다**(溫돌)─ 몸에서 없어졌던 온기가

온난(溫暖)명 날씨가 따뜻함. warmth 하다

온난 전선(溫暖前線)명 불연속선의 하나. 차고 무거운 기단(氣團) 위에 따뜻하고 가벼운 기단이 올라앉는 기상학상의 불연속선. 이것이 통과하면 기온이 갑자기 오르고 비가 내림. 《대》한랭 전선(寒冷

온=**냉**(溫冷) → 온량(溫冷). 「前線). warm front

:**온**:**뉘**(명) (고) 백대(百代).

온:**달** 아주 둥근 달. 음력 보름달. full moon

온:**당**(穩當)명 사리에 어그러지지 아니하고 알맞음. ─온편(穩便). propriety 하다 히

온대(溫帶)명 《지리》 열대와 한대 사이의 지대. 적도의 남북 각 23.5도의 위선과 66.5도 위선 사이의 기후 온화한 지대. 연평균 기온 10도 내외임. temperate zone

온대 기후(溫帶氣候)명 《지리》 네 철의 구분이 분명하고 한서의 차가 위도가 높아감에 따라 심해지는 기후형(氣候型).

온대=**림**(溫帶林)명 《식물》 온대의 삼림. 참나무·밤나무 등의 활엽수와 소나무·낙엽송의 침엽수가 자람. forest of the temperate zone

온대 몬순: 기후(溫帶 monsoon 氣候)명 우량이 여름에는 많고 겨울에는 적은 온대 기후.

온대 식물(溫帶植物)명 《식물》 온대에 생장하는 식물. 초목의 종류가 많은데, 상록이나 낙엽의 활엽수와 침엽수 따위가 많음. flora of the temperate zone

온대=**호**(溫帶湖)명 《지리》 ① 온대에 있는 호수. 겨울에는 눈이 내려 수위(水位)가 낮고, 봄에는 눈이 녹아 높아지고, 여름에는 다시 낮아지고 가을에는 높아지는 호수. ② 표면 수온이 1년간에 네 번 이상으로 변하는 호수. lake of the temperate zone

온 더 레코:드(on the record)명 신문 기자에게 담화를 발표할 때 기록 보도하여도 무방한 사항. 《대》 오프 더 레코드(off the record).

온 더 마:크(on the mark) 《체육》 육상 경기에서 출발할 때 신호자가 출발자에게 지는 구령. '제 자리에'의 뜻. 온 유어 마크(on your mark).

온데 간데 없:─**다** 갑자기 자취를 감추어 찾을 수가 없다. disappear 온데 간데 없:이

온도(溫度)명 덥고 찬 정도. 온도계가 나타내는 도수. 섭씨·화씨 등으로 나타냄. temperature

온도 감:**각**(溫度感覺)명 피부 감각의 하나로, 냉각(冷覺)과 온각(溫覺)의 별칭. temperature sensation

온도:**계**(溫度計)명 《물리》 물체의 온도를 재는 장치.

온독(溫毒)명 《중의》 열독(熱毒). [thermometer

논돌(溫突)명 아궁이에서 불을 땔 때 화기가 방 밑을 통과하여 방을 덥히는 장치. 방구늘. Korean underfloor heating system

온돌:**방**[─빵](溫突房)명 온돌 장치가 된 구들방.

온디=**콩**(식물) 콩의 일종. 깍지는 회색, 알은 잘고 두루.

온=**라인**(on-line)명 컴퓨터의 중앙 처리 장치와 원격지(遠隔地)에 설치된 단말기(端末機)가 통신 회선으로 결합되어 데이터를 송수(送受)하는 방식.

온랭(溫冷)명 따뜻함과 참. warmth and coldness

온량(溫良)명 성품이 온화하고 순박함. gentle 하다

온량(溫凉)명 따뜻함과 서늘함. warmth and coolness 하다

온:량보:─**사**(溫凉補瀉)명 《한의》 한방에서 약의 성질의 네 가지. 온약(溫藥)은 음증(陰症)에, 양약(凉藥)은 양증(陽症)에, 보약(補藥)은 허증(虛症)에, 사약(瀉藥)은 실증(實症)에 씀.

온면(溫麵)명 더운 장국에 만 국수. 국수 장국. 《대》 냉면. hot noodle soup

온:─**몸**[─몸]명 몸의 전체. 전신(全身).

온박(溫粕)명 멸치나 정어리의 기름을 짠 찌꺼기. 거름이나 사료에 씀. fish meal

온반(溫飯)명 ① 따끈한 밥. hot boiled rice ② 장국밥.

온:─**반**:**사**(─反射)명 《동》 전반사.

온:─**밤**명 온 하룻밤. whole night

온:─**백색**(溫白色)명 약간 밝은 기운이 있는 백색. 조명(照明)에서 쓰는 말. light white

온:─**벽**(─壁)명 창이나 문이 뚫리지 않은 벽.

온복(溫服)명 《한의》 약을 데워서 먹음. 하다

온─**사이드**(onside)명 《체육》 럭비·하키에서 경기할 수 있는 정구(正規) 위치에 있는 것.

온상(溫床)명 ① 《농업》 인공적으로 따뜻하게 일정한 온도를 유지하여 식물을 촉성 재배하는 장치. 온실(溫室)②. hotbed ② 사물이나 사상 따위가 자라나는 데에 적당한 환경이나 지반(地盤). 《대》 냉상(冷床).

온상 재배(溫床栽培)명 《농업》 온상에 화초 등을 온상에서 기르는 일. 촉성 재배(促成栽培). 온상 가꿈.

온:-새:로-로(온) 생긴 그대로의 온통으로. by nature

온색(溫色)명 ① 《동》 난색(暖色). ② 온화한 얼굴빛.

온:-색(慍色)명 성낸 얼굴빛. [calm look

온수(溫水)명 따뜻한 물. 《대》 냉수(冷水). warm water

온수 난:**방**(溫水暖房)명 중앙 보일러에서 끓인 물을 건물 안의 각 방열기(放熱器)에 보내어 실내를 덥게 하는 장치.

온수 풀:(溫水 pool)명 수온(水溫)을 24~27도 정도로 인공적으로 덥게 하여 조절하고 있는 수영장.

온순(溫純)명 온화하고 단순함. simpleness 하다 히

온순(溫順)명 온화하고 양순함. obedience 하다 히

온:─**쉼**:**표**(─標)명 《음악》 한 마디 전체를 쉬는 데 쓰이는 쉼표. 기호는 '-'. 전휴부(全休符).

온스(ounce)의명 ① 무게의 단위의 하나. 야드 파운드의 16분의 1(28.3495g). ② 액체의 분량의 단위. 미국에서는 29.6cc, 영국에서는 28.4cc.

온습(溫習)명 복습(復習). 하다

온습(溫濕)명 따뜻하고 축축함. warm and damp 하다

온:─시(─市)명 《동》 전시(全市).

온신(溫神)명 《생리》 온도신(溫度神)의 하나. 피부 신경이 더운 것을 느끼는 기관. 《대》 냉신(冷神).

온실(溫室)명 ① 난방 장치가 된 방. 《대》 냉실(冷室). warm room ② 난지(暖地)의 식물을 재배하고, 또 평상 이외의 계절에 개화(開花)·결실시킬 목적으로 내부의 온도를 높이는 설비가 된 건물. 그린 하우스. 온상(溫床)①. hot house

온실 효:과(溫室效果)명 대기 중의 수증기·이산화탄소·오존 등이 지표로부터 우주 공간으로의 적외 방사를 대부분 흡수하여 온실처럼 지표의 온도를 높게 유지하는 작용.

온아(溫雅)명 온화하고 아담함. gracefulness 하다

온안(溫顔)명 유화한 얼굴. 부드러운 얼굴빛. gentle look

온:**양**(醞釀)명 ① 술을 담금. brew ② 백방으로 손을 써서 무실한 죄를 꾸며냄. ③ 어떤 생각을 마음속에 은밀히 품고 있음. cherishing a secret 하다

온언(溫言)명 온화한 말. 상냥한 말. warm words

온언 순:**사**(溫言順辭)명 따뜻하고 부드러운 말씨. warm and gentle words

온엄:─**법**[─뻡](溫罨法)명 더운물이나 약을 헝겊에 적시어 아픈 곳에 찜질을 하여 고치는 방법. 더운찜질. 《대》 냉엄법(冷罨法).

온 에어(←on the air)명 방송중. 「痘疫).

온:─역(瘟疫)명 《한의》 ① 봄철의 돌림병. ②《동》 여역(癘

온오(蘊奥)명 학문이나 지식이 쌓이고 깊음. form

온욕(溫浴)명 더운물로 목욕함. [dity 하다

온유(溫柔)명 ① 온순하고 유순함. gentleness ② 따뜻하고 부드러운 느낌이 듦. 하다

온유─**향**(溫柔鄕)명 ① 규방(閨房). ② 기루(妓樓). ③ 미인의 보드라운 피부. mildness

온윤(溫潤)명 마음씨가 따스하고 인정미가 있음. 따뜻하고 윤기가 돎. warmth 하다

온:음(-音)[명] 〈음악〉 장음계에서 미·파·시·도 이외의 음정. 반음의 두 배의 음정. 장2도에 상당함. 전음(全音). (대) 반음(半音).

온:음 계(-音階)[명] 〈음악〉 반음이 전혀 없이 온음만으로 된 음계. 전음 계(全音階).

온:음정(-音程)[명] 〈음악〉 두 개의 반음(半音程)을 합한 음정. 전음정(全音程).

온:음표(-音標)[명] 〈음악〉 음표 중 가장 긴 음표. '♩'의 4 배되는 음표. 기호는 '○'. 전음부(全音符).

온:의(慍意)[명] 성낸 마음. anger

온:이-로[부] 전체의 것으로. 통째로. entirely

온자(溫慈)[명] 온화하고 인자함. mildness ~하[형]

온:자(蘊藉)[명] ①도량이 넓고 온후함. open-minded and perfect ②교양 있고 얌전함. gentleness ~하[형]

온:-장(-張)[명] 종이·피륙의 베어내지 않은 온통의 조각. whole sheet of paper

온:장(蘊藏)[명] 〈동〉 온축(蘊蓄). ~하[타]

온재(溫材)[명] 〈한의〉 더운 성질의 약재. (대) 양재(凉材).

온:재(冷材)[명]. ~히[부]

온:전(穩全)[명] 흠결이 없이 완전함. perfection ~하[형]

온점[-쩜](溫點)[명] 〈생리〉 체온 이상의 온도 자극을 특히 감수(感受)하는 피부상의 감각점(感覺點). (대) 냉점(冷點). warm spot

온정(溫井)[명] ①더운물이 솟는 우물. hot well ②〈동〉 온정(溫井)②.

온정(溫頂)[명] 〈약〉→동동 하정(冬溫夏淸). ~온천①.

온정(溫情)[명] 따뜻한 정의. 정다운 마음. (대) 냉정(冷情). warm heart

온정-주의(溫情主義)[명] 아랫 사람에게 온정으로 임하는 태도. paternalism

온제(溫劑)[명] 〈한의〉 몸을 덥게 하는 약제. (대) 양제(凉劑). ~녘까지. all day long

온:-종일(-終日)[명] 온 하루의 동안. 아침부터 저녁까지.

온중(溫中)[명] 〈한의〉 약을 먹어 속을 덥게 함. ~하[타]

온:-찜질[명] 더운찜질.

온:-채[명] 집채의 전체. whole house

온:챗-집[명] 한 채를 전부 쓰는 집. whole house

온처(溫處)[명] 더운 방에서 거처함. hot room

온천(溫泉)[명] 〈지리〉 지열(地熱)로 땅 속에서 평균기온 이상으로 데워져 솟는 지하수. 다소의 광물질이 함유되어 의료에 효험이 있음. 온정①. 온정 (溫井)②. 탕지(湯池)①. (대) 냉천(冷泉). (약)→온천 장(溫泉場).

온천-장(溫泉場)[명] 온천이 있는 곳. 또는, 온천에서 목욕할 수 있게 설비가 된 장소. (약) 온천(溫泉)②. hot spring, resort, spa

온천 취-락(溫泉聚落)[명] 온천으로 인해서 생기고, 온천을 찾아오는 사람을 상대로 하여 유지되는 취락.

온천-하-다(溫泉-)[자] 모아 놓은 물건이 속일이 온전하거나 상당히 많다. fairly abundant **온천**=히[부]

온천-하-다(溫泉-)[자] 온천장에 가서 온천에 목욕을 하다. visit a spa

온:축(蘊蓄)[명] ①마음속에 깊이 쌓아 둠. stocking in the heart ②지식이나 학문을 깊이 쌓음. 온장 (蘊藏). vast stock of knowledge ~하[타]

온탕(溫湯)[명] ①온천의 뜨거운 물. hot spring ②적당한 온도의 탕. 냉탕(冷湯). (약) 탕. all.

온:-통[명] 통째로 전부. 전통(全統). 통동(通同).

온:-통으로[부] 통째로 전부. (약) 통으로. wholly

온파(溫波)[명] 온난한 공기가 진행하여서 와서 기온이 갑자기 상승하는 일. 난파(暖波). (대) 한파 (寒波). warm wave

온:-판[명] 전체의 국면.

온 퍼레이드(on parade)[명] 총출연(總出演). ~하[자]

온:-편(穩便)[명] 온당하고 편리함. 온당(穩當). ~하[형] ~히[부]

온포(溫飽)[명] 의식(衣食)이 넉넉함. affluence

온:포(蘊抱)[명] 마음 속에 깊이 품은 제주.

온:-폭(-幅)[명] 피륙이나 종이의 온 넓이. 전폭(全幅). overall width

온:-품[명] 온 하룻일의 품. 또, 그 품값. day's wage

온풍 난-방(溫風暖房)[명] 연료의 연소·증기·온수·전열 따위로 공기를 덥게 하여 이것을 실내에 보내는 난방 방법의 하나.

온-하-다(溫-)[형][여불] ①〈한의〉 약의 성질이 덥다.

온혈(溫血)[명] ①〈동〉 약으로 먹는 사슴이나 노루의 더운 피. ②〈동물〉 외기의 온도에 관계없이 높고 더운 피. (대) 냉혈. warm blood

온혈 동-물(溫血動物)[명] (동) 등온 동물(等溫動物).

온화(溫和)[명] ①기후가 따뜻하고 화창함. mild ②성질·태도가 온순하고 인자함. gentleness ~하[형]「하[부]」

온:화(穩和)[명] 조용하고 부드럽고 차분함. (대) 격혹(激酷). gentleness ~하[형]

온:화(穩話)[명] 온건한 말. moderate words

온:회(穩會)[명] 조용하고 재미있게 모임. ~하[자]

온후(溫厚)[명] ①태도가 부드럽고 착실함. ②온화하고 차분함. (대) 격혹(激酷). gentleness ~하[형]

올·바·미[명] (곤) 올빼미.

올[명] 〈약〉→올해.

올:[명] 실이나 줄의 가닥. 사조(絲條). ply

올:-[접두] 열매의 익는 정도가 빠름을 나타내는 말.

올(all)[명] 전부. 모두. (대) 늦. (약) 오=. early

올가미[명] ①새끼나 노 따위로 고를 내어 짐승을 잡는 장치. 활코자(活箭子). 활무. snare ②사람이 걸려들게 꾸민 수단이나 술책. trick

올가미 쓰다[관용] 남의 꾀에 걸려들다.

올가미 씌우다[관용] 계략을 써서 남을 그 꾀에 걸려들게 하다.

올각-거리-다[자] 작은 입에 물을 머금고 양볼의 근육을 움직여 자주 소리를 내다. 《큰》 울걱거리다.
mumble **올각=올각**[부] ~하[자타] 「early potato

올:-감자[명] 〈식물〉 철 이르게 되는 감자. (대) 늦감자.

올강-거리다[자] 입 안에 넣은 단단하고 탄력 있는 물건이 잘 씹히지 않고 미끄러지다. mumble 《큰》 울렁거리다. **올강=올강**[부] ~하[자]

올강-볼강[부] 올강거리며 불강거리는 모양. 《큰》 울겅불겅. mumblingly ~하[자]

올 게임(all game)[명] 제로 게임.

올-고구마[명] 〈식물〉 철 이르게 되는 고구마.

올곧-하-다[형][여불] 실이나 줄이 너무 꼬여 비비 틀려 있다. twisted 「반듯하다. straight

올:-곧다[형] ①마음이 바르고 곧다. honest ②〈약〉

올공-거리다[자] 질긴 물건을 입 안에 깊이 넣고 계속해서 씹다. mumble **올공=올공**[부] ~하[타]

올공-볼공[부] 울공거리며 불공거리는 모양. 《큰》 울겅불겅. mumblingly ~하[자]

올근-거리다[자] 질긴 물건 덩어리를 입에 넣고 오물거리며 씹다. 《큰》 울근거리다. mumble **올근=올근**[부] ~하[타]

올근-불근[부]1 서로 으르대며 맞서서 지내는 모양. 앞뒷집에서 ~ 시비가 잦다. 《큰》 울근불근1. ~하[자]

올근-불근[부]2 올근거리며 불근거리는 모양. ¶어린애가 고기를 ~ 씹다. 《큰》 울근불근2. ~하[자]

올근-불근[부]3 몸이 여위어 갈빗대가 드러난 모양. ¶~한 가슴. 《큰》 울근불근3. ~하[형]

올긋-불긋[부] 여러 가지 빛깔이 다른 빛깔들과 야단스럽게 어우러진 모양. 《큰》 울긋불긋. coloured ~하[형]

올깍[부] 먹은 것을 갑자기 토해 내는 소리. 또는, 그 모양. ¶아이가 젖을 ~ 토하다. 《큰》 울꺽. ~하[자]

올깍-거리다[자타] 계속하여 올깍하다. 《큰》 울꺽거리다. **올깍=올깍**[부] ~하[자타]

올나우피히[명] 오르니. 오른쪽.

올-내년(-來年)[명] 올해와 내년.

올눌(膃肭)[명] → 물개①.

올:-되-다[자] 피륙 따위 같은 것이 바짝 죄어서 되다.

올:-되다[자] ①나이보다 일찍 지각이 나다. ②일찍이 되다. 일찍다. (대) 늦되다.

올두(兀頭)[명] 대머리. 독두(禿頭). bald head

올드 미스(old miss)[명] 노처녀(老處女).

올드 보이(old boy)[명] ①교우(校友). 학교의 선배. 동창생. ②학교를 졸업한 사람으로 구성된 팀. 또, 그 구성원. 《약》 오 비(O.B.).

올딱[부] 먹었던 것을 그대로 도로 게워 내는 모양.

올딱-거리다[자타] 먹은 것을 연해 게워 내다. **올딱=**

올딱 하다타 「는 모양. 《큰》 울뚝. testy 하형
올뚝匣 성미가 급하여 언행을 함부로 우악스럽게 하
올뚝-불뚝匣 성질이 좀 변덕맞고 급하여 언행을 함부로 우악스럽게 잇달아서 내놓는 모양. 《큰》 울뚝불뚝. touchy 하형
올라-가다匣 ①아래에서 위로, 낮은 데서 높은 데로 옮아 가다. ascend ②흐름을 거슬러 상류로 가다. rise ③값이 비싸지다. rise ④밑천이나 재산이 모두 없어지다. be exhausted ⑤지위가 높아지다. promoted ⑥시골에서 서울로 가다. 상경(上京)하다. go up to ⑦뭍으로 뭍으로 옮겨 가다. 상륙하다. land ⑧〈속〉 죽다. die
올라-붙다匣 낮은 데서 높은 데로 가서 붙다.
올라-서다匣 ①낮은 데서 높은 데로 옮아 가 서다. mount ②낮은 지위에서 높은 지위로 가다. be promoted ③무엇을 디디고 그 위에 서다.
올라-앉다匣 ①낮은 데서 높은 데로, 아래에서 위로 앉다. ②지위가 높아져서 높은 자리를 차지하다. ③땅 위에서 떨어진 어떤 물건에 가 앉다. ¶그 네에 ~.
올라-오다匣 ①낮은 데서 높은 데로 앉다. 아래에서 위로 옮아 오다. ¶배 위로 ~. ②흐름을 거슬러 이편으로 오다. ¶강물을 거슬러 ~. ③시골에서 서울로 오다. 상경하다. ④뭍으로 육지로 옮겨 오다.
올: 라이트(all right)감 잘 되었다. 좋다. 옳다.
올라-타다匣 ①탈것에 오르다. ride ②몸 위에 오르다.
올라하니匣 (고)오르다. 오른즉. [다. mount
올랑-거리다困 ①너무 놀라거나 두려워서 가슴이 설레이다. go pit-a-pat ②물결이 연하여 흔들리다. 《큰》 울렁거리다. lap **올랑-출랑**匣
올랑-출랑匣 ①작은 물결이 이쪽 저쪽에 부딪쳐서 오고 가고 하는 소리. lapping ②작은 그릇에 담긴 물이 흔들리는 상태. 《큰》 울렁출렁. 하困
올레인-산(olein 酸) 〈화학〉 대표적인 불포화 지방산(不飽和脂肪酸)의 하나. 황색·유상(油狀)의 액체로, 많은 동식물 유지(油脂) 안에 에스테르로서 존재함.
올려-놓다탸 〈약〉 올리어 놓다. [리 존재함.
올려다-보다탸 ①아래쪽에서 위쪽을 바라보다. ¶빌딩 꼭대기를 ~. ②존경하는 마음으로 높이 받들며 우러르다. 《대》 내려다보다. look up
올려본-각(-角) 〈수학〉 어느 높이에 있는 목표물을 관측할 때, 시선(視線)과 지평선이 이루는 각도. 앙각(仰角). 《대》 내려본각. angle of elevation
올록-볼록匣 물체의 면이나 거죽이 고르지 않게 높고 낮은 모양. 《큰》 울룩불룩. uneven 하형
올리-다탸 ①올라가게 하다. elevate ②책색·단청을 하다. paint ③모금을 하다. plate ④윗사람에게 바치다. 드리다. offer ⑤병균을 옮게 하다. be infected by ⑥기록하다. record ⑦거행하다. take place ⑧따귀 때위 때위를 때리다. ⑨기와 때위를 잇다.〔조동〕동사의 어간 '-어·-아' 뒤에 붙어, 남에게 무엇을 해 줌을 비하(卑下)하여 이르는 말.
올리-달-다匣탸 위로 향하여 달리다. 치달다. run away upward
올리브(olive)임 〈식물〉 목서과(木犀科)의 상록 교목. 높이 6~10 m이고 황백색 꽃이 피며 과실은 도란형이고 갈색에 암녹색을 띰. 열매로 올리브유를 짬.
올리브-색(olive 色)임 올리브의 과실처럼 노른 기가 도는 녹색. 또, 암녹색.
올리브-유(olive 油)임 〈화학〉 올리브나무의 과실로 짠 지방성 기름. 감람유. olive oil
올림-대[-때]임 〈속〉 ①시상판(屍床板). ②숟가락. 은**올림대-놓다**匣 [-때-] 〈속〉 죽다.
올림-조[-쪼](-調)임 〈음악〉 올림표로만 나타나는 조.
올림-표(-標)임 〈음악〉 샤프(sharp).
올림피아드(Olympiad)임 〈역사〉 올림피아제가 시작된 올림피아제 사이의 4년간. 〈전〉 ⇒ 올림픽 경기①.
올림피아-제(Olympia 祭)임 올림피아에서 4년마다 여름 5일간에 걸쳐 행해졌던 제우스신(zeus 神)의
올림픽(Olympic)임 〈약〉 ⇒ 올림픽 경기①. [대제(大祭).
올림픽 경:기(Olympic 競技) 〈체육〉 ①고대 그리스에서 올림피아제 때에 제우스 신전(神殿)의 앞에서 개최한 운동·시·음악 등의 경기. B.C. 776년에 시작. 오륜 대회. 올림피아드②. Olympic games ②〈약〉 ⇒국제 올림픽 경기 대회.
올림픽 선ː수촌(Olympic 選手村) 올림픽 대회에 참가하는 각국 선수와 임원들을 위해 설비된 집합 숙사(宿舍)의 총칭.
올막-줄막匣 작은 덩어리가 여러 개 고르지 않게 벌여 있는 모양. 《큰》 울먹줄먹. variously 하형
올:망(-網)임 깊은 바다에서 고기를 잡을 때 쓰는 기다랗게 생긴 그물. seine. seine-pole
올망-대[-때](-網)임 올망을 칠 때에 쓰는 긴 장대.
올망이-줄망이임 올망졸망한 물건. trifle
올망-졸망匣 작고 또렷한 여러 귀여운 것이 고르지 않게 벌여 있는 모양. 《큰》 울멍줄멍. variously 하형
올목-졸목匣 크고 작은 덩어리가 여러 개 고르지 않게 벌여 있는 모양. 《큰》 울묵줄묵. variously 하형
올몽-졸몽匣 작고 또렷한 여러 덩어리가 배게 벌여 있는 모양. 《큰》 울뭉줄뭉. variously 하형
올무임 새나 짐승을 잡는 올가미. snare
올:-무임 보통 종류보다 일찍 자라는 무.
올미임 〈식물〉 택사과의 다년초〈체언〉 풀. 줄기 높이 10~30 cm로 잎은 선형 혹은 선상 피침형임. 6월에 백색
올:-바로빈 곧고 바르게. rightly [꽃이 핌.
올:-바르다[-르-]혱 옳고 바르다. right
올:-밤임 철이 이르게 익는 밤.
올방개임 〈식물〉 방동사니과의 다년생 풀. 줄기는 원주형으로 총생하며 높이는 70 cm 가량에 잎은 없음. 연못 등에 나는데 괴경은 한방에서 약용함. 지율(地栗). 〔이 넘기는 머리 모양새.
올백(all back)임 가리마를 타지 않고 전부 뒤로 빗
올:-벼임 철 이르게 익는 벼. 조도(早稻). 조양(早穰). 조종(早種). 《대》 늦벼. early-ripening rice plant
올:벼 신:미(-新味)임 올벼의 쌀을 처음 맛봄. first tasting of early rice 하困
올:-보리임 일찍 여무는 보리 품종(品種).
올빼미임 ①〔주류〕 올빼미과의 새. 모양은 부엉이와 같으나 모각(毛角)이 없음. 얼굴이 둥글며 배는 회고 등과 배에는 갈색의 세 가닥의 반점이 있음. 낮에는 쉬고 밤에 활동함. 계효(鷄梟). 산효(山梟). 치효(鴟梟). 효치(梟鴟). 훈호(訓狐). owl ②밤에 자주 나돌아 다니는 이의 별명.
올:-새임 피륙의 올의 새. texture [frost
올:-서리임 제철에 비하여 이르게 오는 서리. early
올:-스타 캐스트(all-star cast)임 인기 배우의 총출연. 진용이 잘 짜여진 일.
올습니-다[-씀-]⸗음 ⇒올시다.
-올습니-다[-씀-][-음-]⸗음 ⇒올시다.
올승(兀僧)임 머리 중. bald-headed monk
올시-다[-씨-]⸗음 받침 없는 체언에 붙어, '합쇼'할 자리에서 '비다'의 뜻으로 쓰이는 종결형 서술적 조사. ¶제 견해~.
올시-다[-씨-][-음-]⸗음 '합쇼'할 자리에서, '아니다'의 어간에 붙어 '비다'의 뜻으로 쓰이는 평서형
-올실[-씨-]⸗음 =외걸실. [종결어미.종결 어미. ¶아니~.
올쑥-불쑥匣 조그마한 것이 여기저기 불규칙하게 높은 모양. 《큰》 울쑥불쑥. unevenly 하형
올:-여름임 ⇒올봄.
올연(兀然)⸗음 홀로 우뚝한 모양. high 하형 히匣
올연 독:좌(兀然獨坐) 혼자 오뚝 앉음. 하困
올:-논임 일찍 심은 논. early-rice fields
올:예 송:편(-松-)임 올예쌀로 만든 송편. early rice cake stuffed with bean jam
올:예-쌀임 ⇒올벼쌀. early rice
올-오다匣 〈고〉 온전히 하다.
올올匣 〈약〉 ⇒오르르오르르.

올올[兀兀]튀 ①까딱도 않고 똑바로 앉아 있는 모양. (sit) upright ②산이나 바위가 오뚝오뚝 선 모양. 하

올올-이튀 오달지다. 가닥가닥.

올: 웨이브(all wave) [물리] 단파·중파·장파의 모든 방송을 수신할 수 있는 전파(全波) 수신기.

올이-다젭 오르다. 종류보다 이르게 익는 작물.

올=작물(-作物)團 ①이르게 가꾸는 작물. ②다른 것보다 일찍 거둔 작물.

올지갈지-하다[--찌--찌--]틔여튐 올지갈지 망설이다. hesitate to go

올-차다핵 ①야무지고 기운차다. stout ②곡식의 알이 일찍 들다.

·올창/올창-이國 [고] 일찍 들다.

올챙이團 〈동물〉 개구리의 유생(幼生). 몸 빛은 검고 머리는 둥글며 꼬리는 가늚. 차차 커지면 허파가 커지고 사지가 생김에 따라 꼬리가 없어져 개구리가 됨. 과두(蝌蚪). tadpole

올챙이-꿀團 〈식물〉 방동사니과의 풀. 줄기 높이 50cm 가량이며 6~8월에 꽃자루 없는 이삭꽃이 핌. 논이나 도랑가에 저절로 남.

올챙이-배團 몸피가 작은 데다가 똥똥하게 내민 배. [potbelly]

올챙이-밀團 〈식물〉 올챙이자리과의 일년생 풀. 높이는 30cm 내외이고 잎은 선형(線形)으로 자갈색을 띰. 여름에 쌀 모양의 꽃줄기가 나와 흰 꽃이 핌. 논이나 못에 저절로 남.

올챙이-자리團 〈식물〉 올챙이자리과에 속하는 일년생 풀. 줄기가 없고 잎은 총생(叢生)하며 피침상 선형임. 8~9월에 백색 꽃이 핌. 논이나 못에 저절로 남.

올챙이 적 생각은 못하고 개구리 된 생각만 한다젭 어렵게 지내던 옛적을 생각하지 않고 잘 된 때에 호기만 부린다.

올챙이-하늘지기團 〈식물〉 방동사니과의 다년생 풀. 화경의 높이 20~50cm이고 줄기는 삼각으로 총생(叢生)함. 8~9월에 긴 타원상 원주형의 꽃이 피고 수과(瘦果)는 짙은 갈색으로 익음. 바닷가 모래 위에 저절로 남.

올케團 오빠나 남동생의 아내. one's brother's wife

올-콩團 일찍 여무는 콩. (대) 늦콩. early beans

올톡-볼톡튀 고르지 않고 험상궂게 여기저기 나오고 들어간 모양. (큰) 울툭불툭. unevenly 하핵

올통-볼통튀 물체의 거죽이나 면이 고르지 않게 높고 낮은 모양. (큰) 울퉁불퉁. uneven 하핵

올-팥團 일찍 여무는 팥. (대) 늦팥. early red beans

올-흥튀 규모가 작은 장사치가 상품을 낱낱으로 낱개로 파는 일. selling (something) loose 하핵

올-흔[고] 오른. ·올흔녘[고] 오른편.

올=해團 금년. 이 해. 본년(本年). (약) 올¹. this year

올히[고] 오리의.

·올히-다[고] 옳게.

옭-걸-다[옥--]팀려 옭아서 걸다. bind tightly

옭-다[옥-]팀 ①실·노끈 따위로 칭칭 잡아매다. bind ②올가미를 씌우다. lay a snare ③꾀로 남을 걸려들게 하다. take in (a person)

옭-동이다[옥--]팀 잘 풀리지 않고 고를 내지 않고 막 매다. tie tightly [매듭. (대) 풀매듭. knot

옭-매듭[옹--]團 잘 안 풀리게 고를 내지 않고 막 맨

옭-매이-다[옹--]팀통 ①옭혀서 매이다. ①오랏줄에 ~. ②옭매이다. ①옭매인 끈. ③어떠한 일에 얽혀서 남을 괴롭히다. ①매일같이 옭매어 지내다.

옭아-내-다팀 ①올가미를 씌워서 끌어내다. bind up ②수단을 부려 남의 것을 약빠르게 끄집어내다. squeeze out

옭아-매-다팀 ①올가미 따위를 씌워서 잡아매다. entrap ②'옭다'의 힘줌말. ③없는 죄를 이리저리 꾸미어 씌우다. implicate

옭아-지-다찍 옭아매이다. be bound

옭히-다팀찍 ①옭아지다. be bound ②얽히어 풀리지 않게 되다. be tangled ③어떤 일에 걸리다. be implicated ④포박당하다. ①동하여 가다. ①짐을 다.

옮겨 가-다[옴--]자튐 자리나 물건을 다른 곳으로 이

옮겨=심기[옴--끼]團 〈동〉 이식(移植)①. 하튐

옮기-다[옴-]팀 ①자리를 바꾸다. remove ②말을 여기에서 저기로 전하다. spread ③병 따위를 전염시키다. infect

옮:-다[옴따]찍 ①자리를 바꾸다. remove to ②말이나 소문 따위가 전파하다. spread ③병이 전염되다. catch ④사상 등에 물들다. dye

옮돈니-다젭[고] 옮아 다니다.

옮아-가다찍 ①자리를 다른 데로 바꾸어 가다. ①마루로 ~. remove to ②주거·처소 따위를 이동하여 가다. ①수원으로 ~. ③말·소문이 퍼져 가다. (대) 옮아오다. spread

옮아-오다찍 ①자리나 주소·처소 따위가 바꾸어서 오다. move in ②퍼져 오다. 전염되어 오다. (대) 옮아가다. be infested

옯團 일을 잘못한 값음. compensation

옳-다핵 ①바르다. correct ②사리에 맞다. right

옳:-다팀 무엇이 마음에 맞을 때에 하는 소리. all right

옳아團 '과연 옳구나'의 뜻으로 쓰이는 말. ①~, 그게 맞았다. I've got it!

옳은-길團 바른 길. 정도(正道). right road

옳은-말團 사리에 맞는 말. 정당한 말. right words

옳은-일[-닐]團 ①바른 일. 정당한 일. ①~을 위해서 싸우다.

옳이튀 옳게. 정당하게. ①~ 여기다. (대) 글리. rightly

옳지團 무엇을 옳게 여길 때에 쓰는 소리. good!

옴¹[한의] 전염성 피부병의 하나. 개선(疥癬). 개창(疥瘡). 충개(蟲疥). itch

옴²團 젖어미으로 들을 빨리는 젖꼭지의 가장자리에 것.

옴³團 (準) → 옴쌀. [오돌도돌하게 돋은 것.

옴:(ohm)團 [물리] 전기 저항의 실용 단위. 양끝에 있어 1볼트의 전위차가 있는 도선에 1암페어의 전류가 흐를 때, 그 도선이 이루는 저항. 기호: Ω.

=옴〈어미〉의 '-ㄱ' 생략형(省略形).

옴=개구리團 〈동물〉 송장개구리과의 개구리. 등 쪽은 암청갈색에 원형의 담흑색 반문이 있고 도돌도돌한 피부 주름이 많음.

옴=게團 〈동물〉 부채게과의 게. 등딱지 길이 2cm, 폭 3cm 가량임. 두흉갑과 다리 뒤쪽에 혹 모양의 돋기가 빽빽하며, 보각(步脚) 끝에만 털이 있음.

옴나위團 꼼작할 여유. elbowroom

옴나위-없-다: 다:핵 조금도 꼼작할 여유가 없다. closely packed 옴나위-없:이團

옴니버스(omnibus)團 ①합승 자동차의 뜻. ②몇 개의 독립적인 단편들을 모아서 전체를 하나의 작품으로 한 것. 옴니버스 ①에~.

옴니버스 영화(omnibus 映畵)團 〈연예〉 영화·연극·방송 등의 한 형식. 하나의 주제를 중심으로 하여, 몇 개의 독립적인 짧은 이야기를 한 편의 작품으로 만든 것. [용. sundry expenses

옴니-암니團 이래저래 드는 비용. ①이런 비용 저런 비

옴:=두꺼비團 〈동물〉 두꺼비를 품를경이로 일컬음.

옴둥거비團 ①옴두꺼비. [warty old toad

옴:-딱지團 옴의 헌데에 말라붙은 딱지. dry scab

옴딱지 폐듯 한다젭 인정 사정 없이 내버린다.

옴:-배룡[--룡]團 〈한의〉 [焙籠〉 음악을 피울 때 쓰는 배통. 댓개비나 채로 걸어 안팎을 같이 바르고, 고개만 위로 내놓고 온몸이 들어앉게 되었음.

옴:-벌레團 〈동물〉 옴을 옮기는 작은 벌레. 몸 길이 0.4mm 가량이며 몸 빛은 유백색이고 비 생의 잡은 다리와 긴 털이 있음. 사람의 피부를 파고 들어가 몹시 가렵고 쓰리게 함.

옴:-살團 한몸같이 친밀한 사이. intimate friendship

옴실-거리-다찐 작은 벌레들이 한데 모여 연해 움직이다. (큰) 움실거리다. swarm 옴실~옴실팀

옴:-쌀團 떡메에 덜 맞아서 덜 뭉개진 쌀알. (약) 옴³.

옴쏙團 표면의 면이나 가운데가 아목하게 들어간 모양. (큰) 움쑥. 하핵

옴쏙-옴쏙團 여러 군데가 옴쏙한 모양. (큰) 움쑥움쑥.

옴씰-하-다 ①갑자기 놀라서 몸을 움츠리다. shrink ②갑자기 무서운 경우를 당하여 기운이 꽉 질리다. 《큰》 움썰하다.

옴:의 법칙(Ohm-法則) 〖물리〗 도체를 흐르는 전류의 세기는 그 도선의 양단에서의 전위차(電位差)에 비례하며, 저항에 반비례한다는 법칙.

옴:자-떡[-짜-] 〖〗 〖불교〗 부처 앞에 공양하는 떡의 하나. 흰떡을 직사각형으로 넓적하게 만들고 범문(梵文)의 옴(𑖒)자를 새긴 판으로 가운데를 지진 떡. 옴자병.

옴:자-병[-짜-] 〖〗 〖동〗 옴자떡.

옴: 옴이 오른 사람을 조롱하는 말. itch

옴:=종(一腫) 〖의학〗 옴으로 인한 헌데. sufferer

옴죽 몸피가 작은 것이 조금 움직이는 모양. 《큰》 움죽. 《센》 옴쭉. 하다태

옴죽-거리-다 재태 몸피가 작은 것이 몸을 조금씩 자꾸 움직이다. 《큰》 움죽거리다. 《센》 옴쭉거리다.
 옴죽=옴죽 〖〗 하다자태 squirm

옴지락-거리-다 재태 자꾸 느릿느릿 움직이다. 옴지럭거리다. squirm **옴지락=옴지락** 〖〗 하다자태

옴직-거리-다 재태 계속하여 몸이 모여 천천히 움직이다. 《센》 옴찍거리다. wriggle **옴직=옴직** 〖〗 하다자태

옴질 〖〗 ①몸피 작은 것이 많이 모여 천천히 자꾸 움직이다. ②결단성이 없이 주저주저하다. ③질긴 것을 입에 물고 오물거리며 씹다. 옴질거리다. 옴찔거리다. vacillate **옴질=옴질** 〖〗 하다자

옴쭉 〖〗 《센》→옴죽.

옴쭉-거리-다 재태 《센》→옴죽거리다.

옴쭉-달싹 〖〗 극히 조금 움직이는 모양. 꼼짝달싹. 《큰》 움쭉달싹. squirm 하다자

옴쭉 못하-다 재여불 ①조금도 움직이지 못하다. ②기를 펴지 못하다. 《큰》 움쭉못하다. be in a fix

옴찍 〖〗 《센》→옴직.

옴찔 〖〗 깜짝 놀라 갑자기 몸을 움츠리는 모양. 《큰》 움찔. shrinking 하다자

옴찔-거리-다 재태 《센》→옴직거리다. 「들다. shrink

옴츠러-들다 재 옴츠러져 들어가다. 《큰》 움츠러

옴츠러-지-다 재 ①춥거나 무서워서 몸이 작게 오그라지다. shrink ②기가 꺾여 무르춤해지다. 《큰》 움츠러지다. wince

옴츠러-뜨리-다 타 ①몸을 세게 움츠리다. ②겁을 먹이어 상대편을 뒤로 물러나게 하다. 《큰》 움츠러뜨리다. contract

옴츠리-다 타 ①몸을 작아지게 하다. cringe ②놀라서 몸을 뒤로 조금 물리다. 《큰》 움츠리다. 《약》 옴치다.

옴치-다 타 《약》→옴츠리다. 「wince

옴켜-잡-다 타 옴키어서 잡다. 《큰》 움켜잡다. 《거》 홈켜잡다. clutch

옴켜-잡히-다 자동 움켜잡음을 당하다. 《큰》 움켜잡히다.

옴켜-쥐:-다 타 ①옴키어서 쥐다. seize ②빚이나 물건을 수중에 넣고 마음대로 다루다. 《큰》 움켜쥐다. 《거》 홈켜쥐다.

옴큼 의 한 손에 움켜쥔 분량. 《큰》 움큼.

옴키-다 타 ①손가락을 오그려 물건을 놓치지 않도록 힘있게 손바닥 안에 넣다. ②새나 짐승 등이 무엇을 발가락으로 힘있게 잡다. ¶매가 병아리를 ~. 《큰》 움키다. 《거》 홈키다.

옴-파-다 타 속을 오목하게 오비어 파다.

옴파리 명 아가리가 작고 오목한 사기 바리.

옴파리-같-다 형 오목오목하고 탄탄하며 예쁘다. **옴파리-같이** 부

옴팡-눈 〖〗 오목하게 들어간 눈. 《큰》 움펑눈. 「다.

옴-패-다 자 오목하게 파지다. 《큰》 움패다. 《거》 홈패

옴포동이-같-다 형 ①어린아이가 살이 올라 포동포동하다. plump ②옷 속에 솜을 도톰하게 두어 포동포동하다. soft and fluffy **옴포동이-같이** 부

옴폭 〖〗 속으로 폭 들어가 오목한 모양. 《큰》 움폭. concavely 하다형

옴폭=옴폭 〖〗 군데군데가 옴폭한 모양. 《큰》 움폭움폭.

옴:=피우-다 옴배롱을 쓰고 약을 피우다.

-읍 〖선미〗 받침 없는 어간에 붙어, 공손함을 나타내는 선어말 어미. ¶보~고자 하나이다.

-옵사- 〖선미〗 '-읍-'과 '-나이까'가 줄어 합한 의문형 종결 어미. ¶있사~. =으옵사니까. =사옵니까.

-옵니-다 〖어미〗 '-읍-'과 '-나이다'가 줄어 합한 종결 어미. ¶네, 그러하~. =으옵니다. =사옵니다.

-옵디까 〖어미〗 '-읍-'과 '-더이까'가 줄어 합한 의문형 종결 어미. ¶모르~. =으옵디까. =사옵디까.

-옵디-다 〖어미〗 '-읍-'과 '-더이다'가 줄어 합한 종결 어미. ¶네, 그러하~. =으옵디다. =사옵디다.

옵서:버(observer) 〖〗 회의에서 의견을 발표할 수는 있으나 의결권이 없는 사람. 참관인.

옵션(option) 〖〗 일정한 금액을 치르고 언제든지 기한 안에 살 수 있는 권리.

옵아낼-다 자여 ①오비어 내다. ②빼앗아 차지하다.

옵티마(optima) 〖〗 거주하거나 작물 재배를 할 때의 최적 조건. 인간의 활동은 15°C 전후가 최적임.

옵티미스트(optimist) 〖〗 낙천가(樂天家). 낙관론자.

옵티미즘(optimism) 〖〗 낙천주의. 낙관론(樂觀論).

옷 〖〗 몸에 입는 것. 피복. 의복(衣服). clothes
• **옷** [-] 〖고〗 〖漆〗. 〖고〗 곧. 〖〗. →곳.
옷=가슴 〖〗 가슴에 닿는 옷의 부분. 가슴. breast
• **옷자 외**(-) 〖고〗 옷. 의상(衣裳). 「of clothes
옷=가지 〖〗 몇 가지의 옷. ¶~를 장만하다. suits
옷=감 〖〗 옷을 지을 감. 의자(衣資)①. 의차(衣次).
 ¶고운 ~. cloth
옷=갓 〖〗 웃옷과 갓. 의관(衣冠). clothing and head-
옷갓-하다 재여 웃옷을 입고 갓을 쓰다. 「gear
옷-거리 〖〗 옷을 입은 모습. 옷매무시. ¶~가 멋있다.
옷-걸이 〖〗 옷을 걸게 만든 제구. 횃대·횃줄·말코지 등. 의가(衣架). coat hanger
옷-고름 〖〗 저고리나 두루마기의 앞에 달아 양편 옷자락을 여미어 매는 끈. 《약》 고름². breast-tie
옷곳ㅎ-다 〖〗 〖고〗 향기롭다.
옷=기장 〖〗 옷의 길이. length of a garment
옷-깃 〖〗 저고리나 윗옷의 목에 둘러 대어 앞으로 여미어 주는 부분. collar
옷깃을 여미다 경건한 마음으로 자세를 바로잡다.
옷깃 차례(-次例) 〖〗 시작한 사람으로부터 오른쪽으로 돌아가는 차례. righthanded rotation
• **옷·깇** [-] 〖고〗 옷깃.
옷-나모 〖〗 옻나무.
옷=농(-籠) 〖〗 옷을 넣는 농.
옷-단 〖〗 옷의 끝 가장자리를 안으로 접어 붙이거나 감친 부분. 《준》 단. hem
옷-답-다 〖ㅂ불〗 제법 옷맵시가 있다.
옷-맵시 〖〗 옷의 맵시. form
옷=밥 〖〗 옷과 밥. 의식(衣食). clothing and food
옷-벌 〖〗 몇 벌의 옷. ¶~이나 장만했다. suits of
옷-보 〖〗 옷을 매우 좋아하거나 탐내는 사람. 「clothes
옷-보(-褓) 〖〗 옷을 싸는 보. cloth wrapper
옷-사치(-奢侈) 〖〗 분에 넘치게 옷차림을 함. 하다자
옷=상자(-箱子) 〖〗 옷을 넣는 상자. 「걸. 《약》 섶.
옷-섶 〖〗 두루마기나 저고리의 깃 아래에 달린 긴 헝
옷=세:집(-貰-) 〖〗 ①옷을 세놓는 집. keeper of clothes for hire ②혼례복 따위의 예복을 세놓는 집.
옷=소매 〖〗 옷의 소매. sleeve
옷-솔 〖〗 옷을 터는 솔. brush
옷-안 [오단] 〖〗 옷의 속. 옷의 안쪽.
옷엣-니 〖〗 머릿니에 대해 옷에 있는 이. vermin
옷-변[옫-] (-邊) 〖〗 한자 부수(部首)의 하나. '被·裳' 등의 '衤·衣'의 이름.
옷-자락 〖〗 옷의 아래로 드리운 부분. skirt
옷-장(-欌) 〖〗 옷을 넣는 장. 의장. wardrobe
옷-좀나방 〖〗 〖곤충〗 좀나방과의곤충. 날개 길이 1cm 정도. 몸 빛은 회갈색, 앞날개의 반문은 암갈색, 뒷날개는 담회색. 유충은 옷감·모피 따위의 해충임.
옷=주제 〖〗 옷을 입은 모양새. 입은 옷의 됨됨이. ¶~가 말이 아니다. appearance

옷차림 명 옷을 입은 차림새. dressed form
옷·치레 명 좋은 옷을 입고 몸을 치장하는 짓. 하자
옹 갑 남을 눌러 주는 소리. 「함을 나타냄. shabby
옹 접두 명사 위에 붙어 사람이나 물건이 작고 추함
옹(癰) 명 〈의학〉화농균(化膿菌)의 전염으로 생기는 혹의 하나.
=옹(翁) 접미 노인(老人)의 성명이나 호 아래에 붙여 존경의 뜻을 나타냄. ¶잔디~. aged man
옹고(翁姑) 명 시아버지와 시어머니. parents-in-law
옹·고집 (壅固執) 명 억지가 매우 심한 고집. bigotry
옹고집-쟁이(壅固執一) 명 옹고집이 있는 사람.
옹골-지다 형 실속 있게 꽉 차다. full
옹골-차다 형 옹골지고 기운차다. (약) 옹차다. stout
옹관(甕棺) 명 도관(陶棺).
옹구 명 새끼로 망태처럼 엮어 만든 농구. 소의 길마 위에 양쪽으로 걸쳐 얹고, 거름·섶나무 따위를 나르는 데 사용함. pannier
옹구 바지 바지통이 옹구의 불처럼 축 처지게 입은 모양. wearing trousers loosely
옹구 소매 옹구 모양으로 생긴 중치막의 넓은 소매.
옹굿-나물 명 〈식물〉엉거시과의 다년생 풀. 줄기 높이 60cm 내외이고 잎은 선상 피침형으로 총생함. 8~10월에 백색 꽃이 핌. 어린 잎은 식용함.
옹그리-다 타 춥거나 겁이 나서 몸을 옴츠리다. (큰) 웅그리다. (거) 옹크리다. crouch
옹근 관 본디 그대로 된 그대로의. 축나거나 모자람이 없이 본디 그대로의. ¶~ 배한 개.
옹글-다 형 ①물건이 깨져 조각이 나거나 축나지 않고 그대로 있다. intact ②어떤 것이 가지고 있어야 할 내용에 조금도 모자람이 없다.
옹긋-옹긋 부 군데군데 불이 고르게 삐죽삐죽 나온 모양. (큰) 웅긋웅긋. 하자
옹긋-쫑긋 부 크고 작은 모가 군데군데 쑥쑥 내민 모양. (큰) 웅긋중긋. projecting 하자
옹·기(甕器) 명 ①옹기 그릇. 오지 그릇.
옹·기 가마(甕器一) 명 〈공업〉옹기를 굽는 가마. kiln
옹·기 그릇(甕器一) 명 질그릇이나 오지 그릇의 총칭. 옹기. earthenware
옹기-옹기 부 크기가 같은 물건이 귀엽게 모인 모양. (큰) 웅기웅기. in an even and lovely cluster 하자
옹·기 장수(甕器一) 명 옹기를 파는 사람.
옹·기 장이(甕器匠) 명 옹기 만드는 사람. 도공(陶工). 옹기장(甕器匠).
옹·기 전(甕器廛) 명 옹기를 파는 가게. 옹기점(甕器店).
옹·기 점(甕器店) 명 ①(동) 옹기전. ②옹기를 만드는 곳.
옹기-종기 크기가 다른 여럿이 귀엽게 모인 모양. ¶~ 모여 놀다. in crowds 하자
옹달 접두 '작고 오목한'의 뜻을 나타냄. small
옹달-샘 명 작고 오목한 샘. small spring
옹달-솥 명 작고 오목한 솥. (약) 옹솥. small iron pot
옹달-시루 명 작고 오목한 시루. (약) 옹시루. small earthenware steamer
옹달-우물 명 작고 오목한 우물. small well
옹당이 명 늪보다 작게 움푹 패어 물이 괸 곳. (큰) 웅덩이. puddle 다. (큰) 웅덩이다. puddle
옹당이-지다 자 비나 큰 물에 땅이 패어 웅덩이가 되다.
옹동고라-지다 자 바짝 옹그라져 들어가다. be contracted
옹·동이(甕一) 명 옹기로 된 작은 동이. small jar
옹·두(甕頭) 명 처음 익은 술. newly brewed wine
옹·두라지 명 옹두리. small knot
옹·두리 명 나무의 가지나 벌레가 파서 결이 뱉혀 혹처럼 불퉁한 것. 목류(木瘤). knot
옹·두리-뼈 명 짐승의 정강이에 불퉁하게 나온 뼈.
옹·두·춘(甕頭春) 명 '옹두'의 아칭(雅稱). [knee-cap
옹·립(擁立) 명 임금 위에 자리에 자리에 추대하여 세움. enthrone ④때받들어서 지도자로 세움. 하자
옹망추니 명 ①조그만 물건이 고부라지고 오그라진 모양. crookedness ②(동) 옹춘마니.
옹-방구리 명 자그마한 방구리. small basket
옹배기 명 (약)→옹자배기.
옹·벽(擁壁) 명 흙이 토압(土壓)에 의해 무너지지 않도록 만든 벽체(壁體). breast wall
옹·산(甕算) 명 〈동〉독장수셈.
옹·산 화·병(甕算畵餠) 명 독장수셈과 그림의 떡이란 뜻으로, 헛말만 부르고 실속이 없음을 이르는 말.
옹·색(壅塞) 명 ①생활이 몹시 군색함. ¶~한 생활. poor ②막혀서 통하지 못함. tight ③매우 비좁음. ¶~한 방. cramped 하자
옹·생원(一生員) 명 성질이 옹졸한 사람의 별명.
옹·서(翁壻) 명 장인과 사위. father-in-law and son-in-law
옹·성(甕城) 명 → 철옹 산성(鐵甕山城).
옹송-그리·다 타 궁상맞게 몸을 옹그리다. (큰) 웅송그리다. (거) 옹송크리다. shrink
옹송망송-하·다 형여 정신이 혼미하여 무슨 생각이 나다가 말다가 하다. 옹송망송하다. confused
옹송크리·다 타 (거)→옹송그리다.
옹·솥 명 (약)→옹달솥.
옹·이(甕一) 명 옹기로 만든 솥. ceramic kettle
옹스트롬(Angstrom) 의 〈물리〉길이의 단위로서 $10^{-8}cm$, 즉 1cm의 1억분의 1. 광(光)의 파장이나 원자의 배열 등을 측정하는 데 씀. 기호; Å.
옹·술(擁膝) 명 무릎을 안고 깊이 생각함. think seriously 하자
옹·시루 명 (약)→옹달시루.
옹알-거리·다 자 ①똑똑하지 않게 입속말로 자주 중얼거리다. ②말을 못하는 어린아이가 노느라고 입속말로 소리를 내다. murmur 옹알-옹알 하다라 [andmother
옹·온(翁嫗) 명 할아비와 할미. grandfather and gr-
옹용(雍容) 명 화락하고 조용함. 하자 희라 ¶ 함. 하자
옹용 조처(雍容措處) 명 화락하고 조용하게 일을 처리하여 감이 따뜻하고 담담함. 담담함.
옹·위(擁圍) 명 부축하여 둘러쌈. escort 하자
옹이 명 나무의 몸에 박혀 가지의 그루터기. knot
옹·자배기 명 아주 조그마한 배기. (약) 옹배기.
옹잘-거리·다 자 불평·불만·탄식하는 바가 있어서 입속말로 혼자 옹잘거리다. (큰) 웅절거리다. grumble 옹잘-옹잘 하자
옹·저(癰疽) 명 〈한의〉온 종기의 총칭.
옹·절(癰癤) 명 〈한의〉급성으로 곪으면서 한가운데에 마개 모양의 큰 근이 박히는 종기.
옹·정(甕井) 명 독우물.
옹·졸-하·다(壅拙一) 형여 ①성질이 너그럽지 못하고 소견이 좁다. ¶~한 놈. narrowminded ②됨됨이가 옹색하고 졸렬하다. (약) 옹하다①.
옹종망종-하·다 형여 몹시 오종종하다.
옹종-하·다 형여 마음이 좁고 모양이 오종종하다. (약) 옹하다③. be narrowminded
옹주(翁主) 명 〈제도〉①임금의 서녀(庶女). princess ②조선조 중엽 이전의 왕의 서녀 및 세자빈(世子嬪)
옹-차다 형 → 옹골차다.
옹·추(甕一) 변 → 옹지(甕瘤).
옹·축(顒祝) 명 크게 축원함. 크게 빎. 하자
옹춘마니 명 마음이 좁고 오그라진 사람. 옹망추니②. crooked person [옹추. detestable fellow
옹치(甕齒) 명 자기가 늘 미워하는 싫어하는 사람.(변)
옹크·리·다 타 몹시 옹스러지다. shrink
옹크리·다 타 (거)→옹그리다. [하자
옹·폐(擁蔽) 명 윗사람의 총명을 막아서 가림. cover
옹·하·다 형여 ①옹졸하다. ②(약)→옹종하다.
옹·호(擁護) 명 ①부축하여 보호함. protection ②편역들어 지킴. ¶~자(-者). support 하자
옻 옻나무의 진. 독기가 있어서 살에 닿으면 부풀어 몹시 가려움. lacquer
옻·기장 명 〈식물〉기장의 하나. 음력 3월경에 심는데 껍질은 회색이고, 열매는 검음. 흑서(黑黍).

옻나무[](식물) 옻나무과의 낙엽 교목. 5~6월에 황록색 꽃이 피고 핵과는 10월에 익음. 수액(樹液)은 유독하여 약용, 염료 및 관구재(棺具材)로 쓰이며 어린 싹은 식용. 칠목(漆木). lacquer tree

옻-닭[] 털을 뽑은 닭을 옻나무의 가지와 함께 솥에 안쳐 삶은 것. 여름철에 몸을 보함.

옻=오르다[온—][자] 살갗에 옻의 독기가 오르다. be poisoned with lacquer

옻=올리다[온—][타] 옻이 올라 살갗이 헐어 부스럼이 나다.

옻-칠(—漆)[명] 옻나무의 진에 주색제·전조제 따위를 넣어 만든 도료. 《약》 칠①. lacquer 하다

옻=타다[자] 살갗이 옻의 독을 잘 받다. with lacquer rush

와(어학) 한글의 합성 자모 '나'의 이름.

와²[무] 여럿이 한 목에 움직이거나 떠드는 소리. with

와³[토] ①받침 없는 체언과 다른 체언 사이에 쓰여, 어떤 것을 열거할 때 쓰는 접속조사. ¶쥐~ 고양이. ②받침 없는 체언에 붙어 다른 말과 비교하는 부사격 조사. ¶사과~ 비슷하다. ③받침 없는 체언에 붙어 함께 함을 나타내는 부사격 조사. ¶친구~ 같이 놀다. and

와⁴[감] 마소를 멈추게 할 때 내는 소리. 왕.

와⁵[감] 오아. ¶이리 ~. come on

=와[약] 선어말 어미 '=오'와 어미 '=아'가 합친 말.

와(瓦)[명] 과. 와. house

와-가(瓦家)[명] 지붕을 기와로 이은 집. tile-roofed

와각(蝸角)[명] ①달팽이의 촉각(觸角). snail's horn ②아주 좁은 지경이나 작은 사물의 비유. trifle

와각=거리다[자] 여러 개의 단단한 물건이 서로 뒤섞여 부딪쳐서 나는 소리가 나다. 와각-와각[부] clatter 와각=와각하다

와각지세(蝸角之勢)[명] 와각쟁쟁의 형세.

와각지쟁(蝸角之爭)[명] ①작은 나라끼리의 싸움. ②하찮은 일로 다투는 짓. —는 책상. bookrest

와=간상(臥看床)[명] 누워서 책을 볼 때 책을 받쳐 놓

와:견(瓦甄)[명] 서랍 고리 모양의 뇌문(雷紋) 비슷하게 여러 개 끝과 끝이 서로 접쳐 물리게 늘어놓은 무늬의 하나. 흔히 미술품의 가장자리에 장식하는 데 쓰임. tile maker

와공(瓦工)[명] 기와 굽는 사람. 와사(瓦師). 기와장이.

와-공후(臥箜篌)[명] 《음악》 현악기의 일종. 나무로 배처럼 만들어 소나 무의 심줄로 줄을 메었음.

와관(瓦棺)[명] 《동》도관(陶棺).

와구(瓦溝)[명] 기와고랑.

와:구(臥具)[명] 누울 때에 쓰는 물건의 총칭. bedding

와구-토(瓦口土)[명] 원-아귀토.

와굴(窩窟)[명] 《동》소굴(巢窟).

와그너-법[—빱](Wagner 法)〈법률〉 1935년 7월에 미국에서 뉴딜(New Deal) 정책의 일환으로 제정된 노동 관계법. 노동자의 단결권·단체 교섭권 및 단체 협약을 인정하고, 부당 노동 행위들 엄금함. Wagner's law

와그르르[무] ①쌓였던 물건이 갑자기 한꺼번에 무너지는 소리나 모양. clattering ②적은 물이 넓은 면적으로 야단스럽게 끓어오르는 소리나 모양. with a seething sound ③천둥이 가까운 곳에서 야단스럽게 일어나는 소리. 《큰》 워그르르. thundering 하다

와그작=거리다[자] 시끄럽게 복작거리다. 《큰》 워그적거리다. boisterous **와그작=와그작**[부] 하다

와글=거리다[자] ①많은 사람들이 벌레 같은 것이 좁은 곳에서 뒤끓어 뒤섞여 움직이다. swarm ②적은 물이 넓은 곳에서 야단스럽게 소리를 내며 끓다. 《큰》 워글거리다. **와글=와글**[부] 하다

와기(瓦器)[명] 《공업》 토기(土器). earthenware

와눈[토] 《고》 와는.

와:-내(臥內)[명] 침실(寢室) 안. 잠자리. bed

와니스(←varnish)[명] 《화학》 도료(塗料)의 하나. 수지(樹脂) 등을 용제에 녹여 만든 투명 내지 반투명의 점액. 광택이 나며 습기를 방지함. 《약》니스.

와닥닥[부] 놀라서 갑자기 뛰어나오는 모양. 또, 그 소리. suddenly 하다

와당(瓦當)[명] 기와의 마구리. 막새와 내림새의 끝에 원형이나 혓바닥 같은 반원형으로 되거나, 좁고 만 듯한 전이 붙어 있으며, 무늬가 있는 부분. antefix thump 하다

와닥탕[부] 넓빤지 위에 부딪쳐 요란하게 울리는 소리.

와당=거리다[자] 자꾸 와당당하다. **와당탕=와당탕**[부] 저기 부딪쳐 울리는 소리. thumping 하다

와당탕=퉁탕[부] 넓빤지 위에서 요란스럽게 뛰며 여기

와대(瓦大)[명] 《공업》 질로 만든 큰 충항아리.

=와며[토] 《고》 =고자. → =과며.

와도(瓦刀)[명] 《건축》 기와를 쪼개는 칼. 네모 반듯한 첫조각에 쇠자루가 달렸음. tile-cutter

와동(渦動)[명] '소용돌이'의 한자말. vortex

와동(渦動輪)[명] 《물리》 유체(流體)가 폐곡선(閉曲線)을 축(軸)으로 하여 회전할 때 생기는 바퀴 모양. 총이나 대포를 쏠 때 나는 연기 같은 것. 와동환(渦動環). vortex ring

와동-하다(渦動—)[자] 소용돌이치다.

와동-환(渦動環)[명] 《동》와동륜(渦動輪).

와드득[부] 단단한 물건을 깨물거나 마구 부러뜨릴 때 나는 소리. 하다

와드득=거리다[자] 연해 와드득 소리가 나다. 또, 그런 소리를 나게 하다. **와드득=와드득**[부] 하다

와드등=와드등[부] 그릇 따위가 서로 부딪쳐서 깨어지는 소리. clattering 하다

와들=와들[부] 몹시 춥거나 무서워서 야단스럽게 떠는 모양. 《약》 왈왈². shuddering 하다

와디(wadi)[명] 《지학》물이 없다가, 비가 오면 물이 흐르는 골짜기. 사막에서 흔히 볼 수 있음.

와락[부] 급히 대들거나 잡아당기는 모양. 《큰》 워럭. suddenly

와락=와락[부] ①잇달아 와락 달려들거나 잡아당기는 모양. ②더운 기운이 매우 성하게 일어나는 모양.

·와·로[토] 와를. 《큰》 워럭워럭. harshly 하다

와려(蝸廬)[명] ①작은 집의 비유. ②자기 집을 겸손하게 이르는 말. 와옥(蝸屋). humble cottage

와·로[토] 와 더불어. without working

와:료(臥料)[명] 일을 하지 않고 받는 급료. payment

와·룡(臥龍)[명] ①엎드려 있는 용. lying dragon ②초야(草野)에 묻혀 세상에 알려지지 않은 큰 인물의 비유. ¶ ~ 봉추(鳳雛). great man in hiding

와:룡-관(臥龍冠)[명] 말총으로 만든 판.

와:룡 장:자(臥龍壯子)[명] 엎드린 용과 같이 힘이 서려 있는 장사.

와:룡 촉대(臥龍燭臺)[명] 놋쇠나 나무로 만들어 위에 뚫음을 새긴 큰 촛대. candle stick

와류(渦流)[명] 소용돌이치면서 흐르는 일. 또, 그 흐름. swirling stream 하다

와:릉(窪陵)[명] ①우묵한 곳과 높은 곳. high and low places ②기복과 성함. rise and fall

와르르[부] ①여럿이 한꺼번에 몰려 움직이는 모양. 또, 그 소리. with rush ②물이 야단스럽게 끓는 소리. ③쌓였던 물두머기 등이 야단스럽게 무너지는 소리나 모양. ④천둥이 야단스럽게 나는 소리. ⑤피어 있던 물이 갑자기 쏟아져 나오는 소리. 《큰》워르르. with crash 하다

와륵[] ①깨진 기와 조각. pieces of tiles ②기와와 자갈. tiles and pebbles ③하찮은 것의 비유. 또, 쓸모없는 사람. 《원》와력(瓦礫). useless man

와문(渦紋)[명] 소용돌이 모양의 무늬.

와:방(臥房)[명] 침실(寢室). bedroom

와:변(臥邊)[명] 《동》누운변.

와:병(臥病)[명] 병으로 자리에 누움. 병와(病臥). lying in bed for illness 하다

와부(瓦釜)[명] 와요(瓦窯).

와사(瓦師)[명] 《동》와공(瓦工).

와사(瓦斯)[명] '가스(gas)'의 한역(漢譯).

와사(蝸舍)[명] ①작고 좁은 집. small and narrow

와삭囝 바싹 마른 얇고 가벼운 물건이 서로 스치거나 부서질 때 나는 소리. 《큰》 워석. 《센》 와싹¹. rustling 하다

와삭-거리-다재타 연해 와삭 소리가 나다. 또, 연해 와삭 소리를 나게 하다. 《큰》 워석거리다. 《센》 와싹거리다. **와삭-와삭**團 하다

와삭-버석囝 와삭거리며 버석거리는 소리. 또, 그 모

와:상(臥床)囝 침상(寢床).

와상(渦狀)囝 소용돌이 모양으로 빙빙 도는 형상. (渦形).

와:상 마비(臥床痲痺)〈의학〉 장기간 병석에 누웠던 관계로 환자 발끝이 마비되는 일. bed spread

와상-문(渦狀紋)囝 소용돌이 무늬. paralysis

와상 성운(渦狀星雲)〈천문〉소용돌이 무늬의 성운. 수백 년 광년이나 되는 은하계 밖의 섬. spiral nebula

와서(瓦署)〈제도〉조선 때 관에서 쓰는 기와·벽돌을 만들어 바치던 관아.

와석(瓦石)囝 기와와 돌. tiles and pebbles

와:석(臥席)囝 병석에 누움. lying in bed for illness

와:석 종신(臥席終身)자기 명(命)에 죽음. 《대》 비명 횡사(非命橫死). 하다

와선(渦旋)囝 소용돌이 침. whirl 하다

와선(渦線)囝〈수학〉'소용돌이선'의 구용어. spiral

와설(訛說)囝(동) 와언(訛言)①.

와셀린(←vaseline)囝→바셀린.

와셔(washer)囝 ①세탁기. 세광기(洗鑛機). ②볼트로 물건을 쬘 때 너트 밑에 끼우는 얇은 쇠붙이.

와송(瓦松)囝(동) 지부지기.

와:송-주(臥松酒)囝 누운 소나무를 파고 술을 빚어 넣은 후에 뚜껑을 덮어서 열흘쯤 두었다가 꺼낸 술.

와스스囝 ①요란스럽게 나뭇잎이 흔들리거나 가랑잎이 떨어지는 소리. rustling ②물건의 사개가 한꺼번에 물러나는 소리. loosely ③가벼운 물건이 요란스럽게 무너져 흩어지는 소리. rustling 하다

와:식(臥食)囝 일을 하지 않고 놀고 먹음. 좌식(坐食). living in idleness 하다

와:신 상담(臥薪嘗膽)囝 섶에 눕고 쓸개를 맛본다는 뜻으로 곧, 마음먹은 일을 이루려고 고생을 참고 견딤. 《약》상담(嘗膽). 하다

와실(蝸室)囝 ①달팽이 껍질같이 좁은 방. ②자기 방을 겸손하게 일컫는 말. my room

와싹¹《센》→와삭.

와싹²囝 단번에 거침없이 나아가거나, 갑자기 늘거나 줄어드는 모양. 《큰》 우썩.

와싹-거리-다재타 와싹와싹 소리가 나다.

와어(訛語)囝(동) 사투리. [dless rumour ②사투리.

와언(訛言)囝 ①잘못 전해진 말. 와설(訛說). groun-

와옥(瓦屋)囝 기와집. tile-house

와옥(蝸屋)囝(동) 와려(蝸廬)②.

와:요=우아우아. [마.

와요(瓦窯)囝 기와를 굽는 가마. 와부(瓦釜). 기와 가

와우(蝸牛)囝(동) 달팽이.

와우-각(蝸牛殼)〈생리〉내이(內耳)의 일부분. 섭유골(顳顬骨) 안에 있는 나선상(螺旋狀)의 기관. 안에 임파액이 찬 와우관이 있고 고막에 전하는 음파를 받아서 감지함. 달팽이관. cochlea

와우각-상(蝸牛角上)囝 달팽이 뿔 위라는 뜻으로, 세상이 좁음을 일컫는 말.

와:유(臥遊)囝 집에 누워 있으면서 명승지와 고적을 그림으로 보고 즐기는 것. 하다

와:유 강산(臥遊江山)囝 누워서 강산을 노닌다는 뜻으로 산수의 그림을 보면서 즐김. 하다

와음(訛音)囝 그릇 전하여진 글자의 음. corruption

와의(瓦衣)囝 기왓장 위에 끼는 이끼. moss on the tile-roof

와이(Y, y)囝 ①영어의 스물다섯째 자모. ②〈수학〉세로 좌표. ③〈화학〉이트륨(ytrium)의 원소 기호.

와이 더블류 시: 에이(Y.W.C.A.)囝〈약〉Young Women's Christian Association 기독교 여자 청년회.

와이드(wide)囝 폭이 넓음.

와이드 스크린(wide screen)〈연예〉비스타비전·시네라마·시네마스코프 등 대형 스크린의 총칭.

와이드 프로(←wide programme)囝 라디오·텔레비전의 장시간 프로. [셔츠.

와이셔츠(white shirt)囝 양복 속에 입는 소매 달린

와이어(wire)囝 ①철사. ②전선(電線). ③전신. 전보. ④악기의 현(弦).

와이어 게이지(wire gauge)囝 ①철사의 굵기를 재는 기구(器具). ②철사의 선번(線番).

와이얼리스(wireless)囝 ①무선 전신. 무선 전화. 무선 전보. ②와이어 전보.

와이 엠 시: 에이(Y.M.C.A.)囝〈약〉Young Men's Christian Association 기독교 청년회.

와이 염색체(Y 染色體)囝〈생물〉성염색체의 하나. 암컷에는 없고 수컷의 몸세포에 짝데이 단독으로 들어 있는 염색체 이외의 또 하나의 특수한 염색체. 《대》 엑스(X) 염색체. Y chromosome

와이 좌:표(Y 座標)囝〈수학〉점의 좌표의 구성 성분의 하나. 평면상의 점의 좌표(x, y)에 있어서의 y, 공간의 점의 좌표(x, y, z)에 있어서의 y를 이름. 세로 좌표.

와이퍼(wiper)囝 자동차의 앞 유리에 들이치는 빗방울 따위를 자동적으로 좌우로 움직여 닦아 내는 장

와이프(wife)囝 아내. 처. [치.

와이프-아웃(wipe-out)囝 영화에서, 한 장면이 지워지듯이 한쪽으로 사라지면서 다음 장면이 나타나는

와인(wine)囝 ①포도주. ②술. 주류. [장면 접속법.

와인 글라스(wine glass)囝 ①술잔. 양주용의 잔. ②포도주, 특히 셰리주(酒)용의 잔.

와인드=업(wind-up)囝〈체육〉야구에서, 투수가 투구 예비 동작으로 팔을 크게 휘두르는 일.

와일드(wild)囝 사나움. 거칠고 난폭함. 하다

와일드 피치(wild pitch)囝〈체육〉야구에서, 투수의 폭투(暴投).

와작=와작囝 ①억지로 일을 급하게 해 나가는 모양. recklessly ②깍두기나 김치 따위를 마구 씹는 소리. 《큰》우적우적. munching

와작-인(Wadjak 人)囝 현생 인류(現生人類)의 화석종(化石種)의 하나. 자바의 브란타스 강 상류에서 1889~1890년 남녀 각 한 개의 두골(頭骨)·하악골(下顎骨)이 발견되었음.

와:잠(臥蠶)囝 잠자고 있는 누에.

와:잠-미(臥蠶眉)囝 자는 누에와 같이 길고 굽은 눈썹. long eye-brows

와장(瓦匠)囝 기와장이. tile-maker

와전(瓦全)囝 아무 보람도 없이 헛되이 신명(身命)을 보전함. 《대》옥쇄(玉碎). 하다 [다.

와전(訛傳)囝 그릇 전함. 유전(謬傳). false report 하

와중(渦中)囝 ①소용돌이치며 넘실 흐르러가는 가운데. whirlpool ②분잡하고 떠들썩한 사건의 가운데.

와즙(瓦葺)囝 기와로 지붕을 임. 하다

와지(窪地)囝 움푹 파이어 웅덩이가 된 땅. pit ground

와지끈囝 여러 가지 단단한 물건이 갑자기 부러지거나 부서지는 소리. with crash 하다

와지끈-거리-다재타 와지끈 소리가 잇따라 나다. **와지끈-와지끈**囝재타

와지끈-뚝딱囝 크거나 작은 여러 가지 단단한 물건이 부서지는 소리. crashingly 하다

와짝囝 한꺼번에 나아가거나 또는 갑자기 늘거나 주는 모양. with rush [가거나 줄어드는 모양.

와짝=와짝囝 한번에 줄기차게 나아가거나 또는 늘어

와:창(臥瘡)囝〈한의〉병석에 오래 누워 있어 엉덩이 같은 데에 생기는 부스럼. bed-sore

와창(蝸瘡)囝〈한의〉손가락·발가락 사이에 뾰루지가 나서 몹시 가렵고 아픈 병.

와초(蛙초)囝 개구리눔. fried-frogs

와치(臥庋)囝〈공업〉겟물을 덮지 않은 질그릇 잔.

와:치(臥治)[명] 누워서 정치함. 곧, 쉽게 백성을 잘 다스림의 비유. ¶ ~ 천하(天下). govern with ease
와칭(訛稱)[명] 그릇 이르는 칭호. wrong name [하다]
와탈(訛脫)[명] 글자의 와전(訛傳)과 탈락(脫落). false report and omission
와:탑(臥榻)[명] 〈동〉 침상(寢床).
와트(watt)[의명] 〈물리〉 전기 공학에서 쓰는 공률(工率)·전력(電力)의 단위. 1볼트의 전위차를 가진 두 점 사이를 1암페어의 전류가 흐를 때 소비되는 일의 양을 1와트라 하며, 1와트는 1/746마력에 상당함. 기호; W
와트-계(watt 計)[명] 〈동〉 전력계(電力計).
와트-시(watt 時)[의명] 〈물리〉 공률(工率)로 1와트의 전기 에너지의 실용 단위. 한 시간에 하는 작업의 양. watt-hour
와판(瓦版)[명] 옛날에, 목판 대신 마른 진흙에 문자나 그림을 조각해 구워서 기와로 만들어 인쇄하던 인쇄판. 「모양. Ha! Ha!
와하하[부] 거리낌없이 떠들썩하게 웃는 소리. 또, 그
와해(瓦解)[명] 어떤 원인으로 인해 사물이 헤어져 흩어짐. 붕괴(崩壞). collapse [하다]
와형(渦形)[명] 〈동〉 와상(渦狀).
와:화(瓦花)[명] 〈식물〉 지붕지기를 이르는 말.
와:환(臥還)[명] 〈제도〉 환자(還子) 곡식을 꾸어 두고 해마다 모곡(耗穀)만을 받아들이던 일.
왁다그르르[부] 작고 단단한 여러 개의 물건이 서로 부딪치며 굴러가는 소리. (큰)워더그르르. [하다]
왁다글-거리-다[자] 왁다그르르 소리가 나다. (큰)워더글거리다. 왁다글=왁다글[부] [하다]
왁다글-닥다글[부] 작고 단단한 여러 개의 물건이 다른 물건에 야단스레 서로 부딪치며 굴러가는 소리. (큰)워더글더더글. rolling and clattering [하다]
왁달-박달[부] 행동이 단정하지 못하고 조심성 없이 수선스러운 모양. making much ado [하다]
왁:댓-값[명] 자기 아내를 간부(姦夫)에게 빼앗기고 받는 돈.
왁살-고사리[명] 〈식물〉 꼬리고사리과의 다년생 양치류(羊齒類). 길이 60cm 가량으로 빛은 담갈색이며 다갈색의 자낭군이 잎의 뒷면에 산재함. 깊은 산의 나무 밑에 남. ferns
왁살-스럽다[형][ㅂ불] 〈약〉→우악살스럽다.
왁스(wax)[명] ①납(蠟). 봉랍(封蠟). ②스키의 활주면에 바르는 납의 일종. ③레코드 취입(吹入)에 쓰이는 납판(蠟板).
왁시글-거리-다[자] 사람이나 동물이 한 곳에 많이 모여 물도록 복잡하게 움직이다. swarm 왁시글=왁시글[부] [하다]
왁시글-덕시글[부] 많은 사람·동물이 들끓어 서로 붐비며 복잡하게 움직이는 모양. in swarms [하다]
왁실-거리-다[자] 많은 사람·동물이 한데 모여 움직이다. swarm 왁실=왁실[부] [하다]
왁실-덕실[부] 많은 사람·동물이 들끓어 붐비며 복잡하게 움직이는 모양. in swarms [하다]
왁자그르르[부] ①여러 사람이 시끄럽게 웃고 떠드는 소리. 또, 그 모양. clamorously ②소문이 퍼져 갑자기 시끄러운 모양. (큰)워저그르르. uproariously [하다]
왁자지껄-하-다[자][여] 여러 사람이 모여 정신이 어지럽도록 소리를 높여 지껄이다. clamorous
왁자-하다[형][여] ①정신이 어지럽도록 떠들썩하다. noisy ②〈동〉왜자하다.
왁:저지[명] 무를 굵게 썰고 고기·다시마 등을 넣어 고명하여 삶거나 볶은 반찬의 하나.
왁친(Vakzin 도)[명] 〈의학〉 각종 전염병의 병원균으로 만든 세균성 제제(細菌性製劑)로, 접종용으로 쓰이는 면역 재료. vaccine(vaccine)
완각[명] 〈건축〉 맞배 지붕 및 팔작 지붕의 측면.
완강(頑强)[명] 태도가 완고하고 의지가 굳셈. doggedness [하다] 히[
완거(頑拒)[명] 완강하게 거절함. flat rejection [하다]

완결(刓缺)[명] 나무·돌·쇠붙이 등에 새긴 글자가 닳아 없어짐. [하다] 「pletion [하다]
완결(完決)[명] 완전하게 끝을 맺음. 완결(完結). com-
완결(完結)[명] 〈동〉 완결(完決). [하다]
완고(完固)[명] 완전하고 견고함. complete and solid
완고(頑固)[명] 완강하고 고루(固陋)함. obstinacy [하다] 히[「적이 아님. indirect [하다] 히[
완-곡(婉曲)[명] 말·행동을 빙 둘러서 함. 말씨가 노골
완-곡(緩曲)[명] 느리고 간곡함. slow curve [하다]
완골(完骨)[명] 〈생리〉 귀 뒤에 좀 도도록히 나온 뼈.
완-골(腕骨)[명] 〈생리〉 사람의 손목의 뼈.
완공(蜿工)[명] 머름의 한가운데나 장지문의 궁창 등에 장식으로 새김질하는 일.
완공(完工)[명] 공사를 마침. 공사가 끝남. 준공(竣工). completion [하다]
완구(完久)[명] 완전하여 오래 견딤. durability [하다] 히[
완:-구(玩具)[명] ①장난감. toy ②〈동〉 축구(蹴球).
완-구(緩球)[명] 야구에서, 느린 공. 슬로 볼(slow ball).
완군지-계(完久之計)[명] 완전하여 영구히 변치 않을 계교.
완국(完局)[명] 완전하여 결점이 없는 국면.
완-급(緩急)[명] ①느림과 빠름. fast and slow ②〈동〉 위급(危急).
완-급 기호(緩急記號)[명] 〈음악〉 악곡상 어느 부분을 느리게 또는 빠르게 그 속도를 변경하여 주는 기호. tempo rotation
완-급 열차(緩急列車)[명] 완급차를 연결한 열차.
완-급-차(緩急車)[명] 차장실(車掌室)의 한쪽에 수동 제동기(手動制動機) 또는 관통 제동기(貫通制動機)를 장치한 차량. brake van
완-기(緩期)[명] 기일(期日)을 느즈러뜨림. 기일을 연장시킴. postponement [하다]
완납(完納)[명] 완전히 납부함. full payment [하다]
완-독(玩讀)[명] 글 뜻을 깊이 생각하며 읽음. careful
완-독(緩督)[명] 독촉을 늦추어 줌. 재촉을 늦춤. [하다]
완-두(豌豆)[명] 〈식물〉 콩과의 이년생 만초(蔓草). 5월에 백색 또는 자주색의 나비 모양의 꽃이 피고 열매는 꼬투리로 속에 둥근 종자가 있음. 종자는 식용, 잎과 줄기는 사료용으로 씀. common pea
완둔(頑鈍)[명] 완고하고 우둔하다. dull [하다]
완:려(婉麗)[명] 정숙하고 아름다움. beautiful [하다]
완-력(腕力)[명] ①주먹심. physical force ②육체적인 힘으로 해 나가는 일. 완절(腕節). ¶~에 호소하다. physical strength 「도로하는 일.
완-력 사태(腕力沙汰)[명] 완력으로 일의 해결(解決)
완:-롱(玩弄)[명] 장난감이나 놀림감으로 삼음. toying
완-롱물(玩弄物)[명] 장난감. ②놀림감. toy [하다]
완료(完了)[명] ①완전히 끝을 냄. 완제(完濟)②. 종료②. completion ②〈동〉완료상(完了相). [하다]
완료상(完了相)[명] 동사상(動作相)의 하나. 동작의 완결을 표시함. 주로 과거 시제의 선어말 어미 '=었=' '=았='='었었='='았었='에 의해 나타나는데, '=아 있다'='았다', '=어 있다'='었다', '=아 있겠다'='았겠다' 등으로 표현됨. 완료(完了)②.
완-류(緩流)[명] 느리게 흐르는 일. 또, 그 흐름. slow stream [하다] 「elegance ②수다분함. [하다]
완:만(婉娩)[명] ①여자의 태도가 의젓하고 부드러움.
완만(頑慢)[명] 완악(頑惡)하고 거만함. obstinate and haughty [하다]
완만(緩晩)[명] 날짜가 점점 늦어짐. delay [하다]
완만(緩慢)[명] ①모양이나 행동이 느릿느릿함. ¶~한 동작. 〈대〉민속(敏速). slowness ②경사가 급하지 않음. 「fortunate life
완명(頑命)[명] 죽지 않고 모질게 살아 있는 목숨. un-
완명(頑冥)[명] 완고하고 도리에 어두움. stupidity [하다]
완:-목(腕木)[명] 전선을 매기 위해, 전주(電柱)에 가로 대는 목재(橫木).
완몽(頑蒙)[명] 완미(頑迷). [하다]

완문(完文)圀〈제도〉관아에서 부동산에 관해 처분한
완:물(玩物)圀 장난감. 는 증명서. 관문(官文).
완미(完美)圀 완전하여 결함이 없음. beautiful 하图
완미(玩味·翫味)圀 ①음식을 잘 씹어서 맛봄. tasting
 ②시문(詩文)의 의미를 잘 음미함. appreciation 하图
완미(頑迷)圀 완강하여 사리에 어두움. 완몽. stubb-
 ornness 하图
완민(頑民)圀 완반(頑慢)한 백성. 완고한 백성.
완벽(完璧)圀 ①흠이 없는 구슬. ②사물이 결점이 없
 이 완전함. perfection ③빌려 온 물건을 온전히 돌
 려보냄. return 하图
완보(完補)圀 완전히 보충함. supplementation 하图
완:보(緩步)圀 느리게 걸음. 느린 걸음. 《대》급보(急
 步). 질보. slow walk 하图
완본(完本)圀《동》완질본(完帙本).
완봉(完封)圀 ①완전히 봉쇄함. 완전히 봉함. ②《체
 육》 야구에서, 투수가 완투(完投)하여 상대 팀에게
 전혀 득점을 주지 않음. 하图
완부(完膚)圀 ①상처 하나 완전한 채로 있는 살가죽.
 whole skin ②흠이 없는 온전한 살가죽의 비유. perfection
완:부(腕部)圀 동물·곤충 등에서 팔이 되는 부분.
완부(頑夫)圀 완고한 사내.
완불(完拂)圀 남김없이 완전히 지불함. 하图
완비(完備)圀 빠짐없이 완전히 구비함. 전비(全備).
 completely equipment 하图 〔斜〕. gentle slope
완:사(緩斜)圀 가파르지 않은 완만(緩慢)한 경사(傾
완:사ー면(緩斜面)圀 완만한 경사면. ation 하图
완상(玩賞)圀 완상(玩賞)하여 즐김. 취미로 구경함. appreci-
완:색(玩色)圀《동》완역(玩譯).
완:서(緩徐)圀 느릿느릿하고 천천함. 하图
완선(頑癬)圀《의학》둥글고 불그스름한 현데가 나고
 가려워지는 피부병. [pletion.하图
완성(完成)圀 완전히 다 이룸. 《대》미완성(未完成).Com-
완ー속 물질(緩速物質)[ー질]圀《동》감속제(減速材).
완ー속ー체(緩速體)圀《동》감속재(減速材).
완수(完遂)圀 완전히 수행함. accomplishment 하图
완수(頑守)圀 굳세게 지킴. adherence 하图
완숙(完熟)圀 완전히 익음. 무르익음. maturity 하图
완숙(婉淑)圀 아름답고 겸손함. beautiful and modest
완:순(婉順)圀 예쁘고 순함. 하图 [modesty.
완습(頑習)圀 완악(頑惡)한 습벽(習癖). inveterate
 habits [victory 하图
완승(完勝)圀 완전한 승리. 《대》완패(完敗). complete
완신ー세(完新世)圀《동》충적세(沖積世).
완실(完實)圀 완전하고 확실함. certainty 하图
완악(頑惡)圀 성질이 완만하고 모짊. 《약》완(頑).
 stubbornness 하图 스럽 스레
완:애(玩愛)圀 즐겨 구경함. appreciation 하图
완:약(婉弱)圀 성질이 유순하고 아리잠직함. meekness
완ー여반석(完如盤石)圀 《동》견여반석(堅如盤石).
완역(完譯)圀 전문(全文)을 완전히 번역함. 또, 그 글.
 《대》초역(抄譯). complete translation 하图
완:독(玩讀)圀 글의 깊은 뜻을 생각하여 찾음. 완색
 (玩索). close study 하图
완연(完然)圀 흠이 없이 완전한 모양. 하图
완:연(宛然)圀 ①뚜렷하게 나타남. clearness ②모양
 이 서로 비슷함. resemblance 하图 히图
완ー연(蜿蜒)圀 ①뱀 등이 꾸불꾸불 기어가는 모양. ②
 꾸불꾸불 길게 늘어선 모양. ¶ ~천리의 길. 하图
완영(完泳)圀 끝까지 헤엄침. 하图 [히图
완:연(婉娩)圀 ①몸가짐이 예쁘고 얌전함. ②완전
 (婉轉)②. gracefulness ③용(龍)이 날아가는 모양.
완:완(緩緩)圀 느릿느릿한 모양. slowness 하图 스레
완우(頑愚)圀 완고하고 우매함. stupidity 하图
완:월(玩月)圀 달을 완상함. enjoying the moon 하图
완:월ー사(玩月砂)圀〈한의〉토끼의 똥. 눈병·폐로(肺
 癆)·치루(痔瘻) 등의 약으로 쓴.
완:의(浣衣)圀 옷을 빨. [素粒)을 내지 아니하는 일. 《대》불완전 연소.
완:이(莞爾)圀 빙그레 웃는 모양. smile

완인(完人)圀 ①신분·명예에 흠이 없는 사람. perfect
 man ②병이 완쾌한 사람.
완자(ー子)圀 쇠고기를 잘게 이기어 달걀·두부 등을 섞고
 둥글게 빚어 기름에 지진 음식. ¶ ~탕(湯). cooked
완:ー자(卍字)圀〈佛〉→만자(卍字). [meatballs
완:자ー문(卍字門)圀 문살을 '卍'자 모양으로 만든 문.
완:자ー문(卍字紋)圀 '卍'자를 이어서 만든 무늬.
완:자ー창(卍字窓)圀 '卍'자 모양으로 창살이 된 창.
완:장(阮丈)圀〈남의 삼촌을 이르는 말. your uncle
완:장(腕章)圀 옷의 팔부분에 두르는 표장(標章).
 arm badge [지 완전히 실음. 하图
완재(完載)圀 책·잡지 따위에, 작품 전체를 마지막까
완:저(緩疽)圀〈한의〉살빛이 자흑색으로 되고 진무
완적(頑敵)圀 완강한 적. [르는 병.
완전(完全)圀 ①부족함이 없음. 십전(十全). perfection
 ②결점이 없음. faultlessness 하图 히图
완:전(宛轉)圀 순탄하고 원활하여 구차하지 않음. 완
 전(婉轉)①. [하图
완:ー전(婉轉)圀 ①《동》완전(宛轉). ②《동》완완(婉婉)①.
완전 고용(完全雇傭)圀〈경제〉일할 능력과 의사가
 있는 사람에게는 모두 직업이 보장되어 있는 상태.
 《대》불완전 고용. full employment
완전 기체(完全氣體)圀《동》이상 기체(理想氣體).
완전 독립국(完全獨立國)圀《동》완전 주권국.
완전 독점(完全獨占)圀〈경제〉공급자가 한 사람에게
 완전한 독점 상태. 단순 독점.
완전 동ː사(完全動詞)圀〈어학〉다른 단어로 보충하
 지 않아도 뜻이 완전한 동사. 완전 자동사와 완전
 타동사가 있음. 《대》불완전 동사(不完全動詞). com-
 plete verb
완전 명사(完全名詞)圀〈어학〉홀로 완전히 독립된
 뜻을 가지며 사물의 실질적인 뜻을 가지고 있는 명
 사. 불완전 명사에 대하여 일컫는 말. 실질 명사
 (實質名詞). 자립 명사(自立名詞).
완전 무결(完全無缺)圀 완전하여 부족함이나 결점이
 없음. 완전 무흠(完全無欠). absolute perfection
완전 무흠(完全無欠)圀《동》완전 무결(完全無缺).
완전 범ː죄(完全犯罪)圀 단서나 증거 물품을 남기지
 않고, 교묘하여 수사자을 피할 범죄.
완전 변ː태(完全變態)圀 곤충이 발생 과정에서 알·유
 충·번데기의 3단계를 완전히 거치는 일. 《대》불완
 전 변태. perfect transformation
완전 비ː료(完全肥料)圀 질소·인산·칼리의 삼 요소를
 적당히 섞은 비료. integral manure
완전 사ː변형(完全四邊形)圀〈수학〉한 평면 위에 있
 어 어느 세 개도 같은 점을 지나지 않는 네 개의 직
 선과 그 여섯 개의 교점(交點)으로 되어 있는 도형.
 complete quadrilateral
완전 사ː회(完全社會)圀 모든 사회적 활동과 협동을
 영위할 수 있을 정도로 규모가 크며, 다른 사회로부
 터 독립하여 지역 지배를 유지하는 지역(地緣)
 사회를 이르는 말.
완전ー설(完全說)圀〈윤리〉도덕 본질을 인간의 완성
 에 있다고 하는 라이프니쯔의 설. perfectionism
완전 소ː절(完全小節)圀〈음악〉'갖춘마디'의 한자
 이름.
완전ー수(完全數)圀〈수학〉어떤 정수(整數)에 있어
 서 그 정수와 같지 않은 모든 약수(約數)의 화(和)
 가 그 정수와 같은 때의 그 정수. perfect number
완전 시ː합(完全試合)圀 《동》 퍼펙트 게임(perfect
 game).
완전 식품(完全食品)圀 건강상 필요로 하는 영양소를
 모두 함유하는 단독 식품. 우유 따위.
완전 실업자(完全失業者)圀 일할 의사와 능력이
 있으면서 취업의 기회를 얻지 못하여 전연 일에
 종사하고 있지 않는 사람.
완전 연소(完全燃燒)圀〈화학〉산소가 충분히 공급되
 어서, 가연물(可燃物)이 충분히 연소하여 탄소립(炭
 素粒)을 내지 아니하는 일. 《대》불완전 연소.

완전=엽(完全葉)[명]〈식물〉잎새·잎자루·먹일의 셋을 갖춘 잎. 갖춘잎. 《대》 불완전엽. complete leaf

완전 자동사(完全自動詞)[명]〈어학〉①어미 활용이 완전하여 여러 가지 어미가 자유로이 붙는 자동사. ②다른 단어로 보충하지 않아도 뜻이 완전한 자동사. 《대》 불완전 자동사(不完全自動詞). complete intransitive verb

완전 제곱(完全—)[명]〈수학〉어떤 수 또는 식이 제곱으로 되는 수나 식. perfect square. =곱된 수.

완전 제곱수(完全—數)[명]〈수학〉정수(整數)의 제곱.

완전 제곱식(完全—式)[명]〈수학〉정수의 제곱으로 된 식. perfect square expression

완전 주권국(完全主權國)[—꿘—][명]〈법률〉한 나라가 주권을 완전히 행사하고, 조금도 다른 나라의 제한이나 간섭을 받지 않는 나라. 완전 독립국.

완전 중립국(完全中立國)[명]〈법률〉완전히 중립국의 의무를 이행하는 나라. 《대》 불완전 중립국.

완전 타동사(完全他動詞)[명]〈어학〉①어미 활용이 완전하여 여러 가지 어미가 자유로이 붙는 타동사. ②보어 없이도 완전한 뜻을 이루는 타동사. 갖은남움직씨. 《대》 불완전 타동사. perfect transitive verb

완전 평방(完全平方)[명]〈수학〉'완전 제곱'의 구용어. perfect square

완전 평방수(完全平方數)[명]〈수학〉'완전 제곱수'의 구용어.

완전 평방식(完全平方式)[명]〈수학〉'완전 제곱식'의 구용어.

완전 형용사(完全形容詞)[명]〈어학〉다른 낱말로 보충하지 아니하여도 뜻이 완전한 형용사. 《대》 불완전 형용사. complete adjective

완전=화(完全花)[명]〈식물〉꽃받침·꽃잎·암수의 꽃술을 완전히 갖춘 꽃. 무궁화꽃·벚꽃 등. 갖춘꽃. 《대》 불완전화. complete flower

완:절(腕節)[명] ①완력(腕力). ②팔의 관절.

완정(完定)[명] 완전히 결정함. perfect decision 하타

완정(完晶質)[명]〈광물〉화성암이 파리(玻璃)를 포함하지 않고, 그 석리(石理)가 모두 결정 물질로 이루어지는 일. 심성암에 볼 수 있음.

완제(完製)[명] 완전히 만듦. 또, 그 제품.

완제(完濟)[명] ①임무를 완전히 변제함. ②[동] 완료(完了)함. 하타 「들어진 물건. final (end) product

완제=품(完製品)[명] 일정한 조건에 맞게, 완전하게 만

완조=一조(完調)[명] 호남 지방에서 부르는 시조(時調)의 창법(唱法). 《대》 경조(京調). 영조(嶺調).

완존(完存)[명] 완전하게 존재함. 하타

완주(完走)[명] 마지막까지 다 달림. 하타

완준(完準)[명] 준보는 일을 완료함. 교료(校了). 하타

완증(頑憎)[명] 완악하여 밉살스러움. hatefulness 하여

완질=본(完帙本)[명] 한 질을 이루고 있는 책에 있어서, 권책 수가 완전하게 갖추어진 책. 완본(完本).

완:초(莞草)[명]〈동〉왕골. [tigatlon] 허데

완:충(緩衝)[명] 둘 사이의 충화 현상을 완화시킴. mi-

완:충=국(緩衝國)[명] 상접하는 강국 사이에 끼어서 충돌을 완화하는 지위에 있는 나라. buffer state

완:충=기(緩衝器)[명] 철도·차량·자동차 따위에 쓰이는 장치. buffer

완:충 장치(緩衝裝置)[명] 기계나 기구에 있어서 급격한 충돌을 완화하는 장치. 고무·용수철·공기 따위의 탄력 효과를 이용하여 충격의 운동 에너지를 탄성(彈性) 에너지로 바꾸고 점성(粘性)·고체의 내부 마찰 등에 의하여 에너지로 소모(消耗)를 행함. buffer

완:충=적(緩衝的)[명] 완화시킬 수 있는(것). neutral

완:충=제(緩衝劑)[명] pH를 조절할 목적으로 가공 식품 등에 가하는 유산(乳酸)·구연산·초산(醋酸) 등 산(酸)의 나트륨염 같은 화학 물질.

완:충 지대(緩衝地帶)[명] 대립하는 두 나라, 또는 그 이상의 나라의 충돌을 완화하기 위해 설치한 중립 지대. 비무장 지대. buffer zone

완치(完治)[명] 병을 완전히 고침. perfect cure 하타

완:치(緩治)[명] 병·죄를 느슨하게 다스림. slow trea-

tment 하타 「하타

완쾌(完快)[명] 병이 완전히 나음. complete recovery

완태(頑怠)[명] 성질이 완악하고 행동이 게으름. laziness 하여 「않고, 한 경기를 끝까지 던짐.

완투(完投)[명]〈체육〉야구에서, 한 투수가 교체하지

완판=본(完板本)[명]〈문학〉조선조 말기에 전라 북도 전주에서 간행된 고대 국문 소설의 목판본의 총칭. 《대》 경판본(京板本). 「plete defeat 하타

완패(完敗)[명] 완전하여 패함. 《대》 완승(完勝). com-

완패(頑悖)[명] 완악하고 패려(悖戾)함. 하타

완피(頑皮)[명] 유들유들하여 순종하지 않는 사람의 별명. disobedient person 「낯이 닮아서 희미하다.

완=하다(洓—)[자] 도장이나 책판(冊板) 등의 글

완=하다(頑—)[여혜] ①[약] 완명(頑冥)하다. ②[약] 완약(頑惡)하다.

완:=하다(緩—)[형여] 느리다. 더디다. 「하제.

완:하=제(緩下劑)[명] 똥을 무르게 하거나 설사시키는

완한(頑悍)[명] 완악한 놈.

완:한(緩限)[명] 기한을 느스러뜨림. postponement 하

완:행(緩行)[명] ①느리게 감 「급행(急行). going slow ②〈약〉→완행 열차(緩行列車). 하타

완:행 열차(緩行列車)[—녈—][명] 각 역마다 정거하는 빠르지 않은 열차. 《대》 급행 열차. 《약》 완행②. 행차(行車). slow train

완:행=차(緩行車)[명] 《약》→완행 열차.

완호(玩戶)[명]〈제도〉식구가 여덟 이상의 집.

완:호(玩好)[명] ①진귀한 노리갯감. toy ②애완(愛玩)하여 좋아함. prize 하타 「구(玩具)②.

완:호지-물(玩好之物)[명] 신기하고 보기 좋은 물건.

완:화(玩花)[명]〈한의〉팥꽃나무의 꽃봉오리를 말린 약제. 독이 약간 있으나 부종(浮症)·해수·담 등에 쓰임. 「함. 《대》 강화(強化). mitigation 하타

완:화(緩和)[명] 눈앞에 닥쳐 급박한 것을 느슨하게

완:화=책(緩和策)[명] 완화시키는 방책. 「(語尾).

=왈=다[어미][고] 힘줌을 나타내는 동사(動詞)의 어미

왈(曰)[불자] 한문투의 말에서, '가로되·가라사대'의 뜻. say 「스럽게 구는 여자.

왈가닥[명] 매인 데 없이 덜렁덜렁하며 남자처럼 수선

왈가닥²[명] 좀 크고 단단한 여러 개의 물건이 서로 부딪쳐서 나는 소리. 《큰》 월거덕. clatter

왈가닥-거리다[자] 여러 개의 단단한 물건이 서로 부딪쳐 소리가 나다. 《큰》 월거덕거리다. 《거》 왈카닥거리다. 왈가닥왈가닥 하타

왈가닥-달가닥[부] 왈가닥거리고 달가닥거리는 소리. 《큰》 월거덕덜거덕. 《거》 왈카닥달카닥. with rattling noise 하타

왈가 왈부(曰可曰否)[명] 옳다거나 그르다거나 말함. argument pro and con 하타

왈각(王)[부]→왈가닥².

왈각-거리다[자] 《약》→월거덕거리다.

왈강(王)[부]→왈기 다랍다락.

왈강-달강[부] 여러 개의 단단한 물건이 어수선하게 서로 부딪치는 소리. 《큰》 월겅덜겅. 《거》 왈캉달캉. rattling 하타

왈딱[부] ①먹은 것을 다 게워 내는 모양. vomit suddenly ②별안간 통째로 뒤집히는 모양. 《큰》 월떡. ③물이 끓어 그릇 밖으로 갑자기 넘치는 모양. (boil over) suddenly

왈랑-거리다[자] ①흥분하여 가슴이 자꾸 설레며 매우 뛰다. be excited ②액체가 매우 흔들리다. boiling over ③먹은 것이 삭지 아니하고 속이 몹시 메슥메슥하여 자꾸 토할 것 같아지다. feel nausea ④왁낭이나 방울 따위가 요란스럽게 잇따라 흔들리다. clang noisily 왈랑-왈랑 하타

왈시 왈비(曰是曰非)[명] 잘 하였느니 잘못 하였느니 하고 말함. 시야 비야(是也非也). dispute 하타

왈왈[부] 물이 빨리 많이 흐르는 모양. copiously 하영

왈왈[부] 《약》→와들와들. 「급하다.

왈왈=하다[형여] ①성질이 괄괄하다. ②성질이 매우

왈짜[-짜] (日-) 명 왈패(王牌).
왈짜 자식[-짜-] (日-子息) 명 불량한 놈.
왈츠(waltz) 명 《음악》 3/4 박자의 화려한 무곡(舞曲). 또, 그 댄스. 원형을 그리면서 춤. 원무곡(圓舞曲).
왈카닥 ① 별안간에 힘껏 잡아당기거나 밀치는 모양. ② 갑작스럽게 마구 쏟아지는 모양. 하다
왈카닥-거리-다 재 왈카닥거리다.
왈카닥-달카닥 튀 →왈카닥달가닥.
왈칵 ① 먹은 것을 갑자기 심하게 다 게워 내는 모양. vomit suddenly ② 갑자기 통째로 세게 뒤집히는 모양. (turn over) suddenly ③ 모았던 힘으로 갑자기 밀치거나 잡아당기는 모양. 튄 월컥.
왈캉-달캉 뛰 →왈카닥카닥.
왈카-하-다 형 성미가 썩 급하다. quick-tempered
왈캉-달캉 튀 →왈강달강.
왈패(日牌) 명 언행이 단정하지 못하고 수선스러운 사람. 흔히 여자에게 씀. 왈짜. flapper
왈형 왈제(日兄日弟) 서로 형이니 아우니 하고 부르는 말. 호형 호제(呼兄呼弟). 하다
왔−갔−다 명 자주 오고가고 하는 모양. going and coming ② 정신이 맑았다 흐렸다 하는 모양. 하다
왕 명 와 외.
왕(王) 명 ① 임금. 군주. king ② 장(長). 우두머리. ③ 으뜸. ¶훈련-. 백수(百獸)의 ~.
왕- 두 ① 아주 큼을 나타내는 말. great ② 항으뜸이 할머되는 사람에의 존칭. grand
왕가(王家) 명 왕의 집안. 왕실(王室). 왕족(王族). ¶~의 출신. royal family
왕가(王駕) 명 거가(車駕)
왕-가(王駕) 명 동 왕림(枉臨). 하다
왕-가리 명 《곤충》 가뢰과의 곤충. 가뢰 중에서 가장 큰 종류로 몸 길이 3 cm 가량임. 몸빛은 흑람색(黑藍色)이며 쇠벳의 집에 기생함.
왕−가시나무(王−) 명 《식물》 장미과의 낙엽 활엽 관목. 가시가 있으며, 봄에 흰 꽃이 가지 끝에 피고 과실은 구형으로 약으로 쓰며, 어린 싹은 식용함.
왕-감(王−) 명 아주 큰 감. big persimmon
왕-감흥이(王−−) 명 동 멀구.
왕-개:미(王−) 명 《곤충》 개미과의 곤충. 몸빛은 검고 길이는 7~11 mm쯤 됨. 암컷의 배에는 금빛 털이 빽빽하게 났음. 건조한 양지에 삶. large species of ant
왕-거미(王−) 명 《동물》 호랑거미과의 거미. 몸빛은 황갈색에 다리는 적갈색, 복부 배면(背面)은 검은 줄무늬가 있음. 인가 근처나 처마 밑 또는 나뭇가지 사이에 그물을 침. large spider
왕검(王儉) 명 임금의 뜻으로, 단군(檀君)의 일컬음.
왕-겨(王−) 명 벼를 찧을 때 처음 생기는 굵은 겨. 쌀겨. chaff
왕:견(往見) 명 동 가서 봄. go and see 하다
왕경(王卿) 명 왕과 대신(大臣). king and ministers
왕계(王系) 명 왕의 계통. 왕실의 계통.
왕고(王考) 명 조고(祖考).
왕:고(往古) 명 동 전고(前古).
왕-고(枉顧) 명 동 왕림(枉臨). 하다
왕:고 금래(往古今來) 명 고왕 금래(古往今來).
왕:고 내금(往古來今) 명 예로부터 지금까지. 고왕 금래(古往今來).
왕=고들빼기(王−) 명 《식물》 꽃상추과의 일년생 풀. 7~9월에 담황색의 꽃이 피며 밤에는 꽃잎을 오무림. 동풍채(東風菜)라고 하여도 일컬음. 어린 잎은 식용.
왕=고래(王−) 명 《동물》 큰고래과의 동물. 고래 중에서 가장 큰 종류로 길이 21~25 m 가량임. 몸 빛은 회백색에 흰 반점이 있음. 지방이 많으나 품질이 낮음.
왕-고모(王姑母) 명 동 대고모(大姑母).
왕고-장(王考丈) 명 돌아가신 남의 할아버지. your dead grandfather
왕고집(王固執) 명 아주 심한 고집. 또, 그런 고집을 쓰는 사람.
왕-꼴 명 《식물》 방동사니과의 일년생 풀. 높이 90~150 cm 내 잎은 근생(根生)하며 줄기 끝에서 잔 꽃이 핌. 줄기는 자리를 만드는 데 씀. 소완초. 완초(莞草). rush
왕꼴 기직 명 왕꼴 껍질로 만든 기직. 왕꼴 자리. rush-mat 「만듦. dry rush
왕꼴 껍질 명 왕꼴의 겉껍질. 말려서 방석 같은 것을
왕꼴-논 명 왕꼴을 심는 물기가 많은 논. rush fields
왕꼴 방석(−方席) 명 왕꼴 껍질로 만든 방석.
왕꼴-속(−−속) 명 왕꼴의 줄기에서 껍질을 벗겨 낸 속살. 말려서 신 삼는 데나 끈으로 꼬아서 씀.
왕꼴 자리 명 동 왕꼴 기직.
왕공(王公) 명 왕과 공(公). 신분이 높은 사람들. 귀
왕공 대:인(王公大人) 명 신분이 고귀한 사람. 「족
왕관(王冠) 명 ① 임금이 머리에 쓰는 관. crown ② 병 마개를 밀폐하는 마개의 일컬음.
왕국(王國) 명 ① 왕을 통치자로 하는 나라. kingdom ② 하나의 큰 세력. ¶석유(石油) ~.
왕궁(王宮) 명 임금의 궁전. Royal Palace
왕권(−편) (王權) 명 국왕의 권력. 왕자의 권세. sovereign powers 「(帝王神權說)
왕권 신수설(−편−) (王權神授說) 명 제왕 신권설
왕-귀뚜라미(王−) 명 《곤충》 귀뚜라미과에 속하는 벌레. 귀뚜라미 가운데 가장 큼. 몸 빛은 갈색 또는 흑갈색이며 밭이나 풀밭에 서식함. 한국・일본 등에 분포함.
왕기 명 사기로 만든 큰 대접. big porcelain bowl
왕기(王氣) 명 ① 왕이 날 징조. 또, 왕이 될 징조. omen of king ② 대성할 징조. 잘될 징조. good omen
왕기(王畿) 명 왕도(王都) 부근의 땅. 근기(近畿). vicinity of the capital city 「조짐. good omen
왕-기(旺氣) 명 왕성한 기운. vigor ② 행복스럽게 될
왕기-뜨이-다(王氣−−) 명 왕이 될 징조나 왕이 날 징조가 보이다. show omen of king
왕-기−드이−다(旺氣−−) 명 행복스럽게 될 징조가 보이다. be of good omen
왕-김의털(王−) 명 《식물》 포아풀과의 다년생 풀. 근경은 가늘고 잎은 좁은 선형(線形)으로 총생함. 꽃은 5월에 피고 이삭은 긴 타원형으로 1 cm 내외임.
왕-꽃등에(王−) 명 《곤충》 꽃등에과의 곤충. 몸 길이 약 1.5 cm이고 몸 빛은 흑색에 다소 갈색을 띰. 유충은 더러운 물・분뇨 같은 곳에 삶.
왕녀(王女) 명 임금의 딸. (대) 왕자(王子). princess
왕:년(往年) 명 지나간 해. 왕세(往歲). 옛날. former years
왕-노린재(王−) 명 《곤충》 노린재과의 벌레. 대형의 노린재로 몸은 납작하고 주둥이는 뾰족하며 잡으면 고약한 냄새가 남. 「large eyes
왕-눈이(王−) 명 눈이 큰 사람의 별명. person with
왕당(王黨) 명 왕권의 확장・유지를 주장하는 당파. ¶~파(派). Royalists
왕대(王−) 명 《식물》 대과의 상록 목본. 높이 약 15 m, 잎의 길이 10 cm. 초여름에 자색 반점이 있는 죽순이 나는데 식용・약용함. 왕죽(王竹). 참대. 황죽(篁竹). long bamboo
왕대(王臺) 명 여왕이 될 알을 받아 기르는 벌집. 통모양으로 크고 밑둥진에 길어 아래로 드리워짐.
왕대(代代) 명 동 왕세(往昔).
왕-대:부인(王大夫人) 명 남의 할머니. your grandmother
왕-대:비(王大妃) 명 생존한 선왕(先王)의 비. empress dowager 「father
왕:대:인(王大人) 명 남의 할아버지. your grand-
왕-대포(王−) 명 '대포'를 큰 술잔으로 마시난 하여 이르는 말. 「and conduct of king
왕도(王度) 명 임금으로서의 처신(處身)과 재능. ability
왕도(王都) 명 왕궁이 있는 도성(都城)①. capital
왕도(王道) 명 ① 임금이 마땅히 지켜야 할 도. kingly way ② 유가(儒家)가 이상으로 하는 정치 사상으로 인덕(仁德)을 근본으로 하는 정도(政道). (대) 패도(覇道).

왕ː돈(王-)[명] 둘레가 큰 돈. 왕전(王錢). large coin
왕등=**발가락**[-까-](王-)[명] 굵은 발가락과 같다는 뜻으로, 울이 굵고 성긴 피륙의 일컬음. coarse cloth
왕등(一燈)[명] 장사(葬事)지내러 갈 때 메고 가는 등(燈). big lantern
왕-등이(王-)[명] 큰 피라미의 수컷. 생식 시기가 되면 몸 양편에 붉은 무늬가 나타남.
왕ː딱정벌레(王-)〈곤충〉 딱정벌레과의 곤충. 몸 길이 3 cm, 몸 빛은 흑색에 전배판과 곁날개에 여덟 개의 줄무늬가 있음.
왕ː띵(王-)[명] 첫째 또는 제일이라는 뜻을 이르는 말.
왕ː뚱이(王-)[명] 꿈두이. (路資). 하
왕ː래(往來)[명] ①오고 감. 통래(通來). ②[동] 노자
왕ː래 부절(往來不絶)[명] 끊임없이 오고 감.
왕ː래 시세(往來時勢)[명]〈경제〉 주가(株價)가 어느 한정된 시세의 폭(幅)으로 상하 운동을 반복하는 일.
왕ː래-인(往來人)[명] 자주 오고 가는 사람.
왕려(王旅)[명][동] 왕사(王師)①.
왕ː로(王路)[명] 가는 길. (대) 귀로(歸路).
왕릉(王陵)[명] 임금의 무덤. royal tomb
왕ː림(枉臨)[명][동] 남이 어디를 오는 것을 높임. 왕가(枉駕). 왕고(枉顧). 내림(來臨). your visit 하
왕ː마디(王-)[명] 그 중 큰 마디.
왕ː머루(王-)〈식물〉 포도과의 낙엽 활엽 만목. 초여름에 꽃이 피고 검고 둥그란 장과는 가을에 익고 과실은 식용함. 산지에 저절로 남. [order
왕명(王命)[명] 왕의 명령. 군명. 주명(主命). Royal
왕모(王母)[명] ①할머니. (대) 왕부(王父). grandmother ②〈도교〉나라 잔치 때 헌선도(獻仙桃) 춤에 선도반(仙桃盤)을 드리는 여기(女妓). 선모(仙母).
왕ː모래(王-)[명] 굵은 모래. coarse sand
왕ː바구미(王-)〈곤충〉 바구미과의 곤충. 몸은 극히 단단하며 흑색에 회갈색 반문이 있는 비늘에 밀생함. 활엽수의 나무진이나 고목에 있어 유충으로 고목 속에서 서식함.
왕=바랭이(王-)〈식물〉 포아풀과의 일년생 풀. 높이 30~50 cm로 잎은 좁은 선형이며 꽃은 8~9월에 수상(穗狀) 화서로 핌. 사료로 씀.
왕ː바위(王-)[명] 큰 바위. big rock
왕ː바퀴(王-)〈곤충〉 바퀴과의 곤충. 몸 길이 1.8~2.3 cm. 발빛인데 촉각은 몸보다 길고, 전흉배는 수컷이 원형, 암컷은 사각형임. 인가에 서식함.
왕ː반(往返)[명] 왕복(往復). 하
왕ː반-날개(王牛-)[명]〈곤충〉 반날개과의 곤충. 몸 길이 13~22 mm 몸 빛은 광택 있는 흑갈색. 복부는 회백색과 흑갈색의 털이 반문을 이룸. 동물의 시체 등에 모이며 바닥에서도 서식함.
왕ː밤(王-)[명] 가장 굵은 밤. [하
왕ː방(往訪)[명] 가서 찾아봄. (대) 내방(來訪). visit
왕=방울(王-)[명] 가장 큰 방울.
왕배-덕배[명] 이러니저러니 하고서 시비를 가리는 모양. argument pro and con
왕배야-덕배야[명] 여기저기서 시달림을 받아 괴로움을 견딜 수 없을 때 부르짖는 소리.
왕백(王白)[명][동] 어맥미(御白米).
왕ː뱀(王-)[명]〈동물〉 몸이 큰 뱀. [동] (boa).
왕ː버:마재비(王-)[명]〈곤충〉 버마재비과에 속하는 곤충. 몸 길이가 70~95 mm이고 몸 빛은 갈색 또는 황색. 기부에는 붉은 색 무늬가 있음. 들의 풀밭에 서식함. 큰사마귀. [벌. hornet
왕-벌(王-)[명]〈곤충〉①호박벌. carpenter bee ②일벌(王蜂).
왕법(王法)[명](法)국왕이 제정한 법령. king's law
왕ː법(-법)(枉法)[명] 법을 굽힘. 하[을 받은 죄.
왕ː법=**죄**[-뻡-](枉法罪)[명] 법을 굽히어 뇌물 받음
왕ː별-꽃(王-)〈식물〉 너도개미자리과의 다년생 풀. 높이는 1 m 내외이고 잎은 피침형임. 7월에 백색 꽃이 피고 과실은 삭과(蒴果)임.
왕ː복(往復)[명] 갔다가 돌아옴. 왕환(往還). going and returning 하

왕ː복 기관(往復機關)〈물리〉 증기나 가스 등으로 피스톤을 왕복 운동시켜, 이것을 회전 운동으로 바꾸는 원동기. 내연 기관 따위가 이에 속함. reciprocating engine [간을 왕복할 수 있는 승차권.
왕ː복 승차권(往復乘車券)[명](往復乘車券) 한 장으로 일정 구
왕ː복 엽서[-너-](往復葉書)[명] 회답을 요구할 때에 쓰는 발신용·수신용(受信用)이 겹쳐진 특수 엽서. return postcard
왕ː복 운ː동(往復運動)〈물리〉 시계추의 운동과 같은 주기적(週期的) 운동으로서, 어느 점까지 질점(質點)의 변이가 생겨 잔 때 멈췄다가 다시 본디 위치로 돌아오는 운동. (대) 회전 운동(回轉運動). reciprocation
왕ː복 차표(往復車票)[명][동] 왕복표(往復票).
왕ː복-표(往復票)[명] 한 장으로 일정 구간을 탈것으로 왕복할 수 있는 차표·비행기표·선표 따위. 왕복 차표
왕봉(王蜂)[명] 여왕벌. [표(往復車票).
왕부(王父)[명] 할아버지. (대) 왕모(王母). grandfather
왕부모(王父母)[명][동] 조부모(祖父母).
왕비(王妃)[명] 임금의 아내. 왕후(王后). empress
왕사(王事)[명] ①제왕의 사업. ②제왕이 하는 일. king's rule
왕사(王師)[명] ①왕의 군대. 왕려(王旅). royal army ②임금의 스승. 제사(帝師). king's teacher
왕ː사(枉死)[명] 억울한 죄로 죽은 일.
왕ː사(往事)[명] 지나간 일. past events
왕사-하ː다(王事-)[자여] 임금을 섬기다.
왕ː산(王山)[명] 큰 산. huge mountain [ous
왕산 같다(王山-)[형] 부피가 볼록하고 크다. volumin-
왕ː상(王相)〈불교〉 공덕(功德)을 쌓아서 모든 중(衆生)에게 베풀어 주는 일.   [짚신의 일종.
왕새기[명] 총이 없이 울기총을 띄엄띄엄 여덟 개 세운
왕ː-새우(王-)[명]〈동물〉 왕새우과의 새우. 몸 길이 약 20 cm, 온몸이 빨갛변 각 마디의 측면에 담청색 반문이 있고 촉각은 썩 김. 맛은 대하만 못함.
왕ː생(往生)[명]〈불교〉 이승을 떠나 정토(淨土)에 가 태어나는 일. 하
왕ː생-강(往生講)[명]〈불교〉 왕생 극락을 원하는 사람들이 모여 아미타불을 모시고 수도(修道)하는 법회.
왕ː생 극락(往生極樂)〈불교〉 극락 왕생. 하
왕ː생 안락(往生安樂)〈불교〉 극락 세상에 가서 안락한 생활을 함. peaceful life in Nirvana 하
왕ː생 일정[-쩡-](往生一定)〈불교〉 신앙심을 얻어 극락 왕생이 틀림이 없는 일.
왕ː석(往昔)[명] 옛적. 왕대(往代). olden times
왕성(王城)[명] ①[동] 왕도(王都). ②왕도(王都)의 성. 궁성(宮城). capital of kingdom
왕ː성(旺盛)[명] 한창 성함. 성왕(盛旺). ¶원기 ~. vigorousness 하[명] 히[부]
왕세(王稅)[명] 왕국의 조세(租稅). taxes of kingdom
왕ː-세(往歲)[명][동] 왕년(往年).
왕세=**손**(王世孫)[명] 왕세자의 맏아들. (약) 세손. eldest grandson of a king
왕세=**자**(王世子)[명] 왕위를 이을 왕자. 원량(元良)①. 동궁(東宮). (약) 세자(世子). crown prince
왕세자-비(王世子妃)[명] 왕세자의 정실 부인. [세.
왕세=**제**(王世弟)[명] 왕위를 이을 왕의 동생. (약) 세
왕ː-소금(王-)[명] 굵은 소금.
왕손(王孫)[명] 임금의 손자 또는 후손. (대) 왕조(王祖). grandson of a king [르던 벼슬.
왕손 교:부(王孫敎傅)〈제도〉 왕손에게 글을 가르치고
왕수(王水)〈화학〉 농(濃)염산과 농질산을 3 대 1의 비율로 혼합한 액체. 산에 잘 녹지 않는 금·백금 등을 용해시킴. aqua regia
왕ː시(往時)[명] 지나간 때. 옛날. 구시(舊時). 왕자(往者). 왕일(往日). past days
왕ː신(王-)[명] 마음이 곧지 않아 견디기 어려운 사람의 별명. crossgrained person
왕신(王臣)[명] 임금의 신하. subject

왕:신(往信)[명] 보내는 통신. 《대》반신(返信). letter

왕실(王室)[명] 임금(王家). sending

왕-싱아(王—)[명] 〈식물〉여귀과의 다년생 풀. 줄기는 높이 2～3 m 정도로 태양을 쬐면 까칠거림. 잎은 난형이고 뒷면은 백색을 띰. 6～8월에 흰 꽃이 핌. 근경은 약용, 어린 줄기는 식용함.

왕=알락나비(王—)[명] 〈곤충〉왕알락나비과의 나비. 날개 길이 110 mm 내외이고, 날개는 반투명이며 앞날개에는 반점이 여러 개 있음.

왕:양(汪洋)[명] ① 수면(水面)의 광활한 모양. wide sea ② 미루어 헤아리기 어려움. hard to foresee 하[형]

왕언(王言)[명] 임금의 말씀. imperial order

왕-얽이[명] 굵은 새끼로 얽은 얽이.

왕업(王業)[명] 국왕의 국가 통치의 대업(大業). kingcraft

왕:연(汪然)[명] ① 물이 깊은 모양. deep and wide ② 눈물이 줄줄 흐르는 모양. in continuous drops 하[형]

왕:연(旺然)[명] ① 빛이 매우 아름다운 모양. brilliances ② 사물이 매우 왕성한 모양. vigorousness 하[형] 히[부]

왕왕[부] 게 떠드는 소리. 하[형]

왕왕 귀가 먹먹하게 울릴 정도로 큰 소리로 시끄럽

왕:왕(汪汪)[명] ① 물이 끝없이 넓고 깊은 모양. deep and boundless ② 눈에 눈물이 가득히 괸 모양. in tears ③ 도량이 넓은 모양. broad mind 하[형] 히[부]

왕:왕(往往)[부] 이따금. 때때로. sometimes

왕왕-거리다[자] 시끄럽게 왕왕 떠들다.

왕:운(旺運)[명] 왕성한 운수. good fortune

왕월(王月)[명] 음력 정월의 딴이름. January of the lunar month

왕위(王位)[명] 임금의 자리. 어좌(御座)①. 왕좌(王座)①. throne

왕위(王威)[명] 왕의 위엄. 제왕의 위신. regal dignity

왕유(王乳)[명] 로열 젤리(royal jelly).

왕:유(王諭)[명] 왕명으로 가서 회유함. 하[타]

왕윤(王胤)[명] 임금의 자손. descendants of a king

왕:의(枉意)[명] 의지(意志)를 굽힘. 하[자]

왕-이(—[—)(王—)[명] 〈곤충〉큰 이.

왕인(王人)[명] 왕명을 받드는 온 사람. imperial envoy

왕일(往日)[명] 지나간 날. 거일(去日). 석일(昔日). 왕시(往時). past days

왕자(王子)[명] 임금의 아들. 《대》공주(公主). prince

왕자(王者)[명] ① 제왕인 사람. 임금. king ② 왕도(王道)로 천하를 다스리는 사람. righteous monarch ③ 각 분야에서 특히 뛰어나거나 으뜸이 된 것. 패자(覇者). ¶농구의 ～. 바둑계의 ～. champion

왕:자(王子)[명] 왕자(往者). 옛날.

왕자-군(王子君)[명] 〈제도〉임금의 서자(庶子). 공신들에게 주던 군호(君號)와 구별하기 위한 말.

왕자 기상(王者氣象)[명] 임금이 될 기상. 또, 임금의 기상. imperial spirit

왕자 대:군(王子大君)[명] 〈제도〉임금의 적자(嫡子). 공신(功臣)에게 내리던 대군호(大君號)와 구별하기 위해 부르는 말. 대군(大君)①.

왕자-두(王字頭)[명] 〈동〉왕자 머리.

왕자 머리(王字—)[명] 〈건축〉사파수(四把手)를 짤 때에 기둥 밖으로 나가서 서로 엇물려 물러나지 못하게 하는 붓머리. 왕자두(王字頭).

왕자 무친(王者無親)[명] 임금이라도 국법 앞에서는 사사로운 정(情)으로 일을 처리하지 못함.

왕자-사(王者師)[명] ① 임금의 스승. king's teacher ② 임금의 군대. royal army

왕자 사부(王子師傅)[명] 〈제도〉왕자를 가르치는 벼슬

왕자-의(王子衣)[명] 〈제도〉대궐 안에 있는 나장(羅將)들이 입던 옷.

왕-잠자리(王—)[명] 〈곤충〉왕잠자리과의 대형의 잠자리. 북부의 길이 5 cm, 뒷날개 길이 5.3 cm, 두부는 녹황색, 흉부는 녹색. 6～10월에 못가·물가를 날아다님.

왕장(王丈)[명] 남의 할아버지. your grandfather

왕정(王廷)[명] 임금이 천하를 다스리는 조정. emperor's court

왕정(王政)[명] ① 임금의 정치. imperial rule ② 군주 정치.

왕정 복고(王政復古)[명] 공화 정체나 그 밖의 다른 정체가 폐지되고 옛날의 군주 정체로 회복되는 일. restoration of the royal regime

왕제(王弟)[명] 왕의 아우. [tem of kingdom

왕제(王制)[명] ① 군주 제도. ② 임금이 정한 제도. sys-

왕조(王祖)[명] 임금의 선조(先祖). 임금의 조상. 《대》왕손(王孫). imperial ancestors

왕조(王朝)[명] ① 왕이 직접 다스리는 조정. imperial rule ② 같은 왕가에 속하는 통치자의 계열. 또, 그 군림하는 시기. ¶조선 ～. dynasty

왕조 미인(王朝美人)[명] 왕조 시대에 이상(理想)으로 여겨진 형의 미인. 기품이 있고 귀족적인 느낌을 주는 아름다운 여성.

왕조 시대(王朝時代)[명] 임금이 다스리던 시대. 왕대(王代).

왕족(王族)[명] 왕가(王家). father

왕-존장(王尊丈)[공] 남의 할아버지. your grandfather

왕-종다리(王—)[명] 〈조류〉종다리과의 새. 몸은 종다리보다 조금 크고 등 빛이 어두움.

왕좌(王佐)[명] 임금을 보좌함. 하[타]

왕좌(王座)[명] ① 임금의 좌석 또는 좌위(座位). 왕위(王位). 옥좌(玉座). throne ② 으뜸가는 자리. 확고 부동한 위치. ¶바둑계의 ～. 예능계의 ～.

왕좌지:재(王佐之才)[명] 임금을 도울 만한 인물.

왕죽(王竹)[명] 〈동〉왕대.

왕죽(王竹)[명] '각형으로 깎아 맞춘 물건'.

왕지[건축]추녀 또는 박공 솟을각에 암키와를 삼

왕지(王旨)[명] 〈제도〉임금의 전지(傳旨). imperial command 《동》교지(敎旨).

왕지 기와[명] 〈건축〉박공 솟을각 끝에나 추녀 끝에 [있는 암키와.

왕-지네(王—)[명] 〈동물〉왕지네과의 절지 동물. 대형의 지네로 몸 길이 8 cm, 머리와 목은 갈색, 등은 암녹색, 복부는 담녹갈색임. 육식성이고 턱에 독선(毒腺)이 있다. 화상약으로 씀. 대오공(大蜈蚣). large centipede

왕지네-고사리(王—)[명] 〈식물〉꼬리고사리과에 속하는 다년생의 양치류(羊齒類). 높이는 1m 가량이고 잎은 드물게 총생(叢生)하고 갈색의 인편(鱗片)이 있음. 높은 산에 저절로 남.

왕지 도리[건축]모퉁이 기둥 위에 없는 도리.

왕:진(往診)[명] 의사가 환자의 집에 가서 진찰함. 《대》백진(乞診). doctor's visit to patient 하[자]

왕-질경이(王—)[명] 〈식물〉질경이과의 다년생 풀. 잎의 뿌리에서 총생(叢生)하고 길이 50 cm 내외로 넓은 타원형임. 6～7월에 흰 꽃이 피고 종자는 열 개가 있음. 잎과 종자는 약재로 쓴.

왕참(往參)[명] 왕가서 참여함. 하[자]

왕창(俗) 엄청나게 큰 규모로. ¶～을 이룸. 하[자]

왕-척 직심(枉尺直尋)[명] 작은 욕심 돌보지 않고 큰 일을 이룸.

왕-천하(王天下)[명] 왕이 되어 천하를 다스림. 또, 그 천하. 하[자] [apart

왕:청-되:다[—되—][자] 차이가 엄청나다. be poles

왕:청-스럽-다[형] 왕청된 모양이 있다. completely different **왕청-스레**[부] [리. boss

왕초(王—)[명] 《俗》거지·넝마주이 등의 무리의 우두머리.

왕춘(王春)[명] '음력 정월'의 딴이름.

왕치〈건축〉지붕 너새 끝에서 추녀 끝까지 비스듬히 물매가 지게 기와를 덮은 부분.

왕치(王—)[명] 〈곤충〉방아깨비의 큰 암컷. 《대》딱따깨비. she-grasshopper

왕-콩(王—)[명] 굵은 콩. large soybean [일컬음.

왕-태자(王太子)[명] 〈제도〉조선조 말에 태자를 일컫던 말.

왕태자-궁(王太子宮)[명] 〈제도〉조선조 말에 왕태자의 궁사(宮事) 및 시종(侍從)과 진강(進講)을 맡은 관

왕태자-비(王太子妃)[명] 〈제도〉태자비의 일컬음. [야.

왕택(王澤)[명] 임금의 은택. imperial favour

왕토(王土)[명] 임금의 영토. imperial domain [line

왕통(王統)[명] 왕위를 계승하는 혈통(血統). imperial

왕통-이(王—)[명] 〈곤충〉① 호박벌. ② 말벌.

왕=파(王-)〖명〗 굵은 파.

왕=파=리(王-)〖명〗 파리과의 곤충. 몸 길이 8mm. 몸빛은 검고 가슴은 회백색 가루로 덮이고, 흉배에는 네 개의 흑색 세로줄이 있음. 집파리의 공통종.

왕패(王牌)〖제도〗 임금이 궁가(宮家) 또는 공신에게 전답·산판·종 등을 주며, 공을 는 향리(鄕吏)에게 면역(免役)시킬 때 내려 주던 서면.

왕=패(王霸) 왕도(王道)와 패도(覇道). rule of right and rule of might

왕학(王學) 중국 명나라 때의 학자 왕양명(王陽明)이 주장한 학설. 곧, 양명학(陽明學).

왕화(王化) 임금의 덕화(德化). good influence of

왕=환(往還)〖명〗〖동〗 왕복(往復). 하다 the emperor

왕후(王侯)〖명〗 왕비(王妃). lords

왕=후(王侯) 제왕(帝王)과 제후(諸侯). king and

왕후 장=상(王侯將相) 제왕·제후·장수·재상의 통칭.

왕후 장상이 씨가 있나(匈) 훌륭한 인물이 가계(家系)나 혈통(血統)에 따라 저절로 되는 것이 아니고 노력 여부에 달렸다는 말.

왕:흥(旺興)〖명〗 흥왕(興旺). 하다

왜 한글의 합성 자모(合成字母) '왜'의 이름.

왜:²(倭)〖부〗 무슨 까닭으로. 왜. why

왜³(倭)〖부〗 의문을 나타낼 때 쓰는 말. why

왜⁴(약) '외다'의 활용된 '외어'의 준말.

왜(倭)〖명〗→왜국(倭國).

왜(倭)(접두) '일본식, 일본에서 나는'의 뜻을 나타내는 말. ¶~식(式). Japanese

·왜²(고) 와가 오에 '이'가 겹친 것.

왜=가리〖조류〗 백로과(白鷺科)의 새. 정수리·목·가슴·배는 희고, 뒷등수에 청흑색 긴 털이 있음. 등은 회흑색. 다리가 긺. 청로(鶺鴒). common heron

왜가리새 여름목 넘어하는듯(俗) ①무엇 먹을 것이 나 하고 넘어다본다. ②남에게 보이지 않게 숨어 가면서 제 이익만을 취하다.

왜각=대각 그릇 따위가 부딪히거나 깨어져 요란스럽게 나는 소리. (센)왜깍때깍. rattling

왜=간장(倭-醬) 민간에서 만든 간장에 대해, 양조장 등에서 만든 간장의 속칭. 일본 간장.

왜건(wagon)〖명〗 ①뒷자리에도 짐을 실을 수 있는 승용차. ②요리 따위를 나르는 손수레. ¶~ 서비스. ③바퀴 달린 상품진열대. 르는 말.

왜경(倭警)〖명〗 일정(日政) 시대에 일본 경찰을 이

왜계(歪繫)〖하〗 당닭. tortion 하다

왜곡(歪曲) 비틀어 곱새김. ¶~ 보도(報道). dis-

왜랠(명) 허우대가 크고 언행이 얌전하지 않은 사람. rude fellow

왜골=참외 골이 움푹움푹 패는 참외.

왜관(倭館)〖제도〗 조선조 때 왜인(倭人)이 거주·통상하던 장소로서, 지금의 부산에 설치했던 관사.

왜구(倭寇)〖역사〗 중국과 우리 나라의 근해를 13~16세기에 설치고 다니던 일본 해적. 왜적(倭賊). Japanese pirates

왜구(矮軀)〖명〗 키가 작은 체구(體軀). small stature

왜국(倭國)〖명〗 일본. (倭) 왜국(倭國). Japan

왜궤(倭櫃)〖명〗 남자 세간의 네모진 궤. 앞쪽에 두 짝의 문이 있고 안에 서랍이 여럿 있음.

왜그르르〖부〗 ①단단한 물건이 우수수 떨어지는 모양. rumblingly ②된 밥 등이 흐슬부슬 한꺼번에 헤어지는 모양. crumbly 하다

왜글=왜글〖부〗 잇따라 왜그르르하는 모양. not viscous

왜금(倭錦)〖명〗 사라 품종의 하나. 열매가 굵고 빛이 좋아서 나무가 강하여 병충해가 적으나, 낙과가 많고 맛이 몹시 심. [가 많고 맛이 몹시 심.

왜긋:-다(형)〖스〗 →빳빳하다.

왜:=기름(倭-)〖명〗 석유(石油).

왜깍=때깍(센)왜각대각.

왜=나가-다 빗나가다. 엇가다.

왜-나막신(倭-)〖명〗 일본 나막신(げた).

왜-난로(倭-木-)〖명〗〖동〗 내공목(內供木).

왜-낫(倭-)〖명〗 날이 짧고 얇으며 가볍게 만든 자루의

진 일본식의 낫. (대) 조선낫. why

왜나라 왜 그러냐. 무슨 까닭이냐. 어찌된 영문이냐.

왜냐=하면은 '왜 그런가 하면'의 뜻의 접속 부사. because

왜녀(倭女)〖명〗 일본 여자. Japanese woman

왜=년(倭女)〖명〗 일본 여자를 낮게 욕으로 하는 말.

왜노(倭奴)〖명〗 지난날 일본 사람을 얕잡아 이르던 말. 왜이(倭夷). Japanese

왜=놈(倭-)〖명〗 일본 남자를 낮게 욕으로 이르는 말.

왜=떡(倭-)〖명〗 밀가루나 쌀가루를 짓이기어 얇게 늘여서 구운 과자.

왜뚜 피리나 풀나팔 같은 것을 부는 소리.

왜뚜리〖명〗 큰 물건. big thing teringly

왜돌=빼돌 전후 좌우로 심하게 비뚤어진 모양. tot-

왜돌=왜돌〖부〗 전후 좌우로 비뚤어진 모양. warped 하다

·왜=라(고) '와'와 '이라'가 겹친 말. [단.

왜란(倭亂)〖명〗 ①왜인이 일으킨 난리. ②(역)→임진왜

왜력(歪力)〖명〗 응력(應力).

왜루(矮陋)〖명〗 ①몸이 작고 얼굴이 못생김. ②집 따위가 낮고 누추함. 하다

왜림(矮林)〖명〗 키가 작은 나무의 수풀. brush-wood

왜=말(倭-)〖명〗 일본말(日本말).

왜=먹(倭-)〖명〗 개량먹의 하나. [수. Japanese noodle

왜=면(倭麵)〖명〗 밀가루나 메밀가루로 만들어 말린 국

왜=모시(倭-)〖명〗 담모시보다 올이 굵은 모시의 하나.

왜=물개(矮-)〖어류〗 잉어과의 민물고기. 몸 길이 약 6cm, 등지느러미가 짧고, 등 쪽은 암갈색, 배 쪽은 은백색임. 하천·늪에 삶.

왜=못 재래식 못에 대해, 요즈음 공장에서 만들어 나온 끝이 뾰족하고 못대가리가 있는 철사로 만든 못. 서양못. Japanese nail

왜=무(倭-)〖식물〗 조선무에 대해, 밑동이 굵고 긴 일본종의 무. Japanese pickled radish

왜무=짠지(倭-) '다꾸앙' 곧 단무지의 딴이름.

왜=밀(倭-)(약)→왜밀기름. (약) 왜밀.

왜=밀기름(倭-) 향료 등과를 섞어 만든 밀기름.

왜=바람 이리저리 방향 없이 막 부는 바람. 왜풍(倭風)①. fickle wind blue dyestuffs

왜=반물(倭-)〖명〗 남빛에 검은 빛이 섞인 물감. dark

왜배기(俗) 겉보기에 좋고 질적(質的)으로 잘잘한 물건. (대) 진상.

왜병(倭兵)〖명〗 일본 병정. Japanese army

왜=비누(倭-)(俗) 비누. [여름에 쓰이는 옷감.

왜=사(倭紗)〖명〗 발이 잘고 고운 사(紗)의 하나. 주로

왜선(倭船) 일본 배. Japanese ship [질.

왜성(矮性)〖명〗 키 따위가 그 이상 더 커지지 않는 성

왜성(矮星)〖천문〗 동일한 빛의 별 가운데서 발광량이 적고 크기도 작은 별. (대) 거성(巨星). small star

왜소(矮小)〖명〗 키가 낮고 작음. dwarfishness 하다

왜소=화(矮小化)〖명〗 왜소하게 되거나 만듦. 하다

왜=솜(倭-)〖명〗 육지면의 솜.

왜=솜=다리(倭-)〖식물〗 엉거시과의 다년생 풀. 전면에 솜털이 촘촘하게 덮여 있고, 줄기의 높이 30cm 가량, 잎은 호생하고 긴 타원형임.

왜송(矮松)〖동〗 눈잣나무.

왜송(矮松) 가지가 많아 다보록한 어린 솔. 다복솔.

왜술(倭-)〖명〗 뚜껑이 있고 깊이 깊은 솥. Japanese pot

왜=수:건(倭手巾) 면포(布面)에 실이 오돌오돌하게 만든 수건. Japanese towel

왜식(倭式)〖명〗 일본식. ¶~ 가옥. Japanese style

왜식(倭食)〖명〗 일본식 식사. ¶~집. Japanese food

왜=여모기(왜-)〖식물〗 조의 일종. 줄기는 희고 이삭과

·왜·오(고) '와'와 '이오'가 겹친 말. [수염이 긺.

왜옥(矮屋)〖명〗 낮고 작은 집. small cottage

왜=왜(倭-) 부르나 호가 등에 바람이 새어 나는 소리.

왜-이음(矮-)〖명〗 짧은 재목을 이어 쓰는 방법. 하다

왜인(倭人)〖명〗 일본 사람. Japanese dwarf

왜인(矮人)〖명〗 난장이. 왜자(矮者). (대) 거인(巨人).

왜인 관장(矮人觀場)[명]〖동〗왜자 간희(矮者戱戲).

왜자(矮者)[명]〖동〗왜인(矮人).

왜자 간희(矮者看戱)[명] 난쟁이가 키 큰 사람들 틈에 끼어 구경한다는 뜻밖에, 자신은 아무 것도 모르면서 남이 그렇다고 하니까 덩달아 그렇다고 하는 일. 왜인 관장(矮人觀場).

왜자기-다 왁자지껄하게 떠들다. be uproarious

왜자-하-다[형]「소문이 퍼져 자자하다. 왁자하다②. be in every body's mouth

왜장(倭將)[명]〖하〗'일본의 장수'를 이르는 말.

왜장-녀(─女)[명] ①몸이 크고 부끄러움이 없는 여자의 별명. manlike woman ②산디놀음에서 여자의 탈을 쓰고 춤추는 사람. dancer under a woman's mask 「를 치다. bark from distance

왜장-치-다[자] 누구라고 맞대지 않고 혓되이 큰 소리

왜적(倭敵)[명] 왜구의 행위를 한 일본. 왜구(倭寇). Japanese pirates

왜적(倭敵)[명] 적국인 일본. 또는 적국으로서의 일본. Japanese invaders

왜전(矮箭)[명] 짧은 화살. 「(日政). Japanese rule

왜정(倭政)[명] 일본이 침략하여 다스리던 정치. 일정

왜정 시대(倭政時代)[명] 1910년의 한일 합방(韓日合邦) 이후 1945년 8월 15일 해방되기까지의 36년 간의 일정음. 일정 시대(日政時代)

왜=주홍(倭朱紅)[명] 선명한 빨간 물감.

왜죽-왜죽[부] 팔을 되바라지게 저으며 빨리 걸어가는 모양. 웨죽웨죽. with swinging arms 하다

왜지(倭紙)[명] 〖속〗 재래의 종이에 대해 갱지·모조지·마분지·도매지 등의 일컬음. Japanese paper

왜쭉-왜쭉[부] 걸핏하면 성을 내는 모양. angrily 하다

왜첨(矮簷·矮檐)[명] 〈건축〉 짧고 낮은 처마. 단첨(短檐). 「감. dark stuffs

왜청(倭靑)[명] 당청(唐靑)보다 검은 빛을 띤 푸른 물

왜축(矮縮)[명] 쪼그라듦. shrivelling 하다

왜-태(─太)[명] 큰 명태. big pollack

왜:통-스럽-다[형][ㅂ변] 엄청나게 새롱스럽다. extravagant 왜:통-스레[부]

왜를-비틀[부] 몸을 몹시 흔들고 비틀거리며 걸어가는 모양. reelingly 하다 「이르는 말. 하다

왜풍(倭風)[명] 왜바람. 「②하〗 '일본의 풍속'을

왜형(歪形)[명] 비뚤어진 모양.

왜화(矮花)[명] 작은 꽃.

왝[부] ①왜가리의 우는 소리. ②게워 내는 소리. 또는 그 모양. 《큰》 웩. (vomit) loudly 하다

왝=왝[부] ①왜가리가 잇따라 우는 소리. ②연해 기를 쓰며 고함을 치는 모양. ③자꾸 게워 내는 소리. 《큰》 웩웩. 하다 「웩. 하다

왝왝[부] 비밀을 마구 사실대로 말하는 모양. 《큰》 웩

왝왝-거리-다[자] 연해 왝하는 소리를 내다. 《큰》 웩웩

·왰-다[자] 〖고〗 (←오아잇다). 왔다. 「거리다.

왱[부] ①작은 벌레나 돌팔매 같은 것이 날아갈 때 또는 가는 철사 따위에 바람이 세차게 부딪칠 때 나는 소리. ②소방차나 앰블런스 같은 것이 지나가는 소리. 웽. whistling 하다

왱강-댕강[부] 〘약〙→왱그랑댕그랑.

왱그랑-거리-다[자] 풍경이나 말방울 등이 요란스럽게 흔들리며 연해 소리 나다. 또, 그런 소리를 연하여 나게 하다. 《큰》 웽그렁거리다. jingle 왱그랑=왱그랑[부] 하다

왱그랑=댕그랑[부] 풍경이나 말방울 같은 것이 요란스럽게 흔들리며 나는 쇳소리. 《약》 왱강댕강. 왱댕그랑. 《큰》 웽그렁덩그렁. jingle and jangle 왱그랑-왱그랑[부]

왱댕[부] 요란스럽게 떠드는 소리. noisily 하다

왱댕그랑[부] 〘약〙→왱그랑댕그랑.

왱-왱[부] ①아이들이 글을 높여 글 읽는 소리. loudly ②날벌레나 돌팔매 같은 것이 날아갈 때 또는 바람이 가는 철사 등에 부딪칠 때 비교적 가까이 들리는 소리. 《큰》 웽웽. 하다

왱왱-거리-다[자] ①날벌레 같은 것이 잇따라 왱하고 날아다니다. ②센바람이 자꾸 불며 왱 소리를 내

다. ③높은 소리로 책 읽는 소리가 잇따라 들리다. 《큰》 웽웽거리다. 「letter

외[명] 한글의 합성 자모 'ㅚ'의 이름. name of Korean

외:(外)[약]→외가. 「말. single

외=[접두] 명사 앞에 붙어서 '하나만으로 됨'을 뜻하는

외(外)[명] '밖·이외'의 뜻을 나타내는 말. 《큰》 내(內).

외(椳)[명] 〈건축〉 흙을 바르기 위해 벽 속에 엮는 가는 나뭇가지, 싸리·잡목 등을 가로 세로로 엮음. laths 「(外家)에 관한 뜻.

외:=(外)[접두] ①'밖·표면' 등의 뜻. except ②'외가

외:가(外家)[명] 어머니의 친정. 외갓집. mother's family

외-가닥[명] 외줄로 된 가닥. single ply

외:각(外角)[명] ①〈수학〉 한 직선이 두 개의 직선과 각각 다른 점에서 만날 때, 두 직선의 바깥 쪽에 생기는 네 개의 각. ②〈수학〉 다각형의 한 변과 그 변에 이웃한 변의 연장이 이루는 각. ③아웃 코너. 《대》 내각(內角). exterior angle

외:각(外殼)[명] 겉껍데기. 《대》 내각. shell

외:-각=**사**(外角司)〈제도〉 궁궐 밖에 자리잡고 있는 모든 관아. 외각사(內各司).

외:간(外間)[명] ①친족이 아닌 남들. unrelated people ②아무 관계없는 사람들 사이. other people

외:간(外艱)[명] 아버지의 상사. 아버지가 없을 때의 조부의 상사. 외우(外憂)②. 《대》 내간(內艱).

외:간(外簡)[명] 남자들끼리 주고받는 편지를 일컫는 말. 《대》 내간(內簡). husband's letter

외:간 남자(外間男子)[명] 여자가 천척 밖의 남자를 일컫는 말. unrelated man

외:간-상(外艱喪)[명] →외간(外艱).

외갈래[명] 오직 한 갈래. 「~길. single fork

외갈 소:로(─小櫨)[명] 〈건축〉 두공(科栱) 끝에 붙여 놓는 소로. 「에 생기는 병의 총칭.

외:감(外感)[명] 고뿔. 감기로 말미암은 기후 때문

외:감=각(外感覺)[명][동] 외부 감각(外部感覺).

외:감 내:상(外感內傷)[명] 〈한의〉 고뿔에 배탈이 겸한 병증. suffering from a cold indigestion

외:감지:정(外感之情)[명] 마음에 느껴 받아들인 정.

외:갓-집(外家─)[명][동] 외가(外家).

외갓집[명] 자기 집에 들어가듯 예의 불고하고 거리낌 없이 들어가는 것을 뜻함.

외:강 내:유(外剛內柔)[명] 겉으로는 꿋꿋해 보이나 속은 부드러움. 《대》 내강 외유(外柔內剛).

외:객(外客)[명] ①바깥 손님. ②외부에서 온 손. guest ③외국에서 온 손님.

외:거(外擧)[명] 일가·친척이 아닌 남을 천거함. 하다

외:겁(畏怯)[명] 두려워하고 겁냄. fear 하다

외:견(外見)[명] 외관(外觀).

외:겹(外─)[명] 겹으로 되어 있지 않은 단 한 켜. one ply

외겹=실[명][동] 외을실. 「내경(內徑)

외:경(外徑)[명] 둥근 물건의 바깥 쪽으로 잰 치수. 《대》

외:경(畏敬)[명] 경외의 敬畏). 하다

외:경동-맥(外頸動脈)[명] 〈생리〉 총경 동맥의 한 갈래. 안면(顔面)과 두개부(頭蓋部)에 분포함. external carotid artery

외:경정맥(外頸靜脈)[명] 〈생리〉 후두(後頭)와 귀 뒤의 외피에 분포된 정맥. external jugular vein

외:경험(外經驗)[명] 〈철학〉 외관(外官), 곧 감각(感覺)과 지각(知覺)에 의한 경험의 객관화 또는 주관화의 일컬음. 《대》 내경험(內經驗).

외:계(外界)[명] ①바깥 세계. outside ②〈철학〉 감각·사유(思惟)의 자아 작용에서 내 독립하여 존재하는 모든 사물의 총칭. 《대》 내계. external world ③[동] 환경. ④〈불교〉 육계(六界) 중에서 식계(識界)를 내(內)만 다 할 때 나머지의 오계(五界).

외:고(外姑)[명] 장모를 편지에서 일컫는 말. 《대》 외구(外舅). mother-in-law 「짐승.

외:고리눈이[명] 눈의 한쪽이 고리눈으로 된 사람이나

외:고집(─固執)[명] 조금도 움직임 없는 고집. perversity

외:곡(外穀)[명] 외국산(産)의 곡물.

외곡(歪曲) →왜곡(歪曲).

외=골격(外骨格)[명] 몸의 겉 부분을 이루고 근육을 부착시키는 뼈의 짜임. 곤충이나 그 밖의 연체 동물에 볼 수 있음. 겉뼈대. (대) 내골격(內骨格).

외=골목(外—)[명] 단 하나뿐인 골목.

외곬[명] 한 곳으로만 통하는 길. ¶ ~ 인생. single way

외:곳(外—)[명] 제 고장이 아닌 다른 곳. 외처(外處). strange place [side

외:공(外供)[명] 옷의 거죽 감. (대) 내공(內供). right

외:과(外踝)[명] 바깥 복사뼈.

외:과[—科](外科)[명]〈의학〉 의학의 한 분과. 신체의 외부의 창상(創傷) 또는 내장 기관의 질병에 대하여 수술하는 의학의 한 분과. ¶ ~ 의사. (대) 내과(內科). surgery [내피.

외:과(外果)[명]〈생리〉 발화목 바깥쪽의 복사뼈. (대)

외:과=피(外果皮)[명] 과실의 접질의 최외층(最外層). 익으면 빛이 변하고, 연모(軟毛)가 나는 것이 보통. 겉열매껍질. (대) 내과피(內果皮).

외:곽(外廓)[명]①성 밖으로 다시 둘러쌓은 성. ②바깥 테두리. (대) 내곽(內廓).

외:곽(外槨)[명] 관(棺)을 담는 곽. 외관(外棺).

외곽 단체(外廓團體)[명] 관청·정당 같은 기관이나 단체의 외부에 있으면서, 이것과 맥락을 지니고 그 활동이나 사업을 돕는 다른 단체.

외:관(外官)[명] 지방의 관직이나 또는 관원(官員).(대)

외:관(外棺)[명]〈동〉 외곽(外槨). [경관(京官).

외:관(外觀)[명] 외부에서 본 바. 겉의 보임새. 겉보기. 외견(外見). external appearance [light.

외:광선(外光線)[명] 옥외(屋外)의 태양 광선. day

외:교(外交)[명]①외국과의 교제. 국제간의 교제. ②타인과의 교제. intercourse ③외부에 대한 작용. canvassing ④회사·은행 등에서 권유나 교섭을 위하여 밖에 나가 방문하는 일. 또, 그 담당자. 외교원(外交員).

외:교(外教)[명] 불교 이외의 교를 이르는 말. (대) 내교(內敎). other religion

외:교=가(外交家)[명]①외교에 능한 사람. diplomat ②외교의 당국자. diplomatic service

외:교=계(外交界)[명]①외교에 관계되는 사람들의 사회. ②외교에 관련되는 분야(分野). diplomatic circles

외:교=관(外交官)[명] 외국에 주재하며 외무부 장관의 감독하에 외교 사무에 종사하는 사람. diplomat

외:교=권[—꿘](外交權)[명] 주권 국가로서 외국과 외교 교섭을 할 수 있는 권리.

외:교 기관(外交機關)[명]〈법률〉 외국과의 외교에 당하는 국가 기관. 외무부 장관·외교 사절 등.

외:교 내:치(外交內治)[명] 밖으로는 외국과 교제하고 안으로는 국내를 통치하는 일.

외:교=단(外交團)[명] 한 나라에 주재하는 외교 사절의 통제. corpo diplomatique

외:교 단절(外交斷絶)[명] 두 나라 사이에 외교 관계를 끊고 서로 외교 사절을 본국으로 철수시키는 일. rupture diplomatic reations

외:교 문서(外交文書)[명]〈법률〉 나라 사이의 외교에 관한 모든 문서. diplomatic note (document)

외:교=사(外交史)[명]〈역사〉 어떤 나라, 또는 어떤 시대의 외교에 관한 역사. history of foreign policy

외:교 사:절(外交使節)[명]〈법률〉 외국과 외교 교섭을 하고 자국민을 보호 감독하며, 주재국의 정세를 관찰하여 본국에 보고하기 위하여 외국에 파견되는 국가의 대표자. diplomatic mission

외:교 수완(外交手腕)[명] 외교의 일을 꾸미고 처리하는 능란한 재간.

외:교=원(外交員)[명] 회사·상점 등에서 권유(勸誘)·유치·교섭·주문 등을 위하여 방문을 전문으로 하는 사람. 외교(外交)④. 외무원(外務員). canvasser

외:교 자:원(外交資源)[명] 외교 담판을 하는 데, 상대에게 이쪽 요구를 용납시키기 위하여 이용하는 자원.

외:교=적(外交的)[관]명] 외교에 알맞는 (것). 외교 방면에 통하는 듯 한(것).

외:교 정책(外交政策)[명] 한 나라가 외교상의 일정한 경륜(經綸)을 가지고 취하는 정책. foreign policy

외:교 특권(外交特權)[명]〈법률〉 외교 사절이 가지는 특권. 불가침권·치외의 법권 등. diplomatic immunity

외:교 파우치(外交 pouch)[명] 외교상의 기밀 문서나 자료 따위를 수송하는 데 쓰이는 특수 우편 행낭.

외:구(外寇)[명] 외적(外敵).

외:구(外舅)[명] 장인(丈人)을 편지에서 일컫는 말. (대)

외:면(外面)의 면(面)². 외고(外姑).

외:구(畏懼)[명] 무서워하고 두려워함. fear 하다

외구−다(熄炙—)[타][여불] 불에 굽다. roast

외:국(外國)[명] 제 나라의 주권이 미치지 않는 국가 또는 국토. 다른 나라. 외방(外邦). (대) 내국(內國).

외:국 공채(外國公債)[명]〈경제〉 외국에서 발행된 공채. foreign loan

외:국 무:역(外國貿易)[명] 내국과 외국과의 사이에 행하여지는 통상. 해외 무역·자유 무역·보호 무역 등이 있음. foreign trade [(外米). foreign rice

외:국-미(外國米)[명] 외국에서 수입한 쌀. (약) 외미

외:국=법(外國法)[명]〈법률〉①외국의 주권에 의거해서 제정된 법규. ②국제 사법 관계의 준거법으로서의 외국의 법률. (대) 내국법(內國法).

외:국 법인(外國法人)[명]〈법률〉 외국의 법에 의해서 성립된 법인. foreign juridical person

외:국 사:절(外國使節)[명]〈법률〉 한 나라에 주재하는 외국의 대사·공사·특사 및 임시 외교 사절의 총칭. foreign envoy [foreign goods

외:국-산(外國産)[명] 외국에서 산출됨. 또, 그 물품.

외:국-선(外國船)[명] 외국 정부 또는 외국인이 소유하는 선박. 이국선(異國船)이나 외선(外船)①. foreign ship

외:국선 추섭권(外國船追躡權)[명]〈법률〉 한 나라의 영해 안에서 밀렵 또는 위법 행위를 한 외국 선박을, 그 나라의 군함이 영해 밖까지 쫓아가서 압류하는 권리.

외:국-어(外國語)[명] 다른 나라의 말. (약) 외어(外語).

외:국 영화(外國映畫)[명] 외국에서 제작된 영화. 외화(外畫).

외:국 우편(外國郵便)[명]〈법률〉 우편에 관한 조약에 의해, 외국에 보내거나 외국에서 보내진 우편. oversea's mails

외:국 은행(外國銀行)[명] 외국에 본점이 있는 은행.

외:국-인(外國人)[명]①다른 나라의 사람. foreigner ②그 나라의 국적을 가지지 않은 사람. 국적이 없는 사람도 이에 포함됨. ¶ ~ 추방권(追放權). (대) 내국인(內國人). (약) 외인(外人)②.

외:국 자:본(外國資本)[명]〈경제〉 외국 투자가(投資家)에 의하여 투자되는 자본. (약) 외자(外資). foreign capital

외:국 전:보(外國電報)[명]〈동〉 해외 전보(海外電報).

외:국-제(外國製)[명] 외국에서 제조함. 또, 그 물품. (약) 외제(外製).

외:국-채(外國債)[명]〈경제〉 외국에서 기채(起債)하여, 납입(納入)과 상환 등도 외국 시장에서 행하거나 사채. (대) 내국채(內國債). (약) 외채(外債).

외:국 판결(外國判決)[명]〈법률〉 외국 법원의 확정(確定) 판결. foreign decision

외:국-품(外國品)[명] 외국에서 생산되거나 외국에서 수입한 물품. imported goods [로.

외:국 항:로(外國航路)[명] 국내에서 외국에 이르는 항

외:국 화:폐 어음(外國貨幣—)[명]〈경제〉 어음 금액이 외국 화폐로 표시되어 있는 어음. foreign-exchange check

외:국=환(外國換)[명]〈경제〉①현금의 수송에 따르는 위험·불편을 없애고, 국제간의 거래에서 생긴 대차(貸借)를 채권 양도·지불 위탁 등에 의해 결제하는 방법. 국제환(國際換). (대) 내국환(內國換). (약) 외환(外換). ②(약)→외국환 어음.

외:국환 관:리법[-뻡](外國換管理法) 〈법률〉 국제 수지(收支)의 균형, 통화 가치의 안정, 외화 자금의 효율적 운영을 기하고자 외국환과 그 대외 거래의 관리에 관한 사항을 규정하는 법률. 《약》 외환 관리법(外管理法).

외:국환 시:장(外國換市場)圀〈경제〉 외국환에 대한 수급(需給)이 경합하여, 환시세가 형성되는 시장. 《약》 외환 시장(外換市場). foreign exchange market

외:국환 어음(外國換―)圀〈경제〉 외국환 어음 당사자의 한 쪽이 외국에 있는 경우의 환어음. 《약》 외국환②. foreign bill

외:국환 은행(外國換銀行)圀 외국환에 관한 업무를 취급하는 은행. 외환의 매매, 무역 금융, 수출입 신용장의 발행 등을 업무로 하는 특수 은행. 《약》 외환 은행. foreign exchange bank

외:국 회:사(外國會社)圀 외국의 국적을 가진 회사. 외국의 법률에 의하여 설립된 회사. 《대》 내국 회사(內國會社). foreign company (firm)

외:군(外軍)圀 다른 나라의 군대. foreign army

외-궁둥잡이圀 상대의 한쪽 궁둥이를 손으로 잡아재는 씨름. 제주의 하나.

외:근(外勤)圀 관청·회사 등에서 외부 일에 종사하는 일. 외무②. 《대》 내근(內勤). outdoor service 하圀

외:-금정(外金井)圀 무덤의 구덩이를 팔 때 그 길이와 넓이를 금정틀을 놓고 파낸 곳.

외급(嵬岌)圀 산이 우뚝 솟은 모양. towering 하圀

외:기(外技)圀[동] 잡기(雜技).

외:기(外記)圀 ①본기(本記) 밖의 기록. additional record ②〈불교〉 선종(禪宗)에서 문안(文案)을 맡아보는 직명.

외:기(外氣)圀 방 밖의 공기. 외부의 공기. open air

외:기(畏忌)圀 두려워하고 꺼림. 외탄(畏憚). fear 하圀

외:기-권[-꿘](外氣圈)圀 대기권 밖의 우주. 지상 500 km 에서 1,000 km 에 이르기까지의 지구 대기의 최고층. outer space

외:기러기圀 짝이 없는 한 마리의 기러기. 고안(孤雁).

외기러기 짝사랑圀 짝사랑하는 사람을 놀리는 말.

외:길圀 한 군데로만 난 길.

외길-목圀 여러 갈래의 길이 모여 한 군데로 빠지게 된 목. 《약》 외목①. narrow entrance to blind alley

외:-김치圀[동]오이 김치.

외:-꼬랑이圀 못생기게 비틀어지고 꼬부라진 오이. twisted cucumber

외:-꼬지圀〈식물〉 조의 일종. 줄기가 희고 까끄라기가 짧으며 알이 누른색 6월에 익음.

외나무-다리[리]圀 한 개의 통나무로 놓은 다리. 독목교(獨木橋). log bridge 「면 화를 당할 수가 있다.

외나무다리에서 만날 날이 있다圀 남에게 원혐을 사

외:난(外難)圀 밖으로부터 닥치는 어려운 일. external troubles

외눈-박이圀 ①돛대 하나인 배. one-master ②〈속〉 외 눈을 가진 사람. one-eyed person ②배추나 무의 한 포기로 붙은 곳을 만든 것. 「리낏. article of value

외:-눈부처圀 외눈의 눈동자. 대단히 귀중한 것을 가

외-다圀 ①글을 보지 않고 읽다. recite ②암기(暗記)하다. ¶시구를 ~. learn by heart

외-다圀 물건이 좌우가 뒤바뀌게 놓여서 쓰기에 불편하다. inconvenient 「편하다.

외-다圆 《약》→오이다.

=외-다圆[고]→되다.

:외··다圆[고] 그르다.

외:당(外堂)圀[동] 사랑(舍廊).

외:대圀 나무나 풀의 단 한 대. only one

외:대(外待)圀 푸대접. cold reception 하圀

외:대-다¹圀 사실과 반대로 일러주다. give a false information

외:대-다²圀 ①소홀하게 대접하다. give cold reception ②싫어하고 거리어 배척하다. reject

외대-머리圀 정식 혼례를 하지 않고 머리를 쪽진 여자. 기생 등을 가리킴.

외:대-박이圀→외눈박이.

외대-으아리圀〈식물〉 미나리아재비과의 활엽 만초. 여름에 흰 꽃이 피고, 과실은 넓은 타원형으로 가을에 익음. 산록 양지에 나며 뿌리는 약용. 어린 잎은 식용함. 「생길 수 없다.

외 덩굴에 가지 열릴까圀 부모와 다른 자식은

외:도(外道)圀 ①바르지 않은 길·노릇. wrong course ②(동) 오입(誤入). ③옛날에 경기도(京畿道) 밖의 다른 도를 일컫던 말. provinces except Gyunggi ④〈불교〉 불교(佛敎) 이외의 다른 교. religion other than Buddhism 「에 손을 대다.

외:도-하-다(外道―)圀[여圀] ①오입하다. ②다른 잡기

외:-독(一櫝)圀 신주(神主) 하나만 모신 독. 《대》 합독(合櫝).

외:독자(一獨子)圀[동] 외아들.

외:-돌:-다圀 ①비뚤어지게 돌다. get warped ②남과 어울리지 않고 외돌로만 행동하다. do not be long

외:-돌토리圀 ①의지할 데도 없고 매인 데도 없는 사람. ②외돌이. 외돌②. solitary person ②다른 짝이 없이 홀로만 사는 사람. single thing

외:동圀 《약》→외동딸.

외동-덤圀 자반 고등어 따위의 배때기에 덤으로 끼워 놓는 한 마리의 새끼 자반.

외동-딸圀 '외딸'을 귀엽게 이름. 《대》 외동아들. olny

외동-무니圀 윷놀이에서 한 동으로 가는 말. 《약》 외동.

외동-아들圀 '외아들'을 귀엽게 이름. 《대》 외동딸.

외동-이圀 '외아들'을 귀엽게 이름. only son [only son

외:등(外等)〈제도〉 시험 성적의 최하등. 차하(次

외:-등(外燈)圀 바깥에 걸어 놓은 등. 옥외등(屋外燈). [下]의 아래.

외:-따님圀〈꼭〉 남의 외딸을 이르는 말.

외:-따로圀 홀로 따로. 오직 홀로. solitarily

외:-따름-다圀 외딴 듯하다. solitary **외:-따로이**圀

외:-딴圀 태껸 따위 운동에서 혼자 판을 치는 일. **외딴**圀 외따로 있는. [standing without rivals

외딴-곳圀 외따로운 곳.

외딴-길圀 외따로이 휘하게 난 작은 길.

외딴-문(―門)圀 외딴 문.

외딴-방(―房)圀 딴 방들과 거리가 멀게 떨어져 있는 「방.

외딴-섬圀 외따로 있는 섬.

외딴-집圀 외따로이 서 있는 집.

외딴-치:-다圀 태껸과 같은 놀이에서 혼자 판을 치다. standing without rivals

외:-딸圀 ①아들 없이 단 하나뿐인 딸. 무남 독녀(無男獨女). only daughter ②딸로는 하나뿐인 딸. only daughter among children

외:-딸-다圀[러圀] ①홀로 떨어져 있다. solitary ②다른 잇닿은 것이 없다. secluded

외:-떡잎[-닢]圀[동] 단자엽(單子葉).

외:-떨어지-다圀 외롭게 따로 떨어져 있다.

외:람(猥濫)圀 분수에 넘쳐 죄송함. impudence 하圀

외:람-되다(猥濫―)圀 외람한 듯하다. **외:람-되이**圀 스룝 스레.

외:래(外來)圀 ①밖에서 옴. coming from outside ②외국에서 옴. ③환자가 외부에서 병원에 다님. 또, 그 환자. 《대》 재래(在來). coming from abroad

외:래 문화(外來文化)圀 외국에서 들어온 문화. 《대》 고유 문화(固有文化). imported idea

외:래 사상(外來思想)圀 외국에서 전해 온 사상.

외:래식(外來式)圀 전부터 있어 오는 것과 다른 식. 외국에서 들어온 방식이나 법식. 《대》 재래식(在來式). foreign style

외:래-어(外來語)圀〈어학〉 외국어이면서 국어처럼 쓰이게 된 말. 곧, 국어화한 외국어. 들온말. 차용어(借用語). loan word 「재래종(在來種).

외:래-종(外來種)圀 외국에서 들어온 씨나 종자. 《대》

외:래-품(外來品)圀 외국에서 들어온 물품. 《대》 국산품(國産品). imported goods

외:래 환:자(外來患者)圀 입원 환자 이외에 밖에서 와 진료받는 환자. outpatient

외:려《약》→오히려.

외:력(外力)[명] ①모든 물체의 외부로부터 작용하는 힘. external force ②〈지학〉유수(流水)·빙하·지하수·파도·바람 등 지각(地殼)의 바깥에서 작용하는 영력(營力)의 총칭. 외부 영력. 외적 영력. 《대》내력(內力).

외:로[부] ①외쪽으로. leftward ②비뚤게. 뒤투처서.

외:로-뒤기[명] 씨름에서, 상대가 안결이나 연장걸이로 걸거나 또는 걸린 자가 몸을 외로 뒤어, 상대자 ┌를 넘어뜨리는 수.

외로움[명] 홀로 쓸쓸함. 고독함.

외로이[부] 외롭게. 혼자. lonely

외로 지나 바로 지나[관] 이렇게 되든지 저렇게 되든지. 가로 지나 세로 지나.

외:론(外論)[명] 외부 사람의 논평. outside comment

외롭-다[형ㅂ] ①의지할 곳이 없이 막막하다. helpless ②매우 쓸쓸하고 외롭다. solitary

외:륜(外輪)[명] ①바깥쪽의 바퀴. ②바퀴 바깥쪽에 단 쇠나 강철제의 둥근 테. ③원형을 이룬 바깥 쪽. 바깥 둘레.

외:륜-산(外輪山)[명] 〈지학〉복성 화산(複成火山)에서 중앙 분화구를 둥글게 둘러싸고 있는 환상(環狀)

외:륜-선(外輪船)[명] 〈동〉외차선(外車船) ┌의 산.

외:마(畏馬)[명] 말을 두려워함. 하[자]

외:마디[명] ①양쪽 끝 사이가 맺짓하게 한 결로 된 도막. single piece ②한 음절로 된 소리의 마디. single sound

외마디 설대[─때][명] 외마디로 된 담배 설대. 「voice

외마디 소리[명] 높고 날카로운 한 마디의 소리. shrill

외:마치(명) ①혼자 치는 마치. ②《약》→외마치 장단.

외마치 장단(─長短)[명] 북이나 징과 같은 것을 고저나 박자의 변동 없이 단조롭게 치는 장단. 《약》외마치(명). monotonous drum beat

외마치질-굿[명] 〈음악〉호남 지방 농악 장단의 하나인 풍류굿의 속칭(俗稱).

외:맥(外麥)[명] 외국산의 밀이나 보리.

외:맹이[명] 광산에서 돌에 구멍을 뚫을 때, 정을 한 손으로 쥐고 때리는 망치.

외:며느리[명] 단 하나뿐의 며느리.

외:면¹(外面)[명] 보기를 꺼려 얼굴을 돌려버림. turning one's face aside 하[자]

외:면²(外面)[명] ①겉면. ②밖으로 나타난 모양. 겉모양. 외구(外構). 《대》내면(內面). appearance

외면 묘:사(外面描寫)[명] 〈문학〉소설 등에서, 인물의 동작·태도 등에 나타난 외면만을 묘사함으로써 그것을 통해서 성격 또는 심리(心理)를 표현하는 방법. 《대》내면 묘사(內面描寫). external description   「발라 맞춤. 하[자]

외면 수새(外面─)[명] 마음에 없는 말로 그럴 듯하게

외:면-적(外面的)[명] 겉으로만 그렇게 하는(것).

외:며-치레(外面─)[명] 겉모양만 번드르르하게 꾸밈. 하

외:명:부(外命婦)[명] 〈제도〉조선조, 때 왕족·종친의 딸 및 문무관료의 처로서 남편의 직품에 좇아 봉작(封爵)을 받은 여자의 총칭.

외:모(外侮)[명] ①외부로부터 받은 모욕. ②외국으로부터 받은 모멸. 외욕(外辱). insult from foreign countries   「한 ∼. appearance

외:모(外貌)[명] 겉모습. 겉모양. 외양(外樣). ¶단정

외모는 거울로 보고 마음은 술로 본다[속] 술을 먹으면 마음을 털어놓고 이야기한다.

외:목(外目)[명] ①《약》→외목 장사.

외:목(外目)[명] ①〈건축〉기둥의 바깥쪽. 《대》내목(內目). ②바둑에서, 제 3선과 제 5선의 교점.

외목 도리(外目─)[명] 〈건축〉외목 도리(作)[?] 바깥면에 서까래를 얹기 위해서 가로 얹는 도리.

외목 장사[명] 저 혼자만 팔아먹는 장사. 《약》외목②. monopoly business 하[자]

외목 장수[명] 외목 장사를 하는 사람.

외-몬다위[속] 단봉(單峯) 낙타.

외:무(外務)[명] ①외교에 관한 정무(政務). ¶∼ 행정(行政). foreign affairs ②집 밖에 나다니며 보는 사무. 외근(外勤). 《대》내무(內務). outdoor service

외:-무릎[명] →외무릎.

외:무-부(外務部)[명] 〈법률〉중앙 행정부(行政部)의 하나. 외교·통상·조약 등 대외 관계 사무를 장리(掌理)함. Ministry of Foreign Affairs

외:무 아:문(外務衙門)[명] 〈제도〉조선조 말 외국과의 교섭·통상 등의 사무를 총괄하던 관아.

외:무-원(外務員)[명] 〈동〉외교원(外交員).

외:무주장(外無主張)[명] 집안에 살림을 주장할 만큼 장성한 남자가 없음. 《대》내무주장(內無主張). family without master 하[자]

외:-문(─門)[명] 외쪽으로 된 문. single door

외:문(外門)[명] 바깥문. outer door

외:문(外聞)[명] 초상집에 가서 들어가지 않고 문 밖에서 조상하는 일. condolence at door 하[자]

외:문(外聞)[명] 바깥 소문. reputation ┌된 문갑.

외:문갑(─文匣)[명] 짝을 이루지 않고, 외작으로 쓰게

외:물(外物)[명] ①외계의 사물(事物). external object ②〈철학〉마음에 접촉되는 객관적 세계에 존재하는 모든 사상. object

외:미(外米)[명] 《약》→외국미(外國米).

외:-바퀴[명] 짝을 이루지 않은 단 하나의 바퀴. ¶∼차. single wheel

외:박(外泊)[명] 일정한 숙소 이외의 딴 곳에서 잠. 밖에서 잠. 외숙(外宿). lodging out 하[자]

외:반-각(外反角)[명] 엑스각(X角).

외발 제기[명] 한 발로만 차는 제기. 《대》두발 제기.

외:방(外方)[명] ①서울 밖의 모든 지방. ②밖. 바깥쪽. ③《동》외지(外地)①. outside, the outer part

외:방(外邦)[명] 〈동〉외국(外國). 타국(他國).

외:방(外房)[명] ①바깥에 있는 방. outside room ②첩(妾)의 방. concubine's room

외:방 별과(外方別科)[명] 〈제도〉임금의 특지(特旨)로 중신을 보내어, 평양도·함경도·제주·강화 등지의 사람을 시취(試取)하던 일. 합격자에게는 문무과(文武科)의 전시(殿試)에 직부(直赴)할 수 있는 자격을 줌.

외:방-살이(外方─)[명] 지방관으로 임명되어 외방에 가서 하는 살림살이. serving in local government offices 하[자]   「brothel shop

외:방 출입(外房出入)[명] 계집질을 하고 다님. visiting

외:-밭[명] 오이나 참외를 심은 밭. cucumber or melon fields

외:-배엽(外胚葉)[명] 〈생물〉발생 초기의 동물의 배(胚)의 최외측(最外層)을 이루는 세포층. 중추 신경·감각 기관·피부 등을 형성하는 부분임. 《대》내배엽(內胚葉). ectoderm

외:-배유(外胚乳)[명] 〈생물〉배낭 밖의 주심(珠心) 조직에 양분을 저장하여 저장 조직으로 된 것. 《대》내배유(內胚乳). perisperm

외:-백호(外白虎)[명] 〈민속〉백호 중 가장 바깥쪽의 백호. 《대》내백호(內白虎).

외:번(外藩)[명] ①외국 또는 외국인을 멸시하여 이르는 말. ②제왕(諸王)·제후(諸侯)의 봉국(封國).

외별-노[명] 얇고 좁은 종이로 비벼 꼰 노.

외별 매듭[명] 한 번만 맺은 매듭. single knot

외:벌-적(─的)[명](外罰的)[명]〈심리〉뜻대로 되지 않거나 난처한 일이 생겼을 때, 남의 탓으로 돌리는 (것). 《대》내벌적. 무벌적.

외:벽(外壁)[명] 〈동〉밭벽.

외:변(外邊)[명] 바깥의 둘레. 바깥쪽. 《대》내변(內邊).

외:보(外報)[명] 외국으로부터의 통신 보고. outside

외:-보도리[명] 오이를 썰어 소금에 잠깐 절인 후에 기름에 볶은 반찬.   「하[자]

외:복(畏服)[명] 두려워서 엎드림. prostrate out of fear

외:복(畏服)[명] 두려워서 복종함. 두려워하여 좇음.   「submission 하[자]

외:봉-선(外縫線)[명] 〈식물〉속씨 식물[被子植物]에서, 수술로 변한 잎의 주맥(主脈). 《대》내봉선(內縫線).

외봉치다(외―)国 남의 물건을 훔쳐 딴 곳으로 옮겨 놓다. steal

외:부(外部)園 ①바깥쪽. [대] 내부(內部). outside ②그 조직에 속하지 않는 범위. ③〈제도〉조선조 말, 의부 아문(外務衙門)을 고친 이름.

외:부 감:각(外部感覺)園〈심리〉외계의 자극에 의해 일어나는 감각. 시각(視覺)·청각(聽覺)·미각(味覺)·촉각(觸覺) 따위. 외감각(外感覺). [대] 내부 감각. [통] 외감(外感). external senses

외:부 기생충(外部寄生蟲)園 이·벼룩·빈대·진드기 등과 같이 숙주(宿主)의 몸 밖에 기생하는 벌레. [대] 내부 기생충. ectoparasite

외:부 내:빈(外富內貧)園 외양은 부자인 듯하나 실상은 구차하고 가난함. [대] 외빈 내부(外貧內富). rich in appearance 하다

외:부 대:신(外部大臣)園〈제도〉조선조 말, 외부(外部)의 으뜸 벼슬인 칙임관. 지금의 외무부 장관에 해당함.

외:부 영역(外部營力)園〈동〉외력(外力)②. [해당함.

외:부 협판(外部協辦)園〈제도〉조선조 말 외부의 차관 벼슬인 칙임관.

외:분(外分)園 ①자기 것 이외의 몫. other's share ②〈수학〉한 선분(線分)의 분점(分點)이 그 선분 안에 있고, 그 연장상에 있는 일. [대] 내분(內分). external division

외:분비(外分比)園〈수학〉한 선분(線分)을 외분하는 비율. [대] 내분비(內分比).

외―분비(外分泌)園〈생리〉선(腺)이 분비물을 도관(導管)을 통하여 몸 밖이나 또는 소화관 안에 내어보내는 작용. [대] 내분비(內分泌). external secretion

외:분비선(外分泌腺)園〈생리〉외분비 작용을 맡아하는 선. 각종의 소화선·한선(汗腺)·누선(淚腺) 등. [대] 내분비선(內分泌腺).

외:분점(外分點)[―쩜]〈수학〉한 선분(線分)을 외분하는 점. [대] 내분점. point of external division

외:비(外備)園 외환(外患)에 대한 군사적 방비. defense against foreign invasion

외:빈(外賓)園 ①외부나 외국에서 온 빈객. foreign visitor ②〈제도〉 나라 잔치에 참석하면 조신(朝臣).

외:빈 내:부(外貧內富)園 외양(外樣)은 구차한 것 같으나 실상은 부유함. [대] 외부 내빈(外富內貧). poor in appearance 하다

외뿔=자리〈천문〉별자리의 하나. 오리온(orion) 자리의 동쪽 은하 중에 있음. 일각 수좌(一角獸座). Monoceros(약자 : Mon)

외:사(外史)園 ①외국 역사. foreign history ②사관(史官) 아닌 사람이 사사로이 찬술한 역사. 야사(野史). unofficial history

외:사(外使)園 외국의 사절(使節). foreign envoy ②〈제도〉지방의 군마(軍馬)를 사열하던 무관(武職).

외:사(外事)園 외부·외국과 관계되는 일. [官].

외:사(畏事)園 두려워하고 존경하여 섬김. serve respectfully 하다

외:―사:촌(外四寸)園〈약〉→외종 사촌(外從四寸).

외:삼촌(外三寸)園 외숙(外叔)의 친근한 일컬음.

외:삼촌=댁[―땍](外三寸宅)園 ①[통]외숙모(外叔母). ②외숙의 집. [로 마구 한다는 뜻.

외삼촌 산소에 벌초하듯이 정성들이지 않고 되는 대로.

외:상園 값은 후일에 계산하기로 하고 물건을 먼저 가져가는 일. '外上'으로 씀은 취음. credit

외:상(外床)園 ①한 사람의 몫으로 차린 상. 독상(獨床). [대] 겸상. dinner table for one person ②반달 모양의 소반. [Minister

외:상(外相)園 외무성의 우두머리. 외무부 장관. Foreign

외:상(外傷)園 외력·타력·열·전기·화학 물질 등의 작용에 의한 신체의 상해. external wound

외:상코(―코)園 어떤 일이나 조건을 시킬 때 돈을 먼저 주지 않으면 얼른 해 주지 않는 일.

외:상=없:다園 조금도 틀림이 없거나 어김이 없다.

외:상=없:이園

외상이면 소도 잡아먹는다园 당장 돈만 안 낸다면 무엇이든지 하고 본다. 외상 좋아하는 것을 비웃는 말. [credit 하다

외:상=질園 물건을 외상으로 사는 짓. buying on

외:생(外甥)園 편지에서, 사위가 장인에 대한 자칭.

외:서(外書)園〈약〉→외국 도서. [(自稱).

외:서(猥書)園 음탕하고 난잡한 내용의 책. obscene book [국을 부어 만드는 음식.

외:선園 오이에 고기 소를 넣어 삶은 뒤에 식은 장

외:선(外船)園 ①〈약〉외국선. ②외국 항로에 취항하는 배. 외항선(外航船). foreign ship

외:선(外線)園 ①바깥쪽에 있는 선. outside line ②옥외에 가설한 전선. overhead wire ③관청·회사 등에서 외부에 통하는 전화. [대] 내선(內線).

외:설(猥褻)園 ①남녀간의 육욕상의 행위에 관한 추잡하고 예의 없는 일. ②남의 색정을 도발하고, 또는 자기 색정을 외부에 나타내려고 하는 추한 행위. 음외. indecent behaviour 하다

외:설=물(猥褻物)園 사람의 성욕을 자극 도발시키고 보는 자로 하여금 불쾌감을 갖게 하는 문서·그림·소상(塑像) 및 외설 행위에 쓰이는 기구 따위의 총칭. obscene things

외:설=죄[―쬐](猥褻罪)園〈법률〉남의 성생활의 자유를 강제로 침해하거나, 공중연히 여러 사람이 보는 앞에서 외설 행위를 하거나, 그런 문서·그림 기타의 물건을 제조·판매·진열하여 성도덕을 퇴폐하게 함으로써 성립하는 죄. public indecency

외:성(外姓)園 어머니쪽의 성. 외가의 성.

외:성(外城)園 성 밖에 겹으로 쌓은 성. 나성(羅城). [대] 내성(內城). outworks

외:세(外勢)園 ①바깥의 형세. outward conditions ②외부의 세력. 외국의 세력. power of a foreign country

외:=소박(外疎薄)園 남편이 자기 아내를 소박함. 하다

외:―소박이(外―)園→외소박이.

외:속(外屬)園 어머니 또는 아내의 친척. mother's [or wife's relative

외:손園 한쪽 손. one hand

외:손(外孫)園 ①딸이 낳은 자식. grand-child by daughter ②딸의 자손. 사손(獅孫). 저손(杵孫). descendants by daughter

외:―손녀(外孫女)園 딸이 낳은 딸.

외:손 봉:사(外孫奉祀)園 의가에 봉사할 자손이 없어 외손이 대신 제사를 받듦. 하다

외:손뼉園 한쪽만의 손바닥.

외손뼉이 못 울고 외다리로 가지 못한다團 상대자와 같이 응해야지 혼자서만 해서는 일이 성립되지 않는다는 뜻. [grand-son by daughter

외:―손자(外孫子)園 딸이 낳은 아들. [대] 친손자.

외손자를 귀애하느니 절굿공이를 귀애하랜다團 외손자는 아무리 귀애해도 탈 수 없다.

외손자를 업고 친손자는 걸리면서 업은 놈 발 시리다 빨리 가자團 ①사람에 있어 경중이 바뀜을 이름. ②친손자보다 외손자를 더 귀여워함이 인정이라.

외손―잡이園 ①손으로 하는 일에 한쪽 손이 능한 사람. 한손잡이. single-handed person ②한쪽 기운이 세거나 기술이 능한 사람이 한 손을 뒤로 접고 한 손으로만 겨루는 일.

외손=지다園 물건이 한쪽으로 다가 붙어 한 손 밖에 못 쓰게 되어 있다. single-handed

외:손=질園 외손만으로 쓰는 것. using one hand 하다

외:수(外需)園〈경제〉외국으로부터의 수요. [대] 내수.

외:수(外數)園〈동〉속임수. [수(內需).

외:수 외:미(畏首畏尾)園 남이 알게 되는 것을 꺼리고 두려워함. 하다

외:숙(外叔)園 어머니의 남자 형제. 외삼촌. 외숙부. 표숙(表叔). uncle on one's mother's side

외:숙(外宿)園 자기 집이 아닌 다른 곳에서 잠. 외박(外泊).

외:=숙모(外叔母)圏 외삼촌의 아내. 외삼촌댁①. 구
외:=숙부(外叔父)圏〈동〉외숙(外叔).　　［모(舅母).
외:=숙질(外叔姪)圏 외숙과 생질.
외:시(畏視)圏 무서워하며 봄. 하타
외:시골(外—)圏 먼 시골. 의읍(外邑). obscure vill-
외:식(外食)圏 자기 집 아닌 밖에서 식사함. 또, 그
식사. eating out 하타　　　　　　　　［age
외:식(外飾)圏 ①바깥쪽의 장식. ②면치레. showing
off 하타　　　　　　　　　　［foreign subject
외:신(外臣)圏 외국 사신의 주재국 왕에 대한 자칭.
외:신(外信)圏 외국으로부터의 통신(通信). 외전(外
電). 해외 통신. ¶~ 기자. foreign news
외:신(外腎)圏〈생리〉불알을 콩팥에 상대하여 이르
는 말. testicle　　　　　　　［tion in awe 하타
외:신(畏愼)圏 몹시 두려워하고 언행을 삼감. discre-
외:실(外室)圏 남자가 거처하는 곳. 사랑. (대) 내실
(內室). man's quarters
외:심(外心)圏 ①딴마음. 두 마음. having two minds
②〈수학〉삼각형 또는 다각형의 외접원(外接圓)의
중심. (대) 내심(內心). circumcenter
외:=씨(畏—)囨→오이씨.　　　　　　　［있는 버선.
외:씨 버선물이 조붓하고 갸름하여 신으면 맵시가
외아(巍峨)圏〈동〉외외(巍巍)①. 하圏히타
외:아들圏 형제가 없이 단 하나뿐인 아들. 독자
(獨子). 외독자. only son
외:=아:문(外衙門)圏〈제도〉①통리 아문(統理衙門).
②통리 교섭 통상 사무 아문(統理交涉通商事務衙門).
외:안:근(外眼筋)圏〈생리〉안와(眼窩)의 벽에서 시
작되어 안구(眼球)에 붙어 안구의 운동을 맡고 있
는 안근(眼筋)의 하나.
외:안:산(外案山)圏〈민속〉풍수 지리에서 말하는 안
산 가운데서 맨 밖의 안산. (대) 내안산(內案山).
외알=박이圏 총알·안경·콩 등의 알이 하나 들어 있는
물건의 총칭. ¶~총.
외알=제기圏 ①한쪽 굽을 끝머디 디디어 걷는 마소. ②
나귀 등이 못마땅할 때 한쪽 발로 걷어차는 짓.
하타
외:야(外野)圏 ①야구에서, 내야(內野) 뒤쪽 파울 라
인 안의 지역. 아웃필드(outfield). (대) 내야(內野).
인필드. ②〈약〉→외야수(外野手). ③〈약〉외야석.
외:야=석(外野席)圏 야구장의 외야에 마련된 관람석.
(약) 외야(外野)③.
외:야=수(外野手)圏 야구에서, 외야를 지키는 선수.
아웃필더(outfielder). (약) 외야②.
외:양(外洋)圏 육지에서 멀리 나간 넓은 바다. 대양
(大洋). 외해(外海)②. (대) 내양(內洋). 내해(內海).
ocean　　　　　　　　　　［~ 치레. outward aspect
외:양(外樣)圏 걸모양. 외모(外貌). 외형(外形).
외양(喂養)圏 ①〈약〉→외양간(喂養間). ②마소를 기
름. raising horses and cattle 하타
외양=간(—[—]間)圏 마소를 먹여 기르는 곳. 우
사(牛舍). (약) 외양①. stable
외:어깨圏 한쪽 어깨. one shoulder
외:=어물전(外魚物廛)圏〈제도〉조선조 때, 서소문(西
小門) 밖에 있던 어물전.
외어=서:다타 ①길을 비키어 서다. step aside ②다른
쪽으로 방향을 바꾸어 서다. turn aside
외:언(猥言)圏 추잡하고 음탕한 말. 외어(猥語).
외워고 벽치다타 담벼락을 쌓은 것같이, 사물을 이해
하지 못함을 비유.
외:=읽이(根—)圏 토벽을 하기 위하여 가로 세로 외
(根)를 얽는 일. 또, 그 물건. binding laths
외:역(外役)圏 ①밖에 나가서 하는 일. outdoor
labour ②국으로 출병하는 일. 외정(外征). foreign
expedition 하타　　　　　　　　　　　　［밭.
외:역=전(外役田)圏〈제도〉향리(鄕吏)에게 주던 논
외:연(外延)圏〈논리〉①개념이 적용될 수 있는 사물
의 범위. 금속이란 개념의 외연은 금·은·동·철 등
임. (대) 내포(內包). extension ②조건을 충족시키

는 것의 전체에서 이루어지는 집합의, 본래의 조건
에 대한 일컬음. extension
외:연(外緣)圏 ①가장자리. 둘레. 외측(外側). outside
②〈불교〉밖에서 이루어져 업과(業果)를 생기게 하
는 인연. relativity
외연(巍然)圏〈동〉외외(巍巍)①. 하圏히타
외:연 기관(外燃機關)圏〈물리〉기관 밖에서 연료를
연소시키는 기관. 증기 기관·전기 기관 따위. (대) 내
연 기관(內燃機關). external combustion engine
외:열(外熱)圏 ①밖의 더운 기운. outside hot air ②
몸 거죽의 열기. external feverishness
외:염(外焰)圏〈화학〉불꽃의 가장 바깥 부분. 산화
염(酸化焰). (대) 내염(內焰).
외·엿(고) 자두.
외·오(고) 그릇. 잘못.
외·오다(고) ①에우다. ②외다.　　　　　　　［le-ply
외:올圏 여러 겹으로 겹치지 않은 하나만의 올.
외올=뜨기圏 외올로 뜬 망건이나 탕건(宕巾). sing-
le-ply horse-hair head band
외:올 망건(—網巾)圏 외올로 뜬 품질이 좋은 망건.
외올=베圏 가제·붕대 등으로 쓰이는, 외올 무명실로
짠 얇고 부드러운 베. 난목.　　　　　　　［thread
외올=실圏 단 한 올로 된 실. 외겹실. single-strand
외올 탕:건(—宕巾)圏 외올로 뜬 품질이 좋은 탕건.
외:옹(外翁)圏〈동〉외할아버지.
외:=왕모(外王母)圏〈동〉외할머니.
외:왕부(外王父)圏〈동〉외할아버지.
외외(巍巍)圏 ①높은 산이 우뚝 솟은 모양. 외아(巍
峨). 외연(巍然). ②인격이 높고 뛰어남. noble 하
圏히타　　　　　　　　［andmother's family
외:=외:가(外外家)圏 어머니의 외가. maternal gr-
외외 당당(巍巍堂堂)圏 산이 높고 커서 웅대한 모양.
하圏히　　　　　　　　　　　　［nausea 하타
외욕질圏 속이 좋지 않아 욕지기하는 짓. (약) 외질.
외:용(外用)圏 신체의 외부에 씀. (대) 내복(內服).
외:용(外容)圏 외형(外形). external use 하타
외:용=약(外用藥)圏 외과용의 약. 고약 또는
도약(塗藥) 따위처럼 피부에 바르거나 붙이는 약.
(대) 내복약(內服藥). medicine for external use only
외우圏 ①외지게. ¶~선 오두막. secludedly ②멀리.
외:우(外憂)圏 ①동의(外患). ②〈동〉외간(外艱).
외:우(畏友)圏 가장 아껴 존경하는 벗. respected
외:우:다타〈약〉→외다.　　　　　　　　　［friend
외:원(外苑)圏 궁궐 등의 넓은 바깥 정원. (대) 내원
(內苑). outside garden
외:원(外援)圏 ①바깥으로부터의 도움. outside sup-
port ②외국의 원조. (대) 내원(內援). foreign assi-
stance
외:위(外圍)圏 ①바깥의 둘레. 외부의 범위. surroun-
dings ②〈생리〉생물세의 끝에 있는 모든 것
외:위=선(外圍線)圏 바깥으로 둘린 선. outline
외:유(外油)圏 외국산의 기름. 외국에서 수입한 원유
(原油).　　　　　　　　　　［gentle appearance 하타
외:유(外柔)圏 성질이 겉으로 보기에는 부드러움.
외:유(外遊)圏 공부나 유람을 목적으로 외국에 여행
함. foreign tour, studying abroad 하타
외:유 내:강(外柔內剛)圏 성질이 겉으로는 부드럽고
순하나 속으로는 꿋꿋하고 곧음. (대) 외강 내
유(外剛內柔). 하타
외:=유성(外遊星)圏〈동〉외행성(外行星).
외:음(外陰)圏 외형(外形).　　　　　［나 있는 부분.
외:음부(外陰部)圏〈생리〉생식기 중 몸 밖에 드러
외:읍(外邑)圏〈동〉외시골.
외:응(外應)圏 ①외부 사람과 몰래 통함. ②외부의
반응. external response 하타
외:의(外衣)圏 ①겉옷. (대) 내의(內衣). outer gar-
ment ②〈식물〉속씨(被子)식물의 줄기 끝에 있는
분열 조직의 바깥쪽 층.

외:의(外儀) 겉으로 나타내는 위의(威儀). appearance.
외의(巍嵬) 높고 큰 모양. 하형
외:이(外耳) 〈생리〉귀의 바깥쪽 부분. 음향을 받아서 고막에 전함. 이각(耳殼)·외이도로 이루어짐. 걸귁. 《대》 내이(內耳). concha
외:이(外夷) 오랑캐.
외:이도(外耳道) 〈생리〉이각(耳殼)에서 섬유골(顳顬骨)을 지나 고막으로 통하는 S자 모양의 관(管). 외청도. external auditory canal
외:이도=염(外耳道炎) 〈의학〉외이도의 급성 염증. otitis externa(라)
외:인(外人) ①자기와 관계없는 사람. 또, 한집안·한단체 밖에 있는 사람. unrelated person ②《약》→외국인. ③어느 일에 관계없는 사람. outsider
외:인(外因) 밖의 원인. ②그것 이외의 원인. 《대》 내인(內因). 심인(心因). external cause
외:인 부대(外人部隊) 외국인으로서 편성된 용병(傭兵)부대. 가장 유명한 것은 프랑스 국적을 갖지 않은 외국인으로써 편성되었던 알제리 주둔 프랑스 보병이었다. Foreign Legion
외:임(外任) 〈동〉외직(外職).
외:입(外入) 〈동〉오입(誤入). 하형 ~ character
외:자(一字) 한 글자. 단자(單字). ¶~이름. single
외:자(外子) ①외 서자(庶子). ②아내가 남에게 대해서 자기 남편을 이르는 말. my husband
외:자(外字) 외국 문자. foreign letters
외:자(外資) ①외국으로부터 도입한 자금이나 물자. ②외국인의 자본. 《대》 내자(內資). 《약》 외국자본(外國資本). ②올리는 일. 의상 관례. 하형
외자 관례(一冠禮) 정혼한 데도 없이 상투만 짜서 올리는 의례. 외재궁(外梓宮).
외:자=자(外梓子) 〈동〉외재궁(外梓宮).
외:자 도:입(外資導入) 〈경제〉정부·공공 단체·사업체 등이 외국의 자본이나 기술을 끌어들이는 일. induction of foreign capital
외:=자매(外姉妹) ①동 처형(妻兄). ②동 처제(妻
외자 상투 정혼한 데도 없이 짜 올린 상투.
외:자식(一子息) 형제가 없이 단 하나뿐인 자식. only son ②외국의 신문. 외자지(外字紙).
외:자 신:문(外字新聞) ①외국어로 발행되는 신문.
외:자:지(外字紙) 〈동〉외자 신문(外字新聞).
외:잡(猥雜) 음탕하고 난잡함. dissipation and disorder 하형 「in a distant place
외:장(外庄) 먼 곳에 있는 전장(田庄). one's land
외:장(外場) 도시 밖에 있는 시장. outside market
외:장(外障) 〈한의〉눈알 거죽에 백태가 끼어서 잘 안 뵈는 병. 《대》 내장(內障).
외:재(外在) 외면적으로 존재함. 지금 문제가 되고 있는 사물에 대하여 원인·이유·기준 등이 그 외부에 있는 일. 《대》 내재(內在). 하형
외:재궁(外梓宮) 왕이나 왕후의 장사에 쓰는 외곽(外槨). 외자궁.
외:재 비:평(外在批評) 〈문학〉①예술 작품을 하나의 사회 현상으로서 오로지 사회적 입장에서 비평하는 일. 《대》 내재 비평(內在批評). ②일정한 원리나 기준에 따라서 작품이나 학설을 비평하는 일. objective criticism
외:재성(一性)(外在性) 어떤 것의 밖에 있는 일. 어떤 것의 다른 부분이 서로 다른 것을 침범하지 않는다는 성질.
외:저:항(外抵抗) 〈물리〉전지(電池)의 양극을 잇대는 윤도(輪道)에 있는 저항.
외:적(外賊) 밖으로부터 자기를 해롭게 하는 도적. outside robbers 「寇). foreign enemy
외:적(外敵) 외부로부터 쳐들어 오는 적(敵). (外
외:적[一쩍](外的) ①외부적. ¶~ 조건(條件). ②육체적. ¶~ 욕망. 《대》 내적(內的). outward
외:적 관련[一쩍—](外的關聯) 〈논리〉한 사물의 표상이 다른 사물과 논리적으로 되는 외적 관계. 《대》 내적 관련(內的關聯). external relation

외:적 생활[一쩍—](外的生活) 정신 생활에 대한 물질적 생활. 《대》 내적 생활.
외:적 연합[一쩍 一](外的聯合) 〈심리〉시간적·공간적 접근에 의한 연합. 접근 연합(接近聯合).
외:적 영력[一쩍넉—](外的營力) 〈동〉외력(外力)②.
외:전(外典) 〈기독〉경외(經外) 성서. ②〈불교〉불경 이외의 다른 서적.
외:전(外電) 〈동〉외신(外信).
외:전(外傳) 본전(本傳)에서 이외의 전기(傳記). 중요 부분은 빠졌으나 보조가 될 만한 역사·전기·주석 등. lateral biography
외:접(外接) 〈수학〉①단 하나의 점에서 마주치는 두 개의 원이 서로 다른 쪽의 외부에 있는 일. ②하나의 다각형의 각 변이 다른 다각형의 각 각점(角頂)을 지날 때, 전자가 후자에 외접한다고 함. 또, 폐곡선이 하나의 다각형의 각 정점을 포함하는 때도 말함. 《대》 내접(內接). circumscription 하형
외:접구(外接球)(外接球) 〈수학〉①한 구체의 각 점에서 맞닿는 다른 하나의 구체. ②다면체의 각 정점(頂點)을 통하는 구(球). circumscribed sphere
외:접 다각형(外接多角形) 〈수학〉①다각형의 각 변이 하나의 다른 다각형의 각 정점을 통과하는 다각형. ②각 변이 한 원에 외접하여 된 다각형. 《대》 내접 다각형(內接多角形). circumscribed polygon
외:접=원(外接圓) 〈수학〉①한 원의 외부에 있으며 또, 이것과 접하는 원. circumscribed circle ②한 다각을 에워싸고 동시에 그 각 정점이 원주상에 있는 원. 《대》 내접원(內接圓).
외:정(外征) 〈동〉외조(外祖)①.
외:정(外征) 외국으로 출정(出征)함. 외역(外役)②. foreign expedition 하형 「政). diplomacy
외:정(外政) 외국에 관한 정치. 외교. 《대》 내정(內政(內
외:정(外情) 외부 또는 외국의 사정. 《대》 내정(內情). outside situations
외:제(外弟) ①손아래 처남. wife's younger brother ②이종제(姨從弟). ③아버지가 다른 동생.
외:제(外除) 〈제도〉조선조 때, 내직에 있던 사람을 내보내어 외방의 수령을 시키던 일. 하형
외:제(外製) 〈약〉→외국제.
외:제(外題) ①겉장에 쓰는 책의 이름. 표제(標題). 《대》 내제. ②글의 내용이 제목과는 틀림. 하형
외:조(外祖) 〈약〉→외조부(外祖父).
외:조(外朝) 〈제도〉①임금이 국정(國政)을 듣는 곳. 의정(外廷). ②외국의 조정.
외:=조모(外祖母) 외할머니.
외:=조부(外祖父) 외할아버지. 《약》 외조(外祖).
외:족(外族) ①외가 편의 일가. maternal relation ②제 족속(族屬)이 아닌 온자의 족속.
외:종(外從) 〈약〉→외종 사촌.
외:종(外腫) 〈한의〉몸의 살가죽에 난 종기. 《대》 내종(內腫). external tumor
외:종 사:촌(外從四寸) 외숙의 자녀. ¶~ 동생. 《대》 내종 사촌(內從四寸). 《약》 외종(外從). 외사촌. maternal cousin
외:=종:=제(外從弟) 외종 사촌뻘 아우. maternal cousin 「겉옷 껍질. 《대》 내종피(內種皮).
외:=종:피(外種皮) 〈식물〉종자의 맨 겉쪽의 피막.
외:=종:형(外從兄) 형뻘 되는 외종. maternal elder brother 「maternal cousins
외:종 형제(外從兄弟) 외종 사촌뻘의 형이나 아우.
외:주(外周) 〈경제〉외국 주재를 해롭게 하는 주(主). 하형
외:주(外周) 바깥쪽의 둘레. circumference
외주둥이 〈속〉단 하나뿐인 입을 이르는 말.
외주둥이 굶는다다 혼자 살면 자연히 끼니를 굶는 수가 많다는 뜻.
외주물 구석(一구—) 외주물집들만 모여 있는 곳.
외주물=집[一쩝] 마당이 길 밖에서 다보이는 보잘것없는 집. house without a court

외:주방(外廚房)[명] 〈제도〉 궁중에서 수라(水刺)를 만드는 곳.

외:주피(外珠皮)[명] 〈식물〉 밑씨(胚珠)의 외표부를 이루는 피막. 내주피와 함께 주심(珠心)을 싸고 있음. 외난피(外卵皮). 「각자.

외:죽각〈건축〉 한쪽 모서리만이 둥글게 되어 있는

외:줄[명] 단 한 줄. 단선(單線)①.

외:줄기[명] 단 한 줄기. single line

외줄다리〈약〉 가지가 없이 뻗은 줄기. 단줄기. unforked trunk

외줄기 문서(一文書) 여러 조목을 쓰지 않은 계약이나 적어버림의 글.

외줄 붙임표(一標) [명] 〈인쇄〉 가로글씨의 문장에 접합부로 쓰는 부호 '-'의 인쇄상의 이름. hyphen

외:중-비(外中比) 〈수학〉 어떤 양이 대소로 이분(二分)되어 그 작은 부분과 큰 부분과의 비가 큰 부분과 전체와의 비와 같을 때 이 양쪽 부분의 비. 중말비(中末比). extreme and mean ratio

외:-지[명] 〈약〉→오이지.

외:지(外地)[명] ①자기 고장 밖의 남의 땅. 외국(外國). 외방(外方). overseas land ②내지(內地)와는 다른 지방(地方)인 영토. 식민지. 〈대〉내지(內地).

외:지(外紙)[명] 〈약〉→외국 신문. 「territory

외:지(外誌)[명] →외국 잡지(雜誌).

외:지-다[형] 사람의 왕래가 적어서 으슥하고 궁벽하다. ¶외진 산길. secluded

외:지-직(外地職) 〈제도〉 지방 관아의 벼슬. 외임(外任). 외관(外官). 〈대〉 내직(內職). local government post 「촉진(觸診). 〈대〉 내진(內診). palpation

외:지-진(外診)[명] 신체의 외부에서 진찰하는 일.

외:-진:연(外進宴)[명] 〈제도〉 외빈(外賓)이 모여하는 진연(進宴). 〈대〉 내진연(內進宴). 〈약〉 외연(外宴).

외:질빵[명] 어깨로만 메는 질빵. bag carried on one shoulder

외:집(外執)[명] 외물에서 감추어 두는 일. 하타

외-짝[명] ①완전한 하나를 이루지 못한 짝만으로 된 것. ¶~ 신발. one of a pair ②여럿이 아닌 단 한 짝. single piece

외짝 다리[명] ①상(床)다리 등이 하나만 남아 있는 것. ②〈속〉 다리 하나가 없는 병신.

외짝 열:개[—넌—][명] 〈건축〉 한쪽 문은 고정되고 다른 한쪽만이 개폐식으로 된 문.

외-쪽[명] ①방향이 서로 맞서 있는 두 쪽 가운데의 한 쪽. one of a pair ②단 한 조각. single piece

외쪽 미:닫이[—다지] 〈건축〉 한쪽만으로 미닫이.

외쪽-박이[명] 뒷발 왼쪽이 흰 짐승.

외쪽 생각[명] 상대방 속은 알지 못하고 한쪽에서만 하는 생각. one-sided idea

외쪽 어버이[명] 〈속〉 편친(偏親).

외쪽 여:수[—녀—][—興受] [명] 저쪽에서 받는 일은 없이 이쪽에서 주기만 하는 일. unreturned distribution 하타

외:차(外車)[명] ①외국산의 자동차. ②외차선(外車船)의 고물이나 양쪽 중앙에 있는 차륜 추진기.

외:차-선(外車船)[명] 외차(外車)를 선복(船腹)의 중앙의 양현(兩舷) 밖에 붙인 기선. 외륜선.

외:채[명] 〈동〉 외챗집.

외:채(外債)[명] 〈약〉→외국채(外國債).

외챗-집[명] 단 채로 된 집. 외채. one-wing house

외:처(外處)[명] 제 본고장 아닌 딴 곳. strange place

외:척[명] 한쪽 어깨가 찬 몸.

외:척(外戚)[명] ①어머니 쪽 친척. ②같은 본 이외의 친척. 이성친(異性親). maternal relations

외:첨 내:소(外諂內疎)[명] 겉으로는 알랑거리며 속으로는 해치려 함. pretending flattery 하타

외:-청:도(外聽道)[명] 〈동〉 외이도(外耳道).

외:-청룡(外靑龍)[명] 〈민속〉 청룡 중 가장 바깥쪽 청룡. 〈대〉 내청룡(內靑龍). 「outpost

외:초(外哨)[명] 〈군사〉 바깥에 서 있는 초병(哨兵).

외:-촉(外鏃)[명] 화살촉의 더메 아래쪽의 부분. 〈대〉 내촉(內鏃).

외:촌(外村)[명] 고을 밖에 있는 마을. village outside

외:-츰[명] 〈고〉 집의 으슥한 곳. 침실(寢室). 「a town

외:축(畏縮)[명] 두려워서 몸을 움츠림. 외포(畏怖). shrinking out of fear 하타 「going out 하타

외:출(外出)[명] 밖에 나감. 나들이함. 출타(出他).

외:출-복(外出服)[명] 나들이옷. 「없음. 하타

외:출 부재(外出不在)[명] 밖에 나가 집이나 제자리에

외:출-증[—증](外出證)[명] 외출을 허가하는 증명서.

외:-출혈(外出血)[명] 〈의학〉 혈액이 몸 밖으로 나오는 일. 「대〉 내출혈(內出血). external bleeding

외:측(外側)[명] 바깥쪽. 외연(外緣)①. outside

외:측(外厠)[명] 남자 변소. toilet room for men

외:치(外治)[명] ①〈동〉 외교(外交)①. ②조정의 공식적인 정치. 〈대〉 내치(內治). ③〈의학〉 피부에 난 병을 외과적으로 치료함. 하타 「ravagance 하타

외:치(外侈)[명] 구차한 처지에 분수없이 사치함. ext-

외:치(外痔)[명] 〈동〉 수치질.

외:치-다[타] 매우 큰 소리로 부르짖다. 큰 소리를

외:친 내:소(外親內疎)[명] 겉으로는 친근한 체하면서 속으로는 멀리 함. pretending to be friendly 하타

외:침(畏鍼)[명] 침 맞기를 두려워함. 하타

외:-캘리퍼스(外callipers)[명] 곡면(曲面)이 있는 물체의 외경(外徑)을 재는 기구.

외:코[명] 솔기를 외줄로 한 가죽신의 코.

외코-신[명] 코가 좀 짧고 눈을 놓지 않은 가죽신. 하층 계급에서 신었음. 〈대〉 쌍코 줄신자.

외:타(外他)[명] 그 밖의 다른 것.

외:탁(外一)[명] 외가(外家) 쪽을 닮음. 〈대〉 친탁. 하타

외:탄(畏憚)[명] 두려워하고 꺼림(畏忌). 하타

외:택(外宅)[명] 〈궁〉 남의 외가. your wife's family

외:톨[명] ①밤송이·마늘통 등의 한 톨만이 여문 알. ②〈약〉→외톨토리①.

외톨 마늘[명] 한쪽으로 한 통을 이룬 마늘. 독두산.

외톨-박이[명] 외톨로 된 밤송이나 마늘통 등.

외톨-밤[명] 한 송이에 외톨만 든 밤. single chestnut

외톨밤이 벌레가 먹었다[관] 당연히 똑똑하고 분명해야 할 것이 부실(不實)할 때에 이르는 말.

외톨-이[명] 〈약〉→외톨토리①. 「부실할 때에 하는 말.

외:통[명] 장기에서, 단 한번의 장군에 꼼짝 못하게 되는 일. 외통으로 통하는 것. one way alley

외통-목[명] ①장기에서 외통 장군이 되는 목. ②→외 「수. 질목.

외통-수(一手)[명] 장기에서, 외통으로 장군을 부르는

외통 장군(一將軍)[명] 장기에서, 외통으로 부르는 장군. 「는 옷. 오버코트(overcoat).

외:투(外套)[명] 방한·방우(防雨)를 위해 양복 위에 입

외:투-감[—깜](外套一)[명] 외투를 지을 감.

외:투-강(外套腔)[명] 〈동물〉 판새류(瓣鰓類) 등 연체동물들의 외투막(外套膜)과 내장 사이에 있는 빈 곳.

외:투-막(外套膜)[명] 〈동물〉 연체(軟體) 동물의 외피에 형성되어 전체나 일부를 덮은 막. 오싱어류는 원추형, 낙지·문어류는 주머니형으로 발달하고, 조개류에서는 막의 가 부분에서 석회를 분비하여 껍데기를 만듦. 「to the left

외:틀-다[타] 한쪽으로 또는 왼쪽으로 틀다. turn

외:틀리-다[자] 한쪽으로 또는 왼쪽으로 비틀리다.

외:틀어-지다[자] 한쪽으로 또는 왼쪽으로 비틀어지다. be turned to the left 「판의 행위하는 일. 하타

외:판(外販)[명] 판매 사원이 고객의 가정을 방문하여

외:판(外辦)[명] 〈제도〉 거둥할 때에 의장(儀仗)·호종(扈從) 들을 제자리에 정돈시키던 일.

외:판-원(外販員)[명] 외판에 종사하는 사람.

외:팔(外一)[명] 왼 팔.

외팔-이[명] 한쪽 팔이 없는 사람의 별명.

외패 부득(一覇不得)[명] 바둑에서, 패(覇)를 쓸 자리가 한 군데도 없음을 이름.

외패-잡이[명] 처음부터 끝까지 한 번도 갈마들지 않고 메고 가는 가마. 또, 그런 가마를 메고 가는 가마꾼.

외:편(外便)[명] 어머니쪽의 일가. 외가편짝. mater-

외:편(外篇)[명] 한 부의 책에서 총론(總論)을 쓴 부분.
외:포(畏怖)[명] 매우 두려워함. 두려워서 떪. 외축(畏縮). fear 하다 ┌nfestation ②사물의 표면.
외:표(外表)[명] ①겉에 드러난 풍채·표정·겉모습. ma-
외:풍(外風)[명] ①밖에서 들어오는 바람. ¶~이 세다. draught ②외국에서 들어온 풍속. foreignism
외피(外皮)[명] ①겉껍질. 걸가죽. 《대》 내피(內皮)①. ②《동물》 동물의 몸의 표면. ③《식물》 식물 기관의 바깥 표면이 내부에 대하여 분화(分化)해 있는 경
외:-하:방(外下方)[명]《동》 외방(外方)③. ┌우의 이름.
외:학(外學)[명]《불교》불교학(佛敎學) 이외의 학문.
외:한(外寒)[명] 바깥의 찬 기운. cold outside
외:한(畏寒)[명] 추위를 두려워함. fear of coldness 하다
외:-할머니(外一)[명] 어머니의 친정 어머니. 외왕모. 외조모(外祖母). grandmother on one's mother's
외:-할미(外一)[명]《비》외할머니.   └side
외:-할아버지(外一)[명] 어머니의 친정 아버지. 외왕부. 외옹. 외조부(外祖父). grandfather on one's mo-
외:-할애비(外一)[명] 외할아버지.   └ther's side
외합(外合)[명]《천문》 지구에서 보아 내행성과 태양과의 황경(黃經)이 같고 또한 태양의 뒤쪽 편에 있는 현상. 상합(上合). 순합(順合). 《대》 내합(內合). superior conjunction   《航》. 하다
외:항(外航)[명] 배가 외국으로 항행함. 《대》 내항(內
외:항(外港)[명]《지리》①선박이 입항하기 전에 일시 머무르는 항구. outer harbour ②큰 도시의 외곽(外廓)에 있어 물자를 집산(集散)하는 항구. outer port ③항구가 깊이어 패어든 육지 안쪽에 자리잡고 있지어 또, 여러 개의 방파제로 구분되어 있을 경우, 그 바깥쪽의 구역. 구항. 외읍. 《대》 내항(內港). other term
외:항(外項)[명]《수학》한 비례식의 양단에 있는 두 개
외:항-선(外航船)[명] 국제 항로에서 취역(就役)하는 선박. 외선②.   《대》 내해(內海). ③《동》 외양(外洋).
외:해(外海)[명]《지리》①육지의 주위에 있는 바다.
외행-성(外行星)[명]《천문》 태양계에 속하여 지구의 궤도보다 큰 궤도를 운행하는 행성. 화성·목성·토성·천왕성·해왕성 따위. 외유성.
외:향-성(一)[명]《심리》정신 활동이 객관에 향하기 쉬운 성질. 곧, 바깥 세계에 대하여 관심을 표명하는 사교적·행동적인 성격의 형태. 《대》 내향성. extroversion
외:향-약(一藥)[명]《식물》측생약(側生藥)에 있어서 화사(花絲) 바깥쪽에 붙어 있는 약(葯). 《대》 내향약(內向藥).
외:허(外虛)[명]①《천문》 태양의 흑점(黑點) 주위의 침침한 부분. 또, 반암부(半暗部)②겉이 공허함. 보잘것이 없음. 《대》 내실(內實). 하다
외:허 내:실(外虛內實)[명] 겉은 허술한 듯 보이나 속은 충실(充實)함. 하다
외:현(外現)[명] 겉으로 나타남. appearance 하다
외:형(外兄)[명] ①손위 처남. ②이종형(姨從兄). ③아버지가 다른 형.
외:형(外形)[명] 겉으로 보이는 모양. 겉꼴. 외용(外容). 외양. 《유》 형각(形殼). outer shape
외:혐(畏嫌)[명] 친구끼리 상대편을 점잖게 대접하여 이르는 말. you
외:형-률(外形律)[명] 정형시(定形詩)에 있어서 일정한 외형의 음격(音格)에 의하여 생기는 음률. 《대》 내재율(內在律).
외:형-제(外兄弟)[명] ①고종 형제. cousins ②동모이부(同母異父)의 형제. brothers by a step father
외:호(外濠)[명] 성(城) 밖으로 돌려 판 호(濠). 해자(垓字).   ┌external protection 하다
외:호(外護)[명] ①외부의 보호. ②밖에서 싸고 보호함.
외:호흡(外呼吸)[명]《생리》호흡기에 의하여 공기나 물에서 산소를 받아들이고, 탄산가스를 내보내는 일. 피부 호흡·폐 호흡·아가미 호흡 등. 《대》 내호흡.

외:혼(外婚)[명] 족외혼(族外婚).
외:화(外貨)[명] ①《경제》외국의 화폐. 《대》 내화(內貨). 방화(邦貨). foreign currency ②외국에서 오는 화물.
외:화(外華)[명] 겉으로 화려한 차림새. outward show
외:화(外畫)[명]《약》외국 영화.
외화 가득률(一率)[명]《경제》 상품 수출액에서 원자재 수입액을 뺀 백분율.
외화 어음(外貨一)[명] 외국 화폐 어음.
외화 획득(外貨獲得)[명] 각종 수출·관광객 유치 등으로 외국 돈을 벌어들임. obtaining foreign currency
외환(外患)[명]①적의 침범으로는 근심. invasion of a foreign army ②외부에서 받는 걱정. 외우(外憂)①. 《대》 내우(內憂). 내환(內患). 내란(內亂).
외:환(外換)[명]《경제》   foreign troubles
외:환 관:리법(外換管理法)[명]《약》→외국환 관
외:환 은행(外換銀行)[명]《약》《법》국가의 대외적 지위를 침해함으로써 성립하는 죄. 배반죄·간첩죄 따위. crime against the state
외훈(巍勳)[명] 두드러지게 큰 공훈.
외:-질[명]《약》→외욕질.
왼[관] '왼편'의 뜻을 나타내는 말. 《대》 오른.
왼-걸음[명]《건축》 조쭈미의 아래쪽 두 가랑이를 왼편으로 대각(對角)되게 'ㄴ' 형상처럼 하는 방식. 《대》 오른걸음.
왼 고개를 젓다[관] 부정이나 반대의 뜻을 표시하다.
왼 고개를 틀다[관] 바로 보지 않고 외면하다.
왼-구비[명] 화살이 높이 떠 가는 모양. flying high
왼-나사(一螺絲)[명] 시계 바늘이 돌아가는 방향과 반대 방향에서 앞으로 나아가는 나사.
왼-낫[명] 날이 왼손잡이가 쓰도록 된 낫.
왼녘[명]《고》 왼쪽.
왼 눈도 깜짝 아니하다[관] 조금도 놀라지 아니하다.
왼-달[명] →온달.
왼-덧걸이[명] 상대편의 중심을 왼쪽으로 기울어지게 하면서 상대편의 오른다리에 걸며 오른손으로 상대편의 허리 살바를 힘껏 당기면서 어깨로 밀어 넘어뜨리는 씨름 재주의 하나.
왼-발[명] 왼쪽 발. left foot
왼발 구르고 침 뱉는다[관] 무슨 일에든지 솔선하여 서지도 못 공투니를 뺌을 이르는 말.
왼:발목-치기[명] 오른손으로 상대편의 왼편 발목을 치면서 왼팔로 다리 살바를 당기어 오른편으로 돌아 넘어뜨리는 씨름 재주의 하나.
왼:-배지기[명] 씨름에서, 상대자의 배를 왼쪽으로 들어서 지고 넘어뜨리는 재간. 《대》 오른배지기.
왼-뺨[명] 왼쪽 뺨.
왼-새끼[명] 외로 꼰 새끼. left-twisted rope
왼새끼를 꼰다[관] ①비틀려 나가는 일이 어떻게 벌어져 나갈지 궁금하다. ②비밀 꼬아서 말하는 비아냥한다.   [리. 과임(左衽). left gusset
왼:-섶[명] 저고리의 왼쪽으로 된 섶. 또, 그런 저고
왼-소리[명] 사람이 죽었다는 소문. report of one's death
왼-손[명] 왼쪽의 손. 좌수(左手). left hand
왼:-손잡이[명] 왼손을 오른손보다 잘 쓰는 사람. left-
왼:손좌-변(一ᄉ邊)[명]《동》 음받침질. [handed person
왼:-손쪽질[명] 음식을 먹을 때 숟가락이나 젓가락을 왼손으로 쥐는 것. left-hander 하다
왼:-씨름[명] 살바를 오른다리에 끼고 왼쪽 어깨를 대고 겨루는 씨름. 《대》 오른씨름.
왼:-안걸이[명] 씨름에서, 왼배지기를 할 듯이 하다가 왼다리로 상대편의 오른다리를 걸어서 왼쪽으로 젖히는 수.
왼:오금-치기[명] 씨름에서, 상대편의 몸을 왼편으로 기울게 누르다가 손으로 오른다리를 당겨 상대편의 왼다리 오금 바깥쪽을 쳐서 넘어뜨리는 수.
왼:-쪽[명]《약》→왼편쪽. ②좌우 두 개로 이루어지는

왼팔 물건의 왼쪽의. 좌측(左側). 좌편(左便). 《대》오른쪽. left

왼=팔(一)圀 왼쪽 팔. 좌완(左腕). 《대》오른팔. left arm

왼=편(一便)圀《약》→왼쪽편.

왼=편쪽(一便—)圀 왼쪽 편쪽. 《대》오른쪽편. 《약》왼편. 왼쪽①. left side

욀=재주[—째—](—才—)圀 무엇을 외는 재주. ability of recitation

욀=총(—聰)圀 잘 외어 기억하는 총기. good memory

욋=가지(根—)圀〈건축〉외(根)를 엮는 데 쓰이는 가는 나뭇가지·수숫대 등속. lath

윙:圀 작은 날벌레나 작은 물건이 매우 빠르게 날아갈 때 또는 바람이 가는 철사줄 같은 것에 세차게 부딪칠 때에 멀리 들리는 소리. 《큰》윙. humming

윙=윙:圀 윙윙거리는 소리. 《큰》윙윙. 하囝ㅏ하囝

윙=윙—거리—다:巫 윙윙거리다. 《큰》윙윙거리다.

ᅭ:圀 한글 모음(母音) 글자 'ㅛ'의 이름.

요[2] 団 ①눈 앞의 일이나 물건을 얕잡아 가리켜 일컬음. this ②시간이나 거리의 가까움을 일컫는 말. ¶ ~ 부근. 《대》고. 조. 《큰》이. this, next

요[3] 囮 ①'하오'할 자리에, 받침 없는 체언에 붙어 무엇을 단정하는 데 쓰이는 종결형 서술격 조사. ¶이것은 개~. ②'하오'할 자리에, 받침 없는 체언에 붙어 물음을 나타내는 종결형 서술격 조사. ¶저것이 호랑이~. ③받침 없는 체언에 붙어 '고'의 뜻을 나타내는 연결형 서술격 조사. ¶이것은 밤이~, 저것은 사과다. ④'s명사에 붙어 존칭이나 주의를 끌게 하는 보조사. ¶비가 와~.

요(要)圀 '요점·요지(要旨)·대요(大要)' 등의 뜻. ¶ ~는 그렇다. main point

요:(料)圀〈제도〉①여러 구실아치에게 급료로 사맹삭(四孟朔)에 주는 쌀·콩·보리·무명·베·돈의 총칭. wages in kind ②하인들에게 주는 곡식.

요(褥)圀 사람이 눕거나 앉을 때 방바닥에 까는 침구.

요(窯)圀 기와 굽는 가마나 장소. [의 하나.

요가(yoga 범)圀 예로부터 인도에서 전하는 심신 단련법의 하나. 현재도 건강 증진 등의 목적에 쓰임.

요:각(凹角)圀〈수학〉두 직각보다 크고 네 직각보다 작은 각.

요각(境境)圀 많이 메마름. 하囝ㅏ다 작은 각.

요각—나무(—)圀 매자목(賣子木).

요간(腰間)圀 허리의 둘레. 허리 언저리. waist

요:감(了勘)圀 끝을 막음. 요결(了結). 하囝

요감(搖撼)圀 흔들리게 함. 흔듬. shaking hand

요강(尿綱)圀 방에 두고 오줌을 누는 그릇. 보통, 놋쇠·양은·사기 등으로 만듬. 야호(夜壺). chamber

요강(要綱)圀 중요한 강령(綱領). outline [pot

요강 대가리[—때—](尿綱—)圀 대머리를 조롱하는 말.   [하게 보이는 사람을 희롱하는 말.

요강 도둑(尿綱—)圀 바지의 솜이 아래로 처져서 뚱뚱

요=같이[—가치]圀 요와 같이. 이렇게. ¶ ~ 하여라. 《큰》이같이. like this

요개(搖改)圀 흔들어서 고침. 하囝

요개(搖改—)圀 도무지 고칠 도리가 없음.

요:(繞客)圀 위요(圍繞).   [incorrigibility

요:=거圀대→요것.   [bulator

요기(搖車)圀 어린애를 태우고 밀어 주는 바퀴. perambulator

요거(饒居)圀 유복하게 삶. living in abundance 하囝

요건《약》요것은. 《큰》이건. this one

요건[—껀](要件)圀①중요한 용건. important business ②필요한 조건. requisite

요걸《약》요것을. 《큰》이걸. this one

요걸로《약》요것으로. ¶이걸로. with this

요것대 자기에게 가장 가까운 곳에 있는 일이나 물건을 가리키는 말. this 대 사람을 얕잡아 가리킬 때 일컫는 말. 《약》요거. 《큰》이것. this fellow

요게《약》요것이. 이게.

요격(遙隔)圀 멀리 떨어져 있음. far 하囝

요격(邀擊)圀 도중에서 적을 기다리다가 내닫쳐 치는 일. 영격(迎擊). interception 하囝

요격 미사일(邀擊 missile)圀〈군사〉①지대공(地對空) 미사일의 일컬음. 항공기 요격과 미사일 요격의 두 종류가 있음. ②동 탄도탄 요격 미사일.

요:결(了結)圀 요감(了勘). 하囝

요결(要訣)圀 ①일의 중요한 비결. secret ②긴요한 뜻. 결요(訣要). important meaning

요결(要結)圀 ①긴요한 결과. important result ②맹세함. 서약함.

요:경(凹鏡)圀 요면경(凹面鏡). 오목 거울.

요고(腰鼓)圀 장구.

요고—전(腰鼓田)圀 장구배미.

요골(腰骨)圀〈생리〉허리의 뼈. 장골(腸骨)·천골(薦骨)·치골(恥骨)의 각각 한 쌍으로 된 골반(骨盤). huckle-bone

요골(橈骨)圀〈생리〉전박(前膊)의 외부에 있는 차축(車軸) 모양의 뼈. 위쪽은 상박골(上膊骨) 및 척골(尺骨)에, 아래쪽은 완골(腕骨)에 닿아 있는데, 삼각 기둥 모양으로 돼 있음. radius

요공(要功)圀 남에게 들인 공을 스스로 자랑함. 하囝

요:관(尿管)圀 요도(尿道).

요광(搖光)圀〈천문〉북두 칠성의 일곱째 별. 파군성(破軍星)①.

요마(妖魔)圀 요사스럽고 괴상함. wickedness ②요망스러운 마귀. 요마(妖魔). 하囝 스레 스레다

요:구(要求)圀 ①강력히 청하여 구함. request ②〈법률〉 작위(作爲) 또는 부작위의 이행에 대한 청구. claim ③〈심리〉생활체의 생리적·심리적 기구에 생기는 어떤 결핍을 보충하며 또는 과잉을 배제하려고 하는 생리적·심리적 과정. 하囝

요구급예금[—네—](要求給預金)圀 요구불 예금.

요구르트(yog(h)urt)圀 우유·양유 따위를 유산 발효에 의해 응고시킨 영양품.

요구불예금[—베—](要求拂預金)圀〈경제〉예금자의 청구에 언제든지 찾아 쓸 수 있는 예금의 총칭. 당좌 예금·보통 예금 등. 요구급 예금(要求給預金). 《대》저축성 예금.

요:구서(要求書)圀 요구하는 내용을 쓴 문서.

요귀(妖鬼)圀동요마(妖魔).

요극(要劇)圀 중요하고 바쁜 직책. hard duty

요급(料給)圀 사람 또는 물건으로부터 받은 이익의 대가(對價)로 지불하는 금전. ¶전기 ~. fee

요급(料給)圀 급료를 주는 일. 하囝

요기《약》요긔. 《큰》요긔. ¶이긔. here

요기(妖氣)圀 요사스럽고 간사한 기운. magic air 스囝

요기(腰氣)圀 동 자궁병(子宮病).   [스레 囝

요기(療飢)圀 조금 먹어서 시장기를 면함. satisfying one's hunger 하囝   [하다.

요기—부리—다(妖氣—)巫 요사스럽고 간사한 행동을 함.

요기—차(療飢次)圀 ①요기하라고 하인에게 주는 돈. money for food ②상여꾼에게 쉴 참마다 주는 술값. 《약》요차(療次).

요긴(要緊)圀 중요하고 긴함. 긴요(緊要). 하囝 히囝

요긴—목(要緊—)圀 요긴한 길목이나 기회. critical position

요=까지로見 겨우 요만한 정도로. 《큰》이까지로.

요=까짓見 겨우 요 정도밖에 아니 되는. ¶ ~ 걸 못해? 《큰》이까짓. only this much

요=나마見 요것이나마. 《큰》이나마. even this much

요:나—하—다(娿娜—)圀어語 부드럽고 질고 간들거리다. slender

요=날 '이날'을 얕잡아 이르는 말. 《큰》이날.

요날 요때見 요날의 요때. 《큰》이날 이때. this time of this day   [day and that

요날 조날見 요날 저날. 《큰》이날 저날. this

요냥見 요 모양대로. 요대로. ¶ ~ 두어라. as it is   [요희(妖姬). enchantress

요녀(妖女)圀 요사스럽고 간사한 계집. 요부(妖婦).

요:—년(—年)圀 상대방 여자를 향해 욕되게 호령하는 소리. 《큰》이년. 대 바로 앞에 있는 여자를 욕되게 이

요년(堯年)[명] 요 임금이 재위한 해라는 말에서, 태평 성대(太平聖代)를 뜻하는 말.

요=놈[감] 상대방 사내를 향해 욕되게 호령하는 소리. 《큰》이놈. 〖인데지데〗바로 앞에 있는 사내나 어떤 작은 것을 얕잡아 욕되게 이르거나 귀엽게 이르는 말. 《큰》이놈.

요다(饒多)[하형] 많음. 풍부함. rich 하형 〖용어.

요=다각형(凹多角形)[명] 〈수학〉'오목 다각형'의 구.

요=다음[명] 뒤에 이어 오는 때나 자리. 《큰》이다음. next time

요다지[부] 요러한 정도로. 요렇게까지. 요러하도록. 《큰》이다지.

요다지=도[부] '요다지'를 강조하는 말. 《큰》이다지도.

요=담[명] [하자]→요다음.

요담(要談)[명] 필요한 말. 요긴한 이야기. ¶~을 은밀히 나누다. important business talk 하자

요당(僚堂)[명] 〈제도〉자기가 근무하는 관청의 당상.

요대(饒貸)[명] [하자] 허러히. 요러하도록. 〖관(堂上官).

요대(饒貸)[명] [하자] 너그럽게 용서함. 하자

요=대로 ①아무 변함없이 요 모양으로. ②요와 같이. 《큰》이대로.

요도(尿道)[명] 〈생리〉방광 안의 오줌을 몸 밖으로 배출하기 위한 관. 수뇨관. 오줌길. 오줌관. 오줌줄. 〖관. 〖관. urethra

요도(要圖)[명] 필요한 사항만을 그린 그림.

요도(腰刀)[명] 허리에 차는 칼. ②〈제도〉옛 병기(兵器)의 하나. 날의 길이 석 자 두 치, 자루가 석치, 조금 휘우듬하며, 칼코등이 있고 순 강철로 만듦. 집이 없는 칼로, 단병(短兵) 접전 때에 쓰며 허리에 참.

요도=성(耀渡星)[명] 〈천문〉금성(金星)의 딴이름.

요도=염(尿道炎)[명] 〈의학〉주로 임균(淋菌)·대장균·포도상 구균 등의 세균 감염 또는 그 밖의 원인으로 일어나는 요도의 염증.

요독-증(尿毒症)[명] 〈의학〉신장의 기능이 부전하여, 오줌으로써 배출돼야 할 성분이 피속에 머물러 있어서 일어나는 중독 현상. uremia 하자

요동(搖動)[명] [하자] 흔들림. 흔들어 움직임. 흔듦. trembling

요동-시(遼東豕)[명] 세상의 일을 모르고, 저 혼자 득의 양양함을 비유.

요두 전:목(搖頭顛目)[명] 머리를 흔들고 눈을 굴리면서 몸을 움직임. 곧, 침착성 없이 행동함. 하자

요=뒤(褥一)[명] 방바닥에 닿는 편의 요 겉데기. 요의 (褥衣). under cover of a mattress

요:득(了得)[명] [하자] 내용을 잘 이해함. 깨달음. understanding 하자

요득(料得)[명] 헤아려 얻음. 상상하여 앎. perceiving

요들(yodel)[명] 〈음악〉스위스·오스트리아의 산악 지방에서, 가성(假聲)을 섞어서 부르는 민요. 요 그 창법(唱法). ¶~송(song).

요=따위[명] ①요러한 족속. this kind of ②요런 것들. 《큰》이따위. this sort of things 〖ble mattress

요=때기(褥一)[명] 요다음 형체를 갖추지 못한 요. hum-

요락(搖落)[명] ①흔들어 떨어뜨림. ②늦가을에 나뭇잎이 떨어짐. 하자

요란(搖亂·擾亂)[명] [하자] ①시끄럽고 어지러움. disturbance ②〈지학〉암석·지층 등의 처음 생긴 장소에서 일어나는 습곡 운동이나 단층(斷層)운동. 하자 스펙스테믹 히자

요란(燎亂)[명] 불이 붙어서 어지러움. 하형

요람(要覽)[명] 중요한 것만 뽑아 보게 한 책. survey

요람(搖籃)[명] ①유아를 담아서 잠재우는 채롱. ②사물이 발달하는 처음. cradle ③사업이 발전하는 실마리. ④어린 시절.

요람-기(搖籃期)[명] [하자] 요람 시대.

요람 수역(搖籃水域)[명] 수산물이 자라기 시작하는 바다의 일정한 구역.

요람 시대(搖籃時代)[명] ①요람에 들어가 있던 어린 시절. infancy ②사물의 발달의 초창기. 요람기(搖籃期). start

요람에서 무덤까지[관] '나서 죽을 때까지'의 뜻. 사회 보장 제도의 충실함을 표현한 말로서, 제 2차 세계 대전 후 영국의 노동당이 제창한 슬로건(slogan).

요람-지(搖籃地)[명] ①고향. ②사물이 발달하기 시작한 곳.

요래[약] ①요리하여. ②요러이하여. 《큰》이래. 〖한 곳.

요래(邀來)[명] [하자] 맞아 옴.

요래도[약] 요리하게 하여도. ②요러이하여도. 《큰》이래도. even if we do like this

요래라 조래라[약] 요러라 조러라 하여라 조렇게 하여라. 이래라 저래라. do like this and that

요래 빼:도[약] 요러하게 보이어도. 《큰》이래 빼도. even though it looks like this 〖like this

요래서[약] 요리하여서. 《큰》이래서. because it is

요래서=야[약] 요리하여서야. 《큰》이래서야. Will this do? 〖때. in this way and that

요래=조래[약] '요리하고 조리하여'의 뜻. 《큰》이래저

요랬다 조랬다[약] 요리하였다가 조리하였다가. 이랬다 저랬다. like this and that 하자

요략(要略)[명] [하자] ①필요한 부분만 골라잡고 다른 것은 생략함. ②문장·저서 등의 중요한 대목을 정리하는 일. 개략(槪略). 요약(要約)①. epitome 하자 〖하자

요량(料量)[명] 앞일에 대해 잘 생각하여 헤아림. guess

요러나[약] ①요러하거나 조러하거나. anyway ② '요리하나 조리하나'의 줄여 변한 말. 《큰》이러나 저러나.

요러니 조러니[약] 요러하다느니 조러하다느니. 《큰》이러니 저러니. because of this and that

요러-다[약] 요렇게 하다. 《큰》이러다. do like this

요러다가[약] 요렇게 하다가. 《큰》이러다가.

요러면[약] 요러하면. 《큰》이러면. 〖is like this

요러므로[약] 요러하므로. 《큰》이러므로. because it

요러요러-하다[형여] 요러하고 요러하다. 《큰》이러이러하다. 〖저러하다.

요러조러-하다[형여] 요러하고 조러하다. 《큰》이러이러하다.

요러쿵=조러쿵[부] 요러하다는 둥 조러하다는 둥. 《큰》이러쿵저러쿵. 하자

요러-하다[형여] ①요와 같다. ②요런 모양으로 되어 있다. 《약》요렇다. 《큰》이러하다. like this 요러하던.

요럭-조럭[약] ①하는 일이 없이 어름어름하는 가운데. ②되어 가는 대로. ③알지 못하는 동안에 어느덧. 《큰》이럭저럭. 이럭이럭. somehow 하자

요런[관] 놀라운 일이 있을 때에 하는 소리. 《큰》이런. 〖관. 요러한. 《큰》이런.

요런-대로[약] 요러한 대로. 《큰》이런대로.

요런양으로[―냥―]《약》요러한 모양으로. 《큰》이런 양으로.

요런=즉[약] 요와 같은 즉. 《큰》이런즉. 〖양으로.

요런=조런[관] 일정한 일이 없이 요런 모양과 조런 모양으로. 《큰》이렇저렇. somehow 하자

요렇게[부] 요러하게. 《큰》이렇게.

요렇-다[형]《약》→요러하다. 〖렇다. 하자

요렇다 조렇다[약] 요러하다 조러하다. 《큰》이렇다 저렇다.

요렇든=조렇든[부] 요러하든 조러하든. 《큰》이렇든 저렇든. 〖이렇든지저렇든지.

요렇든지=조렇든지[약] 요러하든지 조러하든지. 《큰》

요렇듯[부] 요러하듯. 《큰》이렇듯. to such an

요렇듯=이[부] 요러하듯이. 《큰》이렇듯이. 〖extent

요렇지[약] 요와 같이 틀림없다는 뜻으로 내는 소리. 《큰》

요:=렌즈(凹 lens)[명] 오목 렌즈.

요령(要領)[명] ①사물의 요긴하고 으뜸되는 큰 줄거리. gist ¶~이 없다. ②일을 하는 데 꼭 필요한 묘한 이치. ¶~을 알다. ③섭게 또는 어물거리어 넘기는 잔꾀. ¶~을 부리다.

요령(饒鈴·搖鈴)[명] 〈불교〉불가에서 법요(法要)를 행할 때에 흔드는 솔방울과 좀 작은 기구. handbell

요령 부득(要領不得)[명] 말이나 글의 요령을 잡을 수 없음. 부득 요령. pointless 하자

요로(要路)[명] ①가장 긴요한 길. 요진(要津). ¶교통의 ~. important road ②현요(顯要)한 자리. ¶관계~. important position

요론(要論)[명] 요긴한 논설. important argument

요리[부] ①요곳으로. ②요리하게. 〈큰〉이리. here

요리(要利)[명][동] 식리(殖利).

요리(要理)[명] ①요긴한 이치나 도리(道理). important reason ②중요한 교리(敎理). important dogma

요리(料理)[명] ①입에 맞도록, 식품의 맛을 돋구어 조리함. 또, 조리한 음식. cooking ②다루어 처리함. management -하다

요리-대(料理臺)[명] 요리를 만들기 위해 설비한 대.

요리 뒤적 조리 뒤적[부] 물건을 요리조리 뒤적이는 모양. 〈큰〉이리 뒤적 저리 뒤적.

요리-사(料理師)[명] 음식을 조리하는 일에 종사하는 적임인. cook

요리-상(一床)[명] 요리를 차려 놓은 상.

요리=요리[부] 요러요러하게. 〈큰〉이리이리. in such and such a way

요리=조리[부] 방향이 일정하지 않고 요곳으로 조곳으로. 〈큰〉이리저리. here and there

요리쿵=조리쿵[부] 요렇게 하자는 둥 조렇게 하자는 둥. 〈큰〉이러쿵저러쿵.

요리-하다[타여] 요리와 같이 하다. 〈큰〉이리하다. do like this

요릿-집(料理一)[명] 객실을 갖추고 요리를 파는 집. 요리점. 요정(料亭). restaurant

요마(妖魔)[명] 요망하고 간사스러운 마귀. 요괴(妖怪). 「마하다. about this much

요마마-하다[형여] 요만한 정도에 이르다. 〈큰〉이마

요마적[명] 지나간 얼마 동안의 아주 가까운 때. 〈큰〉이마적.

요-마큼[부]→요만큼.

요만[관] 요만한. 요 정도의 대수롭지 아니한. ¶~ 일에 울다니. 요것만으로서. 요만하고서. ¶~ 하고 자거라. 〈큰〉이만.

요만-(것)[명] 요만한 정도의 것. 〈큰〉이만것.

요만조만-하다[형여] 요만하고 조만하다. 〈큰〉이만저만하다.

요만치[부] 요만한 거리를 떼고 떨어져서. 〈큰〉이만치.

요만큼[부] 요만한 정도로. 〈약〉요마큼. 〈큰〉이만큼. this much

요만-하다[형여] 정도가 요와 같다. 요것만하다.

요만-때[명] 요만큼 된 때. ¶~는 배가 고프다. 이맘때. about this time

요망(妖妄)[명] ①요사스럽고 망령됨. wickedness ②언행이 방정맞음. rashness -하다 [형] 스럽다 스레[부]

요망(要望)[명] 구하여 바람. 매우 기대함. demand -하다

요망(遙望)[명] 멀리 바라봄. looking after at -하다

요망(瞭望)[명] 높다란 곳에서 적정(敵情)을 살펴 바라봄. watching the enemy from heights -하다

요망-군(一一軍)[瞭望軍][명] 요망하는 임무를 맡은 군사. 망군(望軍). scout

요망-떨:-다(妖妄一)[자르] 몹시 요망스러운 언행을 하다. behave wickedly

요망-부리-다(妖妄一)[자] 요망스러운 짓을 하다. behave wickedly

요:면(凹面)[명] 가운데가 오목한 면. 〈대〉철면(凸面). concave

요:면-경(凹面鏡)[명][동] 오목거울.

요:면 동판(凹面銅版)[인쇄] 인쇄되는 글씨·그림이 움푹 들어가게 새겨진 동판. concave copperplate

요명(要名)[명] 명예를 구함. 요예(要譽). pursuit of fame -하다

요모조모[명] 요런 면 조런 면. 여러 방면. ¶~로 자세히 관찰하다. 〈큰〉이모저모. many sides

요목(要目)[명] ①중요한 조목. principal items 〈약〉교수 요목(敎授要目). business

요무(要務)[명] 중요한 임무. 요긴한 일. important business

요물(妖物)[명] ①요사스런 물건. uncanny thing ②언행이 간악한 자. wicked person

요물 계:약(要物契約)[명][법률] 소비 대차처럼, 당사자의 합의 외에, 물건의 인도(引渡)도 계약의 효력 발생의 요건이 되는 계약. 〈대〉낙성 계약(諾成契約). substantial contract

요:미(料米)[명][제도] 관원에게 급료로 주던 쌀.

요미 걸련(搖尾乞憐)[명] 개가 꼬리를 흔들어 알랑거림. 곧, 간사(奸邪)하고 아첨(阿諂) 잘함의 비유. -하다

요민(擾民)[명] 백성을 성가시게 함. instigation -하다

요민(饒民)[명] 살림이 넉넉한 백성. well-off people

요밀(要密)[명] 빈틈 없이 자세하고 세밀함. minuteness -하다 「말하다.

요밀요밀-하다[-료-][동] 요밀요밀[부] 매우 요

요배(遙拜)[명][동] 망배(望拜). -하다

요배(僚輩)[명] 요우(僚友). [this time

요-번(一番)[명] 이제 돌아온 바로 요 차례. 〈큰〉이번.

요법(一法)[料法][명] 요량하는 방법. [edy

요법(療法)[療法][명] 병을 고치는 방법. 치료법. rem-

요변(妖變)[명] ①요사스럽게 행동함. freakishness ②피이적인 변사(變事). bizarre happening -하다 스럽다 스레

요:변-덕(妖變德)[명] 요사스러운 변덕. freakishness

요변-떨:-다(妖變一)[자르] 몹시 요변스러운 짓을 떨다. freakish 「freakishly

요변-부리-다(妖變一)[자] 짐짓 요변을 떨다. behave

요변-쟁이(妖變一)[명] 몹시 요변스러운 사람. treacherous person 「have freakishly

요변-피우-다(妖變一)[자] 요변스러운 언행을 하다. be-

요병(療病)[명] 병을 치료함. -하다

요부(妖婦)[명] 요염하여 남자를 호리는 계집. 요녀(妖女). enchantress 「ipal part

요부(要部)[명] 가장 중요한 부분. 요처(要處). princ-

요부(腰部)[명] 허리 부분. waist

요부(饒富)[명] 살림이 넉넉함. 요실(饒實). 요족(饒足). abundance -하다

요분=질[명] 성교할 때에 여자가 남자에게 쾌감을 주려고 몸을 놀리는 짓. wriggling -하다

요:사(夭死)[명] 나이 젊어서 죽음. 요서(夭逝). 요절(夭折). 요함(夭陷). premature death -하다

요사(妖邪)[명] 요망하고 간사함. wickedness -하다 스럽다 스레 「business

요사(要事)[명] ①중요한 일. ②긴요한 일. important

요사(寮舍)[명][불교] 절 안의 중들이 거처하는 집.

요사-꾼(妖邪一)[명] 요사스러운 행동을 잘하는 사람을 흉보거나 이르는 말. treacherous person

요사-떨:-다(妖邪一)[자르] 몹시 요사스레 굴다. behave wily

요사-부리-다(妖邪一)[자] 요사스러운 행동을 하다.

요-사이[명] ①요 동안. nowadays ②이제까지의 가장 가까운 동안. 근래(近來). 〈약〉요새. 〈큰〉이사이

요소(一所)[고] 요사이. [이. these days

요사-피우-다(妖邪一)[자] 요사스러운 언행을 드러내 놓고 하다. behave wily

요산 요수(樂山樂水)[명] 산수(山水)를 좋아함.

요상(要償)[명] 보상을 요구함. demand damages -하다

요상(僚相)[명][제도] 같은 동료인 정승. 정승끼리 이름 대신 부르던 말. colleague

요상-권(一權)(要償權)[명] 보상을 요구할 수 있는 권리. 특히 손해 배상의 청구권.

요-새[명] 〈약〉→요사이.

요새(要塞)[명][군사] ①국경 등에 있는 요해의 성채. ②국방을 위해 견고하게 건설한 제반 방비 시설.

요새-전(要塞戰)[명][군사] 요새를 공격·방어하는 전투. siege

요새-지(要塞地)/요새 지대(要塞地帶)[명][군사] 요새 설비가 있는 일대의 지역. strategic zone

요새-말[명] 유행어(流行語).

요:서(夭逝)[명][동] 요사(夭死). -하다 「wicked books

요서(妖書)[명] 민심을 혹란(惑亂)시키는 요사한 책.

요석(尿石)[명][생리] 오줌의 성분인 염류가 신장·방광 속의 내부에 침전·석출된 결석(結石).

요선(僚船)[명] 함대(艦隊)나 선단(船團)에서 그 대열

에 속한 각 선박. 또, 같은 임무를 띤 동료 선박. comrade vessel

요설(饒舌)[명] 수다스레 지껄임. 농설(弄舌). 《유》다언(多言). talkativeness

요소(尿素)[명] 〈화학〉 동물 체내의 단백질의 분해에 의해 생성되어 오줌으로 배설되는 질소 화합물. 물에 잘 녹는 무색 침상(針狀)의 결정. 질소 비료·유기 유리(有機琉璃)·의약품 등의 원료임. urea

요소(要所)[명] 중요한 장소. 중요한 지점. 요처(要處). strategic point

요소(要素)[명] ①사물의 성립·효력 등에 필요 불가결한 근본적 조건. factor ②그 이상 간단한 것으로 분석할 수 없는 것. element ③구체적인 법률 행위나 의사 표시의 내용 중, 그 표의자(表意者)에 의하여 중요한 의의를 가지는 부분. element

요소 수지(尿素樹脂)[명]〈화학〉요소와 포르말린을 원료로 하는 합성 수지. 기구·접착제·도료용. urea resin

요속(僚屬)[명] 계급적으로 보아 아래인 동료. subordinate

요수(療水)[명] ①땅에 괸 빗물. ②〈한의〉 같은 산중에 새로 우묵이 팬 땅에 괸 빗물. 조비(調脾)·진식(進食)·보익(補益)·중기(中氣)의 약제를 달이는 데 쓰임. 〔聖天子〕인 요(堯)와 순(舜).

요=순(堯舜)[명]〈역사〉중국 고대의 모범적인 성천자.

요순 시대(堯舜時代)/**요순 시절**(堯舜時節)[명] 요순이 덕으로 천하를 다스리던 시절. 치세(治世)의 모범으로 삼음.

요술(妖術)[명] 사람의 눈을 어리게 하는 기술(奇術). 마법(魔法). 마술(魔術). 사법(邪法)②. witchcraft

요술=객(妖術客)[명]〈동〉요술장이. 〔하〕

요술=쟁이(妖術一)[명] 요술하는 재주가 있는 사람. 요술객(妖術客). conjurer

요승(妖僧)[명]〈불교〉정도(正道)를 어지럽히는 요사스러운 중. vicious buddhist monk

요시=찰=인(要視察人)[명]〈법률〉행정 경찰상의 주의 인물. 사상·보안 문제에 관하여, 관헌이 감시를 필요로 인정한 사람. black-listed person

요식(要式)[명] 일정한 방식을 좇을 것을 필요로 하는 일. ¶~ 절차(節次). form

요=식(料食)[명] ①이속(吏屬)의 잡급. allowance ②자기 몫으로 규정한 대로 나누어 받은 분량의 밥. 소식(所食)①. meal

요식 계=약(要式契約)[명]〈법률〉요식 행위가 요구되는 계약. formal contract

요식=업(料食業)[명] 음식을 파는 영업. restaurant management

요식 행위(要式行爲)[명]〈법률〉서면의 작성, 기타 일정한 방식을 좇아 이루어짐을 요하는 법률 행위. 신청(申請)·출원(出願)·기소(起訴) 등. formal act

요신(妖神)[명] 요사스러운 귀신. devil

요신(要信)[명] 중요한 서신. important letter

요실(饒實)[명]〈동〉요부(饒富). 재부(財富). 沃化物).

요=실금(尿失禁)[명]〈한의〉 오줌이 마려웁지도 않은데 저절로 나오는 상태.

요악(妖惡)[명] 요사하고 간악함. wickedness 〔하〕 〔스〕

요약(要約)[명] ①말이나 문장의 요점을 잡아서 추림. 개략. 요략. summarizing ②약속함. 언약을 맺음. 〔하〕

요약=자(要約者)[명]〈법률〉제삼자를 위한 계약에서 상대방으로 하여금 제삼자에게 지불할 채무를 부담할 것을 약속시키는 계약 당사자. 〔대〕낙약자(諾約者). proposer of a contract

요양(療養)[명] 병의 치료와 조섭. recuperation 〔하〕

요양(擾攘)[명] 한꺼번에 떠들어 어수선함. 〔하〕

요양 미=점(擾攘未定)[명] ①정신이 어지러워 결정하지 못함. ②나이가 어린 탓으로 뜻이 인정되지 못함. 〔하〕

요양 보=상(療養補償)[명] 업무상의 부상이나 병에 걸린 노동자가, 필요한 요양의 비용으로서 사용주로부터 받는 재해 보상의 하나.

요양=소(療養所)[명]〈동〉요양원.

요양=원(療養院)[명] 병을 앓는 환자들을 수용하여 요양할 수 있도록 시설을 갖추어 놓은 곳. 결핵·나병 등이 대상이 됨. 요양소.

요언(妖言)[명] 요사스러운 말. crafty remarks

요언(要言)[명] 요약한 말. words to the point

요업(窯業)[명] 가마를 써서, 고열로 찰흙 따위에 가공하는 공업. 곧, 도자기·유리·시멘트·법랑(琺瑯) 철기·벽돌의 제조업의 총칭.

요여(腰輿)[명] 장사지낸 뒤에 혼백과 신주를 모시고 돌아오는 소여(小輿). 영여(靈輿)②.

요:역(了役)[명]〈동〉필역(畢役).

요역(要驛)[명] ①중요한 역참(驛站). ②중요한 철도역.

요역(徭役)[명]〈제도〉나라에서 구실 대신으로 시키는 노동. 〔부〕를 모집하는 계.

요역=계(徭役契)[명]〈제도〉요역(徭役)에 종사할 인부를 모집하는 계.

요역=국(要役國)[명] 국제 지역(國際地役)에 의해 권리 또는 이익을 얻는 나라. 〔대〕승역국(承役國).

요역=지(要役地)[명]〈법률〉지역권에의, 편익을 받는 토지. 〔대〕승역지(承役地). dominant tenement

요연(瞭然)[명] 똑똑하고 분명함. 효연(曉然). ¶일목~. evident 〔하〕

요염(妖艶)[명] 사람을 홀릴 만큼 아름다움. 농염(濃艶). ¶~한 여자. fascinating beauty 〔하〕

요염(燎炎)[명] 장마철의 더위.

요예(要譽)[명]〈동〉요명(要名). 〔하〕

요오드(iode 프, Jod 도, iodein 영)〈화학〉할로겐족에 속하는 원소의 하나. 금속 광택을 띤 암자색의 비늘 모양의 결정체. 성질은 염소 및 브롬과 비슷함. 요오드화물로서, 해조류(海藻類)나 해산 동물에 많이 있음. 각종 물감·소독·의약 등에 널리 쓰임. 옥소. 옥도. 원소 기호; I, 원자량; 126. 9045. 원자 번호; 53

요오드 녹말 반:응(iode 綠末反應)[명]〈화학〉환원된 녹말 또는 가루 모양의 녹말이 요오드에 의해 자색을 띠는 반응. 옥도 전분 반응.

요오드 적정법[一빱](iode 滴定法)[명]〈화학〉용량 분석의 하나. 요오드의 표준 용액을 쓰는 산화(酸化) 적정과 반응의 의하여 유리(遊離)하는 요오드를 티오황산나트륨의 표준액을 써서 하는 환원(還元)·적정의 총칭. 옥도 적정법.

요오드=팅크(iodine tincture)[명]〈화학〉요오드의 알코올 용액. 암적갈색을 띠는데 피부 살균 등에 쓰임. 옥도 정기.

요오드=포름(iodoform)[명]〈화학〉에틸알코올·아세톤 등에 수산화알칼리 따위를 넣어 가열하고 요오드를 넣어 만드는 황색 결정성 분말. 방부제·살균제로 씀. 옥도포름. 〔일. 옥화(沃化). 〔하〕

요오드=화(iode 化)[명] 요오드와 어떤 물질이 화합하는 것.

요오드화=물(iode 化物)[명]〈화학〉요오드와 그보다 양성인 원소 또는 기능과의 기와의 화합물. 옥화물(沃化物).

요오드화=수소(iode 化水素)[명]〈화학〉농도가 큰 인산을 요오드화칼륨에 작용시켜 만드는 무색의 자극성있는 발연성(發煙性)의 기체. 환원제로 쓰임. 옥화수소.

요오드화=아연(iode 化亞鉛)[명]〈화학〉무색 또는 담황색의 팔면체 결정. 물에 잘 녹고 화학 실험상 아황산(亞黃酸) 따위의 시약으로 쓰임. 옥도아연.

요오드화=은(iode 化銀)[명]〈화학〉황색의 침상(針狀) 결정. 질산은의 수용액에 요오드화수소나 요오드화 칼륨의 용액을 섞어서 만들며 빛을 받으면 분해하여 암색을 뭉개 되므로 사진 제판에 쓰이고 의료상으로도 쓰임. 옥화은.

요오드화=칼륨(iode 化 kalium)〈화학〉무색 육면체의 결정. 물과 알코올에 잘 녹고 맛이 씀. 이뇨제 기타에 사용. 옥도가리. 옥화칼륨.

요오드화칼륨 녹말 종이(iode 化 kalium 綠末一)〈화학〉산화제를 검출하는 시험지. 옥도가리 전분지. potassium iodide starch paper

요:외(料外)[명] 요량 밖. 생각 밖. unexpected
요요(姚姚)[명] 어여쁨. 아리따움. 하형
요요(撓撓)[명] 피로하고 쓸쓸함. desolate 하형
요요(擾擾)[명] 정신이 뒤숭숭함. tumultuous 하형
요:요(yoyo)[명] 자이로스코프의 원리를 응용한 장난감. 만두 모양의 두 나무쪽의 중심을 축으로 연결하여 고정시키고, 그 축에 실의 한쪽 끝을 묶어 매고, 다른 한쪽을 손에 쥐고 나무쪽을 아래로 늘어서, 회전에 의해 상하 운동을 하게 함.
요요 무문(寥寥無聞)[명] 명예나 명성이 들날리지 않음. 하형
요요-하다(搖搖—)[타여] 연달아 흔들다. 「명하다.
요요-하다(了了—)[형여] ①똑똑하다. 약다. ②분
요요-하다(夭夭—)[형여] ①나이가 젊고 아름답다. pretty ②화색이 좋다. ③물건이 가냘프고 아름답다.
요요-하다(遙遙—)[형여] 멀고 아득하다.
요요-하다(寥寥—)[형여] ①맥시가 낯설하고 아름답다. ②바람이 부드럽고 가볍게 불다. ③소리가 간들간들하다. 하타
요용(要用)[명] 긴요하게 씀. making a good use of
요용-건[—껀](要用件)[명] 요긴하게 쓸 물건. 아주 긴급한 일.
요용-품(要用品)[명] 요긴하게 쓸 물품.
요우(僚友)[명] 같은 일자리에서 일하는 같은 계급의 벗. 동료(同僚). 오배(僚輩)
요원(要員)[명] ①필요한 인원. ②중요한 지위에 있는 임원(任員). (대) 요원(冗員). key personnel
요원(遙遠·遼遠)[명] 아득히 멀다. remote 하형
요원(燎原)[명] 불이 난 벌판. ¶~의 불길처럼 번져가다. prairie on fire 「火).
요원의 불길[—낄](燎原—)[명] 요원지화(燎原之
요원지화(燎原之火)[명] 무서운 기세로 타는 벌판의 불. 곧, 걷잡을 수 없이 퍼지는 세력을 형용할 때 쓰임. 요원의 불길.
요위(腰圍)[명] 허리통.
요율(料率)[명] 요금의 정도나 비율. rate
요음(拗音)[명] 〈어학〉 순하게 나오지 않고 굴곡하여 나는 소리. 'ㅣ' 선행 모음 'ㅑ·ㅕ·ㅛ·ㅠ'와 'ㅘ·ㅝ' 등의 복모음 따위.
요의(尿意)[명] 오줌이 마려운 생각. 「meaning
요의(要義)[명] 중요한 뜻을 가진 요지(要旨). essential
요의(僚誼)[명] 동료 사이의 정의. fellowship
요의(襖衣)[명] 웃옷. 요피.
요의 빈삭(尿意頻數)[명] 〈의학〉 임독성 방광염이나 요도염으로 오줌이 마려운 생각이 자주 나는 증세. 당뇨병·위축신(萎縮腎) 등의 경우에 일어남. 빈뇨증(頻尿症). frequency of urination
요=이[인대] 요 사람. (큰) 이이.
요인(妖人)[명] 정도(正道)를 어지럽히는 요사스러운 사람. evil person
요인(要人)[명] 요로(要路)에 있는 사람. 중요한 자리에 있는 사람. key person 「因). primary factor
요인(要因)[명] 사물의 성립에 필요한 원인. 중요한 원
요인 증권[—꿘](要因證券)[명] 증권에 의하여 표현되는 권리가 그 원인이 되는 법률 관계의 유효한 존재를 요건으로 하는 유가 증권. 선화(船貨) 증권·창고 증권 등. 유인 증권. (대) 무인 증권(無因證券).
요인 행위(要因行爲)[명] 유인 행위(有因行爲)
요일(曜日)[명] 일(日)·월(月)을 양요(兩曜), 여기에 화(火)·수(水)·목(木)·금(金)·토(土)의 오성(五星)을 더한 칠요(七曜)의 각칭. day of the week
요임(要任)[명] 중요한 임무. important duty
요잡(繞匝)[명] 〈불교〉 부처를 중심으로 하여 그 둘레를 돌아다니는 일. 위요(圍繞). 하타
요적(寥寂)[명] 적요(寂寥)하다.
요=전(—前)[명] 요사이의 며칠 전. (큰) 이전. other day
요=전번[—뻔](—前番)[명] 조금 지난 번. (큰) 이전번.
요절(夭折)[명] 요사(夭死)하다. 하자 「ase
요절(要節)[명] 문장에서, 요긴한 마디. essential phr-
요절(腰絕·腰折)[명] ①하도 우스워 허리가 부러질 듯함. ②못 쓰게 될 만큼 해어지거나 깨짐. 하자
요절-나다(—)[자] ①못 쓰게 될 만큼 깨어지거나 해어지다. become unfit for use ②일이 깨어지고 실패하다.
요절-내:-다[타] 요절나게 하다. [게 되다. be spoiled
요점[—쩜](要點)[명] 가장 중요한 점. 요처(要處). 요체(要諦)①. main point
요:정(了定)[명] ①결정. decision ②끝을 마침. end 하
요정(尿精)[명] 〈한의〉 정액(精液)이 오줌에 섞여 나오는 병증.
요정(妖精)[명] ①요사스러운 정기(精氣). ②괴이쩍은 정령. 그리스 신화에 많으며, 여성으로서 여러 불가사의를 보임. 님프(nymph)①. fairy
요정(僚艇)[명] 임무가 같은, 동료되는 작은 배. fellow boat
요:정-나다(了定—)[자] 일이 다 끝이 나다. be settled
요:정-짓:-다(了定—)[타] 결정을 짓다. 끝을 내다.
요:조(凹彫)[명] 음각(陰刻). settle
요:조(窈窕)[명] ①부녀의 행동이 얌전함. elegant ②깊고 조용한 경지. sequestered ③사물의 이치가 속 깊음. profound 하형
요:조 숙녀(窈窕淑女)[명] 마음씨가 얌전하고 자태가 아름다운 안존(安存)한 여자.
요족(饒足)[명] 요부(饒富). 하형
요주(要注意)[명] 주의가 필요함.
요주:의:자(要注意者)[명] 집단 검진이나 신체 검사에서 건강상 주의할 필요가 있다고 판정이 내려지는 사람. 특히, 투베르쿨린 반응 양성 전화자 따위. ②감시할 필요가 있는 사람.
요-즈막[명] 이제까지에 이르는 아주 가까운 즈음. 근대(近代)③. 요즈막. recently
요-즈음[명] 요咀의 즈음. 작금. 저간(這間). (약) 요즘. (큰) 이즈음. these days
요즘[명] = 요즈음.
요증(要證)[명] 〈법률〉 입증을 요함.
요:지(了知)[명] 깨달아 앎. 하타 「義). point
요지(要旨)[명] 대체의 내용. 썩 중요한 취지. 요의(要
요지(要地)[명] 정치·문화·교통·군사 등의 중요한 곳. 형승(形勝)②. important place
요지-경(瑤池鏡)[명] ①확대경을 장치하고 그 속의 여러 재미나는 그림을 돌리면서 구경하는 장난감. ②알쏭달쏭하여 표현 세상 일을 비유하는 말. ¶세상은 ~ 속이다. 「as firm as a rock 하형
요지-부동(搖之不動)[명] 흔들어도 꿈적 않음. standing
요지-호(凹地湖)[명] 〈지학〉 수면(水面)이 해변(海面)보다 낮은 호수. lake in a hollow
요직(要職)[명] ①중요한 직위. ¶정부의 ~을 두루 거침. important post ②중요한 직업.
요진(要津)[명] ①중요한 나루. ②[동] 요로(要路)①.
요질(腰絰)[명] 상복을 입을 때 허리에 메는 띠. 짚에 삼을 섞어 굵은 동의줄같이 만듦.
요-쯤[명] 요만한 정도. ¶~하고 끝내자. (큰) 이쯤.
요자(療치)[명] 〈약〉=요기(療飢次).
요참(腰斬)[명] 〈제도〉 나라의 중죄인을 허리를 베어 죽이던 형벌. 하타
요:채(了債)[명] ①빚을 모두 갚음. get out of debt ②자기의 의무를 다함. complete one's duty 하자
요:처(凹處)[명] 오목한 곳. dent
요처(要處)[명] 중요한 곳. 요부(要部). 요소(要所). 요점(要點). important place
요천(遙天)[명] 아득히 먼 하늘. far-off sky 「하타
요:철(凹凸)[명] 오목함과 볼록함. 철요. unevenness
요:철 렌:즈(凹凸 lens)[명] 〈물리〉 한쪽은 오목하고 다른 쪽은 볼록한 렌즈. 작용은 볼록 렌즈와 같음.
요청(要請)[명] ①요긴하게 청함. 요구(要求). claim ②〈수학〉 공준(公準). postulate 하타
요체(要諦)[명] ①중요한 점. 요점(要點). important point ②중요한 깨달음. 비결. secret

요:초(料峭)[명] 봄바람이 살갗에 으스스 춥게 느껴지는 모양. ¶춘한 ~.

요추골(腰椎骨)[명] 〈생리〉 척주(脊柱)를 이루는 추골(椎骨) 중의 하나. 흉추(胸椎)에 연이어 천추(薦椎)의 위에 있는 것. 다섯 개로 됨. vertebrae lumbar

요추(饒-)[명] 살림이 넉넉한 사람들. well-off people

요총지(要衝地)[명] ⇒요충지.

요충(蟯蟲)〈곤충〉 여퀴의 잎을 갉아먹는 벌레.

요충(蟯蟲)[명] 〈동물〉 인체 기생충의 하나. 몸 길이가 수컷은 3~5mm, 암컷은 10mm 내외로 방추형임. 몸 빛은 백색이며 인체의 맹장 및 그 부근의 장관 내(腸管內)에 기생한다. thread worm

요충-지(要衝地)[명] 요해처(要害處). [약] 요충(要衝).

요치(療治)[명] 병을 고침. 치료(治療). 하타

요:침윤(尿浸潤)[명] 〈의학〉 요도(尿道)의 벽의 손상으로 오줌이 직접 조직(組織) 안에 침입하여 미만성(彌漫性) 염증·화농(化膿)·조직 괴사(壞死) 등을 일으키는 일.

요=컨대(要-)[부] ①중요한 점을 말하면. to summarize ②결국은: 여러 말 할 것 없이. ¶ ~ 합격하라. in short

요크(yoke)[명] 여성복·아동복의 재단시, 장식으로 어깨나 스커트의 윗부분에 딴 갑을 대는 것.

요크셔-종(Yorkshire 種)[명] 〈동물〉 돼지의 한 품종. 영국 요크셔 원산. 대·중·소 3형이 있고 빛깔은 백색. 조숙·다산·강건함.

요:탁(料度)[명] [동] 촌탁(忖度). 하타

요탁(遙度)[명] 먼 데에서 남의 심정을 헤아림. 하타

요탓-조탓(-)[명] 요핑계 조핑계. ¶이탓저탓. on some pretext or other 하타

요태(妖態)[명] 요망하고 간사스러운 태도. wicked manners

요통(腰痛)[명] 허리 아픈 병. 허리앓이. lumbago

요트(yacht)[명] 유항(遊航)·경주 등에 쓰이는 경쾌한 서양식의 작은 범선. 특별한 것은 발동기가 달린 것도 있음. 쾌주선(快走船). 【帆走】 경기.

요트 레이스(yacht race)[명] 요트를 써서 하는 범주.

요트 하:버(yacht harbor)[명] 요트 전용 항구.

요:판(凹版)[명] 〈인쇄〉 인쇄의 판의 일종. 문자나 도형의 부분이 판의 재료 평면보다 들어가 있는 것. 그라비아판·조각 요판이 있음. 【대】 철판(凸版). intaglio

요:판 인쇄(凹版印刷)[명] 〈인쇄〉 요판(凹版)으로 된 인쇄판을 사용하는 인쇄. 그라비아 인쇄 따위. 【패.

요패(腰牌)[명] 〈제도〉 군졸·조례(皁隸)들이 차면 나무

요폐(尿閉)[명] 방광병의 하나. 하초(下焦)에 열이 생겨 요도가 막히므로 오줌이 잘 안 나옴.

요-포대기(褥-)[명] 요로 쓸 수 있게 만든 포대기.

요피 부득(要避不得)[명] 회피 부득(回避不得).

요하(要-)[타] 필요로 하다. require

요하(腰下)[명] 허리의 부근. 허리쯤. waist

요-하:다(要-)[타]여 필요로 하다. require

요한 계:시록(Johannes 啓示錄)[명] 신약 성서의 말권(末卷). 사도 요한이 80년경에 에베소 부근에서 저술하였다는 계시문(啓示文). 계시록(啓示錄).

요:함(天陷)[명] [동] 요사(天死). 하타

요:함(凹陷)[명] 오목하게 빠져 들어감. caving in 하자

요함(僚艦)[명] 같은 임무를 띤 다른 군함. comrade vessel

요항(要港)[명] 중요한 항구. ¶해군의 ~. important harbour

요항(要項)[명] 중요·요긴한 사항. ¶모집 ~. essential item

요:해(了解)[명] ①깨달아 알아듦. 회득(會得). perceiving ②〈철학〉 딜타이(Dilthey, Wilhelm)용어. 넓은 뜻의 하나의. 하타

요해(要害)[명] ⇒요해처(要害處).

요해-지(要害地)[명] ①몸의 중요한 부분. strong position ②지세가 적을 막아 내기에 좋은 땅. 요충지(要衝地). fortress

요해-처(要害處)[명] ①지세가 적의 편에 불리하고 아군에는 요긴한 지점. ②신체의 중요한 부분. 요충지(要衝地). [약] 요해(要害). vital part of the body

요행(僥倖·徼倖·徼幸)[명] ①뜻밖에 얻은 행복. good luck ②행복을 바람. 图뜻밖에 다행히. 운수 좋게. 하타 【lucky chance

요행-수[-쑤](僥倖數)[명] 뜻밖에 얻는 행복의 운수.

요:향(蓼)[명] 〈식물〉 방동사니과의 일년생 풀. 왕골과 비슷하나 조금 작음. 흔히 얕은 물에 나는데 우리 나라 중부 이남에서 많이 남. 자리 재료로 쓰임. 【털노.

요혈(尿血)[명] 〈한의〉 오줌에 피가 섞여 나오는 병.

요호(饒戶)[명] 살림이 넉넉한 백성의 집. rich houses

요화(妖花)[명] 요염한 계집.

요화(蓼花)[명] 여뀌의 꽃. flower of smart weed

요화(燎火)[명] 횃불. 요거(燎炬). torch-light

요황-대(蓼花-)[명] 속누깨에 사탕을 섞어 끓는 물에 반죽하여 여뀌꽃 모양으로 만들어 기름에 띄운 과자.

요회(妖姬)[명] [동] 요녀(妖女). 【청을 바른 유밀과.

요힘빈(yohimbine)[명] 서아프리카산 꼭두서니파의 식물 요힘베 껍질에 함유되어 있는 알칼로이드. 최음제(催淫劑)임.

욕(辱)[명] ①[약]→욕구(欲求). ②[속] 수고의 뜻. ③명예스럽지 못한 일. ④꾸짖거나 헐뜯는 일. 하타 【of abuse

욕-가:마리(辱-)[명] 남의 욕을 먹어 마땅한 사람. butt

욕-감태기(辱-)[명] 늘 남에게서 욕을 먹는 사람. person abused by many

욕객(浴客)[명] 목욕하러 온 손님.

욕계(欲界·慾界)[명] 〈불교〉 삼계(三界)의 하나. 색욕·식욕·재욕(財慾) 등의 욕망이 강한 유정(有情)이 머무는 경계. 욕심이 많은 세상. world of desires

욕계 삼욕(慾界三欲)[명] 〈불교〉 욕계의 세 욕심. 곧, 음식욕(飮食慾)·수면욕(睡眠慾)·음욕(淫慾). world of three desires

욕교(辱交)[명] [동] 욕지(辱知). 【안 됨.

욕교 반:졸(欲巧反拙)[명] 잘 하자는 일이 도리어 잘못

욕구(欲求·慾求)[명] 바라서 구함. 욕심이 생겨 구함. ¶ ~ 불만(不滿). [약] 욕(慾·欲). desire 하타

욕-군(辱及父兄)[명] 자제(子弟)의 잘못이 부형에까지 욕되어짐. 하타 【river

욕기(浴沂)[명] 냇가에서 목욕하는 일. bathing in a

욕기(慾氣)[명] 욕심의 기운. 욕심. 욕념(慾念). greediness

욕기-부리다(慾氣-)[자] 욕심을 드러내다. covet

욕기지-락(浴沂之樂)[명] 명리(名利)를 잊고 청유 자적(淸遊自適)하는 즐거움.

욕-꾸러기(辱-)[명] [동] 욕쟁이.

욕념(慾念·慾念)[명] 욕심(慾心). 욕기(慾氣).

욕-되다(辱-)[자]아 면목이 없게 되다. bring disgrace upon oneself

욕례(縟禮)[명] 복잡하고 까다로운 예의.

욕망(欲望)[명] ①누리고자 탐함. 또, 그 마음. ②부족을 느끼어 이를 취하고자 하는 마음. 하타 【기 어려움.

욕망-이난망(欲忘而難忘)[명] 잊고자 하여도 잊기 어려움.

욕-먹다(辱-)[타] ①욕설을 듣다. suffer an insult ②악평을 당하다. have one's name scandalized

욕=보:다(辱-)[자] ①곤란을 겪다. 몹시 고생하다. have a hard time ②치욕을 당하다. be insulted ③강간을 당하다. be raped

욕=보이다(辱-)[타] ①치욕을 주다. disgrace ②남의 명예를 더럽히다. dishonour ③여자를 범하다. ④곤란·수고를 당하게 하다.

욕부(縟婦·浮婦)[명] [동] 산욕부(產褥婦).

욕불(浴佛)[명] [동] 관불(灌佛). 【말. 팔일장(八日粧).

욕불-일(浴佛日)[명] 〈불교〉 파일(八日)을 달리 이르는

욕사 무:지(欲死無地)[명] 죽으려 해도 죽을 땅이 없음. 매우 분하고 원통함의 뜻.

욕사-행(欲邪行)[명] [동] 사음(邪淫).

욕생(欲生)[명] 삼십(三十)의 하나. 서방 극락세계에 가 태어나고 싶은 마음.

욕서(溽暑)[명] 장마 때의 무더위. 욕열(溽熱).

욕설(辱說)명 ①남을 저주하는 말. curse ②남을 욕되게 하는 말. abuse ③남의 명예를 더럽히는 말. 에어(穢語). 후언(後言)②. (약) 욕(辱)①. abusive language 하다 「못함.
욕속 부달(欲速不達)명 일을 서두르면 도리어 이르지
욕속지심(欲速之心)명 속히 이루려는 마음.
욕식기육(欲食其肉)명 그 사람의 고기를 먹고 싶도록 원한이 깊음.
욕실(浴室)명 →목욕실(沐浴室).
욕심(慾心)명 ①욕구하는 마음. selfishness ②탐내는 마음. 욕기(慾氣). 욕념(慾念). ¶돈에 대한 ~. 명예에 대한 ~. desire [십쟁이]. man of avarice
욕심-꾸러기(慾心─)명 욕심이 많은 사람의 별명. 욕
욕심 나다타 욕심이 생기다.
욕심 부리다타 욕심을 드러내다.
욕심 사납다타 지악스럽게 욕심이 많다. 「하다.
욕심이 눈을 가리다타 욕심이 사물의 판단을 흐리게
욕심-쟁이(慾心─)명(동) 욕심꾸러기.
욕언 미:토(欲言未吐) 하고 싶은 말을 아직 다 하지 못했다는 뜻으로, 감정의 깊이가 있음을 이르는
욕용(浴用)명 목욕할 때에 씀. ¶~ 타월. 「말.
욕우(辱友)명(동) 욕지(辱知).
욕의(浴衣)명 목욕할 때 입는 옷. bath-robe
욕일(浴日)명 ①볕에 쬐는 것. 또, 아침 햇빛이 파도 위에 반짝이는 것. glitter ②나라와 임금에게 바친 공이 큰 것. great achievement
욕자(浴刺)명〈불교〉바늘로 몸을 찌르듯 오욕(五慾)이 심신을 괴롭게 함의 일컬음.
욕장(浴場)명 목욕하는 곳. bathroom 「knocker
욕-쟁이(辱─)명 남에게 욕을 잘하는 사람. 욕꾸러기.
욕정(欲情·慾情)명 ①충동적으로 일어나는 욕심. passions ②(동) 색욕(色慾).
욕조(浴槽)명 목욕통. bathtub
욕지(辱知)명 자기를 알게 된 것이 그 사람에게 욕이 된다는 뜻으로, 상대에게 자기를 겸사하여 쓰는 말. 욕교(辱交). 욕우(辱友).
욕-지거리(辱─)명(속) 욕설(辱說). 하다
욕-지기명 토할 듯 메슥메슥한 느낌. 구역(嘔逆). 역기(逆氣). 토기(吐氣). nausea 하다
욕지기-나다자 ①욕지기가 나오다. feel sick ②아니꼬운 생각이 나다. feel disgusted
욕지기-질명 욕지기를 잇달아 하는 짓. 하다 하다
욕-질(辱─)명 욕을 함. calling a person names
욕창(褥瘡)명 오랜 병상(病床) 생활로 말미암아 병상에 닿은 데가 곪은 종기. bedsore 「욕천(六欲天).
욕천(欲天)(불교) 욕계(欲界) 가운데 있는 여섯 하늘.
욕탕(浴湯)명 →목욕탕(沐浴湯).
욕토 미:토(欲吐未吐) 말을 할듯할듯하고 아직 하
욕통(浴桶)명 →목욕통(沐浴桶). [지 않음. 하다
욕파 불능(欲罷不能) 파하고자 하나도 끼칠 수가
욕-하다(辱─)자타 욕설하다. [없음. inevitable
욕해(慾海)명〈불교〉애욕의 넓고 깊음을 바다에 비유한 말. worldly lust
욕화(浴化)명 덕화를 입음. influence of virtue 하다
욕화(欲火·慾火)명〈불교〉불 같은 욕심. fire of avarice
율제주도에서, 동네 골목에서 집마당으로 통하는 길. 대개, 직각으로 꺾여 있음.
율량=율량[─냥─]명 ①가볍게 움직이는 모양. swinging ②출싹거리는 모양. romping
옷-속(褥─)명 요 안에 두는 솜·짚·털 따위. quilting
옷-의[─의](褥衣)명 요의 뒤에 시치는 무색 피륙. 요의. bed sheet
옷-잇[─닛](褥─)명 요의 위쪽에 시치는 걸 헝겊.
용:(勇)명(약)→용기(勇氣).
용(茸)명(약)→녹용(鹿茸).
용(龍)명 상상의 동물로, 몸은 긴 뱀 비슷하며 등에 81개의 뻣뻣한 비늘이 있고, 얼굴은 사내수록, 뿔·귀

·수염과 네 개의 발이 있는데, 물에 잠기며 하늘을 달리고, 비·구름을 일으킨다 함. 상서로운 것으로 믿으며 임금이나 성인(聖人)을 상징적으로 이르는 말. dragon 「use of
=용(用) 쓰임의 뜻. ¶교사~. 학생~. for the
용가(龍駕)명 임금이 타는 수레. imperial carriage
용가마(龍─)명 큰 가마솥. cauldron
용가 봉:생(龍茄鳳笙)명 맑고 깨끗하고 아름다운 소리를 내는 악기들을 일컬음.
용:간(用奸)명 간사한 꾀로 남을 속임. tricking 하다
용:감(勇敢)명 용기가 있어 사물에 임하여 과감함. bravery 하다 스럽 스레 히
용:감 무쌍(勇敢無雙)명 용감하기 짝이 없음. unchallenged bravery 하다 히
용:감-성[─썽](勇敢性)명 용감한 성질. bravery
용:강(勇剛)명 씩씩하고 굳셈. intrepidity 하다
용거(龍車)명 옛날 임금이 탄던 수레.
용:건[─껀](用件)명 볼일. business 「다
용:결(勇決)명 용기 있게 결정을 내림. resolution 하
용고(龍鼓)명〈음악〉국악의 타악기의 하나. 용을 그린 북통 양쪽에 고리를 박아 끈을 달고, 어깨에 메고, 두 손에 쥔 채로 내려침. 「smoker
용-고뚜리(龍─)명 담배를 썩 많이 피우는 사람. heavy
용골(龍骨)명 ①생물 고생대(古生代)에 살던 코끼리류에 속하는 마스토돈(mastodon)의 화석. ②선박의 바다 중앙을 이물에서 고물로 벋어 선체를 버티는 긴고 큰 재목. 선골(船骨)②. 킬(keel).
용골-대-질명 심술을 부려 남의 부아를 돋우는 짓. teasing 하다
용골 돌기(龍骨突起)명 조류(鳥類)의 흉골(胸骨) 중앙에 있는 돌기. 날개를 움직이는 근육이 붙어 있음. carina 「여 쓰는 기계.
용골-차(龍骨車)명 높은 곳에 물을 끌어올리기 위하
용공(容共)명 공산주의를 용인하는 일. ¶~주의. (대) 반공(反共). procommunism 하다
용:공(庸工)명 재주가 용렬한 장색(匠色).
용:공(傭工)명 ①고용된 직공. ②남을 고용하여 일을 시킴. 하다
용관(冗官)명 중요하지 않은 벼슬아치. [시킴. 하다
용광(容光)명 ①빛나는 얼굴. 얼굴의 빛나는 광채. bright face ②틈으로 들어오는 빛. light streamed through a small opening
용광(龍光)명 임금의 은혜(恩惠).
용광-로(鎔鑛爐)명 광석으로부터 금속을 제련해 내는 가마. (준) 용로(鎔爐). blast furnace
용교의(龍交椅)명 용의 형상을 새긴 임금의 교의.
용:구(用具)명 무엇을 하거나 만드는 데 쓰는 제구. tool 「(球)의 총칭.
용구(鎔球)명〈화학〉붕사구(硼砂球)와 염산구(鹽酸
용구 시험(鎔球試驗)명〈화학〉금속 따위에 관하여 행하는 분석의 하나. 시료(試料)의 착색을 시험함.
용:군(用軍)명(동) 용병(用兵). 「는 짓.
용:군(庸君)명 어리석은 군주. foolish king
용궁(龍宮)명 바다 속에 있다고 하는 용왕(龍王)의 궁전. 수궁(水宮). dragon's palace
용:권(用權)명 멋대로 권세를 씀. 용사(用事). wielding power over 하다
용:귀(踊貴)명(동) 등귀(騰貴). 하다
용:기(用器)명 기구를 사용함. 또, 사용하는 기구.
용:기(勇氣)명 씩씩한 의기. 사물을 당내지 않는 기개. ¶~를 내다. (준) 용(勇). bravery
용기(容器)명 물건을 담는 그릇. container
용:기 백배(勇氣百倍)명 씩씩하고 굳셀 기운을 백곱절이 되게 함. 또, 그 모양. 하다
용-기병(龍騎兵)명 16~17세기 이래의 유럽에서, 갑옷에 총을 든 기마병.
용:기-화(用器畫)명〈수학〉자·각도기·컴퍼스 등의 기구를 써서 물체를 정확이나 선의 기하학적 도형으로 표현하는 방법. 토목·건축·기계 등의 설계에 응용됨. (대) 자재화. instrumental drawing

용:꿈(龍─)[명] 꿈 속에서 용을 본 꿈. 좋은 일을 알린다는 꿈. 용몽(龍夢). auspicious dream
용꿈 꾸다[관] 좋은 수가 생길 징조다.
용:날(龍─)[명] 〈민속〉(속) 진일(辰日). day of dragon
용남(傭男)[명] 더부살이하는 남자. servant
용납(容納)[명] ①너그러운 마음으로 남의 언행을 받아들임. forgiveness ②물건을 포용함. ─하타
용녀(傭女)[명] 더부살이하는 여인. maidservant
용녀(龍女)[명] ①용왕(龍王)의 딸. princess of the dragon ②용궁에 산다는 선녀. 「龍腦樹」
용뇌(龍腦)[명] ①〈약〉→용뇌향(龍腦香). ②〈약〉→용뇌수
용뇌-수(龍腦樹)[명] 용뇌향과(龍腦香科)의 상록 교목. 높이 30 m 가량이며 잎은 타원형으로 두껍고 짙은 광택이 남. 晝는 누르고 향기가 있으며, 열매에는 한 개의 씨가 있는데, 약으로나 향료의 원료로 씀. 보르네오·수마트라가 원산지임. 《약》 용뇌(龍腦)②. Dryobalarops aromatica
용뇌-향(龍腦香)[명] 〈한의〉 용뇌수에서 채취(採取)한 무색 투명의 판상 결정(板狀結晶). 장뇌 비슷한 방향이 있고 향료의 조합 원료 또는 구강제(口腔劑)·방충제(防蟲劑)·훈향(薰香) 따위에 씀. 《약》 용뇌(龍腦)①. Borneo Camphor 「sure ─하타
용:단(勇斷)[명] 용기를 가지고 결단함. decisive mea-
용-단지[─딴─](龍─)[명] 〈민속〉 경북 지방에서, 풍년과 자식의 복을 비는 뜻으로 다락이나 집 뒤곁에 모시는, 벼를 넣은 단지. 「또, 그 일. errand ─하타
용:달(用達)[명] 일과 물건을 전수(傳受)하거나 배달함.
용:달-사[─싸](用達社)[명] 용달을 업으로 삼는 기업의 하나. 용달 회사. delivery office
용:달-업(用達業)[명] 손님의 요구에 따라 용달하는 영업. delivery business
용:달-차(用達車)[명] 손님의 요구에 따라 물건을 용달하는 일을 전문으로 하는 화물 자동차. 대개, 픽업 같은 작은 차가 쓰임.
용담(冗談)[명] 쓸데없이 하는 이야기. 군말.
용담(用談)[명] 볼일에 대한 이야기. business talk
용담(龍膽)[명] 〈식물〉 용담과에 속하는 다년생 풀. 뿌리는 수염 모양이고 높이는 30∼100 cm 가량임. 8∼10월에 청자색 꽃이 피고, 삭과(蒴果)에는 날개가 달린 종자가 있음. 뿌리는 말려서 약재로 씀. 「린 후 빻아서 만든 가루약. 건위제로 씀.
용담-말(龍膽末)[명] 〈한의〉 용담 뿌리를 채취하여 말
용:대(容貸)[명] 〈동〉 용서(容恕). ─하타
용:도(用度)[명] ①씀씀이. ②드는 비용. expenditure ③관청·회사에서 물품을 공급하는 일.
용:도(用途)[명] 쓰이는 데. 쓰이는 길. use
용도(鎔道)[명] 용점(鎔點).
용도리(美術)[명] 일정을 중심으로 하여, 하나의 선이 주위를 돌면서 뻗어 나가는 모양으로, 구성의 요소에서는 리듬에 해당됨. 용도리는 조개 껍데기에서 흔히 볼 수 있음.
용:도 지역(用途地域)[명] 도시 계획에 있어서, 토지 이용에 대하여, 주거 지역·상업 지역·공업 지역·녹지(綠地) 지역으로 그 용도가 지정된 지역.
용:-돈[─똔](用─)[명] 집안 살림이나 개인이 날마다 잡음으로 쓰는 돈. 용전(用錢). 《약》 용(用)①. pocket money
용-동(聳動)[명] 몸을 솟구쳐 춤추듯이 함.
용-되-다(龍─)[자] 벗번하지 못하던 것이 크고 장(壯) 하게 되다. ¶ 미꾸라지 용됐다. 「엎을 감는 꼭지.
용두(龍頭)[명] ① 용 머샛. ②희중 등 손목 시계의 태
용-두레[명] 낮은 곳의 물을 높은 곳에 퍼올리는 농구. 호두(戽斗). scoop device of the rice field
용두 머리(龍頭─)[명] ①건축물·기구·상여 등에 다는 용의 머리 모양의 장식. ②베틀 앞다리 끝에 얹는 나무
용두-박이(龍頭─)[명] 〈건축〉 용두를 박아 꽂는 못.
용두 사미(龍頭蛇尾)[명] 처음은 좋으나 끝이 좋지 아니함의 비유. Bright beginning, but dull finish

용두-쇠(龍頭─)[명] 장구의 양쪽에 있는 쇠로 만든 고리. iron ring of a drum
용두-질(龍頭─)[명] 손으로 자기의 성기를 주물러서 성적 쾌감을 얻는 짓. 수음(手淫). masturbation ─하타
용두-회(龍頭會)[명] 〈제도〉 문과에 장원(壯元)한 사람들이 모이던 회. 새로 장원한 사람이 잔치를 베풀고 선배를 모심.
용=둥굴레(龍─)[명] 〈식물〉 은방울꽃과에 속하는 다년생 풀. 산이나 들에 저절로 나며 5∼6월에 잎 사이에서 꽃꼭지가 나와 두개씩의 담황록색 꽃이 핌. 장과(漿果)는 벽록색으로 익음. 「크
용:등(涌騰)[명] 물이 힘차게 솟아오름. surging up ─하
용등(龍燈)[명] 바다 가운데의 인광(燐光)이 등불처럼 잇달아 나타나는 현상.
용=떡(龍─)[명] 〈민속〉 혼례 때, 신랑의 큰 상에 올려놓는, 흰떡으로 빚어 만든 한 쌍의 봉황새.
용-띠(龍─)[명] 〈민속〉 '진생(辰生)'을 용의 속성을 상징하여 이르는 말. year of dragon 「ategy
용:략(勇略)[명] 용력(勇力)과 계략. courage and str-
용:량(用量)[명] 약제의 한 번 쓰는 하루의 분량. dosage
용량(容量)[명] ①용기 안에 들어갈 수 있는 분량. 용적(容積)②. ②〈물리〉 전지를 방전(放電)하여 끌어낼 수 있는 전기 에너지. 또, 전기량. ③〈동〉 전기 용량. ④〈약〉→열용량(熱容量).
용량 분석(容量分析)[명] 〈화학〉 정량 분석의 하나. 농도가 일정한 시약(試藥)의 용액을 시료(試料)의 용액에 가하여 일정한 화학 반응을 일으킬 때, 그 반응을 완료하기까지에 요하는 시약의 분량으로 시료의 정량을 측정하는 분석법. 《대》 중량 분석(重量分析). 「─하타
용:려(用慮)[명] 마음을 씀. 걱정함. consideration ─하
용:력(用力)[명] 심력(心力)이나 체력을 씀. exertion ─하타 「power
용:력(勇力)[명] 뛰어난 역량. 씩씩한 힘. undaunted
용렬(庸劣)[명] 범용하고 열등함. mediocrity ─하타 스럽다
용:례(用例)[명] 쓰고 있는 예. 용법의 보기. ¶∼ 사전. example
용로(鎔爐)[명] 〈약〉→용광로(鎔鑛爐).
용루(龍淚)[명] 임금의 눈물. king's tear
용린-갑(龍鱗甲)[명] 〈제도〉 용의 비늘 모양으로 비늘을 달아 만든 갑옷.
용:립(聳立)[명] 우뚝 솟음. rising aloft ─하타
용마(龍馬)[명] ①중국 복희씨 때 황하에서 팔괘(八卦)를 등에 싣고 나왔다는 준마(駿馬). dragon horse ②매우 잘 달리는 썩 훌륭한 말. 용총(龍驄). fleet
용-마루(龍─)[명] 지붕 위의 마루. 옥척(屋脊). ridge 「steed
용-마름(건축) 초가(草家)의 용마루나, 토담을 덮는, 짚으로 가운데가 두텁지지 않게 길게 엮은 것. covering of a roof-ridge
용만(冗漫)[명] 〈동〉 용장(冗長). ─하타
용-말(涌沫)[명] 솟아나온 거품. froth
용매(溶媒)[명] 〈화학〉 액체에 물질을 녹여 용액(溶液)을 만들 때, 그 액체를 말함. 또, 액체에 액체를 녹일 때, 많은 쪽의 액체를 말함. 물·수은 등. 용해제(溶解劑). 《대》 용질(溶質). solvent
용:맹(勇猛)[명] 용감하고 사나움. dauntlessness ─하타 스럽다
용-머리(龍─)[명] 〈식물〉 꿀풀과에 딸린 다년생 풀. 줄기는 방형(方形)에 높이는 30 cm, 6∼7월에 자색 꽃이 피고, 화관은 순형임. dragon head
용:명(勇名)[명] 용자(勇者)로서의 명성. fame for bravery 「bright ─하타
용:명(勇明)[명] 용감하고 명민(明敏)함. brave and
용맹(溶明)[명] 페이드인(fade-in). 《대》 용암(溶暗).
용모(容貌)[명] 얼굴 모습. 얼굴②. 용자(容姿)①. 용태(容態)①. 형모(形貌)②. countenance
용모 파기(容貌疤記)[명] 어떠한 사람을 잡기 위하여 그 사람의 용모와 특징을 기록함. 또, 그 기록. one's description ─하타

용 못된 이무기 심술만 남더라 어떤 일을 이루려다 못된 이무기 심술만 남았다.
용몽(龍夢)〖동〗용꿈.
용무(冗務)〖동〗중요하지 않은 사무.
용:무(用武)〖동〗용군(用軍).
:무(用務)〖동〗볼일. ¶∼를 마치다. business
용:무-지(用武之地)〖동〗무력(武力)을 쓸 만한 곳.
용문(冗文)〖동〗쓸데없는 글. 또, 그런 글씨.
용문(龍門)〖동〗중국 황하 중류의 급한 여울목. 잉어가 이곳을 뛰어오르면 용이 된다는 전설이 있음.
용문(龍紋)〖동〗용을 그린 오색 무늬. five-colour pattern of dragons
용문-석(龍紋席)〖동〗용문을 놓고 짠 돗자리.
용미(龍尾)〖동〗①용의 꼬리. ②무덤의 분상 뒤를 꼬리같이 만든 자리. dragon's tail 「킴. delicious food
용미-탕(龍味湯)〖동〗맛이 매우 좋은 음식을 가리
용반 호:거(龍蟠虎踞)〖동〗산세(山勢)가 용이 서리고 범이 걸터앉은 듯 웅장함. lofty mountains
용-방망이(龍—)〖동〗〈제도〉지방의 사령들이 쓰던 형구. 긴 끝에 용을 새긴 방망이임.
용번(冗煩)〖동〗쓸데없이 바쁨. 하囧
용법[一뻡](用法)〖동〗①사용하는 법. ¶전치사의 ∼. use ②법을 씀. enforcement of a law 하囧
용:-변:온음을 벗나무 껍질로 싼 활.
용:-변(用便)〖동〗대소변을 봄. easing nature 하囧
용병(冗兵)〖동〗쓸데없는 군사.
용:병(用兵)〖동〗군사를 부림. 용군(用軍). tactics 하囧
용:병(勇兵)〖동〗용감한 군사. 용사(勇士)②. brave soldier
용병(傭兵)〖동〗지원자에게 봉급을 주고 병역에 복무케 하는 일. 또, 그 군사. 고병(雇兵). mercenary 하囧
용:병-법[一뻡](用兵法)〖동〗군사를 지휘하여 전투하는 법.
용:병-술(用兵術)〖동〗용병하는 기술. tactics 「방법.
용병 여신[一녀—](用兵如神)〖동〗용병을 귀신같이 잘 함. 하囧
용:병-학(用兵學)〖동〗용병의 학문. science of war
용봉(龍鳳)〖동〗①용과 봉황. dragon and a phoenix ②뛰어난 인물. eminent person 「긴 비녀.
용봉 비녀(龍鳳—)〖동〗머리에 용과 봉황을 새긴 크고
용봉 장:전(龍鳳帳殿)〖동〗〈제도〉용과 봉황의 형상을 아로새긴 것으로 꾸민 장전(帳殿).
용봉-탕(龍鳳湯)〖동〗닭과 잉어를 섞어서 끓인 국. soup of carp and chicken
용:부(勇夫)〖동〗용감한 남자. brave man 「man
용부(庸夫)〖동〗용렬한 남자. 범부(凡夫). mediocre
용부(傭夫)〖동〗고용살이하는 남자. servant
용부(傭婦)〖동〗고용살이하는 부인. woman-servant
용:-불용(用不用)〖동〗쓰이고 쓰이지 않음. use and disuse
용:불용-설(用不用說)〖동〗〈생물〉생물의 어떤 기관이 늘지 민감하게 그리고 지속적으로 사용할 때에는 그 기관은 발달하지만 사용하지 않는 기관은 겹차 퇴화하여 나중에는 소실된다고 하는 진화 이론. 프랑스의 라마르크의 학설. 「expenditure
용비(冗費)〖동〗꼭 필요하지 않은 돈. unnecessary
용:비(用費)〖동〗비용(費用). 「세.
용비 봉:무(龍飛鳳舞)〖동〗산세가 수려하고 신령한 기
용빙(傭聘)〖동〗사람을 쓰려고 맞아들임. engagement 하囧
용빼는 재주 기운을 몰아 한때에 내는 강한 힘.
용:-빼-다기운을 한꺼번에 몰아내어 빼내다.
용:사(用私)〖동〗사정(私情)을 둠. showing favoritism 하囧   「and disuse 하囧
용:사(用捨)〖동〗무엇에 쓰이고 쓰이지 않는 일. use
용:사(勇士)〖동〗①용기가 있는 남자. 용자(勇者). brave man ②〖동〗용병(勇兵).
용사(容赦)〖동〗관용하여 놓아 줌. forgiveness 하囧
용사 비등(龍蛇飛騰)〖동〗용이 움직이는 것같이 아주 활기가 있는 필력(筆力)을 가리키는 말. powerful style of writing
용삼(龍蔘)〖동〗경기도 용인(龍仁) 지방에서 재배되는 인삼. 인체(人體) 모양을 많이 닮은 것이 특징임.
용상(庸常)〖동〗범상(凡常). 하囧
용상(龍床)〖약〗→용평상(龍平床).
용상(龍象)〖동〗〈불교〉지덕(智德)이 높고 뚜렷한 행적이 있는 중을 죽은 뒤에 일컫는 말.
용:상(聳上)〖동〗역도에서 두 손으로 잡아 한 동작으로 가슴 위에 올려 곧 반동을 이용해 머리 위까지 추어 올리는 종목. 하囧   「ercourse 하囧
용:색(用色)〖동〗남녀가 교합하여 색을 씀. sexual int-
용색(容色)〖동〗용모(容貌)와 안색(顔色). look and complexion
용서(容恕)〖동〗①놓아 줌. release ②관용을 베풀어 벌하지 않음. ¶∼를 빌다. forgive ③꾸짖지 않음. 용대(容貸). pardon 하囧   「없:이囧
용서-없:다(容恕—)〖동〗용서를 보이지 않다. have no
용석(熔石)〖동〗〈광물〉화산에서 뿜어 나온 돌. 또, 땅속에서 지열(地熱)로 녹은 돌. lava
용선(傭船)〖동〗배의 의장(艤裝)한 선복(船腹)의 일부 또는 전부(선원 포함)을 운송용으로 차임(借入)하는 일. 또, 그 선박. chartered vessel 하囧
용선 계:약(傭船契約)〖경제〗선박의 대차(貸借)에 관하여 선주(船主)와 용선자(傭船者) 사이에 체결되는 계약.
용선-로[一노—](鎔銑爐)〖동〗주철을 녹이는 가마.
용설-란(龍舌蘭)〖동〗〈식물〉수선과의 다년생 상록 풀. 잎은 피침형으로 살이 두꺼우며 길이 1∼2m, 폭 20 cm 가량임. 여름에 화경(花莖)이 나와 담황색꽃이 핌. 잎에서 섬유를 뽑아 직물·종이의 원료로 쓰며 엽액에서 양주의 원료를 냄. agave
용소(龍沼)〖동〗폭포수가 떨어지는 바로 밑에 있는 웅덩이. 용추(龍湫). linn
용속(庸俗)〖동〗범용하고 속됨. mediocrity 하囧
용-솟음(湧—)〖동〗급히 끓어오르거나 솟아오름. 또, 그 기세. 하囧
용솟음-치-다(湧—)〖동〗세차게 용솟음하다. boil up
용수(龍鬚)〖동〗①술이나 장을 거르는 싸리로 된 긴 통. 추자(箒子). sieve ②죄수의 얼굴을 못 보도록 머리에 씌우는 통 같은 기구. basket
용:수(用水)〖동〗①음료수에 대하여 허드렛물. water for miscellaneous use ②관개(灌漑)·세탁·방화(防火)·음료 등에 쓰기 위한 물. water for irrigation
용수(容手)〖동〗수단을 부림. 하囧
용:수(湧水)〖동〗솟아나는 물.
용수(龍鬚)〖동〗①임금의 수염. ②용의 수염.
용수-뒤(龍鬚—)〖동〗용수를 박고 맑은 술을 떠낸 뒤의 찌꺼기. 조하주(糟下酒).   「용수를 보내기 위한 수로.
용:수-로(用水路)〖동〗수원(水源)에서 경작지까지 괸물.
용수 바람[—빠—]〖동〗〖속〗용수처럼 뱅뱅 돌아 하늘로 오르는 매서운 바람. 회오리바람.
용수-석(龍鬚席)〖동〗석룡추(石龍芻)로 만든 돗자리.
용수-지르다(龍鬚—)드릉 술이나 산장을 뜨기 위하여 용수를 박다.   「력이 있는 쇠줄. 스프링(spring).
용수-철(龍鬚鐵)〖동〗나사 모양으로 되어 늘고 주는 탄
용수철 저울(龍鬚鐵—)〖동〗〖속〗용수철의 연장(延長)을 보고 무게를 재는 저울.
용:신(容身)〖동〗용신(容身)①. 하囧
용:-승(湧昇)〖동〗〈지학〉200∼300m의 중층(中層)의 찬 해수(海水)가 여러 가지 원인으로 상승하여 해면으로 솟아오르는 현상.
용:승-류(湧昇流)〖동〗〈지학〉바람에 의해 표면 해수가 해안가에서 멀리서 가는 곳에서 이를 보충하기 위하여 반대편의 바닷물이 상승하는 것. 캘리포니아 해안, 페루 해안, 칠레 해안 등. 《네》침강류(沈降流).
용식(溶蝕)〖동〗〈지학〉지하수에 의하여 암석이 차차 녹는 현상. corrosion
용식 작용(溶蝕作用)〖동〗〈지학〉암석이 물에 의하여 차차 용해·파괴되어 가는 작용.
용:신(容身)〖동〗①집이 좁아 겨우 무릎이나 움직일 수 있음. 용슬(容膝). ②세상에서 겨우 몸을 붙이고

살아감. living 하다
용신(龍神)[명] 용왕(龍王).
용신-경(龍神經)[명] 용왕경.
용신-굿(龍神一굿)(龍神一)[민속] 무당이 용왕에게 기도하는 굿.
용신-제(龍神祭)[민속] 유월 유둣날 논 가에서 용신에게 비와 풍작을 빌고자 지내는 제사.
용심 심술로 남을 해치려는 마음.
용:심(用心)[명] 정성스런 마음을 씀. attention 하다
용심-꾸러기[명] 몹시 용심을 부리는 사람. 용심쟁이. malicious person
용심-부리-다[자] 심술부려 남을 해하다. do harm to others out of jealousy
용심-쟁이[명][동] 용심꾸러기.
용-심지(一心一)[명] 실이나 헝겊을 꼬아 밀어서 기름을 발라 초 대신 불을 켜는 물건. wick
:용-쓰-다[타][으로] ①기운을 몰아 쓰다. brace oneself up ②힘을 들이어 괴로움을 억지로 참음. endure
용안(容顔)[명] 얼굴. features
용안(龍眼)[명] 〈식물〉 무환자과(無患子科)에 속하는 열대 지방에서 나는 상록 교목. 줄기 높이 13 m 내외로 껍질은 검붉은 갈색임. 몸에 백색의 향기 있는 꽃이 피며 열매는 껍질에 혹 모양의 돌기가 많고 둥긂. 종자는 식용하고 약재로도 씀.
용안(龍顔)[명] 임금의 얼굴. 천안(天顔). 옥안(玉顔)①. Imperial countenance
용안-육(龍眼肉)[명] 〈한의〉 용안의 열매. 말려서 식용하며 완화 자양제(緩和滋養劑)로 씀.
용암(溶暗)[명] 〈연예〉 영화 촬영법의 하나. 선명한 화면이 점차 어두워지는 일. 페이드아웃. 《대》 용명(溶明). fade-out
용암(鎔岩·熔岩)[명] 〈지학〉 마그마가 화산의 분화구로부터 분출한 것. 또, 그것이 냉각·응고된 암석.
용암-구(鎔岩丘)[명] 〈지학〉 분화구(噴火口)에서 뿜어 나온 용암이 화구 바닥에서 위로 솟아올라서 가마솥을 엎어 놓은 모양으로 된 언덕. lava cone
용암-굴(鎔岩窟)[명][동] 용암 터널(鎔岩 tunnel).
용암-대(鎔岩臺)[명][동] 용암 대지(鎔岩臺地).
용암 대지(鎔岩臺地) 〈지학〉 현무암(玄武岩)과 같은 유동성(流動性)이 심한 염기성 용암이 분출하여 퍼진 평탄한 대지. 용암대(鎔岩臺). lava palteau
용암-류(鎔岩流)[명] 〈지학〉 화산이 분화(噴火)할 때, 화구(火口)에서 흘러 나오는 용암. 또, 그것이 식어서 굳어진 것. lava flow
용암-층(鎔岩層)[명] 〈지학〉 용암이 분출(噴出)하여 이룬 지층(地層). lava layer
용암-탑(鎔岩塔)[명] 〈지학〉 분출한 용암이 화구(火口)에 높이 쌓여 탑 모양을 이룬 것. lava tower
용암 터널(鎔岩 tunnel) 〈지학〉 용암에서 볼 수 있는 터널 모양의 공동(空洞). 용암류의 표면은 냉각하여 굳었지만 내부는 유동성을 가지고 흘러 버렸기 때문에 공동으로 남아 있는 것임. 용암굴(鎔岩窟).
용액(溶液)[명] 〈화학〉 어떠한 물질을 녹인 액체. 용해액(溶解液). solution [[] 일. casting
용야(鎔冶)[명] 쇠붙이를 녹여서 물건을 주조(鑄造)하
용:약(勇躍)[명] 용감하게 뛰어나가는 모양. high
용:약(踊躍)[명] 춤추며 뜀. 뛰놀다. [spirits 하다
용양 호:박(龍攘虎搏)[명] 용호(龍虎)가 격렬하게 싸우는 모양. 하다
용양 호:시(龍驤虎視)[명] 용처럼 날뛰고 범 같은 눈초리로 본다는 뜻으로, 영웅의 일세(一世)를 웅시(雄視)하는 태도를 이름. 하다 [words
용어(冗語)[명] 쓸데없는 말. 군더더기 말. superfluous
용:어(用語)[명] 사용하는 말. term
용어(龍御)[명] 임금의 죽음. king's death
용:언(用言)[어학] 문장 주체를 서술하는 기능을 띤 단어로, 어미가 활용하는 말. 곧, 동사·형용사의 총칭. 《대》 체언. declinable word
용:여(用餘)[명] 쓰고 남은 것. remainder

용여(容與)[명] 태도나 마음이 태연함. 느긋하게 흥에 겨움. complacence 하다
용:역(用役)[명] 〈경제〉 생산과 소비에 필요한 노무(勞務)를 제공하는 일. service
용:역-불(用役弗)[명] 건설 계약 및 연예·오락 등의 용역 제공의 대가로 획득한 달러.
용:역 산:업(用役産業) [명] 상업·운수업·창고업 등과 같이 서비스를 제공하는 산업.
용:역 수출(用役輸出)[명] 보험·은행 업무·운송 따위의 서비스를 외국에 제공하거나, 노무(勞務)를 직접 수출하는 인력(人力) 수출 등을 말함.
용:연(聳然)[명] ①우뚝 솟은 모양. towering ②두려워서 몸을 고쳐 잡는 모양. 하다 히리
용연-향(龍涎香)[명] 향유고래에서 채취하는 송진 같은 향료. 사향 비슷한 방향이 있음. [gon Kng
용왕(龍王)[명] 〈불교〉 용궁의 임금. 용신(龍神). Dra-
용왕-경(龍王經)[명] 〈민속〉 용제(龍祭) 때에 읽는 경문. 용신경(龍神經).
용왕-굿(龍王一)[명] 〈민속〉 인천을 중심으로 한 서해안의 갯마을에서, 정월 보름 전후로 마을의 안녕과 풍어(豊漁)를 빌던 옛 당(堂)이.
용왕-담(龍王潭)[명][동] 천지(天池).
용:왕 매진(勇往邁進)[명] 거리낌없이 용감하게 나아감. 용왕 직진(勇往直進). dashing along 하다
용-용[一농][명][요] 엄지손가락 끝을 제 볼에 대고 나머지 네 손가락을 너울거리며 남을 약올리는 짓. 또, 그 때 외는 소리. [ndlessly 하다
용용(溶溶)[명] 강물이 넓고 조용히 흐르는 모양. bou-
용용-수(溶溶水)[명] 질퍽히 흐르는 물. '울리다'는 말.
용용 죽겠지[명] '약이 올라 죽겠지'의 뜻으로 남을 약
용우(庸愚)[명] 용렬하고 어리석음. simple and stupid
용원(冗員)[명] 쓸데없는 인원이나 직원. [하다
용원(傭員)[명] ①관청에서 임시로 채용한 사람. temporary employee ②품팔이꾼.
용유(溶油)[명] 유화유(油畵用) 물감을 녹이는 기름.
용융(熔融·鎔融)[명] 〈화학〉 고체가 열에 녹아 액체로 되는 일. fusion 하다
용융-점(熔融點·鎔融點)[명] 〈화학·물리〉 고체가 천천히 녹기 시작하여 고상(固相)과 액상(液相)이 평형 상태에 있는 온도. 융점(熔點). melting point
용:의(用意)[명] ①마음을 먹음. 뜻을 가다듬음. attention ②마음의 준비. precaution 하다
용의(容疑)[명] 범죄의 혐의.
용의(容儀)[명][동] 의용(儀容).
용의(冗衣)[명] 쓸모없이 범용한 옷.
용의 알(龍一) 〈제도〉 궁중에서 포구락(抛毬樂)을 연주할 때 쓰이던 나무공. 채구(彩毬).
용:의-자(容疑者)[명] 피의자(被疑者).
용:의 주도(用意周到)[명] 마음의 준비가 두루 미쳐 빈틈이 없음. being very careful 하다
용의 초리(龍一) [명] ①내리쏟아지는 폭포의 물줄기. waterfall ②옛날 처녀·총각이 땋아 늘이던 긴 머리. pigtail [easiness 하다
용이(容易)[명] 어렵지 않음. 쉬움. 《대》 곤란(困難).
용:익(用益)[명] 사용과 수익(收益). use and profits
용:익 물권(用益物權)[명] 〈법률〉 타인의 토지를 일정한 목적을 위해 사용하고 수익할 수 있는 권리. 지상권·지역권(地役權) 따위. usufruct
용:인(用人)[명] 사람을 씀. engagement 하다
용:인(容忍)[명] 관용하여 참음. 하다
용:인(容認)[명] 관용하여 인정함. admission 하다
용인(庸人)[명] 범용한 사람. 범인(凡人). 속인①. med-
용인(傭人)[명] 고용된 사람. employee [iocre person
용:자(勇者)[명] 용감한 사람. 용사(勇士)①. brave man
용:자(勇姿)[명] 용감한 자태. ¶ 마상(馬上)의 ～. brave attitude
용자(容姿)[명] ①용모(容貌)와 자태(姿態). ¶ ～ 단려. ②[동] 용모(容貌). 용태(容態)①. face and figure
용:자-례[一짜—][명](用字例) 글자를 사용하는 보기.

용=자리(龍―)〈천문〉 별자리의 하나. 8월 상순 저녁에 북쪽 하늘 높이 보임. 큰곰・작은곰・백조 등의 별자리에 둘러싸였음. 용좌(龍座). Draco(약자 Dra).

용:자(窓―자―)(用字窓)圖 가로살 두 개와 세로살 하나로 '用'자처럼 짠 창호. 격자창(格子窓). lattice window

용잠(龍潛)圖〈동〉잠저(潛邸).

용잠(龍簪)圖 용의 머리를 새긴 비녀. hairpin shaped like a dragon's head

용잡(冗雜)圖 너절하게 잡다하다. 하圖

용장(冗長)圖 쓸데없이 장황함. 용만(冗漫). 하圖

용:장(用杖)圖 매를 치는 벌을 줌. flogging 하圖

용:장(勇壯)圖 씩씩하고 굳셈. 날래고 씩씩함. bravery 하圖 [brave general

용:장(勇將)圖 용맹스러운 장수. 《대》용장(庸將).

용장(庸將)圖 용렬한 장수. 《대》용장(勇將). clumsy general

용장(龍欌)圖 용(龍)무늬를 새겨 꾸민 옷장.

용장=문(冗長文)圖 장황하게 벌인 문장.

용:재(用材)圖 ①연료 이외의 목적의 재목. 건축・가구 등에 쓰는 재목. timber ②재료로 쓰이는 물건.

용재(庸才)圖 범용한 재주. mediocre [material

용재(鎔滓)圖 광석에서 금속을 분리시킬 때, 용융 금속(鎔融金屬)에서 분리하여 위로 떠오르는

용저(舂杵)圖 절굿공이. [찌끼. 광재(鑛滓).

용적(容積)圖 ①용기(容器) 안을 채우는 분량. 용량(容量)①. 1~ 돈수(噸數). capacity ②〈수학〉입체(立體)가 차지하고 있는 공간의 부분. 체적. 적(積).

용적=계(容積計)圖 용적을 재는 계량기. [content

용적=량(容積量)圖 용적의 분량. measure of capacity

용적=률[―뉼](容積率)圖〈건축〉대지 면적에 대한 건물 연면적의 비율. [體積彈性率).

용적 탄:성률[―뉼](容積彈性率)圖〈동〉체적 탄성률

용:전(用箋)圖 글을 쓰는 규격이 일정한 종이.

용:전(用錢)圖〈동〉용돈. [ting-pad

용:전(勇戰)圖 용감하게 싸움. 용투(勇鬪). 1~ 분투. brave fighting 하圖

용:전 여수[―녀―](用錢如水)圖 돈을 물같이 흔하게 씀. lavish use of money 하圖

용절(龍節)圖〈제도〉의장의 하나.

용절[―쩔](熔節)圖〈동〉용융점(熔融點).

용접(容接)圖 찾아온 손님을 맞이하여 만나 봄. reception 하圖

용접(鎔接)圖〈공업〉두 금속에 고도의 전열(電熱) 또는 가스열을 주어 접합시키는 일. 1~ 공. welding 하圖

용접=봉(鎔接棒)圖〈공업〉아크(arc) 용접・가스 용접에서, 접합부에 녹여 붙이는 용점(融點)이 낮은 금속봉(金屬棒).

용정(舂精)圖 곡식늘 쓿음. milling 하圖

용정(龍亭子)圖〈제도〉옥책(玉册)・금보(金寶) 등 나라의 보배를 운반할 때 쓰이던 견여(肩輿). [ller

용정=장이(舂精匠―)圖 용정을 업으로 삼는 사람. mi-

용제(溶劑)圖〈화학〉고체・액체・기체 따위를 녹이는 데 쓰는 액체. 알코올・가솔린 등. solvent [사.

용제(龍祭)圖〈제도〉가물 때 용왕에게 비를 빌던 제

용조(庸租)圖 부역(賦役)과 연공(年貢). labour service and land-tax [아 있는 산소의 양.

용존 산소량(溶存酸素量)圖 하천・호수 등 물 속에 녹

용졸(庸拙)圖 용렬하고 졸렬함. mediocrity 하圖

용졸(龍種)圖 고려 때의 왕족(王族)을 이름.

용좌(龍座)圖〈동〉용자리.

용주(龍舟)圖 임금이 타는 배. imperial boat

용주(鎔鑄)圖 쇠붙이를 녹여 기물(器物)을 만든다는 뜻으로 일을 경영함에 비유. casting

용준(龍樽)圖 용의 형상을 그린 술그릇.

용지圖 솜이나 헝겊을 나무에 감아 기름을 묻히어 대신 불을 켜는 물건. flambeau

용:지(用地)圖 어떤 일에 쓰이는 토지. 1 건축 ~.

용:지(用紙)圖 어떤 일에 쓰이는 종이. 1 원고 ~. blank form [하圖

용:지=불갈(用之不渴)圖 아무리 써도 없어지지 않음.

용지=연(龍池硯)圖 용을 새긴 벼루. 중국에서 나는 좋은 벼루를 뜻함.

용지=판(壁―板)(用紙―板)圖〈건축〉벽이 무너지지 않도록 지방 옆에 대는 넉목. wainscot [hing forward 하圖

용:진(勇進)圖 씩씩하고 힘차게 나아감. 용감히 전진함. das-

용질(溶質)圖〈화학〉용액 속에 녹아있는 물질. 용해질(溶解質). 《대》용매(溶媒). solute

용질(溶質)圖〈화학〉액체 중에 용해되어 있는 물질.

용집[―찝](溶汁)圖 몸에 나서 버선 위로 내어 밴 더러운 얼룩. sweat stain

용짓=감圖 용지 따위를 만드는 헌 솜이나 넝마.

용:처(用處)圖 쓸 곳. use

용:천(湧泉)圖 물이 솟아 나오는 샘. gushing spring

용천=맞=다[―맏―](龍泉―)圖 용천한 데가 있다. [스레

용천=스럽=다(―럽)圖 보기에 용천한 데가 있다. 용천=

용천=하=다(龍泉―)圖 매우 좋지 못하다. 꺼림하여 마음에 께끼는 느낌이 있다. 1 쓰기에 ~. 속이 ~. be coarse in manners

용:첨(聳瞻)圖 발돋움을 하고 봄. 하圖

용:청(聳聽)圖 귀를 기울여 자세히 들음. 하圖

용총=줄[―쭐]圖 돛대에 맨 줄. 이 줄로 돛을 올렸다 내렸다 한다. 마룻줄.

용:출(湧出)圖 물이 솟아 나옴. 분출(迸出). gushing

용:출(溶出)圖 성분(成分)의 일부가 물 따위에 녹아 흘러 나옴. 하圖

용:출(聳出)圖 우뚝 솟아남. towering 하圖

용=춤圖 추어 줌을 받아 좋은 마음으로 움직이는 짓.

용춤=추다圖 남의 추어 춤을 받아 좋아서 하라는 대로 행동하다. yielding to flattery

용춤을 추이다圖 남을 추어 올려서 자기의 뜻대로 행동하게 만들다.

용치=놀래기〈어류〉양놀래기과의 바닷물고기. 몸길이 25 cm 내외로 수컷은 푸른 빛, 암컷은 붉은 빛.

용타(龍唾)圖 ⇒용타. [빛을 띰. 맞이 좋음. 용치.

용태(容態)圖 ①얼굴 모양과 몸매시. 용모. 용자(容姿). countenance and figure ②병의 모양. 병상(病狀).

용:퇴(勇退)圖 용감하게 물러남. 1 관직에서 ~하다. ＝ 고답(高踏). voluntary retirement 하圖

용:투(勇鬪)圖〈동〉용전(勇戰). 하圖 [stupid

용통=하=다(冗通―)圖 소견머리가 없고 매우 미련하다.

용=트림(龍―)圖 거드름을 피우느라고 짐짓 하는 트림. belching in affected manner 하圖

용=틀임(龍―)圖 전각(殿閣) 등에 장식한 용의 그림 또는 새김. 교룡(交龍). decorated with the figures of dragons

용=평상(龍平牀)圖 임금이 앉는 평상. 《약》용상(龍床).

용:품(用品)圖 쓰는 물품. 필요한 물품. 1 일상 ~. daily necessaries

용품(庸品)圖 ①품질이 낮은 물건. article of low quality ②낮은 품계(品階). inferior goods

용:필(用筆)圖 붓을 놀림. 또, 그 방법. 운필(運筆). use of the brush 하圖 [하圖

용:하(用下)圖 비용으로 내어 줌. 또, 그 돈. expenses

용:하=다圖㉠㈚①성질이 어리석고 온순하다. ②기특하고 장하다. 착하고 훌륭하다. ③재주가 뛰어나고 특이하다. 1 용한 의사. 《약》용타. ＝히圖

용=하다(庸―)圖 순하고 용렬하다.

용:한(勇悍)圖 날래고 사납다. wild and swift 하圖

용합(溶合)圖 녹이거나 녹아서 한데 합침. welding 하圖

용해(溶解)圖 ①녹음. 또, 녹임. melting ②〈화학〉물질이 액체 속에서 녹아 균일한 액체가 되는 현상. dissolution 하圖

용해(熔解・鎔解)圖 금속이 열에 녹아서 액상으로 되

용해

는 일. 또, 액상으로 만드는 일. melting 하다타
용=해(龍一)명〈민속〉(속〉진년(辰年).
용해-도(溶解度)명 일정 온도에서 포화 용액 중의 용매(溶媒) 100 g에 녹는 양, 또는 용매 100 g 중에 들어 있는 용질의 그램수로 나타냄. ¶~곡선(曲線). solubility
용해-량(溶解量)명〈화학〉일정한 용매(溶媒) 가운데 용해되는 용액의 분량. meltage
용해-로(鎔解爐)명 금속을 용해시키는 가마의 총칭.
용해-액(溶解液)명〈동〉용액(溶液).
용해-열(溶解熱)명 용매 속에 용질을 녹일 때에 발생 또는 흡수되는 열량. heat of dissolution
용해-제(溶解劑)명〈동〉용매(溶媒).
용해-질(溶解質)명〈동〉용질(溶質). 「daily behaviour
용행(庸行)명 평소의 소행(素行). 일상적인 행실.
용허(容許)명〈동〉허용(許容). 하다 「men 하다
용:-현(用賢)명 어진 사람을 등용함. engaging wise
용혈(溶血)명 ①적혈구 안의 헤모글로빈이 혈구 밖으로 탈출하는 현상. ②〈동〉용혈 반응(溶血反應).
용혈 반응(溶血反應)명〈의학〉적혈구를 항원(抗原)으로 하는 면역 혈청이 그 적혈구에 대한 반응. 용혈(溶血)②. hemolytic reaction
용혈성 빈혈[一쎙一](溶血性貧血)명〈의학〉적혈구가 쉽게 파괴되는 질환. 빈혈·황달을 일으킴. hemolytic anemia
용혈-소[一쏘](溶血素)명 적혈구를 어떤 동물에 주사할 때, 면역(免疫) 현상에 의해 그 동물의 혈청 속에 생기는 적혈구를 용해하는 성분. hemolysine
용협(勇俠)명 의협심이 있어 남자다운 의기. 호협(豪俠). heroism 하다 「ent 하다
용:-형(用刑)명 형벌을 씀. 형벌을 적용함. punishm-
용호(龍虎)명 ①용과 범. dragon and tiger ②뛰어난 문장. influence of a noted composition ③역량이 백중하던 두 영웅의 일컬음. 영웅. ④〈민속〉풍수설에서, 집터나 묏자리의「왼쪽과 오른쪽」의 지형을 이름.
용호-방(龍虎榜)명〈제도〉조선조 때, 문무과에 합격한 사람의 이름을 게시하던 나무판. 나중에는 종이를 썼음. 「강자(强者)가 서로 싸우다는 뜻.
용호 상박(龍虎相搏)명 용과 범이 서로 싸움. 곧, 두
용혹 무괴(容或無怪)명 혹시 그럴 수도 있으므로 괴이할 것이 없음. There's nothing strange in it 하
용화(容華)명 에쁘게 생긴 얼굴. beautiful face
용화(熔化·鎔化)명 열로 녹여서 모양을 변화시킴. 또, 열 때문에 녹아서 모양이 변함. firemelting 하다 타
용화(鎔和)명 녹여서 섞음. melting 하다 「하다
용훼(容喙)명 ①입을 놀림. ②옆에서 말참견을 함.
우명 한글의 모음 글자「ㅜ」의 이름. name of Korean letter
우:튀 ①많은 메가 일시에 몰려오거나 가는 모양. with a rush ②비바람이 지나가는 모양. suddenly
=우 어미〈속〉받침 없는 용언의 어간에 붙어, '하오'할 자리에서, '이' 대신 현재의 동작이나 상태의 서술·의문 및 동작의 명령을 친근하게 나타내는 종결 어미. ¶그만 가~. 나를 좀 보~.
=우 동사의 어간에 붙어 사동(使動)의 뜻을 나타내는 어간 형성 접미사. =구·=리·=이·=히·=치. ¶배~다. 지~다. 「right
우:(右)명 오른쪽의 뜻. ¶~측 통행. 〈대〉좌(左).
우:(羽)명〈음악〉오음(五音)의 하나.
우(禹)명 중국 하(夏) 왕조의 시조로 전설상의 인물.
우(尤)명 ①성적·등급 같은 것을 매길 때에 매우 좋거나 훌륭함을 뜻하는 말. 수(秀)의 다음, 미(美)의 위. 〈대〉우(優). excellence ②「杯」일배 — 일배.
우(又)명「또」의 뜻으로 쓰는 한문투의 말. ¶일배(一우(叉)위.
우각(牛角)명 쇠뿔. horns of cattle
우:각(雨脚)명 빗발.「「立體角).
우각(隅角)명 ①모퉁이. 구석. corner ②〈동〉입체각

우궁형

우각(優角)명〈수학〉첨예각[共軛角]의 큰 수. 180 도보다 큼. 〈대〉열각(劣角). superior angle
우각-사(牛角莎)명 무덤의 좌우 및 뒤를 흙으로 돋우.
우각-새(牛角鰓)명 쇠뿔 속의 골. 「고 메를 심은 곳.
우:간(羽幹)명 깃털의 굵은 관 모양의 줄기. 깃대.
우:감(偶感)명 우연히 떠오르는 생각. random thoughts 하다
우:객(羽客)명 전설에 나오는, 날개가 있는 신선.
우:거(寓居)명 ①임시로 몸을 붙여 삶. ②자기의 주거(住居)를 낮추어 이르는 말. 교거(僑居). 우접(寓接). temporary abode 하다
우거지명 ①푸성귀의 위 껍데기. outer leaves of cabbage or other vegetables ②새우젓·김치 등의 맨 위의 맛이 잘 들지 않은 품이 낮은 것.
우거지 김치명 배추의 우거지로 담근 품이 낮은 김치.
우거지-다자동 초목이 무성해지다. be luxuriant 「face
우거지-상(一相)명 잔뜩 찌푸린 얼굴의 모양. wry
우거지-국명 우거지로 끓인 국.
우근-뿔명 안으로 굽은 뿔. 〈대〉송낙뿔. inflexed horn
우걱-이명 우걱뿔이 난 소. cow with inflexed horns
우거-우걱튀 짐 실은 마소가 걸음을 걸을 때마다 나는 소리. 하다 「creakingly 하다
우거-지거리명 마소가 짐을 싣고 갈 때에 나는 소리.
우:걸(羽傑)명 새 중에서 가장 뛰어난 새. finest bird
우겨-대:-다타 계속해서 우기다. hold fast to
우:격(羽檄)명〈제도〉군사상(軍事上) 급히 전하면 격문. 우서(羽書). 「forcibleness 하다
우격-다짐명 억지로 남을 굴복시킴. 또, 그 행위.
우격 = 우격튀 억지로 무리하게. by force
우견(愚見)명 '어리석은 소견'이라는 뜻으로, 자기의 의견을 겸손하게 이르는 말. my humble opinion
우경(牛耕)명 소로 밭을 갊. till the soil with oxen 하다 「경향. 〈대〉좌경(左傾). rightist 하다
우:경(右傾)명 우익(右翼)으로 기울어짐. 또, 그런
우:경(雨景)명 비가 올 때의 경치.
우경-학(優境學)명〈생물〉환경을 개선함으로써 인간의 미래를 밝게 꾸미고자 하는 과학.
우=계(牛契)명 농사 짓는 소의 목양(牧養)을 목적으로 하는 계. 「와서 발달시킴. 하다
우:계(佑啓)명 ①도와서 이루게 함. assistance ②도
우:계(雨季)명〈동〉우기(雨期).
우계(愚計)명 어리석은 계책. 계략. silly
우-곡(雨谷)명〈지학〉망바닥이 빗물로 패어 비가 올 때에만 물이 흐르는 골짜기. gully, rill
우곡(迂曲)명〈원〉=오곡(迂曲). 「하다
우곡(紆曲)명 구불구불 얽혀 구부러져 있음. winding
우골(牛骨)명 소의 뼈. cattle bones
우골-유[一유](牛骨油)명 저온도에서 우골지로부터 빼낸 기름. 윤활유로 쓰임.
우골-지(牛骨脂)명 쇠뼈에서 뽑은 지방으로 비누·우골유를 제조하는 데 쓰임.
우공(牛公)명〈공〉소. cattle
우괴(迂怪)명〈원〉=오괴(迂怪).
우:구(雨具)명〈동〉우비(雨備).
우구(憂懼)명 근심하고 두려워함. dread 하다
우-구화(雨久花)명〈식〉물옥잠. 「하다
우국(憂國)명 나라 일을 근심하고 염려함. patriotism
우국 단충(憂國丹忠)명 나라 일을 걱정하여 마음속에서 우러나는 참된 충성.
우국지-사(憂國之士)명 나라의 일을 근심하는 사람. 애국자(愛國者). patriot「patriotism
우국지-심(憂國之心)명 나라 일을 근심하는 마음.
우:군(友軍)명 자기편의 군대. 아군(我軍). 〈대〉적군(敵軍). allied army, friendly forces
우:군(右軍)명〈약〉=우익군(右翼軍).
우:궁(右弓)명 시위를 오른손으로 당겨 쏘는 활. 〈대〉좌궁(左弓). 「민화살깃. 〈대〉좌궁깃.
우:궁-깃[一낏](右弓一)명 새의 왼편 날개깃으로 꾸
우궁=형(優弓形)명〈수학〉원의 호와 두 끝을 맺는

우귀(于歸)圏 신부가 처음으로 시집에 들어감. 하자
우:규(右揆)(제도) 우의정(右議政)의 별칭.
우그러-들다(자타) ①우그러져 우묵하게 들어가다. ②우그러져 오그라들다. (작) 오그라들다. be crushed
우그러-뜨리-다(타) 힘을 주어 우그러지도록 만들다. (작) 오그라뜨리다. crush
우그러지-다(자) ①물건의 바닥이 안쪽으로 욱어들다. be crushed ②물건 위에 주름이 잡히다. (작) 오그라지다. become creased
우그렁=우그렁 여러 군데가 우그러진 모양. (약) 우글우글². (작) 오그랑오그랑. 하자
우그렁=이 우그렁우그렁하게 생긴 물건. (작) 오그랑이. crooked articles 「못-생긴 얼굴. ugly face
우그렁=쪽박 ①우그러진 쪽박. crushed dipper
우그렁=쭈그렁 우그러지고 쭈그러져 있는 모양. (작) 오그랑쪼그랑. 하자 「somewhat crushed
우그렁-하-다(형여) 우그러져 있다. (작) 오그랑하다.
우그르르 ①깊은 그릇에 물이 끓어오르는 모양이나 소리. (작) 오그르르¹. with a sizzling sound 하자
우그르르² 사람·벌레·짐승 등이 한 곳에 들끓는 모양. (작) 오그르르². in swarms 하자
우그리-다(타) 우그러지게 하다. (작) 오그리다. crush
우:근(羽根)圏 깃의 살갗에 박힌 부분. root of a feather
우글-거리-다(자) ①물이 연해 끓어오르다. simmer ②사람이나 좀 큰 동물 따위가 한 곳에 모여 자주 움직이다. 자주 들끓다. (작) 오글거리다. swarm
우글-다(자) 욱어들어 보기에 곱지 못하다. crushed
우글=부글(부) 우글거리고 부글거리는 모양이나 소리. (작) 오글보글. on the simmer 하자
우글=우글(부) (약)→우그렁우그렁.
우글=쭈글(부) 주름 따위가 우글우글하고 쭈글쭈글한 모양. (작) 오글쪼글. crumpled 하자 「기. gorge
우금圏 시냇물이 급히 흐르는 가파르고 좁은 산골짜
우금(牛禁)圏 소를 잡는 것을 금함. 하자
우금(于今)圏 지금까지. till now 「굿×굿. 하자
우굿=우굿(부) 여럿이 안쪽으로 우그러진 모양. (작) 오
우굿-하-다(형여) 안쪽으로 좀 굽다. (작) 오굿하다. somewhat crushed 우굿=이(부)
우:기(右記)圏 오른쪽에 기록된 것. 본문의 오른쪽에 씀. 또, 그 글. (대) 좌기(左記). above-mentioned
우:기(雨氣)圏 비가 올 듯한 기운. 우의(雨意). 우태(雨態). threatening to rain
우:기(雨期)圏 일년 중에 비가 가장 많이 오는 시기. 우계(雨季). ¶~로 접어들다. (대) 건기(乾期). rainy season
우기-다(타) 억지를 쓰다. 고집을 부리다. persist in
우김-성[一성](一性)圏 우기는 성질. obstinacy
우꾹(부) 물건이 오르는 모양이나 나타나다.
우꾼우꾼-하-다(자) 여럿이 일시에 소리치며 자주 「움직이는 모양이나 나타나다.
우꾼-하-다(자) 여럿이 일시에 부르짖으며 움직이는 모양이나 나타나다. crowd with clamourous noises
우남(愚男)圏 어리석은 사내. stupid man
우낭(牛囊)圏 소의 부랑(牛囊).
우:내(宇內)圏 온 세계. 천하(天下). whole world
우너리圏 가죽신의 운두.
우녀(牛女)圏 견우성(牽牛星)과 직녀성(織女星).
우뇌(憂惱)圏 근심하고 번민함. worry 하자
우:는-살圏 끝에 속이 빈 나무때기 깍지를 단 화살. 날면서 공기에 부딪혀 소리가 남. 효시(嚆矢)①. 명적(鳴鏑). 향전(響箭). 「그만 해라.
우:는-소리圏 일부러 어려운 체하는 소리. ¶~ 좀 우니-다(자) 우닐다. 자주 울다.
우닐-다(자타) ①시끄럽게 울다. ②울고 다니다.
우:단(羽緞)圏 겉에 고운 털이 돋게 짠 비단. 천아융.
우단(疣疸)圏 (동) 쥐무르슴.

우담(牛膽)圏 소의 쓸개. cattle's gall-bladder
우담 남성(牛膽南星)圏 (한의) 납일(臘日)에 남성 가루를 쇠쓸개에 넣어 바람이 잘 통하는 곳에 매달아 말린 것. (약) 담성(膽星).
우담-화(優曇華)圏 ①(불교) 인도 전설 중에 나오는 꽃으로 삼천 년에 한 번씩 꽃이 핀다는 데, 이 꽃이 필 때에는 금륜 명왕(金輪明王)이 나타난다 함. ②(식물) 뽕나무과에 속하는 무화과의 일종. 대형 낙엽 관목. 잎은 얇고 좁은 단형이며 암수 딴 그루. 꽃은 작아서 밖에서는 보이지 않음. 구형의 열매는 3 cm 가량으로 식용함. 재목은 거친 건축재로 쓰임.
우답 불파(牛踏不破)圏 소가 밟아도 깨어지지 않는다는 뜻에서 사물이 몹시 '견고함'의 비유. 우수 불함(牛遂不陷). 「Rightists
우:당(右黨)圏 〈정치〉 우익(右翼)의 정당. (대) 좌당(左黨).
우당탕(부) 물건이 요란하게 떨어지는 소리. 또, 널마루에서 뛸 때 요란하게 나는 소리. ¶~ 소리가 요란하다. with a thud 하자 「탕=우당탕(부) 하자
우당탕-거리-다(자) 연달아 우당탕 소리가 나다. 우당
우당탕=통탕(부) 우당탕거리고 통탕거리는 소리. ¶~ 난리를 부리다. thump 하자
우대(右垈)圏 서울 성내의 서북쪽에 위치한 지역(地域). 곧, 인왕산 가까이의 동네들. (대) 아래대. northwest area of Seoul
우:대(羽隊)圏 화살을 진 병대. company of archers
우대(優待)圏 특별히 잘 대우함. 관대. 위대(爲待). (유) 우우(優遇). (대) 학대. courteous treatment 하자 「complimentary ticket
우대-권[一꿘](優待券)圏 우대할 것을 나타낸 표.
우대-생(優待生)圏 우대를 받아서 뛰어나는 특별한 대우를 받는 학생. honour student 「아랫녘 사람.
우댓 사:람圏 〈제도〉 우대에 사는 이서(吏胥). (대)
우덜거지圏 허술하나마 위를 가리게 되어 있는 것.
우데(고)圏 메(群). 「shelter
우도(牛刀)圏 소를 잡는 데 쓰는 칼.
우:도(友道)圏 친구와 사귀는 도리. friendship
우:도(右道)圏 〈제도〉 조선조 때, 경기·충청·전라·경상·황해 여러 도를 둘로 나눈 한쪽의 이름. 경기도는 북쪽, 충청·전라·경상·황해도는 각각 서쪽 부분의 도. (대) 좌도(左道). 「씀의 비유.
우도 할계(牛刀割鷄)圏 작은 일을 하는데 큰 기구를
우동(うどん 日)圏 일본식 밀국수. 가락국수.
우동=뽑기(うどん一日)圏 투전(鬪牋) 놀음의 하나. 각사람이 한 장씩 뽑아서 끗수가 제일 많은 사람이 이김. kind of card play
우두(牛痘)圏 (의학) 소의 포창(疱瘡). 그 독소(痘毒)를 인체에 접종하여 천연두를 예방함. vaccination
우두(牛頭)圏 소의 머리. cow's head
우두-골(牛頭骨)圏 소의 머리뼈.
우두넝=거리-다(자) 쌓아 둔 물건이 무너져 떨어지는 소리가 요란하게 나다. (작) 오도당거리다. 우두넝=우두넝(부) 하자
우두둑(부) ①단단한 물건을 깨무는 소리. crunchingly ②무엇이 갑자기 세게 부러지는 소리. (작) 오도독. with a snap 하자
우두둑-거리-다(자) 자주 우두둑 소리가 나다. (작) 오도독거리다. 우두둑=우두둑(부) 하자
우두망찰-하-다(자) 갑자기 당한 일에 정신이 얼떨떨하여 어찌할 줄 모르다. be bewildered
우두머리圏 ①물건의 꼭대기. top ②단체의 두령. 목로. 두목(頭目). 두수(頭首). ¶반대파의 ~. (유) 비괴. leader
우두커니(부) 정신 없이 멀거니 서 있거나 앉아 있는 모양. (작) 오도카니. absent-mindedly
우둑=우둑(부) 우두둑우두둑.
우둔(牛臀)圏 소의 볼기짝.
우둔(愚鈍)圏 어리석고 둔함. 우로(愚魯). (대) 영리(怜悧). silliness 하자

우둔=우둔[-] 가슴이 두근거리는 모양. throb 하다

우둘=우둘[-] ①크고 여린 뼈나 날밤처럼 깨물기에 단단한 모양. hard ②삶긴 물건이 무르지 아니하여 이리저리 따로 밀리는 모양. half-boiled ③우둥퉁하고 부드러운 모양. 《작》오돌오돌. fat 하다

우둥-부둥[-] 우둥퉁하고 부둥부둥한 모양. 《작》오동보동. 하다

우둥-우둥[-] 여러 사람이 바쁘게 드나드는 모양. busily

우둥퉁-하-다[여근] 몸이 크고 퉁퉁하다. 《작》오동통하다. fat [보동, 하다]

우둥-푸둥[-] 우둥퉁하고 부둥부둥한 모양. 《작》오동

우드(wood)[명] 나무. 목재.

우드 메탈(wood metal)[명] 《동》우드 합금(合金).

우드 타르(wood tar)[명] 나무 타르. 목(木)타르.

우드 합금(wood 合金)[명] 이융 합금(易融合金)의 하나. 창연(蒼鉛) 50%, 납 24%, 주석 14%, 카드뮴 12%의 비율. 융점은 66∼71 도임. 퓨즈로 씀. 우드 메탈. wood metal

우들-우들[-] 몸피가 큰 사람이 춥거나 겁에 질려 몸을 크게 떠는 모양. 《작》오들오들. tremblingly 하다

우듬지[명] 나무의 꼭대기 줄기. 말초. tree top

우등(優等)[명] ①훌륭히 빼어난 등급. superiority ②성적이 뛰어남. 《대》열등(劣等). excellence 하다

우등-상(優等賞)[명] 우등한 사람에게 주는 상.

우등-생(優等生)[명] 학업·품행이 뛰어나 딴 학생에게 모범이 되는 학생. honour student

우뚝[-] ①높이 솟은 모양. 《작》오똑. 《센》우뚝. 《잇는》 빌딩. 《작》오똑. aloft ②남보다 뛰어난 모양. conspicuously 하다

우뚝=우뚝[-] 군데군데 우뚝하게 솟은 모양. 하다

우뚝-이[-] 우뚝하게. 《작》오똑이.

우라늄(uranium 라)[명] 《화학》방사능 원소의 하나로, 외관은 철 비슷함. 방사능이 강해서 원자력의 발생에 이용됨. 라듐의 모체임. 우란(Uran). 원자 기호; U. 원자 번호; 92. 원자량; 238.029.

우라늄-광(uranium 鑛)[명] 우라늄을 다량으로 함유하는 광석의 총칭. 역청(瀝青) 우란광·카르노석(carno 石) 등.

우라닐(uranyl)[명] 《화학》2가의 양성 원자단(기) UO_2를 말함. 산기와 결합하여 우라닐염을 만듦. 우라닐염 중에서 초산우라닐 따위는 물에 녹고 황색 또는 녹색의 형광을 나타냄. 이들은 균질형 원자로의 연료제로 쓰임.

우라-질[-] 일이 뜻대로 아니 되거나 마음에 들지 아니할 때 혼자 중얼거리거나 욕으로 하는 말.

우락(牛酪)[명] 버터(butter). milk soup

우:락(羽樂)[명] 《음악》가곡의 하나. 우락 시조의 준말로 우조(羽調)에 속함. [delight

우락(憂樂)[명] 걱정스러운 일과 즐거운 일. worry and

우락-부락[-] ①행동이나 말이 난폭한 모양. rudely ②몸집이 크고 얼굴이 험상한 모양. 하다

우락-유(牛酪乳)[명] 버터를 제조할 때 생기는 부산물 (副産物). 유아의 영양물로 쓰임. 버터 밀크(butter

우란(Uran 도)[명] 우라늄(uranium). [milk).

우란분-재(盂蘭盆齋)[명] 《불교》음력 칠월 보름에 조상의 초혼(招魂) 공양을 하는 불사(佛事).

우랄 어:족(Ural 語族)[명] 세계 어족의 하나. 소련 및 유럽 동북부에 걸친 언어의 일컬음. 교착성(膠着性)과 모음 조화가 있는 것이 특징임. 핀란드말·헝가리말·사모예드말·에스토니아말 따위. Ural family of language

우람-스럽-다[비러] 우람하여 보인다. imposing 우람 [스레

우람-지-다 매우 우람하게 생기다. dignified

우람-하-다[여근] 큰 것이 모양이 웅장하여 위엄이 있다. dignified [의람하다.

우람-하-다(愚濫-)[여근] 어리석어 분수를 모르고

우랑[명] 소의 불알. 《원》우낭(牛囊). testicles of ox

우:량(雨量)[명] 비가 온 분량. 강우량. rainfall

우량(優良)[명] 뛰어나게 좋음. superiority 하다

우:량-계(雨量計)[명] 비가 온 분량을 재는 기계. 일정 한 장소에 설치하여, 일정한 기간 동안의 우량을 재는 기계. 구조는 여러 가지이나 보통 쓰이는 것은 전체 원통형으로, 깔때기 꼴의 뚜껑을 덮었음. 가운데에 작은 구멍이 있음. rainguage

우:량-도(雨量圖)[명] 지도에 강우량의 다소에 따라 선으로 표시한 도표. hyetograph

우량-주(優良株)[명] 《경제》수익과 배당이 높으며 경영 내용이 좋은 일류 회사의 주(株).

우량-품(優良品)[명] ①여러 물건 가운데 가장 훌륭한 물품. excellent articles ②품질이 좋은 물건. articles of superior quality

우러곰[-] 《고》오다. soak out

우러나-다[-] 물에 잠긴 물건의 빛이나 맛이 빠져 나

우러나오-다[-] 마음속에서 생각이 저절로 나오다.

우러러-보-다[-] ①위를 쳐다보다. look up ②앙모(仰慕)하다. respect

우러러-다[-으] ①겸잠고 위엄이 있게 고개를 쳐들다. look up gently ②공경하는 마음을 가지다. respect

우러리[-] 얽어 만든 물건의 뚜껑. woven lid

우럭-우럭[-] ①불이 _으_렇게 일어나는 모양. inflamed ②술기운이 얼굴에 나타나는 모양. become ruddy-faced ③병이 더해 가는 모양. becoming worse 하다

우럼-우럼[-] 음향이 굉장한 모양. rumblingly 하다

우렁이[명] 《조개》우렁이과의 고둥. 껍데기가 곱고 볼록하며 빛은 녹갈색으로 달와의 세로줄이 있음. 무논·웅덩이 등에 삶. 귀안정(鬼眼睛). 토라. 전라(田螺). pondsnail [complicated state of affairs

우렁잇-속[명] 내용이 복잡하여 자세히 모르는 일.

우렁-차-다[여근] ①소리가 크고 힘차다. ringing ②으리으리하다. magnificent

우:레[명] 꿩사냥할 때 암꿩을 부르기 위하여 부는 살구씨나 복숭아씨로 만든 물건.

우:레(雷)[명] 천둥.

우레이:제(Urease 도)[명] 《화학》요소(尿素)를 가수 분해하여 암모니아와 이산화탄소로 만드는 효소. 세균·버섯류 그 밖에 많은 식물, 특히 종자에 다량으로 함유됨. [소리를 내다.

우:레-켜-다[-] 꿩을 부르기 위해 우레를 불어 장끼

우레탄(Urethan 도)[명] 《화학》①에틸우레탄을 주요 성분으로 하는 무색 무취의 결정. 특이한 청량성 (清凉性)의 맛이 있음. 실험 동물의 마취용 및 백혈병 치료에 사용됨. 2《약》우레탄 수지.

우레탄 수지(Urethan 樹脂)[명] 《화학》인조 고무의 일종. 기름에 녹지 않고 마멸도가 적으며 접착제·방음제로 쓰임. 《약》우레탄②.

우:렛-소리[명] 《동》천둥 소리.

우려(憂慮)[명] 근심하거나 걱정함. anxiety 하다

우려-내-다[-] ①물건을 물에 담가서 맛이나 빛을 뽑아 내다. take out ②남을 을러질하거나 달래어 억지로 물건을 얻어내다. 울려내다. squeeze from

우려-먹-다[-] ①물건을 담가서 맛을 내 먹다. steep ②위협하거나 달래어 남의 물건을 억지로 빼앗아 먹다. 울려먹다. squeeze from

우:력(偶力)[명] 《물리》'짝힘'의 한자말.

우련-하-다[여근] ①분명하게 나타나지 않다. indistinct ②보일 듯 말 듯 희미하다. 《작》오련하다. loom

우렬(愚劣)[원]→우열(愚劣).

우렬(優劣)[원]→우열(優劣). [식. 하다

우:례(于禮)[명] 신부가 처음으로 시집으로 들어가는 예

우례(優禮)[명] 예를 두텁게 함. showing every civility 하다 [《직》round about way

우로(迂路)[명] 멀리 구부러져 돌아가는 길. 《대》직로.

우:로(雨露)[명] 비와 이슬. rain and dew

우:로(愚老)[명] 《동》졸로(拙老).

우로(愚魯)[명] 《동》우둔(愚鈍). 하다

우:로지:택(雨露之澤)[명] 넓고 큰 임금의 은택. benevolence ②비와 이슬의 혜택. favour of the rain dew

우로트로핀(Urotropin) 〈약학〉 헥사메틸렌테트라민의 상품명. 잘 녹는 백색의 가루로 요로(尿路) 소독제(消毒劑)로 쓰임.

우론(愚論)圏 ①어리석은 의론. silly opinion ②자기의 의론을 겸손하게 이르는 말.

우롱(愚弄)圏 사람을 어리석게 만들어서 놀려댐. 조롱 우:롱(嘲弄). chaff 하타

우:료(郵料)圏 〈약〉→우편 요금.

우:루圏 하타

우루(愚陋)圏 어리석고 더러움. being silly and fool

우:루ː처(雨漏處)圏 비가 새는 곳.

우르르튀 ①큰 것들이 급하게 몰려가거나 움직이는 모양. 또, 그 소리. rushingly ②액체가 갑자기 끓어 오르거나 넘쳐 흐르는 모양. 또, 그 소리. bubbling ③쌓였던 좀 큰 물건이 무너지는 모양. 또, 그 소리. 〈작〉오르르. all in a heap ④갑자기 몸을 옹크리고 떠는 모양. shivering ⑤우렛소리. thundering 하타

우르릉튀 많은 물이 대번에 쏟아지는 소리. 〈작〉오르릉.

우리圏 짐승을 가두어 두는 곳. cage 〈예〉울①.

우리(의리)圏 기와를 세는 단위. 2000장이 한 우리임.

우리団 자기와 자기 동아리를 대표하여 스스로 일컫는 말. 아동(我等). we

우리(牛李)圏 갈매나무.

우리-구멍圏 논물이 흘러 나가도록 뚫어 놓은 구멍.

우리-네団 자기와 관계되는 무리. 여배(餘輩).

우리-다国 더운 기운이 있으로 별이 뜨다. ¶햇별이 ~. shine in

우리-다태 ①물건을 물에 담가 그 잡맛이나 성분이 우러나게 하다. take out ②달래거나 청해서 무엇을 얻어 오다. ¶돈을 ~. ③힘주어서 때리다. slap

우리-들団 자기와 관계되는 모든 사람을 통틀어 일컬음. 여등(餘等). 오배(吾輩). we

우리 말圏 ①우리 민족이 옛부터 써 내려오는 말. our language ②〈동〉국어(國語).

우리우리-하다圈여튼 눈매가 크고 무섭게 생기다. fierce

우리집-사:람圏 남에게 대해서 자기의 아내를 이르는 말. my wife

우리-판(-板)圏 좋은 나무로 네 울거미 문골을 짜고 가운데는 널빤지를 낀 문짝.

우:린(羽鱗)圏 새와 물고기. 조류와 어류. 조어(鳥魚).

우:립(雨笠)圏 〈동〉갈삿갓.

우릿-간(-間)圏 우리로 쓰는 간.

우마(牛馬)圏 소와 말. oxen and horses

우마-차(牛馬車)圏 소수레와 마차.

우망(迂妄)圏〈원〉→오망(迂妄).

우매(愚昧)圏 어리석고 몽매함. 암우. 우몽(愚蒙). 우미(愚迷). 〈예〉영명(英明). 현명(賢明). stupidity

우:맹(愚氓)圏〈동〉우민(愚民). 하타

우먼(woman)圏 여성. 부인

우먼 리버레이션(Women's Liberation)圏 1960년 이후, 미국을 위시하여 여러 나라에서 일고 있는 여성 해방 운동. 〈약〉우먼 리브(Woman's Lib).

우먼-파워(womanpower)圏 여성의 힘. 여성의 노동력.

우멍거지圏 포경(包莖).

우멍-하다圈여튼 ①물건의 바닥이 쑥 들어가서 우묵하다. hollow ②움망하다.

우:명(佑命)圏 ①하늘의 도움. 천우(天佑). grace of heaven ②왕명(王命)을 도움.

우명(優命)圏 두터운 은혜로 내리는 명령. gracious order

우모(牛毛)圏 소의 털. ox hair

우:모(羽毛)圏 ①깃과 털. feathers ②깃에 붙어 있는 새의 털.

우:모(羽旄)圏 새의 것으로 꾸민, 기(旗)에 꽂는 물건.

우목(牛目)圏 소의 눈. 잡차례의 하나. eyes of an ox

우목(庇目)圏〈동〉무사아비.

우몽(愚蒙)圏〈동〉우매(愚昧). 하타

우묘-하다(尤妙-)圈여튼 더욱 묘하다. 더욱 신통하고 좋다.

우무《寒天》圏 한천(寒天).

우:무(右舞)圏 오른쪽에서 춤추는 사람. 〈대〉좌무(左舞).

우:무(雨霧)圏 비와 안개. rain and fog

우무-묵圏〈동〉한천.

우묵=우묵튀 군데군데 패어서 우묵하게 들어간 모양. 또, 여럿이 모두 우묵한 모양. 〈작〉오목오목. deeply hollowed 하튼

우묵=주묵圏 군데군데 크고 작게 우묵하게 들어간 모양. 〈작〉오목조목. indented here and there 하튼

우묵 주발(-周鉢)圏 속이 우묵하게 생긴 밥그릇. 〈작〉오목 주발. ricebowl 〈작〉오목하다. hollow

우묵-하다圈여튼 가운데가 조금 둥글게 깊숙하다.

우:문(右文)圏 무(武)보다 문(文)을 숭상함. 하타

우문(愚問)圏 어리석은 물음. 쓸데없는 질문. ¶~ 현답(賢答). 〈예〉현문(賢問). silly question

우문 우답(愚問愚答)圏 어리석은 물음에 어리석은 대답. silly questions and answers

우:문 좌:무(右文左武)圏 문무 두 가지를 가지고서 천하를 다스림. 하타

우물圏 땅을 파고 샘물을 괴게 하여 물을 얻게 하는 설비. well

우물(尤物)圏 ①제일 좋은 물건. ②잘생긴 여자.

우물(愚物)圏 아주 어리석은 사람. 우인(愚人). simpletion

우물-가[-까]圏 우물의 언저리.

우물거리-다国 벌레나 물고기 등이 한 군데에 모여 움직이다. 〈작〉오물거리다. 우물=우물圏 하타

우물거리-다타자 ①음식을 입 안에 넣고 이리저리 굴리면서 시원스럽지 않게 자주 씹다. ¶입 안에서 우물거리는 음식. mumble ②말을 똑똑히 하지 않고 자꾸 중얼거리다. ¶입 안에서 우물거리는 대답. 〈작〉오물거리다. 우물=우물圏 하타

우물-겉[-껻]圏 우물 있는 근처.

우물 고누圏 고누 세로 비 줄을 긋고 흰 돌·점은 돌을 가지고 적(敵)을 한구석에 가두는 장난.

우물 고누 첫수圏 한 가지 방법 이외에 달리 재주가 없음.

우물 귀:신[-뀌-](-鬼神)圏 우물에 빠져 죽은 사람의 영혼.

우물 둔덕圏 우물겉의 작은 둑 모양으로 된 곳.

우물 마루圏 '井'자 모양으로 널빤지를 가로 세로 놓은 마루. 고물 마루. checkered floor

우물 반자圏 소란 반자.

우물 안 개구리圏 좁은 지역에 있으면서 넓은 사회 형편을 모르는 사람을 가리켜 이름.

우물에 가 숭늉을 찾는다圏 일의 순서도 모르고 성급히 덤빈다.

우물을 파도 한 우물을 파라圏 무슨 일이라도 한 가지 일을 꾸준히 계속해야만 성공할 수 있다.

우물-지-다제 ①뺨에 보조개가 생기다. dimple ②우묵하게 되다. become hollow

우물-질圏 우물물을 퍼내는 일. 하타

우물쩍-주물쩍圏 '우물쭈물'의 힘줌말. 하라타

우물-주물튀 말이나 행동을 딱 잘라 결정짓지 못하고 흐리멍덩하는 모양. hesitatingly 하타

우물 천상(-天床)圏 소란 반자로 한 천장. checkered ceiling

우물-치-다태 우물 안의 더러운 것을 처 내다. clear a well

우뭇-가사리圏 〈식물〉우뭇가사리과의 홍조(紅藻). 높이 7~9cm 가량으로 줄기와 잔가지가 많음. 몸빛은 여러 가지이고 깊은 바다에 군생(群生)함. 우무의 원료가 됨. 석화채(石花菜). 〈약〉가사리. 우뭇.

우뭇-가시圏〈약〉→우뭇가사리. Ceylon moss

우므러-들다제 점점 우므러져 들어가다. 〈작〉오므라들다.

우므러-지-다제 우므러지게 되다. 〈작〉오므라지다.

우므러-뜨리-다타 힘주어서 우므리다. 〈작〉오프라뜨리다.

우므러-지-다제 함자리의 끝이 한군데로 향하여 모이다. 〈작〉오므라지다. be closed

우므리-다타 우므러지게 하다. 〈작〉오므리다. close

우-물〈고〉우물.

우미(愚迷)圏〈동〉우매(愚昧). 하타

우미(優美)圏 뛰어나게 아름다움. gracefulness 하타

우미-다타 →매만지다.

우미-량(-樑)圏 〈건축〉가재 꼬리 모양으로 굽은 보.

우미인초(虞美人草)[명] 개양귀비.
우민(愚民)[명] ①어리석은 백성. ②백성이 통치자에게 자신을 부르는 말. 우매(愚昧). ignorant people
우민(憂民)[명] 백성의 신상을 근심함. worry about people 하다
우민(憂悶)[명] 근심하고 피로워함. mental agnoy 하다
우민 정책(愚民政策)[명] 국민을 어리석게 만들려는 정치상의 계략. 우민화 정책. mobocracy
우파니사토(優婆尼沙土)[명] 〈종교〉 바라문교의 철학 사상을 나타낸 성전(聖典)의 총칭. 인도의 철학·종교의 원천을 이룸. 우주의 중심 생명인 범(梵)과 개인의 중심 생명인 아(我)와의 궁극적 일치를 가르침. 우파니샤드(Upanishad)
우바새(優婆塞)[명] 〈불교〉 ①속세에 있으면서 불교를 믿는 남자. ②불교를 믿는 남자의 총칭. (대) 우바이(優婆夷).
우바이(優婆夷·優婆尼)[명] 〈불교〉 ①속세에 있으면서 불교를 믿는 여자. ②불교를 믿는 여자의 총칭. (대) 우바새(優婆塞).
우:박(雨雹)[명] 봄·여름, 더러는 가을에 기상의 급변으로 공중에서 큰 물방울이 찬 기운을 만나 얼어서 떨어지는 비와 눈의 중간 상태의 백색 덩어리. 누리®. 박우(雹雨). hail
우박(愚撲)[명] 어리석고 순박함. simplicity 하다
우박 맞은 잿더미 같고 활량의 사포 같다[속] 숭얼숭얼 구멍이 뚫렸다는 뜻으로, 얼굴 얽은 사람을 비유는 말.
우:발(偶發)[명] 일이 우연히 일어남. accidental occurrence 하다
우:발-범(偶發犯)[명] 범죄의 원인이 행위자의 성격에 의하지 않고 주로 의부적 사정에 의하여 일어나는 범죄. 기회범. occasional crime
우:발-사:고(偶發事故)[명] 우연히 일어난 사고.
우:발-적(偶發的)[명] 어떤 일이 예기치 않게 우연히 일어나는 (것). ¶ ~인 사고.
우:발 채:무(偶發債務)[명] 〈경제〉 우발적인 사실의 발생 때문에 생기는 특수한 성질의 채무. 어음의 배서·어음의 할인 등으로 생기는 소급 의무 등. happening obligation
우:방(友邦)[명] 서로 친교(親交)가 있는 나라. 우방국.
우방(牛旁)[명] 우엉.
우:방(右方)[명] 오른편. (대) 좌방(左方). right side
우:방-국(友邦國)[명] 우방(友邦).
우방-자(牛旁子)[명] 우엉의 씨. 약재로 씀.
우:방우(友邦友)[명] 친구들. friends
우:백호(右白虎)[명] 〈민속〉 '백호'를 주산(主山)의 오른쪽에 있다는 뜻으로 이름. (대) 좌청룡(左靑龍).
우:번(右番)[명] 좌우 두 번으로 나눈 오른쪽 번. (대) 좌번(左番). turn of the right side
우범(虞犯)[명] 성격·환경으로 죄를 범할 우려가 있음. of criminal bent
우범 소:년(虞犯少年)[명] 〈법률〉 법정 미성년자로서 그 성격·환경에 비추어 죄를 범하거나 또는 형벌·법령에 저촉될 우려가 있는 소년. juvenile with criminal bent
우범 지대(虞犯地帶)[명] 범죄 발생의 우려가 있는 지대.
우=벗어난끝바뀜[명] 우불규칙(不規則).
우:변(右邊)[명] ①오른쪽 가장자리. 우변. right side ②〈제도〉 우포도청(右捕盜廳)의 딴이름.
우보(牛步)[명] ①소의 걸음. cow's steps ②느린 걸음. slow steps
우부(愚夫)[명] 어리석은 남자. foolish man
우부(愚婦)[명] 어리석은 여자. foolish woman
우부룩-하다[여불] 많은 풀이나 나무 따위가 한데 뭉쳐 더부룩하다. (약) 우북하다. (작) 오보록하다.
우부룩-이[부] '1ㄴ'의 식용. (대) 좌부방.
우:부-방(右阜傍)[명] 한자 부수의 오른편에 붙은 부방.
우:부(雨覆羽)[명] 우빗깃.
우부 우맹(愚夫愚氓)[명] 백성들.
우부 우부(愚夫愚婦)[명] 어리석은 남자와 여자.
우북-하다[여불] 《약》→우부룩하다.

우분(牛糞)[명] 쇠똥②.
우=불규칙(一不規則)[명] 동사의 어간 끝의 '우'가 어미 '어'의 위에서 줄어지는 활용 형식. '푸다'가 '퍼·퍼도·퍼서'로 변하는 따위. 우벗어난끝바뀜.
우비(于飛)[명] 부부가 화합함의 비유. harmonious couple
우:비(雨備)[명] 우산·유지·삿갓·도롱이 등 비를 맞지 않게 가리는 여러 가지 기구. 우구(雨具). rain gear
우:비(優比)[명] 〈수학〉 전항(前項)의 값이 후항의 값보다 큰 비. (대) 열비(劣比). rate of greater inequality
우:비=깃(雨備─)[명] 〈조류〉새의 죽지를 덮은 것. 부우(覆羽). feathers
우비-다[타] ①구멍이나 틈 속을 긁어 내다. scoop out ②구멍 속에 붙은 물질을 긁어 내다. pick ③다라운 수단으로 남의 것을 호리어 가지다. 《작》오비다. 《거》후비다. cheat
우비어 넣-다[타] 속을 이리저리 헤치고 무엇을 밀어 넣다. 《작》오비어 넣다. 《거》후비어 넣다. insert
우비어 파-다 ①우비어서 깊이 파다. hollow out ②일의 실상을 자세히 캐다. 《작》오비어 파다. 《거》후비어 파다. ferret out
우비적-거리-다 자꾸 우비어 파내다. 《작》오비작거리다. 《거》후비적거리다. scoop repeatedly 우비적=우비적적 하다
우:빙(雨冰)[명] 냉각된 빗물이 빙점하의 지물(地物)에 닿아 얼음이 되어, 식물이나 압석 따위를 덮은 것.
우사(牛舍)[명] 외양간.
우:사(雨師)[명] 비를 내리게 한다는 신(神).
우:사(寓舍)[명] 우거(寓居)하고 있는 집. house
우:산(雨傘·雨繖)[명] 손에 들고 비를 피하기 위하여 머리 위를 가리는 제구. umbrella
우:산 걸음(雨傘─)[명] 우산을 들었다 내렸다 하듯이 몸을 출썩거리며 걷는 걸음. jarking steps
우산-국(于山國)[명] '울릉도(鬱陵島)'의 옛 이름.
우:산-나물(雨傘─)[명] 〈식물〉 엉거시과의 다년생 풀. 높이 75cm 가량으로, 잎은 크고 방패 모양의 원형임. 6~10월에 백색 꽃이 피고 어린 잎은 식용됨. 깊은 산에 남.
우:산-대(─대)[명] 우산을 버티는 중간의 굵은 대.
우:산대-잔디(─대─)[명] 〈식물〉 포아풀과의 다년생 풀. 높이 60~90cm로 잎은 가늘고 평행맥이 있음. 꽃은 소형이고 수상 화서(穗狀花序)를 이룸.
우:산=방동사니(雨傘─)[명] 〈식물〉 방동사니과의 일년생 풀. 줄기는 30cm 가량이고 7~8월에 가지 위에 긴 타원형으로 된 작은 이삭이 광택 있는 다갈색을 띰. 가는 대오리나 철사로 만든 뼈대.
우:산-살(─살)[명] 우산의 천을 얽어 받치는.
우:산-오이풀(雨傘─)[명] 〈식물〉 장미과의 다년생 풀. 잎은 긴 타원형으로 자생하고 가을에 횐빛에 담홍색을 띤 꽃이 핌. 어린 잎은 냄새가 남. 습지에서 자생함.
우:산-이끼[─끼](雨傘─)[명] 〈식물〉 이끼 무리의 하나. 흔히 볼 수 있는 것으로 길이가 20cm 가량이고 삿갓 모양의 잎새를 이룸. 인가 부근의 습지나 둘담 등에 군생함. 전체가 녹색, 하면에 가근(假根)이 생겨 포복함.
우:상(右相)[명] 〈제도〉 우의정의 딴이름. (대) 좌상(左相).
우:상(羽狀)[명] 새의 깃 같은 모양이나 상태.
우:상(偶像)[명] ①목석(木石)이나 쇠불이 따위로 만든 형상. image ②형체가 없는 신불(神佛)을 형상으로 나타내 것. 종교적 숭배의 대상이 되는 것. ③미신 숭배의 대상물. ④선입적(先入的)인 유견(謬見). ⑤〈기독〉하느님에 대하여 인위적으로 만들어 낸 신의 형상이나 개념. 아이들①. idol
우상(愚相)[명] ①어리석은 재상(宰相). foolish minister ②어리석게 생긴 골상(骨相). foolish physiognomy
우:상-맥(羽狀脈)[명] 〈식물〉 맞당 엽맥(網狀葉脈)의 하나. 한 주맥의 좌우에 지맥이 빗고, 다시 세맥으로 갈라져 새의 깃 모양으로 된 것. 깃꼴맥. 깃모양맥.

pinnate vein
우:상 복맥(羽狀複脈)[명] 〈식물〉 잎자루의 양쪽에 작은 잎사귀가 벌여 달려서 깃 모양을 이룬 겹잎. 깃꼴겹잎.
우:상 복엽(羽狀複葉)[명] 〈식물〉 엽병(葉柄)의 양쪽에 두 개 이상의 작은 잎이 배열하여, 새의 깃 모양을 이룬 복엽. 깃꼴 복엽. pinnate compound leaf
우:상 숭배(偶像崇拜)[명] 우상 또는 우상적인 것을 종교적 대상으로서 숭배·존경하는 일. 하다
우:상-화(偶像化)[명] 우상으로 됨. 또, 우상이 되게 함. idolization 하다
우색(憂色)[명] 근심하는 기색. melancholy air
우생(寓生)[명] 남에게 붙어서 삶. dependant 하다
우생(愚生)[명] 자기를 낮추어 이르는 말. myself
우생 수술(優生手術)[명] 우생학에 따른 단종(斷種). 유전성 병자에 대해 생식기의 일부를 수술을 가하여 생식 능력을 없애는 수술. eugenic operation
우생-학(優生學)[명] 인류의 유전적 소질의 개선을 목적으로 배우자의 선택 또는 결혼 등에 관해 과학적으로 연구하는 학문. 인종 개량학. eugenics
우:(羽)書)[명] 〈동〉 우격(羽檄).
우서(郵書)[명] 우편으로 보내는 편지. letter
우:선(右旋)[명] 오른편으로 돎. (대) 좌선(左旋). turning rightward 하다
우:선(郵船)[명] 〈약〉→우편선.
우선(于先)[명] 다른 것보다 앞섬. preference 하다
우선(于先)[부] ①먼저. 위선(爲先). first of all ②아쉬운 대로 그럭저럭. ¶이만하면 ~ 한시름 놓겠다.
우선-권(優先權)[명] ①남보다 앞서 행사할 수 있는 권리. ②금전·물건의 처분·급부·이익 배당 등에서 다른 유권자에 앞서 그 특전을 받을 수 있는 권리. 우월권(優越權). priority
우선 먹는 곶감이 달다슴 나중에는 어떻게 되든지 우선은 좋은 편을 취한다.
우선 순:위(優先順位)[명] 특별한 대우로, 딴 것에 앞서 매겨진 차례나 위치. order of priority
우선-적(優先的)[관명] 무엇보다도 우선을 삼음. 또, 우선(것).
우선-주(優先株)[명] 〈경제〉 보통주(普通株)에 앞서서, 이익의 배당이나 잔여 재산(殘餘財産)의 분배를 받는 우선권이 주어진 주권(株券). preferred shares
우선-하다(優先-)[형여] ①앓던 병이 좀 나은 듯하다. seem a little better ②몰리거나 급박하던 형편이 한결 풀린 듯하다.
우선 회:사(郵船會社)[명] 우편선을 관리하는 회사.
우설(牛舌)[명] 소의 혀. tongue of cattle
우:-설(雨雪)[명] 비와 눈. rain and snow
우설(愚說)[명] ①자기의 설(說)을 겸손하게 이르는 말. ②어리석은 설.
우설-어(牛舌魚)[명] 〈동〉 서대기. [2어리석은 설.
우설-채(牛舌菜)[명] 〈동〉 토루쟁이.
우성(牛星)[명] 〈천문〉 이십팔수(二十八宿)의 아홉째 자리. 북홈에 있음. [ntial family
우:성(右姓)[명] 세력 있고 훌륭한 가문(家門). influe-
우:성(羽聲)[명] 〈음악〉 오음(五音)의 하나.
우:성(雨聲)[명] 빗소리. sound of rain
우성(偶成)[명] 우연히 이루어짐. 하다
우성(偶性)[명] ①독립할 수 없는 성질. ②〈철학〉 본바탕이 아닌 우연히 생긴 성상(性狀). accidence
우성(優性)[명] 〈생물〉 멘델의 법칙에 따라 대립 형질(對立形質)이 서로 다른 두 품종을 교배(交配)시켰을 때 잡종(雜種) 제1대에 반드시 나타나는 형질. (대) 열성(劣性). superiority
우성 인자(優性因子)[명] 〈생리〉 하나의 유전 형질을 결정하는 두 종류의 유전 인자 중, 한쪽 인자를 억압하여 작용시키는 인자.
우:성 조건(一件)[관명] 〈법률〉 성취 여부가 당사자의 의사에 관계됨이 없이 외계의 사정이나 제삼자의 의사에 달려 있는 조건. '내일 비가 개면 간다'의 '비가 개면' 따위.

우:세 남에게서 받는 비웃음. shame 스럽 스레
우:세(雨勢)[명] 비가 내리는 형세. raining
우세(郵稅)[명] 전에 우편 요금을 일컫던 속칭. postal charges [times 하다
우세(憂世)[명] 세상 일을 근심함. worry about the
우세(優勢)[명] 형세가 남보다 나음. 남보다 나음. (대) 열세(劣勢). predominance 하다
우세-승(優勢勝)[명] 유도에서, 판정승의 하나. '절반'을 얻었거나 '경고'가 있었을 때, '절반'에 이르는 기술을 발휘하였거나 '주의'가 있었을 때, 경기 태도·기술 효과·교졸(巧拙) 등을 비교하여 차이가 인정될 때 내려짐.
우세-하다[자여동] 남에게 비웃음을 당하다.
우셋-거리[명] 우세를 당할 만한 거리.
우-선-하-(一)[부] 후련하다. 속이 둘려 시원하다.
우:소(寓所)[명] 임시 거주하는 곳. house
우송(郵送)[명] 우편으로 보냄. posting 하다
우:수(右手)[명] ①일정한 수효 이외에 더 받는 물건. addition ②(약)→우수리②.
우수(牛髓)[명] 소뼈 속의 골. bone marrow of ox
우:수(右手)[명] 오른손. right hand
우:수(雨水)[명] ①빗물. rainwater ②이십사 절기의 하나. 입춘(立春)과 경칩(驚蟄) 사이에 있는 절후. 곧, 양력 2월 18일경.
우:수(偶數)[명] 2로 제(除)하여 남지 않는 수. 짝수. (대) 기수(奇數). even number [sorrow
우수(憂愁)[명] 근심. 우울과 수심. ¶~ 사려(思慮).
우수(優秀)[명] 여럿 가운데 가장 빼어남. superiority 하다 [in number 하다
우수(優數)[명] 많은 수효. 수효가 많음. superiority
우수 경칩에 대동강 물도 풀린다슴 우수와 경칩이 지나면 아무리 추던 날씨도 누그러진다.
우:수리[명] ①물건 값을 제하고 거슬러 받는 잔돈. ②어떤 정수(정수)에 차고 남은 수. 단수(端數). (약) 우수②. fraction
우수 마:발(牛溲馬勃)[명] 소오줌과 말똥. 곧, 가치 없는 많이나 글. 또, 품질이 나쁜 약의 원료.
우수 불발(牛遂不跋)[명] 우답 불파(牛踏不破).
우수수[부] ①물건이 수북하게 쏟아지는 모양. (작) 오소소. rustling ②가랑잎이 많이 떨어지는 소리나 모양. 또, 그 소리. with a rustle ③물건의 사개나 묶어 놓은 것이 저절로 물러나는 모양.
우:=수영(右水營)[명] 〈제도〉 조선조 세조 11년 이후 전라도 해남(海南)에, 선조(宣祖) 37년 이후는 경상도 거제, 후에 고성(固城; 지금의 추무)에 두었던 우수군 절도사(右水軍節度使)의 군영. (대) 좌수영(左水營).
우:순 풍조(雨順風調)[명] 비 오고 바람 부는 것이 때와 분량이 알맞음. 오풍 십우. favourable weather
우:숨[명] 〈고〉 웃음. [하다
우:숫-날[명] 비가 올 때 오는 많은 비.
우:숫물-지다(雨水-)[자] 우숫물이 나다.
우스개[명] 남을 웃기려고 하는 짓이나 말. pleasantry
우스갯 소리[명] 우스개로 하는 말. joke
우스갯-짓[명] 우스개로 하는 짓.
우스꽝-스럽-다[형ㅂ] 뜀물이가 우습게 생기다. 매우 우습다. 매우 가소롭다. 〈원〉 우습광스럽다. funny
우스꽝-스레[부]
우스플룬(Usuplun도)[명] 〈화학〉 수은성의 분말 가루 약품. 수은성의 살균 소독제. 도열병 그 밖의 종자 묘포의 소독, 토양·묘상의 살균 따위에 쓰임.
우습(牛軸)[명] 진드기. [by rain
우:습(雨濕)[명] 비 때문에 생긴 습기. moisture caused
우습게 보-다[관] ①남을 업신여기다. 얕보다. despise ②간단한 것으로 보다. make light of
우습게-여기-다[타] ①대수롭게 여기지 아니하다. despise ②업신여기다. make light of
우습광-스럽-다[형ㅂ] 〈원〉→우스꽝스럽다.
우:습-다[형ㅂ] ①웃음이 나올 만하다. funny ②보잘것

없다. 가소롭다. trifling
우승(牛蠅)圖〖동〗쇠파리.
우승(優勝)圖 ①가장 뛰어남. predominance ②첫째로 이김. victory, championship 하자
우승-기(優勝旗)圖 우승한 사람에게 주는 영예스러운 기. championship banner
우승-배(優勝盃)圖 운동 경기의 우승한 개인이나 단체에게 주는 상배(賞盃). 우승컵. trophy
우승 열패(優勝劣敗)圖 ①나은 자는 이기고 못난 자는 짐. ②〖동〗적자 생존(適者生存). 하자
우승-자(優勝者)圖 우승한 사람. winner
우:승지(右承旨)圖〖제도〗①고려 밀직사의 정3품 벼슬. ②조선조 초기, 중추원의 정3품 벼슬. ③조선조 때, 승정원(承政院)의 정3품 벼슬.
우:시(雨矢)圖 빗살같이 쏟아지는 화살. shower of arrows
우시(憂時)圖 시국을 근심함. patriotic sentiment 하자
우시아(ousia 그)圖〈철학〉본질. 실체. 본체.
우:시장(牛市場)圖 소를 팔고 사는 시장. 우전(牛廛).
우식(愚食)圖 남의 집에 밥을 붙여 먹음. 하자
우식(愚息)圖 자기 아들을 겸손하게 이르는 말. my humble son
우신(牛腎)圖 소의 자지. penis of ox
우신(郵信)圖 우편에 의한 편지. letter
우신(牛心)圖 소의 심장.
우심(寓心)圖 마음을 둠. conception 하자
우심(憂心)圖 근심하는 마음. troubled mind
우:-심방(右心房)圖〈생리〉심장 안의 오른쪽 윗부분. 온몸의 대정맥에서 오는 피를 받아 우심실로 보내는 구실을 함. 오른쪽 염통방. (대) 좌심방(左心房). right atrium
우:심실(右心室)圖〈생리〉심장 안의 오른쪽 아랫부분. 우심방에서 오는 피를 깨끗이 하여 폐동맥으로 보내는 구실을 함. 오른쪽 염통집. (대) 좌심실(左心室). right ventricle
우심-하다(尤甚—)圖여형 더욱 심하다.
우심=혈(牛心血)圖 소의 심장의 피. 보혈 강장제로 씀.
우쑥 단번에 거침없이 나아가거나 갑자기 늘어가거나 줄어가는 모양. 《작》와싹. suddenly
우쑥-우쑥 단번에 거침없이 자꾸 나아가거나 자꾸 늘거나 줄어가는 모양. 《작》와싹와싹.
우아 ①뜻밖에 기쁜 일을 당해서 내는 소리. ②말을 조용히 멈추라고 달래는 소리. 《약》와. [스레자
우아-스럽-다(優雅—)圖ㅂ볼 우아하게 보이다. 우아-
우아-우아 연해 '우아' 하는 소리. 《약》와와.
우아-하다(優雅—)圖여형 상냥하고 아담하다. 점잖고 기품이 있다. elegant
우악(愚惡)圖 미련하고 불량함. stupidity ②무지하고 포악함. 하자 스레자 스레자
우악(優渥)圖 은혜가 넓고 두터움. 하자
우악살-스럽-다(愚惡—)圖ㅂ볼 매우 밉살스럽게 우악스럽다. 《예》왁살스럽다. harsh and wild 우악살-스레자
우:안(右岸)圖 강의 하류를 향하여 오른쪽 강변.
우안(愚案)圖 자기 생각을 겸손하게 이르는 말.
우:애(友愛)圖 ①형제간의 정애(情愛). brotherly love ②벗 사이의 정분(情分). friendship 하자
우:애 결혼(友愛結婚)圖 남녀가 우애를 기초로 하여 결혼 생활에 들어가기 전에 피임과 이혼의 자유를 인정하면서 시험적(試驗的)으로 동서 생활(同棲生活)을 하는 결혼. 시험 결혼(試驗結婚). companionate marriage 하자
우:애-롭-다(友愛—)圖ㅂ볼 보기에 우애가 있다. 우애-로이
우:야(雨夜)圖 비가 내리는 밤. rainy night
우:양(牛羊)圖 소와 양.
우어 소나 말에게 멈추라고 외치는 소리. 《약》워².
우:어(偶語)圖 둘이 마주 상대하여 이야기함. tête-à-tête 하자
우어-우어 잇달아 '우어' 하는 소리. 《약》워어².
우:언(寓言)圖 다른 사물에 비겨 소견이나 감상이나 교훈될 만한 일을 은연히 나타내는 말. 우화(寓話). parable
우엉圖〈식물〉엉거시과의 이년생 재배 식물. 높이가 1m, 육질(肉質)의 뿌리는 식용하며 열매는 이뇨약으로 쓰임. 우방(牛蒡). burdock
우여 새 따위를 쫓는 소리.
우여 곡절(迂餘曲折)圖 ①사정이 뒤얽혀 몇 번이고 변화함. 또, 뒤얽히고 복잡한 사정. ②돌고 휘어 구부러짐. ¶인생의 ~. complications
우역(牛疫)圖 소의 전염병. 우질(牛疾). cattle plague
우역(郵驛)圖〖동〗우역(郵驛)².
우:연(偶然)圖 ①뜻하지 않은 바. 우이(偶爾). 적연(適然). accident ②원인을 모르는 일. accident ③인과율(因果律)에 의하여 미리 알 수 없었던 일이 일어나는 것. 우연성. (대) 필연(必然). accident 하자 스럽자 스레자 히자
우:연-론(—논)(偶然論)圖 법칙적 인과 관계를 부인하고 세계의 생성 변천(生成變遷)은 모두 우연적이라고 주장(主張)하는 철학상(哲學上)의 한 견해(見解). accidentalism
우연만-하다圖여형 ①그대로 쓸 만하다. passable ②거의 가깝다. 그저 그만하다. 《약》웬만하다. nearly the same 우연만-히자
우:연 변:이(偶然變異)圖〖동〗돌연 변이(突然變異).
우:연사(偶然死)圖 우연적 원인에 의한 죽음. (대) 자연사.
우:연성(—성)(偶然性)圖〖동〗우연(偶然)③.
우:연적 진:리(偶然的眞理)圖〈철학〉경험 사실을 기초로 한 주관적 진리(眞理). contingent truth
우:열(右列)圖 오른편의 열. (대) 좌열(左列). right
우열(愚劣)圖 어리석고 못남. stupidity 하자
우열(優劣)圖 우수함과 열등함. superiority or inferiority ¶~를 거느리던 장수. (대) 좌열장.
우:열장(—짱)(右列將)圖〈제도〉오른쪽 열의 군사
우:완(右腕)圖 오른팔. (대) 좌완(左腕).
우완(愚頑)圖 어리석고 완고(頑固)함. stupid and obstinacy 하자
우:왕 좌:왕(右往左往)圖 사방으로 왔다갔다하며 종잡지 못함. 이랬다 저랬다 갈팡거림. 좌왕 우왕. going this way and that 하자 [으로 돎. 하자
우:요(右繞)圖〈불교〉부처를 중심으로 해서 오른쪽
우:-우圖①바람이 세차게 불어 닫는 소리. whistling ②한꺼번에 많은 것이 한 곳으로 달려드는 모양. in swarms 하자
우:-우圖 시시하거나 야비한 것을 야유하는 소리.
우:우(憂虞)圖 근심하고 걱정함. worry 하자
우우(優遇)圖 후하게 대우함. 또, 그 대우. (유) 우대(優待). warm reception 하자
우:운(雨雲)圖 비구름. rainy cloud
우울(憂鬱)圖 ①마음이 답답함. 기분이 개운하지 않음. ②〈심리〉걱정이나 가벼운 슬픔으로 반성 없이 공상함. (대) 명랑(明朗). melancholy 하자 히자
우울병(—뼝)(憂鬱病)圖〖동〗우울증.
우울성(—썽)(憂鬱性)圖 사소한 일도 지나치게 생각하여 필요 이상의 애를 쓰며 마음이 명랑하지 못하고 늘 답답한 생각만 하는 어두운 성질. 우울질. gloominess
우울증(—쯩)(憂鬱症)圖 ①근심이나 걱정이 있어서 명랑하지 못한 현상. ②〈의학〉정신병의 하나. 마음과 몸이 쇠약하여 무능감(無能感)・번민・염세(厭世) 등을 느끼는 병. 우울병(憂鬱病). hypochondria
우울질(—찔)(憂鬱質)圖〖동〗우울병.
우움圖 웃음.
우원-하다(迂遠—)圖여형 길이 구불구불 돌아가서 아득하게 멀다. round about [ar calendar
우:월(雨月)圖 음력 5월의 딴이름. May of the lun-
우월(優越)圖 뛰어나게 나음. superiority 하자
우월감(優越感)圖 자기가 다른 사람보다 뛰어나다고 자처하는 느낌. (대) 열등감. sense of superiority
우월=권(—꿘)(優越權)圖〖동〗우선권(優先權).

우:위(右衛)[명] 오른쪽의 호위. 《대》좌위(左衛). right guards
우위(優位)[명] ①우등의 자리. superiority ②남보다 유리한 위치나 입장. ③〈철학〉상위(上位).
우유(牛乳)[명] 소의 젖. 타락(駝酪). milk
우유(牛油)[명] 쇠기름. beef tallow
우유(迂儒)[명] 세상 물정에 어두운 선비.
우유(優柔)[명] ①마음이 부드러움. tender ②사물에 임해 끊고 맺지 못함. 하다
우유(優遊·優游)[명] 한가히 잘 노님. living in peace
우유 도일(優遊度日)[명] 하는 일 없이 세월을 보냄. living at one's ease 하다
우유 부단(優柔不斷)[명] ①어물어물하며 결단성이 없음. indetermination ②활발하지 않음. 《대》과단(果斷). inactivity 하다
우:유-성[-썽](偶有性)[명] 반드시 있어야만 할 성질이 아닌 성질. 필연적 원인(必然的原因) 없이 일어나는 성질. 〔남〕. satisfactory life 하다
우유 자적(優遊自適)[명] 한가롭고 스스로 만족하게 지냄.
우:유적 속성(偶有的屬性)[명] 〈철학〉 어떤 사물을 생각할 때 그것이 없어도 지장이 없다는 성질.
우유-주(牛乳酒)[명] 우유에 효모를 작용시켜 만든 술. 상메하고도 싶.
우유-체(優柔體)[명]〈문학〉주제(主題)에 열중하지 않는 부드럽고 우아하며 온화 청초(淸楚)한 문체.
우육(牛肉)[명] 쇠고기. beef
우은(優恩)[명] 임금의 두터운 은혜. king's great favour
우음(牛飮)[명] 소처럼 마심. heavy drinking 하다
우음(偶吟)[명] 우연히 읊은 노래. 우영(偶詠). impr-
우음-집[명] 〔교〕 웃음. omptu poems 하다
우음 마:식(牛飮馬食)[명] 마소처럼 많이 먹고 마심. heavy eating and drinking 하다
우읍-다[명] 〔교〕 우습다.
우의(牛衣)[명]〔동〕덕석.
우:의(友誼)[명] 친구간의 정의. 우정(友情). friendship
우의(牛醫)[명] 소의 병을 다스리는 의사.
우:의(羽衣)[명] 도사(道士)나 선녀(仙女)가 입는다는 새의 깃으로 만들었다는 옷. robe of feathers
우:의(羽蟻)[명] 날개가 난 교미기(交尾期)의 개미.
우:의(雨衣)[명] 비옷. rain coat
우:의(雨意)[명]〔동〕우기(雨氣).
우:의(寓意)[명] 어떤 사물에 빗대서 은연중 어떤 의미를 비춤. allegory 하다 and upright 하다
우의(優毅)[명] 마음이 부드러우면서도 굳셈. tender
우:의 소:설(寓意小說)[명]〈문학〉우의에 풍자혹 혹은 교훈적인 뜻을 포함한 소설. allegorical story
우:의-적(友誼的)[관형] 우의가 있다는(것).
우:-는점[右議政][명] 의정부(議政府)의 정 1 품 벼슬. 《대》 좌의정(左議政). 主》. leader
우이(牛耳)[명] ①쇠귀. ②동아리의 우두머리. 맹주(盟
우:이(偶爾)[명]〔동〕우연(偶然)①. 하다
우이-다[명]〔교〕웃기다. 웃음을 받다. 웃음감이 되다.
우이 독경(牛耳讀經)[명] '쇠귀에 경 읽기'와 같다는 뜻으로 가르치고, 일러주어도 알아듣지 못함. 우이 송경. casting pearls before swine
우:이 득중(偶爾得中)[명] 어떤 일이 우연히 잘 맞음. 《야》우중(偶中). 하다
우이 송:경(牛耳誦經)[명]〔동〕우이 독경(牛耳讀經).
우이-잡-다[牛耳-]目 ①간부(幹部)가 되다. take the leader ②주장하게 되다. take command
우:익(右翼)[명] ①오른쪽 날개. right wing ②오른편의 부대. 또, 그 병사. 대열의 오른편. right wing ③야구에서, 외야(外野)의 오른쪽. right field ④보수적이며 민족주의를 받드는 편. ⑤축구에서, 라이트 윙. ⑥《약》우익수.
우:익(羽翼)[명] ①새의 날개. wing ②도와 받드는 일. 또, 그 사람. assistance ③〈식물〉식물 기관의 좌우에 날개 모양으로 달린 부속물의 총칭.
우:익-군(右翼軍)[명] 부대 또는 그 대오를 좌우로 나누어 친 진에서 오른쪽에 있는 군사. 《대》좌익군. 《약》우군(右軍). right wing
우:익-수(右翼手)[명] 야구(野球)에서, 우익을 지키는 선수. 《대》좌익수. 《약》우익⑥. right fielder
우:익-장(右翼將)[명] 우익의 군사를 거느리는 장수. 《대》좌익장(左翼將). right wing general
우:인(友人)[명]〔동〕벗.
우:인(偶人)[명] 인형(人形). 허수아비. dummy
우인(偶人)[명] 우물(愚物).
우인(虞人)[명] ①경험이 많고 숙달된 사냥꾼. ②경기 같은 모임에서 잡인을 제어하기 위해 지키는 사람.
우:일(偶日)[명] 우수(偶數)의 날. 《대》기일(奇日). even day 「일락(優遊逸樂). living in peace 하다
우일(優逸)[명] 근심 없이 편안히 즐거움을 누림. 우유
우:자(字子)[명]〔동〕토란(土卵).
우자(愚者)[명] 어리석은 사람. 《대》현인(賢人). fool
우자-스럽-다[愚者-][형][ㅂ] 어리석어서 신분에 알맞지 않는 행동을 하고 있다. act foolishly 우자-스레[분]
우자 일득[-득](愚者一得)[명] 어리석은 자라도 때로는 옳은 생각을 한다는 말. 「겸손하게 이르는 말」.
우작(愚作)[명] ①보잘것없는 작품. ②자기의 작품을
우장(牛瘡)[명] 〈의학〉소에게 천연두를 앓게 한 뒤에 그 두창(痘瘡)에서 뽑아 낸 물.
우:장(雨裝)[명] 비를 맞지않도록 차린 복장. rain-gear
우:장(雨裝)-《급》비옷. [하다
우장을 입고 제사를 지내도 제 정성이라 사람은 저마다 제 소견은 따로 가지고 있다.
우적(牛籍)[명] 소에 대한 등록. 또, 그 등록한 문서.
우:적(雨滴)[명] 빗방울. raindrop
우적-우적[명] ①일을 무리하게 급히 해 나가는 모양. hurriedly ②깍두기나 김치 따위를 마구 씹는 소리나 모양. 《작》와작와작. munch ③단단하고 무거운 물건이 무너지려는 모양. 또, 그 소리. crash ④거칠없이 나아가는 모양. 《예》우쩍우쩍. rapidly
우전(牛廛)[명]〔동〕우시장(牛市場). [하다
우:전(雨前)[명] 야구에서 우익수의 앞. ¶~안타.
우:전(郵電)[명] 우편과 전보. mail and telegram
우:점[-쩜](雨點)[명] 빗방울이 떨어진 자국. trace
우:접(寓接)[명] 우거(寓居)②. 하다 [of rain drops
우:접-다[目] ①무엇을 넘어서 뛰어나게 되다. become eminent ②선배를 이기다. surpass senior
우:정(友情)[명] 벗 사이의 정. 우의(友誼).
우:정(郵政)[명] 우편(郵便)에 관한 사무. postal admi-
nistration 「 던 관청. office of postal services
우정-국(郵政局)[명]〈제도〉체신(遞信) 사무를 맡아보
우정국 사:건(郵政局事件)[명]〔동〕갑신정변.
우:승(右政丞)[명]〈제도〉'우의정'의 딴이름.
우:제(雩祭)[명](→무우제(舞雩祭).
우제(愚弟)[명] ①자기 동생을 겸손하게 이르는 말. my brother ②형(兄) 대접을 하는 사람에 대하여 자기를 겸손하게 일컫음. 흔히 편지에 씀. 《대》현세(賢弟).   「총칭.
우제(虞祭)[명] 초우(初虞)·재우(再虞)·삼우(三虞)의
우:제-류(偶蹄類)[명] 발굽은 각질(角質)로 되고 네 개가 있는 것과 두 개가 있는 것이 있음. 대개가 초식성으로 유상 생활을 함. 소·사슴·양·돼지 따위. 소목(目). 《대》기제류(奇蹄類).
우:조(羽調)[명]〈음악〉오음(五音)의 하나인 우성의 곡조. 다른 곡조보다 용장(勇壯)함.
우조(優詔)[명] 은혜가 두터운 임금의 말씀.
우:족(右足)[명] 오른 발.
우:족(牛足)[명] 쇠 발.
우:족(右族)[명] ①적자(嫡子)의 계통. 《대》좌족. legitimate lineage ②고귀(高貴)한 겨레붙이. noble family 「(蟲). birds
우:족(羽族)[명] 날짐승을 통틀어 이르는 말. 우충(羽
우졸(愚拙)[명] 어리석고 못남. 하다
우:주(宇宙)[명] ①세계. 천지. world ②공간과 시간의 모두. 누리. heaven and earth ③〈철학〉질서

우주 1398 우천

있는 통일체로서의 세계. cosmos ④〈천문〉무한히 넓은 세계에 무수히 흩어져 있는 천체들. ⑤〈물리〉그 안에 물질과 복사(輻射)가 존재할 수 있는 전(全)공간. 두우(斗宇). universe

우주(虞主)圏〈제도〉궁중에서 우제(虞祭)를 지낼 때에 쓰는 뽕나무 신주(神主).

우주 개벽론(宇宙開闢論)圏〈철학〉우주의 기원 발생을 신화적·종교적·형이상학적 혹은 과학적으로 풀이한 학설. 세계 개벽론. cosmogony 「용의 개.

우:주-견(宇宙犬)圏 인공 위성에 실려서 발사된 실험

우:주 경:쟁(宇宙競爭)圏 주로, 미국과 소련의 우주 개발을 위한 경쟁을 이르는 말.

우:주 공간(宇宙空間)圏 항성 또는 행성(行星) 사이의 공간. 우주의 입장에서는, 보통의 항공기가 날 수 있는 한도보다 먼 공간. 즉, 고도 30 km 이상의 공간을 이름.

우:주 공학(宇宙工學)圏 우주 비행체를 설계·제작·발사·추적·관제하는 기술. 또, 그에 관한 학문.

우:주-관(宇宙觀)圏 우주의 기원과 그 본질·변화·발전 등에 관한 견해.

우:주 기지(宇宙基地)圏 인공 천체를 발사하는 기지.

우:주-다圏 장사판에서 이익을 남겨 주다. let a person make a profit

우:주 대:국(宇宙大國)圏 우주 개발·이용 및 우주 산업의 면에서 다른 나라보다 훨씬 앞선 큰 나라. 미국과 소련 등.

우:주 로켓(宇宙 rocket)圏 실험·연구 기타의 목적으로 사람이나 동물, 기타 물건 따위를 우주 공간에 운반하기 위하여 발사되는 로켓.

우:주-론(宇宙論)圏 자연 철학 또는 형이상학(形而上學)의 한 분과로 우주에 관하여 연구하는 학문.

우:주 먼지(宇宙―)圏〈천문〉우주 공간에 널려 있는 아주 작은 미립체. 우주진(宇宙塵). cosmic dusts

우:주-복(宇宙服)圏 우주 여행을 할 때, 우주선의 내부, 우주 공간에서 몸을 보호하기 위하여 입는 특수한 옷. 「너는 비행. space flight

우:주 비행(宇宙飛行)圏 지구의 대기권 밖을 돌아다

우:주 산:업(宇宙産業)圏 우주 기기나 우주 개발 이용에 필요한 소프트웨어 등을 개발·생산하는 산업.

우:주-선(宇宙船)圏 우주 비행에 쓰는 항공기. spaceship

우:주-선(宇宙線)圏 끊임없이 지구 밖의 다른 천체(天體)에서 지상으로 오는 극히 투과력(透過力)이 센 몇 가지의 방사선의 총칭. cosmic rays

우:주선 망:원경(宇宙線望遠鏡)圏 우주선의 발생원(發生源)을 알아내기 위한 관측 기계. 상하 좌우로 회전하는 경체(鏡體) 위에 많은 가이거 계수관이 배치되었음.

우:주 속도(宇宙速度)圏 지구의 인력을 벗어나는 데 필요한 속도. 초속 약 11.2 km. 지구 탈출 속도(地球脱出速度).

「베기즈의 세 가지를 금하는 일. 우주송 삼금(牛酒松三禁)圏 소 잡기·술 빚기·소나무

우:주 스테이션(宇宙station)圏 사람이 다른 천체로 비행함을 목적으로 우주 공간에 쉽게 가설한 발판이 되는 물체. space station

우:주 시대(宇宙時代)圏 인류가 우주를 정복하는 일에 힘쓰고 있는 시대.

우:주 식민지(宇宙植民地)圏 지구로부터의 이주처(移住處)로 구상되고 있는, 지구를 도는 궤도상의 거대한 우주 스테이션.

우:주 여행(宇宙旅行)圏 로켓의 힘을 이용하여 인공 위성을 타고 지구 이외의 천체를 유람하는 일. 하다

우:주-운(宇宙雲)圏 우주에 널리 퍼져서 가득한 성운(星雲) 모양의 물질. cosmic clouds

우:주-인(宇宙人)圏 우주선으로 대기권 밖으로 나가 달 또는 그 밖의 천체간을 비행하는 사람.

우:주 인:력(宇宙引力)圏〈동〉만유 인력(萬有引力).

우:주 정신(宇宙精神)圏 세계 정신(世界精神).

우:주-진(宇宙塵)圏〈동〉우주 먼지.

우:주 캡슐(宇宙capsule)圏 우주 공간을 비행하는 인간 등의 생물이 일정 기간 생활할 수 있도록 환경 조건을 갖춘 비행체의 기밀실(氣密室).

우:주 통신(宇宙通信)圏 우주 공간을 이용한 무선 통신. 일반적으로는 인공 위성을 이용하는 통신 방식. space communication

우죽圏 나무나 대의 우두머리 가지. upper branches

우죽(牛粥)圏 소의 여물.

우죽-대다재 무슨 일이나 있는 듯한 몸짓을 하면서 꽤나 바쁘게 걷다. walk hurriedly 우줄=우죽하다

우줄-거리다재타 몸이 큰 사람이나 짐승이 온몸을 율동적으로 멋이 있게 움직이다. 〈작〉오졸거리다. 〈셈〉우쭐거리다. swaying 우줄=우줄하다

우줅-거리다[―죽―]재 어기적거리며 걷다. trudge along 우줅=우줅하다

「one's point 우굳이-다재 말려도 듣지 않고 억지로 행하다. carry

우:중(雨中)圏 비가 오는 가운데. 빗속. in the rain

우중(禺中)圏 사시(巳時). 곧, 오전 10시쯤.

우:중(偶中)圏〈하〉우이 득중(偶爾得中).

우:-중간(右中間)圏 ①정면과 오른쪽의 가운데가 되는 쪽. ②야구에서, 우익수와 중견수 사이. ¶~으로 빠지는 안타.

우중충-하다형여 ①어둡고 침침하다. dim ②색이 오래되어 바래서 선명하지 못하다. somber

우:-지圏 걸핏하면 잘 우는 아이를 일컬음. 울보. cry

우지(牛脂)圏〈동〉쇠기름. 「-baby

우지끈圏 부피가 크고 단단한 물건이 부서지는 소리. 〈작〉오지끈. with a crack 하다

우지끈-거리다재 단단하고 부피가 큰 물건이 부서지면서 우지끈 소리가 자주 나다. 〈작〉오지끈거리다. 우지끈=우지끈하다

우지끈-뚝딱圏 큰 물건이 요란하게 부러지는 소리. 〈작〉오지끈뚝딱. with a heavy crack 하다

우지-다형 힘이 다부지다. strong

우지직圏 ①마른 보릿짚 따위가 불타는 소리. crackling ②장국물 등이 바짝 졸아드는 소리. sizzle ③큰 조개 껍데기 같은 것이 바스러지는 소리. crash ④마른 솔가지 따위를 불 속에 뜨는 때에 나는 소리. 〈작〉오지직. with a crack 하다

우지직-거리다재 우지직하는 소리가 연달아 나다. 〈작〉오지직거리다. 우지직=우지직하다

우:-직(右職)圏 ①현직(現職)보다 더 높은 벼슬. post higher than the present ②오른편에 적은 직분의 사람.

우직(羽織)圏 새의 것으로 짠 피륙. 「사람.

우:직(愚直)圏 어리석고 고지식함. 〈대〉교활(狡猾). simplicity and honesty 하다

우질(牛疾)圏〈동〉우역(牛疫).

우질-부질圏 ①성질이 곰살궂지 않은 모양. harshly ②성질이 활발하고 모험적인 모양. adventurous 하다

우집-다타 남을 멸시하다. despise

우:징(雨徵)圏 비가 올 징조. threatening of rain

우짖-다재 ①울부짖다. scream ②울어 지저귀다.

우쩍圏 단번에 거침새 없이 줄기차게 나아가거나 또는 갑자기 늘어가거나 줄어드는 모양. with a run

우쩍=우쩍圏〈하〉우적우적④.

우쭉=우쭉圏 ①사람이나 초목 등의 키나 몸이 갑자기 커지는 모양. rapidly ②걸음을 걸을 때 몸을 위아래로 흔드는 모양. with an up and down movement

우쭐-거리다재〈셈〉→우줄거리다.

우쭐-하다재 제가 잘난 듯이 느껴질 때 한번 우쭐거리고 싶은 기분을 느끼다. swagger

우차(牛車)圏 소가 끄는 수레. 소달구지. ox-cart

우차-부(牛車夫)圏 소마차를 모는 노동자.

우책(愚策)圏 졸렬한 술책.

우처(愚妻)圏 자기 아내를 겸손하게 이르는 말. 〈대〉현처(賢妻). my humble wife

우:천(雨天)圏 ①비가 오는 날. ②비 내리는 하늘. 〈대〉청천(晴天). rainy day

우:천 순:연(雨天順延)영 정한 날에 비가 오면 다음 날로 차례를 물림. to be postponed till the first fine day in case of rain 하자

우:청(雨晴)영 청우(晴雨).

우체(郵遞)영(동) 우편(郵便).

우체-국(郵遞局)영 ①체신부에 속하여 우편 및 전신 사무를 맡아보는 곳. post office ②《제도》공무 아문(工務衙門)에 있던 국.

우체-군(郵遞軍)영(동) 체전부(遞傳夫).

우체-물(郵遞物)영(동) 우편물(郵便物).

우체-부(郵遞夫)영 우편물을 배달하는 사람. 우편 집배원(郵便集配員)영 우체전원. postman

우체-통(郵遞筒)영 우편물을 넣는 통. 우편통. 우편상. a mailbox 「이는 마을. village in rain

우:촌(雨村)영 비에 잠긴 마을. 비 때문에 부옇게 보

우:모(羽毛)영 날짐승의 것으로 만든 비. feathered

우:충(愚蟲)영《동》우족(羽族).　　　　　　 [broom

우층(愚衷)영 자기의 충정을 겸손하게 이르는 말.

우:측(右側)영 오른쪽. (대) 좌측. right side

우:측-면(右側面)영 우측의 방면. (대) 좌측면(左側面).　「(대) 좌측 통행. 하자

우:측 통행(右側通行)영 길을 갈 때 오른쪽으로 감.

우치(右痔)영《의학》 피가 나오는 치질. 혈치(血痔).

우치(愚癡)영 못나고 어리석음. stupidity 하자

우치(齲齒)영《의학》 벌레가 파먹은 것처럼 구멍이 생긴 이. 음식물의 찌꺼기가 구강내(口腔內)의 세균에 의해서 유산(乳酸)으로 변하여 그 산으로 말미암아 이의 법랑질(琺瑯質) 및 내부가 침식되어 구멍이 생긴 이. decayed tooth

우케(고) 찧기 위해서 말리는 벼.

우쿨렐레(ukulele)영《음악》기타와 닮은 4현 악기. 하와이 원주민이 사용하였으나 지금은 널리 퍼졌음.

우클라드(uklad 러)영《경제》한 사회의 경제적 구조의 구성 부분을 이루는 여러 가지 경제 제도 및 경제 법식·경제 형태.

우:택(雨澤)영 비의 혜택. seasonable rainfall

우통-하다(迂通─)여울 날세고 빠르지 못하다. slow

우툴-두툴영 물건의 거죽이 우툴두툴하여 현상궂은 모양.《각》오돌도돌. unevenly 한

우:파(右派)영 ①온건주의적(穩健主義的)색채를 띤 파. rightists ②우익(右翼)의 파. (대) 좌파(左派).

우파니샤드(Upanishad 범)영《동》우파니샤토.

우:편(右便)영 오른쪽. (대) 좌편. right side

우편(郵便)영 여러 사람을 위하여 통신을 맡아보는 업무. 우체. post

우편-국(郵便局)영 '우체국(郵遞局)'의 구용어.

우편-낭(郵便囊)영 우체부(郵遞夫)가 우편물을 넣고 다니는 주머니. mail-bag

우편=료[─뇨](郵便料)영→우편 요금.

우편=물(郵便物)영 우편으로 부치는 편지나 물품의 총칭. 우체물. mail matter　　　　　 [쳐다 주는 일.

우편 배:달(郵便配達)영 우편을 받을 사람에게 가

우편 배:달부(郵便配達夫)영 '우편 집배원'의 구용어.

우편 번호(郵便番號)영 체신부에서 우편 분류 작업의 능률화·기계화를 위해, 체신부가 전국의 우편구(區)마다 매긴 지역 번호. code number

우편 사서함(郵便私書函)영 사인 전용(私人專用)의 우편물을 담기 위하여 우편국에 따로 만들어 놓은 상자.《약》사서함. post-office box

우편-상(郵便箱)영(동) 우체통.　　　　 (船). mail boat

우편-선(郵便船)영 우편물을 나르는 배.《약》우선(郵

우편 엽서[─녑─](郵便葉書)영 크기와 지질(紙質)을 한정하여 요금의 증표(證票)를 인쇄한 용지.《약》엽서. postal cards

우편 요:금[─뇨─](郵便料金)영 우편물을 부치는 데에 드는 금액. 우표세(郵票稅).《약》우료(郵料).

우편 저:금(郵便貯金)영 우편국에서 다루는 저금.

우편 집배원(郵便集配員)영 우체통에 모아 오고 또 각 집에 배달하는 직원.《약》집배원.

우편 체전원(郵便遞傳員)영(동) 우체부(郵遞夫).

우편-함(郵便函)영 벽 같은 데 걸어 두고 편지를 넣게 하는 작은 상자. letter-box

우편=환(郵便換)영 우체국에서 발행하는 환증서에 의하여 송금하는 방법. 또, 그 증서. postal money order　　「청(右廳). 우변청. 우포청(右捕廳).

우:포-청(右捕盜廳)영《제도》조선조 포도청의 우

우표(郵票)영 우편 요금을 낸 표시로 우편물에 붙이는 증표(證票). 우체 인지. postage stamp

우표 딱지(郵票─)영 ①우표의 낱장. ②《속》우표.

우피(牛皮)영 쇠가죽. cowhide

우:하-다(愚─)여울 어리석다. foolish

우:합(右閤)영《제도》 '우의정'의 딴이름.

우:합(偶合)영 우연히 맞음. 우중(偶中). casual coincidence 하자　　　　　　　　　　 [ered 하자

우:해(遇害)영 해(害)를 만남. 살해 당함. be murd-

우:현(右舷)영 오른쪽의 뱃전. (대) 좌현. starboard

우:협무(右挾舞)영《음악》춤출 때 주연자의 오른편에서 추는 사람. (대) 좌협무. 《약》 우협(右挾).

우형(愚兄)영 ①어리석은 형. ②자기 형을 낮추어 이르는 말.　　　　　 「리 서로 사이가 좋음. comity

우:호(友好)영 ①벗과의 교제. friendliness ②나라끼리

우호(優弧)영《수학》두 개의 호를 합쳐 전원주(全周)와 같을 경우, 큰 쪽의 호. 《대》열호(劣弧). superior arc　　　「(것). 우의가 깊은(것). friendly

우:호-적(友好的)─얼 사람 또는 나라 사이가 친한

우:호 조약(友好條約)영 국가들 사이에 우의적(友誼的) 관계를 목적으로 맺는 조약. treaty of amity

우화(羽化)영 ①곤충의 번데기가 번태하여 성충이 되는 일. 《대》용화(蛹化). growing wings ②《약》→ 우화 등선(羽化登仙).

우:화(雨靴)영 비 올 때 신는 신.

우화(寓話)영《동》우언(寓言).

우화 등선(羽化登仙)영 우화하여 날개가 몸에 생겨 하늘로 올라가 신선이 됨. 《약》우화(羽化)②. 하자

우화 소:설(寓話小說)영《문학》무생물·동물·식물 등을 인간과 같이 언동(言動)을 부여하여 인격화(人格化)시킨 소설.

우화-시(寓話詩)영《문학》동·식물을 의인화하여 교훈이나 풍자를 포함시켜 쓴 시.

우화-집(寓話集)영 우화를 모아 엮은 작품집.

우환(憂患)영 ①근심이나 걱정이 되는 일. worry ② 질병(疾病)으로 인한 걱정. illness

우환-에영 그렇게 언짢은 위에 또. besides

우환 질고(憂患疾苦)영 근심과 걱정과 질병과 고생.

우:활(迂闊)영 →우활(迂闊).

우황(牛黃)영 소의 쓸개에 병적으로 뭉친 물건. 강장제·경간약(驚癇藥)으로 씀. 「한」의 부하에 대한 비유.

우황(又況)영 '하물며'의 뜻의 접속 부사. not speak

우황 든 소 같다영 속의 분을 못 이겨 어쩔줄 모르고 괴로와한다.

우회(迂廻·迂回)영 빙 둘러서 감. detour 하자

우회 생산(迂廻生産)영 장래의 더 많은 소비를 하기 위하여 현재의 소비의 일부를 절약하여, 소비재(消費材)를 보다 유리하게 획득하기 위한 생산 수단.

우:회-선(右廻線)영 밀려 돌아서 가는 선.

우:─회전(右廻轉·右回轉)영 차 따위가 오른쪽으로 돎. 《대》좌회전. 하자　　　　　　　「의 부하에 대한 비유.

우:후(牛後)영 소의 궁둥이. 전하여, 세력이 큰 자(者)

우:후(雨後)영 비가 온 뒤. after the rain

우:후(虞候)영《제도》지방의 병사영(兵使營)이나, 수사영(水使營)의 버슬.

우:후 죽순(雨後竹筍)영 비 온 뒤에 솟는 죽순같이 어떤 일이 한때에 많이 일어남을 말함. mushrooms

우후후영 참던 끝에 터지는 웃음 소리.　　 [after rain

우:훔영 **우훔**[의]《고》움큼.　　　　　　 [relief 하자

우흘(優恤)영 두텁게 은혜를 베풀어 구휼함. gracious

우흡(優洽)영 인덕(仁德)이 널리 퍼져 행함. 하자

우희-다《고》움키다.

욱 한꺼번에 잡자기 치밀어 오르는 모양. vehement 하타

욱(旭)團〈농업〉사과 품종의 하나. kind of apple

욱-걷다目한꺼번에 힘을 모아 기운차게 걷다. with a long stride

욱-기(一氣)團 욱하는 성질. hot temper

욱-다目①안으로 우그러지다.《작》옥다. dented ②기운이 남한비 굽혀지다. weakened

욱다-거리다目 여럿이 한테 모여 부산히 북적거리다. crowd 욱닥욱닥 하타

욱-대기다目①몹시 딱딱거리다. snap at ②우락부락하게 위협하다. intimidate ③억지를 부려 엇대로 해내다. [person

욱-둥이團 욱기가 있어 성급한 사람. hot-headed

욱리(郁李)團 산이스랏 나무. [소독약으로 씀.

욱리-인(郁李仁)團〈한의〉산이스랏의 씨의 알맹이.

욱-보(補)團 약을 먹어 몸을 우적 보함. 하타

욱분(郁芬)團 매우 향기로운 기운. sweet scent

욱시-거리다目 여럿이 한테 많이 모여 들끓다.《작》옥시거리다. swarm 욱시 욱시글=욱시글 하타 [in swarms

욱시글=**득시글**団 마구 들끓는 모양.《약》욱실득실.

욱신-거리다目①큰 것이 여럿이 뒤섞여서 세게 움직거리다. crowd ②머리나 상처가 속 깊이 쑤시면서 아파 오다.《작》옥신거리다. smart 욱신=욱신 하타

욱신-덕신団 뒤끓는 모양. in swarms 하타 [타.

욱실-거리다目《약》→욱시거리다.

욱실=**욱실**団《약》→욱시글욱시글.

욱여-들다耳 한가운데로 모여들다. concentrate

욱여-싸다目①욱여들어서 싸다. ②가엣것을 욱여 속으로 싸다. wrap

욱욱(旭旭)團 몹시 밝음. 하타

욱욱(郁郁)團①문물이 번성하는 모양. ②향기가 가득

욱욱(煜煜)團 빛나서 환함.[한 모양.

욱욱 청청(郁郁靑靑)團 향기가 높고 수목이 무성하여 푸른 빛깔이 곱고 깨끗함. fragrant verdure 하타

욱음-골(建築)團 재목을 욱여 맨 골.

욱이-다目 안쪽으로 욱게 하다.《작》옥이다. dent

욱일(旭日)團 아침에 떠오르는 밝은 해. morning sun

욱일 승천(旭日昇天)團 떠오르는 아침 해처럼 세력이 성대함의 비유.

욱적-거리다目 여럿이 한 곳으로 많이 모여 북적북적하다.《작》옥작거리다. jostling 욱적=욱적 하타

욱-죄다目 살이 무엇으로 욱이어 죄는 듯한 아픔을 느끼다.《작》옥죄다. be tight

욱-죄이다目 몸의 한 부분이 아프도록 욱여 죄이다.《작》옥죄이다. be tight

욱-지르다目 욱대겨 기를 꺾어 버리다. threaten

욱-질리다耳目 욱지름을 받다. be scared

욱-하다団 앞뒤의 헤아림이 없이 마구 말이나 행동을 불끈 내놓다. be in a fit of passion

운:團 어떤 일을 여럿이 한창 어울려 하는 바람.

운:(運)團《약》→운수(運數).

운:(韻)團①《약》운자(韻字). ②《약》→운향(韻響)②.

운각(雲刻)團 기구(器具)의 가장자리에 구름의 형상을 새긴 새김. cloud-shaped carved decorations

운:각(韻脚)團〈문학〉글귀의 마지막에 다는 운. rhyme

운간(雲間)團 구름 사이. break of the cloud

운감(雲監)團〈제도〉조선조 관상감(觀象監)의 딴이름. 운메(雲臺).

운:감(運感)團〈한의〉열도가 높은 감기.

운:감(歆感)團 제사 음식을 귀신이 먼저 맛봄. 흠향(歆饗) 하타 [이름. hermit

운객(雲客)團 선인(仙人)이나 은자(隱者)를 아름답게

운경(雲鏡)團 거울로 구름의 방향·속도를 재는 기구. 운속계(雲速計). nephoscope

운공(雲空)團〈건축〉포살미정의 청차(橔遮) 사이에 끼는 자그마한 널빤지.

운교(雲橋)團 구름 다리.

운:구(運柩)團 관(棺)을 운반함. carry a coffin 하타

운궁(雲宮)團〈건축〉살미 내부의 중첩된 부분. clearing up[현악기에서 활을 쓰는 방법.

운:궁-법(一法)(運弓法)團〈음악〉바이올린 따위의

운권 천청(雲捲天晴)團①구름이 걷히고, 하늘이 맑게 갬. ②병이나 근심이 씻은 듯이 없어짐. 하타

운기(雲氣)團①공중을 향해 떠오르는 기운. soaring spirit ②구름이나 하늘의 기미. look of the sky

운:기(運氣)團①전염하는 열병. epidemic ②길흉과 화복. good luck or ill luck

운:김團①울에 일어나는 힘.¶∼에 일을 마쳤다. ②후덥지근한 기운. ③남은 기운.

운납 바둑團 알쑹달쑹하여 분간하기 어려운 일.

운니(雲泥)團 구름과 진흙이란 뜻으로, 차이가 심함. great difference

운니지차(雲泥之差)團 서로의 차이가 큼. 소양지판(霄壤之判). 천양지차(天壤之差). great difference

운:=**달다**耳国《약》운김에 따라서 하다.

운:=**달다**(韻一)耳国〈문학〉글에 운을 달아 짓다. 압운(押韻)하다. rhyme

운당(雲堂)團〈불교〉중이 좌선(坐禪)하며 거처하는

운대(雲臺)團 운감(雲監). [집. 승당(僧堂).

운:도 시래(運到時來)團 무슨 일을 이룰 운수나 시기가 함께에 옴. 하타

운:동(運動)團①몸을 움직임. physical exercise ②어떤 일의 주선을 위하여 힘씀.¶선거 ∼. movement ③어떤 물체나 어떤 동력에 의하여 움직임. movement ④어떤 목적을 이루기 위한 사회적 투쟁이나 활동. 하타 [sportsman

운:동-가(運動家)團 운동을 좋아하고 잘하는 사람.

운:동 경:기(運動競技)團 일정한 규칙에 따라 속력·지구력·기능 등을 경쟁하는 운동. [athletic goods

운:동-구(運動具)團 운동에 쓰이는 제구의 총칭.

운:동 기관(運動器官)團〈생리〉동물이 가지고 있는 발·손·날개·지느러미·섬모(纖毛)·관족(管足) 따위와 같이 운동을 하기 위한 기관. organ of locomotion

운:동-량(運動量)團〈물리〉물체의 질량(質量)과 그 속도와의 상승적(相乘積)에 해당하는 물리량(物理量)의 하나. momentum

운:동-력(運動力)團 운동하는 힘.

운:동 마비(運動痲痺)團〈의학〉몸의 운동 기능을 상실하는 것. 신경·근육·관절 따위에 여러 가지 장해가 생김. paralysis

운:동 마찰(運動摩擦)團〈물리〉한 물체가 다른 물체의 표면에 닿아서 운동할 때 그 접촉면(接觸面)에 작용하는 운동을 막으려고 하는 힘.《대》정지 마찰. kinetic friction

운:동-모(運動帽)團《약》→운동 모자.

운:동 모자(運動帽子)團 운동 경기할 때에 쓰는 모자.《약》운동모. sporting cap [sporting suit

운:동-복(運動服)團 운동 경기 때 입는 간편한 복장.

운:동-비(運動費)團①체육 판계에 쓰이는 비용. sporting fund ②어떤 일을 주선하는 데에 쓰이는 비용. campaign funds

운:동-선:수(運動選手)團 운동 경기에 뽑힌 사람. 어떤 운동 경기에 특히 뛰어난 사람. sportsman

운:동성 실어증[-성-증](運動性失語症)團〈의학〉다른 사람의 말을 듣고 이해는 하지만, 자신이 말할 수 없는 상태.

운:동성 홀씨[-성-](運動性-)團〈생물〉조류(藻類)·균류(菌類) 및 원생 동물에서 무성 생식을 하는 생식 세포. 편모(鞭毛) 또는 섬모(纖毛)가 지며, 이것을 움직여 물 속에서 운동한다. 후에 편모 등이 없어지고 직접 무성적 무성(無性的-)이 된다.

운:동 신경(運動神經)團 흥분을 중추(中樞)에서 말단(末端)까지 전하는 신경. motor nerve

운:동 실조[-조](運動失調)團〈의학〉낱낱의 근육에는 마비가 없음에도 불구하고 운동하려고 하여도

이루지 못하는 질환. lack of muscular coordination
운:동 에너지(運動 energy)圀〈물리〉물체가 운동하기 위하여 가지고 있는 에너지.
운동-역(運動閾)圀〈심리〉어느 정도(程度)에 이르면 지각 표상(知覺表象)이 생기는 그 일정한 속도(速度).
운:동 요법[-뻡](運動療法)〈의〉몸을 움직임으로써 질환(疾患)을 치료하는 방법.
운:동-원(運動員)圀 어떤 목적을 이루기 위하여 운동하는 사람. 운동자. ¶선거 ~.
운:동의 법칙(運動-法則)〈물리〉물체의 운동을 기술하는 근본이 되는 법칙. 뉴턴이 '운동의 3법칙'으로써 확립.
운:동 잔상(運動殘像)圀 움직이는 대상을 바라본 뒤에 정지한 대상을 보면 이것이 앞서 본 운동 방향과 반대 방향으로 움직이는 것같이 보이는 현상. after image of movement
운:동-장(運動場)圀 운동 경기를 하는 마당. playground.
운:동 중추(運動中樞)圀〈생리〉운동 신경의 중추. center of motion
운:동-틀(運動-)圀 철봉·평행봉·뜀틀 따위와 같이 몸 위에 운동하도록 마련하여 놓은 틀. sporting goods
운:동-학(運動學)圀〈물리〉물체 운동의 기하학적(幾何學的) 성질을 연구하는 학문. kinematics
운:동-화(運動靴)圀 운동하기에 편리하게 만든 신. sports shoes
운:동-회(運動會)圀 운동 경기의 큰 모임. 체육회. athletic meeting
운두圀 그릇이나 신 따위의 둘레의 높이. height
운둔(雲屯)圀 군인들이 구름처럼 많이 모여 주둔(駐屯)함. stationing in large numbers 하다
운:-떼-다(韻-)困 이야기 첫머리를 말하기 시작하다.
운라(雲鑼·雲鑼)圀〈음악〉작은 징(鉦)열 개를 한 칸에 하나씩 단 중국의 타악기.
운라(UNRRA)圀〈약〉United Nations Relief and Rehabilitation Authority 국제 연합 부흥 구제 기관.
운량(雲量)圀 구름이 하늘을 덮은 비율. 전혀 구름이 없을 때를 0, 온 하늘을 덮을 때를 10으로 하여 눈대중으로 관측하여, 그 값을 정함. 구름량.
운:량(運糧)圀 양식을 나름. carrying foods 하다
운:로(運路)圀 ①물건을 나르는 길. route ②운이 트이는 길. lucky way
운:명(運命)圀 ①사람에게 닥쳐 오는 모든 화복과 길흉. 명운. fortune ②사람의 행동을 지배하는 큰 힘. destiny
운:명(殞命)圀 죽음. 명이 끊어짐. death 하다
운:명 교향악(運命交響樂)圀 베토벤(Beethoven) 작곡의 제5교향곡의 딴이름. Beethoven's fifth symphony
운:명-극(運命劇)圀〈동〉운명 비극.
운:명-론(運命論)圀〈철학〉인생·세계의 모든 사상(事象)은 예정된 운명에 의하여 결정된다는 이론. 숙명론(宿命論). fatalism
운:명-론자(運命論者)圀 운명론을 믿거나 주장하는 사람.
운:명 비극(運命悲劇)圀〈문학〉개인의 뜻과 그 환경 및 운명과의 뒤엉크러짐을 주제로 하여 비극으로 끝내려는 극문학(劇文學). 운명극(運命劇). (대) 경우 비극(境遇悲劇). tragedy of destiny
운:명-신(運命神)圀 운명을 좌우한다는 신. Destiny
운:명-적(運命的)圀 운명에 관계 있는(것). 사람의 힘으로 피하지 못하는(것).
운모(雲母)圀〈광물〉단사 정계(單斜晶系) 육각 판상(板狀)의 결정으로 규산염 광물·화강암 중에 혼한 바 잘 벗겨짐. 백운모·흑운모의 2종이 있음. 돌비늘. mica
운:모(韻母)圀〈어학〉한자 음운학에서 매개 음으로부터 한 글자씩을 뽑아 내어서 대표적 칭호를 삼는 것. '東·多·江·支'의 같음.
운모-고(雲母膏)圀〈한의〉음·독창(毒瘡)에 쓰는, 운모를 고아 만든 고약.
운모-병(雲母屛)圀 운모로 만들어진 병풍. 석
운모-석(雲母石)圀〈광물〉운모가 주성분이 되는 암
운모-지(雲母紙)圀 운모 가루를 바른 종이. mica-paper에 평행되도록 만든 판. mica-plate
운모-편(雲母片)圀〈광물〉백운모의 벽개면(壁開面)
운모편-암(雲母片岩)圀〈광물〉점판암(粘板岩)·사암(砂岩) 따위가 강압이나 고열(高熱)의 작용을 받아 변질된 압석.
운-목(韻目)圀〈문학〉한시(漢詩)의 끝 구가 두서너
운무(雲霧)圀 구름과 안개. cloud and mist
운무-중(雲霧中)圀 구름과 안개 속. 몹시 의심스러운 음.
운무-함(雲霧函)圀〈물리〉상면(上面)이 유리로 되어 있고 증기(蒸氣)가 가득 차 있는 함. cloud chamber
운문(雲紋)圀 구름 모양의 무늬. moire
운:-문(韻文)圀 ①한문에 운자(韻字)를 구말(句末)에 써서 성조(聲調)를 고른 글. 시·부(賦) 등. 울문②. ②시의 형식을 갖춘 글. ③언어 문자의 배열에 일정한 운이 있는 글. 의 하나.
운문 대:단(雲紋大緞)圀 구름 같은 무늬가 있는 비단
운:-문 문학(韻文文學)圀〈문학〉일정한 운문의 문장으로 될 문학. 가사 문학을 포함한 시형식의 문학. verse literature
운:반(運搬)圀 ①물건 또, 사람을 옮겨 나름. ②〈지학〉강물·바람 등이 토사·사력(砂礫) 등을 유전(流轉)시킴. ③생태계에서, 숙주 생물이 기생 생물을 옮겨 나르는 일. conveyance 하다
운:반-력[-녁](運搬力)圀 운반할 수 있는 힘.
운:반-비(運搬費)圀 운반에 소용되는 비용. transport charges
운:반-세[-쎄](運搬稅)圀〈법률〉소비세의 하나. 소비물이 거래 매매를 위하여 운반될 때 부과된 관세. transportation tax
운:반 작용(運搬作用)〈지학〉천연의 영력(營力)으로 한 곳의 물질을 딴 곳으로 운반하는 작용. 물 또는 바람이 흙이나 모래를 나르는 작용.
운발(雲髮)圀 여자의 탐스러운 머리 모양을 이르는 말. beautiful hair of woman
운:-밟-다[-밥-](韻-)困 ①다른 사람이 지어 놓은 한시에 화답(和答)하다. 또, 다른 사람이 지은 한시의 운(韻)을 따라서 한시를 짓다. ②남의 행동을 따라서 그와 같이 하거나 본받아 비슷하게 함을 이르는 말. 들이 거처하는 방.
운방(雲房)圀 구름이 끼는 높은 집. 도사(道士)나 중
운봉(雲峯)圀 ①여름철 산봉우리처럼 피어 오르는 구름. 뭉게구름. gigantic column of clouds ②구름 위에 있는 산봉우리. peaks soaring above the cloud
운:-봉(運逢)圀 좋은 운수를 만남. 하다
운:-부(韻部)圀 운목(韻目)을 모아 놓은 책.
운불-삽(雲敵翣)圀 운삽과 불삽. 운아삽(雲亞翣).
운빈(雲鬢)圀 여자의 탐스러운 귀밑머리.
운빈 화:용(雲鬢花容)圀 머리가 탐스럽고 얼굴이 아름다운 여자의 모습을 이르는 말.
운:-사(韻士)圀 운치가 있는 사람. 운인(韻人).
운:-사(韻事)圀 운치가 있는 일. covered by clouds
운산(雲山)圀 구름이 끼어 있는 먼산. mountains
운:산(雲散)圀 구름처럼 흩어짐. 하다
운:산(運算)圀 식이 보이는 대로 그 수치(數値)를 계산하여 냄. 연산(演算). operation 하다
운산 무:소(雲散霧消)圀 구름과 안개가 사라지듯 근심·걱정이나 의심 등이 깨끗이 사라짐. vanish like mist 하다
운삽(雲翣)圀 발인 때의 영여(靈輿) 앞뒤에 들고 가는 구름 형상을 그린 부채 모양의 물건.
운상(雲翔)圀 ①나뉘어 흩어짐. be scattered ②구름이 여기저기 떠다니는 것처럼 여기저기가 일어남. rise here and there ③구름처럼 빨리 달아남. flee swiftly 하다
운:상(運喪)圀 상여를 메고 운반함. 하다
운상 기품(雲上氣稟)圀 속됨을 벗어난 고상한 기품.
운색(暈色)圀〈원〉→훈색(暈色). 곧, 왕족의 기품.

운석(雲石)⃞ 중국 운남(雲南)에서 나는 옥석(玉石).
운:석(隕石)⃞ 《광물》지구에 떨어진 별똥의 하나.
운:선(運船)⃞ 배를 띄워 나아감. sailing 하다
운:성(隕星)⃞ 《천문》하늘에서 떨어지는 유성(流星).
운소(雲霄)⃞ ①구름 전 하늘. 높은 하늘. cloud sky ②높은 지위를 비유하는 말. high position
운속-계(雲速計)⃞ 구름이 움직이는 속도를 측정하는 기계. 운경(雲鏡).
운손(雲孫)⃞ 구름과 같이 멀어진 자손. 곧, 자(子)·손(孫)·증손(曾孫)·현손(玄孫)·내손(來孫)·곤손(昆孫)·잉손(仍孫)의 아들. 곧, 8대손.
운:송(運送)⃞ ①물건을 운반하여 보냄. ②화물 및 여객을 일정한 장소로부터 다른 장소로 나르는 일. conveyance 하다
운:송 계:약(運送契約)〈법률〉운송인(運送人)과 하주(荷主)가 서로 물품의 운송과 이에 대한 운임(運賃) 지불을 약속하는 계약. contract of carriage
운:송-료(運送料)⃞ 운송하는 삯으로 드는 돈. 운송비(運送費)①. 운임(運賃)
운:송 보:험(運送保險)⃞〈경제〉육상 운송에 있어서의 운송 중에 일어나는 손해의 보상을 목적으로 하는 손해 보험. transportation insurance
운:송-비(運送費)⃞ ①⃞ 운송료. ②운송에 드는 모든 비용. 《약》운비(運費).
운:송-선(運送船)⃞ 여객·화물 등을 운송하는 배.
운:송-업(運送業)⃞ 운임 또는 수수료를 받고 여객과 화물의 운송을 업으로 삼는 영업.
운:송-인(運送人)⃞ ①운송 영업을 하는 사람. ②직접 운송을 하는 사람.
운:송-장[—짱](運送狀)⃞ ①운송인이 짐을 받을 사람에게 보내는 서장(書狀). consignment note ②하주(荷主)가 운송인에게 법정 사항을 기재하여 주는 서장. invoice
운:송-장(運送場)⃞ 물건을 운송하는 곳.
운수(雲水)⃞ ①구름과 물. clouds and water ②《약》→운수승(雲水僧).
운:수(運數)⃞ 사람의 힘을 초월한 천운과 기수(氣數). 신운(神運). 명분(命分). 《약》수(數). 운(運). fortune
운:수(運輸)⃞ 운송(運送)이나 운반보다는 규모가 크게 여객이나 화물을 날라 보내는 일. transportation
운:수 불길(運數不吉)⃞〈동〉운수 불행. 운수 불길(運數不吉). 하다 그 일이 운수 여하에 달려 있음.
운:수 불행(運數不幸)⃞ 운이 나쁨. 운수 불길(運數不吉).
운:수 소:관(運數所關)⃞ 사람의 능력·노력에 불구하고 일이 운수 여하에 달려 있음.
운:수-승(雲水僧)⃞ 탁발승(托鉢僧)을 달리 이르는 말. 《약》운수(雲水)②. 〈동〉운수하는 영업. 운수(運輸).
운:수-업(運輸業)⃞ 규모가 크게 여객이나 화물을 운송하는 영업.
운수지-회(雲樹之懷)⃞ 벗을 그리는 회포.
운:수 회:사(運輸會社)⃞ 운수 영업의 회사.
운:신(運身)⃞ 몸을 움직임. moving oneself 하다
운심 월성[—씽](雲心月性)⃞ 담박하여 욕심이 없음.
운아-삽(雲亞翣)⃞〈동〉운불삽(雲黻翣).
운암(雲岩)⃞ 하늘을 찌를 듯이 우뚝 솟은 바위.
운애(雲靄)⃞ 구름이 끼어 흐리게 된 공기.
운:역(運役)⃞ 물건을 나르는 일. forwarding
운연(雲煙)⃞ ①구름과 연기. clouds and smoke ②산수의 명화(名畫). 또, 운치(韻致) 있는 필적(筆蹟). fine landscape painting
운연 과:안(雲煙過眼)⃞ ①즐거운 일에 오래 마음을 두지 않음. ②사물에 깊이 마음을 두지 않음.
운염(暈染)⃞〈미술〉먹을 많이 적신 붓으로 써서 번지게 나타내는 화법(畫法). [cloud
운영(雲影)⃞ 구름의 그림자. 운예(雲翳). shade of a
운영(暈影)⃞《원》→훈영(暈影). 하다
운:영(運營)⃞ 일을 경영하여 나아감. management
운예(雲霓)⃞ ①구름과 무지개. clouds and rainbow ②비가 올 조짐. sign of rain
운예(雲翳)⃞《동》운영(雲影).

운와(雲臥)⃞ 구름과 잔다는 뜻으로, 세상을 피하여 산중에 사는 일.
운용(運用)⃞ 부리어 씀. 활용(活用). ¶ ~비(費). ~술(術). use 하다
운:우(雲雨)⃞ ①구름과 비. clouds and rain ②대업(大業)을 이룰 기회. good chance of success ③남녀간의 육체적인 사련. sexual intercourse
운:우-락(雲雨之樂)⃞ 남녀간에 육체적으로 관계하는 즐거움. [녀간의 사랑. love
운우지-정(雲雨之情)⃞ 남녀가 같이 즐기는 정. 남
운운(云云)⃞ ①말을 생략할 때 이러이러함의 뜻으로 씀. so and so ②여러 가지 낮. opinion
운운-하다(云云—)자태⃞ 이러쿵저러쿵 말하다.
운월(雲月)⃞ 구름에 가리운 달. clouded moon
운위-하다(云謂—)타태⃞ 일러 말하다. talk about
운유(雲遊)⃞ 뜬구름같이 널리 돌아다니며 놂. tour 하다 [rhythm
운:율(韻律)⃞ 시문(詩文)의 음성적(音聲的) 형식.
운:의(運意)⃞ 이리저리 생각함. consideration 하다
운:인(韻人)⃞《동》운사(韻士).
운:임(運賃)⃞《동》운송료.
운:임 동맹(運賃同盟)⃞〈경제〉특정된 항로에 있어서 운임을 일정하게 하고 상호간의 경쟁을 제한하여, 해상 운임의 안정을 도모하고 독점적인 지위를 찾기 위한 동맹. [이(推移)를 표시하는 지수.
운:임 지수(運賃指數)⃞〈경제〉운임 시황(市況)의 추
운:임-표(運賃表)⃞ 여객 또는 화물의 운임을 거리·무게 별로 기재한 표.
운잉(雲仍)⃞ 대수가 먼 자손. [게 별로 기재한 표.
운:자[—짜](韻字)⃞ 한시(漢詩)의 운자(韻脚)에 쓰는 글자. 《애》운(韻)①. rhythming word
운작(雲雀)⃞〈조류〉종달새. lark [한 통로.
운잔(雲棧)⃞ 높은 산의 벼랑 같은 데를 건너 다니게
운:재(運材)⃞ 재목을 운반함. conveying timber 하다
운:적-토(運積土)⃞〈지학〉 암석의 풍화물이 강물·해수·빙하·풍우·화산 등의 작용으로 딴 곳에 운반되어 쌓여서 생긴 토양. 이적토(移積土).《대》원적토(原
운전(雲箋)⃞《동》운한(雲翰). [積土). alluvial soil
운:전(運轉)⃞ ①기계나 수레 등을 움직여 굴림. driving ②자본 따위를 운용(運用)함. operation ③다른 곳으로 돌림. 굴림. revolution 하다
운:전 계:통(運轉系統)⃞ 수레·기계 따위의 운전의 일을 맡은 계통.
운:전-대[—때](運轉—)⃞《속》자동차 따위의 핸들. ¶ ~를 잡다. [운전석. driver's seat
운:전-대(運轉臺)⃞ 운전사의 좌석이 있는 언저리.
운:전-사(運轉士)⃞ 전차·자동차·열차·선박·기계 등을 운전하는 사람. 운전수.
운:전-수(運轉手)⃞《동》운전사.
운:전 자:본(運轉資本)⃞〈경제〉기업의 일상적인 활동을 위해서 투입된 자본. 곧, 원재료·상품의 구입, 인건비 지불 등 경상적 용도에 투입되어 단기간에 회수되는 유동적인 자본. 《대》설비 자본.
운제(雲梯)⃞ ①높은 사닥다리. ②옛날에 성(城)을 칠 때 썼던 높은 사다리.
운:조(運漕)⃞ 배로 짐을 나르는 일. marine transportation 하다
운:조-술(運漕術)⃞ 배를 운전·조종하는 기술.
운:조-점(運漕店)⃞ 운조를 영업으로 하는 가게.
운종용 풍종호(雲從龍風從虎)⃞ 뜻과 마음이 맞는 사람끼리 서로 좋음을 일컫는 말.
운:주(運籌)⃞ 이리저리 꾀를 냄. 하다 [fingering
운:지-법(運指法)⃞〈음악〉손가락 놀리는 법.
운:진(運盡)⃞ 운수가 다함. End of one's luck 하다
운집(雲集)⃞ ①구름같이 모임. ②많이 모임. ¶ ~한 청중(聽衆). swarming 하다 [치는 종.
운집-종(雲集鍾)⃞〈불교〉절에서 대중이 모이라고 알리려고 치는 종.
운창(芸窓)⃞ ①글 읽는 방의 창. ②서재(書齋)의 미칭(美稱). [meteorite
운:철(隕鐵)⃞〈광물〉주성분이 철로 된 별똥.
운:치(運置)⃞ 물건을 운반하여 놓아 둠. 하다

운:치(韻致)_명 고아(高雅)한 품격을 갖춘 멋. 풍치. 흥치. elegance
운크라(UNKRA) _약 United Nations Korean Reconstruction Agency 유엔 한국 부흥 위원단. 1950년 12월 유엔 총회의 결의로 창설된 한국의 경제 부흥·재건을 돕기 위한 원조 기관. 1958년 한국 정부에 이관.
운:탄(運炭)_명 석탄을 나름. 하타
운:통(韻統)〈문학〉한자 운서(韻書)에 있어서의 운자(韻字)의 계통. 「철판에 구름 형상을 새긴 것.
운판(雲版)_명〈불교〉절에서 달아 놓고 신호로 치는
운편(芸編)_명 서책(書冊)의 미칭.
운필(運筆)_명 글씨나 그림을 그리기 위하여 붓을 놀림. 또, 그 방법. 용필(用筆). 행필(行筆). strokes of the brush 하타 「계절.
운하(雲霞)_명① 구름과 놀. clouds and haze ② 봄의
운:하(運河)_명 육지를 파서 강을 내고 배가 다니게 하는 길. canal
운:하(運荷)_명 짐을 나름. forwarding loads 하타
운:=하-다(殞一)_자〈여불〉죽다. die
운:학(韻學)_명 한자(漢字)의 음운(音韻)을 연구하는 학문. 성운학(聲韻學). prosody
운한(雲漢)_명〈동〉은하(銀河). 「箋).
운한(雲翰)_명 남의 편지를 이르는 말. 운전(雲
운합 무:집(雲合霧集) 구름처럼 합하고 안개처럼 모임. 어느 때든지 많이 모임. crowding
운:항(運航)_명 배나 항공기가 항로(航路)를 운행함. navigation 하타
운:항(運港)_명 운수(運輸)의 목적을 위하여 시설해 놓은 항구. (대) 군항(軍港). service port
운:항-표(運航表)_명 선박의 운항 조직과 시간 등을 기록한 표.
운해(雲海)_명① 구름이 덮인 바다. sea covered by clouds ② 물의 면이 구름에 닿아 보이는 먼 곳. distant horizon of sea ③ 산이나 구름이 덮이고 그 꼭대기만 솟아서 섬같이 보이는 형용. sea of clouds
운행(運行)_명① 운전하여 나아감. traffic service ②〈천문〉천체(天體)가 그 궤도를 따라 운동하는 일. 공전(公轉). revolution 하타
운행-표(運行表)_명 운행 조직과 시간 등을 기록한 표. table of operation schedule
운향(雲向)_명 구름이 움직이는 방향.
운:향(韻響)_명 울리는 소리. trailing note 〈문학〉시(詩)에의 신비스러운 운치와 음조(音調). 〈약〉 운(韻)². mysterious tone of poetry
운:향-사(運餉使)_명〈제도〉조선조 때, 군량(軍糧)을 운반하던 임시 벼슬. 「림.
운형(雲形)_명 구름의 모양. 구름을 그린 조각이나 그
운형-자(雲形一)_명〈수학〉곡선을 그리는 데 대고 그리게 된 만곡형(彎曲形)의 본. 곡선판(曲線板). 운형 정규 곡선자. 운형 성규. curved ruler
운형 정규(雲形定規)_명 운형자. 「런신의 하나.
운혜(雲鞋)_명 앞 코에 구름 무늬를 놓은 여자의 마
운:화(雲貨)_명 화물을 운반함. goods transport 하타
운환(雲鬟)_명 부인의 부풀어 진 머리의 형용. 운계(雲髻). ② 먼산(山)의 형용.
운:회(運會)_명 운수와 기회.
운:휴(運休)_명 교통 기관이 운전이나 운영을 멈추고 쉼. suspention of traffic 하타
운흥(雲興)_명 구름 일듯이 성하게 일어남.
울겁-다_형(口) 사납다. 성급(性急)하다.
울근_부 다른 개인이나 패에 대해서 이 편의 힘이 될 족속 또는 멀거지나 동아리. ¶~이 세다.
울²(蔚)_명①〈약〉→울타리. 신울. ② 속이 비고 위가 트인 물건의 가를 둘러싼 부분. fence
울³(蔚)_명〈약〉→우리.
울⁴(蔚)_명〈약〉→우리.
울가망-하-다_{형여}①마음이 편안하지 못하다. be restless ② 늘 근심을 지니고 지내다. live in anxiety
울거미_명①얽어 맨 물건의 거죽에 댄 테. ②짚·미투리의 총을 꿰어 돌린 끈.
울거미 문골(一骨)(一門一)_명〈건축〉방문이나 장지 등의 가장자리를 두른 부분.
울걱-거리-다_타 물을 머금고 볼을 움직여 소리를 내다.〈작〉울각거리다. gargle 울걱-울걱_부 하타
울겅-거리-다_타 단단한 물건이 입 안에서 잘 씹히지 않고 자꾸 미끄러지다.〈작〉울강거리다. 울겅-울겅_부 하타 「불긋.
울겅-붉겅_부 울겅거리며 불긋거리는 모양.〈작〉울강-
울결(鬱結)_명 가슴이 답답하게 막힘. depression 하타
:울고도·리[-꼬-]_명 우는(소리 나는) 고두리 살.
울뚝-고:리[-꼬-]_명 원통하고 절통해 울기도 하고 부르짖기도 하는 모양. 하타
울골-질_명 짓궂게 위협하는 일. threat 하타 「extort
울그-다_타(口) 억지로 내놓게 하다. ¶돈을 울그먹다.
울근-거리-다_타 질긴 덩어리를 연해 우물거리며 씹다.〈작〉울근거리다.
울근-불근_부 서로 으르대며 감정 사납게 맞서서 지내는 모양.〈작〉울근불근¹. in discord with 하타
울근-불근_부 질긴덩어리 불근거리는 모양.〈작〉울근불근². mumblingly 하타
울근-불근_부 몸이 여위어서 갈빗대가 드러난 모양.〈작〉울근불근³ leanly 하타
울금(鬱金)_명〈동〉심황.
울금-색(鬱金色)_명〈동〉등색(橙色).
울금-향(鬱金香)_명〈식물〉나릿과에 속하는 다년생 풀. 4~5월에 자갈색 종(鐘)모양의 큰 꽃이 피며 향기가 많음. 유럽이 원산으로 백색·황색 등의 품종이 많으며 화분에 관상용으로 재배함. 울초.
울긋-불긋_부 여러 가지 짙은 빛이 다른 빛들과 뒤섞인 모양.〈작〉올긋불긋. colourful 하형
울기 얼굴이 불그레하게 오르는 열기.
울기(鬱氣)_명 답답한 기분. gloom
울꺽_부①먹은 음식을 토하려고 하는 모양.〈작〉올깍. ② 분한 생각이 한꺼번에 확 치미는 모양.〈게〉울컥. kecking 하타
울꺽-거리-다_자①자꾸 울꺽하다.〈작〉올깍거리다. ② 분한 생각이 자꾸 거세게 치밀다.〈게〉울컥거리다. 울꺽-울꺽_부 하타 「boy cry-baby
울:-남(一男)_명 울기를 잘하는 사내아이.(대) 울녀.
울:-녀(一女)_명 울기를 잘하는 계집아이.(대) 울남. girl cry-baby 「울 근처. near the enclosure
울녘_명① 둘러싸인 언저리. 주위(周圍). surrounding
울:-다_자〈여불〉①아프거나 슬프거나 또, 너무 기쁠 때에 소리를 내면서 눈물을 흘리다. weep ②벌레나 새들이 노래하다. sing ③ 동물이 부르짖다. howl ④ 물건의 거죽이 우글쭈글하다. wrinkle ⑤ 건물·세간 등에서 저절로 소리가 나다. squeak ⑥일부러 어려운 체하다. pretend to be in difficulties ⑦ 종이나 천둥 등이 소리를 내다. thunder ⑧ 귀에서 쉬슬트 나다. ringing in the ears
울담[-땀]_명〈한의〉목구멍과 입 속이 마르고 해소가 나는 병. 「나 기둥 같은 것. stake
울-대[-때]_명 울타리를 만드는 데 세우는 말뚝이
울:-대²(一帶)_명 조류(鳥類)의 발성 기관(發聲器官). 명관(鳴管). syrinx
울:대-마개(一一一)_명〈동〉후두개(喉頭蓋).
울:대-뼈[-때-]_명 앞 목에 두드러져 나온 뼈.
울도(鬱陶)_명①마음이 궁금하고 답답함. gloom ② 정신이 상쾌하지 못하고 모든 일이 귀찮음. displeasure ③ 날씨가 무더움. 하형
울둥_명 불룸.
울두(熨斗)_명 다리미.
울뚝_부 성미가 급하여 언행을 우악스럽게 내놓는 모양.〈작〉올똑. in a passion 하타
울뚝-뺄_명 화를 벌컥 내어 언행을 함부로 우악스럽게 내놓는 성미. 또, 그런 사람.
울뚝-불뚝_부 성질이 좀 번덕맞고 급하여 언행을 함부로 우악스럽게 연해 내놓는 모양.〈게〉울뚝불뚝. in

울뚝울뚝 a passion 하형 「악스럽게 연해 내놓는 모양. 하형
울뚝=울뚝 성미가 급하여 참지 못하고 언행을 우
울=띠 울타리의 양쪽에 가로 대고 새끼로 잡아맨 나무.
울렁=거리-다자 ①놀란 일이나 두려운 일이 있어서 가슴이 자꾸 두근거리다. palpitate ②물결이 흔들리다. (작) 올랑거리다. roll ③뱃속이 메슥메슥하여 토할 것 같다. feel sick 울렁=울렁 하부
울렁이-다자 흥분하여 가슴이 설레며 뛰놀다. palpitate with excitement
울렁=출렁 ①큰 물결이 이쪽저쪽에 부딪쳐서 오고 가고 하는 소리. tossing and leaping ②큰 그릇에 담긴 물이 흔들리는 모양. (작) 올랑촐랑. 하부
울러-줄레 크고 작은 사람들이 줄레줄레 뒤따르는 모양. ¶~따라다니다.
울려-내:-다타 우려내다.   「이르는 말.
울리는 아이 빨치기 남이 핑계로 삼을 일을 함을
울려-먹-다타 우려먹다.
울려-오-다 동물의 울음 소리나 종소리 같은 것이 좀 떨어진 곳으로부터 들려오다.
울:력 여러 사람이 힘을 합해 하거나 이루는 일. 또, 그 힘. harmonious teamwork 하부다
울:력 다짐 여럿이 힘을 합하여 그 기세로 일을 해치우는 행동. 하부다
울:력 성당(一成黨) 떼를 지어서 으르고 협박하는 일. gang's threatening 하부다
울룩=불룩 물체의 면이나 거죽의 여러 군데가 고르지 않게 높고 낮은 모양. (작) 올록볼록. unevenly 하부
울릉=대:-다타 힘이나 말로써 남을 위협하다. threaten
울리(鬱李) 〈식물〉 이스락.
울리-다자 ①종소리와 같은 것이 들려오다. sound ②반향(反響)이 나다. echo ③널리 퍼지다. vibrate
울리-다타 ①종 같은 것을 두드려 소리가 나게 하다. sound ②세력이나 이름을 드날리다. ¶세도가 장안에 쩡쩡 ~. display ③울게 하다.
울림 ①소리가 무엇에 부딪쳐 되울려 오는 현상. 또, 그 소리. ¶산~. ②진동수가 다른 두 음을 동시에 들을 때, 마치 진폭이 주기적으로 변하는 하나의 소리처럼 들리는 것.
울림=소리 〈어학〉 목청을 떨어 공기가 울리게 나는 소리. 모음(母音)과 비음(鼻音)·유음(流音) 등. 유성음(有聲音). 탁음(濁音). 흐린소리. (대) 안울림소리. 무성음(無聲音). sonorous sound
울먹-다자 자꾸 울먹이다. be about to weep 울먹=울먹 하부
울먹-이-다자타 북받치는 울음이 터져 나올 듯한 상태를 보이다. 또, 그리 되게 하다.
울먹=줄먹 큰 덩어리가 여러 개 고르지 않게 벌어 있는 모양. (작) 올막졸막. in clusters 하부
울멍=줄멍 귀엽거나 아름답게 생긴 크고 작은 여러 개의 덩어리가 고르지 않게 벌어 있는 모양. (작) 올망졸망. various sizes of big things 하부
울며 겨자 먹기관 싫은 일을 억지로 함.
울:며-불:며관 울고불고하면서.   「가 하는 병.
울모(鬱冒) 〈한의〉 불안한 현기증이 났다가 그것다
울묵=줄묵 크고 작은 여러 개의 덩어리가 빽빽하게 벌어 있는 모양. (작) 올목졸목. in disorder 하부
울뭉=줄뭉 귀엽게 생긴 크고 작은 여러 개의 덩어리가 배게 박이어 있는 모양. (작) 올몽졸몽. 하부
울민(鬱悶) 마음이 답답하고 괴로움. 하부다
울밀 나무가 무성하게 빽빽함. 하부다
울-밑 울타리 밑. foot of a fence
울:-바자 울타리에 쓰이는 바자. reed fence
울:-보 울보, 우지.
울=부짖-다자 울며 부르짖다. scream   「ment 하형
울분(鬱憤) 가슴에 가득히 쌓인 분한 마음. resent-
울-불(鬱怫) 답답하여 불편한 마음이 남. 하형 「mulberry
울=뽕 울타리로 심은 뽕나무. 또, 그 뽕. hedge
울=상(一相) 울려고 하는 얼굴 모양. face about to cry   「branches used in making a fence
울=섶[一섭] 울타리를 만드는 데 쓰는 섶나무.
울=세:-다자 멀거지다. have many relatives
울쑥=불쑥 산봉우리 같은 것이 여기저기 높이 솟은 모양. (작) 올쏙볼쏙. towerringly here and there
울=안 울타리로 둘러선 안쪽. enclosure   [하부
울어-대:-다자 자꾸 계속해서 울다. keep on crying
울-어리 둘러선 어리. ¶~를 벗어나다.
·울·에(고) 우레.
울연-하-다(蔚然一) 형여 ①초목이 무성하게 우거져 있다. thick ②사물이 흥성하다. 울연-히
울연-하-다(鬱然一) 형여 ①초목이 매우 무성하다. thick ②사물이 매우 왕성하다. flourishing ③마음이 답답하다. gloomy 울연-히
울울(鬱鬱) ①마음이 상쾌하지 아니함. melancholy ②나무가 울창함. luxuriant 하부
울울-리(鬱鬱裏) 삼림이 빽빽하게 우거진 속.
울울 창창(鬱鬱蒼蒼) 나무가 빽빽하고 푸르게 우거진 모양. (약) 울창(鬱蒼). luxuriant 하부
울월-다(고) 우러러보다.
울음 ①우는 소리. cry ②우는 일. crying
울음-보[一뽀] 끝없이 크게 우는 울음. 또, 참고 억제하는 울음.
울음-보따리[一뽀一] (속) 울음보. 울음.
울음 소리[一쏘一] 우는 소리. crying sound
울음=산-새 모양보다 우는 소리가 큼. 곧, 실제보다 명성이 높은 것의 비유. undeserved reputation
울인(鬱刃) 독약을 바른 칼.
울적(鬱寂) 마음이 답답하고 쓸쓸함. melancholy 하부   「congestion 하부
울적(鬱積) 우울한 마음이 쌓임. 울색(鬱塞).
울증(鬱症) 가슴이 답답한 병. melancholy
울지 않는 아이 젖 주랴관 어떠한 일에나 요구하지 않으면 돌보아 주지 않는다는 말.
울=짱 ①목책에 박은 긴 말뚝. 말뚝 등을 벌여 박은 울. 목책(木柵). 목책(木柵). pale ②(동) 울타리.
울창(鬱蒼) 〈약〉→울창주.
울창(鬱悵) 〈약〉→울을 창.
울창-주(鬱蒼酒) 울금향(鬱金香)을 넣어 빚은 술. 제사의 강신(降神)에 쓰이며, 향기가 매우 좋음. 자주(紫酒). 〈약〉울창(鬱蒼).
울초(鬱草) (동) 울금향. 「있음. melancholia 하부
울집(鬱跆) 마음이 울울하여 집 속에만 들어앉아
울커 〈약〉→울컥.
울커-거리-다〈센〉→울컥거리다.
울타리 담 대신에 풀·나무 등을 엮어서 집을 둘러막은 물건. 바리(藩籬). 울정②. 이락(籬落). 장리(牆籬). (약) 울②. fence
울타리 밖에 모른다관 세상 형편을 전혀 모름을 이
울타리 조직(一組織) (동) 책상 조직(柵狀組織).
울툭=불툭 물체의 거죽이 불규칙하게 여기저기 나오고 들어간 모양. (작) 올톡볼톡. (센) 울툭불툭. ruggedly 하부
울통=불통 물체의 거죽이 고르지 않게 나오고 들어간 모양. (작) 올통볼통. unevenly 하부
울트라(ultra) ①초월적(超越的). 과격적(過激的). ②급진주의자(急進主義者).
울트라마린(ultramarine) 〈화학〉 군청(群靑).
울트라몬타니즘(ultramontanism) 〈기독〉 신앙 및 도덕에 관하여 로마 교황의 지상권(至上權)을 인정하는 주장. 더 갤리커니즘.
울-하-다(鬱一) 형여 가슴이 답답하다. gloomy
울혈(鬱血) 〈의학〉 몸의 피가 한 군데로 몰리어 충혈이 일어나는 일. blood congestion 「entment
울화(鬱火) 속이 답답하여 나는 심화. pent-up res-
울화-병(一病) (鬱火病) 〈한의〉 울화로 나는 병. 울화증. 〈약〉화병. nervous anxiety
울화-증[一쯩] (鬱火症) (동) 울화병.

울화-통(鬱火-)圓 '울화'의 힘줌말.
울흥(蔚興)圓 성하게 일어남. 하다
욹-하-다형여 ①성질이 참을성이 없다. excitable ②성질이 괄괄하여 화를 잘 내다. irritable
움:圓 ①나무를 베어낸 그루의 뿌리에서 나오는 싹. sprouts ②초목의 어린 싹.
움:圓 땅을 파고 거적으로 위를 덮어 비바람이나 추위를 막게 한 곳. 혈구(穴窶). cellar
움:圓 마음에 못마땅하거나 비분의 뜻으로 내는 소리.
움-나-다짜 움이 돋아나다.
움:圓 나무로 싹이 돋기 시작한 어린 나무.
움날철=밑圓 한자 부수(部首)의 하나. '屯' 등의 'ㄴ'의 이름. 왼손잡이.
움:-누이圓 시집간 누이가 죽고, 매부가 다시 장가든 여자.
움도 싹도 없다困 ①사람·물건이 간 곳이 없게 되다. ②장래성이라고는 도무지 없다.
움-돋다재 움이 땅이나 그 밖의 덮인 것을 뚫고 나오다. sprout
움-돋이[-도지]圓 초목의 뿌리를 베어낸 데서 나오는 움. sprout
움-딸圓 시집간 딸이 죽고, 그 사위가 다시 장가든 여자.
움라우트(Umlaut 도)圓 〈어학〉 게르만어, 특히 독일어에서 모음 a·o·u가 후속의 모음 i 또는 e의 영향으로 움직이가 달라지는 현상. 또, 그 바뀐 모음. 독일어에서는 ä·ö·ü 등으로 나타냄.
움:-막(-幕)圓 움으로 지은 막.
움:-막-살이(-幕-)圓 움막에서 사는 생활. 하다
움:-막다타 움을 만들다. make a cellar
움:-버들圓 움이 돋아난 버들. branches of a willow with sprouts
움:-벼圓 〈농업〉 가을에 베어낸 그루에서 움이 자란 벼.
움:-불[-뿔]圓 움집에서 피우는 불. fire of an underground shack
움:-뽕圓 봄에 잎을 딴 뽕나무에 다시 돋아 자란 뽕잎. 이상(女桑). second growth of mulberry leaves
움실-거리-다재 벌레 따위가 많이 모이어 움직이다. 《작》움실거리다. swarm 움실=움실=하다
움숙困 ①먹을 것을 한 입에 많이 넣고 맛있고 힘있게 씹는 모양. munching ②물체의 면이나 바닥이 쑥 들어가 우묵한 모양. 《작》움숙. hollowly 하다
움:-씨圓 뿌린 씨가 잘 나지 않을 때 나중에 덧붙여 뿌리는 씨. additional sowing
움쎌-하-다재여 ①깜짝 놀라서 몸을 움츠리다. start ②갑자기 무서운 경우를 당하여 기운이 꽉 질리다. 《작》움셀하다. shrink up
움 안에서 떡 받는다(困) 구하지도 않은 좋은 물건을 의외로 얻게 됨을 이르는 말.
움:-잎[-닢]圓 화초나 채소 따위의 움에서 돋아난 잎. 대개 색이 노르파르스름함.
움죽-거리-다재타 몸피가 큰 것이 연해 크게 몸짓하다. 《작》옴죽거리다. 《센》움쭉거리다. move 움죽=움죽=하다
움지럭-거리-다재타 자꾸 느릿느릿 움직이다. 《작》옴지럭거리다. 움지럭=움지럭=하다
움직-거리-다재 큰 것이 자꾸 움직이다. 《작》옴직거리다. 《센》움찍거리다. move 움직=움직=하다
움직-도르래圓 〈물리〉 축(軸)이 고정되지 않고 이동하는 도르래. 동활차(動滑車). 이동 활차(移動滑車). (대) 고정 도르래. 정활차. movable pulley
움직-이-다재타 ①자리를 옮기다. move ②몸짓을 하거나 흔들다. move ③감동시키다. ¶설교로 신도들을 ~. move ④마음이 흔들리다. ¶돈에 움직여 일하다. be moved ⑤흔들리다. ¶몸이 ~. be loose ⑥활동하다. ¶인부들이 ~. work ⑦부정(否定)하다. ¶움직일 수 없는 진리. deny ⑧바꾸다. 변동하다. ¶정부 방침을 ~. vary ⑨운영하다. 경영하다. 어떠한 집단을 이끌어 나가다. ¶전세계를 움직일 만한 일꾼. manage
움직임圓 ①움직이는 일. ②변화. 변동. ③동정(動靜). 동태(動態). ¶세계의 ~.

움질-거리-다재 ①몸피 큰 것이 많이 모여 천천히 자꾸 움직이다. ②일을 앞두고 결단성 없이 자꾸 주저하다. 《작》옴질거리다. hesitate
타 질긴 물건을 입안에 넣고 우물거리며 씹다. 《작》옴질거리다. mumble 움질=움질=하다
움:-집[-찝]圓 ①사람이 사는 움. 토막(土幕). ②움을 파고 지은 집. dugout mud hut
움:-집-살이[-찝-]圓 움집에서 삶. 하다
움쭉困 몸피 큰 것이 세차게 움직이는 모양. 《작》옴쭉.
움쭉-거리-다재타 《센》→움죽거리다.
움쭉-달싹 작게 움직거리는 모양. 《작》옴쭉달싹. moving slightly 하다
움쭉 못:하-다재여 조금도 움직이지 못하다. ¶쥐가 고양이 앞에서 ~. 움쭉 못하다. cannot stir
움찍-거리-다재타 《센》→움직거리다. an inch
움찔圓 깜짝 놀라 갑자기 몸을 움츠리는 모양. 《작》옴찔. with a shock 하다
움찔-거리-다재타 《센》→움질거리다.
움츠러-들-다재라 점점 움츠러져 들어가다. 《작》옴츠러들다. shrink 다. frighten
움츠러-뜨리-다타 움츠러지게 하다. 《작》옴츠러뜨리다
움츠러-지-다재 ①춤거나 무서워서 몸이 몹시 작게 오그라지다. shrink up ②겁을 먹고 대들 용기를 잃어버리다. 《작》옴츠러지다. fear
움츠리-다타 ①몸을 오그라지게 하다. shrink ②겁을 먹고 몸을 뒤로 조금 물리다. 《작》옴츠리다
움치-다타 《약》→움츠리다. 옴츠리다. shrink back
움칠困 놀란 때와 같이 몸체를 갑자기 움츠리는 모양. with a start 하다 with a flinch 하다
움칫困 놀랄 때 몸을 가볍게 갑자기 움직이는 모양.
움켜-잡-다타 손가락을 오므리어 힘있게 잡다. 《작》옴켜잡다. (거) 훔켜잡다. clutch
움켜-쥐-다타 ①큰 손가락을 오므리어 힘있게 움키어서 쥐다. seize ②일이나, 또는 물건을 수중에 넣고 마음대로 다루다. 《작》옴켜쥐다. (거) 훔켜쥐다. have in one's power handful
움큼의 손으로 한 줌 쥔 분량의 단위. 《작》옴큼.
움키-다타 ①손가락을 오므려 물건을 놓치지 않도록 힘있게 잡다. grasp ②새나 짐승의 발가락으로 물건을 잡다. 《작》옴키다. seize
움:-트-다재르탈 움이 돋아 나오기 시작하다. sprout ②사물이 일어나기 시작하다. ¶민주주의가 ~.
움:-파圓 ①움 속에서 자란 빛이 누런 파. 동총(多葱). scallions grown in a underground cellar ②베어 먹은 뒤에 다시 난 파.
움:-파-같-다혭 주로 아이들이나 여자의 손가락이 포동포동하고 희고 부드럽다.
움:-파-다타 속을 우묵하게 우비어 파다. 《작》옴파다.
움:-파-리圓 우묵하게 들어가고 물이 괸 곳. puddle
움:-패-다재 속으로 우묵하게 자리가 패다. 《작》옴패다. become hollow 움패눈=sunken eyes
움펑-눈圓 움푹하게 들어간 눈. 도, 그런 사람. 《작》옴펑눈.
움펑-눈-이圓 움퍽하게 들어간 눈을 가진 사람.
움푹困 속으로 쑥 들어가 우묵한 모양. 《작》옴푹. hollowly 하다
웁쌀圓 잡곡밥 위에 조금 얹어 안치는 쌀.
웁쌀 얹-다困 잡곡으로 밥을 지을 때, 그 위에 쌀을 조금 얹어 안치다. ¶말. ~옷. upper
웃-젭두 체언(體言) 위에 붙어 '위'의 뜻을 나타내는 말.
웃-간(-間)圓 →윗간
웃-거름圓 〈농업〉 씨앗을 뿌린 뒤에 옮겨 심은 뒤에 주는 거름. (대) 밑거름. additional fertilizer 하다
웃-고명圓 음식의 맛이나 빛을 더하기 위하여 음식 위에 치는 고명. 진한 국.
웃-국圓 간장·술 등이 익은 뒤에 맨 처음에 떠 내는
웃기圓 ①실과·떡 등을 괼질할 때 위를 꾸미는 재료. 꽃전·도전병 따위. ②《속》→웃기떡.
웃기-다타 ①웃게 하다. move to laughter ②남을 놀리다. make fun of

웃기-떡﹝명﹞ 합이나 접시 따위에 떡을 담고 그 위에 모양 내기 위하여 얹는 떡. 오입쟁이떡·돈전병·산병 따위. ⟨예⟩떡﹝. decorated rice cake for topping
웃날-들-다﹝자ㄹ﹞ 날이 개다. clear up
웃-녘﹝명﹞→윗녘.
웃느라 한 말에 초상 난다﹝속﹞ 말로면 극히 조심함하여 하지 않으면 안 된다.
웃는 낯에 침 뱉으랴﹝속﹞ 공손하게 머리를 숙여 간절히 청하여 오는 이에게는 듣기 싫은 말이나 욕도 할 수 없니니.
웃-니﹝명﹞→윗니.
웃-다﹝자ㄷ﹞ ①입을 벌리고 소리 내어 기뻐하다. laugh ②마음의 기쁨을 얼굴에 나타내다. smile ③꽃이 활짝 피다. ¶꽃이 다투어 웃는 봄날. bloom ④비웃다. 조롱하다. ¶어리석다고 ~. deride
웃-다﹝﹝고﹞﹞ 웃다.
웃-더껑이﹝명﹞ 물건의 위를 덮어 놓는 물건. cover
웃=도리﹝명﹞→윗도리.
웃-돈﹝명﹞ 물건과 서로 바꿀 때에 그 값을 따져서 보태 내는 돈. 가전(加錢). 상가(上價). ¶~을 줘도 안 파는 물건. additional money
웃-돌-다﹝자ㄹ﹞ 어떤 기준이 되는 수량보다 위가 되다.
웃-동네﹝-洞-﹞﹝명﹞→윗동네.
웃-마을﹝명﹞→윗마을.
웃-목﹝명﹞→윗목.
웃-물﹝명﹞→윗물.
웃-방﹝-房﹞﹝명﹞→윗방.
웃본-다﹝﹝고﹞﹞ 우습다.
:웃보·리﹝﹝고﹞﹞ 우스우리.
웃-비﹝명﹞ 아직 우기(雨氣)는 있는데 확히 내리다가 잠깐 그친 비.
웃비-걷-다﹝자ㄷ﹞ 오던 비가 잠시 개다. cease raining
웃-사람﹝명﹞→윗사람.
웃-아귀﹝온-﹞﹝명﹞ ①엄지손가락과 둘째손가락의 뿌리가 서로 닿은 곳. ②활의 줌통 위.
웃-알﹝온-﹞﹝명﹞→윗알.
웃어-대-다﹝자﹞ 자꾸 웃다. burst into laughter
웃-어른﹝온-﹞﹝명﹞ 나이나, 지위·신분 등이 높아서 직접·간접으로 자기가 모셔야 할 어른. one's elders
웃-옷﹝온-﹞﹝명﹞ ①위에나 겉에 입는 옷. 두루마기 등. 겉옷. coat ②웃통에 입는 옷. street dress
웃음 일-﹝-일﹞﹝명﹞ ①웃어야 할 일. ②웃을 일.
웃음﹝명﹞ 웃는 소리. laughter ②웃는 일.
웃음-가마리﹝-까-﹞﹝명﹞ 남의 웃음거리가 되는 사람이나 일. laughing-stock
웃음-거리﹝-꺼-﹞﹝명﹞ 웃음을 살 만한 일이나 사람.
웃음-경﹝명﹞ 웃고 즐길 만한 경황(景況).
웃음-꽃﹝명﹞ 유쾌한 웃음을 형용하여 이르는 말.
웃음-보﹝-뽀﹞﹝명﹞ 잔뜩 많이 품은 웃음. ¶방안에서 ~가 터져 나오다. laughter
웃음 소리﹝-쏘-﹞﹝명﹞ 웃는 소리.
웃음엣-소리﹝명﹞ 웃느라고 하는 말.
웃음엣-짓﹝명﹞ 웃느라고 하는 짓. ¶창 ~이 벌어지다.
웃음-판﹝명﹞ 여러 사람이 서로 웃는 곳이나 모임. ¶한
웃이-다﹝﹝고﹞﹞ 웃기다.
웃-자라-다﹝자﹞ 너무 많은 비료나 이상 기온 때문에, 식물의 줄기나 잎이 쓸데없이 길고 연약하게 자라다.
웃-자리﹝명﹞→윗자리.
웃-저고리﹝명﹞ 걸저고리.
웃-짐﹝명﹞ 짐 위에 덧싣는 짐. additional luggage
웃짐-치-다﹝자ㄷ﹞ ①마소에나 웃짐을 싣다. load additionally ②사물을 덧붙이다. add
웃-집﹝명﹞→윗집.
웃-청﹝-廳﹞﹝명﹞→윗청.
웃-켜﹝명﹞→위켜.
웃-통﹝명﹞ ①사람의 윗도리의 두 어깨의 부분. ¶햇볕에 ~이 타다. ②물건의 위가 되는 부분. ⟨대⟩아랫통. upper part ③몸의 윗도리에 입는 옷. ¶~을 벗다. coat
웃-풍﹝-風﹞﹝명﹞→위풍.
웅강﹝雄講﹞﹝명﹞ 매우 잘하는 경서(經書)의 강론.
웅거﹝雄據﹞﹝명﹞ 땅을 차지하고 크게 막아 지킴. ¶~지.

holding one's own ground 하ㅈ [esty 하﹝
웅건﹝雄健﹞﹝명﹞ 웅대하고 건전함. ¶~한 기상. majestic 하﹝
웅걸﹝雄傑﹞﹝명﹞ 재주와 용력이 뛰어난 사람. 영웅 호걸(英雄豪傑). great man
웅계﹝雄鷄﹞﹝명﹞﹝동﹞ 수탉.
웅그리-다﹝﹞ 몸을 옹크리이다. ⟨작⟩옹그리다. ⟨게⟩웅크리다. ⟨양⟩웅그리다. crouch
웅굿=웅굿﹝부﹞ 뿌이 군데군데 고르게 삐쭉삐쭉 나온 모양.
웅굿-쭝굿﹝부﹞ 굵고 긴 여럿이 군데군데 머리를 내민 모양. 웅굿웃굿. projectingly 하﹝
웅기﹝雄器﹞﹝명﹞ ①너그러운 도량. generosity ②훌륭한 재능(才能). great talent ③훌륭하게 될 감. promising youth ¶~한 웅기웅기. in swarms 하﹝
웅기﹝雄氣﹞﹝명﹞ 웅장한 기운.
웅기-웅기﹝부﹞ 크기가 같은 물건이 많이 모여 있는 모양.
웅기-중기﹝부﹞ 크기가 같지 않은 큰 물건이 많이 모여 있는 모양. ⟨작⟩옹기종기. in crowds 하﹝
웅녀﹝熊女﹞﹝명﹞ 전설상의 단군의 어머니.
웅단﹝雄斷﹞﹝명﹞ 대장부와 같은 씩씩한 결단(決斷). 영단(英斷). decisive measure
웅담﹝熊膽﹞﹝명﹞﹝한의﹞곰의 쓸개. 안질·치루·경간·열병·복통 및 타박상의 약재로 쓰임. bear's gall
웅대﹝雄大﹞﹝명﹞ 웅장하고 규모가 큼. grandeur 하﹝
웅덩이﹝명﹞ 늪보다 작게 물이 괸 곳. ⟨작⟩옹당이. puddle
웅덩이-지-다﹝자﹞ 비나 큰 물에 평지가 움쪽 패어 웅덩이가 되다. ⟨작⟩옹당이지다. form a puddle
웅도﹝雄途﹞﹝명﹞ 큰 사업이나 여행을 위한 장한 출발. ¶세계 일주의 ~에 오르다.
웅도﹝雄圖﹞﹝명﹞ 크고 뛰어난 계획과 포부. ¶천하를 경륜(經綸)할 ~. grand scheme
웅략﹝雄略﹞﹝명﹞ 뛰어나고 훌륭한 계책. heroic plan
웅려﹝雄麗﹞﹝명﹞ 웅대하고 화려함. magnificence 하﹝
웅문 탁특﹝雄文卓特﹞﹝명﹞ 웅장하고 웅방하며, 탁월하고 특출함. 하﹝ [magnificent style
웅문﹝雄文﹞﹝명﹞ 뛰어난 시문(詩文). 웅혼한 문장(文章).
웅문 거벽﹝雄文巨擘﹞﹝명﹞ 웅문에 뛰어난 사람.
웅변﹝雄辯﹞﹝명﹞ ①힘차고 거침없이 잘하는 말. eloquence ②말을 잘하는 일. ⟨대⟩눌변(訥辯). fluency ③﹝약﹞→웅변가. [辯﹞﹞.
웅변-가﹝雄辯家﹞﹝명﹞ 웅변에 뛰어난 사람. ⟨예⟩웅변(雄
웅변 대회﹝雄辯大會﹞﹝명﹞ 공중 앞에서 자기의 사상과 감정을 웅변으로 발표하는 대회. oratorical contest
웅변-술﹝雄辯術﹞﹝명﹞ 공중(公衆)의 앞에서 웅변으로 자기의 사상과 감정을 발표하는 기술. oratory
웅변-조﹝-쪼﹞﹝雄辯調﹞﹝명﹞ 웅변하는 어조(語調). 또, 그와 같은 어조나 말투.
웅보﹝雄步﹞﹝명﹞ 웅장한 보장. generosity
웅보﹝雄步﹞﹝명﹞ 씩씩하고 거창한 걸음.
웅봉﹝雄蜂﹞﹝명﹞﹝동﹞ 수벌.
웅봉﹝熊蜂﹞﹝명﹞﹝동﹞ 호박벌.
웅비﹝雄飛﹞﹝명﹞ 기운차고 용기 있게 활동함. ⟨대⟩자복(雌伏). play an active part 하ㅈ
웅산﹝雄算﹞﹝명﹞ 뛰어난 계략.
웅성﹝雄性﹞﹝명﹞ ①수컷의 성질. ⟨대⟩자성(雌性). male ②수컷. 남성(男性). male
웅성-거리-다﹝자﹞ 정숙해야 할 때 행동을 같이하지 않는 군중이 수군수군하여 소리를 피우다. be noisy
웅성=웅성﹝부﹞ 하﹝
웅숭=그리-다﹝타﹞ 춥거나 두려워서 궁상맞게 몸을 웅그리다. ⟨작⟩옹송그리다. ⟨게⟩웅숭크리다. crouch
웅숭-깊-다﹝형﹞ ①도량이 크고 넓다. generous ②되바라지지 않고 깊숙하다. prudent ③야하지 않다. refined ④거죽에 두멸이 나타나지 아니하다. modest
웅숭=크리-다﹝거﹞→웅숭그리다.
웅시﹝雄視﹞﹝명﹞ ①웅걸스러운 위세로서 남을 낮게 봄. lording it over ②영웅적인 심리로 세상을 봄. 하ㅈ 웅신-하-다﹝형여﹞ 후하지 않다. low
웅신-하-다﹝여﹞ ①웅숭깊게 덥다. warm ②불꽃이
웅심﹝雄心﹞﹝명﹞ 씩씩하고 장한 마음. 웅지(雄志). bravery [profundity 하﹝
웅심﹝雄深﹞﹝명﹞ 문장이나 사람의 뜻이 크고도 깊음.

웅아(雄兒)圀 뛰어난 남자. 호남아(好男兒). 영웅(英雄). hero

웅어〈어류〉멸치과의 바닷물고기. 몸 길이는 30 cm 가량이고 몸 빛은 전체가 은백색이다. 배 밑에 각자(脚刺)가 있어 톱날같이 잘 듦. 교잔란(交産卵)때는 담수에 오름. 위어(葦魚). long-rayed anchovy

웅얼-거리-다자타 똑똑하지 않게 입속말로 자꾸 중얼거리다. 《작》옹알거리다. mutter 웅얼=웅얼튄 하

웅예(雄蘂)圀〈동〉[허허]

웅용(雄勇)圀 뛰어나게 용감함. 하[허]

웅위(雄偉)圀 뛰어나게 큼. 웅장하고 위대함. majesty

웅읍(雄邑)圀〈동〉대읍(大邑).

웅자(雄姿)圀 웅장한 모습. brave figure

웅자(雄雌)圀 ①수컷과 암컷. male and female ②〈동〉승부(勝負).

웅장(雄壯)圀 으리으리하게 크고도 굉장함. grandeur

웅장(熊掌)圀 곰의 발바닥. 팔진미(八珍味)의 하나. 풍한(風寒)을 물리친다는. bear's soles

웅재(雄才)圀 크고 뛰어난 재능. 또, 그 사람. great

웅재(雄材)圀 훌륭한 인재. great man [ability

웅재 대:략(雄才大略)圀 크고 뛰어난 재주와 꾀. 또, 그 사람. heroic enterprise

웅절-거리-다자타 불행하거나 원망하거나 탄식하는 것을 입속으로 혼자 자꾸 말하다. 《작》옹잘거리다. grumble 웅절=웅절튄 하자타

웅주 거:목(雄州巨牧)圀 땅이 넓고 물산(物産)이 많은 도읍. 또, 그 곳의 원. large and productive town [big and booming town

웅주 거:읍(雄州巨邑)圀 땅이 넓고 물산이 많은 고을.

웅지(雄志)圀 큰 뜻. 웅대한 뜻. 석석하고 큰 뜻. 웅심(耐志). ambition

웅창 자화(雄唱雌和)圀 ①새의 암컷과 수컷이 의좋게 서로 지저귐. ②서로 손이 맞아서 일함. working together 하[허] [person

웅천圀 마음이 허확한 사람을 가리킴. unreliable

웅크리-다[거]→웅그리다.

웅판(雄板)圀 큰 도량. 또, 그 판국.

웅편(雄篇)圀 뛰어나게 좋은 글이나 작품. masterpiece

웅피(熊皮)圀 곰의 가죽. bear skin [handwriting

웅필(雄筆)圀 뛰어나게 잘 쓴 글씨. magnificent

웅혼(雄渾)圀 시문(詩文) 등이 웅대하여 막힘이 없음. [grand 하자

웅화(雄花)圀〈동〉수꽃.

웅황(雄黃)圀〈광〉→석웅황(石雄黃).

위圀〈어학〉한글의 자모. '눠'의 이름.

위:=위圀〈약〉→우어우.

워걱-거리-다자 여러 개의 단단한 물건이 뒤섞여 자꾸 부딪쳐 소리가 나다. 《작》와각거리다. clatter 워걱=워걱튄 하자

위그르르튄 ①쌓였던 단단한 물건이 갑자기 무너지는 소리. clatter ②많은 놀이 넓은 면적으로 야단스럽게 끓어오르는 소리. seething ③가까이에서 천둥이 요란스레 치는 소리. 《작》와그르르. thundering 하자

워그적-거리-다자 ①시끄럽게 북적거리다. crowd ②뻣뻣하고 질긴 물건이 함부로 스치거나 쓸리면서 거칠게 자꾸 내는 소리. 또, 그 모양. 《작》와그작거리다. clatter 워그적=워그적튄 하자

워글-거리-다자 ①많은 사람이나 벌레 따위가 너른 곳에서 붐비면서 뒤섞여 들끓다. swarm ②많은 물이 넓은 면적으로 야단스러운 소리를 내며 끓다. 《작》와글거리다. seethe 워글=워글튄 하자

위난튄 ①본디. 전부터. ¶그는 ~ 천재다. 〈약〉원². originally ②아주. ¶길이 ~ 험하다. very

위낭圀 마소의 턱 아래에 늘어뜨린 쇠고리나 귀에서 턱밑으로 늘어 뜨린 방울. 소풍울. bell

위라-말圀→얼룩말. [suddenly

위력圀 급히 대들거나 잡아가지는 모양. 《작》와락.

위력-위력튄 ①더운 기운이 배우 성하여 일어나는 모양. ②자꾸 위력 달려들거나 당기는 모양. 《작》와락와락. all of a sudden 하자

위르르튄 ①여럿이 야단스럽게 몰리거나 움직이는 모양. 또, 그 소리. in a crowd ②액체가 한꺼번에 야단스럽게 끓어오르거나 넘쳐 흐르는 모양. 또, 그 소리. ③쌓였던 물건이 야단스럽게 무너지는 것과 같은 모양. 또, 그 소리. ④높은 소리가 야단스럽게 나는 소리. 《작》와르르. clattering 하자

위:리圀 개를 부르는 소리. Dog! [비 운동.

위:밍-업(warming-up)圀〈체육〉경기하기 전의 준

위석튄 마른 나뭇잎 따위가 맞비벼지거나 밟힐 때 나는 소리. 《작》와삭. 〈센〉워썩. rustling 하자

위석-거리-다자타 연하여 위석 소리가 나다. 또, 연하여 위석 소리를 나게 하다. 《작》와삭거리다. 〈센〉워썩거리다. 위석=위석튄 하자타

위썩튄 〈센〉→위석. [리.

위썩-거리-다자타 〈센〉→위석거리다.

위:어:호圀 상여꾼들이 상여를 메고 가면서 하는 소

위:-위圀〈약〉→우어우어.

위: 위도(war widow)圀 전쟁 미망인(未亡人).

위치(watch)圀 몸시계. 회중 시계와 손목 시계.

위:크(work)圀 일. 사업. ¶팀 ~.

위:크-북(workbook)圀〈교육〉아동·생도의 자습(自習)을 위하여 만든 지도서. 학습장. 자습장.

위:크-숍(workshop)圀 ①연구 발표회. ②일터.

위:크-아웃(walkout)圀 동맹 파업(同盟罷業).

위:키-토:키(walkie-talkie)圀 걸어가면서도 들을 수 있는 휴대용의 소형 송수신기.

위:킹(walking)圀 ①보행(步行). 도보(徒步). ②걸음걸이. 걷는 모양. ③경보(競步).

위:터(water)圀 물.

위:터 슈:트(water chute)圀 급사면에서 보트를 타고 물위로 미끄러져 떨어지는 놀이. 또, 그 설비.

위:터 컬러(water color)圀 수채화(水彩畫). [W. C.

위터 클로짓(water closet)圀 수세식 변소. 약칭:

위:터 폴:로(water polo)圀〈체육〉수구(水球).

위:터 푸루:프(water proof)圀 ①방수성(防水性). 내수성(耐水性). ②방수포. 방수복(服).

위더그르르튄 크고 단단한 여러 개의 물건이 서로 부딪치며 굴러가는 소리. 《작》와다그르르. clatter 하자 [와다그르르. 워더글=워더글튄 하자

위더글-거리-다자 자꾸 워더그르르 소리가 나다. 《작》

위더글-더덕글튄 크고 단단한 여러 개의 물건이 다른 물건에 부딪치며 야단스럽게 굴러가는 소리. 《작》와다닥다다글. clattering 하자

위저그르르튄 ①여럿이 지껄이며 시끄럽게 떠들어대는 소리. 또, 그 모양. boisterously ②소문이 갑자기 퍼져 시끄러운 모양. 《작》와자그르르. noisily

원圀릇 우리 나라의 화폐 단위. 1전의 100배. [하자

원²圀〈약〉→위나①.

위:³튄 놀랍거나, 언짢거나, 뜻밖의 일을 당할 때에 하는 말. ¶~, 그럴 수가 있나. Good Heavens

원¹(元)圀〈역사〉1271~1368에 몽고(蒙古)의 제 5대 임금 쿠빌라이가 중국을 통일하고 북경에 도읍한 뒤의 국호. 명(明)에 망함.

원(怨)圀〈약〉→원한①.

원:(院)圀 ①〈약〉→서원(書院). ②절. temple ③〈제도〉조선조 때, 역(驛)과 역 사이에 출장 중인 관원을 위하여 두었던 국영의 여관.

원(員)圀〈제도〉옛날 지방의 관리. 부사(府使)·부윤(府尹)·목사(牧使)·군수(郡守)·현감(縣監)·현령(縣令)의 총칭. 수령(守令). 〈공〉원님. officials of olden times

원¹(圓)圀 ①동그라미. ②〈수학〉한 평면상의 한 정점(定點)으로부터 같은 거리에 있는 점의 궤적(軌跡) 및 그 궤적에 둘러싸인 평면. circle

원(園)圀〈약〉→원소(園所).

원:(願)圀 마음에 바라는 일. 소망. desire 하자

원²(元)의릇 중국 화폐 단위의 이름. a yuan

원²(圓)의릇〈경제〉①화폐의 단위. 1962년 6월 10

원= 일에 단행된 화폐 개혁의 단위는 한자(漢字)를 사용하지 않음. won ②일본(日本)의 화폐 단위의 하나. '엔'을 우리 음으로 읽은 이름임. yen

원(元·原)[접] 명사 위에 붙어 본디의 뜻을 나타냄. ¶~산지(産地). original

=원(員)[접미] 명사 아래에 붙어 그 일에 관계하는 사람을 나타냄. ¶회사~. 종업~. member

=원(院)[접미] 명사 밑에 붙어 공공 기관 또는 학교·병원 등의 이름을 나타냄. ¶공보(公報)~. 학(學)~. institution

=원:(願)[접미] 명사 밑에 붙어 원서(願書)의 뜻을 나타냄. ¶휴가~. application

원(one)[명] 하나. 타낸.

원가(一價)(原價)[명] ①본디 사들일 때의 값. cost ②《동》생산비(生産費).

원가 계:산(一一)(原價計算)[명] 일정한 제품에 관해 그 동안 소요된 원재료·노무, 기타 모든 비용을 산출하는 절차. 지.

원-가지(原一)[명] 원줄기에 직접 붙어 있는 굵은 가지.

원각(圓覺)[명]《불교》 석가 여래의 각성(覺性). 부처의 원만한 깨달음.

원각-경(圓覺經)[명]《불교》 대방광 원각 수다라 요의경(大方廣圓覺修多羅了義經). 보살들의 물음에 일일이 대답한 석가 여래의 말을 기록한 것.

원각-사(圓覺社)[명]《연예》 광무 연대(光武年代)에 생긴 우리 나라 최초의 국립 극장. edition

원간(原刊)[명] 맨 처음의 간행. 초간(初刊). first

원간-본(原刊本)[명] 원간으로 나온 책. 초간본(初刊本). ⑨ 원본(原本)③. original work

원개(圓蓋)[명] 둥근 모양을 한 덮개.

원:객(遠客)[명] 먼 곳에서 온 손님. visitor from a distant place ance

원:-거:리(遠距離)[명] 먼 거리. ⑨ 근거리. long dist-

원:거:리 신:호(遠距離信號)[명] 만국 선박 신호(萬國船舶信號)의 하나. 신호기(信號旗)로서 곤란한 경우에 특히 정하여 쓰는 신호. 하

원:거:리 체감법(一법)(遠距離遞減法)[명] 운임을 거리에 의해 정할 경우, 거리가 멀수록 단계적으로 할인하여 계산하는 방법.

원거 원처(爰居爰處) 이곳 저곳에 거처함. 하

원거-인(原居人)명 그 지방에 오래 전부터 살던 사람. native ness 하

원:격(遠隔)[명] 기한이나 거리가 멀리 떨어짐. remote-

원:격 유도(一ㄱ一)(遠隔誘導)[명]《물리》 쏘아 올린 로켓의 궤도나 자세를 지구에서 전파로 조작하는 일.

원:격 의료(遠隔醫療)[명] 텔레비전이나 통신 회선(回線)을 사용하여 원격지의 환자를 진단·치료하는 시스템. 때로 움직이거나 조작함. 리모트 컨트롤.

원:격 조작(遠隔操作)[명]《물리》 떨어진 곳에서 마음

원경(圓徑)[명]《수학》 원의 직경. distant view

원:경(遠景)[명] 멀리 보이는 경치. ⑨ 근경(近景).

원:경(遠境)[명] 먼 국경(國境). 추면 되나. so late

원경 늦은 경으로[명] 그렇게 느직이. ¶~ 날씨가는 늦

원:-도법(一법)(遠法)[명]《동》 투시 도법(透視圖法).

원:계(援繫)[명] 출세할 연줄.

원:계(願戒)[명] 미리 앞날을 위한 계획.

원고(原告)[명]《법률》 소송을 제기하여 재판을 먼저 청구한 당사자. ⑩ 원고인(原告人). plaintiff

원고(原稿)[명] ①글말의 초벌. manuscript ②인쇄하기 위하여 애벌로 쓴 글. ¶~ 청탁(請託). copy ③연설·강연 등의 초안. draft

원고-료(原稿料)[명] 원고를 쓴 데 대한 보수. ⑨ 원고료(稿料). contribution fee 지. copy paper

원고 용:지(原稿用紙)[명] 원고를 쓰는 종이. ⑨ 원고

원고-인(原稿人)[명]《동》원고(原告).

원고-지(原稿紙)[명]《동》원고 용지(原稿用紙).

원곡(元穀)[명] 사회곡제(社還穀制)에서 농가에 대여하는 양곡. died an unnatural death

원-골(怨骨)[명] 원한을 품고 죽은 사람. person who

원공(元功)[명] ①제일 으뜸되는 큰 공. merit most distinguished ②국가 발전에 힘쓴 공적. 또, 그 사람.

원공(猿公)[명] 원숭이를 의인화하여 일컫는 말.

원광(原鑛)[명] ①주가 되는 광산. main mine ②아직 제련하지 아니한 광석. 원석(原石)①. ore

원광(圓光)[명] ①둥글게 빛나는 빛. 해나 달의 빛 따위. ②《동》후광(後光).

원:-광(遠光)[명] 먼 곳에서 바라보는 경치. distant view seen from afar ②빛이 보이는 빛.

원-광:주(元鑛主)[명]《광물》 분광(分鑛)을 준 광주.

원교(遠郊)[명] 도회에서 먼 마을이나 들. outskirts

원:교-공(遠交攻)[명] 먼 나라와 사귀어 가까운 나라를 치는 일.

원:교 농업(遠郊農業)[명] 도시와 멀리 떨어진 곳에서 채소·과일 등을 재배하여, 도시로 출하(出荷)하는 집약적(集約的)인 농업. enemy

원구(怨仇)[명] 원망스러운 원수. 원척(怨敵). spiteful

원구(怨讐)[명] 원망하고 꾸짖음. 원우(怨尤). grudge 하다

원:구(怨溝)[명] ①원한으로 말미암아 생기는 울화. pent-up resentment ②사이를 가로막는 원한의 도랑.

원구(原口)[명] 동물의 개체 발생 중 낭배기(囊胚期)에 생기는 원장(原腸)의 입구. blastopore

원구-단(圜丘壇)[명]《제도》 고려 때부터 천지에 제사 지내던 단.

원:군(援軍)[명] 후원의 군대. reinforcements

원굴(寃屈)[명] 원통하게 누명을 씀. 원억. 원왕. 하

원-권(一권)(原權)[명]《법률》 어떤 권리의 침해되기 전의 본디의 권리. ⑩ 구제권(救濟權). inherent right one killed unjustly

원:귀(寃鬼)[명] 원통하게 죽은 사람의 귀신. ghost of

원-그래프(圓一graph)[명] 원 전체를 100%로 보고 각 부분의 퍼센트를 중심각의 크기와 부채꼴의 넓이로 나타내는 그래프. 탕이 노는 그림.

원-그림(原一)[명] 모사(模寫)나 복제(複製) 따위의 바

원:-근(遠近)[명] ①멀고 가까움. ②먼 곳의 사람과 가까운 곳의 사람. 또, 먼 곳과 가까운 곳. 원이(遠邇). 하이(遐邇). far and near ③연월일시(年月日時)의 선후(先後).

원:근-법(一법)(遠近法)[명]《미술》 화면(畫面)에 원근을 나타내어 현실감·입체감을 강하게 하는 방법. perspective

원:근법-주의(一법—)(遠近法主義)[명]《철학》 인식은 인식 주체의 터전을 중심삼아 이의 제약을 받음으로써 비로소 가능하다는 주장.

원:-근:해(遠近海)[명] 멀고 가까운 바다.

원금(元金)[명]《경제》 ①밑천. 본전(本錢). capital ②대금(貸金)의 본전. 모재(母財). 모전(母錢). ⑩ 이자. 이식. principal

원급(原級)[명] 영어 따위의 형용사·부사에서 비교급·최상급으로 변하기 이전의 원래형.

원기(元氣)[명] ①본디 타고난 기운. spirit ②심신의 정력. pluck ③만물의 정기.

원기(原器)[명] ①도량형(度量衡)을 정하는 표준이 되는 기구. prototype for weights and measures ②같은 종류의 물건의 기본이 되는 기구. prototype

원-기둥(原一)[명] 가장 중요한 곳에 버티는 기둥.

원-기둥(圓一)[명]《수학》 원주 곡면을 주어진 원의 면에 평행하는 두 평면으로 자른 중간의 입체. circular cylinder

원기둥 곡면(圓—曲面)[명]《수학》 정직선(定直線)에 평행하면서 주어진 원둘레를 따라서 운동하는 직선. 모선(母線)에 의해 생기는 곡면.

원기 부족(元氣不足)[명] 심신(心身)의 정력(精力)이 모자람. lack of energy 하다

원:납(願納)[명] 자원하여 재물을 바침. presentation

원:-납:전(願納錢)[명] 자원하여서 바치는 돈. donation

원내(院內)[명] 원(院)자가 붙은 각종 기관의 안. ⑩ 의원·참의원·학원 등. ⑪ 원외(院外). inside the

원내 house 「원외(員外). in a regular staff
원내(員內)圀 정원(定員)의 안. 일정한 수의 안. 《대》
원내 총:무(院內總務)圀 《정치》 국회 안에서 자기 당에 속하는 의원을 통솔하며 사무를 총괄하는 정당(政黨)의 간부(幹部). floor leader
원:녀(怨女)圀 《동》 원부(怨婦).
원년(元年)圀 ①임금이 즉위한 해. ②연호(年號)를 정하는 때의 첫해. first year ③건국(建國)된 첫
원:념(怨念)圀 원한을 품은 생각. bitter feeling [해.
원:님(一)圀 《동》 원(員).
원단(元旦)圀 ①설날. New Year's Day ②설날 아침. 세단(歲旦). 원조(元朝). 정조(正朝). 원신(元辰)①. New year's morning
원단(原緞)圀 가공하지 않은 원료로서의 천.
원-달구(圓一)圀 《건축》 크고 둥근 돌에 줄을 맨 달구. stone roller
원달구질(圓一)圀 〈토목〉 원달구로 땅을 다지는 일.
원답(原畓)圀 원래의 논. original rice-field [하다.
원당(原糖)圀 《약》→원료당(原料糖).
원:당(願堂)圀 ①《제도》 궁사(宮司) 또는 민가에 베풀어 왕실의 명복을 빈던 곳. ②소원을 빌기 위하여 세운 집. shrine
원:대(怨懟)圀 원망(怨望). 하타 「귀하다.
원:대(轅對)圀 〈군대〉 본디 속했던 부대에. 하타
원:대(遠大)圀 ①규모가 큼. ¶~한 계획. great and far ②뜻이 큼. ¶~한 포부. 하타
원:대(遠代)圀 ①먼 조상. distant ancestors ②아득한 옛 시대. remote antiquity 「근사하다.
원더풀(wonderful)圀 놀랄 만하다. 훌륭함. 놀랍다.
원덕(元德)圀 〈윤리〉 모든 덕(德)의 근본이 되어 있는 덕(德). 주덕(主德). cardinal virtues
원덜랜드(wonderland)圀 불가사의 나라. 꿈같은 이상한 나라. 동화의 세계. 「original picture
원도(原圖)圀 〈미술〉 기본이 되는 그림. 본그림.
원:도(遠到)圀 높은 벼슬에 오름. reaching a high position 「place 하타
원:도(遠逃)圀 멀리 달아남. escape to a distance
원:도(遠島)圀 육지에서 멀리 떨어진 섬. remote island 「거운 종이.
원도-지(原圖紙)圀 〈미술〉 원도를 그리는 데 쓰는 두
원:독(怨毒)圀 원망이 지나쳐서 생긴 독기. poisonous resentment 「action
원동(原動)圀 운동·활동을 일으키는 근원. motive for
원:동(遠東)圀 《동》 극동(極東).
원동-기(原動機)圀 〈물리〉 자연적 에너지를 기계적 에너지로 바꿔 놓는 기계 장치의 총칭. motor
원동-력(原動力)圀 ①사물을 활동시키는 근원이 되는 힘. motive power ②〈물리〉 물체나 기계의 운동을 일으키는 힘. 「fields
원두(原頭)圀 들판 근처. 들가. ¶김밀 ~. near the
원두(園頭)圀 밭에 심은 오이·호박·참외·수박 등. planted melons
원두-놓-다(園頭一)타 밭에 오이·수박·호박 등을 심어서 가꾸다. cultivate melons in the field
원두 덩굴(園頭一)圀 밭에 심은 오이·호박 등의 덩굴.
원두-막(園頭幕)圀 원두밭을 지키기 위하여 높직하게 지은 막. lookout set up in the fields
원두-밭(園頭一)圀 원두 놓은 밭. melon patch
원두-부치-다(園頭一)자 오이·참외·수박 등의 씨를 밭에 심다. cultivate melons and cucumbers
원두한(園頭干)圀 《약》→원두한이. 「탑. 《약》 원두한.
원두한-이(園頭干一)圀 참외밭을 부치거나 가꾸는 사
원-둘레(圓一)圀 〈수학〉 원의 둘레. 한 점에서 같은 거리에 있는 폐곡선. 원주. 「집. ②평퍼짐한 집.
원락(院落)圀 ①울 안에 따로 막아 놓은 정원이나
원래(元來·原來)圀 본디. 본디부터. 처음부터. ¶~ 성질이 착하다. originally
원:래(遠來)圀 먼 곳에서 옴. visiting from afar 하타
원량(元良)圀 ①《동》 황태자(皇太子). 왕세자(王世子).

②아주 선량한 사람. good person
원량(原諒)圀 용서(容恕)의 뜻으로, 편지에 쓰는 말.
원유(原有). 하타 「hought 하타
원:략(遠略)圀 앞으로 올 일을 헤아려 생각함. foret-
원력(原力)圀 본기운. original power 「ghost
원:령(怨靈)圀 원한을 품고 죽은 사람의 혼령. offened
원:례(援例)圀 예(例)를 끌어댐. taking an example 하타
원로(元老)圀 ①관위·연령·덕망이 높은 공신. elder statesman ②오래 그 일에 종사하여 공로가 있는 사람. veteran
원:로(遠路)圀 먼 길. 원정(遠程). long distance
원로 대:신(元老大臣)圀 나이가 많고 덕망이 높은 영의정·좌의정·우의정 등의 대관.
원로-원(元老院)圀 ①《제도》 고대 로마의 최고 정치 기관. 삼권 분립 가운데의 입법권의 하나. ②외국 공화국에서의 상원(上院)의 별칭. Senate
원론(原論)圀 근본이 되는 이론. ¶경제 ~.
원:뢰(遠雷)圀 멀리서 울리는 천둥 소리. thunder
원료(原料)圀 물건을 만들 때 재료가 되는 거리. 밑감. 원재료(原材料). 《동》 제품(製品). raw material
원료-당(原料糖)圀 정제(精製)하지 아니한 원료인 조당(粗糖). 《동》 원당(原糖). raw sugar
원료-대(原料代)圀 《동》 원료비(原料費).
원료-비(原料費)圀 〈경제〉 ①원료 값. price of raw material ②원료를 만드는 데 드는 비용. 원료대(原料代). cost
원:루(冤淚)圀 원통해서 나는 눈물. tears of vexation
원류(原流)圀 ① 《동》 근원(根源)②. ②근본이 되는 유풍(遺風). 주가 되는 유파(流派). main current ③ 내나 강의 근본이 되는 줄기. 본류(本流). 《대》 지류(支流). main stream
원:류(流謫)圀 먼 곳으로 귀양 보냄. condemn to exile
원:류(願留)圀 백성이 고을 원의 유임(留任)을 바람
원:리(元利)圀 《경제》 원리금(元利金). 「먼 일. 兄
원리(原理)圀 ①으뜸이 되는 이치. 원칙①. ②사물을 판단하는 근본이 되는 이치. ③〈철학〉 행위의 근본이 되는 규범. ④학문의 출발점이어야 할 개념. principle
원리-금(元利金)圀 〈경제〉 원금과 이자를 합친 돈. 원리(元利). amount with interest included
원림(園林)圀 ①집터에 딸린 수풀. grove ②공원이나 정원의 수풀. garden 「긴 고삐를 잡는 마부.
원-마:부(元馬夫)圀 〈제도〉 기구(器具)를 갖춘 말의
원:막-치:지(遠莫致之)圀 거리(距離)가 먼 곳이어서 올 수가 없음.
원만(圓滿)圀 ①모난 데가 없이 둥글둥글하고 복스러움. all round ②서로 의좋게 지냄. peace and happiness ③마음에 흡족하게 여김. perfection 하圀 스탭 스레圀 히圀 「상대.
원만 구족(圓滿具足)圀 원만하고도 완전히 갖추어진
원:-말(源一)圀 고쳐지기 전의 본디의 말. 원어. original words
원:망(怨望)圀 ①남을 못마땅하게 여기고 탓함. resentment ②분하게 여겨 미워함. ③지나간 일을 불만하게 여김. 원대(怨懟). hatred 하타 스탭 스레圀
원:망(遠望)圀 ①먼 곳을 바라봄. distant view ②먼 앞날의 희망. 하타
원:망(願望)圀 원하고 바람. 염망(念望). desire 하타
원:매-인(願買人)圀 사려고 하는 사람. 원매주(願買者). 「者). offerer of goods
원:매-인(願賣人)圀 팔려고 하는 사람. 원매주(願賣
원:매-자(願買者)圀 《동》 원매인(願買人).
원:매-자(願賣者)圀 《동》 원매인(願賣人).
원맥(原麥)圀 밀가루의 원료로 하는 밀.
원=맨(one-man)圀 ①다른 사람들의 의견이나 세평(世評)을 듣지 아니하고 자기 생각대로만 하는 사람. ②몇 사람이 할 일을 혼자 함. ¶~ 쇼. 「는 버스.
원맨 카:(one-man car)圀 운전사가 차장을 겸하고 있

원맨 컨트롤(one-man control)圈 ①한 사람의 조작(操作)으로 기계 전체·기구(機構) 전체를 자유로이 움직이는 일. ②한 사람의 의사로 전기구(全機構)를 움직이는 일. original surface
원면(元面)圈 ①본 얼굴. original face ②원래의 면.
원면(原綿)圈 실의 원료가 되는 솜. raw cotton
원명(原名)圈 본디의 이름. original name
원명(原命)圈 본디 타고난 목숨. destined life
원:모(怨慕)圈 원망하면서도 오히려 사모함. 하자
원모(原毛)圈 실의 원료가 되는 짐승의 털. raw wool
원:모(遠謀)圈 먼 장래를 생각하여 쓰는 꾀. farsighted scheme 하자 material wood
원목(原木)圈 가공하지 않은 나무. 원목재(原木材).
원=목재(原木材)圈 同 원목.
원무(圓舞)圈 ①원형(圓形)을 만들며 추는 활발한 춤. waltz ②왈츠·폴카 등과 같이 남녀 한 쌍이 추는 사교춤. 윤무(輪舞). ③略→원무곡(圓舞曲).
원무-곡(圓舞曲)圈 〈음악〉 4분의 3또는 8분의 3박자의 빠르고 화려한 무도곡. 윤무곡(輪舞曲). 略
원문(原文)圈 同 본문(本文). 윤무(圓舞). waltz
원:문(轅門)圈 ①군영(軍營)이나 영문(營門). ②同 군문(軍門).
원물(元物)圈 어떤 수익물(收益物)을 얻을 수 있는 근원이 되는 물건. 우유에 대해서 젓소, 과일에 대해서 과수 등을 일컬음.
원물(原物)圈 ①모조품이나 사진 등에 대해서 본디의 물건. 오리지널(original). ②제품의 원료가 되는 물건. ③견본·표준품 판매에서, 기준이 되는 물품.
원미(元味)圈 쌀을 굵게 갈아 쑨 죽. 여름에 꿀과 소주를 타서 차게 먹음. 살밀이의 하나.
원-밀이(圓—)圈 〈건축〉 등이 반원형으로 된 문살의 하나.
원반(圓盤)圈 〈체육〉 원반던지기에 쓰는 운동 기구의 하나. discus 두리반.
원반-던지기(圓盤—)圈 〈체육〉 육상 경기의 하나. 투원반(投圓盤). discus throwing 하자
원밥-수기圈 떡국에 밥을 넣어 끓인 음식. 얼밥수기.
원:방(遠方)圈 ①먼 지방. distant place ②먼 쪽. ③서울에서 멀리 떨어진 시골. 원지(遠地).
원:방(遠邦)圈 먼 나라. 원국(遠國). distant country
원:방패(圓防牌)圈 〈제도〉 모양이 둥글고 손잡이가 가운데 있는 방패의 하나. 곁에 수면(獸面)을 그리는데 각 군에 따라 빛이 다름.
원배(元配)圈 전배(前配). remote place 하자
원:배(遠配)圈 먼 곳으로 귀양 보냄. 원찬. exile to
원범(原犯)圈 同 정범(正犯).
일법(一法)(原法)圈 원래의 본디의 법칙. original law
원:별(怨別)圈 이별을 원통히 여김. 또, 그 이별. regret parting 하자
원:별(遠別)圈 멀리 헤어짐. separate far apart 하자
원:병(援兵)圈 도와 주는 군사. reinforcement
원보(原譜)圈 고치거나 바꾸기 전의 본디의 악보.
원복(元服)圈 성년(成年)에 달하여 어른의 의관(衣冠)을 착용하던 의식.
원본(原本)圈 ①본보기. example ②등본·초본 등의 근본이 되는 서류. 저본②. (대) 등본(謄本). 역본(譯本). original document ③略→원간본.
원(院本)圈 〈문학〉 중국 남송(南宋) 시대에 금(金) 나라에서 행한 희곡(戲曲). old Chinese comedy
원:부(怨府)圈 대중의 원한이 쏠리는 단체나 기관.
원:부(怨婦)圈 원한을 품은 여자. 과부를 일컬음. 원녀(怨女). spiteful widow
원부(原簿)圈 본디의 장부. original register
원분(圓墳)圈 모양이 둥근 무덤.
원-불(願佛)圈 〈불교〉사사로이 모시고 소원을 비는 부처. private Buddha
원비(元妃)圈 임금의 정실(正室). queen
원비(元肥)圈 파종·이앙(移秧) 또는 식수(植樹)를 하기 전에 주는 거름. 밑거름. slander
원:비(怨誹)圈 원망하고 비방함. resentment and

원비(原費)圈 원 비용. 밑천.
원비(猿臂)圈 ①원숭이처럼 팔이 길고 힘이 있음. ②팔을 내밀어 물건을 쥐는 손 모양.
원비지-세(猿臂之勢)圈 군대의 진퇴(進退)와 공수(攻守)를 자유 자재로 하는 것. root
원=뿌리(元—)圈 본디의 뿌리. 주되는 뿌리. original
원-뿔(圓—)圈〈수학〉원물면의 정점(頂點)과 밑면 사이에 이루어진 중간의 입체. 원추(圓錐). circular cone
원뿔 곡선(圓—曲線)〈수학〉원뿔면을 그 정점(頂點)을 통하지 않는 임의의 평면으로 잘라 낸 면의 곡선. conicsection 추형.
원-뿔꼴(圓—)圈〈수학〉원뿔 모양으로 된 형태. 원뿔.
원뿔-나무(圓—)圈〈식물〉줄기가 크고 길며, 가지가 짧고 작아 전체가 원추형을 이룬 나무.
원뿔-대(圓—臺)圈〈수학〉원뿔체를 밑면에 평행하는 평면으로 잘랐을 때 그 윗 것을 버린 남은 부분으로 되어있는 입체. circular truncated cone
원뿔 도법(圓—圖法)〈지리〉지구의 어떤 위도선(緯度線)에 원뿔면을 접촉시키어 그 위에 지구 표면의 형태를 투영(投影)하여 그리는 도법. conic projection
원뿔-면(圓—面)圈〈수학〉하나의 원주(圓周)를 도선(導線)으로 하여 그 위의 각 정점과 원의 평면(平面) 밖에 있는 정점(定點)을 통하는 모든 직선을 모선으로 하여 생기는 곡면(曲面). circular conical surface
원:사(怨辭)圈 원망하는 말. reproachful words
원사(原絲)圈 직물의 원료가 되는 실. 플릴에스테르 ~. yarn usation 하자
원사(冤死)圈 원통하게 죽음. death under false acc-
원:사(遠射)圈 활·총 등을 멀리엄 쏨. 또, 먼 곳에서 쏨. shooting from the distance 하자
원:사(遠寫)圈 ①영화의 화면을 넓게 촬영한 필름. long shot film ②멀리서 찍음. long shot 하자
원사이드 게임(one-sided game)〈체육〉한 편만 계속하여 이기는 일. 또, 그 시합. (대) 시소 게임 (seesaw game). photograph
원-사진(原寫眞)圈 복사하지 않은 본디 사진. original
원사-체(原絲體)圈〈생물〉이끼 식물의 포자가 발아하여 발생하는 녹색의 사상(絲狀)의 배우체.
원삭(元朔)圈 정월 초하루. 원단(元旦). New Year's Day production
원산(原産)圈 본디 생산되는 일. 또 그 물건. original
원:산(遠山)圈 ①먼 곳에 있는 산. distant mountain ②안경테의 구 쪽에 있는 물건. bridge〈건축〉문짝이 더 들어가지 않도록 문지방에 박은 물건. ④뒷간 회화들에 있는 얼을 가리는 장치. ⑤同 풍잠(風簪). ⑥〈음악〉해금의 줄위에 줄을 떠받치고 있는 나무쪽. 난 물품. primary products
원산=물(原産物)圈 생산지에서 난 물건. 원산지에서 난.
원산-지(原産地)圈 ①물건의 생산지 또는 제조지. place of origin ②동식물의 본디 난 땅. habitat
원삼(元蔘)圈 同 현삼(玄蔘).
원삼(圓衫)圈〈제도〉연두빛 길에 자주 깃을 달고 색 동을 달아 지은 부녀의 예복. lady's ceremonial dress
원상(原狀)圈 ①근본되는 상태나 형편. original figure ②본디의 형편이나 상태. former condition
원:상(院相)圈〈제도〉임금의 연령이 스물여섯 동안 대소 정무를 행하던 승정원(承政院)의 임시 벼슬. 중망이 높은 원로 대신에서 임명함.
원상(原象)圈 본래의 형상(形象). original figure
원상 회복(原狀回復)圈 종전의 상태로 회복하는. 하자 된다
원:색(怨色)圈 원망의 얼굴빛. reproachful face
원색(原色)圈〈물리〉여러 가지 빛깔의 바탕이 되는 빛깔. 빨강·파랑·노랑의 세 가지 색. 기색(基色). primary colour
원:색(遠色)圈 여색(女色)을 멀리함. 하자

원색 동:물(原索動物)[명] 〈동물〉 동물계를 분류하는 문(門). 유생기(幼生期)에 발생하는 척추를 형성하는 척색(脊索)이 죽을 때까지 척색 그대로 머물러 있는 동물. 모두 바다에서 삶. 의색류(擬索類)·미색류(尾索類)·두색류(頭索類)로 분류함. protochordate

원색-판(原色版)[명]〈인쇄〉①인쇄용 제판의 하나. 실물과 같은 빛깔로 된. 사색판(四色版). helio type ②삼색판(三色版)·사색판의 총칭.

원생-림(原生林)[명]①〈동물〉③.

원생(院生)[명]①'원(院)'자로 끝나는 이름의 기관에 수용되어 있는 사람. ¶소년원 ~. ②'원(院)'자로 끝나는 기관·학교 등에 소속되어 배우는 사람. ¶미술 학원 ~. ③〈제도〉조선조 때, 서원에 속하여 있던 사람.

원생-대(原生代)[명] 지질 시대의 하나. 최고(最古)인 시생대와 고생대의 중간의 시대. primeval times

원생 동:물(原生動物)[명]〈동물〉동물 중 구조가 아주 단순한 동물로 분열에 의해 번식하는 것. 곤 아메바 따위. 원시 동물. 원충(原蟲). (대) 후생 동물(後生動物). protozoa

원생 생물(原生生物)[명] 〈생물〉원생 식물·원생 동물의 총칭. 곧, 단세포 생물의 총칭. 원시 동물.

원생-토(原生土)[명]〈동〉원적토(原積土).

원서(爰書)[명]죄인의 범죄 사실 진술을 쓴 서류.

원서(原恕)[명]정상을 동정하여 용서함. pardon 하다

원서(原書)[명]번역한 책에 대하여 원본이 되는 책. 원전(原典)②. (대) 역서(譯書). original book

원:서(願書)[명] 청원하는 뜻을 쓴 글. application

원:석(元夕)[명] 원소(元宵)①.

원석(原石)[명]①〈동〉원광(原鑛)②. ②가공 전의 보석.

원:성(願性)[명] 원망하는 소리. complaint

원성(原性)[명] 본디의 성질. nature

원:성 자자(怨聲藉藉)[명] 원성(怨聲)이 여러 사람의 입에 오르내리어 떠들썩함. 하다

원소(元素)[명]①물건을 만들어 내는 근본이 되는 것. 바탕. ②〈화학〉두 가지 이상으로 분해할 수 없는 최소의 단위 물질. element ③〈수학〉일반의 수학적 관계. element ④〈철학〉만물의 근원이 되는, 더 이상 분해할 수 없는 요소. 〈공동〉upper sky

원소(元宵)[명]①정월 보름날 밤. 원석(元夕). ②높은 하늘.

원소(冤訴)[명]무고한 죄를 호소함. appeal for innocence ②불복을 청함. appeal of dissatisfaction 하다 ③(私獄)들의 소송. 소원(訴冤).

원:소(園所)[명]〈제도〉왕세자·왕세자빈과 왕의 사친(私親)의 산소.

원소-병(元宵餠)[명] 음력 정월 보름날 밤에 먹는 떡.

원소 분석(元素分析)[명]〈화학〉유기 화합물의 성분 원소를 검출하여, 그 함유량을 정하는 화학 분석. ultimate analysis

원소 주기율(元素週期律)[명]〈화학〉원소의 성질과 원자량과의 관계를 나타내는 법칙. (약) 주기율(週期律). periodic law of the elements

원손(元孫)[명]〈제도〉왕세자의 맏아들. eldest son of a crown prince

원:손(遠孫)[명] 세대가 먼 자손. 원예(遠裔)①. 〈유〉계손(系孫). 말손(末孫). remote descendants

원숏 카메라(one-shot camera)[명] 한 번의 노출로 청·황·적의 3색 분해 촬영을 하게 되어 있는 천연색 카메라.

원수(元首)[명] 한 나라의 주권을 가진 사람. sovereign

원수(元帥)[명]①〈군사〉군인의 가장 높은 계급. 오성 장군(五星將軍). marshal ②〈제도〉구한국 때, 원수부(元帥府)의 한 벼슬.

원수(元數)[명]①근본이 되는 수. original number ②본디의 수. first number

원:수(怨讎·怨讐)[명]①자기 또는 자기 나라에 해를 끼친 사람. 수적(讐敵). enemy ②원한의 대상이 되는 것. 구적(仇敵). 구원(仇怨). 원적(怨敵). foe

원수[-數](員數)[명] 사람의 수효. number of men

원:수 갚-다(怨讎—·怨讐—)[타] 큰 해를 끼쳐 원한이 맺혀 한 사람에게 해를 주어 원한을 풀다. revenge

원수는 외나무다리에서 만난다[속] ①회피하려야 할 수 없는 지경에 놓인다. ②남에게 악한 일을 하면 그 죄를 받을 때가 반드시 온다.

원수-부(元帥府)[명] 〈제도〉국방(國防)·용병(用兵) 및 군사(軍事)에 관한 명령을 내리고 군부(軍部) 및 경외 각군(京外各軍)을 지휘 감독하던 관청.

원:수-지다(怨讎—·怨讐—)[자] 서로 원수의 사이가 되다. become an enemy of

원:수 치:부(怨讎置簿)[명] 원수진 것을 오래 기억해 둠. musing the grudge 하다

원수-폭(原水爆)[명] 원자 폭탄과 수소 폭탄. atomic bombs and hydrogen bombs

원숙(圓熟)[명]①무르익음. ②매우 숙련(熟練)됨. skillfulness ③인격·지식 등이 오묘한 지경에 이름. maturity ④빈틈이 없음. perfection 하다 히[부]

원순 모음(圓脣母音)[명] 단모음을 발음할 때에 입술을 둥글게 오므려 내는 모음. 'ㅗ, ㅜ, ㅚ' 등. (대) 평순 모음(平脣母音).

원:숭이[명]①〈동물〉영장목(靈長目)의 한 동물. 몸 길이는 70~100cm 내외, 몸 빛은 암갈색에 황색의 무늬가 있으며 얼굴과 볼기는 적색이고, 꼬리는 짧고 입에는 먹이를 모으는 주머니가 있음. 흉내를 잘 내며 나무에 잘 오르내림. 원후. monkey ②남의 흉내를 잘 내는 사람. good imitator

원:숭이-날[속] 신일(申日).

원숭이도 나무에서 떨어진다[속] 아무리 익숙하고 잘하는 사람이라도 혹 실수하는 수가 있다.

원:숭이똥-나물[명]〈식물〉성탄꽃과에 속하는 다년생 풀. 줄기는 연약하고 가로누워 벋으며 5월에 황색 꽃이 핌. 산의 습지에 나며 관상용임.

원:숭이-띠[속] 신생(申生)을 원숭이의 속성으로 보고서 하는 말. being born in the year of monkey

원:숭이-해[속] 신년(申年).

원스 모어(once more)[감] 한 번 더.

원-스텝(one-step)[명] ①일보. 일단계. ②4분의 2박자, 또는 8분의 6박자에 맞추어 추는 급속·쾌활한 사교 무도춤.

원시(元是·原是)[부] 본디. 원래. originally

원시(原始·元始)[명]①처음. 시초. beginning ②본디대로여서 진화 또는 발전하지 않음. ③자연 그대로 있음. 원생(原生). primitive

원시(原詩)[명] 번역·개작되지 않은 본디의 시. (대) 역시(譯詩). original poem

원:시(遠視)[명] ①먼 곳을 바라봄. long-sightedness ②(약)~원시안(遠視眼). 하다

원:시-경(遠視鏡)[명] 원시안의 사람이 쓰는 안경. 원안경(遠眼鏡). convex glass

원시 곰:산체회(原始共產體)[명] 〈사회〉토지를 공유(共有)하고 계급의 분열이 없었다니고 생각하는 인류 최초의 사회 제도. primitive community

원시 기독교(原始基督敎)[명] 〈종교〉예수의 복음(福音)을 터전으로 한 교회(敎會)의 성립으로부터 카톨릭 교회의 성립기(成立期)까지의 기독교.

원시 동:물(原始動物)[명]〈동〉원생 동물.

원시-림(原始林)[명] 태고 때부터의 수림. 처녀림(處女林). 시원림(始原林). 원생림(原生林). (대) 공유림(共用林). virgin forest

원시 민족(原始民族)[명] 미개하여 원시 생활을 하고 있는 민족. primitive people

원시 사:회(原始社會)[명] 〈사회〉문명 사회 이전의 사회. 군주 사회(群族社會)와 부족 사회(部族社會)로 구분됨. primitive society

원시 산:업(原始產業)[명] ①고대에 행하여지던 산업. 곧, 수렵·어로·초보적인 농목축업 따위. ②천연 자원의 획득을 목적으로 하는 산업. 곧, 농업·광업·어업 따위. primary industry

원시 생활(原始生活)[명] 미개한 원시 시대에 있어서

원시 시대 일정한 생업이 없이 나무 열매·물고기 따위를 잡아 먹던 생활. primitive life

원시 시대(原始時代)명 사람이 처음 지구상에 나타난, 미개 야만이던 시대. 원인 시대(原人時代). primitive age

원:시=안(遠視眼) 〈생리〉 조절근(調節筋)의 신축이 불충분하여 수정체(水晶體)가 팽창하여서 가까이 대 것을 잘 못 보는 눈. (대) 근시안(近視眼). (약) 원시(遠視)②. 원안(遠眼). long-sightedness

원시 언어(原始言語) 계산기에 의해 자동 프로그램 번역 과정에서, 인력(人力)으로 주어지는 프로그램 언어.

원시 예:술(原始藝術)명 〈예술〉 원시 시대(原始時代)에 있어서 자연 또는 신(神)에 대한 공포(恐怖)·찬양(讚仰) 따위의 심경에서 빚어진 예술. primitive art

원시-인(原始人)명 원시 시대 사람. dawn man [art

원시-적(原始的)관명 원시 그대로의 상태이거나 또는 그와 같은(것).

원시 종교(原始宗敎) 〈종교〉 미개의 원시 민족이 신앙하는 종교. 자연물·천연 현상 따위에 마력을 인정하고 그것으로 신앙의 대상을 삼음. primitive religion

원시 취:득(原始取得)명 〈법률〉 어떠한 권리를 남의 권리에 의하지 않고 독립적으로 취득하는 일. 선점(先占)·유실물 습득(遺失物拾得)·시효(時效) 등. (대) 승계 취득. original acquisition

원식(原式)명 본디의 식(式). [family

원:식구(原食口)명 그 집안의 본디 식구. one's own

원신(元旦)명 설날 아침. 원단(元旦)②. morning of New Year's Day ②좋은 때. prosperous time

원:심(怨心)명 원망스러운 마음. ¶ ~을 품지 말라. grudge 「전의 재판. 도, 그 법원.

원심(原審)명 〈법률〉 상소심(上訴審)에 있어서, 상소

원심(圓心)명 〈수학〉 원의 중심. centre of a circle

원:심(遠心)명 중심에서 멀어지는 일. (대) 구심(求心). centrifugal

원:심-기(遠心機)명 〈동〉 원심 분리기(遠心分離機).

원:심-력(遠心力)명 〈물리〉 원을 따라 운동하고 있는 물체가 받고 있는, 회전축의 중심으로부터 멀어지려는 힘. (대) 구심력(求心力). centrifugal force

원:심 분리기(遠心分離器) 〈물리〉 비중이 다른 두 액체 속에 고체(固體)가 섞여 있을 때, 이것을 원심 작용(遠心作用)에 의하여 따로따로 분리하는 장치(裝置). 원심기. centrifugal separator

원:심성 신경[-씽-](遠心性神經)명 〈생리〉 중추(中樞)에 일어난 흥분을 말초(末梢)에 따로 전하는(傳導)하는 신경. 운동 신경·분비 신경 등. centrifugal nerve

원:심 작용(遠心作用)명 〈물리〉 물체가 고정된 축(軸)의 주위를 회전(回轉)할 때 축으로 향(向)하는 구심력(求心力)의 작용. centrifugal effect

원:심 조속기(遠心調速機)명 〈기계〉 원심 작용(作用)을 응용하여서 회전 속도(回轉速度)를 자동적(自動的)으로 일정하게 하는 장치(裝置). centrifugal governor 「children

원아(園兒)명 유치원에 다니는 아이. kindergarten

원 아웃(one out) 〈체육〉 야구에서, 공격측의 선수 가 한 사람 아웃됨. 일사(一死)②.

원악(元惡)명 ①악한의 우두머리. ②매우 악한 사람.

원:악(怨惡)명 남을 미워하고 원망함. hate

원악 대:대(元惡大憝)명 ①반역죄를 범한 사람. ② 매우 악하여서 온 세상이 미워하는 사람. 「운 곳.

원:악-지(遠惡地)명 서울에서 멀리 떨어진 살기 어려

원:안(原案)명 회의에서 전 처음의 안(案). 본안(本案)①. (대) 수정안(修正案). original plan

원안(院案)명 →원시학교(遠視學校)②.

원:안-경(遠眼鏡)명 〈동〉 원시경(遠視鏡).

원앙(鴛鴦)명 ①〈조류〉 오리과에 속하는 물새. mandarin duck ②다정한 부부.

원앙-금(鴛鴦衾)명 ①원앙을 수놓아 짠 피륙으로 만든 이불. ②부부가 같이 덮는 이불. 앙금(鴛衾).

bridal bed

원앙지=계(鴛鴦之契)명 원앙새는 암수가 서로 떨어지 않고 지냄. 곧, 부부가 서로 화락함. harmonious couple 「같이 베는 베개. couple's pillow

원앙=침(鴛鴦枕)명 ①원앙을 수놓은 베개. ②부부가

원액(原額)명 본디의 액수. principal

원야(原野)명 인가가 없는 넓은 들. wilderness

원:양(遠洋)명 뭍에서 멀리 떨어진 넓은 바다. 《유》원해(遠海). 난바다. (대) 극해. 연해. ocean

원:양 어선(遠洋漁船)명 원양 어업에 쓰이는 돛단배. 도, 기선. vessel engaged indeep-sea fisheries

원:양 어업(遠洋漁業)명 원양 어선으로 어구(漁具)와 어정(漁艇)을 싣고 물고기의 저장·가공의 설비를 갖추어 원양을 항행하며 하는 어업. deep-sea fishery

원:양 항:로(遠洋航路)명 멀리 바다를 항행(航行)하는 항로(航路). ocean line

원:양 항:해(遠洋航海)명 외국과의 교통을 위해 원양을 항행하는 일. (약) 원항(遠航). ocean navigation

원어(原語)명 ①베끼거나 번역한 말의 본디의 말. original word ②우리 말에 대한 외래의 본디의 외국어. (유) 원말. (대) 역어(譯語). corresponding

원억(寃抑)명〈동〉 원굴(寃屈). 하타 [foreign words

원:언(怨言)명 원망하는 말. complaint

원:여장(一녀-)(圓女牆)명 윗변이 반월형인 성가퀴.

원역(員役)명〈동〉 아전(衙前).   「tion

원:연(遠緣)명 먼 혈통. 먼 연분(緣分). distant rela-

원염[一넘](原鹽)명 정제(精製)하지 아니한 굵고 거친 소금. unrefined salt

원엽=체(原葉體)명 전엽체(前葉體).

원:영(遠泳)명 〈체육〉 해안에서 장거리를 헤엄치는 일. 대개 단체로 행함. long-distance swim

원예(園藝)명 〈한의〉 각막(角膜) 위에 둥근 점이 생겨, 양지에서는 작아지고 음지에서는 커지며 시력이 나빠지는 병.   [gardening

원예(園藝)명 채소·화초·과목 등을 심어 가꾸는 일.

원:예(遠裔)명 ①〈동〉 원손(遠孫). ②먼 곳에 있는 이민족의 나라.   「사람.

원예-가(園藝家)명 원예를 연구하거나 업으로 삼는

원예 농업(園藝農業)명 〈농업〉 원예를 전업(專業)으로 하는 농업. horticulture   「치.

원예-사(園藝師)명 원예를 업으로 하는 사람. 동산바

원예-술(園藝術)명 채소·화초 따위를 가꾸는 방법과 기술. art of gardening

원예 식물(園藝植物)명 〈식물〉 채소·과목·화초 따위 와 같이 원예상 재배되는 식물. 원예 작물. garden

원예 작물(園藝作物)명 〈동〉 원예 식물.   [plant

원예-학(園藝學)명 원예의 방법이나 기술 따위를 연구하는 학문. horticulture

원:오(怨惡)명 남을 원망하고 미워함. detesting 하타

원옥(寃獄)명 죄 없이 억울하게 옥사에 걸림. imprisoned unjustly   「점일 때의 일결음.

원 올:(one all) 〈체육〉 양편의 득점이 다같이 한

원앙(寃枉)명 〈동〉 원굴(寃屈). 하타 [extra member

원외(員外)명 정한 사람의 수효 밖. (대) 원내(員內).

원외(院外)명 ①원(院)자가 붙은 기관의 외부(外部). (대) 원내(院內). outside the institute ②국회(國會)의 밖.

원:외 운:동(院外運動)명 〈정치〉 선거민이 어떤 특정한 법률의 제정에 대하여 선출 의원에게 작용하여 찬성 또는 반대 투표를 하도록 하는 운동.

원용(援用)명〈법률〉 자기 이익을 위하여 어떤 사실을 다른 데서 끌어다가 주장하거나 또는 거부하는 일.

원:우(怨尤)명〈동〉 원구(怨咎). 하타 [claim 하타

원:운=동(圓運動)명 〈물리〉 궤도가 원으로 된 운동. circular movement

원원(元元)명 ①근본의 뜻. ②모든 국민. all people

원원-이(元元一)부 처음부터. 원래부터. ¶그 사업이 ~ 순조로웠다. from the beginning

원원하다=하-다(源源—)[혱][여불] 근원이 깊어서 끊어지지 않다. 원원=히[부]

원월(元月)[명] 정월(正月)의 딴이름. January

원위(原位)[명] 본디의 자리. 본디의 위치. former post

원유(苑囿)[명] 대궐 안의 동산. garden of the imperial palace

원유(原由)[명][동] 원인(原因)①.

원유(原油)[명]〈광물〉천연으로 산출되어 그대로의 광물. crude petroleum

원유(原有)[명][동] 원량(原量). 하[타] 원 동산.

원-유(園囿)[명] ①식물원과 동물원. ②원소(園所)와 나라.

원:유(遠由)[명][동] 원인(遠因).

원:유(遠遊)[명] ①멀리 거닒. 나들이. excursion ②수학·수업을 위하여 먼 곳에 감. 하[자]「석탄 때에 쓰이는 관.

원:유-관(遠遊冠)[명]〈제도〉임금이 조하(朝賀)에 임고 여흥하는 모임. garden party

원유-회(園遊會)[명]·여러 손님을 청하여 옥외에서 먹

원융(圓融)[명] ①원만히 융통함. ②구별 없이 한데 통함. accommodating ③〈불교〉온갖 법의 이치가 널리 융통하여 하나가 됨. 「거림이 없음. 하[자]

원융 무애(圓融無礙)[명]〈불교〉원융하여 조금도 거

원음(原音)[명] ①글자의 본디의 음. primary sounds ②〈음악〉음악상의 표준음. 기본음. fundamental tones ③재생음(再生音)에 대한 본디의 음.

원:음(遠音)[명] 멀리서 들리는 소리. distant sound

원의(原意)[명] ①근본의 의사. ¶이 말의 ~는 그런 뜻이 아니다. true intention ②[동] 원의(原義).

원의(原義)[명] 근본의 뜻. 원의(原意)②. primary meaning 「House

원의(院議)[명] 원(院)의 결의(決議). decision of the

원:의(願意)[명] 바라는 의사. ¶ 대중의 ~는 무엇이

원-이름[—니—](原—)[명] 본디의 이름. 「냐? desire

원인(原人)[명] 원시 시대의 인류. 원시인(原始人). primitive man

원인(原因)[명] 일의 말미암은 까닭. 원유(原由). cause ②일의 근거하는 곳. [대] 결과. origin

원:인(援引)[명] 끌어당김. quotation 하[타]「의 총칭.

원:인(猿人)[명] 가장 원시적 최고(最古)의 화석 인류

원:인(遠因)[명] 먼 원인(原因). 간접적인 원인. 원유(遠由). [대] 근인(近因). underlying cause 「icant

원:인(願人)[명] 청원(請願)하거나 바라는 사람. appl-

원인 시대(原人時代)[명]〈동〉원시 시대(原始時代).

원-인자(原因子)[명][동] 소인수(素因數).

원일(元日)[명] 정월 초하룻날. 설날. (유) 원단(元旦). New Year's Day

원:일=점[—쩜](遠日點)[명] 천체(天體)가 태양의 둘레를 도는 궤도 위에서, 태양에서 가장 먼 점. (약) 원점. aphelion 「(前任)의 관리. original post

원임(原任)[명] ①본디의 벼슬. former official ②전임

원입(願入)[명] 들어가기를 원함. application 하[자]

원자(元子)[명] 임금의 맏아들. 아직 왕세자(王世子)에 책봉되지 않았을 때의 이름.

원자(原子)[명]〈화학〉물질을 점점 작게 나눌 때에 어떠한 물리적·화학적 방법에 의해서도 더 나눌 수 없다고 생각되는 극히 미세(微細)한 입자(粒子)가. atom ②오직 하나로서 다시 더 나눌 수 없으며, 독립자존하는 사물을 이루는 근본.

원자-가[—까](原子價)[명]〈화학〉어떤 원소의 일 원자와 결합하는 수소 원자의 수를 말하고, 그 원소의 결합의 용량을 나타냄. atomic value

원자 기호(原子記號)[명]〈화학〉원자의 종류를 표시하는 기호. atomic symbol

원자-단(原子團)[명]〈화학〉어떤 화합물의 분자(分子) 속에 포함되어 있는 특정(特定)의 원자의 일단(一團). atomic group

원자-량(原子量)[명]〈물리·화학〉산소 원자 한 개의 질량을 16이라 정하고, 이에 비교하여 각 원소의 원자 한 개의 질량을 나타내는 수치. atomic weight

원자-력(原子力)[명]〈화학〉원자핵(原子核)의 핵반응 작용(核反應作用)에 의하여 방출(放出)되는 에너지.

원자 에너지. atomic energy

원자력 발전[—쩐](原子力發電)[명]〈물리〉원자로 내에서 발생시킬 열로서 수증기를 만들고, 이것으로 터빈을 회전시켜 발전하는 방식.

원자력 산:업(原子力産業)[명] 원자력 발전 등과 같이 원자력을 이용하는 산업.

원자력 잠:수함(原子力潛水艦)[명]〈군사〉원자로(原子爐)를 사용한 선박용 엔진을 동력 기관으로 한 잠수함. 몇 파운드의 우라늄으로 몇 천 마일의 계속 항해가 가능함. atomic submarine

원자-로(原子爐)[명]〈물리〉우라늄 235, 토륨 232, 플루토늄 239 등의 원자핵 분열이 연쇄 반응(連鎖反應)으로서, 또는 정상적(定常的)으로 진행하도록 만들어진 장치. 핵분열성(核分裂性)의 물질을 연료로 하고, 중성자(中性子)를 급는 그 연료의 촉매(觸媒)로 하는 장치의 노(爐). atomic pile

원자로 주기(原子爐週期)[명]〈물리〉원자로 내의 중성자 밀도가 e(e=2.718) 배로 되는데 요하는 시간. 이 주기가 긴 것 수록 중성자 밀도의 시간적 변화

원자-론(原子論)[명][동] 원자설(原子說).「는 더딤.

원자 번호(原子番號)[명]〈물리〉①과거에, 원소를 원자량이 작은 편에서 차례로 벌여 놓고, 셀 때의 각 원소의 순서를 나타내는 번호. ②원자핵(原子核)의 양전하(陽電荷)가 전기 소량(電氣素量)의 몇 배에 해당하는 것을 나타내는 수. 원소의 여러 가지 성질을 규정하는 가장 중요한 수값. atomic number

원자-병[—뼝](原子病)[명]〈의학〉방사성 물질의 방사능을 받음으로써 생기는 질병. atomic disease

원자 병기(原子兵器)[명]〈동〉핵무기(核武器).

원자-설(原子說)[명] ①〈철학〉우주는 공허한 공간(空間)과 무수의 미립자(微粒子)로 이루어져 있다고 하는 고대 그리스의 자연학(自然學). atomism ②〈물리〉각 원소(元素)는 각각 일정(一定)의 화학적 성질 및 일정의 질량(質量)을 갖는 원자로써 이루어지며, 화합물은 이들 원자가 결합한 분자로써 이루어졌다고 하는 설. 원자론(原子論). atomistics

원자 스펙트럼(原子 spectrum)[명]〈물리〉원자가 방출을 흡수하는 빛의 스펙트럼. 각각의 원소에 특유한 파장을 갖는 휘선(輝線)으로 되어 있으므로, 원자 스펙트럼에 의하여 원소를 조사할 수가 있음. 휘선 스펙트럼(輝線 spectrum).

원자-시(原子時)[명] 원자 시계로 정한 시간의 체계. [대] 천문시(天文時).

원자 시계(原子時計)[명]〈물리〉암모니아 분자 중의 탄소 원자의 규칙적인 원자 진동을 이용한 시계. 이제까지의 어느 시계에 비해서도 정밀도가 굉장히 높음. 세슘 따위의 기체를 이용하는 연구도 진행중임. atomic clock

원자 에너지(原子 energy)[명][동] 원자력(原子力).

원자 연료(原子燃料)[명][동] 원자핵 연료.

원자-열(原子熱)[명]〈화학〉원소의 1g 원자와 온도를 1도 상승(上昇)시키는 데 필요한 열량으로, 원소의 비열(比熱)과 원자량과의 적(積). atomic heat

원자-운(原子雲)[명] 핵무기가 공중에서 폭발할 때 수반하여 생기는 버섯 모양의 인공 구름. 버섯 구름.

원=자:재(原資材)[명] 공업 생산의 원료가 되는 자재. materials

원자 질량 단위(原子質量單位)[명]〈물리〉원자 또는 소립자의 질량을 나타내는 단위. 산소 원자의 질량을 표준으로 잡고, 이것의 16분의 1의 질량을 잡아서 단위로 함. 1질량 단위는 $1.66\times10^{-23}g$에 해당. 질량 단위(質量單位).

원자-탄(原子彈)[명][동] 원자 폭탄(原子爆彈).

원자 탄:두(原子彈頭)[명] 로켓탄의 두부(頭部)에 마련된 원자탄을 이름. atomic warhead

원자-포(原子砲)[명]〈군사〉원자핵 분열에 의한 에너지를 이용한 화포 병기의 하나. atomic gun

원자 폭탄(原子爆彈)[명]〈군사〉원자핵(原子核)의 분열에 의하여 생기는 급직하게 큰 에너지를 이용한

원자탄(原子彈)圓 원자핵의 분열이나 융합 때에 생기는 에너지를 살상·파괴용으로 이용한 폭탄. 원료는 플루토늄·우라늄 따위. 원자탄. 《약》원폭. atomic bomb

원자핵(原子核)圓〈물리〉양전하(陽電荷)인 원자의 중심체(中心體). 양핵(陽核). 핵(核). atomic nucleus

원자핵 분열(原子核分裂)圓〈물리〉우라늄·토륨·플루토늄 등의 원자핵이 중성자 또는 감마선(線)의 조사(照射)에 의해서 거의 같은 크기의 두 개의 원자핵으로 분열하는 현상. 이 때에 막대한 에너지를 방출함. 《약》핵분열(核分裂). nuclear fission

원자핵 붕괴(原子核崩壞)圓〈물리〉원자핵이 자연적으로 입자(粒子)나 전자파를 방출하여 다른 원자핵으로 변하는 일. 알파 붕괴·베타 붕괴·감마 붕괴 등이 있음.

원자핵 연료(原子核燃料)圓〈물리〉원자로 안에서 핵분열을 행하여 원자 에너지를 공급하는 물질임. 원자 연료(原子燃料). 핵연료. nuclear fuel

원자핵 융합[――융ː](原子核融合)圓〈물리〉핵융합. 《대》원자핵 분열.

원자핵 인공 변ː환(原子核人工變換)圓 원자핵 안의 양자·중성자의 수를 인공적으로 증감시켜, 다른 원소를 만들어 내는 일. 양자·중성자·중양자·알파 입자 등을 원자핵에 충돌시켜 행함.

원자핵 화ː학(原子核化學)圓 천연 및 인공의 방사성 원소의 분리·정제, 화합물의 합성, 화학적 성질의 연구 등을 행하는 화학의 한 분야.

원작(原作)圓 ①본디의 저작 또는 제작. ②연극·영화에서 각색된 각본에 대하여 그 소재가 된 소설·희곡 따위의 본디의 작품.

원작-자(原作者)圓〈동〉원저자(原著者).

원잠(原蠶)圓 ①원잠종을 받기 위해 계통을 바르게 한 누에. ②1 년에 두 번 부화하는 누에.

원잠-아(原蠶蛾)圓〈동〉누에나비.

원잠-종(原蠶種)圓 좋은 누에를 만들려고 계통을 바

원장(元帳)圓 ①고치기 전의 본디의 장부. ②〈경제〉거래(去來) 전부를 기록하여 계정(計定) 전부를 포함한 주요부(主要簿). 총계정 원장(總計定元帳). 원장부(元帳簿). ledger

원장(原狀)圓 처음에 제출한 소장(訴狀). orig-

원장(院長)圓 병원·서원·학원 따위의 우두머리. president. 《유치원 ~. director

원장(園長)圓 원(園)자가 붙은 시설(施設)의 장(長).

원-장부(元帳簿)圓 원장(元帳).

원-재료(原材料)圓 생산의 바탕이 되는 재료. 원료

원-재판(原裁判)圓〈법률〉현재의 재판 전에 받는 재판. 항소(抗訴)에서는 초심(初審)의 재판. 상고(上告)에서는 항소의 재판. original judgement

원=재판소(原裁判所)圓〈법률〉원재판을 맡아본 법원.

원ː-저ː자(原著者)圓〈동〉원작자(原作者). 저자(著者).

원ː적(怨敵)圓 원한의 적. 원수(怨讐). 원구(怨仇). sworn enemy

원적(原籍)圓〈법률〉①전적(轉籍)하기 전의 본적. domi-

원적-지(原籍地)圓〈법률〉①전적(轉籍)하기 전의 본적지(本籍地). ②〈동〉본적지. permanent abode

원적-토(原積土)圓〈지리〉암석(岩石)의 풍화 분해로(風化分解物). 본디의 암석 위에 그대로 퇴적하여 된 흙. 원생토(原生土). 정적토(定積土). 《대》운적토(運積土). sedentary soil

원전(院田)圓〈제도〉역원(驛院)에 딸렸던 논밭. field attached to a post town

원전(原典)圓 ①기준이 되는 본디의 전거(典據). original text ②〈동〉원서(原書). source book

원전(圓田)圓 둥근 모양의 밭.

원전(圓轉)圓 ①둥글게 빙빙 돎. 둥글게 구르는 일. rotation ②〈문학〉글의 뜻이 잘 통함. tactfulness ③언동이 거리낌 없이 부드러움. ④사물이 지체없이 잘 진행됨. 하ː다

원ː전(遠戰)圓 멀리서 싸움. fight in a distant place 하ː다

원전 비ː판(原典批判)圓 원전의 내용을 학술적으로 비판하는 일.

원전 석의(原典釋義)圓 원전을 해석 풀이하는 일.

원전 활탈(圓轉滑脫)圓 말이나 일의 처리가 모나지 않고 거리낌이 없음. 《사무를 ~하게 처리한다. adroit management 하ː다

원점[一점](原點)圓 ①운동이나 연장이 시작되는 점. 기점(基點). starting-point ②〈수학〉좌표의 위치를 좌표(座標)로 나타낼 때 기준이 되는 점. origin

원점(圓點)圓 ①둥근 점. round point ②〈제도〉조선조 때, 성균관 유생(成均館儒生)의 출결석을 검사하기 위하여 식당에 들어갈 때에 찍던 점.

원ː점[一점](遠點)圓《약》→원일점(遠日點).

원ː점-사(遠接使)圓〈제도〉조선조 때, 중국의 사신을 멀리 나아가 맞아들이던 임시 벼슬.

원정(冤情)圓 ①억울한 죄의 정상(情狀). ②억울한 죄를 입었던 고통스러운 생각.

원정(園丁)圓 정원을 맡아 다스리는 사람. gardener

원ː정(遠征)圓 ①먼 곳을 치러 감. ¶~군(軍). expedition ②먼 곳에의 여행(旅行). long-distance journey ③먼 곳에 가서 운동 경기 따위를 함. playing

원ː정(遠程)圓〈동〉원로(遠路). tour 하ː다

원ː정-대(遠征隊)圓 ①먼 곳을 치러가는 군대. expeditionary force ②먼 곳에 가서 조사·답사 등반 따위를 하러 가는 단체. visiting team

원정 흑의(圓頂黑衣)圓 삭발하고 검은 옷을 입은 중의

원제(原題)圓 본디의 제목. 원제목.

원조(元祖)圓 ①첫째의 조상. father ②어떠한 일을 처음 시작한 사람. founder

원조(元朝)圓 정월 초하룻날. 원단(元旦). New Year's Day 되었다는 새.

원ː-조(怨鳥)圓 원통하게 죽은 사람의 귀신이 변하여

원조(援助)圓 도와 줌. 조원(助援). help 하ː다

원ː조(遠祖)圓 고조(高祖) 이전의 먼 조상. distant ancestors

원조 방예(圓鑿方枘)圓〈동〉방예 원조(方枘圓鑿).

원ː족(遠足)圓《동》소풍(逍風).

원ː족(遠族)圓 혈통이 먼 종족(宗族). 먼 일가. 소족(疎族). 원척(遠戚). distant relatives

원종(原種)圓 ①〈식물〉씨앗을 받기 위해 뿌리는 종자. ②품종 본래의 성질을 구비한 종자. 《대》변종(變種). pure breed

원종-교(元宗敎)圓〈종교〉수운(水雲) 최제우(崔濟愚)를 교조(敎祖)로 하는 동학(東學) 계통의 종교의 하나. religious sect to follow

원ː-종=하ː다(願從──)자다 따라가기를 원한다. hope

원ː종(怨悛)圓 원통(怨痛)한 행동의 죄.

원죄(原罪)圓 ①〈기독〉인간이 날 때부터 가지고 있다는 죄. 숙죄(宿罪). original sin ②죄(罪)를 용서하여 벌을 더하지 아니함. ge

원ː죄(冤罪)圓 억울하게 뒤집어쓰게 된 죄. false char-

원주(原主)圓 본디의 임자. original owner

원주(原住)圓 본디부터 살고 있음.《약》→원주소.

원주(原株)圓 곁가지에 대한 원그루. original tree

원주(原註)圓 본디의 주석이나 주해. original notes

원주(圓周)圓〈수학〉'원둘레'의 구용어. circumference

원주(圓柱)圓 ①둥근 기둥. 두리기둥. ②〈수학〉'원기둥'의 구용어. column

원주-각(圓周角)圓〈수학〉원주 위의 한 점으로부터 그은 두 개의 현(弦)이 만드는 각. angle of circumference

원주 곡면(圓柱曲面)圓〈수학〉'원기둥 곡면'의 구용어.

원주-민(原住民)圓 본디부터 살고 있던 사람들. 원주인(原住人). 《대》이주민(移住民). natives

원=주ː소(原住所)圓 본디부터 살고 있던 곳. 《약》원주(原住)②. original abode

원주-율(圓周率)圓〈수학〉원주와 그 직경과의 비례. 약 3.14159···. 기호는 파이(π).

원주-인(原住人)圓〈동〉원주민(原住民).

원주:지(原住地)[명] 본디 살고 있던 곳. 과거에 살던 고향 땅. (대) 현주지. native place

원주 투영법(―[―]법)(圓柱投影法) 〈지리〉 지도 투영법의 하나. 지구에 접촉하는 원주상(圓柱狀)의 종이 위에 지구 표면의 사영(射影)을 비추어 그 모양을 그리는 방법. cylindric projection

원주:형(圓柱形)[명] 둥근 기둥같이 생긴 모양이나 형상. cylinder

원―줄(原―)[명] 낚싯대 끝에서 목줄까지의 낚싯줄.

원―줄기(元―)[명] 근본이 되는 줄기.

원:―증(怨憎)[명] 원망과 증오.

원지(原紙)[명] ① 닥나무 껍질을 원료로 하여 만든 두껍고 질긴 종이의 하나. egg-sheet ② 등사판의 원판(原版)으로 쓰는 종이. stencil paper

원지(園池)[명] 둥근 못. round pond

원지(園池)[명] ① 동산과 못. hill and pond ② 정원(庭園)에 있는 못. garden pond

원:지(遠地)[명] [동] 원방(遠方)③.

원:지(遠志)[명] ①〈식물〉애기풀. ② 원대한 뜻. lofty aspiration ③ 앞날을 생각하는 마음. forethought

원:지―점[―쩜](遠地點) 〈천문〉달이 그 궤도 위에 있어서 지구에서 가장 먼 점. (대) 근지점(近地點). apogee

원진(元嗔)[약] → 원진살(元嗔煞).

원진:살[―쌀](元嗔煞)[명] 부부 사이에 까닭없이 서로 미워하는 한때의 액운. 《민속》궁합(宮合)에서, 서로 꺼리는 살. 《약》원진(元嗔).

원질(原質)[명] ① 밑바탕이 되는 물질. protyle ② 본디의 성질이나 소질. nature ③ 본질. 실제. hypostasis

원:차(怨嗟)[명] 원망하고 차탄함. 하다

원·찬(元一)[명] 원배(遠配)[명]

원―채(原―)[명] ①〈약〉원챗집. ② 한 집터 안의 으뜸되는 건물. 본가③. main building

원챗―집(原―)[명] 몸채. 《약》원채(原―)①. main house

원:처(遠處)[명] 먼 곳. (대) 근처. distant place

원척(元隻·原隻) 〈제도〉소송의 피고(被告).

원:척(遠戚)[명] [동] 원족(遠族).

원:천(怨天)[명] 하늘을 원망함. murmur against Heaven 하다

원천(源泉)[명] ① 물이 솟아나는 원천. source ② 사물의 근원. ¶신념(信念)은 힘의 ∼이 된다. origin

원천 과세(源泉課稅)〈법률〉특정한 소득의 지급자가 그 소득을 지급할 때에, 그 소정의 세율을 적용하여 계산한 소득세를 징수하여 국가에 납부하는 제도. source tax

원! 천만에(―千萬―)[감]'원 당치도 않은 말입니다', '별 말씀을 다 하십니다'의 뜻을 지니고 쓰는 말. ¶∼ 고맙기는.

원:첨 우인(怨天尤人) 하늘을 원망하고 사람을 탓함. 하다

원천 징수(源泉徵收)〈법률〉소득 금액을 지불하는 사람이 세액을 징수하는 일. collection of tax from the source

원체[명] [동] 워낙.

원체(元體)[명] 근본 형체. original form

원체(圓體)[명] 둥근 형체.

원초(原初)[명] 사물의 맨 처음.

원초:적(原初的)[관형] 사물의 맨 처음에 관한(것).

원―촌[명] 실물과 같은 치수. ¶∼ 크기.

원:촌(遠寸)[명] 먼 촌수. distant relation

원:촌(遠村)[명] 먼 마을. distant village

원추(圓錐)[명] ①〈수학〉'원뿔'의 구용어. ② 원추면 (圓錐面).

원추 곡선(圓錐曲線)[명] 〈수학〉'원뿔 곡선'의 구용어.

원추―근(圓錐根)[명] 〈식물〉 원추형으로 된 무·당근 뿌리 같은 뿌리의 모양.

원추―꽃차례(圓錐―) [명] 원추 화서(圓錐花序).

원추―대(圓錐臺)[명] 〈수학〉'원뿔대'의 구용어.

원추 도법(圓錐圖法)[명] '원뿔 도법'의 구용어.

원추리[명] 〈식물〉 무릇난과의 다년생 풀. 잎은 길고 끝이 뾰족한데 총생하고 여름에 꽃줄기가 나와 황적색에 자흑색 점이 있는 꽃이 핌. 어린 잎과 꽃은 식용함. 녹총(鹿葱). 망우초. 훤초(萱草). ¶∼ 나물. day lily

원추―면(圓錐面) 〈수학〉'원뿔면'의 구용어.

원추―체(圓錐體)[명] 원뿔.

원추 투영법(圓錐投影法) 〈미술〉전개도법(展開圖法)의 하나. 원뿔 도법(圓―圖法). conic projection

원추―형(圓錐形) 〈수학〉'원뿔꼴'의 구용어.

원추 화서(圓錐花序)〈식물〉화서의 축이 일회 내지 수회 분기하여 최종의 각 분지(分枝)가 총상 화서를 이루어 전체가 원추형인 화서. 원추꽃차례. panicle

원:출(遠出)[명] 먼 길을 떠남. setting out on a long way 하다

원충(原蟲)《동》원생 동물.

원칙(原則)[명] ①근본적인 규칙. 원리(原理)①. principle ②여러 가지 현상에 공통되는 규칙. (대) 예외(例外). 법칙. general rule

원칙 동:사(原則動詞)[명] 규칙 동사(規則動詞).

원:칙―법(原則法)[명]〈법률〉그 규정하는 사항이 기본적(원리적)인 법규. (대) 예외법. general principles

원칙 용:언(原則用言)[명] 규칙 용언(規則用言).

원칙:적(原則的)[관형] 기초가 되는(것). 근본이 되는 (것). 예외가 없는(것). (대) 예외적(例外的).

원:친(遠親)[명] 촌수가 먼 일가. remote kinship

원:칭(遠稱)[명] → 원칭 대명사.

원:칭 대:명사(遠稱代名詞)[명]〈어학〉멀리 떨어져 있는 물건·방향·처소를 가리키는 대명사. 저것·저기·따위. (대) 근칭 대명사(近稱代名詞). 중칭 대명사 (中稱代名詞).《약》원칭. distant pointing pronoun

원:―컨대(願―)[부] '바라건대'라는 뜻의 접속 부사. please I pray

원탁(圓卓)[명] 둥근 탁자(卓子). round table

원탁 회:의(圓卓會議)[명] 여러 사람이 둥근 테이블을 중심으로 둘러앉아 하는 간담회(懇談會)인 회의. round table conference

원탄(原炭)[명] 탄층(炭層)에서 채굴된 채로의 석탄.

원:탐리(遠探吏)[명]〈제도〉서울에서 지방에 가는 관원을 임기 위하여 지방관이 보내던 이원(吏員).

원탑(圓塔)[명] 둥글게 쌓아 올린 탑. round tower

원:통(寃痛)[명] 분하고 억울함. mortification ¶몹시 원망스러움. bitter feeling 하다 [명]

원통(圓筒)[명] ① 둥근 대통. cylinder ②〈수학〉원기둥.

원통 인:장(圓筒印章)[명] 바빌로니아 등에서 쓰던 원통형 석인(石印). cylindrical seal

원통―형(圓筒形)[명] 대통의 꼴. cylindrical

원―투:(one-two)[명]〈체육〉권투에서, 좌우의 주먹으로 계속하여 치는 것.

원:특(怨慝)[명] 원한을 품고 악한 짓을 행함. 하다

원판(原版)[명] 본디의 판국. 원판. original situation

원―판(元版)[명] 중국 원(元)나라 때 간행된 서적의 일컬음. Yüan edition

원판(原版)[명]〈인쇄〉① 근본이 되는 인쇄판. original plate ② 복제·번각(飜刻) 등에 대하여, 본디의 판.

원판(原板)[명]《사진》 음화(陰畫). ¶③[동] 초판(初版).

원판(圓板)[명] 둥근 널빤지. disk

원―판결(原判決)[명] 원제판(原裁判)의 판결. original decision

원포(園圃)[명] 실과 나무나 채소 따위를 심는 밭.

원폭(原爆)[약] → 원자 폭탄(原子爆彈).

원표(元標)[명] 본위이 되는 표. 도로 등의 거리를 측정하는 데에 기초가 되는 출발점의 표주(標柱). starting point of the mile posts

원:―풀―다(願―)[자 타] 원을 이루다.

원:―풀이(怨―)[명] 원통한 것을 풀어 없애는 일. vent on one's spite 하다 [desire 하다

원:―풀이(願―)[명] 소원을 푸는 일. realize one's

원품(原品)[명] 본디의 물품. original article [hide

원피(原皮)[명] 아직 가공되지 않은 동물의 가죽. raw

원피(原被)〖명〗→원피고(原被告).
원피:고(原被告)〖법률〗소송의 원고와 피고. 〖약〗원피(原被). plaintiff and a defendant (dress).
원피:스(one-piece)〖약〗→원피스 드레스(one-piece
원피:스 드레스(one-piece dress)〖명〗위와 아래가 하나로 붙어 있는 여자 옷의 하나. 〈대〉투피스. piece.
원:하-다(怨)—타여—원망하다.
원:하-다(願)—타여—①바라다. hope ②부러워하다. desire ③하고자 하다. intend
원:한(怨恨)〖명〗①원통한 생각. 〖약〗원(怨). grudge ②뉘우치는 생각. 〈대〉은혜(恩惠). regret
원:항(遠航)〖명〗→원양 항해(遠洋航海).
원:해(遠海)〖명〗육지에서 멀리 떨어진 바다. 난바다. 원양(遠洋). 〈대〉근해(近海). deep-sea
원:해-어(遠海魚)〖어류〗원양(遠洋)에 사는 고기. 〈대〉근해어.
원:행(遠行)〖명〗먼 곳으로 감. 먼 길을 감. long journey
원향(原鄕)〖명〗그 지방에서 여러 대를 이어 살아오는 향족(鄕族). indigenous folks
원향-리(原鄕吏)〖명〗그 고을에서 여러 대 살며 관청의 아전 노릇을 하던 사람.
원혈(元血)〖명〗본바탕의 혈통(血統). original descent
원혐(怨嫌)〖명〗①원망스러움과 미움. grudge and hatred ②원망하고 미워함. detesting 하타
원형(遠形)〖명〗멀리하고 미워함. 하타
원형(元型)〖명〗발생적인 유사성에 의하여 추상된 유형(類型). 현형(顯型). 유전형. prototype
원:형(冤刑)〖명〗억울하여 받는 형벌. false charge
원형(原形)〖명〗①본디의 형. 이전의 상태. ②원시의 형상. 진화하지 않은 자연의 상태. ③〈어학〉기본형(基本形). original form
원형(原型)〖명〗근본이 되는 거푸집. 또, 그 본. proto-
원형(圓形)〖명〗둥근 형상. round shape [type
원형 극:장(圓形劇場)〈연예〉고대 로마의 극장 형식의 하나. 계단으로 된 관람석에 둘러싸인 중앙에 베푼 원형의 무대. amphitheater
원형 동:물(圓形動物)〈동물〉동물계를 분류한 문(門)의 하나. 선형 동물. nemathelminth
원형 이정(元亨利貞)〖명〗〈역학〉에서 말하는 천도(天道)의 네 가지 원리. '원'은 봄이니 만물의 시초요, '형'은 여름이니 만물이 자라고, '이'는 가을이니 만물이 이루어지고, '정'은 겨울이니 만물을 거둠을 뜻함. ②사물의 근본 이치. fundamental principle
원형-질(原形質)〖명〗①생물체의 기초 물질. 세포질(細胞質)과 핵(核)을 이루고 있는 물질인데, 이에 의하여 생명 현상이 행하여짐. 〈대〉후형질. protoplasm ②세포질(細胞質)의 옛일컬음. cytoplasm
원형질-체(原形質體)〖생리〗세포를 만들고 있는 원형질의 한 덩어리. 식물 세포 중에서 세포막을 제외한 것.
원호(原戶)〖명〗한 집을 단위로 호적에 든 집. household
원:호(援護)〖명〗도와 보호함. backing 하타
원호(圓弧)〖명〗〈수학〉원주(圓周)의 일부분. 길이가 전원주의 반보다 길면 우호(優弧), 작으면 열호(劣弧)라 함. 호(弧). circular arc
원:호-원(援護院)〖약〗→국립 원호원(國立援護院).
원:호-자(援護者)〖명〗도와 주는 사람. 잘해 주는 사람.
원:호-처(援護處)〖명〗중앙 행정 기관의 하나. 원호 대상자에 대한 원호와 군인 보험에 관한 사무를 관장. [spirit
원:혼(冤魂)〖명〗원통하게 죽은 사람의 혼령. malignant
원화(花花)〖식물〗팥꽃나무과에 속하는 낙엽 관목.
원화(原畫)〖명〗본디의 그림.
원:화(遠禍)〖명〗재앙을 물리침. 하타 [들임. 하타
원:화 소복(遠禍召福)〖명〗재앙을 물리치고 복을 불러
원활(圓活)〖명〗둥근 쇠고리.
원활(圓滑)〖명〗①모나지 않고 원만함. smoothness ②

일이 아무 거침이 없음. without a hitch 하타 히타
원회(元會)〖명〗설날 아침의 대궐 안의 조회.
원훈(元勳)〖명〗①나라를 위한 가장 큰 훈공. ②나라에 큰 훈공이 있는 천자의 특별한 대우를 받는 늙은 신하. veteran statesman [머리. ringleader
원흉(元兇)〖명〗나쁜 사람의 두목. 흉한(兇漢)의 우두
월:(월)〈어학〉체언(體言)과 용언을 갖추어 하나의 온전한 생각을 나타내는 글. sentence
월(月)〖명〗→월요일(月曜日). [리. 하타
월:가(—價)(越價)〖명〗값을 치름. payment ②에누
월간(月刊)〖명〗매달 한 번씩 간행함. 또, 그 간행물. ¶~잡지(雜誌). monthly issue
월간(月間)〖명〗①달과 달 사이. 또는 달의 중간. few months ②한 달 동안. full month [없는 대들보.
월간-보(月間—)〖명〗공청(空廳) 가운데 간과 간 사이에
월간-지(月刊紙)〖명〗어떤 기관에서 매달 한 번씩 발행하는 기관지나 신문 따위. monthly newspaper
월:=갈(—)〈동〉문장론(文章論).
월강(越江)〖명〗①강을 건넘. crossing a river ②압록강(鴨綠江)·두만강(豆滿江)을 건너서 중국에 감. going to China 하타
월거덕-거리-다 크고 단단한 여러 개의 물건이 서로 부딪쳐 자꾸 소리가 나다. 〖약〗월거덕거리다. 〈작〉왈가닥거리다. 〈거〉월커덕거리다. 월거덕=월거덕 하타
월거덕-덜거덕 월거덕거리고 덜거덕거리는 모양. 〖약〗월거덕덜걱. 〈작〉왈가닥달가닥. 〈거〉월커덕덜커덕. 하타
월거덕-하다〖약〗→월거덕거리다. [덕. 하타
월걱-덜걱〖약〗→월거덕덜거덕.
월건(月建)〈민속〉달의 간지(干支).
월겅-덜겅〖민속〗크고 단단한 물건들이 어수선하게 자꾸 부딪치면서 나는 소리. 또, 그 모양. 〈작〉왈강달강. 〈센〉월컹덜컹. rattling 하타
월경(月經)〖명〗한 달쯤. 달포. ¶집을 나온 지가 ~이 된다. about a month
월경(月經)〈생리〉성숙기의 여자에게 대개 28일 간격을 두고 규칙적으로 일어나는 자궁 출혈. 경도(經度). 경수(經水). 달거리. 몸엣것. 월사(月事). 월수(月水). 월후. 홍조(紅潮). menses 하타
월경(越境)〖명〗국경을 넘음. 경계선(境界線)을 넘음. border transgression 하타
월경 곤:란(月經困難症)〈의학〉월경에 수반하여 오심(惡心)·구토·불면·식욕 부진·월경통 등이 일어나는 증세. menstrual disorders
월경-대(月經帶)〖명〗→개짐. [부인과.
월경 불순(月經不順)〈부인과〉월경이 순조롭지 않은
월경-수(月經水)〖명〗→몸엣것.
월경-통(月經痛)〈의학〉월경시에 일어나는 하복부(下腹部)나 자궁(子宮)의 통증.
월계(月計)〖명〗한 달 동안의 회계. 또, 그 통계. [monthly account 하타
월계(月界)〖명〗→월세계.
월계(月桂)〖명〗①〖약〗→월계수(月桂樹). ②달 속에 있다고 하는 계수나무. 이에 연유하여 달 그림자·월광(月光)의 뜻이 됨. moonlight ③과거에 급제(及第)하는 일. passing an examination
월계(越階陞)〖명〗차례를 넘어서 윗자리에 오르는 것. irregular promotion 하타
월계-관(月桂冠)〖명〗①고대 그리스에서 경기에 우승한 사람에게 씌우던 월계잎의 관. laurel crown ②우승의 영예. 가장 명예스러운 지위. 계관(桂冠). ¶승리의 ~. highest honour
월계-수(月桂樹)〈식물〉녹나무과의 상록 교목. 높이 10~20m로 잎은 퍼침형 또는 긴 타원형임. 봄에 담황색의 작은 꽃이 피고 열매는 10월에 흑자색으로 익음. 잎에서 방향(芳香)이 나서 향수 원료로 씀. 〖약〗월계(月桂)①. laurel tree
월계 시종(月桂詩宗)〈동〉계관 시인(桂冠詩人).
월계-표(月計表)〖명〗월계(月計)를 적은 표.
월계-화(月季花)〈식물〉장미과의 작은 상록 관목.

줄기에 가시가 있으며 초여름에 홍색 내지 백황색의 꽃이 피고 열매는 가을에 빨갛게 익음. 관상용임. 사계(四季). 사계화. laurel flower

월고[月雇][명] ①한 달 기한으로 사람을 쓰는 일. 또, 그 사람. ②월급으로 품삯을 정하고 사람을 쓰는 일. 또, 그 사람.

월과(月課)[명] ①다달이 보는 시험. monthly examination ②다달이 정해 놓고 하는 일. monthly schedule ③지방 관청에서 다달이 정부에 바치는 세금.

월과(越瓜)[명] 〈식물〉 박과에 속하는 덩굴풀. 참외의 변종(變種)으로 여름과 가을에 걸쳐 오이보다 큰 열매를 맺음.

월광(月光)[명] 달빛. 월화(月華). moonlight

월광-단(月光緞)[명] 달무늬를 놓은 비단.

월광 보살(月光菩薩)[명]〈불교〉일광(日光) 보살과 같은 상좌의 지위로 약사(藥師) 여래의 오른쪽에 있는 보살.

월구(月球)[명] 〈동〉 달①.

월궁(月宮)[명] 달 속에 항아(姮娥)가 산다는 전설의 궁전. palace in the moon

월궁 항아(月宮姮娥)[명] 월궁에 산다는 선녀 항아. 곧, 절세의 미인을 가리킴.〔침범함. arrogation **하**[자]

월권[-꿘](越權)[명] 제 권한 밖의 일. 남의 권한을

월귤-나무(越橘-)[명] 진달래과에 속하는 상록관목. 초여름에 희고 붉은 장구통 모양의 꽃이 피고 열매는 빨갛게 익음. 높은 산에 저절로 남.

월금(月琴)[명] 〈음악〉 중국 달래래와 속하는 넉줄이 비인 현악기. moonguitar

월급(月給)[명] 다달이 받는 급료(給料). 달품. 월료(月料). monthly salary 〔기로 정해진 날.

월급-날(月給-) / **월급일**(月給日)[명] 매월 월급을 타

월급-쟁이(月給-)[명] 월급을 받고 일하는 사람. 또, 그것으로서 살아가는 사람. salaried man

월남(越南)[명] ①남쪽으로 넘어옴. ②38선 또는 휴전선 이남으로 넘어옴. ¶〜 동포. 〔대〕월북(越北). cross the 38th parallel line **하**[자]

월내(月內)[명] 한 달 안. within a month

월년(越年)[명] 해를 넘김. 묵은해를 보내고 새해를 맞이함. ringing out the old year **하**[자]

월년생 초본(越年生草本)[명] 〈동〉이년생(二年生) 초본.

월년-성[-썽](越年性)[명] 가을보리처럼 2년째에 죽이 되고 열매를 맺는 식물의 성질.

월년-초(越年草)[명] 월년성의 초본(草本).

월단(月旦)[명] ①매달 첫날. first day of a month ②(약)→월단평(月旦評)

월단-평[-판-](月旦評)[명] 인물의 비평. 월조평(月朝評). 〔약〕 월단②. character sketch

월당[-땅](月當)[명] 다달이의 배당이나 수당. 또, 그 금액. 월액(月額). monthly allowance

월대[-때](月臺)[명] 궁궐 안의 섬돌.

월대-식[-때-](月帶蝕)[명] 〈천문〉달이 이지러진 채로 지평선 위로 돋거나 또는 지는 월식.

월동[-똥](越冬)[명] 겨울을 넘김. 겨울을 남. passing the winter **하**[자]

월동-비[-똥-](越冬費)[명] 겨울을 나기 위한 비용.

월동 준:비[-똥-](越冬準備)[명] 겨울을 날 준비. 과동 준비(過冬準備). preparation for coming winter months

월:드 컵 축구(World Cup 蹴球)[명] 4년에 한 번씩 올림픽의 중간 해에 열리는 세계 축구 선수권 대회.

월등[-뜽](越等)[명] 정도의 차이가 대단함. 훨씬 나음. superiority **하**[형] **히**[부] 〔with black mane

월다-말[-따-](-馬)[명] 털 빛이 붉고 갈기가 검은 말. red horse

월떡[부] ①먹은 것을 갑자기 다 게워 내는 모양. becking ②벌안간 통째로 뒤집히는 모양. suddenly ③물이 갑자기 끓어 솟아 넘치는 모양.〔작〕왈딱.

월래(月來)[명] 두어 달 동안. 달포. for a month or two 〔책력. 달력. calendar

월력(月曆)[명] 이십사 절기를 간단하게 추려서 만든

월령(月令)[명]〈제도〉한 해 동안의 정사(政事)·의식(儀式)이나 농가 행사(農家行事)를 월별(月別)로 구별하여 기록하던 표. annual functions apportioned to months

월령(月齡)[명] ①〈천문〉 신월의 때를 영(零)으로 하여 기산한 날수. 최근의 삭(朔)을 기점으로 하여 그 때까지의 평균 태양일(太陽日)을 그 때의 월령이라 함. moonage ②생후(生後) 한 살 미만의 아이를 달수로 헤아리는 나이. age of a baby

월령=가(月令歌)[명]〈문학〉정월부터 섣달까지 기후의 변화와 온갖 생산물의 성숙을 차례로 읊은 노래. ¶농가(農家) 〜. 〔events

월례(月例)[명] 다달이 정해 놓고 하는 절차. monthly

월례-회(月例會)[명] 달마다 정하여 놓고 모이는 모임. monthly meeting

월로(月老)[명] 〔약〕→월하 노인(月下老人).

월로-승(月老繩)[명] 월하 노인이 지니고 있어 남녀의 인연을 맺어 준다는 주머니의 붉은 끈.

월록(越綠)[명] 〈동〉 감봉(減俸).

월료(月料)[명] 〈동〉 월급(月給).

월륜(月輪)[명] 고리같이 둥근 달. 또, 달의 둘레. moon

월름(月廩)[명] 월급으로 나오는 곡식.

월름-미(月廩米)[명] 월급으로 받는 쌀.

월리(月里)[명] 〈동〉 월변(月邊).

월리(月離)[명]〈천문〉①달의 운동. ②달과 어떤 항성 또는 행성과의 각거리(角距離). 해상 경도(經度)를 산출하는데 쓴다.

월리스-선(Wallace 線)[명] 동물 분포에 있어서 오스트레일리아와 아시아 사이에 뚜렷한 경계선. 이 선은 순다 제도(Sunda 諸島) 중의 발리(Bali) 섬과 롬보크(Lombok) 섬 사이에서, 북쪽으로 셀레베스와 보르네오 사이를 지남. 〔month

월말(月末)[명] 그 달의 마지막.〔대〕월초. end of the

월면(月面)[명] ①달의 표면(表面). surface of the moon ②달처럼 잘생긴 얼굴. beautiful face

월면-도(月面圖)[명] 달 표면의 지세의 위치 및 명칭을 기재한 그림. 〔게 만든 차량.

월면 차량(月面車輛)[명] 달의 표면에서 운행할 수 있

월명(月明)[명] 달빛이 밝음. moonlight **하**[형]

월반(越班)[명]〈교육〉성적이 특히 뛰어나서 학년초에 차례를 건너뛰어 상급반으로 진급함. special promotion **하**[자]

월방(越房)[명] 건너방.

월번(月番)[명] 달마다 바뀌는 번차례. monthly duty

월변(月邊)[명] 다달이 내는 이자(利子). 달변. 월리(月利). monthly interest

월변(越邊)[명] 건너편. opposite side

월별(月別)[명] 달에 따라 나눈 구별. monthly

월병(月餠)[명] ①달 모양으로 둥글게 만든 떡. moon-shaped rice-cake ②중국 사람들이 추석에 만들어 먹는 과자.

월보(月報)[명] 다달이 내는 보고나 보도. 또, 그 인쇄물. ¶통계(統計) 〜. monthly report

월복(越伏)[명] 평상 10일 간격으로 드는 중복(中伏)과 말복(末伏) 사이가 20일 간격으로 드는 일. **하**[자]

월봉(月俸)[명] 월료(月料). 월급(月給).〔대〕일급(日給). 연봉(年俸). monthly salary

월부[-뿌](月賦)[명] ①다달이 나누는 할당. ¶〜금(金). ②〔약〕→월부금(月賦金).

월부-금[-뿌-](月賦金)[명] 물건 값 또는 빚을 다달이 나누어 갚아 가는 돈.〔약〕월부②. monthly installment

월부 판매(月賦販賣)[명] 물건을 산 사람이 월변 값을 월부불로 하는 형식의 판매.

월북(越北)[명] ①북쪽으로 넘어감. ②38선 또는 휴전선 이북으로 넘어감.〔대〕월남(越南). go to North Korea **하**[자]

월불(月拂)[명] 다달이 지불함. **하**[자] 〔Korea **하**[자]

월비(月費)[명] 다달이 쓰는 비용. monthly expenses

월사[-싸](月事)[명] 〈동〉 월경(月經).

월사-금[-싸-](月謝金)[명] ①다달이 내는 수업료. monthly fee ②수업료(授業料).

월삭[-싹](月朔)[명] 그 달의 초하룻날. 월초. first

day of a month [month 하타
월삭(越朔)[명] 산월(産月)을 넘김. past the expected
월산[—싼](月產)[명] 다달이 생산해 내거나 또, 그 생산품. monthly products
월=삼도[—쌈—](越三道)〈제도〉 세 도를 넘기어 먼 지방으로 귀양 보내던 일. 하타
월상[—쌍](月像)[명] 달 모양.
월색[—쌕](月色)[동] 달빛.
월석[—썩](月夕)[명] ①달 밝은 저녁. ¶~ 화조(花朝). moon-light night ②음력 팔월 보름날 밤. night of the harvest moon
월석[—썩](月石)[명] 달표면에 있는 암석. 아폴로 11·12·14 호 및 루나 16 호가 달의 표면에서 채취해
월성[—썽](越城)[명] 성을 넘음. 하타
월세[—쎄](月貰)[명] ①(약)→사글세. ②(약)→사글셋집.
월=세:계[—쎄—](月世界)[명] 달세계. (약) 월계(月界). lunar world
월소[—쏘](月梳)[동] 얼레빗.
월소[—쏘](越訴)〈제도〉 정당한 순서와 절차를 밟지 아니하고 상부 기관에 직접 제소(提訴)하는 일.
월수[—쑤](月水)[명] 월경(月經). [하타
월수[—쑤](月收)[명] ①본전에 이자(利子)를 얹어서 다달이 갚아 가는 빚. ②다달이 들어오는 돈. monthly income
월수[—쑤](越數)[명] 정수(定數)나 예정수를 넘음. excess of number over the estimate 하란음 히면
월=시진척[—씨—](越視秦瘠)[명] 남의 환란을 돌아보지 아니함을 가리키는 말.
월식[—씩](月蝕)〈천문〉지구의 그림자가 달을 가리므로 인하여 달의 한 쪽 또는 전체가 보이지 않게 되는 현상. (대) 일식(日蝕). lunar eclipse 하타
월식 개기[—씩—](月食皆旣)[동] 개기 월식(皆旣月蝕). [(月當). monthly amount
월액(月額)[명] 매월의 정액. 달마다 정한 액수, 월당
월야(月夜)[명] 달밤.
월여(月餘)[명] 한 달 남짓. over a month
월영(月影)[명] 달의 그림자. moonlight [walls 하타
월옥(越獄)[명] 옥을 빠져나와 도망침. escape over the
월요[—요](月曜)[명]→월요일.
월요=병[—뼝](月曜病)[명] 토요일·일요일에 너무 놀았거나, 쉬지 않고 가족에게 봉사한 샐러리맨이 과로 때문에 느끼는 월요일의 무력감.
월요=일(月曜日)[명] 칠요일(七曜日)의 둘째. (약) 월요. 월(月). Monday
월용(月容)[명] 달 모양으로 아름답게 생긴 얼굴. pretty
월운(月暈)[명] (원)→월훈(月暈). [face
월의=송(越議送)〈제도〉 그 지방의 관청을 거치지 않고 바로 관찰사에게 제소(提訴)하던 일. 하타
월=일(月日)[명] ①달과 해. moon and sun ②달과 날.
월장[—짱](月杖)[동] 구장(毬杖). [date
월장[—짱](越牆)[명] 담을 넘어감. 하타
월장 성구[—짱—](月章星句)[명] 글월의 아름답고 빛나음을 이르는 말. beautiful phrases
월전[—쩐](月前)[명] 한 달쯤 전. month ago
월:=점[—쩜](—點)[명] 문장 부호.
월정[—쩡](月定)[명] 달로 정함. ¶~ 구독자. contraction by a monthly basic
월정 구독료[—쩡—](月定購讀料)[명] 다달이 정해 놓고 사 보는 일간·주간·월간 간행물의 값.
월정 독자[—쩡—](月定讀者)[명] 다달이 신문·잡지 따위를 정해 놓고 읽는 사람. [섭함.
월조[—쪼](越俎)[명] 자기 직분을 넘어 남의 일에 간
월중 행사[—쭝—](月中行事)[명] 그 달에 정해진 행사. monthly events
월진 승선[—찐—](越津乘船)[명] 상대자를 버려 두고 엉뚱한 사람과 다툼을 가리키는 말. 하타
월차(月次)[명] 〈천문〉하늘에 있어서의 달의 위치. ②매달. ¶~ 계획. monthly
월참(越站)[명] 참(站)에서 쉬지 않고 지나감. 하타

월척(越尺)[명] 낚시로 낚은 물고기의 길이가 한 자가 넘음. 또, 그 물고기.
월천(越川)[명] 내를 건넘. 하타
월천=꾼(越川—)[명] 사람을 업어서 내를 건네 주는 일을 업으로 삼는 사람. carrier of persons across the river [~월말. beginning of a month
월초(月初)[명] 그 달의 처음. 월초(月朔). 월시(月始).
월출(月出)[명] 달이 뜸. rising of the moon 하타
월커덕 ①갑자기 힘껏 밀치거나 당기거나 하는 모양. violently ②갑작스럽게 함부로 많이 쏟아지는 모양. 작은말 왈카닥.
월커덕-거리-다[자] 여러 개의 크고 단단한 물건이 서로 부딪쳐 자주 요란한 소리가 나다. 《작》 왈카닥거리다. 월커덕-대다[자]→월커덕거리다.
월커덕-덜커덕[부](센)→월거덕덜거덕.
월컥 ①먹은 것을 갑자기 심하게 다 게워 내는 모양. violently ②갑자기 힘껏 뒤집히는 모양. with a jerk ③모였던 힘으로 갑자기 밀치거나 잡아당기는 모양. 《작》 왈칵. with a jerk
월컥-덜컥[부]→월커덕덜커덕.
월컹-덜컹[부](센)→월겅덜겅.
월파(月波)[명] 달빛이 비친 물결.
월편(越便)[명] 건너편.
월평(月評)[명] 다달이 하는 비평. monthly review
월표(月表)[명] 어떠한 사실을 달마다 기록하여 보기 쉽게 만든 표. monthly list [moonlight
월하(月下)[명] 달빛의 아래. 달빛이 비치는 곳. in the
월하 노:인(月下老人)[명] 남녀의 인연을 맺어 준다는 전설상의 노인. (약) 월로(月老).
월하 빙인(月下氷人)[명] 혼인을 중매하는 사람의 딴 이름. 빙인(氷人). go-between
월하 수역(越夏水域)[명] 한류성(寒流性) 어족이 여름철을 보내는, 바다의 일정한 구역. 황해의 북부 중심에 수심 100 m 의 냉수 웅덩이가 되어 있는 수역 따위.
월해(越海)[명] 바다를 건너 외국으로 감. 하타
월형(月形)[명] 달처럼 둥근 모양. moonlike
월화〈식물〉열매가 작고 껍질이 얇은 감의 하나.
월화(月華)[명] ③→월광(月光). [chain round
월환(月環)[명] 달과 같이 둥근 고리. 은칠 옥고리.
월후(月候)[명]→월경(月經). [the moon
월훈(月暈)[명] 달무리. (원) 월운(月暈). halo around
웨[명] 〈어학〉한글의 자모 '웨'의 이름.
웨[동] 〈口〉외다. 외치다. [용 외투.
웨더 올:(weather all)[명] 청우 겸용(晴雨兼用)의 남자
웨딩(wedding)[명] 결혼. 결혼식.
웨딩 드레스(wedding dress)[명] 신부가 결혼식 때에 입는 양식(洋式)의 혼례복.
웨딩 마:치(wedding march)[명] 결혼식에서 신랑 신부의 입장이나 퇴장 때에 반주하는 행진곡. 결혼 행진곡.
웨딩 케이크(wedding cake)[명] 결혼 피로연 때에 신랑 신부가 손수 베어 손님에게 나누어 주는 케이크.
웨스턴(western)[명] 서부극. 서부 활극.
웨스턴 무:비(Western movie)[명] 서부 영화.
웨스턴 뮤:직(Western music)[명] 〈음악〉미국 서부 지방의 유다른 음악. [~스포츠.
웨어(wear)[명] 옷. 흔히 '…복(服)'의 형식으로 쓰임.
웨이스트(waist)[명] ①허리. 중간. ②조끼. ③중부 상판(中部甲板).
웨이스트 니퍼(waist nipper)[명] 여자 속옷의 하나.
웨이스트-볼(waistball)[명] 야구에서, 도루(盜壘)나 번트 따위를 막으려고 투수가 일부러 스트라이크 존을 벗어나게 던지는 공. [사람.
웨이터(waiter)[명] 서양 요리점 같은 데서 일하는 남자
웨이트(weight)[명] 무게. 중량(重量). 체중(體重).
웨이트리스(waitress)[명] 여자 사환. 여급(女給).
웨이트 리프팅(weight lifting)[명] 역도(力道).

웨이팅 룸:(waiting room)[명] 정거장·병원 따위의 대합실(待合室).

웨죽-웨죽[부] 팔을 휘휘 저으며 느릿느릿 걷는 모양.

웩[부] ①메스껍고 아니꼬워서 갑자기 게우는 소리. 또, 그 모양. ②무엇을 소리쳐 쫓거나 외치는 소리. keck 하타

웩-웩[부] ①구역질이 못 이기게 치밀어 올라 연이어 토할 때 내는 소리. ②기를 쓰며 연해 고함을 지르는 소리. 하타

웩절-웩절[부] 비밀을 마구 사실대로 말하는 모양.

웩웩-거리-다[자] 연이어 웩 소리를 내거나 지르다.

웬:[관] '어찌 된·어떠한'의 뜻의 말. ¶새벽부터 ~ 일

웬-걸[감] '웬 것을'이 줄어 된 말로, 의외의 사실에 접하여 놀람이나 부정을 나타내는 말. oh, no!

웬 떡이냐[관] 뜻밖의 행운을 만났을 때 이르는 말.

웬-만큼[부] ①그저 그만하게. to a certain degree ②그대로 웬만하게. to that extent ③보통으로. ¶~해 두자. moderately

웬:만-하-다[여.불][형] 《약》→우연만하다.

웬:-셈[명] 어찌된 셈. why

웬:-일[-닐][명] 어떻게 된 일. ¶인사로 씀.

웰컴(welcome)[명][감] 환영(歡迎). 사람을 맞아들일 때

웰터-급(welter 級)[명] 〈체육〉 권투·레슬링 등에서 선수를 체중(體重)에 따라 나눈 등급의 하나. 라이트급과 미들급 사이. welterweight

웽[부] ①큰 날벌레 따위가 날아갈 때 나는 소리. ②날쌘 물건이 공중을 뚫고 날 때 들리는 소리. ③바람이 가는 철사 등에 세차게 부딪힐 때 나는 소리. whiz 하타

웽겅-뎅겅[부] 《약》→웽그렁뎅그렁.

웽그렁-거리-다[자] 왕방울이나 풍경 같은 것이 연해 요란하게 흔들리어 소리를 내다. 또, 연해 그런 소리를 나게 하다. **웽그렁거리다**. **웽그렁=뎅그렁**

웽그렁-뎅그렁[부] 큰 방울이나 놋그릇 등이 서로 부딪치어 고르지 않게 자꾸 나는 소리. 《약》웽겅뎅겅. clang 하타

웽-웽[부] ①많은 날벌레 등이 열씨에 날아다니거나 돌팔매 따위가 빠르게 날아갈 때 나는 소리. ②세차게 부는 바람이 여기저기 부딪힐 때 나는 소리. 왱왱. 하타

웽웽-거리-다[자] ①많은 날벌레 등이 연이어 웽하고 날아다니다. ②거센 바람이 연해 웽하고 불다. ③책읽는 소리나 이야기 소리가 연해 웽하고 들려오다.

위[명] ①중간 이상이 되는 부분. 상(上). ¶~층(廳). upper part ②꼭대기. top ③거죽. surface ④높은 시위나 손수. ⑤《대》아래. higher place ⑤높은 상(上). ⑥다른 것보다 나은 쪽. ¶이것이 그것보다 품질이 ~이다. ⑦…에 더한 것. ¶그 ~에 더 바랄 것이 없다.

위[명] 〈어학〉한글의 합성 모음 'ㅟ'의 이름.

위(位)[명] ①《약》→지위(地位). ②위치(位置). ①사물의 등급. ¶세계 제 1~. grade ②존경하는 뜻으로 사람의 수를 이르는 말. ¶제(諸)~. gentleman ③죽은 이의 영혼의 수. ¶수백 ~의 영령을 모신 국립 묘지. number of dead persons

위(胃)[명] 〈생리〉 ①내장의 하나. 소화기 중 가장 중요한 기관이고, 식도(食道)와 창장(腸)에 연결되어 있으며, 모양은 주머니와 같은 형상임. 위부(胃腑). 밥통②. stomach ②《약》→위경(胃經)①. ③《약》→위성(胃星).

위(緯)[명] ①《약》→위도(緯度). ②가로·좌우(左右)·동서(東西)의 방위. latitude ③피륙의 가로 건너 잔 실. 《대》경(經)①. woof

위=(僞)[두] '거짓'의 뜻을 나타냄.

-위(位)[접] 자리를 나타냄. ¶하(下)~. position

위각(違角)[명] 정상의 상태에서 어긋남.

위각=나-다(違角一)[자] 정상의 상태에서 어긋나다. become abnormal

위거(委去)[명] 버리고 감. 또, 버림. 하타

위거(偉擧)[명] ①뛰어난 계획. splendid plan ②위대한 사업. ¶삼일 운동(三一運動)은 우리 민족의 하나의 큰 ~였다. 《남. 하타

위격(違格)[명] ①격식에 어긋남. ②도리에 어긋남.

위=결핵(胃結核) 〈의학〉 위에 생기는 결핵증.

위경(危境)[명] 위태로운 고비. ¶~에 처한 백성을 구하다. 《유》위지(危地). crisis

위경(胃經)[명] ①〈생리〉 위에 붙은 인대(靭帶)의 총칭. 《약》위(胃)②. ②〈한〉위에 딸린 경락(經絡).

위경(胃鏡)[명] 〈의학〉 독일의 의학자 쿠스마울(Kusmaul)이 발명한, 위 속을 살펴보는 거울. gastroscope

위경(經經)[명] 경의 성서(經外聖書).

위=경련(胃痙攣)[명] 〈의학〉 위궤양·담석증·충수염(蟲垂炎) 등에 의하여 위가 오그라지며 심한 통증을 일으키는 병. gastralgia

위계(危計)[명] 위험한 계획. dangerous plan

위계(位階)[명] ①벼슬의 품계. rank ②지위의 등급. ¶~질서를 지키다.

위계(爲計)[명] 한문투의 편지에서, '작정함' 또는 '예정함'의 뜻으로 쓰이는 말. ¶3개월 후에 귀향 ~. intend

위계(僞計)[명] 거짓 계략. deceptive plan 하타

위곡(委曲)[명] ①자세한 사정. details ②자세한 것. 위상(委詳). minuteness 하타 히타

위골(違骨)[명] 뼈가 어그러짐. 하타

위공(偉功)[명] 위대한 공로. 위적(偉績). ¶청사(靑史)에 빛나는 ~. great merit

위관(胃管)[명] 〈의학〉 위액을 검사하거나 위를 세척할 때 쓰는 가느다란 고무관.

위관(尉官)[명] ①〈제도〉군인 계급의 하나. 정위(正尉)·참위(參尉)·부위(副尉)는 〈군사〉 소위·중위·대위의 총칭. company-grade officer

위관(偉觀)[명] 《동》 장관(壯觀).

위관 택임(爲官擇人) 관직을 수행하기 위하여 사람을 택함. 하타

위광(威光)[명] 위험스러운 기세. authority

위구(危懼)[명] 염려하고 두려워함. 두려움. fear 하타

위구(偉軀)[명] 커다란 몸집.

위구-스럽-다(危懼一)[ㅂ불][형] 염려되고 두렵다. be apprehensive over **위구스레**

위구-심(危懼心)[명] 두려워하는 마음.

위국(危局)[명] 위태한 시국. 급박한 판국. critical situation

위국(爲國)[명] 나라를 위함. service to one's country 하타

위국(衛國)[명] 나라를 지킴. defending one's country

위국 충절(爲國忠節) 나라를 위한 충성스러운 절개.

위권(威權)[명] 위엄과 권세. 위광과 권력. dignity and authority

위권(僞券)[명] 위조(僞造)된 문권(文券). counterfeit bill

위-궤양(胃潰瘍)[명] 〈의학〉 위의 점막(粘膜)이 상하여 그 거죽이 허는 병. 식후의 위통·구토·토혈 등의 증상이 있으며, 위산 과다증에 따름. stomach ulcer

위그노(Huguenot 프)[명] 〈종교〉 16~18세기경의 프랑스에서의 칼빈파 신교도(新敎徒)의 총칭.

위극(危極)[명] ①아주 위태함. crisis ②〈경제〉 상업상의 심한 파산하는 사태가 이르는 경제 공황. 하타 ¶상(相)의 직에 오름. 하타

위-극인신(位極人臣) 관직의 품계가 가장 높은 재상.

위근 쇠약증(胃筋衰弱症)[명] 〈의학〉 위의 이완증(弛緩症). 과음·과식 등으로 위벽(胃壁)의 근육의 수축력이 약해진 상태. 위아토니(胃 Atony).

위금(僞金)[명] ①옛날의 황화물로 된 황금빛의 도료(塗料). 금박(金箔) 대용으로 쓰임. ②알루미늄 10%, 구리 90%로 된 황동색 청동(靑銅).

위급(危急)[명] 위태하고 급함. 위난(危難)이 절박함. 완급(緩急)②. emergency 하타

위급 존망지추(危急存亡之秋)[명] 나라의 존망에 관한 중요한 때. critical moment
위기(危機)[명] 지극히 위험한 순간. crisis
위기(位記)[명] 〈제도〉 관리의 품위(品位)에 관한 기록.
위기(委寄)[명] 맡김. 위탁함. 하타
위기(委棄)[명] 한 번 버리고 돌보지 아니함. 하타
위기(胃氣)[명] 위장의 작용.
위기(偉器)[명] 훌륭한 인재(人材). great talent
위기(圍棋·圍碁)[명] 바둑을 둠. playing Korean checkers 하타 [date due 하타
위기(違期)[명] 약속한 기한을 어김. violation of the
위기(衛氣)[명] 〈한의〉 음식의 양분이 피부와 주리(腠理)를 튼튼하게 하여 몸을 보호하는 기운.
위기 관:리(危機管理)[명] 현대 생활에서 끊임없이 밀어닥치는 위기에 앞맞게 대처하여 처리해 나가는 일.
위기 일발(危機一髮)[명] 거의 여유가 없는 위급한 순간. 위여일발(危如一髮). hanging by a hair
위나니미슴 프(unanimisme 프)〈문학〉 개인보다도 전체의 정신이 중요하다는 문학상의 한 주장. 프랑스 작가 쥴(Jules Romains)이 내세운 주장. 집단주의. 일체주의.
위난(危難)[명] 위험함과 곤란한 경우. danger
위-남자(偉男子)[명] 체격·인격이 위대한 남자. 위장부(偉丈夫). great man
위-낮은청〈음악〉'바리톤'의 순 우리말.
위내(衛內)[명] 〈제도〉 거둥 때에 위에 호위하고 있는 수레의 전후와 좌우. [종으로 삼던 일. 하타
위노 위비(爲奴爲婢)[명] 〈제도〉 역적(逆賊)의 처자를
위닝(winning)[명] 승리함. 획득함.
위닝 볼:(winning ball)[명] ①야구에서, 승리가 결정된 최후에 잡은 공. ②탁구에서, 우승한 경우에 기념으로 갖는 시합에 썼던 공.
위닝 숏(winning shot)[명] ①야구에서, 투수의 가장 위력 있는 투구. ②테니스에서, 득점으로 이끄는 결정적인 타구(打球) 또는 승리를 결정짓는 공.
위다 안소(危多安少)[명] 시국이나 병세가 매우 위급하여 안심하기 어려움. time of emergency 하타
위답(位畓)[명]《약》→위토답(位土畓).
위대(偉大)[명] 국량(局量)이나 업적이 크게 뛰어나고 훌륭함. greatness 하타
위덕(威德)[명] 위엄과 덕망. virtue and dignity
위-덧방[명] 〈농업〉 쟁기의 한마루에 내리 꿰어 성에와 술에 있어 흙아뢰에 받치는 긴 사각형의 두꺼운 나뭇 조각. (대) 아래덧방.
위도(緯度)[명] 〈지리〉 지구 위의 위치를 나타내는 좌표(座標)의 하나. 적도(赤道)를 0도로 하여 남북으로 각각 평행하게 90도씩 나누었으며. 씨도. (대) 경도(經度). 《약》위(緯)①. latitude
위도-선(緯度線)[명] 〈지리〉 지구 위에 위도를 나타내는 선. 적도(赤道)에 평행(平行)인 원주(圓周)로 나타냄. 《약》위선. latitude
위도우(widow)[명] 과부(寡婦). 미망인(未亡人).
위독(危篤)[명] 병세가 매우 중함. seriousness 하타
위두하니[명] 〈고〉 어른. 장자(長者). [문(幽門).
위=뒷문(胃-門)[명] 〈생리〉 위의 끝 창자에 통한 곳. 유
위=들-다[타] 남을 낚을 때 남의 연줄을 걸어 얽히게 하다. entangle with
위디아(widia 도)[명] 〈공업〉 탄화불프람과 코발트의 합금. 경도가 높고 절삭 공구의 날 끝과 다이스 등에 쓰임. [하타
위락(萎落)[명] 시들어 떨어짐. withering and falling
위란(危亂)[명] 나라가 위태하고 혼란함. national disturbance 하타
위람(危濫)[명] 사물이 위험스럽게 법람함.
위랭(胃冷)[명] 〈한의〉 위부(胃腑)가 냉(冷)해지는 증상. 위한(胃寒). [lent tactics
위략(偉略)[명] 출중한 꾀. 훌륭한 책략(策略). excel-
위력(威力)[명] ①으르대는 힘. ②권있 있는 힘. 큰 권세. power

위력(偉力)[명] 위대한 힘. 뛰어난 힘. great power
위력 사격(威力射擊)[명] 〈군사〉 일정한 목표 없이 위협을 줄 목적으로 하는 사격. 주로 야간(夜間)에
위력 성담(威力成談)[명] 위력 성담. [행함.
위렬(偉烈)[명]→위열(偉烈).
위령(威令)[명] ①위엄에 찬 명령. authoritative order ②위광(威光)의 명령. [order 하타
위령(違令)[명] 명령(命令)을 거스름. violation of an
위령(慰靈)[명] 죽은 이의 혼령을 위로함. console the souls of the dead 하타
위령-선(葳靈仙·威靈仙)[명] ①〈식물〉 미나리아재비과에 속하는 낙엽 활엽 만목. 인가 근처에 심으며, 여름에 흰꽃이 핌. 관상용. ②〈한의〉 위령선의 뿌리. 담·풍(風)·습(濕) 등의 약재로 씀.
위령의 날(慰靈一)[명] 〈기독〉 죽은 모든 이를 위하여 미사를 올리고 기도하는 날. 11월 2일. 추사 이망(追思已亡). [morial service for the dead
위령-제(慰靈祭)[명] 죽은 혼령을 위로하는 제사. me-
위례(違例)[명] 상례(常例)를 벗어남. 또는 상례를 어김. breach of usage 하타
위로(慰勞)[명] ①수고함을 어루만져 치사함. recognition of another's service ②피로움을 잊게 하고 즐겁게 함. comfort 하타
위로-금(慰勞金)[명] 위로하는 뜻으로 주는 돈. bonus
위로-연(慰勞宴)[명] 위로하기 위하여 베푸는 잔치. party in recognition of services
위로-조(一調)[명] 위로하는 투.
위록(位祿)[명] 지위와 녹봉. rank and stipend
위루(危樓)[명] 매우 높은 누각. lofty tower
위리(圍籬)[명] 〈제도〉 배소(配所)에 가시로 울타리를 만듦. 위극(圍棘). 하타
위리 안치(圍籬安置)[명] 〈제도〉 배소(配所)에 가서 울타리를 만들어 두고, 죄인을 그 안에 가두어 둠. 하타
위립(圍立)[명] 뱅 둘러싸고 섬. encompassing 하자타
위망(位望)[명] 지위와 좋은 평판. 지위와 인망(人望).
위망(威望)[명] 위력과 명망. 위세와 인망. influence and reputation
위망(僞妄)[명] 거짓됨과 망녕됨. false and insane
위맹(威猛)[명] 위세가 있고 맹렬함. dignified fierceness 하타
위명(威名)[명] 위력을 펼치는 명성(名聲). prestige
위명(威命)[명] 위엄이 있는 명령. a dignified order
위명(偉名)[명] 위대한 명성. 뛰어난 이름. great name
위명(僞名)[명] 거짓으로 일컫는 이름. 양명(佯名). (대) 본명(本名). 실명(實名). assumed name
위명=하-다(爲名一)[자·타] 남의 잘못을 드러낼 때 그 사람의 지위 밑에 쓸어 지위를 얕잡아 이르는 말. ¶학자로 위명한 사람이 도박만을 일삼다니. one who calls himself to be
위모(僞冒)[명] 거짓 언행으로 남을 속임. cheating 하타
위모(衛矛)[명] 〈동〉 화살나무.
위모레스크(humoresque 프)[명] 〈음악〉 유머레스크. 해학미(諧謔味)를 띤 소곡(小曲).
위목(位目)[명] 〈불교〉 성현이나 혼령의 이름을 쓴 종이. monumental card
위무(威武)[명] ①위세와 무력. authority and force ②위엄이 있고 씩씩함. ¶~ 당당. valour
위무(慰撫)[명] 위로하여 어루만져 달램. 위부(慰拊). pacification 하타
위문(慰問)[명] 위로하여 문안(問安)함. consolation 하타
위문-단(慰問團)[명] 돌아다니며 위문하기 위하여 조직한 단체. goodwill party
위문-대(慰問袋)[명] 일선의 군인이나, 이재민(罹災民)을 위로하기 위하여 여러 가지 일용품을 넣어 보내는 주머니. comfort bag [tory letter
위문-문(慰問文)[명] 위문의 뜻을 표하는 글. consola-
위-문서(僞文書)[명]《약》→위조 문서(僞造文書).
위문-품(慰問品)[명] ①위문에 쓰는 물건. ②일선에 있

위물=(爲物)[명] 가짜 물건. counterfeits
위미 부진(萎靡不振)[명] 쇠하고 약해져서 떨치지 못함.
위미태(位米太)[명] 〈제도〉 조세로 바치던 쌀과 콩.
위민(爲民)[명] 국민을 위함. for the people
위민부모(爲民父母)[명] 임금은 온 백성의 어버이가 되고, 고을의 원은 고을 백성의 어버이임.
위반(違反)[명] 약속한 바를 어김. 위배(違背). 위변(違變). ¶ ~자(者). (대) 준수(遵守). 엄수. violation 하타
위방 불입(危邦不入)[명] 위험한 곳에 들어가지 않음.
위배(圍排)[명] 삥 둘러서 벌여 놓음. 하타
위배(違背)[명] 〈동〉 위반(違反). 하타
위범(違犯)[명] 법을 어기어 죄를 저지름. ¶ ~자(者). violation 하타
위법(違法)[명] 법을 위반함. 불법(不法). (대) 준법. 적법(適法). 합법. illegality 하타
위법-성(違法性)[명] 〈법률〉 어떤 행위가 범죄 또는 불법 행위로 인정되기 위한 객관적 요건. illegality
위법성 조각 사:유(違法性阻却事由)[명] 〈동〉 위법성 조각 원유.
위법성 조각 원:유(違法性阻却原由)[명] 〈법률〉 형식적으로는 불법 행위나 범죄가 되지마는 실질적으로는 불법 행위 또는 범죄로서의 성격이 정지되는 각종의 사유. 위법성 조각 사유. cause of justification
위법 자폐(違法自幣)[명] 자기가 만든 법을 자기가 범하여 죄를 당함. 자기가 정해 놓은 일에 자기가 고난을 당하는 것을 가리키는 말. 하타
위법 처:분(違法處分)[명] 〈법률〉 법규(法規)에 위반하는 행정 처분(行政處分). 남에게 자기의 권리가 침해되어 있을 경우에는 소원(訴願)이나, 소송을 제기할 수 있음. illegal measures 하타
위법 행위(違法行爲)[명] 〈법률〉 법률 질서의 규범에 위반되는, 공동 생활상의 이익을 침해하는 행위. illegal action
위벽(胃壁)[명] 〈생리〉 위(胃)의 내면. 펩신・염산(鹽酸)을 분비함. walls of the stomach
위변(違變)[명] 〈동〉 위반(違反). 하타
위병[-뼝](胃病)[명] 〈의학〉 위경(胃經)에 생기는 병의 총칭. stomach trouble
위병(衛兵)[명] 〈동〉 수병(戍兵).
위병(衛兵)[명] ①호위하는 병정. guard ② 〈군사〉 경비・단속을 위해 배치된 병사. guard ③ 〈군사〉 대궐・능(陵)・군영 등을 지키던 군사. ④ 〈약〉 →수사병.
위병 근무(衛兵勤務)[명] 〈군사〉 군대가 국가 및 군대의 재산을 경비할 임무를 수행하는 행동. guard duty
위병=소(衛兵所)[명] 〈군사〉 위병의 임무를 맡은 병사가 들어가 있는 건물. guard post
위복(威服)[명] ①위력 행사로 남을 복종시킴. subjugation ②위력에 굴복함. submission 하타
위복(威福)[명] ①위광(威光)과 복운(福運). 위압(威壓)과 복덕(福德). ②때로는 위압을, 때로는 복덕을 베풀어 사람을 복종시킴.
위복(爲福)[명] 복되게 함. ¶ 전화(轉禍)~. 하타
위본(僞本)[명] 위조한 책. (대) 진본(眞本). fabricated book
위부(委付)[명] ①〈법률〉 자기의 소유물 또는 권리를 상대방에게 주어서 자기와 상대방 사이에 있는 법률 관계를 소멸시키는 일. abandonment ②맡겨 부탁함. 맡기어 건넘.
위부(胃腑)[명] 〈동〉 위(胃)①. 밥통②.
위부(慰撫)[명] 〈동〉 무위(慰撫). 하타
위부보 보:처자(爲父母保妻子)[명] 어버이를 위하고 처와 자식을 보호함.
위부인-자[- 짜](衛夫人字)[명] 〈인쇄〉 세종(世宗) 때 만든 구리 활자. 명(明)나라 한림 학사의 필적으로 만듦.

위불위=간(爲不爲間)[명] 되든지 안 되든지. to be successful or not 「〈약〉 위불없다. 위불위=없:이[부]
위불위=없:-다(爲不爲一)[명] 〈약〉 틀림이나 의심이 없다. 하다
위(僞)[명] 버슬의 계급이 낮음. 하타
위비 언:고(位卑言高)[명] 버슬이 낮은 사람이, 윗사람의 언고를 비평하는 큰 소리를 함. 하타
위:빙(weaving)[명] 권투에서, 머리를 좌우로 흔들어 상대방의 공격을 피해 가면서 공격하는 일.
위사(偉辭)[명] 뛰어난 말. 훌륭한 말.
위사(僞辭)[명] 진실하지 아니한 말.
위사(衛士)[명] 〈제도〉 고려 때 대궐이나 능・편전을 지키던 장교(將校).
위산(胃散)[명] 〈약학〉 위병에 쓰는 산약(散藥).
위산(胃酸)[명] 〈의학〉 위액(胃液) 속에 들어 있는 산(酸). acid in the stomach
위산(違算)[명] ①틀린 계산. miscomputation ②계획이 틀림. 오산(誤算). miscalculation
위산 결핍증(胃酸缺乏症)[명] 〈의학〉 위에서 분비되는 염산이나, 그 밖의 효소가 감소 또는 결핍하는 병증. 무산증(無酸症).
위산 과:다증[-쯩](胃酸過多症)[명] 〈의학〉 위산이 많아서 위벽을 상하게 하는 병. 과산증(過酸症). acid dyspepsia
위-삼각(胃三角)[명] 〈의학〉 위의 전벽(前壁)의 일부로서 전복벽(前腹壁)에 직접 접촉하여 삼각을 이루고 있는 부분.
위상(位相)[명] ①〈물리〉 어떤 상태의 시간적 차(差). topology ②〈어학〉 시간・공간・남녀・계급 등에 따라 다른 형태의 말이 생기는 현상. ③〈수학〉 집합의 요소의 한 상태.
위상(委詳)[명] 〈동〉 위곡(委曲). 하타
위상 기하학(位相幾何學)[명] 〈수학〉 협의의 위상 수학. 위상상(位相像)에 의해 불변한 기하학적 도형의 성질 및 연속 사상(寫像) 자체의 성질을 연구하는 연속의 기하학.
위상 수:학(位相數學)[명] 〈수학〉 길이・크기 따위의 양적 관계를 무시하고 도형 상호의 위치・연결법 등 연속적 변형으로 불변인 성질을 주로 연구하는 현대 수학의 가장 중요한 기초 부문의 하나. 토폴로지 수학. topology
위상 심리학(位相心理學)[명] 〈심리〉 레빈에 의한 심리학 전반 및 실험 연구 일반을 말함. 사람의 내부에 형성되는 생활 환경 및 자체 영역의 구조를 각각 성질을 달리하는 것이라 생각하고, 그 영역간의 연락 관계를 토폴로지 수학 개념을 사용하여서 표현. 토폴로지 심리학. topological psychology
위상-어(位相語)[명] 남녀・연령・직업・계층의 차이에 의하여 독특하게 쓰이는 말. 여성어・유아어・학생어나 예능계・화류계 따위 특수한 사회의 은어 따위.
위상차 현:미경(位相差顯微鏡)[명] 〈물리〉 세포・염색체 따위가 무색 투명하여 보통으로는 볼 수 없는 것의 각 부분의 투과광의 위상차를 명암의 차로 바꾸어서 보도록 하는 장치를 갖는 현미경. 염색할 필요가 없고 미세한 조직을 잘 알 수 있음. phase contrast microscope
위-샘[-쌤](胃一)[명] 〈생리〉 위벽 속에 있는 위액을 분비하는 소화선(消化腺).
위생(衛生)[명] 건강의 보전・증진을 꾀하고 질병의 예방과 치유에 힘쓰는 일. hygiene 「이 많은 사람.
위생=가(衛生家)[명] 위생에 관한 지식이 많고, 주의심
위생 경:찰(衛生警察)[명] 공중(公衆)의 위생을 목적으로 하는 경찰. sanitary police
위생 공학(衛生工學)[명] 공중(公衆)의 위생의 보호・촉진을 위하여 시설이나 계획에 관련된 토목 공학의 한 분야. sanitary engineering
위생=림(衛生林)[명] 도회 근처에서 공기를 깨끗하게 하는데 필요한 보안림의 하나. sanitary forest
위생=병(衛生兵)[명] 〈군사〉 장병들의 위생 근무에 종

사하는 병종(兵種). 또, 그 병사. 간호병(看護兵). medical corps man

위생-복(衛生服)團 위생을 지키기 위하여 특별히 입는 덧옷. 소독의.

위생-적(衛生的)團 위생에 관계되는(것). 위생에 알맞는(것). sanitary

위생-학(衛生學)團 위생에 관한 일들을 연구하는 학문. hygienics

위서(僞書)團 ①거짓된 편지. false letter ②(약)위조 문서. 하団

위:서-다團 ①혼인 때에 신랑·신부를 따라가다. 후행하다. accompany the bride or bridegroom ②존귀한 사람의 뒤를 따라가다.

위석(委席)團 자리에 누워서 일어나지 못함. keeping in bed 하団

위선(胃腺)團〈생리〉위액(胃液)이 분비(分泌)되는 선. peptic glands

위선(爲先)團(약)위선사(爲先事).

위선(僞善)團 본심에서가 아니라 겉으로만 착한 함. 위악(僞惡). hypocrisy 하団

위선(緯線)團〈지리〉지구 위의 적도(赤道)에 평행하여 그린 가상선(假想線). 씨금. 씨줄. (대) 경선(經線). latitude

위선-사(爲先事)團 조상을 위함. 또, 그 일. (약) 선(爲先).

위선-자(僞善者)團 표면으로만 착한 것처럼 꾸미는 사람. hypocrite

위선-적(僞善的)團 거짓으로 겉으로만 착한 체하는 (것). hypocritical

위선지-도(爲先之道)團 조상을 받들어 위하는 도리.

위성(危星)團〈천문〉이십팔수(二十八宿)의 하나. 위(危).

위성(胃星)團〈천문〉이십팔수(二十八宿)의 하나. 위성**(緯星)團〈천문〉유성의 둘레를 도는 작은 별. 천체. 달. 배성(陪星). (대) 항성. satellite

위성-국(衛星國)團→위성 국가(衛星國家).

위성 국가(衛星國家)團 맹주(盟主)가 되는 국가를 중심으로 하여 이의 보호·지배를 받는 국가. (약)위성국. satellite country

위성-기(危星旗)團〈제도〉의장기(儀仗旗)의 하나.

위성 도시(衛星都市)團 대도시의 주변에 위치하면서 도시 자체로서의 특색을 가지며, 대도시의 기능의 일부를 지니는 중소 도시. (대) 모도시(母都市). satellite town

위성-류(渭城柳)團〈식물〉위성류과에 속하는 낙엽 소관목. 가지는 여러 갈래로 잘고 길게 늘어져 있으며 바늘 모양의 작은 잎이 밀생(密生)함. 여름에는 묵은 가지에, 가을에는 풋가지에 엷은 홍색 꽃이 핌. 관상용으로 심고, 가지·잎은 약재로 씀.

위성 백화점(衛星百貨店)團 본점을 도심지에 둔 백화점의 교외의 지점.

위성-선(衛星船)團 대형의 인공 위성.

위성 주택 도시(衛星住宅都市)團 중심 도시의 인구 집중으로 인한 주택난의 해소 지구로서의 성격을 띤 도시.

위성 중계(衛星中繼)團 통신 위성이 증폭(增幅)한 전파를 지구국(地球局)이 받아서 지상의 방송국을 경유하여 각 가정의 텔레비전 수상기에 보내는 일.

위세(委細)團(동) 상세(詳細). 하団

위세(威勢)團 ①위엄 있는 기세. authority ②맹렬한 세력. power ③사람을 두렵게 하여 복종시키는 힘. power

위수(位數)團〈수학〉수의 자리. 단·십·백·천·만… 등.

위수(衛戍)團 ①〈군사〉육군 부대가 오래 일정한 곳에 주둔함. garrison ②〈군사〉육군의 주둔 부대가 지구내의 경비·질서 유지 및 군기의 감시, 시설물의 보호 등을 행하는 일. ③(동) 수자리.

위수-령(衛戍令)團〈법률〉육군 부대가 일정한 지역에 주둔하여 경계 임무 수행 및 군기의 감시와 군에 딸린 건축물·시설물 등을 보호할 것을 규정하는 대통령령(大統領令).

위수-병(衛戍兵)團 ①〈제도〉수자리를 사는 병사. ②〈군사〉위수 근무에 복무하는 병사. (약)위병(衛兵)④. guard of a garrison

위수 병:원(衛戍病院)團〈군사〉위수지에 설치한 육군 병원. garrison hospital

위수 사령부(衛戍司令部)團〈군사〉국가 방위의 주요 임무를 띠고 있는 부대 사령관이 집무(執務)하는 곳. headquarters of a garrison

위수-지(衛戍地)團〈군사〉위수 근무를 집행하는 일정한 지구. 위수 지구. garrisontown

위스키(whisky)團 서양 술의 하나. 보리·밀·옥수수 등에 엿기름을 섞어 만드는데, 도수가 매우 셈.

위시(爲始)團 시작함. 비롯함. beginning 하団

위식(違式)團 ①일정한 규정·관습에서 벗어남. ②격식에 어긋남. 하団 to 하団

위신(委身)團 어떠한 일에 몸을 맡김. giving oneself

위신(威信)團 위엄과 신의. authority subject

위신지-도(爲臣之道)團 신하가 되는 도리. duty of a

위-아래團 위와 아래. 상하(上下).

위아랫물-지-다團 ①두 가지 액체가 서로 섞이지 않고 절놀다. do not mix ②노소(老少)나 계급 등의 차이로 인하여 서로 어울려 섞이지 않다. do not unite with

위-아토니(胃 Atony)團〈동〉위근 쇠약증(胃筋衰弱症).

위악(僞惡)團 짐짓 악한 체함. (대) 위선(僞善). 하団

위안(慰安)團 위로하여 안심시킴. ¶～처(處). ~회(會). consolation 하団

·위·안(胃) (구) 동산. 들안. (會). consolation 하団

위안-부(慰安婦)團 ①전쟁 때에 일선의 군인을 위안하기 위하여 동원되는 여자. comfort girl ②(동)참녀.

위안-제(慰安祭)團〈민속〉산소 신주를 위안하는 제사. memorial service

위암(危岩)團 아슬아슬하게 이룬 높은 바위.

위암(胃癌)團〈의학〉위 속에 생기는 암종(癌腫). cancer of the stomach 러범. 하団

위압(威壓)團 위력으로 억누름. overpowering ②을 하団

위압-감(威壓感)團 위압을 받는 느낌.

위압-되:다(威壓─)團 위력이나 세력 등으로 내리 눌리다. overwhelmed

위액(胃液)團〈생리〉위선(胃腺)에서 분비(分泌)되는 소화액(消化液). gastric juice

위액 결핍증[─ㅂ](胃液缺乏症)團〈의학〉위액의 분비(分泌)가 적어 일어나는 병증.

위약(胃弱)團〈의학〉①위경(胃經)의 소화력이 약해지는 병. dyspepsia ②위가 약함. weak digestion 하団

위약(違約)團 ①약속이나 계약을 어김. ¶～자(者). ②〈법률〉계약으로 정한 의무를 이행하지 않음. breaking promise 하団

위약-금(違約金)團〈법률〉계약의 책임을 다하지 못하였을 때, 그 손해 배상으로 치르는 돈. damages for breach of contract

위약 처:분(違約處分)團〈법률〉위약자에 대한 제재로서의 처분. 하団

위양(委讓)團 다른 사람에 위임하여 양도함. 위촉하여 양도함. transfer 하団

위양-장(渭陽丈)團〈구〉남의 외숙(外叔).

위어(葦魚)團(동) 웅어.

위언(違言)團 ①자기가 한 말을 어김. breaking one's word ②이치에 어긋난 말. unreasonable word ③

위언(僞言)團 거짓 허언(虛言). 거역하는 말. 하団

위엄(威嚴)團 의젓하고 엄숙함. 품위. dignity 하団스힘 스레団 stately

위엄-하:다(威嚴─)團 썩 위엄스러워 보이다. look

위업(偉業)團 위대한 사업이나 업적. great undertaking

위업(爲業)團 생업으로 함. engage oneself in 하団団.

위-없:다團 그 위에 더 없다. 가장 높고도 좋다. unsur-

위여團 참새떼를 쫓는 소리. passed 위=없:이団

위여일발(危如一髮)團(동) 위기 일발.

위여-하:다(偉如─)團団団 위대(偉大)하다. great

위연(喟然)團 탄식하는 모양. 하団

위연 탄식(喟然歎息)團 크게 탄식함. 하団

위연-하:다(威然─)團団団 위엄이 늠름하다. majestic

위연=히閉 「사람. great service
위열(偉烈)圀 위대한 공로. 또는 위대한 공로를 남김
위열(慰悅)圀 위안하여 기쁘도록 함. 하타
위염(胃炎)圀《동》위카타르.
위오(違午)圀 위반하여 어김. 하타
위옹(胃癰)圀〈의학〉위장 속에 열기(熱氣)가 모여 생기는 병. 구토·해소 등이 있으며, 혹은 피고름 섞인 것을 게운다.
위왈=다(고) 받들다. 섬기다. 「을 토함.
위요(圍繞)圀 ①혼인 때 가족으로서 신랑이나 신부를 데리고 가는 사람. 요객(繞客). 후배(後陪). 후행(後行). 상객(上客). ②싸고 돎. 둘러쌈. surrounding 하타   「客).
위요=가다(圍繞一)재 혼인 때 위요로 가다. 요객(繞
위요-지(圍繞地)圀〈법률〉①다른 토지를 둘러싸는 주위의 토지. surrounding land ②다른 한 나라의 영토에 의하여 완전히 둘러싸인 영토. surrounded territory   「appearance
위용(威容)圀 위엄찬 모양. 위엄 있는 모습. dignified
위용(偉容)圀 당당한 모양. 뛰어나서 훌륭한 모양.
위우(位右)圀 →위요(圍繞)①.   「grand appearance
위운(違韻)圀 한시(漢詩)에서 운자가 맞지 않음.
위원(委員)圀 ①어떤 일의 처리를 위임 맡은 사람. member of a committee ②〈법률〉한정된 국가 및 단체의 사무를 처리하기 위하여 선임된 자연인.
위원-단(委員團)圀 어떠한 임명을 띤 위원으로 구성된 단체.
위원-장(委員長)圀 위원 중의 우두머리. chairman
위원-회(委員會)圀〈법률〉①일반적으로 복수(複數) 자연인의 위원으로서의 합의체(合議體). committee ②본회의에서 심의할 안건의 예비 심사·조사를 하기 위하여 위원으로써 구성한 합의체. 행정 관청의 자문에 응하기 위한 자문 기관(諮問機
위월(違越)圀 위반함. 어김. 하타   「關).
위유(葳蕤)圀 ①둥굴레. ②초목이 무성함. 유.
위유(慰諭)圀 위로하고 타이르거나 달램. soothing 하타
위유=사(慰諭使)圀〈제도〉천재 지변이 있을 때 국민을 위로하려고 임금이 보내던 임시 벼슬. messenger of condolence   「rehensions 하타
위의(危疑)圀 의심이 일어나 마음이 불안스러움. app-
위의(威儀)圀 ①위엄이 있는 의용(儀容). majesty ②〈불교〉장사(葬事)에 쓰는 항오(行伍). ③예법에 맞는 몸가짐.
위의 당당(威儀堂堂)圀 위엄찬 거동이 훌륭함. majestically 하튀 히튀   「(委蛇).
위이(委迤·逶迤)圀 ①에워 두름. ②《동》위이(委
위이(委蛇)圀 의젓하고 천연스러운 모양. 위이(委迤). 하타
위인(偉人)圀 위대한 일을 한 사람. 도량이 넓은 사람. 대인물(大人物). great man
위인(爲人)圀 사람된 됨. 사람의 됨됨이. character
위인(僞印)圀 위조된 도장. 가짜 도장. false seal
위인 모충(爲人謀忠)圀 사람을 위하여 정성껏 계획함. 하타
위인 설관(爲人設官)圀 사람을 위하여 벼슬 자리를 마련함. 하타
위인-전(偉人傳)圀 위인의 업적이나 일화 등을 사실(史實)에 입각하여 적은 글. 또, 그 책.
위=일능사(爲一能事)圀 유일한 능사로 삼음. 하타
위임(委任)圀 ①맡김. charge ②위탁하여 권리를 줌. ③〈법률〉당사자의 한편이 다른 편에게 사무의 처리를 맡기는 계약. mandate ④〈법률〉행정청이 그 권한·사무를 다른 행정청에 위탁하는 일. entrust
위임 대:리(委任代理)圀 임의 대리.   「하타
위임 명:령(委任命令)圀〈법률〉법률의 위임을 받은 사항에 관하여 내리는 명령. delegated order 하타
위임 입법(委任立法)圀〈법률〉법률의 위임에 의하여 입법부(立法府) 이외의 국가 기관이 법규(法規)를 정립(定立)하는 일. mandatory legislation
위임-자(委任者)圀 위임을 하는 사람.

위임=장(委任狀)圀〈법률〉①위임하는 뜻을 표시하는 서면. letter of attorney ②위임에 따른 대리(代理) 관계가 있을 경우, 대리인의 권한을 증명하기 위하여 교부하는 문서. ③국제법상, 파견군이 특정한 사람을 영사로 임명하는 취지의 문서.
위임 통:치(委任統治)圀〈정치〉제1차 세계 대전 이후에 국제 연맹(國際聯盟)의 위임에 의하여 전승국(戰勝國)이 행하던 국제적 통치. 신탁 통치. mandate
위임 행정(委任行政)圀〈법률〉국가나 지방 자치 단체가 그 행정 사무를 본래 자기 기관이 아닌 자에게 위임하여 행하는 일. authorized deed
위자(慰藉)圀 위로하고 도와 줌. consolation 하타
위자-료(慰藉料)圀〈법률〉생명·신체·자유·명예·정조 등을 침해당했을 때에 그 정신적 손해에 대한 배상금. consolation money
위-자손(爲子孫)圀 자손들을 위함. 하타
위자손-계(爲子孫計)圀 자손을 위하여 꾀함. 또, 그 계획. 하타
위자지(爲子之道)圀 자식된 도리.   「rage
위작(位爵)圀 위(位)와 작(爵). 벼슬. rank and pee-
위작(僞作)圀 딴사람이 그 작자가 지은 것처럼 비슷하게 지음. 또, 그 작품.
위-장(胃腸)圀〈생리〉위와 창자. stomach and intestines
위장(僞裝)圀 ①가짜로 차림. ②본체가 드러나지 않게 다른 물체와 흡사하게 꾸밈. ③〈군사〉적에게 보이지 아니하도록 꾸미는 일. 의장(擬裝). 미채(迷彩). 카무플라주①. camouflage 하타
위장(慰狀)圀 위로하여 문안하는 편지.
위장-망(僞裝網)圀〈군사〉위장하기 위하여 새끼나 노끈 등으로 짠 그물. disguised net
위장-병(胃腸病)圀〈의학〉위장에 일어나는 병. 위체증·위암·위카타르 따위. gastroenteric disorder
위-장:부(偉丈夫)圀《동》위남자(偉男子)
위장-염(胃腸炎)圀〈의학〉위장에 일어나는 염증. 흔히 위산 과다로 말미암아 생김. 위장 카타르. gastroenteritis
위장 카타르(胃腸 Katarrh 도)圀《동》위장염.
위장=패(衛將牌)圀〈제도〉오위장(五衛將)이 대궐을 순찰할 때 가지던 패.
위재(偉才)圀 위대한 재주. 또, 그 사람. great talent
위-재:조석(危在朝夕)圀 위험이 조석에 달려 있다는 뜻으로, 매우 위급함을 이르는 말.   「mplishments
위적(偉績)圀 위대한 공적. 위공(偉功). great acco-
위적(偉蹟)圀 위대한 사적(事蹟). great historic site
위전(位田)圀《동》→위토전(位土田).
위절(委折)圀《동》곡절(曲折).
위정(爲政)圀 정치를 행함. governing 하타
위정-자(爲政者)圀 정치를 행하는 사람. administrator
위제(僞製)圀《동》위조(僞造). 하타
위조(僞造)圀 거짓을 진짜처럼 만듦. 위제(僞製). 안조(贋造). 안작(贋作). forgery 하타
위조 문서(僞造文書)圀 가짜로 꾸민 문서. 《약》위문서(僞文書). 위서(僞書)②. spurious document
위조=죄(一罪)(僞造罪)圀〈법률〉도장·문서·지폐 등가 증권 따위를 위조한 죄.   「banknotes
위조 지폐(僞造紙幣)圀 위조한 지폐. counterfeit
위족(僞足)圀《동》허족(虛足).
위종(衛從)圀 호위하기 위하여 곁에 따름. escort 하타
위주(爲主)圀 주장을 삼음. ¶신용 ~. making the prime object so
위중(危重)圀 병세가 무거움. seriousness 하타 「하타
위중(威重)圀 위엄 있고 태도가 무거움. prudent
위증(危症)圀 위험한 병세. dangerous symptoms
위증(僞證)圀 ①거짓의 증거. false evidence ②〈법률〉법원에 호출된 증인이 거짓으로 진술함. perjury 하타
위증=죄(一罪)(僞證罪)圀〈법률〉법률의 규정에 따라서 선서(宣誓)한 증인이 허위의 공술(供述)을 한 죄. perjury

위지(危地) 위험한 곳. 또는 위태한 자리. 《유》위경(危境). dangerous place

위지 협지(威之脅之) 갖가지로 위협함. 하다

위집(蝟集) 고슴도치의 털과 같이 많은 것들이 한 곳에 또는 한 때에 모여드는 일. gathering in a swarm 하다

위-짝 윗부분이 되는 짝. 《대》 아래짝. upper half

위-쪽 위가 되는 곳이나 방향. upside

위차(位次) 위계(位階)의 고하에 의한 차례. rank

위착(違錯) 말한 것의 앞뒤가 서로 어긋남. contradiction 하다

위-채 한 집안의 높은 쪽에 있는 채. 《대》 아래채. upper building

위-처자(爲妻子) 아내와 자식을 위함. 하다

위청(-廳) 윗사람이 있는 처소나 관청. 상청(上廳). superior office

위촉(委囑) 맡기어 부탁함. 하다

위축(爲祝) 《불교》 나라를 위하여 축수하는 일. 하다

위축(萎縮) ①시들어 쪼그라들거나 쭈그러짐. withering ②우그러져 펴지 못함. 《생리》 일정한 정도로 발육한 조직의 용적(容積)이나 수가 감소하고 그 기능도 저하되는 일. atrophy 하다

위축(蝟縮) 두려워서 움츠림. 하다

위축-감(蝟縮感) 어떤 힘에 눌려서 기를 펴지 못하는 느낌. feeling of fear and awe

위-출혈(胃出血) 《의학》 위암, 위궤양 따위의 병증으로 말미암아 위에서 출혈이 일어나는 증상(症狀).

위-층(一層) 위에 있는 층. 상층(上層). 《대》 아래층. upper stories

위치(位置) ①차지한 자리. 지위. 신분. 지보(地步). position ②있는 처소. 곳. ③자리잡고 있음. 좌국(坐局). 자리1. stand 하다

위치-각(位置覺) 《심리》 자기 몸이나 사지 따위를 직접 보지 않고도 그것이 어디에 있다고 판단할 수 있는 기초가 되는 감각. 위치 감각.

위치 감¹각²(位置感覺) 《동》 위치각.

위-치마 갈퀴의 앞쪽으로 가느다란 대나무·싸리나무 따위를 대고 새기는 끈으로 엮은 줄. 《대》 아래 치마.

위치 에너지(位置 energy) 《물리》 어떤 특수(特殊)한 위치에 있는 물체가 표준 위치로 돌아갈 때까지 일을 할 수 있는 에너지.

위치 천문학(位置天文學) 《지학》 천구상 및 공간 내에 있어서의 별의 위치·크기·운동 따위를 연구하는 천문학의 한 분야. 《대》 구면 천문학.

위칙(違勅) 임금의 명령인 칙령을 어김. 하다

위친(爲親) 어버이를 위함. doing for one's parents

위친지-도(爲親之道) 어버이를 위하는 도리. 하다

위칭(僞稱) 거짓으로 꾸며 일컬음. 《유》 사칭(詐稱). false name 하다

위 카타르(胃 Katarrh 도) 《의학》 소화 불량에서 오는 위점막(胃粘膜)의 염증(炎症). 위염(胃炎). catarrh of the stomach

위켓(Wicket) ①작은 문. ②창문. ③겉문. ④수문(水門).

위=겨 포개어 놓은 물건의 위층. upper layer

위:=크(week) 주(週). 일주간(一週間). 《日》.

위:크-데이(weekday) 일요일 이외의 날. 평일(平日).

위:크-엔드(weekend) ①토요일 오후, 또는 금요일의 저녁부터 월요일 아침까지의 사이. 주말(週末). ②주말 휴가.

위:클리(weekly) 주간 신문지. 주보(週報).

위탁(委託) ①사물을 남에게 맡김. ②《법률》 자기가 할 법행위나 사실 행위(事實行爲) 등을 남에게 맡기는 일. 《~자(者)》. trust 하다

위탁 가공 무:역(委託加工貿易) 《경제》 가공 무역의 하나. 해외 위탁자가 국내의 수출업자 또는 제조업자에게 원료를 제공하고 가공하여 한 후, 재수출의 형식으로 자기 앞으로 실어 보내게 하는 무역 방식.

위탁 매매(委託賣買) 《경제》 거래에 유리한 딴 상인에게 상품을 위탁하여 팔고 사는 일.

위탁 증권(委託證券) 《경제》 증권의 발행자 자신이 급부할 의무를 지지 않고 제삼자 앞으로 급부 위탁을 적은 증권.

위탁 출판(委託出版) 출판자가 그 출판물의 출판에 관한 사무의 일부 또는 전부를 다른 출판자에게 위탁하여 하는 출판.

위탁 판매(委託販賣) 《경제》 상인(商人)이 상품 판로(商品販路)를 넓히기 위하여 먼 곳에 있는 상인에게 상품을 적송(積送)하여 판매를 위탁함. consignment sale 하다

위태(危殆) ①형세가 매우 어려움. ②마음을 놓을 수 없음. ③안전하지 못하고 위험함. 하다

위태-롭다(危殆-) 《ㅂ불》 위태한 듯하다. dangerous

위태-로이 하다. perilous

위태위태-하다(危殆危殆-) 매우 위태(危殆)하다.

위-턱 위쪽의 턱. 《대》 아래턱. upper jaw

위턱 구름(-) 《동》 상층운(上層雲).

위토(位土) 위전(位田)과 위답(位畓)의 통칭.

위토-답(位土畓) 수확을 향사(享祀) 등 일정한 목적으로 쓰기 위하여 만든 논. 《대》 위토전. 《약》 위답(位畓).

위토-전(位土田) 수확을 향사(享祀) 등 일정한 목적으로 쓰기 위하여 만든 밭. 《대》 위토답. 《약》 위전(位田).

위통(胃痛) 《의학》 위가 아픈 증세. stomachache

위트(wit) ①기지(機智). ②재사(才士). ③희극 배.

위판(僞版) 일정한 절차를 밟지 않고 몰래 한 출판.

위판(位牌) 위패(位牌).

위-팔 어깨에서 팔꿈치까지의 부분.

위-패(危悖) 위험하고 패악함. 하다

위패(位牌) 《제도》 단(壇)·묘(廟)·원(院)·절(寺)에 모시는 신주의 이름을 적은 나무. 목주(木柱). 위판(位版). 영위(靈位). monumental tablet

위패-당(位牌堂) 위패를 모시어 놓은 사당(祠堂). shrine for the memorial tablet

위패-목(位牌木) ①위패를 만드는 나무. monumental tablet ②글씨를 안 쓴 위패. unwritten monumental tablet

위패 바탕(位牌-) 위패를 꽂아 놓는 받침 나무.

위편(韋編) 예전에 책을 꿰어 맨 가죽끈. leather binding

위편 삼절(韋編三絶) 열심으로 독서하는 일. 공자(孔子)가 주역을 애독하여 책을 맨 가죽끈이 세 번이나 끊어졌다는 일에서 나옴.

위폐(僞幣) 위조한 돈. 특히 위조한 지폐. 《유》 사전(私錢). forged note

위-폐짝 위의 치우친 편짝. upper part

위품(位品) 관직의 품계(品階). rank

위-풍(-) 《동》 윗바람①.

위풍(威風) 위엄이 서리는 풍채. dignified air

위풍 늠:름(威風凜凜)/위풍 당당(威風堂堂) 풍채가 위엄이 있어 당당함. 하다

위필(僞筆) 남의 필적 비슷하게 쓴 문자나 문서. forged handwriting 하다

위하(威嚇) 《위협(威脅)》. 하다

위하는 아이 눈이 먼다 무슨 일에나 너무 기대를 걸면 도리어 안 되는 법이다.

위:=하다(爲-) 타여불 ①잘 되도록 관계해 주다. ¶ 장래를 위하여 노력하다. wish well ②이롭게 하다. ¶몸을 위해 먹는다. profit ③공경하다. ¶부모님을 위한 정성. respect ④소중하게나 사랑하다. value 「지는 병. gastroptosis

위하-수:(胃下垂) 《의학》 위가 평상의 위치보다 처.

위학(胃癌) 《의학》 위에 탈이 생겨서 일어난 병학.

위학(僞學) ①조선조 때, 성리학파(性理學派)의 유학자(儒學者)들이 사장파(詞章派)와 실학파(實學派)들의 학문을 가리키어 펌칭(貶稱)한 이름. 정도(正道)에 어그러진 학문. ③그 시대에 있어서 시.

위한 / 1425 / 윗잇몸

통과가 아닌 학문이나 학파. 이학(異學).
위한(胃寒)[명] 〖동〗 위랭(胃冷).　　　[하다]
위한(爲限)[명] 기한이나 한도를 정함. fixing a term
위한(違限)[명] 약속 기한을 지키지 않음. violation of a time limit [하다]
위해(危害)[명] 위험한 재해. harm
위해-물(危害物)[명] ①위험하거나 해로운 물건. harmful thing ②위험한 재해를 끼칠 만한 물건.
위허(胃虛)[명] 위가 허약하게 됨. indigestion [하다]
위헌(違憲)[명] ①헌법을 위반함. ②〖법률〗 성문(成文)의 헌법 규정에 위반함. 곧, 일체의 법률·명령·규칙·국무에 관한 행위·절차·처분 등이 헌법 규정에 위반되는 일. unconstitutionality [하다]
위헌-성[—썽](違憲性)[명] 〖법률〗 어떤 법률 행위가 헌법의 조문이나 정신에 위배됨. 《대》 합헌성(合憲性).
위험(危險)[명] ①위태함. danger ②안전하지 못함. 《대》 안전(安全). [하다] 〖스〗 스릴러
위험-물(危險物)[명] 위험한 물건. 폭발물·석유 따위.
위험 사상(危險思想)[명] 〖사회〗 국가 사회의 안녕 질서에 위험한 해독을 끼칠 만한 사상. dangerous thoughts [능성. danger
위험-성[—썽](危險性)[명] 위험한 성질. 위험해질 가
위험 수역(危險水域)[명] 핵무기(核武器) 실험, 또는 해군의 전투 연습 등으로 생길 위험을 예방하기 위하여 설정(設定)하는 수역.
위험 수위(危險水位)[명] 수해가 일어날 위험이 있는 수위. dangerous level　　　　　　[rous [하다]
위험-시(危險視)[명] 위험하게 봄. regard as dange-
위험 신호(危險信號)[명] ①선로(線路)의 고장, 차량의 탈선·전복 또는 발파(發破) 등의 경우, 붉은 기나 등(燈) 따위로 정지를 명하는 신호. danger signal ②경제 또는 건강 등의 상황이 위험한 상태가 되는 전조(前兆).
위험 인물(危險人物)[명] ①위험 사상을 지닌 사람. dangerous character ②마음을 놓고 사귈 수 없는 사람. ③방심할 수 없는 인물.
위험 천만(危險千萬)[명] 매우 위험함. 위험하기 짝이 없음. very dangerous [하다]
위협(威脅)[명] 위력으로 협박함. 공하(恐嚇). 위핍(威逼). 협위(脅威). 위하(威嚇). threat [하다]
위협-색(威脅色)[명] 동물의 색채나 무늬 가운데, 상대를 위협하여, 그로 인하여 포식(捕食)을 면하는 효과를 가지는 색. [되는(것).
위협-적(威脅的)[관] 으르고 협박하는(것). 위협이
위호(位號)[명] 작위(爵位)와 명호(名號). rank and name
위화(違和)[명] 〖의학〗 몸의 상태가 이상해지는 것. ②딴 사물과 조화되지 않는 것. ¶~감(感).
위화(僞貨)[명] 위조 화폐. false coin
위-확장(胃擴張)[명] 〖의학〗 위의 근육의 수축력(收縮力)이 약해진 병. dilation of the stomach
위황(危慌)[명] 위험스럽고 황망함. being dangerous and precipitous [하다]
위황-병[—뼝](萎黃病)[명] ①〖의학〗 청춘기 여자에게 흔히 있는 빈혈증. 피부 점막이 창백해지며 두통·어질증·귀울림이 나고 체력이 감퇴함. ②〖식물〗 식물이 빛·철분의 부족으로 잎이 백화 또는 황백색으로 변하는 병. 벼·콩 등에 생김. greensickness
위회(慰懷)[명] 괴롭거나 슬픈 마음을 위로함.
위효(偉效)[명] 뛰어난 큰 효험. [하다]
위효(慰曉)[명] 위로하여 깨우침.
위훈(偉勳)[명] 위대한 공훈(功勳). great service
윈도(window)[명] ①창. ②〖약〗 쇼 윈도(show window). ③미국 마이크로 소프트사가 개발한 개인용 컴퓨터의 운영 체제.
윈도-글라스(window glass)[명] 창에 끼우는 유리.
윈도=쇼핑(window shopping)[명] 상점·백화점의 쇼윈도나 진열장 안의 상품을 돌아다니며 구경만 하고

사지 않는 일. 「動機」. 풍차(風車)
윈드-밀(windmill)[명] 바람의 힘을 이용하는 발동기(發
윈드-브레이커(windbreaker)[명] 야구 선수 등이 입는 잠바. [—는 데 쓰는 기계.
윈치(winch)〖공업〗 무거운 물건을 위아래로 옮기
윈터(winter)[명] 겨울.
윈터 스포츠(winter sports)[명] 〖체육〗 겨울철에 행
윌리-윌리(willy-willy)[명] 태풍이나 허리케인과 같이 맹렬한 저기압. 오스트레일리아 지방을: 남서진(南西進)함.
윌슨 안개 상자(Wilson—箱子)[명] 〖물리〗 전자·양자·중간자·α입자 등의 하전(荷電) 입자가 기체 속을 통과할 때의 경로를 직접 보기 위한 장치. 영국인 윌슨(C. Wilson)이 발명함. Wilson's cloud chamber
윗[관] 위의. 위에 있는. upper
윗-간(—間)[명] 연이어 있는 여러 간살 중의 높은 쪽의 방. 《대》 아랫간. upper room
윗-구멍[명] 위에 뚫린 구멍.
윗-길[명] ①위쪽에 난 길. ②보통 것보다 훨씬 나은 물품. 《대》 아랫길. superior articles
윗-넓이[명] 윗면의 넓이. 《대》 밑넓이. upper breadth
윗-녘[명] ①위쪽. upper side ②뒷대. northern parts
윗-누이[명] 나이가 더 많은 누이. [shes
윗-눈썹[명] 위의 속눈썹. 《대》 아랫눈썹. upper eyela-
윗-니[명] 윗잇몸에 난 이. 《대》 아랫니. upper teeth
윗-당줄[—쭐][명] 망건 당에 꿴 당줄. 《대》 아랫당줄.
윗-대(—代)[명] 조상(祖上). ¶~로부터 이어온 충효 사상. forefathers 《대》 아랫대
윗-덧줄[명] 〖음악〗 악보의 다섯 줄의 위에 붙는 덧줄.
윗-도리[명] ①몸의 윗부분. upper part of the body ②윗옷 같은 것을 한 벌 주장하여 하는 사람. 《대》 아랫도리. foreman
윗-동[명] ⇨윗동아리.
윗-동네(—洞—)[명] 위쪽에 있는 동네. 윗마을.
윗-동아리[명] 둘로 가른 부분의 위의 동아리. 《약》 윗동. [높은 데 있는 마을. 윗동네.
윗-마을[명] 여러 마을 중에서 위쪽에 있거나 지대가
윗-막이[명] ①물건의 윗 머리를 막는 부분. ②저고리·적삼 등의 통칭. 《대》 아랫막이. upper garment
윗-머리[명] 윗동아리의 끝 부분. 《대》 아랫머리. upper side
윗-면(—面)[명] 위쪽의 겉바닥. 《대》 밑면.
윗-목[명] 굴뚝에 가까운 방바닥. 《대》 아랫목.
윗몸 운동(—運動)[명] 〖체육〗 몸의 윗도리를 전후 좌우(前後左右)로 굽혀다 폈다 하는 운동.
윗-물[명] ①상류에서 흐르는 물. 《대》 아랫물. upper stream ②〖물〗 겉물①. ③담가서 우리거나 죽 따위를 쑬 때의 위의 물.
윗물이 맑아야 아랫물이 맑다[속담] 무슨 일이든지 윗사람의 행실이 깨끗해야 아랫 사람도 그 행동이 바르다.
윗-바람[명] ①겨울철에 방 속에서 천장·벽 사이로 스며들어오는 찬 바람. 외풍. ②연을 날릴 때의 서풍. ③상류(上流)에서 불어오는 바람. 《대》 아랫바람.
윗-반(—班)[명] ①먼저 입학한 사람으로 구성한 학급. senior class ②여러 등분으로 나눈 반 가운데에서 위가 되는 반. 《대》 아랫반. upper class
윗-방(—房)[명] 잇따라 있는 두 방에 있어서 아궁이가 없는 편의 방. 《대》 아랫방. upper room
윗-배[명] 가슴 아래 배꼽 위에 있는 배. 《대》 아랫배.
윗-벌[명] ①윗도리에 입는 옷. 《대》 아랫벌. upper coat ②상투의 윗도리에 감긴 부분가닥.
윗-변(—邊)[명] 〖수학〗 사다리꼴의 위의 변. topside of a polygon
윗-사람[명] 자기보다 나이나, 지위·신분이 높아서 윗자리에 있는 사람. 《대》 아랫사람. superior
윗-사랑(—舍廊)[명] 위쪽에 있는 사랑. 《대》 아랫사랑.
윗-세장[명] 위에 지은 세장. 《대》 아랫세장.
윗-수염(—鬚髥)[명] 콧수염. moustache
윗-알[명] 주판의 가름대 위의 알. upper beads [lip
윗-입술[—닙—][명] 위쪽의 입술. 《대》 아랫입술. upper
윗-잇몸[—닏—][명] 위의 잇몸. 《대》 아랫잇몸. upper

윗-자리 ① 윗사람이 앉는 자리. upper seat ② 여럿이 모인 곳에서 높은 자리. ③ 높은 지위나 순위(順位). 《대》 아랫자리.
윗=중방(一中枋) 《동》 상인방(上引枋).
윗-집 바로 위쪽으로 이웃하여 있는 집. 《대》 아랫집.
윗=통 →웃통.
윙 벌떼나 돌팔매가 날아갈 때, 또는 바람이 전보줄에 부딪칠 때, 또는 기계의 바퀴가 돌아갈 때 나는 소리. 《작》 왱. whizzing 하
윙(wing) ① 날개. ②《체육》축구에서 포워드나, 럭비에서 센터의 양단, 또는 이를 맡은 두 사람. ③《군사》 미국에서, 비행단(飛行團).
윙:=윙 연이어 나는 윙소리. 《작》 왱왱. 하
윙:윙-거리-다 연이어 윙윙하다. 《작》 왱왱거리다.
윙크(wink) ① 한쪽 눈을 깜빡거리며 하는 눈짓. ②《동》 추파(秋波)②. 하

유 《어학》 한글의 모음 'ㅠ'의 이름. name of the Korean vowel 'ㅠ'
유(有) ① 있는 것. 실재(實在). 《대》 무(無). existence ② 자기의 것으로 하는 것. 소유(所有). ownership ③《철학》시간·공간 안에 있는 존재. being ④《불교》 미(迷)로서의 존재. 12인연의 하나. 《대》 공(空). existence ⑤ '또'의 뜻. ¶백~ 십 년(百有十年). and
유(酉) 《민속》 ① 지지(地支)의 열째. 10th 12 Earth's Branches ② 《한》 유방(酉方). ③ 《한》 →유시(酉時).
유(鈕) 인꼭지. knob of the seal
유:(類) ① 《한》 →종류. ② 무리. group ③ 《생물》 생물 분류상의 한 단위. genus
유:(有) 있음을 뜻함. ¶~경험. with
유:-가[一까](有價) 값이 정하여져 있음. having a fixed price 값으로의 가치가 있음. having value
유가(瑜伽-Yoga 범) 《불교》 수행 방법의 하나. 마음을 한 곳에 집중하는 방법. 상응(相應)④.
유가(遊街) 《제도》 과거의 급제자가 거리를 돌며 좌주(座主)·선진자(先進者)·친척 등을 찾아보는 일. 하
유가(儒家) 《동》 유생(儒生).
유:가-물[一까一](有價物) 《경제》 경제적으로 값어치가 있는 물건. books
유가-서(儒家書) 유교(儒敎)의 서적. Confucian
유=가족(遺家族) ① 죽은 이의 뒤에 남은 가족. bereaved family ② 전몰한 군경의 가족. 《약》 유족(遺族). bereaved family of the war dead
유가종(瑜伽宗) 《불교》 밀교(密敎)의 총칭.
유:가 증권[一까一꿘](有價證券) 《경제》 사법상(私法上)의 재산권을 표시하는 증권. 《약》 증권. valuable security
유:가 증권 대부[一까一꿘一](有價證券貸付) 《경제》 유가 증권을 담보로 금전을 대부하는 일.
유:가 증권 위조죄[一까一꿘一죄](有價證券僞造罪) 《법률》 행사(行使)의 목적으로 유가 증권을 위조, 변조, 또는 허위로 기입하였거나, 또는 이러한 것을 행사·교부·수입함으로써 성립되는 죄. fogery of valuable securities
유:-각목(有角木) 《건축》 헛가래 따위를 지을 때 쓰는 위끝이 두 갈래로 벗어져 아귀로 된 나무.
유:-각호(有脚湖) 《동》 유구호(有口湖).
유:-감(有感) 감상·느낌이 있음.
유감(乳柑) 《식물》 운향과(芸香科)에 속하는 나무. 열매의 맛은 밀감과 같음.
유감(遺憾) ① 불만하게 여기다. ¶~ 천만(千萬). ② 마음에 섭섭함. deplorableness 스럽 스레하
유-감 반:경(有感半徑) 《지학》 지진(地震)이 일어났을 때, 진앙(震央)으로부터 가장 먼 유감(有感) 지점.
유감없:-다(遺憾—) 마음에 흡족하다. 유감없:

유:-감 지대(有感地帶) 《지학》 지진의 진동을 인체가 느낄 수 있는 지역. 《대》 무감 지대(無感地帶).
유:-감 지진(有感地震) 《지학》 조용히 일하는 사람이 느낄 정도의 가벼운 지진(無感地震).
유:-개(有蓋) 지붕·뚜껑 등이 있음. ¶~차(車). covered
유-개:념(類槪念) 《논리》 외연(外延)이 딴 개념의 외연보다 큰 개념. 《대》 종개념. generic concept
유-개 화:차(有蓋貨物車) 지붕이 마련된 화차. 《약》 유개 화차.
유:-개 화:차(有蓋貨車) 《약》→유개 화물차.
유객(幽客) 세상 일을 피하여 한가롭게 지내는 사람. hermit 하
유객(留客) 손님을 머물게 함. detaining a guest
유객(遊客) ① 유람하는 사람. tourist ② 놀고 지내는 사람. idle fellow ③ 주색으로 소일하는 사람. prodigal
유객-우(留客雨) 손님을 머물게 잇달아 오는 비.
유객-주(留客珠) 한 쪽 고리에 있는 구슬을 다른 쪽 고리로 옮기는 장난감. 「난감의 하나
유객-환(留客環) 고리를 꿰었다 빼었다 하게 된 장난감의 하나
유:-거(柳車) 《제도》 장사 때 재궁(梓宮)이나 주검을 싣고 끝인 은 수레. mitage 하
유거(幽居) 한적하고 외딴 곳에 삶. 또, 그 집. hermitage
유건(儒巾) 검은 베로 지은 유생의 예관.
유격(遊擊) ① 전열(戰列) 밖에서 그때 그때 형편에 따라 적을 공격함. 또, 그 일. diversion 《약》→유격수. 하
유격-대(遊擊隊) 《군사》 ① 유격의 임무를 띠고 주로 적의 배후나 측면에서 움직이는 특수 부대나 함대. guerrilla unit ② 게릴라 전법으로 적군을 교란시키는 군대. 게릴라. 빨치산. 《한》 별동대(別動隊). 유군(遊軍)②. guerrillas
유격-병(遊擊兵) 《군사》 유격대로서 활약하는 군사.
유격-수(遊擊手) 《체육》 야구에서, 이루(二壘)와 삼루(三壘) 사이를 지키는 내야수(內野手). 쇼트 스톱. 《약》 유격②. short stop
유:-견(有見) 《불교》 존재하는 모든 것에는 실체(實體)가 있으며, 그 실체는 상주 불변(常住不變)이라고 굳게 믿는 생각.
유견(謬見) 그릇된 생각. 그릇된 견해. mistake idea
유경(幽境) 깊숙하고 조용한 곳. a solitude
유경(留京) 시골 사람이 서울에 와서 묵는 일. staying in Seoul 하
유경(流景) 해가 질 녘의 경치.
유경(鍮檠) 놋쇠를 가지고 만든 등잔 받침.
유경 촛대(鍮檠—臺) 유경을 걸도록 만든 촛대.
유:-계(有界) ① 경계(境界)가 있음. ② 《불교》 욕계(慾界)·색계(色界)·무색계(無色界)의 총칭. 미혹의
유:-계(幽界) 저승. other world 《대》 세계.
유계(遺戒) 《동》 유훈(遺訓).
유계(遺計) 《동》 유책(遺策).
유:-고(有故) 사고가 있음. ¶~ 결석. 《대》 무고(無故). having trouble 하
유고(油栲) 유바지.
유고(諭告) ① 타일러 알림. instruction ② 나라에서 할 일을 국민에게 알려 줌. 또, 그 알림. official announcement 하
유고(遺孤) 부모를 여읜 고아. orphan
유고(遺稿) 죽은 사람이 남긴 원고. 유초(遺草). posthumous work
유곡(幽谷) 그윽하고 깊은 산골. deep valley
유골(遺骨) ① 화장하고 남은 뼈. ashes ② 무덤에서 나온 뼈. 유해(遺骸). one's ashes
유:-공(有功) 공이 있음. ¶~자(者). 《대》 무공(無功). meritoriousness 하
유공(遺功) 죽은 뒤에도 남아 있는 공적. ¶충무공의 ~은 만고(萬古)에 빛나고 있다.
유:-공-성[一씽](有孔性) 《물리》 물질이 지니는 성질의 하나. 물체가 그 조직 사이에 무수한 작은 구

유공전(有孔錢)[명] 구멍 뚫린 엽전(葉錢). 《대》맹전(盲錢).

유-공=전(有孔錢)[명] 구멍 뚫린 엽전(葉錢). 《대》맹전.

유-공=충(有孔蟲)[명] 〈동물〉유공류(有孔類)에 속하는 원생(原生) 동물의 총칭. 석회질·규산질의 껍질을 가진 큰 단세포의 동물로서, 껍질에 있는 작은 구멍에서 실 모양의 발을 내밀어 먹이를 얻음. 바닷속 또는 바닷물 위에 삶. foraminifer

유:공충-니(有孔蟲泥)[명] 〈광물〉열대 지방의 해양(海洋) 밑에서 유공충이 죽어서 된 진흙. foraminiferal ooze

유과(油菓)[명] ⇒ 유밀과(油蜜菓).

유과(乳菓)[명] 우유를 넣고 만든 과자.

유곽 유랑(遊廓)[명] 공창 제도하에서 창녀(娼女)가 모여 매음 행위를 하는 집. 또, 그런 집이 모여 있는 곳. 청루(青樓). licensed quarters

유:관(有關)[명] 관계가 있음.

유관(留官)[명] 〈제도〉원의 일을 대리로 맡아보던 좌수(座首).

유관(遊觀)[명] 〈동〉유람(遊覽). 하타

유관-속(維管束)[명] 〈식물〉양치(羊齒) 식물·종자(種子) 식물 등에 있는 조직의 하나. 사관부(篩管部)와 도관부(導管部)로 이루어지는데, 사관부는 양분의 통로이고 도관부는 수분의 통로임. 관다발. (약)관속(管束). vascular bundle

유광(流光)[명] ①흐르는 물과 같은 빠른 세월. ②[에 비친 달빛.

유광-지(有光紙)[명] 광택이 있는 종이. glossy paper

유패(遺挂)[명] 죽은 사람이 남기고 간 옷 따위.

유피(誘拐)[명] 사람을 꾀어냄. 꾀인(拐引). 『~ 자식. kidnapping 하타 [죄. abduction

유괴-범(誘拐犯)[명] 〈법률〉남을 유괴한 범인. 또, 그

유교(儒敎)[명] 중국 춘추 시대에 공자(孔子)의 유학(儒學)을 받드는 교. 공교(孔敎). Confucianism

유교(遺敎)[명] 〈동〉유명(遺命).

유교²(遺敎)[명] 〈불교〉부처와 조사(祖師)가 뒷사람을 위하여 남긴 교법.

유구(悠久)[명] 연대가 깊고 오램. 장구(長久). 유원(悠遠). 하타 하면(退縮). eternity

유구(遺構)[명] 지난날의 토목 건축 구조와 양식을 알 수 있는 실마리가 되는 잔존물(殘存物). 『phrase

유-구(類句)[명] 유사(類似)한 구. synonymous

유:구 무언(有口無言)[명] 변명할 말이 없음. having no word to say in excuse

유:구 불언(有口不言)[명] 할 말이 있으되 사정이 거북하여 말을 하지 않음.

유구-호(有口湖)[명] 〈지리〉물이 흘러 나갈 곳이 있는 [큰 못. 유각호(有脚湖).

유:군(幼君)[명] 〈동〉유주(幼主)①.

유군(遊軍)[명] ①〈동〉유식자(遊食者). ②〈군사〉유격대에 딸린 군인. 유병(遊兵). 〈유〉유격대. member of a guerilla unit

유-권[-권](有權)[명] 권리가 있음. to be entitled to

유권[ ](誘勸)[명] 이끌어 권함. advice

유:권-자[-권-](有權者)[명] ①권력(權力)을 가진 사람. a man of power ②권리(權利)가 있는 사람. right holder ③〈법률〉선거권(選擧權)이 있는 사람. voter

유:권 해:석(有權解釋)[명] 〈법률〉국가 자신의 개인·공공 단체에 대한 법률적 해석. 공권적 해석(公權的解釋).

유규(幽閨)[명] 부녀자가 거처하는 방. woman's room

유-규(類規)[명] 같은 종류의 법규. similar regulations

유-극 결합(有極結合)[명] 서로 극이 다른 화합물에 있어서의 원자 사이의 결합. [radicles

유근(幼根)[명] 〈식물〉땅 속에 처음 난 연한 뿌리.

유글레나(Euglena)[명] 〈생물〉①유글레나과에 딸린 원생 동물의 총칭. ②유글레나과에 딸린 단세포 생물로, 현미경으로 관찰이 가능함. 몸은 길이 52∼57μm의 방추형이며, 앞쪽 중앙의 구멍으로 나와 이것을 흔들어 운동하고, 몸에 엽록체가 있어서 광합성을 함. 동물과 식물의 특징을 모두 가지고 있으며 연못이나 논에 흔함. 연두벌레.

유금(遊金)[명] 쓰지 아니하고 놀리는 돈. idle money

유금(遊禽)[명] 물새. 물 위를 헤엄쳐 다니는 새. 기러기·오리 따위. 수금(水禽). swimmers

유:급(有給)[명] 봉급이 있음. 『~ 조수(助手). 《대》무급(無給). stipendiary

유급(留級)[명] 진급하지 못하고 그대로 남음. 하타

유:급-자(有給者)[명] 급료를 받는 사람.

유:급-직(有給職)[명] 급료가 있는 직임. 《대》명예직(名譽職). paid position 『~은 휴가. paid vacation

유:급 휴:가(有給休暇)[명] 임금을 지불하면서 쉬게 하는 휴가.

유:기(有期)[명] 《약》→유기한(有期限).

유:기(有機)[명] ①〈화학〉탄소를 함유(含有) 주성분으로 함. organic ②생활 기능 및 생활력을 가지고 있음. 《대》무기(無機).

유기(乳氣)[명] 어린애 같은 기분. 치기(稚氣). childishness

유기(柳器)[명] 고리².

유기(遊技)[명] 오락으로서 행하는 운동. 탁구·볼링 따위.

유기(遺棄)[명] ①내어 버림. abandonment ②〈법률〉어떤 사람에 대한 종래의 보호를 거부하여 그를 보호받지 못하는 상태에 두는 일. desertion 하타

유기(鍮器)[명] 놋그릇. brassware

유:기 감:각(有機感覺)[명] 〈심리〉신체 내부의 여러 기관이 정상적인 상태를 잃을 경우, 막연하게 또는 전신적으로 느끼는 막연한 감각. 시장기·갈증·추위·피로·호흡 곤란·내부적 통감 따위. 보통 감각. 일반 감각. organic sensation

유:기 감:정(有機感情)[명] 〈심리〉유기 감각에 따라 일어나는 복합적(複合的)인 감정. organic feeling

유:기 공채(有期公債)[명] 〈경제〉일정한 원금의 상환기(償還期)를 정해 놓은 공채. 《대》무기 공채. terminable loan

유:기 광:물(有機鑛物)[명] 〈광물〉유기물(有期物)로부터 생긴 광물의 총칭. 석탄·백토·석묵(石墨) 따위.

유:기=금고(有期禁錮)[명] 법률상 15년 이하의 자유형(自由刑)의 하나로서 형무소에 단순히 수용될 뿐이며, 정역(定役)이 강제(強制)되지 아니함. 《대》무기 금고. limited imprisonment

유:기-물(有機物)[명] 〈생물〉생물체를 구성하고 그 기관(器官)을 조직하는 물질. 《대》무기물. organic substance ②《약》→유기 화합물.

유:기 비:료(有期肥料)[명] 〈농업〉동·식물질의 비료. 녹비(綠肥)·어분(魚粉)·퇴비(堆肥) 따위. 《대》광물 비료. organic fertilizer

유:기-산(有機酸)[명] 〈화학〉동물·식물의 몸 속에 있는 산. 의산(蟻酸)·초산(醋酸)·유산(乳酸) 따위. 《대》무기산. organic acid

유:기-암(有機岩)[명] 〈광물〉죽은 유기체가 물 밑에 침적(沈積)하여 된 바위의 총칭. 석회암(石灰岩), 규조토(硅藻土) 따위.

유:기 유리(有機琉璃)[명] 〈화학〉요소(尿素)와 포름알데히드를 축합(縮合)시켜 만드는 무색(無色) 투명(透明)한 유리 모양의 물질. organic glass

유:기-음(有氣音)[명] 〈어학〉숨이 거세게 나오는 파열음(破裂音). ㅋ·ㅌ·ㅊ·ㅍ 등. 거센소리. 격음(激音). 《대》무기음(無氣音). aspirated sound

유:기-장(柳器匠)[명] 고리장이.

유:기-적(有機的)[관형] ①서로 떠날 수 없는(것). organic ②부분과 전체가 필연적 관계를 가지는(것). 《대》무기적(無機的).

유:기적 관련성[-성](有機的關聯性)[명] 부분과 전체가 필연적으로 맺어져 서로 관계하고 이어져 있는 성질. 사회와 개인과의 관계 따위.

유:기적 연대[-년-](有機的連帶)[명] 〈사회〉사회 발전에 따라 각 성원간에 기능적 차별이 생기고, 분업이 일어남으로 그로 말미암아 종래의 유사성·동질성이 무너지고 새로운 결합 관계가 성립하는 연대. 기계적 연대(機械的連帶). organic chemistry

유:기-죄[-쬐](遺棄罪)[명] 〈법률〉노유(老幼), 불구(不具) 또는 질병(疾病)으로 인하여 부조(扶助)를

유기질

요하는 자를 보호할 책임이 있는 자가 필요한 보호를 하지 않거나 보호 없는 상태로 버려둠으로써 성립하는 죄. 〖것〗. organic matter

유:기=질(有機質)〖명〗〈생물〉 유기성(有機性)이 있는 것.

유:기 징역(有期懲役)〖명〗〈법률〉 기간이 정하여져 있는 징역. 기간은 보통 1개월 이상 15년까지. 〖대〗 무기 징역. limited penal servitude

유:기체(有機體)〖명〗 ①물질이 유기적으로 이루어져서 생활 기능을 갖게 된 조직체. 곧, 생물을 말함. 〖대〗 무기체. organism ②많은 부분이 일정한 목적 아래 통일되어 부분과 전체가 필연적인 관계를 가진 조직체. 국가나 사회 따위.

유:기체=설(有機體說)〖명〗 사회 제도를 생물 체계에 견주어 유기적으로 사회를 설명하는 학설. 헤겔의 국가관이 그 대표로.

유:=기한(有期限)〖명〗 일정한 기일의 기한이 있음. 〖대〗 무기한(無期限). 하〖형〗 유기(有期).

유:기=형(有期刑)〖명〗〈법률〉 일정 기간의 구금을 내용으로 하는 자유형. 유기 징역·금고 및 구류 등. 〖대〗 무기형(無期刑). sentence for imprisonment for a definite period

유:기 화:학(有機化學)〖명〗〈화학〉 유기 화합물(有機化合物)을 연구의 대상으로 하는 화학. organic chemistry

유:기 화:합물(有機化合物)〖명〗〈화학〉 탄소(炭素)를 주성분으로 하는 화합물. 〖대〗 유기물(有機物)②. organic compound

유나(柔懦)〖명〗 연약하고 겁이 많음. effeminacy

유나(維那)〖명〗〈불교〉 재(齋)를 올리는 의식 절차를 지휘하는 사람.

유:난(類−)〖명〗〖하〗 보통과 아주 다름. ¶∼스러운 말씨. unusual ②행동이 남과 달라서 짐작할 수 없는. ¶∼스러운 성격. extraordinary ③생각이 많아서 함부로 처리하지 않음. ¶∼하는 스님 스레기 히〖형〗

유:난 무난(有難無難)〖명〗 있으나 없으나 다 곤란함. 하〖형〗

유남(幼男)〖명〗 어린 사내아이. 〖대〗 유녀(幼女). young boy

유납〖화학〗 놋쇠를 만들 때 섞는 아연(亞鉛).

유네스코(UNESCO)〖명〗〖약〗 United Nations Educational, Scientific and Cultural Organization 국제 연합 교육 과학 문화 기구. 교육·과학·문화로써 국제 간의 협력을 증진하고, 그것에 의해 평화와 안전 보장에 이바지함을 목적으로 함.

유녀(幼女)〖명〗 어린 계집아이. 〖대〗 유남(幼男). young girl

유녀(姪女)〖명〗 조카딸. niece

유녀(遊女)〖명〗 갈보. 논다니. harlot

유년(幼年)〖명〗 어린 나이. 어린 사람. 〖대〗 노년(老年). infancy

유:년(有年)〖명〗 ①농사가 잘 된 해. 풍년. good crop

유년(酉年)〖명〗〈민속〉 태세(太歲)의 지지(地支)가 유(酉)로 된 해. 정유(丁酉)·을유(乙酉) 따위.

유년(流年)〖명〗〖약〗→유년 사주(流年四柱).

유년(踰年)〖명〗 해를 넘김. 하〖타〗

유년-기(幼年期)〖명〗 ①나이가 어린 시기. 대개 6세 미만. childhood ②〖법률〗 14세 미만의 어린 시기. ③〈지학〉 침식 윤회(浸蝕輪廻)에서의 초기. 원지형(原地形)이 완전히 침식되지 않고 아직 남아 있는 시기.

유년-내:−다(流年−)〖타〗 유년 사주를 풀다.

유년 사:주(流年四柱)〖명〗 매년 운수를 점치는 사주. 〖약〗 유년(流年).

유년 사:−다(流年四柱−)〖타〗 유년 사주를 풀다.

유년 칭원법(踰年稱元法)〖명〗〖튁〗 왕위를 계승하였을 때, 왕이 죽은 그 해는 전왕의 연호를 그대로 쓰고, 이듬 해부터 즉위한 새 왕의 연호를 쓰기 시작하는 법.

유념(留念)〖명〗 ①기억에 남기어 두고 생각함. attention ②미리 생각하여 마련함. preparedness 하〖타〗

유녕(諛佞)〖명〗 남에게 아부함. 하〖형〗

유뇨(遺尿)〖명〗〖약〗→유뇨증(遺尿症).

1428

유도

유뇨-증[−−증](遺尿症)〖명〗 야뇨증(夜尿症). 〖약〗 유뇨.

유:능(有能)〖명〗 재능이 있음. 재주가 뛰어남. 〖대〗 무능(無能). competence 하〖형〗

유:−능력(有能力)〖명〗 일을 감당할 만한 힘이 있음. 하〖형〗

유=능제·강(柔能制剛)〖명〗 부드러운 것이 능히 굳셈을 이길 수 있음.

유니버설(Universal)〖명〗 보편적. 일반적. 세계적.

유니버설리스트(universalist)〖명〗〈종교〉 우주 신교도(宇宙新敎徒).

유니버설리즘(universalism)〖명〗 세계주의(世界主義).

유니버:스(universe)〖명〗 우주. 세계. 「2년마다 열림.

유니버:시아드(Universiade)〖명〗 국제 학생 체육 대회.

유니버:시티(university)〖명〗 대학. 특히, 종합 대학.

유니세프(UNICEF) 〖명〗 〖약〗 United Nations International Children's Emergency Fund 1946년 12월에 설립된 국제 연합 아동 기금. 국제 연합의 전문 기관의 하나. 개발 도상국의 아동의 구제·복지·건강의 개선을 목적으로 식품·의복·약품 등을 아동·임산부에 공급하고 있음.

유니−섹스(unisex)〖명〗 남성과 여성의 일치된 성(性)이란 뜻으로, 의상·헤어 스타일 등에서 양성(兩性)의 구별이 어렵게 됨을 이름.

유니언(union)〖명〗 ①결합. 연합. 동맹(同盟). 조합(組合). ②동업 조합. ③노동 조합. 〖동자〗

유니언 레이버(union labour)〖명〗 노동 조합에 가입한 노무자.

유니언 잭(Union Jack)〖명〗 ①영국의 국기. ②'영국'의 별칭.

유니크(unique 프)〖명〗 단일(單一). 독특. 독자적. 하〖형〗

유니테어리언(unitarian)〖명〗〈기독〉 유일 교도(唯一敎徒).

유니티(unity)〖명〗 ①단일. 통일. 합동(合同) ②조화. 일치. 정신적 결합.

유니:−폼(uniform)〖명〗 ①제복(制服). ②운동복(運動服).

유닛(unit)〖명〗 ①한 개. 단위. 일단(一團). ②〈군사〉 부대. ③〈수학〉 1의 수. ④단원(單元). ⑤〈경제〉 투자 신탁에서, 각 나라마다 설정하는 일정한 금액(金額).

유:=다르−다(類−)〖르불〗 다른 것에 비하여 두드러지게 다르다. 별나다. 별스럽다. 특별나다. uncommon

유단(油單)〖명〗 기름에 결은, 질기고 두꺼운 큰 종이. oil-paper

유:−단:자(有段者)〖명〗 검도(劍道)·유도(柔道)·태권(跆拳)·바둑 따위에서 초단(初段) 이상의 사람. grade holder

유:−달리(類−)〖부〗 별난하게. 별스럽게. ¶오늘은 ∼ 피곤하다. unusually

유당(乳糖)〖명〗〖화학〗 포유 동물의 젖에 포함되어 있는 이당류(二糖類). 락토제. milk-sugar

유대(紐帶)〖명〗 둘 이상의 관계를 연결 또는 결합시키는 관계. ¶∼ 관계를 맺다. mutual relationship

유대(Judea)〖명〗〖동〗 유태(猶太). 「유태교. Judaism

유대−교(Judea 敎)〖명〗 유태인들이 믿는 종교.

유대−꾼(留군−)〖명〗 포도청에 딸려 상여(喪輿)를 메던 인부.

유대−력(Judea 曆)〖명〗 유태에서 행하던 태음력(太陰曆)의 하나. 달은 신월(新月)의 날에, 해는 추분(秋分)의 즈음에 시작함. 평년(平年)은 12개월, 윤년(閏年)은 13개월. 서력 기원 전 3761년 10월 7일을 창세(創世) 기원으로 함.

유대−주의(Judea 主義)〖명〗〖동〗 시오니즘(Zionism).

유:−덕(有德)〖명〗 덕행이 있음. 덕을 갖추고 있음. 〖대〗 무덕(無德). virtuousness 하〖형〗

유덕(遺德)〖명〗 후세에 남은 은덕. 죽은 사람이 끼치 덕. influence of the departed

유:−도(有道)〖명〗 ①덕행(德行)이 있음. virtuousness ②올바른 도리를 행하는 일. 또, 그 사람. man of righteous conduct 하〖형〗

유도(油桃)〖명〗〈식물〉 복숭아의 일종. 보통 복숭아보다 작으며, 반들반들 윤기가 남.

유도(乳道)〖명〗 ①젖이 나오는 분비선. mammary gland

②젖이 나오는 분량.
유도(柔道)[−−] 〈체육〉 상대편의 공격에 반항하지 않고 그 힘을 이용하여 상대를 내던지고, 누르고, 혹은 공격·방어의 재주를 부리어, 몸의 단련과 정신 수양을 목적으로 하는 무술. 유술(柔術).
유도(誘導)[−−] ①꾀어서 이끎. ②(물체가) 자기나 전기·전계 속에 있는 물체에 미치는 작용. 감응(感應). ③〈생리〉 동물의 배(胚)의 일부분이 다른 부분의 분화를 일으키는 작용. 도유(導誘). induction 하다. 「②유교와 도교.
유도(儒道)[−−] ①유교(儒敎)의 도(道). Confucianism
유도 기전기(誘導起電機)[−−−−] 정전 유도(靜電誘導)를 이용하여 전기를 집적(集積)시키는 실험용의 장치. 감응 기전기(感應起電機).
유도 기전력(誘導起電力)[−넉] 〈물리〉 전자(電子) 유도에 의하여 유기(誘起)되는 기전력. induced electromotive force
유도 단위(誘導單位)[−−−−] 〈물리〉 기본 단위를 토대(土臺)로 하여서 만들어지는 단위. derived unit
유도-법(誘導法)[−뻡] 〈의학〉 먼저 병의 기운을 꾀어내고 그 다음에 다스리는 길로 들어가는 방법. 흔히 임질·학질 등의 치유 판단에 쓰임. derivative
유도 병기(誘導兵器)[−−−−] 무선 지령(無線指令)·관성(慣性)·레이더·적외선·열선(熱線) 따위에 의하여 목표에 유도되는 병기의 총칭.
유도 살인죄(誘導殺人罪)[−−−쬐] 〈법률〉 사람을 죽일 결심을 하고 꾀어내어서 죽인 죄.
유도 신문(誘導訊問)[−−−−] 혐의자를 신문할 때, 예상한 죄상의 일을 언기 위하여 교묘한 질문으로 모르는 사이에 자백하도록 유도하는 신문. leading question
유도-자(誘導子)[−−] 〈물리〉 발전자륜(發電子輪)에서 발생하는 전력을 이끌어 내는 장치. inductor
유도 작전(誘導作戰)[−−−−] 전쟁이나 그 밖의 일에 대하여 작전을 유리하게 전개시키기 위하여 적이 생각지도 알지도 못하는 동안에 미리 꾸며 놓은 계획에 빠지도록 유도하는 작전. 「기는 전기. 감응 전기.
유도 전:기(誘導電氣)[−−−−] 자장(磁場)의 변화에 따라 생
유도 전:동기(誘導電動機)[−−−−] 교류 전동기(交流電動機)의 하나. 유도 전류와 회전하는 자기장의 상호 작용으로 회전 자기장을 만들어 동력을 얻도록 되어 있음. induction motor
유도 전:류(誘導電流)[−−−뉴] 〈물리〉 전자 유도에 의하여 유기(誘起)되는 전류. 감전(感電) 전류. induced current
유도-체(誘導體)[−−] 〈화학〉 화합물의 분자 안의 일부분이 변화하여 생기는 화합물. conductor
유도 코일(誘導 coil)[−−−−] 〈물리〉 전류의 상호 유도(相互誘導)를 이용하여서 높은 전압을 얻는 일종의 변압기(變壓器).
유도-탄(誘導彈)[−−] 〈군사〉 전기·가스·레이저 등으로 유도되어 목표물에 명중시키는 미사일. 유도 미사일. guided missile
유도 함:수(誘導函數)[−−−쑤] 〈동〉 도함수(導函數).
유:−독(有毒)[−−] 독기를 품고 있음. (대)무독(無毒). poisonous 하다.
유독(幽獨)[−−] 한적하여 외로움. loneliness 하다.
유독(流毒)[−−] 해독이 세상에 퍼짐. 또, 그 해독. evil influence on society 하다.
유독(遺毒)[−−] ①남은 해독. lingering poison ②해독을 끼침. spreading of poisoning 하다.
유독(惟獨)[−−] 오직 홀로. ¶ 다들 말을 잘 듣는데 ∼ 너만 이 모양이냐? only
유:독 가스(有毒 gas)[−−−−] 독성이 있는 가스. 암모니아·아황산·일산화탄소 가스, 또는 질소 산화물이나 염소 따위. 「유지를 먹으면 여러 증상을 일으킴.
유:독−균(有毒菌)[−−−] 독을 품고 있는 균류(菌類). 이런
유:독 식물(有毒植物)[−−−−] 〈식물〉 독이 있는 식물. 이에 접촉하거나 잘못 먹으면 피부 질환·복통·토사·마취 등의 중독 증상을 일으킴. 옻나무·파리버섯 따위.

양귀비·쐐기풀 따위.
유동(流動)[−−] ①액체 따위가 흘러 움직임. flowing ②이리저리 옮기어 다님. floating
유동(遊動)[−−] 자유로이 움직임. swinging 하다.
유동 공채(流動公債)[−−−−] 〈경제〉 모집액 및 이율(利率), 기한 등이 법률로써 확정되지 아니한 단기 공채. (대)확정 공채(確定公債). floating bonds
유동−광(黝銅鑛)[−−] 〈광물〉 사면체(四面體)의 결정으로 이루어진 광택이 강한 흑회색의 광물.
유동−군(遊動軍)[−−] 〈군사〉 포위 당하려는 기미가 있을 때 미리 밖에 나가서 포위를 방해하려고 동작하는 군대. mobile corps 「물건. 곧, 액체로 된 것.
유동−물(流動物)[−−] 굳어서 있지 않고 자유로 움직이는
유:동−법(類同法)[−−] 〈논리〉 J. S. 밀이 이룬 귀납법의 하나. 두 개 이상의 사례(事例)에서 오직 하나의 사례만이 공통일 때 이 공통 사례를 현상의 원인 또는 결과라 하는 방법. 일치법(一致法). method of agreement
유동−성(流動性)[−−] ①흘러 움직이는 성질. liquidity ②〈경제〉 기업의 자산 또는 채권을 손실 없이 화폐로 바꾸거나 거두어 들일 수 있는 난이의 정도. fluidity
유동−식(流動食)[−−] 소화되기 쉽게 요리된 유동체의 음식물. 우유·미음·죽·수프 따위. liquid food
유동 자:금(流動資金)[−−−−] 〈경제〉 유동 자본에 투입(投入)된 돈기. (대)고정 자금(固定資金). circulating fund
유동 자:본(流動資本)[−−−−] 〈경제〉 원료·보조 자료(補助資料)와 같이 한 번 생산 과정을 지남으로써 그 전부의 가치가 생산물로 바뀌는 자본. 운전 자본. (대)고정 자본(固定資本). floating capital
유동−체(流動體)[−−] 〈물리〉 유동하는 물체. 기체와 액체를 함께 이름. 동체(動體). 〈약〉 유체(流體). fluid
유두[−−] 기름을 바른 머리.
유두(乳頭)[−−] 〈생리〉 ①젖꼭지. ②조직에서 젖꼭지 모양으로 돌기(突起)되어 있는 부분을 일컬음. papilla
유두(流頭)[−−] 〈민속〉 명절의 하나. 음력 유월 보름날.
유두−물(流頭−)[−−−] 〈민속〉 유두 또는 그 전후에 많이 내리는 비. 「(堂)에 울리는 머.
유두−벼(流頭−)[−−−] 〈민속〉 유두날에 조상의 사당(祠
유두 분면(油頭粉面)[−−−−] 여자의 기름 바른 머리와 분 바른 얼굴이란 뜻으로, 머리부터 얼굴을 곱게 단장함을 이름. make-up with cosmetics
유−두−충(柳蠹蟲)[−−−] 〈곤충〉 버드나무의 벌레. 타박상(打撲傷)의 약재로 씀. 「유지(油紙).
유둔(油芚)[−−] 비 올 때 쓰기 위하여 이어 붙인 두꺼운
유들=유들[−−−−][−−] ①부끄러움 도 모르고 뻔뻔스럽게 구는 모양. impudently ②살결이 좋고 기름이 번드르르한 모양. plump 하다.
유:−디오미터(eudiometer)[−−−−] 〈화학〉 기체의 화합(化合)에 의한 용적 변화(容積變化)를 재는 장치(裝置).
유: 디: 티:(U. D. T)[−−−] 〈약〉 Underwater Demolition Team 수중(水中) 파괴반.
유라시아(Eurasia)[−−−−] 유럽과 아시아. 구아(歐亞).
유라시안(Eurasian)[−−−−] ①유럽 사람과 아시아 사람 사이에 난 사람. 양부모 인종의 사람들.
유라톰(EURATOM)[−−−] European Atomic Energy Community 구주 원자력 공동체(歐洲原子力共同體).
유락(乳酪)[−−] 우유로 만든 식료. 버터(butter)나 식용 크림 따위. 「(落)하여 떠돌아다님. 하다.
유락(流落)[−−] ①고향을 떠나 타향에서 삶. ②영락(零
유락(愉樂)[−−] 즐거움. 유쾌(愉快).
유락(遊樂)[−−] 놀며 즐김. taking one's pleasure 하다.
유람(遊覽)[−−] 여러 곳을 돌아다니며 구경함. 유관(遊觀). sight-seeing 하다.
유랑(流浪)[−−] 정처 없이 떠돌아다님. 유랑(遊浪). 〈예〉유리 표박. wandering 하다.
유랑(遊浪)[−−] 〈동〉 유랑(流浪). 하다타.
유랑 문학(流浪文學)[−−−−] 〈동〉 방랑 문학.

유랑민 (流浪民)[명] 일정한 거처가 없이 돌아다니는 백성. 집시. gypsy

유래 (由來)[명] ①사물의 내력. ¶우리 고장의 ~. history ②어떤 것에 기인하여 일어남. ¶유도는 씨름에서 ~된 것이다. 하자

유래-담 (由來談)[명] 사물의 내력 이야기. history

유래지-풍 (由來之風)[명] 오랜 옛적부터 전해 내려오는 풍속. customs inherited from ancient times

유량 (流量)[명] 단위 시간에 흐르는 유체(流體)의 양(量). ¶~계(計). one's journey

유량 (留糧)[명] 객지에서 먹을 양식. provisions for

유:럽 (Europe)[명] 〈약〉→유럽.

유:럽 공·동체 (Europe 共同體)[명] 유럽 경제 공동체·유럽 원자력 공동체·유럽 석탄 철강 공동체의 일반적 총칭. 이시(EC). European Community

유:럽 방위 공·동체 (Europe 防衛共同體)[명] 집단 안전 보장을 위하여 서독·프랑스·이달리아·벨기에·네덜란드·룩셈부르크 사이에 결성된 공동 방위 기구. European defense Community

유:련 연합군 (—聯)(Europe 聯合軍)[명] 북대서양 조약 가맹국의 군사적 협력과 공동 방위를 위해 조직된 군사 기구. 나토군(NATO 軍)

유:럽-주 (Europe 洲)[명] 〈지리〉육대주(六大洲)의 하나. 아시아 서북부에 위치한 거대한 반도 모양의 대륙과 그 주위의 여러 섬으로 이루어져 있음. 《약》유럽. 하자 히자

유려 (流麗)[명] 글이나 말이 유창하고 아름다움. fluent

유:력 (有力)[명] ①세력이 있음. ¶~가(家). ~자(者). powerful ②목적에 달할 가능성이 많음. 유세력(有勢力). 유세(有勢). (대) 무력(無力). highly probable 하자

유력 (遊歷)[명] 여러 곳으로 유람(遊覽)함. tour 하자

유:력-시 (有力視)[명] ①세력이 있는 것으로 봄. look influential ②유망하게 봄. 가능성이 있게 봄. promising 하자

유련 (流連)[명] 유흥에 빠져 집에 돌아오지 않음. 하자

유련 (留連)[명] 객지에 머물러 있음. 하자

유련 황락 (流連荒樂)/유련 황망 (流連荒亡)[명] 이러저러 놀러 다니며 주색(酒色)에 빠짐. 하자

유렵 (遊獵)[명] 놀러 다니면서 하는 사냥. 유익(遊弋)①.

유렵-기 (遊獵期)[명] 사냥철. [game hunting 하자

유령 (幼齡)[명] 어린 나이. childhood

유령 (幽靈)[명] ①죽은 사람의 영혼. 망혼(亡魂). 유령(遺靈). departed spirit ②죽은 혼령이 나타나는 모습. ghost ③이름뿐이고 실제로는 없는

유령 (遺靈)[명] 〈동〉유령(幽靈)①. [것. ghost

유령 도시 (幽靈都市)[명] 광산 등으로 인하여 인구가 늘고 번창하다가 경기 후퇴로 쇠망해진 도시.

유령 인구 (幽靈人口)[명] 거짓 신고에 의해 서류상(書類上)에만 기록되어 있을 뿐, 실제로는 없는 인구.

유령-주 (幽靈株)[명] 〈경제〉①실제로는 돈을 치르지 않았으나, 치른 것처럼 거짓 꾸며서 발행한 주식. bogus shares ②정당한 설립 절차를 밟지 않은 사기적(詐欺的)인 회사의 주식. shares of a bogus company ③위조한 주(株). forged shares

유령 회:사 (幽靈會社)[명] 영업이 잘 되지 아니하는 회사로서 그 소재지가 확실하지 않거나 또는 간판만 내걸고 내용이 아주 불실한 회사. bogus

유례 (類例)[명] 이치에 어긋난 사례(事例). [company

유:례 (類例)[명] 같거나 비슷한 사례. 또, 그 전례. ¶역사상 ~가 없는 일. similar example

유:례-없·다-[-업-](類例一)[형] 그와 유사한 전례가 없다.

유:례=없·이 [-업-][부] [길.

유로 (由路)[명] 말미암아 온 길. 사물의 유래한

유로 (流路)[명] 물이 흐르는 길. water course

유로 (流露)[명] ①나타남. 드러남. manifestation ②진실을 숨김 없이 드러냄. 속마음을 드러내 보임. outflow 하자

유:로-달러 (Eurodollar)[명] 〈경제〉유럽 시장에서, 주로 단기의 이식차(差)를 노리고 운용되는 달러 자금(資金).

유:로퓸 (europium)[명] 〈화학〉희토류 원소의 하나. 산화물과 이온의 색은 담홍색(淡紅色)임. 원소 기호 ; Eu. 원자 번호 ; 63. 원자량 ; 152.

유:로피언 플랜 (European plan)[명] 호텔에서, 방값과 식사비를 따로 계산하는 방식.

유:록 (柳綠)[명] ①남빛과 노란 빛과의 중간 빛. light green ②봄철의 버들잎의 빛. [리키는 말.

유록 (黝綠)[명] 검은 빛을 띤 녹색.

유:록 화:홍 (柳綠花紅)[명] 봄철의 아름다운 경치를 가

유:료 (有料)[명] 요금을 내게 되어 있는 일. (대) 무료(無料). charged

유료 도:로 (有料道路)[명] 통행 요금을 걷는 도로.

유루 (流淚)[명] 〈동〉유체(流涕). 하자

유루 (遺漏)[명] ①빠짐. omission ②새어 버림. leakage

유루-증 (流淚症)[명] 눈물이 이상하게 많이 나오는 병증. [콩기름 등의 총칭. oils

유류 (油類)[명] 기름 종류. 석유·휘발유, 또는 참기름·

유류 (遺留)[명] ①잊어버리고 놓아 둠. ②죽은 후에까지 끼쳐 둠. leaving behind 하자

유류 금품 (遺留金品)[명] ①남겨 놓은 금품. ②교도소 등에서 수감자나 수용자가 사망했거나 도주했을 경우에 남겨 놓은 금품.

유류-분 (遺留分)[명] 〈법률〉일정한 상속인(相續人)을 위하여 법률상 반드시 유류하여 두어야 할 유산(遺産)의 일정 부분. heir's portion

유류-품 (遺留品)[명] ①죽은 뒤에 남겨 둔 물품. 유품(遺品). ②잊은 곳에 잊고 놓아 둔 물품.

유륜 (乳輪)[명] 〈동〉젖꽃판. [(衙前).

유리 (由吏)[명] 〈제도〉지방 관청의 이방(吏房)의 아전

유:리 (有利)[명] 이로움이 있음. (대) 불리(不利). (有害). favourable 하자

유:리 (有理)[명] ①사리(事理)에 맞는 점이 있다. 이치가 서 있다. ②〈수학〉유리 연산(有理演算) 이외의 관계를 포함하지 않는 일. (대) 무리(無理). rationality 하자

유리 (流離)[명] 〈약〉→유리 표박(流離漂泊).

유리 (琉璃)[명] 일반적으로, 석영·석회암·탄산소다를 원료로 하여 고온도에서 용해시켜서 식힌 물질. 단단하나 깨어지기 쉬우며 투명함. 초자(硝子). glass

유리 (遊離)[명] ①떨어져 있음. ¶민심이 ~되다. separation ②〈화학〉원소가 다른 원소와 화합하지 아니하고 단체(單體)로 있거나 화합물 가운데에서 단독으로 분리되어 있는 일. isolation 하자

유리 (瑠璃)[명] ①〈광물〉황금 빛의 작은 점이 군데군데 있고, 야청 빛이 나는 광물. emerald ②야청 빛이 나는 보석.

유리 개:걸 (流離丐乞)[명] 〈동〉유리 걸식. 하자

유리 걸식 [-씩](流離乞食)[명] 고향을 떠나 정처 없이 떠돌면서 빌어먹음. 유리 개걸. 하자

유리-관 (琉璃管)[명] 유리로 만든 관.

유리-론 (唯理論)[명] 〈동〉합리주의(合理主義).

유:리 방정식 (有理方程式)[명] 〈수학〉미지수(未知數)의 원(元)에 관한 유리식만 포함하는 방정식. (대) 무리 방정식.

유리-병 (琉璃瓶)[명] 유리로 만들어진 병.

유리 섬유 (琉璃纖維)[명] 녹인 유리를 늘이거나 원심력 또는 분출 기체(噴出氣體)로 날리거나 하여 100 분의 몇 mm 의 굵기로 한 것. 단열재·여과재·전기절연재 등으로 쓰임. glass fiber

유리 세:포 (遊離細胞)[명] 〈생리〉다세포 동물의 세포가 거의 형태적 연락이 없이 따로 떨어져 있는 세포. isolated cell

유:리=수 (有理數)[명] 〈수학〉정수(整數) 또는 분수(分數)로 나타낼 수 있는 수. (대) 무리수(無理數). rational number

유:리=식 (有理式)[명] 〈수학〉근호(根號)를 갖지 않은 대수식. (대) 무리식(無理式). rational formula

유리-창(琉璃窓)[명] 유리를 끼워 만든 창. glass window.
유리-컵(琉璃cup)[명] 유리로 만든 컵.
유리-판(琉璃板)[명] 유리로 만든 평평한 판.
유리 표박(流離漂泊)[명] 일정한 직업을 가지지 아니하고 정처 없이 떠돌아다님. 《유》 유랑(流浪). 《약》 유리(流離). vagrancy.
유린(蹂躪)[명] ①폭력으로 남의 권리를 누름. overriding ②함부로 짓밟음. treading down 하타
유림(儒林)[명] 유교(儒敎)의 도(道)를 닦는 학자들. 사림(士林). Confucianists
유마(油麻)[명] 〈동〉 호마(胡麻).
유마(維摩)[명] 〈제도〉 마소를 징발(徵發)하여 씀. 하타
유마(維摩)[명] 〈불교〉 인도 비사리성(毘舍離城)의 장자(長者). 부처에 귀의하여 보살의 행업을 닦았음. vimalakirti
유마(驅馬)[명] 〈동물〉 갈기는 검고 배가 흰 말.
유마-경(維摩經)[명] 〈불교〉 유마 거사(維摩居士)와 문수 보살(文殊菩薩)이 대승(大乘)의 심오(深奧)를 문답(問答)한 불경(佛經). 정명경(淨名經).
유마-잡-다(留馬─)[제도] 〈제도〉 군정도로 마소를 징발하다.
유막(帷幕)[명] ①진영(陣營). 본진(本陣). 유악①. ②기밀을 의논하는 곳. secret chamber
유-만 부동(類萬不同)[명] 모두 서로 같지 않고 다름. difference 하타
유말(酉末)[명] 〈민속〉 유시(酉時)의 마지막. 곧, 하오 [7시쯤].
유-망(有望)[명] ①앞으로 잘될 듯함. ¶ 이것이야말로 ~한 사업이다. promising ②희망이 있음. 《대》 무망(無望). hopefulness 하타
유망(遺忘)[명] 잊어버림. loss
유-망-주(有望株)[명] 어떤 분야(分野)에서 항상 발전될 가능이 많은 사람이나 단체.
유맹(流氓)[명] 〈동〉 유민(流民).
유-머(humor)[명] 익살스러운 농담. 해학(諧謔).
유-머러스(humorous)[명] 풍자적(諷刺的). 해학적(諧謔的). 하타
유-머레스크(humoresque)[명] 〈음악〉 해학곡(諧謔曲).
유-머리스트(humorist)[명] 유머러스한 작품을 쓰는 작가. 유머에 능한 사람.
유-머 소:설(humor 小說)[명] 〈문학〉 해학 소설(諧謔小說).
유면(宥免)[명] 잘못을 타이르고 용서하여 줌. forgiveness 하타
유-명(有名)[명] ①이름이 있음. fame ②이름이 널리 알려져 있음. renown ③유달리 남과 다름. ¶ 정분이 ~한 내외간. 《대》 무명(無名). 하타
유-명(幽明)[명] ①이 세상과 저 세상. ¶ ~을 달리하다. this and the other world ②어둠과 밝음. brightness and darkness
유명(幽冥)[명] ①길숙하고 어두움. darkness ②저승.
유명(遺命)[명] 임금이나 부모가 임종할 때에 하는 분부. 유교(遺敎)¹. will
유-명 계:약(有名契約)[명] 〈불교〉 법률의 일정한 명칭을 붙여서 규정을 두고 있는 계약. 《대》 무명 계약.
유명-론(唯名論)[명] 〈철학〉 개체(個體)만이 실제(實在)하고, 보퍼(普遍)은 그 개체에서 추상하여 얻은 명목(名目)일 뿐이며, 객관적 존재 또는 객관적 타당성이 아니라고 주장하는 이론. 명목론(名目論). 《대》 실념론(實念論). nominalism
유:명 무실(有名無實)[명] 이름뿐이고 실상은 없음. ¶ ~한 상상(群像)들. being nominal 하타
유:-명지-인(有名之人)[명] 유명한 사람. celebrity
유:명짜-하-다(有名─)[어간형] '유명하다'의 힘줌말.
유매(襦袂)[명] 눈물로 옷소매를 적심. 눈물에 젖은 옷소매. [젖어미, wet nurse
유모(乳母)[명] 어머니 대신 젖을 먹여 길러 주는 여자.
유모(柔毛)[명] ①부드러운 털. down ②양(羊)의 털.
유모-차(乳母車)[명] 동차(童車).
유목(幼木)[명] 어린 나무. 작은 나무. young tree
유목(乳木)[명] 〈불교〉 호마(護摩)할 때 살라느는 나무.
유목(遊牧)[명] 목축을 업으로 삼고 풀과 물을 따라

니머 집을 옮김. nomadism 하타
유목-민(遊牧民)[명] 목축으로 업을 삼고 물·풀을 따라 옮겨 가면서 사는 사람들. nomadic people
유=목화(油木靴)[명] 목화(木靴)에 기름을 결어 진 땅에 신는 신. 관복을 입을 때 신음. oiled wooden shoes
유몽(幼蒙)[명] 나이 어린 아이. child
유무(由無)[명] 〈제도〉 관원이 갈릴 때 물품의 인계가 끝났음을 표시하는 문자.
유:-무(有無)[명] 있고 없음. presence and absence
·유·무 《고》 소식. 편지.
유:무-간(有無間)[명] 있고 없음을 관계할 것 없음. 있고 없고 간에. whether there is or not
유:무 상통(有無相通)[명] 서로 있고 없음을 융통하는 일. mutual accomodation between have-nots 하타
유:-무실(有無實)[명] 실상과 없음과. [에.
유:-무죄=간에(有無罪間─)[명] 죄가 있든지 없든지 간
유묵(遺墨)[명] 죽은 뒤에 남겨진 필적(筆跡). autographs of departed persons
유문(幽門)[명] 〈생리〉 위(胃)의 아래쪽 끝 십이지장과 잇닿은 부분. 위묵문. 위문(噴門). pylorus
유문(留門)[명] 〈제도〉 밤에 궁궐문이나 성문을 닫는 일을 중지시키던 일. 하타
유문(遺文)[명] 죽은 사람의 살았을 적에 지은 글.
유문(儒門)[명] ①유생(儒生)의 집. Confucian scholar's house ②유생들의 무리. Confucian scholars
유문-암(流紋岩)〈광물〉 석영(石英)·정장석(正長石) 따위를 함유하고 있는 유상(流狀) 구조의 화성암(火成岩).
유물(油物)[명] 기름칠을 하여 결은 물건. oiled article
유물(留物)[명] 쓸모가 없어 내버려 둔 물건. article of no use [material
유물(唯物)[명] 오직 물질만이 존재함. 《대》 유심(唯心).
유물(遺物)[명] 후세에 남겨진 물건. bequest
유물-관(唯物觀)[명] 〈철학〉 유물론에 의하여 인생을 비판·관찰하는 견해. 《대》 유심관(唯心觀). materialistic view
유물-론(唯物論)[명] 〈철학〉 만유의 궁극적 실재는 물질이라고 보고 정신적·관념적 모든 현상을 물질적에 의하여 규정된다는 설. 물질주의. 《대》 유심론(唯心論). 관념론. materialism
유물 변:증법(唯物辨證法)[명] 〈철학〉 세계는 이성의 변증법적 발전이라는 헤겔의 관념론에 대하여 인간의 의식에서 독립하여 존재하는 현실의 변증법적 발전을 인정하여, 사유(思惟)의 변증법은 그 반영이라고 보는 세계관 및 방법론. 변증법적 유물론.
유물 사:관(唯物史觀)[명] 〈사회〉 마르크스의 역사관. 유물 변증법을 사회 생활의 연구에 적용한 역사관. 사적(史的) 유물론. 《대》 유물 사관(唯物史觀). historical materialism
유물-주의(唯物主義)[명] 〈동〉 유물론.
뮤미(乳糜)[명] 유미관에 있는 임파액(淋巴液), 차자에서 소화 흡수된 지방이 젖처럼 될 것. chyle
유:-미(柳眉)[명] 미인의 눈썹을 가리키는 말. beautiful eyebrows [and pretty 하타
유미(柔美)[명] 연약하고 예쁨. 연미(軟美). delicate
유미-관(乳糜管)[명] 〈생리〉 창자 속에 있는 유미관(淋巴管). 창자에서 흡수된 지방질을 모아 저장함.
유미=뇨(乳糜尿)[명] 〈생리〉 지방분이 섞여 젖빛과 같은 오줌을 누는 병.
유미-주의(唯美主義)[명] 〈동〉 탐미주의(耽美主義).
유미-파(唯美派)[명] 〈동〉 탐미파(耽美派).
유민(流民)[명] 흘러 다니며 이곳저곳으로 떠돌아다니는 백성. 유랑. displaced people
유민(遊民)[명] 놀고 사는 사람. idlers
유민(遺民)[명] 망하여 없어진 나라의 백성. people of a ruined nation
유밀-과(油蜜菓)[명] 반죽한 쌀가루나 밀가루를 적당한 모양으로 빚어 말린 다음, 기름에 튀겨 꿀이나 조청을 바르고 뒷밥 또는 깨고물 따위를 입힌 조과.

《약》유과(油菓). pastry mixed with oil and honey
유-바지(油-)圏 마부들이 비 올 때 입는 바지. 유고
유박(油粕)圏《동》깻묵.　　　〔(油袴). oiled trousers
유발(乳鉢)圏 약을 갈아서 가루로 만드는 그릇. 막자사발. mortar
유발(誘發)圏 꾀어 일으킴. 어떤 일이 원인이 되어, 다른 일이 일어남. 또, 일으킴. causing 하다타
유발(遺髮)圏 고인의 머리털.
유발-인(誘發因)圏 동기 부여(動機附與)의 원인이 되는 외적 자극. 굶주린 동물에서의 음식물이나, 명예심을 가진 자에게서의 상징(賞狀) 따위.
유발 투자(誘發投資)圏 사회의 소득 수준의 증가에 유발되어 이루어지는 투자. 〔위.《약》유(西)②. west
유방(西方)圏〈佛俗〉이십사 방위의 하나. 서쪽의 방
유방(乳房)圏 젖퉁이. breast
유방 백세(流芳百世)圏《약》→유방 백세(流芳百世).
유방 백세(流芳百世)圏 꽃다운 이름이 후세에 길이 전함.《약》유방(流芳). 하다자　　　〔(乳腫)
유방-염(-炎)圏(乳房炎)圏 유방에 생기는 염증. 유종
유-배(-配)圏〔一년〕주식(株式) 따위의 배당이 있음.《대》무배(無配).　　　〔에서 물에 띄우는 잔.
유배(流杯)圏 술잔을 흘려 보냄. 곡수(曲水)의 잔치
유배(流配)圏 이십사 방위 방위의 하나.
유=백색(乳白色)圏 젖같이 불투명한 백색. 젖빛.
유벌(流筏)圏 강물에 띄워 보내는 뗏목. raft
유법(遺法)圏 ① 옛 사람이 남긴 법. ②《불교》부처의 끼친 교법(教法). teaching of Buddha
유벽(幽僻)圏 깊숙하고 궁벽함. seclusion 하다형
유-별(有別)圏 구별이 있음. 다름이 있음. ¶남녀 ~. difference 하다자 스럽다 스레다 히팀
유별(留別)圏 떠나는 사람이 남아 있는 사람에게 작별함.《대》송별(送別). farewell to those staying
하다자　　　　　　　　　　　　　　　　　〔cation 하다타
유-별(類別)圏 종류에 따라 나누어 구별함. classifi-
유:별-나다(有別-)圏 구별이 뚜렷하다. ¶유별난 사람. having distinction　　　　〔disease 하다형
유:병(有病)圏 병이 있음.《대》무병(無病). having
유병(遊兵)圏《동》유군(遊軍)②.
유-병=률(有病率)圏 일정한 시일에 임의의 지역의 병자수의 그 지역 인구에 대한 비율. 이환율
유보(油褓)圏 기름에 결은 보자기.　　　〔(罹患率).
유보(留保)圏 ① 뒷날로 미루어 둠. 멈추어 두고 보존함. 보류(保留). ②《법률》권리・의무에 관해 제한을 붙임. reservation 하다타
유보(遊步)圏 한가히 걸음. 산보(散步). strolls 하다자
유보 약관(留保約款)圏〈법률〉외국법을 적용하여야 할 때에 그 적용을 배척할 경우를 규정하는 국제 사법상(私法上)의 예외적 규정. 배척 조항(排斥條項).
유:-보:트(U-boat)圏〈군사〉제 1・2 차 세계 대전 중에 사용하던, 독일의 대형 잠수함.
유:복(有服)圏《약》→유복친(有服之親).
유:복(有福)圏 복이 있음. being blessed 하다형
유복(裕福)圏 살림이 넉넉함. ¶~한 사람.《대》빈궁(貧窮). affluence 하다형
유복(儒服)圏 유교의 유의(儒衣).
유복-자(遺腹子)圏 아버지 죽을 때 어미 뱃속에 있던 자식. 곧, 아버지가 죽은 뒤에 태어난 자식. 유자(遺子). posthumous child
유:복지-인(有福之人)圏 복이 있는 사람.
유:복지-친(有服之親)圏 복을 입는 가까운 친척.《대》무복친.《약》유복(有服). near relation
유:복-친(有服親)圏《약》→유복친(有服之親).
유봉(乳棒)圏 유발에 약을 넣고 갈 때에 쓰는 막자. pestle
유부(幼婦)圏 어린 부녀. young woman
유:부(有夫)圏 남편이 있음.《대》유부(有夫). having
a husband　　　　　　　　　　　　　　　　〔married
유:부(有婦)圏 아내가 있음.《대》유부(有夫). being

유부(油腐)圏 두부를 얇게 썰어 튀긴 것. fried bean-
유부(猶父)圏《동》삼촌(三寸).　　　　　〔curd
유:-부:간(有夫姦)圏 남편이 있는 여자가 딴 사내와 간통함. adultery　　　　　　　　　　　　　　　　〔통함.
유:-부:간(有婦姦)圏 아내가 있는 남자가 딴 여자와 간
유부 국수(油腐-)圏 썬 유부를 얹어 먹는 국수.
유:부-녀(有夫女)圏 남편이 있는 부녀. 핫어미. married woman
유부 유자(猶父猶子)圏 아재비와 조카.
유-부족(猶不足)圏 아직도 모자람. 오히려 부족함. still lacking 하다형
유:-분:수(有分數)圏 분수가 있음의 뜻. ¶사람을 업신여겨도 ~지. having discretion
유-불(儒佛)圏 유교와 불교. 유가(儒家)와 불가(佛家).
유불(幽佛)圏 노천에 안치한 부처. 노불(露佛).
유불도(儒佛道)圏 유교・불교・도교의 삼교(三教). 삼교(三教).
유불선(儒佛仙)圏 유교(儒教)와 불교(佛教)와 선교(仙敎)의 세 가지도.
유불선 삼도(-三道)圏 유교・불교・선교의 세 가지 도.　　　　　　　　　　〔도, 있으나마나함.
유:=불여무(有不如無)圏 있어도 없는 것과 같다는 뜻
유:비(有備)圏 방비・준비가 되어 있음. 하다형〔tilizer
유비(油肥)圏 ① 동물성의 기름으로 만든 거름. fat fer-
유:비(類比)圏 ① 비교함. ② 〈철학〉 어떤 사물 상호간에 대응적으로 존재하는 동등성・동형성. 아날로지(analogy). 유수(類推)②. 유비 추리(類比推理). ③ 동류끼리 서로 마주되어서 비교함.　　　　〔없음.
유:비 무환(有備無患)圏 준비가 있으면 근심할 것이
유:비 추리(類比推理)圏《동》유추(類推)②. 유비②.
유비 통신(流蜚通信)圏《속》유언 비어의 전파를 통신
유빙(流氷)圏《동》성엣장.　〔에 빗대어 일컫는 말.
유:-사(有史)圏 역사가 생겨 있음. 역사가 비롯함. history
유:-사(有司)圏 ① 어떠한 단체의 사무를 맡아보는 직무. manager ② 〈기독〉교회의 제반 사무를 맡아 보는 직무. 집사(執事). diaconate
유:-사(有事)圏 일이 있음. 사변이 있음.《대》무사(無事). emergency 하다형
유사(流砂)圏 ① 물에 밀리어 흐르는 모래. ② 물로 포화(飽和)된 유동하기 쉬운 모래. drifting sand
유사(遊絲)圏 ① 아지랑이. ② 시계의 부속품. 납작한 쇠줄을 와형(渦形)으로 감은 것.
유사(瘐死)圏 감옥에 갇히어 고생하다가 죽음. 하다자
유사(遺事)圏 ① 유전해 오는 사적(事蹟). ¶삼국 ~. unrecorded historical fact ② 죽은 사람이 남긴 생전의 사적. memories of a dead man
유사(諛辭)圏 아첨하는 말.　　　　　　〔blance 하다형
유:사(類似)圏 서로 비슷함. ¶~ 뇌염(腦炎). resem-
유:사 분열(有絲分裂)圏〈생물〉체세포 분열의 하나. 세포 분열에서, 핵이 염색체로 되어 이루어지는 핵분열. 전기・중기・후기・말기로 구분됨. 직접 분열(間接分裂).《대》무사 분열(無絲分裂). mitosis
유:사 상호(類似商號)圏〈경제〉특정한 상호와 동일하지는 않으나, 일반 거래상 서로 혼동 오인될 우려가 있는 상호. 이의 사용을 법으로 금하고 있음.
유:-사:시(有事時)圏 비상한 일이 생겼을 때. 유사지추(有事之秋). ¶~에 대비하다.
유:사 연합(類似聯合)圏〈심리〉현재 있는 의식 내용 또는 경험이 그것과 유사한 다른 의식 내용 또는 경험을 환기시키는 과정.《대》접근 연합(接近聯合). association by similarity
유:사 이:래(有史以來)圏 역사가 생긴 그 뒤. since the dawn of history　　　　　　〔기를 힘씀. 하다타
유사 입검(由奢入儉)圏 사치(奢侈)를 폐하고 검소하
유:사 종교(類似宗教)圏 공인되지 않은 종교. quasi-religions
유:사-증(-症)圏(類似症)圏 어떤 병과 증상이 유사한 병증. 유증(類症).
유:사지-추(有事之秋)圏《동》유사시(有事時).

유:사(類似品)圈 어떠한 물건에 유사한 물품. imitation   properted
유:산(有產)圈 재산이 많음. 《대》무산(無產). being
유산(油酸)圈 《동》올레인산(olein 酸).
유산(乳酸)圈 〈화학〉썩은 젖 속에 생기는 산. 유당이나 포도당을 유산균으로 발효시켜 만듦. 공업용도는 청량 음료의 산제(酸劑)로 씀. 젖산. lactic acid
유산(流產)圈 ①배아가 달이 덜 차 죽어서 나옴. 반산(半產). abortion ②계획한 일이 중지가 됨. failure
유산(硫酸)圈 《동》황산(黃酸).   하타
유산(遊山)圈 산에 놀러 나감. picnic 하타   left
유산(遺產)圈 죽은 사람이 남겨 놓은 재산. property
유산=객(遊山客)圈 산으로 놀러 다니는 소풍객(逍風客). picknicker
유:산 계급(有產階級)圈 자본가·지주 따위의 재산이 많은 계급. 《대》무산(無產) 계급. bourgeoisie
유산=균(乳酸菌)圈 〈식물〉당류(糖類)를 풀어서 유산을 만드는 기능이 있는 박테리아의 총칭. lactic acid bacilli
유산나트륨(硫酸 natrium)圈 《동》황산나트륨.
유산 내:각(流產內閣)圈 조각(組閣)의 위촉을 받은 사람이 각료의 인선이 뜻대로 되지 아니하여 성립을 못 본 내각.
유산 상속(遺產相續)圈〈법률〉죽은 사람의 끼친 재산을 상속함. succession to property 하타
유산 상속세(遺產相續稅)圈 유산 상속을 개시한 때 그 재산에 대해 부과하는 세금.
유산 상속인(遺產相續人)圈〈법률〉사망한 호주 또는 가족의 유산을 상속받는 사람.
유산=아연(硫酸亞鉛)圈〈화학〉무색하고 투명한 능주상(稜柱狀)의 결정체(結晶體). 의약(醫藥)·방부제(防腐劑)로 쓰임. 황산아연(黃酸亞鉛).
유산 음:료(乳酸飲料)圈 유산을 함유하는 청량 음료의 하나. 칼피스(calpis) 같은 것. 유산균 음료.
유산-탄(榴散彈)圈 〈군사〉무수한 작은 탄알이 속에 들어 있어 폭발할 때 튀어 나가게 만든 대포알.
유살(誘殺)圈 꾀어내어 죽임. 하타
유삼(油衫)圈 비·눈을 막기 위하여 옷 위에 껴입던 기름으로 결은 옷. 유의(油衣). oiled overcoat
유:상(有相)圈 〈불교〉①존재하는 일. existence ②인연에 따라서 나고 없어지고 하는 모든 상. 《대》무상(無相).
유상(有償)圈 〈법률〉어떤 행위의 결과에 대하여 돈이나 무엇으로나 갚음이 있는 일. 《대》무상(無相). compensation
유상(油狀)圈 기름과 같은 상태(狀態). oily
유상(遺像)圈 ①광채(光彩)의 자극을 받은 망막(網膜)에 얼마 동안 남아 있는 영상(映像). afterimage ②죽은 사람의 초상(肖像). portrait of a departed person
유:상 계:약(有償契約)圈〈법률〉당사자의 쌍방이 서로 대가(代價)의 뜻을 가지는 급부(給付)를 하는 계약. onerous contract
유상 곡수(流觴曲水)圈 삼월 삼짇날, 곡수(曲水)에 잔을 띄워 그 잔이 자기 앞에 오기 전에 시 따위를 짓는 놀이.
유:상 대:부(有償貸付)圈 보수(報酬)를 받고 금전이나 권리를 대부하는 일. onerous loaning 하타
유:상 몰수(有償沒收)圈〈법률〉어떠한 사물에 대하여 그 소유주에게 적당한 값을 주고 국가에서 몰수함. confiscation with compensation 하타
유:상 무상(有象無象)圈 ①천지간에 있는 물체의 전부. all things in nature ②어중이떠중이. ③세상 물건을 이것저것 구별하지 않음. all sorts and conditions of people
유:상 증자(有償增資)圈〈경제〉신주 발행으로 새 자금을 조달하여 회사 재산의 증가를 가하는 실질적인 증자. 《대》무상 증자.
유:상 취:득(有償取得)圈〈법률〉유상으로 물건이나 권리를 취득하는 일. 하타
유:상 행위(有償行爲)圈〈법률〉어떤 급부 행위에 있어서 대가를 받는 법률 행위. 특히 계약에 의하는 것이 유상 계약. 매매는 대표적인 유상 행위. juristic act done for a consideration   of sulfur
유산(硫狀)圈〈乳狀黃〉〈화학〉종유상(鍾乳狀)의 황. milk
유:색(有色)圈 빛깔이 있음. 《대》무색(無色). coloured
유:색 야:채[―――]〔有色野菜〕圈 빛깔이 짙고 비타민이 많은 채소. 홍당무·토마토·호박 따위.
유색 완:용(愉色婉容)圈 즐겁고 평화스러운 얼굴빛. peaceful face
유:색=인(有色人)圈 ①유색 피부를 가진 사람. coloured person ②〔어〕→유색 인종.
유:색 인종(有色人種)圈 살빛에 따른 인종 분류의 하나. 유색 피부. 곧, 황색·흑색 인종의 총칭. 《대》백색 인종. 〔어〕 유색인(有色人)②. coloured race
유:색=체(有色體)圈〈식물〉식물 세포에서 볼 수 있는 원형질(原形質)이 분화(分化)한 것으로, 온갖 생리(生理) 작용의 중심이 되는 색소체(色素體). 백색체(白色體)·엽록체(葉綠體)·잡색체(雜色體)가 있음. chromatophore
유생(幼生)圈〈동물〉변태 동물의 어릴 때를 이름. 개구리에 대한 올챙이 따위. 《대》성체(成體).
유:생(有生)圈 생명이 있음. life
유생(酉生)圈 유년(酉年)에 난 사람.
유생(遊生)圈 놀면서 삶. 일정한 직업이 없이 삶. 하타
유생(儒生)圈 유도(儒道)를 닦는 선비. 유가(儒家). 유자(儒者). 장보(章甫). Confucian scholar
유생 기관(幼生器官)圈〈동물〉유생일 때만 있고 성체가 되면 소실하는 기관. 올챙이의 꼬리 따위. 일시적 기관.
유:생 기원설(有生起源說)圈〈생리〉생물은 반드시 생물체에서 진화·발달되었다는 학설.
유:생=물(有生物)圈〈有生物〉스스로 생활을 해 나가는 것. 곧, 동식물. animate being
유서(由緖)圈 전하여 오는 까닭과 내력. history
유서(宥恕)圈 너그럽게 용서함. pardoning 하타
유:서(柳絮)圈 《동》버들개지.   dead person
유서(遺書)圈 유언하는 글. note left behind by a
유서(諭書)圈 〈제도〉관찰사·절도사·방어사 들이 부임할 때 내리던 임금의 명령서.
유서(乳緖)圈 유업(乳業).
유:서(鼬鼠)圈 《동》족제비.
유:서(類書)圈 같은 종류의 책. similar books
유:서 감:형(宥恕減刑)圈〈법률〉범죄 성립의 요건은 갖추었으나 정상을 참작하여 형량을 감하여 주는 감형의 하나.
유:서 논:죄(宥恕論罪)圈〈법률〉피고의 정상을 보아서 너그러이 논죄하는 일. 하타   통
유서-통(諭書筒)圈〈제도〉임금의 유서(諭書)를 넣던
유-석영(乳石英)圈〈광물〉빛깔이 흰 석영의 하나.
유:선(有線)圈 전선(電線)을 가설(架設)한 것. 전선의 필요가 있음. 《대》무선(無線). wire   gland
유선(乳腺)圈〈생리〉젖을 분비하는 선. mammary
유선(油腺)圈〈조류〉수조(水鳥)의 꽁지 위쪽에 있는, 기름을 분비하는 선. 이 곳의 기름을 깃에 발라 물이 살갗에 스미지 않게 함.
유선(流線)圈〈물리〉유체(流體)가 움직일 때에, 일정한 시각을 정하여 유체 중의 각 점(點)의 접선(切線)이 그 점에서의 흐름의 방향을 표시하도록 가상한 곡선. streamline
유선(遊船)圈 《동》놀잇배.
유선나(臉緒那)圈 《동》유순(由旬).
유:선 방:송(有線放送)圈 전선을 사용하여 행하는 방송. 교내 방송(校內放送)·가두 방송·연락 방송 따
유선-염[――염]〔乳腺炎〕圈 《동》젖몸살. 〔위에 이용됨〕
유:선 전:신(有線電信)圈〈물리〉전선을 사용하여서 미리 규정한 기호를 멀리 보내는 방법. wire telegraph

유:선 전:화(有線電話)[명]〈물리〉송화자가 발하는 음파를 전기적 진동으로 바꾸어 전선을 통하여 먼 곳에 보내고, 이것을 음파로써 원음으로 재생시켜 수화자에 전하는 방식의 전화. wire telephone

유:선 텔레비전(有線 television)[명] 텔레비전 카메라와 수상기를 전선으로 연결하여 방영하는 텔레비전식. 공장·교통 기관·상점·학교 등에서 관찰이나 감시용으로 널리 이용됨.

유선=형(流線型)[명] 물이나 공기 같은 유체(流體)의 저항을 가장 적게 하기 위하여 곡선으로 만든 꼴. 방추형(紡錘形). streamlined

유선=희(游仙戱)[명] 그네를 뛰는 여자가 마치 선녀가 나는 모습과 같이 보인다는 뜻에서 옛 사람들이 그

유설(流說)[명] 뜬소문. rumor

유설(縲絏)[명] 죄수를 옥중에 매어 둠. imprisonment 하다[자]. 「학설. erroneous doctrine

유:설(謬說)[명] 이치에 어긋난 말. 잘못된 말. 사리에 맞지 않는

유:성(有性)[명]〈생물〉① 암수 양성의 생식물(生殖物)에서 물체가 새로 생겨나는 현상. sexual reproduction ② 자웅(雌雄)의 성별(性別)이 있음.《대》무성(無性). sex

유성(油性)[명] 기름의 성질. nature of oil

유:성(柳星)[명]〈민속〉이십팔수(二十八宿)의 하나. 유수(柳宿).

유성(流星)[명]〈천문〉우주진(宇宙塵)이 지구의 대기 속에 들어와 마찰로 말미암아 연소하여 공기 속의 이온이 빛을 내는 것. 운성(隕星). 유화(流火). shooting-star

유성(遊星)[명]〈천문〉태양의 둘레를 주기적(週期的)으로 운행하고 있는 별. 행성(行星). planet

유성=군(流星群)[명] 태양의 주위를 공전하는 유성 물질의 집합체.

유성=기(留聲機)[명] 축음기.

유:성 생식(有性生殖)[명]〈생리〉암수 양성의 교접으로 되는 생식. 난자(卵子)와 정자(精子)가 합쳐서 새 개체를 만드는 일. 합성 생식.《대》무성 생식. sexual reproduction

유:성 세:대(有性世代)[명]〈생리〉세대 교번(世代交番)을 하는 생물로서, 유성 생식을 하는 세대.《대》무성 세대. sexual generation

유:성 영화[―녕―](有聲畫畵)[명]〈동〉발성 영화(發聲映畵). 「나타나는 일.

유성=우(流星雨)[명]〈천문〉유성의 무리가 특히 많이

유:성=음(有聲音)[명] 울림소리.《대》무성음. voiced sound

유성음=화(有聲音化)[명] 안울림소리 'ㅂ, ㄷ, ㄱ, ㅈ'은 울림소리(ㅁ, ㄴ, ㅇ, ㄹ)를 울림소리 사이에서 울림소리로 발음되는 현상. 고기[kogi], 경기도[kyeongido] 등. 울림소리 되기.「로 흩어진 작은 티끌.

유성:진(流星塵)[명] 유성의 탄 찌꺼기 또는 그 공중 폭발

유:세(有稅)[명] 세금이 매겨 있음.《대》무세(無稅). taxable 하다[자].

유:세(有勢)[명] 유력(有力). 하다[자].

유세(遊說)[명] 각처로 돌아다니며 자기 또는 자기 소속 정당(政黨)의 주장을 선전하는 일. canvassing tour 하다[자].

유세(誘說)[명] 감언 이설로 꾐. coaxing 하다[타].

유세(遺世)[명] 세속의 일을 잊어버림. 세상 일을 일체 버리고 돌보지 않음. renouncing the world

유:―세:력(有勢力)[명]〈동〉유력(有力). 하다[자].

유세=문(誘說文)[명] 감정에 호소해, 독자를 감동시켜 제 의사에 따르게 할 목적의 글.

유세―부리―다(有勢―)[자] 돈이나 힘이나 재물 따위가 남보다 많은 것을 자랑으로 삼아 으도를 쓰다. wild power 「[세지](無稅地). taxable land

유:세:지(有稅地)[명]〈경제〉세금이 붙는 땅.《대》무세지

유:세:(維歲次)[명] '이 해의 차례는'의 뜻으로, 제문(祭文)의 첫머리에 쓰는.

유세―통(有勢―)[명] 유세부리는 서슬. ¶ 그 놈의 ~

에 사람 견디겠나. overpowering

유:세:품(有稅品)[명]〈경제〉세금이 붙은 물품.《대》무세품(無稅品). dutiable goods「稚)①. infancy ②

유소(幼少)[명] 나이가 어림. 유충(幼沖)①. 유치(幼

유소(流蘇)[명] 기(旗)나 승교(乘轎) 따위에 나는 오채(五彩)실로 된 술. 「상소.

유소(儒疏)[명] 유생(儒生)이 연명(連名)하여 올리는

유:소(類燒)[명] 남의 집에서 난 불로 인하여 자기의 집이 타는 일. destruction by a spreading fire 하다[자].

유―소:년(幼少年)[명] 유년과 소년. child and boy

유:―소:문(有所聞)[명] 널리 소문이 나 있음. 하다[자].

유소―성(留巢性)[명] 새끼의 발육이 늦어, 오래도록 보금자리에서 어미새의 보호를 받는 성질. 비둘기·제비 따위.《대》이소성(離巢性).

유―소:시(幼少時)[명] 어릴 때.

유:―소:씨(有巢氏)[명] 중국 고대의 전설적 성인. 새가 보금자리를 만들고 사는 것을 보고 사람에게 집을 만들 것을 가르쳤다 함.

유속(流俗)[명] ① 옛적부터 전하여 오는 풍속. convention ② 세상에 돌아다니는 풍속. 유풍(遺風).

유속(流速)[명] 흐르는 유체의 속도. 초(秒)를 단위로 함. speed of a current

유속(遺俗)[명] 후세에 끼친 풍속. 유풍(遺風)②. ¶고대 의속(古態依俗)한 ~. hereditary customs

유독 합성어(有屬合成語)[명] 두 단어가 각기 뜻을 지니고 있으며 주종 관계(主從關係)에 있는 말. 돌다리·부삽·눈물·빛나다 등. 「grandchild

유손(猶孫)[명] 형제(兄弟)의 손자(孫子). brother's

유솜(USOM)[명]〈약〉United States Operations Mission 오이시(OEC)의 개칭(改稱).

유송(流送)[명] 짓나무.

유송―관(油送管)[명] 석유·휘발유 등의 유류를 먼 거리까지 보내는 장치의 관(管). 송유관. pipe line

유송=선(油送船)[명]〈동〉유조선(油槽船).

유송진―류(油松津類)[명] 소나무 따위의 진을 휘발유에 섞어 만든 기름.

유:수(有數)[명] ① 손꼽힐 만큼 훌륭함. ¶ ~한 인재(人材). prominence ② 차례가 있음. ¶ 흥망이 ~하니. order ¶ ~.

유수(幽囚)[명] 잡아 가둠. confinement 하다[타].

유:수(柳宿)[명]〈동〉유성(柳星).

유수(幽愁)[명] 깊은 근심. 남 모를 탄식. dolefulness

유수(幽邃)[명] 그윽하고 깊숙함. being secluded 하다[형].

유수(流水)[명] 흐르는 물. running water 「히다.

유수(留守)[명]〈제도〉조선(開創)·강화(江華)·광주(廣州)·수원(水原)·춘천(春川) 따위의 옛 도읍을 다스리던 정 2 품(正二品) 벼슬.

유수(遊手)[명] 정한 직업이 없이 놀고 있는 사람. ¶ 한 사람의 ~도 없다. idle person

유수―관(留守官)[명]〈제도〉고려 때 한양(漢陽)·광주(廣州)·평양 따위에 두었던 외직(外職).

유수 도:식(遊手徒食)[명] 아무 일도 하지 않고 빈둥빈둥 놀고 먹음. 무위 도식.

유수 정책(誘水政策)[명]〈경제〉경기가 그 자체의 힘으로 경기를 회복하기 어려운 경우, 정부가 공공투자의 형태로 자금을 투입해 경기 회복을 꾀하는 일. 「어야 됨. 하다[자].

유수 존언(有數存焉)[명] 어떠한 일이든지 운수가 있

유수―지(遊水池)[명]〈지리〉홍수(洪水)가 날 때 물을 얼마쯤 경감(輕減)하는 천연(天然), 또는 인공(人工)의 저수지(貯水地). reservoir

유숙(留宿)[명] 남의 집에 묵고 있음. lodging 하다[자].

유순(由旬←Yojana 범)[명]〈불교〉옛날 인도의 이수(里數)의 이름. 80리·60리·40리의 대중소의 세 유순이 있음. 「[음](陰繕那). 유순나. 유연.

유순(柔順)[명] 성질이 온화하고 공손함. obedience 하다[형].

유스타키씨=관(Eustachi 氏管)[명]〈생리〉중이(中耳)의 일부로 중이에서 구강(口腔)으로 통하는 관(管).

고막(鼓膜) 안팎의 기압(氣壓)을 조절하는 동시에 고실(鼓室)의 분비물(分泌物)을 배출(排出)하는 구실을 함. 이관(耳管)

유:스 호스텔(youth hostel)圀 여행하는 청소년을 위하여 마련된 회원제의 간이 숙박 시설.

유습(遺習)圀 옛날부터 전하여 오는 풍습. 유풍②. hereditary customs

유습(謬習)圀 그릇된 습관. 못된 버릇. bad habit

유승(幽勝)圀 고요하고 좋은 경치.

유시(幼時)圀 나이 어릴 때. childhood

유시(酉時)圀〈민속〉하오 다섯시부터 일곱시까지의 시각. 흠 유(酉)③. hour of the cock

유시(流矢)圀 빗나가는 화살. 유전(流箭). 비시(飛矢). stray arrow

유시(諭示)圀 타일러 훈계함. 관청에서 구두나 문서로 타일러 가르침. 또, 그 문서. instruction 하타

유:시 무종(有始無終)圀 시작만 하고 끝을 맺지 못함. good beginning but no ending 하타

유:시 유:종(有始有終)圀 시작할 때부터 끝낼 때까지 변함없음. consistency from beginning to end 하타

유:시-호(有時乎)튀 어떠한 때에는. 혹 가다가. sometimes

유:식(有識)圀 지식이 있음. 아는 것이 많음. 쏂 무식(無識). intelligent 하타

유식(侑食)圀 제사지낼 때에 삼헌작(三獻酌)과 삽시(揷匙)한 후에, 제관들로서 문 밖에서 십분 가량 기다리는 일.

유식(唯識)圀 모든 제법은 오직 마음속에 있음.

유식(遊食)圀 하는 일 없이 놀고 먹음. living in idleness 하타

유식(遊息)圀 마음 편히 정양(靜養)함. rest in peace

유식-론(唯識論)圀〈불교〉법상종(法相宗)의 중요 경전. 세친(世親)의 유식 삼십송(唯識三十頌)을 논사 같은 것이 풀어서 십권으로 세운 것임.

유식-자(遊食者)圀 아무 일도 아니하고 놀고 먹는 사람. 유군(遊軍)①.

유식-종(唯識宗)圀〈불교〉불교의 한 갈래. 무착(無着)·세친(世親)에 의하여 인도에서 일어나 온갖 제법(諸法)은 오직 마음속의 현상에 지나지 않음을 주장함. [성. idle people

유식지-민(遊食之民)圀 하는 일이 없이 놀고 먹는 백

유:신(有信)圀 신용이 있음. 신용이 있음. 쏂 무신(無信). faithfulness 하타

유신(維新)圀 ① 모든 것이 새로워짐. 특히, 정치상의 개신(改新). restoration ② 10월 유신. 하타

유신(儒臣)圀 ① 유학에 조예가 깊은 신하. Confucian retainer ② 〈제도〉홍문관 관원의 통칭.

유신(遺臣)圀 ① 왕실의 망한 뒤에 남아 있는 신하. surviving retainer ② 선대(先代)에 벼슬하고 남아 있는 신하.

유:신-론[—논](有神論)圀〈철학〉① 신의 존재를 믿는 종교·철학상의 이론. theism ② 세계를 지배하는 초인간적 인격적인 신을 주장하는 이론. 쏂 무신론.

유실(幽室)圀 ① 어둠침침한 방. dim room ② 인기척이 없는 조용한 방. retired and quiet room

유실(流失)圀 홀러가 버림. flowing down ② 떠내려가서 없어짐. being swept away loss 하타

유실(遺失)圀 ① 가지어 잃음. 쏂 습득(拾得). ② 〈법률〉동산 소유주(動産所有者)가 점유(占有)를 잃고 그 소재(所在)를 모름.

유:실 난봉(有實難捧)圀 채무자에게 재물은 있는데 빛을 받기가 어려운 일.

유:실 무실(有實無實)圀 실상이 있는 것과 없는 것.

유실-물(遺失物)圀 ① 잃어버린 물건. lost articles ② 〈법률〉점유자(占有者)가 유실한 물건. lost thing

유:실-수[—쑤](有實樹)圀 유용한 열매를 맺는 나무. 감나무·밤나무 따위.

유:심(有心)圀 ① 주의를 기울임. attention ② 뜻이 있음. 쏂 무심(無心). intention 하타 히타

유심(幽深)圀 깊숙하고 그윽함. deep 하타

유심(留心)圀〈동〉유의(留意).

유심(唯心)圀〈불교〉① 일심(一心). 곧, 진여(眞如) 또는 중생(衆生)의 내심(內心)으로써 만법 전개의 주체로 삼는 일. ② 오직 정신만이 존재함. 쏂 유물(唯物).

유심-관(唯心觀)圀〈철학〉유심론에서 사물을 비판하고 관찰하는 일. 쏂 유물관(唯物觀). idealistic view

유심-론(唯心論)圀〈철학〉정신적(精神的) 실재(實在)를 만유(萬有)의 근본 원리로 하는 이론. 정신론②. 쏂 유물론(唯物論). idealism

유심 사:관(唯心史觀)圀〈사회〉역사의 근본 동력(動力)을 인간의 이성(理性)·도덕 의식(道德意識)·개인의 영웅적 행동 따위의 정신에서 구하려는 역사관. 쏂 유물 사관. idealistic view of history

유심 연기(唯心緣起)圀〈불교〉만법(萬法)이 일심(一心). 곧, 진여(眞如)의 나타나는 데에 연유(緣由)하여서 생김.

유심 정토(唯心淨土)圀〈불교〉정토는 만법의 주체인 일심(一心)의 현현(顯現), 또는 중생의 내심(內心)의 벽부(闢作)이라는 말. 곧, 극락 정토는 마음속에 있는 경지임을 일컬음.

유아(幼兒)圀 어린아이. infant

유아(幼芽)圀〈식물〉씨의 배(胚)의 한 부분으로서 눈이 터서 줄기나 잎이 되는. young sprout

유아(乳兒)圀 젖먹이. baby [한 모양. 하타

유아(幽雅)圀 고상하고 품위(品位)가 있음. 또, 그러한 모양.

유아(唯我)圀 오직 나 하나만임. 내가 제일임. aloofness

유아(遺兒)圀 ① 어버이 없는 아이. 버려진 아이. ② 〈han〉② 유기(遺棄)된 아이. foundling orphan

유아-기(幼兒期)圀〈심리〉① 젖먹이 때. 나이가 아주 어린 때. infancy ② 〈심리〉만 두 살부터 학령(學齡) 전인 만 다섯 살까지의 시기. babyhood

유아-기(乳兒期)圀〈의학〉생후 1년간 가량 모유(母乳) 또는 우유로만 양육되는 시기.

유아 독존(唯我獨尊)圀 ① 이 세상에는 나보다 더 높은 것이 없다고 뽐냄. self-conceit ② 〈약〉→천상 천하 유아 독존(天上天下唯我獨尊).

유아-등(誘蛾燈)圀 해충(害蟲)이 날아들어와 빠져 죽게 만든 등불. light trap

유아-론(唯我論)圀〈철학〉실재(實在)하는 것은 자아(自我)이며, 자기 이외의 모든 것은 오직 자기의 관념(觀念) 또는 현상(現象)에 지나지 않는다고 하는 설(說). 독아론(獨我論). solipsism

유아 세:례(幼兒洗禮)圀〈기독〉예수교에서 아주 어린아이에게 세례를 베푸는 일.

유아-이사(由我而死)圀 나로 말미암아 죽음. 하타

유아지-탄(由我之歎)圀 자기로 말미암아 남에게 해가 미치게 된 것을 탄식함.

뉴:아-차(乳兒車)圀 젖먹이를 태워 가지고 다니는 작은 수레. perambulator

유악(帷幄)圀 ① 유악(帷幕). ② 작전 계획을 하는 곳. ③ 모신(謀臣). 참모(參謀). [하타

유안(留案)圀 일의 처리를 한동안 정지함. suspension

유안(硫安)圀〈화학〉황산(黃酸)암모늄. ammonium sulfate

유안 비:료(硫安肥料)圀 비료로서의 황산암모늄.

유안(乳癌)圀〈의학〉젖에서 나는 암종. cancer of the breast

유암(幽暗)圀 그윽하고 어둑함. obscurity 하타

유-암(柳暗)圀 버드나무 잎이 무르녹아 어둠스름 푸름. 버들이 무성하여 그늘이 짙음. 하타

유암나-찰(陰闇那刹)圀〈동〉유순(由旬).

유암 화명(柳暗花明)圀 버들은 우거져 어둡고, 꽃은 활짝 피어 밝음. 곧, 화류계(花柳界).

유압(油壓)圀 ① 기름이 가해지는 압력. ② 압력을 가한 기름에 의하여 피스톤 따위의 동력 기계를 작동시키는 일. ¶ ~ 굴착기.

유압식(油壓式)[명] 고압을 가한 기름을 매개로 하여 동력을 전달, 기계를 작동·제어시키는 방식.

유:애(有涯)[명]《불교》전변(轉變)하여 상주하지 않는 세계. 곧, 이승.

유액(乳液)[명] ①식물에서 분비되는 백색의 액체. milky liquid ②묽은 크림. milky lotion

유액(幽厄)[명] 숨은 재액. 몸이 갇히어 있는 액운. latent calamity

유액(誘掖)[명] 이끌어 도와 줌. supporting ~하다

유야(幽夜)[명] 그윽하고 쓸쓸한 밤. lonely night

유야랑(遊冶郞)[명] 주색(酒色)에 빠진 남자. 야랑(冶郞). [~물어보잘 모양. ~하다

유:야-무야(有耶無耶)[명하形] ①흐리멍덩한 모양. ②어

유약(幼弱)[명] 어리고 잔약함. young and weak ~하다

유약(泑藥·釉藥)[명]《동》오약.

유약(柔弱)[명] 몸이나 마음이 약하여 무슨 일에나 잘 견디지 못함. (대) 강건(剛健)①. weakness ~하다

유약(留約)[명] 뒷일을 미리 약속함. ~하다

유약(懦弱)[명]《동》나약(懦弱). ~하다

유:약(類藥)[명] ①비슷한 방문(方文)으로 지은 약제. similarly-prescribed medicines ② 효력이 비슷한 약.

=**유:약무**(有若無)[명] 있기는 하나 사실은 없음과 같음.

유양(乳養)[명] 젖을 먹여 기름. nurture ~하다

유양(悠揚)[명] 태도가 듬직하여 급하지 아니함. broadmindedness ~하다

유어(幼魚)[명] 어린 물고기. young fish

유어(游魚)[명] 물 속에서 노는 고기. fish swimming in the water

유어(鯈魚)[명]《동》기어(旗魚).

유:어(類語)[명] 뜻이 비슷한 말. synonym ~하다

유어(游於藝)[명] 육예(六藝)를 배움. 유예(游藝).

유언(幽言)[명] ①유현(幽玄)·오묘(奧妙)한 말. 그윽한 깊이가 있는 말. recondite words ②도깨비나 귀신의 말. ghost's words

유언(流言)[명] 터무니없는 소문. groundless rumour

유언(遺言)[명] ①임종(臨終) 때에 자손들에게 부탁하는 말. 유음(遺音). one's last words ②《법률》생시(生時)에 자기가 죽은 뒤에 법률상의 효력을 낼 목적으로 한 의사 표시. will ~하다

유언(諛言)[명] 아첨하여서 하는 말. flattery

유언 비어(流言蜚語)[명] 사회적 의미를 가진 확증이 없는 헛소문. 근거도 없는 선동적인 말. groundless rumour

유언-서(遺言書)[명] 유언장(遺言狀).

유언-장[一짱](遺言狀)[명] 유언한 서장(書狀). 유언서 (遺言書). one's last will and testament

유언 집행자(遺言執行者)[명]《법률》유언의 내용을 실현하는데 필요한 행위를 할 수 있는 직무 또는 권한을 가진 사람. 유언자의 지정으로 선정됨.

유얼(遺孼)[명] ①죽은 뒤에 남은 서얼(庶孼). ②뒤에 남은 나쁜 사물.

유업(乳業)[명] 우유·유제품을 생산 또는 판매하는 사업.

유업(遺業)[명] 선대로부터 내려오는 사업. 유서(遺緖). 전서(前緒). business left by the ancestors

유:업 인구(有業人口)[명] 직업이 있어 노동하고 있는 사람의 수. (대) 실업 인구(失業人口).

유:에스(US)[명]《약》United States 미국.

유: 에스 아이 에스(USIS)[명]《약》United States Information Service 미국 국무성의 대외 정보 선전 기관(情報宣傳機關). 《약》미국 공보원.

유: 에스 에스 아:르(U.S.S.R.)[명]《약》Union of Soviet Socialist Republics 소비에트 사회주의 공화국 연방. 소련(蘇聯). [rica 아메리카 합중국.

유: 에스 에이(U.S.A.)[명]《약》United States of Ame-

유: 에스 엠(USM)[명]《군사》《약》Undermarine to Surface Missile 잠수함에서 발사되어 적의 지상(地上) 목표를 공격하는 수중 미사일(水中對地) 유도탄.

유: 에이치 에프(UHF)[명]《약》ultra high frequency 극초단파대(極超短波帶).

유: 에프 오:(UFO)[명]《약》unidentified flying object 미확인 비행 물체(未確認飛行物體). 즉, 비행 접시.

유:-엔(U.N.)[명]《약》United Nations 국제 연합(國際聯合).

유:엔 경:찰군(UN 警察軍)[명] 국제 분쟁 지역의 치안 확보를 위해 UN이 파견하는 군대. 국제 연합경.

유:엔-군(UN 軍)[명] 국제 연합군. [~찰군.

유:엔-기(UN 旗)[명] 국제 연합을 상징하는 기. 1947년에 제정함.

유:엔 데이(U.N. Day)[명] 국제 연합일(國際聯合日).

유: 엔 디: 피:(UNDP)[명]《약》United Nations Development Program 국제 연합 개발 계획. 개발 도상국의 경제 개발이 목적.

유:엔(幼稚)[명]《약》United Nations Charter 국제 연합 헌장(國際聯合憲章).

유:엔 에스 시:(UNSC)[명]《정치》《약》United Nations Security Council 국제 연합 안전 보장 이사회 (國際聯合安全保障理事會).

유:엔 총:회(UN 總會)[명]《정치》국제 연합 총회.

유:여(有餘)[명] 넉넉함. 남음이 있음. ~하다

유여(遺與)[명] 남겨 줌.

=**유:여**(有餘)[접미] 수사에 붙어 '이상(以上)'의 뜻을 나타내는 말. ¶50~ 성상(星霜).

유:여 열반(有餘涅槃)[명]《불교》살아 있는 동안에 도를 완전히 이루어 모든 중고(重苦)와 번뇌가 끊어진 해탈의 경지. (대) 무여 열반.

유역(流域)[명]《지리》강가의 지역. river valley

유연(由延)[명]《동》유순(由旬).

유연(由緣)[명]《동》인연(因緣)⑤. ~하다

유연(油然)[명] 구름이 뭉게뭉게 일어남. 스스로 일어나 형세가 왕성한 모양. welling up ~하다 ~히

유연(油煙)[명] 기름·관솔 따위를 불완전 연소시킬 때 생기는 썩 잔 탄소(炭素) 가루. 먹을 만듦. lamp soot

유연(柔軟)[명] 부드럽고 연함. ~하다 ~히

유연(柔然)[명]《역사》몽고 땅에 자리잡고 살던 고대의 유목(遊牧) 민족.

유연(悠然)[명] 침착하고 여유 있는 모양. 태도나 마음이 태연한 모양. composedly ~하다 ~히

유연(遊宴)[명] 놀이로 베푼 잔치. drinking party

유연(鍮硯)[명] 먹물을 담는 놋쇠 그릇.

유연(類緣)[명] ①친척. ②《생물》생물체가 형질상(形質上)으로 유사(類似)한 관계가 있어서 그 사이에 연고(緣故)가 있는 일. affinity

유연 노:장(遺燕老將)[명] 전투에 경험이 많은 늙은 장수.

유연-성[一썽](柔軟性)[명] 부드럽고 연한 성질. 융통성 있는 성질. softness

유연 전:술(柔軟戰術)[명] 보통, 정면 충돌을 피하고, 상대의 투쟁 의욕을 감퇴시키는 방법으로 끈질기게 싸우는 일.

유연 조직(柔軟組織)[명]《식물》식물체의 세포 조직. 동화 작용(同化作用)을 맡음. 물렁 조직.

유연 체조(柔軟體操)[명]《체육》몸을 부드럽게 하기 위하여 관절을 충분하게 굴신(屈伸)시키는 맨손 체조. callisthenics [soft coal

유:연-탄(有煙炭)[명] 연기를 내는 석탄. (대) 무연탄.

유열(愉悅)[명] 기쁨. 즐거움. joy

유염(濡染)[명] 젖어서 물이 듦. ~하다

유엽(柳葉)[명] 버드나무의 잎.

유엽-도(柳葉桃)[명]《동》협죽도(夾竹桃).

유엽-전(柳葉箭)[명] 살촉이 버들잎과 같이 생긴 화살.

유영(游泳)[명] ①물 속에서 헤엄침. swimming ②《동》처세(處世). ③어떤 경지에서 즐김. ~하다

유영(遺影)[명] 고인의 초상이나 사진.

유영-동물(游泳動物)[명]《동》물고기같이 자유로이 물 속을 헤엄치는 동물.

유영-장(游泳場)[명] 헤엄을 치게 만들어 놓은 곳. 수영장. swimming pool

유예(猶豫)[명] ①할까 말까 망설임. postponement ② 시일을 늦춤. respite ~하다

유예(遊藝) 《예》→유어예(遊於藝).
유예 계:약(猶豫契約) 사정에 의해 다시 일정 기간만, 그 이행을 늦추는 계약.
유예 미:결(猶豫未決)명 뒤로 미루어 결정을 짓지 못함. 하다
유융(乳戎)명(동) 유종(乳腫).
유와(釉瓦)명 색깔 있는 유약을 칠해서 구운 벽돌.
유양 유심(愈往愈甚)명 〉거그 익심(去去益甚).
유:요(有要)명 필요가 있음. ¶나에게 ~하니 꼭 가시오. necessity 하다
유:요(柳腰)명 버들가지처럼 가늘고 부드러운 허리. 미인의 가는 허리의 비유. slender waist
유:용(有用)명 소용이 있음. 이용할 수 있음. 【대】무용(無用). usefulness 하다
유용(流用)명 ①정한 용도 이외의 곳에 씀. diversion ②융통하여 바꾸어 씀. diversion ③〈불교〉낱마다 쓰는 비용. ④〈법률〉세출 예산에 정해진 부(部)·관(款)·항(項)·목(目)·절(節)의 구분 가운데 목과 절의 경비에 관해 각 상호간에 돌려쓰는 일. 하다
유:용 가격[―까―](有用價格)명 〈경제〉얻고자 하는 사람에게 주기 위한 물건의 작정된 값. 약품의 값 따위. 교환 가격.
유:용 광:상(有用鑛床)명 〈광물〉채굴하여 경제적 타산(經濟的打算)이 맞는 광상.
유:용 식물(有用植物)명 〈식물〉인간 생활에 유용한 식물. 식용·약용·원예·공예용의 식물 등. ¶품종.
유용종(乳用種)명 젖을 얻기 위하여서 기르는 가축.
유우(乳牛)명 젖의 생산을 목적으로 하는 소. 젖소.
유운 경:룡(流雲驚龍)명 필체(筆致) 좋게 잘 쓴 글씨를 형용한 말. excellent calligraphy
유원(幽園)명 깊고 그윽한 동산.
유원(悠遠)명 아득히 먼 곳. 유구(悠久). 하다 히
유원(遊園)명 사람들이 놀 만하게 설비해 놓은 공원.
유원-인(類猿人)명(동) 미사리(―).
유원-지(遊園地)명 놀기 좋게 시설된 곳. public pleasure ground
유월(六月)명 열두 달 가운데의 여섯째 달. June
유월(酉月)명 〈민속〉월건(月建)의 지지(地支)가 유(酉)로 된 달. 곧, 음력 8월. ¶닭이라는 뜻.
유월(流月)명 음력 6월의 딴이름. 유두(流頭)가 있는 달.
유월(逾越)명 한도를 넘음. exceeding a limit 하다
유월(榴月)명 음력 5월의 딴이름. 석류(石榴)꽃이 피는 달이란 뜻. a month 하다
유월(踰月·逾月)명 달을 넘김. 그믐을 지남. passing
유월-도(―桃)(六月桃)〈식물〉일찍 익는 검붉은 복숭아.
유월-절[―쩔](逾越節·踰月節)명 〈기독〉유태인의 명절. 그 조상이 신의 도움으로 이집트의 압제로부터 빠져 나온 것을 기념하는 봄의 축제. Passover
유:위(有爲)명 능력이 있어 쓸모가 있음. 【대】무위(無爲). capability 하다
유:위부족(猶爲不足)명 오히려 모자람. 따라서 싫증이 나지 아니한다는 뜻. 하다
유:위-자(有爲者)명(동) 유위지사(有爲之士).
유:위 전:변(有爲轉變)명 세상 모든 일이 변하기 쉬워 덧없음. ¶유위자(有爲者). able man
유:위지사(有爲之士)명 유능하고 쓸모 있는 사람.
유유 낙낙(唯唯諾諾)명 명령하는 대로 순종하여 응낙함. readily 하다
유유 도:일(悠悠度日)명 아무 하는 일 없이 세월을 보냄. lead an idle life 하다
유유 범:범(悠悠泛泛)명 무슨 일을 다잡아 하지 않음. 하다
유:유 상종(類類相從)명 같은 동아리끼리 서로 왕래하며 사귐. Birds of a feather flock together 하다
유유 자적(悠悠自適)명 속세를 떠나 아무것에도 속박되지 아니하며 자기 하고 싶은 대로 조용하고 편안히 된 생활하는 일. live in easy retirement 하다
유유 창천(悠悠蒼天)명 한없이 넓고 푸른 하늘. endless blue sky ¶종아리. be ready
유유-하:다(唯唯一)자타(여) 시키는 대로 공손하게 응낙하다.

유유-하:다(幽幽―)형여 ①깊고 멀다. remote and secluded ②그윽하다. profound
유유-하:다(悠悠―)형여 ①썩 멀다. distant ②느릿느릿하다. ③기운이 흐르는 강물. slow ③마음이나 태도가 매우 여유가 있고 한가하다. ¶유유히 걸어가다. composed 유유-히
유유 한한(悠悠閑閑)명 바쁘지 아니한 모양. 하다
유은(遺恩)명 죽은 사람이 끼치고 간 은혜. favour left by the deceased person ¶리는 임금의 대담.
유음(兪音)명 〈제도〉신하의 아뢰는 말에 대하여 내리는 임금의 말.
유:음(柳陰)명 버들의 그늘.
유음(流音)명 〈어학〉울림소리로, 자음을 발음할 때, 윗잇몸에 가볍게 대었다가 떼거나, 혀끝을 잇몸에 댄 채 공기를 그 양 옆으로 흘려 보내면서 내는 소리. 'ㄹ'. 흐름소리. ¶ness 하다
유음(淫淫)명 정도에 지나치게 행실이 음탕함. lewd
유음(溜飮)명 〈한의〉음식이 체하여 신물이 나오는 병.
유음(遺音)명 ①남긴 소문. rumour left by ②(동) 유품(―).
유=음:료(乳飮料)명 우유에 과즙 따위를 섞은 음료.
유:의(有意)명 ①뜻이 있음. having a meaning ②생각이 있음. having an intention ③의지(意志)가 있음. having a will 하다
유의(油衣)명(동) 유삼(油衫).
유의(留意)명 마음에 둠. 명념(銘念)함. 유심(留心). ¶~할 점. attention ¶이의 옥.
유의(幽椅)명 영좌(靈座) 옆에 삼 년 동안 두는 죽은 이의 자리.
유의(儒衣)명 유자(儒者)가 입는 옷. 유복(儒服). clothes of the Confucian
유의(襦衣)명 동옷. 남자가 입는 저고리의 하나.
유:의 막수(有意莫遂)명 마음에는 간절하여도 뜻대로 되지 아니함. 유의 미수. 유의 막수.
유:의 미:수(有意未遂)명 (동) 유의 막수(有意莫遂).
유:의-범(有意犯)명(동) 고의범(故意犯).
유:의-어(類義語)명 〈어학〉뜻이 유사한 말. synonym
유의 유식(遊衣遊食)명 아무 하는 일 없이 놀고 입고 먹음. lead an idle life 하다
유:-의:의(有意義)명 의의가 있음. 하다
유:의 주:의(有意注義)명 〈심리〉미리 주의하려고 마음먹고 하는 주의. 고의 주의(故意注意).
유:의 해:산(有意解散)명 〈법률〉설립자나 사원의 의지에 의하여 해산하는 법인 해산의 하나.
유:의 행동(有意行動)명 〈심리〉스스로의 의지에 의하여 일어나는 행동. ¶무의. 하다
유:익(有益)명 이로움. 이익이 있음. 도움이 됨. 【대】유익(―)
유익(遊弋)명 ①유렵(遊獵). ②〈군사〉군함이 바다 위로 돌아다님. cruise 하다
유익(誘掖)명 인도하여 도와 줌. 하다
유:익-비(有益費)명 〈법률〉물건을 개량·이용하는 데 시용하는 비용. 관리비의 일종.
유:익-탄(有翼彈)명 〈군사〉탄환이 비행중 스커트같을 가지기 위해서, 탄환 꼬리에 날개를 단 탄환. 박격포 같은 활강포(滑腔砲)에 씀.
유:인(有人)명 탈·배·비행기·우주선·인공 위성 등에 그것을 작동·운전하는 사람이 타고 있음. ¶~우주선.
유인(幽人)명 세상이 어지러운 것을 피하여 그윽한 곳에 숨어 사는 사람. hermit
유인(柔靱)명 부드러우면서 질김. 하다
유인(流人)명 ①타국을 유랑하는 사람. vagabond ②유형(流刑)의 죄인. 유배당하는 사람. exile
유인(遊人)명 ①놀러 다니는 사람. loafer ②일정한 직업이 없이 놀고 있는 사람. loafer
유인(誘引)명 남을 꾀어 냄. 인유. temptation 하다
유인(誘因)명 어떤 작용을 일으키는 직접적 원인. 인유(因誘). cause
유인(孺人)명 ①〈제도〉조선조 때, 정·종 9품(正·從九品)의 문무관의 처(妻)인 외명부(外命婦)의 품계. ②생전에 벼슬하지 못한 사람의 아내의 신주(神主)

유인물(油印物)[명] 등사한 물건. printed matter
유인성[-성](柔靱性)[명] 부드럽고도 질긴 성질. elasticity
유:인원(類人猿)[명]〈동물〉유인원과(類人猿科)의 원숭이의 총칭. 원숭이 중에서 가장 진화한 것으로 원시인과 외모가 비슷함. 키는 1〜2m 가량이고 곧게 서서 걸을 수 있음. 고릴라·오랑우탄·침팬지 등. 유인후(類人猴). 진원(眞猿). anthropoid
유:인 증권(有因證券)[명]〈法〉유인의 요인(要因) 증권.
유일(酉日)[명]〈민속〉일진의 지지(地支)가 유(酉)로 된 날. 을유(乙酉)·정유(丁酉)·기유(己酉)등.
유일(柔日)[명] 육갑의 십간(十干) 가운데서 을(乙)·정(丁)·기(己)·신(辛)·계(癸)의 날. 쌍일(雙日)①.
유일(流溢)[명] 흘러 넘침. 유일하다
유일(唯一)[명] 오직 하나. only 하다
유일(遊日)[명] 놀고 있는 날. free day
유일교-도(唯一敎徒)[명]〈기독〉삼위(三位) 일체설을 반대하여 오직 하나인 신격을 주장하여 예수의 신성(神性)을 부인하는 예수교의 한 파. 유니테리언 (unitarian).
유일 무이(唯一無二)[명] 오직 하나만 있고 둘은 없음. one and only 하다
유일 부족(惟日不足)[명] 분주하고 다사하여 날짜가 모
유일 사상(唯一思想)[명] 강력한 독재 체제에서 특정 인물을 우상화하여 그 이외의 신(神)이나 인물을 용납하지 않는 사상.
유일신-교[-씬-](唯一神敎)[명]《동》일신교(一神敎).
유:임(有賃)[명] 삯돈이 듦. [대] 무임(無賃).
유임(留任)[명]①그 자리나 그 직위에 머물러 있음. ②전임(轉任) 또는 사임(辭任)을 보류·중지함. remaining in office 하다
유:입(流入)[명] 흘러 들어옴. inflow 하다
유:입(誘入)[명] 남을 꾀어 들임. seduction 하다
유자(幼子)[명] 어린 아들. 어린 자식. child
유자(幼者)[명] 어린이. child
유-자(有刺)[명] 가시가 있음.
유:자(柚子)[명]〈식물〉유자나무의 열매. citron
유자(帷子)[명] 밑으로 늘어뜨리는 휘장.
유자(猶子)[명]①조카. ②조카가 삼촌에게 편지할 때 자기를 일컬음. your nephew
유자(遊資)[명]〈약〉→유휴 자본(遊休資本).
유자(遺子)[명] 유복자(遺腹子).
유자(儒者)[명]〈동〉유생(儒生).
유자(孺者)[명] 나이가 어린 남자. young boy
유:자(類子)[명] 모양이 닮은 글자.
유:자-격자(有資格者)[명] 자격이 있는 사람.
유:자-관(U-字-)[명]〈U字管〉액체(液體)의 밀도(密度) 또는 비중(比重)을 비교(比較)하는 U자(字)
유자-기(油榨器)[명] 기름틀. [모양의 관.
유자-나무(柚子-)[명]〈식물〉운향과(芸香科)의 상록교목. 높이 3〜4m로 단단하며 가지에 가시가 있음. 초여름에 희고 작은 꽃이 피고 겨울에 보통 밀감보다 큰 황백색의 과실이 익음. 과실은 신맛이 있고 과피(果皮)는 향신료로 씀. citron
유-자녀(遺子女)[명]①사망한 사람의 자녀. ②나라를 위하여 싸우다가 사망한 사람의 자녀. ¶군경 〜. bereaved children
유-자 생녀(有子生女)[명]①아들과 딸을 많이 낳음. ②아들도 두고 딸도 낳음. having both sons and daughters 하다 [과.
유:자-청(柚子淸)[명] 유자를 꿀에 재운 음식. 유자 정
유:자-화(柚子花)[명] 유자나무의 꽃. [works
유작(遺作)[명] 죽은 뒤에 남긴 작품. one's posthumous
유작(遺爵)[명] 작위가 있는 사람. titled person
유잠-충(油蠶蟲)[명] 버드나무벌레.
유장(油帳)[명] 기름종이로 된 천막. tent made of oil-paper [whey
유장(乳漿)[명] 젖 속에 섞이어 있는 단백질(蛋白質).

유-장(油醬)[명] 기름과 장. oil and soy sauce
유장(悠長)[명]①길고 오램. long and slow ②침착하여 성미가 느릿함. 서두르지 않음. lesiurely 하다
유장(儒狀)[명] 유생들이 내는 진정서. [히
유장(儒將)[명] 선비인 장수. scholarly general
유:장-물(有腸動物)[명]〈동물〉강장(腔腸) 동물 이상의 동물의 총칭.
유장-증[-쯩](乳腸症)[명]《동》유현증(乳懸症).
유재(留在)[명] 머물러 있음. staying 하다
유재(留財)[명] 모아 둔 재물. saved article
유재(遺在)[명] 남아 있음. remaining 하다
유재(遺財)[명] 죽은 뒤에 남은 재산. property left by the deceased
유저(遺著)[명] 죽은 이의 생전의 저작. 유편(遺編).
유:저(user)[명] 자동차·기계 따위의 생산자에 대하여 그 사용자.
유적(幽寂)[명] 깊숙하고 고요함. 그윽하고 쓸쓸함.
유적(流賊)[명] 여러 곳으로 돌아다니는 도둑. wandering bandits
유적(流謫)[명]〈제도〉죄지은 사람을 귀양 보내고 그곳에 초년의 형벌의 하나. banishment
유적(遺跡·遺蹟)[명]①건물이나 사변(事變) 따위가 있었던 장소. 고적(古跡). ruins ②패총(貝塚)·고분(古墳) 등 고고학적 유물이 있는 곳. remains 하다 ③고인(故人)이 남긴 영지.
유적-도(遺跡島)[명]〈지학〉태고의 대륙의 대부분이 함몰(陷沒)된 결과 그 일부가 남아 섬이 된 것.
유적 박물관(遺跡博物館)[명] 유적과 그 유적으로부터 출토된 유물 등을 전시(展示)하는 박물관.
유전(油田)[명] 석유를 산출하는 곳. 석유가 지하에 매장되어 있는 지역. oil-field
유전(流典)[명]〈법률〉'유질(流質)'의 고친 이름.
유전(流電)[명]①번갯불. ②일의 매우 빠름. speedy
유전(流傳)[명] 널리 퍼짐. 널리 전파함. spread 하다
유전(流箭)[명]〈동〉유시(流矢).
유전(流轉)[명]①이리저리 떠돌아다님. wandering ②〈불교〉생사(生死)가 그칠 사이 없는 일. 윤회(輪廻). ③〈대〉환멸(還滅). transmigration ③쉴 사이 없는 변천. 인사(人事)의 끊임없는 옮김. 하다
유전(遺傳)[명]①끼쳐 내려옴. inheritance ②〈생리〉조상의 몸의 형태나 성질이 자손에게 전하여지는 일. heredity 하다
유전(謬傳)[명]《동》와전(訛傳). 하다
유:전 면:목(有靦面目)[명] 무안한 빛이 얼굴에 나타남. 또, 그 얼굴.
유전-물(油煎物)[명] 기름에 지진 음식. fried food
유전-병[-뼝](遺傳病)[명]〈의학〉유전하는 병. hereditary disease [reditary nature
유전-성(遺傳性)[명]〈생리〉유전하는 성질. he-
유:전스(usance)[명]〈경제〉①환어음의 기한. 특히, 수입 어음의 지급 기한 유예 조치의 뜻으로 씀. ②《약》→유전스 빌.
유:전스 빌(usance bill)[명]〈경제〉기한부 어음. 특히, 지급 유예 기한이 붙은 것. 《약》유전스②.
유전 인자(遺傳因子)[명]《동》유전자(遺傳子).
유전-자(遺傳子)[명]〈생리〉어버이의 생식 세포(生殖細胞)를 통하여 자손에게 전하여 여러 가지 유전 형질(遺傳形質)을 나타내는 원인이 되는 유전의 근원 미립자(微粒子). 유전 인자. gene
유전자 공학(遺傳子工學)[명] 일정한 유전적 변이(變異)가 일어나도록 유전자를 인공적(人工的)으로 조작하는 일. 또, 그와 관련된 분야의 학문.
유전자-형(遺傳子型)[명]〈생리〉어떤 생물 개체(生物個體)가 가지고 있는 유전자의 결합된 형(型). 거죽에 나타나는 형을 표현형(表現型)이라는 데 대하여 씀. 인자형(因子型). 유전형(遺傳型). genotype
유전-질(遺傳質)[명]〈생리〉부모로부터 자손에게 형질(形質)을 전하는 물질. 유전자(遺傳子)의 집합체로 봄. hereditary

유전-체(誘電體)[명]《물리》정전적(靜電的) 유도 작용을 매개하는 물질. 도체가 아님. 운모·유리·합성 수지 따위. 전매질(電媒質). dielectric 「학문.
유전-학(遺傳學)[명]《생물》생물의 유전을 연구하는
유전-형(遺傳型)[명]《동》유전자형. 원형(元型).
유절 쾌절(愉絶快絶)[명] 더할 나위 없이 유쾌함. 하[형] 「한 점. stain
유점(油點)[명] 오래 된 종이나 피륙에 생기는 누릇누릇
유:정(有情)[명] ①정이 있음. be humane ②생물이 인 각·감정을 갖춰 있음. ③《불교》마음이 있는 중생. 《대》무정(無情). 비정(非情). 하[형]
유정(酉正)[명]《민속》유시(酉時)의 한가운데. 곧, 하오 여섯시.
유정(油井)[명] 천연 석유(石油)를 채취하려고 땅 밑으로 판 우물. oil-well
유정(遺精)[명]《의학》성행위(性行爲)가 없이 모르는 사이에 정액(精液)이 나오는 일. 누정(漏精). nocturnal pollution
유정=관(油井管)[명] 유정에 쓰이는 철관.
유:정 명사(有情名詞)[명]《어학》사람이나 동물을 가리키는 명사. 《대》무정 명사(無情名詞).
유정지-공(惟正之貢)[명]《제도》해마다 나라에 바치는 물건.
유제(油劑)[명] 기름기 있는 약제. oily medicine
유제(乳劑)[명]《약학》간유(肝油)·피마자·기름같이 물에 녹지 않는 물질에 젤라틴·아라비아고무·난황(卵黃) 따위의 유화제(乳化劑)를 더해 잘 젓개어 만든 젖빛 같은 물. 유락액(乳液). emulsion
유제(遺制)[명] 선대부터 전하여 오는 제도. hereditary institutions
유:제(類題)[명] ①같은 종류의 문제(問題). same kind of questions ②비슷한 문제. similar questions
유-제닉스(eugenics)[명] 우생학(優生學).
유:-제류(有蹄類)[명]《동물》포유류의 한 아강(亞綱). 초식을 위주로 각질(角質)의 발굽이 있고, 몸은 크며 송곳니는 없거나 퇴화하여 작고 어금니가 많이 발달됨. 「연유·분유(粉乳) 등.
유:제-품(乳製品)[명] 우유를 가공한 제품. 버터·치즈·
유제 화서(葇荑花序)[명] 꽃이 무한 화서의 한 가지. 단성화(單性花)로 수꽃 이삭은 각 꽃마다 포(苞)가 있고, 꽃은 화서의 기부(基部)부터 떨어짐. 밤·호두 등의 꽃.
유:조(有助) 도움이 있음. helpful 하[형]
유조(油槽)[명] 기름을 담아 두는 아주 큰 그릇. oil tank
유조(留鳥)[명] 계절적 이동을 아니하고, 일년 중의 일정한 지역에 사는 새. 참새·까마귀·꿩 따위. 텃새. 《대》후조(候鳥). resident bird
유조(溜槽)[명] 빗물을 받는 큰 통. rainwater tank
유:조(遺詔)[명] 임금의 유언. king's dying wish
유조-선(油槽船)[명] 기름을 전문으로 실어 나르는 배. 유송선(油送船). oil tanker 「가는 개펄. tideland
유조-지(留潮地)[명] 조수(潮水)가 들어왔다가 빠저 나
유조-차(油槽車)[명] 기름을 실어 나르는 차. tank car
유:-족(裕足) 모자람 없이 넉넉함. plenty 하[형] 히[부]
유족(裕足)[명] 넉넉함. 쓰고 남음이 있음. sufficient 하[형] 히[부]
유족(遺族)[명]《어》→유가족.
유:-종(有終) 끝이 있음. 끝을 잘 맺음. having an end 하[형]
유종(乳腫)[명]《의학》여자의 젖이 곪는 종기. 유옹. 유방옹. 젖멍울. mastitis 「각기(脚氣).
유종(流腫) 독기가 다리로 내려 다리가 붓는 병.
유종(儒宗)[명] 유학에 통달된 권위 있는 학자.
유-종신(有終身)[명]《식》죽을 때까지 하는 귀양살이. banishment for life 하[형]
유-종의 미(有終一美)/유-종지-미(有終之美)[명] 어떠한 일의 결과가 훌륭하게 됨을 가리킴. ¶~를 거두어라. perfection
유좌(酉坐)[명]《민속》묏자리나 집터 따위에 있어서 유방(酉方)을 등지고 있는 자리. 「향한 좌향.
유좌: 묘:향(酉坐卯向)《민속》서쪽에서 동쪽으로
유:죄(有罪)[명] ①죄가 있음. guiltiness ②《법률》법원의 판결에 의해 범죄 사실의 존재가 인정됨. 《대》무죄(無罪). conviction 하[형] 「다.
유:죄(流罪)[명]《동》유형(流刑).
유:죄(宥罪)[명] 죄를 너그럽게 용서함. forgiveness 하[형]
유죄(流罪)[명]《동》유형(流刑).
유:죄-인(有罪人)[명] 지은 죄가 있는 사람.
유주(幼主)[명] ①나이 어린 임금. 유군(幼君). young king ②나이 어린 주인. young master
유주(遺珠)[명] ①구슬을 잃음. 곧, 훌륭한 인재를 등용하지 못하고 빠뜨림. failing to appoint an able man ②알려지지 아니한 걸작의 시문(詩文). unknown literary work 하[자]
유주 골저[一疽](流注骨疽)[명]《한의》골막(骨膜)이나 골수(骨髓)에 염증이 생기는 병. 「부어 오르는 병.
유주-담(流注痰)[명]《한의》몸 군데군데 근육이 욱신거리는
유:주 무량(有酒無量)[명] 주량(酒量)이 많아서 술을 얼마든지 마심. heavy drinker 하[형]
유주 세:포(遊走細胞)[명]《생물》'이동 세포(移動細胞)'의 구용어.
유주-자(遊走子)[명]《생물》'운동성 홀씨'의 구용어.
유:주의-물(有主之物)[명] 주인이 있는 물건. proper owned by somebody
유주치-탄(遺珠之歎)[명] 마땅히 등용(登用)되어야 할
유즙(乳汁)[명] 젖. milk 「사람이 빠지어 한탄함.
유증(遺贈)[명] ①보냄. sending ②《법률》유언(遺言)에 의하여 유산을 무상(無償)으로 물려주는 일. bequeathal 하[자]
유:지(有志)[명] ①뜻이 있음. 또, 그 사람. intention ②남달리 세상 일을 근심함. 또, 그 사람. patriotism 《어》→유지자(有志者). 하[형]
유지(乳脂)[명] 크림(cream).
유지(油脂)[명] 동물이나 식물에서 짜낸 기름의 총칭. 어류(魚類)·식물의 것을 유(油), 소·돼지 따위의 것을 지(脂)라 일컬음. fats and oils
유지(油紙)[명] 기름을 먹인 온갖 종이. oil paper
유지(宥旨)[명]《제도》조선조 때, 임금이 죄인을 특별히 용서하여 주던 명령. amnesty
유지(維持)[명] ①지니어 감. up-keep ②지탱하여 감. maintenance 하[타]
유지(遺志)[명] 죽은 사람의 생전의 생각.
유지(諭旨)[명]《제도》임금이 신하에게 내리던 글. Imperial message
유지(遺志)[명] 죽은 사람이 생전에 이루지 못하고 남긴 뜻. 「선열(先烈)의 ~. intention of the deceased
유지(遺址)[명] 전에 집 따위가 섰던 터. ruins
유:지-가(有志家)[명]《동》유지자(有志者).
유지 공업(油脂工業)[명] 유지(油脂)를 만들고 그것으로 고급 지방산(脂肪酸)·글리세린·비누·초 따위를 만드는 공업. 「점잖은 사람.
유:지 군자(有志君子)[명] 좋은 일에 깊이 뜻이 있는
유지=매:미(油蟬)[명]《동물》매미과의 곤충. 몸 길이는 3~4 cm 인데 몸 빛은 대체로 흑색이며 날개는 불투명하고 암갈색임. 7~8월에 양지 바른 나무 줄기에 많음. 껍질은 한약재로 씀. 기름매미.
유지 면:관(諭旨免官)[명]《제도》임금의 유지로 관직을 면함. 하[타]
유지 면:직(諭旨免職)[명]《제도》유지로 직무(職務)를
유지비(維持費)[명] 기관이나 단체 등을 유지하는 데 드는 비용. cost of maintenance 「unteer
유:지-사(有志士)[명] 좋은 일에 뜻을 가진 선비. vol-
유지 사료(維持飼料)[명] 가축의 그 생명 유지에만 필요한 사료. 《대》생산 사료(生産飼料). maintenance fodder
유지 소이탄(油脂燒夷彈)[명]《군사》벤졸·파라핀·셀룰로이드 등을 주성분으로 하는 소이탄. 「인사.
유:지 인사(有志人士)[명] 좋은 일에 깊이 뜻이 있는
유:지-자(有志者)[명] 좋은 일에 깊이 뜻이 있는 사람.

유지가(有志家). (약) 유지(有志)③.
유지=자(維持者)명 유지해 나가는 사람.
유지 작물(油脂作物)명 〈농업〉기름을 짜기 위하여 심는 작물. 콩·깨·해바라기·피마자·땅콩·유채 따위.
유·지지=사(有志之士)명 세상 일에 뜻이 있는 사람.
유·지:질(類脂質)명 ①물에 녹지 않고 에테르·클로로포름·벤졸 등의 유기 용매에 녹는 지방 및 이와 유사한 물질의 총칭. ②복합 지질(複合脂質).
유·직(有職)명 직업이 있음. 《대》 무직(無職). employed [두는 일. 하돼
유진(留陣)명 행군(行軍) 도중에 잠시 군사를 머물러
유진(遊塵)명 ①날리는 티끌. flying dust ②한가롭게 놓고 즐기는 일.
유·진 무퇴(有進無退)명 앞으로 나아가기만 하고 뒤로 물러서지 않음. advance without retreat 하돼
유질(乳質)명 ①젖의 성질이나 품질. ②젖과 같은 성질.
유질(流質)명 ①〈법률〉전당 잡힌 물건이 기일이 넘어서 실효(失效)가 되어 못 찾게 됨. forfeited pledge ②찾아 갈 기한이 지나서 질권자(質權者)의 소유로 된 물건(質物).
유질(類質)명 〈동〉불모②.
유·질(類質)명 비슷한 성질. similar nature
유·질 동상(類質同像)명 〈광물〉비슷한 화학 성분이 있는 물질로 비슷한 결정(結晶)되어 있는 광물. 방해석(方解石)과 능고토광(菱苦土鑛) 따위. isomorphism
유·질 혼:체(類質混體)명 〈광물〉거의 같은 형태로 결정(結晶)하고 또한 성분이 비슷한 광물질이 혼합되어 한 덩이로 결정된 광물. isomorphic mixture
유징(油徵字)명 〈지학〉지하에서 천연 석유가 있음을 나타내는 징후.
유착(瘉着·癒著)명 ①〈의학〉생리적 상태에 있어서 서로 떨어져 있을 생물체의 조직면이 섬유소의 조직으로 연결·융합하는 일. adhesion ②사물이 깊은 관계가 있어 서로 떨어지지 않게 결합되어 있음. 하돼   [레
유착=스럽·다(명圖)명 보기에 투박하고 크다. 유착=스
유착=하·다(명圖)명 몹시 투박스럽고 크다. ¶저 항아리는 유착하기만 하다. very big
유찬(流竄)명 멀리 귀양을 보냄. exile 하돼
유:별(類別)명 ①같은 종류의 것을 편별함. 또, 그 책. ¶법규 ~. ②각 종류로 분류하여 편별함. 하돼
유찰(流札)명 입찰(入札)을 한 결과 낙찰(落札)이 결정되지 아니하여 무효로 돌아가는 일.
유창(流暢)명 소의 창자의 제일 긴 부분. 국거리로 씀.
유창(流暢)명 ①말 따위를 거침없이 잘함. ②글을 거침없이 잘 읽음. fluent 하돼 허명
유창=목(瘉瘡木)명 〈식물〉남가새과에 속하는 상록 교목. 자남색의 꽃이 피고 재목은 갈륵색을 띠며 단단함. 수지(樹脂)는 매독을 치료하는 약재로 씀.
유채(油菜)명 〈동〉평지.
유·채=색(有彩色)명 〈미술〉색상(色相)을 가진 빛깔. 빨강·노랑·주홍 등의 빛. 《대》 무채색(無彩色).
유·책(有責)명 책임이 있음. responsible 하돼
유책(遺策)명 ①고인(故人)이 남긴 계략(計略). ②계략에 있어서의 미비한 점. 유계(遺計).
유·책 행위(有責行爲)명 법률상 책임 있는 행위.
유:처 취:(有妻娶妻)명 아내가 있는 사람이 또 아내를 얻음. bigamy 하돼
유척(鍮尺)명 〈제도〉검시(檢屍)에 쓰이는 놋쇠로 만든 [자.
유·척·수:물(有脊動物)명 〈동〉척추(脊椎) 동물.
유·천우(柳天牛)명 〈동〉버드나무하늘소.
유철(柔鐵·繞鐵)명 시우쇠.
유철(鍮鐵)명 〈동〉놋쇠.
유·체(有體)명 형체가 있음. 《대》 무체(無體). material
유체(流涕)명 눈물을 흘림. 유루(流淚). shedding tears 하돼
유체(流體)명 〈물리〉기체와 액체의 병칭.

유체(遺體)명 ①부모가 남겨 준 몸. 곧, 어버이를 잃은 자기 몸. body handed down ②송장. dead body
유체(濡滯)명 막히고 걸리는 일. 또, 걸린 그 것. dilatoriness 하돼
유:체=물(有體物)명 ①형체가 있는 물건. ②〈법률〉공간의 일부를 차지하는 유형적 존재를 가진 물건. 신민법상 물건은 유체물 및 전기, 그 밖의 관리할 수 있는 자연력까지를 포함. 《대》 무체물. materiality
유체=스럽·다(명圖)명 ①뽐내기만 하고 온화한 데가 없다. boastful ②언행(言行)이 보통 사람과 다르다. uncommon 유체=스레
유체 역학(流體力學)명 〈물리〉유체의 운동 정지에 대하여 연구하는 역학. 정수학(靜水學). hydrodynamics
유:체 자:산(有體資産)명 〈법률〉유체물인 자산.
유초(酉初)명 〈민속〉유시(酉時)의 처음. 곧, 상오 다섯시경.   [의 초고(草稿). 유고(遺稿)
유초(遺草)명 작자가 살아 있을 때 써 둔 시문(詩文)
유촉(遺囑)명 ①생시(生時)의 부탁. ②자기 죽은 뒤의 일을 부탁함. 하돼
유·추(類推)명 ①유사점으로 다른 일을 미루어 생각하는 일. ②〈논리〉간접 추리의 하나. 특수한 사실에서 이와 비슷한 성질을 가진 다른 특수한 사실에 이르는 추리. 유비. 유비 추리. ③〈어학〉낱말·문법 형식이 의미상·기능상 유사점을 가진 그것들을 모범으로서 새로 형성되는 과정. ④〈법률〉법률 해석 방법의 하나. 기정 법률 사항을 확충하여 이와 비슷한 사항에 쓰는 일. analogy 하돼
유·추 구조(類推構造)명 〈어학〉유추의 심리 작용으로 의한 단어의 구성과 변화. analogical construction
유·추 해:석(類推解釋)명 〈법률〉기정 법률 사항을 확충 해석하여 이와 비슷한 사항에 추급하여 해석하는 일. analogical construction 하돼
유·축 농업(有畜農業)명 〈농업〉경작에서 생긴 먹이로 가축을 길러, 그 가축의 노력(努力) 및 가축을 기름으로써 비료를 경작에 이용하는 농업 경영 방법. diversified farming
유출(流出)명 ①흘러 나감. 또, 흘러 나옴. outflow ②〈경제〉화폐가 외국으로 흘러 나감. ③국등 유출설(流出說). 하돼   [방울방울 떨어져 나옴.
유출(溜出)명 〈화학〉증류(蒸溜)할 때 액체가 되어
유출(誘出)명 꾀어내는 일. 꾀어 낸 꼴. kidnapping 하돼
유출=설(流出說)명 〈철학〉신(神)과 만물은 본질에 있어서 같은 것이며, 세계는 신의 무한한 본질의 유출한 것이라고 하는 일종의 범신론(汎神論)적 견해. 유출(流出)③. theory of emanation
유출 유괴(愈出愈怪)명 점점 더 괴상함. 하돼
유출 유기(愈出愈奇)명 점점 더 이상함. 하돼
유충(幼冲)명 ①나이가 어림. 유소(幼少). infancy ②미숙(未熟)함. greenness 하돼
유충(幼蟲)명 〈곤충〉알(卵)에서 아직 성충(成蟲)이 되지 않은 벌레. 새끼벌레. 애벌레. 자충(仔蟲). 《대》 성충(成蟲). larva   [젖.
유취(乳臭)명 ①젖의 냄새. smell of milk ②어림. 미
유취(幽趣)명 그윽한 풍취(風趣).
유취(遺臭)명 후세에 남긴 나쁜 평판 좋지 못한 이름을 남김. 《대》 유방(遺芳). bad reputation
유:취(類聚)명 같은 종류의 물건을 갈래를 따라 모음. 휘집(彙集). assortment 하돼
유취 만:년(遺臭萬年)명 나쁜 평판은 오랜 뒷세상까지 남김. leave a bad reputation behind 하돼
유층(油層)명 〈지학〉석유 광상에서 석유가 괴어 있는 지층. oil stratum   [먼저 이르는 일.
유치(由致)명 〈불교〉불보살을 청할 때에 그 이유를
유치(幼稚·幼穉)명 ①나이가 어림. 유소(幼少). infancy ②정도가 낮음. 치유(穉幼). ¶~한 말. 《유》치졸(稚拙). (대) 노련(老鍊). early stage 하돼
유치(乳齒)명 〈생리〉젖니. 배냇니. 《대》 영구치. baby tooth

유치(留置) ①맡아 둠. being left till called for ②〈법률〉일정한 곳에 잡아 가둠. detention 하다
유치(誘致) 꾀어냄. inducement 하다
유치-권[-꿘](留置權) 〈법률〉남의 물건의 점유자가 그 물건에 관하여 채권을 갖는 경우 그 갚음을 받을 때까지 그 물건을 유치하는 권리. lien
유치 우편(留置郵便) 발신인의 청구에 의하여 그 지정 우체국에 유치해 두었다가 수신인을 출두시키어 교부하는 우편물의 취급.
유치=원(幼稚園) 〈교육〉학령(學齡)이 안 된 어린애를 보육(保育)하여 심신(心身)의 발달을 꾀하는 교육 시설. kindergarten
유치=장(留置場) 검거자를 한때 가두는 곳. lock-up
유칙(遺勅) 임금이 살아서 남긴 칙명(勅命). Royal command
유칠(油漆) 들기름으로 만든 칠. varnish made of wild-sesame oil
유칩 역구(幽蟄歷久) 오랜 동안 감옥에 갇혀 있음. 하다
유: 케이(U.K.) 〈약〉 United Kingdom of Great Britain and Northern Ireland 영국 연합 왕국(英國聯合王國). 브리튼 및 북부 아일랜드.
유쾌(愉快) 마음이 즐겁고 상쾌함. 유락(愉樂). (대) 불쾌. pleasure 하다 히
유: 클리드 기하학(Euclid 幾何學) 〈수학〉유클리드에 의하여 시작된 기하학. 초등 기하학. Euclidian-geometry
유타(遊惰) 빈들빈들 놀기만 하고 게으름. indolence
유탁=액(乳濁液) 〈동〉유제(乳劑). [하다
유: 탄(柳炭) 그림의 윤곽을 그리는 데 쓰는 버드나무로 만든 숯.
유탄(流彈) 빗나간 탄환. 유환(流丸). stray bullet
유탄(榴彈) 〈군사〉탄환(彈體) 안에 작약(炸藥)을 다져 넣어 쏘는 포탄(砲彈). shell
유탄-포(榴彈砲) 〈군사〉포신(砲身)이 짧고 적진의 머리 위에 유탄을 퍼붓는 화포(火砲). howitzer
유탈(遺脫) 책이나 활판(活版)에서 글자나 활자(活字) 따위가 빠짐. 하다 dissipation 하다
유탕(遊蕩) ①맘대로 놀기만 함. ②음탕하게 노는 일.
유탕 문학(遊蕩文學) 〈문학〉유탕 생활을 제재(題材)로 한 문학. pornography
유탕-아(遊蕩兒) 〈동〉탕아(蕩兒).
유태(猶太) 〈역사〉기원 전 10~6세기경 지금의 팔레스티나 지방에 있었던 유태인의 왕국. 유대(Judea).
유태-교(猶太敎) 〈종교〉유태 사람들이 믿는 종교. 유일(唯一)의 신(神) 여호와를 믿어 신의 나라를 이 땅 위에 세울 메시아가 내려올 것을 생각하고 있음. 유대교.
유태-력(猶太曆) 유태에서 행하던 태음 태양력(太陰太陽曆)의 하나. 평년(平年)은 12개월, 윤년(閏年)은 13개월. 서력 기원 전 3761년 10월 7일을 창세(創世) 기원으로 함.
유태-인(猶太人) 팔레스티나를 원주지로 하는 셈족의 일파인 아람족(Aram族)의 일부. 유태국의 멸망 후에 전세계에 흩어져 돌아다니다가 1948년 5월 이스라엘 공화국을 건설함. 유대인. 이스라엘인.
유태-주의(猶太主義) 〈동〉시오니즘(Zionism).
유택(幽宅) 무덤의 딴이름.
유택(遺澤) ①죽은 뒤까지 남아 있는 은혜. favours left by a dead person ②남아 있는 은덕. remaining lustre
유턴(U-turn) 자동차 따위가 U자형으로 돌아 방향을 바꾸는 일. 유자형 선회.
유토(油土) 조각·주금(鑄金) 등의 원형을 만드는 데 쓰이는 기름이 섞인 흙.
유토피아(Utopia 라) 이상향(理想鄕). 〈동〉 미주의.
유토피아 사:회주의(Utopia 社會主義) 공상적 사회주의.
유투(乳骰) 소·돼지 들의 젓퉁이의 고기.
유통(流通) ①거침없이 흐름. flowing ②세상에서 널리 쓰임(通用). 융통(融通)①. circulation ③〈경제〉화폐 또는 그 대용물 등이 경제계에서 이동되는 일. circulation 하다
유통(儒通) 〈제도〉선비 사이에서 전달하던 글.
유통 가:격[-까-](流通價格) 화폐와 재물(財物)과의 교환에 있어서, 재물의 가격.
유통 경제(流通經濟) 〈경제〉상품 유통에 행하여지는 사회 경제의 양식으로, 교환·분배·소비 등의 총칭. Verkehrwirtschaft(도)
유통 기구(流通機構) 상품이 생산자로부터 소비자에게 건너가기까지의 기구의 총체. 상품의 수송·시장·판매 등의 구조.
유통-세[-쎄](流通稅) 〈법률〉유통 증권(流通證券) 따위에 붙는 세금.
유통 자:본(流通資本) 〈경제〉유통면에 쓰이는 자본. circulating capital
유통 증권[-꿘](流通證券) 〈경제〉법률상 뒷보증(裏書)이나 인도(引渡) 등에 의하여 자유로이 권리를 양도(讓渡)할 수가 있어서 차례로 유통되는 증권. negotiable instrument
유통 혁명(流通革命) 상업 부문의 근대적 경영 방식에로의 개혁. 대형 슈퍼마켓 등으로 유통 루트가 크고 짧아지는 경향임.
유통 화:폐(流通貨幣) 〈경제〉통용되는 화폐. 통화(通貨). circulation money
유파(流派) 원 줄거리에서 갈려 나온 당파. 유의.
유:편(遺編) 〈동〉유저(遺著). [(流儀). school
유폐(幽閉) ①사람을 방안 깊이 가둠. ②깊이 들어박히는 일. 마음이 답답하게 막힘. confinement 하다
유폐(流弊) 일반에 유행하는 못된 풍속. prevalent evil
유폐(遺弊) 옛날부터 남아 있는 폐해(弊害). deep rooted evil
유포(油布) 기름을 먹인 무명. 또는 기름걸레. oilcloth
유포(流布) 널리 퍼짐. 널리 퍼트림. circulation 하다
유포(流逋) 장기간에 걸쳐 공금을 사사로이 축내는 일.
유폭(誘爆) 하나의 폭발이 원인이 되어, 그 근처에 있는 폭발물이 폭발을 일으키는 일.
유:표(有表) 여럿 속에서 특별히 두드러짐. 눈에 얼른 뜨임. conspicuousness 하다 히
유표(遺表) 신하가 죽을 때 임금에게 올리는 글.
유품(遺品) 기념으로서 남겨 놓은 물건. article left by the departed
유풍(遺風) 〈동〉유속(流俗).
유풍(儒風) 유자(儒者)의 풍습.
유풍(遺風) ①선대(先代)에서 전하여 내려온 풍습. tradition ②(동) 유속(遺俗). 유습(遺習). ③선인(先人)을 닮은 기풍. old custom
유풍 여속[-녀-](遺風餘俗) 옛부터 전해오는 풍속.
유피(柔皮) 부드럽고 연한 가죽. 인피(靱皮)③.
유피(鞣皮) 다루어 놓은 가죽. dressed skin
유: 피(U.P.) 〈약〉 United Press 1907년에 창립된 미국의 합동 통신사(合同通信社).
유: 피 아이(U.P.I.) 〈약〉 United Press International 미국의 통신사의 하나. [국 우편 연합.
유: 피: 유(UPU) 〈약〉 Universal Postal Union 만유피-화(有被化) 〈식물〉화피(花被). 곧, 꽃받침과 꽃잎을 갖춘 꽃. 이것화(有被化)·등피화(等被化)의 두 가지가 있음. 꽃덮이꽃. (대) 무피화(無被化).
유:=하다(有一) 〈자〉여〉'있다'의 뜻의 예스러운 말.
유-하다(留一) 〈자〉여〉①머무르다. stay ②자다. sleep
유-하다(柔一) 〈형〉여〉①부드럽다. (대) 강(剛)하다. soft ②아무런 걱정이 없다. at ease
유하-주(流霞酒) 신선이 마신다는 좋은 술. 신선주.
유학(幼學) 벼슬하지 않은 선비.
유학(幽壑) 깊숙한 골짜기. deep valley
유학(留學) 외국에 가서 공부함. studying abroad 하다 [home 하다
유학(遊學) 타향에서 공부함. studying away from
유학(儒學) 중국 고대의 전통적인 정교 일치(政教一致)의 학문. 공맹학(孔孟學). Confucianism

유학=생(留學生)[명] 외국에 유학하는 학생. student studying abroad
유학=생(遊學生)[명] 타향에 가서 학문을 닦는 학생.
유한(由限)[명] 말미를 얻은 기한. term of leave
유:한(有限)[명] 일정한 한도가 있음. 《대》무한. limitedness 하[형]
유:한(有閑)[명] ①겨를이 있음. 한가함. having leisure ②생활이 넉넉하여 노동할 필요가 없음. wealthy leisure 하[형]
유한(油汗·柔汗)[명] 식은땀. 진땀. cold sweat
유한(幽閑)[명] 그윽하고 한가함. remoteness 하[형]
유한(流汗)[명] 흐르는 땀. perspiration
유:한(遺恨)[명] 원한을 남김. 잊을 수 없는 원한. leaving a grudge behind 하[형]
유한(踰閑)[명] 기한을 넘김. 하[자]
유:한 계급(有閑階級)[명] 《사회》 사회의 생산적 활동에는 관계하지 않고 자기가 소유한 자본의 이윤으로서 생활하는 계급. 유한층(有閑層).
유한 공자(游閑公子)[명] ①집안이 넉넉하여 놀기만 일삼는 사람. lotus-eaters ②방탕한 생활을 하는 사람. rake
유:한 급수(有限級數)[명] 《수학》 항수(項數)에 한정이 있는 급수. 《대》무한 급수(無限級數). finite series
유:한 꽃차례(有限一)[명] 유한 화서(有限花序)
유한 마담(有閑 madam)[명] 생활의 여유가 있어서 놀려다니는 것을 일삼는 유한 계급에 딸린 부녀들. 유한 부인. idle rich woman
유:한 부인(有閑夫人)[명] 유한 마담.
유:한 소:수(有限小數)[명] 《수학》 소수점 아래 어떠한 자리에 이르러서 그치는 소수(小數). 《대》무한 소수. finite decimal 「조가 바름. 하[형]
유한 정정(幽閑靜貞)[명] 부녀의 마음씨가 얌전하고 정
유:한 직선(有限直線)[명] 《동》선분(線分).
유:한 책임(有限責任)[명] 《법률》 일정한 재산에 한하여 그에 대한 채무를 갚기로 된 책임. 《대》무한 책임. limited liability
유:한 책임 사원(有限責任社員) 《법률》 합자 회사에서 회사의 책임에 대해 그 출자액의 한도내에서 책임을 지는 사원. 《대》무한 책임 사원.
유:한 책임 회:사(有限責任會社)[명] 전사원(全社員)이 유한 책임을 지는 회사. limited liability company
유한=층(有閑層)[명] 《동》유한 계급.
유:한 화서(有限花序)[명] 《식물》 화경(花莖)의 위에 있는 꽃부터 먼저 피고 차차 그 아래의 꽃에 미치는 화서. 상과 선개 화서(上花先開花序). 유한 꽃차례. 중심 선개 화서(中心先開花序). 《대》 무한 화서. 무한 꽃차례. determinate inflorescence
유:한 회:사(有限會社)[명] 《법률》 합명 회사와 합자 회사와의 중간적인 기업 형태의 회사. limited liability company
유합(癒合)[명] 《의학》 상처가 나아서 아뭄. 찢어진 피부나 근육이 나아서 맞붙음. agglutination 하[자]
유:해(有害)[명] 해가 있음. 해가 됨. 《대》무해(無害). 유리(有利). injuriousness 하[형]
유해(遺骸)[명] 《동》유골(遺骨).
유:해 곤충(有害昆蟲)[명] 사람이나 가축 또는 농작물 따위에 해를 끼치는 벌레.
유:해 무익(有害無益)[명] 해롭기만 하고 이로움은 없음. being more injurious than beneficial 하[형]
유:해 식품(有害食品)[명] 인체에 유해한 물질이나 세균이 들어 있는 식품.
유:해 조수(有害鳥獸)[명] 사람이나 가축·농작물·삼림 따위에 해를 끼치는 날짐승이나 길짐승. 「하[자]
유행(流行)[명] 세상에 널리 퍼져 행하여짐. fashion
유행(遊行)[명] ①유람하기 위하여 각처로 돌아다님. tour ②《불교》 중이 각처로 돌아다니며 포교(布敎)함. 하[자] [perial trip 하[자]
유행(遊幸)[명] 대궐 밖으로 거동함. 행행(行幸). Im-
유행=가(流行歌)[명] 일반에 널리 유행되는 노래. popular song
유행=병(流行病)[명] 전염성이 있는 병. 돌림병.
유행=복(流行服)[명] 유행되는 복장. clothes in fashion
유행=성(流行性)[명] 유행하는 성질. epidemic
유행성 감:기(流行性感氣)[명] 돌림 감기.
유행성 뇌염(流行性腦炎)[명] 《의학》 음벌레에 의해 감염되는 뇌염증. 발열·의식 장애·근강직(筋强直) 따위가 일어남. 기면성(嗜眠性) 뇌염.
유행성 이하선염(流行性耳下腺炎)[명] 《의학》 법정 전염병의 하나. 이하선 또는 다른 타액선의 종창(腫脹)이 주되는 증세의 병. 항아리 손님.
유행성 출혈열(流行性出血熱)[명] 《의학》 음벌레에 의해 감염되는 전염성 질환. 두통·권태·근육통 등의 증세와 열이 나며 좀상 크기의 출혈반(出血斑)과 함께 단백뇨(蛋白尿)·혈뇨(血尿)가 생김.
유행=어(流行語)[명] 그 시대나 사회에서 새로 생겨 널리 퍼져 쓰이는 말. cant
유행 잡지(流行雜誌)[명] 새로운 유행의 디자인 스타일·옷감·액세서리 또는 미용 등을 소개하는 잡지.
유향(乳香)[명] 《약학》 감람과(橄欖科)에 속하는 유향수(乳香樹)에서 낸 즙액(汁液). 이것을 말려서 약재로 씀. 「그 지방의 좌수(座首)를 일컫던 말.
유향(留鄕)[명] 《제도》 수령(守令) 자리가 비었을 때의
유향(遺香)[명] ①남아 있는 냄새. lingering smell ②고인이 끼치던 미덕. virtue left by the deceased
유향(儒鄕)[명] ①선비와 향소(鄕所)의 소임. scholar's duty ②선비가 많이 살고 있는 고을.
유향=소(留鄕所)[명] 《제도》 고려 때 말에 생긴 수령(守令)의 자문 기관인 지방 기관. 향청(鄕廳)·향소(鄕所).
유:험(有驗)[명] 기도나 약 등의 효험이 있음. 하[형]
유현(幽玄)[명] 이치가 깊고 그윽하여 알기 어려움. profundity 하[형]
유현(儒賢)[명] 유교(儒敎)에 정통하고 언행이 바른 선비. sages of confucianism [헌인.
유현(遺賢)[명] 벼슬하지 아니하고 초야에 묻혀 있는
유현=증(乳懸症)[명] 《한의》 산후에 젖이 아랫배까지 늘어지고 몹시 아픈 병. 유장증(乳長症).
유혈(流血)[명] 흘러 나오는 피. ¶~이 낭자(狼藉)하다. bloodshed 「판. 칼부림[명]. bloodshed
유혈=극(流血劇)[명] 흉기로써 이루어진 피투성이 싸움
유혈 성천(流血成川)[명] 피가 흘러 내를 이룬다는 뜻으로 심한 전투(戰鬪)를 이르는 말. many casualties
유협(遊俠)[명] 《동》 협객.
유협(誘脅)[명] 달래기도 하고 으르대기도 함. coaxing and threatening 하[자] 「[형]. concreteness 하[형]
유:형(有形)[명] 모양이나 형체가 있음. 《대》무형(無形).
유형(流刑)[명] 《제도》 죄인을 외딴 곳에 보내어 그 지에 머물게 하는 형벌의 하나. 유죄(流罪). ¶~지(地). exile
유:형(類型)[명] ①비슷한 또래. 특색으로 유별되는 전형. similar type ②공통된 형식(形式). common form ③혼하게 있는 형(型). general type
유:형=계(有形界)[명] 눈에 보이는 물질의 세계. 《대》무형계.
유:형 명사(有形名詞)[명] 《어학》 형체가 있는 물질을 나타내는 명사. '사진'·'개'·'별'. 《대》무형 명사. 「을 수반하는 무역. 《대》무형 무역.
유:형 무:역(有形貿易)[명] 《경제》 상품의 통관(通關)
유:형 무적(有形無跡)[명] 혐의는 있으나 증거가 없음. suspicious without evidence 하[자]
유:형 무형(有形無形)[명] ①형체의 있고 없음. visible and invisible ②형체의 있고 없음이 분명하지 아니함. obscurity 하[형]
유:형 문화재(有形文化財)[명] 유형의 문화적 소산으로 역사상·예술상 가치가 높은 물건. 건조물·회화·조각·공예품·서적 등.
유:형=물(有形物)[명] 형체가 있는 물건. concrete object
유:형=인(有形人)[명] 《동》자연인(自然人)②.

유형 자:본(有形資本)〖경제〗 일정한 형체를 지니고 있는 자본. 화폐·가우·토지·기계 등. 〖대〗 무형 자본. corporeal capital

유:형 재산(有形財産)〖경제〗 화폐·동산·부동산·상품 같이 형체를 가진 재산. 〖대〗 무형 재산. corporeal property

유:형-체(有形體)〖명〗 형체가 있는 물건. material body

유:형-학(類型學)〖명〗 개성 심리학의 한 분야. 개인차(個人差)를 유형대로 나누어 그 구조·특성을 밝힘.

유혜(幽鞋)〖명〗 진신. [typology

유호(流戶)〖명〗 일정한 주거(住居) 없이 떠돌아다니는 백성들. wandering people [닦음. 하다

유:호(五好德)〖명〗 오복(五福)의 하나. 어진 덕을

유혹(誘惑)〖명〗 ①남을 꾀어서 정신을 어지럽게 함. ②그릇된 길로 꾐. ¶악우(惡友)의 ~. temptation 하다

유혼-일(遊魂日)〖민속〗 사람의 간지(干支)를 팔괘(八卦)의 수에 배당하여 선택한 길일(吉日)의 하나.

유혼-초(一草)〖식물〗 메꽃과의 일년생 덩굴 풀. 줄기 높이 66cm에 잎은 우상으로 갈라졌으며 실 모양임. 여름에 가장자리가 다섯 쪽으로 갈라진 붉은 꽃이 핌. 관상용으로 심음. cypress vine

유화(乳化)〖명〗 유탁액(乳濁液)을 생성하는 현상. 일반적으로 젓거나 흔들거나 분사하는 등의 기계적 힘을 가하여 생성시킴.

유화(油畫)〖명〗〈미술〉 기름에 갠 채색으로 그린 서양식의 그림. 〖대〗 수채화. oil-painting [하다

유화(柔和)〖명〗 성질이 부드럽고 온화함. gentleness

유화(宥和)〖명〗 서로 용서하고 화합함. appeasement 하다

유화(流火)〖명〗〖동〗 유성(流星).

유화(硫化)〖명〗〖동〗 황화(黃化). 하다

유화(榴花)〖명〗 석류나무의 꽃.

유:화(類化)〖명〗〖동〗 동화(同化)①. 하다

유화 고무(硫化-)〖동〗 가류(加硫) 고무.

유화-구(油畫具)〖명〗〈미술〉 ①유화를 그리는 데 쓰이는 기구. 물감·붓·기름 등. ②유화의 채색 물감.

유화 정책(宥和政策)〖명〗 상대편의 강경한 요구에 대하여 양보하여 충돌을 피하는 정책. policy of appeasement

유화 중합(乳化重合)〈화학〉 단량체(單量體)를 물에 유화하여 중합물을 만드는 법. [하다

유환(有還)〖명〗 귀양간 죄인이 용서를 받고 돌아옴.

유황(硫黃)〖명〗〈화학〉 비금속 원소의 하나. 황색·무취의 파삭파삭한 수지 광택이 있는 결정. 화학성냥 등의 원료로 널리 쓰임. 석류황(石硫黃). 원소 기호; S. 원자 번호; 16. 원자량; 32.064. sulphur

유황-불(-불)〖硫黃-〗〖명〗 유황이 탈 때 생기는 청색의 불. [고 있는 온천. sulphur-spring

유황-천(硫黃泉)〈기하〉 다량의 화황수소를 함유하

유황-화(硫黃華)〖명〗〈광물〉 융점 이하에서 승화하나 여겨 뭉친 가루 모양. sublimed sulphur

유회(油灰)〖명〗 기름과 재와 솜을 섞어서 만든 물건.

유회(幽懷)〖명〗 그윽한 회포. deep thought

유회(流會)〖명〗 회(會)가 이루어지지 못함. 〖대〗 성회(成會). adjournment of meeting 하다

유회(遊回)〖명〗 떠돌아다님. wandering 하다

유회(儒會)〖명〗 선비들의 모임.

유:효(有效)〖명〗 보람이 있음. 효과가 있음. 실효(實效). 〖대〗 무효(無效). efficaciousness 하다 히

유:효 거:리(有效距離)〖명〗〈군사〉 사격에서, 탄환이 소기의 살상이나 파괴 효과를 발휘할 수 있는 거리. 유효 사정. 〖대〗 최대 사거리.

유:효 사:정(有效射程)〖명〗〖동〗 유효 사거리.

유:효 수요(有效需要)〖명〗〈경제〉 어떤 가격에 있어서 구매(購買)하려고 표시된 수량. effective demand

유:효 숫자[-짜](有效數字)〖수학〗 ①0에 대하여 1에서 9까지의 숫자. ②어느 수 가운데 유효하거나 뜻이 있는 숫자(行數)의 숫자.

유:효 에너지(有效 energy) 기계의 힘으로 변환 가능한 에너지. [monial

유:효 증명(有效證明)〖명〗 유효함을 나타낸 증명. testi-

유훈(柔訓)〖명〗 여자에 대한 가르침. instructions to women

유훈(遺訓)〖명〗 ①예전 사람이 끼친 훈계. admonition of ancient people ②죽은 사람이 끼쳐 남긴 교훈. 유계(遺戒). one's last injunctions

유:훈-자(有勳者)〖명〗 훈공이 있는 사람.

유휴(遊休)〖명〗 운행이나 기능 발휘를 쉬고 있음. 활용하지 않음. unused

유휴 자:본(遊休資本)〖경제〗 놀고 있는 금전, 즉 운용·이식을 목적으로 하는 자금이면서도 적당한 대부처(貸付處) 혹은 투자물이 없어서 사장된 자금. 〖예〗 유자(遊資). idle capital

유흔(遺痕)〖명〗 남은 자취.

유흥(遊興)〖명〗 재미있게 놂. amusement 하다

유흥-비(遊興費)〖명〗 유흥에 드는 비용.

유흥-업(遊興業)〖명〗 유흥 시설을 갖추고 손님에게 유흥을 할 수 있게 하여 요금을 받는 영업. 풍속(風俗) 영업.

유흥-장(遊興場)〖명〗 유흥하는 장소. pleasure resort

유흥-지(遊興地)〖명〗 ①유흥에 알맞는 곳. ②유흥 시설이 있는 곳.

유희(遊戱)〖명〗 ①즐겁게 놂. ②일정한 방법에 의하여 재미있게 노는 운동. 또, 장난. 〖유〗 텀블링. play 하다

육(肉)〖명〗 ①짐승의 고기. meat ②살. 〖대〗 영(靈). flesh

육(六)〖수〗 여섯. six

육-가야(六伽倻)〖명〗〈역사〉 삼한(三韓) 시대에 낙동강 하류(下流)에 자리잡고 있던 여섯 가야. 가야국. six kaya states

육각(六角)〖명〗 ①북·장구·해금·대평소(한쌍)·피리의 총칭. ②〖동〗 육모.

육각-정(六角亭)〖명〗 육모정. [총칭. ②〖동〗 육모.

육각-형(六角形)〖명〗 여섯 개의 직선으로 싸인 평면형. 육모꼴.

육간 대:청(六間大廳)〖명〗 여섯 간이나 되는 큰 대청.

육갑(六甲)〖명〗〖약〗→세육갑(歲六甲).

육감(肉感)〖명〗 ①육체의 감각. 실감(實感)③. sensuality ②성욕의 실감. sexual feeling

육감-론(肉感論)〖명〗 감각론(感覺論). [(것).

육감-적(肉感的)〖관·명〗 육감(肉感)이 일어나게 만드는

육갑(六甲)〖명〗 ①〖약〗→육십 갑자(六十甲子). ②남의 언행을 얕잡아 이르는 말. [는 말.

육갑-떨:다(六甲-)〖동〗〖타동〗 남의 언행을 얕잡아 이르

육갑-하다(六甲-)〖여동〗 남이 얕잡아 보게 행동하거나 말을 하다.

육-개장(肉-)〖명〗 쇠고기를 통으로 삶아서 알맞게 뜯어 온갖 양념을 한 뒤에 파를 넣고 고춧가루를 많이 넣어서 얼큰하게 끓인 국.

육경(六卿)〖제도〗 '육조 판서'의 아칭(雅稱).

육경(六境)〖불교〗 육식(六識)에 의하여 생기는 색(色)·성(聲)·향(香)·미(味)·촉(觸)·법(法).

육계(六界)〖불교〗 지옥·아귀·축생의 삼악도(三惡道)와 수라(修羅)·인간·천상의 삼계(三界). 육도(六道). 〖위. 〖대〗 영계(靈界). physical world

육계(肉界)〖명〗 육신의 세계. 육체 또는 그 작용의 범위.

육계(肉桂)〖명〗〈한의〉 계수나무의 두꺼운 껍질. 건위강장제로 씀. 관계(板桂). cinnamon

육계(肉髻)〖불교〗 부처의 머리 위에 있는 살상투.

육계-도(陸繫島)〖지리〗 사주(砂洲)로 말미암아 육지와 이어진 섬. ['으로 만든 물약.

육계 정기(肉桂丁幾)〖명〗 육계에서 뽑아 낸 진액

육계-주(肉桂酒)〖명〗 육계 껍질을 소주에 넣고 설탕에 발효시킨 술.

육고(肉庫)〖제도〗 관청에 딸렸던 푸주.

육-고자(肉庫子)〖제도〗 지방 관청에 쇠고기를 바치던 관노(官奴). 육지기. 육직(肉直).

육곡(六穀)〖명〗 여섯 가지의 곡물. 곧, 벼·기장·피·보리·조·율무(六米).

육공(六工)[명] 여섯 가지의 공인(工人). 곧, 토공(土工)·금공(金工)·석공(石工)·목공(木工)·수공(獸工)·초공(草工).

육공숙=호(六○六號)[명] 〈약학〉 살바르산(sa-lvarsan).

육관(肉冠)[명] 〈동〉 계관(鷄冠)①.

육-관음(六觀音)[명] 〈불교〉 여섯 체(體)의 관음.

육괴(肉塊)[명] ①살찐 사람을 가리킴. plump fellow ②고깃덩어리. lump of flesh

육교(肉交)[명] 〈동〉 성교(性交). 하타

육교(陸橋)[명] ①육상의 우묵한 곳이나 계곡 등을 건너기 위해 놓은 다리. ②교통이 번잡한 도로·철로 위에 걸친 다리. 오버브리지(overbridge). ③두 대륙을 잇는 가늘고 긴 육지. 보통은 생물의 이동이 가능함.

육교=설(陸橋說)[명] 〈지리〉 현재 바다로 격해 있는 두 육지의 사이에 이전에는 육교, 곧 지협(地峽)이 있었다고 생각하는 학설.

육구(肉灸)[명] 〈동〉 뜸.

육국(六國)[명] 〈역사〉 중국 춘추 시대(春秋時代)에 할거하였던 제후(諸侯)의 큰 나라. 제(齊)·초(楚)·연(燕)·조(趙)·한(韓)·위(魏).

육군(陸軍)[명] 〈군사〉 육상의 전투 및 방어(防禦)를 맡은 군대. 〈대〉 해군. 공군. army

육군 군의 학교(陸軍軍醫學校)[명] 〈군사〉 군의 의무(醫務)에 관한 학술 및 기술의 교육을 실시하는 학교. 〈약〉 군의 학교.

육군 대학(陸軍大學)[명] 〈군사〉 육군 고급 군사 학교. 〈약〉 육대. military staff college

육군 보병 학교(陸軍步兵學校)[명] 〈군사〉 보병에 관한 전술 및 학술상의 교육을 실시하는 학교. 육군 장교를 재교육함. 〈약〉 보병 학교.

육군 본부(陸軍本部)[명] 〈군사〉 국방부 소속 군사 기관의 하나. 육군의 최고 사령부. 육군의 전반 행정을 맡아봄. 〈약〉 육본. headquarters of the army

육군 사:관 학교(陸軍士官學校)[명] 〈군사〉 육군 본부에 딸린 군사 학교. 육군의 정규(正規) 장교가 될 자에게 필요한 교육을 실시함. 〈약〉 육사. Military Academy

육:군 통어사(陸軍統禦使)[명] 〈동〉 삼도 육군 통어사 〈三道陸軍統禦使〉.

육권(陸圈)[명] 지구상의 육지의 범위.

육극(六極)[명] ①천지(天地)와 사방(四方). ②여섯 가지의 크게 불길(不吉)한 것.

육근(六根)[명] 〈불교〉 육식(六識)의 근인(近因)이 되는 안(眼)·이(耳)·비(鼻)·설(舌)·신(身)·의(意)의 여섯 가지 근(根). 육입(六入).

육근 청정(六根淸淨)[명] 〈불교〉 진리를 깨달아 물욕 탐심이 없어서 육근이 아주 깨끗함.

육기(六氣)[명] 〈철학〉 중국의 철학에서 이르는 여섯 가지 기운. 음(陰)·양(陽)·풍(風)·우(雨)·회(晦)·명(明). 또는 한(寒)·서(暑)·조(燥)·습(濕)·풍(風)·우(雨).

육기(肉氣)[명] 살의 살찐 모양. fleshiness ②〈동〉 육미(肉味).

육기-좋:-다(肉氣--)[형] 몸이 좋게 살찌다. fleshy

육-기통(六氣筒)[명] 6개의 실린더를 가진 내연 기관. 주로 자동차용 기관.

육니(忸怩)[명] 부끄럽고 창피함. 하타 [fleshy 하타

육다 골소[--쏘-](肉多骨少)[명] 살은 많으나 뼈가 적음.

육달월=변(肉––月邊)[명] 한자(漢字)에서 육(肉)자의 부수(部首)에 딸린 '月'의 변.

육담(肉談)[명] ①품격이 낮은 말. ②야비한 이야기. 음담(淫談). filthy talk

육대(六大)[명] 〈불교〉 일체의 만상(萬象)을 만드는 여섯 가지의 근본 실체(實體). 곧, 지(地)·수(水)·화(火)·풍(風)·공(空)·식(識)의 총칭.

육대=손(六代孫)[명] ①곤손(昆孫).

육-대:주(六大洲)[명] 〈지리〉 아시아(Asia)주·아프리카(Africa)주·유럽(Europe)주·오세아니아(Oceania)주·남아메리카(South America)주·북아메리카(North America)주의 여섯 주를 이름. Six Continents

육덕(六德)[명] 지(知)·인(仁)·성(聖)·의(義)·충(忠)·화(和)의 여섯 가지 덕. six virtues [and virtuous

육덕(肉德)[명] 몸에 살이 많아서 덕(德)스러움. stout

육도(六道)[명] 〈동〉 육계(六界).

육도(陸島)[명] 〈에〉→대륙도(大陸島).

육도(陸稻)[명] 밭벼. 〈대〉 수도(水稻). upland rice

육도 풍월(肉跳風月)[명] 글자의 뜻을 잘 못 써서 보기 어렵고 가치(價値) 없는 한시를 가리키는 말.

육=두구(肉荳蔻)[명] 〈식물〉 육두구과의 상록 활엽 교목. 열대 지방에 나며, 높이 약 20 m, 잎은 혁질, 향기가 있음. 과실은 달걀꼴의 구형으로, 익으면 늘어짐. 배유 및 가종피(假種皮)는 약용·조미료로 씀.

육두 문자(肉頭文字)[명] 육담(肉談)으로 된 말. [meat

육량(肉量)[명] 고기를 먹는 분량. eatable quantity of

육량(陸梁)[명] ①어지러이 달림. ②마음대로 날뜀. 하타

육려(六呂)[명] 〈음악〉 십이율(十二律) 가운데서 음성(陰聲)에 딸린 여섯 가지의 소리. 곧, 대려(大呂)·협종(夾鐘)·중려(仲呂)·임종(林鐘)·남려(南呂)·응종(應鐘).

육력(力力)[명] ①서로 힘을 모아 합함. cooperation ②있는 힘을 다 씀. exertion 하타

육례(六禮)[명] ①인륜의 대례. 곧, 관·혼·상·제·향음주(鄕飮酒)·상견(相見)의 총칭. ②혼인의 여섯 가지 의식. 곧, 납채(納采)·문명(問名)·납길(納吉)·납폐(納幣)·청기(請期)·친영(親迎). six formalities of wedding [land route

육로(陸路)[명] 육지의 길. 한로(旱路). 〈대〉 수로(水路).

육룡(六龍)[명] ①조선조 태조의 고조(高祖)인 목조(穆祖)로부터 익조(翼祖)·탁조(度祖)·환조(桓祖)·태조(太祖)·태종(太宗)까지의 6대. ②임금의 수레를 끄는 6마리의 말. 곧, 임금의 수레. 육마(六馬).

육류(肉瘤)[명] 〈동〉 육혹. [imperial carriage

육류(肉類)[명] 식용할 수 있는 짐승의 고기 따위. meat

육륜(肉輪)[명] 눈의 아래쪽의 꺼풀. eyelids

육률(六律)[명] 〈음악〉 십이율 중 양성(陽聲)에 딸린 여섯 가지의 소리. 곧, 태족(太簇)·고선(姑洗)·황종(黃鐘)·이칙(夷則)·무역(無射)·유빈(蕤賓).

육리(陸離)[명] ①빛이 뒤섞여 눈부시게 아름다운 모양. ②뒤섞여 흩어진 모양. 하타

육림=업(育林業)[명] 입목(林木)을 길러서 손질하여 목재를 생산하는 사업. 용재(用材) 임업·신탄제 임업②.

육마(六馬)[명] 〈동〉 육룡(六龍)②. [엄호로 대별.

육막(六幕)[명] 천지 사방(天地四方)을 일컬음. 육합(六合)②.

육면=체(六面體)[명] 〈수학〉 여섯 개의 평면에 싸인 입체(立體). hexahedron [角②. hexagon

육-모(六−)[명] 여섯 개의 직선에 싸인 평면. 육각(六角)

육모(六母)[명] 적모(嫡母)·계모(繼母)·양모(養母)·자모(慈母)·서모(庶母)·유모(乳母)의 총칭.

육모 방망이(六−−−)[명] 〈제도〉 포도청의 포졸들이 쓰던 여섯 모로 된 방망이. hexagonal club

육모 얼레의 연줄 감듯[관]무엇을 줄줄 잘 감는 모양.

육모=정(六−亭)[명] 육면체로 지은 정자. 육각정(六角亭). hexagonal arbour [60모양으로 된 부전.

육복(六日)[명] 타짜꾼이 쓰려고 일부러 맞추어 만든

육묘(育苗)[명] 묘목이나 모를 기름. growing saplings 하타

육물(六物)[명] 〈불교〉 중이 평소에 지니고 다니는 여섯 가지 제구. 곧, 복의(複衣)·상의(上衣)·내의(內衣)·녹수낭(漉水囊)·바리때·좌구(座具).

육미(六米)[명] 〈동〉 육곡(六穀).

육미(六味)[명] ①쓰고·달고·짜고·싱겁고·시고·매운 여섯 가지의 맛. six flavours ②온갖 맛. all flavours

육미(肉味)[명] ①고기로 만든 음식. 육기(肉氣)②. 육미붙이. meat food ②고기의 맛. taste of meat

육미=붙이[−부치](肉味−−)[명] 고기로 만든 음식. 육미. 육속(肉屬). 〈약〉 육붙이.

육미=탕(六味湯)[명] 〈한의〉 숙지황·산약·산수유·백복령·목단피·택사 등으로 된 보약. 지황탕(地黃湯).

육박(肉迫·肉薄)[명] ①적진(敵陣)에 몸으로 돌격하

육박나무 〈식물〉 녹나무과에 속하는 상록 활엽 교목의 하나. 잎은 긴 타원형 또는 피침형으로 잎뒤가 분처럼 흼. 7월에 황색 꽃이 피고 열매는 8월에 붉게 익음. 〔음. close combat storming the enemy ②준열히 힐문함. inquire searchingly 하다

육박=전(肉薄戰) 〈군사〉 마주 덤비어 돌격하는 싸움.

육=반구(陸半球) 〈지리〉 프랑스의 빌레 강구(江口) 부근을 중심으로 하여 상정(想定)한 지구상의 반구로써, 전세계 육지의 약 48%가 여기에 포함되어 있음. 〔대〕 수반구(水半球). land hemisphere

육발=이(六一) ①여섯 개의 발가락이 달린 사람. person of six toes ②〈속〉 바퀴가 여섯 달린 자동차.

육방(六房) 〈제도〉 조선조 때, 승정원(承政院)과 각 지방 관청에 두었던 이방(吏房)·호방(戶房)·예방(禮房)·병방(兵房)·형방(刑房)·공방(工房)의 총칭. 〔렸던 벼슬아치.

육방 관속(六房官屬) 〈제도〉 지방 관청 육방에 딸

육=방망이(六一) 방망이 여섯 개를 앞뒤로 하여 덟두 사람이 메는 상여. 〔방에 딸린 벼슬아치.

육방 승지(六房承旨) 〈제도〉 승정원(承政院)의 육

육방 정계(六方晶系) 〈물리〉 정계(晶系)의 하나. 길이가 같은 세 개의 결정축이 서로 60°의 각으로 한 평면 위에서 마주 닿아 접촉하고, 이것들에 직각으로 엇갈리는 또 한 개의 다른 한 개의 결정축으로 되어 있는 결정 형태. 능면체 정계. hexagonal system

육방-주(六方柱) 〈물리〉 육방 정계의 주형(柱形)으로서 각각 60°의 각을 이루어 육면의 주축(主軸)에 평행된 평면에 의해서 구성되어 개형(開形)임.

육발 고누(六一) 발놀이가 여섯으로 된 고누놀이의 하나. 느는 법은, 네발 고누와 같음. 「기각지 겨룸.

육-백(六百) 화투놀이의 하나. 득점수가 육백이 되

육법(六法) ①〈법률〉 여섯 가지의 법률. 곧, 헌법(憲法)·형법(刑法)·민법(民法)·상법(商法)·형사 소송법·민사 소송법. six codes of laws ②〈미술〉 그림에 있어서의 여섯 가지 화법(畫法). ③제작 행위(作)하는 데 있어서의 여섯 요구(要具). 육법을 알아 만든 책. 〔for one's health 하다

육보(肉補) 고기를 먹어서 몸을 보함. eating meat

육본(陸本) 〈약〉 → 육군 본부.

육봉(肉峰) 〈동물〉 낙타의 등 살가죽 밑의 지방이 모여서 이루어 큰 혹. 단봉과 쌍봉(雙峰)이 있음.

육봉(陸封) 〈동물〉 바다 속 또는 해수(海水)와 육수(陸水)를 회유(回遊)하면서 생활하던 동물이 지형이나 환경의 변화에 의하여 육수 속에 격리되어 대대로 거기서 생활하는 현상. 연어·송어 같은 소하어(溯河魚)에 육봉형이 잘 생김. 산천어는 송어의 육봉형.

육부(六腑) 〈생리〉 소화기 계통의 여섯 가지 장기(臟器). 곧, 대장(大腸)·소장(小腸)·위(胃)·담(膽)·방광(膀胱)·삼초(三焦). six viscera

육분(肉粉) 비료나 사료로 쓰기 위하여 짐승의 고기를 말려서 가루로 만든 것. 고기 골분(骨粉). meal

육분-의(六分儀) 〈물리〉 항해술(航海術)·측량술(測量術) 따위에서 멀리 떨어진 두 물체의 각거리(角距離)를 측정하는 기계. sextant

육붕(陸棚) 〈약〉 → 대륙붕(大陸棚).

육-붙이〔一부치〕(肉一) 〈약〉 → 육미붙이.

육사(六邪) 〈역〉 사신(邪臣). 구신(具臣)·유신(諛臣)·간신(奸臣)·참신(讒臣)·적신(賊臣)의 여섯 해로운 신하. 망국신(亡國臣). 〔대〕 육정(六正).

육사(陸士) 〈약〉 → 육군 사관 학교.

육=사단(六紗緞) 생사(生絲)로 된 비단으로 만든 품질 좋은 옷감. 〔낳은 아이.

육삭-동이(←六朔童一) 아이를 밴 지 여섯 달 만에

육산(陸産) 〈약〉 육산물.

육산-물(陸産物) 육상에서 산출되는 물건. 육산. 〔대〕 수산물. 해산물. land products

육산 포림(肉山脯林) 고기를 산처럼 쌓아 놓고 포(脯)를 숲처럼 베풀어 놓았다는 뜻. 곧, 몹시 사치스러운 잔치를 비유하여 이르는 말. 「육상 경기.

육상(陸上) ①뭍 위. 육지. 〔대〕 해상. land ②→

육상 경:기(陸上競技) 〈체육〉 육상에서 하는 온갖 운동 경기. 트랙 경기와 필드 경기의 총칭. 〔약〕 육상. athletic sports

육상=기(陸上機) 〈약〉 → 육상 비행기.

육상 비행기(陸上飛行機) 차륜(車輪)·스키 등에 의하여 지상을 활주하여 이착륙(離着陸)하는 비행기. 〔대〕 수상 비행기. 〔약〕 육상기. land plane

육색(六色) 〈불교〉 절에서 여섯 가지 색(六色)가 있을 때에 음식을 나누어 맡아 만드는 일. 육소(六所).

육색(肉色) ①살빛. flesh colour ②살빛과 같은 빛. fleshy colour 「소·양·돼지.

육생(六牲) 희생으로 쓰는 여섯 가지 동물. 곧, 말·

육서(六書) ①한문 글자의 여섯 가지 구성에 관한 종류. 곧, 상형(象形)·지사(指事)·회의(會意)·해성(諧聲)·전주(轉注)·가차(假借). ②한문 글자의 여섯 가지 서체. 곧, 고문(古文)·기자(奇字)·전서(篆書)·예서(隸書)·무전(繆篆)·충서(蟲書). 육체(六體) ②.

육서(陸棲) 육지에서 삶. 〔대〕 수서(水棲). living

육선(肉膳) 〈동〉 육찬(肉饌). 〔on land 하다

육=섣달(六一) 유월과 섣달. June and December

육성(肉聲) 사람의 실제 목소리. natural voice

육성(育成) ①길러 냄. 양성(養成). upbringing ②유축(幼畜)에서 성축(成畜)까지의 사양 관리(飼養管理). 〔대〕 비육(肥育). breeding 하다

육속(陸續) 계속하여 끊이지 않음. continually 하다

육=손이(六一) 손가락이 여섯 개 달린 사람. person

육송(陸松) 〈동〉 솔[1]. 〔of six fingers

육송(陸送) 육상의 운송(運送). 하다

육수(肉水) 고기를 삶아 먹은 국물. broth

육수(陸水) 〈지학〉 호소(湖沼)·하천·지하수 및 물웅덩이 등 내륙에 존재하는 수역. 지표수·지하수로 대별함. 〔대〕 해수(海水).

육수-학(陸水學) 육상의 수역(늪·연못·하천·지하수 등)의 물리적·화학적·생리적 연구를 행하는 과학. 〔대〕 해양학.

육수 화서(肉穗花序) 〈식물〉 수상(穗狀) 화서와 비슷한데 꽃축(花軸)의 주위에 수많은 무경(無梗)의 잔 꽃이 착생한 화서. 〔xty years of age

육순(六旬) ①육십 일. sixty days ②예순 살. si-

육시(戮屍) 이미 죽은 사람에게 참형(斬刑)을 행하다. ¶ ~ 처참. physical postmortem punishment 「년.

육시:랄(戮屍一) '육시를 할'이 줄어든 말.

육식(六識) 〈불교〉 육근(六根)에 의하여 생기는 여섯 가지 마음의 작용. 안식(眼識)·이식(耳識)·비식(鼻識)·설식(舌識)·신식(身識)·의식(意識).

육식(肉食) ①고기를 먹음. 특히 조수(鳥獸)의 고기를 먹음. 〔대〕 채식(菜食). meat-diet ②일반 동물로서 동물을 주로 먹이로 하는 일. 〔대〕 초식(草食). flesh-eating 하다

육식-가(肉食家) 육식을 즐기는 사람.

육식-류(肉食類) 〈동물〉 포유류에 속하는 한 목(目). 육식을 주로 하며 이가 날카롭고 견치가 발달함. 개과. 고양이과·곰과·족제비과 등이 이에 속함. 육식수(肉食獸).

육식=수(肉食獸) 〈동〉 육식류(肉食類).

육식-조(肉食鳥) 〈조류〉 다른 새나 짐승을 잡아먹는 솔개·매 따위의 새. 「내를 둠. 하다

육식 처대(肉食妻帶) 〈불교〉 중이 고기를 먹고 아

육식-충(肉食蟲) 〈곤충〉 작은 동물을 잡아먹는 곤충. 물방개·잠자리·무당벌레 등. 식육성 곤충. 포충.

육신(六神) 〈민속〉 오방(五方)을 지키는 여섯 가지 신. 곧, 청룡(靑龍)·백호(白虎)·주작(朱雀)·현무(玄武)·구진(句陳)·등사(螣蛇)로써 각각 동·서·남

북·중앙을 지킴.
육신(肉身)〖명〗 ①육질(肉質)로 되어 단단하지 않은 몸. ②〖동〗육체(肉體). ③〈종교〉영혼의 현신으로, 곧 인성(人性). 〖대〗영신(靈神). 「탕진 남쪽에 있음.
육신-묘(六臣墓)〖명〗사육신(死六臣)의 무덤. 서울 노
육신 승천(肉身昇天)〖동〗백일 승천(白日昇天).
육십(六十)〖관〗예순. sixty 〖명〗나이 예순 살.
육십 갑자(六十甲子)〖명〗〈민속〉천간(天干)과 지지(地支)를 순차로 순환·배합하여 예순 가지로 배열한 순서. 《약》육갑(六甲)①. sexagenary cycle
육십분=법(六十分法)〖명〗각도의 단위를 정하는 방법. 직각의 1/90을 1도, 1도의 1/60을 1분, 1분의 1/6을 1초라 함. sexagesimal system
육십사=괘(六十四卦)〖명〗〈민속〉팔괘(八卦)를 맞추어 만든 64 가지의 괘.
육십진=법(六十進法)〖명〗〈수학〉60을 한 단위로, 자릿수를 셈하는 기수법. 고대 바빌로니아 때에 비롯됨. 지금도 시각의 시·분·초, 각도의 도·분·초 등을 이 법에 따른 것임. sexagenary system
육아(肉芽)〖명〗〈식물〉싹의 줄기에 해당하는 부분에 많은 양분을 저장하여 구상(球狀)을 이룬 것. 땅에 떨어져서 새 개체가 됨. granulation
육아(育兒)〖명〗어린아이를 기름. ¶~실(室). ~원(院). upbringing of a child 하타
육아-낭(育兒囊)〖명〗〈동물〉캥거루류의 암컷의 아랫배에 있는 새끼를 넣어 기르는 주머니.
육아 조직(肉芽組織)〖명〗〈생리〉외상(外傷) 또는 염증(炎症)을 일으켰을 때, 조직(組織)의 상처를 고치기 위하여 자라 나오는 선홍색 과립상(顆粒狀)의 결체 조직(結締組織). granulation tissue
육안(肉眼)〖명〗①〈불교〉육체에 갖추어져 있는 안구(眼球). eyes ②안경을 쓰지 않은 본디의 시력. naked eye ③눈으로 보는 표면적인 안식(眼識). 〖대〗심안(心眼). 「흔히 육등성(六等星) 이상을 이름.
육안-성(肉眼星)〖명〗육안(肉眼)으로 볼 수 있는 별.
육양(育養)〖명〗양육(養育). 〖동〗 ding 하타
육양(陸揚)〖명〗배에서 물으로 짐을 풀어 올림. unloa-
육언(六言)〖명〗한시에서, 여섯 자로써 한 구를 이루는
육=연풍(陸軟風)〖명〗육풍(陸風). 〖형식〗.
육영(肉癭)〖명〗육혹.
육영(育英)〖명〗인재(人材)를 기름. education 하타
육영(育嬰)〖명〗어린아이를 기르고 가르침. upbringing of an infant 하타
육영 사업(育英事業)〖명〗육영 단체·교육 기관 등을 직접 운영하거나 육영 재단을 설정하여 육영에 전심하는 사업.
육예(六藝)〖명〗〈제도〉예(禮)·악(樂)·사(射)·어(御)·서(書)·수(數)의 여섯 가지 기예(技藝). six accomplishments
육욕(肉慾)〖명〗①육체상의 모든 욕심. ②남녀 사이의 육체의 정욕(情慾). 색욕(色慾). 사욕(邪慾). 육정(肉情). carnal desire
육욕(戮辱)〖명〗큰 욕이 됨. 또, 그 부끄러움. disgrace
육욕=주의(肉慾主義)〖명〗육욕의 만족을 인생의 최상의 목적으로 삼고자 하는 주의. carnalism
육=육천(六欲天)〖명〗〈불교〉욕계(欲界) 20 천(天) 가운데의 여섯 하늘. 곧, 사왕천(四王天)·야마천(夜摩天)·도솔천(兜率天)·도리천(忉利天)·화락천(化樂天)·타화 자재천(他化自在天)을 이름. 육천.
육용(肉用)〖명〗고기로 씀. 또, 그 것. for meat 하타
육용=종(肉用種)〖명〗소·닭 등에서 식용의 살을 얻는 것을 목적으로 하는 품종. for meat
육우(肉牛)〖명〗고기를 먹기 위해 기르는 소. beef cattle
육운(陸運)〖명〗육상(陸上)에서의 모든 운송(運送). 〖대〗해운(海運). overland transportation
육=입덕(六入德)〖명〗진실·겸손·용기·충신·정의·인도의 여섯 가지 덕.
육위(六位)〖명〗①천지인(天地人)의 도리. 곧, 군(君)·신(臣)·부(父)·자(子)·부(夫)·부(婦)의 도. ②천도

(天道) 곧, 음(陰)과 양(陽), 지도(地道) 곧, 유(柔)와 강(剛), 인도(人道) 곧, 인(仁)과 의(義)를 상징하는 역괘(易卦)의 효(爻).
육위(六衛)〖명〗〈제도〉고려 때의 군제(軍制)인 좌우위(左右衛)·신호위(神虎衛)·흥위위(興威衛)·금오위(金吾衛)·천우위(千牛衛)·감문위(監門衛)의 이름.
육의=전(六矣廛)〖동〗육주비전(六注比廛).
육이오 동란(六二五動亂)〖명〗1950년 6월 25일 미명, 38°선 전역에 걸쳐 북한 공산군이 불법 남침함으로써 야기된 한반도에서의 전쟁. 육이오 사변. 《약》육이오.
육자(六字)〖명〗①《약》→육자 명호. ②《약》→육자 다라니.
육자(肉刺)〖명〗티눈.
육자 다라니(六字陀羅尼)〖불교〗문수 보살의 진언(眞言)인 '암파계타나마(闇婆計陀陀摩)' 또는 '암박계담남막(唵縛鷄淡納莫)'의 여섯 자. 육자 진언. 《약》육자(六字)②.
육자 명호(六字名號)〖불교〗부처의 명호인 '나무아미타불(南無阿彌陀佛)'의 여섯 자. 《약》육자(六字)①. 「잡가의 하나. lively folk tune
육자=배기(六字─)〖명〗〈음악〉남도에서 주로 발달된
육자=법(六字法)〖명〗〈불교〉천수 관음(千手觀音)을 본존(本尊)으로 한 육관음(六觀音)의 진언을 부르면서 닦는 밀교(密敎)의 기도법.
육자 염불(六字念佛)〖불교〗나무 아미타불(南無阿彌陀佛)을 부르면서 하는 염불.
육장(六場)〖명〗한 달에 여섯 번 열리는 장. six market days of the month 〖관〗항상. ¶~ 늘기만 한다. always 「는 장사. stupid giant
육장(肉將)〖명〗힘은 무척 세나 날렵하지 못하고 꾀가 없
육장(肉醬)〖명〗조수(鳥獸)의 고기를 끓인 국물.
육장(肉醬)〖명〗쇠고기를 잘게 썰어서 간장에 졸인 음식. 쇠고기찬(千里醬).
육재=일(六齋日)〖명〗〈불교〉한 달 가운데서 깨끗이 재계(齋戒)하는 여섯 날. 곧, 음력 8·14·15·23·29·30
육적(六賊)〖명〗육육진(六塵). 「일.
육적(肉炙)〖명〗고기 산적. roast
육적(肉積)〖명〗〈한의〉육식(肉食)을 많이 하여 위(胃)에 탈이 생겨서 단단히 뭉쳐 있는 병.
육적(肉的)〖명〗육체적. 육욕적(肉慾的). 〖대〗영적(靈的). physical 「전. 수전. warfare by land
육전(肉錢)〖명〗〖동〗살돈.
육전(陸戰)〖명〗육지에서 싸우는 전쟁. 〖대〗해전. 공
육-젓(六─)〖명〗유월에 잡은 새우로 담근 새우젓.
육정(六正)〖명〗성신(聖臣)·양신(良臣)·충신(忠臣)·지신(智臣)·정신(貞臣)·직신(直臣)의 여섯 이로운 신하. 〖대〗육사(六邪).
육정(六情)〖명〗사람이 지닌 여섯 가지 정. 희(喜)·로(怒)·애(哀)·락(樂)·애(愛)·오(惡). six feelings
육정(肉情)〖명〗〖동〗육욕(肉慾)②.
육조(六曹)〖명〗〈제도〉고려와 조선조 때, 주요한 국무를 처리하던 이조(吏曹)·호조(戶曹)·예조(禮曹)·병조(兵曹)·형조(刑曹)·공조(工曹)의 여섯 관청.
육조(六朝)〖명〗〈역사〉중국 왕조(王朝)의 이름. 후한(後漢)이 멸망한 이후 수(隋)의 통일까지 건업(建業; 지금의 남경)에 도읍한 오(吳)·동진(東晉)·송(宋)·제(齊)·양(梁)·진(陳)의 총칭. 「육판서.
육조 판서(六曹判書)〖명〗〈제도〉육조의 각 판서. 《약》
육족(六足)〖명〗발이 모두 여섯 개. 곧, 말과 마부(馬夫). horse and a driver
육종(育種)〖명〗〈농업〉좋은 품종의 동식물을 육성하거나 품종을 개량하는 일. breeding 하타
육종=력(六種力)〖명〗어린아이의 울음, 여자의 성냄, 임금의 교만, 나한(羅漢)의 정진(精進), 부처의 자비, 비구(比丘)의 참음의 여섯 가지 힘.
육주(肉酒)〖명〗고기와 술. meat and wine
육=주비전(六注比廛)〖명〗〈제도〉서울 종로에 있던 여러 각전(百各廛) 가운데서 으뜸가는 여섯 전. 선전(縫

육중(肉重)명 덩치가 크고 무거움. ¶～한 바윗 덩이.

육중주(六重奏)명 〈음악〉 여섯 사람의 연주가가 각각 독주(獨奏)할 수 있는 악기로 연주하는 음악.

육즙(肉汁)명 쇠고기를 다저 삶아 짠 국물. gravy

육지(陸地)명 지구 위의 땅. 뭍. 육상(陸上)①. land

육지-같-다(陸地一)형 물건이 몹시 튼튼하고 질기다.

육-지기(肉一)명 〈동〉육고자(肉庫子). [solid

육지-꽃버들(陸地一)명 〈식물〉버들과의 낙엽 아교목 (亞喬木). 잎은 피침상 선형으로 겉은 녹색 광택이 나고 안쪽은 보드라운 털이 있음. 꽃은 4월에 피고 삭과(蒴果)는 5월에 익음.

육-지니(肉一)명 집에서 키어 사냥하기에 맞도록 기른 한 살이 못된 매. trained young hawk

육지-면(陸地棉)명 〈식물〉목화의 대표적인 한 품종. 잎은 크고 3～5갈래로 갈라졌음. 꽃은 흰빛 또는 담황색으로 크고 면모(棉毛)가 긺. 미국 원산으로 가장 널리 재배됨. upland cotton

육지 행선(陸地行船)명 뭍으로 배를 저으려 함. 곧, 되지 않는 일을 억지로 하고자 함. squaring the circle

육진(六塵)명 〈불교〉육식(六識)에서 일어나는 색(色)·성(聲)·향(香)·미(味)·촉(觸)·법(法)의 여러 가지 욕정(欲情)들. 육적(六賊).

육진(六鎭)명 〈제도〉조선조 세종 때 두었던 북변(北邊)의 여섯 진(鎭). 곧, 경원(慶源)·경흥(慶興)·부령(富寧)·온성(穩城)·종성(鐘城)·회령(會寧).

육진 장포(六鎭長布) 함경 북도 육진이 있던 곳에서 나는, 척수가 지나치게 긴 베.

육질(肉質)명 ①살이 많은 체질. fleshiness ②살로 된 부분. flesh ③살의 질(質). quality of meat

육징(肉徵)명 자꾸 고기가 먹고 싶은 생각이 나는 증세. [dish

육찬(肉饌)명 고기로 만든 반찬. 육선(肉饍). meat

육채(肉叉)명 〈동〉포크(fork).

육척(六戚)명 ①부모·형제·처자의 총칭. 육친(六親). six blood relations ②모든 혈족(血族). blood relationship

육체(六體)명 ①〈제도〉과거(科擧) 때에 시험 보던 시(詩)·부(賦)·표(表)·책(策)·논(論)·의(疑). ②〈동〉육서(六書)②.

육체(肉滯)명 고기를 먹고 생긴 체증. indigestion caused by eating meat [정신. body

육체(肉體)명 물질적인 신체. 몸. 육신(肉身)②. (대)

육체 노동(肉體勞動) 육체를 움직여, 그 물리적 힘으로써 하는 노동. (대) 정신 노동.

육체 문학(肉體文學)명 〈문학〉주로 육체에 관한 묘사에 치중하는 문학. sensual literature

육체-미(肉體美)명 육체의 균형(均衡)이 주는 아름다움. physical beauty [통. (대) 정신적.

육체-적(肉體的)관 육체상에 관한(것). ¶～인 고

육체-파(肉體派)명 체격이나 육체미가 뛰어난 여자. 또, 그 사람. women of physical beauty [candle

육-초(肉一)명 쇠기름으로 만든 초. 육촉(肉燭). tallow

육촉(肉燭)명 〈동〉육초.

육촌(六寸)명 ①여섯 치. six inches ②재종간의 형제 자매의 통칭. second cousin [raising chickens 하다

육추(育雛)자 갓 깨어난 새끼를 키움. 또, 그 새끼.

육축(六畜)명 집에서 기르는 대표적인 여섯 가지 가축. 소·말·돼지·양·닭·개. six kinds of domestic animals

육친(六親)명 ①부(父)·모(母)·형(兄)·제(弟)·처(妻)·자(子). 육척(六戚). six blood relations ②〈동〉점쟁이(占者)의 부모·형제·처자·자손·관귀(官鬼)·세응(世應)의 여섯 가지.

육친(肉親)명 혈족 관계가 있는 사람. blood relations

육칠-월(六七月)명 유월과 칠월. 또, 유월이나 칠월.

육칠월 늦장마에 물 퍼내어 버리듯⦗속⦘ 끝이 없고 한이 없는 모양. [骨(針骨). spine

육침(肉針)명 〈동물〉해면(海綿) 따위의 뼈로 된 침

육침(陸沈)명 ①나라가 망함을 가리키는 말. ②현인(賢人)이 속세에 숨는 일. 하다 [man bullet

육탄(肉彈)명 탄환을 담은 것과 같이 쓰이는 몸. hu-

육탈(肉脫)명 ①살이 빠져서 몸이 마름. losing weight ②주검의 살이 썩어서 없어짐. 하다

육탈 골립(肉脫骨立)명 살이 쏙 빠져 뼈만 남도록 마름.

육탕(肉湯)명 고깃국. meat soup

육태(陸駄)명 배에서 육지로 옮겨 놓는 짐.

육태-질(陸駄一)명 물건을 뭍으로 나르는 일. 하다

육통 터지다(六通一)⦗관⦘ 일이 거의 되려다가 안 됨을 이름.

육=판서(六判書)명 〈약〉→육조(六曹) 판서. [가리킴.

육포(肉包)명 고기쌈.

육포(肉脯)명 쇠고기를 얇게 저미어서 말린 포. (유)전포(乾脯). dried slices of beef

육풍(陸風)명 〈지리〉육지에서 바다로 향하여 부는 바람. 육연풍(陸軟風). (대) 해풍(海風). 해연풍. land wind

육필(肉筆)명 인쇄나 사진에 의한 것이 아닌, 직접 실제로 쓴 글씨. autograph

육하 원칙(六何原則)명 보도 기사 등의 문장을 쓸 때 지켜야 하는 기본적인 원칙 곧, '누가'·'언제'·'어디서'·'무엇을'·'어떻게'·'왜'의 여섯 가지.

육합(六合)명 ①천지(天地)와 사방(四方). 곧, 온 우주(宇宙). 육아(六爺). universe ②맹춘(孟春)과 맹추(孟秋), 중춘(仲春)과 중추(仲秋), 계춘(季春)과 계추(季秋), 맹하(孟夏)와 맹동(孟冬), 중하(仲夏)와 중동(仲冬), 계하(季夏)와 계동(季冬)을 서로 짝하여 부르는 명칭.

육항 단자(六行單子)명 〈제도〉생원(生員)·진사(進士)·문무관의 급제자가 임금에게 감사하는 뜻으로 바치던 여섯 줄로 쓴 글.

육해공-군(陸海空軍)명 〈군사〉육군과 해군과 공군.

육행(肉行)명 살구. [army navy and air forces

육행(陸行)명 육로로 감. travelling by land 하다

육=허기(肉虛飢)명 육욕에 걸신이 들림. 지나치게 남녀간에 사랑함을 이름.

육혈(血血)명 코피. [너간에 사랑함을 이름.

육혈-포(六穴砲)명 총알을 재어 넣는 구멍이 여섯 개가 있는 권총. six-chambered revolver

육-형(肉刑)명 〈제도〉중국에서 예전에 행하던 형벌. 곧, 묵(墨)·의(劓)·비(剕)·궁(宮)·대벽(大辟).

육호(六號)명 ①〈약〉→육호 활자. ②〈약〉→육호란. ③⦗약⦘→육호 기사.

육호 기사(六號記事)명 잡지 따위의 육호 활자로 조판되는 기사. 잡보·잡보 따위. (약) 육호③.

육호-란(六號欄)명 특히 동인 잡지 등에서 육호 활자로 조판하는 소식·휘보(彙報) 등의 난. (약) 육호②.

육호 활자(一活字)[六號字] 삼호 활자의 반반한 활자. 약 3mm 사각의 활자로 7포인트보다 좀 급. (약) 육호①. [(腫). sarcoma

육-혹(肉一)명 살로만 된 혹. 육증(肉癥).

육화(六花)명 ①눈(雪)을 모양으로 보아 아름답게 일컬음. ¶～날리는 밤거리. ②중국 이정(李靖)이 제갈량(諸葛亮)의 팔진(八陣)을 본뜬 진법(陣法).

육회(肉膾)명 살코기나 간·처녑·양 따위를 잘게 썰어서 갖은 양념을 한 음식. slices of seasoned raw

육효(六爻)명 〈민속〉점괘의 여섯 가지 획수. [meat

육후(肉厚)명 살이 많음. fat 하다

윤(潤)명 ⦗약⦘→윤기(潤氣). [뜻을 나타내는 말.

윤:(閏)명두 음력 달 외에 붙이어, '윤달이 든'의

윤:(允)자-(六號字)[六號字] 임금의 허가. 윤유(允兪). 윤허(允許). 윤준(允準). royal permission 하다

윤간(輪姦)명 한 여자를 여러 남자가 돌려가면서 강간(强姦)함. 혼간(混姦). raping a woman by turns

윤감(輪感)명 돌림감기. [하다

윤강(輪講)[명] 여러 사람이 차례로 강의함. 하타

윤거(輪車)[안]→화륜거(火輪車).

윤곽(輪廓)[명] ①거죽의 모양. superficial appearance ②테두리. contour ③[동] 개관(槪觀).

윤곽=패(輪廓覇)[명]〈인쇄〉조판의 네 가장자리를 두르기 위하여 사용하는 특별한 괘선.

윤관(輪關)[명]〈제도〉상관이 하관에게 돌려보게 하던 관문.

윤:군(允君·胤君)[명][동] 윤옥(允玉). └공문(公文)

윤기(倫紀)[명] 윤리와 기강(紀綱). morals and discipline

윤:기(─끼)[潤氣][명] 윤택한 기운. ¶솥뚜껑에 ~가 반지르르하다. [약] 윤(潤). gloss

윤:-나다(潤─)[자] 윤택한 기운이 나다. become glossy

윤납(輪納)[명] 서로 돌려가며 바침. 하타 └glossy

윤:-내다(潤─)[타] 윤택한 기운을 나게 하다. make

윤:년(閏年)[명] 윤달이 든 해. 태양력에서는 4년마다 한 번 2월은 29일로 하루 늘리고, 태음력에서는 5년에 두 번의 비율로 1년을 13개월로 함. [대] 평년. leap year

윤노리-나무[명]〈식물〉능금나무과의 낙엽 활엽 교목. 봄에 흰꽃이 핌. 이과(梨果)는 10월에 붉게 익음. 도구재·코뚜레·신단재로 쓰임.

윤:-달(閏─)[명] 음력 윤년(閏年)에 두 번 거듭되는 달. 윤삭(閏朔). 윤월(閏月). 윤월(閏月). leap month

윤달 만난 회양목[회양목은 윤년이면 한 치씩 줄어 든다는 전설에서] 키가 작은 사람 또는 진척이 되지 않는 일을 이름.

윤대(輪對)[명][동] 물레. └않는 일을 이름.

윤도(輪道)[명]〈물리〉전기의 회전로(回轉路). 전로(電路). circuit └위(方)位을 헤아리는 기구.

윤도(輪圖)[명] 가운데 지남철(指南鐵)을 장치하여 방

윤독(輪讀)[명] 여러 사람이 차례로 돌려가면서 글을 읽음. reading in turn 하타 └art guy

윤:-똑똑이[명] 저만 지나치게 똑똑한 체하는 사람. sm-

윤락(淪落)[명] ①몰락하여 타향으로 돌아다님. ②타락하여 몸을 버림. ruin 하타

윤리(倫理)[명] ①사람이 지켜야 할 도리. 인륜(人倫). morals ②〈약〉→윤리학(倫理學).

윤리-관(倫理觀)[명] 윤리에 대한 사고 방식.

윤리 신학(倫理神學) 신학의 한 분과. 그리스도교의 도덕과 생활을 연구하는 학문. moral theology

윤리적 법규(倫理的法規)〈법률〉주로 윤리적 규범을 내용으로 하는 법규. 형법·친족법등. [대] 기술적 법규.

윤리적 사:회주의(倫理的社會主義) 도덕적 관념을 기초로 성립한 사회주의 사회 사상.

윤리적 종교(倫理的宗敎)[명] 고도로 발달하여 국민적 내지 세계적 규모의 윤리성을 갖는 종교. 기독교·불교 등. [대] 자연 종교.

윤리-학(倫理學)[명]〈윤리〉선악의 표준과 행위의 비판을 연구하고, 도덕적 성격을 발달시키려는 원리를 연구하는 학문. [약] 윤리(倫理)②. ethics

윤리학-사(倫理學史)[명]〈윤리〉윤리의 사상(思想)·학설(學說)의 역사(歷史). history of ethics

윤리-화(倫理化)[명] 윤리·도덕의 법칙에 따르는 일. ethicization 하타

윤명(綸命)[명] 천자(天子)의 명령. 윤언(綸言).

윤몰(淪沒)[명] ①물에 침몰(沈沒)됨. ②죄(罪)에 빠짐.

윤무(輪舞)[명] 원무(圓舞)②. └짐. 하타

윤무-곡(輪舞曲)[명] 원무곡

윤문-병[─뼝](輪紋病)[명]〈식물〉불완전균·자낭균에 의해서 잎·줄기에 농갈색 또는 격갈색의 동심원(同心圓)을 가진 병반(病斑)이 생기는 식물의 병.

윤:문 윤:무(允文允武) 천자가 문무의 덕을 겸비하고 있음을 칭송하는 말. └beautiful 하타

윤:미(潤美) 윤기가 있어 아름다움. glossy and

윤번(輪番)[명] 차례로 번듦. taking turns 하타

윤번-제(輪番制)[명] 어떤 일을 차례로 번듦이 맡아보는 제도(制度). rotation system └일. 하타

윤벌(輪伐)[명] 해마다 삼림의 일부를 차례로 벌채하는

윤:삭(閏朔)[명] 윤달.

윤상(倫常)[명] 인륜의 떳떳한 도리.

윤상(輪狀)[명] 바퀴의 모양. annular

윤:색(潤色)[명] ①윤택이 나는 빛. gloss ②매만져 곱게 함. embellishment 하타 └verticillation 하타

윤생(輪生)[명]〈식물〉잎이 수레바퀴 모양으로 남.

윤서(倫序)[명] 차례. 순서.

윤선(輪扇)[명] 부채의 하나.

윤선(輪船)[명][약]→화륜선(火輪船). └급타

윤:습(潤濕)[명] 물에 적심. 또는 물에 젖음. wet 하

윤습(淪襲)[명] 돌아가며 모조리 습격함. 하타

윤시(輪示)[명] 돌아가며 봄. 회람(回覽). 하타

윤:신(潤身)[명] 덕을 쌓아서 자기 몸이 훌륭하게 되어 마치 몸의 광택을 입힌 듯함. 하타

윤언(綸言)[명] 군주가 내리는 말. 윤명(綸命).

윤언 여한(綸言如汗) 군주의 말이 한 번 떨어지면 취소하기 어려움이 마치 땀이 다시 몸 속으로 들어가지 못하는 것과 같다는 뜻.

윤:여(輪餘)[명][동] 윤달. └갈 수 없음과 같다는 뜻.

윤:옥(允玉·胤玉)[꿈] 남의 아들. 윤군(胤君).

윤:우(允友)[명] 웃어른께 편지할 때 그의 15,6세 이상 되는 장성한 아들을 일컫는 말.

윤:월(閏月)[명][동] 윤달.

윤:월(潤月)[명][동] 달잎달.

윤월(輪月)[명] 둥근 달.

윤위(位位)[명] 정통이 아닌 왕위.

윤:가(允可)[명][동] 윤가(允可). 하타 └words

윤음(綸音)[명] 임금의 말씀. 윤지(綸旨). emperor's

윤:일(閏日)[명] 양력 2월 29일. 양력에 있어 윤년에

윤:자(胤子)[명] 맏아들. └드는 날. 29th February

윤작(輪作)[명] 같은 땅에 여러 가지 농작물을 해마다 바꾸어 재배하는 일. 윤재(輪栽). [대] 연작(連作). crop

윤재(輪栽)[명] 윤작(輪作). 하타 └rotation 하타

윤전(輪轉)[명] 돌을레를 돎. rotation 하타[명]

윤전-기(輪轉機)[명]〈인쇄〉회전하는 두 롤러 사이로 종이가 나오면서 인쇄, 절단되어 나오게 된 고속도 인쇄기. rotary press

윤:준(允準)[명][동] 윤가(允可). 하타 └방.

윤중-제(輪中堤)[명] 강섬의 둘레를 돌려쌓아서 쌓은 제

윤증(輪症)[명] 돌림병.

윤지(綸旨)[명][동] 윤음(綸音).

윤직(輪直)[명] 윤번으로 하는 숙직. └문집(文集)

윤:집(閏集)[명] 원본(原本)에서 빠진 것을 모아 엮은

윤차(輪次)[명] 돌아가는 차례.

윤차(輪差)[명] 벼슬을 돌려가며 시킴. 윤함(輪銜). 하

윤창(輪唱)[명]〈음악〉같은 노래를 일정한 소절(小節)의 사이를 두고 뒤따르며 부르는 합창. troll

윤척(輪尺)[명] 나무의 직경을 재는 기계 자. caliper

윤척-없:-다(倫脊─)[형] 말을 이랬다 저랬다 하여 대중이 없다. 윤척:이[부]

윤첩(綸牒)[명] ①돌림 편지. ②회람(回覽)시키는 통

윤:초(閏秒)[명] 표준시와 실제 시각과의 오차(誤差)를 조정하기 위해서 그리니치 표준시로 7월 1일과 1월 1일의 0시에 보정(補正)하는 초(秒).

윤축(輪軸)[명]〈물리〉바퀴와 굴대를 고정시켜 동시에 회전시키는 장치. 축바퀴.

윤:태(潤態)[명][동] 윤택(潤澤). 하타

윤:택(潤澤)[명] ①윤기 있는 광택. 윤태(潤態). gloss ②넉넉함. 물건이 풍부함. ¶~한 살림. rich 하타

윤:-포(─布)[명] 무덤이 쓰는 굵은 베. rough hemp cloth

윤:필(潤筆)[명] ①글씨를 쓰고 그림을 그림. writing and painting ②[약]→윤필료. 하타 └[약] 윤필②.

윤:필-료(潤筆料)[명] 윤필한 보수. 휘호료(揮筆料).

윤:-하(允下)[명] 임금이 윤가(允可)를 내림. 하타

윤:허(允許)[명] 윤가(允可). 하타 └는 형벌의 하나.

윤형(輪刑)[명]〈제도〉죄인을 여러 곳으로 끌고 다니

윤형(輪形)[명] 바퀴와 같은 모양.

윤형 동:물(輪形動物)[명]〈동물〉동물계의 한 문(門). 아주 작은 동물로 담수(淡水)에 살며 오래 건조하여도 잘 살고 습기가 있게 되면 다시 활동함. Trochelminthes

윤화(輪禍)[명] 육상 교통 기관으로 말미암은 재난. automobile accident

윤환(輪奐)[명] 집이 크고 아름답게 생김.

윤·활(潤滑)[명] 습하고 부드러움. lubrication 하다[히]

윤-활유(潤滑油)[명] 기계 접촉부의 마찰을 덜기 위하여 쓰는 기름. 감마유(減摩油). grease

윤활-제(潤滑劑)[명] 기계의 회전부 따위에 발라 마찰을 적게 하고, 부드럽게 하는 재료. 각종 윤활유·그리스·석필(石筆) 따위. lubricant

윤회(輪廻)[명] ①차례로 돌아감. 유전(流轉)②. transmigration ②[약]→윤회 생사(輪廻生死). 하다[자]

윤회 사상(輪廻思想)[명] 불생은 끊임없이 삼계 육도(三界六道)를 돌아 돌며 생사를 거듭한다고 믿는 사상.

윤회 생사(輪廻生死)[명] 〈불교〉 수레바퀴가 돌고 돌아 끝이 없는 것과 같이 중생의 영혼은 육체와 같이 멸하지 않고 전전(轉轉)하여 무시 무종(無始無終)으로 돈다는 일. 〈약〉 윤회(輪廻)②. cycle of human life

윤회 전:생(輪廻轉生)[명] 〈불교〉 수레바퀴가 돌아 끊임이 없듯이 중생이 사정(邪情)·유견(謬見)·번뇌·업(業)으로 말미암아 삼계 육도(三界六道)를 돌고 돌며 생사를 끊임없이 반복함을 이르는 말.

율(律)[약] ①법(法). ②[약]→기율(紀律). ③[동] 품무. ④법죄자를 처벌하는 법. penal laws ⑤한시(漢詩)의 한 체. eight line Chinese verse ⑥〈불교〉 불교의 계율. Buddhist precepts ⑦[약]→율종(律宗).

율(率)[명] ①[약]→비율(比率). ②[약]→능률(能率).

율객(律客)[명] ①음률(音律)에 밝은 사람. ②[동] 가객(歌客).

율격(律格)[명] ①[동] 격식. ②언어 문자를 써서 음악적으로 배열하는 시의 형식. versification

율-과(律科)[명] 〈제도〉 형률(刑律)에 능통한 사람을 시켜(試取)하던 과거(科擧).

율관(律官)[명] 〈제도〉 율과(律科)에 급제되어 임명된 받은 관원.

율기(律己)[명] ①자기가 자기 자신을 잘 단속함. 율신(律身). self-control ②안색을 바르게 함. 하다[자]

율동[-똥](律動)[명] ①규율이 바른 활동. rhythmic movement ②음악에 맞추어서 추는 춤. rhythmic dance ③음률의 곡조. rhythm

율동-법[-똥뻡](律動法)[명] 시(詩)나 문학에 있어서의 각종 율동의 구성법. 동률법(動律法).

율동 체조[-똥-](律動體操)[명] 〈체육〉 음악의 가락에 맞추어서 하는 체조. 심신의 조화적 발달과 운동의 미적 표현이 목적. rhythmic gymnastics

율려(律呂)[명] 〈음악〉 ①음악. 또, 그 가락. music ② 육률(六律)과 육여(六呂). musical scale

율렬(凜烈)[명] 추위가 맵고 심함. 하다[형]

율령(律令)[명] 법(法).

율례(律例)[명] ①형률(刑律)의 적용에 관한 정례(定例). codes of penal laws ②[동] 법규(法規).

율리우스-력(Julius 歷)[명] 태양력의 하나. 4년마다 한 루는 윤일(閏日)을 두었음.

율모기[동물] 뱀의 하나. 길이 90cm, 비늘은 가늘고 길며 광택이 없음. 등은 갈황녹색 또는 녹갈 회색으로 넉 줄의 굵고 검은 얼룩점이 있음. 독아(毒牙)는 없고 논·밭·냇가에서 개구리·쥐·고기 등을 포식함.

율목(栗木)[동] 밤나무.

율무[식물] 포아풀과의 일년생 재배 식물. 높이 1.5m 가량이고 잎은 가늘고 길. 여름에 꽃이 피고 열매는 타원형인데 그 알맹이를 들려서 한방에서 약제로 쓴. 의이(薏苡). pearl barley

율무-쌀[한의] 율무 열매의 알맹이. 의이인(薏苡仁). ②[동] 운문(韻文)①.

율문(律文)[명] ①형률의 조문. articles of punishment

율의[몌] (□) 율무.

율법[-뻡](律法)[명] 법률. ②〈기독〉 종교적·도덕적·사회적 생활에 관하여 신이 인간에게 지키게 할 것을 내린 규범. ③[동] 계율(戒律).

율법-주의[-뻡-](律法主義)〈종교〉 유태교의 특질의 하나. 율법을 그대로 신의 말씀으로 믿고, 율법과 자기 생활과의 일치를 지상으로 여기는 입장.

율부(律賦)[명] 〈문학〉 부(賦)의 한 체. 변려문(騈儷文)에 운(韻)을 달고 염을 봄.

율사[-싸](律師)[명] 〈불교〉 ①계율(戒律)을 잘 지키는 고승(高僧). ②중의 버슬의 하나.

율서[-써](律書)[명] 법률에 관한 책.

율시[-씨](律詩)[명] 〈문학〉 한시(漢詩)의 한 체. 오언(五言) 또는 칠언(七言)의 여덟 구로 된 형식.

율신[-씬](律身)[명] 율기(律己)①. 하다[자] verse

율어(律語)[명] 운율(韻律)을 가진 말. 리듬이 있는 말.

율연(慄然)[명] 두려워하여 떠는 모양. being afraid of 하다[형]

율원(栗園)[명] 밤나무가 많이 난 동산. chestnut grove

율장[-짱](律藏)[명] 〈불교〉 불교에 대한 전적(典籍)을 모은 것으로 논장(論藏)·경장(經藏)과 함께 삼장의 하나. 계율장.

율절[-쩔](律節)[명] 〈문학〉 율시(律詩)와 절구시(絕句詩).

율조[-쪼](律調)[명] 〈음악〉 ㈜ 선율(旋律). rhythm

율종[-쫑](律宗)[명] 〈불교〉 계율(戒律)을 숭상하는 종파. 율율(律－).

율학(律學)[명] 형률에 관한 학문. criminology

융(戎)[명] ①싸움. ②[동] 병기(兵器). ③옛날 중국 서쪽에 있던 만족(蠻族). western barbarians of old China

융(絨)[명] 감의 거죽이 보드랍고 푸릇한 피륙의 하나. flannel

융기(戎器)[명][동] 병장기(兵杖器).

융기(隆起)[명] ①높게 일어나거나 들듬. 또, 그 부분. protuberance ②〈지리〉 땅이 기준면에 대하여 상대적으로 높게 일어난 지반. upheaval 하다[자]

융기-도(隆起島)[명] 〈지리〉 지각(地殼)의 변동으로 한 부분이 융기하여 새로이 생긴 섬. upheaved island

융기 산호초(隆起珊瑚礁)[명] 〈지리〉 산호초가 이루어진 뒤 지반(地盤)과 함께 융기한 것. elevated coral reef

융기-선(隆起線)[명] 〈지리〉 지각의 변동에 의한 융기.

융기 해:안(隆起海岸)[명] 〈지리〉 지반(地盤)이 해면(海面)에 대하여 상대적(相對的)으로 융기하여 육지에 잇닿은 바다 밑 부분이 해면 위에 나타나서 생긴 해안. uplifted coast

융단(絨緞)[명] 모직물의 하나. carpet

융단 폭격(絨緞爆擊)[명] 일정한 지역을 남김없이 철저하게 폭격하는 방식.

융동(隆冬)[명][동] 엄동(嚴冬).

융동 설한(隆冬雪寒)[명] 엄동 설한(嚴冬雪寒).

융랑(融朗)[명] 투명하고 맑음. 화평하고 밝음. 하다[형]

융로(隆老)[명] 나이가 칠팔십 세 이상 되는 노인. old man over 70 years

융모(絨毛)[생물] ①동물의 기관(器官) 안쪽에 돋혀나 있는 손가락 모양으로 생긴 부분. villus ②식물의 꽃부리나 잎에 달린 작고 가는 털. 융털돋기. 융털(絨－)②.

융모 상:피종(絨毛上皮腫)[명] 융모 상피 세포의 이상 증식으로 자궁 내막·내장·난소 등에 생기는 종양.

융병(戎兵)[명] 군병(軍兵). 병사(兵士).

융병(癃病)[명] 노인(老人)들의 몸이 수척하여지는 병.

융복(戎服)[명] 〈제도〉 철릭과 주립(朱笠)으로서 옛날의 군복(軍服). 의(戎衣). 의 [~ 폐영(貝纓).

융비(隆鼻)[명][동] 융준(隆準).

융비-술(隆鼻術)[명] 납작한 코를 인공적으로 높게 하는 수술. nasal plastic surgery

융성(隆盛)[명] 바을 기운차오. 성하게 일어남. 융창(隆昌). 의 [~기(期). [대] 쇠멸(衰滅). prosperity 하다[형]

융숭(隆崇)[명] ①무럽게 존중함. cordiality ②극히 정성스럽게 대접함. hearty 하다[형] 히

융액(融液)[명] 녹아 액체가 됨. 또, 그물 모양.

융운(隆運)[명] 번영해 가는 운명. 창운(昌運). 성운

(成運). prosperity

융융(融融)[명] 화기(和氣)가 있는 모양. 하다 히

융융―거리―다[자] 바람이 몹시 불어 나뭇가지 등에 걸려서 소리가 나다.

융은(隆恩)[명] 임금의 높은 은혜. Imperial favour

융의(戎衣)[명] 융복(戎服).

융이(戎夷)[명] 오랑캐.

융자(融資)[명] 자본을 융통함. 또, 그 자금. financing 하다

융자 경색(融資梗塞)[명]〔경제〕금융의 길이 막힘.

융자 회:사(融資會社)[명]〔경제〕금융 회사의 일종으로, 특정 기업에 대해 금융하기 위하여 설립한 회사.

융장(戎裝)[명] 군사의 모든 장비(裝備). 무장(武裝).

융적(戎狄)[명] 오랑캐.

융점(戎點)[명]〔제도〕각 영문의 군사를 조련(操練)함.

융점(―點)(融點)[명]〔약〕=융해점(融解點).

융제(融劑)[명]〔화학〕다른 물질을 녹이거나 분해(分解)하기 쉽게 하는 약제(藥劑). 융제(溶劑). flux

융족(戎族)[명] 오랑캐의 무리들.

융준(隆準)[명] 우뚝한 코. 융비(隆鼻). prominent nose

융준 용안(隆準龍顔)[명] 임금의 코와 눈.

융진(戎陣)[명] 싸움의 진(布陣). 군진(軍陣). 전진(戰陣)

융창(隆昌)[명][동] 융성(隆盛).

융체(隆替)[명] 성함과 쇠함. 성쇠(盛衰). ¶국운(國運)의 ~. rise and fall 하다. [동] 융모(絨毛).

융=털(絨―)[명] ①융단의 거죽에 난 보드라운 털. ②

융털―돌기(絨―突起)[명][동] 융모(絨毛)②.

융통(融通)[명] ①유통(流通)②. ②돈·물품이 없을 때 둘러 씀. accommodation ③일기 응변으로 머리를 써서 일이 되게 함. 통융(通融). adaptability 하다. ―쓰는 양. volume of circulation

융통―량(融通量)[명] 돈·물품(物品) 등을 서로 융통해 쓰는 양.

융통―물(融通物)[명] ①융통되는 물건. ②〔법률〕사법(私法)에서 거래의 객체(客體)가 될 수 있는 물건. 〔대〕불융통물. circulating thing

융통―성(―性)(融通性)[명] ①돈·물품을 융통할 수 있는 가망성(可望性). ②지체 없이 통용할 수 있는 성질. ③때에 맞추어 임기 응변으로 변통하는 재주. flexibility

융통 어음(融通―)[명]〔경제〕실제의 상거래에 쓰이지 않고 오직 자금 융통을 위한 어음. negotiable bill

융합(融合)[명] ①섞이어 한데 합침. ②원자핵(原子核)을 결합시켜 중원자핵(重原子核)을 형성(形成)함. ②녹은 것이 녹아서 하나가 됨. ③〔생물〕융모충(絨毛蟲) 아래의 원생 동물에서 두 개체가 합쳐 하나의 개체가 되는 현상. fusion 하다

융해(融解)[명] ①녹아 풀어짐. melting ②〔물리〕고체가 열을 만나서 액체로 됨. 융(融)化. 응고(凝固). 하다

융해―열(融解熱)[명]〔물리〕1g의 고체를 같은 온도의 액체로 바꾸는 데 필요한 열량. heat of fusion

융해―점[―點](融解點)[명]〔물리〕고체가 녹을 때의 일정(一定)한 온도. 융점(融點). melting point

융화(融化)[명] ①녹아서 아주 다른 물건이 됨. deliquescence ②융화(融和)하여 화합함. 하다

융화(融和)[명] 서로 잘못이 의좋게 지냄. harmony 하다

융화―책(融和策)[명] 서로 이해하고 소통(疏通)하여 화목을 도모하는 방책. nding 하다

융회(融會)[명] 세밀하게 이해함. thorough understa-

융흥(隆興)[명] 기운차게 일어남. revival 하다

윳[명] 둥글고 갸름하게 깎아서 쪼개어 만든 놀잇감. yoot 윳을 놀 때에 윳짝 네 개가 모두 잦혀진 것.

윳:=가락/윳:=가치[명] 윳짝.

윳:―놀―다[자] 윳을 놀아 윳을 먼저 승부를 다투다.

윳:―놀이[명] 윳을 던지어 승부를 다투는 놀이. 척사(擲柶). 하다

윳:놀이―채찍[명]〔제도〕대궐을 지키던 병정이 가지던 채찍.

윳:―밭[명] 윳놀이의 말밭.

윳:=짝[명] 윳의 낱개. piece of yoot

윷짝 가르듯[구] 판단이 분명한 모양.

윷:―판[명] ①윷놀이에서 말을 쓰는 판. yoot-board ②윷을 놓고 있는 그 자리.

으[명]〔어학〕①한글의 자모 '―'의 이름. name of the Korean letter '―' ②어간과 어미의 사이에 소리를 고르는 음절.

으그러―뜨리―다[타] 물건의 거죽을 으그러지게 하다. 〔센〕으끄러뜨리다.〔거〕으크러뜨리다. crush

으그러―지―다[자] 물건이 몹시 찌그러져서 볼 모양이 아닐게 되다. ¶물통이 ~.〔센〕으끄러지다.〔거〕으크러지다. be battered

으그르르[부] 먹은 음식이나 물이 목구멍으로 끓어오르는 소리. rumbling

으깍[명] 서로 의견이 달라서 생기는 감정의 불화(不和). 두 사람 사이에 ―이 나다.

으깨―다[타] 굳은 덩이 따위를 누르거나 문질러서 부스러뜨리다. crush

=으께[어미] 받침있는 동사 어간 및 '있다'의 어간에 붙어, '장차 할 게야'의 뜻을 나타내는 반말의 종결 및 연결 어미. '=을게'보다 어리숙한 느낌의 말. ¶말 잘 들~. 얌전히 있을 거야.

으그러―뜨리―다[타] 〔센〕으끄러뜨리다.

으크러―지―다[자] 〔센〕으끄러지다. [squash

으크―지르―다[타][르불] 버린 작정으로 물건을 으깨다.

=으나[어미] ①자음으로 끝나는 어간에 붙어서 뒷말의 내용이 앞말의 내용에 미치지 아니함을 나타냄. ¶물은 맑~ 너무 깊다. 먹~ 살맛이 없다. ②어떤 동작 상태를 가리키어 말할 때 받침 있는 어간에 붙이는 연결 어미. ¶양복을 입~ 한복을 입~ 잘 어울린다. ③형용사를 과장하려고 어간을 겹쳐 쓸 때 받침 있는 윗 어간에 붙임. ¶넓~ 넓은 운동장. →나.

=으나따나[어미] =으나마.

=으나마[어미] 받침 있는 어간에 붙어 만족스럽지 아니한 것을 아쉬운 대로 표하고 함을 나타내는 연결 어미. ¶볼 것은 없~ 푹 쉬어 가게. →나마.

=으나:마:나[어미] 받침 있는 용언의 어간에 붙어서, '그렇게 하거나 아니하거나 또는 그러하거나 그러하지 아니하거나 매한가지'의 뜻을 나타내는 부사형적 연결 어미. ¶날씨가 좋~ 틈이 있어야 놀러 가지. 먹~, 배고프긴 마찬가지다.

=으나마:나―하다[자][여불] 받침 있는 용언의 어간에 붙어 '으나마나 매한가지 형편이다'의 뜻을 나타내는 형용사를 만드는 말.

=으냐[어미] 받침 있는 형용사의 어간에 붙어서 물음의 뜻을 나타냄. ¶반찬이 ~? →냐.

=으냐고[어미]〔약〕=으냐 하고. ¶그는 나에게 그 꽃의 향기가 좋~ 물었다. ¶에 그는 씩씩 웃었다.

=으냐는[어미]〔약〕=으냐고 하는. ¶기분이 좋~ 물음

=으날[어미]〔약〕=으냐고 한. ②〔약〕=으냐고 하는.

=으냘[어미]〔약〕=으냐고 할. ¶어미가 좋~ 수 있어야지.

으슥=하―다[형][여불] ①둘레가 되바라지지 않고 폭 싸여 오목하다. snug ②아주 깊숙하고 고요하다. ¶대나무 숲에 싸여 있는 으슥한 고장. retired and quiet

으능[명] →은행(銀杏).

=으니[어미] ①받침있는 어간에 붙어 장차 하려는 말을 미리 베풂. ¶산이 높~ 돌아갑시다. ②받침 있는 어간에 붙어 사실을 설명하여 끝맺지 않고 다시 설명을 하는 어미. ¶편지를 받~ 눈시울이 뜨거워진다. →ㅡ니.

=으니[어미] 받침으로 끝나는 형용사의 어간에 붙어서 '으냐'보다 더 친밀하고 부드럽게 함. ¶산이 좋~, 바다가 좋~ ?

=으니[어미] 받침 있는 형용사의 어간에 붙어 무엇을 일러주는 종결 어미. ¶구름보다는 해가 높~.

=으니[어미] 받침 있는 형용사의 어간에 각각 붙어 이럴 기도 하고 저럴기도 함을 나타내는 연결 어미. ¶강물이 얕~ 깊~ 서로 우긴다. →ㅡ니.

=으니까[어미] '=으니'의 힘줌말.

=으니까느루 =어미 →=으니까.
=으니까는 어미 '=으니까'에 조사 '는'을 더하여 특히 힘줌을 나타냄. (약) 으니깐.
=으니까니 =으니까.
=으니깐 어미 (약)→=으니까는.
=으니라 어미 받침 있는 동사의 어간에 붙어 손아랫사람에게 어떤 사실을 가르쳐 주는 종결 어미. ¶쓴 약이 몸에 좋~. →=느니라.
=으니이-다 어미 (고) =습니다.
=으·니잇·가 어미 (고) =습니까.
=으되 어미 ①앞말의 사실을 시인하면서 뒷말로 조건을 삼을 때, 'ㅆ'이나 'ㅆ'으로 끝나는 어간에 붙음. ¶돈은 있~ 줄 수는 없다. ②뒷말의 사실이 말 앞의 사실에 구속되지 않음을 보일 때, 'ㅆ·ㅆ'으로 끝나는 어간에 붙는 연결 어미. ¶재산은 있~ 쓸 줄 모르는 사람이다.
으드득 ①아주 단단한 물건을 힘껏 깨물어 깨뜨릴 때 나는 소리. crunching ②세게 이를 가는 소리. 《작》 아드득. gnashing 하다자
으드득-거리-다자 연해 으드득 소리가 나다. 또, 연해 으드득 소리가 나게 하다. 《작》 아드득거리다.
으드득=으드득 하다자
으드등-거리-다자 서로 고집하여 부드럽지 못한 말로 자꾸 다투다. 《작》 아드등거리다. snarl at each other 으드등=으드등 하다자
으등-거리-다자 말라서 함부로 우그러지다. warp
으등그러-지-다자 ①바싹 말라서 비틀어지다. warp ②날씨가 흐려지며 점점 찌푸려지다. 《작》 아등그러지다. become wild
으뜸명 ①첫째. first ②두목. head ③근본. origin
으뜸-가-다자 ①여럿 가운데서 첫째가다. first ②어떤 일에 가장 중요하다. important
으뜸-꼴 《동》 기본형(基本形).
으뜸-마디 《동》 주절(主節).
으뜸 삼화음(一三和音) 《음악》 으뜸음·딸림음·버금 딸림음으로 구성된 화음 중에서 가장 주요한 역할을 하는 삼화음. 주삼화음(主三和音).
으뜸-셈씨 《동》 양수사(量數詞).
으뜸-움직씨 《동》 본동사(本動詞).
으뜸-월 《동》 주문(主文).
으뜸-음(一音) 《음악》 음조(音調)의 기초가 되는 음. 주음(主音).
으뜸=조각 《동》 주성분(主成分).
=으라 어미 받침 있는 동사의 어간에 붙어 '=어라'를 예스럽거나 막연하게 나타냄. ¶앞날에 성공이 있~. →=라.
=으라고 어미 받침 있는 동사의 어간에 붙어 명령의 뜻을 나타내는 어미. ¶잠~ 시켰다. →=라고.
=으라느냐 어미 (약) =으라고 하느냐. ¶나더러 화단에 꽃을 심~?
=으라느니 이리 하라 하기도 하고, 저리 하라 하기도 할 나타낼 때, 받침 있는 동사 및 형용사 '있다'의 어간에 붙이는 연결 어미. ¶똑바로 앉~ 좀 웃~ 사전지사 주문도 많다.
=으라는 어미 (약) =으라고 하는. ¶먹~ 말인지 먹지 말라는 말인지 분간을 못 하겠다.
=으라니 어미 (약) =으라고 하니. ¶믿~ 믿을 수밖에.
=으라니까 어미 (약) =으라고 하니까. ¶죽~ 죽는 시늉을 할 수밖에.
=으라니까는 어미 '=으라니까'의 힘줌말. (약) =으라니깐.
=으라니깐 어미 (약)→=으라니까는.
=으라든지 어미 (약) =으라고 하든지. ¶기다리고 있~ 내일 다시 오라든지 좌우간 무슨 말이 있어야 하지 않겠는가?
=으라면 어미 (약) =으라 하면. ¶믿~ 믿지요.
=으라면서 어미 ①받침 있는 동사 어간 및 형용사 '있다'의 어간에 붙어, =으라고 하면서의 뜻으로 나타내는 연결 어미. ¶많이 먹~, 연해 권한다. ②받침 있는 동사 어간 및 형용사 '있다'의 어간에 붙어 직접 간접으로 받는 명령을 다짐하거나 빈정거려 묻는 데에 쓰이는 종결 어미. ¶남아 있~.
=으라지 어미 (약) =으라 하지. ¶잠을 깨면 잡~. 있고 싶다면 있~. →=라지.
=으락 상대되는 뜻을 가진 두 동사나 형용사의 받침 있는 어간에 각각 상대로 붙어 그 두 가지 움직임이나 모양이 차례로 되풀이함을 나타냄. ¶높~ 낮~. →=락.
=으락말락 어미 받침 있는 동사 어간에 붙어 조금 하다가 쉬고 또 하다가 쉬고 함을 나타냄. ¶=한다. →=락말락.
=으란 어미 (약) =으라고 한. =으라고 하는. ¶책을 읽 ·으·란조 (고) =으랑. 을랑은.
=으란-다 어미 (약) =으라고 한다. ¶빨리 제비를 뽑~.
=으랄 어미 (약) =으라고 할. ¶빚을 갚~ 처지가 아니다.
=으람 어미 자음으로 끝나는 용언의 어간에 붙어 손아랫 사람에게 혼잣말로 '=으란 말인가'의 뜻으로 쓰임. ¶이걸 다 먹~. →=람.
=으랍니까 어미 (약) =으라고 합니까. ¶어디에 앉~.
=으랍니-다 어미 (약) =으라고 합니다. ¶그러담~. 푹 삶~. ¶문을 닫~.
=으랍디까 어미 (약) =으라고 합디까. ¶더운 데도 창~.
=으랍디-다 어미 (약) =으라고 합디다. ¶우선 이것 받~.
=으래 어미 (약) =으라 해. ¶책을 읽~. ¶~ 쫓~.
=으래서 어미 (약) =으라 하여서. ¶나무를 심~ 심었다.
=으래서야 어미 (약) =으라 하여서야. ¶무조건 참~ 되느냐.
=으래야 어미 (약) =으라 하여야. ¶앉~ 앉지.
=으래요 어미 (약) =으라 하여요. ¶잠을 잡~.
=으랴 어미 ①받침 있는 용언의 어간에 붙어서 이치로 헤아려 그러할 것이냐 하는 뜻을 나타내는 어미. ¶어찌 잊~. ②받침 있는 어간에 붙어서 남에게 이런 사람이 앞일에 대하여 상대편의 동의를 얻는 뜻을 나타냄. ¶네 말을 믿~. →=랴.
=으러 어미 받침 있는 동사의 어간에 붙어 가거나 오는 따위 움직임의 직접 목적을 보임. ¶달을 맞~ 산에 올랐다. →=러.
으레 어미 ①두 말 할 것 없이. 마땅히. ¶민주 시민은 법을 지켜야지. as a matter of course ②틀림없이. ¶내가 하는 일은 ~ 그 사람이 반대한다. (대) 대개. 설마. without fail
=으려 어미 (약)→=으려고.
=으려거든 어미 (약) =으려고 하거든. ¶밥을 해~.
=으려고 어미 받침 있는 동사의 어간에 붙어 장차 하려는 뜻을 나타냄. ¶그 곳에서 기다리고 있~ 했다. →=려고.
으려고 들다 어미 받침 있는 동사의 어간에 붙어서 곧 시작할 듯이 행동함을 나타냄. ¶마구 먹~.
=으려고 하다 어미 (약) =으려고 해. ¶주먹을 쳤다. 손목을 잡~ 뿌리쳤다.
=으려기에 어미 (약) =으러 하기에. ¶혼자 먹~ 야단.
=으려나 어미 (약) =으려 하나. =으려는기. ¶무슨 책을 읽~?
=으려네 어미 (약) =으려 하네. ¶돈은 내가 갚~.
=으려느냐 어미 (약) =으려 하느냐. ¶그렇게 놀기만 하고 책은 언제 읽~?
=으려는 어미 (약) =으려 하는. ¶그를 믿~ 사람은 없을 게다. 앉~ 사람뿐이니 차라리 서서 먹겠다.
=으려는가 어미 (약) =으려 하는가. ¶왜 그걸 땅에 묻~?
=으려는고 어미 (약) =으려 하는고. ¶왜 헤어지지 않~. 그녀는 내 말을 들~.
=으려는데 어미 (약) =으려 하는데. ¶밥을 먹~ 손님이 찾아왔다. 떨어진 손수건을 집~ 바람이 책을 어 날려 갔다. ¶격정이다.
=으려는지 어미 (약) =으려 하는지. ¶그가 나를 믿~.
=으려니 어미 (약) 받침 있는 동사나 형용사 어간에 붙어서 혼자 속으로라도 추측하는 뜻을 나타냄. ¶비가 그밤을 다 먹~ 짐작했다. →=러니.

=으러니와 받침 있는 용언의 어간에 붙어서 추측 또는 첨가(添加)의 뜻을 나타냄. ¶인물도 좋~ 마음도 좋다. →려니와.
=으려-다[어미] =으려다가. ¶도둑을 잡~ 놓쳤다. 『에 떨렸다.
=으려다가[어미] (약) =으려 하다가. ¶꽃을 꺾~ 가시느새 그만두고 누워 버렸구나.
=으려더라[어미] (약) =으려 하더라. ¶책을 읽~ 어 『를 십~.
=으려던[어미] (약) =으려 하던. ¶잡~ 사람들도 그 말을 듣고 놓아 버렸다. 값~ 돈을 다 내고 울상이다.
=으려던가[어미] (약) =으려 하던가. ¶그 사람 또 꽃을 『꺾~.
=으려도[어미] (약) =으려 하여도. ¶잊~ 잊을 수 없다.
=으려는[어미] (약) =으려고 하는. ¶신용을 얻~ 정직해라. 『십어하지.
=으려면[어미] (약) =으려 하면. ¶홍수를 막~ 나무를
=으려면야[어미] (약) =으려 하고면. ¶그를 믿~ 믿을 수도 있겠지. 정 굶~ 말릴 수도 없겠지.
=으려무나[어미] 받침 있는 동사의 어간에 붙어서 손아랫 사람에게 시키거나 허락하는 뜻을 나타냄. ¶바람이 부니 빨리 잠~. (약)=으렴. →려무나.
=으려서는[어미] (약) =으려 하여서는. ¶놀고 먹~ 안 『되지.
=으려서야[어미] (약) =으려 하여서야. ¶값을 터무니 없이 깎~ 됩니까? 『줌말.
=으려야[어미] ①(약) =으려 하여야. ②'=으려도'의 힘
=으려오[어미] (약) =으려 하오. ¶모든 걸 참고 있~.
=으련[어미] (약) =으려느냐. ¶어느 옷을 입~.
=으련-다[어미] =으려 한다. ¶내가 끝까지 참~.
=으련마는[어미] 받침 있는 용언의 어간에 붙어 장차할 일이나 가정(假定)으로 말하는 연결 어미. ¶시간이 있으면 책도 읽~. =으련만. →련마는.
=으련만[어미] (약) =으련마는. ¶책을 읽~ 때 불이 났었 『다.
=으렴[어미] (약) =으려무나.
=으렵니까[어미] (약) =으려 합니까.
=으렵니-다[어미] =으려 합니다.
=으렷-다[어미] 받침 있는 용언의 어간에 붙어 경험이나 이치로 추측하여 사실이 반드시 그러할 것이, 또는 그리 될 것을 미루어 인정하는 뜻을 나타내는 어미. ¶내일은 비가 오~. ②미루어 생각되는 사실에 대하여 인정하는 뜻을 다지는 데 씀.
으례[→으레. 『필시 그가 집에 있~. →렷다.
=으로[조] 'ㄹ 받침' 이외의 받침이 있는 체언에 붙어 수단·방법 또는 방향을 나타내는 부사격 조사. ¶산~ 간다. 손 글씨를 쓴다. →로.
으로는[조] '으로'와 '는'이 겹쳐 된 부사격 조사. ¶앞~ 강(江), 옆~ 산(山). (약) 으론. →로는.
으로-더불어[조] 받침 있는 체언에 붙어 '와 함께'의 뜻을 예스럽게 나타내는 부사격 조사. ¶책~ 벗을 삼다.
으로도[조] 조사 '으로'와 '도'가 겹쳐진 부사격 조사. ¶마음~ 잘 되지 않는다. →로도.
으로-부터[조] 'ㄹ 받침' 이외의 받침이 있는 체언에 붙어 '에서부터'의 뜻을 나타내는 부사격 조사. ¶동~ 흘러 바다로 들어가는 강.
으로서[조] 'ㄹ 받침' 이외의 받침이 있는 말에 붙어서 '지위·신분·자격을 가지고'의 뜻으로 쓰임. ¶학생~ 그러한 짓을 다니다. ②동작이 일어나는 곳을 나타내는 '으로부터'의 뜻. ¶남쪽~ 햇빛이 들어온다. →로서.
으로써[조] 'ㄹ 받침' 이외의 받침이 있는 체언에 붙어 '으로'와 같으나 좀더 강하게 '을 가지고서'의 뜻을 나타냄. ¶죽음~ 나라를 지키자.
으로-하여금[조] 'ㄹ 받침' 이외의 받침이 있는 체언에 붙어 '을'·'에게'의 뜻을 나타내는 말. 뒤에 반드시 사역(使役)의 뜻을 가진 말이 이어진다. ¶그것이 적~ 패주하게 만든 원인이다.
으론[조] (약)→으로는.

으르-다[르불] 물에 불린 쌀을 방망이로 으깨다. mash(wet rice) 『threaten
으르-다[여불] ①놀라게 하다. frighten ②협박하다.
으르-대다[자] 자꾸 으르고 딱딱거리다. threaten
으르렁 사나운 짐승이 성내어 부르짖는 소리. (작) 아르랑. quarrel 하타
으르렁-거리-다[자] ①모진 짐승 따위가 소리를 내어 부르짖다. ②불화한 말로 서로 다투다. (작) 아르랑거리다. 으르렁~으르렁 하타
으르르 ①몸이 으스스 떨리는 모양. tremblingly ②분할 때나, 위협을 받았을 때에 몸이 떨리는 모양. (작) 아르르. shiveringly 하타
으름 〈식물〉 으름덩굴의 열매. 임하 부인(林下夫人). 연복자. akebi-seed
으름-덩굴 〈식물〉 으름덩굴과의 덩굴진 관목(灌木). 잎은 장상 복엽(掌狀複葉)으로 타원형임. 담자색 꽃이 피고 삭과(蒴果)는 긴 타원형이며 암자색으로 익음. 뿌리 및 가지는 약용, 과실은 식용함. 목통(木通). akebi
으름-장[짱말] 남을 위협하는 것. threat 하타
으름장 놓다[관] 위협하는 말로 으르다. 『두 말 못하
=으리[어미] ①(약)→으리요. ②(약)→으리라. 『다.
=으리까[어미] 받침 있는 용언의 어간에 붙어 손윗 사람에게 앞일을 묻는 종결 어미. ¶이것을 먹~? →리까.
=으리니[어미] 받침 있는 용언의 어간에 붙어 '을 것이니'의 뜻을 나타내는 연결 어미. ¶내가 소를 몰~ 잘 보아라.
=으리니라[어미] 받침 있는 용언의 어간에 붙어 '을 것이니라'의 뜻을 나타내는 종결 어미. ¶상(賞)을 받~.
=으리-다[어미] ①받침이 있는 용언의 어간에 붙어 윗사람에게 경계하라는 뜻의 종결 어미. ¶그 개를 때리면 물~. ②받침 있는 용언의 어간에 붙어 윗사람에게 제 생각을 즐거이 베풀어 이르는 종결 어미. ¶그 빚은 내가 갚~. →리다.
=으리라[어미] 받침 있는 용언의 어간에 붙어 짐작이나 장차 할 뜻을 나타내는 종결 어미. ¶그 일은 모두 마쳤~. (으리). →리라.
=으리로-다[어미] 받침 있는 용언의 어간에 붙어 '=으리라'의 뜻으로 감탄을 나타내는 종결 어미. ¶내가 차을 막~. →리로다.
=으리요[어미] 받침 있는 용언의 어간에 붙어 스스로의 물음이나 원망(願望)의 뜻을 나타내는 종결 어미. ¶그럴 리가 있~. (으리). →리요.
으리으리-하다[형] ①굉장하여 무서운 생각이 날 만큼 크다. magnificently ②아주 엄숙하다. solemnly
=으마[어미] 받침 있는 동사의 어간에 붙어 아랫 사람에게 자기의 의견을 즐거이 베푸는 종결 어미. ¶물은 내가 길~. →마.
=으매[어미] 받침 있는 용언의 어간에 붙어 어떤 사실을 미리 인정할 때 쓰이는 연결 어미. ¶그녀가 걸~, 나도 걸었다. →매.
=으며[어미] ①받침 있는 어간에 붙어 둘 이상의 동작이나 모양을 아울러 말할 때 쓰는 연결 어미. ¶웃으다. ②(약)=으면서. →며.
=으면[어미] 받침 있는 용언의 어간에 붙어 '앞으로 가령 그렇다면'의 뜻을 나타내는 연결 어미. ¶이 달에만 갚~ 월부가 모두 끝난다. →면.
=으면서[어미] 받침 있는 용언의 어간에 붙어서 어떤 동작이나 모양의 겸함을 뜻하는 연결 어미. ¶먹~ 이야기하는 것은 좋지 않다. (약) =으며②. =으면서.
=으면는[어미] (약)=으면의 힘줌말.
=으므로[어미] 받침 있는 용언의 어간에 붙어 까닭을 나타내는 연결 어미. ¶세월이 가을~ 나이를 먹는다.
으밀-아밀 남이 모르게 소곤소곤 이야기하는 모양. secretly 하타
으변:칙 활용 (一變則活用)[명] 〈어학〉 어간의 끝 '으' 가 '아'나 '어' 앞에서 줄어지는 변칙 활용. '크다' 『→프.

가 '커', '쓰다'가 '써'로 되는 따위. 으불규칙 활용. 현행 '통일 학교 문법'에서는 이를 규칙적 음운 탈락 현상으로 보아 불규칙 활용으로 처리하지 아니함.
으불규칙 용언(-不規則用言)[명] '으' 변칙 활용을 하는 용언. '크다'·'쓰다'·'모으다' 따위. 현행 '통일학교 문법'에서는 인정하지 아니함.
으불규칙 활용(-不規則活用)[명][동] 으변칙 활용.
=**으사이-다**[어미] '하소서'할 자리에서 받침 있는 동사 및 어간에 붙어, 청유(請誘)함을 나타내는 종결 어미. ¶사연을 읊~. 가만히 있~.
=**으세요**[어미] →으서요.
=**으셔요**[어미](약)→=으시어요.
=**으소서**[어미] '하소서'할 자리의 받침 있는 어간 밑에 쓰이어, 시킴을 나타내는 종결 어미. ¶이 물건을 받~. →소서. [on airs
으스-대다[자] 어울리지 않게 으쓱거리며 뽐내다. put
으스러-뜨리-다[타] 덩어리를 깨뜨려 여러 조각이 나게 하다. 《작》아스러뜨리다. break to pieces
으스러-지-다[자] 덩어리가 깨어져 여러 조각이 나다. ¶그의 손이 으스러지도록 꽉 붙잡았다. 《작》아스러지다. be smashed to pieces
으슬 달밤[-빰][명] 으스름 달밤.
으슬-하-다[형][여불] 달빛이 으슴푸레하다. faint
으스스[부] 찬 기운이나 싫은 물건이 몸에 닿았을 때 소름이 끼쳐는 듯한 모양. 《작》아스스. 오스스. chilly 하[형]
으슥-하-다[형][여불] ①구석지고 고요하다. ¶으슥한 숲 속. retired and quiet ②몹시 조용하다. 《데》번화(繁華)하다. profoundly quiet
으슬-으슬[부] 몸에 찬 기운이 돌아 소름이 끼칠 듯이 추워지는 모양. 《작》아슬아슬. 오슬오슬. chilly 하[형]
으슴푸레-하-다[형][여불] ①달빛이 똑똑하지 않아 희미하게 밝다. dim ②말소리가 희미하게 들리다. faint
=**으시라**[어미] 받침 있는 동사 어간에 붙어 настоящ 사 수에 대한 공손한 명령을 나타내는 종결 어미. ¶모두 조용히 들~.
=**으시어요**[어미] 선어말 어미 '=으시'와 어말 어미 '=여요'가 결합된 종결 어미. ¶밭~. (약)=으서요.
으쩍[부] 단단한 것을 이로 힘껏 깨무는 모양. crunching 하[타] [써-[부] 하[타]
으쩍-거리-다[타] 연해 으쩍 소리를 내면서 깨물다. 으
으쓱[부] ①갑자기 위태로운 경우를 당하여 놀래어 소름 끼치는 모양. be horrified ②갑자기 찬 기운이 몸에 닿을 때 싫은 느낌을 느끼는 모양. 《작》아쓱. shudderingly 하[자타] [swaggering 하[자타]
오쓱[부] 젠 체하고 뽐내거나 어깨를 들먹이는 모양.
으쓱-거리-다[타] 멋멋하거나 제 잘난 멋에 어깨를 으쓱으쓱 치키다. =쓱=쓱[부] 하[자타]
으아[감] ①젖먹이가 우는 소리. mewl ②감탄하여 스스로 외치는 소리. Ah!
으아리[명][식물] 미나리아재비과의 낙엽 활엽 만목. 야생하는데 여름에 흰꽃이 핌. 뿌리는 약용. 어린 잎은 식용함.
으악[감] ①음식을 갑자기 게우는 소리. kecking ②갑자기 무서운 일을 당하거나 놀랐을 때 지르는 소리. with a sudden outcry ③남을 놀래키 하려고 지르는 소리. [자기 지르는 소리.
으앙[감] 젖먹이의 우는 소리.
으앙-으앙[부] 연해 젖먹이가 아이가 우는 소리.
=**으오**[선미] 받침 있는 어간에 붙어 겸손함을 나타내는 선어말 어미. ¶읽~리다.
=**으오**[어미] 받침 있는 어간에 붙어, 서술·의문·사역 등을 나타내는 종결 어미. ¶밭~. 읊~.
=**으오니까**[어미] 받침 있는 형용사의 어간에 붙어, '하소서'할 자리에서 현재의 상태를 묻는 종결 어미. ¶책이 많~.
=**으오리까**[어미] 받침 있는 동사 어간 및 형용사 '있다'의 어간에 붙어, '합쇼'할 자리에서 '그리하겠요'

의 뜻으로 자기의 의사에 대한 상대방의 허부(許否)를 묻는 종결 어미. ¶대신 갚~.
=**으오리다**[어미] 받침 있는 동사 어간 및 '있다'의 어간에 붙어 '합쇼'할 자리에서, '그리하겠습니다'의 뜻으로 자기의 의사를 나타내는 종결 어미. ¶많이 읽~. 있을 수~. 꼭 있~.
=**으오리이까**[어미] 받침 있는 동사 어간 및 형용사, 있다'의 어간에 붙어, '하소서'할 자리에서, '그리할까요'의 뜻으로 상대방의 허부(許否)를 묻는 종결 어미. ¶소인이 도장을 대신 찍~.
=**으오리이-다**[어미] 받침 있는 동사 어간 및 형용사 '있다'의 어간에 붙어 '하소서'할 자리에서, '그리하겠습니다'의 뜻으로 자기의 의사를 나타내는 종결 어미. ¶한 번 더 읽~. 머물러 있~.
=**으오이-다**[어미] 받침 있는 어간에 붙어 '하소서'할 자리에서, 현재의 사실을 설명하는 종결 어미. ¶물이 깊~. (약)으외다.
=**으옵**[선미] 받침 있는 어간 밑에 쓰이어 겸손함을 나타내는 선어말 어미. ¶읽~시면. →=옵.
=**으옵니까**[어미] '=으옵-'과 '=나이까'가 줄어 합친 종결 어미. ¶빛이 검~. →=읍니까.
=**으옵니다**[어미] '=으옵-'과 '=나이다'가 줄어 합친 종결 어미. ¶글을 읽~. →=읍니다.
=**으옵디까**[어미] '=으옵-'과 '=더이까'가 줄어 합친 종결 어미. ¶머리를 감~. →=읍디까.
=**으옵디-다**[어미] '=으옵-'과 '=더이다'가 줄어 합친 종결 어미. ¶밥을 먹~. →=읍디다.
=**으와**(약) 선어말 어미 '=으오'에 어미 '=아'가 합
=**으외-다**[어미](약)→=으오이다. [친 말.
으응[감] ①'해라'나 '하게'할 자리에서 반문하거나 긍정할 때에 쓰는 말. ¶~, 뭐라고? ~, 그래. ②마음에 덜 차거나 짜증이 날 때에 씀. ¶~, 싫어.
=**으이**[어미] 예사로 낮추어 자기 생각을 베풀어 말할 때 자음으로 끝나는 형용사의 어간에 쓰이는 종결 어미. ¶정말 그 술맛이 좋~.
으지적[부] 단단한 물건을 힘껏 깨물 때 나는 소리. 《작》아지작. 하[자타]
으지적-거리-다[자] 단단하고 질긴 물건을 깨물다. 《작》아지작거리다. 으지적-으지적[부] 하[자타]
으지직[부] 단단한 물건이 부서져 깨지거나 찌그러지는 것과 같은 소리. 《작》아지직. 하[자타]
으지직-거리-다[자] 연해 으지직 소리가 나다. 또, 으지직 소리를 내게 하다. 《작》아지직거리다. 으지직-으지직[부] 하[자타]
으쩍[부] 단단한 물건을 힘주어 깨무는 소리. crunching
으쩍-거리-다[타] 연해 으쩍 깨무는 소리. 하[자타]
으츠러-뜨리-다[타] 으스러지게 하다.
으츠러-지-다[자] 연한 것이 다른 것에 닿아서 으끄러지다. be bruised
으크러-뜨리 다[타](거)→으그러뜨리다.
으크러-지-다[자](거)→으그러지다.
으탈락(一脫落活用)[어학] 어간의 말음 '一'가 어말 어미 '어'나 모음으로 된 '어'로 시작되는 어미 및 선어말 어미 '었' 앞에서 탈락되는 용언. 어간이 바뀌는 규칙 활용. 쓰다·따르다 등.
으흐름[명][교] 으름.
으흐흐[감] 짐짓 지어서 음칙하게 웃는 소리.
옥-물-다[타][르] ①굳은 결심을 하거나, 몹시 성내거나 또는 몹시 아플 때 아래윗니를 힘있게 물다. clench one's teeth ②단단히 물고 떨어지지 않다. 《작》악물다. bite tightly ③꽉 붙잡고 아니 놓다. ¶옥물고 늘어지다. hold on fast to
옥=물-리-다[자] 옥물음을 당하다. 《작》악물리다. be bitten firmly
옥=박-다[타] 억지로 짓누르다. 몹시 억누르다. oppress
옥박-지르-다[타] 옥박아 기를 꺾다. intimidation 하[자타]
옥박-질[명] 옥박는 짓. intimidation 하[자타] [midate
은[조] 받침 있는 명사 아래 붙어 사물을 구별하는 뜻

=은 1454 은로

=을 돕는 보조사. 주격·보격·목적격·부사격으로 쓰임. ¶하늘~ 맑고, 바람~ 조용하다. →는.
=은어미 받침 있는 어간에 붙어 이미 되어 있는 사실을 나타내어 그 아래의 체언을 꾸미는 전성 어미. ¶맑~ 물. 삶~ 콩. →는.
은(恩)명 ①은덕. ②은총. 은혜. 은택.
은(銀)[광물] 금보다 조금 가볍고 빛이 흰 쇠붙이. 원소 기호; Ag. 원자 번호; 47. 원자량; 107, 868. silver
=은가어미 받침 있는 형용사 어간에 붙어서 현재 상태에 대하여 손아랫 사람에게 물음을 나타내는 종결 어미. ¶어느 것이 좋~. →느냐. 「ver-ring
은-가락지(銀-)명 은으로 만든 가락지. 은지환. sil-
은가 보다어미 보조 형용사 '보다'가 합친 말. ¶한잠 자고 나니 기분이 아주 좋~. seems to
은갈-마(銀褐馬)명 서라말. 「be →는 보다.
은감(殷鑑)명 남의 실패함을 보고 스스로의 경계로 삼을 만한 것. warning
은감 불원(殷鑑不遠) 경계를 삼을 만한 좋은 전례(前例)는 의외(意外)로 가까운 곳에 있다는 뜻으로 다른 사람의 실패를 자신의 거울로 삼으라는 뜻.
은갑(銀甲)명 ①비파(琵琶) 따위를 탈 때 손가락에 끼우는 것. plectrum ②은으로 만든 갑옷. silver armour
은갱(銀坑)명〈광물〉은을 채굴(採掘)하는 광갱(鑛坑).
은거(隱居)명 ①세상을 피하여 숨어 삶. 은서(隱棲)·은서(隱栖). seclusion from the world ②관직을 물러나거나 가업(家業)을 물려주고 한거(閑居)하는 일. retirement ③〈법률〉호주가 생전에 자유의 의사에 따라 호주권(戶主權)을 포기하는 행위. abdication 하다
=은거냐어미 받침 있는 용언의 어간에 붙어 '=은 것이냐'의 뜻을 나타내는 종결 어미. ¶비가 잠~.
=은거야어미 =은 것이야. ¶이것은 진짜~.
=은걸어미 이미 있는 사실에 대하여 자기 생각으로는 이러이러하다고 스스로 감탄하거나, 또는 상대자에게 다시 생각하기를 요구하는 태도를 말할 때 받침 있는 어간에 붙는 종결 어미. ¶좀 많~. 너무 작~. (원) =은 것을. →ㄴ걸. 「(相格)
은격 [-격] (隱格)명 거죽에 나타나지 아니하는 상격
은=결[-결] (銀-)명 달빛 따위에 비치어 은빛과 같이 희게 번적이는 물결. silvery waves
은결-들다자타 ①원통하여 남 몰래 속이 상하다. regret ②내부(內部)에 상처(傷處)가 나다. get a wound inside of
=은고어미 '=은가'의 예스러운 말투. →ㄴ고.
은고(恩顧)명 돌보아 돌보아 주는 일. special favour
은고(銀庫)명 은을 넣어 두는 창고. 하다
은공(恩功)명 은혜와 공로. 《약》은(恩). favour and services
은광(恩光)명 ①은혜로운 빛. favour ②임금의 은택. Imperial favour
은광(銀鑛)명〈광물〉은을 파내는 광산. 은산(銀山). 은점(銀店). silver mine
은괴(銀塊)명 덩어리로 된 은. silver ingot
은교(隱交)명 은의로써 오래 사귀어 온 친교(親交). intimacy
은구(銀鉤)명 ①은으로 만든 갈고랑이. silver hook ②썩 아름답게 쓴 글씨를 이르는 말. fine penmanship
은구(隱溝)명 땅 속에 묻어서 만든 수채. underdrain
은=구기(銀--)명 은으로 만든 구기. 은작(銀勺).
은-구어(銀口魚)명〈동〉은어(銀魚)①.
은군-자(隱君子)명 ①부귀와 공명을 구하지 아니하는 숨은 군자. hermit ②〈동〉은군자①. ③국화(菊花)의 딴이름. 「이 어린 대우. 하다
은권(恩眷)명 ①어여삐 여겨 돌보아 줌. ②군주의 권은근(慇懃)명 ①태도가 겸손하고 정중함. ¶~한 태도. ②은밀하게 정이 깊음. ¶~한 사이. ③음흉스

-럽고 은밀함. ¶~히 좋아하다. 하혱 히튀
은근-짜(俗)명 ①몰래 몸을 파는 계집. 밀매음녀(密賣淫女). 은군자(隱君子)②. unlicensed prostitute ②성질이 의뭉스러운 사람. crafty fellow
은금(恩金)명 은급(恩給)으로 주는 돈. 연금. pension
은-금(銀金)명 은과 금. ¶~ 보화. ~ 보배. silver and gold
은급(恩給)명〈제도〉정부가 법정 조건(法定條件)을 갖추어 퇴직한 사람에게 죽을 때까지 주는 연금. pension 「[皿]. silverware
은기(銀器)명 은으로 만든 기구(器具). 은기명(銀器
은기-명(銀器皿)명 《동》은기.
은-젓의다리(銀--)명〈식물〉미나리아재비과의 다년생 풀. 높이 50 cm 내외로 잎 뒤가 분처럼 흼. 7~8월에 황백색 꽃이 피고 열매는 난형(卵形), 어린 잎과 줄기는 식용함.
은-난초(銀蘭草)명〈식물〉난초과의 다년생 풀. 산야의 나무 그늘에 남. 높이 20~40 cm, 잎은 호생하며 달걀꼴의 타원형임. 초여름에 흰꽃이 수상(穗狀) 화서로 핌. 「은으로 세공한 의치(義齒).
은-니(銀-)명 은을 입혔거나 은으로 만든 이. 또,
은-니(銀泥)명 은가루를 아교에 개 되직한 물. 글씨나 그림에 쓰임. silver paint
은닉(隱匿)명 ①숨기어 감춤. 비밀로 함. concealment ②물건의 효용을 잃게 하는 행위. 하다
은닉-죄(隱匿罪)명〈법률〉벌금 이상의 형(刑)에 해당하는 죄인을 숨기거나, 남의 서류(書類) 또는 방수(防水)·진화(鎭火)의 용구(用具) 등을 은닉함으로써 성립되는 죄(罪). secretion
은닉 행위(隱匿行爲)명〈법률〉상대방과 내통하여 어떤 행위를 숨기·가장하는 행위.
은-대[-때] (銀-)명〈속〉은수저.
은대(銀帶)명〈제도〉정 3품 내지 종 6품의 벼슬아치들이 떠던 띠. 은띠.
은덕(恩德)명 ①은혜를 베푸는 덕. grace ②은혜로 입은 신세. 은혜(恩惠). 힘®. 《약》은(恩).
은덕(隱德)명 남이 알지 못하는 숨은 덕행. good deed by stealth
=은데어미 받침 있는 형용사의 어간에 붙는 연결 어미. ¶사람은 많~ 인재는 없다. →는데.
은도(銀濤)명 《동》은파(銀波).
은-도금(銀鍍金)명 주석이나 구리로 된 물건의 거죽을 은으로 도금하는 일. 하다
은-돈(銀-)명 《동》은전(銀錢). 「일.
은-둥거리(銀--)명 부불이의 끝에 은으로 장식하는
은-두구리(銀--)명 은으로 만든 약두구리.
은두-화(隱頭花)명〈식물〉두툼한 화축(花軸)의 끝이 움푹 들어가고 그 가운데에 여러 개의 꽃이 붙는 것. 「꽃이 붙은 화서.
은두 화서(隱頭花序)명〈식물〉화축(花軸) 안에 많은
은둔(隱遁)명 세상을 버리고 숨음. 피세(避世). sec-
은둔 사상(隱遁思想)명 ⑤ 도피 사상. llusion 하다
은둔 생활(隱遁生活)명 시끄러운 세상 일을 버리고 한적한 곳에 숨어 사는 일.
은둔-자(隱遁者)명 《동》은사(隱士).
은둔-주의(隱遁主義)명 시끄러운 세상 일을 버리고 한적한 곳에 숨어 사는 주의.
=은든지어미 받침 있는 어간에 붙어 양보와 반문을 겸하여 '=다 할지라도 어찌'의 뜻으로 쓰이는 어미. ¶좀 많~ 어머랴. →ㄴ들.
은-딱지(銀-)명 은으로 된 시계의 껍데기.
은-띠(銀-)명 《동》은대(銀帶).
은랍(銀鑞)명 은과 놋쇠 또는 여기에 카드뮴·주석 등을 가한 합금. 금속을 접합하는데 씀.
은력(殷曆)명 중국 한대 초에 전하던 역법. 1년을 365일 6시간으로 함. 「vered mountains
은령(銀嶺)명 눈이 새하얗게 덮인 외나 산. snow-co-
은로(銀露)명 달빛이 비치어 흰 이슬. moonlit dew

은록(恩祿)[명] 임금이 주는 녹(祿).

은루(隱漏)[명] 〈제도〉 논밭을 숨겨 양안(量案)에 기록하지 않던 일. 하타

은류(隱流)[명] 보이지 않게 숨어서 흐름. undercurrent

은륜(銀輪)[명] ①은 바퀴. ②'자전거'의 미칭.

은린(銀鱗)[명] ①은빛의 비늘. ②'물고기'의 별칭.

은린 옥척(銀鱗玉尺)[명] ①모양이 좋고 큰 물고기. ②'물고기'를 아름답게 일컫는 말. fine fish

은막(銀幕)[명] ①〈동〉 영사막(映寫幕). ②〈영〉 영화계〔(映畫界)〕.

은-메달(銀medal)[명] 은으로 만든 메달. 국제 올림픽 경기에서 2위를 차지한 선수에게 줌. 은패(銀牌).

은멸(隱滅)[명] 숨어서 보이지 않게 됨. disappearance 하타 ┌'의 고마운 명령. Imperior order

은명(恩命)[명] 임금이 내리는 임관(任官)·유죄(有罪)

은모(隱謀)[명] 숨어서 못된 일을 꾸밈. 음모(陰謀). intrigue 하타 ┌silver pipe

은-목갑이(銀―)[명] 은으로 목을 감은 담배 물부리.

은몰(隱沒)[명] 없어짐. 숨음. hiding 하타

은-물(←銀mogol 포)[명] ①은을 도금한 장식용 가는 다란 줄. ②은실을 써서, 검사를 놓은 짠 물건.

은문(恩門)[명] 〈제도〉 과거(科擧)에 급제한 사람이 자기의 시관(試官)을 가리켜 일컫던 말.

은문(恩問)[명] 〈공〉 남의 방문.

은물(恩物)[명] ①은사(恩賜)하는 물건. Imperial gift ②증물(贈物). gift ③〈불교〉 은사(恩師)에게서 전하여 받은 물건. ③유치원에서 유희나 그 밖에 놀잇감으로 쓰이는 기구. kindergarten toys 「silver

은-물(銀―)[명] 녹아서 유동체(流動體)로 된 은. fluid

은미(隱微)[명] ①작아서 알기 어려움. ②겉으로 그리 드러나지 않음. obscurity 하타 ┌레라 히카

은밀(隱密)[명] 겉으로 나타나지 아니함. 하타 스일 스

은밀타(銀密陀)[명] 〈불교〉 밀타승(密陀僧).

=은-바아미 받침 있는 동사의 어간에 붙어서 쓰이는, 끝맺지 아니하는 어미. ¶말~적책에 성실해라.→ =ㄴ바.

은-바둑(銀―)[명] 부인들의 옷에 방울처럼 은으로 만들어 다는 장식품. silver personal ornaments

=은 바에야 받침 있는 동사 어간에 붙어서 '이왕 그리 된 일이면'의 뜻으로 쓰임. 흔히 '그렇게 된 바에야, 다른 방법을 써야지. →=ㄴ바에야.

은박(銀箔)[명] 은을 두드려서 종이와 같이 아주 얇게 만든 물건. silver leaf

은반(銀盤)[명] ①은으로 만든 쟁반. silver plate ②달의 딴이름 ③매끄러운 얼굴. ④맑은 얼음판. skating rink

은반-계(銀盤界)[명] 빙상 경기(氷上競技) 선수들의 세계. ¶~의 여왕. ice-sportsmen's circles

은-반상(銀飯床)[명] 은으로 만든 반상. silver dishes

은=반:위구(恩反爲仇)[명] 은혜를 베푼 것이 도리어 원수가 됨. favor turning to enmity

은-반지(銀斑指)[명] 은으로 만든 반지. silver ring

은발(銀髮)[명] ①은백색의 머리털. silver hair ② '백발'을 아름답게 일컫는 말. ¶~의 노신사.

은방[―빵](銀房)[명] 금은 등으로 장식물(裝飾物)을 만들어 파는 가게. silversmith's

은방울-꽃(銀―)[명] 〈식물〉 은방울꽃과의 다년생 풀. 잎은 두세 개로 타원형이고 5월에 흰 종상(鐘狀)의 꽃이 피며 열매는 빨간 구형임. lily of the valley

은-방주(銀坊主)[명] 〈농업〉 벼의 품종의 하나. 수확이 많고 품질이 좋으며 도열병(稻熱病)에도 강함.

은-배(銀盃)[명] 은으로 만든 잔. 은잔(銀盞).

은-백:색(銀白色)[명] 은빛과 같이 뽀얀 흰빛.

은-백양(銀白楊)[명] 〈식물〉 버들과의 낙엽 교목. 줄기는 은백색이고 잎은 난형으로 잎의 뒷면에 흰 털이 나 은백색을 띰. 꽃은 자웅 이주(雌雄異株)로 적갈색 이삭 꽃이 핌. 재목은 성냥·상자·제지용(製紙用)에 쓰임. 미루. 백양③. white poplar

은벽(隱僻)[명] 궁벽하여 사람의 왕래가 드묾. ¶~지(地). ~처(處). 하타

은병(銀甁)[명] ①은으로 만든 병. silver bottle ②〈제도〉고려 때 화폐의 하나.

은복(隱伏)[명] ①숨어 엎드림. lying concealed ②속에 숨어 있음. ambush 하타

은본위-제(銀本位制)[명] 〈경제〉 본위 화폐(本位貨幣)의 단위를 일정량의 은에 의한 제도. silver standard system ┌silver inlaid

은-붕[―뿡](銀―)[명] 장식품 등에 은을 새겨 박은 것.

은-붕(隱鋒)[명] 날카로운 규각(圭角)을 나타내지 않고 부드러운 형태로 쓰는 해자(楷字)의 서법(書法).

은-붕:채(銀鳳釵)[명] 꼭지를 붕의 형상으로 조각한 은비녀.

은부(殷富)[명] ①넉넉함. ②풍성함. 하타

은분(銀粉)[명] 은가루. powdered silver

은=붙이[―부치](銀―)[명] 은으로 된 물건의 종류. 은속(銀屬). silverware

은비(隱庇)[명] 덮어 보호하여 줌. 하타

은비(隱祕)[명] ①숨겨 비밀로 함. secretine ②미묘하여 알기 어려운 진리. 숨은 진리. secret 하타

은-비:녀(銀―)[명] 은으로 만든 비녀. 은채(銀釵). 은잠(銀簪). silver hair-pin ┌silver colour

은-빛[―삣](銀―)[명] 은과 같은 빛깔. 은색(銀色).

은사(恩師)[명] ①은혜가 깊은 스승. one's teacher ② 〈불교〉 처음 중이 될 후 의지하려고 살만한 스님.

은사(恩赦)[명] 〈제도〉 죄인을 특사(特赦)함. ②〈법률〉 사법권에 의하여 받은 형벌을 나라에 경사가 있을 때 행정권에 의하여 형(刑)을 면하거나 감하여 주는 처분. amnesty 하타

은사(恩賜)[명] ①임금이 내려 줌. ②임금이 내려 주는 물건. Imperial gift 하타

은사(銀沙)[명] 흰 모래. silver sand

은사(銀絲)[명] 은실.

은사(隱士)[명] 벼슬을 하지 아니한 숨은 선비. 은인(隱人). 은자(隱者). 은둔자(隱遁者). hermit

은사(隱事)[명] 감추어 있는 사상의.

은사(隱事)[명] 숨기어 드러내지 않는 일. secret

은사=죽음(隱事―)[명] 드러내서 보람이 있어야 할 일이 나타나지 않고 마는 일. 하타

은산(銀山)[명] 〈동〉 은광(銀鑛).

은산 덕해(恩山德海)[명] 은덕이 높고 넓음.

은-살대[―때](隱―)[명] 〈건축〉 두 벤빤지를 맞붙이기 위하여 쓰이는 얄팍한 나뭇쪽. ┌reward 하타

은상(恩賞)[명] 임금이 상을 내림. 또, 그 상. Imperial

은상(銀賞)[명] 상의 등급을 금·은·동의 이름지었을 때의 2등상. 보통, 은메달이나 은으로 된 상패(賞牌) 같은 것을 줌.

은-상어어(銀―)[명] 〈어류〉 은상어과의 바닷물고기. 몸은 은백색에 길이 약 1m, 머리가 크고 꼬리는 실 모양이며 입은 작은데 이기 크고 튼튼함. 배 쪽에

은색(銀色)[명] 〈동〉 은빛. [서 뒤로 작은 가시가 있음.

은생-대(隱生代)[명] 〈동〉 시원대(始原代).

은서(隱棲·隱棲)[명] 〈동〉 은거(隱居)①. 하타

은설(銀屑)[명] 〈한의〉 은의 부스러기. 해열(解熱)·해독약(解毒藥)으로 씀. silver dust

은섭옥(銀鑷玉)[명] 섭옥잠비녀 만든 은비녀.

은성(殷盛)[명] 번화하고 풍성함. 은창. 번창(繁昌). prosperity 하타 ┌환경. silver world

은=세:계(銀世界)[명] 눈이 와서 사방이 은빛처럼 흰

은=세:공(銀細工)[명] 은을 재료로 하여 세공하는 일. 또, 그 세공품. silver work 하타

은속(銀屬)[명] 〈동〉 은붙이. ┌enmity

은=수(銀讐)[명] 은혜와 원한. 은원(恩怨). benefit and

은수복(銀壽福)[명] 그릇 거죽에 은으로 새긴 '壽福'의 두 글자.

은=수저(銀―)[명] 은으로 만든 숟갈과 젓가락. 은시저 (銀匙箸). 〈속〉 은대(銀―). silver spoons and chopsticks

은=시계(銀時計)때 딱지를 은으로 만든 시계. 은시표(銀時表). 은표(銀表).
은=시저(銀匙箸)똉《동》은수저.
은신(隱身)똉 몸을 숨김. 《유》피신. hiding oneself
은신=법(隱身法)[-뺍]똉 몸을 감추는 술법.
은=실(銀-)똉 거죽에 은을 얇게 입힌 실. 은사(銀絲). silver thread
은악(隱惡)똉 겉으로 나타나지 않는 악한 일. latent vice
은안 백마(銀鞍白馬) 은으로 꾸민 안장과 털 빛이 흰말.
은애(恩愛)똉 ①은혜와 사랑. kindness and affection ②어버이와 자식, 또는 부부의 은정에 집착하여 떨어지기 어려운 일.
은약(隱約)똉 ①말이 분명하지 않음. ambiguity ②은미하고 간략함. obscurity 하재
은=양지꽃(銀楊地-)똉《식물》장미과의 다년생 풀. 잎은 타원형으로 안 쪽은 흰빛을 띠었음. 7월에 황색의 작은 꽃이 핌. 높은 산에 남.
은어(銀魚)똉《어류》①은어과의 민물고기. 몸 길이 20∼30cm의 몸 빛은 압록황색 바탕에 배 쪽은 은백색임. 유어(幼魚)는 바다에서 지내고 이른 봄 강을 거슬러 올라옴. 은구어(銀口魚). 치리. sweet fish ②도루묵.
은어(隱語)똉 ①직접으로 그 사물을 바로 말하지 아니하고 은연중에 그 뜻을 통하게 함. 《유》변말. secret language ②결말. cant
은어=받이[-바지]똉 음력 10월 15일께 함경도 바다로 몰려오는 명태떼. shoal of pollacks
은연(隱然)똉 ①뚜렷하지는 않으나 어딘지 모르게 모양이 드러남. ②은근하고 진중함. 흥희 「에.
은연=중(隱然中)똉 은연한 가운데. 남 모르는 가운데.
은연=에(隱然-)똉 은연한 가운데. 남 모르는 동안에. latently
은영(恩榮)똉 임금의 은혜를 입는 영예.
은영(隱映)똉 겉으로 드러나지 않게 비침. 하재
은=오:절(銀五節)똉 담배 설대 다섯 마디 중의 상사에 감추인 은막대.
은=옥색(銀玉色)똉 엷은 옥색. light blue 「은 옥색.
은=옥색(隱玉色)똉 겉으로 드러나지 않을 정도로 엷
은우(隱遇)똉 ①다정스럽게 대우함. ②은혜로써 대우함. beneficial treatment 하재
은우(隱憂)똉 남에게 말하기 어려운 근심.
은=원(恩怨)똉 은혜와 원수(恩讐). 「mercy
은=위(恩威)똉 은혜와 위엄. justice tempered with
은위 병:행(恩威並行) 은혜와 위엄을 함께 행함.
은유(恩宥)똉 은혜를 베풀어 용서함. 하재
은유(隱喩)똉《문학》비유법의 하나. 사물을 비유 또는 설명하는 데에 본 뜻은 숨기고 겉으로는 다만 비유하는 형식만 취함. 암유(暗喩). 은유법. 《대》직유(直喩). metaphor
은유=법(-法)[-뺍]똉《隱喩法》똉 은유(隱喩).
은은=하다(殷殷-)똉형여 큰 소리가 멀리에서 잇달아 들리다. bellowing 은은=히甲
은은=하다(隱隱-)똉형여 ①속에 숨어 있고 밖으로 나타나지 않다. latent ②그윽하고 은근하다. indistinct ③먼 데서 울리는 소리가 아득하여 똑똑하지 아니하다. 「은은한 새벽 종소리. indistinct 은은=히甲
은의(恩義·恩誼)똉 은혜와 의리. 정의(情誼). favor-
은익(隱翼)똉 ①비행기의 은빛 날개. silver wings ②비행기의 미칭. aeroplane
은인(恩人)똉 자기에게 은혜를 베푼 사람. ¶생명의 ~. (대) 원수(怨讐). benefactor
은인(隱人)똉《동》은사(隱士). 「patience 하재
은인(隱忍)똉 마음속에 감추고 오래 견디어 참음.
은인 자중(隱忍自重)똉 괴로움을 참고 몸가짐을 조심함. 하재
은일(隱逸)똉 ①세상을 피하여 숨음. 또, 그 사람. seclusion ②《제도》숨는 학자로서 임금이 특히 벼슬을 준 사람. ③숨는 학자. 하재 「식한 물건.
은입=사(銀入絲)똉 주석 그릇에 은줄을 새겨 넣어 장
은자(銀子)똉《동》은전(銀錢).
은자(銀字)똉은으로 쓴 글씨. 은색이 나는 글자. letter written in silver paint
은자(隱者)똉《동》은사(隱士).
은자 부호(隱字符號)똉 글짓기 퀴즈 등에서, 감춘 말 대신 그 자리에 넣는 부호. □□·○○ 등. 「cup
은잔(銀盞)똉 은으로 만든 술잔. 은배(銀杯). silver
은담(恩膽)똉 은비녀.
은장(恩奬)똉 은혜를 베풀어서 장려함. warm enco-
은장(銀匠)똉《동》은장이(銀匠-). 「uragement 하재
은=장도(銀粧刀)똉 ①은으로 만든 장도. 노리개의 하나. silver knife ②《제도》의장(儀仗)의 하나.
은=장식(銀粧飾)똉《동》은장이(銀匠-). 「함. 하재
은=장식(銀粧飾)똉 가구나 그릇 따위를 은으로 장식
은=장이(銀匠-)똉 금·은 따위의 세공(細工)을 업으로 하는 사람. 은장(銀匠). silversmith
은장=홈(隱-)똉《건축》은살대가 끼이도록 판 홈.
은재(隱才)똉 ①숨은 제주. ②숨은 제주군. hidden talent
은=저울[-찌-](銀-)똉 금이나 은을 다는 데 쓰는 저울. 은칭. 은형. scale for weighing precious me-
은적(隱迹)똉 자취를 감춤. 하재 「tals
은전(恩典)똉 ①나라에서 내리는 혜택에 관한 특전. special privilege ②은혜를 베푸는 일. act of grace
은전(殷奠)똉 넉넉한 제물(祭物).
은전(銀錢)똉 은으로 만든 돈. 은돈. 은자(銀子). 은화. silver coin
은=전:어(銀錢魚)똉《어류》전어과(錢魚科)의 물고기. 전어와 비슷하나 머리는 짧고 부리는 앞으로 나와 있으며 입이 머 쪽에 치우쳐 있음. 몸 빛은 은색임.
은점(銀店)똉《동》은광(銀鑛). 「음. graciousness
은정(恩情)똉 은혜로 사랑하는 마음. 인정스러운 마
은정=ㅅ못(隱釘-)똉 은활못.
은제(銀製)똉 은으로 만듦. 또, 그 물건. 은제품(銀製品). silverware
은제=마(銀蹄馬)똉《동》사족발이.
은=제:품(銀製品)똉《동》은제(銀製).
은=조롱(銀-)똉《동》새박 뿌리.
은조=사(銀造紗·銀條紗)똉 중국에서 나는 사(紗)의 하나.
은조=어(銀條魚)똉《동》도루묵.
은족=반(銀足盤)똉 임이 평평한 등근 소반.
은졸(隱卒)똉 공신이 죽었을 때 임금이 애도(哀悼)의 뜻을 표하던 일. 하재
은종(隱腫)똉 속으로 곪는 종기.
은=종이(銀-)똉 ①은박을 불이거나 납을 밀어서 만든 종이. 은지(銀紙). silver paper ②은과 같은 빛깔의 재료로 올려서 만든 종이.
은주(恩主)똉 은혜를 베푼 사람. benefactor
은주(銀珠·銀朱)똉 수은으로 된 주사(朱砂). 주묵(朱墨)이나 약재로 씀. 「쪽에 꽂는 장식품.
은=죽절(銀竹節)똉 대마디 모양으로 만들어 여자의
은=줄¹[-쭐](銀-)똉《광물》은의 광맥. 은맥(銀脈).
은=줄²(銀-)똉 은으로 실처럼 만든 줄. silver vein
은중=부(恩重符)똉《민속》안방 문 위에 붙여 액을 물리치는 부적(符籍). 「kindness
은중 태산(恩重泰山)똉 은혜가 태산같이 높음. great
=은즉(어미) 자음으로 끝나는 어간에 붙어 어떠한 말에 대하여 이미 이루어진 사실을 말할 때나 원인을 그 것으로 곧 결과가 일어남을 말할 때 쓰이는 연결 어미. 》 맛이 쓰다.→=는즉.
=은즉슨(어미) '-은즉'의 힘줌말.
=은지(어미) 받침 있는 어간에 붙어 막연하게 의심을 나타내는 종결 어미이거나 연결 어미. 》좋=~ 나쁜
은지(銀紙)똉《동》은종이.
=은지고(어미) 자음으로 끝나는 용언의 어간에 붙어 느낌을 나타내는 어미. 》넓기도 할=~. →=는지고.
=은지라(어미) 자음으로 끝나는 용언의 어간에 붙어 앞

은지환 (銀指環)[명] [동] 은가락지.
은진 (殷賑)[명] ①매우 흥성흥성함. ②매우 번창(繁昌). prosperity 하다
은진 (癮疹)[명] [동] 두드러기. [합. prosperity 하다
은짬[명] 은밀한 대목. secrecy
은쟁(銀一)[명] 은비녀. [차는 어린애의 노리개.
은제도(銀桃)[명] 은으로 복숭아 모양으로 만들어
은초(銀—)[명] ①백랍으로 된 초. white wax candle
②곱게 비치는 촛불. 은촉(銀燭). beautiful candle-
은초(銀硝)[명] 초석(硝石). [light
은촉(銀燭)[명] [동] 은초(銀—)②.
은촉(銀鏃)〈건축〉두 널빤지를 마주 이을 때, 은
촉홈에 끼이도록 길게 낸 돌기.
은촉-홈(隱鏃一)〈건축〉은촉이 끼이도록 맞물리
한쪽 널빤지에 가늘고 길게 개탕처럼 낸 홈.
은총 (恩寵)[명] ①은혜와 총애. favour and affection
②(기독) 하나님의 인류에 대한 사랑. [하나님의
은=총이(銀—)[명] 불알이 흰 말. [∼. favour
은침(銀鍼)[명] 은으로 만든 침. silver needle
은칭(銀秤)[명] 은저울.
은커녕[조] '커녕'의 힘줌말.
은-컵(銀 cup)[명] 은으로 된 컵.
은택(恩澤)[명] 은혜로운 덕택. ¶∼을 입다. 《약》은
[恩). favour
은테두리(銀—)[명] 은으로 테를 두른 온갖 물건.
은토(銀兎)[명] ①'달'의 딴이름. ②달 속에 있다는 흰
토끼. white rabbit believed to live in the moon
③'흰 토끼'를 아름답게 일컬음. white rabbit
은토(隱土)〈제도〉양안(量案)에 올리지 않고 결세
(結稅)를 받는 땅.
은퇴(隱退)[명] 벼슬 자리에서 물러나가, 은거하여
가히 삶. 퇴은(退隱). retirement 하다
은파(銀波)[명] 희게 번쩍거리는 물결. 은도(銀濤).
white-crested waves
은판(銀板)[명] 은으로 된 판자(板子).
은-팔찌(銀一)[명] 은으로 만든 팔찌. silver bracelet
은폐(隱蔽)[명] 숨어서 나오지 않음. hiding 하다
은폐(隱蔽)[명] 가리어 숨김. (대) 폭로(暴露). conceal-
ment 하다
은폐-부(隱蔽部)[명] 〈군사〉인원과 전투 기술·기재를
적의 감시와 화력(火力)으로부터 은폐할 수 있는
곳. ¶∼에는 엄폐호와 대피호가 있다.
은폐-소(隱蔽所)[명] 무엇을 덮어 감추거나 가리어 숨
기는 장소. hiding place [덩이나 굴.
은폐-호(隱蔽壕)[명] 무엇을 감추어 두기 위하여 판 구
은피(隱避)[명] ①피하여 숨음. abscondence ②(법률)
은닉(隱匿)이 이외의 방법으로 범인 또는 도피자의
발견 및 체포를 방해하는 일. 하다
은하(銀河)[명] 〈천문〉맑은 날 밤에 흰 구름 모양으
로 남북으로 길게 보이는 별의 무리. 운한(銀漢).
은황(銀潢). 은하수. 하한(河漢). 하한(河漢). 천
하(天河). 천한(天漢). 성하. Milky Way ②은하
수에 있으리라고 생각하는 깨끗한 물.
은하-계(銀河系)[명] 〈천문〉태양계가 딸리어 있는 항
성의 큰 집단. galactic system
은하-수(銀河水)[명] [동] 은하(銀河)①.
은하 작교(銀河鵲橋) 칠월 칠석에 견우 직녀를 서
로 만나게 하기 위해 은하에 놓았다는 오작교(烏鵲
은합(銀盒)[명] [동] 은하(銀河)①.
은합(銀盒)[명] 은으로 된 합. small round vessel made
of silver
은해(隱害)[명] 몰래 사람을 해침. 하다
은행(銀行)[명] 〈경제〉신용을 기초로 하여 돈을 맡기
거나 대부하여 자본의 수요(需要)와 공급 매개의 구
실을 하는 대표적인 금융 기관. bank [gingko nut
은행(銀杏)[명] 〈식물〉은행나무의 열매. 백과(白果).
은행-가(銀行家)[명] 은행업에 전문으로 종사하는 사
람. banker

은행 거:래(銀行去來)[명] ①은행이 영업으로써 행하는
행위. ②일반적으로는 은행에 당좌 예금 계정을 개
설하고 있는 것.
은행 공:황(銀行恐慌)[명] 〈경제〉은행의 지불이 오랜
동안 중지되어 금융 기관이 몹시 혼란한 상태. ba-
nking panic [는 지폐. bank note
은행-권(銀行券)[명] 〈경제〉특정 은행이 발행하는
은행-나무(銀杏—)[명] 〈식물〉은행나무과의 낙엽 교목.
자웅 이주(雌雄異株)이며 잎은 부채 모양에 가운데
가 약간 갈라졌음. 5월에 꽃이 피고 열매는 10월
에 익는데 식용 또는 약용함. 가로수·풍치목·정자
목으로 심음. 공손수(公孫樹). gingko
은행나무 격(銀杏—)[명] 은행나무가 암수 각각 딴
나무로 되어 나란히 같이 서 있음과 같이 서로 마주
선 것. ②마음이 있으면서도 서로 교섭을 하지 못
하고 있는 남녀의 사이를 이르는 말.
은행-법(銀行法)[명] 〈법률〉①은행의 조직·활
동·감독 그 밖의 일에 관한 일체의 법규. ②은행법
의 명칭을 가진 법률. 보통은 1950년에 제정된 법률
률 139 호로 의미함. Banking Law
은행 부:기(銀行簿記)[명] 〈경제〉복식 부기를 은행 업
무에 응용하는 부기의 하나. bank book-keeping
은행-색(銀杏色)[명] 은행의 빛. 곧, 연한 녹색. light
green [앞으로 발행하는 지불 위탁서.
은행 수표(銀行手票)[명] 〈경제〉은행의 예금자가 은행
은행 어음(銀行—)[명] 〈경제〉은행이 그 지점이나 거
래처 앞으로 발행하는 어음. 또는 그 곳에서 발행
된 것의 지불을 은행이 인수한 어음. bank bill
은행-업자(銀行業者)[명] 은행업에 종사하는 사람. bank
clerk [행원.
은행-원(銀行員)[명] 은행의 업무를 맡아보는 직원. 《약》
은행 이:율[—니—](銀行利率)[명] 〈경제〉중앙 은행이
또는 일정한 조건을 갖춘 어음을 할인하는 이율.
bank rate [of bank
은행-장(銀行長)[명] 은행에서의 최고 책임자. head
은행 주의(銀行主義)[명] 〈경제〉은행권의 발행을 중앙
은행에 전적으로 맡겨도 좋다는 처지. (대) 통화
주의. banking principle
은행 준:비금(銀行準備金)[명] [동] 지급 준비금.
은행 집회소(銀行集會所)[명] 한 지역의 은행업
자가 모여서 영업상의 여러 가지 문제에 대하여 논
의하여 이익을 꾀하려고 모이는 곳. banker's club
은행 할인(銀行割引)[명] 〈경제〉어음의 할인으로써 아
음 액면의 금액을 기초로 하여 이자(利子) 곧, 할
인료를 계산하는 방법. bank discount
은허(殷墟)[명] 〈역사〉중국 하남성(河南省) 안양현(安
陽縣)에 있는 은(殷)대 중기 이후의 도읍의 유적(遺
跡). 땅 속에 궁전터 및 크고 작은 고분(古墳)이
있고 갑골 문자(甲骨文字)를 새긴 귀갑(龜甲)·수골
(獸骨)·동기(銅器)·토기(土器)·골기(骨器)·석기(石
器) 따위가 많이 발견됨.
은허 문자[—짜—](殷墟文字)[명] 〈역사〉은허에서 발굴
된 유물에 새겨진 상형 문자. 갑골 문자.
은현(隱現·隱見)[명] 숨었다 나타났다 함. appearance
and disappearance 하다
은현 잉크(隱現 ink)[명] 종이에 쓴 글씨가 보통 때는
안 보이나 가열하거나 화학 약품으로 처리하면 글
씨가 나타나는 잉크.
은혈(銀穴)[명] 〈광물〉은을 파내는 곳. 은줄에 은이 박
혀 있는 부분. silver mine
은혈(隱穴)[명] ①겉에서 잘 보이지 않는 숨은 구멍.
invisible hole ②비밀히 서로 통하는 길을 이르는
말. [retly
은혈-로(隱穴—)[명] 비밀히 일을 해치우는 모양. sec-
은혈-못(隱穴—)[명] 아래위를 뾰족하면서 깎아 만든 나
무못. 은정(隱釘). double-pointed peg [사람.
은혈 장색(隱穴匠色)[명] 은혈 장식을 전문으로 하는
은혈 장식(隱穴裝飾)[명] 방 세간 따위의 장식을 겉에
서 잘 보이지 않게 은혈로 박는 장식.

은형(銀衡)[명] 은저울.
은혜(恩惠)[명] ①베풀어 주는 혜택. benefit ②고마움. gratitude ③신세. 자혜. (대) 원한(怨恨). (약) 은(恩). obligation
은혜-롭-다(恩惠-)[형][ㅂ변] 남의 은혜를 고맙게 느끼다. grateful 은혜-로이[부]
은혜를 원수로 갚는다[속] 감사로써 은혜에 보답해야 할 자리에 도리어 해를 끼친다.
은혜-일(恩惠日)[명] 〈법률〉 어음이나 수표의 지불 기일이 공휴일일 때에 그 다음 날까지 지불이 유예되는 날. days of grace
은혼-식(恩婚式)[명] 부부가 결혼한 지 25년째에 행하는 기념식. silver wedding
은=홍색(殷紅色)[명] 검붉은 빛깔. deep pink
은-홍색(銀紅色)[명] 퍽 엷은 분홍색. light pink [그]
은화(恩化)[명] 은덕이 널리 세인에게 미침. charity 하[자]
은화(銀貨)[명] 은전(銀錢).
은화 식물(隱花植物)[명] 〈식물〉 꽃이 없이 포자(胞子)로 번식하는 식물. 민꽃 식물. (대) 현화 식물(顯花植物). crytogam
은환(銀環)[명] 은으로 만든 고리나 반지. silver ring
은=회색(銀灰色)[명] 은빛이 나는 회색.
은휘(隱諱)[명] 꺼리어 숨기고 피함. 하[타]
은휼(恩恤)[명] 사랑하고 남몰 도움. charity 하[자]
을[조] 받침 있는 체언에 붙어 그 말을 목적으로 되게 하는 조사. ¶밥~ 먹다. objective particle [를]
=을[어미] 받침 있는 용언의 어간에 붙어서 그 말로 일반적인 사실이나 또는 앞으로 어떻게 될 일을 나타내는 관형사가 되게 하는 어미. ¶믿~ 사람이 있다. 같이 있을~ 사람. →=ㄹ.
을(乙)[명] ①〈민속〉 십간(十干)의 둘째. ②(약)→을방(乙方). 을시(乙時). ③성적 차례에 있어서 갑(甲)의 다음 차례. grade B
=을거나[어미] 받침 있는 동사 등의 어간에 붙어서 영탄조로 '그렇게 하자꾸나'의 뜻을 나타내는 종결 어미. ¶이제 그만 먹~. →=ㄹ거나.
을거나[-꺼-][어미] 받침 있는 동사 및 '있다'의 어간에 붙어 '=을 것이냐'의 뜻을 나타내는 종결 어미. ¶밥~ 안 밥~.
=을거-다[-꺼-][어미] 받침 있는 용언의 어간에 붙어 '=을 것이다'의 뜻을 나타내는 종결 어미. ¶이제는 더 없~.
=을거냐[-꺼-][어미] ①받침 있는 동사 및 '있다'의 어간에 붙어 상대방의 의사를 묻는 종결 어미. ¶먹~ 안 먹~. ②받침 있는 동사 및 '있다'의 어간에 자기의 의사를 표시하는 데 쓰는 어미. ¶이 밥 안으로 읽~. ③받침 있는 용언의 어간에 앞일에 대한 가능성 또는 추측을 나타내는 종결 어미. ¶그렇지 않~. →=ㄹ거냐.
=을걸[-껄][어미] 받침 있는 용언에 붙어 이미 완료한 동작에 대하여 뉘우치는 뜻으로나 확실하지 못한 추측을 나타낸다. →=ㄹ걸.
=을걸만큼 →=을이만큼.
=을게[-께][어미] 받침 있는 동사 어간 및 '있다'의 어간에 붙어, '장차 할 테야'의 뜻을 나타내는 반말의 종결 및 연결 어미. →=ㄹ게.
을경 야반 생병자(乙庚夜半生丙子)[명] 〈민속〉 일진(日辰)의 천간(天干)이 을(乙)이나 경(庚)으로 된 날의 첫 시(時)는 병자시(丙子時)이라는 말.
을경지년 무인두(乙庚之年戊寅頭)[명] 〈민속〉 음력으로 태세(太歲)의 천간(天干)이 을(乙)이나 경(庚)으로 된 해는 정월의 월건(月建)이 무인(戊寅)이라는 말.
을과(乙科)[제도] 과거(科擧)의 성적에 따라 나눈 등급의 둘째. 「ace 을근=을근[하타]
을근=거리-다[자] 미워서 해치려는 빛을 보이다. men-
=을까[어미] 받침 있는 용언 어간에 붙어서 앞일이나 추측에 대하여 남에게 자신의 의문을 나타냄. ¶어느 것이 좋~? →=ㄹ까.
=을까 말까[어미] ①받침 있는 동사 어간에 붙어 불확정

한 자기 의사를 나타냄. ¶버를 훌~. ②받침 있는 용언의 어간에 붙어 어떤 정도에 이를 것 같기도 하고 그렇지도 않을 것 같은 상태를 나타내는 말. ¶10m를 넘~ 한 큰 나무. →=ㄹ까 말까.
=을까=보냐[어미] 받침 있는 어간에 붙어 '어찌 그럴리가 있겠느냐'의 뜻을 나타냄. ¶어찌 잊~. →=ㄹ까 보냐.
=을까=보다[어미] 받침 있는 어간에 붙어 불확정한 자기 의사나 미래 또는 과거의 일을 추측하되 의심스러움을 나타냄. ¶내가 임~. →=ㄹ까 보다.
=을꼬[어미] 받침 있는 용언의 어간에 붙어서 앞으로의 일이나 지금의 추측에 대하여 물음이나 의심을 나타냄. ¶무슨 꽃을 심~. 어찌 그런 일을 보고 참~. →=ㄹ꼬.
=을 나위 없다[구] 받침 있는 동사나 어간에 붙어서 더 어찌할 수 있는 힘이나 필요가 없다는 뜻을 나타내는 말. →=ㄹ 나위 없다.
=을는지[어미] 받침 있는 어간에 붙어 의문의 뜻을 나타내는 종결 또는 연결 어미. ①추측을 나타냄. ¶아직도 있~. ②의지의 뜻을 나타냄. ¶환경만 받았으면 벌써 끝냈~ 모른다. ③가능성의 뜻을 나타냄. ¶저것보다 이게 더 좋~ 모르겠다.
=을 듯이[-듯-][어미] 받침 있는 어간에 붙어 '줄기의 내용과 같게'의 뜻을 나타내는 연결 어미. ¶잡아 먹~ 덤빈다.
=을라[어미] 받침 있는 어간에 붙어서 혹시나 잘못 될까 염려하는 뜻을 나타냄. ¶학교에 늦~. →=ㄹ라.
=을라고[어미] 받침 있는 어간에 붙어 의심과 반문을 나타내는 종결 어미. ¶벌써 문을 닫았~. 설마 아우보다 작~.
=을라치면[어미] 받침 있는 동사 어간에 붙어 여러 번 경험한 일을 사실로 가정하는 뜻을 나타내는 연결 어미. ¶그 사진을 보고 있~ 옛일이 생각난다. →=ㄹ라치면.
=을락=말락[어미] 받침 있는 동사의 어간에 붙어서 '거의 되려다 말고'의 뜻을 나타냄. ¶웃~. →=ㄹ락 말락.
을람(乙覽)[명] 임금이 글을 봄. 하[타] 「~ 하지 말라.
을랑[조] '은'의 뜻을 강조하여 나타내는 조사. ¶싸움
을랑=은[조] '을랑'의 강조어. ¶그 사람~ 이번 차로 보내지.
=을러니[어미] 받침 있는 동사의 어간에 붙어 '=겠더니'의 뜻을 나타내는 연결 어미. →=ㄹ러니.
을:러 대:-다[타] 마구 우겨대으르다. 을러메다.
=을러라[어미] 받침 있는 어간에 붙어 겪은 일을 상대자에게 직접 말할 때 '=겠더라'의 뜻을 나타내는 종결 어미. ¶맛이 써서 못 먹~. →=ㄹ러라.
을르-메:-다[타] 우격다짐으로서 으르다.
을:러=방망이[명] 때리려고 으르는 짓. 하[타]
을러방망이(를) 치다[구] 을러방망이하다.
=을런가[어미] 받침 있는 어간에 붙어 상대편의 겪은 일을 물을 때 '=겠던가'의 뜻을 나타내는 종결 어미. ¶과연 물이 깊~? →=ㄹ런가.
=을런고[어미] '=을런가'의 옛말 예스럽고도 점잖게 표현하는 종결 어미. ¶그리 쉽게 찾~? →=ㄹ런고.
=을레[어미] 받침 있는 어간에 붙어 '=겠데'의 뜻을 나타내는 종결 어미. ¶그의 말이 옳~. →=ㄹ레.
=을레라[어미] 받침 있는 어간에 붙어서 '=겠더라'의 뜻을 나타내는 종결 어미. →=ㄹ레라.
=을만정[어미] (ㄲ)을망정.
=을 말로는[어미] 받침 있는 어간에 붙어 '=ㄹ으로 말하고 보면'의 뜻으로 쓰임. ¶본을 참~ 나도 차구 못지 않다. →=ㄹ 말로는.
=을 말로야[어미] 받침 있는 어간에 붙어 '을 것으로 말하고 보면'의 뜻을 나타내는 말. ¶그 약이 좋~ 무엇에다 비기랴? →=ㄹ 말로야.
=을망정[어미] 받침 있는 어간에 붙어 '=다 하더라도'의 뜻을 나타내는 어미. though →=ㄹ망정.
을모[명] 책상 귀같이 생긴 모. 세모진 것. triangular

article　　　　　　　[the sexagenary cycle
을묘(乙卯)명 〈민속〉육십 갑자의 선두째. 52nd of article
을미(乙未)명 〈민속〉육십 갑자의 서른두째.
을밋=을밋[―믿―]틘 ①분명하지 않게 기한을 밀어 가는 모양. ¶갚는다 갚는다 하면서 ~ 연기만 하네. dilatorily ②자기의 허물이나 책임을 우물우물 넘기려고 하는 모양. 하~
=**을 바에**[―빠―]丑 받침 있는 동사의 어간에 붙어서 어차피 이미 하는 중이니'의 뜻을 나타내는 종결 어미. ¶이왕 죽~ 말이나 하자. →ㄹ 바에.
=**을 바에야**[―빠―]丑 '=을 바에'의 강조어. ¶어차피 꾸중을 들~. =을 바에야.
=**을 밖에**[―빡―]丑 받침 있는 어간에 붙어 '=을 수밖에 없다'의 뜻을 나타냄. ¶게으르니 학교에 늦~. →ㄹ 밖에.
을반(乙班)명 사람의 무리를 둘 이상의 반으로 나눌 때의 둘째. 갑반(甲班)의 다음. B class
을방(乙方)명 〈민속〉이십사 방위(方位)의 하나. 남쪽에서 조금 동쪽에 가까운 방위. (약) 을(乙)②.
=**을 뿐더러**어미 받침 있는 용언의 어간에 붙어서 어떤 일이 그것만으로 그치지 않고 그 외에 다른 일이 더 있음을 뜻함. not only but also →ㄹ 뿐더러.
을사[―싸―](乙巳)명 〈민속〉육십 갑자의 마흔두째.
을사 보호 조약[―싸―](乙巳保護條約)명 (동) 을사오 조약(乙巳五條約).
을사사화[―싸―](乙巳士禍) 〈역사〉조선조 명종 (明宗) 원년(1545)에 일어난 사화. Ulsa purge of Scholars of 1545
을사 오조약[―싸―](乙巳五條約)명 〈역사〉 1905년 11월에 일본이 한국의 외교권을 빼앗기 위하여 강제로 맺은 다섯 조문으로 된 조약. 을사보호조약. 을사조약. 보호조약. (약) 오조약.
을사 조약(乙巳條約)명 (동) 을사오조약(乙巳五條約).
=**을새**어미 받침 있는 용언의 어간에 붙어 그 일의 전제나 이유로 사실화한, 또는 진행중인 일을 나타내는 연결 어미. ¶샘이 깊~ 물이 차나.
=**을세라**어미 받침 있는 용언의 어간에 붙어 혹시 그리될까 염려하는 뜻을 나타내는 종결 어미. ¶더우면 녹~. 늦~. →ㄹ세라.
=**을세말이지**어미 받침 있는 용언의 어간에 붙어서 남이 어떤 전제를 예상하여 말할 때 그 전제를 객관적으로 부인하는 뜻을 나타내는 말. ¶날 씨가 좋~. 책을 읽~. →ㄹ세말이지.
=**을셔**어미 (고) =구나.
=**을수록**어미 (ㅅ―)丑 받침 있는 용언의 어간에 붙어 앞의 일이 더함에 따라 다른 일도 따라 더해 감을 나타내는 어미. ¶많~ 좋다. →ㄹ수록.
을시(乙時)명 〈민속〉이십사시의 여덟째. 곧, 상오 여섯시 반부터 일곱시 반까지의 사이. (약) 을(乙)②.
=**을쏜**어미 (고) 받침 있는 어간에 붙어 '셋나고 할 만 한 것은'의 뜻으로 쓰이는 어미.
=**을쏜가**어미 (고) 받침 있는 어간에 붙어 '그러할 리가 있겠는가'의 뜻으로 쓰이는 어미.
=**을씨고**어미 받침 있는 용언의 어간에 붙어서 명랑한 기분으로 감탄을 나타내어 함축을 두는 말. ¶좋~.
을씨년=스럽다[―스럽따]형 (ㅂ변)①남이 보기에 매우 을씨년스럽다. lonesome ②살림이 시정 매우 가난하다. poor **을씨년=스레**분.
을야(乙夜)명 하오 열시경. 하룻밤을 오야(五夜)로 나눌 때 그 둘째. 이경(二更). ten in the afternoon
=**을 양으로**丑 받침 있는 동사의 어간에 붙어 '=을 예정으로'의 뜻으로 쓰이는 말. →ㄹ 양으로.
=**을 양이면**丑 받침 있는 동사의 어간에 붙어 '=을 예정 이면'의 뜻으로 쓰임. →ㄹ 양이면.
을유(乙酉)명 〈민속〉육십 갑자의 스물두째.
=**을 이만큼**어미 받침 있는 동사의 어간에 붙어 '=을 정도만큼'의 뜻으로 쓰이는 말. →ㄹ 이만큼.
을자=형[―짜―](乙字形)명 길게 굽어 나간 길이나 줄기가 乙자 모양으로 꼬부라진 모양. zig zag

=**을 작시면**[―짝―]어미 받침 있는 동사의 어간에 붙어 '어떠어떠한 경우에 이르게 되면'의 뜻으로 쓰이는 연결 어미. →ㄹ시면.
=**을종**[―쫑―](乙種)명 갑종(甲種)과 병종(丙種)의 사이에 가는 종류. second grade
을좌[―쫘―](乙坐)명 〈민속〉집터나 뒷자리의 을방(乙方)을 등진 좌향(坐向).
을좌 신향[―좌―](乙坐辛向)명 〈민속〉을방(乙方)에서 신방(辛方)으로 향한 좌향.
=**을지**[―찌]어미 받침 있는 어간에 붙는 연결 어미. 짐작으로 의심이나 물음의 뜻을 나타냄. ¶막차가 있~ 모르겠다. →ㄹ지.
=**을지나**[―찌―]어미 받침 있는 동사의 어간에 붙어 '으레 할 것이나'의 뜻을 나타내는 연결 어미. ¶신문은 읽~ 시간이 없다. →ㄹ지나.
=**을지니**[―찌―]어미 받침 있는 동사의 어간에 붙어 마땅히 할 것이니'의 뜻을 나타내는 연결 어미. ¶내가 읽~ 조용히 들어라. →ㄹ지니.
=**을지니라**[―찌―]어미 받침 있는 동사의 어간에 붙어 '마땅히 할 것이니라'의 뜻을 나타내는 연결 어미. ¶내 말을 믿~. 참~. →ㄹ지니라.
=**을지라**[―찌―]어미 받침 있는 어간에 붙는 '마땅히 할 것이라'는 뜻의 연결 어미. →ㄹ지라.
=**을지라도**[―찌―]어미 받침 있는 어간에 붙어 '비록 어떠어떠하더라도'의 뜻으로, 앞으로의 가정을 나타내는 연결 어미. →ㄹ지라도.
=**을지어=다**[―찌―]어미 받침 있는 동사의 어간에 붙어 '마땅히 하여라'의 뜻으로 쓰이는 종결 어미. ¶악인에 벌을 받~. →ㄹ지어다.
=**을지언정**[―찌―]어미 받침 있는 어간에 붙어 서로 반대되는 두 가지 사실에 대하여 한 가지를 부인(否認)하거나 시인(是認)하기 위해서 부득이 다른 한 가지를 시인이나 부인하여야 하겠음을 나타내는 연결 어미. ¶굶어 죽~ 받으라. →ㄹ지언정.
=**을진대**[―찐―]어미 받침 있는 어간에 붙는 '가령 할 터이면'의 뜻을 나타내는 연결 어미. ¶네가 갈 수 없~ 남더러도 보내야라. →ㄹ진대.
=**을진댄**[―찐―]어미 '=을진대'의 힘줌말.
=**을진저**[―찐―]어미 받침 있는 어간에 붙어 '마땅히 할 것이다·아마 할 것이다'의 뜻으로 쓰이는 종결 어미. ¶큰물을 막으려면 산에 나무를 심~. →ㄹ진저.
을축(乙丑)명 〈민속〉육십 갑자의 두째.
을축 갑자(乙丑甲子)명 무슨 일이 제대로 되지 아니하고 순서가 뒤바뀜을 비유하여 이름.
=**을테=다**[―테―]어미 받침 있는 용언의 어간에 붙어, '=을 터이다'의 뜻을 나타내는 말. ¶내가 먹~.
을해(乙亥)명 〈민속〉육십 갑자의 열두째.
을해=자(乙亥字)명 〈인쇄〉조선조 세조 을해년(1456)에 주조한 강희안(姜希顔) 서체의 활자.
읊=다 ①소리를 내어 시를 외다. recite ②시를 흥 열거리며 짓나. compose ③소리를 내어 운을 맞추어 읽거나 외다. chant
읊조리=다 시에 곡조를 붙여 검찰하다. recite
음명 보거나 듣거나 짐짓 느낌을 받고 스스로 마음 속에 작정을 할 때 내는 소리. ¶~, 하고 말고. ~, 그래. 네 말을 믿자.
=**음**어미 받침 있는 용언의 어간에 붙어 명사로 만듦. ¶먹~. 좋~.
음(音)명 ①〈물리〉귀를 자극해서 청각(聽覺)을 느끼게 하는 물리적 작용. 물체의 급속한 진동으로 말미암아 음파(音波)가 되어 퍼짐. sound ②소리. voice ③〈악〉=자음(字音). ④한자(漢字)의 음가(音價). '天'을 '하늘 천'으로 읽을 때의 '천'을 가리킴. (대) 훈(訓). pronunciation
음(陰)명 ①〈철학〉태극(太極)이 나누인 두 가지 기운의 하나. 어두움·땅·달·없음 따위의 소극적 방면. (대) 양(陽). negative ②=음극(陰極). ③그늘. 이면(裏面). back ④생식기. genitals
음(淫)명 ①〈악〉→간음. ②〈동〉색정(色情).

음가[一까](音價)〈어학〉 발음 기관(發音器官)의 어떤 기초 조건에 의한 단위적(單位的) 작용으로 생기는 성음(聲音) 현상. 소리값. phonetic value

음각(陰角)〈수학〉 삼각법에서 각을 편 두 직선 중의 한 직선이 시계 바늘과 같은 쪽으로 돌아서 생기는 각. 《대》 양각(陽角).

음각(陰刻)〈미술〉 어떤 물체나 글자를 옴폭하게 파내어 새김. 요조(凹彫). 《대》 양각(陽刻). intaglio 하다

음감(音感) 음에 대한 감각. 음의 높낮이·음색(音色) 등을 감별(鑑別)하는 능력. sense of sound

음감 교육(音感教育) 절대 음감·화음감(和音感) 등을 기르기 위한 교육. 음악 교육의 기초가 되는 동시에 공업 기술 따위에도 응용됨.

음객(吟客) 시인(詩人)을 가리킴. poet

음:객(飮客) 주객(酒客).

음건(陰乾) 그늘진 곳에서 말림. drying in the shade 하다

음경(陰莖)〈생리〉자지. 양경(陽莖)①. 양물(陽物). 옥경(玉莖). 옥근(玉根). 《대》 음문(陰門).

음계(音階)〈음악〉일정한 음정(音程)의 순서로 배열한 음의 연쇄(連鎖)로서 선율(旋律)·화성(和聲)의 기초가 되는 계단. 곧, 서양 음악의 도·레·미·파·솔·라·시 또는 동양 음악의 오음 음계 따위. musical scale

음계(陰界) 귀신의 세계. 《대》 양계(陽界). world of the dead

음계(陰計) 《동》 음모(陰謀). 하다

음곡(吟曲) 음곡(音曲)을 읊음. 하다

음곡(音曲) 《동》 음절(音節)②.

음공(陰功) ①정면에 나서지 않고 뒤에서 돕는 공. hidden merits ②남이 모르는 숨은 공덕.

음구(音溝)〈연예〉발성 영화 필름의 가에 있는 소리가 녹음된 부분. 《따위》 utensils for drinking

음:구(飮具) 술을 마시는 데 쓰는 기구. 주전자·잔

음극(陰極)〈물리〉두 개의 전극간에 전류가 흐를 때, 전위가 낮은 쪽의 극(極). 음전극. 《대》 양극(陽極). 《약》 음극(陰極)②. cathode negative electrode

음극=관(陰極管)〈물리〉음극선을 방출시키는 데 쓰이는 진공관. 가이슬러관·브라운관 따위. cathode tube 《도의 직선**》(電子線). cathode rays

음극=선(陰極線)〈물리〉음극에서 나오는 빠른 속도의

음기(陰記) 비갈(碑碣)의 등 뒤에 새긴 글씨.

음기(陰氣①) 음험한 기운. crafty 음탕한 기운. lewdness ②음(陰)의 기(氣). 《대》 양기(陽氣).

음낭(陰囊) 불알을 싸고 있는 주머니. 신낭(腎囊). scrotum 《위》.

음=넓이(音―) 소리의 최고음에서 최저음까지의 범위.

음녀(淫女) ①색욕(色慾)이 센 여자. lewd girl ②음탕한 여자. 음부(淫婦). harlot

음달(陰―)《원》⇒응달.

음담(淫談) 색에 관한 음탕한 이야기. 육담(肉談). filthy talk

음담 패:설(淫談悖說) 음탕하고 상스러운 이야기. indecent talk

음덕(陰德) 남이 모르는 덕행. 숨은 덕행. 비음(庇蔭). 《대》 양덕(陽德). secret act of charity

음덕(蔭德) 조상의 덕.

음덕 양보[―냥―](陰德陽報) 덕행을 쌓은 사람은 그 보답을 받음. What is done by night appears by day

음도(音度) 소리의 높낮이. (musical) interval

음도(陰道) ①군신·부자·부부에 있어서 신하·자식·아내가 될 사람의 도리. ②잠자리 보는 일. ③응달 진 산길. shady mountain path 하다

음독(音讀) ①소리 내어 읽음. 《대》 목독. reading aloud ②한자(漢字)를 음으로 읽음. reading-phonetically 하다

음독(陰毒) ①〈의학〉병독이 몸 속에 모이어 목이 아프고 살에서 검푸르게 되는 병. ②성질이 어둡고 독함. wickedness 하다 《poison 하다

음:독(飮毒) 독약을 마심. ¶ ~ 자살(自殺). taking

음동(陰冬) 음랭한 겨울. gloomy winter

음=동화(音同化)〈어학〉음의 동화(同化). assimilation 두(子音)과 구두(句讀).

음두(音讀) 자음(子音)과 구두(句讀).

음락(淫樂) 음란하게도 놀아 즐김. 유진(遊樂)②. sensual pleasure 하다 《drinking 하다

음:락(飮樂) 술을 마시며 즐거움. 술 마시고 노는 도락.

음란(淫亂) ①주색에 빠짐. ②성생활이 문란함. lewdness 하다 《cold 하다

음랭(陰冷) 응달이 지고 참. 음산함. dark and

음량(音量)〈음악〉악기(樂器)나 또는 목소리의 크고 작음의 분량. volume

음량(陰涼) 음산하고 시원함. shady and cool 하다

음려(陰呂) 십이율(十二律) 가운데 육려(六呂)를 말함. 《대》 양률(陽律).

음력(陰曆) 음력=태음력(太陰曆).

음롱(音聾)〈음악〉청각의 결함이 없으면서도 성악·기악(器樂)의 악음(樂音)의 이해나 식별이 불가능한 사람. 음치(音癡). tone deafness

음:료(飮料) 술·차·물 등과 같은 마시는 물건. drink

음:료=수(飮料水) 늘 마셔서 해롭지 않은 물. 음수. 음용수. 식수(食水). drinking water

음루(淫淚) 그치지 않고 나오는 눈물.

음률(音律) ①〈음악〉 ①소리와 음악의 가락. 《약》 율(律)①. rhythm ②오음(五音)과 육률(六律). musical art 《각 등으로써 감상하는 예술.

음률적 예:술(音律的藝術) 음악·시가(詩歌) 등 청

음림(陰林) 산의 북쪽 기슭의 수풀. 우거져 햇빛이 잘 안 드는 수풀. forests in the shade

음림(淫霖) 음우(陰雨).

음막(陰膜) 처녀막(處女膜).

음매 소의 우는 소리. moo

음매(淫昧) 매음. 하다

음모(陰毛) 거웃.

음모(陰謀) ①남이 모르게 일을 꾸미는 꾀. plot ②범죄 행위를 의논함. 음계(陰計). conspiracy 하다

음모=자(陰謀者) 음모를 꾀하는 사람. plotter

음문(陰文)〈인쇄〉인장(印章)이나 종(鐘)의 명(銘) 따위를 옴폭하게 파서 새긴 자형(字形). 《대》 양문(陽文). 《莖》.

음문(陰門)〈생리〉보지. 옥문(玉門)①. 《대》 음경(陰

음물(淫物) 음탕한 사람. lewd fellow

음미(吟味) ①시가(詩歌)를 읊조려 시취를 맛봄. appreciation ②죄상을 조사함. ③사물을 잘 선택하거나 조사함. close examination 하다

음미 도:달(吟味到達) 철저하게 사고하면서 목적하는 바에 이름. 《약》 미도(味到). 하다

음반(音盤) 축음기의 소리판. phonograph record

음방(淫放) 《동》 음황(淫荒). 《뇌옥(牢獄).

음방(陰房) ①어둑한 방. gloomy room ②《동》

음병(陰病) 냉병(冷病).

음보(音譜) 《동》 곡보(曲譜).

음보(蔭補) 벼슬 자리를 조상의 덕으로 얻음. 하다

음복(陰伏) 엎드려 숨음. lying concealed 하다

음:복(飮福) 제사를 지내고 난 뒤에 제관들이 제상에 놓인 술, 기타 제물을 나누어 먹음. 하다

음부(音符)〈음악〉음악에 있어서 음의 길고 짧음과 높고 낮음을 표하는 기호. 소리표. 음표(音標). [musical note

음부(陰府) 저승.

음부(陰阜) 《동》 불두덩.

음부(淫部·陰部)〈생리〉사람의 생식기. 또, 그것이 있는 자리. 국부(局部). pubic region

음부(淫婦) 《동》 음녀(淫女).

음부 기:호(音部記號)〈음악〉음의 고저의 위치를 나타내기 위하여 오선 위에 쓰는 기호. 음역에 따라 각기 부호를 달리함. clef

음=부호(音符號) 음수입을 나타내는 부호. 곧, '―'.

음분(陰分) 체내(體內)에 있는 물기.

음분(淫奔) 음탕한 행동. 남녀가 정식 결혼도 하기

음비(陰祕)명 성질이 내흉스럽고 우악함. wickedness
음=빛깔(音—)명《물》음색(音色).
음사(陰邪)명(동) 음증 외감(陰症外感).
음사(陰事)명 ①숨기는 일. secret ②잠자리하는 일. sexual intercourse 하자 「함. lewdness
음사(淫事)명 음탕한 짓. 주로 남녀간의 관계를 말
음사(淫祠)명 사신(邪神)을 모시어 놓은 집체.
음사(淫辭)명 음탕스러운 말. obscene language
음산(陰散)명 날씨가 흐리고 으스스함. gloomy and chilly 하자
음삼(陰森)명 ①나무가 우거져 어둠침침한 모양. ② 어둠침침하고 쓸쓸한 모양. gloomy and desolate
음상(音相)명 말의 뜻이 근본적으로 변하지 않는 범위 안에서, 어감만이 달라지게 하는 소리의 변동. '둥글다'와 '둥글다' 따위.
음색(音色)명 발음체(發音體)의 종류를 분별할 만한 소리의 성질. 음빛깔. tone colour
음서(淫書)명 ①음탕한 일을 쓴 책. obscene book ② 독서에 몰두함. absorption in reading 하자
음:서(飮暑)명 더위 먹음. 복서(伏暑)
음선(陰線)명《미술》제도(製圖)에서 실물의 현상을 밝게 하기 위하여 물체의 요철(凹凸)과 광선이 비치는 면(面)과 비치지 아니하는 면을 구별하는 데 사용하는 선. shade lines
음설(音舌)명《음악》관악기(管樂器)를 부는 데 쓰이는 혀같이 생긴 것. reed
음성(吟聲)명 시나 노래 따위를 읊는 소리. recitation
음성(音聲)명 사람의 발음 기관에서 생기는 음향(音響). 곧, 말소리·외치는 소리·우는 소리 따위의 총칭. 말소리. 소리③. voice
음성(陰性)명 ①숨은 성질. 소극적인 성질. sombre character ②반응이 없는 일. dormancy ③어두운 성질.《대》양성(陽性). gloomy
음성(淫聲)명 음탕한 소리. lewd voice
음성 기관(音聲器官)명(동) 발음 기관(發音器官).
음성 기:호(音聲記號)〔어학〕발음을 나타내는 부호. 음문자(音文字). 소리표. phonetic sign
음성 모:음(陰性母音)〔어학〕우리 말의 중성(中聲)에서 'ㅓ·ㅔ·ㅕ·ㅖ·ㅜ·ㅓ·ㅡ·ㅣ'와 같은 모음. 여린 홀소리. 약모음.
음성 반응(陰性反應)《의학》화학적(化學的) 또는 세균학적으로 병을 진단했을 때 병독(病毒)이 존재한다는 반응이 없는 상태. negative reaction
음성 변:화(音聲變化)명(동) 발음 변화.
음성 상징(音聲象徵)〔어학〕어떤 특정한 뜻이나 인상을 상징적인 음성으로 나타내어 듣는 이에게 그 의미를 전달하는 현상. 와지끈·찰랑찰랑 따위.
음성 언어(音聲言語) ①음성에 의한 보통 언어 활동. ②기록에 의한 문자 언어에 대하여 발음에 의한 언어 활동. 소리말.《대》문자 언어. spoken language (ion)으로 되는 원소. negative element
음성 원소(陰性元素)〔화학〕용이하게 음이온(陰)
음성=학(音聲學)〔어학〕사람의 소리를 연구하는 학문. 넓은 뜻으로는 말소리의 물리적(物理的)·생리적(生理的)·심리적(心理的) 연구를 일반적으로 통틀어 일컬음. 말소리갈. 말소리학. 소리갈. 성음학. phonetics
=음세어미 받칠 있는 동사의 어간에 붙어 '하게' 할 자리에 기꺼이 자기가 하려는 뜻을 나타냄. ¶ 곧 갈~. =ㅁ세.
음세(音勢)명 소리의 강약. 음력.
음소(音素)명〔어학〕소리를 그 이상 작게 나눌 수 없는 데까지 나눈 음운학적(音韻學的) 단위. phoneme
음소 문자[—]〔音素文字〕명〔어학〕낱낱의 글자가 낱말의 음을 음소의 단위까지 분석하여 표기하는 성질을 가진 문자. 로마자·한글 따위.《대》음절 문자. 낱소리 문자.
음속(音速)명《물리》①소리의 속도. ②음파가 전파

되는 속도. 음파의 속도는 매질(媒質)에 따라 각기 다르나 공기 중을 진행하는 소리의 속도는 섭씨 15도인 때는 매초(每秒) 340m이고 여기에 온도 1도의 높낮이에 따라 매초 약 0.6m의 증감(增減)이 있음. velocity of sound
음송(吟誦)명 외어 읊음. 외어 읽음. recitation 하자
음수(陰水)명 정액(精液)
음수(陰數)명 ①《수학》0보다 작은 수. ②우수(偶數)의 일컬음.《대》양수(陽數).③음성적인 술수(術數). negative number
음수(陰樹)명〔식물〕응달에서도 잘 번식할 수 있는 수목(樹木). 비자나무·전나무 따위.《대》양수(陽樹)
음:수(飮水)명 음료수.   [樹). shade plants
음=율(音數律)명 정형시(定型詩)에서와 같이 말의 일정한 수효로써 나타내는 운율.
음순(陰脣)명〔생리〕음문(보지)의 시울. labium
음슬(淫瑟)명(동) 사면발이.
음습(淫習)명 음탕한 버릇. lewd manners 「하자
음습(陰濕)명 그늘지고 축축함. unsunny and moist
음시(吟詩)명 시를 읊음. recitation of a poem 하자
음시(音詩)명《음악》이야기·시를 흐름으로 나타내려는 음악. tone poem의 역어.   「drinking 하자
음:식(飮食)명 먹고 마심. 또, 그 물건. eating and
음:식=물(飮食物)명 먹거나 마시는 물건. 찬선(饌膳). food and drink
음식 싫은 건 개나 주지 사람 싫은 건 할 수 없다족 일판이 맞지 않는 음식은 안 먹으면 되지만 의가 맞지 않는 사람끼리 같이 지내자니 애가 터진다는 뜻.
음식은 갈수록 줄고 말은 갈수록 는다족 말은 보태어져서 너루워질 일이 생긴다는 말.
음:식=점(飮食店)명 음식을 파는 집. restaurant
음=창(陰蝕瘡)〔의학〕남여의 음부에 나는 담의 시초가 되는 병.
음신(音信)명 ①소식. news ②편지. 신식(信息). letter
음신(陰臣)명 ①(동) 가신(家臣). ②(동) 부인(婦人).
음신불통(音信不通)명 음신이 아주 통하지 않음. 소식 불통.
음실(陰室)명 ①햇빛이 들지 않는 음침한 방. unsunny room ②남의 눈에 잘 띄지 않는 방. secret room
음심(淫心)명 음탕한 것을 좋아하는 마음. 음행을 하고자 하는 마음. 색욕(色慾). sexual desire
음악(音樂)명《음악》음을 일정한 방법에 의하여 조화·결합시키어 미감(美感)을 일으키게 하는 예술. 사람의 목소리에 의한 것을 성악(聲樂), 악기에 의한 것을 기악(器樂)이라 한. music
음악(淫樂)명 음탕한 풍악.
음악=가(音樂家)명(동) 음악인.
음악=계(音樂界)명 음악인들 간의 사회. 또, 그 방면. musical world
음악=과(音樂科)〔교육〕①초등 교육 과정에서 음악 교육을 하는 교과. musical course ②대학에서 음악을 전공하는 과.   「이 깔린 사람.
음악=광(音樂狂)명 음악을 지나치게 좋아하는 정신
음악 교:육(音樂敎育)명〔교육〕음악의 이해력과 표현력을 기르기 위한 교육. 성악·기악·감상·창작 따위를 종합적(綜合的)으로 다룸. musical education
음악=단(音樂團)명 음악인으로 구성한 음악을 연주하는 단체.   「'민중 ~', '야외 ~'. music house
음악=당(音樂堂)명 음악을 연주·감상할 수 있도록 꾸
음악=대(音樂隊)명 여러 가지 악기로 음악을 합주하는 단체. 악대(樂隊). musical band
음악 대학(音樂大學)〔교육〕음악에 관한 이론과 기술을 교수·연구하는 단과 대학. music college
음악=서(音樂書)명 음악에 관계되는 모든 서책. music book
음악 영화(音樂映畵)명 음악 작품을 주제로 하여 제「작된 영화. musical film
음악=인(音樂人)명 음악을 애호하는 사람. 또는 직업으로 삼는 사람. 음악가. musician

음악=적(音樂的) 운치가 있고 율동적인(것).
음악=제(音樂祭) 기념일 따위에 행하는 성대한 음악회의 모임. music festival
음악 학교(音樂學校) 음악에 관하여 배우고 가르치 「는 학교.
음악=회(音樂會) 음악을 연주하여 많은 사람들에게 들게 하는 모임. concert 「gloominess 하타
음암(陰暗) 음침하고 어두움. 음산하고 암담함.
음애(陰崖) 햇빛이 잘 비치지 아니하는 언덕. unsunny cliff
음액(陰液) 정액(精液). 「[gloominess 하타 히타
음약(陰約) 몰래 약속함. secret promise 하타
음약(淫藥)〈약학〉성욕을 생기게 하는 약. 미약(媚藥).
음약(飮藥) 약을 먹음. taking medicine 하타
음:약 자처(飮藥自處) 독약을 먹고 자결함. 하타
음양(陰痒)〈한의〉여자의 음부가 가려운 병. 흔히 빈혈·임신에 생김.
음양(陰陽)〈철학〉①천지 만물이 서로 상대되는 두 가지의 성질. ②남녀의 성적(性的) 방면에 관한 이치. ③〈물리〉전기(電氣) 또는 자기(磁氣)의 음극(陰極)과 양극(陽極). positive and negative
음양-가(陰陽家) 천문(天文)·역수(曆數)·복서(卜筮)·지상(地相)을 연구하고 모든 일의 길흉·화복을 점치는 사람. 〔속〕음양쟁이. fortuneteller
음양-각(陰陽刻)〈미술〉①음각(陰刻)과 양각(陽刻)을 섞어서 아로새김. ②음각과 양각. intaglio and relief
음양=객(陰陽客) 음양이 노릇하여 소일(消日)하는 사람. 「의 길흉·화복을 논하는 학문.
음양-도(陰陽道) 음양 오행설의 근거를 두고 인간
음양-력(陰陽曆) ①음력과 양력. lunar and solar calendars ②2~3년에 한 번씩 윤달을 두어 13개월을 그 안에 만들으로써 삭망월(朔望月)과 회귀년(回歸年)을 조화시켜 계절에 적합하도록 조절한 역법(曆法). 고래 동양에서 발달하였으며, 우리 나라의 음력도 이 한가지임.
음양 배:합(陰陽配合) 남녀가 화동함. 하타 「하타
음양 상박(陰陽相薄) 음과 양이 서로 맞지 아니함.
음양-설(陰陽說)〈철학〉음양 오행(五行)을 이론적으로 설명한 학설. 곧, 우주나 인간 사회의 모든 현상을 음·양의 두 원리의 소장(消長)으로부터 설명함. principles of the positive and negative
음양=소(陰陽梳) 빗살이 한 쪽은 성기고 한 쪽이 빽빽한 빗.
음양=수(陰陽水) 더운물에 찬물을 탄 물.
음양 쌍보(陰陽雙補) 몸의 음기와 양기를 함께 도움. 하타
음양 오:행설(陰陽五行說)〈철학〉중국 철학의 지배 원리. 주역(周易)에서 음양과 목·화·토·금·수(오행)로 우주와 인사와의 상관 관계를 말함.
=음에도 어미 명사형 어미 '-음'에 조사 '에'와 '도'가 붙은 것으로, 주로 '불구하고'와 연결되어 위하여 쓰이는 연결 어미. ¶몹시 비듬~불구하고.
=음에랴 어미 받침 있는 어간에 붙어, 반문(反問)하는 뜻을 나타내는 어미. ¶나라의 녹을 먹~.
음역(音域) ①어떤 두 소리의 높낮이의 거리의 범위. ②〈음악〉목소리나 악기 소리의 최고음과 최저음과의 사이. compass
음역(音譯) 한자의 음이나 훈을 빌려 국어의 음을 표시하는 것. 곧 佛陀←Buddha(법), 阿美(미)利加←America 등. transliteration 하타
음염(淫艶) 색정을 띤 아름다움. voluptuousness 하타
음영(吟詠) 시부(詩賦)를 읊조림. recitation of a poem 하타
음영(陰影) ①그림자. shadow ②그늘. shade
음영 화:법(陰影畫法)〈미술〉물체가 빛을 받아 이루는 그림자를 묘사하여 실제로 자연을 보는 듯한 인상을 주는 입체 기하 화법의 하나.
음예(陰臀) 구름이 하늘을 덮어 어두움.
음예(淫穢) 음란하고 더러움. 하타
음외(淫猥) 음란한 짓. 외설(猥褻). obscenity

음욕(淫慾) 음탕한 욕심. 남녀의 정육. 호색(好色)하는 마음. carnal desire
음용(音容) 음성과 용모. ¶~이 단정(端正)하다. voice and countenance 「[king 하타
음:용(飮用) 마심. 먹음. 마시는 데 쓰임. for drinking
음우(陰佑) 남 몰래 도움. 가만히 도움. secret assistance 하타 「[림(霖). gloomy
음우(陰雨) 오랫동안 계속해 내리는 음산한 비. 음우(霖雨) 장마. long continued rain
음우지:비(陰雨之備)〔備〕미리 위험한 것을 방비함. preparing for a rainy day
음운(音韻) ①한자(漢字)의 음(音)과 운(韻). ②언어의 외형(外形)을 구성하는 음(音)과 운(韻)의 배합(配合)·고저(高低)·억양(抑揚) 등에서 나는 모든 목소리. vocal sounds
음운(陰雲) 검고 무거워 보이는 구름. dark clouds
음운-론(音韻論)〈어학〉음운에 관하여 연구하는 언어학의 한 분과. 음운학(音韻學)②. 〔대〕의미론(意味論).
음운 변동(音韻變動) 한 형태소가 다른 형태소와 결합할 때 그 앞이나 어떤 음운과 만나 그 모양이 달라지는 현상 따위. 밥물→[밤물], 굳이→[구지].
음운 축약(音韻縮約) 두 형태소가 서로 만날 때에 앞뒤 형태소의 두 음절이 한 음절로 축약되는 현상. 좋고→[조코], 가리+어→[가려] 따위.
음운 탈락(音韻脫落) 말을 간편하게 하기 위해서 두 형태소가 서로 만날 때 한 음운이 떨어져 나가는 현상.
음운-학(音韻學)〈어학〉①한자의 음운·사성(四聲)·반절(反切) 등에 관해 연구하는 학문. phonology ②〔동〕음운론(音韻論). 「[gloominess 하타 히타
음울(陰鬱) 〔陰欝〕 밝지 못하고 텁텁함. 〔대〕명랑(明朗).
음월(陰月) 음력 사월의 딴이름.
음위(의학) 남자의 생식기가 위축(萎縮)되는 병. 성병·정신적 장해나 과도의 성교·수음(手淫) 따위로 성교가 불가능한 증상. impotence
음유 시인(吟遊詩人) 중세 유럽에서, 각지를 여행하면서 자작시(自作詩)를 음송(吟誦)하던 시정 시인.
음=으로(陰—) 남이 모르게. 〔대〕양(陽)으로. privately
음음-하다(淫淫—)[여튼] ①자주 흐르다. ②멀리 가 버리다. go away ③왕래하다. come and go ④많아지다.
음음-하다(陰陰—)[여튼] ①날이 흐리고 어둡다. gloomy ②수목이 무성하여 뒤덮여 있다. thick
음읍(飮泣) 몹시 서러워하여 흑흑 느껴 욺. sobbing 하타
음의(音義) 글자의 음과 뜻. pronunciation and meaning 「[변(接變). assimilation of sound
음의 동화(音—同化)〈어학〉음의 닮음. 음의 접음의 접변(音—接變)〈어학〉소리와 소리가 서로 이어날 적에 한 소리가 다른 소리를 닮아서 그 본디의 바탕을 버리고 그 다른 소리와 한 가지로, 또는 가깝게 나는 일. 모음 조화(母音調和)나 자음 접변(子音接變)·구개 음화(口蓋音化), 이 밖에도 다섯 가지가 있음. 소리의 이어 바뀜. 음의 동화(同化). 소리의 닮음. 〔참〕음음변(音接變).
음의-학(音義學) 음을 연구하는 학문.
음-이름[—니—](音—)〈음악〉음악에 있어서 C(다)·D(라)·E(마)·F(바)·G(사)·A(가)·B(나)의 일곱 가지의 이름.
음-이온(陰 ion)〈화학〉음전기(陰電氣)를 띠고 있는 이온.
음자(—짜)(音字)〈어학〉말의 소리를 적는 글자. 표음 문자. 음성 기호. 음표 문자. phonetic sign
음자(陰子·蔭子) 남 모르게 숨기어 둔 자식. illegitimate child
음자(陰刻)〈민속〉음각(陰刻)한 활자로 인쇄하여 획이 희게 나타난 글자. 「[표. clef
음자리=표(音—標)〈음악〉악보 다섯줄의 첫머리에 있는

음자 호:산(淫者好酸)[명] 호색하는 사람은 신맛을 좋아함.

음전[명] 언행이 우아(優雅)하고 겸잖음. gentleness 하

음전(音栓)[명] 《음악》 ①오르간이나 하모니엄의 음색(音色), 또는 음역(音域)을 바꾸기 위한 전(栓). stop knob ②《음악》플라졸레(flageolet)②.

음전(陰電)[명] 《약》→음전기(陰電氣).

음=전:극(陰電極)[명] 《물리》 용액 또는 기체 안으로 전류를 흐르게 하는 경우, 전류를 밖으로 끌어내기 위한 금속 또는 특수한 도체. 발전기 따위의 전원의 경우에는 전류가 흘러 들어오는 부분. 음극. 《대》양전극(陽電極). negative electrode

음=전:기(陰電氣)[명] 《물리》 수지(樹脂)를 모피(毛皮)에 문질러 일어나는 때와 같은 성질의 적은 힘을 가진 전기. 부전기(負電氣). 《대》양전기. 《약》음전(陰電). negative electricity 「전자. negatron

음=전:자(陰電子)[명] 음전기를 띤 전자. 《대》양

음절(音節)[명] 《어학》 단어의 구성 요소로서의 음의 단위로 종합된 음의 느낌을 주는 소리의 한 마디. 소리 마디. ①음악의 가락의 마디. 소리 마디 한 곡. 음조(音調)②. syllable melody

음절 구조(音節構造)[명] 《어학》 한 음절에서의 자음·모음의 짜임새.

음절 문자[─짜](音節文字)[명] 《어학》 표음 문자의 하나. 한 글자가 한 음절을 나타냄. 일본의 가나(假名) 따위. 《대》단음 문자(單音文字). syllabic let-

음절=순(音節順)[명] 가나다순. alphabetic order 「ters

음접변(音接變)[명] →음의 접변.

음정(音程)[명] ①《물리》두 소리의 진동수(振動數)의 비(比). musical interval ②《음악》높이를 달리하는 두 음의 거리. 선율적(旋律的) 음정과 화성적(和聲的) 음정 두 가지가 있음. interval

음=정:수[─쑤](陰整數)[명] 《수학》 음수로 대응하는 정수. 부정수.

음조(音調)[명] ①《음악》소리의 가락. tune ②《물리》진동수에 따른 음의 고저(高低). 음절(音節)②. tone ③시가(詩歌)의 운율(韻律).

음조(陰助)[명] 겉으로 나타나지 않고 음으로 도와 줌. secret assistance 하

음종(陰腫)[명] 《의학》여자의 외음부(外陰部)가 붓고 아픈 병. 「하는 일. dissolute life 하

음종(淫縱)[명] 음란하여 하고 싶은 대로 제 마음대로

음종(陰縱)[명] 《의학》자지에 열이 생기고 일어나서 시그러지지 않는 병.

음:주(飮酒)[명] 술을 마심. drinking 하

음:증(陰症)[명] ①《약》→상한 음증(傷寒陰症). ②병세가 오후(午後)면 더하여지는 병. ③성질이 내숭스러움. 또, 그 사람. 《대》양증(陽症).

음증 외:갑(陰症外感)[명] 《한의》내부적 원인에서 생기는 만성 허증(慢性虛症)의 병. 음사(陰邪). 《대》양증 외감(陽症外感).

음지(陰地)[명] 응달. 《대》양지(陽地). shade

음지도 양지되다[관] 오늘날의 불행이나 역경도 때를 만나서 행운과 순경을 맞이하게 된다.

음지 식물(陰地植物)[명] 《식물》 햇빛을 쪼이지 않아도 응달에서 잘 자라며 자라는 식물. 양치류(羊齒類)·선태류(蘚苔類)·가문비나무 따위.

음지 양지변(陰地陽地之變)[명] 《한의》음지되고 양지가 음지된다는 뜻으로, 세상 일이 돌고 돌아 불운(不運)·행운(幸運)이 순환한다는 뜻. vicissitudes of life

음직(蔭職)[명] 《제도》조상의 덕으로 하던 벼슬. 남행(南行)1. 백골 남행(白骨南行). 음관(蔭官). 음사(蔭仕).

음질(音質)[명] 《어학》음성의 성질. tone quality

음질(陰疾)[명] 《동》임질(淋疾).

음:집[─쩝][명] 《생리》짐승의 아기집으로 통한 길.

음차(音叉)[명] 《물리》발음체의 진동수를 계산하는 기구. 소리 굽쇠. tuning-fork

음창(陰瘡)[명] 《한의》부녀의 음부에 나는 부스럼.

음:청(陰晴)[명] ①흐린 날과 갠 날. fine and cloudy days ②흐림과 맑음. 청음(晴陰). fine and cloudy weather 「phy of the penis

음축(陰縮)[명] 《의학》자지가 차고 줄어드는 병. atro-

음충(陰蟲)[명] ①음증의 성질을 가진 벌레. 빈대 따위. ②가을 벌레. 귀뚜라미 따위.

음충=맞다[명] 성질이 매우 음충하다. wily

음충=스럽─다[ㅂ변] 음충한 태도가 있다. 음충=스레하다.

음충=하─다[여변] 마음이 검고 불량하다. wily

음측(陰側)[명] 남 모르게 넘겨 받아 씀.

음치(音癡)[명] ①음계(音階)를 분별·감상하지 못함. 또, 그 사람. tone deafness ②노래를 바르게 부를 줄 모름. 또, 그 사람. ①음excellence(音響).

음침=하─다(陰沈─)[여변] ①성질이 명랑하지 못하고 의뭉스럽다. gloomy ②날씨가 흐리고 밝지 아니하다.

음탐(淫貪)[명] 음란한 것을 좋아함. lewdness 하

음탕(淫蕩)[명] ①행동이 음란하고 방탕함. lewd ②주색에 빠짐. 하 스럽 스레

음택(陰宅)[명] 무덤. 《대》양택(陽宅).

음토(音吐)[명] 말하는 소리. 시가(詩歌)를 읊거나 문장을 낭독하는 소리. sound of speaking

음통(陰通)[명] 남녀가 비로소 색정(色情)을 알게 됨. having carnal knowledge 하

음특(陰慝)[명] 음흉하고 간사함. 하

음파(音波)[명] 《물리》공기 기타 매체(媒體)가 발음체의 진동을 받아서 생기는 파동(波動). 소리결. sound wave

음편(音便)[명] 《어학》 발음의 편의상 어떠한 음이 다른 음으로 변하는 현상. euphonical change

음폐(陰蔽)[명] 덮어 숨김. concealment 하

음표(音標)[명] 표기(標記)하는 음소(音素)의 부호. 음부(音符). phonetic sign

음표 문자[─짜](音標文字)[명] 《동》음자(音字). 「ers

음풍(淫風)[명] 음란하고 더러운 풍속. immoral mann-

음풍(陰風)[명] 음랭(陰冷)한 바람. 쌀쌀한 바람. chilly wind

음풍=농:월(吟風弄月)[명] 《동》음풍 영월. 하

음풍 영:월[─녕─](吟風咏月)[명] 맑은 바람과 맑은 달을 대하여 시를 짓고 즐겁게 놂. 음풍 농월. 하

음=하─다(陰─)[여변] 음심(淫心)이 많다. commit adultery

음=하─다(陰─)[여변] ①날씨가 흐리다. cloudy ②마음이 엉큼하다. wily 「한다는 비유.

음:하 만:복(飮河滿腹)[명] 제 분수에 넉넉함을 알아서

음학(淫虐)[명] 음탕하고 잔학(殘虐)함. lewd and cruel 하 「문 untruthful learnings

음학(淫學)[명] 경박한 학문. 정도(正道)를 벗어난 학

음해(陰害)[명] 넌지시 남을 해함. causing harm stealthily 하

음핵(陰核)[명] 여자의 외음부에 있는 갖쓴 모양의 내민 살. 공알.

음행(淫行)[명] 음란한 행위. obscene act

음행 매개죄[─쬐](淫行媒介罪)[명] 《법률》 영리의 목적으로 미성년자 또는 음행의 상습 없는 부녀를 매개하여 간음하게 하는 행위를 하는 죄.

음향(音響)[명] 소리의 울림. sound

음향 관:제(音響管制)[명] 소음의 제거를 필요로 하는 곳에서 차의 경적을 울리지 못하게 하는 제도. noise control

음향=기(音響器)[명] 《물리》음향을 내게 하여서 귀로 전신 부호(電信符號)를 판단하는 데 쓰이는 일종의 수신기(受信機). sounder

음향 신:호(音響信號)[명] 해상의 충돌을 방지하기 위하여 배와 배가 음향으로 신호하는 일. 《대》가시 신호(可視信號). sound signal

음향 측심(音響測深)[명] 음파를 해저(海底)로 보내어 그것이 반사되어 되돌아올 때까지의 시간을 재어 깊이를 측정하는 방법.

음향=학(音響學)[명] 〈물리〉 소리의 기인(起因)·성질·운동 따위를 연구하는 학문. acoustics
음향 효:과(—果)[音響效果][명] 〈연예〉 연극·영화·라디오 등에서 여러 가지 소리로써 감상자의 마음을 움직이는 효과. sound effects
음허(陰虛)[명] 〈한의〉 ①날마다 오후에 추워지고 조열이 나는 병. ②과도의 성교로 정력이 허한. 하다
음허-천(陰虛喘)[명] 음허로 나는 병. 조열·도한·객담(喀痰) 따위의 증세를 일으키며 기침을 몹시 함.
음허 화:동(陰虛火動)[명] 〈의학〉 음허함으로써 생기는 병. 조열·도한·척식이 나며 혈담을 뱉고 유정과 몽설이 생김.
음험(陰險)[명] 내숭스럽고 의뭉하다. snaky 하다
음혈(音穴)[명] 피리 같은 악기의 몸통에 파 놓은 구멍. holes of a flute
음호(陰戶)[명] 보지. 하문(下門).
음호(陰號)[명] 〈수학〉 뺄셈표.
음화(陰火)[명] 도깨비불.
음화(陰畫)[명] 건판(乾板)에 감광(感光) 작용으로 나타난 화상(畫像). 원판(原板). 〈대〉 양화(陽畫). negative
음황(淫荒)[명] 주색에 빠져 정신을 차리지 못함. 음방. 〔淫放〕. debauchery 하다
음황(陰黃)[명] 〈한의〉 양기(陽氣)는 줄고 음기(陰氣)가 성하므로 일어나는 병. 피부가 누렇게 되고 몸이 느른하며 으슬으슬 춥고 소화가 잘되지 않고 땀과 오줌이 많이 나고 맥박은 몹시 빠름.
음훈(音訓)[명] 뜻글자의 음과 뜻.
음휼(陰譎)[명] 음흉(陰凶). 하다
음흉(陰凶)[명] 마음이 음침하고 흉악함. 음흥(陰譎). ¶~한 생각. trickiness 하다 스럽 스레[부]
음흉 주머니[—쭈—][陰凶—][명] 성질이 음흉한 사람을 조롱해 부르는 별명. tricky person
음희(淫戲)[명] ①음란한 희롱. obscene flirtation ②음탕한 연극. obscene play
읍(邑)[명] ①행정 구역의 하나. town ②〔약〕=읍내(內).
읍(揖)[명] 인사하는 예의 하나. 두 손을 마주 잡고 허리를 굽힘. bowing with joined hands 하다
읍=부동(邑不同)[명] ①읍(邑)마다 규칙이 같지 아니함. ②서로 뜻이 맞지 아니함. be at discord 하다
읍간(泣諫)[명] 울면서 간함. admonishing in tears 하다
읍곡(泣哭)[명] 소리를 내어 몹시 욺. wailing 하다
읍내(邑內)[명] ①〈제도〉 부(府)·군(郡)·현(縣) 따위의 관청이 있던 부락. ②고을의 안. 읍저(邑底). 읍중(邑中). 음하(邑下). 〔약〕 읍②. in a town
=읍닌-다[어미] →=습니다.
=읍니까[어미] →=습니까.
=읍니다[어미] →=습니다.
=읍디까[어미] →=습디까.
=읍디다[어미] →=습디다.
읍례(揖禮)[명] 읍을 하는 예법(禮法). low bow with one's hands in front 하다
읍리(邑吏)[명] 〈제도〉 군아(郡衙)의 아전.
읍리(邑里)[명] 읍내에 있는 이(里). 읍(邑)과 이(里). town and a ri
읍민(邑民)[명] 읍내에 사는 사람. townsmen
읍소(泣訴)[명] 눈물로써 간절히 하소연함. appealing in tears 하다
읍속(邑俗)[명] 읍의 풍속.
=읍쇼[어미] 〔약〕=ㅂ쇼.
=읍시-다[어미] 존재하여 같이 하자는 뜻으로 쓰이는 어미. 받침 있는 동사의 어간에 붙음. ¶같이 먹~. →=ㅂ시다.
=읍시다요 '합쇼'할 자리에, 받침 있는 동사 및 '있다'의 어간에 붙여서 존대하여 청유할 때 쓰는 종결 어미. ¶어서 읽~.
=읍시오[어미] '합쇼'할 자리에, 받침 있는 동사 어간에 붙어, 존대하여 명령의 뜻을 나타내는 종결 어미. ¶이것을 읽~. 〔약〕=읍쇼.

읍안(泣顏)[명] 우는 얼굴. tear face
읍양(挹樣)[명] 읍내의 행편.
읍양(揖讓)[명] ①에(禮)로서 사양함. courteous concession ②겸손한 태도를 가짐. courtesy 하다
읍양지-풍(揖讓之風)[명] 읍양의 예절을 잘 지키는 아름다운 풍속. beautiful custom [iness 하다
읍울(悒鬱)[명] 근심스러워 마음이 답답하여짐. gloom
읍읍-하:다(悒悒—)[형여불] 마음이 매우 불쾌하고 답답하다. being vexed
읍인(邑人)[명] 읍내에 사는 사람. towns people
읍자(邑子)[명] 〈제도〉 읍내에 살던 유생(儒生).
읍장(邑長)[명] 읍의 행정 사무를 통할하는 사람. mayor of a town
읍중(邑中)[명] 〔약〕=읍내(邑內)②.
읍지(邑誌)[명] 읍의 역사·지리·풍속 등을 기록한 책. history of a town
읍징(邑徵)[명] 〈제도〉 고을의 아전이 공금을 사용(私用)하였을 때 그 쓴 금액을 친척에게서 징수하고도 부족할 때에는 그 부족한 금액을 고을에서 징수하던 일. [stly 하다
읍청(泣請)[명] 울면서 간절히 청함. entreating earne
읍체(泣涕)[명]=체읍(涕泣). 하다
읍촌(邑村)[명] 읍내와 촌락. towns and villages ②읍에 딸려 있는 마을. villages in town
읍폐(邑弊)[명] 읍내의 폐해. abuses in a town
읍하(邑下)[명] 〔약〕=읍내(邑內)②.
읍혈(泣血)[명] 어버이 상사를 당하여 눈물을 흘리며 슬피 욺. weeping bitterly 하다
읍호(邑豪)[명] ①그 고을의 부호. rich man of a town ②고을에서 가장 유력한 사람. [을 구하는 소리.
응 평곡간이나 손아랫 사람에게 대답을 하거나 대답
응:가 어린애를 똥누일 때 하는 소리.
응:감(應感)[명] 마음에 응하여 느낌. sympathy 하다
응견(鷹犬)[명] ①사냥하는 데 쓰이는 매와 개. hound and hawk ②〔동〕 주구(走狗).
응:결(凝結)[명] ①엉기어 뭉침. coagulation ②〈물리〉 기체(氣體)가 액체(液體)로, 또는 액체가 고체(固體)로 변함. condensation ③〈화학〉 콜로이드 입자(粒子)가 모여서 침전(沈澱)하는 현상. congelation
응:결-기(凝結器)[명] 〔동〕 응축기. [하다
응:결-력(凝結力)[명] 〈물리〉 한 물질 중 인접한 부분이 서로 끌어당기는 힘. coagulant power
응:결-체(凝結體)[명] 엉긴 덩이. congelation
응:고(凝固)[명] ①엉기어서 굳어짐. congelation ②〈물리〉 액체 또는 기체가 고체로 변하는 현상. 〈대〉 융해(融解). solidification 하다
응:고-열(凝固熱)[명] 〈물리〉 액체 또는 기체가 응고할 때에 발생하는 열. heat of solidification
응:고-점(—쩜—)(凝固點)[명] 〈물리〉 액체나 기체가 응고하는 온도. solidifying point
응:-피(凝塊)[명] 응고된 덩어리.
응:구 첩대(應口輒對)[명] 묻는 대로 곧 대답하다. 하다
응:구-하:다(應口—)[자여] 응답(應答). reply
응그리-다 ①얼굴을 찌푸리다. frown ②손으로 움키다. grasp
응:-금물(應禁物)[명] 법으로 못 갖게 한 물건. [하다
응:급(應急)[명] 급한 대로 우선 처리함. makeshift
응:급 수당(應急手當)[명] 급한 일에 쓰도록 주는 수당.
응:급 조처(應急措處)[명] 급한 대로 우선 처리하기 위하여 취하는 조처. 하다
응:급 치료(應急治療)[명] 〈의학〉 급한 부상이나 병에 대하여 급한 고비를 우선 구하기 위하여 하는 간단한 치료. first aid 하다 [치료하는 방법.
응:급 치료법(—뻡—)(應急治療法)[명] 〈의학〉 응급으로
응:낙(應諾)[명] 승낙함. consent 하다
응:납(應納)[명] 꼭 상납(上納)해야 하는 물품.
응:능-주의(應能主義)[명] 〈경제〉 조세의 표준을 각 개인의 부담 능력에 두어야 한다는 주장. 〈대〉 응익주의(應益主義). ability to pay principle

응달[명] 햇빛이 들지 않아 그늘진 곳. 《대》양달. 《원》음달. shade

응달-에 햇빛드는 날이 있다[관] 역경에 빠진 사람에게도 더러는 길운이 온다.

응달-지-다[자] 그늘지다. 햇빛이 가리우다. be shaded

응달-쪽[명] 응달진 쪽. in the shade

응:답(應答)[명] 물음에 대답함. 답응(答應). 《대》질의(質疑). 질문(質問). reply 하타

응:당(應當)[부] ①꼭. necessarily ②반드시. without fail ③으레. duly

응:당-하-다(應當一)[형여] ①어떤 현상이나 사실이 지극히 마땅하다. ②상당(相當)하다. **응:당-히**[부]

응:대(應待)[명] 《동》 응접(應接)함. 접대(接待). 하타

응:대(應對)[명] 《동》 남의 말에 따라서 대답함. reply ②만나서 이야기함. interview 하타

동이(←童一)[명] 《약》→응석둥이.

응등그러-지-다[자] ①마르거나 굳어지면서 조금 뒤틀리다. warp ②춥거나 겁이 나서 몸이 움츠러들다. 《작》앙당그러지다. shrink

응등=그리-다[타] 춥거나 겁이 나서 몸을 움츠러뜨리다. 《작》앙당그리다. shrink

응:력(應力)[명] 《물리》물체에 가하여지는 외력에 저항하여 물체내에 생기는 내력(內力). 단위 면적당(當)의 힘으로 표시함. 응력(抗力). 스트레스(stress).

응:립(凝立)[명] 꼼짝 않고 서 있음. 하타

응:모(應募)[명] 모집(募集)에 응함. ¶~자(者). ~작품(作品). 《대》모집(募集). application 하타

응:모 가격[一까—](應募價格)[명] 《경제》채권·주식 등의 응모자가 실제로 불입하는 금액. 보통 액면 가격보다 적음. subscription price

응:모액(應募額)[명] 《경제》공채(公債)·주식(株式) 따위의 모집에 응하는 자가 응모 면 가격에 대하여 실제로 불입하는 금액. subscription price

응:-받-다[약]→응석받다.

응:변(應變)[명] 《약》→임기 응변(臨機應變).

응:보(應報)[명] ①선악의 행적에 응하여 화복의 갚음을 받음. ¶인과(因果)~. ②행위에 대하여 받는 갚음. retribution

응:보주의(應報主義)[명] 죄에 대한 응보로서 형벌을 가하는 주의. theory of retribution

응:보형론(應報刑論)[명] 《법률》형벌의 본질에 관한 이론. 형벌은 범죄라는 해악적 침해에 대한 응보로서 과하여지는 보복 내지 보상이라고 하는 것. 응보 이외의 아무런 목적을 가지지 않음. 《대》교육형론(敎育刑論). 목적형론.

분:분(應分)[명] 신분에 맞음. ¶~의 값. 《대》과분(過分)

응:사(應射)[명] ①궁술 대회의 경사(競射)에 응함. ②한편의 사격에 대응하여 마주 사격함. shoot back

응:석[명] ①어른의 사랑을 믿고 어려워하지 않고 버릇없는 언행을 함. presuming upon another's love ②어른에게 웃으며 보채어 어리광을 부리는 짓. playing the baby 하타

응석-꾸러기[명] 응석을 잘 부리는 아이를 얕잡아이르는 말. [름. spoilt child

응:석-둥이(←童一)[명] 응석을 부리다가 자란 아이. 응석받이②.《←》응등이. spoilt child

응:석-받-다[타] 응석을 받아 주다. pamper

응:석-받이[—바지][명] ①응석을 받아 주는 일. pampering ②《동》응석둥이.

응:석-부리-다[자] ①응석을 부리다. presume upon another's love ②어른에게 어리광부리다. playing the baby

응:성(應聲)[명] 소리에 응함. response to a call 하타

응:성-충(應聲蟲)[명] 사람의 목구멍 속에 있어서 말하는 것을 흉내내는 벌레라는 뜻으로, 일정한 주견이 없이 남의 하는 대로 따라 하는 사람을 이르는 말.

응:소(應召)[명] 소집에 응함. 하타 [blind follower

응:소(應訴)[명] 《법률》송사(訟事)에 응함. 응송(應訟). acceptance of a legal suit 하타

응:속(應贖)[명] 마땅히 속죄할 일.

응:송(應訟)[명] 《동》응소(應訴). 하타

응:수(應手)[명] 바둑·장기 등에서, 상대편의 수에 응함. 또, 그 수. ¶~를 타진하다.

응수(膺受)[명] ①선물을 받음. ②책임을 짐. 하타

응:수(應酬)[명] 상대편의 말이나 일에 따라 응함. reply

응:수(應需)[명] 수요에 응함. 하타 [ply 하타

응:시(凝視)[명] 뚫어지게 자세히 봄. 주시(注視). steady gaze 하타 [tation to circumstances

응:시(應時)[명] 시기에 따름. ¶~응대(應對). adap-

응:시(應試)[명] 시험에 응함. ¶~자(者). applying for an examination 하타

응:식(應食)[명] 직무에 응하여 받는 녹. stipend

응:신(應身)[명] 《불교》삼신의 하나. 부처가 중생을 구하기 위하여 중생과 같은 모습으로 드러내는 몸. 현신(現身). Buddha incarnation

응:신-불(應身佛)[명] 《불교》삼신불(三身佛)의 하나인 석가 여래를 일컫는 말.

응:아(應我)[명] 남이 자기를 따름. 하타

응아→응애응애.

응애-응애[명] 젖먹이의 울음 소리. whimper

응양(鷹揚)[명] 매가 하늘을 날 듯, 무용·예명 등을 떨침. 하타

응어리[명] ①근육이 뭉쳐서 된 덩어리. ¶매 맞은 자리에 ~가 생겼다. lump ②사물의 속 깊이 박힌 부분. ¶개 흙 속에 아직 ~가 있다. core ③과실의 씨가 박힌 부분. core ④원한 따위로 맺힌 감정. ¶서로 ~를 풀고 화해하다.

응얼-거리-다[자] ①글이나 노래를 입 속으로 읊다. mumble ②남이 알아듣지 못할 말을 입 속으로 자꾸 지껄이다. ¶혼자 응얼거리다고 분명히 대답하라. ③불평·불만을 입속말로 중얼거리다. 앙알거리다②. **응얼=응얼** 하타

응:역(應役)[명] 공역(公役)에 응함. 하타

응:연(凝然)[명] 얀전하고 점잖은 모양. 하형

응:연(應然)[명] 《동》당연(當然). 하형 히부

응:용(應用)[명] ①사물에 따라 적용시킴. ②원리를 실제로 이끌어 씀. application 하타

응:용 경제학(應用經濟學)[명] 《경제》경제의 지식으로 실제의 생활에 활용하는 방법을 연구하는 경제학의 한 분과. 《대》이론 경제학. practical economics

응:용 과학(應用科學)[명] 인간 생활에 이용하기 위하여 응용함을 주된 목적으로 하는 과학. 공학(工學)·농학(農學)·의학(醫學) 등. 《대》이론 과학(理論科學). [응용해서 푸는 문제.

응:용 문:제(應用問題)[명] 이미 학습한 사항의 지식을

응:용 물리학(應用物理學)[명] 《물리》물리의 지식으로 실제의 생활에 활용할 수 있는 방법을 연구하는 물리학의 한 분과. applied physics

응:용 미:술(應用美術)[명] 《미술》감상만을 목적으로 하지 않고 실용에 적당하게 응용하는 미술. 곧, 도안(圖案)·모형(模型) 따위. applied arts

응:용 수:학(應用數學)[명] 《수학》일상 생활, 또는 다른 여러 과학에 실제로 응용하는 수학. applied mathematics

응:용 식물학(應用植物學)[명] 《식물》식물의 응용 목적을 위하여 연구하는 식물학의 한 부문. 농업·수산업·임업·양조·공업 원료·병원체에 관한 연구 따위. practical botany

응:용 심리학(應用心理學)[명] 《심리》이론 심리학(理論心理學)의 원리(原理) 및 법칙(法則)을 일정한 사실(事實)에 응용하거나 연구법(研究法)을 일정한 목적을 위하여 채용하여 연구하는 학문. applied psychology

응:용 화:학(應用化學)[명] 《화학》①넓은 의미로는 생산의 기술적 방면에서 당면하는 화학적 현상을 연구하는 화학의 한 부문. applied chemistry ②좁은 의미로는 공업 화학을 말함. 《대》순정 화학(純正化學). industrial chemistry

응:원(應援)圈 ①도와 줌. 후원함. aid ②운동 경기 등의 곁에서 성원(聲援)함. ¶~가(歌). ~자(者). cheering 하다
응:원-단(應援團)圈 주로 운동 경기를 응원하는 단체. 단체로서 응원하는 무리. 응원대①.
응:원-대(應援隊)圈 ①응원하는 무리. 응원단. rooters ②〈군사〉아군(我軍)을 응원하기 위하여 조직된 부대. reinforcement
응:응 ①울거나 아이들이 응석부리는 모양. 또, 그 소리. wailing ②잇달아 '응' 소리로 대답하는 모양
응응-거리-다다 자꾸 응응하다.
응:익주의(應益主義)圈〈경제〉각 개인이 국가·공공 단체로부터 받은 이익에 기준하여 과세하여야 한다는 주장. (대) 응능주의.
응:입(應入)圈 마땅히 들어와야 할 물건. 경상(經常)의 수
응:장 성식(凝粧盛飾)圈 얼굴과 옷을 아름답게 꾸밈. applying cosmetics and dressing up 하다
응:전(應戰)圈 싸움에 응함. (대) 공격. response 하다
응:접(應接)圈 ①접대함. ¶~소(所). reception ②만나 봄. 응대(應待). 접응(接應). interview 하다 들임. show in 하다 「賓客」. drawing room
응:접-실(應接室)圈 손님을 접대하는 방. 접빈실(接
응:제(應製)圈〈제도〉①임금의 특명에 의하여 임시로 치르던 과거. ②임금의 명령에 의하여 시문을 닿아 짓던 일.
응:종(應從)圈 응하여 그대로 따름. compliance 하다
응:종(應鐘)圈 '음력 시월'의 딴이름.
응:진(應眞)圈〈동〉아라한(阿羅漢).
응:집(凝集)圈〈동〉응취(凝聚). 하다
응:집(應集)圈 모집에 응함. 모집에 응하여 모임. 하
응:집-력(凝集力)圈〈물리〉액체나 고체 사이에 있는 인력. cohesive power
응:징(膺懲)圈 ①잘못을 회개하도록 징계함. chastisement ②적국을 정복함. 하다
응:착(凝着)圈〈물리〉서로 다른 두 종류의 물질이 맞닿을 때 서로 떨어지지 않고 꼭 붙는 현상. 고체가 액체에 닿아 젖는 것 따위. adhesion 하다
응:찰(應札)圈 입찰에 응함. 하다
응:천 순:인(應天順人)圈 천의(天意)에 응하고 민의(民意)에 순종하다. 하다
응:체(凝滯)圈 막힘. 걸림. stoppage 하다
응:체(凝體)圈 엉기어 굳은 물체. 엉긴 덩어리. condensed body
응:축(凝縮)圈 ①엉기어 줄어듦. condensation ②〈물리〉기체에서 액체로 변하는 일. 하다
응:축-기(凝縮機)圈〈물리〉증기를 냉각시켜서 응축시키는 장치. 응결기(凝結機). condenser
응:축-열[-녈](凝縮熱)圈〈화학〉기체가 응축하여서 같은 온도의 액체로 될 때에 방출하는 열. heat of condensation 「and assembling 하다
응:취(凝聚)圈 엉기고 모임. 응집(凝集). condensing
응:취-력(凝聚力)圈〈물리〉같은 물질의 분자가 서로 끌어당기는 힘.
응:포(應砲)圈 응대하기 위하여 대포를 쏨. returning
응:-하다(應)재타어 ①따르다. comply ②대답하다. answer ③하라는 대로 하다. comply with ④갚다. repay ⑤반응을 나타내다. respond
응:험(應驗)圈 드러난 조짐이 맞음. 하다
응:혈(凝血)圈 엉기어 뭉쳐진 피. clot of blood
응:화(應化)圈 ①〈불교〉불보살(佛菩薩)이 미혹에 빠진 자를 구출하려고 여러 형태로 변신하여 나타남. ②적응. 하다
응:화(應和)圈 서로 대답하기. response 하다
응:회(凝灰)圈 엉겨 굳어진 재.
응:회-석(凝灰石)圈〈지리〉화산이 터질 때 분출되어 나 모래가 엉기어 된 바위.
응:회-암(凝灰岩)圈〈광물〉화산(火山)이 지상 혹은 수중에서 퇴적 응고하여서 생긴 암석. 내열성이고, 건축 토목용 석재로 쓰임. tuff

읊-다다〈고〉읊다.
의ㅢ〈어학〉한글의 합성 모음 'ㅢ'의 이름.
의(宜)①관형격 조사. ②소유(所有). ¶나~집. ㉡관계. ¶나~동생. ㉢소재(所在). ¶경주~불국사. ㉣소산(所産). ¶대구~사과. ㉤일어난 곳. ¶문화~발상지(發祥地). ㉥비유. ¶형설(螢雪)~공(功). ㉦지음. ¶이순신~거북선. ㉧대상(對象). ¶아버님~친필(親筆). ㉨이름. ¶신라~삼국 통일. ㉩'…이라 하는' 의 뜻. ¶지방~명물. ㉪소속. ¶미국~우주선. ②절(節) 안에서 주격 조사 대신으로 씀. ¶세월~빠름을 한탄한다. of
의[이]ㅢ=ㅢ.
의(衣)圈 ①〔약〕=의복. ②〔약〕→책의(册衣).
의(義)圈 ①사람이 행하여야 할 바른 도리. justice ②옳은 행위. loyalty ③혈연 관계가 있는 사람과 같은 관계를 맺음. ¶~형제. relations ④다른 것을 실물의 대용으로 하는 것. ¶~치(齒). substitution ⑤뜻. 의미. 이유. meaning ⑥〔약〕→덕의(德義). 도의(道義). ⑦〈제도〉경서의 뜻을 해석시키던 과거 시문(試問)의 하나.
의(疑)圈〈제도〉과거 때 경서의 의의(疑意)를 설명시키던 시문(試問)의 하나.
의(誼)圈〔약〕→정의(情誼).
·의(衣)圈〈고〉①에. ②게.
의가(衣架)圈〔동〕옷걸이.
의가(依家)圈 집 없는 사람이 집을 얻어 삶. living in other's house 하다 「dical practitioner
의가(醫家)圈 의학을 연구하는 사람. 또, 그 집. me-
의가 반낭(衣架飯囊)圈 옷걸이와 밥주머니의 뜻으로, 아무 소용이 없는 사람을 이르는 말. 주대 반낭(酒袋飯囊). 「인하여 하는 제례.
의가사 제대(依家事除隊)圈〈군사〉가정의 사정으로
의가-서(醫家書)圈〔동〕의서(醫書)
의가지-락(宜家之樂)圈〔동〕실가지락(室家之樂).
의:각(義脚)圈 만들어 끼운 다리. artificial leg
의각지세(犄角之勢)圈 기각지세(掎角之勢).
의거(依據)圈 ①증거대로 함. dependence ②산수(山水)에 의지하고 의지자힘. take a position in the mountain ③의지하는 것. 의빙(依憑). ¶법에 ~하여 벌주다. in accordance with 하다
의:거(義擧)圈 정의(正義)를 위하여 일으키는 의로운 거사. ¶~민(民). noble undertaking
의건[-껀](議件)圈 의논할 안건. agenda
의건:도-하다(衣巾)재 살아 나아갈 방도를 꾸미다. find a means of livelihood
의-걸이(衣-)圈〔약〕→의걸이장.
의걸이-장(衣-欌)圈〔법률〕위는 옷을 걸어 두게 되고, 아래는 반닫이 모양으로 된 의장. 〔약〕의걸이. wardrobe 「각①. 의사(意思). opinion
의견(意見)圈 마음속에 가진 생각. 가리사니③. 생
의-견사(擬絹絲)圈 면화·아교·단백질 등을 질은 가성 소다로 처리하여 천연 견사와 같은 광택이 나게 한 실. 실켓(silket).
의:견-서(意見書)圈 어떤 의견을 기록한 글. 또, 그 「문서.
의결(議決)圈 의논하여 결정함. decision 하다
의결-권[-꿘](議決權)圈〔법률〕①회의(會議)에 참석하여 표결에 참가할 수 있는 권한. voting right ②의결 기관이 어떤 사항을 의결할 수 있는 권리.
의결 기관(議決機關)圈〔법률〕국회·지방 의회·주주 총회 따위와 같이 법인(法人)의 의사를 결정하는 합의제의 기관. (대) 집행 기관(執行機關). legislative organ
의:경(義警)圈〔약〕→의무 경찰(義務警察). 「rcle
의계(醫界)圈 의학·의술의 세계. medical science ci-
의:고(擬古)圈 ①시가(詩歌)·문장 등을 옛 체에 전주어 지음. imitation of archaic style ②옛날의 풍(風)을 모방함. 하다
의:고-주의(擬古主義)圈〈문학〉17세기 유럽 예술 전반에 걸친 경향으로서 아리스토텔레스의 시학적 법

의곡 →왜곡(歪曲).

의:공(醫工)圀 의학에 관한 지식이나 기술. medical skill

의공(蟻孔)圀 개미 구멍. ant-hole

의공(議功)圀 〈제도〉 나라에 큰 공로가 있는 사람이 그 자손을 처벌할 때 형(刑)의 경감을 의정(議定)하던 일.

의과[一꽈](醫科)圀 ①의학을 연구하는 대학의 한 분과(分科). medical course ②〈제도〉 조선조 때, 의학에 능한 사람에게 보이던 과거.

의과 대학[一꽈-](醫科大學)圀 〈교육〉 의학을 배우고 연구하는 단뫄 대학. (약) 의대(醫大). medical college

의관(衣冠)圀 ①옷과 갓. 의면. clothing and headgear ②문물(文物)이 열리고 예의가 바른 풍속. courteous manners ③예의바르게 옷차림한 귀인(貴人). person of quality 하다

의관(醫官)圀 〈제도〉 의술에 종사하던 관원. medical official

의관(議官)圀 〈제도〉 고종(高宗) 때 베풀었던 중추원의 벼슬.

의관-객(衣冠客)圀 〈동〉 의관지인(衣冠之人).

의관(衣冠文物)圀 그 나라 사람들의 옷차림새 및 인문 방면과 물질 방면의 모든 사항. civilization of country

의관 열파[一널一](衣冠裂破)圀 서로 다툴 때에 의관이 찢어지고 부서짐. 또, 점잖음을 버리고 서로 다투는 일. rough-and-tumble fight 하다

의관지인(衣冠之人)圀 의관을 차린 사람. 곧, 중류(中流) 이상의 사람. 의관객(衣冠客). man in full dress 하다 히다

의구(依舊)圀 옛 모양과 변함 없음. being unchanged

의구(義狗)圀 주인에게 충성을 바친 개.

의구(疑懼)圀 의심하고 두려워함. apprehensions 하다

의구-심(疑懼心)圀 의심하고 두려워하는 마음. ¶~

의구-총(義狗塚)圀 의구의 무덤. 을 가지다.

의국(醫局)圀 의원(醫院)을 다루는 방. ⊙약국·사무국에 대하여, 병원에서 의사들이 있는 방.

의:군(義軍)圀 정의를 위하여 스스로 일어난 군대. 의려(義旅). 의병(義兵). loyal army

의군(蟻軍·蟻群)圀 개미떼. crowd of ants

의궤(蟻潰)圀 개미떼가 흩어지는 것처럼 도망함. demolition 하다

의귀(依歸)圀 ①돌아갈 곳을 삼음. conversion ②탁하는 것. 하다

의금(衣衾)圀 의복과 금침. clothing and bedding

의금(衣襟)圀 옷깃.

의금(擬金)圀 〈화학〉 황화제이석(黃化第二錫)의 황금색의 분말. 금박·도금·안료에 쓰임.

의:금-부(義禁府)圀 〈제도〉 조선조 때, 임명을 받아 죄인을 추국(推鞠)하는 사무를 맡아보던 관청. 왕부(王府). 고친 이름.

의:금-사(義禁司)圀 〈제도〉 고종(高宗) 때 의금부를 고친 이름.

의:기(意氣)圀 ①득의(得意)한 마음. spirit ②장한 마음. ③〈동〉 기상(氣象).

의:기(義氣)圀 정의(正義)에서 일어나는 기개. chivalrous spirit

의:기(義旗)圀 의병(義兵)의 군기(軍旗).

의기(疑忌)圀 의심하고 꺼림. apprehension and abhorrence 하다

의:기 남아(義氣男兒)圀 의기가 있는 남자.

의:기 상투(意氣相投)圀 〈동〉 의기 투합. 하다

의:기 소침(意氣銷沈)圀 의기가 쇠하여 사그라짐. 의기 저상(意氣沮喪). 하다

의:기 양양(意氣揚揚)圀 뜻대로 되어 기쁘고 으쓱거리는 기상이 펄펄함. triumphant 하다

의:기 저상(意氣沮喪)圀 〈동〉 의기 소침(意氣銷沈). 듯이 성함. 하다

의:기 충천(意氣衝天)圀 득의한 마음이 하늘을 찌를

의:기 투합(意氣投合)圀 마음이 서로 맞음. 의기 상투(意氣相投). be of a mind 하다

의:-남매(義男妹)圀 ①의로 맺은 남매. ②아버지나 어머니가 서로 다른 남매.

의낭(衣囊)圀 호주머니. pocket

의:녀(義女)圀 의붓딸.

의녀(醫女)圀 〈제도〉 조선조 때, 각 도(道)에서 뽑아 의술을 가르쳐 내의원(內醫院)·혜민원(惠民院)에서 심부름시키던 여자.

의념(疑念)圀 의심스러운 생각. doubt

의논(議論)圀 ①어떠한 일을 서로 문의함. argument ②서로 어떤 일을 꾀함. (원) 의론(議論)①. consultation

의단(疑端)圀 의심스러운 어떤 일의 실마리. 하다

의:담(義膽)圀 정의(正義)의 마음. 의로운 담력(膽力). righteous spirit

의당(宜當)圀 마땅히. 으레. naturally 하다 히

의당-당(宜當當)圀 '의당(宜當)'의 힘줌말.

의당-사(宜當事)圀 ①관청의 명령문 끝에 쓰던 문투로, 그대로 마땅히 실행하라는 뜻. ②마땅한 일. matter of course

의대(衣帶)圀 옷과 띠. dress and a belt

의대(衣襨)圀 ①임금의 옷. (공) 어의대. King's garments ②무당이 굿할 때 입는 옷.

의대(醫大)圀 (약)→의과 대학(醫科大學).

의덕(懿德·宜德)圀 아름다운 덕행. virtuous conduct

의:도(義徒)圀 의(義)를 주장하는 무리. 의중(義衆). group of righteous men

의:도(意圖)圀 ①생각·행위의 종국 목적(終極目的)의 관념. object ②속으로 계획함. intention 하다

의:-동일실[一씰一](義同一室)圀 한 집안 사람과 같이 정의가 두터움.

의량(衣糧)圀 옷과 양식. clothing and food

의:량(意量)圀 의사(意思)와 도량. will and capacity

의:려(義旅)圀 〈동〉 의군(義軍).

의려(疑慮)圀 의심스러워 걱정함. apprehensions 하다

의려지-망(倚閭之望)圀 동구 밖에까지 나아가서 아들들이 돌아오기를 초조히 기다리는 어머니의 마음.

의례(依例)圀 (약)→의전례(依前例).

의례(儀禮)圀 〈동〉 의식(儀式). 전례(典例).

의례-건[一껀](依例件)圀 의례대로 의당히 할 일. 판례에 따라 행할 사건. 예전(例典). usual practice

의례-히(依例)⊕→의례① ①.

의론(議論)圀 ①(원)→의논②. ②〈동〉 언론(言論). 하다

의:-롭다(義一)圀 ①의분(義憤)이 있다. just ②의기(義氣)가 있다. chivalrous ③의리(義理)가 있다. faithful 의:로이⊕

의롱(衣籠)圀 옷을 넣어 두는 농. wardrobe

의뢰(依賴)圀 ①남에게 의지하거나 부탁함. request ②의지하고 맡기는 것. 하다 dependence

의뢰-서(依賴書)圀 어떤 일을 남에게 부탁하는 글발. written request

의뢰-심(依賴心)圀 남에게 의지하는 마음. spirit of dependence

의뢰-인(依賴人)圀 남에게 어떤 일을 의뢰한 사람. client

의료(衣料)圀 옷감이나 입을 거리의 총칭. clothing

의:료(意料)圀 생각하고 헤아림. consider 하다

의료(醫療)圀 병을 치료함. 또, 고치는 일. ¶~비(費). ~품(品). medical treatment 하다

의료(議了)圀 회의·의결 등이 끝남. 하다

의료-계(醫療界)圀 의료에 종사하는 사람들의 사회. 또, 그 분야. medical world

의료-기(醫療器)圀 병을 치료하는 데 쓰는 모든 기구. medical instruments

의료 기계(醫療器械)圀 병을 치료하는 데 쓰는 기계.

의료 보:험(醫療保險)圀 사회 보험의 하나. 질병·부상·분만 등에 대한 보험. 질병·부상이 생기면 그 질병·부상이 나을 때까지 치료를 받을 수 있는 제도.

의료 보:호(醫療保護)圀 생활 유지 능력이 없거나, 생활이 어려운 사람이 발병했을 때 진찰·입원·치료

의료업(醫療業)[명] 〈의학〉 의술로 병을 고치는 직업.
의:류(衣類)[명] 몸에 입는 옷의 총칭. 의복. clothing
의:리(義理)[명] ①사람으로서 지켜야 할 바른 도리. justice ②혈연 관계가 없는 사람이 그런 관계를 맺음. contracting a relation ③서로 사귀는 도리. relation 「리에 당연함. natural
의:리 당연(義理當然)[명] 사람으로서 지켜야 하는 도
의:리 부동(義理不同)[명] 의리에 어긋나듯. 하다
의마지재(倚馬之才)[명] 빠르게 잘 짓는 글재주. talent of dashing off a composition
의막(依幕)[명] 임시로 의지하여 거처하는 곳.
의만(擬娩)[명] 아내가 분만할 때, 남편도 진통·분만에 유사한 터부(taboo)를 수반하는 행위를 하는 미개
의:망(意望)[명] 바라는 마음. wish 「인의 풍습.
의망(擬望)[명]《제도》삼망의 후보자에 천거함. 하다
의:매(義妹)[명] 의로 맺는 누이동생. 《대》의형(義兄). 의제(義弟). sworn sister 「an order
의명(依命)[명] 상사(上司)의 명령에 의거함. obeying
의명 통첩(依命通牒) 행정 관청에서 장관 등의 명을 받아, 차관·국장 등의 보조 기관이 지방 기관 등의 하급 관청에 대하여 지휘하는 명령. 통달(通達).
의:모(義母)[명] ①〈동〉의붓어미. ②수양어머니. foster-mother ③의로 맺은 어머니. sworn mother
의:무(義務)[명] ①맡은 직분. responsibility ②응당 해야 할 본분. duty ③〈법〉법률상 의사의 구속. 곧 법률로 규정하여 어떤 행위를 명함. ¶~자(者). ~ 연한(年限). 《대》권리(權利). obligation
의무(醫務)[명]〈의사(醫事)〉에 관한 사무. 의사로서의 일. medical business 「nse of duty
의:무감(義務感)[명] 해야 할 책임을 느끼는 감정. sense
의:무 경:찰(義務警察)[명] 특수 명칭은 의무 전투 경찰 순경. 현역병 지원자로서 경찰 소속으로 전입(轉任)되어, 치안 업무의 보조(補助)를 임무로 하는 전투 경찰 순경. (略) 의경.
의:무 교:육(義務敎育)[명]〈교육〉국가가 그 국민의 자녀에게 의무로서 받게 하는, 법률로 제정된 보통 교육. 강제 교육(强制敎育). compulsory education
의무-대(醫務隊)[명]〈군사〉기본 병과 및 근무 병과 부대의 편제상에 있으며 의무 요원으로써 구성된 단위대. 또는 기지 병원·종합 병원·육군 병원 등 어떤 병원의 일부로서 행정 및 고유의 병과 근무의 임무를 수행하는 단위 부대. medical corps
의문(疑問)[명] ①의심하여 물음. 또, 그 문제. question ②불확실함. ¶~점(點). doubt 하다 (스럽) 스럽다
의문(儀文)[명] 의식(儀式)의 글.
의문 대:명사(疑問代名詞)[명]〈어학〉알지 못하는 사람이나 확실하지 못한 일을 말할 때 쓰이는 대명사. 곧, 누구·무엇·어디 등. 물음 대이름씨. 부정 대명사(不定代名詞). interrogative pronoun
의문-문(疑問文)[명]〈어학〉말하는 이가 말듣는 이에게 질문을 하여 그 해답을 요구하는 문장 종결의 양식으로서, 의문형으로 성립됨. 상황에 따라 명령·금지·권고 등의 의미를 나타내기도 함. 반어·수사·감탄 의문문이 있음.
의문-부(疑問符)[명] 문장에서 의심이나 물음을 나타낼 때 그 말의 끝에 쓰는 표호. 곧, '?' 표호. 물음표. 의문표. question mark 「는 말. interrogative
의문-사(疑問詞)[명]〈어학〉의문을 나타내는 데에 쓰
의문이-망(倚門而望) 어머니가 자녀의 돌아오는 것을 마음을 졸여 아 가며 기다림.
의문-표(疑問票/疑問標)[명]〈동〉의문부(疑問符).
의물-법(擬物法)[명]〈擬物法〉사람을 사물에 비유하여 말하는 수사법. 《대》의인법. 〔합〕하다 〔스럽〕스럽다
의뭉[명] 겉으로는 어리석은 체하면서 속으로는 엉큼
의:미(意味)[명] ①말로 뜻을 가지고 있는 뜻. 뜻. ¶~ 심장(深長). (유) 의의(意義)①. meaning ②행

위·사물 등의 배후의 의도. intention ③가치. value
의:미-론(意味論)〈어학〉언어의 내용인 의미 방면, 곧 언어의 본질·기원·발전·변천을 대상으로 하여 연구하는 언어학의 한 부문. 의의학(意義學). 《대》음운론. 문법론. semantics 「하다
의미 심장(意味深長)[명] 뜻이 매우 깊음. ¶~한 말.
의미-하다(依微一)[형여] 어렴풋하다. dim
의:민(義民)[명] 의로운 백성.
의박(醫博)[명]〈약〉의학 박사.
의:발(衣鉢)[명]《불교》①가사(袈裟)와 바리때. monk's robe and bowles ②전법(傳法)의 표기되는 물건. mantle of one's master ③사부가 문제(門弟)에게 도를 전함. mystery of one's master's art
의발-가(衣鉢匠)[명] 가사와 바리때를 간수하는 중.
의방(依倣)[명] 흉내를 냄. 모방함. 하다 「두는 집.
의:방(義方)[명] ①의를 지켜 외모를 단정히 함. correctness ②의리에 적합한 일. just thing ③집안에서 덕의에 알맞는 교훈을 하는 일. 의방지훈(義方之訓). 하다
의:방-훈(義方之訓)[명]《동》의방(義方)③.
의법(儀範)[명] 모범이 될 만한 몸가짐. pattern of
의법-대로(依法一)[부] 법에 의지함. 하다 「manners
의:병(義兵)[명] 의를 위한 의군(義軍).
의병(疑兵)[명] 적을 현혹시키는 군사. ¶~장(將). dummy troops 「다
의병 제대(依病除隊)[명]〈군사〉병으로 인한 제대. 하
의:복(衣服)[명] 옷. 의피(衣被). 피복(被服). 의류(衣類). 의상(衣裳)②. (略) 의(衣)①. clothes
의:복(義服)[명] 복제(服制)가 없는 사람이 의리로 입는 일이나 친지(親知)의 복.
의복이 날개 옷복을 잘 입으면 누구나 다 돋보인다.
의:복-풍수(醫卜風水)[명] 의술과 점과 풍수(風水). medicine, fortune-telling and geomancy
의봉(蟻封)[명]〈동〉개밋둑.
의:부(義父)[명] ①〈동〉의붓아비. ②수양아버지. foster-father ③의로 맺은 아버지. 《대》친아버지. sworn father 「woman of probity 하다
의:부(義婦)[명] 의리가 강한 여자. 의리가 굳은 여자.
의부(蟻附)[명] ①개미떼처럼 달라붙음. Swarming around ②개미떼처럼 일심으로 장수에 복종함. Submission 하다
의:분(義憤)[명] 정의를 위해 일어나는 분노. righteous indignation 「justice 하다
의:분(義奮)[명] 정의를 위하여 분발함. exertion for
의:분-심(義憤心)[명] 의분을 일으키는 마음. righteous indignation 「하다
의:-불합(意不合)[명] 서로 의견이 맞지 않음. discord
의:붓-딸[명] 후실이 데리고 온, 전 남편의 딸. 가봉녀(加棒女). 의녀(義女). stepdaughter
의:붓-아들[명] 후실이 데리고 온 전 남편의 아들. 가봉자(加棒子). 의자(義子). stepson
의:붓-아비[一붇一][명] 어머니가 다시 얻은 남편. 의부(義父)①. stepfather 「모(義母)①. stepmother
의:붓-어미[명] 아버지가 다시 얻은 아내. 의
의붓어미 눈치보듯 어려운 사람이나 무서운 사람의 눈치를 살피는 모양. 「hild
의:붓-자식(一子息)[명] 후실이 데리고 온 자식. stepc-
의붓자식 다루듯 남의 것처럼 대수롭지 않게 취급하거나 다룸을 이르는 말.
의:빈(儀賓)[명]〈제도〉부마 도위(駙馬都尉) 등과 같이 왕족(王族)의 신분(身分)이 아니면서 이와 통혼(通婚)한 사람의 통칭.
의빙(依憑)[명]〈동〉의거(依據)③. 하다
의빙(疑氷)[명] 풀리지 않는 의심 덩어리. core of doubt
의:사(義士)[명] 의협심이 있는 사람. 의인(義人). righteous person 「of justice 하다
의:사(義死)[명] 정의를 위하여 죽음. dying in the cause
의:사(意思)[명] ①생각. intension ②마음. mind ③행

의향(意向)① 의견(意見). will
의사(疑似)团 ①비슷하여 가려내기가 어려움. similarity ②엇갈려서 판별하기가 곤란함. 하団
의:사(縊死)团 ①액사(縊死).
의사(擬死)团 어떤 동물이 적의 습격을 받거나 다른 물건에 닿았을 때 몸을 움츠리고 죽은 체함. feigning death
의사(擬死) 어떤 죄에 해당이 되는가를 평의(評議)
의사(醫事)团 의학·의료에 관한 일. [함. 하団
의사(醫師)团 의술과 약으로 병을 고치는 일을 업으로 삼는 사람. 도규가(刀圭家). (때)환자(患者). doctor ˝discussion ②토의 사항. proceedings 하団
의사(議事)团①여럿이 일을 의논함. 또, 그 일.
의사-간(疑似間)团《동》의신간(疑信間).
의:사 능력(意思能力)团 법률》자기 행위의 결과를 판별 판단할 수 있는 정신적 능력. mental capacity
의사-당(議事堂)团 의원(議員)들이 모여 회의를 하는 처소. (때)국회 ∼. national assembly
의사-록(議事錄)团 회의에서 토의한 의사(議事)의 경과 및 그 결과를 기재한 기록. proceedings
의사 방해(議事妨害)团 의회에서 계획적으로 의사(議事)의 진행을 방해하는 일. filibuster
의:사 부도:처(意思不到處)团 미처 생각이 미치지 못한 곳. 의외(意外). unexpectedness
의사 일정[-쩡](議事日程)团 그 날에 의논할 상황을 미리 정해 놓은 차례. 「議」에 필요한 출석 인원수.
의사 정:족수(議事定足數)团《법률》의사 심의(審
의:사-주의(意思主義)团《법률》의사 표시에 있어서 표시 행위에서 나타난 효과 의사와 표의자의 내심에 있는 진실한 효과 의사가 일치하지 않은 경우, 의사 표시의 내용을 내심의 진의에 따라 결정하려는 주의. (때)표시주의. voluntarism
의사-증[一쯩](擬似症)团 의학》진성(眞性)의 전염병에 유사한 병. suspected case
의:사-처(意思處)团 생각하는 점. intention
의사 콜레라(擬似 cholera)团《의학》콜레라균은 검출되지 아니하나 증세가 콜레라와 비슷한 병. 의사 호열자. suspected case of cholera
의:사 표시(意思表示)团 ①자기의 의사를 발표함. expression of one's intention ②사법(私法上)의 권리·의무에 관한 법률상의 효과를 생기게 하기 위하여 그 의사를 표시하는 일. declaration of intention 하団
의사 호열자(擬似虎列刺)团《동》의사 콜레라.
의산(蟻酸)团 화학》자극성이 있는 무색(無色) 산(酸)의 하나. 피부에 닿으면 아프고 물집이 생김. 개미산(一酸). formic acid
의살(縊殺)团(원)→애살(縊殺). [②(동) 의복.
의상(衣裳)团 ①저고리와 치마. 웃. coat and skirt
의:상(意想)团 ①마음에 떠오른 생각. idea ②뜻. will
의상-실(衣裳室)团 ①옷을 간수하고 갈아입고 하는 방. ②양장점.
의생(醫生)团 한의학에 의하여 병을 고치는 일을 업으로 삼는 사람. 한의(漢醫). herb doctor
의서(醫書)团 의학에 관한 서적. (때)의학서. medical book
의석(議席)团 ①회의하는 자리. floor ②회의장에 있어서의 각 의원의 자리. seat
의성(擬聲)团 소리를 흉내냄. 소리시늉. onomatopo-
의성(醫聖)团 귀신 같은 명의. [eia
의성 부:(擬聲副詞)团 어학》사물의 소리를 본든 말로 같은 소리가 되풀이되는 성질이 있는 부사. '철썩철썩·똘똘·으르렁으르렁·탕탕'등.
의성-어(擬聲語)团 어학》사물의 음성을 흉내낸 말. 곧 '째깍째깍·윙윙'등. 흉내말. 소리흉내말. onomatopoeic word
의세(倚勢)团 세력을 믿고 떠세함. reliance on influence 하団
의:소(疑疏)团 문자 또는 문장의 뜻과 내용을 해석함. 경서의 뜻을 해석함. explanation 하団

의속(依屬)团 어떤 존재·상태·성질·가치 따위가 딴 것에 의하여서 규정되고 제약(制約)되어 있는 관계. dependence 「관찰사에게 상소(上訴)하던 일.
의송(議送)团《제도》백성이 고을 원에게 패소하고
의수(依數)团 정한 수에 따름. 하団
의:수(義手)团 사람이 만들어 붙인 나무·고무 또는 금속의 손. artificial arm [인함.
의수 당연(依數當然)团 거짓임을 알면서도 그대로 묵
의:숙(義塾)团 공익(公益)을 위하여 의연금(義捐金)으로 설치한 교육 기관.
의술(醫術)团 의학에 관한 기술. 병을 고치는 기술. 도규(刀圭)②. 도규술(刀圭術). 인술(仁術)③. medical
의술-가(醫術家)团 의술이 있는 사람. [art
의:승(義僧)团 의로운 중.
의:수(依順)团《동》의순(依願). 하団 [하団
의시(疑視)团 의심하여 봄. looking at with doubt
의시(議諡)团 시호(諡號)를 의논하여 결정함. 하団
의식(衣食)团 의복과 음식. clothing and food
의:식(意識)团 ①심리》깨었을 때 사물을 깨닫는 마음의 작용. 곧, 의지와 감정과 이지의 일체 정신 작용. ¶~ 세계(世界). consciousness ②자각(自覺)의 뜻. ¶~ 있는 사람. senses ③ 불교》육식(六識)는 팔식(八識)의 하나. 대상을 총괄해서 판단·분별하는 마음의 작용. (때)무의식.
의식(儀式)团 예식의 법식. 식전. 의례(儀禮). 의전(儀典). 전의(典儀)②. 전의(典式)③. ceremony
의:식 구조(意識構造)团 의식의 계통과 짜임새. ¶한국인의 ∼.
의:식-심리(意識心理學)团《심리》의식을 대상으로 하는 심리학의 총칭. 연합·구성·기능·형태 등 각 심리학이 포함됨. 내성(內省) 심리학. consciousness psychology
의:식 일반(意識一般)团 철학》칸트의 용어. 경험적 인식 성립의 근본 조건. 선험적(先驗的)·초개인적인 순수 의식(純粹意識). 선험 의식. 순수 통각. transcendental apprehension
의:식 장해(意識障害)团《심리》이상 정신병증. 지각 마비·이해 불능·사고의 무질서 등이 나타남. consciousness obstacle
의:식-적(意識的)团 ①느껴 아는(것). ¶ ∼ 판단. ②사리를 알면서도 고의로 하는(것). ¶~ 행위.
의식족-이지예절(衣食足而知禮節)团 의식이 족하여야 예절을 안다는 뜻으로, 사람은 넉넉하여야 인사·체면을 차릴 수 있다는 말. well-fed well-bred
의:식(衣食住)团 인간 생활의 세 가지 요소. 곧, 옷과 양식과 집. food, clothing and housing
의식-주의(儀式主義)团 일정한 의식을 주장하는 주의.
의식지-방(衣食之方)团 생활에 필요한 옷과 양식을 얻는 방책.
의식지-향(衣食之鄕)团 생활이 넉넉한 지방. [間).
의신-간(疑信間)团 믿고 반의심하는 처지. 의사간(疑似
의:심(義心)团 의로운 마음. chivalrous spirit
의심(疑心)团 ①마음에 이상하게 여기는 생각. suspicion ②믿지 못하는 마음. doubt 하団 스团 스레団
의심-꾸러기(疑心一)团 의심이 많은 사람을 얕잡아 이르는 말. [suspicious
의심-쩍-다(疑心一)团 의심스런 마음이 드는 듯하다.
의아(疑訝)团《동》의혹(疑惑). 하団 스団 스레団 히団
의:아-심(疑訝心)团 의심하여 갈피를 잡지 못하는 마음.
의:안(義眼)团 사람이 만들어 박은 눈. artificial eye
의안(疑案)团 의심스러운 안건. doubtful bill
의안(議案)团 회의에서 토의하는 안건. agenda
의약(依約)团 약조한 대로 함. keeping one's promise
하団 「약품. treatment
의약(醫藥)团 ①의료에 쓰는 약품. medicine ②의술
의약 복서(醫藥卜筮)团 의술과 점술. 「하는 제도.
의약 분업(醫藥分業)团 의사와 약사의 업무를 따로
의약-청(議藥廳)团《동》시약청(侍藥廳).

의약-품(醫藥品)〔명〕 의료에 쓰이는 약품. medical supplies

의양(衣樣)〔명〕 옷의 치수. measurements of clothes

의양 단자[―딴―](衣樣單子)〔명〕 신랑이나 신부의 옷 치수를 적은 단자.

의-양피지(擬羊皮紙)〔명〕 양피지와 비슷하게 만든 종이.

의양-화:호로(依樣畫葫蘆)〔명〕 남의 것을 본뜨어 흉내내는 듯.

의어(衣魚)〔명〕〈동〉 반대좀.

의업(意業)〔명〕〈불교〉 삼업(三業)의 하나. 모든 사념(思念).

의업(醫業)〔명〕 ①양의(洋醫)나 한의(漢醫)의 직업. medical profession ②〈제도〉 고려 때의 잡과(雜科)의 한 과목. 　[대] 직역. free translation 하다

의:역(意譯)〔명〕 본문(本文)의 전체 뜻을 살리는 번역.

의:연(義捐)〔명〕 자선(慈善)·공익(公益) 등을 위하여 금품(金品)을 기부함. 기연(棄捐). subscription 하다

의연(毅然)〔명〕 굳세어 고적함. firm 하다 히〔부〕

의:연-금(義捐金)〔명〕 자선이나 공익을 위하여 기부하는 돈. 기연금(棄捐金). (약) 연금. contribution

의연-하다(依然―)〔형여〕〔명〕 전과 같이 다름없다. as usual 의연-히〔부〕

의:열(義烈)〔명〕 정의심이 강함. heroism 하다

의:-오빠(義―)〔명〕 의리로 맺은 오빠. sworn brother

의옥(疑獄)〔명〕 죄상이 이리저리 얽히어 쉽게 판명이 되기가 어려운 범죄 사건. scandal

의:외(意外)〔명〕 뜻밖. 생각 밖. 여외(慮外). 의사 부도치. unexpectedness

의:외-로(意外―)〔부〕 뜻밖에. 예상 외로.

의:외-롭-다(意外―)〔형ㅂ〕 뜻밖이라고 생각되는 느낌이 있다. 의:외로이〔부〕　[rising accident

의:외지-변(意外之變)〔명〕 뜻밖에 일어난 변고. surp-

의:외지-사(意外之事)〔명〕 뜻밖에 일어난 일.

의:욕(意慾)〔명〕 ①하고자 하는 마음. intention ②〈철학〉 선택하여 하나의 목표에 의지가 적극적·능동적으로 활동하는 것. will ③(동) 의지(意志)④.

의:용(義勇)〔명〕 ①충의(忠義)와 용기. loyalty and bravery ②의(義)로운 용기. bravery for a righteous cause ③국가·사회를 위하여 스스로 자진(自進)하는 행위. voluntary〔形〕. 용의(勇義). mien

의용(儀容)〔명〕 몸을 가지는 모양. 의표(儀表). 의형(儀

의:용-군(義勇軍)〔명〕 ➔ 의용 군대.

의:용 군대(義勇軍隊)〔명〕 전쟁·사변을 당하여 뜻있는 민간인으로 조직한 전투 단체. (약) 의용군.

의:용=병(義勇兵)〔명〕 전쟁이나 사변을 당하여 징병에 의하지 아니하고 자원하여 출전하는 병사. volunteer

의:용 함:대(義勇艦隊)〔명〕〈군사〉 평상시에는 해운(海運)에 종사하고, 전시에는 군함으로서 전투에 참가하는 상선(商船)의 함 폐. volunteer fleet [대]

의운(疑雲)〔명〕 의심스러운 사건의 비유. cloud of doubt

의원(依願)〔명〕 원하는 데에 따름. 의(依)施. 준허(準許). ¶～면직(免職). one's own request

의원(醫員)〔명〕 의사와 의생(醫生)의 총칭. medical staff

의원(醫院)〔명〕 병자를 치료하는 집. ¶～장(長). dispensary

의원(議員)〔명〕〈법률〉 의회(議會)에서 의결권을 가진 사람. assembly member

의원(議院)〔명〕 의회(議會)를 여는 곳. House

의원 내:각제(議院內閣制)〔명〕〈정치〉 국회의 신임을 정부 존립의 필수 조건으로 하는 제도. 내각 책임제. parliamentary cabinet system

의위(依違)〔명〕 가부(可否)를 결정할 수 없음. 하다

의위(儀衛)〔명〕 의식의 장엄을 더하기 위하여 참렬시키는 호위병.　　　　　　　　　[교육. cultivation of will

의:육(意育)〔명〕 의지의 발달을 목적으로 하는

의윤(依允)〔명〕 상주(上奏)를 윤허(允許)함. 하다

의율(擬律)〔명〕 ①죄의 경중에 따라 법을 적용함. 조율(照律). application of law ②〈법률〉 법규를 구체적인 사실에 적용함. 하다

의율 징판(擬律懲判)〔명〕〈법률〉 의거하여 징벌을 결정함. judgement according to law

의음(擬音)〔명〕〈음악〉 라디오 드라마·토키·연극 등에서 도구를 써서 바람·비·짐승·새 같은 소리를 내는 일. 또, 그 소리. appoggiatura

의:의(意義)〔명〕 ①사물의 속 뜻. (유) 의미. meaning ②가치. 중요한 뜻. ¶～깊은 일. value ③〈철학〉 어떤 말이나 일·행위 등이 현실의 구체적 연락에 있어서 가지는 가치 내용. significance ④〈어학〉 말이 가리키는 대상(對象).　　　　　　[point

의의(疑義)〔명〕 글 뜻 가운데 의심나는 점. doubtful

의:의-소(意義素)〔명〕〈어학〉 단어에서 그 뜻의 관념을 나타내는 요소. (대) 형태소(形態素).

의의-하-다(依依―)〔형여〕 ①유약(柔弱)하다. weak ②풀이 싱싱하게 무성하다. thick ③멀어지기가 서운하다. sorry ④지난 기억이 어렴풋하다. dim

의의-하-다(猗猗―)〔형여〕 ①아름답고 성하다. splendid ②바람 소리가 아주 부드럽다. gentle ③아들아들하다. soft

의:의-학(意義學)〔명〕〈동〉 의미론(意味論).

의이(疑異)〔명〕 의심스럽고 괴이함. queer 하다 스럽다 히〔부〕 「이나 9품 문무관의 아내의 품계.

의인(宜人)〔명〕〈제도〉 조선조의 정 6품의 종친(宗親)

의:인(義人)〔명〕〈동〉 의사(義士).

의인(擬人)〔명〕 ①물건을 사람처럼 다룸. ¶～화(化). personification ②〈법률〉 자연인(自然人)이 아닌 것에 법률상 인격을 붙임. 또, 그 인격. 법인(法人). juridical person 하다

의인-관(擬人觀)〔명〕〈철학〉 비인격적 내지 초인격적 존재를 인격화하는 관념. 신화·종교 등에서 볼 수 있음.

의인-법[―뻡](擬人法)〔명〕〈언학〉 사람이 아닌 것을 사람에 비유하여 말하는 수사법(修辭法). (대) 의물법(擬物法). personification

의자(倚子)〔명〕〔동〕 윗길. 윗값.

의자(倚子)〔명〕 앉을 때 몸을 편안히 뒤로 기대는 물건.

의자(椅子)〔명〕 걸터앉아 몸을 뒤로 기대게 만든 기구. 교의(交椅). ¶회전 ～. chair

의:자(義子)〔명〕 의붓아들. adopted son

의:자(意字)〔명〕〈어학〉 뜻의 문자(表意文字).

의:자(義姊)〔명〕 부모가 다른 누이. (대) 실자(實姉).

의자(醫者)〔명〕 의사와 의생(醫生)의 총칭. doctor

의작(擬作)〔명〕 ①만들려고 함. trying to make ②모방하여 만듦. 또, 만든 것. imitation 하다

의장(衣裝)〔명〕 차려 입은 꾸밈새. dress

의장(衣欌)〔명〕 옷을 넣는 장. 옷장. wardrobe [upon

의:장(倚仗)〔명〕 의지하고 신뢰함. 의빙(倚憑). relying

의:장(意匠)〔명〕 ①회화·시문(詩文) 따위 제작에 있어 착상에 골몰하는 것. design ②고안(考案)을 실제로 응용하는 일. 또, 그 고안. ③공업적 생산물·공예품 등의 물품에 외관상 미감(美感)을 주기 위하여 그 모양과 빛깔 또는 그 조화(調和)를 더하는 특수한 고안. 미장(美匠). design

의장(儀仗)〔명〕〈제도〉 의식에 쓰는 무기 또는 물건. arms used in ceremony

의장(擬裝)〔명〕《동》 위장(僞裝). 하다

의장(艤裝)〔명〕 선박이 항해할 수 있는 모든 설비를 갖추고 일체의 필요 용품을 준비함. 하다

의장(議長)〔명〕 ①회의를 주재하는 사람. chairman ②〈법률〉 의원(議員)을 통솔하고 의회를 대표하는 사람. Speaker

의장(議場)〔명〕 의회가 의하는 장소. assembly hall

의:장-가(意匠家)〔명〕 의장을 업으로 하는 사람.

의:장-권[―꿘](意匠權)〔명〕〈법률〉 의장에 관한 물품을 영업적으로 제작·사용·판매하는 독점적·배타적 권리. right of design [ceremonial flag

의장-기(儀仗旗)〔명〕〈제도〉 의장(儀仗)에 쓰는 기.

의장-단(議長團)〔명〕 의장·부의장을 집합적으로 일컫는 말. ¶～을 선출하다.

의장=대(儀仗隊)〔명〕〈군사〉 의식 절차에 의한 예법을

의장료(意匠料)圀 ①의장한 보수. fee for designing ②의장 등록의 수수료(手數料). fee for registration of designs
의장-병(儀仗兵)圀〈군사〉복장과 병장기를 갖추고 훈련받고 의식 때에만 참렬하는 군인. guards of honour
의장-봉(議長棒)圀 의장이 의장(議場) 정리나 선언을 할 때에 쓰는 나무 방망이. gavel
의:장-지(意匠紙)圀 직물 조직을 알기 쉽게 하기 위해 쓰는 의장도용의 방안지. design paper
의:적(義賊)圀 의롭지 못한 부자의 재산을 훔쳐 구차한 사람을 도와 주는 도둑. chivalrous robber
의전(衣廛)圀 옷 넝마전.
의:전(義戰)圀 ①의(義)를 위한 전쟁. righteous war ②명분(名分)이 바른 전쟁.
의전(儀典)圀 의식(儀式).
의-전례(依前例)圀 전례에 따름. 《약》의례. 하다
의:절(義絶)圀 ①맺었던 의(義)를 끊음. cutting off relationship ②〈동〉절교. ③친척이나 친구끼리 정을 끊음. rupture ④〈제도〉조선조 때, 법정(法廷)에서 부부를 의절로 이혼시키는 제도. divorce ⑤ 아내가 죽은 뒤 처족(妻族)과의 사이를 말함.
의절(儀節)圀 의식의 절차(節次).
의점[-쩜](疑點)圀 의심나는 점. ignified
의젓-잖다[-젇-]圈 의젓하지 못하다.《작》아젓잖다. und-
의젓-하-[-젇-]圈 언행이 점잖고 무게가 있다. 당당하다. 《작》아젓하다. dignified 의젓-이團
의정(醫政)圀 의무(醫務)에 관한 행정(行政).
의정(議定)圀 의논하여 결정함. agreement 하다
의정(議政)圀 ①〈제도〉영의정·좌의정·우의정의 총칭. ②〈제도〉의정부(議政府)의 우두머리. 의정 대신(議政大臣)의 전신. 조선조 때 광무(光武) 6년에 설치함. 《약》→의회 정치(議會政治).
의정-권[-꿘](議政權)圀 정치를 의논하는 권리. 또 할 수 있는 권리. right to discuss politics
의정 단상(議政壇上)圀 입법부에서 정치를 의논하는 발언자가 서는 단. rostrum
의정-부(議政府)圀〈제도〉조선조 때, 제일 높은 중앙 행정 관청. 낭묘(廊廟). 괴부(槐府).《약》정부. cabinet
의정-서(議定書)圀 ①국가를 대표하는 전권 위원 사이에 결정된 것을 서명하는 것. protocol ②국가간의 합의된 각서. protocol ③합의하여 결정한 서류. written agreement
의정-안(議政案)圀 회의에서 합의하여 결정할 사항의 초안(草案). 또, 그 안건. draft agreement 〔法〕
의정 헌:법[-뻡](議定憲法)圀〈동〉협정 헌법(協定憲法).
의:제(儀制)圀 의복에 관한 제도. dress system
의:제(義弟)圀 의리로 맺은 아우. 《비》의형(義兄). 실제(實弟). sworn younger brother
의제(擬制)圀〈법률〉본질이 다른 것을 일정한 법률적으로 다룸에 있어 같은 것으로 보고 같은 효과를 줌. 또, 그와 같이 간주함. legal fiction
의제(擬製)圀 어떤 물건을 본떠서 비슷하게 만듦. forgery 하다
의제(議題)圀 의논할 문제. agenda
의제 자:본(擬制資本)圀〈경제〉주식(株式)이 액면(額面) 이상의 가격으로 매매되는 경우 매매 가격에 의하여 계산된 자본. watered capital
의:족(義足)圀 절단로 발을 나무 또는 고무로 만들어 붙이는 발. artificial leg dependence 하다
의존(依存)圀 의지하고 있음.《대》자립. 자존(自存).
의존 명:사(依存名詞)圀〈어학〉독립하지 못하고 424 어 밑에서 형식상으로만 쓰이는 명사. 것·데·바·체·원 따위. 불완전 명사. 《대》자립(自立) 명사.
의존-심(依存心)圀 의존하려는 마음.
의존 형용사(依存形容詞)圀〈동〉보조 형용사.
의존 형태소(依存形態素)圀〈어학〉다른 말에 의존하여 쓰이는 형태소. 어간·어미·조사 따위.《대》자립(自立) 형태소.

의:좋-다(誼--)圈 정의(情誼)가 두텁다.
의주(儀註)圀〈제도〉나라의 전례(典禮)에 관한 절차를 적은 책. 기어 가고 있는 듯한 이상 감각.
의주-감(蟻走感)圀 피부 속 또는 피부 위를 개미가
의준(依準)圀 청원을 들어 줌. grant 하다
의준(依遵)圀 전례에 따라 행함. 하다
의:중(意中)圀 마음속. 심중(心中). ¶~을 헤아리다.
의:중(義衆)圀〈동〉의도(義徒). one's mind
의중-인(意中人)圀《약》→의중지인.
의:중지인(意中之人)圀 ①마음속에 새겨져 잊을 수 없는 사람. man of one's heart ②마음속으로 정한 사람. 《약》의중인(意中人). choice of one's heart
의증[-쯩](疑症)圀 의심이 많은 성질. 또, 그 증세. doubtfulness substitute of coffin
의지(衣棺)圀 관(棺) 대신으로 시체를 담는 데 쓰는 거적.
의지(依支)圀 ①남을 의뢰함. dependence ②몸을 기대어 부지함. support 하다
의:지(意志)圀 ①마음. 생각. 뜻. intention ②생각하고 선택하고 결심하여 실행하는 정신 작용. mind ③〈심리〉동기에서 시작하여 동기의 만족으로 끝나는 생리적·심리적 과정의 총칭. 또, 동작하려고 하는 동기의 결정. will ④〈윤리〉도덕적 행위의 주체가 되고 객체가 되는 정신 작용. 의욕③.《대》감정(感情). limb
의:지(義肢)圀 의수(義手)와 의족(義足). artificial
의지(議指)圀〈제도〉왕세손의 명령.
의지가지 없:다圈 조금도 의탁할 곳이 없다. 사고 무친하다. helpless 의지가지 없:이團
의:지-력(意志力)圀 의지의 힘. 마음먹은 바를 구준히 수행해 나가는 강한 정신적 힘. will power
의:지 박약(意志薄弱)圀 의지의 힘이 미약하여 자제·인내·결행 등을 하지 못함. 《약》의박(意薄).
의질(疫疾)圀 전염할 염려가 있는 병.
의차(衣次)圀〈동〉옷감.
의처(議處)圀 일을 서로 의논하여 처리함. 하다
의처-증[-쯩](疑妻症)圀 아내의 행동을 괜히 의심하는 변태적 성격.
의:체(義諦)圀 뜻. 까닭. 사물의 근본의 의나 이유.
의:초-동기간의 우애. brotherly affection
의:초(醫草)圀〈동〉사재발쑥. 의:초-로이團
의:초-롭-다圈 화목하다. 우애가 깊다. intimate
의촉(依囑)圀 부탁함. request 하다
의:총(義塚)圀〈동〉의총.
의총(疑塚)圀 남이 파낼 염려가 있는 무덤을 보호하기 위하여 그와 똑같이 만들어 놓는 여러 개의 무덤.
의:충(意衷)圀 마음속의 참뜻. one's intention
의:취(意趣)圀 뜻이나 마음이 쏠림. 의지와 취향(趣向). 지취(志趣). purport
의:치(義齒)圀 이가 빠진 자리에 대신 만들어 박은 이. 가치. 틀니. 입치(入齒). 종치(種齒). artificial tooth 하다
의치(醫治)圀 의술로 병을 고침. medical treatment
의친(懿親)圀〈제도〉매우 친목한 사이의 친척. 의척(懿戚). 하다
의타(依他)圀 남에게 의지함. reliance upon others 하다
의타-심(依他心)圀 남에게 의지하거나 의뢰하는 마음. entrusting oneself to care of another
의탁(依託)圀 남에게 의뢰함. 의존함. reliance 하다
의:태(意態)圀 마음의 상태. 심경(心境). state of
의태(疑殆)圀 의심하고 두려워함. 하다 mind
의태(擬態)圀 ①짓이나 꼴을 흉내냄. 짓시늉. imitation ②〈생물〉동물이 다른 사물이나 모양이 다른 물건과 흡사하게 하여 위험을 막는 현상. mimesis
의태-법[-뻡](擬態法)圀〈문학〉수사법의 하나. 사물의 표현을 구체적으로 쓰는 법. '덜렁덜렁하다' 따위. mimesis 도를 흉내내는 부사.
의태 부:사(擬態副詞)圀〈어학〉사물의 모양이나 태
의태-어(擬態語)圀〈어학〉사물의 모양이나 짓을 흉내낸 말소리. 곧, 나풀나풀·훨훨 따위. 꼴 흉내말.

짓시늉 말. mimesis
의판(擬判)[명]〖법률〗어떤한 사실을 가정하고 그것을 어떻게 재판할까를 판정함. sham trial 하다
의:표(意表)[명] 뜻밖. 생각 밖. 예상 밖. surprise
의표(儀表)[명]〖동〗의용(儀容).
의피(衣被)[명] 의복(衣服).
의피(擬皮)[명] 다른 물건으로 가죽과 흡사하게 만든 물건. 인조 퍼혁. leatherette
의=하다(依一)[자여] ①좋다. be based ②따르다. depend ③인연하다. come from ④〈약〉→의거(依據)하다. 「다. doubtful
의=하다(疑一)[명여라] 생각이 똑똑하지 않다. 미심하
의학(醫學)[명]〖의학〗인체(人體)의 연구와 질병의 치료 예방에 관한 것을 연구하는 학문. medical science 「의학생. medical student
의학도(醫學徒)[명] 의학을 배우는 학생. 또, 학자.
의학 박사(醫學博士)[명] 의학을 전공하여 학위 논문이 통과된 이에게 주는 학위. 또, 그 학위를 받은 이. 《약》의박(醫博).
의학부(醫學部)[명] 의학을 교수하는 대학의 한 학부.
의=학사(醫學士)[명] 의과 대학의 전과정을 마친 이의 학위(學位) 칭호. Master of Medicine
의학생(醫學生)[명]〖동〗의학도.
의학적(醫學的)[명] 의학에 관계되는(것).
의합(宜合)[명]〖동〗적합(適合). 하다
의:합(意合)[명] 이가 좋음. 서로 뜻과 마음이 맞음. agreement in view 하다
의항(衣桁)[명] 횃대.
의:해(義解)[명] 글 뜻을 밝힌 풀이. exposition
의:행(義行)[명] 의리와 의기 있는 행위. righteous act
의행(懿行)[명] 좋은 행실.
의향(衣香)[명] 좀이 먹지 못하게 옷갈피에 넣어 두는 향. ②옷에서 나는 향내.
의:향(意向)[명] 무엇을 하려는 생각. 의사(意思). idea ②마음. mind ③뜻. intention
의혁(擬革)[명]〖동〗인조 퍼혁.
의혁-지(擬革紙)[명] 가죽 비슷하게 만든 종이. 「paper
의:혁(意昅)[명] 의심으로 인하여 마음이 어지러움. 하다
의:혈(義血)[명] 정의를 위하여 흘린 피. 의로운 피. blood shed in just cause
의혈(蟻穴)[명] 개미굴. ant hole
의:협(義俠)[명] ①강자(强者)를 누르고 약자(弱者)를 도우려는 마음. chivalry ②체면을 중하게 알고 의리가 있음. honour
의:협-심(義俠心)[명] 남의 어려움이나 억울함을 풀어 주기 위해 제 몸을 희생하는 마음.
의:형(義兄)[명] 의로 맺은 형. 《대》의제(義弟). 의매(義妹). sworn elder brother
의형(儀形)[명] 의용(儀容).
의형 의제(宜兄宜弟)[명] 형제간에 의가 좋음. 「brothers 하다
의:=형제(義兄弟)[명] 결의한 형과 아우. sworn devoted brother
의혹(疑惑)[명] 의심하여 분별하지 못함. 아혹(訝惑). 의아(疑訝). suspicion 하다
의혼(議婚)[명] 혼인에 관한 일을 의논함. 하다
의화-단(義和團)[명]〖역사〗1899년 중국 청(淸)나라 때에 외세를 배격하기 위하여 일어난 의병의 무리. 권비(拳匪). Boxers 「medical chemistry
의=화학(醫化學)[명]〖화학〗의학에 응용하는 화학.
의회(疑悔)[명]〖동〗의회(懿悔). 하다
의회(議會)[명]〖법률〗법률에 의하여 조직된 합의제(合議制)의 기관. 국회·시의회·도의회 등. ¶ ∼ 민주주의(民主主義). Parliament, National Assembly ②국회의 특칭.
의회 정치(議會政治)[명]〖정치〗국가의 최고 기관으로서 의회가 국가의 최고 의사를 결정하는 정치 방식. 《약》의정(議政)③. parliamentarism
의회=제(議會制)[명]〖법률〗의회를 가지는 정치 체제. parliamentary system

의회에서 결정하는 정치 방식. parliamentarism ② 〈사회〉자본주의 사회로부터 사회주의 사회로의 변혁은 많은 수의 의석을 얻는 것으로만 가능하다고 하는 주장.
의:회=하다(依悔一)[명여러] ①방불하다. ②어렴풋하다.
잇=녘[명]〖고〗여기 있는 데
잇=님[명]〖궁〗심마니.
잇-만[명] 심마니의 어른.
이(齒)[명] ①〈생물〉먹이를 씹는 기관. 치아(齒牙). tooth ②톱날의 뾰족뾰족 나온 부분. cog ③사기 그릇 따위의 아가리가 잘게 빠어진 부분.
이[명] 한글 자모(字母) 'ㅣ'의 이름.
이[명]〈곤충〉이과의 작은 곤충. 사람의 몸에 기생하여 피를 빨아먹고 사는 벌레. 몸길이 2∼3mm로 몸빛은 회백색임. 발진티푸스·재귀열 등을 매개함.
이[의명] 다른 말 밑에 붙어서 사람이나 사물을 뜻함. ¶∼가 바로 그 사람이다. person 「편.
이¹(이)[대] 이이. 이것. 저대] 〈고〉이것. ②이러한 형
이[관] ①눈앞의 일이나 물건을 가리켜 일컬음. ¶∼ 사람. ∼ 일. this ②시간이나 거리의 가까움을 뜻함. ¶∼ 시간. ∼ 근처. 〖적〗요.
이[조] 받침 있는 체언에 붙는 조사. ①그 말을 주격(主格)으로 되게 함. ¶눈∼ 맑다. ②무엇으로 변하여 그것으로 됨을 나타내는 조사. 그 아래에는 '되다'가 따름. ¶물이 얼어 얼음∼ 된다. ③그것이 아님을 나타냄. 그 아래에는 '아니다'가 따름. ¶사람∼ 아니다. subjective particle
이[감] 남이 위험할 때 그의 주의를 환기하기 위하여 급히 지르는 소리. ¶∼, 도둑.
=이[의명] 자기의 생각하는 바를 설명할 때 쓰는 받침 없는 형용사 어간에 붙는 어미. ¶정말 그 사람의 표기는 훌륭하.
이=[접두] 멥쌀을 표시하는 말. ¶∼밥. rice
=이[접미] ①설명이 어간에 붙어서 명사 또는 부사를 만듦. ¶먹∼많∼. 낱낱∼. 곳곳∼. suffix of noun or adverb ②형용사·자동사를 타동사로 만듦. ¶놓∼다. 죽∼다. ③타동사의 어간에 붙어 그것을 피동사나 사역 동사로 만듦. ¶쓰∼다. 먹∼다.
이:(利)[명] ①장사하여 남긴 돈. profit ②유익함. 《대》해(害). benefit ③날카로움. sharp ④편리함. convenience ⑤〈약〉→이익(利益). 하다
이:(里)[명] 지방 행정 구역의 하나. 면(面)에 속함. 방곡(坊曲). ri(administrative area) 〖의명〗거리의 단위의 하나. 약 3.9273km임. ¶시오∼(里)는 남았다. ri(Korean league)
이:(理)[명] ①〈약〉→이치(理致). ②〈약〉→도리(道理). ③〈철학〉중국 철학에서 우주의 본체. 《대》기(氣).
이:·裏·裡)[명] ①안. 속. 내. ¶암묵. 속정. ¶∼면(面). 《대》표(表). 〖고〗①밖으로 드러나지 않는 사정. ¶비밀∼. inner part ②가운데. ¶성황∼.
이(浬)[의명] 해리(海里). knot
이(釐·厘)[의명] ①돈의 단위. ②무게의 단위. ③길이의 단위. ri 십진급수(十進級數)의 단위의 하나. 분(分)의 아래, 1의 100분의 1. ¶오∼ 삼모(五釐三毛). ri, one percent
이:(二·貳)[명] 수(數)의 이름. 둘. two
|己|(四)[명] 「영철」
이가[조] 받침이 있는 사람의 이름 아래 붙음. 가. ¶
이:가(一家)[二價][명] ①〈수학〉결정되는 값이 둘임. bivalence ②〈화학〉두 단위의 원자가(原子價). dyad
이가(俚歌)[명] 항간(巷間)에 유행되는 속된 가요. 민요. popular song
이가(離家)[명] 집을 떠나 다른 곳으로 나감. leaving one's home 하다 「song
이가(離歌)[명] 이별의 노래. 이곡(離曲). farewell
이:가 원소[一價一][二價元素][명]〈화학〉원자가(原子價)가 1인(一價)인 원소.
이가 자식보다 낫다 이가 있기 때문에 먹고 살아갈 수 있으며, 때로는 맛있는 음식도 먹게 됨을 이름.

이:각(二刻)명 한 시간의 둘째의 시각. 곧, 30분. 일각은 한 시간의 4분의 1. 곧, 15분간임. 30 minutes

이:각(耳殼)명 귓바퀴.

이각(弛却)명 학질 따위 병이 떨어지게 함. 하다 lutes

이각(離角)명 〈천문〉 한 천체(天體). 또는 한 정점(定點)에서 어떠한 천체까지의 각거리(角距離). 해와 달과의 각거리(角距離). digression

이간(離間)명 두 사람 사이를 서로 멀어지게 만듦. 반간(反間). alienation 하다

이간-붙이다[―부치―](離間―)타 방해가 생기어 두 사람 사이의 정을 멀어지게 하다. alienate

이간-질(離間―)명 이간하는 짓. alienation 하다자

이-갈-다(고라타) 젖니가 적이 빠지고 새 이가 나다. having new teeth

이-갈-다(고라타) ①아래윗니를 갈아 소리가 나게 하다. grind one's teeth ②몹시 분하여 이를 악물고 비비다. grind one's teeth with vexation

이-갈리다(고라) 몹시 분하여 이가 절로 갈리다. be greatly vexed

이감(移監)명 〈법물〉 한 교도소에서 다른 교도소로 수감자를 옮김. transfer of a prisoner 하다

이:-갑-사(二甲絲)명 '이겹실'의 귀음. two-ply a thread

이:강(以降)명자 이후(以後).

이:강 웅예(二强雄蕊)명 〈식물〉 꽝대 수염 따위의 이 수꽃술[雄蕊] 넷 가운데 둘은 길고 둘은 짧은 이생(離生) 웅예의 것.

이-같이[―가치]부 이와 같이. 이렇게. ¶~ 험한 길을 어떻게 가느냐? (작) 요강이. like this

이-개(犬)명 개를 몰 때 하는 소리. (작) 요개.

이:개(耳介)명 귓바퀴.

이:객(異客)명 객지에 나와 있는 사람.

이거(移去)명 옮겨 감. removal 하다

이거(移居)명 이주(移住)①. 하다

이거(離居)명 멀리 떨어져 삶. living far apart 하다

이거나조 받침 있는 체언에 붙어 가리지 아니하는 뜻을 나타내는 연결형 서술격 조사. ¶돈~ 밥~. 이전①. 『내는 연결형 서술격 조사.

이거늘조 받침 있는 체언에 붙어 '거늘'의 뜻을 나타내는 연결형 서술격 조사.

이거니조 받침 있는 체언에 붙어 '거니'의 뜻으로 쓰이는 연결형 서술격 조사.

이거니와조 받침 있는 체언에 붙어 '거니와'의 뜻으로 쓰이는 연결형 서술격 조사. ¶그것은 내 책~, 이것은 누구의 책인고.

이거든조 ①받침 있는 체언에 붙어 '거든'의 뜻으로 쓰이는 연결형 서술격 조사. ¶너도 사람~ 부모의 말씀을 들어라. ②받침 있는 체언에 붙어 신기하거나 이상함을 나타내는 데 쓰는 종결형 서술격 조사. ¶참 모를 일~.

이거들랑조 받침 있는 체언에 붙으며 '이거든'과 '들랑'이 합치어 된 연결형 서술격 조사. ¶얌전한 학생~ 집에 데려오너라.

이거 이래(移去移來)명 빌려(貸借) 관계로 돈이 왔다

이건¹[이것은]준 이거나. 이것 함. transaction 하다

이:-건²(약) 이것은. (작) 요건. this one

이건마는조 받침 있는 체언에 붙어 이미 말한 사실과 일치되지 아니한 일을 말하려 할 때 쓰는 연결형 서술격 조사. ¶곰은 곰~ 순한 곰이다.

이-걸(약) 이것을. (작) 요걸. this one

이-걸로(약) 이것으로. (작) 요걸로. with this

이:-검(利劍)명 날카로운 긴 칼. 예리(銳利)한 긴 칼. sharp sword

이-것(약) 이것이나 물건을 가리켜 이름. (준) 이①. (작) 요것. this one 인대 사람을 얕잡아 이름. ¶~이 제법 맹랑한 데. (준) 이①. (작) 요것. this fellow

이것-다조 받침 있는 체언에 붙어서, 원인·조건 등이 충분함을 나타내는 연결형 서술격 조사. ¶학벌 좋것다, 미남~ 나무랄 데 없지.

이것=저것[이거 저거] ①이것과 저것. this and that ②여러

개를 통틀어 일컬음. all

이-게(약) 이것이. (작) 요게. this one〔ent view

이:견(異見)명 서로 다른 의견. 색다른 견해. differ-

이:결(已決)명 이미 결정됨. being already decided 하다 「絲). two-ply thread

이:겹-실(二―)명 두 올을 겹으로곤 실. 이합사(二合

이:경(二更)명 하오 열시 전후. 하룻밤을 오경(五更)으로 나눈 둘째의 때. 을야(乙夜). second of the five period of night 「療器). otoscope

이:경(耳鏡)명 〈의학〉 귓속을 들여다보는 의료기(醫

이:경(離京)명자 서울을 떠남. (대) 귀경(歸京). leaving 「the capital 하다

이:경(離境)명자 타향. 타국.

이계(異界)명 오랑캐의 땅. 만지(蠻地).

이:계(異系)명 계통이 서로 다름. 또는 그 다른 계통. different family line

이:계 교배(異系交配)명 〈생물〉 종간 교배(種間交配) 또는 속간 교배(屬間交配)와 같이 계통이 다른 연(緣)이 먼 것끼리의 상호간의 교배. crossing between different traces 하다

이고조 ①두 가지 이상의 사물을 아울러 설명할 때, 받침 있는 체언에 붙어 쓰이는 접속격 조사. ¶사람~ 짐승~ 먹어야 산다. ②받침 있는 체언에 붙어 두 가지 이상의 사실을 서술할 때 쓰이는 연결형 서술격 조사. ¶나는 선생~ 너는 학생이다.

이고(離苦)명 ①〈불교〉 번뇌(煩惱)나 고통에서 벗어나 평안하게 되는 일. ②이별의 괴로움.

이=고들빼기명 〈식물〉 꽃상추과의 이년생 풀. 잎은 긴 타원형으로 뒷면이 약간 흰빛을 띰. 8~9월에 황색 꽃이 핌. 어린 잎은 식용함.

이고말고조 받침 있는 체언에 붙어 긍정(肯定)의 뜻을 강조함. ¶그야말로 일품~. undoubtedly

이:곡(異曲)명 이치에 바르지 못함. unreasonableness

이곡(離曲)명 〈동〉 이가(離歌).「하다

이:골명〈동〉 치수(齒髓).

이:골명 익숙해져서 몸에 푹 밴 버릇. habit

이:골-나-다조 ①곰살갑다. ②이익을 좇거나 어떤 방면에 길이 들어서 그 일에 익숙하여지다. become accustomed to

이-곳[이곧]대 ①자기에게서 가장 가까운 곳을 가리킴. this place ②이 지방. 이 고장.

이:공(理工)명 이학(理學)과 공학(工學). ¶~ 계통. science and engineering

이:-과[―과](耳科)명 〈의학〉 귓병을 진찰·치료하는 의학의 한 분과. otology

이과(梨果)명 〈식물〉 배나 사과 따위와 같이 자방(子房)은 응어리가 되고, 그 바깥쪽에는 화탁(花托)의 변화인 다육부가 있는 폐과(閉果)의 하나.

이:-과[―과](理科)명 〈물리〉 화학·물리학·생리학·지질학·동식물학 등의 자연 과학을 통틀어 일컬음. (대) 문과(文科). science

이:과지사[―已過之事]명 〈동〉 이왕지사(已往之事).

이:관(耳管)명 〈동〉 유스타키씨관(Eustachi 氏管).

이관(移管)명 옮기어 관리(管理)함. transfer the management 하다

이:-괘(離卦・離卦)명 ①〈민속〉 팔괘의 하나로 불을 상징함. 상형은 ☲임. ②육십 사괘의 하나. 밝음이 거듭됨을 상징함. (약) 이(離).

이:-괘(履卦)명 〈민속〉 육십사괘의 하나. 건괘(乾卦)와 태괘(兌卦)가 거듭된 것으로, 위는 하늘을, 아래는 못을 상징함. (약) 이(履).

이:-괘(頤卦)명 〈민속〉 육십사괘의 하나. 진괘(震卦)와 간괘(艮卦)가 거듭된 것으로, 위는 산을, 아래는 우레를 상징함. (약) 이(頤).

이-괴갑 고양이를 쫓는 소리. scat!

이:교(利狡)명 ①예리하고 교묘함. ②사리(私利)를 꾀하는 데 약빠름. 하다

이:교(異敎)명 ①이단(異端)의 가르침. paganism ②자기가 믿는 종교 이외의 종교. 외교(外敎). heresy

이:교(理敎)명 〈불교〉 본디의 원리와 나타나고 있는

이교도(異敎徒)⁅명⁆ 자기가 믿는 이외의 종교를 믿는 사실은 그 차별의 사실대로 다른 것이 아니라 평등하다는 교지. ⟨대⟩사교(邪敎). 〔교도. heretic

이:교-주의(異敎主義)⁅명⁆ ①〈기독〉 그리스도 교도(敎徒)의 처지에서 본편 종교를 신봉(信奉)하는 주의. paganism ② 르네상스 이후 예술상에 나타난 이교적인 면을 중히 여기는 경향.

이-구(已久)⁅명⁆ 이미 오래됨. being already long 하⁅형⁆

이구(耳垢)⁅명⁆ 귀지.

이구(泥丘)⁅명⁆〈지학〉이화산(泥火山)에서 내뿜긴 진흙이 분화구(噴火口)의 둘레에 원추형(圓錐形)으로 엉겨 굳어 언덕.

이구(泥溝)⁅명⁆ ① 진흙 도랑. muddy ditch ② 하천(下賤)한 지위. menial position

이구(異口)⁅명⁆ 여러 사람의 입. 여러 사람의 말. ¶ ~ 동음(同音). many voices

이구나⁅조⁆ ⟨약⟩→이로구나.

이-구 동:성(異口同聲)⁅명⁆ 여러 사람이 다 같은 말을 함. 여출일구. 이구 동음. unanimous voice

이구려⁅조⁆ ⟨약⟩→이로구려.

이구먼⁅조⁆ ⟨약⟩→이로구먼. 〔하⁅형⁆

이:국(理國)⁅명⁆ 나라를 다스림. governing a country

이:국(異國)⁅명⁆ 다른 나라. 외국. ¶ ~ 풍경(風景). foreign country 〔country

이국(離國)⁅명⁆ 자기 나라를 떠남. leaving one's own

이:국-인(異國人)⁅명⁆〈동〉이방인(異邦人)①.

이:국 정조(異國情調)⁅명⁆ ① 자기 나라에서 볼 수 없는 다른 나라의 풍물(風物)과 정서. exoticism ②〈문학〉이국의 풍물·정취를 그려 예술적 효과를 높이는 일. 〔種).

이:국=종(異國種)⁅명⁆ 색다른 종자·종류. 외국종(外國

이:국 편:민(利國便民) 나라를 이롭게 하고, 국민을 편안하게 다스림. 하⁅자⁆

이군① ⟨약⟩→이구먼. ② ⟨약⟩→이구나. ③ ⟨약⟩→이로구먼. 〔理直). 하⁅자⁆

이-굴(理屈)⁅명⁆ 이론이나 이치가 옳지 못함. ⟨대⟩이직

이궁(離宮)⁅명⁆ 태자궁이나 세자궁의 총칭. 〔er 宮)의

이-궁(理窮)⁅명⁆ 사리에 궁박함. being driven to corn-

이궁(離宮)⁅명⁆ ① 태자궁(太子宮)·세자궁(世子宮)의 딴이름. ② 임금이 궁성 밖에서 거처하던 곳. detached palace

이:권[-꿘](利權)⁅명⁆ ① 이익과 권리. ② 어떤 이익을 얻는 권리를 줄 수 있는 지위의 공무원과 결탁하여 형식적으로 공적 수속을 밟아서 주어지는 권익. interests 〔知).

이그너런스(ignorance)⁅명⁆ ① 무식(無識). ② 무지(無

이그러-지다 찌그러지고 비뚤어지다. ¶ 하도 긴장하여 얼굴이 ~. be distorted

이그조틱(exotic)⁅명⁆ ① 먼 다른 나라에 대한 동경이나 취미. ② 이국적(異國的).

이:극 구담(履極俱當)⁅명⁆ 재덕이 겸비하여 못할 일이 없음을 가리키는 말. 하⁅자⁆

이:극 진공관(二極眞空管)⁅명⁆〈물리〉음극과 플레이트(양극)만을 갖는 진공관. 교류를 직류로 바꾸는 정류기나 검파기로 쓰임. diode

이:근(耳根)⁅명⁆〈동〉귀뿌리. 〔둔근(鈍根).

이:근(利根)⁅명⁆ 영리한 성질. 또, 그러한 사람. ⟨대⟩

이글(eagle)⁅명⁆〈동〉독수리.

이글-거리-다⁅자⁆ ① 불꽃이 빨갛게 계속하여 피어오르다. ¶ 용광로에서 불꽃이 ~. ② 경기나 정열이 성하게 일다. ¶ 이글거리는 눈빛. **이글=이글** ⁅부⁆하⁅자⁆

이글루(igloo)⁅명⁆ 에스키모인들이 사는 둥근 얼음집.

이글=이글⁅부⁆ ① 불이 잘 타는 모양. brightly ② 얼굴이 붉어진 모양. flushing 하⁅형⁆

이:금(耳金)⁅명⁆ 귀고리.

이금(弛禁)⁅명⁆ 금령(禁令)을 조금 풀어 줌. 하⁅자⁆

이:금(利金)⁅명⁆ ① 이익이 된 돈. profit ② 변릿돈. money bearing interest 〔(金泥). gold paint

이금(泥金)⁅명⁆ 금박(金箔) 가루를 아교에 잰 것. 금니

이:금(爾今)⁅명⁆ 지금부터. 이후. 자금(自今).

이:-금-당(已今當)⁅명⁆〈불교〉과거·현재·미래를 통틀

이:금-에(而今一)⁅명⁆ 이제 와서. now 〔어 일컬음.

이:금(而今以後)⁅명⁆[부] 지금 이후(自今以後).

이:급(二級)⁅명⁆ 제 2위의 등급. ¶ ~품.

이:급(裡急·裏急)⁅명⁆〈한의〉① ⟨약⟩→이급 후중(裡急後重). ② 뱃살을 몹시 심하게 하고 창자가 연축(攣縮)되면서 아픈 증세. 하⁅자⁆

이:급 선:거(二級選擧)⁅명⁆〈정치〉선거인의 남색에 따라 두 등급으로 나뉘, 각 등급에서 같은 수의 의원을 선출하게 하는 등급 선거의 하나. ¶ ~제(制).

이:급 후:중(裡急後重)⁅명⁆〈한의〉대변이 잦고 본 뒤에는 항문(肛門)과 아랫배가 아픈 병. ⟨약⟩이급(裡急)①.

이·긔·다⁅고⁆ 이기다.

이기⁅명⁆ 체언에 붙어 명사 구실을 하게 하는 명사형 서술격 조사. ¶ 그 말이 사실~를 바란다.

이:기(二氣)⁅명⁆〈철학〉① 음(陰)과 양(陽). light and shade ② 음양의 기운. 〔selfishness

이:기(利己)⁅명⁆ 자기 이익만 차림. ⟨대⟩이타(利他).

이:기(利器)⁅명⁆ ① 쓰기에 편리한 기계. convenience ② 쓸모 있는 재능. talent ③ 날카로운 병기. weapon ④ 마음대로 처리할 수 있는 권리.

이:기(理氣)⁅명⁆ ①〈철학〉극과 음양. cosmic dual forces ② 성질과 기질. ③〈한의〉기(氣). ④ 호흡을 고르게 함. ⑤〈민속〉성상 방위(星象方位)를 보고 길흉을 점치는 일.

이:기(彝器)⁅명⁆ 나라 의식(儀式) 때 쓰는 제구.

이기-다⁅자타⁆ ① 겨루어서 상대편을 지게 하다. win ② 억제하기 힘든 일을 애써 억누르다. triumph over ③ 적을 처부수다. ¶ 이기고 돌아오다. ④ 어려운 일이나 고통을 참고 견디어 물리치다. ¶ 암을 이겨 낸 사람. ⑤ 몸 따위를 곧추거나 가누다. ¶ 제 몸도 이기지 못하는 늙은이.

이기-다⁅타⁆ ① 가루 따위를 반죽하다. knead ② 칼로 두드리어 잘게 깃찧다. hash ③ 빨래 따위의 뱃국이 빠지도록 뒤치며 두드리다. beast for washing

이:기로⁅어⁆ 받침 있는 체언에 붙어 반어(反語)의 뜻을 나타내는 연결형 서술격 조사. ¶ 아무리 좋은 책~

이기로서⁅약⁆→이기로서니. 〔그렇게 비쌀까.

이기로서니⁅어⁆ '이기로'의 힘줌말. ¶ 제가 의원(醫員)~ 죽은 사람을 살릴 수야 있겠나? ⟨약⟩이기로서.

이기로선들⁅어⁆ '이기로서니'의 힘줌말.

이:기-설(利己說)⁅명⁆〈윤리〉자기의 이익·쾌락을 추구함을 도덕적 선(善)이라고 하는 학설. egoism

이:기-설(理氣說)⁅명⁆〈철학〉중국 송(宋)의 정이천(程伊川)에 비롯하여 주자(朱子)에 의하여 계승 발전된 이기 이원(理氣二元)의 형이상학설.

이:기-심(利己心)⁅명⁆ 자기의 이익만을 생각하는 마음. selfish mind

이기에⁅어⁆ 받침 있는 체언에 붙어 원인·이유 등을 나타내는 연결형 서술격 조사. ¶ 좋은 꽃~ 꺾었소.

이기에=망정이지⁅어⁆ 받침 있는 체언에 붙어 원인·이유 등을 들어 다행히 그러하기에 괜찮다는 뜻을 나타내는 연결형 서술격 조사. ¶ 상대받이 착한 사람~ 큰일날 뻔했소.

이:기-주의(利己主義)⁅명⁆ 자기의 이익·쾌락·주장만을 만족시키려는 주의. ② 모든 일을 자기의 마음대로만 함. 애기주의. ⟨대⟩이타주의(利他主義). egoism

이기죽-거리-다⁅자타⁆ 쓸데없는 말을 밉살스럽게 지껄이다. 이기 야기죽거리다. talk nonsense **이기죽=이기죽**⁅부⁆ 하⁅자⁆

이:기-증[-쯩](異嗜症)⁅명⁆〈의학〉이상한 음식물이나 음식물이 아닌 물품을 즐겨 먹는 증상. 〔사람.

이:기-한(利己漢)⁅명⁆ 자기의 이익·쾌락만을 주장하는

이:기 합일(理氣合一)⁅명⁆〈철학〉중국 명(明)나라의 왕양명(王陽明)이 주장한, 이(理)와 기(氣)가 서로 대립하면서도 운용에 있어서는 합일한다는 학설.

이까지로 児 고작 이만한 정도로. 《작》요까지로.

이=까짓 団 고작 이 정도밖에 안 되는. ¶ ~ 작품 가지고 자랑을 삼느냐. 《작》요까짓. such a trifle

이깔=나무 團 〈식물〉 소나무과의 고산 지대에 나는 낙엽 교목. 높이 3 m 가량에 잎은 침상 선형(針狀線形)임. 5월에 황갈색 꽃이 핌. 건축·전주(電柱)·침목(枕木)으로 쓰임. 적목(赤木). larch tree

이꽃 團 〈식물〉 재배 식물의 하나. 꽃은 연지의 원료임.

이끌-다 태 ① 앞장을 서서 남을 인도하여 따라오게 하다. lead ② 보다 나은 길로 나아갈 수 있도록 깊잡아 주다. 거느리다. ③ 마음·시선 따위를 쏠리게 하다. attract

이끌리-다 표 남에게 이끌림을 당하다. be led

이=끗〈利-〉團 이익을 얻는 실마리. first step of profit

이끼[1] 團 〈식물〉 이끼나 습지 또는 바위 등에 기생(寄生)하는 선태류(蘚苔類)·지의류(地衣類) 등의 은화(隱花) 식물의 총칭. 매태(苔苔). 선태(蘚苔).

이끼[2] 團 [태선(苔蘚)] → 이끼나. moss

이끼=고사리 團 〈식물〉 고사리과의 상록 양치류(羊齒類). 뿌리와 줄기는 경질(硬質)이고 잎은 총생(叢生)하며 우상(羽狀)으로 갈라짐. 산지에 남.

이끼나 圈 몹시 놀라 급히 물러서며 지르는 소리. ¶ ~ 깜짝이야. 《약》이끼[2]. Oh!

이나[1] 图 ① 받침 있는 체언에 붙어서, 여럿 가운데서 선택하는 뜻을 나타내는 조사. ¶ 할 일이 없으니 낮잠이나 자자. ② 받침 있는 체언에 붙어서 어림수를 나타내는 조사. ¶ 거기까지는 한 40 분~ 걸린다. as long as ③ 받침 있는 체언에 붙어서 수량이 생각보다 많다는 것을 나타내는 조사. ¶ 작은 나무에 모과가 열~ 달렸다. as many as

이=나마 団 이것이나마. ¶ ~ 쓰겠느냐? 《작》요나마.

이나마[2] 图 받침 있는 체언에 붙어서, 마음에 덜 찬 뜻을 나타냄. ¶ 적은 것~ 고맙게 여겨라. although

이나=마:나:나 图 받침 있는 체언에 붙어 '그것이거나 아니거나 마찬가지'·'그것이거나 아니거나를 따질 것 없이'의 뜻을 나타내는 부사형 서술격 조사. ¶ 찬성~ 첫째 투표권이 없다.

이날[이날] 團 바로 오늘. 그동안 일컫는 말.

이날 이때 團 이날의 이때. ¶ ~까지 빈둥빈둥 놀고만 있느냐? 《작》요날 요때. this moment

이날 저날 團 이날과 저날. 차일 피일. ¶ ~ 미루다. 《작》요날 조날. one day after another 하판

이:남〈以南〉團 ① 어느 한계로부터 남쪽. ② 우리 나라에서, 북위 38°선 이남의 곳. ¶ 삼팔선 ~. 《대》이북(以北). south of

이빔-박 團 쌀 같은 것을 씻을 때 쓰는 함지박의 하나. rice-washing vessel

이내 團 해질녘에 푸르스름하고 흐릿한 기운. 남기

이-내[图]〈-乃〉'나의'의 힘줌말. my own

이내[1] 图 ① 그 때에 곧. 지체함이 없이 바로. ¶ ~ 비가 퍼부었다. soon ② 그 때의 형편대로 내쳐. ¶ 해방 40년, ~ 통일은 요원하기만 하다. shortly after

이:내[2]〈以內〉團 어떤 일정한 범위 안. ¶ 한 달 ~. 《대》이외(以外). within

이내-골〈-骨〉團 《속》후골(喉骨).

이내몸 團 '내 몸'의 힘줌말. my body

이냐 图 사물을 지정하여 물을 때 받침 있는 체언 아래에 쓰는 종결형 서술격 조사. ¶ 이집~ 저집~? is it?

이냐고 图 《약》이냐 하고. ¶ 학생~ 묻다. [았다.

이냐는 图 《약》이냐고 하는. ¶ 네가 학생~ 편지를 받

이냔 图 ① 《약》이냐고 한. ¶ 이게 무엇~ 말이야. ② 이냐고 한다. ¶ 그래도 우등생~ 편지에 화가 [났다.

이냘 图 《약》이냐고 할.

이냥 图 이 모양대로. ~ 저냥 살아간다. like this

이너〈inner〉團 〈체육〉축구의 제일선의 다섯 사람 가운데 센터 포워드와 윙 중간에 서는 공격수.

이너 라이프〈inner life〉團 ① 내적 생활(內的生活). ② 정신 생활.

이네 団 이 무리의 사람. ¶ ~들이 군인들인가? these people

이녁 団 '하오' 할 사람을 마주 대해 자기를 낮추는 [말.

이=년 圈 여자를 욕하는 부름. you bitch

이:년-근〈二年根〉團 → 이년생근(二年生根).

이:년생-근〈二年生根〉團 〈식물〉식물의 두해살이의 뿌리. 이년근. biennial bulb

이:년생 초본〈二年生草本〉團 〈식물〉그 해에 싹이 나서 겨울을 지내고 다음 해에 커서 개화·결실한 후 말라 죽는 풀. 무·보리 따위. 월년생 초본(越年生草本). 두해살이풀. biennial herb

이:념〈理念〉團 ① 사물에 대한 표상(表象)·의식 내용·사상(思想) 등. idea ② 〈철학〉이성(理性)에 의한 최고의 개념으로 경험을 통제하는 주체(主體).

이녕〈泥濘〉團 진 진창.

이노리-나무 團 〈식물〉능금나무과의 낙엽 활엽 관목. 잎은 장상(掌狀)이고, 4월에 흰꽃이 피며 열매는 가을에 붉게 익음. 경북·평북·함경도에 분포하는 특산종으로 관상용임.

이노베이션〈innovation〉團 기술 혁명(技術革命).

이노센스〈innocence〉團 결백(潔白). 순결(純潔).

이=놈 团 남자를 욕하는 부름.

이:농〈離農〉團 농사일을 버리고 농촌을 떠남. 《대》귀농(歸農). leaving rural community 하巫

이:농-가〈離農家〉團 이농하는 사람. 또, 그 가정.

이:뇌〈胎惱〉團 남에게 괴로움을 끼침. 하巫

이:뇨〈利尿〉團 〈의학〉오줌을 잘 나오게 함. diuresis

이:뇨-제〈利尿劑〉團 〈약학〉오줌을 잘 나오게 하는 약. diuretic

이눌린〈inulin〉團 〈화학〉식물의 세포 속에 저장 물질로서 존재하는 탄수화물의 일종. 우엉·돼지감자 등의 뿌리에 많이 있음.

이:능〈異能〉團 다른 재능. outstanding talent

이니 图 받침 있는 체언에 붙어 ① 여러 가지 사물을 열거할 때에 쓰는 조사. ¶ 말~ 소~ 마구 많았다. ② 원인·이유를 표할 때에 쓰는 조사. ¶ 그 빚은 내가 맡을 터이~ 그리 아시오. ③ '이나'를 보다 더 친밀하고 부드럽게 말하는 종결형 서술격 조사. ¶ 네가 일등~.

이니까 图 '이니[2]'의 힘줌말.

이니까는 图 조사 '이니까'에 '는'을 더한 힘줌말. ¶ 좋은 책~ 읽어 보아라. 《약》이니깐.

이니깐 图 《약》이니까는.

=이니라고 图 받침 있는 체언에 붙어 손아랫사람에게 진리나 으레 있을 사실을 나타내는 종결형 서술격 조사. ¶ 우주는 넓은 것~. [자글.

이니셜〈initial〉團 성명(姓名)이나 언어의 머리 쓴 글

이니시어티브〈initiative〉團 ① 솔선(率先). 발기(發起). ② 진취(進取)의 기상(氣象) ③ 일을 일으키는 재능. 선수치는 일. 주도권. 지도권.

이닝〈inning〉團 〈체육〉야구에서, 양 팀이 공격과 수비를 한 번씩 끝내는 시간. 곧, 한 회.

이니시에이션〈initiation〉團 처음 시작한다는 뜻으로, 가입(加入) 또는 입사식(入社式). 입회식(入會式).

이-다[1]태 머리 위에 얹다. ¶ 보따리를 머리에 ~. carry on one's head ② 받들다. support [roof

이:-다[2]태 지붕의 위를 덮다. ¶ 지붕에 이엉을 ~.

이-다[3]图 받침 있는 체언에 붙어 사물을 지정하는 뜻을 나타내는 조사. ¶ 이 집이 우리집~. [끄덕.

=이-다[미] 부사에 붙어 동사를 만드는 말. ¶ 머리를

이다손 치더라도 图 받침 있는 체언에 붙어 '이라고 할지라도'의 뜻을 나타내는 말. ¶ 그가 장군~.

이=다음 團 뒤에 잇달아 오는 때나 자리. 차후(次後). ¶ ~에 만나시다. 《약》이 담. 《작》요다음. next time

이다지 圈 ① 이러한 정도로. this much ② 이렇게까지. ¶ ~ 박하게 굴 것이 무어냐. 《작》요다지.

이:단〈異端〉團 ① 자기가 믿는 것과 달리 별도의 길을 이름. 별파(別派). heresy ② 전통이나 권위(權威)

이단시

이:단-시(異端視)圓 어떤 사상·학설·종교 등을 이단에 반항하는 것. heresy ③〈기독〉 천주(天主)의 신조(信條)에 반대함. heathenism ④〈종교〉 전통의 길을 왜곡 해석함이다. heterodoxy ⑤옳지 아니한 도. wrong way ⑥시류(時流)에 휩쓸리지 않는 사상이나 학설. ⑦〈철학〉 유교에서 다른 사상, 곧 노·장·양·묵 등의 제자 백가를 일컫는 말. ⑧〈불교〉 외도(外道). 또, 이안심(異安心). 〔이라고 봄. 하다

이:단-시(異端視)圓 어떤 사상·학설·종교 등을 이단으로 봄.

이:단-자(異端者)圓 ①이단 (異端)을 신봉(信奉)하는 사람. heathen ②전통(傳統)이나 권위(權威)에 반항하는 사람. heretic 〔this month

이-달圓 이번 달. 금월(今月). 본월. 〕~말. →음.

이-담圓 〔약〕→이다음. 〔official party

이:-당(吏黨)圓 관료(官僚)를 지지하는 당파(黨派).

이당(飴糖·飴餹)圓 〔동〕 엿. 〔하다

이당(離黨)圓 소속되어 있는 정당·당파에서 이탈함.

이대[1]圓 〔식물〕 포아풀과의 떄나무의 하나. 높이가 2~5 m 이고 잎은 좁은 피침형도. 해안 지대에 나며 세공재로 쓰이고 죽순 및 열매는 식용품.

이:대(二大) 冠 두 개의 큰. 〕~정당. ~원칙.

이대[2](四) 잘. 좋게. 평안히.

이-대로圓 이 모양대로. 이 형상으로. 〕~만 되면 좋

이:대-선(二一般)圓 →두내박이. 〔겠다. like this

이더구나圖 받침 있는 체언에 붙이어 '해라'할 자리에 지난 일을 알리거나 회상하는 느낌으로 말할 때 쓰는 종결형 서술격 조사. 〕그가 바로 장본인~. 그때 그 사람~. 〔약〕 이더군①. →더구나.

이더구려圖 받침 있는 체언에 붙이어 '하오'할 자리에 지난 일을 알리거나 회상하여 말할 때 쓰는 종결형 서술격 조사. 〕그가 바로 주인~. 그 사람~. →더구려.

이더구먼圖 받침 있는 체언에 붙어 혼잣말이나 반말로 지난 일을 감동된 듯이 회상하거나 알릴 때에 쓰는 종결형 서술격 조사. 〕그 사람~. 〔약〕 이더군②. →더구먼.

이더군圖 ①〔약〕→이더구나. ②〔약〕→이더구먼.

이더냐圖 받침 있는 체언에 붙어 지난 일을 물을 때에 쓰는 종결형 서술격 조사. 〕네 친구라는 사람은 어떤 사람~. 그것이 너희 집 이더니. 이더. →더냐.

이더니[1]圖 〔약〕→이더냐

이더니[2]圖 받침 있는 체언에 붙어 지난 일을 회상하는 종결형 서술격 조사. 〕예전에는 이름난 씨름꾼~. ②받침 있는 체언에 붙어 지난 일을 회상하여 현재의 사실을 서술하는 연결형 서술격 조사. 〕옛날에는 개척~ 지금은 길이 되었다. →더니.

이더니라圖 받침 있는 체언에 붙어 '해라'할 자리에 과거의 일을 회상하여 일러줄 때에 쓰는 종결형 서술격 조사. 〕옛날에는 바다~. →더니라.

이더니-마는圖 '이더니②'를 힘줌말. 〔약〕 이더니만.

이더니만圖 〔약〕→이더니마는.

이더라圖 받침 있는 체언에 붙어 '해라'할 자리에 과거를 회상하거나 감상조(感想調)로 말할 때에 쓰는 종결형 서술격 조사. 〕그것이 등빛불~. →더라.

이더라도圖 받침 있는 체언에 붙어 '이어도'보다 더 센 가정을 나타낸는 연결형 서술격 조사. 〕그렇게 낡은 물건~ 가져 와았으면 좋았을 것을. →더라도.

이더라면圖 받침 있는 체언에 붙어 과거의 일을 가정하거나, 희망을 나타낸 말투로 쓰는 연결형 서술격 조사. 〕내가 그 사람~ 그렇게 하지 않았을 것을. 〔약〕 이더면. →더라면.

이더라손 치더라도圖 받침 있는 체언에 붙어 양보하는 뜻으로 가정하여 말할 때에 쓰는 말. 〕그 물건이 비쌀 것~. 값어치가 있다. even though →더라 치

이더랍니까圖 〔약〕 이더라고 합니다까. 〔더라도.

이더랍니-다圖 〔약〕 이더라고 합니다.

이더랍디까圖 〔약〕 이더라고 합디까.

이더랍디-다圖 〔약〕 이더라고 합디다.

이더면圖 〔약〕→이더라면.

이동 경찰

이던圖 체언에 붙어 지나간 일을 회상할 때 쓰는 과거형 서술격 조사.

이던가圖 ①'하게'할 자리에서나 또는 스스로 물을 때, 체언에 붙어 지난 일에 대한 의문이나 의심을 나타내는 종결형 서술격 조사. 〕가르쳐 보니 착한 학생~. ②지난 일에 대하여 일반으로 의심을 나타낼 때에, 체언에 붙어 쓰이는 연결형 서술격 조사. 〕그날 들은 음악이 전원 교향곡~.

이던걸圖 지난 일을 회상하여 말할 때, 체언에 붙어 자기 생각으로는 이러러러하다고 스스로 감탄하는 종결형 서술격 조사. 〕과연 큰 저택~.

이던고圖 ①'하게'할 자리에서나 또는 스스로 물을 때, 체언에 붙어 지난 일에 대한 의문이나 의심을 나타내는 종결형 서술격 조사. 〕얼마나 재미있는 영화~. ②지난 일에 대하여 일반으로 의심을 나타낼 때에 체언에 붙어 쓰이는 연결형 서술격 조사. 〕무슨 일로 온 사람~ 잘 모르겠오.

이던데圖 ①다음의 말을 끌어내기 위하여 어떤 관계될 만한 지난 사실을 먼저 회상해서 말할 때, 체언에 붙어 쓰이는 연결형 서술격 조사. ②다른 사람의 의견도 들고자 하는 태도로 스스로 감탄하여 보일 때, 체언에 붙어 쓰이는 종결형 서술격 조사. 〕듣던 대로 재미있는 영화~.

이던들圖 체언에 붙어 현재에 나타난 결과와 반대되는 어떤 사실을 가정하여 이것을 희망할 때에 쓰이는 연결형 서술격 조사. 〕그가 선수~ 우리가 지지 않았을 텐데.

이던지圖 지난 일을 회상하여 막연하게 의심을 나타낼 때, 체언에 붙어 쓰이는 연결형 서술격 조사. 〕그가 어느 나라 사람~ 생각이 안 난다.

이데圖 ①받침 있는 체언에 붙어 '하게'할 자리에 지난 일을 회상하여 말할 때 쓰는 종결형 서술격 조사. 〕그는 아직도 평사원~. ②받침 있는 체언에 붙어 '해라'할 자리에서 일을 물을 때 쓰는 종결형 서술격 조사. 〕그 사람들이 모두 소중객~.

이데(Idee 도, idée 프)圓 관념(觀念). 개념(概念). 표상(表象). 아이디어.

이데아(idea 그) 보임새·형(形)·생각의 뜻으로 플라톤에 의하여 이념의 뜻으로 사용됨. 관념(觀念).

이데올로기(Ideologie 도)圓 ①역사적·사회적으로 제약된 의고 방식. 관념 형태. ②현실의 사물에 따라서 이루어진 사상 경향. 사고 방식.

이:-도(二道)圓 ①두 도(道). two provinces ②두 길. two roads ③〈불교〉 수도상(修道上)의 상대적인 두 가지 길. 〔cial life ②〔동〕 이두(吏讀).

이:-도(吏道)圓 ①관리의 도리. 〕~ 쇄신(刷新). offi-

이:-도(利刀)圓 날카로운 칼.

이도(泥塗)圓 ①진흙. 진흙땅. mud ②천한 위치나 경우. dirty place ③천해서 쓰일 곳이 없는 것. 더럽혀진 곳. 분토(糞土). 진토(塵土).

이:-도(異道)圓 ①서로 다른 길. different roads ②서로 다른 법. different methods ③주장이 다른 학설. different views

이:도-선(耳道腺)圓 〈생리〉 외이도(外耳道) 내면의 피부에 분포되어 있는 분비선의 하나.

이도 아니 나서 황밤을 먹는다◈ 아직 준비도 없고 능력도 없는 사람이 어려운 일을 하려 함.

이돌라(idola 라)圓 우상(偶像). 〔西). east of

이:-동(以東)圓 어떤 한계로부터 동쪽. 〔대) 이서(以

이:-동(異同)圓 ①다른 것과 같은 것. sameness and difference ②다른 의견. 인사~. change

이:-동(異動)圓 전임(轉任)·퇴관(退官) 등의 직·이동.

이동(移動)圓 ①옮겨 움직임. 옮기어 다님. 〕~ 문고(文庫). mobility ②직장·직위·직책 등을 옮김. 〕~ 인사. ③권리 따위를 넘김. transfer 하다

이동 경:찰(移動警察)圓 철도 관계의 범죄를 방지하기 위하여 열차를 타고 다니는 경찰관. railway police

이동 대:사(移動大使)[명] 한 나라에 국한하여 주임(駐任)하지 않고 필요에 따라 대상 각국(對象各國)을 순회하는 특명 전권 대사(特命全權大使). 순회 대사(巡回大使). moving ambassador

이동 도서관(移動圖書館)[명] 도서관이 없는 곳을 돌아 다니면서 도서를 대출하는 소규모의 도서관.

이동 무:대(移動舞臺)[명] 무대의 양옆에 다음 무대를 만들고 바퀴를 달아 놓아 이동할 수 있게 만든 무대. movable stage

이동 방:송(移動放送)[명] 라디오·텔레비전의 중계에서, 송신기를 가지고 이곳저곳 뜻하는 바의 장소로 이동하며 방송하는 일.

이동 병:원(移動病院)[명] 〈군사〉야전 근무를 위하여 전투 상황에 따라 이동하는 병원. mobile hospital

이동성 고기압(移動性高氣壓)[명] 고기압의 중심 위치가 매시 40∼50 km의 속도로 움직이는 비교적 작은 규모의 고기압. 봄·가을에 많음.

이동-식(移動式)[명] ①움직일 수 있는 방법. movableness ②마음대로 움직일 수 있게 되어 있는 것. ⟷고정식(固定式). travelling

이동안[명] 이 한동안. 이 일을 마쳐라. mean[time

이동 연:극(移動演劇)[명] 〈연예〉간단한 무대 장치로써 극장이 없는 지방을 순회하는 극단의 연극.

이동-차(移動車)[동] 돌리(dolly).

이동 촬영(移動撮影)[명] 〈연예〉영화나 텔레비전 따위에서 위치를 연속적으로 바꾸며 촬영하는 일. moving shot

이동 취:락(移動聚落)[명] 유목민·화전민들처럼 물·목초·화전 등을 좇아 이동하는 취락. 든 연.

이=동-치마(二—)[명] 아래에 양쪽을 두 가지 빛깔로 인동=판(移動瓣)[명] 기계가 도는 대로 위치가 바뀌는 밸브(valve). movable valve

이동 활차(移動滑車)[명] 자리를 이동할 수 있는 활차.

이되[조] 받침 있는 체언에 붙어, 그 말을 인정하면서 뒷말의 조건을 붙이거나, 뒷말의 구속을 받지 않음을 나타내는 연결형 서술격 조사. ¶감은 감~이다. 감의 값이다.

이-두(吏讀)[명] 〈문학〉한자(漢字)의 뜻과 음을 따서 우리 말로 표기한 글자. 삼국 시대 때부터 쓰이었고 고안자는 설총(薛聰)이라고 하나 확실하지 않음. 신라 향가도 이 글자로 표기하였음. 이도(吏道)②. 이서(吏書). 이찰(吏札). 이토(吏吐). 이투(吏套).

이:-두(李杜)[명] 당나라의 대문호 이백(李白)과 두보(杜甫)를 일컬음.

이-두(蝸頭)[명] ①[동] 이수(蝸首). ②[동] 이끼두부.

이-두 문학(吏讀文學)[명] 〈문학〉이두로 쓰여진 고전 문학.

이:두 박근(二頭膊筋)[명] 〈생리〉상박(上膊)의 내측(內側)에 있는 근육의 하나. 팔을 굽혀 펴거나 뒤로 돌리는 작용을 함.

이:두 정치(二頭政治)[명] [동] 양두(兩頭) 정치.

이:-둔(利鈍)[명] ①날카로움과 무딤. ②날랜 것과 굼 뜬 것. ②영리한 일과 어리석은 일. sharpness or bluntness

이드(id)[명] 〈심리〉정신 분석학 용어. 정신의 밑바닥에 있는 본능적 에너지의 원천. 쾌락을 추구하고 불쾌를 피하는 쾌락 원칙에 지배됨.

이드거니[부] 한동안 뜨음하여 분량이 좀 많게. ¶비가 ~ 와야 모내기에 알맞겠는데. plentifully

이드르르[부] 살지고 윤기 나고 부드러운 모양. ¶살찐 얼굴이 ~하다. (센)이드를. 〈작)아드르르. glossy 하[형]

이드를[부] → 이드르르.

이:-득(利得)[명] ①이익을 얻음. 또, 그 이익. ¶~이 많이 났다. (대)손실(損失). profit ②〈전기〉증폭기에 의하여 얻어지는 신호 전력의 증가.

이든[조] (약)→이든지.

이·든²[고] 착한. 어진.

이든지[조] 받침 있는 체언에 붙어 무엇이나 가리지 않는 뜻을 나타낼 때 쓰이는 연결형 서술격 조사. ¶

밥=떡~ 맘대로 먹어라. (약)이든¹.

이들=이들[부] 매우 이드르르한 모양. ¶살진 얼굴이 ~하다. (작)야들야들. glossy 하[형]

이듬[명] 논밭을 두 번째 매거나 가는 일. ¶~ 매기. second plowing 하[형]

이듬-달[一딸][명] 바로 다음달. 익월(翌月). next month

이듬-해[명] 다음해. 익년(翌年). next year

이:듣[명] 마소의 두 살. two-year-old

이:-등(二等)[명] 둘째의 등급. second class

이:-등(異等)[명] 남달리 재능이 뛰어남.

이:등 도:로(二等道路)[명] 지방도(地方道).

이:=등변(二等邊)[명] 두 번이 꼭 같음. 또, 그 번.

이:등변 삼각형(二等邊三角形)[명] 〈수학〉두 변이 같은 삼각형. 등가 삼각형. isosceles triangle

이:=등-병(二等兵)[명] 〈군사〉군대의 가장 아래 계급의 사병. second class private

이:등-분(二等分)[명] 둘로 똑같이 나눔. bisection 하[형]

이:등분-선(二等分線)[명] 〈수학〉각이나 선분을 두 부[동] 〈부〉이더나. 분으로 똑같이 나눈 선.

이: 디:시:(E.D.C)[명] (약) European Defense Community 구주 방위 공동체(歐洲防衛共同體).

이디엄(idiom)[명] 〈어학〉①숙어(熟語). ②관용어(慣用語).

이: 디: 피: 에스(EDPS)[명] (약) Electronic Data Processing System 전자 정보 처리 방식(電子情報處理方式).

이따[부] (약)→이따가.

이따가[부] 좀 뒤에. ¶~ 갈께. (약)이따. later on

이따금[부] 조금씩 오다가다. 때때로. 가끔. 드문드문. 왕왕(往往). ¶~ 들리는 소리. now and then

이=따위[대] ①이러한 종류. like this ②이런 것들. ¶ ~ 물건을 무엇에 쓰느냐? (작) 요따위. such

이=때[명] 지금. 차시(此時). ¶무더운 ~. this time

이때=껏[명] 지금에 이르기까지. 이제까지. up to now

이:-똥[명] 치석(齒石).

이라[부] (약)→이라고.

이라고[조] 받침 있는 체언에 붙어 사물이 어떻다는 뜻을 가리키는 연결형 서술격 조사. ¶절친~ 칭찬이 대단하다. (약)이라.

이라느[조] 이라고 하느냐. ¶누구보고 도둑~.

이라느니[조] 그러하다 하기도 하고 저러하다 하기도 함을 나타낼 때 받침 있는 체언에 붙이는 연결형 서술격 조사. ¶계급이 대령~ 아니라느니 확실하지 않다.

이라는[조] ~이라 하는. ¶명색이 사장~ 자가.

이라니[조] ①받침 있는 체언에 붙어 미심한 말을 뒤집어 묻거나 해괴하게 느끼는 표정을 나타내는 종결형 서술격 조사. ¶그 여자가 사장~. ②(약) 이라고 하니. →이라.

이라니까[조] ①(약)이라고 하니까. ②받침 있는 체언에 붙은 의심거나 해괴하게 여기는 상대자에게 재차 확인하는 뜻을 나타내는 종결형 서술격 조사. ¶글쎄 내 책~.

이라니깐[조] '이라니까'의 힘줌말. (약) 이라니깐.

이라니깐[조] (약)→이라니까는.

이라도[조] ①받침 있는 체언에 붙어 앞의 말을 뒤집는 뜻으로 쓰이는 연결형 서술격 조사. ¶밥~ 낮처럼 환하다. ②받침 있는 체언에 붙어 같지 않은 사물을 구태여 구별하지 않음을 나타내는 연결형 서술격 조사. ¶그것~ 좋습니다. →라도.

이라두 (고) 이라도.

이라든지[조] 받침 있는 체언에 붙어, 사물을 열거할 때에 쓰는 조사. ¶연필~ 붓~ 하는 것은 다 필기구~.

이라며[조] (약)→이라면서.

이라면[조] (약)이라 하면. ¶그것이 벗~.

이라=면서[조] 받침 있는 체언에 붙어 '이라고 하면서'의 뜻을 나타내는 연결형 서술격 조사. (약)이라며.

이룩삶--다[고] 이룩하다.

이라서[조] ①받침 있는 말에 붙어 주격 조사 '이'의 뜻이라야 자음으로 끝나는 체언에 붙어 꼭 필요한 사물을 가리키는 연결형 서술격 조사. ¶꼭 너의 형 ~ 만날 수 있다. 이 책~ 된다. →라야.
이라야만图 '이라야'의 힘줌말.
이라·와다(고)=보다. →라와.
이라지图 받침 있는 체언에 붙어 의문의 뜻을 표할 때에 쓰는 종결형 서술격 조사. ¶미국 사람~. →라지.
이:락图 (二樂) 자(君子)의 둘째 기쁨. 하늘과 사람에게 부끄러움이 없는 군
이:락(利落)图 덤으로 가격.
이락(籬落)图(동) 울타리.
이:락 가격(利落價格)图〈경제〉이자(利子)가 지불된 후의 채권으로 가치가 낮아진 때의 가격. (약) 이락(利落). exdividend Value
이란图 ①(약) 이라고 하는. ¶곰~ 놈은 힘이 세다. ②(약) 이라고 하는것은. ¶사랑~ 참으로 알 수 없는 것이로군.
이:란 격石(以卵擊石)图 약한 것으로 센 것을 당해 내려는 일을 일컫는 말.
이람图 받침 있는 체언에 붙어 '이란 말인가'의 뜻을 나타내는 종결형 서술격 조사. ¶그게 무슨 일~.
이람면图 =이라면. ¶저런 사람~ =람.
이랍니까图(약)이라고 합니까. ¶누구의 잘못~.
이랍니다图(약)이라고 합니다. ¶그것은 거짓~.
이랍디까图(약)이라고 합디까. ¶누가 범인~.
이랍디·다图(약)이라고 합디다. ¶일등~.
이랍시고图 받침 있는 체언에 붙어서 '이라고'의 뜻으로 쓰임.
이랑图 한 두둑과 고랑을 합하여 가리킴. ¶~마다 풍년의 물결. ridge
이랑图 받침 있는 체언에 붙어 두 개 이상의 사물을 동등하게 열거할 때 쓰이는 접속격 조사. ¶~ 연필~ 다 주마. and 「ridges
이랑 나비图 논밭 이랑의 넓이. width between two
이랑 사이图 이랑과 이랑의 간격.
이랑 재배(一栽培)图〈농업〉이랑을 만들어 곡식을 가꾸는 일. 또, 그 방식.
이래图 (약) 이리하여. ¶요래.
이래 (약) 이라 해. ¶그게 자기 집~.
이:래(以來)图图 그 뒤로. 그러한 뒤로. 이환(以還). ¶유사(有史) ~. since
이래(移來)图 옮겨 옴. moving 하타
이래(邇來·邇來)图(동) 근년(近年).
이릭(이)图 재롱. 아양. 응석. —일의 놀이다.
이래도 ①(약) 이렇게 하여도. ¶~안 되고 저래도 안 된다. ②(약) 이러하여도. ¶얼굴은 ~ 마음씨는 곱다. (작) 요래도.
이래라=저래라图 이렇게 하여라 저렇게 하여라. ¶ ~ 참견할 필요가 없다. (작) 요래라조래라. do this and that 하타
이래=뻬:도图 이러하게 보이어도. ¶~비싼 물건이~.
이래서图 (①(약) 이라 하여서. ②(약) 이라 하여서. (작) 요래서. thus
이래서야 ①(약) 이리하여서야. ②(약) 이라고 하여서~.
이래야 ①(약) 이리하여야. ②(약) 이라 하여야.
이래도图(약)이라 하여도. ¶저 사람이 선생님~.
이래=저래图 이리하여 저리하여. ¶~ 골탕만 먹는다. (작) 요래조래. with this and that
이랬다=저랬다图(약)이리하였다가 저리하였다가. ¶~ 다죠했다. now this and now that 하타
이라图 받침 있는 체언에 붙어 이치로 미루어 어지 그러할 것이나의 뜻을 나타내는 종결형 서술격 조사.
이라图 마소를 모는 소리.

이러고图 '이리하고'가 줄어 변한 접속 부사. (작) 요러고. 「다.
이러고=저러고 (약) 이러하고 저러하고. ¶~ 말도 많
이러구러图 ①우연히 이러하게 되어. by chance ②세월이 이러저러 지나가는 모양. ¶~삼 년이 지났다. moving in
이러나图 '이러하지만'의 뜻을 가진 접속 부사. 「요러나.
이러나=저러나 ①이러하나 저러하나. ②이리하거나 저리하거나. (작) 요러나조러나. anyway 「러니.
이러니图 '이러하니'의 뜻을 가진 접속 부사. (작) 요
이러니² 받침 있는 체언에 붙어 '이더니'의 뜻으로, 예스럽게 쓰이는 연결형 서술격 조사. ¶전에는 밭 ~ 주택지가 되었구려. →러니. 「러니까.
이러니까图 '이러하니까'의 뜻의 접속 부사. (작) 요
이러니다图 자음으로 끝나는 체언에 붙어 '이더니라'의 뜻으로, 예스럽게 쓰이는 종결형 서술격 조사. ¶좋은 책~. 전에는 산~. →러니라.
이러니이까图 자음으로 끝나는 체언에 붙어 '이더니이까'의 뜻으로, 예스럽게 쓰이는 의문 종결형 서술격 조사. ¶그 책~. (약) 이러니까. →러니이까.
이러니이다图 자음으로 끝나는 체언에 붙어 '이더니이다'의 뜻으로, 예스럽게 쓰이는 종결형 서술격 조사. ¶여기가 산~. (약) 이러이다. →러니이다.
이러니=저러니图(약) 이러하다느니 저러하다느니.
이러다图(약) 이렇게 하다. 「요러니조러니.
이러다가图(약) 이러하가 하다가.
이러루=하·다图 대개 이러한 따위와 같다. ¶있는 책이란 대개 ~. be of this kind
이러면图 '이러하면'·'이렇게 하면'의 뜻의 접속 부사. (작) 요러면. 「요러므로.
이러므로图 '이러하므로'가 줄어서 된 접속 부사. (작)
이러이다图(약)=이러니이다.
이러이=다图(약) 이러니이다. 「요러다. so and so
이러=하·다图回 이러하고 이러하다. (작) 요러
이러잖아=도图 ①'이러하지 아니하여도'의 뜻의 접속 부사. ② '이리하지 아니하여도'의 뜻의 접속 부사.
이러저러图 이러하고 저러하다. ¶사실은 ~. (작) 요러조러하다. so and so
이러쿵=저러쿵图 이러하다는 등 저러하다는 등. ¶~ 말이 많다. (작) 요러쿵조러쿵. this or that 하타
이러=하·다图回 이와 같다. ¶책 내용은 ~. ②이런 모양으로 되어 있다. ③이와 비슷하다. (약) 이렇다. like this 이러=히图
이럭=저럭图 ①하는 일이 없이 어름어름하는 가운데. somehow ②되어가는 대로. somehow ③알지 못하는 동안에 어느덧. ¶~ 십 년이 지났다. (작) 요럭 저럭. unawares 하타 「린. such
이런图 (약) 이러한. ¶~ 일이 또 있을까. (작) 요
이런² 놀라운 일이 있을 때에는 소리. ¶~ 제기. (작) 요런. O dear!
이런가图 받침 있는 체언에 붙어 '이던가'의 뜻으로, 예스럽게 의문을 나타내는 종결형 서술격 조사. ¶산~. 꿈~. →런가.
이런=고로(一故)图 이러한 까닭으로. ¶~설명이 필요하다. therefore
·이런도=로图(고) 이러므로.
이런=대로图 이러한 대로. (작) 요런대로.
이런들图 받침 있는 체언에 붙어 '이던들'의 뜻으로, 예스럽게 쓰이는 연결형 서술격 조사. ¶꿈~ 잊을소냐. →런들.
이런=양으로图 이러한 모양으로. (작) 요런양으로.
이런=즉图 '이와 같은 즉'·'이러한 즉'의 접속 부사.
·이럴=씨图(고) 이러하므로. 이러할새. [(작) 요런즉.
이럼图 '이러면'의 뜻의 접속 부사. ¶~ 못쓴.
이럼² (고) 이랑.
이렁굴으图 이럭저럭. 「this and that 하타
이렁성=저렁성图 이런 모양인 듯 저런 모양인 듯. like
이렁=저렁图 이런 모양과 저런 모양으로. ¶~ 넘겼다. (작) 요렁조렁. thus and thus 하타
이렇게图(약) 이러하게. (작) 요렇게.

이렇-다[형][불] 《약》→이러하다.

이렇다-저렇다[부] 이러하다고 저러하다고. ¶~ 말 말아라. 《작》요렇다조렇다. this and that 하다

이렇든-저렇든[부] 《약》이러하든 저러하든. 《작》요렇든조렇든.

이렇든지-저렇든지[부] 《약》이러하든지 저러하든지. 《작》요렇든지조렇든지.

이렇듯-이[부] 《약》이러하듯. 《작》요렇듯이.

이렇지[감] '이와 같이 틀림없다'는 뜻으로 내는 소리. ¶~, 내 말이 틀림없어. 《작》요렇지.

이렇지-않-다[형] 《약》이러하지 아니하다.

이레[명] ①이렛날. ②일곱 날. 칠 일. ¶~를 걸려 일을 마치다. seven days [파격(破格).

이레귤러(irregular) 불규칙(不規則). 변칙

이렛-날[명] ①일곱째의 날. seventh day ②초이렛날. 《약》이레. [눈새 바람.

이렛-동풍(―東風)[명] 이렛 동안이나 두고 오래 부는

이려니[조] 받침 있는 체언에 붙어 제 홀로의 추측으로 '그러하겠거니'의 뜻을 나타내는 연결형 서술격 조사. [체언에 붙는 연결형 서술격 조사.

이려니와[조] 장래의 일·가정을 나타낼, 받침 있는

이:력(二力)[명] 《제도》군사를 뽑는 시험에, 양손에 각각 50근(斤) 무게의 물건을 들고 130걸음을 걷는 일.

이:력(耳力)[명] 귀로 소리를 듣는 능력. 청력(聽力). hearing

이력(履歷)[명] ①지금까지의 학업(學業)·직업(職業) 따위의 내력(來歷). 경력(經歷)②. one's personal history ②《불교》정한 바 경전(經典)의 과목을 배움.

이:력-나-다(履歷―)[자] 이력을 얻어 숙달해졌다. proficiency [tory

이력-서(履歷書)[명] 이력을 적은 서면. personal his-

이련마는[조] 장래의 일이나 가정을 나타낼 받침 있는 체언에 붙어 쓰는 연결형 서술격 조사. 《약》이련만.

이련만[조] 《약》이련마는.

이렷-다[어미] ①받침 있는 체언에 붙어, 경험이나 이치로 미루어, 사실이 으레 그러할 것을 추정하는 데 쓰이는 종결형 서술격 조사. ②받침 있는 체언에 붙어 추상되는 사실에 대해 인정하는 뜻을 다지는 데 쓰는 종결형 서술격 조사. [까지의 사이.

이령(二齡)[명] 누에가 첫잠 잔 뒤로부터 두 잠 잘 때

이령거-이(神)에게 비손할 때 말로 고함. 하다

이:령-잠(二齡蠶)[명] 애기잠을 자고 난 때부터 두 잠 자기까지의 누에.

이:례(異例)[명] ①상례를 벗어나는 일. 또는 어기는 일. 위례(違例). 《대》상례(常例)③. exception ②몸이 불편하여 보통 때와 다름. 병(病). indisposed

이로(泥路)[명] 진흙으로 된 길. 진창길.

이로(理路)[명] 이야기·문장 따위의 논리의 조리(條理). reasoning

이로고[어미] 받침 있는 체언에 붙어 혼자 파시던 느낌을 나타내는 종결형 서술격 조사. ¶알 수 없는 일~.

이로구나[어미] 받침 있는 체언에 붙어 새삼스럽게 깨닫는 느낌을 나타내는 종결형 서술격 조사. ¶봄~. 《약》이구나. 《작》이로군①.

이로구려[어미] 받침 있는 체언에 붙어 '하오'할 자리에 새삼스러운 느낌을 말할 때 쓰이는 종결형 서술격 조사. 《약》이구려.

이로구먼[어미] 받침 있는 체언에 붙어 새삼스럽게 깨닫는 느낌을 나타낼 때에 쓰이는 종결형 서술격 조사. 《약》이구먼. 이군②. 이로군②.

이로군[어미] ①《약》→이로구나. ②《약》→이로구먼.

이로너라[감] 《약》→이리 오너라.

이로-다[어미] 받침 있는 체언에 붙어 '이로구나'를 일컬음. ¶훌륭한 사람~. ②일 일다. 「곳은 결국 같음.

이:로 동귀(異路同歸)[명] 길은 각각 다르나 다다르는

이로되[어미] ①앞말의 사실을 인정하면서 뒷말로 조건을 붙이려 할 때에, 앞말의 받침 있는 체언에 붙어 '되' 보다 힘있게 쓰는 연결형 서술격 조사. ②뒷말의 사실이 앞말의 사실에 구속되지 아니함을 보일 때에,

앞말의 받침 있는 체언에 붙어 쓰이는 연결형 서술격 조사. ¶명문은 우등생~ 실력이 없다.

이로라[어미] 자기를 남에게 높이 베풀어 말할 때, '이다'의 뜻을 나타내는 연결형 서술격 조사. ¶반장~ 뽐낸다. [from this

이로-부터[부] 이 뒤로. 「그런 짓을 하면 안 된다.

이로세[어미] 받침 있는 체언에 붙어 '일세'의 뜻으로 감탄을 나타내는 종결형 서술격 조사. ¶참으로 기쁜 소식~.

이로-써[부] ①이것을 가지고. with this ②이러한 까닭에. because of this [transcription 하다

이록(移錄)[명] 옮기어 적음. 또, 옮기어 적은 기록.

이:론(異論)[명] [동] 이의(異議)①.

이:론(理論)[명] ①지식을 법칙적·통일적으로 인식하기 위한 다소 정합적(整合的)인 원리적 인식의 체계. ②《철학》순관념적으로 조직된 논리(論理). 《대》실천(實踐). theory

이:론-가(理論家)[명] ①이론에 능한 사람. theorist ②이론 뿐이고, 실제 문제에는 어두운 사람.

이:론 경제학(理論經濟學)[명] 경제 현상·경제 조직에서 지배하는 공통성 및 상대적인 법칙성을 이론적으로 설명한 경제학. 《대》응용 경제학(應用經濟學). theoretical economics

이:론 과학(理論科學)[명] 실제적인 응용 방면보다 순수한 지식의 원리를 중시하여 연구하는 과학. 《대》응용 과학(應用科學). theoretical science

이:론 물리학(理論物理學)[명] 오로지 수리(數理)의 힘을 빌려서 연구하는 물리학. 개개의 실험적 사실·경험적 법칙에서 새로운 고도의 이론을 확립하거나, 원리·가설 따위로부터 연역한 결과와 사실과의 비교를 하는 것. 《대》응용 물리학(應用物理學). theoretical physics

이:론-벌레[명] [동] 익충(益蟲).

이:론-새[명] [동] 익조(益鳥).

이:론 이:성(理論理性)[명] 《철학》인식 능력인 지성과 같은 이론적 능력. 《대》실천 이성(實踐理性).

이:론-적(理論的)[명] ①이론에 알맞는(것). 이론에 관계되는(것). ②이론으로만 그치는(것). 《대》실천적(實踐的). theoretical

이:론 천문학(理論天文學)[명] 《천문》천문학에 있어서 섭동(攝動)의 이론, 궤도의 계산, 천체 현상의 예보 따위를 연구하는 학문. theoretical astronomy

이:론 철학(理論哲學)[명] 《철학》이론적(理論的) 문제를 대상으로 하는 철학. 《대》실천 철학(實踐哲學). theoretical philosophy

이:론 투쟁(理論鬪爭)[명] 《사회》이론·원리·사상에 대하여 비판과 검토를 함으로써 서로의 이해 및 의식(意識)을 높이는 일. theoretical dispute

이:론-화(理論化)[명] 법칙을 찾고 체계를 세워 이론으로 되게 함. 하다

이:론 화학(理論化學)[명] 《화학》화학 변화를 물리학적 방법에 의하여 연구하는 화학의 한 분과. 《대》응용 화학. theoretical chemistry

이:롬[ㄱ] 이름. 됨.

이롭[명] 마소의 일곱 살.

이:-롭-다(利―)[형] ①유리하다. 이익이 있다. ¶인삼은 몸에 ~. Profitable ②날카롭다. 이:-로이[부]

이:롱(耳聾)[명] 귀가 먹어 들리지 아니함. deafness

이:롱-증(―症)[耳聾症)[명] 《한의》귀를 듣지 못하는 병.

이료(餌料)[명] [동] 고기밥. fish food

이롱(臘臘)[명] 온몸이 검다는 말.

이:루[부] ①있는 것을 모두. all ②도저히. ¶~ 다 셀 수 없다. not possibly

이:루(二壘)[명] ①야구(野球)에서, 둘째 베이스. second base ②《약》→이루수(二壘手). [otorrhoea

이:루(耳漏)[명] 《의학》귓구멍에서 고름이 나는 병.

이루-다[타] ①성공하다. achieve ②일을 마치다. ¶뜻을 ~. complete ③목적을 성취하다. ④구성하다.

이:루-수(二壘手)[명] 《체육》야구에서, 이루를 지키는

선수. 《약》 이루(二壘)②. second base-man
이루어-지-다타 ①뜻대로 되다. ¶뜻대로 ~. be attained ②어떤 상태나 결과가 되다. ¶국민의 노력으로 복지 사회가 ~.
이-루-타(二壘打)명 《체육》 야구에서, 이루까지 갈 수 있게 된 안타(安打). two-base hit
이룩-되-다자 어떤 현상이나 사업이 이루어지다. be achieved
이룩-하-다타여불 ①이루어 내다. ¶살림을 ~. achieve ②나라·도읍·집 등을 새로 세우다. erect
이-류(二流)명 일류는 못하고 그에 버금가는 사물·정도. ¶~ 작가.
이류(泥流)명 《지학》 화산 폭발 또는 산사태 때에 산허리에 흘러 내리는 진흙의 분류(奔流).
이-류(異流)명 한 가지가 아닌 다른 무리. 함께 섞일 수 없는 딴 것. different school
이-류(異類)명 다른 종류. different kind
이:류 개:념(異類槪念)명 《동》 괴리 개념(乖離槪念).
이:류화-탄소(二硫化炭素)명 《화학》 유황과 탄소가 화합하여 된 액체. 이황화탄소. carbon disulphide
이룩(離陸)명 비행기 따위가 땅 위를 떠나 떠오름. 《대》 착륙(着陸). take off 하
이-륙시(二六時)명 《불교》 열두시.
이륙 활주[一쭈](離陸滑走)명 비행기가 땅 위에서 뜨기 위하여 미끄러져 달리는 동작. 《대》 이륙 활주.
이:륜(耳輪)명 귓바퀴. auricle   [take-off run
이:륜(彝倫)명 사람으로서 떳떳이 지켜야 할 도리. 인륜(人倫). human duties   [토박으로 따위].
이:륜-차(二輪車)명 바퀴가 둘 있는 차체. 자전거·오
이르-다자여르 ①일정한 공간에 가서 닿다. ¶그가 이르는 곳까지 환영했다. ②일정한 시간에 다달아 미치다. ¶그 다음날에 이르러서야 소식을 받았다. ③일정한 정도나 범위에 미치다. ¶노인이나 아이들에 이르기까지 좋아한다. reach
이르-다타여르 무엇이라고 하다. 말하다.
이르-다타여르 ①알이르는게 말하다. tell ②잘못함을 깨닫게 말하다. admonish ③고자질하다.
이르다형르르 ①늦지 않다. ②더디지 않다. 《약》 일으러되 이르기는.   [다. early
이르집-다타 ①여러 겹으로 된 물건을 켜켜이 뜯어 내다. rind ②없는 일을 새로 만들어 내다. frame up ③오래 된 일을 들추어내다. dig up
이른-모[〜] 《농업》 모내기를 일찍한 모. early seedling
이른-바명 말하는 바. 소위(所謂). ¶~ 수도(首都)를 서울이라 한다. so-called
이른봄 초봄. 맹춘(孟春).
이른봄-애:호:랑이(一虎娘一)명 《곤충》 호랑나비과에 속하는 나비의 하나. 노랑 바탕에 흑색의 넓은 띠가 있고 뒷날개에는 적색의 무늬가 있음. 이른봄부터 산간에 날아다니는데 한국 특산종임.
이를-타이면 '가령 말하자면'의 뜻의 접속 부사. 《유》 말하자면. 《약》 이를테면. so to speak
이를-테면부 이르면.
이름=터이면 ①사람의 성(姓) 아래에 붙이는 개인의 명칭(名稱). 성씨(姓氏)를 포함하여 일컬을 경우도 있음. ②사물에 붙인 일정한 칭호. ③널리 알려진 평판이나 소문. ④명의(名義). name
이름-꼴[명] 《동》 명사형(名詞形).
이름-나-다자 세상에 이름이 널리 퍼지다. 유명해지다. ¶자선가(慈善家)로 ~. be well-known
이름난 잔치 배고프다에 이름이 크게 난 것이 도리어 보잘 것 없다. [기대]
이름-마디[명] 《동》 명사절(名詞節).   [보잘것없다.
이름-씨[명] 《동》 명사(名詞).
이름-없:-다형 세상에 그 이름이 널리 알려져 있지 아니하다. 《대》 이름있다.   이름=없:이부
이름-있:-다형 세상에 그 이름이 널리 알려져 있다. ¶미문가(美文家)로 이름있는 작가 ~. 《대》 이름없다.
이름-자[一짜](一字)명 이름을 나타내는 글자.
이름-짓:-다타ㅅ불 이름을 붙이다. 이름을 만들다.

이름:하-다타여불 이름 붙여 부르다. 이르다. name
이리[1]명 ①《동물》 개과(犬科)의 산짐승. 몸 길이 130cm 가량으로 개와 비슷하나 꼬리가 짧고 귀가 쫑긋하며 어금니가 날카로움. 털 빛은 흔히 회갈색 바탕에 검은 털이 섞여 있음. 성질은 사납고 육식성임. wolf ②사냥꾼 남을 해치는 사람.
이리2명 물고기 수컷의 뱃속에 있는 흰 정액(精液). 백자(白子). 어백(魚白). milt
이리3명 이쪽으로. 이쪽으로. 《작》 요리. here
이리4명 《약》 이러하다. ¶무슨 날씨가 ~ 더울까?
이리5명 《약》→이리요.   [《작》 요리. like this
이:리(二利)명 《불교》 자기의 이로움과 남의 이로움.
이리(泥梨〜Niraya 범)명 《동》 지옥(地獄).
이리(異里)명 《동》 타향(他鄕). ②관주기(灌注器).
이리가=토:르(Irrigator 도)명 《의학》 ①세척기(洗滌器).
이리공=더리공[명] 《고》 이렁저렁.
이리-다자여르 이러하게 하다.
이리 뒤적 저리 뒤적 물건을 이리저리 뒤적이는 모양. ¶~ 고르기만 하다. fumblingly 하
이리 뒤척 저리 뒤척 몸을 이쪽 저쪽으로 뒤척거리는 모양. tossing about in bed 하
이리듐(iridium 도)명 《화학》 백금류(白金類)의 하나인 회백색의 쇠붙이 원소. 내산성이 강하여 잘 녹지 아니함. 원소 기호; Ir. 원자 번호; 77. 원자량; 193.1.
이리-떼명 이리의 무리.
이리라 받침 있는 체언에 붙어서 '=일 것이다'의 뜻으로 추측을 나타내는 종결형 서술격 조사. ¶우리는 함께 갈 수 있을 것~.
이리-로요 '이리'의 힘줌말. 《약》 일로. this way
이리-박이 뱃속에 이리가 든 물고기. fish with soft
이리쇠명(고) 삼발이.   [roe
이리 오너라 예전에, 남의 집을 찾아가 대문 밖에서 부르던 소리. 《약》 이로너라. Come here
이리-온 '이리 오너라'를 아이들에게 다정하게 하는 말. ¶아가 ~. Come here, baby
이리요요 받침 있는 체언에 붙여, '이라'의 뜻으로 혼자 스스로 한탄함을 나타내는 종결형 서술격 조사. ¶그게 어찌 사람의 짓~. 《약》 이리5.
이리위(〜位)《예도》 신은(新恩)을 불릴 때에 불리는 쪽의 하인들이 앞으로 나오라는 뜻으로 외치는 소리. ¶새래 ~ 적적. 신은 ~ 적적. 《대》 저리위.
이리-이리부 ①이러하고 이러하게. thus and thus ②이쪽으로 이쪽으로. 《작》 요리요리. this way
이리-저리부 방향이 일정하지 않은 모양. ¶~ 떠돌아 다닌다. 《작》 요리조리. here and there
이리쿵-저리쿵부 이렇게 하자는 둥 저렇게 하자는 둥. ¶~ 말도 많다. 《작》 요리쿵조리쿵. say this and that 하   [《요리하다. do like this
이리-하-다자여불 이와 같이 하다. 《약》 이러다. 《작》 이리[而立]명 30세의 딴이름.   [계 저렇게.
이링공=더링공명 이러공저러공. 이렁저렁. 이렇
이마명 ①눈썹 위에서부터 머리털이 난 아래까지의 부분. fore-head ②어떤 물체의 꼭대기의 앞이 되는 부분.   [계 하는 말.
이마가 벗겨지면 공것 즐긴다 이마 벗겨진 사람의
이마를 찌르도 피 한 방울 안 나겠다 몹시 인색하고 약삭빠르다.
이마마-하-다자여불 이만한 정도에 이르다. ¶약이 좋아 ~. 《작》 요마하다. as…as this
이마-받이[一바지]명 ①이마로 부딪치는 짓. hitting one's forehead against ②두 물체가 아주 가까이 맞붙음을 이름. ¶강물이 철교와 ~할 만큼 불었다. 하
이마-받이[一바지]명 장·롱·문갑 같은 가구(家具)의 천판(天板)의 앞면 좌우 귀에 대는 쇠장식.
이마-빼기[一바지]명 이마. 《약》 마빡. one's forehead
이마에 내 천자를 그리다자 얼굴을 찌푸리다.
이-마적명 지나간 얼마 동안의 가까운 때. 간경(〜)
이-마큼부《약》→이만큼. [頃]. 《작》 요마적. recently

이만 이것만으로써. 이 정도로. ¶~ 하자. 📖 이만한. 이만 하고서 ¶~ 일로 될 그래요. 《작》 요만. this much

이만(夷蠻)몡 오랑캐와 야만인. 북쪽의 오랑캐와 남쪽의 야만인.

이만:큼뷔 이만한 정도의 것. 대수롭지 않은 사물. ¶~이면 충분하다. 《작》 요만큼. such thing

이만저만-하-다혱[여]이만하고 저만하다. 어지간하다. 《작》 요만조만하다. not little

이만치뷔 이만한 거리를 떼고 떨어져서. 《작》 요만치.

이만큼뷔 이만한 정도로. 《약》 이마큼. 《작》 요만큼. this much ┌about this time

이맘-때명 이만큼 된 때. ¶어제 ~. 《작》 요맘때.

이맛-돌명 아궁이 위에 가로 걸쳐 놓은 돌.

이맛-살명 이마에 잡힌 주름살. ¶~을 찌푸리다. wrinkles on the forehead

이맛-전명 이마의 넓은 부분. forehead

이-맞-다자 이가 잘 맞다. occlude ┌하┐

이매(移買)명 가졌던 땅을 팔아서 다른 땅을 사는 일.

이매(魑魅)명 인면 수신(人面獸身)으로 사람을 잘 홀린다는 비발 귀신의 도깨비.

이매 망량(魑魅魍魎)명①도깨비. ②귀신.

이매지네이션(imagination)명 ①상상(想像). 상상력.

이:맥(耳麥)명〔식물〕귀리. oat   ②구상(構想).

이메일(E-mail)명 컴퓨터 네트워크에서 특정 상대와 전자 편지나 메시지를 주고받는 것. 전자 메일.

이며조①받침 있는 체언에 붙어, 두 가지 이상의 사실을 서술할 때 쓰는 연결형 서술격 조사. ¶그는 시인~ 조각가이다. ②받침 있는 체언에 붙어, 두 가지 이상의 사물을 늘어놓을 때 쓰는 접속격 조사. ¶선생~ 학생~ 모두가 한 마음.

이면조 받침 있는 체언에 붙어서 가정적(假定的) 사실을 나타내는 조사. if

이:면(裏面·裡面)명 ①속. inside ②안. inside ③표면에 나타나지 아니하는 내부(內部)의 사실. 음(陰)③. 《대》 표면(表面). reverse side

이:면-각(二面角)명〔수학〕서로 만난 두 평면이 이루는 각. dihedral angle

이:면 경계(裏面境界)명 일의 내용의 옳고 그름.

이:면 공작(裏面工作)명 표면으로 드러나지 않게, 뒤에서 일을 꾸밈. behind maneuvering   ┌사람.

이:면 부지(裏面不知)명 경위(經緯) 없이 굶. 또, 그

이:면 불한당(裏面不汗黨)명 사리를 빤히 알면서 나쁜 짓을 하는 사람의 별명.

이:면-사(裏面史)명 외부에 알려지지 않은 방면을 서술한 역사. inside history

이면서조 받침 있는 체언에 붙어, 두 가지 이상의 사실을 겸하여 나타내는 연결형 서술격 조사. ¶박봉~ 여러 자녀를 대학까지 보내고 있다.

이:명(耳鳴)명 듯이 이상하게 늙어서 귀에 울리는 소리. ringing in the ears   ┌ther name

이:명(異名)명 본이름 외에 달리 부르는 이름.

이:명-법(二名法)명[-뻡]〔二名法〕〈생물 분류학(生物分類學)에서 생물의 종(種)을 나타낼 때의 명명법(命名法)이 붙이는 법. 스웨덴의 카를 린네의 이명법(命名法)으로 속명(屬名)과 종명(種名)을 나란히 씀. 라틴어(語) 또는 라틴화한 말로 씀. binominal nomenclature

이:명-주(耳明酒)명 ☞귀밝이술.

이:명-증(耳鳴症)명〔한의〕귀에서 소리가 나는 병. tinnitus   ┌hairs 《약》 ☞이모지덕.

이:모(二毛)명 ①검은 털과 흰 털. black and white

이:모(姨母)명 어머니의 자매. maternal aunt

이:모(夷母)명 배가 다른, 어머니가 같지 아니한 모. 《유》계모(繼母). 《대》동모(同母). different mother

이모(移摹·移模)명 서화(書畫)를 본떠서 그림. 하┐

이:모-부(姨母夫)명 이모의 남편. maternal uncle by marriage

이모:션(emotion)명 감정(感情). 정서(情緖).

이:모-작(二毛作)명〔농〕그루갈이. 양모작.

이:모-저모명 이런 면 저런 면, 여러 방면. ¶~ 뜯어보다. 《작》 요모조모. various sides

이:모-제(異母弟)명 낳은 어머니가 다른 아우. 배다른 동생. half-brother

이:모-지년(二毛之年)명 센 털이 나기 시작하는 나이. 32세 되는 나이. 《약》이모(二毛)②. thirty-second years of age   ┌가리거나 쏨. 하┐

이:모 취:인(以貌取人)명 얼굴만 보고 사람을 골라

이:모-할머니(姨母―)명 할머니의 친정 여동생. 아버지의 이모.   ┌ther

이:모-형(異母兄)명 낳은 어머니가 다른 형. half-bro-

이:모 형제(異母兄弟)명 낳은 어머니가 다른 형제.

이:목(耳目)명①눈과 귀. eyes and ears ②눈과 들음. 시청(視聽). sight and hearing ③남들의 주의. 인목(人目). ¶세인의 ~을 끌다. attention

이목(梨木)명 ☞배나무.

이목(移牧)명〈농업〉가축 중에서 주로 양을 계절에 따라 목초(牧草)가 많이 나는 곳으로 옮겨 다니며 기르는 일. nomadism

이:-목-구:비(耳目口鼻)명 귀·눈·입·코. features

이:목지욕(耳目之慾)명 ①눈으로 보고 싶다고 생각하는 이목의 욕망. ②물질에 대한 욕망. 「한 일.

이:목 총명(耳目聰明)명 귀와 눈의 관능(官能)이 총명

이몽-가몽(―夢―夢)명〔동〕비몽 사몽(非夢似夢). 하┐

이:무(吏務)명 관리의 직무.

이무(移貿)명〈제도〉지방의 관원이 시가(時價)가 비싼 자기 고을의 환곡(還穀)을 팔고, 시가가 싼 다른 고을의 곡식을 사서 채운 뒤에 남는 돈을 사사로이 차지하던 일. 하┐

이:무-기명 ①〔동물〕큰 구렁이. 대망(大蟒). 염사(蚺蛇). ②용이 되려다 못 되고, 물 속에 산다는 큰 구렁이. big serpent

이:무기 기둥돌[―똘]〈건축〉기둥 머리에 짐승 모양을 새긴 석주(石柱). 이수석(蠣柱石).

이:무기-돌명〈건축〉성문 같은 데의 난간에 끼워 빗물이 흘러 내리게 하는 이무기 대가리 모양의 돌.

이:문(耳門)명 귓문.   ┌흠. 이두(蟎頭)②.

이:문(利文)명 ①이전(利錢). ②이문(利錢).

이:문(里門)명 동네의 어귀에서 세운 문. 여문(閭門).

이문(移文)명 관청 사이에서 서로 조회함. 하┐

이:문(異聞)명 신기스러운 소문. 별다른 소문. strange report

이:문 목견(耳聞目見)명 귀로 듣고 눈으로 봄. 곧, 견문(見聞). information 하다┐   ┌bow

이:물명 뱃머리. 선수(船首). 선두(船頭). 《대》 고물.

이:물(異物)명①①얼굴에 속을 알아보기 어려운 사람의 별명. snaky person ②보통과 다른 물건. different thing ③《동》시체(屍體).

이:물-간[-깐]명 배의 이물쪽의 간살. 《대》 고물간.

이:물-대[-때]명 두대박이 배의 이물쪽에 있는 돛대. 《대》고물대.

이:물-스럽-다형[ㅂ]ㅂ 성질이 음험하여 마음가짐을 헤아리기 어렵다. snaky 이물-스레.

이므로조 체언에 붙어, 까닭을 나타내는 연결형 서술격 조사. ¶공휴일~ 놀다.

이의/이미셔《고》이미.   ┌른 일. already

이미뷔 앞서. 앞서. 이왕에. 기위(旣爲). ¶~ 지난다

이:미(異味)명 특이한 맛. 색다른 맛. 별미. peculiar taste

이:미-증[-쯩](異味症)명〔의학〕별난 음식을 좋아하는 이상 증상. 아이들이 흙을 먹거나, 임신부가 신 것을 좋아하는 따위. 《심상》 (心像)

이미지(image)명 ①영상(映像). 상(像). ②심리┐

이미지 오:시콘(image orthicon)명〔물리〕텔레비전 송상관(送像管)으로, 진공관의 이류다. 보내려는 광경을 한 개의 화면으로 잡아서 이를 수백 개의 선(線)골 부분으로 분해하여서 화면의 빛의 강약을 전류의 변화로 바꾸는 장치로, 분해 능력·감도는 매우 좋으며 아이코노스코프의 100 배나 됨.

이미지즘(imagism)명〈문학〉1912년경 영국과 미국

이미테이션(imitation)뗑 ①모방. ②모조품.
이:민(吏民)뗑 지방의 아전과 백성.
이:민(里民)뗑 동리 사람. villagers
이민(移民)뗑 ①넓고 사람이 적은 곳으로 백성을 옮기어 살게 함. emigration ②개척하기 위하여 옮겨 온 백성들. emigrants 하타
이:민-국(移民國)뗑 ①이민이 가서 사는 나라. ②이민을 받아들일 수 있는 나라. 주로 미개척지가 많고 인구 밀도가 낮은 나라.
이:민 위천(以民爲天) 백성을 생각하기를 하늘같이 여긴다는 말. 하타
이:민족(異民族)뗑 언어·풍속 따위가 다른 민족. [foreign nation
이:바(エ) 여봐. 여봐라.
이:바-돔뗑(エ) 대접할 음식.
이:바-디뗑(エ) 잔치. 이바지.
이바지뗑 ①도움이 되게 힘쓰는 일. ②힘들여 음식 같은 것을 보내어 줌. ③물건을 갖추어 바라지함. contribution 하타
이:박(二泊)뗑 이틀 밤을 묵음. ¶ ~ 삼일(三日). 하타
이:-박기(민속)음력 정월 보름에 이를 건강하게 하고자 부럼을 씹는 일. 하타
이반(離反·離叛)뗑 배반함. 이배(離背). alienation
이반-다(エ) 이바지하다.
이:-발(理髮)뗑 머리털을 다듬어 깎음. hair cutting 하타
이:발-관(理髮館)뗑(同) 이발소.
이:발-기(理髮器)뗑 이발하는 기계. 바리캉. bariquant hair clippers
이:발-사[-싸](理髮師)뗑 다른 사람에게 이발하여 주는 일을 업으로 삼는 사람. barber
이:발-소[-쏘](理髮所)뗑 이발하는 집. 이발관(理髮館). barber's shop
이:발-업(理髮業)뗑 이발하는 영업.
이:발지-시[-찌-](已發之矢)뗑 이왕 시작한 일을 중지하기 어려움을 가리키는 말.
이:-밥뗑 입쌀로 지은 밥. 횐밥. 쌀밥. boiled-rice
이:방(민속) 병이나 재앙을 미리 막기 위하여 하는 미신적 행위. 원 이방(禳).
이:방(吏房)뗑(제도) ①승지(承旨) 아래 딸려 인사(人事)·비서(祕書) 기타의 사무를 맡아보던 승정원(承政院)의 육방(六房)의 하나. ②이전(吏典)에 관한 사무를 맡아보던 지방 관청의 육방의 하나.
이:방(異方)뗑 ①풍속·습관 따위가 다른 지방. foreign country ②〈물리〉 물성(物性)이 어떤 물체 안에서 방향에 따라 상이(相異)함. (대) 등방(等方).
이방(離方·離方位)뗑 팔방(八方)의 하나. 곧, 남방(南方)을 가리킴. (약) (이·離). south
이:방(異邦)뗑(同) 타국(他國).
이:방-성[-씽](異方性)뗑 〈물리〉 물리적 성질이 방향에 따라 다른 일. (대) 등방성(等方性). anisotropy ②〈심리〉 공간의 방향에 따라 물건이 보이는 방향
이:방-승(二方乘)뗑 자승(自乘). ①다른 일.
이:방 아전(吏房衙前)뗑〈제도〉지방 군아(郡衙)에서 수령 밑에서 인사·비서 등의 사무를 맡던 아전.
이:방-인(異邦人)뗑 ①다른 나라 사람. 이국인(異國人). 외국인. foreigner ②언어·풍속·사고 방식 따위가 아주 다른 사람. ③〈기독〉 유대 사람이 선민(選民) 의식에서 그들 이외의 여러 민족을 얕잡아 이르는 말. pagan
이:방-체(異方體)뗑〈물리〉 이방성(異方性)을 갖는 물체. 결정체 따위. (대) 등방체(等方體). anisotropy body
이:배(吏輩)뗑〈제도〉 이서(吏胥)의 무리.
이:배(移配)뗑 귀양살이하는 곳을 다른 곳으로 옮김. 하타 [를 가지는 개체.
이:배-체(二倍體)뗑〈생물〉 기본수의 2배의 염색체
이:배-치(吏胥-)뗑 이를 깊고, 코가 짧고, 투박하게 생긴 남자 가족신의 하나.
이백십-일(二百十日)뗑〈제도〉 입춘날부터 헤아려 이

백열흘 되는 날. 9월 1일경으로 이 무렵에 태풍이 옴. storm day
이:번-당(二番)뗑 ①이제 돌아온 바로 이 차례. ¶ ~엔 꼭 하자. (작) 요번. this time ②다음 번. ¶ ~에는 꼭 이기겠다.
이:번 저:당(二番抵當)뗑(동) 이중 저당.
이벌-간(伊罰干)뗑(동) 서불한(舒弗邯).
이벌-찬(伊伐湌)뗑(동) 서불한(舒弗邯).
이:법[一뻡](理法)뗑 ①원리(原理)와 법칙(法則). law ②도리(道理)와 예법(禮法). 이성(理性) ④. manners
이:법사(尼法師)뗑〈불교〉여자 법사.
이:법 종사(以法從事) 법대로 일을 하여 감. 하타
이벤트(event)뗑 ①사건(事件). ②경기 따위의 종목·시합. ¶ 빅 ~.
이:벽(耳甓)뗑 삼각형의 벽돌. [dent
이:변(異變)뗑 피이한 번고. ¶ 정계(政界) ~. accident
이별(離別)뗑 서로 갈려 멀어짐. 헤어짐. ¶ ~의 슬픔. parting 하타
이별-가(離別歌)뗑 이별할 때에 부르는 노래.
이별-주[-쭈](一酒)뗑 이별의 술. 작별의 술. (약) 별주.
이:병(利病)뗑 이로운 일과 병폐로운 일. good and evil
이병(罹病)뗑 병에 걸림. 이환(罹患). contracting 하타
이:보(移步)뗑 걸음을 옮김. walking 하타
이:-보다(エ) 이보게에 비하여. 이에서.
이:-보-다(利-)죄타(タ) ①이익이 되다. ②이익을 얻다. ≪대≫ 손(損)보다. make profit
이:보-법[一뻡](耳報法)뗑〈민속〉 신이 귓가에 와서 과거와 미래의 일을 일러주며, 이것을 점을 쳐서 알아낸다는 요술의 하나. 이보 통령(耳報通靈).
이:복(異服)뗑 이익과 행복. 복리(福利).
이:복(異腹)뗑 아버지는 같고 어머니가 다름. 별복. ≪대≫ 동복(同腹). different mother
이:복 동생(異腹同生)뗑 배다른 동생.
이:복 형제(異腹兄弟)뗑 아버지가 같고 어머니가 다른 형제나 자매. half brothers (sisters)
이:본(異本)뗑 ①진기한 책. 진본(珍本). rare book ②같은 책으로 내용·글자가 다소 다른 책. copy of different edition
이:부(二部)뗑 이부제를 실시하는 학교에서, 일부가 아닌 한 부. 흔히 야간부를 일컬음.
이부(尼父)뗑〈공〉공자(孔子).
이:부(耳部)뗑 '귀'의 궁중말.
이:부(利付·利附)뗑(약)→이자부(利子附).
이:부(俚婦)뗑 ①천한 여자. lowly woman ②촌부인. country woman
이:부(異父)뗑 실지의 자기 아버지가 아닌 아버지. 어머니의 남편이면서 자기 아버지가 아닌 아버지. 계부(繼父). ≪대≫ 친부. 동부(同父). stepfather
이:부 가격(利付價格)뗑〈경제〉 이자가 지금까지의 체권으로 가격이 가장 높아질 때의 가격. 공제.
이:부 공채(利付公債)뗑 이자부의 공채. ≪대≫ 무이자
이:부 교:수(二部教授)뗑〈교육〉 학교의 수업을 상오·하오 또는 주(晝)·야(夜)의 두 반으로 나누어 하는 학습 지도. 이부 수업. double session
이:부 동모(異父同母)뗑(동) 이부 형제(異父兄弟).
이:부분 형식(二部分形式)뗑〈음악〉 '두도막 형식'의
이:부 수업(二部授業)뗑(동) 이부 교수. [한자 이름.
이:부 어음(利付-)뗑 어음면의 기재 금액 외에, 그 어음의 발행일로부터 결산일까지의 이자가 가산하여 지급되는 어음. [ding
이:부-자리뗑 이불과 요. 금구(衾具). ¶햇술 ~. bed-
이부자리-보:다 이부자리를 쓰고 잠잘 준비를 하다. make a bed
이:부-작(二部作)뗑 이부로 구성되는 작품.
이:부제 학교(二部制學校)뗑 ①〈교육〉 교사(校舍) 부족 관계로 인해 학생을 상오·하오의 두 부로 나누어 수업하고 있는 학교. ②주야간제(晝夜間制) 학교.

이:부 합주(二部合奏)[명] 이중주(二重奏).

이:부 합창(二部合唱)[명] 이중창(二重唱).

이:부 형식(二部形式)[음악] 한 곡이 두 개의 갖추어진 소절로 이루어진 형식. [이부둔곡(異父同母).

이:부 형제(異父兄弟)[명] 아버지가 갖지 않은 형제.

이:북(以北)[명] ①어떤 지점을 한계로 해서 그 북쪽. north of ②우리 나라에서는 38도선 이북. 북한(北韓). (대) 이남(以南). North Korea

이:분(囟人)[명] ①이 어른. ②이 사람.

이:분(二分)[명]~되다 둘로 나눔. halving ②춘분(春分)과 추분(秋分). (대) 이지(二至). vernal and autumnal equinoxes ③<인쇄> 국·한문의 활자·공목 따위의 크기를 일컬음. 하다

이:분 경선(二分經線)[명] 이분을 지나는 시권(時圈).

이:분모(異分母)<수학> 둘 이상의 분수에서 분모가 서로 다른 분모. (대) 동분모(同分母). different denominators [이를 가지는 셈본.

이:분 쉼:표(二分一標)[명] <음악> 온쉼표의 1/2의 길이.

이:분 음부(二分音符)[명] <음악> 전음부의 절반, 사분음부의 갑절이 되는 음부. half-note

이:분자(異分子)[명] 한 단체 속에 있으면서 다른 자수인(多數人)과 종류나 성질 또는 주의를 달리하는 사람. foreign element

이불[명] 잘 때에 몸을 덮기 위하여 피륙·솜 등으로 넓게 지은 침구의 하나. 핫이불·홑이불·접이불 등이 있음. 피금. bed covering

이불(泥佛)[명] 흙을 빚어서 구워 만든 부처의 상.

이:=불가:독식(利不可獨食)[명] 이익을 혼자 차지하지 못함. [동하다.

이불 깃 보아서 발 뻗는다[속] 처지와 형편에 따라 행

이:불리=간(利不利間)[부] 이가 되든지 해가 되든지 간에. regardless of profit or loss

이불=보(一褓)[명] 이불을 싸는 큰 보자기.

이불안 활개[명] 남이 보지 않는 데에서 젠체하는 호기. [이불 활개.

이불=잇[一]닛[명] 이불에 씌우는 천.

이불=장(一欌)[명] 이불을 넣어 두는 농장(籠欌). cabinet for containing beddings

이불=줄[광물] 경사가 거의 없이 이불이 깔려 있는 것처럼 가로 박힌 광맥(鑛脈). horizontal vein

이불 활개[명] 이불안 활개.

이붕[명] 입천장.

이붕=소리[—쏘—][명]~되다 구개음(口蓋音).

이붕소리=되기[—쏘—][명]~되다 구개음화(口蓋音化).

이:브(Eve)[명] <기독> 하나님이 창조한 첫 여자. 아담의 아내.

이:브닝(evening)[명] ①저녁. 초저녁. ②<약>→이브닝 드레스. [이브닝.

이:브닝 드레스(evening dress)[명] 부인의 야회복. [종]

이:본(二本)[고] 이운. 마른. 시들은. (고) 아득한. 회

이:본-다[고] 이울다. 시들다. [미한. 혼미(昏迷).

이:비(吏批)[명] <이조>(吏曹)에서 임금에게 주청(奏請)하여 재가를 받들 벼슬.

이:비(理非)[명] 옳은 일과 그른 일. 시비(是非). rights and wrongs

이:비-과(耳鼻科)(약)→이비인후과.

이:비인후-과(耳鼻咽喉科)[—과][의학] 귀·코·인후·기관 및 식도의 질병을 전문으로 하여 치료하는 의학의 한 분과. (약) 이비과. otorhinolaryngology

이:빙(履氷)[명] 얇은 얼음을 밟는 것 같다는 뜻으로, 위험한 짓을 함을 말함. 하다

이:=빛(二一)[명] <미술> 단청(丹靑)에서 초빛보다 진하고 삼빛보다 엷은 색채(色彩)의 심도(深度)의 이름.

이빨=속[명]~되다 치수(齒髓). [나.

이쁘-다[으]~되다 예쁘다.

이쁘-둥이[명] ①귀엽게 생긴 어린아이. lovely child ②어린아이를 귀엽게 부름. darling

이:쁘디-이:쁘-다[으]~되다→예쁘디예쁘다.

이쁘장-스럽-다[ㅂ][형]~되다 예쁘장스럽다.

이쁘장-하-다[여]~되다 예쁘장하다.

이:사(二死)[명] 야구에서, 아웃이 둘임. ¶~ 만루.

이:사(尼寺)[명] 신중절. [arkable man

이:사(異士)[명] 보통 사람보다 훨씬 뛰어난 사람. rem-

이:사(異事)[명] 별다른 일. 이상한 일. strange thing

이:사(理事)[명] ①<법률> 법인(法人) 기관의 사무를 처리하여 그 일을 대표해서 권리를 행사하는 기관. director ②담당 사무를 집행(執行)하는 사람의 직명(職名). ¶농업 협동 조합 ~. [하다

이사(移徙)[명]~되다 집을 옮김. 이전(移轉). housemoving

이:사=관(理事官)[명] <법률> 2급 공무원. 서기관 위임. [원인 나라. member state of the council

이:사=국(理事國)[명] <정치> 국제 기관의 이사회의 일

이사금(尼斯今)[명] <제도> 신라 때에 임금의 칭호.

이:사-단(尼師壇)[명] <불교> 비구니가 어깨에 걸치고 있다가, 앉을 때는 자리로 쓰는 것.

이·ᄉ·랃[고] 이스라. 앤두.

이:사 부동(二四不同)[명] 한시(漢詩)의 작법(作法)으로 둘째 자(字)와 넷째 자의 평측(平仄)은 반드시 다르게 하는 일.

이:사-분기(二四分期)[명] 1년을 4등분한 둘째 기간. 곧, 4·5·6월의 3개월 동안. second quarter

이사야-서(Isaiah 書)[명] <기독> 이사야가 쓴 구약 성서의 한 편. [나아감.

이:사 위함(以死爲限)[명] 죽기를 작정하고 일을 하여

이-사이[명] ①이 동안. meantime ②이제까지의 가까운 며칠 동안. 근시(近時). ¶~ 형편. (작) 요사이. these days

이사틴(Isatin 도)[명] <화학> 인디고(indigo)를 질산으로 산화하여 얻은 황적색 결정성 물질.

이:사-회(理事會)[명] ①이사들의 회의. ②국제 기구에서 이사국들로 구성되는 회.

이삭[명] ①풀의 끝에 열매가 열리는 부분. ear ②농작물을 거둔 뒤에 땅에 처져 흩어진 곡식. gleaning

이삭-귀:개[명] <식물> 통발과의 식충 식물(食蟲植物). 잎은 주걱 모양이며 뿌리에 소수의 포충낭(捕蟲囊)이 있음. 8~9월에 자색 혹은 벽색의 꽃이 피고 과실은 삭과임.

이삭-끝[명] 곡식의 이삭과 같은 끝. ear-like

이삭-꽃[명]~되다 수상화(穗狀花).

이삭꽃-차례[명]~되다 수상 화서(穗狀花序).

이삭-물수세미[명] <식물> 개미탑과의 다년생 풀. 갈록색 또는 연홍색이며 줄기는 1m 가량임. 갈색 이삭꽃이 피고 과실은 난형형임. 연못이나 도랑에서 윤생(輪生)함.

이삭-여뀌[명] <식물> 여뀌과의 다년생 풀. 줄기 높이 1m에 잎은 타원형 또는 난형임. 7~8월에 적색의 이삭 꽃이 핌. 산이나 들에 남.

이삭-잔대[명] <식물> 포아풀과의 다년생 풀. 잎은 가늘고 길며 8~9월에 흰빛의 꽃이 원추 화서를 이룸. [높은 산에 남.

이삭-줍기[명] 이삭을 줍는 일.

이삭-줌:-다[명] ①기울 건이들 마친 논밭에서 이삭을 줍다. ②김장 밭에서 지스러기를 줍다. glean

이삭-패:-다[자] 벼·보리 따위의 식물의 이삭이 나오다.

이삭-피[명] <식물> 포아풀과의 일년생 풀. 여름과 가을에 가늘고 긴 이삭이 나오며 빛은 가무스름함. 내개 논에서 남. [멀어져 있는 산.

이산(離山)[명] ①<불교> 중이 절을 떠나는 일. ②홀로

이산(離散)[명]~되다 ①뿔어져 흩어짐. ②헤어짐. ¶~ 가족. 離集(離集). scattering 하다

이:산 염기(二一一)[—념—](二酸鹽基)<화학> 산도(酸度)가 2인 염기(鹽基). diacid base [화합물'의 뜻.

이:산-화(二酸化)<화학> '산소 2원자가 결합한

이:산화-규소(二酸化珪素)<화학> 규소(珪素)의 산화물(酸化物)로서 결정상(結晶狀)의 것은 석영(石英)으로 산화되고 순수(純粹)한 것은 수정임.

이:산화-망간(二酸化 mangan)<화학> 천연적으로 는 연(軟)망간광으로서 다량으로 존재하는 흑회색·흑색 가루.

이:산화=수소(二酸化水素)[명]~되다 과산화수소.

이:산화=연(二酸化鉛) 명 〈화학〉 연단(鉛丹)을 묽은 질산(窒酸)에 녹일 때에 남는 흑갈색의 분말.

이:산화=유황(二酸化硫黃) 명 〈화학〉 무색(無色)으로 자극성(刺戟性)이 있는 냄새를 가진 유독(有毒)한 기체(氣體). 아황산가스. 〔窒素〕.

이:산화=질소(二酸化窒素) 명 〔동〕 과산화질소(過酸化).

이:산화-탄:소(二酸化炭素) 명 〈화학〉 목재·석탄 따위의 탄소 화합물의 연소에 의하여 발생하는 무색·무취의 기체. 소화기·탄산소다의 제조에 쓰임. 무수탄소. carbon dioxide

이:산화탄:소 중독(二酸化炭素中毒) 명 이산화탄소의 과잉으로 생기는 중독 증상. 주로, 연소(燃燒)할 때 발생하는 이산화탄소의 흡인으로 일어나는 것으로 질식 상태로 됨. [or three

이:삼(二三) 명 둘과 셋. 두엇. 명 두세. ¶ ~년. two

이:삼(二三朔) 명 두세 달. 이삼개월.

이:삼=월(二三月) 명 ①이월이나 삼월. February or March ②이월과 삼월. February and March

이:상(以上) 명 ①위치나 순서상 일정한 표준부터 그 위. above ②더 많음. ¶ 7년 ~. more ③더 나음. ¶상상 ~의 효과가 있다. 〔대〕 이하. beyond ④'이미 그렇게 된 바에는'의 뜻을 나타냄. ¶ 살고 있는 ~. since ⑤문서·목록 등의 끝맺음을 나타냄. end ⑥정도가 더 위임. ¶ ~이다. above

이:상(異狀) 명 보통과는 다른 상태. 틀린 상태. 이태(異態). strangeness [fferent appearance

이:상(異相) 명 보통과는 다른 모습. 또는 모양. di-

이:상(異常) 명 ①보통과 다름. ¶ ~이 없다. 〔대〕 정상(正常). ②몸·정신·기계 등의 기능이나 활동이 순조롭지 못한 상태. ¶기계의 ~. 기분이 ~하다. ③〈의학〉신체 각 부의 위치·형상·구조 등이 정상이 아닌 일. uncommonness 하였 스럽 스레 히

이:상(異象) 명 이상한 모양. 특수한 현상.

이:상(理想) 명 ①자기 생각에 이렇게 되었으면 가장 좋겠다고 생각되는 상태. ¶ ~이 높다. 〔대〕 현실(現實). ②〈철학〉개인적인 것이 아니고 절대적이며 메아(idea). 곧, 항상적(恒常的)인 본질을 의미함. 인생의 최고 궁극의 목적적인 진·선·미(眞善美)의 합일점(合一點). idea

이:상 건조(異常乾燥) 명 좋은 날씨가 오래 계속되어 습도분만이 아니라 실효(實效) 습도도 적어지는 상태.

이:상 광선(異常光線) 명 〈물리〉복굴절(複屈折)에 의하여 두 개로 갈린 광선 중에서 굴절의 법칙을 따르지 않는 쪽의 광선. 〔대〕 상(常)광선. extraordinary ray [통 사람에게서는 볼 수 없는 기억력.

이:상 기억(異常記憶) 명 〈심리〉 어떤 재료에 관해서 보

이:상 기체(理想氣體) 명 〈물리〉 보일샤를의 법칙에 완전히 따른다고 생각되는 가상의 기체. 완전 기체.

이:상-론(理想論) 명 이성(理性)에 의해 상상할 수 있는 최선의 상태를 주장하는 논설. 관념론.

이:상 선:거(理想選擧) 명 〈정치〉입후보자로 하여금 정견을 자유롭게 발표시키고 선거비는 국가가 부담하며, 선거인은 오직 자기의 자유 의사로써 투표하는 선거.

이:상-성(理想性)[―썽―] 명 〈철학〉이상가지고 있는 성질. 이상에 근거를 두는 성질. 현실에 대해 이상의 의의를 강조하는 성질. 〔대〕 현실성. ideal

이:상 세:계(理想世界) 명 현실적인 불만이 없는 완전한 이상적 상태인 상상 세계.

이:상 소:설(理想小說) 명 〈문학〉작가의 이상인 주장(主張)·포부(抱負)·의견 따위를 작품 가운데에 주입(注入)하여 자기(自己)를 주장하려는 소설. ideal novel

이:상 심리학(異常心理學) 명 〈심리〉성격 이상자·정신 병자 등의 심리 상태를 연구하는 심리학의 한 분야. 정신 이상자와 문제 대상자 같음. 변태 심리학. abnormal psychology

이:상-아(異常兒) 명 정상적인 어린이에 대하여 신체적·정신적·행동적 혹은 사회적 이상이 있는 어린이의 총칭. abnomal child

이:상 야릇-하다[―냐―](異常―) 혤였 매우 이상하다. 퍽 묘상하다. queer 이:상 야릇-이 튀

이:상-적(理想的)[―쩍] 명 사물의 상태가 이상에 합치되는 (것). ¶ ~ 사회(社會).

이:상-주의(理想主義) 명 〈철학〉①인생의 의의·목적을 이상 실현에 두는 인생관·세계관. 한편으로는 공상적(空想的)·광신적(狂信的) 태도를 의미하는 수도 있음. 관념주의. 〔대〕 현실주의. idealism ②〔동〕관념론.

이:상-촌(理想村) 명 어떠한 이상을 따라서 특수하게 건설하여 나아가는 마을. ideal village

이:상-파(理想派) 명 이상주의를 주장하는 사람들.

이:상-향(理想鄕) 명 ①이상적인 것에 있어서 설계된 나라. Utopia ②토머스 모어(T. More)의 소설 유토피아 속에 그려진 세계. Utopia

이:상-화(理想化) 명 ①자기의 이상대로 됨. idealization ②〈철학〉실제로 있는 것에다 변화와 추상을 가하여 이상 상태로 만드는 관념화의 작용. ③예술 창작에 있어 작자의 이상에 따라 재료를 취사 선택

이:새 명 〔약〕— 이 사이. [구성함.

이:색(二色) 명 두 가지 색.

이:색(異色) 명 ①다른 빛깔. 〔대〕 동색(同色). different colours ②색다른 것. 또, 그런 사람. novelty

이:색-지:다(二色―) 제 빛깔이 같지 않게 되다. change to uneven colours

이:색-판(二色版) 명 〈인쇄〉 ①일색(一色) 사진 동판에 다른 한 색을 더해 두 색으로 찍은 사진 동판. two-colour printing ②〔동〕 분해 이색판.

이:생(一生) 명 이 세상에 살아 있는 동안. 이승. ¶ ~의 연분. 〔대〕 타생. this life

이:생(利生) 명 〈불교〉 부처·보살이 사람에게 이롭게 하여 주는 일.

이생 웅예(離生雄蕊) 명 〈식물〉 제각기 떨어져 있는 수꽃술의 하나. 이강(二强)·사강(四强) 웅예가 있음. apocarpous stamen [흙땅.

이:생-지(泥生地) 명 흔히, 냇가에 있는 모래 섞인 개

이:서(以西) 명 어느 지점을 기준으로 하여 그 서쪽. 〔대〕 이동(以東). west of

이:서(吏胥) 명 〔동〕 아전(衙前).

이:서(吏書) 명 〔동〕 이두(吏讀).

이:서(異書) 명 그리 흔하지 않은 책. 귀한 책. rare

이:서(裏書) 명 ①종이 뒤에 글자를 씀. ②서화(書畵)의 뒤에 진물(眞物)임을 증명하는 글을 씀. endorsement ②〔동〕 배서(背書).

이:석(耳石) 명 〈동물〉동물의 내이(內耳)에 있는 골편. 성장 흔적이 나타나며, 어류는 이로써 나이를 알 수 있음. 평형석.

이선(離船) 명 승무원 등이 배에서 내림. 하였

이선-곡(離船樂曲) 명 〔동〕 배따라기.

이:선-주(二仙酒) 명 소주에 용안육(龍眼肉)·계피·꿀을 넣어 만든 술.

이설(移設) 명 다른 곳으로 옮겨 설치함. 하였

이:설(異說) 명 ①세상에 통용되는 설(說)과는 다른 설. different opinion ②괴특(怪慝)한 저술. ¶ ~ 향전. 〔대〕 정설(定說). 통설(通說).

이:성(二姓) 명 ①두 가지의 성. 혼인을 맺을 양쪽 집. two families ②성이 다른 두 임금. ③두 남편. two husbands

이:성(二星) 명 〈천문〉 견우성(牽牛星)과 직녀성(織女星).

이:성(異性) 명 ①다른 성질. different nature ②남자와 여자, 수와 암의 다른 성. opposite sex ¶ ~간의 교제. 〔대〕 동성(同性). other sex ③〈화학〉동일한 분자식으로 나타내어지는 화합물의 성질이 다른 일.

이:성(異姓) 명 ①다른 성. 이족(異族)②. 타성(他姓). 〔대〕 동성(同姓). different family name

이:성(理性) 명 〈철학〉①사물의 이치를 헤아려 깨닫는 능력. reason ②사람의 본디 타고난 세 가지 정

신 능력. 곧, 지(知)·정(情)·의(意) 중의 지적 능력. 개념을 사유하는 능력. ②의지와 행동을 규정하는 능력. 양심(良心). ④세계와 인생을 지배하는 근본 원리. 이법(理法).

이성(履聲)[명] 사람이 다니는 발자국 소리. footsteps

이성(離城)[명] 서울을 떠남. (대) 입성(入城).

이성-론(理性論)〈철학〉 인식(認識)은 이성적(理性的)인 사유(思惟)로부터 생긴다는 논설. 합리론(合理論). rationalism

이성-애(異性愛)[명] 이성을 사랑하는 마음. 이성간의 연애. heterosexual love 「합리적(合理的).

이성-적(理性的)〈철학〉 이성에 말미암은(것).

이성-주의(理性主義)〈철학〉[명][동] 합리주의.

이성지-합(二姓之合)[명] 성이 다른 남자와 여자의 혼인. 곧, 결혼. union by marriage

이성질-체(異性質體)[명]〈화학〉동일한 분자식 또는 분자량을 가지면서, 구조가 다르고 성질이 전혀 딴 판인 물체.

이성-체(異性體)[명] ①동분 이성체(同分異性體). ②성질이 다른 것. different things

이성-친(異性親)[명] 어머니 편의 일가. 외척(外戚). maternal relation

이세(二世)[명] ①〈불교〉현재의 세상과 미래의 세상. two existences ②다음 세대. second generation ③[약]→이세 국민. ④어떤 나라에 이주해 간 이민의 자녀로서 그 나라의 시민으로 된 사람. ⑤[약]자녀. ⑥같은 이름을 가지고 둘째 번으로 자리에 오른 황제·교황 등의 위컬음. 「②자연의 운수. fate

이세(理勢)[명] ①사리와 형세. reason and situation

이세 국민(二世國民)[명] 다음 세대의 국민. 곧, 어린이. (약) 이세(二世)③. young generations

이서·지[旦][고] 비슷이. 방불히.

이성충-다[旦][고] 비슷하다. 방불하다.

이성져성[고] 이렇고저렇고. 이렁저렁.

이소(泥沼)[명] 진흙의 수렁.

이소(貽笑)[명] 남에게 비웃음을 당함. 하다 「trouble

이소(離騷)[명] 시름을 만남. 조우(遭遇); getting into

이소-고연(理所固然)[명] 이치에 당연함. 이소당연.

이소-골(耳小骨)[명]〈생리〉청소골(聽小骨). [하다

이소 공장(以少陵長)[명] 젊은 사람이 어른에게 무례한 언행을 함.

이소-당연(理所當然)[명][동] 이소고연.

이소-성(離巢性)[명]〈생물〉새끼가 빨리 자라 보금자리에 오래 머무르지 않는 성질. 물오리·도요새 등에서 볼 수 있음. 「하다

이소 역대(以小易大)[명] 작은 것으로 큰 것을 바꿈.

이소-옥탄(isooctane)[명]〈화학〉탄화수소의 일종으로 옥탄가 측정의 표준이 됨.

이소-프렌(isoprene)[명]〈화학〉덩성 고무를 열분해(熱分解)할 적에 생기는 액체. 인조(人造) 고무의 주요한 원료임.

이속(夷屬)[명] 오랑캐의 풍속.

이속(吏屬)[명]〈제도〉아전의 무리.

이속(異俗)[명] 다른 풍속. 색다른 풍습. 이풍(異風). (대) 정속(正俗). strange custom 「ferent genera

이속(異屬)[명]〈생물〉생물의 속(屬)이 다른 것. di-

이속(離俗)[명] 속세(俗世)를 떠남. 속사(俗事)를 벗어남. stand aloof from world 하다

이속 교배(異屬交配)[명]〈생물〉분류상 다른 속에 속하는 생물을 교배시키는 일. 보통은 새끼를 낳지 못함.

이-손[인대] 이 이의 자(者). ¶~이 옳다. 않음.

이-손(耳孫)[명][동] 잉손(仍孫).

이송(移送)[명] ①옮기어 보냄. transportation ②재판하기 위하여 죄수를 딴 곳으로 옮김. 하다

이수(利水)[명] ①물을 잘 이용함. ②물이 잘 통하게 하는 일. ¶ ~ 공사. ③〈의학〉장(腸)에서 물과 같은 액체를 배출하게 함. 하다

이-수(里數)[명] ①거리를 이(里)의 단위로 정한 수. mileage ②마을의 수. number of villages

이수(李樹)[명][동] 자두나무.

이수(泥水)[명] 진흙이 많이 섞인 물. muddy water

이수(移囚)[명] 죄수를 다른 감옥으로 옮김. transfer of prisoner 하다

이:-수(理數)[명] 이과(理科)와 수학. ¶ ~ 과목.

이수(履修)[명] 차례를 따라 학과 과정을 마침. ¶전과정을 ~하다. completion 하다

이수(螭首)[명] 비(碑)머리·인장(印章)·궁전의 섬돌·종정(鐘鼎) 따위에 끝을 없는 용이 서린 모양을 새긴 형상. 이두(螭頭)①.

이수(離水)[명] 수상 비행기가 수면에서 떠나 올라감. (대) 착수(着水). leave water 하다

이수(離愁)[명] 이별의 슬픔. sorrow of parting

이:수-도(利水道)[명] 약제를 써서 소변을 잘 나오게 함. 하다 「의 이름.

이:수-변(二水邊)[명] 한문 글자의 왼쪽에 붙이는 '冫'

이:수-성[一성](異數性)[명]〈생물〉염색체(染色體)가 정상 수보다 증감(增減)되는 일. ②〈식물〉같은 식물에서 꽃이나 잎의 수가 일정하지 않은 일. 연꽃의 꽃잎·꽃받침 따위. heteroploicy

이:수 활주(離水滑走)[명]〈離水滑走〉수상기(水上機)가 뜰 때 수면을 미끄러져 나아가는 일. (대) 착수(着水)

이숙(梨熟)[명] 배숙. 「활주.

이:순(二芛)[명] 담배의 처음 난 잎을 베어낸 자리에서 나는 잎.

이:순(耳順)[명] 나이 예순 살. sixtieth year of age

이:술(異術)[명] 요술(妖術)이나 마술(魔術) 따위의 이상한 술법. strange magic 「(係爭問題).

이슈(issue)[명] 논점(論點). 논쟁점(論爭點). 계쟁문

이 스케이프(escape)[명] ①도망함. 탈출함. ②학생이 수업 중에 도망하여 나오든가 어떤 강의에 출석하지 않는 일. ③〈체육〉레슬링에서, 도망하는 일. 하다

이:스터(Easter)[명]〈기독〉예수의 부활을 기념하는 부활제(復活祭).

이:스트(east)[명] ①동쪽. ②동양. ③동부.

이:스트(yeast)[명] 효모(酵母). 「오르게 하다.

이:스트-붙-다(yeast—)[자](여)(주) 여자의 머리를 부풀

이-슥고[고] 이윽고.

이슥-토록[부] 밤이 깊을 때까지.

이슥-하-다[형][여] 밤이 매우 깊다. ¶밤이 이슥하도록

이·슥·히[고] 이슥토록. 「돌아다니다. advanced

이슬[명]〈물리〉수증기가 찬 공기 가운데에서 엉기어 된 물방울. 영액②. dew ②덧없는 생명. evanescent life ③눈물. ④여자의 월경 전이나 해산 전에 조금 나오는 누르스름한 물. amniotic fluid

이슬-기[一끼](一氣)[명] 이슬 기운.

이슬디-다[고] 이슬 내리다.

이슬[旦][명] ①이슬을 받음. ②이슬을 떠는 막대기.

이슬람(Islam 아)[명] ①이슬람교도가 자기의 교를 부르는 말. ②〈종교〉회교의 세계. 회교도 전체.

이슬람-교(Islam 教)[명][동] 회교교(回敎教).

이슬-마루[명] 이슬의 뜯집의 대들보.

이슬-받이[—바지][명] ①이슬이 내리는 무렵. dewfall ②풀잎에 이슬이 있는 작은 길. foot-path across dewy grassland ③풀섶에 이슬이 있는 길을 걸을 때, 이슬을 막기 위하여 아래에 두르는 작은 도롱이. ④풀섶의 이슬 내린 길을 걸을 때, 맨 앞에서 가는 사람. 이슬떨이①.

이슬 방울[명]—빵] 이슬이 뭉쳐 된 방울. dewdrop

이슬-비[명] 아주 가늘게 오는 비. 미우. drizzle

이슬 아침[명] 이슬이 마르지 않은 이른 아침. early morning

이슬-점[—점](—點)[명]〈물리〉대기 중에 포함되어 있는 수증기가 냉각되어 응결하기 시작할 때의 온도. 노점(露點).

이슬점 습도계[—점—](—點濕度計)[명]〈물리〉이슬점을 측정하여 습도를 구하는 습도계. 노점 습도계(露點濕度計).

이슬-풀[명] 이슬 맞은 풀.

이:습(吏習)[명] 아전(衙前)의 풍습.

이숫 《고》 비슷이. 비슷하게.
이숫-하-다 《고》 비슷하다.
이:승 《불교》 이 세상. 살아 있는 당세(當世). 가상(假相) ①. 금생(今生). 금세(今世). 이생. 차생(此生). 차승. 《대》 저승. this world
이:승(二乘) ①《수학》'제곱'의 구용어. ②《불교》 대승(大乘)과 소승(小乘), 성문승(聲聞乘)과 연각승(緣覺乘), 성문승과 보살승을 각각 일컬음. Greater Vehicle and the Lesser Vehicle 하다
이승(尼僧) 《동》 비구니(比丘尼).
이승(移乘) 바꿔 탐. 하다
이승(理勝) 모두 이치에 맞음. 하다
이승(離陸) 항공기가 공중으로 떠오르기 시작하는 일. taking off 하다
이승 석(以升量石) 되로써 섬곡식을 된다는 말로, 어리석은 사람이 현명한 사람의 마음을 헤아릴 수 없다는 말. unfathomable
이:승 작불(二乘作佛)《불교》 성문승(聲聞乘)·연각승(緣覺乘)의 성불(成佛).
이승잠() 이 세상에서 자는 잠이라는 뜻이로, 병중에 정신 없이 계속해서 자는 잠을 가리킴. coma
이시(移施) 《제도》 양자의 벼슬로 인하여 그 생가(生家) 아버지에게 품계(品階)·관직(官職)을 내리는 일.
이시(異時) 다른 때. other time 「던 일.
이: 시:(EC) European Communities 유럽 공동체.
이: 시: 이:(ECE)《경제》 Economic Commission for Europe 구주 경제 위원회(歐洲經濟委
이:식(二食) 두 끼. two meals day 하다 「員會).
이식(耳食) 귀로 맛을 본다는 뜻으로, 남의 말을 단지 귀로 듣기만 하고, 넘겨짚어 판단을 할 모를 들을 이르는 말. 「(金錢). interest
이:식(利息) 변리. 길미. 이자(利子)①. 《대》 원금
이:식(利殖) 재물을 더 불림. money making 하다
이:식(移植) ①식물 따위를 옮겨 심음. 옮겨 심기. 이종(移種). transplantation ②《의학》 신체의 환부를 베어내고 건전한 부분을 베어다 붙이는 일. 하다
이:식=산(利息算)《수》'이자산(利子算)'의 구용어. calculation of interest
이식 위천(以食爲天) 사람이 사는데 먹는 것을 가장 중하게 여긴다는 말. epicurianism
이:신(二身) 두 몸.
이:신=론(理神論)《철학》 세계는 신의 지배를 떠나 독자적 법칙에 따라 움직인다고 하는 종교론. 자연신교(自然神敎). 자연신론. deism
이신 양:성(以臣伐君) 신하로서 임금을 침. 하다
이신 양:성(頤神養性) 마음을 가다듬어 정신을 수양함. 《약》 이양(頤養). 하다 「하다.
이:실 고:지(以實告之)《동》이실 직고(以實直告).
이:실 직고(以實直告) 사실 그대로 고함. 이실 고지(以實告之). reporting truth 하다
이:심(二心) ①두 가지 마음. 이심(異心)②. two minds ②배반하는 마음. ¶~을 품다. treachery ③변하기 쉬운 마음. fickle mind
이:심(二審)《약》→제이심(第二審).
이:심(已甚) 지나치게 심하게 굶. 하다 스럽 스레다
이:심(異心) ①다른 마음. 딴마음. duplicity ②《동》 이심(二心)①.
이심(移審)《법률》 소송 사건의 계속(繫屬)이 어떤 법원으로부터 상급 법원으로 옮겨지는 일. transfer of case 하다 「disloyalty
이심(離心) 마음을 달리하여 배반함. 반심(叛心).
이심=률(離心率)《수학》 원추 곡선이 가진 상수의 하나. eccentricity
이심 전심(以心傳心) 말·글에 의하지 않고, 마음에서 마음으로 전함. 십십 상인(心心相印). telepathy 하다 「스무 살.
이:십(二十·貳拾) 스물의 한자 말. twenty 「나이
이:십사-금(二十四金) 순금(純金)을 이름. 24 carat gold

이:십사-기(二十四氣)《동》 이십사 절기(二十四節氣). 「directions
이:십사= 방위(二十四方位) 이십사로 나눈 방위. 24
이:십사-번 화신풍(二十四番花信風) 이십사 절기 중 소한(小寒)에서 곡우(穀雨)까지 부는 바람.
이:십사=시(二十四時) 하루의 이십사 시간에 이십사 자의 이름을 붙여 일컫는 말. twenty-four periods of day 「氣).
이:십사-절(二十四節)《동》이십사 절기(二十四節
이:십사= 절기(二十四節氣) 일년을 스물넷으로 나눈 절기. 이십사 절후. 이십사기. 《약》이십사절(二十四節). twenty-four seasons of year 「節氣).
이:십사= 절후(二十四節候)《동》이십사 절기(二十四
이:십-세:기(二十世紀) ①서기 1901 년부터 2000 년까지의 백 년 동안 우리가 살고 있는 세기. twentieth century ②《식물》 9월 중순에 나는, 둥글고 엷은 초록색을 띤 배의 한 품종.
이:십오= 보살(二十五菩薩)《불교》 행자(行者)를 늘 보호하여 준다는 스물다섯 보살.
이:십오=시(二十五時) 루마니아 작가 C. V. 게오르규의 소설 제명. 24시의 다음은 새로 한 시가 아지 아니하며 '이미 지난', '벌써 뒤늦은' 등 절망의 뜻으로 쓰인다. 25th Hour
이:십오=유(二十五有)《불교》 윤회의 생사계(生死界)를 25 가지로 나눈 것. 육계(欲界)에 14소(所), 색계(色界)에 7소, 무색계에 4소가 있다.
이:십일사(二十一史)《중국의 상고에서 원(元)에 이르기까지의 주요한 이십일 부의 역사.
이:십팔-수(二十八宿) 옛날 천문학에서 이십팔로 나눈 별.

동	각(角)	항(亢)	저(氐)	방(房)	심(心)	미(尾)	기(箕)
서	규(奎)	루(婁)	위(胃)	묘(昴)	필(畢)	자(觜)	삼(參)
남	정(井)	귀(鬼)	유(柳)	성(星)	장(張)	익(翼)	진(軫)
북	두(斗)	우(牛)	여(女)	허(虛)	위(危)	실(室)	벽(壁)

이싯-다 《고》 읽고 셋다.
이싼 / 이쓴 《고》 이야.
이-쑤시개 이 사이에 낀 것을 쑤셔 내는 데 쓰는 물건. 「雅).
이:아(二雅) 시경(詩經)의 대아(大雅)와 소아(小
이아 《고》 잉아.
이아치다 ①자연의 힘이 미치어 손해가 있게 하다. damage ②방해가 되다. be in one's way ③방해를 끼치다. 《약》이치다[1]. obstruct
이 아픈 날 콩밥이다 불행한 일이 있는 위에 거듭하여 불행한 일이 생기다. 설상 가상(雪上加霜).
이악=스럽-다 이악한 태도가 있다. 이악-스레다
이악-하다 이욕(利慾)에만 정신이 있다. be greedy 「전들의 명부(名簿).
이안(吏案)《제도》 군아(郡衙)에 갖추어 두던 아
이안(利眼) ①날카로운 눈. sharp eyes ②해의 판
이안(移安) 신주를 다른 곳에 옮김. 하다 「이름.
이:-안심(異安心)《불교》 조사(祖師)의 도(道)와 전승(傳承)에 어긋나는 사설(私說)을 주장하는 마
이=알 이밥의 낱알. 「음. 이단(異端).
이알이 곤두서다다 배가 불러 알이고 교만스럽게 구는 짓을 나무라는 말. grain of rice 「ache
이-앓이《한의》 이를 앓는 병. 치통(齒痛). tooth-
이앓이=풀《약》→미치광이.
이암(泥岩) 진흙이 굳어서 된 암석. 「하다
이앙(移秧) 모내기. planting of young rice-plants
이-애《약》《대》이 아이². this boy, girl
이=애?《감》 이 아이야. Hello boy!
이애저애-하다 어떤 사람을 일컬음에 '이애·저애' 라는 말을 쓰다.
이:액(吏額) 아전의 정한 수효.

이야㊀ ①받침 있는 체언에 붙어, 그에만 한정되거나 또는 강조하는 뜻을 나타낼 때 쓰이는 보조사. ¶설마 이번~ 붙을지. ②받침 있는 체언에 붙어 긍정적 단정을 나타내는 종결형 서술격 조사. ¶거짓말~. ③받침 있는 체언에 붙어, 사물을 지정(指定)하여 묻는 종결형 서술격 조사 '이냐'의 반말투의 말. ¶너도 학생~. 사람~ 좋지.

이야기㊀ ①서로 주고받고 하는 말. conversation ②남이 모르는 일을 일러주는 말. speaking ③지나간 사실을 말로 함. speaking ④소문(所聞). hearsay ⑤사정하는 말. request ⑥현실에 있는 사실 또는 없는 사실을 재미있게 꾸며서 하는 말. story 하㊁. 《얘》얘기. 《꽹》애기군.

이야기-꾼㊀ 재미있게 이야기를 잘하는 사람. 이야기쟁이. 《꽹》얘기꾼.
이야기-쟁이[-쟁-]㊀ 이야기꾼.
이야기-책(-冊)㊀ 이야기를 기록한 책. 고담책·소설 따위. 《꽹》애기책. 《꽹》얘기책.
이야기-판㊀ 여러 사람이 모여 이야기 꽃을 피우는 판. 《꽹》얘기판.
이야깃-거리[-깃-]㊀ 이야기가 될 만한 자료. topic of conversation
이야깃-주머니[-깃-]㊀ 재미있는 이야깃거리를 많이 가진 사람의 비유. story-teller
이야말로㊁ ¶이것이야말로.. indeed
이야말로㊀ 받침 있는 체언에 붙어 '당연 이상의 당연'의 뜻을 나타낼 때 쓰이는 보조사. ¶이 곡~ 음악 중의 음악이구.
이약(餌藥)㊀ 《약학》평소에 몸을 건강하게 하기 위하여 쓰는 약.
이:양(耳痒)㊀《동》이양증(耳痒症).
이:양(異壤)㊀ 딴 고장. 타향.
이양(移讓)㊀ 남에게 옮겨 넘겨 줌. ¶정권(政權)~. transference 하㊁.
이양(頤養)㊀《약》→ 이신 양성(頤神養性).
이:양-선(異樣船)㊀《역사》이상한 모양의 배라는 뜻으로, 대한 제국 때 외국 선박을 이르던 말.
이:양-증[-쯩](耳痒症)㊀《한의》귓속이 가려운 병. 신경성(神經性)과 염증성(炎症性)의 두 가지가 있음. 이양(耳痒).
이어㊃ '계속하여·잇대어'의 뜻을 가진 접속 부사. ¶계속~ 따라오겠네. following
이:어(耳語)㊀ 귀에 입을 대고 하는 말. 귀엣말. 사어(私語). whisper
이어(俚語)㊀《동》이언(俚言). [palace
이어(移御)㊀ 임금이 거처를 옮김. removal of royal
이:어(鯉魚)㊀《어류》잉어. carp
이어-갈이㊀《농업》한 땅에 같은 작물을 해마다 이어서 심음. planting same corp each year 하㊁.
이어-다[지]㊃《고》여기.
이어-다[지]㊃《고》흔들리다.
이어-달리기〈체육〉릴레이(relay) 경주. 하㊁.
이어도㊁ 받침 있는 체언에 붙어, 가정·양보 등을 나타내는 연결형 서술격 조사. ¶성적이 나쁜 학생~ 상관없다.
이어-링(earring)㊀ 귀걸이①.
이어-마:크(ear-mark)㊀ ①방목하는 양이나 소의 임자를 밝히기 위하여 귀에 다는 표지. ②《경제》정화(正貨)를 은행에 맡겨 보호를 부탁하는 일. 수송·도난 방지·담보·차금 따위의 편리가 있음. 하㊁.
이어-바뀜㊀《동》접번(接變)①.
이어-받:다[-따]㊁ 선대(先代)·선임자(先任者) 등의 지위(地位)·신분·권리·의무 따위를 물려받다. 계승(繼承)하다. ¶직위를 ~. succeed
이어-북(yearbook)㊀ 연감(年鑑).
이어-서 접속 부사 '이어'에 조사 '서'를 덧붙이어 어조를 고른 말. ¶~ 연극을 보았다.
이어야 받침 있는 체언에 붙어, 뒷말에 대한 어떤 조건이 꼭 필요함을 나타내는 연결형 서술격 조사. ¶키가 높은 사람~ 남의 스승이 될 수 있다.
이어-요 받침 있는 체언에 붙어, 친근감을 담아 애교스럽게, 사물을 긍정적으로 단정하거나, 지정하

여 묻는 종결형 서술격 조사.
이·어·이·다㊁《고》흔들리다.
이:어-인(異於人)㊀ 보통 사람과 다름. 하㊁.
이어-줄㊀《동》마룻줄.
이:어-중(異於衆)㊀ 뭇사람 중에서 뛰어남. 하㊁.
이어-지-다㊁ 계속되다. be succeeded
이어-짓기㊀《동》연작(連作). 하㊁. 《受話器).
이어-폰(earphone)㊀ ①청취기(聽取器). ②수화기
이:언(二言)㊀ 두 말. two words ②한 번 말한 것을 뒤집어서 다시 말함. ¶일구(一口)~. double tongue 하㊁. [말. 《대》아언(雅言). slang
이언(俚言)㊀ 항간에 퍼져 쓰이는 말. 이어(俚語). 상
이언(俚諺)㊀ 세간(世間)에 흔히 있는 속담. proverb
이언마는㊁ 받침 있는 체언에 붙어 '이건마는'의 뜻으로 보다 예스럽게 일컫는 연결형 서술격 조사. ¶달콤한 꿈 ~ 깨고 나니 허무하구나. 《꽹》이언만.
이언만㊁《꽹》이언마는. [although
이언정㊁ 받침 있는 체언에 붙어, '을지언정'의 뜻으로 쓰이는 연결형 서술격 조사. ¶슬픈 일~ 참아라. [모피로 만든 물건.
이:엄(耳掩)㊀《제도》관복을 입을 때, 귀를 가리던
이엄=이엄[-너-]㊂ 끊이지 않고 가깝으로 이어 가는 모양. uninterruptedly [대로 살아갈 수 있다.
이 없으면 잇몸으로 산다㊂ 없으면 없는 그대로 아쉬
이엇-다㊁ 받침 있는 체언에 붙어, 무엇이라고 인정된 일·물건을 다지어 말할 때 쓰이는 종결형 서술격 조사. ¶내일이 일요일~.
이엉㊀ 지붕·담을 잇기 위하여 볏짚을 엮어 놓은 것. 새². 개초(蓋草). 초비네(草飛乃). 《얘》영¹. straw roofing
이엉 꼬챙이㊀ 집을 이을 때, 이엉 마름을 꿰어 올리는 기구. roofing pole [upon
이=에㊂ '그래서·이리하여'의 뜻의 접속 부사. there-
이에서㊂ 이보다. 이것에 비하여. ¶~ 더 나아지다
이에요㊂《속》이어요. [말하라. than this
이에-짬㊀ 두 물건을 맞붙인 짬. joint
이:엠 에이(EMA)㊀《붙》European Monetary Agreement 구주 통화 협정(歐洲通貨協定).
이여㊁ 받침 있는 체언에 붙어서 감탄·호소의 뜻을 나타내는 독립격 조사. ¶하늘~. Oh!
이:여(爾汝)㊀ 서로 너니 나니 하고 부르며 터놓고 지내는 사이. 너나들이. ¶~의 교분(交分). you
이:여(爾餘)㊀《붙》기여(其餘).
이여차《약》→이영차.
이:역(二役)㊀ ①두 가지 역할. two parts ②한 배우가 두 사람의 역(役)을 함. ¶일인(一人)~. act as two characters
이:역(吏役)㊀ 벼슬아치의 맡은 일.
이:역(異域)㊀ ①외국 땅. ¶~ 만리. foreign country ②먼 곳. 다른 시골. 하역(遐域). remote country side [부득.
이역 부득(移易不得)㊀ 변통할 도리가 없음. 《얘》여
이:역시(-亦是)㊂ 이것도 또한. ¶~ 마찬가지다. this too [gladness 하㊁ 히㊂
이연(怡然)㊀ 기뻐서 좋아하는 모양. 이이(怡怡).
이연(移延)㊀《붙》차례로 시일을 미루어 나감. 하㊁.
이:연(異緣)㊀《불교》남녀의 연(緣)을 불가사의(不可思議)의 인연이라는 뜻으로 일컫는 말.
이연(離緣)㊀ ①부부(夫婦)·양자(養子)의 인연을 끊음. divorce ②《법률》양자 관계의 법적 효력을 취소하는 법률 행위. 《대》결연. dissolution of adoption 하㊁.
이연 계:정(移延計定)㊀ 당기(當期)에 발생한 수익 또는 손실로서, 차기(次期) 이후에 속해야 할 것을 결산 때 차기에 이연하기 위한 계정.
이:=연음부(二連音符)㊀《음악》동일한 음부 두 개를 음부 세 개의 길이와 같이 연주하는 것.
이연-장[-짱](離緣狀)㊀《동》수세.
이:연지:사(已然之事)㊀ 이미 그렇게 된 일.

이:열(怡悅)[명] 즐겁고 기쁨. 이유(怡愉). delight 하다

이:열 치열(以熱治熱)[명] 열은 열로 다스림. 곧, 힘으로 물리침. repulse force with force

이:염기=산(二鹽基酸)[명] 〈화학〉 염기도(鹽基度)가 2인 산(酸). dibasic acid

이영차[감] 여러 사람이 물건을 움직일 때에 내는 소리. (약) 여차². 영차. 이어차. Heave-ho!

이오[조] 받침 있는 체언에 붙는 종결형 서술격 조사. ①무엇을 단정하는 데 쓰이는 말. ¶이것은 책상~. ②물음을 나타내는 말. ¶당신이 주인~.

이오니아=식(Ionia 式)[명] 〈건축〉 이오니아에서 발달된 고대 그리스의 건축 양식의 하나. 우미(優美) 경쾌함. 〔자(原子)의 메. ¶양(陽)~. 음(陰)~.

이온(ion)[명] 〈화학〉 전기를 띤 분자(分子) 또는 원

이온 결합(ion 結合)[명] 〈화학〉 양(陽)이온과 음(陰)이온이 결합하는 화학(化學)의 방법.

이온=빛(ion—)[명] 이온의 빛. 구리에는 청색, 코발트에는 도색으로 나타남.

이온=설(ion 說)[명] 〈동〉 전리설(電離說).

이온화(ion 化)[명] 전기 해리(電氣解離).

이온화 경향(ion 化傾向)[명] 〈화학〉 금속이 금속 이온을 함유하는 용액과 접할 때 이온이 되려고 하는 힘.

이온화 계:열(ion 化系列)[명] 〈화학〉 주요한 금속을 그 이온화 경향이 큰 차례로 쓴 계열.

이올습니다[—씀—][조] ⇒이올시다.

이올시=다[—씨][조] 받침 있는 체언에 붙어, '합쇼'할 자리에서, '입니다'의 뜻으로 쓰이는 종결형 서술격 조사. ¶이것은 공책~.

이옵나=다[조] 받침 있는 체언에 붙어, '이올시다'를 높여 일컫는 종결형 서술격 조사. ¶이것은 제 공책~. 〔여 이르는 종결형 서술격 조사.

이옵니=다[조] 받침 있는 체언에 붙어, '입니다'를 높

이:와 전와(以訛傳訛)[명] 거짓말에 또 거짓말이 섞이어 자꾸 거짓 전하여 감. 하다

이완(弛緩)[명] ①느즈러짐. looseness ②맥이 풀리고 힘을 늦춤. ¶~된 정신. 《대》긴장(緊張). relaxation 하다 〔긴장이 풀어진 뒤에 오는 감정.

이완 감:정(弛緩感情)[명] 〈심리〉 주의와 기대에 대한

이:왕(二王)[명] ①두 임금. two kings ②왕희지(王羲之)와 그의 일곱째 아들 왕헌지(王獻之)의 병칭. ③〈불교〉 불교의 수호신이라 하여 절문의 양쪽에 모시는 금강 야차(金剛夜叉) 또는 인왕(仁王). two Deva kings

이:왕(已往)[명] 〈동〉 이전(以前)². 면 (약)→이왕에.

이:왕=에(已往—)[면] 이미 그렇게 된 바에는. 기왕에(旣往—). ¶~ 내친 걸음. 《유》이왕(已往). if …at all

이:왕=이면(已往—)[면] 이미 그렇게 된 바에는. ¶~ 잘 쓰자. if one must

이왕 이수(易往易修)[명] 〈불교〉 아미타불(阿彌陀佛)의 본원 염불(本願念佛)의 법은 아무리 죄 많은 범부(凡夫)에게도 수행(修行)하기 쉽고 왕생(往生)하기 쉬움.

이:왕지사(已往之事)[명] 이미 지나간 일. 이과지사(已過之事). ¶~를 논하여 무엇하리. bygone

이외(以外)[명] 일정한 범위의 밖. 이 밖. 그 밖. ¶저 사람 ~에 또 어디 있을까. 《대》이내(以內). besides

이외(理外)[명] 이치 밖. 도리 밖. ¶~의 이외에.

이외-다[조] (약) 이오이다.

이요[조] 받침 있는 체언에 붙어서 끝맺지 않는 말에 쓰이어 나열의 뜻을 나타냄. ¶저것은 책~, 이것은 연필이요. 《유》이며. 이고. →이오. 요².

이:욕(利慾)[명] 이익을 탐하는 욕심. greed

이:용(利用)[명] ①유리하게 씀. utilization ②쓸모 있게 씀. ¶폐품 ~. ③자신을 위하여 남이나 물품을 편리하도록 부려 씀. making cat's paw 하다

이용(移用)[명] 세출 예산에 정한 각 부국(部局)의 경비 또는 부국내의 각 항목의 경비를 필요에 의해 한 부국에서 다른 부국으로, 또는 한 항목에서 다른 항목으로 전용하는 일. 하다

이:용(異容)[명] 평소와 틀리는 용모 또는 복장.

이:용(理容)[명] 이발과 미용. ¶~사.

이:용 가치(利用價値)[명] 이용할 만한 값어치.

이:용 녹지(利用綠地)[명] 도시 시민이 직접 이용하는 녹지대. 공원이 그 주체가 됨.

이:용=도(利用度)[명] 이용하는 도수.

이:용=물(利用物)[명] ①편리하고 쓸모 있게 쓸 수 있는 물건. useful things ②이용당하는 물건이나 사람. tool

이:용 조합(利用組合)[명] 〈경제〉 조합원에게 산업상(産業上)·경제상 필요한 설비를 공동으로 이용시키는 것을 목적으로 하는 산업 조합의 하나. utilization association 〔이 없도록 함.

이:용 후:생(利用厚生)[명] 이용을 잘하여 살림에 부족

이우[조] '하오'할 자리에서, 받침 있는 체언에 붙어, '이오' 대신에 친근하게 무엇을 단정하거나 묻는 종결형 서술격 조사. ¶그게 사람~ 짐승이지.

이우(犁牛·犂牛)[명] 얼룩소.

이우(移寓)[명] 거처를 옮김. 다른 데로 옮아 가서 삶. removal of one's house 하다

이:우(貽憂)[명] 남에게 근심·걱정을 끼침. 하다

이우=다[타] 머리 위에 이게 하다. make (one) to carry (something) on one's head

이:우:야[감] 십팔기(十八技)의 왜검을 연습할 때, 돌진하는 자세를 취하면서 냅다 지르는 소리.

이운(移運)[명] ①자리를 옮김. removal ②〈불교〉 부처를 옮겨 모심. 하다 〔하여지다. decline

이울=다[타] ①꽃이나 잎이 시들다. wither ②쇠약

이웃[명] ①나란히 이어서 경계가 접하여 있음. adjoining ②아주 가까이 있는 곳. neighbourhood ③가까이 사는 집. 또, 그 사람. 인근(隣近). 인비(隣比). neighbouring house 하다 〔안. 하다

이웃 불안(不安)[명] 이웃집으로 말미암아 받는 불

이웃 사:촌(—四寸)[명] 이웃하여 살면 서로의 정분의 가깝기가 사촌 형제 사이와 같다는 말.

이웃=집[명] 이웃하여 사는 집. 인비(隣比). 인가(隣家). neighbour's house

이웃집 무당 영하지 않다[속] 집안 내용을 알고 있기 때문에 영하게 생각되지 않음. 곧, 가까운 데 것은 신통치 않게 여겨진다는 말.

이웃집 새 처녀도 내 정지에 들어 세워 보아야 안다[속] 사람 고르기는 대단히 힘든 것이다.

이·워·호·다[고] 희미하여 하다. 몰라 하다.

이:원(二元)[명] ①〈철학〉 사물이 두 개의 다른 근본 원리로 이루어져 있다고 생각하는 경우의, 두 개의 원리. ②〈수학〉 두 개의 미지수. ¶~ 방정식. ③두 곳의 방송 장소를 동시에 사용하는 일. ¶~ 생방송.

이:원(二院)[명] 〈동〉 양원(兩院).   〔밀리에 있음.

이:원(以遠)[명] 어느 지점에서 그 지점을 포함하여 더

이:원(利源)[명] 이익이 생기는 근원.

이:원(梨園)[명] ①배나무를 심은 동산. pear orchard ②당(唐)의 현종(玄宗)이 몸소 배우(俳優)의 기술을 가르치던 곳. 전(轉)하여 극단(劇團). 연예계(演藝界). 연주계. theatrical world ③옛날 아악을 가르치던 곳.

이:원=교(二元敎)[명] 〈종교〉 창세 당초부터 선악 이원의 신령이 서로 대등하게 대립한다고 하는 종교. 조로아스터교·마니교 등.

이:원=론[—논](二元論)[명] 〈철학〉 ①대상 고찰에 있어서, 서로 대립하는 두 개의 원리로써 실재의 개개의 부분 또는 전체를 설명하는 입장. 또, 그 사고 방식. 이를테면 주관과 객관, 의식과 존재, 오성과 감성, 천지, 인성과 음양 등. ②정신과 물질 두 실재로 우주의 근본 원리를 삼는 것. 데카르트가 확립함. 《대》일원론(一元論). dualism

이:원=제(二院制)[명] (약)→이원 제도(二院制度).

이:원 제:도(二院制度)[명] 〈정치〉 국회를 상원(上院)과 하원(下院)으로 조직하는 제도. 양원 제도(兩院

이월(二月)[명] 한 해 열두 달 가운데 둘째의 달. February.
이월(移越)[명]〈경제〉 한 회계 연도의 순손익금(純損益金) 및 잔금(殘金)을 차기(次期)로 옮겨 넘김. 조월(繰越). carry-over 하자타
이월=금(移越金)[명]〈경제〉 이월하는 이익금 또는 이월 이익 잉여금과 이월 결손금(缺損金)이 있음.
이위흐-다[타]〈고〉 희미하게 하다.
이유[怡愉][명] 이열(怡悅). 하자 [음. balance
이:유(理由)[명] ①까닭. 사유(事由). 내력. ¶~가 무엇이냐? reason ②〈논리〉 넓은 뜻으로는, 존재의 기초 또는 진리라고 할 수 있는 조건. 좁은 뜻으로는, 추리상의 결론 또는 귀결(歸結)의 전제가 되는 것. 근거. [하자타
이유(離乳)[명] 젖먹이의 젖을 뗌. 젖떨어짐.
이유-기(離乳期)[명]〈의학〉 생후 6·7개월 만에 젖먹이에게서 젖을 떼게 되는 시기. weaning period
이유-식(離乳食)[명] 이유기에 유아에게 먹이는 젖 이외의 반(半)고형의 음식.
이:유-율(理由律)[명] 충족(充足) 이유의 원리.
이:유-표(理由標)[명] 문장이나 수식(數式) 같은 데서 먼저 사실을 베풀어 보인 뒤에 그 까닭을 보이려 할 때 쓰는 부호. 그 까닭 되는 식의 앞에 '∴'을 씀. 까닭표.
이:윤(利潤)[명] 장사하여 남은 돈. profit ②〈경제〉 기업의 총수익에서 모든 비용을 제한 나머지 소득액.
이:윤-율(利潤率)[명]〈경제〉 이윤의 투하 자본(投下資本) 총액에 대한 비율. 이득의 배당(配當). profit rate
이:율(利率)[명] 길미의 본전에 대한 비율. 단위 기간을 정하기에 따라 연리(年利)·월리(月利)·일변(日邊) 따위로 나뉨. interest rate
이:율 배:반(二律背反)[명]〈논리〉 서로 반대되고 모순(矛盾)되는 두 개의 명제(命題)가 같은 권리로서 주장됨. antinomy ②동일 법전(法典)에 포함되는 개개 법률간의 모순. antinomy
이:용 합금(易融合金)[명] ①녹는점이 낮은(보통 100도 이하) 합금. 땜납·퓨즈 따위에 쓰임. 가용 합금(可融合金). fusible alloy
이윽고 [부] 한참 만에. 있다가. after while
이은(二恩)[명] ①부모의 은혜. ②스승과 어버이의 은혜.
이은-말《동》 구(句).
이음[명] 이어 합함. joining
이음=끝[(어학)] 끝맺지 않고 다른 말로 이으려 함을 나타내는 끝. '-거니와'·'-려니와' 따위. (대) 맺끝
이음-끝[명] 이은 자리. joint [음끝.
이음-법[-뻡][-法][명]《동》 접속법(接續法).
이음=씨[명]《동》 접속사(接續詞).
이음-줄[-쭐][명] 잇닿음표에 건너질러 쓰는 굽은 줄.
이응[명]〈어학〉 한글의 자모 'ㅇ'의 이름. name of Korean letter 'ㅇ'
이:의(二儀)[명] ①하늘과 땅. heaven and earth ②음과 양. 양의(兩儀). cosmic dual forces
이:의(異意)[명] ①다른 의견. (대) 동의(同意). different opinion ②모반(謀反)하려는 의향. harboring rebellious design [주의. (대) 동의(同意).
이:의(異意)[명] ①다른 뜻. different meaning ②다른
이:의(理義)[명] 이치(理致)와 뜻.
이:의(異議)[명] ①다른 주장. 보통과 다른 의사(意思)나 의론(議論). 이론(異論). ¶~를 제기하다. different opinion ②〈법률〉 어떤 행위가 법률상의 효과를 가져오는 데에 반대하여, 또는 대한 불복 및 항의의 의사를 표시하는 일. 행정법상 소송법상의 두 가지 의의가 있음. complaint 하자타
이:의(疑議)[명]〈의식〉 의식을 미리 익힘. 하자
이:의 신청(異議申請)[명]〈법률〉 ①행정법상으로는 위법(違法) 또는 부당한 행정 처분의 재심사를 처분(處分廳)에 대하여 청구하는 일. exception ②민사 소송법상 범될을 이의(異議) 가운데 이유를

성질을 가진 것을 말함. ③〈형사 소송법〉은 공판조서의 기재·증거 조사·재판장의 처분·집행 등에 대하여 이의를 신청하는 행위. 하자
이:이(怡怡)[명] 이열(怡悅). 하자 히히
이-이 [(이+이)]명] 이 사람. ¶~가 누구요. ~가 왜 이래. (약) 이. (작) 요이. this man
이이(怡怡)[명] 이열(怡悅). 하자 히히
이:이 제:이(以夷制夷)[명] 오랑캐로 오랑캐를 제어한다는 뜻으로, 이 나라의 힘을 이용하여 저 나라를 제어함. 하자
이:익(利益)[명] ①이(利)가 됨. (대) 손해. (약) 이(利) ⑤. gain ②유익하고 도움이 됨. ¶그것은 국가의 ~이다. benefit ③〈경제〉 기업(企業)의 결산 결과 일체의 부채(負債)와 경비를 제하고 난 후의 증가된 금액. profit ④〈불교〉 부처님의 은혜로 얻어지는 공덕.
이:=익공(二翼工)[명]〈건축〉 기둥 위에 덧붙이는 쇠받침이 돌로 된 익공. [가 원금 이상으로 번 돈.
이:익-금(利益金)[명] 이익을 본 돈. 개인이나 기업체
이:익 대:표(利益代表)[명] 특정된 직장의 이익을 보장하기 위하여 그 직장이나 단체에 선거권을 주어, 대표를 의회에 선출하여 인구 대표와 대립하게 하는 말. 또, 사람.
이:익 배:당(利益配當)[명]〈경제〉 은행·회사(會社) 등에서 기말 결산(期末決算)의 순이익(純利益) 가운데서 주주(株主)에게 주수(株數)에 의하여 할당하는 일. profit sharing
이:익 분배 제:도(利益分配制度)[명]〈경제〉 자본가가 노동자에게 정액 임금 외에 기업상의 이익 분배에 참여하게 하는 노동 제도.
이:익 사:회(利益社會)[명]〈사회〉 이익(利益)을 얻음을 목적으로 하여서 성립(成立)되는 사회. 영업 조합·노동 조합 따위. (대) 공동 사회.
이:익 준:비금(利益準備金)[명]〈경제〉 결산기마다 순이익으로부터 적립(積立)하는 법정 준비금. earned
이:인(二人)[명] ①두 사람. ②부모. ③부부. [surplus
이:인(異人)[명] ①재주가 신통하고 뛰어난 사람. distinguished person ②외국 사람. foreigner ③딴사람. ¶동명(同名) ~.
이:인 삼각(二人三脚)[명]〈체육〉 두 사람이 옆으로 나란히 서서 맞닿은 쪽의 발목을 묶고 뛰는 경기.
이:인-승(二人乘)[명] 두 사람이 타는 차·비행기·보트.
이:일(異日)[명] ①과거·장래의 어떤 날. someday ②《동》타일(他日). [람의 경계(警戒)가 되게 함.
이:일 경:백(以一警百)[명] 한 사람을 징계하여 여러 사
이:일-학(二日瘧)[명]《동》 이틀거리.
이임(里任)[명]〈제도〉 지방 행정 구역의 하나인 이(里)의 공무에 종사하던 사람. 이장(里長)
이임(移任)[명]《동》 전임(轉任). 하자
이임(離任)[명] 맡은 임지·임무에서 떠남. (대) 취임(就任). leaving one's post 하자
이입(移入)[명] ①옮겨 들임. introducing ②〈세법(稅法)〉일국내에서 어떤 지역에서 타지역으로부터 화물을 옮겨 들이는 일. (대) 이출(移出). importing
이자[명]《동》 비장(脾臟). [하자
이자란 받침 있는 사람에 붙어 그 자격과 동격으로 다른 자격을 나타낼 때 쓰이는 접속 조사. ¶그는 나의 형님~ 스승이다.
이:자(利子)[명]①《동》이식(利息). ②〈경제〉 채무자가 화폐 이용의 대상(代償)으로서, 채권자에게 지불할 (약) 이(利). [는 금액. (대) 원금(元金).
이:자(梨子)[명] 배. pear
이:자(一者)[{대}][명] 이 남자인 남을 비웃거나 홀대하는 태도로 가까이 일컫을 말. (작) 요자. this fellow
이:자-락(利子落)[명] 공채·유가 증권의 이자 또는 이익 배당이 지급될(畢) 된 것. (약) 이락(利落).
이자-머리[명] 세장에 붙은 쇠고기의 한 부분.
이:자-부(利子附)[명] 공채·주식 또는 대부에는 배당이 붙어 있는 것. (약) 이부(利附·利附). [條]①.
이:자=조[-쪼][利子條)[명] 이자의 셈. (약) 이조(利

이:자 택일(二者擇一)[명] 〈동〉 양자 택일(兩者擇一). 하다

이:자 환급제(利子還給制)[명] 이자를 받았다가 일정 기간이 지나면 되돌려 주는 제도. 수출 금융 제도의 합리적 운영을 위함.

이작(移作)[명] 논밭의 작인(作人)을 갈아 댐. changing tenant-farmers 하다

이:작(裏作)[명] 〈농업〉 벼를 베고 난 논에 가을보리나 채소 따위를 심는 일. 뒷갈이. second crop

이장(弛張)[명] 느즈러짐과 팽팽하게 켕김. looseness and strain 하다

이:장(里長)[명] ①행정 구역인 이(里)의 사무를 맡아 보는 사람. ri chief ②〈동〉이임(里任).

이장(泥匠)[명] 미장이.

이장(移葬)[명] 무덤을 옮김. 개장(改葬). reburial 하다

이장열[―녈](弛張熱)[명] 하루 종일 체온의 차가 섭씨 1도 이상되는 열형(熱型). 장결핵·신우염·폐혈증 등에서 볼 수 있음. 「ability of official

이:재(吏才)[명] 지방 관리로서 일을 처리하는 솜씨.

이:재(異才)[명] 남다른 재주. special talent

이:재(理財)[명] 재물 관계를 유리하게 다루는 일. economy 하다 ering 하다

이재(罹災·罹災)[명] 재해를 입음. 재앙에 걸림. suff-

이:재-가(理財家)[명] 이재에 밝은 사람.

이재 구:호 기금(罹災救助基金)[명] 국민의 재화(災禍)를 구조하기 위하여 미리 준비하는 기금.

이:재-국(理財局)[명] 〈제도〉 조선 말기의 관청. 탁지부(度支部)의 한 국(局)으로서 제반 재정(財政)에 관한 사무와 물품의 출납(出納) 업무를 담당함. 1905년(광무 9)에 설치, 1910년(융희 4)에 폐지됨.

이재-민(罹災民)[명] 재앙에 걸린 사람. 재해를 입음. ¶ ― 구호(救護). 〈약〉 재민(災民). sufferers

이:재 발신[―씬](以財發身)[명] 재물로써 출세함. 하

이:재-법[―뻡](理財法)[명] 재산을 늘이는 방법.

이재-지(罹災地)[명] 재앙에 걸린 곳. afflicted districts

이:재-학(理財學)[명] 〈동〉 경제학(經濟學).

이:적[명] 이 때. 이즈음.

이:적(夷狄)[명] 오랑캐.

이:적(利敵)[명] 적을 이롭게 함. profiting the enemy 하다

이:적(異蹟)[명] ①기이(奇異)한 행적. ②신의 힘으로 되는 불가사의한 일. 기적(奇蹟). ③〈기독〉기적(奇蹟)의 구용어. miracle

이적(移籍)[명] ①호적을 다른 곳으로 옮김. ②운동 선수가 소속팀으로부터 다른 팀으로 적을 옮김. transference of census-registration 하다

이적(離籍)[명] 가족 중의 어떤 사람을 호적에서 떼어냄. removal one's name from the family register 하다 「죄.

이:적-죄(利敵罪)[명] 이적 행위를 함으로써 성립되는

이:적-토(積土)[명] 운적토(運積土).

이:적 행위(利敵行爲)[명] 적을 이롭게 하는 행위. 하다

이:전(以前)[명] ①이제보다 전. ②아주 전. 옛날. 이왕. ③(접미어적으로 써서) 기준이 되는 때를 포함해서 그 전. ¶40세 ~의 저작.

이:전(吏典)[명] 〈제도〉①육전(六典)의 하나. 군무 밖의 일반 관제와 관규(官規) 및 이조(吏曹)의 관장 사항을 규정한 법전. ②조선조 때 이속(吏屬)을 통틀어 일컬은 말.

이:전(利錢)[명] 이가 남은 돈. 길미. 이문(利文).

이전(移轉)[명] ①옮겨 바꿈. ②사물의 소재를 옮김.

이전(離箋)[명] 알릴 쪽을 씀. 하다 ③〈동〉이첩(移牒).

이전 등기(移轉登記)[명] 〈법률〉매매·증여·상속 등의 사유로 인하여 생기는 권리의 이전에 관한 등기.

이절(離絶)[명] 인연을 끊음. break off relations 하다

이:점[―쩜](利點)[명] ①이로운 점. ②이익이 되는 점. ¶~이 적다. advantage

이접(移接)[명] ①거처를 옮김. ②동접(同接)이 옮김. ③(체을) 입사(入射)의 사정(射亭)에서 다른 곳으로 옮겨 감. removal 하다

이:정(里丁)[명] 동리 안의 장정. village youths

이:정(里程)[명] 길의 이수(里數). 도리(道里). ¶서울 수원간 ― 팔십 리. mileage

이정(移定)[명] 옮겨 정함. removal 하다

이정(釐正·理正)[명] 바로잡아 고침. correction 하다

이정(離情)[명] 이별의 주연(酒宴)을 베푼 좌석. farewell party 「정리표(程里表). milestone

이:정-표(里程表)[명] 육로(陸路)의 이정을 기록한 표.

이:정-표(里程標)[명] 이정을 적어 세운 푯말 또는 표석.

이제 지금 말하고 있는 바로 이 때. now

이:제(二諦)[명] 〈불교〉 진제(眞諦)와 속제(俗諦).

이제(夷齊)[명] 백이(伯夷)와 숙제(叔齊).

이:제(裏題)[명] 첫 장에 적은 그 책의 제목.

이:제공(二提栱·二諸貢)[명] 〈건축〉 주낙포(柱三包)집 기둥에 덧붙이는 쇠서받침. 오포(五包)·칠포(七包)집에는 각각 삼제공·사제공이라 이름.

이제-까지[명] 이제껏. 이제까지. 「니. till now

이제-껏[명] 지금에 이르기까지. 입때껏. ¶~ 공부했

이제나-저제나[명] 언제일지 알 수 없을 때나 어떤 일을 남이 알아차리게 기다릴 때 쓰는 말. ¶~ 애타게 기다리던 비가 오기 시작했다.

이제디-다[자] (고) 이지러지다.

이제-야[명] 이제 겨우. 이제 비로소. 지금에 이르러서 겨우. 지금에야말로. ¶~ 마음대로 되었다. now

이제-저제[명] 이 때나 저 때나. ¶~ 미루기만 하다.

이제저제-에[어느] 이 때로 저 때로 자주 미루다. (put off) from day to day

이젝팅 시:트(ejecting seat)[명] 비행기가 사고로 인하여 추락할 때, 탑승원이 좌석에 앉은 채 자동적으로 비행기 밖으로 튀어나오면서 낙하산이 퍼지게 된 장치. 「화포(畵布)를 받치는 기구.

이:젤(easel)[명] 〈미술〉 화가(畵家). 그림을 그릴 때의

이:조(吏曹)[명] 〈제도〉 고려·조선조 때 육조(六曹)의 하나. 주로 문관(文官)에 관한 사무를 맡음.

이:조[―쪼](利條)[명] ①〈약〉이자조(利子條). ②〈동〉이문(利文).

이조(移調)[명] 〈음악〉 어떤 악곡(樂曲)의 음조를 다른 조로 바꾸는 일. transposition 하다

이조(離調)[명] 〈물리〉 전기 동조 회로에서 동조주으로부터 벗어난 상태.

이:조 참의(吏曹參議)[명] 〈제도〉 이조(吏曹)의 정 3 품의 당상관(堂上官). 참판의 다음 벼슬.

이:조 참판(吏曹參判)[명] 〈제도〉 이조의 종 2 품 당상관. 판서의 다음 벼슬. viceminister

이:조 판서(吏曹判書)[명] 〈제도〉 이조의 정 2 품 으뜸 벼슬. 대총재(大冢宰). 〈약〉이판(吏判).

이:족(異族)[명] ①다른 혈족(血族). different blood-relationship ②〈동〉이성(異姓). ③다른 민족. 또는 다른 종족(種族). foreign race ⑤외국인. 〈대〉동족(同族). foreigner

이:족-류(異足類)[명] 〈어류〉 즐새류(櫛鰓類)에 속하는 한 목(目). 몸은 10 cm 가량으로 투명하고 각(殼)은 엷고 작거나 전혀 없음. 난해(暖海)에 메지어 서식함. Heteropoda

이:졸(吏卒)[명] 하급(下級) 관리. 아전(衙前). small

이:종(姨從)[명] 〈약〉이종 사촌. 「officials

이종(移種)[명] 모종을 옮겨 심음. 이식(移植)①. transplantation 하다 「자, 〈대〉동종(同種). variety

이:종(異種)[명] ①다른 종류. different kind ②다른 종

이종 교배(異種交配)[명] 〈생물〉 서로 다른 종(種)의 생물을 교배시키는 일. cross-breeding 하다

이종 사:촌(姨從四寸)[명] 이모의 자녀. 〈약〉이종(姨從). cousin (by maternal aunt) 「유형(流刑).

이:죄[―쬐](二罪)[명] 일죄(一罪)인 사형 다음가는 죄. 곧,

이죄(弛罪)[명] 지은 죄를 용서함. 하다

이죄(罹罪)[명] 죄에 걸려 듦. 하다 「급.

이:주(二走)[명] 〈제도〉 달음질 취재(取才)의 둘째 등

이:주(移住)[명] ①집을 옮겨서 삶. 이거(移居). ②개척·정복 등의 목적으로, 종족·민족 등의 집단이 다른

이주 / 1491 / 이지

곳에서 다른 지역으로 이동·정주하는 일. ③주로 경제적, 때로는 정치적 목적으로, 소집단 또는 개인이 이동·정주하는 일. ¶해외 ~. ④〈동물〉외계의 상황에 적응하기 위하여 이제까지 살던 곳과 같은 자연 환경을 찾아서 옮아 가는 일. removal 하다

이주(移駐)图 ①옮겨 주재하는. ②〈군사〉딴 곳으로 옮겨 주둔함. 하다

이주걱=거리다째 쓸데없는 말을 천치럼 밉살스럽게 지껄이다. [작] 야주걱거리다. chatter 이주걱~이주걱 [부] 야주걱부리다. being saucy

이주걱=부리다째 짓궂게 수다스럽고 밉살스럽게 굴다.

이주=민(移住民)图 다른 나라에 옮겨 가서 사는 사람. [대] 원주민. [약] 이민. emigrant

이주=석(螭柱石)图 〈건축〉기둥 머리에 짐승 모양을 새긴 돌기둥. 이무기 기둥돌.

이:주=화(異株花)图 〈식물〉수꽃과 암꽃이 나무를 달리하여 피는 꽃. 은행나무·삼 따위.

이=죽(─粥)图 입쌀로 쑨 죽.

이죽=거리다째 [약] →이기죽거리다.

이:중(─中)图 이 가운데. 이 속. ¶~에서 누가 제일 잘하나? [작] 요중. out of these ③중=和(重和).

이:중(二重)图 ①두 겹. duplication ②거듭함. repeat

이:중(二衆)图 〈불교〉①비구와 비구니. ②출가하여 도를 닦는 도중(道衆)과 속세에 살면서 법에 귀의하는 속중(俗衆).

이=중(里中)图 마을의 안. in village

이중(泥中)图 진흙 속. 진창 가운데.

이:중 가격[─까─](二重價格)图 〈경제〉①물가 통제 정책상, 동일 상품에 대해서 두 가지 이상의 공정 가격을 매기는 일. 또, 그 가격. 쌀의 생산자 가격과 소비자 가격 따위. ②상품의 수출 가격과 국내 가격의 이중제.

이:중 결합(二重結合)图 〈화학〉탄소·질소·산소·유황 등이 상대방의 원자와 두 개의 결합으로 결합하는 현상.

이:중 경제(二重經濟)图 〈경제〉완전 고용의 달성, 불황의 극복을 위해 사기업의 자유로운 경제 활동을 기본으로 인정하면서, 그와 병행하여 국가가 적극적으로 경제 활동을 행하여 공공 기업을 육성하고 있는 경제. 혼합 경제.

이:중=계[─게─](里中契)图 동리 사람이 모여 만든 계.

이:중=고(二重苦)图 겹치는 고생. 거듭되는 고생.

이:중 과:세(二重課稅)图 납세의 의무와 용력의 설을 두 번 쇠는 일. 중복 과세(重複過稅). double celebration of 하다

이:중 과세(二重課稅)图 〈법률〉같은 사람·물건에 대하여 이중으로 세금을 부과시키는 일. 중복(重複) 과세. 하다

이:중 국적(二重國籍)图 〈법률〉한 기람이 두 나라의 국적을 가지는 일.

이:중 노출(二重露出)图 한 건판(乾板)이나 필름에 두 가지의 피사체(被寫體)를 두 번 촬영함. 이중 촬영. overlap

이:중 매매(二重賣買)图 동일한 목적물을 이중으로 파는 일.

이:중 모:음(二重母音)图 〈동〉복모음(複母音).

이:중 무:대(二重舞臺)图 무대 위에 다시 한 단 높게 장치한 무대.

이:중 미:가제[─까─](二重米價制)图 생산 농가로부터 쌀을 비싸게 사서 소비자에게는 싸게 팔되, 그 차손(差損)은 정부가 부담하는 제도.

이:중 밀착(二重密着)图 사진·영화 제작상의 기교의 하나. 따로 촬영한 두 장의 건판 또는 필름을 같은 인화지에 밀착하여, 이중 노출의 효과를 얻는 일.

이:중 방:송(二重放送)图 한 방송국에서 동시에 두 가지의 방송을 하는 일. dual broadcasting 하다

이:중 번역(二重翻譯)图 번역된 말에나 글에 의하여 다시 번역하는 일. [약] 중역(重譯). retranslation 하다

이:중=상(二重像)图 ①〈심리〉한 개의 물체가 두 개의 물체같이 보이는 것. double image ②두 개로 중복되어 보이는 텔레비전 화상.

이:중 생활(二重生活)图 ①이상과 현실이 서로 모순되는 생활. double-faced life ②한 사람이 다른 두 가지 생활을 하는 일. double ③의복·음식·거처 등에 두 가지 식을 겸쳐 쓰는 일. ④가족의 구성원이 어떤 사정에 의해 따로 생활하는 일. 하다

이:중=성(二重星)图 〈천문〉몇 개의 별의 각각의 거리가 아주 가까와 보통 육안이나 도수가 낮은 망원경으로는 하나로 보이는 별. 연성(連星). [지넌 성질.

이:중 성격(二重性格)图 서로 다른 양면성을

이:중 수소(二重水素)图 〈화학〉핵(核)이 듀테론인 중수소(重水素). deuterium

이:중 압류(二重押留)图 〈법률〉제일의 채권자를 위해 이미 압류된 채무자의 같은 물건·권리에 대하여 다시 제이의 채권자가 하여 압류하는 일.

이:중 외:교(二重外交)图 〈정치〉독립된 특수 외교 기관이 외무 당국과 병립하여 하는 외교(外交). dual diplomacy

이:중 의:식(二重意識)图 〈심리〉동시에 두 가지로 작용하는 의식. 글을 쓰면서 남과 이야기하는 경우 따위. double consciousness

이:중 인격[─격](二重人格)图 ①의식의 통일이 분열하여 언동이 평소와는 전혀 달라지나 어느 기간을 지나면 다시 되돌아가는 현상. ②동일 인물 안에 성질이 다른 두 개의 인격이 존재하여 때로는 다른 사람과 같이 행동하는 일. dual personality

이:중 임:금제(二重賃金制)图 단가(單價)에 의한 도급 임금제와 시간에 의한 일급(日給) 임금제를 병용하는 제도.

이:중 저:당(二重抵當)图 〈법률〉이미 저당되어 있는 동일 물건에 다시 저당을 설정하는 일. 이번(二番) 저당. 하다

이:중 전:신(二重電信)图 하나의 전신선을 사용하여 양쪽이 동시에 다른 통신을 하는 일.

이:중=주(二重奏)图 〈음악〉두 개의 악기로 합주(合奏)하는 일. 듀엣(duet). 이부 합주.

이:중 창(二重唱)图 〈음악〉음성부(音聲部)가 다른 두 사람의 합창(合唱). 듀엣(duet). 이부 합창(二部合唱).

이:중=창(二重窓)图 〈동〉갑창(甲窓). [部合唱].

이:중 촬영(二重撮影)图 〈동〉이중 노출(二重露出).

이:중 회로(二重回路)图 〈물리〉한 회로(回路)로 송·수신(送受信)을 동시에 할 수 있는 통신로(通信路). double circuit

이:중 효:과(二重效果)图 하나의 수단으로써 두 가지의 결과를 동시에 내는 일. double effect

이=즈=음[리][고] 이즈러지다.

이=즈막[리] 이제까지에 이르른? 가까운 즈음. 근시(近時). ¶~ 재미는 어떤가? [작] 요즈막. recently

이=즈음[리][고] 이 때. 이 사이. 차제(此際). ¶추운~몸조심하게. [약] 이즘. [작] 요즈음. these days

이=즐=다[리][고] 이지러지다.

이=즘[리] 〈약〉→이즈음.

이즘(ism)图 주의(主義). 설(說).

이:중(貽贈)图 〈동〉추증(追贈). 하다

이:증(痢症)图 〈한의〉통에 곱이 섞이어 나오면서 뒤가 잦고 당기는 증. 이질(痢疾).

이지[리] ①받침 있는 체언에 붙어 반어의 뜻을 나타내는 연결형 서술격 조사. ¶저 사람이 여성~남성이요. ②받침 있는 체언에 붙어 서술·의문·느낌 등을 나타내는 종결형 서술격 조사. ¶여기가 네가 살 집~. 저 놈이 도둑~.

이:지(二至)图 〈동〉하지와 동지. winter and summer solstices ②〈천문〉황도(黃道)상에 춘분점과 추분점이 90도 떨어진 점. 이 두 점의 북방점이 하지점, 남방점이 동지점이 됨. [동] 이분(二分). solstices [하는 마음. betrayal

이:지(異志)图 ①딴생각. different intention ②배반

이:지(理智)图 ①이성과 지혜. reason and intelligence ②사물을 분별·이해하는 슬기. intellect ③〈불교〉

이:지(easy)圓 ①용이(容易). 간편(簡便). 간이(簡易). ②안이(安易). ¶ ~한 방식. ③보트 경기에서, 노젓기를 멈추라는 신호. 手.
이:지 고:잉(easy going)圓 ①노력(努力)이 없는 생활. ②쉬운 것을 택함.
이지 기사(頤指氣使)圓 턱으로 가리켜 시키고 기색(氣色)이나 몸짓으로 부리다는 뜻으로, 남을 마음대로 부림을 이름. 하타
이:지-다타 ①몸이 차차 발육하다. ②물고기·닭·돼지 등 짐승이 살쪄서 기름지다. be fleshy
이지러-뜨리-다타 한 귀퉁이가 떨어지게 하다. break
이지러-지-다자 ①한 쪽이 떨어지다. ¶사발이 ~. ②한 쪽이 차지 않다. ¶달이 ~. wane
이지렁-떨-다타 일부러 이지렁스러운 짓을 자주 하다. (작) 야지랑떨다.
이지렁-스럽-다형[ㅂ불] 능청맞고 천연스럽다. 《작》야지랑스-러워 pert 이지렁-스레[부]
이지마는[부] 받침있는 체언에 붙어, 서로 반대되는 말을 잇는 연결형 서술격 조사. ¶험한 산~ 경치는 좋아. (약) 이지만. though
이지만[약]=이지마는.
이:지 머니(easy money)圓 〈경제〉 저리(低利) 자금.
이:지 소:재(利之所在)圓 이로움이 있는 곳. profitable place
이:지-이(利之利)圓 이자에서 생기는 이자. compound interest
이:지-적(理智的)圓·圓 ①이지를 기초로 한(것). ②용모나 언동에서 이지가 풍기는(것). ¶ ~인 용모.
이:직圓 이치가 곧고 바름. (대) 이굴(理屈). rightness 하타
이직(移職)圓 직업을 옮김. 전직. 하타
이직(離職)圓 직장·직업을 떠남. 하타
이=직각(二直角)圓 〈수학〉 두 직각. 곧, 180 도.
이:진(二陣)圓 선진(先陣) 다음에 위치하는 진. ¶ ~ 선수. [wife's sister ②여자의 자매간의 자녀.
이질(姨姪)圓 ①아내의 자매의 아들. son of one's
이질(異質)圓 ①성질이 틀림. 또, 그 성질. heterogeneity ②뛰어난 재주. ③물질이 화학적·물리적으로 동질이 아닌 일. (대) 동질(同質).
이질(痢疾)圓 이증(痢症).
이질-녀(姨姪女)圓 자매간의 딸.
이질 박테리아(痢疾 bacteria)圓 〈생물〉 적리균.
이질-부(姨姪婦)圓 이질녀의 남편.
이질-서(姨姪壻)圓 이질녀의 남편.
이질 아메:바(痢疾 amoeba)圓 〈동물〉 아메바성이질의 병원체인 원생 동물.
이질-풀(痢疾-)圓 〈식물〉 쥐손이풀과의 다년생풀. 줄기는 가늘고 잎새는 장상(掌狀)으로 깊게 갈라짐. 7~9월에 담홍색 꽃이 핌. 줄기와 잎은 이질·설사의 약제로 씀. 쥐소니풀. crane's-bill
이집(異執)圓 〈불교〉 이론(異論)을 굳이 고집함.
이징가미圓 질그릇의 깨어진 조각. chips
이-짝=이쪽.
이짝-저짝圓 ①이편짝과 저편짝.
이-짝圓 오래되어 굳어 버린 이똥.
이-쪽대 이 곳을 향한 쪽. (대) 저쪽. this side
이-쪽圓 이의 부스러진 조각.
이-쪽=저쪽圓 이쪽과 저쪽. this side and that side
이-쯤圓부 이만한 정도. (작) 요쯤. so much
이:차(二次)圓 ①두 번째. second ②어떤 사물이나 형상이 본래의 것에 대하여 부수적(附隨的)인 관계에 있는 것. 둘째. secondary ③〈수학〉 차수(次數)가 2 임. quadric [옮김. 하타
이차(移次)圓 〈제도〉 임금이 주런(駐輦)하던 곳을
이:차 곡면(二次曲面)圓 〈수학〉 3원 2차 방정식에 의하여 나타나는 곡면. 구면(球面)·타원면(楕圓面)·추면(錐面)·쌍곡면(雙曲面)·타원 포물면(楕圓抛物面)이 있음. conicoid
이:차 곡선(二次曲線)圓 〈수학〉 해석 기하학의 2

차 방정식으로 표시되는 곡선의 총칭. 원(圓)·타원(楕圓)·포물선·쌍곡선 따위.
이:차 방정식(二次方程式)圓 〈수학〉 미지수(未知數)의 최고멱(最高冪)이 이차항인 방정식. quadratic equation
이:차 산:업(二次産業)圓 제조업·건설업·광업 등 주로 원재료의 정제·가공을 담당하는 산업 부문.
이차-색(二次色)圓〈동〉간색(間色).
이:차어피-에(以此於彼-)圓 거기나 여기나. 이것이나 그것이나. 이차이피에. (약)이차에. in any case
이:차이:피-에(以此以彼-)圓〈동〉이차어피에(以此於彼-).
이:차-적(二次的)圓·圓 어떤 사물·상태 등이, 다른 본래의 것, 중요한 것에 대하여, 그것에 부속하는 것 또는 그것보다 정도가 일단 낮은(것). 부차적.
이:차 전령(以次傳令)圓 처음부터 차례차례로 전함. relay the message
이:차 전:류(離差電流)圓 〈물리〉 이차 회로·이차 코일 속에 유도되는 전류. secondary current
이:차 전:지(二次電池)圓 〈물리〉 전기적(電氣的)에 너지를 화학적(化學的) 에너지로 바꾸고 그 화학적 에너지로써 전류(電流)를 얻는 장치(裝置). 축전지(蓄電池).
이:차 코일(二次 coil)圓 〈물리〉 1차 코일에 통한 전류의 변화에 따라 감응 전류를 일으키는 코일. 제 [2코일.
이:차피(以此彼)圓 이차어피. 어차피.
이:차-회(二次會)圓 연회 끝에서 다시 딴 곳에서 여는 주연(酒宴). after feast
이:-착륙(離着陸)圓 이륙과 착륙. 항공기 등이 이승(離昇) 또는 착륙(着陸)하는 일. taking off and landing 하타 [계(位階). 이차찬(伊尺飡).
이:찬(伊飡)圓 〈제도〉 신라의 십칠 등위 중 둘째의 신칭.
이:찰(吏札)圓〈동〉이두(吏讀).
이찰-쌀圓 찰쌀을 잡쌀에 대하여 일컬음. glutinous
이:창포(泥菖蒲)圓 〈식물〉 못에서 나는 뿌리가 굵고 희며 마디가 생긴 창포의 하나. 백창포(白菖蒲).
이:채(吏債)圓 〈제도〉 지방 아전이 사재(私財)를 백성에게 꾸어 준 채권.
이:채(異彩)圓 ①색다른 빛. 또, 뛰어남. striking colour ②수려한 빛. ¶ ~ 띤 박람회. strange colour
이:채(理債)圓 빚준 돈을 모아 정리함. 하타
이:채-롭-다(異彩-)형[ㅂ불] 보기에 매우 이채를 띠고 있다. ¶외국인이 가야금을 연주하는 모습에 ~.
이:채-로이[부]
이:처럼[부] 이와 같이. ¶요처럼. like this
이처음-다타[규] 가까우다. 피로하다.
이:천(二天)圓 ①한시(漢詩)를 둘째로 지어 바치는 일. ②〈불교〉 다문천(多文天)과 지국천(持國天), 일천(日天)과 월천(月天), 범천(梵天)과 제석천(帝釋天).
이:천(履踐)圓〈동〉이행(履行)②. 하타 [釋天).
이:천 식론(以天食論)〈종교〉 우주 전체를 한울로 보아 사람이 동식물을 먹는 것. 곧, 한울이 한울 자체를 키우기 위한 자율적인 행동으로 한울이 한울을 먹음을 이름. [사이에 있는 판막.
이:첨-판(二尖瓣)圓 〈생리〉 심장의 좌심방과 좌심실
이:첩(移牒)圓 받은 통첩을 다음 곳으로 다시 알림. transfer 하타 [system
이:첩-계(二疊系)圓 〈지학〉 이첩기의 지층. permian
이:첩-기(二疊紀)圓 〈지학〉 고생대(古生代)의 맨 끝. 중생대(中生代)의 삼첩기의 바로 앞의 지질 시대 (地質時代). permian period
이:첩 석탄기(二疊石炭紀)圓 〈지학〉 ①이첩기와 석탄기를 함께 일컫는 말. ②이첩기와 석탄기의 중간 시대. [것.
이:첩-지(二疊紙)圓 백지의 하나. 삼첩지보다 얇은
이:체(移替)圓 ①서로 갈리고 바뀜. ②서로 바꿈. 교환·전용(轉用)함. 교질(交迭). (교체(交替·交遞). replacement 하타 [유(思惟)의 대상.
이:체(理體)圓 〈철학〉 이성(理性)으로서 포착되는 사

이:체(異體)圈 ①체제(體裁)나 형상(形象)이 다른 것. different style ②여느 때와 다른 모습. ③한자(漢字) 이외의 자체(字體). ④몸이 같지 않음. 다른 몸. 동체(同體). different body
이:체 동심(異體同心)圈 몸은 다르나 마음은 한가지.
이:체 동종(異體同種)圈 모양은 다르나 근본이 같은 물건.
이:체 문자[一字]圈 한자 등에서, 자체가 아닌 글자.
이:체 웅예(二體雄蕊)圈〈식물〉합생(合生)한 수술의 하나. 양체 웅예(兩體雄蕊).
이:초(二草)圈〈식물〉담배 잎을 한 번 거두고 난 뒤, 다시 그 줄기에서 돋아난 잎을 거두어 말린 엽초.
이:초(異草)圈 이상 야릇한 꽃이나 풀. strange plant
이초(離礁)圈 항해중에 좌초했던 배가 암초에서 떨어져서 다시 뜸.
이=촉(ㅡ髑)圈 이의 뿌리. 치근(齒根). root of a tooth
이추(泥鰍·泥鰌)圈〈어류〉미꾸라지.
이축(移築)圈 건물을 다른 곳으로 옮겨 세움. 하타
이:출(利出)圈 본전을 빼고 남은 이익. profit
이:출(移出)圈 ①다른 곳으로 옮기는 일. removal ②한 나라 안의 어떤 곳에서 다른 곳으로 화물을 옮기는 일. (대) 이입(移入). export 하타
이:출입(移出入)圈 한 나라 안의 이 지방과 저 지방에 물건이 드나듦. shipping from one place to another 하타
이:출(ㅡ)圈 옷을 두껍게 입거나 물건을 몸에 지녀 가려워도 긁지 못하고 몸을 일기죽거리며 어깨를 으쓱거리는 짓.
이:-(以充其代)圈 어떤 물건으로 대신 채움. 하
이취(泥醉)圈 술이 몹시 취함. dead drunkenness 하타
이:취(異臭)圈 이상한 냄새. 악취(惡臭). strange smell
이:취(異臭)圈 이상한 냄새. 코를 찌르는 고약한 냄
이측(離側)圈 부모의 슬하를 떠남. leaving the parental roof 하타
이:층(二層)圈 ①두 층으로 지은 집채. two-storeyed house ②여러 층으로 된 집의 아래로부터 둘째 층. second floor
이층(離層)圈〈식물〉낙엽 질 무렵, 잎꼭지가 가지와 붙은 곳에 생기는 특수한 세포층(細胞層). 이 부분에서 잎이 떨어지며, 그 자리를 보호함. abscission layer
이:치(吏治)圈〈제도〉지방 아전의 치적(治績).
이:치(理致)圈 사리의 정당한 조리와 도의. (약)이.
이치-다圈 (약) →이차하다. (理)①. reason
이치-다圈 (고) 시달리다. [등의 옆이]
이:치(ㅡ齒邊)圈 한자 부수의 하나. '齦'이나 '齝'
이:치-성[ㅡ썽](異致性)圈 이의 모양이 고르지 않은 일. 토끼류에 무치·견치·소구치·대구치가 있는 것 따위. (대) 동치성(同齒性).
이:친(二親)圈〈동〉양친(兩親).
이:칠(二七日)圈 두 이레.
이:칭(異稱)圈 다르게 부르는 칭호. 딴이름. another name
이카오(ICAO)圈 (약) International Civil Aviation Organization 국제 민간 항공 기구.
이커서니圈 힘을 써서 무거운 물건을 번쩍 들 때 내는 소리. (작) 아카사니. Yo-ho!
이코노마이저(economizer)圈 연료를 절약하기 위하여 보일러의 굴뚝의 중간, 연도(煙道)의 도중에 많은 수관(水管)을 붙여서 폐기(廢氣)의 남은 열을 이용하여 급수를 가열하는 장치.
이코노메트릭스(econometrics)圈〈경제〉통계학 및 수학에 의하여 종래의 경제학의 이론을 정확히 하여, 실증적으로 경제 현상을 연구하려는 학파. 계량 경제학(計量經濟學).
이코노미(economy)圈 경제(經濟).
이코노미스트(economist)圈 경제학자(經濟學者). 이재가(理財家).
이코노미컬(economical)圈 경제적(經濟的). 「등석.
이코노미 클래스(economy class)圈 여객기나 객선의

이코노믹 애니멀(economic animal)圈 경제적 동물. 경제적 이익만을 노리는 인간.
이퀄(equal)圈 ①같은 것. ②〈수학〉등호. 기호는 '='로 씀.
이키圈 (약) →이키나.
이키나圈 ①어떤 뜻밖의 일을 보고 놀랄 때에 지르는 소리. ¶ ~ 저럴 좀 봐. Wow! ②입을 슬쩍 추면서 비웃을 때 내는 소리. ¶ ~ 일류 신사가 됐네그려. (약) 이키. Oh!
이:타(耳朵)圈 귓볼.
이:타(利他)圈 ①다른 사람을 이롭게 함. altruism ②〈불교〉사람들에게 공덕과 이익을 주어 제도(濟度)하는 일. 타애(他愛). (대) 이기(利己). altruism
이타(弛惰)圈 마음이 느슨하여 몹시 게으름. 하다
이:타-주의(利他主義)圈 남의 복지의 증가를 행위의 목적으로 하는 생각 행위. 애타주의(愛他主義). (대) 이기주의. (원) 하다
이:타향(移他鄉)圈 다른 곳으로 옮겨 감. 이타곡(移他曲). 하다
이탄(泥炭)圈(동)토탄(土炭).
이탈(離脫)圈 떨어져 나감. 관계를 끊음. secession
이탈 속도(離脫速度)圈〈천문〉천체의 인력을 벗어나 무한히 먼 곳까지 갈 수 있는 최소 속도.
이탓-저탓圈 이리 탓하고 저리 탓하는 핑계. 이핑계 저핑계. ¶ ~ 말고 일이나 해라. (작) 요탓조탓. on some pretext or other 하다
이태圈 이 개년(二個年). 두 해. 양년(兩年). two years
이:태(異胎)圈〈생리〉형체·구조에는 별 이상이 없으나, 존재하는 위치가 보통이 아닌 기형. 이상(異狀). abnormal
이탈리(伊太利)圈〈지리〉'이탈리아'의 음역.
이탤릭(italic)圈〈인쇄〉로마자 활자체의 하나. 약간 오른쪽으로 경사진 자체로 주의하여야 할 어구나 타국어·학명 등을 나타내는 데 씀.
이터:널 라이프(eternal life)圈 영원한 생명.
이테르븀(ytterbium 라)圈〈화학〉희토류(稀土類) 원소의 하나. 가돌리나이트광(鑛)에 들어 있는데, 순수한 산화물로서 얻어짐. 원소 기호 ; Yb. 원자 번호 ; 70. 원자량 ; 173.04.
이:토(吏吐)圈〈동〉이두(吏讀).
이토(泥土)圈〈동〉진흙②.
이-토록圈 이러하도록. 이와 같이. like this
이토-질(泥土ㅡ)圈〈건축〉흙으로 벽을 치는 일. 하다
이:통(耳痛)圈〈한의〉귀앓이. earache
이트(it)圈 성적 매력(性的魅力).
이트 걸(it girl)圈 성적 매력이 있는 처녀.
이트륨(yttrium 라)圈〈화학〉희백색의 희유(稀有) 동위 원소의 하나. 원소 기호 ; Yt 또는 Y. 원자 번호 ; 39. 원자량 ; 88.905.
이트 세트러(et cetera)圈 등등. 흔히, 약해서 etc.로 씀.
이튼-바브(eton bob)圈 여자들의 짧은 머리형의 하나. (약) 이튼⑬. (원) →초이튼날.
이튼-날圈 나음 날. following day 을 제의 날.
이튿圈 ①이일(二日). 두 날. 양일(兩日). two days ②(약) →초이튼. ③(원) →이튼날.
이-틀圈〈생리〉이가 박혀 있는 뼈. socket of a tooth
이틀=거리圈〈한의〉이틀만큼씩 걸러서 앓는 학질. 노학(老瘧). 당금금. 이일학. malaria
이-틈圈 이와 이의 틈. opening between teeth
이:파(異派)圈 다른 유파(流派). 「귀. living leaf
이파리圈〈식물〉나무나 풀의 살아 있는 낱잎. 일사
이:판(吏判)圈 (약) →이조 판서(吏曹判書).
이:판(理判)圈〈불교〉속세를 떠나 수도하는 일.
이판 사판圈 막다른 데에 이르러, 어찌 할 수 없게 된 판. 「응결하여서 된 암석. 혈암(頁岩).
이:판-암(泥板岩)圈〈광물〉수성암의 하나로 점토가
이:판-중(理判一)圈〈불교〉도를 닦는 중.
이판-화(離瓣花)圈〈식물〉뽕나무·참나무·매화 따위와 같이 꽃잎이 꽃받침(花托)에서부터 서로 떨어져 있는 꽃. (대) 합판화(合瓣花). eleutheropetalous flower

이판화관(離瓣花冠) 〈식물〉 벚꽃 따위와 같이 꽃 한 개에 있는 낱낱의 꽃잎이 갈라져 있는 꽃부리. choripetalous corolla

이판화-구(離瓣花區) 〈식물〉 뽕나무·참나무 따위와 같이 이판화관으로 된 종류. 이판화류(離瓣花類).

이판화-류(離瓣花類) 〈식물〉 =이판화구.

이판화 식물(離瓣花植物) 〈식물〉 쌍자엽 식물의 하나. 이판화관을 갖는 식물 및 무판화 식물의 총칭.

이:팔(二八)명 〈약〉 →이팔 청춘(二靑春).

이:팔-월(二八月) 이월에 눈비가 많이 오고 적게 옴에 비례하여 그 해에 팔월에 비가 많이 오고 적게 온다고 하여 이월과 팔월이 맞선다는 뜻.

이:팔 청춘(二八靑春) 16세 전후의 젊은이. 《약》이 팔. sweet sixteen

이:팥-나무명 〈식물〉 목서과의 낙엽 활엽 교목(喬木). 잎은 타원형으로 4월에 희고 향기로운 꽃이 핌. 과실은 핵과이고 가을에 흑색으로 익음. 정원 목으로 심음. [수-풍치질이 낮음.

이:-팥명 알이 작으며 면이 빛이 검붉은 팥의 하나.

이-패(二牌) 〈제도〉 일패보다 낮은 노는 계집의 하나. 상의원(尙衣院)에 딸린 의녀 기생.

이페트(effect)명 ①효과. 특히, 방송·영화에서의 음향 효과. ②영향.

이=편(이쪽의 편) ¶~으로 오너라. this side [상대] 자기(自己). ¶~을 부를 일세.

이편-저편명 이쪽저쪽. 여기저기. ¶~ 다 막고 가운데 문만 남겨 두게. both sides [상대] 이편저편 사람.

이편짝명 이편의 짝. [저편짝 사람.

이폐(弛廢)명 이완되고 황폐함. 하

이폐(貽弊)명 남에게 폐해를 끼침. 하

이-포(吏逋)명 아전(衙前)이 공금을 쓴 일.

이포 역포(以暴易暴) 포학한 사람과 횡포한 사람을 바꾼다는 뜻. 곧, 악한 사람이 다 횡포함을 이름.

이:-풀명 쌀로 쑨 풀. rice paste [르는 말.

이-품(異品)명 진귀한 물품. 다른 물품. 진품(珍品).

이-품(異稟)명 남달리 뛰어난 천품. rare article

이-풍(異風)명 ①이상스러운 기풍. strange custom ②이상한 모양. strange appearance ③(동)이속(異

이풍 역속(移風易俗) 풍속이 개량됨. 하 (俗).

이-피-반(EP盤) extended play 1분간에 45회전하는 장시간 레코드.

이:피-화(耳被花)명 꽃받침이 초록색이고, 꽃잎이 초록색 이외의 여러 가지 빛깔인 유피화. 다른 꽃잎의 꽃. (동)=피화(等被花). [곱고 미끈함.

이:필(吏筆)명 아전이 쓰던 글씨체. 곁으로 보기에만 different handwriting

이:필(異筆)명 필적이 다름. 다른 사람의 필적이 아님.

이:필-지-다(異筆一) 한군데에 쓴 글씨체가 서로 다르다. be written by different hands

이핑계 저핑계명 이탓저탓.

이-하(二下)명 시문(詩文)을 평하는 등급의 하나. 이등 중의 셋째 급. Bb grade [less than

이-하(以下)명 일정한 한도의 아래. 《대》이상(以上).

이:=하-다(利一)형⒮ 이롭다. profitable

이하 부정:관(李下不整冠)명 자두나무 밑에서 갓을 바로 하지 말라. 곧, 남이 의심을 하지 않도록 매사에 조심하여야 함. 과전 불납리(瓜田不納履).

이하-선(耳下腺)명 〈생리〉귀 아래에 있어서 침을 분비하는 타선(唾腺). parotid gland

이하선-염[—념]**(耳下腺炎)**명 〈의학〉이하선의 염증. 환부의 종창·동통·발열을 일으킴. 전염성과 급성 화농성이 있음. parotitis

이:학(耳學)명 듣기만 하여 알게 된 학문.

이:학(異學)명 이단(異端)의 학문. 위학(僞學). heretic science

이:학(理學)명 ①천문(天文)·물리(物理)·화학(化學)·지질(地質)·동식물(動植物) 등 자연 과학을 연구하는 학문. physical science ②송(宋)나라 때의 성리학(性理學). ③ 음양사(陰陽師)가 방위나 별자리의 형상을 보고 진흉(吉凶)을 점치는 일. divination ④원리를 연구하는 학문이라는 뜻으로 철학을 가리킴.

이:학 박사(理學博士)명 이학을 전공하여 박사 학위 논문이 통과된 사람에게 주는 학위. 또, 그 학위를 받은 사람. 《약》이박(理博).

이:학 병기(理學兵器)명 〈군사〉근대 과학 병기 가운데서 전기·광선 따위를 응용한 새 병기.

이:학-부(理學部)명 〈교육〉대학의 학부의 하나. 수학·천문·물리·화학·동물·식물·지질·광물 등의 학과를 포함함. department of sciences

이한(離韓)명 한국에서 떠남. leaving Korea 하

이합(離合)명 ①헤어짐과 만남. meeting and parting ②떨어뜨림과 맞춤. assembling and disassembling

이합-사(二合絲)명(동) 이겹실.

이-항(里巷)명 ①마을. 촌리(村里). village ②마을과 거리. town and streets

이항(移項)명 ①항목(項目)을 옮김. transposal ② 〈수학〉대수에서 방정식의 한쪽 항을 부호를 바꾸어 반대쪽으로 옮김. transposition of a term 하

이-항 방정식(二項方程式) 〈수학〉 n을 양(陽)의 정수(整數), A를 양이나 음(陰) 또는 허수(虛數)라고 할 때 $X^n - A = 0$의 형식으로 고치어지는 방정식. binomial equation [binomial expression

이:-항-식(二項式) 〈수학〉두 항으로 된 정식(整式).

이:항 정:리(二項定理) 〈수학〉이항식의 몇 승력(乘冪)을 전개하는 법을 보이는 정리. binomial

이=해(利害)명 이익과 손해. advantages and disadvantages

이해(泥海)명 진창 길.

이해(貽害)명 남에게 해가 미치게 함. 하 [하

이해-간(利害間) 이가 되거나 해가 되거나 간에. regardless of gain or loss [관계.

이해 관계(利害關係) 서로 이해가 미치는 사이의

이:해 관계인(利害關係人) 〈법률〉어떤 사실의 유무(有無), 또는 어떤 행위나 공적 기관의 처분 등에 의하여 자기의 권리나 이익에 영향을 받는 사람. person interested [되는 판.

이해 관두(利害關頭) 이익과 손해의 관계가 결정

이해 득실(利害得失) 이익과 손해와 얻음과 잃음. benefit and harm

이:해-력(理解力) 사물을 분별하여 아는 힘. [다

이:해 불능(理解不能) 이해를 돌아보지 아니함. 하

이해 상반(利害相反) 이로움과 해로움이 반반으로 맞섬.

이:해-설(利害說) 〈사회〉이해 관계(利害關係)에 대한 관심이 사회 현상(社會現象)의 원동력(原動力)이라고 주장하는 사회 학설(社會學說). interest

이해-심(理解心) 이해하는 마음. [theory

이해 타:산(利害打算) 이로운가 해로운가를 이모저모 헤아리는 일. 하

이핵(離核) 과실의 살과 떨어져 있는 씨.

이:행(李杏) 〈식물〉살구의 한 종류.

이행(易行) ①실행하기 쉬움. being easy to do ②〈불교〉타력(他力)의 수행(修行). 염불의 수행(修行). 《대》난행(難行). [ference 하

이행(移行) 옮겨 감. 변해 감. 추이(推移). trans-

이행(異行) 보통 사람과 다른 행동. strange act

이행(履行) ①실제로 행함. ¶의무 ~. ②〈법률〉의무의 실행. 채무 소멸의 경우의 변제. 수행(遂行). 이천(履踐). performance 하

이행-도(易行道) 〈불교〉아미타불의 원력(願力)에 의하여 극락에 왕생(往生)하여 불퇴전(不退轉)의 자리에 이르는 길. 《대》난행도. salvation in faith

이:행 불능(履行不能) 〈법률〉 채권 성립 때에 가능했던 급부(給付)가 그 후에 불능이 되는 일. 급부 불능.

이:행정 기관(二行程機關)명〈물리〉크랭크축(軸)이 한 번 회전하는 동안에 한 번 폭발하는 내연 기관(內燃機關). two-stroke engine

이향(吏鄕)명〈제도〉시골의 아전과 향임(鄕任).

이향(異香)명 이상스럽고 좋은 향내. strange scent

이향(異鄕)명 낯선 고장. (대) 고향. strange land

이향(離鄕)명 고향을 떠남. (대) 귀향(歸鄕). leaving one's home town 하자

이:허(裏許)명 십 리쯤. 십 리쯤 되는 곳.

이허(裏許)명동 속마음.

이험(異驗)명 색다른 약의 효험.

이혁(釐革)명 정리하여 고침. 하자

이:현령 비:현령(耳懸鈴鼻懸鈴)명 귀에 걸면 귀걸이, 코에 걸면 코걸이의 뜻으로, 어떤 사실이 이렇게도 저렇게도 해석됨을 이르는 말. *cf.* different form

이:형(異形)명 ①이상한 모양. grotesque ②다른 모

이:형 배:우자(異形配偶者)명〈생물〉형태상으로 크고 작은 차이가 있는 배우자. 큰 것이 자성(雌性)이고 작은 것이 웅성(雄性)임.

이:형 분열(異形分裂)명〈생물〉생식 세포가 형성될 때에 일어나는 두 차례 분열(減數分裂)에 있어서, 계속해서 일어나는 두 차례의 핵분열(核分裂) 중, 염색체 수가 반감(半減)되는 경우. 보통 첫번째의 분열이 이에 해당함. (대) 동형 분열. heterotypic nuclear division

이:형질(異形質)명〈생물〉특수한 기능을 다하기 위하여 원형질이 변화한 특수 구조. hypermetamorphosis

이:호(二號)명 일호(一號)의 다음. 둘째.

이:호(吏戶)명〈제도〉지방의 이방(吏房)과 호장(戶長)을 이름.

이혼(離婚)명 ①남편과 아내가 서로 갈라짐. divorce ②〈법률〉생존중의 부부가 합의 또는 재판상의 청구에 의해 부부 관계를 해소하는 행위. 이이(離異). (대) 결혼(結婚). 하자

이:화(李花)명 ①자두꽃. plum-blossom ②구한국의 관리들이 쓰던 휘장(徽章). ③(동) 모표(帽標).

이화(理化)명 다스려 인도함. leading 하자

이화(異化)명 ①〈생물〉생물체에 섭취되어 동화된 물질이 생활 작용을 하려고 간단한 물질로 분해하는 일. dissimilation ②〈심리〉두 개의 감각을 시간적·공간적으로 가까이 할 때의 양자(兩者)의 질적·양적 차이가 한층 더 커짐. ③〈어학〉동일하거나 성격이 비슷한 두 음이 이웃하여 나타날 때, 그 중의 음이 다른 음으로 변하거나 탈락하는 현상. (대) 동화(同化).

이:화(梨花)명 배꽃. pear-blossoms

이화(罹禍)명 재앙에 걸림. suffering from a calamity

이:화 명:아(二化螟蛾)명(동) 마디충나방.

이:화 명충(二化螟蟲)명 마디충.

이:화산(泥火山)명〈지학〉진흙을 내뿜는 선 빨간의 화산. (유) 진흙 화산의 성질. mud volcano

이:화-성[—性]명〈이화성〉〈곤충〉한 해에 두 번 우화

이:화 수분(異花受粉)명(동) 이화 수정.

이:화 수정(異花受精)명〈식물〉식물이 같은 나무의 다른 꽃이나 다른 나무의 꽃에 꽃가루를 받아 수정하는 것. 이화 수분. cross-pollination

이:화 작용(異化作用)명 신진 대사(新陳代謝).

이:화-주(梨花酒)명 배꽃을 섞어 담근 술. 백운향(白雲香).

이:화-학(理化學)명 물리학과 화학. physics and chemistry

이:환(耳環)명 귀고리. earrings

이환(罹患)명동 병에 걸림. 이병(罹病). contraction 하자

이환-율[—눌](罹患率)명 어떤 기간에 병에 걸린 사람의 비율.

이:황화-탄:소(二黃化炭素)명〈화학〉유황과 탄소가 화합하여 된 액체. 빛이 없고 잘 유동되며, 빛의 굴절이 심. 지방·수지·고무 따위의 용제(溶劑)로 씀. 이유화탄소. carbon disulfide

이:회(里會)명 마을에 관한 모든 일을 의논하는 모임. block assembly

이회(泥灰)명 물에 이긴 석회. marl

이:회(理會)명 사리를 깨달아 앎. (유) 이해(理解). understanding 하자

이회-암(泥灰岩)명〈광물〉점토(粘土)와 석회(石灰)가 혼성하여 된 암석. marlstone

이회-질(泥灰—)명〈건축〉회로 벽을 바르는 일. 하자

이:효 상조(以孝傷孝)명 효성이 지극한 나머지 부모의 죽음을 너무 슬퍼하여 죽음. 하자

이:후(以後)명 ①그 뒤. since then ②이 다음. 이강(以降). 이금(爾今). ¶건국 ~. (대) 이전(以前). henceforth

이후(而後)명 지금부터. 지금부터 다음으로. hereafter

이:후(爾後)명(동) 기후(其後).

이흑(二黑)명〈민속〉곤방(坤方). 곧, 서남쪽에 있는 토성(土星)을 음양가(陰陽家)에서 이르는 말.

이히(Ich 도)명 '나'의 뜻.

이히=드라마(Ich-Drama)명〈연예〉작자의 내면 생활을 고백 참회하려는 자기 고백극. 주관적인 색채가 농후함.

이히=로만(Ich-Roman 도)명〈문학〉19세기 초의 독일 문학에 나타난 소설의 한 형식으로 자서전적 고백 형식의 소설. 사소설(私小說).

이히티올(Ichthyol 도)명〈의학〉역청질(瀝青質) 암석을 건류하여 농황산(濃黃酸)으로 중화한 흑다색(黑茶色)의 걸쭉한 액체. 살균제로 쓰임.

이히히 ①아주 자지러질 듯이 크게 웃는 웃음. big laughter ②어리석게 웃는 웃음. foolish laughter

익(益)명(약)→익쾌(益昇).

익(翌)명 '다음'의 뜻.

익곡(溺谷)명〈지학〉육지에 지반의 침강, 해면의 상승에 의하여 바닷물이 침입하여 생긴 골짜기.

익공(翼工)명〈건축〉익공집에 있어서 첨차(簷遮) 위에 얹혀 있는 짧게 두새겨진 나무. 단익공(單翼工).

·이익공(二翼工)이 있음. 「어 지은 집.

익공-집[—찝](翼工—)명〈건축〉기둥 위에 익공을 얹

익-굼(益一)명〈민속〉손꾀(巽卦)와 진꾀(震卦)가 거듭된 꾀의 하나. 바람과 우레를 상징함. (약)

익금(益金)명 이익금. (대) 손금(損金). profit

익년(匿年)명 나이를 속임. deceiving one's age 하자

익년(翌年)명 다음 해. 이듬해. next year

익-다자 ①열매나 씨가 여물다. ¶벼가 ~. ripen ②날것이 뜨거운 기운을 받아서 삶겨지다. be boiled ③빚거나 담근 음식물이 맛들다. ripen ④벌이나 불을 오래 쬐거나 뜨거운 물에 담가서 살갗이 빨갛게 되다. tanned ¶강가에서 살이 발갛게 익었다. ⑤썩히려는 것이 잘 썩다. ¶거름이 잘 익었다. ⑥때 따위가 알맞게 되다. ¶기회가 ~. be ripe for

익-다타 ①여러 번 겪거나 치러서 서투르지 않다.

¶일손에 ~. be used to ②여러 번 보거나 들어서 낯설지 않다. ¶얼굴이 ~. be familiar ③입에 익숙한 말이 되다. get into popular use

익대(翊戴·翼戴)명 정성스럽고 존경하는 마음으로 대함. 하자

익더귀명〈조류〉새매의 암컷. 토골(土鶻). (대) 난주

익랑(翼廊)명 대문 좌우쪽에 잇대어 지은 행랑.

익면(翼面)명 날개의 표면.

익명(匿名)명 본이름을 숨김. ¶~ 투표. anonymity

익명 비:평[—삔—](匿名批評)명〈문학〉필자의 본명(本名)을 밝히지 않는 비평. 익명 비판. unsigned criticism

익명-서(匿名書)명 본이름을 숨기고 쓴 글. anonymous writing

익모-초(益母草)명〈식물〉꿀풀과의 이년생 풀. 줄기 높이 1.5m 가량으로 근생엽은 원형, 경엽은 우상임. 7~8월에 담홍자색 꽃이 피고 과실은 다섯 갈래지는 분과(分果)임. 잎과 줄기는 강장제·이뇨제·더위 먹은 데 등 약재로 쓰임. 암눈비앗. 야천마(野天麻). 충울(忠蔚).

익몰(溺沒)[명] 물 속에 빠져 가라앉음. drowning 하[자]

익=반죽[명] 가루에 끓는 물을 부어서 하는 반죽. kneading with hot water 하[자]

익벽(翼壁)[명]〈건축〉흙이 무너지지 않도록 교대(橋臺)에 붙여 쌓은 벽체(壁體).

익보(翼輔)[명] 도와 줌. 보좌. 하[자]

익사(溺死)[명] 물에 빠져 죽음. death by drowning

익살[명] 멋진 말로 일부러 남을 웃게 하는 짓. 희학(戯謔). 해학(諧謔). 골계(滑稽). humour

익살=꾸러기[명] 익살이 심한 사람.

익살=꾼[명] 익살을 잘 부리는 사람. 익살쟁이. 조커 (joker).

익살=떨:-다[자르] 남을 웃기려고 재미있게 말과 짓을.

익살=맞-다[형] 익살스러운 태도가 있다. funny

익살=부리-다[자] 남을 웃기려고 익살스러운 말과 짓을 하다. play the fool [humourous

익살=스럽-다[형비] 말이나 짓이 우습고 멋지다.

익살=쟁이[명][동] 익살꾼.

익석(翌夕)[명] 이튿날 저녁. next evening

익선=관(翼善冠·翼蟬冠)[명]〈제도〉임금이 평복으로 집무를 볼 때에 쓰던 관.

익성(翼星)[명]〈천문〉이십팔수(二十八宿)의 스물일곱째. 경칩절(驚蟄節)의 중성(中星).《약》익(翼).

익센트릭(eccentric)[명] 색다름. 별남. 이상함. ¶~한 행동. 하[형]

익셉션(exception)[명] 예외(例外). 제외(除外).

익수(-手)[명] 익숙한 사람. 《대》생수(生手). 생무지(生-). expert

익숙-하-다[형여] ①여러 번 거듭하여 손에 익다. be skilled ②자주 만나 사귀어 친속하다. be acquainted with ③자주 보거나 들어서 눈에 환하다. be familiar with **익숙=히**[부]

익스체인지(exchange)[명] ①교환(交換). 교체(交遞). ②경제〉환(換). 거래소(去來所).

익스텐션(extension)[명] ①확대. 확장. 증설(增設). ②〈교육〉대학에서 일반에게 공개하는 강좌. ③사설 교환대가 있는 구내의 주번(周番)호.

익스팬더(expander)[명]〈체육〉가슴 운동을 하려고 만든 기구. 가운데가 굵은 고무줄이나 용수철의 양쪽 끝에 손잡이가 달려 있음.

익스프레셔니즘(expressionism)[명]〈문학〉표현주의.

익스프레션(expression)[명] ①표현(表現). ②발사.

익스플로:러(explorer)[명] 탐험자. 탐색 기구(探索器具). [년 1월 31일에 발사 성공한 인공 위성.

익스플로:러 위성(Explorer 衛星)[명] 미국에서 1958

익실(翼室)[명]〈건축〉본체의 좌우 양쪽에 달린 방.

익심(益甚)[명] 갈수록 더욱 심함. 점점 더하여 감. 거거익심(去去益甚). 거익심(去益甚). more and more 하[형] [drowing in love 하[자]

익애(溺愛)[명] ①몹시 사랑함. dotage ②사랑에 빠짐.

익야(翌夜)[명][야] 이튿날 밤. following night

익우(益友)[명] 사귀어 도움이 되는 벗. 《대》손우(損友). helpful friend [month

익월(翌月)[명] 다음 달. 후월(後月). 이듬달. next

익은=말[명][동] 숙어(熟語).

익은 밥 먹고 선 소리 한다[속] 쓸데없는 말을 싱겁게 한다. 익은 밥 먹고 식은 소리 한다.

익은=소리[명][동] 속음(俗音).

익은=이[명] 삶아 익힌 고기. 수육. 편육. boiled meat

익음(溺音)[명] 사람의 마음을 음탕하게 만드는 음악.

익일(翌日)[명] 이튿날. next day [lewd music

익자(益者)[명] 남을 이롭게 하는 사람.

익자 삼우(益者三友)[명] 사귀어서 자기에게 유익한 세 벗. 곧, 정직한 사람·신의 있는 사람·지식 있는 사람. three helpful friends

익조(益鳥)[명]〈조류〉사람에게 직접·간접으로 유익한 새들의 통칭. 제비·까치·딱따구리 등. 이론새.《대》해조(害鳥). useful bird

익조(翌朝)[명] 이튿날 아침. next morning

익직(溺職)[명] 맡은 직무를 감당하지 못함. 하[자]

익찬(翊贊·翼贊)[명] 도와 줌. 보좌(輔佐)함. assistance 하[자]

익충(益蟲)[명]〈곤충〉사람에게 이로운 벌레. 누에·꿀벌·잠자리 따위. 이론벌레.《대》해충(害蟲). useful insect

익효(翌曉)[명][야] 이튿날 새벽. following dawn

익히[부] 익숙하게. ¶~ 아는 사이다. well

익히-다[타] 연습하다. practise

익히-다[타동] ①익숙하게 하다. accustom ②열매 등을 여물어지게 하다. ripen ③음식물을 익게 하다. boil

인[명] 여러 번 되풀이하여 몸에 붙은 습관.

인(人)[명] '사람'을 예스럽게 한문투로 일컫는 말. 《의》사람의 수효를 세는 단위. ¶십 ~의 신부.

인¹(仁)[명] ①〈윤리〉공자(孔子)의 가르침에 일관되어 있는 윤리상·정치상의 이상(理想). 최고(最高)의 도덕. perfect virtue 정의(愛情)을 타에 미침. 곧, 어짊·착함·박애(博愛). benevolence

인²(仁)[명] ①과실 씨 속의 알맹이. ¶행(杏)~. kernel ②세포의 핵 안에 있는 비교적 큰 입상체(粒狀體).

인¹(印)[명] 도장. 신장(信章). 인장. ②옛날 중국에서 관직(官職)의 표시로 찬 금석류(金石類)의 조각.

인²(印)[명]→인도(印度).

인(因)[명] ①원인이 되는 근본 동기. cause ②이유. reason ③〈불교〉인명(因明)의 논식(論式) 중 논증하려는 명제(命題)의 이유를 서술하는 부분. 논리학의 매개념(媒槪念)에 해당함. 《대》과(果).

인(寅)[명]〈민속〉십이지(十二支)의 셋째. 범을 상징함. Tiger, third of twelve horary signs 《약》→인방(寅方). 《약》→인시(寅時).

인(燐)[명]〈화학〉담황색 반투명의 비금속(非金屬)의 하나. 공기 중에서 발화하기 쉽고 산화하면 흰 연기가 남. 황 또는 성냥의 원료로 씀. 원소 기호; P. 원자 번호; 15. 원자량; 30.97376. phosphorus

=인(人)[접미] 명사 아래 붙어 '…의 사람'이란 뜻을 나타냄. ¶문학(文學)~. man

인가[명] 받침을 있는 체언에 붙어, 의문의 뜻을 나타내는 종결형 서술격 조사. ¶낯~, 밤~. is it?

인가(人家)[명] 사람이 사는 집. 인호(人戶). house

인가(姻家)[명] 인척(姻戚)의 집. 또는 배우자 쌍방의 집. relative's house

인가(認可)[명] ①인정하여 허락함. authorization ②〈법률〉어떤 행위의 법률상의 효력을 발생시키는 행정 처분. 그의 실행을 허가하는 처분. permission

인가(隣家)[명] 이웃집. neighbouring house 하[자]

인가 근:처(人家近處)[명] 사람이 사는 집들이 가까이 있는 곳. 《약》→인가처(人家處).

인=가난(人一)[명] 쓸만한 사람이 없어서 곤란을 당하는 일. short of hands

인가=목(一木)[명]〈식물〉장미과의 낙엽 관목. 줄기는 족생(族生)하고 가시는 줄기의 하반에 많이 남. 잎은 타원형이고 5월에 홍자색 또는 홍백색의 꽃이 피며 열매는 수병형임. 가시나무⑧.

인가 보다[조] 조사 '인가'에 보조 형용사 '보다'가 합쳐, 어떤 짐작의 뜻을 나타내는 말. ¶아마 형님~.

인가-증(一證)[명][인가증(認可證)] 인가한 증명서.

인가-처(人家處)[명]《약》→인가 근처.

인각(印刻)[명] 나무나 그 밖의 물건에 새기는 일. 또, 그 글자. engraving 하[자]

인간(人間)[명] ①사람. 인류. ¶~사(史). man ②사람이 사는 곳. world of mortals ③〈철학〉문화적·가치적으로 신(神) 또는 동물과 대립되는 존재로서의 사람. human being ④사람의 됨됨이. 인물. ¶~ 형성(形成). [publication 하[자]

인간(印刊)[명] 인쇄하여 책을 박아 냄. 또, 그 책.

인간(印簡)[명]〈제도〉원이 선달 그믐께 봉물(封物)과 함께 보내던 편지.

인간=계(人間界)[명] ①사람이 사는 세상. ②〈불교〉사

바 세계. 하계(下界)①. 《약》인계(人界)①. world of mortals
인간=고(人間苦)圀 사람으로서의 고통·번뇌. 세상을 살아가는 고통. sufferings of man
인간 공학(人間工學)圀 공업(工業) 디자인에 생리학·심리학·해부학 등을 도입하려는 학문(學問). 공업 디자인은 그것이 쓰이는 목적에 따라 디자인 되어야 한다고 하여 발전된 학문. human engineering
인간=관(人間觀)圀 인간을 보는 관점.
인간 관계(人間關係)圀 어떤 조직체 안에 있는 사람과 사람과의 심리적 관계. human relation
인간 근:처(人間近處)圀 사람이 사는 곳. 《약》인간처(人間處).
인간-답-다(人間一)[ㅂ불] 사람답다.
인간 대:사(人間大事)圀 인생 대사.
인간 도:처 유:청산(人間到處有靑山)圀 사람 살 곳은 골마다 있다.
인간 독(人間 dock)圀 병의 조기 발견이나 건강 지도를 위하여 병원에 단기간 입원하여 전신의 정밀 검사를 받는 일. 〔유자.
인간 문화재(人間文化財)圀 《속》중요 무형 문화재 보유자.
인간-미(人間味)圀 사람다운 맛. 사람다운 정미(情味). humanity, human touch
인간-사(人間事)圀 인간 생활에 흔히 있는 일.
인간 생태학(人間生態學)圀 공생적(共生的)·사회적 관계를 중심으로, 인간과 지역 사회와의 관계를 연구하는 사회학의 부문.
인간-성[一셩](人間性)圀 ①사람의 본성(本性). 인간의 본질. ②인간의 속성(屬性). 곧, 감성·오성·이성(理性). 《대》신성(神性). human nature
인간 세:계(人間世界)圀《동》중생계(衆生界).
인간-애(人間愛)圀 인간에 대한 사랑.
인간 요인(人間要因)圀 인간이 어떤 일의 성립에 필요한 원인이 되는 것.
인간-적(人間的)[관형]圀 ①인간에 관계되는(것). ②인간다운 품성이 풍부한(것). 인적(人的).
인간 중심설(人間中心說)圀《철학》인간을 우주의 중심·궁극의 목적이라고 보는 입장의 학설.
인간 탐구(人間探求)圀 인간 본성을 캐고 인간성의 본질을 찾는 문학 의의(意義).
인간-학(人間學)圀 ①《철학》인식하고 행동하는 인간성의 본질, 우주에 있어서의 인간의 지위를 해명하는 학문. 하이데거의 철학이 대표임. humanics ② 인간의 생물학적·과학적 연구. anthropology
인감(印鑑)圀 대조용으로 관공서 및 거래처에 미리 신고하여 둔 도장. seal-impression
인감 도장(印鑑圖章)圀 인감을 낸 도장.
인감-부(印鑑簿)圀 인감을 올린 장부.
인감 신고(印鑑申告)圀 인감의 지위를 감정하기 위해 동장·면장에게 뜻을 적은 서면을 제출함. 또, 그 서면.
인감 증명(印鑑證明)圀《법률》①동장·읍면장이 본인이 제출한 인감 신고와 맞추어 보아 인감의 지위를 증명함. ②《약》→인감 증명서.
인감 증명서(印鑑證明書)圀《법률》인영(印影)이 제출(屆出)되어 있는 인감과 동일하다는 관공서(官公署)의 증명서. 일반적으로 시(市)·읍(邑)·면장(面長)이 증명하는 것을 말함. 《약》인감 증명(印鑑證明)⑧. certificate of a seal impression
인-감질(人疳疾)圀 매우 보고 싶은 사람이 없어 곤란을 당하는 일.
인갑(印匣)圀 도장을 넣어 두는 갑.
인갑(鱗甲)圀 ①비늘과 껍데기. scales and shells ②비늘 모양의 딱딱한 껍데기. scutum ③마음이 음침하여 남에게 속을 터놓지 아니함을 비유하여 이르는 말. 〔shellfish
인개(鱗介)圀 물고기 종류와 조개 종류. fish and
인개-도(鱗介圖)圀《동》어해도(魚蟹圖). 〔touting
인:객(引客)圀 여관이나 유곽에서 손님을 끄는 일.

인:거(引據)圀 인용하여 근거로 삼음. 또, 그 근거. source 하다
인:거(引鋸)圀 큰 톱을 둘이 마주 잡고 썲. 하다
인:거-장(引鋸匠)圀 큰톱장이.
인:거-하-다(引去一)[자여] ①물러가다. ②도망가다.
인건[一껀](人件)圀 사람에 관한 일.
인건비[一껀一](人件費)圀《경제》공공 기관·단체·회사 등에서, 고용하는 노동력에 대하여 지출되는 비용. 인건 급여비(物件費). personnel expenditure
인걸 받침 있는 체언에 붙어, '이다'의 뜻으로 감탄하거나, 어떤 결과가 자기 생각 밖임을 나타내는 종결형 서술격 조사. ¶과연 좋은 책~.
인걸(人傑)圀 뛰어난 인재. remarkable man
인:검(引劍)圀 임금이 병마(兵馬)를 통솔하는 장수에게 주는 검. 명령을 어기는 자는 보고하지 않고 죽이는 권한을 주었음.
인게이지(←engagement)圀 약혼.
인게이지 링(←engagement ring)圀 약혼 반지.
인격[一껵](人格)圀 ①사람의 품격. 자격. personality ②《심리》개인의 지(知)·정(情)·의(意) 및 육체적 측면을 총괄하는 전체적 통일체. ③《윤리》도덕적 행위의 주체. ④《법률》법률 관계 특히 권리·의무의 주체이며, 법률상 독자적 가치가 인정되는 자격. ⑤《종교》신에 대해 인성(人性)을 갖춘 품격. 《대》신격(神格). ⑥《사회》공동 사회의 주체.
인격 교:육[一껵一](人格敎育)圀《교육》도야(陶治)의 주안을 인격의 완성에 두는 교육. character building
인격-권[一껵一](人格權)圀《법률》인격과 분리할 수 없는 생존상(生存上) 가장 필요한 권리. 곧, 생명·신체·자유·명예 따위에 관한 권리. personal rights
인격 분열[一껵一](人格分裂)圀《심리》한 개의 인격 의식이 분리하여 통일을 잃고, 두 개의 다른 인격으로 되어서, 기억·의식의 연락이 없이 동시 또는 서로 활동하는 상태. 이중 인격 따위. 《대》인격 통일. dissociation of a personality
인격-성[一껵一](人格性)圀 인격의 속성(屬性). 곧, 이성·자율·자아 의식·자기 결정 따위. humanity
인격=신(人格神)圀[一껵一]고유의 지성과 의지를 갖춘 독립된 존재로 의인화되는 신.
인격-자[一껵一](人格者)圀 인격이 있는 사람. 인격을 갖춘 사람. man of character
인격-적[一껵一](人格的)[관형]圀 인격에 관계되는(것). 인격적인(것).
인격-주의[一껵一](人格主義)圀 ①《철학》세계는 많은 인격적 존재로 이루어졌다고 주장하는 입장. personalism ②《철학》자율적인 인격에 절대적인 가치를 부여하고, 이에 연관하는 다른 가치·의미·순서를 장려하는 윤리적 입장. ③《윤리》사람에 내재(內在)하는 보편적 인격의 완전한 진보·발전을 도덕의 이상으로 되는 설. 인격적 유심론.
인격 통:일[一껵一](人格統一)圀 과거·현재를 통하여 자기를 잃지 않고 동일성을 유지하는 정신 상태.
인격-화[一껵一](人格化)圀 사람 이외의 사물을 사람과 같이 의사가 있는 것으로 봄. 하다
인:견(人絹)圀《약》→인조견(人造絹).
인:견(引見)圀 ①지위가 높은 사람이 아랫 사람을 불러들여 봄. audience ②《제도》임금이 의식을 갖추어 의정(議政)을 만나 봄. 하다
인견-사(人絹絲)圀《약》인조 견사(人造絹絲).
인경圀 옛날, 밤에 통행 금지를 알리려고 치던 큰 종. 《원》인정(人定). large curfew bell
인경(人境)圀 사람이 살고 있는 고장. village
인경(隣境)圀 인접한 땅의 경계. adjoining land
인경(鱗莖)圀《식물》식물의 지하경(地下莖)의 하나. 많은 양분을 저장한 다육엽(多肉葉)이 단축(短縮)한 줄기의 둘레에 겹겹 겹쳐서 이룬 구형(球形)·난형(卵形)으로 된 것. 양파·수선화 따위. bulb
인경=전(一殿)圀 서울 종로 네거리의 동남 모퉁이에

있는 보신각(普信閣)의 속칭. Boshin Belfry in Seoul. 「三界」의 하나.

인계(人界)명 ①〈야〉→인간계(人間界). ②〈불교〉삼계

인:계(引繼)명하던 일을 넘겨 주거나 받는 일. taking over 하타

인:계-인수(引繼引受)명 넘겨 주고 넘겨받음. transfer of business 하타

인고(人-) 받칠 있는 체언에 붙어, '인가'의 뜻으로 쓰이는 에스러운 말투. 또, 접끝은 말두의 종결형 서술격 조사. ¶그게 뭐야~.

인고(忍苦)명 괴로움을 참음. perseverance 하타

인곡(隣曲)명 시골. 인리(隣里).

인곤 마:핍(人困馬乏)명 사람과 말이 모두 지쳐 피곤

인골(人骨)명 사람의 뼈. human bone [합. 하곤

인공(人工)명 ①사람이 하는 일. ②사람이 자연물에 가공하는 일. 인조(人造). 인위(人爲). 땐천연(天然). 천공(天工). 자연(自然). artificiality

인공(因公)명 공사로 인함. 공무를 띔. official business 하타 「(受粉).

인공 가루받이[-바지](人工-)명 [동] 인공 수분(人工

인공 감미료(人工甘味料)명 천연(天然) 감미료인 당류(糖類)에 대하여 화학 합성으로 제조한 감미료의 이름. 사카린 따위. artificial sweetening

인공 강:설(人工降雪)명 인공으로 눈이 내리게 하는 방법. 또, 그 눈.

인공 강:우(人工降雨)명 공중의 수증기를 인위적으로 응결시켜 비를 내리게 하는 방법. 또, 그 비.

인공 결정[-쩡](人工結晶)명 〈화학〉천연으로 된 광물과 같은 화학 성분을 가진 결정. 티탄(Titan)의 염화물(鹽化物)에 화학 작용을 가하여 금홍석(金紅石)을 얻는 따위. man-made crystal

인공 공물(人工公物)명 천연 상태의 자연물에 행정 주체가 인공을 가하여 비로소 공용(公用)할 수 있는 것. 항만·운하 등. 땐 자연 공물.

인공 교배(人工交配)명 〈생물〉인공적으로 수컷의 정액(精液)을 암컷의 자궁(子宮) 안에 주입(注入)시키는 일. artifical interbreeding

인공 기흉 요법[-뻡](人工氣胸療法)명 〈의학〉늑막강(肋膜腔) 곧, 흉벽(胸壁)과 폐의 사이에 기체를 넣어 폐결핵의 치료를 촉진하는 요법. pneumothorax treatment

인공 단위 생식(人工單爲生殖)명 〈생물〉성숙한 알[卵]에 정자(精子)를 가하지 않고 물리적·화학적 자극을 주어서 이를 발육시키는 일. artificial parthenogenesis

인공 돌연 변:이(人工突然變異)명 〈생물〉생체의 염색체·유전체에 인공적인 변화를 가하여 얻어진 돌연 변이.

인공 두뇌(人工頭腦)명 〈속〉전자 계산기(電子計算機).

인공림(人工林)명 인공으로 파종(播種)·식수(植樹)·꺾꽂이 따위에 의하여 이루어진 삼림. 땐 천연림(天然林). 자연림(自然林). artificial plantation

인공 면:역(人工免疫)명 〈의학〉면역 혈청에 의해서 인공적으로 얻은 후천 면역.

인공=미(人工美)명 [동] 예술미(藝術美).

인공 방:사능(人工放射能)명 〈물리〉원자핵의 인공 변환에 의하여 되는 방사능. 동위 원소가 갖는 방사능. 또, 그 방사성. artificial radioactivity

인공방:사성 원소[-쎙-](人工放射性元素)명 〈물리·화학〉천연으로 표 자연계에 존재하는 원소가 아니고 원자로 등에 의해 인공적으로 만들어진 방사능을 갖는 원소. artificial radioisotope

인공 번식법[-뻡](人工繁殖法·人工蕃殖法)명 〈식물〉식물을 삽목법(揷木法)·취목법(取木法)·접목법(接木法) 따위에 의하여 인공으로 번식시키는 법. artificial multiplication

인공 부화(人工孵化)명 부란기(孵卵器)·부화 시설 등을 이용하여 인력(人力)으로 알을 깨는 일. artificial incubation 「써서 알을 깨우는 법.

인공 부화법[-뻡](人工孵化法)명 부란기(孵卵器)를

인공 소생법[-뻡](人工蘇生法)명 〈의학〉①가사(假死) 상태로 분만(分娩)된 갓난 아이를 살아나게 하는 방법. method of artificial resuscitation ②산소통(酸素筒) 및 마스크가 달린 소생기(蘇生器)로 인공 호흡을 시켜 소생시키는 법.

인공 수분(人工受粉)명 〈식물〉인공적으로 꽃가루를 암술(雌蕊)의 주두(柱頭)에 부착(附着)시키는 일. 인공 가루받이. artificial pollination

인공 수정(人工受精)명 〈동물〉인공적으로 정자(精子)와 난자(卵子)를 근접시켜 수정(受精)을 시키는 일. 보통 품종(品種) 개량, 증식(增殖) 따위를 목적으로 가축·어류 따위에 행하나, 이즈음은 인류에게도 행함. artificial insemination 하타

인공-어(人工語)명 〈어학〉세계 공통어를 목표로 하여 인위적으로 만들어 낸 언어. 에스페란토(Esperanto)·노비알(Novial) 따위.

인공 영양[-녕-](人工營養)명 ①〈의학〉보통 식사가 불충분 또는 불가능할 때, 또는 그것이 병치료에 해로울 때, 인공적으로 영양분을 체내에 넣어 주는 일. artificial nourishment ②어린아이에게 모유(母乳) 대신 우유·양유(羊乳)·분유(粉乳) 등으로 영양을 주는 일. 땐 천연 영양. artificial food

인공 온천(人工溫泉)명 천연(天然)으로 솟아나는 온천에 대하여, 인공적으로 만들어 병 치료에 응용하는 온천. 염류천·탄산천 따위.

인공 위성(人工衛星)명 〈물리〉지구의 대기 밖으로 쏘아 올려 달과 같이 지구의 둘레를 돌게 한 것. artificial satellite

인공 유산(人工流産)명 [동] 인공 임신 중절 수술(人工妊娠中絶手術).

인공 임:신 중절 수술(人工妊娠中絶手術)명 〈의학〉태아가 모체 밖에서 생명을 유지할 수 없는 시기에, 태아와 그 부속물을 인공적으로 모체 밖으로 배출시키는 수술. 인공 유산.

인공-적(人工的)관·명 인위적(人爲的).

인공 지능(人工知能)명 인간의 사고 과정(過程) 또는 지적 활동의 일부를 기계화하여 보충(補充)하는 것.

인공 태양 광선 요법[-뻡](人工太陽光線療法)명 〈의학〉인공적으로 태양 광선에 가까운 조성(組成)을 가진 광선을 만들어서 병 치료에 쓰는 방법. artificial sunlight treatment

인공 태양등(人工太陽燈)명 〈물리〉태양 광선에 가까운 빛 곧, 보통의 조명용 빛보다 자색과 청색의 빛 및 자외선을 비교적 많이 함유하는 빛을 내도록 만들어진 등. 주로 수은 형광등을 쓰며 태양 광선의 대신이나 의료에 씀. artificial heliolamp

인공 피:임(人工避妊)명 〈생리〉남녀가 교접할 때 인위적으로 임심을 피하는 일. artificial contraception

인공-항(人工港)명 〈지학〉자연적으로 항구가 될 지형적 요소를 갖추지 못한 해안에 인공으로 방파제·잔교 등을 만들고, 해저면을 깊이 파서 만든 항구.

인공 호흡(人工呼吸)명 〈의학〉가사(假死) 상태에 있는 사람의 흉곽(胸廓)을 수축·확장시켜 호흡 작용을 유도하고 심장의 기능을 흥분시켜 소생하게 하는 방법. artificial respiration

인과(因果)명 ①원인과 결과. cause and effect ②〈불교〉전생의 선악으로 말미암아 그에 해당하는 과보를 받는 일. retribution

인과 관계(因果關係)명 ①〈철학〉사물의 생성·변화에는 반드시 원인과 결과의 연관이 있는 것. ②〈불교〉인연이 있으면 반드시 그 결과가 있는 것. ③〈법률〉민법에 있어서 불법 행위·채무 불이행에 의해 손해 배상의 의무가 있는 자, 또는 형법에 있어서 범죄자가 그 행위에 대한 책임을 지는 한계. 인과성. causal relation 「사. ¶무슨 ~.

인과니명 '인고 하니'가 줄어 된 연결형 서술격 조

인과-류(仁果類)명 〈식물〉열매의 씨가 굳은 껍질로 되어 있는 과실 종류. 호두·잣·은행 등.

인과 법칙(因果法則)명 [동] 인과율(因果律).

인과=설(因果說)[명] 육체와 정신간에 서로 다른 한쪽을 제약하는 인과 관계가 있다고 하는 설. 상세설

인과=성(因果性)[명] 《동》 인과 관계. [(相制說).

인과=율(因果律)[명] 《철학》 원인과 결과의 관계에 대한 자연의 법칙. 인과 법칙. 자연 법칙. law of causality

인과 응:보(因果應報)[명] 《불교》 선인(善因)에는 선과(善果), 악인(惡因)에는 악과(惡果)로 인업(因業)이 있으며 반드시 그에 응하여 업보(業報)가 있다는 말. 《예》 과보(果報). retribution

인:과 자책(引過自責)[명] 자기의 허물을 스스로 뉘우치고 꾸짖음. **하**[타]

인=괄-하다(引括-)[타여][한] 한데 모아 하나로 하다. [include

인광(燐光)[명] ①황린(黃燐)을 공기 중에 방치(放置)할 때 저절로 생기는 푸른 빛. phosphorus light ②《물리》 어떤 물체에 빛을 보냈다가 그 빛을 없앤 뒤에 그 물체에서 방출(放出)되는 빛. phosphorescence

인광(燐鑛)[명] 《광물》 인산석회를 많이 포함한 광물의 총칭. 인회석·구아노 등이 있으며 인산 비료(燐酸肥料) 제조의 원료가 됨.

인광=체(燐光體)[명] 《물리》 인광을 발하는 물질. 특히 알칼리 토금속의 황화물에 약간의 중금속을 혼합한 물질. phosphorescent body

인광 현:상(燐光現象)[명] 《물리》 어떤 물체가 자극광(刺戟光)을 제거(除去)한 뒤에도 스스로 발광(發光)하는 현상.

인교(人巧)[명] 사람의 정묘한 솜씨. human skill

인교(人橋)[명] 답교(踏橋).

인교(隣交)[명] ①이웃과의 교제. ②이웃 나라와의 교제. intercourse with neighbours

인=교대(印交代)[명] 관원이 갈릴 때에 관인(官印)을 넘겨 주고 받는 일. **하**[타]

인구(人口)[명] ①어떠한 지역 안에 사는 사람의 수효. 인총(人總). population ②여러 사람의 입길.

인-구(印歐)[명] 인도와 구라파. [common talk

인구 과:잉(人口過剩)[명] 일정 지역의 생산력을 능가하여 인구가 증식·수용(收容)되어 있는 상태. 일반적으로 취업(就業)·실업(失業)의 비율, 곧. 인구에 비군(産業豫備軍)의 증가에 의해 판단됨. surplus population

인구 동:태(人口動態)[명] 시간적인 인구 변동의 상태. 출생·사망·이주가 주요 요인이 됨. 《대》 인구 정태.

인구-론(人口論)[명] 《사회》 인구와 사회 물질과의 관계에 대한 학설. essay on population

인구 문:제(人口問題)[명] 《사회》 인구의 증감 및 질적 구성과 경제와의 관계에서 발생하는 사회 문제. 주로 인구 증가율과 생활 자료의 생산 증가율의 조화가 잡히지 않는 데에 근원됨. population problem

인구 밀도[-또](人口密度)[명] 어떤 기여의 단위 면적당 인구수. 보통 1 km² 에 대하여 몇 명의 비율로 나타냄. density of population

인구 센서스(人口 census)[명] 한 나라의 인구 상황을 총체적으로 파악하기 위하여 일정 시점을 기준으로 행하는 전국적인 인구 조사. 전국에 걸치어 인구수와 함께 성별·연령·직업 등 인구의 질적인 내용도 아울러 조사함.

인구-수(人口數)[명] 일정 지역 안의 인구의 수.

인구 어:족(人歐語族)[명] 인도 게르만 어족.

인구 요인(人口要因)[명] 인구에 증감 변화를 일으키게 하는 요인. 출생·사망·결혼 등. [짐. **하**[타]

인구 전파(因口傳播)[명] 말이 여러 입을 거쳐 전해 짐

인구 정책(人口政策)[명] 국가가 일정한 판단에 의해 인구 증식 또는 감소 과정에 관해 가하는 정치적 행위.

인구 정:태(人口靜態)[명] 인구 변동을 특정한 시각에서 절단하여 그 시점에서 관찰할 때의 인구의 상태. 《대》 인구 동태.

인구 조사(人口調査)[명] 특정한 지역의 정태(靜態)를 포착하기 위해 실제로 실시하는 통계 조사.

인구 준:행(因舊遵行)[명] 옛 인습대로 좇아 행함. **하**[타]

인구 지수(人口指數)[명] 해마다 또는 달마다 인구가 변동하는 추세를, 일정시(一定時)를 100으로 하여 비교하는 수.

인구 최:적 밀도[-도-](人口最適密度)[명] 그 이상 인구가 증가하면 문화능력으로서의 생활 표준을 유지할 수 없는 한계적 밀도.

인국(隣國)[명] 이웃 나라. 인방(隣邦). ¶《교(交)~. [neighbouring country

인군(人君)《동》 임금.

인군(仁君)[명] 어진 덕이 있는 임금. virtuous king

인군(隣郡)[명] 이웃 고을. neighboring country

인권[-꿘](人權)[명] 《법률》 ①인간이 당연히 가지는 기본적 권리. 곧, 자유와 평등의 권리. ¶~ 옹호. human rights ②《동》 자연권(自然權).

인:권(引勸)[명] 《불교》 시주(施主)하기를 권함. **하**[타]

인권 선언[-꿘-](人權宣言)[명] 《사회》 1789년 8월 26일 프랑스의 국민 의회의 결의(決議)로 발표된 국민의 자유·평등의 권리에 관한 선언. Declaration of Human Rights

인권 유린[-꿘-뉴-](人權蹂躪)[명] 국가 권력이 헌법에 보장된 기본적 인권을 침해하는 일.

인궤[-꿰](印櫃)[명] 인뒤웅이.

인귀(人鬼)[명] ①사람과 귀신. man and a devil ②잔 악한 사람. cruel man

인귀(人貴)[명] 인물이 드묾. remote ②인물이 귀함. shortage of able men **하**[타]

인귀 상반(人鬼相半)[명] 죽을 지경에 이르러서 형상이 반 귀신같이 됨. **하**[타]

인근(隣近)[명] 근처. 이웃. ¶~읍. neighborhood

인근-동(隣近洞)[명] 이웃 동네.

인-금[-끔](人-)[명] ①사람의 가치. ②됨됨이의 금새. personality [로 금박을 부어 낸 물건.

인금(印金)[명] 피륙의 생지(生地)에 여러 가지 모양으

인기[-끼](人氣)[명] ①사람의 기개(氣槪). 의기(意氣). spirit of man ②세상 사람의 좋은 평판. ¶~ 정책(政策). popularity [capacity

인기(人器)[명] 사람의 도량과 재간. 사람의 됨됨이.

인기(刃器)[명] 도кі나 칼같이 날이 서 있는 기구. 또, 그런 무기. edged weapon [ption

인:기(引氣)[명] 끌어들이는 힘. 빨아 내는 기운. absor-

인기(忍飢)[명] 배고픔을 참음.

인기=旗(認旗)[명] 《제도》 주장(主將)이 호령하고 지휘하는 데 쓰던 기. [여 씀. **하**[타]

인기 아(人棄我取)[명] 남이 버리는 것을 나는 취하

인기 직업[-끼-](人氣職業)[명] 세간의 인기를 끄는 것을 필요로 하는 직업. 배우·가수 등.

인=기척[-끼-](人-)[명] 사람의 나타남을 알리는 또는 알아낼 수 있는 발자취와 목소리. sign of man's presence **하**[타]

인-꼭지(印-)[명] 인(印)의 손잡이. handle of a seal

인-끈(印-)[명] 《제도》 ①인꼭지에 꿰어 낸 끈. 인수(印綬). ribbon of seal ②병권(兵權)을 쥔 벼슬아치가 병부(兵符) 주머니를 매달아 차는 길고 넓적한 녹비 끈.

인낙(認諾)[명] 《법률》 ①인정하여 승낙함. ②《법률》 민사 소송에서, 권리 관계에 관한 원고(原告)의 주장을 정당하다고 하는 피고의 진술. avow **하**[타]

인-날(人-)[명] 음력 정월 초이렛날. 인일(人日). January 7th of lunar month

인내(人-)[명] ①사람 몸에서 나는 냄새. ②짐승이나 벌레들이 맡는 사람 냄새. smell of man

인내(忍耐)[명] 참고 견딤. 감인(堪忍). 내인(耐忍)①. ¶~력. patience **하**[타]

인내-심(忍耐心)[명] 참고 견디는 굳은 마음.

인=내천(人乃天)[명] 《종교》 천도교의 종지(宗旨)로서, 사람이 곧 하늘이라는 말.

인=년(寅年)[명] 《민속》 태세(太歲)의 지지(地支)가 인(寅)으로 된 해. 갑인(甲寅)·병인(丙寅) 따위.

인노(人奴) 〈명〉 종. 노복(奴僕).
인-누에 허물을 벗고 난 누에.
인니(印泥) 〈명〉 인주(印朱).
인다오 〈약〉 이리 다오. give it to me
인당(印堂) 〈민속〉 양쪽 눈썹의 사이. between eyebrows
인-당하다(引當─) 〈타여〉 담보(擔保)하다.
인대(靭帶) 〈생리〉 관절을 단단하게 하고 또는 그 운동을 억제하는 작용을 하는 결체 조직의 올실의 띠. ligament
인-대명사(人代名詞) 〈동〉 인칭 대명사.
인더스트리얼 디자인(industrial design) 〈명〉 〈공업〉 대량 생산을 전제로 한 제품의 여러 분야에서, 아름답고도 실용적으로 고안된 공업 의장(工業意匠).
인 더 홀(in the hole) 〈명〉 야구에서, 투수나 타자의 볼 카운트가 불리하게 된 경우.
인덕(人德)[─떡] 〈人德〉 〈명〉 사람을 잘 사귀고 서로 대하여 도움을 많이 받는 복. 인복(人福). natural virtue
인덕(仁德) 〈명〉 어진 덕. benevolence
인덕션 코일(induction coil) 〈명〉 〈물리〉 유도 코일.
인덕터스(inductance) 〈명〉 〈물리〉 하나의 회로 안에서 단위 시간에 전류가 변화하였을 때, 전로내에 생기는 기전력과 전류와의 변화량의 비. 전류를 암페어, 기전력을 볼트로 하였을 때 단위를 헨리라 함.
인데 ①받침 있는 체언에 붙어, 그 말이 나타내는 뜻을 당연한 사실로서, 또는 기대에 어긋나는 원인·조건으로서 다음 말로 넘겨 주는 연결형 서술격 조사. ¶착한 사람~ 실수를 했나 보군. ②받침 있는 체언에 붙어, 남의 반응을 기대하거나 감탄의 뜻을 나타내거나, 미진한 뜻을 나타내는 종결형 서술격 조사. ¶위대한 사람~.
인덱스(index) 〈명〉 ①목차. 색인. ②〈수학〉 지수(指數).
인덱스 카:드(index card) 〈명〉 색인용(索引用)·목차용(目次用)·지수용(指數用) 따위의 카드.
인도(人道) 〈명〉 ①사람이 다니는 길. 보도(步道). 〈대〉 차도(車道). foot path ②사람이 지켜야 할 도리. humanity
인:도(引渡) 〈명〉 ①물건이나 권리를 넘겨 줌. delivery ②〈법률〉 구속된 사람, 또는 점유한 물건을 교부함. transfer 하다
인:도(引導) 〈명〉 ①가르쳐 이끎. leading ②앞장서서 알림, 인솔(引率). guidance ③〈불교〉 장사(葬事)지낼에 앞에, 영구 앞에서 혼령(魂靈)의 개오(開悟) 전미(轉迷)를 설득(說得) 귀의(歸依)하도록 하는 일. requiem ④〈불교〉 사람을 가르쳐 불도(佛道)로 이끎. introduction to Buddhism 하다
인도(印度) 〈명〉 '인디아'의 음역. 인²(印).
인도 게르만 어:족(Indo-German 語族) 〈명〉 〈어학〉 세계 어족의 하나. 중앙 아시아에서 유럽의 대부분에 걸쳐 쓰이고 있는 모든 언어의 총칭. 굴절어임이 형태상 특징임. 인구(印歐) 어족. Indo-German family of languages
인도=고무나무(印度 gomme─) 〈명〉 〈식물〉 뽕나무과에 속하는 상록 교목. 높이 30m 이상으로 잎은 긴 타원형이고 녹색의 광택이 남. 인도 원산(原産)으로 줄기에 흠을 내어 고무진을 뺌. rubber plant
인도=공:작(印度孔雀) 〈명〉 〈조류〉 꿩과의 공작의 하나. 인도 원산. 날개 길이 50cm 가량. 관우(冠羽)는 절반만 펼치면 부채 모양임.
인도=교(人道敎) 〈명〉 〈종교〉 사회학의 비조인 프랑스의 콩트가 제창한 새 종교. 인류교(人類敎). humanitarianism
인도=교(人道橋) 〈명〉 사람이 다니는 다리. footbridge
인도=교(印度敎) 〈명〉 〈동〉 바라문교(婆羅門敎).
인도=남(印度藍) 〈명〉 〈동〉 인디고(Indigo).
인도=어(indoor) 〈명〉 실내. 옥내.
인도어 스포:츠(indoor sports) 〈명〉 〈체육〉 실내 운동.
인도-적(人道的) 〈명〉 인도에 관계되는(것). 박애심(博愛心)이 깊은(것).
인도=주의(人道主義) 〈철학〉 휴머니즘(humanism).

인:도 증권[──원] 〈引渡證券〉 증권상의 유자격자에게 인도되어 증권에 기재된 물품 자체를, 인도한 것과 같은 효력을 발생하게 하는 물권적 유가 증권.
인도=지(印度紙) 〈명〉 〈동〉 인디아 페이퍼.
인도차이나 어:족(Indo-China 語族) 〈어학〉 세계 어족의 하나. 동쪽은 중국 본토로부터 서쪽은 티베트·타이·미얀마를 포함하는 지역에 분포하는 언어의 총칭. 고립어임이 특징. 최근에는 인도티베트 어족으로 불림. Indo-Chinese family of languages
인도 철학(印度哲學) 〈철학〉 최고신(最高神)을 일(一) 또는 범(梵)으로 하는, 인도에서 발달한 종교 및 철학. Indian philosophy
인도=코끼리(印度─) 〈명〉 〈동물〉 코끼리과에 속하는 짐승. 인도 지방에서 많이 나는데, 아프리카산보다 작은 몸집으로 시각이 많이 예민함. 성질이 온순하여 길들여 사역함. 인도상(印度象). Indian elephant
인동(忍冬) ①〈동〉 인동덩굴. ②〈한의〉 겨우살이덩굴을 음건(陰乾)하여 만든 한약재. 한열(寒熱)·이뇨·해열·종기 treatment.
인동(隣洞) 〈명〉 이웃 동네. next village
인동-덩굴(忍冬─) 〈명〉 〈식물〉 인동과(忍冬科)의 덩굴진 낙엽 활엽 관목. 잎은 난형 또는 타원형으로 양면에 잔털이 났으며 5월에 백색 꽃이 핌. 잎은 차(茶) 대용, 줄기·잎은 한방에서 약재로 씀. 겨우살이덩굴. 인동(忍冬)①. honeysuckle
인두(人─) 〈명〉 ①바느질을 할 때 구김살을 펴는 제구. iron ②납땜할 때에 쓰는 제구. soldering iron
인두(人頭) 〈명〉 ①사람의 머리. ②사람의 머릿수.
인두(法頭) 〈불교〉 법회(法會) 때에 여러 승려의 선도가 되는 승려. chief priest at a Buddhist mass
인두(咽頭) 〈명〉 〈생리〉 구강(口腔)과 비강(鼻腔)을 이어서 식도를 후두(喉頭)에 이어대는 깔때기 모양의 근육성 기관. pharynx
인두-겁(人─) 〈명〉 사람의 겉 형상. 사람의 탈. human shape
인두겁을 쓰다(人─) 행실이나 바탕은 사람답지 못하고 겉만 사람의 형상을 갖춘 것이라는 말.
인두-세(人─稅) 〈명〉 〈제도〉 사람의 수에 따라 세금을 부과시키던 원시세(原始稅)의 하나. poll-tax
인두-염(咽頭炎) 〈명〉 〈동〉 인두 카타르.
인두-질 인두로 구김살을 눌러 퍼거나 꺾은 줄기를 누르는 짓. ironing 하다
인두 카타르(咽頭 katarrh) 〈의학〉 인두의 점막에 생기는 염증. 인두염(咽頭炎).
인두-판(─板) 〈명〉 인두질에 쓰는 헝겊으로 싼 널빤지. ironing board
인:-둘리다(人─) 〈타〉 많은 사람의 움직임에 취해서 정신이 휘둘리다.
인-뒤웅이(印─) 〈제도〉 관청에서 쓰던 인장을 넣는 궤. 인궤(印櫃), 인함(印函). 〈약〉 인동이. sealbox
인듐(indium) 〈화학〉 금속 원소의 하나로 은백색이며 납보다 무름. 섬아연광·방아연광 속에서 함유되어 있음. 원소 기호; In. 원자 번호; 49. 원자량; 114.82.
인 드롭(in drop) 〈명〉 〈체육〉 야구에서, 투수가 던진 공이 타자(打者) 바로 앞에서 떨어짐을 이름.
인득(引得) 〈명〉 색인(索引).
인들 받침 있는 체언에 붙어, 반어(反語)의 뜻을 나타내는 보조사. ¶무엇~ 못하랴.
인:등(引燈) 〈불교〉 부처 앞에 등불을 켜는 일. 하다
인:등 시:주(引燈施主) 〈불교〉 인등하는 기름을 공양하는 일. 또, 그 사람.
인디고(indigo) 〈명〉 ①남초에서 채취하거나 나프탈린에 공업적으로 합성하는 가루로 된 청람색(青藍色)의 물감. 알코올이나 알코올리의 수용액에는 녹지 않음. ②청남색. 인도남(印度藍). 양람(洋藍).
인디뷰앨리티(individuality) 〈명〉 ①개성(個性). ②특성(特性).
인디뷰얼리즘(individualism) 〈명〉 개인주의.
인디아 페이퍼(India paper) 〈명〉 중국의 당지(唐紙)의 질을 영국에서 개량한 얇고도 튼튼하며 질긴 서

양지. 성경·사전 등에 많이 씀. 인도지(印度紙). 인디언지.
인디언(Indian)圀 ①인도 사람. ②아메리카 인디언.
인디언 레드(Indian red)圀 자색(紫色)을 띤 붉은색의 안료(顔料).
인디언-지(indian 紙)圀 〈동〉 인디아 페이퍼.
인-동(印—)圀〈약〉→인뒤응이.
인력(人力)圀 ①사람의 힘. ②인원. 인적 자원. 인간의 노동력. 〈대〉 신력(神力). human power
인:력(引力)〈물리〉공간적으로 떨어진 물질이 서로 당기는 힘. 〈대〉 척력(斥力). gravitation
인력-거(人力車)圀 사람을 태워서 사람이 끄는 수레. rickshaw
인력거-꾼(人力車—)圀 인력거를 끄는 사람. rickshawman
인례(人禮)圀 종묘(宗廟) 같은 곳에 제사지내는 예.
인례(引例)圀 끌어 쓰는 예. 또, 예를 들어 증거를 보임. 인용례(引用例). example 하囨
인류(人類)圀 ①사람을 다른 생물들과 구별하는 말. human race ②세계 안의 모든 사람. mankind
인류 공:영(人類共榮) 온 인류가 다 같이 번영함.
인류-교(人類敎)圀〈동〉 인도교(人道敎).
인류-애(人類愛)圀 인류에 대한 사랑. 인류 전체를 사랑하는 일. love for humanity
인류-학(人類學)圀 인류 및 인종의 기원·특징을 주된 연구 대상으로 하고, 더 나아가 널리 인류의 여러 특성에 관하여 과학적으로 연구하는 학문.
인륜(人倫)圀〈윤리〉①사람이 지켜야 할 떳떳한 도리. morality ②당연히 정해진 인류의 질서 관계. 오강(五綱)의 도. ③헤겔의 용어로 객관화된 이성적 의지. 이륜(彝倫). 윤리(倫理)①. human relations
인륜 대:사(人倫大事)圀 인간 생활에 있어서 겪는 중대한 일. 곧, 혼인·장례 등. 인간 대사(人間大事).
인리(人里)圀 사람이 많이 사는 동네.
인리(隣里)圀 이웃 동리. 이웃 마을. 인곡(隣曲). neighbouring village 「빛나다. phosphorescent
인린-하-다(燐燐—)囨囨 도깨비불·반딧불 따위가
인마(人馬)圀 사람이 오르내리는 말. 「의 말. ③〈약〉→인마궁(人馬宮).
인마(人馬)圀 ①사람과 말. men and horses ②마부
인마-궁(人馬宮)圀〈천문〉황도(黃道) 십이궁의 하나. 소설(小雪)이 되면 태양이 이 성좌에 옮. 〈약〉 인마(人馬)②. Sagittarius
인-마일(人mile)의圀 마일로 계산하는 나라에서 인킬로에 상당하는 계산 단위.
인말(姻末)圀 이질(姨姪)·처질(妻姪)에게 자기를 낮추어 편지에서 쓰는 말. 인하(姻下).
인말(寅末)圀〈민속〉 인시(寅時)의 끝. 곧, 상오 다섯시 직전. 인시말(寅時末). 「덕망. popularity
인망(人望)圀 세상 사람이 우러러 칭찬하고 따르는
인망 가:폐(人亡家廢)圀 사람은 죽고 집은 결단남. 아주 망해 버림. 폐기 휴신(敗家虧身).
인맥(人脈)圀 정계·재계·학계 따위에서, 같은 계통·계열에 속하는 사람들의 유대 관계.
인면(人面)圀 사람의 얼굴. human face 「a seal
인면(印面)圀 글자를 새긴 도장의 면. lettered side of
인면 수심(人面獸心)圀 사람의 얼굴을 하였으나 마음은 짐승과 다름이 없음. 곧, 자기의 도리를 지키지 못하고 배은 망덕하거나 흉악 음탕한 사람의 비유. beast with human face 「스럼의 하나.
인면-창(人面瘡)圀〈한의〉 무릎 또는 손목에 나는 부
인멸·인멸(湮滅·湮滅)圀 죄다 없어져 버림. 인침(湮沈). 인류(湮流)〈증거(證據)〉~. obliteration 하囨
인명(人名)圀 사람의 이름. person's name 「life
인명(人命)圀 사람의 목숨. ¶ ~ 재천(在天). human
인명-록(人名錄)圀〈동〉 방명록(芳名錄). 「directory
인명-부(人名簿)圀 사람의 이름이나 주소를 적은 책.
인명 재:천(人命在天)圀 사람이 오래 살고 일찍 죽음은 하늘에 매어 있다는 말.
인모(人毛)圀 사람의 머리털. human hair
인모(鱗毛)圀 ①〈식물〉 많은 세포로 되어 있으며 비

늘 모양으로 줄기·잎 등의 거죽에 덮여 이를 보호하는 잔털. ②〈미술〉 어류·곤충·조수(鳥獸) 따위를 그린 그림. 「기 어려움.
인모 난:측(人謀難測)圀 사람 마음의 간사함을 헤아리
인모 망건(人毛網巾)圀 사람의 머리털로 앞을 뜬 망건.
인모-앞(人毛—)圀 머리털로 뜬 망건의 앞. 「건.
인목(人目)圀 ①사람의 눈. ②남이 보는 눈. 이목(耳目). public gaze 「일컬음. emperor
인목(人牧)圀 백성을 길러 다스린다는 말로 임금을
인물(湮沒)圀 파묻혀 없어짐. being buried 하囨
인문(人文)圀 ①인류의 문화. culture ②인간(人物)과 문물. people and civilization ③인류의 질서.
인문(仁聞)圀 어질다고 소문난 명성.
인문(印文)圀〈동〉 인발.
인문-과(—과)(人文科)圀 언어·문학·철학·사회 생활에 관한 여러 학과의 총칭.
인문 과학(人文科學)圀 정치·경제·사회·역사·학예 등 인류 문화에 관한 학문의 총칭. 〈대〉 자연 과학. cultural science
인문 신화(人文神話)圀 신격(神格)이나 영웅을 중심 삼아 일어난 신화. 또는 옛날 문화의 기원을 설명하는 신화. 〈대〉 자연 신화.
인문-주의(人文主義)圀〈동〉 휴머니즘(humanism).
인문 지리학(人文地理學)〈지리〉지구상의 인류의 분포, 인문(人文) 현상과 자연 환경과의 관계 따위를 다루는 지리학의 한 부문. 〈대〉 자연 지리학(自然地理學). human geography 「사 시대의 토기.
인문 토기(印文土器)圀 표면에 인발을 내어 만든 선
인문 학파(人文學派)〈교육〉 고아(高雅)·우미(優美)한 정조(情調)를 배양(培養)함을 교육의 목적으로 하는 한 파. humanists
인물(人物)圀 ①사람과 물건. ②뛰어난 사람. 쓸모 있는 사람. 인재(人材). able man ③사람의 얼굴 모양. 용모. countenance ④사람의 됨됨이. 인품. character ⑤〈약〉→인물화(人物畫).
인물 가난이(人物—)圀 잘생긴 사람이 없거나 뛰어난 인재가 드문 일. 인물난. want of able men
인물 고사(人物考査)圀 지능 검사·정의(情意) 검사 등으로는 알아볼 수 없는 개인의 특성·특수 사정을 판정하는 일.
인물-도(人物圖)圀〈동〉 인물화(人物畫).
인물=주의(人物主義)圀 가문이나 학력·재산 같은 것은 문제삼지 않고, 그 사람의 인품과 능력을 본위로 삼는 생각. 「사람.
인물 차지(人物次知)〈제도〉 인사의 사무를 맡던
인물 추심(人物推尋)圀 ①도망한 사람을 찾음. ②〈제도〉 딴 고을로 도망가서 사는 노비 또는 자기 손을 그의 상전이나 자손이 찾음. 하囨「(論定)함. 하囨
인물 평:론(人物評論)圀 인물의 가치와 선악을 논정
인물-화(人物畫)圀 사람을 주제로 하여 그린 그림. 인물도. 〈약〉 인물⑤. portrait
인민(人民)圀 ①사회를 구성하고 있는 국민(人民). 백성. the people ②〈법률〉 한 국가를 구성하고 있는 자연인(自然人). 법제사적(法制史的)으로는 공국가의 구성원을 말함.
인민 공:화국(人民共和國)圀 인민을 주권체로 한 공화국 정체의 하나. 보통 공산주의 체제의 나라에서 씀. 〈약〉 인공.
인민 위원회(人民委員會)圀 소비에트 연방 및 그 위성 국가에서, 중앙 집행 위원회에 의하여 선임된 상임 위원회가 선출한 행정 기관. people's commission
인민 재판(人民裁判)圀 재판관 및 판결(陪審)을 일정한 자격을 갖춘 전임자(專任者)에게 맡기지 않고, 인민 대중 앞에서 그들을 배심으로 하여 재판·처결하는 공산주의 아래의 재판 방식. people's court
인민 전:선(人民戰線)圀〈사회〉 파시즘과 전쟁에 대항하는 모든 단체나 계급이 이룬 공동 전선. people's front

인민 주권[-권](人民主權)명〈법률〉공화국에 있어서의 인민이 지니는 주권. 또, 그 작용. 국민주권. popular sovereignty

인민 투표(人民投票)명〈정치〉①통 국민 투표. ②정무(政務)에 관하여 직접 인민에게 가부(可否)를 물어 투표로써 결정하는 제도. referendum

인바(Invar)명〈화학〉철 63.5%, 니켈 36%, 망간 0.5%의 합금. 열팽창률이 보통 철의 1/10로 극히 작음. 정밀 시계·측량기 따위에 쓰임.

인=박이다자 여러 번 되풀이하여 습관이 아주 몸에 배다. get into a habit

인=발[-발](印-)명 찍어 놓은 인장의 형적. 인문(印文). 인형(印形). 인장(印章)②. 인영(印影). seal impression

인:방(引枋)명〈건축〉기둥과 기둥 사이의 벽에 가로 건너지른 장여 따위의 나무. 상인방·하인방이 있음. lintel

인방(寅方)명〈민속〉이십사 방위의 하나. 동북에서 남쪽으로 15도 가量 방위를 중심으로 한 좌우 15도의 각도 안.(약) 인(寅)②. northeast-by-east

인방(隣邦)명〈동〉인국(隣國). 「길을 인도하던 관노.

인:배(引陪)명〈제도〉정 3품 이상의 벼슬아치의 앞

인버네스(inverness)명 남자용 소매 없는 외투의 하나.

인=법당(因法堂)명〈불교〉작은 절에서 법당을 따로 짓지 않고 중들이 거처하는 방에 불상을 모신 곳.

인=변(人邊)명 한문 글자의 옆의 'イ'의 이름. '俊·仁·佳·便·俗' 등의 왼쪽 변.

인변(人變)명〈동〉인아(人痾). [the army 하]

인:병(引兵)명 군대를 뒤로 물림. 철수함. withdraw

인병 사:(因病致死)명 병으로 인하여 죽음. death from disease 하

인보(隣保)명 ①가까운 이웃집. 또, 그 사람. neighbour ②가까운 이웃끼리 서로 돌고 협력하는 일. 또, 그런 목적의 단체. neighbourhood ③통 구보(保隣). 「직원 법인체. 또, 그 집.

인보=관(隣保館)명〈사회〉빈민 구제를 목적으로 한.

인보=드 엔진(inboard engine)명 모터 보트 등의 엔진이 선체 내부에 붙어 있는 것. ↔아웃보드 엔진.

인보 사:업(隣保事業)명〈사회〉빈민의 실제 생활을 조사하여 그의 개선과 교화(敎化)를 꾀하는 사회 사업. settlement work

인보이스(invoice)명〈경제〉물품을 원격지에 발송할 때 수하인에게 내역을 적어 보내는 서장(書狀).

인:보:험(人保險)명〈경제〉인체에 관한 보험 사고 발생이 있을 때 급부를 약속하는 보험.(대) 물(物)

인:복[-뽁](人福)명〈동〉인덕(人德). [보험.

인본(印本)명 인쇄한 책. printed book

인본 교:육(人本教育)명 개성(個性)을 존중하고 각자의 독창력을 장려하여 규율 있는 자유 밑에서 학습하게 하는 혁신적인 교육. humanistic education

인본-주의(人本主義)명〈동〉휴머니즘(humanism).

인봉(因封)명〈동〉국장(國葬). 인산(因山).

인봉(印封)명 ①봉한 물건에 도장을 찍음. sealing ②공무가 끝난 뒤에 관인을 봉함. sealing official documents 하

인봉 가수(印枷枷囚)명〈제도〉중죄인의 목에 칼을 씌우고, 그 위에 도장 찍은 종이를 붙이던 일. 하

인부(人夫)명 ①품삯을 받고 일하는 사람. 막벌이꾼. 인정(人丁). ②공역(公役)에 부리는 사람. sundry laborer

인부(人負)명 사람의 등에 지우는 짐. burden

인=부심(人一)명〈민속〉아이 낳은 지 이레되는 날에 수수떡을 만들어 낳을 때에 놓고, 지나가는 사람에게 나누어 먹게 하던 일. 하 [한 부정.

인=부정(人不淨)명〈민속〉기휘(忌諱)될 사람으로 인

인부정=타-다(人不淨--)자〈민속〉부정한 사람으로 말미암아 탈이 일어나다. [ments

인분(人糞)명 사람의 똥. ¶~ 비료. human excre-

인분(鱗粉)명 나비나 나방 따위의 날개에 있는 비늘

모양의 분비물.

인=분뇨(人糞尿)명 사람의 똥과 오줌.

인불(人不)명 사람이 사람답지 못함.

인비(人祕)명 (약)=인사 비밀.

인비(隣比)명〈동〉이웃.

인비(燐肥)명 (약)=인산 비료(燐酸肥料).

인=비늘(人-)명 사람의 피부 표면의 각질 세포가 병적으로 떨어진 것. 인설(鱗屑).

인=비목석(人非木石)명 사람은 목석과 달라서 이성과 감정이 있음을 가리킴. Man is sensitive being

인비=인(人非人)명 인도(人道)를 벗어난 사람. 「②초대장.

인비테이션(invitation)명 ①초대(招待). 초빙(招聘).

인사(人士)명 교육이나 사회적인 지위가 있는 사람. ¶ 지명(知名) ~. personage

인사(人事)명 ①남에게 공경하는 뜻으로 하는 예의. 예(禮). expression of respect ②인연 없는 사람끼리 서로 통성명(通姓名)을 함. greeting ③사람들 사이에 지켜야 할 예의. 또, 그 일. manners ④사람이 하는 일. human business ⑤개인의 의식·능력·신분에 관한 일. personal affairs 하

인사(人師)명 품행이 단정하여 남의 모범이 되는 사람. man of good breeding

인사(禋祀)명 정결히 하고 제사를 지냄.

인사 관:리(人事管理)명 경영에 있어서, 생산의 인적 인자(因子)로서의 인간을 자본의 입장에서 보아 가장 효과적으로 통제하고 운용하는 관리 절차의 총칭. 경영 관리로서의 인사 관리.

인사-란(人事欄)명〈동〉소식란(消息欄).

인사-말(人事-)명 인사로 하는 말.

인사 불:성(人事不省)명 ①정신을 잃고 의식을 모름. 불성 인사. ②사람으로서의 예절을 차릴 줄 모름.

인사 비:밀(人事祕密)명 인사에 관한 비밀. 또, 서류. (약) 인비(人祕). secrecy of personal affairs

인사-성(人事性)명 사람이 예의 발라서 손윗사람을 잘 알아보고 인사를 차리는 습성. courtesy

인사 유명(人死留名)명 사람은 죽어도 그 삶이 헛되지 않으며 이름이 길이 남는다는 말. immortalize one's fame

인사 이:동(人事異動)명 관공서·회사 등의 조직 안에서 직원·사원 등의 지위나 근무를 바꾸는 일.

인사이드(inside)명 ①내부. 안쪽. ②〈체육〉구기 경기에 있어서 공이 경계선 안에 떨어짐을 이름. (대) 아웃사이드(outside).

인사-조[-조](人事調)명 ①정성이 없이 형식만 갖추는 인사. ②인사하는 양(樣). [일.

인사 치레(人事--)명 성의 없는 인사로 겉만 꾸미는

인사 행정(人事行政)명 행정 조직을 구성하는 직원에게 유능한 소질·능력을 갖게 하고, 이를 유지·활용시키려는 인사상의 계획·감독·지도·조정의 기능.

인산(人山)명 많이 모인 사람의 폐. 인해(人海). crowd

인산(因山)명 태상황(太上皇) 및 그 비(妣), 임금과 그 비, 황태자 부부, 황태손 부부의 장례. 국장. 인봉(因封). imperial funeral

인산(燐酸)명〈화학〉인(燐)을 태워 그 생성물을 물에 용해하여 얻는 산(酸)의 총칭. phosphoric acid

인산-나트륨(燐酸natrium)명〈동〉=인산소다.

인산 비:료(燐酸肥料)명 인산 화합물, 주로 인광석을 주원료로 한 비료. 과인산석회. 인산암모늄.

인산-석회(燐酸石灰)명〈동〉=인산칼슘. [인비(燐肥).

인산-소:다(燐酸soda)명〈화학〉인산(燐酸)으로 탄산소다의 액을 포화(飽和)시켜서 얻은 주상(柱狀) 결정. 색이 없고 투명하며, 물에 녹기 쉽고 공기 중에서 풍화(風化)함. 인산나트륨.

인산-암모늄(燐酸ammonium)명 인산에 암모니아를 넣어 만드는 무색 결정. 제 1·제 2·제 3 인산암모늄의 세 가지가 있음. (약) 인안(燐安)①.

인산 인해(人山人海)[명] 사람이 헤아릴 수 없이 많이 모여 있음을 가리키는 말.

인산-칼슘(燐酸calcium)[명] 〈화학〉 제1인산칼슘·제2인산칼슘·제3인산칼슘의 총칭. 흰 빛깔의 덩어리로, 뼈의 주성분(主成分). 인산석회.

인산-코데인(燐酸 kodein)[명] 〈약학〉 아편(阿片)에서 얻는 하얗고 쓰고 가는 바늘 모양의 약산성(弱酸性) 받음을 띠며, 신경통·기관지염·불면증에 씀.

인삼(人蔘)[명] 〈식물〉①오갈피나무과의 다년생 풀. 높이 60cm 내외로 근경(根莖)은 짧고 마디가 있으며, 하부에 비대한 백색 다육질이 있음. 4월에 녹백색 꽃이 피고 가을 과실은 구형임. 뿌리는 보혈 강장제로 유명하여 널리 재배함. 야생종을 '산삼' 재배종을 '가삼'이라 함. 지정(地錠). ②〈한의〉인삼의 말린 뿌리. 삼아. ¶~ 전과(煎果). 《약》삼(蔘). ginseng

인삼-당(人蔘糖)[명] 인삼을 설탕에 조려 말린 것.

인삼-차(人蔘茶)[명] 인삼 특히 미삼(尾蔘)을 넣어 끓인 차.

인상(人相)[명] ①사람의 생김새. features ②사람의 용모·동작·동작 등의 특징으로 그 사람의 성격·성정(性情)·운명을 판단하는 일. physiognomy

인상(刃傷)[명] 칼날에 다침. 또, 다친 그 상처.

인:상(引上)[명] ①끌어올림. pulling up ②물건 값·요금·봉급 등을 올림. 《대》인하(引下). ③〈체육〉역도에서, 바벨을 두 손으로 잡아 한 동작으로 머리 위까지 들어 올리는 운동. raising 하타

인상(印象)[명] ①깊이 느껴져 잊혀지지 않는 일. 감명(感銘). ②〈생리〉외계(外界)의 자극이 생물체의 영향을 주는 생리적 변화. ③〈심리〉외적(外的) 환경으로부터의 직접 영향에 의하여 생긴 사상·감정 등 일체의 의식. ④〈미술〉미적 대상(美的對象)이 인간에게 주는 모든 효과. impression

인상(鱗狀)[명] 비늘과 같이 생긴 모양.

인상-기(印象記)[명] 어떤 일에서 받은 인상을 기록한 것. ¶영국(英國) ~.

인상 비:평(印象批評) 〈문학〉객관적인 표준에 의하지 아니하고 작품에서 받은 주관적인 인상에 의하여 하는 비평. impressive criticism

인-상식(人相食)[명] 흉년에 배가 고파 사람이 서로 잡아먹음. 하타 성내다. 흘겨보다.

인상-쓰다(印象—)[자으로][속] 표정을 험악하게 짓다.

인상-적(印象的)[명][부] 특히 뚜렷한 인상을 주는(것). impressive

인상-주의(印象主義)[명] 〈미술〉19세기 후반 프랑스에서 일어난 회화(繪畫)에 관한 유파로 사물에서 받은 인상을 그대로 표현하고자 하는 주의. 《대》사실주의(寫實主義). impressionism

인상 착의(人相着衣) 사람의 생김새와 옷차림.

인상-파(印象派)[명] ①인상주의의 예술가. ②〈미술〉회화에서 외계의 사물이 주는 인상만을 효과적으로 나타내려는 서양화파(西洋畫派)의 하나. impressionist ③[속] 참하지 않고 아무렇게나 생겨 보기 흉한 사람. 「림. impressionistic painting

인상-화(印象畫)[명] 〈미술〉인상주의적인 화풍의 그림.

인새(印璽)[명] 임금의 인(印). 옥새(玉璽).

인:색(吝嗇)[명] 재산을 체면 없이 다랍게 아낌. 인석(吝惜). ¶~한 사람. stinginess 하타 히팅

인생(人生)[명] ①생명을 가진 사람. ②사람이 이 세상에 살아 있는 동안. 일생(一生). ③사람의 목숨. ④사람의 생활. life (寅)으로 된 해에 난 사람.

인생(寅生)[명] 〈민속〉 띠세로 육십갑자(六十甲子)의 지지(地支)가 (寅)으로 된 해에 난 사람.

인생-관(人生觀)[명] 〈철학〉인생의 목적·의의·가치 등에 관한 이론적 견해. 또, 그 사고 방식. 각 개인의 경험·성격에 따라 결정됨. view of life

인생 극장(人生劇場) 세상을 하나의 극장으로 비유해서 일컫는 말. theater of life 「바를 가르친 책.

인생 독본(人生讀本) 〈문학〉사람의 참됨과 그 나갈

인생 무상(人生無常) 덧없는 인생을 이르는 말.

인생 비:평(人生批評)[명] 지은이의 인생관을 중히 여기는 비평 태도. criticism of life

인생 삼락(人生三樂)[명] 삼락(三樂).

인생은 짧고 예술은 길다 인생은 백년을 넘지 못하나 한 번 남긴 예술은 영구히 그 가치를 빛낸다.

인생 재:근(人生在勤) 사람은 부지런함에 그 근본을 두어야 한다는 말. Man should be diligent

인생 철학(人生哲學) 〈철학〉인생의 가치·목적·의의 등에 관하여 연구하는 학문. philosophy of life

인생 초로(人生草露) 인생은 덧없다는 말.

인생 칠십 고:래희[—섭—](人生七十古來稀)[명] 사람이 일흔 살까지 산다는 것이 예로부터 드문 일이라는 두시(杜詩)의 한 귀. A man seldom lives to be seventy

인생-파(人生派) 인생의 도덕적 현실적인 행복만을 위한 예술을 주장하는 문학의 한 파. 또, 그 작품. 《대》예술파. humanists

인생 항:로(人生航路) 사람이 살아가는 한평생을 험한 항로에 견주어 이르는 말.

인생 행로(人生行路) 사람이 한평생 살아가는 길.

인서(人庶)[명] 백성. 서민(庶民).

인서(仁恕)[명] ①자비심이 깊고 마음이 어질어, 마음 쓰는 것이 후함. ②불쌍히 여겨 다른 잘못은 묻지도 않음. 하타

인서:트(insert)[명] 〈연예〉①삽입(揷入). ②영화의 장면과 장면 사이에 편지·전보·명함·신문 따위에 쓰인 문자를 화면으로 삽입하는 것.

인석(人石)[명] 돌로 사람의 형상을 만들어 능침에 세운 것. 석인(石人).

인:석(吝惜)[명] [동] 인색(吝嗇). 하타 「蓆).

인석(茵席)[명] 왕골이나 부들로 만든 돗자리. 인욕(茵

인석-장이(茵席匠—)[명] 왕골이나 부들 돗자리를 만드는 사람. 「choice of a person 하타

인선(人選)[명] 여럿 중에서 적당한 사람을 가리어 뽑음.

인선(仁善)[명] 성질이 어질고 착함. benevolence 하타

인성(人性) 사람의 성품. human nature

인성(人聲) 사람의 소리. human voice

인:성[—성](引性)[명] 끌어당기는 성질.

인성(引聲)[명] 〈불교〉아미타불의 명호(名號). 경문·염불·계송 등을 목소리를 부드럽고 길게 끌어 창(唱)하는 일. 또는 그 소리. 염불.

인성[—성](靭性) 〈물리〉재료(材料)의 질김성. 곧, 외력(外力)에 의해서 파괴하기 어려운 성질. tenacity

인성-만:성[명] ①많은 사람이 귀찮게 들끓는 모양. bustling ②정신이 흐릿하고 아찔하여 아무 의식이 없게 된 모양. dizzily 하타

인성-학(人性學) 〈철학〉일반 인류학의 한 분과. 사람의 정신 발달과 성질에 관한 학문. ethology

외세[—세](人稅)[명] 〈경제〉사람을 대상으로 하여 부과하는 소세. 소득세(所得稅)·상속세(相續稅) 따위. 대인세(對人稅). 《대》물세(物稅). poll tax

인세[—세](印稅)[명] ①〈약〉→인지세(印紙稅). ②서적의 발행자가 저작자에게 정가(定價)에 대해 일정한 비율로 지불하는 돈. 또는 작곡가나 가수(歌手) 등이 취입(吹入) 레코드의 발매수(發賣數)에 따라 받는 돈. royalty 「(者). leading 하타

인:솔(引率)[명] 사람을 이끌고 거느림. 인도①. ¶~자

인쇄(印刷)[명] 인쇄판의 판면(版面)의 잉크를 묻혀 판면의 글이나 그림을 종이나 천 등에 박아 내는 일. ¶~ 기계(機械). ~ 직공(職工). printing 하타

인쇄-공(印刷工)[명] 인쇄에 종사하는 사공(職工).

인쇄-기(印刷機)[명] 〈인쇄〉각종 인쇄기의 총칭. 보통 잉크 장치·가압 장치(加壓裝置) 및 종이를 운반 처리하는 장치로 구성됨. 압력을 가하는 형식에 따라 평압 인쇄기(平壓印刷機)·원압 인쇄기(圓壓印刷機)·윤전기(輪轉機)의 세 가지로 크게 나눔. printing machine 「낸 모든 물건. printed matter

인쇄-물(印刷物)[명] 신문·서적·광고 따위의 인쇄하여

인쇄=소(印刷所)[명] 인쇄 설비를 갖추고 전문으로 인쇄의 일을 맡아 하는 곳. printing office

인쇄=술(印刷術)[명] 〈인쇄〉인쇄에 관한 기술. printing

인쇄=업(印刷業)[명] 인쇄를 주업으로 하는 영업.

인쇄=인(印刷人)[명] 인쇄소의 대표자. printer

인쇄 전:신기(印刷電信機)[명] 통신에서, 전신 신호를 받아 서 글자 또는 부호로 바꾸어 인쇄하는 장치.

인쇄=판(印刷版)[명] 〈인쇄〉인쇄하는 판. 재료에 따라서 목판(木版)·석판(石版)·아연판·동판(銅版) 등으로, 양식에 따라 평판(平版)·요판(凹版)·철판(凸版) 등이 있음. 박음판. ⓐ인판(印版). printing plate

(頭絵). number of people

인=수[一수](人數)[명] 사람의 수효. 구수(口數). 두수

인수(仁壽)[명] 인덕(仁德)이 있고 수명이 긺. benevolence and longevity [water 하다]

인:수(引水)[명] 물을 끌어댐. ¶ 아전 ~격. conducting

인:수(引受)[명] ①물건이나 권리를 넘기어 받음. take over ②〈경제〉환어음의 지급인이 어느 금액 지급의 주된 채무자가 된다는 뜻을 그 어음에 기재하고 기명 날인(記名捺印)하는 일. acceptance 하다

인수(印綬)[명] 〈제도〉옛날에 관인(官印) 꼭지에 단 끈. 인끈①.

인수[一수](因數)[명] 〈수학〉대수(代數)에서 수(數) 또는 식(式)을 차례로 승하여 얻은 것을 적(積)으로 하였을 경우 그 각 수나 식의 일컬음. 승자(乘子). 인자(因子) ②. factor

인:수 거:절(引受拒絶)[명] 〈경제〉환어음의 지급인이 그 인수를 거절함. nonacceptance

인:수=로(引水路)[명] 물을 끌어대는 도랑.

인:수 매:출(引受賣出)[명] 〈경제〉증권업자가 주식·사채 발행 회사 또는 매출인으로부터 일괄 매입한 후, 자기 부담으로 매출 행위를 하는 일.

인수 모집(引受募集)[명] 〈경제〉어느 특정인이 사채 총액의 모집을 청부하고, 응모액이 부족될 경우 그 부족액을 자기가 인수할 임무를 지게 하는 사채 모집의 한 양태. 청부 모집.

인수 분해[一수](因數分解)[명] 〈수학〉정수(整數)나 정식(整式)을 적(積)의 형식으로 고치는 일. factorization

인:수 설립(引受設立)[명] 〈동〉단순 설립(單純設立).

인:수 은행(引受銀行)[명] 〈경제〉어음 금액의 지불할 것을 인수하는 은행. accepting bank

인:수=인(引受人)[명] ①인수하는 사람. acceptor ②〈경제〉환어음을 인수하여 채무(債務)를 지는 사람. guarantor

인:수 참가(引受參加)[명] 〈법률〉민사 소송법상의 관념(觀念)으로 소송 계속(繫屬) 등의 제삼자가 그 소송의 목적인 채무를 주장하였을 때, 법원이 당사자의 신청에 의하여 제삼자로서 그 소송을 맡게 함.

인:수 회:사(引受會社)[명] 〈경제〉공·사채 모집의 위

인육(姻戚)[명] 〈동〉고모부(姑母夫). [탁을 받은 회사.

인연(因緣)[명] ①내키지 않아 머뭇거림. irresolution ②남은 습관을 버리지 못함. conservatism 하다

인순 고식(因循姑息)[명] 남은 습관과 폐단을 벗어나지 못하고 눈앞의 안일(安逸)만 취함. 하다

인술(仁術)[명] ①인(仁)을 행하는 권도(勸導)임. benevolent act ②〈동〉의술(醫術). [람. fool

인숭=무레기 어리석어 사리를 분간하지 못하는 사

인=슈:트(inshoot)[명] 〈체육〉야구에서, 투수(投手)가 던진 공이 타자(打者) 가까이에 와서 급히 안으로 휘는 일.

인슐린(insulin)[명] 〈화학〉췌장(膵臟) 중에 있는 호르몬의 하나. 체내에서 당을 분해하여 글리코겐의 저장을 증가시키며, 혈당을 감소시키는 작용이 있어 당뇨병 치료에 쓰임. [¶ ~ 커피.

인스턴트(instant)[명] ①즉각. 즉시 ②즉석(卽席)의.

인스텝 킥(instep kick)[명] 〈체육〉축구에서 공을 발등으로 차는 일.

인스펙터(inspector)[명] ①검사자. 검열관. ②〈체육〉

경기자의 반칙(反則)을 살피는 사람. [게시.

인스피레이션(inspiration)[명] ①영감. 육감(六感). ②

인스피릿(inspirit)[명] ①기운을 내게 함. 고무(鼓舞). ②①인심을 격동시킴. [習]. 도습①. convention

인습(因習)[명] 이전부터 지하여 몸에 젖은 풍습(風

인습(因襲)[명] 예전의 풍습·습관·예절 따위를 그대로 좇아 함. 습인(襲因). convention 하다

인습 도:덕(因習道德)[명] ①옛날부터 지켜 내려와 고침이 없는 도덕. conventional morality ②현재의 생활에 맞지 아니하는 인습적인 도덕.

인습=적(因襲的)[관형] 인습에 젖어 새로운 것을 받아들이려고 하지 않는(것).

인습=주의(因襲主義)[명] 스스로 깨달음이 없이 맹목적(盲目的)으로 인습을 고집하는 주의. conventionalism [고치고 없앰. 하다

인습 타:파(因習打破)[명] 예로부터의 고루한 인습을

인승(因乘)[명] 서로 곱함. multiply by 하다

인시¹(人時)[명] 봄에 밭 갈고 가을에 거둘 때. 곧, 백성의 생활에 필요한 시기.

인시²(人時)[의명] 노동량의 단위. 한 사람이 한 시간 동안 일할 수 있는 양. [with the times 하다

인시(因時)[명] 시세를 좇음. 때를 따름. keeping up

인시(寅時)[명] 〈민속〉①십이시(十二時)의 셋째 시. 오전 세시부터 다섯시까지의 동안. third of the twelve periods of a day ②이십사시(二十四時)의 다섯째 시. 곧, 오전 네시 반부터 네시 반까지의 동안.

인시=말(寅時末)[명] 〈동〉인말(寅末). [(약) 인(寅)③.

인시 제:의(因時制宜)[명] 때의 변함을 따라 그 때에 맞도록 함. 하다

인식(認識)[명] ①사물을 확실히 알고 그 의의를 올게 이해하는 것. recognition ②〈철학〉이성에 의하여 사물의 성질, 사물간의 관계에 관하여 바른 판단을 내리는 일. cognition ③〈심리〉대상을 감지하는 감각 및 지각으로부터 이를 분별·판단하는 의식 작용. cognition 하다 「의 객체(客體)로서의 계기.

인식 객관(認識客觀)[명] 〈철학〉인식하는 주관(主觀)

인식 객체(認識客體)[명] 〈철학〉인식 객관(客觀)의 주체. [수 있는 정신 능력. (대) 감정 능력.

인식 능력(認識能力)[명] 〈심리〉사물을 분별 인식할

인식론(認識論)[명] 〈철학〉인식에 의하여 사물의 진(眞)을 찾을 수 있는가를 반성하여 그 기원·본질·한계에 대하여 연구하는 철학. 지식론. epistemology

인식론적 논리학(認識論的論理學)[명] 〈논리〉논리학에서, 연역·논증의 본원적인 반성 및 나아가 사고·경험의 가능·제약을 재해명하는 논리학의 한 분파.

인식 부족(認識不足)[명] 어떤 문제에 대하여 정당히 인식하여 판단할 지식이 부족하는 일. lack of understanding

인식 비:판(認識批判)[명] 〈철학〉학문에 진리의 보증과 규준(規準)을 부여하기 위하여 인식의 선천적인 기초를 궁구(窮究)하는 학문. critique of cognition

인식 사:회학(認識社會學)[명] 〈사회〉지적 활동을 사회 생활과의 연관에서 고찰 연구하는 학(學). sociology of cognition

인식=색(認識色)[명] 같은 종류의 동물이 서로 인식하는 데 쓰인다고 생각되는 몸의 빛깔. 사슴 꼬리의 흰 부분 따위. recognizable colouration

인식 주관(認識主觀)[명] 〈철학〉인식의 객관 대상에 대해, 이 인식을 하나의 작용으로 보아 그 작용에 귀속하는 주체.

인식=표(認識票)[명] 〈군사〉군인의 군번(軍番)·성명·혈액형을 새겨 놓은 얇은 쇠붙이 조각. 쇠줄이나 끈 따위로 매어 항상 몸에 지님. identification tag

인신(人臣)[명] 신하. subject

인신(人身)[명] ①사람의 몸. human body ②개인의 신상. 신분(身分). personal being

인신(印信)[명] 도장·관인(官印) 등의 통칭. seal

인신 공:격(人身攻擊)[명] 남의 신상에 관한 일을 들어 비난함. 하다

인신=권(人身權)[-권] 〈법률〉 인격권(人格權)과 신분권(身分權)의 총칭. personal rights

인신 매매(人身賣買)명 사람을 팔고 삼. 하타

인신 보:호율(人身保護律)명 1679년 영국 의회가 민권 보호를 위해 제정한 법률. 정당한 이유 없이 체포·감금하지 못하며 재판을 조속히 할 것 등을 정함. 인신 보호법.

인심(人心)명 ①사람의 마음. ¶마음 ∼이 좋다. people's mind ②백성의 마음. public feeling ③사 사로운 마음. (대) 도심(道心).

인심(仁心)명 인자스러운 마음. humanity

인심(忍心)명 ①잔인한 마음. brutal nature ②참는 마음. endurance

인심 세:태(人心世態)명 백성들의 마음과 세상의 되 어 가는 형편. 인정 물태. 인정 세태(人情世態).

인심 소:관(人心所關)명 사람의 마음씨에 따라 자기 그 뜻을 달리함.

인심 여면(人心如面)명 사람마다 마음이 다 른 것은 얼굴 모양이 저마다 다른 것과 같음.

인아(人我)명 ①남과 나. 다른 사람과 자기. others and self ②〈불교〉사람의 몸에 늘 변하지 않는 본 체(本體)가 있다는 미망(迷妄). 곧, 아(我)가 있다 는 생각.

인아(人柄)명 죽었던 사람이 소생하거나, 남자가 변 하여 여자가 되고, 여자가 변하여 남자가 되는 일. 또는 사람의 몸이 변하여 이상스러운 형상으로 되 는 일 따위. 인변(人變). reincarnation

인아(姻婭)명 사위 편의 사돈. 곧, 사위의 아버지를 인(姻)이라 하고 사위 상호간, 곧 동서간을 아(婭) 라 함.

인아(鱗芽)명 〈식물〉 여름·가을에 엽액(葉腋)에 생기 는 눈의 한편(鱗片)에 양분을 저장하여 이듬해 봄 에 새로운 개체를 만드는 싹. 참나리에서 볼 수 있 음. 비늘눈. scaly bud

인아 족척(姻婭族戚)명 인아와 족척.

인아지:친(姻婭之親)명 인아 관계에 있는 인척.

인아 친척(姻婭親戚)명 인아와 친척. 일가 친척(一家 親戚).

인안(燐安)명 ①〈약〉인산암모늄. ②〈화학〉화성 비 료의 하나. 질소분 20%, 인산분 50%를 함유함. 유안·과인산석회를 함께 시비(施肥)한 것과 같은 비효(肥效)가 있음. phosphate of ammonium

인애(仁愛)명 어질고 남을 사랑함. 또, 어진 사랑. benevolence 하타

인:양(引揚)명 끌어올림. pulling up 하타

인어(人魚)명 ①허리 위는 사람의 몸과 비슷하고 허 리 아래는 고기와 같다고 하는 상상의 동물. 교인 (鮫人). mermaid ②〈동물〉인어과(人魚科)에 속하 는 바닷짐승. 몸 길이 2.7m 가량이고 몸 빛은 청 회색이며 구부(口部) 이외에는 털이 없음. 열대 지 방에 산다. 고기 맛이 좋아 때때로 지방에서 식용 노 는 기름을 짬. ┌의 말소리. human voice

인어(人語)명 ①사람의 말. human speech ②사람

인언(人言)명 ①남의 말. other's words ②세인의 말이나 소문. rumour

인언 이:박(仁言利博)명 인덕(人德)이 있는 사람의 언동(言動)은 널리 대중(大衆)에게까지 이익이 미 침. ┌난 업.

인-업(人-)명 사람으로서의 일, 또, 사람으로 태어

인업(因業)명 ①〈불교〉①내세(來世)의 과보(果報)를 이끌어 내는 힘의 지은 바 업(業). karma ②전세 로부터의 인연에 의하여 현세의 과보를 낳는 업인.

인연(人煙)명 인가(人家)에서 나는 연기. 전하여, 사 람이 사는 기척 또는 인가·인구의 뜻으로 쓰임. 연 화(烟火). human habitations

인:연(引延)명 잡아당기어 늘임. 하타

인연(因緣)명 ①유래. 내력. ②서로의 연분. ③〈불교〉 결과를 얻을 직접 원인과 그 인(因)으로 말미암아 얻음을 간접의 힘인 연(緣). 일체의 중생이 인연에

의하여 생멸(生滅)한다고 함. ④어느 사물에 관계 되는 연줄. ⑤이유. 원인. 유연(由緣). 《약》연(緣)②. karma 하타

인열 폐:식(因噎廢食)명 먹은 음식이 목에 메어 잘 넘어가지 않는다는 이유로 식사를 폐함. 곧, 사소 한 장애를 꺼려 큰 일을 그만두는 데 비유함. 하타

인엽(鱗葉)〈식물〉동아(多芽)를 싸서 보호하는 비 늘 모양의 잎. scaly leaves

인영(人影)명 사람의 그림자. 또는 자취. figure

인영(印影)명 〈동〉인발. 『맥. 또는 왼쪽 손목의 맥.

인영=맥(人迎脈)〈한의〉후두(喉頭) 곁에서 뛰는

인왕(仁王)명 ①〈약〉금강신(金剛神). ┌절의 문.

인왕-문(仁王門)명 인왕의 상(像)을 좌우에 안치한

인요(人妖)명 떳떳한 도리에 벗어난 행동을 하는 사 람. 남장 여인(男裝女人)이나 여장 남인(女裝男人) 따위. human bogy

인요 물괴(人妖物怪)명 요사하고 간악한 사람.

인욕(人慾)명 사람이 지닌 욕심. human desires

인욕(忍辱)명 ①욕되는 일을 견디어 참음. forbearance ②〈동〉인욕 바라밀(忍辱波羅蜜).

인욕(茵褥)명 인석(茵席).

인욕 바라밀(忍辱波羅蜜)명 〈불교〉육바라밀 또는 십 바라밀의 하나. 여러 가지 모욕을 참고 받아 마음 을 움직이지 아니하는 수행(修行). 인욕(忍辱)②.

인:용(引用)명 다른 글 가운데서 한 부분을 이끌어서 씀. quotation 하타 ┌brave

인용(仁勇)명 어질고 용기가 있음. generous and

인용(認容)명 인정하여 받아들임. admission 하타

인:용-구(引用-句)명 다른 글 가운데서 인용하는 것 을 끌어다 쓴 구절(句節). quotation

인:용-문(引用文)명 다른 글 속에서 인용한 글. 따온 월. quotation

인:용-법(引用法)[-뻡] 명 인용어의 말 끝을 이루는 어미 변화의 하나. '-냐고·-라고·-자고' 따위. 문법.

인:용-부(引用符)명 딴 글에서 인용하는 글이나 말 또는 강조하는 말. 글의 앞뒤에 찍는 " ", ' ' 따 위. 따옴표. 인용점. quotation marks

인:용-서(引用書)명 인용된 서책(書冊). 글의 구절 이나 예를 인용해 온 원본(原本). reference book

인:용-어(引用語)명 다른 글에서 인용하여 쓰는 말. 따온말. quotation

인:용-점(引用-點)[-쩜] 명 〈동〉인용부(引用符).

인우(茵芋)명 〈식물〉운향과(芸香科)에 속하는 상록 관목. 높이 1∼2m이고 잎은 긴 타원형임. 4∼5월 에 녹백색의 꽃이 피고 핵과는 익으면 붉어지며 향 기가 있음. 깊은 산 속에 남.

인우(鄰友)명 가까운 이웃에 사는 벗. neighbouring

인원(人員)명 ①사람의 수. number of people ②단 체를 만든 여러 사람. ¶∼수. 총∼. personnel

인밀(寅月)명 〈민〉월건(月建)의 지지(地支)가 인 (寅)으로 된 달. 음력 정월.

인위(人位)명 사람의 지위.

인위(人爲)명 사람의 힘으로 이루어지는 일. 인공(人 工). (대) 천위(天爲). 자연(自然). artificiality

인위 도태(人爲淘汰)명 〈생물〉양식(養殖) 또는 개량 코자 하는 생물 중 목적에 적합한 형질(形質)를 가 진 개체(個體)를 여러 대 동안 선발·육성하여 교배 (交配)하고 변이성(變異性)과 유전성(遺傳性)을 이 용하여 그 형질을 일정한 방향으로 변화시키는 일. (대) 자연 도태(自然淘汰). artificial selection

인위-법(人爲法)[-뻡] 명 인정법(人定法).

인위 분류(人爲分類)명 〈생물〉생물의 분류 방법의 하나. 생물을 단지 외면적인 형태나 인간과의 관계 에 의하여 분류하는 일. (대) 자연 분류. artificial classification

인위 사:회(人爲社會)명 〈사회〉주관적인 의지·목적 에 의하여서 성립되며 인공적으로 구성되는 사회 집단. (대) 자연 사회(自然社會). artificial society

인위=적(人爲的) 사람의 힘으로 일부러 한(것). 인공적(人工的).

인위적 경계(人爲的境界) 〈지리〉 경계를 지을 때 뚜렷이 드러난 자연물(自然物)로 가를 수 없을 경우, 인위적으로 만든 목표를 기준으로 한 경계. artificial boundary

인유(人乳) 사람의 젖. human milk

인:유(引喩) ①다른 예를 끌어 비유함. allusion ②유명한 시문·어구를 자기 표현으로 바꾸어 쓰는 법. 인유법(引喩法). alluding method 하타

인:유=법(引喩法)[-뻡] 〈어〉인유(引喩)②.

인유=죽(人乳粥) 멥쌀 죽에 인유를 붓고 끓인 죽.

인육(人肉) ①사람의 고기. human flesh ②매음에 종사하는 여자의 몸뚱이.

인육(印肉) 〈동〉인주(印朱).

인육 시:장(人肉市場) 젊은 여자를 사다 두고 매음을 시키는 곳의 비유. slave market 〔혜〕.

인은(仁恩) ①자애(慈愛). ②어진 사랑으로 베푼은.

인:음=증(引飲症)[-쯩] 술을 좋아하여 정도가 넘도록 자꾸 마시는 버릇. habit of over drinking

인읍(隣邑) 가까운 고을. neighboring country

인의(人意) 사람의 뜻. 민심. public mind

인의(人義) 사람으로서 행하여야 할 도리.

인=의(仁義) ①어질고 의로움. benevolence and justice ②사람이 지켜야 할 도리의 총칭. humanity

인:의(引義) ①자진하여 벼슬을 내놓음. ②몸가짐에 있어 만사를 의리에 따라 함. being faithful to others 하타

인의(隣誼)[-니-] 〔good neighborhood〕 서로 이웃하여 사는 사람끼리의 정의.

인=의=예:=지(仁義禮智) 사람의 몸에 갖추어야 할 사단(四端). 곧, 어질고 의롭고 의롭고 예를 지킬 줄 알며 지혜가 있어야 하는 것. 〔곧, 인의예지와 믿음.〕

인=의=예:=지=신(仁義禮智信) 오상(五常)의 조목.

인의지=정(仁義之情) 인의의 본질.

인인(人人) 사람사람. 사람마다. every man

인인(仁人) 〈동〉인자(仁者).

인인(認印) 그리 중요하지 않은 일에 쓰는 도장. 보통 성자(姓字)나 이름만 새김. 막도장. 〈대〉실

인인(隣人)[-닌] 이웃 사람. 〔실〕(實印). private seal

인인 성사(因人成事) 남의 힘으로 일을 이룸. 하타

인:=일=장(引人仗) 〈제도〉 나라 잔치 때 쓰던 의장(儀仗)의 하나.

인일(人日) ①〈동〉인날. ②〈종교〉 천도교의 제삿 교조가 제1교조에게서 도통(道統)을 받은 기념일.

인일(寅日) 〈민속〉 일진(日辰)의 지지(地支)가 인(寅)으로 된 날. 〔일. 하타〕

인임(仍任) 교체 기한이 된 관원을 그대로 두는.

인:입(引入) 안으로 끌어들임. pull in 하타

인자(人子) ①사람의 자식. man ②〈기독〉 예수가 자기를 일컬음. Son of Man

인자(仁者) 마음이 어진 사람. 인인(仁人). benev-

인자(仁慈) 어질고 자애로움. 〔~한 모습. 〈대〉 잔학(殘虐). charity 하엥 스렙 스레비

인자(因子) ①〈동〉인수(因數). ②어떤 사물의 관계·조건을 구성하는 낱낱의 요소. factor ③〈동〉유전자(遺傳子).

인자(印字) ①글자를 찍는 일. 또, 그 글자. printing ②타이프라이터로 글자를 찍는 일. typing ③전신 수신기에서 테이프에 부호 문자를 표시하는 일. teletyping 하타

인자=기(印字機) 〈동〉 타자기(打字機).

인자 무적(仁者無敵) 어진 사람은 모든 사람을 사랑하기 때문에 적이 없음. 하타

인자 요산(仁者樂山) 어진 사람은 천명(天命)을 좇아 욕심에 움직이지 않는 고요한 마음이 흡사 산(山)과 같아 자연히 산을 좋아함.

인자=형(因子型) 〈유〉유전자형.

인작(人作) 인력으로 만듦. 인조(人造). 〈대〉천작(天作). artificiality

인작(人爵) ①공경 대부(公卿大夫)의 지위. ②사람으로부터 받은 지위. 또는 사람이 제정한 작위. 〈대〉천작(天爵).

인장(印章) ①〈동〉도장(圖章). ②〈동〉 인발. 〔seals

인장(印藏) 문서 따위를 인장에 넣어 간직하는 둠.

인장 묘:발(寅葬卯發)[묘-] 〈민속〉 장사지낸 뒤에 곧 은 이 트고 복(福)을 받음. 하타

인장 위조죄(-罪) 〈법률〉 행사할 목적으로 남의 도장·기호·서명을 위조함으로써 성립하는 죄.

인재(人才) 재주가 놀라운 사람. talents

인재(人材) 학식과 능력이 뛰어난 사람. 〈유〉 인물. man of ability 〔seals

인재(印材) 도장을 만드는 재료. materials for

인재=난(人材難) 인재가 부족하여 겪는 어려움.

인재 등용(人材登用) 인재를 뽑아 벼슬을 시킴. 하타. 〔곧, 인의, 법은 죽어 가죽을 남김.

인재:명 호:재:피(人在名虎在皮) 사람은 죽은 뒤

인재 은행(人材銀行) 인력(人力), 특히 고급 전문 직 종사자를 필요한 곳에 알선해 주는 일을 맡은 기관(機關).

인=재:행(因再行) 교통이 편리하지 못한 곳에서 신랑이 재행할 때, 처가 근처에 머물렀다가 처가로 다시 감. 하타. 〔¶~이 두절몇 십산 유곡. track

인적(人跡·人迹)[-쩍] 사람의 발자취의. 또, 사람의 왕래.

인:적(引寂) 〈의학〉 피부를 조금 자극하여 혈액을 한 곳에 모이게 하는 작용.

인적(人的)[-쩍] 〈人〉(的) 사람에 의한(것). 사람과 관계되는(것). 인간적. 〈대〉물적(物的). human

인적 관계(-的-)[-쩍-] (人的關係) 사람과 사람과의 관계. 〔척. trace of human

인적=기(人跡氣)[-쩍-] 사람이 다녀간 기미·기색. 인기

인적 담보(-的-)[-쩍-] (人的擔保) 〈법률〉 채무자(債務者)이외의 제삼자의 전재산이 남의 채무의 담보로 되는 법률 관계. 〈대〉물적 담보(物的擔保). personal security

인적 미:답(人跡未踏) 지금까지 사람이 지나간 일이 전연 없음. 사람이 발을 들여놓지 아니함.

인적 부도:처(人跡不到處)[-쩍-] 인적이 이르지 않은 곳.

인적 상호(-的-)[-쩍-] (人的商號) 성명과 같이 사람의 명칭으로 쓰는 상호.

인적 자:원(-的-)[-쩍-] (人的資源) 〈법률〉 사람의 노동력을, 다른 물자와 똑같이 국가가 가지는 자원의 하나로 보고 하는 말.

인적 증거(-的-)[-쩍-] (人的證據) 〈법률〉 증거 방법의 하나. 증인·감정인(鑑定人)·당사자인 본인 등을 신문(訊問)하여 그 공술(供述)을 증거로 하는 것. 〈약〉인증(人證).

인적 회:사(-的-)[-쩍-] (人的會社) 〈경제〉 사원의 개성과 회사와의 관계가 비교적 밀접하여, 회사의 활동이 사원의 인적 조건에 의거하고 있는 회사. 합명 회사 따위. 〈대〉물적 회사.

인전(印篆) 도장에 새기는 전자(篆字).

인절미 찹쌀을 쪄서 친 뒤에 썰어서 고물을 묻힌 떡. 분자(粉資). 인절병. kind of rice-cake

인:절=병(引絶餠) 〈동〉인절미.

인:접(引接) ①들어오게 하여 면접함. audience ②〈제도〉왕의 의정(議政)을 인견할 때, 시신(侍臣)으로 하여금 맞게 함. ③〈불교〉 아미타불이 염불 수행자를 극락 정토로 인도함. 하타

인접(隣接) 이웃하여 있음. adjacency 하타

인정(人丁) 〈동〉인부(人夫).

인정(人定) 〈원〉→인경.

인정(人情) ①사람이 본디 가지고 있는 감정이나 심정. human nature ②세상 사람의 마음. public mind ③남을 동정하는 마음. sympathy ④옛날 벼슬아치들에게 은근히 주던 선물. 스렙 스레비

인정(仁政) 어진 정사(政事). 혜정(惠政). benevolent rule

인정(認定)[명] ①옳다고 믿고 정함. approval ②〈법률〉국가 또는 지방 자치 단체가 자기의 판단에 의하여 어떤 사실의 존부(存否)나 어떤 일의 당부(當否)를 결정하는 일. 승인③. recognition 하다

인정 가화(人情佳話) 따뜻한 인정으로 고독하고 불쌍한 사람을 돌봐 준 아름다운 이야기.

인정=간(人情間)[명] 서로 정답게 지내거나 인간의 정으로 맺어진 사이.

인정 과세(認定課稅)[명] 과세 표준의 신고가 없거나, 그 신고가 부당하다고 정부가 인정할 때, 정부가 조사한 과세 표준으로 매기는 과세. [kind

인정=답-다(人情—)[형ㅂ변] 깊이 인정이 있어 보이다.

인정미(人情─)[명]〈속〉인정. 인정미(人情味).
tenderness

인정 물태(人情物態)[명]《동》인심 세태(人心世態).

인정=미(人情味) 사람으로서의 인정이 있는 맛. 정다운 맛. 《약》정미(情味). human touch

인정=미(人情美)[명] 인정이 서리어 있는 아름다움.
beautiful tenderness

인정=법[一삡](人定法)〈법률〉인위적(人爲的)으로 제정한 법. 인위법(人爲法). 《대》자연법(自然法).
human laws

인정 사:망(認定死亡)[명]〈법률〉수난(水難)·화재 그 밖에 사변 등으로 사망이 확실하나, 사체(死體)를 발견할 수 없을 때 조사 관서(官署)가 이를 사망으로 인정하는 일.

인정 세:태(人情世態)[명]《동》인심 세태.

인정 소:설(人情小說)〈문학〉인정의 아름다움을 독자로 하여금 공명할 수 있게 지은 소설.

인정 신:문(人定訊問)[명]〈법률〉법정에 출두한 형사 피고인이 분명히 피고인 본인인가 아닌가를 확인하기 위하여 성명·연령 따위를 묻는 일. questioning for identification 하다

인정=쓰-다(人情—)[자으로] 사람에게 금품을 베풀어 주어 자기의 마음을 나타내다. show sympathy

인정=없-다(人情—) 남을 동정하는 따뜻한 마음이 없다. inhuman **인정=없:이**[부]

인제[명] ①지금에 이르러. now ②지금부터 곧. ¶추위도 ~부터가 고비다. after this ③명사적으로 쓰이어 '지금·지금부터'의 뜻을 나타냄. ¶모시기도 ~부터가 한창.

인제(仁弟)[명] 손윗 사람이 손아랫 사람을 부르는 칭호.

인제(姻弟)[명] 처남·매부 사이에 자기를 일컫어 쓰는 말.

인절미[명] 인절미. [편지 말.

인조(人造)[명] ①사람의 힘으로 만든 물건. 또, 그 일. artificiality ②〈화학〉천연품과 동일하거나 유사한 물질을 화학적으로 합성하는 일. 또, 그 물건. 인작(人作). 인공. 《대》천연(天然). 천조(天造). synthetic 　　　　 [(本絹). 《약》인견(人絹). rayon

인조=견(人造絹)[명] 인조 견사로 짠 비단. 《대》본견

인조 견사(人造絹絲)[명] 목화·목재·펄프 따위의 섬유소를 화학적으로 합성하여 천연 견사와 같게 만든 실. 《약》인견사. rayon

인조 고무(人造 gomme)[명]《동》합성 고무.

인조=금(人造金)[명] 아연·구리·알루미늄·마그네시아·주석 등을 합성하여 만드는 광택이 있는 금속.

인조 물감[—감](人造—)[명] 천연 물감, 곡물성 물감·동물성 물감과 달리 인공적으로 합성해 만든 물감. 콜타르 물감 따위. 인조 염료.

인조=미(人造米)[명] 전분 또는 쌀가루 20%를 섞어서 쌀알만한 크기로 잘게 자르고 가열하여 표면에 호(糊)를 형성시킨 것으로 쌀의 대용이 됨.
imitation rice

인조:반(因早飯)[명] 여행 때 주막에 들어 아침에 자고 일어나 그 자리에서 먹는 조반(早飯). 하다

인조=반:정(仁祖反正)[명]〈역사〉광해군(光海君) 15년에 광해군을 폐위시키고 인조(仁祖)를 즉위시킨 일.

인조 버터(人造 butter)[명] 주로 쇠기름·야자 기름 따위를 섞어 여기에 우유를 조금 넣어 버터의 향미(香味)를 가한 것. margarine 　　　　 [준보석.

인조 보:석(人造寶石)[명] 인공적으로 제조된 보석 및

인조 비:료(人造肥料)[명]〈화학〉화학 공업 제품으로 합성하여 만든 비료. 화학 비료. 《대》천연 비료. 《약》인비. artificial manure

인조=빙(人造氷)[명]〈화학〉압축한 액체 암모니아의 증발열을 이용하여 얼음수를 얼린 얼음. 시빙(食氷). 《대》천연빙(天然氷). artificial ice

인조 사:향(人造麝香)[명]〈화학〉트리니트로·부틸·톨루엔 따위의 화합물로 합성한 사향의 대용품.

인조=석(人造石)[명] ①시멘트에 모래·화강암·석회암 등을 섞어 천연석과 같이 만든 석재(石材). ②인공적으로 보석처럼 만든 것. 《대》자연석(自然石). 천연석. imitation stone

인조 석유(人造石油)[명]〈화학〉여러 가지의 탄소원(炭素源)을 화학적으로 합성 분해하여 만든 액상의 탄화수소. synthetic oil

인조 섬유(人造纖維)[명]〈화학〉①인공적으로 만들어낸 섬유의 총칭. 화학 섬유. 《대》천연 섬유(天然纖維). artificial fibre ②스테이플 파이버(staple

인조 염:(人造染料)[명] 인조 물감. 　　　　 [fiber).

인조 인간(人造人間)[명]《동》로봇(robot). [든 물건.

인조 진주(人造眞珠)[명] 인공으로 천연 진주 같이 만

인조 피혁(人造皮革)[명] 무명베·삼베·인조견 등에 질산화 솜·고무·유성 도료를 발라서 말린 가죽의 대용품. 책의 표지 등에 쓰임. 의피(擬皮). 의혁(擬革).

인척(姻戚)[명] 어떤 개인의 배우자의 혈족이나 또는 혈족의 배우자. 인척(姻戚). relatives by

인축(鱗族)[명]〈동물〉비늘족(鱗蟲)의 종류. [marriage

인종(人種)[명] ①사람의 종자. race ②사람의 용모·골격 따위의 다름으로 구별되는 종별. 황인종·백인종·흑인종 따위.

인종(忍從)[명] 참고 복종함. submission 하다

인종적 편견(人種的偏見) 다른 인종에 대하여 감정적으로 편파하게 생각하는의 의견.

인종 차별(人種差別)[명] 서로의 인종적인 편견에 의해 권리의 차별을 두는 일. racial discrimination

인종=학(人種學) 인종의 용모·골격 등을 조사하여, 그 발생·변화·분류 등을 연구하는 자연 인류학의 한 부문. ethnology 　　　　 [로 인도하는 일.

인:좌(引座)[명]〈불교〉도사(導師)를 설법하는 자리

인좌(寅坐)[명]〈민속〉인방(寅方)을 등진 묏자리나 집터 따위의 자리. 　　　　 [《신방(申方)을 바라보는 좌향.

인좌 신향(寅坐申向)[명]〈민속〉인방(寅方)을 등지고

인주[명] 이리 주.

인주(人主)[명] 임금.

인주(印朱)[명] 도장을 찍을 때 쓰는 붉은 재료. 인니(印泥). 인육(印肉). vermilion inkpad

인주=갑[一깝](印朱匣)[명] 인주를 담아 쓰는 갑.

인-주게《약》이리 주게. give me 　　　　 [case

인-주머니[—주—](印—)[명] 도장을 넣는 주머니. seal-

인주오《약》이리 주오. give me

인주=점[—쩜](隣住點)[명] 지구의 남북 어느 쪽이든, 같은 반구에 있어서, 경도 180도를 달리하는 점.

인주=합(印朱盒)[명] 인주를 담아 두는 그릇.

인준(認准)[명]〈법률〉행정부에서 행한 행위에 대하여 국회가 이를 승인하는 일. approval of the National Assembly 하다

인 줄[관] 받침 있는 체언에 붙어, 짐작의 뜻을 나타내는 말. ¶어른—. 어렸어야. →ㄴ줄.

인=줄[—줄](人—)[명] 부정(不淨)을 막기 위하여 길이나 문에 건네질러 매는 줄. 금줄(禁—). sacred straw rope 　　　　 [은 곳. raphe of the upper lip

인중(人中)[명] 코의 밑과 윗입술 사이의 오목하게 파

인중(人衆)[명] 사람이 많음. 많은 사람.

인중방(引中枋)[명]〈건축〉인방(引枋)과 중방(中枋).

인중=백(人中白)[명] 오줌 버캐.

인중 승:천(人衆勝天) 사람의 수가 많으면 하늘도

인중지말 이길 수 있다는 말로, 많은 사람의 뜻이 합하면 무슨 일이든지 없다는 뜻.

인중지말(人中之末)圏 사람 가운데에서 가장 뒤떨어지는 사람.

인줘(여) 이리 주어. Give it to me

인-쥐(人一)㈜ 숨어서 부정을 하거나, 무엇을 야금야금 축내는 사람을 쥐에 비유하는 말.

인즉图 ①받침 있는 체언에 붙어, '으로 말하면'의 뜻으로 쓰이는 연결형 서술격 조사. ¶말~ 그럴 듯하네. ②받침 있는 체언에 붙어, '이니까'·'이면'의 뜻으로 쓰이는 연결형 서술격 조사. ¶그는 착한 사람~ 복받을 게다.

인즉-슨图 '인즉'의 뜻을 강조한 연결형 서술격 조사. ¶사람~ 이를 데 없이 성실하오.

인증(引證)图㉠㉢ 인용 증거. [reference 하㉢

인:증(引證)图 옛글 따위를 끌어다가 증거를 삼음.

인증(認證)图 〈법률〉 문서나 행위가 정당한 절차로 이루어졌다는 것을 인정하여 증명하는 일. ¶~서(書). authentication 하㉢

인지图 받침 있는 체언에 붙어, 막연한 의문의 뜻을 나타내는 종결형 또는 연결형 서술격 조사. ¶밥~ 죽~ 모르겠다.

인지(人指)图 둘째손가락. 집게손가락. [gence

인지(人智)图 사람의 지식이나 슬기. human intelli-

인지(印紙)图 (여)→수입 인지(收入印紙)

인지(認知)图 ①사실을 인정하여 앎. recognition ② 〈법률〉 부(父) 또는 모(母)가 사생아(私生兒)를 자기의 자녀라고 인정하는 의사 표시. filiation ③〈심리〉 어떠한 지각(知覺)에 대하여 과거 경험의 영향이나 판단력의 작용이 가하여진 구체적인 사물의 지각. 하㉢

인지라图 받침 있는 체언에 붙어, 다음 말에 대해서 그 이유되는 사실을 말할 때 쓰는 종결형 또는 연결형 서술격 조사. ¶겨울~ 추울 수 밖에.

인지 미:발(人智未發)图 인지(人智)가 발달하지 아니함. 미개함. 하㉢

인지 사:용권(-權)图 〈법률〉 어떤 토지의 소유자가 필요에 따라 인접한 토지의 사용을 청구할 수 있는 권리. 인지 입력권(隣地立入權). right of using adjacent land [정.

인지-상정(人之常情)图 사람이 보통 가질 수 있는 인

인지-세[-쎄](印紙稅)图 〈법률〉 ①인지를 납부함에 의하는 세금. ②재산권의 창설·이전·변경 또는 소멸을 증명하는 증서를 과세 물건(課稅物件)으로 하여 그 작성지에 대하여 부과되는 조세(租稅). (여) 인세(印稅)①. stamp duty

인지 위덕(忍之爲德)图 매사에 참음이 먹이 됨.

인지-의(印地儀)图 〈제도〉 각도와 축척(縮尺)의 원리를 이용하여 토지의 원근과 고저를 측량하던 기계. 조선조 때 세조가 창작함.

인-지질(燐脂質)图 〈화학〉 분자 안에 인산을 포함하는 복합 지질의 하나. 동식물의 세포를 형성하는 소재로서 또, 물질 대사의 기능으로 보아 중요한 물질임.

인:진(引進)图 인재(人材)를 끌어 씀.

인진(茵蔯)图 ①더위먹기. ②〈한의〉 더위먹기의 떡잎. 성질은 냉한데 황달·습열(濕熱)·오줌을 잘 누게 하는 데 씀. [hostage

인질(人質)图 사람을 볼모로 잡아 두는 일. 볼모.

인질(姻姪)图 고모부(姑母夫)에 대하여 자기를 이름. 부질(婦姪). 교질(姑姪).

인질-극(人質劇)图 완력이나 무력으로 무고한 사람을 붙들어 놓고 자기의 소망을 이루려는 소동.

인차(人車)图 탄광·광산에서 인원 수송용으로 사용되는 특수한 광차.

인차(鱗次)图 차례가 비늘 모양으로 잇닿음. 인비(鱗 比). 하㉢

인찰-지[-찌](印札紙)图 미농지에 괘선을 박은 종이. 흔히, 공문서를 작성하는 데 쓰임. 폐지(罫紙). ruled paper

인찰-판(印札板)图 세로로 여러 줄이 처져 있는, 인찰지를 박아 내는 판. 폐판(罫版).

인창(刃創)图 칼날에 다친 흉.

인:책(引責)图 책임을 스스로 이끌어 짐. assuming the responsibility 하㉢ [스로 사직함. 하㉢

인:책 사직(引責辭職)图 잘못된 일의 책임을 지고 스

인척(人尺)图 사람의 신장(身長)을 재는 자.

인척(印尺)图 〈제도〉 조세를 받던 표.

인척(姻戚)图 ①외가와 처가에 딸린 겨레붙이. ②배우자의 일방과 타방의 혈족과의 사이에 생긴 친분. 과족(戈族). 당(黨)②. 통가(通家)②. 인척. relative by marriage

인=천(人天)图 〈불교〉 인간계와 천계(天界). men

인:천(引薦)图 남을 추천함. 하㉢ [and heaven

인=청동(燐靑銅)图 〈화학〉 청동에 소량의 인(燐)이 가하여진 합금. 청동에 비하여 주조가 용이하고 또 내식성·내마모성도 큼. 여러 가지 용수철 재료로서 용도가 다양함. Phospho bronze

인체(人體)图 사람의 몸. human body [사람. model

인체 모델(人體 model)图 〈미술〉 화가의 모델이 되는

인=초(寅初)图 〈민속〉 인시(寅時)의 처음. 곧, 오전 세 시 아주 얼마쯤의 시간. [age

인촌(隣村)图 이웃하여 있는 마을. neighboring vill-

인총(人總)图 인구의 총수. population

인총-중(人總中)图 사람이 많은 가운데.

인축(人畜)图 사람과 가축. men and livestock

인:출(引出)图 예금·저금을 찾아냄. 하㉢

인출(印出)图 인쇄하여 냄. publishing 하㉢

인출-장(印出匠)图 〈제도〉 ①교서관(校書館)의 책을 박아 내던 공장(工匠). ②사서시(司贍寺)에서 저화(楮貨)를 박던 공장.

인층(鱗蟲)图 〈동물〉 비늘이 있는 동물의 총칭. 뱀.

인:치(引致)图 ①끌어들임. drawing in ②〈법률〉 신체의 자유를 구속하여 인접한 장소에 연행하는 일. (여) 구치(拘致). 구인(拘引). custody 하㉢

인치(inch)图 영국·미국에서 쓰는 길이의 단위의 하나. 1피트의 12분의 1. 약 2.54cm.

인-치-다(印--)图 도장을 찍다. seal

인친(姻親)图 〈동〉 사돈(査頓).

인침(湮沈)图 〈동〉 인멸(湮滅). 하㉠㉢

인칭(人稱)图 〈어학〉 인칭 대명사(人稱代名詞)의 종별의 일컬음. person

인칭 대:명사(人稱代名詞)图 〈어학〉 사람의 이름 대신으로 쓰이는 품사. 곧, 나·우리(일인칭), 너·당신(이인칭), 저이·그이(삼인칭) 따위. 사람대 이름씨. 인대명사. personal pronoun

인칭 어:미(人稱語尾)图 〈어학〉 주어의 개칭에 따라 변화하는 동사의 어미. 인도 게르만어·셈어에 그 예(例)가 많음.

인커:브(incurve)图 〈체육〉 야구에서, 투수(投手)가 던진 공이 타자(打者) 근처에서 별안간 안쪽으로 꺾이는 일. 또, 그 공. [경우를 이름.

인컴(income)图 소득·수입의 뜻으로, 특히 정기적인

인코:너(incorner)图 내각(內角).

인코넬(inconel)图 〈공업〉 니켈 78~80%, 크롬 12~14%, 철 4~6%, 망간 0.15~0.35%의 비율로 만든 합금. 내식(耐蝕)·내열, 특히 고온에서 내식성이 커서 항공기의 배기관(排氣管) 따위의 고열을 내고 강도를 요하는 부분에 쓰임.

인-코:스(incourse)图 〈체육〉 ①야구에서, 타자가 서 있는 쪽에 가까운 투수의 공로. ②육상 경기에서, 안쪽의 주로(走路). (여) 아웃 코스.

인큐베이터(incubator)图 보육기.

인클라인(←incline plane)图 비탈진 곳에 궤도(軌道)를 깔아 짐을 나르는 장치.

인-킬로(人 kilo)图 교통 기관에서 여객 운수의 양을 정밀하게 표시할 때의 계산 단위. 한 사람의 여객을 1km 운송하였음을 표시함.

인터내셔널(international)图 ①국제적. 국제간의. ②국가와 인종을 초월하여 단결된 국제적 연합체.

인터내셔널리즘(internationalism)图 세계주의(世界主

義). 국제주의(國際主義).
인터넷(internet)뗑 컴퓨터의 네트워크를 연결하는 세계적 규모의 컴퓨터 통신망.
인터벌(interval)뗑 ①간격. 거리. ②운동 연습 때의 중간 휴식. ③〈체육〉야구에서, 투수의 투구와 투구 사이의 간격. ④〈음악〉음정(音程).
인터뷰(interview)뗑 면회·회견의 뜻으로 신문이나 잡지 기자가 명사(名士)들을 방문하여 회견하는 일. 또, 그 회견담. 하타「스친 공을 가로채는 일. 하타
인터셉트(intercept)뗑 구기(球技)에서, 상대편의
인터체인지(interchange)뗑 ①입체 교차하게 된 고속도로(高速道路)의 출입구. ②〈물리〉한 개 이상의 전력 계통과 서로 접속되어 있는 전력 계통 사이에 유입되거나 유출되는 전류.
인 터치(in touch)뗑〈체육〉축구·럭비에서, 공이 터치 라인 위나 밖에 떨어지는 일.
인터컷(intercut)뗑 운동 경기의 실황(實況) 방송 따위를 할 때에 관람석의 정경(情景)이나 관객의 감상 따위를 짧게 삽입하는 일.
인터타이프(intertype)뗑〈인쇄〉주식기(鑄植機)의 하나. 형상·성능 등은 라이노타이프와 거의 동일함.
인터페론(interferon)뗑〈의학〉바이러스에 감염된 동물의 세포에서 생성되는 단백질. 바이러스성 질환이나 암을 치료하는 데 쓰임.
인터폰(interphone)뗑 자동 교환 실내 전화기.
인터피어(interfere)뗑〈체육〉간섭·방해의 뜻으로 운동 경기 중에 경기자가 고의로 상대방 경기자를 방해하는 일. 하타
인턴(intern)뗑 의과 대학을 졸업한 후, 병원에서 실습 겸 조수로 근무하는 수련의. 기간은 1년임.
인터로게이션 마:크(interrogation mark)뗑 물음표.
인터라인(interline)뗑 활판 식자를 할 때, 사이를 띄우기 위해 줄이나 글자 사이에 끼우는 물건.
인테르메초(intermezzo 이)뗑 ①〈동〉간주곡(間奏曲). ②〈음악〉교향악이나 소나타를 연결하는 그 곡. ③〈연예〉연극·가극 등의 막간(幕間). 또 그 전후에 연출하는 짧고 간단한 극. 일막극(一幕劇).
인테리어(interior)뗑 실내 장식. 실내 장식용품. ¶ ~ 디자인.
인텔렉트(intellect)뗑 지능(知能).
인텔리뗑 →인텔리겐치아.
인텔리겐치아(intelligentzia 러)뗑 관리·사무원·교원·기자·저술가 등과 같이 직접 생산적인 일에 종사하지 않고 지적 또는 사무적인 일에 종사하는 사람의 총칭. 지식 계급. 〈약〉인텔리.
인텔리전스(intelligence)뗑 ①지능. ②이해력. 인식 능력. ③〈군사〉정보.
인토네이션(intonation)뗑〈어학〉음성 연속(音聲連續)에 있어서 음의 높이의 변동. 하타
일:퇴(引退)뗑 맡았던 직무에서 물러남. resignation
인트로덕션(introduction)뗑 ①〈시〉(序). ①서름. ③〈음악〉서곡. ②〈사〉사장. ⑤〈연예〉본극을 시작하기 전에 인물·장소·시대 등을 소개하는 부분.
인파(人波)뗑 사람이 많이 모여 물결처럼 움직여 보이는 상태. human waves
인=파이트(infight)뗑 권투에서, 접근전. 〈대〉아웃복
인판(印版)뗑〈약〉→인쇄판(印刷版).
인패 위성(因敗爲成)뗑 실패한 것이 바뀌어 성공이
인편(人便)뗑 오가는 사람의 편. 〈약〉편(便). by means of someone
인편뗑 ①비늘 조각. ②비늘 모양의 조각.
인포:멀(informal)뗑 ①비공식임. 약식임. ②격식을 차리지 않음. 형식을 차리지 않음.
인포:메이션(information)뗑 ①정보(情報). ②지식. ③수부(受付). 안내소(案內所). 「sonality
인품(人品)뗑 사람이 갖춘 품위. 인물(人物)④. per-
인풋(input)뗑 ①〈물리〉입력. ②〈경제〉자본 투입. ③ 컴퓨터에 넣는 정보(情報).
인풍(人風)뗑 사람의 품격. personal appearance
인플레뗑〈약〉→인플레이션.

인플레이션(inflation)뗑〈경제〉사회 통화 수요량에 대해 통화량이 상대적으로 팽창하여 물가가 등귀하게 되는 현상. 통화 팽창(通貨膨脹). 〈대〉디플레이션(deflation). 〈약〉인플레. 「넣은 편의 선수.
인 플레이어(in player)뗑〈체육〉정구에서, 서브를
인플루엔자(influenza)뗑〈의학〉유행성 감기.
인피(人皮)뗑 사람의 가죽. man's skin
인피(靷皮)뗑〈식물〉①쌍자(雙子) 식물·나자(裸子) 식물 따위에 있어서 형성층의 세포의 분열에 의하여 바깥쪽에 이루어진 사관부(篩管部). ②뗑 인피섬유. ③〈동〉유피(柔皮).
인피-부(靷皮部)뗑〈식물〉사관(篩管)·인피 섬유 따위와 같이 인피의 부드러운 조직으로 된 유관속(維管束)을 이룬 조직의 하나.
인피 섬유(靷皮纖維)뗑〈식물〉유관속(維管束)의 뿌리·줄기·잎을 연락하여 주로 수액(水液)을 통하는 조직의 인피부를 이루는 섬유. 섬유 공업에 흔히 쓰임. 예〉③. 질긴 껍질. 울실. bast fibre
인피 식물(靷皮植物)뗑〈식물〉잎이나 줄기의 인피 섬유가 직물(織物)·종이·끈·편물(編物) 따위의 공업 원료로 쓰이는 식물. 아마·삼·청마(靑麻) 등.
인피어리어리티 콤플렉스(inferiority complex)뗑〈심리〉열등감(劣等感). 「手」.
인필(infielder)뗑〈체육〉야구에서, 내야수(內野
인필:드(infield)뗑〈체육〉야구에서, 내야(內野).
인필:드 플라이(infield fly)뗑〈체육〉야구에서, 무사(無死) 또는 일사(一死)로서 주자(走者)가 1·2루 또는 만루인 경우에 내야수가 쉽게 잡을 수 있는 범위 안에서 쳐댄 비구(飛球). 심판이 선언함.
인:하(引下)뗑 ①끌어내림. pulling down ②떨어뜨림. 〈대〉인상(引上). reduction 하타
인하(姻下)뗑 인말(姻末).
인=하-다(因一)타여 ①본디 그대로 하다. do as before ②말미암다. due to
인-하다(吝一)혱여 마음이 인색하다. miserly
인:하-책(引下策)뗑 값·임금·운임·사용료 같은
인합(印盒)뗑 인뚜껑이. 「것을 내리는 정책.
인:항(引航)뗑 ①예항(曳航). ②글라이더를 이륙시킬 때, 자동차·비행기 등으로 끌어서 날림. 하타
인해(人海)뗑 사람이 많이 모인 것. 인산(人山). human sea
인해 전:술(人海戰術)뗑 ①〈군사〉극히 많은 병력을 투입하여 그 수(數)의 힘으로 전선을 분단·돌파하는 공격법. 〈대〉화해 전술(火海戰術). ②많은 사람을 대규모로 투입하여 일을 성취하려는 수법. human wave tactics
인해-중(人海中)뗑 많이 모인 사람 가운데.
인행(印行)뗑 출판물을 간행함. 하타
인허(認許)뗑 인정하여 허락함. authorization 하타
인:혐(引嫌)뗑 ①자기의 잘못을 깨달아 뉘우침. ② 〈제도〉책임을 지고 사퇴하는 일. 하타
인형(人形)뗑 ①사람의 겉모양. figure ②사람 형상의 장난감. 꼭두각시②. doll ③〈미술〉흙·나무 또는 종이를 배접(精接)하여 만든 사람의 형상. puppet ④자기 의지대로 행동하지 못하는 사람의 비유.
인형(印形)뗑〈약〉「지에게 쓰는 말.
인형(姻兄)뗑 처남 매부 사이에 서로 높여 부르는 편
인형(仁兄)〈대〉친구끼리 서로 높여 부르는 편지에 쓰이는 말.
인형-극(人形劇)뗑〈연예〉꼭두각시 따위와 같이 사람 대신 인형을 써서 하는 연극. 손가락으로 조종하는 것과 실로 매달아 조종하는 것 두 가지가 있음. puppet-show
인혜(仁惠)뗑 어질고 은혜로움. graciousness 하형
인호(人戶)뗑〈동〉인가(人家).
인호(人豪)뗑 기량(器量)이 뛰어난 인사.
인호(隣好)뗑 이웃끼리 사이좋게 지내는 일. neighbourly friendship

인홀 불견(因忽不見)[부] 언뜻 보이다가 슬쩍 없어지고 아니 보임.

인화(人和)[명] 마음이 서로 통합하여 화합함. ¶~를 도모하다. harmonious personal relations 하[타]

인:화(引火)[명] 불이 옮아 붙음. 또, 옮겨 붙임. ignition 하[자]

인화(印畫)[명] (미술) 음각(陰刻)의 하나로 판인(版印)으로 그림·꽃·글씨 등을 눌러 적는 일. 또, 적힌 무늬. 고화(鼓花).

인화(印畫)[명] 사진술에 있어서 음화(陰畫)의 원판을 감광지(感光紙) 위에 올려놓고 보통의 사진으로 만든 양화(陽畫). print 하[타]

인화(燐火)[명] ①[동] 도깨비불. ②[동] 형화(螢火).

인:화-물(引火物)[명] 인화성이 있는 물질.

인화-수소(燐化水素)[명] 〈화학〉 마늘 냄새를 풍기는 무색의 맹독(猛毒) 기체. 불을 댕기면 타고 흰빛의 연기를 냄. hydrogen phosphate

인화-점(引火點)[명] 〈화학〉 기체나 액체가 연소하기 시작하는 최저 온도. ignition point

인화-지(印畫紙)[명] 사진을 인화(印畫)하는 데 쓰는 감광성(感光性)의 종이. photo-printing paper

인:환(引換)[명] 〈경제〉 '교환(交換)'의 구용어.

인:환-증(引換證)[명] '상환증(相換證)'의 구용어. exchange check

인황-병(人黃病)[명] [동] 담석통(膽石痛).

인회-석(燐灰石)[명] 〈광물〉 플루오르와 염소를 함유하는 칼슘의 인산염(燐酸鹽) 광물. 보통 무색 투명하며, 유리 광택을 냄. 비료와 치약의 원료로 씀. apatite

인회-토(燐灰土)[명] 〈광물〉 해조(海鳥)의 뼈나 배설물이 우수(雨水)에 의해 용해되어 이뤄진 흰빛 또는 회갈색의 흙. 과인산석회를 만듦.

인후(人後)[명] ①양자(養子)로 들어가던 일. being adopted ②다른 사람의 밑. 다른 사람의 뒤. below others [명]

인후(仁厚)[명] 마음이 어질고 무던함. benevolence 하[다]

인후(咽喉)[명] [동] 목구멍. [larynx]

인후-강(咽喉腔)[명] 〈생리〉 인두와 후두의 통칭.

인후-병[-뼝](咽喉病)[명] 〈의학〉 목구멍이 아프고 붓는 병의 통칭. 후증(喉症). swelling sore throat

인후-염(咽喉炎)[명] [동] 목구멍 카타르.

인후지-지(咽喉之地)[명] 매우 요긴한 요새(要塞)가 되는 땅. key position [陽]의 총칭.

인후-창(咽喉瘡)[명] 〈한의〉 인후부(咽喉部)의 궤양(潰)

인후 카타르(咽喉 Katarrh 도)[명] 〈의학〉 인후 점막에 생기는 염증. 감기 따위에 기인한다. 인후염(咽喉炎). katarrh of the throat [throat]

인후-통(咽喉痛)[명] 〈의학〉 목구멍이 아픈 병증. sore

인휼(仁恤)[명] 어질게 여겨 사랑으로 구제함. 하[타]

인희 지광(人稀地廣)[명] 사람은 적고 땅은 넓음. 하[타]

앉즈롯[고] 인꼭지.

일-다[고] 좋다. 착하다. 어질다.

일:줍-다다[고] 여쭙다.

일:[명] ①업으로 삼고 하는 모든 노동. work ②용무 (用務). ¶~이 있다. business ③세상이 되어가는 형편. ¶세상 ~이 말이 아니다. state of affairs ④큰 난리나 변동. ¶~이 생기다. incident ⑤사고 (事故). ¶큰 ~이 났다. accident ⑥특별한 형편. 사정. ¶오지 못할 ~이 있다. circumstances ⑦어떤 경험. ¶겪기 힘든 ~이다. experience ⑧비용이 많이 드는 행사. ¶~을 치르다. event ⑨처리하거나 해결하여야 할 바. ¶할 ~이 많다. business ⑩말의 끝에 써서 무슨 일을 바라거나 가벼운 명령을 뜻함. ¶모자를 벗을 ~. something ⑪감탄·의문을 나타냄. ¶웃을 ~이로군. something ⑫뜻하고 있는 계획이나 하고 있는 사업. ¶~이 잘 되어 가느냐? business ⑬어떤 문제·사건. ¶대수롭지 않은 ~. problem ⑭성교(性交)를 겸잡아 이름. sexual intercourse ⑮〈물리〉 물체에 힘을 주어 이동시켰을 적에 힘의 크기와 물체가 이동한 거리와의 상승적(相乘積)을 이름. work ⑯용언을 명사화시키는 말. ¶먹는 ~. ⑰[父. 치성(致誠). 하[다]

일²(日)[명] 체언에 붙어, 일반적 사실이나 미래의 일을 나타내는 관형형 서술격 조사. ¶우승자는 김군~것 이다. will be

일-[접] '일적이'의 뜻을 나타냄. ¶~깨다. ~더위.

일¹(日)[명] ①[약]→일요일. ②날. 해. 하루. 낮. ¶기념~. day [에서만 씀.] ¶십(十) ~. 일(一) ~.

일²(日)[명] 날짜를 이르거나 셀 때 쓰는 말. 한자어

일(一)[명] '한'의 뜻. ① 하나. one

·일[명] (고) 일찍이.

일가(一家)[명] ①한 집안. family ②동성 동본의 겨레붙이. one's relations ③학문이나 기예 따위에서 독립한 한 유파(流派). master

일가-견(一家見)[명] 일가언(一家言).

일가 단란(一家團欒)[명] 한 집안 식구가 아주 화목하게 지내는 일. 하[다] [tives

일가 문중(一家門中)[명] 멀고 가까운 모든 일가. rela-

일가-붙이[-부치](一家一)[명] 일가가 되는 겨레붙이. 족류(族類). relatives

일가 알코올[-까-](一價 alcohol)[명] 〈화학〉 한 분자 (分子) 속에 수산기(水酸基) 한 개를 가진 알코올. monovalent-alcohol [학설. 일가견(一家見).

일가-언(一家言)[명] 한 부문의 권위자로서 주장하는

일가 원소[-까-](一價元素)[명] 〈화학〉 염소·나트륨·칼륨 등의 원자가가 1인 원소. monad

일가 월증[-쯩](日加月增)[명] 날과 달로 더하여 점점 more and more 하[자]

일가 친척(一家親戚)[명] 동성·이성(異姓)의 모든 겨레붙이. 인아 친척(姻婭親戚).

일가 함:수[-까-쑤](一價函數)[명] 〈수학〉 독립 변수 (獨立變數)의 값을 하나로 할 때, 그에 대한 종속 (從屬) 변수의 값이 하나뿐인 함수. (대) 다가(多價) 함수. single-valued function [함함. 화함.

일가 화합(一家和合)[명] 온 집안 식구가 뜻이 맞아 화

일각(一角)[명] ①한 모퉁이. corner ②한 개의 뿔.

일각(一刻)[명] ①어느 시의 첫째 시각. 곧, 15분. first quarter ②매우 짧은 시간. moment

일각(日脚)[명] ①이마 왼쪽의 두둑한 뼈. 왕자(王者)가 [본 상이라 함.

일각(日脚)[명] [동] 햇발.

일각 대:문(一角大門)[명] 〈건축〉 기둥 둘을 세워 문짝을 단 대문. gate with two posts and a roof

일각-문(一角門)[명] 일각 대문 모양의 문.

일각 여삼추(一刻如三秋)[명] [동] 일각이 삼추 같다.

일각이 삼추 같다[시간이 빨리 지나가거나 간절히 기다리는 마음. 몹시 기다려지거나 지루한 느낌을 나타내는 말. 일각 여삼추. minute seems like a life-time

일각 중문(一角中門)[명] 〈건축〉 일각문 모양의 중문.

일각 천금(一刻千金)[명] 잠깐의 동안도 귀중하기가 천금과 같음. 좋은 계절 등에 씀.

일간(一間)[명] ①집의 한 칸. ②길이의 단위. 여섯 자. 한 간. ③바둑판의 한 금. ¶~ 뛰다.

일간(日刊)[명] ①매일 간행함. daily publication ②(약)→일간 신문(日刊新聞). 하[자]

일간(日間)[명] ①날에서 날까지의 동안(~日間). [명] 가까운 날 사이. ¶~ 한 번 들르겠소. one of these days

일간 두옥(一間斗屋)[명] 규모가 작은 한 칸 집. small one-room house

일간 명월(一竿明月)[명] 한 가닥 낚싯대를 드리우고 달빛을 즐기는 한가로운 생활.

일간 신문(日刊新聞)[명] 매일 발행하는 신문. 조간(朝刊)·석간(夕刊)이 있음. (약) 일간(日刊)②. daily newspaper

일간-지(日刊紙)[명] [동] 일간 신문.

일간 초옥(一間草屋)[명] 한 칸 안팎의 작은 초가집.

일:감[-깜][명] 일거리. 일을 할 재료. work

일개(一介)[명] 보잘것없는 한 낱. ¶~ 서생(書生).

일개(一箇·一個)圀 한 개. 한 낱. one

일:개:미[곤충]圀 집을 짓고, 먹이를 채취·저장하는 노동에 종사하는 개미. 날개가 없고 생식 기능이 없음. 일꾼 개미.

일개인(一個人)圀 한 사람의 개인.

일거(一擧)圀 ①한 번의 동작. one action ②단번. at a stroke ③한 번의 노력. 「범. life of ease 하타

일거(逸居)圀 별로 하는 일 없이 한가(閑暇)로이 지냄

일거-다[—꺼—]圂 받침 있는 체언에 붙어, '일 것이다'의 뜻을 나타내는 종결형 서술격 조사. ¶그는 우등생~. →르거다.

일-거리[—꺼—]圀 ①하여야 할 일. things to do ②일감. 사건(事件). work 「소식이 없음.

일거 무소식(一去無消息)圀 한 번 간 뒤로는 아무

일거 수 일투족(一擧手一投足)圀 손 한 번 들고, 발 한 번 옮겨 놓는다는 뜻. 곧, 아주 간단하고 평범한 동작. 적은 수고. 일거 일동. every movement

일-거야[—꺼—]圂 받침 있는 체언에 붙어 '일 것이 야'의 뜻을 나타내는 종결형 서술격 조사. ¶이것은 금~. →르거야.

일거 양:득(一擧兩得)圀 한 가지 일로써 두 가지 이익을 얻음. 일전 쌍조(一箭雙鳥). 일석 이조. ㈜ 양득. killing two birds with one stone

일거 월저(日居月諸)圀 쉼없이 가는 세월. ㈜ 거저(居諸).

일거 일동(一擧一動)圀 아주 사소한 동작. 일거수 일투족. slightest movement

일거 일래(一去一來)圀 한 번 가고 한 번 오는 일. 갔다왔다함. going and coming 하타

일건[—껀](一件)圀 ①한 가지. one ②한 벌. one set ③한 가지 사건. affair

일건 기록[—껀—](一件記錄)圀(동) 일건 서류(書類)

일건 서류[—껀—](一件書類)圀〈법률〉소송 사건마다 서류를 정리한 것(符冊). 일건 기록. papers relating to the affair

일-걸[—껄]圂 받침 있는 체언이나 어간에 붙어서 불확실한 추측을 나타내는 종결형 서술격 조사. ¶아마 세계 신기록~. →르걸.

일격(一擊)圀 한 번 세게 침. single blow

일견(一見)圀 ①한 번 봄. look ②언뜻 봄. glance 한 번 보아, 언뜻 보기에. 하타

일:-결[—껼]圀 크게 손해를 겪게 되는 일.

일-결(一決)圀 ①하나로 결정됨. 한 번 작정됨. unanimous agreement ②한 번에 터짐. collapse in a

일계(一計)圀 하나의 꾀. 「moment 하타

일계(日雇)圀 날품팔이. 「목. main point

일계(日系)圀 ①일본 사람의 핏줄을 이어받음. 또, 그 사람. ¶~ 중국인. ②일본의 계통. ¶~ 회사.

일계(日計)圀 날마다의 계산. 날수대로 계산함. daily expenses

일계-표(日計表)圀 하루 동안 계산한 것을 합계하여 알아보기 쉽게 만든 표. daily trial balance

일고(一考)圀 한 번 더 생각하여 봄. ¶~해 볼 만하다. consideration 하타

일고(一顧)圀 ①한 번 돌아봄. ②잠깐 조심함. ③조금 생각해 봄. ¶~의 가치도 없다. notice 하타

일고(日雇)圀 날품팔이. 「목. main point

일고 삼장(日高三丈)圀 아침 해가 이미 높이 떴음. 삼간(三竿). 일고 삼척. sun is high 하타

일고 삼척(日高三尺)圀 일고 삼장. 하타 「or eight

일곱=여덟[—덜]圀 일곱이나 여덟. seven

일곱圀 여섯에 하나를 더한 수. 칠(七). seven

일곱목=한카래圀〈농업〉장부잡이 한 사람과 줄군 여섯이 잡아당기게 된 가래.

일곱-무날圀 무수기를 볼 때의 1일과 16일.

일곱-이레[—니—]圀 생후 일곱 번째 되는 이레의 끝 날. 아기가 태어나서 사십구 일이 되는 날. 49th day after a baby's birth

일곱-째圀 일곱을 차례로 셀 때의 맨 끝. seventh

일공(一空)圀 ①아무 것도 없이 텅 빔. ②하늘 전체. ③〈불교〉만물은 모두가 공이며, 공 또한 공임. vacancy

일공(日工)圀 ①〔약〕→일공쟁이. ②하루의 품삯. daily wage ③날품삯을 주고 시키는 일.

일공-쟁이(日工—)圀 날품을 받고 일하는 사람. 날품팔이. ㈜ 일공①. day labourer

일과(一過)圀 ①한 번 눈을 거침. look ②한 번 지남. passing away 하타 「정. routine

일과(日課)圀 날마다 규칙적으로 하는 일. 또, 그 과

일과-력(日課曆)圀 일기(日記)와 겸할 수 있게 된 달력. daily calendar 「daily schedule

일과-표(日課表)圀 날마다 하는 일을 정하여 놓은 표.

일곽(一郭·一廓)圀 하나의 담으로 막은 지역. block

일관[1](一貫)圀 ①(약)→일이관지(一以貫之). ②처음부터 끝까지 같은 주의·방법으로 계속함. 하타

일관[2](日貫)圀 ①한 관. one *kwan* ②엽전의 한 꿰미.

일관(日官)圀(동) 추길관(諏吉官).

일관 메이커(一貫 maker)圀〈경제〉원료에서 완제품까지의 작업을 일관하여 하는 생산업자. ㈜ 단독 메이커. 「질.

일관-성(一貫性)圀 일관되는 성질. 한결같은 성

일관 작업(一貫作業)圀〈공업〉원료로부터 제품이 나올 때까지의 여러 갈래의 작업을 한 공장에서 계속하여 행하는 일. 연속 생산. integrated work

일괄(一括)圀 한데 묶음. 한데 뭉뚱그림. 총괄(總括). summing up 하타

일광(一匡)圀 어지러운 천하(天下)를 다스려 바로잡음. correct the abuses 하타

일광(日光)圀 햇빛.

일광 소독(日光消毒)圀 햇빛 속의 자외선의 살균 작용을 이용하여 물건을 햇빛에 쬐어서 하는 소독. disinfection by sunlight

일광 요법[—뇨—](日光療法)圀〈의학〉일광욕으로써 햇빛에 있는 자외선을 흡수하여 주로 호흡기병을 치료하는 방법. heliotherapy

일광 요양소[—뇨—](日光療養所)圀 공기가 맑고 일광(日光)을 이용할 수 있는 곳에 베풀어 주로 호흡기 환자를 수용 치유하는 곳. 자연 요양소. sunbeams sanatorium 「증진하는 일. sunbath 하타

일광-욕[—뇩](日光浴)圀 몸을 햇빛에 쬐어 건강을

일광 절약(日光節約)圀 시간을 잘 이용하여 연료를 쓰지 않으려는 생활. daylight saving

일광 절약 시간(日光節約時間)圀 '서머 타임(summer time)'의 역어.   「동안에 변화하는 차이.

일교-차(日較差)圀〈지학〉기온·습도·기압 등이 하룻

일구(一口)圀 ①단 한 사람. one person ②여러 사람의 똑같은 말. unanimousness ③일언(一言). 한 입 가득히. ④하나의 구멍. ⑤칼 따위의 한 자루.

일구(逸球)圀〈체육〉야구에서, 투수(投手)가 던지는 공을 포수가 놓친 경우의 이름. passed ball

일구 난설(一口難說)圀 한 말로 다 설명할 수 없음. difficult to say in a word

일구-다圂 ①논·밭을 만들려고 땅을 파서 일으키다. 기경(起耕)하다. break up ②두더지 따위가 땅 속을 쑤셔 젊이 솟구쳐 하다. dig up

일구 양설(一口兩舌)圀(동) 일구 이언(一口二言).

일구 월심[—심](日久月深)圀 날이 오래고 달이 깊어짐. 골똘히 바램을 이름. A long time has passed 하타   「함. 일구 양설. double-tongue 하타

일구 이:언(一口二言)圀 한 가지 일에 두 가지 말을

일구 이:언 이:부지자(一口二言二父之子)圀 한 입으로 두 가지 말을 함은 두 아비의 자식임. 곧, 거짓말하는 사람에게 하는 욕. liar

일국(一國)圀 ①한 나라. ②온 나라.

일국(一掬)圀 ①한 움큼. scoop ②두 손으로 옮기는 일. scooping with both hands 하타

일군(一軍)圀 군대의 전부. whole army

일군(一郡)圀 ①한 군. ②온 마을.

일군(一群) 한 무리. 일족(一族). group
일군(日軍) 일본 군대. Japanese armed forces
일군(逸群) 여러 사람 중에서 썩 뛰어남. 발군. eminence 하다
일규(一揆) ①같은 경우나 경로. same condition ②한결같은 법칙. unchangeable law
일그러-뜨리-다 일그러지게 하다. make something crooked
일그러-지-다 한쪽으로 좀 비뚤어지다. be crooked
일근(日勤) ①날마다 사무를 봄. ②주간 근무(야근에 대한 말). daily attendance 하다
일금(一金) 전부의 돈. 돈의 액수를 쓸 때, 그 액수의 위에 씀. ¶~ 오만 원. total amount
일금(一禁) 모두 금지함. total prohibition 하다
일급(一級) ①가장 높은 등급. ¶~ 비밀(秘密). first class ②바둑이나 유도의 초단(初段) 바로 아래 등급. ③한 계급. [료. daily wages
일급(日給) 하루 낟삯. ②하루하루 따지어 주는 급
일급-꾼(日給一) 날삯을 받고 일하는 광부. day-miner
일급-제(日給制) 급료를 하루 단위로 쳐서 주는 제
일굿-거리-다 짜인 물건의 사개가 서로 맞지 않고 자꾸 움직이다. (작) 얄굿거리다. quivery 일굿-굿 하다 [quivery 하다
일굿-얄굿[—낟—] 일굿거리고 얄굿거리는 모양.
일굿-하-다[—낟—] 한 쪽으로 조금 비뚤어져 있다. (작) 얄긋하다. somewhat inclined
일기(一己) 제 한 몸. oneself
일기(一技) 하나의 재주. ¶일인(一人) ~. art
일기(一氣) ①한 목 내치는 기운. ②천지가 나뉘기 전의 혼돈한 기운.
일기(一基) 묘비(墓碑) 등의 하나. one tombstone
일기(一杯) 한 돌. full one year
일기(一期) ①①등 일생(一生). ②어떠한 시기를 몇으로 나누는 그 하나. 그 첫째. first term
일기(一騎) 말탄 군사 한 명. single horseman
일기(日誌) 날마다 일어난 일을 적는 기록. 일지(日誌). diary ②제도 폐한 임금의 역사. ③(약)~
일기(日氣) 날씨. 천기(天氣). weather [일기장①.
일기(逸機) 기회를 놓침. 失機.
일기 가:성(一氣呵成) ①단숨에 일을 해냄. ②단숨에 문장을 지어냄. [eral weather condition
일기 개:황(日氣槪況) 날씨의 대체적인 형편. gen-
일기 당천(一騎當千) 한 사람의 기병(騎兵)이 천사람의 적을 당해낼 수 있음. 무예가 썩 뛰어남을 비유하는 말.
일기-도(日氣圖) 일정 시각에 어떤 지방의 모든 기온·기압·풍향·풍속 등을 측정하여 등압선·등온선·등편 차선을 써서 천기의 상태를 표시하는 그림.
일기 문학(日記文學) 〈문학〉 일기체로 된 문학. diaries as a branch of literature
일기 불순(一—) 〈日氣不順〉 기후가 고르지 못한 일.
일기 예:보(日氣豫報) 날씨의 형편을 미리 알리는 보도(報道). weather forecast 하다
일기-장(—帳) 〈日記帳〉 ①날날이 일어나는 일·감상을 적는 장부. (약) 일기③. diary ②〈경제〉 날마다 발생하는 거래의 내용을 순서대로 기록하는 장부.
일기죽-거리-다[—꺼—] 걸을 때 허리·엉덩이를 느리게 좌우로 흔들다. (작) 얄기죽거리다. swing one's waist 일기죽-일기죽
일기죽-얄기죽[—낟—] 일기죽거리고 얄기죽거리는 모양. swinging 하다
일기지:욕(一己之慾) 제 한 몸의 욕심. selfish desire
일기-체(日記體) 일기 형식으로 된 문체.
일기-초(日記抄) 〈日記抄〉 일기 가운데에서 중요한 것만 뽑아 놓은 것.
일길 신량(日吉辰良) 날짜가 길하고 때가 좋음. 하다
일까보냐 받침 있는 체언에 붙어, 미래·현재의 일을 추측할 때, 의문의 뜻을 나타내는 종결형 서술격 조사. ¶저것은 무엇~?

일까:보냐 받침 있는 체언에 붙어서, '어찌 그러하리가 있겠느냐'의 뜻을 나타내는 말.
일:=깨-다 잠을 일찍이 깨다. get up early
일=깨-다[—다] (약) ⇒일깨우다¹.
일=깨우-다[—] 가르쳐서 깨닫게 하다. (약) 일깨다². [awaken
일=깨우-다[—] 자는 사람을 일찍이 깨우다. (약) 일깨다¹. awaken early
일깬:-날 잠을 일찍이 깬 날. early awakened day
일:=꿈[—껀] 된 일삼아. 애써서. 일부러. ¶~ 만들어 놓은 물건이 부서졌다. with much effort
일꼬 받침 있는 체언에 붙어서 현재 및 장래의 의심을 깊은 생각을 가지고 추측하는 뜻, 의문이나 의심을 나타내는 종결형 서술격 조사. 흔히 지정하지 아니한 대명사·부사 등이 앞에 있을 때 씀. ¶그게 무엇.→일꼬. 르까.
일:=꾼 ①품팔이하는 사람. labourer ②일을 잘 처리하는 사람. able man ③중대한 일을 맡아 하거나 할 사람. ¶나라의 ~. able man
일:=끝 일의 실마리. clue
일낙(一諾) 한 번 승낙하는 말은 천금모다 귀중하
일녹하-다《고》 일적이 나간다. [귀중함
일낙 천금(一諾千金) 한 번 승낙한 말은 천금보다
일난 풍화(日暖風和) 날씨가 따뜻하고 바람이 부드러움. 하다
일-남중(日南中) 〈천문〉 태양이 자오선(子午線)에 이르는 일. 이 때가 진태양시(眞太陽時)의 정오에 해당됨. southing of sun
일-남지(日南至) 동짓날의 딴이름.
일:=내-다 일을 저지르다. ¶일낼 사람.
일녀(日女) 일본 여자. Japanese female
일녀-다《고》 일적이 가다.
일년(一年) 한 해. 일임(一稔)③. one year ②
일년-감(一年—) 〈식물〉 토마토. tomato
일년-근(一年根) 〈식물〉 한 해가 지나지 않은 뿌리. year-old root [았다.
일년-내(一年—) 한 해가 다 될 때까지. ¶~ 앓
일년-생(一年生) ①일학년이 된 학생. first year student ②〈식물〉 식물이 1년 동안에 발아(發芽)·성장·개화·결실의 과정을 완료하고 시드는 일. 한해살이. (대) 다년생(多年生).
일년생-근(一年生根) 〈식물〉 한해살이풀의 뿌리. root of an annual plant
일년생 초본(一年生草本) 〈식물〉 싹이 나서 연내에 생장을 완료하고 말라 죽는 풀. 한해살이풀. 당년초(當年草). ⑤ 일년초. annual plant
일년-송(一年松) 〈동〉 바위솔.
일년 열두:달(一年—)(一年—) 온 한 해 동안. 곧, 한 해의 전부가 되는 동안. [brewed wine
일년-주(一年酒) 담근 지 한 해가 된 술. one-year
일년-초(一年草) 〈약〉 ⇒일년생 초본.
일념(一念) ①한결같은 생각. single heart ②깊이 생각에 잠김. ardent wish ③〈불교〉 전심(專心)으로 염불하는 일. [부처의 묘한 경지.
일념 불생(一—)〈一念不生〉〈불교〉 생각을 초월하
일념 삼천(一念三千) 〈불교〉 일념의 마음에 삼천의 법계(法界)를 갖출 수 있다하는 천태(天台)의 교지.
일념 왕:생(一念往生) 〈불교〉 ①일념으로 아미타불을 부르면 극락에 간다는 뜻. ②일념으로 극락에 가는 업을 이룬 까닭으로 그 뒤에는 염불이 소용없다.
일념 창명(一念唱名) ⇒일념 칭명(一念稱名).
일념 칭명(一念稱名) 〈불교〉 일념으로 아미타불을 믿어 아미타불을 부름. ⑤ 일념 창명(一念唱名). 하다
일념 통천(一念通天) 한 마음으로 열심히 하면 하늘에 감동되어 성취함. 하다
일는지 받침 있는 체언에 붙어, 막연한 의문·추측 등을 나타내는 종결형 또는 연결형 서술격 조사. ¶이번 수석은 김군~ 모른다.
일능(一能) 하나의 재능.

일:-다 「러르」目 ①약하거나 희미하던 것이 한창 성하거나 환하게 되다. prosper ②없던 것이 처음으로 생기다. occur ③불이 피어 오르다. blaze

일:-다 目 ①몸이나 물건이 위로 저절로 향하여 움직이다. rise ②형세의 힘이 점점 두드러지게 나타나다. flourish

일:-다 「러르」他 ①곡식에 섞인 모래나 티 따위를 가리기 위하여 곡식에 물을 부어 조리로 흔들어서 곡식만을 남기게 하다. ¶쌀을 ~. rinse ②물건을 물속에 넣어 쓸 것만 고르다. wash

일-다 [-따] 目〔약〕=이르다.

:일-다 自〔고〕 되다. 이루어지다.

일단 [-딴] (一段) 圖 ①계단 따위의 한 층계. step ②문장·이야기 따위의 한 토막. paragraph ③인쇄물의 한 단. ¶~ 기사. ④자동차 같은 것에서 기어를 변속할 경우에, 중립에서 시작하는 첫 단. ¶~를 ~에 넣다. ⑤바둑·검도·유도 등의 초단 또는 한 단. ¶~씩 승단하다. grade ⑥한 단보, 곧, 300평. 〔兩端〕 one end

일단 [-딴] (一端) 圖 ①한 끝. ②사물의 일부분. 〔一團〕

일단 [-딴] (一團) 圖 한 뭉치. 한 덩어리. group

일단 [-딴] (一旦) 圖 ①한 번. ¶~ 결정한 이상 변경할 수 없다. once ②잠깐. ¶~ 정지. brief space of time 「one pause for the present

일-단락 [-딴-] (一段落) 圖 일의 한 단계가 끝이 남.

일당 [-땅] (一堂) 圖 한 회당. 같은 회당.

일당 [-땅] (一黨) 圖 ①목적과 행동을 같이하는 무리. 일미(一味)②. ②도둑의. ③한 개의 정당(政黨). party 「daily allowance

일당 [-땅] (日當) 圖 하루에 얼마씩 정하여 주는 돈삯.

일당 독재 [-땅-째] (一黨獨裁) 圖〔정치〕 ①단수(單數) 정당에 의한 독재. ②소련이나 그 밖의 공산국가는 모두 공산당에 의한 ~ 국가이다. ③여러 정당 중의 집권당(執權黨)에 의한 독재. one party rule 「that is worth a hundred

일-당백 [-땅-] (一當百) 圖 하나가 백을 당함. one

일대 [-때] (一代) 圖〔동〕 일세(一世)④. 「region

일대 [-때] (一帶) 圖 어떠한 지역의 전부. 일원(一圓).

일대 [-때] (一隊) 圖 ①한 대. company ②한 무리의 군대. squad

일대 [-때] (一對) 圖 한 쌍. pair

일대 [-때] (一大) 團 어떤 명사 앞에 붙어 '굉장한'의 뜻을 나타내는 관형사. ¶~ 용단(勇斷). ~ 수라장. great 「life history

일대-기 [-때-] (一代記) 圖 일생의 사적을 쓴 기록.

일대-사 [-때-] (一大事) 圖 ①아주 큰 일. matter of great importance ②중대한 사건. serious affair ③〔불교〕 생사의 일. life and death ④〔불교〕 득도(得道)의 계기.

일대-일 [-때-] (一對一) 圖 한 사람이 한 사람을 상대함. 양쪽이 같은 비율·권리로 상대함. one to one

일대 잡종 [-때-] (一代雜種) 圖 순수한 두 계통의 품종 사이의 교배(交配)로 생긴 잡종. 앞의 대보다 우수함. first hybrid generation

일-더위 [-떠-] 圖 첫여름부터 일찍이 오는 더위.〔대〕 늦더위. early summer heat

일:-정 〔고〕 반드시. 필연코.

일도 [-또] (一到) 圖 한 번 다다름. ¶~ 창해(滄海).

일도 [-또] (一道) 圖 한 가지 길. 같은 길. only way

일도 [-또] (一道) 圖 ①한 가지의 이유. one reason ②행정 구획의 하나인 도의 전부. one province

일도 양:단 [-또-] (一刀兩斷) 圖 한 칼로 쳐서 두 동강이 내듯이 선뜻 결정한다는 뜻. 일도 할단(一刀割斷). decisive measure 하目

일도-조 [-또-] (一刀彫) 圖〔미술〕 입체물을 한 칼에 넓고 평평하게 깎아 만드는 법. carving with single stroke of knife

일독 [-똑] (一讀) 圖 한 번 읽음. 죽 훑어 읽음. ¶~할 가치가 있다. perusal 하目 「~란. all

일동 [-똥] (一同) 圖 어느 단체나 모임의 전체의 사람.

일동 [-똥] (一洞) 圖 ①한 동리. village ②온 동네. all the town 「몸짓. every action

일동 일정 [-똥-쩡] (一動一靜) 圖 모든 동작. 모든

일-되다 [-뙤-] 自 ①초목이 일찍이 되다. 올되다. ②사람이 숙성하게 자라다. 일늦다〔天空〕 grow early

일두 [-뚜] (一頭) 圖 소·돼지·말 등 짐승의 한 마리.

일득 일실 [-뜩-씰] (一得一失) 圖 하나가 이로우면 하나가 해로움.

일등 [-뚱] (一等) 圖 ①첫째 등급. ②한 등급. ③〔불교〕 차별 없이 평등함. 제일(第一). 최상(最上). first class 「(優勢)인 나라. first-class power

일등-국 [-뚱-] (一等國) 圖〔수〕 국제상(國際上) 우세

일등 도:로 [-뚱-] (一等道路) 圖〔동〕 국도(國道).

일등-병 [-뚱-] (一等兵) 圖〔군사〕 군대의 한 계급. 상등병의 아래임.〔약〕 일병이. private first class

일등-성 [-뚱-] (一等星) 圖〔천공(天空)〕에 약 이십 개쯤 비는 가장 밝은 항성(恒星). star of first magnitude 「최고로 비싼 땅.

일등-지 [-뚱-] (一等地) 圖 가장 살기 좋은 땅. 값이

일등-품 [-뚱-] (一等品) 圖 품질이 가장 좋은 상품.

일-떠나다 自 일찍이 길을 떠나다. start early in the morning

일-떠나다 自 힘있게 일어나다. 분기하다. spring up

일떠-서다 自 기운차게 썩 일어서다. jump to one's

일떠-세우다 他 기운차게 썩 일어서게 하다. 「feet

일라 받침 있는 체언에 붙어, 손아랫 사람에게의 구나 염려를 나타내는 종결형 서술격 조사. ¶수 작적나, 점잡군~. =르라.

일라고 받침 있는 체언에 붙어 의심과 반문을 나타내는 종결형 서술격 조사. ¶아무러면 그 사람이 사기꾼~.

일락 (一樂) 圖 ①삼락(三樂) 가운데 첫째 가는 낙. 곧, 부모가 구존(俱存)하고 형제가 무고한 낙. first of the three pleasures ②하나의 낙. pleasure

일락 (佚樂·逸樂) 圖 편히 놀고 즐김. pleasure 하目

일락바라기 圖 홍합락 망하다. 이울러 끊임없.

일락 서산 (日落西山) 圖 해가 서산에 떨어짐. sun has set 하目

일람 (一覽) 圖 ①한 번 봄. 한 번 죽 훑어 봄. look ②내용을 간명(簡明)히 적은 책. 또, 그 표(表). 하目

일람 첨기 (一覽輒記) 圖 한 번 보면 잊지 않음. 기억력이 썩 좋음. photographic memory 하目

일람-표 (一覽表) 圖 한 번 보아 그 내용을 알 수 있도록 꾸민 표.

일랍 (一臘) 圖 ①〔불교〕 법랍이 제일 많은 장로(長老). ②사람이 태어나서 이레 되는 날. ③〔약〕=일법랍. (一法臘).

일랑 받침 있는 체언에 붙어 '이는'의 뜻을 강조하여 쓰는 주격 조사. ¶복남~ 십에 있거나. →르랑.

일랑은 圖 '일랑'의 힘줌말. 「올랑.

일래 (日來) 圖 날사이.

일러니 받침 있는 체언에 붙어서, '이겠더니'의 뜻을 나타내는 연결형 서술격 조사. ¶그 사람이 장관과 ~ 이렇게 몰락하다니. →르러니. 올러니.

일러-두기 圖 책 첫머리에 그 책에 대하여 해설하고 주의할 점을 따서 적은 굴. 범례(凡例). introductory remarks

일러-두다 (一) 특별히 부탁하거나 명령하여 두다. order

일러라 받침 있는 체언에 붙어, '이겠더라'의 뜻을 나타내는 종결형 서술격 조사. ¶한글이야말로 우리의 자랑~.

일러-바치다 어떤 비밀이나 나쁜 일을 웃어른에게 고하여 알리다. inform 「해설.

일러스트레이션(illustration) 圖 ①삽화. ②도해. ③

일러스트레이터(illustrator) 圖 삽화가. 도해자. 설명자.

일러-주다 (一) ①알려 주다. let one know ②가르쳐

일런가 주다. instruct ③미리 알리다. give notice beforehand

일런가图 ①받침 있는 체언에 붙어서, '이겠던가'의 뜻으로 물음을 나타내는 종결형 서술격 조사. ¶다정도 병~. ②'이런가'의 뜻을 좀더 강조하여 쓰는 종결형 서술격 조사. ¶이게 꿈~.→르런가. 르고.

일런고图 받침 있는 체언에 붙어, '이던고·이런고'를 강조하여 쓰는 종결형 서술격 조사. ¶일장 춘몽~. →르런고.

일렁=거리-다짜 물에 뜬 큰 물건이 물결에 따라 이리저리 흔들리다. 《작》 알랑거리다. float **일렁=일렁**하다 [waveringly 하다

일렁~알랑[—날—]튀 일렁거리며 알랑거리는 모양.

일레图 받침 있는 체언에 붙어서 '이겠데'의 뜻으로 쓰이는 종결형 서술격 조사. ¶제법~.→르레. 을레.

일레라图 받침 있는 체언에 붙어서 막연하게 '이겠더라'의 뜻을 나타내는 종결형 서술격 조사. ¶그 때는 늘 ~. →르레라. 을레라. 르러라.

일렉트로(electro)图 전기(電氣).

일렉트로=그래프(electrograph)图 전광 뉴스와 같이 전동으로 어떤 글자나 선을 나타내고, 그 글자나 선이 이동하게 된 선전 간판의 하나.

일렉트로닉스(electronics)图 전자 공학(電子工學).

일렉트로미-터(electrometer)图 전위차(電位差)를 재는 계기. 전기 계량계·전위계 등.

일렉트론(elektron 도)图 《물리》 전자(電子).

일렉트론=메탈(electron metal)图 《화학》 90% 이상의 마그네슘을 주성분으로 하는 초경금속 합금(超硬金屬合金)의 대표적인 것. 항공기·자동차에 쓰임.

일렉트론 소이탄(electron 燒夷彈)图 《군사》 일렉트론 메탈로 만든 소이탄. 그 안에 테르밋(thermit)을 채워 연소할 때 2,000~3,000℃의 고열을 냄.

일력(日力)图 ①그 날의 해가 있는 동안. remaining time till sunset ②하루 종일의 일. 또, 날마다의 일. daily task

일력(日曆)图 그 날의 날짜·요일·일진 따위를 적어 매일 메거나 젖히게 만든 것. daily pad calendar

일련(一連)图 ①하나로 이어짐. series ②양지의 전지 500장의 일컬음. ream ③동아리. group

일련(一聯)图 ①하나의 연속. series ②율시(律詩)의 대구(對句). couplet ¶[호. 《약》연번(連番).

일련 번호(一連番號)图 일률적으로 연속되어 있는 번

일련 탁삼(一蓮托生)图 ①《불교》극락(極樂) 정토와 같은 연대(蓮臺)에 왕생(往生)하는 일. rebirth together on lotus-flower ②좋든 나쁘든 행동·운명을 같이 하는 일. casting one's lot with another

일렬(一列)图 ①한 줄. line ②첫째 줄. first row

일령(一齡)图 누에가 처음 알에서 깨어 첫번 잠을 잘 때까지의 동안. uniform ③한날 전례. precedent

일례(一例)图 ①하나의 보기. example ②한결같음.

일로(日爐)→이리로.

일로(一路)图 ①한 줄기로 곧장 뻗친 길. clear-cut way ②외길으로 나가는 길. straight road 튀 한 줄기의 길을 곧 바로. 어디까지나.

일로 매:진(一路邁進)图 한 길로 똑바로 씩씩하게 나아감. 하다 [하다

일록(日錄)图 날마다 기록함. 또, 그 기록. journal

일루(一縷)图 ①한 오리의 실. strand of thread ②가늘고 약한 형세. slenderness ③끊어질 듯이 이어가는 한 가닥. ¶~의 희망. feeble line

일루(一壘)《체육》①야구에서, 주자가 밟는 첫째번 누(壘). first base ②《약》일루수(一壘手).

일루-수(一壘手)《체육》야구에서, 일루를 맡아 지키는 사람. 《약》일루(一壘)②. first baseman

일루-타(一壘打)《체육》 야구에서, 타자(打者)가 일루까지는 무사히 갈 수 있게 한 안타(安打). one timer

일류(一流)图 ①첫째 가는 지위. first-class ②하나의

유파(流派). 같은 유파. school ③독특(獨特)한 유파. peculiarity

일루미네이션(illumination)图 ①조명(照明). ②점등(點燈)으로 한 장식. [시가 미끈한 신사.

일류 신사(一流紳士)图 ①일류에 속하는 신사. ②맵

일류-제(溢流堤)图 저수지 따위에서 홍수의 수량(水量)을 줄이기 위하여 높은 물의 약간이 안쪽으로 넘어 흐르게 만든 둑.

일륜(一輪)图 ①한 둘레. circumference ②바퀴의 하나. wheel ③꽃 한 송이. flower ④달을 가리킴.

일륜(日輪)图 《불교》해 양. sun [moon

일륜 명월(一輪明月)图 보름의 둥글고 밝은 달.

일륜-차(一輪車)图 사람·물건을 나르는 바퀴가 하나 달린 차.

일률(一律)图 ①한결같음. 일치(一致). equality ②죽음에 해당하는 죄. crime for capital punishment ③《음악》하나의 음률.

일률-적(一律的)图[판] 한결 같은(것). ¶~으로 일할 썩 값을 올리다. [《단위. 일마장.

일리(一里)图 ①온 동네. 한 동네. village ②거리의

일리(一利)图 하나의 이익이나 이로움. advantage

일리(一理)图 ①하나의 이치. 일의(一義)①. ②동일한 이치. same reason

일리 일해(一利一害)图 이로움이 있는 반면에 해로움도 있음. advantage set off by a disadvantage

일립 만:배(一粒萬倍)图 한 알의 곡식도 심으면 만 알이 된다는 뜻으로, 작은 것도 쌓이면 굉장히 불

일=마장(一—)图 《동》일리(—里)②. [어난다는 뜻.

일막-극(一幕劇)图 《연예》한 막으로 극적 사건을 진행하는 극. 인테르메초(intermezzo)③. one-act play

일만 이:천봉(一萬二千峰)图 금강산의 수많은 기이한 산봉우리의 총칭. twelve thousand peaks

일말(一抹)图 ①한 번 칠하는 일. 한 번 지우는 일. painting once ②약간. 다소. ¶~의 미련도 없다. little ③한 번 스치는 정도. touch

일 말로는 받침 있는 체언에 붙어서 '일 것으로 말하고 보면'의 뜻을 나타내는 말. ¶그가 뜻 있는 청년~, 결코 실망 않을 걸세. →르 말로는. 을 말로는.

일 말로야图 체언 밑에 붙어, '일 것으로 말할 면이면'의 뜻을 나타내는 말. ¶사람이 짐승~, 양심이 무슨 아랑곳 있겠나. →을 말로야.

일망(一望)图 ①한 눈에 바라봄. ②한 보름 동안. 하

일망 무애(一望無涯)图《동》일망 무제(一望無際). 하

일망 무제(一望無際)图 멀고 넓어서 끝이 없음. 일망 무애. infinity 하다

일망정图 받침 있는 체언에 붙어서, '비록 그러하지만 그러나'의 뜻을 나타내는 연결형 서술격 조사. ¶적~사랑으로 대하라.

일망 타:진(一網打盡)图 한꺼번에 모조리 다 잡음. 《약》망타(網打). wholesale arrest 하다

일매-지-다图 ①죄다 고르다. even ②있는 것 모두가 고르고 비슷하다. equal

일맥(一脈)图 한 줄. 하나로 이어진 것. vein

일맥 상통(一脈相通)图 성격이나 솜씨 따위가 서로 통함. 다소 관계가 있음. having a thread of connection 하다

일면(一面)图 ①한쪽. 일방. 《대》다면(多面). one side ②처음으로 한 번 만나 봄. interview ③행정 구역의 면(面)의 하나. one myun

일면-관(一面觀)图 한 방면으로만 보는 관점.

일면-식(一面識)图 한 번 서로 대하여 본 일이 있어 약간 안면이 있는 일. sight acquaintance

일면 여구(一面如舊)图 처음 만나 보고서 옛 벗과 같이 친밀함. being very friendly at the first meeting 하다

일면지-분(一面之分)图 일면식의 친분. [하다.

일면-하다(一面—)困연图 모르는 사람과 한 번 면회

일명(一名)图 ①한 사람. one person ②본이름 밖에 따로 부르는 이름. another name

일명(一命)[명] 한 사람의 목숨.
일명(日明)[명] 햇빛이 밝음. 하[困]
일명 경인(一鳴驚人)[명] 한 마디로 뭇사람을 놀라게 함. 즉, 한 번 시작하면 사람들을 놀랄 정도의 큰 사업을 이룩하였다는 뜻.
일모(一毛)[명] 한 가닥의 털. 또, 그와 같이 작은 것. [hair
일모(一眸)[명] 한 번 봄. 일견(一見). [view
일모(一貌)[명] 어떤 상태나 물건의 한 귀틈이. in one
일모(日暮)[명] 날이 저물음. 해가 짐. 천차(賤車). sunset 하[困]
일모 도궁(日暮途窮)[명] ①날은 저물고 갈 길은 막힘. ②늙어서 쇠약해짐. 일모 도원(日暮途遠). senescence 하[困]
일모 도원(日暮途遠)[명]〈동〉일모 도궁. 하[困]
일모-작(一毛作)[명]〈농업〉한 땅에서 한 해에 한 번 심어 거두는 일. 전모작. [대] 이모작(二毛作). 다모작(多毛作). single crop
일목(一目)[명] ①눈. 한쪽 눈. 애꾸눈. one eye ②한 번 봄. ③바둑에서, 하나의 돌 또는 집.
일목 십행(一目十行)[명] 한 번 보고 열 줄을 읽는다는 말로, 독서력(讀書力)이 썩 우수함을 뜻함. excellent reading ability [있음. being obvious 하[困]
일목 요연(一目瞭然)[명] 한 번 보아 곧 환하게 알 수
일목 장군(一目將軍)[명] '애꾸눈이'를 조롱하는 말.
일목-조(一木造)[명]〈미술〉하나의 통나무에 새긴 조각물.
일몰(日沒)[명] 해가 짐. 일입(日入)①. ¶~시(時).
일무(一無)[명] 하나도 없음. nothing 하[困]
일무(佾舞)[명]〈음악〉팔일무·육일무·이일무와 같이 사람을 여러 줄로 벌여 세워 추게 하는 춤의 하나.
일무-가:관(一無可觀)[명] 볼 만한 것이 하나도 없음. nothing worth seeing [음.
일무-가:론(一無可論)[명] 의논할 만한 것이 하나도 없
일무-가:취(一無可取)[명] 취할 만한 것이 하나도 없음. nothing worth taking [gain at all
일무-소:득(一無所得)[명] 얻을 바가 하나도 없음. no
일무-소식(一無消息)[명] 소식이 전연 없음. no news at all [음.
일무-소:장(一無所長)[명] 한 군데도 특장(特長)이 없
일무-소:취(一無所取)[명] 취하여 가질 것이 하나도 없음. nothing to take
일무-실착(一無失錯)[명]〈동〉일무차착(一無差錯). 하[困]
일무-차착(一無差錯)[명] 착착하고 치밀하여, 하는 일에 하나도 틀림이 없음. 일무실착. 하[困]
일문(一文)[명] ①한 글자. 한 문장. letter ②일부분. 일반(一班). part
일문(一門)[명] ①혈족의 한 파. clan ②한 집안. family ③대포(大砲)의 하나. cannon ④같은 법문(法門)의 사람들. sect 5가지.
일문(日文)[명] 일본 글. written Japanese
일문(逸文)[명] ①세상에 알려지지 않은 글. ②뛰어난 문장. ③흩어져서 전해지지 않는 문장. scattered and lost writing [이야기. anecdote
일문(逸聞)[명] 세상에 전해지지 아니한 좋은 소문 또는
일문 일답(一問一答)[명] 하나의 물음에 관한 하나의 대답. questions and answers ②물음에 대하여 즉 그 자리에서 대답함. 하[困] [사람.
일문지-내(一門之內)[명] 일문에 속하는 사람. 한집안
일물(逸物)[명] 썩 뛰어난 물건. excellent article
일물 일어:설(一物一語說)[명]〈문학〉하나의 사물을 글로 표현하는 데는 꼭 알맞은 말이 한 말밖에 없다는 플로베르의 설.
일미(一味)[명] ①첫째 가는 좋은 맛. deliciousness ② 《일당(一黨)》①. ③〈불교〉부처에 관한 설(說)이 여러 가지이나 그 본지(本旨)는 동일하다. ④〈한〉한약주(韓藥酒).
일미-선(一味禪)[명]〈불교〉참선하여 부처의 참뜻으로 문득 깨닫게 되는 경지(境地).
일민(逸民)[명] ①학문과 덕행이 있으면서도 파묻혀 지

내는 사람. retired scholar ②〈동〉민간인(民間人).
일 바에[-빠-][준] 체언에 붙어, '어차피 그렇게 된 일이면'의 뜻을 나타내는 말. ¶이왕 불구자~ 모양은 내서 무엇하나. →ㄹ 바에. = 을 바에.
일 바에야[-빠-][준] 받침 있는 체언에 붙어서 '어차피 그렇게 된 일이면야'의 뜻을 나타내는 말. ¶요꼴'이나 말이나 말지. →ㄹ 바에야. =을 바에야.
일박(一泊)[명] 하룻밤을 묵음. night's lodging 하[困]
일=밖에[-빡-][준] 체언에 붙어서 '일 수밖에 다른 수가 없다'는 뜻을 나타내는 말. ¶게으르니 그 꼴~. 공부를 안했으니 성적이 그 정도~. →ㄹ밖에. =을밖에. [밖에.
일반(一般)[명] ①한 모양. sameness ②온통. 전체. generality ③〈동〉보편(普遍).
일반(一班)[명] 하나의 열(行). row [spot
일반(一斑)[명] 아롱진 많은 무늬 속의 한 점. single
일반 감:각(一般感覺)〈심리〉피로 감각 따위와 같이 비교적 온몸에 뻗혀느껴지는 감각. 보통 감각. 유기 감각. general sensation
일반 개:념(一般概念)〈논리〉낱낱의 사물에 공통된 특징을 종합한 개념. 보통 개념. 급(級) 개념. 보편 개념. [대] 단독 개념. general concept
일반 담보(一般擔保)〈법률〉채무자의 재산 중에서, 특별 담보의 목적이 되어 있는 것과 압류가 금지되어 있는 것을 제외한 나머지 재산으로 하는 담보. [대] 특별 담보. [명사. general term
일반 명사(一般名詞)〈논리〉일반 개념을 표시하는
일반법(一般法)[명]〈법률〉헌법·민법·형법 따위와 같이 주권하에 있는 전국민 또는 온갖 사항에 적용되는 보통의 법률. 보통법. [대] 특례법. 특별법. general law
일반 상대성 이:론(一般相對性理論)[명]〈물리〉등속(等速) 운동에만 국한된 상대성 이론을 임의의 운동에까지 확장하여 적용한 이론. [의 자리.
일반-석(一般席)[명] 귀빈석·특별석 등에 대하여, 일반
일반-세(一般稅)[명]〈경제〉국가 일반의 경비에 제공되는 것으로 부과 징수하는 세금. 지세·소득세·주세 따위. [대] 특별세.
일반-수(一般數)[명]〈수학〉문자로 나타내어 어떤 수치도 대신할 수 있는 수. [대] 격단수.
일반 심리학(一般心理學)[명]〈심리〉감각과 자극 관계의 법칙이나 기억의 현상 따위와 같이 일반적인 것을 연구하는 심리학. 보통 심리학. [대] 개성 심리학. general psychology
일반 여권[-꿘](一般旅券)[명]〈법률〉국가 공무가 아닌, 사용(私用)으로 해외에 여행하는 자에게 발급하는 여권.
일반-인(一般人)[명] ①특별히 지정받지 않은 사람. [대] 특정인(特定人). common people ②보통 사람. 민간인(民間人), average man
일반-적(一般的)[명] ①전반에 관계 되는(것). 일부에 한정되지 않은 것. [대] 국부적(局部的). in general ②전문에 속하지 않는 것. [대] 전문적. common
일반지-덕(一飯之德)[명] 보잘것없이 베푼 아주 작은 은덕.
일반 지리학(一般地理學)[명]〈지학〉지형·기후·육수·생물·농업·공업·교통·취락·민족 등의 각 부문에 관해 세계 전체에 걸쳐 연구하여 그 분포에 관한 일반 법칙이나 유형을 발견·설명하는 지리학.
일반지-보(一飯之報)[명] 한 번 얻어 먹은 은혜에 대한 보답. 곧, 적은 은혜에 대한 보답.
일반-직(一般職)[명] 특별직이 아닌 국가 공무원의 모든 직. [대] 별정직. regular government service
일반 투표(一般投票)[명]〈정치〉자격 등을 제한하지 않고 일반에게 행하여지는 투표. popular vote ②〈동〉국민(國民) 투표.
일반-항(一般項)[명]〈수학〉여러 개의 항으로 이루어진 식(式). 곧, 수열·급수 따위에 있어서의 임의의 항. 공항(公項).

일반-화(一般化)〖명〗 일반적인 것이 되게 함. 널리 보급됨. 하타

일반 회:계(一般會計)〖명〗〈법률〉국가 회계의 기본을 이루는 세출입을 경리하는 회계로 특별 회계에 속하지 않는 국가 보통의 회계. (대) 특별 회계. general accounts

일발(一發)〖명〗 ①활·총포로 한 번 쏨. ②총알·대포알

일발(一髮)〖명〗 ①한 가닥의 머리털. ②극히 작음. hair

일발 불백(一髮不白)〖명〗 늙은이의 머리털이 하나도 세지 않은 모양. 일모 불백. no single grey hair

일방(一方)〖명〗 한쪽. 한편. 일면①. one side 〖부〗 ①한편. 한쪽. ②다른 방향과 상관없는 어떤 방향으로. other

일방(一放)〖동〗 단방(單放). ┌side

일방(一棒)〖명〗〈불교〉선(禪)의 사승(師僧)이 방망이로 제자를 깨우치는 일. ┌로.

일방 교통로(一方交通路)〖명〗 일방으로만 다니게 된 도

일방-보(一方步)〖명〗 사방 일보의 넓이.

일방 부시(一放─)〖명〗 대번에 쉽게 불이 붙는 좋은 부시. 또, 그 솜씨.

일방-적(一方的)〖관〗 ①어느 한편에 치우치는(것). one-sided ②상대편 일은 생각하지 않고 자기쪽 일만 생각하고 있는(것).

일방 통행(一方通行)〖명〗 ①일정한 구간을 지정하여 거마(車馬)의 통행을 한 방향으로만 제한하는 일. ②비유적으로, 어느 한 쪽에서 다른 쪽에의 전달(傳達)만이 이루어지고 그 반대의 전달이 이루어지지 않는 일.

일방 행위(一方行爲)〖동〗 단독 행위(單獨行爲).

일배(一杯)〖명〗 한 잔. cup

일배-주(一杯酒)〖명〗 한 잔 술. cup of drink

일=벌(─)〖곤충〗집을 짓고 애벌레를 기르고 꿀을 치는 일을 맡아 하는 벌. 생식 기능이 없음. 동봉(動蜂). ┌벌줌으로써 여러 사람을 경계함.

일벌 백계(一罰百戒)〖명〗 한 사람이나 한 가지 죄과를

일벌 일습(一─)〖명〗(──襲) 옷 한 벌을 이름.

일=법랍(一法臘)〖명〗〈불교〉중이 득도(得度)한 이후의 한 해. (예) 일 랍①.

일벗-다/일벙-다〖고〗 도둑질하다.

일변(一邊)〖명〗 ①한편. one side ②〈수학〉 다각형의 한계를 짓는 하나의 직선. 〖부〗 다른 한편으로 연방. on one hand ┌change 하타

일변(一變)〖명〗 아주 달라짐. 한 번 바뀜. complete

일변(日邊)〖명〗 하루하루 셈치는 변리. daily interest

일변-도(一邊倒)〖명〗 한 쪽으로만 쏠림. one-sided

일=변(日變化)〖명〗 기온 따위의 하룻 동안에 있어서의 변화.

일별(一別)〖명〗 한 번 헤어짐. parting 〖─ 〗의 변화.

일별(一瞥)〖명〗 한 번 흘깃 봄. glance 하타

일병(一兵)〖명〗 ①〈+〉일등병. ②한 사람의 병사.

일병(日兵)〖명〗 일본 병정.

일보(一步)〖명〗 한 걸음. step

일보(日步)〖명〗 '일변(日邊)'의 구용어.

일보(日報)〖명〗 ①나날의 보도. 그 날의 보고. daily report ②신문. daily newspaper ③〈군사〉병원(兵員)의 나날의 현황 보고.

일:=보-다〖자〗 ①일을 맡아 처리하다. attend to the duties of an office ②남의 일을 돌보아 주다. manage business┌daily interest

일보-변(日步邊)〖경제〗 일변으로 계산하는 변리.

일보 불양(一步不讓)〖명〗 남에게 한 걸음도 양보하지 않음. not yielding step 하타

일:=북(一服)〖명〗 일을 할 때에 입는 옷. 작업복(作業服). working-dress ┌는 말.

일:=북(一─)〖명〗(一幅) 일거리가 많음을 복으로 일컬

일:복 많:-다(一─)(一福─)〖형〗 할 일이 끊임없이 생기다. heaps of work to do ┌는 유행성 뇌염.

일본 뇌염(日本腦炎)〖명〗 바이러스의 감염으로 일어나

일본-도(日本刀)〖명〗 일본 군도의 이름. 왜도(倭刀). Japanese sword

일본-풍(日本風)〖명〗 일본의 양식을 본며 닮은 모양.

일봉(一封)〖명〗 사례금이나 성금으로 얼마의 돈을 넣은 봉투. envelope enclosing money

일봉(日棒)〖명〗 나날이 거둬 들임. daily collection 하

일부(一夫)〖명〗 ①한 사내. one man ②일개의 필부(匹夫). common man ③한 남편. one husband

일부(一部)〖명〗 ①한 부분. (대) 전부. 온통. part ②한 벌. set ③서책의 한 부.

일부(日附)〖명〗 기록된 날짜. marked date

일부(日腐)〖명〗 날로 썩음. 날로 썩어 못쓰게 됨. 하타

일부(日賦)〖명〗 일정한 금액을 날마다 갚아 감. daily installment ┌installment payment

일부(一部─)〖명〗 일부로 얼마씩 갚아 가는 돈. daily

일부 다처(一夫多妻)〖명〗 한 남편이 여럿의 아내를 거느림. (대) 일처 다부(一妻多夫). polygamy

일부러〖부〗 ①특히 일삼아. specially ②알면서 굳이. on purpose ③짐짓. knowingly

일부 변:경선(日附變更線)〖명〗〈지리〉180°의 경선(經線)을 중심으로 하여 설정한 선. 날짜 변경선. date line ┌얼마. (대) 대부분(大部分). part

일-부분(一部分)〖명〗 ①한 부분. part ②몇 몫으로 나눈

일부-불(日賦拂)〖명〗 일부로 갚음.

일부 양:처(一夫兩妻)〖명〗 한 남편이 두 아내를 거느림. ┌여 넣는 도장. date mark

일부-인(日附印)〖명〗 서류 등에 그날 그날의 날짜를 적

일부-일(日復日)〖부〗 날마다. 나날이. day by day

일부 일처(一夫一婦)〖명〗 한 남편에 한 아내. 곧, 한 부부. monogamy ┌but single husband 하타

일부 종사(一夫從事)〖명〗 한 남편만을 섬김. serving

일부 종:사(一夫終死)〖명〗 한평생 한 남편을 섬김. remaining faithful to one's husband until death 하타

일부 주권국(一─)(一主權國)〖명〗〈법률〉내치상 자립하였으나 외교상 다른 나라의 의하여 제약 또는 정지되어 있는 국가. 반 주권국. 불완전 주권국. state having partial sovereign ┌일컫는 말. grave

일부-토(一抔土)〖명〗 한 줌의 흙이란 뜻으로, 무덤을

일부 파:산(一部破産)〖명〗〈법률〉어떤 사람에게 귀속하는 재산의 일부만으로 구성되어 있는 특별한 재단에 대하여 행해지는 파산 절차.

일부 판결(一部判決)〖명〗〈법률〉소송의 목적이 여러 가지일 경우에, 그의 일부에 대하여서 종국의 판결. (대) 전부 판결. partial sentence

일부 판매(日賦販賣)〖명〗 일부(日賦)로 물건을 팖. sale on daily-installment terms 하타

일분(一分)〖명〗 ①한 치의 십분의 일. one bun ②한 돈의 십분의 일. one penny ③한 시(時)의 60분의 일. minute ④1할(割)의 10분의 일. one percent ⑤하나를 몇 개로 등분(等分)한 것의 한부분. fraction ⑥각도·경위도 1도의 60분의 1. ⑦온도의 1도의 10분의 1.

일분분 거:행(一吩咐擧行)〖부〗 한 번 이르는 대로 곧 들어 행함. 일분부 시행(─施行). 하타

일분분 시:행(一吩咐施行)〖동〗 일분부 거행. 하타

일분 일초(一分一秒)〖명〗 한 분과 한 초. 곧, 썩 짧은 시각. short while ┌하나의 분자. element

일-분자(一分子)〖명〗 ①한 당류 속의 한 개체. ②〈화학〉

일분자 반:응(一分子反應)〖명〗〈화학〉화학 반응의 과정에서 분자가 그 자신만으로 변화하는 듯한 반응.

일분자-층(一分子層)〖동〗 단분자층. ┌여래.

일불(一佛)〖명〗〈불교〉①한 몸인 부처. ②〈동〉아미타

일=불거:론(一不擧論)〖명〗 한 번도 의논하지 않음. 한 번도 상관(相關)하지 않음. 하타

일불 국토(一佛國土)〖명〗 일불 세계(一佛世界).

일불 성도(一佛成道)〖명〗〈불교〉모든 중생이 다 부처가 된다는 말.

일불 세:계(一佛世界)〖명〗〈불교〉일불이 중생을 교화하여 불교에의 귀의시켜 이익을 베풀어 주는 세계. 일불 국토(一佛國土). 일불토(一佛土).

일불-승(一佛乘)〖명〗〈佛乘法〉〖동〗 일승법(一乘法).

일불이 살육통(─不─)(一不一殺六通)〖명〗 ①하나의 잘

일불 정토 [一佛土] 〖불교〗 ①일불의 극락 정토.

일불토 [一佛土] 〖동〗 일불 세계. 「없음. 하타

일불현:형 [一不現形] 한 번도 그 형적을 나타내지

일비 [日費] 날마다 쓰는 비용. daily expenses

일비 일희 [一悲一喜] 슬픈 일과 기쁜 일이 번갈아 일어남. 일희 일비(一喜一悲). 하타 「rength

일비지:력 [一臂之力] 아주 조그마한 힘. bit of st-

일빈 일소 [一嚬一笑] 얼굴을 찡그렸다 웃었다 하는 일. 곧, 사람의 안색. one's mood

일 뿐더러 체언에 붙어, 어떤 일이 그뿐만으로 그치지 않고 그 밖의 어떤 다른 일이 더 있음을 나타내는 말. ¶박애는 미덕〜자기를 위한 있기까지 하다. 「(2)〈체육〉 야구에서, 원 아웃.

일사 [一死] 〖동〗 ①한 번 죽음. 한 목숨을 버림.

일사 [一事] 〖동〗 하나의 일. 한 사건. one thing

일사 [一絲] 〖동〗 ①한 가닥의 실. thread ②극히 작은 사물의 비유.

일사 [日射] 〖동〗 ①태양 광선이 비침. ②〈물리〉 태양의 방사 에너지의 강도(强度).

일사 [逸史] 〖동〗 정사(正史)에 빠진 사실을 기록한 역사. official history 「일. anecdote

일사 [軼事·軼事] 〖동〗 세상에 널리 알려지지 않은

일사·병 [日射病] 〖동〗〈의학〉 여름철 강한 별에 오랫 동안 몸을 쬐어 일어나는 병. 심한 두통·현기증이 일어나고, 숨이 차며, 인사 불성이 되어 졸도함. sunstroke

일사 부재:리 [一事不再理] 〖법률〗 형사 소송법상으로 한 번 확정 판결된 사건은 다시 심리하지 아니한다는 원칙. 일사 부재리 원칙(一事不再理原則). double jeopardy

일사 부재:의 [一事不再議] 〖법률〗 회기 중에 부결된 의안을 그 회기 중에 다시 토의하지 않는다는 원칙. 합의체의 의사 진행의 원활화가 주요 목적.

일사:분기 [一四分期] 1년을 4등분한 첫째. 곧, 1·2·3월의 3개월 동안. first quarter term

일사 불패 [一絲不掛·一絲不挂] ①조금도 끌어 머물게 함이 없음. 조금도 만류함이 없음. without detaining ②실 한 오리도 몸에 걸치지 않음. 벌거벗음. entirely in a state of nature

일사 불란 [一絲不亂] 질서가 바로잡혀 조금도 어지러움이 없음. being in perfect order 하타

일사 일생 [一死一生] 〖동〗〈一死一生〉 죽는 일과 사는 일. death and birth

일사 천리 [一瀉千里] ①강물의 물살이 빨라서 한 번 흘러 천리 밖에 다다름. ②사물이 거침 없이 속히 진행됨. ③문장이나 구변(口辯)이 거침이 없음. with great rapidity

일삭 [一朔] 한 달. month

일산 [日産] ①매일의 생산고. daily output ②일본산(日本産). Japanese products

일산 [日傘] 〖제도〗 ①자루가 긴 양산으로 왕·왕후·왕세자가 받던 의장(儀仗). ②감사(監司)·수령(守令)들이 부임할 때 받던 의장.

일산 [日算] 그날그날의 계산. 일계(日計).

일산 염기 [一酸鹽基] 〖화학〗 가성소다 같이 과산화 중화하는 수산기 한 개를 함유한 염기.

일산화:연 [一酸化鉛] 〖화학〗 연(鉛)을 공기 중에서 가열(加熱)하면 생기는 물질.

일산화:질소 [一酸化窒素] 〖화학〗 암모니아를 백금 촉매의 존재하에 산소 기류 중에서 가열, 또는 동에 질산을 작용시켜 만드는 무색 기체.

일산화·탄:소 [一酸化炭素] 〖화학〗 탄소의 불완전 연소로 생기는 무색·무취의 해로운 기체. 산화탄소.

일:삼:一다 [一ㅡ다] 타 ①그 일에 종사하다. engage in ②직무로 알다. make it one's business to do

일=삼매 [一三昧] ①잡념을 덜고 일에 열중하는 일. ②〈불교〉 잡념을 덜고 열심히 수행(修行)하는 일.

일=삼복 [一三服] 〖日三服〗 같은 약을 하루에 세 번 먹음. take three doses a day 하타 「day

일상 [日常] 늘. 항상. 상상(常常). every

일상 생활 [日常生活] 〖동〗 날마다의 생활. 청소의 생활. daily life

일새 [一塞] 받침 있는 체언에 붙어서, 그 일의 전제 또는 원인으로서 이미 사실화된 것이나 진행중인 일을 설명하는 연결형 서술격 조사. ¶때는 전시〜세상이 몹시 혼란스러웠다. →ㄹ새. 을새.

일색 [一色] 〖一色〗 ①한 빛. one colour ②뛰어난 미인. rare beauty ③그 하나로만 이루어진 특색이나 정경.

일색 소박 [一色疏薄] 아름다운 여자일수록 남편에게 소박당하는 수가 많다. A beauty is neglected by her husband

일색 소박은 있어도 박색 소박은 없다[동] ①얼굴이 예쁜 여자는 흔히 소박을 맞아도 얼굴이 못생긴 여자는 소박을 덜 맞는다는 뜻. ②사람됨이 얼굴에 매인 것은 아니라는 뜻.

일생 [一生] 〖동〗 나서 죽을 때까지의 동안. 당대(當代). 생평(生平). 인생. 종생(終生). 평생(平生). 필생(畢生). 필세(畢世). 일기(一期)②. 세상②. 한뉘. 한살이. whole life 「ving and dying

일생 일사 [一生一死] 〖동〗 〈一生一死〉 나고 죽는 일. li-

일생-토록 [一生ㅡ] 〖一生ㅡ〗 평생토록.

일서 [日書] 일본 책. Japanese book

일서 [逸書] 흩어져 없어진 책. 세상에 알려지지 않은 책. scattered and lost book 「ㄴ 녁.

일석 [一夕] ①하룻 저녁. one evening ②어

일석 [日夕] 〖동〗 ①낮과 밤. day and night ②아침 저녁. morning and evening ③저녁때.

일석 이:조 [一石二鳥] 〖동〗 일전 쌍조.

일선 [一線] 〖동〗 ①한 줄. 두드러진 금. 최전선(最前線). 제일선(第一線). line ②앞장. 선봉. 일의 현장. ¶〜관리(管理). 〜교사. front line

일설 [一說] 〖동〗 ①어떠한 말. 하나의 설(說). report ②한 학설 또는 이설(異說). another view

일성 [一聲] 〖동〗 하나의 소리.

일성 [日省] 〖동〗 ①매일 자기의 행실을 반성함. ②매일 남이 일하는 태도를 살핌. 하타

일성 일쇠 [一盛一衰] 〖동〗 〈一盛一衰〉 일영 일락(一榮一落). 하타

일성 초가 [一聲胡茄] 한 곡조의 피리 소리.

일세 [一ㅣ] 받침 있는 체언에 붙어, '이다'보다 높이고, '입니다'보다 낮은 반말. ¶내 것〜.

일세 [一世] 〖동〗 ①사람의 일생. life ②한 임금의 자리에 있는 동안. 당대(當代). one dynasty ③세상. ④ 한 세상. 평생. 일대(一代). life-time ⑤ 30년 동안을 기준으로 한 세대가 다음 세대와 바뀌는 동안. ⑥이 당대의 최초의 대의 사람. ⑦과거·현재·미래의 삼세 중의 하나.

일세 [一洗] 〖동〗 ①일제히 씻어 냄. sweeping cleanly ②일소(一掃). 하타

일세:계 [一世界] 〖동〗 〈一世界〉 온 세상. whole world

일세 구천 [一歲九遷] 한 년간에 아홉 번 관위(官位)가 오름. 군주(君主)의 총애(寵愛)를 두텁게 받는다는 말. 일년 구천(一年九遷).

일세:그려 [一ㅣ그려] 받침 있는 체언에 붙어 '하게' 할 자리에서 감탄의 뜻으로 자기의 생각을 말할 때 쓰는 종결형 서술격 조사. ¶참 좋은 그림〜.

일=세:기 [一世紀] 백 년 동안을 이름. one century

일세라[—쎄—]🅵 받침 있는 체언에 붙어, 행여 그렇게 될까 염려하는 뜻의 종결형 서술격 조사.

일세 말이지[—쎄—]🅵 받침 있는 체언에 붙어 남이 예상하여 말할 전제 조건을 객관적으로 부인하는 종결형 서술격 조사. ¶글쎄, 내가 부장~.

일세 일대[—쎄—때]**(一世一代)**🅽 한 세상 한 대 동안. 곧, 한평생. life time

일세지:웅[—쎄—]**(一世之雄)**🅽 그 시대에 맞설 만한 사람이 없을 정도로 뛰어난 사람. hero of his age

일:소[—쏘]**(一所)**🅽 주로 일을 시키려고 기르는 소. 발이 넓고 힘이 셈. 《대》젖소. draft ox

일소[—쏘]**(一笑)**🅽 ① 한 번 웃음. laugh ② 엄신여기는 웃음. ¶~에 붙이다. scornful laugh 하타

일소[—쏘]**(一掃)**🅽 모조리 쓸어 버림. 일세(—洗)②. sweeping 하타 「불러 올림. 하타

일소[—쏘]**(駆召)**🅽 〈제도〉지방 관원을 역마를 주어

일소에 부치다🅵 ① 보잘것없다는 듯이 한바탕 웃음 거리로 여기다. ② 웃어 넘겨 여겨 묵살하다.

일소 일소 일노 일로[—쏘—쏘]**(一笑—少—怒—老)**🅵 웃고 지내면 안 늙고 성내고 지내면 빨리 늙는다는 말.

일:속[—쏙]🅽 일의 속내나 속속. ¶~을 훤히 알다.

일속[—쏙]**(一束)**🅽 한 묶음. bundle

일속[—쏙]**(一粟)**🅽 한 알의 좁쌀. 아주 적은 분량.

일:손[—쏜]🅽 ① 일하는 솜씨. ¶~이 깔끔하다. skill ② 일하는 사람. ¶~이 모자라다. hand ③ 하고 있는 일. 또, 그 일을 하는 손. 그 일을 멈추다. work in hand ¶~가 좋다.

일:솜씨[—쏨—]🅽 일하는 솜씨. 또, 일을 해 놓은 솜씨.

일수[—쑤]**(一手)**🅽 ① 상수(上手). ② 한 손. ③ 같은 수. 동일한 수법. ④ 바둑·장기에서, 한 수. 한 번 둔 수. ¶~불되.

일수[—쑤]**(日收)**🅽 ① 본전과 변리를 일정한 날짜에 나누어 날마다 거둬들이는 일. 또, 그 빚. ② 하루의 수입. money lent at daily interest

일수[—쑤]**(日數)**🅽 ① 날의 수효. number of days ② 그날의 운수. day's luck

일수록[—쑤—]🅵 받침 있는 체언에 붙어서 '그러할수록'의 뜻을 나타내는 연결형 서술격 조사. ¶말이 많은 사람~ 실수가 많다.

일수 백확[—쑤—]**(一樹百穫)**🅽 인재 한 사람을 길러 냄이 사회에는 막대한 이익을 준다는 뜻.

일수 판매[—쑤—]**(一手販賣)**🅽 도고(都庫).

일숙[—쏙]**(一宿)**🅽 하룻밤을 묵음. 일숙박(一宿泊). night's lodging 하타

일숙박[—쏙—]**(一宿泊)**🅽 〈동〉일숙(一宿). 하타

일숙 일반[—쏙—]**(一宿一飯)**🅽 한 번 숙박하여 한 번 식사를 대접받음. 곧, 조그마한 은덕을 입음의 비유. ¶~의 은혜.

일-숙직(日宿直)🅽 일직(日直)과 숙직(宿直)을 아울러 이르는 말.

일순[—쑨]**(一旬)**🅽 열흘 동안. 한 달을 셋으로 나눈 그 하나. period of ten days 「of 하타타

일순[—쑨]**(一巡)**🅽 한 바퀴 돎. make a round tour

일순[—쑨]**(一瞬)**🅽 눈 깜짝할 동안. 지극히 짧은 시간. 찰나(刹那). 삼시(霎時). moment

일순간[—쑨—]**(一瞬間)**🅽 〈동〉삼시간(霎時間).

일순 식물[—쑨—]**(一巡植物)**🅽 〈식물〉한 세대 중 오직 한 번 꽃이 피어 열매 맺고서는 말라 죽는 식물. 일년생 식물 등.

일순 천리[—쑨—]**(一瞬千里)**🅽 천리나 되는 넓은 경치를 눈에 다 내다봄. 하타 「suit

일습[—쏩]**(一襲)**🅽 옷·그릇·기구 따위의 한 벌.

일승-법[—쏭—]**(一乘法)**🅽 〈불교〉모든 것이 다 부처가 된다는 법문(法門). 일불승(一佛乘). 「짐.

일승 일강[—쏭—]**(一勝一降)**🅽 한 번 이기고 한 번

일승 일패는 병가 상사🅵 전쟁에서 이기고 지는 일은 보통이라는 뜻.

일시[—씨]🅵 받침 있는 체언에 붙어, '일 것이' '인 것이'의 뜻으로, 추측해 판단한 사실이 틀림없음을 나타내는 연결형 서술격 조사. ¶비가 도독~ 분명하다. →더시.

일시[—씨]**(一時)**🅽 ① 한때. 한동안. once ② 같은 때. simultaneously ③ 그 당시. 동시대(同時代).

일=시[—씨]**(日時)**🅽 ① 날짜 때. day and hour ② 날짜와 시간. date and hour

일시 동인[—씨—]**(一視同仁)**🅽 ① 남을 차별 없이 매 우함. universal brotherhood ② 사람과 짐승을 한 결같이 사랑함. loving human beings and animals equally 하타

일시 변:이[—씨—]**(一時變異)**🅽 〈생물〉환경에 따라서 생기는 일시적인 변이. 유전성이 없음. modification

일시-불[—씨—]**(一時拂)**🅽 금액의 지불이나 상환을 한꺼번에 치름. 《대》분할불. payment in a single sum

일시 생사[—씨—]**(一時生死)**🅽 같이 살다가 함께 죽음.

일시=성[—씨—]**(一時星)**🅽 신성(新星). 「노.

일시 자석[—씨—]**(一時磁石)**🅽 〈물리〉자계(磁界) 안에 두면 자기(磁氣)를 띠고, 벗어나면 자기가 없어지는 연철 등. 《대》영구 자석. temporary magnet

일시-적[—씨—]**(一時的)**🅶 한 때·한동안만 관계되는(것). 오래가지 못하는(것). ¶~인 경향. 《대》영구적(永久的). temporary

일시적 경수[—씨—]**(一時的硬水)**🅽 끓이면 연수(軟水)로 되는 경우. 일시 경수. 《대》영구적 경수.

일시 차:입금[—씨—]**(一時借入金)**🅽 〈경제〉회계 연도(會計年度) 안에서 일시의 조작(操作)으로 차입한 돈. floating debt

일식[—씩]**(一式)**🅽 그릇·가구 등의 한 벌.

일식[—씩]**(日食·日蝕)**🅽 〈천문〉태양의 일부 또는 전부가 달에 숨겨지는 현상. 부분 일식·개기식(皆既蝕)·금환식(金環蝕) 따위. 《대》월식(月蝕). solar eclipse 하타 「腸). while

일-식경[—씩—]**(一食頃)**🅽 한식경(一食頃). 일향(一

일-식경[—씩—]**(一息耕)**🅽 한 식경(息耕)의 밭을 갈 만한 시간. good while

일신[—씬]**(一身)**🅽 한 몸. 온몸. oneself

일신[—씬]**(一新)**🅽 아주 새로워짐. renewal 하타타

일신[—씬]**(日新)**🅽 날로 새로워짐. being renewed day by day 하타

일신:—교[—씬—]**(一神教)**🅽 〈종교〉예수교·유태교·마호메트교 등과 같이 하나의 신을 신앙의 대상으로 하는 종교. 단일신교(單一神教). 유일신교(唯一神教). 《대》다신교(多神教). monotheism

일신-상[—씬—]**(一身上)**🅽 어느 한 개인에 관계된 형편. for personal reasons

일신 양:역[—씬냥—]**(一身兩役)**🅽 한 몸으로 두 가지 일을 맡음. double duties 「는 식구. family

일실[—씰]**(一室)**🅽 ① 한 방. room ② 한집안에서 사

일심[—씸]**(一心)**🅽 ① 한마음. one mind ② 한쪽에만 마음을 씀. whole heartedness ③ 여러 사람이 한가지 마음을 가짐. of the same mind

일심[—씸]**(一審)**🅽 〈약〉제일심(第一審). 「하타

일심[—씸]**(日甚)**🅽 나날이 심하여 감. worse daily

일심 동체[—씸—]**(一心同體)**🅽 굳게 결합된 한마음한몸. being one in body and spirit

일심 만:능[—씸—]**(一心萬能)**🅽 무슨 일이든지 한 마음만 되면 못할 것이 없다는 뜻. nothing is impossible to determined mind

일심 불란[—씸—]**(一心不亂)**🅽 ① 한 가지 일에만 마음을 씀. one's whole heart ② 〈불〉한 삼매(三昧). 하타 「을 기울임. with all one's mind 하타

일심 전력[—씸—]**(一心專力)**🅽 한마음으로 온 정력

일쑤🅽 ① 가끔 잘하는 버릇이나 일 ¶거짓말을 올리기가 ~다. habit ② 가장 좋은 수. ¶돈만 많으면 뭐냐? best 🅿 가끔. 잘. often

일악[—]**(—惡)**🅽 몹시 악한 사람. wicked person

일안(一安)[명] 한결같이 편안함. 하[델]
일야(一夜)[명] 하룻밤. one night
일야(日夜)[명] 밤과 낮. 밤낮. day and night
일약(一躍)[부] 지위·등급·가격 등이 대번에 뛰어오르는 모양. suddenly
일양(一樣)[명] 한결같은 모양. 《대》다양. similarity
일=양:일[一—량][(一兩日)[명] ①하루나 이틀. ②오늘과 내일. ¶~간(間). day or two
일어(日語)[명] 일본어.
일어-나다[자] ①몸을 일으키어 앉거나, 서거나 하다. ¶앉았던 학생들이 모두 ~. rise up ②없던 모양이 생겨나다. ¶전쟁이 ~. take place ③약하거나 희미한 것이 한창 성하게 되다. ¶국세가 ~. flourish ④불이 붙게 되다. be kindled ⑤겉으로 부풀어 오르거나 위로 솟아오르다.
일어-서다[자] ①일어나 서다. ¶아이들이 벌떡 ~. stand up ②기운이 생겨 번창하게 되다. ¶그 회사가 천신 만고 끝에 다시 ~. become prosperous ③건축물 등이 건설되어 지상에 생기다. ¶거리마다 고층 건물이 수풀처럼 ~. rise up
일어섬[[고]] 이러쿠러. 이럭저럭.
일어-앉다[자] 누웠다가 일어나서 앉다.
일어 탁수(一魚濁水) 한 마리의 고기가 물을 흐린다는 뜻으로, 한 사람의 잘못으로 여러 사람이 그 해를 받게 됨. 수어 혼수(數魚混水).
일언(一言)[명] ①한 마디의 말. word ②간단한 말. brief remarks
일언 가:파(一言可破)[명] 여러 말을 하지 않고 한 마디로 잘라 말해도 곧 판단이 될 수 있음.
일언 거사(一言居士)[명] 무슨 일이든지 한 마디씩 참견하지 아니하면 마음이 놓이지 아니하는 사람.
일언 반:구(一言半句)[명] 단 한 마디의 말. 일언 반사(一言半辭). ¶~도 없다. even a word
일언 반:사(一言半辭)[명][동] 일언 반구(一言半句).
일언-이:폐:지(一言以蔽之)[명] 한 마디로 능히 그 뜻을 다함. express in a single word 하[다]
일언 일행(一言一行)[명] 사소한 말과 행동. every word and act
일언지하(一言之下)[명] 한 마디로 딱 잘라 말함. 두말할 나위 없음. ¶~에 거절해 버렸다. flatly
일=없:다[다][①필요 없다. 쓸데없다. useless ②괜찮다. all-right **일=없:이**[부]
일여덟[—덥][명][약] 일고여덟.
일여 일탈(一與一奪)[명] 어느 때는 주고 어느 때는 빼앗음. 주었다 빼앗았다 함. 하[다]
일역(日域)[명] ①햇빛이 비치는 범위. shining sphere of sunlight ②옛날 중국에서, 우리 나라를 해가 뜨는 곳이라는 뜻으로 일컬음.
일염기-산(一鹽基酸)[명]〈화학〉염산과 같이 산의 한 분자 가운데서 금속과 바꿀 수 있는 수소 원자 한 개를 함유한 산. monobasic acid
일엽(一葉)[명] ①일 한 개. leaf ②책장 한 장. page ③작은 배. small boat
일엽-주(一葉舟)[명]→일엽 편주(一葉片舟).
일엽 지추(一葉知秋)[명] 나뭇잎 하나가 떨어짐을 보고 가을이 올 것을 안다는 뜻으로, 사소한 조짐을 보고 사물이 될 것을 미리 앎. straw shows which way wind blows
일엽-초(一葉草)[명]〈식물〉고사리과에 속하는 상록 양치(羊齒) 식물. 바위나 나뭇가지에 남.
일엽 편주(一葉片舟) 조그마한 조각배. 《약》일엽주(一葉舟). small boat
일영(日影)[명] ①해의 그림자. shadow ②해의 그림자로 시간을 아는 기구. sundial ③해.
일영 일락(一榮一落)[명] 한 번 영화롭고 한 번 쇠락하는 일. 일성 일쇠(一盛一衰). vicissitudes of life
일오(日午)[명] 낮. 정오(正午). noon [하[다]
일요(日曜)[명][약]→일요일(日曜日).
일요-일(日曜日)[명] 칠요일(七曜日)의 첫째 날. 공일

(空日)②. 《약》일①. 일요. Sunday
일요 학교(日曜學校)[동] 주일 학교.
일용(日用)[명] 매일 매일의 쓸쓸이. 또는 날마다 씀. everyday use
일용(日備)[명] 날품팔이. day labour
일용 범백(日用凡百)[명] 일용의 모든 물건. all the articles of daily use
일용 상행(日用常行)[명] 날마다의 행동. daily conduct
일용-품(日用品)[명] 날마다 쓰는 물품. daily necessities
일우(一隅)[명] 한 구석. 한 모퉁이. corner
일우(一遇)[명] 한 번 만날 기회. meet once
일·우·다[타]「고」이루다.
일우 명지(一牛鳴地)[명] 한 마리 소의 울음 소리가 들릴 만한 가까운 거리의 땅.
일훈(日暈)[명][원]→일훈(日暈).
일=울:다[타][자] 일찍 울다.
일원(一元)[명] ①사물의 근원이 오직 하나인 것. 《대》다원(多元). unitary ②〈수학〉대수 방정식(代數方程式)에서, 미지수를 오직 하나만 가진 것. simple equation ③역법에서, 4560년.
일원(一員)[명] 한 단체를 이루는 한 사람. 《대》전원(全員). member
일원(一圓)[명][동] 일대(一帶).
일원-론[—논](一元論)[명]〈철학〉①우주 만유의 본체는 유일하다는 학설. monism ②단 하나의 원리만으로 모든 것을 설명하려는 사고 방식. 《대》이원론(二元論). 다원론(多元論).
일원 묘:사(一元描寫)[명]〈문학〉일인칭 소설·사소설·심경 소설과 같이 작중의 한 사람의 눈을 통하여 본 세계를 그리는 소설의 한 형식. 《대》다원 묘사.
일원-제(一院制)[명][약]→일원 제도.
일원 제:도(一院制度)[명] 하나의 의원으로 의회를 구성하는 제도. 단원 제도(單院制度). 《약》일원제.
일원-화(一元化)[명] ①하나로 됨. ②하나로 만듦. unification 하[다]
일월(一月)[명] 정월. January
일월(日月)[명] ①해와 달. sun and moon ②세월. time ③〈농업〉복숭아의 조숙종(早熟種)의 하나. ④날과 달.
일월-광(日月光)[명] ①해와 달의 빛. sunlight and moonlight ②〈불교〉가사(袈裟)의 등 뒤에 붙이는 수(繡).
일월 구천(一月九遷) 한 달에 아홉 번이나 관위(官位)가 오른다는 뜻으로, 임금의 총애가 두터움을 일컬음. 일세 구천(一歲九遷).
일월-권[—권](日月圈)[명]〈민속〉사월 초파일에 세우는 등대 꼭대기의 장식. hosts of heaven
일월 성신(日月星辰)[명] 해와 달과 별. 역상(曆象).
일월-식[—씩](日月蝕)[명]〈천문〉일식과 월식. solar and a lunar eclipses
일월-다[고] 흠치다.
일위(一位)[명] ①한 분. one person ②첫째 지위. first place ③〈수학〉하나의 자리의 수(數).
일으키:다[타] ①일어나게 하다. raise ②없는 가운데 생기게 하다. produce ③깨우다. wake ④창시(創始)하다. begin ⑤제기(提起)하다. ¶사건을 ~. propose ⑥병이 나다. be attacked with ⑦설립(設立)하다. ¶학원을 ~. establish ⑧불을 일어나게 하다. kindle ⑨입신(立身)하다. rise in the world ⑩번성하게 하다. revive 「secluded life 하[다]
일은(逸隱)[명] 속세를 피하여 숨음. 또, 그 사람. lead
일음 일의설(一音一義說)[명]〈어학〉모든 글자의 음은 각각 독특한 의의를 가지고 있다는 학설. 음의설(音義說). 「든 병.
일음-증[—쯩](溢飮症)[명]〈한의〉땀이 나지 않고 아
일읍(一邑)[명] 한 고을. 온 고을. town
일의(一義)[명] ①하나의 도리(道理). 일리(一理). some reason ②같은 뜻. same meaning
일의놀이-다[타]「고」 재롱부리다. 응석부리다.
일=의대수(一衣帶水)[명] 한 줄기의 작은 냇물이나 바닷물. tiny ribbon of water
일의-적(一義的)[관][명] 가장 중요한 의미임.

일의 전심(一意專心) 한 가지 일에만 온 마음을 기울임. concentration of mind 하다

일의훙-다 [고] 응석부리다. 애교떨다.

일이[一리](一二) 한둘. 하나 둘. 한두. one [or two

일-이:관[以貫之]퇀 한 이치로서 모든 일을 꿰뚫음. (약) 일관(一貫)①. [a day or two

일이일-간[一리一](一二日間) 하루 이틀 사이. for

일익(一翼) 한 부분의 도움. help by day role

일익(日益) 나날이 더욱. day by day

일인(一人) 한 사람.

일인(日人) 일본 사람. Japanese [음.

일인 이:역(一人二役) 한 사람이 두 가지 구실을 맡

일인 일기(一人一技) 한 사람이 하나의 기술을 가지는 일. man a trade

일인-자(一人者) (약)-게일인자.

일-인칭(一人稱) ①[어학] 자기의 지칭(指稱). first person ②[문학] 창작의 주인공으로 묘사되는 이.

일인칭 소:설(一人稱小說) [문학] 주인공이 '내가'·'나의'·'나를' 등과 같이, 일인칭 대명사로 된 소설.

일인칭 영화(一人稱映畵) [연예] 카메라의 시야가 '나'라는 주인공으로 보아 카메라의 시야가 주인공의 시야의 미치는 범위에 한정되는 영화.

일인칭 희:곡(一人稱戱曲) [문학] 한 사람이 무대에 나와서 독백의 형식으로 연기하도록 쓴 희곡. monodrama [보유하고 있는 회사.

일인 회:사(一人會社) 주식 또는 몫을 한 사람만이

일일(一日) 1달의 초하루.

일일(日日) 매일 매일. 나날이. 날마다. ¶~ 삼성 (三省). everyday

일일 생활권(一日生活圈) 하루의 생활을 할 수 있는 활동하는 지역의 범위. 교통의 발달에 따라 이 범위는 점차 넓어짐.

일일-신(日日新) 날로 새로워짐. 하다

일일 여삼추(一日如三秋) 하루가 삼 년 같음. 곧, 몹시 애태우며 기다림. 하다 [one of them

일:일-이[一리一] 일마다 다. 사사(事事)이. every

일일=이[一릴一](一一) 하나하나. 낱날이. ¶그곳에 전시된 작품을 ~ 보자. one by one

일일-조(一日潮) [지학] 하루의 주기를 갖는 천체의 기조력에 의해 일어나는 조석(潮汐).

일일지장(一日之長) ①하루 먼저 세상에 났다는 뜻으로, 나이가 조금 위가 되는 것. ②조금 나음. step in advance of [학집. (약) 일일(日曰).

일일=학(一日瘧) [한의] 날마다 같은 시간에 앓는

일일=화(日日花) 날마다 피는 꽃. [to one 하다

일임(一任) 죄다 맡김. leaving a matter entirely

일-잉(一稔) ①곡물이 일 년에 한 번 여물어 익음. ②[동] 일년(一年)①.

일입(日入) 해가 짐. 일몰(日沒). sunset ¶해넘이. (대) 일출(日出). 하다

일자[一짜](一字) ①하나의 문자. ②짧은 글. 한 마디의 글. ③한일(一)자.

일자[一짜](一者) [철학] 만유가 그 곳에서 나오고 또 그리로 돌아가는 곳. 곧, 절대자에 붙인 이름.

일자[一짜](日字) ①날짜. date ②날수. days

일자[一짜](日者) ①날의 길흉을 점치는 사람. diviner ②먼젓날. other day

일=자리[一짜—](一) ①직업이나 직장. ¶~을 구하다. job ②일하는 자리. 일터. ¶~가 멀다. position ③일을 한 자리나 흔적. ¶~가 어수선하다.

일자-매기[一짜—](一字—) [건축] '一'자와 같이 자른 서까래의 끝. (대) 방구매기. 하다 [목불식정.

일자 무:식[一짜—](一字無識) 판무식(判無識).

일자 반:급[一짜—](一資半級) 조그마한 벼슬의 계급. 일계 반급(一階半級). utter ignorance

일자 양의[一짜—](一字兩義) 한 글자나 한 단어에 두 가지의 뜻을 가짐. [지. since then

일자 이:후[一짜—](一自以後) 그 뒤부터 지금까

일자-좀나비[—짜—](一字—) 〈곤충〉 팔랑나비과의 곤충. 몸 길이 2cm, 편 날개 3.5cm 가량, 몸 빛은 다갈색, 날개는 흑갈색, 앞날개와 뒷날개에 흰 반점이 '一'자 모양으로 있음. 유층은 가위좀이라 하여 버의 해충임. [도 역시 선생이라는 뜻.

일자지사[一짜—](一字之師) 단 한 자(字)를 배워

일자=집[—짜—](一字—) 〈건축〉 '一'자 모양으로 지은 집.

일자 천금[—짜—](一字千金) ①한 글자마다 값어치가 있음. ②아주 훌륭한 글자 또는 문장의 비유. excellent writing [좋은 총.

일자-총[—짜—](一字銃) 한 방으로 바로 맞추는

일자 포:수[—짜—](一字砲手) 한 방에 바로 맞히는 명포수(名砲手). 일발 포수(一發砲手).

일작[一짝](日前) (동) 일전(日前).

일-잠[—짬] 저녁 일찍이 자는 잠. early to bed

일장[—짱](一場) 한바탕. 한 번. time

일장검[—짱—](一長劍) 하나의 길고 큰 칼.

일장 설화[—짱—](一場說話) 한바탕의 이야기.

일장 월취[—짱—](日將月就) (동) 일취 월장(日就月將). 하다

일장 일단[—짱—단](一長一短) 좋은 점도 있고 나쁜 점도 있음. merits and demerits

일장 일이[—짱—](一張一弛) 활시위를 죄었다가 늦추었다 하는 것처럼 사람이나 물건을 적당히 부리고 적당히 쉬게 함.

일장 춘몽[—짱—](一場春夢) 한바탕의 봄 꿈처럼 헛된 부귀 영화. 인생이 무상함을 이름. empty drem [같은 야단이나 싸움. tumult

일장 풍파[—짱—](一場風波) 한바탕의 거센 풍파

일장 훈:시[—짱—](一場訓示) 한바탕의 훈시.

일재[—째](逸才) 보통보다 뛰어난 재주. 또, 그 사람. great talent [간.

일:-재간[—째—](—才幹) 무슨 일을 해나가는 재

일-재:복[—째—](日再服) 한 가지 약을 하루에 두 번 먹음. [천금(千金). drop

일적[—쩍](一滴) 물·기름 따위의 한 방울. ¶~

일전[—쩐](一戰) 한바탕의 싸움. ¶~ 불사(不辭). battle

일전[—쩐](一轉) ①한 번 돎. turn ②아주 변함. 온통 변함. ¶심기(心機) ~. making a complete change 하다 [other day

일전[—쩐](日前) 며칠 전. 지나간 날. 일작(日昨).

일전 쌍조[—쩐—](一箭雙鵰) 화살 하나로 독수리 두 마리를 떨어뜨림. 곧, 한 가지 일로 두 가지 이득을 얻음을 뜻함을 이름. 일거 양득(一擧兩得). 일석 이조(一石二鳥). killing two birds with one arrow

일절[—쩔](一切) '아주·도무지'의 뜻으로 사물을 부인 또는 금지할 때에 씀. ¶그런 짓은 ~ 하지 말라. absolutely →일체.

일점 혈육[—쩜—](一點血肉) 단 하나의 자기가 낳은 자녀.

일점-홍[—쩜—](一點紅) (동) 홍일점(紅一點).

일정[—쩡](一定) ①정해진 모양이나 범위. fixation ②한 번 결정함. settlement 하다 히

일정[—쩡](日政) (약) 왜정(倭政).

일정[—쩡](日程) ①그날에 할 일. 또, 그 분량이나 순서. day's programme ②그날의 예정. day's distance to cover ③의회(議會) 등에서 그날그날 심의(審議)할 의사(議事)나 그 순서. order of day

일정-량[—쩡—](一定量) 일정한 분량(分量). 한도를 넘지 않는 적당한 분량. fixed amount

일정 성분비 법칙[—쩡—](一定成分比法則) 〈화학〉 어떠한 화합물이라도 그 성분 원소의 무게의 비율은 일정하다는 법칙. [order paper

일정-표[—쩡—](日程表) 일정을 적어 놓은 표.

일제[—쩨](一齊) 한결같이 함께. 한꺼번에. 하다 [제국주의.

일제[—쩨](日帝) (약) 일본 제국(日本帝國). 일본

일제[-쩨](日製)[명] 일본에서 생산된 물건. Japanese products 「동시에 사격하는 일. volley firing 하타
일제 사격[-쩨-](一齊射擊)[명] 〈군사〉 여러 사람이
일조¹[-쪼](一兆)[명] 하나의 조짐.
일조[-쪼](一朝)[명] ①〈약〉→일조 일석. ②만일의 경우. once ③하루 아침.
일조[-쪼](日照)[명] 해가 내리쬠. ¶~ 시간. sunshine
일조²[-쪼](一兆)[명] 일억(一億)의 만 곱절. [명] 극히 많은 수.
일조 시[-쪼-](日照時)[명] 해가 떠서 질 때까지의 그 비치고 있는 시간. time from sunrise to sunset
일조율[-쪼-](日照率)[명]〈물리〉해가 떠 있는 시간에 대한 실지 햇볕이 내리쬔 시간의 비율.
일조 일석[-쪼-일썩](一朝一夕)[명] 하루 아침이나 하루 저녁과 같은 짧은 시각. ¶~에 만족하기를 바랄 수야 있느냐? 〈약〉일조(一朝)①. brief space of time 「(一宗)②. 유족(類族). whole clan
일족[-쪽](一族)[명] 한 겨레붙이. 온 겨레붙이. 일종
일족[-쪽](一族)[명] 한 떼. 한 덩불. 일군(一群). flock 「(徵)을 넘게 하다.
일족물리다(一族-)[타]〈제도〉일가붙이에 족징(族
일종[-쫑](一宗)[명]〈동〉일족(一族).〈불교〉한 종교의 한 종파(宗派). sect
일종[-쫑](一種)[명] 한 종류. 어떤 종류. kind
일좌[-쫘](一座)[명] 한 좌석. 또는 같은 좌석. seat
일죄[-쬐](一罪)[명] ①하나의 죄. 같은 죄. offence ②〈동〉일률(一律)①.
일죄 재:범[-쬐-](一罪再犯)[명] 같은 죄를 다시 범함. 하타
일주[-쭈](一週)[명] 한 바퀴를 돎. 일주(一週)①. 한 바퀴①. going round 하타
일주[-쭈](一株)[명] 나무 따위의 한 그루. one tree 〈경제〉하나의 주식(株式). 또는 주권.
일주[-쭈](一週)[명] ①〈동〉일주(一周). ②〈약〉일주일(一週日). 일주일. 하타 「away 하타
일주[-쭈](逸走)[명] 벗어나 딴 데로 달아남. running
일=주간[-쭈-](一週間)[명] 칠일 동안. 일주일. 칠일. 〈약〉일주(一週)②. week
일주-권[-쭈꿘](日周圈)[명] 위권(緯圈).
일주-기[-쭈-](一週忌)[명] 소상(小祥). 「[year
일=주년[-쭈-](一週年)[명] 한 돌. 꼭 한 해. full one
일주 운:동[-쭈-](日周運動)[명]〈천문〉하루를 주기로 하여 순환(循環)함과 같이 보이는 천체의 운동. 매일 운동. diurnal motion 「(一週日)②.
일=주일[-쭈-](一週日)[명] 칠일 동안. 일주간. 〈약〉
일중[-쭝](日中)[명] ①오정 때. noon 〈약〉일중식.
일중=식[-쭝-](日中食)[명] 가난한 사람이 낮에 한번만 밥을 먹음. 〈약〉일중②. taking but one meal day 하타 「나아감. rapid progress 하타
일등 일기[-쯩-](日增月加)[명] 나날이 다달이 자꾸
일지[-찌](-)[조] 받침 있는 체언에 붙이, 추측하는 의심을 나타내는 연결형 및 종결형 서술격 조사. ¶이번에 또 무슨 일~.
일지[-찌](日支)[명] 날의 일가를 멀리하는 말.
일지[-찌](日至)[명] 하지(夏至)와 동지(冬至). solst-
일지[-찌](日誌)[명]〈동〉일기(日記)①. 「ices
일지[-찌](逸志)[명] ①훌륭한 지조. good intention ②세속을 벗어난 고결한 뜻. noble intention
일지-나[-찌-](-)[조] 받침 있는 체언에 붙여서, '마땅히 그러할 것이나'의 뜻을 나타내는 연결형 서술격 조사. ¶살인은 죄악~ 그것은 정당 방위이다.
일지-니[-찌-](-)[조] 받침 있는 체언에 붙여서, '마땅히 그러할 것이니'의 뜻을 나타내는 연결형 서술격 조사. ¶향락의 종말은 사망~ 조심할지니라.
일지니라[-찌-](-)[조] 받침 있는 체언에 붙여서, '마땅히 그러할 것이니라'의 뜻을 나타내는 종결형 서술격 조사. ¶남을 사랑함이 곧 행복~.
일지라[-찌-](-)[조] 받침 있는 체언에 붙여서, '마땅히 그러할 것이라'의 뜻을 나타내는 종결형 서술격 조사. ¶지나친 옷차림은 허영~.

일지라도[-찌-](-)[조] 받침 있는 체언에 붙여서, '비록 그러하더라도'의 뜻으로 미래의 일을 양보적으로 가정(假定)하는 연결형 서술격 조사. ¶아무리 초인~ 죽음은 피하지 못할 것이다.
일지 반:해[-찌-](一知半解)[명] 하나쯤 알고 반쯤 해득함. 곧, 아는 것이 적음을 이르는 말. 하타
일지-소[-찌-](一枝巢)[명] 새집과 같이 작은 집. small house
일지어-다[-찌-](-)[조] 체언에 붙여, '마땅히 그러하여라'의 뜻을 나타내는 종결형 서술격 조사. ¶그대는 나의 동량~.
일지언정[-찌-](-)[조] 받침 있는 체언이나 어간 아래 붙여, 소망되는 두 가지 일 중, 그 하나를 취하고 특히 강조하여 '차라리 그러하다'고 시인하는 뜻을 나타내는 연결형 서술격 조사. ¶죽을 먹~ 도둑질은 못하겠다.
일지-춘[-찌-](一枝春)[명] ①〈식물〉매화(梅花). plum blossoms ②〈음악〉곡조(曲調)의 이름.
일지-필[-찌-](一枝筆)[명] 한 자루의 붓.
일직[-찍](日直)[명] ①그날그날의 당직. day duty ②낮 동안의 당직. 또, 그 사람. 《대》숙직(宿直). man on duty on Sunday
일직 사령[-찍-](日直司令)[명]〈군사〉직접 부대장(部隊長) 밑에서 그날의 경비·입무 수행·명령의 보존·재산 보호·규칙 여행(規則勵行) 및 위수지(衞戍地)·숙영지 또는 주둔지 안의 죄수 감시 따위를 책임지고 맡아보는 장교(將校). officer of the Day
일=직선[-찍-](一直線)[명] ①똑바로 곧은 줄. straight line ②하나의 직선.
일진[-찐](一陣)[명] ①한 떼의 군사의 진. military camp ②한 가닥. 한바탕. gust ③첫째 진. first camp 「곧, 갑자일(甲子日)·을축일(乙丑日)을.
일진[-찐](日辰)[명] 〈민속〉날의 간지(干支)를 이름.
일진 광풍[-찐-](一陣狂風)[명] 한바탕 부는 사나운 바람. gust of wind
일진대/일진댄[-찐-](-)[조] 체언에 붙어, '일 것 같으면'의 뜻을 나타내는 연결형 서술격 조사. ¶악인~ 악으로 대하라.
일진 법계[-찐-](一眞法界)[명]〈불교〉오직 하나 밖에 없는 참된 세계. 절대 차별 없는 우주의 실상.
일진 월보[-찐-](日進月步)[명] 날로 달로 진보함. 끊임없이 진보·발전함. 《유》일취 월장(日就月將). rapid progress 하타
일진 일퇴[-찐-](一進一退)[명] ①나아갔다 물러났다 함. advance and retreat ②힘이 맞먹어 졌다 이겼다 함. ③좋아졌다 나빠졌다 함. ¶~를 거듭한다. seesaw 하타
일진저[-찐-](-)[조] 받침 있는 체언에 붙어, '마땅히 그러할 것이다' 또는 '아마 그러할 것이라면'의 뜻을 나타내는 종결형 서술격 조사. ¶오늘의 고투는 내일의 영광~. 「바람. puff of cool breeze
일진 청풍[-찐-](一陣淸風)[명] 한바탕 부는 시원한
일진 회:[-찐-](一進會)[명]〈사회〉1904년에 송병준(宋秉畯)·이용구(李容九)·윤시병(尹始炳)등이 조직한 회. 일본 정책의 앞잡이가 되어 매국 행위를 하였음. name of pro-Japanese association formed in 1904
일진 흑운[-찐-](一陣黑雲)[명] 한바탕 이는 먹구름.
일질[-찔](一帙)[명] ①한 책갑에 들어 있는 책. ②여러 권으로 된 일한의 벌로 책. set of books
일찐-다 일거리가 너더분하여 귀찮하다. annoying
일쭉-거리다[자태] 허리를 이리저리 빠르게 내흔들다. 〈큰〉일쭉거리다. be rickety 일쭉=일쭉[부] 하타
일쭉-일쭉[-낙-](-)[부] 고르지 않고 재게 일긋거리는 얄긋거리는 모양. in a rickety manner 하타
일찌감치[부] 더욱더 일찍이. 《대》느직감치. early
일찌거니[부] 꽤 일찍이. 일찌감치. 《대》느직거니.
일찍[부] 〈약〉→일찍이.

일찍이團 ①늦지 않게. 이르게. early ②전에 한 번. 이왕에. 앞서서. 증왕(曾往). (약) 일찍. once before

일차(一次)團 ①한 차례. 한 번. once ②첫 번. ③〈수학〉대수식에서, 제곱 또는 그 이상의 항을 포함하지 않는 것.

일차 방정식(一次方程式)〈수학〉한 미지수의 멱(冪)의 최고 차수(最高次數)가 일차인 방정식. simple equation

일차 산:업(一次産業)團 직접 동식물을 채취하거나 양식·재배하는 산업. 곧, 농업·임업·축산업·어업 등.

일차 산:물(一次産物)團 가공하지 않고 생산된 채로의 형태로 거래되는 산물. 농산물·수산물 따위.

일차 에너지(一次 energy)團 원유·석탄·천연 가스 토는 수력이나 원자핵 따위, 자연에서 채취한 대로의 물질을 근원으로 한 에너지.

일차:적(一次的)團團 첫 번의 차례로 되는(것).

일차 전:류(一次電流)團〈물리〉일차 코일에 흐르는 전류. primary current

일차 전:지(一次電池)團〈물리〉화학적 에너지를 전기적 에너지로 바꾸어서 전류를 얻는 장치. 건전지 등. primary battery

일차 조직(一次組織)團〈식물〉줄기 또는 뿌리의 생장점의 분열 조직으로부터 만들어진 조직.

일차 코일(一次 coil)團〈물리〉전류를 통한 코일.

일착(一着)團 ①첫째로 도착함. 또, 그 사람. first arrival ②첫째로 착수함. 하타

일처 다부(一妻多夫)團 한 아내에게 둘 이상의 남편이 있음. 여럿 남편. 일부 일처(一夫一婦). 상대말 다부(多夫妻). polyandry

일척(一隻)團 ①한 쌍의 한쪽. one of the pair ②〈擲〉團團 ①한 번 던짐. ②먼저 버림. cast away 하타「특별히 갖춘 감식력이 있음. discerning eye

일척-안(一隻眼)團 ①애꾸눈. one-eye ②어느 면에서

일전(一天)團〈제도〉과거 때 맨 먼저 바치는 글장.

일천(日淺)團 날짜가 많지 않음. 오래지 않음. short time since 하타

일철(一轍)團 ①같은 자국. 또, 같은 길. ②먼저 있는 다른 경우와 꼭 같은 길을 밟음을 이르는 말. same track

일체(一切)團 온갖 것. 모든 것. everything 團 온갖. 모든. 團 통틀어서. 모두. every →일절(一切).

일체(一體)團 ①한 몸. one body ②전체. whole body ③한결같음.

일체경(一切經)團〈불교〉대장경(大藏經).

일체-성(一體性)團 일체를 이루고 있는 성질. 일체의 특색.

일체 유:정(一切有情)團〈불교〉중생.

일체 중:생(一切衆生)團〈불교〉이 세상에 살아 있는 모든 생물. 특히, 사람에 대하여 쓰임. 일체 유정(一切有情). all people

일초(日草)團 ①평양(平壤)에서 나는 상등 살담배. tobacco produced in *Pyungyang* ②일본에서 나는 솜털처럼 생긴 살담배. finely cut Japanese tobacco

일촉 즉발(一觸卽發)團 조금만 닿아도 곧 폭발할 것 같은 모양. 일이 곧 일어날 듯하여 몹시 위험한 상태에 놓여 있음을 일컬음. touch-and-go situation

일촌(一村)團 한 마을. 온 마을. village

일촌 간장(一寸肝腸)團 초조와 탁마의 간과 창자라는 뜻으로, 주로 애달프거나 시름이 탈 때의 마음을 형용하여 이르는 말.

일촌 광음 불가경(一寸光陰不可輕)團 짧은 시간이라도 헛되이 보내지 말라는 말. make use of every minute [in sagacity 하團

일총(一聰)團 뛰어나게 총명한 사람. man pre-eminent

일총(一寵)團 한 몸에 독차지하여 받는 사랑. exclusive love [침. rejection 하타

일축(一蹴)團 ①한 번 차버림. ②단번에 물리 [[

일출(日出)團 ①해가 돋음. (대) 일몰(日沒). sunrise ②해돋이. (대) 일입(日入)②. 하타

일출(逸出)團 ①피하여 빠져 나옴. escape ②보통보다 뛰어남. distinction 하타

일출(溢出)團 넘쳐서 흐름. 하타 [경.

일출 삼간(日出三竿)團 해가 높이 떠오름. 오전 8시

일취 월장([-짱](日就月將)團 학문이 날로 달로 나아감. 일장 월취(日長月就). (유) 일진 월보(日進月步). rapid progress 하타

일취지몽(一炊之夢)團 인생의 믿기 어려움과 세상의 덧없음을 가리키는 말. 황량몽(黃梁夢). empty dream [more

일층(一層)團 첫째 층. ground-floor 團 한결. 더욱.

일치(一致)團 ①한결같음. consistency ②의견이 맞음. ¶전원 ~. agreement 하타

일치 단결(一致團結)團 여럿이 한 덩어리가 되어 결합함. union 하타

일치-법(一致法)團(一致法)團〈동〉유동법(類同法).

일침(一針·一鍼)團 한 바늘. 하나의 바늘. ¶~을 가하다. praise ②이름지어 부르다. name

일컫-다[-따]타(도) ①무엇이라고 부르다. call ②칭찬하

일컨-다[-따](고) missed shot

일타(一朶)團 한 떨기. 한 가지. bough

일탄(逸彈)團 빗나간 총알. missed shot

일-탄지(一彈指)團〈불교〉손가락을 한 번 퉁기는 만큼 짧은 시간. 일수유(一須臾). short time

일탈(逸脫)團 ①잘못되어 빠트림. omission ②본줄기에서 빠져 나감. deviation 하타

일:터團 일을 하는 곳. 직장. 작업장. 일자리②. 역사터(役事-). place where one works

일텐데團 받침도 없는 체언에 붙어, '~트인데'의 뜻을 나타내는 종결형 서술격 조사. ¶오늘이 그의 생일

일:-토시團 일할 때에 끼는 토시. 아래 위에 끈을 달아 촘촘하게 하거나, 고무줄을 넣어서 좁아들게 하여 팔꿈치까지 낌. 「무럼 작업도 넣어서 하나로 함.

일통(一通)團 ①하나의 문서. 하나의 책. copy ②

일통(一統)團 한데 뭉침. 하나로 뭉침. unification

일통-치-다(一統-)(재타) 한데 합치다. unify [하타

일퇴(日退)團 날로 뒤떨어지거나 못하여 감. 하타

일파(一派)團 ①강물의 한 갈래. branch stream ②학예·종교 등의 한 갈림. school ③주의·주장 또는 목적을 같이하는 한 동아리.

일:-판團 일이 벌어진 판.

일패(一牌)團〈제도〉①가무와 풍류로써 업을 삼던 옛날의 기생. 이패(二牌)보다 높음. ②태의원(太醫院)에 딸렸던 일급 기생.

일패 도지(一敗塗地)團 여지없이 패하여 다시 일어날 도리가 없게 됨. suffering crushing defeat 하타

일편(一片)團 ①한 조각. one piece ②반 조각. half

일편(一便)團 한편. on the one hand [piece

일편 단심(一片丹心)團 성심된 마음. 참된 정성.

일편월(一片月)團 한 조각의 달. [sincere heart

일-평생(一平生)團 살아 있는 한평생. whole life

일폭(一幅)團 한 폭. 한 장. scroll

일폭 십한(一曝十寒)團〈동〉심한 일폭.

일:-품團 일하는 데 드는 품. ¶~이 너무 많이 든다.

일품(一品)團 ①〈제도〉벼슬의 첫째 품계. first class ②하나의 물건. one article ③좋기로 첫째가는 물건. unique thing

일품(逸品)團 썩 뛰어난 물건. 절품(絕品). 신품(神品). ¶그야말로 ~이다. excellent thing

일품 요리(一品-[-뇨-])(一品料理)團 ①한 가지마다 값을 매겨 놓은 요리. single-dish course ②맛이 좋기로 첫째가는 요리. first-class dish ③한 가지만의 간편한 요리.

일품(日風)團 ①일본식 풍속 또는 모양. Japanese manners and customs ②일본식. Japanese style

일필(一筆)團 ①하나의 붓. writing brush ②붓에 먹을 다시 먹이지 아니하고 단번에 씀. ③같은 필적(筆跡). ④한 줄의 글. line ⑤한 통의 문서. one

일필 난기(一筆難記)[명] 간단하게 이루 기록할 수 없음. cannot write in small space 하다

일필 휘지(一筆揮之)[명] 단숨에 줄기차게 글씨를 내리씀. make stroke with brush 하다

일하(一下)[명] 한 번 내림. 한 번 떨어짐. ¶명령 ~.

일하(一瑕)[명] 한 가지 흠. 한 가지 결점.

일=하-다[여](고) 일을 하다. work

일허-다[고] 잃다.

일학(日瘧)《약》일일학. [날. term

일한(日限)[명] 일정한 날의 기한. 특히, 지정해 놓은

일할(日割)[명] 날짜를 나누어 놓음. programme

일합(一合)[명] 칼·창 등으로 싸울 때, 칼과 칼, 또는 창과 창이 서로 한 번 마주침. [자(同伴者). party

일행(一行)[명] ①한 동아리. row ②여행 따위의 동반

일행(日行)[명] 하루 걷는 걸음. day's trip

일향(一晌)[명] 아주 짧은 시간을 말함.

일향(一向)[명] 한결같이. 구준히. 일직(一直). [tently

일향(日向)[명] 《동》 일식경.

일현 일실(一絃一實)[명] 변화가 헤아리기 어려움. 일허 일영(一虛一盈). changeable

일현금(一絃琴·一弦琴)[명] 〈음악〉 길이가 석 자 여섯 치 가량 되는 나무에 한 가닥의 줄을 친 거문고. 판금(板琴). one-string instrument

일혈(溢血)[명] 《의학》 핏줄 속에 핏줄이 터져 나오는 피. 내출혈. extravasation [(一毫半點). trifle

일호(一毫)[명] 아주 가는 털처럼 작다는 뜻. 일호 반점

일호 반점(一毫半點)[명] 일호(一毫).

일호 백낙(一呼百諾)[명] 한 사람이 소리를 외치면, 여러 사람이 이에 따름. 하다

일호 차착(一毫差錯)[명] 극히 작은 잘못.

일홉[고] 이름.

일홈두-다[고] 이름쓰다.

일화(一華)[명] 한 꽃.

일화(日和)[명] 날씨가 화창함. mildness

일화(日貨)[명] ①일본 화폐. ②일본에서 수입된 상품.

일화(逸話)[명] 아직 세상에 알려지지 않은 이야기. anecdote

일화-성(一化性)[명] 《곤충》 한 해에 한 세대(世代)를 마치는 성질. 누에·마디충 따위. (對) 이화성.

일확(一攫)[명] ①한 움큼. handful ②손쉽게 얻음. 힘 안 들이고 얻음. gainning at scoop 하다

일확 천금(一攫千金)[명] 힘 안 들이고 단번에 거액의 재물을 얻음. making big fortune on single occasion 하다

일환(一環)[명] ①줄지어 있는 고리 가운데의 하나. ②밀접한 관계가 있는 물건의 일부분. part of measure

일환-책(一環策)[명] 전체와 관련되는 한 부분으로서 [의 방책.

일=회(一回)[명] 한 번. once

일회기(一回忌)[명] 《동》 소상(小祥).

일회-성(一回性)[명] 역사학에 있어서의 한 언에 한하여 생기는 성질.

일회-용(一回用)[명] 단 한 번만 쓸 수 있는 것.

일후(一吼)[명] 큰 짐승이 성이 나서 한 번 소리를 지름. roar of beast 하다

일후(日後)[명] 뒷날. 나중. another day

일훈(←日暈)[명] 햇무리. corona

일·흠[고] 이름.

일흔(七十)[명] 열의 일곱 곱절. 칠십(七十). seventy [cing

일흥(逸興)[명] 세속을 벗어난 풍류스러운 흥취. rejoi-

일희 일비(一喜一悲)[명] ①기쁜고 슬픈 일이 번갈아 일어남. ②한편 기쁘고 한편 슬프다. be now glad and now sad 하다

·일히[고] 이리[狼].

읽-다[타] ①글을 보다. ¶책을 ~. read ②경(經)을 소리 내어 외다. chant ③뜻을 알아차리다. ¶태도로 보아서는 그런 기미를 읽을 수 없다라. ④바·장기에서, 앞을 생각하거나 상대방의 수를 헤아려 알다. ¶수를 ~.

읽히-다[자동] 읽게 되다. ¶요즘은 추리 소설이 많이 읽힌다. [사동] 읽게 하다. ¶만화만 보게 하지 말고 책을 읽혀야 한다. let one read

잃-다[타] ①가졌던 물건을 자기도 모르게 떨어뜨리거나 놓치거나 하여 없어지다. ¶지갑을 ~. ②죽어서 이별하다. ¶부모를 잃고 고아가 되었다. ③자기에게 있던 것이 없어지거나 사라지다. ¶사기를 ~. ④친구 사이가 끊어지다. ¶친구를 ~. ⑤노름이나 내기에 돈을 빼앗기다. ¶노름에서 돈을 ~. ⑥방향을 찾지 못하게 되다. ¶길잃은 양떼.

잃어-버리-다 아주 잃다. ¶잃어버린 시계. lose

잃어-지-다 없어지다. 관계가 끊어지다. have done with lose [head

임 머리 위에 인 물건. carry something on one's

임²(任) 사모하는 사람을 일컬음. sweet heart

임³(任) 체언에 붙어 전문(前文)이 사실임을 확인하는 종결형을 이루는 명사형 서술적 조사. ¶무죄~이 확실.

임:(任) 어느 직에 임명함. 하다

임간(林間)[명] 수풀 사이. 숲 속. interior of forest

임간 학교(林間學校)[명] 《교육》 여름 방학 같은 때 몸이 약한 아이들에게 알맞게 교육을 베풀기 위하여, 숲 속에 세운 학교. open-air school

임갈 굴정(臨渴掘井)[명] 아무 준비가 없이 일을 당하여 허둥지둥하는 모양. lack of preparedness 하다

임검(臨檢)[명] ①일이 일어난 현장에 가서 조사함. official inspection ②《법률》 행정 기관의 직원이 직무 집행 때문에 타인의 주소·영업소·사무소 등의 내부를 출입함. ③《법률》 소송법상, 법원 수탁 법관(受託法官)이 현장에서 검증(檢證)하는 일. 하다

임계(臨界)[명] 경계(境界).

임계-각(臨界角)[명] 〈물리〉 굴절각이 직각으로 되는 투사각. 한계각(限界角). critical angle

임계-점(臨界點)[명] 《동》 임계 질량.

임계 상태(臨界狀態)[명] 〈물리〉 임계 온도·임계 압력 하에 있는 물질의 상태. critical state

임계 압력(臨界壓力)[명] 〈물리〉 기체를 임계 온도에서 압축하여 기체도 아니고 액체도 아닌 상태가 되게 하는 일정한 압력. critical pressure

임계 온도(臨界溫度)[명] 〈물리〉 기체를 액화할 수 있는 최고 온도. 이 온도 이하에서 가압(加壓)에 의하여서 기체(氣體)는 액화됨. critical temperature

임계 질량(臨界質量)[명] 〈화학〉 핵분열 물질이 연쇄 반응을 일으킬 수 있는 최소의 질량. 임계량. critical mass [funeral

임곡(臨哭)[명] 영결식에 가서 우는 일. wailing at the

임:관(任官)[명] ①관직에 임명됨. ②사관 후보생·사관 생도가 장교로 임명됨. 서관(敍官). [대] 면관(免官). appointment 하다

임관(林冠)[명] 수림의 위층의 모양. 수령에 따라 층하가 생기며, 수관(樹冠)의 모양에 따라 모양이 달라짐, 임관이 너무 빽빽 수령이 낮은 밑에 있는 나무에 영향을 끼치므로 난대(暖帶)를 제외하고.

임관-석(臨官席)[명] 극장 등에 단속 경찰관·소방관 등을 위해 마련된 특별석.

임=패(臨牌)[명] 《민속》 육십사패의 하나. 배패(兌卦)와 곤패(坤卦)가 거듭된 것. (약) 임(臨). [나라.

임-국(任國) 대사·공사·영사가 임명되어 부임하는

임-균(淋菌·痲菌)[명] 《의학》 임질의 병원균. gonococcus

임금 군주 국가에 있어서 나라를 다스리는 원수. 군상(君上). 군왕(君王). 주군(主君). 군주(君主). 나랏님. 성통①. 인군(人君). 인주(人主). 왕(王). 왕자(王者). 왕³. 대전(大殿). 상감(上監). 상감마 [마.

임금(林檎)[명] 능금.

임:금(賃金)[명] ①삯돈. 임은(賃銀). pay ②일을 시킨데 대한 보수. wages ③《법률》 임대차(賃貸借)에 있어서 차용물 사용의 대가(代價). rent

임금 격차(賃金格差)[명] 남녀별·연령별·직종별·숙련 정도·산업별·지역별에 의한 개개 노동자의 임금액 상의 격차. wage disparity

임:금 기금설(賃金基金說)[명] 〈경제〉 일정한 사회에 있어서는 근로자에게 주는 임금이 일정하므로 그 평균한 임금은 일정액의 노임 기금을 근로자 수로 제한 것이라고 내세우는 학설. 노임 기금설. Wage Fund Theory

임:금=님(━님)[명] 임금. king

임:금=법(━法)[명](賃金法) 임금에 대하여 규정해 놓은 법률.

임:금 정책(賃金政策)[명] 〈경제〉 근로자의 임금 또는 임금률(賃金率)의 유지 또는 보장을 기하는 정책. wage policy

임:금 지수(賃金指數)[명] 〈경제〉 일정시의 임금을 표준으로 하여, 그 표준에 대하여 어떤 때의 임금을 백분비로 계산한 것으로 근로자의 임금의 변동을 보이는 지수. wage index

임:금 학설(賃金學說)[명] 임금이 어떻게 하여 이루어지는가에 대한 이론으로서 내세운 소득 이론(所得理論)의 한 부문. 노임(勞賃) 학설.

임:금 형태(賃金形態)[명] 〈경제〉 임금을 지급하는 형태. 가장 기본적인 형태는 시간급·도급(都給)의 두 가지임.

임:기(任期)[명] 임무를 맡아보고 있는 일정한 기간. one's term of office

임기(臨機)[명] 시기에 다다름. approach of occasion 하다

임기 응:변(臨機應變)[명] 그때그때의 일의 기틀에 따라 알맞게 처리함. 임시 응변. (약) 응변. take such steps as the occasion demands 하다

임:년(壬年)[명]〈민속〉태세(太歲)의 천간(天干)이 임(壬)으로 된 해.

임농(臨農)[명] 농사 지을 때가 됨. 하다

임농 탈경(臨農奪耕)[명] ①농사 지을 무렵에 경작하는 사람을 바꾸는 일. ②이미 다 마련된 것을 빼앗음.

임:대(賃貸)[명] 요금을 받고 자기 물건을 빌려 주는 일. (대) 임차(賃借). lease 하다

임:대 가격[━까━](賃貸價格)[명] 〈경제〉 대주(貸主)가 임대 물건의 공과·유지·수리에 필요한 경비를 부담하는 조건 밑에 이것을 임대하는 경우에 대주가 수득하는 금액. rental value [료(賃借料). rent

임:대=료(賃貸料)[명] 빌려 주고 받는 삯돈. (대) 임차

임:대=물(賃貸物)[명] 〈법률〉 임대차의 목적이 되는 물건을 임대인 측에서 일컫는 말. 임차물. rented articles [품을 빌려 주는 사람. lessor

임:대=인(賃貸人)[명] 〈법률〉 임대차 행위에 있어서 물

임:대=지(賃貸地)[명] 〈법률〉 임대차의 목적이 되는 토지. leased land

임:=대:차(賃貸借)[명] 〈법률〉 당사자간에 한 편은 일정한 동산 또는 부동산을 제공하고, 또 한 편은 이에 대한 사용료를 치르고 사용·수익하는 것을 내용으로 하는 계약. letting and hiring

임:대 책중(任大責重)[명] 임무가 크고 책임이 무거움. great and heavy responsibility 하다

임도 보고 뽕도 딴다[속] 한 번에 두 가지 일을 겸해서 이루고자 꾀한다.

임:독(淋毒)[명] 임질의 독. gonorrhea

임:란(壬亂)[명]〈약〉임진왜란.

임:리(淋漓)[명] 피·땀·물 따위가 흘러 떨어지는 모양.

임립(林立)[명] 수풀처럼 죽 늘어섬. bristling 하다

임마누엘(Immanuel 히)[명] 〈기독〉 하느님이 우리와 함께 있다는 뜻으로, 구약 성서에 예언된 내림할 자의 이름. [term of office 하다

임:만(任滿)[명] 임기가 다 참. expiration of one's

임:면(任免)[명] 직무를 맡기고 그만두게 함. ¶~권(權). appointments and removals 하다

임:명(任命)[명] 직무를 맡김. (대) 면직(免職). appointment 하다

임목(林木)[명] 수풀의 나무. forest tree

임:무(任務)[명] 맡은 일. duty

임:무감(任務感)[명] 〈동〉책임감(責任感).

임민(臨民)[명] 백성을 접하여 다룸. 하다

임박(臨迫)[명] 때가 가까이 닥쳐옴. urgency 하다

임:=반:달(一半一)[명] 연의 하나. 머리에 색종이를 반 달같이 오려 붙인 연.

임:방(壬方)[명] 서쪽에서 조금 북쪽에 가까운 방위. (약) 임(壬). [cloth peddlers' meeting room

임:방(任房)[명] 보부상(褓負商)들이 모여 노는 곳.

임:병 양:란(壬丙兩亂)[명] 〈역사〉 임진 왜란과 병자 호란의 두 난리.

임:부(姙婦·妊婦)[명] 임신한 부인. 잉부(孕婦).

임:사(淋絲·痳絲)[명] 〈의학〉 만성 임균성 요도(尿道)염 환자의 오줌 가운데 부유하는 흰 실 모양의 것. 백혈구·점액·상피 세포 따위가 각각의 양(量)으로 포함되어 있으며, 임균은 섞여 있기도 하고 없을 때도 있음. [death 하다

임:사(臨死)[명] 죽음을 고비에 이름. 임종(臨終)①. facing

임사(臨事)[명] 일에 이르름. facing affair 하다

임:사지덕(姙姒之德)[명] 후비(后妃)의 어진 덕행을 이름.

임:산(臨産)[명]〈동〉임월(臨月). 하다 [리키는 말.

임:산(妊産·姙産)[명] 아이를 배거나 낳음. pregnancy and delivery [이 있는 산. forest

임산(林山)[명] 수림(樹林)이 잘 자랄 수 있는 산. 수림

임산(林産)[명] 〈동〉 임산물. [confinement 하다

임:산(臨産)[명] 해산할 때가 다다름. being near one's

임산=물(林産物)[명] 산림(山林)·임야(林野)의 산물. 임산(林産). forest products

임:산=부(姙産婦·妊産婦)[명] 임부(姙婦)와 산부(産婦). expecting and nursing mother

임산 철도[━또](林産鐵道)[명] 산림 지대에서 원목을 수송하기 위하여 놓은 철도.

임상(林相)[명] 산림이 이루어져 있는 모습.

임상(臨床)[명] ①환자가 누워 있는 침상 곁에 감. bedside ②실지로 환자를 대하여 의학을 연구함. clinical study 하다

임상 강:의(臨床講義)[명] 환자의 병상(病床) 곁에서 증세의 진단·치료 방법을 강의하는 일. clinical lecture

임상 신:문(臨床訊問)[명] 〈법률〉 법관이 병상에 있는 피의자·증인을 그 자리에서 신문하는 일. clinical questioning 하다

임상 의학(臨床醫學)[명] 〈의학〉 환자가 병상에 있을 때 이를 관찰·연구하여 치료하는 학문. clinics

임석(臨席)[명] 자리에 나아감. ¶~관(官). attendance

임:석=간(衽席間)[명] 부부가 동침하는 사이. [하다

임:=소(任所)[명] 지방 관원이 근무하는 직소. office of provincial government officials

임:술(壬戌)[명] 〈민속〉 육십 갑자(六十甲子)의 59째.

임습(霖濕)[명] 장마 때의 심한 습기. humidity in rainy season

임:시(壬時)[명] 〈민속〉 이십사시(二十四時)의 맨 끝 시. 오후 역시 반부터 열한시 반까지의 동안.

임:시(臨時)[명] ①일정하지 아니한 시간. extraordinary ②시기에 당하여 행함. extempore ③잠시 아쉬운 것을 면하는 일. (대) 경상(經常). temporary

임:시 고용(臨時雇傭)[명] 임시로 삯을 주고 사람을 부림. temporary employment 하다

임:시 국회(臨時國會)[명] 긴급한 필요가 있을 때 임시로 소집되는 국회. special session of the National

임:시 기:호(臨時記號)[명] 〈동〉 변위 기호. [Assembly

임:시 낭:패(臨時狼狽)[명] 미리 기약했던 일이 그 무렵에 가서 실패됨. failure at critical moment 하다

임:시 변:통(臨時變通)[명] 갑자기 생긴 일을 우선 임시 방편으로 처리함.

임:시=비(臨時費)[명] 〈경제〉 불시의 지출에 대비(對備)해 두는 자금(資金). 불항비(不恒費). 임시 비용. (대) 경상비(經常費). emergency expenses

임:시 비용(臨時費用)[명] 〈동〉 임시비(臨時費).

임:시 응:변(臨時應變)[명] 〈동〉 임기 응변. 하다

임:시=적(臨時的)[관] 일시적으로 하는(것). ¶~ 조치(措置).

임:시 정부(臨時政府)[명] 1919년 4월 10일 중국 상해(上海) 프랑스 조계에서 우리 나라의 애국 지사들

임시 졸판 / **임지**

임시 졸판(臨時卒版) 이 모여 조직한 정부. 《유》임정(臨政). Provisional government of Korea 하타

임시 졸판(臨時猝辦) 기회에 임하여 졸지에 처리 하타

임시 처:변(臨時處變) 기회를 따라 처리함. 하타

임시 총:회(臨時總會) 필요에 따라서 임시로 여는 총회. extraordinary general meeting

임시 표(臨時標) 《음악》곡의 중간에 적힌 올림표·내림표·제자리표의 총칭.

임시 휴가(臨時休暇) 정하지 아니한 일시적인 기간에 일정한 동안 쉬는 일. 《유》임휴(休).

임:신(壬申) 육십 갑자의 9째.

임:신(姙娠·妊娠) 아이를 배는 일. 잉태(孕胎). 회잉(懷孕). 회임(懷妊). 수태. 회태. pregnancy 하타

임:신부(姙娠婦) 임신 중인 여자.

임심 조자(林深鳥棲) 숲이 우거져야 새가 깃듦. 곧, 사람이 인의(仁義)를 쌓아야 일이 순조로움. birds like thick forests

임야(林野) 나무가 무성한 들. woodland

임야세(—稅)(林野稅) 《법률》임야 대장(臺帳)에 토지 대장에 등록되어 임야에 대하여 그 면적을 표준으로 지역 등급과 임야 등급에 의하여 그 소유자에게 부과하던 세. woodland tax

임약(荏弱) 가냘픔. 나약함. 하타

임어(臨御) 임금이 출어함. trip by king 하자

임업(林業) 경제적 이익을 목적으로 삼림(森林)을 경영하는 사업. forestry

임에도 명사형 서술격 조사 '임'에 조사 '에'와 '도'가 붙은 말. 주로 '불구하고'와 연결되기 위하여 쓰이는 연결형의 서술격 조사.

임에라 체언에 붙어서, 반문의 뜻을 나타내는 종결형 서술 조사. ¶하물며 명문 대학 출신~.

임연수-어(林延壽魚) 《어류》쥐노래미과의 바닷물고기. 한해성(寒海性) 어종으로, 몸 길이 45 cm 가량, 쥐노래미와 비슷함. 몸 빛은 노랑 바탕에 다섯 줄의 흑색 세로띠가 있음. 《화합》하타

임:염(荏苒) 세월이 천연함. 사물이 점진적으로 변화함. 하타

임:염(荏染) 부드러움. 하타

임:오(壬午) 《민속》육십 갑자의 19째.

임:오군란(壬午軍亂) 《역사》조선조 고종 19년(1882) 6월에 구식 군인들이 군제 개혁을 반대하여 일으킨 변란. 이 일로 청국군과 일본군이 와서 난을 간섭하고, 일본과 제물포 조약을 맺게 됨.

임외복(臨臥服) 잘 무렵에 약을 머금. taking medicine at bed-time 하타

임:용(任用) 직무를 맡기어 사람을 씀. appointment

임우(霖雨) 장마. long rainy season

임:원(任員) 어떤 단체의 운영·감독하는 일을 맡아 보는 사람. 역원(役員). staff

임원(林苑) 수목이 무성한 정원. 「meeting

임:원-회(任員會) 《역사》임원들로서 7성되 하는. officers'

임월(臨月) 아이 낳을 달을 맞음. 곧, 아이 뺄 열 달이 됨. 대기(大期). 임삭(臨朔). being in parturition month 하자

임:의(任意) 마음대로 함. 《유》수의(隨意). option

임:의 경:매(任意競賣) 《경제》목적물의 소유자 의사에 기인하여 행하여지는 경매. 《대》강제 경매. voluntary sale

임:의 공채(任意公債) 《경제》응모자의 임의로 정부와의 자유 계약으로 응모되는 공채. 《대》강제 공채.

임:의 대:리(任意代理) 《법률》본인이 신임으로써 생기는 대리 관계(代理關係)로, 대리인 사이의 수권(授權) 행위에 따라서 생김. 위임 대리. 법정(法定) 대리. voluntary representation

임:의 대:리인(任意代理人) 《법률》본인의 임의적 신임에 의하여 선정된 대리인. 임의 대리는 본인과 대리인 사이의 수권(授權) 행위에 의하여 성립됨.

임:의 동행(任意同行) 수사 기관이 본인의 승낙을 얻어 검찰청·경찰서 등에 연행하는 일.

임:의-로(任意—) 구애됨이 없이 마음대로.

임:의-롭-다(任意—) 《브》①제한 없이 내키는 대로 자유롭다. free ②체면을 차릴 필요가 없이 무간하다. be at one's discretion 임으로이티

임:의법(—法)(任意法) 《법률》당사자의 의사에 의하여 그 적용을 배제할 수 있는 법규. 《대》강행법. voluntary law

임:의 보:험(任意保險) 가입이 당사자의 임의에 달려 있는 보통의 보험. 《대》강제 보험. voluntary insurance

임:의비(任意費) 임의로 적용·유용(流用)할 수 있는 비용. expense at one's discretion

임:의 소각(任意消却) 《법률》주주와 회사와의 임의의 계약에 의하여 회사가 주식을 취득하여 하는 주식 소각의 방법. 《대》강제 소각.

임:의 수사(任意捜査) 《법률》피의자 또는 제삼자의 임의에 의하여 수사를 하는 일. 《대》강제 수사.

임:의 조정(任意調停) 당사자의 의사에 기준하는 조정. 자기 마음대로 하는 조정. 노동 쟁의 해결 방법의 하나. voluntary arbitration

임:의 추출법(—法)(任意抽出法) 샘플(sample)을 선정할 때, 주관적인 방법에 의하지 않고, 확률론(確率論)에 의한 통계 이론에 따라 되는 대로 가려 뽑는 방법. 부작위(不作爲) 추출법. random sampling

임:의 출두(—頭)(任意出頭) 《법률》범죄 용의자가 강제 처분에 의하지 아니하고 임의로 수사 기관에 출두하는 일. voluntary appearance

임인(任人) 간악한 소인. wicked fellow

임:인(壬寅) 《민속》육십 갑자의 39째. 「날.

임:일(壬—) 《민속》일지(日辰)의 천간이 임(壬)인

임임 총총(林林叢叢) 많이 모여 섰는 모양. growing thick 하타

임:자 물건을 가진 사람. 주인. owner

임:자[인대] ①친한 사이에 부르는 대명사. '자네'와 같은 뜻이나 좀 품위가 있음. ②부부간에 쓰는 이인칭 대명사. you

임:자(子) 《민속》육십 갑자의 49째.

임:자(荏子) 《식물》들깨.

임:자-어(主子語) 주어설(主語節).

임:자-말(—) 주어(主語)①.

임:자-지전(任子之典) 조상의 훈공을 잇기 위하여 그 자손에게 벼슬을 내리던 은전.

임장(林葬) 《불교》사장(四葬)의 하나. 시체를 숲 속에 버리는 일.

임장(臨場) 그 현장에 나옴. presence 하자

임전(臨戰) 전장에 나아감. presence in battle 하자

임전 무퇴(臨戰無退) 전장에 임하여 물러서지 않음. No retreating in battle 하타

임정(林政) 임업(林業)에 관한 행정(行政). forestry administration

임정(臨政) 《유》→임시 정부(臨時政府).

임:종(任縱) 《동》방종(放縱). 하타

임종(林鍾) ①음력 유월의 딴이름. ②십이율(律) 중의 음려(陰呂)의 하나.

임종(臨終) ①죽음에 임함. 임사(臨死). dying hour ②부모가 돌아갈 때에 모시고 있음. 《유》종신(終身)②. presence at one's parent's death 하타

임종=시(臨終時) 목숨이 끊일 때. 임종할 무렵. dying hour ②부모의 임종을 지키고 있을 때.

임:좌(壬坐) 《민속》묏자리나 집터가 임방(壬方)을 등진 자리. 「을 향한 좌향.

임:좌 병:향(壬坐丙向) 《민속》임방을 등지고 병방

임:중 도:원(任重道遠) 맡은 바 책임은 중하고 갈 길은 멂.

임:지(任地) 관원이 부임하는 곳. one's post

임지(林地) 임목(林木)이 많이 자라고 있는 토지. forest land

임지(臨地) 그 곳에 실제로 감. ¶~ 조사.

임지(臨池) ①못에 임함. near pond ②글씨 공부.

습자(習字). penmanship
임:직(任職)[명] 직무를 맡김. appointment 하다
임:진(壬辰)[명] 〈민속〉육십 갑자의 29째.
임진 대:적(臨陣對敵)[명] 적군과 대진(對陣)함. 하다
임진 역장(臨陣易將)[명] ①익달한 사람을 서투른 사람과 바꿈을 가리키는 말. ②개전(開戰)할 때 장수를 바꿈. 하다
임:진왜란(壬辰倭亂)[명] 〈역사〉조선조 선조(宣祖) 25년(1592) 4월 13일에 일본 장수 고니시 유키나가(小西行長)·카토오 키요마사(加藤淸正)·구로다 나가마사(黑田長政) 등을 선두로 한 15만 대군이 우리 나라를 침범하여 일으킨 난리. 일곱 해에 걸친 역사상 가장 처참한 난리였음. 임파(王亂). 왜란(倭亂)②. war of Japanese Invasion 1592
임:질[명] 물건을 머리 위에 이는 일. carrying things on one's head 하다
임:질(淋疾·痲疾)[명] 〈의학〉임균으로 일어나는 성병. 음질(陰疾). 임병(淋病). gonorrhoea
임:차(賃借)[명] 임금(賃金)을 주고 빌림. (대)임대(賃貸). hire 하다
임:차-권(賃借權)[―꿘][명] 〈법률〉임대차 계약에 있어서 임차인이 임차물에 대해 사용·수익을 할 수 있는 권리. ――(料). rent
임:차-료(賃借料)[명] 빌려 쓰는 요금. (대)임대료(賃貸料).
임:차-물(賃借物)[명] 〈법률〉임대차의 목적이 되는 물건을 임차인 측에서 일컫는 말. (대)임대물.
임:차-인(賃借人)[명] 〈법률〉임대차 계약에 있어서 임금을 주고 물건을 빌려 쓰는 사람. (대)임대인.
임:천(任天)[명] 하늘에 맡김. trust to providence 하다
임천(林泉)[명] ①수풀 속에 있는 샘. spring in the forest ②은사(隱士)의 정원을 이르는 말. hermit's garden
임첩(臨帖)[명] 서화첩의 글씨나 그림을 본떠서 쓰거나 그림.
임:치(任置)[명] ①남에게 돈이나 물건을 맡겨 둠. ②〈법률〉당사자의 한쪽이 상대자로부터 물건을 받아서 이것을 보관할 계약을 맺음. deposit 하다
임파(淋巴)[명] 〈생리〉고등 동물의 조직(組織) 사이를 채우는 무색(無色)의 액체. 임파액. lymph
임파-관(淋巴管)[명] 임파액의 통로. lymphatic vessel
임파-구(淋巴球)[명] 〈동〉임파풀(淋巴―).
임파-선(淋巴腺)[명] 임파액의 군데군데에 있는 콩알 만한 덩어리. 임파절. lymphatic gland
임:파선-염(淋巴腺炎)[명] 〈의학〉임파선에 일어나는 온갖 염증의 총칭. 병원균·독소로 말미암아 일어나는 임파선의 염증으로 목과 살에 많이 생겨 붓고 아프며 화농·발열 따위가 일어남. lymphadenitis
임:파선-종(淋巴腺腫)[명] 〈의학〉임파선이 평상시보다 부어 오르는 병증. 마음③. 명울②. swelling of lymphatic gland
임파-액(淋巴液)[명] 임파(淋巴).
임파-절(淋巴節)[명] 〈동〉임파선.
임파-주(淋巴―)[명] 〈생리〉임파액(淋巴液) 속에 있는 세포로서 혈액 속에 있는 백혈구(白血球) 따위의 임파구. lymphocyte
임:편(任便)[명] 편리한 대로 함. 하다
임프레션(impression)[명] 인상(印象).
임피던스(impedance)[명] 〈물리〉교류가 흐를 때 그 회로에 생기는 저항.
임하(林下)[명] ①수풀 밑. in forest ②벼슬을 그만두고 은둔된 곳.
임:―하다(任―)[타여] 맡기다. 임명(任命)하다. appoint
임:―하다(臨―)[자여] ①높은 지대에서 낮은 지대를 대하다. face ②자기 보다 높은 사람을 대하다. face ③이르다. reach ④일을 당하다. face ⑤면(面)하다. ⑥높은 사람이 낮은 사람의 집으로 가다.
임하 부인(林下夫人)[명] 〈동〉으름.
임하 유문(林下儒門)[명] 벼슬길에 나아가지 않은 선비. 초야 유생(草野儒生).
임하-풍(林下風)[명] 세상 일을 버리고 산이나 숲에 묻혀 사는 은사(隱士)의 풍류. 고상(高尙)하고 한아(閑雅)한 취미. elegance
임학(林學)[명] 삼림에 관하여 연구하는 학문. 〈원〉삼림학(森林學). forestry
임항(臨港)[명] 항구에 가까이 감. 항구에 접함. nea―
임항-선(臨港線)[명] 착륙한 선박의 화물을 곧 열차에 싣기 위해 항구의 부두까지 연장한 철도 선로.
임해(臨海)[명] 바다에 임함. ¶～공업 단지. 하다
임해 학교(臨海學校)[명] 〈교육〉여름 방학에 바닷가에서 어린이를 모아 가르치며 건강 증진을 꾀하는 시설. seaside school
임행(臨幸)[명] 임금이 그 자리에 감. royal visit 하다
임:현 사:능(任賢使能)[명] 인재를 가려 뽑아서 쓰는 일.
임:의―― 자제화(自在書)의 하나.
임화(臨畵)[명] 교과서 따위의 그림을 본떠 그리어 배
임휴(臨休)[약] →임시 휴가.
입[명] ①몸 안으로 음식을 섭취하거나 소리를 내는 기관. mouth ②말씨 또, 입버릇. ¶～이 거칠다. words ③식구. ¶우리 집엔 ～이 셋이다. number of mouths to feed ④남의 말이나 소문. ¶남의 ～에 오르내리다. rumour
입[명] 어귀. 문호(門戶). 출입문. →잎.
입-가[명] 입의 가장자리. 입언저리. ¶～에 미소를 띠다. about one's lips
입-가심[명] ①입 안을 가셔서 개운하게 하는 일. 입씻이②. ¶식후에 ～하다. cleaning of one's mouth ②불리한 말을 못 하도록 입을 막는 일. 하다
입각(入閣)[명] 내각 조직에 일원으로서 참가함. 입대(入臺). entry into a cabinet 하다
입각(立刻)[명] 〈동〉입즉(立即). 하다
입각(立脚)[명] 근거로 함. 의거를 삼음. taking one's grounded on 하다
입각-지(立脚地)[명] ①서 있는 처지. 입장(立場)①. · standpoint ②근거로 하는 처지. viewpoint
입-간판(立看板)[명] 종이나 천을 나무틀에 붙이거나 판자로 만들어 벽·전주(電柱) 등에 기대어 놓은가 길가에 세워 두는 간판.
입감(入監)[명] 감방 또는 감옥에 갇힘. 입옥(入獄). (대)출감. imprisonment 하다
입감(入鑑)[명] 어른에게 보여 드림. 하다
입갱(入坑)[명] 탄광 등 갱도 속으로 들어감. 하다
입거(入渠)[명] 배를 독에 넣음. 하다
입거엄[구] 상악골(上顎骨).
입거·옷/입거·웃[명] 윗수염. ――→거웃.
입건(立件)[명] 〈법률〉혐의 사실을 인정하여 사건(事件)을 성립시킴. prosecution 하다
입격(入格)[명] ①〈동〉합격(合格). ②〈제도〉생원·진사 또는 초시(初試)에 합격함. (대)실격(失格). 하다
입겿[구] 토. 어조사(語助辭). 조사(助詞).
입경(入京)[명] 서울로 들어옴. (대)출경(出京). 퇴경(退京). arrival in capital 하다
입겿/입겾[구] 토. 어조사. 조사.
입계(入啓)[명] 〈제도〉주문(奏文)을 왕에게 바침. 하다
입고(入庫)[명] 물건을 창고에 넣음. (대)출고. warehousing 하다
입고-병(立枯病)[―뼝][명] 장승병.
입곡(入哭)[명] 우제(虞祭)·졸곡(卒哭)·소상(小祥)·대상 등 제사 전에 먼저 슬프게 곡함. lamentation
입공(入貢)[명] 조공을 바침. tribute 하다
입공(立功)[명] 공훈을 세움. exploit 하다
입관(入官)[명] 처음으로 관리가 됨. enter government service 하다
입관(入棺)[명] 시체를 관 속에 넣는 일. putting in ――(棺) 하다
입관(入館)[명] 도서관·박물관·미술관 등에 들어감. ¶～자(者). way 하다
입관(入關)[명] 관문(關門)으로 들어감. go into gate

입교(入校)[명] ①[동] 입학(入學). ②군사(軍事) 학교에 입학함. enter school 하다
입교(入敎)[명] ①종교를 믿기 시작함. conversion ②《기독》예수교에서 세례받은 사람에게 행하는 의식
입교-식(入校式)[명] [동] 입학식(入學式). [식. 하다
입구(入口)[명] 들어가는 어귀. (대) 출구(出口). entrance
입구(入寇)[명] 외국의 군대나 도둑이 쳐들어옴. invasion 하다
입구-변[명] 한자 부수의 하나. '叩'·'때' 등의 '口'의 이름.
입국(入局)[명] ①그 국의 국원으로서, 방송국 등에 들어감. ②의사로서, 의국(醫局)에 들어감.
입국(入國)[명] ①타국에 들어감. entry into country ②영주(領主)가 그 영지(領地)에 도착함. arrival in one's territory ③자국에 가 살다가 자기 나라로 되돌아감. return to one's country 하다
입국(立國)[명] 건국(建國). 하다
입국 사증[一證](入國查證)[명] 외국에 갈 때에 상대국의 주재 기관으로부터 받는 입국 허가. 비자(visa). (약) 사증(查證).
입궁(入宮)[명] ①궁 안으로 들어감. visit to palace ②장기에서, 말이 궁밭에 들어감. ③《제도》 궁녀가 됨. become court lady 하다 [the palace 하다
입궐(入闕)[명] 대궐로 들어감. 예궐(詣闕). entry to
입=귀틀[명]《건축》 대청 한가운데에 있는 동귀틀의 좌우쪽에 끼우는 나무. 홈을 파서 마루청 널을 끼우는 나무.
입금(入金)[명] ①돈이 들어옴. 또, 그 돈. money received ②돈을 예금(預金), 또는 빚을 갚기 위하여 들여놓음. (대) 출금(出金). payment 하다
입금-표(入金票)[명] 입금 상황을 나타내는 전표. receipt chart
입기(入氣)[명] 탄광이나 광산의 갱내(坑內)에 새 공기를 갈아 넣음. 또, 그 공기. ventilation
입-길[명] 남의 허물을 흉보는 입을 놀림. backbiting
입길에 오르내리다[동] 남에게 시비를 듣다.
입-김[명] ①입에서 나오는 더운 김. ②입으로 나오는 낮은의 기운. ¶~이 세다. ③영향력.
입낙(立諾)[명] 곧 승낙함. 하다 [addressed to
입납(立納)[명] 편지를 드린다는 뜻으로 봉투에 씀.
입=내[명] 소리와 말로써 내는 흉내. mimicry
입=내[명] 입에서 나는 고약한 냄새. 구취(口臭).
입내(入內)[명] 안으로 들어옴. entrance 하다
입내 내다[동] 소리와 말로써 흉내내다. mimic, ape
입내=쟁이[명] ①소리와 말로 흉내내는 사람. mimicker ②흉내내기를 잘하는 사람. clever mimic
입=노릇[명] 음식 먹는 일을 낮게 이름. eating and drinking
입=놀리다[타] ①입을 움직여 말하다. ②나불나불 거리낌없이 함부로 지껄이다. ¶입놀리면 그냥 안 둘 테다.
입니까[조] 받침 있는 체언에 붙어, '합쇼'할 자리에서, 의문을 나타내는 종결형 서술격 조사. ¶그가 범인 [~쓰이는 종결형 서술격 조사. ¶선생~.
입니-다[조] '합쇼'할 자리에 쓰는 '이다'의 높임말로
입-다[타] ①옷을 걸치다. wear ②손해나 누명 따위를 받다. suffer ③다른 사람의 도움을 쓰다. owe
입-다[고] 이울다. 시들다. 쇠(衰)하다. [휘] 희미
입-다[고] 읊다. 마르다. [휘] 아득하다. 희미하 [다. →입다.
입-다물-다[동] 말을 하지 않다.
입-다짐[명] 말로써 확약하여 다짐함. verbal promise
입당(入黨)[명] 어떤 단체에 가입함. 하다 [담으로
입담[명] ①말하는 솜씨. gift of speech ②말하는 재주. eloquence
입담(立談)[명] 서서 이야기함. chat while standing
입담-간(立談間)[명] 잠깐 사이. 잠시 동안. for short while [party 하다
입당(入黨)[명] 당에 듦. (대) 탈당(脫黨). joining a

입대(入隊)[명] 군대에 들어가 군인이 됨. (대) 제대(除隊). enlistment 하다
입대(入對)[명] [동] 입각(入閣). 하다 [audience 하다
입대(入對)[명]《제도》임금에 나아가 뵘. imperial
입-덧[명] 아이 밴 여자의 증세의 하나. 구역이 나고 몸이 쇠약하여지며 신 음식을 좋아하는 증세. 악조증(惡阻症). morning sickness [sickness
입덧=나-다[동] 입덧의 증세가 나타나다. have morning
입도(入道)[명] ①도교(道敎)에 들어감. conversion to Taoism ②《불교》불문에 들어가 수행함. 또, 그 사람. lay bonze 하다
입도 선매(立稻先賣)[명] 벼를 아직 베기 전에 논에 세워 둔 채로 돈을 받고 팖. pre-harvest sale of rice crop 하다
입도 압류(立稻押留)[명] 채무의 불이행(不履行)으로 벼를 논에 세워 둔 채로 압류 처분하는 일.
입동(立冬)[명] 이십사 절기의 하나. 양력 11월 7·8일경. 겨울이 시작된다는 뜻임. beginning of winter
입-되:-다[동] ①맛있는 음식만을 탐하는 버릇이 있다. greedy ②음식에 몹시 까다롭다. be particular about food
입디까[조] 받침 있는 체언에 붙어, '하오'할 자리에서, 지난 일을 돌이켜 묻는 뜻을 나타내는 종결형 서술격 조사. ¶무슨 말~.
입디-다[조] 받침 있는 체언에 붙어, '하오'할 자리에서, 지난 일을 돌이켜 말하는 뜻을 나타내는 종결형 서술격 조사. ¶형편없는 사람~.
입-때:-다[타] 입을 열어 말을 하기 시작하다.
입-뜨-다[으불] 말수가 적다. 입이 무겁다. taciturn
입락(入落)[명] 합격과 낙제. success or failure
입력(入力)[명]《물리》①기계의 1초 사이에 들어가는 에너지. input ②기계에 대하여 동력(動力)을 부여하거나, 데이터를 줌. 특히, 컴퓨터에서 문자나 숫자를 기억하는 일. (대) 출력(出力).
입례(立禮)[명] 선 채로 하는 경례. stand-up salute
입론(立論)[명] 의론의 취지·순서 따위를 세움. argu-
입-막음[명] 불리한 말을 못하게 입을 막음. 하다
입-막다[타] 떳떳한 말을 못하게 만들다. [ment 하다
입말[명]《언》구어(口語).
입말=체(-體)[명] [동] 구어체(口語體).
입=맛[명] 음식을 먹어서 입에서 느끼는 맛. 구미(口味). 식미(食味). appetite
입맛=다시-다[동] ①음식을 먹고 싶어 하다. smack one's lips ②입을 쩝쩝 다시다. lick one's lips ③입이 난처하여 혀를 내두르며 근심하다. click in perplexity ④무엇을 갖고 싶거나, 하고 싶어하다. desire [하다. bitter
입맛=쓰-다[으불] 일이 뜻대로 되지 않아 매우 난처
입-맞추-다[동] 입과 입을 서로 대다. kiss
입-매[명] ➞입냅시.
입매[명] ①음식을 약간 먹고 시장기를 면함. eating a small bite ②일을 남의 눈가림으로 쉽게 함. 하다
입-맵시[명] 예쁘게 생긴 입의 모양. (약) 입새. shape of mouth [접하는 음식상.
입맷-상(一床)[명] 잔치 때 큰상에 앞서 간단히 차려 대
입면(立面)[명] 정면(正面)·측면(側面) 등에서 수평(水平)으로 본 형(形). vertical plane
입면-도(立面圖)[명]《수학》투영법(投影法)에 의하여 입화면(立畫面)에 투영된 그림. (대) 평면도(平面圖). elevation
입멸(入滅)[명]《불교》①생사를 초월한 도(道)에 들어감. entering nirvana ②죽음. 입적(入寂). death 하다
입명(立命)[명] 천명(天命)을 좇아 마음의 평안을 얻음. 천명(天命)을 다함. ¶안심(安心)~. philo-
입모(笠帽)[명] ➞갈모. [sophical life 하다
입모-근(立毛筋)[명]《생리》모발(毛髮)에 부착되어 기온의 변화·정신 감동으로 수축되는 평활근(平滑筋).

모습(毛髮筋).
입=모습(名) 입의 생김새. shape of mouth
입=모으-다(타으) 여러 사람이 같은 의견으로 말하다.
입목(立木)(名) 땅 위에 서 있는 채로의 나무. standing tree
입목=형(立木形)(名) 선 나무의 모양. form of standing tree
입몰(入沒)(名) ①들어가 빠짐. immersion ②죽음. death 하다
입묘(入廟)(名) 대상을 치른 뒤에 신주를 사당에 모심. 하다
입묵(入墨)(名) 살 속에 먹물을 넣어서 글자 또는 그림을 새김. tattooing 하다
입문(入門)(名) ①글방에 들어감. entrance into private school ②〈제도〉과거 때, 유생이 과장(科場)에 들어감. entrance into examination hall ③처음 배우는 길. primer ④사물의 초보. beginning 하다
입문(入聞)(名) 윗사람 귀에 들어감. hear of 하다
입문=관(入門官)(名) 〈제도〉과거 때 장내를 감시하던 사인 벼슬. 「쉽게서 소개서. guide
입문-서(入門書)(名) 처음 배우는 사람을 위하여 알기
입미(粒米)(名) 쌀 한 낱알. 「poken
입-바르-다(형러) 바른말을 거침없이 하다. plains-
입방(立方)〈수학〉①어떤 선분(線分)을 한 변으로 하는 입방체의 부피를 나타냄. ¶1∼M. cube ②어떤 수를 삼승(三乘)하는 일. cube ③길이의 단위 명(單位名) 앞에 붙여 부피의 단위를 만듦. ④길이의 단위명 뒤에 붙여 그 길이를 한 변으로 하는 입방체에 해당하는 체적을 나타내는 말. ¶5센티 ∼. (돈) 평방(平方). volume
입방(笠房)(名) 갓방.
입방-근(立方根)(名) 〈수학〉어떤 수 또는 식인 갑(甲)의 삼승멱(三乘冪)이 을(乙)과 같을 때 갑을 을의 입방근이라 함. 삼승근(三乘根). 삼먹근(三冪根). 세제곱근. cube root
입방 미터(立方 meter)(名) 가로·세로·높이가 각 1미터인 입방체의 용적(容積). cubic meter
입방아=찧-다(타) 이래라 저래라 하며 잔말을 자꾸 하다. nag 「(立方尺)의 체적(體積). cubic feet
입방-척(立方尺)(名) 한 자 길이의 변을 가진 입방체
입방-체(立方體)(名) 〈수학〉각 변의 길이가 서로 같은 정육면체. 여섯 개의 정방형으로 둘러싸인 입체. cube 「입방체의 체적(體積).
입방 피트(立方feet)(名) 한 피트 길이의 변을 가진
입배(入排)(名) 궁중에 온갖 일을 배설(排設)함. 하다
입-버릇(名) 입에 젖은 버릇. 구법(口法). 구벽(口癖). 구습(口習). one's favorite phrase
입=벌리-다(타) ①말을 하다. ②하도 엄청나서, 기가 막히거나 놀라워 하다.
입법(立法)(名) 삼권 가운데 하나. 법률을 제정하는 행위. (돈) 사법. 행정. legislation 하다
입법-권[-꿘](立法權)(名) ①법을 제정하는 국가의 작용. (돈) 사법권(司法權). 행정권(行政權). legislative power ②국회가 입법의 절차에 참여할 수 있는 권한. law-making power
입법 기관(立法機關)(名) 법률 제정의 절차에 참여하는 권한을 가진 국가 기관. 곧, 국회. 입법부(立法府). legislature 「legislative phase
입법-면(立法面)(名) 입법하는 분야. 또, 그 방면.
입법-부(立法府)(名) (돈) 입법 기관.
입법-안(立法案)(名) 입법하기 위한 초안(草案).
입법-자(立法者)(名) 법을 제정하는 사람. legislator
입법-화(立法化)(名) 법률이 되게 함. legislation 하다
입-병(一病)(名) 입에 생기는 병.
입보(立保)(名) 보증인을 세움. give surety for 하다
입본(立本)(名) ①이익을 늘릴 밑천을 세움. set up capital fund ②고을 원이 봄에 백성에게 돈을 대여하고 가을에 쌀을 환납시키어 사리(私利)를 채우던 일. 하다
입-봉하-다(一封一)(타여) ①말을 하지 아니하고 입을 다물다. ②함부로 지껄이지 못하도록 만들다.

입북(入北)(名) ①북쪽으로 들어감. go to north ②서울 사람이 함경도에 들어가는 일. 하다
입비(入費)(名) 어떠한 일에 드는 쓸쓸이. expenses
입비(立碑)(名) 비석을 세움. erection of monument 하다 「mouth
입=비뚤이(名) 입이 비뚤어진 사람. person with crooked
입=빠르-다(형르) 입이 가볍다. talkative
입사(入仕)(名) 벼슬을 한 뒤에 처음으로 그 벼슬 자리에 나아감. go to office 「ory dormit-
입사(入舍)(名) 기숙사 등에 들어감. entering
입사(入社)(名) 회사의 사원이 됨. (돈) 퇴사(退社). entering company 하다
입사(入射)(名) 〈물리〉하나의 매질(媒質) 속을 나아가는 광파(光波)가 다른 매질의 경계면에 도달하는 일. 투사(投射). 하다
입사(入絲)(名) 놋그릇·쇠그릇 등에 은사(銀絲)를 장식으로 박음. damascening 하다
입사(入嗣)(名) ①사자(嗣子)를 길러서 대를 잇게 함. ②상속인을 세움. 하다
입사=각(入射角)(名) 〈물리〉투사점(投射點)에서 투사선과 법선(法線)에 의하여 이루어진 각(角). 투사각(投射角). (돈) 반사각(反射角). angle of incidence
입사 광선(入射光線)(名) 〈물리〉반사 광선이나 굴절 광선에 대하여 경계면을 조사(照射)한 광선. 입사선. 투사 광선. incident ray
입사=점[一쩜](入射點)(名) 〈물리〉입사 광선이 제 2 매질의 경계면과 만나는 점. 투사점(投射點). incident point
입산(入山)(名) ①산에 들어감. (돈) 출산(出山). entering mountain ②〈불교〉출가하여 중이 됨. entering priesthood 하다 「prize ①상을 탐. 하다
입상(入賞)(名) 상을 타게 되는 데 뽑힘. winning
입상(立像)(名) ①서 있는 형상. standing figure ②선 모양으로 만든 형상. statue
입상(粒狀)(名) 날알 모양. granulous
입상-반(粒狀斑)(名) 망원경으로 본 태양 광구면 위에 보이는 쌀알 모양의 잔무늬. granulation
입석(立石)(名) ①도정(道程)의 표지로 세운 돌. mile stone ②(돈) 선돌. ③비석 따위를 세움. erection of stone monument 하다 「standing room
입석(立席)(名) 서서 구경하거나, 타는 자리. (돈) 좌석.
입선(入船)(名) 배가 항구에 들어옴. 또, 들어감. 입항(入港). 하다
입선(入選)(名) 출품한 물건이 심사에 합격됨. 당선(當選). (돈) 낙선(落選). passing contest 하다
입선(入禪)(名) 〈불교〉참선하러 선방(禪房)에 들어가는 일. (돈) 방선(放禪). entering meditation room
입성(袋)(名) 옷. clothes
입성(入城)(名) 성안으로 들어감. entry into castle 하다
입성(入聲)(名) 〈어학〉①사성(四聲)의 하나로 끝을 빨리 닫는 소리. ②한문 글자 음의 사성의 하나로, 짧고 빠른 소리. one of the four tones of Chineses characters 「는 일. 구복(ㅏ卜). divination
입-성수(一數)(名) 말하는 소리를 듣고 앞일을 점치
입소(入所)(名) 훈련소·연구소 등에 들어감. entering institute 하다 「murmur
입속-말(名) 혼자 중얼거리는 분명하지 않은 말.
입송(入送)(名) 안으로 넣음. 하다
입수(入手)(名) 자기 손 안에 들어옴. get hold of 하다
입수(入收)(名) 거두어 들임. gather 하다
입-숟가락(名) 막잡이로 만든 숟가락. crude spoon
입술(名) 입의 아래위에 붙은 살. 구문(口吻), 구순(口脣)
입술=가벼운소리(名) (돈) 순경음(脣輕音). 「脣. lips
입술=꽃부리(名) 〈동〉순형 화관(脣形花冠).
입술-소리(名) (돈) 순음(脣音). 순성(脣聲).
입술에 침이나 바르지(名) 염치없이 거짓말을 천연스럽게 떠들어대는 것을 욕하는 말.
입시(入侍)(名) 〈제도〉대궐에 들어가 임금을 알현(謁見)하는 일. audience 하다

입시(入試) 〖약〗→입학 시험.
입시·울圈 〖고〗입술. 「먼 ㅂ·ㅍ·ㅁ·ㅃ 따위의 소리.
입시울가벼븐소리圈 〖고〗순경음(脣輕音). 옛날 쓰이
입시울소리圈 〖고〗입술소리. 순음(脣音).
입식(立式)圈 부엌 따위에서 서서 일하도록 한 방식. ¶ ~ 부엌.
입식(立食)圈 서서 먹음. stand-up meal 하타
입식(粒食)圈 ①쌀을 먹음. eating rice ②곡식을 먹음. (대) 분식(粉食). eating cereals 하타
입신(入神)圈 기술이 아주 영묘(靈妙)한 경지에 다다름. excellent 하타
입신(立身)圈 사회에 있어서의 자기의 기반을 확립하고 출세함. success in life 하타
입신 양명[-냥-](立身揚名)圈 출세하여 이름을 세상에 드날림. rising in the world 하타
입실(入室)圈 ①방에 들어감. entering room ②〖불교〗법사로부터 승방의 허락을 받고 건당(建幢)함. ③환자가 치료를 위하여 병원에 누움. being in hospital 하타
입심圈 줄기차게 말하는 힘. fervent speech
입심(立心)圈 마음을 작정하여 세움. decision 하타
입-싸·다웡 말을 신중히 하지 않고 되는 대로 지껄이다. talk imprudently 「~ 뜨물. (약) 쌀. rice
입-쌀圈 멥쌀을 잡곡에 대하여 이름. 도미(稻米). 「
입-씨름圈 ①말로 애를 써서 하는 일. quarrel ②〖동〗말다툼. 「다. put a gold muzzle
입씨-디다재 다른 말을 못하도록 남 몰래 금품을 주
입-씻다(재 ①입을 씻다. wipe lips ②이익 같은 것을 혼자 쏙싹하거나 가로채고서 모르는 체 시치미를 떼다. wear innocent look
입-씻이圈 ①말이 누설되지 않도록 주는 돈이나 물건. hush money ②입가심. 하타
입·아귀圈 〖고〗입아귀.
입-아귀圈 입의 아래위로 벌어진 사이. between lips
입안(入眼)圈 ①불교〗성취. 성공. ②의안(義眼)을 넣음. 또, 그 의안. 하타
입안(立案)圈 ①안건을 세움. ¶ ~자(者). plan ②〖제도〗관아에서 어떠한 사실을 인증하는 서면. certificate 하타
입약(立約)圈 약속함. promise 하타 「ficate 하타
입양(入養)圈 ①양친(養親)과 양자(養子)로서의 친자(親子) 관계를 맺는 법률 행위. adoption
입어(入御)圈 〖제도〗임금이 편전(便殿)에 들어감. 하타 「고기잡이를 함.
입어(入漁)圈 남의 어장 등, 특정한 어장에 들어가
입언(立言)圈 ①후세에 모범 될 만한 말을 함. great ambition ②의견을 발표함. proposition 하타 「킴.
입에 맞는 떡족 마음에 꼭 드는 물건이나 일을 가리
입에 문 혀도 깨문다족 사람인 이상 실수는 있다.
입역(入域)圈 그 지역·수역에 들어감. (대) 출역(出域). 하타
입-열:다[−녀-]자 이야기를 꺼내다. 말하다.
입염(入殮)圈 시체를 관(棺)에 넣는 일. 곧, 대렴(大殮)을 말함.
입영(入營)圈 병정이 되기 위하여 군문(軍門)에 들어감. (대) 제대(除隊). enrollment 하타
입영(立泳)圈 선헤엄.
입영(笠纓)圈 갓끈.
입옥(入獄)圈 ①옥에 갇힘. imprisonment ②옥에 가둠. 입감(入監). (대) 출옥. 하타
입-요기(−뇨−)(-療飢)圈 간단한 요기. 하타
입욕(入浴)圈 ①목욕을 함. bathing ②목욕하러 들어감. 입탕. entering bathroom 하타
입원(入院)圈 환자가 병을 고치기 위하여 일정한 기간 동안 병원에서 침식하면서 치료함. (대) 퇴원(退院). hospitalization 하타 「'불은 곳에 들어감.
입원(入園)圈 동물원·유치원 등, '원'이라는 이름이
입은 거지는 얻어먹어도 벗은 거지는 못얻어먹는다족 사람이 옷만은 깨끗이 입어야 남에게 대우를 받을 수 있다.

입은 비뚤어져도 말은 바로 해라족 말은 언제나 바 「르게 해라.
입음圈 〖동〗피동(被動).
입음 움직씨圈 〖동〗피동사(被動詞). 「하타
입이(立異)圈 이론(異論)을 내세움. 이의(異議)를 닮.
입이(粒餌)圈 낟알로 된 모이. grain of food 「다.
입이 광주리만 해도 말 못 한다족 변명할 여지가 없
입이 서울족 먹는 것이 제일.
입자(粒子)圈 〖물리〗물질을 구성하는 극히 미세(微細)한 알갱이. particle
입자(笠子)圈 〖동〗갓.
입자-량(粒子量)圈 〖물리〗산소 원자의 질량을 16으로 했을 때의 입자의 질량.
입장(入丈)圈 장가듦.
입장(入場)圈 식장 또는 연기장 따위에 들어감. (대) 퇴장(退場). entrance 하타 「ground 하타
입장(入葬)圈 장사를 치름. 매장함. burying under-
입장(立場)圈 ①〖동〗입각지(立脚地)①. ②당면하고 있는 처지. 지보(地步). position 「admission ticket
입장-권(−−−)(入場券)圈 입장에 필요로 하는 표.
입=장단(−長短)圈 춤출 때에 입속말로 맞추는 장단. ¶ ~도 흥겨워라. beating time orally 「ssion fee
입장-료(入場料)圈 입장하기 위하여 내는 돈. admi-
입장-세(入場稅)圈 극장 따위의 입장료로부터 부과되는 세금. 간접 국세의 하나. 영화·연극·운동 경기·경마 따위의 관람을 베푸는 처소에의 입장 및 오락 따위의 설비의 이용함에 과함. admission tax
입장식(入場式)圈 운동 경기장 등에서 선수들이 정식 입장할 때에 행하는 의식.
입재(入齋)圈 ①제사 전날에 재계(齋戒)하는 일. ②〖불교〗재를 시작함.
입적(入寂)圈 〖불교〗출가 수도(出家修道)하는 사람의 죽음. 적(寂)은 열반(涅槃)의 역어(譯語). 귀적(歸寂). 입멸(入滅). 입정(入定)③. 천화(遷化). 〖유〗멸도(滅度). entering Nirvana 하타
입적(入籍)圈 호적에 넣음. (대) 제적(除籍). entry in family register 하타 「또, 그 들어간 것.
입전(入電)圈 외국 등에서 전보·전화·전신이 들어옴.
입절(立節)圈 한평생 절개를 굽히지 않음. constancy
입정圈 입버릇. 입노릇. way of saying 「하타
입정(入廷)圈 재판을 받으러 법정에 들어감. (대) 퇴정. entrance into courtroom
입정(入定)圈 〖불교〗① 수행하기 위하여 방에 들어앉음. ②선정(禪定)에 들어감. (대) 출정(出定). ③〖동〗입적(入寂).
입정(入亭)圈 ①요정, 곧 요릿집에 들어감. go into restaurant ②정자(亭子)에 들어감. go into arbor 하타 「ething all the time
입정-놀리-다재 쉴 새 없이 군음식을 먹다. eat som-
입정-미(入鼎米)圈 정하게 쓿은 쌀. 아주먹이. hulled rice
입정=사:납다[브프]①입버릇이 점잖지 못하다. foulmouthed ②음식을 덤새기 먹는 버릇이 있다. gluttonous 「(賦)의 첫째 구.
입제(入題)圈 〖제도〗과거의 시(詩)의 첫째 구나 부
입조(入朝)圈 ①벼슬아치가 조회의 느끼러 대궐에 들어가던 일. attending the morning meeting ②외국인이 조정에 참례함. foreigner's visit of the king 하타
입조(立朝)圈 벼슬에 오르는 일. promotion 하타
입조尾 겸손함을 나타내는 어간 형성 접미사. '−입='과 서술·의문의 서술형 조사 '지', 감동의 조사 '요'가 합쳐 줄어진 말로, 받침있는 제언에 붙어, '합쇼' 자리에서, 서술·의문을 나타내는 종결형 서술어 조사.
입주(入住)圈 개간·수복한 땅 또는 지은 집 등에 들어가서 삶. take possession of (house) 하타
입주(立柱)圈 집을 세울 때 기둥을 세움. setting up 「pillar 하타
입주-리-다(자) 읊조리다.
입주 상:량(立柱上樑)圈 기둥을 세우고 마룻대를 올림. 하타
입즉(立卽)튀 곧. 즉시. 입각(立刻). instantly

입증(立證)〖명〗①증거 또는 증인을 세우는 일.〈유〉거증. proof ②입회한 증인. 하타 [명.
입지(立旨)〖명〗〈제도〉원서 끝에 부기하던 관부의 증
입지(立地)〖명〗①어느 곳에 자리잡음. location ②공업·농업의 생산 경영에 작용하는 지세·지질 따위의
입지(立志)〖명〗뜻을 세움. 하타 [자연적 조건.
입지(立地)〖적〗(立地的)〖관·명〗위치·환경에 관계되는(것).¶ ~ 조건이 매우 유리하다.
입지적 조건[─쩐](立地的條件)〖명〗〈동〉입지 조건.
입지전(立志傳)〖명〗뜻을 세워서 고난을 잘 참고, 노력 정진하여 목적을 이룬 사람의 전기. biography of a self-made man
입지 조건(立地條件)〖명〗구비(具備) 조건으로서의 입지의 비중(比重). 입지적 조건.
입직(入直)〖명〗번(番)드는 일. 숙직하는 일. 입번(入番). being on night duty 하타 [하타
입진(入津)〖명〗배가 나루에 들어옴. entry into ferry
입진(入診)〖명〗집을 진찰하러 들어감. 하타
입·질〖명〗낚시질할 때, 고기가 낚싯밥을 건드리는 일.
입=지(─)〖명〗입을 움직이는 짓. motion of mouth 하타
입찬-다[─짠따]〖자〗음식을 적게 먹거나 또는 가려 먹는 버릇이 있다. have a little appetite
입차-다〖자〗말로 자랑하다. 장담하다. boast
입찬-말〖명〗〈동〉입찬소리.
입찬-소리〖명〗자기의 지위나 능력을 믿고 자랑하는 장담. 호언말. boast
입찰(入札)〖명〗〈경제〉일의 도급이나 물건의 매매에 있어서 희망자에게 예정 가격을 써내어 경쟁하게 하는 계약 체결 방법의 하나.¶〜액(額).〜일(日). tender 하타
입찰 공고(入札公告)〖명〗입찰자를 모집할 목적으로 입찰일·입찰 시행 장소 등의 내용을 신문 지상 등에 발표하는 공고. [함. attendance 하타
입참(入參)〖명〗〈제도〉궁중의 경축이나 제례에 참렬
입창(入倉)〖명〗①물건이나 곡식을 창고에 넣음. warehousing ②〈군사〉영창(營倉)에 들어감. 하타
입창(立唱)〖명〗선소리. (代)좌창(坐唱). sing standing
입=천장(─天障)〖명〗〈생리〉구강(口腔)의 윗벽. 구개(口蓋). 이붕. palate
입천장소리[─쏘─](─天障─)〖명〗구개음(口蓋音).
입천장소리-되기[─쏘─](─天障─)〖명〗구개음화.
입철(入徹)〖명〗〈동〉등철(登徹). [(口蓋音化).
입첨(笠簷)〖명〗갓양태.
입체(立體)〖명〗〈수학〉물체의 위치·형상·크기만으로써 얻어지는 개념(槪念). 곧, 일정한 위치·넓이·두께의 삼차원(三次元)으로 된 공간의 한정된 부분. (代)평면(平面). solid body
입체-각(立體角)〖명〗〈수학〉한 점을 통과하는 셋 이상의 면이 이루는 각. 우각(隅角)②. (代)평면각(平面角). solid angle
입체-감(立體感)〖명〗넓이·길이·두께를 가지고 있는 입체 물건의 느낌. 입체로 보는 것과 같은 느낌.
입체-경(立體鏡)〖명〗〈동〉실체경(實體鏡).
입체 교차(立體交叉)〖명〗교통의 원활과 안전을 도모하여, 교차하는 두 도로의 한쪽을 육교 또는 지하도로 하는 방식.
입체 기하학(立體幾何學)〖명〗〈수학〉공간에 있는 도형(圖形)에 관하여 연구하는 학문. 공간 기하학. solid geometry
입체 낭=독(立體朗讀)〖명〗소설 등을 낭독할 때에, 대화 장면 같은 데서 여자의 말은 여자가 읽고, 남자의 말은 남자가 읽고, 또한 효과나 음악 같은 것도 넣어 청취자에게 실감을 느끼게 하는 낭독. stereophonic reading
입체 농업(立體農業)〖명〗〈농업〉종래의 농경(農耕)에 양축(養畜)·농산물 가공 등을 결합한 입체화한 농업. intensive farming
입체-도(立體圖)〖명〗평면에 포함되지 않은 삼차원적(三次元的) 그림. 수직 투영도.

입체 도형(立體圖形)〖명〗〈수학〉한 평면 위에 있지 않고 공간적인 넓이를 가지는 도형. 공간 도형. (약)입체형. solid figure [formed美] 따위. solid beauty
입체=미(立體美)〖명〗입체의 형상에 나타나는 미. 조각미
입체 방송(立體放送)〖명〗하나의 프로그램을 주파수가 다른 둘 이상의 방송 회로(回路)에 의하여 하는 방송. stereophonic sound
입체 사진(立體寫眞)〖명〗①같은 물건을 촬영한, 시차(視差)를 달리하는 두 장의 사진을 실경계로 들여다볼 때 입체적으로 보이는 사진. anaglyph ②실루엣법의 촬영법을 응용하여 기계적으로 만든 동상.
입체 영화(立體映畫)〖명〗화면이 입체감을 갖는 영화. three-dimension film
입체 음향(立體音響)〖명〗음향의 방향이나 거리에 대한 감각을 실제처럼 느끼게 하는 음향. stereophony
입체-적(立體的)〖명〗표면뿐만 아니라, 깊이·두께를 가지고 있어 입체감을 주는(것). (代)평면적. cubic [전쟁. three-dimensional warfare
입체-전(立體戰)〖명〗육·해·공군의 합동 작전에 의한
입체-주의(立體主義)〖명〗〈동〉입체파(立體派).
입체-파(立體派)〖명〗대상에 대하여 이지적·객관적인 직접성에 철저하려는 미술 운동의 일파. 입체주의. cubism
입체-형(立體形)〖명〗(약)→입체 도형(立體圖形).
입체 화=법[─뻡](立體畫法)〖명〗〈수학〉여러 가지 입체 도형의 형상(形狀)을 평면 위에 옮김으로써 정밀(精密)하게 이것을 나타내려는 기법(技法). stereography
입초(入超)〖명〗(약)→수입 초과(輸入超過). [eography
입초(立哨)〖명〗보초(步哨)를 섬. 또, 그 사람. (代)동초(動哨). watch post
입추(立秋)〖명〗이십사 절기의 하나. 양력 8월 7일경. 가을이 시작됨을 이름. first day of autumn
입추(立錐)〖명〗송곳을 세운다는 뜻으로, 사람이 많이 모여서 빽빽한 상태를 비유함.¶〜의 여지가 없다. be closely packed 하타 [음을 가리키는 말.
입추지-지(立錐之地)〖명〗사람이 많이 모여 빈틈이 없
입춘(立春)〖명〗이십사 절기의 하나. 양력 2월 3·4일경. 봄이 시작됨을 이르는 말. first day of spring
입춘 대=길(立春大吉)〖명〗입춘을 맞이하여 길운을 기원하는 글. [는 글. 춘방(春榜).
입춘-서(立春書)〖명〗입춘에 벽이나 문짝 등에 써 붙이
입-출(入出)〖명〗수입과 지출. revenue and expenditure
입-출금(入出金)〖명〗들어오는 돈과 나가는 돈. receipts and payments [춤.
입-춤〖명〗보통 옷을 입고 둘이 마주 서서 추는 기생의
입치(入齒)〖명〗〈동〉의치(義齒). 하타
입탕(入湯)〖명〗입욕(入浴). 하타
입-태자(立太子)〖명〗공식으로 황태자를 정함. proclaiming the Heir Apparent to the Throne 하타
입평(立坪)〖명〗흙·모래 따위의 용적을 헤아리는 단위. 곧, 여섯 자 입방체의 체적.
입표(立標)〖명〗①나무·돌 따위로 표를 함. ②항로 표지의 하나. 암초·여울 등에 세우는 경계 표지. beacon 하타
입품(入品)〖명〗들어온 물건. arrival of goods 하타
입품(立稟)〖명〗임금에게 아룀. informing to the Emperor 하타 [of goods 하타
입하(入荷)〖명〗물건이 들어옴. (代)출하(出荷). receipt
입하(立夏)〖명〗이십사 절기의 하나. 양력 5월 5·6일경. 여름이 시작됨을 이르는 말. first day of summer
입학(入學)〖명〗학교에 들어감. 입교(入校)①. (代)퇴학(退學). 졸업(卒業). entrance into school 하타
입학-금(入學金)〖명〗입학 때에 내는 돈. entrance fee
입학-난(入學難)〖명〗지원자가 많아서 희망하는 학교에 들어가기가 어려운 현상. difficulty of entering school
입학 시=험(入學試驗)〖명〗입학하기 위하여 치르는 시험. 학과 시험·인물 고사·지능고사·내신서(內申書)

입학식 등이 그 내용이 됨. 《약》입시(入試). entrance examination 　　　　　　　　　　　　「식(入學式).
입학-식(入學式)圏 입학 때에 하는 의식(儀式). 입교
입항(入港)圏 배가 항구에 들어옴. 입선(入船). 《대》 출항(出港). entry into port 하라
입해(入海)圏《동》내해(內海).
입향 순속(入鄕循俗)圏 다른 고장에 들어가서는 그 고장의 풍속을 따름. 하라
입헌(立憲) 헌법을 제정함. constitutionalism 하라
입헌-국(立憲國)圏 입헌 정체의 나라. constitutional country
입헌 군주 정체(立憲君主政體)圏 의회 정치를 인정하는 군주제. 군주 이외에 일반 국민의 선거에 의한 의회가 있어서 그 의결이 없이는 군주의 전단에 의한 헌법의 개정·법률의 제정 기타 중요한 정무를 수행할 수 없는. constitutional monarchy
입헌 정체(立憲政體)圏 헌법을 제정하여 입법·행정·사법의 삼권을 각각 독립시켜 나라를 다스리는 정체. 《대》전제 정체(專制政體). constitutional polity
입헌 정치(立憲政治)圏 입헌 정체의 정치. 《약》헌정 (憲政). constitutional government
입헌-주의(立憲主義)圏 입헌 정체의 가치를 긍정하며 이것의 성장·실현을 꾀하는 주의. constitutionalism
입화-면(立畫面)圏〈수학〉정(正) 투영의 직교(直交)하는 두 화면 중에서 연직(鉛直)의 화면. 직립면(直立面). 《대》평화면. 축화면.
입회(入會) 어떠한 회에 가서 회원이 됨. 《대》탈회(脫會). admission 하라
입회(立會)圏 ①현장에 가서 검증함. witnessing ②현장에 가서 지켜봄. attendance ③거간이 중간에 드는 일. brokerage 하라
입후(入后) 왕후를 들임. 하라
입후(入後)圏《동》입양(立養).
입후(立后)圏 황후를 책봉하는 일. 하라
입후(立後) 양자를 들임. 또는 양자로 들어감. 입후(立后). adoption 하라
입-후보(立候補)圏 후보자로 나섬. candidacy 하라
입히-다囲 겉에 바르다. coat
입히-다囲 ①입게 하다. put on ②당하게 하다. inflict
입=힘圏→입심.

잇圏 이의 생긴 모양. row of teeth
잇:=속(利一)圏 이익이 있는 실속. profit
잇:=솔圏→칫솔.
잇:=씨圏《동》접속사(接續詞).
잇=자국圏 이로 물린 자국. tooth-mark
잇:=줄(利一)圏 이익을 얻는 경로. source of profits
잇:=집圏 이가 뿌리박고 있는 구멍. socket of tooth
잇짚圏 메벼의 짚. straw
있-다圏 '머무름을 계속하다'의 뜻. ①0재(滯在). ¶가지 말고 있어라. stay ②거주. ¶그는 서울에 ~. live ③생존. ¶이곳에 있는 동안. exist ④서식(棲息). ¶범은 굴안에 ~. inhabit ⑤경험. ¶가본 일이 ~. experience ⑥소유. ¶아들이 둘 ~. have ⑦개최. ¶회의가 ~. be held ⑧포함. ¶이 책은 재미. be contained ⑨수량. ¶2천 명이 ~. number ⑩부속. 시설. ¶우리 학교에는 기숙사 설비를 갖추고. have ⑪발생. ¶사고가 있었던 곳. happen ⑫사실. ¶있을 수 ~. be ⑬수입. ¶백화점에 가면 ~. find ⑭재산. ¶있는 집 아들. be wealthy
있-다囲 유형(有形)·무형하게 '자리를 차지하다'의 뜻. ①존재(存在). ¶방에 있는 모든 물건. be ②소재(所在). 위치(位置). ¶산 위에 있는 집. be situated ③점거(占據). ¶책상이 있는 방. 《대》없다. stand
있다圏《가》있다.
있다가囲 조금 뒤. 《약》있다³. later on
잉囲 ①날벌레 따위가 나는 소리. ②물건이 공중을 뚫고 잽싸게 날 때 나는 소리. ③거센 바람의 쇠붙이 등에 부딪치어 세차게 불 때 나는 소리.
잉걸圏《약》→불잉걸. 「니탄 灣澤. live firewood
잉걸-불圏 ①활짝 핀 숯. live charcoal ②다 타지 아
잉글리시(English)圏 ①영어(英語). ②《인쇄》영문 활자의 크기. 14포인트급. ③《체육》농구에서, 공을 선회(旋回)시켜 던지는 일. ④당구에서, 큐볼의 옆을 치는 일.
잉글리시 호른(English horn)圏《음악》목관 악기의 하나. 알토 음을 가져서 알토 오보에라고도 함.
잉꼬(いんこ)圏《조류》앵무새과의 새. 몸 길이 20cm 가량이고 머리는 황색, 허리·가슴·배는 녹색, 꽁지깃은 남색, 그 외는 황색임. 농조(籠鳥)로 사
잉:모(孕母)圏《동》잉부(孕婦). 　　　　　「육함. macaw
잉무-새圏《조류》→앵무새.
잉:부(孕婦)圏 아이 밴 부녀. 잉모. 태모. 임부. 《동》잉녀(孕女)·곤손(昆孫)의 아들. 칠대손. 이손(耳孫)
임:수(一數)(剩數)圏 남은 수. remainder
잉아圏 베틀의 날실을 끌어올리기 위해 맨 실. 종사.
잉양-대(孕養一)圏 뒤로 논섶을 따서 아래로 잉아를 걸은.
잉:액(剩額)圏 남은 액수. remainder 　　「게 한 나무.
잉어(一魚)圏《어류》잉어과의 민물고기. 몸은 붕어와 비슷한데 크고 힘이 셈. 몸 빛은 대개 주홍빛이 쉬인 갈색이고 배 쪽은 옅으며 입가에 두 쌍의 수염이 있음. 이어(鯉魚). carp
잉어국 먹고 용트림한다囲 작은 일을 큰 일인 체하고 남에게 거짓 태도를 보이거나 행동을 하다.
잉어-그림(一圖)圏「만든 잉어 형상의 등.
잉-어등(一魚燈)圏 4월 8일에 등대에 거는 종이로
잉:여(剩餘)圏 쓰고 난 나머지. →농산물. surplus
잉:여 가치(剩餘價値)圏《경제》생산물의 가치와 그 생산에 사용된 노동력의 가치와의 차. surplus value
잉:여-금(剩餘金)圏 기업체의 순자산액(純資産額)을 초과하는 금액. surplus
잉:여-법(一一剰)(剩餘法)圏《논리》J. S. 밀의 귀납적 방법의 하나. 잔여법. method of residues
잉용(仍用)圏 이전 것을 그대로 씀. 하라 　　　　「하라
잉:임圏 어린애가 연달아 우는 소리. ¶~ 운다. mewl
잉잉圏 가느다란 철사줄이나 전선줄 같은 것에 세찬 바람이 부딪칠 때 나는 소리. 하라
잉잉-거리-다囲 연하여 잉잉 울다.
잉:-잉거리-다囲 연하여 잉잉 소리를 내다.

잉:조[一조](剩條)명 소용되고 남은 부분. remainder
잉:존(仍存)명 전의 물건을 그대로 둠. retaining as before 하타
잉크(ink)명 글씨 또는 인쇄에 쓰는 유색 액체.
잉크-병(ink 甁)명 잉크를 넣어 두는 병. ink bottle
잉크-스탠드(inkstand)명 잉크를 담아 책상 위에 놓고 쓰게 된 잉크 담는 그릇.
임:태(孕胎)명 임신(妊娠·姙娠). 하타
잊-다타 ①기억하지 못하게 되다. forget ②알아내지 못하다. dismiss from one's mind ③생각하지 아니하다. disregard ④놓고 오다. leave thing behind ⑤마음에 오래 두지 않고 저버리다.
잊-다자태 (고) 이지러지다.
잊어-버리-다타 모두 잊다. 아주 잊다. forget
잊히-다자 ①잊게 되다. be forgotten ②생각이 나지 아니하다. disremember ③알았던 사실을 모르게 되다. pass out of mind
잎명 〈식물〉①식물의 영양 기관의 하나. 광합성을 하여 식물이 살아가는데 필요한 양분을 합성하고 호흡 작용과 탄소 동화 작용을 함. leaf ②(약)→잎
잎의명 명주실 한 바람을 이름. [사귀.
잎명 (고) 어귀. 문호(門戶). 출입구(出入口). 지겟
잎-가명 〈식물〉잎의 가장자리. [문.
잎=겨드랑이명 〈식물〉잎이 식물의 가지나 줄기에 붙은 자리. 엽액(葉腋). 「(葉柄). 잎자루. petiole
잎-꼭지명 〈식물〉엽편(葉片)을 지탱하는 꼭지. 엽병
잎-나무명 잎이 붙은 땔나무. brushwood
잎-노랑이명 〈식물〉잎 속에 잎파랑이와 함께 들어 있는 노란 색소. 꽃·열매·뿌리 등에도 있음.엽황소 (葉黃素). xanthophyll
잎-눈명 〈식물〉식물의 눈의 한 종류. 작고 길쭉하여 장차 싹이 터서 잎과 줄기가 되는 눈. 엽아(葉芽).
잎-·다-다타 (고) →잎다. leaftabacco
잎-담:배명 썰지 않은 잎사귀 담배. 엽련초, 엽초.
잎=덩굴손명 〈식물〉잎이 변해서 생긴 덩굴손. 엽권수(葉卷鬚).
잎마름-병[-뼝](一病)명 〈농업〉벼에 생기는 병의 하나. 잎에 황백색의 아롱무늬가 생기거나 잎의 군데군데에 부정형(不定形) 황백색의 아롱무늬가 줄지어 생긴 후, 그 부분이 어두운 갈색으로 변하며 응털돋기처럼 됨. 엽고병(葉枯病).
잎-맥(一脈)명 잎살 안에 분포되어 있는 관다발의 부분. 나란히맥·그물맥이 있음. 엽맥.
잎-바늘명 〈동〉엽침(葉針).
잎-사귀명 낱낱의 잎. 이파리. 《약》잎1②. leaf
잎사귀-머리명 소의 처녑에 붙은 고기.
잎=살명 〈동〉엽육(葉肉).
잎새명 〈식물〉①잎의 주가 되는 부분. 잎몸. 엽신(葉身). 엽편(片葉). blue ②잎사귀. leaves
잎-샘명 봄에 잎이 나올 무렵의 추위. cold weather of the leafing season 하타
잎-성냥명 성냥의 하나. 넓이 2cm, 길이 25cm 가량의 얇은 소나무 개비의 한 끝을 삼각형으로 만들어 그 끝에 유황을 바름. loose matches
잎-숟가락명 얇고 거칠게 만든 숟갈.
잎잎-이[一닙—](一)튀 잎마다. every leaf
잎-자루명 〈동〉엽병(葉柄). 잎꼭지.
잎-줄기명 〈식물〉①잎의 줄기. 엽축(葉軸). ②모양이 잎처럼 생기고, 잎파랑이를 가지고 있어서, 동화 작용(同化作用)을 하게 된 줄기. 선인장 따위에서 볼 수 있음. 엽상경(葉狀莖). ③잎과 줄기.
잎=집병명 〈식물〉줄기의 각 마디에 생겨 줄기를 싸고 있는 부분. 잎새를 붙여 줌.
잎-차례(一次例)명 줄기에 잎이 배열되어 있는 모양. 어긋나기·풀녀나기·뭉쳐나기 등의 구별이 있음. 엽서(葉序). 엽례(葉例).
잎-파랑이명 〈식물〉녹색 식물의 세포 속에 포함되어 있는 엽록체 안의 색소(色素). 청록·황록의 두 빛깔이 있음. 엽록소(葉綠素). chlorophyll
잎-파랑치명 〈식물〉식물체 중, 잎 그 밖의 녹색 조직 세포 안에 있는 색소체의 하나. 녹색의 색소체, 등홍색(橙紅色)의 카로틴 빛 황색의 엽록소를 함유함. 엽록체(葉綠體). 엽록립(葉綠粒).
ㅇㅇ(쌍이응)(고) 초성의 배가(倍加)와 같이 발음을 세게 하라는 경음격(硬音的)의 역할의 표기법. 목 안을 열어 내는 'ㅇ'의 첫소리임.

經世訓民正音圖說字  訓民正音字

ㅈ[지읒]〈어학〉①한글 자모의 아홉째 자. the 9th letter of the Korean alphabet ②자음의 하나. 혓바닥을 입천장에 붙였다가 터뜨릴 때에 나는 무성음 중 파열음. 받침으로 그칠 때는 입천장에 붙이기만 함.

자〔명〕길이나 높이를 재는 제구. 〔의미〕길이의 단위. '치'의 열 곱절. 척(尺). Korean foot

자〔조〕받침 없는 모음으로 끝나는 체언에 붙어, 그 자격과 동격의 다른 자격을 나타낼 때 쓰이는 연결형 서술격 조사. ¶제비는 새~동물이다. →이요.

자〔감〕①행동을 재촉할 때에 내는 소리. ¶~, 읽어 보십시다. ②고함으로 지르는 소리. ③말하기 전에 남의 주의를 일으킬 때에 내는 소리.

=자〔미〕①동사의 어간에 붙어 제 스스로의 생각을 나타내거나, 또는 서로 같이 행동을 청하는 뜻의 종결 어미. ¶공부하~. 밥을 먹~. let us ②동사의 어간에 붙어 하고자 하는 뜻을 나타내는 연결 어미. ¶~ 하니 비가 오고, 묵~ 하니 집이 좁다. ③동사의 어간에 붙어 동작이 막 끝남을 나타내는 연결 어미. ¶까마귀 날~ 배 떨어진다.

자(子)〔명〕①십이지(十二支)의 첫째. 쥐. first of twelve horary signs ②〔약〕→자방(子方). ③〔약〕→자작(子爵). ④아들. ⑤〔약〕→자시(子時). ⑥민법에서, 적출자·서자·양자 등의 총칭. ⑦〔공〕공자(孔子).

자(字)〔명〕①사람의 본이름 외에 부르는 이름. pseudonym ②글자. 〔의미〕'글자'의 뜻으로 그 수효를 나타내는 말. ¶200~원고지.

자(刺)〈생물〉지느러미에 있는 뼈의 하나. 마디가 없고 곧곧으며 끝이 갈라졌음. 기조(鰭條).

자(煉)〔명〕가시.

자(紫)〔약〕자주색(紫色). ¶진 ~.

자〔명〕어떤 사람을 가리켜 얕잡아 부르는 말. ¶얼빠진 ~.

자(秭)〈수학〉십진급수(十進級數)의 단위의 하나. ①양(壤)의 아래, ②해(垓)의 곱절.

자(自)〔명〕'부터'의 뜻을 나타내는 한자(漢字) 말. ¶~서울, 지(至)부산. 〔대〕지~(至). from

=자(子)〔미〕①아주 작은 것을 나타내는 말. ¶미립~. ②신문·잡지 등의 어느 난을 맡은 기자가 자칭할 때 쓰는 말. ¶편집~. ③성인(聖人)의 도(道)를 전도하는 사람이나 일가의 학설을 세운 사람의 존칭. ¶맹(孟)~.

=자(者)〔접미〕①어떤 방면의 일이나 기계에 능숙하여 무엇을 전문적으로 하는 또는 무엇을 하는 사람임을 뜻하는 말. ¶과학~. 문학~. ②것. 일. 물건. 전(前)~.

자가(自家)〔명〕①자기 집. 자택(自宅). 〔대〕타가(他家). one's house ②〔동〕자기(自己)①.

자가 감염(自家感染)〔명〕자기 몸에 자기 스스로 병을 옮기는 일.

자가 결실(自家結實)〔명〕〈식물〉동일한 꽃·동일 화서(花序)·동일 그루 사이에서 수분(受粉)하여 열매를 맺는 일. autofruition 〔하다〕

자가 광:고(自家廣告)〔명〕〔동〕자가 선전(自家宣傳).

자가 규정(自家規定)〔명〕다른 데의 의견을 듣지 자기의 자유 의사에 따라 정하는 규정. 자가 규정.

자가 당착(自家撞着)〔명〕같은 사람의 문장·언행이 앞뒤가 모순됨. 자기 모순. 모순 당착. self-contradiction

=자가류(自家類)〔명〕〔동〕자기류(自己類)①.

자가 발전(自家發電)〔명〕개인이 소규모의 발전 시설을 가지고 전기를 자급(自給)함. electricity generated at one's own house 〔하다〕

자가 보:존(自家保存)〔명〕〔동〕자기 보존(自己保存).

자가 보:험(自家保險)〔명〕〈경제〉보험법의 하나. 다수의 보험 목적물을 가진 이가 불시의 손해 발생에 대비하여 보험 가입에 대등한 보험료를 스스로가 적립하는 일. self-insurance

자가 본위(自家本位)〔명〕〔동〕자기 본위(自己本位).

자가사리〔어류〕동자개과의 민물고기. 몸 길이 5~13 cm 로 등은 짙은 격갈색이고 배는 누르메 네 쌍의 수염이 있으며 입이 아래를 향하고 있음. 맑은 개울의 돌 밑에 사는데 맛이 좋음. 탁어. 황협어. 황상어. 황알. 앙알. common catfish

자가사리가 용을 건드린다〔속〕약한 체험을 생각지 않고 함부로 남을 건드린다.

자가 선전(自家宣傳)〔명〕제 스스로 자기 장점을 선전하는 일. 자가 광고. self-publicity 〔하다〕 〔자기가 소비함. self-consumption 〔하다〕

자가 소비(自家消費)〔명〕자기가 생산한 물자(物資)를

자가 수분(自家受粉)〔명〕〈식물〉양성화(兩性花)에서는 같은 꽃 안의 화분(花粉)으로, 단성화(單性花)에서는 동일 개체의 수꽃의 화분으로 수분하는 일. 제 꽃가루받이. 자화 수분. 〔동〕

자가 수정(自家受精)〔명〕〈생물〉①자웅 동체의 동물에서, 동일 개체내에 생긴 정자와 난자 사이에서 일어나는 수정. ②종자 식물에서 자가 수분의 결과 행해지는 수정. 자화 수정. 〔하다〕

자가-용(自家用)〔명〕①영리 목적이 아니고 자기 집 필요에 전용하는 것. (대) 영업용(營業用). 〔약〕가용(家用). ②〔약〕→자가용차.

자가용차(自家用車)〔명〕자가용으로 전용하는 자동차.

자가 임성(一웅)(自家稔性)〔명〕〈식물〉타가 수분(他家受粉) 식물에서, 어떤 개체에 한하여 자기 화분으로 결실(結實)하는 성질.

자가 전염(自家傳染)〔명〕〈의학〉건강체 속에 잠복한 병균의 발병 소인(發病素因)이 생성하여 몸내부에서의 감염 일으로 스스로 발병시키는 일. autoinfection

자가 제:품(自家製品)〔명〕자기 집에서 만든 물건. 자기 공장에서 생산한 상품. homemade

자가 중독(自家中毒)〔명〕〈의학〉제 몸 속에서 생기는 유독한 대사물로 일어나는 중독 증상. 자기 중독 증. autointoxication

자가품(自家-)〔명〕손목·발목·손아귀 등의 이음매가 과로로 말미암아 마비되어 시고 아픈 병증.

자각(自覺)〔명〕①스스로가 자기를 깨달음. 곧, 상태·지위·가치 따위. ②〔심리〕자기의 경험에 관한 반성에 따른 자가 인식(自家認識). ③〔불교〕삼각(三覺)의 하나. 스스로 미망(迷妄)을 끊고 정법을 깨닫는 일. 〔대〕각타(覺他). ④〔윤리〕자기의 품위·가치를 의식함. ⑤〔철학〕자아 의식의 하나. 이전 경험이나 경험을 자아의 활동 또는 상태라고 내성(內性)판단하는 의식 상태. consciousness 〔하다〕

자각(磁殼)〔명〕〔동〕자기 이중핵(磁氣二重殼).

자각-심(自覺心)〔명〕자기 자신을 의식하는 마음. 자인(自認)하는 마음.

자각-적(自覺的)〔명〕자각하는(것).

자각 증:상(自覺症狀)〔명〕〈의학〉환자 스스로가 느낄 수 있는 병상. subjective symptom

자간(子癇)〔한의〕몸 속에 생긴 독소의 중화·배설이 잘 안 되어 두통(頭痛)·현운(眩暈)·이명(耳鳴)·호흡 곤란(痙攣) 따위를 일으키는 태중(胎中)에 생기는 급한 병. 아운(兒暈). eclampsia

자갈〔명〕①자질구레하게 생긴 돌멩이. 사력(沙礫). 사

자갈길(―길) 자갈을 깐 길. 「地」. gravelly field
자갈밭囘 자갈이 많이 깔려 있는 밭. 사력지(沙礫地)
자:갈색(―色)(紫褐色·赭褐色)囘 검고 누른 바탕에 조금 붉은 빛을 띤 빛깔. purple brown
자강(自強·自疆)囘 스스로 힘써서 마음을 가다듬음. strenuous efforts 하타 「어 쉬지 아니함. 하타
자강 불식(―息)(自強不息)囘 스스로 힘쓰고 가만 있
자강-술(自強術)囘 자기 몸을 강건(強健)하게 하기 위한 방술(方術). art of health-building
자개囘 꾸밈새로 널리 쓰이는 금조개의 썰어 낸 조각. 패각(貝殼). mother-of-pearl
자개 그릇囘 자개를 박아서 만든 나무 그릇.
자개 단추囘 자개로 만든 단추. 「곳. arm pit
자개미〈생리〉겨드랑이 또는 오금 양쪽의 오목한
자개 소반(―小盤)囘 겉을 자개로 아름답게 꾸미어 만든 소반.
자개 일꾼囘 자개로 여러 모양의 물품을 만드는 것을 업으로 삼는 사람. shell worker
자개 자락(自開自落)囘 꽃이나 열매 따위가 인공(人工)에 의하지 않고 스스로 열매 맺고 혹은 떨어짐. 하타 「만든 장농.
자개 장농(―欌籠)囘 겉을 자개로 아름답게 꾸미어
자개-함(―函)囘 거죽에 자개를 박아 장식한 함. case in laid with mother of pearl
자:객(刺客)囘 사람을 몰래 질러 죽이는 사람. 암살하는 사람. assassin 「있고 모진 사람.
자:객 간인(刺客奸人)囘 마음이 몹시 독기(毒氣)가
자갯-돌囘 자개같이 고운 돌. pebbles
자가(←自家)囘 '자기'보다 좀 공손히 일컫는 말.
주가(疇) 囘 자기(自己).
자겁(自怯)囘 스스로 겁을 냄. 하타
자:-게(紫―)〈동물〉자게과의 게. 갑(甲)의 길이 4 cm, 폭 5 cm 가량. 두흉갑은 다소 능형(菱形)이며 집게발이 세고 큼. 바다 속 모래·펄에 서식함.
자격(字格)囘 글자의 법칙. 한자(漢字)의 법칙.
자:격(資格)囘 ① 일정한 신분이나 지위. capacity ② 일정한 신분이나 지위를 가지는 데 필요한 조건 또는 능력. 인격(人格)①. qualification
자격-루(自擊漏)囘 물시계의 하나. 조선조 세종(世宗) 20년경에 만든 것으로 물이 흐르는 것을 이용하여 스스로 시간을 쳐서 알림. water-clock
자:격 시:험(資格試驗)囘 자격의 유무를 알아보거나, 자격을 부여하기 위하여 치르는 시험.
자:격 심사(資格審査)囘 자격의 적부(適否)를 검토하고 조사하는 일.
자:격 임:용(資格任用)囘 임용자가 어떤 규정이나 자격을 심사하고서야 임용하는 일.
자:격-자(資格者)囘 일정한 자격을 가진 사람.
자:격-주(資格株)囘〈법률〉이사(理事)의 자격으로 소유하는 주. 이사가 될 자격으로서 가져야 할 주식.
자:격-증(資格證)囘 어떠한 임무를 맡거나 일에 당할 수 있는 자격을 인정하여 주는 증서.
자격지심(自激之心)囘 제가 한 일에 대하여 자기 스스로 미흡하게 여기는 마음. self-reproach
자견(雌犬)囘 암캐. 「일. 고쳐 삶기. 하타
자견(煮繭)囘 실을 켜기 위하여 고치를 찌거나 삶는
자견마(自牽馬)囘〈원〉→자경마.
자결(自決)囘 ① 스스로 목숨을 끊음. 자재(自裁). 자처(自處)①. suicide ② 자기의 일을 스스로 해결함. ¶민족 ~. self determination 하타
자결=권(―權)(自決權)囘 자기 문제를 스스로 해결하고 결정할 수 있는 권리. ¶민족 ~.
자결=주의(――)(自決主義)囘 남의 힘을 빌리지 않고 자기 일을 스스로 해결해 나가는 주의. ¶민족 ~. self-determination
자겸(自謙)囘 스스로 자기를 겸양함. self-modesty 하

자경(自到)《동》자문(自刎). 하타
자경(自敬)囘 스스로 인격성의 절대적 가치와 존엄을 인식하는 일. 자존(自尊).
자경(自警)囘 스스로 자기의 마음이나 행동을 경계하여 주의함. self-caution 하타
자경-단(自警團)囘 한 동네나 또는 어떠한 구역 안에서 도둑·화재 따위의 비상시 재난을 스스로 경계하느라고 조직한 단체. vigilance corps 「마.
자:경-마囘(←自牽馬)말 탄 사람이 스스로 잡은 경
자경마-를-타다(←自牽馬―)囨 자경마를 타다. riding horse for oneself
자계(自戒)囘 스스로 경계함. self admonition 하타
자계(磁界)囘〈물리〉자력(磁力)이 작용하고 있는 범위. 자장(磁場). magnetic field
자고(自顧)囘 스스로를 돌아봄. self-reflection 하타
자고(慈姑)《동》쇠귀나물.
자고(鷓鴣)〈조류〉평과에 속하는 새. 메추리와 비슷하며 날개 길이 17 cm, 산과 들에 서식하며 맛이 좋은 엽조(獵鳥)임.
자고 급금(自古及今―)囝 예로부터 지금에 이르기까지. ¶~ 그런 법은 없었다.
자고-로(自古―)囝(약)→자고 이래(自古以來)로.
자고-송(自枯松)囘 저절로 말라 죽은 소나무.
자고 이:래(自古以來)囝 '자고 이래(自古以來)로'의 뜻.
자고 이:래로(自古以來―)囝 예로부터 내려오면서. 《약》 자고로. 자래로. ever since 하타
자고 자대(自高自大)囘 스스로 잘난 체하며 교만함.
자-고저(字高低)囘 한자음(漢字音)의 높고 낮음.
자곡(自曲)囘 결점이 있는 사람이 스스로 고깝게 여김. self-depreciation 하타
자곡지:심(自曲之心)囘 허물 있는 사람이 스스로 고깝게 여기는 마음. self-reproach
자공(自供)囘 스스로 공술(供述)함. 하타
자과(自科)囘 자기 스스로가 저지른 죄과(罪科).
자과(自過)囘 자기의 잘못. 스스로가 저지른 과실.
자과(自誇)囘 자기가 스스로 자랑함. self 하타
자과 부지(自過不知)囘 제 허물은 제가 모름.
자과-심(自誇心)囘 자기가 한 일을 과시하고 자랑하는 마음.
자괴(自愧)囘 스스로 부끄러워함. 하타 「마음.
자괴(自壞)囘 외력(外力)에 의하지 아니하고 내부에서 저절로 무너짐. self-demolish 하타
자괴(疵瑕)囘 자국. 「sense of shame
자괴지:심(自愧之心)囘 스스로 부끄러워하는 마음.
자괴지:심(自愧之心)囘 'king for oneself 하타
자구(字句)囘 글자와 어구.
자구(自求)囘 남에게 미루지 않고 스스로 구함. seeking
자구(自灸)《동》미나리아재비.
자구(自救)囘 스스로 구(救)함. 하타
자구(磁區)囘 강자성체(強磁性體) 내부에서 자석처럼 일정한 방향의 강도(強度)의 자기(磁氣)를 가지고 있는 작은 영역(領域). 「말라.
자:-구(藉口)囘 구실을 지어 핑계함. ¶~만 일삼지
자구-권(―權)(自救權)囘 자력 구제(自力救濟)를 할 수 있는 법률상의 권리·자격.
자:구지-단(藉口之端)囘 핑계삼을 만한 거리.
자구 행위(自救行爲)囘〈형사법(刑事法)〉에서 권리 침해를 받았을 때 공권에 의한 구제를 받지 않고 피해자 자신이 직접 권리 보전을 위하여 실력 행사를 하는 행위. 자력 구제(自力救濟). self-help
자국囘 ① 닿거나 지나간 자리. 흔적(痕迹). 「손~. trace ② 일의 근원이 발단(發端)된 곳. origin ③ 붙박이로 있어야 할 자리.
자국(自國)囘 제 나라. ¶~민. one's own country
자국-걸음囘 한 발자국에 조심스럽게 딛는 걸음. step
자국-나다囨 어떤 물건에 무엇이 닿거나 지나가서 자국이 생기다. mark print 「(瘴雪). light snow
자국-눈囘 자국자국이 날 만큼 적게 온 눈.
자국-물囘 ① 발자국에 괸 적은 물. water gathered in footmarks ② 겨우 발목이 잠길 만한 적은 물.

자국-밟:-다 남기고 간 발자국을 따르다. trail after shallow

자국 정신(自國精神) 제 나라를 지키고 발전시키려는 정신.

자굴지-심(自屈之心) 의기·기개·주장 등을 스스로 굽히는 마음.

자궁(子宮) ①여성 생식기의 하나. 태아(胎兒)를 기르는 구실을 함. 아기집. womb ②심이궁(十二宮)의 하나. 새끼집. 자호(子壺).

자궁(梓宮) 〈제도〉임금·왕대비·왕비·왕세자 들의 유해를 모시는 관(棺).

자궁 내:막염[-넘ː-](子宮內膜炎) 〈의학〉자궁(子宮) 점막에 생기는 염증(炎症). 임균·결핵균 따위가 원인이 되어 대하증·하복통·월경 불순 따위의 증상이 일어남. endometritis

자궁=병[-뼝](子宮病) 〈의학〉자궁에 생기는 병의 총칭. 기형·염증·위치 이상 따위. uterine disease

자궁 수축제(子宮收縮劑) 진통(陣痛)이 약하여 분만(分娩)이 진행되지 않을 때, 자궁근(子宮筋)의 수축을 더하게 하여 진통을 촉진시키는 약. 진통 촉진제. uterotonic

자궁-암(子宮癌) 〈의학〉자궁벽에 생기는 암종(癌腫). 출혈·대하증으로서 시작하여 악화되면 요독증·동통·전신 쇠약을 일으킴. uterine cancer

자궁-염[-념](子宮炎) 〈의학〉자궁의 안쪽에 생기는 염증. 만성과 급성이 있고 대개는 내막염(內膜炎)과 병발함. uteritis

자궁 염전[-념-](子宮捻轉) 〈의학〉힘든 일을 하거나 급한 운동을 할 경우에 생기는 자궁이 꼬이는 병.

자궁외 임:신(子宮外姙娠) 〈의학〉수태(受胎)된 난자(卵子)가 자궁 바깥에서 발육(發育)되는 임신. 수란관(輸卵管)·복강(腹腔)·난소(卵巢)에서 임신되는 세 가지. extrauterine pregnancy

자궁 이완(子宮弛緩) 〈의학〉대개 분만 직후에 일어나는 자궁 근섬유의 수축이 불완전한 상태.

자궁-탈(子宮脫) 〈의학〉자궁이 제자리에서 밑으로 내려앉는 병. 곧, 염물이 빠지는 병. 탈음증(脫陰症). Pars prolapsus uterine

자궁 후:굴(子宮後屈) 〈의학〉자궁의 체부(體部)가 경부(頸部)에서 뒤로 굴곡하는 일. 임신하기 어려우며 임신을 하더라도 유산하기 쉬움. retroflexion

자궤(自潰) 저절로 뭉그러져 터짐. natural collapse 하다

자귀 나무를 깎아 다듬는 연장의 하나. adze

자귀² 짐승의 발자국. footprints

자귀³ 흔히 너무 먹어 배가 붓고 발목이 굽는 돼지나 강아지의 병의 하나.

자귀=나-다 강아지나 돼지 새끼 등이 너무 먹어서, 배가 붓고 발목이 굽는 병이 생기다.

자귀-나무 〈식물〉함수초과의 낙엽 활엽 소교목. 잎은 우상(羽狀)으로 밤에는 오므라듦. 7월에 담홍색 꽃이 피고 10월에 협과(莢果)가 익음. 산기슭의 양지에 나며 나무는 도구 및 세공재로 수피는 약재로 씀. 합혼목(合昏木). 합환목(合歡木). silk tree

자귀-별 원목(原木)을 산판에서 자귀로 제재한 것.

자귀-질 자귀로 나무 따위를 깎는 일. adzing 하다

자귀-짚-다 짐승을 잡으려고 발자국을 쫓아가다.

자귀-풀 〈식물〉콩과의 일년생 풀. 밭이나 들·습지에 나며 높이 80cm, 줄기는 원주형으로 가운데가 비었으며 많은 선상의 긴 타원형임. 잎은 차 대신 씀. kind of bean plant

자=낀[자ː낀] 나무를 자귀로 깎아 낸 조각. chip pared off with adze

자규(子規) 〈조류〉소쩍새.

자그락-거리다 보고 듣기에 딱하도록 조그마한 일로 옥신각신하며 다투다. 〈큰〉지그럭거리다. 〈센〉짜그락거리다. quarrel about straw **자그락=자그락** 하다

자그르르 거의 잦아진 물기나 기름 따위가 갑자기 끓어오르는 소리. 〈큰〉지그르르. seethingly 하다

자그마치 ①자그마하게. on small scale ②예상보다 훨씬 많을 때에 '적지 않게'의 뜻으로 쓰는 말. ¶ ~ 오천 원이나. as much as

자그마-하다 조금 작은 듯하다. 그리 크지 않다. 〈약〉자그맣다. rather small

자그맣-다[형ㅎ]〈약〉→자그마하다.

자그시 ①슬그머니 힘을 주어 살며시 지그시 누르는 모양. ¶ ~ 감은 눈. softly ②천천히 힘있게 밀거나 당기거나 누르거나 닿는 모양. ¶ ~ 입술을 깨물다. 〈큰〉지그시. lightly

자:극(刺戟) ①흥분시키는 일. stimulation ②생물체에 어떤 영향을 주는 외계의 조건. stimulus ③외적 조건의 변화가 감각 기관을 흥분시켜 그로 하여금 독특한 감각을 일으키게 하는 것. stimulus

자극(磁極) 자석(磁石)에서 쇳조각을 끌어당기는 성질이 가장 강한 양끝 부분. 즉, 자석의 음양(陰陽)의 두 극(極). magnetic pole

자:극-력(刺戟力) 자극하는 힘.

자:극-물(刺戟物) 자극을 주는 물질.

자극 비:료(刺戟肥料) 〈농업〉농작물 성장 발육에 자극을 주는 간접 비료. 곧, 동·철·망간·요소·옥소 등의 화합물. 직접 영양 비료로서의 효력은 없으나, 농작물의 생리적 기능을 자극하여 미생물의 번식을 돕고 생육을 촉진함.

자:극-성(刺戟性) 신경이나 감각 등을 자극하는 성질.

자:극-역[-녁](刺戟閾) 〈심리〉외계의 자극을 받아 감각하는 범위. stimulus threshold

자:극-역[-녁](刺戟閾) 〈심리〉감각을 일으키는 데 필요한 최저의 자극량.

자:극 운:동(刺戟運動) 〈식물〉외계의 자극을 받아 그 영향으로 일어나는 식물체 내의 운동. 「(것).

자:극-적(刺戟的) 신경이나 감각 등을 자극하는

자:극-제(刺戟劑) ①〈의학〉신체 조직을 자극시켜 동통·충혈·종창·수포·화농 등 염증을 일으키는 약. 국소 자극제는 피부의 말단 또는 지각 신경을 직접 자극함. stimulant ②일정한 현상이 촉진되도록 자극을 주는 요소.

자:근(紫根) 〈한의〉말린 지치의 뿌리. 성질은 차고 맛을 순하게 하며, 청혈(淸血)하는 효력이 있음. 자초근(紫草根).

자근-거리다 ①남이 싫어하도록 몹시 조르다. importune ②남이 귀찮아하도록 몹시 괴롭게 굴다. bother ③가볍게 연하여 씹다. ④머리 뭉치를 살짝 힘으로 자꾸 눌러 깨뜨리다. 〈큰〉지근거리다 ①②. 〈센〉짜근거리다. 〈거〉차근거리다. chew **자근=자근** 하다

자근덕-거리다 몹시 끈덕지게 자근거리다. 〈큰〉지근덕거리다. 〈센〉짜근덕거리다. **자근덕-자근덕** 하다

자글-거리다 ①거의 잦아진 물기나 기름기가 소리를 내며 끓다. sizzle ②무슨 일에 걱정이 되어 마음을 몹시 졸이다. 〈큰〉지글거리다. 〈센〉짜글거리다. impatient **자글=자글** 하다

자금(自今) 이제부터. from now on

자:금(資金) 사업을 경영하는 데 쓰이는 돈. funds

자금-거리다 음식에 섞인 잔모래 따위가 자꾸 섭히다. 〈큰〉지금거리다. 〈센〉자끔거리다. gritty **자금=자금** 하다

자:금 고갈(資金枯渴) 금융 시장에 자금이 달리는 현상. tage of funds

자:금난(資金難) 자금을 마련하기가 어려운 일. shor-

자:금 동:결(資金凍結) ①자금의 처분이나 이동 등을 극도로 제한하고 금지하는 조치. ②대부의 자금이 회수되지 않는 일. freezing funds

자:금-량(資金量) 자금의 분량.

자:금 보:험(資金保險) 〈경제〉①보험금이 일시에

자금우 지불되는 생명 보험. ②교육 보험 등과 같이 일정한 목적에 필요한 자금을 피보험자를 위해 준비하는 생존 보험.

자:금우(紫金牛)명 〈식물〉 자금우과의 상록 활엽 소관목. 여름에 흰 꽃이 피고 가을에 빨간 장과가 익음. 산지의 숲 밑에서 나며 관상용으로 심음.

자금=으로(自今-)튀 이제부터.

자금 이:후(自今以後)튀 이제부터 그 뒤. 자금 이왕(自今以往). from now on

자금=자금(-) 모두가 자그마한 모양. 하

자:금 코스트(資金 cost)명 기업체(企業體)가 생산 또는 사업을 위하여 사용하는 자금 중 차입한 돈의 금리(金利) 따위.

자:금 통:제(資金統制)명 어떤 목적을 달성하기 위하여 계획적으로 자금의 유출을 통제하는 일. control of funds

자급(自給)명 자기에게 소용되는 물건을 자기 힘으로 충당함. 제 힘으로 살아감. self-supply 하

자급 비:료(自給肥料)명 농가에서 자체로 생산하여 쓰는 비료. 곧, 외양간 거름·두엄·뒷거름·퇴비·재 따위의 거름. self sufficing manure

자급 자족(自給自足)명 자기의 수요를 자기가 생산하여 충당함. self - sufficiency 하

자급 자족 경제(自給自足經濟)명 〈경제〉 자신의 생산에 의하여 수요품(需要品)을 공급하는 가장 원시적인 경제. autarchy

자급 자족주의(自給自足主義)명 제 나라의 수요를 제 나라의 생산으로 충족시킴으로써 국가 재정의 확립과 발전을 꾀하는 주의. autarky

자긋=자긋[-귿-] 연해 슬그머니 당기거나 밀거나 닿는 모양. (큰)지긋지긋. nudgingly

자긋자긋-하-다[-귿-] ①피로운 느낌이 아주 대단하다. disgustful ②보기에 몹시 잔인하다. (큰)지긋지긋하다. cruel

자긍(自矜)명 제 스스로의 자랑. ¶ ~심(心). selfconceit 하

자기(自己)명 ①나. 제 몸. 자가(自家) ②. 자아①. ¶ 막연하게 사람을 가리키는 말. ¶ ~가 한 일은 ~가 해라. one's self 〈법〉 어떤 사람을 말할 때 그를 도로 가리킴.

자기(自記)명 ①스스로 기록함. ②기계가 자동 작용으로 부호나 문자를 기록하는 일. self-registering 하

자기(自起)명 ①자기 힘으로 일어남. rise for oneself ②저절로 일어남. rise for itself 하

자기(自期)명 마음 속에 스스로 기약하는. 하

자기(自欺)명 ①자기의 양심을 속임. self-deception ②자기가 자기에게 속음. 하

자기(自棄)명 ①스스로 제 몸을 버리고 돌보지 아니함. ¶자포(自暴) ~. self-abandonment 하

자기(瓷器·磁器)명 사기 그릇. china(ware)

자기(磁氣)명 자성(磁性)을 일으키는 원인이 되는 것. 즉 자력(磁力)의 작용으로서 서로 당기고 배척하는 현상. magnetism

자기 감:응(自己感應)명(동) 자기 유도(自己誘導).

자기 감:응(磁氣感應)명(동) 자기 유도(磁氣誘導).

자기 감:정(自己感情)명 〈심리〉 스스로 자기 자신(自己自身)을 평가(評價)하는 데에서 생기는 감정(感情). self-feeling

자기 계:산(自己計算)명 거래상에서 발생하는 손익(損益)이 자기에게 돌아오기로 하고 자기의 책임으로 손익을 계산하는 것. 보통 상인들이 이에 딸림.

자기 고도계(自記高度計)명 항공용 계기(航空用計器)의 하나. 자동적으로 고도(高度)를 기록하는 구조의 고도계.

자기 고:백(自己告白)명 자기의 비밀을 자기 스스로 고백함. self-confession 하

자기 고:백적(自己告白的)관명 자기 자신의 일을 숨김없이 사실대로 말하는 것.

자기 과:시(自己誇示)명 제 존재를 인정받으려고 남에게 뽐내는 경향. 남에게 인정받고 싶은 충동. self-display

자기 관찰(自己觀察)명 〈심리〉 자기의 의식·경험을 관찰하는 일. 경험 과정 중 또는 경험 후에 관찰하는 두 가지가 있음. 내관(內觀). 하

자기 광:고(自己廣告)명(동) 자가 선전(自家宣傳).

자기 교:육(自己敎育)명 다른 사람의 지도에 의하지 않고, 개인이 스스로의 노력에 의해 스스로를 교육하는 일. self-education ¶건을. self-help

자기 구제(自己救濟)명 자기 자신을 스스로 구하고

자기 규정(自己規定)명(동) 자가 규정(自家規定).

자기 긍정(自己肯定)명 자기 자신을 스스로 긍정하는 일. self-affirmation

자기 기계(自記機械)명 자동적으로 어떤 현상의 변화를 연속적으로 기록하는 기계의 총칭. self-register

자기 기뢰(磁氣機雷)명 함선(艦船)이 가까이 지나가면 자체의 유도 작용에 의해 자동 조작을 일으켜 폭발하도록 장치한 기뢰. magnetic mine ¶일.

자기 기만(自己欺瞞)명 자기가 자기 양심을 속이는

자기 기압계(自記氣壓計)명 아네로이드 기압계를 이용하여 기압의 시간적 변화를 자동적으로 나타내는 장치. 자기 청우계(自記晴雨計). barograph

자기 나침의(磁氣羅針儀)명 배나 비행기의 방향 또는 천체(天體)나 지상의 물건의 방위를 재기 위한 기구. magnetic compass

자기 녹음(磁氣錄音)명 음파를 전기 신호로 바꾸어, 이것을 강자성체의 테이프나 필름 따위에 잔류(殘留) 자기 변화로서 기록하는 방식. 인력과 척력(斥力)으로 작용하는 자기. magnetic recording

자기 녹화 장치(磁氣錄畫裝置)명 〈물리〉 음성과 화상(畫像)을 자기(磁氣) 테이프에 기록하는 장치.

자기-도(磁氣圖)명 〈물리〉 영국 천문학자 할(Haller)이 발명한 땅의 곁의 편각(偏角)·복각(伏角)·자력(磁力) 들을 적은 그림.

자기 도취(自己陶醉)명 자기 자신이나 또는 자기의 언행에 스스로 취하여 자기 만족에 빠지는 일. 자기 최면.

자기-람(磁氣嵐)명(동) 자기 폭풍. ¶자력(磁力).

자기-력(磁氣力)명 자석의 두 극 사이에 작용하는 힘.

자기력-선(磁氣力線)명 자기력이 작용하는 방향으로 나타내는 선.

자기-류(自己流)명 ①객관적 사실에 의거하지 않고, 제 주관대로 하는 방식. 자가류(自家流). ②일정한 전통이나 남이 하는 방식을 따르지 않고 자기 독자로 하는 방식. 자아류(自我流). one's own style

자기 만족(自己滿足)명 자기 자신이나 또는 자기의 행위에 스스로 만족하는 일. self-satisfaction 하

자기 모:멘트(磁氣 moment)명 〈물리〉 자석 또는 회전하는 대전(帶電) 입자를 자석으로 본 것에 작용하는 우력(偶力)의 모멘트. magnetic moment

자기 모순(自己矛盾)명 〈논리〉 자기 자신에 대하여 모순되는 일. 자기 자신의 정립(定立)에 대하여 동시에 그것을 폐기·부정하는 것과 같은 것이 동일한 주체에 갖추어져 있는 일. 자가 당착. self-contradiction ¶하는 일. self-reflection

자기 반:성(自己反省)명 자기가 한 일을 스스로 반성

자기 발견(自己發見)명 스스로 모르고 있던 자기 자신의 가능 같은 것을 발견하는 일. self-discovery

자기 방:치(自己放置)명 자기 자신을 돌봄이 없이, 될 대로 되게 내버려 둠.

자기 보:존(自己保存)명 〈생물〉 생물이 자기 생명을 보존·발전시키려고 힘쓰는 본능의 작용 또는 경향. 이것을 윤리학상의 근본 원리로 삼는 설이 있음. 자가 보존. self-preservation

자기 본위(自己本位)명 자기 생각을 기준으로 하여 생각하고 행동함. 자가 본위(自家本位).

자기 부:정(自己否定)명 〈철학〉 자기 자신을 부정하는 일.

자기 비:판(自己批判)명 자기가 자기를 분석하고 비

자기 사채(自己社債)[명] 〈경제〉사채 발행 회사가 자기 회사의 사채를 재취득하여 보유하고 있는 사채(社債).

자기 색정(自己色情)[명] ① 밖으로부터의 자극 없이, 성적 정동(情動)을 일으키는 일. 또, 자위 행위처럼 자기 혼자서 하는 성적 행동. autoerotism ② 정신 분석에서 말하는 자기 자신의 몸에 향한 성욕의 만족. 수음(手淫). 자기 성감(自己性感).

자기 생산(自己生産)[명] 〈경제〉자기의 소비에 충당하기 위하여 스스로 하는 생산.

자기 성:감(自己性感)[명] → 자기 색정.

자:기세:력(藉其勢力)[명] 남의 세력을 빌려서 의지함.

자:=소(瓷器所)[명] 자기 그릇을 굽는 곳. 〔합. 하所〕

자기 소외(自己疎外)[명] ①〈철학〉인간 이념(理念)이나 본질을 부정(否定)하고 자기에게 남남으로된 타자(他者)가 되는 일. ②인간이 자기의 본질을 상실하여 비인간적인 상태에 놓이게 되는 일.

자기 수용체(自己受容體)[명] 〈심리〉근육·뼈·관절·심줄 따위의 감각 수용기(感覺受容器). proprioceptor

자기 습도계(自己濕度計)[명] 〈물리〉자기 장치의 지침을 움직여서 습도의 변화를 자동적으로 나타내는 장치. hygrograph

자기 실현(自己實現)[명] 〈윤리〉자기의 인격이나 희망·이상 따위를 바람직한 상태에까지 이르도록 하는 것. 도덕적 행위의 의식적 목적이 아니고 객관적 결과인 것. 자아 실현(自我實現). self-realization

자기 암:시(自己暗示)[명] 〈심리〉자기가 가지는 표상(表象)만으로 그 대상의 현실성을 믿는 의식작이 일어나는 일. autosuggestion

자기앞 수표(自己一手票)[명] 〈경제〉은행이 자신을 지불인으로 하여 발행한 수표. 주로 당좌 예금자로 의뢰에 의하여 그가 발행한 수표와 상환으로 이것을 발행하여 교부함. 부도의 위험이 없는 수표가 요구될 때에 쓰임. 보증 수표(保證手票). guaranteed bill

자기앞 환:어음(自己一換一)[명] 〈경제〉발행인이 자기를 지급인으로 하여 발행한 어음. 본점이 지점에 대하여 지급을 위탁하는 경우에 쓰임.

자기-애(自己愛)[명] 자기의 가치를 높이고 싶은 욕망에서 생기는 사랑.

자기 염:오(自己厭惡)[명] ⟨동⟩ 자기 혐오.

자기 온도계(自己溫度計)[명] 〈물리〉온도의 시간적 변화를 자동적으로 기록하는 장치.

자기 우:량계(自己雨量計)[명] 강우량(降雨量)을 종이 위에 자동적으로 표기하는 장치. self-registering rain gauge

자기 운:동(自己運動)[명] 어떤 물건의 운동이 그 원인·근거 또는 목적을 물건 자체 속에 가지고 있는 운동. 변증법적 유물론에서는 자기 운동의 원천은 사물에 내재하는 모순이라고 생각함.

자기 유도(自己誘導)[명] 〈물리〉자기 회로에 흐르는 전류의 그 강도를 바꿀 때, 이 회로 자신에 이런 변화를 완화하도록 유도 전류가 일어나는 현상. 자기 감응(磁氣感應). self-induction

자기 유도(磁氣誘導)[명] 〈물리〉자석의 부근에 연철(軟鐵) 등의 자성체를 놓을 때 그 자성체가 자기를 띠는 현상. 자기 감응(磁氣感應). magnetic induction

자기 이:중층(磁氣二重層)[명] 〈물리〉음(陰)과 양(陽)의 자기가 작은 간격을 두고 평행적으로 분포하고 있는 일. 자각(磁殼).

자기 일사계(自己日射計)[명] 〈물리〉일사량(日射量)의 시간적 변화를 자동적으로 기록하는 장치.

자기 자:본(自己資本)[명] 자기의 재산에서 부채를 빼고 남은 나머지 재산. owned capital

자기 자오선(磁氣子午線)[명] 〈물리〉지구 자장(磁場)의 수평 자력(磁力)의 방향을 나타내는 선. magnetic meridian

자기-장(磁氣場)[명] 〈물리〉자기력이 작용하는 공간.

자기 저:항(磁氣抵抗)[명] 〈물리〉전로(電路)의 저항과 맞먹는 자로(磁路)의 성질. magnetic resistance

자기 적도(磁氣赤道)[명] 〈물리〉지자기(地磁氣)의 복각(伏角)이 영(零)인 점을 잇대어 놓은 지구상의 한 곡선. 지구상의 적도와는 일치하지 않음. magnetic equator

자기 점유(自己占有)[명] 〈법률〉점유자가 스스로 물건을 소지하는 점유. ⟨때⟩ 대리 점유.

자기 주식(自己株式)[명] 〈경제〉회사가 유가 증권으로서의 자기의 주식을 취득했을 때의 주식.

자기-주의(自己主義)[명] ⟨동⟩ 이기주의(利己主義).

자기 중심(自己中心)[명] 자기의 일을 첫째로 생각하고, 남의 일은 생각하지 않는 일. ¶~주의(主義). self-centeredness, selfishness

자기 지력선(磁氣指力線)[명] 자력선(磁力線).

자기 진:단(自己診斷)[명] 〈심리〉자기의 개성을 남의 것과 비교하여 평가하는 일. 자기 평가(自己評價).

자기 청산(自己淸算)[명] ① 자기의 과실살이나 정신 생활을 모조리 정리함. ② 지난 날의 온갖 너저분한 생활을 깨끗이 지워 버림. burying off one's own

자기 청우계(自己晴雨計)[명] 〈물리〉자기 기압계. [past

자기 탐광법[一鑛](磁氣探鑛法)[명] 〈광물〉지구 자장의 국부적인 변화, 곧 지자기의 국부 이상으로부터 자성을 띤 광물 광상을 발견하려는 탐광법. magnetic prospecting 〔새로 홈을 탐사하는 방법.

자기 탐상법[一](磁氣探傷法)[명] 〈공업〉철제품의 미

자기 탐지기(磁氣探知機)[명] 〈물리〉자기를 이용하여 주로 잠항(潛航) 중의 잠수함을 탐지하는 장치.

자기-편(自己便)[명] 자기와 같은 입장(立場)에 선 쪽. 또, 그 사람. 〔斷〕.

자기 평:가[一](自己評價)[명] ⟨동⟩ 자기 진단(自己診

자기 폭풍(磁氣暴風)[명] 〈물리〉지구의 자체(磁界)가 지구 전체에 걸쳐서 거의 같은 시간에 크게 변동하는 현상. 태양의 흑점, 오로라의 출현 등이 그 주요 원인임. 자기람(磁氣嵐). magnetic storm

자기 표현(自己表現)[명] 자기의 내면적 생활을 외부에 드러내 보임. self-expression

자기-학(磁氣學)[명] 〈물리〉자기에 관한 여러 가지 자연 현상을 연구하는 물리학의 한 분과. 자석의 성질·자장(磁場) 및 지자기(地磁氣)의 이론 등을 연구함. magnetics 〔합. self-maltreatment

자기 학대(自己虐待)[명] 자기가 자기를 스스로 구박

자기 한란계(自己寒暖計)[명] 〈물리〉온도가 달라질 적마다 저절로 종이에 그려지게 된 한란계.

자기 혐오(自己嫌惡)[명] 자기가 자기를 싫어함. 자기 염오(自己厭惡). self-abhorrence

자기 화:학(磁氣化學)[명] 〈물리〉물질의 자기적 성질을 이용하여 그 성질의 화학 구조나 화학 변화를 연구하는 물리 화학의 한 부분. magnetic-chemistry

자기 활동[一動](自己活動)[명] ① 남이 시켜서가 아니고, 스스로 제 뜻에 따라 하는 활동. ②〈교육〉학습자(學習者) 자신의 고유한 자기 발전의 충동(衝動)·개성·흥미·관심·욕구·생활 등에 입각한 자발적인 활동. 자발 활동(自發活動).

자기-황(自起磺)[명] 화약을 채워, 문지르거나 부딪치면 불이 일어나도록 다른 물질과 섞어 만든 황.

자기 회로(磁氣回路)[명] 〈물리〉자속(磁束)이 이루다고 생각되는 회로의 일컬음. 영구 자석이나 전자석(電磁石)의 자장을 계산하는 데 쓰이는 개념. ⟨약⟩자로(磁路). magnetic circuit

자기 희생(自己犧牲)[명] 남을 위해 자기의 수고나 목숨을 아끼지 않는 일. self sacrifice

자깝-스럽-다[—][르브] 젊은 사람이 어른답게 깜찍하다. 어린 것이 짐짓 성숙한 체하여 깜찍하다. **자깝-스레**

자-꺾음[—]〈건축〉서까래 걸이에 있어서 물매의 경사를 1자[尺]에 5치[寸] 높이의 비율로 하는 일.

자꾸[1](名] → 척(chuck) ②.

자꾸[2](名] 잇달아서 늘. 잇달아서 여러 번. ¶~ 묻다.

=자꾸나 | | 자동성

again and again   [의 종결 어미.
=**자꾸나** 어미 '해라' 할 자리에 쓰는 '함께 하자'의 뜻
자꾸-자꾸 튀 잇따라서 여러 번. ¶~ 묻다.
자끈 튀 단단한 물체가 별안간 세게 께지거나 부러질 때 나는 소리. (큰)지끈. with crack 하재
자끈-거리-다 재 여기저기서 또는 여러 개가 모두 자끈 소리를 내면서 연해 께지거나 부서지다. **자끈=자끈** 튀 하재   [with snap
자끈=동 '자끈'을 힘있게 이르는 말. (큰)지끈동.
자끔=거리다 (센)→자금거리다
자끼다 →재크(jack).   [sleeping
자나 깨나 잘 때나 깨었을 때나 늘. waking or
자나 튀 큰 길이가 한 자가 넘게 큰. foot long
ㅈ녹ㅈ녹-기 (고)조용히.
ㅈ녹ㅈ녹-ㅎ-다 (고)자늑자늑하다. 조용하다.
ㅈ녹흥-다 (고)조용하다.
자=**난초**(紫蘭草) 명 〈식물〉 꿀풀과의 다년생 풀. 줄기의 높이가 50 cm 정도, 잎은 넓은 타원형으로, 초여름에 자색 꽃이 피는데, 산에 저절로 남.
자-남극(磁南極) 명 지구 자장(磁場)의 남극점. 남반구에서 지자기(地磁氣)의 복각(伏角)이 90°로 되는 점. 남자극(南磁極). (대) 자북극(磁北極). magnetic southern pole
자낭(子囊) 명 〈식물〉 ①자낭균의 포자가 든 곤봉 모양의 주머니. ②선태 식물(蘚苔植物)의 포자낭. 특히, 태류(苔類)의 포자낭의 일컬음. 씨주머니. seed bag
자낭-균(子囊菌) 명 〈생물〉 자낭 속에서 포자를 생성하는 균의 총칭. 효모균·가루곰팡이 등.
자낭-체(子囊體) 명 (동) 자실체(子實體).
:**자-내** (고) 몸소.   [동. 하재
자내(自內) 명 〈자아(自我)一〉〈제도〉 대궐 안에서 하는
자내 제수(自內除授) 명 〈제도〉 임금이 삼망(三望)을 거치지 않고 직접 벼슬을 임명함. 하재
자냥-스럽-다 ㅂ 재잘거리는 소리가 듣기에 똑똑하다. smart **자냥-스레** 튀 [(큰)은 말. 군(君). you
자네 대 '하게' 할 자리에 있는 상대자를 직접 가리키는 말
자녀(子女) 명 아들과 딸. ¶~ 교육. son and daugh-
자녀-분(子女一) 명 (공) 남의 자녀.   [ter
자녀-안(恣女案) 명 〈제도〉 조선조 때, 양반 집 여자로서 품행이 부정하거나 세 번 이상 개가 이의 소행을 적어 두는 대장. 이 안에 올려지면 일문(一門)의 불명예는 물론 자손의 과거·임관(任官)에도 큰 영향이 미쳤음.
자년(子年) 명 〈민속〉 태세(太歲)의 지지(地支)가 자(子)로 된 해. ¶~ 갑~. year of the Rat
자-놀이(字一) 명 한시(漢詩)를 짓는 데에 형식이나 내용에 맞도록 글자를 놓는 일. 하재
자농(自農) 명 〈약〉→자작농(自作農).
자늑자늑-하-다 형 동작이 조용하며 가볍고 부드럽다. swing softly
=**자는** 어미 용언의 어간에 붙어서 권유의 내용을 나타내는 연결 어미. ¶그렇게 하~ 말이다. (약)=잔.
자는 범 코침 주기 공연히 건드려서 스스로 위험을 산다는 뜻.   [붉은 빛.
자:니(紫泥) 명 〈미술〉 철분이 많이 섞인 도자기의 검
자닝-스럽-다 ㅂ 재 자닝하게 보이다. **자닝-스레** 튀
자닝-하-다 형 약자의 참혹한 모양이 불쌍해 차마 보기 어렵다. cruel
자-다 재 ①잠이 들다. sleep ②움직이던 것이 멈추어 서다. stop ③잠자리하다. ④화투 따위를 할 때 어떤 장이 메어 놓은 몫의 맨 밑에 깔리다. be at bottom ⑤구김살이나 더수룩한 것이 퍼지거나 착 붙어 자리를 잘하다. set ⑥몽랑 따위가 가라앉아 잠잠하여지다. calm down
자다가 벼락 맞는다 급작스레 뜻하지 않던 변을 당
자다가 얻은 병 뜻밖의 재앙.
자단(自斷) 명 스스로 딱 결단함. 정한다. ¶자기가 ~하고서, 딴소리한다. self-determination 하재

자단(紫檀) 명 〈식물〉 콩과에 속하는 상록 활엽 교목(喬木). 줄기는 높이 10 m, 직경 30~50 cm로 자색이며 부드러운 잔털이 있음. 나비 모양의 노란 꽃이 피고 열매는 종형(鐘形)임. 재목은 가구·건축 따위에 소중하게 쓰이는데, 동인도와 대만에 저절로 남. red sandalwood
자단-향(紫檀香) 명 자단나무를 깎아서 만든 향. 약으로도 쓰고 불에 피우기도 함.
자담(自擔) 명 스스로 담당하거나 부담함. 자당(自當). ¶회비 ~. take charge by oneself 하재
자답(自答) 명 자문(自問)에 대한 스스로의 대답. answering for oneself 하재
자당(自當) 동 자담(自擔). 하재
자당(自黨) 명 자기가 속한 당. one's own party
자당(慈堂) 명 남의 어머니. your mother
자당(蔗糖) 명 〈화학〉 감자(甘蔗)·첨채(甛菜) 따위에 섞여 있는 성분. 색이 희고, 냄새가 없고, 맛이 단 결정체인데, 물에 넣으면 녹음. (대) 사탕. cane sugar
자대(自大) 명 제 스스로 큰 체함. 또, 크게 여김. 하
자던 중도 떡 다섯 개 일은 아니하고 이익을 나누는 데는 참여함.
자도(子道) 명 아들로서 부모를 섬기는 도리. son's
자도(紫桃) 명 (원)→자두.   [duty
자독(自瀆) 명 용두질. 수음(手淫).
자돈(仔豚) 명 새끼 돼지. 새끼 새끼.
자동(自動) 명 ①〈약〉→자동사(自動詞). ②스스로 움직임. self-movement ③다른 사물에는 상관없이 특별히 그것에만 나타나는 동작. (대) 타동(他動).
자동(刺桐) 명 (동) 엄나무.   [automatic 하재
자:동(紫銅) 명 (동) 적동(赤銅).
자동 경운기(自動耕耘機) 명 동력에 의하여, 주요부(主要部)를 움직여서 기계적으로 논밭을 갈거나 깁을 매는 데에 쓰는 농업 기계.
자동 계단(自動階段) 명 에스컬레이터(escalator).
자동 교환 실내 전:화기(自動交換室內電話器) 명 (동) 인터폰(interphone). 실내 전화기(室內電話器).
자동 권총(自動拳銃) 명 발사하면 탄창(彈倉) 안의 탄환이 자동적으로 장전(裝塡)되는 권총. magazine pistol
자동 기록기(自動記錄器) 명 여러 가지 계기에 의한 지시치(指示値)를 시각(時刻)에 따라 자동적으로 기록하는 계기. 습도·온도·주파수·전압·전력 따위를 기록함. 자동 기록 계기(自動記錄計器). 자기 계기(自記計器). automatic register
자동 기술법(自動記述法) 명 〈문학〉 문학 작품을 서술할 때, 미리 계획해서 써 나가는 것이 아니라, 무의식의 흐름에 따라 나타나는 심상(心像; image)을 그대로 기술하는 문장 기술 방법. 초현실주의(超現實主義; sur-realism)파의 기법.
자동 대:패(自動一) 명 동력으로써 대팻날을 회전시켜, 나무를 갖다 대면, 저절로 깎아지게 된 기계. automatic plane
자동 면:역(自動免疫) 명 〈의학〉 백신의 접종에 의하여 직접 제 몸 안의 항체(抗體)를 생기게 하여 면역이 되는 일. 자력 면역. active immunity
자동-문(自動門) 명 전동(電動)이나 사람의 손을 사용하지 않고 개폐(開閉)할 수 있는 문.
자동-사(自動詞) 명 〈어학〉 움직임의 작용이 주체스스로에만 그치고 다른 대상에게 미치지 않는, 목적어가 불필요한 동사. '되다·가다·오다·흐르다·불다'위. 제움직씨. (대) 타동사. (약) 자동①.
intransitive verb
자동 선반(自動旋盤) 명 나사·핀·너트 따위를 다량으로 제작할 때 사용하는 터릿(turret) 선반. automatic lathe
자동 선회 비행기(自動旋回飛行機) 명 프로펠러가 자동으로 돌게 된 비행기를 통틀어 일컬음. autogyro
자동=**성**(一性) (自動性) 명 ①스스로 움직이는 성

자동 소총 (自動小銃)[명] 방아쇠를 잡아당기면 탄환의 장전(裝塡)·발사·빈 약협(藥莢)의 추출(抽出)이 자동적으로 행하여지는 소총. 제1차 세계 대전부터 각국에서 사용. automatic rifle

자동-식 (自動式)[명] 기계가 자동으로 움직이게 된 방식. automatic [type].

자동 식자기 (自動植字機)[명] [동] 라이노타이프(lino-

자동식 전:화 (自動式電話)[명] 번호의 숫자에 맞추어 다이얼을 돌리면 자동적으로 목적한 전화를 호출(呼出)하게 되는 전화. 자동 교환기에 의함. 《약》자동 전화. automatic telephone

자동 신:호 (自動信號)[명] 교통 정리를 위하여 궤도(軌道) 회로나 교통 요소에 설치한 자동적 지시 장치. automatic signal

자동 악기 (自動樂器)[명] 악곡이 재현되기 때문에 연주자를 필요로 하지 않는 악기. 곧, 오르골(orgel)이나 자동 피아노 따위.

자동 연결기 [-년-] (自動連結器)[명] 열차의 차량을 자동으로 연결하게 된 장치. automatic coupler

자동 인형 (自動人形)[명] ①기계 장치를 하여 자동적으로 움직이게 만든 인형. ②기계적으로 움직이는 사람을 비유하여 이르는 말.

자동 자전거 (自動自轉車)[명] 발동기의 장치를 하여 발을 돌리지 않고서도 갈 수 있게 된 자전거. 곧, 오토바이·모터사이클(motorcycle) 따위.

자동 장전:포 (自動裝塡砲)[명] 탄환을 자동식으로 장전하게 장치한 대포.

자동 저울 (自動-)[명] 저울대에 물건을 올려놓으면, 지침이 회전하여 그 무게를 가리키게 만든 저울. dial scale

자동-적 (自動的)[명] 외부의 힘을 받음이 없이 저절로 움직이는 성격의(것). automatic

자동 전:화 (自動電話)[명] 《약》→자동식 전화.

자동 정:어 (自動艇)[명] 모터보트(motorboat).

자동 제:어 (自動制御)[명] 상태 변화를 감지하고 그것을 정정하는 데 필요한 동작을 하는 장치. automatic control

자동 주식기 (自動鑄植機)[명] [동] 라이노타이프(linoty-

자동 직기 (自動織機)[명] 동력에 의하여 자동으로 피륙을 짜는 기계. automatic weaving machine

자동-차 (自動車)[명] 내연 기관(內燃機關)의 동력으로써 운전되는 차. motorcar

자동차 기관 (自動車機關)[명] 자동차에 쓰는 원동기의 총칭. 대개 가솔린 기관·디젤 기관 등을 말함. car engine

자동차 보:험 (自動車保險)[명] 자동차의 충돌·전복·도난 등에 의한 손해 또는 운전 과실로 타인에게 입힌 손해를 보상하는 보험.

자동차-세 (自動車稅)[명] 지방세의 하나. 자동차의 소유자에게 부과되며, 승용 자동차·승합 자동차·화물 자동차·특수 자동차·3륜 자동차 등으로 나누어 일정한 표준 세율에 의해 과세됨.

자동-총 (自動銃)[명] 자동 단총과 자동 소총의 총칭. automatic rifle

자동 판매기 (自動販賣機)[명] 어떤 상품을 속에 두고 그에 상당하는 값의 주화(鑄貨)를 투입구에 넣으면 그 상품이 저절로 나오게 만든 장치. 《약》자판기(自販機). automatic vending machine

자동 피아노 (自動 piano)[명] 자동적으로 연주할 수 있게 만든 피아노. 공기의 압력으로 지렛대를 움직여 소리가 나게 함. 오토피아노(autopiano).

자동-화 (自動化)[명] 기계나 장치를 자동으로 또는 원격 조작으로 작동함. 하[자타]

자동 화:기 (自動火器)[명] 자동적으로 기능을 나타내는 총이나 대포의 총칭. 기관총·자동 소총 등. automatic firearms

자동 회로 차:단기 (自動回路遮斷器)[명] 과대한 전류가 전로를 통과할 때 자동으로 회로를 차단하고 위험을 방지하는 장치. auto cutout

자두 (←紫桃)[명] [식물] 자두나무의 열매. 복숭아 비슷하나 좀 작고 신맛이 있음. 자리(紫李).

자두-나무 (←紫桃-)[명] [식물] 앵도과의 낙엽 활엽 소교목. 중국 원산. 높이 5m, 봄에 잎에 앞서 흰 오판화가 피고 여름에 노랑 또는 자색의 핵과가 익음.

자두-지미 (自頭至尾)[명] [동] 자초지종(自初至終).

자드락 나지막한 산기슭의 경사진 땅. side of a hill

자드락-거리다[자타] 남이 귀찮아하도록 끈덕지게 건드리다. 《큰》지드럭거리다. 《센》짜드락거리다. fastidious 자드락-자드락 하[자타]

자드락-길[명] 자드락에 있는 좁은 길.

자드락-나다 남에게 감추어 둔 일이 터져 나다. 《센》짜드락나다. be exposed

자드락-밭[명] 자드락에 있는 밭.

자득 (自得)[명] ①스스로 알게 됨. apprehension ②스스로 마음에 만족하게 여김. self-complacency 하[자]

자득지-묘 (自得之妙)[명] 스스로 깨달아 알아낸 묘리(妙理). [ple wisteria

자:등 (紫藤)[명] [식물] 보랏빛 꽃이 피는 등나무. pur-

자:등-향 (紫藤香)[명] [동] 강진향(降眞香).

즈:디[고] 자주(紫朱).

자디-잘:다[잘아·잘고][형] 매우 잘다. 잘고도 잘다. 《데》크디크다. very small

자라 [동물] 자라과의 파충(爬蟲). 몸 길이 30 cm 가량으로 모양은 거북과 비슷함. 등껍데기는 둥그스름하고 몸 빛은 푸르스름한 회색임. 목은 길고 꼬리는 짧음. 식용·약용으로 쓰임. terrapin

즈루[명] [고] 자루.

자라-구이[명] 껍데기를 벗기고 기름종이로 싼 자라를 짚불 따위에 구운 음식.

자라-나다[자] 자라서 크게 되다. grow [자국.

자라-눈[명] 젖먹이의 영덩이 양쪽에 오목하게 들어간

자라-다[자] ①차차 커지다. grow ②차차 많아지다. develop

자라-다[형] ①넉넉히 되다. 모자람이 없다. sufficient ②표준에 미치다. come up to ③수효나 분량에 이르다. reach

·즈:라-다[고] 자라다.

자라 마름 [동] 자라풀. [게 줄어드는 사물.

자라-목[명] ①자라의 목. terrapin's neck ②짧고 작

자라목 되다 사물이 움츠러들어 들다.

자라-배[명] 복학(腹瘧).

자라-병 (-瓶)[명] 자라 모양같이 만든 병. 편제(扁提). terrapinshaped bottle

자라 보고 놀란 놈이 소명 보고 놀란다[용] 어떤 사물에 한번 놀란 다음에는 비슷한 사물만 보아도 놀란다.

자라 자:지[명] ①양기(陽氣)가 일지 아니하여 자라복처럼 움츠러든 자지. ②평시에는 작아도 발기하면 매우 커지는 자지.

자라-탕 (-湯)[명] 통으로 삶은 자라를 뜯어서 온갖 양념을 하여 다시 끓인 국. 별탕(鱉湯).

자라-풀 [식물] 자라풀과의 다년생 풀. 연못이나 물 속에 나며 줄기는 땅으로 뻗고, 마디에서 수근(鬚根)이 남. 잎은 원형·신장형이며 잎 뒤에 기낭이 있어 물에 잘 뜸. 수별(水鱉). 자라 마름.

자락[명] ①옷자락. ②옷·피륙 따위의 아래로 드리운 넓은 조각. hem of cloth or garment

자락-문[명] 겨울.

자락 (恣樂)[명] 마음대로 즐김. pleasure 하[자]

자락-자락[부] 갈수록 거리낌이 없이 구는 모양. ¶그냥 용서하고 있으니 ~ 더한다. more and more per-

자:란 (紫蘭)[명] [동] 대왕풀. [tly

자란-벌레 (-곤충)[명] 곤충이 애벌레로부터 탈바꿈하여 자란 것. 《데》애벌레. grown-up insect

자란-자란[부] ①액체가 가장자리에 넘칠락말락하는 모

자랄 나무는 떡잎부터 알아본다 1540 **자리보기**

양. brimfully ②물건의 한 끝이 다른 물건에 스칠락말락하는 모양. 《큰》지런지런. 《거》차란차란. close to 하형 「서부터 장메성이 있어 보인다.

자랄 나무는 떡잎부터 알아본다[명] 잘될 사람은 어려

자라-다[자][여] 생물이 자라서 점점 커짐. grow

자람-점[—쩜](—點)[명][동] 생장점(生長點).

자랑[명] 자기 일이나 물건을 드러내어 칭찬함. pride 하[타] 스[형] 스레[형]

자랑-거리다[자][타] 얇은 쇠붙이 따위가 서로 부딪쳐서 나는 소리. 《큰》저렁. 《센》짜랑. tinklingly 하[자][타]

자랑-거리[—꺼—][명] 남에게 제 일이나 제 것을 드러내어 자랑할 만한 거리. something to boast of

자랑-거리-다[자][타] 얇은 쇠붙이 따위가 서로 부딪쳐 소리가 울려 나다. 또, 연해 자랑 소리를 나게 하다. 《큰》저렁거리다. 《센》짜랑거리다. 《거》차랑거리다.

자랑=자랑[명] 하[자][타]

자랑 끝에 불 붙는다[명] 무엇을 너무 자랑하면 그 끝에 무슨 말썽거리가 생긴다.

자랑-삼:-다[—따][타] 자랑거리로 하다.

자래[명] 쌍으로 된 생선의 알주머니. double egg-pouch on fish [의][명] 쌍으로 된 생선의 알주머니를 세는 데 쓰는 말.

자래-로(自來—)[부] →자고 이래로.

자량(自量)[명] 스스로 헤아림. 자기 혼자의 요량. one's own discretion 하[타]

자:량(資糧)[명] 여행에 쓰이는 비용과 식량.

자량 처:지(自量處之)[명] 스스로 알아서 처리함. 하[타]

자력(自力)[명] ①제힘. one's own power ②〈불교〉남의 도움을 받지 않고 스스로 수행한 힘.

자:력(資力)[명] ①자산(資産)의 힘. means ②근본이 되는 힘.

자:력(資歷)[명] 자격과 경력. qualification and career

자력(磁力)[명][동] 자기력(磁氣力).

자력 갱:생(自力更生)[명] 쇠약해진 생활 환경을 스스로의 힘으로 회복함. working out one's salvation by one's own efforts 하[자]

자력-계(磁力計)[명] 자장(磁場)의 세기와 방향을 측정하는 기계. 한 개 또는 여러 개의 영구 자석이 한 개의 수직축의 둘레를 회전하게 된 장치. magnetometer

자력-교(自力敎)[명]〈불교〉자기 힘으로 자기 본래의 불성(佛性)을 개현(開顯)하여 부처의 깨달음을 얻으려는 성문교(聖道門)의 교.

자력 구:제(自力救濟)[명][동] 자구 행위(自救行爲).

자력 면:역(自力免疫)[명][동] 자동 면역(自動免疫).

자력-문(自力門)[명]〈불교〉자기가 수행(修行)하는 공으로 불과(佛果)를 얻으려는 법문.

자력-선(磁力線)[명]〈물리〉자장(磁場)에 있어서 자력이 작용하는 방향을 보이는 선. 자기 지력선(磁氣指力線).

자력-선:광(磁力選鑛)[명]〈광물〉전자석에 의해서 자성 광석을 끌어당겨 비자성 광물과 분리하는 방법. 주로 자철광의 분리에 이용함. 하[타]

자력 선:불[—념—](自力念佛)[명] 자력 회향(自力回向)을 위하여서 하는 염불.

자력-종(自力宗)[명]〈불교〉자신의 수행(修行)으로 불과(佛果)를 얻으려고 하는 종지(宗旨).

자력 회향(自力回向)[명]〈불교〉제가 닦은 선행으로 저의 불과(佛果)를 제 마음에 돌려보냄. 제게가 닦은 법력으로 남에게 돌이켜 주는 일. 하[타]

자:로(紫鷺)[명][동] 얼룩백로.

자로(磁路)[명] →자기 회로.

자:로[고] 자주.

자로-이득(自勞而得)[명] 자기의 노력을 들여 얻음. 하

자:뢰-하-다(資賴—)[타] 밑천을 삼다. trade on

자료(自了)[명] 혼자 힘으로 일을 끝마침. complete for oneself 하[자]

자:료(資料)[명] 바탕이 되는 재료. materials

자루[명] 속에 물건을 담을 수 있게 헝겊으로 길고 크게 만든 주머니. 헉낭. ¶떡~. 쌀~. sack

자루²(—)[명] 연장·기구 따위에 박거나 낀 손잡이. ¶칼~. 도끼~. handle piece

자루 바가지[명] 나무를 파서 자루가 있게 만든 바가지. wooden dipper with handle

자류(磁流)[명]〈물리〉자로(磁路)로 통한 자기(磁氣)의 흐름. magnetic flux

자:류-마(紫騮馬)[명] 밤빛의 털이 난 말.

주류마[고][명] 자류마(紫騮馬).

자르-다[타][르] ①끊어 내다. 동강을 치다. ¶나뭇가지를 ~. cut off ② 남의 요구 따위를 거절하다. ¶자주 찾아오지 않게 잘라 말하다. refuse

자르-다²[타] 동인 끈을 잘록할 정도로 켕기다. 단단히 동여메다. fasten

자르랑[명] 얇은 쇠붙이 따위가 떨쳐 울리는 소리. 《큰》저르랑. 《센》짜르랑. tinkling 하[자][타]

자르랑-거리-다[자][타] 연해 자르랑 소리가 나다. 또, 연해 자르랑 소리를 나게 하다. 《큰》저르렁거리다. 《센》짜르랑거리다. 《거》차르랑거리다. **자르랑=자르랑**[명] 하[자][타]

자르르[부] ①물기·기름기·윤기 따위가 골고루 반드럽게 흐르는 모양. glossily ②뼈마디나 몸의 일부가 약간 저릿한 모양. 《큰》지르르. 《센》짜르르. paralysingly 하[다]

자르코-마이신(sarcomycin)[명] 항생 물질의 하나. 흙속의 방선균(放線菌)으로 만들었는데, 1951년에 일본에서 발견되었음.

자른-면(—面)[명] 단면(斷面).

자리[명] ①서거나 앉거나 누울 곳. seat ②어떤 일이 생겼던 곳. scene ③무엇을 두거나 놓을 곳. 위치. location ④무엇이 놓였던 흔적이 남은 자국. marks ⑤일이나 계급의 직무로 보아 몸이 놓인 곳. 지위. post ⑥십진법에 따른 숫자의 위. order

자리²[명] ①마당·갈으로 깔거나 늘어놓게 된 장방형의 깔개. 왕골·부들·갈대 따위로 짬. mat ②깔고 잠잘 곳. 곧, 이부자리. bed ③《약》→잠자리².

자리³[명][동] →자리돔.

자리(子痢)[명] 태중인 부인이 앓는 이질.

자리(自利)[명] ①스스로의 이익. one's own interest ②《불교》제가 쌓은 공덕이 남에게는 아니 가고 결국 제 자신에게 돌아옴.

자:리(紫李)[명][동] 자두. 「과 바꾸는 일. 하[자]

자리-갈이[명] 누에의 똥을 치고 깔아 놓은 것을 새것

자리개[명] 몸을 옮기거나 볏단을 묶는 데 쓰는 짚으로 만든 끈으로. ¶~을 졸라 죽이다. straw rope

자리개미-하-다[타][여]〈제도〉포도청에서 죄인의 목

자리개-질[명] 자리개를 가지고 곡식 단을 동이어 타작하는 일. 메질. 《약》잘개질. threshing 하[여]

자리-걷이[—거지][명] 출상하기 위하여 관을 밖으로 낸 뒤에 검가시는 일의 하나. 하[타]

자리공[명]〈식물〉자리공과의 다년생 풀. 잎은 담배 잎과 비슷하며 열매는 적자색의 장과(漿果)로 독이 있음. 뿌리는 상륙(商陸)이라 하여 이뇨제로 쓰며, 인가 근처에 남. 장류(章柳).

자리-끼[명] 밤에 마시려고, 자는 방 머리맡에 마련하여 두는 물. bedtime drinking water

자리-다[형] ①근육이나 뼈마디가 오래 눌리어 피가 잘 돌지 못하여 힘이나 감각이 없다. be numbness ②뼈마디 따위가 쑤시듯이 아프다. 《큰》저리다. sore

자리-다툼[명] 좋은 지위나 자리를 차지하려고 다투는 일. fight for position

자리돔[명]〈어류〉점자돔과의 바닷물고기. 몸은 달걀 모양이나 빛깔은 흑갈색이고, 길이 10~18 cm 가량임. 내만성(內灣性) 어종으로 맛이 좋음. 《약》자리³.

자리-바꿈[명] ①자리를 바꾸는 일. ②[동] 격변화(格變化). ③《음악》화음의 화음(和音)에서 아래의 음이 옥타브 위로 또는 위의 음이 옥타브 아래로 바뀌는 일.

자리-보기[명]〈민속〉신혼 부부가 첫날밤을 지낸 다음

자리보전(-保全)[명] 병석에 눕는 일. being confined to one's bed 하다

자리=옷[명] 잘 때에 입는 옷. 잠옷. 침의(寢衣). nightclothes

자리자리-하다[여변] 몹시 자리다. ¶가슴이 ~.《큰》저리저리하다.

자리-잡다[자] ①의지하여 있을 곳을 얻다. take one's place ②자리를 정하여 머무르게 되다. settle

자리-잡히다[자] ①서투르던 것이 익어지다. become skillful ②어수선하던 것이 가라앉아 안정되다. be settled

자리-토씨[명] 〈말〉 격조사(格助詞).

자리-틀[명] 왕골·부들·짚 같은 것으로 자리를 짜는 기계 장치.

자리-표(一標)[명] 〈수학〉 점의 자리를 보이는 데에 표준이 되는 표. sign of order

자리-품[명] 〈약〉 고지자리 람.

자린 고비(疵吝考妣)[명] 〈속〉 다라울 정도로 인색한 사람.

자림(子淋)[명] 태중인 부인이 오줌을 자주 누는 병.

자립(自立)[명] 남의 힘을 입지 않고 스스로 섬. 《예》의회. self-support 하다

자립 경제(自立經濟)[명] 남에게 의지하지 않고 자로의 힘으로 꾸려 나가는 경제.

자립 극단(自立劇團)[명] 직업적이 아니고, 일터의 근로자가 조직한 극단. (대) 직업 극단.

자립 명사(自立名詞)[명] 〈어학〉 다른 말의 도움을 받지 않고 쓰인다는 뜻에서, 여느 명사를 '의존 명사'에 대하여 일컫는 말. (대) 의존 명사(依存名詞).

자립-성(自立性)[명] 남에게 의지하지 아니하고 자기 스스로 서려고 하는 성품.

자립 자영(自立自營)[명] 제힘만으로서 손수 경영함. self-operation 하다 ┌스스로 일어서는(것).

자립-적(自立的)[명] 남에게 의지하지 아니하고 자기 힘

자립 형태소(自立形態素)[명] 〈어학〉 '문(門)·돌' 등과 같이 다른 말의 도움 없이 그것만으로도 자립할 수 있는 형태소를 의존 형태소에 대하여 일컫는 말. (대) 의존 형태소(依存形態素).

자릿-날[명] 돗자리 따위의 세로 짜인 것.

자릿-내[명] 더러운 빨래가 오래 되어 떠서 나는 쉰 냄새. stink from dirty clothes

자릿-상(一床)[명] 이부자리(衣襲)같이 만든 가구. 이부자리를 쌓아 두는 상. chest for bedding

자릿-쇠(一金)[명] 좌금(座金).

자릿-수(一數)[명] 십진법에 의한 자리의 숫자.

자릿자릿-하다[여변] 몹시 자리자리하다. 《큰》저릿저릿하다. 《센》짜릿짜릿하다. be benumbed 하다

자릿-장(一欌)[명] 이부자리를 넣어 두는 장. 금침장(衾枕欌). cabinet for bedding

자릿-저고리[명] 잠옷의 저고리. coat of night clothes

자릿-점(一點)[명] 〈수학〉 주판에서 수의 자리를 나타내기 위해서 표시한 점. 정위점(定位點). definite position point ┌먹는 간단한 식사. light breakfast

자릿-조:반(一飯)[명] 새벽에 잠이 깨는 대로 바로

자릿-하다[여변] 좀 자린 듯하다. 《큰》저릿하다. 《센》짜릿하다.

자마구[명] 〈식물〉 곡식의 꽃가루. anther dust

자:=마노(紫瑪瑙)[명] 〈광물〉 자색의 빛을 띤 마노.

주무-다[타] 〈고〉 잠기다. ②잠그다.

주무디르-다[타] 잠그다. 담그다.

=자-마자[어미] 동사 어간에 붙어, '그 동작을 하자 곧'의 뜻을 나타내는 연결 어미. ¶총소리가 나~ 아이들이 우르르 몰려 나갔다. as soon as

자막(字幕)[명] 영화·텔레비전에서 표제·배역·설명 등을 글자로 나타내어 읽을 수 있게 한 것. caption

자-막대기[명] ①자(尺)로 삼는 대 막대기나 나무 막대기. yardstick ②《략》 자. 《약》 잣대. measure

자막 집종(子莫執中)[명] 중국 전국(戰國) 시대 때의 사람인 자막(子莫)이 중용(中庸)만을 지키고 있었던 데서 변통성이 없음을 이르는 말.

자만(自蔓)[명] 아들덩굴.

자만(自滿)[명] 스스로 흡족하게 여김. 스스로 거드름을 부리며 만족해 함. self-satisfaction 하다 [하다

자만(自慢)[명] 스스로 거만하게 자랑함. self-conceit

자만(自慢)[명] 점점 늘어서 퍼짐. 하다 ┌vanity

자만-심(自慢心)[명] 스스로 자랑하는 마음. pride,

주몰[고] 자못. ┌전의 시각.

자말(子末)[명] 자시(子時)의 맨 끝. 오전 한시 바로

주몰쇠[고] 자물쇠.

자:망(資望)[명] 자질(資質)과 인망(人望).

자-맞춤(字一)[명] ①책 속에 나란히 있는 글자를 더 많이 찾아내기를 하는 아이들 놀이. ②《동》 자모듬. 하다 ┌지 못하도록 노는 딱지.

자맞춤 딱지(字一)[명] 56장을 한 벌로 삼고 여러 가

자매(自賣)[명] 스스로 팖. 스스로 몸을 팖. 하다

자매(姉妹)[명] ①손위의 누이와 손아래의 누이. ②여자끼리의 언니와 아우. 또, 그와 같이 서로 관계가 깊은 사이. 여형제. sisters

자매 결연(姉妹結緣)[명] ①자매의 관계를 맺는 일. ②어떤 지역이나 단체가 다른 지역이나 단체와 서로 돕기 위하여 자매와 같은 밀접한 관계를 맺는 일. establishment of sisterhood relationship

자매-교(姉妹校)[명] 서로 목적과 정신과 운영 방침을 같이 하여 밀접한 관계에 있는 두 학교. sister school

자매 기관(姉妹機關)[명] 관련면으로 보아서 서로 목적과 정신을 같이 하여 밀접한 유기적 관계에 있는 기관들. sister agencies

자매 도시(姉妹都市)[명] 외국의 도시 상호간에 문화를 제휴하고 그 나라를 깊이 알기 위하여 문화 교류·유학생 교환·행사에의 초대 등 민간 친선 관계를 맺은 도시. sister city

자매-선(姉妹船)[명] 관련면으로 보아 구조와 모양이 비슷한 배들. 《유》 자매함(姉妹艦). sister ship

자매 신문(姉妹新聞)[명] 관련면으로 보아서 같은 기관에서 같은 정신으로 발행하는 신문들. 자매지(姉妹紙). sister newspapers

자매 역연혼(姉妹逆緣婚)[명] 홀아비가 망처(亡妻)의 자매(姉妹)와 결혼하는 관습.

자매-지(姉妹紙)[명] 〈동〉 자매 신문. ┌두 작품.

자매-편(姉妹篇)[명] 소설·희곡·영화 등 서로 관계가

자매-함(姉妹艦)[명] 같은 유형의 군함 두 척. 《유》 자매선. sister ship

자매 회:사(姉妹會社)[명] 서로 같은 목적과 정신을 가지고 운영되는 밀접한 관계에 있는 두 회사.

자맥(自脈)[명] 자기가 자기 맥을 보아 병을 진찰하는

자매-질(약)[명]→무자매질. ┌일. self-pulse

자:면(赭面)[명] 붉어진 얼굴.

자멸(自滅)[명] ①자연히 멸망함. natural decay ②제 탓으로 멸망함. self-ruin 하다 ┌pt

자멸(自蔑)[명] 스스로 자기를 업신여김. self-contem-

자멸-적[一的](自滅的)[명] 사시 스스로 멸망되는 (것). ┌제가 망하게 될 꾀. suicidal policy

자멸-책(自滅策)[명] 잘 한다는 게 도리어 잘못 되어

자명(自明)[명] ①설명하거나 증명하지 않아도 저절로 알 만큼 명백함. ②자신의 주관(直觀)에 의하여 분명히 함. self-evidence 하다

자명(自鳴)[명] ①저절로 소리가 남. ringing automatically ②제풀에 울거나 울림. ringing of itself 하다

자:명(藉名)[명] 이름을 빙자함.

자명-고(自鳴鼓)[명] 적이 침입하면 저절로 울렸다는 낙랑(樂浪) 시대에 있었다면 북.

자명-금(自鳴琴)[명] 〈동〉 자명악(自鳴樂). [소.

자명-소(自明疏)[명] 자기의 무죄를 스스로 변명하는 상

자명-악(自鳴樂)[명] 태엽의 힘으로써 소리가 저절로 나게 만든 악기(樂器). 자명금(自鳴琴). 오르골. automatic musical instrument

자명-종(自鳴鐘)[명] 맞추어 놓은 때가 되면 제 스스로 소리를 내어서 시간을 알려 주는 시계. 좌종(坐鐘). 괘종(掛鐘). 《약》 종(鐘)③. alarmclock

자모(子母)[명] 아들과 어머니. 모자(母子). mother and son

자모(字母)[명] ①철음(綴音)의 근본이 되는 글자. alphabet ②한자의 절음(切音)을 말할 때에. '見·非' 등. 낱자!. 어미자(字). ③[동] 모형(母型).

자모(自侮)[명] 스스로 자기를 업신여김. 자기가 자기를 모욕함. selfcontempt 하다

자모(姉母)[명] 누이와 어머니. (대) 부형(父兄).

자모(姿貌)[명] 얼굴 모양. 얼굴 모습.

자모(慈母)[명] ①사랑이 많은 어머니. (대) 엄부(嚴父). loving mother ②어머니 여읜 뒤에 자기를 길러 준 서모(庶母). 팔모(八母)의 하나임. step-mother

주모[교] 자못. [who brought one up

자-모듬(字-)[명] 글자를 외느라고, 여러 글자를 되는 대로 모아 가지고 말을 만듦. 자찾음②.

자모-순(字母順)[명] 자모의 배열 순서. 가나다순이나 ABC 등. alphabetical order [and vowels

자모-음(子母音)〈어학〉자음과 모음. consonants

자모-자(子母字)〈어학〉자음 문자(子音文字)와 모음 문자(母音文字).

자모-전(子母錢)[명] 변리돈. 곧, 밑천와 변리.

자모 정식(子母定式)[명] 변리가 원금을 안 되도록 정하는 일정한 방식. [이내로 정한 이율(利率).

자모지-례(子母之例)[명] 1년간의 변리를 원금의 2할

자모-회(姉母會)[명] 유치원·초등 학교 아동의 어머니들로 돌자주적인 모임. mother's association

자목(字牧)[명] 고을의 수령(守令)이 백성을 사랑으로 다스림.

자-목련(紫木蓮)[명]〈식물〉목련과의 낙엽 활엽 관목. 높이 약 3m 가량으로 봄에 홍자색 꽃이 피고 가을에 골돌과(袴葖果)이 익음. 중국 원산으로 흔히 절에 심음.

자못 생각보다 훨씬. 퍽이나. 무던히. ¶국민들은 교육 개혁 심의에 ~ 기대가 크다. very

자문(自刎)[명] 스스로 목을 찔러 죽음. 자경(自剄). beheading oneself 하다

자문(自問)[명] 제 자신에게 물음. asking oneself 하다

자문(刺文)[명·동] 문신(文身). 자자(刺字). 하다

자문(諮問)[명] 남에게 의견을 물음. (대) 결의(決議). consultation 하다

자문-감(紫門監)[명]〈제도〉대궐 안의 영선(營繕)·공작(工作) 따위를 맡아보던 선공감(繕工監)의 한 직(職所).

자문 기관(諮問機關)[명] 어떤 조직체에서 집행 기관의 자문에 대하여 답신(答申)하는 일을 맡아보는 기관. advisory organs [oquy 하다

자문 자답(自問自答)[명] 제가 묻고 제가 대답함. solil-

자문-죽(自紋竹)[명] 아롱진 무늬가 있고, 담뱃대로 흔히 쓰이는 중국산 대나무. 자절죽. [이.

자문-지(咨文紙)[명] 중국과 왕복하는 문서를 쓰던 종

자물-단추(-緞)[명] 장방형·타원형으로 된 압단추의 구멍에 수단추의 머리를 꿰게 된 단추. press-botton

자물-쇠[-쇠][명] 여닫게 된 물건에 채워서 열지 못하게 잠그는 쇠. 자물통. 쇄(鎖)쇠. lock

자물쇠-청[-쇠-][명] 자물쇠의 가장 중요한 부분인

자물-통(-筒)[명·동] 자물쇠. [낟름쇠. tumbler

자뭇쇠[명] (고) 자물쇠.

자-미(紫薇)[명]〈식물〉백일홍. 「hment ②[원]→재미.

자미(滋味)[명] ①영양이 많고 맛이 좋은 음식. nouris-

자미(髭尾)[명] 홀쇠.

자미-궁(紫薇宮)[명·동] 자미원(紫薇垣).

자미-사(紫紗)[명] 웃감의 하나.

자미-성(紫薇星)[명]〈천문〉북두 칠성의 동북쪽에 15개로 벌어져 있는 별.

자미(粢米-)[명]〈동〉동남중. ②음력 섣달 대목이나 정월 보름에 아이들의 복을 빌어 준다고 쌀을 얻으러 다니는 중. 자미승.

자미-원(紫薇垣)[명]〈천문〉삼원(三垣)의 하나인 성좌(星座). 북극의 소웅좌 부근에 있으며, 천제(天帝)가 거처하는 곳으로 일러 내려옴. 자미궁(紫薇宮).

자미-중(粢米-)[명]〈동〉자미승.

=주·붕[어미][교] =자오.

=주·붕·니[어미][교] =자오니.

자바라(啫哱囉)[명] 인도서 들어왔다는 놋쇠로 만든 둥글넓적하고 배가 불룩한 타악기. small cymbals

자바라-수(啫哱囉手)[명] 취타수(吹打手)의 하나. 자바라를 치던 사람.

자-바리[명]〈어류〉농어과의 바닷물고기. 연안성 어종. 길이 약 6 cm이며 암자갈색. 식용됨.

=주·붕·시·니[어미][교] =자오시니.

자바 원인(Java 猿人)[명] 19세기 말에 자바 섬에서 발견된 원시인. 이들이 살던 시대는 제4기 홍적세(洪積世) 전기로 추정됨. pithecanthropus erectus

자박(-石)[명] 사금광에서 캐낸 생금의 큰 덩어리. nugget of gold [sound of soft steps

자박[감] 가만히 내어 딛는 발자국 소리. (큰) 저벅.

자박(自縛)[명] ①스스로 제가를 묶음. ②스스로 자기한 의견에 자신이 구속됨. ¶자승(自繩) ~. binding oneself 하다

자박-거리다[자] 가만가만 가벼운 발걸음으로 걷다. (큰) 저벅거리다. **자박=자박**[부] 하다

자-반(佐飯)[명] 생선을 소금에 절인 반찬. 굴비·암치. 어란(魚卵) 따위. salted fish

자-반(紫斑)[명] 출혈로 말미암아 피부 조직 중에 나타난 자줏빛 멍. purple spot [일.

자-반(紫癜)[명] 상처가 나아도 아직 자줏빛 흔적이 남

자-본것[교] 연장. 쟁기. 그릇.

자반-뒤지기(佐飯-)[명]〈체육〉씨름할 때 자기가 뒤로 몸을 뒤엎어 상대를 넘기는 재주.

자반-뒤집기(佐飯-)[명] 병으로 피로워서 엎치락뒤치락하는 것. ¶~ writhing in agony 하다

자반-병[-뼝](紫斑病)[명]〈의학〉살갗이나 살갗 조직에 자줏빛 반점을 이루고 피가 모이어 점막이나 내장에 피가 나는 흔한 병. 자줏빛 무늬병. purpura

자반-열[-녈](紫斑熱)[명] 말에 특유한 전염병. 피부나 점막에 혈반(血斑)이 생기고 발열하여 헐.

자반-처(自反處)[명] 제 스스로 돌이켜 살필 점.

자발(自發)[명] 스스로 일어남. 자진(自進). ¶~적인 행사. spontaneity 하다

자-발머리-없다:-**다**[形] 자발없다. **자·발머리-없이**[부]

자발-성[-썽](自發性)[명] 자발적인 성질이나 특성. spontaneity [자발-없이[부]

자발-없다:-**다**[形] 참을성이 없이 행동이 가볍다. rash

자발-적[-쩍](自發的)[명] 스스로 나아가 행하는 (것). voluntary

자발적 실업(自發的失業)[명] 일할 의사(意思)와 능력을 가지고 있으나 현행(現行)의 임금(賃金)으로는 너무 싸다고 하여 일하지 아니하는 실업의 한 형태.

자밤[의] 양념이나 나물 따위를 손가락 끝으로 집을 만한 분량. ¶한 ~. 두 ~. pinch [pinch

자밤-자밤[부] 한 자밤 한 자밤씩 집는 모양. pinch by

자방(子方)[명] 이십사 방위의 하나. 정북(正北)을 중심으로 한 좌우 15도(度)의 방위. (약) 자(子)②. Direction of the north

자방(子房)[명]〈동〉씨방.

자방(恣放)[명] 방자(放恣). 하다

자방(瓷房)[명] 훼방(毁謗). 하다

자방-병(子房病)[명] 씨방자루.

자방-충(蚜虫蟲)[명]〈곤충〉메루.

자배기[명] 둥글넓적하고 아가리가 쩍 벌어진 질그릇. deep round pottery bowl

자백(自白)[명] ①스스로의 죄를 고백함. confession ②〈법〉소송상(訴訟上) 자기에게 불리한 일정 사실(是認)함. 또, 범죄 사실 따위를 하는 표시. 권리 자백과 보통 자백으로 나눔. admission 하다

자벌(自伐)[명] 자기의 공을 드러내어 자랑함. praising one's own merits 하다

자ː벌레 〈곤충〉 자벌레나방의 유충(幼蟲). 흉부에 세 쌍, 복부에 한 쌍의 발이 있으며 마치 손뼘으로 길이를 재는 모양으로 김. 몸은 가늘고 길며 나뭇잎 등 넓음. 각종 식물의 해충임. 척확아(尺蠖蛾). 보굴충(步屈蟲). loopworm

자벌레나방 〈곤충〉 인시류(鱗翅類)의 자벌레나방과의 하나.

자법(子法) 다른 나라의 법들을 받아 잇거나 본떠서 만든 법률. (대) 모법(母法).

자벽(自辟) ①장관이 자기의 뜻대로 관원을 임명함. ②회장이 뜻대로 어떤 임원을 지명함. ¶ 임시 임원은 의장의 ∼에 맡긴다. appointment at one's own discretion 하다

자벽=과(自辟窠) 〈제도〉 장관의 자벽으로 시키는 벼슬 자리.

자변(自辨) 자기가 마련함. 자기가 치름. 자판(自辦). paying one's own expenses 하다

자·변=수(自變數) 〈동〉 변수. [함. 하다]

자연 첩지(自爾捷摯) 천성이 능변하고 행동이 민첩

자별-하다(自別—) ①친분이 남보다 특별하다. extraordinarily cordial ②조절로 서로 다르다. naturally different from others 자별-히

자복(子福) ①자식을 많이 둔 복. being blessed with many children ②자식을 두어서 얻는 복. happiness from having children

자복(自服) 범죄 사실을 스스로 고백하고 항복함. 또는 복종함. confession 하다

자복(雌伏) ①새의 암컷이 수컷에게 복종한다는 뜻에서, 남에게 복종함을 이름. stoop to conquer ②세상을 물러나서 숨음. (대) 웅비(雄飛). living secluded life 하다

자ː본(資本) ①영업의 바탕이 되는 돈. 밑천. ②업을 시작할 때 출자한 돈. 영업 활동에서 부채를 상환하게 되면 그 금액만큼의 자산이 감소하게 되므로, 그 기업의 순자산이 얼마인가를 알려면 자산의 총액에서 부채의 총액을 차감한 잔액을 말함. ③이윤을 위하여 쓸 재화. 잉여 가치의 생산으로써 증식하는 화폐. capital

자ː본-가(資本家) 이익을 볼 목적으로 사업에 자본을 대거나, 기업을 경영하여 노동자를 고용·사역하는 사람. 화폐 자본가 기능 자본가로 나눔. 자본주. 부르조아. capitalist

자ː본가 계급(資本家階級) 〈사회〉 생산 수단을 소유하고 품삯을 주고 노동자를 고용하여 이윤을 얻는 계급. 부르주아지. (대) 노동자 계급. (약) 자본 계급(資本階級). capitalist class

자ː본가 단체(資本家團體) 〈경제〉 자본가가 생산비 저하·판로 확장·자금 유통·가격 협정 등에 관하여 상호 연락을 취하기 위하여 결성된 단체.

자ː본 감정(資本勘定) 〈경제〉 자본에 투자되어 있는 화폐액을 나타내는 감정.

자ː본 기ː래(資本去來) 〈경제〉 상품 거래에 대하여, 자금의 대차·유가 증권의 매매·자본의 투자 따위의 거래. capital transactions

자본 계급(資本階級) 〈약〉 자본가 계급.

자ː본 계ː수(資本係數) 〈경제〉 생산 시설·원자재 등 투하(投下) 자본 전량의 생산량에 대한 비율.

자ː본 계ː정(資本計定) ①광의로는 자기 자본의 또는 실제 재산의 증감을 기록하는 모든 계정의 총칭. ②협의로는 결산이 끝난 후 실제 재산액을 나타내는 계정. capital account

자ː본 과세(資本課稅) 국가의 과대한 지출을 보충하기 위하여 재산에 대하여 부과시키는 세금. capital levy

자ː본 구성(資本構成) 〈경제〉 하나의 자본을 구성 면에서 본 이론. 가변(可變) 자본과 불변 자본의 비율을 말함. capital composition

자ː본-금(資本金) 〈경제〉 사업을 시작할 때에 출자한 사업주의 출자액. 영업 활동에서의 순재산액. 밑천. ¶∼ 계정(計定). share capital

자ː본 도피(資本逃避) 정치적·경제적 불안 또는 금본위 정지 등으로, 한 나라 안의 화폐 가치가 떨어질 기미가 있을 때, 자본이 그 나라를 떠나서 다른 나라로 옮겨지는 일. flight of capital

자ː본 수출(資本輸出) 〈경제〉 일국의 자본가가 잉여 가치를 얻으려고 외국의 기업에 투자하는 일. export of capital

자ː본 시ː장(資本市場) 〈경제〉 기업의 창설·확장·개량 등을 위하여 비교적 장기간에 걸친 자본의 신용 거래가 행하여지는 시장. 유가 증권(有價證券)의 발행에 의하여 장기 자금을 조달하는 발행 시장과, 이미 발행된 증권의 매매·유통을 매개하는 증권 거래소로 이루어짐. capital market

자ː본-액(資本額) 자본금의 액수.

자ː본 예ː산[—녜—] (資本豫算) 〈경제〉 기업의 장기(長期)에 걸친 장래의 자본 지출 활동을 예산의 형태로 나타낸 것.

자ː본 유통(資本流通) 〈경제〉 자본주의 생산에서, 화폐 자본이 생산 자본으로 되었다가 도로 화폐 자본으로 전화하는 유통 현상.

자ː본 이ː자세(資本利子稅) 〈경제〉 자본의 투자로 생기는 이자에 대하여 자본 소유자에게 부과하는 조세(租稅).

자ː본-재(資本財) 〈경제〉 소비재의 생산에 이바지하는 물건 중 토지를 제외한 것의 총칭. capital goods

자ː본적 제ː국주의(資本的帝國主義) 제 나라의 자본의 세력으로써 다른 나라를 경제적으로 굴복시키려는 경제적 침략의 예. capitalistic imperialism

자ː본-주(資本主) 자본을 대는 사람. 자본가(資本家).

자ː본-주의(資本主義) 〈경제〉 자본이 경제상의 중심 세력이 되어 무한히 이윤을 얻으려는 사회 체도. (대) 사회주의(社會主義). capitalism

자ː본주의 경제(資本主義經濟) 〈경제〉 자본 계급의 이윤을 보게 함을 목표로 하여, 자유 활동에 따라서 조직된 경제. capitalistic economy ≒ 국가.

자ː본주의 국가(資本主義國家) 자본주의 체제에 있는 국가.

자ː본주의=적(資本主義的) 자본주의에 바탕을 두는 (것), 자본주의에 말미암은 (것).

자ː본주의적 생산(資本主義的生産) 〈경제〉 최고로 발달한 상품 경제를 특징으로 한 생산 양식. (대) 단순 상품 생산(單純商品生産). capitalistic production

자ː본 준ː비금(資本準備金) 〈법률〉 주식 회사 및 유한 회사가 법률에 의하여 적립하여야 할 준비금. legal reserve

자ː본 증권[—꿘] (資本證券) 주권·공채 증서·금융 채권·사채권 등과 같이 이자 또는 수익에 대한 청구권을 표시한 유가 증권.

자ː본 축적(資本蓄積) 〈경제〉 잉여 가치의 일부를 자본에 넣어서, 생산 규모를 확대하는 일, accumulation of capital

자불-기(自—) ①자로 때리는 볼기. ②아내에게 나무람을 듣고 매를 맞는다고 조롱하는 말.

자불기 맞겠다(自—) 무슨 잘못으로 인하여 아내에게 굴복시키는 일이 있어 자기에게도 맞겠다고 조롱하는 말.

자봉(自奉) 제 몸을 스스로 보전함. self-preservation 하다

자봉(雌蜂) 벌의 암컷. 암벌.

자봉-침(自縫針) → 재봉틀.

자봉-틀(自縫—) → 재봉틀.

자부(子部) 중국 서적을 사부(四部)로 나눈 것의 하나. 유가(儒家)·병가(兵家)·법가(法家)·도가(道家)·석가(釋家)·기예·술수(術數) 등의 서적과 소설·유서(類書) 등이 속함. 병부(丙部).

자부(子婦) 며느리. daughter-in-law

자부(自負) 스스로 제 가치나 능력을 믿음. self-conceit 하다

자부(慈父) ①자애(慈愛) 깊은 아버지. ②아버지가 자식을 답게 이르는 말.

자부락-거리다 실없이 장난삼아 가만히 있는 사

자부심 남을 자꾸 건드려 괴롭게 하다. 《준》지부럭거리다. tease 자부락-라〖부라〗하다재

자부-심(自負心)명 자부하는 마음. self-confidence
자부지명 쟁기의 손잡이. handle of plow
자-북극(磁北極)명 〈물리〉지구의 북극 가까이 있는 자극(磁極). 〈대〉자남극(磁南極).
자분(自噴)명 온천·석유 등이 저절로 뿜어 나옴. 하다자
자분-자분 ⓐ①성질이 온순하고 침착한 모양. meekly ②부드러운 물건이 씹히는 모양. 《큰》 저분저분. soft and easy to chew 하다형
자분-정(自噴井)명 지하의 원유(原油)가 가스의 압력으로 자연히 지표(地表)로 뿜어 나오는 유정(油井). 분유정(噴油井).
자분 채-유(自噴採油)명 자분정에서 석유를 채유하는 일.
자분-치명 귀 앞의 짧은 머리.
자불(自不)명〈제도〉과거 때 강서과(講書科)에 응시한 사람이 해답을 못할 때에 자기의 성명 위에 불(不)자를 쓰도록 시험관에게 청하던 일.
자불(瓷佛)명 도자기로 만든 불상.
자비 가마 따위 탈것의 총칭. portable conveyance
자비(自卑)명 ①스스로를 낮춤. humility ②낮은 데서부터 시작함. 하다자
자비(自備)명 스스로 준비함. preparation for oneself
자비(自費)명 자기가 내는 비용. one's own expense
자:비(煮沸)명 펄펄 끓음. 펄펄 끓임. boiling 하다자
자비(慈悲)명 ①사랑하고 가엾게 여김. ¶~를 베풀다. ②〈불교〉부처나 보살이 중생에게 복을 주어서 괴로움을 없앰. mercy 스펠 스레미
자비-량(自費糧)명 양식 등을 스스로 갖춤. 하다자
자비-롭다(慈悲-)혱〖ㅂ불〗자비스러운 데가 있다. 자비-로이 튄
자비-생(自費生)명〈생급〉자비로 공부하는 학생. 〈대〉급비생(給費生). nonscholarship student
자:비 소독(煮沸消毒)명 끓임 소독.
자:비 소독법(煮沸消毒法)명 물체를 펄펄 끓는 물 속에 넣어 살균하는 방법.
자비-심(慈悲心)명 사랑하고 가엾게 여기는 마음. 자심(慈心). 자비지심(慈悲之心).
자비-옷(慈悲-)명〈불교〉'가사(袈裟)'의 별칭.
자비인욕(慈悲忍辱)명〈불교〉중생이 반드시 지켜야 할 도리인 자비와 인욕. 또, 보살이 중생을 구제하기 위하여 자비심으로 고난을 참고 견디는 일.
자비-지심(慈悲之心)명〔동〕자비심(慈悲心).
자비 출판(自費出版)명 자비에 의한 출판. 저자가 책을 무료로 내어 출판하는 일. publication on one's own account 하다타
자빗-간(一間)명 흔히 곳간을 말함. 승교(乘轎)를 두는 곳.
자빠-뜨리-다태 뒤로 잦히어서 넘어지게 하다. throw down 이 되다
자빠져도 코가 깨진다된 안 되는 사람은 뜻밖의 불행한 일에서 따로 떨어져 나간다. breaking away lie down
자빠-지-다자 ①넘어지다. fall on one's back ②함께 하는 일에서 따로 떨어져 나가다. breaking away lie down
자빡 결정적인 거절. 납백(納白). flat refusal
자빡-계(一契)명 계알이 빠져서 돈을 타먹는 동시에 곧 탈퇴되게 마련한 계. 산통계(算筒契)의 하나.
자빡-대:-다태 아주 딱 잡아떼어 거절하다. refuse flatly
자빡-맞-다[-맏-]재 아주 거절을 당하다. be flatly refused
자빡-뿔명 뒤틀려 잦혀진 쇠뿔. cattle's horn turning backward
자뿌룩-하-다혱〖여블〗좀 어긋나다. somewhat dissatisfied
자-사(子史)명 제자(諸子)의 글과 역사. 중국의 서적 분류상의 용어.
자사(子舍)명〔동〕자제(子弟). ②〈제도〉각 고을의 원의 아들이 거처하던 곳.
자사(自肆)명 제멋대로 함. 하다자
주:사(口)명 사후(死)-. 「져 있는 것. 하다자
자사-받기명 윷을 던져서 손등으로 받고, 다시 치면.
자산(資產)명 ①개인 또는 법인이 소유하는 토지·건물·기구·금전 등의 총칭. 재산(財產)①. property

②소득을 축적한 것. wealth ③금전으로 환산할 수 있는 적극적 재산. 유형·무형의 유가물로서 부채의 담보로 할 수 있는 것. 〈대〉부채(負債). assets
자산-가(資產家)명 재산이 많은 사람. 금만가(金萬家). wealthy man 「대한 계정. assets account
자:산 계:정(資產計定)명〈경제〉적극 재산의 자산에
자:산 동:결(資產凍結)명〈경제〉자산의 처분 이동을 제한·금지하는 조치(措置). freezing of assets
자:산-세(資產稅)명 재산세(財產稅)
자:산 재:평:가[-까](資產再評價)명〈경제〉적정한 감가 상각(減價償却)을 행하기 위하여, 고정 자산의 장부 가격을 시가(時價)로 고쳐 평가하는 일. 《준》재평가②. revaluation of property
자:산-주(資產株)명〈경제〉가치 폭락의 염려가 적으며 자산으로서 보유하기에 적합한 견실(堅實)주식. assets stock
자:산 평:가[-까](資產評價)명 재산 목록·대차 대조표에서 자산에 시가(時價)를 매기는 일. valuation of property
자살(自殺)명 스스로 제 목숨을 끊음. 자폐(自斃). 자해(自害)①. 〈대〉타살. suicide 하다자
자:살(刺殺)명〔동〕척살(刺殺). 하다타
자살 교:사죄[-죄](自殺敎唆罪)명〈법물〉자살 방조·자살 교사(敎唆)에 의하여 성립되는 죄.
자살 교:사:죄[-죄](自殺敎唆罪)명〈법물〉자살의 의사가 없는 이에게 협박·유혹·모욕 등의 방법으로써 자살하게 한 죄.
자살 방조죄[-죄](自殺幇助罪)명〈법물〉자살의 의사가 있는 이에게 유형·무형의 편의를 주어 자살하게 함으로써 성립하는 죄. 「기 목숨을 끊는 사람.
자살-자[-짜](自殺者)명 자살하는 사람. 스스로 자
자상(仔詳)명 자세하고 찬찬함. 상세(詳細). 세밀(細密). 자세(仔細). 〈대〉미상(未詳). details 하다형 스펠 스레미 하다
자상(自傷)명 일부러 제 몸에 상처를 입혀 해침.
자:상(刺傷)명 칼 따위의 기물에 찔린 상처. stab
자상 달하(自上達下)명 위로부터 아래에까지 미침. 〈대〉하달 상상(下達上上). from top to bottom 하다자
자상 처:분(自上處分)명 상관으로부터 내리는 지휘 명령. 「행위. crippling oneself
자상 행위(自傷行爲)명 스스로 자기 몸을 상해하는
자새 새끼를 비바 꼬는 데 쓰거나 실을 감는 데 쓰는 작은 얼레. small reel
자새-질명 줄을 드리며고 자새를 돌리는 일. reeling
자색(自色)명 광물 고유의 빛깔. 진색(眞色). original colour
자색(姿色)명 여자의 고운 얼굴. beautiful face
자:색(紫色)명 자줏빛. 〈예〉자(紫). purple
자:색(赭色)명 붉은 흙과 같은 검붉은 빛.
자:-색금(紫色金)명 금 78%와 알루미늄 22%의 비율로 만든 합금. 「생(子年生).
자생(子生)명 자년(子年)에 난 사람을 일컬음. 자-
자생(自生)명 ①저절로 남. ②〈생물〉자연으로 생겨남. 〈대〉타생(他生). spontaneous generation 하다자
자생(資生)명 어떤 직업을 갖고 그것으로 하여 살아나가 living. making a living 하다자
자생 식물(自生植物)명〈식물〉산야에 저절로 나는 식물. self-sown plants
자생-적(自生的)명 자연히 발생하여 자연히 제지(制止)되는(것). ¶~ 관념(觀念). spontaneous, natural 「문. author's preface
자서(自序)명 자기가 짓거나 엮은 책에 제가 쓰는 서
자서(字書)명 ①〔동〕자전(字典). ②〔동〕사서(辭書).
자서(自書)명 자필로 적음. 자필(自筆). 〈대〉대서(代書). 하다타 「own story 하다타
자서(自敍)명 제 일을 제가 진술함. writing one's
자서(自署)명 자기 스스로 서명함. 수서(手書)②. 서(手署). 〈대〉대서(代書). ②〈법률〉문서의 작성자가 스스로 그 성명 또는 상호(商號)를 적는 일.

autograph 하다다.
자서 문학(自敍文學)명 〈문학〉자기의 지난 일을 문학적으로 서술한 글. autobiographical literature
자서-전(自敍傳)명 자기가 쓴 자기의 전기. 《약》자전(自傳). autobiography 〔것〕. 자서전과 비슷함.
자서전-적(自敍傳的)명 자서전과 같은 의미를 지닌.
자서 제:질(子壻弟姪)명 아들과 사위와 아우과 조카.
자석(字釋)명 자의(字義)를 해석하는 일.
자:석(紫石)명 ①〈약〉→자석영(紫石英). ②안정(眼睛)을 형용하 이르는 말. ③벼루의 별칭.
자석(磁石)명 ①〔동〕자철광(磁鐵鑛). ②철을 끌어당기는 성질이 있는 물체. 천연적으로는 자철광이 있고 인공적으로는 강철을 자화(磁化)하여 만드는데 영구 자석과 전자석이 있음.
자석(赭石)명 ①〈약〉→대자석(代赭石). ②붉은 돌.
자석-강(磁石鋼)명 강한 인공(人工) 자석을 만들기 위한 특수 강철. 〔동〕자철광(磁鐵鑛).
자석-광(磁石鑛)명 〔광물〕①자석을 파내는 광산. ②
자석-반(磁石盤)명 방위를 재는 데 쓰는 기계.
자석-식(磁石式)명 자석을 이용하는 방식. compass
자석식 전:화기(磁石式電話機)명 통화할 때마다 핸들을 돌려 신호 전류를 발생시켜 교환수를 불러내는 식의 전화기. magnet telephone set
자:-석영(紫石英)명 〈광물〉자색의 수정. 자수정(紫水晶). 《약》자석(紫石)①. amethyst
자석 전:령(磁石電鈴)명 교류(交流)에 의하여 울리는 전령. 영구(永久) 자석을 사용하여 전자석의 철심(鐵心)에 자극(磁極)을 접촉하는 것임. magneto-bell
자선(自選)명 ①자기가 자기를 선정함. self-nomination ②자기의 작품을 자기가 골라 뽑음. self-selection 하다
자선(慈善)명 ①선의를 베풂. 구조함. philanthropist ②불행·재해(災害) 등으로 자활할 수 없는 사람을 도와 줌. charity 하다
자선-가(慈善家)명 ①자선 사업을 하는 사람. ②남에게 은혜를 베풀어 착한 일을 하는 사람. charitable person
자선 냄비(慈善—) 구세군에서 연말 등에 어려운 사람을 돕기 위해 거리에 베풀어 놓고 행인들의 희사를 바라는 노. 또, 그 일. charity pot
자선 단체(慈善團體)명 자선 사업을 하기 위하여 설립한 단체.
자선 병:원(慈善病院)명 주로 공공 단체가 자선의 목적으로 설립한 병원. 자혜(慈惠) 의원. charity hospital
자선 사:업(慈善事業)명 도덕적·종교적 동기에 입각하여 고아·노약자·병자·빈민 등의 구조를 목적으로 하는 공공 사업. charitable work
자선-시(慈善市)명 바자(bazaar).
자선-심(慈善心)명 불쌍한 사람에게 은혜를 베풀어 착한 일을 하려는 마음. benevolent mind
자선 행위(慈善行爲)명 불쌍한 사람을 도와 주는 일. charity
자선-회(慈善會)명 ①자선 사업 자금을 얻기 위해 유료 흥행(有料興行)을 하거나 물건을 파는 회. ②자선 사업을 목적으로 하는 단체의 일반적인 호칭. charity society
자설(自說)명 자기의 의견을 주장하는 논설. one's own view
자성(子姓)명 〔동〕후손(後孫).
자성(自性)명 《약》→자성 본불(自性本佛).
자성(自省)명 스스로 반성함. 《원》자기 반성. self-examination 하다
자성(觜星)명 〈천문〉28 수의 하나. 대설(大雪)의 밤, 중천에 나타나는 마늘모꼴의 세별.
자성(雌性)명 〈생물〉난자나 대배우자를 형성하는 성질. 또, 이에 부수되는 형태·생리 따위를 일컬음. 《대》웅성(雄性). female
자성(資性)명 〔동〕자질(資質). 천성(天性).
자성(慈聖)명 임금의 어머니. 자전(慈殿).

자성(磁性)명 〈물리〉자기(磁氣)를 띤 물체가 나타내는 성질. 강자성체를 끌어당기거나 자석에 끌리는 성질. magnetism
자성 본불(自性本佛)명 〈불교〉본래부터 갖추어 있는 고유의 불성(佛性). 《약》자성(自性).〔鐵〕.
자성 산화철(磁性酸化鐵)명〔동〕사삼산화철(四三酸化
자성 일가(自成一家)명 제 스스로의 힘으로 일가(一家)를 이룸. developing style of one's own 하다
자성-체(磁性體)명 〈물리〉자계(磁界)에 놓으면 자화(磁化)하는 물체. magnetic substance
자세(子細·仔細)명 주의가 썩 잔 것이라든지 속속들이 미처 빠짐이 없음. 자상(仔詳)·상세(詳細). minuteness 하다 히
자세(姿勢)명 ①몸을 가지는 모양이나 태도. ②비유적으로, 사물을 대할 때 가지는 마음가짐이나 태도. ¶공부하는 ~. posture
자세(藉勢)명 자기나 남의 세력을 빙자하여 의지함. relying upon one's connections 하다
자:-세:포(刺細胞)명 〈동물〉강장 동물(腔腸動物)의 내외 표피(表皮)속에 있는 특유한 세포. 자극에 감응하고 독물을 분비하여 음식물을 잡아먹는 구실을 함. 바늘 세포. 자포(刺胞).
자소(自少)명 《약》→자소시(自少時).
자소(自訴)명〔동〕자수(自首). 하다
자:소(紫蘇)명 〔동〕차조기. 〔동〕소엽(蘇葉).
자소-로(自少—)명 《약》→자소 이래로.
자소-시(自少時)명 젊고 어렸을 때부터. 《약》자소(自少). one's boyhood
자소 이:래로(自少以來—)명 젊고 어렸을 때부터 이제까지. 《약》자소(自少)로. since one's childhood
자손(子孫)명 ①아들·손자·증손·현손 및 후손. ②아들과 손자. 씨³④. 《대》선조(先祖). 조상(祖上). sons and grandsons 〔동〕후손(後孫).
자손-계(子孫計)명 자손을 위하여 하는 계획.
자손 만대(子孫萬代)명 자손의 여러 대. 자자 손손(子子孫孫). 대대 손손(代代孫孫).
자손 신신(子孫愼愼)명 자손이 많고 서로 화합(和合)함. 하다 ¶하는 일.
자손 행위(自損行爲)명 스스로 제 법익(法益)을 손상하는 일.
자수(子手)명 자기의 손. 자기 혼자의 노력 또는 힘. one's own efforts 〔to death 하다
자수(自水)명 스스로 물에 빠져 죽음. drown oneself
자수(自守)명 말이나 행실을 스스로 조심하여 지킴. 하다
자수(自首)명 죄를 범한 사람이 자진하여 관헌에 범죄 사실을 신고함. 자현(自現). 자소(自訴). self-surrender 하다
자수(自修)명 ①스스로 몸이나 학문을 닦음. 독학. ¶영어 ~ 독본. self-study ②자체에서 하는 소리. ¶자습(自習) ~. 하다
자:-수[쑤](字數)명 글자의 수. number of letter
자:수(刺繡)명 수를 놓음. 또, 그 수. 수놓기. 수자(繡刺). 수문(繡紋). embroidery 하다
자수(雌穗)명 암이삭. 《대》응수(雄穗).
자수(髭鬚)명 입 위의 수염과 턱 아래의 수염. moustache and beard
자수 농업(自手農業)명 스스로의 힘으로 경영하는 농
자수-로(自手—)명 제 손으로. 〔하다
자수=수립(自樹立)명 제 힘으로 일의 기초와 공을 세움.
자수 삭발(自手削髮)명 ①제 손으로 제 머리털을 깎음. shaving one's own hair ②어려운 일을 제 힘으로 감당함의 비유. dispose for oneself ③〈불교〉제 뜻으로 머리를 깎고 중이 됨. 하다
자수 삭발 못한다 남의 도움 없이 저 혼자의 힘만으로는 살아가기 어렵다.
자수 성가(自手成家)명 물려받은 재산이 없는 사람이 제 힘으로 한 살림을 이룩함. making one's own fortune 하다
자:-수정(紫水晶)명 〔동〕자석영(紫石英).

자수=하-다(自─)자 《속》 자살(自殺)하다.
자숙(自肅)명 몸소 삼감. self-discipline 하다
자숙 자계(自肅自戒) 스스로 삼가고 경계함. self-control 하다
자:순(諮詢)명 윗사람이 아랫 사람에게 의논함. 하타
자스민(jasmine)명 말리(茉莉).
자슬(慈膝)명 부모의 슬하.
자습(自習)명 스스로 배워 익힘. 자학(自學). study 하다
자습-서(自習書)명 스스로 습득할 수 있게 만든 책. 참고서(參考書). ¶산수 ~. 영어 ~. key
자승(自乘)명 《수학》 '제곱'의 구용어. 제곱. square
자승(自勝) ①자기가 남보다 나은 줄로 여김. self-conceit ②욕심을 스스로 억누름. self-denial 하다
자승-근(自乘根)명 《수학》 '제곱근'의 구용어. square root
자승-멱(自乘冪)명 《수학》 '제곱멱'의 구용어. 제곱멱.
자승-비(自乘比)명 《수학》 '제곱비(比)'의 구용어.
자승-수[─쑤](自乘數)명 《수학》 '제곱수'의 구용어. square number
자승 자박(自繩自縛) 제 마음에서 언행으로 제가 옴쭉 못 하게 옭혀 듦. 곧, 자기의 행동으로 말미암아 자기가 괴로움을 받게 된다는 뜻. 하다
자승지-벽(自勝之癖) 제가 남보다 낫다고 여기는 버릇. habit of self-conceit
자시(子時)명 《민속》 ①십이시의 첫째 시. 밤 11시부터 오전 1시까지의 사이. ②이십사시의 첫째 시. 《약》 자(子)⑤. hour of Rat
자시(自是)명 제 의견만 옳게 여김. 하다
자시(自恃)명 ①무슨 일이 그러려니 하고 저 혼자 속으로 믿고 곁에 드러냄. self-assurance ②자기의 능력·가치를 믿음. 《유》 자부(自負)하다.
자:시-다타 《공》 먹다. eat
자시지-하(慈侍下)명 아버지는 죽고 어머니만 모시고 있는 처지. 편모 시하(偏母侍下). 《대》 엄시하(嚴侍下). living with one's mother
자식(子息)명 ①아들과 딸의 총칭. one's child ②'놈'보다 낮추어 욕하는 말. ¶빌어먹을 ~.
자식(滋殖)명 재산이나 가축 따위를 불리어 늘임. production 하다
자식 둔 골은 범도 돌아본다족 사나운 짐승도 제 자식을 귀여워하는 사람이야 더 말할 나위가 없다.
자식-배:-다(子息─)자 아이 배다.
자식 새끼(子息─)명 《속》 자식(子息)①. my son
자식은 내 자식이 커 보이고 벼는 남의 벼가 보인다족 자식은 제 자식이 좋게 보이지만, 재물은 남의 것이 더 좋게 보인다. self
자신(自身)명 자기. 제 몸. 기신(己身). 자체(自體).
자신(自信)명 자기의 능력이나 가치 또는 어떤 일의 보람에 대하여 스스로 믿음. 《유》 자부(自負). 포부. self-confidence 하다
자신(自新)명 ①묵은 것을 버리고 스스로 새로워짐. ②제가 스스로 지난 허물을 뉘우쳐 깨닫고 새 길로 들어섬. 하다
자신-감(自信感)명 자신이 있다고 여겨지는 느낌.
자신-력(自信力)명 자신하는 힘.
자신 만만(自信滿滿)어기 매우 자신이 있음. being full of confidence 하다 히다 ¶친구. 하다
자신 방:매(自身放賣)명 제 몸을 스스로 팔아서 망함.
자:신지-책(資身之策)명 자기 한몸의 생활을 꾀하는 일. 두 계책.
자실(自失)명 자기 자신을 잊음. 멍하니 있음. ¶망연(茫然) ~. absent mindedness 하다
자실-체(子實體)명 《식물》 균사(菌類)의 포자(胞子)를 만드는 기관(器官). 자낭체(子囊體).
자심(滋甚)어기 더욱더 심함. ¶구박이 ~하다. aggravation 하다 히다
자심(慈心)명 자비심(慈悲心).
자씨(姉氏)명 《공》 남의 손윗 누이. 《대》 매씨(妹氏).

your elder sister
자씨(慈氏)명 《약》→자셋 보살(慈氏菩薩).
자씨 보살(慈氏菩薩)명 《불교》 미륵 보살(彌勒菩薩)의 이칭. 《약》 자셋(慈氏).
자씨-존(慈氏尊)명 《공》 《불교》 미륵 보살.
자야명 함께 하기를 청하거나 여러 사람의 힘을 모으는 소리.
자아(自我)명 ①《철학》 나. 곧, 의식자가 다른 의식자 및 외계로부터 스스로를 구별하는 의식. 자기①. 《대》 객아(客我). 타아(他我). ②《심리》 자기 자신에 대한 각 개인의 의식이나 관념.
자아(雌蛾)명 암나방.
자아-내:-다타 ①기계의 힘으로 액체 따위를 잇달아 흘러 나오게 하다. squeeze out ②일이나 느낌이나 말을 끄집어내 일으켜 내다. arouse ③실을 뽑아내다. draw ¶경향. 자기류(自己流)③.
자아-류(自我流)명 자기 자신이 가지고 있는 독특한.
자아 본능(自我本能)명 《심리》 외계를 지배하고 외부의 위험에서 자기를 지키려는 본능. ego-instinct
자아 비:판(自我批判)명 《동》 자기 비판(自己批判).
자아 실현(自我實現) 자아의 본질을 완성하고 실현하는 일을 도덕의 궁극적인 목적으로 보며 최고선(最高善)으로 보는 완전설의 주장. 영국의 그린(Green. T.H)의 초시공적(超時空的)인 보편적 절대아의 실현 등이 그것임. 자기 실현(自己實現). 자아 실현설. self-realization 《현》.
자아 실현설(自我實現說)명 《동》 자아 실현(自我實現).
자아-올리-다타 기계의 힘으로 물·석유 따위를 빨아 올리다. suck up
자아 의:식(自我意識)명 《동》 자의식(自意識).
자아-틀[—툴]명 원치(winch). 「는 가장 중요한 글자.
자안(字眼)명 시문(詩文) 가운데서 안목(眼目)이 되
자안(滋案)명 일의 안건이 점점 늘어감.
자안(慈眼)명 ①자비스러운 눈. ②《불교》 중생을 자비롭게 보는 관음 보살(觀音菩薩)의 눈. merciful eyes
자애(自愛)명 ①제 몸을 스스로 사랑함. 《대》 타애(他愛). 자학(自虐). ②자기 보존·자기 주장의 본능에 따르는 감정. self-love 하다 《심(心)》. affection
자애(慈愛)명 아랫 사람에 대한 도타운 사랑. ¶~
즈애(慈─)고 무자위. 「도다가. 자애-로이뮈
자애-롭-다(慈愛─)형〔ㅂ변〕 자애를 드러내는 태도가
자애-주의(自愛主義)명 《동》 이기주의(利己主義).
자애-지:정(慈愛之情)명 자애로운 마음.
자액(自縊)명 스스로 목매어 죽음. 자경(自剄). hanging oneself 하다 《구(子正)》.
자야(子夜)명 한밤중의 자시(子時)를 일컬음. 자정
자약=작약(芍藥).
자약(自若)명 큰 일을 당해도 당황하거나 기색이 변하지도 않고 침착함. 자여(自如). ¶태연(泰然) ~. self-possession 하다 《type》
자양(字樣)명 글자의 모양. 자체(字體). 자형(字形).
자양(滋養)명 ①몸에 영양을 좋게 함. 또, 그 음식. 영양(營養)②. nourishment 하다
자양 관장(滋養灌腸) 《의학》 자양액(滋養液)을 항문(肛門)으로 주입하여 대장벽(大腸壁)에서 흡수시키는 일. injection of nourishment by rectum
자양-당(滋養糖)명 소화 불량증·유아의 설사 등의 치료에 쓰임. 맥아당 제제(麥芽糖製劑)의 하나. nutrient enema
자양-분[—눈](滋養分)명 《생물》 생물의 종류·연령·노동의 여하에 따라 섭취하는 자양분의 비율.
자양-물(滋養物)명 자양분이 많은 음식물. 자양품(滋養品). nourishing substance
자양-분(滋養分)명 자양이 되는 성분. nutritious element
자양-액(滋養液)명 자양분이 많이 들어 있는 액체.
자양-약[—냑](滋養藥)명 《동》 자양제.
자양=제(滋養劑)명 영양소를 풍부하고도 소화하기 쉬

자양품 운 형태로 포함하고 있는 약제. 자양액(滋養藥).

자양=품(滋養品)[명] 〖통〗 자양물(滋養物).

자:양=화(紫陽花)[명] 〖통〗 수국(水菊). [tonic

자언(自言)[명] 제 말을 함. talking of oneself

자업 자득(自業自得)[명] 자기가 저지른 일의 과보(果報)를 자기 자신이 받는 일. 자업 자박(自業自縛). that serves him right 하자

자업 자박(自業自縛)[명] 〖통〗 자업 자득(自業自得).

자=에(玆一)[어] '이에·여기에'의 뜻의 접속 부사. ¶~ 선언하노라. hereby

자에도 모자랄 때가 있고 치에도 넉넉할 때가 있다[속] 경우에 따라 많아도 모자랄 때가 있고, 적어도 남을 때가 있다.

자여(自如)[명] 〖통〗 자약(自若). 하자

자여(自餘)[명] 넉넉하여 저절로 남음. being in excess

자여=손(子與孫)[명] 아들과 손자. 자약손(子若孫).

자여=질(子與姪)[명] 아들과 조카. 자질(子姪).

주약[명] 〖고〗 조약돌. 돌.

자연(自然) [명] ①사람의 힘을 더하지 않은 천연 그대로의 상태. ¶~의 조화. 〖대〗 인공(人工). 인위(人爲). ②저절로. 의 of itself ③조화(造化)되는 힘. 〖대〗 천성. 본성. ⑤산천 초목 따위의 모든 유형적 현상(有形的現象). 또, 인식의 대상으로서의 외계(外界)에 있는 온갖 현상. ⑥인류 이외의 외계. 곧, 자연물과 자연력. 〖대〗 문화(文化). nature 〖약〗 ~ 자연력. 하[형] 스럽 스레[형] 히[부]

자연(瓷硯) [명] 자기로 만든 벼루. 도연(陶硯).

자:연(紫煙) [명] ①담배 연기. tobacco-smoke ②보랏빛 연기. purple smoke [價格].

자연 가격(自然價格) [명]〖통〗 정상 가격(正常

자연 경관(自然景觀) [명] 자연 그대로의 경치.

자연 경제(自然經濟) [명]〖경제〗화폐적 교환이 없이 자급 자족이나 물물 교환으로 수요를 충족시켰던 고대 경제. 〖대〗화폐 경제(貨幣經濟). natural economy

자연=계(自然界) [명] ①인간계에 대해 그 이외의 세계. ②인간계·생물계에 대해 그 이외의 세계. ③천지 만물이 존재하는 범위. natural world

자연 공물(自然公物) [명] 천연(天然) 그대로의 상태로서 이미 인간의 공용(公用)에 기여할 수 있는 실체물. 해벽. 하천 등. [다루는 학문.

자연 과학(自然科學) [명] 자연에 속하는 모든 대상을

자연=관(自然觀) [명] 자연에 대한 관념이나 견해. 〖철학적~. [봄. 하자

자연 관찰(自然觀察) [명] 자연의 법칙이나 현상을 살펴

자연 광선(自然光線) [명] 〖물리〗 물체 자체에서 이끌이 아닌 태양의 광선.

자연=교(自然敎) [명] 〖통〗 자연 종교(自然宗敎).

자인=권[一꿘](自然權) [명] 국가에 앞서 개인에게 자연적으로 부여된 권리. 천부 인권(大賦人權). 인권(人權)③. natural rights

자연=금(自然金) [명] 〖광물〗 천연적으로 단체(單體)의 상태로 산출되는 황금. free gold

자연 낙차(自然落差) [명] 〖물리〗 수차에 있어서의 급수면과 방수면과의 높이의 차.

자연 대:수(自然對數) [명] 〖수학〗 '자연 로그'의 구용어. natural logarithm

자연 도태(自然淘汰) [명] 〖생물〗 생존 경쟁에서 외계(外界)의 상태에 적응(適應)하지 못한 형질의 개체는 도태되고 적응한 개체만이 생존·번식하는 일. 〖대〗 인위 도태(人爲淘汰). natural selection

자연=동(自然銅) [명] 〖광물〗 유리(遊離)해서 천연에 존재하는 동(銅).

자연=력[一녁](自然力) [명] ①자연계의 온갖 작용. natural agencies ②사람의 노력을 도와 주는 힘. 풍력·화력·수력 등의 원시적 자연력과 증기력·전기력 등의 유도적 자연력. forces of nature

자연 로그(自然 log) [명] 〖수학〗 특정한 수를 밑으로 하는 로그. natural logarithm

자연=림(自然林) [명] ①〖통〗 원시림(原始林). ②자연으로 된 숲. 〖대〗 인공림(人工林). naturallygrown forest

자연 면:역(自然免疫) [명] 〖의학〗 어떤 종류의 병원체에 대해 사람이나 동물이 선천적으로 가지고 있는 면역. inherited immunity

자연 묘:사(自然描寫) [명] 〖문학〗 문학 작품 등에서 자연을 묘사하는 일. description of nature

자연=물(自然物) [명] ①자연계에 존재하는 저절로 생긴 유형물. natural things ②생물의 재료로 이바지하는 천산물(天產物)인 동물·식물·광물 따위. natural products

자연=미(自然美) [명] ①자연물에 나타나는 아름다움. ②인위적이 아니고 자연 그대로의 모습이 드러나는 미. 천연미(天然美). 〖대〗 인공미(人工美). 예술미(藝術美). natural beauty

자연 발생적(自然發生的)[一쩍][명] ①자연적으로 발생된(것). 또, 그 모양. spontaneous generation ②투쟁이 일어날 때에 투쟁의 성질을 규정하는 노동 운동에 있어서, 아직 계급이 무엇인지도 모르는 대중이 일정한 주관이나 방향도 없이, 다만 자체(自制)하지 못하는 내부의 단순한 욕구에서 투쟁이 일어 날 때를 일컫음. spontaneous

자연 발화(自然發火) [명] 〖물리〗 산화(酸化)하기 쉬운 물질이 상온(常溫)에서 산화하여, 축적된 열에 의해 직접 점화(點火)하는 일이 없이 자연적으로 발화하는 현상. 자연 연소. spontaneous combustion

자연=범(自然犯) [명] 〖법률〗 사회의 일반적 도의심에서 범죄라고 인정하는 범행. 형사범(刑事犯). 〖대〗 법정범. natural offense

자연=법[一뻡](自然法) [명] ①〖법률〗 인위적이 아니고, 자연이 내려오는 법률. 인정법(人定法). 실정법(實定法). natural law ②자연계의 일체의 일괄 물건을 지배한다고 보는 이치. 자연율(自然律). ③〖철학〗 자연을 지배하는 원인과 결과의 법칙. ④〖불교〗 우주 그대로의 진어(眞如)한 제법(諸法).

자연 법칙(自然法則) [명] ①일정한 원인에 대하여 일정한 결과가 나타나는 인과 법칙. 인과율(因果律). ②자연적인 법칙 곧, '물은 위에서 아래로 흐른다' '여름이 가면 가을이 온다' 등과 같이 '사실상 그러하다'는 것을 나타내는 존재의 법칙인 법칙. natural laws

자연법=학[一뻡一](自然法學) [명] 〖법률〗 자연법을 인정하여 이를 실정법(實定法)의 기초로 삼으려는 법률 사상.

자연 분류(自然分類) [명] 〖생물〗 생물 분류법의 하나. 생물체의 모든 기본 구조나 특징·생리·생태·생식 등에 의해 비슷한 종끼리 묶는 방법. 〖대〗 인위 분류(人爲分類). natural classification

자연=사(自然死) [명] 외상이나 병에 의하지 않고 노쇠하여 자연히 죽음. natural death

자연 사:회(自然社會) [명] 혈연 또는 지연에 의해 개인의 의지나 목적과는 상관없이 성립되는 사회. natural society

자연=생(自然生) [명] ①〖식물〗 식물이 심지 않아도 저절로 남. spontaneous generation ②제멋대로 생김. wild growth

자연=석(自然石) [명] 천연 그대로의 돌. natural stone

자연=성[一쎙](自然性) [명] 자연 그대로의 성질.

자연=수(自然數) [명] 〖수학〗 1로부터 하나씩 더하여 얻을 수 있는 수. 곧, 정(正)의 정수(整數)의 통함. natural number

자연 수은(自然水銀) [명] 〖광물〗 천연적으로 단체(單體)의 상태로 산출되는 수은. 물방울 같은 모양으로 진사(辰砂)와 함께 발견됨.

자연 숭배(自然崇拜) [명] 〖종교〗 자연 및 자연물을 그것이 갖는 위력 때문에 숭배하거나, 또는 직접·영적 존재로서 신앙하는 일. nature worship 하자

자연-식(自然食)[명] 식품 첨가물을 사용하지 않은 식품. 「~으로 삼은 것.
자연-신(自然神)[명] 자연의 현상·사물을 숭배하여 신
자연신-교(自然神敎)[명] 〈종교〉 이신론(理神論).
자연 신학(自然神學) 〈종교〉 신의 존재 및 그 진리의 근거를 초자연적인 계시나 기적에 구하지 않고 인간 이성(理性)이 인식할 수 있는 자연적인 것에 구하려는 신학. natural theology
자연 신화(自然神話) 자연계의 사물·현상의 기원에 관한 설명과 경과의 서술을 주내용으로 하는 신화. 천연 신화(天然神話). (대) 인문 신화(人文神話).
자연-애(自然愛)[명] ①자연에 대한 사랑. love of nature ②자연적으로 우러나는 사랑. natural love
자연 연소[-년-](自然燃燒)[명] 동 자연 발화(自然發火).
자연 영양[-녕-](自然營養)[명] 우유 같은 것을 먹이지 아니하고, 사람의 젖으로 아기를 기르는 일. (대) 인공 영양(人工營養).
자연 오도(自然悟道) 〈불교〉 남의 가르침을 받지 않고 스스로 불도(佛道)를 깨달음. 하타
자연 유황[-뉴-](自然硫黃) 〈화학〉 화산이나 온천 등에서 천연적으로 단체(單體)의 상태로 산출되는 유황. 공업용·약용에 쓰임.
자연-율[-률](自然律)[명] 동 자연법(自然法)②.
자연-은(自然銀)[명] 〈광물〉 천연으로, 단체(單體)의 상태로 산출되는 은.
자연-인(自然人)[명] ①태어난 그대로의 사람. 사회나 문화의 영향을 받지 않은 사람. natural man ②〈법률〉 출생과 동시에 권리 능력을 가지는 개인. 민법상 권리의 주체로, '보통의 사람'을 일컬음. 유형인(有形人). (대) 법인(法人). natural person
자연 인류학(自然人類學) 자연적 존재로서의 인류 발전의 전사(全史)를 대상으로 연구하는 학문. physical anthropology 「(것). natural
자연-적(自然的)[관명] 꾸미지 아니한 있는 그대로의
자연적 경계(自然的境界) 산맥·해양·하천·사막·산림 등에 의하여 자연적으로 이루어진 경계. natural boundary
자연 종교(自然宗敎) 〈종교〉 ①인간의 본연지(本然知)인 이성에 근거를 두는 종교. 곧, 이신론(理神論)의 따위. ②원시성의 풍부한 국민적·세계적 종교에 이르기 이전의 자연 발생적·원시적 종교의 총칭. 자연교. natural worship
자연-주의(自然主義)[명] ①〈철학〉 자연을 유일·절대 또는 근본 원리로 보고 모든 현상을 자연의 힘에 귀착시키려는 주의. ②〈윤리〉 인생의 자연적 요소를 기초로 도덕적 규범을 세우려는 주의. ③〈문학〉 19 세기 말엽에 자연 과학의 영향으로 일어난 문예 사조. 대상을 실증적·자연 과학적 방법으로 묘관찰하고 과학하여 묘사함을 본디로 삼는 주의. 문예상의 주의. ④〈교육〉 아동의 천성을 자연 그대로 발달시키려는 교육상의 주의. naturalism
자연 증가(自然增加) 저절로 늘어감. natural increase 하타
자연 증가율(自然增加率) 출생률에서 사망률을 뺀 값. rate of natural increase
자연 증수(自然增收) 〈경제〉 국내 경제의 호전(好轉)에 따라 국민 소비세·소득세 따위의 세율(稅率)과 임률(賃率)을 올리지 않아도 저절로 국가의 수입이 늘게 됨. unearned increment
자연 지리학(自然地理學) 〈지리〉 지구를 자연계의 한 물체로 취급하여 우주에 있어서의 지구의 위치·운동·육계(陸界)·수계(水界)·기계(氣界)의 여러 현상 및 생물의 분포를 연구하는 학문. (대) 인문 지리학(人文地理學). 「리가 없는 채권.
자연 채-권[-꿘](自然債權)[명] 〈법률〉 소송을 할 권
자연 채-무(自然債務) 〈법률〉 소송하는 권리나 강제 이행 청구권이 없는 채무. 즉, 시효에 걸린 채무. 법률에 위반된 행위에 따라 생긴 채무 따위. natural obligation 「상태로 산출되는 철.
자연-철(自然鐵)[명] 〈광물〉 천연적으로 단체(單體)의
자연 철학(自然哲學) 자연적인 모든 현상을 통일적이면서도 주로 사변적(思辨的)으로 이해하려고 하는 철학. natural philosophy
자연-파(自然派)[명] ①인생을 염오하고 자연과 친하는 한 파. ②자연 속에서 진미(眞美)를 찾으려는 한 파. ③자연의 본능·욕망을 존중하여 생활하는 사람들. naturalists
자연 폭발(自然爆發)[명] 무연 화약·다이너마이트 등이 제조된 후 오랜 시간이 경과함에 따라 점차 변화하여 저절로 폭발하는 일. spontaneous explosion
자연 현상(自然現象) 자연계에서 나타나는 현상. 자연적 이라는 현상. natural phenomena
자연 혈족[-쪽](自然血族)[명] 자연의 혈연(血緣)에 의하여 맺어진 족속. (대) 법정 혈족(法定血族). natural kinship 「연).
자연-히(自然-)[부] 자연하게. 저절로. 〈약〉 자연(自
자-염(煮鹽)[명] 바닷물을 끓여 가지고 소금을 곰. salt manufacture 하타
자엽(子葉)[명] 〈식물〉 식물의 배(胚)에 붙어 있는 잎. 움이 트면 떡잎이 됨. 떡잎. ¶쌍~ 잎.
자영(自營)[명] ①스스로 사업을 경영함. ②제 힘으로 생계를 이룸. living independent 하타
자영-산(柴映山)[명] 영산자(映山樂).
자예(雌蕊)[명] 암꽃술. (대) 웅예(雄蕊). pistil
=**자오**[선미] '=자음'의 'ㅂ'이 모음(母音)으로 시작된 어미를 만날 때 줄어진 말. 말하는 이가 말할는 이에게 공손한 뜻을 나타내어 높이는 경우에 쓰임. ¶듣~니. →=자음=.
자오(慈鳥)[명] 동 까마귀.
자오록-하-다(형) 연기나 안개 따위가 잔뜩 끼어 흐릿하고도 고요하다. 〈큰〉 자우룩하다. dense **자오록-히**(부)
주오롬[고] 졸음.
자오-면(子午面)[명] 〈천문〉 자오선을 포함하는 평면. 적도면(赤道面)과 직교(直交)함.
자오-선(子午線)[명] 〈천문〉 ①천정(天頂)과 천저(天底)를 지나는 무수한 대원. meridian ②동 경선(經線).
자오선 고도(子午線高度) 〈천문〉 천체가 자오선을 통과할 때의 고도. meridian altitude
자오선 관측(子午線觀測) 〈천문〉 천체(天體)가 자오선을 경과할 때의 관측. 이것으로 항성시(恒星時) 등을 앎. meridian observation
자오선 통과(子午線通過) 〈천문〉 천체(天體)가 어느 지점의 자오선(子午線)을 지나가는 일. 남중(南中). transit
자오-의(子午儀)[명] 〈천문〉 천체의 자오선 통과를 관측하는 망원경. 시각 측정에 씀. transit instrument
자오-환(子午環)[명] 〈천문〉 대형의 자오의(子午儀)로서, 별이 자오선을 지날 때의 고도를 측정하는 천체의 적위(赤緯)를 구하는 기계. meridian circle
자옥-금(-金)[명] 〈광물〉 같은 광맥으로서 금을 품고 있는 양이 고르지 못한 사금줄의 상태.
자옥-하-다(형) 연기나 안개 같은 것이 잔뜩 끼어 흐릿하다. 〈큰〉 자욱하다. **자옥-히**(부)
조올-다[고] 졸다.
조올아-빔[고] 친하게.
조올아-이[고] 친하게.
조올아-다[고] 친하다.
=**자음**[선미] ㄷ·ㅅ·ㅈ으로 끝난 동사의 어간과 자음으로 시작되는 어미와의 사이에 붙어서 말하는 이, 말 듣는 이에 대하여 각별히 공손한 뜻을 나타내는 말. ¶듣~는데. 〈약〉 =音=.
자-완(紫苑)[명] ①동 탱알. ②〈한의〉 탱알의 뿌리. 성질이 온하여, 기침과 가래를 막는 데 씀.
자-외선(紫外線)[명] 〈물리〉 스펙트럼의 자색 부분에서 바깥의 암흑부에 파장이 긴 복사선(輻射

線). 근외선(童外線). 화학선. 넘보라살. ultraviolet rays

자:외선 사진(紫外線寫眞)圓 자외선용 특수 건판(乾板)을 써서 감광(感光)시켜서 얻어지는 사진.

자:외선 요법[―뻡](紫外線療法)圓 〈의학〉 자외선을 이용하는 치료법. 자외선을 조사(照射)하면 전신적으로는 신진 대사가 더 잘 되어 비타민 D의 합성(合成)이 행하여지고 국소적으로는 충혈·색소 축적 따위가 일어남. 주로 국소적으로 사용함. ultraviolet treatment

자용(自用)圓 ①자기의 씀씀이. one's own daily expenses ②몸소 제가 씀. one's own use 하다

자용(姿容)圓 모습이나 모양. 용자(容姿). 자태(姿態). appearance

자우(慈雨·滋雨)圓 생물에게 혜택을 주는 비. 택우(澤雨). welcome rain

자우룩-하다[헝영] 연기나 안개 같은 것이 잔뜩 끼어 몹시 흐리고 고요하다. 《작》자오록하다. hazy and calm 자우룩-히튀

자욱 포:수(一砲手)圓 짐승의 발자국을 찾아 가면서 쏘는 사냥꾼의 포수.

자욱-하다[헝영] 연기나 안개 등이 잔뜩 끼어 몹시 흐릿하다. 《작》자옥하다. 자욱-히튀

자운(字韻)圓 글자의 운(韻). 「cloud

자운(紫雲)圓 자줏빛의 구름. 상서로운 구름. purple

자:운영(紫雲英)圓 〈식물〉 콩과의 이년생 풀. 줄기는 땅 위로 가로 벋으며 4∼6월에 홍자색 또는 백색의 꽃이 핌. 중국 원산으로 논 녹비용(綠肥用)으로 재배함. 단백질과 전분이 많아 어린 잎과 줄기는 식용·사료용으로 쓰임. Chinese milk vetch

자웅(雌雄)圓 ①암컷과 수컷. female and male ②강약(强弱)·우열(優劣)·승부(勝負)를 비유하는 말. ¶∼을 다투다. supremacy

자웅-눈(雌雄一)圓 한 쪽 눈은 크게 생기고 한 쪽 눈은 작게 생긴 눈의 비유. 자웅목(雌雄目). unequall-sized eyes 「자웅목(雌雄目)⑤

자웅눈-이(雌雄一)圓 한 눈은 작고 한 눈은 큰 사람.

자웅 도태(雌雄淘汰)圓 〈생물〉 동물이 그 짝을 얻기 위하여 서로 경쟁하는 데서 생기는 자연 도태. 짐승·곤충 등 수컷의 빛깔과 소리가 아름다우며, 뿔·촉각이 발달된 것은 이 결과라고 함. sexual selection

자웅 동가(雌雄同家)圓 〈식물〉 암꽃·수꽃의 구별이 한 꽃봉오리에 암술·수술이 다 있는 것. 자웅 이가(雌雄一家). 《대》자웅 이가(雌雄異家). monoecism

자웅 동주(雌雄同株)圓 〈식물〉 밤나무 따위와 같이 암꽃·수꽃이 한 나무에 있음. 암수 한 그루. 《대》자웅 이주(雌雄異株). monoecism

자웅 동체(雌雄同體)圓 〈동물〉 같은 개체 안에 자웅의 두 생식소를 갖춘 것. 지렁이·달팽이·기생충 등. 암수 한 몸. 《대》자웅 이체(雌雄異體) hermaphrodite

자웅 동형(雌雄同形)圓 〈생물〉 같은 종류의 암수컷의 형태가 서로 같을 것. 암수 같은 모양. 《대》자웅 이형(雌雄異形). monomorphism

자웅-목(雌雄目)圓 〈동〉 자웅눈이.

자웅-성(雌雄聲)圓 〈어학〉 거센 소리와 옛된 소리가 함께 섞여 나오는 목소리.

자웅 이:가(雌雄異家)圓 〈식물〉 암꽃과 수꽃이 서로 다른 꽃봉오리에 있는 것. 자웅 별가(雌雄別家).

자웅 이:색(雌雄異色)圓 조류·곤충 등의 몸 빛이 암수에 따라 다른 일.

자웅 이:주(雌雄異株)圓 〈식물〉 뽕나무와 은행나무 따위처럼 암꽃과 수꽃이 서로 딴 나무에 있음. 《대》자웅 동주(雌雄同株). dioecism

자웅 이:체(雌雄異體)圓 〈동물〉 척추 동물과 절지 동물 따위처럼 암컷과 수컷의 생식기가 서로 다르며, 서로 딴 몸에 달리고, 어느 것이든 한나만 갖추어 있음. 암수 딴 몸. 《대》자웅 동체(雌雄同體).

gonochorism

자웅 이:형(雌雄異形)圓 〈생물〉 같은 종류이면서 암컷과 수컷이 서로 형태를 달리하는 것. 암수 딴 모양. 《대》자웅 동형. dioecism

자웅 이:화(雌雄異花)圓 〈식물〉 한 나무에 피되 암꽃과 수꽃이 각각 달리 피는 꽃. unisexual flower

자웅 일가(雌雄一家)圓 〈동〉 자웅 동가(雌雄同家).

자원(字源)圓 문자가 구성된 근원. 한자의 '信'은 '人'과 '言', '岩'은 '山'과 '石'으로 되는 따위.

자원(自願)圓 제 스스로 하고 싶어 바람. 스스로 지원함. ¶∼ 입대(入隊). volunteering 하다

자:원(資源)圓 기술의 발전에 따라 생산에 이용되는 것. 그 중에서도 특히 자연에 의해 주어지는 것. ¶천연 지하 ∼. resources

자:원 민족주의(資源民族主義)圓 특정 민족이 보유하고 있는 특유의 자원을 미끼로 그 민족만의 생존·자립·번영을 꾀하고 국제 사회에서의 정치적 발언을 강화하고자 하는 주의. 자원 내셔널리즘.

자:원앙(紫鴛鴦)圓 〈조류〉 비오리.

자:원 전:쟁(資源戰爭)圓 석유와 같은 한정된 자원을 천부의(天賦的)으로 독점한 민족이나 국가들이 이를 무기로 내세워 정치적 목적을 달성하고자 하는 데서 빚어지는 극도의 긴장 상태. '동짓달의 벌집'.

자월(子月)圓 〈민속〉 월건이 자(子)인 된 달. 음력

자위圓 눈알이나 새 따위의 알에 있어 빛깔에 따라 구분된 부분. ¶알의 노른 ∼. white or yolk of an egg

자위²圓 ①움직이기 전까지 무거운 물건이 붙박이로 있던 자리. ②뱃속의 아이가 놀기 전까지의 정적 상태. ③밥들이 완전히 익기 전까지 밥솥이 안에서 미숙한 상태. ④운동 경기 따위에서 적에게 틈을 보여서는 안 될 자기가 지켜야 할 자리. one's position

자위(自慰)圓 ①피로운 마음을 스스로 위로하고 안심하는 일. ②수음(手淫). ¶∼ 행위(行爲). self-consolation 하다

자위(自衛)圓 ①자기가 자기를 스스로 지킴. self-defence ②위험에 당하여 법률의 보호를 받지 못할 경우에 제 스스로 제 몸을 지킴. 정당 방위(正當防衛) 따위. self-protection 하다

자위(慈闈)圓 〈등〉 자친(慈親)①.

자위-권[―권](自衛權)圓 〈법률〉 ①자기의 생명·재산에 관한 위급한 방위의 권리. ②국제법상 국가가 자국 국민에게 대한 급박(急迫) 또는 부정(不正)한 위해를 제거하기 위해 부득이 행하는 방위의 권리. right of self-defence

자위-대(自衛隊)圓 ①자위하기 위해 조직된 단체. ②제 2차 세계 대전 이후의 일본의 방위 조직. Self Defense Force

자위 돌다짜 먹은 음식이 삭기 시작하다.

자위-뜨:다(―떠)짜 ①무거운 물건이 힘을 받아 간신히 자리에서 움직이다. move ②뱃속의 아이가 놀기 시작하다. begin to play ③밥들이 익어서 밥송이 안에서 밑이 돌아 틈이 나다. begin to split ④운동 경기 따위에서, 자기의 자리에서 떠나서 틈이 생기다. get out of one's position

자위-책(自慰策)圓 스스로 위로하는 방책. means of self-consolation

자위-책(自衛策)圓 스스로 보위(保衛)하는 방책. self-protecting policy

자유(自由)圓 ①남에게 구속을 받거나 무엇에 얽매이지 않고 제 마음대로 행동하는 일. 마음 내키는 대로 함. ②〈법률〉 법률의 범위 내에서 자기 의사대로 하는 행위. 권리·의무를 가지는 일. ②〈철학〉 남으로부터 구경·구속·강요·지배를 받지 않는 일. ④강제(强制). 구속(拘束). freedom 스힝 스레힝

자유 가격[―까―](自由價格)圓 〈경제〉 자유 경쟁 시장에서 결정되고 또한 변동하는 가격.

자유 결혼(自由結婚)〖명〗 남녀가 부모의 동의 없이 서로의 합의만으로 하는 결혼. 자유 혼인(自由婚姻). 《대》강제 결혼. free marriage 하다

자유 경:쟁(自由競爭)〖명〗 자기의 이익을 얻기 위하여, 국가나 그 밖의 제한·속박이 없이 각자가 마음대로 남이나 딴 것과 경쟁하는 일. free competition

자유 경제(自由經濟)〖명〗 경제 활동이 국가의 통제에 얽매이지 않고, 각 경제 단위의 창의에 맡겨진 경제 조직. 《대》계획 경제. 통제 경제(統制經濟). free economy

자유 공채(自由公債)〖경제〗 자유 의사에 따라 모집하는, 곧 강제로 응모하게 하지 않는 공채.

자유 교:육(自由敎育)〖명〗①아동의 자유로운 학습 활동을 중시하여 창조력·개성 따위를 소중하게 다루는 교육 방법. ②근세 이래 정치·종교·직업상의 속박을 떠나 지식을 위한 지식, 교양을 위한 교양을 추구하는 교육.

자유국(自由國)〖동〗 독립국(獨立國).

자유 국가(自由國家)〖명〗 공산 진영에 들지 않은 자유를 사랑하는 나라. free country

자유권[-꿘](自由權)〖명〗〖법률〗 사회 생활이나 정치 생활에서의 자유에 대한 공민의 권리. right of freedom

자유 기구(自由氣球) 지상(地上)에 계류되지 않고 바람의 방향에 따라 비행하는 대형 기구. 《대》계류 기구.

자유 기:업(自由企業)〖경제〗 개인의 자유 의사대로 경영하는 기업. free enterprise

자유 노동(自由勞動)〖명〗 일정한 일터가 없이 그날그날 품팔이로 하는 노동.

자유 농법[-뻡](自由農法)〖명〗 자유식으로 영위하는 농업의 방법. 미리 작물의 재배 순서를 정하지 않고, 그때그때의 형편에 가장 적절하고 유리한 작물을 재배하는 방법. method of free agriculture

자유 농업(自由農業)〖명〗 가장 수익이 많은 농작물을 골라서 마음대로 재배하는 농업.

자유-도(自由度)〖명〗〖물리〗 ②물체가 독립적으로 할 수 있는 운동의 수. ②평형 상태에 있을 때 불균일제 물질계에 있어서 서로 독립적으로 변화시킬 수 있는 상태 변수의 계수.

자유 도시(自由都市)〖명〗 중세 말엽에 유럽에 있어서 교황(敎皇)이나 군주(君侯)의 지배에 속하지 아니하고 시민의 자치(自治)에 의한 정치상·군사상의 독립 도시. 《약》자유시(自由市). ② free city

자유-롭:다(自由-)〖형〗〖ㅂ불〗 자유가 있다. ⑧ 자유=로이(어)

자유 무:역(自由貿易)〖명〗〖경제〗 국가가 외국 무역에 제한을 가하거나, 보호·장려를 하지 않는 무역. 《대》 보호 무역(保護貿易). free trade

자유 무:역항(自由貿易港)〖명〗〖동〗 자유항(自由港).

자유 무민(自由無民)〖명〗 정당한 행위에 대하여 자유권을 가진 국민. 자유인(自由人). 《대》 노예(奴隷). 사민(私民).

자유 민권론[-꿘논](自由民權論)〖명〗 백성은 제각기 어떠한 정치나 사회에 참여할 수 있는 권리가 있다는 이론. democratic rights

자유 발행(自由發行)〖명〗〖경제〗 제한·구속을 가하지 않고 태환(兌換) 지폐를 자유로이 발행함을 허가하는 일.

자유 방:임(自由放任)〖명〗①각자의 자유에 일임하여 간섭하지 않음. 《유》무간섭(無干涉). non-interference ②〖경제〗정부가 산업상 방임주의를 취하여 국민 각자의 자유에 맡김. 레세페르(laissez-faire 프). 하다

자유 방:임주의(自由放任主義)〖경제〗 경제 정책에서, 국가 권력의 간섭을 최소 한도로 제한하고 사유 재산과 기업의 자유를 옹호하려는 이론. 18세기 중기의 자본주의의 기본적 정책으로, 프랑스의 중농주의자나 영국의 고전파 경제학자 등에 의해서 주장됨.

자유 법학(自由法學)〖법률〗 법전(法典) 만능주의를 배격하고, 사회의 구체적 사실에 타당하도록 법을 해석할 일이라고 주장하는 법률학. 자유법설(自由法說). 《유》개념 법학(槪念法學). free jurisprudence

자유 사상(自由思想)〖명〗①자유를 존중하는 사상. 특히 행동과 언론의 구속을 배격하는 사상. ②자유의 범위를 더욱 확장시키고자 하는 사상. liberal ideas

자유 사상가(自由思想家)〖명〗①기성의 계시(啓示) 종교를 비판하고, 자유로이 이성적(理性的) 견지에서 신을 생각한 18세기의 이신론자(理神論者). ②어떤 권위에도 굴복하지 않고 자기의 양심에 따라 자유로이 생각하는 사상가. liberalist 〖준〗는 모함.

자유 삼매(自由三昧) 제가 하고 싶은 대로 방종하는 일.

자유 선박(自由船舶)〖물〗 교전국(交戰國)에서 포획·몰수할 수 있는 중립국의 선박. free ship

자유 설립주의(自由設立主義)〖법〗 법인(法人)을 창설함에 있어서 법률·명령 따위의 제한을 받음이 없이 자유로이 설립하게 하는 주의. policy of non-restricted incorporation

자유 세:계(自由世界)〖명〗①자유로운 세계. 또, 그런 사회. ②제 2 차 세계 대전 후 공산 진영에 대하여 자본주의 국가를 지칭하는 말. 《대》공산 세계. free world 〖준〗⑧⇨자유 도시.

자유-시(自由市)〖명〗①독립된 도시(都市). independent

자유 시(自由詩)〖문학〗 전통적 시형이나 용어에 구애받지 않고 자유스럽게 표현한이. 근세의 상징시·산문시 따위. 《대》정형시(定型詩). free verse

자유 심증주의(自由心證主義)〖법률〗 법원이 증거 자료에 의하여 사실을 인정할 때 그 범위나 신빙성의 정도에 관하여 법률상 조금도 구속을 받지 않고 자유로 관단하는 주의. 《대》법정 증거주의.

자유 십자군 운:동(自由十字軍運動)〖정치〗공산주의(共產主義)의 침략으로부터 자유스러운 구라파를 지키려는 운동(運動). 〖할 수 있는 어업.

자유 어업(自由漁業)〖명〗 관청의 허가 없이 자유로 영위

자유업(自由業)〖동〗 자유 직업.

자유 연:구(自由研究)〖명〗 재래의 학설에 제약(制約)됨이 없이 자유로이 자기 마음대로 하는 연구.

자유 연:애(自由戀愛)〖명〗 남녀가 전통이나 관례의 속박으로부터 해방되어 자유 의사에 의하여 하는 연애. 〖받지 아니하는 예술. free art

자유 예:술(自由藝術)〖명〗 실용(實用)의 구속(拘束)을

자유 유동 자:원(自由流動資源)〖명〗 일정한 직업이나 시장 또는 조직이 없이, 어느 경향으로 흐를지 알 수 없는 인적 자원.

자유 의:사(自由意思)〖명〗 남에게 속박이나 강제당함이 없는 자유로운 의사. unrestricted opinion

자유 의:지(自由意志)〖명〗 외부적인 충동 따위에 지배되지 않고 숙려(熟慮)·선택(選擇)하여 결정되는 의지. free will

자유 이민(自由移民)〖명〗 각자의 자유로운 의사에 의하여 다른 나라에 이주하는 이민. 《대》강제 이민(強制移民). free emigration

자유-인(自由人)〖동〗 자유민(自由民).

자유 임:용(自由任用)〖명〗〖법률〗 관직(官職)에 임용(任用)할 적에 규정이나 자격에 따르지 않고 임용자가 자유로이 결정하는 임용. 《대》자격 임용(資格任用). free appointment

자유 자재(自由自在)〖명〗 어떤 범위내에서 제 뜻대로 모든 것이 자유롭고 거침이 없음. 《약》자재(自在)⑧. perfect freedom 하다

자유-재(自由財)〖경제〗 사람이 그것을 점유·처분할 수 없으므로, 또는 너무 많아서 그럴 필요가 없기 때문에 경제 행위의 대상이 되지 않는 재(財). 태양·공기 등. 자유 재화(自由財貨). 《대》경제재(經濟財).

자유 재량(自由裁量)〖명〗①자기 스스로가 옳다고 믿는 바에 따라서 일을 결단함. ②국가 기관이 자기의 판

자유 재화 단에 따라서 적당한 처리를 할 수 있는 일. 재량(裁量)②. discretion

자유 재화(自由財貨)圏(통) 자유재(自由財).

자유 전ː기(自由電氣)圏 절연 도체(絶緣導體)에 있는 전기. 물체를 만나면 전기 작용을 일으킴.

자유 전ː자(自由電子)圏〈물리〉물질 속에서 자유로이 활동하는 전자. free electron

자유=주의(自由主義)圏 ①국가 권력 따위를 배격하고 국민의 자유를 더욱 넓히고자 하는 주의. ②〈경제〉자유 무역이나 자유 방임주의. ③온갖 구속에서 벗어나려는 주의. 《대》 전체주의. liberalism

자유주의 경제학(自由主義經濟學)圏〈경제〉개인의 실력을 충분히 나타낼 수 있는 경제적 활동으로 사회의 행복을 가져온다는 원리의 경제학. liberalistic economics

자유지ː정(自由之情)圏 인(仁)·의(義)·예(禮)·지(智) 따위에 근원을 둔, 나면서부터 지니고 있는 정.

자유 직업(自由職業)圏 미술가·저술가·종교가·의사·변호사 등과 같이 고용 관계를 맺지 않고서, 자기의 자유 의사에 따라서 일을 맡아 삯을 받는 직업. 자유업(自由業). liberal profession

자유 진ː동(自由振動)圏〈물리〉외력이 작용하지 않을 때에 진동계가 행하는 진동. 고유 진동. ②증전원 측전기를 저항이 적은 코일로 연락시킬 때 측전기의 방전이 주기적으로 자유로이 일어나는 진동.

자유 통상(自由通商)圏〈경제〉국가의 간섭이 없는 개인의 자유에 맡기는 통상. free trade

자유 평등(自由平等)圏 개인 활동의 자유와 지위상의 독자성은 조건을 뜻하는 제도. 현재 사회 질서의 기본 원칙임. freedom and equality

자유 학습의 날(自由學習—)圏〈교육〉국민 학교 아동들에게 1 주일에 1 일씩 교과와 관련된 취미 활동·스포츠 활동·노작(勞作) 실기 활동·현장 학습 등을 실시함으로써 학습에 대한 심리적 부담을 덜어 주며 활달한 인간성을 함양하고 알찬 학습의 능률을 올리기 위하여 설정한 날. 1972 년부터 실시함.

자유=항(自由港)圏 수출·수입에 모두 관세가 없고 외국의 선박이 자유롭게 출입하는 항구. 자유 무역항(自由貿易港).

자유항=구(自由港區)圏 항구에 면해 있는 지역의 전부 또는 일부를 구획하여 관세주 밖에 두는 자유항의 구역. free port

자유 항ː로(自由航路)圏 정부로부터의 수명(受命) 제약에 의하지 않고 법규의 범위내에서 선주가 자유로이 항로를 골라 배선(配船)하는 항로. free route

자유 항ː행(自由航行)圏 국제상 개방(開放)되어 하천(河川)을 자유로이 항행함. unrestricted voyage

하ː————————『범죄자의 자유를 빼앗는 형벌.

자유=형(自由刑)圏〈법률〉구류·금고·징역 따위로써

자유=형(自由型)圏〈체육〉①수영법의 형(型)에 제한이 없는 자유로운 경기 수영법. 흔히 크롤 영법을 말함. ②레슬링에서, 상대편 허리로부터 아래를 공격해도 무방한 경기 방법. 프리 스타일. 《대》 그레코로만형.

————『히 그린 그림. free drawing

자유=화(自由畫)圏 아동이 사물에 대한 인상을 솔직

자유 화ː물(自由貨物)圏 교전국(交戰國)이 포획·몰수할 수 없는 자유 선박의 화물.

자유 화ː폐(自由貨幣)圏 금·은과 같은 화폐 소재(素材)에서 해방되어 본래의 화폐 기능을 자유로이 발휘할 수 있는 화폐.

자유 환ː시세(自由換時勢)圏〈경제〉시장에서 자유로이 거래되는 환시세. free market exchange rate

자육(慈育)圏 은혜를 베풀어 기름. bringing up 하**다**

자율(自律)圏 ①자기의 의지로 자기 행동을 제어함. self-restraint ②칸트의 윤리 사상. 실천 이성(實踐理性)이 스스로 도덕률을 세워 여기에 복종하는 일. 《대》 타율(他律). autonomy

자율=권[—꿘](自律權)圏〈법률〉국가 기관의 독자성을 존중하기 위하여 일정한 범위 안에서 그 기관이 스스로 규칙을 제정할 수 있는 권한.

자율 신경(自律神經)圏〈생리〉의지와 관계없이 위장·혈관·심장·방광·내분비선·한선·타액선 등을 지배하여 그 작용을 조절하는 내장에 분포되어 있는 신경으로, 간뇌·연수·척수에 그 중추가 있음. 식물성 신경. autonomous nerve

자율=적[—쩍](自律的)圏 남의 힘에 의하지 않고 자기의 행동으로 스스로 절제하는(것). 《대》 타율적(他律的).

자음(子音)圏〈어학〉발음할 때 목 안 또는 입 안의 어떤 자리가 완전히 막히거나, 공기가 간신히 지나갈 만큼 좁혀지거나 하는 장애를 받고 나는 소리. 크게 울림소리와 안울림소리로 나뉨. 소리 나는 자리에 따라, 입술소리·혀끝소리·경구개음·연구개음·목청소리가 있고, 소리 내는 방법에 따라 파열음·마찰음·파찰음·비음·유음 등으로 분류됨. 닿소리. 부음(父音). 《대》 모음(母音). consonant

자음(字音)圏 ①글자의 음. sound of character ②한자(漢字)의 음. 자훈(字訓). 《대》 음(音). pronunciation of Chinese character

자음 동화(子音同化)圏〈어학〉음절 끝 자음이 그 뒤에 오는 자음과 만날 때, 어느 한쪽이 다른 쪽을 닮아서 그와 비슷하거나 같은 소리로 바뀌기도 하고, 양쪽이 서로 닮아서 두 소리가 다 바뀌기도 하는 현상. 'ㅂ·ㄷ·ㄱ'이 'ㅁ·ㄴ·ㅇ' 앞에서 각각 'ㅁ·ㄴ·ㅇ'으로, 비음 'ㅁ·ㅇ'과 'ㄹ'이 만나면 'ㄹ'이 비음 'ㄴ'으로, 또 'ㅂ·ㄷ·ㄱ'과 'ㄹ'이 만나면 'ㄹ'이 'ㄴ'이 되고, 이렇게 변해서 된 'ㄴ'을 닮아서 그 앞의 'ㅂ·ㄷ·ㄱ'이 각각 비음 'ㅁ·ㄴ·ㅇ'으로, 'ㄴ'이 'ㄹ'에 오거나 뒤에 오면 'ㄴ'이 'ㄹ'로, 'ㄴ'이 'ㅂ·ㅁ·ㄱ'과 만나거나 'ㅂ·ㅁ·ㄱ'과 만나면 뒤의 자음에 끌려서, 소리 내는 자리가 그와 같아지는 현상. 밥물→[밤물], 앞날→[압날]→[암날], 종로→[종노], 백로→[백노]→[뱅노], 칼날→[칼랄], 신랑→[실랑]. 자음 접변(子音接變). 「자.

자음=자[—짜](子音字)圏 자음을 나타내는 자모나 글

자음 접변(子音接變)圏(통) 자음 동화(子音同化).

자의(字義)圏 글자의 뜻. 「대로 해석하여서.

자의(自意)圏 자기의 생각이나 의견. ¶ —반 타의반(他意半). 《대》 타의(他意). one's own will

자의(自縊)圏 → 자액(自縊).

자의(恣意)圏 방자한 마음씨. ¶ —적(的)인 행동.

자ː의(諮議)圏 자문하여 의논함. consultation

주(의)(교) 복판. 중심.

자=의ː식(自意識)圏〈심리〉자기 자신에 관한 의식. 모든 체험의 통일적·항상적(恒常的)인 능동적 계기로서의 자아의 의식. 자기 의식(自己意識). 자각(自覺). 자아 의식(自我意識).

자이로스코ː프(gyroscope)圏〈물리〉공간에서 자유로이 회전하도록 장치한 일종의 팽이. 회전의(回轉儀). 《약》 자이로.

자이로=스태빌라이저(gyrostabilizer)圏〈물리〉자이로스코프를 응용하여 선박 또는 비행기의 흔들림을 막는 장치.

자이로=컴퍼스(gyrocompass)圏〈물리〉나침의의 하나. 고속도로 회전하는 팽이를 주체로 하며 지구 자기와는 관계가 없음. 선박 등에 쓰임. 회전 나침의(回轉羅針儀).

자이로=파일럿(gyropilot)圏 자이로스코프를 응용하여 선박·비행기 등의 조타수·조종사에 대신해서 자동적으로 소정(所定)의 진로를 유지하는 장치.

자이로 호라이즌(gyro horizon)圏〈물리〉자이로스코프를 응용하여 선박·비행기·열차 등 동요하는 물체 속에서 인공적으로 바른 수평면을 만드는 장치.

자ː이어니즘(zionism)圏(통) 시오니즘(sionism).

자이언트(giant)圏 거인(巨人). 거대하이.

자익(自益)圏 ①자기의 이익. one's own profit ②개인의 이익. private profit

자익=권(自益權)[명] 사원권(社員權)의 하나. 사원 개인의 이익을 위하여 사원에게 주어진 권리. 이익 배당 청구권 따위. (대) 공익권(公益權).

자익 신:탁(自益信託)[명] 신탁 재산에서 생기는 이익이 위탁자에게 돌아가는 신탁.

자인(自刃)[명] 칼로 자기의 생명을 끊음. killing oneself with dagger 하다

자인(自印)[명] 자기의 도장. one's own seal

자인(自認)[명] ①스스로 인정함. 자신이 시인함. 시인(是認). admittance ②〈법률〉자기에게 불리한 사실을 인정하는 것. 하다

자인(瓷印·磁印)[명] 흙을 정하게 구워 만든 도장.

자인-소(自劾疏)[명] 〈제도〉제 허물을 들어서 적어 올린 상소. 자핵소(自劾疏).

자일(子日)[명] 〈민속〉일진(日辰)의 지지(地支)가 자(子)인 날. day of the Rat

자일(恣逸)[명]〈下〉방자(放恣). 하다

자일(seil 도)[명] 등산용(登山用)의 밧줄. 로프.

자일 파:티(seil party)[명] 등산에서 자일로 서로의 허리를 맨 그룹.

자임(自任)[명] ①스스로 무슨 일을 임무로 함. appointing oneself as ② 스스로 행위·재능(才能) 따위를 훌륭하다고 여김. ¶스스로 일인자로 ~하다. 〈유〉자부(自負). pretension 하다

자자(字字)[명] 한 글자 한 글자마다.

자:자(刺字)[명] 옛 중국의 형벌의 하나. 얼굴이나 팔뚝의 살을 따고 흠을 내어 죄명(罪名)을 적어 넣던 일. 자문(刺文), 자청(刺靑). 하다

자:자(藉藉)[명] 여러 사람의 입에 오르내리는 모양. ¶칭찬이 ~하다. on everybody's lips 하다

자校(孜孜)[명] 부지런히 힘쓰는 모양. 하다

자자 손손(子子孫孫)[명] 자손의 여러 대. 자손 만대. 대대. 대대 손손. generation after generation

자자 주옥(字字珠玉)[명] 글자마다 주옥이라는 뜻으로, 필법이 묘하게 잘 됨을 가리키는 말.

자:형(刺字刑)[명] 자자(刺字)의 형벌.

자작(子爵)[명] 오등작(五等爵)의 넷째 작위. 《약》자(子)③. viscount

자작(自作)[명] ①스스로 무엇을 만듦. 또, 그 물건. 자제(自製). one's own work ②제 땅으로 농사 지음. (대) 소작(小作). cultivation of one's own fa-

자작(自酌)[명] 〈下〉자음(自飮). 〔rm 하다

자작-거리-다[자] 어린아이가 겨우 걷기 시작하여 위태롭게 걷다. 〈큰〉저적거리다. toddle 자작-자작¹

자작-나무[명]〈식물〉자작나무과의 낙엽 교목. 높이 20~30 m 로 잎은 삼각형·능상난형으로 끝이 뾰족함. 5월에 누른 빛을 띤 청갈색 꽃이 피고 열매는 10월에 익음. 수피(樹皮)는 약용·유이용(鞣皮用)임. 백화(白樺). 백목(白樸). birch-tree

자작-농(自作農)[명] 제 땅을 가지고 제가 주로 짓는 농사. (대) 소작농(小作農). (약) 자농(自農). independent farmer

자작-시(自作詩)[명] 자기가 지은 시. one's own poem

자작 자급(自作自給)[명] ①손수 제 힘으로 지어서 모자람 없이 지냄. ②제 나라나 제 고장에서 나는 물건만으로 살아감. self-sufficiency 하다

자작 자음(自酌自飮)[명] 술을 손수 따라 마심. (약) 자작(自酌). drinking by oneself 하다

자작-자작²[명] 물이 밑바닥에 점점 잦아 붙는 모양. 〈큰〉저적저적. drying up 하다

자작 자필(自作自筆)[명] 자기가 글을 짓고 손수 씀. 작지 서지(作之書之). one's own writing 하다

자작 자활(自作自活)[명] 자작하여 제 힘으로 살아감. self-support 하다

자작-지얼(自作之孼)[명] 제 스스로가 만든 재앙.

자작 지주(自作地主)[명] 자기 논밭을 자기가 경작하는 사람. 지주 겸 자작농. independent farmer

자잘-하-다[형] 여러 개가 다 잘다. small all alike

자장(自藏)[명] 기계나 계기(計器)의 내부에 부수적 기능을 가지는 것을 수용하고 있음. ¶라디오 속에 장치돼 ~안테나. 하다

자장(磁場)[명] 자석의 작용이 미치는 범위. 자석의 근방, 전류의 주위, 지구의 표면 등이 다 자장이다. 자계(磁界). magnetic field

자장-가(一歌)[명] 아기를 재울 때 부르는 노래. lullaby

자장=격지(自將擊之)[명] ①스스로 군사를 거느리고 나가 싸움. fight under one's own command ②남을 시키지 않고 손수 함. do it 하다

자장-면(酢醬麵 중)[명] 중국 음식의 하나로 중국 된장에 고기를 넣고 비빈 국수.

자장=자장[명] 아기를 재울 때에 조용히 노래처럼 부르는 소리. sleep baby! 〔aby

자장 타:령(一打令)[명] 타령조로 부르는 자장가. lull-

자재(自在)[명] ①저절로 있음. selfexistence ②속박이나 장애가 없이 마음대로임. freedom ③《약》→자유 자재(自由自在). 하다

자재(自裁)[명] 〈下〉자결(自決)①. 하다 〔료(資料).

자:재(子材)[명] 무엇을 만드는 근본이 되는 재료. 자

자:재(資財)[명] ①자산(資産). 재산. ②자본이 되는 재산. assets

·자·재(者在)[접미] 자벌레.

자:재 관:리(資材管理)[명] 〈경제〉공장에 사용되는 각종 자재의 운반·보관·운반 경로·운반 설비의 합리화 및 재고품의 감축(減縮)을 도모하는 생산 관리의 하나.

자:재-난(資材難)[명] 자재를 구하기가 어려움. ¶~이 심각한 형편. shortage of materials

자재 스패너(自在 spanner)[명] 스패너의 턱에 해당하는 부분을 나사로 잡아 자유로이 조종하여 쓰게 만든 구조의 스패너. 멍키 스패너.

자재-천(自在天)[명]《약》→대자재천(大自在天).

자재-화(自在畵)[명] 자나 컴퍼스 등의 기구를 쓰지 않고 그리는 그림. (대) 용기화. freehand drawing

자저(自著)[명] 자기의 저서.

자적(自適)[명] 무엇에도 속박됨이 없이 마음 내키는 대로 즐김. ¶유유(悠悠) ~. leading quiet life 하다

자전(自全)[명] 스스로 몸만을 온전히 함. 또, 그리 함.

자전(字典)[명] 많은 한자(漢字)를 모아 낱낱이 그 뜻을 풀어 놓은 책. 어전(語典). 자서(字書)①. 자휘(字彙). dictionary

자전(自傳)[명]〈下〉→자서전(自敍傳).

자전(自轉)[명] ①스스로 회전함. ②천체 스스로가 직경의 하나를 축으로 하여 회전하는 운동. (대) 공전(公轉). rotation 하다

자:전(紫電)[명] ①자줏빛 전광. ②일이 썩 급함.

자전-거(自轉車)[명] 탄 사람이 양발로 페달을 밟아 바퀴를 돌려서 앞으로 나아가게 장치한 가볍고 편리한 수레. 자행거(自行車). 바이시클(bycycle). 사이클(cycle). ¶~ 경주(競走). 〔포. bicycle shop

자전거=포(自轉車鋪)[명] 자전거를 팔거나 수선하는 점

자전-관(磁電管)[명] 〈물리〉극초단파(極超短波)를 발진(發振)하기 위한 특수 진공관. 레이더의 발달에 크게 기여함. magnetron

자전 매매(自轉賣買)[명] 거래소 거래의 특수 매매 형태. 한 증권 회사가 동일 종류의 거래에 있어서 동일 종목·동일 수량·동일 가격의 매도와 매수를 동시에 행하는 매매.

자전 소:설(自傳小說)[명] 〈문학〉자기(自己)의 인간 형성(人間形成)을 내용으로 한 소설. autobiographical novel

자전-으로(自前一)[명] 이전부터.

자전 주기(自轉週期)[명] 〈천문〉천체(天體)가 한 번의 자전을 마치는 데 소요되는 시간. (대) 공전 주기. period of rotation 〔책. measure of selfprotection

자전지:계(自全之計)[명] 자신의 안전을 도모하는 계

자전-차(自轉車)[명] '자전거'의 잘못.

자절(自切·自截)[명] 〈동물〉도마뱀·게·여치 등이 위기에 처해 그 몸의 일부를 끊고 위해를 면하는 현상.

절단된 부분은 그 후 쉽게 재생됨. 자할(自割).
자정(子正)[명] 자시(子時)의 한가운데. 밤 12시. 곧, 영시(零時). 자야(子夜). 《대》 오정(午正). midnight
자-정간(子井間)[명] 가지런히 여러 줄로 쓴 모든 글자 가운데의 세로 줄과 가로 줄을 이룬 정간(井間).
자정-수(子正水)[명] 자정 때 길어서 먹는 물. 낳게 마시면 몸이 튼튼해진다고 함.
자정 작용(自淨作用)[명] 물이 흐르는 동안에 저절로 깨끗해지는 작용. natural purification
자·=정향(紫丁香)[명] 라일락.
자제(子弟)[명] ①《공》 남의 아들. ②남의 집안의 젊은 이를 일컫는 말. 자사(子舍)①. ¶양가의 ~. 《대》 부형(父兄). your son [self-control 하다
자제(自制)[명] 자기의 감정이나 욕심을 스스로 억제함.
자제(自製)[명] 손수 만듦. 또, 그 물건. 자작(自作)①.
자제(姊弟)[명] 누이와 동생. [하다
자제-력(自制力)[명] 스스로 억제하는 힘. power of
자제-심(自制心)[명] 자제하는 마음. self-control
자조(自助)[명] 제 힘으로 저를 도움. ¶~ 매각. self-help ②국제법 용어로, 국가가 자력으로 국제법상의 권리를 확보하는 일. 하다 [하다
자조(自照)[명] 자기 자신을 관찰·반성함. self-reflection
자조(自嘲)[명] 스스로 자기를 비웃음. self-scorn 하다
자조(慈鳥)[명] 새끼가 어미의 먹이를 날라 먹이는 인자한 새라는 뜻으로, 곧 까마귀.
ㅈ·조[명]《교》자주.
자조 문학(自照文學)〈문학〉 일기·수필 등과 같이 자조의 정신에서 나온 문학.
자조-적(自助的)[관][명] 자기 스스로를 돕는(것).
자족(自足)[명] ①스스로 넉넉함을 느낌. self-sufficiency ②다른 곳으로부터 구함이 없이 자기가 가진 것으로써 충분함.
자족 경제(自足經濟)〈경제〉 자기가 필요한 만큼의 생산·소비를 하여 가족 외의 교환 관계를 일으키지 않는 경제. autarky
자존(自存)[명] ①자기의 존재. one's own existence ②자기 힘으로 생존함. 《대》 의존(依存). self-existence 하다
자존(自尊)[명] ①스스로 자기를 높임. 제 스스로 높은 사람인 체함. self-importance ②자기의 품위를 지킴. 스스로 존중함. 《약》 자중(自重). frequently
자존-권[-꿘](自存權)[명] 자기 보호권(自己保護權). 자기의 생존 유지를 위하여 필요한 일체의 행위를 할 수 있는 권리. right of self-existence
자존-심(自尊心)[명] 남에게 굽히지 않고서 제 몸을 스스로 높이는 마음. pride [self-importance 하다
자존 자대(自尊自大)[명] 자기를 존대(尊大)하게 여김.
자좌(子坐)[명] 묏자리나 집터 등의 자방(子方), 곧 북쪽을 등진 좌향. 정남향으로 앉음.
자좌 오:향(子坐午向)[명] 자방, 곧 북쪽을 등지고 오방(午方), 곧 남쪽을 바라보는 좌향, 정남향으로 앉음을 말함. [온다. frequently
자주[부] 여러 번 되풀이하여. 잇달아 잦게. ¶~ 늦게
자주(自主)[명] ①남에게 의지하거나, 남의 간섭을 받지 않고, 자기 힘으로 독립되어 행함. independence ②자주권을 가지는 일. autonomy ③《약》 자주장(自主張). [직임.
자주(自走)[명] 엔진 따위를 갖추고 있어 자동적으로 움
자주(自註)[명] 자기가 쓴 글에다 손수 주석을 닮. 또, 그 주석. 하다
자주(紫朱)[명] ⇒자줏빛.
자주(慈主)[명] 어머니. 편지에 쓰는 말.
자주-괴·불주머니(紫朱-)〈식물〉 양귀비과의 두해살이 풀. 5월쯤에 홍자색 꽃이 핌. 산이나 들의 그늘진 곳에 남. 말다냐리.
자주-권[-꿘](自主權)[명] 자주 독립하여 자기의 일은 자기가 처리하는, 국가 또는 지방 자치 단체가 갖는 치외법권. autonomy [으로 이르는 말.
자주-꼴뚜기(紫朱-)[명] 검붉은 살빛을 한 사람을 농 orpine
자주 독립(自主獨立)[명] 남의 간섭을 받거나 남에게 의지하지 않고 제 힘으로 일을 처리함. independence 하다
자주 독왕(自主獨往)[명] 남의 태도나 주장에 구애됨이 없이 자기가 믿는 주의·주장대로 행동함. independent way of life 하다
자주=법[-뻡](自主法)[명] 지방 단체에 의해 정립(定立)되는 법규.
자주-색(紫朱色)[명] 자줏빛.
자주-성[-썽](自主性)[명] 남에게 의지함이 없이 제 힘으로 처리해 나가려는 성질. independence
자주-쓴풀(紫朱-)[명]〈식물〉용담과에 속하는 일년생 풀. 줄기는 자주색이고 15∼30cm 가량임. 꽃은 자줏빛으로 가을에 피며, 풀 전체를 말려서 약에 씀. [pretty often
자주=자주[부] 매우 자주. 삭삭(數數). ¶~ 오너라.
자-주장(自主張)[명] 스스로 일을 주장함. 자기 주장대로 함. 《약》 자주(自主)③. self-will 하다
자주-적(自主的)[관][명] 남의 간섭 등을 받지 않고 스스로 결정하여서 일을 행하는(것). independent
자주 점유(自主占有)[명] 소유의 의사를 가지고 하는 점유. 《대》 타주 점유. [정신.
자주 정신(自主精神)[명] 독립적으로 일을 처리하려는
자주-종덩굴(紫朱鐘-)[명]〈식물〉미나리아재비과에 속하는 낙엽 활엽 만목(蔓木). 6월에 짙은 남자색 꽃이 아래로 늘어져 피움. 자주색을 띠 재배함.
자주-포(自走砲)[명]〈군사〉 전차(戰車) 등에 고정시키어 이동과 사격이 쉬운 야포(野砲).
자주 호반새(紫朱湖畔-)[명]〈조류〉 물총새과의 새. 호반새와 비슷하며 날개 길이 13cm 가량임. 머리는 검고, 등과 꼬리는 청자색, 허리 가슴의 중앙은 회색 옆구리·배는 등황색임. 양어장에 해조(害鳥)임.
자-죽(紫竹)[명]〈식물〉 거죽의 빛이 자색인 대의 하나.
자줏-물[-준-](紫朱-)[명] 자줏빛 물감. purple dye
자줏-빛[-삗](紫朱-)[명] 짙은 남빛에 붉은 빛을 띤 빛. 자주색(紫朱色). 자지(紫地). 《약》자주(紫朱). purple
자줏빛 무늬병[-삔-](紫朱-病)[명]〈농업〉 콩 등 꼬투리에 부정형의 붉은 갈색 병반이 번지고 써앝에 자줏빛 무늬가 생기는 병. 자반병(紫斑病).
자중[1](自重)[명] ①자신의 품위를 점잖게 함. self-respect ②행실을 삼가서 그 몸을 소중히 가짐. ¶~ 자애(自愛). prudence 하다
자중[2](自重)[명] 물건 자체의 무게. 제 무게. empty weight
자:-(藉重)[명] ①어떤 글에서 특히 중요하다고 인정하는 곳. ②중요한 점에 의거함. 하다
자중-심(自重心)[명] 자중하는 마음. prudence
자중지:란(自中之亂)[명] 자기네 한 동아리 안에서 일어나는 싸움질. internal trouble
자승(自證)[명] 스스로 자기를 증명하게 됨. 하다 [《대》 보지. penis
자:-지(子地)[명] 남성의 길게 내민 외부 생식기. 음경(陰莖).
자지(子枝)[명] 번성한 자손. prosperous off springs
자지(自知)[명] 자기의 역량(力量)을 자기가 앎. self-knowledge 하다
자지(自持)[명] ①자기가 가짐. making something one's own ②스스로 지님. inherence 하다
자지(紫地)[명] ⇒자줏빛.
자지(紫芝)[명] ①《동》 지치. ②자줏빛 버섯.
자지(慈旨)[명] 임금의 어머니의 전교(傳敎).
자지러-뜨리·다[타] ①몹시 놀라서 몸을 움츠르뜨리다. quail ②몹시 자지러지게 하다. petrify 《큰》 지저러뜨리다.
자지러지·다[자] ①놀라서 몸이 움츠러들다. 《큰》 지러지다. quail ②생물이 중간에 병이 나서 기운을 펴지 못하다. be depauperated ③웃음 소리·울음 소리·치는 장단 등이 빨라서 잦아지다. become convulsive

자지러-지-다 그림·조각(彫刻)·자수·음악 등이 정밀하고 교묘하다. exquisite

자지리-하-다 〔呼〕→자질구레하다.

자지리 아주 몹시. 지긋지긋하게. ¶~ 고생하다. ~ 못났다. 《큰》지지리. terribly

자지=**반**(自持飯)명 제가 먹을 것을 몸소 지니고 감.

자-지=**북**〔魚類〕참복과의 바닷물고기. 몸은 가늘고 길며 등과 배쪽에 잔 가시가 밀생함. 몸 빛은 회갈색이고 배는 흰. 난소·간장에 강한 독이 있음. 호호돈. red finned puffer

자진(自進)명 남의 시킴이 없이 스스로 나아감. 자발(自發). ¶~ 출두(出頭). volunteering 하다

자진(自盡)명 ① 죽기로 결심하고 음식을 먹지 않거나 병들어도 약을 먹지 않고 목숨이 다하게 됨. ② 무엇이 저절로 다하게 됨. spontaneous exhaustion ③ 몸과 마음으로 정성을 다함. devotion 하다

자=**질**〔명〕자로 재는 짓. measuring 하다

자질(子姪)명 아들과 조카. 자여질(子與姪). son and nephew

자질(資質)명 타고난 성품과 바탕. 자성(資性). 소질(素質)②. 천성(天性). nature 하다

자질구레-하-다 여러 개가 다 잘다. 《약 자지레하다》

자질=**자질** 물기가 말라서 줄어드는 모양. dried up 하다

자=**짜리**명 낚시질에서, 한 자 짜리 물고기. 〔분-히〕

자차분-하-다 잘고도 차분하다. mediocre 자차 하다

자찬(自撰)명 손수 편찬함. self-editing 하다

자찬(自讚)명 자기가 한 일을 제가 칭찬함. 자칭(自稱)②. self-praise 하다 찔린 상처. puncture

자=**창**(刺創)명 바늘·꼬챙이·칼·창 따위의 날카로운 것

자창 자화(自唱自和)명 자탄 자가(自彈自歌). 하다

자=**채**=**논**(紫彩─)명〔略〕→자채벗논.

자=**채**=**벼**(紫彩─)명〔식물〕올벼의 하나. 빛이 누르고 가스랑이가 있음. 심어서 되는 논이 따로 있으나 물질이 우수함. 《약》자채.

자=**채벗**=**논**(紫彩─)명 자채벼를 심은 논. 또는 그와 같이 좋은 논. 《약》자채논.

즈=**치음**/**즈**·**치**·**음**명〔고〕재채기. 하다

자책(自責)명 자기 자신을 스스로 책망함. ¶~감(感).

자책 관념(自責觀念)명〔심리〕지나치게 자책감을 갖는 망상적(妄想的) 관념(觀念).

자책=**점**(自責點)명〔야구〕야구에서, 야수의 실책이 아니고 투수의 책임으로 돌려지는 상대팀의 득점(得點). earned run average

자처(自處)명 ① 《命》자결(自決)①. ② 자기 스스로 어떤 사람인 체함. ¶교수로 ~하다. pretension ③ 자기가 할 일을 자기가 직접 처리함. cope with 하다

자처=**울**-**다**〔료〕닭이 점점 빨리 몰아서 울다.

자천(自薦)명 자기가 자기를 추천함. 《대》타천(他薦). self-recommendation 하다

자천(恣擅)명 고만스럽게 제 주장대로 함. 하다

자천 배타(自賤拜他)명 제 것은 천대하고 남의 것만 숭배함. 하다

자철(子鐵)명 신바닥에 박는 징의 통칭. hobnails

자철(磁鐵)명〔광물〕금속 광택이 나며 부스러지기 쉽고 약하나 자성(磁性)이 강함. 제철 원료로 중요함. 자철광(磁鐵鑛). magnetic iron ore

자철=**광**(磁鐵鑛)명〔同〕자석(磁石). 자철(磁鐵).

자청(自請)명 제 스스로 청함. volunteering 하다

자청(刺靑)명 입묵(入墨). 자자(刺字).

자체(自體)명 ① 자기의 몸. one's body ② 그 자신. ¶~ 정화(淨化). itself 〔character

자체(字體)명 글자의 모양. 자양. 자형. form of

자체(姿體)명 몸가짐. 모양. figure

자체 금융(自體金融)명〔경제〕기업 자체나 기업주에 의하여 마련되는 자본.

자체 방-전(自體放電)명〔물리〕축전지 극판에서 외부 회로(回路)를 연결하지 아니하여도 스스로 발생하는 방전.

자체 환=**각**(自體幻覺)명 거울에 비치듯 자기 자신을 보는 환각. 경영 환각(鏡映幻覺). 「음. 오후 11시.

자초(子初)명 십이시(十二時)로 나눈 자시(子時)의 처

자초(自初)명 처음부터. from the beginning

자초(自招)명 스스로 초래(招來)함. ¶화(禍)를 ~하다. self-inviting 하다

자=**초**(紫草)명〔同〕지치.   〔임.

자초=**용**(紫草茸)명〔한의〕지치의 싹. 한약재로 쓰

자초=**지종**(自初至終)명 처음부터 끝까지 이르는 동안. 또, 그 사실. 자두지미(自頭至尾). 〔固〕 어떤 사실의 처음부터 끝까지. 전후 수말(前後首末).

자촉(刺促)명 세상 일에 얽매여 매우 바쁨. busyness

자총(慈葱)명 김장에 쓰는 파. 김장파.

자총-**이**(紫葱─)명〔식물〕파의 한 종류. 뿌리가 파보다도 더 맵고 겉껍질은 노란 보라색, 속껍질은 보라색, 속은 흰. 김장할 때에 많이 씀. 자총(紫葱). kind of purple onion

자최(齊衰)명 오복(五服)의 하나. 굵은 생베로 짓되 아래 가를 좁게 접어 꿰맨 상복.

자=**최**(자)명〔고〕자취.

자침눈(자)명 자취눈. 자국눈.   〔self 하다

자촉(自祝)명 제 스스로 축하함. celebration by one-

자축-**거리**-**다**[ㅈ][지] 다리에 힘이 없어 잘똑거리다. 《큰》저축거리다. limp 자축=자축[지] 하다

자축=**연**(自祝宴)명 자기의 경사를 스스로 축하하기 위하여 베푸는 잔치.

자츰=**거리**-**다**[ㅈ][지] 다리에 힘이 없어 조금 자츰거리다. 《큰》저츰거리다. limp 자츰=자츰[지] 하다   「rson

자츰-**발이**명 걸음을 자츰거리며 걷는 사람. lame pe-

자충(自充)명 바둑에서, 자기가 돌을 놓아 제 수를 줄임.

자=**충**(刺衝)명 찌름. 하다   〔임. ¶~수(手). 하다

자취명 무엇이 남기고 간 흔적. 궤적(軌跡).

자취(自炊)명 밥지어 먹는 일을 손수 함. 또, 그 일. ¶~생(生). cooking food for oneself 하다

자취(自取)명 잘잘못 간에 제 스스로 만들어서 됨. bring upon oneself 하다

자=**취**=**기화**(自取其禍)명 제게 재앙될 일을 함. 하다

자취=**지**=**화**(自取之禍)명 스스로 취한 재앙. self-incurred calamity 하다

자치〔魚類〕연어과의 민물고기. 길이 1.5 m 가량으로 비늘은 작고 몸 빛은 황갈색이며 갈색의 작은 점이 있음. 상류의 산간 계곡에 서식함.

자치[1]명〔곤충〕나무좀과의 매화나무·자두나무 따위를 파먹는 해충. 몸 길이 2.5 mm 내외로 긴 타원형이고 몸 빛은 흑색 광택이 남. 섬나무좀.

자치(自治)명 ① 제 일을 스스로 다스려 감. management of one's own business ② 국민이 국민으로서 국가의 일에 참가함. self-government ③ 자력히 다스려짐. ④〔법〕지방 단체 또는 공공 조합이 국가의 위임을 받아 스스로 처리함. 자치 행정(自治行政). 《대》관치(官治). self-government

자치=**국**(自治國)명 연방국에 속하여 자치권이 부여된 나라. autonomous state

자치=**권**[─권](自治權)명 ① 자치할 수 있는 권리. ②〔법〕지방 자치 단체가 그 구역 안에서 가지는 지배권. 국가에서 위임받은 국가 통치권의 일부. right of self-government

자=**치기**명 손에 알맞은 나무때기로 짤막한 나무때기를 쳐서 그 거리를 자질하여 승부를 겨루는 아이들 놀이. stick-tossing game

자치 기관(自治機關)명 자치 단체가 행정 사무를 집행하는 기관. organ of self-government

자치 단체(自治團體)명 자치의 권능이 부여된 공공 단체. 자치체(自治體). self-governing body

자치=**대**(自治隊)명 정치상의 공백(空白)이나 혼란스

자치동갑 에 그 지역의 공안·질서를 유지하기 위해 조직하는 민간 치안대. militia

자치=동갑(一同甲)圓 한 살 차이의 동갑. 어깨동갑. persons about the same age

자치=령(自治領)圓 완전한 자치권을 주어, 중앙 정부에서 내정 간섭을 않는 영지. self-governing dominion 「self-governing colony

자치 식민지(自治植民地) 자치권이 부여된 식민지.

자치=적(自治的)관형 자치를 하는(것). 제 일은 제 스스로가 다스리는(것).

자치=제(自治制)圓(동) 자치 제도(自治制度).

자치 제:도(自治制度)圓 지방 자치 단체가 자기의 기관에 의하여 독자적으로 행정을 하는 제도. 자치체. 지방 자치 제도. system of self-government

자치=체(自治體)圓(동) 자치 단체(自治團體).

자치 통:제(自治統制)圓 업자가 자치적으로 각자의 자유로운 경제 활동에 가(加)하는 통제. voluntary self-control

자치 행정(自治行政)圓 ①국가의 전임 관리에 의하지 않고 국민 자신이 그 이해 관계가 있는 공공 사무를 처리하고 이에 참가하는 일. 공공 단체가 스스로 그 사무를 행함. 자치(自治)④. self-governing administration

자치 활동(自治活動)圓(교육) 학생들끼리 집단적·자주적으로 학교 생활을 조직하고 운영하는 과외(課外)활동.

자치=회(自治會)圓 ①학교·학급 등에 있어서 학생의 자치 활동을 위한 조직 및 회합. ¶학생 ~. student council ②같은 지역에서 살고 있는 거주민이 지역 사회를 향상시키려고 만드는 자치 조직.

자친(慈親)圓 남에게 대하여 자기 어머니를 일컫는 말. 「慈親」. my mother ②자기의 깊은 애정으로 길러 주는 어버이의 뜻. (대)엄친(嚴親).

자침(自沈)圓 스스로 제 함선을 침몰시킴. scuttling one's own boat 하타

자침(瓷枕)圓 자기(瓷器)로 만든 베개. 도침(陶枕).

자침(磁針)圓 중앙부를 수정 방향으로 자유로이 회전할 수 있도록 해 놓은 자석. 지남침.

자칫閂 ①무슨 일이 조금 어긋남을 나타낼 때 쓰는 말. ¶~ 잘못하면…. with the slightest(mistake) ②비교적 조금. ¶~ 큰 듯하다.

자칫=거리다재 걸음발타는 젖먹이가 몇 걸음씩 걷다. toddle 자칫-자칫타 하타 「the slightest

자칫-하면閂 까딱 잘못하면. ¶~ 유혹기 쉽다. on

자칭(自稱)圓 ①남에게 대하여 자기 자신을 일컫는 말. would-be ②스스로 자기를 칭찬함. 자찬(自讚). ③스스로 일컬음. ¶~ 천재. ④(어학)→자칭 대명사(自稱代名詞). self-styled 하타

자·칭(藉稱)圓 핑계 삼아 거짓 꾸밈. 자탁(藉託). 하타

자칭 군자(自稱君子)圓(동) 자칭 천사(自稱天子).

자칭 대:명사(自稱代名詞)圓〔어학〕제1인칭 대명사. '저·우리'등 말하는 이를 가리킴. (약)자칭(自稱)④. first person

자칭 천자(自稱天子) 자찬하는 이를 비웃는 말. 자칭 군자(自稱君子). self-styled bigwig

자쿠:스카(zakuska)圓 러시아 요리의 전채(前菜).

자키(jockey)圓 ①경마(競馬)의 기수(騎手). ②(약)→디스크 자키(disk jockey).

자=타(自他)圓 ①자기와 남. oneself and others ②〈불교〉자력(自力)과 타력(他力). ③〔어학〕자동사와 타동사.

자타 공:인(自他共認)圓 자기나 남들이 다 같이 인정함. be commonly acknowledged 하타

자=타:작(自打作)圓 자기의 논밭을 스스로 농사지어 거둠. cultivation of one's own land 하타

자:탁(藉託)圓 다른 일을 빙자하여 핑계함. 자칭(藉稱). 「(稱). pretext 하타

자탄(子彈)圓 총포 따위의 탄환. 「稱). pretext 하타

자탄(自歎·自嘆)圓 스스로 탄식함. feeling grief of

자탄(咨歎)圓 애석하여 탄식함. 하타 「oneself 하타

자탄 자가(自彈自歌)圓 스스로 거문고를 타고 스스로 노래함. 자창 자화(自唱自和). 하타

자탑(瓷塔)圓 자기(瓷器)로 만든 탑.

자태(姿態)圓 모습이나 모양. 몸가짐과 맵시. 맵시. 자용(姿容).「고은 ~. figure

자태(瓷胎·磁胎)圓 돌을 곱게 갈아 만든 가루. 그릇을 만드는 데 씀. 「use

자택(自宅)圓 자기의 집. 자가(自家)①. one's own ho-

자토(赭土)圓(동) 도토(陶土).

자토(赭土)圓(동) 석감주(石間硃). 「하타

자통(自通)圓 가르침을 받지 않고 스스로 통함. 하타

자통(刺痛)圓 찌르는 듯한 아픔. 자통증. 「하타

자퇴(自退)圓 스스로 물러감. giving up voluntarily

자투리圓 자팔이로 팔고 남은 피륙의 조각. 말함. 잔척(殘尺). scrap of cloth

자파(自派)圓 자기 파. 자기편. one's own party

자파(自罷)圓 스스로 일을 그만둠. quitting of one's own accord 하타

자판(自判)圓 ①저절로 판명됨. ②상급 법원에서 원판결(原判決)에 이유 불비(理由不備)나 사실 인정에 파오가 있다고 인정할 때, 이것을 파기하고자 독자적으로 새로운 판결을 내림. becoming clear of its own accord 하타

자판(自辦)圓 ①제 일을 스스로 처리함. managing in person ②자기 스스로 담당함. 자변(自辦). paying for oneself 하타

자판-기(自販機)圓(약)→자동 판매기(自動販賣機).

자:패(紫貝)圓〔조개〕복족류(腹足類)의 전새류(前鰓類)에 속하는 조개. 법랑질(琺瑯質)의 두꺼운 조가비가 한 조각으로 접혀서 양순(兩脣)이 맞물음. 겉은 청황색 또는 흑갈색의 바탕에 얼룩점이 있음. 문패(文貝). cypraea arabica

자편(子鞭)圓(동) 도리깻열.

자편(自便)圓 ①저 혼자의 편안함을 피함. one's own convenience ②자기쪽.

자폐(自廢)圓 스스로 그만둠. 하타

자폐(自斃)圓 자살(自殺). 하타

자폐(滋弊)圓 폐해를 더함. 하타

자폐=선(自閉線)圓〔수학〕한 곡선이 어떤 점에서 시작하여 다시 같은 점에 이르기까지의 선.

자폐=성(一性)〔自閉性〕圓〔심리〕내폐성.

자폐=증(一症)〔自閉症〕圓〔의학〕정신병의 하나. 갑자기 주위의 관심이 없어지고 말을 하지 않으며, 자기 세계에 들어박히는 병. autism

자포(自暴)圓(약) 자포자기.

자:포(刺胞)圓 유자포(有刺胞) 동물이 가진 세포의 이름. 외적을 만나서 나사 모양으로 잠긴 자사(刺絲)가 풀리고 독포(毒胞)속의 독액을 침을 통해서 내쏨. 바늘 세포. 자세포(刺胞). nematode cyst

자:포(紫袍)圓 ①자줏빛 도포. purple robe ②아주 훌륭한 옷이나 예복. full dress

자포니카(japonica)圓 구미인(歐美人)이 장식면(裝飾面)에 끌어들인 일본(日本)취미.

자포 자기(自暴自棄)圓 실망·타락 따위로 자기의 형편·전도를 파괴하고 돌보지 않음.(약) 자포(自暴). 자기(自棄). desperation 하타

자폭(自爆)圓 ①전황(戰況)이 불리할 때, 자기가 타고 있는 함선·비행기 속을 스스로 폭파함. ②스스로 자신을 파멸시킴. self-destruction 하타

자표(字票)圓 화살에 표한 숫자(數字).

자-풀이圓 ①피륙 한 자에 값이 얼마 씩 치였나 풀어 보는 셈. ②피륙을 자로 끊어서 파는 일. 해척(解尺). ③〈건축〉방의 간수(間數)나 건물의 높이 등을 계산하는 일. estimate the yard price 하타

자품(資稟)圓 사람된 바탈과 타고난 인품. 하타

자필(自筆)圓 자기가 직접 씀. 또, 그 글씨. 수필(手筆). ¶~ 증서(證書). (대) 대필(代筆). autograph

자하(自下)圓(약)→자하 거행.

자:하(紫蝦)圓(동) 곤쟁이.

자:-하거(紫河車)〈한의〉'배(胎)'의 한의학적 명칭.

자하 거:행(自下擧行) 윗사람을 거치지 않고 스스로 하여 감. 《약 자하(自下). carrying out at one's own discretion 하타

자:=하-다(資一)자타타 ①도움이 되다. 공헌하다. contribute ②비용을 대다. 자금을 대다. provide the fund

자하 달:상[一上](自下達上) 아래로부터 위에 미침. 《대 자상 달하(自上達下). 하타

자학(自虐)명 스스로 자기를 학대함. ¶~ 행위. 《대 자애(自愛)[명]《동》자학하다. self-torment 하타

자학(自學) ①자발적으로 자기의 힘으로 배움. 자습(自習). selfstudy ②교원의 강의를 위주로 하지 아니하는 학습법. 하타 [「문자학(文字學). gloss

자학(字學) 글자의 근원·음·뜻을 연구하는 학문.

자학 자습(自學自習)명 남의 가르침이 없이 스스로 학습함. 하타 [리는 것임.

자한(自汗)〈한의〉병적으로 지나치게 땀을 많이 흘

자할(自割)명《동》자결(自切).

자해(自害)명 ①《동》자살. ②자기 몸을 해침. 하타

자해(自解) ①제 스스로 풀어 냄. solving for himself ②자기를 변명함. excuse oneself ③무엇에 구애됨이 없이 스스로 풀어 해탈함. 하타

자해(字解) 글자의 해석. glossary

자핵(自劾)명 제 죄상을 스스로 탄핵함. 하타

자핵=소(自劾疏)명《동》자인소(自引疏).

자행(自行) ①자기의 수행(修行). ②스스로 행함. self-performance 하타 [dness 하타

자행(恣行) 방자하게 함. 또, 그 행동. way war-

자행-거(自行車)명《동》자전거(自轉車).

자행 자지(自行自止)명 제 마음대로 하고 싶으면 하고, 말고 싶으면 맒. wilfulness 하타

자허(自許) ①자기가 넉넉할 만한 일이라고 여김. regarding oneself equal to ②스스로 자기의 장점(長點)을 인정함. 하타

자현(自現)명 자기 스스로 추김. 하타

자헌 치:명(自獻致命)〈기독〉천주교를 금하는 곳에서 사형을 당하게 되었을 때, 자결하여 순교함. 하타

자형(自形)〈광물〉그 광물 특유의 결정면으로 둘러싸여 있을 때의 광물의 결정 형태. [aracter

자형(字形)명 글자의 모양. 자양. 자체. form of ch-

자형(字型)명 활자를 부어 만드는 원형(原型). type

자형(姉兄)명 손위 누이의 남편. 손위 매부. 매형(妹兄). brother-in-law [hearted elder brother

자형(慈兄) 자애가 깊은 형. 편지 쓸 때에 씀. kind

자혜(慈惠)명 자애로운 은혜. 은혜(恩惠). benevolence

자혜-롭-다(慈惠一)비형ㅂ불 자애로운 은혜가 깊은 데가 있다. 자혜=로이[부]

자혜 의원(慈惠醫院) 빈민 치료의 목적으로 설립된 병원. 자선 병원.

자호(子壺)명 자궁(子宮).

자호(自號) ①자기의 칭호를 스스로 지음. making one's own pen name ②자기의 칭호. one's own pen name 하타

자호(字號) ①토지의 번호나 족보의 장수 따위에 천자문(千字文)의 글자를 차례에 따라 붙인 호수. ②활자(活字)의 대소를 나타내는 번호. number of type size [집. self-intoxication 하타

자홀(自惚) 스스로 황홀함. 자기 도취(陶醉)에 빠

자:홍-색(紫紅色)명 자줏빛이 나는 붉은 색. purpli-

자화(自火) 자기 집에서 난 불. [sh red

자화(自畫)명 자기가 그린 그림. one's own drawing

자화(雌花)명《동》암꽃.

자화(磁化)명〈물리〉자기 유도(磁氣誘導)로 물체가 자성을 띠는 일. magnetization 하타

자화-상(自畫像)명 자기 자신을 그린 초상화. ¶거울을 보며 ~을 그림. self-portrait

자화 수분(自花受粉)명《동》자가 수분(自家受粉). 하

자화 수정(自花受精)명《동》자가 수정(自家受精). 하타

자화 자찬(自畫自讚)명 ①제가 그린 그림을 스스로 추켜 올림. praising one's own painting ②제가 한 일을 제가 칭찬함. self-praise 하타 [ort 하타

자활(自活) 제 스스로의 힘으로 살아감. self-supp-

자황(雌黃) ①〈한의〉외과(外科)에 쓰는 약의 하나. 독이 있음. ②채색의 하나. 맑고 고운 누른빛임. 등황(橙黃). ③비소(砒素)와 유황과의 화합물. gamboge ④중국에서 옛날 오기(誤記)의 정정에 자황을 쓴 일로부터, 시문(詩文)의 첨삭(添削) 또는 변론의 시비를 이름. correction

자:황=색(赭黃色)명 주황빛.

자회(自晦) 제 스스로 감추어 나타내지 않음. keeping in secret 하타 [지고 가는 물품. trousseau

자:회(資賄)명 ①소중한 물건. 보물. ②시집갈 때 가

자회(慈誨)명 자애(慈愛)가 넘치는 가르침.

자:=회:사(子會社)〈경제〉다른 회사와 자본저 관계를 맺어 그 회사의 지배력의 영향을 받고 있는 회사를 그 지배력을 미치는 회사에 대하여 이르는 말. affiliated company

자획(字畫)명 ①글자의 획. 필획(筆畫). strokes of character ②글자와 획. 《약 획(畫). characters and strokes [타

자획(自劃) 스스로 단념함. giving up half-way 하

자훈(字訓)명 ①한자(漢字)의 우리말 새김. ②글자와 새김. 《대 자음(字音). translation of character

자훈(慈訓)명 어머니의 훈육(訓育). 모훈(母訓). one's mother's instructions

자훼(訾毁)명《동》훼방(毁謗).

자휘(字彙)명 ①《동》자전(字典). ②글자의 수효.

자휼(字恤)명 백성을 어루만져 사랑함. loving people

자:흑=색(紫黑色)명 검은 자줏빛. [하타

자흔(疵痕)명 흠이 된 자리. 흠터.

작:명 글자의 획을 한 번 긋거나 종이 같은 것을 한 번 찢는 소리. 《큰》직. sound of tearing paper 하 [「공(公)~. 후(候)~. peerage

작(爵)명 ①벼슬. ②오등작(五等爵)의 차례 이름. ¶

작(勺)의명 ①분량의 단위로 한 홉의 십 분의 일.《음사》. jahk ②지적의 단위. 평(坪)의 백 분의 일.

작(作)명 ①지음. ¶허균 ~ 홍길동전(洪吉童傳). make ②《약》→저작(著作)①. 제작(製作)①.

작(昨)명 '어제'의 뜻.

=**작**(作) ①농작(農作)·경작(耕作)의 뜻을 나타내는

작가(作家)명 시가·소설·회화 등 예술품의 제작자. 특히, 소설가를 일컬음. ¶동화(童話)~. 극(劇)~. writer [songs 하타

작가(作歌)명 노래를 지음. 또, 그 노래. writing

작가 계:통(作家系統)명〈문학〉서로 같은 경향을 띤 작가들의 계통.

작가-론(作家論)명 작가를 여러 각도에서 입체적으로 연구·비평한 논문. study on writer

작간(作奸) 간사한 짓을 함. playing a trick 하타

작객(作客)명 자기 집을 떠나서 객지나 남의 집에서 물러 손노릇을 함. becoming guest 하타

작게 먹고 가는 똥 누지[속] 이득을 너무 탐내지 말고 제게 알맞게 취하는 것이 좋다.

작견(斫繭)명《동》벳누에고치. [unreasonably 하타

작경(作梗)명 도리에 맞지 않는 언행을 함. acting

작고(作故)명 사망. ¶~한 시인들. demise 하타

작곡(作曲)명 악곡을 창작함. 또, 그 창작품. 《대 작사(作詞). composition 하타

작곡-가(作曲家)명〈음악〉작곡을 전문으로 하는 음악가(音樂家). composer [분야.

작곡-계(作曲界)명〈작가계〉작곡에 종사하는 사람들의 사회적

작곡-법(作曲法)명〈음악〉악곡의 제작법. 선율법(旋律法)·화성법(和聲法)·대위법(對位法)·관현악법(管絃樂法)의 기초 기술을 구사하여 악곡을 창작하는 기법(技法).

작과(作窠)[명] 딴 인물을 등용하기 위하여 현임자(現任者)를 사면시킴. dismissing person from the office 하타 [作快)①. 하타
작관(作貫)[명] 엽전 열 냥으로 한 뭉치를 만듦. 작쾌
작광(作壙)[명] 땅을 파내어 무덤을 만듦. digging grave 하타
작교(鵲橋)[명] 까치가 놓는 다리. →오작교(烏鵲橋). 하타
작구(雀口)[명] 도자기 밑에 달린 발.
작국(作局)[명] 골상(骨相)이나 묏자리의 됨됨이. being
작편(作片) 하타
작금(昨今)[명] 요즈음. 어제와 오늘. ¶〜의 세계정
작금 양:년[―냥―](昨今兩年)[명] 작년과 금년. both last and this year
작금 양:일[―냥―](昨今兩日)[명] 어제와 오늘의 이틀.
작년(昨年)[명] 지난해. last year
작년-도(昨年度)[명] 지난 연도.
작농(作農)[명] 농사를 지음. farming 하타
작:-다[형] ①어리다. ¶작은 아이. young ②크지 않다〈小〉. 부피가 얼마 안 되다. ¶작은 돌. ③도량이 좁다. ¶작은 마음. ④음성이 낮다. ¶작은 목소리. ⑤사소하다. ¶작은 일. ⑥단위가 낮다. ⑦규모가 크지 않다. ¶작은 회사. (대)크다. small
작다리[명] 키가 작달막한 이를 농으로 이르는 말. (대)키다리. pudge
작단(作壇)[명]→창작단(創作壇).
작달막-하다[형] 키가 몸에 비해 작다. pudgy
작달-비[명] 굵직하고 거세게 퍼붓는 비. downpour
작답(作畓)[명] 땅을 일구어 논을 만듦. 기답(起畓). turn wasteland into paddy 하타
작당(作黨)[명] 떼를 지음. 무리를 이룸. 작패(作牌)②. ¶〜하여 난동을 부리다. forming gang 하타
작대(作隊)[명] 대오(隊伍)를 지음. forming ranks 하타
작대기[명] ①긴 막대기. ¶지게를 〜로 받치다. pole ②답안의 틀린 곳에 내리긋는 줄. cross
작대기 바늘[명] 길고 굵은 바늘. big needle
작대기 찜질[명] 작대기로 함부로 때리거나 찌르거나 하는 짓. beating with pole
작도(作圖)[명] ①지도·설계도 등을 그림. ¶설계도를 〜하다. drawing figures ②〈수학〉일정한 조건에 적합한 기하학의 도형을 그리는 일. construction
작도(昕刀)[명] 〈위〉→작두(昕―). 하타
작도-법[―뻡](作圖法)[명] 〈수학〉작도하는 여러 가지 법칙 또는 방법. construction
작도-제(作圖題)[명] 〈수학〉약간의 정해진 절차로 되풀이하여 문제에 소요의 도형을 그리는 방법을 구하는 문제. problem for construction
작동(作動)[명] 기계의 운동 부분의 움직임. operation
작동(昨冬)[명] 지난 겨울. 거동(去冬).
작두(作頭)[명] 여러 사람의 우두머리 됨. 하타
작두(昕―)[명] 마소에게 먹일 짚·콩까지 따위를 써는 연장. 기름하고 두툼한 나무 토막 위에 짤막한 쇠기둥 두 개를 세우고 그 사이에 칼날 끝을 끼워 박음. 부쟁(鈇鐺)〈위〉작도(昕刀). fodder-chopper
작두(鵲豆)[명] 〈동〉까치콩.
작두-질(昕―)[명] 작두로 짚·콩깍지 따위를 써는 일. chopping fodder 하타
작두-콩(昕―)[명] 〈식물〉콩과에 딸린 일년생 덩굴풀. 여름에 엷은 홍자색 또는 흰 꽃이 피고, 가을에 20〜30cm의 작두날 모양의 콩꼬투리 속에 씨가 달림. 열대 아시아 원산으로 씨는 식용함. 도두(刀豆). 협검두(挾劍豆). horse-bean [다. very small
작디-작다[형] 작도도 작다. 몹시 작다. (대)크디크
작란(作亂)[명] 난리를 일으킴. rising in revolt 하타
작란(雀卵)[명] ①참새의 알. ②수양(水陽)氣을 돕거나 여자의 대하증(帶下症) 또는 기침 등에 약으로 [쏨.
작란-반(雀卵斑)[명] 〈동〉주근깨.
작량(酌量)[명] 짐작하여 헤아림. consideration 하타
작량 감:경(酌量減輕) 〈법률〉법원이 범죄의 정상 (情狀)을 작량하여, 그 형(刑)을 경감하는 일. extenuation
작렬(炸裂)[명] 포탄 따위 폭발물이 터져 산산이 흩어짐. explosion 하타
작례(作例)[명] 시문(詩文) 등을 짓는 데에 본보기가 되는 예문. example
작록(爵祿)[명] 벼슬과 봉록. court rank and stipend
작료(爵料)[명] 전날에 영작(榮爵)을 팔고 사던 요금. money to buy peerage
작린(作隣)[명] 이웃이 되어 삶. becoming neighbors
작만(作滿)[명] '장만'의 취음. 하타
작만(昨晚)[명] 어젯 저녁. 지난밤. last night
작말(作末)[명] 가루를 만듦. pulverization 하타
작맥(雀麥)[명] 〈동〉귀리.
작명(作名)[명] 이름을 지음. naming 하타
작명-가(作名家) 〈동〉작명사(作名師).
작명-사(作名師)[명] 이름을 지어 주는 일로 업을 삼는 음양가(陰陽家). 작명가(作名家).
작목(雀目)[명] 밤눈이 어두운 눈. night-blind eyes
작몽(昨夢)[명] 어젯밤의 꿈. dream of last night
작문(作文)[명] ①글을 지음. 또, 그 글. 행문(行文). 〈유〉속문(屬文)④. composition ②〈어〉→작자문(作者文). 하타 [position
작문-법[―뻡](作文法)[명] 글을 짓는 법. art of com-
작문-잡다(作門―)[자]〈제도〉삼문(三門)이 있는 관아에서 귀빈이 올 때 특히 대접하려는 가운데 문을 열어 주다. [따르지 않는 정치.
작문 정치(作文政治)[명] 시정 방침만 늘어놓고 시행이
작물(作物)[명] 〈농〉→농작물(農作物).
작물-학(作物學)[명] 〈농〉농작물의 형태·생태·분류·재배·이용·개량 등을 연구하는 학문.
작물 한:계(作物限界)[명] 지형(地形)·기후 따위로 재배되는 농작물 재배의 한계. limits of cultivation
작미(作米)[명] 일구어 쌀을 만듦. rice cleaning 하타
작박구리[명] 위로 뻗은 뿔. horns turning upward [伴)
작반(作伴)[명] 길을 가는 데 동무가 됨. 작려(作侶).
작반(雀斑)[명] '주근깨'. [going together 하타
작발(作發)[명] 화약이 발화·폭발함. 하타
작배(作配)[명] 남녀가 짝을 지음. making match 하타
작배(作輩)[명] 무리를 지음. form gang 하타
작벌(斫伐)[명] 나무를 찍어 뱀. felling 하타
작법(作法)[명] ①글 따위를 짓는 법. how to compose ②법칙을 일정하게 만들어 정함. establishing law 하타 [(害)를 입음. 하타
작법 자폐(作法自斃)[명] 자기가 만든 그 법에 자기가 해
작벼리[명] 물가의 모래와 돌 따위가 섞인 곳. pebbly sand on the waterside [ance 하타
작변(作變)[명] 변란을 일으킴. giving rise to disturb-
작별(作別)[명] ①서로 헤어짐. ②이별의 인사를 함. 〈공〉배별(拜別). parting 하타
작병(作病)[명] 거짓 꾸미는 병. 곧, 꾀병. 가병(假病). fcinted illness
작보(昨報)[명] 어제 보도하였음. 또, 그 보도. 삭일(昨日)의 보도. yesterday's report 하타
작봉(作封)[명] 한 봉지씩 따로따로 만듦. making paper-bags 하타
작부(作付)[명] 〈농업〉①그루. ②작물을 심음. ¶〜 면적(面積). planting [〜는 여자. waitress
작부(酌婦)[명] 술집에서 손님을 접대하거나 술을 따라 주
작부 체:계(作付體系)[명] 〈농업〉작물 심기의 차례.
작비(昨非)[명] 〈동〉전비(前非).
작비 금시(昨非今是)[명] 전날에는 비(非; 그르다)라고 생각했던 것이, 오늘날에는 시(是; 옳다)라고 생각하게 됨. (대)작시 금비(昨是今非).
작사(作事)[명] ①일거리를 만듦. ②일을 꾸며냄. giving rise to event 하타
작사(作査)[명] 사돈 관계를 맺음. 하타
작사(作詞)[명] 노래의 글귀를 지음. 〈대〉작곡(作曲). writing text of song 하타
작사 도:방(作舍道傍)[명] 의견이 많아서 얼른 일을 결

작사리 대가리를 엇걸어서 동여맨 작대기. 「살②」

작사=자(作詞者)圈 노랫말의 작가. writer of song text

작살 ①물고기를 찔러 잡는 기구. 작대기 끝에 뾰족한 쇠를 삼지창처럼 박았음. 어차(魚叉). harpoon ②≒작사리.

작살-나-다《속》 복구할 수 없을 정도로 치명적인 타격을 입어 산산조각으로 깨어지거나 부서지다.

작살-나무〈식물〉 마편초과(馬鞭草科)의 낙엽 활엽 관목. 높이 2~3m 가량이며 잎은 타원형 또는 긴 타원형이고 7월에 자줏빛 꽃이 핌. 산기슭·해안 등에 나며 목재는 희고 단단하여 도구·양산 자루 등으로 씀. 자주(紫珠). callicarpa japonica

작살-내-다《타》 작살이 나게 하다. 「하자」

작색(作色)圈 불쾌한 빛을 드러냄. changing colour

작석(作石)圈 곡식을 한 섬씩 만듦. 하자

작석(昨夕)圈 어젯 저녁. yesterday evening

작설(綽楔)圈(동) 정문(旌門).

작설지=전(綽楔之典)圈 충신·열녀·효자 들을 표창하기 위하여 정문(旌門)을 세워 주던 나라의 특전.

작설-차(雀舌茶)圈 갓 나온 차나무의 어린 싹을 따서 만든 맛 좋은 차.

작성(作成)圈 만들어 이룸. ¶문안(文案) ~. 원고·초안(初案) ~. drawing up 하자

작성=법(作成法)圈 작성하는 방법.

작성-자(作成者)圈 작성한 사람.

작소(昨宵)圈 어젯밤.

작소(繳消)圈 한 일이나 말의 흔적을 없애 버림. 하자

작송(繳送)圈 서류나 물건 따위를 돌려보냄. 하자

작수 불입(勺水不入)圈 음식을 조금도 먹지 못함. 하자

작수 성례(酌水成禮)圈 물만 떠 놓고 혼례를 지냄. 가난한 집의 혼인을 이름. humble wedding 하자

작슈아리〈고〉 작사리. tion 하자

작시(作詩)圈 시(詩)를 지음. 시작(詩作). versifica-

작시=급비(昨是今非)[이전에는 옳다고 생각했던 것이 이제와서는 그르다고 생각하게 됨. 《대》 작비금시(昨非今是).

작시=법(作詩法)圈〈문학〉 언어의 운율적(韻律的) 및 표현적인 여러 수단과 방법으로 규칙에 따라 시를 짓는 방법.

작신-거리-다 몸을 슬쩍슬쩍 건드려 가며 검질기게 조르다.《큰》 직신거리다. importune **작신=작신** 하자

작심(作心)圈 마음을 단단히 먹음. determination 하자

작심 삼일(作心三日)圈 결심이 굳지 못함을 가리키는 말. 결심이 사흘을 가지 못함. resolution good for only three days

작아도 후추알 작아도 하는 짓이 맹랑하다.

작야(昨夜)圈 어젯밤. 거야(去夜). last night

작약(芍藥)圈〈식물〉 작약과의 백작약·산작약·호작약·적작약 등의 총칭. 잎은 피침형이며 첫여름에 줄기와 잎 사이에 긴 꽃꼭지가 나와 자줏빛 또는 빛있는 큰 꽃이 핌. 한약재로 씀. 함박. 《변》 자약. peony

작약(炸藥)圈 폭탄·포탄 등 탄약의 외피를 파열시키기 위하여 장전하는 화약. explosive

작약(雀躍)圈 날뛰어 기뻐함. dancing for joy 하자

작약(綽約)圈 몸이 가냘프고 맵시가 있음. 하자

작약-화(芍藥花)圈 작약의 꽃. 함박꽃.

작업(作業)圈 일터에서 기구를 갖고 일함. ¶ ~ 능률. work, operations 하자

작업 가:설(作業假說)圈 어떤 일정한 현상에 종국적인 설명을 가할 목적으로 세운 가설이 아니고, 연구나 실험을 진행하기 위한 수단으로 세운 가설. 작용 가설(作用假說). working hypothesis

작업 검:사(作業檢查)圈 ①언어 불사용 테스트. 그림이나 작품을 만들게 함. performance test ②형태판(板) 같은 기구를 사용하는 검사. 작업적 성 검사에 이용.

작업 곡선(作業曲線)圈〈심리〉연속적으로 작업을 했을 때, 그 작업의 양(量)과 소요되는 시간을 좌표(座標)로써 표시한 곡선. 이에 의하여 연습 효과나 피로 등을 검토함. work curve

작업=기(作業機)圈 원동기로부터 동력(動力)의 공급을 받고 기계적 작업을 하는 기계의 총칭. 작업 기구(機構). working machine

작업=대(作業臺)圈 사람이 작업하기에 편리하도록 만들어 놓은 대(臺).

작업=등(作業燈)圈 야간 작업이나 어두운 곳에서 작업할 때, 밝히기 위하여 켜는 등.

작업=량(作業量)圈 일정한 시간에 하는 작업의 양.

작업=모(作業帽)圈 작업중에 쓰는 모자. fatigue cap

작업=반(作業班)圈 일정한 일을 하도록 편성·조직한 반. work party 「clothes

작업=복(作業服)圈 작업할 때에 입는 옷. working

작업 분석(作業分析)圈〈심리〉 특정 작업에 필요한 기능·지식을 결정, 그 지도 순서를 배열하는 일. work analysis

작업=장(作業場)圈 작업을 하는 곳. work-shop

작연(灼然)圈 ①빛나는 모양. ②명백한 모양. 하자

작연(綽然)圈 여유가 있는 모양. 하자 「희자

작열[-녈](灼熱)圈 열을 받아서 뜨거워짐. 이글이글 탐. ¶ ~하는 태양. red heat 하자

작요(作擾)圈 야단을 일으킴. 싸움을 시작함. 기뇨(起鬧). 하자

작용(作用)圈 ①동작하는 힘. 일정한 현상이나 행동을 일으킴. 또, 그 현상이나 행동. action ②〈물리〉 어떤 원인이 상대의 물질이나 장(場)에 무슨 영향을 주는 것. ¶전기(電氣) ~. 인력(引力) ~. action 하자

작용=량(作用量)圈〈물리〉광의(廣義)로는, 에너지와 시간과의 곱과 같은 양(量)이며, 협의(狹義)로는, 질점(質點)의 운동량을 운동 경로에 따라 적분한 것을 이름.

작용-력(作用力)圈 작용하는 힘.

작용-면(作用面)圈 힘이 작용하는 면.

작용 반:작용의 법칙(作用反作用─法則)圈〈물리〉뉴턴(Newton)의 운동의 제3법칙. 두 물체간의 작용과 반작용은 방향은 반대이고 크기는 같다는 원리. Law of action and reaction.

작용=선(作用線)圈〈물리〉작용점을 통하여 작용하는 힘의 방향에. 그은 직선. line of action

작용 심리학(作用心理學)圈〈심리〉①모든 심리 현상은 그 대상에 대하여 지향적(志向的)인 고유성(固有性)에 의하여 특징지워진다고 주장하는 심리학. 아리스토텔레스 이래, 스콜라 철학을 통하는 사고 방식으로서, 현대의 대표자는 브렌타노임. 지향성(指向說). 《대》 의식 심리학. ②《동》 기능 심리학(機能心理學).

작용 양자[─냥─](作用量子)圈〈물리〉전기(前期) 양자론에서 작용량의 최소 단위로 생각되는 양. 프랑크의 상수(常數)와 같음.

작용=점(作用點)圈〈물리〉물체에 대한 힘이 작용하는 점. point of application

작월(昨月)圈 지난달. last month

작위(作爲)圈〈법률〉①의지적인 의사의 적극적인 행위·동작 또는 거동. 《대》 부작위(不作爲). ②사실은 진실하지 않은 데도 그렇게 보이려고 각가지 수단을 취함. commission

작위(爵位)圈 ①벼슬과 지위. 관작(官爵)과 위계(位階). titles ②의 계급. 작호(爵號). peerage

작위-령(作爲令)圈〈법률〉특정의 행위를 명하는 행정상의 처분. order of commission

작위-범(作爲犯)圈〈법률〉적극적인 작위를 내용으로 하는 범죄. 《대》 부작위범(不作爲犯). commissive crime

작위 채:무(作爲債務)圈〈법률〉채무자의 적극적인 행위를 목적으로 하는 채무.《대》 부작위 채무.

작위 체험(作爲體驗)圈〈심리〉정신 분열증 환자의 특

작육=(雀肉)圈 참새의 고기. sparrow meat
작은개圈(동) 작은개자리.
작은개 자리〈천문〉북쪽 하늘에 있는 별자리의 이름. 오리온자리의 동쪽, 쌍동이자리의 남쪽에 있음. 이른 봄 저녁녘에 남쪽 중천에 보임. 작은개. Canis Minor
작은=계:집圈(하) 지체가 낮은 사람의 첩을 이름.
작은 고추가 더 맵다 작은 사람이 큰 사람보다 뛰
작은=골圈(동) 소뇌(小腦). 「어나거나 야멸차다.
작은=곰圈(동) 작은곰자리. 「(星). **대** 큰곰별.
작은곰=별圈〈천문〉 작은곰자리의 별. 소웅성(小熊
작은곰=자리〈천문〉하늘의 북극을 포함하는 성과. 육안으로 볼 수 있는 것이 50개 가량으로 북극성이 그 주성(主星)임. 소웅좌(小熊座). 작은곰. Ursa Minor
작은=꽃잎圈 소판화.
작은=꾸리圈 소의 앞다리 안쪽의 살. **대** 큰꾸리.
작은=놈圈 ①덜 자란 놈. ②(속) 작은 아들. **대** 큰놈.
작은=누이圈 맏이가 아닌 누이. **대** 큰누이. one's younger sister
작은달圈 양력으로 31일이 못 되는 달. 30일 음력으로는 29일이 되는 달. **대** 큰달. even month
작은=댁圈(공) 작은집. **대** 큰댁. concubine
작은=따옴표=(一標)圈 인용문에서 다시 인용하는 말을 쓸 때 그 말의 앞뒤에 붙이는 부호. ‘ ’. 「 」 따위. 내인용부(內引用符).
작은=딸圈 맏딸이 아닌 딸. **대** 큰딸. one's younger
작은=떼새圈(동) 작은물떼새. 「daughter
작은=마:누라圈 '첩(妾)'을 듣기 좋게 부르는 말. 작은집. **대** 큰마누라. concubine
작은=마:마=(一媽媽)圈〈한의〉어린아이의 유행병의 하나. 수두(水痘). 소두(小痘). chicken-pox
작은=말〈어학〉단어의 기본적인 의미는 그대로 두고, 표현상의 어감이 밝고 날카롭거나 작고 가벼운 느낌을 주는 말. 주음절의 양성 모음이 ㅏ, ㅑ, ㅗ, ㅛ, ㅐ, ㅚ, ㅘ 등으로 됨. 살랑살랑, 대굴대굴, 소곤소곤 따위. **대** 큰말.
작은=말=(一標)圈 문장에 쓰는 부호의 하나. 어감상 윗말에 대하여 아랫말이 작은(약한) 말임을 보일 때 쓰는 '>(거꿀가랑이표)'의 이름. 소어부(小語符). **대** 큰말표.
작은=매:부=(一妹夫)圈 작은누이의 남편. brother-in-l
작은=며느리圈 작은아들의 아내. **대** 큰며느리. second son's wife
작은며느리 보고 나서 큰며느리 무던한 줄 안다回 먼저 사람의 좋은 점은 뒷사람을 겪어 보고야 비로소 알게 된다는 뜻. 「록 쌓는 일.
작은=모:쌓기圈〈선축〉 벽돌이 작은모가 표면이 되도
작은=물떼새圈〈조류〉도요과의 새. 바다나 냇가에서 서식함. 큰물떼새보다 작고 흰물떼새보다는 큼. 몸의 윗면은 엷은 밤색, 밑면은 흼. 목에 횐 고리가 둘렸고, 그 밑에 검은 띠가 있음. 작은떼새.
작은=방=(一房)圈〈선축〉집 안의 큰방과 나란히 딸려 있는 방. **대** 큰방①. little room
작은=북圈 ①소형의 북. ②〈음악〉서양의 타악기의 하나. 사이드 드럼.
작은=사랑=(一舍廊)圈 자질(子姪)이 거처하는 사랑(舍廊). 소사랑(小舍廊). **대** 큰사랑.
작은 사리圈 소조(小潮). **대** 큰사위. second
작은=사위圈 맏사위가 아닌 사위. **대** 큰사위. second daughter's husband
작은=사위질빵圈〈식물〉미나리아재비과의 다년생 풀. 9월에 흰 꽃이 피고 수과(瘦果)에는 흰 털이 있음. 바닷가의 산이나 들에 나는데 어린 잎은 식용함.
작은=사폭=(一邪幅)圈 바지나 고의 등의 오른쪽 마루에 대는 천.
작은=설圈 설달 그믐날을 설에 상대하여 이르는 말. New Year's Eve

작은=손녀=(一孫女)圈 맏손녀가 아닌 손녀. **대** 큰손
작은=손자=(一孫子)圈 맏손자가 아닌 손자. **대** 큰손자.
작은=아기씨圈 막내딸이나 막내며느리를 정답게 이름. one's last daughter or daughter-in-law
작은=아들圈 맏아들이 아닌 아들. 「uncle
작은=아버지圈 아버지의 아우. **대** 큰아버지. one's
작은=아:씨圈 ①아직 시집가지 않은 처녀를 지체가 낮은 이가 이르는 말. lady ②올케가 손아랫 시누이를 이르는 말. 시누이. ③아씨가 둘 이상일 경우 그 나이가 적은 이. younger lady
작은=어머니圈 ①작은아버지의 아내. aunt ② '서모'를 어머니와 구별하여 이르는 말. **대** 큰어머니. father's mistress
작은=어:머니圈 작은어머니. one's aunt
작은=언니圈 맏언니가 아닌 언니. **대** 큰언니.
작은=집圈 ①따로 사는 아들 또는 아우의 집. branch family ②적은집. **대** 큰집. concubine's house ③ '변소'의 곁말.
작은=창자圈〈생리〉동물의 소화 기관의 하나. 위의 유문에 연결되어 있으며 길이 6～7cm 되는 가늘고 긴 관으로 음식물의 소화와 흡수가 일어남. 소장(小腸). 큰창자.
작은=처남=(一妻男)圈 처남이 여러 명 있을 때 맨위의 처남이 아닌 처남. **대** 큰처남.
작은=할머니圈 작은할아버지의 아내. **대** 큰할머니.
작은=할아버지圈 할아버지의 아우. **대** 큰할아버지.
작은=형=(一兄)圈 맏형이 아닌 형. **대** 큰형. 「수.
작은=형수=(一兄嫂)圈 맏형수가 아닌 형수. **대** 큰형
작의=(作意)圈 작가가 예술 작품을 창작하는 의도. 지은 뜻. 만든 뜻. intention
작인=(作人)圈〈약〉→소작인.
작인=(作人)圈 사람의 됨됨이나 생김새. one's personality
작일=(昨日)圈 어제. **대** 내일. yesterday
작자=(杓子)圈 구기.
작자=(作者)圈 ①사람의 생김새나 됨됨이. ¶ ～가 아주 들렸다. ②〈약〉→저작자(著作者). ③〈동〉소작인(小作人). ④. ⑤물건을 살 사람. ¶ ～가 나타나다. buyer
작자=문=(作者文)圈 기교를 부려 짓는 산문(散文). 고문(古文). 〈약〉작문(作文)②. artificial writing
작작圈 대강. 어지간하게. ¶ ～ 놓고 공부해라. properly
작:작=圈 ①신을 끌면서 걷는 소리. sound of dragging shoes ②글씨의 획을 함부로 긋거나 종이 따위를 마구 찢는 소리 ③～ 지우다. (준) 직직. (센) 짝짝③. writing with rough strokes **하**
작작=(灼灼)圈 ①눈부시게 빛나는 모양. ②굵은 꽃이 찬란하게 핀 모양. flowery **하**
작작=(綽綽)圈 여유가 있는 모양. 모자라지 않고 넉넉한 모양. freedom and ease **하**
작:작=거리다=国 ①신을 계속해서 작작 끌다. ②글씨의 획을 함부로 굿거나 종이 따위를 마구 찢다. (준) 직직거리다. (센) 짝짝거리다.
작작 먹고 가는 똥 누어라=□ 이득을 너무 탐내지 말고 제게 알맞게 천천히 취하는 것이 낫다.
작작=유:여=(綽綽有餘)圈 여유가 많음. 작은 여지(綽有餘地). **하**
작잠=(柞蠶)圈〈곤충〉멧누에. tussore worm
작잠=견=(柞蠶繭)圈 멧누에고치.
작잠=사=(柞蠶絲)圈 멧누에고치에서 뽑은 실.
작잠=아=(柞蠶蛾)圈〈곤충〉멧누에나방.
작장=(作場)圈 농사짓는 일터. farm
작장=초=(酢漿草)圈(동) 괭이밥.
작재=(作宰)圈〈제도〉고을의 원(員)이 됨. **하**
작전=(作錢)圈 물건을 팔아서 돈을 마련함. raising money **하**

작전(作戰)[명] ①싸움하는 방법을 세움. ¶공동 ~. tactics ②〈군사〉군(軍)의 대적 행동(對敵行動)의 총칭. ¶초토 ~. 합동 ~. operations ③어떤 일을 실현하기 위하여, 그에 필요한 조처나 방법 따위를 강구하는 일. ¶필승 ~. 하다

작전 계:획(作戰計劃)[명] 일 또는 싸움을 해 나갈 계획. plan of operations

작전 명:령(作戰命令)[명] 〈군사〉군대의 작전 행동을 규정하는 명령. order of operations

작전 목표(作戰目標)[명] 〈군사〉작전 수행을 위한 목표. 곧, 적의 주력(主力)이나 전략 요점(戰略要點) 등. of operations

작전-지(作戰地)[명] 작전의 대상이 되는 지역. field

작전 참모(作戰參謀)[명] 부대 작전에 관한 사항을 맡아보는 참모.

작전 타임(作戰 time)[명] 배구·농구 등 운동 경기에서, 감독 또는 주장(主將)이 자기 팀의 선수들에게 작전을 지시하기 위해 심판원에게 요구하는 경기 중단의 시간.

작전 행동(作戰行動)[명] 〈군사〉교전국(交戰國)의 병력 상호간에 현실적으로 행해지는 전투 행위. operational action

작정(作定)[명] 일을 결정함. ¶진학하기는 ~하다. decision 하다

작정(酌定)[명] 일을 짐작하여 결정함. deduction 하다

작조(作條)[명] 골타기다. 고랑을 만드는 일.

작조(昨朝)[명] 어제 아침. (대)명조(明朝). yesterday morning

작조-기(作條器)[명] 〈농업〉씨뿌릴 고랑을 만드는 데 쓰는 기구. 골타기.

작죄(作罪)[명] 죄를 지음.

작주(昨週)[명] 지난 주. last week

작주(酌酒)[명] 술을 잔에 따름. serving wine 하다

작중 인물(作中人物)[명] 작품 속에 나오는 인물. 《유》 등장 인물. characters

작증(作證)[명] 증거를 삼음. 증거가 되게 함. adducing evidence 하다

작지(昨紙)[명] 어제 치의 신문. yesterday's paper

작지 불이(作之不已)[명] 끊임없이 힘을 다하여 함. 하다

작지 서지(作之書之)[명] 〈동〉자작 자필(自作自筆). 하다

작-차-다 가득히 차다. be filled

작처(酌處)[명] 죄의 경중을 따라 처단함. 하다

작척(作隻)[명] 척(隻)을 지음. 곧, 원수가 됨. 하다

작첩(作妾)[명] 첩을 둠. 첩을 삼음. getting mistress 하다

작추(昨秋)[명] 지난 가을. (대)내추(來秋). last autumn

작축(作軸)[명] 종이를 한 축으로 묶음. 하다

작춘(昨春)[명] 지난 봄. (대)내춘(來春). last spring

작취 미:성(昨醉未醒)[명] 어제 먹은 술이 아직 깨지 않음. ¶~꿰어서 한 꾀를 지음. 하다

작쾌(作快)[명] ①〈동〉작괘(作罫). ②복어알을 20마리씩 지음. 조패(造牌). ③무리를 이룸. 작당. 하다

작탄(炸彈)[명] ①작약을 넣은 탄환. ②화약을 통 속에 넣어 손으로 먼저서 터뜨리는 폭탄.

작태(作態)[명] 태도를 부림. 몸매를 냄. making outward show 하다

작토(作土)[명] 〈농업〉갈이흙. 작물을 재배할 때 가는 범위의 흙. 경토. giving up 하다

작파(作罷)[명] 하던 일이나 계획을 그만두어 버림. 하다

작파(斫破)[명] 찍어서 쪼갬. splitting 하다

작패(作牌)[명] ①골패 노름에서 몇 짝씩 모아 한 패를 지음. 조패(造牌). ②무리를 이룸. 작당. 작패. ③packing

작편(作片)[명] 인삼을 굵은 것 잔 것을 골라서 열엿 냥 쭉 달아 한 편을 만듦. 작근(作斤). ③. packing ginseng one keun each 하다

작폐(作弊)[명] 폐단을 지음. 폐를 끼침. causing abuse 하다

작표(雀瓢)[명] 〈동〉새박.

작품(作品)[명] ①만든 물품. 제작물. ¶~ 전시회(展示會). production ②문학·미술상의 제작물. work

작품(作品)[명] 〈동〉작품(職品).

작품 가치(作品價値)[명] 완성된 예술 작품에 있어서 상대적·조건적이 아닌, 작품 그 자체의 절대적인 예술적 가치. value of work

작품-란(作品欄)[명] 신문이나 잡지에 작품이 실리는 난(欄).

작품=론(作品論)[명] 작품에 대한 구성과 창작에 따른 여러 가지 문제에 대한 이론. of works

작품=집(作品集)[명] 작품을 모아서 엮은 책. collections

작품 행위(作品行爲)[명] ①〈문학〉인간적인 활동을 통하여 산출되는 것으로서의 가치와 존재. ②창작 활동(創作活動).

작풍(作風)[명] 작품에 나타난 예술가의 특수한 수법(手法)이나 특징. style

작하(昨夏)[명] 지난 여름. last summer

작:하-다(作一) 언행을 부자연스럽게 일부러 조작하다. being affected

작헌-례(酌獻禮)[명] 〈제도〉왕이나 왕비였던 조상(祖上)이나 문묘(文廟)에 왕이 친히 제사하던 예식.

작혐(作嫌)[명] 서로 혐의를 지음. disliking one another 하다

작호(爵號)[명] ①벼슬의 이름. title ②작위의 호칭. 작위(爵位). peerage

작화(作畵)[명] 그림을 그림. 그림을 만듦.

작환(作丸)[명] 환약을 만듦. making pill 하다

작환(繳還)[명] ①모두 돌려보냄. 작송(繳送). ②문서나 물건을 도로 찾음.

작황(作況)[명] 농작의 상황. crop situation

작황 지수(作況指數)[명] 농작물의 작황을 예상하여 평년에 비교하여 나타낸 지수.

작효(昨曉)[명] 어제 새벽.

작흥(作興)[명] 기운이나 정신을 일으킴. encouragement 하다

작희(作戲)[명] 남의 일을 방해함. interference 하다

작히[부] (약)→작히나.

작히나 '억북이나, 오죽이나, 어찌 조그만큼만'의 뜻을 나타내어 반어를 만듦. ¶그렇게만 된다면 ~ 좋으라. (약)작히. how much

=잔 어미 (약)→자는.

잔-[접두] 명사 위에 붙어 작고도 가는 뜻을 나타냄. small, fine

잔(殘)[명] ①나머지. rest ②제법 제법(除法)에서 정제(整除)되지 않고 남는 수. remainder

잔(盞)[명] (약)→술잔.

잔-가락[명] 노래나 춤의 짧고 가늘 또는 작고 빠른 가락. short and quick melody

잔-가랑니[명] 자디잔 가랑니.

잔-가시[명] 생선 몸에 있는 아주 잘게 생긴 가시. fine bones of fish

잔-가지[명] 푸나무의 자디잔 가지.

잔-결(殘缺)[명] 떨어져 나와 일부가 없어진 책.

잔-걱정[명] 자질구레한 걱정. minor worries

잔-걸음[명] ①가까운 데를 자주 왔다갔다하는 걸음. walking short distance ②발걸음을 작게 메어 재게 걷는 걸음. walking at quick pace

잔걸음-치다 멀지 않은 곳을 오락가락 자주 걸어 갔다왔다하다. walk short distance back and forth

잔-결(建築) 가늘게 나타난 곧은 결. fine grains

잔결(殘缺)[명] 온전한 모양이 아니고 깎이거나 덜림.

잔경(殘更)[명] 날이 셀 무렵. 오경(五更).

잔-경위(一經渭)[명] 아주 조그마한 일에도 분명히 따지는 경위. minute judgement

잔고(殘高)[명] 〈경제〉수지(收支) 또는 대차(貸借) 계산하고 남은 나머지. 잔액(殘額). balance

잔-고기[명] 자디잘게 생긴 물고기. little fish 다다.

잔고기 가시 세다[족] 몸이 자그맣게 생겼어도 속은 실속있고 단단하다.

잔-공(殘孔)[명] 발파(發破)에서 손가락 길이 만큼 남은 구멍.

잔광(殘光)[명] ①해가 질 때의 약한 햇빛. ②〈물리〉일부 물질이 방전관 안의 전류를 끊은 뒤에도 잠시 더 내는 빛.

잔교(棧橋)[명] ①골짜기에 높이 이쪽에서 저쪽으로 건너질러 놓은 다리. footbridge ②선창가에 맨 배에 걸쳐 놓고 오르내리는 다리. pier

잔-구(殘丘)[명] 준평원(準平原)의 평탄한 표면 위에 홀로 남아 있는 작은 언덕 또는 산릉(山陵).

잔-구멍[명] ①잘게 뚫어진 구멍. narrow hole ②어느 일에 대하여 소견이 좁게 바라보는 관점. shallow

잔국(殘菊)圓 늦가을까지 남아 있는 국화꽃이나. 시들어진 국화.
잔-글씨圓 잘고 가늘게 쓴 글씨. 세서(細書). (대) 큰글씨. fine letters
잔금(殘金)圓 잘게 접히거나 또는 그렇게 그은 줄이나 금.
잔금(殘金)圓 ①쓰고 남은 돈. balance ②갚다가 못다 갚은 돈. 잔전(殘錢). arrears
잔기(殘期)圓 나머지 기간. remaining time
잔-기침 작은 소리로 잇달아 하는 기침. (대) 큰기침. 하타
잔-꾀圓 약고도 작은 꾀. 얕은 꾀. cunning
잔나비=게圓 〈동물〉잔나비게과의 게. 등딱지의 길이 약 5 cm, 폭 6.5 cm 가량. 다리는 길고 수컷의 겸각(鉗脚)은 등딱지의 3.5 배나 됨. 깊은 바다 밑 개흙 속에서 서식함.
잔년(殘年)圓 늙어서 죽기까지 얼마 남지 않은 나머지 나이. 여생(餘生). remaining years
잔-누비圓 잘게 누빈 누비. close quilting
잔누비-질圓 잔누비를 하는 일. making close quilting 하타
잔-눈치圓 남의 언어·행동에서 무슨 자질구레한 기미를 알아내는 눈치.
잔다리-밟-다圓 지위가 한 계급씩 차차 올라가다. be gradually promoted
잔-달음圓 발을 좁게 자주 떼어 놓으면서 급히 뛰는 걸음. running at quick pace 하타
잔당(殘黨)圓 쳐서 없어지지 않고 도둑이나 악당의 무리. 여당(餘黨). 잔도(殘徒). remnants of defeated party
잔-대圓 〈식물〉초롱꽃과의 다년생 풀. 줄기에서 가지가 나와 7~8월에 엷은 자주빛 종 모양의 꽃이 핌. 뿌리는 약에 쓰고 어린 잎과 줄기는 식용함. dotted bellflower
잔대(-臺,盞臺)圓 술잔을 받치는 그릇. 탁반(托盤).
잔도(殘徒)圓 〈동〉잔당(殘黨).
잔도(殘盜)圓 잡히지 아니하고 남은 도둑.
잔도(棧道)圓 험한 산길. 낭떠러지 사이에 사다리처럼 건너지른 다리의 길. plank-road
잔=도돌이圓 〈음악〉 옛 궁악 곡조의 하나.
잔독(殘毒)圓 매몰스럽고 악독하다. viciousness 하혜
잔돈圓 ①작은 돈. 몇 푼 안되는 돈. small money ②우수리. change ③(약)→잔돈푼.
잔돈=푼圓 ①자질구레하게 쓰이는 돈. pocket money ②많지 않은 돈. 잔전. (약) 잔돈³. small sum of money
잔-돌圓 자디잔 돌.
잔돌=밭圓 ①잔돌이 많이 깔린 밭. pebbled-field ②잔돌이 널리 깔린 곳. pebbled place
잔동(殘冬)圓 겨울이 끝날 무렵. (대) 잔하(殘夏). near the end of winter
잔-두지=련(棧豆之戀) 사소한 이익을 단념하지 못함을 가리키는 말.
잔드근-하-다[혜] 매우 찐득하다. (큰) 진드근하다. somewhat patient 잔드근-히튀
잔=드리-다(盞-)回 환갑 잔치 같은 때에 오래오래 살기를 비는 뜻으로 술잔을 드리다. toast
잔득-거리-다回 ①검질기게 연해 짝짝 달라붙다. sticky ②자르려고 애를 써도 검질겨 잘 끊어지지 않다. (큰) 진득거리다. 《센) 잔뜩거리다. tough 잔득-대回 하혜
잔득-하-다[혜] 태도와 행동이 침착하고 참을성이 있다. (큰) 진득하다. patient 잔득-히튀
잔등(殘燈)圓 ①꺼져가고 하는 등. remaining light ②깊은 밤의 외롭게 희미한 등불. dimlight at midnight
잔등-머리圓 (속) 등¹을 가리키는 말.
잔등-이圓 (속) 등¹(背).
잔디圓 〈식물〉포아풀과의 다년생 풀. 근경은 옆으로 벋고, 각 마디에서 가는 뿌리가 내림. 잎은 선상피침형이고 5~6월에 이삭 모양의 꽃이 핌. 들이나 길가에 나는데 정원·제방·분묘 등에 심어 흙의 무너짐을 막고 미관을 더함. 초모(草茅). 사초(莎草). turf
잔디=밭圓 잔디가 많이 난 판판한 곳. lawn
잔디밭에서 바늘 찾기圓 찾아내기 매우 어렵다.
잔디 찰방(-察訪)圓 무덤의 잔디를 지킨다. 곧, 죽어 흙 속에 묻히는 것을 농으로 하는 말.
잔뜩튀 ①어떤 한도에 꽉 차게. ¶짐을 ~ 지고 간다. extremely ②자라는 데까지 힘껏. ¶목을 ~ 조르다. with one's best ③몹시 심하게. ¶성이 ~ 나다. severely
잔뜩-잔뜩튀 잔뜩을 힘주어 이르는 말.
잔루(殘淚)圓 눈물 흔적. traces of tears
잔루(殘壘)圓 ①〈체육〉야구에서, 세 다 죽어서 공격과 수비가 교환할 때 아직도 베이스에 주자(走者)가 남아 있는 일. left on base ②남아 있는 보루(堡壘). remaining fort ining 하타
잔류(殘留)圓 남아서 처져 있는 일. ¶~파(派). rema-
잔류 감=각(殘留感覺)圓 〈동〉잔존 감각.
잔=말圓 쓸데없이·자질구레하게 되풀이하는 말. 잔소리. ~꾸러기. ~쟁이.
잔망(殘亡)圓 〈동〉잔멸(殘滅). 하타
잔망(屏妄)圓 ①잔졸(屏拙). ②몸뚱이가 약하고 하는 짓이 지나치게 경망함. infirm and rash 하혜 스립 스레튀 말.
잔망-이(屏妄-)圓 잔망한 사람을 조롱하여 일컫는
잔매(殘梅)圓 제 철을 지난 늦철까지 피어서 남은 매화.
잔맹(殘民)圓 〈동〉잔민(殘民).
잔멸(殘滅)圓 쇠하여서 다 없어짐. 잔폐(殘廢). 잔망(亡). ruin 하타
잔명(殘命)圓 죽음이 얼마 남지 않은 쇠잔한 목숨. remainder of one's doomed life
잔-모래圓 자디잔 고운 모래.
잔-못圓 아주 작은 못.
잔무(殘務)圓 아직 처리되지 못한 나머지 사무. ¶~정리. unsettled affairs
잔무늬圓 자디잔 무늬.
잔물-잔물-하-다[혜] 눈가나 살가죽이 진무른 모양. 잔물잔물-히튀 ed people
잔민(殘民)圓 피폐한 국민. 잔맹(殘氓). impoverish-
잔밉고-얄밉-다[혜] 아주 덕스럽지 못하고 얄밉다. loath-
잔밉-다[혜] 아주 얄밉다. disgusting some
잔=바느질 일감이 자질구레한 바느질. minor sewing 하타
잔-바늘圓 썩 가는 바늘. thin needle 잘한다.
잔바늘 쑤시듯 한다[圓] 남의 일에 착살맞게 들추시기를
잔반(殘飯)圓 ①먹고 남은 밥. leftover rice ②먹다 남은 찌꺼기 밥. (유) 대궁. scraps of waste food
잔-발圓 무나 인삼 따위 식물의 뿌리에 덧붙은 잘고 가는 뿌리. fibrous roots
잔=방:귀圓 조금씩 자주 뀌는 방귀. frequent farts
잔배(殘杯)圓 마시다 남긴 술. 또, 그 술잔.
잔배 냉:적(殘杯冷炙)圓 마시다 남은 술과 다 식은 고기라는 뜻. 변변하지 못한 주안상으로 푸대접함을 이르는 말. 잔배(殘杯)冷肴.
잔배 냉:효(殘杯冷肴)圓 〈동〉잔배 냉적(殘杯冷炙).
잔-별圓 작은 별. ¶창창한 하늘에 ~도 많다. dim stars ~ 치례하기에 붙일 못 본다. slight illness
잔병(-病)圓 자주 앓는 여러 가지 가벼운 병. ¶
잔병(殘兵)圓 ①나머지 병정. survivors ②〈동〉패잔병(敗殘兵). person
잔병-꾸러기(-病—)圓 잔병을 자주 앓는 사람. sickly
잔병-치레(-病—)圓 잔병을 자주 겪는 일. suffering from minor ailments 하타
잔부(殘部)圓 책 따위의 나머지 부수. 남은 부분.
잔-부끄럽圓 조그만 일에도 잘 부끄러워하는 마음. ¶~을 잘 탄다.
잔-불圓 ①활에 오리 따위를 잡을 때 쓰는 화력이 세지 않은 탄알. (대) 큰불. case shot
잔불=놓이圓 작은 짐승을 쏘아 잡는 사냥. small game hunting 하타
잔불-질圓 잔불을 놓아 낮짐승을 잡는 일. 하타
잔비(殘匪)圓 소탕되고 남은 도둑. ¶~ 소탕. remn-

ant bandits. 「비석. longstanding monument
잔비(殘碑)[명] 풍우를 견디고 오래 전하여 남아 있는
잔-뼈[명] 어린이의 아직 굳지 않은 뼈. young bone
잔뼈가 굵어지다(숙) 어려서부터 어떤 일 속에서 자라 나다.
잔-뿌리[명] 원뿌리에서 돋아나는 자질구레한 뿌리.
잔사(殘寺)[명] 오래 되어 헐어져 가는 옛 절.
잔사(殘渣)[명] 남은 찌끼. leavings
잔-사다리[명](속)-잔사설.
잔-사:단(一事端)[명](동) 잔사설.
잔=사설(一辭說)[명] 쓸데없이 번거롭게 늘어놓는 말. 잔사담. ¶웬 ~이 그리 많을까? (속) 잔사다리.
잔산(殘山)[명] ①나직막한 산. (대) 거산(巨山). low mountain ②손상되고 남은 산, 전란 후에 남아 있는 산. 망국(亡國)의 산.
잔산 단:록(殘山短麓) 손상되고 남은 작은 산.
잔살(殘殺)[명] 잔인하게 죽임. killing cruelly 하[타]
잔상(殘像)[명] 주로 시각(視覺)에 있어서 외부의 자극이 없어진 뒤에도 잠시 감각 경험이 연장되거나 재생하여 생기는 상(像). after-image
잔생(殘生)[명] 나머지 생애. 기울어져 가는 인생. 여생(餘生). old retired life
잔생-이[부] 지긋지긋하게 말을 듣지 않거나 또는 애걸복걸하는 모양. ¶~ 빈다. persistently
잔생이 보배라(속) 못난 체함이 이롭다.
잔서(殘暑)[명] 얼마 남지 않은 나머지 늦더위. 잔열(殘熱)①. 잔염(殘炎). lingering summer heat
잔선(殘蟬)[명] 늦가을까지 남아서 우는 매미.
잔설(殘雪)[명] ①녹다 남은 눈. lingering snow ②봄이 되어도 남아 있는 눈.
잔성(殘星)[명] 새벽녘의 별. stars at dawn
잔-셈[명] 액수가 많지 않은 여러 가지 셈. trifling accounts 하[타]
잔=소리[명] ①듣기 싫게 늘어놓는 잔말. 세설(細說)②. ¶~에 몸서리나다. scolding ②꾸중으로 하는 여러 말. 잔말. rebukes 하[타]
잔소리-꾼[명] 잔소리를 잘하는 사람. chatterbox
잔-속[명] ①자세한 속내. ¶~도 모르고 아는 체한다. details ②자잘하게 썩이는 속. minor worries
잔-손[명] 무슨 일에 여러 번 돌아가는 손질. ¶그 일은 ~이 너무 가서 더디다. elaborate cares
잔손-가:다[자] 잔손이 많이 들다. require elaborate
잔손-금[一끔][명] 손바닥의 자디잔 금(線). 「cares
잔손-불림[명] 잔손질이 많이 가는 일. things requiring elaborate care
잔손-질[명] 여러 번 손을 놀리어 매만지는 짓. 하[자타]
잔=솔[명] 어린 솔 포기. 치송(穉松). young pine-tree
잔솔-밭[명] 잔솔이 많이 난 곳. grove of young pines
잔솔밭에 바늘 찾기(구하여 찾아내기 어렵다.
잔솔-잎[一립][명] 어린 소나무의 잎.
잔솔-포기[명] 어린 소나무의 그루. young pine-tree
잔=술[一쑬](盞一)[명] ①한 잔 술. a cup of wine ②낱잔으로 파는 술. wine sold by the cup
잔술-집[一쑬찝](盞一)[명] 잔술로 파는 술집. pub that sells draft liquor
잔승(殘僧)[명]《불교》늙어 쇠약한 중. old monk
잔=시:중(←隨從)[명] 자질구레한 시중. sundry err-
잔-심:부름[명] 자질구레한 심부름. 하[자] 「ands
잔심부름-꾼[명] 잔심부름을 하는 사람.
잔악(殘惡)[명] 잔인하고 악착스러움. ¶~ 무도(無道). (대) 인자(仁慈). brutality 하[형] 히[부]
잔악-성(殘惡性)[명] 잔악한 성질.
잔암(殘庵)[명] 풍우에 시달려 기울어져 가는 암자. declining small temple
잔액(殘額)[명] 나머지 액수. 잔고(殘高). balance
잔약(屛弱)[명] 튼튼하지 않고 아주 약함. frailty 하[형]
잔-약과[一나一](一藥果)[명] 잘게 만든 약과.
잔양(殘陽)[명] 기울어져 가는 햇볕. 석양(夕陽). 잔일(殘日). setting sun

잔양(殘陽一)[명] 석양이 비치는 곳.
잔업(殘業)[명] ①하다 남은 일. ②소정 노동 시간 외에 하는 노동. overtime work 「for overtime
잔업 수당(殘業手當)[명] 잔업에 대한 특별 노임. pay
잔여(殘餘)[명] 처져 있는 나머지. remainder
잔여-법(一一법)(殘餘法)[명] 잉여법.
잔열(殘劣)[명] 잔약하고 용졸함. 하[형]
잔열(殘熱)[명] ①(동) 잔서(殘暑). ②남은 신열(身熱). lingering fever
잔염(殘炎)[명] 늦더위. 잔서(殘暑).
잔-영산[一녕一](一靈山)[명]《음악》영산 회상(靈山會上)의 세 곡조 가운데 가장 빠른 마지막 곡조. 세영산.
잔=올리-다(盞一)[자] ①제사지낼 때 잔에 술을 부어 올리다. offer cup of wine ②환갑연 같은 때 그 자손이 잔에 술을 부어 올리다. 헌작(獻酌)하다.
잔-용[一뇽](一用)[명] 사소한 잡비로 쓰는 돈. 용돈. sundry expenses
잔월(殘月)[명] ①거의 다 져 가는 달. setting moon ②새벽녘의 희미한 달. morning moon
잔월 효:성(殘月曉星)[명] 지세는 달과 샛별. 새벽달과 새벽별.
잔읍(殘邑)[명] 피폐한 고을. 박읍(薄邑). impoveris-
잔인(殘忍)[명] 인정이 없고 몹시 모짊. ¶~한 행위. cruelty 하[형] 스[럽] 스레[부] 「hed town
잔인 박행(殘忍薄行)[명] 잔인하고 야박한 행위.
잔인 해:물(殘人害物)[명] 사람에게 모질고 물건을 해침. 《약》잔해(殘害). 하[자]
잔=일[一닐][명] ①자질구레한 일거리. sundry jobs ②손이 많이 가야 할 일. (대) 큰일.
잔일(殘日)[명] ①저무는 해. 잔양(殘陽). ②남은 생애(生涯). ③남은 일수. old retired life
잔-입[一닙][명] 잠자고 일어나서 아직 씻거나 음식을 먹지 않은 입. 마른입.
잔-잎[一닙][명] ①자디잔 잎. leaflets ②《식물》복엽(複葉)을 이룬 각개의 낱잎. 소엽(小葉).
잔-자갈[명] 아주 자질구레한 자갈. 「aceful
잔자누룩-하-다[형] 소동이 진정되어 고요하다. pe-
준·자리-밤[고] 잠자리.
잔작-하-다[형] 나이보다 늦되고 용렬하다. puerile for one's age 「closely quilted
잔-누비(殘一)[명] 옷감 따위의 아주 잘게 누빈 누비. being
잔잔(殘忍)[명] ①바람이나 물결 따위가 가라앉아 조용하다. calm ②형세가 안정되어 평온하다. peaceful ③병이 더하지 않고 그만하다. about the same 잔잔=히[부] 「낡프게. feeble
잔잔-하-다(屛屛一)[형](문) 몸이나 기질이 허약하고 가날프다.
잔잔-하-다(潺潺一)[형](문) ①물이 졸졸 흐르는 소리가 가늘다. ②가는 비가 오고 있다. murmuring 잔잔-히[부]

잔 잡은 팔 밖으로 펴지 못한다(속) 자기에게 조금이라도 친근한 사람에게 정이 가는 것은 자연스러운 일이다.
잔재(殘在)[명] 남아 있음. remaining 하[자]
잔재(殘滓)[명] ①나머지 찌끼. residue ②목은 제도·풍습 따위가 남아 있는 것. ¶일제 시대의 ~. remaining vestiges
잔=재미[명] 잘고 감칠맛 있는 재미. subtle pleasure
잔=재비[명] ①잔일을 잘 처리하는 짓. managing sundry jobs well ②큰일이 벌어진 데서 잔손이 드는 일.
잔-재주(一才一)[명] 자질구레한 재주.
잔적(殘賊)[명] ①토벌당한 나머지 도둑. remnants of bandits ②사람이나 물건을 잔인하게 해침. 장적(戕賊)②. hurting 하[자] 「nants
잔적(殘敵)[명] 패하여 쫓긴 나머지 적군. enemy rem-
잔적-토(殘積土)[명]《지리》암석(岩石)의 풍화 작용으로 흩어져 그 자리에 쌓인 흙덩이. 원적토(原積土).
잔-전(一錢)[명] →잔돈. 「sedentary soil
잔전(殘錢)[명](동) 잔금(殘金).
잔-절편(殘一)[명] 잘게 만든 절편. 세절병(細切餠).

잔정(-情)圕 세세하고 다정한 정. 세정(細情). wa-
잔정(殘政)圕 잔악한 정치.　[rm-heartedness
잔조(殘租)圕 일정한 기한 안에 받지 못한 나머지 세금. arrears of tax
잔조(殘照)圕 저녁놀. 《유》낙조(落照). setting sun
잔족(殘族)圕 ① 살아 남은 민족. ② 망하여 얼마 남지 않은 족속.
잔존(殘存)圕 ① 없어지지 않고 남아 있음. ② 살아 남음. 또, 살아 남은 생물이나 사람. ¶~세력. remaining 하타
잔존 감각(殘存感覺) 〈심리〉어떠한 자극 상태가 끝난 뒤에도 잠시 동안 그 감각이 사라지지 않고 계속되는 현상. 잔류 감각. residual feeling
잔졸(孱拙)圕 잔약하고 용렬함. 잔망(孱妄)①. weak and foolish 하타　　　　　　　[olding 하타
잔주圕 술에 취하여 늘어놓는 잔소리. drunken sc-
잔-주(一註)圕 주석 아래 단 작은 주석. 세주(細註).
잔-주름圕 잘게 잡힌 주름. fine wrinkles
잔-주름살[-쌀]圕 잘게 잡힌 주름살.
잔-주접圕 ① 어렸을 때에 잔병치레가 많고 잘 자라지 못하는 탈. minor ailments ② 헌데나 욤. ¶~이
잔-줄圕 가늘게 그은 줄. fine line　　　[들다. boil
잔지(殘地)圕 면적의 단위가 못 되는 지면(地面). small strips of land
잔지러=뜨리-다타 잔학(殘虐)하다. 《큰》진지러뜨리다. being extremely frightened
잔지러-지-다(기) 몹시 자지러지다. 《큰》진지러지다. being frightened
잔질(殘疾)圕 몸에 병이나 탈이 남아 있는 일. linger-
잔-질(盞—)圕 잔에 술을 따르는 일. 술잔에 술을 따라 돌리는 일. offering cup 하타
잔질-다혱 마음이 약하고 잔달다. faint-hearted
잔질지-인[—찌—]圕 병을 많이 치러 쇠약한 사람.
잔-짐승閒 작은 짐승.　　　　　　[해진 사람.
잔-채閒 잘게 썬 채.　　　　　　　　　　[잔.
잔채(殘菜)圕 여럿으로 나누거나 또는 먹다 남은 반
잔채=질(제도) 포교(捕校)가 죄인을 신문할 때, 휘추리로 마구 때리는 매질. violent whipping 하타
잔쟁이圕 사람 속에서 가장 작고 품이 낮은 사람이나 물건. smallest one
잔천(殘喘)圕 ① 끊어지지 않고 겨우 붙어 있는 숨. last gasp ② 얼마 남지 않은 나머지의 목숨. one's days drawing to their close　[remaining light
잔촉(殘燭)圕 다 타 꺼져려는 촛불. 쇠잔한 촛불.
잔추(殘秋)圕 얼마 남지 않은 가을. 늦가을. 만추(晩秋). late autumn　　　　　　　　[lingering spring
잔춘(殘春)圕 얼마 남지 않은 봄. 늦봄. 만춘(晩春).
잔치圕 경사가 있을 때에 음식을 장만하여 여러 사람이 모여 즐기는 일. ¶환갑 ~. banquet 하타
잔치=날圕 잔치를 베푸는 날. banquet day
잔치=집圕 잔치를 베푸는 집. house holding banquet
잔-칼질閒 잘게 채를 치거나 써는 칼질. mincing 하타
잔-털圕 보드랍고 짧은 털. fine hairs　　　[work
잔털=머리閒 일의 끝판이 난 무렵. last part of some
잔털=오랑캐꽃[一꼳]圕 〈동〉잔털제비꽃.
잔털=제비꽃[一꼳]圕 〈식물〉제비꽃과의 풀. 온몸에 잔털이 나고 잎은 뿌리에서 총생함. 4월에 흰 꽃이 피고 과실은 긴 난형임. 잔털오랑캐.　　　　　[빤지.
잔판(棧板)圕 질그릇을 굽기 위하여 담아 나르는 널
잔판=머리圕 일이 다 되어 가는 나중 판. ending
잔패(殘敗)圕 기세가 다하여 패함. withering 하타
잔편(殘片)圕 남은 조각. remaining piece
잔편 단=간(殘編短簡)圕 끊어져 동강이 난 글이 조각조각 흩어져서 온전하지 못하게 된 책.
잔폐(殘廢)圕〔동〕잔멸(殘滅). 하타
잔포(殘暴)圕〔동〕잔학(殘虐). 하타
잔-풀圕 어린 풀. 자디잔 풀. young grass
잔풀=내기圕 ① 작은 풀의 싹이 돋아나는 봄. early spring ② 하찮은 출세로 꺽쩍거리는 사람. person
who is puffed up by his small success ③ 한때 호기를 부리는 사람.
잘품 호사(一豪奢)圕 되지 못한 허영심으로 웃치장을 잘하는 일.　　　　　　　　　　　[unsold goods
잔품(殘品)圕 팔거나 쓰다가 남은 물품. ¶~ 처분.
잔풍-하-다(殘風—)혱 바람이 잔잔하다.
잔하(殘夏)圕 얼마 남지 않은 여름. 늦여름. 《대》잔동(殘冬). late summer
잔학(殘虐)圕 잔인하고 포악함. 잔포(殘暴). 잔혹(殘酷). ¶~한 매질. cruelty 하타
잔한(殘汗)圕〔동〕유한(遺恨).
잔한(殘寒)圕 봄까지 남아 있는 추위. lingering winter
잔해(殘害)圕〈약〉잔인 해물(殘人害物).
잔해(殘骸)圕 ① 남아 있는 시체나 물건의 뼈대. corpse ② 정신은 나간 채 남아 있는 육체. remains
잔향(殘鄕)圕 발전을 못하여 점점 기울어져 가는 하잘것없는 향촌(鄕村). underdeveloped country-side village
잔향(殘響)圕 실내의 발음체(發音體)에서 소리가 울리다가 그친 뒤에도 남아서 들리는 현상. 여향(餘響).
잔-허리圕 허리 뒤쪽의 가늘게 된 부분. slender waist
잔호(殘戶)圕 생활에 시달리고 지친 백성. people in distress for their livelihood
잔혹(殘酷)圕〔동〕잔학(殘虐). 하타
잔화(殘火)圕 타고 남은 불.　　[flower left blooming
잔화(殘花)圕 떨어지고 남은 꽃. 시들어가는 꽃.
잔회(殘懷)圕 마음 속에 남는 회포. lingering thought
잔-회(一會計)圕 자질구레한 계산. miscellaneous counting 하타　　　　　　　　　　[destruction 하타
잔훼(殘毀)圕 헐어서 무너뜨림. 또는 무너진 것.
잔흔(殘痕)圕 남은 혼적. traces　　　　　　　　[der
잘-갈-다(르)타 잘고도 곱게 갈다. grind into pow-
잘-갈리-다(르)자 잘고도 곱게 갈아지다. be ground into fine powder
잘-널-다타 이로 깨물어서 잘게 만들다. crunch
잘-다듬-다[—따]타 잘고 곱게 다듬다. nip off neatly
잘-다랗-다(호)혱 생각보다 지나치게 잘다. 《약》잘땋다. too small　　　　　　　　　　　　　　[ded
잘-달-다(르)타 하는 짓이 잘고 다랍다. narrow-min-
잘-닳-다(호)혱〈약〉→잘다랗다.　　[for one's age
잘-절-다[—쩜머]혱 나이보다 젊어 보이다. young
잘-주름圕 옷 따위에 잡는 잔주름. creases
잘-타-다타 팥이나 녹두 등을 맷돌에 잘다랗게 타다.
¶콩을 ~. grind into powder
잘¹ 검은담비의 모피(毛皮). 산달피(山獺皮). 초웅피(貂熊皮). 《유》돈피(激皮). sable
잘²부 ① 좋게. 훌륭하게. ¶~ 된 작품. well ② 편하게. 탈없이. ¶~ 먹어라. in comfort ③ 옳고 바르게. ¶마음을 ~ 써라. properly ④ 익숙하고 능란하게. ¶글을 ~ 쓴다. skillfully ⑤ 만족하게. ¶~ 보았다. satisfactorily ⑥ 아름답고 예쁘게. ¶~ 센 꽃. beautifully ⑦ 버릇으로 늘. ¶걸핏하면 ~ 운다. ⑧실히. ¶한 말은 ~ 될꺼다. ⑨아주 적절하게. ¶마침 ~ 왔다. ⑩쉽게. ¶물이 ~ 안 나온다. easily
=잘어미 동사의 어간에 붙어 '=자 할'의 뜻을 나타내는 과형성 전성 어미. ¶보~겠없는 물건들. be
잘(兆)圕 억(億).　　　　　　　　　　　　　　[worth
잘가닥부 ① 납작한 물건끼리 맞부딪쳐 끈기 있게 나는 소리. ② 끈기 있는 물건이 세차게 달라붙는 소리. 또, 그 모양. ③좀 작은 자물쇠 따위가 잠기거나 열릴 때 나는 소리. ④서로 닿으면 걸리어 붙는 단단한 물건끼리 맞부딪치는 소리. 《약》잘각. 《큰》절거덕. 《센》잘까닥. 《거》찰카닥. snap 하타
잘가닥-거리-다(재타)연해 잘가닥 소리가 나다. 또, 소리를 내게 하다. 《약》잘각거리다. 《큰》절거덕거리다. 《센》잘까닥거리다. 《거》찰카닥거리다. 찰카닥

거리다. **잘가닥=잘가닥=하다타**

잘가당 자물쇠가 잠기거나 열릴 때, 혹은 단단한 쇠붙이가 맞부딪칠 때 나는 소리. 《큰》절거덩. 《센》 잘까당. 《거》찰카당. with click **하자타**

잘가닥-거리다자타 연해 잘가닥 소리가 나다. 또, 연해 잘가닥 소리를 나게 하다. 《큰》절거덩거리다. 《센》잘까당거리다. 《거》찰카당거리다. **잘가닥=잘가닥**

잘각→잘가닥.

잘각=거리다타 《약》→잘가닥거리다.

잘강=거리다타 질긴 물건을 연해 잘게 씹다. 《큰》질 경거리다. chew **잘강=잘강=하자타**

잘개=질명 《약》=자리개질.   「be shocked

잘겁=하다여本 뜻밖에 몹시 놀라다. 《큰》질겁하다.

잘그락-거리다자타 쇠붙이 따위가 맞닿아 가볍게 자꾸 소리를 내다. 《큰》절그럭거리다. clink **잘그락=잘그락=하자타**

잘그랑 얇은 쇠붙이가 떨어지거나 다른 쇠붙이에 맞부딪혀 나는 소리. 《큰》절그렁. 《센》잘끄랑. 《거》 찰그랑. tinkle **하자타**

잘그랑-거리다자타 연해 잘그랑 소리가 나다. 또, 연해 잘그랑소리를 나게 하다. 《큰》절그렁거리다. 《센》잘끄랑거리다. 《거》찰그랑거리다 **잘그랑=잘그랑=하자타**   「chewing

잘근=잘근 잘깃한 물건을 가볍게 자꾸 씹는 모양.

잘금-거리다자타 물·오줌 따위가 조금씩 나오다. 《큰》 질금거리다. 《센》짤끔거리다. come out off and on **잘금=잘금**

잘깃=잘깃 ①매우 잘깃한 모양. tough ②성질이 곱 거나 재빠르지 않고 검질긴 모양. 《큰》질깃질깃. 《센》짤깃짤깃. be tenacious **하형**

잘깃-하다여本 조금 질긴 듯하다. 《큰》질깃하다. 《센》짤깃하다. (be)somewhat tough

잘끈 바싹 동이는 모양. 단단히 졸라매는 모양. 《큰》 질끈. tightly   「못나다. of excellent calibre

잘=나다형 ①잘생기다. handsome ②뛰어나다. 《반》

잘난=것명 '대수롭지 않은 것'이라는 반어(反語).

잘난 사람이 있어야 못난 사람이 있다 선악(善惡)· 장단(長短) 등은 서로 비교가 되어야 뚜렷이 나타난다.

잘=다형르本 ①작다. small ②가늘다. 《대》굵다. thin ③수다스럽다. talkative ④자세하다. minute ⑤성질이 좀스럽다. ¶잘게 굴다.

잘=되다자 ①사물이 생각한 대로 되다. go well ② 신분이나 처지가 좋게 되다. be promote

잘되면 제 탓 못되면 조상 탓하다 일의 실패에 대한 책임을 남에게 지우려 한다.   「루마기.

잘=두루마기명 검은담비의 털을 안에 대어 지은 두

잘똑-거리다자 다리가 탈이 났거나 또, 한쪽 다리가 짧아서 걸을 때 가볍게 자꾸 절다. 《큰》절뚝거리다. 《센》잘똑거리다. limp **잘똑=잘똑 하자타**

잘똑=잘똑 긴 물건의 여러 군데가 깊이 패어 움쑥한 모양. 《큰》절뚝절뚝. 《센》짤똑짤똑.

잘똑-하다형여本 긴 물건의 한 쪽이 좀 움쑥하게 패어 들어가 있다. 《큰》절뚝하다. 《센》짤똑하다. (be) constricted in the middle

잘뚜마기명 긴 물건의 한 부분이 잘록하게 된 곳.

잘라 말=하다타여本 분명히 단정하여 말하다.

잘라=매다타 끈으로 단단히 졸라매다. tighten

잘라=먹다타 ①토막을 쳐서 먹다. cut and eat ②갚을 것을 갚지 아니하다. bilk ③중간에서 횡령하다.

잘랑-거리다자타 쇠붙이나 작은 방울들이 함께 자꾸 흔들려 어지럽게 소리가 나다. 또, 그런 소리를 내다. 《큰》절렁거리다. 《센》짤랑거리다. tinkle **잘랑=잘랑 하자타**

잘래=잘래 고개를 가로 가볍게 자꾸 흔드는 모양. ¶머리를 ~ 흔들다. 《약》잘잘④. 《큰》절레절레.

잘랑=잘랑 《약》→짤래짤랑.   「잘래잘래.

잘록-거리다자타 가볍게 잘록거리다. 《큰》절뚝거리다. 《센》잘록거리다. **잘록=잘록=하자타**

잘록=아명 산줄기의 잘룩한 곳.

잘룩=잘룩=하자타 기다란 물건의 여러 군데가 잘룩한 모양. 《큰》질룩질룩. 《센》짤룩짤룩. **하형**

잘룩-하다형여本 한 편이 조금 짧거나 또는 한 부분이 옴폭하게 들어가 있다. 《큰》질룩하다. 《센》짤룩하다. be constricted in the middle **잘록=잘록**

잘름-거리다자타 ①조금 잘룩거리다. 《큰》절름거리다. limp slightly ②가득 찬 물 따위가 흔들려 조금씩 넘치다. brim ③무엇을 주지 않고 잦게 여러 차례로 나누어서 조금씩 주다. 《큰》질름거리다. 《센》짤름거리다. dribble out **잘름=잘름=하자타**

잘름=발이명 다리를 잘름거리는 사람. 《큰》절름발이. 《센》짤름발이. cripple

잘리다자 ①꾸어 준 돈 따위를 메이다. have bad loan ②끊기다. be cut ③단단히 잘라 멤을 당하다. be tightened ④해고당하다.

잘=먹다타 ①식생활(食生活)에서 부족한 것이 없다. eat good foods ②식성이 좋아서 아무거나 가리지 않고 많이 먹다.

잘못명 잘하지 못한 짓. 잘되지 않은 일. ¶나의 ~이다. fault 부 제대로 못하고 틀리게. by mistake **하자타**

잘바닥 거칠고 어지럽게 얕은 물위를 밟는 소리. 《큰》절버덕. 《거》찰바닥. with splash **하자타**

잘바닥-거리다자타 연해 잘바닥 소리를 내다. 《큰》 야단스럽게 잘박거리다. 《거》찰바닥거리다. **잘바닥=잘바닥=하자타**

잘바당 깊은 물에 좀 큼직한 물동이 따위를 던졌을 때 요란스럽게 울려 나는 소리. 《큰》절버덩. 《센》짤바당. **하자타**

잘바당-거리다자타 연해 잘바당 소리를 내다. 또, 연해 잘바당 소리를 나게 하다. 《큰》절버덩거리다. **잘바당=잘바당=하자타**   「벅. 《센》짤박. **하자타**

잘박 얕은 물을 밟아서 나는 것 같은 소리. 《큰》절

잘박-거리다자타 연해 잘박 소리가 나다. 또, 연해 잘박 소리를 나게 하다. 《큰》절벅거리다. 《거》찰박거리다. **잘박=잘박=하자타**

잘방 깊은 물에 좀 묵직한 물건이 떨어졌을 때를 울려 나오는 소리. 《큰》절벙. 《센》짤방. **하자타**

잘방-거리다자타 연해 잘방 소리가 나다. 또, 연해 잘방 소리를 나게 하다. 《큰》절벙거리다. 《거》찰방거리다. **잘방=잘방=하자타**

잘방=게명 흔히 민물에 사는 작은 게의 하나.

잘=배지다(一精子) 좋은 짐승의 털을 붙여 만든 배자.

잘=빠지다자 여럿 가운데서 빼어나게 미끈하고 잘 생기어 유별나다. best of all

잘=살다자 ①부족한 것이 없이 부유하게 살아가다 ②달덩이 지내다. make good living

잘=생기다자 모양이 훌륭하게 생기다. 얼굴이 훤하게 생기다. handsome

잘싸닥 물이 남작한 물건을 때릴 때 나는 소리. 《약》잘싹. 《큰》절써덕. 《거》찰싸닥. **하자타**

잘싸닥-거리다자타 연해 잘싸닥 소리가 나다. 또, 연해 잘싸닥 소리를 나게 하다. 《약》잘싹거리다. 《거》찰싸닥거리다. **잘싸닥=잘싸닥 하자타**

잘싹 《약》→잘싸닥.

잘싹-거리다자타 《약》→잘싸닥거리다.

잘쏙-거리다자타 한쪽 다리가 조금 짧아 잘뚝거리다. 《큰》절쑥거리다. 《센》짤쏙거리다. limp **잘쏙=잘쏙 하자타**   「《센》짤쏙짤쏙. **하자**

잘쏙=잘쏙 여러 군데가 잘쏙하는 모양. 《큰》절쑥절쑥.

잘쏙-하다형여本 길게 생긴 물건의 한 부분이 잘쏙하거나 잘록한 듯하다. 《큰》질쑥하다. 《센》짤쏙하다. plop slender

잘=입다타 ①의생활(衣生活)에 있어서 부족함이 없이 좋은 것을 입다. ②옷 따위를 안목 있게 입다. wear good clothes

잘:잘 ①주책없이 분주스럽게 쏘다니는 모양. busily ②바닥에 가볍게 끌리는 모양. 《큰》절절. 절절. 질

잘잘거리다 길. 《센》잘찰. trailingly ③따끈따끈하게 끓는 모양. 《큰》절절. 《센》잘찰. having much fever ④가볍게 잘래잘래 흔드는 모양. 《약》잘래잘래. 《큰》절절. 잘찰. shaking one's head

잘잘=거리-다国 이러저리 채신없이 바삐 쏘다니다. 《큰》절절거리다. 《센》잘찰거리다.

잘=잘못명 옳음과 그름. ¶~을 살피다. right and wrong

잘잘못=간에(一間一)甲 잘하였거나 잘못하였거나 관계할 것 없이. ¶누구의 ~ 그만두고 화해하게. right or wrong

잘=지:내-다国 의식주(衣食住) 생활에 있어서 부족함이 없이 살아가다. get along well

잘착-거리-다国 진흙 같은 것이 묽게 곤죽이 되어 밟으면 연해 진 촉감을 주다. 《큰》질척거리다. 잘착=잘착하다 國

잘착-하-다國영 흙이나 반죽 따위가 물기가 너무 많아서 자작하다. 《큰》질척하다. be muddy

잘천(一千)명〔고〕억의 천 배.

잘카닥문〔거〕→잘카닥.

잘카닥거리-다자타〔거〕→잘카닥거리다.

잘카닥거리-다자타 진흙같은 것이 아둔스럽게 잘카거리다. 《큰》질커덕거리다. 잘카닥=잘카닥하다 國

잘카닥-하-다國영 진흙 따위가 몹시 잘카닥하다. 《큰》질커덕하다. be very muddy

잘카당문〔거〕→잘카당.

잘카당거리-다자타〔거〕→잘카당거리다.

잘칵문〔약〕→잘카닥.

잘칵거리-다자타〔약〕→잘카닥거리다.

잘칵거리-다² 진흙같은 것이 몹시 질퍽하여, 밟으면 연해 진 촉감을 주다. 《큰》질퍽거리다. 잘칵=잘칵하다 國〔다.《큰》질척하다. be muddy

잘칵-하-다國영 미운 사람의 불행을 그 사람에게 보이는 소리. Serve him you, (ete) right!〔다.

잘크라-지-다자 잘쭉하게 쑥 들어가다. 《큰》질크러지다

잘=토시명 잘의 털로 만든 토시.

잘파-거리-다자 요란스럽게 잘팍거리다. 《큰》질퍽거리다. 잘파닥=잘파닥 國

잘파-하-다國영 진흙 따위가 몹시 잘팍하다. 《큰》질퍽하다. be muddy

잘팍거리-다 진흙 같은 것이 묽게 곤죽이 되어 밟으면 연해 진 촉감을 주다. 《큰》질퍽거리다. 잘팍=잘팍하다 國

잘팍-하-다國영 진흙의 반죽 따위가 잘 이겨져 매우 묽게 진다. 《큰》질퍽하다. be sodden 잘팍=히國

줄·찍명〔고〕창포(菖蒲).

잘-하-다國영 ①먹고 착하게 하다. 좋고 훌륭하게 하다. ¶집 안내를 ~. ②익숙하고 능란하게 하다. ¶노래를 ~. ③순전하고 만족하게 하다. ¶일을 ~. do well ④버릇으로 자주 하다. ¶울기를 ~. 〈데〉잘못하다. used to 〔밑애나. at most

잘-해야 문 ①가장 잘하거나, 혹은 좋게 잡아야 고작. ①눈을 감고 의식 없이 쉬는 상태. ¶~을 깨다. sleep ②누에가 허물 벗기 전에 뽕을 먹지 않고 쉬는 상태. ¶첫~자다. ③단단한 물건이 부풀지 않고 가라앉는 상태. ¶~ 잔 이불솜.

잠(箴)명 훈계(訓戒)하는 뜻을 붙인 글체. maxim

잠(簪)명 ①비녀. ②〔동〕비녀장.

줌명〔고〕잠.

잠가(蠶架)명 누에 채반을 얹는 시렁. silkworm shelf

잠간(箴諫)명 훈계하여 간함. 하国

잠-개명 병기(兵器).

잠거(潛居)명 남몰래 묻혀 있음. seclusion 하国

잠견(暫見)명 잠깐 봄. glance 하国

잠결[一결]명 자면서 아무 의식이 흐려진 겨를. ¶~에 이상한 소리를 들었다. while one is asleep

잠결에 남의 다리 긁는다面 ①자기를 위하여 한 일이 뜻밖에 남의 이익만 도모한 결과가 되었다. ②얼떨결에 남의 일을 자기 일로 잘못 알고 행한다.

잠경(箴警)명 훈계하여 경계함. 하国

잠계(箴戒)명 깨우쳐 훈계함. admonition 하国

잠공(潛攻)명 ①숨어 있다가 적을 침. lie in ambush ②잠수함으로 적을 공격함. attack in submarine 하国〔outfit

잠구(蠶具)명 누에를 치는 데 쓰는 제구. sericultural

잠군(潛軍)명 ①몰래 쳐들어오는 군사. surprise party ②잠복해 있는 군사. storm troops

잠-귀[一귀]명 잠결에 소리를 듣는 감각. ¶~가 밝다. auditory sensation in sleep

잠귀-밝-다[一귀박一]國 조그만 소리에도 금방 깰 만큼 감각이 예민하다. quick-waking

잠귀=어둡-다[一귀一]國旦 잠결에 소리를 듣는 감각이 무디다. 《대》잠귀밝다. unwakeful

잠귀-질기-다國 잠귀가 아주 어두워 여간해서 깨지 아니하다.

잠규(箴規)명 남을 훈계하여 바로잡는 일.

잠그-다타〔으〕 자물쇠 따위를 채우다. lock

잠그-다²타〔으〕 물에 담그다. soak ②장래를 바라고 어떤 일에 밑천을 들이다. sink funds

잠-기[一끼](一氣)명 잠이 오거나 깨어나지 못한 기

잠기(簪箕)명 잠개.〔색. sleep

잠기-다国 ①여닫게 된 물건이 잠가지다. be locked ②목이 쉬어 소리가 제대로 나오지 않다. get hoarse

잠기-다²国 ①물 속에 깊이 가라앉다. sink ②어떤 일에 밑천·물건·노력 등이 들어 있다. be sunk ③한 가지 일에만 정신이 쏠려 있다. ¶근심에 ~. be absorbed ④탐닉하다. indulge in 〔moment

잠깐(暫間)명 매우 짧은 동안. ¶~ 다녀오너라.

잠:-깨-다자 잠이 깨다. awake from one's sleep ②몽롱한 상태에서 벗어나 의식을 회복하다.

잠=꼬대 ①잠을 자면서 저도 모르게 중얼거리는 헛소리. 몽매(夢昧). talking in sleep ②사리에 당치 않는 엉뚱한 말의 비유. 섬어(譫語). nonsense 하国

잠=꾸러기 잠을 퍽 많이 자는 사람.

잠녀(潛女)명 잠수(潛水)하는 여자. 해녀(海女).

잠농(蠶農)명 ①〔동〕누에농사. ②누에농사를 하는 사람. 또, 그 농가. sericulturist

잠닉(潛匿)명 행방을 감추어 남이 그 소재를 모르게 함. 몰래 숨음. 잠복 장닉(潛伏藏匿). hiding and concealment 하国

·줌--다国〔고〕잠기다.〔ates 하国

잠=동무[一동一]명 같이 잠을 자는 사람. room-m-

잠두(蠶豆)명〔식물〕콩과에 속하는 다년생 풀. 줄기는 네모가 지고 속이 비었으며, 높이 40~60cm로 봄에 흰 바탕의 자흑색 반점 있는 나비 모양의 꽃이 핌. 열매인 콩은 식용. 깍지는 사료. broad bean

잠두(蠶頭)명 ①〔동〕누에머리. ②누에머리같이 생긴 산봉우리를 이르는 말.

잠두 마:제(蠶頭馬蹄)명 글자 획의 횡선을 그을 때에 처음은 말굽 모양으로, 나중은 누에머리 모양으로 긋는 체법.〔¶뻥안이 ~. dle

잠-들다자旦 ①잠을 자게 되다. fall asleep ②죽다.

잠란(蠶卵)명 누에의 알. silkworm egg

잠란-지(蠶卵紙)명 누에나방에게 알을 슬게 하는 두꺼운 종이.

잠령(蠶齡)명 〔곤충〕누에의 발육 정도를 나타냄. 곧, 누에의 나이. age of silkworm

잠록-하-다國영 바람이 없어 날이 우중충하다.

잠룡(潛龍)명 숨어 있어 아직 승천하지 못한 용이란 뜻에서, 왕위에 오르지 아니한 임금. 또, 기회를 얻지 못하고 있는 영웅을 가리킴. 잠저(潛邸). 용

잠루(岑樓)명 높고도 뾰족한 누각.〔잠(龍潛).

잠=류(暫留)명 잠시 한 곳에 머물러 있음. staying for a while 하国

잠망=경(潛望鏡)명 잠수함 등에서 쓰는 반사식 망원경. 전망경(展望鏡). 페리스코프. periscope

잠매(潛賣)명 매매가 금지된 물건을 몰래 팖. 암매

잠매(暫買)명 ①〔동〕뱀달기.〔(暗賣). 하国

잠명=송(箴銘頌)명 잠과 명과 송. 곧, 행실을 경계

잠몰(潛沒)[명] ①속에 잠김. submerging ②잠수함이 필요에 따라 급속히 잠망경(潛望鏡)과 함께 잠항(潛航)하는 동작. navigation under water 하자

잠바(←jumper)[명][동] 점퍼.

잠박(蠶箔)[명] 누에를 치는 데 쓰는 채반. 싸리나 대오리를 굵게 결어 만듦. silkworm feeding basket

잠방[명] 작은 물건의 물에 잠겼거나 뜰 때 나는 소리. 또, 그 모양. (큰) 첨벙. 하자

잠방-거리-다[자타] 연해 잠방 소리가 나다. 또, 연해 잠방 소리를 나게 하다. (큰) 첨벙거리다. **잠방=잠방** 하자

잠방이[명] 가랑이가 짧게 된 홑고의. short trousers

잠방이에 대님 치듯 한다[속] 어려운 일을 당하여 몹시 켕기다.

잠=버릇[―뻐―][명] 잘 때에 하는 버릇이나 짓. one's sleep habit

잠:별(暫別)[명] 잠시 동안의 이별. separation for a while 하자

잠병(蠶病)[명] 누에에 생기는 병의 총칭.

잠:보[―뽀][명] 잠꾸러기. heavy sleeper

잠복(潛伏)[명] ①몰래 숨어 엎드림. 매복. concealment ②〈의학〉병이 감염되어 있으나, 증상이 나타나지 않음. incubation 하자

잠복 감:염(潛伏感染)[명]〈의학〉병원체에 의한 감염을 받고 잠복기가 지난 후에도 발병하지 아니하는 상태.

잠복 근무(潛伏勤務)[명] 범인이나 적군의 색출 또는 적군의 방어를 위하여 예상 출현지(出現地)에 숨어 있는 근무. ambush duty 하자

잠복=기(潛伏期)[명]〈의학〉병원체가 체내에 침입하여서 발병하기까지의 기간. 질병에 따라 대개 정해져 여겨진 일. ¶결핵 ~. incubation time

잠복-아(潛伏芽)[명]〈식물〉식물 줄기의 피하(皮下)에 숨었다가 언제든지 트는 눈. (약) 잠아(潛芽). latent bud

잠복 유전(潛伏遺傳)[명] 격세 유전(隔世遺傳).

잠복 장:닉(潛伏藏匿)[명][동] 잠닉(潛匿). 하자

잠복 초소(潛伏哨所)[명]〈군사〉잠복 근무를 하도록 지정된 초소. (약) ~ 근무를 하다.

잠:봉(暫逢)[명] 잠시 서로 만남. 하자

잠부(蠶婦)[명] 누에를 치는 여자. silk-raising woman

잠:―불리측(暫不離側)[명] 잠시도 곁을 떠나지 않음. 하자

잠:뿔-마(暫佛馬)[명] 빨에 흰 줄이 지고, 눈에 누른 빛을 띤 말.

잠뿔[명] 덩치가 크게 실린 모양. ¶차에 짐을 ~ 싣다.

잠사(蠶思)[명] 마음을 가라앉히고 생각에 잠김. meditation 하자

잠사(蠶砂)[명] 누에의 똥. 마명간(馬鳴肝).

잠사(蠶事)[명] 누에를 침. silk-yarn

잠사(蠶絲)[명] 누에고치에서 켜낸 실.

잠사-업(蠶絲業)[명] 잠종(蠶種)・양잠(養蠶) 제조・제사(製絲) 따위를 경영하는 기업의 총칭. silk-reeling industry

잠사-총(潛射銃)[명]〈군사〉잠망경 따위로 장치를 하여 참호(塹壕) 속이나 어떤 은폐물에 숨어 목표를 겨누어 쏘게 하는 총.

잠삼(潛蔘)[명] 관허(官許) 없이 몰래 파는 홍삼(紅蔘).

잠삼―질(潛蔘―)[명]〈제도〉홍삼을 허가된 분량보다 많이 만들어 던지던 중국에 가는 사신(使臣)편에 가지고 가서 팔던 짓. 하자

잠상(潛商)[명] 법으로 거래 금지된 물건을 몰래 파는 장사. 또, 그 장수. blackmarketeer

잠상(潛像)[명] 사진술에서, 노출한 후 아직 현상하지 않은 감광막 가운데 숨어 있는 피사체의 영상. latent image

잠상(蠶桑)[명] 누에와 뽕. silkworms and mulberry leaves

잠섭(潛涉)[명] 몰래 건넘. 잠도(潛渡).

잠성(潛性)[명][동] 열성(劣性).

잠세(潛勢)[명] (약) →잠세력(潛勢力).

잠세:력(潛勢力)[명] 속에 잠겨 있어 겉으로 드러나지 않는 세력. 《준말 잠세(潛勢)》. latent force

잠속[명―속][명] 잠을 자는 가운데.

잠수(潛水)[명] 물 속에 들어가 잠김. diving 하자

잠수=관(潛水冠)[명] 잠수복에 달린 잠수부가 머리에 써서 가리는 구리로 만든 모자. 좌우 양쪽에 빛을 받는 유리, 앞에는 물건을 볼 수 있는 유리가 달려 있고 뒤에는 송기관(送氣管)이 장치되어 있음. 잠수모(潛水帽).

잠수=교(潛水橋)[명] 홍수 때에는 물에 잠기는 다리.

잠수=구(潛水球)[명] 사람이 속 속에 들어가서 물 속에 깊이 들어갈 때 쓰는 기구.

잠수군[―꾼](潛水軍)[명]〈제도〉수중 공사(水中工事)를 하는 수영(水營)에 딸린 군졸(軍卒).

잠수=기(潛水器)[명] 물 속에서 일하는 사람에게 산소를 보내 주는 기계. diving apparatus

잠수 모:함(潛水母艦)[명] 잠수함에 연료・식량 등을 대주며, 승조원(乘組員)의 휴양소를 설비하고 잠수 함대의 기함(旗艦)이 되어, 그 유도(誘導)의 임무를 맡은 군함. submarine tender

잠수―병[―뼝](潛水病)[명]〈의학〉잠수부가 물 속에서 고기압의 압박을 받다가 갑자기 물위로 올라와 기압이 낮아지게 되어 일어나는 병. 케이슨병(caisson 病).

잠수―복(潛水服)[명] 잠수부가 물 속에 잠수할 때 입는 특수한 의복. 잠수관・고무 제복・납으로 만든 신과 송기관・배기관이 달려 있고, 수상(水上)의 펌프로부터 공기의 공급을 받을 수 있게 되어 있음. diving suit

잠수―부(潛水夫)[명] 잠수하여 작업하는 사람.

잠수 어로(潛水漁撈)[명] 물 속에 있는 수산물(水産物)을 잡으거나 하는 어업.

잠수 어업(潛水漁業)[명] 바다 속에 들어가 해조(海藻) 따위를 채취하는 어업. diving fishery

잠수 영:법[―뻡](潛水泳法)[명][동] 잠영(潛泳).

잠수―질(潛水―)[명] 사람이 물 속에 들어가는 짓. 하자

잠수=함(潛水艦)[명] 물 속에서 적함에 대하여 어뢰(魚雷) 공격을 하거나 적지(敵地)의 포격・원거리 정찰 등을 하는 함정. 잠수정, 잠항정(潛航艇). (약) 잠함. submarine

잠:시(暫時)[명] 오래 걸리지 않는 동안. 잠깐 동안. 짧은 시간. 개연(介然)②. 수유(須臾). 편시(片時). 잠시간(暫時間). for a while

잠:시―간(暫時間)[명] (약) 잠시(暫時).

잠식(蠶食)[명] ①누에가 뽕잎을 먹음. silkworm's eating mulberry-leave ②한 쪽에서 점점 먹어 들어감. eat into ③남의 땅을 점점 쳐들어감. 초잠식지(稍蠶食之). encroachment 하자

잠신(潛身)[명] 몸을 감추어 나타내지 아니함. hiding

잠신(蠶神)[명][동] 선잠(先蠶).

잠실(蠶室)[명] 누에를 치는 방. silkworm raising room

잠심(潛心)[명] 마음을 가라앉힘. calming down one's mind 하자

잠아(蠶蛾)[명]〈곤충〉누에나방. silkworm moth

잠언(箴言)[명] ①가르쳐 경계가 되는 말. admonition ②〈기독〉구약 성서의 한 책. proverbs

잠업(蠶業)[명] (약) →양잠업(養蠶業).

잠열(潛熱)[명]〈물리〉①고체가 액체로 되고 액체가 기체로 바뀔 때에 온도의 상승을 나타내지 않고 물질의 상태를 바꾸기 위하여 소비되는 융해열(融解熱)・증발열(蒸發熱) 따위. potential heat ②내부에 있어 외부에 나타나지 않는 열.

잠영(潛泳)[명] 몸을 물위로 드러내거나 또, 물밑에 가거나 하지 않고 물 속에서만 치는 헤엄. 잠수 영법. 潛水泳法.

잠영(潛影)[명] 그림자를 감춤. adscondence 하자

잠영(簪纓)[명]〈제도〉①관원이 쓰던 비녀와 갓끈. ②양반의 별칭. 잠신(簪紳). ¶~하는 집안.

잠영 세:족(簪纓世族)[명]〈제도〉대대로 높은 벼슬을

잠=옷[―] 잘 때 입는 옷. 자리옷. 침의(寢衣). night clothing

잠외약질[―] (고) 무자맥질. 「바랄 수 없다.

잠을 자야 꿈을 꾸지 원인을 짓지 않고는 결과를

잠입(潛入) ①남몰래 들어옴. infiltration ②물 속에 잠기어 들어감. diving 하타

잠=자-다 ①심신(心身)의 활동이 정지되어 무의식의 상태로 들어가다. sleep ②사물이 기능을 잃고 쉬는 상태에 빠져 있다. be idle

잠자리 〈곤충〉 잠자리과의 곤충의 총칭. 복안은 한 쌍. 작은 촉각과 턱이 있음. 가슴에 있는 다리는 세 쌍, 투명한 망상의 날개는 두 쌍임. 잘 나는 데 난쟁임. 청령(蜻蛉). 청정(蜻蜓). dragonfly

잠=자리[―] ①잠을 자는 곳. ¶~가 편하다. bed ②남녀가 교접하는 일. 동침. 와내(臥內). (옛) 자리². sexual intercourse 하타

잠자리 무=사(―武砂) 〈건축〉 홍예와 홍예를 잇대어 쌓고, 벌어진 사이에 처음 놓는 돌. 윗면과 앞뒷면은 평평하고 끄트머리 뾰족하게 쐐기 모양임.

잠자리 비행기(―飛行機) (속) 헬리콥터.

잠자리피 〈식물〉 포아풀과의 풀. 줄기 높이가 40~80cm로 잎은 선상 피침형임. 6월에 넓은 타원형의 녹자색 꽃이 피는데, 뒤에는 황갈색 또는 녹갈색으

잠자코 말없이 가만히. without word   [로 변함.

잠자코 있는 것이 무식을 면한다(다) 말을 않고 침묵을 지킴이 자기의 무식함을 드러내지 않는다.

잠작(蠶作) (동) 누에농사.

잠:-다(潛―) ①물가짐이 정중하다. ②됨됨이가 야하지 않고 고상하다. (큰) 점잖다. noble

잠잠-하-다(潛潛―)[―] ①아무 말도 없이 가만히 있다. silent ②아무 소리도 없이 조용하다. quiet

잠:-하-다(潛―) (고) 잠잔하다.   「잠잠-히 튀.

잠장(潛藏) 몰래 숨음. concealment 하타

잠재(潛在)[―] ①속에 숨어 겉으로 드러나지 않음. latency ②능력·가능성·에너지 등이 아직 작용하지 않고 저장되어 있음. ¶~ 능력(能力). potentiality 하타

잠재 구매력(潛在購買力)[―] 어떤 물건에 대하여 갖고 싶은 욕구는 있으나 살 힘이 없는 상태. latent purchasing power

잠재=기(潛在期) 〈생리〉 유아(乳兒)의 성적 활동이 중단하는 시기(時期). 5세부터 사춘기까지.

잠재=력(潛在力) 겉으로 드러나지 않으나 속에 잠   [겨 있는 힘. potential

잠재 수요(潛在需要) 〈경제〉 구매력은 있으나, 물자 통제·공급 부족 또는 값이 비싸서 물건을 입수 못하는 것과 같은 표면에 나타나지 않는 수요.

잠재 실업(潛在失業) 표면적으로는 직업에 종사하고 있으나 그 일이 불만족스러워 실질적으로는 실업 상태에 있는 일. 잠재적 실업.

잠=재우-다(潛―) ①잠자게 하다. put to sleep ②부풀어 오른 것을 가라앉히다. calm

잠재 유전(潛在遺傳)[―] 잠재적으로 자식에게 전하는 유전. 열성 유전자(劣性遺傳子)가 우성 유전자(優性遺傳子)와 교잡(交雜)하여 결합한 경우에 일어남. latent heredity

잠재 의:식(潛在意識)[―] 〈심리〉 의식에는 나타나지 않으나 의식과 서로 관련하여 기능적으로 자아(自我) 전체를 구성하는 심층 의식 활동. 잠재 정신. 부의식(副意識). subconsciousness

잠재=적(潛在的)[―] 밖에 나타나지 않고 숨은 상태로 존재하는(것).

잠재 통화(潛在通貨)[―] 〈경제〉 중앙 은행에 맡겨진 정부 및 민간의 당좌 예금. 현재 유통되지는 않으나 언제라도 끌어내어 통화로 쓸 수 있는 것. shadow money

잠재(蠶邸) 〈제도〉 창업(創業)한 임금 또는 종실(宗室)에서 들어온 임금으로서 아직 위(位)에 오르기 전에 살던 집. 또, 그 동안.

잠저(蠶蛆) (동) 누에구더기.

잠적(潛寂) 고요하고 쓸쓸함. solitude 하튀

잠적(潛跡) (약) 잠종(潛蹤)잠적(潛祕跡).

잠:정(暫定) 어떤 일을 임시로 정함. ¶~적(的). provisional

잠:정 예:산[――] (暫定豫算) 〈경제〉 예산이 확정되기까지의 임시로 실행하는 예산. provisional budget

잠:정=적(暫定的)[―] 우선 임시로 정하는(것).

잠:정 조약(暫定條約)[―] 정식 조약을 체결하기 전에 우선 임시로 정해 두는 영구성 없는 조약. provisional treaty

잠족(蠶族)[―] 누에 올리는 섶. ¶~ 개량. silkworm specimens

잠종(蠶種)[―] 누에의 씨.   「ies

잠종 비:적(潛蹤祕跡)[―] 종적을 아주 감춤. 잠종 비적 (藏踪祕跡). (약) 잠적(潛跡). concealment 하튀

잠지 어린이의 자지를 귀엽게 이름.

잠:차(暫借) 잠시 동안 빌림. 하튀

잠착=하-다(潛着―)[―튀] (원) ☞ 참척하다.

잠채(潛採)[―] 〈광물〉 몰래 들어와 채굴함. 하튀

잠채-꾼(潛採―)[―] 잠채하는 사람.

잠청(潛聽)[―] ①정신을 차려 조용히 들음. hearing with attention ②가만히 속내를 엿들음. overhearing 하튀

잠통(潛通)[―] ①몰래 내통함. secret communication ②몰래 간통(姦通)함. illicit intercourse 하튀

잠=투정[―] 어린아이가 잠들기 전이나 깨었을 때 우는 버릇. habit of being fretful before or after sleeping 하튀

잠포록-하-다[――] 날씨가 흐리고 바람이 없다. cloudy and windless **잠포록-히** 튀.

잠필(簪筆)[―] 붓을 휴대함을 일컫는 말. 중국의 옛사람들이 붓을 머리에 꽂고 홀(笏)이나 독(牘)을 몸에 지니고 다니던 풍습에서 이름. 하튀

잠한(岑旱)[―] 큰 물과 가뭄.

잠함(潛函)[―] (약) ☞잠함교.

잠항(潛航)[―] ①몰래 항해함. secret voyage ②잠수하여 진항함. navigation under water 하튀

잠항=정(潛航艇) 〈잠수함의 옛 이름〉. submarine

잠행(潛行)[―] ①남몰래 다님. 숨어서 감. travelling in disguise ②물 속에 잠기어 감. navigation under water ③남몰래 행함. secret movement 하튀

잠행 운:동(潛行運動)[―] (동) 지하 운동(地下運動).

잠:허(暫許)[―] 잠시 허락함. 잠시 허가함. temporary permision 하튀

잠혈(潛血) 〈의학〉 화학적 방법에 의해서만 비로소 인정할 수 있는 극히 적은 양의 출혈. ¶~ 반응.

잠형(潛形)[―] 형적을 감춤. hiding 하튀 ¶홀(笏).

잠홀(簪笏)[―] 옛날 관리가 관에 꽂던 잠과 손에 쥐던

잠화(簪花)[―] 경희(慶會) 때에 남자 머리에 꽂던 조

잡값[갑] (옛) 값다. 조금다.   「화(造花).

=잡[선미] (약)→자웁.

=잡(雜)[선미] ①여러 가지가 섞여 순수하지 않음. ②아무렇게나 됨. 보잘것없는. (대) 순(純)=. crossbred

=집[선미] (고) =잡=.

=줄[선미] (고) 자오느.

잡가(雜家)[―] 중국 춘추 전국 시대의 유가(儒家)·묵가(墨家)·명가(名家)·법가(法家) 등 제가(諸家)의 설을 종합·참작한 학설. 또, 그 학파. miscellaneous philosophers

잡가(雜歌)[―] ①속된 노래. vulgar song ②정악(正樂) 이외의 노래. ③조선조 말기 평민들이 지어 창곡화(唱曲化)하여 부르던 노래. 지방에 따라 민요로 굳어졌음. 가투. 잡소리. ¶서도(西道) ~.

잡감(雜感)[―] 온갖 느낌. 온갖 감상. miscellaneous impression   「손. unimportant guest

잡객(雜客)[―] 대수롭지 아니한 손. 귀중하지 않은

잡거(雜居)[―] ①온갖 사람들이 섞이어 삶. mixed living ②내·외국 사람이 한 곳에 삶. 잡처(雜處). 혼거(混

잡거 구:금(雜居拘禁) 〈법률〉 둘 이상의 재감자(在監者)를 한데 가두어 둠. associate confinement

잡거-제(雜居制) 〈법률〉 여러 죄수를 한 감방(監房)에 수감하는 제도.

잡거-지(雜居地) 〈법률〉 내외국 사람이 잡거할 수 있는 땅. mixed residence quarter

잡거-화(雜居化) 잡성화(雜性化).

잡건(雜件) 중요하지 않은 일. miscellaneous matters

잡=것(雜─) ① 여러 가지가 섞인 물건. miscellaneous things ② 〈속〉 잡상스러워 점잖지 못한 사람. rogue

잡=계:정(雜計定) 〈경제〉 일정한 항목에 해당하지 않는 이익 또는 독립된 과목을 설정할 만큼 크지 못한 이익을 처리하는 계정.

잡고(雜攷·雜考) ① 여러 가지의 고찰(考察)이나 고증(考證). miscellaneous thoughts ② 여러 가지 사항을 일정한 체계(體系) 없이 엮은 논문이나 책. 잡찬(雜纂). miscellany

잡곡(雜曲) ① 잡스러운 곡조. vulgar song ② 중국 한(漢)나라 때의 민간 악부(民間樂府)의 하나.

잡곡(雜穀) 쌀 밖의 온갖 곡식. ¶∼반(飯). miscellaneous cereals 「xed with other cereals

잡곡-밥(雜穀─) 잡곡으로 지은 밥. boiledrice mi-

잡곡-전(雜穀廛) 잡곡을 파는 가게.

잡곡-주(雜穀酒) 잡곡으로 빚은 술.

잡과(雜果) 온갖 과실.

잡과(雜科) 과거 제도의 하나로 역과(譯科)·율과(律科)·음양과(陰陽科)·의과(醫科)의 총칭.

잡교(雜交) 〈생물〉 다른 종류나 또는 같은 종류의 계통이 다른 개체(個體) 사이의 수정(受精). 교잡(交雜). crossbreeding 「aneous religions

잡교(雜敎) 종잡히지 못한 여러 가지 교. miscell-

잡구(雜具) 여러 가지 잡살뱅이 도구.

잡귀(雜鬼) 온갖 못된 귀신. 객귀(客鬼). 잡신(雜神). demons

잡균(雜菌) 미생물 따위를 배양할 때, 외부로부터 섞어 들어와 발육하는 이종(異種)의 세균.

잡극(雜劇) ① 잡스러운 연극. ② 중국 원나라 때에 행하여지던 일종의 가극(歌劇). ③ 명청(明淸) 시대의 신체(新體)의 짧은 연극.

잡급(雜給) 정한 급료(給料) 외에 더 받는 돈. miscellaneous allowances

잡기(雜技) ① 잡된 여러 노름. ② 여러 가지 잡된 기예(技藝). 외기(外技). various kinds of amusements 하타 「름.

잡기(雜技) 〈제도〉 잡살뱅이 기술로써 벼슬길에 오

잡기(雜記) 여러 가지 일을 적음. 또, 그 적은 것. 잡록(雜錄). 잡필(雜筆). miscellaneous notes 하타

잡기-꾼(雜技─) 노름을 좋아하는 사람. gambler

잡기-장(雜記帳) 여러 가지 일을 적는 공책. notebook

잡기-판(雜技─) 온갖 노름판. gambling place

잡=꽃(雜─) 이름난 좋은 꽃이 아닌 꽃.

잡-나무(雜─) 〈동〉 잡목(雜木).

잡=년(雜─) 행실이 깨끗하지 못한 계집. 〈대〉 잡놈.

잡념(雜念) 쓸데없는 생각. 객념(客念). wicked idea 〈불교〉 수행(修行)을 방해하는 여러 가지 옳지 못한 생각. worldly thoughts

잡=놈(雜─) 행실이 좋지 못하는 남자. 잡한(雜漢). 〈대〉 잡년. sloven

잡-누르미(雜─) 도라지·숙주·미나리·쇠고기·돼지고기·해삼·전복 등을 잘게 썰어 황화채(黃花菜)·버섯 등을 섞어 양념한 뒤에 밀가루에 걸쭉하게 반죽하여 부쳐 숙편으로 만든 음식.

잡-다(雜─) ① 손가락으로 움켜 쥐고 놓지 않다. catch ② 권리 등을 차지하다. take power ③ 〈약〉→전당잡다. ④ 말의 뜻을 알다. ¶요점을 잡을 수 없는 말. grasp ⑤ 흠 따위를 들추어내다. ¶트집을 ∼. find ⑥ 일자리나 집 따위를 정하다. take possession of ⑦ 시간이나 처소를 차지하다. ¶시간을 너무 ∼. take ⑧ 증거 등을 쥐다. ¶증거를 잡고 있다. have ⑨ 는 따위에 물을 끌어 넣다. water ⑩ 삼을 따위를 미싯으로 고치다. ⑪ 〈약〉→붙잡다.

잡-다(雜─) ① 동물을 어떠한 목적으로 죽이다. kill ② 남을 모함하여 구렁에 넣다. injure ③ 불을 끄거나 사건을 가라앉히다. ¶불을 ∼. put out ④ 노한 마음이나 방탕한 마음을 가라앉히다. ¶마음을 잡고 일해라. calm down

잡-다(雜─) ① 마음으로 헤아려 요량하다. ¶얼마나 먼지 어림잡아 보다. estimate ② 도조(賭租) 등을 요량하여 정하다. fix

잡-다(雜─) ① 굽은 물건을 곧게 하다. ¶가락을 ∼. straighten ② 옷 따위에 주름을 지게 하다. ¶주름을 ∼. fold

잡-다(雜─) 〈약〉→잡치다.

잡다(雜多) 여러 가지가 뒤섞어 많음. miscellaneous 하다 하다 「하타

잡담(雜談) 실속없이 지껄이는 말. desultory talk

잡답(雜踏) 사람이 많이 침잡여서 복잡함. 분답(紛沓). 〈갸〉분잡(紛雜). bustle 하타

잡도리(雜─) ① 잘못되지 않도록 단단히 조심하여 다룸. ② 미리 충분한 준비나 대책을 갖추는 일. precaution 하타

잡동사니(雜─) 여러 가지가 한데 뒤섞인 것. medley

잡-되다(雜─) ① 천하고 난잡하다. base ② 깨끗하지 않다. impure

잡들-다(雜─) 〈고〉 붙들다. 부추기다.

=잡디까(雜─) →잡고 합디까. ¶무슨 책을 출판하오 ∼.

=잡디다(雜─) 〈약〉 →잡고 합디다. ¶우물을 같이 쓰∼.

잡렴(雜斂) 〈약〉→잡추렴. 「bitions

잡령(雜令) 여러 가지의 금령. miscellaneous prohi-

잡록(雜錄) 〈동〉 잡기(雜記). 하타

잡류(雜流) 정과(正派) 이외의 온갖 유파(流派). various schools 「배(雜輩). rogues

잡류[─뉴](雜類) 점잖잖지 못한 사람들. 잡것들. 잡

잡림(雜林) 〈동〉 혼림(混林).

잡-말(雜─) 잡된 말. smut 하타

잡-맛(雜─) 다른 맛이 섞이는 군 맛. 잡미(雜味).

잡-매-다(雜─) 잡아매다.

잡모-류(雜毛類) 〈동〉 이모류(異毛類).

잡목(雜木) ① 온갖 나무. miscellaneous wood ② 재목으로 못 쓰고 땔나무로나 쓸 나무. 잡나무. inferior wood 「business

잡무(雜務) 온갖 자질구레한 일. miscellaneous

잡문(雜文) 뚜렷한 어느 문장 형식에 속하지 않고 되는 대로 쓰는 글. literary medley

잡문(雜問) 중요하지 않게 뒤섞이는 여러 가지 질문. 잡제(雜題) ①. miscellaneous questions

잡문-학(雜文學) 예술적인 가치가 없는 문학.

잡물(雜物) ① 온갖 대수롭지 않은 물건. ② 물질 속에 섞이어 있는 순수하지 않고 불필요하거나 해가 되는 물질. miscellaneous things

잡물-색(雜──색)(雜物色) 〈제도〉 잡비·잡물을 맡아 보던 호조(戶曹)의 한 분장.

잡미(雜味) 〈동〉 잡맛. 「rency 하타

잡박(雜駁) 뒤섞이어 얼룩주고 고르지 못함. incohe-

잡방(雜方) 의서(醫書)에도 없는 약방문.

잡배(雜輩) 〈동〉 잡류(雜流).

잡범(雜犯) 정치범 이외의 여러 가지 범죄. 또, 그 죄를 범한 사람.

잡병(雜病) 여러 가지 잡된 병. 돌림병 따위.

잡보(雜報) 세상의 온갖 일에 관한 보도. general news

잡부(雜夫) ① 〈광업〉 광산에서 광부 외에 쓰이는 버력꾼·파석꾼 등의 일꾼. mine labourers ② 〈동〉 잡역부(雜役夫). 「assessments

잡부-금(雜賦金) 잡종의 부과금. miscellaneous

잡분(雜粉) 밀가루 이외의 다른 여러 가지 잡곡의 가루.

잡비(雜費)[명] 자질구레하게 쓰이는 돈. 잡용(雜用)②. sundry expense

잡−비:료(−肥料)[명] 온갖 허름한 것을 썩어 만든 비료. miscellaneous manure

잡사(雜史)[명] 민간에 전하는 사서(史書)로 체재를 갖추지 못한 역사 서적(書籍). miscellaneous history books

잡사(雜事)[명] 온갖 자질구레한 일. miscellaneous business

잡−산적(雜散炙)[명] 고기·물고기 등에 양념을 치고, 파·배추·송이버섯 등을 섞어서 만든 산적.

잡살−뱅이[명] 온갖 자잘한 것이 뒤섞인 허름한 물건. rubbish

잡살−전(−廛)[명] 온갖 씨앗을 파는 가게. seed dealer's

잡상(雜像)[명]〈건축〉궁전의 추녀·용마루 또는 박공머리 위에 얹은 각종 형상. various figures

잡상−스럽−다(雜常−)[형][ㅂ변] ①음탕하다. lewd ②난잡하고 상스럽다. vulgar **잡상−스레**[부]

잡−상인(雜商人)[명] 일정한 가게 없이 옮겨 다니면서 잡살뱅이 물건을 파는 장사꾼.

잡색(雜色)[명] ①여러 가지 빛이 뒤섞인 빛깔. particolored ②온갖 종류의 사람이 뒤섞임을 일컬음. all kind of people

잡색−꾼(雜色−)[명] 의식(儀式) 때 쓰이는 각종 인부.

잡서(雜書)[명] ①여러 가지를 뒤섞어 적은 책. books on miscellaneous subjects ②도서 분류상 일정한 부류에 들지 않는 책. miscellaneous books ③한학에서 경사자집(經史子集)이 아닌 책. ④함부로 지어낸 가치 없는 책. cheap books

잡석(雜石)[명] ①건축에 쓰는 크고 작은 돌. various stones ②소용이 적은 돌. useless stones

잡석 공굴(雜石−)[명]〈건축〉잡석을 써서 만든 공굴.

잡설(雜說)[명][동] 잡소리.

잡성−화(雜性花)[명]〈식물〉양성화(兩性花) 및 단성화(單性花)가 한 나무에 피는 꽃. 다성화(多性花). 잡거화(雜居花). polygamous flowers

잡세(雜稅)[명] ①[약]→무명 잡세(無名雜稅). ②[약]→잡종세(雜種稅). 「llaneous cases

잡소(雜訴)[명] 여러 가지 대수롭지 않은 소송. misce-

잡−소:득(雜所得)[명] 정규 소득 이외의 부수적인 잡다한 소득. 또는 에기치 않았던 부소득.

잡−소리(雜−)[명] ①음란한 말. 잡스러운 말. 잡설(雜說). foul talks ②잡가(雜歌)③. [동] 잡음(雜音)③.

잡−손(雜−)[명] [약]→잡손질.

잡−손질(雜−)[명] 쓸데없이 하는 손질. [약] 잡손(雜−). unnecessary work 「메.

잡−송골(雜松鶻)[명] 옥송골(玉松鶻) 다음 가는 송골

잡수−다(雜−)[타] 먹다. [타] ①[공] 먹다. ②제사를 차려 올리다. ③[공] 늙으시다.

잡−수당(雜手當)[명] 여러 가지 자질구레한 수당.

잡−수:료(雜手數料)[명] 여러 가지 자질구레한 수수료.

잡수시−다(雜−)[타] 먹다. [약] 잡숫다. eat (honorific)

잡−수입(雜收入)[명] ①정한 수입 이외에 생기는 수입. miscellaneous income ②장부에 명목 지은 계정(計定)이 없는 잡살뱅이 수입.

잡술(雜術)[명] 남을 속이는 요사한 술법. trickery

잡숫−다[타] [약] 잡수시다.

잡−스럽−다(雜−)[형][ㅂ변] 상스럽고 난잡하다. vulgar

잡시 방약(雜施方藥)[명] 병을 고치려고 온갖 약을 다 써 봄. **−하[자타]**

잡식(雜食)[명] ①갖가지를 섞어 먹음. 또, 그런 음식. mixed diet ②육류와 채류(菜類)를 섞어 먹음. **−하[자]**

잡식(雜植)[명] 모를 줄을 짓지 않고 되는 대로 심음. 「planting at random [동]

잡−식구(雜食口)[명] 군식구.

잡신(雜神)[명] [동] 잡귀(雜鬼).

잡심(雜心)[명] 온갖 잡된 마음. distracting thoughts

잡아−가다[타] 잡아 묶어서 메리고 가다. capture ②짐승 따위를 죽여서 가져 가다.

잡아−내:−다[타] ①결점이나 틀린 점을 지적하다. ¶오자(誤字)를 ∼. point out ②숨어 있거나 속에 있는 것을 찾아내거나 밖으로 나오게 하다. pull out

잡아−넣:−다[타] ①잡아 가두다. 잡아들이다. ②속에 들어가게 하다.

잡아−당기−다[타] 잡아서 앞으로 끌어당기다. pull

잡아−돌−다[타] ①어느 시기나 나이 작정한 때로 다가오다. ¶가을철로 ∼. set in ②어느 한계선을 넘거나 갈림길에서 목표를 정하고 들어가다. ¶샛길로 ∼. [문] 접어들다. enter

잡아−들:−다[타] 주인이나 집 따위를 정하여 들다.

잡아−들이−다[타] ①밖엣 것을 잡아 안으로 들어오게 하다. drag into ②붙잡아 가두다. imprison

잡아−떼−다[타] ①붙은 것을 잡아당겨서 떨어지게 하다. pull out of place ②한 것을 안 하였다고, 아는 것을 모른다고 우겨 말하다. feign ignorance

잡아−매:−다[타] ①흩어진 것을 모아 한데 매다. ②달아나지 못하게 잡아서 매다. tie up

잡아−먹−다[타] ①동물을 죽여 그 고기를 먹다. slaughter ②남을 몹시 피롭히다. torment ③어떤 일에, 돈·물건·품이 들거나 시간이 걸리게 하다. ¶하찮은 일에 경비만 잡아먹는다.

잡아−죽이−다[타] 붙잡아서 살해하다.

잡아−채−다[타] 잡아서 힘껏 당기거나 들어 올리다.

잡아−타−다[타] 자동차나 말을 세워서 타다. get on

잡악(雜樂)[명] 아악(雅樂) 이외의 여러 가지 속악(俗樂). miscellaneous popular music

잡언 고:시(雜言古詩)[명]〈문학〉시 한 수 속에 삼언(三言)·오언(五言)·칠언(七言) 등의 구(句)를 혼용하는 한시체(漢詩體). 「style

잡언−체(雜言體)[명] 저속한 말로 된 문장(文章). vulgar

잡업(雜業)[명] 일정하지 않은 가지가지의 일. miscellaneous business

잡역(雜役)[명] ①공역(公役) 밖의 각가지 일. miscellaneous services ②온갖 종류의 잡다한 일. 잡일.

잡역−꾼(雜役−)[명] 막일꾼. odd-job man 「chores

잡역−부(雜役夫)[명] 잡역에 종사하는 인부. 잡부(雜夫)②. odd man

잡예(雜藝)[명] 각가지 너절한 기예(技藝).

잡용(雜用)[명] ①일상(日常)의 자질구레한 온갖 씀씀이. miscellaneous expense ②[동] 잡비(雜費).

잡은−것[명]〈광물〉채광하는 데 쓰이는 연장의 총칭. mining instruments

잡을−도조[−또−](−賭租)[명] 지주가 소작인을 입회시키고 논의 벼의 수확 예상량을 협정하여 정하는 도조. 간평 도조(看坪賭租).

잡을−손[−쏜][명] 일을 다잡아 하는 솜씨.

잡을손−뜨−다[−쏜−][형][으변] 일을 다잡아 하지도 않고, 한다 해도 게으르고 느리다. sluggish

잡음(雜音)[명] ①시끄러운 소리. ②전신·라디오 등의 청취를 방해하는 소리. ③주위에서 이러쿵저러쿵하는 의견이나 비난. 잡소리[동] noise

잡음(雜−)[씨][동] 지정사(指定詞).

잡이(雜)[명] ①비교(比較). ②[동] 지침(指針).

잡인(雜人)[명] 그 일이나 그 곳에 관계없는 사람. outsiders

잡−일[−닐](雜−)[명][동] 잡역(雜役)②.

잡장(雜杖)[명] 벽을 만드는 데 쓰는 잡목.

잡장−개비(雜杖−)[명] 잡장의 낱낱개비.

잡저(雜著)[명] ①부(賦)·표(表)·책(策)·잠(箴)·명(銘)·서(序)·기(記) 밖의 모든 문체. ②여러 가지 일의 의견·감상을 모아 저술한 서적. literary medley

잡전(雜錢)[명] 여러 가지의 잔돈. various small coins

잡−젓(雜−)[명] 여러 가지 생선을 뒤섞어 담근 것.

잡제(雜題)[명] ①[동] 잡문(雜問). ②뒤섞어 구별하기 어려운 제목. mixed subject ③일정한 제목도 없이 이것저것을 적은 대수롭지 않은 한시(漢詩). poems on miscellaneous subjects

잡졸(雜卒)[명] 훈련이 되지 않아 너절한 병졸. 또, 잡역에 종사하는 병사.

잡종(雜種)[명] ①온갖 것이 뒤섞인 종류. various kinds

②〈생물〉 다른 종류의 생물과의 교배에 의하여 생긴 생물. 유전적으로 순수하지 않은 생물체. mixed breed ③튀기. (데) 순종(純種). cross-breed

잡종 경기(雜種競技)명 〈체육〉 정식의 육상 경기가 아닌 경기. miscellaneous athletic games

잡종세(雜種稅)명 선박·차량·부동산 취득 등 상공업 이외의 영업이나 물품에 매기는 여러 가지 지방세(地方稅). (약) 잡세(雜稅)②. miscellaneous local taxes

잡종 형성법[―뻡](雜種形成法)명 〈식물〉 잡종 강세(強勢)를 이용한 품종 개량법의 하나. 품종이 다른 식물을 인공적으로 수분(受粉)하여, 양친의 좋은 성질을 고정시키는 방법. principle of hybridization

잡(箴)명 쟁기의 술 가운데에 박아서 쳐들도록 된 나무. handle

잡-죄-다[타] ①단단히 죄치거나 독촉하게 하다. press ②잡도리를 엄하게 하다. control strictly ┃하다.

잡-쥐-다[고] 잡아 쥐다. 잡아 부리다. 제어(制御)

잡증(雜症)명 본병 이외에 나는 여러 가지 증세. complications in illness

잡지(雜誌)명 호를 좇아 정기적으로 발행하는 출판물. 휘보②. ┃종합 ~. magazine

잡직(雜職)명 〈제도〉 액정서(掖庭署)의 모든 벼슬. 각 영의 기총(旗摠)·대장(隊長) 따위.

잡차래명 주로 내포를 삶아 낸 온갖 잡살뱅이의 쇠고기. (약) 잡찰.

잡찬(雜纂)명 온갖 사물을 고찰하여 질서 없이 모음. 또, 그 책. 잡고. 잡효②. collection of miscellaneous

잡찰(약)=잡차래. ous articles

잡채(雜菜)명 갖은 나물과 쇠고기나 돼지고기를 잘게 썰어 양념에 무쳐 묶은 음식. mixed dish of vegeta-

잡처(雜處)명〈동〉잡거(雜居). ┃하다 bles and beef

잡철(雜鐵)명 갖가지 잡다한 쇠붙이. 헌 쇠붙이.

잡초(雜草)명 〈동〉 잡풀.

잡총(雜聰)명 자잘한 일들을 잘 기억하는 총기.

잡-추렴(―雜出斂)명 정규적이 아닌 추렴. 《약》 잡렴(雜斂). ┃mestic animals

잡축(雜畜)명 말·소 이외의 가축. miscellaneous do-

잡치-다[타] ①일을 그르치다. fail ②못 쓰게 만들다. spoil ③기분을 상하다. 《약》 잡다⁵. hurt ┃rules

잡칙(雜則)명 여러 가지 잡다한 규칙. miscellaneous

잡탈(雜頉)명 ①여러 가지 잡스러운 폐단. ②관노(官奴)의 여러 가지 탈.

잡탕(雜湯)명 ①쇠고기·해삼·전복·무 등에 갖은 양념과 고명을 한뒤 끓인 국. mixed soup ②난잡스러운 행동. medley

잡탕-패(雜湯牌)명 몹시 난잡한 행동을 하는 무리.

잡토(雜土)명 ①티. 또는 흠. 《초》(雜草).

잡-풀(雜一)명 여기저기 멋대로 나서 자라는 풀. 잡초

잡품(雜品)명 자질구레한 여러 가지 물품. miscella-

잡필(雜筆)명 〈동〉 잡기(雜記). ┃하다 neous articles

잡학(雜學)명 여러 가지 잡다한 것에 관한 신통하지 않은 학문. 잡다한 학문에 대하여 경멸의 뜻으로 말함.

잡한(雜漢)명 ①〈동〉 잡놈. ┃씀. miscellaneous studies

잡행(雜行)명 ①잡상스러운 언행. ill manners ②〈불교〉 중이 계율을 범하는 행위. ③〈불교〉 염불 이외의 여러 가지 수행.

잡혼(雜婚)명 원시 사회에서 특정한 부부 관계가 없이 동물적인 방법에 의하여서 합부하로 행하여진 결혼. 난혼(亂婚). mixed marriage ┃goods

잡화(雜貨)명 여러 가지 잡다한 상품. miscellaneous

잡화-상(雜貨商)명 일상 생활에 필요한 잡화를 파는 장사. 또, 그 장수나 상점. dealer in miscellaneous goods ┃서 만든 죽.

잡회(雜膾)명 간·양·콩팥·처녀 및 살코기 등을 썰어

잡희(雜戲)명 여러 가지 잡장난. 여러 가지의 놀음놀이. miscellaneous plays

잡히-다¹[자] ①움키어 잡음을 당하다. 붙들리다. be caught ②눈 따위에 물이 들어가 차게 되다. ┃눈

에 물이 많이 ~. be filled ③〈약〉→잡히다.

잡히-다²[자] ①동물이 잡음을 당하다. be caught ②남의 해치는 꾀에 넘어가다. ③어떤 일이나 들뜬 마음이 가라앉다. become calm ④시끄러운 사건이 진압되거나 난 일이 끝을 당하다. ⑤결점이나 흥잡음을 당하다. ┃트집을 ~.

잡히-다³[타] ①굽은 것이 곧게 잡음을 당하다. be straightened out ②옷 따위에 주름이 나게 되다. be creased

잡히-다⁴[타] 도조(賭租)를 얼마로 정하게 하다.

잡히-다⁵[타] ①〈약〉→전당 잡히다. ②얼음이 얼기 시작하다. begin to freeze ③손으로 잡게 하다. be caught ④풍악을 치게 하다.

잡힐-손[―쓴]명 무슨 일에나 쓸모가 있는 재간.ability

잣:명 잣나무의 열매. 백자(柏子). 송자(松子). 해송자(海松子). pinenuts

·잣-명[타] 〈고〉 재. 성(城).

잣:=**가루**명 잣을 칼로 난도질하여 만든 가루. 고명으로 쓰임.

잣-갈리-다[자] 끝·녹두 들이 너무 잘게 갈리다.

잣:=**기름**명 잣을 짠 기름. 식용과 약용으로 씀. 해송자유(海松子油).

잣:=**나무**명 〈식물〉 소나무과의 상록 교목. 높이 10~30 m, 직경 1.5 m 가량임. 잎은 침엽이고 열매는 난상의 긴 타원형임. 종자는 잣이라 하여 식용함. 재목은 가벼워서 건축재·도구재·판재 등으로 쓰임. 과송(果松). 백목(柏木). 송자송(松子松). 오립송(五粒松). 유송. 해송(海松). pine-nut tree

잣:=**눈**명 자에 길이의 표시를 새긴 금. notch ┃deep

잣=**눈**²명 한 자쯤 온 눈. 척설(尺雪). snow a foot

잣눈도 모르고 조복 마른다[속] 아무 것도 모르고 가장 어려운 일을 경영하려고 한다.

잣:-**다**[타][스불] ①무자위로 물을 빨아 올리다. pump up ②물레를 돌려 실을 뽑다. spin

좃-다 / 좆-다[고] 잣다[稠].

잣다리명 기장으로 같은, 붉은 올벼의 하나.

잣-대명 〈약〉→자막대기.

잣:=**박산**(―薄饊)명 산자(饊子)에 잣을 으깨어 붙인 유밀과의 하나. 백박산(柏薄饊).

잣:=**불**명 〈민속〉 정월 열나흗날 밤, 깐 잣 열두 개를 바늘에 꿰어, 그 해 신수를 점치기 위하여 켜는 불.

잣:=**새**명 〈동물〉 참새과의 철새. 몸은 참새보다 하고 몸 빛은 암홍색에 날개와 꽁지는 암갈색임. 부리는 뾰족하며 위아래 부리끝이 교차한 것이 특징임.

잣:=**송이**명 잣이 박힌 송이. pine-nut cone ┃crossbill

잣:=**송진**(―松津)명 잣나무에서 나는 진. pine resin

잣:=**엿**[―녇]명 깐 잣을 섞어서 굳힌 엿.

잣:=**죽**(―粥)명 잣과 쌀을 쑤어 쑨 죽. gruel made of rice and pine nuts

잣:=**즙**(―汁)명 잣을 짜서 낸 즙.

잣:=**집게**명 잣을 까는 작은 집게. nut cracker

잣:=**징**명 대가리가 잣처럼 생긴 자디잔 징. small hobnail

장:명 게의 뱃속의 누르스름한 액체. 해황(蟹黃).

장²의 무덤을 세는 단위.

장:(杖)명 ①《약》→구장(毬杖). ②《약》→구장(鳩杖).

장:(長)명 ①길이. length ┃긴 것.

장:²(長)명 ①집단이나 관청의 각 부의 우두머리. chief ②연상(年上). ③〈동〉 장자. 적자(嫡子). ④《약》→장점. superiority

장(將)명[어미] 〈약〉→장수(將軍). ┃장기에서, '초(楚)·한(漢)'자를 새긴 짝.

장(帳)명 장막·방장·휘장 등의 총칭.

장²(帳)명[제도] 동학 교구의 한 단위.

장³(張)명[어미]=장수(張數).

장(章)명 ①시가 문장 등의 뜻에 있어서 나누어지는 부분을 나타내는 말의 하나. chapter ②《약》→장표(章標).

장¹(場)명 한 막 중에서 무대정경의 변화 없이 한 장

장 면으로 구분한 부분. ¶3막 5 ∼. scene
장²(場)〔역〕→시장.
장³(場)〈물리〉물체간에 작용하는 힘을 매달(媒達)하는 매질(媒質) 공간.
장(腸)〈생리〉소화기의 일부. 위의 유문 아래부터 항문까지인데 길고 꼬불꼬불하며 음식물의 소화·흡수·배설을 행함. 창자. 〔원〕 간장(肝腸). intestines
장(漿)〈동〉액즙(液汁).
장(醬)①〔약〕→간장. ②장국·된장의 총칭.
장(臟)〔역〕→장물(臟物).
장(臟) 뱃속의 심(心)·간(肝)·폐(肺)·신(腎)·비(脾) 등. 내장의 총칭. entrails 〔의 총칭. cabinet
장(欌) 농장·의장·찬장 등 물건을 넣어 두는 가구
장(丈)〔의〕 ①길이의 단위. 10척(尺). ②한자로 된 숫자 밑에 붙여 '길'의 뜻을 나타내는 말. ¶천∼의 심해(深海).
장²(張)〔의〕 ①널찍한 조각을 세는 단위. ¶한 두 ∼. sheet ②활·쇠뇌·금슬(琴瑟)을 세는 단위.
장(長)〔두두〕 '긴'의 뜻. ¶∼거리 경주.
=**장**(丈)〔의〕 직함·별호 아래에 붙여 '어른'의 뜻을 표하는 말. ¶춘부∼.
—**장**〔장〕(狀)〔접〕 어떠한 명사 아래에 붙이어 증서의 뜻을 나타냄. ¶위임∼. certificate
장가(家) 사내가 아내를 맞는 일. marriage
장가(長歌) 장편으로 된 노래. 장곡(長曲). 〔대〕 단가(短歌). long poem
장가-들다〔자르크〕 혼인하여 아내를 맞다. 장가가다. get wife 〔wife
장가-들이-다〔자동〕 장가들게 하다. let (someone) get
장가-보내-다〔타〕 장가들이다. 〔대〕 시집보내다.
장가스(腸 gas)〈생리〉음식이나 침을 삼킬 때에 공기와 세균 발효소(細菌醱酵素) 때문에 창자 속에 생기는 가스. 〔嫡妻〕. legal wife
장가-처(一妻)〔의〕 혼례식을 치르고 맞은 아내. 적처
장각(長脚) ①긴 다리. 긴 종아리. long legs ②〈동〉거미의 하나.
장각-과(長角果)〈식물〉건조과(乾燥果) 중의 열과(裂果)의 하나. 두 장의 심피(心皮)로 이루어진 좁고 긴 뿔 모양의 열매 한가운데에 격막이 생김. 〔약〕장각(長角)①. siliquose fruit
장간(長竿)〔역〕 긴 장대.
장간(獐肝)〈한의〉약에 쓰이는 노루의 간.
장간(檣竿)〔역〕 돛대.
장:(醬—)〔역〕 ①간장의 짜고 싱거운 맛. ②장으로 간을 들인 음식의 짠맛의 정도.
한:**간**[一까](醬間)〔역〕〔동〕 장독간.
장-간막(腸間膜)〈생리〉 복막(腹膜)의 한 부분. 한 끝은 창자에 붙고 한 끝은 척추의 앞을 지나 복막에 이어져서 신경과 혈관을 인도함.
장-간죽(長簡竹)〔역〕 긴 담배 설대.
장감(長感)〈한의〉 감기가 오래되어 생기는 병. 기침과 오한이 많이 되기 쉬움.
장-감고(場監考)〔역〕〔제도〕 관아에서 파견되어 시장을 순회하면서 물건 값의 높고 낮음을 간검(看檢)하던 사람.
장-갑(掌匣)〔역〕 방한 또는 장식으로 손에 끼는 물건.
장갑(裝甲)〔역〕 ①갑옷을 입고 투구를 갖춤. armour ②적탄을 막기 위해 배·수레를 강철로 싸는 일. cuirass 하자
장갑 부대(裝甲部隊)〈군사〉 주로 전차·장갑 자동차 등으로 편성된 부대. armored corps
장갑 열차[—년—](裝甲列車)〔역〕 장갑판과 화포(火砲)등으로 중무장한 철도 차량. armored train
장갑 자동차(裝甲自動車)〔역〕 장갑을 하고 전투에 운용 자동차. armored car
장갑-차(裝甲車)〔역〕 강철 조각으로 싸서 무장한 군용 목적의 수레의 총칭.

장갑 차량(裝甲車輛)〔역〕 전투 수행을 목적으로 장갑을 한 차량의 총칭.
장갑-판(裝甲板)〔역〕 장갑을 하기 위한 강철판.
장갑-함(裝甲艦)〔역〕 강철판으로 포장한 군함. armor-clad ship 〔의 중국식 표기.
장강(長江)〔역〕 ①물줄기가 긴 강. long river ②양자강
장강(長杠)〔역〕 길고 굵은 멜대. 장곡목(長杠木).
장강 대:필(長江大筆)〔역〕 길고 힘있는 글을 가리키는
장강-목(長杠木)〔동〕 장강(長杠). 〔말.
장강-틀(長杠—)〔역〕 장강을 여러 개의 가로장으로 맞추거나 얽어 맨 틀.
장갱이〈어류〉 양장갱이과의 바닷물고기. 길이 60 cm 정도며 백장어 모양으로 길고 머리는 측편, 눈은 작고 입은 큼. 〔great undertaking
장:**거**(壯擧) 장한 일. 크나큰 계획. 성거(盛擧).
장:**거리**(長距離)〔역〕 ①멀고 긴 거리. 〔대〕 단거리(短距離). long distance ②〔역〕→장거리 경주.
장-거리[—꺼—](場—)〔역〕 ①장이 서는 번화한 거리. market-place ②장을 보아 오는 물건. shopping articles
장거:리 경:주(長距離競走)〔역〕 육상 경기에서 5천m·1만m 및 마라톤 경주의 총칭. 〔대〕 단거리 경주. 중거리 경주. 〔약〕 장거리(長距離)②. long-distance race
장거:리 전:화(長距離電話)〔역〕 일반 가입 구역 밖인 특히 먼 구역까지 통화할 수 있는 전화. 〔약〕 장전(長電). long-distance telephone
장거:리-포(長距離砲) 먼 곳을 포격(砲擊)할 목적의 대포. 사정(射程)이 특히 긺. long-range gun
장:**건**(壯健)〔역〕 씩씩하고 건강함. healthy 하자
장:—건건이(醬—)〔역〕 ①간장·된장·고추장 따위의 총칭. soy sauce and bean paste ②장을 쳐서 먹게 만든 반찬의 총칭. 〔∼. 〔대〕 단검(短劍).
장검(長劍) 허리에 띠게 만든 기다란 칼. ¶일(一)
장-결핵(腸結核)〔역〕〈의학〉 장(腸)에 생긴 결핵. 결핵균이 장을 침해하여 발생함. intestinal tuberculosis
장경(長徑) '긴지름'의 구용어.
장경(粧鏡)〔역〕〔동〕 경대(鏡臺).
장경(漿莖)〔역〕〈식물〉 식물 줄기의 한 형태. 육질이며 비대하고 저수(貯水) 조직이 있으므로 동화 작용을 함.
장경(藏經)〔약〕→대장경. 〔함. 선인장의 줄기 따위.
장경-성(長庚星)〔역〕〈천문〉 저녁에 서쪽 하늘에 보이는 큰 별. 태백성. evening star
장경-판(藏經板)〔역〕〈불교〉 불타(佛陀)의 일대교(一代敎)의 사적을 새겨 놓은 경판.
장계(長計)〔약〕→장구지계(長久之計).
장:계(狀啓)〔역〕〔제도〕 벼슬아치가 임금의 명을 받들고 지방에 나가 민정을 살핀 결과를 글로 써 올리던 계본(啓本). report to the king 하자
장:제 취:기(將計就計)〔역〕 저쪽의 계략을 미리 알아채고, 그것을 이용하는 계략. 하자
장고(杖鼓·長鼓)〔역〕→장구.
장고(長考) 긴 시간에 걸쳐 생각함. 하자
장-고래(長—)〔역〕 길이로 기다랗게 켠 방고래.
장곡(長曲)〔역〕→장가(長歌).
장곡(長谷) 깊고 긴 산골짜기. deep and long valley
장:**골**(壯骨)〔역〕 기운 좋고 큼직하게 생긴 골격. 또, 그런 사람. stout build
장골(長骨) 원추형(圓柱形)으로 양단이 구상(球狀)을 이루고 있는 관(管) 모양의 뼈. 내부에 골수(骨髓)가 들어 있음. 사지(四肢)의 뼈 따위. 긴뼈.
장:**골**(掌骨)〈생리〉 손바닥을 형성하는 다섯 개의 뼈. 완골(腕骨)과 지골(指骨)과의 사이에 있음. metacarpal bone 〔쪽에 있는 뼈. ilium
장골(腸骨)〈생리〉 관골(髖骨)의 양쪽 관골의 뒤위
장공(長空) 높고 먼 공중. heavens
장공 속죄(將功贖罪)〔역〕 공을 세워 속죄함. 하자
장과(漿果)〔역〕〈식물〉 다육과(多肉果)의 하나. 살과 물이 많고 그 속에 작은 종자가 들어 있는 열매.

장과지(長果枝)[명]〈식물〉길이 30 cm 로부터 60 cm 가 되는 결과지(結果枝). 사과나무 등의 어린 나무에서 볼 수 있다.

장곽(長藿)[명] 길고 넓은 마른 미역.

장:관(壯觀)[명] 굉장하여 볼 만한 광경. 위관(偉觀). ¶일대 ~을 이루다. grand sight

장:관(長官)[명] ①〈제도〉 한 관청의 으뜸 벼슬. ②국무를 맡아보는 각부의 으뜸 벼슬. minister

장:관(將官)[명] ①〈군〉대장(大將)·중장(中將)·소장(少將)·준장(准將)의 총칭. generals and admirals ③〈제도〉대장(大將)·부장(副將)·참장(參將)의 총칭. [management 하터]

장:관(掌管)[명] 맡아서 주관(主管)함. 관장(管掌).

장관(腸管)[명]〈생리〉①창자. ②소화기와 호흡기의 경계(腸系)의 일컬음. intestine canal

장관 이:대(張冠李戴)[명] 장가의 관을 이가가 쓴다는 뜻으로, 이름과 실상이 일치하지 못하는 것을 비유하는 말.

장광(長廣)[명] 길이와 넓이. width and length

장광(長廣刀)[명] 칼날이 길고 넓은 큰 칼.

장광-설(長廣舌)[명] 길고도 즐거차게 잘 늘어놓는 말솜씨. 쓸데없이 장황하게 늘어놓는 말. 다변(多辯). long discourse

장광-창(長廣窓)[명] 쯧집을 밝게 하기 위하여 가로 길게 한 칸에 꽉 차게 만든 창.

장:교(將校)[명] ①육·해·공군의 소위 이상의 무관. officer ②〈제도〉 조선조 때, 각 군영에 딸린 권무군관(勸武軍官)·별무관(別武官) 따위와 지방 관청의 군무에 종사하던 속역(屬役)의 총칭. 군관(軍官). 군교(軍校). 병교(兵校). 집사(執事). 《데》 사병(士兵).

장구(將軍)〈음악〉 가운데가 잘룩하고 좌우쪽에 가죽을 붙여 만든 타악기(打樂器)의 하나. 요고. 〈원〉 장고. long Korean drum

장구(長久)[명] 길고 오램. permanence 하터 히터

장구(長軀)[명] 키가 큰 몸. 장신(長身). 《데》단구(短軀). tall stature [아고. long chase 하터]

장구(長驅)[명] 말타고 멀리 달림. 먼곳까지 휘몰아 쫓

장구(章句)[명] ①글의 장과 구. ②문장의 단락. chapters and paragraphs

장:구(葬具)[명] 장례에 쓰이는 온갖 기구. funeral outfit

장구(裝具)[명] 몸을 단장하는 데 쓰는 여러 가지 도구.

장구 대가리[속] 장구머리¹. [equipment]

장구 매듭[명] 두 끝을 맞매는 매듭의 하나. kind of knot

장구 머리[명] 이마와 뒤통수가 내민 머리. 또, 그런 사람. projecting head [는 단청의 하나.]

장구=머리〈건축〉보·도리·평방(平枋) 따위에 그리

장구 무:사(—武砂)[명] 홍예문(虹霓門)다의 홍예의 옆이나 위의 호형(弧形)에 맞추어 평행되게 놓은 돌. 무부사(缶武砂).

장구-밤:나무[명]〈식물〉피나무과의 낙엽 관목. 잎짜지가 장구통 갈고 잎은 난형 또는 넓은 타원형임. 7월에 꽃이 피고 핵과는 가을에 흑자색으로 익음. 관상용으로 심음. [배미. 요고녀.]

장구=배미[명] 장구와 같이 가운데가 잘룩하게 생긴 논

장구=벌레[명]〈곤충〉모기의 유충. 몸 길이 4~7mm 가량이고 몸 빛은 갈색 또는 흑색임. 여름에 물속에서 부화하여 탈피하고 번데기가 되었다가 모기가 됨. 정도충(釘倒蟲). 연벌. 적충. wriggler

장구-애비[명]〈곤충〉장구애비과의 곤충. 몸 길이 3 cm 내외이고 몸 빛은 황갈색임. 논·늪·못에 서식함.

장구-잡이[명] 풍악을 할 때 장구치는 일을 맡은 사람. drum-player

장구지-계(長久之計)[명] 사업이 오래 계속되기를 도모(圖謀)하는 계획. 장구지책. 〈약〉 장계(長計). long-range plans

장구지=책(長久之策)[명]〈동〉장구지계(長久之計).

장구-채[명] ①장구를 치는 채. drum-stick ②〈식물〉

너도개미자리과의 월년생 풀. 줄기는 여러 개가 총생하고 보통 암자색을 띰. 7월에 흰 꽃이 피고 씨는 한약으로 쓰이며 어린 잎과 줄기는 식용함. 금궁화(禁宮花). 전금화(翦金花). cowherb

장구-통(—筒)[명] 장구의 몸이 되는 잘룩한 통. middle part of jangoo [belly]

장구통-배[명] 장구통처럼 몹시 부른 배. jangoo shaped

장구통-타:구(—唾口)[명] 장구통 모양으로 된 타구(唾口). jangoo-shaped spittoon

장:-국[—국](醬—)[명] ①맑은 장국. ②토장국이 아닌 국물의 총칭. soup seasoned with soy-bean sauce ③장을 타서 끓인 국.

장:국-밥[—국—](醬—)[명] 더운 장국에 만 밥. 장탕반(醬湯飯). beef soup with rice in it

장군[명] ①물·술 따위를 담아서 옮길 때에 쓰는 오지 또는 나무로 만든 그릇. ②〈약〉오줌 장군.

장군¹(將軍)[명] ①장기를 둘 때에 이편 말로 저편 장을 바로 되게 놓는 수. 《약》장(將)¹. checkmate ②장군부를 때에 지르는 소리.

장군²(將軍)[명] ①군을 통솔·지휘하는 장관(將官) 자리의 무관. general ②〈제도〉고려 무반의 벼슬. ③〈제도〉신라 시위부(侍衛府)의 으뜸 벼슬.

장군-목(將軍木)[명] 궁문·성문을 닫고 가로 지르는 큰 나무. cross-bar of palace gate

장군-받다(將軍—)[자] 장기 둘 때, 장군을 피하여 막다. 《약》 장받다. defending checkmate

장군-부르다(將軍—)[자] 장기 둘 때, 장군받으라고 소리 지르다. 《약》 장부르다.

장군부[—部邊][명] 한자 부수의 하나. '缺'이나 '罐' 등의 '缶'의 이름.

장군-석(將軍石)[명] 무덤 앞에 세우는 돌사람. 무석(武石). 석인(石人). stone-generals that guard grave [쏨. iron arrow]

장군-전(將軍箭)[명] 순 쇠붙이로 만든 화살. 쇠뇌로 내

장군-죽비(將軍竹篦)[명]〈불교〉전반처럼 크게 만든 나무 조각으로, 불전 의식(佛前儀式)에 치는 제구.

장군-풀(將軍—)[명]〈식물〉마디풀과의 다년생 풀. 줄기는 一종이 비었으며 2m에 달함. 7~8월에 황백색 꽃이 피고 뿌리는 대황이라 하여 약재로 씀. 대황(大黃). 화삼(火參). 황량.

장:-굴젓(醬—)[명] 굴젓의 하나. 굴을 소금에 절였다가 끓여 식혀서 간장에 삭힌 반찬. 장석화해(醬石花醢).

장궁(長弓)[명] 앞을 폴로 한 각궁(角弓)의 하나.

장:권(獎勸)[명] 장려하여 권함. 장려(獎勵). encouragement 하터

장궐-증(—症)[—症](臟厥症)〈한의〉원기가 허약해져서 설사와 구토를 하고, 오한이 일어나는 증세.

장궤(長跪)[명] 기다랗게 급죄한 궤.

장귀(長龜)[명]〈동〉장수거북.

장귀(章句)[명] →장구(章句). [자리에 천거하는 일.]

장:귀-천(將鬼薦)[명]〈제도〉무과 출신의 사람을 벼슬

장-귓틀(長—)[명] 세로 놓이는 긴 마루귓틀.

장그럽-다[형] 만지거나 보기에 소름이 끼칠 정도로 흥겹고 더럽다. 《작》 쟁그랍다. detestable

장근(將近)[부] 때가 가깝게 됨을 나타내는 말. being

장글=장글(長—)[부] 몹시 장그러운 모양. detestable 하터

장:-금(—金)(場—)[명]〈동〉장시세.

장:기(壯氣)[명] 건장한 기운. 왕성한 원기. energetic

장:기(杖期)[명] 지팡이를 짚고 자최(齊衰)로 일년 동안을 입는 제복. [one's speciality]

장기(—技)(長技)[명] 아주 능한 재주. 특기(特技).

장기(長期)[명] 오랜 기간. ¶~대부(貸付). 《데》단기(短期). long time

장:기(—記)(帳記·掌記)[명] 물건이나 논밭 따위의 매매에 관한 물목(物目)을 적은 문서. bookkeeping

장:기(將棋)[명] 32짝의 말을 둘이 나눠 가지고 서로 치고 막아 가며, 승부를 다루는 놀이. 또, 그 제구. 상기(象棊). ¶~를 두다. chess

장:기(將器)⦗명⦘ 장수가 될 만한 재간과 도량. calibre of a general

장:기[—끼](瘴氣)⦗명⦘ 열대 지방의 개펄에서 일어나는 독 있는 기운. 장독(瘴毒). miasma

장기(臟器)⦗명⦘ 내장의 여러 기관. internal organs

장−기간(長期間)⦗명⦘ 오랜 동안. ⦗대⦘ 단기간. long period, long term

장기 감:각(臟器感覺)⦗명⦘〈심리〉몸 안의 여러 기관 및 온몸의 상태에 대한 감각. organic sensation

장기 거:래(長期去來)⦗명⦘〈경제〉매매 계약이 성립된 뒤에 받고 넘기는 기한이 장기로 된 일종의 청산 거래. ⦗대⦘ 단기 거래(短期去來). long-term transaction

장기 금융[—늉](長期金融)⦗명⦘〈경제〉농업 금융·공업 금융과 같이 장기로 갚기로 하고 꾸어 주는 자금. ⦗대⦘ 단기 금융. long-term loan

장기 기생충(臟器寄生蟲)⦗명⦘〈동물〉동물의 장기에 기생하는 벌레. ⦗준⦘ 온 말태기.

장:기 망태기(將棋—)⦗명⦘ 장기짝을 담아 두는 실로 뜬 망태기.

장기 신:용(長期信用)⦗명⦘〈경제〉부동산을 담보로 제공하고, 오랜 동안 계속하여 가는 금융상의 신용. longterm credit

장기 어음(長期—)⦗명⦘〈경제〉발행일로부터 3∼6개월에 걸친 장기간을 두고 지불되는 어음. long-dated bill

장기 예:보(長期豫報)⦗명⦘〈지리〉일기 예보에 있어서 특히 6∼10일간 또는 봄·여름·가을·겨울의 각 계절과 같이 비교적 장기간의 일기의 경향을 알리는 예보. long-term forecasting

장기 요법(臟器療法)⦗명⦘〈의학〉내분비의 결여(缺如) 또는 불충분에 대하여 그 호르몬이나 장기 제제(製劑)를 치료에 응용하는 일종의 보충 요법. organotherapy

장기:적(長期的)⦗관·명⦘ 오랜 시일이 걸리거나 걸려야 하는(것). ⦗대⦘ 단기적(短期的).

장기:전(長期戰)⦗명⦘ 오랜 기간을 두고 싸우는 전쟁. ⦗대⦘ 단기전(短期戰). long war

장기 제:제(臟器製劑)⦗명⦘ 동물의 췌장·부신·갑상선 등의 장기를 원료로 하여 제조한 호르몬 약제.

장:기−짝(將棋—)⦗명⦘ 장기를 두는 데 쓰는 나무로 만든 쪽. 모두 32짝임. chessman

장기:채(長期債)⦗명⦘〈경제〉오랜 시일에 걸쳐 갚기로 된 채무. 연부(年賦債) 따위. ⦗대⦘ 단기 채. long-term debt

장기 청산 거:래(長期淸算去來)⦗명⦘〈경제〉거래소에서, 일정한 기한을 두고 매매 약속으로 매매 약정을 하고, 그 기간 내에 전매·화매(還買)에 의하여 차금(差金)의 수수(授受)만으로써 결제(決濟)할 수 있는 거래. 정기 매매. ⦗대⦘ 단기 청산 거래.

장:기 튀김(將棋—)⦗명⦘ 한 군데에 생긴 일이 여러 군데로 번짐을 가리킴. repercussion

장기−판(將棋板)⦗명⦘ 장기를 두는 데 쓰는 판. chess-board

장기−화(長期化)⦗명⦘ 일이 속히 결말이 나지 않고 길게 끌어가게 됨. being protracted 하다

장:−김치(醬—)⦗명⦘ ①무·배추를 간장에 절인 뒤에 담근 김치. 장저(醬菹). ②장과 김치. 장침재.

장−깃⦗명⦘ 억세 대신의 깃. stiff feathers

장:−깍두기(醬—)⦗명⦘ 소금 대신 간장을 넣어 담근 깍두기.

장:−꾼(場—)⦗명⦘ 장에서 물건을 팔고 사는 사람의 떼. marketers

장끼(場—)⦗조류〉수평을 형체상으로 구별하는 일컬음. ⦗대⦘ 까투리. cock pheasant

장나−무⦗명⦘ 물건을 버티는 데 쓰는 굵고 긴 나무. 목간(木竿). supporting timber

장난 ①아이들의 놀음놀이. children's play ②이익 이 있는 일. mischief ③못된 희롱을 하는 짓. practical joke 하다 [具). toy

장난−감[—깜]⦗명⦘ 아이들이 가지고 노는 물건. 완구(玩

장난−기[—끼](—氣)⦗명⦘ 장난 기분. 장난하려는 마음.

장난−꾸러기⦗명⦘ 장난을 심하게 하는 사람. naughty fellow

장난−꾼⦗명⦘ 장난을 아주 잘 하는 사람. naughty fellow

장난 끝에 살인 난다⦗속⦘ 장난삼아 우습게 알고 한 일이 큰 사고(事故)를 일으키기도 한다.

장난−치다 ①장난하다. play ②부드러운 마음으로 친한 사이에 희롱하다. joke

장난−터 아이들이 노는 곳.

장:−날(場—)⦗명⦘ 장이 서는 날. 보통 닷새 만에 섬. market day

장:−남(長男)⦗명⦘ 맏아들. 큰아들. eldest son

장:남−하다(壯—)⦗여불⦘ ⦗속⦘ 아들이 다 자라서 점잖다. grown up and well-mannered

장:−내(帳內)⦗제도〉 ①조선조 때, 서울 5부(部)가 관할하던 구역의 안. ⦗대⦘ 장외(帳外). ②원장내(元帳內), 곧 토지 대장에 경작지로 등록되어 있는 땅.

장내(場內)⦗명⦘ ①장소의 안. 회장의 내부. inside of place ②〈제도〉장중(場中). ⦗대⦘ 장외(場外).

장:−내(掌內)⦗명⦘ 자기가 맡아보는 일의 범위 안. within scope of one's duty

장내(牆內)⦗명⦘ 담안. ⦗대⦘ 장외(牆外). inside of wall

장−내기(場—)⦗명⦘ 장에 내다가 팔기 위하여 만든 물건. goods for market

장내 기생충(腸內寄生蟲)⦗명⦘ 창자 속에 기생하는 회충·촌충 따위의 기생충. intestinal bacterial flora

장:−녀(長女)⦗명⦘ 맏딸. 큰딸. eldest daughter

장:−년(壯年)⦗명⦘ 기운이 씩씩한 서른 살 안팎의 나이. 또, 그러한 사람. 장령(壯齡). prime of manhood

장년(長年)⦗명⦘ ①늙은이. aged ②오래 삶. long life ③긴 세월. [perous country

장:년−국(壯年國)⦗명⦘ 국력이 한창 왕성한 나라. pros-

장:년−기(壯年期)⦗명⦘ ①나이가 서른 안팎으로 한창 혈기 왕성한 시기. prime of life ②〈지리〉지형 윤회(地形輪廻)의 시기 분류의 하나. mature stage

장년 섭동(長年攝動)⦗동〉 장치(長差).

장:−농(欌籠)⦗명⦘〈동〉장롱(欌籠).

장−뇌(長腦)⦗명⦘⦗동⦘ 장로로(長蘆).

장뇌(樟腦)⦗명⦘〈화학〉녹나무[樟木]에 함유된 물질. 무색·반투명 결정으로 독특한 향기가 있음. 셀룰로이드·무연(無煙) 화약·필름·강심제 등의 제조 및 방충·방취제 제조 등에 쓰임. 소뇌(韶腦). camphor

장뇌−유(樟腦油)⦗명⦘〈화학〉장뇌를 증류·분류(分溜)하여 얻은 기름. 황색 또는 갈색을 띰. camphor oil

장니(障泥)⦗명⦘⦗동⦘ 말다래.

장닉(藏匿)⦗명⦘ 감추어서 숨김. concealment 하다

장:−님(長—)⦗명⦘ 꽝 맹인. 소경. blind man

장:−님 도가(—都家)⦗명⦘ 여럿이 모여서 떠들어대는 곳. chattering place

장님 손 보듯 한다⦗속⦘ 친절한 맛이 통 없다.

장님 잠 자나 마나⦗속⦘ 무엇을 했는지 안했는지 전혀 드러나 보이지 않는다. [돌아옴.

장님 체 뚫 집이먹듯⦗속⦘ 남을 해하려다 해가 제게로

장:−님−총(—銃)⦗명⦘ 일정한 목표가 없이 함부로 쏘는 총. 또, 그 일. random firing

장님 코끼리 말하듯 한다⦗속⦘ ①왜축(矮縮)한 사람이 큰 일을 말한다. ②일부분만 알고 그것이 전체인 양 말한다.

장다리⦗명⦘ 무·배추 등의 꽃줄기. flowering stalks

장다리−무⦗명⦘ 씨를 받을 무. raddish for seeds

장단(長短)⦗명⦘ ①길고 짧음. long and short ②장점과 단점. merits and demerits ③길고 짧은 박자(拍子). long and short time

장단−맞추−다(長短—)⦗자⦘ ①박자에 맞추다. keep time with ②남의 기분을 돋우어 주다. chime in

장단−점(長短點)⦗명⦘ 장점과 단점. merits and demerits [를 치다. beating time

장단−치:다(長短—)⦗자⦘ 박자를 맞추어 장구나 북 따위

장:−담(壯談)⦗명⦘ 확신을 갖고 자신(自信)이 있는 것을 큰 소리로 함. 대담(大談). 장어(壯語). ¶∼하다가 큰코 다친다. assertion 하다

장:담(壯膽)圈 씩씩한 담력(膽力). courage
장:담(長—)圈 길게 쌓은 담. long wall
장담(長談)圈 장시간에 걸쳐 이야기함. 또, 그 이야기. long talk 하다
장:대(壯大)圈 씩씩하고 큼. 크고 훌륭함. grand 하다
장:대(狀袋)圈 서장(書狀)을 넣는 봉투. envelope
장:대(杖臺)圈《제도》장형(杖刑)을 집행할 때 죄인을 엎드리게 하여 팔·다리를 잡아매는 틀. 장형틀. 장판(杖板). flogging-stand
장:대(—)圈 대나무로 된 긴 막대기. 장간(長竿). bamboo pole   하의 히의
장대(長大)圈 길고 큼. 「대」단소(短小). big and long
장대(長臺)圈《약》→장대석.
장대(張大)圈 일이 크게 벌어짐. enlarge 하다
장대(將臺)圈《제도》지휘하는 장수가 올라서서 명령하던 대. 「작은 것의 비유. small size
장대(掌大)圈 손바닥만큼의 크기. 물건이나 장소의
장대-나물[—때—](長—)圈《식물》십자화과(十字花科)의 다년생 풀. 4~6월에 흰 꽃이 피고 어린 싹은 식용함.
장대-높이뛰기[—때—](長—)圈《동》봉고도(棒高跳).
장대-도둑[—때—](長—)圈 장대질로 물건을 훔치는 도둑. thief with bamboo pole 「는 데.
장대로 하늘 재기[—때—] 될 가망이 없는 것을 함을 이르
장대-석(長臺石)圈 섬돌·더덤돌·축대 등에 쓰이는 길게 다듬은 돌.《약》장대(長臺). long foodstone
장대-여뀌[—때—](長—)圈《식물》여뀌과의 풀. 6~9월에 원뿔 모양의 담홍색 꽃이 수상(穗狀) 화서로 피고 과실은 수과(瘦果)임. 산과 들에 남.
장대-질[—때—](長—)圈 장대를 쓰는 짓. 하다
장-대패(長—)圈 집이 길고 바닥이 평평한 대패. long plane
장:도(壯途)圈 중대한 사명을 띠고 떠나는 길. 용감히 떠나는 장한 길. ¶—에 오르다. grand journey
장:도(壯圖)圈 큰 계획이나 포부. daring enterprise
장도(長刀)圈 긴 칼.   「ntal sword
장도(粧刀)圈 평복에 차는 작은 칼. 장도금. orname-
장:도(奬導)圈 장려하여 인도해 나감. encourage and lead 하다   「disturb society
장도감-치-다(張都監—)困 크게 풍파를 일으키다.
장:도리(杖—)圈 못을 박고 빼는 연장. hammer
장:도막[—또—](場—)圈 장날과 장날 사이의 동안. ¶한 ~. period between fairs
장:도지[—또—](場賭地)圈《동》장변(場邊).
장도-칼(粧刀—)圈《약》장도(粧刀).
장:독(杖毒)圈 장형(杖刑)을 맞은 상처의 독. poison caused by being whipped
장독(章牘)圈 문서·편지·책 등의 총칭.
장:독(瘴毒)圈《동》장기(瘴氣).
장:독[—똑](醬—)圈 장을 담아 두는 독. 장옹(醬甕). soy sauce-jar
장독(臟毒)圈《한의》똥을 눈 뒤에 피가 나오는 치질.
장:독-간[—똑—](醬—)圈 장독을 두는 곳. 장간(醬間). 장독대. jar stand
장:독-교(帳獨轎)圈 전체가 붙박이로 되어 있어, 꾸몄다 튼튼하지 할 수 없는 가마. covered palanquin
장:독-대[—똑—](醬—臺)圈《동》장독간.
장:독-받침[—똑—](醬—)圈 장독대를 받쳐 놓는 물건. 돌·통나무·널조각 따위.   「좋다는 말.
장독보다 장맛이 좋다[—똑—] 겉 모양보다 속 내용이 매우
장:독-소래[—똑—](醬—)圈《약》장독소래기.
장:독-소래기[—똑—](醬—)圈 장독을 덮는 오지나 질의 뚜껑.《약》장독소래.
장:-돌다[—돌—]困 ①물을 낯아 돌다. flutter in circle ②속이 비어 자위가 뜨다.
장:-돌림[—돌—](場—)圈 각처의 장으로 돌아다니며 파는 장수. 보부상(褓負商).《속》장돌뱅이. travelling marketer
장:-돌뱅이[—돌—](場—)圈《속》장돌림.

장동(章動)圈《천문》지축의 약 19년의 주기(週期)로 작은 진동을 그리면서 움직이는 일. 달과 태양의 인력 때문이라 함.
장:-되[—뙤](場—)圈 지난날에, 장판에서 곡식을 되던 공인된 되. 시승(市升).   「the distance 하다
장두(丈頭)圈 거리가 멀고 가까움을 서로 비교함. compare
장:두(狀頭)圈 연명(連名)으로 된 소장(訴狀)의 맨 처음에 적힌 사람.
장두(橋頭)圈 책판(冊板) 같은 널조각을 들뜨지 않게 하느라고 두 끝에 대는 나무 오리.
장두(檣頭)圈 돛대의 맨 꼭대기. masthead
장두 상련(腸肚相連)圈 협력하여 일을 함. 하다
장:두-서-다(狀頭—)困 연명(連名)한 소장(訴狀)에 장두(狀頭)가 되다. 「않음. calf
장두 은미(藏頭隱尾)圈 일의 경과를 분명히 설명하지
장두-전(杖頭錢)圈 길을 갈 때 술값으로 지니고 다니는 그리 많지 않은 돈. 「처음에 불을 켬. calf
장등(長燈)圈 ①밤새도록 등불을 켜 둠.《불교》부
장등(張燈)圈 등불을 켜 둠. keeping lighten 하다
장등(裝燈)圈 헤드라이트(headlight). 「시주함. 하다
장등 시:주(長燈施主)圈 부처 앞에 불을 켜는 기름을
장:-딴지圈 정강이 뒤에 살이 볼록한 부분. 비장(腓腸). calf
장:-딸기圈《식물》장미과의 반만성 낙엽 관목. 줄기에 가시가 있으며 잎은 난형 또는 난상 타원형임. 봄에 흰 꽃이 피고 열매는 붉고 맛이 좋음.
장땡圈 ①화투 노름에서, 제일 높은 끗수. ②《속》최고. 제일. highest
장:-떡(醬—)圈 ①된장에 밀가루를 섞고 나물을 버무려 무친 전병. ②고추장을 탄 물에 밀가루를 풀고 미나리와 다른 나물을 넣어서 부친 전병. ③간장을 쳐서 만든 흰무리.
장:람(贓嵐)圈 열대 지방의 산이나 바다의 독기를 품
장랑(長廊)圈《동》장행랑(長行廊). 「은 기운.
장래(將來)圈 ①앞날. 미래(未來). 후래(後來). future ②동 전도(前途)—.圈 장래에.
장래-성(—性)(將來性)圈 ①장차 될 만한 가능성. prospect ②장차 잘 될 가능성. possibilities
장:략(將略)圈 장수다운 지략. heroic resources
장:려(壯麗)圈 장엄하고 화려함. grandness 하다
장:려(奬勵)圈 권하여 힘쓰게 함. 장권(奬勸). encouragement 하다
장:려(瘴癘)圈《한의》기후·풍토의 다름에서 일어나는 전염성의 열병. epidemic 「해 주는 돈. bounty
장:려-금(奬勵金)圈 어떤 일을 장려하는 뜻으로 보조
장:려-상(奬勵賞)圈 무엇을 장려할 목적으로 주는 상.
장:력(壯力)圈 씩씩하고 세찬 힘. vigour 「force
장력(張力)圈《물리》물체가 서로 당기는 힘. tensile
장력(裝曆)圈 책의(冊衣)를 대고 꾸민 책력.
장:력-세:다(壯力—)困 담력이 있고 마음이 굳세어 무서움을 타지 않다. bold
장:렬(壯烈)圈 씩씩하고도 맹렬함. heroic 하다 히의
장:렬(葬列)圈 장송(葬送)의 행렬. funeral procession
장령(長齡)圈《동》고령(高齡).
장:령(將令)圈 장수의 명령. command of general
장:령(將領)圈 ①《동》장수(將帥). ②《동》장성(將星)①.
장:례(葬禮)圈 장사지내는 예절. 빈례(殯禮). 양례(襄禮). 장(葬)의 의(儀). funeral 「funeral ceremony
장:례-식(葬禮式)圈 장사지내는 의식. 장식(葬式).
장:례-원(掌隷院)圈《제도》조선조 때, 노예의 부적(簿籍)과 소송(訴訟)의 일을 맡던 관청.
장:례-원(掌禮院)圈《제도》궁중의 전식·제사·조의·아악·속악·능원 등에 관한 사무를 맡아보던 궁내부의 한 관청.
장:로(長老)圈 ①나이 많고 덕이 높은 사람. senior ②《기독》장로교의 교직의 하나. elder ③《불교》중 가운데 절의 원로인 중. seniorpriest
장로-길(長路—)圈《동》장정(長程).   「wild ginseng
장로(長蘆)圈 사람이 심은 산삼(山蔘). 장뇌(長腦).

장:로교(長老敎)명 〈기독〉예수교의 한 파. Presbyterian Church
장:롱(欌籠)명 ①옷들을 넣는 장. ②장과 농을 통틀어 일컬음. 농(籠). 농장(籠欌). 장농(欌籠). wardrobe
장루(檣樓)명 군함의 돛대 위에 꾸며 놓은 대(臺). 전망대나 포좌(砲座)로 사용됨.
장루-포(檣樓砲)명 장루에 설치한 소구경 속사포나 기관포. [flogging and banishment
장:류(杖流)명 장형(杖刑)과 유형(流刑). 장배(杖配).
장류(長旒)명 폭이 넓고 긴 기발.
장류(章柳)명 〈동〉자리공.
장류-수(長流水)명 ①늘 흘러가는 물. 천리수(千里水). everflowing stream ②〈민속〉육십 갑자(六十甲子)에서 임진(壬辰)·계사(癸巳)에 붙이는 납음. 임진·계사 ~.
장:륙(丈六)명 ①〈불교〉높이 1장(丈) 6척(尺)의 불상(佛像). 9자의 좌상(坐像). ②일장 육척(一丈六尺).
장률(長律)명 한시에 있어서, 배율(排律)과 칠언율(七言律)의 일컬음.
장르(genre 프)명 ①유(類). 부류(部類). ②〈문학〉문예 작품의 형태에 의한 종별. ③양식. 형(型). ④〈미술〉풍속화. 세태화(世態畵).
장:리(長吏)명 〈제도〉옛날의 지방 수령(守令), 곧 자 고을의 원(員)을 달리 이르던 말.
장:리(長利)명 ①봄에 곡식을 꾸어 주었다가 가을에 받을 때에, 그 본밑의 절반이 되는 변리. 식전(息錢). ②물건의 길이나 수효에 대하여 근본 것보다 절반이 더한 것의 일컬음.
장:리(掌理)명 일을 맡아 처리함. management 하타
장:리(掌裏)명 손바닥 안. 장중(掌中).
장리(牆籬)명 담. 울타리. wall or fence
장리(贓吏)명 장물죄(贓物罪)를 범한 관리.
장:리-벼[-벼] (長利-)명 ①장리로 빌려 주거나 빌리는 벼. ②벼를 이식(移植)하는 한 방법. [forest
장림(長林)명 길게 이어 있는 수풀. long-stretched
장림(長霖)명 오래 계속되는 장마. [곳.
장림 심처(長林深處)명 길게 이어 있는 숲의 깊숙한
장립(將立)명 〈기독〉목사가 선정된 신자에게 장로의 교직을 맡아보게 함. 하타
장립 대:령(長立待令)명 권문 세가에 드나들며 이익을 얻고자 하는 사람을 조롱하는 말. 하타
장마 오래 두고 오는 비. 음우(霖雨). 임우(霖雨).
장맛비. long rain [루. long floor
장:-마루(長-)명 〈건축〉긴 널을 죽죽 깔아 만든 마
장마-지다[-따] 여러 날 비가 잇달아 오다. raining season sets in [season
장마-철(-철)명 장마드는 계절. 우리 나라의 육칠월. rainy
장:막(帳幕)명 ①천막 또는 둘러치는 막. 〈유〉군막(軍幕). ¶철의 ~. tent ②남이 보지 못하게끔 눌러치는 막. [his staffs
장막(將幕)명 장수와 그의 막료(幕僚). general and
장막(漿膜)명 〈생리〉①〈동〉장액막(漿液膜). ②파충류(爬蟲類)·조류(鳥類)·포유류(哺乳類)의 발생 중에 생기는 배낭(胚膜)의 하나. 배체(胚體)는 쌀 뿐만 아니라 전 난체(卵體)의 거죽을 이루므로 포유류에서는 요막(尿膜)과 함께 모체(母體)에서 양분을 흡수하는 태반(胎盤)의 chorion
장막-극(長幕劇)명 나누어진 단락이 여럿으로 된 긴 연극. 여러 막으로 이어진 긴 연극. (대) 단막극(單
장:막-꾼(帳幕-)명 막을 치는 인부. [幕劇).
장:막-절(帳幕節)명 〈기독〉유태 사람의 추수 감사절. 유배인의 삼대 명절의 하나.
장만 ①갖추어 만듦. ②만들거나 사들여 준비함.
장맛-비명 〈동〉장마. [preparation 하타
장:-맞이명 길목을 지키고 오다가 오는 사람을 만나는 일. lying in wait 하타 [〈대〉동배.
장-매(長-)명 길게 생긴 물건을 세로 동이는 줄.
장면(場面)명 ①어떤 장소의 겉면이 드러난 면. 또,

그 광경. ②어떤 사건이 벌어지는 광경이나 경우. ③연극·영화 따위의 한 정경(情景). 막(幕). ④〈심리〉심리학적 사상(事象)의 발생(發生)을 규정하는 환경적 상태. 사태(事態). scene
장면 전:환(場面轉換)명 장면이 갈리어 바뀜. 하타
장명(長命)명 긴 수명. 목숨이 길. 장수(長壽). 〈대〉단명(短命). longevity 하타
장명-등(長明燈)명 ①대문 밖과 처마 끝에 달아 두고 밤에 켜는 등. outdoor lantern ②〈제도〉무덤 앞에 세우는 돌로 만든 등. stone lantern in front of
장명-채(長命菜)명 〈동〉쇠비름. [grave
장:모(丈母)명 아내의 친정 어머니. 빙모(聘母). 악모(岳母). 처모(妻母). 〈대〉장인(丈人). mother of
장모(長毛)명 긴 털. 〈대〉단모(短毛). [one's wife
장모(獐毛)명 노루의 털. roe deer's fur
장:모-음(長母音)명 〈어학〉어음(語音)의 연속 사이에 나타나는 모음으로 비교적 지속 시간이 긴 것.
장목(長木)명 ①꿩의 꽁지깃. ②꿩의 꽁지깃을 묶어 깃대 끝에 꽂는 꾸밈새.
장목(長木)명 건축에 쓰이는 재목. timber
장목(張目)명 눈을 부릅뜸. 하타
장목(樟木)명 〈동〉녹나무. [의 이삭으로 맨 비.
장목-비명 ①꿩의 꽁지깃으로 만든 비. ②장목수수
장목-수수(長木-)명 〈식물〉품이 낮은 수수의 하나. 이삭의 줄기가 길며, 알이 잘고 껍데기가 두꺼움.
장목-점(長木廛)명 재목을 파는 가게. lumberyard
장:-묵죽(醬-粥)명 고기와 여러 가지 조미료를 넣어 끓여서 고명을 잘한 죽.
장:-문(-門)명 활짝 열어 놓은 문. wide-open door
장:문(杖問)명 매질을 하며 죄를 물음. questioning with thrashing 하타 [②줄글.
장문(長文)명 ①긴 글. 〈대〉단문(短文). long writing
장:문(狀聞)명 〈제도〉장계(狀啓)를 올려 주달(奏達)함. 하타 [of palm lines
장:문(掌紋)명 손바닥의 금으로 이루어진 무늬. design
장물(長物)명 불필요한 물건. ¶무용지(無用之)~.
장:-물(醬-)명 ①간장을 담그려고 소금을 탄 물. salted water ②간장을 타 놓은 찬물. water with soy sauce
장물(贓物)명 〈법률〉범죄 행위로 부당하게 얻은 재물. 장품. 〈약〉장(贓). stolen articles
장물-아비/장물-애비(贓物-)명 《속》도둑질한 물건을 사는 사람. person who buys stolen article
장물-죄[-쬐] (贓物罪)명 〈법률〉장물을 숨겨 두거나 고매(故買)함으로써 이루어진 죄. 장죄(贓罪)②.
장품죄. [하타
장:미(壯美)명 장엄하고 아름다움. sublime beauty
장미(薔薇)명 〈식물〉장미과의 낙엽 관목. 가지가 무성하며 가시가 많고 잎은 우상 복엽(羽狀複葉)임. 5~6월에 여러 가지 색의 아름다운 꽃이 탐스럽게 핌. 종류가 많음. 관상용도 됨. rose
장미-계(長尾鷄)명 〈조류〉평과의 꼬리가 길고 아름다운 닭의 하나. 꼬리가 매우 길어서 3년 후면 3~6m 이상이 됨. 털 빛은 갈색·백등색 또는 산매색이 있음. 애완용으로 기름. long-tailed cock
장미-꽃(薔薇-)명 장미의 꽃. rose
장미-꽃부리(薔薇-)명 〈동〉장미상 화관(薔薇狀花冠).
장미-빛(薔薇-)명 〈동〉장미색.
장미상 화관(薔薇狀花冠)명 〈식물〉평평한 꽃잎이 서로 모여서 술잔 모양의 화관을 이룬 이판(離瓣) 화관의 하나. 장미꽃부리.
장미-색(薔薇色)명 장미 빛깔. 장미빛. rose colour
장미 소:설(薔薇小說)명 〈문학〉①이탈리아의 시인 단눈치오(D'Annunzio)의 작품 '죽음의 승리'를 가리키는 말. ②일반적으로 세기말적인 퇴폐한 냄새와 색채가 짙은 강렬한 연애 소설을 이름.
장미-수(薔薇水)명 장미유와 증류수와의 혼합물을 여과한 투명액. 교미 교취제(矯味矯臭劑)로 씀.

장미-술(薔薇─)圓 장미꽃으로 즙을 내어서 담근 술. 장미주.
장미-유(薔薇油)圓 장미꽃을 압축하여 얻는 향기 좋은 진에다가 알코올 따위를 타서 만든 향수. rose oil
장미 전:쟁(薔薇戰爭)圓 〈역사〉 1455∼85년 동안 영국 랭커스터(Lancaster) 집안과 요크(York) 집안 사이에 있었던 왕위 쟁탈전을 이름. War of Roses
장미-주(薔薇酒)圓 〈동〉 장미술.
장미-진(薔薇疹)圓 〈동〉 발진티푸스.
장믿圓 배에서 사용하는 노의 하나. oar
장-바구니[──빠─](場─)圓 《방》시장 바구니.
장-바닥[──빠─](場─)圓 ①장이 서 있는 곳의 그 바닥. ②장이 서 있는 곳의 그 안.
장박-새圓 〈조류〉 참새과의 새. 방울새 비슷하며 참새 크기만함. 머리는 회갈색, 등은 암갈색, 가슴에 메를 지어 발꽉쇠에 헤를 끼침. 산과 들에 서식함.
장=반:경(長半徑)圓 〈수학〉 타원의 중심에서 그 둘레에 이르는 가장 긴 거리. 긴 반지름. (대) 단반경(短半徑).
장=반자(長─)圓 〈건축〉 반자들을 짜지 않고 그대로 긴 널을 대서 만든 반자. plank ceiling
장-받-다(將─)目 《약》 →장군받다.
장:발(杖鉢)圓 중이 가지고 다니는 석장(錫杖)과 식발(食鉢). 또, 그것을 가지고 다니는 중.
장발(長髮)圓 길게 기른 머리털. 또, 그 사람. (대) 단발(短髮). long hair 하타
장발-승(─僧)(長髮僧)圓 〈불교〉 머리털을 기다랗게 기른 중. longhaired priest
장발 시인(長髮詩人)圓 머리털을 기다랗게 기른 시인. 곧, 옛날의 문학 청년을 이름. long-haired poet
장발-적(長髮賊)圓 〈역사〉 청(淸)나라 선종(宣宗) 때, 홍수전(洪秀全)을 중심으로 하여 태평 천국(太平天國)이라 이름지어 반란을 일으켰던 무리. Taiping Rebellion
장방(長房)圓 〈제도〉 각 관아의 서리(胥吏)가 있던 「곳.
장방-체(長方體)圓 '직육면체'의 별칭. rectangle
장방-형(長方形)圓 직사각형. 구형(矩形). rectangle
장:-배(杖配)圓 장독(杖毒).   「衣〉에 매는 띠.
장배-대(長白帶)圓 〈기독〉 천주교에서 장백의(長白
장백-오랑캐꽃(長白─)圓 〈동〉 장백제비꽃.
장-백(長白衣)圓 〈기독〉 천주교에서 의식 때 입는 길이가 긴 흰 옷가.
장백-제비꽃(長白─)圓 〈식물〉 제비꽃과의 다년생 풀. 7월에 황색 꽃이 1∼3개씩 피고 과실은 삭과(蒴果)임. 높은 산에 남. 장백오랑캐꽃.
장:벌(杖罰)圓 벌로 매를 치는 일. flogging 하타
장법-[-뻡](章法)圓 ①전장(典章)과 법도(法度). ②문장을 구성하는 방법. composition
장:-법[-뻡](葬法)圓 장사지내는 예법. burial rites
장법-[-뻡](贓法)圓 장물에 관한 법이나 그 규정.
장벽(一壁)圓 〈광〉 광맥과 연접하는 모암(母岩)의 길
장벽(長壁)圓 길게 쌓은 성벽. long wall   「면.
장벽(腸壁)圓 〈생리〉 ①장의 벽. intestinal wall ②환형(環形) 동물의 소화관(消化管)의 벽.
장벽(障壁)圓 ①칸막이로 된 벽. partition ②벽으로 가리운 것과 같은 두 사람의 관계. barrier ③무엇을 하는 데 방해가 되는 것.
장벽(牆壁)圓 담과 벽. fence and wall
장벽 무의(牆壁無依)圓 휘의 의지할 곳이 없음. 하타
장변(長邊)圓 누운벤. 와번(臥邊).
장변-[-뻔](場邊)圓 장바닥에서 대차하는 돈. 또, 그 변리. 도박지(賭博地). 장변리(場邊利).
market interest
장-변리[──뻔─](場邊利)圓《동》장변(場邊).
장병(長兵)圓 먼 거리에 사용하는 활·총 따위. long
장병(長病)圓 오래된 병. (대) 단병.   [-range bow
장:-병(將兵)圓 〈동〉 장졸(將卒).
장:병(將兵)圓 군사를 거느려 통솔함. command 하타
장병(長柄葉)圓 〈식물〉 꽃꽂이가 길게 생긴 잎.
leaf with long petiole
장=보(─뽀)(長─)圓 〈건축〉 간 반 이상의 큰 방의 중간에 기둥을 세우지 않고 내쳐 길게 쓴 보. long beam
장:-보:교(帳步轎)圓 가마의 하나. 사면에 휘장을 늘인 보교로 꾸몄다 뜯었다 하게 되어 있음.
장-보기(場─)圓 장에 가서 물건을 팔거나 사오는 일. shopping
장=보-다(場─)目 ①저자를 열다. ②물건을 사거나 팔기 위하여 장으로 가다. go to the market
장복(長服)圓 같은 약이나 음식을 오래 두고 먹음. constant use of medicine 하타
장복(章服)圓 〈동〉 관대(冠帶). ②장표(章標).
장본(張本)圓 일의 발단(發端)되는 근원. origin
장본(藏本)圓 개인 또는 단체에 간직되어 있는 도서를 다른 것에서 구별하여 일컬음. 장서(藏書). one's book 하타
장본-인(張本人)圓 ①나쁜 일을 일으킨 주동자. ring-leader ②일의 근본되는 사람. originator
장-봉(將蜂)圓 〈동〉 장수벌.
장봉(藏鋒)圓 획의 처음과 끝에, 붓 끝의 흔적이 날카롭게 나타나지 않도록 쓰는 필법(筆法).
장:-부〈건축〉 이쪽 끝을 저쪽 구멍에 맞추기 위해 얼마쯤 가늘게 만든 부분. 순자(笋子). tenon
장부圓 《약》→장부꾼.
장부(丈夫)圓 ①장성한 남자. ②남자를 좋게 일컬음. man ③《약》→대장부.   「man
장부(壯夫)圓 장녀의 남자. 혈기 왕성한 남자. heroic
장부(帳簿)圓 금품(金品)의 수입·지출을 기록하는 책. 또, 그 일. book 하타
장부(臟腑)圓 《약》→오장 육부.「(대)물꾼. 《약》장부.
장부-꾼(─)圓 가래질에서 가래 장부를 잡는 사람.
장-부르-다(將─)目르르 《약》→장군부르다.
장부 일언 중천금(丈夫一言重千金)圓 장부의 말 한 마디는 천금의 무게가 있다. 곧, 약속을 이행함의 비유. 장부 일언 천년 불개. 「일언 중천금.
장부 일언 천년 불개(丈夫一言千年不改)圓 〈동〉장부
장비(裝備)圓 ①장비·물품·비품 따위를 장치하는 일. fitting ②군대나 함정 따위의 무장. equipment ③갖추어 장식함. 꾸미어 갖춤. furnish 하타
장:-비(葬費)圓 장사의 비용. 장수(葬需).
장비-목(長鼻目)圓 〈동물〉 포유류에 속하는 한 목(目)으로 육지에 사는 동물 중에서 가장 크며 긴 코를 가짐. 코끼리·매머드 따위.
장:-비지(臍─)圓 장을 걸러 내고 남은 찌꺼.
장비 호통(張飛─)圓 벼력 같은 호통을 비유하는 말. 중국 삼국 시대의 촉나라의 장비가 성미가 급하여 호통을 잘 쳤다는 고사에서 온 말.
장빙(藏氷)圓 겨울에 얼음을 떠서 곳간에 넣어 둠. 또, 그 얼음. stored ice 하타
장뼘(長─)圓 엄지손가락과 가운뎃손가락을 힘껏 다 벌린 길이. 《약》뼘. span   「〈상(商)〉. trade 하타
장사圓 이익을 위하여 물건을 사서 파는 일. 고(賈).
장:-사(壯士)圓 ①기개와 골격이 굳센 사람. Hercules ②역사(力士).
장:사(杖死)圓 〈제도〉 장형(杖刑)을 당하여 죽음. 하
장사(長蛇)圓 ①긴 뱀. long snake ②열차(列車)나 긴 행렬(行列)을 형용함. long line
장:사(狀辭)圓 소장(訴狀)에 기록한 글의 뜻. sense of written accusation
장:사(將士)圓 〈동〉 장졸(將卒).   「지낸. 하타
장사(將事)圓 ①제사 지내는 일을 맡아봄. ②제사를
장:사(葬事)圓 시체를 묻거나 화장하는 일. ¶∼비(費). funeral 하타
장사가 나면 용마가 난다다 무슨 일이거나 그렇게 되면 좋은 기회가 저절로 응한다.   「〈동〉 장사치.
장사-꾼(─)圓 ①장사에 수단이 있는 사람. merchant ②
장사니(─)圓 →장선(長線).
장사=아치圓 →장사치.

장사 웃덮기[終] 겉으로만 허울좋게 꾸미다.
장:사:파: 지:내:다[葬事─][目] 장례를 치르다. hold fune-   [ral
장사=진(長蛇陣)[명] ①많은 사람이 줄을 지어 늘어선 모양. ②한 줄로 길게 벌이는 진법(陣法)의 하나. long line
장사-치[下] 장사에 종사하는 사람. 장사꾼②.
장사-판[명] ①《동》장삿길. ②상행위(商行爲)가 이루어지고 있는 범위나 장소. market
장:산(壯山)[명] 웅장하고 큼직한 산. lofty mountain
장:-산:적(醬散炙)[명] 쇠고기를 짓이겨서 양념을 발라 구운 뒤에 다시 반듯반듯하게 썰어서 전간장에 조린 반찬. 약산적.
[death 하다]
장:살(杖殺)[명] 매로 쳐서 죽임. clubbing to
장:살(長─)[명] 〈건축〉 문살 중에 세로로 세워서 짜는 살. vertical bars of lattice
장살(長殺)[명] 무찔러 죽임. 하다
장삼(長衫)[명] 〈불교〉 검은 베로 만든 길이가 길고 소매가 넓은 중의 옷.
장삼 이:사(張三李四)[명] ①성명·신분이 뚜렷하지 못한 평범한 사람들. some misters ②〈불교〉 사람에게 성리(性理)가 왕성한 이가 아니, 그 모양이나 이름을 지어 말할 수 없음의 비유.   [trade
장삿-길[명] 장사차 나선 길. 상로(商路). 장사판①.
장사=속[명] 장사의 이익을 꾀하는 목적. seeking profit ②장사의 속내평.
장:상(杖傷)[명] 형벌로 매를 맞은 상처. whip wound
장:상(長上)[명] 지위가 높거나 나이 많은 사람. senior
장:상(將相)[명] 장수와 재상. general and premier
장:상(掌上)[명] 손바닥 위.
장상(掌狀)[명] 손바닥을 편 모양. 손꼴. palmate
장상(藏相)[명] 일부 국가에서, 국가의 재무(財務)를 맡은 장관.
장:상=맥(掌狀脈)[명] 〈식물〉 단풍잎·포도잎과 같이 엽맥(葉脈)이 손바닥 형상으로 이뤄진 망상맥(網狀脈)의 하나.
장:상 복엽(掌狀複葉)[명] 〈식물〉 먹윷잎이나 으름덩굴잎과 같이 엽병(葉柄)의 꼭대기에 여러 개의 작은 잎이 손바닥 형상으로 벌이어서 붙은 복엽(複葉)의 하나. palmate compound leaf
장:상 심:렬(掌狀深裂)[명] 〈식물〉 엽신(葉身)이 손바닥 모양으로 깊이 째진 잎. 한삼덩굴·단풍나무 잎 따위.
장:상 열엽(掌狀裂葉)[명] 〈식물〉 잎가(葉緣)에서 일바닥(葉底)으로 분열하여 장상(掌狀)으로 된 잎. 단풍의 잎 따위. palmate simple leaf
장:상지:재(將相之材)[명] 장수나 재상이 될 만한 인재. promising person   [장인(匠人). craftsman
장색(匠色)[명] 물건 만드는 일을 업으로 삼는 사람.
장생(長生)[명] ①〈약〉→장생 불사. ②〈종교〉 천도교에서 육신의 장수, 영혼의 불멸, 사업의 유전을 합함.
장생(長栍)[명] 〈동〉장승①.   [여 이름. long life 하다
장생 불사(長生不死)[명] 오래 살아 죽지 않음. 《약》장생(長生)①. eternal life 하다
장생-초(長生草)[명] 〈식물〉 ①벗두릅. ②부처손.
장서(長書)[명] ①긴 글. long writing ②긴 편지. long letter   [원서(遠逝). death 하다
장서(長逝)[명] 영영 가고 돌아오지 아니함. 곧, 죽음.
장서(藏書)[명] 책을 간직해 둠. 또, 그 책. 장본(藏本). collection of books 하다
장서-가(藏書家)[명] 책을 많이 간직하여 둔 사람. owner of fine library
장서-다(場─)[目] 많은 사람이 장판에 모여들어 물건을 팔고 사게 되다. hold a fair
장서-판(藏書版)[명] 미술적 가치를 지닌 책의 규격(規格). book of superb bindings   [는 표. bookplate
장서-표(藏書票)[명] 제 장서임을 표시하여 책에 붙이
장석(丈席)[명] 학문과 덕망이 높은 사람. virtuous scholar
장석(長石)[명] 〈광물〉 규산염 광물의 하나. 규산·알루미늄·나트륨·칼슘 등으로 되었고 질그릇·사기그릇 제조의 원료, 라켓의 바닥·악기의 줄 대어서 음조에 씀. feldspar
장석(長席)[명] 짚으로 길게 만든 자리. long straw mat
장석(欌石)[명] 법면(法面)을 보호하기 위하여 돌을 덮어 까는 일.   [을 받치는 나무.
장:석(欌舌)[명] 〈건축〉 마루 밑에 가로 대어서 마루청
장:선(將船)[명] 지휘가가 타고 있는 주장되는 배.
장:선(裝船)[명] 배에 짐을 실음. 하다
장:선(腸線)[명] 〈생리〉 창자 속의 분비물(分泌物)을 만들어 내는 선(腺).
장:선(腸線)[명] 고양이·염소 따위의 창자로 만든 노끈 모양의 줄로, 라켓의 바닥·악기의 줄로 씀. gut
장설(丈雪)[명] 한 길이나 되게 온 눈. 썩 많이 온 눈. 대설(大雪). heavy snow
장:설(壯雪)[명] 많이 오는 눈. 대설(大雪). heavy snow
장:설(長舌)[명] 말이 많음. 수다스러움. chatterbox
장:설(帳設)[명] 잔치 또는 술잔이로 여러 사람이 모인 자리에 내어가는 음식. food for banquet
장:설=간[─간](帳設間)[명] 장설을 차리는 곳.
장:성(壯盛)[명] 썩썩하고 왕성함. vigorous 하다
장:성(長成)[명] 자라나 어른이 됨. becoming a man
장:성(長城)[명] 길게 둘러쌓은 성. ¶만리 ∼. long
장:-성(將星)[명] '장군(將軍)'의 이칭. 장명(將命)②. general ②어떤 사람에게든지 각각 그에게 응한 별. one's star ③〈동〉하괴성(河魁星).
장성(張星)[명] 〈천문〉 이십팔수(二十八宿)의 스물여섯 째 별. 《약》장(張)¹.
장성-세=다[目] →장역세다.
장성치 모시(長城─)[명] 전라 남도 장성(長城)에서 나는 올이 좀 굵고 질긴 모시.
장-세[─세](場稅)[명] 장에서 장사치로부터 받는 세금. 장수세(場稅税). market tax   [만들다.
장-세우-다(場─)[目] 어떤 곳에다 새로 장이 서도록
장소(長所)[명] 〈동〉장처(長處).
장소(長嘯)[명] ①길고 세차게 내부는 휘파람. long and strong whistling ②시가(詩歌) 따위를 길게 읊조림. 하다
장소(場所)[명] ①처소. place ②자리. 좌석. seat
장:소(杖贖)[명] 〈제도〉 장형(杖刑)을 면하기 위하여 바치던 속전(贖錢).
장속(裝束)[명] 몸을 꾸며 차림. dressing up 하다
장:-손(長孫)[명] 맏손자. eldest grandson
장:-손녀(長孫女)[명] 맏손녀.
장송(長松)[명] ①헌칠하게 자라 큰 소나무. tall pine-tree ②넓이 25 cm, 두께 4 cm, 길이 250 cm 가량의 널. board
장:송(葬送)[명] 송장을 장지(葬地)로 보냄. 송장(送葬). attendance at a funeral 하다
장:송=곡(葬送曲)[명] 행진곡의 형식으로 죽은 사람을 추도하는 곡. funeral march
장수 장사를 하는 사람. 고객(賈客). 상인(商人). 고인(賈人). 상고(商賈). seller
장:수(杖囚)[명] 〈약〉→장지 수지(杖之囚之).
장수(長袖)[명] 길다랗게 만든 웃옷 소매. long sleeve
장수(長壽)[명] 목숨이 길. 오래 삶. 노수(老壽). 수령(壽齡). 장명(長命). 춘수(椿壽). 영수(永壽). 《유》하년(遐年). 하수(遐壽). 호고(胡考). 호수(胡壽). 수고(壽考). longevity 하다
장:수(將帥)[명] 군사를 거느리는 우두머리. 장관(將官)①. 장령(將領)①. general
장:-수[─수](張數)[명] 종이 따위의 얇고 넓적한 물건의 수효. 매수(枚數). number of sheets
장:수(葬需)[명] 장례(葬禮).
장수(漿水)[명] 오래 끓인 좁쌀 미음. millet gruel
장수(樟樹)[명] 〈동〉녹나무.
장:수(藏守)[명] 물건을 간수함. 하다
장:수=거북(將帥─)[명] 〈동물〉 장수거북과에 속하는

장수로【長水路】［명］ 50 m 이상의 코스를 가지는 수영풀의 수로. (대) 단수로(短水路). long water-way

장:수-벌【將帥—】［명］〈곤충〉여러 벌떼 가운데 알을 낳는 암펄. 왕봉(王蜂). 장봉(將蜂). 후봉(後蜂). 봉왕(蜂王). ¶ ～ 팔자. (대) 동봉(動蜂). queen-bee

장수 선:무【長袖善舞】［명］ 소매가 길면 춤추기가 수월하듯 재물이 넉넉하면 성공하기도 쉽다는 말.

장수-세【—세】【場稅稅】［명］ 장세.

장:수-잠자리【將帥—】［명］〈곤충〉장수잠자리과의 잠자리의 하나. 몸 길이 8cm 내외로 몸 빛은 머리와 가슴은 흑색이고 황색의 긴 줄무늬가 있음.

장:수-풍뎅이【將帥—】［명］〈곤충〉풍뎅이과의 곤충. 몸 길이 35～55 mm, 수컷은 흑갈색 머리에 가랑이진 뿔 모양의 돌기가 있음. 큰 활엽수에 구멍을 파고 그 속에서 서식함. 투구벌레.

장:수-하늘소［—쏘］【將帥—】［명］〈곤충〉하늘소과의 곤충. 몸 길이 수컷은 11cm, 암컷은 7～9cm 임. 천연 기념물로 지정됨.

장승［명］ ①이수(里數)를 표시하고 위쪽에 사람의 얼굴을 새겨 길가에 세웠던 푯말. 장생(長性). milepost in the form of statue ②키가 멋없이 큰 사람을 비유하는 말. tall person

장시【長時】［명］ 장시간(長時間).

장:시【長詩】［명］〈문학〉긴 시. 많은 시구로 구성된 시. (대) 단시(短詩). long poem

장시【市市】［명］ 장시장(場市場). 「간. for a long time

장-시간【長時間】［명］ 오랜 시간. 장시(長時). (대) 단시

장:시세［—써—］【場時勢】［명］ 시장에서 물건의 매매되는 세. 장금.

장:시일【長時日】［명］ 긴 시일. 오랜 시일. 장일(長日)②. (대) 단시일(短時日). long time

장:시조【長時調】［명］〈문학〉단시조(短時調)와는 달리 초·중·종장 중 어느 2장이 긴 시조의 하나.

장식【長息】［명］〈약〉장탄식(長嘆息).

장식【粧飾】［명］ 겉모습을 꾸밈. 또, 그 꾸밈새. 식장

장:식【葬式】［명］〈동〉장례식. 〔飾餌〕. decoration 하다

장식【裝飾】［명］ ①치장하는 일. 또, 그 꾸밈새. decoration ②그릇·가구 따위에 꾸밈새로 박는 쇠붙이. ornament 하다 「decorative design

장식 도안【裝飾圖案】［명］ 장식을 목적으로 하는 도안.

장식-물【裝飾物】［명］〈동〉장식품.

장식 미:술【裝飾美術】［명］ 건물·기구 따위의 장식을 목적으로 하는 미술. decorative art

장식-음【裝飾音】［명］〈음악〉악곡에 변화를 주기 위해 선율에 덧붙이는 장식적인 음. grace note

장식-지【裝飾紙】［명］ 제본·포장·상자 등에 쓰는 가공지(加工紙). 「식물. decoration

장식-하다【裝飾—】［동］ 치레를 하는 데 쓰는 물건. 장

장식-화【裝飾畫】［명］ 온갖 물건에 장식으로 도안(圖案)하여 그린 그림. decorative painting

장신【長身】［명］ 키가 큰 몸. 장구(長軀).

장:신【將臣】［명］〈제도〉도성을 지키던 각 영문의 장군.

장신-구【裝身具】［명］ 몸치장을 하는 데 쓰는 제구. ornaments

장:실【丈室】［명］ ①천주교의 최고 기관. 곧, 대도주실(大道主室). ②〈불교〉주지의 거실. 방장(方丈)②.

장:심【掌心】［명］〈생리〉손바닥이나 발바닥의 한가운데. palm 「는 일.

장-써:레【長—】［명］ 논바닥의 두둑진 곳을 고르게 하

장아찌［명］ ①무·오이 따위를 썰어서 말린 뒤 간장에 절인 반찬. ②염무·미나리·배추 따위를 소금에 절인 뒤에 깨끗이 씻어 두부·물고기 따위와 섞어 장을 치고 조려서 고명에 한 반찬. 장지(醬漬).

장:악【掌握】［명］ ①손안에 잡아 쥠. grasp ②권세 따위를 손아귀에 넣음. ¶통수권 ～. command 하다

장:악-원【掌樂院】［명］〈제도〉조선조 때, 음률에 관한

장:-중【掌握中】［명］ 움켜 쥔 손 안. 자기의 세력 범위의 안. (약) 장중(掌中). within one's grasp

장안【長安】［명］ 서울을 일컬음. 경조(京兆). Seoul

장안 장외【長安場外】［명］ 서울의 성안과 성밖. outside and inside of Seoul city

장안 편му【長安便—】［명］ 조선조 때, 서울에서 지역별로 편을 갈라 활을 쏘던 내기의 하나.

장:-암【腸癌】［명］〈의학〉장에 생기는 암종. 주로 대장·직장에 발생. 환상(環狀)으로 생기어 장벽(腸壁)을 당겨하여, 여러 가지의 장해를 일으킴. intestinal cancer

장애【鑛業】［명］ 광산에서 물을 달아 올리는 기구.

장애【障碍·障礙】［명］ 거리끼어 거치적거림. obstacle

장애-물【障礙物】［명］ 장애가 되는 물건. obstacle

장애물 경:마【障礙物競馬】［명］〈체육〉경마에서, 죽책·담장 등의 장애물을 베푼 경기장에서 행하는 경주. 스피드의 경주가 됨.

장애물 경:주【障礙物競走】［명］〈체육〉①원칙적으로 3,000 m을 달리는 동안에 28개의 장애물과 7개의 물웅덩이를 건너는 육상 경기의 한 종목. ② 허들 레이스. 장애 경주. 장애물 달리기. hurdle race

장애 미:수【障礙未遂】［명］〈법률〉범죄의 실행에 착수하였으나 본의의 장애로 말미암아 범죄의 완성에 이르지 못한 경우.

장애-물【鑛業—】［명］ 장애를 만드는 틀.

장액【腸液】［명］〈생리〉창자 점막에 분포된 무수한 선(腺)에서 분비하는 소화액. 창자액. intestinal juice

장액【裝腋】［명］ 노루의 겨드랑이 털. 붓을 매는 데 씀.

장액【漿液】［명］ ①점액(粘液)에 대하여 맑은 액체. ② 〈생리〉장막(漿膜)에서 나오는 투명한 액체. serosity

장액-막【漿液膜】［명］〈생리〉척추 동물의 내장의 겉면을 덮은 막. 복막·늑막·장막 따위. 장막(漿膜)①.

장액-필【獐腋筆】［명］ 노루의 겨드랑이 털로 맨 붓.

장야【長夜】［명］ 가을이나 겨울의 기나긴 밤. 요야(遙夜). (대) 단야(短夜). long night

장약【裝藥】［명］ 총포에 탄환 및 화약을 잼. 또, 그 화약. 장전(裝塡)①. charge 하다

장양【長養】［명］ 기름. 양육하여 기름. bringing up 하다

장:어【壯語】［명］〈동〉장언(壯言). 장담(壯談). 하다

장:어【壯禦】［명］ 군세 방어(防禦). 또는 군세게 막아 냄. strong defence 하다

장어【章魚】［명］〈약〉낙지.

장:어-영【壯禦營】［명］〈제도〉조선조 고종(高宗) 18년 금위영(禁衛營)과 어영청(御營廳)과 총융청(摠戎廳)을 합하였던 군영.

장:언【壯言】［명］ 의기 양양한 말. 장담(壯談). 장어(壯語). big talks 하다

장엄【莊嚴】［명］ 규모가 크고 엄숙함. ¶ ～한 법식. magnificence 하다 히 「feet

장:-여【丈餘】［명］ 한 길 남짓. 열 자가 넘음. over ten

장여【長—】［명］〈건축〉도리 밑에서 도리를 받치고 있는 모도가 진 나무. 「행 열병.

장:역【瘴疫】［명］〈한의〉장기(瘴氣)에 걸려 생기는 유

장연【長椽】［명］〈동〉들연.

장:열【壯熱】［명］ 병으로 인하여 매우 높은 신열. 「high fever

장염［—념］【腸炎】［명］〈의학〉창자의 점막에 생기는 염증. ¶급성 ～.

장염 비브리오［—념—］【腸炎 Vibrio 도】［명］〈의학〉여름에 생선이나 조개류 등으로 인한 식중독을 일으키는 병원균.

장:-염전증［—종］【腸捻轉症】［명］〈의학〉장관(腸管)이 장격막(腸膈膜)을 둘러 뒤틀리어 꼬이는 증세.

장:영-창【長映窓】［명］〈건축〉길이가 꽤 긴 영창. 《약》장창(長窓). long window

장:옥【牆屋】［명］〈동〉담.

장옷【長—】［명］〈제도〉부녀자가 나들이할 때에 머리에 써서 온몸을 가리던 옷. 장의(長衣). long hood

장옷=짜리《속》장옷을 쓰고 다니는 사람.
장외(帳外)[명]〈제도〉서울 오부(五部)의 관할 밖. (대)장내(帳內).
장외(場外)[명]①어떠한 처소의 바깥. outside of place ②〈제도〉과장(科場)의 밖. 포장 밖. (대)장내(場內). [place
장외(牆外)[명]담 바깥. (대)장내(牆內). outside of
장외 거:래(場外去來)[명]〈경제〉거래소 밖에서 행하여지는 거래. curb
장외 시:장(場外市場)[명]〈경제〉장외 거래(去來)가 행하여질 때 형성되는 시장. curb market
장용(獐茸)[명]〈한의〉노루의 어린 뿔. 보약으로 씀. young roe deer's antlers
장용=제(腸溶劑)[명]〈약학〉위를 자극할 염려가 있는 약의 거죽을 젤라틴으로 싸서 위에서는 녹지 않고 장에 들어가서 녹게 만든 약제.
장-욷지(長—)[명]벽 밖에 담을 붙여 쌓을 때, 홈이 무너지지 않게 담의 마구리에 대는 널조각.
장=운:동(腸運動)[명]〈생리〉위에서 소화된 음식을 대장에 보내기까지의 창자의 소화 작용으로 일어나는 운동. intestinal movement
장:원(壯元)[명]①〈제도〉갑과(甲科)에 첫째로 급제함. 또, 그 사람. ②성적이 첫째로 우등인 사람. 도장원(都壯元). 오두(鰲頭). 상제(上第). 하전
장원(長遠)[명]길고 멂. very distant 하전 히
장원(莊園)[명]봉건 제도의 토지 소유의 한 형태로서 귀족이나 교회가 사유하던 토지. manor
장원(掌苑)[명]〈제도〉조선조 장원서(掌苑署)의 정 6품 벼슬.
장원(牆垣)[명]담.
장:원 급제(壯元及第)[명]갑과(甲科)에 첫째로 급제함. passing first in the state examination 하전
장:원=랑(壯元郞)[명]〈제도〉과거에 장원 급제한 사람. 괴방(魁榜).
장:원-례(壯元禮)[명]글방에서 장원된 사람이 음식을 한턱내던 일. 하전
장:원=서(掌苑署)[명]〈제도〉원유(苑囿)·과채(果菜)·화초에 관한 일을 맡았던 관청.
장원지=계(長遠之計)[명]먼 장래의 계책.
장월(壯月)[명]음력 8월의 딴이름.
장-위(腸胃)[명]〈생리〉창자와 위장.
장위 카타르(腸胃 catarrh)[명]〈의학〉장과 위에 점액(粘液)이 많아서 생기는 염증(炎症).
장:-유(長幼)[명]어른과 어린이. young and old
장-유(醬油)[명]①간장. soy souce ② 간장과 참기름 등 식용의 총칭.
장:유 유:서(長幼有序)[명]어른과 어린이 사이에는 차례가 있음. 오륜(五倫)의 하나.
장:-유지(壯油紙)[명]들기름에 결은 두꺼운 장지. oiled
장-육(醬肉)[명]장조림. beef boiled soy sauce
장으리[명]〈식물〉줄기가 푸르고 씨가 흰 기장의 하나.
장-읊(長吟)[명]길게 읊음.
장-음(長音)[명]〈어학〉길게 내는 소리. (대) 단음(短音). long vowel
장-음계(長音階)[명]〈음악〉셋째 넷째 음 사이의 음정(音程)과, 일곱째 여덟째 음 사이의 음정이 반음(半音)이고, 기타 각 음의 사이는 온음정을 이루는 음계. (대)단음계(短音階). major
장음-부(長音符)[명]①〈어학〉긴소리표. macron ②〈음악〉장음을 표하는 부호.
장음-화(長音化)[명]〈어학〉장음으로 됨. 또는 되게 함. 하전에.
장음(長揖)[명]두 손을 잡아 높이 들고 허리를 굽히는 인사.
장읍 불배(長揖不拜)[명]길게 읍만 하고 절하지 않음. 하전
장의(匠意)[명]〈동〉고안(考案). 창작욕(創作慾).
장의(長衣)[명]〈동〉장옷.
장의(掌議)[명]〈제도〉성균관·향교의 재임(齋任)의 으뜸자리.
장의(葬儀)《명》장례(葬禮).

장:의=사(葬儀社)[명]장례 지내는 기구를 팔거나 세놓는 집. undertaker's office
장:의자(長椅子)[명]가로 길게 만들어 여럿이 앉게 된 의자. bench
장:의=장(葬儀場)[명]〈동〉장장(葬場).
장:의 행렬(葬儀行列)[명]장사지내러 가는 상여 뒤에 길게 늘어서 따라가는 회장(會葬)자들의 행렬. funeral procession
=장이[명]사람의 직업을 나타내는 말 밑에 붙여 그 사람을 낮게 이름. ¶멱~.
장-인(丈人)[명]아내의 친정 아버지. 구씨(舅氏). 빙부(聘父). 악부(岳父). 외구(外舅). (대) 장모(丈母). (공) 악장. 빙장(聘丈). one's wife's father
장-인(匠人)[명]물건을 만드는 일을 업으로 삼는 사람. 장색(匠色). artisan
장-인(將印)[명]장수의 관인(官印). general's official [seal
장일(長日)[명]①낮이 긴 날. 여름날. summer day ②긴 시일. 장시일(長時日). long time ③하루 종일. all day long
장:-일(葬日)[명]장사를 지내는 날. funeral day
장-임(將任)[명]대장(大將)의 임무. general's duty
장-잎[—닢][명]〈식물〉포아풀과의 곡식의 맨 나중에 나오는 잎. 장잎이 나온 뒤에 이삭이 나옴.
장-자(壯者)[명]장년(壯年)에 이른 사람.
장-자(長子)[명]맏아들. 장(長)²³. eldest son
장-자(長姉)[명]맏누이. eldest sister
장-자(長者)[명]①웃사람. 어른. ②덕망이 있는 노성한 사람. senior ③〈공〉거부(巨富). rich man
장자(障子)[명]〈동〉장(障)—.
장-자 상속(長子相續)[명]〈법률〉장자가 단독 상속을 하는 상속 형태. 장남자(長男子)가 보통이나, 남녀를 불문한 초생자(初生子) 상속도 있음.
장-자석(場磁石)[명]〈물리〉발전기·전동기 따위에 강한 자장(磁場)을 만들기 위하여 고정한 전자석.
장-자품(長子風)[명]〈동〉→장자 풍도(長子風度).
장-자 풍도(長子風度)[명]덕망이 있는 노성한 사람의 태도. 〈준〉장자품(長子風).
장작(長斫)[명]통나무를 쪼갠 땔나무. chopped firewood
장작=개비(長斫—)[명]쪼갠 장작의 한 토막. piece of firewood
장작=더미(長斫—)[명]장작을 쌓아 올린 무더기.
장작=모시(長斫—)[명]굵고 성기게 짠 모시. (대)세모시. coarse ramie cloth
장작=바리(長斫—)[명]장작을 수레에 가득 실은 바리.
장작=불(長斫—)[명]장작을 때는 불.
장작=윷[—눋](長斫—)[명]기다랗고 굵직하게 만든 윷. thick *yut*
장-잠(長蠶)[명]석 잠 잔 누에.
장장(章章)[명]①밝은 모양. brightness ②밝고 아름다운 모양. bright and beautiful 하전
장:-장(葬場)[명]장의를 행하는 곳. 장의장(葬儀場).
장장(鏘鏘)[명]쇠·돌 따위가 울리는 소리.
장:장(長長)[명]기나긴. 길고도 긴.
장:-장(欌匠)[명]장롱(欌籠) 같은 것을 만드는 일을 업으로 삼는 사람. wardrobe-maker
장장-이(이)(張張—)[명]하나하나의 장마다. 낱낱의 장마다. [다.
장장 추야(長長秋夜)[명]길고 긴 가을 밤. long of autumn night
장장 춘일(長長春日)[명]기나긴 봄날.
장장-치기(長張—)[명]투전 노름의 하나. [mer day
장장 하:일(長長夏日)[명]길고 긴 여름날. long summer
장재(長齋)[명]〈불교〉오랫동안 부정(不淨)한 것을 꺼리어 미리하게 일년 내내 채식(菜食)하는 일.
장:-재(將材)[명]장수가 될 만한 인재. person qualified to be general [ntant
장-재(掌財)[명]금전 출납을 맡아보는 사람. accou-
장재(裝載)[명]짐을 꾸려서 배나 수레 따위에 실음.
장-재(醬滓)[명]된장. bean paste [loading 하전
장:-재(壯哉)[감]'장하도다'의 뜻으로 쓰는 말. bravo
장-저(醬菹)[명]〈동〉장김치①.

장적(妝賊)[명] ①주색(酒色)으로 지나치게 몸을 해롭힘. ②[동] 잔적(殘賊). 하다

장:적(帳籍)[명] 호적(戶籍).

장:적(掌跡)[명] 손바닥 자국.

장전(長箭)[명] 싸움에 쓰는 긴 화살. 철전(鐵箭). long arrow

장전(莊田)[명] 옛날 귀족의 사유지(私有地)의 하나. 장원(莊園)의 전지(田地). manor's private fields

장전(章典)[명] 전장(典章).

장:전(帳前)[명] ①임금이 앉아 있는 막(幕)의 앞. ②장수의 앞.

장:전(帳殿)[명] 〈제도〉임시로 꾸민 임금의 자리.

장:전(葬前)[명] 장사지내기 전. before funeral

장전(裝塡)[명] ①[동] 장약(裝藥). ¶탄약을 ~하다. ②집어 넣어서 메움. often money

장전(贓錢)[명] 정당하지 못한 것을 해서 얻은 돈. illg-

장:전(欌廛)[명] 장롱 따위를 파는 가게. furniture store

장:절(壯絶)[명] 장대하고 뛰어남. 가장 장렬함. prominence 하다 히다

장:절(章節)[명] ①장(章)과 절(節). ②글의 한 단락(段落).

장:절초(長切草)[명] 품질이 좋은 살담배. tobacco of fine

장점(長點)[명] ①좋은 점. 보다 뛰어난 점. ②특히 잘하는 점. 미점(美點)②. 장소(長所). 장처(長處). [대] 단점(短點). (약) 장(長)². merit

장점(粘點)[명] 좋은 땅을 가리어 집을 지음. 점지.

장:점막(腸粘膜)[명] 〈생리〉창자 속에 있는 점막.

장:정(壯丁)[명] ①나이가 젊고 기운이 좋은 남자. adult ②부락·군역에 소집되 남자. enlisted man ③징병 적령자(徵兵適齡者). conscript

장정(長汀)[명] 길게 뻗은 바닷가.

장정(長征)[명] 먼 노정(路程)에 걸쳐서 정벌함. long march 하다

장정(長程)[명] 옛날에 먼 길 떠나는 사람을 전송하던 곳.

장정(長程)[명] 매우 먼 길. 장로(長路). long way

장정(章程)[명] 조목으로 나누어 이루어진 규정.

장정(裝幀)[명] ①책의 꾸밈새. 배문자(背文字)·싸개·상자에 대한 의장(意匠). ②책을 매어 꾸밈. book binding 하다

장정 곡포(長汀曲浦) 해안선이 길고 구부러진 갯벌.

장정 규칙(章程規則)[명] 장정과 규칙.

장제(長堤)[명] 긴 방축(防築). long bank

장:제(葬祭)[명] 장례와 제사. funeral and religious services

장제(漿劑)[명] 아라비아 고무·셀렙근(selep 根)·전분 따위의 점액질을 달인 약물(藥物)을 물에 풀어 끈적끈적하게 만든 점장액(粘漿液).

장:조(丈祖父)[명][동] 처조부(妻祖父).

장조[一조][長調][명]〈음악〉장음계(長音階)로 된 곡조. 두르(Dur 도). [대] 단조(短調). major key

장:조림(醬—)[명] 간장에다 쇠고기를 넣고 조린 반찬. 자장(煮醬). meat boiled down in soy sauce

장:조모(丈祖母)[명][동] 처조모.

장:조부(丈祖父)[명][동] 처조부.

장:조카(長—)[명] 큰형의 맏아들. 큰조카. 장질(長姪). eldest son of one's eldest brother

장족(長足)[명] ①긴 다리. ②빠른 걸음. great strides ③진보가 현저하게 빠름. ¶~의 진보(進步). rapidness

장족(獐足)[명] 과녁에 못된 화살을 뽑아 내는 기구.

장족 마치(獐足—)[명] 과녁의 화살을 뽑아 낼 때에 장족을 두드리는 마치.

장족 장도리(獐足—)[명] 〈동〉노루발장도리.

장:족편(獐足—)[명] 간장을 쳐서 만든 족편.

장족 한량(獐足閑良)[명] 장족(獐足)을 가지고 과녁에 박힌 화살을 뽑아 내는 일을 맡은 사람.

장-졸(將卒)[명] 장수와 병졸. 장병(將兵)¹. 장사(將

장졸(藏拙)[명] 자기의 단처를 감춤. concealing one's fault 하다

장:종(將種)[명] 무장(武將) 집안의 자손. descendants of general's family

장:죄[一죄](杖罪)〈제도〉장형에 상당한 죄. bastinado

장:죄(贓罪)[명] ①[법] 뇌물(贓物)②.②[동] 장물죄(贓物罪).

장죄:피(贓罪皮)〈식물〉까라그가 짙고 씨가 흰 피(稗子)의 하나.

장주(長酒)[명] 장시간 술을 마심. drinking for a long time 하다

장주(章奏)[명] 임금에게 상주하는 글.

장주기(長週期潮)[명] 〈지리〉반 달 이상의 오랜 주기를 가지는 천체의 기조력(起潮力)에 의하여 일어나는 조석(潮汐).

장-주릅(場—)[명] 시장에서 흥정 붙이기를 일 삼는 사람. 시쾌(市儈). market broker

장주지몽(莊周之夢) 옛날 중국의 장자(莊子)가 꿈에 나비가 되었다가 뒤에, 장주가 나비가 되었는가, 나비가 장주가 되었는가를 분간 못했다는 고사에서, 나와 외물(外物)은 원래 하나라는 이치를 말함.

장:죽(杖竹)[명] 지팡이로 쓰는 대나무. bamboo stick

장죽(長竹)[명] 기다란 담뱃대. long pipe

장:준(長蹲)[명] 큰 쟁반(錚盤).

장:줄[명] 줄모를 심을 때 세로 길게 대는 못줄.

장중(莊重)[명] 장엄하고 무게가 있음. 의젓함.《대》경쾌(輕快). solemn 하다 히다

장:중(掌中)[명]〈→〉장악중.

장중(場中)[명]〈제도〉과장(科場)의 안. 과거 마당 안.

장:중(藏中)[명] 광 속. in the barn

장중 득실(場中得失)[명] ①시험장에서는 잘 하는 사람도 낙제할 때가 있고, 못하는 사람도 급제할 때가 있듯이 일이 생각하는 바와 같이 이루어지지 않음을 가리키는 말. ②거의 다 되어가던 일이 뜻대로 아니됨을 말함. e's hand

장:중-물(掌中物)[명] 손안에 있는 물건. things in on-

장:중 보:옥(掌中寶玉)[명] ①손안에 있는 보옥. jewel in one's hand ②보배처럼 여겨서 사랑하는 물건의 비유. 장중주(掌中珠). apple of one's eye

장:중주(掌中珠)[명] 장중 보옥(掌中寶玉).

장:지(壯志)[명] 크게 품은 뜻. ambition

장지(壯紙)[명] 우리 나라에서 만든 종이의 하나. 지질이 두껍고 질김. thick Korean paper

장지(長指)[명][동] 장지(將指)①.

장:지(將指)[명] ①가운뎃손가락. 장지(長指). middle finger ②엄지발가락. big toe

장:지(葬地)[명] 장사할 땅. 매장할 땅. 매장지(埋葬地). 묘지(墓地)②. burial ground

장지(障子)[명] 미닫이와 비슷하나 운두가 높고 문지방이 낮게 된 문. 장자(障子). paper screen

장지 두꺼비집(障—)[명] 장지 문짝이 들어가게 된 문.

장지(障—)[명]〈건축〉지게문에 장지짝을 덧울인 문.

장지-뱀[명]〈동물〉장지뱀과의 파충류의 하나. 도마뱀과 비슷하나 머리에서 꼬리 끝까지 15cm, 꼬리는 몸통의 3배 가량임. 물 빛은 등이 적색 또는 회갈색, 배는 적색 또는 백색임. 한국 특산종임.

장:지 수지(杖之囚之)[명] 곤장을 때린 뒤에 옥에 가둠.《약》장수(杖囚). 하다

장지-틀(障—)[명]〈건축〉장지를 끼는 틀. sliding-door frame

장:질(長姪)[명][동] 장조카.

장:질부사(腸窒扶斯)[명] '장티푸스'의 한자말.

장-집(一집)(場—)[명] 장에 갔거나, 장에 가서 팔 물건을 꾸려 놓은 집.

장:짠지(醬—)[명] 메친 오이와 배추를 간장에 절인 뒤 조미료를 넣어 만든 반찬의 하나.

장차(長差)[명]〈천문〉유성(遊星)들이 그 자리 관계로 서로 다른 유성의 운동에 변화를 끼치는 작용. 장워함.

장차(將次)[명] 차차. 앞으로. in future ¶년 섬동.

장-차-다(長—)[명] ①꿋꿋하고도 질다. straight and long ②길고도 멀다. long and distant

장착(裝着)[명] 의복·기구·장비 등에 일정한 장치를 부착함. ¶체인을 ~한 자동차. 하다

장찬(粧撰)[명] 허물을 감추려고 꾸밈. 하다[타]
장찰(長札)[명] 사연이 긴 편지. long letter
장:창(杖瘡)[명] 장형(杖刑)으로 매를 맞은 자리에 생긴 헌데. ¶~으로 고생하다.
장:창(長—)[명] 미투리나 짚신 바닥 전체에 덧대는 창. soles of straw sandals
장창(長窓)[명] 《건》→장영창(長映窓).
장창(長槍)[명] ①길이 4m의 긴 창. long spear ②십팔기(十八技)의 하나.
장:채(長—)[명] 가마 따위의 긴 채. 《대》 쩍은채.
장책(章策)[명] ①원대(遠大)한 계책. good plan ②《동》 승산(勝算).
장책(粧冊)[명] 책을 꾸며 만듦. book binding 하다[타]
장책(贓冊)[명] 거래하는 곳을 적은 장사치의 치부책.
장:처(杖處)[명] 곤장을 맞은 자리. wales
장처(長處)[명] ①언행에서 가장 나은 점. good point ②여러 사람 일 가운데 아주 잘하는 점. 미점(美點)②. 장소(長所). 장점(長點). 《대》 단처(短處). strong point
장:척(丈尺)[명] 장대로 열 자 길이가 되게 만든 도. measuring pole of about ten feet
장:척(長尺)[명] ①베·무명 따위의 정척(定尺) 40자를 넘게 짠 길이. cloth of about forty feet long ②《동》 늘.
장:천(長川)[부] 늘. 기다란 자.
장천(長天)[명] 높고 멀고 넓은 하늘. ¶구만리 ~. boundless sky
장-천:공(腸穿孔)[명] 《의학》 창자가 외상(外傷)이나 궤양(潰瘍)으로 인하여 구멍이 뚫리는 병.
장첩(粧帖)[명] 아담하게 꾸며 만든 서화첩(書畫帖). well-designed album 하다[타]
장:청(狀請)[명] 《제도》 장계(狀啓)로 주청(奏請)함.
장:청판(長廳板)[명] 마룻 바닥에 깔린 긴 널.
장-체계(場遞計)[명] 비싼 변리로 꾸어 주고 장날마다 본전과 변리를 받아들이는 일. 《약》 체계(遞計).
장초(壯抄)[명] 《제도》 군사가 될 만한 건장한 사내를 가려 뽑음. [도적(過渡)의 서체(書體).
장초(章草)[명] 예서(隸書)에서 초서(草書)로 변하는 과
장:초-군(壯抄軍)[명] 《제도》 군사로 뽑힌 장정.
장초석(長礎石)[명] 《건축》 다락이나 정자 따위에 기둥대신 길게 세운 주춧돌.
장촉(長鏃)[명] 기다란 살촉. long arrow-head
장축(藏蓄)[명] 《동》 소장(小藏). [사라진 곳.
장:충(長忠)[명] 《동》 군인의 영령(英靈)을 제
장취(長醉)[명] 늘 술에 취해 있음. constant drunkenness 하다[자]
장취(將就)[명] ①앞으로 늘어 나아감. 순조롭게 나아감. advance ②《약》→일장 월취(日將月就). 하다[자]
장취 불성[—醒][명] 《長醉不醒》 술을 늘 마셔서 깨지 않음. constant drunkenness without sobering 하다[자]
장취-성[—性][명] (將就性) 진보하여 나날이 성질 또는 소질. 장진성(將進性). possibility of future growth
장-치(場—)[명] 장마다 갚는 변리돈. interest paid each market day [겨서 나오는 치질. 탈항(脫肛).
장:치(腸痔)[명] 《한의》 똥구멍 안의 살이 밖으로 늘어
장치(裝置)[명] ①차리어 둠. installation ②만들어 둠. apparatus ③기계의 설비. equipment 하다[타]
장치(藏置)[명] ①넣어 둠. 간직하여 둠. ②통관(通關)하고자 하는 수출입 물품을 보세(保稅) 구역 안에 임치(任置)하는 일. ¶~ 기간. storage 하다[타]
장:치기(長—)[명] 공치기 경기의 하나. 하다[자]
장:치-공(—工)[명] 나무를 둥글게 깎아 만든. 장치기에 쓰는 공.
장:치-다[1][자] 말이 누워서 등을 땅에 대고 비비다.
장:치-다[2][자] 장치기를 하다. play bowling
장:치-다(場—)[자] 《약》→독장치다.
장침(長枕)[명] 모로 기대 앉아서 팔꿈치를 받치는 베개. [개. arm-rest
장침(長針)[명] ①긴 바늘. ②《건》 단침(短針). long needle
장:침채(醬沈菜)[명] 《동》 장김치①. [dle ②《동》 분침.
장:카타르(腸 Katarrh)[명] 《의학》 창자의 점막(粘膜)이나 근질(筋質)에서 일어나는 염증(炎症)의 하나. intestinal catarrh
장:쾌(壯快)[명] 씩씩하고 상쾌함. 하다[형] 히[부]
장타(長打)[명] 야구의 이루타·삼루타·본루타의 통칭. long hit
장-타:령(場打令)[명] 속된 잡가의 하나. 보통, 동냥하는 사람이 장판·길거리로 돌아다니며 부름.
장-타:령꾼(場打令—)[명] 장판이나 가게 앞으로 다니며 장타령을 부르는 거지.
장탄(長嘆·長歎)[명] 《약》→장탄식.
장탄(裝彈)[명] 총포에 탄알을 갬. charge 하다[타]
장:탄-식(長歎息·長嘆息)[명] 긴 한숨을 내쉬며 탄식함. 장태식(長太息). 《약》 장식(長息). 장탄(長歎). heavy sigh 하다[자]
장태(漿胎)[명] 《공업》 자토(瓷土)를 곱게 수비(水飛)하여 앙금을 가라앉힌 자기(瓷器)를 만드는 재료가 되는 흙. [sauce
장:태(醬太)[명] 장 담그는 콩. beans for making soy
장-태식(長太息)[명] 《동》 장탄식(長歎息).
장:태평(長太平)[명] 아무 걱정 없이 늘 태평함. constant peace 하다[형] [funeral days 하다[자]
장:택(葬擇)[명] 장사지낼 날짜를 가림. selection of
장:터(場—)[명] 장이 서는 곳. market
장토(庄土)[명] 논과 전지(田地). 전장(田庄). field
장:-통(醬桶)[명] 간장을 담는 나무통. soy sauce cask
장-티푸스(腸 typhus)[명] 《의학》 장티푸스균이 장에 침입함으로써 일어나는 급성 전염병. 장질부사. typhoid fever
장파(長波)[명] 《물리》 무선용 전파(無線用電波)의 주파수(周波數) 구분의 하나. 주파수 100 kc 이하, 파장 3,000 m 이상의 전자파. 《대》 단파(短波). 중파. [long wave
장:파(長派)[명] 《동》 맏파.
장:파(狀罷)[명] 《제도》 죄를 저지른 원을 감사가 장계(狀啓)를 올려 벼슬을 떼던 일. 하다[타]
장-파장(長波長)[명] 《물리》 장파의 파장.
장판(壯版)[명] ①기름 먹인 종이로 바른 방바닥. ¶~방(房). papered floor ②《약》→장판지(壯版紙). 하다[타]
장:판(杖板)[명] 《제도》 장형을 행할 때 죄인을 엎드리게 하던 틀. 장대(杖臺). rack
장:판(場—)[명] ①장이 선 곳. market place ②많은 사람이 모여서 복작거리는 곳을 가리킴. bustling place [kept somewhere
장판(藏版)[명] 어떠한 곳에 보관된 책판. book plates
장판-돌[—돌][명] 《광물》 선광(選鑛)할 때 광석을 두드려 깨뜨리는 받침돌. stone anvil for crushing ores
장판-머리[명] 소의 양에 붙은 넓적한 고기.
장판-지(壯版紙)[명] 방바닥을 바르는 기름 먹인 종이. 《약》 장판(壯版)②. thick oiled paper used for covering ondol floor [에 차던 나무패.
상:-패(將牌)[명] 《제도》 비장(裨將)·군관(軍官)이 허리
장:편(杖—)[명] 《음악》 쇠비레에 쇠가죽을 메워 장구의 오른편 마구리에 댄 부분.
장편(長篇)[명] 《문학》 ①구수(句數)에 제한이 없는 고시체. ②편장(篇章)이 긴 시가·문장·소설 등. 《대》 단편. long piece [《동》 콩트(conte).
장:편(掌篇)[명] ①극히 짧은 작품. very short work
장편 소:설(長篇小說)[명] 《문학》 장편으로 된 소설. 취재한 세계가 광범하고 구상도 복잡하며 양도 많음. 《대》 단편 소설(短篇小說). full-length novel
장:편 소:설(掌篇小說)[명] 《문학》 소설체의 하나. 단편 소설보다 짧음. conte [to death 하다[타]
장:폐(杖斃)[명] 곤장을 맞고 죽음. 장사(杖死). beaten
장폐(障蔽)[명] 덮어서 숨김. 장병(障屛). concealment
장:폐-색증(腸閉塞症)[명] 《의학》 장관(腸管)의 일부가 막혀 위급한 상태가 되는 병. intestinal obstruction
장포(菖蒲)[식물] ①두여머조자기과의 다년생 풀. 녹황색 또는 담황색의 작은 꽃이 핌. sweet flag ②《동》 창포(菖蒲).

장포(場圃)⟨명⟩ 집 근처에 있는 채소밭. vegetable garden near one's house
장포(獐脯)⟨명⟩ 노루 고기로 만든 포. dried venison
장포(瘴疱)⟨명⟩⟨한의⟩ 살이 부르터 진물이 피어서 곪긴 부스럼.
장:포(醬脯)⟨명⟩ 쇠고기에 진간장을 발라서 말린 포.
장폭(長瀑)⟨명⟩ 큰 폭포. 「⟨약⟩ 장(章)②. emblem 하⟨타⟩
장표(章表)⟨명⟩ 표시를 붙이어 나타냄. 또, 표시의 패.
장품(贓品)⟨명⟩⟨동⟩ 장물(贓物).
장풍(腸風)⟨명⟩⟨한의⟩ 똥 눌 때 피가 나오는 치질병.
장피(獐皮)⟨명⟩ 노루 가죽. roe deer skin
장피-살⟨건축⟩문살의 중간이 배가 불러서 마치 장포의 줄기처럼 된 살.
장:하(杖下)⟨명⟩ 장형(杖刑)을 행하는 그 자리.
장:하(帳下)⟨명⟩ ①장막 아래. ②⟨동⟩ 막하(幕下).
장하(裝荷)⟨명⟩ 전화 회로에 있어서 통화 특성(通話特性)을 좋게 하기 위해 회로 도중에 인덕턴스(inductance)를 집어 넣는 일. ¶~ 케이블. 하⟨타⟩
장:하-다(壯一)⟨형⟩⟨여⟩ ①훌륭하다. splendid ②놀랍다. wonderful ③갸륵하다. ④성대하다. grand **장:=히**⟨부⟩ [ellent
장하-다(長一)⟨형⟩⟨여⟩ 무슨 일에 매우 능하다. exc-
장하-주(章下註)⟨명⟩ 대문(大文)마다 낸 주석이 아니고 한 장(章)이 끝난 뒤에 총괄하여 풀이한 주석.
장하지혼(杖下之魂)⟨명⟩ 장형을 당하여 그 자리에서 죽은 혼령. [of learning 하⟨타⟩
장학(奬學)⟨명⟩ 학문을 장려하는 일. encouragement
장:학-관(奬學官)⟨명⟩ 교육의 지도 및 조사·감독을 맡은 문교 공무원. school inspector
장:학-금(奬學金)⟨명⟩ ①학문의 연구를 돕기 위한 장려금. research aid ②가난한 학생을 위한 학비 보조금. scholarship
장:학-사(奬學士)⟨명⟩ 교육 공무원의 하나. 장학관의 아래로서 교육의 지도·조사 및 감독에 관한 사무를 맡아봄. school supervisor
장:학-생(奬學生)⟨명⟩ 장학금을 받는 학생. scholar
장:한(壯漢)⟨명⟩ 허우대가 크고 힘이 세찬 남자. stout
장한(長旱)⟨명⟩ 오랜 가물음. long drought [man
장한(長恨)⟨명⟩ 오래도록 잊지 못할 원한. long-cherished grudge 「음. long-cherished grudge
장한-몽(長恨夢)⟨명⟩ 오래도록 사무쳐 있을 수 없는 마
장함(長銜)⟨명⟩ 위계·관직을 기록한 명함.
장함-저(醬鹹菹)⟨명⟩⟨동⟩ 장짠지.
장해(障害)⟨명⟩ 거리끼어 해가 됨. obstacle 하⟨타⟩
장:해(醬蟹)⟨명⟩ ①게장 담그는 게. ②게젓.
장해-물(障害物)⟨명⟩ 장해가 되는 물건. obstruction
장행(壯行)⟨명⟩ 성대한 출발. starting for journey 하⟨타⟩
장행-회(壯行會)⟨명⟩ 사람의 출발을 성대히 축복하기 위하여 개최하는 일종의 송별회. send-off-party
장혈(獐血)⟨명⟩⟨한의⟩ 노루의 피. 보혈제로 씀.
장:혈(葬穴)⟨명⟩ 시체를 묻는 구덩이. 광혈(壙穴). grave
장-협착(腸狹窄)⟨명⟩⟨의학⟩ 장관강(腸管腔)이 좁아지는 증상. intestinal stenosis
장:형(杖刑)⟨명⟩⟨제도⟩ 오형(五刑)의 하나. 곤장으로 볼기를 때리던 형벌. flogging 하⟨타⟩
장:형(長兄)⟨명⟩ 맏형. eldest brother 「는 뜻.
장:형 부모(長兄父母)'맏형의 지위는 부모와 같다'
장홍(長虹)⟨명⟩ ①기다란 무지개. long rainbow ②기다란 다리. long bridge
장화(長靴)⟨명⟩ 목이 무릎 언저리까지 오는 가죽신이나 고무신. (대) 단화(短靴). high boots
장화(長話)⟨명⟩ 긴 이야기. long talk
장황(裝潢)⟨명⟩ 책의 장정(裝幀) 그림. [하⟨타⟩ 히⟨부⟩
장황(長廣)⟨명⟩ 길고 넓음. 장원(長遠)과 광활(廣闊)함. vastness
장황(張皇)⟨명⟩ ①번거롭고 긺. diffuseness ②지루함. tedious 하⟨형⟩ 히⟨부⟩
장:황(粧潢)⟨명⟩ 책이나 서화첩을 꾸며 만듦. 하⟨타⟩
장:회(壯懷)⟨명⟩ 장엄한 회포. solemn thoughts
장회 소:설(章回小說)⟨명⟩⟨문학⟩ 분장(分章)되어 있는

장편(長篇)⟨명⟩ 연재 소설. serial story
장회(長畵)⟨명⟩⟨미술⟩ 단청(丹靑)을 칠할 때 굵고 길게 긋는 목선(墨線)이나 분선(粉線).
장:후(葬後)⟨명⟩ 장사를 치른 뒤. after the burial
장흔(粧痕)⟨명⟩ 단장한 흔적. trace of the make-up
장-흥정(場—)⟨명⟩ 시장에서 물건을 매매하기 위한 흥정.
장갈⟨명⟩ 밀물이 다 빠져 잦아진 상태. 「는 흥정. 하⟨타⟩
잦기⟨동⟩ 빈도(頻度).
잦-다[잗―]①액체가 속으로 스며들어 밑바닥에 깔리다. become dry ②잠잠해지거나 가라앉거나 하다. become calm
잦-다[잗―]뒤로 한 편이 기울어지다. 젖다. bend backwards 「번하다. frequent
잦-다[잗―]①여러 차례로 거듭하다. ②자주 있다. 빈
잦-다 [잗―] ⟨고⟩ 잦다².
잦-다듬-다 [잗―] 잦혀진 곳을 다듬다.
잦-뜨리-다 [잗―] 힘을 주어 뒤로 잦히다. 《큰》 젖뜨리다. bend backwards
잦바듬-하-다[잗―] ⟨형⟩⟨여⟩ ①뒤로 자빠질 듯하다. leaning backwards ②어떤 일을 탐탁하게 여기지 않는 듯한 태도를 보이다. unwilling ③멉디멉지 않고 물러날 듯하다. 《큰》 젖버듬하다. **잦바듬-히**⟨부⟩
잦-아-들-다[잗―][르]⟨자⟩ 물기가 점점 말라 들어가다. become dry
잦아-지-다 점점 잦아져 없어지게 되다. become dry
잦은-가락 가락을 잦게 부르는 노래. 《대》 늦은가락. quick melody
잦은-걸음 발을 자주 놀려 걷는 걸음. quick steps
잦은-마치 무엇을 잦게 치는 동작. tapping
잦은-방:귀 계속하여 자주 뀌는 방귀. frequent farts
잦은-장단(―長短) 빠르게 치는 장단. quick time
잦은-치 잦은 듯하으로. quickly
잦추-다[잗―]①동작을 재게 하여 몹시 재촉하다. urge incessantly ②물을 떠내어서 아주 없애다. drain
잦-추르-다 [잗―] ⟨자⟩⟨러⟩ 연해 제촉하여 차차 죄어치다. press hotly
잦혀-놓-다 [자처—] ⟨타⟩ ①뒤로집어 놓다. turn over ②바닥이 겉으로 드러나게 열어 놓다. turn inside out ③무엇을 고르다가 뒤로 밀어 놓다. 《큰》 젖혀 놓다. put aside 「잦히며 뛰는 운동.
잦혀-뛰기 ⟨체육⟩ 굴러서 몸이 뜨는 동시에 허리를
잦혀-지-다 [자처—] ⟨자⟩ ①물건의 밑쪽이 겉으로 드러나다. be turned over ②속의 것이 겉으로 드러나게 열리다. 《큰》 젖혀지다. be turned inside out
잦-히-다[자치—] ⟨타⟩ ①잦게 하여 뒤집다. turn over ②면이 겉으로 드러나게 열다. turn inside out ②몸의 윗부분을 뒤로 잦게 하다. 《큰》 젖히다. bend backward
잦-히-다²[자치—] ⟨타⟩ 짓는 밥이 끓은 뒤에 불을 물려서 물이 잦아지게 하다. boil dry

재¹⟨명⟩ 영(嶺). 높은 고개. ridge
재²⟨명⟩ 물건이 다 탄 뒤에 남는 가루. ashes
재³⟨명⟩ 장기짝의 앞으로 맨 끝줄.
재:(在)⟨명⟩ 물건이나 돈의 쓰고 남은 나머지. remainder
재:(災)⟨명⟩→재액(災厄). 재상(災傷).
재:(財)⟨명⟩ ①⟨약⟩→재산(財產)①. 재화(財貨). ②⟨약⟩→가재(家財). ③⟨경제⟩ 사람에 대하여 어떠한 효용(效用)을 가지고 있는 것. goods
재(滓)⟨명⟩ 찌꺼기. dreg
재(載)⟨수⟩ 십진급수(十進級數)의 단위의 하나. 극(極)의 아래. 정(正)의 만 곱.
재:¹(齋)⟨명⟩①⟨불교⟩ 명복을 비는 불공. Buddhist mass for the dead ②⟨약⟩→재계(齋戒).
재:²(齋)⟨명⟩ 초상계(初喪契)에서 계원(契員)이 계불의 누구를 제목하여 망(望)에 올려놓을 때 그 사람이 죽은 일을 가리키는 말. 「~경(京). ~고(庫).
재:⟨在⟩⟨접⟩ 어떤 곳에 있는 뜻을 나타내는 말. ¶
재:⟨再⟩⟨접⟩ 다른 말에 얹어서 '다시', '두 번째'의
·적⟨명⟩⟨고⟩ 재(灰). 「뜻을 나타내는 말.
재:가(在家)⟨명⟩①집에 있음. at home ②⟨불교⟩ 집에

재가(在家)[명] 속세에서 중처럼 도를 닦음. 재속(在俗). **하다**

재-가(在家)[명]〈제도〉육주비전(六注比廛)에서 파는 물건을 자기 집에서 팔던 일. 또, 그러한 집.

재-가(再嫁)[명] 한 번 혼인한 여자가 다시 다른 사내에게 시집감. 재초(再醮). 재혼(再婚). second marriage **하다**

재가(裁可)[명] ①안건을 결재하여 허가함. approval ②〈제도〉임금이 어느 안건에 이름을 적고 어새(御璽)를 찍어 정식으로 결재함. sanction **하다**

재가(齋家)[명] ①재주(齋主)의 집안. family in mourning ②상가(喪家)를 무당이나 중들이 일컫는 말.

재-가계(在家戒)[명]〈불교〉삼계(三戒)의 하나.

재-가 무일(在家無日)[명] 분주하여 조금도 집에 있을 틈이 없음. **하다**

재가승(在家僧)[명]〈불교〉①집안에 들어 있으면서 불법을 닦는 중. ②속인과 같은 생활을 하는 함경 북도에 있는 중. 여진(女眞)의 유족이라 함.

재각(才覺)[명] 재주와 지각(知覺). ability and perception

재각(齋閣)[명]〓재실(齋室).

재간(才幹)[명] 재주와 간능(幹能).〈유〉재능. ability

재-간(再刊)[명] 다시 간행함. 두 번째의 간행. ¶ ~ 서적. republication **하다**

재갈[명] 말의 입에 물리는 쇠로 만든 물건. 마함(馬銜). 함륵(銜). ~을 먹이다. bit horse

재갈-먹이-다[타] 입을 놀리지 못하도록 재갈을 물리다. bit

재-감(在監)[명]〈법률〉감옥에 갇히어 있음. 재소(在所). being in prison **하다**

재감(災減)[명] 재앙을 입은 논밭의 세를 감함. **하다**

재감(裁減)[명] 헤아려서 가볍게 덜어 줌. reduction with consideration **하다**

재감-자(在監者)[명] 교도소에 갇혀 있는 사람. 재소자(在所者). prisoner

재강[명] 술을 걸러 낸 찌끼. 주조(酒糟). ¶ ~장(醬). ~ 죽(粥). brew's grains

재-강아지[명] ①잿빛 털을 가진 강아지. grey pup ②온몸에 재를 묻혀 가지고 다님을 이름.

재강아지 눈감은 듯하다 무슨 일이 요행히 발각되지 않고 감쪽같이 지나가 버리다.

재-개(再改)[명] 다시 고침. renewal **하다**

재-개(再開)[명] 다시 엶. ¶회담 ~. reopening **하다**

재-개발(再開發)[명] 이미 있는 것 위에 새로이 계획을 추가하여 다시 개발함. ¶ ~ 구역.

재-개의(再改議)[명] 회의에서 개의에 대하여 다시 개의함. ¶ ~ 안건. third motion **하다**

재-거(再擧)[명] 두 번째 일을 일으킴. second attempt

재-건(再建)[명] ①무너진 것을 다시 일으켜 세움. reconstruction ②단체 같은 것을 다시 조직함. reorganization **하다**

재-검사(再檢査)[명] 한 번 검사가 끝낸 것을 다시 검사함. reexamination **하다**

재-검토(再檢討)[명] 신중을 기하기 위하여 다시 검토함. reexamination **하다**

재격(才格)[명] 재주와 품격. talent and personality

재결(災結)[명] 재앙(災殃)을 입은 논밭.

재결(裁決)[명] ①옳고 그름을 결정함. judgement ②〈법률〉소원(訴願)·재결 신청·이의 신청 등에 대한 행정 기관의 판정. 재단(裁斷)②. decision **하다**

재결 신청(裁決申請)[명] 당사자 사이에 행정상의 법률 관계에 관하여 분쟁이 생겼을 경우에 제3자인 행정 기관에 그 판정을 청구하는 행위. 곧, 시심적 쟁송(始審的爭訟)의 제기를 뜻함.

재-=결정[-쩡](再結晶)[명]〈화학〉결정성의 고체를 물이나 다른 용액에 녹여서 냉각 또는 증발에 의해 다시 결정시키는 일.

재결 처:분(裁決處分)[명]〈법률〉법규에 있어서 미리 처분의 형식을 한정하여 조금도 참작하여 헤아릴 여지가 없이 내리는 행정 처분. decision

재-=결합(再結合)[명] ①다시 결합함. ②〈화학〉전리(電離)에 의해 갈려진 음양(陰陽)의 이온 또는 전자(電子)와 양(陽)이온이 재차 결합하여 중성(中性) 분자, 또는 원자를 만드는 일. ③〈물리〉방사선에 의해 분해된 화합물이 다시 결합하는 일. **하다**

재겸(災歉)[명] 재상(災傷)으로 곡식이 잘 여물지 못함.

재:경(在京)[명] 서울에 있음. residing in Seoul **하다**

재:경(再耕)[명] 두벌갈이. second ploughing **하다**

재경(財經)[명] 재정과 경제. finance and economy

재-경매(再競賣)[명] 경매에서 경락(競落)이 결정된 후, 경락인이 대금을 지불하지 않아 다시 경매에 붙이는 일. **하다**

재:계(再啓)[명] 편지를 끝맺은 뒤에 다시 이야기한다는 뜻으로 쓰는 말. 추계(追啓). postscript **하다**

재계(財界)[명] 실업가(實業家)및 금융업자(金融業者)의 사회.〈유〉경제계(經濟界). financial world

재계(齋戒)[명] 제를 행하는 사람이 마음과 몸을 깨끗이 하여 음식·행동을 삼가며 부정을 피함.《약》재(齋)①②. purification **하다**

재:고(再考)[명] 다시 생각함. reconsideration **하다**

재:고(在庫)[명] 창고 같은 데에 쌓여 있음. in stock

재고(齋鼓)[명] 절에서 일반 사람들에게 식사 시간을 알리는 북. meal time drum

재:고 투자(在庫投資)[명]〈경제〉기말(期末)에 있어서의 재고의 증가분을 기수(期首)의 재고에 대한 추가 투자로 보아 일컫는 말. inventory investment

재:고-품(在庫品)[명] ①창고에 있는 물품. warehouse goods ②새로 만들거나 사들인 것이 아니고, 전에 만들거나 사들여 창고에 두었던 물품. stored goods, inventory

재곤두-치-다[자] 곤두박질을 쳐서 떨어지다. tumble down

재괄(才骨)[명] 재주가 있게 생긴 골상(骨相). 또, 그러한 사람. talented man

재:관(在官)[명] 관직에 있음. in office

재:교(在校)[명] 학교에 재학 중임.

재:교(再校)[명] 두 번째의 교정. 재준(再準). second proof **하다**

재교(財交)[명] 재물로써 사람을 사귀는 일. association with money

재-교부(再交付)[명] 한 번 교부했던 서류나 증명서 따위를 분실 등의 이유로 다시 교부함. **하다**

재:-교:육(再敎育)[명] ①한 번 교육이 끝난 사람을 다시 교육시키는 일. reeducation ②이미 실무(實務)에 종사하고 있는 사람에게 재차하여 다시 직업상 필요한 교육을 베푸는 일. retraining

재-구성(再構成)[명] 한 번 구성한 것을 다시 구성함. **하다**

재국(才局)[명] 재주와 도량(度量). 재기(才器). talent and generosity

재:-군비(再軍備)[명] 일단 군비를 폐했던 국가가 다시 군비를 갖추는 일. rearmament **하다**

재궁(梓宮)[명]〈제도〉임금의 관(棺)을 이름.

재궁(齋宮)[명]〈제도〉①각 고을에 있는 문묘(文廟). 교궁(校宮). ②무덤이나 사당 옆에 제사차내기 위하여 지은 집. 재실(齋室)③. ¶그 곁에 지은 재.

재궁 사찰(齋宮寺刹)[명]〈불교〉무덤을 지키기 위하여 세운 절.

재귀(再歸)[명] 다시 돌아옴. return

재:귀 대:명사(再歸代名詞)[명]〈어학〉서양말의 문법에서 재귀 동사·타동사·전치사의 목적으로 쓰이는 대명사. 돌이킴대명사. reflexive pronoun

재:귀 동:사(再歸動詞)[명]〈어학〉어떤 동작의 작용이 동작자 자신에게 되돌아오는 구실을 하는 동사. reflexive verb

재:귀-열(再歸熱)[명]〈의학〉급성적인 전염병의 하나. 고열·오한·전율 등을 나타내며 5~7일 뒤에 사라지고 약 1주일 무열 상태로 있다가 다시 전 증세를 일으킴. 회귀열(回歸熱). recurrent fever

재-=귀화(再歸化)[명] 혼인·귀화·이탈(離脫) 등의 원인으로 국적을 잃었다가 다시 국적을 회복하는 일. 국적의 회복. renaturalization **하다**

재규어(jaguar)[명]〈동물〉아메리카 표범.

재:-근(在勤)[명] 어느 직장에 근무하는 일.《유》재직

재기(在職). holding office 하다

재기(才氣)명 재치가 있어 훌륭히 일을 해내는 정신 능력. 뛰어난 기지(機智). talent

재기(才器)명 재국(才局).

재:기(再起)명 다시 일어남. recovery 하다

재:기 불능(再起不能)명 다시 일어날 힘이 없음. be disabled for active service

재:-기소(再起訴)명 〈법률〉형사 소송법상 공소를 취소한 후, 동일 사건에 대하여 일정한 사유가 있을 경우에 한하여 재차 공소를 제기하는 일. 《약》재소(再訴)②.

재:-기중(在其中)명 그 가운데에 있음. be in it

재깍명 일을 닥치는 대로 시원스럽게 빨리 해내는 모양. 《큰》제꺽. promptly

재깍튀 ①단단한 물건이 갑자기 맞부딪치거나 부러지는 소리. with crack ②시계의 톱니바퀴가 돌아가는 소리. 《큰》제꺽. 《센》째깍. tick-tock 하다

재깍-거리다자타 연해 재깍 소리가 나다. 또, 연해 재깍 소리를 내게 하다. 《큰》제꺽거리다. 《센》째깍거리다. **재깍-재깍**튀 하다

재깍-재깍튀 어떤 일이든 닥치는 대로 재빨리 해내는 모양. 《큰》제꺽제꺽.

재깔-거리다자 연이어 재깔이다. 《큰》지껄거리다. **재깔-재깔**튀 하다

재깔-이다자 나직한 목소리로 조금 떠들썩하게 이야기하나. 《큰》지껄이다. chatter

재깔-하다〔여〕형 재깔거리어 시끄럽다. 《큰》지껄하다

재:-나다(在一)자 물건이나 돈의 나머지가 생기다.

재:-나다(在一)자 초상계(初喪契)에서 곗돈을 배어 상사(喪事)가 나다.

재난(災難)명 뜻밖에 일어난 불행한 일. 액난(厄難). 앙구. 화해(禍害). disaster

재:내(在內)명 안에 있음. 하다

재:넘이명 산에서 내리 부는 바람. mountain wind

재녀(才女)명 재주가 있는 여자. 재원(才媛). 《대》재사(才士). talented woman

재년(災年)명 ①재앙이 심한 해. unfortunate year ②흉년(凶年).

재는 넘을수록 험하고 내는 건널수록 깊다속 일이 되어 갈수록 더 어려워진다.

재능(才能)명 재주와 능력. 일을 해내는 힘. 《유》재간(才幹) 능(能). talent

재:-다타 ①물건의 길이를 자 따위로 헤아리다. ¶키를 ~. measure ②일을의 앞뒤를 헤아리다. consider ③총에 탄환이나 화약을 넣다. ¶총알을 ~. charge ④뒤를 밟아서 몰래 실정을 알아보다. ¶뒤를 ~. inspect secretly ⑤재가 차다. 잘난 체하고 으스대다.

재:-다타 ①《약》재우다. ②《약》쟁이다.

재:-다(再)형 ①동작이 날쌔고 재빠르다. ¶몸이 ~. ②온도에 대한 감응성(感應性)이 예민하다. ③손이 ~. ③입을 가볍게 놀리다. ¶입이 ~. quick

재단(財團)명 〈법률〉일정한 목적을 위하여 결합된 재산의 집단. 《대》사단(社團). foundation 《약》재단 법인.

재단(裁斷)명 ①옷감을 마름. cutting 《결》②. 하다

재단(齋壇)명 ①하늘을 제사하는 곳. ②중이나 도사(道士)가 경문(經文)을 외면서 신불(神佛)을 제사하는 곳. 《cutting machine》 altar

재단-기(裁斷機)명 종이·옷감 따위를 자르는 기계.

재단 법인(財團法人)명 〈법률〉일정한 목적에 제공된 재산을 기초로 만들어진 공익 법인. 《약》재단(財團)②. foundation juridical person

재단-사(裁斷師)명 재단을 전문으로 하는 사람. cutter

재단 저:당(財團抵當)명 〈법률〉일정한 기업용 재산을 일괄하여 단일체(單一體)로 하고, 그 위에 저당권을 설정하는 제도.

재단 채:권(─權)〔財團債權〕명 〈법률〉파산 재단으로부터 파산 채권자에 우선하여, 파산 절차에 의하지 않고 변제(辨濟)받을 수 있는 청구권. 〔sm 하다

재담(才談)명 재치있게 하는 재미스러운 말. wittici-

재:-당숙(再堂叔)명 《동》재종숙(再從叔).

재:-당숙모(再堂叔母)명 《동》재종숙모(再從叔母).

재:-당질(再堂姪)명 《동》재종질(再從姪).

재:-당질녀(再堂姪女)명 《동》재종질녀(再從姪女).

재:-당질부(再堂姪婦)명 《동》재종질부(再從姪婦).

재:-당질서(再堂姪壻)명 《동》재종질서(再從姪壻).

재:덕(才德)명 재주와 덕행(德行). talent and virtue

재덕 겸비(才德兼備)명 재주와 덕망을 다 갖춤. both talented and virtuous

재:도(再度)명 두 번. 재차(再次). 《중》.

재:도감(齋都監)명 〈불교〉재올리는 것을 감독하는

재:독(再讀)명 두 번째 읽음. reading again 하다

재:-돌입(再突入)명 ①한 번 돌입했다가 물러난 뒤에 다시 돌입하는 일. ②우주선 등이 한 번 대기권 밖으로 나갔다가 다시 대기권 안으로 돌아오는 일. 하다

재동(才童)명 재주가 있는 아이. clever child

재:-두루미〈조류〉두루미과의 새. 날개 길이 50~60 cm 로 온몸이 회흑색이며 얼굴과 이마에는 털이 없고 적색임. 10월에 날아와 논·연못·냇가에 떼를 지어 서식함. 창계(鶬鷄)②. white-naped crane

재:-떨이명 담뱃재를 떠는 그릇.

재떨이와 부자는 모일수록 더럽다속 재물이 많으면 많을수록 마음씨가 더 인색해진다.

재랄명(하다자) 변덕을 부리는 짓의 욕. 《큰》지랄. changeable mind 하다

재:래(在來)명 그 전부터 있어 옴. 《대》외래. ordinary

재:래(再來)명 두 번째 옴. second coming 하다

재래(齋來)명 어떠한 현상이나 결과를 가져 옴. bringing about 하다

재:래-식(在來式)명 그 전부터 행하여 오던 법식(法式) 또는 방식(方式).

재:래-종(在來種)명 어떤 지방에서 오랫동안 사양(飼養) 또는 재배되어, 다른 지방의 가축·작물 등과 교배한 일이 없이 그 지방의 풍토에 적응한 종자. 재래씨. 《유》본종(本種). 《대》개량종. 외래종. native kind

재략(才略)명 ①재지(才智)와 책략(策略). resources ②재주가 있는 꾀. tactful plan

재량(才量)명 재주와 도량(度量). ability and generosity

재량(裁量)명 자기의 의견에 따라 짐작하여 헤아림. 재작(裁酌). 재탁(裁度). discretion 《약》~자유 재량(裁量). 《量. 하다

재량(載量)명 ①동을 적재량(積載量).

재량 변:호(裁量辯護)명 〈법률〉법원에서 자유 재량에 의하여 직권으로 선임하는 변호인의 변호.

재량 처:분(裁量處分)명 〈법률〉행정청의 자유 재량에 속하는 법위 안에서 행하는 행정 처분. 《대》기속 처분(羈束處分). discretional disposition 하다

재력(才力)명 재주와 능력(能力). ability

재력(財力)명 ①재물의 힘. 금력(金力). financial power ②비용을 부담할 수 있는 경제적인 힘. 분한(分限)③. competence

재:련(再鍊)명 ①쇠불이·목재 따위를 두 번째 다듬. reforging ②〈건축〉목석재(木石材)를 두 번째 다듬는 치련(治鍊). second facing 하다

재:련-질(再鍊─)명 ①초벌에 깎아 낸 나무의 면을 다시 곱게 깎는 일. 재벌질(再─)②. second planing

재:렬(宰列)명 《원》→재열.

재:렴(再鹽)명 《원》→재염(再鹽).

재령(材齡)명 회석물(灰石物)이나 콩물로 만든 뒤로 얼마의 지나간 햇수.

재:록(再錄)명 다시 수록(收錄)함. recording again

재:록(載錄)명 책 따위에 실어 올림. 하다

재록-신(財祿神)명 〈민속〉사람의 재물을 맡은 신. 《약》재신(財神).

재:론(再論)명 다시 논함. ¶~할 여지가 없다. 하다

재롱(才弄)명 어린아이의 슬기로운 말과 귀여운 짓. sweet performances of a baby 스럽다 스레 「baby

재롱-둥이(←才弄童─)명 재롱스러운 어린아이. sweet

재롱떨다
재롱−떨−다(才弄─)재롭타 통 재롱부리다.
재롱−받이[─바지](才弄─)명 재롱을 받아 주는 일. playing with baby
재롱−부리다(才弄─)자 어린아이가 재롱스러운 짓을 하다. 재롱떨다. do cute things
재료(材料)명 ①물건을 만드는 감. ②일을 할 거리. ③예술적 표현의 제재(題材). material
재료−미(材料美)명 재료 그대로의 미(美).
재료−비(材料費)명 제품 생산에 소비되는 물적 재료의 비용.
재료 역학(材料力學)명 기계·건축물·교량 따위의 구조물을 형성하는 재료의 응력·충격·경도 따위를 연구하는 역학의 한 부문. mechanics of material
재:류(在留)명 ①한동안 머물러 있음. residing ②외국에 가서 한동안 머물러 있음. staying abroad −하다
재:류−민(在留民)명 외국에 머무르는 자국민. 거류민 (居留民).
재리명 얼음 위에 넘어질 위험을 막기 위해서 나막신 굽에 박는 큰 징. hobnail
재:리명 ①나이가 어린 땅군. young snake charmer ②[속] 인색한 사람을 욕하는 말. miser
재리(才吏)명 수완이 있는 관리. capable official
재리(財利)명 재물과 이익. property and profit
재:림(再臨)명 ①두 번째 옴. reincarnation ②<기독> 예수교에서, 때가 이르면 다시 인간을 심판하러 예수가 이 세상에 내려오리라는 말. 재래(再來). Second Advent −하다
재:망(才望)명 재주와 명망. 재명(才名). talent and fame
재:매(再賣)명 한 번 판 것을 무르지 않고 다른 데로 다시 팖. resale −하다
재면(材面)명 재목의 앞면. front side of timber
재:명(才名)명 재망(才望).
재:−명년(再明年)명 동 후년(後年).
재:−명일(再明日)명 모레. 글피. the day after tomorrow
재모(才貌)명 재주와 얼굴 생김새. talent and countenance
재목(材木)명 ①건축이나 토목 또는 기구 등의 재료로 쓰는 나무. wood ②어떤 지위에 합당한 인물. competent man
재목(宰木)명 동 구목(丘木).
재목−상(材木商)명 재목을 사고 파는 장사. 또, 그 장수. 목상(木商). timber-business
재무(財務)명 재정에 관한 사무. ¶〜 관리(官吏). financial affairs 〜자. financial officer
재무−관(財務官)명 관청의 재무에 관한 사무의 책임자.
재무−부(財務部)명 재정·통화·금융 및 세제(稅制)에 관한 사무를 맡은 행정 각부의 하나.
재무−비(財務費)명 <경제> 공공 수입(公共收入)으로 는데 관련하여 발생하는 비용, 재정의 운영 및 국유 재산의 관리를 위한 경비. 곧, 경영비·납입비·징세비 등.
재:−무장(再武裝)명 무장을 해제했던 군대가 다시 무장함. rearmament −하다
재무 제표(財務諸表)명 <경제> 기업 활동의 세산과 결과를 이해 관계가 있는 사람에게 보고할 목적으로 작성하는 각종 계산서. 곧, 대차 대조표·손익 계산서 따위. financial statements
재−무진동(─銅)명 <광물> 갯빛의 가루로 된 무진동.
재무 행정(財務行政)명 <경제> 재정에 관한 행정. financial administration
재문(才門)명 대대로 재주가 있는 집안. family of ability
재:−문(在文)명 셈하고 남은 돈. 재전(在錢).
재물−떡명 <민속> 무당이 굿에 쓰고 남은 떡.
재물(才物)명 재주 있는 사람. man of talent
재:물(在物)명 있는 물건. existing articles
재물(財物)명 ①돈이나 그 밖의 값나가는 물건. property ②<법> 재산권의 객체가 되는 유체물. 재화(財貨)①.
재미명 ①아기자기하게 즐거운 맛. 낙(樂). good taste ②흥미(興味). 미도(美道). interest ③형편. ¶〜가 어떻습니까? circumstances ④일이 퍽 잘 됨. ¶결과가 〜없다. fine ⑤이익이 됨. 벌이가 됨. 자미(滋味). ¶그 장사에 〜을 보았다. profitableness 스러〜 스레〜

재봉사
재:미(在美)명 미국에 재류하고 있음. ¶〜 유학생. in America
재미(齋米)명 <불교> 중에게 주는 쌀. rice given to priest ¶주 〜를 당기하다가 공복을 당하다.
재미나는 골에 범 난다족담 남몰래 재미를 붙이러 자주 다니면 큰 화를 당한다.
재미−나다자 아기자기한 맛이 나다.
재미−없다형 ①아기자기한 맛이 없다. ②좋은 결과를 볼 수 없다. 신상에 해롭다. ¶너 그러면 〜.
재미−있다형 아기자기한 맛이 있다. interesting
재미−중(齋米─)명 동 동냥중.
재:민(在民)명 국민에게 있음. ¶주권(主權)〜.
재:민(災民)명 <이제 막>(罹災民).
재−바닥<광물> ①광맥의 윗부분에 있던 광석이 중단되고, 다시 아랫 부분에서 광석이 나올 때에 그 광맥의 아랫 부분. ②갯벌을 떤 사금(砂金)의 바닥.
재−바닥−짚−다<광물> 재바닥의 광맥을 따라서 파들어가다.
재−바르−다재바르르 형 재치 있고 빠르다. 선 재빠르다.
재:발(再發)명 ①다시 일어남. 다시 발생함. relapse ②두 번째 발송하는. sending again −하다
재:발견(再發見)명 다시 발견함. ¶한국의 고유미를 〜하다. rediscovery −하다 「'扌'의 이름. 제수변.
재방−변(才傍邊)명 한자 부수의 하나. '打'·'拔' 등의
재−방어(─魴魚)<어류> 동갈삼치과의 바닷물고기. 몸은 삼치와 비슷하나 무명한 반문이 없고 혀 밑에 이가 있음. 몸 길이 2m 가량으로, 삼치보다 맛이 좋음.
재:배(再拜)명 ①두 번 절함. 또, 그 절. bowing twice ②편지 끝에 쓰는 말. yours respectfully −하다
재배(栽培)명 초목을 심어서 기름. 배재(培栽). cultivation −하다
재:−배당(再配當)명 회사가 특별한 이익을 올렸을 때, 보통의 배당 이외로 주는 배당. 「−하다
재:−배열(再配列)명 다시 벌여 놓음. rearrangement
재:−배치(再配置)명 다시 배치함. −하다
재백(財帛)명 재화와 포백(布帛). property and cloth
재−백궁(財帛宮)명 <민속> 십이궁(十二宮)의 하나. 재물에 관한 운수를 보는 기본 자리.
재:−번(再燔)명 도자기를 두 번 구움. second baking of porcelains −하다
재벌(財閥)명 ①재계(財界)에 있어서 가장 세력이 강한 자본가·기업가의 무리. 또는 대자본가의 일가나 친척으로 된 투자 기구(投資機構). financial clique ②<경제> 콘체른(Konzern).
재:−벌(再─)명 ①한 일을 다시 한 번 더하는 일. doing again ②동 재련질(再鍊─). −하다
재:범(再犯)명 동 누범(累犯).
재:−벽(再壁)명 <건축>초벽을 바른 위에 그것이 마르면 다시 바르는 일. refacing −하다
지:벽(고) 조약돌.
재변(才辯)명 재치 있게 잘 하는 말. witty talk
재변(災變)명 재앙으로 인하여 생기는 변고. natural calamity
재:−보(再報)명 두 번째 알림. reporting again −하다
재보(財寶)명 보배로운 재물. treasures
재:−보:시(財布施)명 <불교> 중이나 가난한 사람에게 재물을 주는. 「로 주는 돈.
재:−보:시(齋布施)명 <불교> 재(齋)를 치른 뒤에 사례
재:−보:험(再保險)명 <경제> 보험자가 피보험자에 대하여 계약상의 책임을, 다시 다른 보험자에게 보험하는 계약. reinsurance −하다
재:−복무(再服務)명 일정한 병역 의무를 마친 사람이 다시 군인으로 복무함. 재복역(再服役). reenlistment −하다
재:−복역(再服役)명 병역(兵役)이나 징역(懲役)에 다시 복역하는 일. 재복무. 〜역(再役). −하다
재봉(裁縫)명 옷감 따위를 말라서 바느질함. sewing
재봉−기(裁縫機)명 동 재봉틀. 「−하다
재봉−사(裁縫師)명 재봉을 전문으로 하는 사람. tailor

재:=봉춘(再逢春)[명] ①음력으로 일 년 동안에 입춘이 두 번 듦. ②불운한 처지에 놓였던 사람이 다시 행복을 찾음. lucky turn of one's life 하다

재봉=침(裁縫針)[명] (동) 재봉 바늘.

재봉=틀(裁縫─)[명] 가죽·피륙·종이 따위를 바느질하는 기계. 재봉기. 재봉침.

재=부족(不不足)[명] 재주와 능력이 모자람. 하다

재분(才分)[명] 재주의 정도. ability

재=분배(再分配)[명] 이미 분배한 것을 다시 분배함.

재=분할(再分割)[명] 다시 분할함. 하다

재블린(javelin)[명] ①경기 용구(競技用具)의 하나. 끝에 날카로운 쇠붙이가 달린 나무로 만든 투척용(投擲用)의 창. ②(동) 투창(投槍).

재=빠르다[르르] (쎈)→재바르다.

재=빼기[명] 재(嶺)의 꼭대기. top of ridge

재사(才士)[명] 재주가 많은 남자. 재자(才子). (데) 재녀(才女). man of talent

재사(才思)[명] 재치 있게 계책을 세우는 생각. tactful idea 하다 스뎅 스레기

재:사(在社)[명] 회사에 근무하고 있음. 하다

재:사(再思)[명] 두 번 생각함. reconsideration 하다

재:삭(再削)[명] (동) 되깎이.

재산(財産)[명] 개인·가정·단체가 소유하는 재물. 천량. 자산①. (약) 재(財)①. fortune ②(법률) 금전상의 가치가 있는 유형·무형의 것의 일체. property

재산=가(財産家)[명] 재산이 많은 사람. man of wealth

재산 감정(財産鑑定)[명] (경제) 부기에 있어서의 재산과 부채의 감정.

재산 계:정(財産計定)[명] (경제) 부기에서, 재산과 부채에 관한 계정. assets and liabilities account

재산 관:리인(財産管理人)[명] (법률) 타인 곧, 파산재단 또는 화의(和議) 수속 중의 채무자의 재산을 관리하는 사람. administrator of property

재산=권(財産權)[─꿘][명] (법률) 금전상의 가치가 있는 사권(私權). 곧, 물권(物權)·채권(債權)·특권(特權)의 세 가지가 있음. (데) 신분권(身分權). right of property

재산 목록(財産目錄)[명] ①사인(私人)에 딸린 금전상 가격이 있는 모든 재산의 목록. inventory of properties ②(법률) 상업 장부의 하나.

재산=법[─뻡](財産法)[명] (법률) 사법 중 재산의 지배 및 거래에 관한 법규의 총칭. 민법의 물권법·채권법과 상법. (데) 신분법.

재산 분여(財産分與)[명] 이혼할 경우에 당사자의 일방(一方)이 타방(他方)에 대하여 재산을 분여하는 일. distribution of property

재산 상속(財産相續)[명] (법률) 상속 제도에 있어서 적극 재산뿐 아니라 소극 재산까지를 포함하는 사산상의 지위 상속. (데) 신분 상속. succession to property

재산=세[─쎄](財産稅)[명] (법률) 재산에 과해지는 세. 상속세 따위. 자산세(資産稅). property tax

재산 소:득(財産所得)[명] (경제) 재산을 이용하여 생기는 지대(地代)·이자(利子) 따위 소득. property income

재산 압류(財産押留)[명] (법률) ①채권자가 국가의 공력(公力)을 빌려 채무자의 재산을 차압하는 일. attachment of property ②일반 국민이 납세 의무를 이행하지 아니하였을 때 국가 또는 자치 단체가 그 사람의 재산을 차압하는 일.

재산 제:도(財産制度)[명] (법률) 재산의 소유 및 처분 방법에 관한 국가의 제도. 개인의 재산을 보호하는 규정. property system

재산 출자[─짜](財産出資)[명] 금전이나 그 밖의 물건 또는 채권 따위의 재산으로 하는 출자.

재산=형(財産刑)[명] (법률) 재산의 박탈을 내용으로 하는 형벌. 벌금·과료·몰수 따위. pecuniary punishment

재살(宰殺)[명] 가축을 잡아 죽임. 하다

재:삼(再三)[부] 두세 번. 여러 번. again and again

재:삼재:사(再三再四)[부] 가끔. 몇 번씩. 거듭거듭. 지재 지상. again and again

재:상(在喪)[명] 어버이의 상중에 있음. being in mourning

재상(災祥)[명] 재앙과 복됨. disaster and blessing

재상(災傷)[명] 바람·큰물·가뭄·서리 등의 천재로 농작물이 입는 해. (약) 제(災). damage from calamity

재:상(宰相)[명] ①2품(二品) 이상의 버슬. 경재(卿宰). 재신(宰臣). 중당(中堂)②. (공) 상공(相公). minister (동) 수상(首相)②.

재상 분명(財上分明)[명] 돈을 주고받는 데 조금도 흐리터분한 마음이 없음. clear in money matters

재=색(才色)[명] 여자의 재주와 용모. 고운 얼굴. wit and beauty

재=색(財色)[명] 재물과 계집. 화색(貨色). property

재:생(再生)[명] ①죽게 되었다가 되살아남. 갱생(更生). resuscitation ②(민속) 사후에 흔히 다른 육체 속에서 다시 생활을 시작함. reincarnation ③신앙에 들어가 새 생활을 시작함. rebirth ④버리게 된 물건을 다시 쓰게 만듦. reclamation ⑤(심리) 한 번 겪은 내용을 어떤 기회에 다시 나타냄. 재현(再現)②. ⑥(생리) 상실된 생물체의 일부가 다시 자라나는 현상. regeneration ⑦(녹음)·녹화한 음성, 영상 등을 다시 들려 주거나 보여 주는 일. ¶ ~ 녹음 방송. reproduction 하다자타

재생(齋生)[명] (약)→거재 유생(居齋儒生).

재:생 고무(再生 gomme)[명] 낡은 고무를 부수어 약품을 가하고 가열하여 다시 만든 고무. 갱생 고무. reclaimed rubber

재생=명(哉生明)[명] 음력 초사흗날을 이르는 말로, 달의 밝은 부분이 처음 생긴다는 뜻.

재:생=모(再生毛)[명] 버리게 된 털을 손질하여 원모(原毛)처럼 만든 것. reclaimed hair

재생=백(哉生魄)[명] 음력 열엿샛날을 이르는 말로, 달의 검은 부분이 처음 생긴다는 뜻.

재:=생산(再生産)[명] (경제) 물질적 생산 수단의 생산이 다시 되풀이되는 현상으로 단순 재생산과 확장 재생산이 있음. reproduction 하다타 ¶질.

재:생=성[─쎙](再生性)[명] 다시 살려 쓸 수 있는 성질.

재:생 에너지(再生 energy)[명] 소비(消費)되어도 무한에 가깝도록 다시 공급되는 에너지. 태양·풍력(風力)·지열(地熱) 등의 자연 에너지나 알코올·광합성(光合性) 등의 식물(植物) 에너지 같은 것.

재:생=지(再生紙)[명] 헌 종이를 풀어 녹여서 다시 뜬 종이. ¶예. owing, person one's life

재:생지=은(再生之恩)[명] 죽게 된 경우에 살려 준 은혜.

재:생지=인(再生之人)[명] 죽을 고비를 지내고 난 사람. man returned to life

재:생=품(再生品)[명] 재생한 물품.

재서(才諝)[명] (동) 재지(才智).

재:석(在昔)[명] 옛적. ancient time

재:석(在席)[명] ①자리에 있음. ②회의의 표결시에 자리에 있음. ¶ ~ 의원(議員). presence

재:석=원(在席員)[명] 자리에 있는 인원.

재:선(再選)[명] ①두 번째의 선거. second election ②두 번 뽑힘. re-election ③다시 뽑음. (데) 초선(初選). re-election 하다자

재:=선:거(再選擧)[명] ①선거의 일부나 전부가 무효라는 판결을 받았을 때 다시 하는 선거. ②당선인이 임기 개시 전에 사망하거나 당선을 사퇴할 때 다시 하는 선거. re-election 하다 again

재:설(再說)[명] 한 이야기를 다시 말함. explaining

재성(裁成)[명] 말라서 만듦. making

재:성=장(再成醬)[명] 간장을 떠낸 후 다시 그 된장에 물을 부어 우린 장.

재:세(在世)[명] ①세상에 살아 있을 동안. in life ②세상에 살아 있음. living 하다자

재:소(再訴)[명] (법률) ①한 번 취하였거나 각하당한 소송을 다시 기소함. prosecute again ②(약)→재기소(再起訴). 하다타

재소(齋所) ①재계(齋戒)를 하는 곳. ②〈불교〉재를 올리는 곳.
재=소나면(在所難免) 면하기 어려움.
재=소자(在所者) 어떤 곳에 있는 사람. members
 ②〈불교〉재 감수자(在監者).
재:속(在俗) 〈불교〉출가(出家)하지 않고 속체(俗體)로 있음. 또, 그 사람. 재가(在家)②.
재:송(再送) ①다시 보냄. resend ②〈약〉→재송 전보. 하타
재:송(載送) 물건을 실어 보냄. 장발(裝發). ship-
재:송 전:보(再送電報) 수신인의 주소가 바뀌었을 때 수신인의 착신국(着信局)에 대한 청구에 의하여 그 전보를 새 주소로 다시 보내 주는 특별 전보의 하나. 〈약〉재송(再送)②. retransmitted telegram
재:수(在囚) 감옥 안에 있음. in prison
재:수(再修) 한 번 배웠던 과정을 다시 공부하는 일. [하타
재수(財數) 재물에 대한 운수. luck
재수가 불 일듯하다 재수가 좋아서 썩 잘 되어서다.
재수가 옴 붙듯하다 재수가 아주 없다.
재수 발원(財數發願) 〈불교〉부처에게 재수가 있기를 비는 것.
재수=변(才手邊) 〈동〉재방변(才傍邊).
재수 불공(財數佛供) 〈불교〉부처에게 재수 있으로 올리는 불공. 하타
재:수=생(再修生) 재수하는 학생.
재:=수술(再手術) 수술의 결과가 좋지 못해서 다시 하는 수술. reoperation 하타
재:=수습(再收拾) 다시 수습함. 하타
재:=수입(再輸入) 수출하였던 것을 다시 수입함. 〈대〉재수출(再輸出). reimportation 하타
재:=수출(再輸出) 수입하였던 것을 다시 수출함. 〈대〉재수입(再輸入). reexportation 하타
재:숙(再宿) 이틀 밤을 묵음. 두 밤 쉼. stay second night 하타
재:순(再巡) ①두 번째 도는 차례. second round ②두 번째 쏘는 활의 차례. 재회(再回).
재술(才術) 재주와 꾀. talent and learning
재스민(jasmine) ①〈식물〉목서과(木犀科) 재스민속에 속하는 식물의 총칭. 황색·백색 등의 꽃이 피어 특유한 향내가 남. 열대·아열대에 분포함. ②재스민의 꽃에서 얻은 향유(香油).
재=승=덕(才勝德) 재주가 덕보다 뛰어남. 하타
재승 덕박(才勝德薄) 재주는 많아도 덕이 적음. superior talents and inferior virtue 하타
재시(財施) 〈불교〉재산과 일을 것과 먹을 것을 베푸는 삼시(三施)의 하나. [하타
재:=시:공(再施工) 한 번 시공한 것을 다시 시공함.
재:=시:험(再試驗) ①시험을 두 번 치름. ②일정한 검수에 미치지 못한 사람에게 다시 보이는 시험. reexamination 하타
재식(才識) 재주와 식견. talent and discrimination
재식(栽植) 식물을 심음. planting 하타
재신(宰臣) 〈동〉재상(宰相)①.
재:=실(再室) ①다시 얻은 아내. one's second wife ②남은 집을 헐어 낸, 헌 재목으로 지은 집. house built of old timber
재실(災實) 재앙으로 말미암아 해를 입는 사실.
재실(梓室) 〈제도〉왕세자의 관(棺). coffin of prince
재실(齋室) ①〈제도〉능(陵)·묘(廟)의 제사 지내기 전의 각. 재전(齋殿). ②〈제도〉유생(儒生)들이 공부하는 집. ③무덤·사당 옆에 제사지내려고 지은 집. 제각(齋閣) 재궁(齋宮)②.
재:=심(再審) ①한 번 심리(審理)한 사건을 다시 심리함. reexamination ②〈동〉제이심(第二審).
재:=심사(再審査) 한 번 심사한 일을 다시 심사함. rejudging 하타
재앙(災殃) 천변 지이(天變地異) 따위로 말미암은 온갖 불행한 일. 앙재. 환란(患亂). misfortune due to calamity

재액(災厄) 재앙과 액운. 〈약〉(災). disaster
재:야(在野) ①초야(草野)에 파묻혀 있음. ②관계(官界)에 나가지 아니하고 민간에 있음. 〈대〉재조(在朝). ③정당이 정권을 잡지 못하고 야당의 입장에 있는 일. out of office 하타
재:=야당(在野黨) 〈동〉야당(野黨).
재:약-하다(一藥一)타여 총이나 포(砲)에 화약을 재다. charge
재:양(載陽) 명주나 모시 따위를 빤 뒤에 풀을 먹여서 반반하게 펴서 말리는 일. 〈약〉쟁.
재양²(載陽) 절기가 비로소 따뜻해짐. becoming warm 하타
재:양-치-다(載陽一)타 명주나 모시 따위를 풀을 먹여서 반반하게 펴서 말리거나 다리다. 〈약〉쟁이다. starch and full silk cloth
재:양-틀(載陽一) 재양치는 데 쓰는 기구. 〈약〉쟁틀. instruments for starching and fulling
재:양-판(載陽板) 재양치는 데 쓰는 널조각. 〈약〉쟁판.
재억(裁抑) 제제(制裁)하고 억누름. restraint 하타
재:언(才彦) 재능이 남보다 뛰어난 사람. prominent man
재:언(再言) 다시 말함. ¶~의 여지가 없다. saying again 하타
재:역(再役) 〈약〉→재복역.
직:역(古) 조약돌. →지벽.
재:연(再演) ①다시 상연함. represent ②한 번 행하였던 일을 다시 되풀이함. 하타
재:연(再燃) ①꺼졌던 불이 다시 탐. reinflame ②그치었던 일이 다시 떠들고 일어남. revival 하타
재:열(宰列) 재상의 반열(班列). 〈원〉재렬(宰列).
재:염(再鹽) 천일염을 물에 풀어서 다시 고아 만든 소금. 재제염. 재:영(在營) 〈군사〉병역으로 군영(軍營)에 들어가 있음. 또, 그 동안. be in the army
재예(才藝) 재능과 기예. talent and accomplishment
재:옥(在獄) 감옥에 갇히어 있음. be in prison
재-올리-다(齋一)타 〈불교〉명복을 빌기 위하여 불전에 공양하다.
재완(才腕) 재능 있는 수완(手腕). ability
재:외(在外) 외국에 있음. ¶~ 교포(僑胞). resident abroad
재:외 공관(在外公館) 외국에 설치하는 대사관·공사관·총영사관·영사관 등의 총칭. diplomatic missions abroad
재:외 자:산(在外資産) 외국에 있는 자산. overseas assets
재:외 정:화(在外正貨) 〈경제〉정부나 중앙 은행이 국체 대차 결제의 목적으로 외국에 보관하는 정화.
재요(災妖) 재앙과 요괴(妖怪). specie abroad
재욕(財慾) 재물에 대한 욕심. desire for wealth
재용(財用) 재물의 사용.
재우 매우 재게. promptly
재:우(再虞) 장사하신 뒤에 두 번째 지내는 제사.
재우-다 ①잠이 들게 하다. ¶찜을 ~. make one sleep ②남을 자기 집이나 여관에 잠재우다. 〈약〉재나①. lodge
재우-다 거름을 잘 썩도록 손질하다.
재-우럭기(어류) 천징어과의 바닷물고기. 몸 길이 30cm 가량으로 몸 빛은 암회갈색 바탕에 옆구리에 흑갈색의 가로 띠가 있음. 맛이 좋음. rockfish
재우-치-다타 동작을 빨리 하여 몰아치다. 재촉하다.
재운(財運) 재물을 모을 운수. [do promptly
재원(財源) 〈동〉재녀(才女).
재원(財源) ①재물의 근원. source of revenue ②지출하는 돈의 출처(出處). funds
재:위(在位) 임금의 자리에 있음. 또, 그 동안. 어극(御極)②. on the throne 하타 [청함. 하타
재:유(再由) 관원이 사가(賜暇)의 연기를 두 번째 유(再由)
재유(齋儒) 〈동〉→재실유(齋室儒).
재:=음미(再吟味) 다시 음미함. 하타
재:의(再議) ①거듭 의논함. 두 번째 심의함. 또,

그 의논이나 심의. reconsideration ②번 결정한 사항을 같은 기관이 다시 심의하여 재차 의결하는 일. 하다

재이(災異)[명] ①재앙이 되는 이상 야릇한 일. omen of misfortune ②천재(天災)와 지이(地異). disaster

재인(才人)[명] 〈제도〉재주를 넘는 광대. acrobat ②재주 또는 시문(詩文)에 뛰어난 사람. talented man

재:인(再認)[명] ①(약)→재인식(再認識). ②〈심리〉어떤 인상을 지각(知覺)할 때, 그 인상에 기지(旣知)의 감정이나 이미 경험하였다고 하는 인정이 수반하는 경우의 심리 작용. reperception 하다

재인(人人)[명] 백장.

재:인식(再認識)[명] 다시 인식함. 《약》재인①. new understanding 하다

재일(在日)[명] 일본에 있음. ¶~ 교포. in Japan

재일(齋日)[명] 재계(齋戒)하는 날. ②〈기독〉대소재(大小齋)를 지키는 날.

재:일차(再一次)[명] 다시 또 한 번. once again

재:임(再任)[명] 같은 관직(官職)에 두 번째 나감. reappointment 하다

재임(在任)[명] 직무에 있음. 또는 그 자리에 있는 동안. 《참》재직(在職). 《대》퇴직(退職). in office 하다

재임(齋任)[명] 〈제도〉사학(四學)·성균관(成均館)·향교(鄕校) 등에 기숙하던 유생. 곧, 거재 유생(居齋儒生)의 임원.

재:입(再入)[명] ①다시 넣음. put in again ②모임에 다시 들어감. reenter 하다

재자(才子)[명] 재주 있는 젊은 남자. 《대》재원(才媛). 「man of talent

재자 가인(才子佳人)[명] 재주 있는 남자와 아름다운 여자. wit and beauty

재자=거리-다[자] 끊임없이 잇달아 지저귀다. 《큰》지저거리다. 재자<재자[부] 하다

재자 다병(才子多病)[명] 재자는 병을 잦음.

재:작(再昨)[명] 《약》→재작년. 재작일.

재작(裁作)[명] ①옷 같은 것을 말라서 만듦. ②짐작하여 만듦. discretion 하다

재작(裁酌)[명] 《동》재량(裁量)①. 하다

재:-작년(再昨年)[명] 그러께. 지지난 해. 《약》재작(再昨). the year before last

재:-일(再昨日)[명] 그저께. 《약》재작(再昨). the day before yesterday

재잘=거리다[자] 빨리 되는 대로 잇달아서 지껄이다. 《큰》지절거리다. chatter 재잘=재잘[부] 하다

재장(齋場)[명] 〈불교〉①재올리는 곳. ②제사 모시는 곳. ③밥 먹는 곳. 「meet face to face again

재:-장구치-다(再-)[자] 두 번째 서로 마주하게 되다.

재장-바르다[형르] 어떤 일을 계획할 때에 좋지 못한 일이 생기다. inauspicious

재:재(在在)[명] 여러 곳. 곳곳. here and there

재:-재개의(再開改議)[명] 회의에서 재개의에 대하여 다시 개의함. 하다

재재=거리-다[자] 수다스럽게 재잘거리다. gabble

재:재 소:소(在所所)[명] 여기저기. 이곳저곳.

재재-하다[형여] 수다스럽게 재잘거리어 어지럽다. noisy

재:적(在籍)[명] ①학적(學籍)에 있음. ②호적(戶籍)에 있음. ③어떤 합의체 따위에 적이 있음. ¶~의 원. registered 하다 「lumber

재적(材積)[명] 목재·석재의 체적(體積). volume of

재:적(載積)[명] 실어 쌓음. lading 하다

재:-전(再煎)[명] 이 번 곤 찌꺼기를 재차 곰. ②[동] 재탕(再湯)①. 하다

재:전(在錢)[명] 셈하고 남은 돈. 재문(在文). change

재전(齋殿)[명] 《동》재실(齋室)①.

재전(齋田)[명] 재꽃논.

재:정(在廷)[명] ①조정(朝廷)에서 일을 함. ②법정에 출두하여 있음. be at the law court 「하다

재:정(再訂)[명] 다시 정정(訂正)함. second revision

재정(財政)[명] 〈경제〉①국가 또는 공공 단체의 그 유지 발전을 위한 경제적 행위. finance ②[동] 금융. 전정(錢政)

재정(裁定)[명] 옳고 그름을 판단하여 결정함. decision

재정-가(財政家)[명] ①재정 사무와 이재(理財)에 밝은 사람. ②재정을 잘 운용하는 사람. financier

재정 경제원(財政經濟院)[명] 〈법률〉예산의 편성 및 집행, 화폐·금융·국채 등 국가 재무와 경제에 관한 사무를 관장하는 중앙 행정 기관. 《약》재경원.

재정 관세(財政關稅)[명] 〈경제〉국가가 국고 수입을 목적으로 부과하는 관세. revenue duties

재정-권(一權)(財政權)[명] 〈법률〉재정의 수입을 위하여 행사하는 국가 권력. financial right

재정 기간(裁定期間)[명] 〈법률〉민사 소송법상의 기간 중에서 그 기간을 법원·재판장 등이 사정(事情)에 따라서 정하는 기간.

재정-난(財政難)[명] 재정이 넉넉하지 못함으로써 생기는 곤란. financial difficulties

재정-범(財政犯)[명] 〈법률〉행정범(行政犯)의 하나로, 재정법상의 의무에 위반하는 행위.

재정-법(一法)(財政法)[명] 〈법률〉①재정에 관한 공법(公法)의 전체. financial law ②헌법에 의거하여 국가의 예산·결산·회계 구분 및 그 밖의 재정의 기본에 관하여 규정한 법률.

재정 보:증(財政保證)[명] 재산을 취급하는 공무원이나 직원이 업무 수행상 고의 또는 과실로 인하여 일정한 손해를 끼쳤을 때에 그 신속한 보상을 하기 위한 재산상의 보증.

재정 보:증인(財政保證人)[명] 재정 보증을 하는 사람.

재정 신청(裁定申請)[명] 〈법률〉고소인·고발인의 의사를 무시하고 검사가 독단적으로 불기소 결정을 내렸을 때에 그 검사 소속의 고등 검찰청에 대응하는 고등 법원에 그 당부(當否)에 관한 재정(裁定)을 신청하는 일.

재정 인플레이션(財政 inflation)[명] 〈경제〉재정상의 적자가 원인이 되어 불환 지폐가 증발(增發)되어 일어나는 물가의 앙등. inflation caused by budgetary deficit

재정 자:금(財政資金)[명] 민간 자금에 대하여 국가 재정의 수입 또는 지출로서 국고(國庫)에서 다루는 자금. financial funds 「유되는 국가의 재산.

재정 재산(財政財産)[명] 단지 경제적 재산으로써만 보

재정-적(財政的)[관] 재정에 관계가 있는(것).

재:정 증인(在廷證人)[명] 〈법률〉법원의 구내(構內)에 있는 증인. 민사 소송법상의 소명(疏明)에 있어서 즉시 조사할 수 있는 증거 방법으로서 필요함. witness in the court

재정 투융자(財政投融資)[명] 〈경제〉국가의 재정 활동으로서, 주택·도로·통신·지역 개발 따위에 돌려지는 투자와 융자의 총칭.

재정-학(財政學)[명] 〈경제〉국가 또는 공공 단체의 경제 행위에 대하여, 그 원리 및 정책을 연구하는 학문. science of finance

재:제(再製)[명] 한 번 만든 것이나 낡아진 것을 다시 가공하여 제품으로 만듦. remanufacture 하다

재:제-염(再製鹽)[명] 《동》재염(再鹽).

재:제-주(再製酒)[명] 양조주나 증류주를 원료로 하여 알코올·당분·향료 등을 혼합하여 빚은 술. 배갈 따위.

재조(才操·才調)[명] 《동》재주(才~). 「의 을 함.

재:조(再祚)[명] 물러난 임금이 다시 임금 자리에 나감.

재:조(再造)[명] 다시 만듦. 《참》중조(重祚).

재:조(在朝)[명] ①조정에서 섬기고 있음. ②벼슬을 살고 있음. 《대》재야(在野)②. in government office

재:조정(再調整)[명] 다시 조정함. 「은혜.

재:조지은(再造之恩)[명] 멸방하려 함을 도와 구해 준

재:-조직(再組織)[명] 다시 조직함. reorganization 하다

재-종(再從)[명] 육촌 형제. 「cousin

재종(材種)[명] 목재(木材)의 종류. 「sinship

재:종-간(再從間)[명] 육촌 형제인 사이. second cou-

재:종 고모(再從姑母)명 아버지의 육촌 누이.
재:종 고모부(再從姑母夫)명 재종 고모의 남편.
재:종 동서(再從同壻)명 ①육촌 자매의 남편의 호칭(互稱). ②재종 형제의 아내의 호칭.
재=종=매(再從妹)명 육촌 누이.
재:종=손(再從孫)명 종형제의 손자.
재:종=수(再從嫂)명 재종형의 아내.
재:종=숙(再從叔)명 아버지의 육촌 형제. 재당숙.
재:종 숙모(再從叔母)명 재종숙의 아내. 재당숙모.
재=종=씨(再從氏)명 ①남에게 자기의 재종형을 일컫는 말. ②[공] 남의 재종형제.
재=종=제(再從弟)명 육촌 아우. second cousin
재:종=조(再從祖)명 할아버지의 종형제. cousin of one's grandfather ⌜one's grandmother
재:종=조모(再從祖母)명 재종조의 아내. cousin of
재:종=질(再從姪)명 육촌 형제의 아들. 재당질. son of one's second cousin
재:종=질녀(再從姪女)명 육촌 형제의 딸. 재당질녀. daughter of one's second cousin
재:종=질부(再從姪婦)명 재종질의 아내. 재당질부.
재=종=질[-씰](再從姪)명 재종질과 재종질녀. 재
재:종=형(再從兄)명 육촌 형. second cousin ⌜당질녀.
재:종 형제(再從兄弟)명 육촌 형제.
재주(才-)명 ①총기가 있고, 무엇을 잘하는 소질. 재조(才操·才調). ②솜씨. talent ③꾀. trick
재:주(在住)명 그 곳에 삶. reside in 하타
재주(再鑄)명 주화(鑄貨)나 주자(鑄字) 따위를 다시 주조함. recasting
재주(財主)명 재산의 임자. 화주(貨主)⓪.
재주(齋主)명 《불교》불공을 드리는 그 주인. person who holds mass ⌜to the at most
재주-껏(才-)부 있는 재주를 다하여. ¶~ 해 보라.
재주-꾼(才-)명 재주가 뛰어난 사람. man of talent
재주-넘-다[-따](才-)자 몸을 날려서 머리와 다리를 거꾸로 하고 재주를. turn a somersault
재주는 곰이 넘고 돈은 호인이 받는다속 힘들여 일한 사람은 따로 있고 그 일에 대한 보수는 다른 사람이 받는다.
재주-롭-다(才-)⑧ᄇ변 재주가 있는 듯하다. clever
재주-부리-다(才-)재 묘한 기술을 동작에 나타내다. exercise one's skill
재주-아치(才-)명《속》재주꾼.
재주-피우-다(才-)자 ①묘한 기술을 생각하여 내다. trying to be clever ②대수롭지 않은 일에 일부러 묘한 솜씨를 나타내다. showing off
재준(才俊)명 재주가 있고 풍채가 뛰어난 사람. 그 사람. man of talent
재:준(再準)명 [동] 재교(再校). 하타
재:중(在中)명 속에 들어 있음. ¶사진 ~. enclosure
재즈(jazz)명 [악]→재즈 음악(jazz音樂).
재즈-곡(jazz曲)명 《음악》 재즈로 된 악곡; 또, 재즈조의 악곡.
재즈-맨(jazz-man)명 재즈의 연주자(演奏者).
재즈 문학(jazz文學) 전통을 이은 본격적인 것이 아니고 재즈 음악과 같이 난잡하게 합부로 된 문학.
재즈 밴드(jazz band)명 《음악》 재즈 음악을 연주하는 악대(樂隊).
재즈송(jazz song)명 재즈를 멜로디로 한 노래.
재즈 음악(jazz音樂)명 《음악》 1914년경 미국의 흑인(黑人)에서부터 일어난 무도 음악(舞蹈音樂)으로 축소(縮小)된 리듬에 의하여 흥을 돋우는 것이 특징임.《약》재즈.
재지(才智)명 재주와 지혜. 재사. talent and wisdom
재지(災地)명 재해(災害)가 일어난 곳. stricken district
재:-지니다(再-)타 두 해 묵어서 세 살이 된 매나 새매. 재진(再陳). ⌜(任). 재근. in office 하타
재:직(在職)명 직장에 직을 두고 있음.《유》재임(在
재질(才質)명 ①재주와 타고난 바탕. ②재능이 있는 자질. talent and nature
재질(材質)명 ①금속·천 등 재료가 갖는 성질(性質). ②목재(木材)의 성질. quality of lumber
재:집(再集)명 두 번째 물려받음. 첩징(疊徵). 하타
재:차(再次)명 두 번째. 두 차례째. 또 다시. 양도(兩度). 재도(再度). second time
재=차비(齋差備)명《불교》재(齋)를 올리는 절차.
재:창(再唱)명 다시 노래 부름. encore 하타
재채기명 코의 신경이 간질간질하다가 기운을 내뿜는 반사 운동. sneeze 하타
재:천(在天)명 ①하늘 위에 있음. 이 세상을 떠나 저 세상에 가 있음. ¶~의 영령(英靈). ②하늘에 달렸음. ¶인명(人命)은 ~이라. in Heaven
재=천명(再闡明)명 다시 드러내어 밝힘. 하타
재:청(再請)명 ①다시 청함. another request ②다른 사람의 동의(動議)에 찬성하는 뜻으로 거듭 청함. request again 하타
재촉[명] ①하는 일을 빨리 하도록 채침. ②받을 것이 있어서 달라고 조름. 최촉(催促). pressing 하타
재최(齋衰)명 '자최(齋衰)'의 잘못. ⌜tion 하타
재:축(再築)명 무너진 건축을 다시 세움. reconstruc-
재:-출발(再出發)명 ①다시 출발함. 고쳐 시작함. ②새로운 계획으로써 일을 다시 시작함. restart, new start 하타 ⌜하타
재:취(再吹)명《제도》행군 때 두 번째 나발을 붊.
재:취(再娶)명 두 번째의 장가. 또, 그 얻은 아내. 계취. 후취. remarriage 하타
재:치명 많은 물건 속에서 가장 낮은 것. lowest thing
재치(才致)명 눈치 빠른 재주. wit
재:침(再侵)명 다시 침범함. 거듭 침략함. second
재칼(jackal)명《동물》개과에 속하는 짐승. 아프리카·아시아의 남방에 사는데 모양은 승냥이와 비슷함.
재킷(jacket)명 ①양복 위에 입는 짧은 상의의 총칭. ②우리 나라에서는, 털실로 짠 소매가 긴 웃옷.
재-타다(齋-)재 젯밥을 받다.
재탁(裁度)명[동] 재량(裁量)①. 하타
재:탄(滓炭)명 잘게 부스러진 숯. dust charcoal
재탄(載炭)명 석탄을 실음. coaling 하타
재:-탈환(再奪還)명 한 번 탈환하였다가 잃었던 것을 빼앗아 도로 찾음. 하타
재:-탕(再湯)명 ①달여서 먹은 약재를 두 번째 달임. 재전(再煎)②. reinfusing ②한 번 써먹은 일·말을 다시 되풀이함. rehash 하타
재:통(再痛)명 나았던 병을 다시 앓게 됨. 하타
재:-투자(再投資)명《경제》단순 재생산을 하기 위하여 투하(投下)되는 자본. 자본의 소모(消耗) 부분을 보충하는 투자.
재-티[명] 불에 탄 재가 바람에 날리는 티끌. dust of ashes
재:판(-板)명 사랑방에 담배 제구·요강·타구 등을 벌여 놓은 널빤지 또는 두꺼운 종이.
재:판(再版)명 ①두 번째로 출판함, 또, 그 책. 《대》초판. reprint ②과거의 어떤 일이 다시 되풀이되는 일. 하타
재판(裁判)명《법률》소송 사건을 법률에 따라 심판함. judgement ②옳고 그름을 살피어 판단함. justice 하타 ⌜판. judge
재판-관(裁判官)명 재판에 관한 사무를 맡아보는 법
재판 관:할(裁判管轄)명《법률》①법원이 소송을 수리 심판(受理審判)할 수 있음이 허용된 범위. ②국제법상 조약에 의하여 국제 사법 재판소가 취급할 수 있는 사건의 범위. jurisdiction
재판-권(裁判權)명《법률》①국가 통치권의 하나인 사법권. ②국가가 법원에 부여한 권한. juris-diction ⌜ten judgement
재판-서(裁判書)명 재판한 내용을 기재한 서류. writ-
재판-소(裁判所)명 ①여러 가지 분쟁에 대하여 재판을 내리는 권한을 가진 기관. court of justice ②《동》법원(法院).
재판-장(裁判長)명《법률》합의제 법원(合議制法院)

에서 합의체를 대표하는 법관(法官). chief judge
재판=적(裁判籍)圀〈법률〉제판 관할을 그 재판을 받는 사람의 견지에서 본 일컬음. address for justice
재판=정(裁判廷)圀〈동〉법정(法廷).
재판 청구권[━━권](裁判請求權)圀〈법률〉헌법에 규정된 국민의 권리의 하나로써 재판을 청구할 수 있는 권리.
재:편(再編)圀〈약〉→재편성(再編成).
재:편성(再編成)圀 편성을 고쳐 다시 함. 〈약〉재편(再編). reorganization 하타
재:=평가[━━가](再評價)圀 ①고치어 다시 평가함. revaluation ②〈약〉→자산 재평가(資産再評價). 하타
재=품(才品)圀 재주와 품격. talent and character
재필(才筆)圀 ①재치가 있는 글씨. brilliant pen ②교묘한 문장. clever style
재:하:도:리(在下道里)圀 웃어른을 섬기는 도리.
재:하:자(在下者)圀 어른을 섬기는 사람. subordinates
재=학(在學)圀 재주와 학문. ability and learning
재=학(在學)圀 학교에 적을 두고 공부함. being in school 하타
재학 겸유(才學兼有)圀 재주와 학식을 다 갖춤. 하타
재=학생(在學生)圀 현재 학교에서 공부하고 있는 학생. students
재할(宰割)圀 일을 주장하여 처리함. control 하타
재=할인(再割引)圀〈경제〉일반 시중 은행에서 할인하여 소유하는 어음을 중앙 은행에서 다시 할인하는 일. rediscount
재:항(在港)圀 배가 항구에 머물러 있음. be in port
재=항(再抗告)圀〈법률〉항고 법원의 결정이 법령에 위배됨을 이유 삼아 다시 그 상급 법원에 항고함. 또, 그 항고.
재=항변(再抗辯)圀〈법률〉피고의 항고에 대하여 원고가 다시 그 이유가 타당하지 않음을 주장하여 제출하는 항변. 하타
재해(災害)圀 재앙으로 인한 해(害). calamity
재해 구:조(災害救助)圀 풍수해(風水害)·지진·해일(海溢)·화재 등 갖가지 비상(非常)의 재해를 입은 사람들을 돕고 보호하는 일.
재해 보:상(災害補償)圀 근로자가 업무상 재해를 입었을 때에 근로 기준법에 의하여 사용자(使用者)가 지불하는 보상. accident compensation
재해 보:험(災害保險)圀 노무자의 업무상의 사유에 의한 질병·부상·폐질 및 사망 등에 대한 사회 보험의 하나. disaster insurance
재해=자(災害者)圀 재해를 입은 사람.
재해=지(災害地)圀 재해를 입은 곳.
재행(再行)圀 혼인한 뒤에 신랑이 처음으로 신부의 집에 감. 하타
재=향(在鄕)圀 향리에 있음. 하타
재:향 군인(在鄕軍人)圀 현역에서 물러나고 고향에 돌아와 있는 군인. veteran
재허(裁許)圀 재결(裁決)하여 허가함. permission 하타
재현(才賢)圀 재주가 뛰어나서 현명함. 또, 그런 사람. talent
재:=현(再現)圀 ①두 번째로 나타남. reappearance ②〈동〉→재생(再生)⑤. 하타
재:혼(再婚)圀 두 번째로 혼인함. 또, 그 혼인. 재가(再嫁). 〈대〉초혼. remarriage 하타
재화(才華)圀 썩 좋은 재주. brilliant talents
재화(災禍)圀 재앙(災殃)과 화난(禍難). calamity
재화(財貨)圀 ①〈동〉재순(財巡). 활용되. 하타
②〈경제〉사람의 욕망을 만족시키는 물질. 1~ 용적(容積). 또는 재(財).goods
재:화(載貨)圀 화물을 차나 배에 실음. 또, 그 화물.
재:화 흘수선[━━쑤━](載貨吃水線)圀 선체(船體) 중앙의 바깥쪽면에 표기한 만재시(滿載時)의 흘수선.
재=확인(再確認)圀 다시 확인함. 다시 다짐함. reaffirmation 하타
재환(災患)圀 재앙과 우환(憂患). misfortune
재:활(再活)圀 ①다시 살림. ②다시 활용함. ③다시 회(會)함.
재:회(再回)圀〈동〉재순(再巡). 활동되. 하타
재:회(再會)圀 두 번째 모임. 다시 만남. 다시 만남. meeting again 하타

재회(齋會)圀〈불교〉①중들이 모여 경을 읽고 불공하여 죽은 사람을 제도(濟度)하는 일. holding mass ②불교를 믿는 남녀가 모여 중을 공양하는 일. 하타
재:=흥(再興)圀 ①다시 일으킴. ②다시 일어남. revival
잭(jack)圀〈공업〉기중기의 하나. 기계를 짜 맞추거나 수리할 때 그것을 들어올리는 기구. ②젊은이. ③트럼프에서, 병사가 그려져 있는 카드의 하나. ④플러그를 꽂아 전기를 접속시키는 장치.
잭=나이프(jackknife)圀 ①해군·선원들이 쓰는 접칼. ②장대 높이뛰기·수영 다이빙의 한 형(型). 다이빙의 경우, 스프링보드를 떠난 순간에는 몸을 세우는 것처럼 구부렸다가 물 속으로 들어가기 직전에 몸을 쭉 펴고 들어감.
진나비[圀]〈남(南)〉원숭이.
잰지[圀]〈조개〉가리비과의 바닷물 조개. 패각은 부채 모양으로 길이 12 cm, 높이 10 cm, 폭 3.5 cm 가량임. 방사상으로 패어 지붕 모양을 이룸. 살은 식용, 패각은 국자를 만듦. scallop
잴:잴[圀]①주책없이 가볍게 행동하는 모양. flippantly ②몸에 지닌 것을 자주 빠뜨리거나 흘리는 모양. (큰)질질. (작)잘잘. (세)쩰쩰.
잼(jam)圀 과실을 설탕에 조려 만든 식료품.
잼버리(jamboree)圀 보이 스카우트의 대회. 흔히 캠핑·작업·경기 등을 행함.
잼 세션(jam session)圀 작은 편성의 재즈 밴드에서 모두 동시에 또는 번갈아서 악보 없이 즉흥적으로 연주하는 일.
잼처[圀]다시. 되짚어. 거듭. again 「는 공격법.
잽(jab)圀 권투에서, 계속적으로 팔을 뻗어 가볍게 치는
잽(Jap)圀 미국인이 일본인을 경시하여 일컫는 말.
잽=싸=다[圀]아주 재고도 날래다. quick
잿=간(━間)圀 거름으로 쓸 재를 모아 두는 헛간. storeroom for fertilizer lye 「road
잿=길[圀]재를 넘는 고갯길. 언덕배기로 난 길. steep
잿=날(齋━)圀〈불교〉염불·일종식(一終食)·설법 등을 하는 날. 지장(地藏)·공불·곰음(觀音) 잿날 따위.
잿=더미[圀]①재를 모아 쌓아 두거나 쌓인 무더기. ash heaps ②불에 타서 못 쓰게 된 자리. ashes
잿=독[圀]잿물을 내리는 데에 쓰는 독.
잿=돈(齋━)圀 초상집에서 재가 난 곳에 상비(喪費)로 보내는 돈. 재전(齋錢).
잿=모[圀]못자리에 재거름을 뿌리고 심은 모.
잿=물[圀]〈공업〉도자기(陶瓷器)를 구울 때, 그 몸에 광택이 나고 기체나 액체의 침투를 막도록 덧씌우는 약. 유약(釉藥). glaze
잿=물[圀]재에 물을 부어 걸러서 내린 물. 회즙(灰汁). lye
잿물 시루[圀]잿물을 내리는 구멍 뚫린 시루.
잿=박[圀]농가에서 거름으로 쓸 재를 담는 그릇. holder of ash for manure
잿=밥[圀]〈불교〉불공 때 부처 앞에 올리는 밥. boiled-rice offered to Buddha
잿=방어(━魴魚)圀〈어류〉전갱이과의 바닷물고기. 방어와 비슷하나 소형임. 몸 빛은 등쪽이 자청색, 배쪽은 담색임. 여름에 맛이 좋음.
잿=발[圀]장기판의 앞으로 맨 끝줄의 말발.
잿=불[圀]재로 덮여 있는 아주 여린 불.
잿=빛[圀]재와 같은 빛깔. 회색(灰色). ash colour
쟁:[圀]〈어〉→재양(載陽)¹.
쟁(箏)圀〈음악〉13줄의 명주실로된 현악기의 하나.
쟁강[圀]얄팍한 쇠붙이 따위가 부러지거나 맞부딪쳐서 나는 가벼운 소리. (큰)쟁경. (세)쨍강.
쟁강=거리=다[圀]약간 무겁고 얇은 금속이 서로 맞부딪히어 자꾸 소리가 나다. 또, 나게 하다. (큰)쟁경거리다. (세)쨍강거리다. 쟁강=쟁강[圀] 하타
쟁개비[圀]무쇠·양은으로 만든 작은 냄비. pan
쟁곡(箏曲)圀〈음악〉쟁을 타서 연주하는 곡.

쟁공(爭功) 서로 공을 다툼. striving to excel 하타
쟁광(爭光) 빛을 다툼. 곧 훌륭함을 이룸. 하타
쟁괴(爭魁) 두목 되기를 다툼. 「power 하타
쟁권[―꿘](爭權) 권리·권세를 다툼. struggling for
쟁그랍-다[ㅂ변] 보거나 만지기에 몰씨할 만큼 흉한 느낌을 주다. 《큰》 징그럽다. disgusting
쟁그랑 얄팍한 쇠붙이가 땅에 떨어져 울리는 소리. 《큰》 젱그렁. 《센》 쨍그랑.
쟁그랑-거리-다[자타] 연해 쟁그랑 소리가 나다. 또, 연해 쟁그랑 소리를 내게 하다. 《큰》 젱그렁거리다. 《센》 쨍그랑거리다. 쟁그랑-쟁그랑[부] 하타
쟁글쟁글-하-다[형여불] ①생각만 해도 몹시 쟁그라운 낌이 날 만큼 흉하다. 《큰》 징글징글하다. detestable ②미운 사람의 실수를 볼 때 아주 고소하다. be pleased 「「뇌살(惱殺). 뇌삽(惱颯). plough
쟁기 논밭을 가는 연장의 하나. 경간기(耕墾機)
쟁기 고기덩이 작을 뜨고, 뼈를 바르지 않은 고깃덩이.
쟁기-날 쟁기의 날. 보습.
쟁기-질 쟁기를 부리는 일. plowing 하타
쟁깃-밥 쟁기질할 때에 깎이어 나오는 흙. 「술.
쟁깃-술 쟁기의 몸체 아래 보습 옆에 댄 나무. 《약》
쟁단(爭端) 다투는 사실의 단서. beginning of quarrel
쟁두(爭頭) ①일을 서로 먼저 하기를 다툼. striving to set to work first ②내기에 있어서 갖수가 같을 때 그 방법을 써서 이기고 짐을 겨룸. 하타
쟁란(爭亂) 서로 다투어 어지러워짐. 소동(騷動). confusion 하타 「변」. dispute 하타
쟁론(爭論) 서로 다투어 토론함. 또, 그 이론. 쟁
쟁명-하-다[형여불] 낯빛이 맑게 개어 있다. clear
쟁반(錚盤) 운두가 낮고 둥글납작한 그릇. tray
쟁변(爭辯) [동] 쟁론(爭論). 하타 「하타
쟁선(爭先) 서로 앞을 다툼. striving to be foremost
쟁소(爭訴) [동] 쟁송. 하타
쟁송(爭訟) 서로 송사(訟事)를 하여 다툼. 쟁소. ¶~ 사건(事件). dispute 하타
쟁신(諍臣) 임금의 잘못에 대하여 바른 대로 꿋꿋하게 간(諫)하는 신하. remonstrant subject
쟁심(爭心) 남과 싸우는 마음. quarrelsomeness
쟁영(崢嶸) 산의 형세가 가파르른 모양. 하타
쟁우(諍友) 친구의 잘못을 충고하는 벗. remonstrant friend
쟁의(爭議) ①서로 자기의 의견을 내세우는 다툼질. dispute ②지주와 소작인, 사용주와 노동자 등의 사이에 일어나는 분쟁. 소작 쟁의·노동 쟁의. 하타
쟁의-권[―꿘](爭議權) 〔법〕 근로자가 사용주에 대하여, 근로 조건 등에 관한 주장을 관철하기 위해 단결하여 동맹 파업 기타 쟁의 행위를 하는 권리. right to strike
쟁의 행위(爭議行爲) 노동 쟁의를 할 때에 자기측에게 유리하게 해결시키기 위하여 노사(勞使) 어느 쪽인가가 업무의 정상적 운영을 저해하는 행위. 파업·태업(怠業)·직장 폐쇄 따위. strike action
=쟁이[미] 사람의 성질·행동을 나타내는 말 밑에 붙여 그 사람을 낮게 이름. 「다.
쟁이-다[타] ①여러 장을 차곡차곡 포개어 놓다. ②불고기용의 고기나 갈비 따위를 양념하여 다른 속에 차곡차곡 쌓아서 묵히다. 또, 김 따위를 기름을 바르고 소금을 뿌려서 쌓아 두다. 《약》재다②. pile up
쟁자(諍子) 어버이의 잘못을 바로잡고자 간하는 아들. 「人」.
쟁장(錚匠) 징을 만드는 일을 업으로 삼는 장인(匠
쟁쟁(錚錚) ①여럿 가운데서 매우 뛰어남. prominent ②금속·악기의 소리가 맑게 쟁그렁 울리는 소리. clinking 하타
쟁쟁-하-다(琤琤―)[형여불] ①옥의 울리는 소리가 매우 아름답다. clinking ②지나간 소리가 잊혀지지 않고 귀에 울리는 듯하다. lingering 쟁쟁-히[부]

쟁점[―쩜](爭點) 쟁송(爭訟)·논쟁(論爭)의 초점 (焦點). point in dispute
쟁첩[명] 반찬을 담는 작은 접시. small dish
쟁취(爭取) 싸워서 빼앗아 가짐. struggle 하타
쟁-치다[타] 《약》→재양치다.
쟁탈(爭奪) 다투어 빼앗음. contest 하타
쟁탈-전(爭奪戰) 서로 다투어 빼앗는 싸움. scramble
쟁투(爭鬪) 서로 다투어 가며 싸움. strife 하타
쟁-통이[명] ①가난에 쪼들려서 마음이 비꼬인 사람. poor and jaundiced ②잘난 체하고 거만을 부리는 사람. haughty person
쟁:-틀[명] 《약》→재양틀.
쟁패(爭覇) 패권(覇權)을 다툼. 우승을 다툼. ¶~ 전(戰). struggle for supremacy 하타
쟈-기름[고] 메밀 껍울.
쟈·개·얌[고] 자개미. 겨드랑이 또는 오금 양쪽의
쟈루[고] 자루(袋). 「오목한 곳.
쟈래[고] 자라.
쟈스라이[고] =자꾸나.
쟉도[고] 작두(斫刀).
쟉벼리[고] 물가 돌무더기가 있는 곳.
=쟈시면[어미] =것 같으면.
쟐[고] 자루.
쟝군·목[고] 굵은 복장지. 문살의 앞뒤를 다 싸서 바른 :쟝·긔[고] 장기. 「장지문.
쟝르(genre 프) →장르.
쟝·셕[고] 장염. 역질(疫疾).
쟝춧[고] 장차(將次).
쟤:[대] 저 아이. that child
쟤:[대] 저 아이가.
쟬:[대] 저 아이를.
저[음악] 대를 가로 대고 부는 관악기의 총칭. 적 (笛). 횡적(橫笛). 당적(唐笛).
저²(저)[대] 《약》 ①자기 자신을 겸손하게 일컫는 말. I ②(약)→저이. that gentleman or lady [대]→저². →저것.
저³ 그 곳에서 멀어져 있는 사물이나 사람을 가리킴. 《작》 조. that
저⁴[감] 무엇을 생각할 때에 내는 소리. ¶~, 뭐라고
저(著)[약] →저술(著述). 「했더라. well
저(箸)[명] =젓가락.
저(低) '낮음'의 뜻을 나타내는 말. 《대》고(高)=.
저:가[―까](低價)[명] 헐한 값. 싼값. 염가(廉價). 《대》고가(高價). low price
저:-각(底角) 〔수학〕'밑각'의 구용어. base angle
저·간(這間) 그 동안. 그 당시. 요즈음. recently
저:-감(低減) 낮추어 줄임. diminution 하타
저같이[―가치] 저 모양으로. 저렇게. ¶~ 하면 될 수가 없다. like that
저:개발국(低開發國) 산업·경제·문화 등의 개발이 늦고, 생활 수준이 낮은 나라. 현재는 발전 도상국이라 함. 후진 국가(後進國家).
저거[음악] →저것.
저거시키[감] 말을 하다가 잘 생각이 나지 않을 때 내는 말. 「~ 이거가 어디에 쓰는 것이더라. well
저건[음악] 저것은. 《작》 조건.
저걸[음악] 저것을. 《작》 조걸.
저걸로 저것으로. 《작》 조걸로. with that
저것[음악] 저만큼 떨어져 있는 사물을 가리킴. 《약》 저². 저거. 《작》 조것. that
저게[음악] 저것이. 《작》 조게.
저:격(狙擊) 노려 쏘거나 침. ¶~대(隊). sniping
저격-병(狙擊兵) 적군의 진지에 숨어 들어가서 적군을 쏘거나 심리를 교란시키는 사격 임무를 띤 의 총병. sniper
저고리 웃통에 입는 짧은 옷. 유의(襦衣). coat
저고리-바람 웃옷을 갖추지 아니한 대로의 차림새. without overcoat
저:곡(貯穀) 곡식을 쌓아 둠. storage of cereals 하

저:공(低空)[명] 고도(高度)가 낮음. 《대》고공(高空).
저공(豬公)[명] 「상공(上空). low sky
저:공 비행(低空飛行)[명] 비행기가 지면 가까이를 낮게, 비행기가 아주 낮게 떠서 낢. 《대》고공 비행(高空飛行). flying low 하다
저광~수리[명] 〈조류〉 수리매과의 금혼조(禁婚鳥). 날개 길이가 25~47 cm로 머리와 목은 흰빛, 등은 담토갈색, 기슭은 담흑색, 꽁지는 잿빛임. 대응(大鷹). upland buzzard
저광이[명] 까투리가 짧고 색이 검누른 올벼.
저:교회파(低敎會派)[명] 〈기독〉 영국 교회 안의 복음주의를 존중하는 자유파. 《대》고교회파. Low Church
저:구(杵臼)[명] 절굿공이와 절구통. mortar and pestle
저구지:교(杵臼之交)[명] 귀천(貴賤)을 가리지 아니하는 사귐. 하다 「[명] 황태자(皇太子).
저군(儲君)/**저궁**(儲宮)[명] ①[동] 왕세자(王世子). ②
저그(jug) 손잡이가 달린 물 따르는 그릇.
저근(杵根)[명] 〈한의〉모시풀의 뿌리. 약제에 씀.
저근 백피(樗根白皮)[명] 〈한의〉가죽나무 뿌리의 속껍질. 「여 글러브 안에서 튀기게 하는 일.
저글(juggle)[명] 야구에서, 공을 확실하게 잡지 못하
저:금(貯金)[명] ①돈을 모아 둠. 또, 그 돈. savings ②돈을 금융 기관에 맡기어 모음. 또, 그 돈. ③《약》→우편 저금. 하다
저:금리 정책(低金利政策)[명] 정부 또는 중앙 은행이 주로 금융의 완화, 유통 화폐량 및 대부 신용량의 증대를 목적으로, 금리를 저하(低下)하여 저금리를 유지하는 정책. low interest policy
저:금 통장(貯金通帳)[명] 우편 저금 통장.
저:급(低級)[명] ①낮은 등급(等級). 낮은 계급. low grade ②정도가 낮음. 취미가 천함. 《대》고급(高級). inferiority 하다
저:급 개:념(低級概念)[명] 〈논리〉 한 개념이 다른 개념보다 적은 외연(外延)을 가진 개념. inferior con-
저:급 화:약(低級火藥)[명] 폭발력이 약한 화약. 《대》cept
저기[지대] 저 곳. 「[명] 조기. 저 곳에. that place
저기(沮氣)[명] 무서워서 기운이 줄어듦. 축기(縮氣). 하다
저:기압(低氣壓)[명] ①기압의 분포 상태로서 주위보다 낮은 기압. 「대」고기압(高氣壓). 《약》저압(低壓). low pressure ②(속) 형세가 평온하지 아니하여 변동이 생기려는 상태. 또, 사람의 기분이 좋지 못한 상태. situation presaging trouble
저=까짓[관] '저러한 정도의'의 뜻. ¶~ 것을 못 들어? 《작》조까짓. that sort of
저=나마[부] 저것일망정. ¶~ 없으면 큰 일이다. even
저:냐[명] 쇠간·생선 따위 고기붙이를 얇게 저민 뒤에, 가루나 달걀을 씌워 기름에 지진 음식. 전유어(煎油魚). 전유화. fried fish or meat
저냥[부] ①저러한 모양으로 줄곧. like that ②저 생긴 꼴대로. 저냥. like him 「(日記).
저:널(journal)[명] 신문지(新聞紙). 잡지(雜誌). 일기
저:널리스트(journalist)[명] 신문·잡지의 기자(記者).
저:널리즘(journalism)[명] 정기적 출판물을 통해서 일반 대중에게 여러 가지 시사적 뉴스나 해설을 제공하는 활동. 또, 그런 유(類)의 사업.
저네[인대] →저네들.
저네-들[인대] 저이들의 무리. ¶~은 무엇을 하는 사람들이냐? 《약》저비. 저들②. they
저녁[명] ①해가 지고 밤이 되어 오는 때. evening ②《약》→저녁밥. 「per
저녁=거리[명] 저녁밥을 만들 거리. groceries for sup-
저녁 결두리[명] 점심과 저녁 끼니 사이에 먹는 음식. 또, 먹는 일. 「찌푸리고 있다.
저녁 굶은 시어미 상이다[관] 못마땅하여 얼굴을 잔뜩
저녁=나절[명] 저녁밥을 먹기 전 한나절. early evening
저녁=놀[명] 저녁에 끼는 놀.
저녁=때[명] 해가 질 때. 어두울 무렵. evening

저녁 먹을 것은 없어도 도둑 맞을 것은 있다[속] 아무리 가난한 집안이라도 도둑 줄 것은 있다.
저녁-먹이[명] 저녁때으로 먹는 음식. 「저녁②.
저녁-밥[명] 저녁에 끼니로 먹는 밥. 석반(夕飯). 《약》
저녁 상:식(上食)[명] 삼년상(三年喪) 안에 저녁 끼니마다 상청 앞에 올리는 음식. 석상식(夕上食).
저녁-쌀[명] 저녁밥을 지을 쌀. 「lligence 하다
저:능(低能)[명] 지능이 보통 사람보다 낮음. low inte-
저:능-아(低能兒)[명] 보통 아동보다 지능이 뒤떨어진 아동. 주의력 산만·기억 불확실·의지 박약 등으로 특수 교육이 필요함. weak-minded child
저다지[부] 저러하도록. 저렇게까지. ¶어쩌면 ~도 못할까? 《작》조다지. so
저:단(低短)[명] 낮고 짧음. low and short 하다
저:달(抵達)[명] 도착함. arrival 하다
저담(豬膽)[명] 〈한의〉돼지 쓸개. 번갈(煩渴)·안질·외과 등에 약으로 쓰이다.
저:당(抵當)[명] ①맞당기어서 능히 배겨남. 저적(抵敵)②. ②〈법률〉채무의 담보(擔保)로서 부동산 또는 동산을 전당(典當)잡힘. mortgage 하다
저:당-권[-꿘](低當權)[명] 〈법률〉채권자가 채무의 담보로 제공된 물건 또는 특수 재산에 대하여 다른 채권자보다 우선적으로 변제받을 수 있는 권리. mortgage
저:당권 설정[-꿘-쩡](抵當權設定)[명] 〈법률〉저당권에 관해서 법적 절차를 밟음. settlement of mortgage 하다
저:당-물(抵當物)[명] 〈법률〉저당 잡힌 물건. 저당권의 목적으로 되어 있는 물건. security
저:당 채:권[-꿘](抵當債權)[명] 〈법률〉원금 및 이식(利息)의 청구권(請求權이)인 채권에 의하여 보증되는 유가 증권(有價證券). mortgage-bond
저:대(著大)[명] 뚜렷하게 큼. very big 하다
저-대로[부] ①저것과 같이. like that ②저 상태 그대로. ¶이 추위에 ~ 두었다가 다 얼어 죽겠다. 《작》조대로. as it is
저:도(低度)[명] 낮은 정도. 《대》고도(高度). low degree
저돌(猪突)[명] ①멧돼지처럼 앞뒤를 헤아림 없이 곧장 돌진함. reckless rush ②할 일을 헤아리지 않고 일을 처리함. 시돌. reckless management 하다
저돌 희용(猪突豨勇)[명] 앞뒤를 돌보지 않고 함부로 날뛰는 용사.
저:두(低頭)[명] 머리를 낮게 숙임. bowing 하다
저:두 부답(低頭不答)[명] 머리를 숙이고 대답을 아니함. 축어다.
저:두 평신(低頭平身)[명] 머리를 숙이고 몸을 낮춤.
저-들[인대] ①《약》→저이들. ②《약》→저네들.
저:등(著騰)[명] 물가 따위가 현저하게 오름. 《대》저락(著落). 하다
저-따위[명] '저러한 종류'란 뜻으로 얕잡아 부르는 말. ¶~가 무슨 일을 할 수 있겠어요? such a fellow
저라[감] 소를 왼편으로 가게 모는 소리. 《대》어더여.
저:락(低落)[명] 값이 떨어짐. ¶곡가(穀價) ~. 《대》고등(高騰). fall of prices 하다 「(著騰). 하다
저:락(著落)[명] 물가 따위가 현저하게 떨어짐. 《대》저등
저래[부] ①저러하여. 저렇기 때문에 ¶ ~ 가지고 무얼 한다고. ②저리하여. ¶~도 모르니 답답하다. 《작》조래.
저래서[부] ①저러하여서. ②저리하여서. 《작》조래서.
저러다[부] '저렇게 하다'의 뜻의 접속 부사.
저러다가[부] '저렇게 하다가'의 뜻의 접속 부사.
저러루-하다[형][여불] 대개 저러러하다. 《작》조러루하다. something like that
저러면[부] 저러하면. 저와 같다 하면. ¶커서도 ~ 무엇에 쓰나. if one is like that
저러저러-하다[형][여불] ①[약] 저러하다. 저러저러하다. ②대개 저런 따위와 같이 신기한 것이 없다. 《작》조러조러하다. such like

저러하-다 저 모양과 같다. ¶정성을 다한 작품이 ~. (약) 저렇다. 《작》 조러하다. like that
저런 ①뜻밖에 놀라운 일이 있을 때에 내는 소리. ¶~ 을 어째. ~ 일이 있나. ②[관] 저러한. 《작》 조런. oh, dear 「리. 《작》 저렁. 《센》 쩌렁.
저렁-거리다 얇은 쇠붙이 따위가 서로 부딪쳐서 나는 소
저렁-거리다 얇은 쇠붙이 따위가 서로 부딪치면서 은은하게 소리가 울려 나다. 또, 소리를 나게 하다. 《작》 자랑거리다. 《센》 쩌렁거리다. 저렁=저렁
저렇-다[ㅎ불] →저러하다.
저:력(底力) 속에 간직한 끈기 있는 힘. 숨은 힘. energy 「한 사람의 비유.
저력지재(樗櫟之材) 아무 데도 쓸모가 없는 무능
저:렴(低廉) 물건 값이 쌈. ¶~ 가격(價格). cheapness 하다
저:류(底流) ①바다와 강의 바닥의 흐름. undercurrent ②드러나지 않고 사물의 심부(深部)에서 움직이고 있는 형세. ¶학계(學界)의 ~.
저:류(貯留)[명] →저축. 하다
저:율(低率)[명] →저리.
저러렁 얇은 쇠붙이 따위가 맞부딪쳐 울리는 소리. 《작》 자르랑. 《센》 쩌르렁. clang
저르렁=거리다 연해 저르렁 소리가 나다. 또, 연해 저르렁 소리를 나게 하다. 《작》 자르랑거리다. 《센》 쩌르렁거리다. 《거》 처르렁거리다. 저르릉=저르릉 하다
저름-나-다 마소들이 다리를 절게 되다. become lame
저름-대-[-때] 나뭇잎을 벗긴 생떼.
저리 ①저러하게. 저와 같이. ¶~ 해도 될 수는 있다. in that way ②저곳으로. 저쪽으로. ¶~ 비켜라. ~ 가거라. there
저:리(低利) 헐한 변리. 싼 이자.
저:리(楮李) [동] 갈매나무.
저리-다 ①근육이나 뼈마디가 오래 눌려 피가 잘 돌지 못하여 힘이나 감각이 없다. be numbed ②뼈마디 따위가 쑤시듯이 아프다. 《작》 자리다.
저리-다 [교] 위험하다.
저:리-로 저쪽으로. (약) 절로②. there
저리위 [제도] 문과(文科)에 합격한 사람이 불림을 당할 때 하인이 주인의 지휘를 받아 사람들에게 비키라고 외치는 소리.
저:리 자:금(低利資金) [경제] 정부가 사회 정책상 저리(低利)로 법인이나 단체에게 빌려 주는 자금. low interest funds
저리=저리 매우 저린 느낌이 있는 모양. 《작》 자리 자리. feel pins and needles 하다
저:리 차:환(低利借換) 〖경제〗 군 돈의 변리를 이왕의 변리보다 싸게 무는 일. 형식상으로 이왕의 빚을 갚고 다시 꾸는 것과 같이 꾸밈.
저:리=채(低利債) 이자가 싼 빚. (대) 고리대. low interest debt
저:립(佇立) 우두커니 섬. standing still 하다
저릿=저릿 매우 저릿한 모양. 《작》 자릿자릿. 《센》 쩌릿쩌릿. be benumbed 하다
저릿-하-다 좀 저린 듯하다. 《작》 자릿하다. 《센》 쩌릿하다. be benumbed
저:마(苧麻)〖식물〗 모시풀.
저-마다 사람마다. ¶~ 잘난 체하다. everyone
저만저만-하-다 ①저만한 정도로 그칠 보통 일이다. 위에 부정이 음. ¶저만저만한 정도가 아닐세. so small as ②저만큼 저렇고 저렇다. ¶형편이 저만저만하니 양해하게. 《작》 조만조만하다. like that 「조만큼. as large as that
저-만큼 저만한 정도로. ¶~ 크면 알맞다.
저만-하-다 ①일이 되어 가는 것이 저러한 모양대로 있다. remain as before ②일이 저러한 정도에 놓여 있다. ③크기와 정도가 갉거나 거의 비슷하다. ¶저만한 크기의 나무. 별로 대단치 않다. 《작》 조만하다. like that

저:사-위한(抵死爲限) 죽기를 작정하고 굳세게 저

저:담=때 ①크기와 정도가 저것만 할 때. ②날·해·때가 꼭 저만큼 되던 때. ¶~에는 그걸 갖고 싶어한다. 《작》 조담때. about that time
저:면(底面) ①밑바닥. base ②〖수학〗 다면체(多面體)의 밑면. 기저(基底)②. 결정결정(結晶結晶)의 전후축(前後軸)과 좌우축(左右軸)과의 평행한 결정면(結晶面). 밑면.
저:명(著名)[명] 이름이 세상에 드러남. prominence 하다
저:명 인사(著名人士)[명] 이름난 사람. person of fame
저:명 작가(著名作家)[명] 세상에 널리 이름난 작가.
저모(豬毛)[명] 돼지 털. 솔 따위를 만드는 데 쓰임. hog bristle 「(官)이 쓰던 갓.
저모-립(豬毛笠)[명] 돼지 털로 싸개를 한 당상관(堂上)
저모립 쓰고 기와집 서도 제 멋이다[관] 제가 좋아서 하는 일을 남이 시비하잘 것이 아니다.
저:=모음(低母音) 〖어학〗 혀의 위치가 가장 낮게 조음(調音)되는 모음. 한국어의 'ㅏ' 따위. 개모음(開母音).
저모-필(豬毛筆)[명] 돼지 털로 만든 큰 붓.
저목(梓木)[명] ①〖동〗 가죽나무. ②쓸모없는 나무.
저목(楮墨)[명] ①종이와 먹. paper and ink-stick ②〖동〗 문자(文字).
저:문(著聞)[명] 세상에 이름이 널리 들림. reputation 하다 「쌈. low price
저:물가(-價) (低物價) 헐한 물가. 물건의 값이
저:물가 정책(- 政策) (低物價政策)〖경제〗 정부가 금융의 긴축 등에 의하여 국내 물가를 인하(引下) 또는 저위(低位)로 유지하려는 정책.
저물-다 ①해가 져서 어두워지다. ¶저물어야 시원한 바람이 분다. get dark ②한 해가 거의 다 나게 되다. year comes to an end ③일정한 일이 어두워질 때까지 늦어지다.
저물=도록 ①날이 저물어 가도록. ②늦게까지.
저:문-하-다(底-)[여] 날이 저물어 어스레하다. 날이 저물어 가다. in grows dark
저:미(低迷)[명] ①낮게 떠돌아다님. hanging ②형세가 험악해지는 모양. ¶앞을 ~하다. 하다 「slice
저미-다 얇게 베다. 얇게 짜아 내다. ¶고기를 ~.
저미-혈(豬尾血)[명] 〖한의〗 두창(痘瘡) 따위에 쓰는 돼지 꼬리에서 받은 피.
저:=백피(楮白皮)[명] 닥나무의 속껍질. 종이의 원료로 씀.
저:=버리-다 ①약속을 어기다. break ②은혜를 배반
저벅 묵직하고 크게 나는 발자국 소리. 《작》 자박. treading heavily
저벅-거리다 발을 묵직하고 느리게 내디어 걸짖게 걷다. 《작》 자박거리다. 저벅=저벅 하다
저:번(這番)[명] 요전의 그 때. 거번(去番). last time
저:변(低邊)[명] 헐한 변리. 헐변(歇邊). low interest
저:변(底邊)[명] ①〖수학〗 '밑변'의 구용어. ②사물의 밑바닥을 이루고 있는 부분. base line
저:변 확대(低邊擴大)[명] 어떤 특정 분야의 인력 확보를 위하여 신진(新進) 인력의 수를 늘려 가는 일.
저:본(底本)[명] ①문장의 초고(草稿). manuscript ②〖동〗 원본(原本).
저:부(低部)[명] 낮은 부분. lower part
저:부(底部)[명] 바닥이 되는 부분. 낮은 부분. base
저:=분자 화:합물(低分子化合物)〖화학〗 분자량이 작은 화합물. 소수의 분자가 결합한 분자 화합물. (대) 고분자 화합물.
저분-하-다 ①성질이 매우 부드럽고 찬찬한 모양. ②가루 같은 것이 부드럽게 섞이는 모양. ③채소로 만든 음식이 먹음직스러운 모양. 《작》 자분자분. sociable 하다
저:사(抵死)[명] (약)→저사위한(抵死爲限).
저사(紵絲)[명] ①겹단. 가곗방. ②여관.
저사(紵紗)[명] 중국에서 나는 사(紗)의 일종.
저사(儲嗣)[명] 〖동〗 왕세자(王世子).
저:사=위한(抵死爲限) 죽기를 작정하고 굳세게 저

항함. 《약》 저사(抵死). desperate resistance 하다
저산(樗散)명 아무 데도 쓸모가 없다는 뜻으로, 자기 자신을 일컫는 말.
저:산성 산지[―썽―]명(低山性山地)〈지리〉해발 200~1,000m 정도의 산지. hilly area
·저읍-다다[고]정하다.
저상(沮喪)명 기운을 잃음. ¶의기(意氣) ~. depress
저색(沮色)명 ①꺼리는 얼굴빛. 마음이 내키지 않는 모양. disapproval ②빛깔을 꺼림. 하다
저:생 동:물(底生動物)명〈동물〉해양·호소·하천 등의 바닥에 사는 동물.
저:서(著書)명 책을 지음. 또, 그 책. works 하다
저:서−어(底棲魚)명 물 밑바닥에 붙어 사는 물고기.
저:선(底線)명 밑줄.
저성(氐星)명〈천문〉이십팔수(二十八宿)의 셋째 별.
저:성(低聲)명 낮은 목소리. 《대》고성(高聲). low voice
저속(低俗)명 품격이 낮고 천함. 《대》고아(高雅).
저속(低俗)명 저속도. vulgarity 하다
저:속도(低速度)명 낮은 속도. 느린 속도. 저속(速). 함. 하다
저:속 열악(低俗劣惡)[―널―]명 저속하고 열등·조악
저:수(低首)명 고개를 숙임. 실망한 모양. hanging down one's head 하다
저:수(底數)명〈수학〉①$\sqrt{a}=b$에서 b에 대한 a수를 이름. radix ②기수법(記數法)에서 같은 뜻을 가진 수. 십진법(十進法)에서의 10 따위.
저:수(貯水)명 상수도(上水道)·관개용(灌漑用)으로 물을 모아 둠. 또, 그 물. 《대》배수(排水). storage of water 하다
저:수 공사(低水工事)명 강물이 최저 수량일 때에도 배가 다닐 수 있도록 일정한 폭과 길이를 유지하기 위하여 하는 하천(河川) 공사.
저:=수로(低水路)명 하천 부지(河川敷地) 가운데에서 물이 얕은 데에 흐르는 부분. low water-way
저:수반(貯水盤)명 분수기에서 뿜어 내는 물을 모아 두기 위하여 만들어 놓은 장치. fountain
저:수위(低水位)명〈지리〉강이나 냇물이 제일 낮아질 때의 높이.
저:수지(貯水池)명 상수도(上水道)나 관개용(灌漑用) 또는 수력 발전용으로 둑을 쌓고 물을 모아 두는 곳. reservoir
저:술(著述)명 글을 써서 책을 만듦. 또, 그 책. 《약》저(著). writing book 하다
저:술−가(著述家)명 저술을 일삼는 사람. 저작가(著作家). author
저:술−업(著述業)명 저술에 종사하는 직업. literary profession
저:습(低濕)명 땅이 낮고 축축함. 《대》고조(高燥). low and damp 하다
저승명 사람이 죽은 뒤에 혼령이 산다고 하는 곳. 세외(世外). 황천(黃泉). 유명. 유계. 유도. 음부(陰府). 황로(黃壚). 지부(地府). 《대》이승. other world
저승−길[―낄]명 저승으로 가는 길.
저승길이 대문 밖이다판용 죽는 일이 먼 듯하나 실상은 가깝다.
저승−말명 저승의 차사(差使)가 타고 다닌다는 말.
저승−빛[―삧]명 저승에서 이승으로 태어날 때에 지고 왔다는 빛.
저:실(楮實)명 닥나무의 열매. 모양이 딸기와 같고 빛이 붉음. 곡실(穀實). 구수자(構樹子).
저심−혈(豬心血)명〈한의〉돼지 심장의 피. 경간(驚癇), 간질(癎疾)의 약으로 씀.
저얼-다[타] 두려워하다. 황송하다.
저얼-다[브] 신불에게 정하다. worship
저:압(低壓)명 ①낮은 압력. low pressure ②〈물리〉낮은 전압(電壓). 고압(高壓). low tension ③《약》저기압(低氣壓)①.
저:압 경제(低壓經濟)명〈경제〉공급이 수요보다 많은 생산 과잉 상태에 있는 경제.

저:압−계(低壓計)명〈동〉진공계(眞空計).
저:압−선(低壓線)〈물리〉배전선에서 전압을 낮추어 수요자에게 보내는 전선. low voltage cable
저:압 터:빈(低壓 turbine)명〈공업〉보통 대기압 내외의 증기압으로 동력을 발생시키는 터빈.
저:앙(低昻)명 내려갔다 올라갔다 함. rise and fall
저=애(低애)명《약》저 아이. 하다
저:액(低額)명 적은 분량. 적은 금액. 《대》고액(高額). small amount
저양(羝羊)명 양의 수컷. ram
저어(齟齬)명 ①이가 맞지 아니함. being at variance ②사물(事物)이 어긋남. going wrong
저어−새명〈조류〉따오기과의 새. 노랑부리저어새와 비슷하나 좀 작고 몸은 흰데 물·눈알·부리는 검음. 해안·무논·연못 등에 서식함.
저어−하다[타] 두려워하다. fear
저억(沮抑)명 억지로 누름. 억지(抑止). restraint 하다
저:역(著譯)명 저술하고 번역하는 일. writing and translation 하다
저:열(低劣)명 ①질이 낮고 못함. inferior ②사람의 성질 따위가 천함. mean ③어리석음. 하다 히
저:열(低熱)명 온도가 낮은 열. 《대》고열(高熱). low temperature
저:예망 어업(底曳網漁業)명〈동〉저인망 어업(底引網
저:온(低溫)명 낮은 온도. 《대》고온(高溫). 漁業).
저:온 공업(低溫工業)명 기체(氣體)를 냉각 액화하여 제품을 얻는 공업. 공기에서 산소를 분리하는 따위. low-temperature industry 《濕冷》찹. 하다
저:온 다습(低溫多濕)명 기온이 낮으며 누습함. 습랭
저:온도(低溫度)명 낮은 온도. 《대》고온도. 《약》저온(低溫). low temperature
저:온 마:취(低溫痲醉)명〈의학〉수술을 하기 위하여 체온을 30~33°C 정도로 내리는 마취. low-temperature anesthesia
저:온 살균(低溫殺菌)명 섭씨 62~65도의 저온에서 30분 가량 가열하여 행하는 살균법. 우유·혈청 따위의 살균에 이용됨. pasteurization at low temperature 로 뛰노는 용기. foolhardiness
저용(豬勇)명 멧돼지처럼 믿고 아무 때나 대드는 용기.
저울명 물건의 무게를 달아 헤아리는 기구. 권형(權衡). balance
저울−눈명 저울에 새긴 눈금. notches of a beam
저울−대[―때]명 저울판과 저울추를 거는 막대기. beam
저울−질명 ①저울로 무게를 달아 보는 짓. weighing ②남의 마음속을 이리저리 헤아려 봄. sounding 하다 weight
저울−추(一錘)명 저울대 한 쪽에 거는 쇠. 칭추(秤錘).
저울−판(一板)명 저울의 한 쪽에 달려서 물건을 올려 놓는 접시 모양의 그릇. 칭판(秤板). scale
저:원(低原)명 지형이 낮은 벌판. 《대》고원(高原). low plain 《高位》. low position
저:위(低位)명 ①낮은 위치. ②낮은 지위. 《대》고위
저:=위도(低緯度)명 낮은 위도. 곧, 적도(赤道)에 가까운 곳. 선에 이르는 사이의 지역.
저:위도 지방(低緯度地方)명 적도에서부터 남·북회귀
저:위도 해:역(低緯度海域)명〈지리〉적도에서부터 남·북회귀선(南北回歸線)에 이르는 사이의 해역.
저육(豬肉)명 → 제육.
저육−구이(豬肉一)명 → 제육구이.
저:율(低率)명 ①어떤 표준보다 비율이 낮음. 낮은 비율. low rate ②싼 이자. 《대》고율. low interest
저:음(低吟)명 낮은 소리로 읊음. recite in low voice 하다
저:음(低音)명 ①낮은 소리. ②〈음악〉베이스(bass). ¶―부 기호(符記號). 《대》고음(高音).
저음−부 기호(低音部記號)[―끄-]명〈동〉낮은음자리표. 《대》고음부 기호(高音部記號). bass clef
저:의(底意)명 속으로 작정한 뜻. 뼈의. intention

저의(紵衣)명 모시옷. ramie clothes
저=이(−이)대 저 사람. 《약》 저²②. that person
저이=들(−이−)대 저 사람들. 《약》 저들①.
저:익 비행기(低翼飛行機)명 동체(胴體)의 중심보다 아래에 주익(主翼)이 달려 있는 단엽(單葉) 비행기.
저:인=망(底引網)명 바다 밑바닥으로 끌고 다니면서 깊은 곳에 사는 물고기를 잡는 그물의 하나. 자루나 주머니처럼 생겼음. 저예망(底曳網). 쓰레 그물. 트롤망(trawl網).
저:인망 어선(底引網漁船)명 저인망을 사용하여 물고기를 잡는 배. 트롤선. trawler
저:인망 어업(底引網漁業)명 저인망을 사용하여 물고기를 잡는 어업. 주로 가자미나 명태 따위를 잡음. 저예망(底曳網) 어업. trawling fisheries
저:−임금(低賃金)명 낮은 임금.
저자¹명 ①《속》시장(市場) ②아침 저녁으로 반찬거리를 팔고 사기 위해 열리는 장. 전시(廛市). market
저−자(−者)명《속》저 사람. that fellow
저:자(著者)명《약》→저작자(著作者). [place
저자−거리명 가게가 죽 늘어서 있는 거리.
저자−보−다타 저자에 가서 물건을 매매하다. trade in
저자−상어명 《동》 전자리상어. [market
저자−서−다자 장에 물건을 사고 파는 일이 시작되 fair is open
저작(咀嚼)명 음식을 입에 넣어 씹음. chewing 하다
저:−작(著作)명 ①책을 지음. 저술 작(作)②
〈제도〉 교서관(校書館)·승문원(承文院)·홍문관(弘文館)의 정8품의 한 벼슬. old government post
저:작−가(著作家)명 책을 저술가(著述家).
저:작−권(著作權)명 저작자가 저작물의 복제·번역·흥행을 독점하는 권리. copyright
저:작권−법(著作權法)명 저작권에 관한 여러 규정된 법률. copyright law
저:작권−자(著作權者)명 저작권법에 의하여 저작권을 소유한 사람. copyright holder
저:작권 침해(著作權侵害)명 저작권자의 허락 없이 저작권의 내용을 마음대로 이용하여 남의 저작권을 침범하는 행위. 무단 출판·무단 상연·무단 방송 따위. infringement of copyright
저작−근(咀嚼筋)명 얼굴(顔面)에 있는 저작 작용(咀嚼作用)을 하는 근육. muscle of mastication
저작−기(咀嚼器)명 음식물(飮食物)을 저작하는 기관(器官). 포유류의 것. [work
저:작−물(著作物)명 저작자가 저술한 물건. literary
저:작−자(著作者)명 저작물을 작성한 사람. 《약》저작(作者)②. 저자(著者). writer 《관》市. market place
저잣−거리명 가게가 죽 늘어서 있는 거리. 시가(市
저:장(低張)명 한 용액의 삼투압(滲透壓)이 다른 용액의 삼투압에 비하여 낮음. ¶ ∼ 용액(溶液). 《대》 고장(高張). [하다
저:장(貯藏)명 쌓아서 간직하여 둠. 갈무리. storing
저:장−근(貯藏根)명 양분을 쌓아 간직하여 두는 식물의 뿌리. 저장뿌리. store-root
저:장−량(貯藏量)명 ①저장되어 있는 물건의 양. ②저장할 수 있는 용량(容量).
저:장 물질[−찔](貯藏物質)명 생물, 주로 식물의 몸 안에 간직하여 있는 영양 물질. reserve substance
저:장−뿌리(貯藏−)명 《동》 저장근.
저:−장애(低障礙)명 《약》→저장애 경주(低障礙競走)
저:장애 경:주(低障礙競走)명 낮은 허들을 뛰어넘어 달리는 경주. 《약》 저장애.
저:장−엽(貯藏葉)명 양분이나 수분 따위를 많이 저장하여 두꺼워진 잎. storage leaf
저:장 전:분(貯藏澱粉)명 뿌리·지하경(地下莖)·종자 따위에 저장되어 있는 전분. reserve starch
저:장 조직(貯藏組織)명 식물체 안에서 영양 물질을 저장하는 조직. reserve tissue
저:저−이(這這−)명 이것저것 모두. 낱낱이. ¶ ∼ 이루 말할 수 없다. 《약》 저저. everyone

저:적(抵敵)명 ①(동) 대적(對敵). ②(동) 저당(抵當)①. 하다
저적−거리−다자 ①어린애가 겨우 걷기 시작하여 천천히 걷다. ②비틀거리는 걸음으로 천천히 걷다. 《작》자작거리다. toddling 저적=저적하다
저:적−에명 저번에. 접에. some time ago
저:전(楮田)명 닥나무를 심은 밭. paper mulberry field
저:전(楮錢)명 종이로 만든 돈. 지폐(紙幣). paper money ¶힘으로. 《약》 절로①. of itself
저=절로명 다른 힘을 빌리지 않고 제 스스로. 자연으로
저:조(低調)명 ①낮은 가락. low tone ②능률이 오르지 않음. lagging ③활기가 없음. 《대》 고조(高調). weakness 하다
저:조(低潮)명 ①적게 들이밀린 조수. low tide ②사물의 침체. 《대》 고조(高潮). depression
저:조−선(低潮線)명〈지리〉간조가 극한에 달했을 때의 수위(水位)의 선. low-water mark
저:주(詛呪)명 남이 못 되기를 빌고 바람. 방자. 주저. ¶원수를 ∼하다. curse 하다 [쓰이던 종이.
저:주−지(楮注紙)명〈제도〉조선조 때, 저화(楮貨)로
저:−주파(低周波)명〈물리〉1초 동안의 주파수(周波數)가 대개 1만 사이를 이하인 교류(交流). 《대》 고주파. low frequency [low ground
저:지(低地)명 낮은 곳. 낮은 토지. 《대》 고지(高地).
저:지(沮止)명 막아서 못하게 함. hindrance 하다
저:지(底止)명 목적한 곳에 다다름. arrival 하다
저:지(judge)명 ①재판관. 사법관. 판사. ②운동 경기의 심판원. ③토론에서의 심판.
저:지난−번명 지난번의 전번. ¶김군을 ∼ 일요일에 만났다. before last time
저지난−달명 지난달 이상 개월 전의 달.
저지난−밤명 어젯밤 이상 일 전의 밤. 엊그제 밤.
저지난−번(−番)명 지난번의 전번.
저지난−해명 지난해 이상 년 전의 해.
저·지·다타 《고》적시다. 젖다.
저지레명 ①일을 그르치는 것. trouble-making ②물건을 걸핏하면 잘치는 버릇. habit of spoiling 하다
저지르−다타르변 ①일을 그르치다. commit ②물건을 잘치다. spoil [선.
저:지−선(沮止線)명 더 이상 범하지 못하게 막는 경계
저지 페이퍼(judge-paper)명 권투에서, 경기자의 득점을 채점하여 기입하는 용지(用紙).
저:질(低質)명 품질이 낮은. low quality
저:−쪽대 여기에서 떨어져 있는 다른 쪽. that side
저:차(低次)명 낮은 차원. 낮은 정도. 《대》 고차(高次).
저:창(低唱)명 낮은 소리로 노래 부름. 《대》 고창(高唱). singing in low voice 하다
저:처럼명 ①저러한 정도로. ②저와 같이. like that
저:체온−법[−뻡](低體溫法)명 〈의학〉체온을 30∼33°C로 내려서 생체(生體)의 대사(代謝) 기능을 낮게 하여 산소 소비를 거하시키고 혈류(血流)의 차단에 견딜 수 있게 만드는 특수한 마취법.
저:촉(抵觸)명 ①서로 부딪침. 서로 모순됨. conflict ②침범하여 걸려 듦. ¶법에 −된다. being contrary 하다
저:축(貯蓄)명 ①절약하여 모아 둠. ¶∼(契). 《대》 낭비. savings ②소득을 다 쓰지 않고 장래를 위해 아껴 모아 둠. 저류(貯留). 적적(貯積). 하다
저축−거리−다자 힘 없는 다리로 가볍게 자꾸 절뚝거리며 걷다. 《작》 자축거리다. limp 저축=저축하다
저:축 보:험(貯蓄保險)명 〈경제〉 피보험자(被保險者)가 일정한 연령이나 조건에 달하였을 때에 일정한 금액을 지불한 것을 약속하는 보험. 교육 보험 따위.
저:축 성:향(貯蓄性向)명 〈경제〉 어떤 일정한 기간의 소득에서 차지하는 저축의 비율. propensity to save
저:축 예:금[−녜−](貯蓄預金)명 〈경제〉 은행 예금의 하나. 소자본가의 자금을 장기에 걸쳐 저축하는 예금. saving deposit

저:축 은행(貯蓄銀行)명 일반 서민층의 저축을 주안으로 하는 은행.

저출–거리–다재 다리가 힘이 없어 약간 절름거리다. (작)자춤거리다. limp **저출–저출**튀 **하다**재

저:치(貯置)명 저축하여 둠. store up **하다**타

저퀴명 사람에게 씌워 몹시 앓게 한다는 귀신.

저큰를튀 잘못을 고치고 다시 하지 않는 버릇. never repeating mistake [storing coal **하다**타

저:탄(貯炭)명 석탄이나 무연탄 따위를 저장하는 일.

저:탄–량[–냥](貯炭量)명 저장되어 있는 석탄의 분량.

저:탄–장(貯炭場)명 석탄이나 숯을 저장하는 곳. coal yard

저:택(邸宅)명 ①왕후(王侯)의 집. ②구조(構造)가 큰 집. 거제(居第). 저제(邸第). mansion

저택(沮澤)명 낮고 물기가 많은 땅. 물풀이 무성한 곳. marsh [어 없애고 못을 만듦. **하다**타

저택(瀦宅)명〈제도〉형벌로서, 대역 죄인의 집을 헐

저:토(底土)명 하층의 흙. 밑바닥의 흙.

저통(箸筒)명 수저를 꽂아 두는 통. chopstick stand

저판(底板)명 밑널.

저:편(一便)명 ①저쪽. there ②저쪽의 사람들. 피편(彼邊). (대)이편. people of the other side

저폐(楮幣)명〈등〉저화(楮貨).

저:포(紵布)명 모시. ramie cloth

저:포–전(紵布廛)명〈제도〉조선조 때, 모시를 팔던 육주비전(六注比廛)의 하나. ramie cloth store

저:품–다형 두려움.

저프–다형 두렵다.

저:하(低下)명 ①낮아짐. lowering ②내려감. fall ③품질 따위가 나빠짐. 떨어짐. (대)상승(上昇). deterioration **하다**자

저:하(邸下)명 왕세자(王世子).

저흥–다형 두려워하다. →젛다.

저:학년(低學年)명 낮은 학년.

저:함(低陷)명 낮아서 우묵하게 빠짐. sinking **하다**자

저:항(抵抗)명 ①〈동〉대항(對抗). ②〈물리〉힘의 작용에 대해서 그 방향과 반대의 방향으로 작용하는 힘. ③〈물리〉전기(電氣) 저항. ④권력이나 권위·구도덕에의 반항. ¶~ 정신. resistance **하다**자

저:항–계(抵抗計)명〈물리〉유효(有效) 저항을 재는 데 쓰는 기구.

저:항–권[–꿘](抵抗權)명〈법률〉기본적 인권을 침해하는 압정적(壓政的)인 국가 권력에 대하여 저항할 수 있는 국민의 권리.

저:항–기(抵抗器)명〈전기〉필요한 전기 저항을 얻기 위한 기구(器具)나 부품. 전기 저항기. 레지스터.

저:항라[–나](紵亢羅)명 모시 항라. [resistor

저:항–력(抵抗力)명 ①외부(外部)의 힘에 반항하는 힘. 외력(外力)에 견디는 힘. power of resistance ②외력이 몸 따위에 닿아서 느끼는 역감(力感). ③질병·병원균을 견디어 낼 수 있는 힘.

저:항–률(抵抗率)명〈물리〉단면적(斷面積)이 같은 등질(等質)의 전기 도체(導體)가 가지는 전기 저항의 비율.

저:항 문학(抵抗文學)명〈문학〉제 2 차 세계 대전 중 프랑스의 저항 운동을 기반으로 하여 생긴 문학. 압제나 외국 지배에 대항하여 싸우는 문학이라는 뜻. 레지스탕스 문학.

저:항–선(抵抗線)명 ①공격하여 오는 적군을 막아서 그치게 하는 방어선(防禦線). ②〈물리〉전기 에너지를 열(熱) 에너지로 바꾸기 위하여 전류를 통한 고유 저항(固有抵抗)의 큰 철사. line of resistance

저:항 운동(抵抗運動)명 1789 년 불란서 혁명 이후 쓰인 정치적 용어 내지 관념으로, 점령군이나 자국의 반동 정권에 항쟁하는 인민 운동. resistance

저해(沮害)명 막아서 못하게 함. interference **하다**타

저히–우–다타 두려워하다. →젛다.

저혈(豬血)명 돼지의 피.

저:혈압(低血壓)명〈의학〉정상 혈압의 최하 한계치가 100 mm Hg 보다 낮은 혈압. 《대》고혈압(高血壓). hypotonia

저:화(楮貨)명〈제도〉고려말에 화폐로 쓰던 저주지(楮注紙). 저제. paper used for printing money

저:회(低徊)명 머리를 숙이고 생각에 잠겨 천천히 거닒. lingering **하다**자

저:회 취:미(低徊趣味)명 ①〈문학〉감정과 사상과 이성을 천천히 싸고 돌려서 표현해 내는 식. dilettantism ②세속적인 노고를 피하여 여유있는 기분으로 동양적인 시미(詩美)의 지경에서 자적(自適)코자 하는 취미. habit of roaming

저홉명〈고〉두려움. 무서움.

저흐–다타〈고〉두려워하다.

저희대〈하〉우리. we ②저 사람들. those persons

저희(沮戲)명 방해함. 지근덕거려 방해함. **하다**타

저희–들대 ①〈하〉우리들. we ②저 사람들. those

저:히–다타〈고〉두렵게 하다. [persons

적명 ①나무·돌 따위가 결을 따라 쪼개진 조각. splinter ②껍데기를 따낸 굴에 아직 붙어 남은 껍데기의 조각.

적의명 때를 나타냄. ¶그럴 ~에. that time

적(炙)명〈동〉적색(炙色)①. [roast (meat)

적(炙)명 대꼬챙이에 꿰어서 불에 구운 어육(魚肉).

적(的)명 과녁. 대상. 목표. 표적. ¶선망의 ~.

적(荻)명〈식물〉물억새.

적(笛)명 ①길이로 불게 된 피리 모양의 관악기의 하나. pipe ②가로 부는 피리. ③'가는 피리'의 잘못된 말.

적(賊)명 도둑. ¶~로(路).

적(敵)명 ①전쟁의 상대. opponent ②자기와 원수인 사이. enemy ③경쟁의 상대. rival ④겨룰 수 있는 사람. 적수(敵手)①. match

적¹(積)명〈수학〉'곱'의 구용어. 《대》상(商).

적²(積)명〈약〉→적취(積聚).

적(籍)명 ①〈약〉→호적(戶籍). ②〈약〉→학적(學籍).

적(癪)명〈한의〉심한 위경련(胃痙攣)으로 가슴과 배가 몹시 아픈, 여자에게 흔한 병증.

=적(的)접미 한자어 밑에 붙여 그의 질이나 경향 또는 상태를 나타냄. ¶학술~. 세계~.

적명〈고〉소금물. 《대》서가(庶家). main family

적가(嫡家)명 서자가 적자손(嫡子孫)의 집을 가리킴.

적각(赤脚)명 ①맨다리. ②〈동〉나목 다리.

적각–마(赤脚馬)명 정강말.

적간(摘奸)명 나쁜 일의 있고 없음을 조사함. 적간(擲奸). examination **하다**타

적–갈색(–빛)(赤褐色)명 붉은 빛을 띤 갈색. 고동색. [reddish brown

적강(謫降)명 ①신선이 속세에 내려오거나 사람으로 태어남. ②〈제도〉허물로 말미암아 관리가 외직(外職)으로 좌천(左遷)됨. demotion **하다**자

적–го홍(赤–汞)명〈화학〉〈속〉적색 산화제이수은(赤色酸化第二水銀).

적개(敵愾)명 ①적에 대한 의분. hostility ②군주(君主)의 한(恨)을 덜어 주고자 하는 마음.

적개–심(敵愾心)명 적에 대한 의분과 성낸 마음. hostile feeling [exile

적객(謫客)명 귀양살이를 하고 있는 사람. person in

적거(謫居)명 귀양살이를 함. living in exile **하다**자

적격(適格)명 어떤 격식이나 자격에 맞음. ¶~자(者). 《대》결격(缺格). qualification **하다**자

적견(的見)명 아주 정확하게 봄. exact view **하다**타

적경(赤經)명 천구(天球)의 극(極)을 지나는 대원(大圓)과 적도와 만난 점들을 춘분점에서부터 각도로 잰 거리. 《대》적위(赤緯). right ascension

적경(敵境)명 적국의 국경. enemy's frontier

적경(積慶)명 거듭되는 경사.

적고 병간(積苦兵間)명 여러 해를 두고 전쟁터에서 갖은 괴로움을 받음. bitter experiences in battle **하다**자

적곡(積穀)명 곡식을 쌓아 놓음. heaping up cereals [orts ②많은 공을 들임. **하다**자

적공(積功)명 ①공을 쌓음. persevering in one's eff-

적과(摘果)[명] 과실을 솎아 냄. thinning out fruits
적과-기(炙果器)[명][동] 적틀. [하타]
적과-자(賊科者)[명] 〈제도〉과거(科擧) 마당에서 남의 답안을 도둑질하여 자기의 이름을 써 넣은 사람.
적광(寂光)[명] 〈불교〉번거로움을 끊고 고요한 진리에서 발현(發現)한 진지 광명(眞智光明). 또, 고요히 빛나는 마음. serene light
적광-토(寂光土)[명] 〈불교〉부처만이 사는 사토(四土)의 하나. 진리와 지혜가 일치된 각자(覺者)가 거주하는 세계. paradise
적괴(賊魁)[명] 도둑의 괴수. gang leader
적괴(敵魁)[명] 적의 괴수. ringleader
적교(吊橋)[명] ①양쪽 언덕에 줄이나 쇠사슬 따위로 건너질러 매단 다리. suspension bridge ②필요 있을 때만 내려놓고 필요 없을 때는 매달아 두는 다리. draw-bridge
적구(赤狗) '공산당의 앞잡이'를 얕잡아 일컬음. [Red
적구(適口)[명] 음식의 맛이 입에 맞음. suiting one's taste 하타
적구(積久)[명] 아주 오래 걸림. taking long time 하타
적구지-병(適口之餠)[명] 입에 맞는 먹이란 뜻으로, 마음에 맞는 사물을 가리키는 말. [ntry
적국(敵國)[명] 상대가 되어 싸우는 나라. enemy cou-
적군(赤軍)[명] ①소련의 정규군(正規軍). Red Army ②공산군(共産軍).
적군(賊軍)[명] 적도(賊徒)의 군대. rebels
적군(敵軍)[명] 적국의 군사. 역군(逆軍). 《대》우군(友軍). rebel army, enemy troops
적군-의-무리[명] 적의 무리. enemy troops
적굴(賊窟)[명] 도둑의 소굴. 적소(賊巢). 적혈(賊穴). den of robbers
적군(敵群)[명] 적의 무리가 우글거리는 소굴.
적권-운(積卷雲)[명] '고적운(高積雲)'의 구칭. cumulo-cirrus
적귀(適歸)[명] 따라감. 향해 감. following 하타
적극(積極)[명] 사물에 대하여 그것을 긍정하고 능동적으로 활동함. 《대》소극. positive 하타
적극 방어(積極防禦)[명] 적의 공격을 역공격(逆攻擊)으로 방어하는 일.
적극-성(積極性)[명] 적극적인 성질. positiveness
적극 재산(積極財産)[명] 어느 특정인에게 속하는 재산권의 총체(總體). 《대》소극(消極) 재산.
적극 재정(積極財政)[명] 정부가 적극적으로 지출을 늘리고 경제의 확대를 꾀하려는 재정 정책. 《대》긴축 재정.
적극-적(積極的)[관형] 사물에 대하여 긍정하고 능동적인(것). ¶~ 잔상(殘像). 《대》소극적. positive
적극적 개:념(積極的概念)[명] 〈논리〉어떤 성질의 존재를 나타내는 기념. 긍정적(肯定的) 개념.
적극=주의(積極主義)[명] ①〈철학〉실증론(實證論). ②〈윤리〉적극적으로 일을 하려는 주의. 《대》소극주의. positivism   [되게 함. 하타
적극-화(積極化)[명] 적극적인 것으로 됨. 또, 그렇게
적근-채(赤根菜)[명] 시금치.
적금(赤金)[명] ①빛이 붉은 금. red gold ②〈화학〉구리.
적금(積金)[명] 돈을 모아 둠. 또, 그 돈. accumulation of money 하타
적기(赤旗)[명] ①붉은 기. red flag ②공산주의를 상징하는 기. communist ensign ③위험을 알리는 기.
적기(炙器)[명][동] 적틀.   [red flag
적기(摘記)[명] 요점(要點)만 뽑아 기록함. summary
적기(適期)[명] 알맞는 시기. suitable period   [하타
적기(敵機)[명] 적의 비행기. enemy plane
적기(積氣)[명][동] 적취(積聚)②.
적-기시[명] 마침 그 때. just then
적-꼬치/적-꽃(炙—)[명] 적을 꿰는 대나 싸리 꼬챙이.
적-나:라(赤裸裸)[명] ①아무 것도 걸치지 않고 발가벗은 몸. nakedness ②숨김 없이 본디 모습대로 드러남. frankness ③〈불교〉진리를 구하는 중의 해탈 경지

(解脫境地). 하타
적난(賊難)[명] 도둑에게 재난을 당함. 또, 도둑을 맞
적남(嫡男)[동] 적자(嫡子).   [은 재난. 하타
적녀(嫡女)[《正字》] 아내가 낳은 딸. 《대》서녀(庶女). legitimate daughter
적녀(績女)[명] 실을 잣는 여자. woman weaver
적년(積年)[명] 여러 해. 수년(數年). 《유》매년(每年). many years   [고생. 하타
적년 신고(積年辛苦)[명] 여러 해를 두고 겪는 쓰라린
적념(寂念)[명] 속념(俗念)을 떠난 적정(寂靜)한 생각. 조용한 마음.
적-녹색(赤綠色)[명] 적색에 녹색을 띤 빛깔.
적-다[타] 글로 쓰다. 기록하다. write down
적-다[형] 수효나 분량이 모자라다. 많지 않다. 《대》많다. little or few
적다마(赤多馬)[동] 절따말.   [phlegm
적담(赤痰)[명] 피가 섞여 붉은 빛을 띤 담(痰). blood
적당(的當)[명] 틀림없이 꼭 맞음. fitness 하타
적당(賊黨)[명] 도둑의 폐. 적도(賊徒). bandits
적당(適當)[명] ①어떤 성질·상태·요구 따위에 꼭 알맞음. ②자리에 꼭 맞음. 수당(合當). suitableness
적당(敵黨)[동] 반대당(反對黨).   [하타. 히타
적당(敵幢)[명] 적도(賊徒)①.
적대(敵對)[명] ①마주 대하여 버팀. ¶~자(者). antagonism ②적으로 여김. 《대》우호(友好). hostility
적대(敵對)[명] 서로 적대하는 나라.   [하타
적=대:모(赤玳瑁)[명] 빛깔이 검붉고 광택이 있는 대모갑(玳瑁甲).   [hostility 하타
적대-시(敵對視)[명] 적으로 여김.   [역시(敵視).
적대 의:사(敵對意思)[명] 적으로 여겨서 마주 대하여 버티려는 생각. ¶강력한 ~의 표시.
적대=적(敵對的)[관형] 적대하거나 적대되는(것).
적=대:하(赤帶下)[명] 음문(陰門)에서 피가 섞여 나오는 대하증.   [르는 행동. hostile act
적대 행위(敵對行爲)[명] 적으로 여겨 서로 대적하여 버
적덕(積德)[명] 덕(德)을 많이 베풀어 쌓음. 하타
적덕 누:인(積德累仁)[명] 어진 덕을 세상에 널리 베풀어 미침. 하타   [nist country ②'모스크바'의 별칭.
적도(赤都)[명] ①공산 국가의 수도. capital of commu-
적도(赤道)[명] ①〈천문〉천구상의 상상선으로 북극과 남극에서 같은 거리에 있는 크고 둥근 둘레. 적대(赤帶). ¶~ 기후(氣候). terrestrial equator ②〈천문〉지구상의 남극 양극으로부터 같은 거리인 90도에 있는 점의 궤적(軌跡). celestial equator
적도(賊徒)[명] 적당(賊黨).
적도(賊盜)[명][동] 도둑.   [ation
적도(適度)[명] 알맞는 정도. 《대》극도(極度). moder-
적도 다우림(赤道多雨林)[명] 적도의 남북 5도 안팎에 있는 무성하고 빽빽한 열대 수풀.
적도 무풍대(赤道無風帶)[명] 〈지리〉두 무역풍이 모여 풍력이 약하고 바람 방향이 일정하지 않은 위도 30도 이내인 지대. equatorial doldrums
적도 반:경(赤道半徑)[명] 〈지리〉지구를 표준 타원형으로 보았을 때의 지구 중심에서 적도까지의 거리. 그 길이는 6,378,388 km임.
적도 반:류(赤道反流)[명] 〈지리〉남북 적도류(赤道流) 사이를 동으로 흐르는 해류.
적도 역류(赤道逆流)[명] 〈지리〉적도의 북쪽에서 북적도 해류와 남적도 해류 사이를 적도 해류와 반대 방향인 동쪽으로 흐르는 해류.
적도-의(赤道儀)[명] 〈천문〉어떤 자축의 방향이 이것에 직각인 방향과의 두 개의 회전축을 갖도록 장치한 천체 망원경. equatorial telescope
적도 전선(赤道前線)[명] 〈지리〉북동 무역풍과 남동 무역풍이 적도 부근에서 만나서 형성하는 간헐속성(不連續線). equatorial front   [에 행하는 의식.
적도-제(赤道祭)[명] 배가 적도 직하(直下)를 지나갈 때
적도 직하(赤道直下)[명] 〈지리〉태양의 직사로 지구상 가장 더운 적도의 대권(大圈) 안. directly under

적도 해:류(赤道海流)圀〈지리〉적도의 양편 쪽에서 동으로부터 서로 흐르는 해류. 《약》적도류(赤道流). equtorial current ┌↔. tonnage

적돈=수(積噸數)圀 선박에 적재할 수 있는 짐의 돈

적동(赤銅)圀〈광물〉적동광에서 나는 구리. 자동(紫銅). 홍동(紅銅). 적석(赤錫). red copper

적동-광(赤銅鑛)圀〈광물〉자연동이 산화된 광물로 보통 팔면체의 결정이며 빛은 검붉고, 광택이 있음. 구리를 제련(製鍊)하는 좋은 원료로 씀. cuprite

적동-설(赤銅屑)圀〈한의〉결말에 나는 데나 눈병 따위에 약으로 쓰이는 구리의 가루.

적동-전(赤銅錢)圀〈동〉동전(銅錢).

적동-화(赤銅貨)圀〈동〉동전(銅錢).

적두(赤豆)圀 붉은 팥. ¶ ~산(飯). red beans

적두(賊豆)圀〈동〉쇠팔.

적두-병(赤豆餠)圀 팥떡.

적두-함(赤豆餡)圀 팥소.

적란=운(積亂雲)圀 여름철 급격한 상승 기류로 생겨 높게 뜨는 구름. 위는 산 모양으로 솟고 아래는 비를 머금음. 소나기구름. cumulonimbus

적량(適量)圀 적당한 수량이나 분량. proper quantity

적량(積量)圀 선박·거마 따위에 적재한 화물의 총량. carrying capacity

적력(的歷)圀 또렷또렷하여 분명함. 하圈

적령(適齡)圀 어떤 표준이나 규정에 적당한 나이. eligible age ┌결혼 ~.

적령=기(適齡期)圀 나이가 어느 표준에 이른 때. ¶

적령-자(適齡者)圀 나이가 어느 표준에 달한 사람. ¶ 징병 ~.

적례(的例)圀〈동〉적례(適例).

적례(適例)圀 적당한 예. 알맞는 실례. 견본(見本)②. 적례(的例). good example

적로(赤露)圀 공산주의 러시아. Red, Soviet Russia

적로(滴露)圀 방울지어 떨어지는 이슬. ┌하圈

적로 성질(積勞成疾) 오랜 노고가 쌓여 병이 됨.

적록(摘錄)圀 요점을 적음. 또, 그 기록. 하圈

적록 색맹(赤綠色盲)圀 적색과 녹색을 구별할 수 없는 색맹. 홍록 색맹(紅綠色盲). redgreen blindness

적료(赤蓼)圀〈식물〉잎이 좁으며 작고 두꺼운 여뀌의 하나.

적료-하-다(寂寥─)圈여肘〈원〉→적요하다(寂寥─).

적루(吊樓)圀 임시로 군진(軍陣)에 베풀던 누(樓). 조루(弔樓).

적루(敵壘)圀 적군(敵軍)의 보루. enemy fort ┌하圈

적루(積累)圀 포개어 쌓임. 누적(累積). accumulation

적류(嫡流)圀 적가(嫡家)의 계통. 정통(正統)의 유파(流派). 《대》서류(庶流). main family

적률(賊律)圀 도둑을 벌하는 형률(刑律).

적리(赤痢)圀〈의학〉적리균이 대장에 침입하여 고열·피가 섞인 설사가 일어나는 병증. 혈리(血痢). dysentery

적리(積痢)圀 음식에 체하여 생기는 이질.

적리=균(赤痢菌)圀〈의학〉적리의 병원균. 부동성(不動性)의 간상균의 하나로 저항력이 약해 60°C에서 10분이면 죽음. dysentery bacillus

적리 아메:바(赤痢 amoeba)圀〈생물〉사람 아메바 적리의 원인이 되는 원충(原蟲). 혈구를 좀먹고 위족(僞足)으로 운동하며 큰 저항력을 가짐.

적린(赤燐)圀〈화학〉삼인의 가루로 된 인(燐). 성냥 제조에 쓰임. red phosphorus

적립(赤立)圀 ①공허한 모양. 아무 것도 없는 모양. ②〈동〉적빈(赤貧). 하圈

적립(積立)圀 모아서 쌓아 둠. reserving 하圈

적립=금(積立金)圀 ①적립해 둔 돈. ②〈경제〉회사가 그 이익의 일부를 어떤 목적을 위하여서 보류하여 두는 돈. 준비금(準備金)①. reserve fund

적마(赤魔)圀 붉은 마귀. 공산주의자들의 마수(魔手). 곧, 공산주의자들을 욕하여 이르는 말.

적마(績麻)圀 삼을 이어 길쌈을 하는 일. 하圈

적막(寂寞)圀 고요하고 쓸쓸함. loneliness 하圈 히圈

적면(赤面)圀 ①부끄럽거나 성이 나서 얼굴을 붉힘. blush ②망신당함. be put to shame 하圈

적면 공:포증(赤面恐怖症)圀〈생리〉남의 앞에 나서면 얼굴이 붉어져 나서기를 꺼리는 강박성(強迫性)신경증. 특히, 이성(異性)이나 윗사람 앞에 나서기를 두려워함. erythrophobia

적멸(寂滅)圀〈불교〉①번거로움을 떠난 열반의 경지를 이르는 말. ②죽음. annihilation 하圈

적멸-궁(寂滅宮)圀〈불교〉불상(佛像)을 모시지 않고 법당만 있는 불전.

적모(嫡母)圀 서자가 아버지의 정실을 일컫는 말. 큰어머니. 《대》서모(庶母). lawful mother

적목(赤木)圀〈동〉이깔나무.

적몰(籍沒)圀〈제도〉중죄인의 재산을 몰수하고, 그 가족까지 벌하던 일. 하圈

적묵(寂默)圀 고요하게 앉아 깊이 생각하고 말이 없음. contemplation 하圈

적미(赤米)圀〈동〉앵미(─米). ┌just sufficient

적:바르─다[─르] 겨우 모자라지 않을 정도로 자라다.

적-바림圀 사실을 적어 넣음. 문서에 기록함. record 하圈 ┌남에게 떳떳한 체하는 일.

적=반:하장(賊反荷杖)圀 굴복해야 할 사람이 도리어

적발圀 적바림하여 둔 글발. record ┌하圈

적발(摘發)圀 숨어 있는 것을 들추어냄. disclosure

적방(敵方)圀 적의 쪽. 《대》아방(我方). enemy side

적배(賊輩)圀 도둑의 무리. 「이질. ②적리와 백리.

적백=리(赤白痢)圀〈의학〉적리와 백리가 병발(倂發)하는

적법(適法)圀 적당한 법규. appropriate law 「법규에 맞음. 합법(合法). 《대》위법(違法). legality

적법(適法)圀〈윤리〉행위가 동기의 여하에 불구하고 결과 겉으로 도덕법에 일치하여, 결과에 있어서 의무에 맞는 경우. ┌하圈

적벽=부(赤壁賦)圀 ①〈문학〉중국 송(宋)나라의 시인 소동파(蘇東坡)가 지은 글. ②옛날 중국에서 들어오면 큰 사기 대접의 하나.

적병(賊兵)圀 도둑의 병졸. rebels

적병(敵兵)圀 적군의 병사. enemy soldier

적병(積病)圀〈한의〉음식이 체하여 소화가 안 되어 일어나는 위장병.

적보(的報)圀 적확한 알림. exact information

적봉(敵鋒)圀 적의 병기. 적과의 싸움.

적부(的否)圀 틀림없이 꼭 맞음과 안맞음. correctness

적부(適否)圀 적당함과 부적당함. propriety

적=부루마(赤─馬)圀 털에 붉은 빛과 흰빛이 섞여 있는 말. 홍사마(紅紗馬).

적부 심사(適否審查)圀〈법률〉영장(令狀)의 집행이 적합한가 안 한가를 법원이 심사하는 일.

적=부적(適不適)圀 적합한 것과 적합하지 않은 것. 적당함과 부적당함. 적당과 부적당.

적분(積分)圀〈수학〉①미분(微分)을 주어서 원 함수(函數)를 구하는 법. 정(定)적분. 《대》미분(微分). integral ②〈약〉→적분학. ┌cour

적분(積忿)圀 오래 두고 쌓여 온 원한. pent-up ran-

적분 방정식(積分方程式)圀〈수학〉미지 함수의 적분을 포함하는 방정식의 총칭. integral equation

적분=학(積分學)圀〈수학〉주로 실변수(實變數)함수의 적분의 개념 및 그 응용에 관하여 연구하는 학문. 《대》미분학(微分學). 《약》적분(積分)②. integral calculus 《대》적선(積善). 하圈

적-불선(積─善)[─썬](積不善)圀 착하지 못한 행실을 쌓음.

적비(赤匪)圀〈동〉공비(共匪).

적비(賊匪)圀 도둑질·약탈을 하며 폭동을 일삼는 무리. bandits

적비:취(赤翡翠)圀 호반새.

적빈(赤貧)圀 아주 살림이 가난함. 적립(赤立)②. extreme poverty 하圈 ┌음. 하圈

적빈 무의(赤貧無依)圀 아주 가난하여 의지할 곳이 없

적빈 여세(赤貧如洗)圀 씻은 듯이 가난함. 하圈

적사(嫡嗣)圈 적출(嫡出)의 사자(嗣子). eldest son
적사(積仕)圈《약》→적사 구근(積仕久勤).
적사(積卸)圈 선박(船舶)에 짐을 싣거나 부림. loading and unloading 하다. 《약》 적사(積仕). 하다
적사 구근(積仕久勤)圈 여러 해를 두고 오래 벼슬함.
적사=장(積貨場)圈 배에 짐을 싣거나 부리는 곳.
적=사탕(赤砂糖)圈《동》홍당(紅糖).
적산(敵産)圈 ①자기 나라나 점령지 안에 있는 적국의 재산. enemy property ②《속》 1945 년 8월 해방 이전에 한국 안에 있던 일본인의 재산. 귀속 재산(歸屬財産). ¶∼가옥(家屋). vested interests
적산(積算)圈 점차로 쌓여 증가하는 수량을 차례로 보태어 계산하여 감. 누계(累計). addition 하다
적산=법(――法)圈 공사(工事)의 실비를 정확하게 산출하는 방법. 수량의 결정, 단가의 계측, 간접비의 가산 등 세 부분으로 됨.
적산 온도(積算溫度)圈 생물의 생육 시기(生育時期)와 관련된 온도의 총계(總計).
적산 전:력계(積算電力計)圈〈물리〉모터와 그것이 회전한 수를 보이는 글자판으로 되어 있어, 사용된 전력의 총계를 재는 장치. 전기 미터. integrating wattmeter summer jacket
적삼 윗도리에 입는 홑옷. 단삼(單衫). unlined
적삼 벗고 은가락지 낀다圈 격에 맞지 않는 짓을 한다는 뜻.
적상(積想)圈 오랫동안 쌓인 생각.
적상(積傷)圈 어떠한 일로 오래 마음을 썩임. accumulated worries 하다
적색(赤色)圈 ①붉은 빛.《약》적(赤). red colour ②혁명 또는 공산주의의 상징.《대》백색(白色). communism
적색 공:포(赤色恐怖)圈 노동자 혁명전에 있어서의 노동자측의 폭동. 적색 테러. red terrorism
적색 리트머스(赤色 litmus)圈〈화학〉 리트머스의 수용액에 약간의 염산을 가한 것. 빛이 붉고 알칼리와 만나게 되면 청변(靑變)됨. red test paper
적=색맹(赤色盲)圈〈의학〉적색과 청록색이 무색 또는 회색으로 보이는 색맹.《대》녹색맹(綠色盲). red blindness
적색 인터내셔널(赤色 International)圈 제 3 인터내셔널(第三 International)을 달리 이르는 말.
적색 조합(赤色組合)圈 노동 운동에 있어서 공산주의적 투쟁 원리 하에 있는 조합의 통칭. red cooperatives
적색 테러(赤色 terror)圈《동》적색 공포.
적색 폭력(赤色暴力)圈《동》적색 테러.
적서(赤黍)圈〈식물〉이삭 빛이 붉고 알맹이가 누렇고 차진 기운이 있는 기장. red millet
적서(摘書)圈 남의 글을 따다 씀. 요점만 뽑아다 씀. summary 하다 둘. 또, 그 계통.
적서(嫡庶)圈 정처(正妻)에게서 난 아들과 첩에게서 난
적서(赤鳥)圈 임금의 정복(正服)에 신던 신.
적=총(積石塚)圈 금석 병용 시대의 고분(古墳) 형식의 하나로 시체를 매장함에 있어 흙 대신 돌을 쌓아 덮던 장법(葬法).
적선(賊船)圈 해적의 배. pirate-ship
적선(敵船)圈 적국의 군함이나 선박. enemy ship
적선(積善)圈 착한 일을 많이 함. ¶∼여경(餘慶).《대》적불선(積不善). 적악(積惡). accumulation of virtuous deeds 하다
적선(謫仙)圈 ①선계(仙界)에서 인간계(人間界)로 쫓겨 내려온 선인(仙人). banished hermit ②시인(大詩人)을 아름답게 일컫음. great poet ③이백(李白)을 아름답게 이르는 말.
적설(積雪)圈 한대 지대(高山)의 항설대(恒雪帶)에서 눈 위에 붉은 원조류(原藻類)의 번식으로 붉게 보이는 눈. drifted snow
적설(積雪)圈 쌓인 눈. drifted snow
적설초(積雪草)圈〈식물〉꿀풀과에 속하는 다년생 덩굴 풀. 4∼5월에 홍자색 꽃이 핌. 잎과 줄기에서 향기가 나는 야생초로 약용으로도 쓰임. 습지에 자생함. ground ivy
적성(赤誠)圈 참된 정성. 단성(丹誠). sincerity
적성(笛聲)圈 ①피리 소리. sound of flute ②기적(汽笛) 소리. whistle
적성(適性)圈 무엇에 알맞는 성질. aptitude
적성(敵性)圈 적의 성질을 띤 것. 서로 대적되는 성질. enemy character cerity 하다
적성(積誠)圈 오랫 동안 정성을 쌓음. constant sin-
적성 검:사(適性檢査)圈〈심리〉개인의 특수 성능의 적성을 알기 위하여 하는 검사. aptitude test
적성=병(――病)圈〈식물〉 담배·배나무·사과나무 등의 잎에 붉은 병적 반문이 생기는 병.
적세(賊勢)圈 도둑의 형세. strength of bandits
적세(敵勢)圈 ①적군의 기세. strength of enemy ②적국의 형세. situation of enemy country
적소(賊巢)圈《동》적굴(賊窟).
적소(適所)圈 적당한 지위. right place
적소(謫所)圈〈제도〉 죄인이 귀양가서 있던 곳. 죄인을 귀양 보내는 곳. banished place
적=소:두(赤小豆)圈 붉은 팥. red beans 하다
적소 성대(積小成大)圈 작은 것도 쌓이면 크게 됨.
적손(嫡孫)圈 적실의 몸에서 난 손자.《대》서손(庶孫). legitimate grandson 督)를 계승하는 일.
적손 승조(嫡孫承祖)圈 적손이 직접 조부의 가독(家
적송(赤松)圈〈식물〉소나무의 하나. 껍질이 붉고 잎이 가늚. red pinetree
적송(積送)圈 물건을 실어서 보냄. shipment 하다
적송=품(積送品)圈 실어서 보내는 물건. shipment
적=쇠(炙―)圈《동》석쇠.
적쇠=가락(炙―)圈 두 개로 된 굵고 큰 부젓가락.
적수(赤手)圈 맨손. bare hand red mane
적수(赤鬚)圈 ①붉은 수염. red beard ②붉은 갈기.
적수(笛手)圈〈제도〉대금(大笒)을 불던 세악수(細樂手)의 하나. robbers
적수(賊首)圈 도둑의 우두머리. 도둑의 괴수. boss of
적수(滴水)圈 물방울. drops of water
적수(敵手)圈 ①바둑이나 장기의 수가 비슷한 사람. 적(敵)④. match ②재력(才力)이 어금지금한 사람.
적수(敵讐)圈《동》원수(怨讐). 나(對手). rival
적수 공권(赤手空拳)圈 맨손과 맨주먹. ¶∼으로 성공하였다. 《대》공권. empty hands and naked fists
적수 단신(赤手單身)圈 맨손과 홀몸.
적수 성가(赤手成家)圈 매우 가난한 집안에 태어나서 맨손으로 살림을 이룸. 적수 기가(赤手起家).
적수 성연(積水成淵)圈 적은 물이라도 쌓이면 연못을 이룸. 한 방울씩의 물이 모여 연못을 이룸. 하다
적습(賊習)圈 도둑질하는 버릇. habit of stealing
적습(敵襲)圈 적군의 습격. attack of the enemy
적습(積習)圈 오래 두고 이루어진 버릇. long habit
적승(赤繩)圈 인연을 맺는 끈. 부부(夫婦)의 인연.
적승 계:족(赤繩繫足)圈 혼인이 정해짐.
적승=자(赤繩子)圈《동》 월하 빙인(月下氷人).
적시(摘示)圈 지적하여 제시함. 하다
적시(適時)圈 마침 알맞은 때. ¶∼ 안타.
적시(敵視)圈《약》→적대시(敵對視). with corpses
적시(積尸)圈 겹겹이 쌓인 시체. strew the ground
적시-다[타]①물 따위에 묻혀서 젖게 하다. moisten ②경조를 더럽히다. violate
적시 재:상(赤尸在床)圈 집안이 몹시 가난하여 장사를 지낼 수가 없음을 가리키는 말. 하다
적시 적지(適時適地)圈 시간과 장소가 알맞음. 하다
적신(赤身)圈 벌거벗은 몸. 알몸. stark nakedness
적신(賊臣)圈 반역하는 신, 불충(不忠)한 신하.
적=신:호(赤信號)圈 ①교통 기관의 정지(停止) 신호. red signal ②앞 길에 위험이 있는 표시. danger signal ③위험 신호. 《대》청신호(靑信號).
적실(的實)圈 틀림이 없음. 꼭 그러함. exactness 하다
적실(嫡室)圈《동》정실(正室)①. 圈 히다
적실(敵失)圈 적의 실책. 스포츠에서, 상대팀의 실책.

적실(適實)[명] 실제에 적합함. 하[영]
적=실인심(積失人心)[명] 번번이 인심을 잃음. 자꾸 인심을 잃음. 하[영]
적심[명] 재목을 물에 띄워 내리는 일.
적심(適心)[명] ①얄팍한 위에 물메를 잠그기 위하여 보공하는 잠목. ②마루나 서까래의 뒷목을 보강하기 위해 큰 원목을 눌러 박은 것.
적심(赤心)[명] 단심(丹心).
적심(賊心)[명] ①남의 물건을 도둑질하는 마음. thieving propensity ②왕가에 반대하는 마음.
적심(摘心)[명] 성장이나 결실(結實)을 조절하기 위하여 순을 침. nipping the buds
적심=돌[—돌](積心—)[명] 〈건축〉 축석(築石)의 안쪽에 심을 박아 쌓는 돌. 적심석(積心石).
적심=석(積心石)[명] 〈건축〉 적심돌(積心—).   「쌓는 일.
적심=쌓이(積心—)[명] 〈건축〉 벽의 안쪽을 돌로 튼튼히
적-십자(赤十字)[명] ①흰 바탕에 붉은색으로 십자형(十字形)을 나타낸 적십자의 휘장. Red Cross ②《略》→적십자사.
적십자 병=원(赤十字病院)[명] 적십자사가 경영하는 병원. 전시·사변 때의 부상자 구호, 간호원 양성, 일반 환자의 치료, 건강 상담 등을 함. Red Cross Hospital
적십자=사(赤十字社)[명] 박애(博愛)의 정신으로써 사회 사업을 하는 국제적 구호 사단(救護社團). 《약》적십자②. Red Cross Society
적십자 조약(赤十字條約)[명] 전시 군대의 상병자 구호에 관한 국제 조약. Red Cross Convention
적쌍룡 단선(赤雙龍團扇)[명] 〈제도〉 붉은 쌍룡을 그리고 자루가 긴 둥근 부채의 식에 쓰는 물건의 하나.
적아(摘芽)[명] 농작물의 성숙을 빠르게 하기 위하여 불필요한 새싹이나 연한 싹을 따 버리는 일. pluck the buds   「accumulated wickedness 하[영]
적악(積惡)[명] 악한 일을 많이 함. 〖대〗 적선(積善).
적앙(積殃)[명] 재앙이 거듭됨. 또, 그 재앙(災殃). 하
적약(適藥)[명] 병에 맞는 약. specific medicine
적약(敵藥)[명] ①배합(配合)의 상태에 따라 서로 독이 되는 약. ②함께 먹으면 중독되는 약. disagreeable
적양(赤楊)[명] 오리나무.   「medicines
적어도[부] ①적게 보이기는 하여도. ¶ ~ 고추알. ②줄잡아 어림하여도. 최소한도로. ¶ ~ 열흘은 걸리겠다. at least ③마음에 부족하나마 그런 대로. ¶ ~ 만 원은 있어야지. ④아무리 적게 평가하더라도.
적어-지-다[자] 적어지게 되다.   ¶ ~ 남자다르다.
적업(適業)[명] 능력·재질에 알맞은 직업. suitable occupation   「rson
적역(適役)[명] 알맞은 배역. 적임(適任). suitable pe-
적역(適譯)[명] 적절한 번역이나 통역. adequate translation
적연(的然)[명] 꼭 그러함. exactness 하[영] 히[부]
적연(寂然)[명] ①아무 기척도 없이 괴괴함. deserted ②고요하고도 쓸쓸함. lonely 하[영] 히[부]
적연 무문(寂然無聞)[명] 조용하고 적적하여 아주 소문도 없음. 하[영]   「[부]
적연 부동(寂然不動)[명] 아주 조용하여 움직이지 않음.
적연=히(適然—)[부] 마침 우연히. 우연히.
적열[—녈](赤熱)[명] 빨갛게 달 때까지 열을 가함. 하
적열(積熱)[명] 〈한의〉 입속 허물이 벗어지고 가슴이 담답하며, 변비증이 생기다가 몸에 부스럼이 나는 병.
적영(敵影)[명] 적의 그림자. 적의 모습. enemy's traces
적영(敵營)[명] 적군의 진영(陣營). enemy camp
적외=선(赤外線)[명] 〈물리〉 스펙트럼의 적외부(赤外部)에 있는 복사선(輻射線). 눈에 안 보이고 공기 중의 투과력이 큼. 암연선. 열선(熱線). infrared ray
적외선 사진(赤外線寫眞)[명] 〈물리〉 적외선을 이용하여서 찍는 사진. 특별한 필름·건판과 필터를 사용하여서 원거리의 물체를 촬영하거나 하여, 야간 촬영에 이용함. infrared photography
적외선 요법[—뻡](赤外線療法)[명] 〈의학〉 적외선 등(燈)을 이용하여 혈액 순환을 왕성하게 하고, 영양을 좋게 하려는 요법. infrared therapy
적외선 필름(赤外線film)[명] 적외선에 감광하는 필름. 천체 관측·사진 관측 따위에 쓰임. infrared film
적요(摘要)[명] 요점을 뽑아 적음. summary 하[영]
적요=하-다(寂寥—)[형] 쓸쓸하고 고요하다. 적적하다. 〖원〗 적료하다. lonely   「ation 하[영]
적용(適用)[명] ①쓰기에 알맞음. ②맞추어 씀. applic-
적우(適雨)[명] 시기에 알맞게 오는 비. welcome rain
적우(積雨)[명] 오래 오는 비. 장마. long rain
적우(積憂)[명] 오랫동안 쌓인 근심. 적수(積愁). accumulated worry
적우 침:주(積羽沈舟)[명] 새털 같은 가벼운 것도 많이 쌓이면 배를 침몰시킨다는 뜻으로, 여럿의 힘이 모이면 놀라게 큼을 비유한 말.
적운(積雲)[명] 상승 기류로 말미암아 흔히 여름철에 생기는 솜 모양의 구름. 뭉게구름. cumulus
적울(積鬱)[명] 우울한 마음이 쌓여 오래 풀리지 않음. pent-up indignation 하[영]   「pent-up rancour
적원(積怨)[명] 오래 쌓여 있는 원망. ¶ ~ 심노(深怒).
적위(赤緯)[명] 〈천문〉 천구(天球) 위에서 적도로부터 북이나 남으로 헤아리는 각거리(角距離). 〖대〗 적경(赤經). declination
적위(積威)[명] 조상 대대로 쌓아 내려오는 위세.
적위=권[—꿘](赤緯圈)[명] 〈천문〉 천구(天球) 위의 두 극(極)을 지나는 큰 권. parallel of declination ②적도의(赤道儀)에 적위를 나타내기 위하여 표한
적위 등=권[—꿘](赤緯等圈)[명] 〈천문〉 천구(天球) 위에서 등적위(等赤緯)로 이은 선. 천구 위의 적도에 평행한 소권(小圈). 위권(緯圈).
적:은-집[명] 첩(妾). 또는, 첩의 집. 별댁②. 별방. 별실②. 소가(小家). 첩실. concubine
적응(適應)[명] ①결맞추어 서로 어울림. fitness ②개인이 환경에 순응(順應)하기에 이르는 과정(過程). ③〈생물〉 동식물이 환경에 결맞게 그 형태와 습성을 변화시키는 현상. 순응(順應). adaptation ④약이 병에 맞아서 잘 들음. efficacious 하[영]
적응=력(適應力)[명] 적응하는 힘. ¶ ~이 뛰어나다.
적응=성[—썽](適應性)[명] 외적(外的) 자극이나 변화에 순응하는 성질·능력.
적응=증[—쯩](適應症)[명] 〈의학〉 약제·수술 기타의 치료법에 적용되어 효과를 나타내는 질환이나 증후(症候). adaptation syndrome
적응 형질(適應形質)[명] 〈생물〉 생물이 생명을 유지하기 위해 환경 변화에 따라 형태·기능 등을 변화시켜 이에 순응하는 형질.
적의(赤衣)[명] 〈불교〉 군다리 명왕(軍荼利明王)에게 수법(修法)할 때에 진언종(眞言宗)의 중이 입는 붉은 옷.
적의(翟衣)[명] 붉은 비단에 꿩을 수놓는 왕후가 입던.
적의(適宜)[명] ①결맞추 하기에 마땅함. fitness ②《동》수의(隨意). 하[영]
적의(敵意)[명] ①대적하려는 마음. hostility ②해를 끼치려는 마음. ill will   「fancy 하[영]
적의(適意)[명] 뜻에 맞음. 중의(中意). suiting one's
적:이[부] 얼마 꼭 되게. 조금. ¶ 잘 있다는 소식을 듣고 ~ 안심하였다. little
적:이-나[부] ①다소라도. 비록 조금일지라도. even a little ②'적이'를 약간 꼬집어 부인하는 말.
적:이-나-하면[부] 다소라도 형편이 좀 나으면. little at least
적인(狄人)[명] ①중국 북쪽의 야만 종족. 북적(北狄). ②옛날 우리 나라의 북쪽에 살던 여진족.
적인(適人)[명] ①시집을 감. marry ②적편의 사람. 적
적인(適人)[명] 《동》 퉈(適人)②.   「인(敵人). 하[영]
적일(積日)[명] 여러 날. 연일(連日). every day
적임(適任)[명] 무슨 일에 적당함. 또, 그러한 일. 적역(適役). ¶ ~자(者). competence

적자(赤子)閔 ①갓난아이. baby ②임금이 백성을 일컬음. our subjects
적자(赤字)閔 수지 결산에서 지출이 수입보다 많은 일. 결손(缺損). (때) 흑자(黑字). deficit
적자(賊子)閔 임금이나 부모에게 거역하는 불충·불효한 사람. undutiful son
적자(嫡子)閔 본 아내의 몸에서 난 아들. 수자(樹子). 장(長)². 적남(嫡男). (때) 서자. legitimate son
적자(適者)閔 적당한 사람. 적응(適應)한 사람. fit persons
적자 공채(赤字公債)閔〈경제〉국가 세입(歲入)이 부족한 때에 발행하는 공채(公債). red-ink bonds
적자 생존(適者生存)閔〈생물〉생존 경쟁의 결과, 그 환경에 맞는 것만이 살아 남고, 그렇지 못한 것은 차차 쇠퇴·멸망해 가는 자연 도태의 현상. 우승 열패(優勝劣敗)². survival of the fittest
적자 예:산(赤字豫算)閔〈경제〉예산을 편성할 때 재정상 적자를 메우기 위하여 공채를 발행하여 그 부족을 채우는 예산. deficit budget
적자 융자(赤字融資)閔〈경제〉기업에 있어서 자금의 부족량을 완화시키기 위하여 금융 기관의 운전(運轉) 자금을 융통하는 일. deficit covering financing
적-작약(赤芍藥)閔 작약과의 다년생 풀. 뿌리는 방추형으로 절단면이 적색을 띰. 줄기 높이 90cm, 초여름에 흰 꽃이 가지 끝에 하나씩 핌. 뿌리는 한약재.
적:잖-다閔[약] 적지 아니하다. not a little
적:잖-이閔 적잖게. not a little
적장(賊將)閔 도적의 무리의 대장.
적장(嫡長)閔 적실(嫡室)에서 난 후손의 맏아들과 맏손자. eldest son and eldest grandson
적장(敵將)閔 적국의 장수. 노장(虜將). commander of the enemy
적-장:자(嫡長子)閔 정실(正室)의 몸에서 난 장자(長子).
적재(摘載)閔 요점만을 따서 기록하여 실음. print the summary 하[타]   fit for the post
적재(適材)閔 적당한 인재(人材). 적당한 제목. person
적재(積財)閔 재산을 쌓아 모음. 또, 그 재산. accumulate property 하[자]
적재(積載)閔 짐을 실음. 짐을 쌓아 실음. lading 하[타]
적재 단위(積載單位)閔 물건을 실을 수 있는 기본이 되는 분량의 표준. unit of cargo
적재=량(積載量)閔 적재한 분량이나 중량. 또, 실을 수 있는 분량이나 중량. 재량. carrying capacity
적재 적소(適材適所)閔 적당한 인재를 적당한 자리에 씀. right man in the right place 하[타]
적저(積貯·積瀦)閔 쌓아 모음. 축적. accumulation
적적 상승(嫡庶相承)閔 대대로 적파(嫡派)의 장자·장손이 기계(家系)를 이음.
적적=하:다(寂寂─)閔[여][변] 쓸쓸하고 외롭다. 의뢰고 쓸쓸하다. 적요하다. lonesome 적적-히閔
적전(敵前)閔 적의 바로 앞. in front of enemy
적전(籍田)閔〈제도〉임금이 몸소 경작하던 밭.
적전 도:강(敵前渡江)閔〈군사〉군대가 적이 대항하는 전면에서 강을 건너가는 일. 하[자]
적전 상:륙(敵前上陸)閔〈군사〉적이 병력을 배치한 전면에서 강행하는 상륙. opposed landing 하[자]
적절(適切)閔 꼭 맞음. 적당하고 절실함. appropriateness 하[여] 히閔
적=점토(赤粘土)閔 대양(大洋)의 바다에 널리 분포되어 있는 적갈색을 띠어서 침척물의 하나. red clay
적정(寂靜)閔 쓸쓸하고 고요함. loneliness 〈불교〉번뇌를 떠나 몸과 마음이 아주 고요한 해탈(解脫)·열반(涅槃)의 경지. 하[여] ber's situation
적정(賊情)閔 도둑의 내정(內情). 도둑의 형편. robber's situation
적정(滴定)閔〈화학〉용량 분석에서, 농도를 아는 시약(試藥)을 뷰렛에 넣어 검사할 액체에 떨어뜨려 그 액체와 똑같이 반응함에 요하는 시약의 용량을 구하는 방법. titration
적정(適正)閔 적당하고 바름. propriety 하[여] 히閔
적정(敵情)閔 적의 군사력의 실정. 적의 형편. enemy movements   산하여 정한 값. reasonable prices
적정 가격(適正價格)閔 원가를 적정하여 정한
적정 규모(適正規模)閔〈농업〉농가 경영상 가장 적당하다고 추정한 경영 규모.   쪽의 신.
적제(赤帝)閔 오행설(五行說)에서 여름을 맡았다는 남
적제(嫡弟)閔 서자가 적파(嫡派)의 아우를 일컫는 말.
적제(滴劑)閔 적은 양으로 효과가 세어, 사용량을 방울로 수로 정한 극성(劇性)의 액체의 약. 는 현상.
적조(赤潮)閔 플랑크톤이 번식하여 바닷물이 붉게 되
적조(積阻)閔 오랫동안 소식이 막힘. 그 동안 一했소. 격조(隔阻). long silence 하[여] tle field
적종(吊鐘)閔 적루(吊樓)에 달린 종. bell of the bat-
적종(嫡宗)閔①종가. ②〈불교〉정계(正系). 정통(正統). 들어맞는 일. 예에는 ~하다. 하[자]
적중(的中)閔 ①목표에 꼭 들어맞음. good hit ②잘
적중(適中)閔 과부족이 없이 꼭 알맞음. fitness 하[자]
적중(謫中)閔 적소(謫所)에서 지내는 동안. during the exile life
적증(的證)閔 확실한 증거. conclusive evidence
적지(赤地)閔 흉년으로 농작물을 거둘 것이 없게 된 땅. desolate field
적지(的知)閔 적확하게 앎. knowing exactly 하[타]
적지(賊地)閔 적도(賊徒)가 있는 곳. 적도가 점령한 땅. 도적이 출발하는 곳. robber's land
적지(敵地)閔 적군의 땅. enemy land
적지(適地)閔 무엇을 하기에 꼭 알맞은 곳.
적지-않이閔 적지 않다는 말로 많이, 많음. greatly
적지 적수(適地適樹)閔 마땅한 나무를 마땅한 땅에 심음.   음.
적지 적작(適地適作)閔 마땅한 작물을 마땅한 땅에 심
적지 천리[─일─](赤地千里)閔〈민속〉입춘(立春) 뒤 첫 갑자일(甲子日)에 비가 내리면 그 해 봄이 몹시 가물어서 넓은 범위에 걸쳐 논밭이 적지(赤地)가 된다는 일.   직업.
적직(適職)閔 그 사람의 재능이나 성격에 꼭 맞는
적진(敵陣)閔 적군의 진영. enemy camp
적진 성산(積塵成山)閔〈동〉적토 성산(積土成山).
적찰(赤札)閔 팔다 남아서 싼 값으로 치우려는 상품·매약된 상품·전할품 같은 데서 낙선된 물건들에 붙이는 붉은 딱지. 또, 그 딱지가 붙은 물건. red slip
적채(積債)閔 쌓이고 쌓인 빚. ¶─ 정리. accumulated debts   가치. legitimate wife
적처(嫡妻)閔 예를 갖춰 맞은 아내. 적정(正嫡)①. 장
적철(炙鐵)閔〈동〉석쇠.
적철=광(赤鐵鑛)閔〈광물〉섬유상(纖維狀) 또는 조질(粗質)이 검거나 자갈색인 철광. hematite
적첩(嫡妾)閔 정실(正室)과 첩. 처첩(妻妾). legitimate wife and concubine
적체(積滯)閔 차곡차곡 쌓임. accumulation 하[자]
적체(赤體)閔〈생리〉응혈(凝血)이 차 있어서 빨갛게 된 배란(排卵) 후의 여축된 난포(卵胞). 이것이 황체(黃體)가 됨.
적체(積滯)閔 쌓여서 잘 통하지 못함. 하[자]
적출(摘出)閔 ①집어 냄. 속아 냄. pick out ②들추어냄. 폭로함. exposure 하[타]
적출(嫡出)閔 정실의 몸에서 난 소생. (때) 서출(庶出). legitimate child   ment 하[타]
적출(積出)閔 물건을 실어 보냄. 출하(出荷). ship-
적출-자(嫡出子)閔〈법률〉법률상 혼인 관계에서 출생한 자녀. child born of legal wife
적출-항(積出港)閔 화물을 선박으로 실어내는 항구.
적충(赤蟲)閔〈동〉장구벌레.   port of shipment
적취(積聚)閔 ①쌓여서 모임. accumulation ②〈한의〉목은 체증으로 말미암아 뱃속에 덩어리가 생기는 병. 적기(積氣). 〈약〉적(積)². 하[자]
적측(敵側)閔 적의 편. 《때》 아측(我側). enemy's side
적치(敵治)閔 적이 침입하여 다스림. enemy rule

적치(積置)[명] 쌓아서 둠. piling up(to keep) 하다
적침(敵侵)[명] 적의 침입. enemy invasion
적탄(敵彈)[명] 적군이 쏜 탄알. enemy bullets
적토(赤土)[명] 석간주(石間硃)
적토 성산(積土成山)[명] 흙이 쌓여 산이 된다는 뜻으로, 작은 것도 많이 모이면 커진다는 말. 적진 성산.
적통(嫡統)[명] 적파(嫡派)의 계통.
적-틀(炙―)[명] 제사 때 산적을 담는 직사각형의 그릇. 적기(炙器). 적대(炙臺). gridiron
적파(嫡派)[명] 적장자의 계통. [대] 서파(庶派). legitimate descent
적파(摘播)[명] 종자를 몇 알씩 모아 군데군데 뿌림. sowing 하다
적판 분석기(滴板分析機)[명] 적적 분석(點滴分析)에 쓰이는 기구. 사기로 만든 판 위에 여러 개의 오목한 부분에 들어 시료(試料)와 반응 용액(溶液)을 부어 놓게 되어 있음. 점적판(點滴板).
적패(積敗)[명] 기운이 아주 지침. fatigue 하다
적평(適評)[명] 적절한 비평. apt remark
적폐(積弊)[명] 오래된 폐단. deep-rooted evils
적-포도주(赤葡萄酒)[명] 붉은 포도주. red wine
적하(滴下)[명] 액체가 방울지어 떨어짐. 또, 그렇게 떨어지게 함. 하다
적하(積荷)[명] 배나 기차로 운송하는 화물. loading
적하 보:험(積荷保險)[명] 《경제》 해상 보험의 하나로서, 배에 실은 화물이 해상 운송 중에 분실(紛失)·훼손되었을 경우에 손해를 충당하기 위한 보험. insurance cargo
적하 증권(積荷證券)[명] 보험에 든 선하(船荷) [증된]. bill of lading
적한(賊漢)[명] 모지 도둑놈. rough thief
적함(敵艦)[명] 적군의 군함(軍艦). enemy ship
적합(適合)[명] 꼭 합당함. 의합(宜合). conformity 하다
적항(敵港)[명] 적국의 항구. enemy port
적해(賊害)[명] 도둑에게서 받은 해.
적-행낭(赤行囊)[명] 등기 우편 따위의 중요한 우편물을 담아서 나라 우체국으로 보내는 붉은 주머니. red mailbag
적혈(赤血)[명] 붉은 피. red blood
적혈(賊穴)[명] 도둑의 소굴. 적굴(賊窟). 적소(賊巢). ¶~ 소탕. cave of bandits
적혈(積血)[명] 어혈(瘀血).
적-혈구(赤血球)[명] 《생리》 혈액 속의 혈구의 하나. 혈색소(血色素)를 함유하고 있어 붉게 보임. 붉은 피톨. [대] 백혈구(白血球). red blood cell
적형(嫡兄)[명] 서자가 적파(嫡派)의 형을 일컫는 말.
적호(適好)[명] 알맞고 좋음. suitableness 하다
적화(赤化)[명]①붉게 됨. turning red ②공산주의에 물듦. 좌익화(左翼化). Bolshevization 하다
적화(積貨)[명] 공산주의자들에 의한 재화(災禍)
적화(積貨)[명] 화물을 실음. 또, 그 화물. loading
적화 사상(赤化思想)[명] 공산주의 색채를 띤 사상.
적화 운:동(赤化運動)[명] 공산주의자의 혁명 운동의 총칭. 하다
적확(的確)[명] 확실함. 틀림이 없음. exactness 하다
적환(賊患)[명] 도둑에 대한 걱정. worry for robbers
적환(敵丸)[명] 적이 쏜 탄환(彈丸).
적황(赤黃)[명][의] 적황색의.
적황(敵況)[명] 전투에서, 적의 움직임이나 상태.
적회(炙膾)[명] 산적(散炙).
적회(積懷)[명] 오랫동안 만나지 못하여 보고 싶은 회포. pent-up emotion
적효(適效)[명] 알맞은 효과.
적흉(積凶)[명] 매우 심한 흉년. great famine
적-흑색(赤黑色)[명] 붉고도 검은 빛깔. 검붉은 빛. dark red
적-히-다[자] 적음을 당하다. ¶이름을 ~. be recorded
전:[명] 물건의 위쪽 가장자리가 나부죽하게 된 부분. 전더구니. brim
전:[명] 갈퀴·낫·손으로 한 번에 거안을 정도의 나무·풀 따위의 분량.
전³(依)[명] 1962년 6월 10일의 통화 개혁에 의한 보조 화폐의 단위. 원(圓)의 백분의 일.
전(田)[명] 밭.

전(前)[명] ①앞. [대] 후(後). front ②이전. 지난 때. priority [의] 어른이 계시는 자리의 앞. ¶어머니 ~.
전:(奠)[명] 장사지내기 전에 영연(靈筵)에 간단한 술과 과실을 드리는 예식.
전:(煎)[명] 번철에 기름을 바르고 지진 음식의 총칭.
전:(廛)[명] 물건을 파는 가게. shop
전:(篆)[약]→전자(篆字)
전(塼·甎·甄)[명] 벽돌의 하나. 낙랑 시대의 고분(古墳)·건축물에서 쓰임. brick
전:(氈)[명] 모직물의 하나.
전:(轉)[약]→전구(轉句)
전:(錢)[의][명] ①돈의 단위. 원(圓)의 백분의 일. ②옛날 엽전 열 푼의 단위. ③중국 당대(唐代)에 쓰이던 돈의 단위.
전:(全)[명] '온통'·'아주 지독한' 등의 뜻. ¶~ 깍쟁이.
전(全)[접두] 명사 위에 붙어서 온통의 뜻을 나타냄. ¶~국민.
전:(前)[접두] '앞'·'이전'의 뜻. ¶~장관(長官).
=전(展)[접미] 어떤 이름에 붙어서 전람회의 뜻을 나타냄. ¶개인(個人)~. exhibition
=전(傳)[접미] ①현인(賢人)의 저서. ②개인의 일생의 사적을 적은 글. ¶퀴리 부인 ~. biography
=전(殿)[접미] 궁궐·신당·불각(佛閣) 등의 집. ¶대웅 ~. palace [시당·경청 따위]. ¶쟁탈 ~. war
=전(戰)[접미] 명사 밑에 붙어 싸우는 뜻을 나타냄. 전쟁.
전가(田家)[명] 농부의 집. 전사(田舍)①. farm house
전가(全家)[명] 온 집안. whole family
전가(傳家)[명] ①아버지가 아들에게 가산을 물려줌. ②대대로 가문에 전하여 내려옴. hereditary from
전:가(轉嫁)[명] ①다른 데로 다시 시집감. second marriage ②자기의 허물을 남에게 덮어씌움. imputation 하다 [오는 보물]. heirloom
전가지-보(傳家之寶) 조상 때부터 집에 전해 내려
전각(全角)[명] 《인쇄》 활자·공목(空木) 따위의 크기를 일컫는 말. 각 포인트나 각 호수의 정방형의 활자
전각(前脚)[명][동] 앞다리①. [와 같은 크기. em
전:각(殿閣)[명] ①임금이 거처하는 궁전. Imperial palace ②궁전과 누각. palace and castle ③옛날 중국의 관청. ancient Chinese public office
전:각(篆刻)[명] 나무나 돌, 또는 금옥(金玉) 따위에 글자를 새김. 또, 그 새긴 글자. engraving seal
전:각-가(篆刻家)[명] 전각을 잘하는 사람. seal engraver
전간(傳簡)[명] 사람을 시켜 편지를 전함. 하다
전간(顚癎)[명] 《의학》 지달병. epilepsy [삯전.
전간-전(傳簡錢)[명] 편지를 부탁하여 보낼 때에 주는
전갈(全蠍)[명] 《동물》 전갈류에 속하는 절지 동물. 길이는 6cm이며, 몸 빛은 등은 푸른 빛을 띤 갈색, 후복부(後腹部)는 누름. 독낭이 있어 독침(毒針)이 있고, 넷째 보각(步脚)에 짧은 침이 있음. 한국·중국 등에 분포함. scorpion
전갈(傳喝)[명] ①임금이나 상전의 전언(傳言)을 받아 전달함. conveying a verbal message ②옛날 남을 방문하였을 때나 남녀간의 대화(對話) 때에 그 종을 불러 전언(傳言)하던 일. ③사람을 시켜서 남의 안부를 물거나 전하는 일. 하다
전:-갈(錢渴)[명] 돈이 잘 돌지 않음. 하다
전갈-좌(全蠍座)[명] 《천문》 사수자(射手座)의 서쪽에 자리잡은 남쪽 하늘에서 가장 눈에 띄이는 성좌의 하나. 7월 중순에 남중(南中)함. Scorpion
전감(前鑑)[명] 이전 일에 비추어 봄. reference
전감 소연(前鑑昭然)[명] 거울을 보는 것과 같이 앞의 일이 환하게 밝음. 하다
전강(前腔)[명] 《음악》 가곡에 있어서 앞의 가곡(歌曲)의 가락. [대] 후강(後腔).
전개(俊改)[명][동] 개전(改俊). 하다
전:개(展開)[명] ①열려서 벌어짐. unfolding ②늘어펌. spreading ③밀집 부대(密集部隊)가 헤어져서 산병(散兵)이 됨. deployment ④《수학》 일반의 함수

를 급수(級數) 형태로 고치는 일. 또, 입체 기하에서 입체를 일 단면(斷面)에 의하여 한 평면 위에 펴는 일. expansion ⑤작곡·소설·영화 등에서, 주제(主題)를 발전시키는 일. development 하다
전:개-식(展開式)〖수학〗다항식(多項式)을 전개하여 얻는 식. 함수를 몇 개의 항들의 합으로 벌여쓴 식. expansion
전갱이[명]〖어류〗전갱이과의 바닷물고기. 길이 40 cm 가량, 등은 암청색, 배는 은백색임. 옆줄은 세로 한 줄로 달려 구부러지고 그 위에 방패 비늘이 발달하여 있음. 온대성 어종임.
전거(全擧)[명] 두 손으로 구간(球桿)을 들고 일어서서 허리를 펴는 역기(力技)의 하나.
전:거(典據)[명] ①옛 일의 근거 또는 내력. ②전칙(典則)으로 삼을 만한 근거. authority 〖접(奠接).
전거(奠居)[명] 있을 곳을 정함. 살 만한 곳을 정함.
전:거(轉居)[명] 살던 곳을 옮김. 전주(轉住). ¶~ 신고(申告). removal 하다 「ggot
전:-거리[명] 말린 뒤에서 묶어서 단을 지은 잎나무. fa-
전건(前件)[명] ①〖논리〗가언적 판단(假言的判斷)에 있어서 그 조건·이유를 표시하는 부분. (대) 후건(後件). antecedent ②전기(前記)의 조항. 전술의 물건이나 사건. above-mentioned
전:건(電鍵)[명] 전기 회로에서 회로의 개폐가 되는 장치. 전신·전화 등의 저압 약전류의 부분에 쓰임. key
전:건(戰巾)[명] 군병이 머리에 쓰이는 건.
전:격(電擊)[명] ①번개와 같이 급하게 들이침. quick and severe ②전류의 회로에 급격히 주어지는 자극. electric shock ③갑자기 적을 공격하는. blitz 하다
전:격-적(電擊的)[관형] 번개와 같이 급자기 들이치거나 행하는(것). ¶~ 인 환율 인상 조치.
전:격-전(電擊戰)[명] 적을 번개와 같이 급격히 공격하는 싸움. blitz warfare
전결(田結)[명]〖제도〗논밭의 조세(租稅).
전결(專決)[명]〖동〗전단(專斷). 하다
전:결(轉結)[명]〖문학〗한시(漢詩)의 전구(轉句)와 결구(結句). development and conclusion
전:결(纏結)[명] 얽어 맺음. 매어 묶음. 하다
전경(全景)[명] 전체의 경치. ¶교사(校舍) ~. complete view
전:경(典經)[명] ①〖제도〗경연청(經筵廳)의 정 9품의 한 벼슬. ②규법(規範). ③경전(經典). 경서(經書).
전:경(前景)[명] ①보는 사람의 앞에 있는 경치. foreground ②그림·사진 등에서 사람이나 물건 앞에 있는 경치. (대) 후경(後景).
전경련(全經聯)[약] 전국 경제 단체 연합회.
전:경-의(轉鏡儀)[명]〖동〗트랜싯(transit).
전계(傳戒)[명]〖불교〗계법(戒法)을 전함. teach Buddha's precepts 하다 「〖電場〗. electric field
전:계(電界)[명]〖물리〗전기력이 작용하는 공간. 전장
전:고(典故)[명] ①전례(典禮)와 고사(故事). 고실(故實). ②전거가 되는 고사. authentic precedent
전고(前古)[명] 지나간 옛날. old day
전고(詮考)[명] 사람을 전형할 때에 대상자를 여러 모로 따져서 고름. 하다
전고(傳告)[명] 어떤 사실을 전하여 알림. message 하
전고(傳稿)[명] 뒤에 남길 목적으로 자기의 한평생의 일을 적어 놓음. 또, 그 글. 하다
전고(銓考)[명] 사람을 전형하여 상고함. consideration in selecting 하다
전:고(戰鼓)[명] 전투할 때에 치는 북. drum for battle
전:고-미증유(前古未曾有)[명] 전에 없었던 ര처음의 일.
전:고-선(田-線)[명] 집터들의 경계선. boundaries of site
전곡(田穀)[명] 밭의 발곡식.
전:곡(全曲)[명] 한 곡의 전체. ¶~ 연주(演奏).
전:곡(錢穀)[명] 돈과 곡식. 전량. money and cereals
전골[명] 쇠고기나 돼지고기를 썰고 양념과 채소를 섞어서 국물을 붓고 끓이는 음식. ¶~ 백반. jungol,

sliced beef boiled with vegetables
전골(全骨)[명]→전신골. 「pan
전:골-틀[명] 전골을 끓이는 데 쓰는 그릇. casserole
전공(全功)[명] ①온전한 공훈. 결점이 없는 공로. whole merit ②모든 공로.
전공(前功)[명] 이전에 쌓은 공로. ¶~ 가석(可惜). former merit 전인(前人)의 공적.
전공(專攻)[명] 전문으로 하는 연구. special study 하
전:공(電工)[명] ①〖약〗→전기공(電氣工). ②〖약〗→전기공업.
전:공(戰功)[명] 싸움에 이긴 공로. 전훈(戰勳). 한마지로(汗馬之勞)②. military achievement
전공 과목(專攻科目)[명] 전공하는 과목. major
전:공-비(戰功碑)[명] 싸움에서 세운 공로자를 기리어 전공과 관계 깊은 곳에 세워 두는 비석.
전공-의(專攻醫)[명] 수련(修鍊) 병원이나 수련 기관에서 전문의(專門醫)의 자격을 얻기 위하여 수련을 받는 인턴·레지던트.
전:공-탑(戰功塔)[명] 싸움에서 세운 공로자를 기리어 전공과 관계 깊은 곳에 세워 두는 탑.
전:-공후(細箜篌)[명]〖음악〗고대 악기의 하나. 자개로 장식한 공후.
전과[一과](全科)[명] ①학교에서 규정한 모든 교과 또는 학과. whole course ②초등 학교의 전과목에 걸친 학습 참고서의 이름. 「③전부의 과목
전과[一과](一科)[명] ①전부의 과. ② 그 과의 전부.
전과[一과](前科)[명] 전에 형벌을 받은 일. ¶~ 3범(三犯). previous offense
전과(前過)[명]〖동〗전죄(前罪).
전과(專科)[명] 전문의 학과. special course
전:과(煎果)[명]〖동〗정과(正果).
전:과[一과](戰果)[명] 전투에 의하여 얻은 성과. 전쟁의 결과. result of war
전과[一과](轉科)[명] ①학과(學科)를 옮김. change of one's course ②병과(兵科)를 옮김. 하다
전과-서[一과一](全科書)[명] 전과를 한데 엮은 참고서.
전과-자[一과一](前科者)[명] 전에 죄를 범하여 처벌받은 사람. old-offender
전관(前官)[명] 전임 관리. former official
전관(專管)[명] ①오직 그 일만을 관리함. exclusive jurisdiction ②전혀 그 관할에 속함. 하다
전관(銓官)[명]〖제도〗이조 당상관(吏曹堂上官)과 병
전:-관[一곽](錢貫)[명] 돈꿰. 〖조 판서를 일컬음.
전관 거류지(專管居留地)[명]〖법〗각 나라가 약속에 의하여 행정권·경찰권이 행하여지고, 그 나라 국민만의 거류와 영업 행위가 인정되는 거류지. 전관조제(專管租界). (대) 공동 거류지. settlement
전관 수역(專管水域)[명] 연안국이 자국(自國)의 연안에서의 어선의 조업, 자원 발굴 따위에 대해 배타적 권리를 주장하고 있는 수역.
전관 예우[一예一](前官禮遇)[명] 장관급 이상의 관직을 지냈던 사람에게, 퇴관(退官) 후에도 재임 당시의 예우를 부여하는 일.
전관 조제(專管租界)[명]〖동〗전관 거류지(專管居留地).
전:광(電光)[명] ①번개. lightning ②전기 등의 불빛. ¶~ 장치(裝置). electric light
전광(顚狂)[명] ①미친 병. insanity ②전간(癲癇)과 광기(狂氣). epilepsy and madness
전:광 게-시판(電光揭示板)[명] 면상(面狀)으로 배열한 전구들을 명멸(明滅)시켜 문자·그림 등이 나타나게 만든 게시판. 《약》 전광판.
전:광 뉴-스(電光 news)[명] 나란히 장치하여 놓은 전구(電球)를 문자의 모양으로 비쳐서 뉴스를 알리는 전기 조명 장치. talking sign
전:-광 석화(電光石火)[명] ①극히 짧은 시간. as quick as thought ②아주 신속한 동작. lightning speed
전:광-판(電光板)[명]〖약〗→전광 게시판.   「다
전괴(全壞)[명] 다 파괴됨. complete destruction 하

전교(全校)圓 한 학교의 전체. ¶~생. whole school

전교¹(傳敎)圓〈제도〉임금의 명령. 하교(下敎)①. royal ordinance 하다

전교²(傳敎)圓 종교를 널리 전도함. propagation 하다

전:교(轉交)圓 ①서류 같은 것을 다른 사람의 손을 거쳐서 교부함. sending in care of someone ② '다른 사람의 손을 거쳐서 받게 함'의 뜻으로 편지 겉봉에 쓰는 말. 하다

전:교(錢驕)圓 돈 많은 사람의 교만.

전:교(轉校)圓〈동〉전학(轉學). 하다

전교 관:정(傳敎灌頂)圓〈불교〉밀교(密敎)를 전교할 때 사해(四海) 물을 병에 넣었다가, 전법된 중의 머리에 부어 주던 일. 전법 관정(傳法灌頂).

전:교-회(傳敎會)圓〈기독〉포교를 목적으로 하는 천주교의 단체.

전구(全矩)圓〈동〉전규(前規).

전구(全歐)圓 유럽 전체.

전구(全體)圓 전신(全身).

전구(前驅)圓 ① 말 탈 때에 앞장서는 사람. vanguard ②어떤 행렬(行列)의 앞잡이.

전:구(電球)圓 ①전깃불이 켜지는 부분을 유리로 가린 것. light bulb ②진공 유리의 구(球)에 불연성(不燃性) 가스를 넣고 텅스텐 따위의 선조(線條)로 전열 발광(電熱發光)시킨 것. electric lamp

전:구(轉句)圓〈문학〉한시(漢詩) 절구(絶句)의 기승전결(起承轉結)의 제 3구. 이 구에서 시상이 일전(一轉)함. (약) 전(轉). ¶~헤를 받고자 함. 하다

전:구(轉求)圓〉남을 대신하여 다른 사람이 구함.

전-구개음(前口蓋音)圓〈어학〉전설면(前舌面)과 구개(硬口蓋) 사이에서 나는 소리.

전구 증상(前驅症狀)圓〈의학〉전염병의 잠복기나 녹출혈·전간(癲癇) 따위가 일어나기 직전에 나타나는 증세. premonitory symptoms

전-국(全一)圓 간장·술 따위에 물을 타지 않은 국물. 순액(純液). 진국(眞一)②. unadulterated liquor

전국(全局)圓 전체의 국면. whole situation

전국(全國)圓 한 나라의 전체. 온 나라. 거국(擧國). 통국(通國). 합국(合國). whole country

전국(戰局)圓 전쟁의 상황. war situation

전:국(戰國)圓 ①〈역사〉중국의 주(周)나라 말기에 싸움이 계속되어 어지럽던 여러 나라. contending states ②나라가 어지러워 영웅이 서로 싸우고 있는 상태. country in civil war ③전쟁으로 어지러운 세상. country in war time

전국-구(全國區)圓〈법률〉전국을 하나의 선거구로 하는 선거구. (대) 지역구(地域區). national constituency

전국구 제:(全國區制)圓〈법률〉전국 선거구로 하여 의원을 선출하는 제도. national constituency

전-국민(全國民)圓 온 국민. 모든 국민.

전국-새(傳國璽)圓〈역사〉중국의 진시황(秦始皇) 이후로 후한(後漢)의 순제(順帝) 때까지 전하여 오던 옥새.

전:국 시대(戰國時代)圓〈역사〉중국 주(周)나라 위열왕(威烈王) 때부터 진(秦)나라 시황제가 중국을 통일할 때까지의 제후 난립 시대(403∼221 B. C.). Age of civil wars

전군(全軍)圓 한 군대의 전체. 삼군(三軍). 총군(總軍). ¶~함몰(陷沒). whole army

전군(全部)圓 군의 전체. whole country

전군(前軍)圓 전방의 군대. 앞장에 서는 군대. 선진(先陣). (대) 후군(後軍). ①. 후진(後陣). advance guard

전:군(殿軍)圓 전후군(殿後軍)①.

전권(全卷)圓 ①모든 책의 권(卷). whole book ②여러 권으로 된 책의 모두. whole volume

전권(一権)圓〈全權〉①일체(一切)의 권한. full powers ②(약) →전권 위원(全權委員). ③완전한 권리. plenipotentiary powers

전:권(典券)圓 문권(文券)을 전당으로 잡힘. 하다

전권(一권)圓〈專權〉권력을 맘대로 휘두름. arbitrary power 하다

전권 공사[一꿘一](全權公使)圓〈법률〉제 2등급 외교 사절로 서열은 대사의 다음. minister plenipotentiary

전권 대:사[一꿘一](全權大使)圓〈법률〉제 1등급의 외교 사절. 국제 조약에 의하여 상호국에 주재하여 본국 정부를 대표하고 외교 업무를 처리함. ambassador plenipotentiary

전권 위원[一꿘一](全權委員)圓〈법률〉국제 조약의 체결 및 국제 분쟁을 해결함에 있어, 국가를 대표할 권한을 위임받은 위원. (약) 전권(全權)②. plenipotentiary

전규(前規)圓 옛전 사람이 끼친 모범. 전구(前矩).

전:극(電極)圓〈전기〉전지에 전류가 드나드는 양극 및 음극. electrode

전:극 전:위(電極電位)圓〈물리〉전극과 이에 접촉하는 전해질 용액간에 생기는 전위차. 단극 전위(單極電位).

전:근(轉筋)圓 근육이 오그라져서 뒤틀려짐. cramp

전:근(轉勤)圓 근무처를 옮김. (유) 전속(轉屬). transfer 하다 ¶이 뒤틀리는 병.

전:근 곽란(轉筋霍亂)圓〈한의〉곽란이 심하여 근육

전근-대:적(前近代的)관형 현대적이 못되고 그 앞 시대의 색채를 벗어나지 못한(것). ¶~ 사고 방식.

전급(前金)圓 ①매차 판결에 있어서 계산 당시 이미 치른 금액. advance ②(동) 선금.

전:금-화(鈿金花)圓〈동〉장구채②.

전:궁(戰兢)관형〈약〉→전긍긍긍(戰兢兢兢).

전기(全期)圓 ①모든 기간. every period ②그 기간의 전체. whole period ¶기. ¶~생 귀환.

전기(全機)圓 전대(戰隊) 등을 편성한 전부의 기.

전기(前記)圓 앞에 적힌 기록. 또, 그 조목. (대) 후기(後記). foregoing 하다

전기(前期)圓 ①전번의 기간. first term ②기한보다 앞섬. (대) 후기(後期). 하다

전기(傳奇)圓 ①기이한 사실을 취재한 소설이나 희곡. romance ②기이한 일을 세상에 전함. transmission of curious affair 하다

전기(傳記)圓 개인의 일생 사적을 적은 기록. ¶위인(偉人) ~. biography

전:기(電氣)圓 ①물체의 마찰에서 일어나는 현상. 빛·열이 나고 고체를 당기는 힘이 있음. electricity ② (동) 전등(電燈).

전:기(電機)圓 전력을 사용하여 운전하는 기계. ¶~계기(計器). electrical machinery and appliances

전기(傳騎)圓 전령(傳令)의 임무를 맡은 기병(騎兵).

전:기(戰記)圓 전쟁의 기록. ¶태평양 ~. war-record

전:기(戰機)圓 전쟁의 기운(機運). war situation

전:기(轉記)圓 한 장부(帳簿)에서 다른 장부에 기재 사항을 옮기어 적음. transfer 하다

전:기(轉機)圓 사물이 바뀌는 때. 전환의 시기. ¶일대 ~가 되다. turning-point

전:기 감:응(電氣感應)圓〈물리〉대전체(帶電體) 부근에서 도체에 전기가 일어나는 현상. 전자 유도(電磁誘導). electric induction

전:기-계(電氣計)圓〈물리〉전위차를 측정하는 장치.

전:기-공(電氣工)圓 전기 기구를 고치거나 전기 시설에 종사하는 사람. (유) 전공(電工)①. electric engineer ¶엽. (약) 전공(電工)②. electric industry

전:기 공업(電氣工業)圓 전기를 원동력으로 하는 공업.

전:기 공학(電氣工學)圓〈공업〉전기 현상의 응용 이론 및 기술을 연구하는 공학의 한 부문. electric engineering ¶전발전(發電) 기관.

전:기 기관(電氣器官)圓〈생물〉전기어(電氣魚)들.

전:기 기관차(電氣機關車)圓 전동기에 의하여 운전되는 기관차. electric locomotive

전:기 난:로(電氣煖爐)圓 전열(電熱)을 응용한 난방기(煖房器). 전기 스토브. electric stove

전:기 냉장고(電氣冷藏車)圓 전기 모터를 이용한 냉장고. electric refrigerator

전:기 다리미(電氣―)圈 전기를 열원(熱源)으로 하여 쓰는 다리미. 전기 아이언. electric iron

전:기 당량(電氣當量)圈 〈화학〉 전기 당량.

전:기 도:금(電氣鍍金)圈 〈화학〉 전력을 이용하는 도금. 〔약〕 전도(電鍍). electro-gilding

전:기 동(電氣銅)圈 〈화학〉 전기로 정련(精鍊)하여 만든 구리. 전해동. electrolytic copper

전:기 동력계(電氣動力計)圈 동력계의 하나. 자유로이 회전할 수 있는 고정자(固定子)를 가진 발전기. 또는 전동기의 고정자를 고정하는 데 필요한 회전력(回轉力)을 계측(計測)함으로써 기관의 출력·입력(入力)을 재는 기계. electric dynamometer

전:기 드릴(電氣 drill)圈 〈공업〉 소형 전동기로서 앞 끝에 있는 송곳을 돌려서 구멍을 뚫는 휴대용 공구(工具). electric drill

전:기=량(電氣量)圈 〈물리〉 전하(電荷)의 양. 〔약〕 전량(電量). amount of electricity

전:기=력(電氣力)圈 〈물리〉 대전체(帶電體) 사이에 작용하는 전기의 힘. 〔약〕 전력. electric force

전:기로(電氣爐)圈 〈물리〉 전력을 이용하여 고온의 열이 생기게 하는 노(爐). 〔약〕 전로(電爐). electric furnace [charge (rate)

전:기료(電氣料)圈 전기를 사용한 요금. electric

전:기 면:도기(電氣面刀器)圈 전자력을 이용하여 수염을 깎는 면도기. electric shaver

전기 문학(傳奇文學)圈 〈문학〉 공상적이며 기이(奇異)한 사건을 다룬 흥미 중심의 문학. [力計]

전:기 미:터(電氣 meter)圈 〈동〉 적산 전력계(積算電

전:기 밥솥(電氣―)圈 전열을 이용하여 밥을 짓는 밥솥. electric rice-cooker [석. electric cushion

전:기 방석(電氣方席)圈 전열기를 장치하여 만든 방

전:기 변:화(電氣變化)圈 〈물리〉 공간에 전위의 차로 생긴 변화. 곧, 전장에 응하여 생기는 전기적 변형한 물질이 그 전장에 놓일 때에 공간을 점유한 것의 양이며, 절연체의 분자. 또, 원자내에서 전장의 작용으로서 일어나는 전자의 이동 현상.

전:기 부란기(電氣孵卵器)圈 자동적으로 온도가 조절되는, 전열을 이용하여 알을 부화시키는 장치. incubation

전:기 부화(電氣孵化)圈 전기 부란기를 이용하여 누에의 알·달걀 또는 각종 새의 알들을 까게 하는 일. electric incubation

전:기=분(電氣盆)圈 〈동〉 전기 쟁반.

전:기 분석(電氣分析)圈 〈화학〉 전기 적정(滴定)의 기 원리를 이용하는 화학 분석. electroanalysis

전:기 분해(電氣分解)圈 〈화학〉 전해질의 수용액에 전류를 통하여 화학 변화 작용을 일으키게 하는 일. 여러 가지 화합물 금속의 제출(製出)·제정(製精)에 쓰임. 〔약〕 전해(電解). electrolysis

전:기 불꽃(電氣―)圈 〈동〉 스파크(spark).

전:기 사:업(電氣事業)圈 발전·시력 공급 및 전기 철도 경영의 세 가지 사업을 통틀어 이르는 말. 특히, 전력 공급 사업만을 가리켜 말하기도 함. electrical industry

전:기 사인(電氣 sign)圈 밤중에 전기나 네온 사인관(neon sign 管) 따위를 이용하여 신호·표지·광고에 쓰는 장치. electric sign [하게 찍는 사진.

전:기 사진(電氣寫眞)圈 전기를 이용하여 아주 간편

전:기 삼투(電氣滲透)圈 〈화학〉 고정한 고체에 대하여 액체가 전압에 의하여 이동하는 현상.

전:기=삽(電氣―)圈 〈공업〉 전기를 동력으로 사용하는 삽. 규모가 큰 노천굴(露天掘)이나 토목 공사에 널리 쓰임.

전:기생(全寄生)圈 〈식물〉 식물이 스스로 의게의 양분을 흡수하지 못하고, 숙주(宿主)에게 의존하여 사는 일.

전:기=석(電氣石)圈 〈광물〉 열을 가하면 전기가 생기는 육방 정형(六方晶形)의 광석. tourmaline

전:기=선(電氣線)圈 〈동〉 전선(電線).

전:기 세:탁기(電氣洗濯機)圈 전동기의 힘으로 빨래를 하는 기계. electric washer

전:기 소:량(電氣素量)圈 〈물리〉 전자가 갖는 전기 량의 절대치. electric elementary quantum

전:기 소:설(傳奇小說)圈 〈문학〉 예술적인 가치보다 흥미를 본위로 한 전기체의 소설. romance

전:기 소:설(傳記小說)圈 〈문학〉 실재한 개인 생애의 사적을 기록한 소설. biographical novel

전:기 소:제기(電氣掃除器)圈 소형 모터로써 움직이는 팔랑개비로 먼지를 흡입하는 소제기. 진공 소제기(眞空掃除器). vacuum cleaner

전:기 스탠드(電氣 stand)圈 책상 위 같은 데 임의로 놓을 수 있게 만든 전기 조명대. desk lamp

전:기 스토브(電氣 stove)圈 전기 난로.

전:기 시계(電氣時計)圈 전력으로 움직이는 시계. 전종(電鐘)①. electric clock

전:기 아이언(電氣 iron)圈 〈동〉 전기 다리미.

전:기 안:마(電氣按摩)圈 전기를 이용한 간단하고 편이(便易)한 안마. electromassage

전:기 야:금(電氣冶金)圈 〈화학〉 전류의 화학 작용 또는 열 작용을 응용한 야금의 방법.

전:기 에너지(電氣 energy)圈 〈물리〉 정전기 및 전류의 일할 수 있는 능력.

전:기 역선(電氣力線)圈 〈물리〉 전장(電場) 안에 있어서의 전장의 크기와 방향을 나타내는 곡선. 〔약〕 전력선. [electric sleepingmat

전:기 요(電氣褥)圈 전열을 장치(裝置)하여 만든 요.

전:기 요법(電氣療法)圈 〈의학〉 전기 치료.

전:기=욕(電氣浴)圈 〈의학〉 환자를 입욕(入浴)시켜 거기에 전기를 통하여 치료하는 방법. electric bath

전:기 용:량(電氣容量)圈 〈물리〉 축전기의 극판(極板) 2 면의 전위차(電位差)를 1V 올리는 데 필요한 전기량. electric capacity

전:기 용접(電氣鎔接)圈 〈물리〉 전류를 사용하여 금속을 녹여서 접합함. electric welding

전:기 의자(電氣椅子)圈 〈의학〉 고압 전류를 통하게 만든 사형용(死刑用)의 의자. electric chair

전:기 이:중극(電氣二重極)圈 〈물리〉 음양(陰陽)의 같은 전하가 썩 가까운 거리에 존재함.

전:기 인두(電氣―)圈 전열선(電熱線)에 전류를 통하여 생기는 열을 이용한 인두.

전:기=자(電機子)圈 〈물리〉 발전기의 발전자, 전동기의 전동자의 총칭. armature

전:기 자:석(電氣磁石)圈 〈물리〉 전류를 통하여야만 자석 작용을 하는 코일 속에 꽂은 연한 쇠붙이. 〔약〕 전자석(電磁石). electromagnet

전:기 장판(電氣壯版)圈 전열을 이용한 장판.

전:기 쟁반(電氣錚盤)圈 〈물리〉 정전 감응에 의하여 전기를 얻는 간단한 장치. 전기분(電氣盆). electrophorus [되는 성질. electric resistance

전:기 저:항(電氣抵抗)圈 〈물리〉 전류 통과의 방해가

전:기 전도(電氣傳導)圈 〈물리〉 신류와 같은 방향으로 양전기가 이동하며 반대 방향으로 음전기가 이동하는 현상. electrical conduction

전:기 전도도(電氣傳導度)圈 〈물리〉 도선(導線)의 전기 저항의 역수. 전기 전도율. 전도율. 〔약〕 전도도. electric conductivity

전:기 점:화(電氣點火)圈 내연 기관 따위에서 전기 장치를 이용하여 가스에 점화하는 방법. electric [igniton

전:기=종(電氣鐘)圈 〈동〉 전령(電鈴).

전:기 주:조(電氣鑄造)圈 〈화학〉 전기 도금을 응용하여 목판 조각의 모형을 뜨는 방법. 〔약〕 전주(電鑄).

전:기 진:동(電氣振動)圈 〈물리〉 전기력이 미치는 전장(電場)의 진동. 이때 자장(磁場)의 진동으로 전자파(電磁波)가 생김. electic oscillation

전:기 진:동기(電氣振動器)圈 〈물리〉 전기 회로에 발생하는 진동 전류를 일으키는 장치. 지속 진동을 발생시키는 방법에는 진공판 발진기·아크 방전 따위의 부저항(負抵抗)에 의하는 발진 등이 있음.

전기 진자 electric oscillator

전:기 진:자(電氣振子)圀〈물리〉어떤 물체가 대전(帶電)하고 있나 없나를 실험하는 장치.

전:기 착암기(電氣鑿岩機)圀 전기를 원동력으로 암석에 구멍을 뚫는 기계.

전:기 철도[―도](電氣鐵道)圀 전기를 원동력으로 하여 차량을 운전하는 철도. 《약》전철(電鐵). electric railways

전:기 축음기(電氣蓄音機)圀 전동기(電動機)로 원반(圓盤)을 돌려 소리를 내는 축음기. 라디오 겸용도 있으며 소리가 매우 큼. 《약》전축. electrophone

전:기 치료(電氣治療)圀〈의학〉전기 에너지 또는 다른 모양으로 변성한 에너지를 이용한 의료 기계로 신경 계통의 자극 진정, 근육 운동의 자극 따위를 일으켜 질병을 치료함. 전기 요법(電氣療法). electrotherapy

전:기 탐광(電氣探鑛)圀〈물리〉땅속을 흐르는 전류의 방향이나 강도(強度) 따위를 측정하여 지하의 광상(鑛床)을 찾아내는 방법. electric prospecting

전:기=터(電氣―)圀《동》전장(電場).

전:기 통신(電氣通信)圀 인간의 의사를 전달함에 있어서 전기적인 현상을 매개로 하는 통신. 유선·무선의 전신·전화 등. telecommunication

전:기=파(電氣波)圀〈물리〉한 곳에서 전기의 진동이 일어날 때 그 주위의 에테르 속에 생기는 한 파동. 전기파(電氣波). electric wave

전:기=풍(電氣風)圀〈물리〉첨단(尖端)의 방전(放電)이 일어날 때에 그 결과로서 일어나는 공기의 진동 현상. 「쓰는 풍로. electric heater

전:기 풍로(電氣風爐)圀 전열선(電熱線)을 장치하여

전:기=학(電氣學)圀〈물리〉전기의 물리적 현상 및 그 이론을 연구하는 학문. electric science

전:기 해:리(電氣解離)圀〈화학〉산·염기·염 따위의 전해질(電解質)을 물에 녹일 적에, 그 분자가 음양의 양 이온으로 갈라져 존재하는 일. 이온화. 《약》전리(電離). electrolytic dissociation

전:기 현:상(電氣現象)圀〈물리〉전기에 관한 여러 가지 현상의 총칭. 전자 감응을 비롯하여 전자·전파 등 수많은 현상이 있음. electric phenomenon

전:기 화:학(電氣化學)圀〈화학〉전기의 화학적 현상을 연구하는 학문. electrochemistry

전:기 화:학 당량(電氣化學當量)圀〈물리〉전기 분해에 있어서 1쿨롬(coulomb)의 전기량이 전극(電極)을 통과하였을 때 그 전극에 유리(遊離)되는 원자. 또, 원자단의 질량(質量). 《약》전기 당량. electrocheimical equivalent

전:기 회로(電氣回路)圀〈물리〉전기가 어떤 점을 떠나 도체를 돌아서 다시 그 자리까지 오는 길. electric circuit 「난방 장치.

전:기 히:터(電氣 heater)圀 전열을 이용한 가열기.

전:깃=불(電氣―)圀 ①전기에서 생기는 불. ②전등에서 쓰이는 불. 전등불. electric lamp

전:깃=줄(電氣―)圀《동》전선.

전나귀圀 ㉠다리를 저는 나귀.

전:=나무圀〈식물〉전나무의 상록 침엽 교목. 봄철에 자웅 동주의 꽃이 피고, 장란형의 구과(毬果)가 열림. 재목은 건축용·가구용·제지용으로 쓰임. 종목(樅木). fir

전:날(前―)圀 ①일정한 날을 기준으로 하여 그 날의 바로 앞날. previous day ②일정한 시기를 기준으로 하여 그 이전의 시기. other day

전:남편(前男便)圀 그전 남편. former husband

전납(全納)圀 전부 바침. full payment 하타

전납(前納)圀《동》예납(豫納). 하타

전납(轉納)圀 전달하여 바침. delivery 하타

전:내(殿内)圀 ①전각의 안. inside of the palace ②〈민속〉길흉을 점치고 기도를 올리는 신위(神位)를 일컬음.

전=내기(全―)圀 물을 타지 않은 순수한 술. undiluted wine 「물건. ready-made goods.

전:=내기(廛―)圀 내다 팔 목적으로, 날림으로 만든

전:냥(錢兩)圀 돈냥. some money

전년(前年)圀 ①지난 해. 선년(先年). 《대》후년(後年). preceding year ②《동》작년. 「concentration 하타

전념(專念)圀 오로지 한 가지 일에만 마음을 쏨.

전:농(轉農)圀 농사로 전환함.

전능(全能)圀 모든 일을 다 할 수 있는 절대의 능력. ¶전지(全知) ~. omnipotence 하타 「tea 하타

전:다(煎茶)圀 차를 달임. 煎茶(끽茶). infusion of

전:=다리圀 절름절름 저는 다리. 또, 그 사람. lame person

전:다[-따-](前―)圀 사람·물건·지위 등이 다른 곳으로 옮길 때에, 종래의 사람·물건·지위를 일컬음. ¶이 자리는 ~가 있던 자리다. former thing or person 「whole page

전단(全段)圀 모든 단락. 단의 전부. ¶~ 기사.

전단(前段)圀 앞의 단(段). 《대》후단(後段). above paragraph

전단(前端)圀 앞의 끄트머리. 《대》후단(後端).

전단(栴檀)圀〈식물〉향나무의 이름. 단향목.

전:단(剪斷)圀 잘라 끊음. 하타 「arbitrariness 하타

전:단(專斷)圀 제 마음대로 일을 행함. 전결(專決).

전단(傳單)圀 ①광고나 선전의 내용을 적은 한 장의 인쇄물. 선전 삐라. leaflet ②명령을 전하는 서장. written order ③성명서. manifesto

전:단(戰端)圀 전쟁의 단서. 병단(兵端). hostilities

전:=달[―딸](前―)圀 ①지나간 달. last month ②어떤 달의 바로 앞의 달. ¶그 ~에 있었던 사건.

전달(傳達)圀 전하여 이르게 함. ②〈기독〉성인 성녀를 통하여 천주에게 자기의 기원을 말함. transmission 하타 「full charge of 하타

전담(全擔)圀 온통 다 담당함. 전당(全當). taking

전담(專擔)圀 홀로 담당함. 전문적으로 담당함. 전당(專當). taking sole charge of 하타

전답(田畓)圀 논밭.

전당(全黨)圀 어느 한 정당의 전체. 「pawn 하타

전:당(典當)圀 재산을 담보하고 돈을 융통하는 일.

전당(專當)圀《동》전담(專擔). 하타

전:당(殿堂)圀 ①신불을 모신 집. temple ②크고 화려한 집. ¶진리의 ~. palace

전당 잡다圀 전당으로 물건을 받고 돈을 꾸어 주다. 《약》잡다¹³. take in pawn 「앉아 있기만 함.

전당 잡은 촛대圀 활기가 없이 한 구석에 덤덤하게

전당 잡히다圀 물건을 담보로 주고 돈을 꾸어 오다. 《약》잡히다⁵⓪. pawn

전:당질(典當―)圀 전당을 잡히는 일. pawn 하타

전:당포(典當鋪)圀 전당을 잡고 돈을 꾸어 주는 집. 《약》전포(典鋪). pawn-shop

전:당표(典當票)圀 전당을 잡고 그 증거로 건네 주는 표. pawn ticket 「건.

전:당품(典當品)圀 전당으로 잡거나 전당 잡히는 물

전대(前代)圀 지나간 시대. 전세(前世)①. 《대》후대

전:대(袋)圀《동》전대(纏帶). 「(後代). former ages

전:대(戰隊)圀〈군사〉①전투 부대와 기지 부대의 범칭. ②군함 2척 이상으로 형성된 함대(艦隊). fleet, corps

전:대(轉貸)圀 ①꾸어 온 것을 다시 남에게 꾸어 줌. sublease ②남을 거쳐서 꾸어 줌. subletting 하타

전:대(纏帶)圀 돈이나 물건을 넣어 허리에 두르거나 어깨에 메게 된 좁쌀쪽 끝이 터진 자루. 전대(肩帶). long belt sack

전:대―미(戰帶―)圀〈제도〉구식 군복에 떠면 띠로 장교는 남빛의 명주띠, 군졸은 무명띠를 띠었음. 《약》전대(戰帶).

전대 미:문(前代未聞)圀 지금까지 들은 적이 없음. 미증유(未曾有). 파천황①. unprecedented 「basin

전:=대야圀 전이 있는 놋대야. brimmed brass wash-

전:대작(轉貸作)[명] 소작인이 토지를 다시 딴 사람에게 빌려 주어 농사짓게 하던 일. sublease 하다

전대지:재(專對之才)[명] 외국에 사신으로 가서 능히 응대할 만한 지혜를 지닌 사람.

전:대:차(轉貸借)[명] 임차인이 임대인에게서 빌려 온 물건을 제삼자인 전차인(轉借人)에게 다시 빌려 주는 일.

전:대:차(轉貸借)[명]→내주다(來頭다).

전:더구니[전:─][명] 전¹. ┌─는 일. subletting

전도(全島)[명] 섬 전체. 온 섬. whole island

전도(全都)[명] ①서울의 전체. ②도시의 전체.

전도(全道)[명] 한 도의 전체. whole province [map

전도(全圖)[명] 전체를 그린 그림이나 지도. complete

전도(前途)[명] ①앞으로 나아갈 길. 앞길. way ahead ②앞으로 살아갈 나날. 장래². future [pay 하다

전도(前渡)[명] 정한 날짜보다 먼저 돈을 치름. advance

전도(前導)[명] 앞길을 인도함. guidance 하다

전도(剪刀)[명] →동] 가위¹.

전:도(奠都)[명] 나라의 도읍을 정함. 하다

전도(傳道)[명] ①도리(道理)를 세상에 널리 전함. missionary work ②<기독> 기독교의 교지(敎旨)를 전하여 신앙을 갖도록 하는 일. 하다

전도(傳導)[명] <물리> 열이나 전기가 물체의 한 부분으로부터 다른 곳으로 옮아 가는 현상. conduction

전:도(電鍍)[명] →전기 도금(電氣鍍金). [하다

전도(錢刀)[명] 돈.

전:도(戰圖)[명] ①전쟁이 행해지고 있는 범위. ②전장(戰場)의 지도. war map ③전쟁 상황을 그린 그림.

전도(顚倒)[명] ①거꾸로 넘어짐. 전부(顚仆). violent fall ②위와 아래를 바꿔서 거꾸로 함. inversion 하다 [끼리 모이는 집.

전:─도가[─[도─](廛都家)[명] 같은 장사를 하는 사람

전도:금(前渡金)[명] <경제> 매매·위탁·청부 등의 계약을 이행하기 전에 주는 대금이나 교부금. 《대》 전수금(前受金).

전도:도(傳導度)[명] <약>→전기 전도도. 열전도도.

전도 방:전(傳導放電)[명] 서로 반대되는 전기를 띤 두 도체를 도선으로 연결하면, 음양 전기가 도선 위에서 중화되는 현상. conductive discharge

전도 부인(傳道婦人)[명] <기독> 예수교에서 전도하는 임무를 맡은 여자. ┌─를 맡은 사람. missionary

전도:사(傳道師)[명] <기독> 예수교에서 전도하는 임무. 약성서의 한 편. [(傳道書)[명] <기독> 지혜문 가운데의 하나로 구

전도:열(顚倒熱)[명] <의학> 정상의 체온과는 반대로 아침에 오르고 저녁에 내리는 열.

전도 요원(前途遙遠·前途遼遠)[명] ①앞으로 갈 길이 아득히 멂. having long way to go ②목적하는 바에 이르기에는 아직도 멂. being far from one's goal 하다 [있음. 장래가 유망함. promising 하다

전도 유:망(前途有望)[명] 앞으로 잘되어 나갈 희망이

전도:율(傳導率)[명] <약> 전기 전도도. [하는 보양.

전돈 낭:패(顚頓狼狽)[명] 자빠지고 엎어지며 갈팡질팡

전동(全洞)[명] 온 동네. 동네 전체.

전:동[─(箭筒)[명] 화살을 넣는 통. 전체(箭袋). [원] 전통(箭筒). quiver

전:동(轉動)[명] 굴러서 움직임. rolling 하다

전:동(顫動)[명] 떨리어 움직임. 또, 떨어서 움직임. trembling 하다

전:동-기(電動機)[명] <물리> 전류에 의하여 회전력(回轉力)을 발생하는 기계. electric motor

전:동-력(電動力)[명] <물리> 두 점 사이의 전위차로 전류를 일으키는 힘. 기전력(起電力). electromotive force

전:동 발전기(一電─)(電動發電機)[명] 전동기로써 발전기를 돌리어 어떤 전류를 다른 전류로 변환하는 장치. motor dynamo, generator

전:동-음(顫動音)[명] <어학> 혀와 입술의 진동에 의하여 나는 자음(子音). 곧, 설전음(舌顫音) 따위. trill

전:동-자(電動子)[명] <물리> 전동기 중에서 회전하는 부분. 전기자(電機子). armature [주머니.

전:동 주머니[─(주─)](箭筒─)[명] 활의 부속품을 넣는

전:동-차(電動車)[명] 전동기 및 전동기 제어용 장치를 설비하여 동력차로서 부수차를 끌거나 단독으로 달리는 전차. electric train

전두(前頭)[명] ①내두(來頭). ②머리의 앞쪽.

전두-골(前頭骨)[명] <생리> 앞 두개골을 이룬 뼈. frontal bone

전두-근(前頭筋)[명] <생리> 앞 머리에 있는 근육.

전:─두리[명] 둥근 그릇의 아가리에 둘려 있는 전의 둘레. 또, 둥근 뚜껑의 둘레의 가장자리. 주변(周邊). ┌─을 달다.

전:─두리(前─)[명] 둥근 brim

전:─드리─다(廛─)[타] 가게의 물건을 걷어 들이고 문을 닫다.

전득(傳得)[명] ①상속 또는 유증(遺贈)에 의하여 재산을 취득함. ②남이 일단 취득한 물건이나 권리를 다시 그 사람으로부터 취득함. subsequent purchase 하다 [quent purchase 하다

전:득(轉得)[명] 다른 사람의 손을 거쳐서 얻음. subse-

전등(全等)[명] 다름이 없이 아주 똑같음. complete equality 하다

전등[─등](前等) 《약》→전등내(前等內).

전등(前燈)[명] 헤드라이트(headlight).

전:등(電燈)[명] 전구에 전력을 공급하여 광원(光源)으로 하는 전기②. [일. 전승하는 법맥(法脈).

전등(傳燈)[명] 불법(佛法)의 정맥(正脈)을 주고받는

전등-내(前等內)[명] 지나간 분기 안. 곧 벼슬아치가 그 벼슬을 살고 있던 동안. 《약》 전등.

전:등-알(電燈─)(電球)[명] light bulb

전라(全裸)[명] 완전한 벌거숭이. stark naked

전라 명태(全羅明太)[명] <어류> 조기. yellow corvina

전락(轉落)[명] ①굴러 떨어짐. 다함. ②망하여 빈곤하여짐. ¶ ~ 농가(農家). fall into-poverty ③타락. degradation 하다

전란(戰亂)[명] 전쟁으로 인한 난리. disturbances

전:람(展覽)[명] ①펴서 봄. show ②여럿을 벌여 놓고 봄. exhibition 하다

전:람(電纜)[명] 전선 또는 그 다발을 절연물로 꼭 포장한 것. 지중 및 수중 송신에 씀. cable

전:람─회(展覽會)[명] 물건을 벌여 놓고 여러 사람에게 보이는 모임. ¶ 미술 ~. exhibition

전래(傳來)[명] ①전하여 내려옴. transmission ②외국에서 전하여 들어옴. introduction 하다

전래:─물(傳來─物)[명] 예전부터 전해 내려오는 물건. heirloom [traditional custom

전래:─풍(傳來風)[명] 예전부터 전하여 오는 풍속.

전략(前略)[명] 글을 쓸 때 앞의 부분을 생략함. 《대》 후략(後略). omission of preface 하다

전:략(電略) 《약》→전신 약호(電信略號).

전:략(戰略)[명] ①싸움하는 방략. 전투를 실행하는 수단 방법. 무략(武略). ②정치·사회 운동 등에 있어서의 책략(策略). strategy

전:략─가(戰略家)[명] 전략에 능숙한 사람.

전:략 공군(戰略空軍)[명] <군사> 전략 폭격을 주로 하는 항공 부대. strategic air force

전:략 단위(戰略單位)[명] <군사> 전략적 활동을 할 수 있는 최소 단위. strategical unit

전:략 물자[─짜](戰略物資)[명] <군사> 전략 경제 유지의 중요한 물자. 철·석탄·석유 등, 공업 기초 원료나 에너지 자원, 망간·니켈 등 국내 희소 물자, 고무·면화·유지·피혁·무기 탄약·전자 계산기에 이르는 잠재 적이 되는 물자 전반을 이름.

전:략 병기(戰略兵器)[명] <군사> 전략 목적에 쓰이는 병기(兵器). 대륙간 탄도탄·핵잠수함·전략 폭격기 등.

전:략 산:업(戰略産業)[명] <경제> 기술 또는 생산 규모의 관점에서 보아 다른 산업에의 파급 효과가 커서, 그 성쇠(盛衰)가 경제 전반의 발전에 큰 영향을 미치는 산업.

전:략 요지(戰略要地)[명] 전략적으로 매우 중요한 지역.

전:략-촌(戰略村)〔명〕〈군사〉전쟁 목적의 달성을 위하여 여러 가지 시설과 기능을 갖춘 마을. strategic hamlet

전:략 폭격(戰略爆擊)〔명〕〈군사〉전략에 의한 장거리 폭격. 직접 적군을 폭격하지 않고 적국의 산업 파괴·교통 차단·민심 교란을 목적으로 하는 폭격. strategic bombing

전:략 핵무기(戰略核武器)〔명〕전략적으로 대도시나 공업 중심지 및 전략 핵기지(核基地) 등을 파괴하기 위한 핵무기.

전량(全量)〔명〕전체의 분량. whole quantity

전:량(電量)〔명〕〔약〕→전기량(電氣量).

전:량(錢糧)〔명〕〔동〕전곡(錢穀).

전:량-계(電量計)〔명〕도선(導線)을 통과한 전하(電荷)의 총량을 재는 계기(計器). voltameter

전:려(典麗)〔명〕바르고 고움. correctness 하다

전력(全力)〔명〕온 힘. 운동의 힘. 사력(死力). 최선. all one's power

전력(前歷)〔명〕과거의 경력. 지금까지의 행적. one's personal history

전력(專力)〔명〕오로지 한 일에만 힘을 쏟. devotion

전:력(電力)〔명〕→전기력(電氣力). 하다

전:력(戰力)〔명〕전투의 능력. 전투하는 힘. fighting power

전력(戰歷)〔명〕전쟁에 참가한 경력. war career

전:력-계(電力計)〔명〕전동·동력 등에 사용되는 전력을 재는 계기. wattmeter

전:력-선(電力線)〔명〕전기의 역선.

전:력 수송(電力輸送)〔명〕발전소에서 일으킨 전력을 송전선에 의하여 소비지에 수송하는 일. electric power transmission

전력 투구(全力投球)〔명〕온힘을 다 기울임의 비유. 하다

전:력-화(電力化)〔명〕시설·장치 등이 전력을 이용한 도록 함. electrization 하다

전련(顚連)〔명〕몹시 가난하고 의지할 곳이 없음. needy and helpless 하다

전:렬(前列)〔명〕→ 전열(前列).

전:렬(戰列)〔명〕→ 전열(戰列).

전렴(專念)〔명〕→ 전념(專念).

전렵(畋獵)〔명〕사냥. 하다

전:령(典令)〔명〕①법령이나 법률. ②선례(先例).

전령(傳令)〔명〕①전하여 보내는 훈령(訓令). 또는 고시(告示). official message ②명령을 전함. 또는 그 명령을 전하는 사람. 전명(傳命). ③〈군사〉부대와 부대 사이에 명령을 전달하는 일. 또, 그 명사. ¶~ 기병(騎兵). 하다

전:령(電鈴)〔명〕전화기·초인종 따위와 같이 전류를 이용하여 소리가 울리게 된 장치. 전기종(電氣鐘). 전종(電鐘)②. electric bell

전령-병(傳令兵)〔명〕〈군사〉명령 전달을 임무로 하는 병사.

전령=사(傳令使)〔명〕전령의 임무를 맡은 사람. [병사.

전령=패(傳令牌)〔명〕〈제도〉좌우 포도 대장(左右捕盜大將)이 가지던 패.

전:례(典例)〔명〕법으로 삼아 따를 만한 선례(先例).

전:례(典禮)〔명〕①왕실의 의식. ②일정한 의식. ¶~ 음악. 〔약〕에(例)③. precedent

전례(前例)〔명〕이미 있었던 사례(事例). 선례(先例).

전:례(篆隸)〔명〕전자(篆字)와 예자(隸字). 에전(隸篆).

전로(前路)〔명〕앞길. future

전로(電路)〔명〕〈물리〉전류가 통하는 도체(導體)의 회로(回路). electric circuit

전:로(電爐)〔명〕〔약〕→전기로(電氣爐).

전:로(戰虜)〔명〕전쟁으로 생긴 포로. prisoner of war

전:로(錢路)〔명〕금전이 융통되는 길.

전:로(轉爐)〔명〕철이나 구리 등의 제련에 사용되는 회전·도립(轉倒)이 가능한 용광로의 하나. converter

전롱(全聾)〔명〕전혀 듣지 못하는 귀머거리. 또, 그런 상태.

전:류(電流)〔명〕〈물리〉전기의 운동 현상. 도체(導體) 내부의 전위가 높은 곳에서 낮은 곳으로 흐르며 양(陽)전기가 흐르는 방향을 전류의 방향으로 함. electric current

전:류(轉流)〔명〕〈지학〉조류(潮流)의 방향이 변함. 하루에 네 번 있음. change of current 하다

전:류-계(電流計)〔명〕〈물리〉전류의 강도를 측정하는 전기 계기. 코일에 전류를 통하여 생기는 자력의 대소를 이용한 것과 전류에 의하여 생기는 열로서 물체가 일으키는 팽창을 이용하는 것이 있음. 암페어계(ampere 計). ampere-metre

전륜(前輪)〔명〕수레의 앞바퀴. 〔대〕후륜(後輪). front wheel

전:륜(轉輪)〔명〕①바퀴를 돌림. ②〔약〕→전륜왕(轉輪王). 하다

전:륜 성:왕(轉輪聖王)〔명〕〔동〕전륜왕(轉輪王).

전:륜 성:제(轉輪聖帝)〔명〕〔동〕전륜왕(轉輪王).

전:륜-왕(轉輪王)〔명〕〈불교〉정법(正法)을 가지고 온 세계를 다스릴 것이라는 인도의 신화적 이상의 왕. 몸에 32상(相)을 갖추고, 즉위할 때에 하늘에서 윤보(輪寶)를 감득(感得)하여 이것을 굴리어 가며 모든 악을 없애 버리고 천하를 위복 치화(威伏治化)한다 함. 전륜 성왕. 전륜 성제. 《전륜(轉輪)》②.

전:륜-화(轉輪花)〔명〕〈식물〉엉거시과의 일년 또는 이년생 풀. 초여름에 황색·적색·담황색의 큰 꽃이 줄기 끝에 핌. 멕시코 원산으로 특이한 냄새가 나며

전:률(戰慄)〔명〕→전율. 〔관상으로 싶음.

전리(田里)〔명〕자기 고향인 마을. one's native village

전:리(電離)〔명〕〔약〕→전기 해리(電氣解離).

전:리(戰利)〔명〕전쟁으로 얻은 이득. spoils of war

전:리-도(電離度)〔명〕〈물리〉전해질(電解質)의 수용액(水溶液)에 있어서 용질(溶質)의 분자가 전리한 부분의 전용질(全溶質)에 대한 비율. degree of electrolytic dissociation

전:리-설(電離說)〔명〕〈화학〉전해질의 수용액(水溶液)에서는 그 한 부분이 해리하여 전하(電荷)가 있는 원자, 또는 원자단으로 되어 있다고 주장하는 설. 이온설. theory of electrolytic dissociation

전:리 전:류(電離電流)〔명〕기체를 방사선으로 전리시켜 생성된 이온에, 전장(電場)을 작용시켜 일으키는 전류.

전:리-층(電離層)〔명〕〈물리〉성층권(成層圈)밖에 태양 광선을 받고 공기가 상당히 전리하여 되는 이온의 층. 전리를 반사함으로 원거리 무선 통신을 가능하게 함. ionosphere 「(戰利品). war trophy

전:리-품(戰利品)〔명〕적군에게서 노획한 물건. 노획품

전:리-함(電離函)〔명〕〈물리〉방사선이 기체 속을 통과하면 기체 분자를 이온화시켜서 이온쌍을 만들므로 이 이온을 고전압의 전극에 모아서 방사선의 강도를 재는 장치. 이온화함(ion 化函).

전:립(戰笠)〔명〕〔제도〕벙거지를 군대 또는 의식에서 일컫던 말. felt hat formerly worn by soldiers

전:립-골(氈笠骨)〔명〕벙거지골.

전:립(氈笠)〔명〕〔동〕군모테두리.

전:립-선(前立腺)〔명〕〈생리〉남성 요도(尿道)의 방광(膀胱)의 뒤쪽 아래 직장(直腸)의 앞에 있는 밤알 크기의 선(腺). 섭호선(攝護腺). prostate gland

전:립-투(氈笠套)〔명〕벙거지투. 〔대어 보는 표.

전:마(電碼)〔명〕전신의 부호와 그 글자와를 비추어서

전:마(戰馬)〔명〕①전쟁에서 쓰는 말. military horse ②바둑에서 서로 싸우는 말. 〔의 연락을 맡은 배.

전마-선(傳馬船)〔명〕큰 배와 육지 또는 배와 배 사이

전:-마찰(轉摩擦)〔명〕〔약〕→회전 마찰(廻轉摩擦).

전막(全幕)〔명〕한 연극을 이루는 모든 막의 전체.

전:말(錢末)〔명〕돈닢.

전말(顚末)〔명〕일의 처음에서부터 마지막까지의 양상.

전:-몰(〔교〕저는 말. 〔whole course of events

전말-서(顚末書)〔명〕사고(事故)의 일어난 사정을 갖추어 적은 글. 시말서(始末書). account

전:망(展望)〔명〕멀리 바라봄. 하다

전:망대(展望臺)問 앞을 전망하기 위하여 만들어 놓은 곳. observation platform

전:망차(展望車)問 달리는 기차 속에서 연변의 풍경을 멀리 바라볼 수 있도록 특별히 만든 차. observation car

전-맞춤(廛—)問 상점의 주문으로 날림치보다 낫게 「만든 물건. special-order goods

전매(全昧)問 사리를 전혀 분별할 수 없도록 아주 어리석음. ignorance 하다

전매(前賣)問[동] 예매(豫賣). 하다

전매(專賣)問 ①일정한 물건을 독점하여 판매하는 일. monopoly ②〈법률〉 행정상(行政上)의 목적으로 국가가 특정한 재화의 생산·판매를 독점하는 일. 하다

전:매(轉賣)問 샀던 물건을 도로 팖. resale 하다

전매-권(—權)(專賣權)問 〈법률〉 어떤 물건을 혼자서 팔 할 수 있게 정부에서 허가한 권리. monopoly

전매 수입(專賣收入)問 〈경제〉 정부나 지방 단체가 물건을 전매하여 얻은 수입. profits of the Monopoly Bureau

전:매-청(專賣廳)問 제무부 소속 기관의 하나. 국가의 전매 사업·전매 행정을 맡아봄. Office of Monopoly

전매 특허(專賣特許)問 〈법률〉 새로운 물건을 만들어 낸 사람을 장려 보호하기 위하여, 정부가 그 발명품에 관한 이익을 독점시키는 일. monopolistic patent 「물건. monopolies

전매품(專賣品)問 전매권을 가지고 독점하여 파는

전면(全面)問 전체의 면. 모든 방면. whole surface

전면(前面)問 ①앞쪽. (대) 후면(後面). front ②〈불교〉 절의 큰 방(房)의 정면(正面). front of hall of temple

전:면(轉眄)問 ①잠깐 사이. ②눈알을 굴리어 봄.

전:면(纏綿)問 ①얽힘. entanglement ②남녀의 애정이 얽히어 감김. tender attachment 하다

전면 강:화(全面講和)問 강화 조약을 체결하여야 할 상대국이 수개국 있을 경우, 그 모든 나라와 동시에 체결하는 강화. (대) 단독 강화(單獨講和). 다수 강화(多數講和). overall peace 「all, general

전면-적(全面的)[[的]] 모든 방면 또, 전체의(것). over-

전면 전:쟁(全面戰爭)問 광범위하게 벌어지는 전쟁. (대) 국지(局地) 전쟁. all-out war

전멸(全滅)問 죄다 없어짐. annihilation 하다

전:멸(電滅)問 번갯불이 번쩍하고 사라지는 것처럼 별안간에 망함을 이름. sudden downfall 하다

전명(電命)問 전보로서 하는 명령. order by telegram

전명(傳名)問[동] 전명(傳名)②. 하다

전모(全貌)問 전체의 모습. 전용(全容). whole view

전모(前母)問[동] 전어머니.

전모(氈毛)問 모직물로 된 옷의 그 섬유인 털. 「하다

전:모(剪毛)問 짐승의 털을 깎음. 털깎기. shearing

전:모(氈帽)問 비 올 때에 여자 하인이나 아이들이 쓰던 갓의 하나. 철모. 지삿갓.

전목(全木)問 두꺼운 널.

전:몰(戰歿)問[동] 전사(戰死). ②전사·전상사(戰傷死) 및 전병사(戰病死)의 총칭. 하다

전:몰 장:병(戰歿將兵)問 싸움터에서 싸우다가 전사한 장병. war dead soldiers

전묘(田畝)問 밭이랑. 「parent's grave 하다

전:묘(展墓)問 성묘(省墓)의 딴이름. visiting one's

전무(全無)問 전혀 없음. nothing 하다

전무(專務)問 ①전문적으로 맡아보는 사무. principal business ②〈약〉→전무 이사(專務理事).

전=무식(全無識)問 아주 지식이 없음. 일자 무식. 판무식. being utterly ignorant

전무 이:사(專務理事)問 이사의 하나. 사장을 보좌하며 법인의 업무를 전장(專掌)함. 《약》 전무(專務)②. managing director

전무 후:무(前無後無)問 과거에도 없었고 앞으로도 없음. 공전 절후(空前絶後). unique 하다

전문(全文)問 글의 전체. full text

전문(前文)問 ①앞에 쓴 글. above sentences ②〈법률〉 법령의 조항 앞에 붙어 그 법령의 목적이나 기본 원칙을 선언하는 글. 「헌법 ∼. preamble

전문(前門)問 앞문. (대) 후문(後門). front gate

전문(專門)問 하나의 학문·사업에만 전심함. specia-

전:문(電文)問 전보의 문구. telegram 「lity 하다

전문(傳聞)問 전하여 들음. hearsay 하다

전:문(箋文)問 길흉(吉凶)의 일이 있을 때에 임금에게 아뢰던 사륙체(四六體)의 글.

전:문(廛門)問 가게의 문.

전:문(錢文)問 돈. money

전문(餘聞)問 남을 거쳐서 들음. hearsay 하다

전문-가(專門家)問 어떤 학과나 일을 오로지 연구하여 그에 관한 지식·경험이 풍부한 사람. 또, 그를 담당하고 있는 사람. expert

전문 교:육(專門敎育)問 특정한 직업을 목적으로 하는 전문적인 교육. professional (technical) education 「용어. technical terms

전문 술어(專門術語)問 특정한 부문에서 쓰이는 학술

전문-어(專門語)問 기예·학술 따위의 각 전문의 영역에서만 쓰이는 말. 술어(術語). technical term

전문-의(專門醫)問 의학의 일정한 분과에 대하여 전문적인 의사. medical specialist

전문-적(專門的)[[的]] 한 가지 일을 오로지 하는(것). ¶ ∼인 교육. (대) 일반적 (一般的).

전문-점(專門店)問 〈경제〉 특정 부문(部門)으로 전문화한 소매상의 한 형태.

전문 지식(專門知識)問 전문 분야의 지식.

전문 학교(專門學校)問 ①전문적인 학술·기예를 가르치는 학교. professional school ②고등 학교 졸업생에게 전문 교육을 하는 학교.

전문-화(專門化)問 전문적으로 됨. 또, 그렇게 함.

전:물(奠物)問 부처나 신에게 올리는 물건. offerings

전:물(澱物)問 가라앉아서 앙금이 된 물건. 침전물(沈澱物). deposit

전미(全美)問 ①빈틈 없이 아주 아름다움. 완전한 미. perfect beauty ②온 미국. all America 하다

전:미(展眉)問 쩡그렸던 눈썹을 폄. 곧, 안심하는 일. relief 하다

전:미 개오(轉迷開悟)問 〈불교〉 번뇌의 미(迷)를 해탈(解脫)하여 열반(涅槃)의 깬 마음에 이르는 일. spiritual awakening 하다

전-미련(全—)問 아주 미련함. stupidity 하다

전민(田民)問 ①농민. peasant ②논밭과 노비. farm and servants 「하다

전:민(煎悶)問 ①몹시 걱정함. ②몹시 민망히 여김.

전박(前膊)問[동] 하박(下膊).

전박-골(前膊骨)問[동] 하박골(下膊骨). 「whole

전반(全般)問 여러 가지의 것이 운동 통틀어 모두

전반(前半)問 앞 부분의 절반. (대) 후반(後半). first half 「긴 나뭇 조각. 「[동] 인두판.

전:반(翦—·剪—)問 ①종이를 도련할 때에 쓰는 얇고

전:반-같:다(—同)[[形]] 땋아 늘인 머리채가 숱이 많고 치렁치렁함을 이름. 「(半期). first half term

전반-기(前半期)問 둘로 가른 앞 기간. (대) 후반기(後

전반-사(全反射)問 〈물리〉 밀체(密體)에서 조체(粗體)로 나올 때에 굴절하지 않고 죄다 반사하는 현상. 온 반사. 전체(全體) 반사. total reflection

전반사 프리즘(全反射prism)問 〈물리〉 단면이 직각 이등변 삼각형인 유리로 된 프리즘. 전반사를 이용하여 광선을 약화시키지 않고 그 방향을 바꾸는 프리즘. 직각 프리즘(直角prism). 「반.

전:반-생(前半生)問 사람의 한평생에 있어서 앞의 절

전반-적(全般的)[[的]] 어떤 사물의 전반에 걸치는(것). ¶ ∼인 상황 whole, general, over-all

전반-전(前半戰)問 〈체육〉 운동 경기에서 전반의 싸움. (대) 후반전. first half of game

전발(傳鉢)問[동] 전의발(傳衣鉢). 하다

전:발(電髮)[명][동] 퍼머넌트 웨이브(permanent wave).
전방(前方)[명] ①중심의 앞쪽. front ②일선. ③[동]전선(前線). [대]후방.
전방(專房)[명]①방을 독점함. use whole room by oneself ②첩(妾)이 사랑을 독차지함. 하다
전방(傳方)[명] 전수(傳授)된 방법.
전방(傳榜)[명]〈제도〉과거의 급제자와 관원의 초임자 또는 수령(守令)의 임명이 있을 때, 관아에서 그 관직·성명을 기록하는 방군(榜軍)시키어 그 뜻을 본인에게 통지하던 일. [商店].
전:방[―빵](廛房)[명] 가게의 방. 전포(廛舖). 상점
전:방석(氈方席)[명] 전으로 만든 방석. felt cushion
전방지총(專房之寵)[명] 여러 처첩 중에 어떤 첩에게만 기울어지는 사랑.
전배(前排)[명]〈제도〉벼슬아치의 행차 때나, 상관에의 배전(拜見) 때 관원을 인도하던 하인.
전배(前杯)[명][동] 전작(前酌). 「계.
전배(前胚)[명]〈식물〉식물의 배(胚) 발생의 초기 단
전배(前配)[명] 죽은 전실(前室). 원배. 초배(初配).《대》후배(後配). one's former wife
전배(前陪)[명]〈제도〉거둥할 때 어련(御輦) 앞에 늘어서면 궁속(宮屬).
전:배(前輩)[명] [동]선배(先輩).
전배(展拜)[명][동] 임금이 궁릉·종묘·문묘·능침에 참배함. 전알(展謁). 하다
전배(餞杯)[명] 송별의 술잔치. 전연(餞宴). 전음(飮). parting cup
전:백[―백](錢百)[명] 돈푼.
전번[―뻔](前番)[명] 지난번. 《대》금번(今番). last
전:범(典範)[명] 규칙. 법. 본보기. 전례(典憲). rule 「time
전:범(戰犯)[명][약] →전쟁 범죄. [약] →전쟁 범죄
전:범:자(戰犯者)[명][약] →전쟁 범죄자. 「자.
전:법(典法)[명] 규칙. 법. 모범. 법식(法式).
전법(傳法)[명]〈불교〉교법을 전하여 주는 일. 하다
전:법[―뻡](戰法)[명] 전쟁하는 방법. 전진(戰陣)의 tactics 「도(正道)를 열어서 설법(說法)하는 일.
전:법륜(轉法輪)[명]〈불교〉부처가 사(私)를 떠나 정
전옥(全屋)[명]〈건축〉문이나 창이 전연 없는 벽.
전벽(前壁)[명] 앞에 있는 벽. 「blind wall
전벽(甎壁)[명] 벽돌로 쌓은 벽. 「mammonism
전:벽[―뼉](錢癖)[명] 돈을 몹시 귀중히 여기는 성벽.
전:변(轉變)[명][동] 변천(變遷). 하다
전:별(餞別)[명] 잔치를 베풀어 작별함. 전송(餞送). ¶―는 효소(酒). 「(會). sending off 하다
전:별:사(餞別辭)[명] 전별하는 인사의 말.
전:별:시(餞別詩)[명] 전별할 때에 읊거나 보내는 시.
전:연[―년](餞別宴)[명] 전별하는 잔치.
전병(前兵)[명] 행군(行軍)할 때, 대열의 선두에 서서 하는 行軍 경계 부대의 하나. 「[미. fried riceake
전병(煎餠)[명] 번철에 지진 넓적하고 둥근 떡. 부꾸
전병―코(煎餠―)[명] 몹시 넓적하게 생긴 코. flat nose
전:보(電報)[명] 전신기에 의하여 먼 거리에 하는 통신. telegram 하다
전보(塡補)[명] 모자람을 메워서 채움. 결손(缺損)을 보충함. 보전(補塡). making up 하다
전보(銓補)[명] 인물을 전형하여 벼슬을 시킴. selection and appointment 하다
전보(戰報)[명] 전쟁에 관한 보도. war news
전:보(轉報)[명] 남에게 부탁하여 알림. information through person 하다 「To other position 하다
전:보(轉補)[명] 다른 관직에 보임(補任)함. transfer
전:보―국(電報局)[명]〈제도〉전보 사무를 맡아보던 관청. telegraph office 「(電信株).
전:보―료(電報料)[명] 전보 칠 때에 내는 요금. 전신료
전:보 발신지[―씬―](電報發信紙)[명] 발신하고자 하는 전문(電文)을 써서 내는 쪽지. telegram blank
전:보 용:지(電報用紙)[속] 전보 발신지. 「(form)
전:보 탁송(電報託送)[명] 전화 가입자가 전화를 이용하여 전보를 치는 일.
전:보환(電報換)[명][동] 전신환(電信換).

전복(全鰒)[명]〈조개〉전복과(全鰒科)의 바닷물 조개. 몸은 타원형이고 패각의 길이 20 cm, 폭 17 cm, 높이 7 cm 내외임. 갈색·청자색을 띠며 속은 진주광택이 남. 살은 식용하고 껍질은 세공(細工)·나전(螺鈿)의 재료가 되고 약제(藥劑)로 씀. 전포(全鮑). ¶~짓. ~지짐이. earshell
전:복(典服)[명] 전의(典衣)②.
전:복(戰服)[명][동] 군복(軍服). ②소매가 없고 뒷솔기가 째진 옛 군복의 하나.
전복(顚覆)[명][동] 뒤집혀 엎어짐. 또, 뒤집어 엎음. ¶기차 ~ 사고. overturning 하다
전복―갑(全鰒甲)[명] 금즈개②.
전:봇―대[―뗏―](電報―)[명]①전신·전화를 통하는 전선을 늘어 맨 기둥. 전신주(電線柱). 전신주(電信柱). 전주(電柱). telegraph-pole ②[속] 키 큰 사람을 조롱하는 말. tall guy 「(電信線).
전:봇―줄[―쭐](電報―)[명][동] 전선(電線). 전신선
전:봉(轉封)[명][동] 이봉(移封).
전:봉(轉蓬)[명]①뿌리째 뽑혀 여기저기 굴러다니는 쑥. ②고향을 떠나 정한 곳이 없이 떠돌아다니는
전부(田婦)[명] 농가의 부녀. 「신세를 비유하는 말.
전부(全部)[명] 온통. 몽땅②. 총체. ¶인생의 ~. all
전부(佃夫)[명] 농민(農民).
전부(前夫)[명] 먼젓번의 남편. 전남편. one's former 「husband
전부(前部)[명] 앞의 부분. 《대》후부(後部). front part
전부(戰斧)[명] 전쟁(戰爭)의 「무기의 하나.
전:부(戰斧)[명] 옛날에 전쟁할 때 쓰던 도끼처럼 생긴
전:부(顚仆)[명][동] 전도(顚倒)①. 하다
전부지공(田夫之功)[명] 힘들이지 않고 이(利)를 보는 것을 비유하는 말. 어부지리(漁父之利).
전부 판결(全部判決)[명]〈법률〉하나의 소송에 여러 개의 청구가 있는 경우 전부에 대하여 행하여지는 종국의 판결. 《대》일부 판결.
전:분(澱粉)[명]〈화학〉식물의 동화 작용에 의하여 만들어지며 쌀·보리·밀 등의 주성분을 이루는 탄수화물의 일종. 다당류의 일종이라고도 함. 녹말(綠末)②. starch
전:분―당(澱粉糖)[명]〈화학〉전분을 산으로 가수 분해하여 단당류(單糖類)로 만든 단 물건. 포도당. starch sugar
전:분 당:화:소(澱粉糖化素)[명]〈화학〉전분을 가수 분해하여 당(糖)으로 하는 반응에 있어서 촉매 역할을 하는 효소. 곧, 디아스타아제 따위. 전분 효소. [약] 당화소. amylase 「(粒子). starch grain
전:분―입[―닙](澱粉粒)[명] 전분으로 이루고 있는 입자
전:분 종자(澱粉種子)[명] 전분의 저장 전분을 함유하는 종자. 곧, 곡류·두류(豆類)의 대부분. starch seed 「starchy material
전:분―질(澱粉質)[명] 전분을 다량 함유하고 있는 물질.
전:분 효소(澱粉酵素)[명][동] 전분 당화소.
전불(前佛)[명]〈불교〉현세불(現世佛) 이전에 나타났던
전불(前拂)[명] 전금(前金)으로 지불함. 하다 「부처.
전불고견(全不顧見)[명] 전혀 돌보지 않음. 하다
전비(全備)[명]①있어야 할 것을 전부 갖춤. ②완전한 설비. 전비(前備)·전비(先備). 「장비. 하다
전비(前非)[명] 이미 저질렀던 잘못. 작비(昨非). past error
전:비(戰費)[명] 전쟁에 드는 비용. war expenditure
전:비(戰備)[명] 전쟁을 할 준비. war preparations
전비 중:량(全備重量)[명] 항공기에서 규정 탑재물(搭載物)을 모두 탑재하였을 때의 항공기의 전체의 중량. 「는 경계. 또, 시위 행군. armed patrol
전:비 행군(戰備行軍)[명]〈군사〉전비를 갖추고 행하
전사(田舍)[명][동] 전가(田家). ②〈제도〉경복궁(景福宮)·창덕궁(昌德宮) 안에 논을 만들어 농사짓는 상황을 임금에게 보여드리던 곳.
전사(前史)[명] ①이전의 역사. 옛 사서(史書). previous history ②어떤 역사의 성인(成因)을 설명하기 위하여 쓰여지는 그 전의 역사. past affair

전사(前事)[명] 이미 지나간 일. [대] 후사(後事).
전사(專使)[명] 특사(特使).
전사(傳寫)[명] 서로 전하여 베껴 씀. transcription 하
전:사(電寫)[명] 〈약〉→전송 사진(電送寫眞).
전:사(戰士)[명] ①싸우는 군사. soldier ②어떤 일에 종사하여 분투하는 사람.
전:사(戰史)[명] 전쟁이나 사변의 역사. war-history
전:사(戰死)[명] 싸움터에서 싸움하다가 죽음. 전망(戰亡). 전몰(戰歿)①. ¶ ~자(者). death in battle
전:사(戰事)[명] 전쟁에 관한 일.   [하다
전:사(轉寫)[명] ①옮기어 베껴 씀. transcription ② 출판된 책·도면 등을 다시 사진으로 적는 일. ③〈인쇄〉전사지에 묘화(描畫)한 잉크 화상을 평판 판지면에 옮기는 일. 하다   [husband
전-사내(前-)[명] 전남편(前男便). 전서방. former
전사 물론(前事勿論)[명] 지난 일의 시비를 논하지 아
전:사-본(轉寫本)[명] 다른 책을 베껴 쓴 것. [니함.
전사-옹(田舍翁)[명] 견문(見聞)이 좁고 고집스러운 시골 늙은이.
전사-지(轉寫紙)〈인쇄〉①전사 석판에 쓰이는 얇은 가공지(加工紙). transfer paper ②도기나 양철에 인쇄할 때에 쓰이는 인쇄 화지(畫紙). ③카본 (carbon) 사진 인쇄에 쓰는 중크롬산 젤라틴을 두
전삭(前朔)[명] 지난달. last month [겹게 입힌 종이.
전산(全山)[명] ①모든 산. ②그 산의 전체.
전산(前山)[명] 앞에 있는 산.
전:산-기(電算機)[명] 〈약〉전자 계산기(電子計算機).
전:상(典常)[명] 항상 지켜야 할 도리.
전:상(殿上)[명] 궁전이나 전각(殿閣)의 자리 위.
전:상(戰狀)[명] 전쟁의 상황.   [war wound 하다
전:상(戰傷)[명] 전쟁에서 입은 상처. 또, 부상함.
전:상-병(戰傷兵)[명] 전쟁에서 부상을 입은 군사. wounded soldier
전상-의(田相衣)[명] 가사(袈裟).
전:상-자(戰傷者)[명] 전상을 입은 사람.
전색(栓塞)[명] 〈의학〉혈관이 혈액 중의 불순물로 말미암아 막힘. 동맥(動脈) ~.   [하다
전색(塡塞)[명] 메어서 막힘. 또, 막음. obturation 하다
전-색맹(全色盲)[명] 〈의학〉색을 분별하는 감각이 없어서 모든 것이 회색으로만 보이는 색맹의 하나. total colour-blindness
전:색-제(展色劑)[명] 페인트의 액체를 고루 펴는 데 사용하는 물질. 보통 아마인유(亞麻仁油)를 많이 쓰나, 그 밖에 것도 사용함.
전생(全生)[명] 온 생애(生涯).
전생(前生)[명] 〈불교〉삼생(三生)의 하나. 이 세상에 나오기 전의 세상. 전세(前世)②. [대] 후생(後生)①.   [whole life
전-생애(全生涯)[명] 한 생애의 전체. 일평생. one's
선생 연분(-緣分)[명] 전생에서 이미 맺은 연분. 〈약〉전연(前緣). predestination
전서(田鼠)[명] 〈동물〉두더지. mole
전서(全書)[명] ①어떤 사람의 저작이나 학설을 전부 모아 한 질로 만든 책. collection ②어떤 종류의 일을 망라한 문서. series ③빠진 것이 없는 완전한 책. ¶ 백과 ~. compendium   [letter
전서(前書)[명] 요전의 편지. 전신(前信). previous
전서(前緖)[명] 선인(先人)이 남겨 놓은 사업의 실마리. ¶ 유업(遺業). 선업(先業). work left by one's ancestors
전서(傳書)[명] 편지를 전함. delivery 하다
전서(塡書)[명] 빠진 글자를 채움. 하다
전:서(篆書)[명] 전자(篆字).
전:서(銓敍)[명] 재능을 전형(銓衡)해서 우열에 따라 벼슬을 시킴. 하다.
전:서(戰書)[명] 개전(開戰)을 한다는 통지서.
전서-구(傳書鳩)[명] 편지를 배달(背達)하는. 하다 carrier pigeon
전서-구(傳書鳩)[명] 먼 거리에 편지를 전하는 비둘기.
전-서방(前書房)[명] 〈동〉전사내.

전석(全石)[명] 곡식 같은 것의 마되 수효가 완전히 차서 모자람이 없는 온 섬. full bale
전석(磚石)[명] 벽돌.
전석(轉石)[명] ①돌을 굴림. ②암반(岩盤)에서 떨어져, 흐르는 물과 함께 굴러나간 돌. 모가 없고 둥글둥글함.   [든 전선(戰線).
전선(全線)[명] ①모든 선로(線路). all the lines ②모
전선(全鮮)[명] 온 조선.
전:선(前線)[명] ①적전(敵前) 부대가 가로로 이룩한 선. 일선(一線). front line ②전쟁터. battle field ③ 전체의 맨 앞에 서서 활약하는 사람. 전방(前方)③. ④기상(氣象)에서, 기단(氣團)이 진행하여 나아가는 경우에 제일 앞 면. front
전:선(電扇)[명] 전력으로 돌리는 선풍기. electric fan
전:선(電線)[명] 전류(電流)가 통하는 쇠줄. 전기선. 전깃줄. 전봇줄. 전선줄(電線-). electric wire
전:선(詮選)[명] 인물을 전형하여 선발함. selection 하
전:선(戰船)[명] 싸움에 쓰는 모든 배. warship   [다
전:선(戰線)[명] ①전쟁에서 바로 전쟁이 행해지는 지대. fighting line ②한 사령관의 지휘 밑에 군대의 집단이 작전하는 지역. 진중(陣中). ③일정한 활동의 분야를 투쟁하는 분야로서 비유함. ¶ 직업(職業) ~. ④일정한 사회적 운동을 공동적으로 진행하기 위한 사회적 역량의 연합. ¶ 통일(統一) ~.   [turning round 하다
전:선(轉旋)[명] 굴러서 돌아감. 또, 돌림.
전:선-대[-때](電線-)[명] →전봇대①.
전:선-주(電線柱)[명] 전봇대①.
전:선-줄[-쭐](電線-)[명] 전선(電線).
전설(前說)[명] ①이전 사람이 남겨 놓은 말. old tale ②먼젓번의 논설. former view
전설(傳說)[명] ①옛날부터 전하여 오는 이야기. legend ②전설(傳言).
전설 모음(前舌母音)[명] 〈어학〉전설면과 경구개 사이에서 조음되는 모음. 기본 모음 i·e·ɛ·a 및 평순 모음 i·e·ɛ가 원순으로 조음되는 'y'·'ø'·'œ' 등.
전설-음(顚舌音)[명] 〈어학〉혀끝을 윗잇몸에 굴리어 내는 소리. 곧, 첫소리의 'ㄹ'소리. 굴림 소리. trill
전설-적(傳說的)[명] 전설과 같은(것). 전설에 등장하기에 알맞은(것).   [게 함. 하다
전설-화(傳說化)[명] 전설적인 것이 됨. 또, 전설로 되
전성(全城)[명] 한 성(城) 안의 온통. whole town
전성(全盛)[명] 가장 왕성함. ¶ ~기(期). height of
전성(前聖)[명] 예전의 성인.   [prosperity 하다
전성(展性)[명] 쇠붙이를 두들기거나 누르면, 얇게 퍼지는 성질. 금·은·동이 훤저함. malleability
전:성(轉成)[명] ①바뀌어 다른 것이 됨. ②〈약〉→품사 전성(品詞轉成).
전:성(顫聲)[명] 떨려 나오는 목소리.
전성-관(傳聲管)[명] 항공기·기선·철도 등 소음이 심한 곳에서, 짧은 한 쪽에서 한 말소리를 다른 한 끝에서 들리게 만든 장치. voice tube
전성-시(全盛時)[명] 한창 왕성한 때.   [age
전성 시대(全盛時代)[명] 가장 왕성한 시대. golden
전:성-어(轉成語)[명] 〈어학〉어떤 품사가 다른 품사로 바뀌어서, 외국어가 자국어로 된 말.
전:성 어:미(轉成語尾)[명] 〈어학〉체언이나 용언의 어간에 붙어 다른 성질의 품사로 파생하는 어미. '=음'·'=기'·'=을'·'=는'·'=어'·'=고' 따위.
전세(田稅)[명] 논밭의 조세. farm tax
전세(前世)[명] 〈동〉전생(前生). ②〈동〉전생(前生).
전세(專貰)[명] 약속한 동안은 그 사람에게만 빌려 줌. renting   [tary 하다
전세(傳世)[명] 대대로 물려서 전해 감. being heredi-
전세(傳貰)[명] 일정한 돈을 주인에게 맡기고 어느 기간까지 빌려 쓰는 집이나 물건. 반환할 때는 그 돈으로 찾음. lease
전:세(戰勢)[명] 전쟁의 형세(形勢). war situation
전:세-계(全世界)[명] 온 세계. whole world

전=세:계(前世界)명 이미 있었던 세계.
전세:권(傳貰─권)명 〈법률〉전세금을 지불하고 남의 부동산을 점유하여 사용·수익할 권리.
전=세:기(前世紀)명 이미 지나간 세기.
전=세:월(前歲月)명 지나간 세상의 형편. 또 그 시대. 전시절(前時節).
전셋―집(傳貰─)명 전세로 빌려 주는 집. 또, 빌린 집. house on lease
전소(全燒)명 죄다 타버림. total destruction 하타
전소(前宵)명 전날 밤. 어젯밤.
전속(全屬)명 어떤 곳에 죄다 속함. exclusive belongingness 하타
전속(專屬)명 어떤 단체에 오로지 딸림. exclusive assignment 하타
전=속(轉屬)명 ①원적(原籍)을 다른 데로 옮김. transference ②소속(所屬)을 바꿈. 또는 다른 데에 속함. 〔유〕전근. transfer 하타
전속 가수(專屬歌手)명 한 단체에만 전적으로 소속되어 있는 가수. contracted singer
전속 관할(專屬管轄)명 〈법률〉민사 소송의 재판권을 특정 법원에서만 행사하게 하는 관할. exclusive jurisdiction ②그 일만을 오로지 관리함. ③전혀 그 관할에 속함. 전관(專管).
전=속력(全速力)명 최대의 속력. full speed
전속―물(專屬物)명 어느 한 곳에만 전적(全的)으로 소속되는 물건.
전속 부:관(專屬副官)명 〈군사〉장관급(將官級)에 속하여 개인 참모의 구실을 하는 장교. 장관을 보좌하며 신변에 대한 보호·사무 연락 등을 맡음. (약)부관②.
전손(全損)명 ①온통 당하는 손해. total loss ②해상 보험에서, 피보험물이 모두 없어진 손실. 〔대〕분손(分損). [ectrical transmission 하타
전송(電送)명 사진·그림 등을 전파로 멀리 보냄. el-
전송(傳送)명 전하여 보냄. delivery 하타
전송(傳誦)명 입으로 전하여 욈. transmisson 하타
전송(餞送)명 잔치를 베풀어 작별하여 보냄. 전별(餞別). seeing off 하타 [arding 하타
전송(轉送)명 남의 손을 거쳐서 물건을 보냄. forw-
전:송 사진(電送寫眞)명 사진을 전송하는 방법. 또, 그 전송한 사진. (약)전사(電寫). telephotograph
전수(田叟)명 시골 노인.
전수(全數)명 온통의 수효. total 명 온통. 모두.
전수(專修)명 오직 한 가지 일만을 닦음. special research 하타
전수(傳受)명 전하여 받음. inheriting 하타
전수(傳授)명 전하여 줌. transmission 하타
전수 가:결(全數可決)명 회의에 모인 전원의 찬성으로 가결함. 하타
전수―금(前受金)명 물품의 대금 결제 또는 노무 보수의 수수(授受)에 앞서 그 지물을 확보하기 위하여 미리 받는 돈. 〔대〕전도금(前渡金).
전=수익(全收益)명 전체의 수익.
전=술(全─)명 전내기의 술. pure liquor
전술(前述)명 앞에서 이미 논술함. 또, 그 논술. 〔대〕후술(後述). above-mentioned 하타
전술(傳述)명 기술(記述)하여 전함. 하타
전:술(戰術)명 ①전쟁에 대한 술법. 또, 그 기술. ② 전투에 즈음하여 전투력의 사용법. 군법(軍法)②. tactics ③정치 운동 등에서 투쟁 방법. campaigning tactics
전:술―가(戰術家)명 전술에 능한 사람. tactician
전:술―적[─쩍](戰術的)관명 전술에 관한(것).
전:술 폭격(戰術爆擊)명 〈군사〉직접 전투에 참가하여 우군(友軍) 원호를 하여 행하는 폭격. tactical bombing [學).
전:술―학(戰術學)명 〈군사〉전술에 관한 군사학(軍事
전습(前習)명 이전에 있었던 습관. former habit
전습(傳習)명 전하여 받아 익힘. learning 하타
전습(傳襲)명 전하여 물려받음. 전하여 내려오는 습

대로 따라 함. inheritance 하타
전승(全勝)명 한 번도 지지 않고 전부 이김. 〔대〕전패(全敗). complete victory 하타
전승(傳承)명 계통을 이어받아 계승함. inheritance
전승(戰勝)명 싸움에서 이김. 승전(勝戰). 〔대〕패전(敗戰). victory 하타 [어 탐. 轉乘
전:승(轉乘)명 다른 말이나 차 또는 배 따위에 바꾸
전:승―국(戰勝國)명 전쟁에 이긴 나라. victorious country
전승 문학(傳承文學)명〈동〉구비 문학(口碑文學).
전시(全市)명 시의 전체. 온 시(市). whole city
전:시(展示)명 ①책이나 편지 따위를 펴서 봄. 또는 펴서 보임. ②여러 가지 물건을 모아 벌여 놓고 보임. exhibition 하타
전:시(展翅)명 곤충을 채집하여 촉각·날개·다리 따위를 잘 펴서 표본으로 만드는 일. 하타
전:시(電視)명 '텔레비전(television)'의 중국어.
전:시(殿試)명 〈제도〉조선조 때, 임금이 참석하여 행하던 과거(科學)의 마지막 시험.
전:시(廛市)명 가게. 저자. store [wartime
전:시(戰時)명 전쟁이 벌어진 때. 〔대〕평시(平時).
전:시 경제(戰時經濟)명 〈경제〉전쟁을 수행하기 위하여 편성하는 국민 경제. 곧, 소비 절약·생산 증가 등을 꾀하는 계획적·통제적인 경제. wartime economy
전:시 공법(戰時公法)명〈동〉전시 국제법.
전:시 공채(戰時公債)명 〈경제〉전시에 국가가 군사비로 쓰려고 모집하는 국채. war loan
전시―과[─과](田柴科)명 〈제도〉고려 때 문무 관료(文武官僚)에게 그 품위(品位)에 따라 토지와 산을 나누어 주던 일. 사망한 뒤는 나라에 반납하여야 함.
전:시 국제 공법[─뻡](戰時國際公法)명〈동〉전시 국제법.
전:시 국제법[─뻡](戰時國際法)명 〈법률〉전시에 있어서의 국제법. 보통 교전국 상호간의 관계에 관한 교전 법규와 교전국과 중립국과의 관계에 관한 중립 법규로 구별됨. 전시 국제 공법. 전시 공법. 〔대〕평시 국제법. international law in time of war
전:시 금:제품(戰時禁制品)명 〈법률〉전시에 있어서 중립국의 국민이 교전국에 공급하는 물품을 타방 교전국이 해상에서 포획하고 몰수하여야 할 물품. contraband of war
전:시 복구(戰時復仇)명 〈법률〉전시에 교전국(交戰國)의 한 쪽이 전시 법규에 위반되는 행위를 했을 때 상대편 교전국이 이에 대응하여 전시 법규에 위반되는 행위를 하는 일. 이 경우는 위법이 되지 않음.
전:시 봉쇄(戰時封鎖)명 〈군사〉교전(交戰) 중, 해군력으로 적의 항구나 연안(沿岸)의 교통을 차단하는 일. 〔대〕평시 봉쇄. wartime blockade
전:시 비:상권[─꿘](戰時非常權)명 〈법률〉전시에 예외적인 국제 관례로서 인정하는 권한으로, 교전국이 필요에 따라 자기 나라 권력 아래에 있는 나라의 재산을 강제로 사용·처분할 수 있는 권리. extraordinary rights of wartime
전:시―세(戰時稅)명 〈법률〉전시에 전쟁 경비의 조달(調達)을 위하여 부과하는 특별세. war tax
전=시절(前時節)명〈동〉전세월(前歲月).
전:시 징발(戰時徵發)명 〈법률〉전시 교전국이 전쟁의 필요에 의하여 자국 또는 중립국의 사유 재산이나 인적 자원을 징발하는 일. wartime requisition
전:시 체제(戰時體制)명 총력전 완수(完遂)에 알맞게 통제되는 국내 체제. war structure
전:시―판(展翅板)명 곤충 표본 제작 용구의 하나. 두 장의 오동나무판 사이에 채집한 충체(蟲體)를 넣는 홈이 있고, 날개를 종이쪽으로 눌러 고정시키는 판.
전:시 편제(戰時編制)명 전시에 전술상의 필요에 응하기 위해 하는 육·해·공군의 편제. war organization
전:시―품(展示品)명 전시하는 물품.
전:시―회(展示會)명 어떤 특정한 물건을 벌여 놓고

일반에게 보이는 모임. exhibition
전시 효과(展示效果)[명] ①〈경제〉소비 지출이 자신의 소득 수준에 따르지 않고 타인의 모방에 의하여 증대되는 사회적·심리적 효과. ②정치 지도자가 대내외적으로 그 업적을 과시하기 위하여 실질적인 효과가 크지도 않은 상징적인 사업을 실시하는 따위를 이름. [illumination 하다
전:식(電飾)[명] 전등 조명(照明)에 의한 옥의 장식.
전신(全身)[명] 온몸. 전구(全軀). 편신(遍身). 만신(滿身). 혼신(渾身). ¶ ~ 몽혼(曚昏). whole body
전신(前身)[명] ①〈불교〉전세에 태어났던 몸. previous life ②변하기 전의 본체(本體). 앞몸. (대) 후신(後身). predecessor
전신(前信)[명] 전서(前書).
전신(傳信)[명] 소식을 전함. delivery 하다
전:신(電信)[명] 전화·전보 등과 같이 전선을 통하는 통신의 총칭. telegraphic communication
전:신(轉身)[명] ①다른 자리로 몸을 옮김. ② 주의(主義)나 사상 또는 생활 방식 따위를 바꿈. 하다
전신-골(全身骨)[명] 소·염소 등의 살을 발라 낸 뼈. (약) 전골(全骨). bone
전:신-기(電信器)[명] 전류 또는 전파에 의하여 통신하는 기계. 무선 전신기와 유선 전신기가 있음. 주요부는 송신기·수신기·가공선의 3부. telegraphic instrument [정한 동맹. telegraphic league
전:신 동맹(電信同盟)[명] 국제간에 전신의 교환을 위
전:신-료(電信料)[명] 전보료(電報料).
전신 마취(全身痲醉)[명]〈의학〉외과(外科)의 큰 수술을 하기 위하여 마취제를 써서 환자의 전신을 마취시키는 일. 전신 몽혼. (대) 국소 마취(局所痲醉). general anesthesia
전:신 부:호(電信符號)[명] 전신에서 쓰이는 점이나 선으로 된 부호. telegram code
전신 불수(全身不隨)[명]〈한의〉풍증으로 온몸을 쓰지 못하는 병신. [像).
전:신-상(全身像)[명] 전신의 소상(塑像)이나 화상(畫
전:신-선(電信線)[명] 전신선(電信線).
전:신 약호[-냐-](電信略號)[명] 전보 발신 때에 수반한 처리를 지정하기 위하여 전보 용지에 명시하는 약호. (영) 전략(電略). telegraphic address
전신 운:동(全身運動)[명] 전신을 고루 움직이는 운동. 온몸 운동.
전:신-주(電信柱)[명] 전봇대①. [넣고 만든 탑.
전:신-탑(全身塔)[명]〈불교〉열반(涅槃)한 사람의 몸을
전:신-환(電信換)[명] 전신에 의한 우편환. 지금 송금의 필요요가 있는 사람의 청구에 의하여 발행국(發行局)이 지불국(支拂局)에 전신으로 통신하는 환(換). 전보환. telegraphic transfer [ity 하다
전:실(典實)[명] 몸가짐이 도리에 맞고 성실함. sincer-
전실(前室)[명] 전처(前妻).
진실 딸(前室一)[명] 전처 소생의 딸.
전실 아들(前室一)[명] 전처 소생의 아들.
전실 자식(前室子息)[명] 전처 소생의 자식. children of one's former wife
전심(全心)[명] 온 마음. one's whole heart
전심(前審)[명] 이전에 있은 심리(審理).
전심(專心)[명] 오로지 마음을 어떤 일에만 씀. undivided attention 하다 [tacit understanding 하다
전심(傳心)[명] 마음으로 전하여 저절로 깨닫는 일.
전심 전력(全心全力)[명] 온 마음과 온 힘을 다 기울임. 하다 [음을 오로지 쏨. 하다
전심 치:지(專心致志)[명] 한결같이 생각은 않고 그 일에만 마
전아(全我)[명]〈철학〉자아(自我)의 전체.
전:아(典雅)[명] 틀에 맞고 아담함. elegance 하다
전:아(剪芽)[명] 나무나 풀의 싹을 잘라 냄. 하다
전악(前惡)[명] ①이미 지은 죄. previous crime ②〈불교〉전세의 죄업(罪業). karma [problem
전:안(奠雁)[명] 이전의 고안이나 안건(案件). previous
전:안(奠雁)[명] 혼인 때, 신랑이 신부집에 기러기를 가지고 가서, 상위에 놓고 절하는 예. 하다

전:안-청(奠雁廳)[명] 전안하기 위하여 베풀어 놓은 곳.
전:알(展謁)[명][동] 전배(展拜). 하다
전:압(電壓)[명]〈물리〉전장(電場) 또는 도체내의 두 지점간의 전위의 차. 실용(實用) 단위는 볼트(volt)임. voltage [볼트미터(voltmeter).
전:압-계(電壓計)[명]〈물리〉전위차를 측정하는 계기.
전:압력(全壓力)[명]〈물리〉닿는 면(面) 전체에 작용하는 압력의 총량.
전:압-선(電壓線)[명] 배전 간선(配電幹線)에서 전등이나 배전소까지 끌어오는 가는 전선. 이 끝을 전압계에 접속하여 전압을 측정함.
전애(專愛)[명] 여럿 가운데에서 특히 어느 하나만을 오로지 사랑함. 하다 [total amount
전액(全額)[명] 전부의 액수. 총액. (대) 반액(半額).
전:액(篆額)[명] 비나 갈(碣)에 있어서 전자(篆字)로 쓴 액자(額子). [제액(題額).
전:야(田野)[명] 논밭과 들. fields
전야(前夜)[명] 전날밤. previous night ②이전의 시기나 단계를 기준으로 하여 그 앞이 되는 시기나 단계. ¶조국 통일의 ~.
전:야(戰野)[명] 전장(戰場).
전야-제(前夜祭)[명] 어떤 축제일에 앞서 그 전날 밤에 행하는 축제 행사. eve
전약(前約)[명][동] 선약(先約).
전약(煎藥)[명] ①동지(冬至)날에 먹는 음식의 하나. ②①의 달이는 일은 약. medical decoction
전어(傳語)[명] 남의 말을 전함. sending word 하다
전:어(鱄魚)[명] 준치.
전:어(鱄魚)[명]〈어류〉전어과(鱄魚科)의 바닷물고기. 몸 길이 20~30 cm 로 긴 난형이고 몸 빛은 등쪽이 창흑색, 배쪽이 은백색임. 근해어로 특히 한국 서남부·일본 중부 이남에 많이 남. spotted sardine
전-어머니(前一)[명] 후취의 아이가 아버지의 전처를 일컫는 말. 전모(前母).
전:어 사리(鱄魚一)[명] 전어의 새끼.
전언(前言)[명] ①전에 한 말. 전설(前說)②. ② 옛 사람이 남긴 말. previous remarks [message 하다
전언(傳言)[명] 말을 전함. 또, 그 말. 전설(傳說)①.
전언-판(傳言板)[명] 사람을 직접 만나지 못하였을 때 간단히 전언(傳言)을 써 두는 판. message board
전업(田業)[명] 농사일. 농업. farming
전업(前業)[명] ①이전에 했던 사업이나 직업. ②〈불교〉전세(前世)의 업. 또는 선악의 업(業).
전업(專業)[명] 전문의 직업이나 사업. principal occupation 하다 [·배전 등의 사업.
전:업(電業)[명] 전기에 관계되는 사업. 발전·송전
전:업(轉業)[명] 직업을 바꿈. change of occupation
전:역(全域)[명] 전체의 지역. entire area
전역(全譯)[명] 원문 전부를 번역함. 또, 그 번역. (대) 초역(抄譯). complete translation 하다
전:역(戰役)[명] 전쟁②.
전:역(戰域)[명] 선투를 하는 구역. war area
전:역(轉役)[명]〈군사〉군대에서 현재까지 복무하던 역종(役種)에서 다른 역종으로 편입됨. ¶예비역으로 ~. 하다
전역²(轉役)[명] 일자리를 옮김. change of job 하다
전연(全緣)[명]〈식물〉잎가장자리가 전연 틈나지 없이 생긴 모양.
전연(傳延)[명] 얇게 폄. 또는 얇게 퍼짐. 하다
전:연(錢緣)[명][동] 전배(錢杯).
전연(全然)[명] 아주. 도무지. 전혀. entirely
전:연(纏緣)[명] ①전부 갈라짐. ②〈식물〉잎·꽃받침·꽃잎 따위가 그 기부(基部)까지 깊이 쪼개진 것.
전열[-녈](前列)[명] ①앞줄. ②〈군사〉앞선 대오(隊伍). (대) 후열(後列). front rank
전:열(電熱)[명] 전류의 의하여 생기는 열. electric heat
전:열(戰列)[명] 전쟁에 참가하는 부대의 열. battle line
전:열-기[一끼](電熱器)[명] 전류의 의하여 도체에 생기는 열을 이용하는 기계. 전기 풍로·전기 다리미 따위. electric heater

전:열=선[-썬](電熱線)명 전류를 통하여 전열을 발생시키는 도선. nicrome wire

전염(傳染)명 ①병이 남에게 옮음. infection ②몸속으로 병균이 전하여 들이 듦. being imbued with ③〈생리〉병원체가 어떤 생물체에 옮아 들어 병을 일으키는 일. infection

전염=병[-뼝](傳染病)명〈의학〉 병독이 남에게 전염하는 병. 적리·콜레라·장질부사 따위. 〔약〕염병②. infectious disease

전염=성[-씽](傳染性)명 병독이 남에게 전염하는 성질. infectious

전염=육[-뉵](全染育)명 누에를 칠 동안에 처음부터 끝까지 뽕잎을 썰지 않고 통째로 먹이는 일. 주로 가을 누에·여름 누에 때에 행함.

전엽=체(前葉體)명〈동〉원엽체(原葉體).

전(電映)명 텔레비전(television). [in Chinees]

전:영(電影)명 중국에서 영화를 이르는 말. movie

전:옥(典獄)명 ①'교도소장'의 구칭. ②〈제도〉죄인을 가두는 감옥.

전=와(塼瓦)명 벽돌과 기와. brick and tile [chaos

전:와(戰渦)명 전쟁 때문에 일어나는 혼란. wartime

전=와(轉訛)명 어떤 말이 그릇 전하여 굳어짐. corr-

전:와-어(轉訛語)명 전와된 말. [uption 하자

전완(前腕)명〈생리〉팔의 팔꿈치부터 손목까지의 부분. 아래팔.

전완-골(前腕骨)명〈동〉하박골(下膊骨).

전왕(前王)명 전번의 임금. former king

전=외:가(前外家)명 아버지의 전처의 친정.

전:-요[-뇨](氈-)명 전으로 된 요. [음. 하자

전:요(纏繞)명 덩굴 같은 것이 다른 나무에 감기어 붙

전:요-경(纏繞莖)명〈식물〉스스로 바르게 서지 못하고 다른 물건에 감겨서 벋어 올라가는 덩굴진 줄기. 외로 감는 나팔꽃 덩굴과 바로 감는 한삼덩굴 따위. twining stem [of 하자

전용(全用)명 온통 다 씀. [대]겸용(兼用). using all

전용(全容)명〈동〉전모(全貌).

전용(專用)명 ①혼자서만 씀. private use ②한 가지만을 씀. [대]공용(共用). exclusive use 하자

전:용(轉用)명 쓸 데에 쓰지 않고 딴 데에 돌려서 씀. diversion 하자

전용=권(專用權)명〈법률〉특정한 사람만이 특정한 물건·장소를 쓸 수 있는 권리. 특허권(特許權)·저작권(著作權) 등. exclusive right [airplane

전용=기(專用機)명 그 사람만이 쓰는 비행기. private

전용=선(專用線)명 ①궤도 사용자가 국유 철도의 구내에 설치하여 이를 전용하는 철도선. ②전신에서 선 또는 주파수를 전용하는 일. [은 어장.

전용 어장(專用漁場)명 수면(水面) 전용의 허가를 받

전용=전(專用栓)명 집 안에 가설하여 그 집에서만 쓰게 된 수도전(水道栓). [대]공용전. private hydrant [하여 부설한 철도. private railway

전용 철도[-또](專用鐵道)명 사용자가 전용하여 쓰

전:우(殿宇)명 신령이나 부처를 모시어 놓은 집. shrine

전우(戰友)명 생활과 전투를 같이하는 동료. fellow-

전:우(轉羽)명〈동〉공작우(孔雀羽). [soldier

전:운(戰雲)명 전쟁이 벌어지려는 기세. war clouds

전원(田園)명 ①논밭과 동산. ②시골. 교외.

전원(全員)명 전체의 인원. ¶~ 출동.

전원(全院)명 원 전체의. ¶~ 회의(會議).

전:원(電源)명 전력을 공급하는 원천(源泉). source of electricity

전원 교외(田園郊外)명 향촌(鄕村)의 자연스러운 맛이 나도록 꾸민 교외의 주택지. suburbs

전원 교향곡(田園交響曲)명〈음악〉베토벤 작곡의 제6교향곡의 별칭. 자신이 표제를 붙인 것으로서 표제악(標題樂)의 선구임. 5악장으로 되어 있으며 전원적인 기분을 묘사한 것임. Pastoral Symphony

전원 도시(田園都市)명 큰 도시의 가까운 교외에서 전원 생활의 맛을 향락하면서 또, 보건상의 목적 따위에 의해 계획적으로 건설되는 도시. garden city

전원 문학(田園文學)명〈문학〉전원(田園)이나 전원 생활을 소재(素材)로 한 문학. 〔유〕농민 문학(農民文學). 전원의 도회 문학. idyllic literature

전원 생활(田園生活)명 도시에서 떠나 전원에서 농사지으며 사는 생활. rural life

전원=시(田園詩)명 전원 생활을 소재로 한 시. idyl

전원 시인(田園詩人)명 전원에 살며 전원의 아름다움을 노래하는 시인. pastoral poet

전원 위원(全院委員)명 의회(議會) 안의 각 정당·단체의 전원으로서 조직된 위원.

전월(前月)명 지난달. last month [someone 하자

전위(全委)명 모두 맡김. leaving matter entirely to

전위(前衛)명 ①앞에서 먼저 나가는 호위. advance-guard ②〈유〉전위대(前衛隊). ③〈체육〉축구·배구·빙구 등 경기의 앞쪽 수비자. forward player ④사회 운동이나 예술 운동에서 가장 선구적인 분자 ④〔대〕후위. committee of whole house

전위(專委)명〈유〉전임(專任). 하자

전위(專爲)명 꼭 한 가지 일만을 위하여 함. devoting oneself to 하자

전위(傳位)명 왕위를 물려줌. abdication 하자

전:위(電位)명〈물리〉전장(電場)내의 한 점에, 어떤 표준으로부터 한 단위(單位)의 전기량(電氣量)을 옮기는 데 필요한 두 점 사이의 전압의 차. electric potential

전:위(轉位)명 ①위치가 바뀜. transposition ②〈의학〉정상의 위치에서 벗어남. contortion ③〈지학〉수평 상태에 있던 지층이 수평 또는 수직의 방향으로 이동함. displacement ④〈화학〉유기 화합물의 한 분자 안에서 두 원자나 원자단이 서로 위치를 바꾸는 일. 하자 [의 차를 재는 장치. electrometer

전:위=계(電位計)명〈물리〉정전적(靜電的)으로 전위

전위=극(前衛劇)명〈연예〉① 혁신적으로 그 시대의 제1선에 서는 연극. avant-garde play ②1919년 이후 미국에서 일어난 소극장(小劇場) 운동 따위.

전위=대(前衛隊)명 ①행군 때에 적의 엄습을 경계하기 위하여 앞서 나가는 부대. 아방가르드①. 전위파(前衛派)①. 〔대〕후위대(後衛隊). 〔약〕전위②. advanced guards ②어떠한 일에 앞장서서 적극적 역할을 하는 무리.

전위 분자(前衛分子)명 제1선에서 활동하는 무산 계급 운동의 지도자. 과격적 또는 좌익적 인사. avant-garde element

전위 영화(前衛映畫)명〈연예〉흥행을 목적으로 하지 않고 순수한 영화적인 표현 기술로써 그 예술적 의도를 실현하기 위하여 만든 영화. avant-garde picture

전:위=차(電位差)명〈물리〉전장 또는 도체내의 두 점 사이의 전위의 차(差). potential difference

전위=파(前衛派)명 ①〈유〉전위대(前衛隊)①. ②제1차 대전 후에 일어난 혁신적인 예술 운동을 통틀어 일컬음. 아방가르드②.

전유(全乳)명 지방을 빼지 않은 우유. whole milk

전유(全癒)명〈동〉전쾌(全快). 하자

전유(專有)명 혼자의 소유. 〔대〕공유(共有). exclusive possession 하자

전:유(煎油)명 지짐질하는 일. 〔약〕전(煎). frying 하

전유(傳諭)명〈제도〉임금의 명령을 경승이나 유현(儒賢)에 전하여 권유함. 하자

전유-물(專有物)명 공동 소유물이 아닌 개인의 소유물. 〔대〕공유물. private possessions

전:유-어(煎油魚)명〈동〉저냐.

전:유-화(煎油花)명〈동〉저냐.

전:율(戰慄)명 몹시 두려워 몸이 떨림. 능긍(凌兢). 전천 율율(戰戰慄慄). shivering 하자

전음(全音)명 양악에서 반음과 더불어 현재 쓰이고 있는 음의 거리의 단위. ¶~ 음계(音階). 〔대〕반음(半音). whole tone

전:음(餞飮)명〈동〉전배(餞杯).

전:음(轉音)명 ①음이 바뀌어 달리 나오는 일. 또, 그 음. ②〈어학〉모음이 바뀌어 자음이 변화하는 일. spontaneous sound change

전:음(顫音)명〈음악〉어떤 음과 그 음보다 2도 높은 음과를 교대로 속히 연주하여 파상(波狀)의 음을 내는 장식음(裝飾音). trill

전음계(全音階)명〈음악〉음악에서 두 개의 반음과 다섯 개의 전음으로 이루어진 음계.《대》반음계(半音階). diatonic scale

전음-기(傳音器)명 귀가 어두운 사람이 소리를 들을 수 있도록 확성용의 장치를 한 기계. 메가폰·확성기 등. earphone

전음-표(全音標)명〈음악〉한 개로 한 소절을 나타내는 음부. 온음부. whole note

전=음정(全音程)명〈음악〉두 반음(半音)을 합하여 이루어진 음정. 온음정. whole step

전읍(全邑)명 도읍(都邑) 전체.

전:의(典衣)명〈제도〉나인의 정7품 벼슬. ②옷을 전당으로 잡힘. 전복(典服). ①~ 고주(沽酒). 하다

전:의(典儀)명 ①(동)법식. 모범. ②(동) 의식(儀式). ③〈제도〉장례원(掌禮院)의 판임(判任) 벼슬.

전:의(典醫)명〈제도〉구한국 때, 태의원(太醫院)의 주임(奏任) 벼슬.

전의(前誼)명 전부터의 교의(交誼). old acquaintance

전의(前議)명 앞서 한 의논. 「on of mind 하다

전의(專意)명 오로지 그것에만 뜻을 念. concentrati-

전의(論議)명 ①평의하여 사물을 밝힘. discussion ②죄적(罪跡) 또는 죄인을 조사함. questioning 하다

전:의(戰意)명 싸움을 할 생각. fighting spirit

전:의(氈衣)명 전으로 된 옷. felt clothes

전:의(轉意·轉義)명 본디의 뜻에서 바뀌어 변한 뜻. transferred meaning

전:의-감(典醫監)명〈제도〉왕실의 의약에 관한 사무

전=의발(傳衣鉢)명〈불교〉제자에게 도를 전교함을 이르는 말. 전발(傳鉢). 하다

전=의:식(前意識)명〈심리〉의식이나 기억에 나타나는 억압된 잠재 의식. 정신 분석학의 용어.

전:이(轉移)명 ①옮김. 이전(移轉). removal ②〈의학〉한 장기(臟器)의 암종(癌腫)·융종(肉腫) 등이 새로운 종양(腫瘍)을 일으키는 일. implantation ③〈물리〉물질의 원자(原子)의 배열 위치가 일정한 온도를 경계로 하여 옮기어 변하는 일. ④한 가지를 학습하면, 다른 학습에도 영향을 미치는 일. 하다

전:=이재민(戰災民)명 전재민과 이재민.

전인(全人)명 지(知)·정(情)·의(意)가 모두 갖추어진 원만한 인격자. perfect person 「people

전인(前人)명 이전의 사람.《대》후인(後人). former

전인(前因)명〈불교〉전생에 지은 업인(業因). 전생의 인연,

전인(專人)명 어떤 일에 특히 사람을 보냄. 신족(專足). ¶~ 급보(急報). special messenger 하다

전인 교:육(全人敎育)명〈교육〉지식이나 기술 등에 치우침이 없이 인간성을 전면적·조화적으로 발달하게 하는 것을 목적으로 하는 교육.

전-인구(全人口)명 모든 인구. 인구 전체.

전일(全一)명 완전한 모양. 통일이 있는 모양.

전일(全日)명 ①온 종일. ②모든 날.

전일(前日)명 지난 날.《대》후일(後日). other day

전일(專一)명 마음을 오로지 한 곳으로 씀. undivided attention 하다

전일-제(全日制)명 원칙적으로 매일 학생을 등교시키는 방식.《대》정시제(定時制). full-time system of school 「(後任). former assignment

전임(前任)명 전에 맡았던 일. 전직(前職).《대》후임

전임(專任)명 어떤 일만을 맡김. 또는 맡음. 전임자(專任者). ¶~자(者). full service 하다

전:임(轉任)명 일을 옮겨 바꿈. 이임(移任). change of post 하다 「사. full-time instructor

전임 강:사(專任講師)명 그 학교에 전임으로 있는 여

전임 책임(專任責任)명 모두 남에게 맡겨서 책임을 지게 함. 하다

전:입(轉入)명 ①다른 곳이나 소속으로부터 옮기어 들어옴. moving in ②전교(轉校)하여 입학함.《대》전출(轉出). 하다 「후자. former

전자(前者)명 ①지난번. other day ②앞의 것.《대》

전자(專恣)명 오로지 제 마음대로 하여 교만함. arbitrariness

전:자(電子)명〈물리〉소립자의 하나. 수소 원자의 약 1/1840의 질량을 가짐. 모든 물질의 구성 요소임. electron 「일. electromagnetic

전:자(電磁)명〈물리〉전기와 자기(磁氣)가 함께 작용하는

전:자(篆字)명 한자 서체(書體)의 하나. 전서(篆書).《약》전(篆). seal character

전:자 감:응(電磁感應)명〈물리〉순회로에 대하여 그 주위에 자계(磁界)의 변화가 일어나면 그 순회로 속에 전류가 생기는 현상. 전자 유도. electromagnetic induction

전:자-계(電磁界)명(동) 전자장(電磁場).

전:자 계:산기(電子計算機)명 전자관과 전기 장치를 조합한 계산기. 계산력은 비약적으로 증대하고 계산 속도는 사람의 수십만 배임.《약》전산기(電算機). electronic computer

전:자 공학(電子工學)명〈물리〉전자의 형성. 또, 현상의 응용 기술을 연구하는 공학의 한 분야. 전자 장치·전자 회로·전자 응용·재료(材料)·부속품 등의 부문이 있음. electronics

전:자-관(電子管)명〈물리〉열전자·광전자 따위 전자 응용의 진공관 또는 저압관. electron tube

전:자-기(電磁氣)명〈물리〉전류에 의하여 생기는 자기. electromagnetism

전:자-뇌(電子腦)명 사람의 두뇌의 작용의 일부와 비슷한 기능을 가지고 일하게 만든 전자 장치. 전자 두뇌(頭腦). electronic brain

전:자 단위(電磁單位)명〈물리〉전류를 자기 작용의 기본으로 하여 정한 단위계. 약호(略號); emu. electro-magnetic unit

전:자 렌즈(電子 lens)명〈물리〉진공 중에 발생시킨 전자파의 전자장에 의한 굴절을 이용하여 렌즈에서 빛과 같은 모양으로 결상(結像)시키는 장치. 브라운관의 응용에 의하여 발전하였으나 그의 가장 중요한 응용은 전자 현미경임.

전:자-력(電磁力)명〈물리〉전기가 흐를 때에 그 위에 생기는 자력. electro-magnetic force

전:자-론(電子論)명〈물리〉전자의 성질 및 물질의 전자적 구성을 논하는 물리학의 한 부문. electronics

전자리-상어(-鯊)명〈어류〉전자리상어과의 바닷물고기. 저서성(底棲性)으로 상어와 가오리의 중간쯤. 몸길이 1.5m, 넓적하고 가슴지느러미가 커, 좌우로 벌어졌음. 거자상어.

전:자 망:원경(電子望遠鏡)명〈물리〉광전관(光電管)으로써 적외선의 상(像)을 형광판(螢光板) 위에 비추어 육안으로 볼 수 있도록 장치된 망원경. electron telescope

전:자 방:출(電子放出)명〈물리〉진공관이나 광전관(光電管)의 음극(陰極) 등에서 전자가 방출되는 현상. 두루 전자의 응용됨.

전:자 볼트(電子 volt)명〈물리〉이온·소립자 등의 에너지를 나타내는 양. 기호; eV. electron volt

전:자 사진(電子寫眞)명 셀레늄이 산화아연이 가지는 광전도(光傳導)와 정(靜)전기의 흡착(吸着) 현상을 이용한 정전적(靜電的) 사진법. 도면·서류의 복사

전:=자석(電磁石)명《약》→전기 자석. 「에 쓰임.

전:자-선(電子線)명 많은 전자가 일정한 방향으로 고속도로 날아가는 흐름. 음극선(陰極線)·베타(β)선·델타(Δ)선 등. electron rays

전:자-설(電子說)명〈물리〉전기는 아주 적은 불가분의 전자로 이루어져 있다는 설. electron theory

전:자 오르간(電子 organ)명 전기를 이용하여 여러

가지 악기의 소리를 합성한 것과 같은 효과를 내는 오르간과 비슷한 악기.

전:자 유도(電磁誘導)[명]〈동〉전자 감응(電磁感應).

전:자 음악(電子音樂)[명]〈음악〉전기를 이용한 악기에 의하여 생산된 음향을 음향 여과 장치에 의하여 음색을 자유 자재로 변경시키고 번조기를 써서 배율적으로 혼합시켜 지상에 있는 여러 가지 종류의 음을 합성함으로써 구성되는 음악. electronic music

전:자-장(電磁場)[명]〈물리〉전류나 자석이 움직이고 있을 경우 그 주위에 전기력과 자기력이 상반(相伴)하여 동시에 존재하는 것. 전자계(電磁界). electromagnetic field

전:자 장치(電子裝置)[명]전자관·트랜지스터·반도체(半導體) 등을 응용한 장치의 총칭.

전:자 차:단(電磁遮斷)[명]〈물리〉전기 회로 또는 기구(器具)의 전자 작용이 다른 데 미침을 막는 일.

전자-창[-짜-](田字窓)[명]창살을 '十'형으로 끼워 '田'자 모양으로 된 창.

전:자-총(電子銃)[명]〈물리〉음극·양극 및 전자 렌즈에 의하여 고속 전자를 사출(射出)시키는 장치. 주로 브라운관에서 사용되어 이 전자총으로부터 사출된 고속 전자선이 전기적 자기적 편향(偏向)을 받은 후 관의 다른 쪽 끝에 있는 형광막에 충돌하여 휘점(輝點)을 일으킴. 그 밖에 음극선 회절(回折) 따위의 실험에도 필요됨.

전:자-파(電磁波)[명]〈물리〉전기 진동이 일어날 때에 그 둘레에 전기력과 자기력이 주기적으로 바뀌어서 생기는 파동. 《약》전파(電波)①. electromagnetic waves

전:자 현:미경(電子顯微鏡)[명]〈물리〉전자선(電子線)을 사용하고 적당한 전계(電界)나 자계(磁界)를 사용하여 확대된 영상을 보는 장치. electron microscope

전작(田作)[명]밭농사. 또, 그 곡식. dry field farming

전작(全作)[명]모든 작품.

전작(前作)[명]①전의 작품. one's former work ② 그 루갈이를 할 때 먼저 지배한 작물. (대) 후작(後作). first corp [cups one has taken previously

전작(前酌)[명]딴 곳에서 이미 마신 술. 전배(前杯).

전:자-례(奠子禮)[명]〈제도〉왕 또는 왕비가 되지 못하고 죽은 조상이나 왕자·왕녀를 임금이 친히 제사 지내던 일.

전작 장편소:설(全作長篇小說)[명]〈문학〉여러 횟수로 나누지 아니하고 한꺼번에 길게 써 내는 장편 소설.

전잠(田蠶)[명]밭농사와 누에치는 일. farming and silkraising [one's fields

전장(田庄·田庄)[명]자기가 소유한 논밭. 장토(庄土).

전장(全長)[명]전체의 길이. over-all length

전장(全張)[명]〈동〉온장. [칙(規則).

전:장(典章)[명]①제도와 문물. ②〈법〉법칙(法則). 규

전:장(典掌)[명]일을 맡아서 주장함. 하타

전장(前章)[명]문장을 몇 개의 장으로 갈랐을 때의 앞의 장. preceding chapter

전장(前場)[명]증권 거래소에서 오전에 행하는 입회(立會). (대) 후장(後場). morning market

전장(前裝式)[명]총구로 탄약을 장전함. 하타

전장(前橋)[명]배의 머리 쪽에 있는 돛대. [김. 하타

전장(傳掌)[명]전임자가 후임자에게 일 또는 물건을 맡

전:장(電場)[명]전기력의 작용이 미칠 만한 범위. 전계(電界). 전기마당. electric field

전:장(戰場)[명]전쟁이 일어난 곳. 싸움터. 전야(戰野). battle field

전장-총(前裝銃)[명]탄약을 총구로 재는 구식 소총.

전장-포(前裝砲)[명]탄약을 포구로 재는 화포.

전재(全載)[명]소설·논문 등의 전부를 한꺼번에 다 실음. print entire article at a time 하타

전:재(剪裁·翦裁)[명]옷감을 베어서 마름질함. cutting

전:재(戰災)[명]전쟁으로 입은 재화(災禍). war damage

전:재(錢財)[명]돈. money

전:재(轉載)[명]이미 발표된 글을 다시 옮겨 실음. reprinting 하타 [은 아이. war orphan

전:재 고아(戰災孤兒)[명]전재로 말미암아 부모를 잃

전:재-민(戰災民)[명]전쟁의 재난을 입은 국민. war sufferers

전:쟁(戰爭)[명]①싸움. 병과(兵戈)②. 간과(干戈). fight ②무력으로 국가간에 싸우는 일. 국제법상 선전 포고에 의하여서 발생함. 동란(動亂). 전역(戰役). (대)평화(平和). war 하타

전:쟁 문학(戰爭文學)[명]〈문학〉전쟁의 실지를 제재로 하는 문학. 제1차 대전 후 특히 미국에서 일어남. war literature

전:쟁 범:죄(戰爭犯罪)[명]〈법률〉전쟁에 관한 국제 법규 및 관습에 위반하는 범죄. 《약》전범①. war crimes

전:쟁 범:죄자(戰爭犯罪者)〈법률〉①항복자(降伏者)의 살상·무방위 도시의 공격·금지 병기의 사용 등 국제 조약에서 정하여진 전투 법규를 범한 자. war criminal ②침략 전쟁이나 국제법 위반의 전쟁을 계획 수행한 자. 《약》전범②. 전범자.

전:-적(轉籍當)[명]〈법률〉저당권자가 저당권의 존속 기간 내에 자기의 채무 담보로 다시 저당잡히는

전적(田籍)[명]〈동〉양안(量案). [일.

전적(典籍)[명]①〈동〉서적(書籍). ②〈제도〉성균관(成均館)의 종6품(從六品)·종8품 벼슬.

전적(前積)[명]그 전에 이룬 치적(治績). previous record of administration

전:적(戰跡)[명]전쟁을 한 자취. old battle-field

전:적(戰績)[명]싸워서 올린 실적(實績). military achievements

전:적(轉籍)[명]호적·학적·병적 등을 다른 곳으로 옮김. transfer of permanent domicile 하타

전적[-쩍](全的)[관형]전체에 걸친(것). 온통. ¶~으로 반대한다. total [의 ~.

전:적-지(戰跡地)[명]전적이 남아 있는 곳. ¶6·25 때

전:적-지(轉籍地)[명]전적하여 새로 적(籍)을 둔 곳.

전:전(展轉)[명]되풀이함. 되돌아감. 하타

전:전(戰前)[명]전쟁 이전. (대)후전. prewar days

전:전(輾轉)[명]누워서 이리저리 몸을 뒤척임. tossing about in bed 하타 [eyance 하타

전:전(轉傳)[명]여러 사람이나 곳을 거쳐 전함. conv-

전:전(轉戰)[명]이리저리 자리를 옮겨 가면서 싸움. taking part in various battlefields 하타

전:전(轉轉)[명]여기저기 굴러다님. wandering 하타

전전(前前)[부]매우 오래 전. long time ago

전:전 걸식[-씩](轉轉乞食)[명]정처 없이 이리저리 떠돌아다니며 빌어먹음. 하타

전:전 긍긍(戰戰兢兢)[명]몹시 두려워서 조심함. 《약》전긍(戰兢). being in mortal fear 하타

전전-날(前前-)[명]① 그저께. two days before ②앞날의 그 앞날.

전전-년(前前年)[명]그러께. two years before

전전-달[-딸](前前-)[명]지지난달. 전전월(前前月). month before last

전:전 반:측(輾轉反側)[명]〈동〉전전 불매(輾轉不寐).

전전-번[-뻔](前前番)[명]지지난번.

전:전 불매(輾轉不寐)[명]이리저리 뒤척거리며 잠을 이루지 못함. 전전 반측. being awake tossing about in bed 하타

전전-월(前前月)[명]《동》전전달.

전:전 율률(戰戰慄慄)[명]전율(戰慄). 하타

전:전-파(前前派)[명]〈동〉아방게르.

전:절(轉折)[명]문장의 가락 따위가 돌다가 뚝 끊어짐의 비유. turn 하타

전점(專占)[명]제 혼자서 점유함. 하타

전정(前定)[명]전생에 저절로 된 작정. fate

전정(前庭)[명]앞 뜰.

전정(前情)[명]옛 정. old friendship

전정(前程)[명]앞길. 장래.

전:정(剪定·翦定)[명]과수 재배에 있어서 균일한 발육

과 수형(樹形)의 정리를 목적으로 가지의 일부를 잘라 버리는 일. trimming 하다
전정(專政)[명]《약》→전제 정치(專制政治).
전정(殿庭)[명] 궁전의 뜰. garden of palace
전:정(錢政)[명] 돈에 관한 모든 일.제정(財政)②. finance
전:정 가위(剪定一)[명] 전정을 할 때에 쓰는 가위. pruning shears
전정이 구만 리 같다[판] 나이가 젊어서 장래가 아주 유망하다.
전제(佃制)[명] 논밭에 관한 제도. farm-land system
전제(前提)[명] ①결과를 이끌어 내기 위해서 먼저 내세움. premise ②추리(推理)에 있어서 결론을 이끌어 내는 기초가 되는 가정. 하다
전제(專制)[명] ①《약》→전제 정치. ②남의 의사의 돌봄이 없이 제 마음대로 다룸. 《대》공화(共和). absolutism
전:제(剪除·翦除)[명] 베어서 없애 버림. 하다
전제=국(專制國)[명] 전제 정체(政體)의 나라. 《대》공화국. absolute monarchy
전제 군주(專制君主)[명] 전제 정체의 군주. despot
전제=적(前提的)[관:명] 어떤 상태·판단으로 전제로 되는 (것). [을 결정하는(것).
전제=적(專制的)[관:명] 혼자의 의사(意思)대로 모든 일
전제 정체(專制政體)[명] 국가의 주권이 지배자 한 사람에게 집중되어 헌법의 제정이 없이 지배자의 명령에 따라 자유로이 국가 권력을 운용하는 정체. 《대》공화 정체(共和政體). absolute monarchy
전제 정치(專制政治)[명] 국가 주권의 운용이 민의(民意)와는 하등의 관계가 없는 정치. 《대》공화 정치(共和政治). 준 전정(專政). 전제(專制)①. despotic government
전제=주의(專制主義)[명] 국민의 의사를 존중하지 아니하고 국가 주권의 운용이 한 지배자의 의사에 의하여 행하여지는 주의. 《대》민주주의. 일컬주의. despotism
전조(田租)[명] 전지(田地)에 대한 조세(租稅).
전조(前兆)[명] 미리 나타나 보이는 조짐. omen
전조(前條)[명] 앞에 나온 조항. preceding item
전조(前朝)[명] 전대(前代)의 왕조. 승국(勝國). 승조(勝朝). previous dynasty
전:조(電槽)[명] ①전기 도금에 쓰는 전해조(電解槽). ②전해(電解) 공업에 쓰는 전해조. ③축전지(蓄電池)의 케이스.
전:조(轉照)[명] 차례대로 돌려가며 봄. circulation 하다
전:조(轉調)[명] 〈음악〉악곡의 진행 중 지금까지 계속되던 곡조에서 딴 곡조로 바꿔 진행시키는 악곡 구성상의 중요한 기술의 하나. transition modulation
전조=등(前照燈)[명] 헤드라이트.
전족(前足)[명] 앞발.
전족(專足)[명] 전인(專人). 하다
전:족(塡足)[명] 부족한 것을 보충함. 채움. 하다
전:족(纏足)[명] 피륙으로 여자의 발을 싸아 작게 만들던 중국 풍속의 하나. foot binding
전존(傳存)[명] 전해져서 현존(現存)함. 하다
전=존재(全存在)[명] ①존재의 전부. ②모든 존재.
전종(前蹤)[명] 옛 사람의 발자국. 기왕의 사적.
전종(專從)[명] 오로지 한 일에만 종사함. 하다
전:종(電鐘)[명] ①《동》전기 시계. ②《동》전령(電鈴).
전:좌(殿座)[명] 친정(親政)·조하(朝賀)에의 임금이 옥좌에 나와 앉음. 하다 [previous conviction
전죄(前罪)[명] 전에 지은 죄. 전비(前非). 전과(前過).
전주(田主)[명] 논밭의 주인. owner of field
전:주(典主)[명] 전당을 잡은 사람. [의 주인.
전주(田主)[명] ①전의 군주(君主). 선주(先主). ②전당
전주(前奏)[명] 〈음악〉곡의 첫머리 또는 가극 따위의 서곡을 연주함. prelude ②사물의 시초의 비유.
전주[一周][명] 일주일(一週日)이 지난 주. 지난 주일.
전주(專主)[명] 혼자서 마음대로 일을 주장함. absolution 하다
주:주(電柱)[명] 《동》전봇대①. [tion 하다
전:주(電鑄)[명] 《동》전기 주조(電氣鑄造).
전주(銓注)[명] 인물을 전형하여 적재 적소에 배정함. selecting person for post 하다
전:주(箋註)[명] 어떤 글의 본문(本文)에 뜻을 설명한 주석(註釋). 본문의 주해(註解).
전:주(錢主)[명] ①밑천을 대어 주는 사람. financier ②빚을 준 사람. creditor
전:주(轉住)[명] 옮겨 삶. 전거(轉居). removal 하다
전:주(轉注)[명] 육서(六書)의 하나. 소리 관계상 지금까지의 글자가 적당하지 못할 때 같은 부류 안에서 새로 만들어 내는 일. [망하다.
전주곡(前奏曲)[명] ①〈음악〉가극(歌劇)의 서곡(序曲). 연곡(聯曲)의 형식을 취하는 악곡의 서곡. overture ②어떤 일이 본격화하기 전 예 체계로서 시작하는 암시를 주는 일. prelude ③〈음악〉전에는 무도곡의 최초의 곡, 지금은 즉흥적인 환상곡이나 형식이 자유로운 소기악곡을 말함.
전주르다[전주르도] 동작의 진행 중에 다음 일에 대비하
전:죽(箭竹)[명] 화살대. [여 한 번 쉬다.
전:중(典重)[명] 언행이 법도에 맞고 점잖음. civility 하[명] 히[함]. 하다
전중(傳重)[명] 선조의 제사를 후손에게 전하여 잇게
전중이(懲役一)[명] 《속》징역(懲役)꾼.
전:중=파(戰中派)[명] 전쟁중, 특히 제2차 대전중에 청년 시절을 보낸 세대. 《대》전전파(戰前派). 전후파(戰後派).
전지 ①아이들에게 억지로 약을 먹일 때, 입에 물리어 벌리는 두 갈래진 막대기 따위 물건. spatula ②《약》→전지대. ③《약》→잿다리.
전지(田地)[명] 논과 밭. farm
전지(全知)[명] ①신được(神典)이 그 지닌 바의 능력으로 모든 일을 다 앎. omniscience ②〈기독〉천주의 적극적 속성(屬性)의 하나.
전지(全紙)[명] 온근 한 장 종이. 전판(全判)①. ¶사륙판 ∼. [omniscience
전지(全智)[명] 어떤 일에나 막힘이 없는 온전한 슬기.
전지(前志)[명] ①전에 품었던 뜻. ②이전의 서적이나 기록.
전지(前肢)[명] 앞쪽의 두 다리. 앞다리. [ing 하다
전:지(剪枝·翦枝)[명] 나뭇가지를 쳐버리는 일. pruning
전:지(電池)[명] 일정한 회로에 계속하여 흐르는 전류를 얻기 위하여 여러 가지의 화학 변화와 온도차 또는 빛의 작용에 의하여 전극간에 있는 전위차를 잇달아 발생하게 하는 장치. electric cell
전:지(傳旨)[명] 〈제도〉상법에 관한 임금의 명을 전달
전:지(職地)[명] 싸움터. [하던 일.
전:지(轉地)[명] 있는 곳을 바꿔 옮김. change of air 하다
전:지 요양(轉地療養)[명] 기후가 좋고 공기가 좋은 곳으로 옮겨 요양함. change of air for health 하다
전:지 용량(電池容量)[명] 《물리》방전할 때에 낼 수 있는 전지의 전기량. battery capacity [하다
전지=자손(傳之子孫)[명] 대대의 자손에게 전하여 줌.
전지 전능(全知全能)[명] 무슨 일이나 다 알아 행하는 절대의 능력. almighty 하다
전:지전지(傳之傳之)[명] 전하고 전하여.
전:지=전:청(轉之轉請)[명] 여러 사람을 통하여 간접으로 청함. 하다
전직(前職)[명] 전에 가졌던 직업 또는 벼슬. 전임(前任). 전함(前銜). former occupation
전:직(轉職)[명] 직업을 바꿔 옮김. 이직(移職). change of occupation 하다
전=직선(全直線)[명] 《동》무한 직선(無限直線).
전진(前陣)[명] 앞쪽에 친 진(陣). 《대》후진(後陣). front line [ance 하다
전진(前進)[명] 앞으로 나아감. 《대》후퇴(後退). advance 하다
전진(前震)[명] 대지진(大地震)에 앞서 일어나는 작은 지진. 《대》주진(主震).
전진(戰陣)[명] ①진을 치고 싸우는 곳. battle array ②싸우기 위해 벌이어 친 진. 융진(戎陣). front line ③싸움의 수단. 전법(戰法).

전:진(戰塵)[명] ①싸움터의 바람과 먼지. war-tumult ②전쟁의 시끄러움.
전:진(轉進)[명] ①이리저리 굴러 차차 앞으로 나아감. transfer ②진로(進路)를 바꿈. ③군대가 주둔하던 곳을 떠나 다른 방면으로 이동함. 하다 「volumes
전질(全秩)[명] 한 질로 된 책의 전부. complete set of
전:질(典質)[명] 물건을 전당 잡힘. pawning 하다
전질(癲疾)[명] 동 전간(癲癎).
전집(全集)[명] ①개인의 저작을 전부 모은 간행물. complete collection ②같은 종류나 시대의 저작물을 다 모은 간행물. 대 단행본. complete book
전집(典執)[명] 전당을 잡히거나 잡음. 하다
전집(專執)[명] 어떤 일을 오로지 내세워 잡음. taking sole charge of 하다   「지③.
전짓-다리[명] 삼·모시를 삼을 때 쓰는 제구. 준 전
전짓-대[명] 끝이 두 갈래진 감을 따는 긴 간짓대. 어 전지①.
전-짬(全—)[명] 다른 것이 섞이지 않고 전한 물건.
전차(前次)[명] 지난번. last time
전차(前借)[명] 어떠한 조건 밑에 갚기로 하고 앞당기어 빚을 씀. borrowing in advance 하다
전:차(詮次)[명] 말이나 글에서의 짜여진 조리나 차례. order of discussion
전:차(電車)[명] 전동기(電動機)를 장치하고 궤도(軌道)와 공중의 전선(電線)으로부터 전력을 공급받아서 궤도 위를 달리는 차량. streetcar
전차(塡差)[명] 비어 있는 벼슬 자리에 관원을 임명하여 채움.
전:차(戰車)[명] ①전쟁에 쓰이는 차. 병거(兵車). tank ②무장(武裝)·장갑(裝甲)한 차체(車體)에 무한 궤도(無限軌道)를 갖춘 공격 병기. 탱크.
전차(轉借)[명] 빌려 온 것을 다시 남에게 빌려 줌. borrowing at second hand 하다
전차-금(前借金)[명] 받을 것을 전에 앞당기어 쓰는 빛. money borrowed in advance   「corps
전:차-대(戰車隊)[명] 전차로서 장비한 전투 부대. tank
전:차 선로(電車線路)[명] 전차가 운행되는 궤도.
전:차-표(電車票)[명] 전차를 탈 수 있는 표. tramcar ticket   「어 모시고 감. 하다
전차 후:옹(前遮後擁)[명] 여러 사람이 앞뒤에서 받들
전:착(電着)[명] <물리> 전해질이 전기 분해에 의하여 전극에 석출(析出)하여서 그 표면에 부착하는 현상. electrodeposition   「하다
전착(顚錯)[명] 앞뒤를 뒤집어 그르침. invert the order
전:착(纏着)[명] 감기어 붙음. 덩굴 같은 것이 나무에 감기어 붙음. 하다
전:착-제(展着劑)[명] 살포용 농약이 작물에 잘 퍼져 붙게 하기 위하여 주되는 약제에 섞어서 쓰는 보조제(補助劑).   「(傳食). 하다
전찬(傳餐)[명] 아침 저녁으로 끼니밥을 날라다 줌. 전식
전:참[前站][명] 앞참.
전:창(箭窓)[명] 동 살창.
전채(前菜)[명] 서양 요리에서 식전 또는 술의 안주로 먹는 요리명. 오르 되브르.
전채(前債)[명] 전에 진 빛. previous debt
전:채(戰債)[명] 전쟁을 수행하기 위하여 발행한 국채.
전처(前妻)[명] 동 전취(前娶).   「war debts
전처 소:생(前妻所生)[명] 전처의 몸에서 난 자녀(子女). 전취 소생(前娶所生). child by former wife
전천(全天)[명] 하늘 전체. 전체의 하늘.
전천(專擅)[명] 동 전행(專行). 하다
전:천(錢千)[명] 돈 천.
전천 사진기(全天寫眞機)[명] 어안(魚眼) 렌즈 또는 구면경(球面鏡)을 사용하여, 한 하늘의 구름을 단번에 찍는 사진기.   「할 수 있는 것. all-weather
전-천후(全天候)[명] 어떠한 기상 상태에서도 목적대로
전천후-기(全天候機)[명] 레이더를 장비한 항공기. 밤이나 시계(視界)가 불량할 때도 활동할 수 있음. all-weather aircraft

전천후 농업(全天候農業)[명] 가뭄이나 홍수에 관계없이 농사를 지음. all-weather agriculture
전천후 요격기(全天候邀擊機)[명] 기상의 변화에 관계없이 쓸 수 있는 요격기. all-weather interceptor
전철(前哲)[명] 전대(前代)의 철인(哲人). 옛날의 현인(賢人). 선철(先哲). ancient sages
전철(前轍)[명] 이전 사람들의 그릇된 짓이나 일. 복철(復轍). other's example   「번철(燔鐵).
전:철(煎鐵)[명] 지짐질에 쓰는 솥뚜껑 모양의 기구.
전:철(電鐵)[명] ㈜→전기 철도(電氣鐵道).
전:철-기(轉轍機)[명] 철도에서 차량이나 열차를 딴 선로에 이동하기 위하여 그 선로의 분기점에 장치한 기계. points
전:철-수(―手)[명] 전철기(轉轍機)를 조작(操作)하는 철도 종업원. 포인트 맨(point man).
전첨 후:고(前瞻後顧)[명] 일에 부닥쳐 결단하지 못하고 망설이는 것을 재어 어루만짐. hesitation 하다
전:첩(戰捷)[명] 동 승전(勝戰). 하다
전청(全淸)[명] <어학> 옛날, 음운론에서 음의 청탁을 가늠 때에 'ㄱ·ㄷ·ㅂ·ㅅ·ㅈ'들로 표기되는 음을 이름. voiceless sound
전청(轉請)[명] 사이에 사람을 넣어 간접적으로 청함. 전탁(轉託). making request through person 하다
전체(全體)[명] ①온몸. 전부. 전 총체. 대 부분. total ②온몸. 전신. ③개개 또는 부분의 집합으로 구성되었으면서도, 그 총합 이상의 기능·의의·가치 등을 가지는 존재.
전체(傳遞)[명] 차례로 전하여 보냄. transmission 하다
전:체(傳遞)[명] 차례로 전하여 보내는 인편(人便). 전편(轉便). transmission 하다   「alitarian state
전체 국가(全體國家)[명] <정치> 전체주의의 국가. tot-
전체-성(—性)[명] 개개(個個)가 유기적 관계를 맺어 전체적으로 한 체계를 이룬 것. totality
전체 송:장(全體—)[명] ①제 고향으로 돌려보내 주는 객사(客死)한 송장. corpse sent back home ②귀찮은 일을 억지로 떠맡긴 것을 이르는 말.
전체-수(全體需)[명] ①통째로 삶거나 구워서 익힌 음식. ②닭·꿩 따위를 통째로 양념하여 구운 적. 전체소(全體燒).
전체-소(全體燒)[명] 동 전체수(全體需). 「숙.
전체 운:동(全體運動)[명] <식물> 세균류·규조류 따위의 하등 식물이나 고사리의 정자와 같이 온몸을 이동하여 움직이는 운동. locomotive movement
전체 의:식(全體意識)[명] 정신적 연락과 교호 작용(交互作用)이 나타나는 개인 의식의 총화(總和). general consciousness
전체-적(全體的)[관형] 전체에 관계되는(것).
전체주:의(全體主義)[명] 개인은 전체의 이익을 위하여서만 행동하여야 한다는 주의. 대 개인주의. 자유주의. totalitarianism
전체주의 국가(全體主義國家)[명] 전체주의를 통치 원리로 하는 국가. 흔히 일국 일당제를 취함.
전초(全草)[명] 한 포기의 풀을 들어 말할 경우, 뿌리·잎·줄기·꽃 등을 온전히 갖춘 포기.
전초(前哨)[명] <군사> 적정을 정찰하고 기습을 미리 막기 위하여 적이 있는 곳에서 가장 가깝게 배치하여 두는 경계 부대. out post   「(土).
전초-병(前哨兵)[명] <군사> 전초로서 배치된 병사(兵
전초-전(前哨戰)[명] ①전초가 행하는 소규모의 전투. ②본격적인 활동에 들어가기 전의 준비적인 활동. skirmish
전:촉(—鏃)[명] 화살촉. arrow-head
전촌(全村)[명] 온 마을. 온 동네. whole village
전총(專寵)[명] 사랑과 귀염을 오로지 혼자만 받음. 하다   「구멍.
전추(顚墜)[명] 굴러 떨어짐. 하다
전:추-라(剪秋羅)[명] <식물> 석죽과(石竹科)에 속하는 다년생 풀. 잎은 난상 피침형이고 잎과 줄기에는 간 털이 났음. 여름과 가을에 심홍색 꽃이 핌. 산이나 들에 저절로 나며 관상용으로 심음.
전:축(電蓄)[명] ㈜→전기 축음기(電氣蓄音器).

전:춘(餞春)[명] 봄을 떠나 보냄. seeing the spring out 하[자]

전:춘-날(餞春—)[명] 음력 3월 그믐날을 가리키어 봄을 보내는 날이라 하여 일컫는 말. last day of March of the lunar calendar

전:춘-놀이(餞春—)[명] 봄을 보내는 뜻으로 전춘날에 노는 놀이.

전:춘-시(餞春詩)[명] 봄을 보내기에 못내 서러워 짓는 시.

전:출(轉出)[명] ①주소를 딴 데로 옮겨 감. moving out ②딴 지방으로 전임하여 감. 《대》전입(轉入). transfer 하[자]

전:출 증명서(轉出證明書)[명] 딴 곳으로 이주했음을 증명하는 문서. certificate of moving-out

전충(塡充)[명] 빈 곳을 채워 메움. fulling 하[타]

전충-성(塡充性)[명] 물질이 공간을 메워 채우는 성질.

전취(前娶)[명] 재혼(再婚) 전의 아내. 선처(先妻). 전부(前婦). 전처(前妻). 《대》후취(後娶). 《공》전실. former wife

전:취(戰取)[명] 싸워 목적한 바를 얻음. fight and win 하[타]

전취 소:생(前娶所生)[명] 전처 소생(前妻所生).

전취 처가(前娶妻家)[명] 이전 아내의 친정. former wife's family

전치(全治)[명] 병을 완전히 고침. ¶ ～ 3주의 부상. complete recovery 하[자]

전치(前置)[명] 앞에 놓음. 《대》후치(後置). put before

전치(前齒)[명][동] 앞니. [position 하[타]

전:치(轉置)[명] 물건을 다른 곳으로 옮겨 놓음. trans-

전치-사(前置詞)[명] 〈어학〉 인도·유럽어족 문법에 있어서, 명사·대명사의 앞에 놓여 다른 품사와의 관계를 나타내는 품사. preposition

전:칙(典則)[명][동] 법칙(法則). [tion 하[타]

전:칙(電飭)[명] 전보로서 타이름. telegraphic instruc-

전칭(全稱)[명] 〈논리〉 긍정 또는 부정이 명제의 주사(主辭)가 가리키는 사물 전체에 관계되는 말. 《대》특칭(特稱). universal

전칭(傳稱)[명] ①여러 사람 또는 이전부터 전하여 말함. ②서로 전하여 칭찬함. being traditionally called 하[타]

전칭 긍:정 판단(全稱肯定判斷)[명] 〈논리〉 주개념(主概念)의 전 범위에 걸쳐서 긍정하는 판단. 《대》전칭 부정 판단(全稱否定判斷). universal positive judgement

전칭 명:제(全稱命題)[명][동] 전칭 판단.

전칭 부:정 명:제(全稱否定命題)[명] 〈논리〉 주개념의 모든 범위에 걸쳐서 부정하는 명제. 《대》전칭 긍정 명제.

전칭 부:정 판단(全稱否定判斷)[명] 〈논리〉 주개념(主概念)의 전(全) 범위에 걸쳐서 이것을 부정하는 판단. (예) 건물 긍정 판단. universal negative judgement

전칭 판단(全稱判斷)[명] 〈논리〉 주사(主辭)가 전칭적인 판단. 전칭 명제. universal judgement

전쾌(全快)[명] 병이 완전히 나음. 전유(全癒). complete recovery 하[자]

전=타(前打音)[명] 〈음악〉 어떤 음의 앞에 다른 음을 넣어 장식하는 일. 장전타음과 단전타음이 있다.

전탁(全託)[명] 어떤 일을 전부 남에게 부탁함. committing to person's care 하[타]

전탁(專託)[명] 오로지 혼자 남에게만 부탁함. 하[타]

전:탁(轉託)[명][동] 전청(轉請). 하[타]

전탑(磚塔)[명] 흙벽돌을 쌓아서 만든 탑.

전-택(田宅)[명] 논밭과 집.

전택-궁(田宅宮)[명] 〈민속〉 ①전택을 맡은 성좌로 십이궁의 하나. ②논밭과 집을 지니고 지니지 못함

전토(田土)[명] 논밭. fields [이 매인 명수(命數).

전토(全土)[명] 국토 전체. 온 나라 안. whole land

전통(全通)[명] 오래 끊겼던 길이 새로이 터우의 선로나 새로 내는 길이 준공되어 전부 통함. opening of whole

전통(全統)[명][동] 온통. [line 하[자]

전통(傳統)[명] ①계통을 받아 전함. 또, 이어받은 계통. ②관습(慣習) 가운데서 역사적 배경을 가지며 특히 높은 규범적 의의를 지니고 전하여 내려오는 것. 혈맥. tradition

전통(箋筒)[명] 전문(箋文)을 넣게 된 봉투.

전통(箭筒)[명] 〈군사〉 →전동.

전통=미(傳統美)[명] 전통적으로 내려오는 미.

전통-적(傳統的)[관][명] 전통에 의한(것).

전통-주의(傳統主義)[명] 집의 전통을 존중하고 지키려는 보수적 경향(保守的傾向). traditionalism

전퇴(前退)[명] 〈건축〉 집의 앞쪽에 있는 퇴 물림.

전:투(戰鬪)[명] 병력으로써 적을 쳐 승리를 얻기 위한 수단. combat 하[자]

전:투 경:찰대(—隊)(戰鬪警察隊)[명] 대간첩(對間諜) 작전을 수행하기 위하여 변성한 경찰의 조직. combatant police unit [하기 위하여 다는 기.

전:투-기(戰鬪旗)[명] 〈군사〉 군함이 전투 개시를 표시

전:투-기(戰鬪機)[명] 〈군사〉 적기(敵機)를 구축(驅逐)·공격함을 임무로 하는 비행기. fighter

전:투 대형(戰鬪隊形)[명] 〈군사〉 전투에 임(臨)한 부대 또는 함대들의 배열(配列)한 태세. battle formation [combat strength

전:투-력(戰鬪力)[명] 직접 전투를 감당할 수 있는 힘.

전:투 명:령(戰鬪命令)[명] 〈군사〉 야전(野戰)에 있어서의 작전(作戰)과 행정(行政)에 관한 명령. 작전 명령·행정 명령·훈령(訓令)이 포함됨. combat order

전:투 병과[—꽈](戰鬪兵科)[명] 〈군사〉 보병·포병·기갑·공병 및 통신 병과로서 실제 전투에 투입되는 병과. 《대》지원 병과(支援兵科).

전:투-복(戰鬪服)[명] 〈군사〉 전투나 전투 훈련시에 입기 위하여 만든 옷. [하는 부대. combat unit

전:투 부대(戰鬪部隊)[명] 〈군사〉 실제로 전투에 종사

전:투-선(戰鬪線)[명] 〈군사〉 전시(戰時)에 전투 부대가 차지한 지점을 연결한 최전선(最前線)의 가상선(假想線). battle line [랍. combatant

전:투-원(戰鬪員)[명] 〈군사〉 전투에 직접 참가하는 사

전:투 폭격기(戰鬪爆擊機)[명] 〈군사〉 공중전과 폭격을 겸하도록 제작된 비행기. fighterbomber

전:투-함(戰鬪艦)[명] 〈군사〉 군함 가운데서 가장 탁월한 공격력과 방어력(防禦力)을 가진 크고 튼튼한 군함. 《공》전함(戰艦)②. battleship

전:투 행위(戰鬪行爲)[명] 병력(兵力)으로써 적국의 저항력을 불가능하게 하는 것을 목적으로 하는 행위. hostilities [ruction 하[타]

전파(全破)[명] 전부 파괴함. 전부 파괴됨. total dest-

전:-파(電波)[명] ①전기→전기파(電氣波). ②전자파(電磁波). ②전자파 중 전기 통신으로 적당한 파장. electric wave [(傳布). dissemination 하[자][타]

전파(傳播)[명] 전하여 널리 퍼뜨림. 또, 퍼짐. 전포

전:파-계(電波計)[명] 무선 주기 받킨기의 출력 또는 도달한 전파의 파장이나 주파수를 재는 장치. wavemeter, cymoscope

전:파 관리국(電波管理局)[명] 〈법률〉 전파 관리에 관한 사무를 관장하는 체신부의 외국(外局). Radio Wave Control Bureau

전:파 망:원경(電波望遠鏡)[명] 〈천문〉 천체로부터 방사되는 전파를 측정하는 장치.

전:파 병기(電波兵器)[명] 전파를 주체로 하여 사용하는 군용 병기. 전자기·레이더·암시 망원경(暗視望遠鏡) 따위. radio equipment

전:파-설(傳播說)[명] 문화의 기원이나 전달의 연구에 있어 다른 요소를 경시하고 역사적 접촉에 의한 전파의 역할만을 특히 강조하는 이론.

전:파 수신기(電波受信機)[명] 장파·중파·단파의 모든 방송을 들을 수 있는 라디오 수신기. 올 웨이브 수신기.

전:파 탐지기(電波探知機)[명] 전파를 이용하여 멀리 있거나 보이지 않는 물체의 위치나 소재를 탐지하는

전파 항법 【電波航法】[ㅡ뻡] 페이터 등을 이용하는 방법.
전판(全一)[명] 남김없이 모두. 온통. all
전판(全一)[명] ①[동] 전지(全紙). ②전지를 인쇄할 수 있는 크기의 인쇄 기계. 「te defeat 하다
전패(全敗)[명] 모조리 패함. (대)전승(全勝). comple-
전:패(殿牌)[명] 〈제도〉지방 객사에 '殿'자를 새겨 세워 놓고 그곳 원이나 관원이 배례하던 나무 패. 왕의 상징임.   「(戰勝). defeat 하다
전:패(戰敗)[명] 싸움에서 짐. ¶~국(國). (대)전승
전패(顚沛)[명] ①엎어지고 자빠짐. stumbling down ②[동] 순간. moment 하다   「공으로 이끎. 하다
전:패 위공(轉敗爲功)[명] 실패를 거울삼아 다음의 성
전편(全篇)[명] 한 편의 시문(詩文)의 전부. whole book   「편(後篇). first part
전편(前篇)[명] 두세 편으로 나뉜 책의 앞의 편. (대)후
전편(專便)[명] 어떤 일을 특히 부탁하여 보내는 인편.
전:편(專便)[명] 전체(轉遞). 하다   「transmitter
전:평(錢評)[명] 돈으로 따지는 셈평.
전폐(全閉)[명] 모두 닫음. 완전히 닫아 버림. 하다
전폐(全廢)[명] 아주 없애 버림. total abolition 하다
전폐(前弊)[명] 전부터 내려오는 폐단. old-abuses
전:폐(奠幣)[명] 나라의 대제에 폐백을 올림. 하다
전:폐(殿陛)[명] 전각의 섬돌.
전:폐(錢幣)[명] 돈. money   「는 여러 폐단.
전:폐(錢幣)[명] 화폐 제도의 불완전으로 인해 일어나
전포(田圃)[명] 남새밭.
전포(全鮑)[명]《동》전복(全鰒).
전:포(典鋪)[명]〈약〉→전당포(典當鋪).
전:포(傳布)[명] 전파(傳播). 하다
전포(塵胞)[명]《동》전방(塵房).
전:포(戰袍)[명]〈제도〉장수가 입던 긴 웃옷.
전:포(餞布)[명] 돈. money
전폭(全幅)[명] ①한 폭의 전부. full width ②정한 둘레의 운동. full around
전폭(前幅)[명] 앞의 폭. breadth of the front
전폭(傳爆)[명] 폭발하기 쉬운 것에서 어려운 것으로 차츰 폭발을 전달 확장하는 방법.
전폭-약[ㅡ냑](傳爆藥)[명] 전폭에 사용되는 폭약.
전폭-적(全幅的)[관][명] 전부 다. ¶~인 지지(支持).
whole hearted   「이 쪽지. chit
전표(傳票)[명] 은행 회사 등에서 금전 출납을 적은 작
전:표(錢票)[명] 흔히 공사장에서 일용 근로자에게 현금 대신 지급하는 쪽지. 가지고 온 사람에게 현금을 줌.
전:풍(癜風)[명]《동》어루러기. 「르도록 된 표. cheque
전:하(殿下)[명] 왕. 왕비. Your(His) Royal Highness ②(기독)〈공〉추기경.
전:하(電荷)[명]〈물리〉어떤 물체가 띠고 있는 전기. 또, 그 모양. 하전(荷電). electric charge
전:하(轉嫁)[명] ①짐을 딴 데로 옮김. remove ②책임이나 죄 같은 것을 전가(轉嫁)함. imputation 하다
전:하-다(傳一)[타][동] ①소식을 알려 주다. report ②물려서 내려 주다. transmit ③딴사람에게 옮겨 주다. hand over ④받아서 이어가다. hand down
전:학(轉學)[명] 딴 학교로 옮김. 전교(轉校). transfer to other schools 하다
전(展限)[명] 기한을 늘임. 관한(寬限). 하다
전할(全割)[명]〈생리〉알 전체가 세포로 분할되는 난할. 개구리·섬게의 경우 같은 것. (대)부분할(部分割). total cleavage
전할-란(全割卵)[명]〈생리〉전할을 하는 알.
전함(前銜)[명]《동》전직(前職).
전:함(戰艦)[명] 전쟁에 쓰는 군함. 병선(兵艦)②. 병함(兵艦). warship ②〈약〉→전투함.   「vessel
전ː-함지(電一)[명] 전이 달린 함지. large round wooden
전항(前項)[명] ①앞에 적혀 있는 사항 또는 항목. foregoing article ②〈수학〉둘 이상의 항 중, 앞의 항. antecedent

전항 동:물(前肛動物)[명]〈동물〉동물 분류의 문(門)의 하나. 바다 밑 암초(暗礁)에 붙어 살거나 진흙 속에 뚫어 삶.   「바로 전의 해.
전:해(前一)[명] ①지난 해. previous year ②그 해의
전:해(電解)[명]〈약〉→전기 분해(電氣分解).
전:해 공업(電解工業)[명] 전기 분해를 이용하는 전기 화학 공업의 하나.
전:해-물(電解物)[명]《동》전해질(電解質).
전:해-조(電解槽)[명]〈화학〉전기 분해를 할 때, 전극과 전해액을 넣은 장치. electrolytic cell
전:해-질(電解質)[명]〈물리〉산·염기 따위와 같이 전류를 통하여 분해할 수 있는 물질. 전해물. electrolyte   「행(擅行). arbitrary decision 하다
전행(專行)[명] 오로지 제 마음대로 함. 전천(專擅). 천
전향(傳香)[명]〈제도〉임금이 왕실의 제사에 쓸 향 및 축문을 헌관(獻官)에게 전하던 일. 하다
전:향(轉向)[명] ①방향을 바꿈. turn ②자기의 사상을 그 사회에 맞추어 바꿈. conversion 하다
전:향 문학(轉向文學)[명]〈문학〉사상의 전향 현상을 취재한 문학.
전향-식(轉向式)[명]《동》보기식(bogie 식).
전:향-자(轉向者)[명] 사상을 전향한 사람. convert
전:향 작가(轉向作家)[명] 사상을 전향한 문예 작가.
전:향-차(轉向車)[명]《동》보기차(bogie 車).
전:헌(典憲)[명]《동》전범(典範).
전혀(全一)[부] 도무지. 온전히. 전연. at all
전:혀(專一)[부] 오로지. only
전현(前賢)[명] 예전의 현인(賢人). foregone sages
전:혈(戰血)[명] 전쟁으로 흘릴 피.
전:혐(前嫌)[명] 그 전의 혐의. old grudge
전형(全形)[명] ①운동의 형체. whole form ②완전한 형체. complete form
전:형(典刑)[명] ①예전부터 내려오는 법전(法典). conventional law ②〈동〉전형(典型)②.
전:형(典型)[명] ①모법이나 본보기가 될 만한 것. 전형(典型)②. ¶~적(的). mode ②조상이나 스승을 본받은 틀. pattern ③어떤 부류의 본질적 특징을 잘 나타낸 것. type
전:형(銓衡)[명] 사람의 됨됨이나 재능을 시험하여 뽑음. 선고(選考). selection 하다
전:형(箭形)[명]〈식물〉엽편(葉片) 모양의 하나. 화살 모양으로 끝이 뾰족하고, 기각(基脚)이 날카로움.
전:형[1](前形)[명] 구르는 모양.   「갈라짐.
전:형[2](轉形)[명] 형식이나 형태를 바꿈. 하다
전:형 위원(銓衡委員)[명] 전형하는 임무를 맡은 위원. screening committee
전호(全戶)[명] ①한 집안의 전부. 온집안. ②전가(全家). ②한 마을의 집 전부.   「number
전:호(前號)[명] 앞의 번호나 호수(號數). preceeding
전:호(電弧)[명]〈물리〉두 개의 탄소봉(炭素棒)이나 금속봉(金屬棒) 사이에서 일어나는 방전(放電). electric arc   「를 이용함. electrification 하다
전:화(電化)[명] 열·빛·동력 따위를 얻기 위하여 전기
전:화(電火)[명]《동》번갯불.
전:화(電畵)[명]《동》텔레비전.
전:화(電話)[명] ①〈약〉→전화기(電話機). ②전화기로 서로 이야기함. 또, 그 말. 소리통. telephone 하다
전:화(戰火)[명] 병화(兵火).
전:화(錢貨)[명] 돈. money   「havoc
전:화(戰禍)[명] 전쟁으로 인하여 일어나는 재화. war
전:화(轉化)[명] ①옮겨서 다른 것으로 바뀜. change ②〈화학〉사탕무의 즙으로 만든 사탕이 희산(稀酸)이나 효소(酵素)의 작용에 의하여 가수 분해(加水分解)되어 포도당·과당(果糖) 따위를 생성하는 현상. inversion 하다
전:화 교환(電話交換)[명] 통화하고자 하는 전화선을 상대편의 전화선에 접속하는 일. telephone exchange
전:화 교환기(電話交換機)[명] 전화 교환을 하는 데 쓰

전화 교환수

전화 교환기: 전화선을 이었다 끊었다 하여 전화 상호간의 작업에 종사하는 사람. ((약)) 교환수(交換手). telephone operator

전:화-국(電話局)[-꾹] 체신부 소속 기관의 하나. 전화 가입자들의 전화 회선을 집중시켜 교환·중계 또는 새로운 가설 등의 업무를 맡아보는 곳. bureau of telephone

전:화-기(電話機) 전류나 전파의 작용으로 먼 곳에 말을 보내고, 또 받게 만든 기계. 전화통①. ((약)) 전화(電話)①. telephone

전:화-당(轉化糖) [화학] 사탕무에서 얻은 당(糖)의 전화에 의하여 생긴 포도당과 과당의 혼합물. inverted suger

전:화 도:수제[-쑤-] (電話度數制) 전화 가입자에게 기본 사용 도수 이외의 사용료를 그 도수에 따라 받는 제도.

전:화 번호(電話番號) 각 전화기마다 매겨져 있는 번호. telephone number

전:화 번호부(電話番號簿) 전화 번호의 소속을 통틀어 밝혀 놓은 책. telephone directory

전:화 사:용료(電話使用料) 전화 가입자가 전화 사용의 대가로 치르는 요금. telephone charge

전:화-선(電話線) 전화기에 전류를 보내어 통화가 되게 하는 줄. telephone line

전:화-세(-세)(電話稅) 전화 가입자가 전화 사용료에 따라 일정한 돈을 전화 사용료 납부와 동시에 내는 국세. telephone tax

전:화 위복(轉禍爲福) 화가 바뀌어 도리어 복이 됨. turn misfortune into blessing 하다

전:화-통(電話筒) ①동 전화기. ②전화기의 통화하는 당어리 부분(部位).

전:화-학(錢貨學) 고대로부터의 돈을 수집하여 그 연혁·유별·계통 따위를 고증하는 학문.

전환(轉換) 이리저리 변하여 바꿈. 또, 바뀜. conversion 하다 [int

전환-기(轉換期) 변하여 바뀌는 시기. turning-po-

전환-기(轉換器) [물리] 발전기의 발전자(發電子)의 끝에 있어서 발전기에서 발전된 교류를 직류로 바꿔 외선(外線)에 통하게 하는 기계. 전화기 (轉換子). commutator

전:환-로[-노] (轉換爐) [물리] 원소 전환을 목적으로 하는 원자로. converter

전:환 무:대(轉換舞臺) [연예] 모든 장면의 뼈대가 되는 고정된 간단한 장치를 하고 그것을 중심으로 배경이나 소도구를 전환하는 무대.

전:환 사채(轉換社債) [경제] 장차 회사의 주권(株券)으로 전환할 수 있는 조건으로 발행하는 사채. convertible bond

전:환-자(轉換子)[-짜] 신환기(轉換器).

전:환 작가(轉換作家)[-까] [문학] 사상을 바꾼 문에 작가. converted writer

전:환-점[-쩜] (轉換點) 전환하는 계기.

전:환 주식(轉換株式) [경제] 다른 종류의 주식으로, 곧 우선주에서 보통주로 전환할 수 있는 권리를 인정받은 종류의 주식. convertible stock

전:환-체(轉換體) 전환의 계기가 되는 사물. turning point

전:황(戰況) 전투의 상황. combat situation

전:황(錢荒) 돈이 잘 유통되지 못하여 매우 귀하여 짐. money distress

전회(前回)명 먼젓번. 전번. last time

전회(轉回)명 ①동 회전(回轉). ②〈음악〉화음(和音)에서 아래의 음이 옥타브(octave) 위로, 위의 음이 옥타브 아래로 바뀌는 일. inversion 하다 [arbitrariness 하다

전횡(專橫)명 권세를 독차지하여 제 마음대로 함.

전:후(前後)명 ①앞과 뒤. before and after. ②먼저와 나중. ③일정한 수나 연령의 안팎. ¶저 여자는 30 세 ~이다. about

전:후(殿後)명 ①퇴각할 때, 군의 맨 뒤에 있어 적의 추격을 막는 군대(軍隊). 전군(殿軍). 후군(後軍). ②뒤떨어진 맨 뒤. rear guard ③맨 끝의 등수. last rank [post-war

전:후(戰後)명 이후 싸움이 다 끝난 뒤. ((대)) 전전(戰前).

전후 곡절(前後曲折) 처음부터 끝까지의 일의 까닭·과정·결과 따위의 사연. 전후 사연. all the details

전후-방(前後方)명 전방과 후방. 곧, 전선인 제일선과 전투를 뒤에서 효과적으로 지원하는 후방의 지역. [part

전:후-부(前後部)명 앞뒤 부분. front part and rear

전후 사:연(前後事緣) 〈동〉 전후 곡절(前後曲折).

전후 좌:우(前後左右)명 앞뒤쪽과 좌우쪽. 곧, 사방. in every direction

전:후-퇴(前後退)명 집채 앞뒤로 드린 툇마루.

전:후-파(戰後派)명 ①〈문학〉 제2차 세계 대전 직후 프랑스를 중심으로 일어난 신문학 운동. 또, 그 일파. 아프레게르. aprés-guerre school ②종래의 도덕 관념을 부정하는 전후의 퇴폐적·허무적·육체적인 사상·경향·성격·생활 태도. 또, 그러한 생활 태도를 가진 사람들. ((대)) 전전파(戰前派).

전:훈(電訓)명 전보로써 보내는 훈령. telegraphic

전:훈(戰勳)명 〈동〉 전공(戰功). [instructions

전휴(全休) 온 하루를 내쳐서 쉼. taking full-day

전:휴부(全休符)[명] 온쉼표. [leave 하다

전흉(前胸) 〈곤충〉 앞가슴. front breast

전흉 배:판(前胸背板) 〈곤충〉 곤충에 있어서 가슴의 뒤쪽이 되는 등 부분.

전흉-절(前胸節)명 앞가슴마디.

절[1]명 남에게 공경하는 뜻으로 하는 예. bow 하다

절[2]명 불상(佛像)을 모시고 불도(佛道)를 닦는 곳. 법찰(梵刹). 불사(佛寺). 불찰(佛刹). 불가(佛家). 원(院)②. 사찰(寺刹). 사원(寺院). 산문(山門).

절[3] ((약)) 저를. [temple

절(節)명 ①주어와 술어를 갖추었으나, 독립적으로 쓰이지 않고 문장의 한 부분으로 있는 것. 마디. clause ②악곡이나 가요의 한 마디. stanza ③〈물리〉정상파(定常波)의 진동하지 않는 부분. ④〈제도〉장군이나 외국에 파견하는 사신에게 신표로 주던 기(旗). ⑤예산 편성상 최하의 구분의 명목. 목(目)의 다음임. smallest breakdown ⑥⑤ 절기(節氣). ⑦문장이나 시의 일단락. paragraph ⑧물건이나 초목 따위의 결합되어 있는 곳. 마디. joint ⑨동 절찌(節次).

=절(節)[접미] ①명절(名節)의 뜻. ¶개천(開天)~. festival ②절기의 뜻. ¶단오(端午)~.

절가(-까)(折價)명 ①값을 작정함. 절가(決價). fixing the price ②물건을 서로 바꿀 때 값을 겨루어 그 수량을 정함. fixing price ③물건 값을 깎음. beating down price 하다

절가(絶佳)어 ①더없이 훌륭하고 좋음. excellency ②뛰어나게 아름다움. beauty 하다

절가(絶家)명 ①혈통이 끊어져서 상속자가 없는 집. ②〈법률〉호주(戶主)를 잃은 집에 가독 상속인이 없음으로써 그 가(家)가 소멸하는 일. 절호(絶戶). heirless family

절각(折角)명 ①짐승의 뿔이 부러짐. fracture of horn ②두건의 건(巾)을 접음. 하다

절각(折脚)명 다리가 부러짐. fracture of leg 하다

절각(截脚)명 다리를 자름. 하다

절각(-까)(-)[〜] (節) 절². [ization 하다

절감(切感)명 절실하게 느낌. 통감(痛感). keen real-

절감(節減)명 절약하고 줄임. curtailment 하다

절개(切開)명 ①째어서 가름. incision ②치료를 위해 피부나 기타 조직을 칼·가위 등으로 쨈. 하다

절개(節槪·節介)명 굳게 지키는 기개(氣槪)와 절(節)⑥. chastity and spirit

절거덕 ①넓적한 물건에 맞부딪쳐 끈기 있게 나는

절거덕거리다 소리. rattling ②끈기 있는 물건이 세차게 들러붙었다가 떨어지는 소리. 또, 그 모양. closely ③큰 자물쇠에 따위가 잠기거나 열릴 때 나는 소리. with click ④서로 닿으면 걸리어 붙는 단단한 물건끼리 맞부딪쳐 나는 소리. 《약》절걱. 《작》잘가닥. 《센》절꺼덕. 떨꺼덕. 《거》철커덕. 하타

절거덕=거리-다[재타] 연해 절거덕 소리가 나다. 또, 연해 절거덕 소리를 나게 하다. 《약》절걱거리다. 《센》절꺼덕거리다. 떨꺼덕거리다. 철커덕거리다. **절거덕-절거덕**[튀재타]

절거덩 큰 자물쇠가 잠길 때나 또는 단단한 쇠붙이 따위가 서로 맞부딪혀 매게 나오는 소리. 《작》잘가당. 《센》절꺼덩. 떨꺼덩. 《거》철커덩. 하타

절거덩=거리-다[재타] 연해 절거덩 소리가 나다. 또, 연해 절거덩 소리를 나게 하다. 《작》잘가당거리다. 《센》절꺼덩거리다. 떨꺼덩거리다. 《거》철커덩거리다. **절거덩-절거덩**[튀재타]

절걱《약》→절거덕.
절걱-거리-다[재타]《약》→절거덕거리다.
절검(節儉)[명] 절약하고 검소하게 함. economy 하타
절경(絶景)[명] 매우 훌륭한 경치.《유》승경(勝景). 가경(佳景).
절경(絶境)[명] 절역(絶域)². superb view
절계(節季)[명] ①계절의 끝. ②음력 섣달을 달리 일컫는 말.
절고(絶孤)[명] 더없이 높음. 하타
절고(節鼓)[명] 북을 붉게 칠한 나무 궤위에 구멍을 뚫어 고정시킨 악기(樂器)의 하나.
절곡(絶哭)[명] 몹시 슬프게 욺. wailing 하타
절곡(絶穀)[명] 단식(斷食). 절식(絶食)². 하타
절골(折骨)[명] 골절(骨折). 하타 [able suffering
절골지통(折骨之痛)[명] 견디기 어려운 고통. unbear-
절-괘(節卦)[명] 육십사괘의 하나. 태괘(兌卦)와 감괘(坎卦)가 거듭된 것. 물 가운데 못이 있음을 상징함.
절(節)[명]
절교(切巧)[명] 더할 수 없이 공교함. miraculous
절교(絶交)[명] 서로 사귐을 끊음. 격면(隔面). 단금. 의절(義絶)². 조면(阻面). 《대》교제(交際). breach of friendship 하타
절구 사람의 힘으로 곡식 따위를 찧거나 빻는 데 쓰는 제구. 절구통.² mortar
절구(絶句)[명] ①〖문학〗기(起)·승(承)·전(轉)·결(結)의 사구(四句)로 된 한시(漢詩)의 한 체. Chinese quatrain ②연극의 대사나 연설·송독(誦讀) 등의 중도에서 말이 막히어 나오지 않는 일. 「mortar 하타
절구-질[명] 곡식을 절구에 넣고 찧는 짓. pounding in
절구-통[명] ①절구로 절굿 공이에 대하여 일컫는 말. 절구. mortar ②굵은 몸집의 비유. stumpy build
절국-대[명]〖식물〗현삼과(玄蔘科)의 반기생(半寄生) 일년생 풀. 줄기 높이 60 cm 내외이고 잎은 선형임. 7~8월에 황색 꽃이 줄기와 가지 끝에 피며 사과(蒴果)는 선형음. 산이나 들의 양지에 남. 귀유마(鬼油麻). 한호(菱蒿).
절군(絶群)[명] 무리 가운데서 뛰어남. unparalleled 하
절굿 공이 곡식을 찧는 데 쓰는 나무나 돌·쇠 따위로 만든 공이. 용저(春杵). pounder
절굿-대[명]〖식물〗엉거시과의 다년생 풀. 높이는 1 m 가량. 잎의 뒷면에 흰 털이 있고, 가에 잔 가시가 있음. 여름에 청자색 통상화(筒狀花)가 구형의 두상화(頭狀花)로 핌. 산에 남.
절규(絶叫)[명] 힘을 다하여 부르짖음. scream 하자타
절그렁 얇은 쇠붙이 가운데서 뛰어남 나거나 서로 맞부딪쳐 나는 소리. 《작》잘그랑. 《센》절끄렁. 《거》철그렁. 하타
절그렁-거리-다[재타] 연해 절그렁 소리가 나다. 또, 나게 하다. 《작》잘그랑거리다. 《센》절끄렁거리다. 《거》철그렁거리다. clank **절그렁-절그렁**[튀재타]
절급(絶給)[명] 절실하게 긴함. 지급(至急)². 하
절기(絶忌)[명] 몹시 꺼림. 아주 싫어함. disgust 하타
절기(絶技)[명] 아주 뛰어난 기예(技藝). excellent skill

절기(絶奇)[명] ①매우 기묘함. wonderfulness ②아주 기특함. highly praiseworthy ③《동》절묘(絶妙). 하
절기(節氣)[명] ①한 해 동안을 24로 가른 철. 시령(時令)¹. 후후(節候). season ②이십사 절기 가운데 양력 매달 상순에 드는 후후의 표준점. 《대》중기(中氣)². solar terms
절긴(切緊)[명] 긴절(緊切). 하
절꺼덕[튀]《센》→절거덕.
절꺼덕=거리-다[재타]《센》→절거덕거리다.
절꺼덩[튀]《센》→절거덩.
절꺼덩=거리-다[재타]《센》→절거덩거리다.
절꺽《약》→절꺼덕.
절납(折納)[명] 현물로 바칠 세금을 돈으로 대신 바치던 일. payment in cash 하타
절념(絶念)[명] 단념(斷念). 하타
절념(竊念)[명] 저 혼자 가만히 여러 모로 생각함. 하타
절-다[자] ①한 다리가 짧거나 아프거나 하여 균형이 잡히지 아니하다. limp ②물건의 길이가 갈지 아니하여 균형이 잡히지 아니하다. 「어 들다.
절-다[자] 어떤 물건에 소금 기운이 속속들이 배
절단(切斷)[명] 끊어 냄. 끊어짐. cutting 하자타
절단(絶斷)[명] 단절(斷絶). 하
절단-기(切斷機)[명] 물건을 절단하는 기계.
절단-면(切斷面)[명] 어떤 물체를 절단한 부분의 표면. cross section [words
절담(絶談)[명] 특별하게 잘된 말. wonderful
절당(切當)[명] 사리에 꼭 들어맞음. exactness 하타
절대(絶大)[명] 더할 나위 없이 큼. greatness
절대(絶代)[명] ①먼 옛 세대(世代). romotest age ②뛰어나 이 세상에서 견줄 만한 것이 없음. 절세(絶世)¹. greatest of the age ③끊어진 시대.
절대(絶對)[명] ①상대하여 비교할 만한 것이 없음. absoluteness ②아무 제한을 받지 아니함. absolute independence ③아무 조건을 붙일 수 없음. ④모든 현상을 초월함. ⑤〖철학〗사변 철학(思辨哲學)에서 가정하는 우주의 근본 원리.《대》상대(相對). absolute 《약》→절대로.
절대-값[--때갑][絶對-][명]〖수학〗실수(實數)인 경우, 그 수의 양(陽) 또는 음(陰)의 부호를 떼어 버린 수. 절대치(絶對値).
절대 개:념[--때--][絶對概念][명]〖철학〗산·집·사람 따위와 같이 독립한 의의(意義)를 가지는 개념. 《대》상대 개념(相對概念). absolute concept
절대-경[--때--][絶對境][명]〖철학〗모든 것에서 초월하여 비교할 것이 없는 경지. firm philosophic conviction [주 정체. 절대 왕정(絶對王政).
절대 군주제[--때--][絶對君主制][명] 절대주의적인 군
절대-권[--때--][絶對權][명] ①절대적인 권리. 또, 그 권력. absolute authority ②〖법〗사권(私權)의 하나. 의무에서 초월한 권리. 물권·인격권 따위임. 대세권(代世權). 《대》상대권(相對權). absolute right
절대 농지[--때--][絶對農地][명]〖법〗지역 개발에 있어서 어떠한 경우에서도 농지 이외의 용도로 사용할 수 없는 땅. 농지의 전용(轉用)으로 농도의 줄어듦을 막기 위한 정부 시책의 하나.
절대 다수[--때--][絶對多數][명] 전체의 거의 모두를 차지할 만한 수. 압도적으로 많은 수. ¶~로 가결(可決)되다. absolute majority
절대 단위계[--때--][絶對單位系][명] 기본 단위의 크기가 때와 곳이나 특수한 물질의 성질에 관계없이 일정하게 규정될 수 있는 단위계. absolute unit
절대 등:급[--때--][絶對等級][명]〖천문〗천체(天體)를 모두 1파섹(3.259광년)의 거리에 두었다고 가정할 때의 광도의 등급. 천체의 단위 시간당의 발광량의 비교에 사용함. 《대》실시 등급.
절대량[--때--][絶對量][명] ①꼭 필요한 분량. absolute quantity ②차감 계산을 하지 않고 생각한, 절

절대-로[—때—](絕對-)튀 ①도무지. absolutely ②반드시. positively ③조금도. 《약》절대. not in the least

절대-설[—때—](絕對說)명 ①미(美)의 감상 비평에 일정한 절대적 표준이 있다는 설. ②나라의 권력은 절대적이므로 개인은 오직 복종만을 요한다는 설. absolutism

절대-성[—때—](絕對性)명 절대의 성질.

절대 습도[—때—](絕對濕度)명 《물리》단위 체적(體積)인 1 입방 미터의 공기 속에 포함된 수증기의 양. absolute humidity

절대 안정[—때—](絕對安靜)명 중병에 걸린 사람이나 중상자들을 누운 자세로 장시간 휴식시키고, 외부와의 교섭을 끊게 하는 일. complete rest

절대 압력[—때—](絕對壓力)명 《물리》진공을 기준으로 하여 잰 압력. absolute pressure

절대 영도[—때—](絕對零度)명 《물리》절대 온도의 0 도. 온도의 최하점(最下點). 섭씨 영하 273. 15 도를 영도로 삼았음. absolute zero

절대 예:술[—때—](絕對藝術)명 다른 부문의 영향을 받거나 형식을 따르지 않고 그 자신의 독특한 미를 이룬 예술. absolute art

절대 오차[—때—](絕對誤差)명 《수학》참 수치와 그 근사치(近似値)와의 차. absolute error

절대 온도[—때—](絕對溫度)명 《물리》섭씨 영하 273.15 도를 영도(절대 영도)로 하여 측량하는 온도. absolute temperature

절대 음감[—때—](絕對音感)명 《음악》악음(樂音)이 가진 바 고유의 높이를 기억 판별하는 능력. 《대》상대 음감. absolute pitch

절대 음악[—때—](絕對音樂)명 《음악》음의 순수한 예술성만을 목표로 하여 작곡된 음악. 순음악. 《대》표제 음악(標題音樂). absolute music

절대 의:무[—때—](絕對義務)명 《법률》납세・병역 따위처럼 권리와 대립하지 않는 의무. 《대》상대 의무(相對義務). absolute duty

절대-자[—때—](絕對者)명 아무 것에도 의존(依存)하거나 제약(制約)을 받지 않는 존재자. 신・실체・절대 정신・절대적 자아・의지 등. Absolute

절대-적[—때—](絕對的)관명 사물이 절대의 상태에 있는(것). 또, 절대의 상태로 작용하는(것). 《대》상대적.

절대적 가치[—때—](絕對的價値) 다른 원리에 말미암지 않고 모든 관계를 떠나 그 자신이 가지는 타당한 가치. absolute value

절대적 진리[—때—](絕對的眞理)명 모든 현상 및 경험을 초월한 항구 불변의 진리. absolute truth

절대-전[—때—](絕對戰)명 《군사》적국의 주력을 다시 일어나지 못하도록 이주 격멸하는 일의 전쟁.

절대-주의[—때—](絕對主義)명 ①군주 권력의 절대성을 주장한 국가관. ②《철학》진리・선(善) 따위에 절대적인 기준이 있다고 하는 주의. 《대》상대주의. absolutism

절대-치[—때—](絕對値)명 《수학》'절대값'의 구용어.

절도[—도](絕倒)명 ①(동)→포복 절도(抱腹絕倒). ②기절하여 넘어짐. fainting fit 하타

절도[—도](絕島)명 《약》→절해 고도(絕海孤島).

절도[—도](節度)명 일이나 행동을 똑똑 끊어 맺는 마디. rule [도, 훔침. theft 하타

절도[—도](竊盜)명 물건을 몰래 훔쳐 가는 도둑.

절도-광[—도—](竊盜狂)명 ①절도를 하는 성미와 버릇. ②절도질에서 쾌감을 느끼는 변태적인 사람. kleptomania

절도-범[—도—](竊盜犯)명 ①(동)절도죄(竊盜罪). larceny ②절도죄를 범한 사람. thief

절도-사[—도—](節度使)명 ①《약》→병마 절도사(兵馬節度使). 수군 절도사(水軍節度使). ②고려 때의 지방 장관.

절도-죄[—도죄](竊盜罪)〈법률〉남의 재물을 훔친 범죄. 절도범(竊盜犯)①. larceny

절두[—두](截頭)명 머리 쪽을 자름. truncation 하타

절두 추체[—두—](截頭錐體)명 《수학》추체를 저면(底面)에 평행인 평면으로 잘라서 그 위의 부분을 버린 나머지 부분의 입체. 추대(錐臺). 원대(圓臺). frustum [倫). unsurpassed 하타

절등[—등](絕等)명 보통보다 아주 뛰어남. 절륜(絕

절따[—따]→절따말.

절따-말[—따—]명 붉은 빛깔의 말. 적다마(赤多馬). 《약》절따.

절뚝-거리다[—따—]타 다리 하나가 짧거나 탈이 나서 기우뚱거리다. 《작》잘똑거리다. 《센》쩔뚝거리다. limp

절뚝=절뚝[—따—] 하타

절뚝-이다[—따—]자 절뚝거리는 사람. 편파(偏跛). 피벽(跛躄). 전각(蹇脚). 《약》묵발이. 절뚝이. 《센》쩔뚝거리다. [이]. cripple

절뚝-이[—따—]《약》→절뚝발이.

절락(絕落)명 뚝 끊어져 떨어짐. extinction 하타

절략(節略)명(동) 절약(節約). 하타

절량(絕糧)명 양식이 다 떨어짐. ¶ ~ 농가(農家). exhaustion of provisions

절렁-거리다 얇은 쇠붙이나 큰 방울들이 함께 자꾸 흔들려 어지럽게 소리가 나다. 《작》잘랑거리다. 《센》쩔렁거리다. jingle **절렁=절렁**튀

절레-절레튀 고개를 옆으로 가볍게 자꾸 흔드는 모양. 《약》절젤[13. 《작》잘래잘래. 《센》쩔레쩔레. shaking head right and left

절련(絕戀)명 연애 관계를 끊음. rupture of love 하

절렴(節廉)명 절의를 지키고 결백함. chastity 하타

절로튀 ①《약》→저절로. ②《약》→거로. 하타

절록(節錄)명 알맞게 줄이어 적어 둠. summarization

절록-거리다 가볍게 절름거리다. 《작》잘록거리다. 《센》쩔록거리다. limp slightly **절록=절록**튀 하타

절류(折柳)명 ①버드나무 가지를 꺾음. ②중국에서 옛날에 버들 가지를 꺾어 주고서 다시 만나기를 기약했다는 데서, 사람을 배웅하여 이별함을 이르는 말. 절지(折枝)④.

절륜(絕倫)명(동) 절등(絕等). 하형

절름-거리다 약간 절뚝 걸록거리다. 약행(弱行)하다. 《작》잘름거리다. 《센》쩔름거리다. limp slightly 절**름=절름**튀 하타

절름-발이[—바—]명 다리를 저는 사람. 전각(蹇脚). 피벽(跛躄). 《작》잘름발이. 《센》쩔름발이. lame person

절리(節理)명 ①《지리》바위의 결. 암장(岩漿)이 차차 굳어진 결과 생긴 틈새. joint ②갈라진 틈.

절마(切磨)명 《약》→절차 탁마(切磋琢磨).

절망(切望)명 간절히 바람. earnest desire 하타

절망(絕望)명 ①소망이 끊어짐. 소망을 버리고 체념하는 일. despair ②《철학》본래의 자기 자신을 잃은 《대》가망(可望). 희망(希望). 하타

설망-감(絕望感)명 모든 희망이 끊어진 느낌.

절망:고(絕望顧)명 일이 바빠서 다른 일을 돌볼 겨를이 없음. 하타

절망-적(絕望的)관명 희망이나 기대를 아주 잃게 된(것). ¶ ~인 상태. 《대》희망적.

절맥(切脈)명 맥을 짚어서 진찰함. examine pulse 하타

절맥(絕脈)명 ①맥이 끊어짐. 죽음. end of life ②《민속》산의 혈맥(血脈)이 끊어져 보임. 하타

절-메주(제도) 조선조 때, 보통 검은 콩으로 쑨 훈조계(燻造契)에서 만들던 메주.

절멸(絕滅)명 아주 멸망함. extermination 하타

절명(絕命)명 목숨이 끊어져 죽음. 절식(絕息)①. end of life 하타 [일을 가르는.

절명-일(絕命日)명 《민속》생기법(生氣法)으로 본 흉

절목(節目)명 ①(동) 조목(條目). ②《식물》초목의 마디와 눈. 하형

절묘(絕妙)명 매우 묘함. 절기(絕奇)③. miraculous

절무(節舞)동 전모(飽飽).

절무(絕無)명 아주 끊어져 없음. nought 하형

절문(切問)[명] 간절하게 물음. earnest questioning 하다
절문(節文)[명] 예절에 관한 글월. 곧, 예절 규정. rule
절물(節物)[명] 철따라 나는 물건.
절미(絶美)[명] 더할 수 없이 아름다움. best beauty
절미(絶微)[명] 더할 나위 없이 미묘함. 하다
절미(節米)[명] 쌀을 절약함. rice saving 하다
절박(切迫)[명] ①기한이 급하여 여유가 없음. imminence ②일이 급하여 긴장하게 됨. 급절(急切). acuteness 하다
절박(節拍)[명] ①〈음악〉 악곡의 곡조에 한 곡마다 박자를 쳐서 음조(音調)의 마디를 지음. ②끝을 막음.
절박-감(切迫感)[명] 절박한 느낌. closing 하다
절박 홍정[명] 빡빡하여 융통성이 없는 홍정.
절반(折半)[명] ①하나를 둘로 똑같이 나눔. 하나의 반. 일반(一半) ②유도에서, 판정승의 하나. halving, a half
절버덕[부] 얕은 물 위를 거칠고 어지럽게 밟는 것과 같은 소리. 《작》잘바닥. 《거》철버덕. splattering 하다
절버덕=거리-다[자타] 연해 절버덕 소리가 나다. 또, 연해 절버덕 소리를 나게 하다. 《작》잘바닥거리다. 《거》철버덕거리다. 절버덕=절버덕[부] 하다
절버덩[부] 깊은 물에 큼직한 돌멩이 따위를 던졌을 때 울려 나는 소리. 《작》잘바당. 《거》철버덩. splash 하다
절버덩=거리-다[자타] 연해 절버덩 소리가 나다. 또, 연해 절버덩 소리를 나게 하다. 《작》잘바당거리다. 《거》철버덩거리다. 절버덩=절버덩[부] 하다
절벅[부] 얕은 물을 밟아서 나는 소리. 《작》잘박. 《거》철벅. dabbling 하다
절벅=거리-다[자타] 연해 절벅 소리가 나다. 또, 연해 절벅 소리를 나게 하다. 《작》잘박거리다. 《거》철벅거리다. 절벅=절벅[부] 하다
절벙[부] 깊은 물에 묵직한 물건이 떨어졌을 때 울려 나오는 소리. 《작》잘방. 《거》철벙. plop 절벙=절벙[부] 하다
절벙=거리-다[자타] 연해 절벙 소리가 나다. 또, 연해 절벙 소리를 나게 하다. 《작》잘방거리다. 《거》철벙거리다. 절벙=절벙[부] 하다
절벽(絶壁)[명] ①급한 낭떠러지. precipice ②〈속〉귀가 아주 먹었거나 사리에 어두운 사람. 절벽 강산. stonedeaf person
절벽 강산(絶壁江山)[명] 절벽.
절병(切餠)[명] 절편. 「에 세우는 탑 모양의 장식.
절병-통(節甁桶)[명] 궁전·정자 따위의 용마루 한 중앙
절봉(絶峰)[명] 아주 험한 산봉우리. peak
절부(切膚)[명] 살갗을 에이는 듯이 사무침. 하다
절부(節婦)[명] 절개 있는 부인. chaste woman
절분(切忿)[명] 몹시 원통하고 분함. resentment 하다
절분(節分)[명] ①철이 갈리는 날. 곧, 입춘·입하·입추·입동의 전날. parting of the seasons ②특히 입춘의 전날. beginning of spring
절사[-싸](折死)[명]〈동〉요절(夭折). 하다
절사[-싸](絶嗣)[명] 무후(無後). 하다 「inciples
절사[-싸](節士)[명] 절개를 지키는 사람. man of principles
절사[-싸](節死)[명] 절개를 지켜서 죽음. death for one's principle 하다
절사[-싸](節祀)[명] 철따라 지내는 제사.
절삭[-싹](切削)[명] 쇠붙이를 잘라 끊거나 깎음. 하다
절산(折算)[명] 셈을 쳐서 따져 봄. 타산(打算). 하다 ¶「평가(平價) ~. 《대》절하(切下).
절상[-쌍](切上)[명]〈경제〉화폐의 대외 가치를 높임.
절상[-쌍](折傷)[명] 뼈가 부러져 다침. fracture of bone 하다
절새[-쌔](絶塞)[명] 아주 먼 국경의 땅. border town
절색[-쌕](絶色)[명] 일색(一色).
절선[-썬](切線)[명]〈동〉접선(接線)①.
절선[-썬](折線)[명] '꺾은선'의 구용어.

절선[-썬](節扇)[명]〈제도〉단오절에 선사하던 부채.
절선 그래프[-썬-](折線 graph)[명]〈수학〉'꺾은선 그래프'의 구용어.
절세[-쎄](絶世)[명] ①세상에 다시 없을 만큼 뛰어남. 절대(絶代)②. matchless ②세간(世間)과 담을 쌓음. seclusion from world
절세[-쎄](節稅)[명] 세금을 기한 안에 바치어 과태료를 내지 않음. 하다
절세 가인[-쎄-](絶世佳人)[명] 세상에서 견줄 사람이 없을 정도로 뛰어난 미인. 절세 미인. 「佳人).
절세 미인[-쎄-](絶世美人)[명]〈동〉절세 가인(絶世
절소[-쏘](絶所)[명] 썩 험악한 곳. remote place
절소[-쏘](絶笑)[명] 몹시 자지러지게 웃거나 그런 웃음. convulsion of laughter 하다
절속[-쏙](絶俗)[명] ①시속(時俗)의 일과 관계를 끊음. retirement ②보통 시속 사람보다 뛰어남. eminence 하다 「mination of offspring
절손[-쏜](絶孫)[명] 자손이 끊김. 무후(無後). extermination
절수[-쑤](折收)[명] 징수액을 한 번에 얼마씩 나누어 서 거둠. 하다
절수[-쑤](絶秀)[명] 썩 빼어남. excellent 하다 「ing
절수[-쑤](節水)[명] 물을 아껴 씀. water saving 하다
절승[-씅](絶勝)[명] 경치가 아주 뛰어나게 좋음.
절식[-씩](絶食)[명] ①먹을 것이 다 되어서 없음. fasting ②음식을 먹지 않음. 절곡(絶穀). 단식(斷食). ¶~ 동맹(同盟). 《대》포식(飽食). self-starvation 하다 「어짐. expiring 하다
절식[-씩](絶息)[명]〈동〉절명(絶命). 끊어짐. 없어짐. 끊
절식[-씩](節食)[명] ①음식을 절약하여 먹음. spare diet ②건강이나 미용을 위해 식사량을 알맞게 감(減)함. temperance in eating 하다
절식²[-씩](節食)[명] 민속 행사로 달마다의 명절에 해 먹는 음식. 「으면서 약을 먹음. 하다
절식 복약[-씩-](節食服藥)[명] 음식을 먹지 않고 있
절신(絶信)[명] 소식을 끊음. 또, 끊어진 소식. hearing no news 하다
절실[-씰](切實)[명] ①실제에 꼭 맞음. ②마음에 사무침. keen ③간절함. earnest ④아주 긴요함. vital 하다 「가 끊어짐. 하다
절심[-씸](絶心)[명] 폭탄의 도화선을 끊음. 또, 타다
절써덕[부] 물 위를 넓적한 물건으로 때릴 때 거칠게 나는 소리. 《작》잘싸닥. 《거》철써덕. splash 하다
절써덕=거리-다[자타] 연해 절써덕 소리가 나다. 또, 연해 절써덕 소리를 나게 하다. 《작》잘싸닥거리다. 《거》철써덕거리다. 절써덕=절써덕[부] 하다
절썩[부] 물 위를 넓적한 물건으로 때릴 때 나는 소리. 《작》잘싹. 《거》철썩. slap 하다
절썩=거리-다[자타] 연해 절썩 소리가 나다. 또, 연해 절썩 소리를 나게 하다. 《작》잘싹거리다. 《거》철썩거리다. 절썩=절썩[부] 하다
절쑥=거리-다[자타] 한 쪽 다리가 약간 짧아 절뚝거리다. 《작》잘쑥거리다. 《센》쩔쑥거리다. limp 절쑥=절쑥[부] 하다
절애(絶崖)[명]〈동〉단애(斷崖).
절약(節約)[명] 불필요한 비용은 내지 않고 꼭 필요한 데에만 씀. 절약(節略). 하다
절억(絶抑)[명] 억지로 누르고 절제함. abstinence 하다
절언(切言)[명] 간절한 말. 정중한 말. ardent word
절엄(切嚴·截嚴)[명]〈동〉지엄(至嚴). 하다
절에 가면 중 노릇하고 싶다[속] 주견이 없이 덮어놓고 남을 따르려고 한다.
절에 가면 중인 체, 촌에 가면 속인인 체[속] 처소에 따라 지조와 태도를 바꾼다.
절에 간 색시[속] 남이 시키는 대로 따라 하는 사람.
절역(絶域)[명] ①먼 땅. distant land ②멀리 떨어져 있는 외국. 절경(絶境). distant country
절연(絶緣)[명] ①인연을 아주 끊음. breaking off relations ②전류(電流)가 통하지 못하게 막음. ¶ ~ 저항(抵抗). ③관계를 끊음. 하다

절연(截然)[부] 구별이 칼로 자른 듯이 분명함. insulation 하[형] 히[부]
절연[명] 담배 피우는 양을 줄임. temperance [in smoking 하[타]
절연-물(絶緣物)[명]〈물리〉전기 또는 열의 도체를 절연하기 위하여 사용하는 부도체. 절연 재료. 절연체(絶緣體). insulating material
절연-선(絶緣線)[명]〈물리〉절연 재료를 덮어서 전류가 새나가지 않게 한 전선. insulated wire
절연-성[-썽](絶緣性)[명]〈물리〉전기가 통하지 아니하는 성능.   는 기름. insulating oil
절연-유[-뉴](絶緣油)[명] 전기의 절연 재료로 사용하
절연-장[-짱](絶緣狀)[명] 인연을 끊는 글. 또, 그러한 편지. letter breaking off
절연 재료(絶緣材料)[명] 절연물.
절연-체(絶緣體)[명]〈동〉절연물(絶緣物).
절염(絶艶)[명] 비할 데 없이 아주 예쁨. weirdly beautiful 하[형] [being entirely out of sight 하[형]
절영(絶影)[명] 그림자가 끊어짐. 그림자마저 없어짐.
절요(折腰)[명] ①허리를 꺾음. stoop ②허리를 굽혀서 절을 함. stoop and bow 하[타]
절요(絶要)[명] 간절하고도 긴요함. urgency 하[형]
절욕(絶慾)[명] ①색욕(色慾)을 억제함. continence ②육심을 억누름. moderation 하[타]
절용(切茸)[명] 썬 녹용(鹿茸).
절용(節用)[명] 아껴서 씀. 비용을 적게 들임. 절약(節約). (대) 남용(濫用). economy 하[타]
절운(切韻)[명] 반절(反切)에 의하여 한자의 음을 나눈것. 반절로 한자 두 글자의 음을 반씩 따서 합쳐 한 소리로 만드는 법. [하[타]
절원(切願)[명] 간절히 바람. 절실한 소원. entreaty
절원(絶遠)[명] 무척 멂. 격원(隔遠). very far 하[형]
절육(切肉)[명] 얄팍하게 썰어 쟁이어서 양념을 하여 익힌 고기. sliced meat
절음[명] 마소의 다리 저는 병. limping
절음(絶音)[명]《문》끊음소리.
절음(絶飮)[명] 먹던 술을 끊음. giving up drinking 하[타]
절음(節飮)[명] 술을 알맞게 마심. 절주(節酒). temperance in drinking 하[타]
절음-나다[자] 마소가 절음병에 걸리다.
절음 법칙(絶音法則)[명] 어떤 받침을 가진 소리가 그것 단독으로 끝나거나 자음 앞에서 또, 허사(虛辭)가 아닌 실사(實辭)인 모음 앞에서는 같은 계열의 대표음으로 소리 나는 음운 현상. 말음(末音) 법칙.
절의(絶義)[명] 의리의 끊김. 절의(義). 하[타] [faith
절의(節義)[명] 절개와 의리. 의절(義). honour and
=절이[접미] '절이거나 담금'의 뜻. ¶소금~. [하[타]
절이(絶異)[명] 아주 훌륭하여 다른 것과 다름. unique
절이-다[타] ①소금을 뿌려서 절게 하다 ②두려워서 기운을 못 펴다. be frightened
질이 망히러니|까 새우젓 장수가 들어온다[속] 운수가 그르틋하면 뜻밖의 일이 생긴다. [하[형]
절인(絶人)[명] 남보다 훨씬 뛰어남. superexcellence
절인지-력(絶人之力)[명] 남보다 훨씬 뛰어난 힘. Herculean strength
절인지-용(絶人之勇)[명] 남보다 훨씬 뛰어난 용맹.
절일(節日)[명]〈동〉명일(名日).
절장 보-단[-짱-](截長補短)[명] 긴 것을 잘라서 짧은 것에 채움의 뜻으로, 좋은 것으로 부족한 것을 기워서 채움. 하[타]   [talent
절재[-쩨](絶才)[명] 아주 뛰어난 재주. matchless
절적(絶迹)[명] 발걸음을 끊고 왕래하지 않음.
절족(絶足)[명]. 하[타]   [ving 하[타]
절전[-쩐](節電)[명] 전기 사용을 절약함. power sa-
절절[부] ①뜨끈뜨끈하게 끓는 모양. boiling ②가볍게 절레절레 흔드는 모양. ③(야)=절레절레. ④물이 많이 흐르는 모양이나 소리. (작) 잘잘. (센) 쩔쩔. shaking slowly
절절[부] 이리저리 몹시 바쁘게 쏘다니는 모양. (큰) 질질. (작) 잘잘. (센) 쩔쩔. busily

절절[-쩔](切節)[명] 지금까지의 주의(主義)나 태도를 바꿈. 절조(節操)를 굽힘.
절절=거리-다[자] 이리저리 치신없이 바쁘게 쏘다니다. (큰)질질거리다. (작) 잘잘거리다. (센) 쩔쩔거리다.
절절-이[-쩔-](節節-)[부] 말이나 노래 따위의 마디마디. 마디마디. ¶~ 애듦는 심정. each word
절절-하다[-쩔-](切切-)[여]형] 몹시 간절하다. earnest 절절-히[부]   [接點).
절점[-쩜](節點)[명] ①〈동〉요점(要點). ②〈동〉접점
절접[-쩝](切棱)[명] ①잘라서 물건과 물건을 이어 붙임. ②〈식물〉접목법(接木法)의 하나. 접본과 접수를 어긋맞게 깎아서 붙이는 접. 접본과 접수의 굵기가 다를 때 쓰임.
절정[-쩡](絶釘)[명] 대가리를 자른 쇠못.
절정[-쩡](絶頂)[명] ①산의 맨 꼭대기. 정상(頂上)①. summit ②어떤 일의 극도(極度). zenith
절제[-쩨](切除)[명] 잘라 버림. 하[타]
절제[-쩨](節制)[명] ①알맞게 조절함. moderation ②방종하지 않도록 욕망을 제어함. 극기(克己). temperance 하[타]
절제=사[-쩨-](節制使)[명]〈제도〉①조선조 때, 절도사(節度使) 밑에 있던 거진(巨鎭)의 정3품 벼슬. ②조선조 초의 군직(軍職)의 하나. 순문사(巡問使).
절제-술[-쩨-](切除術)[명]〈의학〉조직의 일부분을 잘라내는 수술. resection   [melody
절조[-쪼](絶調)[명] 뛰어나게 훌륭한 곡조. superb
절조[-쪼](節操)[명] ①절개와 지조. integrity ②부인이 정조를 굳게 지킴. chastity
절족[-쪽](絶足)[명] 절적(絶迹). 하[타] [지 동물.
절족 동물[-쪽-](節足動物)[명]〈동〉마디발 동물. 절
절종[-쫑](絶種)[명] 생물의 씨가 끊어져 없어짐. extinction 하[타]   [금(rhythm).
절주[-쭈](節奏)[명]〈음악〉악곡의 꺾이는 마디. 리
절주[-쭈](節酒)[명]〈동〉절음(節飮). 하[타]
절주-배[-쭈-](節酒杯)[명] 계영배(戒盈杯).
절중[-쭝](節中)[명] 사리나 형편에 꼭 맞음. reasonableness 하[타]   [다. hate 하[타]
절증하-다[-쯩-](切憎--)[여]형] 몹시 미워하
절지[-찌](折枝)[명] ①나뭇가지를 꺾음. breaking off branch ②사지(四肢)를 안마(按摩)함. ③그림으로 그린 꽃가지. flower branches in picture ④〈동〉절류(折柳)②. 하[타]   [place
절지[-찌](絶地)[명] 멀리 떨어져 있는 곳. distant
=절지[-찌](絶紙)[명] 한 장의 종이를 여러 조각으로 접은 한 조각. ¶8~. 16~.
절지 동물[-찌-](絶肢動物)[명]〈동물〉동물 분류의 한 문(門). 일반적으로 몸이 작고 여러 개의 환절로 이루어짐. 대개 두부·흉부·복부의 3부로 나뉨. 외피는 견고하며, 외골격이 되고 그 내부에 근육이 부착함. 갑각류·곤충류 등. 절족 동물. 마디발 동물. arthropoda
절질[-찔](絶質)[명] 매우 정직함. very honest 하[형]
절질-상[-찔쌍](折跌傷)[명] 다리가 부러지거나 접질려진 상처.
절차(切磋)[명] ①옥이나 돌 따위를 깎고 닦음. ②부지런히 학문이나 도덕을 닦음. 하[자]   [formality
절차(節次)[명] 일을 해 나가는 차례. 수속(手續).
절차-법(節次法)[명]〈법률〉권리의 실질적 내용을 실현함에 있어서 국가 기관이 관여하는 방법 및 형식을 정한 법. 수속법(手續法).〈유〉형식법.〈대〉실체법. adjective law
절차 탁마(切磋琢磨)[명] 학문과 덕행의 닦음의 비유. 탁마.〈동〉절차. close application 하[타]
절찬(絶讚)[명] 지극한 칭찬. ¶음악회가 ~리에 끝나다. great admiration 하[타]   [superb song
절창(絶唱)[명] 뛰어난 노래(명창). 또, 잘 지은 시가.
절책(切責)[명] 크게 책망함. 심책(深責). reproach severely 하[타]   [김. finding life in jaws of death
절처 봉생(絶處逢生)[명] 막다름에 이르러 살 길이 생

절척(切戚)圀 본종(本宗)이 아닌 친족.
절척(折尺)圀 접자.
절척(截尺)圀 피륙을 응근 필에서 몇 자씩 끊음. 하타
절첩=기(折疊機)圀 자동 접집기.
절체 절명(絶體絶命)圀 어찌할 수 없이 궁박한 경우. desperate situation
절초(切草)圀 살담배. cut (pipe) tobacco
절초(折草)圀 풀이나 잎나무를 벰. mowing 하타
절축(截軸)圀 원추의 초점을 통과하는 축.
절충(折衷)圀 ①어느 편으로 치우치지 않고 이것과 저것을 취사(取捨)하여 알맞는 것을 얻는 일. ¶~안 (案). compromise ②상반하는 의견 중, 중용적(中庸的)인 언설(言說)을 형성하는 일. eclecticism 하타
절충(折衝)圀 ①(동) 교섭(交涉). ②외교상의 담판. negotiation ③처들어오는 적을 막음. protection from enemy 하타
절충=설(折衷說)圀 대립되는 둘 이상의 학설을 취사(取捨)하여 절충한 학설. eclecticism
절충 어:모(折衝禦侮)圀 적의 공격을 쳐부수어 나를 얄보는 마음을 꺾어 두려워하게 만듬.
절충=주의(折衷主義)圀 ①〈철학〉 여러 가지 사상에서 진리라고 생각되는 것을 결합하여 새 진리를 발견하려는 주의. ②〈법률〉 두 가지 이상의 대립되는 법학설에서 각 장점을 취하여 결충하는 주의. ③〈미술〉대가(大家) 또는 다른 시대의 양식에 본뜨는 경향. eclecticism
절취(截取)圀 잘라서 가짐. 하타
절취(竊取)圀 훔치어 가짐. 투취(偸取). stealing 하타
절치(切齒)圀 거칠게 삼은 짚신. rough straw sandals
절치(切齒)圀 분을 못 이겨 이를 갊. grinding of one's teeth 하타 「썩임.
절치 부심(切齒腐心)圀 몹시 분하여 이를 갈고 속을
절치 액완(切齒扼腕)圀 몹시 분하여 이를 갈고 팔을 걷어 울리며 버름. 하타 「하타 히타
절친(切親)圀 썩 가깝게 친함. 친절(親切). intimacy
절커덕〈거〉→절카닥.
절커덕-거리-다타자〈거〉→절카닥거리다.
절커덩〈거〉→절카당.
절커덩-거리-다타자〈거〉→절카당거리다.
절컥〈예〉→절커덕.
절컥-거리-다자〈거〉→절거걱거리다.
절탄=기(節炭機)圀 기관의 연도(煙道)의 폐열(廢熱)을 이용하여 급수(給水)를 가열하는 장치. fuel economizer 「temple
절=터 절이 있는 터. 또, 절이 있던 터. site of
절토(切土)圀 평지·법면(法面)을 만들기 위하여 흙을 깎아 내는 일. levelling ground 하타
절통(切痛)圀 몹시 원통하고 분함. 통분(痛忿). bitter feeling 하타 히타 「dinariness 하타
절특(絶特)圀 보통보다 뛰어나게 빼나름. extraor-
절판(絶版)圀 ①출판된 책이 떨어져서 없음. ②원판이 없어 다시 출판을 못하게 됨. ③인쇄판이 없어져서 인쇄할 수 없게 됨. out of print 하타타
절편 둥글거나 모나게 찢만든 흰 떡. 절병(切餠). 「축과 만나는 점의 높이나 거리.
절편(截片)圀 〈수학〉 해석 기하에서, 직선이 X축·Y
절판=판(一版)圀 절편을 박는 나무판.
절품(絶品)圀 물건이 다 팔려 없어짐. 품절(品切). out of stock 하타
절품(絶品)圀 아주 잘된 좋은 물건. nonpareil
절피 활시위의 오늬를 먹이는 곳에 감은 실.
절필(絶筆)圀 ①죽기 전에 쓴 마지막 글이나 글씨. one's last writing ②붓을 놓고 다시는 글을 쓰지 않음. giving up writing 하타
절핍(切逼)圀 아주 절박하게 닥침. destitution 하타
절핍(絶乏)圀 계속하여 생기지 않고 아주 없어짐. 핍절. disappearance 하타 「beat down price 하타
절하(切下)圀 ①잘라 버림. cut ②물건 값을 깎게 쌈.

절=하-다(切━)자타 끊어지다. break
절학(絶學)圀 ①폐절(廢絶)된 학문. ②학문이나 지식을 필요로 하지 않는 경지. 학문을 초월한 경지.
절한(絶汗)圀 죽게 되었을 때 이마에 나는 식은 땀.
절한(節限)圀 알맞게 제한함. moderate limit
절해(絶海)圀 물에서 멀리 떨어진 바다. farthest seas
절해 고도(絶海孤島)圀 물에서 멀리 떨어진 외딴 섬. (약) 절도(絶島). isolated island
절행(節行)圀 ①절개 있는 행실. fidelity ②절개를 따라 행하는 의례(儀禮).
절험(絶險)圀 몹시 험함. precipice 하형
절현(絶絃)圀 ①현악기의 현을 끊음. ②지기(知己)와 사별(死別)함. 하타
절협(絶峽)圀 깊고도 험한 두메. remote and deep valley
절호(絶戶)圀 (동) 절가(絶家).
절호(絶好)圀 더할 나위 없이 좋음. ¶~의 기회. best 하형 「hit
절호 안타(絶好安打)圀 야구에서, 클린 히트. clean
절화(折花)圀 가지째 꺾은 꽃. 또, 꽃을 꺾음. picking flower 하타
절화(絶火)圀 가난하여 밥을 짓지 못함. 하타
절효(絶孝)圀 ①절조를 지키고 효심이 깊음. ②젊어서 남편과 사별한 부인이 재가하지 아니하고 시부모를 잘 모심. 「기 위하여 세운 정문.
절효 정문(絶孝旌門)圀 충신·효자·열녀 등을 표창하
절후(絶後)圀 ①앞으로 그와 꼭 같은 예가 다시는 없음. ¶공전 ∼의 쾌거. ㈜ 공전(空前). last ②(동)
절후(節候)圀 절기(節氣)①. ㈜ 후후(無後). 하타
젊:-다(━따)형 나이가 적고 혈기가 왕성하다. young
젊디-젊다(━따━따)형 매우 젊다.
젊으시-네(꼭) 젊은이.
젊은-것(속) 젊은이. young
젊은-이圀 ①나이가 젊은 사람. young man ②혈기가 왕성한 사람. (때) 늙은이. vigorous man
젊은이 망녕은 몽둥이로 고친다 젊은이의 철없는 짓은 정신이 들도록 호되 매로 때려 고쳐질 수밖에 없다.
점(占)圀 팔괘(八卦)나 오행(五行) 따위로 좋고 그름을 미리 판단하는 일. fortune-telling 하타
점(店)圀 토기(土器)·철기(鐵器)를 만드는 곳.
점(點)圀 ①작고 둥글게 찍은 표. dot ②글귀 아래에 찍는 표. 구두점(句讀點). ¶∼은 나중에 이야기하잔다. punctuation mark ③흩어져 있는 작은 얼룩 반점(斑點). spot ④글자를 쓸 때에 한 번 찍은 획. point ⑤짐승의 털 등에의 한 바탕에 다른 빛깔로 박힌 표나 부분. dot ⑥여럿 가운데에서 선택하여 지정할 때 쓰는 말. ¶∼을 적어 놓다. mark ⑦〈수학〉두 개의 직선이 교차는 자리. 일체의 도형의 궁극적 구성 요소인 가장 단순한 도형으로서 위치만 있고 크기가 없는 것. point ⑧살갗에, 거뭇하거나 붉그레하게 박힌 표나 부분. ⑨성적을 표시하는 숫자. marks ⑩아느니 지적된 사항을 나타내는 부분. ¶그도 좋은 ∼이 있다. ⑪〈음악〉 음표나 쉼표의 오른쪽에 덧붙여 적히어 그 원길이의 반만큼의 길이를 더함을 표시하는 검은 점. 의태 ①(동) 시(時). ②물품의 가짓수를 셀 때 쓰는 말. ¶의류 삼 ∼. items ③바둑에서, 바둑판의 눈이나 바둑돌의 수를 세는 말. baduk stone ④떨어지는 액체의 방울을 셀 때 쓰는 말. drop ⑤잘고게 뜨어낸 작은 조각.
=점(店)圀■ 가게의 뜻. ¶철물∼. small slice
점:가(漸加)圀 점점 더함. (때) 점감(漸減). gradual increase 하타 「(漸加). gradual decrease 하타
점:감(漸減)圀 차차 줄어듦. (때) 점증(漸增). 점가
점:강=법(漸降法)圀 〈문학〉어구를 단계적 차례로 끌어내려 점점 감흥을 고조시켜 절정으로 이르는 수사법(修辭法). 「(2동) 점유(占有)②. 하타
점거(占居)圀 ①차지하여 자리를 잡음. occupation
점거(占據)圀 일정한 곳을 차지하여 자리잡음. occupation 하타 「ion 하타
점:검(點檢)圀 자세히 검사함. 점검(檢點). inspect-

점결-성[-셩](粘結性)〖광물〗 석탄이 탈 때 녹아서 유동체가 되어, 뭉쳐서 덩어리가 되는 성질. coking property

점결-탄(粘結炭)〖광물〗 석탄이 탈 때에 녹아서 유동체(流動體)가 된 뒤에 해탄(骸炭)이 되는 석탄.

점경(點景)〖미〗 ①산수화 가운데 인물·동물 등을 그려 넣어서 그 경치를 돋구게 함. ②멀리 점점이 이룬 경치. distant scattered view 하다

점:계(漸階)〖명〗 일일이 조사하여 헤아리는 일. 하다

점:고(漸高)〖명〗 점점 높아짐. gradual rise 하다

점:고(點考)〖명〗 점을 적어 가면서 사람의 수효를 조사함. roll-call 하다

점:고-맞-다(點考-)〖자〗 점고에 빠지지 않고 그 일을 치르다. be present at roll-call

점괘(占卦)〖명〗 점에 나오는 괘. ¶~ 가 붙다.

점괴(苫塊)〖명〗 상제가 앉는 거친 자리. 거적 자리와 흙덩이 베개라는 뜻. rough mat for mourners

점괴 여천(苫塊餘喘)〖명〗 부모의 상사를 치른 사람이 죄스러운 경황이 없음을 남에게 대해 일컫는 말.

점:교(漸敎)〖명〗〖불교〗 ①불교의 교리. 원(圓)에 이르는 첫 단계가 되는 가르침. (대)돈교(頓敎). ②섭법의 내용상 점차로 불과(佛果)를 깨닫게 되는 교법.

점:귀-부(點鬼簿)〖명〗 죽은 사람의 이름을 기록하는 장부.

점균(粘菌)〖명〗 균류(菌類)의 하나. 극히 분화가 낮은 식물로 엽록소를 갖지 않는 점액상의 원형질피(塊)이며 운동성이 있음. mucous fungus

점-그래프(點 graph)〖명〗〖수학〗양의 일정한 단위를 점으로 나타내는 도표.

점:근(漸近)〖명〗 점점 가까워짐. gradual approach 하다

점:근-선(漸近線)〖명〗〖수학〗 해석 기하에서 곡선 K 위의 동점(動點) P 가 K에 따라 원점으로부터 무한대의 거리로 연장되는 경우, P로부터의 거리가 무한소(無限小)가 될 수 있는 정직선 g 가 존재할 때에 그를 K의 접근선이라 한다. asymptote

점-금(點-)〖동〗 점선(點線).

점:금(漸及)〖명〗 점점 미침. reach gradually 하다

점나도-나물(點-)〖명〗〖식물〗석죽과(石竹科)의 일년생·이년생 풀. 줄기는 총생하여 25 cm 내외. 5~7월에 흰 꽃이 피고 과실은 삭과임. 어린 잎은 식용함. 주는 내기. 하다

점-내:기(點-)〖명〗 마둑의 승패에 따라 흰 점석 점을 주는 내기. 하다

점:다(點茶)〖명〗 뜨거운 찻잎을 그릇에 담고 끓는 물을 부어 우리는 차 끓이는 방법의 하나. 하다

점-다랭이(點-)〖명〗〖어류〗 고등어과의 바닷물고기. 가다랑이에 가까우며 크기 1 m에 이르며 가슴지느러미 밑에 1~9개의 흑점이 있음.

점단(占斷)〖명〗 점을 쳐서 판단함. 하다

점:대[-때](占-)〖명〗 점을 치는 데 쓰는 대오리. 첨자(籤子). 첨대②. divining blocks

점-대:칭(點對稱)〖명〗〖수학〗한 도형이 한 정점의 주위에 180도 회전하여 완전히 겹쳐지는 대칭. (대)선대칭(線對稱). point symmetry

점도(粘度·黏度)〖명〗 점성(粘性)이 있는 정도. viscosity

점도-계(粘度計)〖명〗 유체의 점도를 측정하는 계기. viscometer

점도-미(點-)〖명〗〖어류〗점도미과에 속하는 바닷물고기. 비늘이 작고 가는데, 몸 옆 쪽에는 검고 큰 무늬가 무엇이 하나 있음. (약)점미.

점도-표(點圖表)〖명〗 양의 일정한 단위를 점으로 나타내는 도표. point chart

점돈[-똔](占-)〖명〗 점을 치는 데 쓰는 돈.

점-돔(點-)〖명〗〖어〗 →점도미.

점:두(店頭)〖명〗 가게의 앞쪽. ¶~ 장식(裝飾). shop front

점:두(點頭)〖명〗 끄덕인다는 뜻으로 머리를 약간 끄덕임. nodding 하다

점:두 매매(店頭賣買)〖명〗 거래소를 통하지 않고 증권 거래가 점두에서 행하지는 주식의 거래. over-the-counter dealings

점:두 시:장(店頭市場)〖명〗〖경제〗증권 시장 밖에서 증권 매매가 이루어지는 비공식적인 시장.

점-둥이(點-)〖명〗 ①점이 박힌 개. brindled dog ②〖동〗점박이.

점득(占得)〖명〗 점거(占據)하여 얻음. capture 하다

점:등(漸騰)〖명〗 시세가 점점 오름. (대)점락(漸落). gradual rise 하다 ing 하다

점:등(點燈)〖명〗 등에 불을 켬. (대)소등(消燈). light-

점:락(漸落)〖명〗 시세가 점점 떨어짐. (대)점등(漸騰). gradual fall 하다

점력(粘力·黏力)〖명〗 끈끈한 힘. cohesion

점령(占領)〖명〗 ①일정한 곳을 차지하여 남의 침입을 허락하지 않음. ②물건을 차지하고 남이 가짐을 허락하지 않음. ③한 국가가 병력으로서 나라 밖의 일정한 지역을 점유함. ¶~군(軍). occupation ④국제법상 토지를 사실상 자기 권력하에 두는 일. 하다 territory

점령-지(占領地)〖명〗〖군사〗점령한 지역. occupied

점:막(店幕)〖명〗 음식을 팔고 나그네를 묵게 하는 집. tavern

점막(粘膜·黏膜)〖명〗〖생리〗 몸 속 내강(內腔)의 겉층을 덮고 점액으로 늘 젖어 있는 막. 점액막(粘液膜). mucous membrane

점막-암(粘膜癌)〖명〗〖의학〗점막에 생기는 암종.

점:멸(漸滅)〖명〗 차차 망하여 감. 차차 없어짐. gradual decline 하다

점:멸(點滅)〖명〗 ①등불을 켰다 껐다 함. switching on and off ②등불이 켜졌다 꺼졌다 함. glimmering 하다

점:멸-기(點滅器)〖명〗 광고탑(廣告塔) 따위의 전등을 켰다 껐다 하는 기구. switch name

점:명(店名)〖명〗 점포의 이름. (유)상호(商號). firm

점:명(點名)〖명〗 표를 적어 가며 이름을 부름. roll-call 하다 분비하는 털.

점모(粘毛)〖명〗〖식물〗잎이나 꽃받침 따위에서 점액을

점몽(占夢)〖명〗 꿈의 길흉을 점침. 해몽(解夢). interpretation of dream 하다

점:묘(點描)〖명〗 ①채색점(彩色點)을 찍어서 그림을 그리는 화법. ¶~화(畫). pointillism ②〖문학〗어떤 사물의 한 부분을 각각 떼어서 따로따로 묘사하는 일. ¶어촌 생활 ~. sketch 하다

점:묘-주의(點描主義)〖명〗 →점묘파(點描派).

점:묘-파(點描派)〖명〗 19세기에 일어난 프랑스 회화(繪畫)의 한 파. 물감을 팔레트 위에서 섞지 않고 그대로 화면에 작은 점을 같이 배치하는 화법을 씀. 점묘주의. 신인상주의. pointillisme

점문(占文)〖명〗 점괘에 나타난 내용을 적은 글.

점미(粘米·黏米)〖명〗 찹쌀. glutinous rice

점-박이(點-)〖명〗 ①점이 있는 사람이나 짐승. 점둥이②. brindled animal ②남에게 늘 손가락질을 받는 사람. object of ridicule

점:방[-빵](店房)〖명〗 가겟방. 저사(邸舍)①. store

점:법(點法)〖명〗〖미술〗중국 산수화 수법의 하나. 점묘법(點墨法).

점병〖명〗 작은 물건의 끝이 물위에 잠겼다 뜰 때 나는 소리, 또, 그 모양. 〖작〗잠방. fall plop into

점병-거리-다〖자〗 연해 점병 소리가 나다. 또, 연해 점병 소리를 나게 하다. 〖작〗잠방거리다. **점병=점병**〖명〗

점병(粘餠·黏餠)〖명〗 찹쌀 가루·찰수수 가루·밀가루 따위를 물에 개어 번철에 지진 떡. pan-cake

점보(粘報·黏報)〖명〗 증거 서류를 덧붙여서 보고함. 하다

점보(jumbo)〖명〗 ①대형의 경도(坑道) 착암기. ②자동확대 인화기. 또, 그것으로 만든 사진. ③대규모. 거대함. 여객기.

점보 제트기(jumbo jet 機)〖명〗 초대형(超大型) 제트

점복(占卜)〖명〗 ①점을 쳐서 길흉을 미리 짐작하는 일. ②점술과 복술. 하다 아야 함.

점:=불가장(漸不可長)〖명〗 폐단이 더하기 전에 미리 막

점:불정[—정](點佛睛)圏 〈불교〉 불상을 만들거나 그릴 때 최후로 그 눈을 박거나 점음. 점안(點眼)③. 정점(點睛)①.

점사(占辭)圏 길흉(吉凶)을 보이는 패(卦)에 드러난 말.

점=상[—상](占床)圏 점치는 제구를 놓는 상.

점상(點狀)圏 점과 같은 모양.

점서(占書)圏 점에 관한 일을 기록한 책. book on divination

점서(占筮)圏《동》복서(卜筮).

점석(苫席)圏 상제가 앉는 거적 자리. straw mat seat

점선(點線)圏 점을 이어서 적어 놓은 줄. 점금. dotted line

점성(占星)圏 별의 모양을 보고 길흉을 점치는 일. 또, 천문(天文)을 보는 일. 1~가(家).

점성(粘性・黏性)圏 〈물리〉 ①유체(流體)의 각 부분이 서로 저항하여 내부의 마찰이 생기는 성질 viscosity ②차지고 끈끈한 성질.

점성(占星)圏 국가의 치란(治亂)・인간의 길흉・천재 지변 등을 별의 빛깔이나 위치로써 판단한다는 술법. astrology

점성 유체[—유—](粘性流體)圏 〈물리〉 점성을 가진 유체.

점:수(點水)圏 눈물을 방울져 떨어뜨림. 하타

점:수(點授)圏《동》점지(點指). 하타

점수[—쑤](點數)圏 ①점의 수효. ②끗수. ③성적을 나타내는 숫자. ④물건의 가짓수. number of items

점술(占術)圏 점치는 법. art of divination

점=시:력(點視力)圏 미세한 점의 존재 유무를 분간할 수 있는 능력.《대》선시력.

점:신세(漸新世)圏 〈지학〉 신생대 제 3기를 다섯으로 구분한 셋째 지질 시대. Oligocene age

점:심(點心)圏 ①낮에 먹는 끼니. midday meal ② 〈불교〉선종(禪宗)에서, 배고플 때에 조금 먹는 음식. Buddhist monk's snack ③무당이 삼신에게 음식을 차려 놓고 비는 일. ④중국 요리에 곁들여 나오는 과자. [반나절. forenoon

점:심 나절(點心—)圏 아침부터 점심 먹을 때까지의

점:심-때(點心—)圏 점심을 먹을 때. 쓰일 (午正)때가 된 때. about noon [midday meal

점:심-먹이(點心—)圏 점심으로 먹을 음식. food for

점:심-바치-다(點心—)圏 무당이 갓난아이의 명이 길고 그 어머니의 젖이 잘나라고 삼신에게 점심을 울리다.

점:심-밥[—빱](點心—)圏 점심으로 먹는 밥.

점:심-참(點心—)圏 점심을 먹을 시각. noon recess

점:심-하다(點心—)①점심밥을 짓다. cook midday meal ②점심밥을 먹다. have one's midday meal

점:안(點眼)圏 ①눈에 안약을 떨어뜨리어 넣음. dropping lotion in the eyes ②미술에서의 멘 나중의 단단한 곳을 찍음. 점정(點睛)①. ③〈불교〉불상을 그리고 나서 잡귀를 막기 위하여 주문을 외며 불상의 눈에 동자를 그리는 일. 점불정(點佛睛). 하타

점:안 불사[—싸](點眼佛事)圏 〈불교〉불상의 점안할 때 갖는 불공. [eye lotion

점:안-수(點眼水)圏 눈에 방울을 떨어뜨리는 약수.

점액(粘液・黏液)圏 ①끈끈한 액체. mucous ②〈생리〉생물체내의 점액선 등에서 분비되는 끈끈한 액체.

점액-낭(粘液嚢・黏液嚢)圏 〈생리〉몸안의 연한 부분과 단단한 부분의 사이에 있어 그 마찰을 작게 하는 미끈미끈한 액. mucilage

점액-선(粘液腺・黏液腺)圏 〈생리〉체내의 장기(臟器)의 표면을 점막 사이에 있어 점액을 분비하는 선. mucilage gland

점액 수종(粘液水腫・黏液水腫)圏 〈의학〉갑상선의 기능 감퇴로 말미암아 생기는 질병. myxoedema

점액-질(粘液質・黏液質)圏 〈심리〉감수성이 둔하고 열심과 활기가 적으나 끈기가 강하고 내구력이 있는 기질. phlegmatic temperament

점=양토[—냥—](粘壤土)圏 〈지학〉양토에 점토가 섞인 토질.

점없:는 책받침(點—)圏 한자 부수(部首)의 하나. '廷・建'자 등의 '廴'의 이름. 민책받침. '칡. 是부

점역(點譯)圏 말이나 보통의 글자를 점자(點字)로 로.

점:염(漸染)圏 차차 번져서 물듦. 점점염됨. being gradually imbued 하타 [little by little

점:염(漸染)圏 조금씩 물듦. being imbued little by

점엽(點葉)圏 동양화에서, 나뭇잎을 묘사할 때 윤곽선을 사용하지 않고 붓을 사용하여 점묘(點描)하는 수법. 1~법(法)

점:오(漸悟)圏 〈불교〉차차 깊이 깨달음. gradual enlightenment 하타

점용(占用)圏 차지하여 제가 사용함. occupy for private use 하타

점:원(店員)圏 상점에서 일을 보살피는 사람. 《대》점주(店主). salesman or saleswoman

점유(占有)圏 ①자치하여 제것을 삼음. ②〈법률〉자기를 위할의 의사로서 유체물(有體物)을 소지(所持)하는 일. 점거(占居)②. possession 하타

점:유(漸癒)圏 병이 차츰 나아감. gradual recovery

점유-권[—꿘](占有權)圏 〈법률〉점유자가 점유의 사실에 의하여 가진 권리. possessory right

점유-물(占有物)圏 점유의 목적이 되는 유체물. thing possessed

점윤(霑潤)圏 비나 이슬에 젖어서 불음. 하타

점=음표(點音標)圏 〈음악〉민음표의 오른쪽에 검은 점을 찍은 음표. 소리가 민음표의 한 배 반임. dot

점:이(漸移)圏 차차 옮아감. gradual movement 하타

점:이-성[—썽](漸移性)圏 차차 옮아가는 성질.

점:이 지대(漸移地帶)圏 〈지학〉어느 두 다른 지리적 특징을 가지는 지역 사이에 위치하이는 지대.

점:입 가경(漸入佳境)圏 차차 썩 좋은 지경으로 들어감. grow more and more and exciting 하타

점:자(點子)圏 〈음악〉'田'자 모양의 정간(井間)이 있고 자루가 달린 틀에 소라(小鑼) 네 개를 단 군(軍樂)에서 쓰이던 악기의 하나.

점자[—짜](點字)圏 종이에 도드라지게 바늘 구멍을 뚫어 손가락 끝으로 만져서 알게 한 소경이 읽게 만든 글자. braille

점:잔(행)이 야하지 않고 묵숙한 태도. gentlehood

점:잔-부리-다(體) 줄은 점잖은 태도를 나타내다. make affected pose

점:잔-빼-다(體) 짐짓 점잖은 태도를 일부러 짓다. make affected pose [airs

점:잔-피우다(體) 점잖을 체하다. 점잖을 떨다. put on

점:잖-다(體) ①몸가짐이 묵직하고 높다. gentle ②의 젓하다. dignified ③신수가 훌륭하다. well-mannered ④됨됨이가 야하지 않고 고상하다. 《작》잠잖다. noble **점:잖-이**(體)

점잖으면 개는 부뚜막에 오른다(옥) 점잖다고 믿고 있던 사람이 엉뚱한 짓을 한다.

점:재(點在)圏 여기저기 흩어져 있음. scattering 하타

점:쟁-이(占—)圏 점치는 일을 업으로 삼는 사람. 복자(卜者). 주역 선생. fortune-teller

점:적(點滴)圏 ①물방울을 떨어뜨리는 물방울. drops of water ②물방울을 떨어뜨림. ③〈화학〉시료(試料)에 시약(試藥) 방울을 떨어뜨리는 것. 하타

점:적-판(點滴板)圏《동》점적판(滴板).

점적(苫前)圏 부모상을 당하여 아직 장사지내기 전인 상제에게 보내는 편지에서 상제의 이름 아래에 쓰는 말. 1~좋아지요.

점:점(漸漸)圏 조금씩 차차. 점차(漸次). 초초(稍稍).

점:점-이(點點—)圏 여기저기 하나씩. here and there

점점-이(點點—)圏 ①꽃잎에 with pink dots ②여기저기 울긋불긋하게 꽃이 핀 모양. being dotted with flowers

점:정(點睛)圏 ①《동》점안(點眼)②. 점불정(點佛睛). ②《약》→화룡 점정(畫龍點睛).

점제(粘劑)圀 →접점제.

점조(占兆)圀 점패의 좋고 나쁜 조짐. good or evil [omen

점조(粘稠)圀 차지고 밀도가 조밀함. 하형

점조-제(粘稠劑)圀 액체에 점력을 주기 위하여 쓰는 물질. (약) 점제(粘劑).

점-주(店主)圀 가게 주인. (대) 점원. store-keeper

점-주[—쭈](點—)圀 〈어학〉문장 부호의 하나. 문장 속의 무언표 「……」의 이름. 무언부(無言符).

점-증(漸增)圀 차차 많아짐. (대) 감감(漸減). gradual increase 하타   [授] blessing with son 하타

점-지(點指)圀 신불이 자식을 갖게 하는 수(點).

점직-스럽-다[—릅—]匣日匣 정직하게 느껴지다. **점직-스레**用

점직-하-다(—匣匣 부끄럽고 미안한 느낌이 있다. 〜 정하다. feel shy   [gradual progress 하타

점-진(漸進)圀 순서대로 차차 나아감. (대) 급진(急進).

점-진-적(漸進的)圀冠 목적·이상 등을 급하지 아니하게 순서를 좇아 서서히 실현하려는(것). ¶ 〜인 개선책. 점을 낱낱이 세서 나아가려는 주의.

점-진-주의(漸進主義)圀 급격한 수단을 피하고 순서

점질(粘質·黏質)圀 차지고 끈끈한 성질. 또, 그런 물질. viscosity ¶도 아랫 사람에 대하여 씀.

점차(苫次)圀 부모 상중(喪中)에 있는 사람의 거처.

점차(點差)圀 점수 득점의 차.

점-차(漸次)圀 점점 (漸漸).

점-차-로(漸次—)囝 '점차'의 힘줌말. gradually

점착(粘着·黏着)圀 틈이 없이 착 붙음. adhesion

점착-력(粘着力·黏着力)圀 두 물체의 분자가 서로 달라붙는 힘. cohesive power

점착-제(粘着劑·黏着劑)圀 물건을 점착하는 데 쓰는 물질. adhesive

점-철(點綴)圀 여기저기 흩어진 점이 서로 이어지거나 이음. being dotted 하타

점체(粘體·黏體)圀 엿·초(醋) 따위와 같이 고체와 액체와의 중간 상태의 물질. viscous body

점-추[—뻡](漸墜法)圀〈문학〉점차(漸次)로 말뜻을 낮추는 수사법. 점강법(漸降法). (대) 점층법(漸層法). anticlimax

점-층-법[—뻡](漸層法)圀〈문학〉점차로 어의(語意)를 높이며 강조하는 수사법(修辭法). (대) 점추법(漸墜法). climax   「어보다. tell one's fortune

점-치-다(占—)타 길흉을 판단하기 위하여 점패를 보

점탈(占奪)圀 남의 것을 빼앗아 차지함. plunder 하타

점-태(點苔)圀 동양화에서, 암석(岩石)·나뭇가지 따위의 이끼를 나타내기 위하여 요소에 찍는 점.

점토(粘土·黏土)圀〈지리〉장석(長石)을 끌고 있는 암석(岩石)의 분해로 인하여 된 토양. clay ¶질그릇.

점토-기(粘土器·黏土器)圀 점토를 원료로 하여 만든 일반(岩石). clay stone   「질. clayey

점토-암(粘土岩·黏土岩)圀〈광물〉다소 굳어진 점토로 된 일암(岩石). clay stone

점토-질(粘土質·黏土質)圀〈지리〉점토가 많이 섞인

점-퇴(漸退)圀 ①차차 뒤로 물러남. gradual retreat ②차차 쇠퇴하여 감. gradual decline 하자

점-파(點播)圀 씨앗을 한 개나 두서너 개씩을 한 도 기로 뿌리는 파종법. 하타

점-파-기(點播機)圀 점파에 사용하는 농기의 하나.

점-판(店—)圀 금·은·동 따위의 광구(鑛區)의 통칭. ¶ 〜을. mine

점판-암(粘板岩·黏板岩)圀〈광물〉점토가 석영(石英) 따위와 섞여서 굳어져 된 짙은 빛의 수성암(水成岩). clay slate stone

점퍼(jumper)圀 ①수병들이 입는 품 넓은 재킷. ② 남자의 운동용 웃옷 또는 직공의 작업복. 잠바.

점퍼 스커-트(jumper skirt)圀 블라우스 위에 입는 소매 없는 상의와 스커트가 한데 붙은 여자의 옷.

점-편(占便)圀 하기에 편한 방법을 골라서 함. applying convenient method 하타

점-포(店鋪)圀 가겟집. 점사(店肆). store

점풍(占風)圀 점술(占術)과 지술(地術).

점풍-기(占風旗)圀 돛대 머리에 달아서 바람의 방향을 보는 기. wind vane

점프(jump)圀 ①〈체육〉뜀뛰기. 육상 경기의 넓이뛰기·높이뛰기·삼단도(三段跳) 따위. ②〈체육〉스키에서, 도약 겨루기. ③필름 편집 착오로 장면의 접속이 틀리는 일. 하자

점프 볼-(jump ball)圀〈체육〉농구에서, 양팀의 두 사람이 심판이 던진 공을 점프하여 쳐 올리는데서 시합이 시작되는 것. 하타

점핑(jumping)圀 뛰는 일. 도약(跳躍). 하형 「방법.

점=**하-다**(占—)匣여匣(약) →점지하다.

점=**하다**(占—)匣티 자리를 차지하다. occupy

점-호(點呼)圀 ①일일이 이름을 불러 인원을 조사함. roll-call ②(약) 〜간열 점호(間隔點呼).

점-화(點火)圀 ①불을 붙임. ignition ②불을 땜. (대) 소화(消火). ③내연 기관에서, 가스를 폭발시키기 위해 가스체에 가열물 또는 전기 불꽃을 접촉시키는 조작. 하타

점-화-구(點火口)圀 불을 켜는 부리의 구멍.

점-화-법[—뻡](點火法)圀 점화하는 방법.

점-화-약(點火藥)圀 화약에 연소를 일으키기 위하여 쓰는 약제. priming powder

점-화 장치(點火裝置)圀 ①총포의 장약의 발화나 수뢰 기타의 폭약을 폭발시키는 장치. ②내연 기관에서, 압축된 가스를 폭발시키기 위하여 전기 불꽃을 일으키는 장치. igniter

점-화-전(點火栓)圀〈공업〉내연 기관에 있어서, 압축된 기체에 점화시키기 위하여 고압 전류를 흘러서 불꽃 방전을 일으키는 점화용 부분품. 발화전(發火栓). plug

점-획(點畫)圀 글자의 점과 획. dots and strokes

점후(占候)圀 공중의 구름 기운을 바라보고 길흉을 점쳐서 헤아림. 하타   「사과 한 〜.

접圀 배추·고추·마늘 따위의 100개씩 세는 말.

접(接)圀 ①〈제도〉글방 학생이나 과거에 응하는 유생(儒生)의 무리. ②등짐 장수의 단체. group of peddlers   「법. grafting 하타

접(接)圀〈식물〉과실 나무를 인공으로 번식시키는 방

접각(接角)圀〈수학〉평면 위에서 세 개의 선이 한 점에서 만날 때 가운데를 이루는 각의 다른 쪽에 대한 일컬음. (원) 인접각(隣接角). contiguous angle

접객(接客)圀 손님을 대접함. 접빈(接賓). 접대(接待). service for customers 하타

접객-부(接客婦)圀〈동〉접대부(接待婦).

접객-업(接客業)圀 음식물을 먹이며 숙박·다방, 못치장을 하여 주는 이발관·미장원·목욕탕 따위의 영업. entertainment business   「하타

접거(接居)圀 임시로 잠시 동안 머물러 삶. residence

접견(接見)圀 ①직접 대하여 봄. ②(법률) 구류중인 피고인·수형자(受刑者)가 변호사 등 외부 사람과 만남. 회견(會見). reception 하타

접경(接境)圀 서로 닿은 경계. 또, 경계가 맞닿음. 접계(接界). 교계(交際). 연경(連境). boundary 하타

접계(接界)圀〈동〉접경(接境). 하타   「하타

접골(接骨)圀〈의학〉부러진 뼈를 맞춤. bone-setting

접골-목(接骨木)圀〈식물〉말오줌나무.

접골-사[—싸](接骨師)圀 의사 수술에 의하지 않고 경험과 짐작에 의하여 주로 부목·깁스 등의 방법으로 골절·탈구 등을 치료하는 사람. bone setter

접골-의(接骨醫)圀〈의학〉접골의 치료를 전문으로 하는 의사.

접구(接口)圀 ①〈동〉근구(近口). ②음식을 겨우 입에 대었다 뗄 정도로 조금 먹음. light eating 하타

접근(接近)圀 가까이 닿음. approach 하타

접-낫圀 자그마한 낫. small sickle

접-다匣 ①꺾어서 겹치다. fold ②폈던 것을 본디의 형태로 되게 하다. fold ③자기의 의견이나 주장을 보류하다. ④자기보다 못한 사람과 상대할 때 얼마쯤 요구 수준을 낮추어 대하거나, 그에게 유리한 조건을 가지게 하다.

접대(接待)圀 손을 맞아 응함. 응대(應待). 응접(應

접대(接對)[명] 응접하여 대면함. 하다
접대(接臺)[명] [동] 접본(接本).
접대 등절(接待等節)[명] 손을 대접하는 모든 절차.
접대-부(接待婦)[명] 요리점 따위에서 손을 접대하는 여자. 접객부. 여급(女給). service-maid
접대-비(接待費)[명] 손님을 접대하는 데 쓰이는 비용.
접-대:패(接一)[명] 곱게 깎기 위하여 날 위에 덧날을 끼운 대패.
접도(接刀)[명] 나무를 접붙일 때의 접본(接本)을 째는 데 쓰는 칼.
접도(摺刀)[명] [동] 접칼.
접도 구역(接道區域)[명] [법률] 장래의 도로 확장용 공간 확보, 도로 보호, 도로변의 미화, 위험 방지 등을 위하여 법으로 지정된 도로 또는 도로 예정 경계선에서 일정 거리의 구역.
접동-새[명] [조류] 소쩍새. cuckoo
접두(接頭)[명] [제도] 동학교(東學校) 교구(敎區)의 접(接)의 우두머리.
접두-사(接頭辭)[명] 〈어학〉 어떤 말의 머리에 붙어서 그 뜻을 세게 하거나 어떤 뜻을 더하는 말. 접두어 (接頭語). (대) 접요사. 접미사(接尾辭). prefix
접두-어(接頭語)[명] [동] 접두사(接頭辭).
접-등(摺燈)[명] 주름을 잡아 접었다 폈다 하게 되어 있는 촛불을 켜는 등의 하나. 굼벵이 등. folding lamp
접-일(向日)[명] 요 며칠 전에. 지난번. 향시(向時)① 향일(向日). few days ago
접린(接隣)[명] 서로 닿은 이웃. 또, 서로 닿음. vici-
접매(接袂)[명] 이어져 매임. 하다
접목(接木・椄木)[명] 〈농업〉 ① 나무를 접붙임. grafting ② 접붙인 나무. (대) 실생(實生). grafted tree 하다
접목(接目)[명] 잠을 이루려고 눈을 붙임. (유) 교첩(交睫). closing one's eyes to sleep 하다
접문(接吻)[명] [동] 키스(kiss). 하다
접물(接物)[명] 물건에 접함.
접미-사(接尾辭)[명] 〈어학〉 어떤 말의 뒤에 덧붙어서 그 의미를 세게 하거나 더하는 말. 접미어. (대) 접두사. 접요사. suffix
접미-어(接尾語)[명] [동] 접미사.
접-바둑[명] 하수(下手)가 미리 화점(花點)에 2점 이상 놓고 두는 바둑.
접변(接變)[명] 〈어학〉 단어와 단어, 음절과 음절이 서로 만나서 발음이 변하는 현상. 이어 바뀜. ② [약] →접음 접변. progressive assimilation 하다
접본(椄本)[명] 〈식물〉 대목(臺木). 접을 붙일 때 바탕 이 되는 나무. 접매(接臺).
접-불임[一부치](椄一)[명] 〈식물〉 접을 붙이는 일. 하다
접-불이기[一부치기](椄一)[명] 〈식물〉 나무를 접붙이는 일. grafting 하다 [graft
접-불이-다[一부치一](椄一)[타] 접목(椄木)을 하다.
접빈(接賓)[명] [동] 접객(接客). 하다
접사(接邪)[명] 요사스러운 귀신이 붙었다는 뜻으로 시름시름 앓고 있음을 말함. 하다
접사(接寫)[명] 사진에서, 렌즈를 그 물건에 가까이 하여 박는 일.
접사(接辭)[명] [동] 접두접미②. (ㄱ 적고도. 하다)
접사리[명] ① 비옷의 하나. 흔히 떠나 밀짚 등으로 머리에 덮어 써서 무릎 가까이까지 이르게 만듦. sed- ged coat ② 미사리¹.
접속-법(接續法)[명]-[빨] 〈어학〉 문장이나 단어를 접속사로 이어 가는 법. (대) 단서법[續敍法].
접석(接席)[명] 서로 앉는 자리를 가까이 함. 하다
접선(接線)[명] ① 〈수학〉 어떤 곡선 또는 곡면상의 한 점과 닿는 직선. 접선(切線). 촉선(觸線). (대) 할 선(割線). tangent line ② 줄을 댐. 접촉함. 하다
접선(摺扇)[명] [동] 쥘부채.
접속(接續)[명] 맞대어 이음. connection 하다
접속-곡(接續曲)[명] 〈음악〉 여러 악곡의 일부씩을 접속하여 한 곡으로 만든 곡. medley
접속범(接續犯)[명] 〈법률〉 시간・공간적으로 극히 근접한 기회에 수 개의 동종 범죄를 행하는 일. 사실

상은 몇 개의 행위나 그것들이 다만 한 차례의 구성 요건을 충족하는데 그친다고 인정되는 경우의
접속-법(接續法)[명] [동] 가정법(假定法). [범죄.
접속 부사(接續副詞)[명] 〈어학〉 부사의 하나. 단어, 구절과 구절 사이를 잇는 말. '및'・'그런데' 따위.
접속사(接續詞)[명] 〈어학〉 단어나 문장을 잇는 구실을 하는 말들의 품사. 이음씨. 잇씨. conjunction
접속-사(接續辭)[명] 〈어학〉 문법에서, 문장 가운데에 서 접속사(接續詞) 등과 같이 문(文)의 전개에 쓰이며, 표현의 전개에 소용되는 말. 접속어②.
접속 수역(接續水域)[명] 영해에 접속하는 일정 범위의 공해 수역. [숙어(接續語).
접속-어(接續語)[명] ① [동] 교착어(膠着語). ② [동] 접속 조-사(接續助詞)[명] 〈어학〉 조사의 분류의 하나. 체언과 체언을 연결하여 접속시키는 구실을 함.
접속-형(接續形)[명] 〈어학〉 연결 어미로 끝나는 활용형. 접속 관계에 따라 대립적・종속적 연결 어미로 나뉨.
접수(接收)[명] ① 받아서 거둠. receipt ② 권력 기관이 그의 필요상 국민의 소유물을 일방적 의사로 거두어 들이는 일. requisition 하다
접수(接受)[명] ① 받아들임. receipt ② 문서 따위를 처결할 목적으로 받아들임. 수부(受付)②. acceptance
접수(接穗)[명] [동] 접지(接枝). 하다 [하다
접수-구(接受口)[명] 관청・회사 따위에 공적 문서 따위를 받아들이거나 안내를 하는 창구. 수부구(受付口). reception counter [하는 쪽의 나라.
접수-국(接受國)[명] 외국의 외교 사절・영사・특사를
접수-부(接受簿)[명] 건명(件名)・인명(人名)・수량 등 접수한 사실을 기록하는 장부.
접수-증(接受證)[명] 접수하였음을 증명하는 표.
접수-처(接受處)[명] 접수하는 사무를 맡아보는 곳.
접-순(接一)[명] [동] 접지(接枝). [하다
접순(接脣)[명] ① 근근(近口). ② 입을 맞춤. kiss
접슬(接膝)[명] 바짝 가까이 하여 무릎이 서로 닿을 정도로 앉음. 하다 [(樣子). dish
접시[명] 반찬・과실 등을 담는 얕고 납작한 그릇. 접자
접시-꽃[식물] 아욱과의 다년생 풀. 양아욱과 비슷하여 높이 2m 가량에, 잎은 넓은 심장형을. 6~8월에 접시 모양의 크고 납작한 꽃이 적색・백색・자색 등으로 핌. 중국이 원산지임. 촉규화(蜀葵花). 촉규(蜀葵). 층층화(層層花). hollyhock
접시 받침[건축] 장여나 화반 따위의 밑에서 끼우는 네모꼴 나무. 소로(小櫨). 소루(小累).
접시 밥도 담을 탓이다 [수단이나 성의를 다하면 좋은 성과를 이룰 수 있다.
접시 천칭(一天秤)[명] 접시가 위쪽에 달린 천칭.
접신(接神)[명] ① 신령이 몸에 내려 지핌. being poss-essed by demon ② 중국에서 제야(除夜)의 12시가 지나면 하늘에서 내려온다고 믿는 신(神)들을 집안에 맞아들이는 의식. 하다
접심(接心)[명] ① 마음이 외물(外物)을 접하여 느낌. ② 〈불교〉 선종(禪宗)에서, 중이 선(禪)의 교의(敎義)를 보이는 일. 하다
접안-경(接眼鏡)[명] [동] 접안 렌즈.
접안 렌즈(接眼 lens)[명] 현미경이나 망원경 따위에서 눈에 대는 쪽의 렌즈. 대안 렌즈(對眼 lens). 접안경. (대) 대물 렌즈(對物 lens). eye-piece lens
접어(鰈魚)[명] 〈어류〉 가자미. ¶~전(腸). flatfish
접어(接語)[명] ① 서로 말을 주고받음. conversation ② 〈어학〉 어떤 단어나 어간에 첨가되어 새 단어를 이루는 말. 접사. affix 하다
접어-들다[ㄹ변] ① 어느 시기나 나이, 작정한 때가 다가오다. set in ② 한계선을 넘거나 갈림길로 목표를 정하고 들어가다. ¶언덕길로 ~. [작] 잡아들 다. enter
접어-주다[타] ① 자기만 못한 사람에게 얼마쯤 너그럽게 대하여 주다. overlook ② 바둑 따위에서 수가

낮은 사람에게 유리한 조건을 붙여 주다. 《약》 접다⑨. give an advantage 「라를 일컫는 말.
접역(蝶域)圀 가자미 모양과 같다는 뜻으로, 우리 나
접영(蝶泳)圀 수영법의 하나. 두 손을 동시에 앞으로 뻗쳐 물을 끌어당기면서 헤엄쳐 나감. butterfly
접-요[-뇨](摺-)圀 면 길을 가는 데 쓰는 짐승의 털로 병풍하게 만든 요.
접요-사(接腰辭)圀〈어학〉어떤 말과 말 사이에 끼어들어가 그 두 말을 어우르게 하여 한 낱의 새 말로 만드는 접사(接辭)의 하나. '잇몸'의 'ㅅ'·'좁쌀'의 'ㅂ' 따위. 《대》접사. infix
접-의자(摺椅子)圀 등과 앉는 자리를 피륙으로 갈아 접었다 폈다 하게 된 의자. folding chair 「하다
접이-하다 귀에 입을 대고 조용조용 말하다. whisper
접-자(摺-)圀 접었다 폈다 하는 자. 절척(折尺). jointed rule
접장(接長)圀 ①글방 선생. master of private school ②어떤 동아리의 우두머리. head of party
접장(接狀)圀 서류를 받아들임. reception of documents 하다 「onting enemy 하다
접적(接敵)圀 적과 맞부딪침. 적진에 근접함. confr-
접전(接戰)圀 ①어울러 싸움. 합전(合戰). close fighting ②서로 힘이 비슷하여 승부가 쉽게 나지 않는 싸움. 하다 「(切點)②. point of contact
접점(接點)圀〈수학〉곡선과 곡선이 닿은 자리. 절점
접제(接濟)圀 살아갈 길을 차림. 하다
접족(接足)圀 발을 들여 놓음. entering 하다
접종(接種)圀 병의 예방·치료 등을 위하여 병원균(病原菌)이나 독소(毒素)를 사람이나 동물의 체내(體內)에 넣는 일. inoculation 하다
접종(接踵)圀 ①사람들이 계속하여 왕래함. following on the heels ②사물이 뒤를 이어 일어남. 종접(踵接). occurring in succession 하다
접주(接主)圀〈제도〉과거에 응시한 유생의 단체를 설두(設頭)하던 사람. ②〈동〉포주(抱主). 「들.
접중(接中)圀 어떤 그룹의 속. 또, 그에 딸린 사람
접지(接地)圀〈동〉어스(earth).
접지(接枝)圀〈식물〉나무를 접붙일 때 접본(椄本)에 꽂는 나뭇가지. 또, 그것을 꽂음. 접수(接穗). 접수(椄-). slip 하다
접지(摺紙)圀 ①종이를 접음. 또, 그 종이. folding paper ②책을 꾸밀 때 책장을 접는 일. sheet-folding 하다
접지-기(摺紙機)圀 접지하는 기계. folding machine
접지-선(接地線)圀〈동〉어스선(earth 線).
접-질리-다￦ 팔·다리가 물건에 마주쳐서 삔 지경에 이름을 당함. have sprain
접착(接着)圀 달라붙음. 또, 붙임. adhesion 하다
접착-제(接着劑)圀 두 물체를 붙이는 물질. 천연 또는 인공 고분자 물질의 총칭. adhesive
접책(摺冊)圀 ①꺾어 접어 두는 책. folding book ②장첩(粧帖)으로 꾸민 책.
접처(接處)圀 접는 곳. 접은 자리.
접척(摺尺)圀 접을 수 있도록 만든 자.
접철(摺綴)圀 접어서 한데 묶음. binding 하다
접첩-접첩圀 여러 번 접어서 포갠 모양. folding into many folds 하다 「folding album
접첩(摺帖)圀 접을 수 있게 만든 서화첩(書畫帖).
접촉(接觸)圀 ①맞붙어 닿음. 촉접. ②서로 사귐. contact 하다 「하다
접촉 감:염(接觸感染)圀〈동〉접촉 전염(接觸傳染).
접촉 광:물(接觸鑛物)圀〈광물〉암석이 접촉 변성 작용을 받았을 때, 본디 암석 중의 광물이 재결정하여 생긴 새로운 광물.
접촉 렌즈(接觸 lens)圀 콘택트 렌즈.
접촉 반:응(接觸反應)圀〈화학〉불균일계 반응의 하나. 곧, 접촉 작용의 예하여 행하여지는 반응. 반응계는 액상(液相) 또는 기상(氣相)으로 촉매가 고상(固相)일 경우가 많고, 반응은 두 상(相)의 경계면에 있어서 흡착에 의하여 지배됨. catalysis

접촉-법(接觸法)圀〈화학〉촉매를 사용하는 방법. 백금 아스베스토스를 촉매로 하여 황산을 만드는 방법. contact process
접촉 변:성암(接觸變成岩)圀〈광물〉지하에서 올라온 암장의 열에 의하여 성분 및 구조가 변한 암석. contact metaphoric rock
접촉 변:성 작용(接觸變成作用)圀〈지학〉암장(岩漿)이 뚫고 들어갔을 때 이것에 접촉한 주위의 암석이 성질이 변하는 작용.
접촉 운:동(接觸運動)圀〈식물〉채송화의 수꽃술을 건드리면 건드린 쪽으로 수꽃술들이 몰리는 것과 같이 식물이 외부의 접촉으로 말미암아 일어나는 운동. contact movement
접촉 작용(接觸作用)圀 자신은 변화를 받지 않고 딴 물질의 화학 변화를 돕는 작용. catalytic action
접촉 저:항(接觸抵抗)圀〈물리〉두 물체의 접촉면(面)을 통하여 전기가 흐를 때, 그 사이에서 생기는 전기 저항.
접촉 전:기(接觸電氣)圀〈물리〉딴 종류의 전기 도체 또는 여러 가지 물질이 접촉하여 생기는 대전(帶電). contact electricity
접촉 전염(接觸傳染)圀〈의학〉피부나 점막에 병원균이 있는 분비물이나 배설물이 닿아서 생기는 전염. 접촉 감염. contagion
접촉-제(接觸劑)圀 ①접촉 반응에 있어서의 촉매. contact agent ②해충의 몸에 붙으면 신경을 마비시켜 살충 효과를 나타내는 살충제의 하나.
접치-다￦《약》접치하다.
접치-다²이-다[피동] '접다'의 힘줌말.
접치-다²이-다[피동] 접침을 당하다. 《약》접치다¹.
접침(摺枕)圀 ①털을 두껍게 두어 만든 베개의 하나. ②다리를 접었다 폈다 하는 목침. folding wooden pillow 「상.
접-침:상(摺寢牀)圀 접었다 폈다 할 수 있게 만든 침
접침-접침圀 질서 없이 함부로 접힌 모양. 하다
접-칼(摺-)圀 접을 수 있게 만든 칼. 접도(摺刀). folding knife
접-평면(接平面)圀〈수학〉곡면 위의 한 점에서 그 곡면의 접선들이 모조리 한 평면 위에 있을 때, 그 명면을 이르는 말.
접-프다￦〈고〉두렵다.
접피(接皮)圀〈의학〉흠터·상처에 피부를 이식하는 의과 수술. skin grafting
접-하다¹(接-)困 ①이어서 되다. adjoin ②어떤 일에 부닥치다. meet ③마주 닿아서 붙다. contact ④〈수학〉직선·곡선이 다른 곡선과 또는 직선·곡선·평면이 다른 곡면과 한 점에서 만나다. be tangent to
접-하다²(接-)困 나무를 접붙이다. graft
접합(接合)圀 ①어울려 맞붙음. union ②서로 맞붙임. joining ③〈동물〉암수의 구별이 없는 두 개의 세포(細胞)가 서로 합치는 현상. zygosis 하다
접합-류(接合流)圀〈지리〉두 강을 연락하는 물줄기.
접합-부(接合符)圀〈어학〉낱말의 끊어진 자리를 이어 붙이는 뜻을 보일 때, 극히 짧은 길이로 쓰는 부호. 붙임표. copula
접합 생식(接合生殖)圀〈생물〉①접합에 의한 유성(有性) 생식. ②접합에 의한 원생(原生) 동물의 생식. 《대》분체(分體) 생식.
접합-자(接合子)圀〈생물〉같은 두 개의 세포가 서로 합하여 생긴 아포(芽胞)가 발육하여 된 개체. zygote
접합 재료(接合材料)圀 같은 종류나 다른 종류의 두 물건을 붙이는 데 쓰는 물질. 못·땜납·아교·세메다인 따위. binder
접합-제(接合劑)圀 종이·금속·도기(陶器)·석재(石材) 따위를 붙이는 데 쓰이는 물질. 세메다인·풀 따위. glue
접형-골(蝶形骨)圀〈생리〉척추 동물(脊椎動物)의 두개(頭蓋)에 연골성(軟骨性)으로 발생하여 눈의 부

근에서 두개저(頭蓋底) 중앙까지에 자리잡은 보통 여섯 개로 된 뼈. 고등 척추 동물에서는 나비 모양으로 되어 있음. 나비뼈.

접형 화관(蝶形花冠)명 〈식물〉용판 화관(龍瓣花冠)
접히-다[―처―]재 ①접어지다. be folded ②접음을 당하다. ③수가 낮은 사람이 몇 점을 더 놓고 바둑을 두게 되다. take odds ¶새우~. salted fish
젓명 새우·조기 따위 생선을 짜게 담가 만든 반찬.
젓=가락(―)명 음식이나 물건을 끼워서 집는 제구. =저 저(箸). 젓갈. pair of chopsticks
젓가락-풀로 김치국을 집어먹을 놈속 어림없는 짓을 하는 사람.
젓가락-풀(―)명 〈식물〉미나리아재비과의 이년생 풀. 높이 60 cm 내외이고 6월에 황색 꽃이 피고 과실은 수과(瘦果)임. 들의 습지나 초원에 나며 독이 있음.
젓=갈명 젓을 담은 물것. salted fish
젓-가락(―)명 =젓가락.
젓갈-붙이[―부치]명 젓갈에 딸린 종류. 해속(醢屬).
젓갖명 매(鷹)의 두 발을 잡아매는 가죽 끈.
젓개-질명 액체나 가루를 식히거나 섞기 위하여 휘젓는 짓. 하다
젓-국명 젓 담근 물것에서 생기는 국물. brine salted fish
젓국 수란(―水卵)명 쇠고기나 파를 젓국과 함께 끓이다가 달걀을 넣고 반쯤 익힌 반찬. 해즙 수란.
젓국-지명 조기 젓국을 넣어 만든 김치.
젓국-찌개명 새우젓국을 친 무 찌개.
젓나무명 〈교〉전나무.
젓-다[젇―]타 ①휘둘러 섞다. stir ②배를 움직이려고 노를 좌우로 두르다. row ③어떤 뜻을 말 대신 손이나 머리를 흔들어 표하다. gesticulate
=**젓-다**/=**젓-다**[젇―]타 =적다. =롭다. =스럽다.
젓=대명 〈음악〉저의 대.
젓=조기명 젓을 담그는 조기. salted yellow corvinas
정명 돌을 쪼아 다듬는 쇠 연장. chisel
정부 '참으로'의 뜻을 나타냄. really
정(丁)명 ①천간(天干)의 넷째. ②〈약〉→정방(丁方). 정
정(井)명 ①〈약〉→정방(井方).
정(正)명 ①바른 일. 바른 길. (대) 사(邪). 역(逆). rightness ②한가운데. centre ③으뜸가는 것. (대) 부(副). principal ④〈약〉→정수(正數). ⑤〈동〉정립(定立). ⑥〈수학〉십진급수(十進級數)의 하나. 재(載)의 아래, 간(澗)의 위 단위. 토, 억 곱절.
정(汀)명 볼에 덴 것처럼 부풀고 속이 곪이 잡히는 부스럼. 정저(疔疽). 정종(疔腫).
정(定)명 ①어떤 일의 됨됨이. ②〈불교〉선정(禪定)에 들어가는 일.
정(旌)명 〈제도〉깃대 끝에 장목을 새의 깃으로 꾸민 기.
정(停)명 〈제도〉신라 때에 서울과 지방의 중요한 곳에 두었던 군영(軍營).
정(情)명 ①느끼어 일어나는 마음. feeling ②친절하고 사랑하는 마음. 남녀간의 애정. affection ③애욕의 마음. amour ④〈심리〉마음을 이룬 요소 중 감정적인 면. emotion ⑤〈불교〉혼닥한 망념(妄念). ⑥〈약〉→정실(情實). 정황(情況).
정(挺)명 〈약〉→정쾌(挺快).
정(錠)명 〈약〉→정.
정(精)명 〈약〉→정수(精髓). 정수(精水). 정기(精氣).
정(靜)명 조용하고 움직임이 없음. ¶~중동(中動).
정(町)명 ①거리의 단위. 60간(間). unit of distance ②지적(地積)의 단위. 곧 10 단(段). 3000 평(坪). unit of area
정(挺)의 총(統)·노(櫓)·호미 따위를 셀 때 쓰는.
정=(正)관 ①부(副)에 대한 으뜸. ②〈제도〉종(從) 보다 높은 품계. ③'올바른'·'바로'의 뜻. ④'부(負)가 아닌'의 뜻.
정(亭)명 정자의 이름을 이르는 말. ¶창랑(滄浪)
정=(整)관명 돈의 액수(額數) 밑에 붙여 쓰임. ¶일천삼백원~. 「劑」.
=**정**(錠)관명 동글납작하게 만든 약의 덩이. 정제(錠)
정가(町)명 이미 지나간 허물이나 흠을 초들어 흉봄. abusing one's bygone error 하다
정가(丁哥)명 〈식물〉순형과(脣形科)의 약초. 여름철에 가지 위에 기다란 연분홍 꽃이 수상(穗狀)으로 핌. 가소(假蘇)②. 형개(荆芥)①.
정:가[―까](正價)명 아주 정당한 값. reasonable price
정:가[―까](定價)명 정한 값. fixed price ②값을 정함. fixing price 하다
정가(情歌)명 남녀의 연정(戀情)을 읊은 노래. 연가(戀歌). love song
정:=가교(正駕轎)명 〈제도〉임금이 탄 가교. (대) 공가
정:=가극(正歌劇)명 대사가 없이 노래가 곁들여진 가극. 그랜드 오페라. grand opera
정:가=표[―까―](定價票)명 물건 값을 써 붙인 표. price list
정:각(正角)명 삼각형(三角法)에서, 두 개의 돌아가는 직선이 시계의 바늘과 반대쪽으로 돌아가 생기는 각. (대) 부각(負角). positive angle
정:각(正刻)명 작정한 바로 그시각. ¶12시 ~. exact time
정:각(正覺)명 〈불교〉부처의 진정한 깨달음.
정:각(定刻)명 정한 시각. 작정한 시각. appointed time
정각(亭閣)명 〈동〉정자(亭子).
정각(政閣)명 〈동〉정당(政堂).
정:각(頂角)명 삼각형의 밑변에 대하는 각. vertical angle
정:=각기둥(正角―)명 정각주.
정:=각도(正角壔)명 〈동〉정각주.
정:=각주(正角柱)명 〈수학〉밑면이 정다각형이고 측면이 모두 이등변 삼각형인 각뿔. 정각추(正角錐).
정:=각주(正角柱)명 〈수학〉밑면이 정다각형이며 옆모서리가 밑면에 수직한 각주. 정각기둥. 정주체(正柱體). 정각도(正角壔). square pillar
정:간(井間)명 바둑판 따위와 같이 '井'자 모양으로 된 간살. 사란(絲欄).
정간(正諫)명 손윗 사람에게 바른말로 충고함. 하다
정간(停刊)명 신문·잡지 등의 간행을 한때 중지함. ¶~처분. 임시 ~. suspension of publication 하다
정간(楨幹)명 담을 쌓을 때 양쪽 끝에 세우는 나무라는 뜻으로, 사물의 근본이 됨을 일컫는 말. foundation
정간-보(井間譜)명 〈음악〉소리의 길이를 똑똑히 나타낸 악보.
정간-지(釘干子)명 물레의 가락. ruled paper
정간-지(井間紙)명 정간을 그은 종이. 영지(影紙).
정간-치다(井間―)자 정간 모양으로 줄을 긋다. draw lines
정갈-스럽다[―따] 형 ㅂ불 옷이 깨끗하다. 모양이 정갈하다. 정갈-스레
정갈-하다 형여 모양이나 옷 따위가 깨끗하고 말쑥하다. 정갈-히
정감(情感)명 정조(情調)와 감흥. 느낌.
정갑(精甲)명 ①견고하고 훌륭한 갑옷. splendid armour ②날래고 용맹스런 군사. 정병(精兵). picked troops
정강(政綱)명 ①정치의 강령(綱領). political program ②정부 또는 정당이 국민에 대하여 실현을 공약(公約)한 정책의 강령. Policy 하다
정강(精强)명 울차고 셈. 정력이 있고 강함. vigor
정강(精鋼)명 정련(精鍊)한 강철.
정강-마루명 정강이뼈 위 거죽의 둔덕이 진 곳. ridge of shin
정강-말명 무엇을 타지 않고 제 다리로 걷는 걸음을 일컬음. 적각마(赤脚馬). go on foot
정강말-타-다[―따] 자 아무 것도 타지 않고 걸어서 가다.
정강이명 아랫다리의 앞의 뼈가 있는 부분. shin
정강이가 맏아들보다 낫다속 정강이가 있기 때문에 걸어 다닐 수 있다.
정강이-뼈명 〈동〉경골(脛骨).
정개(定改)명 〈기독〉다시 죄를 짓지 않기로 결심하는 고해(告解) 요건(要件)의 하나.
정:객(正客)명 긴한 손님. 정좌(正座)의 손님. 정빈(正賓). 주빈(主賓). guest of honour

정객(政客)圓 정계에서 활동하는 사람. politician
정객(俟客)圓《동》정탐꾼(偵探—).
정거(停車)圓 차를 멈춤. 정차(停車). stoppage 하자타
정거(停擧)圓《제도》얼마 동안 과거에 응시하지 못하도록 유생에게 가하던 벌의 하나. 하타
정:거(靜居)圓 세상 일을 떠나 한가하게 지냄. retirement 하자「러서 정거시키는 장치. brake
정거-대[一臺](停車一)圓 자전거 따위에서 손으로 눌
정거-장(停車場)圓 차가 잠시 머무르고 사람이 타고 내리며, 화물을 싣고 내리는 곳. station
정걸(挺傑)圓 아주 월등하게 뛰어남. 또, 그 사람.
정:격[一격](正格)圓 바른 격식(格式). 바른 규격. 《대》변격(變格). regularity
정:격[一격](定格)圓《물리》발전기·전동기·전압기·진공관 따위의 전기 기계에 대하여 제조자가 규정한 사용 상태. ¶ ~ 전압. ~ 전류. rating
정격(政格)圓《제도》관원의 임면(任免)·출척(黜陟)에 관한 격식.
정:격 활용[一격一](正格活用)〈어학〉동사 또는 형용사가 문법의 원칙대로 활용됨. 또, 활용형. regular conjugation 「견(邪見).
정:견(正見)圓〈불교〉팔정도(八正道)의 하나.《대》사
정:견(定見)圓 일정한 주견. definite opinion of one's own
정견(政見)圓 정치상의 의견이나 식견. political view
정결(貞潔)圓 여자의 정조가 깨끗하고 곧음. chastity 하타 히圓 「ness 하圓 히타
정결(淨潔)圓 말쑥하고 깨끗함. 건정(乾淨). cleanli-
정결(精潔)圓 깨끗하고 조촐함. cleanliness 하圓 스 럽圖 히타
정:겹-다(情一)圓⎡ㅂ변⎦ 몹시 다정하다. 정이 넘치다.
정:경(正逕)圓 옳고 바른 길.
정:경(正經)圓 ①행하여야 할 바른 길. ¶ ~ 대원(大原). ②올바른 유교(儒敎)의 길. ③〈기독〉구약과 신약의 총칭. Bible ④〈기독〉천주교에서, 구약과 신약의 외경(外經)의 총칭. Bible
정경(政經)圓 정치와 경제.
정경(情景)圓 ①감흥과 경치. 광경. scenery ②민망한 경상. 정지(情地)②. 〈유〉정상(情狀). miserable condition
정경 부인(貞敬夫人)圓〈제도〉조선조 때, 정·종 1품의 종친(宗親) 또는 문무관의 아내의 품계.
정:계(正系)圓 바른 계통(系統). 적출(嫡出)②. 직계(直系)①. 「함. fix boundries 하타
정:계(定界)圓 일정한 한계. boundary ②한계를 정함
정계(政界)圓 정치 활동에 관계되는 사회. ¶ ~ 야화(夜話). political world
정계(淨戒)圓〈불교〉청정(清淨)한 부처의 계법(戒法). 오계(五戒)·십계(十戒).
정계(淨界)圓 ①신불(神佛)을 모신 곳과 같이 아주 깨끗한 곳. holy confines ②〈불〉정토(淨土)①.
정계(晶系)圓《동》결정계(結晶系).
정계(精系)圓〈생리〉불알의 뒤벽(腹壁)과 연결(連結)되어 있는 끈 모양의 것으로 수정관(輸精管)·임파관·신경·동맥·정맥 따위가 들어 있는 곳.
정:계-비(定界碑)圓〈역사〉조선조 숙종 때 청국과의 국경을 정하기 위하여 백두산에 세운 비.
정:계-항(定繫港)圓 선박(船舶)을 머무르게 하는 일정한 항구. definite anchorage
정고(艇庫)圓 보트를 넣어 두는 창고.
정:곡(正鵠)圓 ①과녁의 중심점(中心點). bull's-eye ②바르고 종요로운 목표나 핵심의 비유. right point
정곡(情曲)圓 간곡한 정서와 회포. inmost feelings
정:골(整骨)圓〈의약〉부러진 뼈를 이음. 떼어진 뼈를 바로잡음. bonesetting 하타
정:공(正攻)圓 ①정면으로 공격함. frontal attack ②기계(奇計)·모략(謀略)을 쓰지 않고 정정 당당히 하는 공격. 〈대〉기습(奇襲). attack with regular line-up 하타

정:공(精工)圓 정교하게 공작함. 또, 그 공작물. 하타
정공 식물(挺空植物)〈식물〉월동아(越冬芽)가 지상 30 cm 이상의 위치에 나는 식물. phanerophyta
정:과(正果)圓 여러 가지 과실과 생강·인삼 등을 꿀이나 설탕물에 졸인 과자. 전과(煎果). food preserved in honey 「정규의 과정. regular course
정:과[一과](正課)圓 학교 같은 곳에서, 배워야 할 「하타
정:관(呈官)圓 으뜸가는 벼슬아치.
정:관(星官)圓 관청에 하소연함. 관정(官呈). petition
정:관(定款)圓 사단 법인(社團法人)이나, 재단 법인 등의 업무 집행에 대한 규칙. articles of association
정관(精管)圓〈생리〉불알에서 잇달려 정충을 정낭(精囊)에 보내는 관. 수정관(輸精管). spermaduct
정:관(靜觀)圓 ①고요히 사물을 관찰함. contemplation ②〈철학〉내외(內外)의 대상을 영적(靈的)으로 직관함. 명상. 관조(觀照). ③현실의 관심을 버리고 객관적으로 관찰하는 일. 하타
정:-관사(定冠詞)圓〈어학〉관사의 하나. 모든 명사 앞에 붙어서 단수·복수의 구별 없이 강한 지시·한정의 종별을 나타냄. 〈대〉부정 관사. definite article
정광(頂光)圓〈불교〉부처의 머리에서 비치는 원광(圓光). halo 「지 않은 순수한 광물.
정광(精鑛)圓〈광물〉선광 작업으로, 딴 잡물이 섞이
정=괘(井卦)圓 육십사괘의 하나. 감괘(坎卦)와 손괘(巽卦)가 거듭된 것. ¶ 〈준〉정(井)②.
정:=괘(鼎卦)圓 육십사괘의 하나. 이괘(離卦)와 손괘(巽卦)가 거듭된 것. 〈약〉정(鼎).
정:교(正校)圓〈제도〉구한국 때 무관 계급의 하나. 특무(特務) 정교의 아래, 부교(副校)의 위. 〈대〉부교(副校).
정:교(正敎)圓 ①바른 종교. 〈대〉사교(邪敎). orthodoxy ②〈종교〉대종교(大倧敎)의 교직의 하나. ③〈기독〉그리스 정교의 자칭.
정교(政敎)圓 ①정치와 종교. politics and religion ②정치와 교육. politics and education ③정치와 교화(敎化). politics and culture
정교(情交)圓 ①참된 마음으로 사귐. friendship ②남녀가 몸을 허락하며 사귐. illicit intercourse 하자
정:교(精巧)圓 세밀하고 교묘하다. elaborateness 하圓 히타
정:교-롭-다(精巧一)圓⎡ㅂ변⎦ 사물에 정교한 데가 있다. ¶세공은 아주 ~. 정교로이圓
정:-교:사(正敎師)圓 ①정교사 자격증을 가지고 정식 교사로서 복무하는 교사. regular teacher ②일급 정교사와 이급 정교사의 총칭. 정교원. 〈대〉준교사
정:-교:원(正敎員)圓《동》정교사. 「(准敎師).
정:교=점[一점](正交點)圓《동》승교점(昇交點).
정:교-회(正敎會)圓〈기독〉그리스 정교회의 자칭.
정구(庭球)圓 ①네트를 가운데 치고, 공을 라켓으로 치고 받고 하는 운동. ②연식 정구의 일컬음. tennis
성구(停柩)圓 행상(行喪) 때 상여가 도중에 머무름. 하자
정구(精究)圓 자세하게 연구함. 정연(精研). 하타
정구-장(庭球場)圓 정구를 치도록 설비된 운동장. tennis court
정구-=역(井臼之役)圓 물을 긷고 절구질하는 일.
정구=청(停柩廳)圓 행상 때 상여를 머물러 쉬게 하려고 베풀어 놓은 곳.
정국(政局)圓 정계의 판국. political situation
정국(靖國)圓〈제도〉대궐 안에서 죄인을 신문하던 일. 하타 「governing the country in peace 하타
정국(靖國)圓 나라를 태평하게 다스림. 진국(鎭國).
정:군(正軍)圓 장정으로 군(軍)에 복무하는 사람. 정병(正兵)①. soldier
정:군(整軍)圓 군대를 정비 재편성함. 하자
정:궁(正宮)圓〈제도〉왕비(王妃)·황후(皇后)를 후궁(後宮)에 상대하여 일컫는 말. 〈대〉후궁(後宮).
정:권(正權)圓 정당한 권리. legal right
정권(情券)圓〈제도〉과거(科擧)의 답안을 시관(試官)

에게 울림. 하다
정권[一權](政權)[명] ①정치를 행하는 권리. political hegemony ②정치에 참가하는 권리. 부가(斧柯)②. 정병(政柄). ¶~ 쟁탈(爭奪). political right
정:궤(正軌)[명] 《동》 정규(正規). [formality
정:규(正規)[명] 바른 규정. 정당한 법. 《대》 부정규.
정:규(定規)[명] ①정해진 규칙 또는 규약. establiished rule ②제도(製圖)에 쓰이는 제구의 하나. ruler
정:규-군(正規軍)[명] 《군사》 정식으로 징집·훈련된 군대. regular army
정:극(正極)[명] 《물리》 전기에서는 양극(陽極), 자기(磁氣)에서는 북을 가리키는 극. anode, positive pole [하여 보통 연극을 일컫는 말.
정:극(正劇)[명] 《연예》 가벼극나 인형극 따위에 대
정:극(靜劇)[명] 《연예》 근대극(近代劇)의 한 양식. 기분·무대상의 정조(情調)를 중시하고 적은 동작과 대사로 내적 갈등을 표현하는 극. 스태틱 드라마.
정:근(正根)[명] 《동》 주근(柱根). [static drama
정:근(定根)[명] 《식물》 배(胚)의 유근(幼根)이 자라서 된 뿌리. mainroot 《불교》 선정(禪定)에서 우러나온 공덕의 뿌리. 《유》 정력(定力)②.
정근(情近)[명] 정분(情分)이 썩 가까움. ¶~한 사이. intimacy 하다
정근(精勤)[명] 정성스럽고 부지런함. diligence 하다
정글(jungle)[명] 밀림(密林). 특히 열대 지방의 원시림.
정글 짐(jungle gym)[명] 둥근 나무나 철봉을 종횡으로 조합하여 만든 아동용의 운동구.
정:금(正金)[명] ①순금(純金). ②금·은으로 만든 정화(正貨). specie [usting one's dress
정:금(整襟)[명] 옷깃을 여미고 모양을 바로잡음. adj-
정금-나무(正-)[명] 《식물》 석남과(石南科)의 낙엽 활엽 관목. 잎은 난형 또는 타원형으로 5~6월에 홍백색의 꽃이 피고 장과는 가을에 까맣게 익음. 과실은 식용함. [게 않음. 하다
정:금 단좌(整襟端座)[명] 옷매무시를 바로하고 단정하
정금 미옥(精金美玉)[명] 인격 또는 시문이 굳세이 아름답고도 깨끗함. 정금 양옥(精金良玉).
정:금 수송점(正金輸送點)[명] 《경제》환의 시세가 몹시 떨어져서 외국환 어음을 이용하는 것보다 수송비(輸送費)를 지불하고 정화(正貨)를 보내는 편이 유리한 점. specie point
정금 양옥(精金良玉)[명] 《동》 정금 미옥.
정기(丁幾)[명] 어떤 약품을 알코올로 삼출한 액체. 옥도 정기·장뇌 정기 따위.
정기(正氣)[명] ①공명 정대한 기운. ¶민족 ~. fair and square ②만물의 근원이 되는 기운. spirits of righteousness ③《한의》 생명의 원기. 병에 대한 저항력. 《대》 사기(邪氣).
정:기(定氣)[명] 태양의 황경에 의하여 1년을 24절기로 구분한 역법. 《대》 평기(平氣).
정:기(定期)[명] ①정한 기간 또는 시기. ②일정하게 지키는 시기. 《대》 부정기(不定期). fixed period
정기(旌旗)[명] 기(旗)과 기(旗). banners and flags
정기(精記)[명] 썩 정하게 적은 기록. 또, 정하게 기록함. detailed record 하다
정기(精氣)[명] ①만물의 생성하는 원기. energy ②정신과 기력. ¶~ 쇠약. spirit and vigour ③정수(精髓)와 기분(氣分). essence and feeling ④생명의 원천(源泉)이 되는 기운. 정력(精力). energy ⑤사물의 순수한 기운. ⑥《동》 정령(精靈)①. 《약》 정(精).
정기(精機)[명] 정교한 기계. 정교한 기계기(精密機械).
정기(精騎)[명] 매우 날쌔고 용감한 기병(騎兵). dragoon
정:기 간행(定期刊行)[명] 신문·잡지·주보·월보 따위와 같이 정기로 발행하는 일. periodical publication 하다
정:기 간행물(定期刊行物)[명] 정기로 간행하는 출판물. 곧, 신문·잡지 따위. 정기물(定期物)②. peri- odical [구짒(舊賴).
정:기 거:래(定期去來)[명] 《경제》 장기 청산 거래의

정:기(定期)[명] 국회(定期國會)[명] 《법률》 정기적으로 모이는 국회. 국회법에 의해 매년 1회씩 9월 20일에 집회함. 회기는 90일을 초과할 수 없음. regular session of the National Assembly
정:기권[一卷](定期券)[명] 《동》 정기 승차권.
정:기금(定期金)[명] 《경제》 일정한 시기에 치르거나 또는 받을 돈. [대부. time loan
정기 대:부(定期貸付)[명] 《경제》 기간(期間)이 일정한
정:기 매매(定期賣買)[명] 《동》 장기 청산 거래.
정:기물(定期物)[명] ①정기 거래에서 매매의 목적이 되는 물건. ②《동》 정기 간행물.
정:기미(定期米)[명] 양곡 거래소에서 정기 거래의 목적물이 되는 쌀. 《약》 기미(期米).
정:기불(定期拂)[명] ①일정한 기간(期間)마다 하는 지불. payment on term ②어음 지불인이 일정한 정기일 또는 일부후(日附後) 일정 기간 경과 후에 하는 지불. [위를 상환함. 하다
정:기 상환(定期償還)[명] 《경제》 정기에 공채·채권 따
정:기선(定期船)[명] 날짜를 정하고 다니는 배. (regu- lar) liner [유《대》 부정기선.
정:기 선:거(定期選擧)[명] 규정한 임기가 끝났을 때에
정:기 소:작(定期小作)[명] 계약으로 존속 기간이 정해진 소작.
정:기 승차권[一卷](定期乘車券)[명] 일정한 기간 중 기차·전차 따위의 일정 구간의 왕복에 쓰는 할인 승차권. commutation ticket
정:기 시:험(定期試驗)[명] 정기적으로 보는 시험. regular examination
정:기 연금(定期年金)[명] 연금 수취자가 일정한 나이에 이른 때부터 일정한 기간에 한하여 수취자의 생존을 조건으로 연금을 지불하는 제도. terminal annuity
정:기 예:금(定期預金)[명] 《경제》은행이 기한을 정하여 맡는 예금. 기한 안에는 찾지 못함. time deposit
정:기적(定期的)[관] 일정한 시기나 기한의 있어 그 때마다 하는(것). regular
정:기 적금(定期積金)[명] 《경제》 일정한 기한에 일정한 금액의 급부(給付)를 약속하고 그 기한 안에 몇 차례 예금을 받아들이는 은행에서의 상무 계약(雙務契約)의 하나.
정:기 총:회(定期總會)[명] 일정한 시기에 개최하는 총회. 정기 총회(定期總會). regular general meeting
정:기풍(定期風)[명] 일정한 시기에 풍향을 달리하는 바람. 계절풍·해륙풍 따위. seasonal wind
정:기 항공(定期航空)[명] 정기적으로 여객·화물을 항공 수송하는 길. air route
정:기 항:로(定期航路)[명] 선박의 항해가 정기적으로 행해지는 항로. regular liner (service)
정:기형(定期刑)[명] 《법률》 재판에서 자유형의 기간을 확정하여 인도하는 형. 《대》 부정기형.
정:기회(定期會)[명] 어떤 단체에서 정기적으로 개최하는 모임. 통상회. 《대》 임시회. regular meeting
정:기 휴업(定期休業)[명] 정기적으로 영업을 쉬는 일. 《약》 정휴. regular holiday 하다
정긴(精緊)[명] 정묘하고 긴요함. 정요(精要). exquist- ieness and vital importance 하다
=정께[불] 막연하게 때를 가리키는 말. ¶구월~.
정=나미(情一)[명] 사물에 대한 애착(愛着)의 정. ¶흥측한 소리에 ~가 떨어진다. attachment
정나미 떨어지다[자] 정나미가 아주 없어져서 다시 대할 용기가 없다. be disaffected with
정:난(靖難)[명] 나라의 위난을 평정함. 하다
정:남(正南)[명] 《동》→정남방(正南方).
정남(貞男)[명] 동정(童貞)을 깨뜨리지 아니한 남자. 《대》 정녀(貞女). bachelor
정:=남방(正南方)[명] 똑바른 남쪽. 오방(午方). 《약》 정남(正南). due south
정납(呈納)[명] 물건을 보내어 드림. 정상(呈上). 정송(呈送). presentation 하다

정납(停納)[명] 상납(上納)을 그침. 하다

정낭(精囊)[명] 〈생리〉 남자 생식기의 배설도(排泄道)의 한 기관(器官). seminal vesicle

정내(廷內)[명] 법정(法廷)의 안. ¶~의 분위기.

정녀(丁女)[명] ①한창때의 여자. fullgrown woman ②[동] 불(火).

정녀(貞女)[명] ①동정(童貞)을 깨뜨리지 아니한 여자. 동정녀(童貞女). [대] 정남(貞男). virgin ②[동] 정부(貞婦).

정년(丁年)[명] 태세(太歲)의 천간이 정(丁)으로 된 해.

정년(丁年)[명] 남자의 20세.

정:년(定年)[명] ⇒정년(停年).

정년(停年)[명] 연령 제한(年齡制限)에 따라 공직(公職)에서 물러나게 되는 나이. 정년(定年). age limit

정:년(整年)[명] 온 일 년. full year

정년—제(停年制)[명] 일정한 나이에 달하면 퇴직하도록 정한 제도. retirement system

정:념(正念)[명] 〈불교〉 ①팔성도(八聖道)의 하나. 곧, 제법(諸法)을 바로 기억하여 잊지 않음. ②정법(正法)에 의하여 극락에 왕생(往生)함을 믿어 의심치 않음. ③미타불을 염(念)하는 순수한 염불함.

정념(情念)[명] ①감정에서 생기는 생각. feeling and thought ②〈심리〉 정조(情操)와 같은 뜻으로 애정(愛情)의 뜻. affection

정녕(丁寧·叮嚀)[부] 추측컨대 틀림없이. 꼭. surely

정녕—코(丁寧—·叮嚀—)[부] '정녕'의 힘줌말.

정:—다각형(正多角形)[명] 〈수학〉 변과 각이 다 같은 다각형. 등변 다각형(等邊多角形). 정다변형(正多邊形). equilateral polygon

정:—다면체(正多面體)[명] 〈수학〉 모든 면이 다 같은 정다각형이고, 모든 입체각(立體角)이 다 같게 된 다면체. regular polyhedron

정:—다변형(正多邊形)[명] ⇒정다각형.

정:—다시—다(精—)[자] 무슨 일에 욕을 톡톡히 당하여 다시는 아니 할 만큼 정신을 차리게 되다. have bitter experiences

정다이(情—)[부] 정답게. affectionately

정단(星單)[명] 서면을 관청에 제출함. 하다

정:—단:층(正斷層)[명] 〈지학〉 강한 횡압력(橫壓力)으로 지각에 틈이 생겨 이에 따라 지반이 꺼져서 내린 층.

정담(政談)[명] 정치에 관한 이야기. discourse on politics 하다

정담(情談)[명] ①다정한 이야기. amorous talk ②우러나는 실정(實情)의 이야기. confidential talk ③남녀간의 애정 어린 이야기. 정화(情話). lover's talk

정:담(鼎談)[명] 세 사람이 마주 앉아 하는 이야기. three man talk

정:답(正答)[명] 옳은 답. [대] 오답(誤答). right answer

정:답—다(情—)[형]ㅂ불 ①의가 좋다. friendly ②사이가 가깝다. close

정당(正堂)[명] 몸체의 대청. 안당. main room

정당(正當)[명] 바르고 옳음. 이치에 당연함. rightfulness 하다 히

정당(政堂)[명] 옛날 시골의 관청. 정각(政閣). local government office

정당(政黨)[명] 정견(政見)이 같은 사람들끼리 모여 조직한 당파(黨派). 당. political party

정당(精糖)[명] 정세(精細)하고 당연함. 정숙(精熟)하고 당연함. 정당(精糖)하여 여과한 후 여러 과정을 거쳐 얻은 순수한 설탕. refined sugar

정당 내:각(政黨內閣)[명] 의회(議會)에서 다수를 차지하는 정당이 조직한 내각. [대] 관료(官僚) 내각. party cabinet

정:당 방어(正當防禦)[동] 정당 방위. 하다

정당 방위(正當防衛)[명] 〈법률〉 급박(急迫)·부정(不正)의 침해 또는 불법 행위에 대하여 부득이 행하여진 가해 행위. 긴급(緊急) 방어. 정당 방어. legal defence 하다

정당—원(政黨員)[명] 정당에 가입하고 있는 사람.

정당 정치(政黨政治)[명] 가장 유력한 정당의 정강(政綱)과 정책(政策)을 기초로 하여 행해지는 정치. party politics

정:당 행위(正當行爲)[명] 〈법률〉 위법성이 없기 때문에 죄가 되지 않는 행위. 정적·직무 또는 권리의 무의 행사로서의 행위 같은 것. [목록]. 하다

정:당—화(正當化)[명] 정당하게 됨. 또, 정당하게 되도록 함. 하다

정:대(正大)[명] 바르고 사사로움이 없음. ¶공명(公明) ~. fairness 하다 이루어진 편대.

정대(艇隊)[명] 수뢰정(水雷艇) 등의 2척 이상으로 이

정덕(貞德)[명] 여자의 정숙한 덕.

정:도(正道)[명] ①규칙을 바로잡음. ②바른 규칙.

정:도(正道)[명] 올바른 길. 바른 도리(道理). 정경(正徑). 정로(正路)②. [대] 사도(邪道). right way

정도(征途)[명] ①정벌(征伐)하러 가는 길. way to the front ②여행하는 길. journey ③〈체육〉 경기에 참가하려고 떠나는 길. 정로(征路). way to the expedition [ment of capital 하다

정:도(定都)[명] 서울을 정함. 건도(建都). establish-

정:도(定道)[명] 저절로 정해진 도리. principle

정:도(定賭)[명] 풍흉(豊凶)에 관계없이 해마다 정액(定額)으로 마련한 도조(賭租). 정조(定租). fixed rent for farm land [②정치의 길. government

정도(政道)[명] ①시정(施政)의 방법. administration

정도(情到)[명] 애정이 깊음. 하다

정도(程度)[명] ①알맞은 한도. proper limit ②얼마의 분량. 약 ¶~의 더위는 보통이다. measure ③고저(高低)·강약(強弱)의 한도. degree ④다른 것과 비교하여 우열(優劣)의 어떠함. ¶~ 문제(問題).

정도(程道)[명] 노정(路程). [standard

정도(精到)[명] 아주 정묘(精妙)한 경지에까지 이름. being minutely careful 하다

정도(精度)[명] 〈약〉 ⇒정밀도(精密度). [하다

정독(情篤)[명] 마음붙여 읽음. be absorbed in reading

정독(精讀)[명] 자세히 읽음. [유] 세독(細讀). [대] 남독(濫讀). intensive reading 하다

정:—독본(正讀本)[명] 주가 되는 학습용의 독본. [대] 부독본(副讀本).

정돈(停頓)[명] 한때 그침. 침체(沈滯)하여 나아가지 않음. ¶~ 상태. dead-lock 하다

정:돈(整頓)[명] 가지런히 차림. [대] 산란(散亂). arrangement 하다

정동(正東)[명] ①동쪽을 향하여 감. ②동쪽을 정벌함.

정동(精銅)[명] 〈광물〉 조동을 여러 조작을 거쳐 만든 순수한 구리. [대] 조동(粗銅). refined copper

정:—동방(正東方)[명] 똑바른 동쪽. [약] 정동. due east

정:—들—다(情—)[자]ㄹ불 정이 깊어지다. 정이 생기다. become attached

정—떨어지—다(情—)[자] 애착심이 떨어지고 싫은 생각이 생기다. be disaffected towards

정란(靖亂)[명] 난리를 평정함. repression 하다

정:랑(正郎)[명] 〈제도〉 ①조선조 때, 육조(六曹)의 정5품 벼슬. ②고려 때 육조의 한 벼슬.

정랑(情郞)[명] 남편 이외에 정을 둔 남자. lover

정략(政略)[명] ①정치상의 책략. political tactics ②지모(智謀)의 방략(方略). 정술(政術). ¶~가(家).

정략 결혼(政略結婚)[명] ⇒정략혼. [stratagem

정략—혼(政略婚)[명] 주혼자(主婚者)가 자기의 이익을 위하여 당사자의 의사를 도외시하고 억지로 혼인을 시키는 일. 정략 결혼. expedient marriage

정:량(正兩)[명] 〈체육〉 정량대를 쏘던 큰활. 큰활.

정:량(正梁)[명] 정기(正氣)①.

정:량(定量)[명] 일정한 분량. fixed quantity

정량(精良)[명] 매우 정묘하고 훌륭함. fineness 하다

정량—대(正兩—帶)[명] 〈체육〉 쇠락살. 철전(鐵箭). iron arrow

정:량 분석(定量分析)[명] 〈화학〉 물질을 분석하여 그 원소(元素)의 조성량(組成量)을 비교 측정함. quan-

정려(旌閭)圖 충신·효자·열녀 들을 그 고을의 문에 정문(旌門)을 세워 기리던 일.하다
정려(精慮)圖 정밀(精密)한 생각. thinking in detail
정려(精勵)圖 힘을 다하여 부지런히 일함. diligence
정:려(靜慮)圖 고요히 생각함. meditation 하다 | 하다
정:력(定力)圖 ①확정된 학문의 힘. established authority of learning ②〈불교〉선정(禪定)에 의하여 마음을 적정(寂定)하게 하는 힘.《유》정근(定根). ③일정한 힘. fixed force
정력(精力)圖 ①심신(心身)의 원기. 정기(精氣)④. vitality ②활동하는 힘. energy
정력-가(精力家)圖 정력적인 사람. energetic man
정력-적(精力的)圖 기력·체력 등이 넘치는(것). ¶ ~인 사람. energetic
정력-주의(精力主義)圖〈윤리〉도덕의 표준인 지선(至善)을 실현하기 위하여 인생의 능력을 원만히 발달시키고자 하는 주의. energism
정:련(正輦)圖 거둥할 때 타던 연.
정련(精練)圖 ①잘 연습함. training ②동식물의 섬유를 완전히 표백(漂白)·염색하기 위한 준비 공정. scouring 하다
정련(精鍊)圖 ①잘 단련함. training ②〈광물〉광석에 함유된 금속을 뽑아 내서 정제(精製)함. refining 하다
정:련-배(正輦陪)圖 임금의 연을 메던 사람.
정련-소(精鍊所)圖 광산에서 채굴 선광한 광석이나 야금 반제품(冶金半製品)으로 금속을 만드는 곳. 제련소(製鍊所). refinery
정련-제(精練劑)圖 천연 섬유를 정련하는 데 쓰는 약제.
정렬(貞烈)圖 여자의 지조가 곧고 매움. chastity
정렬(整列)圖 가지런히 줄지어 섬. standing in row 하다
정렬 부인(貞烈夫人)圖 ①정조가 있는 부인. highly virtuous woman ②〈제도〉정렬한 부인에게 내리던 가자(加資).
정:령(正領)圖〈제도〉갑오경장(甲午更張) 이후의 무관 계급의 하나. 영관(領官)의 맨 위임.
정령(政令)圖 정치상의 명령 또는 법령. government [decree
정령(精靈)圖 ①〈철학〉만물의 근본을 이루는 불가사의한 기운. 정기(精氣). spirit ②산천 초목(山川草木)·무생물 따위에 깃들이고 믿는 혼. spirit ③죽은 이의 영혼. 정백(精魄). 정상(精爽). 정혼(精魂). spirit
정령-설(精靈說)圖 ①〈철학〉모든 물체 안에 형상과 활동을 부여한 정령이 있다는 학설. animism ②〈종교〉모든 사물에는 다 정령이 있다는 신앙. 또, 물체를 떠나서 존재한다는 정령이 물체 안에 있다는 신앙. spiritism
정령 숭배(精靈崇拜)圖〈종교〉애니미즘(animism)의 한 형태로 특히 정령의 관념이 강한 매개 종교의.
정:례(正禮)圖〈동〉합례(合禮)①. 하나.
정례(定例)圖 ①정하여 있는 규례(規例). established usage ②이미 정해 놓은 사례(事例). ¶~회. ordinary [으로 하는 절. deep bow 하다
정례(頂禮)圖 이마를 땅에다 대고 가장 공경하는 뜻
정례(情禮)圖 정리(情理)와 예의. reason and courtesy 한 사이.
정례-심(頂禮心)圖 이마를 땅에 대고 절할 만큼 경건
정:로(正路)圖 ①바른 길. right path ②〈동〉정도(正道).
정로(征路)圖 정도(征途).
정:론(正論)圖 바른 언론.《대》사론(邪論). sound
정론(廷論)圖 조정의 공론(公論). [argument
정:론(定論)圖 ①일정한 언론(言論). ②확정된 학문상의 이론. ¶아무런 ~도 없다. fixed opinion
정론(政論)圖 정치상의 언론. political argument ¶그 시대의 정치에 관한 의논. discourse on politics
정:류(定流)圖〈약〉→정상류(定常流).
정류(停留)圖 수레 따위가 가다가 머묾. ¶버스 ~장. stop 하다

정류(精溜)圖〈화학〉액체를 분류하여 그 속에 섞인 잡물을 제거하는 일. rectification 하다
정:류(整流)圖 ①흐름을 고르게 함. stream arrangement ②〈물리〉전류(電流)를 교류에서 직류(直流)로 바꿈. commutation 하다
정류(檉柳)圖 능수버들.
정:류-관(整流管)圖 정류기로써 쓰이는 진공관. 방전관·이극 진공관·수은 정류관·수은 증기 정류관 등. 정류용 진공관. 진공관 정류기. rectification tube
정:류-극(整流極)圖《동》보극(補極).
정:류-기(精溜器)圖〈화학〉특히 높은 순도(純度)의 증류물을 얻기 위한 장치. rectifier
정:류-기(整流器)圖 ①〈물리〉교류(交流)를 직류(直流)로 고치는 장치. rectifier ②다른 방향보다 한 방향으로 더 많은 전류를 보내는 비선형(非線形) 회로 소자(回路素子).
정류-부(停留符)圖《동》머무름표.
정류-소(停留所)圖《동》정류장(停留場).
정:류-자(整流子)圖〈물리〉적류의 발전기나 전동기(電動機) 등의 코일에 일어난 전류를 바깥으로 유도하여 일정한 방향으로 흐르게 하는 장치. 전류 전환기. commutator
정:류자 전:동기(整流子電動機)圖〈물리〉정류자를 가지고 있는 전동기. commutator motor
정:류 작용(整流作用)圖 교류를 직류로 바꾸는 작용. rectifying action
정류-장(停留場)圖 전차·버스 등이 사람이 오르내리도록 머무르는 일정한 자리. 정류소. stop
정:률(定律)圖 ①어떠한 행위에 대하여 죄형을 정하는 규율. criminal law ②정해진 규율(規律). ¶질량 불변의 ~. fixed law
정:률(定率)圖《동》정비율(比率). fixed rate
정:률-세[-세](定率稅)圖〈법률〉 어떤 조세(租稅)의 단위에 대하여 세율(稅率)과 과세 표준 등을 정하여 적용하는 일. proportional taxation
정:리(正理)圖 올바른 도리(道理). reason
정리(廷吏)圖 소송 서류 전달과 재판의 잡무를 담당하는 재판소의 직원. court clerk
정:리(定理)圖 ①일정한 원리. fixed theory ②진리로서 이미 증명된 이론적 명제. established theory ③〈수학〉공리(公理)·정의(定義)를 기초로 연역적으로 이끌어낸 수학적 명제(命題). theorem
정:리(定離)圖 이별해서 헤어지기로 마련되어 있음. being destined to part
정리(情理)圖 ①인정에 따른 도리(道理). reason and feeling ②사정(事情)의 대강. circumstances
정리(程里)圖 이정(里程).
정:리(整理)圖 ①정돈하여 가지런하게 함. arrangement ②필요 없는 일이나 인원을 줄이고 기구를 바로잡음. adjustment 하다
정:리 공채(整理公債)圖〈경제〉이미 발행한 공채를 정리할 목적으로 발행하는 공채. funded loans
정:리-지(整理地)圖〈지리〉경작지 정리를 시행하여야 할 토지. 또, 경지 정리한 곳.
정:리-표(程里表)圖《동》이정표(里程表).
정:립(定立)圖《동》조정(措定)①. 정(正)⑤.
정:립(挺立)圖 ①남보다 뛰어남. excellence ②높이 솟음. towering aloft 하다
정:립(鼎立)圖 솥발과 같이 삼자가 벌여 섬. 정치(鼎峙). triangular position 하다
정마(征馬)圖 먼 길을 가는 말. 출전하는 말. [하다
정마(停馬)圖 가는 말을 멈춰 세움. stopping horse
정:=말[正-]圖 거짓이 없는 말. ¶ ~이냐 아프냐? truth 《약》→정말로.
정:말로(正-)圖 진실로. 참말로.《약》정말.
정말 체조(丁抹體操)圖《동》데마크 체조.
정:망(定望)圖 마음에 두고 벼슬에 추천함. 하다
정망(停望)圖〈제도〉허물 있는 사람에게 벼슬시킴을 중지하던 일. 하다

정맥(精麥)〖명〗 ①깨끗하게 쓿은 보리쌀. polished barley ②보리를 찧어서 대껸. cleaning barley 하타

정맥(靜脈)〖명〗〈생리〉몸의 각부의 정맥혈(靜脈血)을 심장으로 돌려보내는 핏줄. ¶~관(管). ~벽(壁). ⟪대⟫동맥(動脈). vein ¶맥동하는 맥박.

정:맥(整脈)〖명〗〈의학〉정상적이고 규칙적인 율동으로 뜀. 노:장(靜脈怒張)〖동〗정맥류(靜脈瘤).

정맥-류(靜脈瘤)〖명〗〈생리〉정맥의 일부가 혈행 장애를 일으켜 확장된 것. 정맥 노장(靜脈怒張).

정맥 주:사(靜脈注射)〖의학〗포도당이나 칼슘·염 따위를 정맥 속에 직접 놓는 주사. venous injection

정맥-혈(靜脈血)〖명〗〈생리〉정맥에 의하여 신체를 돌아 염통으로 보내는 노폐(老廢)한 피. venous blood

정:면(正面)〖명〗 ①위치가 바른 전면(前面). 정방(正方)②. front ②바로 마주 봄.⟪대⟫후면(側面). facing

정면(精綿)〖명〗 소면기(梳綿機)에서 나오는 일정한 길이의 평평한 면섬유.

정:면 공:격(正面攻擊)〖명〗 ①적을 대고 공격하는 전투 방식(方式). frontal attack ②마주 대고 상대편을 비난(非難)하는 일. ⟪대⟫측면 공격. attacking person openly 하타

정:면-도(正面圖)〖명〗 ①물체를 정면으로 보고 그린 그림. front view ②〈수학〉입화면(立畫面)에 그려진 투영도.

정:면 충돌(正面衝突)〖명〗 ①두 물체가 정면으로 부딪침. ②두 편의 의견이 맞부딪쳐서 싸움. 하타

정:명(正明)〖명〗 정대(正大)하고 공명(公明)함. fairness 하타

정:명(正命)〖명〗 ①〖동〗천명(天命). ②〈불교〉 팔정도(八正道)의 하나. 정법(正法)을 좇아 수행 생활을 하는 운명. true life

정:명(定命)〖명〗 ①날 때부터 정해진 운명. fate ②〈불교〉전생(前生)의 정업(定業)으로 현세(現世)에 따라 타고난 목숨. predetermined length of life

정명(精明)〖명〗깨끗하고 밝음. ¶~한 빛깔. clear and bright 하타

정명-경(淨名經)〖명〗〈동〉유마경(維摩經).

정:명-론(定命論)〖명〗〈동〉숙명론(宿命論).

정:모(正帽)〖명〗정복 입을 때에 쓰는 모자. full dress hat

정모(情貌)〖명〗심정(心情)과 용모. feeling and appearance

정묘(丁卯)〖명〗육십 갑자(甲子)의 넷째.

정묘(淨妙)〖명〗깨끗하고 뛰어남. neat and exquisite 하타 ¶~ness 히타

정묘(精妙)〖명〗정밀하고 묘함. ¶~한 필치. exquisiteness 하타

정묘호란(丁卯胡亂)〖명〗〈역사〉조선조 인조 5년에 일어난 금군(金軍)이 침입한 난.

정무(政務)〖명〗정치에 관한 사무. state affairs

정무(停務)〖명〗사무를 그치고 쉼. resting from one's duty 하타

정무-관(政務官)〖명〗내가 책임제에서, 장관을 도와 오직 정책에만 관여하며 국회와의 연락·교섭에 임하는 직원. parliamentary official

정무 차관(政務次官)〖명〗내각 책임제에서, 장관을 보좌하여 정책의 기획·수립에 참가하여 정무를 처리하는 별정직의 차관. ⟪대⟫사무 차관. parliamentary vice-minister 히타

정:묵(靜默)〖명〗아무 말이 없이 고요함. silence 하타

정:문(正文)〖명〗주석(註釋)이 있는 경서(經書)의 원문. text

정:문(正門)〖명〗 ①정면에 있는 문. ⟪대⟫측문(側門). front(=main) gate ②삼문의 가운데 문.

정문(頂門)〖명〗〈동〉정수리.〖동〗숫구멍.

정문(旌門)〖명〗충신·효자·열녀 들을 표창하기 위하여 세운 붉은 문. 홍문(紅門)②. 작문(綽門).「르는 말.

정문 금추(頂門金椎)〖명〗정신을 차리도록 깨우쳐 이르는 말.

정문 일침(頂門一鍼)〖명〗정수리에 침을 놓는다는 뜻. 정상 일침(頂上一鍼). 「⟪약⟫ ⇒ 정동맥(靜動脈).

정:물(靜物)〖명〗 ①움직이지 않는 물건. still life ②

정:물-화(靜物畫)〖명〗꽃·과실·야채·기물 따위를 그린 그림. ⟪대⟫풍경화. 인물화. ⟪약⟫정물②. still life

정미(丁未)〖명〗육십 갑자(甲子)의 44째.

정:미(正米)〖명〗 ①현재에 있는 쌀. 실제로 거래되는 쌀. 실미(實米). 공미(空米). spot rice

정:미(正味)〖명〗 ①물건의 외피를 제외한 내용. 정량(正量). net ②포장 따위의 무게를 뺀 알맹이만의 무게.

정미(情味)〖명〗 ①〖동〗정취(情趣). ②⟪약⟫→인정미(人情味).

정미(精米)〖명〗 ①⟪약⟫→정백미(精白米). ②기계로 벼를 찧어 쌀을 만드는 일. ¶~기(機). ~업(業). rice cleaning 하타 「me beauty 하타

정미(精美)〖명〗정묘하고 아름다움. ¶~한 장식. supre-

정미(精微)〖명〗정밀(精密)하고 자세함. ¶~한 실험. minuteness 하타

정미-소(精米所)〖명〗방앗간.

정:미 시:장(正米市場)〖명〗〈경제〉실제로 쌀을 거래하는 시장. spot rice market 「tness 하타

정민(貞敏)〖명〗마음이 곧고 명민함. honest and smar-

정민(精敏)〖명〗정밀 민첩함. minute and nimble 하타

정밀(精密)〖명〗 ①가늘고 촘촘함. being close ②아주 잘고 자세함. 정교(精巧)와 조잡(粗雜). minuteness 하타

정:밀(靜謐)〖명〗고요하고 편안함. ¶~한 분위기. peace 하타

정밀 과학(精密科學)〖명〗수학이나 물리학 따위처럼 정밀한 양적 규정의 논증을 체계화한 과학. precise science

정밀 기계(精密機械)〖명〗공차(公差)가 아주 작고 정밀하게 만들어진 기계. 특히 순정(純正) 과학·전기 공학에 쓰이는 기계다. 주요 공작 기계 따위를 가리킴. ⟪약⟫정기(精機). precision instrument

정밀도[-도](精密度)〖명〗정교하고 세밀한 정도. ⟪약⟫정도. accuracy 「錨⟫. anchorage 하타

정박(碇泊·淀泊)〖명〗닻을 내려 배를 세움.〈유⟩하묘(下

정:반-대(正反對)〖명〗꼭 바로 되는 반대. direct opposition

정:반-사(正反射)〖명〗반사 광선이 모두 같은 방향으로 나아가는 반사.⟪대⟫난반사(亂反射). 「rward reaction

정:반-응(正反應)〖명〗〈화학〉가역 반응에서 맨 처음의 화학 변화로 인한 반응. ⟪대⟫역반응(逆反應). fo-

정:반-합(正反合)〖명〗〈철학〉헤겔의 변증법에 있어서의 논리 전개의 삼위(三位). 정립(定立)·반립(反立)·종합(綜合)의 뜻. thesis-antithesis-synthesis

정-받이[-바지](精-)〖명〗수정(受精).

정방(丁方)〖명〗이십사 방위(方位)의 하나. 정남에서 서쪽으로 15도 쯤 되는 방위를 중심으로 한 각도의 안. ⟪약⟫정(丁)②.

정:방(正方)〖명〗 ①바른 사각(四角). square ②정 「면(正面)①.

정:방(正房)〖명〗몸채.

칭:방(淨房)〖명〗뒷간. 변소 toilet

정방(精紡)〖명〗방적(紡績)에서 굵은 실을 필요한 굵기로 당겨 늘여 알맞은 꼼을 주어 실을 뽑 내는 방적의 마지막 공정.

정방 정계(正方晶系)〖명〗〈광물〉결정축(結晶軸)을 가진 정의의 하나. tetragonal system

정:방-형(正方形)〖명〗〈수학〉네 개의 변과 각이 모두 같은 사변형. 정사각형. 평방형(平方形). regular 「square

정:배(定配)〖명〗〖동〗처벌(處配).

정:배(正褙)〖명〗초배를 한 뒤에 정작으로 하는 도배.

정:배(定配)〖명〗〖동〗귀양. 하타 「final facing 하타

정배(頂拜)〖명〗머리를 숙이고 절함. bowing 하타

정백(淨白)〖명〗정하고 흼. 하타

정백(精白)〖명〗〖동〗순백(純白).

정백(精魄)〖명〗〖동〗정령(精靈)③.

정백-미(精白米)〖명〗썩 깨끗하게 쓿은 흰 쌀. 아주먹이. ⟪약⟫정미(精米)①. polished rice

정벌(征伐)〖명〗죄 있는 무리를 군대로써 침. 정토(征討). conquest 하타

정:범(正犯)〖명〗〈법률〉죄를 실지로 저지른 사람. 주

법(主犯). 원법. 《대》종법(從法). principal offence

정:법[一뻡](正法)囘 ①바른 법칙. 《대》사법(邪法). orthodox law ②(동) 정형(正刑). ③《불》바른 교법(敎法). 불도(佛道). ④(약)→정시기(正法時).

정:법[一뻡](定法)囘 정해진 법칙. fixed law

정법[一뻡](政法)囘 ①정치상의 법도. principle of government ②정치와 법률. government and law

정:법=시[一뻡—](正法時)〈불교〉정법(正法)이 행해지는 때. 불(佛) 입멸 후 500년 또는 1000년 간.

정:벽처(靜僻處)囘 고요하고 궁벽한 곳.

정변(政變)囘 정계(政界)에서 생기는 변동. political change

정:병(正兵)囘 정군(正軍).

정:병(精兵)囘 간사한 꾀를 쓰지 않고 정당하게 싸우는 군사.

정병(廷兵)囘 군법 회의에서 재판관이 명하는 사무를 집행하는 헌병 하사관이나 병(兵)으로 임명된 일반 법원의 정리(廷吏)에 해당하는 소임.

정병(政柄)囘 〈동〉정권(政權).

정병(精兵)囘 우수하고 강한 군사. 양병(良兵)①. 영병(逞兵). 정갑(精甲)②. 정졸(精卒). crack troops

정보(情報)囘 ①사정이나 정황의 보고. intelligence ②〈군사〉전쟁 수행상 필요한 첩보(諜報)를 수집하여 해석·평가·분석한 적의 상황. 또, 그에 관한 보고. ¶ ~ 기관(機關).

정보(町步)의囘 한 정(町)으로 끝이 나고 끝수(端數)가 없을 때의 일컬음. unit of area

정보 과학(情報科學)囘 정보의 형태·전송(傳送)·처리·축적 등의 이론이나 기술을 과학적으로 연구하는 분야.

정보=망(情報網)囘 정보를 수집하기 위하여 널리 편 조직. intelligence network

정보 부대(情報部隊)囘 〈군사〉 정보 수집을 주임무로 하는 부대.

정보 산:업(情報産業)囘 정보의 수집·전달에 관련되는 각종 산업. 전자 계산기의 이용과 정보 제공업·신문·잡지·출판·방송 등. communication industry

정보 통신부(情報通信部)囘 〈법률〉 정보 통신·전파 관리·우편·우편환 및 우편 대체에 관한 일을 맡아보는 중앙 행정 기관. (약)정통부.

정보화 사:회(情報化社會)囘 공업 제품에 가름하여 정보의 생산이 가치를 낳는 사회. 정보가 물품이나 에너지·서비스 이상으로 유력한 자원이 되어, 정보를 중심으로 사회·경제가 운영되고 발전되어 감.

정:복(正服)囘 ①의식(儀式) 때에 입는 옷. regulation dress ②일정하게 제정한 옷. ¶ ~ 착용(着用). uniform ¶ 「어려움을 이겨냄. master 하태

정복(征服)囘 ①정벌하여 복종시킴. conquest ②어

정:복(整復)囘 골절·탈구 등을 바로잡음. 하태

정:복(淨福)囘 ①아주 조촐한 행복. pure happiness ②〈불교〉부처의 혜택. 불교를 믿음으로써 얻는 행복. favour of Buddha ¶conquest

정복=욕(征服慾)囘 정복하고자 하는 욕망. lust of

정:본(正本)囘 ①문서의 원본. original text ②〈법률〉법률의 규정이 있는 경우에 권한(權限)을 가진 사람이 원본(原本)에 의하여 작성하는 등본(謄本)의 하나. 《대》부본(副本). 초본(初本). exemplified copy

정:본(定本)囘 고전의 이본(異本)을 교정하여 잘못을 바로잡은 표준이 되는 책.

정본(政本)囘 ①〈동〉농업(農業). ②정치의 근본이라는 뜻으로, 예(禮)를 이르는 말.

정봉(停捧)囘 〈제도〉 납세를 중지함. 하태 『임. 하태

정봉(精捧)囘 세곡(稅穀)을 정당(正當)하게 받아들

정:-부(正否)囘 옳고 그름. right and wrong

정:-부(正副)囘 〈수학〉정호(正號)와 부호(負號). plus and minus ②경수(正數)와 부수(負數). positive and negative

정:-부(正副)囘 으뜸과 버금. principal and deputy

정부(征夫)囘 ①원정(遠征)하는 군사. expeditionary force ②먼 곳으로 가는 사람.

정부(政府)囘 ①정치를 하는 곳. government ②국가의 통치권을 행사하는 기관. ③내각에 의하여 통할하는 행정부. administration ④(약)→의정부(議政府).

정부(貞婦)囘 정조가 곧은 여자. 정녀(貞女)②. faithful wife

정부(情夫)囘 남편이 아니나 정을 두고 지내는 남자. 《유》애부. lover ¶mistress

정부(情婦)囘 아내가 아니나 정을 두고 지내는 여자.

정부-군(政府軍)囘 〈동〉국군(國軍).

정부 기:업(政府企業)囘 정부에서 운영하는 기업. 철도·통신·우편 사업 등.

정부-당(政府黨)囘 〈동〉여당(與黨).

정부 보:유미(政府保有米)囘 미가(米價)의 조절 및 군수용으로 충당하기 위하여 정부가 보유하고 있는 쌀. 정부미. ¶government bill

정부-안(政府案)囘 정부에서 국회에 제출한 의안.

정부 예:금(政府預金)囘 은행에 맡기는 정부의 예금.

정부 위원(政府委員)囘 장관을 대신하여 그 명을 받아 국회와 교섭하며 의원(議院)에 출석하여 발언할 수 있는 위원.

정:-부:의장(正副議長)囘 의장(議長)과 부의장(副議長).

정:부-부인(貞夫人)〈제도〉 조선조 때, 정·종 2품 문무관의 아내의 봉작. ¶and vice-president

정:부-통령(正副統領)囘 대통령과 부통령. president

정부 화:폐(政府貨幣)囘 정부가 직접 발행하는 화폐.

정:-북(正北)囘 (약)→정북방(正北方).

정:북-방(正北方)囘 똑바른 북쪽. (약) 정북. due north

정:북향(正北向)囘 정북의 방향.

정분(情分)囘 따뜻한 마음. 사귀어서 정이 든 정도. ¶ ~이 두터운 친구. friendly feelings

정:비(正比)囘 〈수학〉 보통의 비. 《대》 반비(反比). 역비(逆比). direct ratio ¶일컬음. 《대》 후궁. queen

정:비(正妃)囘 〈제도〉 왕비를 후궁(後宮)에 상대하여

정비(情費)囘 〈제도〉 납세 때에 백성이 이원(吏員)에게 인정(人情)으로 주던 잡비.

정:비(鼎沸)囘 어수선하고 요란함을 비유하여 일컫는 말.

정:비(整備)囘 정돈하여 바로 갖춤. complete provision 하태

정:비-공(整備工)囘 정비하는 일에 종사하는 기술자.

정:-비:례(正比例)囘 〈수학〉본래(本來)의 직접적인 비례 관계. 《대》반비례(反比例). 역비례(逆比例). direct ratio ¶proportion

정:비-례(定比例)囘 일정한 비율(比率). constant

정:비:례 법칙(定比例法則)囘 〈화학〉 모든 화합물에 있어서 그 성분 원소(成分元素)의 무게의 비는 일정하다는 법칙. 정비례율(定比例率). law of direct proportion ¶則).

정:비:례=율(定比例律)囘 〈동〉 정비례 법칙(定比例法

정:빈(正賓)囘 정객(正客).

정사(丁巳)囘 육십 갑자(六十甲子)의 54째.

정:사(正史)囘 ①바르고 확실한 역사. 《대》야사(野史). authentic records ②기전체(紀傳體)에 의한 중국 역대(歷代)의 역사. 《대》 패사(稗史).

정:-사(正邪)囘 ①바른 일과 간사한 일. right and wrong ②정기(正氣)와 사기(邪氣). fair spirits and evil intention

정:사(正使)囘 〈제도〉 사신(使臣)의 우두머리가 되는 사람. 상사(上使). 《대》 부사(副使). chief delegate

정:사(正寫)囘 정서(正書). 하태

정:사(正射)囘 ①정면에서 쏨. ②수직으로 투사함.

정:사(呈辭)〈제도〉 벼슬아치가 벼슬을 사양하거나 말미를 청하는 등의 원서를 관부(官府)에 제출하던 일.

정사(政事)囘 ①정치상의 일. political affairs ②벼슬아치의 임명과 출척(黜陟)에 관한 일. personnel administration

정사(亭榭)囘 〈동〉 정자(亭子).

정사(情史)囘 남녀의 애정에 관한 기록. romance

정사(情死)囘 서로 사랑하는 사람끼리 어떤 사정으로 함께 자살함. double suicide 하태

정사(情私)囘 친족 사이의 사정(私情).

정사(情事)囘 ①남녀의 사랑에 관한 일. 《유》연애(戀

정사(情死) 愛). love affair ②정사(情死)하는 그 일과 사정. reasons of love suicide ③정부(情夫)와 정부(情婦) 사이의 관계. 〈유〉치화(痴話). relations between lovers

정사(情思) 명 ①감정과 생각. feeling and thinking ②남녀가 서로 사랑하는 생각. love

정:사(精舍) 명 ①학문을 가르치려고 베푼 집. private school ②정신을 수양하는 곳. cloister ③불도를 닦는 중에 있는 집. 사원(寺院)의 딴이름. temple

정사(精査) 명 자세히 조사함. careful examination 하타

정사(靜思) 명 무슨 일을 고요히 생각함. meditation

정:=사(正四角錐) 명 방추형(方錐形). 하타

정:=사(四角形) 명 정방형(正方形).

정:=사 면:체(正四面體) 명 〈수학〉 네 개의 면(面)을 가진 정다면체(正多面體). regular tetrahedron

정:=사 영(正射影) 명 〈수학〉 한 점에서 직선 또는 한 평면 위에 그은 수선의 발. orthogonal projection

정:=사원(正社員) 명 정식의 사원. regular member

정:사 투영(正射投影) 명 평면에 대하여 수직인 무한대의 거리로부터의 투영법.

정:삭(正朔) 명 ①정월 초하루. first of January ②책력. calendar ③천자(天子)의 정령(政令)

정삭(精索) 명 〈생리〉부(副)고환에서 정낭으로 정자를 인도하는 통로. 혈관·신경·근(筋)으로 됨.

정:산(正産) 명 태아(胎兒)를 정상적(正常的)으로 해산함. normal delivery 하타

정:산(正酸) 명 〈화학〉비금속의 산화물이 물과 화합하여 된 산 중에 염기도가 가장 높은 산.

정:산(定算) 명 예정한 계산. [calculation 하타

정산(精算) 명 세밀한 계산. 〈대〉개산(槪算). accurate

정:=삼각형(正三角形) 명 〈수학〉 각 변(邊)의 길이와 각(角)이 다 같은 삼각형. 등각 삼각형(等角三角形). 등변 삼각형(等邊三角形). regular triangle 「하타

정:상(正常) 명 바르고 떳떳함. ①이상. normalcy

정:상(모上) 명 〈동〉정남(모喃). 하타

정:상(定常) 명 일정하여 변하지 아니함. constancy

정상(政商) 명 정치가와 결탁하고 있는 상인(商人). businessman with political connections

정상(頂上) 명 ①꼭대기. 절정(絶頂)①. top ②그 이상 더 높은 것. 최상(最上). climax

정상(情狀) 명 ①실제의 사정과 형편. 〈유〉정경(情景). 정지(情地)③. 정형(情形). 정황(情況). circumstances ②가련한 상태. miserable circumstances ③〈법률〉구체적 범죄의 구체적 책임의 경중(輕重)에 영향을 미치는 일체의 사정.

정:상(情想) 명 감정과 생각.

정상(旌賞) 명 공로를 표창함. commendation 하타

정:산(晶品) 명 결정의 형상. [ness 하타 히타

정상(精詳) 명 정밀하고 자세함. 정세(精細). minuto

정:상=류(定常流) 명 〈물리〉흐름의 속도와 압력·방향 등이 시간에 따라 변하지 않는 흐름. 〈약〉정류(定流). ②이익을 꾀하는 무리.

정상=배(政商輩) 명 정권(政權)과 결탁하여 사사로운 이익을 꾀하는 무리.

정:상 상태(正常狀態) 명 정상적인 상태. normal state

정:상 상태(定常狀態) 명 〈물리〉어떤 물리적 체계를 결정하는 변수가 시간과 더불어 변하지 않는 경우, 그 변수에 관한 체계의 이르는 말.

정:상=아(正常兒) 명 신체적·정신적 발육이나 상태 또는 사회적 활동에 있어서 아무런 이상이 없는 어린이. 〈대〉이상아(異常兒). normal child

정상 일참(定常一鍼) 명 〈동〉정문 일침(頂門一鍼).

정상 작량(情狀酌量) 명 〈법률〉재판관이 범죄의 정상(情狀)을 헤아려서 형벌을 가볍게 하는 일. 하타

정:상=적(正常的)(-的) 명 바르고 떳떳한(것). ¶일이 ~ 궤도에 오르다.

정:상 전:류(正常電流) 명 〈물리〉방향과 크기가 시간에 따라 변하지 않는 전류. 〈대〉맥류(脈流). 교류(交流). normal current

정:상=파(定常波) 명 〈물리〉몇 개의 파동이 포개진 결과 동일한 위상(位相)을 갖는 진동이 나타나는 것과 같은 파동. [normalization 하타

정:상 화(正常化) 명 비정상적인 것이 정상대로 됨.

정상 회:담(頂上會談) 명 각국의 최고 수뇌끼리의 회담. summit talk

정:색¹(正色) 명 ①안색을 바르게 함. ②얼굴에 드러난 엄정한 빛. 정안(正顏). serious look 하타

정:색²(正色) 명 순수한 빛깔. 곧, 청(靑)·적(赤)·황(黃)·백(白)·흑(黑). 원색(原色). primary colours

정색(呈色) 명 빛깔을 나타냄. 어떠한 빛을 띰. 하타

정색 건판(整色乾板) 명 보통의 건판보다 녹색부(綠色部)의 감광성을 더한 건판. orthochromatic plate

정색 반:응(呈色反應) 명 〈화학〉발색·변색의 현상이 따르는 화학 반응. 시료 용액에 시약을 가하여 특수한 색을 나타내게 하여서 물질을 검출하는 정성 분석에 쓰임. colour reaction

정생(頂生) 명 ①꼭대기에 남. ②줄기 끝에 남. 하타

정:서(正西) 명 〈약〉→정서방(正西方).

정:서(正書) 명 ①글씨를 또박또박 바르게 씀. writing in square style ②초잡았던 글을 정식으로 베껴씀. 정사(正寫). fair copy 하타 [하타

정:서(西西) 명 ①서쪽으로 나아감. ②서쪽을 향함.

정:서(淨書) 명 ①글씨를 깨끗하게 씀. 정사(淨寫). 청서(淸書). copying fair ②초잡은 글을 다시 바르게 씀. 하타

정서(情緖) 명 ①감정의 실마리. ②사물에 부딪쳐 일어나는 온갖 감정. sentiment ③〈심리〉본능을 따라 일어나는 심적 현상. 기쁨·슬픔·노여움 따위. emotion

정서(精書) 명 정신을 들여 글씨를 씀. writing out fair 하타 [due west

정:서방(正西方) 명 똑바른 서쪽. 〈약〉정서(正西).

정:서=법(-[―]正書法) 명 〈어학〉글이나 글자를 올바르게 쓰는 법. 맞춤법에 맞게 쓰는 법.

정서 장애(情緖障碍) 명 〈심리〉외계의 자극에 응하여 정서적 반응을 보이지 못하는 일종의 정신 이상 상태. ¶~아(兒).

정서=적(情緖的)(-的) 명 정서를 띤(것).

정:서향(正西向) 명 정서의 방향.

정:석(定石) 명 ①바둑의 명인들이 공격과 수비에 최선을 다한 수법의 정형을 이룬 수. rules in game of baduk ②일정한 방식. cardinal principle

정:석(定席) 명 일정한 좌석(座席). fixed seat

정석(晶析) 명 〈동〉정출(晶出). 하타

정:석(鼎席) 명 ①세 사람이 자리를 함. ②〈제도〉삼공(三公)의 자리. 곧, 영의정·좌의정·우의정의 정승 지위를 일컬음. [하타

정:선(正善) 명 마음이 바르고 착함. honest and good

정선(汀線) 명 〈지학〉바닷물과 육지가 맞닿는 선. 밀물과 썰물의 정서의 중간을 해안선으로 정함. beach line 「늘 선수로 두는 일. 〈대〉호선(互先).

정:선(定先) 명 바둑에서, 상대방과의 수에 차이가 있어

정선(停船) 명 ①선박의 진행을 멈춤. ②선박의 진항(進航)을 정지시키고 선장으로서의 업무에 종사하는 것을 금함. stoppage 하타

정선(精選) 명 자세히 골라 뽑음. careful selection

정선골 물방아 물레바퀴 돌듯 세상은 흥망 성쇠와 같이 빈번히 돌고 돈다.

정:-선률(定旋律)(-律) 명 〈음악〉대위법(對位法)에서 여러 가지 대위 선율을 붙일 수 있는 고정된 주선율.

정:설(定說) 명 확정된 설. 결정적인 것으로 인정되는 설. 〈대〉이설(異說). established theory

정:성(井星) 명 〈천문〉이십팔수(二十八宿)의 22째별. 〈약〉정(井)①.

정:성(正聲) 명 ①바른 음성. ②음당하지 아니한 음률(音律). [어 정함.

정:성(定性) 명 ①성분을 밝히어 정함. ②성질을 밝히 밝힘

정:성(定星) 명 〈동〉항성(恒星).

정:성(定省) 명 〈약〉→혼정 신성(昏定晨省).

정성(政聲)圀 선정(善政)의 명성. reputation of good rule

정-성(情性)圀 ①인정과 성질. nature ②(동) 본성(本性).

정성(精誠)圀 참되어 거짓이 없는 마음. 성심(誠心). sincerity 스럽 스레हि

정:성(鄭聲)圀 ①음탕한 음률. amorous tune ②〈한의〉병적으로 지껄이는 말. 「heart

정성-껏(精誠-)胆 정성을 다하여. with one's whole

정:성 분석(定性分析)圀 〈화학〉각 물질이 어떠한 성분을 포함하였는가를 알기 위한 분석법. 화학 반응으로 행함. qualitative analysis

정:세(正稅)圀 정규(正規)의 조세.

정세(政勢)圀 정치상의 형세.

정세(情勢)圀 사정과 형세. 일의 되어 가는 형편. 형세(形勢)②. ¶국제(國際)~. situation

정세(精細)圀 〈동〉 정상(精詳)함. 하다 히胆

정=세:포(精細胞)圀 〈생리〉 유성 생식(有性生殖)을 행하는 동식물의 수컷의 생식기 내에서 생성(生成)되는 세포. 〈대〉난세포(卵細胞). spermatogonium

정소(呈訴)圀 소장(訴狀)을 제출함. 정장(呈狀). send in complaint 하다

정:소(定所)圀 정하여진 처소. 일정한 장소.

정소(情疏)圀 따뜻한 정의에 틈이 생겨 멀어짐. ¶~해진 우의(友誼). estrangement 하다

정소(精巢)圀 〈생리〉수컷의 생식소(生殖巢). 정자(精子)가 형성되는 곳. 포유 동물의 불알. 정집. 〈대〉난소(卵巢). spermary

정:속(正俗)圀 도리에 맞고 올바른 풍속. 〈대〉이속(異俗). regular manners. 「삼음. 하다

정:속(定屬)圀 〈제도〉 적몰(籍沒)된 사람을 종으로

정송(呈送)圀 〈동〉 정납(呈納).

정송(停訟)圀 송사를 중지함. suspension of suit 하다

정송 오:죽(正松五竹)圀 소나무는 정월에, 대나무는 오월에 옮겨 심어야 잘 산다는 말.

정:송 오:죽(淨松汚竹)圀 소나무는 깨끗한 땅에, 대나무는 더러운 땅에 심음.

정쇄(精灑)圀 아주 깨끗하고도 맑음. 하다

정:수(井水)圀 우물물. well-water

정:수(正手)圀 장기·바둑 따위에 있어서, 속임수나 암수가 아닌 정당한 법수(法手). right method

정:수(正數)圀 '양수(陽數)'의 구용어. 〈약〉정(正)④.

정:수(定數)圀 ①정한 수효. fixed number ②정해진 운수. fate ③〈수학〉'상수(常數)'의 구용어. 〈대〉

정수(庭樹)圀 뜰에 심은 나무. 〈변수(變數). constant

정수(井水)圀 깨끗한 물. 〈대〉오수(汚水). clean water

정수(淨水)圀 괴어 있는 물. stagnant water

정수(艇首)圀 돛배의 이물. ¶~를 돌리다.

정수(精水)圀 〈동〉 정액(精液)①.

정수(精秀)圀 정량(精良)하고 뛰어남. 하다

정수(精修)圀 정밀하고 자세히 학문을 닦음. making detailed study 하다

정수(精粹)圀 ①아주 깨끗하고 순수함. purity ②결백하여 사욕(私慾)이 없음. integrity 하다

정수(精髓)圀 ①뼈 속에 있는 골. marrow ②일의 요점(要點). 〈약〉정(精). essence 「still water

정:수(靜水)圀 고요하게 괴어 있는 물. 잠잠한 물.

정:수(靜修)圀 고요한 마음으로 학덕(學德)을 닦음. 심신(心身)을 조용히 하여 수양함. studying with quiet mind 하다

정:수(整數)圀 〈수학〉 분수(分數)·무리수(無理數)에 대하여, 단위 1에서 차례차례로 생기는 자연수 및 이에 대한 부(負)의 수와 0의 총칭. ¶가수(假數). 소수(小數). 분수(分數). integral number

정:수-론(整數論)圀 〈수학〉 정수의 성질을 연구하는 수학의 한 분. number theory

정수리(頂一)圀 머리 위에 숫구멍이 있는 자리. 뇌천(腦天). 정문(頂門)①. 신문(顖門). crown of head

정:수 비:례(定數比例)圀 〈화학〉'상수 비례(常數比例)'의 구용어.

정수 식물(挺水植物)圀 〈식물〉 연꽃·갈대와 같이 뿌리를 물 속의 땅에 박고 사는 수생(水生) 식물의 하나. emerging plant 「hydrostatic pressure

정:수-압(靜水壓)圀 〈물리〉 괴어 있는 물의 압력.

정:수-지(淨水池)圀 상수도에 있어 여과지에서 거른 맑은 물을 모아 두는 곳. pure water reservoir

정:수-학(靜水學)圀 〈물리〉 유체 역학(流體力學).

정숙(貞淑)圀 여자의 행실이 곧고 마음이 맑음. chaste and modest 하다 히胆

정숙(情熟)圀 정분이 두터워 친숙함. intimacy 하다

정숙(精熟)圀 사물에 자세히 통하여 알며 능숙함. conversance 하다 히胆

정숙(靜淑)圀 태도가 조용하고 마음이 맑음. serene and pure-minded 하다

정숙(靜肅)圀 고요하면서 엄숙함. 숙정(肅靜). ¶~한 분위기(雰圍氣). quiet 하다 히胆 「히胆

정:숙(整肅)圀 몸가짐이 바르고 엄숙함. silence 하다

정:순(正巡)圀 활을 쏠 때의 정식 차례. formal posture of archery

정순(貞順)圀 마음이 곧고 온순함. gentleness 하다

정술(政術)圀 〈동〉 정략(政略).

정승(政丞)圀 〈동〉 정승(政丞). 「(正承).

정승(政丞)圀 〈제도〉 의정(議政)의 대신(大臣). 정승

정승 날 때 강아지 난다圀 존비 귀천(尊卑貴賤)이 크게 다르지 않다.

정시(丁時)圀 〈민속〉 이십사시(二十四時)의 14째시. 곧, 오후 0시 30분부터 오후 1시 30분까지의 동안. 〈약〉정(丁)②.

정:시(正始)圀 ①올바른 시초. correct beginning ②시초를 올바르게 함. 인류(人類)의 시초인 부부(夫婦) 관계를 올바르게 함. 하다

정:시(正視)圀 ①똑바로 봄. looking straight ②〈약〉→정시안(正視眼). 하다 「示②. 하다

정시(呈示)圀 ①꺼내 보임. showing ②〈동〉 제시(提

정:시(定時)圀 정한 시간. 또는 시기(時期). fixed time 「안에서 행하던 과거(科擧).

정:시(庭試)圀 〈제도〉 나라에 경사가 있을 때에 대궐

정:시-안(正視眼)圀 〈생리〉 바른 시력(視力)의 눈. 〈약〉정시(正視)②. emmetropia

정시-제(定時制)圀 특별한 시기와 시간, 곧 농한기(農閑期)·이른 아침·야간 따위에 행하여지는 학습 과정. 〈대〉 전일제(全日制). part-time system

정시 증권[一꿘](呈示證券)圀 〈경제〉 '제시 증권'의 구용어.

정:식(正式)圀 ①바른 격식. formality ②올바른 의례(儀式). ¶~ 통첩(通牒). 〈대〉 약식(略式). due form 「established rule

정:식(定式)圀 일정한 규칙과 격식 또는 의식(儀式).

정:식(定食)圀 ①식당 등에서 일정한 메뉴대로 차려진 음식. table d'hôte ②때를 정해 놓고 먹는 음식. regular meal ③일정한 규식(規式)에 따라 먹는 양식(洋食). 정찬(正餐).

정:식(定植)圀 온상에서 기른 모종을 밭의 정한 위치에 심는 일. 〈대〉 가식(假植). bedding out young plants 하다 「tarian diet

정:식(淨食)圀 〈불교〉 채식(菜食)으로 된 식사. vege-

정:식(鼎食)圀 솥을 죽 벌여 놓고 먹음. 귀한 사람의 밥먹음을 가리킴. 하다

정:식(整式)圀 〈수학〉 어떤 문자에 관하여 가법(加法)·감법(減法)·승법(乘法)만을 함으로써 얻어진 대수식. integral expression

정:식(靜息)圀 고요히 쉼. taking rest 하다

정:식 재판(正式裁判)圀 〈법률〉 약식 명령, 또는 즉결 언도에 불복하고 피고인이 법정 기간 안에 관할 법원에 청구하는 재판. formal trial

정:식 조약(正式條約)圀 형식상의 조약 분류의 하나. 정하여진 전문(前文)이 있고 조약의 목적, 원수의 칭호, 전권 위원의 관직·위품(位階)·성명 등을 쓰고 조인한 후 비준된 것. authentic treaty

정신:(正信)(명)〈불교〉참되고 올바르게 믿는 마음.
정신(廷臣)(명)(동) 조신(朝臣)②.
정신(貞臣)(명) 일체의 녹(祿) 따위를 받지 않는 수문(守文)·봉법(奉法)의 신하. [하四]
정신(挺身)(명)(자) 무슨 일에 앞장서 나아감. volunteer
정신(艇身)(명) 보트(boat)의 전장(全長).
정신(廷臣)(명) 삼공의 자리에 있는 신하. 대신(大臣).
정신(精神)(명) ①마음. 넋②. 심신(心神). 어안. 열. 혼기(魂氣). (대) 육체. mind ②〈철학〉물체적인 것을 초월한 실제(實在). (대) 물질(物質). soul ③(동) 근기(根氣). 기력(氣力). ④〈철학〉참된 목적. 사물의 근본이. spirit
정신 감정(精神鑑定) ①정신 장애의 유무 및 그 장애자에게 치료·보호를 하기 위하여 입원을 할 것인가에 대하여 판정할 목적으로 하는 감정. ②〈법률〉형사 사건에 있어서 담당 법관의 명에 의하여 의사인 감정인이 피고인의 정신 상태를 감정하는 일. psychiatric test
정신 검:사(精神檢査)(명) 주의력·판단력·기억력·추리력 등의 정신적·심리적 작용, 또는 지능의 발달 정도 따위의 검사. mental test
정신=계(精神界)(명) 정신이 작용하는 범위. (대) 물질계(物質界). mental world
정신=골(精神骨)(명) 정신이 총기 있게 생긴 부분.
정신 골자[―짜―](精神骨子)(명) 가장 중요한 부분.
정신 공학(精神工學)(명)〈심리〉실제상의 목적을 위한 응용 심리학의 일반 법칙에 관한 학문.
정신=과(精神科)(명)〈의학〉정신상의 질환의 진단·치료·예방을 행하는 임상 의학의 한 분과. psychiatry
정신 과학(精神科學)(명) 곧, 정신 작용에서 일어나는 현상을 연구하는 과학. 곧, 심리학(心理學)·윤리학(倫理學) 따위. (대) 자연(自然) 과학. mental science
정신 교:육(精神敎育)(명) 도덕적 의식의 계발·훈련을 목적으로 삼는 교육. moral education
정신=기[―끼](精神氣)(명) 정신의 기운.
정신 기능(精神機能)(명)〈심리〉정신의 작용. mental function
정신=나가=다(精神―)(자) 얼빠지다.
정신=나=다(精神―)(자) ①사리를 분간할 만한 정신이 생기다. become sensible ②더 한층 분발(奮發)할 의욕이 생기다. be animated
정신 노동(精神勞動)(명) 주로 두뇌로 하는 노동. (대) 육체 노동. brain work [하四]
정신=들=다(精神―)(자르) ①경험에 의하여 사리를 분별할 만한 정신이 생기다. be sensible ②정신차리다. recover one's senses
정신=들이=다(精神―)(자) 정신차리어 하다. devote one's heart and soul to
정신=력(精神力)(명) 정신적인 힘. mental power
정신=론(精神論)(명)〈철학〉경험으로부터 독립된 이성(理性)의 진리를 논하는 철학의 한 부문. (동) 유심론(唯心論).
정신=맹(精神盲)(명)〈심리〉사물도 보이고 사고 능력도 있으나 대상의 의미를 파악 못하는 기질적(器質的)인 결함.
정신=면(精神面)(명) 정신에 관한 쪽. 정신적인 방면.
정신 문명(精神文明)(명) 물질을 떠나 정신을 기초로 하여 이루어진 문명. (대) 물질 문명. moral civilization, culture
정신 문화(精神文化)(명) 정신의 내부적 소산(所産)의 총칭. 곧, 사상·학술·예술·종교 따위. human culture
정신 박약(精神薄弱)(명)〈심리〉선천적 또는 후천적 원인으로 지능 발달이 늦어 그 때문에 장차 사회에서 자립할 수 없는 정신 상태. 보통 IQ(지능 지수) 70~40을 경우(輕愚), 40~20을 독아(痴愚), 20 이하를 백치(白痴)로 봄. weak-mindedness ②정신의 저급·퇴보 따위의 여러 가지 단계의 총칭.
정신 박약아(精神薄弱兒)(명)〈심리〉선천적·후천적인 원인으로 지능의 발달이 늦어 정상(正常)의 사회생활을 할 수 없는 아동. weak-minded child
정신=병[―뼝](精神病)(명)〈의학〉정신이 병적 이상을 일으켜 그 말이나 행동이 정상적이 아닌 병. mental disease
정신 병:원[―뼝―](精神病院)(명)〈의학〉정신병 환자를 수용·치료하는 병원. mental hospital
정신병=학[―뼝―](精神病學)(명) 정신병을 자연 과학적으로 연구하여 그 예방·치료에 응용하는 학문. 정신 의학. psychiatry
정신 보:건(精神保健)(명)(동) 정신 위생(精神衛生).
정신 분석(精神分析)(명)〈심리〉프로이트가 생각해 낸 정신병의 병원(病原)을 진단하기 위한 방법. psychoanalysis
정신 분열증(精神分裂症)(명)〈의학〉주로 청년기에 일어나는 내인성(內因性) 정신병의 하나. 조발성 치매(早發性癡呆). schizophrenia
정신 사:(精神史)(명) 역사의 배후에 흐르는 정신 내지 이념을 역사 형성의 참 원으로 규정하는 역사 고찰의 한 방법.
정신 생활(精神生活)(명) ①생활의 의의를 주로 정신에 두는 상태. ②사상·감정 방면의 정신적 활동 상태. ③〈철학〉인간 생활의 전체적·철학적 근본 원리. spiritual life
정신 안정제(精神安靜劑)(명) 수면·해열·진정·마취 등의 작용이 없이, 정신적 흥분을 가라앉히는 약제(藥劑). 정신 신경 안정제. tranquilizer
정신 연령[―년―](精神年齡)(명)〈심리〉실제의 연령에 있어서의 지능의 평균을 표준으로 하여 개인의 지능의 발달 정도를 표시하는 방법. mental age
정신 요법[―뇨―](精神療法)(명)〈의학〉정신의 작용을 이용하여 병을 고치는 방법. 최면 요법(催眠療法)·신앙 요법(信仰療法) 따위. psychotherapeutics
정신 위생(精神衛生)(명)〈심리〉사회 생활에 있어서의 정신 활동의 조화와 적응을 유지함을 목적으로 하는 이론이나 실천 방법의 총칭. 정신 보건(精神保健). mental hygiene
정신은 빼어서 꽁무니에 차고 있다(관) 경우가 밝지 못하고 어리석으며 실수가 많다.
정신 의학(精神醫學)(명)(동) 정신병학(精神病學).
정신 일도 하사 불성(精神一到何事不成)(관) 정신을 한 곳에 모으면 안 되는 일이 없음.
정신 작용(精神作用)(명) 정신이 움직여 어떤 기능을 나타내는 활동. mental function [spiritual
정신=적(精神的)(관)(명) 정신에 관한 것. (대) 물질적.
정신=주의(精神主義)(명) ①(철학〉정신적인 사물의 근원적 지배나 섭리를 믿는 철학적인 견지. spiritualism ②인간의 정신력을 생활의 결정적 요인으로 생각하는 견지.
전신 지체아(精神遲滯兒)(명) 정신 능력의 발달이 늦어진 아이. 저능아(低能兒). 열등아(劣等兒).
정신=차리=다(精神―)(자) ①정신을 바로 가다듬다. brace oneself ②어떤 실패의 원인을 알아서 반성하다. be all attention
정신 착란(精神錯亂)(명)〈심리〉급성의 중독이나 전염병 때문에 의식이 장해되어 지각·기억·주의·사고 따위의 지적(知的)인 능력이 일시적으로 상실되는 상태. deliration
정신 철학(精神哲學)(명) 정신 과정이나 현상을 근본적으로 또는 종국적(終局的)인 처지에서 연구·해명하는 형이상학의 한 부문. (대) 자연 철학.
정:=실(正室)(명) ①본 아내. 본실(本室). 본처(本妻). 적실(嫡室). 정처(正妻). 큰마누라. (대) 부실(副室). lawful wife ②(동) 몸채. [하四] 희띠
정:실(正實)(명) 참되고 진실. sincere and righteous
정실(貞實)(명) 부인의 정조(貞操)가 곧고 성실함. [하四]
정실(情實)(명) ①사정(私情)에 얽힌 사실. ¶~비평(批評). personal considerations ②실정(實情)의 사실. (약) 정(情)⑥. real circumstances

정실(精實) ① 참된 마음. sincerity ② 참된 사실. 하다

정:심(正心) 바른 마음. 또, 마음을 가다듬음. (대)사심. bracing oneself 하다

정심(精審) ① 정밀한 심사. ② 자세히 살펴 조사함.

정:심(靜審) 조용히 살핌. 하다

정:심 공부(正心工夫) ① 마음을 바르게 하여 배워 익히는 데 힘씀. ② 마음을 바르게 가지려는 수도(修道). 하다

정:-씨(正-) 논밭의 얼마의 면적에 에누리없이 꼭 얼마의 곡식이 뿌려지는 그 씨.

정:아(定芽) 〈식물〉정아(頂芽)나 액아(腋芽)와 같이 꼭 같은 자리에 나는 싹. 제눈. (대) 부정아.

정아(頂芽) 〈식물〉줄기나 가지의 맨 끝에 나는 싹. 꼭지눈. 끝눈. (대) 액아(腋芽).

정:악(正樂) ① 속되지 않은 정식의 음악. court music ② 〈민속〉예로부터 전래하는 풍악. (대) 속악.

정안(正顔) 〈동〉정색(正色)¹. 〔俗樂〕

정:안(定案) 결정된 안건.

정:안-수(井-水) → 정화수(井華水). 〔pressure

정압(定壓) 일정한 압력(壓力). 상압(常壓).

정:압(靜壓) 〈물리〉 운동하고 있는 유체(流體)의 압력. 장소에 따라 다른데, 유체 속도가 큰 곳에서는 정압이 낮고, 속도가 작은 곳에서는 정압이 높음. 〔압력. (대) 동압력(動壓力). static pressure

정:-압력(靜壓力) 〈물리〉정지하고 있는 액체내의

정:-압력 비:열(定壓比熱) 〈물리〉압력이 일정한 때의 비열. specific heat of constant pressure

정압 열량계(-熱量計) 〈넉-〉〔定壓熱量計〕측정 과정 중에 압력 변화가 없게 두고 측정하는 열량계.

정애(情愛) 따뜻한 사랑. 애정(愛情). affection

정액(定額) 정한 액수. ¶ ~ 초과(超過). fixed amount

정액(精液) ① 〈생리〉수컷의 생식액. 음수(陰水). 음액. 정수(精水). ② 물건의 정기를 뽑은 액체. semen

정액-등(定額燈) 일정한 전기의 촉수대로 등수(燈數)에 따라 요금을 내고 켜는 등. (대) 종량등(從量燈). fixed rate lamp

정:액 보:험(定額保險) 〈경제〉보험 사고가 일어났을 때에 계약한 일정한 보험액을 지불하도록 계약하는 보험. 〔세.

정:액-세(定額稅) 징수하는 금액이 두루 일정한 조

정 소:작(定賭小作) 〔定賭小作〕풍년 흉년에 따라 소작료의 비율을 미리 정하는 계약. fixed rent for tenancy

정야(丁夜) 〈동〉사경(四更).

정:야(靜夜) 고요한 밤. silent night

정:약(定約) ① 약속을 정함. making agreement ② 정한 약속. promise 하다

정:약(訂約) 조약을 의논하여 정함. 하다

정약-하다(情弱-) 인정이 여리다.

정:양(正陽) ① 〈동〉한낮. ② 음력 정월. January of the lunar calender

정:양(靜養) 몸과 마음을 편하게 하여 피로나 병을 요양함. recuperation 하다

정:양-원(靜養院) 기후가 좋고 공기가 맑은 입지적(立地的)인 조건하에서 정양을 필요로 하는 환자를 집단적으로 수용·가료시키기 위하여 세워진 영조물(營造物). 요양원(療養院). convalescence hospital

정어리 〈어류〉청어과(靑魚科)의 바닷물고기. 모양은 멸치와 비슷하나 더 큼. 몸 빛은 등쪽이 암청색, 배쪽은 은백색이며 옆에는 청흑색 점이 늘어섬. 겨울철에 맛이 좋고 비료로도 쓰임. 온어(鰮魚). sardine

정:언(定言) 확정하여 말을 내세움. affirmation 하다

정:언적(定言的) 〔定言的〕아무런 제약을 받지 않고 주장이나 판단을 절대적·무조건적으로 내세우는 일. (대) 선언적(選言的). 가언적(假言的). categorical

정:언적 명:령(定言的命令) 〈철학〉행위의 결과 여하에 관계없이 그것 자체가 선(善)으로서 절대적·무조건적으로 명령되어 보편 타당할 수 있는 도덕적

정:언적 명:제(定言的命題) 〈논리〉정언적 판단을 표시하고 형식상 주사(主辭)와 빈사(賓辭)와의 일치나 불일치를 아무런 가정 조건 없이 무제약으로 입언(立言)하는 명제.

정:언적 삼단 논법(-法) 〔定言的三段論法〕〈논리〉추리의 두 전제가 정언적 판단으로 이루어지는 삼단 논법. 〔된 추리.

정:언적 추리(定言的推理) 〈논리〉정언적 명제로

정:언적 판단(定言的判斷) 〈논리〉'A는 B다'와 같이 무조건 주사(主辭)와 빈사(賓辭)와의 일정한 관계를 주장하는 판단. categorical judgement

정업(正業) ① 정당한 직업. (대) 추업(醜業). honest calling ② 〈불교〉살생(殺生)·투도(偸盜) 따위의 속될 듯을 하지 않는 일.

정:업(定業) ① 일정한 직업. fixed occupation ② 〈불교〉전생(前生)에 지은 일을 이승에 업으로 정함을 일컬음. 결정업(定定業). fixed fate

정업(停業) 생업(生業)을 정지함. suspension of business 하다

정업(淨業) 〈불교〉청정한 행위. 선업(善業).

정에서 노염 난다 정다울수록 예의를 지켜야 한다.

정역(丁役) 〈제도〉중국 고대에 여러 나라로부터 정남(丁男)·정녀(丁女)가 서울에 와서 여러 가지 일에 복역하던 일. 〔work for rest 하다

정역(停役) 하던 일을 중지하는 일. cessation of

정역(淨域) 〈불교〉① 절의 경내나 영지(靈地). sacred place of temple ② 〈동〉극락 정토.

정:역(程驛) 노정(路程)과 역참(驛站).

정:-역학(-力學) 〔定力學〕〈물리〉물체에 작용하는 힘의 평형(平衡)을 다루는 역학.

정연(精硏) 정묘하고 고움. exquisiteness 하다

정연(精硏) 〈동〉정구(精究). 하다

정연-하다(井然-) 〔井然-〕조리가 틀리지 않다. logical 정연-히

정연-하다(亭然-) 〔亭然-〕우뚝 솟아 있다. towering

정연-하다(整然-) 〔整然-〕가지런하고 질서 있다. ¶질서(秩序) ~. orderly 정:연=히

정열(-녈)(情熱) 〔情熱〕힘있게 일어나는 감정의 힘. ¶~가(家). passion 〔는 =이다.

정열-적(-젹)(情熱的) 〔情熱的〕정열에 불타는 (것). ¶그

정염(-념)(井鹽) 〔井鹽〕염분(鹽分)이 녹아 있는 지하수(地下水)를 퍼 올려서 채취한 소금.

정:염(-념)(正鹽) 〔正鹽〕〈화학〉수소근(水素根)이나 수산근(水酸根)을 가지지 않은 소금. 중성염(中性鹽). ortho-salt 〔화〕passion

정염(-념)(情炎) 〔情炎〕불같이 타오르는 욕정(慾情). 정

정영(呈營) 〈제도〉관찰사에게 정소(呈訴)하던 일. 하다 〔iness

정:예(淨穢) 깨끗함과 더러움. clearness and dirt-

정예(精銳) ① 썩 날래고 용맹스러움. ② 정련된 날랜 군사. highly trained 하다 〔부대. crack unit

정예 부대(精銳部隊) 〈군사〉정예한 병사로 조직된

정예 분자(精銳分子) 집단 내 단체에서 가장 우수하고 뛰어난 힘이 있는 사람. picked element

정:오(正午) 오정 때. 정오(亭午). 일오(日午). (대) 자정(子正). noon

정:오(正誤) 잘못을 바로잡음. correction 하다

정:오(亭午) 〈동〉정오(正午).

정:오-표(正誤表) 출판물 따위의 잘못된 글자나 부분을 고쳐 적은 표. errata

정옥-사(鋌玉沙) 〈광물〉옥과 돌을 갈고 깎는 데에 쓰는 모래. 적갈색이고 단단함.

정:온(定溫) 일정한 온도. fixed temperature

정:온(靜穩) 풍파가 없이 편안함. stillness 하다

정:온-계(定溫計) 〈동〉항온기.

정:온-기(定溫器) 항온(恒溫) 장치 등을 사용하여 자동적으로 일정한 온도를 보유하고 있는 상자. thermostat

정:온 동:물(定溫動物) 〈동물〉 더운피 동물. 항온 동물. homocathermic animal
정와(井蛙)團 정저와(井底蛙).
정완(貞婉)團 정숙하고 온순함. modest 하다
정외(廷外)團 법정의 밖. [distance 하다
정외(情外)團 친밀한 사람을 멀리함. keep friend at
정외지:언(情外之言)團 친밀한 사람에게 버성기게 하 는 말.
정요(精要)團《동》정긴(精緊). 하다
정욕(情慾·情欲)團 ①색정(色情)의 욕심. 성욕(性 慾). sexual desire ②마음에 일어나는 온갖 욕망. lusts ③〈불교〉사욕(四欲)의 하나. 물건을 탐내고 집착하는 마음. [self up 하다
정:용(整容)團 몸의 자세를 바로잡음. drawing one-
정:용=법[─뻡](整容法)團 가슴과 어깨의 위치를 바 로잡아 자세(姿勢)를 바르게 하는 방법.
정:용 비:열(定容比熱)團〈물리〉부피가 일정한 때의 비열. 정적 비열(定積比熱).
정용=체(晶溶體)團〈화학〉두 가지 이상의 결정물이 섞이어 녹아서 다시 결정된 물체.
정우(丁憂)團 부모의 상사를 당함. 하다
정우(政友)團 정치계의 벗. political friend
정원(丁員)團 정당한 자격을 가진 사람. 또, 정원 (定員)내의 인원. regular member
정:원(正圓)團 아주 둥근 원형(圓形). circle
정:원(定員)團 정한 인원(人員). 예 ∼ 초과(超過).
정원(政院)團《약》승정원(承政院). [capacity
정원(庭園)團 집에 딸린 뜰. 원정(園庭). garden
정원(淨院)團 절간처럼 깨끗하고 조용한 집. quiet and clean house like temple
정원(情願)團 진정으로 바람. true desire 하다
정원=사(庭園師)團 정원의 화초나 수목을 가꾸는 사람. 원정(園丁). gardener
정=원세:포(精原細胞)團〈생리〉동물의 수컷의 배우 자(配偶子)를 만드는 근원이 되는 세포.
정월(丁月)團〈민속〉월건(月建)의 천간(天干)이 정 (丁)으로 된 달. [(一月). January
정월(正月)團 일년 중의 첫째 달. 정월(元月). 일월
정:위(正位)團〈제도〉①벼슬. 고려 때 향직(鄕職). ②바른 위치. 정당한 자리. [뜸부기.
정:위(定位)團〈제도〉무품 계급 중 위관(尉官)의 으
정:=위(正僞)團 바른 것과 거짓. righteousness and falsehood [또, 그 위치나 자세.
정:위(定位)團 몸의 위치나 자세를 일정하게 가짐.
정:위(情僞)團 진정과 허위. true and false
정:유=점[─쩜](定位點)團 '자릿점'의 구용어.
정유(丁酉)團〈민속〉육십 갑자(六十甲子)의 34째.
정유(情由)團《동》사유(事由).
정유(精油)團 ①각종 식물의 꽃·잎·열매·가지·줄기· 뿌리 등에서 채취하여 정제(精製)한 특유한 방향 (芳香)을 가지는 휘발성 기름 방향유(芳香油). ② 석유를 정제함. 또, 그 석유. ¶∼. refined oil
정유 왜란(丁酉倭亂)團〈역사〉조선조 선조 30년에 왜군(倭軍)이 재침(再侵)한 난리.
정육(精肉)團 쇠고기의 살코기. beef [fresh meat
정육(精肉)團 지방이나 뼈 따위를 발라 낸 살코기.
정:=육면체[─뉵─](正六面體)團〈수학〉여섯 개의 면이 정사각형인 평행 육면체.
정육=점(精肉店)團 정육을 파는 푸주. butcher's shop
정:윤(正尹)團〈제도〉①고려 때 왕친(宗親)과 훈신 (勳臣)의 봉작(封爵). ②조선조 초의 왕자서(王子 庶)의 작호(爵號). [일월을.
정:윤(正胤)團〈제도〉고려 초 임금의 적자(嫡子)의
정:=윤(正閏)團 ①평년과 윤년. common-year and leap-year ②정위(正位)와 윤위(閏位). [silver
정은(正銀)團 품질이 낮은 은(銀). inferior quality
정은(正銀)團《동》순은(純銀).
정:음(正音)團 ①글자의 바른 음. correct pronuncia-tion of letter ②《약》훈민 정음(訓民正音).
정:음(淨音)團 맑은 음. 맑은 음성.

정:의(正意)團 ①바른 마음. ②올바른 의의.
정:의(正義)團 ①바른 뜻. correct meaning ②바른 의리. (예) 불의(不義). justice ③〈윤리〉지혜·용 기·절제가 각각 그 법도를 지켜 잘 조화를 이루는 일. justice ④〈윤리〉여러 가지 덕(德)의 증정(中 正)을 이루는 상(相). justice
정의(廷議)團 조정의 의논. 묘의(廟議).
정의(征衣)團 ①여행할 때 입는 옷. 여장(旅裝). travelling outfit ②전쟁할 때 입는 옷. 군복(軍 服). military uniform
정:의(定義)團 ①술어(術語)의 의미를 명백히 하여 개념의 내용을 한정하는 일. definition ②〈논리〉 어떤 개념의 뜻을 확정하여 명백하게 밝힌 뜻. 뜻.
정:=의(情義)團 정과 의리. [매김. 하다
정:=의(情意)團 ①정과 뜻. emotion and will ②마음. mind [(誼). friendship
정의(情誼)團 사귀어 친해진 정. 은의(恩誼). 《약》의
정의(精義)團 자세한 의의. exact meaning
정:의=감(正義感)團 정의를 관철코자 하는 마음. 정 의심(正義心). [full uniform 하다
정:=의관(整衣冠)團 의관을 단정하게 바로잡음. be in
정의 상통(情意相通)團 정의가 소통하여 서로 친함. mutual understanding 하다
정:의=심(正義心)團《동》정의감. [음. 하다
정의 투합(情意投合)團 따뜻한 정과 뜻이 서로 잘 맞
정이(征夷)團 오랑캐를 정벌함. 하다
정:=이사지(靜而俟之)團 가만히 기다리고 있음. 하다
정:=이월(正二月)團 정월과 이월. [한 추위가 있다.
정이월에 대독 터진다 날씨가 풀렸는데, 갑자기 심
정:인(正人)團 마음이 바른 사람. honest man
정인(征人)團 ①출정(出征)하는 군사. soldier at the front ②《동》여객(旅客).
정:인(淨人)團 절에 오면서 중의 시중을 드는 속인.
정인(情人)團 ①마음(意中)의 사람. ②사모하는 사람. ③정부(情夫)와 정부(情婦) 사이에서 서로 일 컬음. sweetheart [로된 날.
정일(丁日)團〈민속〉일진(日辰)의 천간이 정(丁)으
정:일(定日)團 ①정한 날짜. fixed day ②기일을 정 함. fixing date 하다
정일(精一)團 아주 상세(詳細)하고 한결같음. parti-cular and exclusive 하다 히
정:일(靜逸)團 조용하고 쇼일한 안연함. 하다 히
정:일불 어음(定日拂─)團〈경제〉확정한 날짜를 만 기로 하는 어음. [서는 시장.
정:일 시:장(定日市場)團 날짜를 정하여 정기적으로
정:임(正任)團《동》실직(實職).
정임(定賃)團 정해진 임금. 일정한 임금. [대신.
정:임 대:신(正任大臣)團〈제도〉실직(實職)에 있는
정임 야:반 생경자(壬寅夜半生庚子)團〈민속〉일진 (日辰)의 천간(天干)이 정(丁)이나 임(壬)으로 된 날의 첫 시(時)는 경추시(庚子時)가 된다는 말
정임지년 임:인두(壬之年壬寅頭)團〈민속〉음력으 로 태세(太歲)의 천간(天干)이 정(丁)이나 임(壬) 으로된 해는 정월의 월건(月建)이 임인(壬寅)이라
정자(丁字)團《약》→정자형(丁字形). [는 말.
정:자(正字)團 ①자체(字體)가 바른 글자. correct characters ②한자(漢字)의 본자(本字). (예) 속자 (俗字). correct characters ③〈제도〉홍문관(弘文 館)·승문원(承文院)·교서관(校書館) 들의 정 9품 벼 슬. ④〈제도〉중국에서 서적(書籍)의 문자 교정(文 字校正)을 맡아보던 벼슬.
정자(亭子)團 산수(山水)가 좋은 곳에 놀기 위하여 지은 작은 집. 정각(亭閣). 정사(亭榭). arbour
정자(晶子)團〈광물〉파리질(玻璃質)의 화성암(火成 岩)에 들어 있는 아주 작은 알맹이. 갖가지 모양이
정자(精子)團《동》정충(精蟲). [있음.
정자=각(丁─)(丁字형)團 능 앞에 있는 'ㄱ' 자 형 으로 지은 각. 침전(寢殿) ①. [던 관.
정자=관(程子冠)團〈제도〉말총으로 만든 선비가 쓰

정자=꽃밥[―짜―](丁字―)명 〈식물〉 꽃밥이 수술대의 꼭대기에 붙어 'T'자형으로 생긴 꽃밥. 정자형꽃. 無. shade tree

정자 나무(亭子―)명 집 근처 또는 길가에 있는 나무.

정자=로[―짜―](丁字路)명 정자형의 도로.

정:자=법[―빱](正字法)명 〈동〉정서법(正書法).

정자=보[―짜―](丁字譜)명 정자향보의 한 가지.

정:자살 교창[―짜―](井字―交窓)명 〈건축〉 문살을 정자(井字) 모양으로 짠 교창(交窓).

정:자살=문[―짜―](井字―門)명 문살을 정자(井字) 모양으로 짠 세전문(細箭門)의 하나.

정:자=자[―짜―](丁字―)명 정자 정규.

정자 전:법[―짜―](丁字戰法)명 'T'자형으로 구며 대전(對戰)하는 해군 전법의 하나.

정자 정:규[―짜―](丁字定規)명 한 끝에 직각을 한 나뭇조각을 붙여서 'T'자형으로 된. 정자자. T-square

정자=집[―짜―](丁字―)명 〈건축〉 종마루가 정자 모양으로 생긴 집.

정자=형[―짜―](丁字形)명 'T'자 꼴로 생긴 형상. 〈예〉정자(丁字). T-form

정자형약[―짜―나](丁字形約)명 〈식물〉 꽃밥이 수술의 꼭대기에 붙어 'T'자형으로 생긴 꽃밥. 참나무나 중다리의 꽃밥 따위. 정자꽃밥. 〈대〉 각생약(胎生約).

정:작[―짝]명 ①실지나 사실. actuality ②중요함. importance ③숨김이 없음. indeed 부 진히, 꼭. ¶~ 오라고 할 때는 왜 안 올까. by all means

정:장(正章)명 훈장·문장·휘장 등의 약식이 아닌 정식의 것. 〈裝〉 full dress 하다

정:장(正裝)명 정식의 복장. 바른 차림. 〈대〉약장(略)

정장(呈狀)명〈동〉정소(呈訴). 하다

정:장(整腸)명 창자(腸)의 기능을 정상 상태로 하여줌. ¶~제(劑). [지 색을 가진 장석(長石).

정:=장:석(正長石)명 〈광물〉 아주 단단하고 여러 가

정장(亭長)명 정자를 잘 하는 행위. 이름.

정재(모才)명 〈제도〉나라 잔치 때 하던 춤과 노래.

정:재(淨財)명 자선(慈善)이나 신불(神佛)을 위하여 깨끗하게 쓰는 재물. votive offerings of money

정:재(淨齋)명〈예〉→정재소(淨齋所). (淨齋).

정:재=소(淨齋所)명 절에서 밥을 짓는 곳. 〈예〉정재

정쟁(延爭)명 조정에서 임금의 면전(面前)에서 간쟁(諫爭)하여 다툼. 하다 [political disputes

정쟁(政爭)명 정치상(政治上)의 다툼. 정전(政戰)①.

정쟁(挺爭)명 남보다 앞장서서 투쟁함. 하다

정:저(汀渚)명 물가의 밑바닥.

정저(行疽)명〈동〉정(疔).

정:저=와(井底蛙)명 우물 안 개구리란 뜻으로, 견문이 좁은 사람의 비유. 정정와. 정중와(井中蛙). 〈예〉정와(井蛙). poorly informed person

정:적=자(正嫡子)명 ①정처(嫡妻) ②본처에서 낳은 적자(嫡子). lawful child ③〈동〉본가(本家). 종가 (宗家).

정:적(正嫡)명 바른 호적(戶籍).

정:적(定積)명 ①일정한 면적이나 체적. fixed area or volume ②일정한 승적(乘積). fixed product

정적(政敵)명 정치상에서 의견이 달라 반대 처지에 있는 사람. political opponent

정적(情迹)명〈동〉정형(情形)②.

정적[―쩍](情的)명 정(情)에 관한(것). 정을 필요로 하는(것). ¶~ 문장(文章). ~ 요소(要素).

정:적(靜寂)명 고요하여서 괴괴함. silence 하다

정:적[―쩍](靜的)명 정지(靜止)하고 있는(것). 〈대〉 동적(動的). static

정:적 도법(正積圖法)명〈지리〉각 부분의 면적이 어디에서나 같은 비율로 되어 있는 지도 그리

정:=적분(定積分)명〈수학〉적분(積分)①. 는 법.

정:적 비:열(定積比熱)명 정용 비열(定容比熱).

정:적=토(定積土)명 〈동〉원적토(原積土).

정전(丁田)명 〈제도〉신라 때의 토지 제도의 하나.

15세 이상의 남자에게 나라에서 나누어 주던 토지.

정전(丁錢)명 〈제도〉①중이 도첩(度牒)을 받을 때 바치던 군포(軍布)의 대납금(代納金). ②조선조 때, 장정이 군역(軍役)의 의무 대신에 바치던 돈.

정:전(井田)명〈동〉정전법(井田法). [稅]하던 논밭.

정:전(正田)명〈제도〉해마다 농사를 짓고 과세(課

정:전(正殿)명 〈제도〉왕이 임어(臨御)하여 조회(朝會)를 하던 궁전. 정아(正衙).

정전(征戰)명 출정하여 싸움. 공격하여 싸움. 하다

정전(政戰)명 ①동〉정쟁(政爭). ②동〉총선거.

정전(挺戰)명 스스로 앞장서서 싸움. volunteering to fight 하다 [뜻. 인정(人情)의 이름. man nature

정전(情田)명 온갖 정욕(情慾)을 낳게 하는 발이란

정전(停電)명 송전(送電)이 중지됨. stoppage of electric current 하다 [hostilities 하다

정전(停戰)명 싸우는 일을 중지함. stoppage of

정:전 감:응(靜電感應)명 〈물리〉 절연(絶緣)된 대전체의 가까이 다른 도체가 대전(帶電)하는 현상. 정전 유도. static induction

정:=전:기(正電氣)명 양전기(陽電氣).

정:=전:기(靜電氣)명 〈물리〉마찰한 물체가 떠는 이동하지 않는 전기. 마찰 전기. 〈대〉동전기(動電氣). static electricity [렌즈의 하나. 전장렌즈.

정:전 렌즈(靜電 lens)명 전장(電場)을 이용한 전자

정:전=법(井田法)명〈제도〉중국의 하(夏)·은(殷)·주(周) 때에 실시한 전제(田制). 정전(井田).

정:전 유도(靜電誘導)명〈동〉정전 감응(靜電感應).

정전 협정(停戰協定)명 쌍방의 의견에 따라 전투 범위를 정지하기로 협정하는 일. cease-fire agreement

정:절(正切)명〈수〉탄젠트. [하다

정절(貞節)명 ①변하지 않는 절개. fidelity ②여자의 곧은 절개. ¶춘향의 ~. chastity

정절(挺節)명 절개를 세워 굽히지 않음. chastity 하다

정절(情節)명 가엾은 사정. pitiful condition

정절(旌節)명 〈제도〉의장(儀仗)의 하나.

정:점[―쩜](定點)명 정해져 있는 점. definite point

정:점[―쩜](頂點)명 ①맨 꼭대기의 점. top ②〈수학〉 '꼭지점'의 구용어. ③〈동〉극도. 극한(極限).

정:점(正接)명 〈수학〉'탄젠트(tangent)'의 구용어.

정:정(丁丁)명 ①나무를 베는 소리. ¶벌목(伐木) ~. sound of cutting tree ②바둑을 두는 소리. ③말뚝을 박는 소리. ④물시계의 소리. 부 히

정:정(井井)명 ①질서·조리가 정연한 모양. ②왕래가 빈번한 모양. 하다 히

정:정(正正)명 바르고 떳떳한 모양. 하다

정정(征頂)명 산의 정상(頂上)을 정복함. 하다

정정(政情)명 정치의 정황. political conditions

정:정(定鼎)명 〈제도〉창업하여 도읍을 정함. 하다

정:정(訂正)명 잘못을 고쳐서 바로잡음. 수정(修正). ¶~판(版). correction 하다 [sion 하다

정:정(訂定)명 잘되고 잘못됨을 의논하여 정함. revi-

정정(亭亭)명 ①나무 따위가 우뚝이 높이 솟은 모양. ②노인이 강건한 모양. 하다

정정(貞靜)명 부녀의 정조가 바르고 마음이 조용함. faithfulness 하다 히

정:정(淨淨)명 아주 맑고 깨끗함. 하다

정:정 당당(正正堂堂)명 정대(正大)하고 떳떳함. fair and square 하다

정:정 방방(正正方方)명 조리(條理)가 발라서 조금도 어지럽지 않음. cogent 하다 히

정:정 백백(正正白白)명 정대하고도 결백함. 하다 히

정:=정:수[―쑤](正整數)명 〈수학〉0보다 큰 정수. 〈대〉부정수(負整數). positive integer

정:=정:업(正定業)명 〈불교〉아미타불의 명호(名號)인 '나무아미타불'을 부르는 일. 정토교(淨土教)에서, '아미타불'의 본원(本願)에 의하여 정토 왕생을 결정하는 행업이라 함. 정업(定業).

정:=정:와(井廷蛙)명 우물 안 개구리. 정저와(井底蛙).

정:제(井祭)명 우물에 지내는 제사.

정제(庭除) 섬돌 아래. 「(형(情兄). bosom friend
정제(情弟) 다정한 벗끼리 자기를 일컬음. 《대》 정형.
정제(精製) ① 잘 골라 깨끗이 만듦. 《대》 조제(粗製) ② 정성들여 잘 만듦. careful manufacture 하다

정:제(除除) 〈수학〉 ① 어떠한 정수(整數)를 다른 정수로 제할 때 그 몫이 정수가 되고 남음이 없게 되는 일. ② 일반적으로 어떤 정수·정식을 0 아닌 다른 정수·정식으로 나누어 몫과 나머지를 구하는 것. divisibility

정:제(整齊) 바로잡아 가지런히 함. symmetry 하다
정제(錠劑) 가루약을 뭉쳐 만든 약재. 정(錠). 《대》 분제(粉劑). 액제(液劑). tablet

정제-당(精製糖) 조당(粗糖)을 정제하여 희게 만든 설탕.
정제-면(精製綿) 《동》 탈지면(脫脂綿).
정제-법(精製法) 정제하는 방법.
정제-품(精製品) 정제한 물품.

정:제-화(整齊花) 〈식물〉 같은 크기, 같은 모양의 꽃잎이 방사 상칭(放射相稱)의 배열을 한 꽃. 복숭아꽃·배꽃·벚꽃 따위. symmetrical flower

정:제 화관(整齊花冠) 〈식물〉 매화나 벚꽃 따위와 같이 각 화판의 형상과 대소가 똑같고, 규칙이 바른 화관. symmetrical corolla

정조(正租) ① 벼. ② 정규(正規)의 조세(租稅). tax
정조(正條) ① 법에 규정된 조례(條例). definitive ② 바른 줄. 바른 간격. right interval 「Day
정조(正朝) 정월 초하루. 원단(元旦). New Year's
정조(正調) 바른 곡조.
정조(定租) 《동》 정도(定賭).

정조(貞操) ① 여자의 깨끗한 절개. chastity ② 이성 (異性) 관계의 순결을 지킴. virtue
정조(情調) ① 〈심리〉 단순한 감각을 따라 일어나는 느낌. sentiment ② 취미. 기분. 생각.

정조(情操) 〈심리〉 정신의 활동에 따라 일어나는 복잡하고 고상한 감정. 고등 감정. 지적 감정. 감관적 감정. sentiment

정조-대(貞操帶) 11세기말경 유럽에서 여자의 정조를 지키게 하기 위하여 쓰였다는 것으로 국부를 가리고 자물쇠를 채워 두던 띠. chastity belt

정조 문:안(正朝問安) 〈제도〉 정월 초하룻날에 조신(朝臣)이 임금에게 문안하며, 젊은이가 어른이나 연배자에게 문안하던 일. 하다

정=조시(停朝市) 〈제도〉 나라의 초상·대신의 장례·비상한 재변이 있을 때에 상인들이 저자를 보지 않음. 하다

정:조-식(正條植) 농작물을 옮겨 심을 때 줄을 갖추고 간격을 두어 바르게 심는 일. planting in row 하다 「洞)에서 내년으로 결정이 밀생했는 것.

정족(晶族) 〈광물〉 암석·광맥 따위의 속의 공동(空
정:족(鼎足) 솥발.
정:족-수(定足數) ① 규정된 수효의 최소 한도. ② 회의에서 의사를 진행하고 의결하는 데 필요한 최소한의 인원수. quorum 《새》 triangular position
정:족지-세(鼎足之勢) 솥발처럼 세 세력이 맞선 형세.

정졸(精卒) 《동》 정병(精兵).
정:종(正宗) ① 일본식 청주(淸酒)의 하나. ② 〈불교〉 개조(開祖)의 정통(正統)을 이은 종파(宗派).
정종(疔腫) 《속》 정(疔).
정종(定鐘) 〈제도〉 인정(人定)의 종.

정좌(丁坐) 〈민속〉 묏자리나 집터 따위의 정방(丁方)을 등진 좌(坐).
정:좌(正坐) 몸을 바르게 하고 앉음. 단좌(端坐). sit straight 하다
정:좌(鼎坐) 세 사람이 솥발 모양으로 마주하고 앉음. sitting in triangle 「quietly 하다
정:좌(靜坐) 마음을 가라앉히고 고요히 앉음. sitting

정좌 계:향(丁坐癸向) 〈민속〉 정방(丁方)을 등지고 계방(癸方)을 바라보는 좌향(坐向).

정:죄(淨罪) ① 죄를 깨끗이 씻음. ② 〈기독〉 고행(苦行)으로써 죄가 깨끗이 씻김. purgation 하다

정죄(情罪) 사정과 죄상. circumstances and crimes
정주(汀洲) 내·강·못·호수·바다 따위의 물이 얕고 흙·모래가 드러난 곳. shoal
정:주(正株) 〈경제〉 현물(現物)의 주권(株券).
정:주(定住) ① 어떤 처소에 주거(住居)를 정함. settlement ② 그곳에서 오래 살고 있음. domiciliation
정:주(鼎廚) 《약》 → 정주간(鼎廚間). 하다
정:주-간(−간)(鼎廚間) 부엌과 안방 사이에 벽이 없이 한데로 된 곳. 《경》 정주(鼎廚).
정:주-자(定住者) 일정한 곳에 주거를 정하고 오랫동안 살고 있는 사람. settler
정:주주체(正柱體) 《동》 정각주(正角柱).
정주-학(程朱學) 중국 송(宋)나라 정호(程顥)·정이(程頤) 및 주희(朱熹) 등이 주창한 성리학(性理學). ¶~파(派). Chinese dualistic philosophy

정:준(鼎樽) 솥처럼 생긴 항아리.
정중(正中) 한가운데. middle
정:중(鄭重) 점잖고 무게가 있음. 친절하고 은근함. politeness 하다
정:중 관천(井中觀天) 《동》 좌정 관천(坐井觀天).
정:중-수(井中水) 〈민속〉 육십 갑자(六十甲子)에서 갑신(甲申)·을유(乙酉)에 붙이는 납음(納音). 정천(井泉). ¶갑신·을유 ~.
정중-와(井中蛙) 《동》 정저와.

정:지(正至) 정조(正朝)와 동지(冬至).
정지(貞志) 바르고 곧은 뜻.
정:지(停止) ① 하던 일을 중도(中途)에서 그침. stoppage ② 한때 금하여 막음. suspension 하다
정:지(淨地) ① 맑고 깨끗한 곳. 사원 따위가 있는 곳. clean place ② 사원(寺院)의 식료품을 두는 곳.
정지(情地) ① 정든 땅. beloved country ② 정다우는 처지. ② 딱하고 가여운 처지. 정경(情景) ②. 정상(情狀). miserable circumstances
정:지(靜止) ① 고요히 그침. standstill ② 물체의 위치가 시간적으로 변하지 않는 일. 운동의 속도가 영(零)인 경우. 《대》 운동(運動). rest 하다
정:지(整地) 땅을 고르게 만듦. ¶~ 작업(作業). levelling of ground 하다
정:지(整枝) 과실나무의 가지를 가지런하게 만들기 위하여 자르는 일. trimming 하다

정:지-각(靜止角) 〈물리〉 평면상에서 물체를 끌어당기려 할 때에 면의 마찰과 면의 압력의 합력과 압력의 방향이 이루는 각 중 최대의 것. 이 두 개가 이루는 각이 정지각보다 작으면 물체는 움직이지 않음.

정지 공권(−권)(停止公權) 〈법률〉 일정한 기간 동안 공권을 행사하지 못하는 부가형(附加刑). suspension of civil right

정:지 마찰(靜止摩擦) 〈물리〉 움직이려는 힘에 반항하는 힘이 나타나서 그 물체가 움직이지 않을 때의 항력(抗力).

정:지 신:호(停止信號) 열차의 정지를 지시하는 철도 신호의 하나. stop signal
정:지 인구(停止人口) 늘지도 줄지도 않는 인구. 곧, 매년 남녀·연령별 출생률과 사망률이 일정하여 인구 증가율이 0이 되어 인구 구조가 일정한 것으로 가정하였을 때의 인구. 「운 표. stop post
정지:표(停止標) 기차나 자동차가 정지할 곳에 세
정:지-핵(靜止核) 〈생리〉 세포가 분열을 일으키지 않을 때의 핵. resting nucleus

정:직(正直) 거짓·허식이 없이 마음이 바르고 곧음. honesty 하다
정:직(正職) 〈제도〉 ① 사족(士族) 이상의 신분에 한하여 임용되는 문무 관직. 《대》 잡직(雜職). ② 《동》 실직(實職).
정:직(定職) 일정한 직업. regular post
정직(停職) 〈법률〉 공무원 징계 처분의 하나. 그 직무의 집행을 정지시키고 봉급을 주지 않음. ¶~처분(處分). suspension from office 하다

정:진(正眞) 명 참됨. 거짓이 없음. honesty 하다「지.
정진(征塵) 명 병마(兵馬)가 달려가면서 일으키는 먼
정진(挺進) 명 많은 가운데서 앞질러 나아감. 하다
정진(精進) 명 ① 정력(精力)을 다하여 나아감. assiduity ② 정묘한 경지에 이름. devotion ③ 몸을 깨끗이 하고 마음을 가다듬음. close application ④ 어육(魚肉)을 삼가고 채식(菜食)함. ⑤〈불교〉속된 생각을 버리고 선행(善行)을 닦아 오로지 불도에만 열중하는 일. devotion to Buddhism 하다

정:진(靜振) 명 해만(海灣)·호소(湖沼)의 표면에 일어나는 정상파(定常波)에 의한 주기적인 진동 현상.
정진-근(精進根) 명 〈불교〉 오근(五根)의 하나로, 불도에 정진하는 힘.
정진-대(挺進隊) 명 〈군사〉 특별한 임무를 띠고 본대를 떠나 독립 행동을 취하는 부대. volunteer corps
정질(晶質) 명 용액 가운데에 녹아 있는 용질로서 동물성 막을 통해서 쉽사리 확산(擴散)되는 것. crystalloid
정=집[─집]** (精─)** 명〈동〉정소(精巢).
정짜 손님 명 물건을 꼭 사가는 단골 손님. sure customer
정:짜(正─) 명 위조가 아닌 정당한 물건. 진짜. genuine article
정차(停車) 명 정거(停車). 하다
정차(艇差) 명 보트 레이스에서, 보트와 보트와의 거리.
정차 금:지(停車禁止) 차(車) 못 섬.
정-차다(情─) 형 마음이 정답다.
정:착(定着) 명 ① 달라붙어 떨어지지 않음. fixation ② 사진 필름을 현상하여 감광판의 감광력을 없애 버림. fixing ③ 한 곳에 자리잡아 떠나지 않음. ¶ ─지(地). 하다
정:착(附着) 명 인위나 자연으로 현재 토지에 부착(附着)하고 있으며 또는 쉽게 그 자리를 옮기지 못할 물건. fixture
정:착 생활(定着生活) 일정한 곳에 정착하여 사는 생활.
정:착-액(定着液) 명 사진이나 그림의 된 따위를 변색되지 않게 정착시키는 액체.
정:찬(正餐) 명 정식(正式)(正食).
정:찰(正札) 명 정당하게 물건 값을 적은 나무나 종이쪽. ¶ ─제(制). price label
정:찰(精察) 명 똑바르게 살핌. right investigation 하다
정찰(情札) 명 따뜻한 정이 어린 편지. kind letter
정:찰(淨刹) 명 ① 정토(淨土)의. ② 사원(寺院)의 경역(境域). temple compound
정찰(偵察) 명 ① 살펴서 알아냄. spying upon ② 작전(作戰) 또, 전기(戰機上) 필요한 자료를 얻기 위해서 척후(斥候) 또는 비행하기로 적정(敵情)을 살펴 알아 냄. reconnaissance 하다
정찰(精察) 명 자세히 살핌. minute observation 하다
정찰-기(偵察機) 명 적정을 정찰하는 임무를 띤 비행기. reconnaissance plane
정찰-대(偵察隊)─대 (偵察隊) 명 적군의 정세를 정찰하기 위하여 보내는 부대. reconnaissance party
정찰-선[─선] (偵察船)** 명 적군의 사정을 정찰하기 위해 특편된 선박. reconnaissance ship
정찰-정(偵察艇) 명 적군의 사정을 정찰하는 임무를 띤 함정. reconnaissance vessel
정채(精彩) 명 ① 정묘한 광채. luster ② 활발한 기상.
정책(政策) 명 정치상의 방책(方策). 시정(施政)의 방법. policy
정책-면(政策面) 명 정책을 펴는 견지(見地).
정책-적(政策的) 관·명 정책에 관한(것). 정책에 관계되는 상태.
정:처(定處) 명 정한 곳. 일정한 곳. fixed place
정:처(定室) 명 〈동〉정실(正室).
정천-수(井泉水) 명 〈동〉정중수(井中水).
정:철(正鐵) 명 ① 시우쇠. ② 잡철 기가 섞이지 않은 무쇠쇠. pure iron ore
정철(精鐵) 명 정련(精鍊)한 시우쇠. refined iron
정탐(偵探) 명 적정(敵情)을 몰라 살피는 사람. 척후(斥候).
정청(政廳) 명 ① 정무(政務)를 행하는 관청. government office ② 〈제도〉 전관(銓官)이 궁중에서 정사를 하던 곳.
정청(庭請) 명 〈제도〉 세자(世子) 또는 의정(議政)이 백관을 거느리고 궁정에 이르러 대사를 제품(啓品)하여 전교를 기다리던 일. 하다
정:체(靜體) 명 고요하여진 몸.
정:체(正體) 명 ① 참된 형체. real form ② 본심(本心)의 모양. ¶ ─불명(不明).
정체(政體) 명 ① 국가의 조직 형태. 군주·귀족·민주 정체 따위. political system ② 국가 주권을 운용하는 방식과 상태. form of government
정체(停滯) 명 ① 사물이 그쳐서 쌓임. stagnation ② 음식물이 소화되지 않고 위(胃) 속에 몰려 뭉쳐 있음. indigestion 하다
정:체(整體) 명 지압(指壓)이나 안마에 의해 등뼈를 바르게 하거나 몸의 컨디션을 좋게 함.
정체 전선(停滯前線) 명 한난(寒暖) 두 기단(氣團)의 경계면이 한군데 머물러 있듯이 천천히 움직이는 전선.
정초(正初) 명 정월의 초승. 그 해의 처음. early in January
정:초(正草) 명 ① 정서(正書)로 잡은 기초(起草). ② 〈동〉시지(試紙). 하다「uscripts
정:초(定草) 명 완성된 글의 초(草). completed man-
정:초(定礎) 명 ① 주춧돌을 놓음. laying of corner stone ② 사물의 기초가 되는 것.
정초(旌招) 명 〈제도〉 학덕(學德)이 높은 선비를 과시(科試)의 거침이 없이 유림(儒林)의 천거만으로 벼슬에 서임(敍任)하여 입궐 첨지(僉紙)와 더불어 유서(諭書)를 내려 조정에 출사(出仕)하도록 하던 일. 하다「반사 후에 축 위의 한 점에 모이는 점.
정:초─점[─쩝] (正焦點)** 명 〈물리〉평행 입사 광선이
정:총(定總) 명 〈수〉 ─정기 총회(定期總會).
정-추(精麤) 명 정밀함과 거침. 또, 그것. fineness and coarseness
정추 불계(精麤不計) 명 정추를 가리지 않음. 하다
정축(丁丑) 명 육십 갑자(六十甲子)의 14째.
정축(頂祝) 명 이마를 땅에 대고 빎. 하다
정출(挺出) 명 ① 쑥 비어져 나옴. 무리 가운데서 빼어남. eminence 하다
정출(晶出) 명 〈화학〉 액체의 용질에서 고체 결정을 분리 또는 석출(析出)함. 정석(晶析). 하다
정출 다문(鄭出多門) 명 문외인(門外漢)이면서 정치에 관해 아는 체하는 사람이 많음.
정충(貞忠) 명 절개가 곧고 충성됨. loyalty 하다
정충(精忠) 명 정세(精細)하고 순수한 충성. true loyalty
정충(精蟲) 명 〈생리〉성숙한 웅성(雄性)의 생식 세포이며, 자성체(雌性體)의 난자(卵子)와 결합하여 개체의 생성을 촉진하는 것. 정자(精子). spermatozoon
정충-증(─증) [精忡症]** 명 까닭 없이 가슴이 울렁거리는 증세. hyper-palpitation
정취(情趣) 명 정조(情調)와 흥취(興趣). 정미(情味)①.
정측(精測) 명 정밀하게 측량함.
정:치(어류─) 명 알을 배지 않은 뱅어.
정치(政治) 명 ① 국가의 주권자가 그 영토와 국민을 다스리는 일. government ② 권력의 획득·유지·행사 따위에 관한 현상. 하다
정:치(定置) 명 정한 곳에 놓아 둠. fixation 하다
정치(情致) 명 〈동〉풍치(風致). 「도, 그 사람.
정치(情癡) 명 색정(色情)에 빠져 이성을 잃어버림.
정치(精緻) 명 매우 정교(精巧)하고 치밀함. ¶ ─한 수법(手法). exquisiteness 하다
정치-가(政治家) 명 ① 정치를 맡아보는 사람. statesman ② 정치에 정통한 사람. 〈유〉경세가(經世家).
정치 결사[─싸] (政治結社)** 명 정치적인 목적을 이루기 위하여 특정한 주의(主義)·주장을 내걸고 조직한 특정 다수의 계속적인 집합체. political organization
정치 경:찰(政治警察) 명 국가의 특정한 지배 체제를

정치 police 적극 강화하기 위하여, 그것에 대립되는 언론·사상·정치 운동의 색출과 탄압을 임무로 하는 경찰. political police

정치=계(政治界)[명] 정치에 관계되는 분야. 정치인의 사회. 정치 사회(政治社會)①. political circles

정치 계:절(政治季節)[명] 국회의 개회기와 더불어 정치계가 가장 긴장되고 활동이 빈번한 시기. political season

정치=광(政治狂)[명] 정치계의 사건에 열중하여 비분 강개(悲憤慷慨)하고 광분(狂奔)하는 사람. 정치에 정신이 빠진 사람. politicomania

정치 교:육(政治教育)[명] 정부나 교육 기관이 언론과 출판물을 통해서 정치의 조직과 정책을 해설하여 대중적으로 보급·이해시키는 교육.

정치 권력(政治權力)[명] ①남의 행동이나 사고를 당사자가 추구하는 사회적 가치의 방향으로 통제하는 권력. political power ②(통) 국가 권력.

정치 단체(政治團體)[명] 정치상의 단체. political organization

정치=력(政治力)[명] 정치적인 수완이나 역량.

정:치=망(定置網)[명] 일정한 위치에 그물을 고정시켜 놓고 고기 떼가 지나가다 걸리도록 되어 있는 그물.

정치=면(政治面)[명] ①국내외의 정치를 기재한 신문의 한 면(面). 제일면. political page ②정치적인 방면(方面). political phase

정치 문학(政治文學)[명] 〈문학〉 정치계에 관한 사건이나 경향(傾向)에 관련된 문학. political literature

정치=범(政治犯)[명] 〈동〉 국사범(國事犯).

정치=사(政治史)[명] 정치적 사실 및 정치 권력의 발전 과정을 연구의 대상으로 하는 역사. [ideas

정치 사상(政治思想)[명] 정치에 관한 사상. political

정치 사:회(政治社會)[명] 정치계(政治界). ②치자(治者)와 피치자(被治者)와의 사이에 서로 권리(權利)와 의무(義務)로써 맺어져 있는 사회.

정치 소:설(政治小說)[명] 〈문학〉 정치계의 사건·인물을 주제(主題)로 하여, 정치 사상(政治思想)의 선전(宣傳)을 목적으로 한 소설. political novel

정치 스트라이크(政治 strike)[명] 정치적 자유·권리를 얻기 위하여 또는 노동 입법·관헌 탄압의 반대, 정부의 시책에 반대하기 위한 투쟁의 수단으로서 행하여지는 스트라이크. political strike [net fishing

정:치 어업(定置漁業)[명] 정치망에 의한 어업. drift-

정치=열(政治熱)[명] 정치에 대한 정열·열의. political fever

정치 운:동(政治運動)[명] 일정한 정치적 목적이나 요구들을 정치에 직접·간접으로 실현시켜 정치 상황의 변혁이나 정치 권력을 획득하려고 전개하는 행동. political movement

정치 의:식(政治意識)[명] 정치 세계의 일반 또는 특정한 정치 사상(事象)에 대하여 사람들이 품는 관념·태도·신념·사상. 또는 그에 유래하는 반응·행동 양식의 총칭. political consciousness

정치=인(政治人)[명] 정치에 관계하는 사람. politician

정치 자:금(政治資金)[명] 정치 활동에 필요한 자금. political fund

정치=적(政治的)[명] ①정치에 관계되는(것). ¶ ~문제. political ②정치의 수법으로 하는(것). ¶~수단. political loan [로 하는 차관.

정치 차:관(政治借款)[명] 정치상의 비용에 쓸 목적으

정치 철학(政治哲學)[명] 〈철학〉 특히 국가 정치의 본질(本質) 및 이념(理念)을 고찰(考察)하는 철학. political philosophy

정치 체제(政治體制)[명] ①정치 권력의 운용의 형식. ②국가 조직의 형태. political system

정치 투쟁(政治鬪爭)[명] ①지배 계급의 정치 권력을 대상으로 한 무산 계급의 투쟁. 합법·비합법의 두 가지 투쟁이 있음. ②정치적 수단에 의한 투쟁. political struggle

정치=학(政治學)[명] 국가의 기원·조직·성격·역사 등 정치에 관한 것을 연구하는 사회 과학. political science

정치 헌:금(政治獻金)[명] 정당 개개의 정치인 등의 정치 활동을 지원하기 위하여 단체이나 회사가 돈을 제공하는 일. 또, 그 돈. political donation

정치 혁명(政治革命)[명] 기성 정치 제도의 근본적인 변혁(變革)을 가져 오는 혁명. political revolution

정:칙(正則)[명] ①올바른 규칙. formality ②규칙에 맞음. (대) 변칙(變則). regular system

정:칙(定則)[명] 일정한 규칙. (대) 변칙(變則). established rule [intimacy 하[타] 히[피]

정친(情親)[명] 매우 정답게 친함. 정분이 썩 가까움.

정칠월(正七月)[명] 정월과 칠월을 맞을러 일컫는 말. 칠월의 강우량(降雨量)는 그 해 정월의 강설량(降雪量)에 비례한다고 하여 이름. January and July

정:침(正寢)[명] 제사나 일을 잡아 하는 몸채의 방.

정크(junk=戎克 중)[명] 화물 운반에 쓰는 중국 특유의 목조 범선(木造帆船).

정:탈(定奪)[명] 임금의 재결(裁決).

정통=목(-目)[명] 활의 꽉뒤의 다음 고잣을 못 미처서의 부분.

정탐(偵探)[명] 몰래 형편을 알아봄. 탐정. spying 하[타]

정탐=객(偵探客)[명] 〈동〉 정탐꾼.

정탐=꾼(偵探-)[명] 정탐하는 사람. 탐정하는 데 능숙한 사람. 정객(偵客), 정탐객(偵探客). scout

정태(情態)[명] ①아첨하는 태도와 마음씨. flattery ②어떤 일의 동정. situation

정:태(靜態)[명] 조용하게 있는 모양. 정지(靜止)하고 있는 상태. (대) 동태(動態). static condition

정:태 경제(靜態經濟)[명] 경제적 경쟁이 될 대로의 결과로 성립된 경제 상태. (대) 동태 경제(動態經濟). static economy

정택(精擇)[명] 지극히 정밀(精密)하게 선택함. 극택(極擇). careful selection 하[타]

정토(征討)[명] 〈동〉 정벌(征伐).

정:토(淨土)[명] 번뇌(煩惱)의 속박을 벗어난 아주 깨끗한 곳. 극락 세계. 정찰(淨刹)①. 정계(淨界)②. [서방(西方) ~]. 극락 ~. Buddhist Elysium (약)→정토종(淨土宗).

정:토=교(淨土教)[명] 〈불교〉 정토문(淨土門)의 교법(教法). 곧, 이승에서 염불을 닦아 죽은 뒤에 정토 왕생을 얻기를 기하는 교법. Sukkavati doctrine

정:토 만다라(淨土曼陀羅)[명] 〈동〉 극락 만다라(極樂曼陀羅).

정:토=문(淨土門)[명] ①〈불교〉 아미타불(阿彌陀佛)의 극락. ②정토에 왕생하여 부처되기를 가르치는 교문(敎門). [~의 모양을 그린 그림.

정:토 변:상(淨土變相)[명] 〈불교〉 제불(諸佛)의 정토

정:토 왕:생(淨土往生)[명] 〈동〉 극락 왕생(極樂往生).

정:토=종(淨土宗)[명] 〈불교〉 나무아미타불의 여섯 자를 부르며 아미타불의 대원력(大願力)이 정토에 감이 삼으로 삼는 불교의 한 파. (약) 정토(淨土)②. Sukkavati sect

정:토 회향(淨土回向)[명] 〈불교〉 젊어서는 다른 사업을 하다가 늙바탕에 염불을 하는 일.

정통(井筒)[명] 기초 공사에 쓰기 위하여 철근 콘크리트 또는 철판(鐵板)을 속이 비게 만든 물건.

정:통(正統)[명] ①바른 계통. orthodoxy ②임금의 계통. royal legitimacy ③적장자(嫡長子)의 계통. 적종(嫡宗)②. legitimacy [thorough knowledge 하[타]

정:통(精通)[명] 어떤 사물에 깊고 자세히 통해 앎.

정:통-론(正統論)[명] 어떤 학설이나 종교상의 교의(教義)를 가장 바르게 계승한 이론.

정:통=적(正統的)[명] 정통에 속하는(것).

정:통=파(正統派)[명] 종교나 학파에 있어서 시조(始祖)의 교의(教義)·학설을 가장 바르게 계승한 파. orthodox school

정:통 학파(正統學派)[명] ①학파에 있어서 학설을 가장 바르게 계승한 학 파. ②〈경제〉 애덤 스미스를 비조(鼻祖)로 하고 맬더스·리카도 등에 의하여 기

초가 확립된 자유 교역(交易)주의를 주장하는 학파.

정퇴(停退)圈 기한을 뒤로 물림. adjournment 하다

정파(政派)圈 ①정치상의 파벌. ②정당 내부의 갈리는 그룹.

정:파리(淨玻璃)圈 투명하고 맑은 유리 또는 수정 따위.

정판(精校)圈 ①오프셋. ②오프셋 인쇄.

정:판(整版)圈〈인쇄〉조판의 잘못된 곳을 교정지에 따라 고치는 일. recomposition 하다

정패(征覇)圈 정복하여 패권을 잡음. domination 하다

정:평(正平)圈 되질이나 저울질을 똑바르게 함. 하다

정:평(正評)圈 똑바른 비평. right criticism

정:평(定評)圈 사람마다 그렇다고 하여 움직일 수 없게 된 평판. ¶이 책이 제일 좋다는 것이 ∼이다. established reputation

정폐(停廢)圈 하던 일을 중도에 폐함. 하다

정폐(情弊)圈 정실(情實)에 의하여 일어나는 폐단. evil effects of favouritism

정:포(正布)圈 품질 좋은 베. fine cloth

정표(情表)圈 물건을 보내어 따뜻한 마음을 표함. 또, 그 물건. presentation 하다 endation 하다

정표(旌表)圈 어진 행실을 세상에 널리 알림. comm-

성품(精品)圈 정제(精製)한 물품. 《대》조품(粗品). choice goods

정:풍(整風)圈 ①모택동(毛澤東)이 제창한 중국 공산당에 있어서의 당원(黨員)의 활동 쇄신 운동(活動刷新運動). purges ②기풍(氣風)·작풍(作風)을 바르게 잡음.   ｛健胃劑｝로 쓰임.

정피(丁皮)圈〈한의〉정향나무 껍질. 마른 줄기·건위제

정필(停筆)圈 ①글씨를 쓰다가 붓을 멈춤. stop writing ②글을 쓰다가 남의 잘못된 글씨에 눌려서 그만둠. give up writing 하다

정=하다(呈一)[타여불] ①소장(訴狀)·원서 등을 내다. ②어떤 모양이나 빛깔 등을 나타내다. present

정:=하다(定一)[타여불] ①자리를 잡다. take ②일을 결정하다. decide ③뜻을 세우다. resolve ④마음을 가라앉히다. subdue

정:=하다(淨一)[여불] ①깨끗하다. pure ②맑고 아름답다. clear ③쑥스럽지 않고 조촐하다. neat

정:=히[] 그 꼽다. refined 정=히[]

정=하다(精一)[여불] ①거칠지 않다. smooth ②아

정:하중(靜荷重)圈〈건축〉구조물이 받는 하중 가운데 시간적으로 변화하지 않는 하중.   ｛learning

정:학(正學)圈 올바른 학문. 《대》곡학(曲學). correct

정학(停學)圈 학생의 교내 처벌 방법의 하나로 학생의 등교를 얼마 동안 정지시키는 일. ¶∼처분(處分). suspention from school 하다   ｛한도. limits

정:한(定限)圈 ①일정한 기한. time limits ②일정한

정한(情恨)圈 정과 한. ¶오가는 ∼. love and regret

정한(精悍)圈 날쌔고 사나움. 민첩하고 용감함. intrepidity 하다

정:한(靜閑)圈 조용하고 한적함. 하다

정:한 이:식[－니－](定限利息)圈〈법률〉이율의 최고액을 법으로 한정한 이식.

정:할(正割)圈〈수학〉어떤 범위 안의 각에 대한 삼각 함수의 하나. secant, sec

정:합(整合)圈 ①〈지학〉두 개의 지층 사이에 연속 상황(連續狀況)이 보이는 것. conformity ②〈공업〉전지(電池)까위의 기전력(起電力)을 가변 회로(可變回路)에 삽입(揷入)할 때, 적당한 회로(回路)를 바꾸면 출력(出力)이 가장 커짐. 이 때 회로와 기전력은 서로 정합이라 일컬음. ③가지런히 맞음. 하다

정합-국(政合國)圈〈법률〉대내 관계에서는 각각 독립하고 있는 복수의 국가가 단지 대외 관계에서만 합동하여 하나의 국가를 형성하는 나라.

정해(丁亥)圈 육십 갑자(六十甲子)의 24째.

정:해(正解)圈 바른 해석. 바른 해답. 《대》곡해(曲解). ②오해(誤解). correct interpretation 하다

정해(精解)圈 자세한 해석. 《대》약해(略解). precise interpretation 하다

정핵(精覈)圈 자세히 조사함. 하다

정:행(淨行)圈〈불교〉청정(淸淨)한 수행(修行).

정향(丁香)圈 정향나무의 꽃봉오리. 심복통(心腹痛)·구토(嘔吐)등에 약으로 쓰임. 새발 사향. clove

정향(定向)圈〈한의〉묘정 배향(廟庭配享).

정향-나무(丁香一)圈〈식물〉①도금양과(桃金孃科)의 상록수. 높이 10 m 가량이고 잎은 긴 타원형으로 뒷면은 흼. 담자색 꽃이 피고 핵과는 타원형임. 빨간 꽃봉오리를 말려 약재 및 정자유(丁子油)의 원료로 쓰임. ②목서과의 낙엽 교목. 높이 10 m 가량이고 잎은 타원형 또는 도란형임. 5월에 적자색 또는 담자색 꽃이 피며 삭과는 9월에 익음. 한국 특산종이며 관상용으로 심음. 《체취한 기름. 향료임.

정향-유(丁香油)圈 정향나무의 꽃봉오리와 열매에서

정:향 진:화설(定向進化說)圈〈생물〉생물이 진화하는 일정한 방향성(方向性)이 있음을 인정하는 학설.

정:험(定驗)圈〈철학〉규정된 경험.   ｛orthogenesis

정:험 철학(定驗哲學)圈〈철학〉철학이 과학을 규정하는 내재적(內在的)인 원리가 된다는 철학.

정:현(正弦)圈〈수학〉수선(垂線)을 사변(斜邊)으로 나눈 수. 삼각 함수의 하나. 사인(sine, sin). 《대》여할(餘割).   ｛곡선으로 표시되는 파동.

정:현-파(正弦波)圈〈수학〉삼각 함수의 사인(sine)

정혈(精血)圈 생생한 피. life blood

정:형(正刑)圈 죄인을 사형에 처하는 형벌. 정법②.

정:형(定形)圈 ①일정한 형체. definite form ②몸고기 꼬리의 한 형태. 꼬리의 두 갈래의 크고 작음이 같고 모양이 비슷함을 가리킴. regular shape

정:형(定型)圈 일정한 형(型)·틀·형식. 정해진 형(型)·틀·모양. definite form   《대》이형(異形).

정형(情形)圈 ①친한 친구끼리 상대를 일컫는 말. 《대》정형(情形).② ②십정이 밖에 드러난 형편. ③어렵고 딱한 형편. 정상(情狀). ②정식(情式). 정황(情況). ¶∼을 살피다. 《약》정(情). hardship

정형(晶形)圈〈광〉결정형(結晶形).

정:형(整形)圈 모양을 바르게 함. plastic operation

정:형 수술(整形手術)圈〈의학〉정형 외과에 관한 수술. 기형(畸形)을 바로잡고 운동 기능·작업 능력의 회복을 도모함. plastic operation

정:형-시(定型詩)圈〈문학〉시구(詩句)나 글자 수와 배열(配列)의 순서 따위가 일정하게 정해져 있는 시. rhymed verse

정:형 외:과(整形外科)圈〈의학〉운동기 계통. 곧, 뼈·근육·관절·신경에 관하여 그 기능 장애 및 형상 이상을 연구·예방·치료하는 의학의 한 분과. orthopedics   ｛혜. wisdom

정:혜(淨慧)圈〈불교〉밝은 지혜. 깨끗하고 맑은 지

정:호(正號)圈〈수학〉정수(正數)를 나타내는 부호. 곧, '＋'.

정호(情好)圈 서로 정의가 좋은 사이. intimacy

정혼(定婚)圈 혼인을 정함. betrothal 하다

정혼(精魂)圈〈동〉정령(精靈).

정:화(正貨)圈 금·은으로 만든 본위 화폐(本位貨幣). 《대》지폐(紙幣). specie

정화(政化)圈 정치로써 국민을 교화함. 하다

정화(政禍)圈 정쟁(政爭)따위에서 오는 정치상의 화란(禍亂). political disorder

정:화(淨火)圈 신성한 불.

정:화(淨化)圈 ①깨끗하게 함. ¶언어의 ∼. purification ②〈종교〉정심(淨心)한 상태로 수양하여 신성(神聖)한 상태로 전화(轉化)하는 일.

정화(情火)圈〈동〉정염(情炎).

정화(情話)圈 ①남녀 사이의 정다운 이야기. lover's talk ②다정한 이야기. sweet words of friendship

정화(精華)圈 ①깨끗하고 순수한 부분. essence ②뛰어나게 우수함. exquisite ③〈동〉광채.

정:화-수(井華水)圈 새벽에 처음 길은 우물물.

정:화 수송(正貨輸送) 국제간의 대차 결제를 위하여 정화를 해외에 수송하는 일. specie shipment

정:화 수송점[—쩜](正貨輸送點)〈경제〉수송비(輸送費)를 지급하고 정화를 수송하는 편이 유리하게 되는 시점.

정:화-조(淨化槽)圈 오수(汚水)를 정화하여 하수도로 [흐르지 하기 위한 수조(水槽).

정:화 준:비(正貨準備)〈경제〉중앙 은행이 그 발행한 은행권을 정화로 태환할 수 있도록 금은화·지금은을 적립해 두는 일. 하퇴 히迴

정:확(正確)바르고 확실함. 엄정(嚴正)². exact

정:확(鼎鑊)圈 ①죄인을 삶아 죽이던 큰 솥. ②발 있는 솥과 발 없는 솥. ③옹 극형(極刑).

정:확(精確)圈 자세하고 확실함. precision 하퇴 히迴

정:확-성(正確性)圈 정확한 성질·정도. correctness

정:활차(定滑車)圈 옹 고정 도르래.

정황(政況)圈 정치계의 상황. political situation

정황(情況)圈〈동〉정형(情形)².

정회(停會)圈 ①회의를 정지함. suspension of meeting ②국회의 개회 중에 그 활동을 정지함. 하퇴

정회(情懷)圈 생각하는 정과 회포. reminiscence

정훈(政訓)(군사) 군대에서 교육과 보도(報道)에 관한 일을 맡은 분야. ¶~ 교육. troops information and education

정훈(庭訓)圈 가정의 가르침. precepts of parents

정:휴(定休)圈〈약〉→정기 휴업(定期休業).

정:휴-일(定休日)圈 정기로 휴업하는 날.

정회(淨灰)圈 대체로 곡재(穀材)·문양(문자)와 같이 그보다 극적 요소(劇的要素)가 많이 들어 있는 가무(歌舞).

젇:-히(正—)圈 바로 틀림없이. ¶~ 영수(領收)함.

젖圈 ①포유 동물(哺乳動物)의 유즙(乳汁)을 내는 기관. 또, 그것에서 나오는 흰 액체. 유즙(乳汁). milk ②圈 젖통이. ③식물 줄기나 잎에서 나오는 흰 물. sap

젖-가슴圈 젖이 있는 언저리의 가슴. breast

젖-감질(—疳疾)圈 젖의 부족으로 생기는 어린아이의 감질병.

젖-꼭지圈 ①젖의 한가운데에 도드라지게 내민 부분. ②우유를 먹일 때에 아기가 빨 수 있도록 고무로 만든 젖꼭지 모양의 제품. teat

젖-꽃판圈 젖꼭지가 붙은 가장자리의 동그랗고 가뭇한 부분. 유륜(乳輪). 젖무리. areola

젖-내圈 젖의 냄새. smell of milk [babyish

젖내-나-다圈 말·짓이 유치하다. ¶젖내나는 짓.

젖-니圈 젖먹이 적에 난 이. 배냇니. milk tooth

젖-다圈 ①물이 묻다. get wet ②축축하게 되다. become damp ③무슨 일에 버릇이 되다. ¶향수(鄕愁)에 ~. get used to ④노상 들어 귀에 익다. ¶그 노래는 귀에 젖었다. familiar [backward

젖-되다圈 뒤로 기울어지다. 《작》 잦다. incline

젖-동생(一同生)圈 유모가 낳은 아들이나 딸. [uster brother (-sister)

젖-떨어진 강아지 같다圈 몹시 보챈다. [weaned

젖-떼기圈 젖 떨어질 때가 된 아이나 짐승. weanling

젖-떼-다圈 젖으로 기르기를 그치다. wean

젖-뜨리-다圈 힘을 주어 뒤로 젖히다. 젖트리다. 《작》 잦뜨리다. incline backward [nurse

젖-먹-이圈 임금의 젖어미. 《유》 유모(乳母). king's

젖 먹던 힘이 다 든든다圈 일에 몹시 힘이 든다.

젖-먹이圈 젖을 먹는 어린아이. 유아(乳兒). sucking child [乳腺).

젖-멍울圈 ①젖에 생긴 멍울. mammary ②圈 유선(

젖-몸살圈 젖을 탈 말미암아 일어나는 몸살. 취젖.

젖-무리圈〈동〉젖꽃판. [(영. mastitis

젖-미시圈 구덩이 속에 맵쌀가루를 넣고 풀로 덮은 뒤에 쇠통으로 구덩이 아가리를 막고 비가 온 뒤에 반대기가 되고 쌀가루에 짠이 난 쌀가루로 즙을 내어 그것으로 다른 쌀가루를 반죽하여 쪄서 볕에 말려서 만든 가루. 몸에 보가 된다고 함.

젖-배圈 젖을 먹는 아이의 배.

젖배-곯-다圈 젖먹이가 젖을 제대로 얻어먹지 못하다. be hungry of milk

젖버듬-하-다圈 ①뒤로 자빠질 듯이 비스듬하다. leaning backward ②어떤 일을 탐탁하게 여기지 않는 태도를 보이다. 《작》 잦바듬하다. unwilling

젖버듬-히圈

젖-병(—瓶)圈 젖이 흔하지 못하여 삼신(三神)께 젖을 잘 나오게 빌 때 정수를 담아 놓는 목이 긴 사기병.

젖-부들圈 짐승의 젖통이의 살. bag

젖-비린내圈 ①젖에서 나는 비린 냄새. smell of milk ②유치한 느낌. childishness

젖-빌-다圈 젖이 모자라는 산모가 젖이 많이 나게 하여 달라고 삼신(三神)에게 빌다.

젖-빛圈 젖과 같은 뽀얀 빛깔. milkwhite

젖빛 유리[—뉴—](—琉璃)圈 젖빛의 뽀연 유리.

젖빨이-동-물(—動物)圈 포유(哺乳) 동물.

젖-산(—酸)圈 당분이 있는 물건으로 배를 이거 생기는 산.

젖-소圈 젖을 짜기 위하여 기르는 소. 《배》 일소.

젖-송이圈 젖의 멍울멍울 엉긴 부분. mamma

젖-양(—羊)圈 젖을 짜기 위하여 기르는 양.

젖-어머[전—]圈 ①남의 아이에게 어머니 대신 젖을 먹여 길러 주는 여자. 유모(乳母). wet nurse ②자식에게 젖을 먹여 길러 준 여자.

젖-어멈[전—]/젖-어미[전—]圈〈ㅎ〉젖어머니.

젖-을개[—께]圈 길쌈할 때에 베실이 마르는 물을 축이는 형겊을 단 나무.

젖-줄圈 가슴 속에 있는 젖의 백관(脈管). [hair

젖-털圈 남자의 젖꽃판 가로 돌려서 난 털. breast

젖-통圈〈동〉젖통이.

젖-통이圈 포유류(哺乳類)의 가슴이나 배에 튀어나온 부분 유선(乳腺)이 모인 곳. 유방(乳房). 젖통. 젖². breasts

젖-트리-다圈〈동〉젖뜨리다.

젖히-지-다圈 ①물건을 뒤로 젖혀 밑쪽이 겉으로 드러나다. be turned over ②속의 것이 겉으로 드러나게 열리다. 《작》 잦히지다. be opened

젖히-다圈 ①젖게 하여 뒤집다. turn over ②면이 겉으로 드러나게 열다. open ③윗몸을 뒤로 젖히게 하다. 《작》 잦히다. bend oneself backward

젛-다圈 두려워하다.

제圈 '나' 및 '자기'의 낮춤말인 '저'가 조사 '가' 앞에서 쓰이는 말. ¶~가 하겠읍니다.

제²圈〈약〉→저기.

제圈 원망스럽거나 답답할 때 내는 소리.

제⁴圈 적에. ¶~ 왔다.

제⁵(약) '나의'와 '자기'의 낮춤말인 '저의'.

제(除)圈 ①〈약〉→제거(除去). ②〈약〉→제법(除法). 제

제(祭)圈 ①〈약〉→제사(祭祀). ①〈약〉→제산(除算).

지(題)圈 ①〈약〉→제목(題目). ②〈약〉→제사(題詞).

제(劑)圈圈〈한〉의 탕약(湯藥) 스무 첩을 일컬음. ¶보약(補藥) 한 ~. pack of twenty doses

제:(弟)떼 '아우'의 뜻으로 평교 사이의 편지에 자기를 낮추어 쓰는 말. ¶~에게서. [al number

제(第)圈 째, 차례. ¶~ 1 학년. ~ 3 일. ordin-

제(諸)圈 한자의 명사 위에 붙어 '모든'의 뜻을 나타내는 말. ¶~ 단체의 힘. [가리키는 말.

제⁵(第)圈圈 한자의 수 알에 놓여 차례의 몇 째를

=제:(制)圈圈 명사에 붙이어 제도(制度)의 뜻을 나타냄. ¶삼십 ~ system. [술~.

=제(祭)圈圈 의식이나 제전·축전(祝典)의 뜻. ¶

=제(製)圈圈 어떤 제조품의 그 제조한 나라·원료를 표시하는 말. ¶영국(英國)~. made in

=제(劑)圈圈 조제한 약품의 특성을 표시하는 말. ¶조혈(造血) ~. medicine

제가(齊家)圈 집안을 바로 다스림. ¶수신(修身)~. household management 하퇴

제가(諸家)圈 ①모든 집안. 《유》 제택(諸宅). every family ②많은 유파(流派). various schools ③

→제자 백가(諸子百家).

제가 기른 개에게 발꿈치 물린다 믿던 일이 뜻밖에 실패한다.

제=가끔[동] 제각기(一各其).

제가 춤추고 싶어서 동서를 권한다 먼저 나서서 남 처하므로 남을 권한다.

제각(除角)[명] 성질을 온순하게 하려고 소나 염소의 뿔을 없앰. 하다

제거(除去)[명] 제거(除去). 하다

제:각(祭閣)[명] 무덤 근처에 제청(祭廳) 소용으로 지은 집.

제각(題刻)[명] 문자(文字)·물형(物形)을 새김. 하다

제=각각(一各各)[명] 여럿이 다 각각.

제=각기(一各其)[명] 여럿이 다 저마다. 제가끔. each

제갈 동지(一同知)[명] ①외양이 건창진, 낮살이나 먹고 지체가 낮은 사람을 가리킴. swaggerer ② 부잣집 늙은이. well-off old man

제갈-채(諸葛菜)[명] 동 순무.

제감(除減)[명] 수효를 덜어서 줄임. reduction 하다

제:강(製鋼)[명] 시우쇠를 불려서 강철을 만듦. steel manufacture 하다

제거(除去)[명] 덜어 버림. 제각(除却). ¶방해자를 ~ 하다. (약) 제(除)①. removal 하다

제:게르-추(seger 錐 主)[명] 〈공업〉 점토의 연화 용융 도(軟化熔融度)를 측정하는 고온계(高溫計)의 하나.

제겨 내-다[타] ①돈치기를 할 때, 지정된 돈을 영락 없이 맞혀 내다. pay without fail ②나뭇가지 따위를 베어내다. cut away

제겨 디디-다[타] 발끝이나 뒤꿈치로 땅을 디디다. step

제겨 잇-다[타스] 두 끝을 서로 어긋매껴 대고 그 끝씩 꼬부리어 옮아 매어 잇다.

제겨 차-다[타] 발끝으로 위로 차다. kick up with

제=격(一格)[명] ①제 분수에 알맞은 격식. ②그 가진 격에 맞음.

제계(梯階)[명] 사닥다리. ②바의 정도에 알맞은 격식.

제:고(制誥)[명] 임금이 내리는 사령(辭令).

제고(提高)[명] 처들어 높임. 하다

제고(提苦)[명] 가지가지의 괴로움. 많은 괴로움.

제=고물[명] 반자를 들이지 아니하고 서까래에 흙을 붙여 만든 천장.

제=고장[명] 본고장. (약) 제곳.

제곡(啼哭)[명] 큰 소리로 욺. wailing 하다

제굴[명] 갈이나 모양이 알맞은 물건.

제곱[명] 동 자승(自乘).

제곱근(一根)[명] 승근(乘根).

제곱근-표(一根表)[명] 〈수학〉 각 정수 n에 대하여 제 곱근 √n을 표로 만든 것.

제곱근 풀이(一根一)[명] 〈수학〉 제곱근을 계산하여 그 답을 구함. 하다

제곱-비(一比)[명] 〈수학〉 어떤 비의 전항(前項)의 제 곱을 전항으로 하고 후항(後項)의 제곱을 후항으로 한 비.

제곱-수(一數)[명] 〈수학〉 어떤 수를 제곱하여 이루어 진 수. 4는 2의 제곱수가 되는 따위. square number

제:공(祭供)[명] 제사에 이바지하는 것. 하다

제공(提供)[명] ①갖다 바침. offer ②바치어 이바지함. 《유》 공급(供給). 차출(差出). provide 하다

제공(提栱)[명] 〈건축〉 못집의 촛가지를 각각으로 일컬음.

제공(諸公)[명] 점잖은 여러분. gentleman 는 말.

제:공=권(一一權)[명](制空權)[명] 항공력으로 영토·국가의 권력(權力)을 보호하는 공중 제패권(制覇權). 《대》 제해권(制海權). air superiority

제=곳[명] (약) →제고장.

제:과(製菓)[명] 과자를 만듦. ¶~업(業). 하다 confectionery

제:과(諸果)[명] ①제사를 맡은 향관(享官). officiating priest ②제사에 참례하는 사람. person attending at religious service

제:관(祭冠)[명] 제관이 쓰는 관. ritual hat

제:관(第館)[명] 동 저택(邸宅).

제:관(製罐)[명] 보일러(boiler)를 만드는 작업. maker

제관 학사(諸館學士)[명] 〈제도〉 고려 때, 문신(文臣) 중 에서 제주와 학문이 뛰어난 사람을 가려 두고 항상 시종(侍從)하게 하던 학사.

제:구(制球)[명] 야구에서, 투수가 공을 마음먹은 곳으 로 던질 수 있는 일.

제:구(祭具)[명] 제사에 쓰이는 모든 기구. outfit for religious service

제:구(製具)[명] ①물건을 만드는 연장. ②도구를 제작함.

제구(諸具)[명] 여러 가지의 기구. 도구(道具). various kinds of instruments

제구멍-박이[명] 김을 맬 때에 제자리에 떠서 그 자리를 다시 덮는 일.

제구실[명] ①제가 마땅히 하여야 할 일. one's duty ②어린아이들이 으레 앓는 홍역 등을 일컬음.

제 예:술(第九藝術)[명] 토키(talkie) 영화.

제:국[명] 거짓이나 꾸밈이 없는, 생긴 그대로. asles

제:국(帝國)[명] 황제(皇帝)가 다스리는 나라. ¶대영(大英) ~. empire ries

제국(諸國)[명] 여러 나라. 제방(諸邦). various countries

제:국-주의(帝國主義)[명] ①넓은 뜻으로는 영토를 넓히고 권력을 널리 퍼기를 목적으로 하는 주의. imperialism ②좁은 뜻으로는 1900년경부터 시작된 자본주의의 최고 발탁주의적 단계.

제군(諸君)[대] '여러분'의 뜻. 제자(諸子)③. ¶학생 ~. gentleman ny countries

제:권(一一)(帝權)[명] 제왕(帝王)의 권한.

제:권(帝闕)[명] 궁궐(宮闕). 큰 둑이 무너짐.

제궤 의혈(堤潰蟻穴)[명] 개미 구멍으로 인하여 마침내

제:규(制規)[명] 만들어 놓은 규칙. rules

제균(諸菌)[명] 유해(有害)한 세균을 없앰. 하다

제균(齊均)[명] 한결같이 가지런함. 한결같이 정돈됨. evenness

제금[명] 놋쇠로 만든 냄비 뚜껑 비슷한 악기. 동발(銅鈸). cymbal

제금(提琴)[명] 〈음악〉 ①바이올린(violin). ②명·청 때의 현악기의 하나. ¶~ 독주(獨奏).

제금-가(提琴家)[명] 바이올린을 켜는 사람. 바이올리니스트(violinist).

제급(除給)[명] 물건의 한 부분을 메고 줌. 하다

제급(題給)[명] 제사(題辭)를 메기어 내줌. 하다

제기[명] 엽전을 종이로 싸서 발로 차는 어린아이의 장난감. Korean shuttlecock 하다

제:기[명] (약) →제기랄.

제기(除棄)[명] 제쳐 놓음. 빼어 버림. discard 하다

제:기(祭器)[명] 제사 때에 쓰는 그릇. 예기(禮器).

제기(提起)[명] ①의견을 붙여 의논하게 할 것을 내놓음. bringing forward ②드러내어 문제를 던짐. ¶이의(異議)를 ~하다. institution 하다

제:기(製器)[명] 기구나 그릇을 제조함. 하다

제기-다[타] ①(약)→알제기다. ②있던 자리에서 살짝 빠져 달아나다. escape ③(동) 제키다. turn over

제기-다[타] 소장(訴狀)·원서(願書)에 제사(題辭)를 쓰다.

제기-다[타] ①팔꿈치나 발꿈치로 지르다. poke ②자귀 따위로 가볍게 톡톡 깎다. adze ③물이나 국물 따위를 조금씩 부어 떨어뜨리다. pour little by little ④돈치기에서, 여러 개의 다불어 놓여 있을 때 그 중에서 맞히라고 지정하여 준 돈을 목달아 쳐서 꼭 맞히다.

제:기랄 마음에 흡족하지 못한 때에 한탄하거나 아 주 달성하거나 하는 소리. (약) 제기².

제:기 접시(祭器一)[명] 굽이 쩍 높게 생긴 제기로 쓰는 접시.

제:긴[명] 윷놀이에서, 모 한 사리에 맞는 긴.

제깃-물[명] 간장을 담근 뒤 뜨기 전에 장물이 줄어드는 대로 보충하여 채우는 소금물.

제-까짓[관] 겨우 저만한 정도의. ¶가면 ~게 얼마나 갔겠느냐? that sort of

제:깐에[부] 제가 요량하기에. ¶~는 만족했었지요. in his own estimation

제꺽[명] ①단단한 물건이 맞부딪치거나 부러지는 소리. snappingly ②시계의 틈니바퀴가 돌아가는 소리. 《작》 재깍. ticktack 하다

제꺽[부] 일을 시원스럽게 빨리 해내는 모양. 《작》 재깍². 《세》 쩨꺽.

제꺽거리다

제꺽=거리다[자][타] 연해 제꺽 소리가 나다. 또, 연해 제꺽 소리를 나게 하다. 《작》재각거리다. 《센》쩨꺽거리다.

제꺽=제꺽[부] 제꺽제꺽.

제꺽=제꺽[2][부] 무슨 일을 닥치는 대로 시원스럽게 해 내는 모양. 《작》재각재각. 《센》쩨꺽쩨꺽. ―하다[자]

제쫑=가루받이[―바지][명] 《바지》자가 수분(自家受粉).

제 꾀에 넘어간다[관용] 남을 속이려다 제가 속는다.

제:날[명] 짚신·미투리 따위에, 삼는 재료와 같은 재 는 날.

제:날짜[명] 정하였거나 기한이 찬 날짜. ¶~에 다시 오리라. 《약》제날². appointed date

제낭(臍囊)[명] 《생리》갓 부화(孵化)한 물고기의 배에 있는 주머니. 속에 영양액(營養液)이 들어 있어 혼 자서 먹이를 찾아 먹을 수 있게 될 때까지 이것을 흡 수하여서 성장함. 날이 감에 따라 점차 축소되어 감.

제 낯에 침 뱉기[관용] →내 밑 들어 남 보이기. [없어짐].

제내-지(堤內地)[명] 둑 안쪽에 있어서 둑의 보호를 받 는 땅. protected low land

제너럴(general)[명] ①일반적. ②장군.

제너럴 스트라이크(general strike)[명] 총파업(總罷業).

제너레이션(generation)[명] ①발생. 발생. ②시대. 세 대. ③같은 시대의 사람들.

제 논에 물 대기[관용] 제가 이롭게만 일을 꾸민다.

제 눈에 안경이다[관용] 마음에 들면 좋아 보인다.

제:다(製茶)[명] 차를 만듦. processing tea —하다[자]

제:단(祭壇)[명] ①제사를 지내는 단. altar ②《기독》처음 하느님께 제사 드리던 단. 신단(神壇).

제-달[명] 정하여 놓은 그 달. appointed month

제:답(祭畓)[명] 수확물을 조상의 제사에 쓰려고 마련 한 논. 《위》위답(位畓).

제:당(製糖)[명] 사탕을 만듦. sugar manufacture —하다[자]

제:당-업(製糖業)[명] 설탕의 제조를 전문으로 하는 사 업. 또는 그 직업. 《약》당업. sugar manufacturing industry

제대(除隊)[명] 현역(現役) 군인이 만기(滿期) 또는 그 밖의 일로 복무가 해제됨. ¶~식(式). (대)입대(入 隊). 입영(入營). discharge from military service —하다[자]

제대(梯隊)[명] 꼴로 편성한 대. echelon

제:대(祭臺)[명] 《기독》미사(Missa) 성제를 올리는 대[단].

제:대(臍帶)[명] 《동》탯줄.

제-대로[부] ①생긴 그대로. 제가 하는 그대로. as it is ②바르게. 옳게. correctly

제대로-근(―筋)[명] 《동》불수의근(不隨意筋).

제대로-운동(―運動)[명] 불수의운동.

제:덕(帝德)[명] 황제의 덕(德). Emperor's virtues

제:도(制度)[명] 마련한 법도. 나라의 법칙. 법제(法 制). system

제:도(帝都)[명] 《동》황성(皇城).

제:도(帝道)[명] 제왕이 행하는 인의(仁義)에 따른 공 명 정대한 정도(正道). Imperial way

제:도(製陶)[명] 질그릇을 만듦. —하다[자]

제:도(製圖)[명] 도면(圖面)을 그리어 만듦. drafting

제도(諸島)[명] 여러 섬. group of islands

제도(諸道)[명] ①행정 구역의 모든 도(道). various provinces ②모든 길. all road

제:도(濟度)[명] 《불교》보살이 중생을 고해(苦海)에서 극락(極樂)으로 이끌어 줌. salvation —하다[타]

제:도-공(製圖工)[명] 제도일을 전문으로 하는 기술자. 《약》도공. 「제 쓰는 기구. drawing instruments

제:도-기(製圖器)[명] 그림이나 도면을 그리어 만드는

제 도끼에 제 발등을 찍힌다[관용] 자기가 한 일이 자기에게 화가 된다.

제:도 방편(濟度方便)[명] 《불교》제도하는 방법과 수

제:도 이:생(濟度利生)[명] 《불교》중생을 제도하여 이 익을 줌. —하다[자]

제:도적 문화(制度的文化)[명] 법률·제도·관습 따위와 같이, 인간의 행동면이나 사회 생활을 구체적으로 규정하고 있는 문화.

제:도 중생(濟度衆生)[명] 고해(苦海)의 중생을 제도함.

제:도-판(製圖板)[명] 제도할 때에 종이 밑에 받치는 널 빤지. drawing board 「되게 함. —하다[자]

제:도-화(制度化)[명] 하나의 제도로 화함. 또, 제도로

제:독(制毒)[명] 미리 해독을 막음. protection against poison —하다[자]

제독(除毒)[명] 독을 없애 버림. getting rid of poison

제:독[―독](祭犢)[명] 제사 때 희생으로 바치는 송아지. calf for sacrifice

제독(提督)[명] ①함대(艦隊)의 사령관. 해군의 장성급 의 별칭. admiral ②《지도》교육을 감독 장려하던 관원. 「crush

제:독-주:다(制毒―)[타] 기운을 아주 꺾어 버리다.

제 돈 칠 푼만 알고 남의 돈 열네 닢은 모른다[관용] 제 것만 소중히 여긴다. 「ing brake

제:동(制動)[명] 기계 따위의 운동을 멈추게 하는 것. brak-

제:동-기(制動機)[명] 《동》브레이크(brake).

제:동 마:력(制動馬力)[명] 《기계》제동기에 의하여 흡 수된 마력. 곧, 기관이 내는 실마력(實馬力).

제=동:맥(臍動脈)[명] 《생리》태아(胎兒)의 배꼽 구멍을 통하여 탯줄 속을 지나 태반으로 가는 핏줄.

제:동 복사(制動輻射)[명] 《물리》원자핵에 의한 강한 전장 속을 전하(電荷) 입자가 지날 때에 큰 가속도를 받아 그 운동 에너지의 일부를 X선으로서 내 보내는 일. Bremsstrahlung(도)

제:동-자(制動子)[명] 제동기에서 제동륜을 눌러 그 마찰로 제동하게 하는 금속. 또, 나무로 만든 물체. damper

제등(提燈)[명] ①손에 들고 다닐 수 있게 자루가 달린 등. ②등불을 들고 부처님께 축하하는 일.

제등(齊等)[명] 같음. 동등. 평등. equality

제등 명:법[―뻡](諸等命法)[명] 《수학》 단명수(單名 數)를 제등수(諸等數)로 환산하는 법. (대)제등 통 법(諸等通法).

제등=수[―쑤](諸等數)[명] 《수학》같은 종류에 속하 는 몇 개의 단위명을 병용하여 표시하는 명수(名 數). 복명수(複名數). (대)단명수(單名數).

제등 통법[―뻡](諸等通法)[명] 《수학》몇 개의 단위를 써서 표시하는 양을 한 단위로 고치는 계산법. (대) 제등 명법(諸等命法).

제등 행렬(提燈行列)[명] 축하하는 뜻으로 등을 들고 돌아다니는 행렬. lantern procession —하다[자]

제딴(―딴)[명] 자기로서는. 제 생각으로는. ¶~ 만족 해 한다. in one's own opinion 「다.

제 딴죽에 제가 넘어졌다[관용] 제 일을 제가 그르쳐 놓았

제―때[명] 어떤 일이 있을 적당한 그 때. ¶모든 일은 ~에 하는 법이다. proper time 「모른다.

제 똥 구린 줄 모른다[관용] 자기의 허물을 반성할 줄

제라늄(geranium)[명] 《동》양아욱.

제:력(帝力)[명] 제왕(帝王)의 은혜와 덕택.

제:련(製鍊)[명] 광석을 용광로에 녹여서 함유 금속을 뽑아 내어 정제함. refining —하다[자]

제:련-소(製鍊所)[명] 《동》정련소(精鍊所).

제:렴(祭斂)[명] 《동》→제염(祭斂).

제:령(制令)[명] ①법제(法制)에서 정해진 명령. regul- ation ②《동》법도(法度). ③제도 법령(制度法令).

제:례(制禮)[명] 예법을 만듦. regulating etiquettes —하다[자] 「omit formalities —하다[자]

제례(除禮)[명] 갖추어야 할 식례(式例)를 덜어 버림.

제례(除禮)[명] 편지에서 예식(禮式)을 덜어 버림. 흔히, 편지의 초두에 씀. omit formalities —하다[자]

제:례(祭禮)[명] 제사의 예절. religious ceremonies

제례(諸禮)[명] 모든 예의 법칙. manners

제:례-악(祭禮樂)[명] 《음악》아악의 향부악(鄕部樂)의 하나. 문묘·종묘의 제사 사대제(四大祭)에 씀.

제로(zero)[명] ①영(零). ②영점. ③무슨 일의 성과가 없음. ④득점이 없음. ⑤가치가 없음.

제로 게임(zero game)[명] 영패 시합(零敗試合). 전패 시합(全敗試合). 「계, 그것으로 복사하는 것.

제록스(Xerox)[명] 전자 복사기의 상품명. 또, 그 기

제론(提論)[명][동] 제의(提議). 하다

제리[명] 모든 관리.

제:마(製麻)[명] 삼으로 실을 만들거나 베를 만듦. 하다

제:마(濟馬)[명] 제주도산(濟州島産)인 말.

제:마 공업(製麻工業)[명]〈공업〉삼을 원료로 하는 섬유 공업(纖維工業).

제막(除幕)[명] 막을 걷어 냄. 하다

제막-식(除幕式)[명] 동상(銅像)·기념비 등을 세울 때에 가렸던 막을 걷어 버리고 거행하는 낙성식(落成式). unveiling ceremony

제만-사(除萬事)[명]《동》 제사(除萬事). 하다

제:-매(弟妹)[명] 아우와 누이동생. younger brothers and sisters

제멋-대로[부] 제 마음대로. 제가 하고 싶은 대로. ¶~ 돌아다니다. selfishly

제면(除免)[명]《동》 면제(免除). 하다

제면(締綿)[명]〈제도〉사혜장(賜九杖)의 궤(几)에 가울과 겨울에 덮던 보(褓). 하다

제:면(製綿)[명] 목화로서 솜을 만듦. cotton carding

제면(製麵)[명] 국수를 만듦. ¶~기(機). noodle machine

제면-쩍-다[형] ~겸연적다.

제=명(一命)[명] 타고난 목숨. ¶~에 못 죽는다.

제(制)[명]〈제도〉임금의 명령.

제:명(帝命)[명] 황제의 명령. Imperior's order

제명(除名)[명] ①명부에서 이름을 뺌. 할명(割名). expulsion ②〈법률〉조합(組合)·사단(社團)에서 그 구성원의 자격을 박탈하는 행위. dismiss from membership ③〈법률〉국회 의원이 그의 신분을 잃는 원인의 하나. 하다 「자기의 이름을 기록함.

제명(題名)[명] ①표제(表題)의 이름. title ②명승지에

제명銘(題名銘)[명] 책 머리에 쓰는 명(詞)과 기물(器物)에 새기는 명(銘). epigraph and inscription

제명-록(題名錄)[명] 과거(科擧)에 급제(及第)한 사람의 이름을 적어 둔 장부(帳簿).

제명 처:분(除名處分)[명] 단체의 체면을 더럽힌 사람을 쫓아내는 처분. striking one off roll 하다

제:-첩(祭名帖)[명] 제관(祭官)으로 선정된 사람의 관직·성명을 기록함. 「lation cap

제:모(制帽)[명] 학교·관청 등에서 정해진 모자. regu-

제모(諸母)[명] 아버지와 한 항렬(行列)이 되는 당내친(堂內親). 곧, 제부(諸父)의 아내. aunts

제목(題目)[명] ①글제. title ②책 겉에 쓰는 책의 이름. 표제(表題). 《약》제(題)①.

제:문(祭文)[명] 죽은 이에 대하여 슬픈 뜻을 표한 글. 흔히 축문(祝文)처럼 읽음. written address to dead

제물[명] ①음식을 익힐 때에 처음부어 둔 물에, 제 몸에서 우러난 국물. original water ②딴 것이 섞이지 않은 순수한 그 물건. unmixed thing

제:물(祭物)[명] 제사에 쓰이는 음식. 제수(祭需)②. 제품(祭品). offering

제물-땜[명] ①다른 쇠붙이를 대지 않고, 그 쇠붙이로 깨어진 곳을 땜하는 일. ②같은 조각으로 뚫어진 곳을 깁는 일. ③어느 일을 그 자체 안에서 해결하는 일. spot settlement 하다

제물-로[부] 저절로. 스스로. by itself 「두유(綠豆乳)

제물-묵[명] 물에 불린 녹두를 갈아 짜서 만든 묵. 녹

제물-부부리[―뿌―][명] 지렐려 든 끝에 제물로 돋아 만든 부부리. cigarette tip

제물-에[부] 스스로 하는 김에. of itself

제물에 배를 잃어버렸다[관] 되어 가는 서술에 휩쓸리어 가장 긴한 것이 빠졌다. 「운반할 수 없는 장.

제물-장(―欌)[명] 그 방에 만들어 붙여 설비되어 있어

제:물포 조약(濟物浦條約)[명]〈역사〉조선조 고종 19년(1882) 임오군란에 의한 일본측의 피해에 대한 배상 문제를 다룬 한일 양국간의 조약.

제:미[감]《약》제 어미.

제미나-르(Seminar 도)[명] 세미나. 「만들어지는

제미니(gemini)[명] 미국 우주선의 이름. 2인승으로

제:미-붙을[감]《속》남을 욕하는 말. 제 어미에 붙을 것이라는 뜻.

제민(齊民)[명] 일반 백성. 서민. people

제:민(濟民)[명] 도탄에서 허덕이는 백성을 건져 줌. saving distressed masses 하다

제밀 동생(一同生)[명] 자기 바로 다음에 난 성별(性別)이 저와 같은 동생. one's younger brother

제밀 들어 남 보란다[관] 제 흠을 남에게 드러내다.

제-바닥[명] ①물건 자체의 본 바닥. ②본디 살고 있는 고장. one's native town

제:바람[명] 남에게 직접 받지 않은 스스로의 행동에서 생긴 영향. ¶~에 놀라 까무라치다. one's own fault

제바리(諸)**[명] 막일꾼들이 불만을 표함.

제:박(制縛)[명] 제제를 가해 자유를 속박함. 하다

제반(除飯)[명] 끼니때마다 밥 먹기 전에 한 술갈씩 밥을 미어내 곡신(穀神)에게 감사하는 일. 하다

제반(諸般)[관명] 여러 가지 모든(것). 각반(各般). 만반(萬般). everything

제반-미(祭飯米)[명] 젯메쌀.

제반-사(諸般事)[명] 여러 일. 모든 일. ¶~에 신중을 기하여라. 《약》제사(諸事). everything 「ase

제:발[부] 간절히 바라는 바. ¶~ 내 말을 들어라. ple-

제-발(題跋)[명] 제사(題辭)와 발문(跋文). introduction and postscript

제발-덕분(一德分)[명]《약》~제발덕분에.

제발-덕분에(一德分一)[부] 간곡히 바라건대. ¶~ 그러지 말아라. ·사람 제발덕분. for mercy's sake

제 발등에 오줌 누기[관] ~제 낯에 침뱉기.

제 발등을 제가 찍는다[관] 제 일을 제가 그르친다.

제 발등의 불을 먼저 끄렸다[관] 남의 일에 참견 말고 자기의 급한 일을 먼저 살피어라.

제 밥 덜어 줄 샌님은 물 건너부터 안다[관] 인정있고 점잖은 사람은 겪어보지 않아도 알 수 있다.

제방(堤防)[명] 홍수를 막기 위하여 쌓은 둑. bank

제방(諸邦)[명] 제국(諸國).

제 방귀에도 제가 놀란다[관] 자기가 무의식중에 한 일을 도리어 뜻밖으로 안다.

제배(祭拜)[명]《동》제수(祭授). 하다

제배(儕輩)[명]《동》동배(同輩).

제배-부채[명] 빛이 희고 조금 굵은 팥의 하나.

제:-백사(諸百事)[명] 하나의 일만을 하려고 다른 일을 다 젖혀 놓음. 제만사(除萬事). 파제 만사(破除萬事). ¶~하고 그 일만은 해야지. putting aside everything 하다 「고치기 어렵다.

제 버릇 개 줄까[관] 한 번든 나쁜 버릇은 여간해서

제번(除煩)[명] 번 차례를 면하여 그만둠. 하다

제번(除煩)[명] 편지의 첫머리에 쓰는 말. 번다한 인사말은 덜고 할 말만 적는다는 뜻. 《유》산란(散亂).

하다 「어버림. thinning 하다

제벌(除伐)[명] 필요하지 않은 나무나 나뭇가지를 베

제법[명] ①폐. 무던한 모양을 얕잡아 하는 말. ¶이젠 ~ 모양이 갖추어 지군. fairly ②어떤 수준에 썩 가깝게. ¶그 그림이 ~인대. 「제(除)②.

제법(一法)[명]〈제법〉〈수학〉'나눗셈'의 구용어. 《약》

제법(制法)[명]《약》~제조법.

제:법(製法)[명]《약》~제조법.

제법(諸法)[명] ①여러 가지 법. various laws ②〈불교〉우주에 있는 유형·무형의 온갖 사물. 온갖 법. 제유(諸有)①.

제법 실상(一相)[諸法實相][명]〈불교〉우주간의 모든 사물이 그대로 진실한 자태로 있는 일. 모든 존재의 평등한 본성.

제벽(題壁)[명] 시나 글을 지어서 벽 위에 씀. writing on wall 하다

제:병[명] 미단의 하나.

제:병(祭屏)[명] 제사 때 치는 병풍. folding screen used in religious service

제:병 연명(除病延命)[명] 병을 물리치고 목숨을 늘임.

제보(提報)[명] 정보(情報)를 제공함. ¶~자(者). 하다

제:복(制服)[명] 일정하게 제정된 복장. 《대》사복(私服). 평복(平服). uniform

제복(除服)[명] 상기(喪期)가 다 지나가 거상(居喪)을 벗음. 탈복(脫服). going out of mourning 하다

제:복(祭服)[명] ①제사 때에 입는 옷. sacrificial robes ②'최복(衰服)'의 잘못된 말.
제복-살[명] 소의 갈비뼈에 붙은 살.
제:본(製本)[명] 책을 만듦. 또, 장책(粧冊)하는 이 된 일. 제책(製冊). ¶~소(所). bookbinding ②만든 물건의 표본. 하타
제부(諸父)[명] 아버지와 같은 항렬의 당내친(堂內親). uncles
제:분(製粉)[명] 곡식·약재를 빻아 가루로 만듦. ¶~기(機). ~소(所). milling 하타
제불(諸佛)[명] 여러 부처.
제:불(除-)[-부치][명] ☞제살붙이.
제브러(zebra)[명] ☞얼룩말.
제비[명] 종이에 적은 기호로 길흉(吉凶)·승패(勝敗)를 아는 방법. 《유》 추첨(抽籤). lot
제:비²(鳥類)[명] 제비과의 후조(候鳥). 날개 길이 10~12cm의 몸 빛은 등에 광택 있는 흑색, 가슴은 붉은 갈색, 배와 꼬리 밑 덮깃은 흰. 3~4월에 날아와 인가의 처마 부근에 집을 짓고 서식함. 인도·호주 등에서 월동함. 현조. 연자(燕子). swallow
제:비-가(-歌)[명] 《음악》제비를 주제로 한 속가의 하나.
제:비-꽃[명] 《식물》 제비꽃과의 다년생 풀. 높이 12cm 가량에 잎은 뿌리에서 총생함. 4~5월에 잎 사이에서 가는 줄기가 나와 자줏빛 꽃이 핌. 들에 남. 오랑캐꽃.
제:비-꿀[명] 《식물》 단향과(檀香科)의 반기생의 다년생 풀. 줄기는 30cm 내외로 풀의 뿌리에 기생함. 잎은 선형이고 백록색이며 5~6월에 엷은 녹색 꽃이 잎에 피고 과실은 구형임. 약재로 씀. 금창 소초(金瘡小草). 철색초.
제:비-나비[명] 《곤충》 호랑나비과의 나비. 날개 길이 8~14cm로 검고 금록색의 작은 비늘 무늬가 있음.
제비는 작아도 강남을 간다 사람이나 짐승이 모양은 비록 작아도 할 일은 다한다.
제:비-도요[명] 《조류》 제비물떼새과의 사냥이 금해진 철새. 꼬리와 부리가 제비와 비슷함. 몸 빛은 등이 감람색. 꽁지는 흰.
제:비-부리[명] 제비의 부리처럼 좁고 긴 물건의 오라기 한 끝의 좌우 귀를 접고 가운데만 뾰족한 모양.
제:비-붓꽃[명] 《식물》 붓꽃과의 다년생 풀. 높이 70cm, 잎은 60~90cm에 칼 모양임. 5~6월에 자색·백색의 꽃이 핌. 종자는 반달 모양이며 갈색의 광택이 있음. 연자화. 들어 뽑다. draw lots
제비를 뽑-다[] 길흉·승패를 정하기 위하여 제비를 뽑다.
제:비-쑥[명] 《식물》 엉거시과의 다년생 풀. 7~9월에 담황색 꽃이 피고 어린 잎은 식용함. 한방에서 약재로 씀. 청호(青蒿)①. 초호.
제:비-옥잠(-玉簪)[명] 《식물》 은방울꽃과에 속하는 다년생의 야생 풀. 잎은 도란형이며 6~7월에 흰 꽃이 피고 꽃자루는 찍고 꽃대는 짤음. 깊은 산의 나무 그늘에 남. [털. 제비초리]
제:비-초리[명] 뒤통수나 앞이마에 뾰족이 내민 머리
제:비-추리[명] ①소의 안심에 붙은 고기의 하나. ② 《동》 제비초리.
제:비-콩[명] 《식물》 콩의 하나. 빛이 희고 알이 납작
제:비-턱[명] 크고도 넓적하게 살이 진 턱. 또, 그러한 사람의 별명. double chin [poor 하타
제:빈(濟貧)[명] 어려운 사람을 구제함. relief of the
제:빙(製氷)[명] 얼음을 만듦. ice manufacture 하타
제:빙-기(製氷機)[명] 얼음을 만드는 기계. ice (making) machine
제:사(娣姒)[명] 형제의 아내 중 아랫동서의 윗동서.
제:사(司)[명] ①《종교》유태에 있어서의 특수한 종교 계급. priest ②《동》 사제(司祭). ③미개(未開) 민족에 있어 제사(祭儀)·주문(呪文)에 영험이 있다 하는 사람. 또, 신령의 대표자.
제:사(祭祀)[명] 신령에게 음식을 바쳐 정성을 표하는 의식. 향사(享祀). 《약》 제(祭). 《공》 제향(祭享)②. religious service

제:사(製絲)[명] 솜이나 고치 따위로 실을 만듦. ¶~업(業). spinning 하타
제사(諸事)[명]→제반사.
제:사(題詞)[명] 책 앞 또는 이 책에 관계되는 글이나 시를 적은 글. 《약》 제(題)②. preface
제:사(題辭)[명] ①《제도》 관부에서 백성의 소장(訴狀)·원서(願書)에 대하여 지령한 처리를 내리는 글자. 제지(題旨). ②책 머리 또는 빗돌 위에 쓰는 말. 제언(題言). epigraph
제:사(第四)[명] 차례의 넷째. fourth
제:사(絲)=silk-reel worker
제:사 계급(第四階級)[명] ①칼라일(Carlyle)의 계급 분류에 의한 넷째 계급. 곧 뮤산 계급. ②신문 기자들. 언론계. fourth estate
제:사-공(製絲工)[명] 제사(製絲)에 종사하는 직공. 특히 여공. silk-reel worker
제:사 공장(製絲工場)[명] 실을 만드는 공장. 실 공장.
제:사-기(第四紀)[명] 《지학》 지질 시대로 신생대(新生代) 후반 이후의 시대이며 가장 새로운 시대. 곧 암석은 모래·자갈·점토·뿔 따위로서, 대개 강가·바닷가 따위의 평야를 이루고 있음. 홍적세(洪積世)·충적세(沖積世)로 나뉨. Quaternary period
제:사-기-층(第四紀層)[명] 《지학》 제사기에 생긴 지층.
제:사날로 제 생각으로. 제 스스로. 남의 시킴을 받지 아니하고. ¶~ 한 일이다. of one's own will
제사 덕에 이밥이라고 무슨 일을 빙자하고 거기에서 이익을 얻는다. [도 자기 미움도 받는다.
제 사랑 제가 끼고 있다는 자기 하기에 따라서 사랑
제:사-병(-病)[명](第四病)《의학》 발진성 급성 전염병의 하나. 성홍열·마진·풍진에 다음가는 질병이란 뜻.
제:사-성-병(-性病)[명] (第四性病)《의학》 매독·임질·연성 하감(軟性下疳)의 세 가지에 다음가는 성병이란 뜻으로, 서혜 임파 육아종(鼠蹊淋巴肉芽腫)을 이름.
제:사-위(第四胃)[명] 《생리》 반추위(反芻胃)의 제4실(室). 주름위. [일컬음.
제:사-의 불(第四-)[명] 핵융합 반응에 의한 원자력의
제:사-장(祭司長)[명] 《기독》 사제(司祭)의 딴이름. high priest
제:사-종 우편물(第四種郵便物)[명] 서적·인쇄물·업무용 서류 등의 우편물. fourth class post-matter
제:사-지내-다(祭祀-)[타] 신령에게 음식을 차리어 바치고 정성을 표하는 예절을 차리다. 하타
제:사(除祀)[명] 《수학》 '나눗셈'의 구용어. 《약》 제(除)②.
제:산(製産)[명] 물건을 만들어 냄. production 하타
제:산-제(制酸劑)[명] 위산 과다증의 산액(酸液)의 분비(分泌)를 막는 약. anti-acid preparations
제:살(制殺)[명] 살풀이를 하여 미리 재앙을 막음. protection of misfortune 하타 [blood relations
제:살-붙이[-부치][명] 자기의 혈족. 《약》 제살. one's
제-살이[명] 어른 밑에 있거나 남에게 의지하지 않고 제 힘으로 살아가는 사람. self-support 하타
제:삼(第三)[명] 차례의 셋째. third
제:삼 계급(第三階級)[명] 봉건적 사회에 있어서의 셋째 계급. 곧 평민·시민의 계급. third estate
제:삼-국(第三國)[명] 직접 관계되는 당사국 밖의 나라. 《대》 당사국(當事國). third country
제:삼-국가군(第三國家群)[명] 2차 대전 후 미국과 소련의 양대 진영의 사이에서 어느 쪽에도 가담하지 않고 제삼 세력을 이루고 있는 나라들. 인도·아랍 제국·인도네시아·버마 등임. third powers
제:삼 권리자(第三權利者)[명] 법률 관계의 당사자인 권리자에 대하여 권리를 가지는 제삼자. third rightful person
제:삼-기(第三紀)[명] 《지학》 지질 시대로 신생대(新生代)의 전반(前半)에 속하는 시대. Tertiary period
제:삼기-계(第三紀系)[명] 《동》 제삼기층(第三紀層).
제:삼기-층(第三紀層)[명] 《지학》 제삼기에 이루어진 지층. 석탄·석유 따위의 광상이 많음. 제삼기계(第三紀系). Tertiary formation

제:삼-당(第三黨)[명] 두 큰 정당의 사이에서 두 정당의 세력이 맞설 때 가부를 결정할 수 있는 정당. third political party

제:삼 독회(第三讀會)[명] 국회에서 의안(議案)에 대한 제3차의 독회. third reading

제:삼 세:계(第三世界)[명] 제 2차 세계 대전 후, 아시아·아프리카·라틴 아메리카의 발전 도상국들을 총칭하여 일컫는 말.

제:삼 세:력(第三勢力)[명] ①대립하는 두 세력 이외의 중간적 세력. 중간파.《유》중립파(中立派). ②좌익도 우익도 아닌 민주주의적 정치 세력. third force

제:삼-심(第三審)[명]《법률》제 2심(第二審)에 대한 상급의 심판. 상고심(上告審). third instance

제:삼 의:무자(第三義務者)[명]《법률》법률 관계의 당사자인 의무자에 대한 의무를 지는 제삼자.

제:삼의 불(第三—)[명] 핵분열 반응의 의한 원자력의 일컬음.

제:삼 의학(第三醫學)[명] 전쟁·산업에 의한 사고로 신체 장애를 입은 환자들을 육체적·정신적·경제적으로 재기시켜 사회에 복귀시키려는 의학.

제:삼-인칭(第三人稱)[명]《어학》대화자 이외의 사람의 이름을 대신하여 쓰는 대명사. third person

제:삼 인터내셔널(第三 International)[명]《동》국제 공산당(國際共産黨).

제:삼-자(第三者)[명] 당사자(當事者) 이외의 사람. ¶~는 나서지 말라. third person

제:삼 제:국(第三帝國)[명] ①《문학》노르웨이의 문학자 입센의 설. 영육(靈肉)이 일치하여 이상과 현실이 하나가 되는 세계. Third Empire ②독일의 히틀러에 의한 나치스 국가. Third Reich

제:삼종 소:득(第三種所得)[명]《법률》제 1종·제 2종 이외의 개인의 소득. third class income tax

제:삼종 우편물(第三種郵便物)[명] 한 달에 한 번 이상 간행되는 정기 간행물의 우편물. third-class post matter

제:삼종 전염병[—뼝](第三種傳染病)[명]《법률》법률상 그 환자를 격리 병사에 수용하여야 하는 법정 전염병 중 결핵·성병·나병 등의 병을 말함.

제:삼차 산:업(第三次産業)[명] 상업·운수·통신·금융·서비스업 따위. 제1·2차 산업 이외의 모든 산업을 가리킴. tertiary industry

제:삼차 산:업 혁명(第三次産業革命)[명]《경제》증기와 전력에 이어 원자력의 원동력을 평화적인 목적에 이용함으로써 일어날 산업의 획기적 전환.

제:삼 채:무자(第三債務者)[명]《법률》어떤 채권 관계의 채무자에 대하여 채무를 지는 제삼자. [—].

제:삿-날(祭祀—)[명] 제사를 지내는 날.《약》젯날(祭—).

제:삿-밥(祭祀—)[명] 제사지내고 먹는 밥.

제상(除喪)[명] 상기를 마치거나, 또는 복상을 도중에서 그만두어 상을 벗음. 하타.

제-상(—牀)(祭牀)[명] 제사 때 제물을 벌여 놓기 위해 만든 상.

제생(諸生)[명] ①많은 유생. many confucian scholars ②여러 학생. many students

제:생(濟生)[명] ①생명을 구제함. lifesaving ②《불교》중생을 구제함. salvation of the people 하타

제:생-원(濟生院)[명]《제도》각 도에서 해마다 약재를 실어서 바치는 일을 맡았던 관청.

제:서(制書)[명]《동》조서(詔書).

제서(題書)[명]《동》제자(題字).

제서(臍緖)[명] 탯줄.

제:석(帝釋)[명] ①《약》→제석천(帝釋天). ②무당이 섬기는 신(神).

제석(除夕)[명] 섣달 그믐날 밤. 세제(歲除). 제야(除夜). New Year's Eve

제:석(祭席)[명] 제사 때에 까는 돗자리. sacrificial

제:석 거리(帝釋—)[명] 제석풀이할 때에 무당이 부르는 노래의 이름.

제:석-신(帝釋神)[명]《민속》무당이 신봉하는 신의 하나.

제석의 아저씨도 벌지 않으면 아니된다[속] 어떠한 사람이고 힘써 벌어야만 된다.

제석의 종(除夕—鐘)[명] 섣달 그믐날 밤 자정에 절에서 백팔 번뇌(百八煩惱)를 없앤다는 뜻으로 108 번을 치는 종.

제:석-천(帝釋天)[명] ①《불교》관세음 보살(觀世音菩薩)이 중생을 제도(濟度)하기 위하여 변신한 삼십 삼체(三十三體)의 하나.《약》제석(帝釋)①. ②삼십삼천(三十三天)의 주장.

제:석-풀이(帝釋—)[명]《민속》무당이 제석을 섬기려 하는 굿. 하타 [the snows 하타

제설(除雪)[명] 쌓인 눈을 처냄. ¶~ 작업. removing

제설(諸說)[명] ①여러 사람의 학설. various views ② 여러 사람이 주장하는 말. ¶~이 분분하다. opinions of various persons ③온갖 풍문. 소문. different rumours [명]. snowplow

제설-기(除雪機)[명] 길에 쌓인 눈을 쓸어 없애는 기계. [snowplow car

제설-차(除雪車)[명] 선로 위에 쌓인 눈을 제거하는 차.

제:성(帝城)[명]《동》황성(皇城). relief 하타

제:세(濟世)[명] 세상을 구제함. relief 하타

제:세 안:민(濟世安民)[명] 세상을 구제하고 백성을 편안하게 함. saving world and relieving the people

제:세-재(濟世才)[명]《약》→제세지재(濟世之才). [하타

제:세-주(濟世主)[명] 세상을 구제하는 거룩한 사람. saviour [재주와 역량.《약》제세재. 제세지.

제:세지-재(濟世之才)[명] 세상을 구제할 만한 뛰어난

제소(提訴)[명] 소송을 일으킴.《대》수소(受訴). instituting lawsuit 하타 [of letter

제-소리[명] 글자의 바른 음. 정음(正音). right sound

제-소리²[명] 본심에서 나오는 말. ¶이제 ~가 나오는군.

제-수(弟嫂)[명] 《동》 계수(季嫂). [군.

제수(除授)[명] 추천(推薦)을 받지 않고 임금이 직접 관리(官吏)를 임명함. 제배(除拜). 하타

제수[—쑤](除數)[명]《수학》어떤 수를 다른 어떤 수로 나눌 때 나누는 수. 4÷2에서 2 따위.《대》승수(乘數). divisor

제:수(祭需)[명] ①제사에 쓰는 여러 가지 물건이나 음식. ②《동》제물. things used in religious services

제:수-답(祭需畓)[명] 제사 비용 담으로 제위답(祭位畓).

제:수-전(祭需錢)[명] 제사에 쓰는 물건을 사는 돈.

제:술(製述)[명] 시나 글을 지음. 제작(製作)②. composition 하타

제스처(gesture)[명] ①의사 표시를 돕기 위하여 하는 몸짓. 또, 손짓. ②거짓 꾸밈. 또, 그 태도.

제습(除濕)[명] 습기를 없앰. ¶~ 작업. 하타

제:승(制勝)[명] ①승리함. winning victory ②《제도》세자가 섭정할 때에 군무(軍務)에 관한 문서에 찍던 나무 도장. 하타

제시(提示)[명] ①어떠한 뜻을 글이나 말로 나타내어 보임. ¶증거를 ~하다. ②어음·수표 등 증권의 소지자가 인수·지급을 요구하기 위해 지급인 또는 인수인에게 제출하여 보이는 일. 정시②. presentation [of poems 하타

제시(題詩)[명] 제(題)를 붙여 시를 지음. composition

제-시간(—時間)[명] 정한 시간. ¶~을 지키라. appointed time

제-시날로[부] 남의 시킴을 받지 않고 제 생각으로. of one's own accord

제:시-재(濟時才)[명]《약》→제세지재(濟世之才).

제시 증권[—꿘](提示證券)[명]《경제》증권상의 권리를 주장함에 있어 의무 이행자에게 제시함을 필요로 하는 유가 증권. 정시 증권.

제:식(制式)[명] ①정해진 양식. ②《군사》군대의 대열 훈련에서 규정된 모든 격식과 방식.

제:식 교련(制式敎練)[명] 여러 가지 법식(法式)을 숙달하기 하는 교련.

제:식-복(制式服)[명] 관혼 상제나 의식에 입는 예복.

제:식 훈련(制式訓練)[명] 군인 기본 정신의 함양과 절도 있는 단체 생활의 영위를 목적으로 하는 훈련의 하나.

제신(諸臣)[명] 모든 신하. 여러 신하. all subjects

제신-기(除塵器)[명] 굴뚝 끝에 달아 그을음이 흩어짐

을 막는 장치.
제:실(帝室)몡 황실(皇室).
제:제(弟弟)몡 계씨(季氏). 「녀 ~. gentlemen
제씨(諸氏)몡 '여러분'의 뜻으로 쓰는 말. ¶신사·숙
제:아:무리몡 남을 얕잡는 뜻을 나타내는 말. ¶~
잘난 체해도 별 수 없다. no matter how ~ one may be
제:악(祭樂)몡 나라 제사 때에 쓰던 아악(雅樂).
제악(諸惡)몡 모든 악. 온갖 악. all vices
제안(除案)몡〈제도〉녹명단(錄名單)에서 죄과가 있는 이례(吏隷)의 성명을 빼어 버림. 하다
제안(提案)몡 ①의안(議案)을 내놓음. 또, 그 의안. proposal ②자기 생각을 말하거나 상대방의 의견을 물음. 또, 그 생각. suggestion 하다
제안 ·권[—꿘](提案權)몡 법률안이나 예산안을 국회에 제출할 수 있는 권리. 「suppression 하다
제압(制壓)몡 제어하여 강압함. control ~하듯.
제 앞에 안 떨어지는 불은 뜨거운 줄 모른다 실제로 겪지 않고는 어려고 괴로운 것을 모른다.
제애(際涯)몡 ①끝 닿는 곳. limit ②광대한 물의 가. bounds 「씀. 하다
제액(題額)몡 액자(額子)에 그림을 그리거나 글씨를
제야(除夜)몡〈동〉제석(除夕).
제약(制約)몡 ①사물의 성립에 필요한 조건이나 규정. conditions ②〈철학〉어떤 현상의 타당·존재·발생·변화 따위에 없어서는 안 되는 규정. ③조건에 묶임. 제한. limitation 하다
제약(製藥)몡 의약을 제조함. 또, 그 약재. medicine manufacture 하다
제:약사(製藥師)몡 약을 짓는 사람. pharmacist
제:약성[—쎙](制約性)몡 제약하는 성질.
제:약적 판단[—쩍—](制約的判斷)몡 논리에서, 가언적 판단(假言的判斷)과 선언적 판단(選言的判斷)의 총칭. conditional judgment
제:어(制御)몡 ①통제하여 바른 길로 나아가게 함. control ②적당한 정도로 움직이도록 조절하는 일. 하다
제:어봉(制御棒)몡〈물리〉원자로(原子爐)의 출력(出力)을 조정하는 데 사용되는 막대기. control rod
제언(提言)몡 생각이나 의견을 제출함. 또는 그런 생각이나 의견(意見). ¶~을 받아들이다. proposal
제언(堤堰)몡〈동〉댐(dam). 「하다
제언(諸彥)몡 제현(諸賢)
제언(題言)몡 서적·화폭·빛돌 따위의 위에 적은 글. 제사(題辭)②. epigraph 「수리(水利)를 맡던 관아.
제언사(堤堰司)몡〈역사〉조선조 때 각 도의 제언과
제 얼굴 더러운 줄 모르고 거울만 나무란다됀 자기의 결점은 모르고 도리어 남을 탓하는.
제:업(帝業)몡 임금의 업적. Imperial task (of governing his country)
제여·곰뮈〈고〉제각기.
체역(除役)몡 ①〈동〉면역(免役). ②〈병역(兵役)을 전부 또는 일부를 면제함. 하다
제연(諸緣)몡 ①여러 가지 연줄. various tools ②모든 인연(因緣). various relations
제:염(製鹽)몡 소금을 만듦. 〈변〉제렴(製鹽). salt manufacture 하다
제염(臍炎)몡〈의학〉배꼽과 그 부근이 염증으로 곪는 갓난아이의 병. inflammation of the navel
제영(題詠)몡 시(詩)에 읊음. making verses under given theme 하다
제:오(第五)ㄹ 다섯째. 다섯 번째. fifth
제 오라를 제가 졌다됀 나쁜 짓을 하고 그 벌로 스스로 화(禍)를 입었다.
제:오·열(第五列)몡 적군에 내통하는 사람. 내통자. 《準》오열(五列). fifth column
제:오·종 우편물(第五種郵便物)몡 농산물의 종자 및 잠종(蠶種)을 우송하는 우편물. fifth-class post-matter 「산업.
제:오차 산:업(第五次産業)몡 취미·오락·패션 등의

제왈(一日)뮈 제랄시고 장담으로.
제:왕(帝王)몡 황제 또는 국왕의 총칭. sovereign
제:왕·가(帝王家)몡 제왕(帝王)의 가정. royal family
제:왕 수술(帝王手術)몡〈의〉=제왕 절개 수술(帝王切開手術).
제:왕 신권설[——](帝王神權說)몡 제왕의 통치권은 신의 신의(神意)에 기인하여 성립된다는 학설.《약》신권설(神權說).
제:왕 절개 수술(帝王切開手術)몡〈의학〉복벽(腹壁) 및 자궁벽(子宮壁)을 잘라 연 뒤에 태아(胎兒)를 꺼내는 수술. 대왕 수술(大王手術). 《약》제왕 수술. 제왕 절개술. Caesarean operation
제:왕 절개술(帝王切開術)몡《약》=제왕 절개 수술.
제:왕 주권설[——](帝王主權說)몡 제왕은 나라의 기관이 아니라 주권이라는 학설. theory of divine rights of kings
제외(除外)몡 범위 밖에 두어 빼놓음. exception 하다
제외·례(除外例)몡 특별의 규정(예외규정).
제외·지(堤外地)몡 둑 바깥 강가의 땅.
제요(提要)몡 요령을 제시함. 제강(提綱). ¶생물학 ~. summary 하다
제·욕(制慾)몡 욕심을 억누름. control of passion 하
제·욕 주:의(制慾主義)몡〈동〉금욕주의(禁慾主義).
제우(悌友)뮈 우애가 깊음. 형제·장유 사이의 두터운
제우(際遇)몡 ①만날 기회. ②군신의 의(義). 하다
제우(諸友)몡 여러 친구. 제우(諸友). friends
제:우一교(濟愚敎)몡〈종교〉수운(水雲) 최제우(崔濟愚)를 교조로 하는 동학 계통(東學系統)의 교.
제우스(Zeus 그)몡 그리스 신화의 최고 신. 천지의 모든 현상을 주재하는 신.
제一움직씨몡〈동〉자동사(自動詞).
제웅몡 ①음력 정월 14일 저녁 액막이로 쓰이는 짚으로 만든 사람의 형상. 또, 무당이 앓는 사람을 위하여 산영장을 지낼 때에 쓰는 짚 인형(人形). straw effigy ②아무 분수를 모르는 사람의 별명.
제웅(除雄)몡〈식물〉식물의 제꽃가루받이를 피하기 위하여 수술의 꽃밥을 꽃봉오리 때에 제거하는 일. 동물의 거세에 해당함. 하다
제웅 직성(一直星)몡 아홉 직성 중 흉한 직성의 하나. 사람의 행년(行年)에 따라 운명을 맡음. 9년에 한 번씩 돌아오는데 남자는 10세, 여자는 11세에 처음 돌아오는 흉성(凶星). 나후 직성(羅睺直星).
제웅·치:다몽 음력 정월 14일 밤에 각 집을 돌아다니면서 제웅을 거두다.
제원(諸元)몡 여러 가지의 인자(因子).
제원(諸員)몡 여러 인원. members   「딴이름.
제:월(除月)몡 ①음력 12월의 딴이름. ②음력 4월의
제:월(霽月)몡 비가 갠 날의 달. moon of fine day
제:월 광풍(霽月光風)몡 도량이 넓고 시원함. 광풍 명월. bright moon and fresh wind
제:위(帝位)몡 황제나 임금의 자리. 제조(帝祚). Imperial throne
제:위(帝威)몡 황제의 위광(威光).
제:위(祭位)몡 제사를 받는 신위. enshrined deity
제위(諸位)몡 여러분. gentlemen
제:위·답(祭位畓)몡 추수한 것을 제사의 비용에 채우는 논. 제수답(祭水畓). 「는 밭.
제:위·전(祭位田)몡 추수한 것을 제사의 비용에 채우
제:유(製油)몡 동식물체로부터 석유나 식용유 따위의 기름을 만듦. oil manufacture 하다
제유(諸儒)몡 모든 선비. Confucian scholars
제유—법[—뻡](提喩法)몡〈논리〉수사법의 하나. 전체와 부분과의 관계를 기본으로 하여 구성된 비유. 전체의 명칭을 대신하여 하나의 명칭으로 바꾸거나, 하나의 명칭을 제시하고 전체를 나타내는 일. synecdoche
제:육(—豬肉)몡 돼지고기. pork
제:육(第六)ㄹ 여섯째.

제:육=감(第六感)[명] 〈심리〉 경험에 의하여 머리에 오는 오관(五官) 이외의 감각. ⑩ 육감(六感). sixth sense

제육=구이(←豬肉─)[명] 돼지고기를 얇게 저며서 고명을 하여 구운 음식. roast pork

제육 방자고기[명] 날돼지고기를 얇게 썰어 소금을 쳐 구운 구이.

제:육 의:식(第六意識)[명] 〈불교〉 감각(感覺)의 결과를 종합하여 이지(理智)·감정·의욕 등을 발동시키는 정신의 활동.

제육 편육(―片肉)[명] 삶은 돼지고기를 얇게 저미어서 조각이 지게 만든 편육.

제:윤(帝胤)[명] 임금의 혈통.

제읍(啼泣)[명] 소리를 높이어 욺. 하다

제읍(諸邑)[명] 각지의 고을. 제군(諸郡)①. towns

제:의(祭衣)[명] 〈기독〉 미사 때에 신부가 입는 옷.

제의(提議)[명] 어떤 의논을 제출함. 제론(提論). ¶평화상을 ~하다. proposal 하다

제의(題意)[명] ①제목·표제의 뜻. ②문제의 뜻. 출제의 뜻.

제이(二)주 둘째. 두 번째. second, secondary

제:이= 계급(第二階級)[명] 봉건적 사회에서의 둘째 계급. 곧, 귀족·승려의 계급. second estate

제:이= 국민병(第二國民兵)[명] 구병역법상, 예비역을 마친 자나 징집된 면제된 자가 복무하는 병역.

제:이=권[―권](第二權)[명] 〈법률〉 타인에 의하여 제일권을 침해함에 대하여 발생하는 권리. 손해 배상 청구권 등.

제:이= 독회(第二讀會)[명] 두 번째로 의안을 토의하는 독회. second reading

제:이= 성:질(第二性質)[명] 〈철학〉 외적 감각을 거쳐 알려지는 빛·소리·맛 따위의 성질. 대 제일 성질. secondary qualities

제:이= 성:징(第二性徵)[명] 생식기 이외에 나타나는 암수의 구별. 성호르몬에 의하여 일어나는 것으로 생각됨. second sexual characteristics

제:이=심(第二審)[명] 〈법률〉 제1심의 판결된 사건을 상급 법원에서 다시 심리하는 일. 재심(再審)②. ⑩ 이심(二審). second instance

제:이= 예:비금(第二豫備金)[명] 〈법률〉 뜻하지 않은 사건에 충당할 예비비(豫備費)의 하나.

제:이=위(第二胃)[명] 〈동〉 봉소위의 뜻.

제:이=의(第二義)[명] 근본되는 뜻이 아닌 둘째의 딴 뜻.

제:이의 고향(─故鄕)[명] 본고향 외에 정들어 오래 산 곳.

제:이의적 생활(第二義的生活)[명] 〈철학〉 인습에 얽매여 자각(自覺)이 없이 하는 생활.

제:이=인산암모늄[―燐酸 ammonium―][명] 〈화학〉 암모늄의 인산염. 물에 녹는 무색의 주상 결정으로, 비료로 쓰임. ammonium phosphate

제:이=인칭(第二人稱)[명] 〈어학〉 인칭 대명사에서 상대편을 가리킴. 너·당신 따위. 둘째가리킴. second person

제:이=인칭 대:명사(第二人稱代名詞)[명] 〈어학〉 인대 명사(人代名詞)의 하나. 말하는 사람의 상대방을 일컫는 말.

제:이= 인터내셔널(第二 International)[명] 1889년 파리에서 결성된 국제 사회주의 정당을 주로 하는 연합 조직. 정보 교환 기관이었으나, 1914년에 소멸되었다가 1920년 제삼 인터내셔널의 반동으로 부활하여 사회 민주주의 노선에서 활약하다가 제2차 세계 대전에 이르러 해체됨.

제:이= 제:정(第二帝政)[명] 프랑스의 나폴레옹 3세 치 세.

제:이종 우편물(第二種郵便物)[명] 우편 엽서와 같은 우편물. second-class post-matter

제:이=차 산:업(第二次産業)[명] 광업·제조 공업·건축 토목업·전기 가스 공급업 따위의 주로 원재료의 정제·가공을 담당하는 산업. secondary industry

제:이=차 세:계 대:전(第二次世界大戰)[명] 〈역사〉 1939~1945년 사이에 일본·이탈리아·독일과 영국·미국·프랑스·중국 등 연합군 사이에 일어난 세계 대전. 영미 연합군이 승리하였음. World War II

제:이=차 집단(第二次集團)[명] 관청·회사·학교 따위의 거대하고 형식적인 근대적 조직으로서의 사회 집단. 대 제일차 집단. secondary group

제:이=촉각(第二觸角)[명] 〈동물〉 갑각류(甲殼類)에서 제일 촉각이 아닌, 말이 변하여 된 촉각.

제인(諸人)[명] 여러 사람. many persons

제일(除日)[명] 섣달 그믐날. 대그믐날. last day of year

제:일(祭日)[명] 제삿날. day of religious service

제일(齊一)[명] 똑같이 가지런함. evenness

제:일(第一)[명] 첫째. first ①. 가장. ⑩ 젤. best

제:일 강산(第一江山)[명] 경치가 매우 좋은 산수. fine scenery 「제 계급. 곧, 무산 계급. first class

제:일 계급(第一階級)[명] 봉건적 사회에 있어서의 첫

제:일=골(第一骨)[명] 진골(眞骨).

제:일 국민역(第一國民役)[명] 〈법률〉 18세부터 징병 처분을 마칠 때까지 복무하는 병역.

제:일=권[―권](第一權)[명] 〈법률〉 타인에 의하여 침해되지 않는 이전에도 존재하는 권리.

제:일 독회(第一讀會)[명] 의안에 대한 첫째 독회. 의안에 대한 설명·질의·응답을 함. first reading

제:일=류(第一流)[명] 첫째가 될 만한 등급. 또, 그런 사람. first class 「원천을 이룬 절대미(絶對美).

제:일=미(第一美)[명] 〈미술〉 정신미(精神美)·자연미의

제:일=보(第一步)[명] 첫걸음. first step

제:일 부인(第一夫人)[명] ①[동] 적처(嫡妻). ②퍼스트 레이디(first lady).

제:일 서기(第一書記)[명] 공산당 서기국의 중심이며 당을 대외적으로 대표하는 지위. 또, 그 사람. First Secretary 「서의 맨 앞장. ②[동] 최전선.

제:일=선[―선](第一線)[명] ①계획을 실행하는 데 있어

제:일 성:질(第一性質)[명] 〈철학〉 물건의 연장·운동·정지·용고성 따위 그 자체에 구비되어 있는 객관적인 성질. 「받는 심판. ⑩ 일심.

제:일=심[―심](第一審)[명] 소송에서 제일차로

제:일 원리(第一原理)[명] 〈철학〉 현상의 배후에 있는 초인식적인 근본 원리. 「(神).

제:일 원인(第一原因)[명] 〈철학〉 근본적 제일인인 신

제:일=위(第一位)[명] 으뜸이 되는 자리. 또, 그 차례.

제:일=위(第一胃)[명] [동] 혹위.

제:일=의(第一義)[명] ①〈철학〉 가장 근본되는 의의. 궁극의 진리. ②〈불교〉 더할 수 없는 깊은 묘의(妙義). 제법 실상(諸法實相)의 이(理).

제:일 의:무(第一義務)[명] 〈법률〉 의무에 의하여 그 위배를 허용하지 않는 제일차적 의무. 남세 의무·부체 변상 의무 등.

제:일의적 생활(第一義的生活)[명] 〈철학〉 개성을 존중하고 그 본래의 요구를 충실하게 하는 생활.

제:일 인(第一人)[명] [동] ⑩ 제일인자(第一人者).

제:일 인상(第一印象)[명] 어떤 사람이나 사물을 대한 첫인상. first impression

제:일=자(第一─)[명] 〈그 방면에서 겨눌 이가 없는, 첫째가는 사람. 넘버 원(number one). ¶음악계의 ~. ⑩ 제일인. 일인자. firstman

제:일=인칭(第一人稱)[명] 〈어학〉 인칭 대명사에서 자기 스스로를 가리켜 일컫음. 나·저 따위. 첫째가리킴. first person

제:일 인터내셔널(第一 International)[명] 1864년 런던에서 마르크스의 지도 아래 창립된 노동자 협회. 무정부적 경향이 강하고 통일이 없어 1876년 해산되었음. 「1세가 황제로서 군림했던 시대.

제:일 제:정(第一帝政)[명] 〈역사〉 프랑스의 나폴레옹

제:일종 우편물(第一種郵便物)[명] 보통 봉한 편지의 우편물. first-class post-matter

제:일종 전염병(─종─병)(第一種傳染病)[명] 법정 전염병의 하나. 콜레라·페스트·발진 티푸스·파라티푸스·두창·디프테리아·세균성 이질·일본 뇌염 등.

제:일주의(第一主義)[명] 어떤 일을 하든지 으뜸이 되려는 주의.

제:일 주제(第一主題)[명] 〈음악〉 소나타 형식에 있어서 제시부(提示部) 중의 주요 악절. 제시부. expo-

제:일차 산:업(第一次産業)[명] 농업·임업·어업 따위의 주로 천연 자원을 채취·이동하는 생산업. primary industry

제:일차 세:계 대:전(第一次世界大戰)[명] 〈역사〉 1914 〜1919년 사이에 유럽을 중심으로 일어났던 세계 대전. World War Ⅰ

제:자(弟子)[명] ①가르침을 받는 사람. 문인(門人). 후생(後生)③. disciple ②수예(手藝) 등을 배워 익히는 사람. 도제(徒弟). 문도(門徒).

제:자(祭棗)[명] 폣棗.

제:자(祭資)[명] 제사에 필요한 비용.

제자(諸子)[명] ①〈역사〉 춘추 전국 시대의 일가(一家)의 학설을 세운 사람. 또, 그 저서나 학설. masters ②아들 또는 아들과 같은 항렬의 사람. 제군(諸君). 「서제(題書). title letters

제자(題字)[명] 서적의 머리나 족자 따위에 쓴 글자.

제자루-칼[명] 따로 자루를 박지 않고 손잡이까지 되게 만든 칼.

제-자리[명] 원래 있던 자리. 거기에 마땅히 있어야 할 자리. ¶〜에 놓다. 〜를 떠나다. original seat

제자리 걸:음[명] ①일이 진전되지 않음. stalemate ②제자리에 서서 하는 걸음. marking time ③〈경제〉시세가 별로 오르지도 내리지도 않고 있음. 하타

제자리-넓이뛰기[명] 도움닫기 없이 구름판 위에 두 발을 놓고 되도록 멀리 뛰는 필드 경기. 「드 경기.

제자리-높이뛰기[명] 도움닫기 없이 바를 뛰어넘는 필

제자리-표(―標)[명] 〈음악〉 악보의 임시표로써 반음을 높였거나 낮추었던 음을 본음대로 되돌리라는 표. '♮'로 나타냄. 본위 기호(本位記號).

제자 백가(諸子百家)[명] 〈역사〉 춘추 전국(春秋戰國) 시대의 학파의 총칭. 〈약〉 제가(諸家)

제:자-해(制字解)[명] 〈어학〉 한글은 어떤 원리에 따라 만들었는가에 대한 풀이. 「making 하타

제:작(制作)[명] ①예술 작품을 만듦. ②정하여 만듦.

제:작(製作)[명] ①물건을 만듦. 〜 활동(活動). 〈약〉작(作)②. manufacture ②[동] 제술(製述). 하타

제작(題作)[명] 제목을 내걸고 시문 따위를 짓게 함. composition on given subject 하타

제:작-권(製作權)[명] 어떤 물건이나, 예술 작품 같은 것을 제작하는 권리.

제:작-소(製作所)[명] 물품을 만드는 장소. 또, 그 공

제:작-품(製作品)[명] 제작된 물품이나 작품. 「장.

제잠(鯷岑)[명] 옛날 우리 나라의 딴이름.

제:잡담(除雜談)[명] 잡소리를 제함. 하타

제:잡비(除雜費)[명] 잡비를 덜어 버림. deduct sundry

제:장(祭場)[명] 제사를 지내는 곳. 「expense 하타

제장(諸將)[명] ①여러 장수. all generals ②싸움터에 나갔다가 죽은 신령.

제:재(制裁)[명] ①도덕·관습 또는 규정 등에 잘못된 것에 대하여 나무라거나 저벌함. restraint ②국가의 법을 범한 자에게 벌을 줌. sanction 하타

제:재(製材)[명] 시문을 짓는 재주. literary talent

제재(製材)[명] 제목을 만듦. lumbering 하타

제재(題材)[명] 예술 작품·학술 연구 등의 주제가 되는 재료. theme and materials

제적(除籍)[명] 명부에서 이름을 지워 버림. 탈적(脫籍). 〈대〉 입적(入籍). removal from register 하타

제전(畇田)[명] 사전(寺田)처럼 면세를 받던 토지.

제:전(梯田)[명] 사다리꼴로 된 논밭.

제:전(祭典)[명] ①제사지내는 의식. festival ②성대히 열리는 예술 발표회나 체육 대회 등을 뜻하는 말. ¶예술의 〜.

제:전(祭奠)[명] ①의식을 갖춘 제사와 의식을 갖추지 아니한 제사의 통칭. festival ②제사의 공물.

제:전-악(祭典樂)[명] 〈음악〉 제전에서 아뢰는 음악.

제:절(制節)[명] 잘 말라서 알맞게 만듦. 하타

제:절(祭節)[명] 제사지내는 절차.

제절(諸節)[명] ①남의 집안 식구들의 일기 기거 동작.

¶댁내 〜. ②한 사람의 기거 동작. ③모든 절차.

제:정(制定)[명] ①제도를 정함. enactment ②법(法)으로서의 규범(規範)을 일정한 절차에 따라 정립(定立)하는 활동.

제:정(帝政)[명] ①임금의 정치. Imperial government ②제국주의의 정치. Imperialistic government

제:정(祭政)[명] 제사와 정치에 관한 일. church and st-

제정(提早)[명] 자벌. 드림. ¶신입장 〜. 하타 「ate

제-정받이[―바지](―精―)[명] 쪘꽃가루받이.

제:정=법(―法)[―뻡](制定法)[명] 문서로 나타낸 법들.

제:정신(―精神)[명] 자기 본래의 똑바른 정신. ¶〜이 아니다.

제:정 일치(祭政一致)[명] 제사와 정치가 일치한다는 사상. 또, 그러한 정치 형태. 고대 사회에 있었음. theocracy 「야 할 판단. 논제(論題). thesis

제제(提題)[명] 〈논리〉 논증(論證)에 있어서 논증하여

제:제(製劑)[명] 약품에 가공을 하여 일정한 형태로 만듦. 또, 그 제품. 하타

제:제(濟濟)[명] ①주로 인제가 많고 성한 모양. ②삼가고 조심하여 엄숙한 모양. 하타

제:제 다사(濟濟多士)[명] 제주가 많은 여러 사람. galaxy of talented people

제:제 창창(濟濟蹌蹌)[명] 몸가짐이 위엄 있고 위풍을 떨치어 질서가 고름. 하타 「술. 제거(提擧).

제조(提調)[명] 〈제도〉 도제조(都提調)의 다음가는

제:조(製造)[명] ①큰 규모로 물건을 만듦. manufacture ②원료에 인공을 가하여 정교품(精巧品)을 만듦. finished articles 하타

제:조=[―뻡](製造法)[명] 물건을 만드는 법. 〈약〉 제법(製法). manufacturing process

제:조사(除朝辭)[명] 〈제도〉 지방관(地方官)의 부임을 빠르게 하기 위하여 왕에의 숙배(肅拜)를 면하여 주던 일. 하타 「업. manufacturing industry

제:조-업(製造業)[명] 제조하는 것을 직업으로 하는 영

제:조-원(製造元)[명] 특정 상품을 제조해 내는 본고장이 되는 곳. 만든 곳. maker

제:조 원가[―까](製造原價)[명] 〈경제〉 특정 제품 제조에 소비된 재화와 용역의 경제 가치의 합계액. 직접 재료비·직접 노무비·제조 간접비로 구성.

제:조-품(製造品)[명] ①만들어 낸 물품. manufactures ②원료를 가공(加工)하여 정교품(精巧品)을 만듦. finished articles

제족(諸族)[명] 한 가문의 여러 겨레붙이. whole family

제졸(諸卒)[명] 여러 병졸.

제종(諸宗)[명] 한 친척의 본종(本宗)과 지파(支派). various denominations

제종(諸種)[명] 여러 종류. various kinds

제종(臍腫)[명] 〈한의〉 어린아이의 배꼽에서 나는 부스럼. 제창(臍瘡).

제:종―남매(諸從男妹)[명] 여러 사촌 남매.

제:종―[]―형제(諸從兄弟)[명] 여러 사촌 형제. 「좌석.

제:좌(帝座)[명] ①황제의 좌석. throne ②천제(天帝)의

제:좌(祭座)[명] 여러 제좌(計座). ②부기에서 분개(分介)할 때 한 거래의 대차 어느 한 쪽의 계정 과목이 둘 이상에 걸쳐 있는 일. 차변(借邊)의 상품에 대하여, 대변(貸邊)은 현금과 당좌 예금이 되는 따위.

제:주(帝主)[명] 신으로 모시는 제왕의 신주(神主).

제:주(祭主)[명] 제사를 주장하는 사람. 주장이 되는 상주. chief mourner

제:주(祭酒)[명] 제사에 쓰는 술. sacrificial rice wine

제:주(題主)[명] 신주(神主)에 글자를 씀. 하타

제주이트―회(Jesuit會)[명] 예수회.

제:주 자제(濟州子弟)[명] 〈제도〉 조선조때, 하급의 무관을 골라 제주도에서 해마다 보내던 사람.

제:주=분(祭酒盆)[명] 제주를 담는 분.

제:주―전(題主奠)[명] 매관(埋棺) 후 산소에서 혼령을 신주에 옮기기 위하여 지내던 제사. 「ople 하타

제:중(濟衆)[명] 모든 사람을 구제함. salvation of pe-

제:중-원(濟衆院)圈 통리 교섭 아문(統理交涉衙門)에 속하여 일반 사람의 병을 치료하던 병원.
제증(諸症)圈 여러 가지 병 증세. various symptoms
제:지(制止)圈 하려고 하는 일을 말려서 못 하게 함. restraint 하타
제:지(製紙)圈 종이를 만듦. ¶~업(業). paper manufacture 하타
제지(蹄脂)圈 ①굽도리를 돌아가며 바른 좁은 종이.
제지(諸誌)圈 여러 가지 잡지. 「굽지. ②동 국지.
제지(題旨)圈[동] 제사(題辭)①.
제:-지내-다(祭―)타 제물을 차려 놓고 신위에게 바치다. perform religious service
제:직(製織)圈 실을 재료로 하여 천을 만듦. weaving
제직(諸職)圈 ①여러 직책. 모든 직원. all personnel ②〈기독〉장로교 등에서의 제직회(諸職會)를 구성하는 교직(敎職).
제직-회(諸職會)圈〈기독〉교회에서 교직 전부가 모이는 모임.
제진(除塵)圈 공기 중에 떠도는 먼지를 걷어 없애는 일. 수진(收塵). 하타
제진(梯陣)圈 군대·군함·비행기 따위를 사다리꼴로 편성한 진형.
제:진(製進)圈 왕명을 받아 시문(詩文)을 초하여 올리던 일. 하타
제진(齊進)圈 모두 한 번에 나아감. 하타
제진(諸鎭)圈〈제도〉동첨 절제사(同僉節制使)·절제 도위(節制都尉)들을 두었던 군사상 중요한 여러 진
제:진(濟進)圈 세금(稅物)을 내는 일. 〔鎭〕
제:집圈 자기의 집. one's own house
제:-짝圈 처음부터 한 벌을 이루고 있는 그 짝. part of pair
제:차(第次)圈[동] 차례.
제:찬(制撰)圈〈제도〉임금의 말씀이나 명령을 대신하여 지음.
제:찬(祭饌)圈 제사에 쓰는 제물. 「지음. 대찬(代撰).
제:찬-봉:령(祭粲奉領)圈〈기독〉미사에서 성변화(聖變化)된 제물을 사제(司祭)와 신자가 받아 먹는 비적(秘蹟). 영성체.
제창 애쓰지 않고 저절로 알맞게. ¶짐작으로 사온 신이 맞다니, 그것 참 ~이다. good as it is
제창(提唱)圈 ①어느 학설이나 의견을 내세우고 부르짖어 인도함. advocacy ②〈불교〉법사가 법상 위에서 여러 사람을 위하여 교리를 말함. preach ③〈불교〉불경을 들어서 이야기하는 일. 하타
제창(齊唱)圈 ①일제히 여러 사람이 소리를 질러 부름. sing in unison ②동일 선율(旋律)을 두 사람 이상이 노래 부름. sing in unison ③일제히 행하
제창(臍瘡)圈[동] 제종(臍腫). 「는 말 연습. 하타
제채(薺菜)圈〈식물〉냉이.
제:책(製冊)圈[동] 제본(製本)①. 하타
제처(諸處)圈 여러 곳. various places
제척(除斥)圈 ①배척하여 물리침. exclusion ②〈법률〉재판관이나 법원 서기가 어떤 사건에 관하여 불공평한 취급을 할 우려가 있는 경우에 법정(法定) 원인이 있을 때 그 사건에서 제외되는 일. rejection 하타
제천(祭天)圈 하늘에 제사지냄. religious service to Heaven 하타 「는 여덟 하늘.
제천(諸天)圈〈불교〉모든 하늘. 곧, 불교에서 말하
제:천(霽天)圈 맑게 갠 하늘. 「원시 종교 의식.
제:천 의:식(祭天儀式)圈 하늘을 숭배하고 제사지내는
제:철圈 ①옷·음식 따위의 적당한 시절. 당철(當節). 당철. in season ②동식물의 발육·번식·수확에 적당한 시기. 약철.
제:철(製鐵)圈 광석으로부터 쇠를 제련하거나 또는 고철로부터 정제하는 일. iron manufacture 하타
제철(蹄鐵)圈[동] 편자.
제:철-소[―쏘](製鐵所)圈 철광석을 제련하여 쇠를 뽑아 내는 곳. steel mill
제:청(祭廳)圈 ①장례식 때에 무덤 앞에서 제사를 지낼 수 있도록 마련한 곳. ②제사를 올리는 대청.
제청(提請)圈 어떤 안건의 의결을 청함. propose 하타
제청(霽靑)圈〈공업〉도자기 원료인 회회청(回回靑)의 한 종류. ¶~유(釉).
제쳐-놓-다타 ①거치적거리지 않게 따로 치워 놓다.

put aside ②어느 일정한 기준 밑에 골라내어 따로 놓다. set aside ③어떤 일을 뒤로 미루어 놓다. reserve
제초(除草)圈 잡초(雜草)를 뽑아 없앰. weeding 하타
제초-기(除草器)圈 잡초를 뽑아 버리는 제구. weeder
제초-약(除草藥)圈[동] 제초제.
제초-제(除草劑)圈 농작물은 해치지 않고 잡초만 없애는 약제. 제초약. 살초제.
제:축문(祭祝文)圈[동] 축문.
제축-증(臍縮症)圈〈한의〉배꼽 아래쪽이 아픈 병.
제출(除出)圈 제하여 냄. 덜어 냄. removal 하타
제출(提出)圈 의견이나 안건을 내놓음. 차출(差出).
제:출(製出)圈 만들어 냄. 하타 [presentation 하타
제출물-로圈 남의 힘을 입지 않고 제힘으로. 제가 생각이 나는 대로. ¶~ 지은 집입니다. for oneself
제출물-에圈 남이 시켜서가 아니라, 제가 생각나는 대로 하는 바람에. ¶~ 걷다 보니 이곳까지 왔다. of one's own accord
제출-안(提出案)圈 제출한 안건(案件). proposal
제충(除蟲)圈[동] 구충(驅蟲). 하타
제충-국(除蟲菊)圈〈식물〉엉거시과의 다년생 풀, 잎은 우상(羽狀)으로 갈라지고 5~6월에 흰 꽃이 줄기 끝이나 가지 끝에 핌. 꽃의 분말은 구충제(驅蟲劑)로 씀. pyrethrum flower
제충-분(除蟲粉)圈 제충국의 꽃을 말려 만든 가루. 살충제로 씀. 「하타
제취(除臭)圈 냄새를 없애 버림. removing the smell
제치-다타 거치적거리지 않게 한 쪽으로 치우다. turn over
제:칠 천국(第七天國)圈 ①위안(慰安)의 나라. 향락의 거리. pleasure resort ②전당포의 딴이름. pawn shop
제키-다타 살갗이 스쳐서 벗겨지다. 제기다③.
제:탄(製炭)圈 탄을 만듦. 하타
제태(除汰)圈〈제도〉군인의 버릇. 하리(下吏)·하폐(下隷)의 직분을 떼어버리던 일. 하타
제:택(第宅)圈 살림집과 정자(亭子)의 총칭.
제택(諸宅)圈[동] 제가(諸家)①.
제:-터圈 제사를 올리려고 마련하여 놓은 터. place for religious services 「per quantity
제턱圈 ①변함이 없는 그 정도. ②걸맞은 분량. pro-
제:토-제(制吐劑)圈 구토를 제지하는 약. antiemetic
제:통(帝統)圈 제왕의 계통. Imperial line
제:퇴:선(祭退膳)圈 제사를 올리고 난 뒤에 물려 낸 음식. (약) 퇴선(退膳).
제트(jet)圈 통구(筒口)에서 유체(流體)가 연속적으로 분출하는 일.
제트-기(Z 旗)圈 국제 통신기(通信器)에 정해진 스물 여섯 개의 로마자 신호기의 하나. 황·흑·적·청의 네 빛깔로 됨.
제트-기(jet機)圈 제트 엔진에 의하여 추진하는 비행기의 총칭. 분사 추진식 비행기. jet plane
제트 기류(jet 氣流)圈 1만 피트 가량의 고공을 동쪽으로 흐르는 공기의 세찬 흐름. 제트 스트림(jet
제트 스트림(jet stream)圈[동] 제트 기류. 「stream).
제트 엔진(jet engine)圈 고온도의 가스를 노즐(nozzle)에서 분출시켜 그 반동으로 추진력을 얻는 열기관.
제트 연료(jet 燃料)圈 가스 터빈 기관을 갖춘 제트기에 사용하는 연료. 가솔린과 등유를 섞어 만듦.
제:-판圈 거리낌 없이 제 마음대로 꺼떡거리는 판. behave outrageously
제:판(製版)圈 ①사진판·동판·석판 따위의 인쇄판을 제작(製作)하는 일. plate making ②조판(組版). 하타 「〔쓰던 판정(判定).
제판(題判)圈〈제도〉관청에서 백성의 소장(訴狀)에
제:팔 뇌:신경(第八腦神經)圈[동] 청신경(聽神經).
제:팔 예:술[―레―](第八藝術)圈 영화를 말함. eighth art

제:패(制霸)[명] 패권(覇權)을 잡음. mastery ②시합(試合) 따위에서 우승함. conquest ―하다
제평(齊平)[명] 가지런하고 평평함. ―하다
제폐(除弊)[명] 폐단을 없앰. getting rid of abuses ―하다
제폭(除暴)[명] 폭력을 제거하다. ―하다
제-폭제(制爆劑)[명][동] 앤티노크.
제풀로(除法)[명] 제법(除法) 부호. 나눗셈표. 부호는 「÷」.
제풀-로[부] 저 혼자 저절로. ¶~ 물러가다. of itself
제풀-에[부] 저절로 저가 하는 바람에. of its own accord
제-품(祭品)[명] 제물(祭物).
제품(製品)[명] 원료를 가지고 만든 물건. 또, 원료를 가지고 물건을 만듦. ¶~을 출고하다. (대) 원료(原料). manufactured goods ―하다
제:품(題品)[명] 사물을 문예적 표현으로 그 가치를 평하는 일. 품제(品題). criticism
제피(製皮)[명] 날가죽을 이기어 만듦. tanning ―하다
제하(除下)[명] 손아랫 사람에게 고루 나누어 줌. ―하다
제하(除荷)[명] 배가 조난(遭難) 위험시 배에 선체를 가볍게 하기 위하여 짐을 바다 속에 던짐. 또, 그 짐. 투하(投荷). jettison ―하다
제:학(提學)[명][역사] ①조선조 때, 규장각(奎章閣)의 종1품·종2품 벼슬. ②조선조 때, 예문관(藝文館)·홍문관(弘文館)의 종2품 벼슬. ③고려 때 예문춘추관(藝文春秋館)의 한 벼슬. 대제학(大提學)의 다음.
제:한(制限)[명] ①일정한 한도. limit ②어느 한도를 넘지 못하게 함. limitation ③〈논리〉 어떤 개념에 새로운 내포(內包)를 더하여 외연(外延)을 작게 하는 일. 제약(制約). ―하다
제:한 공간(制限空間)[명] 국가 보안상 지정된 육지나 수역 상공에 항공기의 비행이 금지되거나 또는 제한되는 공간.
제:한 구배(制限勾配)[명] 언덕이 지나치게 가파라 기관차가 끄는 차량의 수를 제한해야 되는 언덕.
제:한 선:거(制限選擧)[명] 일정액의 재산이 있는 남세, 나아가서는 교육·신앙까지도 선거권의 조건으로 하는 선거 제도. (대) 보통 선거. election by limitation
제:한 전:쟁(制限戰爭)[명] 제국적인 정치 목적에 한계가 있어서 적국의 국내에 대한 대량 파괴·병기의 사용을 수반하지 않는 전쟁. 지리적 제약을 받지 않음. 《예》 국지 전쟁(局地戰爭). 《비》 전면 전쟁. limited war
제:한-제(制汗劑)[명][동] 지한제(止汗劑).
제:함(製艦)[명] 군함 따위의 함정(艦艇)을 만듦. ―하다
제함(擠陷)[명] 악한 뜻을 품고 남을 구렁에 밀어 넣어 해롭게 함. 제해(擠害). ―하다
제항(梯航)[명] ①산에 오르는 사닥다리와 바다를 건너는 배의 총칭. 험한 산과 바다를 거쳐 먼 길을 가는 일. ②안내(案內).
제해(除害)[명] 해로운 물건이나 일을 덜어 버림. getting rid of evils ―하다
제해(擠害)[명] 제함(擠陷). ―하다
제:해-권[一권](制海權)[명] 해상을 지배하는 권력. 해상권. (예) 제공권. naval supremacy
제행(諸行)[명][불교] ①온갖 수행. ascetic practices ②일체 유위(一切有爲)의 현상. 우주간의 만물. all worldly things
제행 무상(諸行無常)[명][불교] 불교의 삼법인(三法印)의 하나. 우주의 만물은 항상 돌고 변화하여 같은 모습으로 정착하지 않고 있다는 뜻. all is vanity ―하다

제:향(帝鄕)[명] ①〈동〉황성(皇城). ②제왕이 출생한 곳. Imperial birthplace ③하느님이 있다는 곳.
제:향(祭享)[명] ①나라에서 올리는 제사. ②〈공〉제사(祭祀).
제:향(祭香)[명] 제사에 쓰는 향. incense for religious services
제:헌(制憲)[명] 헌법을 제정함. establishment of constitution ―하다
제:헌 국회(制憲國會)〈법률〉헌법을 제정한 국회. 우리 나라에서는 1948년 5월 10일 총선거로 198인의 국회 의원이 선출되어 5월 31일에 헌법을 제정 통과, 7월 17일에 공포하였음. Constitutional Assembly
제:헌-절(制憲節)[명] 국경일의 하나. 헌법의 공포를 기념하는 날. 7월 17일임. Constitution Day
제:혁(製革)[명] 생가죽을 다루어 제품으로서의 가죽이 되게 함. tanning ―하다
제현(諸賢)[명] 많은 현인(賢人). 여러 점잖은 이들. 제군자. 제언(諸彦). gentlemen
제=형(弟兄)[명] 아우와 형. 〔다리꼴〕. trapezium
제형(梯形)[명] 두 벽만이 평행된 사변형(四邊形). 사제형(諸兄)[명] ①한 집안의 여러 형. brothers ②같은 또래의 여러 사람을 이름. 〈제도〉고구려의
제형(蹄形)[명] 말굽처럼 생긴 모양. U-shape 〔판명〕.
제형 자석(蹄形磁石)[명][동] 말굽 자석.
제:호(帝號)[명] 제왕의 칭호. Imperial name
제호(醍醐)[명] 〈수학〉 제법(除法)의 기호(記號).
제호(醍醐)[명] 우유에 갈분을 섞어 쑨 죽.
제호(題號)[명] 책자 같은 것의 제목이 되는 이름. title
제호(諸號)[명] 〈조류〉 뻐꾸기.
제:홍(祭紅)[명] 〈공업〉동칠유(銅漆釉)의 환원 소성(還元燒成)으로 된 겟물. 선홍(鮮紅)·선紅(宣紅).
제화(除禍)[명] 재앙을 덜어 버림. prevent disasters
제:화(製靴)[명] 신발을 만듦. ¶~ 공업. shoemaking ―하다 「to good ―하다
제:화(濟化)[명] 선(善)한 것으로 인도하는 일. guiding
제화(題畫)[명] 산수화·인물화 따위의 그림에 그 내용과 당우는 사람의 글을 적어 넣는 일. ―하다
제:화-공(製靴工)[명] 제화(製靴)를 업으로 하는 사람.
제:회(際會)[명] ①당하여 만남. meeting ②임금과 신하 사이에 뜻이 잘 맞음. 제우(際遇).
제후(諸侯)[명] 봉건 시대에 봉토(封土)를 받아 영내의 백성을 지배하던 작은 나라의 임금. 군후(君侯). 열후(列侯). ¶~국(國). feudal lords
제휴(提携)[명] 서로 붙들어 도움. concert ―하다
제 흉 여 가지 가진 놈이 남의 흉 한 가지를 본다[속] 제 결점은 모르면서 남의 결점만 들추어낸다.
제-힘[명] 자기의 힘.
제힘 움직씨[명] 능동사(能動詞). 자동사(自動詞).
젠:장[감] ①〈어〉→젠장 맞을. ②〈어〉→젠장칠.
젠:장 맞을[관] 자기 뜻에 어긋나서 마땅찮아 하는 말. '제기 난장(亂杖)을 맞을 것' 이라는 뜻. ¶~ 비는 또 왜 오나. (약) 젠장①. Damn it !
젠:장-칠[관] 자기 뜻에 안 맞아 혼자 마땅찮아 하는 말. '제기 난장(亂杖)을 칠 것' 이라는 뜻. ¶~ 왜 이 모양이야. (약) 젠장②. Damn it !
젠=체하다[자:여] 잘난 체하다. 주제넘은 태도를 하다. ¶너무 젠체하지 말라이. affected
젠틀(gentle)[명] ①신사다움. ②〈어〉→젠틀맨.
젠틀맨(gentleman)[명] 신사(紳士). (약) 젠틀②.
젠틀맨-십(gentleman-ship)[명] 신사다운 태도. 신사도.
젤:[명] 〈어〉→제일(第一). 〔紳士道〕.
젤라틴(gelatine)[명] 〈화학〉 단순 단백질(單純蛋白質)의 하나. 짐승의 껍질·생선 껍질을 물에 삶아서 얻는 무색 투명 또는 황색의 아교로 영양 가치는 없으나 공업용 재료로 쓰임.
젤라틴 페이퍼(gelatine paper)[명] 무대 조명에 쓰는 여러 가지 색으로 된 젤라틴 또는 투명체. 〔意〕.
젤러시(jealousy)[명] ①질투. 시기. ②비상한 주의(注意).
젤리(jelly)[명] ①과실즙에 설탕을 넣고 끓여 젤라틴을

가하여 굳힌 과자. ②젤리 모양의 가용성(可溶性) 반고체 약품 이름.
젬=스톤(gemstone)몡 보석처럼 아름다운 돌.
젯:=날(祭一)몡〈약〉→제삿날(祭祀一).
젯:=돗(祭一)몡 →제석(祭席).
젯:=메(祭一)몡 제사 때에 올리려고 짓는 밥. 제자(祭粢). 제찬(祭粲). boiled-rice offered in memorial services 〔飯米〕.
젯:=메쌀(祭一)몡 제사에 쓸 밥을 쌀. 제반미(祭飯米)
젯:=밥(祭一)몡 제사에 쓰고 난 밥.
젯:=상(祭床)몡 →제상(祭床).
쟁겅몡 얄팍한 쇠붙이 따위가 부러지거나 맞부딪쳐서 나는 가벼운 소리. 〔작〕쟁강. 〔센〕쩽겅. clank 하다
쟁겅-거리-다재태 얇고 조금 무거운 쇠붙이가 맞부딪쳐 소리가 연해 나다. 또, 나게 하다. 〔작〕쟁강거리다. 〔센〕쩽겅거리다. **쟁겅=쟁겅**타 하다
쟁그렁몡 얄팍한 쇠붙이가 땅에 떨어져 울리는 소리. 〔작〕쟁그랑. 〔센〕쩽그렁. with a clank 하다
쟁그렁-거리-다재태 연해 쟁그렁하다. 또, 연해 쟁그렁 소리를 나게 하다. 〔작〕쟁그랑거리다. 〔센〕쩽그렁거리다. **쟁그렁=쟁그렁**타 하다
·져몡〔고〕 젓가락.
=·**져**어미〔고〕 =고저. =며. =으며.
져고맛관〔고〕 조그마한.
져근덛몡〔고〕 잠시 동안.
져근덧몡〔고〕 잠깐. 잠시 동안. →져근덛.
:**져·기**몡〔고〕 적이. 좀.
져긔딕몡〔고〕 제금.
져·므니몡〔고〕 젊은이.
져믄 갓나히몡〔고〕 소녀(少女). 차환(叉鬟).
져·믈-다동〔고〕 저물다.
져봄몡〔고〕 접어줌. 용서함. '겹다'의 명사형.
:**져비**몡〔고〕 제비.
져·재몡〔고〕 저자. 시장.
져·제몡〔고〕 저자. 시장.
져·조이뭇-다타〔고〕 고문(拷問)하다.
져주-다타〔고〕 신문(訊問)하다. 힐고(詰拷)하다.
젹젹몡〔고〕 작작. 조그마치. 조그마하게. 조금조금.
젼몡〔고〕 마음껏. 마구.
젼메우-다타〔고〕 선두르다. 베 두르다.
젼술몡〔고〕 거르지 않은 술. 전국 술.
젼숫몡〔고〕 마음껏. 마구.
젼·초몡〔고〕 까닭.
젼·초로몡〔고〕 까닭.
젼·즌부〔고〕 마음껏. 건방지게. 조심성 없이. ·졌긋.
젼·긋부〔고〕 마음껏. 건방지게. 조심성 없이. ·졌긋.
졈몡〔고〕 좀.
졈글-다타〔고〕 저물다.
졈-다형〔고〕 젊다.
졉--다타〔고〕 접어주다. 용서하다.
졉이몡〔고〕 제비.
졋몡〔고〕 젖.
졋바디-다재〔고〕 자빠지다.
젓어미몡〔고〕 젖어머니.
졔=밥몡〔고〕 자기에밥.
조몡〈식물〉포아풀과의 일년생의 식용 곡물. 높이 1m 이상이고 잎은 선상 피침형임. 9월에 이삭이 나와 원추형의 가는 꽃이 피고 열매는 작은 구형으로 황색임. 단백질 지방이 많아 식용함. millet
조지대 저것. 저를 얕잡아 쓰는 말. ¶~게 사람이냐.
조관 그 자리에서 보일 정도로 떨어져 있는 사물이나 사람을 가리킨. ¶~ 책. ~ 학생.〔큰〕저.
조:(助)몡〈제도〉신라 때, 각 궁원(宮院)의 맨 아래 벼슬.
조(俎)몡 제사 때에 고기로 된 제물을 담는 그릇.
조(租)몡〈제도〉공부(貢賦)의 하나. 전세(田稅)임.
조(粗)몡〈제도〉과거 강서과(科學講書科)의 성적의 하나.
조(條)몡 여러 가지 물건을 갈피갈피 갈라서 벌인 그 갈피. article
조(彫)몡〈제도〉수결(手決)을 쓰는 대신으로 사용하는 '彫'자를 새긴 큰 나무 도장.
조:(詔)몡〈약〉→조서(詔書).
조¹(調)몡〈약〉→곡조(曲調).
조²(調)몡〈공부(貢賦)의 하나. 각지의 특산물을 바치던 것.
조(操)몡 깨끗이 가지는 몸과 꿋꿋한 마음. fidelity
조(竈)몡〈제도〉대궐 안에 있는 일곱 사당의 하나로 음식을 주장하는 작은 신(神). 〔준〕돈.
조[조](條)몡〈제도〉'어떤 조건으로'란 뜻. ¶사례금~로
조(朝)몡〈의〉왕조(王朝)의 뜻. ¶조선.
조[쪼](調)몡〈의〉'그런 말투나 행동'의 뜻. ¶시비~
조(兆)몡 억(億)의 만(萬)곱. billion 조 로 대들다.
조:=가(弔歌)몡 죽음을 슬퍼하는 노래. dirge
조가(朝家)몡〔동〕조정(朝廷).
조가비몡 조개의 껍데기.
조각몡 ①납작하거나 얇은 물건에서 떼어 낸 물건의 한 부분. piece ②갈라져서 따로 떨어져 나간 물건. fragment ③동 성분(成分).
조각(彫刻)몡〈미술〉글씨·그림·물건의 형상을 돌·나무 따위에 새김. 〔약〕조(刻)①. sculpture 하다
조각(組閣)몡 내각(內閣)을 조직함. organization of cabinet 하다
조각몡〔고〕틈. 기틀.
조각-가(彫刻家)몡 조각을 전문으로 하는 사람. 조장(彫匠). sculptor
조각-기(彫刻機)몡 제품 따위에 문자나 도안을 조각하는 기계.
조각-나-다재 ①뜻이 안 맞아 서로 갈리다. separate ②갈라져 조각이 생기다. break into pieces
조각-달몡 음력 초닷새 전후와 스무닷새 전후의 달. 둥글게 되잖은 달. 편월(片月). crescent moon
조각-도(彫刻刀)몡 조각용의 칼. graver
조각-배(一)몡 작은 배. 편주(片舟). small boat
조각-보(一褓)몡 조각 헝겊을 모아 만든 보자기. patchwork wrapping cloth
조각-사(彫刻師)몡 ①조각하는 것을 직업으로 삼는 사람. engraver ②동 각수(刻手).
조각 석판(彫刻石版)몡 석판에 원도의 윤곽을 조각하여 그 요선(凹線)에 아마인유를 침윤시켜 제판.
조각-실(彫刻室)몡 ①동 아틀리에. ②〔약〕→조각실자리.
조각실-자리(彫刻室一)몡〈천문〉남쪽 하늘의 작은 성좌. 11월 하순에 남중(南中)함. 〔약〕조각실Ⓢ.
조각 요:판(彫刻凹版)몡 요판의 하나. 그라비어와 같이 사진을 이용하지 않고 조각칼 또는 조각 기계로 새겨서, 화학적으로 부식시켜 만든 판. 지폐·유가증권 등의 인쇄에 사용함.
조각자-나무(皁角刺一)몡〈식물〉콩과의 낙엽 교목. 산야·개울가에 자생(自生). 가시가 많고 여름에 녹황색 꽃이 핌. 열매와 가시는 한약재로 쓰며 재목은 가구재로 씀.
조각-장(彫刻匠)몡 조각하는 공장(工匠). engraver
조각-장이(彫刻匠一)몡〔동〕조각사(彫刻師).
조각-조각몡 여러 조각으로 깨진 모양. in pieces
조간(刁姦)몡 여자를 유혹하여 간통함. 하다
조:간(釣竿)몡〔동〕낚싯대.
조간(朝刊)몡 아침에 발행하는 신문. 조간 신문. 〔대〕석간(夕刊). morning paper
조:간(遭艱)몡〔동〕당고(當故)하다. 하다
조갈(燥渴)몡 목이 타는 듯이 마름. thirst
조갈-소(一素)〈藻褐素〉몡〔식물〕갈조류(褐藻類)의 세포 안에 있는 특유한 색소. 갈색을 내는 색소.
조갈-증(一症)〈燥渴症〉몡〈한의〉목이 몹시 마르는 병. 조증. 오랄증 높은 곳에 이르러 내려다봄. 하다
조:감(照鑑)몡 ①대조하여 봄. reference ②신불이 밝게 보살핌. protection 하다
조감(潮減)몡〔원〕→조금(潮一).
조감(藻鑑)몡 사람을 외형만 바라보고도 그 지닌 어

조감-도(鳥瞰圖)[명] 높은 곳에서 아래를 내려다본 상태의 풍경. 부감도(俯瞰圖). bird's-eye view
조갑(爪甲)[명] 손톱이나 발톱. 지갑(指甲). nail
조강(條鋼)[명] 강재(鋼材)의 한 분류. 궤조(軌條)·봉강(棒鋼)·형강(形鋼)·선재(線材) 따위의 총칭.
조강(粗鋼)[명] 압연(壓延)·단조(鍛造) 따위 가공이 되지 않은 제강로(製鋼爐)에서 제조된 그대로의 강철.
조강(朝講)[명] ① 〈제도〉 이른 아침에 강연관(講筵官)이 임금에게 진강(進講)하는 일. ② 〈불교〉 불교에서 아침에 불도(佛徒)들이 모여 불공을 공부하는 일. 하다 [함. dry and clean 하다
조강(燥强)[명] 땅에 습기가 없고 흙이 메말라서 깨끗
조강(糟糠)[명] 지게미와 쌀겨. chaff and bran
조강-지처(糟糠之妻)[명] 곤궁 속에서 구차스러운 생활을 같이하던 아내. 본처. one's good old wife
조강지처 불하당(糟糠之妻不下堂)[명] 조강지처는 존중하고 대우를 해주어야 한다는 말.
조개[명] 〈조개〉 판새류(瓣鰓類)의 합과(蛤科)의 연체동물. 하나로 된 권패류(卷貝類)와 두 개로 된 쌍각류(雙殼類)로 구분하며 관상(管狀)·나선상(螺旋狀)·접시 모양 등이 있음. 속의 살은 연하여 식용함. shellfish
조개 관자(一貫子)[명] 조갯살을 조개 껍데기에 붙어 있게 하는 단단한 살. 패주(貝柱). shell-ligament
조개-구름[명] 〈속〉 권적운(卷積雲)
조개-더미[명] 〈역사〉 석기 시대 사람이 까 먹고 버린 조개가 쌓여 이루어진 유적의 무더기.
조개 모:변(朝改暮變)[명] 조령 모개. 하다
조개=볼[명] ① 조가비 모양으로 가운데가 볼록하게 생긴 볼. chubby cheeks ② 보조개. dimples
조개=젓[명] 조개의 살로 담근 것.
조개=탄(一炭)[명] 조가비 모양으로 만든 연탄(煉炭). oval briquettes
조개-풀[명] 〈식물〉 포아풀과의 일년생 풀. 잎은 피침 상 난형이고 8월에 녹자색 꽃이 핌. 들이나 논둑에 나며 줄기와 잎은 황색 염료로 씀.
조:객(弔客)[명] 조상하는 사람. 대 하객(賀客). caller for condolence [for condolence
조:객=록(弔客錄)[명] 조상 온 사람의 명부. guest book
조갯-살[명] ① 조개의 껍질을 깐 속의 살. ② 조개의 살을 말린 것. meat of shell-fish
조갯속=게[명] 〈동물〉 조개속게과의 작은 게. 조개의 아가미 속에 숨어 살. 몸이 연약하여 일을 같이 함.
조거(沮-)[명] 〈약〉 조것이. [당 못하게 생긴 사람의 비유.
조거(漕渠)[명] 선박(船舶)의 짐을 싣고 부리기 위하여 파서 만든 깊은 개울. 조구(漕溝).
조건[一-껀](條件)[명] ① 약속 따위의 개조(箇條), 규약의 조항. articles ② 제한하여 붙이는 조목. condition ③ 어떤 사물이 성립·실현하는 데 기본이 되는 사항 중 직접의 원인이 아닌 것. terms ③ 〈법률〉 법률 행위의 효력이 발생하거나 혹은 소멸(消滅)하게 되는 사실을 제한하는 사실.
조건 반:사[一껀-](條件反射)[명] 〈생리〉 동물이 그의 환경에 적응하기 위하여 후천적으로 가지게 되는 반사. 대 무조건 반사(無條件反射). conditioned reflex
조건-부[一껀-](條件附)[명] 어떤 행위·판단·약속 따위에 대하여 일정한 제한을 붙이는 것. conditional
조건 자:극[一껀-](條件刺戟)[명] 〈심리〉 조건 반사 또는 조건 반응을 일으키게 하는 자극.
조걸(俎-)[부] 조것으로. 큰 저걸로. with that
조:걸 위약(助桀爲虐)[명] 나쁜 성벽을 가진 사람을 부추겨서 모진 짓을 하게 하는. 조걸 위학(助桀爲虐). 하다
조:걸 위학(助桀爲虐)[명] [동] 조걸 위약(助桀爲惡).
조것[지대] 조만큼 떨어져 있는 사물을 가리킴. 약 조게⁰. 큰 저것.
조것⁰[고] 조자.

조게 〈약〉 조것이. 큰 저게. that one [ade 하다
조:격(阻隔)[명] 막히 있어 서로 통하지 못함. block-
조:격[一격](造格)[명] 〈어학〉 체언이 갖는 격의 하나. 기구·자료·향방·변성·원인·자격 등을 나타냄.
조경(造景)[명] 경치를 아름답게 꾸미는 일. 하다
조경(調經)[명] 월경을 고르게 함. 하다
조경(潮境)[명] 〈지학〉 다른 해류 따위가 한 선의 양측에서 맞부딪치는 경계를 이루는 선을 이루는 수면선(收斂線).
조:계(무)[명] 아직 적당한 시기에 이르지 못하는 계획. overhastiness [접하는 동족 섭돌.
조계(階除)[명] 혼혼 상제(冠婚喪祭) 때 주인이 손을 영
조계(租界)[명] 중국의 개항 도시에서 외국인이 그들의 거류 지구 안의 경찰 및 행정을 관리하던 조직 및 그 지역. 거류지(居留地). concession
조계=종(曹溪宗)[명] 〈불교〉 ① 고려 때 신라의 구산 선문(九山禪門)을 합친 종파의 이름. 고려 때 국사(太古國師)로 종조(宗祖)를 삼은 우리 나라 불교 종단의 한 파(派).
조:고(祖考)[명] 돌아가신 할아버지. 왕고(王考). one's deceased grandfather [rent's sisters
조:고(祖姑)[명] 조부모(祖父母)의 자매. my grand-pa-
조:고(凋枯)[명] 시들어 말라 버림. withering 하다
조:고(照考)[명] 율문(律文)을 참조하여 자상하게 생각함. collation 하다 [one's parents 하다
조:고(遭故)[명] 부모의 상사를 만남. 당고(當故). lose
조고(潮高)[명] 조석(潮汐)에 의하여 일어나는 수위의 상승량. [literary occupation
조고(操觚)[명] 붓을 들어 시문을 지음. 문필에 종사함.
조고-계(操觚界)[명] 문필 생활을 하는 사람의 사회. 주로 신문·잡지의 기자들의 사회를 이르는 말. literary world [닭.
조:고 여생(早孤餘生)[명] 어려서 부모를 잃고 자란 사
조곡(弔哭)[명] 조상하여 우는 울음. making call of condolence and wailing 하다
조:곡(組曲)[명] 성격상으로 대조를 이루는 비교적 완성된 몇 개의 곡들로 구성된 음악 작품. 모음곡. suite [침에 곡하는 울음. 하다
조곡(朝哭)[명] 상중(喪中)에서 소상(小喪)가지 날마다 아
조:골 세:포(造骨細胞)[명] 〈생리〉 골질을 분비하여 뼈를 만드는 세포. [taxes 하다
조공(租貢)[명] 조세(租稅) 따위를 바침. payment of
조공(彫工)[명] 조각을 업으로 하는 사람.
조공(朝貢)[명] 작은 나라가 큰 나라에 물건을 바치던 일. tribute 하다
조:공(照空)[명] 하늘을 비춤. 하다
조:공-대(照空隊)[명] 조공등과 청음기로써 공중을 비추어 보거나 소리를 듣는 일로 정찰하는 부대.
조:공-등(照空燈)[명] 적의 항공기를 정찰하기 위하여 공중을 비추어 보는 등. 탐조등(探照燈). searchlight
조:과(早課)[명] 〈기독〉 아침에 드리는 기도. morning prayer
조:과(釣果)[명] 낚시질의 성과. 낚아 올린 수확물.
조:과(造菓)[명] ① 유밀과(油蜜菓)와 과자 따위. sweetmeats ② 과자류를 만드는 일. 대 실과(實果). confectionery 하다
조:곽(早藿)[명] 이른 철에 따서 말린 미역.
조관(條款)[명] 벌여 놓은 항목(項目). stipulation
조:관(朝冠)[명] 〈동〉 조신(朝臣).
조관(朝冠)[명] 관리가 예복에 쓰는 관.
조:관(照管)[명] 관리함. 맡아 보관함. charge 하다
조광(粗鑛)[명] 퍼내어 정선하지 아니하 광석.
조:광(躁狂)[명] 미쳐 날뜀. frenzy 하다
조광-권[一꿘](租鑛權)[명] 〈법률〉 남의 광구를 조차(租借)하여 광물을 채굴·취득하는 권리. mining lease
조:교(助敎)[명] ① 대학에서 교수의 지시를 받아 학술 연구 및 사무를 돕는 직위. 또, 그 사람. assistant ② 교관(敎官)을 도와 교재(敎材)의 관리·시범(示範) 훈련·피교육자의 인솔 등의 일을 맡은 하사관. ③ 〈제도〉 신라 때 국학(國學)의 박사(博士) 다음 벼

조:교(照校)圏 대조하여 맞나 안 맞나를 검토함. co-llation 하타
조:교(調敎)圏 말(乘馬)을 훈련함. 하타
조:교:수(助敎授)圏 대학 부교수 밑의 직함. assistant professor
조:교:육(早敎育)圏 수재나 우수한 아이에게 학령에 달하기 전에 가정에서 교육시키는 일. early education
조:구(釣鉤)圏 물고기를 낚는 낚시. hook
조:구(=釣鉤藤)圏〈식물〉꼭두서니과의 목질 만초. 잎은 대생·난형이며, 엽액마다 가시가 둘 있고 다른 물건에 붙어 감김. 여름에 갈매기 모양의 작은 꽃이 피며, 응달에 말린 가시는 약용함. 《연》조등(釣藤).
조:구조 운:동(造構造運動)圏〈지학〉산지의 주요 구조를 이루는 대규모의 지각(地殼)의 변형 작용.
조국(祖國)圏①조상 적부터 살던 나라. fatherland ②본국 국민이 갈려 나와 본디의 나라. 모국(母-).
조:국(肇國)圏(동) 건국(建國). 하타 「therland
조:국 사:상(祖國思想)圏 조국을 위하는 사상.
조국애(祖國愛)圏 조국에 대한 사랑. 애국심. love for one's motherland 「조卒(漕卒).
조군(漕軍)圏〈제도〉조운선(漕運船)을 부리던 수부.
조:궁-장이(造弓匠-)圏 활을 만드는 사람. bowyer
조궁 즉탁(鳥窮則啄)圏 쫓기던 새가 도망갈 곳을 잃게 되면 도리어 상대방을 쪼는다는 뜻으로, 비록 약한 자라 할지라도 궁지에 몰리면 강적을 해침을 비유하여 이르는 말.
조:귀(早歸)圏 일찍 돌아감. returning early 하타
조규(條規)圏 조문의 규정. provisions
조균(朝菌)圏 얼마 못되는 짧은 목숨. 아침에 생겼다가 저녁에 스러지는 버섯에 비유함. 조로(朝露). uncertainty of life
조그마-하다[여불] 조금 적거나 작다. 그리 크거나 많지 않다. small
조그만(약) 조그맣다. 준.
조그만 실뱀이 온 바닷물을 흐린다 한 사람의 행동이 전체에 좋지 않은 영향을 미친다.
조그만큼 아주 적게. just a little
조그매-다[홀동] 동 조그마하다.
조근(朝覲)圏(동) 조현(朝見). 하타
조금圏 ①수효나 분량이 적게. little ②시간으로 짧게. 久.─ 더 기다려라. (약)좀². while
조금(彫金)圏 끌을 사용하여 금속에 그림·무늬·글씨 따위를 새김.
조금(條芩)圏〈한의〉황금초(黄芩草)의 새로 돋은 가는 뿌리. 자금(子芩).
조금(造金)圏 사람이 만든 금. artificial gold
조금(潮-)圏 조수가 가장 낮은 매인 음력 매달 8일과 23일. (대) 한사리. (원) 조감(潮減). neap
조:금(調金)圏 금전을 조달함. raising money 하타
조금-씩圈 많지 않게 여러 번 계속하여. little by little
조금=조금圈 여럿이 죄다 조그마하게. 여러번 조금씩. (센)조끔조끔. little by little 하圈
조금-치(潮-)圏 조금 무렵에 날씨가 흐리는 일. 하타
조:급(早急)圏 썩 이르고 급함. quickness 하圈 히圖
조급(躁急)圏 참을성 없이 몹시 급함. 급조(急躁).¶~한 처사. hasty temper 하圈 히圖
조급-성(躁急性)圏 조급히 구는 성질. 「temper
조급-증(躁急症)圏 조급하게 서두는 성질. impatient
조기圏〈어류〉민어과의 바닷물고기. 몸 길이가 30 cm 가량으로 몸빛은 회색을 띤 황금색임. 한국 서남해에서 많이 나며 맛이 좋음. 석어. 석수어(石首魚). 전라 명태. yellow corvina
조기[제] 저기보다 가까운 곳. ¶~ 어디냐? (대) 조 곳에. (비) 고기. 요기. (큰)저기.
조:기(弔旗)圏①(동) 반기(半旗). ②조의를 표하여 검은 선을 두른 기. flag draped with black

조:기(早起)圏 아침에 일찍 일어남. 또, 그 일. ¶~ 운동(運動). early rising 하타
조:기(早期)圏 이른 시기. early stage
조기(祖忌)圏 조사(祖師)의 기일(忌日). 조사기(祖師忌).
조기(彫技)圏 조각의 기술.
조:기(造機)圏 기관·기계를 만듦.
조:기(釣磯)圏 낚시질하는 자리.
조:기(肇基)圏 토대를 쌓음. 기초를 확립함. consolidate the foundation 「는 사람.
조:기-장(造器匠)圏 옹기나 사기 그릇의 형태를 만드
조기-젓圏 조기로 담근 젓. 「려 군힌 반찬.
조기젓-편[-편]圏 조기젓의 살과 쇠고기를 고아 고명을 뿌
조깃배에는 못 가리랴 배에 탄 사람이 떠들면 조기가 놀라 흩어지므로 수다스럽고 말많은 사람을 이름. 「저까짓. that sort of
조-까짓(관) '조것만한 정도'의 뜻을 얕잡아 이름. (큰)
조-깜부기圏 까맣게 깜부기로 된 조의 이삭.
조끔(센) ⇒조금.
조끔=조끔圏(센) ⇒조금조금. 「waistcoat
조끼圏 저고리 위에 입는 소매 없는 옷. 동의(胴衣).
조끼(jug)圏 큰 맥주 잔.
조끼 적삼(-赤衫)圏 홑조끼에 소매를 단 적삼.
조:난(遭難)圏 재난을 만남. ¶~ 선박(船舶). disaster 하타
조:난-선(遭難船)圏 조난을 당한 배. wrecked ship
조:난-자(遭難者)圏 조난을 당한 사람.
조:난-지(遭難地)圏 조난을 당한 곳.
조남(무)圏①변화 없이 조 모양으로. like that ②조대로
조널-이(고) 감히. 「줄곧. (큰)저냥.
조:년(早年)圏 젊을 때. youth
조는 집은 대문 턱부터 굳다(속)①게으른 집에는 오는 사람마다 게을러진다. ②같을 것끼리 모인다.
조:널(약)⇒조시녈. I pray
조:널-로(무) '제발 빈다'는 뜻으로 사정하는 말. (약)
조:-다타 메통이나 맷돌을 정으로 쪼다.
조-다지(무) 저러하도록. 저러하게까지. ¶~ 먹고 싶을까.
조:단(早旦)圏(동) 조조(早朝). 「을까. (큰)저다지.
조:달(早達)圏 어려서 높은 자리에 오름. rapid rise ②어려도 어른같이 보임. precocity 하타
조달(曹達)圏 소다(soda).
조:달(調達)圏①자금·물자를 갖추어 보냄. supply ②조화되어 통함. mutual harmony 하타
조:달-청(調達廳)圏 내자나 외자의 구매·공급·관리 및 정부 시설공사 계약에 관한 사무를 맡은, 재정경제원 소속하의 중앙 행정 기관. Office of Supply
조:담(助談)圏 담이 더 성하게 생김. 하타
조:담(阻擋)圏 막아서 가림. 하타 「(精髓)
조당(粗糖)圏 정제하지 않은 설탕. 막설탕. (대) 정당
조당(朝堂)圏(동) 조정(朝廷).
조:당수圏 좁쌀로 묽게 쑨 당수. 속탕수(粟湯水).
조:대(粗大)圏 거칠고 큼. rough and large 하圈
조:대(措大)圏 깨끗하고 가난한 선비의 일컬음. scholar of honest poverty
조:대(釣臺)圏(동) 낚시터.
조대(調帶)圏 회전 운동 전달용의 띠. 두축에 달린 고차(調車)에 걸어서 사용. 재료는 가죽·삼·고무 따위. belt 「(큰)저대로. like that
조-대로(무)①조것같이. as it is ②조 상태 고대로.
조:대모(措大帽)圏 사람이 만든 대모.
조:도(弔悼)圏 조문(弔問)하고 추도(追悼)함. (대)축하(祝賀). call of condolence 하타
조:도(早到)圏 일찍이 닿아 이름. early arrival 하타
조:도(早稻)圏(동) 올벼.
조:도(祖道)圏①〈민속〉먼 길 가는 사람에게 술자리를 베풀어서 이별하여 보내던 일. ②〈철학〉고대 인도 철학의 이도설(二道說)에서 제사(祭祀) 선행을 한 사람이 죽어서 가게 되는 길의 하나. 하타 「ler
조:도(釣徒)圏 낚시질하는 동지(同志). 낚시꾼. ang-
조:도(鳥道)圏 나는 새라도 넘기 어려울 만큼 험한 길.

very steep pass

조:도(照度)[명] =조명도.

조도(調度)[명] ①사물을 알맞게 처리함. proper management ②정도에 알맞게 살아가는 계교. art of living ③경비를 쓰는 것. 하타

조:도-계(照度計)[명] 조도를 재는 계기. 광전관을 이용하여서 빛의 양에 따라 흐르는 전류를 측정하여 잼. 조명계. illuminometer

조독(爪毒)〈한의〉 손톱으로 긁은 자리에 균이 들어가 생긴 부스럼. inflammation caused by scratching

조독-하-다(爪毒―)[자][르타] ①손톱으로 긁은 자리가 곪다. ②자주 주물러서 손톱의 독이 오르게 되다.

조:동(早冬)[명] 이른 겨울. (대) 만동(晩冬). early winter

조:동(早動)[명] 남보다 일찍 활동함. 이른 시간에 활동함. forestallment 하타

조동(粗銅)[명] 구리를 제련할 때에 마지막 사포 조작을 끝마치고, 전로(轉爐)나 반사로(反射爐)에서 끌어낸 구리. 약 90% 정도의 구리를 포함함. (대)정동(精

조:동-물(躁動物)[명] blister copper

조동(躁動)[명] 조급하고 망령되게 움직임. move impatiently 하타 「리 읊어 다님. vagrancy

조동 모(朝東暮西)[명] 일정한 주소가 없이 이리저

조:=동:사(助動詞)[명] 〈통〉 보조 동사(補助動詞).

조동아리[명] (하) 입. 부리. (약) 동이. (큰) 주동아리

조동 율서[―늘씨](棗東栗西)[명] 제물을 놓을 때에, 대추는 동쪽에 밤은 서쪽에 놓음.

조동이[명] →조둥이.

조동이-싸-다[자] 걸핏하면 쫑쫑거리며 말대답을 잘 하다. 툭하면 말참견을 잘 하다. 입싸다. (큰) 주동이싸다. talking back lightly

조동―종(曹洞宗)〈불교〉 선종(禪宗)의 한 파. 중국에서는 쇠퇴하였으나 일본에서 성행함. Japanese seon Buddhist sect

조두(刁斗)[명] 〈군사〉 군대에서 야경 때 치던 징.

조두(俎豆)[명] 제기(祭器)의 하나.

조드-다(阻―)[타] 좁다. 「어버림. 하타

조득 모:실(朝得暮失)[명] 얻은 지 얼마 안 되어 곧 잃

조:등(釣藤)[명] 〈약〉 =조구등(釣鉤藤).

조:등(照燈)[명] 굴을 맞추어 보면서 비침. 등사함.

조라(粗糲)[명] →조라술. [transcription 하타

조라(鳥羅)[명] 새를 잡는 그물.

조라기[명] 삼 껍질의 부스러진 오라기. tow

조라-뜨리-다[타] 까불어서 일을 망쳐 놓다. commit rash act

조라-술[명] 산신제(山神祭)나 용왕제(龍王祭)에 쓰는 술. 빚어서 제단 옆에 묻었다가 씀. (약) 조라.

조락(凋落)[명] 나뭇잎이 시들어 떨어짐. 조령(凋零). withering 하타

조락-노[명] 조라기로 꼬아 만든 노. tow rope

조락-신[명] 조라기로 만든 신. tow shoes

조란(鳥卵)[명] 새의 알. egg

조란(棗卵)[명] 대추의 살로 꿀에 밤가루를 반죽한 다음 싸고 그 거죽에 잣가루를 묻힌 세실과(細實菓).

조:람(眺覽)[명] 멀리 바라봄. 조망(眺望). prospect 하타

조:람(照覽)[명] ①자세히 살펴봄. inspection ②신을 (神佛)이 굽어 살핌. witness 하타

조람-소(藻藍素)[명] 남조(藍藻)에 고유한 청람색의 색소.

조랑(潮浪)[명] 조수의 물결. 조수. [소 단백(蛋白)

조랑 마:차(―馬車)[명] 조랑말이 끌고 다니는 마차. carriage drawn by a little horse

조랑-말[명] 몸체가 작은 종자의 말. little horse

조랑-망아지[명] 조랑말의 새끼. pony

조랑=조랑[명] ①잔 열매가 많이 매달려 있는 모양. in clusters ②한 사람에게 여러 사람이 딸린 모양. (큰) 주렁주렁. ③어린애가 귀엽게 말하거나 글을 읽는

조래서[약] 조리하여서. 조리하여. (큰) 저레. 모양.
like that

조략(粗略)[명] 간략하여 보잘것없음. coarseness 하타

조:량(照諒)[명] 사정을 밝혀서 잘 앎. 하타

조러루-하다 [형] 대개 조러조러하다. (큰) 저러루하다. be like that

조러면[약] 조리하면. (큰) 저러면.

조러조러-하다 [형] ①조리하고 조리하다. ②대개 조런 따위와 같이 신기한 것이 없다. (큰) 저러저러하다.

조러-하다[형] 조 모양과 같다. ¶조러한 것쯤은 얼마든지 해치우겠다. (약) 조렇다. (큰) 저러하다.
like that ¶∼저절 어제. (큰) 저런.

조런[갑] 뜻밖에 놀라운 일이 있을 때에 내는 소리.

조런²[약] 조러한. (큰) 저런.

조:력(助力)[명] 힘을 써 도와 줌. 조세(助勢). help 하타

조력(潮力)[명] 조수의 힘.

조력 발전[―쩐](潮力發電)[명] 조수의 간만의 차를 이용하는 수력 발전. ¶∼소. tidal generation

조련(調練)[명] ①병사를 조종하는 연습. ②훈련을 거듭하여 쌓음. 하타

조:련(操練)[명] ①〈통〉교련(敎鍊). ②남을 몹시 강박함. afflict 하타

조련-사(調練師)[명] 동물에게 곡예 따위를 훈련시키는 사람.

조:련-장(操練場)[명] 군사를 훈련하는 곳.

조:련-질(操鍊―)[명] 못되게 굴어 남을 괴롭히는 짓. bothering 하타

조령(凋零)[명] 〈통〉조락(凋落). 하타

조령(祖靈)[명] 조상의 영혼. souls of ancestors

조령(條令)[명] 〈통〉조례(條例).

조령(條令)[명] 조정에서 내린 명령. order of the Court

조령 모:개(朝令暮改)[명] 법령을 자주 고쳐서 종잡기 어려움. 조령석개. 조개 모변. 조변 석개(朝變夕改). 조석 번개. lack of principle 하타

조령 석개(朝令夕改)[명] 〈통〉조령 모개. 하타

조:례(弔禮)[명] 남의 상사에 대하여 슬픈 뜻을 표하는 예절. condolatory manners

조례(條例)[명] ①조목의 규례(規例). rules ②〈법률〉지방 자치 단체의 입법의 한 형식. ③〈법률〉회사·조합 등의 정관(定款). 조령(條令).

조례(朝禮)[명] 〈통〉조회(朝會)①. [하타

조:례(照例)[명] 전례를 참고함. referring to precedent

조:로(早老)[명] 나이보다 일찍 늙음. 겉늙음. premature old age

조로(朝露)[명] ①아침 이슬. morning dew ②사물의 덧없음의 비유. 조균(朝菌). transiency

조:로(jorro 포)[명] 화초·채소 등에 물을 주는 데 쓰는 기구.

조로아스터―교(Zoroaster 敎) 〈종교〉 배화교(拜火敎)의 하나. 페르시아의 종교 개혁가 조로아스터가 세운 종교.

조로 인생(朝露人生)[명] 〈봉〉 초로 인생.

조목[명] ①주름이 잡힌 모양. in wrinkles ②가는 물줄기 따위가 좁은 구멍으로 빨리 흐르다가 그치는 소리. (큰) 주룩. (센) 쪼록.

조록=싸리[명] 〈식물〉 콩과의 낙엽 활엽 관목. 7월에 홍자색 꽃이 피고 잎은 사료, 수피(樹皮)는 섬유용으로 씀. 우리 나라 특산임.

조록=조록[명] ①비가 그치며 적다가 퍼엄퍼엄 나는 소리. ②가는 물줄기가 구멍이나 면을 흐르다가 그치어 방울방울 떨어지는 소리. (큰) 주룩주룩. (센) 쪼록쪼록. ¶∼ 흐르는 물줄.

조롱[명] 어린아이가 주머니 끈이나 옷 끈에 액막이로 차

조롱(鳥籠)[명] 〈통〉새장.

조롱(嘲弄)[명] ①비웃고 놀림. mockery ②깔보고 희롱함. 우롱(愚弄). ridicule 하타

조롱(操弄)[명] 마음대로 다루면서 데리고 놂. making sport of 하타

조롱-나무[명] 〈식물〉 조롱나무과의 상록 교목. 높이 7∼8m이고, 잎은 타원형임. 4∼5월에 꽃이 피고

열매는 10월에 익음. 제목은 건축재·기구재·악기재로 쓰임.
조롱-노린재(一)〈곤충〉조롱노린재과의 곤충. 몸 길이 15 mm 가량이고 몸 빛은 갈색 또는 적갈색임. 국화 식물 등에 분포함. 「한 동자 기둥.
조롱 동:자(一童子)〈건축〉조롱박 모양으로 장식
조롱-목(一)①조롱박 모양으로 생긴 물건의 잘록한 부분. constricted part ②조롱 모양으로 된 길목. narrow part of road 「만든 바가지. gourd
조롱-박(一)①(동)호리병박. ②조롱박의 열매를 갈라
조롱박-벌(一)〈곤충〉나나니과의 벌. 암컷의 몸 길이 약 3 cm, 빛은 검은데 회백색의 털이 있음. 땅 속에 집을 짓고 서식함.
조롱-벌(一)〈곤충〉에호리병벌.
조롱-복(一福)아주 짧게 타고난 복력(福力).
조롱이(一)〈조류〉매과의 새. 암컷의 날개 길이 18~20 cm, 빛은 황갈색을 띰. 암컷은 사냥매로 사육함.
조롱-조롱(一)①열매 따위가 많이 매달려 있는 모양. in clusters ②한 사람에게 많은 사람이 딸려 있는
조롬(고)졸임. 「모양. (큰)주렁주렁
조:루(早漏)〈의학〉남녀간에 교합할 때 사정(射精) 작용이 너무 빠른 병. premature ejaculation 하다 「and careless 하다
조루(粗漏)일이 거칠고 실수(失手)가 많음. coarse
조류(鳥類)〈동물〉척추 동물문의 한 강(綱). 온혈·난생의 동물로 날개가 둘, 다리가 둘, 입은 딱딱한 부리로 된 새의 종류. 새무리. 우속. 우족. birds
조류(潮流)①조수의 끄는 힘에 따르는 바닷물의 유동. tide ②의양과 내해의 수면의 차로 생기는 바닷물의 유동. current ③세상의 추세. tendency
조류(藻類)〈식물〉은화(隱花)식물인 수초(水草)의 총칭. 대부분 물 속이나 습한 곳에 남. seaweeds
조류 신:호(潮流信號)간만(干滿)이 부정(不定)한 수도(水道)에서 조류의 방향과 시작과 끝나는 시기를 알리는 신호. current signal
조:륙 운:동(造陸運動)〈지학〉지반(地盤)을 밀어올려서 넓은 육지를 이룩했다는 지질 현상(地質現象). 조산 운동(造山運動)보다는 넓은 지역에 걸쳐 느리게 작용함. 「거(Heidegger)의 기초 존재론.
조르게(Sorge 도)①근심. 불안. ②〈철학〉하이데
조르-다(르뜨) ①단단히 죄어 매다. tie ②무엇을 요구하다. importune ③재촉하다. urge
조르르(一)①날쌘 발걸음으로 앞을 향하여 나가는 모양. quickly ②가는 물줄기 따위가 좁은 통로로 잇달아 흐르는 소리. tricklingly ③경사진 곳에서 작은 물건이 미끄러지듯이 흘러 내리는 모양. slippingly ④어린 아이 같은 것 족 잇달린 모양. ⑤비나 물에 함빡 젖은 모양. (큰)주르르. (센)쪼르르.
조르륵(一)①액체가 빨리 흐르다가 잠깐 멎는 소리. 또, 그 모양. bubblingly ②물건이 비탈진 곳에서 빠르게 잠깐 미끄러져 내리다가 멎는 모양. (큰)주르륵. (센)쪼르륵. droppingly 하다다
조르륵-거리-다(一)연해 조르륵하다. 또, 연해 조르륵 소리를 내게 하다. (큰)주르륵거리다. (센)쪼르륵거리다. **조르륵-조르륵**(一) 하다다
조름(一)①물고기의 아가미 안에 빗살 모양으로 된 숨을 쉬는 기관. branchia ②소의 염통에 붙은 고기의 하나. 소염통.
조름-나물(一)〈식물〉조름나물과의 다년생 물풀. 잎은 타원형이고 7~8월에 백색 또는 엷은 자색 꽃이 핌. 미늘이나 늪에 나는데 전위제로 약용함. 수채(睡菜).
조:리①조리하게. like that ②'저리'보다 좀 가까운 곳을 가리킴. 「나 철사로 걸어 만듦. bamboo strainer 「저리, ─돌아가면 약방이 있다.
조리(笊籬)쌀을 이는 데 쓰는 기구. 가는 대오리
조리(條理)①일의 가닥 또는 경로. reason ②〈법률〉법률 또는 계약의 내용을 결정함에 있어 그 표준이 되고 재판의 준거(準據)가 되는 사회 생활의 도리.
조리(調理)①사리를 따져서 잘 처리함. arrangement ②음식·거처·동작을 적당하게 하여 쇠약해진 몸을 회복되게 함. 조섭(調攝). 조양(調養). 조치(調治)②. care of health ③음식을 잘 맞추어 요리함. cooking 하다
조리(操履)지조와 행실. constancy and conduct
조리개①물건을 졸라매는 데 쓰는 가느다란 줄. tightening thread ②사진기 렌즈의 광선 통과의 양을 조절하는 장치. iris, diaphragm
조리-기(調理器)음식을 조리하는 기구.
조리-다(調理)고기나 채소 따위를 양념하여 국물이 적어지게 바싹 끓이다. boil down
조리-대(調理臺)음식을 조리하는 대. dresser
조리-돌리-다 죄인을 징계할 목적으로 끌고 돌아다니면서 부끄러움을 당하게 하다. expose prisoners to public gaze
조리-로(一)'조리'의 힘줌말. (약)졸로. (큰)저리로.
조리복-소니(一)물건이 졸아들어서 보잘것없이 됨. withering
조:리 자:지(尿籠一)오줌을 자주 누는 자지.
조:리-질(尿籠一)조리로 쌀을 이는 짓. 하다다
조리차-하-다(一)알뜰하게 아껴서 쓰다. economize
조리-치기(一)썩 연한 살코기를 가늘게 썬 다음 양념을 넣고, 가루 묻다가 썬 파와 깨소금·후춧가루를 쳐서 익힌 반찬. 「take nap
조리-치-다(一)졸음이 올 때에 잠시 동안 졸고 깨다.
조:림(一)어육이나 채소 등을 조려 만든 음식의 총칭. hard-boiled food 「station 하다
조:림(造林)나무를 심어서 숲을 이루게 함. afforestation 「조림을 조밀하게 산림(山林).
조:림(稠林)조밀하게 산림(山林).
조:림(照臨)①해나 달이 위에서 내려 비침. shining ②신불이 세상을 굽어봄. god's witness 하다
조:림-학(造林學)산림의 조성(造成)·갱신·육성의 기술을 연구하는 임업학(林業學)의 한 분야.
조립(組立)①기계 따위의 부속품을 끼워 맞추어 만듦. ②짜 맞춘 것. 하다
조립 건:축(組立建築)〈건축〉주택의 뼈대를 구성하는 자재를 대량으로 생산하여 이를 현장에서 짜 맞추는 건축 양식. 「~ 주택.
조립-식(組立式)조립의 방법으로 꾸미는 방식. ¶
조릿-조릿(一)걱정이 되어 마음을 놓을 수 없는 모양. uneasily 하다
조마(調馬)①말을 조련하여 길들임. horse training ②말을 징발함. 하다 「easy 조마-조마-하다 하다
조마-거리-다(一)자꾸 조마조마한 느낌이 생기다. uneasily
조:마-경(照魔鏡)마귀의 본체를 비추어서 그의 참된 모습을 드러나게 한다는 신통한 거울. 조요경(照妖鏡).
조마-사(調馬師)말을 길들이는 사람. horse trainer
조막주먹보다 작은 덩이를 형용하는 때 쓰. ¶~만하다.
조막-손(一)손가락이 없거나 오그라져서 제대로 펴지 「못하는 손.
조막손-이(一)조막손을 가진 사람. 「모름.
조막손이 달걀 떨어뜨린 셈 낭패를 보고 어찌 줄을
조막손이 달걀 만지듯 사물을 자꾸 만지기만 하고 꽉 잡지 못함.
조:만(早晩)이름과 늦음. earliness and lateness
조:만-간(早晩間)멀지 않아. 이르든지 늦든지. ¶~ 단행하겠다. sooner or later
조만조만-하-다(一)①일의 정도나 사태가 보통이 아니다. ②사실·내용이 조렇고 조렇다. (큰)저만저만하다.
조만-큼(一)조만한 정도로. (큰)저만큼. that much
조만-하-다(一)[형](一) ①크거나 작거나, 더하거나 덜하거나도 않고 조러한 모양대로이다. in that condition ②일이 조러한 형편에 놓여 있다.
조:맘-때(一)①크기와 정도가 조겄만 할 때. about that time ②날이나 해나 때가 꼭 조맘큼 되던 때. ¶~

유치원에 다녔다. (른) 저맘때.
조:망(眺望)명 먼 곳을 널찍이 바라봄. 조감(眺瞰). ¶산에서 들을 ~하다. view 하타
조망(鳥網)명 새를 잡는 그물. fowler's net
조망(軍網)명 (동) 반두.
조매(嘲罵)명 조롱하여 꾸짖음. taunt 하타
조매-화(鳥媒花)명 〈식물〉새로 말미암아 꽃가루가 매개되는 꽃. 동백나무 따위. ornithophilous flower
조:면(早眠)명 일찍 잠. going to bed early 하타
조면(阻面)명 ①(동) 절교. ②오랫동안 서로 보지 못함. (변) 죄면. 하타
조면(粗面)명 거칠 면. 면밀(綿密)하지 않은 물건의 면. rough surface
조면(繰綿)명 목화의 씨를 앗아 들어 놓은 송. ginned cotton
조면-기(繰綿機)명 면화의 씨를 빼거나 솜을 타는 기계. cotton gin
조:암(粗面岩)〈광물〉암장(岩漿)이 지표에 몰리어 나와 이루어진 화산암의 하나. 들다.
조면-하-다(繰綿一)태여 목화의 씨를 앗아 솜을 만들다.
조:명(助命)명 목숨을 전져 줌. sparing one's life 하타
조명(釣名)명 거짓을 꾸미어 명예를 구함. lust for fame 하타
조명(朝命)명 조정의 명령. order of the royal court
조:명(詔命)명 (동) 조서(詔書).
조:명(照明)명 ①고도의 전등으로 비추어 밝힘. illumination ②〈연예〉연극에서 무대 효과(舞臺效果)·촬영(撮影) 효과를 높이기 위하여 광선을 사용하는 일. 또, 그 광선. 하타
조명(嘲名)명 ①남들이 빈정거리는 뜻으로 지목하여 부르는 이름. ②개인에 관하여 좋지 않은 소문.
조명-나-다(嘲名一)좋지 않은 소문이 나다. have ill name
조:명-도(照明度)명 〈물리〉빛을 받는 면의 단위 면적이 단위 시간에 받는 빛의 양. 광원의 광도에 비례하고, 광원으로부터의 거리에 반비례함. 조도(照度). intensity of illumination [전등.
조:명-등(照明燈)명 조명하는 데 쓰는 촉수가 높은
조명 시:리(朝名市利)명 명예는 조정에서 이(利)는 저자에서 다투리는 뜻으로, 무슨 일이든 격에 맞는 곳에서 하라는 말.
조:명-탄(照明彈)명 야간의 적정(敵情) 등을 알기 위하여 공중에서 작렬(炸裂)하는 조명용의 탄환. flare
조모(祖母)명 할머니. grandmother [bomb
조모(粗毛)명 동물의 피모(被毛) 중 거칠고 좋지 못한 털.
조모(朝暮)명 아침 때와 저물 무렵. morning and
조목(條目)명 낱낱이 들어 벌인 일의 가락. 조항. 절 [evening
조목(條目條下)명 조목마다. [묵①. article
조목락-거리-다자꾸 주무르다. (른) 주물럭거리다.
fingering **조물럭-조물럭** 뷔 히타
조묘(祖廟)명 선조의 사당.
조묘(粗描)명 줄거리만 대충 묘사함. 하타
조무(朝霧)명 아침 안개. mist in the morning
조무라기→조무래기
조무래기명 ①자질구례한 물건. petty goods ②자질구례한 어린애. kiddies
조:묵명 좁쌀 가루로 묵과 같이 만든 음식.
조:문(弔文)명 조상하는 글. memorial address
조:문(弔問)명 조상된 이를 조상하여 위문함. 문상(問喪). call of condolence 하타
조문(條文)명 한 개 한 개의 조목을 적은 글. provision
조:문-객(弔問客)명 문상(問喪) 온 사람. callers to express condolence
조문 석사(朝聞夕死)명 아침에 참된 이치를 들어 깨닫는 바 있으면 저녁에 죽어도 좋다는 말. 공자(孔子)의 말. [②(야)→조물주(造物主).
조:물(造物)명 ①하늘·땅의 모든 물건을 만듦. creation
조:물(彫物)명 조각한 물건. [graver
조물-사(ㅡ師)(彫物師)명 물건을 조각하는 사람. en-

조:물-주(ㅡ主)(造物主)명 하늘·땅의 모든 자연을 만들고 주재하는 신. 조화신(造化神). 조화옹(造化翁). (야) 조물②. creator
조:미(助味)명 음식 맛을 좋게 함. seasoning 하타
조:미(造米)명 벼를 찧어서 흰 쌀을 만듦. rice cleaning 하타 [ing 하타
조미(調味)명 음식 맛을 맞춤. 조합(調合)함. season-
조:미(糙米)명 ①(동) 매갈이. ②(동) 매조미쌀. 하타
조:미-료(調味料)명 음식의 맛을 고르게 맞추는 데 쓰는 재료. [그 영업.
조:미-상(造米商)명 매갈이를 업으로 하는 사람. 또,
조:미-장이(造米匠一)명 용정장이(春精匠一).
조민(兆民)명 모든 백성을 이르는 말. 조서(兆庶).
조민(躁悶)명 초조하여 가슴이 답답함. fidget 하형
조밀(稠密)명 몹시 빽빽함. 촘촘함. (야) 희박(稀薄).
조:-밀화(造蜜花)명 인공으로 만든 밀화. [density
조=바꿈(調一)〈음악〉악곡의 진행 중, 계속되던 곡조를 다른 곡조로 바꾸는 일. 전조(轉調).
조:-바심명 조의 이삭을 말린 다음에 떨어서 좁쌀을 만듦. millet threshing 하타
조바심명 겁이 나거나 걱정이 되어서 마음이 불안을 느낌. uneasiness 하타 [리에 씀.
조:바위명 추울 때에 여자가 쓰는 방한구의 하나. 머
조박(糟粕)명 ①술의 찌꺼기. grains ②학문·시화·음악 등에 있어서 옛 사람이 다 말하여 밝힌 찌꺼기의 비유. dregs [before breakfast
조:반(早飯)명 조반 전에 약간 먹는 음식. early meal
조:반(造反)명 ①(동) 반역. ②조직으로부터의 탈퇴. 하타 [치가 서는 차례. 조열(朝列).
조반(朝班)명 〈제도〉조정 의식이나 회합에서 벼슬아
조:반(朝飯)명 아침밥. (동) 석반(夕飯). breakfast
조:반-기(早飯器)명 모양이 반병두리 같은 놋쇠의 굽 높은 그릇. brass bowl with lid
조:반-병(一病)(條蔟病)명 〈식물〉식물의 잎이나 일 꽃에서 세로로 황색 또는 갈색의 긴 병반이 생기는 병. 보리·밀·감자 등에 생김.
조반-상(一床)(朝飯床)명 아침밥을 차린 상.
조반 석죽(朝飯夕粥)명 아침에는 밥, 저녁에는 죽을 먹는 구차한 생활. 하타
조:발성 치매(一성)(早發性癡呆)명 (동) 정신 분열증. [oked millet
조=밥명 조로 짓거나 조를 섞은 밥. 속반(粟飯). co-
조밥에도 큰 덩이 작은 덩이가 있다어디에나 크고 작은 구별은 있다.
조:방(助幇)명 오입판에서 남녀간의 온갖 일을 주선하여 심부름하여 주는 일. ¶그 자가 ~을 본다. pandering to base passions
조:방(粗放)명 거칠고 소홀함. rough and careless 하형
조:방(造謗)명 남을 비방함. slandering 하타
조방(朝房)명 〈제도〉조신들이 조회 떼를 기다리느라 [고 모여 있던 집.
조:방=가새(助幇一)명
조:방-구니(一一구니)(助幇一)명 ①오입쟁이를 중매하는 사람. pander ②어린아이들의 놀이 동무가 되는 사람. baby tender
조방 농업(粗放農業)자연력(自然力) 및 자연물(自然物)의 작용을 주로 하고 비료나 그 밖의 자본(資本)·노력(勞力)을 사용함이 극히 적은 농업 경영법. (대) 집약 농업(集約農業). extensive agriculture
조방이(고) 조방아께.
조:배(朝拜)명 흠모·공경하고 기도하는 일. 하타
조:백(早白)명 마른 살 안팎의 나이에 머리털이 세는 일. grey hair in youth 하타
조백(早白)명 ①검은 것과 흰 것. black thing and white thing ②옳고 그름. right and wrong
조뱅이명 〈식물〉엉거시과의 월년생 풀. 경불에 심는데, 줄기 높이 30~50 cm, 여름에 홍자색 꽃이 핌. 줄기와 뿌리는 약용. 잎은 식용함. 조방가새.
조:법(一법)(助法)명 주법(主法)을 실행하는 방법과 그 절차를 규정한 법률. 소송법 따위. (대) 주법(主

조:변(早變)圓 일찍 변함. 하타
조변(調辨)圓 ①조사하여 처치함. ②군량을 현지에서
조변 석개(朝變夕改)圓暑 조령 모개. 하타
조:병(造兵)圓 온갖 병기를 만드는 일. manufacture of arms 하타
조병(操兵)圓 군사를 훈련시키는 일. military drill
조:병=창(造兵廠)圓 병기(兵器)를 만드는 곳. arsenal
조:병=학(造兵學)圓 병기의 구조·이론 및 그의 용법에 대한 기술을 연구하는 학문.
조복(粗服)圓 거칠고 값싼 의복.
조복(朝服)圓《제도》조하(朝賀) 때에 입던 예복. court dress
조:복(照覆)圓 조회에 대한 답장. answer to an inquiry 하타
조복(調伏)圓《불교》①심신을 고르게 가져 온갖 악행을 제어함. ②불력(佛力)에 의지하여 원적(怨敵)과 악마를 제어함. 하타 ded medicines 하타
조복(調服)圓 약을 조제하여 먹음. taking compound
조복-하다(朝服—)재예 조복을 입다.
조:봉(弔棒)圓 장대 한쪽 끝을 천장에 매어 달아 놓고 손으로 더위잡고 오르내리락하는 운동 기구. hanging pole
조:봉(遭逢)圓 조우(遭遇)②. 하타
조:부(弔賻)圓 조문과 부의.
조부(祖父)圓 할아버지. grandfather
조부(釣父)圓 조옹(釣翁).
조=부모(祖父母)圓 할아버지와 할머니. grandfather and grandmother
조분(鳥糞)圓 새 똥. bird droppings
조분-석(鳥糞石)圓《광물》바다 새들의 똥이 해안 바위 위에 쌓여 변성(變成)된 돌. guano deposit
조:불(造佛)圓 부처의 소상(塑像)이나 화상(畫像)을 만듦. moulding Buddhist image 하타
조=불려석(朝不慮夕)圓 형세가 급작스러워 당장을 걱정할 뿐이고 앞일을 생각할 수 없음. 조불모석. emergent situation 하타
조=불모석(朝不謀夕)圓 조불려석. 하타
조불식 석불식[—씩—씩](朝不食夕不食) 아주 구차하여 끼니를 굶음. 하타
조붓-하다(朝—)재예 약간 좁은 듯하다. somewhat narrow 조붓-이튀
조:비(祖妣)圓 죽은 할머니. one's deceased grandmother
조 비비듯 한다圓 근심 걱정으로 몹시 애태우고 있다.
조빙(朝聘)圓 조현(朝見)과 교빙(交聘). 옛날에 중국과 통교(通交)하던 것을 일컬음.
조:빼-다(操—)재 난잡히 굴지 않고 짐짓 조촐한 태도를 나타내다.
조뼛-조뼛圓 부끄러운 태도로써 머뭇거리는 모양.《큰》주벗주벗.《센》쪼뼛쪼뼛. hesitantly 하튀
조:사(弔詞)圓 조상하는 뜻을 표하는 글. 도사(悼詞).《대》축사(祝詞). message of condolence
조:사(弔辭)圓 조상하는 뜻을 표하는 글.《대》축사(祝辭). funeral address
조:사(早死)圓 요사(夭死). 하타
조:사(助事)圓《기독》장로교에서, 목사를 도와서 전도하는 교직.
조:사(助詞)圓《어학》명사나 부사 따위의 아래에 붙어서 다른 말과의 관계나 그 말의 뜻을 도와 주는 품사. 관계사(關係詞). 토씨. particle
조:사(助辭)圓《어학》→조사(語助辭).
조사(弔謝)圓暑 사망(死亡). 하타
조사(祖師)圓 ①어떤 학파의 개조(開祖). founder of school ②《불교》한 종파를 세우고 종지(宗旨)를 열어 주장한 사람. sect founder
조:사(祖士)圓 ①학문에 통달한 훌륭한 사람. scholar ②인물을 양성함. 하타
조사(曹司)圓 ①과직·계급·재능 따위에서 남보다 께마리가 되는 사람. ②《제도》정3품의 문신(文臣)으로 임명한 오위장(五衛將) 두 사람의 일컬음.

조:사(釣師)圓 낚시꾼.
조:사(釣絲)圓 낚싯줄.
조사(朝士)圓暑 조신(朝臣).
조사(朝仕)圓 하급 벼슬아치가 아침에 으뜸 벼슬아치에게 뵈는 일. 하타 royal court
조사(朝使)圓 조정의 사자(使者). messenger of the
조사(朝事)圓 ①이른 아침에 지내는 제사. ②조정의 일.
조사(詔使)圓《제도》중국의 사신.
조사(朝辭)圓 임금에게 말미를 받고 그 은혜를 감사하며 하직함. 하타
조:사(照査)圓 대조하여 조사함. verification 하타
조:사(照射)圓 햇빛이나 방사선 따위가 쏘아 비침. radiation 하타
조사(調査)圓 사물의 내용을 자세히 살펴봄. inquiry
조사(繰絲)圓暑 고치 켜기. 하타
조사(藻思)圓 글을 잘 짓는 재능. literary ability
조사-단(調査團)圓 어떤 사건이나 사항을 조사하기 위해 여러 사람으로 이룬 단체.
조사-당(祖師堂)圓《불교》절에서 조사를 모신 집.
조수룩·빔[고] 종요롭게.
조수루외-다[고] 종요롭다.
조수룹-다/조수룹-다튀[고] 종요롭다. fodder
조수로-이튀[고] 종요롭게.
조=사료(粗飼料)圓 양분이 많지 아니하 사료. coarse
조사 위원(調査委員)圓 어떠한 사실을 잘 살펴보고 그 내용을 연구하기 위하여 두는 위원.
조사-탕(繰絲湯)圓 고치를 켜내고 난 물.
조삭(彫削)圓 새기고 깎음. carving 하타
조:산(早産)圓 달이 차기 전에 일찍 낳음.《대》만산(晩産). premature birth 하타
조:산(助産)圓 ①분만(分娩)을 도움. 해산 바라지. midwifery ②산업(産業)을 조성하는 일. encouragement of industry 하타
조:산(造山)圓 쌓아서 만든 산. artificial hill
조:산=대(造山帶)圓《지학》조산력(造山力)이 발동(發動)하고 있는 지대.
조:산-부(助産婦)圓暑 조산원(助産員).
조:산-아(早産兒)圓 달을 다 채우지 못하고 난 아이. 조생아(早生兒).《대》성숙아(成熟兒). prematurely-born infant 圓. 조산 작용.
조:산 운:동(造山運動)圓《지학》산지를 형성하는 운
조:산-원(助産員)圓 아이를 낳을 때 아이를 받고 산모를 구호하는 일로 업을 삼는 여자. 산파(産婆). 조산부(助産婦). midwife
조:산 작용(造山作用)圓暑 조산 운동(造山運動).
조:산호(造珊瑚)圓 사람이 만든 산호. artificial coral
조솔[고] 요체(要諦).
조:삼(造三)圓 수삼을 쪄서 백삼이나 홍삼을 만드는 일. 하타
조삼 모:사(朝三暮四)圓 간교스러운 꾀로 남을 희롱하여 속이는 일.《준》조삼(朝三). imposture
조삽(燥澁)여기 마르고 깔깔함. dry and coarse 하타
조:상(弔喪)圓 사람의 죽음에 대하여 슬픈 뜻을 표함. 문상(問喪). condolence 하타
조상(爪傷)圓 손톱·발톱으로 할퀸 생채기. nail scratch
조상(兆祥)圓 ①暑 조짐(兆朕). ②暑 징험.
조:상(早霜)圓 철보다 이르게 내리는 서리. early frost 하타
조상(祖上)圓 ①한 갈래의 혈통을 받아 오는 할아버지 이상의 어른. ancestors ②자기 세대 이전의 모든 세대. 상대(上代). 선대(先代). 선민(先民). 조선(祖先). 조종(祖宗)②. 웃어른. ring head
조상(凋傷)圓 시들어 결딴남. 매우 쇠약해짐. withe-
조:상(彫像)圓 돌이나 나무에 여러 가지 형상을 조각하는 일. carved statue
조상(朝霜)圓 아침에 내리는 서리. morning frost
조상-굿[—꾿](祖上—)圓《민속》조상을 위하여 하는 굿. 웃어른을 적은 글.
조:상-기(造像記)圓 석상·동상 따위를 만든 인연이나

조:상-꾼(弔喪-)<u>명</u> 조상하러 온 사람.
조상 대:감(祖上大監)<u>명</u> <u>동</u> 조상신.
조상 덕에 이밥을 먹는다<u>돈</u> 제사지내는 날에 이밥을 먹는다.
조=실부모(早失父母)<u>명</u> 어려서 부모를 잃음. 조실부모. losing one's parents in childhood <u>하자</u>
조상-상(―床)<u>명</u> (祖上―)<u>명</u> 〈민속〉무당이 굿할 때 조상을 위해 차려 놓는 제물상(祭物床).
조상-새(―)(祖上―)<u>명</u> 시조새(始祖―).
조상 숭배(祖上崇拜)<u>명</u> 사령 숭배(死靈崇拜)의 하나로, 자손의 보호를 맡아본다고 하여 조상의 영혼을 숭배하는 것. 조선 숭배(祖先崇拜).
조=상식(祖上食)<u>명</u> 삼년상 안에 아침마다 올리는 식.
조=상신(祖上神)〈민속〉가신체(家神體)의 대상의 하나. 사대조(四代祖)가 조상신으로, 자손의 보호를 맡아본다고 함. 조상 대감.
조상-육(―肉)(祖上肉)<u>명</u> 도마에 오른 고기. 운명이 다하여 면할 수 없게 되었음을 이름.
조상 청배(祖上請陪)〈민속〉굿할 때 무당이 그 집의 친척 중에 죽은 사람의 혼령을 청하여 오는 일. <u>하자</u>
조상 치레(祖上―)<u>명</u> ①조상을 자랑함. boasting of good ancestors ②조상 치다꺼리. 조상
조새<u>명</u> 굴조개를 따는 데 쓰는 쇠로 만든 기구. instrument to pick oysters
조색(早色)<u>명</u> 검고 곱지 못한 빛깔.
조색(阻塞)<u>명</u> 방해하여 가로막음. <u>하타</u>
조색(調色)<u>명</u> ①여러 가지 그림 물감을 조합하여 만들고자 하는 빛깔을 만들어 내는 일. mixing colours ②영화의 착색(着色)에서 도금법(鍍金法)에 의하여 필름면(film面)의 암부를 바꾸어 흑색은(黑色銀)의 금속염(金屬鹽)으로 착색하는 법. <u>하타</u>
조:색 기구(阻塞氣球)<u>명</u> 적기의 내습을 막기 위하여 항공로 위에 달아 두는 경기구(輕氣球). barrage balloon 리.
조색 족두리(皁色―)<u>명</u> 복인(服人)이 쓰는 검은 족두리.
조색-판(調色板)<u>명</u> 팔레트(palette).
조생(朝生)<u>명</u> 목근(木槿)의 딴이름.
조생 모:몰(朝生暮沒)<u>명</u> 아침에 나왔다가 저녁에 없어짐. 조출 석몰(朝出夕沒).
조:생-아(早生兒)<u>명</u> 조산아(早産兒).
조=생종(早生種)〈식물〉다른 식물에서도 특별히 일찍 성숙되는 식물. ①만생종(晩生種). 〈약〉조종(早種)①. early-ripening plants
조:서(弔書)<u>명</u> 조문(弔問)의 뜻을 적은 편지. 〈대〉하서(賀書). condolence letter
조서(兆庶)<u>명</u> <u>동</u> 조민(兆民).
조:서(早逝)<u>명</u> 요사(夭死). <u>하자</u>
조:서(詔書)<u>명</u> 임금의 말씀을 국민에게 알릴 목적으로 적은 글. 제서(制書). 조명(詔命). 조책(詔冊). 조칙(詔勅). 〈약〉조(詔). royal edict
조서(調書)<u>명</u> 조사한 사실을 기록한 문서. protocol
조-석(朝夕)<u>명</u> ①아침과 저녁. 단모(旦暮). 혼석(昕夕). ¶―공양(供養). morning and evening ② 〈약〉조석반(朝夕飯).
조-석(潮汐)<u>명</u> ①조수(海水)의 간만(干滿). ebb and flow ②인력에 의하여 일어나는 바닷물의 흐름. tide
조석(潮汐)<u>명</u> 조수의 세력. power of tide
조석-곡(朝夕哭)<u>명</u> 상중에 조석으로 궤연 앞에서 우는 울음. ②.
조석-반(朝夕飯)<u>명</u> 아침밥과 저녁밥. 〈약〉조석(朝夕).
조석 변:개(朝夕變改)<u>명</u> <u>동</u> 조령 모개(朝令暮改). <u>하자</u>
조석 상:식(朝夕上食)<u>명</u> 조석으로 올리는 상식.
조석-수(潮汐水)<u>명</u> ①조수(潮水)와 석수(汐水)의 〈약〉조석(潮汐). ebb and flood tide ②조수(潮水)①.
조석 예불(―禮―)(朝夕禮佛)〈불교〉부처에게 조석으로 경진하여 절하는 일.
조석-전(朝夕奠)<u>명</u> 장사 전에 날마다 조석으로 시체 앞에 주과(酒果)를 차려 놓음.
조선(祖先)<u>명</u> <u>동</u> 조상(祖上).

조:선(釣船)<u>명</u> <u>동</u> 낚싯배.
조:선(造船)<u>명</u> 배를 지어 만듦. shipbuilding <u>하타</u>
조선(朝鮮)<u>명</u> ①상고 때부터 써 내려오던 우리 나라의 이름. old name of Korea ②〈약〉→근세 조선.
조선(漕船)<u>명</u> 물건을 싣고 다니는 배. cargo boat
조:선(操船)<u>명</u> 배를 부림. navigation <u>하타</u>
조선-교(祖先敎)〈종교〉조상의 신령을 믿는 종교.
조선 기와(朝鮮―)<u>명</u> 우리 나라 재래의 기와. 한와(韓瓦). Korean tile
조선-낫(朝鮮―)<u>명</u> 왜낫에 대하여 재래식의 낫.
조:선-대(造船臺)<u>명</u> 수면 바닥에 대해서 구배(勾配)가 급하지 않은 구축물(構築物)로, 그 위에서 선체(船體)를 건조(建造)하는 곳. shipway
조선 동박새(朝鮮―)<u>명</u> 동박새.
조선-말(朝鮮―)<u>명</u> 우리 말을 일제 시대에 이르던 말. 조선어.
조:선-무(朝鮮―)<u>명</u> 왜무에 대한, 둥글고 단단한 재래의 무.
조:선-소(造船所)<u>명</u> 선박을 건조·개조·수선하는 곳. shipyard
조:선-술(造船術)<u>명</u> 배를 지어 만드는 기술.
조선 숭배(祖先崇拜)<u>명</u> <u>동</u> 조상 숭배.
조선어(朝鮮語)<u>명</u> 조선말. 한국어(韓國語).
조선어 학회 사:건(―건)(朝鮮語學會事件)〈역사〉1942년 10월 일제(日帝)가 일본어 사용과 국어 말살을 꾀하여 조선어 학회의 회원을 민족주의자로 몰아 투옥한 사건.
조선-옷(朝鮮―)<u>명</u> 한복(韓服).
조선-종(―종)(朝鮮―)<u>명</u> 창호지(窓戶紙).
조선-집(―집)(朝鮮―)<u>명</u> <u>동</u> 한옥(韓屋).
조선 총:독부(朝鮮總督府)〈제도〉일제 시대에 우리 나라의 정무를 통할하던 중앙 행정부.
조선통보(朝鮮通寶)〈제도〉조선조 세종 5년에 발행된 엽전(葉錢).
조:설(早雪)<u>명</u> 제철보다 일찍 내린 눈.
조:설(造設)<u>명</u> 만들어 베풂. <u>하타</u>
조섭(調攝)<u>명</u> <u>동</u> 조리(調理)②. <u>하타</u>
조:성(早成)<u>명</u> 조숙(早熟)①. <u>하타</u>
조:성(助成)<u>명</u> 도와서 이루게 함. 찬성(贊成)①. furtherance <u>하타</u>
조:성(造成)<u>명</u> 만들어서 이루어 냄. making <u>하타</u>
조:성(組成)<u>명</u> 사물을 짜 맞춤. composition <u>하타</u>
조:성(鳥聲)<u>명</u> 새의 소리.
조:성(照星)<u>명</u> <u>동</u> 가늠쇠. tuning <u>하자</u>
조성(調聲)<u>명</u> 소리의 고저 장단(高低長短)을 고름.
조성(潮聲)<u>명</u> 조수(潮水)의 소리. sound of tide water
조:성 사:회(組成社會)<u>명</u> 국가·정당·교회·클럽 등 일정한 목적을 달성하기 위하여 조직·결합된 사회.
조:성-품(助成品)<u>명</u> 생산물을 도와서 이루게 하는 물품. 거름·약품 따위. contributory article
조:세(早世)<u>명</u> 일찍 죽음. early death <u>하자</u>
조:세(助勢)<u>명</u> <u>동</u> 조력(助力). <u>하타</u>
조세(租稅)<u>명</u> 국가나 지방 단체가 경비를 쓰기 위하여 국민에게 받아들이는 것. 공세(貢稅). 공조(公租).
조:세(肇歲)<u>명</u> 한 해의 첫머리. (租). 〈약〉세. tax
조세(潮勢)<u>명</u> 조수의 세력. power of tide
조세-범(租稅犯)<u>명</u> 조세의 부과·징수·납부에 직접 관계 되는 범죄. law of taxation
조세-법(―법)(租稅法)<u>명</u> 조세에 관한 법규.
조세 법주의(租稅法律主義)<u>명</u> 조세의 종목(種目)과 세율(稅率)은 법률로써 정하여야 한다는 주의.
조세 부:담률(―눌)(租稅負擔率)<u>명</u> 국민 소득에 관한 국세·지방세 부담액의 비율.
조세-안(租稅案)〈제도〉결세(結稅)를 적은 장부.
조세 전:가(租稅轉嫁)〈법률〉납세자가 그 부담의 일부나 전부를 상품 유통 등의 방법을 통해 남의 부담으로 돌리는 일.
조세 주체(租稅主體)〈법률〉조세의 의무를 지닌 자연인이나 법인.
조세 체납 처:분(租稅滯納處分)<u>명</u> <u>동</u> 체납 처분.

조세 특면(租稅特免) 〈경제〉 특별히 규정된 특정한 경우에 한하여 특정인에게 납세 의무를 감면(減免)해 주는 행정 처분.

조세 협정(租稅協定) 〈법률〉 국제간의 이중 과세의 방지를 목적으로 체결되는 국제 협정.

조소(彫塑) ①소상(塑像)으로 새김. 또, 그 소상. carved clay model ②납으로 만든 원형을 점토(粘土)로 싸고 원형을 빼낸 다음 석고를 주입하여 만듦. carving and modeling clay model —하타.

조소(嘲笑) 조롱하는 태도로 웃는 웃음. derision

조:속(早速) 매우 이르고 빠름. ¶~한 처리를 바란다. prompt —하타 히타.

조속(粗俗) 조야(粗野)한 풍속. vulgar customs

조속(操束) 단단히 잡아 단속함. —하타.

조속=기(調速機) 원동기에 있어서 될 수 있는 대로 회전 속도를 일정하게 지니도록 조정하는 기계. governor

조속=조속(타) 기운 없이 꼬박꼬박 조는 모양. dozing

조손(祖孫) 할아버지와 손자. grandfather and grandson

조송(祖送) 떠나는 사람을 전송함. delivery —하타.

조:쇠(早衰) 나이보다 일찍 쇠약함. early decrepitude —하타.

조:수(助手) ①주장하는 사람의 일을 도와 주는 사람. helper ②교수의 지휘를 받아 학술의 연구나 사무를 보조하는 사람. assistant

조:수(釣叟) 낚시질하는 노인. 조부(釣父)

조:수(鳥獸) 날짐승과 길짐승. 금수(禽獸). birds and beasts [count —하타

조:수(照數) 갖은 수효를 맞추어 봄. verification of ac-

조수(漕手) 주로 보트 경기에서, 노를 젓는 일을 맡은 사람.

조수(潮水) ①달의 인력(引力)에 의하여 주기적으로 해면의 수준이 올라갔다 내려갔다 하는 바닷물. 조석수(潮汐水)②. ②아침에 밀려 들었다가 나가는 바닷물. tidal water

조수(操守) 지조를 지킴. fidelity —하타

조수 불급(措手不及) 일이 썩 급박하여 손댈 틈이 없음. 투족(投足) [일. [때] 실수입]

조:수입(粗收入) 경상비(經常費)를 빼지 않은 수

조:수족(措手足) 손발을 움직임. 곧, 생활이 겨우 여유가 생겨 살아갈 만함을 가리키는 말. —하타.

조:숙(早熟) ①일에 일찍 익숙함. 조성(早成). ②성(性)에 관한 일 따위를 일찍 깨달음. (때) 만숙(晩熟). prematurity ③곡식·과일이 일찍 익음.

조술(祖述) 선인의 도(道)를 본받아서 서술하여 밝힘. exposition —하타.

조슬(蚤蝨) 벼룩과 이. flea and louse [ntly —하타

조습(調習) 정숙하게 배워 익힘. learning dilige-

조:습(燥濕) 마름과 젖음. driness and dampness

조승(弔繩) 천장에 한 쪽 끝을 매어 드리워 놓고 손으로 오르내리는 기구의 줄. hanging rope for exercise

조승(釣繩) 물건을 거는 데 쓰는 작은 갈고리를 단 줄. rope for hanging [nce poems

조:시(弔詩) 죽은 사람의 명복을 비는이다. condole-

조시(朝市) ①아침에 서는 시장. morning market ②조정(朝廷)과 일반 시정(市井). government and people [—하타

조:시(肇始) 무엇이 비롯됨. 무엇을 비롯함. outset

조:식(早食) ①아침밥을 일찍 먹음. early breakfast ②아침밥. —하타.

조식(粗食) 검소한 식사. 또, 그런 음식을 먹음. (때) 미식(美食). coarse food —하타

조식(朝食) 아침밥. breakfast

조신(祖神) 조상이 되는 신.

조신(朝臣) ①조정의 모든 신하. officials ②조정에서 섬기는 신하. 정신(廷臣) 조관(朝官). 조사(朝士). courtier

조신(操身) 행동을 삼가함. careful behaviour —하타

조신(竈神) 〈등〉 조왕(竈王). [관

조:-실부모(早失父母) 〈等〉 조실부모(早喪父母). —하

조심(彫心) 마음에 새김. 고심(苦心)함. —하타.

조:심(操心) 삼가 주의함. caution —하타

조:심 누골(彫心鏤骨) 뼈에 사무치게 고심함. —하타

조:심-성[—성](操心性) 어떤 일에나 조심하는 성질. carefulness

조쌀-스럽-다(旦) 조쌀한 데가 있다. 조쌀—스레—다.

조쌀-하-다(等) 늙은이의 얼굴이 조촐하고 깨끗하다. clean

조아(爪牙) ①짐승의 발톱과 어금니. claws and teeth ②자기에게 긴요한 물건이나 사람의 비유. righthand man [한 것.

조아(藻雅) 시문(詩文)에 풍치가 있고 아담한 것.

조아리-다(등) 황송하여 고개를 숙이다. 쪼다²②. bend one's head reverently

조아지-사(爪牙之士) 믿을 만하고 도움이 되는 신하. reliable subject [sell in small lots

조아-팔-다(日르) 많은 물건을 조금씩 헐어서 판다.

조악(粗惡) 거칠고 나쁨. coarseness —하타

조안(釣安) 달님이 떠오른 안부. 조녕(釣寧). peace —하타

조알-례(朝謁禮) 〈제도〉 왕세자가 책봉(冊封)된 뒤에 부왕에게 뵈던 예식.

조:암 광:물(造岩鑛物) 〈광물〉 바위를 이루는 광물. 주요한 것은 석영·장석·운모·각섬석·휘석·감람석 따위. rockforming minerals

조:앙(早秧) 일찍 낸 모논. 또, 볍씨를 일찍 냄. 조이(早移). early-planted rice sprouts —하타

조:애(←早苗) 곡식을 일찍 베는 일. (원) 조에. early cutting of crop —하타

조:애(助哀) 남의 슬픈 일에 같이 서럽게 울음. —하타

조애(阻碍) 막아서 가림. 방해. 거리낌. interfer-

조애(朝靄) 아침에 끼는 아지랑이. [ence —하타

조야(粗野) 됨됨이가 촌스럽고 천함. being rustic —하타 [people

조야(朝野) 조정과 민간(民間). government and

조약(條約) ①조문으로 맺은 언약. agreement ②나라와 나라 사이의 합의(合意)에 의하여 국제간의 권리와 의무를 약속한 계약. treaty

조악(調藥) (등) 조제(調劑). [는 나라.

조약-국(條約國) 상호간 수교 통상 조약을 맺고 있

조약-돌(명) 자질구레하고 둥근 돌. 돌자갈. pebble

조약을 피하나 수마석을 만난다(속담) 한 고비를 피하고 나니 또 더한 어려운 일을 당하게 되었다.

조약-밭(명) 조약돌이 많은 밭이나 땅. stony ground

조:양(早穰)(명) 〈식물〉 올벼. early-ripening variety of

조:양(助陽) 남자의 양기를 돋움. —하타 [riceplant

조양(朝陽) ①아침 볕. (때) 석양(夕陽). morning sunlight ②새벽에 동하는 남자의 양기(陽氣).

조양(調養) 〈등〉 조리(調理)①. —하타.

조:어(助語)(명) 〈어〉 조사(助詞). [particle —하타

조:어²(助語)(명) 〈어학〉 문장에 어구를 보태어 넣음.

조어(祖語)(명) 〈어학〉 비교 언어학에서, 언어를 어족(語族)으로 분류하여 고찰할 경우 동계의 모든 언어에 대하여, 그것이 갈려 나오거나 발전되어 온 근본이 된다고 상정(想定)되는 언어. 스페인말·프랑스말·이탈리아말 따위에 대한 라틴어 따위. 모어(母語)①. parent language

조:어(釣魚) 물고기를 낚음. 낚시질. fishing —하타

조어(鳥魚)(명) 우린(羽鱗).

조:어(造語)(명) ①새로 말을 만들어 냄. 또, 그 말. ②이미 있는 말을 구구이 복합하여 말을 만듦.

조어(措語) 말의 뜻을 글자로 엮가이 하는 말. —하타

조어(鳥語)(명) ①새의 지저귀는 소리. bird's cry ②야만인들의 지껄이는 말소리. barbarian language

조어(藻魚)(명) ①해조(海藻)가 많은 곳에서 사는 어류. ②조류(藻類)와 어류.

조:언(助言)(명) 남의 말에 덧붙여 도와 줌. advice —하타

조:언(造言)[명] 지어낸 말. false report
조:업(助業)[명] 본업이나 부업에 보조되는 직업.
조업(祚業)[명] 임금이 나라를 다스리는 일. kingcraft
조업(祖業)[명] 조상이 끼친 가업. ancestral occupation
조:업(肇業)[명] 어떤 사업을 처음으로 시작함. beginning enterprise 하타
조업(操業)[명] 작업을 실시함. work 하타
조업 단:축(操業短縮)[명] 생산 과잉(生産過剩)으로 상품 가치의 저하를 막기 위하여 기업가(企業家)가 공장의 조업을 가축소하여 생산을 제한하는 일. 쇼트타임(short time)②. (약) 조단(操短). curtailment of operation   [설비 이용의 정도.
조업=도(操業度)[명] 일정 기간에 있어서 경영의 생산
조:역(助役)[명] ①도와서 거들어 주는 일. assistant ②철도국에서 역장을 보좌하는 철도국의 직제의 하나. assistant stationmaster ③[동]→조역巾. 하타
조:역(肇威)[명] 지경을 넓혀서 나라의 영역을 정함. 하타   [→조역②.
조:역-꾼(助役-)[명] 수고로이 일을 도와 주는 사람.
조역=문(兆域門)[명] 무덤의 광중(壙中) 앞쪽에 만들어 놓은 문.
조:연(助演)[명] 〈연예〉 연극에서 주역의 연기를 돕는 사람. 또, 그 일. [대] 주연(主演). supporting performance 하타
조연(朝煙)[명] ①아침 하늘에 끼는 연기. smoke in the morning ②아침 밥을 짓는 연기.
조열(朝列)[명] [동] 조반(朝班).   [fever
조열(潮熱)[명] 정기적으로 일어나는 신열(身熱). daily
조열(燥熱)[명] ①마르고 더움. dry and hot ②마음이 답답하고 몸에 열기가 남. fever 하타
조영(造營)[명] 집 따위를 지음. 건축(建築). 축조(築造). construction 하타
조:영(照影)[명] ①비치는 그림자. ②[동] 사진(寫眞).
조:예(부제)[명]→조애.
조예(造詣)[명] 학문·기술이 깊은 지경까지 나아감. ¶문학에 ~가 깊다. attainments
조오롬[명][고] 졸음.
조을-다[자][고] 졸다[眼].
조-옮김[-음-](調-)[명] 〈음악〉 악곡 전체를 그대로 다른 조로 옮겨서 연주하거나, 악보에 옮겨 쓰는 일.
조왕(竈王)[명] 〈불교〉 부엌을 맡은 신(神). 조신(竈神).
조왕-단(竈王壇)[명] 〈불교〉 조왕을 모시어 섬기는 단.
조왕 모:귀(朝往暮歸)[명] 아침에 갔다가 저녁에 돌아옴. 하타
조:요(照耀)[명] 밝게 비침. shining bright 하타
조:요-경(照妖鏡)[명] 조마경(照魔鏡).
조요로원[고] 종요로운.
조욕(潮浴)[명] [동] 해수욕(海水浴). 하타
주욕(調用)[명] 관리를 골라 등용함. 하타
조용조용-하-다[여를] 자못 조용하다. 소용조용-히
조용=품(粗用品)[명] 아무렇게나 마구 쓰는 물건. rough and ready goods
조용-하-다[여를] ①시끄럽지 않다. quiet ②수선스럽지 않고 얌전하다. (원) 종용하다. graceful 조용-히
조우(朝雨)[명] 아침에 내리는 비. morning rain
조:우(遭遇)[명] ①임금의 신임을 받음. winning the royal confidence ②우연히 서로 만남. 조봉. encounter 하타
조:우(遭憂)[명] [동] 이소(離騷).   [ter 하타
조:우-전(遭遇戰)[명] 양쪽의 군사가 우연히 만나서 일으키는 전투. encounter action
조운(漕運)[명] 배로 물건을 실어 보냄. ¶~선(船). shipping 하타   [cargo boat
조운-선(漕運-)(漕運-)[명] 물건을 실어 나르는 배.
조운-창(漕運倉)[명] 〈제도〉 실어 보낼 물건. 또, 세곡을 쌓아 두던 곳집. (약) 조창(漕倉).
조울-병(躁鬱病)[명] 〈의학〉 감정 장애를 주로 하는 내인성(內因性) 정신병. manic-depressive psychosis
조:원(助援)[명] [동] 원조(援助). 하타
조:원(造園)[명] 정원이나 공원·유원지 따위를 만듦. ¶~ 기사. 하타
조:위(弔慰)[명] [동] 조문(弔問). 하타
조위(凋萎)[명] 〈식물〉 식물의 수분(水分)이 아주 적어겨기 때문에 잎·줄기 따위가 시드는 현상. withering
조위(朝威)[명] 조정의 위광(威光).   [하타
조위(潮位)[명] 조석 현상(潮汐現象)에 의하여 변화하는 바닷면의 높이. tidal level
조위(調胃)[명] 위법을 조절하여 고침. 하타
조:위-금(弔慰金)[명] 조위의 뜻으로 내는 돈. condolence money
조육(鳥肉)[명] 새의 고기. flesh of fowl
조율(棗栗)[명] 대추와 밤. jujube and chestnut
조:율(照律)[명] [동] 의율(擬律)①. 하타
조율(調律)[명] 악기의 음을 표준음에 맞추어 고르는 일. tuning 하타
조율 미음(棗栗米飮)[명] 대추와 황밤과 찹쌀 따위를 한데 끓여 만든 미음.
조율-사(-士)[一사](調律師)[명] 조율하는 기술자. tuner
조율 이:시(一이)(棗栗梨柿)[명] 제사에 쓰는 대추·밤·배·감 따위.
조:율(-律)(調律)[명] [의율(擬律) 집판. 하타
조:율 징판(照律懲判)[명] 법에 의하여 징벌을 결정함.
조-으다[타][고] 쪼다. 새기다.
조:은(造銀)[명] 인공적으로 만든 가짜 은.
조은(朝恩)[명] 조정(朝廷)의 은혜. 군왕(君王)의 자혜(慈惠). Imperial graces
조:음(助音)[명] 음악을 도움. 하타
조음(潮音)[명] ①조수(潮水)의 물결 소리. sound of waves ②〈불교〉 많은 중들이 독경(讀經)하는 소리.
조음(調音)[명] ①소리를 고름. tuning ②〈어학〉 발음 기관이 필요한 자리를 잡고 소리를 내는 일. 분절(分節)②. articulation 하타
조음(噪音)[명] 진동이 급격하고 불규칙하여 불쾌한 느낌을 주는 잡음. noise
조음 기관(調音器官)[명] 〈어학〉 성대보다 위에 있는 음성 기관의 총칭. 입술·이·치경(齒莖)·구개(口蓋)·구개수(垂)·혀·인두(咽頭) 등.
조음-소(調音素)[명] 〈어학〉 자음으로 끝날 말 다음에 유성음으로 시작되는 말이 붙을 때, 소리를 부드럽게 하기 위하여 넣는 소리. '잡으니·잡으면'의 '으'. 고름소리.
조:응(照應)[명] ①앞뒤가 등날아 잘 맞음. correspondence ②원인에 따라서 결과가 나타남. accordance 하타   [대하여 차차 길들게 되는 기능.
조음(調應)[명] 〈생리〉 눈이, 어두운 데나 밝은 데에
조:의(弔意)[명] 죽은 이를 슬퍼하는 마음. [대] 하의(賀意). condolence
조의(朝衣)[명] 너절한 옷. castoff clothes
조의(朝衣)[명] 〈제도〉 버슬아치의 옷. 공복(公服). [대] 사복(私服). official uniform
조의(朝儀)[명] 조정의 의식.   [court
조의(朝議)[명] 조정이 이논. argument of the Imperial
조의 조식(粗衣粗食)[명] 잘 입지 못하고 잘 먹지 못함.
조:이(早移)[명] 조앙(早秧). 하타
조:이(釣餌)[명] 낚싯밥.   [늬를 새김. (원) 조리.
조이(-뺨螂)[명] 금·은·동(銅)붙이로 만든 물건에 무
조아-다[자] 쪼다. 쬐다.
조익(鳥翼)[명] 새의 날개.
조인(鳥人)[명] '비행사'의 곁말. aviator
조인(釣人)[명] 낚시꾼.
조인(稠人)[명] 많은 사람.
조인(調印)[명] ①약속하여 작성한 문서에 도장을 찍음. signing ②〈법률〉 조약 당사국의 대표자가 조약의 공문서에 서명 날인하는 일. 하타
조인 광:좌(稠人廣座)[명] 여러 사람이 많이 모인 자리. (약) 조좌(稠座).
조인트(joint)[명] ①기계·목공·기계 따위의 이음매. ②합동(合同). 연합. ¶~ 콘서트.
조일(朝日)[명] 아침 해. [대] 석일. 석양(夕陽). morning sun
조입(租入)[명] 소작료 차지료(借地料).   [자.
조자[一짜](助字)[명] 〈문학〉 한문(漢文) 어조사의 글

조자리[명] ①지저분한 물건이 어지럽게 매달리거나 한 데 묶여진 것. 《큰》주저리. ②대문(大門)의 윗장부. ③→족자리.

조:[造作][명] ①지어서 만듦. fabrication ②일부러 무엇과 비슷하게 만듦. ③일부러 꾸밈. 하타

조작[操作][명] ①만지어 움직임. operation ②변통함. management ③[동] 작업. ④취급하여 처리함. handle 하타

조작=거리-다 ①넉넉지 못한 견문(見聞)으로 잘 아는 체하고 떠들다. show off ②걸음을 바로 걷지 못하는 어린아이가 제멋대로 귀엽게 걷다. 《큰》주적거리다. 조작=조작[부] 하타

조잔[潤殘][자] 말라서 쇠약하게 시듦. 하타

조잔=거리-다 때없이 점잖지 않게 군음식을 자꾸 먹다. 《큰》주전거리다. 조잔=조잔[부] 하타

조잔-부리[명] 조잔거리는 입버릇. 《큰》주전부리. eating between meals 하타

조잘=거리-다 ①낮은 목소리를 종알거리다. 《큰》주절거리다. mutter ②참새나 산새 등이 쉴새없이 자꾸 지저귀다. chirp 조잘=조잘[부] 하타

조잘[명] 꼬나풀 따위가 거년너정 달린 모양. 《큰》주절주절. 「밀[精密]. coarseness 하타

조잡[粗雜][명] 거칠고 잡스러워 품위가 없음. 《대》정

조잡[稠雜][명] 촘촘하고 복잡함. density 하타

조잡-들-다[자,로타] ①생물체가 잔병이 많아 잘 자라지 못하다. be stunted ②기를 펴지 못하고 시들게 되다. 《큰》주접들다. be sickly and weak

조잡-스럽-다[형] 음식에 대해 다랍게 욕심을 부리다. 《큰》주접스럽다. eating greedily 조잡=스레[부]

조:장[弔狀][명] 조상하는 글월. letter of condolence

조:장[助長][명] 도와서 힘을 북돋움. promotion 하타

조장[眺望][명] 조각가.

조장[組長][명] 공장이나 작업장에 있어서 한 조(組)의 우두머리. head foreman

조장[條章][명] 여러 조목으로 된 장(章). chapter comprising certain articles

조장[鳥葬][명] 시체를 들에 내다 놓아서 새들이 파먹게 하는 장사. 옛날 중국 남방의 풍속. exposure of corpse

조장[眺膓][명] 화초담.

조장[朝章][명] 조정의 기장(旗章), 전장(典章).

조:재[造材][명] 재목을 만듦. 하타 「[朝典].

조적[鳥跡][명] ①새의 발자국. bird's tracks ②한자(漢字)의 필적을 이름. fancy style of penmanship

조전[弔電][명] 조상의 뜻을 표하는 전보. telegram of condolence

조전[兆朕][명] 조짐(兆朕)이 나타나기 전. 「[祭式].

조전[祖奠][명] 발인(發靷) 전에 영결을 고하는 제식

조전[祖餞][명] 멀리 가는 이를 전별함. 하타

조전[造錢][명] 〈불교〉저승에 가서 빚을 갚는 데 쓰이고 음이로 만든 가짜 돈. 「[典]. 조장[朝章].

조전[朝典][명] 조정의 제도·의식·전장(典章). 국전[國

조전[朝奠][명] 장사에 앞서 이른 아침마다 영전(靈前)에 지내는 제식(祭式).

조:전[助戰元帥][명] 〈제도〉도원수(都元帥)·상원수(上元帥)·원수(元帥)·부원수(副元帥) 따위의 주장을 돕는 장수. 고려 말에 두었음.

조절[調節][명] 잘 골라서 알맞게 함. regulation 하타

조절 기능[調節機能][명] 조절하는 능력. 어떤 기관(器官)이든지 정도에 알맞도록 작용하는 능력.

조절=란[調節卵][명] 〈동물〉동물의 알로서, 그 발생초기에는 각 부분의 운명이 결정되어 있지 않고, 발생의 과정에 있어서, 각각의 조건 아래 조절이 행하여져 완전한 동물이 되는 것. 섭게의 알 따위.

조점[兆占][명] 점을 침. 또, 그 점괘. 하타

조정[措定][명] ①〈논리〉판단력으로써 어떤 것을 타당한 또, 존재하는 객관(客觀)이라고 규정함. 정립(定立). position ②잡아 정함. fix

조:정[釣艇][명] 낚싯배.

조정[朝廷][명] 군주가 나라의 정치를 의논·집행하던

곳. 조가(朝家). 조당(朝堂). Imperial court

조정[朝政][명] 조정의 정치.

조정[漕艇][명] 보트를 저음. 1~경기. 하타

조정[調定][명] 조사하여 작정함. investigate and decide 하타

조정[調停][명] 분쟁을 화해시켜 그치게 함. mediation

조정[調整][명] 골라서 정돈함. regulation 하타

조정[藻井][명] 〈동〉소란 반자.

조정=법[-뻡][調停法][명] 〈법률〉당사자간의 분쟁을 법원이나 제3자의 조정으로 해결하기 위해 만든 법률.

조정엔 막여작이요, 향당엔 막여치라[부] 조정에서는 벼슬의 등급을 중히 여기고 향당에서는 나이의 차례를 중히 여긴다.

조정-지[調整池][명] 저수지(貯水池) 등에서 수위(水位) 및 송수량(送水量)의 조절을 하는 곳. 「[祇].

조:제[祖祭][명] 조상하여 제사함. memorial service

조:제[助劑][명] 보제(補劑).

조제[粗製][명] 물건을 거칠게 만듦. 또, 그 물건. 조조(粗造). (대) 정제(精製). crude manufacture 하타

조제[調製][명] ①물건을 주문에 의하여 만듦. manufacture ②조절하여 만듦. preparation 하타

조제[調劑][명] 약제를 조합(調合)하여 내복 또는 외용 약을 지음. 조약(調藥). compounding of medicine 하타

조제 남:조[粗製濫造][명] 조제품을 마구 만들어 냄. mass production of inferior goods 하타

조제-법[-뻡][調劑法][명] 약품을 조제하는 방법.

조제-약[-냑][調劑藥][명] 약사. 「ude article

조제-품[粗製品][명] 거칠게 만들어 낸 물건. 막치. cr-

조:젯[georgette][명] 여름철 여자 옷에 많이 쓰는 얇고 톡톡한 견직 또는 나이론직물.

조:조[早朝][명] 아침 일찍. 이른 아침. 신조(晨朝). 조단(早旦). 힐단[詰旦]①. early morning

조조[條條][명] 모든 조목 또는 하나하나의 조목. eve-

조조[粗造][명] 조제(粗製). 하타 「ry article

조:조[肇造][명] 처음으로 만듦. 하타

조조리[부] ①족자리. 「rning and evening

조조 모:모[朝朝暮暮][명] 매일 아침 저녁. every mo-

조조-이[條條-][부] 조목조목. in every article

조조-하-다[噪噪-][자,여타] 작은 소리로 지껄이다. grumble 조조-히[부] 「impatient 조조-히[부]

조조-하-다[躁躁-][형] 성질이 몹시 조급하다.

조족[祖族][명] 선조와 일족.

조족지:혈[鳥足之血][명] '새 발의 피'라는 뜻으로, 물건이 적거나 쓸모가 귀치 않음. insignificant

조:졸[漕卒][명] 〈제도〉조선조 때, 조운선(漕運船)을 부리던 사람. 수부(水夫)③. 군조(漕軍).

조:종[弔鐘][명] ①죽은 사람을 슬퍼하는 뜻으로 치는 종. knell ②어떤 일의 마지막. end

조:종[早種][명] ①〈약〉→조생종(早生種). ②올벼.

조종[祖宗][명] ①임금의 조상. ancestors of king ②사물의 시작로 맨 처음. 종(宗)[祖上].

조종[釣鐘][명] 사원(寺院)의 종루(鐘樓)에 달아 놓은 큰 종. 범종(梵鐘). temple bell

조종[朝宗][명] ①제후(諸侯)가 천자에게 빔. ②강물이 바다로 향하여 흐름의 비유.

조종[操縱][명] 마음대로 다루어 부림. management 하

조종-간[操縱桿][명] 항공기의 조종식 앞에 앞으로 로이 움직일 수 있게 된 봉상(棒狀) 장치. control

조종 기업[祖宗企業][명] 조종(祖宗)으로부터 대대로 하는 왕업(王業). 「①. pilot

조종-사[操縱士][명] 비행기를 조종하는 사람. 항공사

조종-석[操縱席][명] 조종사가 앉는 자리. pilot's seat

조종 세:업[祖宗世業][명] 조상들의 대대로 이어온 사업. hereditary occupation

조종-실[操縱室][명] 조종을 하는 방.

조좌[朝座][명] 조정에 관원들이 모이는 자리.

조좌(稠座)명《약》→조인 광작(稠人廣坐).
조:주(助走)명 높이뛰기나 넓이뛰기 따위에서, 뛰는 힘을 높이기 위하여 뛰는 점에서 일정한 거리를 두고 달리는 일. 도움닫기. 하다

조:주(助奏)명 주주부(主奏部)・반주부(伴奏部)의 합주(合奏)에 다시 보조적인 제삼 주부(第三奏部)를 합쳐 연주하는 일. obbligato

조:주(造主)명 신주(神主)를 만듦. 하다
조:주(釣舟)명 낚싯배. fishing boat
조:주(造珠)명 인공으로 만든 주옥. artificial gem
조주(粗酒)명 (동) 박주(薄酒).
조:주(造酒)명 술을 빚어 만듦. 하다 [ing drink
조주(朝酒)명 아침에 마시는 술. 묘주(卯酒). morn-
조:준(照準)명 겨냥하여 보는 표준. laying ②대조(對照)해 보는 표준. 하다
조:준-기(照準器)명 (동) 가늠쇠.
조:준 망:원경(照準望遠鏡)명 총포 따위에 덧붙여서 조준하는 데 쓰이는 지상 망원경. sighting telescope
조:준-점[-쩜](照準點)명《군사》①화기(火器)의 조준선의 방향을 겨냥하거나 관측자가 관측 기구를 장치하는 물체나 점. ②폭격수나 조종사가 폭탄・로켓 기뢰・수뢰 등을 투하할 때 참조점(參照點)으로 삼는 점. [한 증세. anxiety
조증(燥症)〈한의〉번민하여 마음이 편안하지 아니
조증(躁症)명 조급한 성질. hasty temper
조지(朝旨)명 조정의 의사.
조지(朝紙)명 (동) 기별(奇別).
조지-다타 ①사개를 단단히 맞추다. tail in tightly ②일이나 말을 호되게 단속하다. control strictly ③구다하다. [을 맡았던 관청.
조:지-서(造紙署)명 《제도》조선조 때, 종이 뜨는 일
조직(組織)명 ①얽어서 만듦. formation ②〈생리〉같은 기능과 구성을 가진 세포. tissue ③사회 또는 단체를 구성하는 각 요소가 결합하여 유기적(有機的)인 작용을 하는 통일체로 되는 일. 또, 그 구성의 방법. formation
조직=력(組織力)명 조직하는 힘. [system
조직=망(組織網)명 빈틈없이 짜인 조직. network of
조직 배:양(組織培養)명 《생리》살아 있는 조직을 생물체로부터 떼어 내어 이것을 인공적으로 배양기(培養器)에 옮겨서 배양하는 일. cultivation of organism   [는 조직에 관하여 정하는 법.
조직=법(組織法)명 사람의 행위의 기초 또는, 수단이 되
조직 신학(組織神學)명《기독》예수교의 교의(敎義)를 학술적 지식에 비추어서 체계이 있게 진리를 표명하는 신학의 한 부분. systematic theology
조직=적(組織的)관 개개의 사물이 일정한 체계와 질서가 있는(것). systematic   [body
조직=체(組織體)명 조직된 몸뚱이나 단체. organized
소식-학(組織學)명《생물》신체 각부의 정세한 구조를 이루고 있는 조직에 관해서 연구하는 해부학의 한 분과. histology
조진(凋盡)명 시들어 다함. 하다
조진(調進)명 주문 받은 물건을 만들어서 바침. preparation 하다
조진(躁進)명 벼슬의 지위가 급작스레 올라감. 또는 올리려고 함. unexpected promotion 하다
조짐의명 조개 장작 더미를 세는 데 쓰는 말. 평(坪).
조짐(兆朕)명 일이 미리 드러나 보이는 변화 현상. 조상(兆祥)①. symptoms   [어 만든 머리. chignon
조짐 머리명 여자의 머리털을 소라 딱지 모양으로 틀
조:-짚명 조의 낟알을 떤 짚. millet straw
조:-짜(造-)명 가짜 물건. sham
조:쯧・붇・니다〔고〕좋아오니.
조·쯥-・다/조쯭-다[-따]〔고〕좋잡다.
조차조 '도 따라나서'의 뜻으로, 그 위의 말을 강조하는 조사. ¶ 길은 멀고 해~ 멀어졌네. too
조차(租借)명 ①수수 또는 논토지를 빌림. renting ②한 나라가 다른 나라의 영토 일부 지역에 대한 통치권을 얻어 지배하는 일. leasing 하다

조:차(造次)명《약》→조차간(造次間).
조차(粗茶)명 ①좋지 못한 차. ②손님에게 차를 권할 때의 겸사의 말.   [차.
조차(潮差)명 만조 때와 간조 때와의 조고(潮高)의
조차(操車)명 차량(車輛)을 다룸. operation 하다
조:차-간(造次間)명 ①오래지 않은 동안. for a while ②급거(急遽)한 때. 아주 급한 때.《약》조차(造次).
조:=차떡명 차조로 만든 떡. [in case of need
조차-장(操車場)명 철도에서 열차를 연결・조절하는 곳. marshalling yard
조차-지(租借地)명 조차된 땅. leased territory
조:착(早着)명 시간보다 이르게 도착함.《대》연착(延着). 하다   [내는 음식의 겸칭. our humble dinner
조찬(粗饌)명 ①검소한 음식. simple food ②자기가
조찬(朝餐)명 (동) 아침밥.
조:찰(照察)명 잘잘못을 알아 살핌. judgement 하다
조:참(助參)명 이르게 참석함. (대) 지참(遲參).
조참(朝參)명《제도》임금이 다달이 네 번 정전에 친림(親臨)하여 백관의 계사(啓事)를 들던 일. 하다
조참(漕參)명《약》→조운참(漕運參).
조책(詔冊)명 (동) 조서(詔書).
조처(措處)명 조치. 하다
조:척(照尺)명 (동) 가늠자.   [무렵의 하늘.
조:천(早天)명 ①이른 아침. early morning ②밤을
조철(條鐵)명 가늘고 길게 생긴 철재(鐵材). thin and
조철(銚鐵)명 (동) 들쇠.   [long iron materials
조첩(稠疊)명 빈틈 없이 포개짐. heaping up 하다
조:청(造淸)명 사람이 만든 꿀. 굳어지지 않고 묽은 엿. treacle
조체(朝體)명 조정의 위신과 체면. dignity of the court
조체 모:(朝遞暮改)명 관원(官員)의 갈림이 매우 잦음. frequent change of officials 하다
조・초(弔)명 (고) 때로.   [use
조:촉(弔燭)명 장례에 쓰이는 양초. candle of funeral
조:촉(照燭)명 나라 잔치 때 켜던 초. 정재(呈才) 때 풍악 진행의 신호로 썼음.
조출-하다(稠出)영 ①아담하고 깨끗하다. snug ②맵시가 단정(端正)하다. refined ③산뜻하고 해사하다. neat ④왕실이나 지조가 깔끔하고 얌전하다.《약》조하다. elegant 조출=히부
조촘-거리다타 ①걸음을 짧게 떼면서 머뭇거리다. ②일을 결단성 있게 하지 못하고 주저하다.〈큰〉주춤거리다. 조촘=조촘부 하다
조촘-병[-뼝](-病)명 무슨 일이나 결단성 있게 행하지 못하고 조촘거리는 결점.〈큰〉주춤병.
조:총(弔銃)명 장례식・위령제・추념식(追念式)에서 조상하기 위하여 쏘는 예총(禮銃). volley of rifles at funeral service   [銃)의 옛말.
조총(鳥銃)명 ①새총. fowling piece ②화승총(火繩
조추(早秋)명 차츰. 추후(追後)로. later
소:추(阜秋)명 이른 기을.《대》만추(晩秋). early au-
조:추(肇秋)명 초가을. early autumn   [tumn
조:춘(肇春)명 이른 봄. 초춘(初春). 천춘(淺春).《대》만춘(晩春). early spring
조:춘(早春)명 초봄. early spring
조:출(早出)명 ①아침에 일찍 나감. going out early ②정한 시각보다 이르게 나감. 하다
조:출(造出)명 만들어 내놓음. 냄. 하다
조:출(繰出)명 고치를 삶아 실을 켜냄. 실을 뽑음. reeling 하다
조출 모:귀(朝出暮歸)명 ①아침 일찍 나갔다가 저녁 늦게 돌아오므로, 늘 집에 있을 여가가 없음. keeping very busy all day ②사물이 늘 바뀌어서 정함이 없음. 조출 모입(朝出暮入). changing frequently 하다   [하다
조출 모:입(朝出暮入)명 (동) 조출 모귀(朝出暮歸).
조출 석몰(朝出夕沒)명 (동) 조출 모몰. 하다
조충(條蟲)명 (동) 촌백충(寸白蟲).
조충-서(鳥蟲書)명 왕망(王莽)의 육체서(六體書)의 하

나. 새와 벌레의 모양을 모방하여 쓰는 글씨로, 기치(旗幟)와 부신(符信)에 쓰임. 충서(蟲書).

조충 소:기(彫蟲小技)[명] 용렬·졸렬한 소인(小人)으로 그저 옛사람의 글귀나 본떠 지을 뿐이 보잘것없는 재주. 조충 전각(彫蟲篆刻).

조충 전:각(彫蟲篆刻)[명] ⑧ 조충 소기(彫蟲小技).

조취(臊臭)[명] ⑧ 누린내.

조취 모:산(朝聚暮散)[명] 모이고 헤어짐이 덧없음. 하

조치(調治)[명] ①국물을 바특하게 잘 끓인 찌개나 찜 따위. thick broth ②조칫보에 담아서 잘 차린 밥상에 놓는 반찬. ③[동] →조칫보. [management 하타

조치(措置)[명] 일을 잘 살펴서 처리함. 조처(措處).

조치(調治)[명] ①음식을 요리함. cooking ②[동] 조리(調理)②. 하타 ③[물건. necessary accompaniment

조치개 밥에 반찬 격으로 무엇에 꼭 딸려 있어야 할

조:치-다/쏘치-다[타][고] 쫓기다.

조:칙(詔勅)[명] 조서(詔書).

조칙(操飭)[명] 조심스럽게 삼감. 하타

조:침(釣針)[명] 낚시. fishing-rod

조침(朝寢)[명] 아침잠. late rising

조침-떡 메밀 전병에 고기·채소 등을 각각 양념하여 볶아서 싸먹기 좋게 만든 떡.

조침-젓 여러 가지 물고기를 마구 섞어서 담근 젓. 교침해(交沈醢).

조칫-보 김칫보보다 크고 운두가 조금 낮은 조치를 담는 데 쓰는 그릇. [약] 조치③.

조카[명] 형제 자매의 아들. 질아(姪兒). 질자(姪子). 종자(從子). 유자(猶子)①. nephew

조카-딸[명] 형제 자매의 딸. 질녀(姪女). 여질(女姪).

조카-며느리[명] 조카의 아내. 질부(姪婦). nephew's wife [phew

조카-뻘[명] 조카가 되는 항렬(行列). 질항(姪行). ne-

조카-사위[명] 조카딸의 남편. 질서(姪婿). niece's husband [ece and nephew

조카-자식(一子息)[명] 조카·조카딸을 두루 일컬음. ni-

조:커(joker)[명] ①해학가(諧謔家). 익살군. ②트럼프에서 경우에 따라서는 마음대로 쓸 수 있는 카드.

조:크(joke)[명] 농담. 장난. 익살.

조타(操舵)[명] 키를 다루어 배를 조종함. steering 하타

조타-기(操舵機)[명] 선박의 키를 조종하는 장치.

조타-수(操舵手)[명] 키를 잡아 배를 조종하는 사람. steer's man

조타-실(操舵室)[명] 배의 브리지(bridge) 위에 마련되어, 타륜(舵輪) 그 밖의 조종 장치 등을 갖춘 방.

조탁(彫琢)[명] 새기고 쪼는 일. carving and chiseling 하타 [기는 헛소문. 새까먹는 소리.

조탁-성(鳥啄聲)[명] ①새가 나무를 쪼는 소리. ②잘못 들은 대장장의 소리.

조탄(粗炭)[명] 아주 품질이 나쁜 석탄. low-grade coal

조탕(潮湯)[명] ①바닷물을 끓인 목욕물. ②염분(鹽分)이 있는 온천. ③맹물에 소금을 넣어 끓인 물.

조:태(釣太)[명] 주낙으로 잡은 명태.

조:퇴(早退)[명] 정한 시간 이전에 물러감. (대) 지각(遲刻). leaving earlier than usual 하타

조퇴(潮退)[명] 밀물이 물러감. ebb 하타

조:파(早播)[명] 씨앗을 제철보다 일찍 뿌림. 하타

조파(條播)[명] 고랑을 치고 곳곳이 고루지게 씨를 뿌리는 일. 하타

조:파(照破)[명] [불교] 불타가 지혜의 광명으로 범부(凡夫)의 무명(無明)을 비치어 깨우치는 일.

조판(彫版·雕版)[명] 나무 따위에 조각·각자(刻字)를 하는 일. 또, 그 판자. ¶팔만 대장경의 ~. 하타

조판(組版)[명] 활자·공목·괘선 등을 맞추어 판을 짜는 일. 곧, 식자와 같은 뜻으로 쓰이나, 우리 글에서는 문선을 포함한 활판의 제판 작업을 이름. 제판(製版)②. typesetting 하타

조판(調辦)[명] ①정리하여 조처함. ②조달 물품을 구입하여 정리함.

조팝-나무[명] [식물] 조팝나무과의 작은 낙엽 관목. 어린 가지에는 털이 났으며 잎에서 고약한 냄새가 남. 4월에 백색 꽃이 핌. 뿌리는 약용하고 어린 잎은 식용함. 계뇨초(鷄尿草). 목상산. 압초초. hawk

조:패(造牌)[명] [동] 작패(作牌)①. 하타 [weed

조:폐(造幣)[명] 화폐를 만듦. coinage 하타

조:폐 공사(造幣公社)[명] 화폐·은행권·국채 및 증권 따위의 제조를 목적으로 하는 법인. 정부가 출자함. Government Printing & Mint Agency

조:폐-권[一권](造幣權)[명] 〈경제〉화폐의 제조 및 발행을 정부가 독점하는 것이 상례임.

조:폐 평가[一까](造幣平價)[명] 〈경제〉두 나라의 화폐 단위에 들어 있어야 할 순금량 또는 순은량을 기초로 한 두 나라 화폐 단위의 환산 비율. mint par of exchange

조:포(弔砲)[명] 장의(葬儀)에 군대에서 조의(弔意)를 표하는 예포(禮砲). (대) 축포(祝砲). gun of co-

조포(粗包)[명] 벼를 담는 멱서리. [ndolence

조포(粗布)[명] 거친 피륙. low-grade cloth

조:포(造布)[명] 너비가 좁고 감이 두텁고 촘촘하게 짠 함경도에서 나는 베. kind of cotton cloth

조포(粗暴)[명] 난폭(亂暴). 하타

조품(粗品)[명] ①번번하지 못한 물품. (대) 정품. crude article ②남에게 보내는 선물의 겸칭. humble pre-

조풍(條風)[명] ⑧ 동북풍(東北風). [sent

조풍(潮風)[명] 바닷바람. sea wind

조피(造皮)[명] 조피나무의 열매.

조피-나무[명] 〈식물〉산초과의 낙엽 관목. 4~5월에 녹황색 꽃이 피고 열매는 삭과임. 특유한 향(香)과 신미(辛味)가 있어 어린 잎과 과실은 향신료로 식용함. 한방에서 과실과 껍질은 약용하고, 목재는 지팡이를 만듦. 남초(南椒). 당초. 천초(川椒). 촉초. Chinese pepper 약 30 cm. 체형이 불각 비슷함.

조피-불락(-魚)[명] 양볼락과의 바닷물고기. 몸 길이

조필(粗筆)[명] ①거친 붓. ②잘 못 쓴 필적. ③자기 필적의 겸칭. 졸필(拙筆)②. bad writing

조필(操筆)[명] 글씨를 쓰기 위하여 붓을 잡음. 하타

조핏-가루[명] 천초(川椒)를 씨를 빼고 빻은 가루. 조미료로 씀. 천초말.

조:하(早夏)[명] 이른 여름. early summer [하타

조하(朝賀)[명] 조정에 나아가서 임금에게 하례를 함.

조하(朝霞)[명] 아침놀. morning haze

조:하(肇夏)[명] 초여름. early summer

조-하-다[형여][문]→조호하다.

조-하-다(操-)[형여][문] 건조하다. dry

조-하-다(躁-)[형여][문] 성미가 조급하다. hasty

조하-주(糟下酒)[명] ①[동] 용수주.②[동] 용수주.

조학(嘲謔)[명] 조롱하고 놀림. 하타 [up 하타

조학(燥涸)[명] 물기가 건허고 마를 말라 붙음. dried

조:함(造艦)[명] 군함을 건조(建造)함.

조합(組合)[명] ①두 사람 이상이 출자하여 공동 사업을 경영하는 단체. association ②같은 직업에 종사하는 사람들로 조직한 단체. guild ③여럿을 모아 한 덩이가 되게 함. union ④〈수학〉몇 개에서 정한 수를 뽑아서 모은 수. 조합수.

조:합(照合)[명] ⑧ 대조(對照). 하타

조합(調合)[명] ①약재 또는 물감 등을 서로 섞음. mixing ②[동] 조미(調味). 하타

조합 계:약(組合契約)[명] 〈법률〉조합의 당사자가 서로 출자하여 공동의 사업을 경영할 것을 약속하는 계약. partnership agreement

조합 교:회(組合教會)[명] 〈기독〉신앙의 자유와 심령(心靈)의 평등을 표방(標榜)하는 신교(新教)의 한 파. congregational church

조합 기:업(組合企業)[명] 〈경제〉소규모의 생산자와 근로자가 협조하여 경제적 기능을 직접 또는 간접으로 도모하는 공동 기업의 하나.

조합-비(組合費)[명] ①조합 운영에 필요한 비용. ②조합원이 내는 회비. union due [er of association

조합-원(組合員)[명] 조합을 조직한 당사자. memb-

조합 은행(組合銀行)[명] 〈경제〉일정한 지역 안에 있

는 은행으로 조직되는, 은행 집회소 조합·예금 협정 조합·어음 교환소 조합 따위에 가입해 있는 은행. associate bank

조합-장(組合長)圓 조합의 우두머리. union president

조합-주의(組合主義)圓 ⇨노동 조합주의.

조항(祖行)圓 할아버지와 같은 항렬. 대부항(大父行). relatives in the same generation grandfather

조항(條項)圓(同) 조목(條目).

조해(潮害)圓 간석지(干潟地) 따위에 만드는 논에 조수(潮水)가 끼치는 피해. damages by tidal waters

조해(潮海)圓 염분을 함유한 바다.

조해(潮解)圓〈화학〉 고체가 대기 중의 습기를 빨아들여 저절로 녹음. 흡습 조해. 하타

조:행(卓行)圓 아침 일찍 길을 떠남. 하타

조행(操行)圓 품행. 품행. ¶~이 나쁜 사람.

조헌(朝憲)圓 조정의 규칙.(同) 헌법.   [manners

조헌 문:란(朝憲紊亂)圓 국가 존립(存立)의 기초인 제도(制度)를 문란하게 함.

조:험(阻險)圓 길이 막히고 험난함. steepness 하형

조:험(照驗)圓 비쳐 보아서 정험함. verification 하타

조현(朝見)圓 신하가 임금께 뵘. 조근(朝覲). audience with the king 하타

조현-례[-녜](朝見禮)圓〈제도〉새로 간택된 비빈(妃嬪)이 가례(嘉禮) 뒤에 처음으로 부왕(父王)·모비(母妃)에게 뵈옴는 예식.

조:혈(造血)圓 피를 만듦. 하타

조:혈-기(造血器)圓〈생리〉몸에서 피를 만드는 기관. 골수·비장·간장 따위. hematopoietic organ

조:혈-제(造血劑)圓 피가 모자라는 사람이 먹어 피를 증가시키는 약제. blood-making medicine

조:혈 조직(造血組織)圓〈생리〉혈구(血球) 특히 적혈구를 만드는 조직.

조협(皁莢)圓 쥐엄나무 열매의 껍데기. 성질은 온하고 약간 유독하며, 중풍·편두통·마비·살충제로 쓰임.

조협-자(皁莢子)圓 쥐엄나무의 열매의 씨. 장(腸)을 도우며 풍열(風熱)을 다스리는 약에 쓰임. 아조자(牙皁子).   [(많이 쓰임.

조협-자(皁莢刺)圓 쥐엄나무의 가시. 한의에서 외과

조:형(造形)圓 형체(形體)를 이루어서 만듦. moulding 하타

조:형 미술(造形美術)圓 물질적 재료를 써서 사물을 유형적으로 표현하는 시각을 대상으로 하는 미술. 회화(繪畫)·조각(彫刻)·장식품·건축 따위. formative arts   [있는 특성.

조:형-성[-썽](造形性)圓 조형 예술 작품이 지니고

조:호(助護)圓 돕고 보호함. aid and protection 하타

조:호(調號)圓〈음악〉어떤 음의 반음을 높이거나 낮음을 표시하는 영기호(嬰記號)나 변기호(變記號).

조호(調護)圓 매만지어 보호함. 하타

조:혼(早婚)圓 어린 나이로 일찍 혼인함.(例) 만혼(晩婚). early marriage 하타

조:혼(助婚)圓①혼인의 비용을 도와 줌. helping out marriage expenses ②혼인 때에 신부집의 생활이 구차한 경우에 신랑집에서 돈을 보태줌. assisting one's bride-to-be's home 하타

조:혼-전(助婚錢)圓 혼인 때에 신부집이 구차한 경우, 신랑집에서 그 비용을 보태어 주는 돈.

조흘(粗忽)圓①간략하고 허술함. carelessness ②성질이 조심성 없이 거칠고 경솔함. rashness 하타

조흠(粗欠)圓 조출함. 깨끗함. '조다'의 명사형.

조:홍(早紅)圓 열매가 일찍 익고 빛깔이 썩 붉은 감의 하나.   [rainbow

조홍(朝虹)圓 아침에 서쪽에 서는 무지개. morning

조홍(潮紅)圓 부끄러워서 얼굴이 붉어짐. flush

조홍-소(藻紅素)圓 홍조류(紅藻類)에 함유되어 있는 붉은 색소.   [wers of condolence

조:화(弔花)圓 조상하는 뜻을 표하여 보내는 꽃. flo-

조:화(造化)圓①모든 물건을 만들어 기른다는 천지의 힘과 재주. creation ②신통하게 된 사물. won-

ders of nature ③천지. 우주. universe

조:화(造花)圓 인공으로 만든 꽃. 가화(假花). (例) 생화(生花). artificial flower

조화(彫花)圓 도자기(陶瓷器)에 꽃무늬를 새김. 하타

조화(調和)圓①서로 어울리게 함. harmony ②고르게 하여 알맞게 맞춤. ③서로 모순이나 충돌이 없이 잘 어울림. 해화(諧和). ¶선율(旋律)의 ~. 하타

조:화(遭禍)圓 재해를 만남. 하타

조화 급수(調和級數)圓〈수학〉조화 수열(數列)의 각 항(項)을 기호 '+'로 맺은 식. harmonic progression   [굿남이 없다. **조화-로이**圓

조화-롭-다(調和-)(國)(日보) 조화가 되어 모순되거나 어

조:화 무궁(造化無窮)圓 조화가 한이 없음. 하타

조화 수:열(調和數列)〈수학〉수열 각항(各項)의 역수(逆數)의 수열이 등차(等差) 수열을 이루는 것. harmonic progression

조화 중항(調和中項)圓〈수학〉세 개의 수가 조화 수열을 이룰 때 그 가운데의 항. harmonic mean

조화 해:석(調和解析)圓〈수학〉일반적으로 어떤 함수를 사인 함수의 합으로 분해하는 일.

조황(釣況)圓 낚시질한 상황(狀況).

조회(朝會)圓①학교·관청 등에서 날마다 아침에 모이는 일. 조례(朝禮). (例) 종례. morning gathering ②〈제도〉백관이 조현하기 위하여 모이던 일. [문. letter of inquiry ②서면으로 물어봄. ¶신원

조:회(照會)圓①의논하거나 알리기 위하여 보내는 공~. making inquiries by letter 하타

조:효(早曉)圓 이른 새벽.

조효(粗肴)圓 변변하지 않은 안주. ¶조주(粗酒) ~.

조효(嘲哮)圓 짐승이 큰소리로 짖어댐. 포효(咆哮).

조후:(兆候)圓 조짐의 동태.

조후(潮候)圓 조수가 드나드는 시각. tidal time

조후-차(潮候差)圓 달이 자오선(子午線)을 통과하고 나서 만조(滿潮)가 되기까지의 평균 시간(平均時間). 평균 고조 간극(平均高潮間隙).

조훈(祖訓)圓 조상이 전한 훈계. ancestral precepts

조:휼(弔恤)圓 조상하여 가엾이 여겨 위로함. ¶~지은(之恩). consolating with pity 하타

조흔(爪痕)圓 손톱이나 발톱으로 할퀸 흔적.

조흔(條痕)圓①암석이나 광석 따위로 금긋거나 같아서 낸 자국. ②애벌구운 자기(瓷器)에 광물을 문질러서 나는 줄의 자국. 광물의 감정에 쓰임. ③줄을 묻

조흔-색(條痕色)圓 조흔에 나타나는 색. [자국.

조:흥(助興)圓 흥치를 도움. addition to amusement 하타

조희(嘲戯)圓 빈정거리며 희롱함. mockery 하타

조희(調戯)圓 희롱하여 놀림. 파롱(簸弄). banter 하

·조·타·히圓 ... 께뜨이.

족:圓①차례로 늘어선 모양. in a row ②액체를 한 숨에 들이마시는 모양. ③거침없이 나아가는 모양. ④줄을 고르게 긋는 모양. straightly ⑤물건을 펼 거나 훑는 모양. noisily ⑥입맛을 다시면서 핥아 들이는 모양. 족음. (센) 쪽.

족¹(足)圓 소·돼지 따위의 다리의 무릎 아래 부분. leg

족²(足)의명 켤레. ¶양말 한 ~.

-족(族)圓①겨레의 뜻을 나타냄. ¶흑노~. race ②같은 종류의 사람을 말함. ¶히피~.

족가(足枷)圓(同) 차쇠.

족건(足件)圓 버선의 궁중말.

족골(足骨)圓〈생리〉족부를 구성하고 있는 뼈의 총칭. 다리뼈. foot bones   [칭.

족-관절(足關節)圓〈생리〉발에 있는 모든 관절의 총

족근-골(足根骨)圓〈생리〉발 뒤꿈치 부분의 뼈.

족-꼭지圓 일정한 절반의 빛깔이 다른 꼭지를 붙인 연.

족내-혼(族內婚)圓 미개 민족의 혼인 관습의 하나. 동일 집단(同一集團)에 속하는 사람끼리 행하는 혼

족당(族黨)[명] 족속(族屬).
족대 어구(漁具)의 하나. 작은 반두와 같되 가운데 붙이 처지게 되었음.
족대기-다 ①함부로 우기대다. insist ②볶아치다. press ③족치다. hurry
족-대:부(族大父)[명] 대부볕의 먼 일가.
족도(足蹈)[명] 발로 뛰는 짓. spring 하자
족두리(명) 여자가 예복에 갖추어 쓰는 관의 하나.
족두리-풀(식물) 세신과(細辛科)에 속하는 다년생 풀. 근경은 가늘고 마디가 있으며 매운 맛이 있음. 잎이 피기 전에 홍자색 꽃이 피며, 과실은 해면질(海綿質)임. 뿌리는 약재로 씀.
족두리-하님(명) 혼행(婚行) 때에 신부를 따라가던 하인(下人).
족류(族類)[명] ①일가붙이. relations ②[동] 동족.
족당(族黨)[명] 씨족과 가문(家門) 가운데 성망(聲望)이 있는 사람. hope of family
족멸(族滅)[명] 일족(一族)을 남김없이 죄다 죽임. extermination of family 하자
족반 거상(足反居上)[명] 사물이 거꾸로 됨을 이르는 말. upside down 하자
족=발(足−)[명] 죽여서 각뜬 돼지의 발목. hoof
족보(族譜)[명] 한 족속의 세계(世系)를 적은 책. genealogy
족부(足部)[명] 발에서 발목까지의 언저리. feet
족부(族父)[명] 씨족(氏族)・부족(部族)의 우두머리.
족부-권[─權][명] 족장(族長)이 갖는 통솔권.
족-부족(足不足)[명] 자라든지 모자라든지 간에. ¶～에 셈이나 해 보아라.
족=불리지(足不履地)[명] 발이 땅에 닿지 않을 정도로 빨리 달아남. fast flight 하자
족사(足絲)[명] 〈조개〉 조개 종류 일부가 가진 실 모양의 분비물. byssus 「(先山). family graveyard
족산(族山)[명] 한 일가의 뫼를 함께쓴 산. (유) 선산
족산대[−대][명] 두 막대기 사이에 그물을 맨 것. 두 막대기를 잡고 떠 올림.
족생(簇生)[명] 〈식〉 총생(叢生)①. 하자
족성(族姓)[명] ①족속과 성씨(姓氏). family and its surname ②어느 종류의 문벌. family
족속(族屬)[명] 같은 종문(宗門)의 겨레붙이. 족당(族黨). family
족손(族孫)[명] 동종(同宗)의 유복친(有服親) 이외의 손자 항렬이 되는 사람. grandson's in relation
족쇄(足鎖)[명] 〔行〕이 되는 남자.
족숙(族叔)[명] 동종 유복친(有服親) 이외의 숙항(叔行)이 되는 남자.
족완(足腕)[명] 〈생리〉 ankle
족외-혼(族外婚)[명] 미개 민족의 혼인 관습의 하나. 동일 집단(同一集團)에 속하는 사람끼리는 금하고, 다른 집단(集團)員과 하는 결혼. 외혼(外婚). (대) 족내혼(族內婚). exogamy
족음(足音)[명] 〔동〕공음(跫音). 「례붙이. relative
족인(族人)[명] 동종 유복친(有服親) 이외의 겨
족자(簇子)[명] 글씨나 그림 등을 꾸며서 벽에 거는 것. hanging-roll
족자-걸이(簇子−)[명] 족자를 높은 곳에 걸거나 내리는 데 쓰는, 끝이 두 갈래로 갈라진 긴 막대. hanging pole 「리②. handle
족자리[명] 용기 그릇 따위의 옆에 달린 손잡이. 조자
족장(足掌)[명] 발바닥. sole
족장(族長)[명] 같은 종문(宗門)의 유복친(有服親) 이외의 윗항렬이 되는 어른. elder of clan
족장(族長)[명] ①일족(一族) 중 제일 어른이 되는 사람. 또는 최연장자. tribal head ②가족의 어른. head of family 「one's soles
족장-맞-다(足掌−)[명] 족장矯을 당하다. beaten on
족장:하-다(足掌−)[타] 동상례(東床禮)을 할 적에 먹으려고 장난삼아 새신랑을 거꾸로 매달고 그 발바닥을 때리다. beat the bridegroom's soles

족적(足迹・足跡)[명][동] 발자국.
족적(族籍)[명] 족칭(族稱)과 본적(本籍). social status and domicile 「남자. brothers in relation
족제(族弟)[명] 유복친(有服親) 이외의 아우뻘이 되는
족제(族制)[명] 가족에 관한 제도. family system
족제비(명) 〈동〉 족제비과의 짐승. 몸 길이가 수컷은 30∼40 cm, 암컷은 15∼25 cm 가량임. 털 빛은 보통 황적갈색에 광택이 나며 주둥이 끝은 흑갈색임. 꼬리털은 붓을 만드는 데 쓰고 그 밖의 털은 방한용의장(衣裝)으로 쓰임. 서랑(鼠狼), 황서. 황서랑. 유서. weasel
족제비고사리(명) 〈식물〉 꼬리고사리과의 다년생 상록 양치류. 총생하며 잎과 줄기는 단단한 혁질이고 피막이 있는 자낭군(子囊群)이 산재함. 산기슭에 남.
족제비도 낯짝이 있다(명) 사람이 염치가 없어서는 안 된다. 「짐숭하게 생긴 얼레. bobbin
족제비 얼레(명) 실을 다루는 데 쓰는 제구. 통이 좁은
족제비 잡은 데 꼬리 달라는 격[관] 가장 긴요한 부분을 남이 차지하려 함.
족조(族祖)[명] '마나'의 뜻을 표함. 동사 어미 '−는', 의 존 명사 '데'의 밑에 붙음. ¶가는 ∼ 잡힌다. every
족:=족(族族)[명] ①여러 줄로 늘어지거나 떨어지는 모양. in rows ②줄을 고르게 긋는 모양. ③물건을 찢거나 훑는 모양. (큰) 죽죽. (어) 쪽쪽.
족족(簇簇)[명] ①수없이 늘어섬. 또, 그 모양. stretching at full length ②빽빽하게 모임. 또, 그 모양. in thick crowd 하자 「abundance 하자
족족 유:여(足足有餘)[명] 매우 넉넉하여 남음이 있음.
족족-하-다(足足−)[형] 썩 넉넉하다. 풍족하다. abundant
족주(族誅)[명] 한 사람의 죄로 일족(一族)을 죽임.
족지(足指)[명] 발가락. toe 「멸문(滅門). 하자
족지계(族之戒)[명] 최초의 관계.
족질(族姪)[명] 동종・유복친(有服親) 이외의 조카 항렬이 되는 남자. nephews in relation
족집게(명) 잔털이나 가시 같은 것을 뽑는 데 쓰는, 쇠로 만든 작은 기구. tweezers
족집게 장:님(명) 무꾸리할 때 남의 지낸 일을 꼭꼭 집어 내는 썩 영검한 장님. 「어 반던 일. 하자
족징(族徵)[명] 〈제도〉 축낸 공금을 겨레붙이에게 물리
족채(足債)[명] 먼 곳에 보내는 사람에게 주는 삯. tip for errand 하자 (유) 차사 예채(差使例債).
족척(族戚)[명] 동성(同姓)이나 타성(他姓)의 겨레붙이.
족첨(足尖)[명] 발끝부. [이. kinsmen
족출(簇出)[명] 떼를 지어 연달아 생겨남. take place like mushroom 하자
족치-다(명) ①큰 것을 작게 만들다. make something small ②차츰 줄이다. lessen ③깨뜨리다. break ④족대기다. compel 「일가. kinsmen
족친(族親)[명] 유복친(有服親) 이외의 같은 성(姓)의
족칭(族稱)[명] 백성의 신분의 계급명. designation of one's family
족탈 불급(足脫不及)[명] 맨발로도 따라가지 못한다는 뜻으로, 능력・역량・재질 등의 차이가 뚜렷함을 이르는 말.
족탕(足湯)[명] 쇠족과 사태를 넣고 푹 끓인 국.
족통(足痛)[명] 발의 아픔.
족=편(足−)[명] 쇠족・가죽・꼬리 등을 고아서 고명을 뿌려 식히어 묵처럼 엉기게 한 음식. 교병(膠餠). 족병(足餠). jell made from leg of beef
족하(足下)[명] 〈공〉 편지 받을 사람의 성명 아래에 쓰는 말. Mr. 「차다. be satisfied 족-히[부]
족-하-다(足−)[형][여] 넉넉하다. sufficient ②양에
족형(族兄)[명] 유복친(有服親) 이외의 형뻘이 되는 남자. elder brother in relation 「국.
족흔(足痕)[명] ①발자국. ②화석으로 남은 동물의 발자
존가(尊家)[명] 남의 집.
존객(尊客)[명] 높고 귀한 손님. distinguished guest

존견(尊見)〖명〗〖동〗 존의(尊意). [pect 하타
존경(尊敬)〖명〗 받들어 공경함. respect 하타
존경-심(尊敬心)〖명〗 존경하는 마음.
존경-어(尊敬語)〖명〗 존경어. [대인(大人).
존공(尊公)〖공〗 지위가 높은 이의 그 아버지. 존
존귀(尊貴)〖명〗 높고 귀함. 《대》 비천(卑賤). nobility 하타
존념(存念)〖명〗 늘 생각에 둠. keep in mind 하타
존당(尊堂)〖공〗 남의 어머니. your mother
존대(尊大)〖명〗 벼슬이나 학식 또는 인격이 높고 큼. arrogance 하타 [treatment 하타
존대(尊待)〖명〗 받들어 대접함. 《대》 하대(下待). polite
존대(尊待)〖공〗 존공(尊公). [pect
존대-어(尊待語)〖명〗 존대해서 하는 말. term of res-
존대-인(尊大人)〖공〗 존공(尊公).
존대하고 빨맞지 않는다〖속〗 남에게 공손하면 욕이 돌아오지 아니한다.
존데(Sonde 도)〖명〗 ①요도·식도 등에 넣어 기관 내부의 상태를 살피는 기구. ②기상 관측용 기구.
존득-거리-다〖자〗 ①차져서 잘 끊어지지 않는 느낌이 연해 있다. elastic ②음식물이 검질겨 탄력성 있게 섞히는 느낌이 연해 있다. 《큰》 준득거리다. 《센》 쫀득거리다. gummy **존득=존득** 하형
존람(尊覽)〖명〗 남이 책을 읽거나 무엇을 봄을 이르는 말. 하타
존래(尊來)〖명〗〖동〗 왕림(枉臨).
존려(尊慮)〖명〗〖동〗 존의(尊意).
존령(尊靈)〖명〗〖공〗 혼령(魂靈)을 이르는 말.
존로(尊老)〖명〗〖공〗 노인을 이르는 말.
존류(存留)〖명〗 ①남아 있음. remaining ②남아 삶. surviving 하타
존립(存立)〖명〗 ①〈철학〉 객관적인 실재(實在)로서의 관념적인 존립. subsistence ②생존하여 자립함. existence 하타 [존물. rise and fall
존망(存亡)〖명〗 있는 것과 없는 것. 존속과 멸망.
존망지-추(存亡之秋)〖명〗 존속하느냐 멸망하느냐의 절박한 때. time of crisis
존-멸(存滅)〖명〗 존재와 멸망. 하타
존명(存命)〖명〗 살아 있음. living 하타
존명(尊名)〖공〗 상대방의 이름. 존귀한 이름.
존명(尊命)〖공〗 남의 명령을 이르는 말.
존모(尊慕)〖명〗 존경하여 그리워함. 하타
존몰(存沒)〖명〗〖동〗 존망(存亡).
존문(存問)〖제도〗 수령이 그 지방의 사람을 인사로 방문하던 일. 하타
존문(尊問)〖명〗 윗사람의 물음. 하타
존문-장(存問狀)[─짱]〖제도〗 수령이 존문하는 뜻을 쓴 편지. 존문 편지.
존문 편지(存問便紙)〖명〗〖동〗 존문장(存問狀).
존본 취리(存本取利)〖명〗 돈이나 곡식을 꾸어 주고 밑천은 그대로 둔 채 해마다 그 변리만을 받음. 하타
존봉(尊奉)〖명〗 높여 받듦. respectful observance 하타
존부(存否)〖명〗 존재(存在)하고 않음의 여부(與否).
존부(尊父)〖공〗〖동〗 춘부장(椿府丈).
존-불(John Bull)〖명〗 전형적인 영국 사람. [low
존비-비(尊卑)〖명〗 신분·지위의 높음과 낮음. high and
존비 귀천(尊卑貴賤)〖명〗 지위나 신분 등의 높고 낮음.
존상(尊像)〖공〗 존귀한 상(像). [과 귀하고 천함.
존서(尊書)〖명〗〖동〗 존한(尊翰).
존성(尊姓)〖명〗 상대자의 성(姓). your [말.
존성 대명(尊姓大名)〖공〗 상대자의 성명을 이르는
존속(存續)〖명〗 오래 있음. 오래 계속함. continuance 하자타 [《대》 비속(卑屬). ascendants
존속(尊屬)〈법률〉 부모와 같은 항렬 이상의 항렬.
존속 살해(尊屬殺害)〈법률〉 자기나 배우자의 직계 존속을 살해함으로써 성립하는 죄.
존속-친(尊屬親)〖명〗〈법률〉 부모·조부모·백숙부모의 친족적 관계를 이름. lineal ascendance
존숭(尊崇)〖명〗 존경하고 숭배함. reverence 하타
존시(尊侍)〖명〗 웃어른과 나이 어린 사람. senior and junior

존시=간(尊侍間)〖명〗 나이 많은 사람과 나이 적은 사람의 사이. 20여 세의 나이 차가 있을 때 씀. [하타
존신(尊信)〖명〗 높이어 믿고 의지(信賴)함. respect and rely
존심(存心)〖명〗 마음에 두고 잊지 아니함. 택심(宅心). bearing in mind 하타
존안(存案)〖명〗 보존하여 두는 안건. reserved plan
존안(尊顏)〖공〗 상대자의 얼굴. your face
존앙(尊仰)〖명〗 존경하여 우러러봄. respect 하타
존양지=의(存羊之義)〖공〗 구례(舊禮)나 허례(虛禮)를 버리지 못함을 이름. [《수 없음.》 하타
존엄(尊嚴)〖명〗 ①높고 엄숙함. dignity ②높아서 범할
존엄-성(尊嚴性)〖명〗〖엄성性〗 존엄한 성질. 품위. dignity
존영(尊詠)〖명〗 남의 시가(詩歌)를 이르는 말.
존영(尊榮)〖명〗 지위가 높고 영화로움. dignity and prosperity 하타 [照). portrait of dignitary
존영(尊影)〖공〗 높은 사람의 화상·사진. 존조(尊
존옹(尊翁)〖명〗 노인을 이르는 말.
존위(尊位)〈제도〉 면(面)이 또는 리(里)의 어른.
존의(尊意)〖공〗 남의 의견을 이르는 말. 존견(尊見). 존려(尊慮). [를 논하지 아니함. 하타
존-이불론(存而不論) 그대로 버려두고 시비(是非)
존자(尊者)〖명〗〈불교〉 학문과 도덕이 뛰어난 불제자(佛弟子). Buddhist saint
존장(尊丈)〖명〗 ①지위가 자기보다 높은 사람을 이르는 말. one's superior ②자기 아버지의 허교(許交)하는 사람. father's friends ③자기 나이보다 16세 이상 되는 사람. elders
존장(尊長)〖명〗 존대해야 할 웃어른. one's superior
존재(存在)〖명〗 ①사물이 있음. 현재 있음. being ②〈철학〉 의식에서 독립하여 외계에 객관적으로 실재(實在)하는 것. existence ③〈철학〉 형이상학적(形而上學的)으로는 현상(現象)의 전변(轉變)의 근저(根底)에 있는 실체. 곧, 우주 현상의 본질적 실체. 본체(本體). 본질. 《대》 무(無). 사유(思惟). ④어떤 인간 또는 작용을 갖는 능력을 지닌 인간. 『위대한 ~. ⑤독특성이나 가치·특색을 갖고 있음으로써 자림이 인정되는 일. 『그 학문으로서 ~을 인정받다. 하타
존재-론(存在論)〖명〗〈철학〉 존재 그 자체 또는 그의 가장 근본적·보편적인 제 규정에 관한 학문. 본체론(本體論). ontology [르는 말.
존저(尊邸)〖공〗 존경하는 사람의 저택(邸宅)이
존전(尊前)〖명〗 ①임금의 앞. in the royal presence ②존경하는 사람의 앞.
존-절(←樽節)〖명〗 쓸쓸하는 것을 절약함. 『물건을 ~히 써야 하느니라. 《원》 준절(樽節). 하타 히타
존조(尊照)〖명〗〖동〗 존영(尊影). [kindly
존-조리(조리)〖명〗 잘 타이르는 뜻으로, 조리있고 부드럽게.
뜬뜬-히 디〖부〗 피륙의 짜임이 고르고 곱다. 《센》 쫀쫀하다. closely knitted
존중(尊重)〖명〗 높이고 중하게 여김. 《대》 무시(無視). respect 하타 히타
존중-시(尊重視)〖명〗 존중하게 여김. 하타
존중-심(尊重心)〖명〗 존중하는 마음.
존집(尊執)〖공〗 웃어른을 이름.
존찰(尊札)〖명〗〖동〗 존한(尊翰). [health
존체(尊體)〖공〗 상대자의 몸. 『~만안(萬安). your
존총(尊寵)〖명〗 지위가 높은 사람에게 총애(寵愛)를 받음. winning one's favour
존치(存置)〖명〗 현재의 제도나 설비를 없애지 않고 그냥 둠. 《대》 폐지. preservation 하타
존칭(尊稱)〖명〗 ①높이어 이름. honorary title ②〈어학〉 인칭 대명사의 높임을 나타냄. 《대》 비칭(卑稱). 하타
존칭-어(尊稱語)〖명〗 경어(敬語).
존칭=하-다(尊稱─)〖명〗〖자타〗 공경하는 뜻으로 높여 부르다.
존택(尊宅)〖공〗 상대자의 집.
존폐(存廢)〖명〗 남아 있는 것과 없어짐. maintenance or abolition

존필(尊筆)[명]〈공〉상대자의 필적을 높여 부르는 말.
존함(尊翰)[명]〈공〉상대자의 편지. 존서(尊書). 존찰(尊札). 존함(尊函). your letter
존함(尊銜·尊啣)[명]〈공〉존함(尊啣).
존함(尊啣·尊銜)[명]〈공〉상대자의 이름.
존행(尊行)[명] 아저씨뻘 이상의 항렬.
존현(尊賢)[명] 어진 사람을 존경함. 하다
존현(尊顯)[명] 지체가 높고 이름이 드러남. nobleness
존형(尊兄)[대] ①〈공〉동배(同輩) 사이에 상대자를 높여 부르는 호칭. 대형(大兄). 인형(仁兄). you sir
존호(尊號)[명]〈제도〉왕이나 왕비의 덕을 칭송하여 올리던 칭호(稱號). posthumous name of a king
존후(尊候)[명]〈공〉남의 체후(體候).
졸(卒)[명] '卒·兵'자를 새긴 짝. 장기(將棋)의 말의 하나. 졸때기③. pawn
졸²(卒)[명]〈제도〉신라 시위부(侍衛府)의 끝자리 벼슬.
졸³(卒)[명] 죽음을 일컫는 말. 몰(歿). 하다
졸가(拙家)[명]〈하〉자기 집을 이르는 말. my house
졸가리[명] ①잎이 다 떨어져 나간 가지. dead branch ②사물의 골자(骨子). ③〈큰〉줄거리. pith ③이전에 행세하면 문벌. old illustrious family
졸개(卒─)[명]〈속〉남의 부하로 붙좇으며, 부분적으로 심부름 밖에는 하는 사람. 졸도(卒徒)②. follower
졸경(卒更)[명] ①〈제도〉밤을 경계하여 순찰함. night patrol ②밤새껏 자지 못하는 괴로움을 이름. keeping awake all night [하는 사람. 순라군.
졸경─군(─軍)[명](卒更軍)〈제도〉밤에 순라하여 경계
졸경─치─다(卒更─)[약]→졸경치르다.
졸경─치르다(卒更─)[타] ①〈통〉통행 금지 시간을 위반하고 벌을 받다. ②한동안 남에게 괴로움을 당하다. [약]졸경치다. have bitter experiences
졸계(拙計)[명]〈동〉졸책(拙策).
졸고(拙稿)[명] 자기가 쓴 원고를 겸손하게 이르는 말.
졸곡(卒哭)[명] ①삼우제(三虞祭)를 지내는 제사. ②사람이 죽은 석 달 되는 초정일(初丁日)이나 해일(亥日)에 지내는 제사. [manship
졸공(拙工)[명] 솜씨가 무디고 잘못된 장색(匠色). poor work-
졸─규모(拙規模)[명] 졸렬한 사람. 또는 변변찮은 규모.
졸금(拙禁)[명] 액체가 조금 쏟아지다 그치는 모양. 〈큰〉질금. 〈작〉쫄금. 졸금. 하다
졸금─거리─다[자] 자꾸 졸금졸금하다. 〈큰〉질금거리다. 〈센〉쫄금거리다. 졸금=졸금 하다
졸기(拙技)[명] ①졸렬한 기예(技藝). poor workmanship ②자기 기예를 겸손하게 이르는 말.
졸깃─졸깃[명] 섞으며 차지도 질긴 힘이 있는 상태.
〈큰〉줄깃줄깃. 〈센〉쫄깃쫄깃. soft but sinewy 하다
졸─난봉[통](猝難捧通)[명] 뜻밖에 일을 당하여 조처할 도리가 없음.
졸년(卒年)[명] 죽은 해. 몰년(沒年). year of one's
졸─년월일(卒年月日)[명] 사람이 죽은 연월일. [death
졸눌(拙訥)[명] 재주가 무디고 말을 떠듬거림. clumsy and smuttering 하다 [어가다. doze
졸─다[자][르]피곤하여서 자꾸 잠을 자는 상태로 들
졸─다[자] 차차 작아지거나 적어지다. 〈큰〉줄다. decrease
졸도[─또](卒倒)[명] 뇌출혈이나 뇌빈혈 따위로 인하여 갑자기 정신을 잃고 쓰러짐. fainting 하다
졸도[─또](卒徒)[명] ①부하 병졸. one's man ②〈동〉졸개. [쓰지 못하게 됨. 〈예〉돌되기.
졸─되기[명] ①돋되기 이전의 상태로 돌아감. ②기관이
졸─들─다[자]발육이 연젆하거나 주접이 들다. dwarf
졸딱─졸딱[명] ①규모가 작은 모양. tiny ②일을 단박에 못하고 조금씩 하는 모양. 〈큰〉쭐떡쭐떡. bit by bit 하다
졸딱─일[명] ①규모가 작은 일. small work ②지위가 변변하지 못한 사람. man of straw ③〈동〉졸(卒)①.
졸라─대─다[타] 자기가 하고 싶은 것이나 먹고 싶은 것을 하게 달라고 바득바득 요구하다. badger
졸라─매─다[타] 느슨하지 않도록 단단히 메다. ¶주리를 ∼. tighten
졸라이슴(zolaïsme 프)〈문학〉졸라의 문학상의 주장. 창작에 있어 필연적 사실을 인위적으로 생성시키는 실험적 방법.
졸랑─거리─다[자] 자꾸 졸랑졸랑하다. 경망스럽게 연해 까불다. 〈거〉쫄랑거리다. 졸랑=졸랑 하다
졸래─졸래[명] 경망스러운 사람이 몸을 까불거리며 주책없이 행동하는 모양. 〈큰〉줄레줄레. 〈센〉쫄래쫄래. flippantly 하다
졸렌(Sollen 도)〈철학〉당위(當爲).
졸렬(拙劣)[명] 옹졸하고 비열함. 〈대〉교묘(巧妙). 〈원〉
졸로(拙老)[약]→졸리로. 〈출〉(拙劣). clumsiness 하다
졸로(拙老)[대] 늙은이가 자기 스스로를 겸손히 이르는 말. [론. absurd view
졸론(拙論)[명] ①자기 언론의 겸칭. ②보잘것없는 언
졸루(拙陋)[명] 용렬하고 비루함. foolishness and meanness 하다
졸리─다[자][르][명] ①남에게 몹시 시달림을 받다. ¶빚쟁이에게 ∼. be teased by ②단단히 메어지다. 〈예〉졸리다. be tightened [sleepy
졸리─다[자] 졸음이 자고 싶은 생각이 있다. feel
졸막─졸막[명] 여러 개의 물건이 고르지 않게 뒤섞여 서 그 차이가 좀 두드러진 모양. 〈큰〉줄먹줄먹. in various small sizes 하다
졸망(拙妄)[명] 졸렬하고 망녕됨. clumsiness 하다 히히
졸망=졸망[명] ①면(面)이 울퉁불퉁 내민 모양. protuberant ②자잘구레한 물건이 많이 모여 있어 보기 좋은 모양. 〈큰〉줄멍줄멍. in various small sizes
졸모(拙謀)[명] 졸렬한 꾀.
졸문(拙文)[명] ①졸렬하게 지은 글. ②자기가 지은 글을 겸손히 이르는 말. [꿩고기의 미끼.
졸─밥[명] 사냥매에게 꿩 잡을 생각이 나게 조금 주는
졸병(卒兵)[명]〈동〉군사(軍士).
졸보(拙甫)[명] 재주가 없고 졸망한 사람. stolid person
졸─보기[명]〈동〉근시(近視).
졸─보기눈[명]〈동〉근시안(近視眼).
졸복[명](─복)〈어류〉참복과의 바닷물고기. 몸 길이 약 38cm로 퉁퉁하고 짧은데 빛은 황갈색, 배는 [흼.
졸부(猝富)[명] 벼락부자. sudden rich
졸부(拙夫)[명] 편지에서, 남편이 아내에게 자기를 이르는 말. I, your humble husband
졸─부귀(猝富貴)[명] 별안간 된 부귀. sudden riches
졸부─귀불상(─不祥)[명](猝富貴不祥) 벼락 부귀는 도리어 상서롭지 못해 재액이 뒤따르기 쉽다는 뜻.
졸사(卒死)[명](猝死) 별안간 죽음. sudden death 하다
졸사─간(─싸─)[명](猝/間)② 갑작스러운 잠깐 동안. in an instant
졸서[─씨](卒逝)[명]〈동〉사거(死去). 하다
졸성(拙誠)[명]〈拙誠〉용렬한 정성.
졸세[─씨](卒歲)[명] 해를 마침. close of year 하다
졸속(拙速)[명](拙速)서두르나 빠름. 불비(不備)한 점이 있어도 성취는 빠름. 〈대〉교지(巧遲). rough and ready [ability
졸수─단[─쑤─](拙手段)[명] 졸렬한 수단. 서투른 솜씨. poor
졸─수단[─쑤─](拙手段)[명] 졸렬한 수단.
졸승(卒乘)[명] 보병과 기병.
졸아─들─다[자] 크거나 많던 것이 작거나 적게 되어 가다. 〈큰〉줄어들다. lessen [down
졸아─붙─다[자] 물기가 마르게 되다. ¶찌개가 ∼. boil
졸아─지─다[자] 점점 졸아들다. 〈큰〉줄어지다. lessen
졸업(卒業)[명] ①일정한 규정이 있는 학업을 마침. 〈대〉입학(入學). graduation ②어떤 일에 많은 경력을 쌓음. experience 하다
졸업─기(卒業期)[명] 졸업할 무렵.
졸업 논문(卒業論文)[명] 대학 같은 곳에서 졸업에 필요한 조건으로서 제출 통과하여야 하는 전공 부문에 관한 연구 논문. graduation thesis
졸업─반(卒業班)[명] 졸업을 앞둔 학년. 학교의 최종 학년. graduating class

졸업생(卒業生)[명] ①소정의 학업을 마친 사람. graduate ②사물에 능란한 사람. expert ③졸업한 사람.

졸업-식(卒業式)[명] 학교에서 소정의 교과·학과 과정을 마친 사람에게 졸업장을 주는 예식. graduation ceremony 「서(卒業證書). diploma of graduation

졸업-장(卒業狀)[명] 졸업을 증명하는 문서. 졸업증

졸연-하다(猝然─)[형여] 아무런 소문도 없이 갑작스럽다. abrupt 졸연-히[부]

졸오(卒伍)[명] 병졸들의 대오(隊伍). ranks

졸우(拙愚)[명] 옹졸하고 어리석음. 하[형] 「ess

졸:음[명] 잠이 오는 느낌. 자고 싶은 기분. drowsin-

졸음(拙吟)[명] ①잘 짓지 못한 시(詩). poor poem ②자기가 지은 시를 겸손하게 이르는 말. 「말.

졸의(拙意)[명] 자기의 생각이나 뜻을 겸손하게 이르는

졸이-다[타] ①졸아들도록 하다. boil down ②애를 쓰다. anxious about ③물기가 없어지게 하다. boil down

졸자(─짜)(拙者)[명] 옹졸한 사람. blockhead

졸자(─짜)(拙者)[대] 자기를 겸손하게 이르는 말.

졸작(─짝)(拙作)[명] ①보잘것없는 작품. poor work ②자기의 작품을 겸손하게 이르는 말. 졸저.

졸:─잡─다[타] 실제에 있는 것보다 줄이어 헤아려 보다. (큰)줄잡다. make low estimate

졸장:부(─짱─)(拙丈夫)[명] ①도량이 좁고 겁이 많은 남자. man of small calibre ②쾌활하지 못한 남자. (대) 대장부(大丈夫).

졸저(─쩌)(拙著)[명](동) 졸작(拙作)②.

졸·졸[부] ①가는 물줄기가 끊이지 않고 순하게 흐르는 소리. murmuring ②떨어지지 않고 줄곧 뒤를 따라다니는 모양. in troop ③가는 줄 따위가 끌리는 모양. ④막힘없이 무엇을 읽거나 외거나 말하는 모양. ⑤작은 물건들을 잇달아 여기저기 흘리는 모양. (큰)줄줄. (센)쫄쫄¹. dragging

졸·졸─거리─다[자] 가는 물줄기가 잇달아 졸졸 소리 내어 흐르다. (큰)줄줄거리다. (센)쫄쫄거리다.

졸졸 요망[─뇨─](猝猝了當)[부] 예고도 없이 갑자기 마쳐버림.

졸·졸졸졸[부] 연달아 졸졸거리는 소리. (큰)줄줄줄. (센)

졸중(─쭝)(卒中)[명]➝졸중풍. 「쫄쫄쫄.

졸─중풍(─쭝─)(卒中風)[명] 〈한의〉뇌일혈·뇌혈전(腦血栓)·뇌색전 발작(腦塞栓發作) 등의 뇌혈관(腦血管)의 장애로 말미암아 갑자기 의식을 잃게 되며, 깊은 혼수 상태에 빠지는 병. 격부증(擊仆症). [약] 중. apoplexy

졸지(─찌)(猝地)[명] 갑작스러운 판. sudden 「enly

졸지-에(─찌─)(猝地─)[부] 느닷없이. 갑자기. sudd-

졸지 풍파[─찌─](猝地風波)[명] 뜻밖에 갑자기 일어나는 풍파. unexpected trouble 「idly honest 하[형]

졸직(─찍)(拙直)[명] 고지식하여 변통성이 적음. stup-

졸─참나무[명] 〈식물〉참나무과의 낙엽 활엽 교목. 잎은 도란형이고 뒤에 털이 났음. 재목은 기구재·시탄재로 쓰이고 과실은 식용, 수피는 염료용으로 쓰임. 굴밤나무.

졸책(拙策)[명] 졸렬한 계획. 옹졸한 꾀. 단계(短計). 졸계(拙計). poor policy 「말.

졸취(拙取)[명] 아내가 남편에게 자기를 낮추어 이르는

졸편(卒篇)[명] 시문의 전편(全篇)을 모두 짓거나 욈. 종편(終篇)①. reciting the whole by memory 하[형]

졸품(拙品)[명] 보잘것없는 물건. poor article

졸필(拙筆)[명] ①잘 쓰지 못한 글씨. 악필(惡筆). (대)능필(能筆). 달필(達筆). poor writing ②글씨를 잘 쓰지 못하는 사람. 조필(粗筆)③. bad penman ③자기의 필적을 겸손하게 이르는 말.

졸=하─다(卒─)[자여][여] 죽주다. dull ②옹졸하다.

졸─하─다(拙─)[형여] ①제주가 없다. dull ②옹졸하다. silly ③서투르다. unskillful ④씩씩하지 못하다. ⑤명랑하지 못하다. illiberal

졸한(猝寒)[명] 갑자기 닥쳐오는 추위. sudden cold

졸형(拙荊)[명] '내자(內子)'의 뜻으로 편지에 쓰는 말.

좀[명] 〈곤충〉옷·나무·책 들을 쏠아 구멍을 내는 벌레. moth ②어떤 사물에 대하여 손해를 보이는 물건이나 사람의 비유. gangrenous evil

좀[부] ①[약]➝조금. ②남에게 어떠한 행동을 청할 때 말을 부드럽게 하기 위하여 쓰는 말. please

좀:³[부] 그 얼마나. ¶~ 놀랐을까. how much

좀[접두] '좀스러움'의 뜻을 나타냄. ②'소형(小形)'의 뜻.

좀《고》좀. 줌통.

좀─갈매나무[명] 〈식물〉갈매나무과의 낙엽 활엽 관목. 잎은 소형이고 5~6월에 자웅 이가(雌雄異家)의 꽃이 피고 과실은 핵과임. 우리 나라 특산으로 제주도에만 있음.

좀─감탕나무[명] 〈식물〉감탕나무과의 상록 교목. 5~6월에 황백색의 꽃이 피고 핵과는 11월에 붉게 익음. 정원수로 심음.

좀─개구리밥[명] 〈식물〉개구리밥과의 일년생 물풀. 길이는 2~3.5mm로 도란형·타원형이오 여름과 가을에 연두빛 꽃이 핌. 논이나 연못에 남.

좀─것[─껏][명] ①[동] 좀품. ②작은 물건. trifles

좀─고추나물[명] 〈식물〉물레나물과의 애기고추나물과 비슷한 풀. 줄기 높이 5~10cm며, 7~8월에 황색 꽃이 피고 과실은 삭과임.

좀─피[명] 좀스러운 꾀. cheap tricks

좀─꿩의다리[명] 〈식물〉미나리아재비과의 다년생 풀. 잎은 타원형 또는 도란형이며 잎 뒤는 분처럼 흼. 7~8월에 엷은 황백색 꽃이 핌. 산이나 들에 남.

좀─나무[명](동) 관목(灌木).

좀─나무─띠[명] 관목대(灌木帶).

좀─날개하루[명] 〈곤충〉바퀴과의 곤충. 몸 길이 약 1cm 가량으로 밤색에 누렇고 큰 단안(單眼)이 있음. 위생상의 해충.

좀─내[명] ①좀이 난 물건에서 나는 냄새. smell of moth-eaten thing ②낡았다는 느낌이 나는 것. old thing 「all mind

좀─녕(─)[비] 됨됨이가 좀스러운 사람을 일컬음. sm-

좀─노릇[명] 수더분하지 못하고 잔망스러운 짓. illiberal deed 「것①. petty person

좀─놈[명] 성질이 좀스러운 남자를 욕으로 이르는 말. 좀

좀─더[부] 조금 더. little more

좀─도둑[명] 사소한 물건을 훔쳐 가는 도둑.

좀─되─다[되─][자] 사람의 됨됨이나 하는 짓이 지나치게 잘다. illiberal

좀─말[명] 좀스러운 말. illiberal words

좀─매─미[명] 〈곤충〉좀매미과의 곤충.몸 길이 1cm 가량, 몸과 날개가 모두 황갈색임. 버드나무의 해충임. ②[어떤 일에 좀스럽게 손해를 입히다. erode

좀─먹─다(─먹)[자] ①좀이 물건을 쏠다. be moth-eaten

좀─복숭아[명] 열매가 잘게 열리는 복숭아의 하나.

좀비─족(zombie 族)[명] 대기업이라는 거대한 조직 속에 묻혀 윗사람 눈치나 보면서 석닳히 시킨만 매우는 사람.

좀─사마귀[명](동) 사마귀제비.

좀─상─스럽─다(─쓰─)[형ㅂ] 여럿이 다 좀스럽다. small

좀─생원(─生員)[명] 옹졸한 사람. narrow-minded person 「명. small articles

좀생이[명] ①[속] 묘성(昴星). Pleiades ②잔 물건의 별

좀생이 구멍[명] 연장이나 도구에 좀생이 막대를 끼우게 된 구멍.

좀생이 막대[명] 쟁기의 윗방통을 누르는 나무.

좀생이─보─다[타] 〈민속〉음력 2월 6일에 묘성(昴星)의 빛깔과 달과의 거리로 그 해의 풍흉을 가리다.

좀─스럽─다[─쓰─][형ㅂ] ①성질이 잘다. illiberal ②사물의 규모가 작다. ¶사냐음 하는 짓이 너무 ~. small 좀─스레[부] 「나프탈렌 따위. mothballs

좀─약(─藥)[명] 좀이 생기지 않게 예방하는 약.

좀─조개[명] 〈조개〉바닷조개의 하나. 길이 10cm 이상으로 패각은 퇴화하여 매우 작고 희며, 가는 실 모양의 동물체의 전단에 부착해 있음. 목조 선박

좀지네 등에 부착, 큰 해를 끼침.
좀=지네 圕 〈동물〉 좀지네과의 절지 동물. 몸 길이 약 5 mm 가량으로 빛은 희고 전신에 잔털이 배게 나 있음. 음습한 곳에 서식함.
좀:-처럼 團 ①여간 하여서는. 그것만으로는. rarely ②자못. very ③다하지 않고는. ④쉽게. 엔간해서.
좀:=체 圕 〈동〉 좀처럼.
좀:=쳇-것 圕 웬만한 물건. 여간한 물건. ¶~으로는 이겨 낼 도리가 없다. ordinary thing
좀=파:리 圕 〈곤충〉 좀파리과의 곤충. 몸 길이 약 1 cm. 빛은 갈색. 긴 산란관이 배 밑으로 활모양으로 고여 있음.
좀파:리-매 圕 〈곤충〉 좀파리매과의 곤충. 길이 1 cm 내외. 가는 몸에 극모(棘毛)와 털이 있음.
좀펭이 圕 ①몸피가 작고 좀스러운 사람. small person ②보잘것없는 자질구레한 물건. trifles
좀=풀사리 圕 〈식물〉 콩과의 싸리 비슷한 풀. 잎은 도란형 또는 피침형으로 초가을에 담황색 꽃이 핌. 산록이나 숲 속에 남.
좀-다 혭 ①넓지 않다. narrow ②협착하다. ¶방이 너무 ~. small ③소견이 너그럽지 않다. 도량이 작다. (대) 넓다. 너르다. narrow-minde
좁다랗-다 혭 ①면적이 썩 좁다. narrow and close ②생각한 것보다 너무 좁다. (대) 널따랗다. narrow
좁=쌀 圕 ①조의 열매인 쌀. 속미(粟米). 소미(小米). millet ②몹시 작은 사람이나 사람.
좁쌀-고동 圕 〈조개〉 좁쌀고동과의 고동. 몸은 썩 작고 아래쪽이 평평함. 건조한 곳의 조약돌 사이나 모래땅을 덮은 낙엽 밑에 서식함.
좁쌀 과:녁 좁쌀같이 작은 것으로도 잘 맞추겠다는 뜻으로, 얼굴이 매우 넓적한 사람의 별명. person with large face 「small eyes
좁쌀=눈 圕 아주 작은 눈. 또, 그런 눈을 가진 사람.
좁쌀=메뚜기 圕 〈곤충〉 좁쌀메뚜기과의 작은 곤충. 길이가 약 5mm로 빛은 검고 광택이 남. 채소의 해충으로 습한 곳에 서식함.
좁쌀 미음 (-米飮) 圕 좁쌀로 쑨 미음.
좁쌀=뱅이 圕 ①소견이 몹시 잘고 좁은 사람. small mind ②몸피가 썩 작은 사람.
좁쌀에 뒤웅 판다 圕 ①좁쌀을 파서 뒤웅박을 만드는 일은 불가능한 것이나 가망이 없다. ②잔소리가 심하다.
좁쌀 여우 (-여-) 圕 성질이 잘고 요변스러운 짓을 잘하는 아이의 별명. old fox
좁쌀 영:감 (-슈監) 圕 좀스러운 늙은이. old person with small mind
좁쌀=풀 圕 〈식물〉 ①앵초과(櫻草科)의 다년생 풀. 높이 1 m 가량에 잎은 피침형·선형임. 6~8월에 황색 꽃이 피고 관상용으로 심음. ②현삼과에 속하는 일년생 풀. 줄기 높이 25 cm 내외의 잎은 넓은 난형임. 6~8월에 홍자색 꽃이 잎 사이에 달리며 삭과는 타원형임. loosestrife
좁쌀풀=떡 圕 차좁쌀 가루에 소금을 조금 치고 되직하게 반죽하여 덩이를 지어서 끓는 물에 삶아 내어 온갖 고물이나 혹은 삶은 청대콩을 묻힌 떡.
좁쌀 한 섬 두고 흉년 들기를 기다린다 圕 변변하지 못한 것을 가지고 큰 효과를 보려 한다.
좁혀-지:내-다 困 ①압박을 당하면서 살다. live under pressure ②기운을 못 펴다. be ill at ease
좁히-다 困 좁게 만들다. narrow ②족대기다.
좃니-다 [고] 좇아다니다. 「→좇다.
:좃- 困 [고] 조아리다. 황송하여 고개를 숙이다.
좆-다 困 [고] ①조아리다. ②좇다. 따르다. (대) 새기다. →좇다.
종¹ 圕 파·마늘의 줄기. ¶마늘~. stalk
종² 圕 〈약〉→종작.
종: 圕 남의 집에 몸이 팔려 그 집에서 천역으로 종사하는 사람. 노비(奴婢). 예속(隷僕). 환녀(宦女). slave

종 (宗) 圕 ①갈라져 나온 것의 본원(本源). root ②수위(首位)에 섬을 일컬음. 또, 그 사람. ¶시(詩)~. head ③공덕이 드러난 선조. ¶조(祖)~. ④〈동〉 본가(本家). 종가(姓)이나 집안을 일컬음.
종 (終) 圕 마지막. 끝. last 「clan
종 (種) 圕 ①〈생물〉 생물체를 분류하는 한 단위. species ②씨. seeds ③〈동〉 종류. 품부(品服).
종 (縱) 圕 세로. length ④(약)→종개념(種概念).
종 (鐘) 圕 옛날 술그릇의 하나.
종 (鐘) 圕 ①〈음악〉 놋쇠로 만든 악기의 하나. ②달아 놓고 나무로 쳐서 소리를 내게 하는 쇠로 만든 물건. bell ③자명종.
종 (鐘) 圕 양의 한 단위. 「건. bell ③자명종.
종:- (從) 囷 사촌(四寸)이나 오촌(五寸)의 계척 관계를 나타내는 말.
종:- (從) 囷 〈제도〉 직품을 구분하는 계제(階梯)로 정(正)보다 한 계급 낮음. ¶~1품(一品).
=종 (宗) 囷 교파(敎派)·학파(學派) 따위를 나타냄. ¶화엄~. sect 「타내는 말. ¶개량~. kind
=종 (種) 囷 다른 말 아래에 붙어서 종류의 뜻을 나
종가 (宗家) 圕 본종의 근본이 되는 집. 큰집. 정적(正嫡)③. 적총(嫡宗)③. head family
종가 (從價) 圕 〈제도〉 임금의 수레를 따름. 하
종가 (-까) 圕 (終價) 거래소의 입회(立會)에서, 오전과 오후의 각 최종 시세.
종가가 망해도 신주보와 향로 향합은 남는다 圕 ①문벌 있는 집안이 망하여도 그 집안의 규율과 품격은 남는다. ②다 없어진다 해도 남는 것이 있는 법이다. 「소삽(小鍤). small spade
종:-가래 圕 한 손으로 들을 수 있도록 작게 만든 가래.
종가세 (-까-) 圕 (從價稅) 화물(貨物)의 가격을 표준으로 하여 정하는 관세(關稅). (대) 종량세(從量稅). ad valorem duty
종-가시나무 (鎭-) 圕 〈식물〉 너도밤나무과의 상록 활엽 교목. 높이 16 m 가량으로 흰 빛을 띠었음. 열매는 타원형이고 10월에 익음. 목재는 기구재·시탄재로 쓰이고 과실은 식용됨.
종가 임금법 (-까-쁨) 圕 (從價賃金法) 〈동〉 슬라이딩 스케일 시스템 (sliding scale system).
종각 (鐘閣) 圕 커다란 종을 달아 놓은 누각. belfry
종간 (終刊) 圕 간행을 끝냄. 마지막으로 간행함. (대) 창간(創刊). last edition 하
종강 (終講) 圕 강의를 끝마침. 또, 그 강의. (대) 개강(開講). closing the lectures 하
종개 (鐘-) 圕 〈어류〉 기름종개과의 물고기. 하천 상류에 살며 몸 길이 약 20 cm, 미꾸라지 비슷하며 머리는 조금 편편함.
종:=개:념 (種槪念) 圕 〈철학〉 어떤 개념의 외연(外延)이 다른 개념의 외연보다 커서, 자기의 안에 포괄된 개념. (대) 유개념(類槪念)④. (약) 종(種). specific concept 「침. 하
종격 (終擊) 圕 ①군대를 좇아서 침. ②마음대로 마구
종견 (種大) 圕 씨를 받는 개. breeding dog
종견 (種繭) 圕 잠종(蠶種) 제조용으로 쓰이는 고치.
종결 (終決) 圕 결정이 나버림. 하
종결 (終結) 圕 ①일을 끝막음. 또는 끝냄. close ②〈수학〉 정리(定理)를 이루는 제 2의 부분. (대) 가설(假說). conclusion 하
종결-부 (終結部) 圕 〈음악〉 악장·악곡의 맨 뒤 부분.
종결 어:미 (終結語尾) 圕 〈어학〉 용언을 서술하기 위해 들어 글월을 끝맺게 하는 어미. '-느냐'·'-냐' 등.
종경 (終境) 圕 땅의 지경이 끝나는 곳. bounds
종경 (宗經) 圕 (약)→종경론(從經論).
종-경 (鐘磬) 圕 〈음악〉 종과 경.
종경-도 (從卿圖) 圕 〈동〉 승경도(陞卿圖).
종경-론 (從輕論) 圕 (법률) 두 가지의 죄가 한목에 드러날 때 가벼운 죄를 따라 처단함. (대) 종중론(從重論). (약) 종경(從經). 하
종계 (宗系) 圕 종가(宗家)의 혈통.
종계 (宗契) 圕 조상의 제사를 목적으로 하는 계.

종계(種鷄)[명] 씨닭. breeding cock
종고(宗高)[명] 〈건축〉 땅바닥에서 대마루까지의 높이.
종고(鐘鼓)[명] 종과 북. bell and drum
종:=고모(從姑母)[명] 아버지의 사촌 누이. 당고모(堂姑母).female cousin of one's father
종:고모부(從姑母夫)[명] 아버지의 사촌 누이의 남편. 당고모부(堂姑母夫).
종곡(終曲)[명] 〈음악〉 ①교향곡·소나타·협주곡·모음곡 따위의 최종의 악장(樂章). finale ②가극(歌劇)에 있어서 각막(各幕)을 맺는 곡.
종곡(種穀)[명] 씨를 받을 곡식. seed plant
종곡(種麯)[명] 〈동〉 누룩.
종곡(縱谷)[명] 산맥 사이에 끼워져서 산맥의 주축(主軸) 방향과 평행되어 있는 골짜기. longitudinal valley
종:과 득과(種瓜得瓜)[명] 외를 심으면 외를 얻는다는 뜻에서, 어떤 원인이 있으면 반드시 거기에 따르는 결과가 옴을 이르는 말. '콩 심은 데 콩 나고, 팥 심은 데 팥 난다'와 같은 뜻의 말.
종관(縱貫)[명] 세로 꿰뚫음. 하타
종:관(縱觀)[명] 〈동〉 종람(縱覽). 하타
종교(宗敎)[명] 일반적으로 초인간적·초자연적인 힘에 대해 인간이 경외·존숭·신앙하는 일의 총체적 체계.
종교=가(宗敎家)[명] 종교를 믿고 그것을 전도 포교하는 사람. religionist
종교 개:혁(宗敎改革)[명] 〈역사〉 16세기에 로마 교회의 폐해를 비판하고 이의 개혁을 주장하여 프로테스탄트 교회를 세운 개혁 운동. Reformation
종교=광(宗敎狂)[명] 자기가 믿는 종교에 광신(狂信)된 사람. religious maniac
종교 교:육(宗敎敎育)[명] 아동·청소년에게 종교심(宗敎心)을 일으켜 신앙을 굳게 하도록 가르치는 교육. 성육(聖育). religious education
종교=극(宗敎劇)[명] 〈연예〉 ①종교적 의식으로서의 극. religious drama ②종교적 주제(主題)를 각색(脚色)한 연극. 종교의 의식이나 종교 행사로서 상연됨.
종교 문학(宗敎文學)[명] 〈문학〉 종교에 관계가 있거나 종교적인 목적을 위한 문학. 소재를 성서(聖書)나 경전(經典)에서 취한 것. religious literature
종교 민족학(宗敎民族學)[명] 근래에 개척되기 시작한 종교학의 한 영역(領域). 오로지 원시 민족의 종교 현상을 민족학(인류학)의 자료·방법 따위를 이용하여 연구하는 학문.
종교=불(宗敎弗)[명] 국내 종교 단체의 운영을 위하여 외국에 있는 같은 계통의 종교 단체에서 보내온 달러. dollars of foreign religious bodies
종교=사(宗敎史)[명] 과거·현재·동서의 종교 현상을 역사적으로 연구하는 학문. 또, 그 역사. history of religion
종교 사:회학(宗敎社會學)[명] 사회 현상인 종교를 실증적으로 연구하여 종교의 본질을 포착(捕捉)하려는 특수 사회학. sociology of religion
종교=성[-썽](宗敎性)[명] 인간이 가지는 종교적인 성질·감정. 또, 종교가 가지는 독특한 성질.
종교=심(宗敎心)[명] ①종교를 믿는 마음. religious sentiment ②어떤 사물을 인정하고 그것을 공경·복종하고 신뢰하는 의식.
종교 심리학(宗敎心理學)[명] 〈심리〉 종교적인 모든 현상을 경험적 방법으로서 구명하려는 심리학의 한 분야. psychology of religion
종교 예:술(宗敎藝術)[명] 종교적 신앙에 의하여 창작되거나 종교적 사실을 제재로 다룬 예술. religious arts
종교 음악(宗敎音樂)[명] 〈음악〉 ①종교 행사의 일부 또는 배경을 위해 연주하는 음악. ②종교적 테마에 의한 연주회용 음악. religious music
종교 의:식(宗敎意識)[명] 〈심리〉 종교의 신앙과 그 행위에 관계되는 마음의 상태.
종교=인(宗敎人)[명] 종교를 신앙하는 사람.

종교 재판(宗敎裁判)[명] 이단설(異端說)을 규탄(糾彈)하는 재판. inquisition 「교와 관계가 있음.
종교=적(宗敎的)[명] 종교에 관한 모양이나 성질. 奈
종교 전:쟁(宗敎戰爭)[명] 종교상의 충돌에 기인한 전쟁. 십자군 30년 전쟁 따위. religious war
종교 철학(宗敎哲學)[명] ①종교의 철학적 성질 또는 필연성을 밝히고자 하는 철학. ②종교의 가치와 비가치를 시비하는 학문. philosophy of religion
종교=학(宗敎學)[명] 종교 현상을 과학적으로 연구하는 학문.
종교=화(宗敎畵)[명] 종교상의 사실이나 전설·인물 등을 주제(主題)로 한 그림. 성화(聖畵). religious picture 「gourd
종구라기[명] 작은 바가지. ¶솔~. (악) 종구락. small
종구락(악) →종구라기. 「타. suzerain state
종국(宗國)[명] 예속된 나라가 종주(宗主)로 받드는 나
종국(終局)[명] ①끝판. end ②바둑을 다 둠.
종국 재판(終局裁判)[명] 〈법률〉 종국 전의 재판·중간 재판 등에 대하여, 당해(當該) 사건의 전부 또는 일부를 완결(完結)하는 재판. last trial
종국 판결(終局判決)[명] 〈법률〉 민사 소송법상 당해 심급(當該審級)에 있어서 소송 사건의 전부 또는 일부를 마치는 판결. final judgement
종군(從軍)[명] 군대를 따라서 싸움터로 나아감. following army to the front 하타
종군=기(從軍記)[명] 종군한 상황을 묘사한 기사(記事). 또, 종군 기자가 쓴 기사.
종군 기자(從軍記者)[명] 종군해 전쟁 뉴스를 취재하는 기자. war-correspondent
종군 기장(從軍記章)[명] 군공(軍功)이 있고 없음에 불구하고 종군하였던 군인·군속에게 기념으로 주는 기장. war-medal
종군 작가(從軍作家)[명] 〈문학〉 종군하여 체험하거나 목격한 전투 실황 따위를 작품으로 창작하는 작가. war-writer
종굴=박[명] 조그마한 표주박. small gourd
종권(終卷)[명] 마지막 권(卷).
종권(從權)[명] 때를 따라서 변동함. 하타
종귀 일철(終歸一轍)[명] 결국은 서로 같음.
종규(宗規)[명] ①〈동〉 종법(宗法)①. ②종교 단체 내부에서의 규칙.
종극(終極)[명] 끝. 마지막. finality 「삼는 뿌리.
종근(種根)[명] 〈식물〉 더 번식시키기 위하여 종자로
종금(從今)[명] 지금으로부터. hereafter
종금 이:후[-니—](從今以後)[명] 지금으로부터 그 뒤. 종자 이왕(從玆以往). 종차 이왕(從此以往). from now on
종기(終期)[명] ①어떤 일이 끝나는 시기. 끝날 때. 말기(末期). end ②법률 행위의 효력이 소멸하게 되는 기한. termination 「(腫患). swelling
종:기(腫氣)[명] 거나네 부스럼. 종물(腫物). (공) 종환
종:기(鍾氣)[명] 정기(精氣)가 한데 뭉침. 하타
종-날[명] 〈민속〉 농가에서 음력 2월 초하룻날을 이름. 이 날에 농사일을 시작하는 준비로 집안 먼지를 떨어내고 송편을 빚어 하인들에게 그 나이의 수효대
종:=남매(從男妹)[명] 사촌 남매. 「로 나눠 줌.
종내(終乃)[명] 끝끝내. 마침내. ¶~ 가고 말았다. at last 「킴. 종락(種落).
종:-내기(種—)[명] 종류나 계통의 같음을 가리
종:-년(—)(속) 계집종. (대) 종놈. female servant
종년 열세:[—네세](終年閱歲)[명] 일을 길게 끌어 해가 걸림. 하타
종념(鍾念)[명] 불쌍하게 생각함. sympathize 하타
종:-놈[명] (속) 남자 종. (대) 종년. servant
종-다래끼[명] 작은 대바구니. small basket
종다리[명] 〈조류〉 종다리과의 새. 몸은 참새보다 좀 크고 등쪽은 갈색, 하면은 담색이며, 가슴에 암갈색의 반점이 있음. 4~7월에 땅 위에 집을 짓고

종다리꽃 〖식물〗 앵초과(櫻草科)의 다년생 풀. 7월에 가늘고 긴 꽃줄기가 나와 홍자색 꽃이 나팔모양으로 핌. 산지에 남.

종다리-집 연장갑의 하나. 씨름에서 상대자의 다리를 비꼬아 걸지 않고 다리 관절에다 거는 재간.

종=다수(從多數) 다수의 의견을 좇음.

종다수-결(─決)→종다수 취결. [the majority 하羅]

종다수 취:결(從多數取決) 옳지 않음을 다수의 견을 취하여 결정함. [약] 종다수결. deciding by majority 하羅]

종단(宗團) 종교나 종파의 단체.

종단(終端) 끝. 마지막. 〖~역(驛). terminal

종단(縱斷) ①세로 끊거나 길이로 가름. vertical section ②남북의 방향으로 세로 건너감. 〖~ 구배(勾配). 〖대〗 횡단(橫斷). going along the length of 하羅 〖~면(橫斷面). longitudinal section

종단-면(縱斷面) 물체를 길이로 자른 면. 〖대〗 횡단면(橫斷面).

종단 조합(縱斷組合) 종단주의에 의하여 조직된 조합. 〖대〗 횡단 조합(橫斷組合).

종단-주의(宗團主義) 인도(印度)에 있어서 여러 종교별로 갈라진 특유한 사회 생활 단체를 표시하는 말. communalism

종단-주의(縱斷主義) 조합의 조직을 그 공장의 자본주와 노동자가 공동으로 조직하려는 주의. 〖대〗 횡단주의(橫斷主義). principle of vertical cooperation

종단-항(終端港) 항로(航路)의 마지막 항구. [ation

종달-거리다 마음에 흐뭇하지 않아 원망을 품은 태도로 자꾸 종알거리다. 〖센〗 쫑달거리다. grumble 종달=종달=하羅

종:=달-다(腫─) 〖의〗 종기(腫氣)의 옆에 또 종기가 나다.

종달-새(─鳥) 종중(宗中)이 소유하는 논. 종중답.

종당(從當) 이 뒤에 마땅히. as matter of course

종=대(─臺) 파·마늘 따위의 한가운데서 나오는 줄기. stalks [횡대(橫隊). column

종대(縱隊) 세로 줄을 지어서 선 대형(隊形). 〖대〗

종=댕기 도투락 댕기에 드리는 좁다란 끈.

종:덕(種德) 은덕이 될 일을 행함. accumulation of virtue 하羅

종=덩굴(鐘─) 〖식물〗 미나리아재비과의 낙엽 활엽만목. 잎은 장상(掌狀)으로 갈라지고 7월에 긴 줄기를 가진 자색 꽃이 아래로 숙여 피는데, 가에 털이 있음. 산의 숲 속에 남.

종도(宗徒) ①〖종교〗 종문(宗門)의 신자. 신도. ②〖기독〗 사도(使徒). believers

종:독(腫毒) 종기의 독기. malignant tumour

종돈(種豚) 씨돼지. breeding pig

종동(鐘銅) 단단하고 소리가 맑은 청동의 하나.

종두(種痘) 〖의학〗 ①천연두(天然痘)의 예방법. vaccination for smallpox ②우두를 맞음. vaccination 하羅

종두(鐘頭) 〖불교〗 ①결제(結制) 때에 정신차려 공부하라는 말. ②어느 의식이나 결제 때 잔심부름하는 사람.

종두=법(種痘法) 〖의학〗 ①종두하는 방법. ②정기(定期)로 종두하는 것을 정한 법규. method of vaccination [初至終]. from head to tail

종두-지미(從頭至尾) 처음부터 끝까지. 자초지종(自

종두(種痘方) 〖의학〗 종두에 이어 발생한 두창.

종:락(種落) 〖동〗 종내기. [을 통틀어 이르는 말.

종란(種卵) 알을 까기 위하여 쓰는 알. 씨알①. 〖대〗 식란(食卵). nest egg [하羅

종:람(縱覽) 마음대로 봄. 종관(縱觀). inspection

종:람-소(縱覽所) 신문·잡지 따위를 갖추어 놓고 누구든지 마음대로 보게 하는 곳. readingroom

종래(從來) 지금까지 지나온 그대로.

종량(鐘樑) ①두 겹 보의 마룻대가 되는 보. ②마룻 대 밑까지 높이 쌓아 올린 보. [이 됨. 하羅

종량(從良) 〖제도〗 종이나 천한 사람이 양민(良民)

종량-등(從量燈) 계량기를 장치하여 전력의 소모량에 따라서 값을 치르게 된 전등. 〖대〗 정액등(定額燈). electric light by meter rates

종량(從量─稅) 〖제도〗 과세의 목적물의 무게·길이·부피에 따라 매기는 세금. 〖대〗 종가세(從價稅). specific duty

종려-나무(棕櫚─) 〖식물〗 야자과의 상록 교목. 높이 3~7 m이고 잎은 선형으로 대형이며 줄기 끝에 총생함. 5~6월에 담황색의 작은 꽃이 피고 둥근 열매가 까맣게 익음. 정원수로 재배하고 장식용 재목으로 씀. hemp palm

종려-모(棕櫚毛) 종려나무의 잎꼭지 기부에 있는 섬유. 비나 새끼 등을 만드는 데 씀. [palm broom

종려-비(棕櫚─) 종려나무의 털로 만든 비. hemp─

종려-유(棕櫚油) 종려나무의 열매에서 짜낸 기름. 각종 유지 공업의 원료임. palm oil

종려-죽(棕櫚竹) 〖식물〗 종려 비슷한 상록 관목. Rhapis flabelliformis

종려-피(棕櫚皮) 〖식물〗 종려의 껍질을 약재로 이르는 말. 지혈하는 데 씀. [column 하羅

종렬(縱列) 세로로 줄지음. 또, 그 열. 縱列

종렬(縱裂) 〖식물〗 ①세로로 틈이 감. 세로 쪼개짐. vertical split ②〖식물〗 꽃밥의 약(葯)이 세로 터져 꽃가루가 날림. lengthwise dehiscence 하羅

종례(終禮) 학교 등에서 그날의 일과를 다 마친 뒤에 하는 모임. 종회(終會). 〖대〗 조례(朝禮). closing meeting

종로 결장(─杖)(鐘路決杖) 백성이 많이 모인 종로에서 장리(贓吏)를 처벌하던 일. 하羅

종로에서 뺨 맞고 한강에 가 눈 흘긴다 ①제 노여움을 애매한 데다 화풀이하는 일. ②정면 대적을 못하는 기골(氣骨)이 약한 사람의 일을 이름.

종로 제기(鐘路─) 운동의 하나. 두 사람이 마주서서 발로 제기를 서로 받아 차서 멀어뜨리지 아니함으로써 승부를 결함.

종론(宗論) ①이교(異敎)간에 종교(宗敎)의 우열(優劣)과 지위(眞僞)를 들어서 따지는 일. religious discussion ②같은 종문(宗門)의 여론. opinion of family [end 하羅

종료(終了) 일을 끝냄. 완료(完了). 〖대〗 개시(開始).

종루(鐘漏) 때를 알리는 종과 누수. 또, 그 설비가 있는 궁궐 안을 가리키는 말. huge bell and waterclock [달아 두던 누각. bell tower

종루(鐘樓) ①종을 달아 두는 집. belfry ②종을

종류(種類) 물건의 갈래. 품자. 종(種)③. kind

종:류=별(種類別) 종류에 따른 각각 다른 구별.

종률-세(─稅)(從率稅) 〖법률〗 과세의 목적물에 대하여 일정한 세율에 따라서 매기는 간접세. [하羅

종리(綜理) 빈틈없이 조리가 정연하게 처리함.

종마(種馬) 씨를 받을 말. studhorse

종=마루(宗─) 건물의 지붕 중앙에 있는 주요한 마루. main floor

종막(終幕) ①연극의 마지막 막. last act ②사건의 끝맺음. 〖~을 고하는. 〖대〗 서막(序幕). end

종말(終末) 끝판. 나중의 끝. 종미(終尾). 〖유〗 최후. 기원(起原·起源). 벽두(劈頭). end

종말-관(終末觀) 〖종교〗 종말론(終末論).

종말-론(終末論) 〖기독〗 기독교에서 세기의 종말을 믿고, 그 날이 오면 최후의 심판이 있으며 선인(善人)과 악인(惡人)은 그 운명을 달리하여 선인(善人)의 선(善)이 영원히 승리한다는 설. 말세론(末世論). 〖대〗 종세관(終末觀). eschatology

종:=매(從妹) 친사촌 누이동생. 〖대〗 종자(從姉). younger female cousin

종:=매부(從妹夫) 친사촌 누이의 남편. 사촌 매부.

종명(鐘銘) 종에 새긴 명(銘). inscription on bell

종명 누:진(鐘鳴漏盡) 종이 울고 누수(漏水)가 다

종명 정식 1681 **종속 관계**

되어 밤이 깊었다는 뜻으로, 벼슬아치의 노경(老境)을 이름. advanced age of official

종명 정:식(鐘鳴鼎食)圓 옛날 부귀한 집안에서 식사 때를 종을 벌여 놓고 종을 울려 가족들을 모았다는 데서 온 말로 부귀한 집을 이름. 〔예〕종경(鐘鼎)②.

종-모돈(種牡豚)圓 씨를 받는 수퇘지. breeding boar

종-모우(種牡牛)圓 씨를 받는 황소. bull

종-목(種目)圓 종류의 품목(品目). item

종-목(種牧)圓 나무를 심고 짐승을 기르는 일. farming and pasturage

종목(椶木)圓 ⇒ 종려나무.

종묘(宗廟)圓 역대(歷代)의 제왕(帝王)의 위패(位牌)를 모시는 사당 집. 묘(廟). 침묘. 태묘(太廟). imperial ancestor shrine

종:묘(種苗)圓 ①식물의 싹을 심어서 기름. seeding ②묘목(苗木)이 될 씨를 심음. seedling

종묘 사:직(宗廟社稷)圓 왕실과 나라를 아울러 이르는 말. ~이 위태롭다. 〔예〕파는 장사.

종:묘-상(種苗商)圓 농작물의 씨앗이나 묘목을 사고 파는 장수.

종:묘-악(宗廟樂)圓〔음악〕종묘 제향 때에 아뢰는 음악. 종묘 제악(宗廟祭樂). 〔곳〕. nursery garden

종:묘-장(種苗場)圓 식물의 싹을 심어서 길러 내는 곳.

종:묘 제:악(宗廟祭樂)圓〔동〕종묘악(宗廟樂).

종무(宗務)圓 종교상의 사무. 〔장〕장.

종무-소(宗務所)圓〔불교〕절의 사무를 맡아보는 곳. office of religious affairs

종-무소식(終無消息)圓 끝내 아무런 소식이 없음. ~떠난 이후로는 ~이다. hearing nothing from

종문(宗門)圓 ①종가의 문중(門中). ②〔동〕종파(宗派)②.

종물(從物)圓〔법률〕주물(主物)의 사용을 계속적으로 돕기 위하여 그에 부속된 물건. 〔대〕주물(主物).

종:물(腫物)圓〔동〕종기(腫氣). 〔accessory

종:물(種物)圓 ①씨. seeds ②글씨.

종미(終尾)圓〔姓〕①. royal clan

종반(宗班)圓 왕실의 본종이 되는 한 겨레. 종성(宗姓)②

종반(終盤)圓 장기·바둑·운동 경기에서 승부가 끝판에 이름. 또, 그 반면(盤面). 행사·일 따위의 최종 단계. ~전. last round 〔patterns

종반(縱斑)圓 위 아래로 죽 이루어진 무늬. vertical

종발(終發)圓 그 날 마지막으로 발차함. 또, 그 열차·버스 따위. 〔대〕시발(始發). 하재

종-발鉢(鍾鉢)圓 작은 보시기. small bowl

종-배[—빼]〔終—〕圓 짐승이 마지막으로 새끼를 치는 일. 또, 그 새끼. 〔대〕첫배. animal's last blood

종배(終杯)圓 ①차례로 돌아가는 순배에서 맨 나중의 잔. last cup ②술자리에서 마지막 잔. 필배(畢杯). 하재 〔종백석.

종-백(從伯)圓 자기의 사촌 맏형을 남에게 이르는 말. 동.-백씨(從伯氏)圓〔동〕종백(從伯).

종-벌레(鐘—)圓〔동물〕원생 동물의 하나. 도종형(倒鐘形)의 몸은 신축성이 강하여 몸 길이 100~200μ임. 분체법(分體法)이나 포자 형성에 의하여 증식함. 여름에 웅덩이나 더러운 물속의 나무나 돌에 착생함.

종범(從犯)圓〔법률〕종범의 한 형태. 정범(正犯)을 도와 준 사람. 〔대〕정범. accessory

종법[—뻡](宗法)圓 ①한 종중 안에서 정한 규약(規約). 종규(宗規)①. clan rules ②한 종파(宗派)의 법규(法規). religious traditions

종법[—뻡](從法)圓〔법률〕주법(主法)을 실행할 방법을 규정한 법률. 곧, 절차법(節次法) 따위.

종:별(種別)圓 종류의 구별. ~산업 ~. 직업 ~. classification 하재

종병(從兵)圓 따라다니는 병사. 종졸(從卒)②.

종복(從僕)圓 사내 종. 〔대〕종부(從婦). servant

종부(宗婦)圓 돌로 쌓은 벽. stone wall

종부(宗婦)圓 큰집의 맏며느리. 종부. wife of heir

종부(終傅)圓〔기독〕임종이 가까운 사람에게 베푸는 칠성사(七聖事)의 하나.

종부-돋움圓 ①발뒤꿈치를 들고 높은 곳을 넘겨다봄. looking in on tiptoe ②물건을 차곡차곡 높이 쌓아 올림. heaping of goods 하재

종-부직(從夫職)圓〔제도〕남편의 품계를 따라 아내의 작(爵)을 봉함. 하재 〔ant

종부(從父)圓〔동〕종복(從僕). maid serv-

종비(種肥)圓 농작물의 싹이 빨리 트게 하기 위하여 주는 비료. fertilizer for seeding

종비-나무(—樅栢)〔식물〕전나무과의 상록 침엽 교목. 잎은 비모진 침상(針狀)이고 화수(花穗)는 5월에 타원형으로 핌. 심산에 나며, 제목·펄프재로 쓰임. 〔나라의 복조(福祚).

종-사(宗社)圓 나라의 사당과 나라의 토신(土神). 곧,

종사(宗師)圓 ①존경하는 스승. respectful master ②〔불교〕법맥(法脈)을 받고 전당(傳幢)한 고승. ③〔종교〕대종교(大倧敎)에서 성도 처리(成道闡理)한 사람. 〔heir of main family

종사(宗嗣)圓 종가 계통(宗家系統)의 후손(後孫).

종사(從死)圓 망인(亡人)을 좇아서 죽음. following to the grave 하재

종사(從祀)圓 배향(配享). 하재

종사(從事)圓 ①어느 일에 마음과 힘을 다함. ¶일부(一夫) ~. devoting oneself to ②어떤 일을 일삼아서 함. ¶교육계에 ~하다. engaging in ③좇아

종사(綜絲)圓〔동〕잉아. 〔섬길. submission 하재

종사(螽斯)圓 ①〔동〕메뚜기. ②메뚜기가 한번에 99마리의 새끼를 깐다 하여 부부가 화합하여 자손이 많은 것을 비유함.

종사-관(從事官)圓〔제도〕①각 군영(軍營) 포도청의 한 벼슬. ②통신사(通信使)를 따라가던 임시 벼슬.

종삭(終朔)圓 일 년의 마지막 달. 곧, 섣달.

종산(宗山)圓 ①〔약〕⇒ 종중산(宗中山). ②〔약〕⇒ 종주산(宗主山).

종삼(種蔘)圓 종자로 쓰이는 삼. seed ginseng

종삼-포(種蔘圃)圓 삼의 종자를 심는 밭. nursery garden

종상(終喪)圓 탈상(脫喪). 하재 〔den of ginseng

종상(種桑)圓 뽕나무를 심음. plant mulberry 하재

종상(綜詳)圓 치밀하고 상세함. 하재

종상-화(鐘狀花)圓〔식물〕종 모양으로 피는 꽃.

종상 화:관(鐘狀花冠)圓〔식물〕화관의 모양이 종같이 생긴 합판 화관(合瓣花冠)의 하나. 제비꽃·도라지꽃 따위. bell-shaped corolla

종상 화:산(鐘狀火山)圓〔지학〕용암(熔岩)이 분출구(噴出口) 부근에 쌓여서 종 모양으로 된 화산. domeshaped volcano

종생(終生)圓 목숨이 끝날 때까지의 동안. 일생(一生). 〔生〕. all one's life

종생 면:역(終生免疫)圓〔의학〕한번 앓은 병원체에 대해 평생토록 면역이 되는 일.

종서(縱書)圓 글자를 위에서부터 아래로 내리씀. 세로쓰기. 〔대〕횡서(橫書). vertical writing 하재

종선(從船)圓 큰 신박에 딸린 작은 배. small boat drawn by ship 〔tical line

종선(縱線)圓 세로로 그은 줄. 〔대〕횡선(橫線). ver-

종성(宗姓)圓 ①종반(宗班). ②왕실의 성.

종성(終聲)圓〔어학〕받침. 종자음. final consonant

종성(種姓)圓〔동〕혈통(血統).

종성(鐘聲)圓〔동〕종소리.

종성 규칙(終聲規則)圓〔동〕말음 규칙(末音規則).

종성-해(終聲解)圓 한 음절 속에서 받침으로 쓰이는 자음에 대한 풀이.

종세(終歲)圓 한 해를 다 보냄. 종년(終年). 하재

종소(終宵)圓〔동〕종야(終夜). 〔聲〕.

종-소리[—쏘—](鐘—)圓 종을 울리는 소리. 종성(鐘

종-소:원(從所願)圓 소원을 들어줌. 원하는 바를 풀어 줌. 종자원(從自願). 하재

종속(從俗)圓〔약〕⇒ 종시속(從時俗). 〔ation 하재

종속(從屬)圓 주되는 사물에 딸려서 붙음. subordin-

종속 관계(從屬關係)圓 신분적·정치적 등으로 주되는 것에 딸려 있는 관계. subordinate relationship

종속국(從屬國)囘 자주성을 잃고 다른 나라에 종속되어 있는 나라. vassal state

종속문(從屬文)囘〈어학〉다른 문장에 종속되는 문(文). 딸림월. subordinate clause

종속범(從屬犯)囘〈법률〉정범에 종속하여 성립하는 교사범이나 종범. 또, 그 범인.

종속 변ː수[-쑤](從屬變數)囘 ①〈수학〉함수(函數) 관계에서 독립(獨立) 변수에 대응하여 그 값이 정하여진다고 생각되는 쪽의 변수. 《대》독립 변수. ②〈심리〉독립 변수에 의해서 종속적으로 결정되는 반응이나 행동.

종속 사ː상(從屬事象)囘〈수학〉어떤 사상이 일어나는가 어떤가에 의하여 다른 사상이 일어나는 확률이 변할 때의 어떤 사상에 대한 다른 사상의 일컬음. 《대》독립(獨立) 사상.

종속 성분(從屬成分)囘〈어학〉문장에 있어서 딴 부분을 수식하거나 한정하는 부분. 부속 성분. 《대》.

종속적(從屬的)匣부 종속 관계에 있는 모양이나 성질.

종속절(從屬節)囘〈어학〉하나의 문장의 성분이 되는 절. 딸림마디. 《대》대등절(對等節). 독립절(獨立節). 주절(主節). subordinate clause

종속 회ː사(從屬會社)囘 어떤 회사의 지배하에 있는 회사. affiliated company

종속히(從速-)튀 오랜 동안이 걸리지 않고 빠르게. promptly

종손(宗孫)囘 종가(宗家)의 맏손자. eldest grandson of the main family

종ː손(從孫)囘 자기 형제의 손자. 질손. grandson of one's brother

종ː손녀(從孫女)囘 자기 형제의 손녀. granddaughter of one's brother

종ː손부(從孫婦)囘 종손의 아내. grandson's wife of one's brother

종ː손ː서(從孫壻)囘 종손녀(從孫女)의 남편. granddaughter's husband of one's brother

종ː수(從嫂)囘 자기 사촌 형제의 아내. wife of cousin

종ː수(種樹)囘 ①곡식의 씨앗과 나무를 심고 가꿈. planting ②〈동〉식목. 하다타

종ː수ː씨(從嫂氏)囘 친형제외의 같은 항렬의 형제의 아내를 친근히 일컫는 말.

종수 일별(終須一別)囘 그 곳에서 작별하나 멀리가서 보내나 섭섭하기는 마찬가지라는 말.

종ː숙(從叔)囘 아버지의 사촌 형제. 당숙(堂叔). male cousin of one's father

종ː숙모(從叔母)囘 종숙(從叔)의 아내. 당숙모(堂叔母). wife of cousin of one's father

종시(終始)囘 ①나중과 처음. beginning and end ②나중이나 처음이나 어떤 행동이나 똑같음. 《유》시종(始終). consistency

종시(終是)튀 나중까지 끝내 이르도록. 끝내. ¶~같은 말만 되풀이하다. to the end

종ː시가[-까](從時價)囘 그 때의 시세를 좇음. 종시세(從時勢). according to the current price 하다

종ː시세(從時勢)囘〈동〉종시가(從時價). 하다

종ː시속(從時俗)囘 세상의 풍속대로 따라감. 《약》종속(從俗). following the customs of the day 하다

종시 여일(終始如一)囘〈동〉시종 여일. 하다

종시 일관(終始一貫)囘〈동〉시종 일관. 하다

종시ː하-다(終始-)재자 중간에 지적하거나 중도에 그만두거나 하지 아니하고, 처음에서 끝까지 진행하다. 《그침. end 하다

종식(終熄)囘 한때 매우 풍성하던 일이 주저앉아서 그침. end 하다

종신(宗臣)囘 ①나라의 원훈(元勳). veteran statesman ②왕족으로 벼슬 자리에 있는 사람.

종신(從臣)囘 늘 따라다니는 신하. retainer

종신(終身)囘 ①한평생. 죽을 때까지. whole life ②《동》임종. ③한평생을 마침. 하다

종신-계(終身計)囘《동》→종신지계(終身之計).

종신-관(終身官)囘《동》종신직(終身職).

종신 보험금(終身保險金)囘 피보험자가 죽어야만 보험금을 수취인에게 치러 주는 일생 보험. straight life insurance

종신 연금[-년-](終身年金)囘 국가가 공로자에게 종신토록 해마다 지불하는 일정 금액. life annuity

종신지ː계(終身之計)囘 한평생을 지낼 계책. 《약》종신계. life plan

종신-지질(終身之疾)囘 죽을 때까지 고칠 수 없는 병.

종신-직(終身職)囘 자기가 사직하지 않는 이상 평생토록 누릴 수 있는 직. 종신관. life tenure of office, office for life

종신 징역(終身懲役)囘《동》무기 징역.

종신-토록(終身-)튀 평생토록. permanently

종신-형(終身刑)囘《동》무기형(無期刑).

종신 회ː원(終身會員)囘 평생토록 회원의 자격을 가지는 회원. life member

종실(宗室)囘《동》종친(宗親)①.

종실(從實)囘 사실대로 솔직하게 좇음. 《유》「age

종심(從心)囘 '일흔 살'의 별칭. seventy years of

종ː심(終審)囘 ①소송 사건의 최종 심리. last instance ②마지막 심판. last judgement

종심 소ː욕(從心所欲)囘 마음에 하고 싶은 대로 좇아함. doing at one's discretion

종씨(宗氏)囘 같은 성으로서 촌수를 따지지 아니하는 족속에 대한 일컬음. 《유》종인(宗人). persons of the same family name

종ː씨(從氏)囘 ①《공》남에게 자기의 사촌 형제를 이르는 말. my cousin ②《공》남의 사촌 형제를 이르는 말. your cousin

종ː아리囘〈생리〉다리 아랫마디의 뒤쪽. 하퇴(下腿). calf

종ː아리-맞ː다[-맏-] 죄의 대가로 종아리에 매를 맞다. be flogged on the calves

종ː아리-채囘 벌로 종아리를 때릴 때 쓰는 회초리. switch

종ː아리-치ː다 죄의 대가로 종아리를 때리다. flog on the calves

종ː-아이囘 종으로 둔 아이. 종의 아이.

종알-거리다자 불평의 말을 남이 잘 알아듣지 못하게 낮은 목소리로 혼자 자꾸 말하다. 《큰》중얼거리다. 《센》쫑알거리다. grumble **종알=종알**튀 하다

종ː애(鍾愛)囘 애정을 한쪽으로 모음. 종정(鍾情). 하다「게 하다.

종애 귤리-다자동 남의 속을 상하게 해서 약이 오르

종야(終夜)囘 ①하룻밤 동안. all night ②밤새도록. 종소(終宵). 경석(竟夕). through the night

종ː약(種藥)囘 약재로 쓸 식물을 심어 가꿈. cultivation of medical plants 하다「나. 육종. tumour

종ː양(腫瘍)囘〈의학〉몸에 생기는 혹(瘤) 종류의 하

종어(宗魚·鯮魚)囘〈어류〉동자개과의 민물고기. 몸길이 약 20~50 cm, 주둥이가 돌출하며 아래턱이 위턱보다 짧으며 몸빛은 등쪽이 황갈색, 배 쪽은 담색. 강의 하류에 서식함.

종어(終漁)囘 그 어기(漁期)의 고기잡이가 끝남.

종어(種魚)囘 키워서 번식시킬 때 종자로 삼는 물고기.

종언(終焉)囘 ①어떤 일에 종사(從事)하다가 그 일로 세상을 마침. 종언. ②어떤 일을 마쳐 끝냄. termination ③마지막. 최후. 죽음. 하다

종업(終業)囘 ①그 날에 하던 일을 마침. close of the daily work ②어느 일을 다 끝냄. termination ③한 학기·한 학년을 다 끝냄. 《대》시업(始業). 하다

종업-식(終業式)囘 어떤 업무를 마치는 의식(儀式). 《대》시업식(始業式). closing ceremony

종업-원(從業員)囘 어떤 업무에 종사하는 사람. worker

종ː-없ː다탕《약》→종작없다.

종연(終演)囘 연극 등의 상연이 끝남. 《대》개연(開演). end of play 하다

종ː-열차[-녈-](終列車)囘《동》막차.

종ː예(種藝)囘 온갖 식물을 재배하여 기름. cultivation of plants 하다

종=오소:호(從吾所好)圓 자기가 좋아하는 대로 좇아함. 하다

종요-롭-다[요ː—][ㅂ불] 없어서는 안 될 만큼 매우 긴요하다. indispensable **종요=로이**[요ː—]

종용(慫慂)圓 곁에서 잘 설명하고 달래어 권함. persuasion 하다 히다

종용-하-다(從容—)[여불][원]→조용하다. 종용=히圓

종우(種牛)圓 씨받이 소. breeding bull

종유(從遊)圓 학덕이 있는 이와 더불어 교유(交遊)함. 하다

종유(種油)圓 ①갓씨에서 짠 기름. ②명지씨에서 뺀 기름. seed oil

종유=동(鍾乳洞)圓 석회암지(石灰岩地)가 지하수(地下水)나 빗물의 의하여 용해 작용을 받아서 된 동굴. 석회동(石灰洞). stalactite cavern

종유-석(鍾乳石)圓 돌고드름.

종=으로(縱一)圓 세로로.

종의(宗義)圓 종문(宗門)의 교의(教義). (情誼).

종의(宗誼)圓 동종(同宗) 사이의 아주 가까운 정의

종:의(腫醫)圓 부스럼을 고치는 의원. herbalist specializing in abscess

종의 자식을 귀여하니까 생원님 나룻에 꼬꼬마를 단다圓 ①비천한 것을 가까이 하면 체면을 손상당하기 일쑤다. ②비천하고 버릇없는 사람은 조금만 각별히 대해 주면 도리어 방자해져서 함부로 군다.

종이圓 주로 식물성 섬유를 원료로 하여 만들어서 서화(書畵)·인쇄(印刷)·포장(包裝) 등에 쓰이는 펄프로서 얇게 펴내어 낸 물건. paper

종이(宗彛)圓 〈제도〉 종묘(宗廟)의 제사 때 쓰던 술그릇. ②곤룡포(袞龍袍)에 범을 그린 그림.

종이 광:대圓 죄수의 얼굴을 가리는 종이. 눈과 코를 내어 놓음. 용수. paper mask for prisoner

종이도 네 귀를 들어야 바른다圓 힘을 합해야 일하기 쉬움을 이름.

종이=돈圓图 지폐(紙幣)

종이=범圓 종이로 만든 범이라는 뜻으로, 곁으로 보기에는 힘이 센 것 같으나 실속은 아주 약한 것을 이름.

종=이부:시(終而復始)圓 어떤 일을 끝내는 즉시로 또 시작함. 하다

종이 우:산(一雨傘)圓图 지(紙)우산.

종이 종을 부리면 식칼로 형문을 친다圓 남에게 눌려 지내던 사람이 전일을 생각하지 않고 남에게 대하여 더 심하게 군다.

종이-쪽圓 종이의 작은 조각.

종이-창(一窓)圓 종이를 바른 창. ㅡ노는 장난감.

종이 풍선(一風船)圓 종이에 공기를 넣어서 가지고 노는 장난감의 하나.

종인(宗人)圓 같은 족속 가운데에서 촌수가 아주 먼 사람. 종씨(宗氏). distant relatives

종인(從人)圓图 종자(從者).

종인(從因)圓 주가 아닌 간접적인 원인. 「된 학교.

묜인 학교(宗人學校)圓 〈제도〉 왕족이 수학(修學)하

종일(終日)圓 아침에서 저녁까지의 하룻동안. ¶~ 책을 읽다. all day long

종일(縱逸)圓 제멋대로 하고 버릇이 없음. 하다

종일지-역(—一役)(終日之役)圓 종일 쉬지 않고 들이는 수고. all day long

종일-토록(終日—)圓 하루를 온통 다. ¶ ~ 기다렸다.

종잇-장(一張)圓 종이의 낱장. sheet of paper

종자(宗子)圓 종가의 맏아들. eldest son of the head family

종자(從子)圓图 조카.

종:자(從姉)圓 손위의 사촌 누이. (대)종매(從妹). cousin

종자(從者)圓 ①데리고 다니는 사람. follower ②수종하여 다니는 사람. 수원(隨員). 종인(從人).

종자(種子)圓 씨. 씨앗. 씨자. seeds

종자(種子)圓 종지.

종:자(從姉)圓 제멋대로 굴 [대 종매(從妹).

종:자-매(從姉妹)圓 사촌간의 손위의 누이와 손아래 누이. female cousins

종자-문(種子紋)圓 수복자(壽福字)를 놓은 무늬.

종자 식물(種子植物)圓 〈식물〉 종자로 번식하는 식물

종=자원(從自願)圓 종소원(從所願). 하다

종=자음(終子音)圓 〈어학〉 종성(終聲)으로 되는 자음. 받침. 종성(終聲). 끝말소리. final consonant

종자 이:왕(從玆以往)圓 종금 이후(從今以後).

종자 이:후(從玆以後)圓圓 이제부터 뒤. 금후(今後). hereafter

종작 대충으로 헤아려 잡은 짐작. (약) 종². estimation

종작=없:-다圓 일정한 주견이 없다. (약) 종없다. inscrutable **종작=없:-이**圓

종잘-거리-다 수다스럽게 몹시 종알거리다. (큰) 중절거리다. (센) 쫑잘거리다. prattle **종잘-하다**圓 말.

종잡-다 대중으로 헤아려 잡다. ¶종잡을 수 없는

종장(宗匠)圓 ①경서에 정통하고 글을 잘 짓는 사람. ②문예에 정통한 사람. literary master

종장(終章)圓 ①풍류·노래의 셋째 장. third stanza ②(문학) 삼장으로 된 시조나 한시(漢詩)의 맨 끝에 있는 시구. (대) 중장. 초장. last line

종장(終場)圓 〈제도〉 이틀 이상 걸리는 과거의 마지막 날의 시험장. 「먼 일. 하다

종장(葬送)圓 옛날 장사지낼 때 허수아비를 같이 묻는것.

종재(宗宰)圓 종척(宗戚)과 재신(宰臣).

종적(蹤迹)圓 뒤에 드러난 형상과 흔적. ¶~도 모른다. traces

종적[—쩍](縱的)圓 사물의 상하(上下), 곧 종으로 관계되는 상태. (대) 횡적(橫的). 「없음.

종적 부지(蹤迹不知)圓 있는 곳이나 간 곳을 알 수

종전(宗田)圓 종중 소유의 밭. 종중 전답(宗中田畓). 종중전(宗中田).

종전(宗典)圓 〈불교〉 한 종파의 의지가 되는 경전.

종전(從前)圓 이전의 그대로. 이전. 그전. 자전(自前). ¶~대로 하자. as before

종전(終戰)圓 전쟁이 끝남. 전쟁을 끝냄. (대) 개전(開戰). end of war 하다

종전(縱轉)圓 세로로 구름. 앞뒤로 회전함. 하다

종점[—쩜](終點)圓 기차·전차·버스 따위의 마지막 도착점. (대) 기점(起點). 시발점(始發點). terminus

종접(踵接)圓图 접종(接踵)②. 하다

종정(宗正)圓 ①그 종족에서 가장 높은 웃어른. head of clan ②〈불교〉 우리 나라 총본산(總本山)의 우두머리. head of Buddhist sect

종:정(鍾情)圓图 종애(鍾愛). 하다

종정(鐘鼎)圓 ①종과 솥 등 금속 고기(古器)의 총칭. ②(약) 종명정식(鐘鳴鼎食).

종정-도(從政圖)圓 주사위를 굴리어 벼슬의 지위를 올리고 내리는 장난감의 하나. 승경도(陞卿圖).

종정-도(鐘鼎圖)圓 금속 고기(古器)를 그린 그림.

종정-문(鐘鼎文)圓 금속 고기(古器)에 새겨진 글자.

종:제(從弟)圓 사촌 아우. cousin

종제(終制)圓图 해상(解喪). 하다

종조(宗祖)圓 한 종파의 개조(開祖). 교조(教祖).

종조(宗祖)圓 (약)→종조부(從祖父).

종-조圓 그날 아침이 지날 때까지의 동안.

종:=조모(從祖母)圓 종조부(從祖父)의 아내. grandaunt 「(祖). granduncle

종:=조부(從祖父)圓 할아버지의 형제. (약)종조(從

종족(宗族)圓 동종(同宗)의 겨레붙이. clansmen

종족(種族)圓 ①〈생물〉 같은 종류에 속하는 온갖 생물의 겨레붙이. family ②조상이 같고 공통의 언어·풍속·습관 등을 가지는 사회 집단. 부족(部族). tribe ③동일한 종족의 것.

종족 보:존(種族保存)圓图 종족 보존 본능.

종족 보:존 본능(種族保存本能)圓 종족을 보존하려는 생물의 본능. 종족 보존(種族保存).

종족=적(種族的)圓관 어떤 종족에만 있거나 종족에 관계되는(것).

종족적 사:회(種族的社會)圓 혈연(血緣)에 따라서 성립하는 합성 사회. 공동의 언어·거주지·군비 등을

가지고 족장(族長)에 의하여 통치됨. ethnic society
종졸(從卒)圄 ①따라다니며 심부름을 하는 사람. servant ②딸린 병졸. 종병(從兵). officer's servant
종종圄 ①발을 자주 움직여 걷는 모양. walking with short steps ②사람이나 물건이 배게 놓여 있는 모양. 종종이. 《계》촘촘. 《큰》충충. 〖kinds
종¹=종(種種)圄 물건의 가지가지. 다양(多樣). various
종²=종(種種)🖹 가끔. 누시(累時). occasionally
종종-거리-다困 원망하는 태도가 드러나도록 자주 종알거리다. 《큰》중중거리다. complain
종종-거리-다困 바쁜 태도로 발을 구르는 듯이 걷다. 《계》종종거리다. 《큰》충충거리다. walk with short steps
종종-걸음圄 발을 자주 떼면서 급히 걷는 걸음. short and quick steps 〖short quick steps
종종걸음-치-다困 종종걸음으로 걷다. walk with
종종-머리圄 바둑머리가 조금 지난 뒤에 한 쪽에서 충씩 석 줄로 땋아서 댕기를 드린 어린아이의 머리.
종종-모圄 아주 배게 심은 볏모. thickly planted rice plants 〖various kinds
종:종 색색(種種色色)圄 여러 가지 종류. 가지각색.
종종-이圄 문장의 생략부로 쓰는 부호. '…'의 인쇄상의 이름. ellipsis 〖죄. accessory
종죄(從罪)圄 수범(首犯)을 도운 범죄자에게 과하는
종주(宗主)圄 ①〔역사〕봉건 시대의 제후(諸侯)의 위에서 패권을 잡던 맹주(盟主). suzerain ②대본(大本)을 삼는 데서의 우두머리.
종주(縱走)圄 ①능선을 따라 산을 걸어 많은 산정(山頂)을 넘어가는 등산 형식. ②산맥 따위가 지형이 긴 쪽으로 또는 남북으로 이어짐. ¶~하는 산맥. 하囝
종:주(縱酒)圄 제 몸을 가누지 못할 정도로 술을 흠뻑 마심. heavy drinking 하囝 〖state
종주국(宗主國)圄 종주권을 가진 나라. suzerain
종주-권[-꿘](宗主權)圄 ①어떠한 나라가 다른 나라를 지배하는 권력. suzerainty ②종주(宗主)의 권능. 〖threaten with fist
종주먹대:-다困 주먹으로 쥐어박으며 위협하다.
종주-산(宗主山)圄 주산(主山) 위에 있는 주산. 《약》종산(宗山)③.
종중(宗中)圄 한 문중(門中). 한 족속. clan
종중(從重)圄 〖~론〗 종중론(從重論).
종중(從衆)圄 여러 사람의 말과 행동을 따름. following the majority 하囝
종중-답(宗中畓)圄 종답(宗畓).
종중-론(從重論)圄 〖법률〗두 가지의 죄가 함께 발생하였을 때 무거운 죄를 따라 처단함. 《대》종경론(從輕論). 《약》종중(從重).
종중-산(宗中山)圄 한 문중의 조상을 모신 산. 또는 한 문중이 소유한 산. 《약》종산(宗山)①. family mountain 〖사촌 동생을 일컫는 말.
종:-중:씨(從仲氏)圄 남에게 대해 자기나 또는 남의
종중-전(宗中田)圄 종전(宗田).
종중 추고(宗重推考)圄 〖제도〕관리의 죄과(罪過)를 엄중하게 신문하여 살핌. 《약》종추(從推). 하囝
종:=증손(從曾孫)圄 자기 형제의 증손자.
종지(鐘支)圄 간장·고추장 같은 것을 담아서 상에 놓는 작은 그릇. 종자(鐘子). small cup
종지(宗支)圄 종파(宗派)와 지파(支派).
종지(宗旨)圄 ①근본되는 뜻. fundamental meaning ②종문(宗門)의 취지. 교의(敎義).
종지(終止)圄 ①끝을 마침. 끝. 마지막. end ②〔음악〕악곡의 끝이나 중도에서 끝의 느낌을 주도록 2~3개의 화음을 이룰이는 것. cadence
종지(踵至)圄 뒤를 따라 곧 옴. 하囝 〖watch
종-지기(鐘-)圄 종을 지키는 직에 있는 사람. bell
종지 기호(終止記號)圄 〔음악〕악곡의 끝을 나타내는 기호. 마침표. 종지부②.
종지=법[-뻡](終止法)圄 〔어학〕용언을 활용할 때 끝맺는 법. 마침법. end-form
종지-부(終止符)圄 ①〔어학〕문장의 끝맺음을 나타낼 때 적는 부호. 〖세로쓰기에〗에서는 '。'임. 온점. 휴지부②. period ②끝. ③일의 결판. ¶사건에 ~를 찍다. end
종지-뼈圄 〔생리〕무릎 앞을 보고 있는 종지같이 생긴 뼈. 슬개골(膝蓋骨). 종지굽③. patella
종지-사(終止詞)圄 〔동〕종지형(終止形).
종지-형(終止形)圄 〔어학〕설명어의 어미 활용(語尾活用)의 하나로, 뜻이 완전히 끝남을 나타낼 때 씀. 종지사(終止詞). end-form 〖hereditary business
종직(宗職)圄 대대로 이어받은 직업. 세직(世職).
종진(縱陣)圄 일직선의 형상으로 각 군함의 수미선(首尾線)이 들어가는 함대의 진형(陣形). 《대》횡진(橫陣). column 〖반에서 일어나는 지진.
종진(縱震)圄 〔지학〕단층(斷層)이 산맥과 평행되
종:진-동(縱振動)圄 봉상(棒狀) 또는 선상(線狀)의 물체가 그 길이의 방향으로 진동하는 탄성(彈性) 진동. 세로 진동.
종-질圄 종노릇을 하는 일. slavery 하囝
종:질(從姪)圄 사촌 형제의 아들. 당질(堂姪). cousin's son 〖daughter
종질녀(從姪女)圄 사촌 형제의 딸. male cousin's
종:질-부(從姪婦)圄 종질의 아내. wife of male cousin's son 〖의 남편.
종질서(從姪壻)圄 사촌형 형이나 아우의
종짓-굽圄 ① 쟁기의 한마루 아래 끝에 턱 모양으로 내민 부분. ②〔생리〕종지뼈가 있는 언저리. rim of the kneecap 《동》종지뼈.
종짓굽아 날 살려라囝 빨리 도망가자.
종짓굽이 떨어지다 젖먹이가 처음으로 걷게 되다. find one's feet
종차(終車)圄 그 날의 마지막 차. 막차. last train
종차(種差)圄 〔논리〕인간을 다른 동물과 견줄 때에 생기는 그 차이 등으로 어떤 종(種)개념을 동일한 유(類)과 개념에 속하는 다른 모든 종개념으로부터 구별하는 징표. specific difference
종차(從次)圄 이 다음에. 이 뒤. hereafter
종차(從此)圄 이제부터. 이 뒤. 앞으로. after this
종차 이:후(從此以後)圄 〔동〕종금 이후(從今以後).
종착(終着)圄 마지막으로 닿음. terminal 하囝
종착-역[-녁](終着驛)圄 최종 도착역. 종점. 《대》시발역(始發驛). terminal station
종:창(腫脹)圄 〔의학〕염증이나 종기 같은 것이 생겨서 부어 오름. swelling
종처(腫處)圄 부스럼이 생긴 곳. boil
종척(宗戚)圄 종친(宗親)과 임금의 외척(外戚).
종천-지통(終天之痛)圄 세상에서는 다시 다 없을 만한 극도의 슬픔.
종철(縱綴)圄 ①글자나 날짜를 세로 맞추어 쓰는 맞춤. ②세로 꿰맴. 《대》횡철(橫綴). 하囝
종:-첩(-妾)圄 종이던 여자를 올려 앉힌 첩.
종-청동(鐘靑銅)圄 종을 주조하는 데 쓰는 청동의 일종. 구리 75~80%, 주석 20~25%로 된 합금.
종체(宗體)圄 〔불교〕한 경전(經典)의 핵심이 되는 근본.
종:추(從推)圄 《약》종중 추고(宗重推考).〖본 정신.
종축(種畜)圄 씨받이 가축. 씨짐승. breeding stock
종축(縱軸)圄 '세로축'의 구용어.
종축 목장(種畜牧場)圄 종축장(種畜場).
종축-장(種畜場)圄 가축과 가금의 씨받이하는 곳. 종축 목장(種畜牧場). breeding place
종-치-다(鐘-)困 종을 때려 울리다. ring bell
종친(宗親)圄 ①임금의 친족. 종실(宗室). royal family 〖君)의 부(府).
종친-부(宗親府)圄 〔제도〕조선조 때, 종실 제군(諸
종친-회(宗親會)圄 일가붙이끼리 모여서 하는 모임. 〖콩. soy beans
종-콩圄 메주를 쑤는 데에 쓰이는 빛이 희고 알이 작은

종토(宗土)[명] 한 종문(宗門)의 소유로 된 토지.
종토(種免)[명] 씨토끼. [eldest son
종통(宗統)[명] 적장자(嫡長子)의 계통. lineage of the
종파(宗派)[명] ①지파(支派)에 대한 종가(宗家)의 계통. lineage of the head family ②〈불교〉불교에 있어 그 주장하는 교리에 따라 세운 갈래. 화엄종(華嚴宗)·법화종(法華宗)·교종(敎宗)·선종(禪宗)등. 종문(宗門)②. ③〈불교〉교파(敎派). 하다
종=파(種一)[명] 씨받이.
종=파(種播)[명][동] 파종(播種). 하다
종파(縱波)[명]①〈물리〉파동의 진행 방향과 매질(媒質)의 진동의 방향이 일치하는 파동. 소밀. 소밀파(疎密波). longitudinal wave ②배가 가는 방향에 평행되게 나가는 파도. [plate
종판(種板)[명] 사진의 원판(原板). 건판(乾板). dry
종편(終篇)[명]①[동] 졸편(卒篇). ②여러 편으로 된 서책의 마지막 편. 하다 [(同宗)의 편.
종편(宗偏)[명] 한 겨레붙이 중에서 먼 겨레. 곧, 동종
종풍(宗風)[명]〈불교〉한 종파의 교화(敎化).
종풍(從風)[명]〈불교〉불교에서의 그 종파의 교풍(敎風)을 일컫는 말. [(胚)와 배젖을 보호함. testa
종피(種皮)[명] 식물의 씨앗의 껍질. 내부의 배
종하-생(宗下生)[명] 동종(同宗)으로 나이가 젊고 벼슬이 낮은 사람이 나이 많고 벼슬이 높은 사람에게 자기를 일컫는 말.
종학(從學)[명] 남을 따라 배움. 하다
종합(綜合)[명]①이것저것을 한데 합함. ②〈논리〉개개의 개념·판단을 한데 모아 새로운 개념·판단을 이룩함. (대)분석(分析). colligation ③〈철학〉변증법에서 정립(定立)·반립(反立)을 지양(止揚)함. 합(合)④. synthesis 하다
종합 개발(綜合開發)[명] 국가적 견지에서 종합적·계획적으로 실시되는 국토·자원의 개발. synthesizing development
종합 경제(綜合經濟)[명]〈경제〉많은 경제 단위가 분업(分業)과 교환 따위의 관계를 서로 맺음으로써 일어나는 경제 조직. coordinated economy
종합 고등 학교(綜合高等學校)[명] 보통 과정과 직업 과정을 병설(倂設)한 고등 학교.
종합 과세(綜合課稅)[명]〈법률〉각 사람의 소득 또는 수익의 종합을 과세 물건으로서 세금을 부과하는 방법. composite income tax
종합 대학(綜合大學)[명] 셋 이상의 단과 대학과 한 개의 대학원이 모여 이룬 대학교. (대)단과 대학. university
종합 링크제(綜合 link 制)[명]〈경제〉링크제의 하나. 상품(商品)을 제 3 국으로 수출하여 대외 채권을 얻은 사람에게만 수출용 원자재를 비롯하여 여러 물자의 수입을 인정 허락하는 제도. (대)개별 링크제.
종합 명사(綜合名詞)[명]〈어학〉두 마디 이상이 모여서 한 개념을 나타내는 명사(名詞). compound noun
종합 병:원(綜合病院)[명] 각 병과(病科)가 종합적으로 설치된 병원.
종합 비타민제(綜合 vitamin 制)[명] 수용성 비타민과 지용성 비타민 양쪽의 각종 비타민을 조합한 약.
종합 비:평(綜合批評)[명]〈문학〉문예 작품을 분석하지 않고 그 전체의 가치를 논하는 비평. (대)분석 비평(分析批評). synthetic criticism
종합 소:득세(綜合所得稅)[명]〈법률〉①각종 소득을 합계한 총소득에 대해 부과하는 소득세. composite income tax ②납세자의 총소득이 일정한 세를 부과하고, 또 소득이 일정액 이상에 달하는 경우에 확정 신고에 의하여 액수를 조정하는 소득세.
종합 예:술[一녜一](綜合藝術)[명] 하나하나의 예술을 종합하여 규모가 큰 것으로 통일한 예술.
종합 잡지(綜合雜誌)[명] 정치·경제·사회·문예 등의 각 부분을 종합하여 편집한 잡지.
종합-적(綜合的)[관형] 따로따로의 것을 한데 모아 합한 모양. 또, 그 성질.
종합적 교:수(綜合的教授)[명] 교과를 따로따로 교수하지 않고 종합적으로 교수하는 일. synthetic instruction
종합적 판단(綜合的判斷)[명]〈논리〉빈사(賓辭)에 있어서 새로운 속성 또는 사물을 가리키는 판단.
종합 학습(綜合學習)[명] 교과 분류(敎科分類)를 하지 않고 모든 학습을 종합적으로 하는 일.
종항(綜航)[명] 배·항공기가 정해진 항해·항공을 끝냄.
종:항-간(從行間)[명] 사촌 형제의 사이. cousinhood
종=해:안(縱海岸)[명]〈지학〉해안이 산맥과 평행되면 해안. 횡해안(橫海岸). longitudinal coast
종핵(綜核)[명] 자세하게 속속들이 밝힘. 하다
종행(縱行)[명] 세로로 된 행. (대)횡행(橫行). vertical
종향(從享)[명][동] 배향(配享). 하다
종헌(綜獻)[명] 제사 때 셋째 번으로 술잔을 올림. 하다
종헌-관(綜獻官)[명]〈제도〉나라 제사 때에 종헌(綜獻)을 행하던 사람의 벼슬 이름.
종:형(從兄)[명] 사촌 형. (대)종제(從弟). elder cousin
종:=형제(從兄弟)[명] 사촌 형제.
종-화도(種禾稻)[명][동] 볏모.
종환(腫宦)[명] 벼슬길에 나아감. 하다
종환(腫患)[명] 종기(腫氣)로 인한 병환.
종회(宗會)[명] 한 문중(門中)의 모임. family council
종횡(縱橫·從橫)[명] 세로와 가로. 가로 세로. length and breadth
종횡-기(縱橫家)[명]〈역사〉중국 전국 시대에 제후를 유세하던 사람으로 '책사(策士)'·'세객(稅客)'을 뜻하는 말.
종횡 무애(縱橫無礙)[명] 자유 자재하여 걸릴 것이 없음.
종횡 무진(縱橫無盡)[명] 자유 자재로 거침없이 마음대로 함. at will [을 다함. 하다
종효(終孝)[명] 어버이가 돌아가시는 머리맡에서 정성
종후(從厚)[명] 어느 일을 후(厚)한 편으로 따라 함.
좆[명] 성숙한 어른의 자지.
좆-갈-다[동](비) 사물을 얕잡아 보거나 불만스러울 때 욕되게 일컫는 말.
좆-다 상투 또는 낭자를 들어서 죄어 매다.
좆-심[명](비) 남자의 성교(性交)하는 힘. virility
좇-다[동]①남의 뒤를 따르다. follow ②복종(服從)하다. obey ③대세(大勢)를 따르다.
좇-다[타](고)⇒좇다[隨]. ⇒좇다[逐].
좇아-가다[동]①뒤를 따라가다. follow ②남이 하는 대로 따르다.
좋:-다[형]①마음에 들다. ¶경치가 ~. (대)싫다. good ②잘 사귀어 정답다. ¶사이가 퍽 ~. intimate ③길(吉)하다. ¶패(卦)가 참 ~. lucky ④만족스럽다. ¶그 일을 무사히 끝내서 정말 ~. fine ⑤괜찮다, 좋다. ¶저녁에 와도 ~. suitable ⑥충분하고 넉넉하다. ¶저 정도면 한 접이 ~. good ⑦기대에 들어맞다. suitable ⑧잘 자라다. ¶머리가 ~. 좋:-이[부]
좋-다[감]①흐뭇하고 유쾌하고 즐거운 느낌을 나타냄. ¶~! 잘한다. good ②흥분·분개·반발·결의·찬성 따위의 느낌을 나타냄. ¶~! 어디 두고 보자. ③[고] 조촐하다. all right
좋아 결심이 되었음을 나타내는 말. ¶~ 나도 생각이 있다. [게 되다. become to like
좋:아-지다[동]①좋게 되다. become better ②좋아하다
좋아-하다[타]①좋은 느낌을 가지다. be pleased ②하고 싶어하다. like ③귀엽게 여기다. love
좋은 일에는 남이요, 궃은 일에는 일가라[관] 좋은 일이 있을 때에는 생각지 않고 모르는 체하다가, 궃은 일을 당하게 되면 남보다 낫다 하여 친척을 찾아 다닌다.
좌:(左)[명] '왼쪽'의 뜻. left 〖(대)향(向).
좌:(坐)[명] 묏자리나 집터 따위의 등진 방위(方位).

좌:¹(座)[명] 앉을 자리. seat
좌:²(座)[명]〈불교〉불상을 세우는 말.「constellation
=좌(座)[명] 별의 자리를 이르는 말. ¶대웅(大熊)~.
좌:각(坐脚)[명] 마음대로 쓰지 못하는 다리.
좌:강(左降)[명] 관등(官等)을 낮춤. 하타
좌:객(坐客)[명]《속》앉은뱅이①.
좌:객(坐客)[명] 자리에 앉은 손님.《대》입객(立客).
「seated guest
좌:견 천리(座見千里) 멀리 앞을 내다봄.
좌:경(左傾)[명] ①사회주의·공산주의 등 좌익(左翼)으로 기움. leftist inclination ②왼쪽으로 기울어짐.《대》우경(右傾). inclining leftward 하타
좌:계(左契)[명]〈제도〉둘로 쪼갠 병부(兵符) 따위에서 그 왼쪽. 하타
좌:고(左顧)[명] 왼편을 돌아다 봄. looking to the left
좌:고(坐高)[명] 앉은키.
좌:고(坐賈)[명]《속》앉은 장사.
좌:고(座鼓)[명]〈음악〉틀에 달고 채로 치게 된 북의 하나.
좌:고 우:면(左顧右眄)[명]〔동〕좌우 고면(左右顧眄). 하타
좌:고 우:시(左顧右視)[명]〔동〕좌우 고면(左右顧眄).
좌:골(坐骨)[명]〈생리〉엉덩이의 골반(骨盤)을 이루는 좌우 한 쌍의 뼈. huckle-bone 「bone
좌:골(挫骨)[명] 뼈가 부러짐. 또, 부러진 뼈. breaking
좌:골 신경(坐骨神經)[명]〈생리〉사람의 다리 運動과 감각을 맡은 가장 큰 신경으로 허리로부터 허벅다리의 뒤쪽 한가운데까지 이름. ¶~통(痛). sciatic
좌:구(坐具)[명] 앉을 때 까는 방석. 「nerve
좌:구(坐具)[명]〈불교〉방석과 같이 생긴 육물(六物)의 하나. sciatica
좌:국(挫國)[명] 60척.
좌:군(左軍)[명]〈약〉→좌익군(左翼軍).
좌:굴(挫屈)[명] 스스로 찾지 않고 와서 찾아보게 함.
좌:궁(左弓)[명] 왼손으로 시위를 당기어 쏘는 활.《대》우궁(右弓).
좌:궁-깃(左弓—)[명] 화살을 새의 오른쪽 날개 깃으로 꾸민 것.
좌:규(左規)[명]'좌의정(左議政)'의 별칭.
좌:금(座金)[명] 기계의 각 부분이 연접되는 곳에 끼우게 된 금속 베. 좌철(座鐵). 라킷쇠. washer
좌:기(左記)[명] 세로쓰기에서 본문의 왼쪽에 적음. 또, 그 글. 좌개(左開).《대》우기(右記). following
좌:기(坐起)[명]〈제도〉관청에 장(長)으로 있는 이가 사진(仕進)하여 일을 함. 하타
좌:기(挫氣)[명] 기세가 꺾임. 또, 그 기세를 꺾음. discouragement 하타
좌:단(左袒)[명] 남에게 동의(同意)함. agreement 하타
좌:담(座談)[명] 마주 자리를 잡고 앉아서 형식에 구애됨이 없이 하는 이야기. table-talk 하타
좌:담-회(座談會)[명] 좌담을 하는 모임. ¶~를 하다. round-table talks
좌:당(左黨)[명]〈정치〉①정부의 반대당을 뜻함. ②좌익의 정당.《대》우당(右黨). leftists
좌:도(左道)[명] ①자기가 믿는 종교(宗敎) 이외의 종교를 가리키는 말. paganism ②조선조 때, 경기·충청·경상·전라·화해 각 도를 둘로 나누어 그 한쪽을 일컫던 말.《대》우도(右道). 「는 물건.
좌:돈(坐墩)[명] 모양이 작은 자기로 만들어진 걸터앉
좌:돈(挫頓)[명]〔동〕좌절(挫折). 하타
좌:두(坐豆)[명] 마소의 먹이로 삼는 짚이나 콩.
좌:-뜨다[으을] 생각이 남보다 뛰어나다. clearsighted
좌르르[부] ①물이 세차게 쏟아지는 모양. pouring down ②작은 물건 여러 개를 한번에 쏟는 소리.《센》좌르르. running down
좌:-립(坐立)[명] 앉음과 섬. 「종이.
좌:-면-지(座面紙)[명] 제사지낼 때 제상에 깔아 놓는
좌:목(座目)[명] 자리의 차례를 적은 목록. list of the order of seats
좌:무(左舞)[명] 왼쪽에서 춤추는 사람.《대》우무(右舞).
좌:방(左方)[명] 왼편.《대》우방(右方). left side
좌:법(坐法)[명]〈불교〉부처 또는 불교 신도들이 앉는 법식.
좌:변(左邊)[명] ①왼편쪽. left side ②왼편 가. left ③〈제도〉좌포도청(左捕盜廳)의 별칭.《대》우변(右邊).
좌:-병영(左兵營)[명]〈제도〉조선조 때, 경상도 울산(蔚山)에 있던 병마 절도사(兵馬節度使)의 주영(駐營). 「왼쪽의 '丿'의 이름. 《대》우(右)부방.
좌:-부:방(左阜傍)[명] 한자 부수의 하나. '陰'·'陽' 등
좌:-불안석(坐不安席)[명] 불안·근심 등으로 한군데에 오래 앉아 있지를 못함.《대》「관직.
좌:사(左史)[명]〈제도〉임금의 언행(言行)을 기록하던
좌:사(左思右考)[명] 이렇게 생각해 봤다 저렇게 생각해 봤다 함. 좌사 우량(左思右量). 좌우 사량(左右思量). thinking of this and that 하타
좌:사 우:량(左思右量)[명]〔동〕좌사 우고.
좌:산(坐産)[명] 줄 따위를 붙잡고 앉아서 아이를 낳음. delivery in sitting posture 하타
좌:상(左相)[명]〔동〕'좌의정(左議政)'의 별칭.
좌:상(坐商)[명] 일정한 곳에 가게를 내고 하는 장사. 앉은 장사. keeping shop
좌:상(坐像)[명] ①앉은 모양의 그림이나 조각. sedentary image ②앉아 있는 형상. seated figure
좌:상(座上)[명]①〔동〕좌중(座中). ②그 좌석에서의 어른. 석상(席上). senior of those present
좌:상(挫傷)[명] ①기운이 꺾이고 마음이 상함. discouragement ②타박·충돌·추락 따위 둔성(鈍性)의 신체적 자극에 의하여 표면에는 손상이 나타나지 아니하고 피하 조직(皮下組織) 또는 근육부를 손상하는 일. 손상(挫傷). sprain 하타
좌:상-육(剉桑肉)[명] 누에의 발육에 따라 뽕잎을 적당한 크기로 썰어서 주는 사육법.《대》전엽육(全葉肉).
좌:서(左書)[명] ①왼쪽과 왼쪽의 위치가 서로 바뀐 글자. ②왼손으로 쓰는 글씨. left-hand writing
좌:서-하다(左書―)[자] 왼손으로 글씨를 쓰다.
좌:석(座席·坐席)[명] ①〔동〕앉은 자리③. ②깔고 앉는 자리의 총칭.《대》입석(立席).
좌:석-권(座席券)[명] 극장 따위에서 좌석을 지정하여 판매하는 관람권. ticket for seat
좌:석 미:난(座席未煖)[명] 한군데에 오래 거주하지 못하고 이사를 자주 함을 일컫는 말.
좌:선(左旋)[명] 왼쪽으로 돌림. 왼쪽으로 돎.《대》우선(右旋). levorotation 하타
좌:선(坐禪)[명]〈불교〉참선(參禪)하고 앉아 있음. 연좌(宴坐).《약》선(禪). religious meditation 하타
좌:선-룡[―뇽](左旋龍)[명]〈풍속〉풍수 지리에서, 오른쪽에서 머리가 시작하여 왼쪽으로 뻗은 용(龍)의 형상을 한 산줄기.《대》우선룡(右旋龍).
좌:섬(挫閃)[명]〈한의〉관절이 외부의 타격으로 상하여 붓고 아픈 병. 「나는 요통.
좌:섬 요통[―뇨―](挫閃腰痛)[명]〈한의〉접질려 일어
좌:수(左手)[명] 왼손.《대》우수(右手).
좌:수(坐睡)[명] 앉아서 졺. doze 하타 「얹음. 하타
좌:수(坐收)[명] 활동하지 않고 가만히 앉은 채 수입을
좌:수(座首)[명]〈제도〉향청(鄕廳)의 우두머리. 수향(首鄕). 아관(衙官). magistrate of district
좌수 볼기 치기[명] 심심풀이로 공연히 건드려 본다.
좌:수 어민지공(坐收漁民之功)[명] 남들이 싸움하는 틈을 타서 슬쩍 공을 세움을 가리킴.
좌:-수영(左水營)[명]〈제도〉조선조 때, 경상도 동래와 전라도 여수에 두었던 수군 절도사의 영문.《대》우수영.「음. 하타
좌:수 우:봉(左授右捧)[명] 그 자리에서 당장 주고받
좌:수 우:응(左酬右應)[명] 여러 군데 바쁘게 응수(應酬)함. wait on busily 하타
좌:-승지(左承旨)[명]〈제도〉①고려 밀직사(密直司)의 정3품(正三品) 벼슬. 왕명의 출납을 맡음. ②조선조 때, 중추원(中樞院)의 정3품 벼슬. ③조선조 때, 승정원(承政院)의 정3품 벼슬.《대》우승지. 「marketplace
좌:시(坐市)[명] 가게를 벌리고 물건을 앉아서 파는 곳.

좌:시(坐視)[명] 간섭하지 않고 옆에 앉아 가만히 두고 보기만 함. 방관(傍觀). looking on unconcernedly
:좌시--다[고] 잠수시다. [하타]
좌:시:터(坐市一)[명] 좌시를 낸 자리. 또, 낼 만한 터. site for market
좌:식(坐食)[명] 와식(臥食). 하타
좌:식 산공(坐食山空)[명] 벌지는 않고 놀고만 먹으면 끝내는 없어지고 만다는 말.
좌:심방(左心房)[명]〈생리〉 폐정맥의 피를 받아 좌심실로 보내는 구실을 하는 심장 안의 왼쪽 윗부분. 왼쪽 염통방. left atrium
좌:심실(左心室)[명]〈생리〉 좌심방에서 오는 피를 깨끗히 하여 대동맥으로 보내는 심장 안의 왼쪽 아랫부분. 왼쪽 염통집. left ventricle of the heart
좌:안(左岸)[명] 왼쪽 물가. 왼쪽 물가(河川)의 왼쪽 물가. left bank
좌:액(左腋)[명] 왼쪽 겨드랑이.
좌:약(坐藥)[명] 요도(尿道)·질(膣)·분문(糞門)에 꽂아 넣는 약. 좌제(坐劑). suppository
좌:어(坐魚)[명]〈동물〉참개구리.
좌:업(坐業)[명] 앉은 채 손으로 하는 일. sedentary [work
좌:연=사(左撚絲)[명] 왼쪽으로 드린 실.
좌:열(左列)[명] 왼쪽의 열. (대) 우열(右列). left row
좌:와(坐臥)[명] 앉아 있음과 누움. sitting and lying
좌:와 기거(坐臥起居)[명] ①좌와 기거. ②일상 생활을 이르는 말.
좌:완(左腕)[명] 왼팔. (대) 우완(右腕). left arm
좌왕 우:왕(左往右往)[동] 우왕 좌왕. 하타
좌:욕(坐褥)[명] 방석.
좌:우(左右)[명] ①왼쪽과 오른쪽. right and left ②결. 옆. ¶~에 앉다. side, by ③자기 마음대로 쥐고 다룸. 마음대로. command ④마음을 움직임. ¶그 말에 ~되지 말라. influence ⑤약→좌우익(左右翼). ⑥사람이나 일을 자기 마음대로 다루다. influence ⑦주위에 거느리고 있는 사람. 시중드는 사람. 시종. attendants ⑧(약)→좌사 우지(左之右之). ⑨존장에 대해 높여 부르는 말로, '어르신네'의 뜻으로 편지에 씀. 하타
좌:우=간(左右間)[명] 이렇든저렇든 간에. 양단간(兩端間). 좌우지간. ¶~ 해보아라. anyhow
좌:우 고면(左右顧眄)[명] 여기저기 돌아다보는 모양. 좌고 우면(左顧右眄). 좌우 고시(左顧右視). looking around 하타
좌:우 기거(左右起居)[명] 일체의 기거하는 동작. one's daily behavior [석긴 것.
좌:우 두:동(左右一)[명] 윷에 말 두 개가 각자 두 동
좌:우=명(座右銘)[명] 늘 가까이 적어 두고, 생활의 경계로 삼는 격언. favourite maxim
좌:우 보:처(左右補處)[명]〈불교〉부처를 모시는 좌우의 두 보처(補處).
좌:우 사량(左右思量)[명][동] 좌사 우고(左思右考).
좌:우 상칭(左右相稱)[명] 좌우 두 부분이 같은 모양임. symmetry ②〈군사〉주군(主軍)의 좌우에 배치하는 군대. ③〈생물〉생물체를 두 조각으로 나눌 때 그 나누어진 조각이 균등한 모양.
좌:우=익(左右翼)[명] ①군진(軍陣)의 좌우(左右)에 있는 군대(軍隊). left and right flanks ②좌익 사상과 우익 사상. (약)→좌우파. leftists and rightists
좌:우=지(左右之)[명](약)→좌우 지지(左之右之).
좌:우지=간(左右之間)[명][동] 좌우간.
좌:우 청촉(左右請囑)[명] 수단을 다하여 여러 곳에 청함. 좌청 우촉. making request everywhere 하타
좌:우 충돌(左右衝突)[명][동] 좌충 우돌(左衝右突). 하타 [머 침. 하타
좌:우 협공(左右挾攻)[명] 적을 양쪽에서 쬐어 들어
좌:원(坐員)[명] 좌중에 앉아서 응원함. 하타
좌:=의자(坐椅子)[명] 앉아서 기대는, 발이 없는 의자.
좌:=의:정(左議政)[명]〈제도〉조선조 때, 의정부(議政府)의 정 1 품 벼슬. (대) 우의정.
좌:이대:사(坐而待死)[명] 몹시 궁박하여 어찌할 수 없이 운명에 맡김. desperate condition 하타
좌:익(左翼)[명] ①비행기 따위의 왼편 날개. left wing ②(약)→좌익군. ③급진적 혁명파. 공산주의자를 뜻함. leftists ④축구의 왼쪽 맨 가의 공격진. 레프트 윙. left wing ⑤(약)→좌익수(左翼手).
좌:익=군(左翼軍)[명] 중군의 좌익에 있는 군사. (대) 우익군. (약) 좌익②. left column
좌:익 소:아병(一병)(左翼小兒病)[명] 극단적인 공식론적(公式論的) 공산주의자의 행동을 일컫는 말. puerile leftish sentiment
좌:익=수(左翼手)[명] 야구 경기에 있어서 좌익을 맡아 지키는 선수. (대) 우익수. (약) 좌익⑤. left fielder
좌:익=화(左翼化)[명] 공산주의의화함. 적화(赤化)②. 하타
좌:익=임(左翼)[명] 미개함을 이르는 말. 하타
좌:작 진:퇴(坐作進退)[명][동] 기거 동작(起居動作).
좌:장(坐杖)[명] 노인이 앉아서 몸을 의지하는 정(丁) 자 모양의 짧은 지팡이. short T-form stick
좌:장(坐贓)[명] 관원이 백성에게서 턱없이 뇌물을 거두어 받던 일.
좌:장(座長)[명] 여럿이 모인 자리에서의 으뜸되는 어른. 석장(席長). senior of those present
좌:재(坐齋)[명] 제사의 전날부터 몸을 깨끗이 재계(齋戒)하는 일. 하타
좌:전(坐前)[명] 야구에서, 좌익수의 앞. ¶~ 안타.
좌:전(左前)[명] 편지를 받아올 사람의 이름 아래에 쓰는 높임말. 좌하(座下). to Mr…
좌:절(挫折)[명] ①마음과 기운이 꺾임. discouragement ②어떤 계획이나 운동이 실패로 돌아감. 좌돈(挫頓). (대) 관철(貫徹). set-back 하타
좌:정(坐定)[명] 앉음. 하타
좌:정 관천(坐井觀天)[명] 견문이 좁음을 이름. 정중 관천(井中觀天). very limited outlook
좌:=정승(左政丞)[명] '좌의정'의 별칭.
좌:제(坐劑)[명] 좌약(坐藥).
좌:족(左族)[명][동] 서족(庶族).
좌:종(左鐘)[명] 책상 따위에 놓는 자명종(自鳴鐘). 탁상 시계. (대) 괘종(掛鐘). table clock
좌:죄(坐罪)[명] 죄(罪)를 받음. 하타
좌:주(座主)[명] ①〈동〉은문(恩門). ②〈불교〉대중의 좌장(座長). [company
좌:중(座中)[명] 여러 사람이 모인 자리. 좌상(座上)①.
좌:=중간(左中間)[명] 야구에서, 좌익수와 중견수 사이. ¶~으로 빠지는 안타.
좌:지(坐地·座地)[명] ①지극히 높은 신분. high standing ②나라를 통치하는 자리. ③잡지 잡고 사는 땅의 위치. stay spot [음. 하타
좌:지 불천(坐之不遷)[명] 한 곳에 놓여 있어 옮기지 않
좌:지=우:보(左之右甫)[명] 이러저리 비틀거 겨우 이끌어 나감. manage to maintain 하타
좌:우=지(左之右之)[명] ①내 마음대로 다룸. command ②남에게 이래라저래라 함. ¶남의 일에 ~ 한다. (약) 좌우지. 좌우(左右)⑥. interference 하타
좌:차(坐次)[명] 좌석의 차례. order of seats
좌:차 우:란(左遮右欄)[명] 온갖 힘을 다하여 이러저리 막아 냄. 하타 [의 종1品 벼슬.
좌:찬=성(左贊成)[명]〈제도〉조선조 의정부(議政府)
좌:=참판(左參判)[명]〈제도〉조선조 의정부(議政府)의 종 2 品 벼슬. (대) 우참판.
좌:창(坐唱)[명] 앉은소리.
좌:창(挫創)[명][동] 좌상(挫傷)②.
좌:처(座處)[명] ①앉은 자리. place to sit on ②집이 있는 그 자리. seat of house
좌:천(左遷)[명] 높은 지위에서 낮은 지위로 떨어짐. (대) 영전(榮轉). down grading 하타
좌:철(座鐵)[명] 좌금(坐金).
좌:=청룡(左靑龍)[명]〈민속〉청룡(靑龍)을 분명히 일

좌청 우촉

킨는 말. 《대》우백호(右白虎).
좌:청 우:촉(左請右囑)《동》좌우 청촉(左右請囑).
좌:초(坐礁)《명》배가 암초에 얹힘. stranding 하다
좌:초롱(坐一籠) 윗두가 썩 높고 네모가 져서 방
좌:촌(左寸)《명》수촌(手寸). 「안에 놓게 된 등.
좌:충 우:돌(左衝右突)《명》이리저리 막 치고 받고 함. 좌충 우돌은 (左右衝突). 하다
좌:측(左側)《명》왼쪽. 《대》우측(右側). left side
좌측 통행(左側通行)《명》교통 질서상 길의 좌측으로 통행하는 일. 《대》우측 통행(右側通行). 하다
좌파(左派)《명》좌익(左翼)의 파. 급진적(急進的)인 파. ¶~ 사회당(社會黨). left wing
좌:판(坐板)《명》땅에 깔고 앉게 된 널. sitting board
좌패(坐牌)《명》불량배가 못된 짓을 계획할 때에 그 곳에서 그 계책을 꾸미는 사람. 《한》출패(出牌). ringleader
좌:편(左便)《명》왼쪽. 《대》우편(右便). left side
좌:포도청(左捕盜廳)《명》《제도》포도청(捕盜廳)의 좌청(左廳). 《약》좌포청.
좌:포:장(左捕將)《명》《제도》좌포도청의 대장(大將).
좌:포:청(左捕廳)《명》《약》→좌포도청(左捕盜廳).
좌:표(座標)《명》《수학》점(點)의 자리를 보이는 데에 표준이 되는 표(標). coordinates
좌:표=대(座標臺)《명》좌표축(座標軸).
좌:표=축(座標軸)《명》좌표의 표준이 되는 축(軸)의 총칭. 좌표대. axis coordinates
좌:하(坐夏)《명》《불교》여름 동안 참선하고 앉음.
좌:하(座下)《명》좌전(座前). 「면 날.
좌:해(左海)《명》중국을 본위로 해서 우리 나라를 일컬
좌:향(坐向)《명》묏자리나 집터 따위의 등진 방위(方位)에서 정반대 방향. lay of a site
좌:험(左驗)《명》그때그때에 그 곁에서 그 일을 본 증인(證人). witness
좌:현(左舷)《명》왼쪽의 뱃전. 《대》우현(右舷). port
좌:협(左挾)《명》《약》→좌협무.
좌:협:무(左挾舞)《명》주연자(主演者)의 왼쪽에서 춤추는 사람. 《대》우협무(右挾舞). 하다
좌:회전(左廻轉)《명》차 따위가 왼쪽으로 돎. 《대》우회전. 하다 「amusement of company
좌:흥(座興)《명》어떤 모임에서 일어나서 그 자리의 흥취.
좍넓게 퍼지는 모양. 《센》확. widely 하다
좍:좍《명》①굵은 빗발이나 물줄기가 세게 쏟아지는 모양. in torrents ②거침없이 글을 내리읽는 모양. fluently ③연해 넓게 퍼지는 모양. 《센》쫙쫙. 하다
좔:좔《명》굵은 빗발이나 물줄기가 세게 흐르는 모양. 또, 그 소리. 《센》쫠쫠. 하다
좔:좔-거리다《자》액체 따위가 연해 좔좔 소리를 내며 흐르다. 《센》쫠쫠거리다.
좨:기《명》데친 나물이나 가루를 반죽하여 조그마하고 둥글넓적하게 만든 조각.
좨:-들-다《타르》《약》→죄어들다.
좨:주(←祭酒)《명》《제도》①성균관에서 학덕(學德)이 높은 정 3품 이상의 사람에게 제향(祭享) 때 술을 맡아 다루게 하던 벼슬. ②고려 국자감(國子監)의 종3품 벼슬.
좨:-치다《약》→죄어치다.
쟁이물고기를 잡는 그물의 하나. 위에 긴 버팀기가 있고 아래에 남·쇠 따위의 추가 달렸음. 투망(投網)
죄:(罪)《약》→죄다. 「網). 타망. casting net
죄(罪)《명》①도덕상으로 그릇된 짓. sin ②《법》률에 위반되는 행위. 과실. 죄건. 죄벌. crime ③그리스도교·회교 따위의 교법(敎法)을 어긴 행위. sin ④악(惡)에 대한 책임. blame ⑤형량(刑量). 처벌. punishment 스럽 스레 희다
죄:건(罪譴)《명》죄②. 허물².
죄:고(罪辜)《명》《동》죄과(罪過).
죄:과(罪科)《명》①허물과 죄. crime and fault ②죄에 따라 미추어 처벌함. punishment according to the law 「(罪冒). crime
죄:과(罪過)《명》그릇된 허물과 과실. 죄고. 죄얼(罪孽). 죄구

죄인 은닉죄

죄:구(罪咎)《명》죄과(罪過). 「말.
죄:구(罪垢)《명》《불교》죄악이 몸을 더럽힘을 이르는
죄:근(罪根)《명》①죄를 짓게 된 원인. motive of crime ②《불교》무명 번뇌(無明煩惱)인 죄의 뿌리.
죄는 지은 데로 가고 덕은 닦은 데로 간다《속》죄는 지은 사람이 벌을 받고 덕은 닦은 사람이 복을 받는다.
죄:-다《타》①느즈러진 것을 켕겨 되게 하다. tighten ②마음을 졸여 가며 바라고 기다리다. be anxious ③조아서 깎아 내다. ¶ 대를 ~. cut ④벌어진 사이를 좁히다. 조이다. ¶ 나사를 ~.
죄:다² 조금도 남기지 않고 모조리. 《약》죄. all
죄:려(罪戾)《명》죄를 저질러서 사리에 몹시 어그러지는 일. 「는 표준.
죄:례(罪例)《명》《제도》죄의 성립 및 그 경중을 정하
죄:루(罪累)《명》죄를 저질러서 몸을 더럽힘. involvement
죄:루 만:만(罪累萬萬)《명》《약》→죄송 만만(罪悚萬萬). |in crime
죄:-면(一面)《명》《변》→조면(阻面).
죄:명(罪名)《명》죄의 이름. name of crime
죄:목(罪目)《명》저지른 죄의 명목(名目). charge
죄:민-스럽-다(罪悶一)《형비》매우 죄스럽고 민망하다. awfully sorry **죄:민-스레**
죄:=밀(罪一)《명》①잘못으로 인한 마음속의 불안. guilty conscience ②죄를 지은 징상. nature of offence
죄:-받-다(罪一)《자》악한 일을 하여 괴로움을 당하다. 《대》죄주다. be punished 「ty for one's guilt
죄:벌(罪罰)《명》죄에 대한 형벌. 죄책(罪責)². penal-
죄:범(罪犯)《명》《동》죄(罪)②. 「ibution
죄:보(罪報)《명》《불교》죄악에 대한 과보(果報). retr-
죄:상(罪狀)《명》저지른 죄(罪)에 대한 형적과 내용. nature of offence 「다시 죄를 지음. 하다
죄:상 첨:죄(罪上添罪)《명》이미 죄를 저지른 사람이 또
죄:송(罪悚)《명》매우 죄스럽고 황송함. 미안(未安). sorry 하다 스럽 스레 희다
죄:송 만:만(罪悚萬萬)《명》말할 수 없이 죄송함. 《약》죄루(罪累). 하다
죄:수(罪囚)《명》교도소(矯導所)에 갇힌 죄인. 수인(囚人). 형:도(刑徒). prisoner
죄:-스럽-다(罪一)《형비》죄를 짓거나 한 것처럼 마음이 두렵다. **죄:-스레**
죄:악(罪惡)《명》죄가 될 만한 나쁜 짓. sin
죄:악-감(罪惡感)《명》죄를 지었다고 느끼어 이에 지배되고 있는 정서의 상태.
죄:악-상(罪惡相)《명》죄악의 진상.
죄:악=시(罪惡視)《명》①죄악처럼 봄. ②죄악으로 인정함. regarded as crime 하다
죄:안(罪案)《명》범죄 사실의 조서.
죄암=죄암《명》젖먹이에게 죄암질을 시킬 때 부르는 소리. 《준》쥐엄쥐엄. Now you grasp! 하다
죄암-질《명》젖먹이가 재롱스럽게 손을 쥐었다 폈다 하는 짓. 《준》쥐엄질. clasping 하다
죄:어-들-다《자르》안으로 죄어서 오그라들다. 《약》돼들다. become tight
죄:어-치:다(罪一)《타》죄어서 몰아치다. tighten ②몹시 재촉하여 몰아대다. 《약》돼치다. press
죄:얼(罪孽)《명》저지른 죄악(罪惡)으로 일어난 재앙.
죄:업(罪業)《명》《불교》몸·입·마음의 3업으로 저지른 죄 될 만한 소행. sin ②죄의 과보(果報). retribution
죄:역(罪逆)《명》도리에 거슬리는 큰 죄. treason
죄:옥(罪獄)《명》옥사(獄事).
죄:원(罪源)《명》죄의 근원.
죄:이-다《자피》죔을 당하다. be tighten
죄:인(罪人)《명》①유죄(有罪)의 판결(判決)을 받은 사람. 자의(赭衣). 형:도(刑徒). criminal ②죄를 지은 사람. 과인(科人). sinner ③부모의 상사(喪事)를 당하여 있는 사람이 자기를 가리킴. ④《기독》하나님의 뜻을 받아들이지 않으므로 반드시 멸망할 인간. 원죄(原罪)로 인한 인류 전체. sinner
죄:인(罪因)《명》죄를 짓게 된 원인이나 동기.
죄:인 은닉죄(罪人隱匿罪)《명》《법률》벌금 이상의 형

죄임성 바라고 기다려서 바싹 다그치는 마음. impatience
죄:장(罪障)〈불교〉죄업(罪業)으로 말미암은 성불(成佛)의 장애. ¶ ~(감).
죄:적(罪迹) 범죄의 자취. traces of guilt
죄:적(罪籍)〈제도〉도류안(徒流案)·형명부(刑名簿) 따위의 총칭.
죄:제(罪弟) 부모의 상중(喪中)인 사람이 그 벗에 대한 편지에 쓰는 자칭(自稱).
죄:종(罪宗) 〈기독〉모든 죄악의 근원.
죄:종(罪種)〈제도〉죄의 종류.
죄:죄 (동)죄죄반반.
죄:죄-반반 개가 무엇을 먹는 것을 보고 남김없이 죄다 핥아먹으라는 뜻으로 하는 말. 죄죄.
죄:=주-다(罪─) 죄를 범하다. (대) 죄받다. punish
죄:중 벌경(罪重罰輕) 죄는 무거운 데 대하여 형벌은 가벼움. 하다
죄:중 우범(罪中又犯) 형기 동안에 거듭 죄를 저지름.
죄:증(罪證) 범죄에 대한 증거. proofs of crime
죄지은 놈 옆에 있다가 벼락 맞는다(속) 나쁜 짓 한 사람 옆에 있으면 누를 입는다.
죄:질(罪質) 범죄의 성질. nature of crimes
죄:=짓-다(罪─)(짓-스불) 죄를 저지르다. commit crime
죄:책(罪責) 범죄상의 책임. liability for crime
죄:벌(동) 죄벌(罪罰).
죄:칩(罪蟄) 부모의 상중(喪中)에 있음. being in mourning for one's parents 하다
죄:형(罪刑) 범죄와 형벌. crime and punishment
죄:형 법정주의(罪刑法定主義)〈법률〉범죄와 형벌은 법률에 의하여서만 정하여진다는 인권 보장의 원칙적인 주의.
죄:화(罪禍) 범죄로 말미암아 받는 재앙. retribution
죔-쇠 쇠로 만든 두 끝에 나무오리를 물려 죄게 할 수 있게 만든 연장. [(具)의 총칭.
죔:-틀 어떤 물건을 사이에 끼워 넣어 죄는 기구(器**조**.죠**.맛/죠죠맛간**[고] 작은. 조그마한.
죠롱[명][고] 조롱박.
죠:시(ちょうし 調子)[명]①장단. ②상태. condition
죠희[명][고] 종이.
쪽박귀[명][고] 쪽박귀.
쪽접-개[명][고] 족집게.
·쪽이[고] 산달래.
종[명][고] 종(奴).
종부리다[명] 종.
주(主)[명] ①임금. king ②(약)→주인①. ③임자. owner ④(약)→천주(天主). ⑤〈기독〉하나님. 예수. Lord ⑥(동) 주장. 근본.
주(朱)[명] ①누른 빛이 섞인 붉은 빛 vermilion ②수은과 유황으로 만든 붉은 빛의 안료.
주(州)[명] ①연방 국가의 행정 구역의 하나. ¶뉴욕 ~. state ②〈제도〉신라 때 지방 행정 구역의 하나.
주:(呪)[명] (약)→주문(呪文).
주¹(周)[명] 〈역사〉중국 왕조(王朝)의 하나. 무왕(武王)이 은(殷)나라를 멸하고 세움.
주²(周)[명] 〈수학〉물건 둘레의 길이. circumference
주(柱)[명] 기둥.
주(洲)[명] 흙·모래가 물 속에 쌓여 수면(水面)에 나타난 땅. ¶삼각(三角) ~. sand bank ②〈지리〉지구상의 대륙을 나눈 명칭. ¶아시아 ~.
주(肘)[명]〈음악〉나라 잔치 때에 쓰던 투우. 고운 비단으로 꾸며 만듦. [期)도 는 week
주(週)[명] 일·월·화·수·목·금·토의 7요일을 일기(
주(註·注)[명]①(약)→주석(註釋). 주해. ②어려운 말의 뜻이나 음(音) 따위를 설명하기 위해 써 넣는 글.
주(澍)[명] 산에도 세울을 치는 일. cleaning well
주²(株)[의][명] 주권이나 나무의 수효를 세는 말. ¶밀감나무 150 ~. tree
주:=(駐)[어근] 다른 나라에 주재(駐在)함의 뜻. ¶~영(英). ~미(美). resident in
주가(主家)[명] 주인의 집. house of one's master
주가(住家)[명](동) 주택(住宅).
주가(酒家)[명] 술집.
주가[─가](酒價)[명] 술값. [price of share
주가[─가](株價)[명] 주식(株式)이나 주권(株券)의 값.
주가 지수[──](株價指數)〈경제〉낱낱의 주가를 종합하여 그 변동을 지시하는 통계로 삼는 지수.
주각(柱脚)[명] 기둥 뿌리. [stock price index
주:각(註脚·注脚)[명] 주(註)에 단 풀이. 주해(註解). footnote [그 사람. manager 하다
주간(主幹)[명]〈제도〉어떤 일을 중심으로 처리함. 또,
주간(晝間)[명] 낮 동안. (대) 야간(夜間). daytime
주간(週間)[명] 한 주일마다 한 번씩 발행하는 출판물. ¶~신문(新聞). ~ 잡지(雜誌). weekly paper
주간(週間)[명]①한 주일의 동안. week ②특별한 행사를 위해 정한 7일간. ¶축제 ~.
주간(廚間)[명](동) 소주방(燒廚房).
주간지(週刊誌)[명] 주간(週刊)으로 내는 잡지.
주갈(酒渴)[명] 술에 중독이 되어 갈증이 나는 병.
주갑[─감](羌琴)[명] 해금(奚琴)의 줄 끝을 감아 매는 부분. 주
주갑(週甲)[명](동) 환갑(還甲). [아(周兒).
주강(晝講)[명]〈제도〉오시(午時)에 행하던 법강(法講).
주강(鑄鋼)[명] 강철의 주물.
주개(廚芥)[명] 부엌에서 나오는 여러 가지 음식물의 찌꺼기.
주:개-념(主概念)[명]〈논리〉명제(命題)의 주사(主辭)에 대한 개념. (대) 빈개념(賓概念). subject
주:객(主客)[명] ①주인과 손. 주빈. host and guest ②중요한 것과 중요하지 아니한 것. principal and auxiliary
주객(酒客)[명] ①술을 좋아하는 사람. 술꾼. drinker ②술을 마신 사람. drunken man [and guest
주:객-간(主客間)[명] 주인과 손 사이. between host
주:객 일체(主客一體)[명] 주객이 한 덩어리가 됨. 나와 남의 구별이 없음. 「관과 객관이 하나가 됨. 하다
주:객 일치(主客一致)[명] 주체와 객체가 하나가 됨. 주
주객 전:도(主客顚倒)[명] 사물의 경중·선후·완급이 서로 바뀜. tables are turned 하다
주:객지세(主客之勢)[명] 요지에 있지 못한 사람은 아무리 하여도 요지에 있는 사람에게 대적할 수 없다는 뜻.
주객지의(主客之誼)[명] 주객간의 정의. 「는 뜻.
주거(舟車)[명] 배와 수레.
주:거(住居)[명] 어떤 곳에 머물러 삶. 또, 그집. dw-
주:거(做去)[명] 실행해 감. 하다
주거니 받거니[명] 물건이나 말 따위를 서로 주고받는 모양. giving and taking 하다
주:거 자유(住居自由)[명]〈법률〉①법률에 의한 특정한 경우에만 신분을 세워고만 어디든지 옮겨갈 수 있는 자유. 거주 이동의 자유. ②법률에 의하지 않고는 주거에 대하여 침입·수색·압수를 당하지 않는 자유. 주거 안전의 자유.
주:거-지(住居址)[명] 주거의 유지(遺址).
주:거 침입죄(住居侵入罪)[명]〈법률〉주거·저택·건축물·선박 또는 접유하는 방에 불법 침입하거나 퇴거 요구에 불응함으로써 성립되는 죄. 가택 침입죄. violation of domicile
주걱[명] ①(약)→밥주걱. ②(약)→구둣주걱.
주걱-맨드라미[명]〈식물〉맨드라미의 하나. 화두(花頭)가 갈라지지 않고 크고 묽어 주걱 모양으로 생겼음.
주걱-뼈[명] 마소의 어깻죽지의 뼈. scapula of cattle
주걱-상[─쌍](─相)[명] 넓적하고 우묵하게 생긴 얼굴.
주걱-턱[명] 길고 굽은 턱. prominent jaws
주검[명] ①죽은 몸. dead body ②죽은 상태.
주검-하다[형] 죽은 상태로 있다.
주:겁(住劫)[명]〈불교〉인류가 세계에 안주하는 기간

주격[-껵](主格)【어학】 문법적으로 주어(主語)가 되는 위치. 곧, 서술의 제목으로 삼는 자리. 《대》서술격. nominative case

주격 보:어[-껵-](主格補語)【어학】 서구어의 문법에서 불완전 자동사를 보충하는 문장 성분. subjective complement

주격 조:사[-껵-](主格助詞)【어학】 주어(主語)에 붙어서, 그 주어가 글월의 임자가 되게 하는 격조사. '이·가·께·께서' 따위.

주견(主見) 주가 되는 의견. main point

주경(州境) 주(州)의 경계.

주경(遒勁) 글씨의 획이나 그림의 그림새가 힘참.

주:경(駐京) 시골 공무원 등이 서울에 공무 출장으로 머물러 있음. 하다

주경 야:독[-냐-](晝耕夜讀) ①낮에는 일하고 밤에는 글을 읽음. 경독(耕讀). farm by day and study by night ②바쁜 틈을 타서 어렵게 공부함. 하다

주계(酒戒) 음주의 계(戒).

주고(酒庫) 술을 넣어 두는 곳간.

주고=받기 서로 주고받는 일. give and take 하다

주고=받다 서로 주기도 하고 받기도 하다.

주고 야:비(晝高夜卑) 화투나 골패 등에서 선(先)을 결정할 때 각자 패를 떼어서 낮에는 끗수가 높은 사람, 밖에는 끗수가 낮은 사람이 선을 하는 일.

주곡(主穀) 쌀·보리·밀 등 주식(主食)의 재료가 되는 곡식. 1~ 농업(農業). main cereals

주곡-식(主穀食) 주식 곡물식(穀物式).

주공(主公) 《약》→주인공(主人公).

주:공(奏功) 보람이 드러남. success 하다

주공(做工) 일을 힘써 함. 하다

주:공(做恭) 몸가짐을 공손히 가짐. 하다

주:공(鑄工) 쇠를 부어 철물을 만드는 사람. cast iron

주:공격(主攻擊)【군사】 주력 부대를 투입하여 적의 주력을 격파하는 공격.

주관(酒館) 술집. →주파포(酒疱)·주파포(酒疱鹽).

주:포(酒脯)《약》→주과포혜(酒果脯鹽).

주=과=포=혜(酒果脯鹽) 술·과실·포(脯)·식혜로 간략하게 차린 제물. 주약과·주과포.

주관(主管) 주장하여 관리함. supervision 하다

주관(主觀) ①【철학】 인식·행위·평가 등을 행하는 의식과 의지를 가지는 주체. 곧, 자아(自我). subjectivity ②물건 그 자체. ③자기대로의 생각. 《대》객관(客觀).

주관 가치설(主觀價値說)【경제】재화의 효용·욕망충족 등의 주관적인 요소에 의하여 가치나 가격을 설명하려는 가치 학설. 《음. 하다》

주관 무인(主管無人) 일을 맡아 주장하는 사람이 없음.

주관-성[-썽](主觀性) 주관에 사로잡히는 특성. subjectivity

주관-시(主觀詩)【문】 서정시(抒情詩).

주관-적(主觀的) 자기 중심으로 관찰하는(것). 널리 통용되지 않는 개인적인(것). 《대》 객관적. subjective

주=관절(肘關節)【생리】팔꿈치의 관절. elbow joint

주관-주의(主觀主義)【철학】주관을 철학상의 근본원리로 하는 주의. 《대》객관주의. subjectivism

주광(酒狂) 술 주정이 심함. 또, 그 사람. 주란(酒亂). 주망(酒妄). drunkenness 「런 빛의 조명.

주광-색(晝光色) 햇빛이 비치는 대낮의 빛. 또, 그

주:광-성[-썽](走光性)【생】주광성(趨光性).

주광 전:구(晝光電球) 주광색을 내는 전등·형광등 따위. 「로 주조한 금속이나 합금의 덩이.

주괴(鑄塊) 주형(鑄型)에 부어 여러 가지 형상으로

주교(主敎)【기독】①천주교에서, 그 교구(敎區)를 관할하는 교직. 감목(監牧). bishop ②주장으로 삼는 종교. principal religion

주교(舟橋)【동】배다리.

주교-관(主敎冠)【기독】주교가 쓰는 관.

주교 미사(主敎彌撒)【기독】천주교에서, 주교와 일정한 고위(高位) 성직자가 드리는 미사.

주교=사(舟橋司)【제도】조선조 말 임금의 행차 때 한강(漢江)에 부교(浮橋)를 놓으며, 충청·전라 양도의 세곡(稅穀)을 서울로 운반하는 일을 맡던 관청.

주구(主構) ①주가 되는 뼈대. main frame ②교체(橋體) 중에서 가장 중요한 뼈대. main framework

주:구(走狗) ①달음질 잘하는 개. hound ②권력가의 앞잡이 노릇하는 사람의 비유. 앞잡이. 응견.

주구(酒具)【동】주기(酒器). 「tool

주:구(誅求) 관청에서 국민의 재물을 강제로 빼앗음. exaction 하다

주국(酒國) ①술을 많이 생산하는 나라. ②술을 마신 뒤에 느껴지는 일종의 딴 세상. 술 먹은 기분.

주군(主君) 임금.

주:군(舟軍)【동】수군(水軍). 「untries

주:군(州郡) 주(州)와 군(郡). provinces and co-

주:군(駐軍)【동】주병(駐兵). 하다

주굴-위-다(고) 주그러지다. 「궁궐(宮闕).

주궁 패:궐(珠宮貝闕) 금은 보배로 아름답게 꾸민

주궁 휼민(賙窮恤貧) 매우 가난한 사람을 구원함. 《약》주휼(賙恤). 하다

주권[-꿘](主權) ①가장 중요한 권리. ②나라를 구성하는 요소인 가장 높고 독립한 권력. sovereignty

주권[-꿘](株券)【경제】주식(株式)의 소유권을 증명하는 유가 증권(有價證券). 주식(株式)③. 《약》 주(株)②. share

주권국[-꿘-](主權國) 주권을 완전히 행사할 수 있는 독립국. sovereign state

주권 배:당[-꿘-](株券配當)【경제】배당금의 일부를 또는 전부를 현금 배당 대신 신주(新株)를 발행교부하는 배당 방식.

주권-자[-꿘-](主權者) 국가의 주권을 가진 사람. 군주국에서는 군주, 공화국에서는 국민 또는 그 대표 기관인 의회. sovereign

주권 재:민[-꿘-](主權在民) 국가의 주권이 국민에게 있음. 「자.

주궤(主饋) 안살림의 먹는 일을 맡아 주장하는 여

주:국(酒國) 국임.

주극-성(週極星) 지평선 아래로 내려가는 일이 없는 별. circumpolar star

주극-풍(周極風)【지】극풍(極風).

주근(主筋) 철근 콘크리트 건축의 기둥이나 대들보 등의 길이의 방향으로 삽입하는 철근. main bars

주근(柱根)【식물】기근(氣根)의 하나. 줄기를 지지하는 한편 양분을 흡수하는 작용을 함. 지주근(支柱根).

주근-깨 얼굴의 군데군데에 생기는 검은 깨 같은 잔 점. 작란반. 작반(雀斑). freckles 「하다

주근-하다(主筋-) 성질이나 태도가 은근하고 끈적진 모양.

주-글(고) 쪽동이.

주:금(走禽) 주금류(走禽類)의 새. 타조(駝鳥) 따위. runners 「for a share of stock

주금(株金)【경제】주식(株式)에 대한 출자금. payment

주금(酒禁) 술을 만들거나 팔지 못하게 법령으로 금함. 하다 「만드는 방법. casting

주:금(鑄金) 쇠를 녹여서 틀에 부어 기물(器物)을

주:금-류(走禽類)【조류】날개가 퇴화하거나 완전하지 못하여 날지는 못하나, 그 대신에 다리가 길고 튼튼하여 달리기를 잘하는 새의 무리. runners

주금에 누룩 장사 소견이 없고 사리에 어두워 엉뚱한 짓을 하는 사람을 이르는 말.

주:급(周急) 곤경에 빠진 사람을 구제함. 하다

주급(週給) 한 주일마다 주는 급료(給料). weekly wages

주기(主氣) 주되는 정기(精氣). main spirit

주기(主器) ①종묘(宗廟)의 제기(祭器)를 다스리는 사람. ②맏아들. 「게 기

주기(朱記) 중요한 곳에 붉은 글씨로 드러나게 기

주기(走技)[명] 러닝·릴페이를 따위 경주의 총칭. foot-race
주기(周忌)[명] 사람의 사후(死後) 해마다 돌아오는 그 죽은 날. memorial day
주기(酒氣)[명] 술을 마셔 취한 기운. fumes of wine
주기(酒旗)[명] 술집 앞에 광고 겸하여 세우는 기.
주기(酒器)[명] 술 마시는 데 쓰는 그릇. 주구(酒具).
주기(週期)[명] ①한 바퀴를 도는 시기. ②<물리> 진동체(振動體)가 한 바퀴 진동하는 시간. ③<물리> 공전체(公轉體)가 한 번 공전하는 동안. period
주기 결산[―싼](週期決算)[명] 수입·지출의 주말의 계산. 〔반복하고 있는 곡선. periodic curve
주기 곡선(週期曲線) <수학> 주기마다 같은 모양의
주=기도문(主祈禱文)[명] <기독> 예수가 제자들에게 가르친 기도문. Lord's prayer
주:기성[―썽](走氣性)[명] <동> 추기성(趨氣性).
주기성[―썽](週期性)[명] <수학> 주기 함수의 성질.
주기 운:동(週期運動)[명] 단진동·원운동 따위와 같이 일정한 시간 뒤에 같은 상태로 되돌아오는 연속적 운동. periodic movement
주기율(週期律)[명]→원소 주기율(元素週期律).
주기적(週期的)[명] 일정한 간격을 두고 같은 일이 되풀이되는(것).
주꾸미[명] <동물> 두족류(頭足類)의 하나. 낙지와 비슷하나 몸이 짧고 머리가 둥긂. 몸 빛은 회색을 띤 적갈색이고 여덟 개의 다리가 있음. 내만(內灣)의 얕은 모래땅에 서식함.
주낙[명] 낚싯줄에 여러 개의 낚시를 달아 얼레에 감아 물살에 따라서 감았다 풀었다 하는 물고기를 낚는 제구의 하나. fishing with string of hooks
주낙=배[명] 주낙을 갖춘 고기잡이 배.
주:=내:다(註―)[타] 본문에 주해를 달다. annotate
주년(周年·週年)[명] 돌이 돌아온 해. 돌. anniversary
주=놓:다(珠―)[자] 산대를 놓아 셈을 하다.
주뇌(主腦)[명] <동> 수뇌(首腦).
주:눅[명] 기운을 펴지 못하고 우무러드는 일. timidity
주:눅=들다[―따][타불] 기를 펴지 못하고 우무러져 들다. feel small 〔ameless
주:눅=좋:다[―조타][형] 기가 꺾이지 않고 언죽번죽하다. sh-
주뉴(朱紐)[명] 옥으로 된 붉은 단추.
주니[명] ①몹시 지루함을 느끼는 싫증. wearisomeness ②무엇하거나 확고한 자신이 없어서 내키지 않는 마음.
주니(朱泥)[명] 석질(石質)의 젯물로 안을 맞추어 만든 붉은 진흙의 자기(瓷器).
주니=나다[자] 지루하여 싫증이 생기다. feel tired
주니=내:다[타] 싫증이 나게 생각하다. dislike
주니어(junior)[명] 연소자(年少者). 후진자(後進者).〔대〕 시니어(senior).
주니어=급(junior級)[명] 권투·레슬링 등에서 국제 시합의 체중량으로 나눌 수 없는 아이들에 따로 따로 나눈 등급.
주=다[타] ①남에게 가지게 하다. give ②당하게 하다. ¶망신을 ~. inflict on ③실이나 줄 따위를 풀리는 방향으로 더 풀어내다. ¶닻을 ~. pay out ④시선을 어느 곳으로 돌리다. ¶시선을 ~. look at ⑤마음을 숨기지 않고 내어 보이다. ¶마음을 ~. being frank ⑥주사·침 따위를 놓다. inject ⑦속력이나 힘 따위를 나게 하다. put on spurt ⑧내밀다. ¶상반신을 앞으로 ~. put forward
주―다²[조동] 동사의 전성 어미 '=아·=어'에 붙어서 남의 요구나 움직이는 뜻을 나타내는 동사. ¶자기를 내어 ~. give up something for others
주=다례(晝茶禮)[명] <제도> 왕·왕비의 장례를 마친 뒤 삼년상 안에 혼전(魂殿)·산릉(山陵)에서 낮에 지내던 제식.
주단(朱丹)[명] 곱고 붉은 단사. vermilion
주단(柱單)[명] <약> 사주 단자(四柱單子).
주단(紬緞)[명] 명주(明紬)와 비단(緋緞)의 총칭. silk
주:단(綢緞)[명] 품질이 썩 좋은 비단. 〔and satin

주단 야:장[―냐―](晝短夜長)[명] 낮은 짧고 밤은 긺. 하
주:달(奏達)[명] 임금에게 아뢰어 말함. 주어(奏御). 주문(奏聞). 주품(奏稟). reporting to the throne 하타 〔발열의 증세를 일으키는 것임.
주담(痰)[명] <한의> 술 중독으로 인하여 소변 불통·
주담(酒痰)[명] <한의> 술을 마신 다음날 입맛이 없고, 담이 성하여 구토가 나는 병.
주담(酒談)[명] 술김에 지껄이는 말. drunken words 하
주당[명] 뒷간을 지킨다는 귀신. deity of the toilet room
주당(主堂)[명] <동> 성당(聖堂).
주당(周堂)[명] 혼인 때에 꺼리는 신.
주당(酒黨)[명] 술을 즐기고 또는 잘 마시는 무리. 술준. 주도(酒徒).drinker
주당=맞:다(周堂―)[자] 주당으로 인하여 빌미를 입다.
주대[명] 줄과 대. 곧, 낚싯줄과 낚싯대. rod and line
주대(主隊)[명] 주력이 되는 군대나 함대. main force
주:대(奏對)[명] 임금께 대답하여 말씀을 올림. 하타
주덕(主德)[명] <동> 원덕(元德).
주덕(酒德)[명] ①술의 공덕(功德). virtue of wine ②술취한 뒤에도 심신을 바르게 가지는 버릇. 주도(酒道)①. manners of drinker
주도(主都)[명] ①주요한 도시. principal city ②가까이 있는 도시들 가운데 으뜸이 되는 도시.
주도(主導)[명] 주장이 되어 이끌어 감. leading 하타
주도(州都)[명] 미국 등지에서, 주(州)의 정청(政廳) 소재지.
주도(周到)[명] 무슨 일에든지 조심성이 두루 미치어 빈 〔'틈이 없음. circumspection 하타
주도(洲島)[명] <동> 주서(洲嶼).
주도(酒徒)[명] <동> 주당(酒黨).
주도(酒道)[명] ①주덕(酒德)②. ②술 마시거나 술자리에 있을 때의 도리. way of drinker
주도=권[―꿘](主導權)[명] 주장이 되어 사물을 행하는 권력. ¶~을 잡다.
주도력(主導力)[명] 주도하는 힘. 남을 이끄는 능력.
주도 면밀(周到綿密)[명] '주의가 두루 미치어 자세하고 빈틈이 없음. 하타
주독(主犢)[명] 신주를 모시는 독(櫝). [through 하타
주:독(走讀)[명] 책을 빨리 건성으로 읽음. skimming
주독(酒毒)[명] <한의> 술의 중독으로 얼굴에 붉은 점이 생기는 증세. red spot on the face from drinking
주독=코(酒毒―)[명] 주독으로 붉어진 코.
주동(主動)[명] 어떠한 일에 주장이 되어 하는 행동. ¶~(者). prime mover 하타
주동=적(主動的)[명] 주동에 관계된. 주동의 역할을 하는(것). ¶~ 입장에 서다.
주:=되다(主―)[자] 주장이 되다. 중심이 되다. taking
주두(柱斗·柱頭)[명] 대접 받침. 〔the lead
주두(柱頭)[명] <식물> 암꽃술의 대가리. 암술머리. stigma 〔하타
주:둔(駐屯)[명] 군대가 어느 지방에 머물러 있음. sta-
주:=둔:군(駐屯軍)[명] 어느 지역에 일시적으로 수비하고 있는 군대. stationary troops
주둥아리[명] <속> ①입. ②부리. <야> 주둥이. <작> 조둥아리.
주둥이[명] →주둥아리. 〔아리. beak
주둥이=까=다[자] 실천은 없이 얄밉게앙칼짐 말만 하다. <작> 조둥이 까다.
주둥이=싸=다[자] 걸핏하면 쫑쫑거리며 말참견을 하다. 입싸다. <작> 조둥이 싸다. talkative, loquacious
주둥치<어류> 주둥치과의 바닷물고기. 몸 길이가 7 cm 가량, 하악골과 그 머리에 비늘이 없음. 몸 빛은 청색을 띤 은백색이고 내만(內灣)에 서식함.
주등(酒燈)[명] 선술집 문간에 다는 지등롱(紙燈籠).
주라(朱喇)[명] <동> 대각(大角)¹. 〔악기의 하나.
주라(朱螺)[명] <음악> 붉은 칠을 한 소라 껍질로 만든
주라=통(朱螺筒)[명] 소의 목구멍에서 밥통에 이르는 통.
주락(珠絡)[명] <동> 주락 상모(珠絡象毛). 〔로.
주락 상모(珠絡象毛)[명] <제도> 어승마(御乘馬)와 사복시(司僕寺)·규장각(奎章閣) 등의 벼슬아치가 타

주란 던 말머리의 꾸밈새. 주락(珠絡).
주란(朱欄)圀 붉은 칠을 한 난간.
주란(酒亂)圀 술에 취하여 난동을 부리는 일. 곧, 심한 주정을 이름. 주광(酒狂).
주란-사(―紗)圀 주란사 실로 짠 피륙의 하나. 와사(瓦斯紗). gassed cloth
주란사-실(―紗)圀 무명실의 거죽에 난 솜털 같은 섬유를 가스(gas) 불에 태워서 윤을 낸 실. gassed yarn
주란 화:각(朱欄畵閣)圀 단청을 곱게 한 누각. 주루
주람(周覽)圀 두루 다니며 자세히 봄. tour of inspection 하타
주랍(朱蠟)圀 편지 따위를 봉하는 데 쓰는 붉은 밀.
주랑(周廊)圀 기둥뿐이고 벽이 없는 복도.
주:략(籌略)圀 계책과 모략.
주량(柱樑)圀 기둥과 대들보. 또, 그처럼 중요한 인재(人材).
주량(酒量)圀 술을 먹는 분량. 주호(酒戶). drinking capacity
주럽圀 피로하여 고단한 증세. fatigue
주럽-떨:-다타 피곤한 증세가 없어지다. 고단한 몸을 쉬다. rest oneself
주렁圀①열매가 많이 매달려 있는 모양. in clusters ②한 사람에게 여러 사람이 딸린 모양. 《작》 조랑조랑.
주레(周―)圀 들어간 데에 세우는 동발.
주레-갱도(坑道)가 비스듬히 땅 속으로 향하여
주레-장圀 갱도(坑道)의 천장이 높아서 위험한 때에 그것을 피하기 위하여 방벽과 살장으로 따로 천장을 만들고 그 위에 버력을 채워서 만든 천장.
주려(周廬)圀 궁궐을 수위하는 군사가 숙직하던 곳.
주력(主力)圀 ①주장되는 힘. ②병력을 둘 이상으로 나누어 쓸 때에 그 중에서 가장 우세한 대부대(大
주:력(走力)圀 달리는 힘. speed 部隊). main force
주:력(注力)圀 힘을 들임. exerting oneself 하타
주:력(呪力)圀 미개인 사이에서 주술(呪術) 및 종교의 기초를 이루는 초자연적·비인격적인 힘의 관념.
주력(周歷)圀 두루 돌아다님. 편력.
주력(酒力)圀①술김을 빌려서 나는 힘. Dutch courage ②술이 사람을 취하게 하는 힘. influence of wine main force
주력 부대(主力部隊)圀〈군사〉주력으로 되는 부대.
주력-적(主力的)관圀 주력으로 이루어지는(것).
주:력 함(主力艦)圀〈군사〉가장 큰 위력을 가진 군함. capital ship
주력 함:대(主力艦隊)圀〈군사〉주력함을 단위(根幹)으로 한 함대. main fleet 의 연구(聯句).
주련(柱聯)圀 기둥이나 벽에 세로로 써 붙이는 시(詩)
주련(株連)圀 죄인에게 머리. 하타
주:련(駐輦)圀 길 가운데에 잠시 동안 임금의 수레를 머무르게 함. 하타 ow mirror hung on pillar
주련(柱聯鏡)圀 기둥에 거는 좁고 긴 거울. narrow
주련-판(柱聯板)圀 주련에 쓰는 판.
주렴(珠簾)圀 구슬을 꿰어 만든 발. 옥렴(玉簾). 주박(珠箔). beaded hanging screen
주령(主令)圀《공》손이 정 3품 이상의 주인을 일컫는
주령(主領)圀 어떤 일에 주장되는 사람. 말.
주령(主嶺)圀 잇달아 있는 고개 중에서 가장 높은 고개. rule of drinking
주령(酒令)圀 여럿이 술을 마실 때 그 마시는 방식. 약속.
주령(酒令杯)圀 속에 오뚝이 같은 인형이 들어 있어 술이 차면 인형이 떠올라 뚜껑의 구멍 밖으로 머리를 내미는데 그 쪽에 있는 사람이 술을 마셔야 하는 술잔의 하나.
주례(主禮)圀 예식을 주장하는 일. 또, 그 사람. president of wedding ceremony 하타
주례-사(主禮辭)圀 주례가 하는 축사.
주로(舟路)圀 배로 다니는 길. 선로(船路). searoute
주로(酒鷺)圀통 따오기.
주:로(走路)圀①씨름 따위의 경기를 하기 위하여 만든 길. track ②도망쳐 달아나는 길. 도로(逃路).

주로(酒爐)圀통 목로(木爐).
주-로(主―)[팀] 주장 삼아서. mainly
주록(週錄)圀 주간의 기록.
주론(主論)圀 주장되는 논설. 하타
주뢰(周牢)圀(원)→주리.
주룡(主龍)圀통 주산(主山).
주:루(走壘)圀 야구에서, 주자가 누(壘)에서 다음 누로 달림. 하타 ing shop
주루(酒樓)圀 설비가 좋은 술집. 주사(酒肆). drink-
주루 화:각(朱樓畵閣)圀통 주란 화각(朱欄畵閣).
주룩圀①가는 물줄기 따위가 좁은 구멍으로 빨리 흐르다가 그치는 소리. 《작》조록. 《센》쭈룩. sound of leeking water ②비가 쉬어 가며 쏟아지는 모양. pouring intermittently
주룩-주룩圀 잇달아 나는 주룩 소리. 《작》조록조록. sound of continuous dripping
주룸(고)圀 주름.
주류(主流)圀통 본류(本流).
주류(周流)圀 널리 두루 퍼짐. 《유》보급(普及). spreading widely ②두루 돌아다님. 편력(遍歷). traveling around 하타
주류(酒類)圀 술의 종류. liquors tioning 하타
주:류(駐留)圀 군대가 어떤 곳에 주둔하고 있음. sta-
주류-업(酒類業)圀 주류를 양조하거나 거래하는 행위.
주류-품(酒類品)圀 주류에 속하는 물품의 총칭.
주:류(誅戮)圀 죄를 물어 죽임. 하타
주륜(主輪)圀 수레 따위의 주장이 되는 바퀴.
주르르囝①날씬 발걸음으로 앞만 바라보고 나가는 모양. moving forward straight ②굵은 물줄기 따위가 좁은 통으로 세차게 흐르는 소리. sound of flowing water ③경사진 곳에서 물건이 거침없이 흘러 내리는 모양. sliding downward ④여럿이 한 줄로 죽 잇달린 모양. 《작》조르르. 《센》쭈르르. in line
주르륵囝①액체가 빠르게 흐르다가 잠시 멎는 소리. 또, 그 모양. insteady stream ②물건이 비탈진 곳에서 빠르게 미끄러져 내리다가 멎는 모양. 《작》조르륵. 《센》쭈르륵. sliding downward rapidly 하타
주르륵-거리-다자타 연해 주르륵하다. 또, 연해 주르륵 소리를 내다. 《작》조르륵거리다. 《센》쭈르륵거리다. 주르륵=주르륵 하타
주름圀①피부가 쇠하여 준 줄이 진 금. wrinkles ②치마폭 따위를 줄여 잡은 금. 벽적(襞積). plait ③종이나 헝겊 따위의 거죽에 생긴 구김살.
주름(고)圀 주름. 거간. 중개인.
주름-살[―쌀―]圀 주름이 잡힌 금. wrinkles
주름살-잡-다[―쌀―]타 치마폭 따위를 접어서 주름을 살게 하다. 주름잡히다. wrinkle
주름살-잡히-다[―쌀―]자 주름의 금이 생기다. 《약》
주름-살지-다[―쌀―]자 피부·옷·종이 따위에 주름살이 생기다. 《약》주름지다.
주름-상자(―箱子)圀①사진기의 어둠 상자를 둘러싼 측벽. 암상(暗箱). ②손풍금의 몸통을 이루는 벽.
주름-잡-다타①웃폭의 일부에 주름이 지게 하다. pleat ②온갖 일을 널리 총괄하여 잡다. manage
주름-잡히-다자 주름잡히하다.
주름-조개풀圀〈식물〉포아과의 다년생 풀. 잎은 피침형이며 좀 거칠고 쭈글쭈글함. 8~9월에 이삭꽃이 피며 산과 들의 나무 그늘에 남.
주름-지-다자 《약》주름살지다. 「이 되게 만든 호스.
주름 호:스(―hose)圀 마디마디 주름이 져 있어 신축
주릅圀 흥정을 붙여 주고 구문(口文)을 받는 것으로 업을 삼는 사람. broker 여 주다.
주릅-들-다자타 가운데에서 매매 등을 거간(居間)하
주리(←周牢)圀〈제도〉죄인의 두 다리를 묶고 그 틈에 두 개의 주릿대를 끼우고 비트는 형벌. (원)주뢰.
주:리(腠理)圀 살가죽 겉에 생긴 자디잔 결. 살결.
주:리-다자①먹을 것을 먹지 못하여 애끓다. starve ②쓰고 싶은 것을 마음대로 쓰지 못하다. ③가져야 할 것이나 받아야 할 것을 얻지 못하여 부족함을 느

주리 참듯 한다 못 견딜 것을 억지로 참는다.
주리-틀다[로] 주리로 형벌을 가하다.
주리히-다[고] 줄이다. [leg-screw
주립(朱笠)[명] 융복(戎服)을 입을 때 쓰는 붉은 칠을 한 갓. 실이 몹시 굵은 사람을 비유.
주릿-대[명] ①주리를 트는 데 쓰이던 막대. 경마. ②행
주릿대-안기다[타] 모진 벌을 주다. punishing severely
주리-방망이[명]《속》주릿대.　　　　　　　 [말. imposing.
주:마(走馬)[명] ①말을 달림. driving a horse ②닫는
주:마 가편(走馬加鞭)[명] 닫는 말에 채찍질한다는 말로, 곧 부지런하고 성실한 사람을 더 격려함을 이르는 말. encouragement 하다
주:마 간산(走馬看山)[명] 바쁘고 어수선하여 무슨 일이든지 살펴볼 수가 없이 획획 지나치다. 하다
주:마-놓다(走馬─)[자] 말을 달리다. driving horse fast
주:마-등(走馬燈)[명] ①돌리는 대로 그림의 장면이 다르게 보이는 등. revolving lantern ②사물이 덧없이 빨리 변함을 가리키는 말. moving panorama
주:마등-같다(走馬燈─) 어떤 사물이 빨리 변하여 돌아감의 비유. **주:마등-같이**[부]
주:마-창(走馬瘡)[명]〈한의〉온몸으로 돌아다니면서 생기는 종기(腫氣).
주막(酒幕)[명] 시골의 길가에서 술과 밥을 팔거나 나그네를 재우는 집. 탑막. inn, public house
주막 거리(酒幕─)[명] 주막집이 있는 길거리. street with tavern on it
주막=방(酒幕房)[명] 봉놋방.　　　　　　 [innkeeper
주막=장이(酒幕─)[명] 주막을 영업으로 하는 사람.
주막-집(酒幕─)[명] 주막의 영업을 하는 집. inn
주말(週末)[명] 한 주일의 끝. ¶ ~ 휴양(休養). 《데》 weekend
주망(酒妄)[명] 주광(酒狂).　 [초(週初). weekend
주망(蛛網)[명] 거미집. 거미줄. spider's web
주매(酒媒)[명] 누룩.
주매(酒賣)[명] 메주(賣酒). 하다
주맥(主脈)[명] ①주가 되는 맥. main range ②〈식물〉잎의 한가운데에 있는 가장 큰 엽맥(葉脈). 중륵맥(中肋脈). nervure
주맹(晝盲)[명] 밝은 장소에서는 잘 보이지 않고 좀 어두운 장소에서 더 잘 보이는 병. 《데》 야맹(夜盲).
주미-귀[명]〈고〉지주.
주머니[명] ①돈 같은 것을 넣기 위해 헝겊으로 만들어 허리에 차고 다니게 된 물건. ②염낭·호주머니·조끼 주머니 등의 총칭. purse
주머니[명]〈고〉 전대(纏帶).
주머니 돈이 쌈지 돈[격] 결국은 마찬가지.
주머니-떨이[명] ①주머니에 든 물건을 훔쳐 내는 사람. 또, 그 일. pickpocket ②주머니에 들어 있는 돈을 모두 떨어서 술이나, 과실 등을 사 먹는 장난. buying with all the pocket left 하다
주머니 밑천[명] 주머니에 넣어 두고 쓰지 않는 돈. ready money in one's pocket
주머니에 들어간 송곳이다[격] 착한 일이나 나쁜 일이나 숨겨지지 않고 저절로 드러나다.
주머니-쥐[명]〈동물〉주머니쥐과의 유대류의 짐승. 몸길이 약 45 cm, 꼬리 37 cm 가량으로 다른 물건을 감고 매달림. 육아낭이 발달하고 야간 활동성임. 북미 특산종으로 열매·뿌리·새알·도마뱀 등을 먹고 삶.　　　　　　　　　　　　　　　 [칼. pen-knife
주머니-칼[명] 접어서 주머니 속에 넣고 다니는 작은
주먹[명] 다섯 손가락을 꼽아서 쥔 손. 줌. fist
주먹=곤독[명] 주먹에 몹시 맞아 맥을 쓰지 못하는 상태. ¶~이 되다. beat person to pulp
주먹=구구(─九九)[명] ①손가락을 꼽으면서 헤아리는 셈. counting on one's fingers ②정확하지 못한 셈이나 계획. rough calculation ¶~을 일으키다.
주먹구구에 박 터진다[격] 계획성 없는 일이 나중에 혼이 날 지경에 이르다.
주먹-다짐[명] 주먹으로 때리는 짓. striking with

주먹 동발(─鑛物)[명] 가장 작은 동발.　 [장.
주먹-떼[명] 떼를 입힐 때, 여기저기 드문드문 심는 뗏
주먹 맞은 감투다[격] 아주 쭈그러져서 다시는 어찌할 도리가 없다.
주먹 묶음[명] 질삼할 때에 실을 뭉쳐 메는 법의 하나.
주먹-밥[명] ①주먹처럼 뭉친 밥. riceball ②손으로 집어먹는 밥. rice eaten with fingers
주먹-뺨[명] 주먹으로 때리는 뺨. 큰 뺨.
주먹 상투[명] 머리를 축이지 않고 쪼아 주먹처럼 크고 모양이 없는 상투.
주먹-심[명] ①주먹으로 무엇을 때리거나 쥐는 힘. 완력(腕力). physical strength ②남을 억누르는 힘.
주먹은 가깝고 법은 멀다[격] 분한 일이 있을 때 법은 나중 문제요, 당장에 주먹으로 친다.
주먹-장[명] 봇목에 들어가는 도리 끝을 물러나지 않게, 도리 대가리를 안쪽은 좁고 끝은 조금 넓게 에어 깎은 부분.　　　　　　　　　　　　　　　　　 [나.
주먹-장부촉(─鑛)[명] 다른 나무에 꽂는 장부촉의 하
주먹-질[명] 주먹을 휘두르거나 때리는 짓. 《속》상앗대질. striking with fists 하다
주먹총-질[명] 상대를 향해서 주먹으로 내지르는 동작.
주먹-치기[명] ①내민 주먹을 때리는 아이들 장난의 하나. children's game of fist hitting ②계획 없이 일 되는 대로 해치우는 짓. ¶ ~ 사업. 하다
주먹-코[명] 뭉툭하고 크게 생긴 코. 또, 그런 코를 가진 사람. snub nosed person
주먹=흥정[명] 주먹질하며 시비를 가리는 일. 하다
주:면(奏免)[명] 임금에게 아뢰어 벼슬을 면함. 하다
주면(柱面)[명]〈수학〉'기둥면(面)'의 구용어.
주:멸(誅滅)[명] 죄가 있는 사람을 죽여 없애 버림. extermination (of family) as penalty 하다
주:명(主命)[명] ①임금의 명령. 왕명(王命). 칙명(勅命). ②주인의 분부. master's command ③〈기독〉천주(天主)의 명령.　　　　　　　　　　　　 [하다
주:명(註明)[명] 주(註)를 붙여서 본문의 뜻을 밝힘.
주:명-곡(奏鳴曲)[명] 소나타.
주모(主母)[명]《동》주부(主婦). ②〈기독〉천주(天主)와 마리아. 예수와 마리아. Christ and Maria
주모(主謀)[명] 주장하여 계교를 부림. ¶~자(者). taking the lead in scheme 하다
주모(酒母)[명] ①술 빚는 밑. ②관청에서 술을 파는 여자. 주부(酒婦). woman who sells wine
주모(珠母)[명]〈조개〉진주조개과에 속하는 조개의 하나. 길이 25 cm 가량이고 표면은 흑색, 내면은 담홍색의 광택이 남. 공예품을 만드는 데 중요하게 쓰이며, 좋은 진주를 가졌음.
주목(朱木)[명]〈식물〉주목과에 속하는 상록 교목. 수피는 적갈색이고 잎은 선형임. 4월에 꽃이 피고 핵과는 9월에 흑색으로 익음.
주:목(注目)[명] ①어떤 일에 주의하여 봄. notice ②의심하고 경계하는 눈으로 봄. 속목(屬目). attention 하다
주=목적(主目的)[명] 주장이 되는 목적. main purpose
주:목-처(注目處)[명] 주목할 만한 곳.
주몽(晝夢)[명] 낮에 꿈속에 잠겨 꿈처럼 되는 상태.
주무(主務)[명] ①업무를 주장하여 맡음. competence ②《약》→주무자(主務者). 하다
주:무(綢繆)[명] 미리미리 꼼꼼하게 준비함. careful preparation 하다　　　　　　　　　　　 [하는 관리.
주무-관(主務官)[명] 어떤 사무를 주장으로 맡아 처리
주무 관청(主務官廳)[명] 당해(當該) 행정 사무를 주관하는 관청. competent authorities
주무럭-거리다[자] 주물럭거리다.
주무르-다[르타] ①물건을 연해 쥐었다 놓았다 하다. fingering ②사람을 마음대로 농락하다. ③손으로 신체의 한 부분을 안마하다. have well in hand
주무-부(主務部)[명] 어떤 사무를 주관하는 행정 각부
주무시-다[공] 자다. sleep　　　　　　 [의 부(部).

주무-자(主務者)명 어떠한 사무를 주관하는 책임자. 《준》주무(主務)②. manager

주무 장:관(主務長官)명 당해 행정 사무를 주관하는 장관. competent Minister

주묵(朱墨)명 주홍빛이 나는 먹. vermilion chinese ink

주문(主文)명 ①한 문장 속의 중심이 되는 부분. 으뜸월. main clause ②〈동〉판결 주문(判決主文). ③〈제도〉대제학(大提學)의 딴이름. ④〈제도〉과거 때 시험관의 우두머리.

주:문(注文)명 ①남에게 상품(商品)을 쓰겠다고 청구함. order ②물건을 맞춤. 하타

주:문(呪文)명 ①술가(術家)가 술법을 행할 때 외는 글귀. spell ②천도교에서, 한울님에게 비는 글귀. 진언(眞言)③. 《준》주(呪). prayer

주:문(奏聞)명〈동〉주달(奏達). 하타

주문(註文)명 본문을 주해한 글.

주:문 생산(注文生産)명 소비자의 주문에 응하여 하는 생산. production by order

주:문=서(注文書)명 물건을 주문하는 문서. 주문장 [注文狀].

주:문-자(注文者)명 ①주문하는 사람. orderer ②〈법률〉청부 계약의 당사자의 한 편. 상대방인 청부인(請負人)에 대하여 일의 완성을 청구할 권리가 있고 스스로는 보수(報酬)를 치를 의무가 있는 사람.

주:문-장[-짱](注文狀)명〈동〉주문서(注文書).

주:문-품(注文品)명 사려고 부탁하였거나 만들려고 맞춘 물건. (대)기성품(旣成品). article made to order

주물(主物)명〈법률〉주장되는 물건. 가구에 대한 집과 같은 것. (대)종물(從物). principal thing

주:물(呪物)명 미개인 사이에서 신성시(神聖視)하는 물건. fetish

주:물(鑄物)명 쇠붙이를 녹여 부어 만든 물건. cast metal

주:물=공(鑄物工)명 주물 생산직에 종사하는 사람.

주:물 공장(鑄物工場)명 주물 생산을 전문으로 하는 공장.

주물력-거리-다타 물건을 손으로 자꾸 주무르다. 《작》조물락거리다. fumble with 주물럭은=주물럭은

주물-상[-쌍](畫物床)명 귀한 손님을 대접할 때 간략하게 차려서 먼저 내오는 다담상(茶啖床).

주물 숭배(呪物崇拜)명 미개 종교의 하나. 어떤 물체에 초인간적인 주력(呪力)이 있다고 하여 숭배하는 유치한 종교 형식. 아프리카의 미개한 사람을 비롯하여, 각지에서 볼 수 있으며, 일찍이 종교의 가장 유력한 원시 형태라고 여겼음. fetishism

주:물-품(鑄物品)명 주물로 되어 있는 물품.

주미(酒味)명 술맛. taste of wine

주:미(駐美)명 미국에 주재함. ¶~ 대사(大使). stationed in America

주:민(住民)명 그 땅에 사는 사람. inhabitants

주:민 등록(住民登錄)명〈법률〉시·읍·면의 주민을 그 시·읍·면의 주민 등록표에 등록하게 하여 주민의 거주 관계를 밝히는 제도. resident registration

주:민 등록법(住民登錄法)명〈법률〉주민의 거주를 등록하게 함으로써 주민의 거주 관계 및 인구 동태를 명확히 파악하여 행정 사무의 적정하고 간이한 처리를 꾀하는 법률. Residence Registration Law

주:민 등록증(住民登錄證)명〈법률〉주민의 거주를 등록하였음을 확인한 증명서.

주밀(周密)어연 무슨 일에든지 빈 구석이 없고 자세한. cautiousness 하다 히①

주밀(綢密)어연 빽빽하게 들어섬. 빽빽함. closeness 하다

주박(酒粕)명〈동〉지게미①.

주반(柱半)명 기둥의 한가운데에 내리그은 먹줄.

주반(酒飯)명 ①술과 밥. wine and food ②〈동〉술밥.

주반(酒盤)명 주로 술상에서 쓰는 둥근 상.

주발(周鉢)명 위가 약간 벌어지고 뚜껑이 있는 놋쇠로 만든 밥그릇. 식기(食器)③. ¶~ 뚜껑. brass ricebowl

주발 대:접(周鉢大─)명 주발과 대접.

주방(酒房)명〈제도〉내시부(內侍府)의 한 분장(分掌).

주방(酒榜)명 술집 앞에 내어 거는 방.

주방(遒放)어연 꿋꿋하고 방일(放逸)함. 하다

주방(廚房)명 ①음식을 만드는 방. kitchen ②〈예〉→소주방(燒廚房).

주:배(酒杯)명 술잔. wine glass

주:배(做坏)명 도자기의 형체를 만드는 일.

주버기명 많이 모인 더껑이. ¶얼굴에 분이 ~로 붙었다. lump ¶일. 도, 그 사람. person on duty 無

주번(主番)명 공무를 띠고 관할하는 곳을 순시하는

주번(週番)명 한 주일 동안씩 바꾸어 하는 근무. 또, 그 사람. weekly duty [兵]

주번-병(週番兵)명〈군사〉주번 근무를 하는 사병(士

주번 사:관(週番士官)명〈군사〉주번 사령을 도와 주번 하사 이하를 감독하여 주번 임무를 수행하는 하사관 또는 장교.

주번 사령(週番司令)명〈군사〉주번 사관 이하를 지휘 감독하여 주번 임무를 수행하는 책임 장교.

주번-생(週番生)명 학교에서 주번 일을 맡아보는 학생. 하다

주벌(主伐)명 다 자라서 쓸 수 있게 된 나무를 벰.

주:벌(誅伐)명 죄를 범한 사람을 꾸짖어 침. punitive expedition 하다

주:벌(誅罰)명 잘못을 들어 벌을 줌. punishment 하다

주범(主帆)명 범선의 돛 가운데 주되는 큰 돛. main mast

주법(主法)명〈법률〉다른 법률에 대하여 독립으로 있어야 할 법률. (대)조법(助法). main law

주-법[-뻡](走法)명 육상 경기에서, 달리는 방법. form of running

주:법[-뻡](呪法)명 ①주문을 외는 법식. ②〈동〉주술(呪術).

주:법[-뻡](奏法)명〈예〉→연주법. [술(呪術).

주벽(主壁)명 ①방안의 정벽면. front wall of room ②사람들을 양쪽에 앉히고 가운데 앉은 주장되는 자리나 그 사람. top seat ③사당의 으뜸이 되는 주벽. 주벽(周壁)명 둘레의 벽. [牌.

주:벽(酒癖)명 ①술을 몹시 좋아하는 버릇. vicious drinking habit ②〈동〉주성(酒性).

주:변명 일을 주선하고 변통하는 재주. ability of management 하다

주변(周邊)명 ①둘레의 가장자리. circumference ②〈동〉전두리. perimeter ③언저리.

주변-머리명〈속〉주변. shiftiness

주:변-성[-썽](-性)명 주변이 있는 성질. 두름성. 〈유〉변통성. versatility [가장자리의 세포.

주변 세:포(周邊細胞)명〈생물〉동식물의 기공(氣孔)

주변-인(周邊人)명〈심리〉신체적 성질·언어·의복·습관 등의 차이로 하나의 사회 집단에도 완전히 소속되지 못하고 다른 것으로도 되지 못하는 사람.

주변 지역(周邊地域)명 한 지점을 중심으로 하는 그 둘레의 일정한 지역.

주병(州兵)명 미합중국의 감독 밑에 미국 각 주가 자체로 모집 수용하는 민병대(民兵隊). National Guards

주:병(酒病)명〈동〉술병.

주:병(酒餠)명 술과 떡. wine and rice-cake

주:병(駐兵)명 어떠한 곳에 군대를 머물러 둠. 또, 머물러 있는 군대. 주군(駐軍). stationing troops 하다 [둔하게 하는 권리.

주:병=권[-꿘](駐兵權)명 타국 영토 안에 군대를 주

주보(主保)명〈기독〉보우(保佑)하여 주는 성인(聖人)이나 성녀(聖女). [는 사람. drunkard

주:보(酒甫)명 술을 아주 즐긴 사람. 술을 많이 마시

주보(酒保)명 군대의 영내 매점의 구칭.

주보(週報)명 ①한 주일에 한 번씩 발행하는 신문 또는 잡지. weekly ②주간마다 올리는 보고(報告).

주복(主服)명 ①주가 되는 의복. main dress ②〈불교〉가사(袈裟)의 한가운데 폭(幅). [servant

주복(主僕)명 주인과 종. 상전과 하인. master and

주독(酒毒)명 술독으로 인한 얼굴의 붉은 증.

주복 야:행[─냐─](畫伏夜行)명 낮에는 숨었다가 밤이면 길을 감. traveling by hiding by day 하다

주:본(奏本)명 임금에게 상주하던 문서.

주봉(主峰)圐 ①그 산줄기에서 높은 봉우리. highest peak ②(약)→주인봉(主人峰).

주부(主部)圐 ①주장이 되는 부분. main part ②문법에서, 주어와 그 수식어(修飾語)를 포함한 것. (대) 객부(客部). 술부(述部). subject

주부(主婦)圐 ①한 집안의 주인의 아내. ②한 집안의 살림을 맡은 사람의 아내. ③안주인. 주모(主母). housewife

주부(主簿)圐 ①〈제도〉각 관청의 낭관(郎官) 벼슬의 하나. ②약국을 낸 사람의 일컬음. ¶집 ~.

주=부(注賦)圐 부어 넣어 줌. **하**囮 「selling wine
주부(酒婦)圐 술을 마시는 여자. 주모(酒母)®.
주부-코圐 비사증(鼻齄症)으로 붉은 점이 생긴 코. red nose 「에 젠큰 구슬.
주불(主佛)圐〈불교〉①(약)→주세불. ②염주 아래쪽
주:불(駐佛)圐 프랑스에 주재함.
주=불쌍배(酒不雙杯)圐 술을 마실 때 잔의 수효가 짝수가 됨을 피하는 일. 「nion
주붕(酒朋)圐 술 친구. 주우(酒友). drinking compa-
주비圐〈식물〉열매는 누르고 줄기는 검숭한 기장의 하나. 「병.
주비(周痺)圐 때때로 사지의 곳곳에 마비가 일어나는
주:비(籌備)圐 계획하여서 준비함. (유) 준비(準備).
주:비(霌)圐 떼. 무리. 「preparation **하**囮
주비-전(注比廛)圐〈제도〉서울에 있던 백각전(百各廛) 중에서 으뜸가던 시전(市廛).

주빈(主賓)圐 주되는 손. 주객(主客)①. 정객(正客). guest of honour

주뼛=주뼛囲 거침없이 내닫지 못하고 머뭇거리는 모양. ¶~하며 이야기하다. (작) 조뼛조뼛. (센) 쭈뼛쭈뼛.

주사(主祀)圐 (통) 봉사(奉祀). **하**囮 「실. **하**囮
주사(主使)圐 ①주장하여 사람을 부림. ②주되는 사
주사(主事)圐 ①일을 주장하는 사람. manager ②〈제도〉옛날 관청의 속관(屬官)의 하나. ③〈제도〉관직의 하나. ④(공) 남. Mr. ⑤6급의 국가 공무원.

주사(主辭)圐〈논리〉판단의 주어가 되고 입언(立言)에 의하여 규정되는 개념. '새는 난다'에서의 새. 주개념. 주어(主語)®. 주체(主體)®. (대) 빈사(賓辭). subject

주사(朱砂)圐〈광물〉광택이 있는 짙은 홍색(紅色)의 광물. 염료(染料)로 또는 약으로 씀. 단사(丹砂). 「red lead
주사(舟師)圐 수군(水軍).
주:사(走使)圐 (통) 급사(急使).
주사(走査)圐〈물리〉사진 전송(電送)이나 텔레비전 방송 때, 전송 영상(物像)이나 방송 물상의 구성 단위의 광량치(光量値)를 계속하여 검사함. **하**囮

주:사(注射)圐 일정한 양의 액체를 생물체의 조직·혈관 등에 주입하는 일. injection **하**囮

주:사(呪辭)圐 술가(術家)가 술법을 행할 때 중얼거리는 말. **하**囮

주:사(奏事)圐 공적(公的)인 일을 임금에게 아룀. **하**囮
주사(酒邪)圐 술을 마신 뒤의 나쁜 버릇.
주사(酒肆)圐 술집. 주루(酒樓).
주:사(做事)圐 일을 함. **하**囮
주사(酒食)圐 (통) 명주실.
주사(蛛絲)圐 (통) 거미줄.

주사=기(注射器)圐 주사할 때 쓰는 기구. 약물을 넣는 유리통과 피스톤과 주사침으로 되어 있음. inje-
주사니(紬-)圐→명주붙이. 「ctor
주:사-력(注射力)圐 주사 기운. 주사의 효력.
주:사 바늘[-빠-]圐(注射-)圐 주사기 끝에 물린 바늘.

주:사 방식(走査方式)圐〈물리〉텔레비전에 있어서 주사의 방향과 속도를 결정하는 양식.

주사-보(主事補)圐〈법률〉7급의 행정계의 국가 공무원. 주사의 아래로, 서기의 위임.

주사-석(朱砂石)圐 누른 바탕에 새빨간 점이 박힌 돌. 도장의 재료로 유명함. 계혈석.

주:사-선(走査線)圐 텔레비전이나 전송 사진에서 보낼 영상의 명암 흑백을 전기적 강약으로 바꾸어서 재생하기 위하여 나눈 많은 선.

주:사-액(注射液)圐 주사에 쓰는 약물. 「**하**囮
주사 야:몽(晝思夜夢)圐 (통) 주사 야탁(晝思夜度).
주사 야:탁(晝思夜度)圐 밤낮으로 깊이 생각함. 주사 야몽. thinking day and night

주사위圐 장난감의 하나. 단단한 나무나 우돌·짐승의 뼈로 만든 정육면체임. 두자(骰子). 투자(骰子). die 「(骰子). small bones
주사위=뼈圐 주사위 하나를 만들 만한 잔 뼈. 두자골
주사 청루(酒肆靑樓)圐 술집과 기생집의 총칭. 주루(酒樓). 「산(筆算). abacus calculation **하**囮
주산(主山)圐 도읍(都邑)이나 무덤의 뒤쪽에 있는 산.
주산(珠算)圐 주판으로 하는 셈. (대) 암산(暗算). 필
주=산물(主產物)圐 그 곳의 가장 많이 나는 산물. (대) 부산물(副產物). principal products
주:산-지(主産地)圐 주된 산지. main producing place
주살圐 오늬에 줄을 매어 쏘는 화살.
주:살(誅殺)圐 죄인을 죽임. death penalty **하**囮
주살-나-다囲 (속) 뻔질나다.
주:살-질圐 주살로 쏘는 짓. 윗자리.
주삼포(柱三包)圐〈건축〉포살미집의 하나. 공폭(空幅)의 포는 없고 기둥 위에만 삼포를 차림.
주삼화음(主三和音)圐〈음악〉'으뜸 삼화음'의 구용
주:상(主上)圐 (통) 군상(君上). 「어.
주상(主喪)圐 죽은 사람의 제전(祭奠)을 주장하는 사람. 맏상제. chief mourner
주:상(奏上)圐 (통) 상주(上奏).
주상(柱狀)圐 기둥 모양. 「selling
주상(酒商)圐 술을 파는 영업. 또, 그 사람. liquor
주상(酒傷)圐 술을 먹은 까닭으로 생기는 위(胃)의
주:상(霌商)圐 요량하여 꾀함. **하**囮 「탈.
주상 변:압기(柱上變壓器)圐 전주 위에 설치한 변압기. 변전소에서 보내는 고전압을 공장용·가정용의 저전압으로 낮추는 작용을 함.
주색(主色)圐 (약)→주요색. 「milion
주색(朱色)圐 붉은 데 누렁이 약간 섞인 빛갈. ver-
주색(酒色)圐 술과 계집. 주음(酒淫). wine and wo-man
주색 잡기(酒色雜技)圐 술과 계집과 노름. wine, wo-man and gambling 「**하**囮 rubrication **하**囮
주서(朱書)圐 주묵(朱墨)으로 글씨를 쓰는. 또, 그 글
주서(洲嶼)圐 강 어귀에 삼각주처럼 토사가 쌓여 된 섬. 주도(洲島).
주:서(juicer)圐 과일의 즙을 짜내는 기구.
주석(主席)圐 ①주장되는 자리. 윗자리. 천장(擅場)②. chief seat ②회의나 위원회를 주재하는 이.
주석(朱錫)圐〈화학〉①(통) 놋쇠. ②금속 원소의 하나. 은백색 금속 광택을 내며 전연성(展延性)이 풍부함. 원소 기호; Sn. 원자 번호; 50. 원자량; 118.70.
주:석(柱石)圐 ①기둥과 주추. pillar and foundation-stone ②가장 중요한 자리에 있는 사람. mainstay
주석(珠石)圐 진주와 보석. 썩 귀한 보석붙이. pearl and treasure 「되는 물질. crude tartar
주석(酒石)圐 주석산과 그 화합물을 만드는 원료가
주석(酒席)圐 술자리. drinking party
주:석(註釋·注釋)圐 (통) 주해(註解). **하**囮
주석-땜(朱錫-)圐 놋쇠·주석 따위를 녹이어 하는 땜질.
주석=산(酒石酸)圐〈화학〉투명한 주상 결정(柱狀結晶)의 이염기성 유기산(二鹽基性有機酸). tartaric acid
주석산=칼륨(酒石酸 kalium도)圐〈화학〉무색 투명의 결정. 또는 백색 결정의 가루. 이뇨제(利尿劑)로 쓰임. 주석.
주석-쇠(朱錫-)圐〈건축〉목조 건물의 나무와 나무를 잇는 곳에나 장석용으로 쓰는 놋쇠.

주:석영(酒石英)⟨명⟩ 주석산칼륨. cream of tartar
주석지-신(柱石之臣)⟨명⟩ 가장 중요한 신하.
주선(主膳)⟨명⟩ 반찬을 맡아서 만드는 사람. cook
주선(周旋)⟨명⟩ ①일이 잘 되도록 힘을 써서 변통해 줌. ¶〜력(力). good offices ②가운데서 중재(仲裁) 알선함. mediation ③사람을 소개함. 알선(斡旋). recommendation ④〖법률〗제3국이 외부에서 분쟁 당사국간의 교섭을 원조하는 일. 하다
주=**선**(酒仙)⟨명⟩ 주호(酒豪). [brokerage
주선-료[-뇨](周旋料)⟨명⟩ 주선해 주고 받는 요금.
주선-성[-썽](周旋性)⟨명⟩ 주선하는 성질 또는 재간.
주설(酒泄)⟨명⟩ 술을 마신 것이 탈이 되어 설사가 나는 병. loose bowels from drinking
주섬-주섬⟨명⟩ 많은 물건을 주워 거두는 모양. one by one
주성(主性)⟨명⟩ 〖약〗→천주성(天主性). [one 하다
주성(主星)⟨명⟩〖천문〗연성(連星) 가운데서 가장 밝은 별. (대) 반성(伴星).
주=**성**(走性)⟨명⟩ 추성(趨性).
주성(周星)⟨명⟩ 일기(一紀) 열두 해 동안. 곧, 별이 하늘을 한 바퀴 돈다는 뜻.
주성(酒性)⟨명⟩ 술을 마신 뒤에 나타나는 성정. 주벽(酒癖)②. drinking habit
주-성분(主成分)⟨명⟩ ①어떤 물질을 형성하고 있는 가장 중요한 성분. (대) 부성분(副成分). chief ingredient ②주합분(主合分).
주세(酒洗)⟨명⟩ 약재를 술에 헹구어 씻음. 하다
주세(酒稅)⟨명⟩ 술에 대한 과세(課稅). 간접세의 하나. 주조세. liquor tax
주세-불(主世佛)⟨명⟩〖불교〗법당에 모신 부처 가운데 주되는 부처. 본존(本尊). 《약》 주불(主佛)①.
주:소(住所)⟨명⟩ ①살고 있는 곳. 주지(住址). address ②〖법률〗생활의 근거를 둔 곳. 현주소(現住所).
주:소(湊疏)⟨명⟩ 상소(上疏). 하다 [domicile
주:소(晝宵)⟨명⟩ 밤과 낮. day and evening
주:소(註疏·注疏)⟨명⟩ 경서나 고전의 원문에 후인이 해석을 붙이는 일. 또, 그 풀이. 주해.
주:소-록(住所錄)⟨명⟩ 여러 사람의 주소를 적은 기록. 또, 그 책. address book
주:소 부정(住所不定)⟨명⟩ 주소가 일정하지 않음.
주:소지-법[-뻡](住所地法)⟨명⟩〖법률〗당사자의 주소가 존재하는 처소의 법. [贖錢].
주속(酒贖)⟨명⟩ 금주(禁酒)를 어긴 사람이 무는 속전
주속(紬屬)⟨명⟩ 명주에 속하는 종류.
주=**송**(呪誦)⟨명⟩ 주문을 읽음. 송주(誦呪).
주수(主守·主체)⟨명⟩ 자기가 사는 고을의 원.
주:수(走獸)⟨명⟩ 길짐승의 총칭. beasts
주수(株守)⟨명⟩ 변통성이 없이 어리석게 고집하여 지키기만 함. 수주(守株). lack of adaptability 하다
주수 상반(酒水相半)⟨명⟩ 약을 달일 때 술과 물을 똑같이 탐.   [어드러 하는 세례.
주:수 세:례(注水洗禮)⟨명⟩〖기독〗머리 위에 물을 뿌릴
주순(朱脣)⟨명⟩ 단순(丹脣).
주순(酒巡)⟨명⟩ 술잔의 순배(巡杯).
주순 호치(朱脣皓齒)⟨명⟩ 단순 호치(丹脣皓齒).
주=**순환**(主循環)⟨명⟩〖경제〗설비 투자의 변동으로 일어나는 경기 순환.
주:술(呪術)⟨명⟩ 무당 등이 재앙을 물리치거나 내려 달라고 비는 법. 또, 비는 법. 주술(呪術)②. sorcery
주:술-사[-싸](呪術師)⟨명⟩ ①주술을 가지고 신화 통한다는 사람. 무당 등. sorcerer ②마법(魔法)을 가진 사람. magician
주-스(juice)⟨명⟩ 과실·채소의 즙으로 만든 청량 음료의 하나.
주승(主僧)⟨명⟩ 한 절을 대표하는 중. chief priest
주:시(走時)⟨명⟩〖물리〗어떤 파동이나 지진이 어떤 거리를 전파하는 데 소요되는 시간.
주:시(注視)⟨명⟩ ①어떤 목적물을 주목하여 봄. steady gaze ②어떤 곳에 온 정신을 모아 살핌. 응시(凝視). close observation 하다
주:시=**점**[-쩜](注視點)⟨명⟩ 시점(視點).

주:시 행육(走尸行肉)⟨명⟩ 몸은 살았으나 살았다고 할 정신이 없는 사람. man without spirit
주식(主食)⟨명⟩→주식물(主食物).
주식(株式)⟨명⟩〖경제〗①주식 회사(株式會社)의 총자본을 주의 수에 따라 나눈 자본의 단위. 《약》 주(株)①②. shares ②주주권(株主權). ③《준》주식회사. [(株券).
주=**식**(酒食)⟨명⟩ 술과 밥. food and drink
주식(晝食)⟨명⟩ 점심밥. lunch
주식 거:래(株式去來)⟨명⟩〖경제〗주식의 시세를 이용하여 현물이 없이 사고 파는 일종의 투기식(投機式) 행위. stock trading
주식 금융(株式金融)⟨명⟩〖경제〗①주식을 매개하는 데 필요한 자금의 융통. ②기업체의 신설이나 확장에 필요한 자금을 주식의 발행·인수·매입 등의 수단에 의하여 공급하는 일.
주:식-기(鑄植機)⟨명⟩〖인쇄〗필요한 활자를 주조하는 동시에 식자까지 하는 기계. 라이노타이프나 인터타이프와 같이 한 줄씩 한 덩어리로 주식되는 형(型)과 모노타이프와 같이 한 자씩 주조한 후 식자하여 가는 형(型)의 두 종류.
주-식물(主食物)⟨명⟩ 주장이 되는 양식. (대) 부식물(副食物). 《약》 주식(主食). principal food
주식 시:장(株式市場)⟨명⟩〖경제〗주식을 매매하는 시장. stock market
주식 양:도(株式讓渡)⟨명⟩〖경제〗주식을 상속·매매·증여 등에 의하여 다른 사람에게 넘겨 주는 일. 하다
주식 자:본(株式資本)⟨명⟩〖경제〗주식으로 출자된 자본.
주식-점(酒食店)⟨명⟩ 술과 밥을 파는 집. wine and food dealer   [중매점. stock-broking 하다
주식 중:매(株式仲買)⟨명⟩〖경제〗주식 매매의 거래소
주식 합자 회:사(株式合資會社)⟨명⟩ 무한 책임 사원과 주주로써 조직한 회사. 주식 조직과 합자 조직과를 절충한 회사. jointstock limited partnership
주식 회:사(株式會社)⟨명⟩〖경제〗주(株主)로 조직된 유한 책임(有限責任)의 회사. joint-stock company
주신(主神)⟨명⟩ 여러 신 가운데 주체되는 신.
주신(柱身)⟨명⟩ 기둥의 기본 부분을 이루는 몸체.
주신(酒神)⟨명⟩ 디오니소스. [in drinking
주실(酒失)⟨명⟩ 취중(醉中)의 실수(失手). misconduct
주심(主心)⟨명⟩ 주장이 되는 마음. 굳뜻. fixed principle
주심(主審)⟨명⟩ ①심판원의 우두머리. chief umpire ②《약》→주심판(主審判).
주심(柱心)⟨명⟩ 기둥의 중심. [를 이루는 부분.
주심(珠心)⟨명⟩〖식물〗현화 식물의 배주(胚珠)의 주체
주-심판(主審判)⟨명⟩ 경기 심판원의 우두머리. 《약》 주심(主審)②. chief umpire
주아(主我)⟨명⟩ ①〖철학〗주관적인 자기. oneself ②무슨 일에든지 자기의 이해만을 타산하는 욕심. 이기 관념(利己觀念). ego
주아(主芽)⟨명⟩ 웃기의 싹 중에서 으뜸되는 싹. 자라서 줄기가 되어 꽃을 피우거나 열매를 맺는 싹.
주아(珠芽)⟨명⟩〖식물〗싹의 하나. 액아(腋芽)의 한 변태로서, 양분을 저장하는 다육질임. 모체에서 땅에 떨어져 씨와 같이 무성적(無性的)으로 새 식물이 됨. 참나무와 마 따위의 액아(腋芽). 무성아(無性芽). bulbil
주아-주의(主我主義)⟨명⟩ 이기주의(利己主義).
주악(주악)⟨명⟩ 웃기의 하나. 찹쌀 가루에 대추를 이겨 섞어 꿀에 반죽하여 송편같이 빚어 기름에 지진 떡. 조각(糟角).   [performance 하다
주:악(奏樂)⟨명⟩ 연주하는 일. 음악을 연주하는 일. music
주안(主眼)⟨명⟩ 주되는 목표. main objective
주:안(奏案)⟨명⟩ 상주문의 초안(草案).
주안(酒案)⟨명⟩ 술상.
주안-상[-쌍](酒案床)⟨명⟩ 술과 안주를 차린 상. table laden with wine some eatables [point
주안-점[-쩜](主眼點)⟨명⟩ 주안으로 삼는 곳. principal
주암-웅두리⟨명⟩ 주먹 모양으로 생긴 쇠뼈의 웅두리.
주:앙(注秧)⟨명⟩ 봄에 볍씨를 논에다 뿌림. sowing

seeds of rice 하다
주액(肘腋)圀 ①팔꿈치와 겨드랑이. elbows and armpits ②아주 가까움. being very near
주야(晝夜)圀 밤낮. day and night
주야 겸행(晝夜兼行)圀 ①밤낮을 가리지 않고 일을 함. doing something day and night ②밤낮을 가리지 않고 길을 감. working day and night 하다
주야 골몰(晝夜汨沒)圀 밤낮으로 일에만 파묻힘. 하다
주야 불망(晝夜不忘)圀 밤낮으로 잊지 아니함. 하다
주야 불식[─싀](晝夜不息)圀 밤낮을 구별하지 아니하고 끊임없이 행함. 하다
주야 장단[─딴](晝夜長短)圀 밤낮으로 쉬지 않음.
주야 은행(晝夜銀行)圀 밤낮으로 영업을 하는 은행. day-and-night bank
주야 장단(晝夜長短)圀 밤과 낮의 길고 짧음.
주야 장천(晝夜長川)圀 밤낮으로 쉬지 아니하고 잇달아서. 《약》 장천(長川). flowing night and day
주야 평균(晝夜平均)圀 밤과 낮의 길이가 같음. 춘분과 추분. equal length of day and night
주야-풍(晝夜風)圀 밤과 낮에 따라 그 방향이 반대로 되게 부는 바람.
주약(主藥)圀 처방약이나 제제(製劑)에서 주요 성분.
주:약(呪藥)圀 미개인들이 주력(呪力)을 얻어 자연을 다스리는 힘을 가졌다고 믿는 물질. 하다
주약 신강(主弱臣强)圀 임금이 약하고 신하가 억셈.
주어(主語)圀 ①어구(語句) 가운데 주제가 되는 말. 임자말. 《대》 술어. subject ②동 주사(主辭)
주:어(奏御)圀동 주달(奏達). 하다 《대》 술어절
주어-절(主語節)圀 주부가 된 절. 임자말이다.
주어-지다圀 일이나 문제의 구성이나 해결에서 필요한 요소나 조건 등이 갖추어지거나 제시되다. be given
주:업(主業)圀 본업(本業).
주:업(做業)圀 직업에 종사하는 일.
주역미(圀)
주역(主役)圀 ①주장되는 구실. 주인 노릇. leader 2 연극·영화에서 주요 인물. 《대》 단역(端役). 조역(助役). leading part
주:역(註譯)圀 주를 달면서 번역함. 또, 그 번역. 하다
주역 선생(周易先生)圀동 점장이.
주연(演演)圀 연극·영화 중에서 주인공으로 분장하여 연기(演技)함. 또, 그 배우. 《대》 조연(助演). playing the leading part 하다
주연(朱硯)圀 주묵(朱墨)을 갈 때 쓰는 작은 벼루.
주연(周延)圀〈논리〉어떤 판단이 어떤 개념의 외연(外延)전부에 걸치어 입언(立言)하는 것. distribution
주연(周緣)圀동 둘레.
주연(酒宴)圀동 술잔치.
주연(酒筵)圀동 술자리.
주연(酒歌曲)圀 악곡의 이름. 술잔치에서 부르는 술의 노래.
주연 배우(主演俳優)圀 주연으로 출연하여 연기하는 배우. star
주염-떡圀 인절미를 송편처럼 빚어 소를 넣고 콩가루
주영(珠纓)圀 구슬로 만든 갓끈.
주옥(珠玉)圀 ①구슬과 옥(玉). pearl and gem ②잘된 글. excellent
주옥 같─다(珠玉─)圀 글이 잘 되어 구슬과 옥 같다. excellent composition 주옥 같이 masterpiece
주옥─편(珠玉篇)圀 주옥 같이 아름다운 문예 작품.
주요(主要)圀동 가장 소중하고 긴요함. important 하다
주요-동(主要動)圀〈지학〉지진에서 비교적 진폭이
주요-부(主要簿)圀→주요 장부. 큰 진동.
주요-색(主要色)圀 적(赤)·황(黃)·녹(綠)·청(靑)의 네 가지 빛. 동 주색(主色). principal colours
주요─성[─씽](主要性)圀 주요한 성질이나 특성.
주:요시(主要視)圀 주요하게 여김. 하다
주요 장부(主要帳簿)圀〈경제〉부기의 전 계정을 포함하는 장부. 분개장(分介帳)과 원장(元帳)이 있음. 동 주요부(主要簿).
주운(舟運)圀 배로 화물을 수송하거나 교통하는 일.

주워─내─다 속의 것을 주워서 밖으로 내다. pick out 《basket》
주워─담─다[─따] 주워서 그릇에 담다. gather (in
주워─대─다:圀 이말 저 말 끌어대다. quote this and
주워─듣─다[도듣] 귓결에 얻어듣다. pick up 《that
주워─먹─다 떨어진 것을 주워서 먹다. pick up and eat ②입심 좋게 말하다. rattle on
주워─섬기─다 ①듣고 본 대로 수다스럽게 이야기하
주:원(呪願)圀〈불교〉주문(呪文)을 읽어 시주의 원
주=원료(主原料)圀 주되는 원료. 《목을 비는 일.
주=원인(主原因)圀 주되는 원인. 《sition
주위(主位)圀 중요한 지위. 주장되는 자리. head position
주위(周圍)圀 ①어떤 지정의 바깥 둘레. 둘레. 사위(四圍). 물녘. 주회(周回)①. surrounding ②〈수학〉원의 아주 둘레. circumference
주:위─상책(走爲上策)圀 화를 피하려면 달아남이 제일임을 이르는 말. 하다
주위─선(周圍線)圀 바깥 둘레의 선. 경계선.
주위─염(周圍炎)圀〈의학〉어떤 주되는 기관의 둘레에 일어나는 염증. 《사정.
주위 환경(周圍環境)圀 둘러싸고 있는 바깥 둘레의
주유(舟遊)圀 뱃놀이. 선유(船遊). 하다
주유(周遊)圀 두루 돌아다니며 놂. 주행(周行). tour
주유(侏儒)圀 ①동 난쟁이. ②동 따라지. ③옛날 궁중 배우.
주:유─소(注油所)圀 자동차에 가솔린 등을 넣어 주는 곳. 가솔린 스탠드. 급유소(給油所). gasoline station 하다
주유 천하(周遊天下)圀 천하를 두루 다니며 구경함.
주육(朱肉)圀 인주(印朱).
주=육(酒肉)圀 술과 고기. wine and meat
주=육(誅戮)圀圀→주륙(誅戮).
주은(主恩)圀 ①동 군은(君恩). ②주인의 은혜. ③주(主)의 은혜. Lord's favour
주음(主音)圀〈음악〉음계(音階)의 첫째 음. prime
주=음(酒淫)圀동 주색(酒色). 《모음 16개로 됨.
주:음 부:호(注音符號)圀 중국어의 표음 기호. 자음 21,
주=음조(主音調)圀〈음악〉악곡의 주요한 가락. keynotes
주의(主意)圀 ①주장되는 요지. main meaning ②〈기독〉천주의 의지. Lord's will ③의지를 주로 하는 일.
주의(主義)圀 ①굳게 지키는 일정한 방침 또는 주장. principle ②뜻하는 바 목표. objective ③설(說). 이론. 이즘. ¶민족~.
주의(周衣)圀 두루마기. Korean coat
주:의(注意)圀 ①마음에 새겨 두어 조심함. notice ②곁으로부터 충고함. advice ③어떤 대상에 정신을 집중함. ④〈심리〉의식 작용을 어떤 사물에 기울임. attention 하다되다
주의(柱衣)圀 기둥 머리를 징식하기 위하여 그린 단
주의(酒蟻)圀동 술구더기. 《청(丹靑).
주:의(紬衣)圀 명주 옷. silk clothes 《Lord's day
주의─날(─날)圀〈기독〉한 주일의 첫날인 일요일.
주의 만:찬(主─晩餐)圀〈기독〉예수 교회의 이례(二禮)의 하나. 곧, 성찬례(聖餐禮). Holy Communion
주의─설(主意說)圀 주의주의(主意主義)②.
주:의 인물(注意人物)圀 경찰의 주목을 받는 사람. 요시찰인(要視察人). person on the black list
주의─자(主義者)圀 어떠한 주의를 특별히 신봉하고 그것을 표방하고 나선 사람. man of principle
주의=주의(主意主義)圀〈철학〉지성(知性)이 아니고 의지를 존재의 근본 원리 또는 실체라고 보는 사고 방식. 《대》 주지주의(主知主義)①. 주정주의. ②〈심리〉의지를 실천 생활의 근본 기능이라고 보는 입장. 주의설(主意說) ③일반적으로, 감정이나 이성보다도 의지를 소중하게 여기는 사고 방식.
주:─이계:야(晝而繼夜)圀 낮·밤을 쉬지 않고 일함. 하
주익(主翼)圀 비행기 동체(胴體)의 중앙부에서 좌우

로 번은 날개로 뜨는 힘을 주는 작용을 함. 《대》 미익(尾翼). main wings

주인(主人)圀 ①한 집안의 어른. 《약》 주(主). householder ②물건 임자. owner ③손님을 상대하는 주장이 되는 사람. 주인장. 《약》 쥔. 주. host ④아내가 남편을 달리이르는 말. husband ⑤고용자로 고용하는 사람. 고용주. master ⑥나그네를 치르는 사람. 또, 그 집. 《대》 길손. host ⑦조직·집단 응을 주장하여 운영하는 사람. chief

주인(主因)圀 가장 근본되는 원인. principal cause
주인(舟人)圀 뱃사람. 뱃사공. boatman
주인공(主人公)圀 ①《공》 주인. master ②소설·희곡·영화 등의 중심 인물. 《약》 주공(主公). hero
주인 기다리는 개가 지리산만 바라본다團 공연히 무엇을 바라보기만 한다.
주인-댁[—땍](主人宅)圀 ①《공》 주인집. ②안주인.
주인 많은 나그네 밥 굶는다團 남의 집에선가 대접을 했겠지 하고 안한다. 《해》 주겠다는 사람이 많으면 서로 믿다가 결국은 못해 준다.
주인 모르는 공사 없다團 무슨 일이든지 주장하는 사람이 앞지 못하면 되지 않는다. 《지게 마련이다.
주인 보탤 나그네 없다團 손은 언제나 주인의 신세을.
주인-봉(主人峰)圀 묏자리·집터·도읍터의 가까운 주위에 있는 가장 높은 산봉우리. 《약》 주봉②.
주인 아픈데 머슴이 설사한다團 남의 일로 인하여 공연히 덕을 받거나 손해를 입는다.
주인-옹(主人翁)圀 늙은 주인. old master
주인-장(主人丈)圀 ①《공》 주인. 《동》 주인(主人)③.
주인집 장 떨어지자 나그네 국마단다團 일이 아주 알맞게 되어 간다.
주일(注一)圀 정신을 한 곳으로 모음. devotion 하자
주일(主日)圀 ①《기독》 주의 날. 곧, 일요일. Sunday ②속공(俗工)을 파하고 영신(靈神)의 일을 더욱 힘쓰는 날. 곧, 일요일. 성일(聖日).
주일(週日)圀 ①일요일부터 토요일까지의 이렛 동안. week ②어느 날로부터 이렛 동안.
주일(駐日)圀 일본에 주재함. ¶~ 특파원. 《배.
주일 예:배[—례—](主日禮拜)圀 주일마다 행하는 예
주일 학교(主日學校)圀 《기독》 신앙을 도달게 하고 신앙을 북돋우기 위하여 주일마다 교회에서 주로 어린이에게 종교 교육을 하는 기구(機構). 일요 학교(日曜學校). Sunday school
주임(主任)圀 ①어떠한 임무를 주장하여 담당함. 또, 그 사람. ②임무 담당의 상급자. ¶학과(學科) ~. head
주:임-관(奏任官)圀 《제도》 갑오 경장(甲午更張) 이후에 있었던 관제의 하나로 대신의 추천(奏薦)으로 내각의 도장이 찍힌 사령서로 임명되는 관원.
주임 교:수(主任敎授)圀 주로 대학에서 어떤 전문 학과나 학부의 주임이 되는 교수. head of department
주:입(注入)圀 ①쏟아 부음. pouring ②《교육》 외기를 주로 하여 지식을 넣어 줌. 《대》 개발(開發). cramming 하자
주:입(鑄入)圀 ①녹인 쇳물을 거푸집에 부어 넣음. casting ②석고로 된 판에 이장(泥漿)으로 된 소토(素上)을 박는 조형법(造形法)의 하나. 하자
주:입 교:육(注入敎育)圀 교육상의 이대주의(二大主義)의 하나. 피교육자의 생활이나 경험을 도외시하고 오로지 성인(成人) 사회의 필요에 응하여 정립(定立)된 지식이나 기술을 일방적으로 외부에서 주입하는 교육. 《대》 개발 교육. 계발 교육. cramming education
주:입-식(注入式)圀 억지로 지식을 넣어 주려고 만 하는 교육 방식. cramming method
주:입=주의(注入主義)圀 기억과 암송을 본지로 삼는 교육상의 주의. 《대》 개발주의(開發主義). cramming
주자(舟子)圀 뱃사공. boatman 《system
주:자(走者)圀 ①달리는 사람. ②야구 경기에서, 베이스와 베이스 사이를 달리는 경기자. runner

주:자(奏者)圀 《악》→연주자.
주자(酒榨)圀 《동》 술주자. 《람.
주자(廚子)圀 《제도》 지방 관청에서 음식을 만들던 사
주:자(鑄字)圀 쇠붙이로 주조화 만든 글자 type casting 하자
주자-석(朱子石)圀 《광물》 석회암 중에 황화제이수은(黃化第二水銀)을 함유하여 주홍빛 무늬를 띤 돌. 인재(印材)나 장식용으로 씀. 《던 곳.
주:자-소(鑄字所)圀 《제도》 조선조 때, 활자를 만들
주:자-쇠(鑄字—)圀 《동》 활자금(活字金).
주:자-재(主資材)圀 직접 제품의 원료가 되어 제품화되는 자재.
주자-학(朱子學)圀 송(宋)나라의 주돈이(周敦頤)·정명도(程明道)·정이천(程伊川) 등에서 비롯되어 주자(朱子)에 이르러 대성된 유학. ¶~파(派). 《약》 주학(朱學). Chinese dualistic philosophy
주작(朱雀)圀 남쪽에 있는 별로서 그 쪽을 지키는 신명. 붉은 봉황을 형상하여 옛부터 관(棺)의 남쪽에 그렸음. 《fabrication 하자
주:작(做作)圀 없는 사실을 꾸며 만듦. 주출(做出).
주:작 부언(做作浮言)圀 터무니없는 말을 지어냄. 하자 《ance maxims
주잠(酒箴)圀 술을 경계하도록 가르치는 말. temper-
주잠(珠簪)圀 구슬로 장식한 비녀. hairpin decorated with beads
주:장(主將)圀 ①일군(一軍)의 장수. commander-inchief ②운동 경기에 나가는 선수 가운데의 우두머리. 《대》 부장(副將). captain
주:장(主張)圀 ①자기의 의견과 주의. opinion ②자기의 의견을 내세움. insistence ③《법》 민사 소송에서 소송 당사자·관계인이 자기에게 유리한 법률적 효과·사실을 진술하는 일. 진술. allegation ④《동》 주재(主宰). 하자 《하자
주:장(主掌)圀 목대잡아 맡음. 또, 그 사람. charge
주장(朱杖)圀 붉은 칠을 한 몽둥이. 무기로 혹은 죄인을 다스릴 때 형장으로 썼음. 주장대.
주:장(柱杖)圀 몸을 의지하는 지팡이. staff
주:장(做張)圀 허튼 소리로 떠벌임. 하자
주:장(注腸)圀 약물이나 자양액을 항문을 통하여 직장(直腸) 안에 주입함. 하자
주장(酒場)圀 ①술 파는 곳. ②술도가.
주장(誅杖)圀 터무니없는 거짓말을 함. 하자
주:장(鑄匠)圀 ①《공》 놋갓쟁이. ②《제도》 교서관(校書館)의 주자(鑄字)을 붓던 기술자.
주:장 낙토(走障落點)圀 노루을 쫓다가 토끼가 걸렸다는 뜻으로, 뜻밖의 이익을 얻음을 이르는 말.
주장-대[—때](朱杖—)圀 《동》 주장(朱杖).
주장 무인(主張無人)圀 주장하여 맡는 사람이 없음. 주관 무인.
주장=삼-다[—따](主張—)짐 ①무엇을 위주로 하다. ②유일한 근거로 삼고 결벽하면 그것만 내세우다.
주장=승(主掌僧)圀 《동》 주지(住持).
주장 야:단[—나—](晝長夜短)圀 낮은 길고 밤은 짧음. 하지(夏至)의 전후. 《대》 주단 야장(晝短夜長). long days and short nights 하자
주:장-질(朱杖—)圀 ①주장으로 때려 벌하는 짓. ②남의 생각을 돌보지 않고 뜻 견디며 굴어대는 언행.
주재(主材)圀 신주(神主)을 만드는 나무. 《하자
주:재(主宰)圀 주장하여 맡음. 또, 그 사람. 주장(主張)④. superintendences 하자
주:재(奏裁)圀 임금께 말씀드려 재가를 청함. 하자
주:재(駐在)圀 ①일정한 곳에 나와 머물러 있음. ②파견(派遣)된 곳에 머물러 있음. resident 하자
주:재-국(駐在國)圀 대사·공사 등이 명을 받고 머물러 있는 나라. country of residence 《는 재료.
주:재-료(主材料)圀 어떤 것을 이루는 데에 주가 되
주:재-소(駐在所)圀 ①주재하여 머물러 있는 곳. 또, 그 기관. contingent ②《제도》 경관이 머물러 사무를 보던 곳. police substation

주:재=원(駐在員)[명] 그 곳에 주재하고 있는 직원.
주재(主宰)[명] 주되는 저서.
주:저(呪詛)[명][동](詛呪). 하타
주:저(躊躇)[명] 망설여 머뭇거리고 나아가지 못함. hesitation 하자타
주머=니[명] ①넉넉하지 못하여 매우 곤란하다. in narrow circumstances ②신선하지 못하다. ill-off
주저=로이[부] 「한데 묶어진 것.
주저리[명] 지저분한 물건이 어지럽게 매달리거나 또는
주저리=주저리 너저분한 물건이 어지럽게 많이 매달린 모양.
주저=앉다[자타] ①섰던 자리에 눌러 앉다. sit down ②물건의 밑이 절로 움푹하게 빠져 들어가다. fall into ③중도에서 머물러 있다. stop on the way ④힘에 겨워서 중간에 그만두다. cease
주저=앉히다[타] 주저앉게 하다.
주저주저=하=다(躊躇躊躇―)[여어] 결행(決行)하지 못하고 망설망설하다. hesitate
주=탕(―湯)[명] 쇠고기를 잘게 썰어 넣고 끓인 국물에 밀가루를 풀고 두 툴 얇게 썰어 넣어 죽처럼 끓여 만든 국.
주적(酒積)[명] 〈한의〉 음주로 말미암아 소화가 안 되고 가슴이 뭉클하고 얼굴이 황흑색(黃黑色)으로 변
주=적(籌摘)[명] 어림하여 대강 치는 셈. 「하는 병.
주적=거리=다[자] 곤장발달는 어린아이가 비틀거리며 걷다. 〈작〉조작거리다. totter ②넓지 못한 견문(見聞)으로 아는 체하고 떠들다. **주적=주적**[명] 하다
주전(主戰)[명] ①싸우기를 주장함. 〈대〉주화(主和). advocacy of war ②주력으로 싸움. ¶~ 선수. 하자
주전(周全)[명] 빈틈 없이 완전함. completeness 하다
주:전(鑄錢)[명] 쇠를 녹여서 돈을 만듦. 또, 그 돈. mintage 하자
주전=거리=다[자] 때를 가리지 않고 군음식을 자주 먹다. 〈작〉조잔거리다. **주전=주전**[명] 하다
주전=론(主戰論)[명] 싸움하기를 주장하는 언론. 〈대〉주화론(主和論). advocacy of war
주=전=립(朱氈笠)[명] 〈동〉 군뢰복다기.
주전=부리[명] 때를 가리지 않고 군음식을 자주 먹는 입버릇. 〈유〉군것질. 〈작〉조잔부리. habit of taking unnecessary snacks 하자
주:=성(―性)[명]〈走電性〉 〈생물〉 전류(電流)가 통할 때 음극 또는 양극으로 향하는 주성(走性). 추전성(趨電性). 「임시 판청. mint
주:=전(鑄錢廳)[명] 〈제도〉 쇠를 녹여서 돈을 만들던
주전=자(酒煎子)[명] 술·물을 데우기도 하고 이를 담아서 잔에 따르기도 하는 그릇. water kettle
주절(主節)[명] 〈어학〉 절(節)의 하나. 문장의 구조상 종속절이 있을 때의 주가 되는 절. 으뜸마디. 〈대〉종속절. main clause 하다
주절=주절 끄나풀 따위가 너절너절 달린 모양. 〈작〉
주점=[―店](主點)[명] 주요한 점. 요점(要點).
주점(朱點)[명] 주목(朱墨)으로 찍은 점.
주점(酒店)[명] 술집. wine shop
주점 사기(朱點沙器)[명] 공작석(孔雀石)으로 붉은 점을 찍어 만든 사기. 「depauperation
주접(住接)[명] 한때 머물러서 살고 있음.
주접=되=다[자라여] ①잔병이 많아 자라지 못하다. languish ②기를 펴지 못하고 시들게 되다. be depauperate ③옷이나 몸치례가 추레하다. become shabby ④생활이 가난하다. become poor
주접=떨=다[자라] 주접스러운 짓을 함부로 하다.
주접=스럽=다[형라브] ①음식에 대하여 염치없이 욕심을 부리는 태도가 있다. ②자질구레한 것에 체신있이 욕심을 부리는 태도가 있다. 〈작〉조잡스럽다. voracious 〔김. 〈대〉주지(主知).
주정(主情)[명] 이지(理知)보다 감정·정서를 중히 여
주정(舟艇)[명] 소형의 배. boat

주정(酒酊)[명] 술에 취하여 정신 없이 마구 하는 짓이나 말. 후주(酗酒). drunken frenzy 하자
주정(酒精)[명] 알코올(alcohol).
주정=계(酒精計)[명] 물 백분(百分) 가운데 포함된 주정의 분량을 측정하는 부칭(浮秤). alcoholometer
주정=꾼(酒酊―)[명] 주정하는 사람. drunken man
주정 발효(酒精酸酵)[명] 〈화학〉 헥소스(hexose), 곧 여섯 개의 산소 원자를 가지는 단당류가 효모에 의하여 분해되어 알코올과 탄산가스를 생성하는 현상. 알코올 발효.
주:정=뱅이(酒酊―)[명] 〈속〉 주정쟁이.
주정=분(酒精分)[명] 알코올의 성분.
주정=설(主情說)[명]〈동〉주정주의.
주정 음료(酒精飲料)[명] 주정분을 함유하고 있는 음료. alcoholic beverage
주:정=쟁이(酒酊―)[명] 술을 마시기만 하면 주정을 부리는 버릇이 있는 사람. drunken man
주정=주의(主情主義)[명] ①〈철학〉 정신 작용에 있어서 감정이 우월적 존재에 있다고 주장하는 학설. ②〈문학〉 인간의 감정을 이성이나 의지보다 더 앞세우고 강조하는 예술상의 주장. 주정설. 〈대〉주지주의(主知主義). 주의주의(主意主義). emotionalism
주제[명]→주제꼴.
주제(主祭)[명] 제사를 주장하여 지냄. 또, 그 사람. 하
주제(主劑)[명] 조제(調劑)에서 주가 되는 약.
주제(主題)[명] ①주장이 되는 제목. 〈대〉부제(副題). main subject ②영화·악곡(樂曲)·문예 작품 등의 근본적인 문제나 중심적인 사상. theme
주제(酒劑)[명] 약품을 술에 녹여 만든 약.
주제=가(主題歌)[명] 영화의 주제를 가사로 한 노래. theme song 「mean attire
주제=꼴[명] 변변하지 못하게 생긴 꼴이나 몸치장. 〈약〉
주제=넘=다[―따][형] ①하는 짓이 아니꼽게 지나친 태도가 있다. impertinent ②제 분수에 넘는 행동이 있다. forward 「하다. shabby
주제=사납=다[형라브] 입은 옷이 더럽거나 남보기에 숭
주제 소=설(主題小說)〈문학〉기분이나 정조(情調)를 주로 하지 아니하고 어떤 일관된 주제를 살리는 데다 중점을 두는 소설의 한 경향. 테마 소설. theme novel
주제=어(主題語)[명] 〈어학〉 한 문장에서 주제 구실을 하는 말. '토끼는 앞발이 짧다'의 '토끼는' 따위.
주제 음악(主題音樂)[명] 〈동〉 테마 뮤직(theme music).
주조(主調)[명] ①주조음(主調音).
주조(主潮)[명] ①주장이 되는 조류. main current ②으뜸가는 가장 주요한 사조. main current of thoughts 「brewing 하다
주조(酒造)[명] 술을 빚어 만듦. ¶~세(稅). ~업(業).
주조(酒槽)[명] 〈동〉 술주자.
주조(酒糟)[명] 〈동〉 재강. 「을 만듦. casting 하다
주:=조(鑄造)[명] 쇠붙이를 녹여 서푸집에 부어서 물건
주:조=기(鑄造機)[명] 〈인쇄〉 활자를 주조하는 기계. 수동식(手動式)과 자동식이 있다.
주조=음(主調音)[명] 〈음악〉 한 악곡의 기초가 되는 음으로 그 악곡을 지배하는 가락. 기조(基調). 〈약〉주조(主調). key-note
주조=장(酒造場)[명] 양조장. brewery 「messenger
주=졸(走卒)[명] 남의 심부름이나 부려 지내는 사람.
주종(主從)[명] ①주장되는 사물과 이에 딸린 사물. principal and auxiliary ②주군(主君)과 종자(從者). ~ 관계. 「bell 하다
주:종(鑄鐘)[명] 쇠를 녹여 부어 종을 만듦. casting
주주(株主)[명] 〈경제〉 주식 회사의 주식을 가진 사람. shareholder
주주(joujou 프)[명] 회전 원리를 이용한 장난감의 하나.
주주 객반(主酒客飯)[명] 주인은 손에게 술을 권하고, 손은 주인에게 밥을 권하여 다정히 먹음.
주주=권[―꿘](株主權)[명] 〈경제〉 주주가 행사할 수 있는 권리. 공익권과 자익권(自益權)으로 대별. 전

자는 의결권·감독권, 후자는 이익 배당 청구권·잔여 재산 분배 청구권·투하 자본 회수를 위한 권리 따위. 주식②. right of shareholder

주주 총:회(株主總會)명 〈경제〉 주식 회사·주식 합자 회사의 최고 의결 기관(議決機關). general meeting of shareholders

주줄-이튄 죽 늘어선 모양. standing in line

주중(週中)명 ①한 주일의 중간. (대) 주말. 주추. ② 그 주 안. 「enemy on one's own side

주중 적국(舟中敵國)자기 편 속에서도 적이 있음.

주즙(舟楫)명 배와 삿대. 배(船)의 총칭.

주증(酒症)명 술의 취되는 증세. ⇒ 천주의 뜻.

주지(主旨)명 ①주장되는 뜻. main meaning ②기

주지(主枝)명 〈식물〉 주가 되는 가지. main branch

주지(住持)명 〈불교〉 한 절을 주관하는 중. 방장(方丈). 주장승(主掌僧). chief priest of temple

주지(周池)명 성(城) 둘레의 해 호(濠). moat

주지(周知)명 여러 사람이 두루 앎. common knowledge 하다

주지(周紙)명 〈동〉 두루마리.

주지(奏紙)명 임금 앞에서 왕명을 받아 쓰는 종이.

주지-설(主知說)명 〈동〉 주지주의(主知主義)①.

주지-시(主知詩)명 〈문학〉 정신적 노력이나 냉정한 태도에 의한 예술 의식에 의하여 형성되는 시. intellectual poetry

주지 육림(酒池肉林)명 술은 못을 이루고 고기는 술을 이룬다는 뜻으로, 굉장하게 차린 술잔치를 이름. sumptuous feast

주지적 문학(主知的文學)명 〈문학〉 감정보다는 작가의 지성을 중시하는 문학의 한 경향. 지성 문학. intellectual literature

주지-주의(主知主義)명 ①〈철학〉지성(知性)·이성(理性) 등의 정신 활동을 존중하는 이론. 라이프니츠·헤겔의 철학 등. 주지설(主知說). (대) 주의주의(主意主義)②. intellectualism ②〈윤리〉도덕적 의지가 이성적 지식·반성에 따라 규정된다는 소크라테스·스토아 학파의 설. ③〈문학〉제1차 대전 후의 유럽 문학의 특징적 경향(傾向).

주진(主震)명 같은 지역에 일어난 파상적·연속적 지진 중 가장 큰 지진. 「만성병의 하나.

주진(酒賑)명 〈한의〉 술에 중독되어 늘 마시려 하는

주:차(駐車)명 차를 세워 둠. parking 하다

주:차(駐箚)명 공무를 띠고 외국에 머물러 있음. 주찰(駐札). 찰주(札駐). residence 하다

주:차 대:사(駐箚大使)명 임지에 나가 그 나라에 머물러 있는 대사. 「ing lot

주:차-장(駐車場)명 자동차 등이 머무르는 곳. parking stone of pillar

주:착(做錯)명 과오를 알고 저지른 실수. 실착(失錯)

주착-망나니(主着-)명 →주책망나니.

주착-바가지(主着-)명 →주책바가지.

주착-없:다(主着-)혱 →주책없다.

주찬(酒饌)명 〈동〉 주효(酒肴)

주찬(晝餐)명 오찬(午餐). 「penalty and exile

주:찬(誅竄)명 죽이는 형벌과 귀양보내는 형벌. death

주:찰(周察)명 두루 자세히 살핌. looking about 하다

주:찰(駐札)명 〈동〉 주차(駐箚). 「advocacy 하다

주창(主唱)명 앞장을 서서 부르짖음. 앞장서서 부름.

주채(酒債)명 술값으로 진 빚. 술빚. dept from drink

주책(主策)명 확실하게 정한 생각. fixed view 「king

주:책(誅責)명 엄하게 책망함. reprimand 하다

주:책(籌策)명 이리저리 헤아려 타산한 끝에 생각한 꾀.

주책-망나니(主着-)명 주책없는 사람을 비꼬아 일컫는 말. injudicious person

주책-바가지(主着-)명 주책없는 사람을 비웃어 하는 말.

주책-없:다(主着-)혱 일정한 요량이 없다. 대중없다. injudicious **주책-없:이**튄 「섯 치 육 푼이 됨.

주척(周尺)명 자의 하나. 한 자가 곡척(曲尺)으로 여

주천(朱天)명 서남쪽에 있다는 구천(九天)의 하나.

주천(周天)명 〈천문〉 천체가 제각기 제 궤도를 한 바

퀴 도는 일. 「recommending to the emperor 하다

주:천(奏薦)명 〈제도〉 임금께 아뢰어 관원을 추천함.

주:철(鑄鐵)명 〈광물〉 무쇠. cast iron

주:철-관(鑄鐵管)명 수도·가스 따위의 도관(導管)으로 쓰이는 주철로 된 관. 「the emperor 하다

주:청(奏請)명 임금에게 말하여 청원함. petitioning

주:청-사(奏請使)명 〈제도〉동지사(冬至使) 이외에 국사에 관하여 주청할 일이 있을 때 중국에 가던 사신.

주체명 주체스러워 귀찮은 물건. troublesome thing

주체(主體)명 ①〈철학〉 전체에 있어서 제약되며 제약 받는 두 계기(契機) 중의 제약하는 계기. 임자 몸. subject ②〈동〉주사(主辭). ③사물의 주장이 되는 부분. main constituent ④〈법률〉다른 데에 대하여 의사나 행위가 미치게 하는 큰 자신. (대) 객체(客體). subject ⑤〈심리〉마음이나 주관. 실제적인 온갖 체험이 행해지는 장(場).

주체(柱體)명 〈동〉 각주(角柱).

주체(酒滯)명 술을 마시어 생기는 체증(滯症).

주체-굿-다혱 매우 주체스럽다. very hard to deal with 「다. be burdensome

주체-못:하:다자여 짐이 되고 귀찮아 감당을 못하

주체-성(-性)(主體性)명 주체(主體)에 의해 행동하는 입장. 주체가 되어 작용하는 것. 주체인 그것. 자발적인 능동성(能動性). subjecthood

주체-스럽다혱 짐스럽고 귀찮아 처치하기에 힘이 들다. **주체-스레**튄 「지럽다.

주체 어지럽-다혱 주체스러워서 매우 정신이 어

주체 의:식(主體意識)명 일체의 활동에 있어서, 자기의 사명이나 실정에 맞도록 주견 있게 하는 인식이나 판단. 「작용하는(것).

주체-적(主體的)관 주체에 관한(것). 주체가 되어

주체-하:다타여 짐스럽고 귀찮은 물건을 처리하다.

주체 덩어리명 주체하기가 매우 힘든 일이나 물건. troublesome thing

주초(酒炒)명 약재(藥材)를 술에 담갔다가 볶음. 하다

주초(酒草)명 술과 담배. wine and tobacco

주초(週初)명 그 주일의 첫머리. (대) 주말(週末). beginning of week 「하다

주:촉(嗾囑)명 남을 꾀어 부추겨서 시킴. instigation

주:촉-성(走觸性)명 〈생물〉 딴 물체와의 접촉이 자극이 되어 일어나는 주성(走性).

주최(主催)명 어떤 모임을 주장하여 엶. (대) 후원(後援). auspices 하다

주최-자(主催者)명 어떤 회합이나 행사를 주최하여 여는 개인 또는 단체. 회관(礎石). foot

주추(柱-)명 기둥 밑에 피는 돌. 초석(礎石). footing stone of pillar

주축(主軸)명 ①〈수학〉 몇 개의 축을 가진 도형 및 물체의 축 중에서 가장 주가 되는 축. ②원동기로부터 직접 동력을 전하는 축. ③〈공업〉 공작(工作) 기계의 주축대에 가까운 축(軸). principal axis

주축 일반(走逐一般)명 옮지 못한 일을 한 바에는 남을 탓하는 주자나 책망을 받거나 다 마찬가지임.

주:춘-증(-症)[-쯩](注春症)명 〈한의〉 봄을 몹시 타는 증세. 봄이면 입맛이 없고 기운이 쇠약해지는 증세.

주:출(做出)명 〈동〉 주작(做作). 하다

주:출(鑄出)명 주형(鑄型)에 넣어 만들어 냄. 하다

주춤튄 가볍게 놀라거나 망설이는 태도로 갑작스럽게 하면 동작을 멈추거나 몸을 조금 움직이는 모양. (작) 조춤. hesitating 하다

주춤-거리다자 ①앞으로 나아가지 않고 머뭇거리다. ②일을 결단하여 행하지 못하고 망설이다. (작) 조춤거리다. **주춤-주춤**튄 하다

주춤-병(-病)[-뼝](-病)명 무슨 일에나 결단성 있게 행하지 못하고 주춤거리는 결점. (작) 조춤병. hesitative tendency 「(礎石). footing stone of pillar

주춧-돌(柱-)명 기둥 밑에 주추로 쓰이는 돌. 모퉁돌(礎石). 초석

주충(酒蟲)명 ①술에 미친 사람의 별명. tippler ②술을 썩 잘하는 사람. heavy drinker

주치(主治) 주장하여 치료를 담당함. incharge of treating somebody 하다

주치(酒痔) 술로 인하여 생기는 치질.

주치=의(主治醫) 어떤 사람의 병을 주장하여 치료하는 의사. physician in charge

주침(酒浸) 약제를 술에 담가 둠. 하다

주침(晝寢) 낮잠. nap

주침 야:소(晝寢夜梳) 낮잠과 밤에 빗는 머리로, 몸에 좋지 않은 일을 일컬음.

주크=박스(jukebox) 자동 전기 축음기. 동전을 넣고 자기가 원하는 음악의 단추를 누르면 자동적으로 그 음악을 듣게 됨.

주탕(酒湯) 〈동〉 술국. [로 그 음악을 듣게 됨.

주태=배기(酒─) →술고래.

주:택(住宅) 사람이 사는 집. 거택(居宅). 옥려(屋廬). 주가(住家). ¶ ─가(街). dwelling house

주:택=난(住宅難) 도시 등지에서 집이 모자라는 것. 주택을 구하기가 힘든 일. housing shortage

주:택 단지(住宅團地) 주택이 집단을 이루어 계획·건설된 지구.

주:택=료(住宅料) 관청이나 공공 기관에서 직원 후생의 시책으로 사택을 주지 못하는 대신 급여하는 주택비. house allowance

주:택 문제(住宅問題) 근대 공업 도시에서 주택난으로 발생하는 사회 문제. house problem

주:택=비(住宅費) 주택으로 인하여 드는 비용. housing expense

주:택=지(住宅地) ①위치·환경 기타의 여러 조건이 주택을 짓기에 적당한 땅. ②주택만 죽 늘어서 있는 곳. residential section [earth

주토(朱土) 빛이 붉은 흙. 석간주(石間硃). red

주:트(jute) 황마(黃麻)의 섬유.

주특기(主特技) ①주된 특기. ②〈군사〉기본 교육 과정을 마친 군인이 각자의 전 이력과 그 소질을 참작하고 전문적인 교육을 시켜서 얻는 특기.

주특기 번호(主特技番號) 〈군사〉군인의 주특기를 표시하는 번호. [running 하다

주:파(走破) 중도에서 꺾이지 않고 끝까지 달림.

주파(周波) 〈물리〉①파동의 일순환. cycle ②〈약〉주파수. [barmaid

주파(酒婆) 주막에서 술을 파는 늙은 여자. old

주파=계(周波計) '파장계(波長計)'의 구용어.

주파=수(周波數) 〈물리〉교류·전기 진동에 있어서 단위 시간 중에 발생하는 파(波)의 수효. 〈약〉주파(周波)②. frequency

주파수 대역폭(周波數帶域幅) 〈물리〉여러 가지의 다른 주파수의 성분이 분포되어 있는 주파수 범위의 폭.

주파수=변:조(周波數變調) 〈물리〉일정한 진폭의 연속에서 주파수를 신호에 따라 변화시켜서 통신하는 방법. frequency modulation

주파수=편차(周波數偏差) 〈물리〉예정된 주파수로부터 온도·발진(發振) 회로 등의 변화에 의하여 주파수가 달라지는 수치. [abacus

주:판(籌板·珠板) 셈을 하는 기구의 하나. 수판. 셈판.

주:판(籌辦) 생각해서 처리함. manage 하다

주:판=알(籌板─) 주판의 셈을 하는 단위가 되는 작은 알맹이.

주:판지=세(走阪之勢) 급한 산비탈로 내리달리는 형세. 곧, 인력(人力)으로는 어찌할 도리가 없이 되어 가는 형세대로 내버려 둠. irresistible force

주:판=질(籌板─) ①주판을 다루는 일. ②타산을 따지는 일. 하다 [rtion 하다

주편(主便) 자기에게 편하도록 주장함. selfish asse─

주평(週評) 한 주간의 일에 대한 비평. [중포.

주포(主砲) 군함의 중포 중 가장 큰 위력을 가진

주:폭=도(走幅跳) 달려오다가 어느 지점에서 멀리 건너뛰기를 다루는 육상 경기. 도움닫기 넓이뛰기.

주광(走廣跳). [main armament

주표(晝標) 낮의 항로의 위험을 표시하는 표지(標識).

주:품(奏稟) 〈동〉주달(奏達). 하다

주피터(Jupiter) 로마 신화에 나오는 주신(主神). 그리스 신화의 제우스에 상당함.

주필(主筆) ①신문사·잡지사에서 사설이나 논설 같은 것을 주장으로 맡아 쓰는 사람. 또, 그 직분. chiefeditor ②〈제도〉과거의 시험관의 첫 자리가 되는 사람.

주필(朱筆) ①붉은 먹을 묻혀서 쓰는 붓. red brush ②붉은 글씨. writing in red ink

주:필(走筆) 글씨를 흘려 빨리 씀. 또, 그런 글씨. running script 하다 [는 일. 하다

주:필(駐蹕) 거둥할 적에 어떤 지점에서 잠시 머무

주:하(奏下) 상주(上奏)에 대하여 재가(裁可)를 내림. imperial sanction 하다

주학(朱學) 〈약〉→주자학(朱子學).

주학(晝學) 낮에 배움. (대) 야학(夜學). writing in

주:학(籌學) 〈구〉산학. the daytime 하다

주:한(駐韓) 임무를 띠고 한국에 주재(駐在)함.

주합(酒盒) ①술을 담는 쇠살이로 만든 그릇. metal wine─containes ②술과 안주를 담아 들고 다니게 된 찬합. [주요한 광물. 주성분②.

주=합분(主合分) 〈광물〉암석 중에 포함되어 있는

주항(舟航) 배로 항해함. 하다 ['avigation 하다

주항(周航) 여러 곳을 두루 거쳐 항해함. circumn─

주항(酒缸) 술을 담는 항아리. wine pot

주:항(라=紬九羅) 명주실로 짠 항라.

주:해(註解·注解) 본문의 뜻을 알기 쉽게 풀이함. 또, 그 글. 주석(注釋·註釋). 주소(注疏·註疏). 주각(註脚·注脚). (대) 본문(本文). 〈약〉주(註)①. note

주행(舟行) 조그마한 배를 타고 감. 하다 [하다

주행(周行) 돌아 다니며 길을 찾아 가는 일.

주행(周行) 〈동〉주유(周遊). 하다

주행(晝行) 주간에 행동하거나 활동함. (대) 야행(夜行). navigation 하다 ['야행성(夜行性).

주행=성[─썽] (晝行性) 낮에 활동하는 성질. (대)

주:향(走向) ①달음질하여 향하는 쪽. running toward ②〈지학〉기울어진 지층(地層)과 수평면이 만나는 선. 층향(層向). strike

주향(酒香) 술의 향기. scent of wine

주:현─절(主顯節) 〈기독〉그리스 구교 및 감독 교회에서 지키는 1월 6일의 제일. 그리스도가 30번째의 탄생일에 세례를 받고 신의 아들로서 세상에 나타남을 기념함.

주:혈 사상충(住血絲蟲) 〈동물〉사람의 혈관 속에 기생하는 김고 가는 실이나 털 모양의 선형 동물의 하나. 몸 길이는 15∼20mm 쯤이며 유충이 모기 따위의 매개로 사람의 몸 안에 들어가 자람. 자람에 따라 상피병(象皮病) 등 여러 가지 증상의 필라리아(Filaria) 등을 일으킴. 주될 흡충(住血吸蟲). Filaria bancrofti 蟲).

주:혈 흡충(住血吸蟲) 〈동〉→주혈 사상충(住血絲

주형(主刑) ①〈법〉독립하여 과할 수 있는 형벌. 사형·징역·금고·벌금·구류·몰수. 〈대〉부가형. principal penalty 〈제도〉형법 대전에 규정했던 사형·유형·역형·금옥·태형 등.

주형(舟形) 배처럼 생긴 모양.

주:형(鑄型) ①주물(鑄物)을 부어 놓기 위하여 만든 틀. mould ②활자체(活字體)를 만드는 틀. 〈약〉 주호(酒壺) 〈동〉주항(酒缸). [형(型). matrix

주호(酒豪) 술을 잘 마시는 사람. 주선(酒仙). 대주가. heavy drinker

주:혼(主婚) ①혼사(婚事)를 맡아 주관함. management of marriage ceremony 〈약〉주혼자. 하다

주:혼─자(主婚者) 주혼하는 사람. 〈약〉주혼. officiator of wedding

주홍(朱紅) ①〈약〉→주홍빛. ②성분이 황화수은인 붉은 빛의 안료. 〈약〉주(朱). [〈약〉주홍①.

주홍=빛[─삗] (朱紅─) 홍색과 주황빛의 중간 빛깔.

주화(主和)[명] 화의·평화를 주장함. 《대》주전(主戰). advocacy of peace ~하다

주화(鑄貨)[명] 화폐를 만듦. 또, 그 화폐. coinage ~하다

주화-기(主火器)[명] 《군사》 전투 부대에서 쓰는 가장 주요한 화기. 소총 따위.

주화-론(主和論)[명] 화해(和解)를 주장하는 언론. 《대》 주전론(主戰論). advocacy of peace

주황(朱黃)[명] 《약》→주황빛.

주황-빛[-삗](朱黃-)[명] 홍색과 황색의 중간 빛. 자황색. 《약》 주황. light chrome yellow

주회(周回)[명] ①지면(地面) 같은 것의 둘레. 주위①. ②빙 돎. ~하다

주:회(籌劃)[명] 방법을 요량하여 생각하는 계획.

주:효(奏效)[명] 효력을 나타냄. efficacy ~하다

주-효(酒肴)[명] 술과 안주. 주찬. wine and refreshments

주후(酒後)[명] 취후(醉後).

주훈(主訓)[명] 《기독》 천주의 교훈.

주훈(週訓)[명] 학교나 공공 단체에서 규칙 시행이나 교양을 위하여 한 주일을 단위로 다른 표제를 내걸어 특히 강조하는 교훈. 또, 그 글귀.

주휴(週休)[명] 일주에 한 번 휴가가 있는 일. 또, 그 휴가.

주:휼(賙恤)[명] 《약》→주궁 휼빈.

주흔(酒痕)[명] ①술이 취한 흔적. sign of drunkenness ②술이 묻은 흔적. liquor stains

주흥(酒興)[명] ①술을 마신 뒤의 흥취. conviviality ②술을 마시고 싶은 생각. merry-making

죽[의]의[명] 옷·그릇 등의 열 벌을 세는 말. unit of tensuits or vessels

죽:²[부] ①한 줄로 늘어선 모양. in a row ②훨씬 빠진 모양. ③동작이 거침없이 나아가는 모양. directly ④출을 고르게 굿는 모양. continuously ⑤ 물건을 찢거나 훑는 모양. noisily ⑥입맛을 다시면서 핥는 모양. smacking one's lips ⑦한눈에 훑어 보는 모양. stare ⑧가지런하게 퍼거나 널리는 모양. display in row ⑨끊이지 않고 한 줄기로 잇닿은 모양. 《작》 쪽. 《센》 쭉. continuously

죽(粥)[명] 곡식을 물에 묽게 끓여 먹는 음식. porridge

죽각(-角)[명] 네 모서리에 둥근 부분이 남아 있는 건축용 각재(角材).

죽간(竹竿)[명] 대나무 장대. bamboo pole

죽간(竹簡)[명] 중국에서 종이가 발명되기 전인 한(漢)나라 이전에 글자를 기록하던 대의 조각. 또, 대의 조각을 엮어서 만든 서적. 죽책(竹冊). [다 파는 갓.

죽=갓[명] ①한 죽의 갓. ②마구 만들어 여러 죽씩 내

죽겠-다[죽겓-][형] 어떠한 일로 감정이 극도에 달함을 나타냄. ¶더워서 ~. 시그러워 ~. unbearable

죽견(竹筧)[명] 물을 대기 위해 대로 만든 홈통.

죽근(竹根)[명] 대나무의 뿌리. root of bamboo

죽기(竹器)[명] 대그릇. bamboo vessel

죽기가 섧은 것이 아니라 아픈 것이 섧다[족] ①아픈 것을 못 참겠다. ②나라가 망하는 것보다 그 때문에 제가 고생할 것이 싫다. ③흉년이 들어 집안이 망하는 것보다 배고픈 것이 피롭다.

죽기가 쉽지 않으나 늙기가 섧다[족] ①죽는 것보다 늙는 것이 더 섧다. ②무엇이나 당장 당하고 있는 일을 남아 내기가 어렵다. 아니다.

죽기는 정승하기보다 어렵다[족] 함부로 죽어지는 것이

죽=나무[명] 《약》→참죽나무.

**죽놈이[족] 나쁘게 노는 무리들이나.

죽는 놈이 탈 없으랴[족] 사람이 어떤 재앙을 받을 때는 다 그럴 만한 까닭이 있다.

죽는-다[자] 어미 '-노-·-으·-여' 아래에 쓰이어 어떤 일로 남의 감정이 아주 극도에 달하여 있음을 나타내는 말. ¶좋아 ~. ~죽겠다.

죽는=소리[명] 고통이나 곤란에 대해 엄살부리는 말. false grievance ~하다 몸짓. ~하다

죽는=시늉[명] 대단함을 고통으로 엄살을 부리며 하는.

죽-다[자] ①숨이 끊어지다. 몰(沒). 졸(卒). 《대》 살다. 《공》 돌아가다. 졸하다. die ②자살하다. kill oneself ③그림·글씨 등이 생기가 없다. have no spirit ④불이 꺼지다. 《대》 피다. go out ⑤움직이던 것이 멎다. ¶바람이 ~. stop ⑥빳빳하거나 생생한 기운이 없어지다. ¶꽃이 ~. 옷의 풀이 ~. wither ⑦기운이 꺾이다. ¶사기가 ~. be dejected ⑧야구에서 아웃이 되다. be out ⑨바둑·장기 등에서 말이 쓰이지 못하게 잡히다. be captured ⑩늣쇠·구슬·식초 등이 화학적 변화로 빛이나 맛을 잃다. fade ⑪칼날 등이 무디어지다.

죽-다[형] 두드러져야 할 자리가 꺼져서 비다. ¶모서리가 ~. 코가 ~.

죽담[명] 잔석을 흙과 섞어서 쌓은 돌담. stone wall

죽대(-*植)[명] 은방울꽃과의 다년생 풀. 높이 약 1m 가량으로 5월에 녹백색의 꽃이 피고 장과는 검푸르게 익음. 근경은 황정이라 하여 약용하며 어린 잎과 줄기는 약용함. Solomon's seal

죽데기[명] 통나무 겉쪽에서 쪼개 낸 널쪽.

죽데기-널판[명] 죽데기로 된 널빤지.

죽도(竹刀)[명] ①대로 만든 칼. bamboo sword ②검도(劍道)에 쓰는 대로 만든 제구. fencing stick

죽도-화(-花)[명] 죽도화나무의 꽃.

죽도화-나무(-花-)[명] 《식물》 장미과의 낙엽 관목. 4~5월에 황금색 꽃이 피며 열매는 맺지 않음. 사원이나 촌락 부근에 관상용으로 심음. 출장화(黜墻花). [란 뜻으로, 소용이 적은 물건을 이르는 말.

죽두 목설(竹頭木屑)[명] 대나무 조각과 나무 부스러기

죽 떠먹은 자리[족] 많은 것 중에서 조금 떠 내어도 표가 나지 않음. [서 전 시루팥떡의 하나.

죽-떡(粥-)[명] 순 찹쌀 가루에 청동호박을 섞어 넣어

죽-떼:-다[약]→죽지 떼다.

죽렴(竹簾)[명] 대발.

죽롱(竹籠)[명] 대오리로 엮어 만든 농짝.

죽리(竹籬)[명] 대울타리.

죽림(竹林)[명] 대숲. bamboo forest

죽림 산수(竹林山水)[명] 죽림을 주제로 딴 경치를 곁들여 그린 산수화(山水畫).

죽림 칠현(竹林七賢)[명] 《역사》 중국 위(魏)나라 말엽 진(晉)나라 초기에 허무를 주장하여 죽림에 놀면서 청담(淸談) 따위를 하고 지내던 일곱 선비. 곧, 유영(劉伶)·완적(阮籍)·해강(嵇康)·산도(山濤)·상수(向秀)·완함(阮咸)·왕응(王戎). 칠현(七賢).

죽림 칠현도(竹林七賢圖)[명] 《미술》 죽림 칠현을 그린 그림.

죽마(竹馬)[명] 대말. bamboo horse

죽마 고:우(竹馬故友)[명] 어릴 때부터의 친한 벗. 죽마 구우. 죽마지우. 총죽지교. childhood playmate

죽마 구:의(竹馬舊誼)[명] 어릴 때부터 같이 자란 벗 사이의 정의.

죽마지:우(竹馬之友)[명] 《동》 죽마 고우(竹馬故友).

죽-맞다[자] 둘이 서로 뜻이 통하다. 죽이 맞아 잘 논다. [다.

죽-머리[명] 활을 잡은 쪽의 어깨.

죽물(竹物)[명] 대그릇. bamboo vessel

죽물(粥-)[명] ①묽게 쑨 죽. ②죽의 건더기를 거른 것. floppy gruel

죽미-일(竹迷日)[명] →죽취일(竹醉日).

죽-바디[명] 소의 다리 안쪽에 붙은 고기. inside shank

죽밥-간(粥-間)[명] 《동》 죽식간에.

죽-방울[명] ①가는 노끈에 걸어 공중으로 치뜨렸다 받았다 하는 나무 토막으로 된 장난감. ②주머니 끈을 치는 데 쓰는 제구.

죽방울-받-다[자] 죽방울을 치뜨렸다 받았다 하다.

죽방울-받-다[타] ①아이를 추었다 내렸다 하며 정신 정차리게 놀리다. ②남을 요리조리 눌려 먹다.

죽백(竹帛)[명] 사기(史記). 옛날 죽간(竹簡)이나 포백(布帛)에 글자를 쓴 데서 온 말. annals ~다.

죽백지:공(竹帛之功)[명] 역사에 적히어 전해질 만한

죽-부인(竹夫人)[명] 여름 밤에 끼고 자면 서늘한 기운이 나도록 대오리로 걸고 둥글게 하여 만든 기구. Dutch wife

죽비(竹扉)[명] 대를 엮어 만든 사립문. bamboo door
죽비(竹篦)[명] ①[동] 대빗. ②〈불교〉불사(佛事) 때 중이 손바닥 위를 쳐서 불사의 시작과 끝을 알리는 데 쓰는 두 개의 대쪽을 합하여 만든 물건.
죽사(竹絲)[명] 실처럼 가늘게 쪼갠 대오리. 갓·패랭이 등을 만드는 것.
죽사・리[명]〈고〉죽고 살고 하는 것. 생사(生死).
죽사립(竹絲笠)[명] 가죽을 명주실로 엮고 그 위에 옻칠을[명] →죽살이.
죽살이[명] 죽고 삶을 다투는 고생. desperate efforts
죽살이=치-다[자] 어떤 일에 죽을 힘을 모질게 쓰다. make desperate efforts
죽살・치-다[자] →죽살이치다.
죽상(一相)[명] →약상.
죽상자(竹箱子)[명] [동] 대상자.
죽석(竹石)[명]〈미술〉남화(南畫)에서 대와 돌을 그린 그림.
죽석(竹席)[명] 얇게 쪼갠 대를 결어 만든 자리.
죽=세=공(竹細工)[명] 대로 물건을 만드는 세공. bamboo works
죽소(竹梳)[명] 대로 만든 빗.
죽순(竹筍)[명] 껍질에 싸여서 나는 대의 어린 순. 먹기도 함. 죽태(竹胎). ¶~ 정과(正果). bamboo-shoot
죽순-대(竹筍一)[명]〈식물〉대과의 상록 아교목. 높이 약 12 m, 잎은 피침형. 꽃은 7~10월에 원추 화서로 피고 과실은 11월에 익음. 맹종죽(孟宗竹).
죽순-밥[一밥](竹筍一)[명] 삶은 죽순을 가늘게 썰어 넣은 밥.
죽순 방석(竹筍方席)[명] 죽피 방석.
죽-술(粥一)[명] 몇 숟가락의 죽.
죽-술(粥一)[명] 고두밥 대신에 죽을 쑤어 누룩과 섞어서 술밑을 만들어 빚은 술. 「숨을 붙여감. 하다
죽술 연명(粥一延命)[명] 죽술로 끼니를 이어 근근히 목
죽-식(粥食)[명] 죽과 밥. porridge and rice
죽식간-에(粥食間一)[부] 죽이든지 밥이든지 아무 것이나. 죽이든 밥이든 간에. 죽밥간(粥一間). either porridge or rice
죽=신(竹一)[명] ①한 죽이 되는 짚신. heap of ten pairs of straw sandals ②마구 만들어 죽으로 파는 가죽신. shoes sold by ten pairs
죽실(竹實)[명]〈한의〉대나무 열매의 씨. 보신제로 씀.
죽실-반(竹實飯)[명] 대열매를 멥쌀에 섞어 지은 밥.
죽 쑤어 개 좋은 일 하였다[속] 애써서 만들어 놓은 일이 남에게 이로울 뿐이다.
죽쑤어 식힐 동안이 어렵다[속] 확정된 일이지만 그것이 이제 손에 들어올 때까지 기다리기 힘들다고 급하다.
죽어서 넋두리도 하는데[속] 못 다한 말은 죽은 후에도 넋두리도 하는데, 하고 살은 말은 다 하라는 뜻.
죽어서 상여 뒤에 따라 와야 자식이라[속] 부모의 임종을 못 보고 장례를 치르지 못하면 자식이라 할 수 없다. 「는 동안에 잘 해 주어야 한다.
죽어 석 잔 술이 살아 한 잔 술만 못하다[속] 살아 있
죽어=시-내-다[자] ①남에게 눌려 지내다. live under another's oppression ②너무 가난하여 죽을 곤욕을 보아 가며 살다. suffer from dire poverty
죽어-지만-[一運晚]—[부] 죽을 때를 자복할 때에 이미 죽기가 늦었다는 뜻으로 쓰인 말.
죽여(竹茹)[명] 담죽(淡竹)의 얇은 속껍질. 열로 인한 해소·담·번열(煩熱)을 다스리는 데 씀.
죽여=주-다[타] ①죽게 하여 주다. kill ②마음이나 힘에 겨워 못 견디게 하다. goad a person
죽엽(竹葉)[명] 대나무의 잎. bamboo leaf
죽엽-주(竹葉酒)[명] 멥쌀을 삶은 물에 담근 술.
죽엽=죽(竹葉粥)[명] 멥쌀과 석고(石膏)를 물에 달여 넣고 윗물을 따라서 멥쌀을 넣어 끓인 죽. 열을 다스리는 효용이 있음.
죽영[一녕](竹纓)[명] 가는 대오리를 꿰어 만든 갓끈.
죽원(竹院)[명] 주위에 가로 둘러서 대를 많이 심은 집. house embosomed in bamboos
죽원(竹園)[명] ①대나무 동산. bamboo forest ②황족(皇族)을 말함. 「든다.
죽은 고기 안문하기[속] 힘 없는 사람을 공연히 욱박지

죽은 고양이가 산 고양이를 보고 아웅한다[속] 이치에 닿지 않는 소리를 하여 답답하다. 「화를 누린다.
죽은 나무에 꽃이 핀다[속] 보잘것없던 집안이 부귀
죽은 목숨[명] ①살아날 길이 없는 목숨. desperate life ②자유를 잃어 살 보람을 느끼지 못하는 사람. restrained life
죽은=물[명] 피서 흐르지 않는 물. stagnant water
죽은 자식 나이 세기[속] 이왕 그릇된 일은 생각하여도 쓸데없다. 「다 소용없다.
죽은 정승이 산 개만 못하다[속] 죽고나면 권력도 돈도
죽은 중에 곤장 익히기[속] 힘없는 사람을 공연히 괴롭힌다. 「는 모양. recklessly
죽을둥-살둥[一둥一둥][부] 죽을지 살지 모르고 덤벼드
죽을 땅에 빠진 후에 산다[속] 매우 위급한 경우를 당하여도 살아날 길은 있다. 「것은 큰 복이다.
죽을 때 편히 죽는 건 오복의 하나[속] 고통 없이 죽는
죽을-병[一](一病)[명] 살아날 가망이 없는 중한 병. fatal disease
죽을뻔=살뻔[명] 죽을 고비를 여러 번 겪는 모양. ¶~ 도망처다. across the death line
죽을=상(一相)[명] 거의 죽게 된 얼굴의 표정. 〈약〉죽상. dead-like look
죽을=죄[一죄][一罪][명] 죽어 마땅한 죄. ¶~를 짓다.
죽음[명] 죽는 일. 사(死). 절맥(絕脈)①. ¶~터. 〔대〕 삶. 〔존〕 선서(仙逝). 작고(作故). death
죽음질[명]〈건축〉재목을 다듬을 때 원치수보다 좀 작게 하는 일. 〔죽. 미음(米飮).
죽음(粥飮)[명] 묽게 끓어 물같이 마실 수 있게 만든
죽음에 들어 노소 있나[속] 죽음에는 나이가 상관이 없다. 「것이 고통이라 좋다.
죽음은 급살이 제일[속] 이왕 죽음을 받아서는 빨리 죽는
죽음의 재[명] 방사능진(放射能塵)의 딴이름. 핵이 공중에서 분열이나 융합할 때 나오며 생물에게 백혈병(白血病) 등을 일으키게 죽게 함에서 옴. 낙진(落塵).
죽의 장:막(竹一帳幕)[명] 중공(中共)과 타국과의 사이의 장벽을 그 명산인 대에 빗대어 일컬음. bamboo curtain 「는지 도무지 모른다.
죽이 끓는지 밥이 끓는지 모른다[속] 무엇이 어떻게 되
죽이-다[타] ①생명이 끊어지게 하다. kill ②식물 등을 마르게 하다. wither ③움직이던 물건을 멈추게 하다. stop ④불을 꺼지게 하다. put out ⑤운동 경기 특히 야구에서 아웃시키다. catch out ⑥바둑돌이나 장기짝 따위를 판에서 집어내다. capture ⑦감정 따위를 suppress ⑧웃음 소리·울음 소리 따위를 억눌러 나지 않게 하다. hold back ⑨기세를 꺾다. deject ⑩풀이 따위의 빳빳하던 기운을 죽게 하다. make starch thin ⑪너무 지나치게 불거진 모서리 따위를 깎아 내다. smooth ⑫치수나 수량에서 조금 모자라게 하다.
죽이 풀려도 솔 안에 있다[속]일 잘 안된 것 같으나 따져 보면 그나이 큰 해는 이비니.
죽인(竹印)[명] 대뿌리에 새겨 만든 도장. bamboo seal
죽자꾸나-하다[자] 죽기나 다급한 고비를 참아내이겨 낼 결심을 하고. with great endurance
죽장(竹杖)[명] 대로 만든 지팡이. bamboo stick
죽-장구(←竹杖鼓)[명] 길고 굵은 대통의 속 마디를 뚫어 만든 악기. 세워 놓고 막대기로 장구처럼 침. (원) 죽장고. bamboo drum 「hand at chess
죽-장:기(一將棋)[명] 잘못 두는 서투른 장기. poor
죽장 망혜(竹杖芒鞋)[명] ①대지팡이와 짚신. ②가장 간단한 보행(步行)이나 여행의 차림.
죽-장창(竹長槍)[명] ①대로 만든 긴 창. 무술을 닦는 데 썼음. bamboo spear ②십팔기의 하나. 보통가 같은 이름의 창을 가지고 익히는 것이며, 여러 가지 세(勢)가 있음. 〔약〕 죽창(竹槍)②. feats of arms with bamboo stick
죽저(竹箸)[명] 대로 만든 젓가락.
죽전(竹田)[명] 대밭. bamboo field
죽절(竹節)[명] 대의 마디. section of bamboo

죽절=갓끈(竹節─)[명] 금패(錦貝)나 대모(玳瑁)로 만든
죽절=과(竹節果)[명] 죽절 모양으로 만든 과줄. [갓끈.
죽:정=개(粥─)[명] 죽정광이.
죽정=개질(粥─)[명] ①죽을 쑤면서 죽젓광이로 젓는
 일. stirring with bamboo ladle ②남의 일을 휘저
 어 방해하는 짓. hindrance 하다
죽-젓광이(粥─)[명] 죽을 쑬 때에 휘젓는 나무방
 망이.
죽정(竹亭)[명] 대로 자그마하게 지은 정자(亭子).
죽정(竹釘)[명] 대못.
죽=죽[부] ①여러 줄로 늘어선 모양. in a row ②동작
 이 거침없이 나아가는 모양. straight ③종이·피륙
 을 계속해서 찢는 소리. sound of tearing cloth or
 paper ④여럿을 자꾸 훑어 보는 모양. look through
 ⑤잇달아 또는 서너서너 금을 긋는 모양. drawing
 lines straight ⑥계속해서 입으로 빠는 소리.〔작〕
 쪽쪽.〔센〕쭉쭉. sound of sucking continuously
죽지[명] ①팔과 어깨와의 관절이 붙은 곳. shoulder ②
 새의 날개가 몸에 붙은 부분. joint of wing point
죽지(竹枝)[명] ①대나무 가지. branches of bamboo
 ②〈문학〉당(唐)의 한시(漢詩)의 한 형식. 대개는
 칠언 절구(七言絶句)의 연작(連作)으로 경치·풍속·
 인정을 주로 읊었음. 죽지사(竹枝詞). ③〈음악〉중
 국에서 악부(樂府)를 노래할 때에, 여러 사람이 화
 답(和答)할 때 지르는 소리. [paper
죽지(竹紙)[명] 중국에서 나는 종이의 하나. India
죽지=다[자] ①활을 쏘고 어깨를 내리다. ②하례
 (下隸)들이 위를 믿고 기세를 부리다.《약》죽메다.
죽지=뼈[명] 어깻죽지를 이룬 뼈의 총칭.
죽지=사(竹枝詞)[명]〈동〉죽지(竹枝)②.
죽지=성대[명]〈동〉점베미성대.
죽창(竹窓)[명] 창살이 대로 된 창문. bamboo window
죽창(竹槍)[명] ①죽창. 〔약〕→죽창창.
죽책(竹冊)[명]〈제도〉대제후를 여러 개 꿰어 한데 매어
 서 세자비(世子妃)의 책봉문(冊封文)을 새긴 간책.
 죽간(竹簡). bamboo book [bamboo palisade
죽책(竹柵)[명] 대로 말뚝을 만들어 둘러막은 울타리.
죽책(竹策)[명] 대로 만든 채찍.
죽척(竹尺)[명] 대자. bamboo-measure
죽첩(竹貼)[명] 얇은 댓조각.
죽청=지(竹靑紙)[명] 단단하고 얇은 종이의 하나.
죽총(竹叢)[명] 작은 대숲. bamboo bush
죽취=일(竹醉日)[명] 대나무를 심으면 뿌리가 잘 내린
 다는 음력 5월 13일. 죽미일(竹迷日).
죽=치[명] 낱일으로 만들어서 여러 죽씩 파는 물건. 죽신
 따위. something sold by the dozen [the gross
죽지기[명] 여러 죽을 한꺼번에 넘기는 일. selling by
죽=치다[자] 밖에 나가 활동하지 않고 집안에만 있다.
 칩거하다. live in seclusion
죽침(竹枕)[명] 대로 만든 베개. bamboo pillow
죽침(竹針)[명] 대바늘. bamboo needle
죽침(竹鍼)[명]〈한의〉대로 만든 침.
죽=탕(粥─)[명] ①땅이 질어서 뒤범벅이 된 곳. muddy
 ground ②맞거나 짓밟히어서 하여 물골 없이 상한
 상태. state of being beaten to pulp
죽통(竹筒)[명] 굵은 대로 만들어 술·간장·기름 따위를
 담는 통. bamboo tube
죽통(粥筒)[명] 마소의 죽을 담는 통. fodder trough
죽파(竹把)[명] 걸쭉한 나무 토막에 댓조각으로 이를
 박고 긴 자루를 달아 흙을 고르는 농구.
죽패(竹牌)[명] 화살을 막기 위한 대나무 다발.
죽피(竹皮)[명] 죽순을 싼 대껍질. bamboo sheath
죽피 방석(竹皮方席)[명] 죽피로 짚을 섞어서 곁어 만든
 방석. 죽순 방석(竹筍方席).
준:(準)[명]〈불교〉교정(校正). 하다
준(樽)[명] ①제향 때 술을 담는 구리 그릇. ②질로 된
 옛날 술단지. earthen cup
준:=(準)[접두] 명사 위에 붙어 그것과 가까운 구실·자
 격을 가짐을 나타냄. quasi-
준:가[━까](準價)[명] 제 값어치에 찬 값.

준:=강:도(準強盜)[명] 강도에 준하는 범죄. 사후 강
 도와 혼취(昏醉) 강도가 있음. quasi-robbery
준:거(峻拒)[명] 강력하게 거절함. 하다
준:거(準據)[명] ①표준을 삼아서 따라함. authority ②
 〈동〉준신(準信). 표준(標準). 하다
준거(遵據)[명] 예로부터의 견례나 명령 등에 의거함.
 conformity 하다
준:거=법[━뻡](準據法)[명]〈법률〉국제 사법(私法)의
 규정에 따라 일정한 법률 관계를 결정하는 데에 표
 준이 되는 본국 또는 외국의 법률. 본국법·소제지
 법·거주지법에 준거하는 따위. law of authority
준:걸(俊傑)[명] 뭇사람보다 뛰어서 뛰어난 사람. 준
 골②. 준사(俊士). 준인(俊彦). great man
준:=결승[━쯩](準結勝)[명]〈약〉→준결승전(準決勝戰).
준:=결승전[━쯩](準決勝戰)[명] 결승전에 나아갈 팀
 을 결정하는 경기.〔약〕준결승. semifinal-game
준:골(俊骨)[명] ①뭇사람보다 뛰어나게 생긴 골격.
 master spirit ②준걸(俊傑).
준:=공(竣工)[명] 공사를 끝냄. 낙성(落成).〔유〕준역
 (竣役).〔대〕기공(起工). completion 하다
준:=공:유(準共有)[명]〈법률〉소유권 이외의 재산권의
 공유권. 지상권·저당권 등에 따라서 생김.
준:=교:사(準教師)[명] 문교부 장관에서 발급하는 준교사
 자격증을 가진 교사. 정교사의 아래, 특수 교사의
 위임.〔대〕정교사(正教師). assistant teacher
준:규(準規)[명] 표준이 되는 규칙. 준칙(準則). stand-
 ing rule
준:=금:치산:산(準禁治産)[명]〈법률〉'한정 치산(限定治
 産)'의 구민법(舊民法) 용어.〔~자(者). quasiin-
 competence[히히
준:급(峻急)[명] 아주 가파르고 급함. steepness 하다
준:급행(準急行)[명]〔약〕→준급행 열차.
준:급행 열차[━녈━](準急行列車)[명] 속도나 정차역
 등의 수효로 볼 때 급행 열차에 준하는 여객 열차.
 〔약〕준급행(準急行). semi-express train
준:납(準納)[명] 일정한 표준대로 바침. 하다
준:대:로(大路)[명] 대로로 좇아 감. 대로로 감. 하다
준:덕(峻德)[명]〈동〉대덕(大德).
준:=돈(準─)[명] 돈치기에서 맞히도록 지정한 돈.
준:동(準同)[명] 일정한 표준과 같음. conformity 하다
준:동(蠢動)[명] ①벌레 따위가 꿈적거림. wriggling ②
 무지한 것, 되지 못한 것들이 법석을 부림. despic-
 able activities 하다
준:=두(準頭)[명] 코 끝. tip of one's nose
준득=거리다[자] ①차지거서 잘 끊어지지 않는 느낌이
 연해 있다. be resilient and glutinous ②음식물이
 검질겨서 탄력성 있게 씹히는 느낌이 연해 있다.
 〔작〕존득거리다.〔센〕쭌득거리다. be tough and
 tenacious **준득=준득** 하다
준:령(峻嶺)[명] 높고 험한 고개. high and steep peak
준:례(準例)[명] ①표준·본보기가 될 만한 예. model
 example ②어떤 예에 비겨 봄. following example
 하다
준:로(峻路)[명] 험한 길. 험로(險路). rugged pass
준:론(峻論)[명] 점잖고도 날카로운 언론. sharp dis-
준리(樽罍)[명] 제향 때의 술 그릇.[course
준:마(駿馬)[명] 잘 달리는 우량한 말. 양마(良馬).
 (龍馬). 철마(鐵馬).〔대〕노마(駑馬). swift horse
준:말(準─)[명]〈어학〉둘 이상의 음절로 된 말을 간단하
 게 줄인 말. abbreviation ②머리글자만 따서 잇달
 아서 부호처럼 대신하여 씀. 유엔(U.N.) 등. 약어
 (略語). [사람. 하다
준:매(俊邁)[명] 재지(才智)가 썩 뛰어남. 또, 그러한
준:맹(準盲)[명]〈의학〉안경을 쓰고서 시력이 0.3에
 달하지 못하여 약 2 m 앞의 손가락 수를 알 수 없
 을 정도의 시력 장애. [의 명령.
준:명(峻命)[명] ①엄한 명령. strict order ②〈공〉임금
준:모(俊髦)[명] 준수한 사람. 재덕이 뛰어난 젊은 선
 비.

준:=문서(準文書)[명] 문서처럼 의사를 나타내지는 않지만, 경계표나 도면 따위와 같이 증표가 되는 것.
준:물(俊物)[명] 뛰어난 인물(人物).
준:민(俊敏)[명] 머리가 좋고 날렵함. 동작이 민첩하고 준수함. adroitness **하다**
준:민 고택(浚民膏澤)[명] 국민의 재물을 몹시 착취함.
준:발(俊拔)[명] 준수하여 빼어남.
준법(遵法)[명] 사회 규범을 잘 지킴. **하다**
준:법[一뻡](峻法)[명] 엄격한 법. stringent law
준법[一뻡](遵法)[명] 법령을 지킴. 법을 따름. 《대》 위법. law abiding **하다**
준법 정신[一뻡一](遵法精神)[명] 법을 올바르게 지키는 정신.
준:별(峻別)[명] 극히 엄격히 구별함. 또, 그 구별. **하다**
준:-보다(準一)[타] 〈인쇄〉 원고 또는 준지(準紙)와 대장(臺狀)과를 맞대 가며 틀린 곳 등을 바로잡다. 교정(校正)보다. proof-reading
준:봉(峻峰)[명] 높고 험한 산봉우리. lofty mountain
준:봉(遵奉)[명] 예로부터 있던 전례나 명령을 지켜 받듦. observance **하다**
준:비(準備)[명] 미리 필요한 것을 마련하여 갖춤. 장만. 《유》 주비(籌備). preparation **하다**
준:비 교:육(準備教育)[명] 정도 높은 전문 교육을 받기 위한 준비로 실시되는 기초 교육. preparatory education
준:비-금(準備金)[명] 〈경제〉 ①기업가가 장래의 필요에 대비하기 위하여 이익의 일부를 따로 적립하여 두는 자금. 적립금②. reserve fund ②당좌 예금 청구자의 요구에 응할 수 있게 은행에서 미리 적립하여 두는 현금.
준:비 서면(準備書面)[명] 〈법률〉 당사자나 구두 변론에서 진술하려는 사항을 기재하여 법원에 제출하는 서면. preparatory documents
준:비-성(準備性)[명] 준비를 제대로 하는 성질.
준:비 운:동(準備運動)[명] 본격적인 운동이나 경기를 하기 전에 신체 조건이 그것에 적응할 수 있도록, 전신을 움직이게 하는 가벼운 운동. 준비 체조(準備體操). warming-up
준:비 체조(準備體操)[명] 《동》 준비 운동.
준:-사(俊士)[명] 《동》 준걸(俊傑).
준:-사(竣事)[명] 하던 일을 마침. finishing **하다**
준:=사:관(准士官)[명] 〈군사〉 하사관의 위, 사관의 아래인 군대의 직위. 곧, 현재의 준위(准尉)를 이름.
준:삭(準朔)[명] 일정한 달수가 참. **하다**
준:산(峻山)[명] 험하고 높은 산. steep mountain
준:상(樽床·罇床)[명] 제향 때에 준뢰(樽罍)를 놓는 상.
준석(樽石)[명] 무덤 앞에 있는, 술통을 올려놓는 돌. stone-stand in front of tomb
준:설(浚渫)[명] ①메인 개천을 쳐냄. dredging ②물 밑바닥의 흙모래나 바위를 올리는 일. **하다**
준:설-기(浚渫機)[명] 물 속의 토사를 굴착·제거하는 기계. dredging machine [dredger
준:설-선[一썬](浚渫船)[명] 준설기를 장치한 선박.
준:성(準星)[명] 〈천문〉 성운(星雲)의 폭발로 생겼다고 생각되는 별. 태양의 1조 배에 달하는 밝기가 있다고 함.
준:=세:대(準世帶)[명] 기숙사·여관·병원 등에서 가계(家系)를 같이 하지 않는 사람이 모여서 이룬 세대.
준소(樽所·罇所)[명] 제향 때에 준상(樽床)을 차려 놓는 곳. [清秀]. outstanding **하다**
준:수(俊秀)[명] 재주·슬기·풍채가 빼어남. 《유》 청수
준:-수(俊數)[명] 《동》 의수(依數). **하다**
준수(遵守)[명] 규칙·명령 등을 그대로 좇아 지킴. 《대》 위반(違反). observance **하다**
준순(逡巡)[명] ①뒤로 물러섬·물러남. hesitation ②단행하지 못하고 우물쭈물함. irresolution **하다**
준:-승(準繩)[명] ①평면(平面)을 헤아리기 위하여 치는 먹줄. plumb line ②일정한 법식. rule

준시(遵施)[명] 그대로 좇아서 시행함. **하다**
준시(蹲柿)[명] 꼬챙이에 꿰지 않고 납작하게 말린 감.
준:신(準信)[명] 대중으로 삼아 좇고 믿음. 준거
준:-언(俊彦)[명] 《동》 준걸(俊傑). (準據)②. **하다**
준:엄(峻嚴)[명] 매우 엄격함. 지엄(至嚴). strictness
준:역(竣役)[명] 준공(竣工). **하다**
준연(蠢然)[명] 꿈틀거리는 모양. wriggling **하다**
준:열(峻烈)[명] 매섭고 세참. severity **하다 히**
준:영(俊英)[명] 뛰어나고 빼어남. 또, 그러한 사람. 영준(英俊).
준:예(俊乂)[명] 재주와 슬기가 뛰어난 사람.
준:용(準用)[명] 무엇에 준거(準據)하여서 씀. applying
준:용(遵用)[명] 좇아 씀. **하다** [correspondingly **하다**
준:우(峻宇)[명] 덩실하게 지은 집.
준우(蠢愚)[명] 느리고 어리석음. **하다**
준:=우:승(準優勝)[명] 운동 경기에서 차위(次位)를 차지한 성적. runner-up **하다**
준:위(准尉)[명] 군의 준사관의 계급. 소위(少尉)의 바로 아래 계급. warrant officer [genius **하다**
준:일(俊逸)[명] 뛰어남. 또, 그런 사람. great
준:장(准將)[명] ①장급(將級) 장교의 가장 계급. 소장의 아래이며 대령의 위임. brigadier general ②《동》 대
준:장(一張)(樽張)[명] 《동》 준지(準紙)③.
준:재(俊才)[명] 아주 뛰어난 재주. 또, 뛰어난 재주를 가진 사람. 수재(秀才). man of talent
준:=전:시 체제(準戰時體制)[명] 전쟁 때에 준하는 긴장된 국내의 체제.
준:절(峻截·峻切)[명] ①산이 높고 깎아지른 듯함. steepness ②무서 위엄 있고 정중함. dignity **하다 히**
준:절(峻節)[명] 높고 고상한 절조(節操). noble fidelity
준:정(浚井)[명] 우물의 오물을 쳐냄. clearing well **하다**
준조(樽俎·罇俎)[명] ①제향 때 술을 담는 준(樽)과 고기를 담는 조(俎). ②온갖 예절을 갖춘 공식 잔치. banquet [빨라 잘 달림. 준마(駿馬).
준:족(駿足)[명] 걸음이 빠른 좋은 말. 걸음이 대단히
준좌(蹲坐)[명] ①주저앉음. crouching ②일을 중도에서 그만둠. discontinuance **하다**
준주(樽酒·罇酒)[명] 《동》 통술.
준:=준:결승[一씅](準準決勝)[명] 준결승에 나아갈 팀을 뽑는 경기. quarter-final
준준-무식(蠢蠢無識)[명] 느리고 어리석어서 아무 것도
준중(樽中)[명] 술독의 안. [알지 못함. **하다**
준:지(準紙)[명] 〈인쇄〉 원고와 대장(臺狀)을 준(準)보아 틀린 데를 잡아 놓은 대장. 교정지(校正紙). 준장(準張).
준:책(峻責)[명] 준엄하게 꾸짖음. severe rebuke **하다**
준:척(準尺)[명] 낚시에서, 낚은 물고기의 길이가 거의 한 자에 가까움. 또, 그 물고기.
준천(濬川)[명] 개천을 파서 쳐냄. **하다**
준:초(峻峭)[명] 높고 깎아지른 듯함. steep **하다**
준축(蹲縮)[명] 지면이 주저앉아서 오므라짐. **하다**
준:치(어류)[명] 청어과(靑魚科)의 바닷물고기. 몸 길이 50cm 가량의, 몸은 심히 측편하며 등 쪽은 청황색, 배 쪽은 은백색임. 맛이 좋고 가시가 많다. 한국 서남해와 남일본에서 많이 남. 전어(箭魚). 진어(眞魚).
준:칙(準則)[명] 표준을 삼아서 따라야 할 규칙. 준규(準規). 《대》 반칙(反則). standing rule
준:칙=주:의(準則主義)[명] 〈법률〉 법률에 일정한 조건을 실정하여 그 규정에 맞으면 관청의 허가를 필요로 하지 아니하고 법인을 설립할 수 있는 주의.
준:=평원(準平原)[명] 〈지학〉 장기간 외력의 작용에 의하여 기복(起伏)이 없어지고 침식의 기준면까지 낮아진 평지. peneplain
준:-하다(準一)[자여] ①어떤 표준에 비추어 그대로 좇다. conform to ②〈인쇄〉 교정하다.
준:=하다(峻一)[형여] 맛이 독하거나 진하다. strong

준:하:제(峻下劑)囘〈약학〉적은 양으로도 강한 작용을 일으키는 식물성 하제(下劑). [mity 하
준:행(準行)囘 무엇에 따라 그대로 해나감. confor-
준행(遵行)囘 관례·명령을 좇아서 행함. observance
준:허(準許)囘〔동〕의시(依施). 하타
준:험(峻險)囘 높고 험함. steep 하형
준:현:행법(準現行犯)囘〈법률〉 현행범은 아니지만 일정한 조건을 갖춤으로써 현행범으로서의 체포가 허용되는 범죄. quasiflagrant
준:혈족(準血族)[一쪽]囘 실제 혈족 관계는 없으나 법률상 혈족 관계에 있는 사람. legal blood-relation
준:형(峻刑)囘 혹독한 형벌.
준:호(俊豪)囘 준수하고 호협함. 또, 그러한 사람. 하
준:혹(峻酷)囘 아주 혹독하여 인정이 없음. severity

줄囘 ①새끼·노끈 등의 총칭. cord ②가로나 세로로 걸린 선(線). ¶세로~. line ③길게 벌여선 행렬. 또, 그런 모양. row ④길이가 있는 자국이나 그런 부분. line ⑤관계를 맺는 인연이나 조직적 계통. ¶~닿다. line ⑥〔약〕~에 타.
줄囘 나이를 대강 짐작하는 말. ¶오십 ~이 넘었다. level of years of age [좌도(銼刀). file
줄¹囘 쇠붙이를 쓸거나 깎는 강철로 된 연장. 줄칼.
줄²囘〈식물〉 포아풀과의 다년생 풀. 못이나 물가에 남. 줄기 높이 1~2m의 원주형으로 총생하고 잎은 길이 50~100cm로 피침형임. 8월에 담황색 자화수가 적자색의 웅화수가 핌. 못이나 물가에 나며 어린 싹과 영과(潁果)는 식용함. 진고(眞菰). water-oat
줄囘 ①사람 또는 물건의 늘어선 열을 세는 말. line ②채소 등의 엮어 묶은 두름을 세는 말. bunch
줄囘 용언 밑에 쓰여 어떠한 방법·셈속을 나타냄. 'ㄴ·ㄹ' 아래에서만 쓰임. ¶비가 올 ~ 알았다. way
줄:囘 '적게·줄이어'의 뜻으로 씀. ¶~잡아서. [에르그(erg).
줄³. at least
줄:(joule)囘〈물리〉 에너지의 절대 단위. 약 1천만 ·덴[(피)그.
줄-가리囘 덜지 않은 벼를 말리는 방법의 하나. 이삭 쪽을 위로 하여 맞대고 뿌리쪽은 펴서 줄을 지어 세우는 가리.
줄가리-지-다〔형 줄가리를 짓는 일을 하다.
줄거리囘 ①잎이 떨어져 나간 가지. naked branch ②어떤 일의 골자(骨子). 〔유〕 대개(大槪). 〔작〕 졸가리. outline ③〈식물〉 잎꼭지·잎줄기·엽맥의 총칭. stalk ④소설·영화 등의 대강 내용. summary
줄-걷-다〔과〕〔동〕~줄밑걷다. [walk on rope
줄걷:-다〔자〕〔동〕 광대가 줄타기에 줄 위로 걷다.
줄걸리-다〔동〕 광대를 시켜 줄을 타게 하다.
줄곧〔부〕 끊임없이 잇달아. ¶~지켜 보았다. all along
줄-글〔명〕 글 토막·글자 수를 맞추지 않고 죽 잇달아 지은 글. 산문(散文). 장문(長文). long article
줄-금〔명〕 어떤 물체의 면에 있는 가는 금. crackle
줄-굿-다〔자〕〔주〕 줄을 그리다. draw line
줄기囘 ①나무의 등걸이 되는 부분. ¶나무~. 〔대〕 가지. trunk ②물이 흐르는 선(線). ¶물~. stream ③산이 갈라져 나간 갈래. ¶산~. range ④소나기의 한 차례. ¶한 ~의 소나기. shower ⑤〔동〕 어간(語幹). ⑥연기·불·광선 등이 길게 벋어 나가는 현상. ¶불~이 오르다. line
줄기-[줄기]囘 ¶~같아지다. ¶~줄기. long line
줄:-기지囘 염습(殮襲)할 때 쓰는 줄로 짠 기직.
줄기-차-다〔형〕 잇달아 억세게 나가다. ¶줄기찬 소나기. vigorous and steady
줄깃-줄깃〔부〕 씹으면 차지고도 질긴 힘이 있는 모양. 〔작〕 졸깃졸깃. 〔센〕 쫄깃쫄깃. soft but sinewy 하형
줄-꾼囘 ①가래질에 줄을 잡아당기는 사람. 〔대〕 장부꾼. ②모심기에서 줄을 잡는 사람.
줄-나-다囘 어떤 생산물이나 표준은 수량보다 덜 나다. ¶쌀이 예년보다 줄났다. be unproductive
줄-남생이囘 양지 바른 물가에 죽 늘어앉은 남생이.

줄-넘기[一끼]囘 새끼 같은 것을 발 아래에서 머리 위로 넘기면서 뛰는 운동. rope-skipping 하과타
줄느림-하-다〔여〕 한 줄로 죽 벌여 있다.
줄-느림囘 장식으로 죽 늘어놓은 줄.
줄:-다〔자르〕 ①분량·수량 등이 작아지거나 적어지다. 〔작〕 쫄다. diminish ②생활이 어려워지다. ¶가세(家勢)가 차차 ~. be impoverished
줄-다리기囘 여러 사람이 편을 갈라서 줄을 잡아당겨 승부를 겨루는 놀이를 겸한 운동의 하나. tug of war 하타
줄-달-다〔자라〕 줄을 지어 계속되다. continue
줄-달-다〔자라르〕 줄을 늘이지 않게 줄을 잇대다. ¶음
줄-달음囘〔동〕→줄달음질. [식을 줄달아 먹다.
줄달음-질囘 한숨에 달음질하는 일. 〔약〕 줄달음. run-ning at lightning speed 하타
줄달음질치-다〔자〕 줄달음질로 급히 달다. 〔약〕 줄달음치다. 〔약〕→줄달음질치다. [치다. hurry so
줄-대囘~담배를 피우는 담배.
줄-대:-다〔타르〕 잇달아 잇대다. continue [망함. 하과
줄-도망(一逃亡)囘 여러 사람이 줄을 연달아 도
줄-뒤짐囘 무엇을 찾으려고 하나하나 차례로 뒤지는 일. searching one after another 하타
줄-드리-다〔타라〕 ①줄을 늘어뜨리다. droop cord ②여러 가닥을 합하여 줄을 꼬다. twist several strands into string [같이 따라다니는 사람을 이름.
줄 따르는 거미[관] 서로 떨어져서는 살지 못하고 늘
줄-때囘 옷에 많이 배어 그 위에 줄줄이 낀 때.
줄-뛰기囘 한 발쯤 되는 줄의 두 끝을 양손에 쥐고 돌리며 그 줄을 뛰어넘는 운동. rope skipping
줄-띄기囘 건축용 대지에 줄을 띄워 건물의 배치 등을 알기 쉽게 나타내는 일.
줄-띄우-다〔자〕 수직(垂直)이나 고저(高低)를 살피려고
줄띠囘〔약〕~목줄대. [줄을 대고 보다. plumb line
줄레-줄레囘 무게하고 둔박한 사람이 줄을 이끌거리며 주책없는 행동을 하는 모양. 〔작〕 졸레졸레. 〔센〕
줄루기囘〈조류〉 두루미의 하나. 〔쫄레쫄레. 하
줄룩-줄룩囘 기다란 물건 중 군데군데 깊게 패어 들어간 모양. 〔센〕 쫄룩쫄룩. thinner at intervals 하형
줄 마노(一瑪瑙)囘〈광물〉 미술품을 만드는 데에 쓰는 마노의 하나. 호마노.
줄-말囘〈식물〉 줄말과의 다년생 수초. 줄기는 실 모양. 길이 약 60cm, 여름에 갈녹색의 꽃이 핌. 바닷가 고랑 속에 몰려 남.
줄먹-줄먹囘 크고 작은 여러 개의 물건이 고르지 않게 뒤섞여 있어 그 차이가 두드러진 모양. 〔작〕 졸막졸막. motley 하형
줄멍-줄멍囘 ①거죽이 고르지 않게 울퉁불퉁 내민 모양. unevenly ②좀 자질구레한 중기가 많이 모여 있어 보기 좋은 모양. 〔작〕 졸망졸망. small alike 하형
줄=모囘 가로줄과 세로줄이 반듯하게 심은 모. 정조식. 〔대〕 허튼모. straight lines of rice-plants
줄-목囘 어떠한 일에 관련이 있는 중요한 목.
줄-무늬囘 가로 세로의 줄의 배합으로 이루어진 무늬.
줄-무더기囘 ①여러 가지 다른 빛이 모여서 된 한 벌. motley thing ②여러 가지 실로 토막토막 이은 연줄. [brothers born of different mothers
줄무더기 형제(一兄弟)囘 어머니가 각각 다른 형제.
줄-무지(囘 장사군이나 기생의 행상(行喪). 가까운 사람끼리 풍악을 치고 춤을 추며 상여를 메고 나감.
줄-마라지囘〔동〕 기름종개.
줄밑-걷-다[一껃-]〔자〕 단서나 말의 출처를 찾다. 〔약〕 줄걷다. trace the source
줄-바둑囘 둘을 일자(一字)로 늘어놓기만 하는 서투른 바둑. poor game of badook
줄-밥囘 매를 길들일 때 훈련 끝에 매어서 주는 밥.
줄밥²[一빱]囘 줄질할 때 쓸리어 떨어지는 부스러기. filings
줄밥에 매로구나〔관〕 재물을 탐하다가 남에게 이용당함

줄-방:귀 잇달아 뒤는 방귀. successive breaking
줄:=방석(—方席)명 줄로 거칠게 엮은 방석. |of wind
줄-버들 길 따위에 줄을 맞추어 죽 심은 버드나무. row of willows
줄=버력 〈광물〉 광맥(鑛脈)과 평행하여 광맥형(鑛脈形)으로 되어 있는 암석(岩石). 「마른신의 하나.
줄-변자명 남자용 신의 도리 밑에 자줏빛의 비단으로 댄
줄-불명 화약·염초(焰硝)·참숯가루 등을 섞어 종이로 싸서 줄에 달고 한쪽에 불을 붙여 연달아 타게하는 불놀이 제구의 하나. string of crackers
줄-사다리 →줄사다리.
줄-사닥다리명 가닥마다 머리 끝에 쇠갈고리가 달려 있는 두 가닥의 못줄에 세장을 질러 만든 사다리.
증제자. (약) 줄사닥다리. rope-ladder
줄-사: **철나무**명 〈식물〉 하살나무과의 상록 관목. 잎은 원형 또는 넓은 타원형으로 6~7월에 황록색의 꽃이 핌. 숲에 나며 관상용임. 벽려(薜荔).
줄-섬(—島)명 열도(列島).   「욕심이 한이 없다.
줄수록 양양명 ①주면 줄수록 더 바란다. ②사람의
줄어-가-다재 크거나 많던 것이 점점 작거나 적게 되어가다. diminish
줄어-들-다(—드니·—드오)재 줄어가다.   「ish
줄어-지-다 점점 줄게 되다. (적) 줄어지다. dimin-
줄:=열(—熱) 〈Joule 熱〉 전류에 의하여 도선(導線)에 생기는 열. Joule's heat
줄이-다타 줄어들게 하다. (적) 줄이다. diminish
줄인-그림명(동) 축도(縮圖).
줄인-자(—[標])명 축척(縮尺).
줄임-표(—標)명 생약표(省略標).
줄-자명 헝겊이나 쇠로 가는 띠 모양으로 만들어 둥근 갑속에 감아 넣게 된 끈 모양의 자. 권척(卷尺). tape measure
줄-잡-다타 실제보다 줄이어 헤아려 보다. ¶줄잡아서 300여 명은 된다. 《적》 줄잡다. estimate conservatively   「맡아보는 사람. man in charge
줄-잡이명 어떤 일에서 줄을 잡는 일. 또, 그런 일을
줄-장[—짱] (苗長)명 ①아이 들이 나서 자란. growing ②집숨이 커서 살핌. 하자 〈井間紙〉의 줄.
줄-정간(—井間)명 줄란 맞추어 내리그은 정간지의
줄-줄부 ①줄기가 끊이지 않고 흐르는 소리. in stream ②멀어지지 않고 줄곧 뒤를 따라다니는 모양. pertinaciously ③굵은 줄 따위가 계속해서 풀리는 모양. ④막힘이 없이 무엇을 읽거나 외거나 말하는 모양. ⑤물건들을 여기저기 흘리는 모양. 《적》 졸졸. 《센》 쭐쭐.
줄-거리-다 굵은 물줄기가 연달아 줄줄 소리 내어 흐르다. 《적》 졸졸거리다. 《센》 쭐쭐거리다. trickle
줄줄-이부 ①줄마다 모두. ¶~ 외다. every line ②여러 줄로. ¶~ 서다. many lines   「라지다.
줄-지-다자 ①물건의 위에 금이나 줄이 생기다. ②줄
줄-질-다타 줄로 쇠붙이를 깎거나 쓰는 짓. filing 하자
줄-짓-다(—ㅈ)자 줄을 이루다.
줄-차(—車)명 장기에서, 한 줄에 둘이 놓인 차.
줄-참외명 길게 까만 줄이 있는 참외의 하나. cucumber with lines
줄-철갑-상어(—鐵甲—魚)명 〈어류〉 철갑상어과의 바닷물고기. 몸 길이 1.5m 가량으로 주둥이가 매우 돌출했으며 몸 빛은 회청색이고 배는 흼. 맛이 좋음. 심어(鱏魚).
줄-치-다① 줄을 긋다. draw line ②줄을 건너 매
줄-칼명 줄³.   「다. stretch rope
줄-타기 공중에 친 줄 위로 건너 다니거나 걸어 다니면서 재주를 부리는 일. 승기(繩技). 승희(繩戲). walking on rope 하자   「on rope
줄-타-다 재주를 부려 줄 위를 걸어 다니다. walk
줄=통〈광물〉 모암(母岩)과 구별되어 있는 광맥(鑛脈) 전체의 부분.   「를 해치다. be in spirits
줄통-뽑-다타 호기를 부리거나 싸움질할 때 앞 웃긴
줄-판(—板)명 ①바닥이 줄로 되어 있는 긴 철판.

줄-판(—板)명 ①바닥이 줄로 되어 있는 긴 철판. file board ②철필(鐵筆)로 원지(原紙)를 긁을 때에 밑에 받치는 강철판.
줄=팔매명 노끈을 둘로 접어서 그 접힌 부분에 돌을 끼워 휘두르다가 한쪽 끝을 놓아 돌을 던지는 팔매.
줄팔매-질명 줄팔매를 하는 짓. 하자 |sling
줄=팽이명 팽이에 감은 줄을 쫙 풀고 채로 더 치지 않고 오래 돌기를 겨루는 팽이의 하나. top with a
줄=팽팽이명 늘 일정하게 켕겨 있는 상태. |string
줄-포(—包) 장기에서, 한 줄에 둘이 놓인 포.
줄-폭탄(—爆彈)명 줄지어 떨어지는 폭탄.
줄-표(—標)명 구(句)와 구의 사이에 끼우는 '—' 모양의 접속 기호. hyphen   「나아지다.
줄=풀리-다자 〈광물〉 파 감에 따라 광맥(鑛脈)이 차차
줄=풍류(—風流)명 현악기(絃樂器)로 하는 풍류.
줄=행랑(—行廊)명 ①대문의 좌우쪽에 지은 종의 방. 장랑(長廊). line of servant's quarters ②(속) 도망
줄행랑-놓-다(—行廊—)자 〈동〉 줄행랑치다. |(逃亡).
줄행랑-치-다(—行廊—)자 ①쫓기어 도망하하다. run away ②기미를 알고 그 자리를 피하여 달아나다.
줄행랑놓다. escape   「맥의 번번하지 못한 부분.
줄=험(광물) 광석과 맥석(脈石)이 혼합하여 된 광
줌:=명[약]→주먹. 줌통.
줌:²명 ①한 줌으로 쥘 만한 분량. ¶한 ~의 쌀. handful ②〈제도〉 조세(租稅)를 계산하기 위한 토지 면적의 단위.
줌:-활을 쏠 때 줌통을 쥔 주먹의 거죽.
줌: 렌즈(zoom lens) 초점 거리를 연속적으로 변화시킬 수 있는 렌즈. 영화·빌레비전 등의 카메라에 쓰임.   「깍. 있게 줌안.
줌:-밖명 ①손아귀의 밖. ②남의 지배하는 범위의 바
줌밖에 나다관 남의 손아귀에서 벗어나다. be out of one's grasp   「yond one's grasp
줌:-벌-다 한줌으로 쥐기에는 너무 많다. be-
줌:-손[—쏜]명 활의 줌통을 잡은 손.
줌:-안명 ①손아귀의 안. ②남의 세력이 지배하는 범위의 안. (메) 줌밖.
줌안에 들다관 ①남의 손아귀에 들게 되다. fall into hands of ②한 줌이 못 되다. less than handful
줌:=앞명 활을 잡은 주먹의 안쪽.
줌:=앞 줌-밖명 ①화살에 좌우로 빗나가는 일. ②예측한 대로 맞지 않는 것. 「〈약〉 줌¹. middle of bow
줌:=통명 활 한가운데의 손으로 쥐는 부분. 활줌통.
줌:-피명 활의 줌통을 싼 것.
줍:-다(—따)(타) ①떨어진 것을 도로 손으로 집다. pick up ②흩어진 것을 거두다. gather
줏-그:리-다(퇴) 쭈그리다.
줏대명 수레바퀴 끝의 휘갑쇠. metal rim of wheel
줏대(主—)명 ①사물(事物)의 가장 중요한 부분. ② 마음먹은 중심. ¶~ 없는 사람. definite opinion of
줏대 신경(主—神經)명 신경 중추. |one's own
줏대-잡이(主—)명 중심이 되는 사람. ¶~의 지시 (指示). leader
중:〈불교〉 불타(佛陀)의 교법에 귀의(歸依)하여 불 (佛)자리에서 스스로 오르기를 힘쓰며 그 교리를 널리 베푸는 사람. 출가(出家)하여 절에 가서 불경을 공부하고 승적(僧籍)을 가진 사람. 승(僧). 승가. 야승(野僧). 《화》 화상(和尙). 스님. 사주(師主). 선사(禪師). monk
중¹(中)명 ①안. inside ②가운데. center ③잘 하지도 못하지도 않음. 곧, 예사. ¶~의 성적. medium ④장기에서 장기판의 끝으로부터 둘째 줄. ⑤〈약〉→ 중등(中等).
중²(中)명 어떤 말의 아래에 붙어 일이 되어 가는 동안이나 사이를 나타냄. ¶식사 ~. in the act of
중:-¹(重)툰 겹겹거나 거듭한 것을 뜻함. ¶~근심(諸愼).
중:-²(重)튄 ①크고 중대함의 뜻. ¶~근신(諸愼).
중:-가(—까) (重價)명 〈뜻〉 중값. [②무거움의 뜻.
중:=가산세(—稅) (重加算稅)명 세원(稅源)의 신고를 게을리하거나 감춤으로써 높은 세율로 부과하는

금.
중각(重刻)[명] [동] 중간(重刊). 하다
중간(中間)[명] ①두 사물의 사이. 서로 상대되는 일이나 물건의 거리 또는 간격. middle ②사물의 아직 끝이 나지 않은 장소 또는 시간. ¶~ 발표(發表). midway ③한가운데. 중앙(中央).
중간(重刊)[명] 책을 거듭 간행함. 중각(重刻). (때) 개간(開刊). republication 하다
중간 경기(中間景氣)[명] 〈경제〉 순환(循環)하는 불경기와 호경기와의 중간에 나타나는 일시적 부분적인 경기. 중간 시세(中間時勢). passing boom
중간 계급(中間階級)[명] 서양의 봉건 시대의 제삼 계급이었던 도시의 상공 시민(商工市民). 시민 계급. 소시민 계급. 중간층. ③. (때) 귀족 계급. middle class
중간 고사(中間考査)[명] 학기 중간에 치는 학력 고사.
중간 낭:설(中間浪說)[명] 당사자끼리가 아니고 중간에서 생긴 헛소리. groundless rumor
중간 노선(中間路線)[명] 어느 쪽으로 치우치지 않는 주장이나 의견. neutrality
중간 도매(中間都賣)[명] 생산자와 소규모의 도매상 사이에서 상품을 공급 매매하는 일. intermediate wholesale 하다[다 앞질러 차지함. cutting in
중간-따기(中間―)[명] 제 차례나 몫이 아닌 데도 남보
중간 무:역(中間貿易)[명] 〈경제〉 갑·을 양국의 사이에서 갑국의 생산품을 을국에 공급하고 을국의 생산품을 갑국에 공급하는 제삼국이 영위하는 무역. 중계 무역. 통과 무역. intermediate trade
중간 보:고(中間報告)[명] 연구·조사의 중도에 발표하는 보고.
중간 본(重刊本)[명] 중간한 책. [보고하는 일. 하다
중간 상인(中間商人)[명] 〈경제〉 생산자와 소비자 사이에서 상품의 배달·매매를 맡아 이익을 얻는 상인. middleman
중간-색(中間色)[명] 〈미술〉 딴 선명하지 빛에 회색과 같은 빛을 섞어서 만든 색채. neutral tints
중간 선:거(中間選擧)[명] 미국에서 대통령 선거를 4년 만에 행하는데 대하여 2년 만에 행하는 의회 선거(議會選擧).
중간-성[―썽](中間性)[명] 중간되는 성질이나 성품 도.
중간 세:포(中間細胞)[명] 〈생물〉 척추 동물의 세정관 (細精管) 사이의 결조직(結組織) 속에 있는 세포. 간질 세포(間質細胞).
중간 소:설(中間小說)[명] 〈문학〉 순문학과 통속 문학의 중간을 걷고 있는 내용의 소설. quasifiction
중간 숙주(中間宿主)[명] 〈동물〉 기생충(寄生蟲)이 종국 숙주(終局宿主)에 붙기 전에 기생(寄生)하여 유충 변태(變態)의 일부(一部)를 영위(營爲)하는 곳으로서의 동물. 중간 임자몸. intermediate host
중간 시세(中間時勢)[명] 중간 경기.
중간 이:득[―니―](中間利得)[명] 두 사람 사이에 관여하거나 관련이 있는 사람이 취하는 이득. intermediary profiteering
중간-자(中間子)[명] 〈물리〉 일반적으로 전자(電子)보다는 무겁지만 양자(陽子)보다는 가벼운 입자(粒子). mesotron
중간 잡종(中間雜種)[명] 〈생물〉 양친(兩親)의 형질(形質)의 중간을 나타내는 잡종. 빨간 꽃과 흰 꽃의 잡종이 분홍빛이 될 경우를 말함. intermediate hybrid
중간 착취(中間搾取)[명] 착취자와 피착취자의 중간에 기생하여 착취를 돕거나 대행하여 그 재물을 얻는 일. intermediary exploitation 하다
중간-층(中間層)[명] ①〈지학〉 지구 속의 시마층(Sima 層)과 중심층 사이에 있는 층. 깊이 1,200~2,900 km. ②경제적·사회적 계급으로서의 중간 계급의 층. 중간 계급. middle class
중간-치(中間―)[명] 어떤 물건의 품질·크기가 중간되는 것. 중간치기①.
중간치기(中間―)[명] ①[동] 중간치. ②새치기. cutting in
중간-큰키나무(中間―)[명] [동] 아관목(亞灌木).

중간-파(中間派)[명] 좌익과 우익의 사이에 있는 당파. 회색파. 제삼 세력. neutral party
중간 판결(中間判決)[명] 〈법〉 민사 소송에 있어서, 종국 판결(終局判決)의 준비로서 그 사건의 진행 중 어떤 쟁점(爭點)에 대하여서만 하는 판결. interlocutory judgement [되는 푸성귀.
중-갈이(中―)[명] 제때 아닌 때에 자주 가꾸어 먹게
중갈이 김치(中―)[명] 중갈이 무나 배추로 담근 김치.
중:감(重監)〈제도〉 고려 삼사(三司)의 직무(職務)의 하나.
중-갑판(中甲板)[명] 함선의 갑판 중에서 가장 크고 으뜸가는 갑판. middle deck [high price
중:=값[―깝](重―)[명] 비쌀 값. 중가(重價). 후가(厚
중개(仲介)[명] 제삼자로서 두 당사자(當事者) 사이에서서 일을 주선하는 노릇. intermediation 하다
중개:념(中概念)[명] 〈논리〉 삼단 논법에 있어서, 대전제와 소전제에 공통된 개념. 매개념(媒概念).
중개 무역(仲介貿易)[명] 〈경제〉 공급국의 공급물자를 가공하지 않고 그대로 수요국(需要國)으로 수출하는 일을 제삼국이 중개(仲介)하는 무역. 스위치 거래(switch 去來). intermediary trade
중개 상인(仲介商人)[명] ①〈경제〉 남의 부탁을 받고 상행위의 대리 또는 매개를 하여 이에 대한 수수료를 받는 상인. ②타인의 위탁으로 상사(商事)를 매개하여 수수료를 받는 사람. broker, middle-man
중개-업(仲介業)[명] 〈경제〉 타인을 위한 상행위의 대리 행위를 하고 그 결과 생기는 손해 관계를 그의 피자에게 부담시키는 상업. intermediary business
중개-인(仲介人)[명] [동] 중개를 하는 사람(仲介者).
중개-자(仲介者)[명] 상거래의 중개를 하는 사람. 중개-거름[명] 웃거름. [인(仲介人).
중:거:리(中距離)[명] ①짧지도 길지도 않은 중간 정도의 거리. ②육상·수영 경기에서 단거리와 장거리의 중간 거리. 육상에서는 400~2000 m, 수영에서는 400~800 m 임. medium range distance ③[약]→중거리 경주.
중:거:리(中鉅―)[명] 길이가 중길쯤 되는 톱.
중:거:리 경:주(中距離競走)[명] 〈체육〉 육상 경기의 종목. 400·800·1,500·2,000m 경주의 총칭. (때) 단거리 경주, 장거리 경주. [약] 중거리③. middle distance race
중:거:리 탄:도 유도탄(中距離彈道誘導彈)[명] 1,000~3,000km의 사정(射程)을 가지는 ICBM의 보조적 전략 유도탄. IRBM. intermediate range ballistic missile [개축하는 일. repairing 하다
중건(重建)[명] 건물(建物) 특히, 절·왕궁 등을 보수
중견(中堅)[명] ①단체나 사회의 중심이 되는 사람. nucleus ②주장(主將)에 딸린 중군(中軍). main body ③[동] 중견수. ④〈체육〉 야구에서, 외야(外野)의 한가운데. centre [vere rebuke
중견(重譴)[명] 엄한 책망 또는 비난. 큰 죄(罪). se-
중견 국민(中堅國民)[명] 어떤 한 나라에서 중견을 이루는 국민.
중견-수(中堅手)[명] 〈체육〉 야구에서, 이루(二壘)의 뒤쪽 우익수와 좌익수의 중간을 지키는 외야수. 중견③. center fielder
중견 작가(中堅作家)[명] 〈문학〉 문단(文壇)의 중심이 되는 이름난 작가. writer of medium standing
중:=견책(重譴責)[명] 아주 심하고 준절하게 하는 견책.
중경(中京)[명] 〈제도〉 ①고려의 서울인 개성(開城)의 딴이름. ②중국 당 남조에서 당파까지의 낙양(洛陽)의 일컬음. ③발해(渤海)의 현덕부(顯德府), 요나라의 대정부(大定府), 금나라의 금창부(金昌府)의 일컬음. [가는 일. 사이갈이. 하다
중경(中耕)[명] 농작물이 자라는 도중에 걸흙을 얇이
중:=경상(重輕傷)[명] 중상 및 경상. serious and slight injuries
중계(中階)[명] 가옥의 기초로 한 층 높이 쌓은 단.

중계(中棨)[명][동] 중짓.
중계(中繼)[명] ①[약]→중계 방송. ②중간에서 받아 이어 줌. ¶~ 상업(商業). relay 하다
중계-국(中繼局)[명] 발신국(發信局)과 수신국(受信局) 사이에서 전신을 중계하는 전신국(電信局). relay station
중계-망(中繼網)[명][동] 네트워크.
중계 무:역(中繼貿易)[명][경제] 제삼국(第三國)에 재수출(再輸出)하기 위하여 영위하는 무역. 중간 무역. 통과 무역(通過貿易). transit trade
중계 방:송(中繼放送) 어떤 다른 방송국의 프로그램이나, 강연·연주·운동 경기 등의 실황을 현지에서 직접 어떤 방송국을 중계로 하여 방송하는 일. [약] 중계(中繼)①. rebroadcast
중계-소(中繼所)[명] 어떤 사물을 중계하는 장소나 영조물(營造物).
중계-항(中繼港)[명]〈경제〉화물의 생산지와 소비지의 사이에서 그 화물 운반의 매개적 지위에 있는 상항(商港). transit port
중고(中古)[명] ①〈역사〉역사상의 시대 구분의 하나. 상고(上古)와 근고(近古)와의 사이. [대] 근고. 상고. medieval times ②[동] 중세(中世). ③[약]→중고③.
중:고(重苦)[명] 참기 힘든 고통. [고품(中古品).
중:고기[명]〈어류〉잉어과의 민물고기. 대구 비슷하며 크기는 10~16 cm로 산골의 시냇물 같은 곳에 삶. 빛은 녹갈색, 배는 은백색임. [val history
중고-사(中古史)[명]〈역사〉중고 시대의 역사. medie-
중고-품(中古品)[명] 아주 낡지 않은 꽤 오래 쓴 물건. [약] 중고③. second-hand goods [杖].
중곤(中棍)[명] 형구로 쓰이던 버드나무로 만든 곤장(棍
중:곤(重棍)[명] 형구로 쓰이던 버드나무로 만든 곤장의 하나로, 곤장의 가장 큰 것.
중공(中共)[명] ①중국 공산당(中國共產黨). ¶~군(軍). Red China ②중국 공산당 치하(治下)의 중국 본토.
중공(中空)[명] ①[동] 중천(中天). ②내부가 비어 있음.
중:공업(重工業)[명]〈공업〉부피에 비하여 무게가 비교적 무거운 물건을 만드는 공업. 철공업·금속공업 등. [대] 경공업(輕工業). heavy industry
중:과(重科)[명] 죄에 비하여 무거운 형벌.
중:과(重過)[명] ①[약]→중과실. ②중대한 과실.
중:과(重課)[명] 부담이 많이 가게 과함. 하다
중:과(衆寡)[명] 사람 수효의 많음과 적음. 다인수(多人數)와 소인수(少人數). odds
중:과 부적(衆寡不敵)[명] 적은 수효로 많은 수효를 이기지는 못함. few cannot successfully fight the many 하다
중:과-실(重過失)[명]〈법률〉보통 사람이면 그 경우에 당연히 해야 될 주의로 간주되는 주의(注意). 곧, 선량한 관리자(管理者)의 주의를 현저히 결(缺)한 행위. [대] 경과실(輕過失). [약] 중과(重過)①. gross negligence
중:과-피(中果皮)[명]〈식물〉열매의 두꺼운 속껍질.
중곽(中藿)[명][동] 세초 미역. [mesocarp
중관(中官)[명]〈제도〉①내시부(內侍府) 관원의 총칭. 내시(內侍). ②지방관(地方官)에 대하여 조정(朝廷)에서 근무하는 벼슬아치.
중관(中觀)[명]〈불교〉공(空)·가(假)·중(中)의 중도(中道)의 진리를 관찰하는 천태 삼관(天台三觀)의 하나. 중관(假觀). 공관(空觀).
중=괄호(中括弧)[명]‘{ }’모양의 묶음표. 활꼴묶음. bracket
중:광(重光)[명] 십간(十干) 신(辛)의 고갑자(古甲子).
중:광-절(重光節)[명]〈종교〉대종교(大倧敎)에서 대종교 재벽(再闢)을 기념하는 날. 음력 정월 보름날.
중괴탄(中塊炭)[명] 덩이가 자지레한 석탄. coal in medium-size lumps
중교=점[-쩜](中交點)[명] 강교점(降交點).
중구(中九)[명] 그 달의 초아흐렛날.
중구(中歐)[명] '중부 유럽'의 음역.
중구(重九)[명] 음력 9월 9일의 일컬음. 예전 명절의 하나. 구일(九日).
중:구(衆口)[명] 여러 사람들의 입. 뭇입. public rumor
중:구 난방(衆口難防)[명] 뭇사람의 입은 이루 다 막기
중구미[명] 활을 잡고 있는 팔의 팔꿈치. [가 어려움.
중: 구 삭금(衆口鑠金)[명] 뭇사람의 참소하는 말은 금이라도 녹일 만큼 무서운 힘이 있음.
중국 문학(中國文學)〈문학〉중국의 문학. 고전적인 한문학과 백화체 문학의 구별이 있음. Chinese literature
중국-어(中國語)[명] 중국 한(漢)민족의 말. Chinese
중국 요리[-노-](中國料理)[명] 중국 고유의 요리. 북경 요리·광동 요리·사천 요리 등으로 나뉨. Chinese dishes
중국-인(中國人)[명] ①넓은 뜻으로 중국의 주민인 한족·몽고족·티키족·티베트족·만주족 등 오매족. ②좁은 뜻의 한(漢)인종. [가점. dual nationality
중=국적(重國籍)[명] 한 사람이 두 나라 이상의 국적을
중국-전(中一殿)[명][변] 중궁전.
중국 철학(中國哲學)〈철학〉중국의 철학. 춘추 전국 시대에 유가·묵가·도가·법가 등 여러 학파가 뒤를 지어 일어남. 12세기 주자에 이르러 많은 체계가 철학적으로 집대성. 명 이후 양명학·고증학·공양학(公羊學)이 전개되면서 깊은 철리를 더함. 유교와 노장 사상이 주류로 염세 사상·민간 신앙과 결합하면서 인종(忍從)을 강조하는 도구로 구실함. Chinese philosophy
중군(中軍)[명] ①전군(全軍)의 중앙에 있는 군대. mainbody ②〈제도〉조선조의 각 군영의 대장이나, 사(使)의 다음가던 장쾌(將官) 벼슬.
중궁(中宮)[명][약]→중궁전(中宮殿).
중궁-전(中宮殿)[명][궁] 왕후(王后). 중전. 곤전. [약] 중궁(中宮). [변] 중국전(中一殿).
중권(中卷)[명] 세 권으로 된 책의 가운데 권.
중:권[-꿘](重圈)[명] 지각(地殼)으로 싸여 있는 지구의 내부. 지심(地心). 지핵(地核). [귀틀.
중=귀틀(中一)[명]〈건축〉[동] 귀틀 사이를 막아 건
중-근동(中近東)[명]〈지리〉중동과 근동 지역.
중금(中一)[명] [동] 악악) 대금보다 작은 저(笛).
중금(中禁)[명]〈제도〉액정서(掖庭署)의 별감(別監) 밑에서 심부름하던 사람.
중:-금고(重禁錮)[명]〈법률〉경범죄에 과하는 주형(主刑)의 하나. 일정한 장소에 유치하여 정역(定役)에 복하게 되는데 기간은 11일 이상 5년 이하임. 구형법상의 형벌이므로, 현행 형법의 유기 정역에 해당함. major imprisonment
중:-금속(重金屬)[명]〈화학〉비중(比重)이 4~5 이상인 금속의 총칭. 금·은·동·수은·납·철 등. [대] 경금속. heavy metal
중:금-주의(重金主義)[명]〈경제〉화폐 및 금의 증가만이 나라를 부하게 하는 유일한 방법으로 알아 화폐가 나라 밖으로 새어 나감을 막고 들어오는 화폐의 증대를 꾀하는 경제학상의 학 주장. bullionism
중급(中級)[명] 중치의 등급. middle grade
중기(中氣)[명] ①사람의 속 기운. spirit ②이십사 절기 중 양력으로 매달 중순 이후에 드는 절기. 우수·춘분·곡우 따위. [대] 절기(節氣)②. ③[동] 기색(氣塞). ④[동] 중풍(中風).
중기(中期)[명] 일정한 시기의 중간이 되는 시기.
중:기(重器)[명] ①귀중한 기구. ②중요한 인물.
중:기(重機)[명] ①[약]→중기관총. ②중공업용의 기계. ③건설 공사에 사용되는 일정 중량 이상의 기계.
중:-기관총(重機關銃)[명]〈군사〉기관총의 하나. 무게 50 kg 정도이며 2~4명으로써 조작(操作)함. 행군 중에는 분해하여 운반함. [약] 중기(重機)①. heavy machine gun [모양. 중기웅기.
중기-중기[부] 크기가 비슷한 물건들이 여기저기 모인

중:길[—낄](中—)團 여럿 가운데서 중간이 되는 등급. 중질(中秩). ¶학교 성적이 ~이다. medium

중:짓(中—)團〈건축〉벽을 바를 때 읫가지를 대고 엮기 위하여 듬성듬성 세우는 가는 기둥. 중세(中楔).

중-나리團〈식물〉백합과(百合科)의 다년생 풀. 인경은 넓은 난형이고 높이 1.5 m 가량임. 잎은 선상 피침형으로 7~8월에 황적색 꽃이 피고 열매는 원주형임. 인경과 어린 잎은 식용함. 산지에 남.

중:난(重難)團 중대하고 난처함. exceedingly difficult

중:녀(衆女)團 많은 여자.

중년(中年)團 청년과 노년의 중간되는 나이. 40세 전후. ¶~ 신사. middle age

중년-기(中年期)團 중년의 시기. middle age

중년 부인(中年婦人)團 중년기에 있는 부녀.

중노 난범(衆怒難犯)眾사람들이 노하는 데는 당해 내기 어려움.

중:=노동(重勞動)團 ①힘이 많이 드는 노동. 중노역(重勞役). (대) 경노동(輕勞動). heavy labour ② 집단이나 단체에서 과하는 형벌의 일종. 흔히 군대에서 볼 수 있음.

중:=노릇(中—)團 중의 행세(行勢). 중질. 하团

중노미 음식점이나 여관에서 허드렛일을 하는 남자.

중:=노역(重勞役)團 (통) 중노동①.

중:노-인(中老人)團 중늙은이.

중놈 돌고기 값 억울하게 셈을 치렀다.

중농(中農)團 중(中) 정도의 농토를 가지고 일꾼도 부리고 자기도 경작에 종사하는 농민. (대) 대농(大農). 소농(小農). middle-class farmer

중:농 정책(重農政策)團 농사를 중히 여기어 주력하는 정책. agriculture-first policy

중:농-주의(重農主義)團〈경제〉18세기 후반 프랑스에서 일어난 경제 사상. 농상주의(農尙主義). 상농주의(尙農主義). physiocracy

중:농-파(重農派)團〈경제〉농업을 중요시하는 주의를 내세워 주장하는 학파. 상농파(尙農派). 중농 학파. physiocratic school

중뇌(中腦)團〈생리〉뇌(腦)의 일부분. 뇌의 기부(基部)에 자리잡고 대뇌의 좌우 양반구를 연락하는 부분. midbrain

중:-늙은이(中—)團 초로(初老)는 넘고 그다지 늙지는 않은 노인. 중노인. 중로(中老). middle-aged person

중:다(衆多)團 다수. 하团

중다리團〈식물〉누런 까락기가 있는 올벼의 하나.

중:다 명사(衆多名詞)團〈동〉집합 명사(集合名詞).

중-다버지團 길게 자라 더펄거리한 아이들의 머리. 또, 그런 아이. long unkempt hair

중단(中段)團 ①한 편의 글의 가운데 대문. middle passage ②단의 중앙. middle of staircase

중단(中單)團 남자의 상복(喪服) 속에 입는 소매 넓은 두루마기.

중단(中斷)團 ①중도에서 끊거나 끊어짐. interruption ②복판에서 자름. 중절(中絶)①. (대) 지속(持續). ③〈법률〉중도에서 단절하여 이제까지의 효력을 잃게 함. 하团〈家〉에서 쓰는 말.

중=단전(中丹田)團 삼단전(三丹田)의 하나. 도가(道

중:-단파(中短波)團 파장 50~200 m의 전파. 원거리에 쓰임.

중답(中畓)團 땅과 물의 형편이 중길인 논.

중-답주(中畓主)團 지주(地主)의 땅을 빌려서 남에게 빌려 주고 그 도지를 받아 먹는 사람. 중도주(中賭主).

중당(中堂)團 ①중국에서, 재상이 정사(政事)하던 곳. ②(동) 재상(宰相)①. ③당상(堂上)의 남북의 중간. ④〈불교〉천태종(天台宗)의 본존을 안치하는 본당.

중대(中隊)團 ①〈군사〉육군·해병대의 부대 편제의 한 단위. company ②〈제도〉행군에서 오오(五伍)로 편성한 25명의 군대.

중:대(重大)團 ①매우 중요함. serious ②썩 중요하여 업신여길 수가 없음. (대) 경미(輕微). important 하

중 히团

중:-대가리團〈속〉머리털을 빡빡 깎은 머리. 또, 그런 사람. shaven head [leg bands

중대님[—떼—](中—)團 무릎 바로 밑에 매는 대님.

중:대문(中大門)團〈속〉중문. inner gate

중:대방(中帶防)團〈건축〉판장벽 한가운데에 댄 띠.

중:대-사(重大事)團 중대한 사건.

중:대 사:건[—껀](重大事件)團 아주 중대한 일. (약) 중대사(重大事).   [vity

중:대-성(重大性)團 사물의 중대한 성질. gra-

중:대-시(重大視)團 중대하게 봄. 중하게 여김. (대) 경시(輕視). (동) 중시(重視). taking seriously 하团

중덕(中德)團〈불교〉승과(僧科) 합격 후 2년 이상 선(禪)이나 교(敎)를 닦은 사람에게 주는 승려의 계급.

중덜-거리-다圉 마음에 흐뭇하지 않아 원망을 품은 태도로 자꾸 중얼거리다.〈작〉종달거리다.〈센〉쫑덜거리다. complain 중덜=중덜团 하团

중도(中途)圉→중도위.

중도(中途)圉 ①일이 되어가는 동안. 도중(途中). 반도(半途). halfway ②〈동〉중로(中路)①.

중도(中道)團 ①두 극단을 떠나 한쪽에 치우치지 않는 올바른 길. golden mean ②〈불교〉불교의 근본적 태도. 소승(小乘)에서는 쾌락주의와·고행주의의 극단적 생활을 떠나 팔성도(八聖道)에 의하여 지혜를 얻고 열반의 경지를 깨닫게 되므로 팔성도를 일컬으며, 대승(大乘)에서는 유(有)·공(空)의 양극단을 지양하는 비유 비공(非有非空)의 진리를 말함. ③〈동〉중로(中路)①.   [루함. double steal 하团

중도(重盜)團〈체육〉야구에서, 두 주자가 동시에 도루함.

중:도(衆徒)團 ①한 조직체에 속하는 무리. ②많은 승려.   [까뭉. 하团

중도 개:로(中途改路)團 일을 하다가 중간에 방침을

중도리(中—)團〈건축〉동자 기둥에 가로 얹은 중간 도리.   [려울 때가 됨.

중 도망은 재에나 가 찾지 행방이 묘연하여 찾기 어

중도위(中—)團 장판에서 소 말 따위를 거간하는 사람. 거간꾼.〈약〉중도. broker

중도-이폐(中途而廢)團 일을 도중에 그만둠. 반도이 폐(半途而廢). do thing by halves 하团

중=도조[—또—](中賭租)團 중답주가 소작인에게 원도조 이외에 더 받아 자기 차지로 하는 도조.

중=도주[—또—](中賭主)團〈동〉중답주(中畓主).

중도 퇴:학(中途退學)團 학업을 마치기 전에 퇴학함.〈약〉중퇴(中退). 하团

중독(中毒)團 ①음식물이나 약의 독성에 치어 기능 장애가 생기는 일. 급성과 만성 중독이 있음. poisoning ②습·관·아편·아연 따위를 너무 즐긴 결과 그 기운이 없어지면 신경·호흡·임맥·살빛 등에 이상이 일어나는 병적인 상태에 빠지는 일. ¶알코올 ~.

중독-량(中毒量)團 생명은 빼앗지 않더라도 위험이 위험한 증세를 나타내는 약의 분량. [있는 가능성.

중독-성(中毒性)團 중독되는 성질. 중독을 일으킬 수

중독 약시[—냑—](中毒弱視)團〈의학〉중독으로 시력이 약해짐.   [사람.

중독-자(中毒者)團 마약이나 알코올 따위에 중독된

중독-진(中毒疹)團〈의학〉몸 안팎의 독물로 인하여 생기는 발진.

중동(中—)團 ①사물의 가운데 토막. middle part ② 중동.

중동(中東)團 유럽을 기준으로 하여, 극동과 근동의 중간 지역. 곧, 서아시아 지방 일대를 이르는 말.

중동(仲冬)團 음력 11월. 한겨울.   [Middle East

중:동(重瞳)團 겹눈동자.

중동-글이團〈건축〉그리 크지도 않고 작지도 않은 통나무. medium-sized log [에 띠는 띠. sash

중동-끈(中—)團 치마가 걸리적거리지 않도록 치마 중

중동-무이(中—)團 끝마치지 못하고 중간에서 흐지부지 그만둠. doing things by halves 하团

중동-바지(中—)團 위는 홑, 아래는 겹인 여자의 바

지. half-lined pants
중동 치레(中-)圓 주머니·쌈지·띠 따위로 하는 허리 부분의 치장. decorations about the waist 하다
중동-풀―다(中-)[ㄹ불규칙] 중동 치레를 잘하다.
중두(中頭)圓 〈문학〉 책문(策問)의 문제로 중간에 논지(論旨)를 한 번 바꿔 딴말을 서술하는 격식.
중두리圓 독보다 조금 작고 배가 부른 오지 그릇.
중동-밥(重-)圓 ①팥을 삶은 물에 쌀을 앉혀 지은 밥. ②식은 밥에 물을 약간 치고 무르게 한 밥.
중등(中等)圓 가운데 등급. 상등과 하등, 초등과 고등의 사이. ¶ 초등. 고등. ⑤ 중(中)¹⁵. middle grade
중등 교:육(中等教育)圓 중학교와 고등 학교에서 하는 교육. ¶ 초등 교육. 고등 교육. secondary education
중등-맞―다(中等-)[-맏따] 〈제도〉조선조 때, 관원이 도목 정사(都目政事)에서 중등의 성적을 받다.
중등-열[-녈](中等熱)圓 〈의학〉 체온이 38.6〜39.5°C 사이의 열.
중등-인(中等人)圓 ①중등에 속하는 사람. middle class people ②중등 정도의 교육을 받은 사람. secondary school graduates
중등 학교(中等學校)圓 초등 교육을 마친 사람에게 중등 정도의 교육을 실시하는 학교. 곧, 중학교와 고등 학교. secondary schools
중-띠(中-)圓 두 층으로 된 나무 그릇의 두 층 사이에 가로 꾸미는 나무 오리. ¶ ②다시 음. 하다다
중래(重來)圓 ①갈은 벼슬을 두번 됨. reappointment
중량(中略)圓 중간의 문구를 생략함. ¶ 생략. 상략. 전략. 후략. ellipsis 하다
중량(中涼)圓 세량(細涼)보다 좀 굵게 만든 갓양태.
중:량(重量)圓 ①무게. ②지구가 물체를 당기는 힘의 정도. ¶ 경량(輕量). weight
중:량-급[-끕](重量級)圓 헤비급(級).
중:량 분석(重量分析)圓 〈화학〉 정량 분석의 하나. 정량하려는 성분을 칭량(稱量)에 편리한 일정 조성(一定組成)의 화합물의 형태로 만들어서 중량을 측정하고, 그 성분의 양을 구하는 분석법.
중:량 온도계(重量溫度計)圓 〈물리〉 한쪽 끝이 모세관을 이룬 유리관에 수은을 채워 온도를 재려는 곳에 장치하여 팽창해서 모세관으로부터 넘치는 수은의 중량으로 온도를 알게 되는 온도계. 중량 한란계(重量寒暖計) / 량. dead weight ton
중:량-톤(重量ton)圓 선박이 부담할 수 있는 최대 중량.
중:량-품(重量品)圓 용적에 비하여 중량이 큰 화물로 운임을 중량에 의하여 계산하는 것. ¶ 경량품(輕量品). weight cargo
중:량 한란계(重量寒暖計)圓 중량 온도계.
중:려(衆慮)圓 많은 사람의 염려.
중력(中曆)圓 걸장을 잘 두기지 않은 책력.
중:력(重力)圓 〈물리〉 지구(地球)가 지구 위에 있는 물체를 잡아당기는 힘. gravity
중:력(衆力)圓 뭇사람의 힘. force of the masses
중:력 가속도(重力加速度)圓 〈물리〉 지구(地球) 위에 있는 물체가 중력의 작용으로 인하여 생기는 가속도. acceleration of gravity
중:력 단위(重力單位)圓 〈물리〉 중력(重力)을 표준으로 하는 힘의 단위. 곧, 무게를 힘의 단위로 하는 것.
중:력 단위계(重力單位系)圓 〈물리〉 기본 단위로서 길이·시간 및 중량을 단위로 하는 여러 단위를 이로부터 유도하는 단위계. gravitational unit
중:력 댐(重力dam)圓 〈물리〉 단면이 삼각형에 가까운 콘크리트의 댐.
중:력-수(重力水)圓 〈지학〉 중력에 따라 차차 땅속 깊이 스며들어 가는 지하수의 하나.
중:력식 언:제(重力式堰堤)圓 자신의 무게로써 물의 압력을 저항하여 안정될 수 있게 만든 둑.

중:력-파(重力波)圓 ①〈동〉 표면 장력파(表面張力波). ②〈동〉 만유 인력파(萬有引力波).
중령(中領)圓 영관의 중간 계급. 곧, 대령의 아래며 소령의 위임. lieutenant-colonel
중로(中老)圓〈동〉 중늙은이.
중로(中路)圓 ①길의 중간. 중도(中途)². half-way ②시골서 노명(奴名)이 없거나 천역(賤役)을 않는 계급. 중인 계급. ③일을 하여 나가거나 되어 가는 중간. 중도(中道)³. midway
중로-배(中路輩)圓 〈하〉 중인 계급의 사람.
중:록(重祿)圓 많고도 후한 녹봉(祿俸). high stipend
중:론(衆論)圓 ①여러 사람의 의논. 중의(衆議). general opinion ②〈불교〉 종파의 우열(優劣)·진위(眞僞)를 결정하는 논문. 하다
중:론 불일(衆論不一)圓 뭇사람의 의논이 같지 않음.
중롱(中籠)圓 크지도 작지도 않은 중 정도의 장롱.
중:뢰(重籟)圓 ①만뢰(萬籟).
중류(中流)圓 ①내나 강의 중간. midstream ②중길쯤 되는 정도나 계급. middle class ③기류(氣流)의 중간층.
중류 계급(中流階級)圓 생활이나 문화 정도가 중류쯤 되는 계급. middle class / 사회.
중류 사:회(中流社會)圓 중류 계급으로 이루어지는
중류-층(中流層)圓 중류의 생활을 하고 있는 사회 계층. ¶ 엽맥(葉脈). 주맥(主脈)².
중륵-맥(中肋脈)圓 〈식물〉 잎의 복판을 관통하는 굵
중:리(重利)圓 ①매우 큰 이익. big profit ②〈동〉 복
중리-법[-뻡](重利法)圓〈동〉 복리법. / 리(複利).
중림(中林)圓 교목과 관목이 뒤섞여 이루어진 숲.
중립(中立)圓 ①어느 쪽에도 치우치지 않고 공정함. fairness ②어느 쪽도 두둔하지 아니함. ¶ ―파(派). impartiality ③전쟁에서 어느 교전국에 대해서도 공평한 태도를 취함. neutrality
중립-국(中立國)圓 전쟁에 참가하지 않는 국가. 국외(局外) 중립국이 영세 중립국. 완충국. ¶ 교전국(交戰國). neutral state
중립-성(中立性)圓 중립하는 성질. neutrality
중립 위반(中立違反)圓 국제법상의 중립 의무를 위반함. 하다
중립-좌(中立座)圓 〈물리〉 원형(圓形)·원추체(圓錐體) 따위와 같이 물체의 위치가 변하여도 중심(重心)의 높이가 변함이 없이 변한 위치 그대로 언제나 정지되어 있는 일.
중립-주의(中立主義)圓 전시(戰時)·평시를 불문하고 중립적 정책을 취해 나가려는 외교상의 입장.
중립 지대(中立地帶)圓 교전국(交戰國)의 군대의 중간에 지정한 병력을 쓰지 않기로 협정한 구역. 평시에는 군대의 주둔이나 요새를 만들지 않기로 협정한 구역. neutral zone
즘:마;낚(中-)圓 즘모보다는 늦고 늦모보다는 이르게 심는 모. 중만앙(中晚秧).
중-마름(中-)圓 마름에게서 일부의 땅을 빌려 받아 마름에게 도조를 주고 소작인에게서 혹독한 도조를 받아 먹는 얼치기 마름.
중만(晚)圓 뭇 산봉우리.
중:만(中晚秧)圓 중마낭.
중:망(重望)圓 매우 두터운 명망. high reputation
중:망(衆望)圓 뭇사람에게서 받는 명망. popular confidence / 계 쏠림.
중망 소:귀(衆望所歸)圓 뭇사람의 신망이 한 사람에
중매(仲媒)圓 남자쪽과 여자쪽의 사이에서 혼인이 되게 하는 일. 또, 그 사람. 매자. 매작. ¶ 〜혼인. matchmaking 하다
중매(仲買)圓 도매상과 소매상 또는 생산자 혹은 화주와 도매상의 중간에서 매매의 매개를 해주고 영리를 얻는 일. brokerage 하다 / 어진 결혼.
중매 결혼(仲媒結婚)圓 중매인의 중매로 혼인이 이루
중매는 잘하면 술이 석 잔이고, 못하면 빰이 석 대라 圓 혼인의 중매는 잘했다 하더라도 겨우 술 석 잔

중매들다 1712 중산 계급

중매-들다(仲媒─)재 중매하기 위하여 남자쪽과 여자쪽 사이에 들다. arrange match
중:매-상(仲買商)명 중매(仲買)를 업으로 하는 상인. broker
중매-서-다(仲媒─)재 중매하려고 나서다. make match
중매-인(仲媒人)명 혼인이 되도록 중매하는 사람. go-between
중:매-인(仲買人)명 ①[동]중상(中商). ②[동]거간꾼.
중:맹(重盟)명 매우 중대하고 소중한 맹세. 하다
중:명(重名)명 ①소중한 명예(名譽). ②명예를 중히 여김. 하다
중-모(中一)명 모내기 철의 중간에 낸 모.
중-모:음(中母音)명 <어학> 입이 고모음(高母音)보다 크게 열리고, 혀의 위치가 중간되게 조음(調音)되는 모음. 한국어의 'ㅓ·ㅔ·ㅚ·ㅗ' 따위.
중:-모:음(重母音)명 복모음(複母音).
중목(中木)명 중질쯤 되는 무명.
중:목(衆目)명 ①뭇사람의 눈. all eyes ②많은 사람의 의견. opinion of many people
중목 방:매(中目放賣)명 도둑질한 물건을 곪. selling stolen goods 하다
중:목 소:시(衆目所視)명 뭇사람이 보는 바. 중인 소시(衆人所視). 중인 환시(衆人環視). cynosure of all eyes
중:-무:기(重武器)명 혼자서 들거나 메어 나르거나 할 수 없는 무거운 큰 무기. 「없음.
중-무소:주(中無所主)명 어떤 일에 주견되는 의견이
중문(中門)명 <동> 중문(重門).
중문(重文)명 <어학> 둘 이상의 단문(單文)이 그 형식상 서로 얽히어서 한 덩어리가 된 글월. 거듭월. 대 단문(單文). compound sentence
중문(重門)명 대문 안에 다시 세운 문. 중문(中門). inner gate 「이나 채소 따위.
중-물(中─)명 첫물과 끝물의 중간에 나오는 해산물
중미(中米)명 품질이 중질쯤 되는 쌀. 대 상미(上米). moderately polished rice
중미(中米)명 <지리> 중앙 아메리카. central America
중:민(衆民)명 뭇 백성.
중-바닥(中─)[─빠─](中─)《한》중촌(中村). 「apsack
중:-바:랑(─一─)명 짊어지고 다니는 바랑. monk's kn-
중-박격포(重迫擊砲)명 <군사> 구경이 4.2인치의 박격포. heavy mortar
중반(中飯)명 점심. 중식(中食).
중반(中盤)명 ①바둑·장기 등의 서반(序盤)이 끝나고 접점 본격적인 대전으로 들어가는 국면. ②어떤 사건 진행의 본격적인 단계.
중반-전(中盤戰)명 바둑·장기·운동 경기·선거전 따위에서, 서반(序盤)을 지나 본격적으로 백열화한 싸움.
중발(中鉢)명 작은 밥주발. small brass rice-bowl
중방(中枋)명 <건축> 중인방(中引枋). ②틈틀의 돌낭과 탕갯줄의 양쪽 머리에 건너지르는 막대기.
중방(中房)명 <제도> 지방 수령(守令)이 데리고 있던 심부름꾼. 「구멍.
중방 구멍(─枋─)명 <건축> 중방을 끼게 한
중방 나:무(中枋─)명 <건축> 중인방각의 나무.
중방-벽(─枋壁)[─뼉](中─)명 <건축> 중방 위쪽의 벽.
중-배(中─)[─빼](中─)명 ①기다란 물건의 가운데가 불룩하게 나온 부분. 중복(中腹). ②. thickest part in middle ②가축이나 닭 따위의 말배 다음에 낳은 새끼. second litter
중-배끼(中─)명 밀가루를 꿀과 기름으로 반죽하여 기름에 띄워 지진 유밀과(油蜜菓)의 하나. 중계(中桂). 중계과(中桂果). 「부분이 불룩하다. thick in middle
중배-부르-다[─뻐─](中─)명 길 물건의 가운데의
중-배엽(中胚葉)명 <동물> 후생 동물 중 해면 동물(海綿動物)·강장 동물(腔腸動物) 이외의 것에 보이는

배엽으로서 뒤에 근육·혈관·비뇨·생식기·골격 따위의 기관을 만드는 세포층. mesoderm
중-백의(中白衣)명 <기독> 천주교에서, 무릎까지 내려오는 짧은 흰 옷. 아직 공부하고 있는 성직자가 미사 이외의 다른 예식 때 입음.
중:벌(重罰)명 무거운 형벌(刑罰). 대 경벌(輕罰). heavy punishment
중:범(重犯)명 ①죄를 거듭 저지름. 또, 그 사람. old offender ②큰 범죄. 대 경범(輕犯). felony
중:-범(重邊)명 높은 변리. 「를 탈. hitch
중병[─뼝](中病)명 일의 중도에서 뜻밖에 생기는 는
중:병(重病)명 몹시 심한 병. 중역(重疫). 가질(苛疾). 중환(重患)①. serious illness
중병-나-다[─뼝─](中病─)재 일이 잘 되어 가다가 뜻밖에 탈이 생기다. be attacked by serious illness
중-병아리[─뼝─](中─)명 중치쯤 되는 병아리. medium-sized chicken 「serious illness
중:병지-여(重病之餘)명 중병을 앓고 난 뒤. after
중:보(仲保)명 ①둘 사이에 서서 일을 주선하는 사람. intermediary ②<기독> 사람과 신과의 사이에 있는 예수의 본직(本職).
중:보(重寶)명 귀중한 보배.
중복(中伏)명 삼복(三伏)의 하나. 초복(初伏) 다음으로 하지(夏至) 뒤 넷째 경일(庚日). 대 말복(末伏). 초복(初伏). middle of dog-days
중복(中腹)명 ①[동]중배. ②산 중턱.
중:복(重卜)명 <제도> 거듭 의정(議政)이 됨. 하다
중:복(重服)명 대공친(大功親) 이상의 경우에 입는 상복(喪服). 대 경복(輕服).
중복(重複)명 거듭함. overlapping 하다
중복 허:리(中伏─)명 중복 무렵의 가장 더운 때. hottest summer-days
중본(中本)명 대본과 소본의 중간되는 본새.
중봉(中峰)명 가운데 봉우리. ②봉우리의 중턱.
중부(中孚)명 <역>→중부괘(中孚卦).
중부(中部)명 ①어떤 지역의 가운데 부분. central part ②<제도> 서울 안의 구역(區域)인 오부(五部)의 하나. 또, 그를 맡던 관청.
중부(仲父)명 둘째 아버지. uncle
중부-괘(中孚卦)명 못 위에 바람이 있음을 상징하는 육십사괘의 하나. 손괘(巽卦)와 태괘(兌卦)가 거듭된 것. 중부(中孚).
중-부중(中不中)명 맞힘과 못 맞힘.
중부 지방(中部地方)명 <지리> 어떤 지역의 중앙에 자리잡고 있는 지방.
중분(中分)명 ①하나를 똑같이 둘로 나눔. bisection ②중년(中年)의 운수. fate of one's middle life 하다 「many people
중:분(衆忿)명 많은 사람의 분노(忿怒). resent of
중비(中批)명 <제도> 중비(銓衡)을 거치지 않고 특지(特旨)로 벼슬을 내림.
중비(中飛)명 야구에서, 중견(中堅)으로 쳐 올린 공. 센터 플라이(center fly).
중:빈(衆賓)명 여러 손님. 수많은 손님. many guests
중:빙(重聘)명 정중한 예(禮)를 다하여 초대함. invite respectfully 하다
중-뿔-나-다(中─)재 그 일에 아무런 관계없는 사람이 옆에서 불쑥 참견을 하며 나서다. intrude
중사(中士)명 <군사> 하사관 계급의 하나. 상사의 아래, 하사의 위. sergeant ②보통 선비.
중사(中使)명 <제도> 궁중에서 왕명을 전하는 내시.
중사(中祀)명 <제도> 대사(大祀)보다 의식이 간단한 나라 제사의 등급의 하나.
중:사(重事)명 중대한 일. 「음. 중월(仲月).
중-삭(中朔)명 음력 2월·5월·8월·11월 따위의 일컬
중삭(重削)명 <불교> ①[동] 되박임. ②처음 삭발시킨 스님과 절연하고 다른 스님에게 귀의함.
중산 계급(中産階級)명 유산자와 무산자 중간에 있는 계급. middle classes

중산=모(中山帽)[명] → 중산 모자.
중산 모자(中山帽子)[명] 가운데가 높고 둥근 모자. 중산모(中山帽). bowler
중산성 산지[―성―](中山性山地) 〈지학〉 저산성(低山性)과 고산성(高山性)의 중간 산지.
중살(重殺)[명] 야구에서 연속한 플레이 중에 두 러너를 아웃시키는 일. 병살(併殺). double play 하다
중삼(重三)[명] 삼짇날.
중상(中商)[명] 물건을 사서 되넘겨 팔거나 거간하는 상인. 중매인(仲買人)①. broker
중상(中傷)[명] 사실 무근의 악명을 씌워 남의 명예를 훼손하는 일. ¶~ 모략(謀略). slander 하다
중상(中殤)[명] 12살부터 15살 사이에 죽음. 또, 그 사람.
중:상(仲商)[명] 중추(仲秋).
중상(重喪)[명] 탈상(脫喪)하기 전에 부모상을 거듭 당함. 하다
중:상(重傷)[명] ①심하게 다침. (대) 경상(輕傷). serious wound ②사회적인 명예나 지위를 떨어뜨리게 함. libel 하다 [liberal prize 하다
중:상(重賞)[명] 후하게 주는 상. 또, 상을 후하게 줌.
중:상-주의(重商主義)[명]〈경제〉16세기경부터 18세기말까지 유럽에서 일어난 경제 사상. mercantilism
중:상 학파(重商學派)[명]〈경제〉중상주의를 신봉하는 경제학파. [기.
중=새끼[―쎄―](中―)[명] 거의 어미만큼 자란 큰 새
중생(重生)[명]〈거독〉영적(靈的)으로 다시 새사람이 됨. 거듭남. 하다
중:생(衆生)[명] ①많은 생물. 많은 사람들. all men ②〈불교〉인간을 비롯한 부처의 구제 대상인 일체의 생물. 유정(有情). 제유②. all creatures
중생-계(中生界)[명]〈지학〉중생대(中生代)의 지층(地層). 역암(礫岩)·사암(砂岩)·혈암(頁岩)·석회암·점판암(粘板岩) 따위로 됨. 중생대층(中生代層).
중:생=계(衆生界)[명]〈불교〉모든 생물이 살고 있는 이 세상. 미계(迷界). 인간 세계. this world
중생-대(中生代)[명]〈지학〉고생대(古生代)와 근생대(近生代)의 사이의 지질(地質) 시대. mesozoic era
중생대-층(中生代層)[명] 중생대층(中生代層).
중생 동:물(中生動物)[명]〈동물〉원생 동물과 후생 동물과의 중간에 속하는 하등 동물의 한 아문(亞門).
중생 식물(中生植物)[명]〈식물〉수생 식물과 건생 식물의 중간적인 식물. 대개의 식물이 이에 속함.
중:생=은(衆生恩)[명]〈불교〉사은(四恩)의 하나. 일체 중생에게서 받는 은혜.
중:생 제:도(衆生濟度)[명]〈불교〉부처가 중생을 구제하여 불과(佛果)를 얻도록 하는 일. 하다
중생-층(中生層)[명]〈지학〉중생대에 생긴 지층(地層). 역암·사암·혈암·석회암 등으로 됨. mesozoic formation
중:생-탁(衆生濁)[명]〈불교〉중생이 죄악이 많이 이르러 둔하고 약하다는 오탁(五濁)의 하나. [계급.
중서(中庶)[명] 중인(中人) 계급과 서얼(庶孼). ¶~
중서(中暑)[명]〈한의〉더위로 인하여 두통·현훈·제온 상승·맥박 미약 등의 중세를 보이다가 마침내 인사불성(人事不省)에 빠지는 병. sun-stroke
중:-서(衆庶)[명] 뭇사람. every man
중석(重石)[명]〈광물〉텅스텐(tungsten).
중석기 시대(中石器時代)[명]〈역사〉구석기 시대(舊石器時代)와 신석기 시대(新石器時代)의 중간기. mesolithic age [는 외화(外貨). tungsten dollar
중석=불(重石弗)[명] 중석을 외국에 수출하여 받은
중선(中線)[명]〈수학〉삼각형에서 한 정점(頂點)과 맞선 변의 중점(中點)을 맺은 선분(線分). median
중선(重船)[명] 큰 고기잡이 배. big fishing boat
중설(重舌)[명] 겨울 뿜음. 하다 ¶. repetition 하다
중설(重說)[명] 한 말을 되풀이함. 또, 그 말. 중언(重
중:설(衆說)[명] 여러 사람의 견해. public opinions
중설 모:음(中舌母音)[명]〈어학〉혀의 중설면과 구개 중앙부의 사이에서 조음되는 모음 한국어의 'ㅡ·ㅓ

ㆍㅏ' 따위.
중성(中性)[명] ①남자도 아니고 여자도 아닌 성(性). intersex ②서로 상대되는 두 다른 성질의 중간되는 성질. 이것도 저것도 아닌 성질. neutral nature ③〈화학〉산성도 알칼리성도 아닌 성질. ¶~ 세제(洗劑). neutrality ④〈어〉→중성 명사(中性名詞).
중성 대명사(中性代名詞).
중성(中星)[명]〈천문〉이십팔수(二十八宿) 중 해가 질 때와 돋을 때 하늘 정남쪽에 보이는 별.
중성(中聲)[명]〈어학〉음절의 중간에 오는 모음. 속소리③. 중음(中音)②. medial of Korean orthographic syllable [星).
중성(重星)[명] ①〈동〉다중성(多重星). ②〈동〉연성(連
중:성(衆星)[명] 뭇 별. all the stars
중성 대:명사(中性代名詞)[명]〈어학〉일부 외국어 문법에서, 남성 대명사도 여성 대명사도 아닌 대명사. 중성 대이름씨. ¶〈어〉중성(中性)④. neuter pronoun
중성 대:이름씨(中性代―)[명] 중성 대명사. [noun
중성 명사(中性名詞)[명]〈어학〉일부 외국어 문법에서, 남성 명사도 여성 명사도 아닌 명사. 중성 이름씨.
〈어〉중성(中性)④. neuter noun
중성 모:음(中性母音)[명]〈어학〉우리 말 모음에서 'ㅣ' 모음. 모음 조화에서 양성·음성 어느 모음과도 잘 어울림.
중성 미자(中性微子)[명]〈물리〉베타(β) 붕괴 때에 원자핵으로부터 방출되는 전기적으로 중성인 소립자. neutrino
중성 반:응(中性反應)[명]〈화학〉산성 또는 염기성을 나타내지 않는 반응. neutral reaction
중성 비:료(中性肥料)[명] 흙 속에서 중성 반응을 나타내는 비료. 질산암모니아 따위.
중성 세:제(中性洗劑)[명]〈화학〉합성 세제의 하나. 주로 고급 알코올 또는 알킬벤젠을 원료로 만듦. 물에 녹아 중성을 나타내기 때문에 섬유를 상하지 않게 하고, 경수나 산 가운데서도 세정력이 있음.
중성 이:름씨[―니―](中性―)[명] 중성 명사.
중성-자(中性子)[명]〈물리〉양자와 거의 같은 질량을 가지며 전하(電荷)가 없고 양자와 함께 원자핵의 구성 요소임. neutron
중성자-속(中性子束)[명]〈물리〉원자로 안의 중성자의 흐름. 보통 1 cm² 면적을 매초 통과하는 중성자의 수로 나타냄.
중성자 포:획(中性子捕獲)[명]〈물리〉방사선 포획의 하나. 중성자가 원자핵에 흡수되고 동시에 γ선을 방출하는 반응. 중성자를 포획한 원자는 질량수대 1이 늘고, 방사능을 가지는 원자로 되는 경우가 많음.
중성 토양(中性土壤)[명] 토양 반응이 산성도 염기성도 아닌 토양.
중성-해(中聲解)[명]〈어학〉모음이 한 음절 속에서 어떻게 쓰이는가에 대한 풀이. [림. 하다
중성-화(中性化)[명] 남성 또는 여성의 특성을 잃어버
중성-화(中性花)[명]〈식물〉수술·암술이 모두 퇴화하여 없는 꽃. 수국(水菊) 따위.
중세(中世)[명] ①〈역사〉고대(古代)와 근대(近代)의 중간의 시대. 중세기(中世紀). 중고(中古)②. medieval ages ②역사상 시대 구분의 하나. 우리 나라는 고려 시대, 서양에서는 민족 대이동부터 로마 제국 멸망까지의 5~15세기경을 말함.
중:세(重稅)[명] 세율(稅率)이 아주 높은 조세. (대) 경세(輕稅). heavy tax
중세-기(中世紀)[명] 중세(中世).
중세기 문학(中世紀文學)[명]〈문학〉고대(古代)와 르네상스와의 중간인 5~15세기 사이의 유럽 문학. medieval literature
중세-사(中世史)[명] 중세기의 역사.
중세 철학(中世哲學)[명]〈철학〉교부 철학(敎父哲學)과 스콜라 철학의 일컬음. medieval philosophy
중=소[―쏘―](中―)[명] 몸피가 중길인 소.
중소(中小)[명] 중치 및 그 이하의 것. ¶~ 기업체.

중소(中宵)圈(동) 한밤중.
중소(中宵)圈(동) 반중중(半中中).
중:소(衆所)圈 여러 사람이 모두 아는 바.
중소 기:업(中小企業)圈〈경제〉대체로 중소 규모로 영업을 하는 기업. small and medium industry
중소 기업 은행(中小企業銀行)(中) 중소 기업에 대한 효율적인 신용 제도의 확립을 목적으로 하는 특수 은행. Medium Industry Bank 「사람. 〈약〉속환이.
중:=속환이(─俗還─)圈 중이었다가 다시 속인이 된
중:손(衆孫)圈 맏손자 이외의 여러 손자.
중=송아지[─쏭─](中─)圈 거의 다 큰 송아지. nearly grown-up calf
중=솥(中─)圈 크기가 중치인 솥.
중쇄(重刷)圈(동) 증쇄(增刷). 하다
중=쇠¹(中─)圈〈약〉맷돌 중쇠.
중=쇠²[─쐬](中─)圈 걸립패(乞粒牌)를 지휘하는 상쇠 다음가는 사람.
중=쇠³(中─)圈 기계의 바퀴 따위의 한가운데에 구멍이 뚫리어 박힌 긴 쇠.   「암쇠.
중쇠=받이[─바지](中─)圈 맷돌 수쇠를 받는 맷돌
중수(中壽)圈 50세. 또, 나이가 50세가 됨. age of fifty years
중수(中數)圈 ①(동) 평균수(平均數). ②(동) 비례 중「항(比例中項).
중:수(重水)圈〈화학〉중수소에 의해서 만들어진 물. 수소보다 18대 20의 비율로 무거우며 빙점이 섭씨 3도 8분, 비등점이 101도 4분. heavy water
중:수(重囚)圈 죄가 무거운 죄수. felon
중수(重修)圈 낡은 것을 다시 손대어 고침. 수개(修改). repair 하다
중:수(重數)圈 무게의 단위로 헤아려 숫자로 나타낸 「무게. weight
중:수소(重水素)圈〈화학〉수소의 동위 원소(同位元素)로서 질량수가 2 및 3인 것. 중수를 만들고 수소 폭탄에 쓰임. heavy hydrogen
중순(中旬)圈 그 달의 11일에서 20일까지의 열흘 동안. 중완(中浣). middle ten days of month
중:시(重視)圈〈약〉=중대시(重大視). 중요시, 중요시함.
중시(中試)圈〈제도〉과거 급제자(科擧及第者)에게 거듭 행하던 시험.   「으긴 선조(先祖).
중:시(中始祖)圈 이름이 별로 없던 집안을 다시 일
중=시:조(中時調)圈(동) 엇시조(旋時調).   「지.
중=시:하(重侍下)圈 부모·조부모를 다 모시고 있는 처
중식(中食)圈(동) 중반(中飯).
중신(仲─)圈(동) 중매. 하다
중:신(重臣)圈 ①〈제도〉정 2 품 이상의 벼슬아치. ② 중직에 있는 관원. 〈대〉미신(微臣). high officials
중신(重新)圈 거듭 새롭게 함. renew 하다
중:신(衆臣)圈 모든 신하. all courtiers
중신세(中新世)圈〈지학〉신생대 제 3 기에 속하는 지질시대. 선신세의 전.
중실(〈동물〉) 나비 따위의 날개 밑동 부분 중, 굵은 맥(脈)으로 둘러 막힌 부분.
중심(中心)圈 ①한가운데. 중추(中樞)②. center ②매우 중요한 지위. ¶ ~ 과제(課題). center ③속. 뼈③. 심수(心髓) ④〈수학〉원주(圓周)의 각 점에서 같은 거리에 있는 점. centre
중:심(重心)圈 ①중력의 중심의 뜻. 물체 각 부에 작용하는 평행력의 합력(合力)이 통과하는 점. centre of gravity ②무게 중심.
중:심(衆心)圈 모든 사람의 마음.
중심=각(中心角)圈〈수학〉원의 두 개의 반지름이 이루는 각(角). 〈대〉원주각(圓周角). central angle
중심 기압(中心氣壓)圈 태풍이나 저기압의 중심부의 기압의 값.
중심 도법(─빕)(中心圖法)圈〈지리〉지도 투영법의 하나. 시점(視點)을 지구의 중심에 놓았을 때의 투시(透視) 도법.
중심=력(中心力)圈〈물리〉질점에 작용하는 힘의 방향이 늘 한 정점을 향하거나, 늘 그 역(逆)일 때의 힘. central force

중심=부(中心部)圈 사물의 중심이 되는 부분.
중심=선(中心線)圈〈수학〉두개의 원(圓) 또는 구(球) 의 중심을 이은 직선. centre-line
중심 송:곳(中心─)圈 삼지창(三枝槍) 모양으로 생겨 나무에 송곳 굵기만한 구멍이 뚫리는 송곳의 하나. three pronged gimlet
중심 시:도(中心示度)圈 ①회오리바람 중심부의 저기압이 가장 심한 부분에 있어서의 바람의 강도. ② 고기압·저기압 중심 위치의 기압의 크기.
중심=식(中心蝕)圈(동) 금환식(金環蝕).
중심 요소(中心要素)圈 가장 중요한 요소.
중심 운:동(中心運動)圈〈물리〉한 정점(定點)으로 향하는 힘만이 작용하는 경우의 물체의 평면 운동. centripetal movement
중심 인물(中心人物)圈 ①어느 사건의 중심이 되는 사람. ②어느 사회의 중심이 되는 사람. central figure
중심=점(中心點)圈 ①사물의 중심이 되는 중요로운 점. core ②〈수학·도형(圖形)〉이나 물체의 중심이 되는 점. central point
중심=주(中心柱)圈〈식물〉식물의 세 조직계의 하나. 수분과 양분의 통로가 되며, 뿌리나 줄기에서는 중앙부를 차지함.
중심=지(中心地)圈 어떤 일의 중심이 되는 곳.
중심 지주(中心支柱)圈 중심이 되는 지주(支柱).
중심=체(中心體)圈〈생물〉세포가 분열할 때에만 볼 수 있는 특수한 소체(小體). 식물 세포에는 없는 것이 보통임. 「하다. convenient-sized
중쑬쑬=하:다(中─)圈 크지도 작지도 않고 쓸쓸
중:씨(仲氏)圈 ①(공) 남의 둘째 형. your elder brother ②(동) 중형(仲兄).
중=씨름(中─)圈 청장년들의 씨름.
중실=하:다(中實─)圈 중년(中年)이 넘다. middle-aged
중:악(重惡)圈 더없이 악함. 하다
중:압(重壓)圈 ①무겁게 내리누름. 강한 압력. pressure ②센 힘으로 압박함. heavy burden 하다
중앙(中央)圈 ①사방에서 한가운데가 되는 곳. centre ②서울을 일컬음. 경사³. 〈대〉 변방(邊方). capital ③추요(樞要)한 위치.
중앙 관부(中央官府)圈 중앙 관청.
중앙 관제(中央官制)圈 중앙 관청의 설치·명칭·조직· 권능 등에 관한 제도.
중앙 관아청(中央官衙廳)圈 전국을 관할하는 행정 관청. 국무원·각 부처 따위. 중앙 관부(中央官府). 〈대〉지방 관청. central government offices
중앙 교:육 위원회(中央敎育委員會)圈〈법률〉국가 교육의 중요 정책을 심의하고 또 이에 관하여 문교부 장관·대통령에게 건의할 수 있는 심의 자문 기관. central board of education
중앙 금고(中央金庫)圈 국고(國庫).
중앙 기관(中央機關)圈 중앙 행정을 관장하는 기관.
중앙 기상대(中央氣象臺)圈 우리 나라의 기상을 관측·조사·연구하는 기관. 처음 중앙 관상대로 설치되어, 기상 예보와 천문 관측 업무를 통할해 오다가 '국립 천문대'에 천문 관측 업무를 이관하고 지금에 이름.
중앙 난:방(中央煖房)圈(동) 센트럴 히팅.
중앙=부(中央部)圈 복판이 되는 부분. central part
중앙=비(中央費)圈 중앙 정부의 경비. 〈대〉 지방비(地方費).
중앙 위원회(中央委員會)圈 정당·노동 조합 등에서, 중앙 위원들로 구성되의. 다음 대회까지 대회를 대신하는 최고 기관임. 중앙 집행 위원회(中央執行委員會). Central Committee
중앙 은행(中央銀行)圈 전국의 은행을 중심으로 하여 자금의 공급원(供給源)이 되고, 금융의 통제를 하는 등 특수의 권한과 책무를 가지는 은행. central bank
중앙 장치(中央裝置)圈 컴퓨터의 중추 부분으로서 자기(電磁氣)에 의하여 필요한 연산(演算)·제어(

중앙 정보부(中央情報部)團 '국가 안전 기획부'의 개편 전 이름. 〔轄〕하는 기관. central government

중앙 정부(中央政府)團 전국(全國)의 행정을 통할(統轄)하는 정부.

중앙 집권(中央集權)團 한 나라의 정치 권력을 중앙에 집중하여 중앙의 지휘·명령 아래 전국을 통치하고 행정 기능을 행사하는 권력 조직. (대) 지방 분권(地方分權). centralized authoritarian rule

중앙 집권주의(中央集權主義)團 정치 제도를 중앙 집권으로 삼는 주의. (대) 지방 분권주의. [회.

중앙 집행 위원회(中央執行委員會)團 (동) 중앙 위원

중앙청(中央廳)團 중앙 행정 관청. 또, 그 청사. Capitol Building [어.

중앙-치(中央値)〈수학〉'메디안(median)'의 구용

중앙 표준시(中央標準時)團 한 나라 또는 한 지방의 표준이 되는 시각. standard time

중앙 행정(中央行政)團 중앙 관청에서 시행하는 행정. central administration

중앙 화구구(中央火口丘)〈지학〉복식 화산의 외륜산(外輪山) 가운데 생긴 화산. central cone

중:-애(重愛)團 중하게 여겨 사랑함. **하**甲

중:-액(重液)團〈화학〉고체 물질의 비중을 측정하거나 여러 가지가 섞인 혼합물을 분리하는 데 쓰이는 비중이 큰 액체. 4염화탄소 등.

중야(中夜)團 (동) 한밤중. [는 말. 중춘(仲春).

중양(仲陽)團 봄의 한창때. 음력 2월을 달리 일컫

중양(重陽)團 구월(九月).

중양자(重陽子)團〈물리〉양자가 중성자(中性子)와 반응을 일으킬 때 생기는 원자 입자. 전기량은 양자와 같고 무게는 2배임. 듀테론(deuteron).

중양-절(重陽節)團 옛 명절의 하나. 음력 9월 9일.

중언(重言)團 (동) 중설(重說). **하**甲

중:-언(衆言)團 뭇사람의 말. public opinion

중언 부:언(重言復言)團 이미 한 말을 거듭 되풀이하여 말함. reiteration **하**甲

중얼-거리-다囲 남이 잘 알아듣지 못하게 낮은 목소리로 혼자 자꾸 말하다. 〔썩〕쫑알거리다. 〔센〕쭝얼거리다. grumble **중얼=중얼**甲 **하**甲

중:-역(重役)團 ①사장·이사·감사 등과 같이 은행·회사 등의 중임을 맡은 임원. director ②책임이 무거운 역할. heavy responsibility

중:-역(重疫)團 중병(重病).

중역(重譯)團 (동) 재역→(동) 번역(二重飜譯).

중역-본(重譯本)團 중역한 책. retranslation

중:역-진(重役陣)團 영리 법인에서의 중역들이 이루고 있는 층(層). [로 행해지는 일종의 간부 회의.

중:역 회:의(重役會議)團 영리 법인에서 중역들만으

중연(中緣)團 한 번 혼인 관계가 있던 집안간에 다시 혼인이 성립되는 일.

중연(中緣)團 한 번 혼인 관계가 있던 집안간에 다시 혼인이 성립되는 일.

중염(中葉)團 어느 시대부터 어느 시대까지의 그 중간이 되는 시대. (대) 초엽. 말엽. middle part

중영(中營)團〈제도〉지방 중군의 군영.

중-영산[--녕-](中靈山)〈음악〉영산 회상곡(靈山會上曲)의 둘째 곡조. 다섯 장(章)으로 되어, 곡조가 상영산보다 빠르고 잔영산보다 느림.

중오-절(重五節)團 (동) 단오(端午).

중완(中浣)團 중순(中旬).

중완(中脘)團〈한의〉침이나 뜸을 놓는 혈(穴)의 하나. 곧, 위(胃)가 있는 자리.

중외(中外)團 ①속과 바깥. inside and outside ②국내와 국외. domestic and foreign ③서울과 시골. capital and country ④조정(朝廷)과 민간(民間).

중요(中夭)團 ①중년(中年)에 죽음. 젊어서 죽음. dying middle-aged ②뜻밖의 재난. unexpected disaster **하**甲 [團 히甲

중:-요(重要)團 매우 귀중하고 종요로움. important **하**

중:요-성[--씽](重要性)團 사물의 중요로움의 성질.

중:요-시(重要視)團 중요롭게 여겨봄. (대) 도외시(度外視). (약) 중시(重視). attaching importance to **하**甲

중:-욕(衆辱)團 뭇사람 속에서 모욕을 줌. 또는 받음. insult before the public **하**甲

중용(中庸)團 ①어느 쪽으로나 치우침이 없고 중정(中正)함. moderation ②재능이 보통임. mediocrity

중:용(重用)團 ①사람을 중요한 자리에 씀. promotion to responsible post ②거듭하여 씀. **하**甲

중용 사상(中庸思想)團 과불급(過不及)이 없는 중용의 길을 주장하는 사상. [리. golden mean

중용지-도(中庸之道)團 마땅하고 떳떳한 중용의 도

중:-우(衆愚)團 많은 어리석은 사람들. many fools

중:우 정치(衆愚政治)團 '민주 정치'를 비꼬아서 이르는 말.

중원(中元)團 음력 7월 보름날. 백중(百中)날. (대) 상원(上元). 하원(下元). middle of July of the lunar calendar

중원(中原)團 ①넓은 들의 복판. ¶~의 사슴을 쫓다. centre of field ②중국의 한족(漢族)이 일어난 황하 유역 지방. valley of the Whang River ③정권을 다투고 겨루는 판. field of contest

중:-원(衆怨)團 뭇사람의 원망. public resentment

중원 축록(中原逐鹿)團 ①왕위(王位)를 빼앗으려 함. running after the crown ②사람들이 경쟁하여 어떤 지위를 얻으려 함. contest for the object ③선거에 입후보하려 함. enter the fields as competitor

중:-월(仲月)團 (동) 중삭(仲朔).

중위(中位)團 위치나 지위의 중간 자리.

중위(中尉)團〈군사〉위관(尉官)의 한 계급. 대위의 아래, 소위의 위. lieutenant

중위(中衛)團 축구·배구 등에서, 중간에 위치하여 활약하는 선수. [ortant post

중:-위(重位)團 중요한 직위. 책임이 중한 자리. imp-

중위(重圍)團 여러 겹으로 에워쌈. close siege **하**甲

중-위도(中緯度)團〈지리〉저위도(低緯度)와 고위도(高緯度)의 중간 지대.

중위-수[-一수](中位數)團〈수학〉대량의 각 항의 값을 차례로 배열할 때의 가운데 항.

중유(中有)團〈불교〉사람이 죽어서 다음의 생을 받을 때까지의 동안인 49일 동안을 이름. 중음(中陰).

중유(中油)團 콜타르를 분류(分溜)하여 170~230°C에서 얻어지는 기름. 나프탈렌 제조의 원료가 됨.

중:-유(重油)團 석유 원유(原油)를 분류(分溜)하여 얻어지는 고비점(高沸點)의 기름. 흔히 파라핀의 제조, 디젤 기관의 원료로 쓰임. heavy oil

중:유 기관(重油機關)團 (동) 디젤 기관.

중:유 연료(重油燃料)團 연료로 쓰는 중유. 석탄보다 발열량이 큼.

중:-은(重恩)團 크고 두터운 은혜. great favour

죽은 죽이라도 절 모르는 중이라甲 ①제 본분을 모르는 사람. ②반드시 맡나 있어야 할 처지에 있었으면서 모를 경우에 이름.

중음(中音)團 ①여자나 어린아이의 목소리. 높지도 낮지도 않은 목소리. 속소리. alto ②(동) 중성(中聲). ③(동) 간음(間音).

중음(中陰)團 (동) 중유(中有).

중음(重音)團 (동) 복음(複音).

중의(中衣)團 고의(袴衣).

중의(中意)團 (동) 적의(適意). **하**甲

중:-의(衆意)團 뭇사람의 의향. public opinion

중:-의(衆議)團 (동) 중론(衆論).

중의 관자 구멍이다甲 쓸 데 없이 된 물건.

중의 빗團 ①구하기 어려운 물건. ②남에게는 필요하나 자기에게는 필요하지 않은 물건.

중이(中耳)團〈생리〉귓청의 속. 고실(鼓室)과 이관(耳管)으로 이루어진 청각 기관의 하나. tympanum

중이 고기 맛을 알면 절에 빈대가 안 남는다甲 무슨 좋은 일을 한 번 당하여 미쳐 날뛴다.

중이 미우면 가사도 밉다甲 사람이 미우면 그 사람에

말린 것마저 미워진다.
중이 밉기로 가사야 미우랴 한 사람에 대한 노여움을 그와 관계 있는 다른 사람들에게 옮겨서는 안 된다.
중이:염(中耳炎)〖의학〗세균이나 진물이 고실(鼓室) 안에 들어가 중이에 생기는 염증. tympanitis
중이 제 머리를 못 깎는다 아무리 긴한 일이라도 자기 일을 자기 손으로는 할 수 없다.
중=이:층(中二層) 보통 이층보다 낮고 단층보다는 좀 높게 드린 이층.
중인(中人)〖제도〗①조선조 때, 양반 다음의 계급. ②시골에서 노명(奴名)이 없고 천한 일을 하지 않던 계급의 사람. ¶ ~ 계급(階級).
중:인(重因) 중요한 원인. major cause
중인(衆人) 여러 사람. 뭇사람. public
중=인방(中引枋)〖건축〗벽의 한가운데에 가로지르는 인방(引枋). 中平방(中枋).
중인:변(重人邊) 한자 부수의 하나. '行·役'자의 '彳'의 이름. 두인변.
중:인 소:시(衆人所視)〖동〗중목 소시(衆目所視).
중:인 환시(衆人環視)〖동〗중목 소시(衆目所視).
중일=연(中日宴)〖제도〗과거 급제자가 처음 승문원(承文院)·성균관(成均館)·교서관(校書館)에 버슬하게 될 때, 그 선진자(先進者)에게 대접하던 잔치. 「sponsibility
중:임(重任) 중대한 임무. 대임(大任). heavy re-
중임(重任) 먼저 근무하던 지위에 거듭 임용함. ─하
중:−입자(重粒子)〖동〗핵자(核子).
중:−자(衆子) 맏아들 외의 모든 아들. 서자(庶子)②.
중:=자부(衆子婦) 맏아들 외의 모든 아들의 아내.
중−자음(重子音)〖어〗복자음(複子音).
중작(中斫) 굵지도 않고 잘지도 않은 중길의 장작.
중장(中章) ①풍뉴나 노래의 둘째 장. second stanza ②삼장으로 된 글의 가운데에 있는 시구(詩句). 대 초장. 종장. middle lines
중장(中將)〖군사〗장관급(將官級)의 한 계급. 대장의 아래, 소장의 위. lieutenant general 「장.
중장(中場)〖제도〗사흘 중 둘째 날의 과거시험
중장(中腸)〖생물〗무척추 동물의 장관(腸管)의 두끝. 주로 식물(食物)을 흡수함.
중:장(重杖)〖제도〗몹시 무거운 장형(杖刑).
중−장비(重裝備) 토목 건축에 쓰이는 중량이 큰 기계의 총칭.
중재(仲裁) 다툼질의 사이에 들어 화해를 붙임. arbitration ①국제법상 당사국간의 분쟁을 그가 선입한 제삼자의 판단에 의해 해결하는 것. ¶ ~ 약관(約款). international arbitration ②노동 쟁의 조정법에 따라 노동 위원회가 노동 쟁의에 관하여 중재 판정을 내리는 일. ─하
중재 계:약(仲裁契約)〖법률〗①민사 소송법상 당사자의 현재 또는 장래의 다툼에 관한 판단을 제삼자인 중재인에게 맡겨 그의 판단에 복종하도록 하는 계약. ②국제 분쟁을 국제 재판에 부탁할 것을 약속하는 국가간의 합의.
중재=국(仲裁國)〖법률〗국제법상 당사국간의 분쟁을 판정할 국가로 선정된 제삼국.
중재−인(仲裁人)〖법률〗①분쟁의 중재를 붙이는 사람. arbitrator ②당사자간의 다툼을 판정할 사람으로 선정된 제삼자.
중재 재판(仲裁裁判)〖동〗국제 재판.
중재 판단(仲裁判斷)〖법률〗중재 계약에 의하여 중재인이 중재 절차에서 당사자의 민법상의 분쟁에 관하여 내린 판단.
중:적(衆敵) 많은 적(敵). public enemy
중전(中前) 야구에서, 중견수의 앞. ¶ ~ 안타.
중전(中殿)《아》→중궁전(中宮殿).
중:전(重典) ①장중한 의식(儀式). 대전(大典). ②엄한 제도나 법률.
중:전(重箭) 몹시 무거운 화살.

중:=전:기(重電機) 중량이 큰 전기 기구의 총칭. 발전기·전동기·변압기 또는 발전용 보일러·터빈 등. 대 경전기(輕電機).
중전 마:마(中殿媽媽)〖동〗중궁전(中宮殿).
중=전:차(中戰車)〖군사〗중량이 25톤 이상 55톤 이하의 전차.
중:=전:차(重戰車)〖군사〗장갑(裝甲)이 두껍고 중량이 55톤 이상의 대형 전차. heavy tank 「하
중절(中絶)①중도에서 끊어짐. ②특히, 임신 중절.
중절−거리다 수다스럽게 몹시 중얼거리다. 〈작〉종잘거리다. 〈센〉쭝절거리다. mutter 중절=중절
중절 모자(中折帽子)〖동〗꼭대기의 한가운데가 접히고
중 절 보기 싫으면 떠나야지 싫어지면 떠나야 한다.
중점[─쩜](中點)〖수학〗①동격의 명사나 문장을 열거할 때 단어나 문장의 사이에 찍는 점. 곧, '·'. 가운뎃점. ②〖수학〗선분 위에 있으면서 선분의 양단으로부터 등거리에 있는 점.
중:점[─쩜](重點)①중요한 것. 중요하다고 보여지는 점. pivotal point ②〖물리〗지렛대의 힘점에 가해진 힘의 작용하는 점. weight point
중:점 산:업[─쩜─](重點産業) 특히 중점을 두어야 할 산업. priority industry
중:점=적[─쩜─](重點的) 여럿 가운데서 일정한 것에 중점을 두어 하는(것).
중:점=주의[─쩜─](重點主義) 가장 중요한 부문에 힘을 기울여서 하는 것.
중정(中丁) 음력으로 그 달의 중순에 드는 정일(丁日). 이 날을 가리어 민가에서 제사를 지냈음.
중정(中正) 곧고 바름. 지나치거나 모자람이 없이 바름. impartiality
중정(中庭) 뜰의 복판. court
중정(中情) 가슴 속 깊이 맺힌 정상(情狀). heart
중:정(重訂) 서적 등의 두 번째의 정정(訂正). second revision ─하
중:−정(衆情) 대중의 감정이나 의견.
중:−정석(重晶石)〖광〗중금속의 광상에서, 백색으로 산출되는 황산바륨의 광석. 가루로 정제하여 백색 안료·식염의 정제·제지·인조 상아의 첨가제로 씀. 「음. ─하
중:정 울불(衆情鬱怫) 대중의 감정이 터져서 뒤숭
중정을 뜨다 넌지시 수단을 써서 남의 마음을 알아보다.
중정이 허하다 맺힌 데가 없어 겁이 많고 얼뜬다.
중제(中諦)〖불교〗일체의 제법(諸法)이 불공(不空)·불유(不有)의 중정 절대라는 진리.
중:제(重制) 중복(重服).
중:제(重劑)〖한의〗금석지제(金石之劑)로 진정(鎭定)시키는 성질을 가진 약제.
중조(中祖)〖동〗제조(再祖). ─하
중조(重曹)〖화〗중탄산소다(重炭酸 soda).
중조 소화기(重曹消火器) 중조(重曹)와 황산(黃酸)을 넣은 소화기(消火器).
중졸(中卒)《약》중학 졸업. 「로 놓은 보.
중종=보[─뽀](中宗─)〖건축〗대들보 위에 이종으
중:−중(衆中) 뭇사람의 모인 자리. in public
중:죄(重罪) ①무거운 죄. ¶ ~인(人). 대 경죄(輕罪). felony ②〖불교〗심중 대제(十重大戒)를 범한 무서운 죄악.
중:죄=범(重罪犯) 중죄의 형에 처할 범인. felon
중주(中主)〖동〗모가 드러나지 않는 임금.
중주(重奏)〖음악〗둘 이상의 성부(聲部)를 각각 한 성부씩 맡아 동시에 연주함. ─하 「하나.
중준(中樽) 장존과 고추잔의 중간치인 빼주라잔의
중:−중(衆中) 많은 사람 가운데. in public
중중−거리다 원망하는 태도가 드러나도록 자주 중얼거리다. 〈작〉종중거리다. 〈센〉쭝중거리다. grumble 중중=중중(中中) ─하
중중=첩첩(重重疊疊) 거듭거듭 포개어 있는 모양.

piled up one upon another 하형. 히티

중: 증[一症](重症)명 위중한 병증. (대) 경증(輕症).
중: 증(衆證)명 중인(衆人)의 증거. serious illness
중지(中止)명 일의 도중에서 그만둠. (대) 계속(繼續). stoppage 하타
중지(中指)명 가운뎃손가락. middle finger
중지(中智)명 두드러지지 못한 보통의 슬기. average intelligence
중: 지(重地)명 몹시 중요한 곳. important place
중: 지(衆知)명 ①뭇사람이 알고 있는 일. ②(동) 중지(衆智).
중: 지(衆智)명 여러 사람의 지혜. 중지(中智)②. wisdom of people
중지 미: 수(中止未遂)명 《법률》 범죄 실행에 착수한 범인이 자기 의사에 의해 범죄의 완성에 이르지 않은 미수범의 하나. 중지범(中止犯).
중지범(中止犯)명 《동》 중지 미수.
중지부(中止符)명 한 문장의 의미상 연락됨을 보일 때 쓰는 부호. 가로글씨〔橫書〕에서는 ':'(포갤점), 내리글씨〔縱書〕에서는 '‥'(쌍점)을 씀. 고침표. colon
중지: 상(中之上)명 중길 가운데서의 윗길.
중지: 중(中之中)명 중길 가운데서의 가운데 길.
중지: 하(中之下)명 중길 가운데서의 가장 아랫길.
중: 직(重職)명 중대하거나 중요한 직무. (대) 한직(閑職). important position
중진(中震)명 《지학》 지진의 진도(震度)의 하나. 가옥의 진동이 심하고 그릇 안의 물이 넘칠 정도. 진도 4.
중: 진(重鎭)명 ①권리를 잡고 중요한 자리에 있는 사람. man of influence ②병권을 잡고 요해지(要害地)를 지키는 사람. leader of strategic post
중: 질(重質)명 중노릇. 하타
중질(重質)명 질이 중등 정도임. ¶ 〜지(紙).
중: 징(重徵)명 과중한 조세를 징수함. 하타
중: 차: 대(重且大)명 무겁고도 큼. ¶ 〜한 책임. 하타
중참(中站)명 일을 하다가 중간에 쉬는 참. 보통 간단한 음식이나 술이 껴.
중: 창(中一)명 구두 따위의 창을 튼튼히 하기 위해 겉창 속에 한 겹을 더 붙여 댄 가죽. middle layer of shoesole pair 하타
중창(重創)명 낡은 건물을 고쳐 다시 새롭게 함. reform
중창(重唱)명 《음악》 둘 이상의 성부를 한 사람이 한 성부씩 맡아 동시에 노래함. duet 《운메 집체》.
중: 채(中一)명 안채와 사랑채 사이에 있는 가
중: 책(重責)명 ①중요한 책임. heavy responsibility ②엄중한 책망. strict reprimand 하타 「(半空中).
중천(中天)명 하늘의 한복판. 중공(中空)①. 반공중
중: 천(重一〔重千金〕)명 가치가 지극히 귀함. very high value
중첨(中籤)명 《민속》 첨으로 신묘(神廟) 따위에 길흉을 점칠 때의 중길의 첨.
중첩(重疊)명 거듭 겹치거나 겹쳐짐. (약) 첩(疊). be piled up 하타
중청(中聽)명 《한의》 귀가 어두워 잘 듣지 못하는 병.
중초(中一)명 크기가 중(中)길이인 초. 세.
중초(中草)명 《한의》 품질이 중길인 담배. tabacco of median quality 「꿈의 중간을 일컬음.
중초(中焦)명 《한의》 삼초(三焦)의 하나로 심장과 배
중초: 열(中焦熱)명 《한의》 중초에 열이 나고 변비가 생기며 식욕이 줄어드는 병증.
중촌(中村)명 예전 중인이 살던 서울 문안의 한복판. 곧, 수표교(水標橋) 부근의 지대. lunar calendar
중추(中秋)명 음력 8월 보름. August 15th of the
중추(中樞)명 ①사물의 중심이 되는 중요한 부분이나 자리. center ①. 중심(中心)①. ②(약) 〜신경 중추.
중: 추(仲秋)명 가을의 한창때로 음력 8월. 중상(仲商).
중: 추(重推)명 《약》 〜 종중 추고(從重推考).
중: 추(重錘)명 《동》 수중다리.

중추 기관(中樞機關)명 중추가 되는 기관.
중추 성묘(中秋省墓)명 추석에 성묘하는 일.
중추 신경(中樞神經)명 《동》 신경 중추(神經中樞).
중: 추원(中樞院)명 《제도》 ①고려·조선조 때 왕명의 출납·숙위(宿衛)·군기(軍機) 등의 일을 맡았던 관청. ②구한말 의정부(議政府)에 딸렸던 관아. 내각(內閣)의 자문 기관. ③구한말 중추원의 후신으로 조선 총독부의 어용 자문 기관.
중추: 월(仲秋月)명 중추의 밝고 맑은 달.
중: - 추위(重鐵위)명 《동》 겹추릴위.
중: 추: 절(仲秋節)명 추석(秋夕)을 명절로서 일컫는 말. 한가위. Mid Autumn Festival
중축(中軸)명 물건의 중심이 되는 요긴한 곳. axis
중: 춘(仲春)명 《동》 중앙(仲陽).
중출(重出)명 《동》 첩출(疊出). 하타
중층(中層)명 ①집이나 다락 따위의 가운데 층. middle storey ②건물에서 4〜5층 가량의 높이. ¶〜건물. 〜7km 상공에 있는 구름.
중층: 운(中層雲)명 상층운과 하층운과의 중간. 곧 2
중: 치(中一)명 《약》 중질(中秩).
중: 치(重治)명 엄히 다스림(嚴治). 하타
중치막 남자 웃옷의 하나. 넓은 소매에 앞은 두 자락, 뒤는 한 자락이며 무가 없이 옆이 터졌음. 옛날에 백두(白頭)가 입었음.
중치막-짜리 중치막을 입은 사람을 조롱하는 말.
중침(中針)명 중간치의 바늘. medium-sized needle
중침(中秤)명 중간치의 저울. 일품 근에서 서른 근까지 달 수 있음. medium-sized balance
중칭 대: 명사(中稱代名詞)명 《어학》 그리 멀지 않은 곳에 있는 사람·사물·곳·쪽 등을 가리키는 대명사. 곧, 이거·그것·고이 등. (대) 근칭(近稱) 대명사. 원칭(遠稱) 대명사. middle distance pronoun
중크롬산-나트륨(重 chrome 酸 natrium)명 《화학》 적황색의 결정. 크롬산나트륨에 황산을 가하여 만듦. 용도는 중크롬산칼륨과 비슷함.
중크롬산-칼륨(重 chrome 酸 kalium)명 《화학》 등적색(燈赤色)의 결정. 중크롬산나트륨에 칼륨염을 가하여 만듦. 산화제·분석 시약·전기 도금·매염제·사진 인쇄 등에 쓰임.
중: 키(中一)명 보통 정도의 키. middle height
중: -타: 르(重 tar)명 《화학》 목재를 건류(乾溜)할 때 흘러 나오는 액체. 생산 중인 목초액(木醋液) 밑에 침전함. 침전 타르. thick tar
중: 탁(重濁)명 탕악·국 따위가 걸쭉하고 진함. being
중탄: 산-나트륨(重炭酸 natrium)명 《화학》 식염으로 탄산소다를 만들 때의 중간 생성물인 흰빛의 결정성 분말. 미단의 정련·양모의 세척·의약품 따위로 쓰임. 산성탄산나트륨.
중탄: 산-소: 다(重炭酸 soda)명 《화학》 《속》 중탄산나트륨. 중조(重曹). (대) 상탄. 하타
중탕(中湯)명 온도가 중간이 되는 우처의 탕. 중간탕.
중탕(重湯)명 그릇에 음식물을 담아 가지고 끓는 물에 넣어 익히거나 메우는 일. warming (food) in container 하타
중탕 냄비(重湯一)명 중탕하는 데 쓰는 냄비.
중: 태(重態)명 병이 위중한 상태. serious condition
중태: 성(中台星)명 《천문》 삼태성(三台星)의 하나로 상태성(上台星) 다음가는, 종실(宗室)을 맡았다는 두 별. 《곳. mountain's breast
중: 턱(中一)명 산이나 입체로 된 물건의 허리쯤 되는
중턱 대: 문(中一大門)명 《건축》 솟을대문의 문짝을 다는 마룻보와 나란히 단 대문. 「땅.
중토(中土)명 농사짓기에 썩 좋지도 나쁘지도 않은
중: 토(重土)명 《동》 산화바륨(酸化 barium). ②《농역》 농사짓기에 지나치도록 차진 기운이 많은 흙.
중: 토-수(重土水)명 《화학》 물에 녹인 수산화(水酸化)바륨. baryta water medium sized saw
중-톱(中一)명 《약》 크기가 대톱과 소톱의 중간치인 톱.
중통(中桶)명 소금을 어중간하게 담은 섬.

중통(中筒)[명] 크지도 작지도 않은 중간쯤 되는 대통.
중:통(中痛)[명] ①몹시 앓음. severe pain ②위중한 병
중퇴(中退)[명]→중도 퇴학.
중파(中波)[명]〈물리〉파장(波長)이 약 200~3000 m 의 전파(電波). 주파수 100~1,500 킬로헤르츠. 《대》단파. 장파. medium wave
중파(中破)[명] 수리하면 다시 쓸 수 있을 정도의 파손.
중판(中判)[명] 종이 따위의 중간쯤 되는 판형.
중판(重版)[명] 판을 거듭함. 《대》초판(初版). reprint
중판(重瓣)[명]〈식물〉여러 겹으로 포개진 꽃잎.
중판-위(重瓣胃)[명] 반추 동물의 《腸胃》의 제 3 실.
중판(重瓣花)[명]〈식물〉수술이 꽃잎으로 변하여 꽃잎의 수가 늘어나서 몇 겹으로 겹쳐진 꽃. 겹꽃. 《대》단판화(單瓣花).
중편(中篇)[명] ①세 편으로 된 책의 가운데 한 편. 《대》상편. 하편. second volume ②〈약〉→중편 소설.
중편 소:설(中篇小說)[명]〈문학〉장편·단편 소설의 중간쯤 되는 분량의 소설. 《약》중편②. medium length novel
중폄(中窆)[명](동) 권폄(權窆).
중:평(衆評)[명] 뭇사람의 비평. popular opinion
중포(中布)[명] 보통보다 조금 큰 폭. [(包).
중포(中包)[명] 장기에서, 끝에서 둘쨋 줄에 놓인 포
중포(中砲)[명]〈군사〉구경이 155 mm 인 곡사포.
중포(中脯)[명] 나라 제사 때에 쓰던 어육의 포.
중:포(重砲)[명]〈군사〉거탄(巨彈)을 발사할 수 있는 위력이 큰 대포. 《대》경포(輕砲). heavy gun
중:포-병(重砲兵)[명]〈군사〉중포를 다루는 포병. 《대》경포병. 「vy bombarding ②중포의 화력(火力).
중:-포화(重砲火)[명] ①십분 포화. 맹렬한 포 화. hea-
중폭(中幅)[명] 크기가 중치쯤 되는 나비나 옷의 폭.
중폭(中爆)[명]〈약〉→중폭격기(中爆擊機).
중:폭(重爆)[명]〈군사〉①〈약〉→중폭격기(重爆擊機). ②격심한 폭격.
중-폭격기(中爆擊機)[명]〈군사〉경폭격기보다 기체가 비교적 크며 행동 반경이 1,000~2,500 마일의 폭격기. B-29 가 대표적임. 《약》중폭(中爆).
중:-폭격기(重爆擊機)[명]〈군사〉기체가 비교적 크고 폭탄의 적재량이 많으며 행동 반경이 2,500 마일 이상 되는 폭격기. 주로 전략 폭격에 사용됨. B-47A 가 대표적임. 《약》중폭(重爆)②. heavy bomber
중표 형제(中表兄弟)[명](동) 내외종(內外從).
중품(中品)[명] 품질이 중길인 물건. medium quality
중풍(中風)[명]〈한의〉뇌일혈로 생기는 병. 반신·전신 또는 이 국부가 마비되어 감각을 잃게 됨. 중풍증①. 중기(中氣)④. palsy
중풍=증(-症)[명](中風症)[명]①(동) 중풍. ②중풍으로 인하여 생기는 여러 가지 증세.
중풍-질(中風質)[명]〈한의〉중풍에 걸리기 쉬운 체질. 곧, 얼굴이 붉고 목이 짧고 몸이 뚱뚱한 체질.
중하(中蝦)[명] 크기가 중치쯤 되는 새우의 하나.
중:하(仲夏)[명] 여름이 한창인 음력 5 월. May of the lunar calendar
중:하(重荷)[명] 무거운 짐이나 부담. heavy burden
중:-하다(重―)[형여] ①책임 의무 따위가 무겁다. heavy ②병이 위중하다. serious ③소중하다. 《대》경하다. important 중:히[부]. 「렴.
중:-순(中下旬)[명] 중순과 하순. 하순의 중간 무
중하-젓(中蝦―)[명] 중하로 담근 젓. 중하해.
중하-해(中蝦醢)[명](동) 중하젓.
중학(中學)[명] ①〈약〉→중학교(中學校). ②〈제도〉서울 중부에 있던 사학(四學)의 하나.
중=학교(中學校)[명] 국민 학교 교육을 기초로 중등 보통 교육을 베푸는 학교. 《약》중학(中學)①. middle school 「민 학교 3,4 학년.
중학년(中學年)[명] 고·저학년의 중간인 학년. 곧, 국
중학-생(中學生)[명] 중학교에 재학중인 학생. middle-school boy 「말에 주고받는 일. ¦~ 거래.
중한(中限)[명]〈경제〉주식 매매를 계약한 다음 달 월

중:한-증(重寒症)[명]〈한의〉추위로 말미암아 사지가 굳어지거나 까무러치는 병.
중합(重合)[명] ①포개어 합함. ②〈화학〉같은 화합물의 많은 분자가 결합하여 큰 분자량의 화합물로 되는 변화. polymerization 하다[자]
중합 가솔린(重合 gasoline)[명]〈화학〉기상(氣狀)의 메틸렌계(系) 탄화수소를 중합하여 만드는 합성 솔린. 「위의 수(數).
중합-도(重合度)[명]〈화학〉중합체를 구성하고 있는 단
중:합 지옥(衆合地獄)[명]〈불교〉팔대 지옥 중의 셋째 지옥. 살생·투도·사음을 범한 자가 떨어짐.
중합-체(重合體)[명]〈화학〉중합에 의하여 생긴 화합물. 염화비닐 등. 《대》단량체(單量體). polymer
중항(中項)[명] ①〈동〉내항(內項). ②〈수학〉수열(數列) 또는 급수(級數)에서 어떤 두 항 사이의 항.
중해(中海)[명](동) 내해(內海). [mean
중핵(中核)[명] 사물의 중심에 있어 조직 형성의 요긴한 부분. 핵심. 「ration
중행(中行)[명] 중용(中庸)을 지키는 바른 행실. mode-
중-허리(中―)[명]〈음악〉막바기로 시작하여 중간에서 곡조를 잠깐 번조시키고 높은 소리로 부르는 가곡이나 시조의 곡조의 하나.
중-허(重―)[명]〈한의〉청백색(靑白色)의 수포(水庖)가 혓줄기 옆에 이는 종기. 점점 커져서 달걀만하게 되어 아프기는 않으나 말소리를 내기에 거북함.
중형(中型)[명] 중치의 크기. medium-size 「중설.
중:형(仲兄)[명] 자기의 둘째 형. 중씨②. one's second elder brother
중:형(重刑)[명] 크고 무거운 형벌. heavy penalty
중혼(重婚)[명] 배우자가 있는 사람이 딴사람과 또 결혼하는 일. bigamy 하다[자]
중화(中火)[명] 길을 가다가 먹는 점심. lunch
중화(中和)[명] ①덕성(德性)이 한 쪽으로도 치우치지 않은 상태. moderation ②알맞은 물건이 서로 조화하는 일. 또는 다른 두 물질이 융합하여 그 특징이나 작용을 잃음. harmony ③〈화학〉알칼리성의 물질과 산성의 물질이 작용하여 중성이 되는 일. neutralization ④〈물리〉같은 분량의 음전(陰電)·양전(陽電)이 만나서 전기 현상을 나타내지 않는 일. neutralization 하다[자]
중화(中華)[명] 중국 사람이 자기 나라를 일컫는 말. 세계의 중앙에 있고, 문명한 나라라는 뜻. China
중:-화기(重火器)[명]〈군사〉보병이 가지는 화기 중 중기관총·자동포·보병포 등의 총칭. 《대》경화기(輕火器). heavy weapons
중화-열(中和熱)[명]〈화학〉산 염기가 1g 당량씩 중화할 때에 발생되는 열량. 18°C 에서 13.7 칼로리에 상당함. heat of neutralization
중화=점(―點)(中和點)[명]〈화학〉산(酸) 적정(滴定)과 알칼리 적정에서 그 두 당량(當量)이 반응을 마친 점. neutral point
중화지기(中和之氣)[명] 덕성이 발라서 화평한 기상.
중화-참(中火站)[명] 길 가면 도중에 점심을 먹는 곳.
중화-하-다(中火―)[자여] 길 가다 점심을 먹다.
중:-화학 공업(重化學工業)[명] 중공업과 화학 공업을 아울러 이르는 말. heavy and chemical industry
중환(中丸)[명] 총탄이 명중함. 하다[자]
중:환(重患)[명] ①(동) 중병(重病). ②〈약〉→중환자.
중:환-자(重患者)[명] 중병을 앓는 환자. 《대》경환자(輕患者). 《약》중환(重患)②.
중:회(衆會)[명] 중인(衆人)의 모임. 많은 사람이 모인 모임. 「경각(輕薄). courtesy and sincerity 하다[자]
중후(重厚)[명] 태도가 점잖고 무게가 있느르음.
중흥(中胸)[명]〈동물〉딱정벌레의 가운데 가슴마디의 가슴. mesothorax 「하다[자]
중흥(中興)[명] 쇠하던 것이 다시 일어남. restoration
중흥지주(中興之主)[명] 쇠망하여 가던 나라를 다시 일으킨 군주. king of the restoration

중:히 여기-다 ①소중히 생각하다. ②높이 받들다.
중힙(中─)圓 을중힙의 다음가는 활. ③공경하다.
쥐:=뜯-다[타] (약)→쥐어뜯다.
쥐:=박-다[타] (약)→쥐어박다.
쥐:지내-다[자] →쥐어지내다.
쥐:지르-다[타르] (약)→쥐어지르다.
쥐:흔들-다[타르] (약)→쥐어흔들다.
쥐명〈동물〉쥐과의 짐승의 총칭. 몸 길이 15~23cm 로 꼬리도 몸보다 김. 몸의 상면은 광택 있는 흑색 이고 하면은 다소 황갈색을 띠었음. 가옥 내에 많 고 곡물을 해치며 페스트의 매개체임. rat
쥐명〈한의〉몸의 한 부분에 경련이 일어나서 부분 적으로 근육이 수축되어 기능을 일시 상실하는 현 상. convulsions
쥐=가오리명〈어류〉쥐가오리과의 바닷물고기. 난해 성 어종으로 식용·제유용으로 씀. 몸 길이 2.5m 내외의 대형 가오리로 몸 빛은 청흑색이고 꼬리는 채찍 모양임. 『울 놓으로 이름.
쥐가 쥐꼬리를 물고囚 여러 사람이 연달아 나오는 것
쥐고 펼 줄을 모른다囚 ①돈을 모아 가지고 쓸 줄을 모른다. ②풀어서 생각할 줄을 모른다.
쥐=구멍명 쥐가 드나드는 구멍. rat hole
쥐구멍에도 볕들 날이 있다囚 고생을 몹시 하는 사람 도 좋은 때를 만날 적이 있다. 『없이 경영한다.
쥐구멍에 홍살문 세우겠다囚 어림도 없는 일을 주책
쥐구멍=찾-다[타] (속) 몹시 몹시 궁지에 몰을 피하려 고 애쓴다. seek hiding place
쥐=꼬리명 쥐의 꼬리. 『다. scanty
쥐꼬리만-하-다[형] 시간이나 물건이 몹시 짧고 작
쥐꼬리망초명〈식물〉쥐꼬리망초과의 일년생풀. 줄 기 높이 30~40cm로 7~9월에 담홍색 입술 모양 꽃이 핌. 들이나 산에 나며 삭과는 긴 타원형임. 뿌리는 진범(秦艽)이라 하여 한약재로 씀. (약)망 초. 『게 생긴 톱.
쥐꼬리=톱명 나무를 굽게 써는 데에 쓰는 가늘고 길
쥐=나-다[자] ①몹시 부끄러운 일을 당할 때에 얼굴이 상기하는 경련(痙攣)이 일어날 느낌에 이르다. flush ②팔다리에 쥐가 생기다. have convulsive fit
쥐=날명 (속) 자일(子日).
쥐=노래미명〈어류〉쥐노래미과에 속하는 바닷물고 기. 몸 길이가 30~40cm로, 몸 양쪽에 다섯 쌍의 옆 줄 무늬가 있음. 해초 사이에 서식함.
쥐눈이=콩명〈식물〉콩과의 다년생 만초. 검고 작 으며 흔히 콩나물을 길러 먹음. 서목태.
쥐-다[타] ①손가락을 구부리어 주먹을 짓다. clench one's fist ②주먹에 넣다. grasp ③일이 마음 대로 되게 하기 위하여 남을 제 손안에 들게 하다. have in one's power ④권리 따위를 완전히 손아귀 에 넣다. have ⑤증거 따위를 손에 넣다. 『확증을 ~. hold
쥐-다래명 ①쥐다래나무의 열매. ②(약)→쥐다래나무.
쥐다래-나무명〈식물〉다래과의 낙엽 관목. 잎은 난 형 또는 타원형이고 초여름에 백색 꽃이 피고 과실 는 9~10월에 적황색으로 익음. 우리 나라 남부 지방에 많이 남. 과실은 식용함. (약) 쥐다래②.
쥐:대기명 재주가 없는 서투른 장색(匠色). unskill- ful artisan
쥐=덫명 쥐를 잡는 데에 쓰는 덫. rat trap
쥐독명 머리의 숨구멍 자리.
쥐똥=나무명〈식물〉목서과의 낙엽 활엽 관목. 높이 2m 가량으로 5월에 백색 꽃이 피고, 가을에 핵과 가 익음. 나무 껍질에 기생하는 작은 벌레로 인하 여 생기는 흰눈의 분상물(粉狀物)에서 충백랍(蟲白 蠟)을 취하여 약용·공업용으로 씀. 백랍나무. 수 랍목(水蠟木). privet 『보고 하는 말.
쥐:띠명〈민속〉자생년(子生)이라 가리켜 띠의 속으로
쥐라-계(Jura系)명〈지학〉쥐라기의 지층으로
쥐라-기(Jura紀)명〈지학〉중생대의 중부에 속하는 지질 시대.

쥐:락=펴락명 권력이나 세력으로 남을 마음대로 부리 는 모양. arbitrarily 하囚
쥐머리명 쇠갈에 붙은 쇠고기. 흔히 편육을 만듦.
쥐=며느리명〈동물〉쥐며느리과의 절지 동물. 몸 길 이 1cm 내외로 등은 오색색(汚黑色) 또는 암갈색 에 담황색의 반문이 있음. 썩은 나무나 마루 밑 등 의 습기 있는 곳에 기생하며 몸은 창회색(蒼灰色) 이고 놀라면 몸을 둥그렇게 뭉침. 서고(鼠姑). 서 부(鼠負). 『(地鷄). sow bug
쥐면 꺼질까 불면 날까囚 매우 소중히 여기는 모양.
쥐발귀명〈조류〉휘파람새과의 새의 하나. 날개 길이 5~6cm로 등은 갈색, 하면은 황백색에 흑갈색의 반문이 산재함. 시베리아 서부에서 동부 일본에 걸 쳐 분포되어 있음. streaked grasshopper warbler
쥐=방울명〈식물〉쥐방울과의 다년생 만초. 줄기는 가 늘고 1.5m 정도며 잎은 뒤가 분트런 힘. 7~8월에 녹자색 꽃이 피고 과실은 삭과임. 지하부는 약재로 씀. Dutchman's-pipe 『보통, 사람에 대하여 씀.
쥐방울-만하-다[형](속) 몸피가 작고 앙증스럽다.
쥐=벼룩명〈곤충〉가시벼룩과의 벼룩의 하나. 몸은 아 주 길고 적갈색이며 머리는 세모꼴로 돌기되었음. 흑 사병을 매개함. ratflea
쥐=볶이명〈민속〉농가에서 음력 정월 첫 쥐날에 쥐 를 잡아 죽인다는 뜻으로 콩을 볶는 일.
쥐=부스럽명〈한의〉머리 위에 툭툭 불거지게 나는 부스럼. 우달(疣疸).
쥐=불명〈농가에서 음력 정월 첫 쥐날에 쥐를 쫓는다 는 뜻으로 논밭 둑에 불을 놓는 일.
쥐불=놓이명〈민속〉농가에서 쥐불을 놓는 일. 하囚
쥐=빚-다[타] 손으로 주물러서 빚다. mold by hand
쥐=뿔명 아무 보잘것이 없음의 비유.
쥐뿔-같다[형] 아주 적거나 작아서 보잘것이 없다. 쥐 좃같다. trifling 쥐뿔-같이튀
쥐뿔-나-다[자] 보잘것없는 사람이 엉뚱한 짓을 하다.
쥐뿔도 모른다囚 아무것도 알지 못하고 아는 체한다.
쥐=살명 소의 앞다리에 붙은 고기.
쥐=새끼명 ①쥐의 새끼. ②몹시 교활하고 잔일에 약 게 구는 사람을 욕되이 일컫는 말.
쥐=색(─色)명 푸르스름한 담흑색. 쥣빛. 『유.
쥐 소금 나르듯囚 모르는 사이에 조금씩 없어짐의 비
쥐손이=풀명〈식물〉①쥐손이풀과의 다년생 풀. 잎은 장상(掌狀)이며 3~5갈래로 갈라짐. 6~8월에 분홍 색 또는 자색 꽃이 피고 과실은 삭과임. 약재로 쓴. 줄기의 높이가 1m 이상으로 산야에 남. 우리 나라 의 중부 이북에 많이 남. ②(동)이질풀.
쥐=숨듯이[─듯─]튀 약삭바르게 살짝 자취를 감추는 모양. 『~ 사라졌다. without leaving
쥐약=상추명 잎이 덜 자란 상추. 『말. shrewd guy
쥐알=봉수명 약은 꾀가 많고 잔돈한 사람을 조롱하는
쥐=약(─藥)명 쥐를 잡는 데 쓰는 약. rat poison
쥐어=뜯-다[타] ①단단히 쥐고 뜯어내다 함부로 뜯다. tear ②답답하여 가슴 따위를 뜯다시피 갉기다. (약) 쥐뜯다. scratch one's breast 『fist
쥐어-박-다[타] 주먹으로 내질러서 치다. (약) 쥐박다.
쥐어-지르-다[타르] 주먹으로 힘껏 내지 지르다. (약) 쥐지르다. poke with one's fist
쥐어=짜-다[타] ①손으로 꼭 쥐어 물기를 짜내다. wri- ng ②오기 있게 폐를 쓰며 조르다.
쥐어=흔들-다[타르] 손으로 갑고 힘껏 흔들다. (약) 쥐흔들다. shake with one's hand
쥐=엄나무명〈식물〉차풀과의 낙엽 교목. 높이 15~18 m로 수피는 적흑색이고 가시가 있음. 6월에 황록 색 꽃이 피고 협과는 칼 모양임. 산골짜기나 개울 가에 남. 열매의 껍데기는 조협(皂莢). 씨는 조협 자(皂莢子)라 하여 한약재로 씀. honey locust
쥐엄=떡명 팥소를 넣은 송편 모양의 인절미에 콩가루 를 묻힌 떡. 『사람. person with withered foot
쥐엄=발이명 발끝이 오목하게 오그라진 발. 또, 그런
쥐엄=쥐엄명 젖먹이에게 쥐엄질을 시킬 때 부르는 소

쥐엄질[-] 젖먹이가 재롱스럽게 손을 쥐었다 폈다 하는 짓. [작] 죄암질. baby's clenching of fists 하타
쥐여미[명] [고] 지게미.
쥐여=지내-다[자] 남에게 얽매어 꼼짝 못하고 지내다. [약] 쮀지내다. being under another's control
쥐=오르-다[자르롯] 별안간 다리나 손에 경련이 일어나고 쥐가 나다. has cramp in one's leg
쥐=오리[명] 〈조류〉 단익류(短翼類)의 물새의 하나. 오리와 비슷하나 날개와 꽁지는 짧음. 등은 흑갈색이고 배는 회백색인데 얼굴과 머리에 긴 털이 있음.
쥐오줌=풀[명] 〈식물〉 마타리과의 다년생 풀. 줄기는 1 m 이상이고 근경은 비후하며 특이한 냄새가 있음. 담홍색 꽃이 줄기 끝에 피고 과실에는 관모가 있음. 뿌리는 약재로 씀.
쥐이-다[타][피] '쥐다'의 피동형.
쥐이-다[타][사] '쥐다'의 사역형.
쥐=잡듯[부] [약]→쥐잡듯이.
쥐=잡듯이[부] 놓치지 않고 샅샅이 뒤져 잡는 모양. [약] 쥐잡듯. search one and all 하타
쥐=정신(-精神)[명] 금방 잘 잊어버리는 정신. short [memory
쥐=젖[명] 쇠가죽에 젖꼭지 모양으로 나는 군살. wart
쥐좆=같-다[형] [동] 쥐좆=같이[부] [계 名詞].
쥐좆=만하-다[형][동] 몸피가 몹시 작다. 흔히, 사람에.
쥐죽은 듯[관용] ①깜짝이 조용해지다. be in dead silence ②무서워서 숨도 크게 쉬지 못하고 있다. holding one's breath 쥐죽은 듯이[부]
쥐=참외[명] 〈식물〉 박과의 덩굴성(攀登性)인 다년생 풀. 길이 3~4m의 덩굴로 여름에 흰 꽃이 피고 주홍색의 달걀만한 열매가 열림. 과육은 화장품 원료로 씀. 노랑참외라. 토과(土瓜). 왕과(王瓜).
쥐치[명] 〈어류〉 객주리과의 바닷물고기. 몸은 마름모꼴에 가깝고 측편함. 몸 빛은 청색 혹은 연한 분홍빛이고 앞뒤에 암갈색의 무늬가 산재함. 여름 것이 맛이 좋으며 특히 간장이 귀하게 쓰임. filefish
쥐코 밥상(-床)[명] 한 개의 그릇에 반찬 두어 가지로 매우 간단하게 차린 밥상. simple diet
쥐코=조리[명] 도량이 좁은 사람을 조롱하는 말. man of no calibre
쥐통[명] 〈의학〉 [속] 괴질(怪疾). 콜레라.
쥐=포(-脯)[명] 말린 생선 위치를 기계로 납작하게 만든 어포. 술안주나 군것질 감으로 이용됨. 「사람.
쥐=포수(-砲手)[명] [속] 사소한 사물을 얻으려고 애쓰는
쥐포육 장수(-脯肉-)[명] 사소한 이익을 탐내어 다랍게 좀팽이짓을 하는 사람. miser
쥔:[명] [약]→주인(主人)③.
쥔=장[-丈][명] [속]→주인장(主人丈).
질[-때][명] 누비질할 때에 쓰는, 짤막하고 가늘고 둥근 막대.
질=[부채][-뿌-][명] 접었다 폈다 할 수 있게 된 부채. 접선(摺扇). fan [handle
질=손[-손][명] 어떠한 물건을 들 때의 손잡이 부분.
질=쌈지[-쌈-][명] 옷소매나 호주머니에 넣게 된 담배 쌈지.
짓=빛[명] [동] 쥐색. [small pouch
쥬런[명] [고] 여자의 수건.
쥬리·올/쥬리·울[명] [고] 후릿고삐.
쥬복[명] [고] 여드름.
쥬복코/쥬·복·코[명] [고] 주부코.
:쥬츄[명] [고] 주추.
쥭[명] [고] 밥주걱.
쥭[명] [고] 죽(粥).
쥰티[명] [고] 준치.
:즁[명] [고] 중.
즁성[명] [고] ①짐승. ②생물(生物)의 총칭.
즈런=즈런[부] 생활이 풍족한 모양. rich 하다
즈려=밟-다[타] 발끝으로 밟다.
즈름[명] [고] 주릅. 거간(居間). 중개인.
즈름·길/즈름·씰[명] [고] 지름길.
즈믄[주] [고] 천(千).

즈봉(jupon 프)[명] 양복바지.
즈·슴[의명] [고] 즈음. 사이.
즈·슴츠-다[자] [고] 막히다. 격(隔)하다.
즈쉬[명] [고] 찌꺼기.
즈·을흐-다[타] [고] 사이에 두다. 격(隔)하다. 막히다.
즈음[의명] ①무렵. ②일이 되어갈 어름 때. ¶요~을
즈음[명] [고] 사이. [매우 요란하다.
즈음=하-다[자여] 어떤 일에 부닥치다. 제회(際會)하다. ¶비상 시국에 ~.
즈·최-다[자] [고] 지저귀다. 설사하다.
즈크(doek 네)[명] 베실이나 무명실로 두껍게 짠 직물. 천막·신·캔버스 등에 씀.
즉(即)[부] ①다른 것이 아니라 곧. ¶산다는 것, ~ 인생이란 무엇이냐. namely ②두말할 것 없이. just ③그러한 까닭으로. so
즉각(即刻)[명] 곧 그 시각. 즉시. 당각(當刻). instant
즉결(即決)[명] 즉시로 처리함. 직결(直決). immediate decision 하다
즉결 재판(即決裁判)[명] 〈법률〉 경범죄 처벌법에 저촉되는 행위 또는 그 밖의 단속 법규에 위반되는 사건을 지방 법원 판사의 의하여 즉결하여 내리는 재판.
즉결 처:분(即決處分)[명] ①〈법률〉 경찰범을 경찰서장의 권한으로 즉결하여 내리는 처분. [약] 즉처(即處). ②[속] 범인을 재판을 거치지 않고 죽이는 일. 하다
즉경(即景)[명] 그 자리에서 보이는 경치. landscape before one
즉금(即今)[명] 곧 이제. 그 자리에서 곧. at once
즉낙(即諾)[명] 즉석에서 승낙함. ready consent 하다
즉납(即納)[명] 금품(金品)을 그 자리에서 곧 바침. immediate payment 하다 「하다
즉단(即斷)[명] 그 자리에서 곧 단정함. prompt decision
즉답(即答)[명] ①곧 대답함. prompt answer ②즉석에서 거침없이 대답함. 직답(直答)③. 하다
즉매(即賣)[명] 상품이 놓인 그 자리에서 곧 팖. 직매(直賣). spot sale 하다 [하다
즉발(即發)[명] ①곧 일어남. ②그 자리에서 폭발함.
즉발 중성자(即發中性子)[명] 〈물리〉 핵분열 순간에 방출되는 고속의 중성자.
즉사(即死)[명] 그 자리에서 곧 죽음. instantaneous [death 하다
즉사(即事)[명] ①목전의 일. ②눈앞의 사물을 흥중으로 읊어 내는 일.
즉살(即殺)[명] 그 즉석에서 죽임. killing instantly 하다
즉석(即席)[명] ①그 자리. 즉좌(即座). immediate ②같은 그 자리에서 곧 만듦. ¶~ 불고기. instant
즉석 연:설(-演說)[명] [명](即席演說)[명] 미리 준비하지 아니하고 즉석에서 하는 연설. offhand speech
즉석 요리[-노-](即席料理)[명] 그 자리에서 만들어 먹는 요리. 하다 [extemporizing 하다
즉성(即成)[명] 그 자리에서 곧 이룸. 또는 이루어짐.
즉세(即世)[명] 사람이 죽어서 이 세상을 떠나는 일. departing this life 하다
즉속(即速)[명] 즉시로. 빨리. at once
즉송(即送)[명] 즉시 보냄. [once
즉시(即時)[명] 바로 그때. 그 자리에서 곧. 즉각. at
즉시 매매(即時賣買)[명] 그 즉석에서 물건을 매매하는 일. spot transaction 하다
즉시=범(即時犯)[명] 〈법률〉 형상상(刑事上), 범죄가 구성 요건의 내용의 위법 사실의 실현과 동시에 완성되는 범죄. 강도·방화·절도 등. (대) 계속범.
즉시=불(即時拂)[명] 지불 청구(支拂請求)와 동시에 즉석에서 현금을 지불하여 줌. spot payment
즉시 설립(即時設立)[명] 〈경제〉 발기인이 설립을 앞두고 발행하는 모든 주식을 인수함으로써 완성되는 주식 회사 설립의 한 방식.
즉시 시효(即時時效)[명] 〈법률〉 처분권이 없는 동산의 점유자를 권리자로 잘못 알고 거래한 상대편이 그 동산에 대하여 완전한 권리를 가지게 되는 일. 즉시 취득.

즉시 인도(卽時引渡)〘경제〙매매 계약 성립과 동시에 상품을 건네 주는 일. prompt delivery
즉시=시효(卽時時效)〘법〙즉시 시효(卽時時效).
즉시=취득(卽時取得)〘동〙즉시 시효(卽時時效).
즉시 항:고(卽時抗告)〘법률〙소송법상(訴訟法上) 정하여진 불변 기간 안에 제기하는 불복(不服) 신청의 방법. immediate complaint
즉신 성불(卽身成佛)〘불교〙현세의 그 몸이 곧 부처가 되는 일. 한 생각 사이에 곧 대각(大覺)이 이루는 일. 자신불(自身佛).
즉심 시:불(卽心是佛)〘불교〙외계에서 부처를 찾다가 대오(大悟)하게 되면 자기의 마음이 곧 부처의 마음과 마찬가지가 된다는 말. 시심 시불(是心是佛).
즉심 염:불[一념](卽心念佛)〘불교〙불심 동체(佛心同體)의 경지에 이르러 염불하는 일. 또는 자기 마음에서 부처를 찾아 염불하는 일.
즉야(卽夜) 바로 그날 밤. 당야(當夜).
즉위(卽位)圓 왕위에 오름. 어극(御極)①. 즉조(卽祚). (때) 퇴위(退位). 양위(讓位). accession to the throne 하타 [pliance 하타
즉응(卽應) 기회를 보아 곧 응함. immediate com-
즉일(卽日) 일이 있는 곧 그날. same day
즉일 방:방(卽日放榜)〘제도〙과거의 급제자에게 즉일로 방을 내어 홍백패(紅白牌)를 내리던 일. 하타
즉일 시:행(卽日施行)[一행] 어떤 법령을 공포한 날로부터 그 효력이 나게 함.
즉자(卽自)〘철학〙변증법적 운동에 있어서, 아직 ·즉자·힘[卽自一]〘고〙즉시. 곧.[대립 의식이 없는 상태.
·즉재[卽在]〘고〙즉시. 곧.
즉전(卽傳) 그 자리에서 곧 전하여 보냄. immediate transmission 하타 [는 일.
즉전(卽前) 흥련을 받지 않고 즉시 천부에 참례하
즉전(卽錢) 곧 치르는 물건 값. 맞돈. cash down
즉제(卽製) 그 자리에서 곧 지음. 하타
즉제(卽題)圓 ① 즉석에서 내놓아 짓게 하는 과제. subject for improvisation ② 스스로 작곡하면서 피아노 또는 오르간으로 즉석에서 연주함. extempor-
즉조(卽祚)圓〘동〙즉위(卽位). 하타 [ization
즉좌(卽座)圓〘동〙즉석(卽席)①.
즉지(卽知·卽智)圓 날랜 지혜. 돈지(頓知). 기지(機
즉차(卽一) 병이 곧 나음. quick recovery 하타
즉처(卽處)圓 → 즉결 처분(卽決處分). [하타
즉=출급(卽出給)圓 물건이나 돈을 즉시 내어 처러 줌.
즉-치-다[卽一] ① 달려들어 대번에 치다. hit hard ② 서슴지 않고 곧 냅다 치다.
즉통(唧筒)圓 무기위 pump
즉행(卽行)圓 ① 곧 감. going at once ② 곧 시행함. prompt execution 하타
즉향(卽向)圓 곧 향하여 감. leaving at once 하타
즉효(卽效)圓 즉시에 나타나는 효험. 곧, 드러나는 보람. immediate effect
즉후(卽後)圓〘동〙직후(直後).
즉흥(卽興)圓 즉석에서 일어나는 흥취. improvised [amusement
즉흥=곡(卽興曲)圓〘음악〙즉흥적으로 지은 악곡 또는 수상(隨想)·수감(隨感)에 의해 자유로운 형식으로 만드는 악곡. [의 흥에 따라 연출하는 극.
즉흥=극(卽興劇)圓〘연예〙별다른 준비없이 그 자리
즉흥 문학(卽興文學)〘문학〙그 때 그 당장에서 떠오른 느낌을 글로 그려낸 문학. extemporization
즉흥=시(卽興詩)圓〘문학〙그 때 그 당장에서 우러난 흥취를 읊은 시. impromptu poem [것).
즉흥-적(卽興的)圓 즉석에서 흥처에 휩싸이는 (또는
즌·펴·리圓〘고〙진펄.
즐겁-다圓 ① 마음에 흐뭇하고 기쁘다. pleasant ② 반가운 느낌이 일어나서 좋다. joyful 즐거-이圓
·**즐·겁·다**圓〘고〙즐겁다.

즐기-다¹ 마음을 즐겁게 가지다.
즐기-다² 즐거움을 누리다. enjoy
즐-다圓〘고〙비늘. [「물고기의 비늘.
즐린(櫛鱗)圓〘어류〙한쪽 가장자리가 빗살같이 생긴
즐비(櫛比)圓 빗살처럼 빽빽이 늘어섬. standing in continuous row 하타
즐·어·다圓 ①지레. 일찍. ②질러.
즐·어디-다·다圓〘고〙지레 죽다.
즐염(櫛一)**땅지네**圓〘동〙즐염망지네과의 절지 동물. 몸 길이 5.5 cm 가량, 다리는 67~87쌍, 눈
즐치(櫛齒)圓〘동〙빗살. [은 없음.
즐치=상(櫛齒狀)圓 빗살 같은 형상. pectinated
즐판(櫛板)圓〘동〙즐수모 동물만이 지닌 기관으로, 가는 털이 몸뚱이에 났다라 이것이 모여서 된 것으로, 이것이 움직여 운동하게 됨. combplate
즐풍 목우(櫛風沐雨)圓 오랜 세월을 객지에서 많은 고생을 함. hardships away from home 하타
즘[의]圓(약)→즈음.
즘계(一)圓〘고〙끝. 한계(限界). 노정(路程).
즘·계(一)圓 뜻나무. 수목(樹木).
즘넓-다圓〘고〙짓밟다.
즘승/즘싱圓〘고〙짐승.
즙(汁)圓 물체에 있는 수분(水分)을 짜낸 액체. juice
즙-나-다(汁一)圓 ① 일이 매우 익숙하여지다. attain proficiency ② 즙이 나오다. [juice
즙-내-다(汁一)圓 물체에서 즙을 짜내다. press out
즙내(汁一)圓〘공업〙도자기에 칠하는 잿물. 즙물.
즙액(汁液)圓 즙을 짜낸 액. [(汁釉). glaze
즙유(汁釉)圓〘동〙즙물.
즙재(汁滓)圓 즙을 짜내고 난 찌끼. lees
즙청(汁淸)圓 과줄·주악 등에 꿀을 바른 뒤에 계피가루를 뿌려 그릇에 재어 두는 일. 하타
즙포(緝捕)圓 죄지은 사람을 체포함. 하타
·**즛**[卽]圓〘고〙짓. 모양.
·**즛**[卽]圓 깃. 모양.
·**즛··다**圓〘고〙짖다.
즛의(卽一)圓〘고〙찌꺼기.
즛의(卽一)圓〘고〙찌꺼기.
증圓 도자기 굽 밑에 붙은 모래나 진흙 덩이.
증:(症)圓 ①(약)→증세(症勢). ②(약)→화증(火症). ③(약)→싫증.
증(繒)圓 무늬가 없이 얇고 보드랍게 짠 비단.
증(贈)圓 기증(寄贈)의 뜻으로 선물을 보내는 이가 물건에 쓰는 글자. with compliments of
증(證)圓 ①(약)→증거(證據). ②(약)→증명서(證明書).
증가(增加)圓 수량이 더 늘어 많아짐. 수량을 늘림. (대) 감소(減少). increase 하타하타
증가(增價)[一까](增價)圓 ①값을 올림. 값이 오름. raise price ②〘경제〙재산을 시가의 오름에 따라 그 평가를 높임. 하타
증간(增刊)圓 늘여서 산행됨. 또, 그 간행물. issuing extra number 하타 [decrease 하타하타
증감(增減)圓 늘임과 줄임. 증손. increase and
증감(增感)圓〘사진〙감광(感光) 재료의 감광도를 증가시킴. 또는 증가됨. 하타
증강(增强)圓 더하여 굳세게 함. reinforcement 하타
증개(增改)圓 증보하여 개정함. 하타
증거(證據)圓 ①어떠한 사실을 증명할 만한 근거. proof ②〘법률〙법원에 대하여 재판에 필요한 사실의 있고 없음을 확신시켜 주는 자료. 증빙. 험좌. ¶ ― 서류(書類). 증(證)①. evidence
증거 결정[一쩡](證據決定)〘법률〙특정한 증거 방법에 있어서 증거 조사를 명하는 법원의 결정.
증거=금(證據金)〘법률〙계약 이행의 확실함을 보증하기 위하여 담보로 내는 돈. warrant money
증거=력(證據力)〘법률〙증거가 재판관의 심증(心證)을 좌우할 수 있는 효과. 곧, 증거 방법으로서의 가치.
증거=물(證據物)圓 ①증거가 되는 물건. ②〘법률〙재판의 기초가 되는 사실을 인정하는 자료(資料). 증

거품(證據). piece of evidence

증거 방법(證據方法)명 〈법률〉법관이 사실의 있고 없음을 알기 위한 자료로서 오감(五感)의 작용으로 조사할 수 있는 사람이나 물건. 소송법에서 증인·감정인·당사자 본인·서류·검증물의 다섯 가지.

증거-인(證據人)명 ⇨증인(證人)①.

증거 인멸죄[--죄](證據湮滅罪)명 〈법률〉증거를 없애거나 은닉·위조·변조한 죄.

증거 재판주의(證據裁判主義)명 〈법률〉사실을 증거에 의하여 인정하는 재판의 주의. 곧, 증거에 의하여 재판하여야 한다는 주의.

증거 증권[--권](證據證券)명 재산법상의 권리 의무가 기재되어 일정한 법률 관계의 증명에 쓰이는 증서. 차용 증서·수령서·매매상의 계약서·운송장 등이 있음.

증거-품(證據品)명 ⇨증거물. │에 속함.

증거 항:변(證據抗辯)명 〈법률〉민사 소송의 당사자의 한 편이 상대방의 증거에 대해서 하는 이의(異議)의 진술.   [adding cars to train 하타

증결(增結)명 객차나 화차를 임시로 더 많이 연결함.

증고(增估)명 〈제도〉세곡 대신으로 돈을 바칠 때 수령이 시세대로 받아 상정가(詳定價)만을 나라에 바치고 나머지는 사비로 쓰던 일.

증과(證果)명 〈불교〉수행(修行)으로 온갖 번뇌를 끊어 버리고 진리를 깨닫게 되는 결과.

증광(增廣)명 〈제도〉조선조 때, 나라의 경사 때 비던 과거. 증광시(增廣試).

증광-시(增廣試)명 ⇨증광(增廣).

증구(增口)명 인구가 증가함. increase of population

증군(增軍)명 〈군사〉군사력을 늘림. (대) 감군(減軍).

증권[-권](證券)명 ①증거가 되는 문서. deed ②〈법률〉채권을 증명하는 증서. bill ③〈경제〉유가 증권(有價證券).   │장의 중심 기관. stock exchange

증권 거:래소[--소](證券去來所)명 증권의 유통 시

증권 공채[--채](證券公債)명 〈경제〉정부가 채권액을 표시한 증권을 발행했을 때의 공채.

증권 시:장[--장](證券市場)명 〈경제〉증권의 매매·기채(起債)·투자 등을 하는 시장. stock market

증권 회:사[--사](證券會社)명 유가 증권의 인수·매매 따위를 업무로 하는 회사. security company

증급(增給)명 월급·일급 등을 올림. 또는 올려서 줌. (대) 감급(減給). salary raise 하타

증기(蒸氣)명 ①액체나 고체가 증발 또는 승화하여 생긴 기체. ¶~ 난로(煖爐). vapour ②⇨수증기(水蒸氣).

증기-관(蒸氣管)명 증기 파이프. steam-pipe

증기-관(蒸氣罐)명 ①물을 끓여 증기를 만들어 내는 솥. 증기 기관의 주요부가 됨. steam boiler ②증기 소독에 사용하는 금속제의 둥근 통.

증기 기계(蒸氣機械)명 증기 기관과 다른 기계 장치가 아울러 된 기계. 기기(汽機).

증기 기관(蒸氣機關)명 증기(蒸氣)의 열(熱)에너지를 바꾸어 기계적 일을 할 수 있는 동력을 내는 기계. steam engine

증기 기관차(蒸氣機關車)명 증기 기관이 있어 그 증기의 힘으로 차량을 끌어당기게 되어 있는 기관차. steam locomotive

증기 소독(蒸氣消毒)명 증기로써 균을 죽이는 소독법의 하나. steam disinfection

증기압(蒸氣壓)명 〈물리〉수증기가 일정한 온도에서 가지는 압력. steam pressure

증기 터:빈(蒸氣 turbine)명 〈물리〉증기의 유동 속도를 점점 더하게 하거나 또는 그 방향을 바꾸는 원동기. 선박 등에 쓰임.

증:-나·다(症-)재 화증이나 싫증으로 불쾌한 생각이 나다. ¶울화~. feel displeased

증:-내·다(症-)타 화증이나 싫증으로 불쾌한 생각을 나타내다. feel displeased

증답(贈答)명 선사품을 주고받음. ¶~품(品). exchange of presents 하타

증대(增大)명 ①더하여 커짐. enlargement ②늘려서 많게 함. 하라타

증-대:부(曾大父)명 촌수가 먼 증조 뻘 되는 남자.

증량(增量)명 수량이 늚. 또는 늘림. increase 하라타

증례(證例)명 어떤 사실의 존부(存否)나 진위(眞僞)를 증명하는 보기.   [(賂). bribe 하타

증뢰(贈賂)명 뇌물을 보냄. 증회(贈賄). (대) 수뢰(收

증류(蒸溜)명 〈물리〉액체를 끓여 생긴 증기를 냉각기로 응축·액화(凝縮液化)함으로써 액체의 성분을 정제 분리(精製分離)함. (대) 건류(乾溜). distillation 하타

증류-기(蒸溜器)명 〈물리〉보일러의 급수(給水)를 증류하는 데 쓰이는 기구.

증류-수(蒸溜水)명 〈물리〉보통 물을 증류하여 잡된 물질을 모아 버려 깨끗한 물. 화학 실험·약제·청량 음료 등에 쓰임. distilled water

증류-주(蒸溜酒)명 술을 만들어서 다시 증류하여 알코올 성분을 많게 한 술. spirituous liquors

증립(證立)명 〈논리〉이유를 증명하여 세움.

증면(增面)명 신문·잡지 등의 발행 면수를 늘림. 하타

증명(證明)명 ①증거로써 사물을 밝힘. verification ②〈논리〉어떠한 공리·정리에서 출발하여 다른 사실의 정부(正否)를 밝히는 일. demonstration ③〈법률〉민사 소송법상의 용어. 법률 당사자의 입증 행위·재판의 기초 사실 확인을 목표로 함. certification ④〈철학〉어떤 사물이나 판단의 진위를 밝힘. verification 하타

증명-서(證明書)명 어떤 사실을 증명하는 서류. 《약》증(證)②. certificate   [cruitment 하타

증모(增募)명 정한 수보다 더 모집함. increasing re-

증문(證文)명 ⇨증서(證書).

증미(蒸米)명 물에서 건져낸 젖은 쌀.   「(天生) ~.

증민(蒸民)명 일반 여러 백성. 만민(萬民). ¶천생

증발(蒸發)명 ①액체나 고체가 기체로 변함. 또, 그 현상. ¶~력(力). evaporation ②〈속〉사람이나 물건이 갑자기 없어져 소재 불명이 되는 일. ¶지갑이 ~하다. 하라 「(貨) ~. additional issue 하타

증발(增發)명 정한 수효보다 더 내보냄. ¶~ 열차.

증발-계(蒸發計)명 물의 증발량을 재는 기상 관측의 기구. vapourimeter

증발-량(蒸發量)명 〈물리〉공기 중에 방치한 수면으로부터 일정한 시간내에 증발하는 양.

증발-열[-렬](蒸發熱)명 〈물리〉기화열(氣化熱).

증발 접시(蒸發-)명 〈화학〉시험체가 물에 녹아 있을 때 물을 증발시키고 고체의 실험체를 얻는 데 쓰는 얕은 접시.   [dividend 하타

증배(增配)명 배당 또는 배급량을 늘림. increased

증별(贈別)명 친한 사이의 정표(情表)로 시 따위를 적어 주고 떠나게 함. 하타

증병(增兵)명 군대를 더 늘림. reinforcement 하라

증보(增補)명 〈동〉증보.   「(版). supplement 하타

증보(增補)명 모자람을 깁기 위해 더 채움. ¶~판

증본(證本)명 증거가 될 서적.   「(俸). 하라타

증봉(增俸)명 봉급을 더 늘임. 또는 늘려 줌. (대) 감

증봉(增捧)명 액수를 늘리어 징수함. 하타

증비(增備)명 설비를 증가함. 하타   [하타

증빙(證憑)명 증거가 될 만함. 증거(證據).

증빙 서류(證憑書類)명 ①사실의 증거가 되는 서류. documentary evidence ②〈경제〉기업 사이에 수수(授受)되어 거래의 성립을 일으키는 각종 서류.

증사(證師)명 〈불교〉법례(法禮)를 증명할 임무로 맡은 법사. reconsideration

증삭(增削)명 〈동〉증산(增刪). 하타

증산(蒸散)명 증발하여 흩어짐. evaporation 하라

증산(增刪)명 〈詩文〉등을 다듬기 위하여 더 보태거나 깎아 냄. 증삭(增削). 첨삭. correction 하타

증산(增産)명 산출량이 늚. 생산량을 늘림. ¶미곡 ~. (대) 감산(減産). increase of production 하라

증산 작용(蒸散作用)명 〈식물〉식물체내의 수분이 증기가 되어 주로 잎의 기공(氣孔)을 통하여 체외

증상-스럽-다(症狀—)[형][ㅂ][변] 보기에 밉살맞다. disgustful **증상-스레**[부]

증서(蒸暑)[명] 찌는 듯한 더위. 무더움. sultriness

증서(證書)[명] 증거가 되는 서류. 어떠한 사실을 인정하여 주는 문서. 증문(證文). 명문(明文). 우권(右券)

증설(增設)[명] 더 베풀어 놓음. ¶~券, certificate

증:-세(症勢)[명] 병으로 앓는 여러 모양. 증후(症候). [약] 증(症)①. condition of patient

증세(增稅)[명] 조세(租稅)의 액수를 늘리거나 세율을 높임. [대] 감세(減稅). increase of taxation

증속(增速)[명] 속도를 늘림. [대] 감속. increase of speed 하[자][타]

증손(曾孫)[명] 손자의 아들. 증손자(曾孫子). great-grandson

증손(增損)[명][동] 증감(增減). 하[자][타]

증손-녀(曾孫女)[명] 손자의 딸. great granddaughter

증손-부(曾孫婦)[명] 증손의 아내. wife of great-grandson

증손-자(曾孫子)[명] 증손녀의 남편. husband of great-granddaughter

증손-자(曾孫子)[명][동] 증손(曾孫).

증쇄(增刷)[명] 더 늘려 인쇄함. 또, 그 인쇄물. 중쇄(重刷). [of water 하[타]

증수(增水)[명] 물이 불어서 늚. [대] 감수(減水). rise

증수(增收)[명] 수입이나 수확이 늚. 또는 늘림. [대] 감수(減收). additional income 하[자][타]

증수(增修)[명] 책 따위를 증보 수정함. revision and enlargement 하[타] [하[형]

증습(蒸濕)[명] 찌는 듯이 무덥고 눅눅함. sultriness

증시(贈詩)[명] 시(詩)를 선사함. 선사한 시. dedicate

증시(贈諡)[명] 임금이 시호를 내림. 하[타] [poem 하[타]

증식(增殖)[명]① 늘어서 불림. 더욱 늚. increase ②〈생물〉생물 또는 세포가 생식이나 분열에 의하여 그 수가 늚. ② 더욱 늘어감. proliferation 하[자][타]

증식-로(增殖爐)[명]〈물리〉원자 연료의 증식(增殖)이 행하여지도록 한 원자로. 증식형 원자로. breeder

증-액(憎惡)[동] 애증(愛憎).

증액(增額)[명] 액수를 늘림. 또, 늘린 액수. ¶자금~. [대] 감액(減額). increase amount 하[타]

증언(證言)[명]① 증명하는 말. 증거가 되는 말. verbal evidence ② 증인의 진술. testimony 하[타]

증언-대(證言臺)[명] 말로 어떤 사실을 증명하는 자리. ¶~에 앉다.

증여(贈與)[명]① 선사하여 줌. presentation ②〈법률〉당사자의 한편이 무상(無償)으로 자기의 재산을 양도할 뜻을 보이고 상대자가 이를 승낙함으로써 이루어지는 계약. [유] 기여(寄與). donation 하[타]

증여-세(-[贈與稅)[명] 증여받은 사람에게 물리는 세금. donation tax [炎). sultriness

증염(-년)(蒸熱)[명] 찌는 듯한 더위. 무더위. 증염(蒸

증염-이-념(蒸炎)[명] 증열(蒸熱).

증오(憎惡)[명] 몹시 미워함. 미움. [대] 애호(愛好). hatred 하[타] [하[자]

증오(證悟)[명] 불도를 수행하여 대도(大道)를 깨달음.

증오-심(憎惡心)[명] 몹시 미워하는 마음.

증왕(曾往)[명] 이미 지나간 적. 일찍이. 증전(曾前). 재전(在前). begone days

증울(蒸鬱)[명] 찌는 듯이 덥고 답답함. 하[형]

증원(憎怨)[명] 미워하고 원망함. 원한

증원(增員)[명] 사람을 늘림. ¶임시 ~. [대] 감원(減員). increase of person 하[타]

증원(增援)[명]① 인원을 늘려 응원함. reinforcement ② 원조액을 늘림. [대] 감원(減援). 하[자][타] [하[타]

증위(贈位)[명]〈제도〉죽은 후에 관위(官位)를 내림.

증이-파의(甑已破矣)[명] 일이 이미 그릇되어 뉘우쳐도 쓸데없음.

증익(增益)[명] 더 낫게 함. 더하여 늘게 함. [대] 감손(減損). 감축(減縮). increase of profit 하[자][타]

증인(證人)[명]① 증거가 되는 사람. 증견인. witness ②[동] 보증인. ③[동] 입회인. ④〈법률〉재판소에 나아가 과거에 보고 들은 사실을 말하는 사람. witness ⑤〈기독〉예수교 신자로서 예수의 무죄·부활·승천을 증명하던 사람. 원좌.

증인(證印)[명] 증거가 되게 찍는 도장. evidential seal

증인-대(證人臺)[명] 증인이 증언하는 자리. witness stand [로 조사하는 일.

증인 신:문(證人訊問)[명]〈법률〉증인을 증거 방법으

증입(證入)[명]〈불교〉진리에 깨달아 들어감. 하[자][타]

증자(增資)[명] 자본을 늘림. [대] 감자(減資). increase of capital 하[타] [로 만든 꾸밈새. 정자(頂子).

증자(鐺子)[명]〈제도〉전립(戰笠) 따위에 꼭지 모양으

증장(增長)[명]① 늘어서 더 자람. further growth ② 더 심하여짐. 하[자]

증장-천(增長天)[명]〈불교〉①사천(四天)의 하나. 남방쳐(南方天). ②[약]→증장천왕.

증장천-왕(增長天王)[명]〈불교〉사천왕(四天王)·십이천(十二天)·십육 선신(十六善神)의 하나. [약] 증장천.

증적(證迹)[명] 증거가 되는 자취. evidence

증전(曾前)[명][동] 증왕(曾往).

증정(增訂)[명] 책 같은 것의 모자라는 것은 보태고 잘못된 것을 고침. ¶~판(版). revision and enlarg-

증정(贈呈)[명] 기증(寄贈). 하[타] [ement 하[타]

증조(曾祖)[명] [약]→증조부.

증조-고(曾祖考)[명] 돌아가신 증조부. [mother

증조-모(曾祖母)[명] 할아버지의 어머니. great-grand-

증조-부(曾祖父)[명] 할아버지의 아버지. [약] 증조. great-grandfather

증조-비(曾祖妣)[명] 돌아가신 증조모.

증좌(證左)[명][동] 증참(證參).

증주(增株)[명] 증자(增資)를 위하여 모집하는 주식.

증주(增註)[명] 주석(註釋)을 보충함. 또, 보충한 주석. additional notes 하[타]

증증(蒸蒸)[부]① 무럭무럭 피어 오르는 모양. thickly ② 뭉게뭉게 나아가는 모양. steaming 하[형]

증지(證紙)[명] 돈을 지불하였거나, 품질을 증명하기 위하여 서류나 물품에 붙이는 종이 쪽지.

증진(增進)[명] 더하여 나아감. 증가 진보함. [대] 감퇴(減退). promotion 하[자][타]

증질(證質)[명] 증인으로 질문함. 하[타]

증징(增徵)[명] 더 징수함. additional levy 하[타]

증차(增車)[명] 차량수를 더하여 늘림. 하[자][타]

증참(證參)[명] 참고할 만한 증거. 증좌(證左). corroborative evidence

증척(憎斥)[명] 미워하고 배척함. rejection 하[타]

증축(增築)[명] 집 같은 것을 더 늘리어 지음. extention 하[타]

증치(增置)[명] 시설 따위를 늘려서 설치함. 하[타]

증타(憎唾)[명] 증오하여 침을 뱉음. spitting hatefully 하[타] [탄의 양. [대] 감탄(減炭).

증탄(增炭)[명] 석탄의 생산량을 늘림. 또, 그 늘린 석

증투-막(增透膜)[명] 투명한 물질 표면에 붙여서 반사광을 줄이고 투과력을 늘리는 얇은 막. 보통 사진 렌즈에 붙임. [reinforcement 하[타]

증파(增派)[명] 인원을 늘려서 파견함. ¶~ 부대.

증편(蒸-)[명] 멥쌀 가루에 막걸리를 조금 타서 부풀어 일게 하여 찐 떡. 시루떡. 증병(蒸餠). steamed ricecake ¶~을 놓다. [대] 감편(減便).

증편(增便)[명] 배·항공기·자동차 등의 정기편의 횟수

증편-틀(蒸-)[명] 증편을 만드는 틀.

증폭(增幅)[명] 라디오 등의 진폭(振幅)을 세게 함. amplification 하[타]

증폭-기(增幅器)[명]〈물리〉라디오·전화 따위에서 전압이나 전류의 진폭이 작고 감도가 나쁠 경우에 증폭하여 강하게 하는 장치. amplifier

증폭 작용(增幅作用)[명]①〈물리〉진동(振動)의 진폭(振幅)을 증가하는 작용. ②진동 전파의 전류 또는 전압의 진폭을 증가하는 작용. amplifying

증표(證標)[명] 증거가 될 만한 표. voucher

증필(證筆)[명] 문서의 보증인과 집필한 사람. surety and writer of document

증하다(憎—)[형][여불] 너무 지나치게 크거나, 모양이 흉하여 보기에 징그럽다. disgustful
증험(曾驗)[명] 일찍이 경험함. 하타
증험(證驗)[명] 사실을 경험함. verification 하타
증호(增戶)[명] 더 늘어난 호수(戶數).
증회(贈賄)[명] 뇌물(賂物)을 줌. 증뢰(贈賂). 《대》수회(收賄). bribery 하타
증회죄(贈賄罪)[명] 〖법〗 공무원·공무에 종사하는 의원·위원, 그 밖의 직원에게 뇌물을 주었거나 또는 줄 약속을 함으로써 성립되는 죄. bribery
증:후(症候)[명] 증세(症勢).
증후(證候)[명] 증거가 될 기미.
즞-다[자] (고) 깨 따위가 짓다.
정:이(증ㅡ이)[명] 징징거리.
지[명] '요강'의 궁중말.
지²[의명] 어떤 동작이 있었던 때로부터 지금까지의 동안. 반드시 'ㄴ' 아래에 쓰임. ¶졸업한 ~ 만 1년 됐다. since
지³[조] 모음으로 끝나는 체언에 붙어 반어(反語)의 뜻을 나타내는 토. ¶이것이 네 책이~? →이오.
-지[어미] ①모든 어간에 붙어 다음에 그 뜻을 부정하는 말을 오게 하는 연결 서술형 어미. ¶밥을 먹ㅡ 않았다. ②어간에 붙어 어세(語勢)를 세게 하는 종결 서술형 어미. ¶죽으면 죽었ㅡ. ③의문의 뜻을 나타내는 종결 서술형 어미. ¶이게 웬 일이ㅡ. ④종결형의 반말의 뜻을 나타냄. ¶이제 그만하ㅡ.
=지²[의명] '깊이'라는 뜻의 말. ¶오이ㅡ. 짠ㅡ.
지(肢)[명] 팔과 다리. limb
지(智)[명] 슬기. wisdom
지(識)[명] '적음'의 뜻. ¶저자(著者) ~. by
지(至)[조] '까지'의 뜻을 가진 한자말. ¶자(自) 서울, ~부산. 《대》자(自). to
=지(市)[명] ①명사 아래 붙어 땅을 나타내는 말. 시가(市街)~. place ②옷감의 뜻. ¶한복~.
-지(地)[접미] '곳'의 뜻.
-지이미[고] (고)ㅡ이미.
지가[一까] (地價)[명] 토지의 가격. land price
지가(知家·止街)[명] 〖제도〗 대관이 통행하는 길을 침범한 자를 한때 길가의 집에 맡기어 두던 일.
지가(紙價)[명] 종이의 값. price of paper
지가-서(地家書)[명] 〖민속〗 지술(地術)을 기록한 책.
지가 증권[一까ㅡ꿘] (地價證券)[명] 농지 개혁 때, 정부가 매수한 농지의 대가를 보상하기 위하여 지주에게 발행한 유가 증권.
지각(地角)[명] 땅의 한 모퉁이. corner of the earth
지각(地殼)[명] 〖지학〗 지구(地球)의 거죽 껍데기. ¶~ 운동(運動). earth crust
지각(知覺)[명] ①알아서 깨달음. 또, 그 능력. ②〖심리〗 사물을 이해하는 감각. 가리사니①. preception
지:각(積設)[명] 〖위〗 ㅡ가각.
지각(遲刻)[명] ①정해진 시각에 늦는 일. lateness ②〖동〗 지참(遲參). 하자
지각-계(知覺計)[명] 인체 피부의 지각을 측정하는 데 쓰는 기계.
지각-나다(知覺ㅡ)[자] 사물을 분별할 줄 아는 힘이 생기다. reach the age of reason
지각-들다(知覺ㅡ)[자][ㄷ불] 사물을 분별할 만한 의식이 생기다. 철들다. arrive at the age of discretion
지각 마비(知覺痲痺)[명] 〖생리〗 신경 계통이나 정신 작용 등의 장애로 지각이 마비되는 일. paralysis of sensation
지각-망나니(知覺ㅡ)[명] 철이 덜 든 사람을 놀으로 일컫는 말.
지각-머리(知覺ㅡ)[명] (비) 지각.
지각머리-없:다(知覺ㅡ)[형] (비) 지각 없다. 지각머리-없이[부]
지각 변:동(地殼變動)[명] 〖지질〗 ㅡ지각 운동(地殼運動).
지각 수축설(地殼收縮說)[명] 지구가 기체에서 액체로, 액체가 더 식고 변하여 오늘날과 같이 단단하고 산과 바다의 모양이 잡혔다는 학설. contraction theory
지각 신경(知覺神經)[명] 〖동〗 감각 신경(感覺神經).
지각-없:다(知覺ㅡ)[형] 하는 짓이 어리고 철이 없다.

indiscreet **지각-없:이**[부]
지각 운:동(地殼運動)[명] 〖지학〗 지각에 일어나는 내인적(內因的)인 지각 변동(地質作用)의 총칭. 지각 변동(地殼變動). 지반 운동(地盤運動). crustal movement
지각 이:상(知覺異常)[명] 〖의학〗 신경 계통이나 정신 작용에 장애가 일어나 지각이 보통의 상태를 잃어 환각(幻覺)·착각(錯覺) 따위가 일어나는 병적 현상. mental derangement 하는 의식 작용.
지각 정신(知覺精神)[명] 〖심리〗 사물을 틀림없이 분별
지각 평형설(地殼平衡說)[명] 〖지학〗 땅 거죽 물질은 그 밑 일정한 밀도가 밀도가 적으나 땅 밑으로 일정한 깊이에 가면 위로부터 받는 압력은 가는 곳마다 같다는 지구 물리학상(地球物理學上)의 가설(假說). isostasy
지각하고는 담 쌓았다[관] 전혀 지각이 나지 않았다.
지간(支干)[명] 간지(干支).
지간(枝幹)[명] ①가지와 원줄기. trunk and branches ②〖동〗 지간(肢幹). [limbs
지간(肢幹)[명] 사지(四肢)와 몸. 지간(枝幹)②. body and
지갈(止渴)[명] 목마름이 그침. 또, 그치게 함. 하타
지감(知鑑)[명] (약)→지인지감(知人之鑑).
지갑(指甲)[명] 조갑(爪甲).
지갑(紙匣)[명] ①종이로 만든 갑. paper-box ②돈 같은 것을 넣고 다니는, 가죽이나 헝겊으로 만든 물건. 금낭(金囊). 돈지갑. purse [없음. 하타
지강(至剛)[명] 지극히 강직하여 사악(邪惡)이 굴하지
지개(志槪)[명] 지기(志氣).
지객(知客)[명] 〖불교〗 절에서 왕래하는 손님을 인도하는 일. 또, 그 일을 맡은 사람.
지걸-이다[一림ㅡ][자] 지벌입다.
지검(地檢)[명] (약)→지방 검찰청.
지게[명] 짐을 얹어 등에 지는 제구. A-frame
지게[명] (약)→지게문.
지게 꼬리[명] 지게에 짐을 싣고 잡아매는 줄. rope
지게-꾼[명] 지게로 짐을 나르는 일을 업으로 삼는 사람. A-frame coolie '튼튼하게 있는 'ㄴ'의 일컬음.
지게-다리[명] 무(戊)·술(戌) 따위의 한자(漢字)의 오
지게-문[一문] (ㅡ門)[명] 마루에서 방으로 드나드는 곳에 문종이로 안팎을 두껍게 싸서 바른 외짝문. (약) 지게. sliding door
지게미[명] ①재강에서 모주를 거른 찌끼. 주박(酒粕). lees ②술을 많이 마시거나 열기(熱氣)로 인하여 언 가에 끼는 흰 곱. eye-wax
지게-질[명] 지게로 짐을 나르는 일. 하타
지젯-가지[명] 지게 몸에서 뒤로 벋어 나간 가지. 그 위에 짐을 얹음. [legs of A-frame
지젯-다리[명] 지게의 몸에서 벋어 나간 양쪽 다리.
지젯-작대기[명] 지게를 버티어 세우는 작대기.
지게-질린 날씨[명] 한정한 날짜가 바싹 닥쳐옴. being pressed for time 하타 [ness
지격(志格)[명] 고상한 뜻과 높은 인격. lofty-mindedness
지견(知見)[명] 〖동〗 지식(識見). [ledge
지견(智見)[명] 지혜와 식견(識見). intellect and knowledge
지결(支結)[명] 〖한〗 가슴이 막혀 답답한 열병.
지결(至潔)[명] 지극히 청결함. 하타 [하다. tedious
지접-다[형][ㅂ불] 몹시 지루하고 싫증이 나다. 지긋지긋
지경(地境)[명] 〖약〗 ㅡ지하경(地下莖).
지경(地境)[명] ①땅과 땅의 경계. 지계(地界)①. boundary ②어떠한 처지. situation
지경(枝梗)[명] 나뭇가지와 줄기. branches and stem
지경(持經)[명] 〖불교〗 경을 항상 몸에 지니고 있으면 서 늘 송독함. 하타 [界)의 하나.
지계(地界)[명] ①ㅡ지경(地境)①. ②〖불교〗 삼계(三
지계(地階)[명] 〖건축〗 ①고층 건물에 있어서 지하실. ②고층 건물의 첫째 층. basement
지계(持戒)[명] 〖불교〗 계행(戒行)을 지킴. 《대》 파계(破戒). observance of commandments 하타
지고(至高)[명] 더할 나위 없이 높음. supremacy 하타

지고(地高)명 땅의 높이.
지고-선(至高善)명 〖윤〗최고선(最高善).
지곡(地哭)곡(哭)을 그침. 하재
지골(肢骨)명 〖생리〗팔다리뼈. limb bones
지골(指骨)명 〖생리〗열네 개의 작은 뼈로 된 손가락의 중추를 이룬 뼈. phalanx
지골(趾骨)명 〖생리〗열네 개의 작은 뼈로 된 발가락의 중추를 이룬 뼈. phalanx
지골로(gigolo 프)명 여자에 기대어 사는 남자.
지공(支供)명 음식을 이바지함. 하재
지공(至公)명 〖약〗→지공 무사(至公無私).
지공(至恭)명 지극히 공손함. supreme courtesy 하재
지공(指空)명 하늘을 가리킴. pointing to sky
지공 무사(至公無私)명 지극히 공평하고 사사로운 마음이 없음. 〖약〗지공(至公). fair and selfless 하재
지공 지평(至公至平)명 지극히 공평하여 치우침이 없음. supreme fairness 하재
지과(止戈)명 전쟁을 멈춤. cessation of battle 하재
지과(指窠)명 〖제도〗벼슬하려는 사람이 빈 벼슬자리 중에서 자기가 희망하는 자리를 고르는 일.
지각(地脚)명 위아래의 눈시울. edge of eye
지관(支管)명 본관에서 갈라져 나온 관.
지관(止觀)명 〖불교〗〖천태종(天台宗)에서, 산란한 온갖 망념(妄念)을 버리고 고요한 맑은 지(智)로 만법(萬法)을 비추어 보는 일. ②'천태종(天台宗)'의 이칭.
지관(地官)명 ①〖민속〗지술(地術)을 알아서 집터·묏자리 따위를 가리는 일. 지사(地師). geomancer ②〖제도〗호조(戶曹)의 예스러운 이름.
지광(地廣)명 ①땅의 넓이. ②한 지방이나 나라의 땅이 넓음. 하재
지광 인희(地廣人稀)명 땅은 넓고 사람은 드묾. 인희 지광.
지괴(地塊)명 ①땅덩이. block ②〖지학〗사방(四方)이 단층면(斷層面)으로 절단(切斷)되어 있는 지각의 일부.
지괴 산맥(地塊山脈)명 〖지학〗지괴 운동에 의하여 생기고 단층애(斷層崖)에 의하여 한정(限定)된 산맥. 〖하여 지괴가 침식을 받아서 형성된 산지.
지괴 산지(地塊山地)명 〖지학〗단층면(斷層崖)에 의
지괴 운:동(地塊運動)명 〖지학〗지괴가 단층면(斷層面)을 따라서 비비며 움직이는 운동. block movement of the earth's crust 〖음. dexterity 하재
지교(至巧)명 더없이 정교(精巧)함. 지극히 공교로
지교(至交)명 깊은 정의(情誼). close friendship
지교(智巧)명 슬기롭고 공교로움. wisdom and ability 하재
지구(地久)명 땅이 오래도록 변하지 아니함. 하재
지구(地球)명 〖지학〗사람이 살고 있는 땅덩어리. 태양계의 한 떠돌이별[惑星]로 돌아다니는데, 모양은 타원이며, 지름은 적도가 길고 양극은 짧은 꾸[(坤興). 방어(方興). earth 〖neously)
지구(地區)명 땅을 여럿으로 나눈 하나의 구역. dis-
지구(地溝)명 〖지학〗땅이 꺼져서 오목하게 된 부분. trough 〖ance
지구(知舊)명 오래 전부터 친한 친구. old acquaint-
지구(持久)명 오랫동안 버티어 감. 견디어 감. endurance 하재
지구=간(知舊間)명 오래 사귄 벗의 사이.
지구=광(地球光)명 〖천문〗지구에 비치는 햇빛이 반사되어 초승달의 이지러진 부분에 엷게 비치는 빛.
지구=대(-帶)(地球-)명 〖동〗땅꽃이. earthshine
지구=대(地球帶)명 〖지학〗지구(地溝)로 된 띠 모양의 낮은 땅. graben 〖ance
지구-력(持久力)명 꾸준히 버티어 나가는 힘. endur-
지구 물리학(地球物理學)명 〖물리〗지구 전체 및 내부의 물리적 성질·물리적 현상을 연구하는 물리학의 한 부문. geophysics
지구=본(地球-)명 지구의(地球儀).
지구=의(地球儀)명 지구의 모형. 지축(地軸)에 해당하는 23.5° 경사의 축을 중심으로 돌게 되었음. 지구본. globe
지구 자:기(地球磁氣)〖물리〗지구가 가지고 있는 자석의 기운. 이로 인해 지구상에서는 자석이 거의 남북을 가리킴. 지자기(地磁氣). terrestrial magnetism
지구-전(持久戰)명 ①승패(勝敗)의 결정이 나지 아니할 경우, 적의 쇠퇴나 아군의 구원을 기다리기 위하여 될 수 있는 한 전국(戰局)을 오래동안 끄는 싸움. 장기전. ②오랫동안 끌어가며 싸우는 싸움. game of endurance 〖plan
지구-계(持久之計)명 오래 끌고 갈 계교. long range
지구 혹성(地球惑星)명 〖천문〗지구형의 혹성. 곧, 이들 계의 혹성 중 수성·금성·지구·화성의 넷.
지구 화:학(地球化學)명 〖화학〗지구를 화학적으로 연구하는 학문. geochemistry
지국(支局)명 본사(本社)나 본국(本局)에서 갈라져 나가 지방에 있으면서 그 사무를 맡아보는 곳. (대)본국(本局). branch office
지국=천왕(持國天王)명 〖불교〗동쪽 천국을 지키며 선악자를 가려 상벌하는 사천왕(四天王)의 하나.
지국총 지국총〖고〗노를 젓고 닻을 감을 때나 떠날 적에 배에서 어부들이 부르는 소리.
지궁(至窮)명 몹시 곤란하고 궁함. 하재 〖하재
지궁 차궁(至窮且窮)명 더할 수 없이 곤란하고 궁함.
지궁 당상(知弓品堂上)명 〖제도〗군기시(軍器寺)에 바치던 활과 살의 수납을 맡던 임시 벼슬.
지-권:연(紙卷煙)명 〖원〗→지궐련.
지:궐:련(-紙卷煙)명 썬 담배를 얇은 종이로 만 담배. 시가렛. (대)엽궐련. (원)지권연. cigarette
지귀(至貴)명 지극히 귀함. very rare 하재
지그(jig)명 같은 물건을 많이 만들어 낼 경우에 개별적으로 가공하는 손질을 덜기 위하여 공작 기계의 칼날을 바로 대는 구실을 하는 연장.
지그럭-거리-다재 ①조그마한 일로 남이 보고 듣기에 딱하도록 옥신각신 다투다. quarrel ②듣기 싫어하도록 자주 불평을 말하다. 〖작〗자그락거리다. 〖센〗찌그럭거리다. grumble **지그럭=지그럭** 하재
지그르르用 거의 잦아진 물기나 기름기 따위가 세게 끓어 마르는 소리. 〖작〗자그르르. 〖센〗찌그르르. 하재
지그리-다티 문을 지그시 닫다. shut loosely
지그시用 ①눈을 슬그머니 감는 모양. closing one's eyes softly ②느리고도 힘있게 당기거나 누르거나 밀것나 닫는 모양. ¶옷소매를 ~ 잡아당기다. ③어려운 것을 참고 견디는 모양. endure hardship patiently
지그재그(zigzag 프)명 ①번개형. Z자형. 갈짓자형. ②스키 및 등산(登山) 용어. Z자형 등반(登攀). ③재그 등로(登路). ③〖군사〗Z자호(壕). ④Z자형의 댄스 스텝.
지그재그 항:행(zigzag航行)명 군함이 적의 뇌격(雷擊)이나 폭격을 피하기 위하여 진로를 Z자형으로 잡는 방법. 〖most 하재 히재
지극(至極)명 극진한 데까지 이름. 극수(極髓)①. ut-
지근(支根)명 〖식물〗주근(主根)에서 갈라져 나간 잔뿌리. 곁뿌리. lateral root
지근(至近)명 매우 가까움. close 하재 〖하재
지근-거리-다재 ①골치가 쑤시고 아프다. 지근=지근
지근-거리-다티 ①남이 싫어하는데 몹시 괴롭게 굴다. harass ②자꾸 장난하듯이 조르다. importune ②가볍게 연해 씹다. chew ③어떤 물건을 약한 힘으로 자꾸 눌러 깨뜨리다. 〖작〗자근거리다. 〖센〗찌근거리다. crush **지근=지근** 하재
지근덕=거리-다티 몹시 끈덕지게 지근거리다. 〖작〗자근덕거리다. 〖센〗찌근덕거리다. importune **지근덕=지근덕** 하재
지근지-지(至近之地)명 썩 가까운 곳. 지근지처. ne-
지근지-처(至近之處)명 〖동〗지근지지. 〖arest place

지글-거리-다 ①적은 물이나 기름기가 타는 듯이 연해 소리를 내며 끓다. simmer ②무슨 일에 걱정이 되어 마음을 몹시 졸이다. 《센》찌글거리다. fret **지글-지글** 튀 하튀

지금(只今) 튀 이제. 현금. 목전(目前). 목하(目下). 시방(時方). ¶이제. 곧. now

지금(地金) 명 ①제품을 하지 아니한 금. bullion ②화폐·그릇 따위의 바탕이 되는 금속.

지금(地錦) 명 ①땅빈대. ②담쟁이덩굴. 〔속〕

지금(至今) 튀 〔약〕→지우금(至于今).

지금-거리-다 튀 음식에 섞인 잔모래 따위가 자꾸 십히다. 《작》자금거리다. 《센》찌금거리다. feel sandy to the teeth **지금=지금** 튀 하튀

지금-껏(只今一) 튀 바로 이 시각에 이르기까지. 여태. 〔까〕. till now

지급(支給) 명 ①물건이나 돈을 처리 줌. ¶~품. provision ②〈법〉채무의 변제로서 금전·어음 등을 급부함. 하튀 〔약〕→지급 전보. **하**튀 히튀

지급(至急) 명 매우 급함. 십급(甚急). 절급. urgency

지급 거:절(支給拒絶) 명 〈법〉지급 제시 기간 안에 어음·수표의 소지인이 인수이·지급인 또는 지급 담당자에 대하여 지급 제시를 하고 지급을 청구했는 데도, 어음 금액 또는 수표 금액 등의 전부 또는 일부의 지급이 거절된 경우를 이르는 말. nonpayment

지급 기일(支給期日) 명 ①치를 날짜. ②어음면에 쓰인 금액의 지급의 만기일.

지급 명:령(支給命令) 명 〈법〉금전 기타의 대체물·유가 증권 등의 일정한 수량의 급부를 목적으로 하는 청구권에 관하여 채권자의 일방적 신청이 있으면 채무자를 심문하지 않고 채무자에게 그 지급을 명령하는 재판. order for payment

지급 보:증(支給保證) 명 〈법〉제시 기간 안에 수표가 제시될 것을 조건으로 그 지급 의무를 이행할 것을 보증하는 지급인의 행위. 〔약〕지보(支保)②. certification of payment

지급 불능(支給不能) 명 〈법〉채무자가 돈을 가지지 않고 또 또한 쉽게 조달할 가망이 없는 상태. 전형적인 파산 원인임. insolvency

지급 어음(支給一) 명 〈경제〉부기(簿記)상, 당방에 직접적으로 지급 채무가 있는 어음. 〔대〕받을 어음. bill payable

지급 유예〔-뉴-〕(支給猶豫) 명 〈법〉전쟁이나 큰 화재 등으로 경제 사정이 비상 긴급하여 채무자의 파탄이 경제계에 큰 타격을 줄 것으로 예상될 때, 법령으로 특히, 일정 기간 금전의 대차 수수(貸借授受)를 연기하는 조치. postponement of payment

지급-인(支給人) 명 ①금전의 지급을 하는 사람. ②〈법〉어음 또는 수표 금액을 지급해야 할 사람으로서 발행인에 의해 지정된 사람. payer, drawee

지급 장소(支給場所) 명 〈법〉증권면에, 어음·수표 등의 지급을 해야할 곳으로 지정된 장소. 대개 은행임. 지급지. domicile

지급-전(至急電) 명 →지급 전보.

지급 전:보(至急電報) 명 특별 전보의 하나. 통상 전보보다 먼저 발송함. 〔대〕통상 전보(通常電報). 〔약〕지급(至急電)②. urgent telegram

지급 전표(支給傳票) 명 은행이나 회사 등에서 현금을 지급할 때, 그 계정 과목·금액·성명 등을 그 거래에 관계되는 각자로 통달하기 위해 만드는 작은 쪽지. payment slip

지급 전:화(至急電話) 명 ①신청에 의하여 체신 당국으로부터 가납금·가설료를 받고 가설하여 주는 전화. urgent call ②일반 전화보다 먼저 접속시켜 주는 시외 전화. urgent out-of-town call

지급 정지(支給停止) 명 채무자가 지급 불능이 되었음을 스스로 표시하는 행위. suspension of payment

지급 제시(支給提示) 명 〈법〉어음·수표 등의 소지인이 그 증권을 제시하여 지급을 요구하는 행위.

지급 증권〔-꿘〕(支給證券) 명 〈법〉금전 채무의 변제인 금전의 인도와 법률상 동일한 효력을 발생하는 유가 증권. 수표 따위.

지급-지(支給地) 명 어음·수표 등의 금액을 지급해야 할 곳. 지급 장소. domicile

지긋-지긋 튀 ①슬그머니 자꾸 밀거나 당기거나 누르거나 닫는 모양. 《작》자긋자긋. slowly ②오래 참고 견디는 모양. enduringly

지긋지긋-이 튀 지긋지긋하게.

지긋지긋-하-다 튀 ①싫증이 날 만큼 피로운 느낌이 대단하다. disgustful ②하는 짓이 보기에 몹시 잔인하다. 《작》자긋자긋하다. cruel

지긋-하-다 톃 나이가 들고 언동이 의젓하다. advanced in years **지긋-이** 튀

=지**기**¹ 〔접미〕지키는 사람. ¶등~. 당~. 〔서 마~.

-지**기**² 〔접미〕논이나 밭 따위의 면적을 나타냄. ¶논

지기(地氣) 명 ①땅의 전기나 증기. vapour or electricity in the earth ②땅의 생기나 정기. spirit of the earth ③땅 속의 공기. 토기(土器). air in soil

지기(地祇) 명 〈제도〉사전(祀典)에서 사직(社稷)을 가리키던 말. 〔대〕천신(天神). ②땅의 신령.

지기(志氣) 명 어떤 사물을 이루려는 의기. 의지(志)와 기개(氣槪). 지개(志槪). spirit

지기(知己) 명 〔약〕→지기지우(知己知友).

지기(知機) 명 낌새를 알아차림. ¶~ 도타(逃躱). being aware of chance 하튀

지기(紙器) 명 종이로 만든 그릇. 종이컵.

지기 상합(志氣相合) 명 서로 뜻이 맞음. 지기 투합(志氣投合). congeniality 하튀

지기지우(知己之友) 명 서로 마음이 통하는 친한 벗. 〔약〕지기(知己). 지우(知友). bosom friend

지기 투합(志氣投合) 명 〔유〕지기 상합(志氣相合). 하튀

지긴 지요(至緊至要) 명 더할 나위 없이 긴요함. exceedingly important 하튀

지꺼분-하-다 튀여튀 ①눈이 깨끗하지 못하고 흐릿하다. fishy-eyed ②물건이 어수선하게 늘어져 있다. disorderly

지껄-거리-다 재 자꾸 지껄이다. 《작》재깔거리다. **지껄=지껄** 튀 하튀 〔〔작〕재껄이다. chatter

지껄-이-다 재 조큼 떠들썩한 목소리로 이야기하다.

지껄-하-다 톃 지껄지껄하여 시끄럽다. 《작》재깔하다. talkative

지끈 명 단단한 물건이 별안간 세게 부러질 때 나는 소리. 《작》자끈. snappingly 하튀

지끈-거리-다 재 여러 개가 모두 지끈 소리를 내며 깨지거나 부러지다. 《작》자끈거리다. **지끈=지끈** 튀 하튀 〔모양〕. 《작》자끈둥. snappingly

지끈둥 명 길고 단단한 물건의 중턱이 지끈 부러지는 모양. 《작》자끈둥. snappingly

지끔-거리-다 재 《센》→지금거리다.

지나(支那) 명 '중국(中國)'의 딴이름. ¶~인(人).

지나-가-다 재 ①머무르지 않고 바로 가다. go through ②일정한 한도가 넘다. go beyond ③거쳐서 가다. go past ④시간이 흘러가다. elapse ⑤어떤 사물의 수량이나 정도의 수준을 넘어가다.

지나-다 재타 ①어디를 거치어 가거나 오거나 하다. pass by ②시간이 경과하다. 세월이 가다. expire ③한창 때를 넘어 쇠하여지다. ¶운이 ~. expire ④어떤 사물의 수량·정도·한도를 넘다. expire ⑤과거가 되다. ¶지난 추억.

지나-다니-다 재 지나서 오거나 가거나 하다.

지나-새나 튀 밤낮없이. 언제나. always

지나-오-다 재타 ①어떠한 곳을 거쳐서 오다. come over ②일을 겪어 오다. experience

지나-치-다 재타 ①표준될 만한 정도를 넘어서다. ¶사치가 ~. go too far ②지나가거나 오다. ¶그 곳을 ~. pass by ③말·행동 등이 거칠고 과격하다. ¶행동이 ~.

지난(至難) 명 아주 어려움. 십난(甚難). 〔대〕안이(易). most difficult 하튀

지난(持難) 명 할 일을 머뭇거려 미루기만 하고 하지

지난 가을				1727				지대

않음. being idle 하다타
지난 가을명 작년 가을. 객추(客秋). last autumn
지난 겨울명 작년 겨울. 객동(客冬). last winter
지난=날[-랄]명 ①오늘 이전의 날. in the past ②그리 멀지 않은 과거의 어느 무렵. one day ③동 과거.
지난=달[-딸]명 바로 앞의 지나간 달. 객월(客月). 거월(去月). last month
지난=밤명 어젯밤. 거야(去夜). last night
지난=번[-뻔]명 ①번. 먼젓번. 전번. 접때. 경자(頃者). 전차(前次). 향일(向日). last time
지난 봄명 작년 봄. 객춘(客春). last spring
지난 여름[-녀-]명 작년 여름. 객하(客夏). 거하(去夏). last summer
지난-적명 동 과거(過去).
지난적=갈림끝명 동 과거 분사(過去分詞).
지난=해명 지난간 해. 객년(客年). 객세(客歲). 작년(昨年). last year 　［때. on one's way
지날=결[-껼]명 지나가는 길이나 편. 지나가는
지남(指南)명 ①남쪽을 가리킴. pointing to the south ②이끌어 가르치거나 지도함. orientation 하다타
지남=석(指南石)명 동 자석(磁石). 지남철.
지남=차(指南車)명 나무로 손을 들고 남쪽을 가리키는 사람 모형을 만들어 세웠던 중국의 고대 수레. 이것이 후세에 지남침이 됨. compass vehicle
지남=철(指南鐵)명 ①물리 쇠붙이를 끌어당기는 성질이 있는 쇠. 지남석. 자석(磁石). magnet
지남=침(指南針)명 ①자석 기운을 올려 논 남쪽을 가리키는 성질이 있는 바늘페. magnetic needle ②방향을 알아보는 데 쓰는 기구. 나침(羅針). 자침(磁針). compass
지낭(智囊)명 지혜나 꾀가 많은 사람. brain
지내(地內)명 한 구역의 토지 안. within area
지=내-다타 ①생활하거나 살아가다. live ②사귀어 가다. ¶의좋게 ~. associate with ③세상 일을 겪다. get along ④경험을 얻다. experience ⑤어떤 직책을 맡아 하다. ¶군수를 ~. serve ⑥혼인·장례·잔치·세사 따위의 일정한 일을 치르다. hold
지=내=듣-다타[-듣도-] 대수롭지 않게 귀로 흘러 듣다. take no notice of
지=내력(地耐力)명 어떤 목적으로 쓰이는 토지가 그 용도에 견디는 능력. 　　　　　　　［ate with
지내보-다타 서로 사귀어 보다. 겪어 보다. associ-
지내-보이다타 주의하지 아니하고 예사로 보다. ¶내 눈에 덜 밉거든 남이야 지내보랴.
지네명 동물 다족류(多足類)의 절족 동물(節足動物). 몸 빛은 두부와 복면은 황록색이고 배면은 대록암색임. 몸은 가늘고 길며 여러 마디로 이루어져 있고 그 마디마다 한쌍의 발이 있음. 흙 속에 살며 서 작은 벌레를 잡아먹음. 오공(蜈蚣). 천룡(天龍). 토충. centipede
지네-고사리명 식물 고사리과의 다년생 풀. 잎은 근경에서 총생하고 엽병(葉柄)은 15~40cm로 흑갈색 또는 담갈색임. 산지의 나무 그늘에 나는데 한국 중부 이남에 분포됨.
지네 발에 신 신긴다타 많은 자식을 일일이 돌보려고 부모가 애쓰는 어려움을 이름.
지네-철(-鐵)명 건축 박공에 박는 지네 모양의 첫 조각. 오공철(蜈蚣鐵).
지-노(紙-)명 종이 노끈. 지승(紙繩). paper-string
지노귀(-鬼)명 약→지노귀새남.
지노귀=새=남(一鬼一)명 민속 죽은 사람의 혼이 좋은 곳으로 가도록 하는 굿. (약) 새남. 지노귀.
지느러미명 동물 수서(水棲)·척추 동물의 헤엄치는 기관. 분수(奮水). ¶~. fin
지느러미-엉겅퀴명 식물 엉거시과의 다년생 풀. 엉경퀴와 비슷한데 줄기는 가시와 지느러미 모양의 날개가 두 줄 있음. 6~10월에 홍자색 꽃이 피고 과실에는 관모가 있음. 어린 잎은 식용됨.
=지-는어미 '-지'에 '는'이 합한 어미. ¶먹~ 못한다.

《약》=진. 　　　　　　　　　　［것이 상책이다.
지는 것이 이기는 것타 싸움은 지는 체하고 그만두는
지능(知能)명 ①지식과 재능. intelligence ②경험을 이용하여 새로운 경우에 대처할 적당한 처리 방법을 알아내는 지적 활동의 능력. intellect ③심리 지적 방면(知的方面)을 규정하는 개인의 근본적 성질.
지능 검사(知能檢査) 지능의 발달 또, 장애의 정도를 측정하는 검사. 집단·개별의 두 가지. intelligence test
지능=권[-꿘](知能權)명 법률 저작권과 같은 인간의 정신적 창조에 의한 무형(無形)의 사용권.
지능=범(知能犯)명 법률 문서 위조·사기·배임 따위의 지능을 이용하여 범한 죄. 또, 그 사람. (대) 강력범(強力犯). 실력범(實力犯). intellectual offence
지능 연령[-년-](智能年齡)명 동 정신 연령.
지능 지수(知能指數) 지능 검사의 결과로 얻은 정신 연령을 실제 연령으로 나눈 다음 100을 곱한 수. 아이 큐(I.Q.). 지능상(智能商). 지능률(智能率). intelligence quotient
지니-다타 ①계속하여 가지다. keep ②그대로 간직하다. preserve ③오래 기억하다. cherish
지닐=성[-썽](-性)명 아는 것이나 가진 것을 오래 잃지 않고 지니는 성질. faculty of remembering (keeping)
지닐=재주[-째-](-才)명 한 번 보고 들은 것을 잊지 않고 오래 지니는 재주. splendid memory
지닐=총(-聰)명 한 번 보고 들은 것을 잊지 않고 오래 기억하는 능력. 기억력(記憶力). 총기(聰氣)². memory
지-다¹타 ①재주나 힘을 겨루어 상대를 이기지 못하다. be defeated ②민사 재판에서 패소(敗訴)하다. lose suit ③피할 길이 없어 양보하다. yield
지-다²자 ①꽃이나 잎이 시들어 떨어지다. (대) 피다. fall ②해나 달이 넘어가다. set ③정이 붙어서 저절로 나오다. ooze out ④얼룩 따위가 생기다. ¶얼룩~. become stained ⑤묻었던 점이나 흔이 사라져 없어지다. ¶옷의 때가 ~. come off ⑥그늘이 생기다. become shady ⑦장마 따위가 계속되다. ¶장마 ~. be prolonged
지-다³자 ①서로 원수가 되다. turn against ②보통보다 특징이 두드러지게 생기다. ¶메모가 ~.
지-다⁴타 ①(약)→등지다. ②지게나 물건을 등에 얹다. bear on one's back ③남에게 빛을 얻거나 신세를 끼치거나 하여 갚을 의무를 가지다. owe ④무슨 책임을 맡다. ~. take charge of
지:-다⁵(자동) (약) ~지우다⁵.
지-다⁶(조동) 어미 '-아·-어' 아래에 쓰이어 무엇이 어떻게 되어가는 뜻을 나타냄. 관용어로 되어 쓰임. ¶성식이 처음 미아지다. 　　　　　　　　［¶기름~.
=지-다⁷[접미] 명사 밑에 붙어 어떠한 상태를 나타냄.
지:-다¹(依持)명 ①남에게 의지하고 덕을 보는 짓. dependence ②제 허물을 남에게 덮어쓰우는 짓. imputation 하다자
지단(地段)명 땅을 나누어서 가른 조각. 땅¹. piece of land
지단(肢端)명 손발의 맨 끝.
지단 비대:증(肢端肥大症)명 의학 뇌하수체 기능의 이상 항진(亢進)으로 손가락·발가락의 끝이 비정상적으로 커지는 병.
지당(地堂)명 민속 아담의 시조가 타락하기 전에 살았다는 만복소(萬福所). 복지(福地).
지당(至當)명 이치에 꼭맞음. 아주 적당함. propriety
지당(池塘)명 못. pond 　　　　　　　　　［하임 히임
지대(地代)명 불교 중의 행탁(行橐).
지대(支待)명 제도 나라 일로 지방에 나가는 관리의 모든 비용을 그 지방 관청에서 대어 주던 일. 하임
지대(支隊)명 본대에서 갈라져 독립적인 행동을 하는 작은 부대. (대) 본대(本隊). detached force

지대(至大)명 아주 큼. 《대》지소(至小). greatness 하타

하명 「불·바람·땅 가운데서 땅을 이르는 말.

지대(地大)명〈불교〉만물을 이루고 있는 요소간을.

지대(地代)명 ①토지를 이용하는 사람이 그 소유자에게 지불하는 값. 지료(地料). ②토지의 소유자가 토지 고유의 생산력에 대하여 그 토지의 사용자로부터 받은 값. ground-rent

지대(地帶)명 한정되 땅의 구역. ¶밀림(密林)~.

지대(址臺)명〈건축〉담·집채 등의 아랫도리에 돌로 쌓은 부분. foundation

지-대공(地對空)명 지상에서 공중을 향함. ¶~ 미사일. surface-to-air

지대기(불교) 행각승(行脚僧)의 옷.

지대-돌[-똘](址臺-)명〈건축〉지대(址臺)를 쌓은 돌. 지대석.

지대-방(-房)명〈불교〉중의 침구나 그 밖의 물건을 두는 절의 큰 방머리에 있는 작은 방.

지대-석(址臺石)명 동지대돌.

지-대지(地對地)명 지상에서 지상을 향함. ¶~ 미사일. surface-to-surface

지더(zither)명〈음악〉모양이 작고 편평한 공명(共鳴)통을 가지며 30~40개의 줄을 맨 현악기.

지-더리다혬 행동이나 성질이 지나치게 더럽다. mean

지덕(至德)명 매우 지극한 덕. 높은 덕. high virtue

지덕(地德)명 어떤 집터에서 번성하여 가는 기운.

지덕(知德)명 ①지식과 도덕. 학식과 인격. knowledge and virtue

지덕(智德)명 ①〈불교〉일체를 비추는 여래지(如來智)의 덕. ②〈기독〉어떤 행위의 당부(當否)를 바르게 판단하는 덕.

지덕-사:납-다(地德-)혬ㅂ변 땅이 걸어 다니기에 매우 험하다. rough for walking

지=덕=체(智德體)명 지육과 덕육과 체육. intellectual, moral and physical education

지덕 합일설[-썰](知德合一說)명〈철학〉부덕(不德)은 무지(無知)로부터 생기므로 참된 지식은 반드시 도덕과 합치된다는 학설.

지도(地道)명 ①땅의 도(道). 《대》천도(天道). 인도(人道). ②땅 밑을 파서 만든 길. 갱도(坑道).

지도(地圖)명 지구 표면의 상태를 일정한 축척(縮尺)에 의하여 평면으로 나타낸 그림. map

지도(知道)명〈제도〉임금이 알았다는 뜻을 표하던 말. 답에서만 썼음.

지도(指導)명 ①가리키어 이끌어 줌. 지시(指示)②. ¶~원(員). guidance ②단체 등의 조직·방침 등을 결정하고 본래의 목적을 달성할 구성원을 통솔·인도하는 일. ③〈약〉학습 지도. 하타

지도-급(指導-級)명 지도를 할 만한 등급이나 게급.

지도-력(指導力)명 지도하는 능력.

지도리명〈약〉문지도리.

지도-립(紙塗笠)명〈제도〉국상(國喪)을 당한 때 미처 갓이 없어 검은 갓에 흰 종이를 발라 임시로 쓰던 갓.

지도-자(指導者)명 남을 가르쳐 이끄는 사람.

지도 투영법[-뻡](地圖投影法)명〈지리〉지구의 경선(經線)·위선(緯線)을 종이에 그리는 방법.

지독(至毒)명 몹시 독하고 심함. utmost severity 하타 스럽 스레다 히타

지-독(紙-)명 종이를 삶아 짓찧어서 만든 독. paper

지독지애(舐犢之愛)명 부모가 자식을 사랑함을 어미 소가 송아지를 핥는 데 비유한 말. 지독지정(舐犢之情). parent's love

지독지-정(舐犢之情)명 동 지독지애(舐犢之愛).

지-돌이명 험한 산길에서 바위 같은 것에 등을 대고 겨우 돌아가게 된 곳. 《대》안돌이.

지동(地動)명〈지학〉①땅이 흔들림. 지진(地震). 지명(地鳴). 《대》천동(天動). 《비》지동. terrestrial movement ②지구의 운동. 곧, 공전과 자전의 총칭. rotation and revolution

지동-설(地動說)명 지구가 다른 유성(遊星)과 같이 태양의 둘레를 돌고 있다고 하는 학설. 코페르니쿠스가 주장함. 《대》천동설. Copernican system

지동-의(地動儀)명 중국에서 옛적에 쓰던 지구의(地球儀). globe

지동=지서(之東之西)명 어떤 일에 주견이 없이 갈팡질팡함. going this way and that 하타

지동=지서(指東指西)명 근본은 모르고 딴것을 가지고 이러쿵저러쿵 엉뚱한 소리를 함. irrelevant answer

지두(地頭)명 못 가. 못의 가장자리. [하타]

지두(枝頭)명 가지의 끝.

지두(指頭)명 손가락 끝. finger-tip

지두-문(指頭紋)명〈공업〉도자기에 깃물을 바른 위에 손가락 끝으로 놓은 무늬.

지두-서(指頭書)명 손가락 끝으로 쓴 글씨. writing with one's finger-top 「with one's finger-tip

지두-화(指頭畫)명 손가락 끝으로 그린 그림. drawing

지둔(至鈍)명 몹시 무딤. 《대》지첩(敏捷). 하타

지둔(遲鈍)명 재빠르지 못하고 몹시 굼뜸. 《대》민속(敏速). dullness 하타

지둥(地-)명 《변》→지동(地動).

지둥 치듯몯 무거운 것이 넘어지거나 바람이 세게 불어서 지동이 일어나듯함. with terrific noise 하타

지드럭-거리다자 남이 귀찮아하도록 끈근하게 굴다. 《작》자드락거리다. 《센》찌드럭거리다. bother

지드럭-지드럭呈 하타

지등(紙燈)명 종이로 만든 등. paper lantern

지등-롱(紙燈籠)명 기름에 결은 종이로 집을 만든 등. 초롱. 《대》지롱(紙籠). paper lantern

지:디:피:(GDP)명〈경제〉《약》 Gross Domestic Product 국내 총생산.

지딱-거리다자 빨리 대강 함부로 일을 해치우다. do in haste 및 지딱-지딱呈 하타 「anything within reach

지딱-이-다타 쓸모가 없게 함부로 부수다. break down

지라명〈생리〉(의〉배의 왼쪽에서 소화액을 내는 내장. 췌장(膵臟). 비장(脾臟). pancreas

=지·라어미 어찌어찌 되었으면 좋겠다, 어찌어찌 하였으면 좋겠다는 뜻으로 사용되는 원망(願望)의 뜻을 나타내는 어미.

지라고조 소원을 나타내는 보조 동사. '지라'와 조사 '고'가 어울린 말. ¶어서 훌륭하-빌다.

지락(至樂)명 지극한 즐거움. 최고의 즐거움. greatest

지란(芝蘭)명 지초(芝蘭)와 난초(蘭草) 「pleasure

지란지-교(芝蘭之交)명 깨끗하고도 맑은 벗 사이의 교제. 좋은 감화를 주고받는 교제.

지랄명 ①번덕을 부리는 짓에 대한 욕. 《작》재랄. madness ②〈약〉지랄병. ③잡스러운 언행. 하타

지랄 버릇명 말짱하다가도 갑자기 번덕을 부리는 버릇.

지랄-병[-뼝](-病)명〈의학〉지랄의 성질을 펼려 눈을 뒤집고 거품을 내뿜으며 떠는 병. 간질(癎疾). 전간(顛癎). 《동》간질(癎疾). epilepsy

지랄-쟁이명 ①지랄병에 걸린 사람. ②행동이 온전하지 못한 사람을 욕으로 이름. ③지랄 버릇이 있는 사람. epileptic

지램(至冷)명 지독하게 참. 몹시 추움. very cold 하

지략(智略)명 슬기로운 계략. resources

지략(誌略)명 간단히 적은 기록. 「fingers 하타

지량(指量)명 손가락으로 길이를 잼. measure with

지러-지다자 시들시들 자라다 쇠해지다. be stunted

지런-지런呈 ①물 따위가 가장자리에 넘칠락말락하는 모양. full to the brim ②물건의 한 끝이 다른 물건에 닿을락말락 스치는 모양. 《작》자란자란. 《거》치런치런. close to 하타

지:렁이명〈동물〉빈모류(貧毛類)의 환형 동물(環形動物). 몸 길이 9~10 cm 꽤 체절로 이루어진 길다란 몸인데, 흙 많이나 물 속에서 삶. 구인(蚯蚓). 완선. 지룡(地龍). 지선(地蟬). 도룡. earthworm

지렁이-고무(—gomme)명 지렁이 모양 비슷하게 가다 금이 있게 만든 가는 고무줄.

지:렁이-나무명〈식물〉겨우살이덩굴과의 관목. 5월

지렁이도 밟으면 꿈틀한다 에 황록색 꽃이 피고 핵과는 9월에 빨갛게 익음. 가지는 약용, 어린 싹은 식용, 수(髓)는 공업용임. 산목·골져기 등에 남.

지렁이도 밟으면 꿈틀한다[속] 아무리 보잘것없고 약한 사람이라도 너무 무시하면 반응이 있다.

지레[명] 무거운 물건을 움직이는 데 쓰는 막대기. 공간(槓桿). 지렛대. lever

지레[부] 무슨 일이 채 되기 전이나 어떤 기회나 시기가 성숙되기 전에 미리. 먼저.

지레-김치[명] 김장 김치보다 일찍이 담가 임시로 먹는 김치.

지레-뜸[명] 밥에 뜸이 들기 전에 푸는 일. 또, 그 밥. 하[타]

지레-목[명] 산줄기가 끊어진 곳. 산잘림. break of mountain range

지레-질[명] 지레로 물건을 움직이는 일. levering 하[타]

지레 짐작(~斟酌)[명] 미리 어떤 일이나 그 결과를 짐작함. forejudging 하[타]

지레 짐작 매꾸러기[명] 너무 지나치게 미리 짐작하면 도리어 낭패를 볼 수가 있음.

지레-채-다[타] 지레 짐작으로 알아채다. know beforehand

지렛-대[명] 지렛'.

지렛-목[명] 지레를 받치는 점. fulcrum

지려(志慮)[명] 뜻과 생각.

지려(智慮)[명] 슬기로운 생각. 생각해서 헤아리는 일. prudence

지력(地力)[명] 땅의 생산력. fertility

지력(地歷)[명] 지리(地理)와 역사(歷史). geography and history

지력(知力)[명] 지식의 힘. 지식(智識). power of knowledge

지력(智力)[명] 슬기의 힘. 재지(才智)와 용력(勇力). intellectual power

지력-선(指力線)[명] 《물리》 자장(磁場)이나 전장(電場)에서 자기력 또는 전기력이 작용하는 방향을 가리키는 곡선. magnetic curve

지-력청(地瀝青)[명] 《동》 아스팔트(asphalt).

지력 체감(地力遞減)[명] 매년 비료를 주지 않고 동일한 토양에 작물을 재배하면 그 양분이 작물에 흡수되어 지력이 약해지는 일. decreasing fertility

지령(地靈)[명] 토지의 영기(靈氣).

지령(指令)[명] ①관청에서 내리는 명령이나 지시. order ②단체나 당의 중앙 위원회에서 내리는 활동 방침에 대한 명령. order ③지휘. 명령. directive ④노동 운동·혁명 운동 등에서, 간부로부터 단위 지부 또는 소속원에 대해 발해지는 지휘 명령. 하[타]

지령(紙齡)[명] 신문지의 나이. 신문이 발행된 호수(號數). number of issue of the paper

지령(誌齡)[명] 잡지의 나이. 곧, 발행된 횟수. number of issue of the magazine

지례(地禮)[명] 땅에 지내는 제사.

지로(支路)[명] 큰 길에서 갈린 작은 길. branch way

지로(指路)[명] 길을 가리켜 인도함. guidance 하[타]

지로귀(一路鬼)[명] 〈민속〉 '지노귀'의 취음.

시로-꾼(指路-)[명] 《불》 기로승(指路僧).

지로-승(指路僧)[명] ①《불교》 산 속에서 길을 가리켜 인도하여 주는 중. monk guide ②길을 인도하여 주는 사람. 지로꾼.

지로-제(Giro制)[명] 지급인과 수취인이 서로 직접 만나 돈을 주고받지 않고 지급인이 수취인의 은행 예금 계좌에 입금시켜 수취인의 수중에 들어가도록 하는 결제 제도.

지록 위마(指鹿爲馬)[명] 윗사람을 속이고 권세를 꺼림 없이 마음대로 휘두르는 짓을 가리키는 말.

지론(至論)[명] 사리가 꼭 맞는 언론. most reasonable opinion

지론(持論)[명] 항상 주장하는 이론. 꽉 잡아 지키는 이론. 지설(持說). pet theory

지롱(紙籠)[명] 《약》→등롱(燈籠).

지뢰(地雷)[명] 적을 살상시키거나 건물을 파괴할 목적으로 땅 속에 묻는 폭약. mine

지뢰(地籟)[명] 지상의 온갖 음향. 《대》천뢰(天籟). sounds of the earth

지료(地料)[명] 《동》 지대(地代)①.

지료(知了)[명] 어떤 내용이나 이치를 앎. knowledge 하[타]

지료(紙料)[명] 제지의 원료. 주로 펄프·닥나무 등.

지룡(地龍)[명] 지렁이를 약재로 이르는 말. 지룡자(地龍子).

지룡-자(地龍子)[명] 《동》 지룡(地龍).

지루(地壘)[명] 〈지학〉 양쪽이 단층(斷層)으로 된 경계되어 있는 고지. 긴 줍고 긴 산맥.

지루 산맥(地壘山脈)[명] 〈지학〉 지루 운동에 의하여 생긴 산맥.

지루-하-다[형] 부질없이 오래 걸려서 괴롭고 싫증이 나다. tedious

지류(支流)[명] 원줄기로부터 갈려 흐르는 물줄기. 《대》원류. 본류. tributary

지류(紙類)[명] 종이 종류. kind of paper

지류(遲留)[명] 오래 머무름. 하[타]

지르-다[르타] 목청을 높여 소리를 크게 내다. shout

지르-다[르타] ①팔다리나 막대기 등을 내뻗치어 대상물을 힘껏 건드리거나 그 속에 꽂아 넣다. ¶색대를 ~. thrust ②한쪽과 다른 한쪽 사이나 위와 아래 사이에 막대나 줄을 건너 막거나 내리 꽂다. ¶세장을 ~. cross ③지름길을 통하여 가깝게 가다. ¶옆의 길로 ~. take short cut ④분한 마음이나 불이 일어나게 하다. ¶분을 ~. set fire to ⑤냄새가 별안간 후각(嗅覺)을 자극하다. ¶냄새가 코를 ~. smell strong ⑥잘 가꾸기 위하여 곁순 따위를 자르다. ¶순~. trim ⑦힘찬 기운을 꺾다. ¶예기(鋭氣) ~. dispirit ⑧내기하는 데에 돈이나 물건을 내어 놓다. ¶돈을 ~. bet ⑨술이나 약 따위에 다른 약을 타다. ¶약~. ⑩말이나 행동을 미리 잘라서 막다. ⑪빛은 빛으로 묽은 빛의 옆을 칠하여 그 묽은 빛이 더 도드라지게 하다. raise

지르-되-다[자] 제때를 지나 더디 자라다. be slow in growth

지르-디디-다[타] 제겨디디다.

지르르[부] ①물기·기름기·윤기 따위가 골고루 번드럽게 흐르는 모양. slippery ②뼈마디나 몸의 일부가 약간 저릿한 모양. 《작》자르르. 《센》찌르르. numb 하[형]

지르바(jitterbug)[명] 1930년대 후반부터 미국에서 유행된 속도가 빠른 사교 댄스의 하나.

지르-신:-다[--따타] 뒤축이 눌려 밟히도록 신이나 버선을 신다. tread on the back of the shoes

지르잡-다[타] 옷 같은 데에 더러운 것이 묻을 때 묻은 자국만을 걷어쥐고 빨다. wash out stain

지르코늄(zirconium)[명] 《화학》 지르콘광(鑛)으로 산출되는 은백색의 굳은 희유 금속의 하나. 원소 기호; Zr. 원자 번호; 40. 원자량; 91.22.

지르콘(zircon)[명] 《광물》 정방 정계(正方晶系)의 광물. 추면(錐面)을 갖춘 정방주(正方柱). 다이아몬드 광택이 있는 무색·황색 또는 이따금 내지 반투명체임.

지르퉁-하-다[여][형] 말이 없이 성이 잔뜩 나서 있다. sullen 지르퉁-히[부]

=지-를[어미] '=지'에 '를'을 합쳐 힘줌을 나타내는 부사형 어미. ¶가~ 못한다.

지름[명] 〈수학〉 원·구(球) 등의 중심을 통과하여 원둘레나 구면 위에 두 끝을 가지는 선분. 직경(直徑).

지름-길[-낄][명] 가깝게 통하는 길. 첩경(捷徑). 첩로(捷路). 편도(便道). short cut

지름-시조(-時調)[명] 초장(初章)을 높은 소리로 질러 부르는 창법의 하나.

지름-뜨기[명] 지름뜨는 눈. 또, 그 사람. straining

지름-뜨-다[으타] 고개를 숙이고 눈을 치올려 부릅뜨다. strain one's eyes

지리(支撥)[명] 서로 갈라져 흩어진 상태.

지리(地利)[명] ①지세(地勢)의 편리. advantage of position ②토지에서 얻은 이익. 곧, 경작·목축·산림·광물 따위의 생산. production of land ③토지의 사용료. rent

지리(地理)[명] ①땅의 생긴 모양과 형편. topography ②지구상의 지형 및 그 밖의 상태. geography ③《약》→지리학. ④《약》풍수 지리.

지리-구(地理區)[명] 종합적인 특색에 따라 지리적 단 위로 구분한 구역. geographical area

지리-다[타] 똥·오줌을 참지 못하여 조금 싸다.

지리-다 지린내가 나다. smell of urine
지리 멸렬(支離滅裂)圖 다 이리저리 흩어져 갈피를 잡지 못함. disruption 하다
지리-잡-다圓 →지르잡다.
지리-적(地理的)圖 지리에 관한(것). 지리상의 문제에 관계되는(것).
지리 초석(智利硝石)《동》 칠레(Chile) 초석.
지리-하-다(支離―)혱[여五] →지루하다.
지리-학(地理學)圓 지구의 표면과 그 부근의 특유한 공간적 형상을 연구하고 특히, 그 위의 생물·천산물(天産物)과 토지와의 관계를 고찰하는 광범한 학문. 지학(地學). 《약》지리③. geography
지린-내圓 오줌에서 나는 냄새와 같은 냄새. smell of urine
지마(芝麻·脂麻)《동》 호마(胡麻).
지마는囿 받침 없는 체언에 붙어서 반대되는 말을 잇는 데 쓰는 연결형 서술격 조사. ¶나귀~ 말같이 생겼다. 《약》지만.
=**지마는**囿 모든 어간에 붙어 윗말을 시인하면서 아랫말에 의문이나 불가능함을 나타내는 연결 어미. ¶바람이 몹시 불~ 집이 날아가지는 않는다. 《약》=지만.
지마유(芝麻油)《동》 참기름.
지만囿 《약》→지마는.
=**지만**囿 《약》=지마는.
지만(遲晚)《제도》 죄인이 자백하면서 '너무 오래 속여서 미안하다'는 뜻으로 일컫던 말.
지만(遲慢)圓 더디고 느림. 지연. 하다 혱 히圄
지만 의-득(志滿意得)圓 소원대로 되어서 아주 만족함. satisfaction 하다 [desire 하다
지망(志望)圓 뜻하여서 바람. 또, 그 뜻. 지원(志願).
지망(蜘網)圓 거미줄. cobweb [unlucky year
지망-년(至亡年)圓 운수가 몹시 사나운 해. very
지망圓 ①무슨 일에나 소홀한 모양. carelessly ②어리석고 둔하며 경박스러워 조심성이 없는 모양. indiscreetly 하다 圄 [칭하는 말. 하다
지매 그립의 여백에 연한 연두·노랑·보라 따위를
지매(地莓)《동》 뱀딸기. [어 둥이는 매.
지매(紙―)圓 소렴(小殮) 때, 백지를 길게 접어서 누
지맥(支脈)圓 ①본맥에서 갈려 나간 줄기. 또, 가닥. ②《식물》 주맥(主脈)에서 좌우로 뻗어 나간 엽맥(葉脈). (대) 본맥(本脈). 잎맥 [토맥(土脈). vein
지맥(地脈)圓 《지학》 지층(地層)에 연속하는 백석(脈絡).
지맥(遲脈)《의학》 동맥 경화증에서 볼 수 있는 정상보다 느리게 뛰는 맥. (대) 속맥(速脈).
지며리囿 ①마음을 가라앉히고 꾸준히. ¶그는 무슨 일이든지 ~ 하는 것이 없다. steadily ②차분히 탐탁하게. satisfactorily [earth
지면(地面)圓 땅의 표면. 지소(地所). surface of the
지면(知面)圓 ①처음으로 만나 서로 앎. acquaintance ②만나서 얼굴을 알아봄. 하다
지면(紙面)圓 ①종이의 표면. space of paper ②글을 쓸 종이. 지상(紙上). ③ printed columns
지면(誌面)圓 잡지의 지면. 지상(誌上). space of magazine [이 있다. steady
지멸-있-다혱 꾸준하고 착실하다. 적심스럽고 참을성
지명(地名)圓 땅의 이름. place-name
지명(地鳴)《동》 지진(地震).
지명(知名)圓 이름이 널리 알려져 있음. fame 하다 혱
지명(知命)圓 ①타고난 천명을 앎. knowing one's own destiny ②나이 쉰 살을 일컬음. age of fifty years 하다 圄 [nomination 하다
지명(指名)圓 여러 사람 가운데에서 인명을 지정함.
지명(指銘)圓 지정해서 명렬함.
지명 경:쟁 계:약(指名競爭契約)圓 미리 계약의 상대가 될 사람을 몇몇 지정하고, 그 중에서 가장 유리한 조건으로 계약이 성립하게 하는 계약.
지명 수배(指名手配)《법률》 범죄인을 지명하여 수배함. 하다 [Man of fame
지명 인사(知名人士)圓 이름이 세상에 널리 드러난 사람.
지명 입찰(指名入札)圓 지명한 사람에 한해서 시키는 입찰. tender by specified bidders 하다
지명-전(指名戰)圓 선거 따위에서 정당의 지명을 얻기 위한 경쟁. strife for nomination by the party
지명지-사(知名之士)圓 이름이 세상에 드러난 사람. notable person
지명 채:권(―權)(指名債權)圓 증서에 의하지 않는 채권. 또, 증서가 있더라도 단지 채권자를 지명한 데 그친 채권을 일컬음. obligation with named obligee
지명 투표(指名投票)圓 대통령·국무 총리 등을 선출할 때 우선 후보자를 결정하기 위하여 행하는 투표. roll-call vote
지모(地貌)《지학》 땅의 표면의 고저·기복(起伏)·사면(斜面) 따위의 상태. physical features of the earth
지모(知母)《식물》 지모과의 다년생 풀. 화경의 높이 약 1m 가량이며 잎은 근생·족생(族出)하고 좁은 선형임. 5월에 담자색 꽃이 피고 가을에 긴 타원형임. 산야에 남. 중국 원산으로 황해도 지방에 절로 남.
지모(智謀)圓 슬기로운 계책. 지술(智術). resources
지-모끼《공업》 제목의 변과 병행(並行)되 금을 긋고 짜개기도 하며 따내기도 하는 용구.
지모 웅략(智謀雄略)圓 슬기로운 계책과 웅대한 계략.
지목(地目)圓 토지의 현황(現況)·사용 목적에 따른 그 모양새 따위를 표시하는 명칭. classification of lands [경함. 지적(指摘). spotting 하다
지목 변:경(地目變更)圓 지목(地目)을 바꿈. 하다
지목 변:환(地目變換)圓 《법률》 특정 토지의 지목을 변경함. change of classification 하다
지묘(至妙)圓 지극히 묘함. exquisiteness 하다 혱
지-묵(紙墨)圓 종이와 먹. paper and ink stick
지문(至文)圓 아주 빼어난 글. masterpiece
지문(地文)圓 ①《지학》 지상(地上)의 온갖 상태. physical geography ②희곡에서, 대화 아닌 글. 등장 인물의 동작·표정·심리·말투 등을 서술한 글. ③ 《약》→지문학(地文學).
지문(指紋)圓 손가락 끝 마디 안쪽에 이루어진 무늬. 범죄 수사에서 그의 식별을 위한 중요한 요소가 됨. 수문(手紋). 손금. ¶~ 채취. finger print
지문(誌文)圓 죽은 사람의 성명과 그의 죽은 날과 행적과 무덤의 처소 및 방향을 적은 글.
지문-법(―法)(指紋法)圓 지문으로 사람을 식별하는 방법. 주로 전과자들의 지문을 대조하여 범인임을 확인하는 데 증거로써 이용됨. fingerprint system
지문-찍-다(指紋―)目 지문을 종이 위에 나타내게 하다. impress one's fingerprint
지문-학(地文學)圓《지학》 지구와 다른 천체와의 관계, 육계(陸界)의 구조·성질, 지구를 둘러싼 기권(氣圈)·수권(水圈) 및 기구 위에 일어나는 여러 현상을 연구하는 학문. 《유》 자연 지리학. 《약》 지문(地文)③. physiography
지물(地物)圓 ①《군사》 지상에 있어 적과 교전할 때 몸을 숨기기에 적당한 물체. place and objects ② 지상에 있는 식물·건축물 따위. objects on ground
지물(紙物)圓 온갖 종이의 총칭. 지속(紙屬). papers
지물-상[―쌍](紙物商)圓 종이를 팔고 사는 상점. 또, 상인. paper goods store [shop
지물-포(紙物鋪)圓 각가지 종이를 파는 점포. paper-
지미(地味)《동》 토리(土理).
지미(至美)圓 지극히 아름다움. superb beauty 하다 혱
지미(至微)圓 지극히 세미(細微)함. minuteness 하다 혱
지밀(至密)圓《제도》 ①대전·내전 곧 임금이 평시에 있던 곳. ②궁방의 침실.
지밀 나:인(至密內人)圓《제도》 궁중 지밀에서 왕이나 왕비를 모시는 나인.
지반(池畔)圓 못가. 지변(池邊).
지반(地盤)圓 ①근거가 되는 바닥. 또, 근거를 삼는

지반 공사(地盤工事) 주택이나 빌딩을 건설하는 데에 먼저 땅바닥을 매만져서 다지는 일.
지반 공사(地盤工事) 주택이나 빌딩을 건설하는 데에 먼저 땅바닥을 매만져서 다지는 일.
지:동(地盤運動) 〈동〉 지각 운동.
지-반자(紙—) 반자틀을 치고 종이를 바른 반자.
지발(遲發) 늦게 출발함. 하—
지발 중성자(遲發中性子) 〈물리〉 원자핵 분열 후 수 초 내지 수 분 후에 생기는 중성자. 분열 생성물이 붕괴하여서 더욱 안전한 것으로 될 때에 방출됨. 원자로의 연쇄 반응의 제어에 적합함.
지방 일자 대문의 심방 끝에 세우는 나무.
지방(支放) 〈제도〉 관아(官衙)에서 직원의 봉급을 내어 주던 일. 하— ②등 고장.
지방(地方) ①수도 이외의 시골. ¶〜 관청(官廳).
지방(地枋) 〈동〉 하인방.
지방(脂肪) 동물 및 식물로부터 채취할 수 있는 불휘발성의 탄수화물. 굳기름. 지고(脂膏). fat
지방(紙榜) 종이로 만든 신주(神主). paper tablet
지방 검:찰청(地方檢察廳) 각 지방의 지방 법원에 대응하여서 설치된 검찰청. 〈약〉 지검.
지방 공공 단체(地方公共團體) 도·시·읍·면 등 국가 통치권 밑에서 그 나라의 영토의 일부를 단위 구역으로 하여 그 구역 안에서 지배권을 가지는 단체. 지방 자치 단체. local authority
지방 공무원(地方公務員) 지방 공공 단체의 공무에 종사하는 사람. 〈대〉 국가 공무원. local public official
지방 과:다증[—쯩](脂肪過多症) 〈의학〉 몸의 지방이 너무 많아서 비만(肥滿)해지는 병증. 체질·과식·유전·운동 부족 따위에 기인함. excess of fat
지방관(地方官) ①〈제도〉 주·군·현의 으뜸 벼슬. local authorities ②지방 행정을 맡아보는 고급 관리. local government official
지방-구(紙榜球) 〈동〉 지방기름.
지방-글(紙榜—) 깊은 학문(學問)을 하는 것보다 지방을 쓸 정도의 학문을 말함. 〈대〉
지방-대(地方隊) 〈제도〉 지방 각 진(鎭)에 있던 군대.
지방-도(地方道) 도지사의 관할하에 있는 큰 길. 이등 도로. 〈대〉 국도(國道). provincial
지방-문(紙榜文) 지방에 쓰는 글.
지방-민(地方民) 지방에 사는 국민. 시골 백성.
지방 방:송국(地方放送局) 방송 프로 중의 대부분을 중앙 방송국으로부터 받아 방송하고, 지역 사회에 밀착한 프로만을 자국(自局)에서 방송하는 각 지방의 방송국.
지방 법원(地方法院) 〈법률〉 법원 조직에 따라 설치된 민사·형사 소송의 제일심을 맡아보는 최저급의 법원. 〈대〉 고등 법원. 대법원. 〈약〉 지법(地法). provincial law court
지방-병[—뼝](—病) 〈동〉 풍토병(風土病).
지방 분권[—꿘](地方分權) 지방에 대한 통치권. 도, 행정권. 〈대〉 중앙 집권. decentralization
지방 분권주의[—꿘—](地方分權主義) 권력을 지방으로 분산시키는 주의. 〈대〉 중앙 집권주의. decentralization system
지방 분여세[—쎄](地方分與稅) 〈법률〉 지방 자치 단체의 재정을 조정하기 위하여 국세인 토지 수득세와 유흥, 음식세의 일정 비율을 시·읍·면과 서울 특별시 및 각 도에 양분하여 주어서 유통하는 교부금.
지방-비(地方費) 〈경제〉 도(道)·시·읍·면 따위의 지방 공공 단체의 경비. local expenses
지방-산(脂肪酸) 〈화학〉 의산(蟻酸)·초산 따위의 염기산. 유기산으로 일염기성산을 지방산이라 함. 글리세린과 결합하여 유지(油脂)의 주성분을 이룸. fatty acid
지방-색(地方色) ①그 지방의 특색. 향토색. ②같은 지방의 출신자끼리 서로 동아리를 지어 다른 지방 사람들을 배척·비방·중상·질투하는 파벌적인 색채. local colour

지방-선(脂肪腺) 〈생리〉 동물의 살갗 안에 있어서 주로 털구멍에 개구(開口)되는 샘. 피지선(皮脂腺). 지선(脂腺). 굳기름샘. sebaceous gland
지방-성[—썽](地方性) 기후·풍토 따위의 환경(環境)의 힘을 입어 그 지방에 따라 생기는 그 지방 특유의 성질. 지역성(地域性). provincialism
지방-세[—쎄](地方稅) 〈법률〉 지방 관청 또는 자치제가 그 구역 안의 주민에게 부과하는 특별세. 또, 지방 관청의 수입으로 되는 국세 부과세. 〈대〉 국세. local tax
지방 세:포(脂肪細胞) 〈생리〉 지방을 가진 세포로서 세포는 구형(球形)을 이루고 핵(核)은 한쪽으로 치우쳐 있음.
지방-시(地方時) 〈지학〉 지구상의 어떤 지방에 있어서의 평균 태양시. 국소시(局所時). local time
지방-열[—녈](地方熱) 제 지방 사람들끼리 좋아하는 반면에 다른 지방 사람들을 싫어하는 일. love of one's province
지방-유(脂肪油) 지방이 상온에서 액상(液狀)으로 된 기름. 간유·아마인유(亞麻仁油) 따위. 지유(脂油). fat oil
지방 은행(地方銀行) 지방의 작은 도시에 있는 은행. 곧, 큰 도시에 본점이 없이 독자로 경영하는 은행. local bank
지방 의회(地方議會) 지방 자치 단체의 의사(議事) 기관. 도의회(道議會)·시의회·면의회 등. local assembly
지방 자치 단체(地方自治團體) 〈동〉 지방 공공 단체.
지방 자치 제:도(地方自治制度) 〈동〉 지방 제도.
지방-장:관(地方長官) 지방 관청의 장. 우리 나라에서는 도지사. local governor
지방 조직(脂肪組織) 〈생리〉 결체질(結締質)의 하나. 지방 세포가 다수 모여서 이루어진 조직. adipose tissue
지방-종(脂肪腫) 〈의학〉 지방 조직으로 이루어진 양성(良性) 종양의 하나. 피하 근육 사이 등 정상 지방 조직이 있는 부위에 많이 생김.
지방 종자(脂肪種子) 〈식물〉 저장 양료(貯藏養料)로서 다량의 지방을 함유하는 종자. 아주까리 따위.
지방-질(脂肪質) 〈생리〉 ①성분이 지방으로 된 물질. fatty matter ②기름기가 많은 체질. 굳은질. sebaceous predisposition
지방 참사(地方參事) '지방 행정 사무관'의 구칭.
지방-채(地方債) 〈법률〉 지방 자치 단체가 그 재정상의 필요에서 발행하는 공채. local bond
지방-청(地方廳) 지방의 행정 관청.
지방-층(脂肪層) 〈생리〉 동물의 피하(皮下)에 지방으로 이루어진 층.
지방-판(地方版) 중앙의 신문으로서 지방에 보내기 위해 따로 마드는 신문. provincial edition
지방-풍(地方風) 〈지학〉 지세·기후 따위의 관계로 그 지방에만 한하여 일어나는 바람. local wind
지방 행정(地方行政) 행정 사무의 한 형태. 지방 단위로 행하는 행정. local administration
지배(支配) ①거느리어 모든 일을 처리함. rule ② 통치(統治)함. ③어떤 사람의 의사가 다른 사람의 행위에 대해 규정이나 속박을 가함. 하—
지배(紙背) ①종이의 뒷쪽. back of paper ②문장의 이면에 포함된 의의(意義). unexpressed meaning
지배(遲配) 규정된 기일보다 배급이나 배달 등이 늦게 됨. 하—
지배 계급(支配階級) 정치적·경제적·사회적으로 다른 계급의 인사를 지배하는 계급. ruling class
지배-권[—꿘](支配權) 〈법률〉 그 작용이 객체(客體)인 것을 직접 지배할 수 있는 권리. management
지배-인(支配人) ①주인을 대신 그 영업에 관한 일체의 업무를 관리하는 권한을 가진 사람. ②본인의 위촉을 받고 본인을 대신하여 그 일을 지배

하는 사람. manager

지배-자(支配者)圏 지배하는 사람. 「¶~ 권력.
지배-적(支配的)冠圏 지배하는 상태. 지배되는(것).
지벅-거리-다자 험하거나 어두워서 길이 잘 보이지 않거나 다리에 힘이 없어 휘청거리며 제대로 걷지 못하다. ⟨센⟩ 찌벅거리다. 찌뻑거리다. stumble along **지벅=지벅** 뮈

지번(支煩)圏 지루하고 어수선함. 하옝
지번(地番)圏 마을에 딸린 구역 내의 토지를 구분하여 붙인 번호. 토지의 번호. lot number 「벌.
지벌(−罰)〈민속〉신불(神佛)을 잘못 건드려 받는
지=벌(地閥)圏 지위(地位)와 문벌(門閥)다. 지절일다. family
지벌-입-다[−립−](−罰−)재 신불에게 지벌을 받
지범-거리-다탸 음식물 따위를 치서없이 연해 차례로 집어 거두다. **지범=지범** 뮈

지법(地法)圏〈약〉→지방 법원.
지벽(地僻)圏 고장이 외지고 궁벽함. 하옝 「paper
지벽(紙壁)圏 종이로 바른 벽. walls covered with
지벽-하-다(地僻−)圏여 땅이 몹시 외따르고 으슥하다. remote 「줌. repayment 뭠
지변(支拂)圏 빚을 갚기 위하여 돈이나 물건을 내어
지변(池邊)圏 못가. 못의 가장자리. 지반(池畔).
지변(地變)圏〈지학〉① 땅의 변동. 또, 피변(怪變). 〈대〉천변(天變). diastrophism ② 〈동〉지이(地異).
③ 지각의 운동. 화산의 분화나 지진 등.
지병(持病)圏 오래 계속되고 있는 병. 고질(痼疾). chronic disease 「ing ② 〈약〉→지급 보증. 하타
지보(支保)圏 ① 지탱하여 보존함. 지존(支存). sustain-
지보(地步)圏 자기가 있는 지위 · 처지 · 위치. 〈유〉지반(地盤). one's stand
지보(至寶)圏 아주 진귀한 보배.
지보-공(支保工)圏 굴을 파고 그 둘레를 쌓기 전에 나무를 짜서 임시로 버티는 공사.
지본(紙本)圏 종이로 만든 바탕. paper pattern
지부(支部)圏 본부(本部)에 속하여 갈려 나간 곳. 〈대〉
지부(地府)圏〈동〉 넘싸리.「본부. chapter
지부(地膚)圏〈동〉 넘싸리.
지부럭-거리-다쟈태 실없이 장난삼아 남을 자꾸 건드려 괴롭게 하다. 〈큰〉자부락거리다. tease **지부럭=지부럭** 뮈
지부-자(地膚子)圏〈한의〉넘싸리의 씨. 성질은 냉한데, 오줌을 순하게 보고 피부가 깨끗하여지다는 약재로 씀. 천두자(千頭子).
지부-지기(−)圏〈식물〉돌나물과에 속하는 다년생 풀. 바위솔과 비슷하나 잎이 가늘고 잎 끝이 바늘처럼 뾰족함. 흔히 돌틈이나 기와집 지붕에 남. 경천(景天). 와송(瓦松). 와화(瓦花). cotyledon japonica
지분(支分)圏 잘게 나눔. divide in pieces 하타
지분(知分)圏 자기의 본분을 앎. knowing one's duty 하옝
지분(持分)圏〈법률〉① 비용이나 주(株) 등에 관하여, 전체 가운데 각자가 담당하는 부분. ② 공유 재산이나 권리 등에 관하여 각자가 소유 또는 행사하는 비율. 「powder
지=분(脂粉)圏 연지(臙脂)와 백분(白粉). paint and
지분-거리-다쟈태 짓궂은 언행으로 남을 자꾸 귀찮게 굴다. tease **지분=지분** 뮈 하타
지분 혜:탄(芝焚蕙嘆)圏 동류(同類)가 입은 재앙을 자기에게도 근심이 되다는 뜻.
지불(支拂)圏 ① 돈을 내줌. 값을 치러 줌. 지발(支撥). payment ② '지급(支給)'의 구용어. 하타
지불(遲拂)圏 늦게 지불함.
지불 기일(支拂期日)圏 지불할 날짜.
지불 어음(支拂−)圏〈경제〉부기상(簿記上) 직접 지불 의무가 있는 어음. 〈대〉수취(受取) 어음. bills payable
지불-인(支拂人)圏 '지급인(支給人)'의 구용어. payer
지불 준:비금(支拂準備金)圏〈경제〉① 은행의 예금

지불 준비에 충당하는 저금. reserve fund for payment ② 중앙 은행의 화폐 발행에 대한 정화 준비금.
지붕圏 ① 집의 위를 덮어 가린 부분. ② 모든 물건의 위를 덮는 물건. roof
지빈(至貧)圏 매우 가난함. extreme poverty 하옝
지빈 무의(至貧無依)圏 매우 구차하여 의지할 곳도 없음. helplessness
지빠귀圏〈조류〉지빠귀과에 속하는 새의 총칭. 소형 또는 중형의 조류로 몸 빛은 종류에 따라 다름. 아름답게 울고 다른 새의 흉내를 내는 것도 있음. 등쪽은 흑갈색, 낮은 황백색으로 눈가에 검은 무늬가 있음. 숲 속에 삶. 개똥지빠귀 따위. 백설조.
지빵-나무圏〈식물〉편백과의 상록침엽 교목. 잎은 마주 나고 비늘 모양이며 향기가 강함. 관상용 · 향료용으로 재배함. 산에 남.
지뻑-거리-다쟈〈센〉→지벅거리다.

지사(支社)圏 본사에서 갈려 나간 분사(分社). 〈대〉 본사(本社). branch office
지사(地史)圏〈지학〉지각(地殼) 발달의 역사. history of development of earthcrust
지사(地師)圏〈동〉→지관(地官).
지사(志士)圏 기개가 높고 포부가 큰 사람. 국가 · 사회를 위해 일신을 바치려는 사람. patriot
지사(知事)圏〈약〉→도지사(道知事). 「하타
지사(指使)圏 일을 시키기 위하여 지시하여 부림.
지사(指事)圏 ① 사물을 가리켜 보임. indicating ② 한자(漢字)의 육서(六書)의 하나로 추상적 관념을 부호로 나타내는 방법. 一 · 二 · 三 · 上 · 下 · 凹 · 凸 따위.
지사 불굴(至死不屈)圏 죽을 때까지 자기의 의견을 굽히지 않음. 지사 위한(至死爲限). constancy till death 하옝
지사 위:한(至死爲限)圏〈동〉지사 불굴. 하쟈타
지사-제(止瀉劑)圏 설사를 막는 약. 설사약. antidiarrhoic
지사-학(地史學)圏〈지학〉지구의 생성 · 발달 · 변천의 역사를 연구하는 지질학의 한 분과. historical geology 「데에 언짢은 일이 생기는 일.
지살(地煞)〈민속〉지덕(地德)을 힘입지 못하여 어느
지-삿갓(紙−)圏〈동〉전모(氈帽).
지상(至上)圏 제일 높은 것. 최상. supreme
지상(地上)圏 ① 땅의 거죽이 되는 위. 〈대〉지하(地下). on the ground 「리함.
지상(地床)圏 지면보다 얕은 묘상. 보온(保溫)에 편
지상(地相)圏 ① 무덤이나 집을 세울 때 토지의 형세를 보아 좋고 나쁨을 감정하는 일. land aspect ② 토지의 모양. 지형(地形).
지상(地象)圏 지진 · 화산 현상 및 기상에 밀접한 관련을 가지는 지면과 지중의 여러 현상. 〈대〉천상(天
지상(至想)圏 가장 뛰어난 생각. excellent idea 「象).
지상(志向)圏 고상한 마음과 뜻. 「사면.
지상(紙上)圏 ① 〈동〉지면(紙面) ②. ② 신문 · 잡지의 기
지상(誌上)圏〈동〉지면(誌面).
지상-경(地上莖)圏〈식물〉땅 위로 나온 고등 식물의 줄기. 〈대〉기경(氣莖). 지하경(地下莖).
지상 공문(紙上空文)圏 실행될 수 없는 헛된 조문. mere paper talk
지상-군(地上軍)圏〈군사〉① 지상에서 전투하는 군대. ground forces ② 육군을 공군에 대하여 이름.
지상-권(地上權)圏〈법률〉공작물 또는 수목(樹木)을 소유하기 위하여 남의 토지를 사용하는 물권(物權). superficies 「위. ground base
지상 기지(地上基地)圏 지상에 시설한 군사 기지 따
지상 낙원(地上樂園)圏 지상에 이룩된 더없이 자유롭고 풍요하여 행복한 사회를 이르는 말. 지상 천국.
지상 마력(地上馬力)圏 항공 발동기가 땅 위에서 낼 수 있는 마력. 보통 땅 위에서의 공칭 정격 마력(公稱定格馬力).
지상 명:령(至上命令)圏〈동〉무상 명령(無上命令).
지상-선(地上仙)圏〈약〉→지상 신선(地上神仙).

지상=수(地上水)[명] 땅 위에 흐르는 물. (대) 지하수(地下水).

지상-신(地上神)[명] 영원·무한의 신령(神靈). 곧, 여러 신(神)들 가운데서 가장 높은 존재. 그리스의 제우스 따위. highest god

지상 신선(地上神仙)[명] ①신선이 이 세상에 있다는 말. ②팔자 좋은 사람을 부러워하는 말. (유) 지상선(地上仙). ③〈종교〉 천도교에서 천도(天道)를 믿어 누릴 수 있는 이 세상의 낙원을 말함. heaven on earth '승되어 온 만물의 창조주인 영적 존재.

지상-자(地上者)[명] 일부 미개 민족에게 신앙되고 전

지-상자(紙箱子)[명] 종이로 된 상자. carton

지상-주의(至上主義)[명] 무엇을 가장 높은 위로 삼는 주의. (대) 평범주의(平凡主義).

지상 천국(地上天國)[명] 천도교에서 이 세상에 건설할 수 있는 영육 쌍전(靈肉雙全)의 이상 세계. paradise on earth ②이상적인 나라.

지상 표지(地上標識)[명] 항공 중 비행 지점을 알아볼 수 있도록 땅 위에 설치한 기지의 목표. ground mark

지새는 달[명] 먼동이 튼 뒤에 서쪽 하늘에 보이는 달. morning moon

지-새:-다[자] 달이 지며 밤이 새다.

지-새우-다[타] 고스란히 밤을 새우다. sit up all night

지-서(支庶)[명] 지자(支子)와 서자(庶子).

지서(支署)[명] 본서(本署)에서 갈려 나간 곳. 분서(分署). (대) 본서(本署). branch office

지석(支石)[명] 고인돌.

지석(砥石)[명] 숫돌. whetstone

지석(誌石)[명] 죽은 사람의 이름·생몰(生沒) 연월일·행적·무덤의 방향 등을 적어서 무덤 앞에 묻는 돌.

지석-판(紙石版)[명] 마분지에 굵은 금강사·부석(浮石) 가루·수탄(獸炭) 따위를 반죽하여 바른 석판의 대용품.

지선(支線)[명] ①본선(本線)에서 갈라진 선(線). (대) 간선(幹線). 본선. ②전주가 전선의 장력(張力) 또는 전선에 닿는 풍압(風壓)을 견디도록 전주의 상부에서 비탈하게 지상으로 친 줄. branch line

지선(地仙)[명] 〈식물〉 구기자나무.

지선(至善)[명] ①(약)—지어지선. ②가장 착함. (유) 최선(最善). (대) 지악(至惡). being extremely good

지선(脂腺)[명] (동) 지방선(脂肪腺).

지설(持說)[명] (동) 지론(持論).

지설(紙屑)[명] 종이 부스러기. waste paper

지성(至性)[명] 매우 착한 성질. good character

지성(至聖)[명] 지혜와 덕이 뛰어난 성인. great sage

지성(至誠)[명] 지극히 성실함. 또, 그 정성. 간성(懇誠). sincerity 하(형) 스럽 스레(부)

지성(地聲)[명] 타고난 목소리. one's natural voice

지성(知性)[명] 〈심리〉 ①지적(知的) 작용에 대한 성능 intellect ②오성(悟性)과 이성(理性)에 관한 성능. 지(知)의 성능과 능력.

지성 감:천(至誠感天)[명] 정성이 지극하면 하늘까지 감동함. (부) ~울어.

지성-껏(至誠—)[부] 지성을 다하여. 온갖 정성을 다 기울여.

지성 문학(知性文學)[명] 〈문학〉 주지주의적인 주제·사상·내용·수법의 문학.

지성-심(至誠心)[명] 극히 정성스러운 마음.

지성-인(知性人)[명] 인간관에 있어서 지성·예지(叡智)를 인간의 본질로 보는 규정. intellectual

지성 측달(至誠惻怛)[명] 지극한 정성으로 불쌍히 여겨 슬퍼함. 하(타)

지세(仔細)[명] 꼼꼼하고 자세함. 매우 자세함. minuteness 하(형)

지세(地稅)[명] 〈법률〉 토지에 대한 조세. land tax

지세(地貫)[명] 땅을 빌려 쓰고 내는 세. ground rent

지세(地勢)[명] 땅의 생긴 형세. 지형(地形). 지위(地位)③. terrain

지소(支所)[명] 본소(本所)에서 갈려서 소재지의 소관 업무를 맡은 곳. (대) 본소(本所). local branch

지소(至小)[명] 가장 작음. smallest 하(형)

지소(地所)[명] 토지. 지면(地面). ground

지=소(池沼)[명] 못이나 늪 따위의 총칭.

지소(指笑)[명] 손가락질하며 비웃음. 하(타)

지소(紙所)[명] ①종이를 만드는 곳. ②〈제도〉 천민(賤民)인 지장(紙匠)이 집단으로 거주하며 종이를 만들어 나라에 공물(貢物)로 바치던 곳.

지소-사(指小辭)[명] 〈어학〉 어떤 말에 덧붙어 그 말이 나타내는 뜻이 작음을 나타내는 접사(接辭). 또, 그렇게 파생된 말. '단(中間). continuance 하(자)타

지속(持續)[명] 유지하여 계속함. ¶~성(性). (대) 중단. continuance 하(자)타

지속(紙屬)[명] (동) 지물(紙物).

지-속(遲速)[명] 더딤과 빠름.

지속-음(持續音)[명] 〈음악〉 잇달아 기운을 낼 수 있는 비음(鼻音)·마찰음 따위의 음. (유) 속음(續音). continuant sound '교정침(校正針). speed regulator

지속-침(遲速針)[명] 시계의 지속을 바로잡는 바늘대.

지손(支孫)[명] 지파(支派)의 자손. (대) 〔開途〕 종손. purity 하(자)

지송(祗送)[명] 백관(百官)이 임금의 거가(車駕)를 배송

지쇠(地衰)[명] 〈민속〉 지덕(地德) 또, 지력(地力)이 다하여 줄어듦. 하(자)

지수(止水)[명] 피어 흐르지 않는 물. still water

지수(地水)[명] 땅 속의 물. 지하수(地下水). (대) 천수(天水).

지수(指數)[명] ①〈수학〉 숫자 또, 문자의 오른쪽 어깨에 쓰이는 숫자. 또, 문자로 그 수나 문자의 누승(累乘)을 나타낸 것. index number ②(약)→물가 지수(物價指數).

지수(祗受)[명] 임금의 하사(下賜)를 받음. 하(자)

지수(紙數)[명] 종이의 수. 지면의 수.

지수 방정식(指數方程式)[명] 〈수학〉 지수(指數)에 미지수(未知數)를 가지는 방정식. exponential equation

지수 법칙(指數法則)[명] ①〈수학〉 멱수의 연산(演算)에 관하여 성립하는 법칙. ②〈물리〉 물리량(物理量)의 성장이나 감쇠(減衰)에 관계되는 법칙.

지숙(止宿)[명] 머물러 묵음. 혈박(歇泊). lodging 하(자)

지순(至純)[명] 더할 나위 없이 순결함. purity 하(형)

지순(至順)[명] 지극히 순함. being as meek as lamb

지순 지결(至純至潔)[명] 지극히 순결함. 하(형) (부)

지술(地術)[명] 〈민속〉 지리(地理)를 보아 그 터의 점을 치는 술법. 풍수(風水). geomancy

지스러기[명] 고르고 남은 찌끼나 부스러기. 마름질하거나 에어 내고 난 나머지. waste

지승(紙繩)[명] (동) 지노.

지시(指示)[명] ①가리켜 보임. pointing ②(동) 지도(指導)①. ③어떤 기관이 다른 기관 또는 사람에 대하여 어떤 사항에 관하여 시키는 일. direction 하(타)

지시 가격[—까—](指示價格)[명] 〈경제〉 원료 또는 제품을 공급하는 사람이 제품업자 또는 판매업자에게 지시하는 판매 가격.

지시 관형사(指示冠形詞)[명] 〈어학〉 명사의 어느 것임을 지시하는 관형사. 이·요·저·이 등. demonstrative unconjugating adjective

지시 대:명사(指示代名詞)[명] 〈어학〉 물건·곳·방향 등을 가리키는 대명사의 하나. 그·이것·어디·무엇 등. demonstrative pronoun

지시 마:력(指示馬力)[명] 〈공업〉 지시기로 잰 기관의 평균 유효 압력에서 계산하여 낸 마력. 보통 i.h.p로 나타냄. indicated horse power

지시 부:사(指示副詞)[명] 〈어학〉 때와 곳을 가리키어 꾸미는 부사. indicative adverb

지시-약(指示藥)[명] 〈화학〉 용량 분석에서, 반응의 종결점의 판정, 수소 이온 농도의 판정 등에 쓰이는 시약(試藥)의 총칭. indicator

지:시: 엠(G. C. M.)[명] 〈수학〉 (약) greatest common measure 최대 공약수.

지시-인(指示人)[명] 〈민법〉 지시 증권에서 채권자가 지정한 변제(辨濟) 수령자.

지시인=불(指示人拂)[명] 채무자가 채권자의 지정한 사

람에게 채무를 변제하는 일.
지시 증권(─券)(指示證券)圈 증권상의 지명인 또는 지명인이 증권상의 지정에 따라 지시하는 사람이 권리자가 되는 유가 증권. 수표·어음·창고 증권 따위.
지시 채:권(─權)(指示債權)圈 특정인 또는 그 사람의 지시에 따라 권리의 이양을 받은 사람에게만 변제하여야 할 채권.
지식(止息)圈 ①동 침식(寢息). ②하던 일이나 않던 병이 잠시 그침. 하타
지식(知識)圈 ①사물을 아는 마음의 작용. understanding ②알고 있는 내용. 알려진 일. knowledge ③〈철학〉인식으로 얻어지는 성과(成果). 인식(認識). knowledge
지식(智識)圈 ①안다는 의식의 작용. 지력(知力). knowledge ②〈불교〉사리를 잘 분별하는 사람. 선지식(善智識).
지식 계급(知識階級)圈 일반적으로 고등 교육을 받고 지적 노동에 종사하는 계급. 인텔리겐차아. 지식층. intellectual class
지식 분자(知識分子)圈 지식층에 속하는 사람.
지식 산:업(知識産業)圈 대중의 지적(知的) 요구에 응하기 위한 산업. 신문·통신·출판·영화·음악·방송 등. knowledge industry
지식 수준(知識水準)圈 아는 정도. 공부를 해서 배운 정도.
지식-욕(─欲)(知識慾)圈 지식을 추구하는 욕망.
지식-인(知識人)圈 지식 계급의 사람. intellectuals
지식-층(知識層)圈 동 지식 계급.
지신(至信)圈 더없이 성실함. 하타
지신(至神)圈 매우 신통함. 묘함. 하형
지신(地神)圈 땅을 맡아 다스리는 신령. 〈대〉천신(天神). god of the earth
지신(智臣)圈 육신(六臣)의 하나인 지혜로운 신하.
지신 밟:기(─밥─)(地神─)圈〈민속〉①지신을 위한다고 하여 음식을 차리고 풍물을 치고 하는 민속 행사의 하나. festival for earth god ②농악(農樂)의 딴이름. farmer's music
지신=사(知申事)圈〈제도〉도승지(都承旨)의 딴이름.
지=신=심(至信心)圈 지극한 신심.
지신에 붙이고 성주에 붙인다弩 가득하거나 적은 것을 이곳 저곳에 들키고 남는 것이 없다.
지실圈 무슨 재앙으로 인해 해가 되는 일. ¶작년은 수재·화재 따위로 ~이 많은 해였다. disaster
지실(地室)圈 동 광내(壙內).
지실(知悉)圈 죄다 앎. knowing completely 하타
지실(枳實)圈〈원〉→기실.
지심(至心)圈 더없이 성실한 마음. sincerity
지심(地心)圈 ①지구의 중심. centre of the earth ②〈지학〉지각(地殼)으로 둘러싸인 지구의 내부. 지핵(地核).
지심(知心)圈 뜻이 서로 통하여 잘 앎. mutual understanding 하타
지심 경도(地心經度)圈〈천문〉천구(天球)상의 한 점에 대하여 지구의 중심을 원점(原點)으로 하고 황도상(黃道上)을 춘분점(春分點)으로부터 잰 경도. geocentric longitude
지심 위도(地心緯度)圈〈천문〉①지구 표면의 일점과 지구의 중심과를 맺는 선이 지구의 적도면과 이루는 각. geocentric latitude ②지구의 중심에서 천체를 본다고 가정할 때 천구(天球)상의 위도.
지심 지평(地心地平)圈 관측점과 지구의 중심과를 맺은 직선에 직교(直交)되는 평면. rational horizon
지심 천정(地心天頂)圈〈천문〉관측점과 지구의 중심과를 맺는 직선이 천구와 맞닿는 점. 〈약〉천정(天頂)②. geocentric zenith
지싯-거리-다囨 남이 싫어하는 것도 모르고 자꾸 달게 굴다. tease **지싯=지싯**囗 하타
지아비圈 ①웃어른 앞에서의 자기 남편을 낮추어 이르는 말. ②계집 하인의 남편을 일컫는 말.
지:아이(G. I.)〈군사〉〈약〉Government Issue 하

사관·병사는 의복 등 보급이 관급이라는 뜻에서 미국의 징모병 또는 일반적으로 병사의 이칭.
지악(至惡)圈 ①이루 말할 수 없이 모짊. 〈배〉지선(至善). most wicked ②악착같이 일에 덤벼듦을 가리킴. tenacity 하형 스럽 스레타
지압(地壓)圈 지각의 압력이 그 내부 또는 그에 접촉하는 다른 물체에 미치는 압력.
지압(指壓)圈 ①손 끝으로 누르거나 두드림. ②동 지압 요법. fingerpressure
지압=법(指壓法)圈〈의학〉혈관을 손가락으로 강압하는 구급 지혈법. finger-pressure therapy ②동맥류(動脈瘤)를 장시간 손가락으로 누르는 요법.
지압 요법(──)(指壓療法)圈〈의학〉손가락 따위로 비비고 눌러 신경을 자극하여 혈액의 순환을 순조롭게 하는 민간 요법의 하나. 지압②. finger-pressure therapy
지애(至愛)圈 더할 수 없이 깊은 사랑. deep love
지약(持藥)圈 늘 몸에 지니고 먹는 약. medicine for habitual use
지양(止揚)圈 두 개의 모순 개념(矛盾槪念)이 서로 관련하여 한층 높은 단계에서 종합·통일시키고자 하는 작용. 양기(揚棄). dialectic transcendence 하타 make up
지어-내:-다타 없는 사실을 있는 것같이 꾸며내다.
지어 농:조(池魚籠鳥)圈 ①못의 고기와 조롱의 새. ②부자유한 신세의 비유. caged life
지어-뗑囗 →지꼬땡.
지어-먹-다타 마음을 도슬러 가지다. determine
지어먹은 마음이 사흘을 못 간다弩 한때의 어떠한 충격으로 일어난 마음은 오래 굳게 가지지 못한다. 작심 삼일(作心三日).
지어미圈 ①자기 아내를 어른 앞에서 낮추어 이르는 말. my wife ②남편이 있는 여자를 통칭하는 에스러운 말.
지어-붓-다타[스]쇠를 녹여 붓다. cast
지-어지선(止於至善)圈「대학(大學)」의 삼강(三綱)의 하나. 지극히 착한 경지에 이름. 〈약〉지선(至善).
지어지앙(池魚之殃)圈 다른 데에서 생긴 재앙으로 말미암아 상관없는 데까지 그 재앙이 미치는 비유. unexpected calamity
지-어지치(止於止處)圈 ①정처없이 어디든지 이르는 곳에서 머물러 잠. ②사리에 맞추어 그쳐야 옳을 자리에서 그침. 하타
지어차(至於此)圈 일이 여기에 이름. 하기 「words
지언(至言)圈 지극히 마땅한 말. very reasonable
지언(知言)圈 ①도리에 맞는 말. 사리에 합당한 말. wise saying ②남의 말을 듣고 그 옳고 그름을 똑똑히 앎.
-지언정어미 어미의 'ㄹ·을'과 어울려서 반어(反語)의 뜻을 나타냄. 상반되는 두 일에 대하여서도 부인하기 위하여 하나를 시인할 때 씀. ¶굶주릴~ 도둑질은 할 수 없다. even when
지엄(至嚴)圈 매우 엄함. 절엄(切嚴). 준엄(峻嚴). strictness 하타 히튄
지업(志業)圈 ①학업에 뜻을 둠. intend to study ②지망하는 사업. intended work 하타 industry
지업(紙業)圈 종이를 생산·판매하는 영업. paper
지에〈약〉→지에밥.
지에-밥圈 술밑으로 쓰려고 찹쌀·멥쌀 등을 시루에 찐 고두밥. 〈약〉지에. 제밥. steamed rice
지:엔 피:(G. N. P.)圈 Gross National Product 국민 총생산. 「전 세계적인 군용트럭. 상품명의.
지:엠 시:(G. M. C.)圈 미국 제너럴 모터어스 코퍼레이
지역(地役)(법률)圈 남의 땅을 제 땅에 편리하고 유익하게 이타지하는 일. easement ②〈약〉→지역권.
지역(地域)圈 땅의 구역. 땅의 경계. 또, 그 안의 땅. 〈유〉 권역. area
지역 개발(地域開發)圈 지역 주민의 복지 향상을 위하여 공동 노력·공동 투자·국비 보조 등으로 개발

지역권(地域權)[명]〈법률〉특정의 목적에 따라, 남의 토지(승역지)를 자기 토지(요역지)의 편익에 제공하게 하고 또는 용역할 수 있는 권리. (약)지역(地役)②. easement

하는 일. regional development

지역 단체(地域團體)[명] ①지역을 기초로 하는 단체. 곧, 국가·도(道)·마을 따위. regional society ②같은 지역에서 생활함으로써 이루어지는 집단. 지연 단체(地緣團體). (대)혈연 단체(血緣團體). territorial society

지역 대:표제(地域代表制)[명] 지역적 구성을 표준으로 하여 선거구를 설정하고, 그 안에서 대표자를 선출하여 의회에 보내는 제도. (대)직능 대표제(職能代表制). territorial representation

지역 사:회(地域社會)[명] 일정한 토지의 범위 안에서 성립되어 있는 생활 공동체. regional community

지역=상(地域相)[명] 어떤 지역의 자연 지리적인 모든 요소를 통틀어 본 모양.

지역-성(地域性)[명][동] 지방성(地方性).

지역 수당(地域手當)[명] 근무지에 따라 생활비에 차이가 있을 때, 생활의 평준화를 위하여 지급되는 수당. district allowance

지역 투쟁(地域鬪爭)[명] 노동자가 직장 투쟁을 더욱 발전시켜서 그 지역의 주민의 요구와 결부시켜 지방 권력과 싸우는 일. local strike

지연(紙鳶)[명] 연. kite

지연(地緣)[명] 같은 땅에 사는 것에 의하여 생기는 관계.

지연(遲延)[명] 더디게 끌어 감. 늦어짐. delay 하다

지연 단체(地緣團體)[명] 지역 단체(地域團體)②.

지연 이:자(遲延利子)[명]〈경제〉금전의 채무를 이행함이 늦어지는 경우에 그 손해 배상으로 지불하는 돈. moratory interest

지연 작전(遲延作戰)[명] 일을 지연하여 자기에게 이롭게 하려는 작전.

지열(止熱)[명] 뜨거운 열기가 내림. 또, 내리게 함. removal of fever 하다

지열(至熱)[명] 약·음식 따위가 몹시 뜨거움. 하다

지열(地熱)[명]〈지학〉땅덩이가 원래부터 가지고 있는 열. terrestrial heat

지열(枝劣)[명] 가지가 줄기보다 못하다는 뜻에서, 조상보다 자손이 못함을 비유로 이르는 말. 하다

지열 발전(─電)(地熱發電)[명] 지하에서 뿜어 나오는 증기의 열에너지를 이용하는 발전. geothermal generation

지열-제(─劑)(止熱劑)[명] 열을 내리게 하는 약재. 해열제.

지엽(枝葉)[명] 가지와 잎. branches and leaves ② 본체에서 갈라져 나간 중요하지 않은 부분. ¶ ~적 문제. minor details [경하여 맞이함. 하다

지영(祇迎)[명] 백관(百官)이 임금의 환행(還幸)을 공

지오(枝梧·支吾)[명] ①서로 어긋남. ②맞서서 겨우 버티어 감. 하다

지오메트리즘(geometrism)[명]〈미술〉기하학적(幾何學的)인 형태를 가지고 묘사하려는 입체파(立體派)의 한 파.

지오코:소(giocoso 이)[명]〈음악〉'익살스럽고 즐겁게'

지오콘도(giocondo 이)[명]〈음악〉'즐겁고 쾌활하게'의 뜻.

지옥(地獄)[명] ①〈종교〉현세에서 죄를 지은 사람이 죽어서 고통을 받는다는 암흑한 상상계. hell ②참담한 고통을 말함. 나락가(那落迦─Naraka)의 이리(泥梨). (대)극락(極樂). 천국(天國). torture

지옥-계(地獄界)[명]〈불교〉십계의 하나. 지옥의 세계. inferno

지옥-도(地獄道)[명]〈불교〉삼악도(三惡道)의 하나. 지

지온(地溫)[명] 땅의 온도. underground temperature

지완(遲緩)[명] 더디고 느림. 계완(稽緩). 지만(遲慢). slowness 하다

-지요[어미] '−지'의 존대어. ¶ 그러~.

지요(地─)[명] 관(棺) 안에 까는 요. mattress put in coffin

지요(地妖)[명] 지상의 요사한 변재(變災).

지요(至要)[명] 더없이 좋요로움. essential 하다

지요(指要)[명] 문장 따위 속에 담긴 중요한 뜻. main point [and valour

지=용(智勇)[명] 지혜와 용기. ¶ ~성(性). sagacity

지우(至愚)[명] 아주 어리석음. height of folly 하다

지우(知友)[명] (약)→지기 지우(知己友).

지우(知遇)[명] 남이 자기의 재능을 잘 알아 대접함. favour 하다

지우(智愚)[명] 지혜로움과 어리석음. wisdom and folly

지우(誌友)[명] 잡지의 애독자. 또, 그 회원. reader of magazine

지우개[명] ①쓴 글씨나 그림을 지우는 데 쓰는 도구. eraser ②연필 글씨를 지우는 고무. rubber

지=우금(至于今)[명] 이제에 이르러. 이제에 이르기까지. (약)지금(至今). until now

지우−다[타] ①없던 것을 생기게 만들다. ¶ 그늘을 ~. cast ②특징을 두드러지게 만들다. ¶ 세모꼴을 ~. make

지우−다[타] ①끊어지거나 멀어져서 제자리를 떠나게 하다. ¶ 숨을 ~. make fall ②적은 분량의 액체를 떨어지게 하다. ¶ 눈물을 ~. drop ③많은 분량 중에서 일부를 덜다. ¶ 화분의 물을 ~.

지우−다[타] 붙거나 묻었던 것을 없어지게 하다. ¶ 글씨를 ~. erase

지우−다[타] 활시위를 벗기다. unstring

지우−다[사동] ①다른 사람에게 물건을 등에 지게 하다. ¶ 지게를 ~. put on one's back ②남에게 어여금 빚을 지게 하다. make person run into debt ③책임을 맡게 하다. (약)지다⁵. shift the responsibility on to(one) [¶ 힘센 사람을 ~. beat

지우−다[사동] 힘이나 재주를 겨루다가 지게 만들다.

지=우산(紙雨傘)[명] 대오리로 된 살에 종이를 발라 기름을 먹인 우산. 종이 우산. oil-paper umbrella

지우지−감(知遇之感)[명] 대우를 잘 받아서 후의에 감격하는 느낌. gratitude for one's favor

지운(地運)[명]〈민속〉땅의 운.

지움−표(─標)[명]〈동〉말소부(抹消符).

지원(支院)[명] 지방 법원·가정 법원 등의 사무 일부를 처리하기 위하여 그 관할 구역 안에 두는 법원.

지원(支援)[명] 지지하여 도와 줌. 후원(後援). ¶ ~부대(部隊). support 하다

지원(至宛)[명] (약)→지원 극통(至宛極痛).

지원(志願)[명] 지극한 소원. 또, 몹시 바람. strong desire 하다 [입대(入隊). volunteer 하다

지원(志願)[명] ~하고 싶어서 바람. 지망(志望). ¶ ~

지:원(G−1)[명]〈군사〉육군의 사단급 이상의 사령부 내 일반 참모부의 하나. 인사(人事) 업무를 맡은 참모 부서임. [하다

지원 극통(至宛極痛)[명] 몹시 원통함. (약)지원(至宛).

지원 사격(支援射擊)[명]〈군사〉믿수 중이거나 후퇴 중인 부대의 작전을 지원하기 위한 사격.

지원−서(志願書)[명] 지원에 관한 사항을 적은 서류. written application

지월(至月)[명] 동짓달. November

지위(─)[명] 목수(木手).

지위(地位)[명] ①있는 곳. 입장. 위치. position ②자리. 신분②. 가문. (약)위(位). status ③존재의 장소. position ④있는 곳. 처지(處地). [notice 하다

지위(知委)[명] 명령을 내려 알려 줌. 고시(告示).

지위가 높을수록 마음은 낮추어 먹어야 한다[속] 높은 자리에 앉게 될수록 겸손하여야 한다.

지위=주−다(知委─)[타] 명령을 내리어 거행하게 하다. give notice

지위−지−다[자] ①병으로 몸이 지치다. get thin ②해퀴 쓰거나 또, 재앙으로 살림이 어려워지다. decline

지유(地油)[명] (동)석유(石油).

지유(脂油)[명] (동)지방유(脂肪油). [에 입는 옷.

지=유삼(紙油衫)[명] 기름에 결은 종이로 만든 비올 때

지육(知育·智育)[명] 지혜를 계발하여 주려고 베푸는 교육. (대) 덕육(德育). 체육(體育). intellectual training

지육(脂肉)[명] 기름기와 살코기. fat and meat

지은(至恩)[명] 지극한 은혜. great favour

지은(地銀)[명] 90%의 순분(純分)이 들어 있는 은. 구성은(九成銀). silver bullion

지은(知恩)[명] ①은혜를 앎. gratitude ②〈불교〉불(佛)·법(法)·승(僧)의 은혜를 앎. 하다

지은 보:은(知恩報恩)[명] 남의 은혜를 알고 그 은혜를 갚음. 하다

지은이(著) [명] 저자(著者).

지음(知音)[명] ①음악의 곡조를 잘 앎. know the melody ②마음이 통하는 친한 벗. ③새·짐승의 소리를 분간해 알아들음. 하다

지음-객(知音客)[명] 음악의 곡조 소리를 잘 알아듣는 사람. 풍류객(風流客).

지음-증(-症)〈支飲症〉[명] 〈한의〉해소와 호흡 곤란으로 모로 눕지 못하는 병.

지응(知應)〈제도〉관원이 공무로 출장하였을 때에 그 곳에서 필요한 물건을 대어 주던 일. 하다

지읒 [명] 한글 자모 'ㅈ'의 이름. name of the letters 'ㅈ'

지의(地衣)[명] ①가장자리를 헝겊으로 꾸민 제사 때 쓰는 돗자리. ②〈식물〉지의류(地衣類) 식물의 총칭. 나무 껍데기나 바위 따위의 수분이 적은 곳에 남. 앙천피(仰天皮). 석화(石花)②. lichen

지의(旨義)[명] 깊고도 중심이 되는 뜻.

지의(紙衣)[명] ①〈제도〉솜·대신에 종이를 두어 지은 겨울 옷. 서북 국경을 경비하던 군사가 입었음. ②〈불교〉영혼을 천도(薦度)할 때 관욕(灌浴)하기 위하여 쓰는 종이로 만든 옷.

지의-대(地衣帶)[명] 〈식물〉고산 식물 지대의 하나. 초본대의 위가 되는 곳. lichenous zone

지의-류(地衣類)[명] 〈식물〉하등(下等)의 광이무리와 말무리와의 공생체(共生體). 엽록소가 있는 말무리는 동화 작용을 해서 광이무리에게 양분을 공급하고, 엽록소가 없는 광이무리는 말무리를 싸서 보호함. 나무 껍데기와 돌 위에 붙어 삶. lichen

지이(地異)[명] 지구 위에 일어나는 여러 가지의 이변(異變). 지진(地震)·홍수 따위. 지변(地變)②. (대) 천변(天變). terrestrial calamity

지이-다 [조동] 어미 '−아'나 '−어' 아래 쓰여 무엇이 되기를 바라는 뜻을 나타냄. ¶이루어−.

:지·이·다[타] 〈고〉의지하다. 기대다.

=지·이·다[자] 〈공〉되다.

지=이부지(知而不知)[명] 알고도 모르는 체함. 하다

지인(至人)[명] 도덕이 높은 사람. man of moral perfection

지인(至仁)[명] 더없이 어짊. 하다 [fection

지인(知人)[명] ①잘 아는 사람. acquaintance ②사람의 됨됨이를 알아봄. inquiring into one's character 하다 [계(印契)의 총칭.

지인(智印)〈불교〉보살의 지혜의 표지(標識)인 인

지-인용(智仁勇)[명] 슬기와 어짊과 용기. wisdom, benevolence and valour

지인지-감(知人之鑑)[명] 사람을 알아보는 감식력(鑑識力). (약) 지감(知鑑). discerning eye

지인 지자(至人至慈)[명] 지극히 인자함. super benevolence and compassion 하다

지일(至日)[명] ①동지(冬至). winter solstice ②하지(夏至). summer solstice

지일(遲日)[명] 낮이 길어 해가 늦게 진다는 뜻에서, 봄의 낮이 긴 날을 이름. long spring day

지일 가:기(指日可期)[명] 다른 날에 일이 성공하게 될 것을 꼭 믿음. 하다

지자(支子)[명] 맏아들 이외의 아들.

지자(至慈)[명] 더없이 자비로움. 하다

지자(知者)[명] ①사물의 도리에 밝은 사람. sage ②지식이 많은 사람. learned man [man

지자(智者)[명] 슬기가 많은 사람. wise

지=자기(地磁氣)[명] 〈동〉지구 자기(地球磁氣).

지자기 적도(地磁氣赤道)[명] 〈지학〉지구의 중심으로 나면서 지자기의 자오선에 직각이 되는 평면.

지자 요:수(知者樂水)[명] 지자(知者)는 늘 물과 친하여 물을 좋아함. [잔혹 실수가 있음.

지자 일실(智者一失)[명] 슬기로운 사람에게도

지잠(地蠶)[명] 굼벵이.

지장(支障)[명] 일을 하는 데에 거치적거리며 방해가 되는 것. hindrance

지장(地漿)[명] 〈한의〉황토땅을 석 자 가량 파고 거기서 나는 물을 저어 흐리게 한 다음 다시 가라앉힌 맑은 웃물. 해독에 씀.

지장(地藏)[명] 〈약〉=지장 보살.

지장(指章)[명] 손도장. thumb seal

지장(紙匠)〈제도〉①교서관(校書館)의 종이를 다루던 기술자. ②조지서(造紙署)의 종이를 만들던 기술자.

지장(紙帳)[명] 종이로 만든 모기장. 또, 방장. [술자.

지장(紙欌)[명] 종이로 발라 만든 장(欌).

지장(智將)[명] 지혜가 많은 장수.

지장 보살(地藏菩薩)[명] 〈불교〉석가의 부탁으로 부처가 입멸(入滅)한 뒤 미륵불(彌勒佛)이 출세할 때까지 불(佛)이 없는 세상에서 육도 중생(六道衆生)을 제도하는 보살. (약) 지장(地藏). guardian deity of children

지재(持齋)[명] 〈불교〉①오후에는 식사를 하지 않는다는 계법(戒法)을 지킴. ②정진(精進)·결재(潔齋)하여 심신을 깨끗이 하는 일.

지재 지삼(至再至三)[명] 두 번 세 번. 곧, 여러 차례. 재삼재사. several times

지저(地底)[명] 땅 속. 땅 밑.

지저-거리-다[자] 끊임없이 잇달아 지저귀다. 《작》재자거리다. chirp 지저-지저 하다

지저귀[명] 남의 일을 방해하는 짓. hindrance 하다

지저귀-다 [자] ①새·짐승 따위가 시끄럽게 지절거리다. chirp ②조리 없는 말로 함부로 지절거리다. chatter

지저-깨비[명] 무엇을 다듬을 때 깎아 낸 조각. 목찰(木札)②. chip of wood

지저분-하다[형] ①거칠고 깨끗하지 못하다. dirty ②사물이 어수선하고 어지럽다. untidy 지저분-히[부]

지적(地積)[명] 땅의 면적. 땅의 평수. acreage

지적(地籍)[명] ①땅의 소속(所屬). land-register ②땅에 대하여 적은 기록. record of land registration

지적(指摘)[명] 어떠한 사물을 꼭 집어서 가리킴. 잘못을 들추어냄. 지목(指目). ¶∼ 사항(事項). indication 하다

지적(-的)〈知的〉[관형] 지력(知力)에 관한(것). 지력을 필요로 하는(것). ¶∼ 요소(要素). (대) 정적(情的). intellectual

지적 대장(地籍臺帳)[명] 〈동〉토지 대장.

지적-도(地籍圖)[명] 각 지역(地番)의 면적을 산정하고 경계를 밝히기 위하여 국가에서 만든 토지의 지도. map of land register [작자작. 하다

지적(地籍)[명] 물이 밀바닥에 찾아 붙은 모양. 《작》자

지적 직관(-的−)〈知的直觀〉[명] 〈철학〉초감성적·초오성적(超悟性的)인 것의 직관. 곧, 현상을 초월한 근본 실재의 직접적 파악. intellectual intuition [진위(眞僞)를 밝혀서 내리는 판단.

지적 판단(-的−)〈知的判斷〉[명] 〈철학〉논리적으로

지전(紙錢)[명] ①〈민속〉돈 모양으로 둥글게 끊어낸 종이. (관:棺)에 넣음. ②=지폐(紙幣). ③〈민속〉무당이 비손할 때에 쓰는 긴 종이 오리를 둥글둥글하게 잇대어 돈 모양으로 만든 물건.

지-전:류(地電流)[명] 〈물리〉지구 표면에 가까운 지층을 흐르는 전류. ②지구를 회로(回路)의 일부로 하는 전신기 등에서 전선 속으로 흘러 통신에 장애를 끼치는 전류. [압을 높이는 전지.

지:=전:지(G電池)[명] 삼극 진공관의 격자(格子)의

지절(至切)[명] ①썩 간절함. eagerness ②아주 필요

지절 ~ necessity 하웹
지·절(志節)뗑 지조와 절개. fidelity
지절(肢節)뗑 〈생리〉 팔다리의 마디뼈. joints
지절(枝節)뗑 ①나무의 가지와 마디. ②곡절이 많은 사단(事端)의 비유.
지절=거리·다困 되는 대로 잇달아서 지절거리다. (적) 재잘거리다. chatter 지절︎뗑 하困
지절-나-다(枝節─)困 곡절이 많은 사단이 생기다. be complicated
지절대기는 똥 본 오리라쑤 수다스럽게 횟설수설하는 사람을 보고 하는 말.
지절-통(肢節痛)뗑 〈한의〉 감기·몸살 따위로 팔다리의 마디가 아픈 병세.
지점(支店)뗑 ①본점에서 갈리어 나온 분점(分店). (대) 본점(本店). ②본점에 속하여 그 지휘·명령에 따르는 영업소. branch office
지점(支點)뗑 ①지레 따위를 지탱하는 고정된 점. fulcrum ②구조물을 받치고 있는 부분. bearing
지점(至點)뗑 어디라고 지정한 땅의 한 곳. spot
지점(至點)뗑 하지점과 동지점의 병칭.
지점(持點)뗑 당구에서 자기가 칠 수 있는 끗수.
지점(指點)뗑 눈에 익혀 두었다가 손가락으로 가리킴. pointing 하困
지점(趾點)뗑 수선(垂線)과 사선(斜線)의 밑의 점.
지점-장(支店長)뗑 지점을 맡아 운영하는 사람.
지접(止接)뗑 한때 삶. 거접(居接). 하困
지정(至正)뗑 더없이 바름. 하困   「나무 토막.
지정(地釘)뗑 〈건축〉 집터 따위를 다지는 데 쓰는 통
지정(至情)뗑 ①아주 가까운 정분. deep friendship ②매우 가까운 겨레붙이. near relatives ③더할 수 없는 충정(衷情). sincerity
지정(地精)뗑 〈동〉 인삼.   「함. 하困
지정(至精)뗑 전혀 잡것이 섞이지 않고 지극히 깨끗
지정(知情)뗑 남의 사정을 앎. understanding another's plight 하困
지정(指定)뗑 ①이것이라고 가리켜 정함. appointment ②여럿 가운데에서 하나 또는 몇 개만 가려내어 정함. nomination ③행정 관청이 법규의 정하는 바에 의하여 어떤 자격을 줌. 또, 관청·회사·사인(私人) 들이 어떠한 사람을 특히 인정하여 권리를 얻게 함. designation 하困
지정-거리-다困 가다가 조금 지체하다. wait for moment 지정=지정︎ 하困   「박아 다지다.
지정-다지-다困 건축물의 지반을 다져려고 지정을
지정-머리(至精─)뗑 좋지 못한 굿을 짓거리. odd behaviour
지정 불고(知情不告)뗑 남의 과실이나 범행을 알면서도 곧바로는 알리지 않음. 하困
지정-사(指定詞)뗑 〈어학〉 '이다·아니다'를 문법상 규정한 품사. 사물이 무엇이라고 지정하는 용언(用言)임. 잡음씨. 「간의 세 가지 심적 요소를 이름.
지=정=의(知情意)뗑 〈심리〉 지성과 심정과 의기. 인
지정 지미(至精至微)뗑 아주 정밀함.
지정 지밀(至精至密)뗑 아주 정밀함. precision 하웹
지정-학(地政學)뗑 정치 현상과 지리 조건과의 관계를 연구하는 학문. geopolitics
지=정=의(知情意)뗑 지신(地神)에게 지내는 제사. service for the earthly deities
지제(地堤)뗑 〈지학〉 가운데가 높고 양쪽이 점차 약 비슷하게 낮아지는 지층.   「paper
지제(紙製)뗑 종이로 만듦. 또, 그 물건. made of
지조(地租)뗑 〈법〉 토지에 속한 모든 소득을 세원으로 삼아 매기는 세금. 수익세. land-tax
지조(志操)뗑 꿋꿋한 뜻과 바른 조행(操行). constancy
지조(枝條)뗑 가지. 나뭇가지.
지조(知照)뗑 통지하기 위하여 조회함. 하困
지조로-다困 지저귀다.
지조(指─)뗑 손톱.
지족(支族)뗑 갈라져 나온 혈족(血族). 붙가(分家).
지족(知足)뗑 제 분수를 알아 만족할 줄을 앎. contentment 하困

지족 불욕(知足不辱)뗑 분수를 지키는 이는 욕되지 아니함.   「귀함. 하웹
지존(至尊)뗑 ①〈공〉 임금. His Majesty ②더없이 존
지종(至終)뗑 마지막에 이름.   「심음. 하困
지종¹(地種)뗑 화초를 화분에 심지 않고 직접 땅에
지종²(地種)뗑 〈법〉 주로 그 소유자에 의하여 구별한 토지의 종목. 전·답·대지·임야 따위.「sin 용困
지죄(知罪)뗑 자기의 죄를 앎. realizing one's own
지주(支柱)뗑 버티는 하는 기둥. 지탱하기 위하여 세우는 기둥. 받침대. prop
지주(地主)뗑 ①토지의 소유자. landowner ②소유 토지를 타인에게 빌려 주고 그 지대(地代)를 수득하는 사람. ③그 토지에서 사는 사람. 영주(領主). (대) 소작인(小作人).
지주(持籌)뗑 달래어서 부림. 하困
지주(蜘蛛)뗑 〈동〉 거미.   「사하는 계급.
지주 계급(地主階級)뗑 토지 사유권을 사회적으로 행
지주-근(支柱根)뗑 〈식물〉 지상구(地上莖)에서 나온 부정근(不定根)의 하나. 땅 속에서 뻗어 들어가 줄기를 버팀. 주근(柱根).
지주-망(蜘蛛網)뗑 거미가 그물같이 쳐 놓은 거미줄.
지주=사(蜘蛛絲)뗑 〈동〉 거미줄.
지주 회사(持株會社)뗑 〈경제〉 다른 회사의 주식을 소유하고 있는 모든 회사. holding company 「內」
지중(地中)뗑 ①땅 속. underground ②〈동〉 광내(壙
지중(至重)뗑 매우 귀중함. preciousness 하困 하웹
지중(持重)뗑 몸가짐을 진중히 함. prudence 하困
지중-선(地中線)뗑 〈동〉 지하선①.
지중 식물(地中植物)뗑 〈식물〉 지하경(地下莖)·피근(塊根) 등, 지하부(地下部)에 월동아(越冬芽)를 가지고 있는 식물. 고구마·나리과 식물 따위.
지중 온도계(地中溫度計)뗑 지중 온도를 재는 데 쓰는 온도계.
지중-전(地中戰)뗑 〈군사〉 땅 속으로 적의 요새까지 굴을 파서 그 끝에 폭발물을 장치하여 폭파시키는 전법. underground war
지중해성 기후(─性氣候)뗑 〈지리〉 여름에 건조기(乾燥期)가, 겨울에 우기(雨期)가 있는 온대 기
지·즈로뭉 〈고〉 인하여. 드디어.   「후.
지·즐앉·다困 〈고〉 지질러 앉다. 깔고 앉다.
지·즐우·다困 〈고〉 지지르다.
지즐톡·다困 〈고〉 지질러 타다. 눌러 타다.
지·츰︎뗑 〈고〉 기적.
지지뗑 어린이에게 더러운 것이라고 일러주는 말. ¶ 아가, ~다. dirty!
지지(支持)뗑 ①붙들어서 버팀. ②찬동하여 힘써 뒷받침함. ¶ ~파(派). support ③〈동〉 부지(扶支).
지지(地文)뗑 〈동〉 십이지(十二支).
지지(地誌)뗑 ①어떤 지역의 자연·사회·문화 등의 지리적 현상을 분류·연구·기록하는 것. (대) 일반 지리학. topography ②〈약〉→지지학(地誌學). 하困
지지(知止)뗑 자기의 분에 넘치지 않도록 그칠 줄을 앎.
지지(枝指)뗑 육손이의 덧붙어 생긴 손가락.
지지(運遲)뗑 더디고 더딤. slowness 하웹
지지︎ 〈고〉 치자(梔子).
지지-다 및 붓·다困 ①지지기도 하고 붓기도 하여 음식을 장만하다. ②〈속〉 사람을 돌보아서 몹시 부대끼게 하다. hard on person ③〈속〉 여자들이 머리털을 퍼
지지피-다困 〈고〉 지저귀다.   「머하다.
지지난-달뗑 지난달의 전달. 전전달(前前─). 전전 월(前前月). month before last
지지난-밤뗑 그저께 밤. night before last
지지난-번(一番)뗑 지난번의 바로 전번. 거거번(去去番). 전전번(前前番). time before last
지지난-해뗑 그러께. year before last
지지-다困 ①국물을 조금 붓고 끓여 익히다. boil down ②지짐질로 익히다. pan-fry ③달군 물건을 다른 물체에 대어 누르거나 좀 태우다. ¶ 머리를 ~. frizzle

지지랑-물[명] 비 온 뒤에 썩은 초가집 처마에서 떨어지는 쇠지랑물 빛깔의 낙숫물. eavesdrops

지지러-뜨리-다[타] ①몹시 놀라 몸을 움츠러뜨리다. shrink up ②몹시 지지러지게 하다. 《작》자지러뜨리다.

지지러-지-다[자] ①몹시 놀라서 몸이 움츠러지다. shrink ②생물이 중간에 병이 생겨 순조롭게 자라지 못하다. 《작》자지러지다. weaken

지지르-다[르변] [타] ①기운을 꺾어 억누르다. keep down ②무거운 물건을 덮어 누르다. weight

지지리[부] 지나치게 못생기거나 애틋음을 나타낼 때 '아주 몹시 지긋지긋하게'의 뜻으로 쓰임. ¶~ 속만 썩이더니…. 《작》자지리. awfully

지지미(ぢぢみ 縮緬 일) 거죽에 잔주름이 지게 짬. 또, 그 물건. cotton crepe

지지-배배[부] 종달새의 우는 소리. chirp 「앉다.

지지-벌-다[타] 단정하지 못하거나 아무 데나 떡 벌리고

지지 부진(遲遲不進)[명] 일의 되어감이 몹시 느림. make slow progress 하[자]

지지-콜콜이[부] →시시콜콜이.

지지-하-다[형여] [여] ①무슨 일이 오래 끌어서 귀찮기만 하고 보잘것없다. annoying ②시시하다. 고지식하다.

지지-학(地誌學)[명] 지지를 과학적으로 연구하는 학술의 분야. 《약》지지(地誌)②. topology

지직-하다[형여] 반죽한 것이 조금 진 듯하다. somewhat squashy

지진(地震)[명] 〈지학〉 지각 내부의 급격한 변화로 지반(地盤)이 상하 좌우로 진동하는 현상. 진동(地動)①. 지명(地鳴). earthquake

지진(指診)[명] 손가락으로 만져 진찰함. 하[타]

지진-계(地震計)[명] 지진의 진동을 자동적으로 표시하는 장치. 지진이 일어날 때, 땅의 진동의 속도·가속도·진동 기간·진동 거리의 변위(變位) 따위를 관측하는 기계. seismograph 「규모의 단층.

지진 단:층(地震斷層)[명] 〈지학〉 큰 지진으로 생긴 대

지진-대(地震帶)[명] 〈지학〉 지각 표면에 지진이 많이 일어나는 띠 모양의 지역. earthquake zone

지진-동(地震動)[명] 〈지학〉 지진이 일어났을 때, 지진파가 지표에 이르렀을 때의 진동.

지진-두(地盡頭)[명] ①더하여 볼 수 없게 된 막다른 판. ②빼가 아주 절박하게 된 것의 비유. ③중앙에서 멀리 떨어져 바닷가와 접한 변두리의 땅.

지진-아(遲進兒)[명] 학습의 진도가 늦은 아동. 학업 부진아(學業不進兒). retard child

지진-제(地鎭祭)[명] 〈민속〉 토목 공사를 할 때, 터를 닦기 전에 그 건물의 안전을 비는 뜻으로 지신(地神)에게 지내는 제사.

지진-파(地震波)[명] 〈지학〉 지진으로 말미암아 진원(震源) 또, 진앙(震央)에서 사방으로 퍼지는 파동. earthquake wave

지진-학(地震學)[명] 〈물리〉 지구 물리학의 한 부문. 지진이나 그 밖에 진동에 대하여 연구하고 또, 진재(震災)의 예방이나 지진계의 응용 따위를 논하는 학문. seismology

지질(地質)[명] ①땅의 성질. nature of the soil ②〈지학〉지각을 이루는 암석·지층의 성질 또, 상태. geology

지질(脂質)[명] 지방·납(蠟)·유지질(類脂質) 등의 총칭.

지질 구:조선(地質構造線)[명] 지질 구조상 특히 중요한 대단층선 또는 선상(線狀)의 변동대(變動帶). 추가령 지구대(楸哥嶺地溝帶) 등.

지질-도(地質圖)[명] 〈지리〉 지질 구성의 분포를 나타낸 지도. geological map

지질리-다[자] 지지름을 당하다. be weighted 「ing

지질-맞-다[형] 언행이 보잘것없고 변변하지 않다. trifl-

지질 부력(地質浮力)[명] 가장 졸질이 낮은 버력.

지질 시대(地質時代)[명] 〈지학〉 지구의 표면에 지각이 생긴 이래 오늘날까지의 시대. 점신세(漸新世).

geological age 「geologic chronology

지질 연대(地質年代)[명] 〈지학〉 지층이 생성된 연대.

지질 영력[-령-](地質營力)[명] 〈지학〉 바람·하천·빙하(氷河) 따위와 같이 지구 표면에 변화를 일으키는 작용력.

지질 조사(地質調査)[명] 〈지학〉 한 지방의 지질 상태 및 그 주향(走向)·경사·단층·암석 등에 대한 조사. geological survey

지질-하다[형여] ①물기가 조금 있어서 진 모양. damply ②윤택하지 못하고 몹시 지질한 모양. 하[자]

지질-컹이[명] 무엇에 지질려 잘 퍼지 못하는 사람. 또, 그 물건. 「각 듯하고 편편하다. sodden

지질펀던-하-다[형여] ① 평평하다. even ②많이 약

지질-하-다[형여] 싫증이 날 만큼 지루하다. boring

지질-하-다[형여] 보잘것없고 신통하지 않다. trivial

지질-학(地質學)[명] 〈지학〉 지구의 구조·조직 및 지각 발달의 역사를 계통적으로 연구하는 학문. geology

지짐-거리-다[자] 비가 조금씩 자주 내리다. be rainy

지짐-지짐[하][부] 「음식의 총칭. 전(煎). stew

지짐-이[명] 국물을 적게 붓고 간을 좀 짜게 하여 끓인

지짐-질[명] 전병·저냐 따위를 번철에 놓고 익히는 일. 부침개질. 부침질. frying 하[자]

지징 무처(指徵無處)[명] 조세·사채(私債) 따위의 부담자가 도주 혹은 사망하여 받아들일 방도가 없음. 하[자] 「들.

지차(之次)[명] ①버금이나 다음. ②맏이 이외의 차례

지참(持參)[명] 무엇을 가지고 참석함. bringing 하[타]

지참(遲參)[명] 늦게서야 참석함. 지각(遲刻)②. late attendance 하[자]

지참-금(持參金)[명] ①당장에 가지고 있는 돈. cash in hand ②신부가 시집을 때 친정에서 가지고 온.

지참-인(持參人)[명] 지참한 사람. 「돈. dowry

지창(紙窓)[명] 종이로 만든 창. paper window

지채(芝菜)[명] 〈식물〉 지채과의 다년생 풀. 높이 30 cm 가량으로 잎은 뿌리에서 무더기로 나며 가늘고 긺. 여름에 녹자색 꽃이 핌. 해수가 침입하는 연못에 나며 어린 잎은 식용품.

지척(咫尺)[명] 서로 멀어진 사이가 아주 가까움. 《유》규모(踞步). very short distance 「함. 하[자]

지척(指斥)[명] 웃어른의 언행을 꼬집어 가리켜서 탓

지척-거리-다[자] 기운 없이 다리를 끌면서 억지로 걷다. drag along 지척-지척 하[자]

지척 불변(咫尺不辨)[명] 몹시 어두워서 가까운 곳을 분별하지 못함. pitch darkness

지척이 천리다(咫尺-千里-) 매우 가까운 곳에 살면서도 오래 만나지 못하여 멀리 떨어져 사는 것 같다. 「place

지척지-지(咫尺之地)[명] 아주 가까운 곳. very near

지첨(紙尖)[명] 종이의 뾰족한 끝.

지천(至賤)[명] ①아주 천함. very low ②수효가 많아서 조금도 귀할 것이 없음. superabundant 하[자]

지천 위:신(指天爲神)[명] 하늘에 맹세하는 일. 하[자]

지첨(指尖)[명] 손가락 끝.

지청(支廳)[명] 본청에서 분리 나와 본청의 사무를 갈라 맡은 곳. 《대》본청(本廳). branch office

지청구[명] 까닭없이 남을 원망하고 탓하는 짓. 지척. blaming others without reason 하[자] 「(關).

지체[명] 대대로 전하여 내려온 지위나 문벌. 세벌(世

지-체(肢體)[명] 팔다리와 몸. body and limbs

지체(遲滯)[명] ①기한에 뒤짐. 어물어물하여 늦잡힘. delay ②〈법률〉 채무 이행이 가능함에도 불구하고 기한을 넘기는 일. 채무자 지체. ③〈법률〉 채무자가 채무 이행의 제공을 하였음에도, 채권자가 수령을 거부하거나 수령을 할 수 없는 일. 채권자 지체. 하[자]

지체 부자유아(肢體不自由兒)[명] 뼈·근육 또는 관절의 기형, 혹은 기능 장애로 말미암아 교육상 특별한 배려를 요하는 어린이.

지초(芝草)[명] ①[동] 영지(靈芝). ②[동] 지치.

지초(紙草)[명] 종이와 담배. 부의에 씀. 《유》 지촉(紙

지촉(紙燭)[명] 상가에 부의로 보내는 종이와 초. paper and candles

지촉 대:전(紙燭代錢)[명] 상가에 부의로 지초나 지촉 대신으로 보내는 돈. monetary offering to the deceased

지총(紙銃)[명] [동] 딱총.

지축(地軸)[명] ①대지를 버티고 있다고 상상되는 축. earth's axis ②<지학> 지구 자전의 회전축. 그 두 끝은 지구의 북극과 남극임. axis

지출(支出)[명] ①어떤 목적을 위해 돈을 치르는 일. expenditure ②국가 또는 지방 공공 단체가 그 기능의 수행을 위해서 지불하는 경비. (대) 수입(收入).

지출-관(支出官)[명] [동] 지출 명령관.

지출 명:령관(支出命令官)[명] <법률> 예산 정액의 사용을 결정하고 국고금의 지출을 명령하는 권한을 가지는 관리. 지출관(支出官). iture book

지출-부(支出簿)[명] 돈의 지출을 적는 장부. expenditure

지출-액(支出額)[명] 지출한 액수.

지출 예:산(--豫算)[--예-](支出豫算)[명] <경제> 한 회계 연도에 국가나 공공 단체가 지출할 총경비를 세운 것.

지충(至忠)[명] 지극히 충성스러움. 하다[형]

지충(地蟲)[명] <곤충> 풍뎅이과의 벌레의 유충의 총칭. grub [뜻. aim ②[동] 취지(趣旨).

지취(旨趣)[명] ①무슨 일에 대한 깊은 맛. 도, 묘한

지취(地嘴)[명] 땅의 모양이 가늘고 뾰족하게 부리의 저서 바다로 쑥 내민 곳. 갑(岬).

지취(志趣)[명] 의지와 취향(趣向). 의취(意趣). aim

지층(地層)[명] <지학> 지표(地表)에서 물·바람 등의 작용으로 운반·침적(沈積)된 여러 종류의 암석·토사·화석 등의 stratum

지치<식물> 지치과에 속하는 다년생 풀. 잎과 줄기에 억센 잔털이 많으며 여름철에 흰 꽃을 덩굴 뿌리는 자주색임. 자초(紫草). 지초②. ration

지치(至治)잘 다스려진 정치. excellent administ

지치(智齒)<생리> 사랑니. wisdom tooth

지:치-다[자] 병이나 괴로움에 시달려 기운이 다 빠지다. be exhausted

지:치-다[타] 마소 따위가 묽은 똥을 싸다.

지:치-다[타] 얼음 위를 미끄러져 달리다. slide

지:치-다[타] 문을 잠그지 않고 닫아만 두다. shut

지치 매매(指價賣買) 지정된 값으로 팔고 삼.

지칙(指飭)[명] 지도하고 타이름. 하다

지친(至親)[명] ①부자간이나 형제간을 일컬음. near relationship ②아버지와 아들, 형과 아우의 사이와 같이 더할 수 없이 가족 친함. intimacy [명]

지:친-것(-것)[명] 어떤 직업 이름 밑에 붙여, 그 일자리에서 오래 종사하다 물러나온 사람. ¶기생 ~. 주색 ~. reject

지침(指針)[명] ①지시(指示) 장치에 붙어 있는 바늘. needle ②시세·사식민(磁日盤)·계량기 등의 바늘. compass ③사물의 계획. plan ④남을 지시 인도하는 요인(要因). 잡이②. guiding principle

지침-서(指針書)[명] 지침이 될 만한 글. 또, 그 책.

지칫-거리다[자] ①마땅히 떠나야 할 자리를 선뜻 떠나지 아니하고 주춤거리다. be irresolute ②발을 작게 자주 떼면서 내처 걷다. walk at quick pace

지칫지칫[명] 하다[형]

지칭(指稱)[명] 가리켜 일컬음. designation 하다

지칭개<식물> 엉거시과의 월년생 풀. 줄기 높이 60~90cm 로, 5~8월에 홍자색의 꽃이 핌. 길가나 들, 밭에 나며 어린 잎은 식용함.

지키는 사람 열이 도둑 하나를 못 당한다[속] 은밀한 가운데에 생기는 환란을 막아 내기가 어렵다.

지키-다[타] ①물건을 잃어버리지 않도록 살피다. defend ②흡입을 감시(監視)하다. guard ③환란을 막으려고 주의하여 살피다. watch ④절개를 굽히지 않고 굳게 지니다. adhere to ⑤약속·규칙·법률 등을 어기지 아니하다. keep

지킴[명] 집 따위의 일정한 곳을 지키고 있다고 생각하는 신령한 동물이나 물건. guardian god

지=타:구(一唾具)[명] '요강'과 '타구'의 궁중말.

지탄(枝炭)[명] 나뭇가지로 구운 숯. charcoal

지탄(指彈)[명] ①손끝으로 튀김. fillip ②비난함. 손가락질하고 나무람. scorn 하다

지태(遲怠)[명] 굼뜨고 태만함. 하다[형]

지탱(支撐)[명] 오래 버팀. 오래 배김. ¶사업을 ~해 나가다. maintenance 하다

지토-선(地土船)[명] 시골 토민(土民)들이 소유한 배.

지통(止痛)[명] 아픔이 그침. ¶~제(劑). relief of pain

지통(至痛)[명] [동] 극통(極痛). [하다[형]

지통(紙筒)[명] ①종이를 뜰 때에 쓰는 큰 나무통. tub ②종이를 맡아 끗게 된 못.

지:투:(G-2)[명] <군사> 육군의 사단급 이상 사령부 내 일반 참모부의 하나. 정보 업무를 맡은 참모 부서임. [로 만든 소형의 진공관.

지:티-관(GT 管)[명] <물리> 엄지손가락만하게 유리

지파(支派)[명] 종파(宗派)에서 갈라져 나간 파. branch

지판(地板)[명] ①관(棺)의 밑바닥의 널. (대) 천판(天板). ②접지할 때에 땅 속에 묻는 금속판.

지팡=막대[명] '지팡이'의 낮은 말. stick

지팡이[명] 걸을 때 짚는 막대기. walking stick

지퍼(zipper)[명] 서로 이가 맞는 금속·플라스틱 등의 조각을 헝겊 테이프에 나란히 줄로 박아서 그 두 줄을 쇠고리로 밀고 당겨 여닫을 수 있도록 만든 것.

지편(紙片)[명] 종이 조각. piece of paper [물건.

지평(地平)[명] ①땅의 평면. ground level ②하늘과 땅이 맞닿은 것처럼 보이는 곳. horizon ③<약>→지평선(地平線). ④<약> 수평(水平).

지평(地坪)[명] 땅의 평수(坪數). acreage of land

지평 거:리(地平距離)[명] <지학> 지구 표면 위의 어떤 높은 곳에서 내려다볼 수 있는 가장 먼 거리. horizontal distance

지평-면(地平面)[명] <지학> 지평선 안에 포함된 넓은 육지의 표면. horizontal plane

지평 부:각(地平俯角)[명] <실시(實視)> 지평선과 천문학상의 지평선이 이루는 각도. horizontal angle

지평-선(地平線)[명] <지학> ①하늘과 해면 또, 평지면이 서로 닿은 것으로 보이는 선. 실시(實視) 지평선. horizon ②관측점에 있어서의 연직선(鉛直線)에 수직한 평면이 천구와 마주치는 대원(大圓). 천문학상의 지평선. <약> 지평(地平)③. horizontal line

지평 시:차(地平視差)[명] <지학> 지표(地表)에 있는 천체를 수평 방향으로 볼 때와 지구 중심에서 볼 때와의 방향의 차(差). horizontal parallax

지폐(紙幣)[명] <경제> 금속 화폐 대신 주로 국내에서 통용되는 종이로 만든 화폐. 지전(紙錢)②. 종이돈. 지화(紙貨). [동] 정화(正貨). paper money

지폐 발행 은행(紙幣發行銀行)[명] 법규에 의하여 지폐 발행의 특권을 가지는 은행. note-issuing bank

지폐 본위 제:도(紙幣本位制度)[명] <경제> 시세를 본위 화폐로 하는 제도. <약> 지폐 본위.

지폐 소각(紙幣燒却)[명] 이미 발행된 지폐를 회수·폐기하고, 새 지폐 또는 화폐와 교환하는 일. 하다

지포(紙砲)[명] [동] 딱총.

지:포(G-4)[명] <군사> 육군의 사단급 이상 사령부내 일반 참모 부서의 하나. 군수(軍需) 업무를 맡은 참모 부서임.

지포-나무[명] <식물> 석남과의 낙엽 관목. 잎은 타원형으로 톱니가 있고 잎 뒤가 백색임. 초여름에 꽃이 피고 장과(漿果)는 가을에 까맣게 익음.

지폭(紙幅)[명] 종이의 나비. width of paper

지표(地表)[명] 지구의 표면. 땅의 거죽. surface of the earth

지표(指標)[명] ①방향을 가리켜 보이는 표지(標識). index ②<수학> 상용 대수(常用對數)의 정수(整數) 부분. characteristic

지표(紙票)[명] 종이로 만든 딱지. 카드(card).

지표=수(地表水)[명] 지표에 있는 물. 곧, 하천·못·늪

따위의 물. (대) 지하수(地下水). surface water
지푸라기 짚의 낱개. 초개(草芥). piece of straw
지풍-조(知風草) 암크령. 「차의 상품명.
지:프(jeep) 보통 1/4 톤의 3인승 소형 만능 자동
지피(地皮) ①(동) 토피(土皮). ②땅의 거죽. crust of the earth
지피(地被) 지표의 잡초나 선태류(蘚苔類).
지피-다(자) 신(神)이 사람의 영(靈)에 내리다. be possessed
지피-다(타) 아궁이 따위에 불을 붙여 사르다. make fire
지피-물(地皮物) 땅의 거죽을 덮고 있는 낙엽·가지·종가 따위의 온갖 물건.
지피 지기(知彼知己) 적(敵)과 나의 힘·형편을 잘 앎.
지필(紙筆)(명) 종이와 붓. paper and writing brush
지필-묵(紙筆墨) 종이와 붓과 먹. 「문방 사우.
지필 연:묵(紙筆硯墨) 종이·붓·벼루·먹.
지하(地下)(명) ①땅 속. (대) 지상. underground ②(동)구천(九泉). ③사회·정치 운동에서의 비합법적인 면. underground
지하-가(地下街)(명) 지하도의 상점 거리. 지하 상가. underground market
지하 결실(-結實)(명) 〈식물〉 땅 속에서 열매를 맺는 식물. 땅콩 등. hypogeous plant 하다
지하-경(地下莖)(명) 〈식물〉 땅 속에 묻혀 있는 식물의 줄기. 고구마 등. (대) 지상경(地上莖). (약) 지경(地莖). underground stem
지하 공작(地下工作) 비밀로 지하에서 하는 공작. underground movement 하다
지하-근(地下根)(명) 〈식물〉 땅 속에 묻혀 있는 식물의 뿌리. subterranean stem
지하-도(地下道)(명) 땅 밑으로 만든 통로(通路). 「subway
지하 문학(地下文學)(명) 〈문학〉 탄압으로 떠들고 발표하거나 읽지 못하고 비밀리에 쓰이고 읽는 비합법적(非合法的) 문학. underground literature
지하-선(地下線)(명) ①땅 속으로 묻은 전선(電線). 지중선(地中線). 지하 케이블. underground cable ②기차나 전차 따위의 지하 철로. underground railway (대) 지표수(地表水). underground water
지하-수(地下水)(명) 땅 속에 괴는 물. 지수(地水).
지하 식물(地下植物)(명) 〈식물〉식물체의 눈이 지하에 나오는 식물. 「는 신문.
지하 신문(地下新聞) 비합법적으로 숨어서 발행하
지하-실(地下室)(명) 어떤 건물 아래에 땅을 파고 만들어 놓은 방. 또, 방. basement
지하 운:동(地下運動)(명) 법망을 피하여 일을 비밀리에 꾀하여 행하는 사상적인 운동. 잠행 운동. underground campaign
지하 자:원(地下資源)(명) 아직 채굴되지 않은 지하에 묻혀 있는 자원. 아직 파 내지 않은 중요한 광물 따위.
지하 정부(地下政府)(명) 합법적인 정부를 부인하고 전복할 목적으로 비합법적인 활동을 하는 비밀 정부.
지하 조직(地下組織)(명) 지하 활동을 하는 비합법적인 조직. underground organization
지하-철(地下鐵)(명) 〈약〉→지하 철도.
지하 철도(地下鐵道)(명) 땅 밑을 파고 궤도(軌道)를 만든 철도. (약) 지하철(地下鐵). underground railway
지하-층(地下層)(명) 땅 밑에 지은 아래층. basement
지하 케이블(地下cable) (동) 지하선(地下線)①.
지하 투쟁(地下鬪爭)(명) 적대되는 정권하에서 비합법적으로 비밀리에 조직하여 진행하는 계급 투쟁.
지학(地學)(명) 지구에 관한 과학의 총칭. physical geography 「다섯 살을 이름. age of 15 years 하다
지학(志學)(명) ①학문에 뜻을 둠. will to learn ②열
지한(至恨)(명) 지극한 원한. regret
지한(脂汗)(명) 지방분이 많이 섞인 땀. greasy sweat
지한-제(止汗劑)(명) 발한(發汗)을 억제·방지하는 약제. 제한제(制汗劑).
지함(地陷)(명) 땅이 움푹하게 주저앉음. depression 하다
지함(紙函)(명) 두꺼운 마분지로 만든 상자. carton
지해(支解)(명) 옛날 중국에서 행하던 악형(惡刑)의 하나로, 팔다리를 잡아떼고 찢어 내던 형벌.
지핵(地核)(명) 지심(地心).
지행(至行)(명) 지극한 선행(善行).
지행(至幸)(명) 만행(萬幸). 하다
지행(志行)(명) 지조(志操)와 품행(品行). constancy and behaviour
지행(知行)(명) 지식과 행위. knowledge and action
지행 합일(知行合一)(명) 〈철학〉양명학(陽明學)의 중심 개념. 참다운 지식(知)은 반드시 실천(行)이 따라야 한다는 것. 철학적 논리로 됨.
지행 합일설(--說)(知行合一說) 〈철학〉중국 명(明)나라 왕양명(王陽明)의 주의. 지식과 행위는 본래 하나이므로, 알고 행하지 아니하면 모름과 같다는 학설. (대) 선지 후행설(先知後行說).
지형(地形)(명) ①무거운 것이 떨어지거나 지나갈 때, 지면이 울려 소리 나는 일. ②지진·분화 등이 일어날 때 지반이 흔들리는 일.
지향(志向)(명) ①뜻이 쏠리는 방향. 의향(意向). intention ②〈철학〉목적함. ③〈윤리〉동기의 목적인 관념에 대하여, 그것을 실현하는 데 필요한 수단 및 예상되는 결과의 관념. 하다 자타
지향(指向)(명) ①뜻하여 향함. 목표로 정한 방향. direction ②지정하여 그곳으로 향하게 함. 하다 자타
지-향:사(地向斜) 〈지학〉지구 표면에 있는 대규모 침강 지대(沈降地帶). geosyncline
지향-성(志向性)(명) 〈철학〉의식이 늘 어떤 것에 대하여 쏠리고 있다는 의식의 본질적인 성질.
지향-성(指向性)(명) ①지향하는 성질. ②〈물리〉한 파원(波源)에서 방사된 음파나 전자파의 세기가 방향에 따라 다른 성질. 파장이 짧을수록 현저하게 나타남. 「지향-없:이(副)
지향-없:다(指向-)(형) 지향하는 데가 없다. aimlessly
지헐(至歇)(명) 값이 매우 쌈. cheap 하다
지현(至賢)(명) 매우 어질고 착함. very wise 하다
지현(贄見)(명) 예물(禮物)을 가지고 가서 뵘. 하다
지-현:판(紙懸板)(명) 가로폭의 종이로 붙여 놓은 서화(書畫). 「stopping of bleeding 하다
지혈(止血)(명) 나오던 피가 그침. 또, 그치게 함.
지혈-면(止血綿)(명) 출혈을 그치게 하는 데에 쓰는 솜.
지혈-제(止血劑)(명) 나오는 피를 그치게 하는 약제. styptic
지협(地峽)(명) 〈지학〉두 해협 또는 두 부분해(部分海) 사이에 끼어 있는 좁은 육지 부분. isthmus
지형(地形)(명) 〈지학〉땅의 생긴 모양이나 형세. 지세(地勢). 지상(地相)②. geographical features
지형(紙型)(명) 〈인쇄〉연판(鉛版)을 뜨기 위하여 식자(植字)한 활판 위에 종이를 올려놓고 눌러서 그 종이에 활자(活字)의 자국이 나게 한 판. ¶~을 뜨다. 「타ber 지도. topographical map
paper mould
지형-도(地形圖)(명) 〈지리〉육지의 모양을 자세히 나
지형 모형(地形模型)(명) 〈지학〉어떤 지역내의 지형을 축소하여 나타낸 모형. 「(廻).
지형 윤회(--)(地形輪廻)(명) 〈지학〉침식 윤회(浸蝕輪
지형 측량(地形測量)(명) 지표의 각지점의 위치 및 지표의 고저의 상태를 측정하여 도시(圖示)하는 측량. topographical survey
지형-학(地形學)(명) 〈지학〉지표(地表)의 형태·구조(造)·성인(成因) 발달을 연구하는 학문. topography
지혜(知慧)(명) 슬기. wisdom
지혜(智慧)(명) ①슬기. ②〈불교〉마음이 밝고 맑음. 미혹(迷惑)을 절멸하고 보리(菩提)를 성취하는 힘. wisdom 「을 비추는 거울의 이름을 일컫는 말.
지혜-경(智慧鏡)(명) 〈불교〉지혜의 밝고 맑음을 말함
지혜-광(智慧光)(명) 아미타불의 십이광명(十二光明)의 하나. 중생의 무명(無明)의 어두움을 비추는 아미타불의 지심(智心)으로부터 나오는 광명.

지혜-롭-다(智慧─)[형][ㅂ변] 슬기롭다. 지혜-로이[부]
지혜-안(智慧眼)[명] 〈불교〉 지혜의 눈. sagacious eyes
지혜 염:불(智慧念佛) 〈불교〉 아미타불의 원만 무애한 지혜를 독송하는 염불.
지혜-화(智慧火)[명] 〈불교〉 지혜가 번뇌를 태우는 것이 불과 같다는 뜻. 지혜를 불에 비유하여 이르는 말.
지=호(池湖)[명] 못과 호수.
지호(指呼)[명] 손짓하여 부름. beckoning 하다
지호-간(指呼間)[명] 〈약〉→지호지간(指呼之間).
지호지-간(指呼之間)[명] 손짓하여 부를 만한 가까운 거리. 〈여〉 지호간(指呼間). within hail
지화(地火)[명] ①지상에서 타는 일체의 불. ②오행설에서 말하는 '火'의 하나. 곧, 천화(天火)·인화(人火)에 대하여 이르는 말.
지화(指話)[명] 벙어리들이 손가락으로 여러 가지 모양을 만들어 가며 말 대신에 의사 표시를 하는 짓. 수화(手話). 하다
지화(紙貨)[명] 지폐(紙幣).
지화-법(指話-法)[명] 농아 교육에서 벙어리를 가르치기 위하여 손가락을 써서 의사를 표시하는 방법. 수화법(手話法). finger speaking
지화자[감] ①가무(歌舞)에 흥이 겨워서 내는 소리. ¶~ 좋다. ②윷놀이에서 모를 치거나, 활쏘기에서 과녁을 맞혔을 때 잘한다는 뜻으로 부르는 노래.
지환(指環)[명] 가락지. ring
지황(地黃)[명] 〈식물〉 ①현삼과(玄蔘科)의 다년생 약초(藥草). 줄기 높이 30cm 가량에 잎은 긴 타원형임. 6~7월에 담자홍색 꽃이 피고 삭과는 타원형임. 중국 원산으로 뿌리는 약용함. 지수(地髓). ¶~주(酒). ~탕(湯). foxglove ②지황의 뿌리. 보혈제로 씀.
지회(遲徊)[명] ①[동] 배회(徘徊). ②선뜻 결단을 내리지 못하고 머뭇거림.
지효(至孝)[명] 지극한 효성. utmost filial piety
지효(知曉)[명] 알아서 깨달음. comprehension 하다
지효(遲效)[명] 더디 나타나는 보람. 늦게 나는 효과(效驗). 〈대〉 속효(速效). slow effect ¶나는 성질.
지효-성(-性)[명] 효력이나 효능이 늦게 나타나는 성질.
지후(至厚)[명] 인정이 아주 두터움. warm hearted-ness ¶매우 두껍었고, 하다
지휘(指揮)[명] 가르쳐 보여서 일을 하도록 시킴. [command
지휘-관(指揮官)[명] 군대를 지휘·통솔하는 장교. com-mander
지휘-권(─權)[지휘권][명] 상부 기관이 하부 기관을 지휘할 수 있는 권리. right of command
지휘-대(指揮臺)[명] 지휘자가 올라서서 지휘하도록 마련한 대.
지휘-도(指揮刀)[명] 군대에서 훈련할 때, 지휘하기 위하여 군도 대신에 쓰는 칼. officer's sword
지휘 명:령(指揮命令) 상급 관청이 하급 관청에 그 소관 사무에 관하여 내리는 명령. order
지휘-봉(指揮棒)[명] ①〈음악〉 합창 합주(合奏)를 할 때 악대를 지휘하는 막대기. baton ②지휘관들이 손에 가지는 가는 막대기.
지휘-소(指揮所)[명] 〈군사〉 부대를 지휘하기 위하여 마련된 지역. 시피(C.P.). Command Post
지휘-자(指揮者)[명] 지휘하는 사람. commander ② 〈음악〉 컨덕터(conductor).
지휘-탑(指揮塔)[명] 비행기의 이륙(離陸)·착륙(着陸)을 지휘하는 망대. control tower
지흉(至凶)[명] 지극히 흉악함. 극흉(極凶). 하다
지하-다(고] 의지하다.
지¹학질(瘧疾) 등의 병이 발작하는 차례.
지:²[명] 사람·날짐승들이 물통이나 오줌을 한 번에 깔기는 모양. 〈센〉 찌.
지:³[명] 글씨의 획을 한 번 긋거나, 종이 따위에 한 번 찢는 소리. 〈예〉 쩨. 〈센〉 찌. with one stroke 하다
직(直)[명] '번(番)'의 뜻으로 쓰는 말. duty
직(職)[명] 〈약〉→관직(官職). 직업(職業). 직책.
직(直)[부] 둘곧 도, 직접의 뜻. direct
직각(直角)[명] 〈수학〉 수직(垂直)된 두 직선(直線)으로 이루어진 각. 곧, 90도를 이룬 각. 수직(垂直). right angle
직각(直覺)[명] ①[동] 직관(直觀). ②대번에 바로 깨달음. instant understanding 하다 [인 각주.
직각-기둥(直角─)[명] 〈수학〉 옆모서리가 밑면에 수직
직각-력(直角力)[명] 보거나 듣는 즉시로 바로 깨닫는 능력. intuitive power
직각 삼각형(直角三角形) 〈수학〉 한 각이 직각인 삼각형. 구고(勾股). 직각삼각형.
직각-설(直覺說)[명] 〈동〉 직관설(直觀說). [즘.
직각 프리즘(直角 prism)[명] 전반사(全反射) 프리
직간(直諫)[명] 기탄없이 바른말로 간함. 〈대〉 풍간(諷諫). direct admonition 하다
직감(直感)[명] 사물의 진상을 마음으로 느껴 앎. immediate perception 하다
직=거:래(直去來)[명] 중개인을 거치지 않고, 살 사람과 팔 사람이 직접 거래함. direct deal 하다
직결(直決)[명] 즉결(卽決). 하다
직결(直結)[명] 직접적인 연결. direct connection 하다
직경(直徑)[명] '지름'의 구용어.
직계(直系)[명] ①직접으로 계통을 이어받는 일. 또, 그 사람. 정계(正系). direct line ②친자(親子) 관계와 같이 그 혈통이 직상(直上)·직하(直下)의 형식으로 연락되는 계통. 〈대〉 방계(傍系).
직계 가족(直系家族) 직계에 속하는 가족. 곧, 부모·자녀 등.
직계 비:속(直系卑屬)[명] 자기로부터 직계적으로 내려간 혈연의 겨레붙이. 곧, 자녀·손자·증손 따위. 〈대〉 직계 존속. lineal descendant
직계 인척(直系姻戚)[명] 배우자의 직계 혈족. 또, 자기 직계 혈족의 배우자.
직계-제(職階制)[명] 〈법률〉 과학적인 인사 행정의 기초를 확립하고자 관직 등을 직종(職種)과 직급(職級)으로 나누어 정리하는 제도.
직계 존:속(直系尊屬)[명] 조상으로부터 직계로 자기에게 이르는 사이의 혈연의 겨레붙이. 곧, 부모·조부모·증조부모 따위. 〈대〉 직계 비속. lineal ascendant
직계-친(直系親)[명] 직계 혈족 및 직계 인척(直系姻戚)과의 관계. lineal descendants
직계 친족(直系親族)[명] 직계의 친족. 8촌 이내의 직계 혈족과 4촌 이내의 직계 인척.
직계 혈족(直系血族)[명] 직계의 관계에 있는 존속·비속 등의 혈족. lineal relation [truth 하다
직고(直告)[명] 바른 대로 알리어 바침. telling the
직공(職工)[명] ①공장에서 일하는 노동자. factory hand ②자기 기술로써 물건을 제작함을 직업으로 하는 사람.
직공(織工)[명] 직물을 짜는 직공(職工). [하는 사람.
직관(直觀)[명] 추리·경험에 따르지 않고 대상을 직접으로 파악하는 일. 또, 그 내용. 직각(直覺)①. intuition 하다
직관(職官)[명] 〈제도〉 직위와 관등. office and rank
직관-과(─科)(直觀科)[명] 직관에 의하여 지리·역사·과학 등의 초보 지식을 가르치는 교과. object lesson
직관 교:수(直觀敎授) 교수 사항을 실물로 보여 줌으로써 피교육자(被敎育者)로 하여금 쉽게 깨우치는 교수 방법. 실물 교수(實物敎授). intuitive method of teaching
직관-상(直觀像)[명] 〈심리〉 그림을 보고 난 뒤 그 안에 그려진 것이 그대로 벽면 등에 보이는 잔상(殘像)과 표상의 중간 현상.
직관-설(直觀說)[명] ①〈철학〉 직관의 작용에 의하여 인식의 절대 경지에의 도달이 가능하다는 설. ②〈윤리〉 인간은 선천적으로 도덕을 의식할 수 있는 힘을 가졌기 때문에 선악·사정(邪正)을 직관할 수 있다는 윤리설. 직각설(直覺說). intuitionism
직관-적(直觀的)[명] 판단·추리 등의 사유 작용을 떠나서 대상을 감각적으로 포착하는(것). intuitive
직관-주의(直觀主義)[명] 〈동〉 직각설.
직교(直交)[명] 〈수학〉 ①두 직선 또는 두 평면이 직각

을 이루며 교차하는 일. ②교점(交點)에서의 두 접선이 직각을 이루어서 교차될 때의 두 곡선의 교차.

직교 좌:표(直交座標)_명 〈수학〉직각으로 만난 두 직선을 축(軸)으로 한 좌표. 《대》사교(斜交) 좌표. rectangular cordinates 「straight ball

직구(直球)_명 야구 경기에서, 투수가 곧게 던진 공.

직군(職群)_명 유사한 직렬을 한데 뭉뚱그린 구분. 직무의 성질이 비슷한 몇 개의 직렬의 복합. 경찰직·소방직·보도직(輔導職)들을 묶어 공안직이라 하는 따위.

직권(職權)_명 직무상의 권한. official powers

직권 남:용(職權濫用)_명 공무원이 자기 권한 이외의 행위를 하는 일. abusing of one's authority 하다

직권 남:용죄[─쬐](職權濫用罪)_명 〈법률〉공무원이 직권을 남용하여 사람으로 하여금 의무 없는 일을 행하거나 사람의 권리 행사를 방해하는 죄. malversation

직권=주의(職權主義)_명〈법률〉①형사 소송법상 법원에 권한을 집중시키는 주의. ②민사 소송법상 소송에 관하여 법원이 자발적으로 행동할 수 있는 권한을 가지는 주의.

직권 처:분(職權處分)_명〈법률〉직무상 맡겨진 권한의 범위 안에서 자유 재량에 의하여 하는 처분. disposition in virtue of one's office 하다

직근(直根)_명〈식물〉주근(主根)이 곧게 뻗어 내려가는 뿌리. tap root

직금(織金)_명 납빛 바탕에 은실이나 금실로 봉황과 꽃무늬를 섞어 짠 직물의 하나.

직급(職級)_명 직무의 종류·곤란성·책임도가 비슷한 직위를 한데 묶어 분류한 최하위의 구분. 공무원의 경우, 행정 직렬 가운데 관리관·이사관·서기관·사무관 따위.

직급(職給)_명 직무에 대한 급료.

직기(織機)_명 피륙을 짜는 기계. loom 「날.

직=날[─날](한의)_명 학질을 앓는 사람이 그 증세가 나타나

직납(直納)_명 직접 납부함. 하다

직녀(織女)_명 ①〈동〉직부(織婦). ②〈약〉→직녀성.

직녀=성(織女星)_명〈천문〉은하수 동쪽에 있는 별의 이름. 칠월 칠석에 견우성과 은하수를 건너 서로 만나 본다는 전설이 있음. 천녀(天女)①. 천녀손(天女孫). 천손(天孫). 《대》견우성. 《약》직녀⑦. Vega

직능(職能)_명 ①직무상의 능력. vocational ability ②분업(分業) 조직의 사회를 구성하는 기능적 단위. ¶~ 조합. professional function ③직업에 따라 다른 고유의 기능.

직능 대:표제(職能代表制)_명 의회에 있어서의 대표자를 직능적 단체에서 뽑아서 각각의 직업의 이해를 의회에 반영하려는 제도.《대》지역 대표제. vocational representation system

직단=면(直斷面)_명 직 절단면(直截斷面). 「하다

직달(直達)_명 남의 손을 거치지 않고 직접 전달함.

직담(直談)_명 바로 본인과 담판함. personal talk 하다

직=담판(直談判)_명 남에게 의뢰하지 않고 직접 당사자와 담판함. 하다

직답(直答)_명 ①직접 대답함. answering personally ②즉 즉답(卽答). 하다

직도(直道)_명 ①곧은길. 직로(直路)①. straight way ②사람이 행할 바른길. right way

직력(職歷)_명 직업상의 경력. career

직렬(職列)_명〈물리〉많은 도선을 차례로 이어서 한 줄의 도선을 이룸. 직렬 연결. 항결열.《대》병렬(並列). series

직렬(職列)_명 유사한 직무의 종류를, 책임과 곤란성의 차에 따라 분류한 구분. 직급의 위. 공무원의 경우, 행정·기계·보건·토목·건축 따위.

직렬 연결(直列連結)_명 직 직렬(直列). 「하나.

직령(直領)_명〈제도〉조선조 때, 무관이 입던 웃옷의

직례(直隷)_명 직접 예속함. 하다

직로(直路)_명 ①〈동〉직도(直道)①. ②서울에서 부산 또는 의주에 이르는 대로(大路).

직류(直流)_명 ①곧게 흐르는 흐름. ②〈약〉→직류 전류.《대》교류. direct current

직류 발전기[─쩐−](直流發電機)_명〈물리〉직류 전기가 흐르도록 장치된 발전기.《대》교류 발전기. direct current generator

직류 전ː동기(直流電動機)_명〈물리〉직류를 사용하여 동력을 발생시키는 기계. direct current motor

직류 전ː류(直流電流)_명〈물리〉회로의 속을 항상 일정한 방향으로 흐르는 전류. 전류의 세기와 방향이 일정한 전류.《약》직류(直流)②. direct current

직류 전ː류계(直流電流計)_명 직류 전류의 강도를 재는 계기. direct current galvanometer

직류 전ː압계(直流電壓計)_명 직류의 전압을 측정하는 계기. direct current voltmeter

직립(直立)_명 ①똑바로 섬. standing erect ②높이 솟아오름. 또, 그 높이. ③〈동〉수직(垂直). 하다

직립=**경**(直立莖)_명〈식물〉땅 위에 꼿꼿이 서는 식물의 줄기. erect stem

직립=**면**(直立面)_명〈수학〉평면에 대하여 수직이 되는 평면. 입화면(立畫面). perpendicular plane

직립 방파제(直立防波堤)_명 해변의 밑에서부터 벽체(壁體)를 직각이 되게 쌓아 올린 방파제.

직립 보:행(直立步行)_명 사람처럼 두 다리로 곧게 서서 하는 보행. 「평면.

직립=**선**(直立線)_명〈수학〉수평면에 대하여 수직된

직립 원인(直立猿人)_명〈동〉피테칸트로푸스 에렉투스(Pithecanthropus erectus). 「에 있는 낱말.

직=**말사**(直末寺)_명〈불교〉본산(本山)의 직접 지배하

직매(直賣)_명 생산자가 중간 상인을 거치지 않고 직접 소비자에게 팖. 즉매(卽賣). direct sales 하다

직맥(直脈)_명 ①곧은 맥. ②〈식물〉잎의 줄기가 세로로 평행된 엽맥(葉脈). 「faced with 하다

직면(直面)_명 어떤 사물에 직접 접함. 대면. being

직명(職名)_명 벼슬이나 직업의 이름. name of occupation

직무(職務)_명 관직·직업상의 사무.《대》직업(職業). duty

직무 명:령(職務命令)_명 상사(上司)가 부하 공무원의 직무를 지휘하기 위하여 발하는 명령. official order

직무 범:죄(職務犯罪)_명〈법률〉공무원이 그 직권을 남용하거나 태만하거나 독직함으로써 이루어지는 죄.

직무 질문(職務質問)_명〈법률〉경찰관이 경찰관 직무 집행법에 의하여 범죄 혐의 등 수상한 자에 대하여 하는 질문. 불심 검문(不審檢問) 따위.

직무 평:가[─까](職務評價)_명 직무의 상대적 가치를 기업(企業)의 입장에서 비교 판정하는 일.

직물(織物)_명 목면(木綿)·직물·견직물·모직물·인견 직물 따위. 온갖 피륙의 총칭. cloth

직박구리(조류) 직박구리과에 속하는 새의 총칭. 날개 길이 12∼13 cm로 몸 빛은 등은 회갈색, 가슴은 회색에 백색 반문이 있고 복부는 백색임. 4월에는 산지에, 9월에는 인가나 들에 내려와서 서식함.

직방(直放)_명 효과나 결과가 단번에 나타나는 일.

직방=**체**(直方體)_명〈동〉직육면체(直六面體).

직배(直配)_명 ①직접 배달함. ②배급권(配給券)에 의하여 생산자 등에서 직접 소비자에게 배급함. 또, 직배급.

직복(職服)_명 직무상의 제복.

직=**복근**(直腹筋)_명〈생리〉복벽(腹壁)의, 정중선(正中線)의 양쪽으로 세로로 뻗은 근육. muscular rectum abdominilis 「봉록. occupation and salary

직봉(職俸)_명 직무에 따르는 봉록. stipend ②직무와

직부(織婦)_명 피륙을 짜는 여자. 직녀①.

직분(職分)_명 ①직무상의 본분. ②마땅히 하여야 할 본분. duty

직사(直死)_명 직사(卽死). 하다 「본분. duty

직사(直射)_명 ①광선이 정면으로 곧게 비침. 《대》곡사(反射). direct rays ②바로 내쏨.《대》곡사(曲

직사(射**)**. 반사(反射). direct fire ③얕은 탄도(彈道)를 이루도록 탄환을 발사함. 하다타

직사(直寫) 명 있는 그대로 꾸밈 없이 묘사함. 하다타

직사(直司) 명 직무로서 관장하는 사무. official duties

직사(職事) 명 직무에 관계되는 일. official duty

직=사:각(直四角) 명 네 각이 모두 직각으로 된 사각. rectangular

직=사:각형(直四角形) 명 <수학> 네 각의 크기가 모두 90도인 사각형. 긴네모꼴. rectangle

직사 광(直射光) 명 <약>→직사 광선(直射光線).

직사 광선(直射光線) 명 정면으로 곧게 비치는 빛살. <약>직사광(直射光).

직사 도법(直射圖法)—뻡 지구의 표면을 무한대의 원방에서 본 것으로 생각하여 경선과 위선을 작도(作圖)하는 투영법(投影法). orthography

직사=포(直射砲) 명 <군사> 쏜 탄환이 곧게 나가는 대포. directfiring gun

직삼(直蔘) 명 곧게 말린 인삼. <대>곡삼(曲蔘). [straight dry ginseng

직=삼각형(直三角形) 명 <약>→직각 삼각형(直三角形).

직상(直上) 명 ①바로 그 위. right above ②곧게 올라감. rising perpendicularly 하다자

직서(直敍) 명 상상이나 감상 따위를 덧붙이지 아니하고 보고 들은 대로 서술함. plain statement 하다타

직석(直席) 명 <동>즉석(即席).

직선(直線) 명 ①곧은 줄. straight line ②<수학> 시종 동일 방향을 이루는 선. 두 점 사이의 아주 짧은 선. <대>곡선(曲線).

직선(直選) 명 <약>→직접 선거.

직선 거:리(直線距離) 명 두 점을 직선으로 연결한 거리. 기하학상의 최단 거리. tangent

직선-미(直線美) 명 직선으로 유지된 건강미. <대>곡선미(曲線美). beauty of straight line

직선-적(直線的) 관·명 ①직선인(것). ②조금도 감추는 데가 없는(것). ¶~인 성격. [선제(間選制).

직선-제(直選制) 명 직접 선거에 의하는 제도. <대>간

직선-형(直線形) 명 <수학> 곡선이 섞이지 아니한 평면 도형.직선 도형. <대>곡선형(曲線形). rectilinear figure [하다타

직설(直說) 명 곧게 바로 대고 하는 말. speaking out

직설-법(直說法)—뻡 <어학> 인구어(印歐語)에서 서술상 판단의 주체가 사실이라고 인정하는 문법상의 표현법. indicative mood

직섬-석(直閃石) 명 <광물> 사방 직섬석(斜方閃石)의 하나. 성분은 철·마그네슘의 규산염임. 변성암 중에서 남.

직성(直星) 명 사람의 나이를 따라 그 운수를 맡아온다는 별. [마음이 흡족하게 되다. feel satisfied

직성=풀리-다(直星—) 자 소원이나 욕망이 이루어져

직세(直稅) 명 <약>→직접세(直接稅). [duty post

직소(直所) 명 번을 드는 곳. 숙직을 치는 곳 night

직소(直訴) 명 일정한 절차를 밟지 않고 웃사람이나 상급 관아에 직접 하소연함. direct appeal 하다타

직소(職所) 명 직무를 맡아보는 처소. place of duty assignment

직속(直屬) 명 직접 예속됨.directly belonging(to) 하다자

직속 부대(直屬部隊) 명 <군사> 보통의 예속 관계(隷屬關係) 이외의 직접적 지휘를 받는 독립 부대. 직할 부대. unit under direct control

직속 상:관(直屬上官) 명 자기가 예속되어 있는 부서에서의 상관.

직손(直孫) 명 직계의 자손. lineal discendant

직송(直送) 명 곧바로 보냄. 또, 직접 부침. 하다타

직수(職守) 명 맡아서 지킴. 수직(守直). 하다타

직수굿-하-다 형 하라는 대로 순순하게 복종하다. obey without objection

직=수입(直輸入) 명 외국의 상품을 중계 상인의 손을 거치지 아니하고 직접 사들임. <대>직수출(直輸出). direct import 하다타

직=수출(直輸出) 명 국내의 상품을 중계 상인의 손을 거치지 아니하고 외국으로 직접 수출함. <대>직수입(直輸入). direct export 하다타

직시(直視) 명 ①똑바로 봄. looking in the face ②병으로 눈알을 굴리지 못하고 앞만 봄. orthoptic ③사물의 진실을 바로 봄. 가감하지 않고 똑바로 봄. ¶네 처지를 ~해라. 하다타

직신(直臣) 명 강직한 신하. upright retainer

직신(稷神) 명 오곡(五穀)을 맡았다는 신령. God of cereals

직신=거리-다 지분지분 검질기게 자꾸 조르다. ¶직신거리지 말고 저리 놓아라. <작> 작신거리다. tease persistently **직신=직신** 부 하다타

직실(直實) 명 정직하고 독실함. 하다형

직심(直心) 명 ①곧은 마음. honesty ②<불교> 바로 진여(眞如)를 미루어 헤아리는 마음. ③굳게 지켜 나가는 마음. 스님 스레기

직언(直言) 명 ①기탄없이 말로 내쏨. <대> 곡언(曲言). straight speaking ②절대 무조건의 말. 하다타

직언적 명령(直言的命令) 명 <철학> 절대적·무조건적인 복종을 명령하는 명제(命題). 정언적 명령.

직업(職業) 명 ①관직상의 일. occupation ②일상 종사하는 업무. 생계를 세우기 위한 일. 생업(生業). ③어떤 목적을 위하여 전문적으로 종사하는 일. <약>업(業). 직(職).

직업 교:육(職業教育) 명 직업 생활에 필요한 기술과 능력을 가르치는 교육. vocational education

직업 단체(職業團體) 명 직업의 종별에 따라 조직된 단체.

직업-병(職業病)—뻡 명 직업상 특수한 노동 상태에 있을 때 걸려나기 쉬운 병. occupational disease

직업 보:도(職業輔導) 명 직업상·생활상의 보호 지도를 하는 일. vocational training

직업-복(職業服) 명 직업을 표시하는 계복. 직복.

직업 선:수(職業選手) 명 어떤 운동 경기를 직업으로 삼고 하는 선수. [무.

직업 소개(職業紹介) 명 노동력의 업무를 중개하는 업

직업 소개소(職業紹介所) 명 직업을 구하는 사람에게 취직할 곳을 소개하는 곳. employment agency

직업 심리학(職業心理學) 명 직업 생활에 있어서의 능률증진을 목적으로 하는 응용 심리학의 한 분과. 산업 심리학.

직업 안:내(職業案內) 명 구직자를 위하여 구인 광고를 모아 게재한 안내. wanted columns

직업 안정소(職業安定所) 명 직업 소개·직업 지도·직업 보도·실업 보험 등에 관한 사항을 맡은 노동청 소속의 기관. [있는 여성.

직업 여성(—女—)(職業女性) 명 일정 직업에 종사하고

직업 의:식(職業意識) 명 각각 그 직업에 종사하는 사람이 가지는 특유한 의식. occupational consciousness

직업-적(職業的) 관·명 직업에 관련되는(것). professional, vocational

직업적 분업(職業的分業) 명 각 사람이 그 직업에 의하여 시행하는 사회적 분업. professional division of labour

직업 적성 검:사(職業適性檢查) 명 개개인에 대하여 그가 어떠한 직업에 소질이나 능력이 있는가를 조사하는 검사.

직업 전:선(職業戰線) 명 직업을 얻은 자는 이를 잃을까 겁내고, 취직하지 못한 자는 이를 얻고자 갖은 애를 쓰는 사회의 현상을 일컬음. occupational front

직업 지도(職業指導) 명 직업의 선택·적응·능률의 향상 등을 지도하는 교육 활동. vocational guidance

직업 학교(職業學校) 명 직업인을 양성하기 위하여 직업에 관한 특수한 지식이나 기술 등을 중점적으로 가르치는 학교. vocational school

직역(直譯) 명 외국 글을 그 문구대로 번역함. <대>의역(意譯). literal translation 하다타

직역(職域)[명] 직업이 미치는 영역. 또, 그 범위 안. working place 「문제. metaphratic style
직역-체(直譯體)[명] 〈문학〉 의역을 하지 않은 직역이
직영(直營)[명] 직접 경영함. ¶ ~ 갱(坑). ~ 사업.
직오(織烏)[명] 태양. [direct management 하다]
직왕(直往)[명] 곧장 나아감. going straight 하다
직왕 매:진(直往邁進)[명] 주저하거나 겁내지 않고 곧장 나아감. 하다 [personnel
직원(職員)[명] 일을 맡은 사람. 또, 그 일단(一團).
직=원기둥(直圓-)[명] 〈수학〉 축과 밑면이 직각으로 교차하는 원기둥. 직원주.
직=원도(直圓堵)[명] 〈수학〉 원도의 축이 그 저면에 대하여 수직이거나, 또, 구형이 그의 한 변을 의지하여 일주할 때에 생기는 입체.
직원-록(-錄)(職員錄)[명] 〈법률〉 직원의 직명·관등·봉급·성명 따위를 기재한 책. list of officials
직=원뿔(直圓-)[명] 〈수학〉 축에 수직이 되는 원뿔. 또, 직각 삼각형이 그 직각의 변을 축으로 하여 한 바퀴 돌 때 생기는 입체(立體). 직원추(直圓錐).
직원 조합(職員組合)[명] ① 직원의 권익을 위하여 조직된 조합. mutualaid association of personnel ② 정신 노동자의 조합. brain worker's union
직=원주(直圓柱)[명] 〈수학〉 '직원기둥'의 구용어.
직=원추(直圓錐)[명] 〈수학〉 '직원뿔'의 구용어.
직원-회(職員會)[명] 〈약〉→직원 회의(職員會議).
직원 회:의(職員會議)[명] 직원들의 회의. 〈약〉 직원회.
직위(職位)[명] ① 직책상의 지위. position ② 관직(官職)과 관위(官位).
직유(職由)[명] 어떤 일이 일어나는 까닭. reason
직유-법[-뻡](直喩法)[명] 〈어학〉 수사법의 하나. 직접두 가지의 사물을 비교하는 방법으로서, 비유하는 것과 비유되는 것을 따로따로 드는 사태(詞態)이며, 비유법 중 형식이 가장 간단함. '마치...' '... 같다' 등의 말을 사용함.
직=육면체[-뉵-](直六面體)[명] 〈수학〉 각 면이 모두 직사각형이고 세 쌍의 면이 평행한 육면체. 직방체. regular hexahedron
직인(職人)[명] ① 자기의 손재주로써 물건을 만드는 것을 직업으로 하는 사람. craftman ② 중세 이래의 수공업 조직인 길드에서, 주인 밑에서 생산과 도제(徒弟)를 겸수한 기술자. artisan ③ 소치는 일을 업으로 하는 사람. 「사인(私印). official seal
직인(職印)[명] 공무원·직원이 직무상 쓰는 도장. 〈대〉
직일(直日)[명] 숙직 또는 당직 날.
직임(職任)[명] 직무상 맡은 임무. duty
직장(直腸)[명] ① 〈생리〉 대장(大腸)의 끝 부분으로, 위는 에스상(S狀) 결장(結腸)에 이어지고, 아래 끝은 항문을 통하여 외계(外界)로 열리는 곳은 부분. 곧은 창자. rectum ② 사실대로 바르게 말하는 사람.
직장(織匠)[명] 피륙을 짜는 공장(工匠). 직공(織工).
직장(職長)[명] 작업장에서 노동자를 지휘 감독하는 사람. foreman
직장(職場)[명] 공장·회사·관청 등에 있어서 각자가 맡은 일을 하는 일터. 일자리. one's place of work
직장(職掌)[명] 직무의 분장(分掌). 담당의 직무. functions
직장-암(直腸癌)[명] 〈의학〉 직장에 생기는 암종.
직재(直裁)[명] ① 직접 결재함. direct decision ② 지체하는 일이 없이 재단함. prompt decision 하다
직전(直前)[명] 장방형으로 생긴 밭.
직전(直前)[명] 바로 앞. 일이 생기기 바로 전. 즉전(卽前). 〈대〉직후(直後). immediately before
직전(直錢)[명] 맞돈. cash
직절(直截)[명] ① 곧 재결(裁決)함. ② 거추장스럽지 않고 간략함. ③ 직각적으로 분변하여 앎. 하다
직절(直節)[명] 바르고 곧은 절개.
직절-구(直截口)[동] 직절면(直截面).

직절=면(直截面)[명] 〈수학〉 주체(柱體) 또, 추체(錐體) 따위의 도형을 수직으로 자른 면. 직단면(直斷面). 직절구(直截口). vertical section
직접(直接)[명] 중간에 소개나 다른 물건을 넣지 않고 바로 접함. 〈대〉간접(間接). directness [부] 중간에 매개나 간격이 없이 바로. 〈대〉
직접 거:래(直接去來)[명] 〈경제〉 중개인의 손을 거치지 않고 당사자 쌍방이 직접하는 거래. direct transaction
직접 경험(直接經驗)[명] 사물이나 일에 직접 접촉하거나 참가함으로써 얻는 경험. direct experience
직접 관계(直接關係)[명] 사이에 다른 것이 없이 마주되는 관계. 「격인 국세. 법인세·상속세 등.
직접 국세(直接國稅)[명] 〈법률〉 국가가 징수하는 직접
직접 기관(直接機關)[명] 직접 헌법에 의하여 지위·권한이 부여된 국가 기관. 국회·내각 등.
직접 담판(直接談判)[명] 중재를 거치지 않고 직접 당사자끼리 하는 담판. direct negotiations 하다
직접 민주제(直接民主制)[명] 직접 국민이 참정하는 것을 원칙으로 하는 민주제. 〈대〉간접 민주제. direct democracy
직접=법(直接法)[명] 수사법의 하나. 부정문·긍정문의 문문의 구별이 없이 사실을 그대로 서술하는 방법. 〈대〉접속법. direct method
직접=비(直接費)[명] 〈경제〉 제품의 일정 단위에 대하여 직접적으로 알 수 있는 비용. 제조 직접비와 판매 직접비가 있음. 〈대〉간접비. direct expenses
직접 비:료(直接肥料)[명] 직접으로 농작물에 양분이 되는 비료. 황산암모니아·과인산석회(過燐酸石灰)·인분(人糞) 따위. direct manures
직접 사격(直接射擊)[명] 〈군사〉 직접 볼 수 있는 목표에 대하여 사격을 행하는 일. direct fire 하다
직접 선:거(直接選擧)[명] 〈법률〉 선거인이 피선거인을 직접 지명하는 선거 제도. 〈대〉간접 선거. 〈약〉직선. direct election 하다
직접=세(直接稅)[명] 〈경제〉 세의 부담이 직접 납입자의 부담으로 하여야 다른 사람에게 전가하지 않는 조세. 〈약〉직세(直稅). direct tax
직접 소권(直接訴權)[명] 폐품 소권(廢品訴權).
직접 염:료(直接染料)[명] 무명·베·인조견 등의 섬유에 매염(媒染)을 하지 않고도 물이 직접 잘 드는 물감. direct dyes
직접-적(直接的)[명] 중간에 매개를 통하지 아니하고 바로 연결되는(것). 〈대〉간접적(間接的).
직접적 생산자(直接的生産者)[명] 자기 자신의 생산 수단으로써 생산하고 그 물건의 처분 권리를 가지는 생산자. 독립 생산자. direct maker
직접 정:범(直接正犯)[명] 본인 자신의 의사 결정에 의하여 실행하는 남과는 아무런 판단이 없는 범죄. direct offence 「직접적으로 증명하는 증거.
직접 증:거(直接證據)[명] 〈법률〉 요증 사실(要證事實)을
직접 추:리(直接推理)[명] 〈논리〉 논제가 단 하나의 판단으로 성립하는 추리. immediate inference
직접 행동(直接行動)[명] ① 근로자가 자본가 계급에게 직접으로 하는 행동. direct action ② 이론을 캐지 않고 직접으로 하는 행동. violent action 하다
직접 화법(-뻡)(直接話法)[명] 언어 표현에 있어서 남의 말을 재현할 경우에 직접 그 사람의 말을 그대로 되풀이하는 화법. 〈대〉간접 화법. direct narration
직접-환(直接換)[명] 〈경제〉 확거래의 약정이 없는 두 나라 사이에 직접 처결하는 환. 〈대〉간접환. direct exchange
직접 효:용(直接效用)[명] 〈경제〉 사람의 욕망을 직접 채워 주는 재화(財貨)의 효용. 〈대〉간접 효용. direct utility
직정(直情)[명] 생각한 대로 발표하고 꾸밈이 없음.
직정 경행(直情徑行)[명] 생각한 것을 꾸밈 없이 행동에 드러냄. straight forwardness 하다
직제(職制)[명] ① 직무의 분담에 관한 제도. service

직제자 1745 진경제

regulations ②(동) 관제(官制).
직=제:자(直弟子)명 직접의 문인(門人). 직문(直門).
직=제학(直提學)명〈제도〉①조선조 때, 집현전(集賢殿)의 종3품과 홍문관(弘文館)·예문관(藝文館)의 정3품 벼슬. ②규장각(奎章閣)의 종2품 또, 정3품 벼슬. ③고려 때, 예문관(藝文館)·보문각·우문관·진현관 등의 정4품 벼슬.
직제=형(直梯形)명〈수학〉평행이 아닌 두 변 가운데의 한 변이 평행변에 수직되는 제형.
직조(織造)명 피륙 따위를 기계로 짜는 일. ¶∼소(所). weaving 하타
직종(職種)명 직업이나 직무의 종류. types of occupation
직주(直走)명 곧장 빨리 달려감. 하타
직주(直奏)명 직접 임금께 아룀. direct report to the throne 하타
직=주:로(直走路)명 육상 경기에서, 주로(走路)가 곧은 부분. 또, 그 주로. 스트레이트 코스. (대) 곡주로(曲走路). 코너.
직주-체(直柱體)명〈수학〉'직각기둥'의 구용어.
직증(直證)명 자명(自明)의 이치. 최상의 확증. 명증(明證).
직지 인심(直指人心)명〈불교〉교리(敎理)·계행(戒行)을 떠나 직접 사람의 마음을 지도하여 불과(佛果)를 이루게 하는 설.
직:직[─]뷔 ①신을 끌며 걷는 소리. sound of dragging one's shoes ②글씨의 획을 되는 대로 굿거나 종이 따위를 찢는 소리. ¶신소리를 ∼ 내지 마시오. 《작》작작. 《센》찍찍¹. sound of scratching 하타 《센》찍찍³.
직:직=묽은 똥을 마구 내 깔기는 모양. 《센》찍찍².
직:직=거리-다[─]재 ①신을 자꾸 직직 끌다. ②글씨의 획을 마구 긋거나, 종이 따위를 마구 찢다. 《작》작작거리다. 《센》찍찍거리다.
직진(直進)명 곧게 나아감. 머뭇거리지 않고 나아감. going straight 하타
직차(職次)명 직책의 차례. order of official [duty
직책(職責)명 직무상의 책임. 직무(職務). (약) 직(職).
직석(直席)명 지석에서 나무라고 배척함. 하타 [다.
직척(直戚)명 내·외종이 자손 사이에서 서로 이르는
직초(直招)명 자기의 죄상을 곧이곧대로 말함. 하타
직출(直出)명 지체하지 않고 곧 나아감. immediate departure 하타
직토(直吐)명 실정을 바로 말함. telling the truth 하
직통(直通)명 ①두 지점 사이의 바로 통함. direct communication ②열차·전차 등이 중도에서 갈아탈 필요 없이 통함. 하타
직파(直派)명 한 계통에서 줄곧 내려온 갈래. direct line [림. 하타
직파(直播)명 이앙을 하지 않고 직접 논밭에 씨를 뿌
직판(直販)명 유통 기구를 거치지 않고 생산자가 소비자에게 식섭 판매됨. 허이 [품(品)②.
직품(職品)명〈제도〉벼슬의 품계. 작품(品品).
직필(直筆)명 ①사실대로 적은 일. unadorned writing ②조금도 거침없이 사실 그대로 적은 사필(史筆). write plainly ③붓을 꼿꼿이 잡고 쓰는 필법. ④자신이 직접 쓰는 것. 또, 그 문서. one's own handwriting
직핍(直逼)명 바싹 다가옴. approach 하타 [writing
직하(直下)명 ①바로 아래 또는 밑. right under ②똑바로 내려감. falling perpendicularly ③〈한의〉이질(痢疾)의 중증(重症).
직-하다 [─] 보동·형용사의 어미 'ㅁ' 아래에 가능이나 허용의 뜻을 나타냄. ¶씀 ∼. 임음 ∼.
=직하-다[─] 형용사 어간 아래에 붙어, 표준에 가까움을 나타내는 접미사. ¶굵∼.
직-하:다(直─)혱엘 ①도리가 바르다. right ②아주 꼿꼿하다. simple-minded
직할(直轄)명 ①직접의 관할. 직접 지배. ②주무(主務) 관청이 직접 관할함. direct jurisdiction 하타
직할 부대(直轄部隊)명〈군사〉특정 사명을 수행하기 위하여 지휘관에 직속되어 있는 부대. 직속 부대.

직할=시(直轄市)명 도(道)와 동격으로, 중앙의 감독을 받던 지방 자치 단체의 하나. →광역시.
직할 식민지(直轄植民地)명 책임 자치 정부를 가지지 못한 본국의 식민성이 직할하는 식민지. crown colony [학교. school under the direct control
직할 학교(直轄學校)명 주무 관청에 직할되어 있는
직함(職銜)명 벼슬의 이름. (공) 관함(官銜). one's official title [항). non-stop voyage 하타
직항(直航)명 배가 목적지까지 바로 감. (대) 회항(回
직해(直解)명 문구(文句)대로 풀이함. 하타
직행(直行)명 ①중도에서 멈추지 않고 목적지로 바로 감. ¶∼ 버스. (대) 우회(迂廻). through running ②마음대로 주밀없이 해임. ③올바른 짓. 하타
직후(直後)명 어떤 일이 있은 바로 뒤. 즉후(卽後). (대) 직전(直前). 즉전(卽前). immediately after
=진(─진)접미 '지는' 않고 자꾸 물어보기만 한다.
진[眞]튀 '물기 있는'·'마르지 않은'의 뜻.
진²[眞]관 '엷거나 묽지 않고 썩 진함'을 나타내는 말.
진(辰)명 ①십이지(十二支)의 5째. ¶용∼년. ②〈약〉→진방(辰方). 진시(辰時)②.
진:(津)명 ①풀·나무 따위에서 나오는 끈끈한 물. 액(液). ¶송(松)∼. resin ②담배에서 나와 담뱃대에 끼는 검액. ③수증기·연기 또, 눅눅한 기운이 서려서 생기는 끈끈한 물.
진(陣)명 ①병사의 대열. ②군세가 머물러 둔(屯)치는 곳. 진영(陣營). ③진루(陣壘). camp ③무리. 집단. 사람들. ¶실무(實務)∼.
진(疹)명〈의학〉피부에 생기는 이상물. 반진(斑疹)·구진(丘疹)·수포진(水疱疹) 등이 있음.
진(眞)명 ①참. 거짓이 아님. (동) 진리①. ③일시적이 아님. 변하지 않음. ④섞임이 없음. 순수함. ⑤자연. 천연. 진(篆)(동) 해서(楷書).
진:(鎭)명 ①한 지역을 진안(鎭安)하는 군대. 또, 그 우두머리. ②〈약〉→진영(鎭營). [埃]의 억 배.
진(塵)명 소수(小數)의 단위. 사(沙)의 10분의 1.
진=(眞)관 다른 말 위에 얹어 '참됨'·'거짓이 아닌'의 뜻을 나타냄. true
진(gin)명 증류주(蒸溜酒)의 하나. 옥수수·보리·호밀을 원료로 하고, 노간주나무 열매로 향미를 돋운 양
진가(眞假)명 진위(眞僞). [주.
진가[─가](眞價)명 참된 값어치. true worth
진:=간장(─醬)명 오래 묵어서 아주 진한 간장. 농장(濃醬). (동) 진장(陳醬)②. thick soy
진-갈이명 비 온 뒤에, 땅이 피어 있는 동안에 논밭을 가는 일. (대) 마른갈이. ploughing after rain
진:감(震憾)명 울려서 흔들림. 울려 흔들다. 하타 [하타
진:감(進甲)명 환갑 이듬해에 맞는 생일을 이름. ¶∼잔치. one's sixty-first birthday
진:강(進講)명〈제도〉임금의 앞에서 하는 상론. 또,
진개(塵芥)명 티끌과 쓰레기. dust [강론함. 하타
진개=장(塵芥場)명 쓰레기를 버리는 곳. dumping
진객(珍客)명 진귀한 손. welcome guest [ground
진:거(進去)명 앞을 향하여 나아감. (대) 퇴거. advance 하타 [레. wet mop
진-걸레명 물이 흠뻑 묻은 걸레. ¶∼질. (대) 마른걸
진겁(塵劫)명 과거·미래의 티끌처럼 많은 시간.
진:격(進擊)명 앞으로 나아가서 적을 공격함. 진공(進攻). (대) 퇴각(退却). advance attack 하타
진결(陳結)명〈제도〉묵은 논밭의 조세. [scenery
진경(珍景)명 진귀한 경치나 구경거리. wonderful
진경(眞景)명 ①실제의 경치. 실경(實景). real scenery ②실경을 그대로 그린 그림. real picture
진:경(進境)명 진보한 경지. [경계. real picture
진경(塵境)명 티끌 세상. 진세(塵世). world
진:경(鎭經)명 경련을 진정시킴. 하타
진:경=제(鎭痙劑)명 경련이 일어날 때 신경을 가라앉

히기 위하여 쓰는 약제. anti-spasmodic
진:계(陳啓)뗑 임금에게 사리를 베풀어서 아룀. report to the throne 하타
진계(塵界)뗑 티끌 세계, 이 세상.
진:고(陳告)뗑 사실을 진술하여 아룀. report 하타
진:고(晉鼓)뗑《음악》아악(雅樂) 악기의 하나. 틀에 받치어 놓고 치는 통이 긴 북. 헌가악(軒架樂)에 씀.
진곡(陳穀)뗑 해묵은 곡식. 구곡.《대》신곡. old cere-[als
진골(眞骨)뗑《제도》신라 때 골품(骨品)의 하나. 왕족으로 부모 양계(兩系) 중 어느 편이 한 번이라도 왕종(王種)이 아닌 혈통이 섞인 자손으로, 29대 태종 무열왕 이하 임금이 이에 속함. 제일골.
진공(眞空)뗑 ①《물리》 공기 따위의 기체가 전혀 없는 공간. vacuum ②《불교》제법의 실상은 참으로 비어 있다는 불가의 말. [fession 하타
진:공(陳供)뗑 범죄자가 죄상을 사실대로 말함. con-
진:공(進攻)뗑《동》 진격(進擊).
진:공(進供)뗑《제도》토산물을 진상하던 일. 하타
진:공(進貢)뗑 공물(貢物)을 갖아 바침. offering tri-
진:공(震恐)뗑 떨면서 무서워함. 하타 [bute 하타
진공-계(眞空計)뗑《물리》진공 속의 기압을 측정하는 장치. 저압계(低壓計). vacuum gauge
진공관(眞空管)뗑《물리》수 개의 전극을 밀폐하여 내부의 기체를 저압(低壓)하는 글라스의 폐관(閉管). 진공 방전(眞空放電) 현상의 연구나 무선 통신 따위에 쓰임. vacuum valve
진공관 검:파기(眞空管檢波器)뗑《물리》이극 진공관·삼극 진공관 등의 정류(整流) 작용을 이용하여 고주파(高周波)의 검파를 하는 장치. vacuum detector
진공관 발진기(─기)뗑《물리》진공관을 사용하여 고주파의 교류를 저주파의 직류로 바꾸는 장치. vacuum detector
진공관 변:조기(眞空管變調器)뗑《물리》진공관을 써서 고주파 전류를 변조시키는 장치. vacuum modulator 《서 무선 전신·무선 전화를 송신하는 장치.
진공관 송:전기(眞空管送電器)뗑《물리》진공관을 써
진공관 전:기계(眞空管電氣計)뗑《물리》진공관의 증폭 작용을 이용하여 직류 전류의 전압을 측정하는 계기. [서 전류를 정류(整流)하는 장치.
진공관 정:류기(眞空管整流器)뗑《물리》진공관을 써
진공관 증폭기(眞空管增幅器)뗑《물리》진공관을 써서 전압·전력 또는 전류의 증폭을 하는 장치.
진공-도(眞空度)뗑《물리》진공의 정도. 보통 잔류(殘留) 기체가 나타내는 압력으로 표시하며, 그 단위로서는 mmHg, μHg 등이 쓰임.
진공 방:전(眞空放電)뗑《물리》내부의 기압을 대기압보다 적게 한 관내의 전극에 상당히 높은 전위차를 더하여 생기는 방전 현상. vacuum discharge
진공 상태(眞空狀態)뗑 ①있어야 할 사물이 없거나 비어 있는 모양. 아무 것도 없이 공허한 상태. ②《물리》진공인 상태.
진공 제:동기(眞空制動機)뗑《물리》평상시에는 진공인 원통(圓筒) 속에 피스톤의 아래쪽으로부터 공기를 보내어 그 압력으로 피스톤을 움직이어 발동하게 하는 장치를 가진 제동기. vacuum brake
진공 증류(眞空蒸溜)뗑《물리》감압(減壓) 상태에서 증류를 하여 비등점을 저하시키고 고비점(高沸點) 성분을 증류 정제하는 방법.
진공 청소기(眞空淸掃器)뗑《물리》배기기(排氣機) 따위를 써서 내부에 먼지를 빨아 들이게 하여 소제를 하는 기계.
진공 펌프(眞空 pump)뗑《물리》진공을 만드는데 쓰
진과(珍果)뗑 진귀한 과실. rare fruit [는 펌프.
진과(珍菓)뗑 진귀한 과자. rare sweets
진과(眞瓜)뗑 참외. melon
진과(眞果)뗑 ①《식》 수정(受精) 후, 종자의 발육에 따라서 자방(子房)의 부분만이 발달하여 생긴 과실. 복숭아의 열매 따위. 《대》 가과(假果). anthocarpia

진:과자(─菓子)뗑 수분이 약간 있도록 무르게 만든 과자. 생과자. [사폐의 하나.
진:괘(晉卦)뗑 지상에 광명이 나옴을 상징하는 육십
진:괘(震卦)뗑 ①우레를 상징하는 팔괘(八卦)의 하나. ②육십사괘(六十四卦)의 하나. 우레가 거듭됨을 상징함.《약》진(震).
진괴(珍怪)뗑 진귀하고 피이함. mystery 하형
진교(珍巧)뗑 이상하고 교묘함. deftness 하형
진교(眞敎)뗑 천주교에서 자기 교로를 이르는 말. 성교(聖敎)②. [구. 진묘한 문구.
진구(珍句)뗑 ①드물게 보는 진귀한 문구. ②기이한
진구(津口)뗑 나루터. ferry
진구(陳久)뗑 오래 묵음. long stay 하형
진:구(進口)뗑 배가 항구에 들어옴. entry into port
진구(塵垢)뗑 먼지와 때. dirt [하타
진:구(賑救)뗑《동》 진휼(賑恤). 하타
진-구덥뗑 자질구레하고 깨끗하지 못한 뒷일을 보살펴 줌. 또, 그 일. settlement
진-구렁뗑 ①질척거리는 진흙 구렁. mire ②못되거나 몹시 어려운 처지.
진-구리뗑 허구리의 잘록하게 들어간 부분. waist
진:국(眞─)뗑 ①거짓 없는 사람. man of sincerity ②《동》 전국(全─). [(退軍). march 하형
진:군(進軍)뗑 군대를 내보냄. 진병(進兵).《대》 퇴군
진:군 나팔(進軍喇叭)《군사》 군대가 진군할 때에 부는 나팔. [천국.
진군-죽(陳君粥)뗑 쌀에다 씨를 뺀 살구를 넣고 쑨
진:언(進言)뗑 천거하여 권장함. recommendation 하
진귀(珍貴)뗑 보배롭고 귀중함. valuable 하형 [타
진금(珍禽)뗑 진귀한 새. rare bird
진급(眞金)뗑《동》 순금.《을 높음. promotion 하형
진:급(進級)뗑 등급·계급·학급이 오름. 등급·학급 등
진기(珍技)뗑 진귀한 기술.
진기(珍奇)뗑 진귀하고 기이함. novel 하형
진-기(─끼)(津氣)뗑 ①진액의 끈적끈적한 기운. viscosity ②우러나오는 속 기운.
진기(珍器)뗑 진귀한 그릇.
진:기(振起)뗑 정신을 가다듬어 일으키거나 일어남. 진작(振作). stimulation 하타
진:기(振氣)뗑 기운을 펼쳐 냄. 하타 「(趨限). 하타
진:기(趨期)뗑 기한이 다 참. 기한에 다다름. 진한
진:-나다(津─)뗑 남에게 아주 졸림을 받거나 마주설 기운이 거의 없어지다.
진-날뗑 질게 비나 눈이 내리는 날. wet day
진날 개 사귀다뗇 피곤코 더러운 일을 당하다.
진날 개 사귄 이 같다뗇 ①귀찮은 일을 당하다. ②달갑지 않은 사람이 따라 다니다.
진날 개 싸대듯뗇 까닭없이 더러운 주체로 비를 맞고 다니는 모양. [쉬울 적에 찾음.
진날 나막신 찾듯뗇 평시에는 돌아보지 않던 것을 아
진:납(進納)뗑 나아가 바침. presentation 하타
진년(辰年)뗑 태세의 지지(地支)가 진(辰)으로 된 해.
진:년(盡年)뗑 수명(壽命)을 다함. 하타
진:념(軫念)뗑 ①귀한 사람이 아랫 사람의 형편을 헤아려 줌. consideration ②《동》 성려(聖慮). 하타
진념(塵念)뗑 속제(俗界)의 명리(名利)를 생각하는 마음. [마음.
진:노(瞋怒·嗔怒)뗑 성내어 노여워 함. 하타
진:노(震怒)뗑 존엄한 사람의 성냄. rage 하타
진-노랑뗑 진한 노랑. deep yellow
진노랑-나비뗑《곤충》흰나비과의 나비.
진-눈뗑 눈병이 나거나 하여 눈가가 진무른 눈. blear-
진눈-깨비뗑 비가 섞여서 내리는 눈. sleet [ing eyes
진:단(診斷)뗑《의학》의사가 환자의 병의 상태를 진찰하여 판단함. diagnosis 하타 [of Korea
진단(震檀·震壇)뗑 한국을 예스럽게 이름. old name
진:단-서(診斷書)뗑《의학》병을 진단한 결과를 적은 서류. 「건강」의 진(診). medical certificate
진:달(進達)뗑 ①말이나 편지를 받아서 올림. forwarding ②관하(管下)의 상신(上申) 서류 등을 상급

진달래 〈식물〉 철쭉과의 낙엽 관목. 잎은 타원형으로 4월에 잎보다 먼저 엷은 홍색 꽃이 핌. 산간양지에 나며 정원수·관상용으로 심기도 함. 두견(杜鵑)②. 산척촉(山躑躅). 《유》참꽃. azalea

진달래-꽃〔—꼳〕 진달래의 꽃.

진돌의[고] 진달래. ⌐anecdote

진담(珍談) 진귀하고도 이상한 이야기. strange

진담(眞談) 진정에서 나온 말. 참말. 진설(眞說)①. 《대》농담(弄談). serious talk

진담 누:설(陳談陋說) 쓸모 없는 이야기와 더러운 말. idle and dirty talk

진담 누:설(陳談屢說) 쓸데없이 거듭 되풀이하는 말.

진답(陳畓) 묵은 논. deserted paddy-field

진대 ①남에게 기대어 폐를 쓰다시피 피롭게 굴어 대는 짓. sponging ②〔동〕뱀.

진:대(賑貸) 〈제도〉고구려 때에 빈민 구제책으로 흉년에 관청의 곡식을 국민에게 꾸어 주던 일. 하다

진대-놓다[—노타] 남에게 폐를 쓰다시피 굴다.

진도(津渡) 〔동〕나루. ⌐importune

진도(陣圖) 군진(軍陣) 배치의 도면. map of military camp ⌐progress

진:도(進度) 일의 진행되는 속도. 나아가는 정도.

진:도(殄悼) 임금이 슬퍼하여 애도함. 하다

진:도(震度) 지진이 일어났을 때 몸에 느껴지는 감도나, 건물이 받는 영향 등의 정도에 따라, 지진동의 강도를 등급으로 나누는 것. degree of earthquake

진도-개[—깨](珍島—)〈동물〉진도군 특산의 개. 몸 길이가 75~95 cm로 몸 빛은 황갈색 또는 백색임. 귀는 쪽쪽하게 서고 꼬리는 짧고 영리하며 사나움. 한국 특산종으로 천연 기념물로 보호됨. 진도견. dogs produced in Chindo

진동 소매의, 겨드랑이 밑의 넓이. ¶~이 크다.

진:동(振動) ①흔들리어 움직임. tremor ②〈물리〉물체가 상하나 전후로 주기적으로 일어키는 운동. vibration 하다 ⌐하다

진:동(震動) 흔들려 움직임. 흔들음. shock

진:동-계(振動計) 물체가 일정시간에서 어느 중심의 두 쪽으로 오락가락하는 운동 상태를 재는 장치. vibroscope

진:동-수[—쑤](振動數) 〈물리〉단위 시간 내의 진동의 횟수. frequency of vibration

진:동-음(振動音) 〈어학〉유음(流音)의 하나. 허끝을 윗잇몸에 접근시키고 그 안에 세게 공기를 통할 때, 허끝이 진동되어 나는 소리 'ㄹ'이 종성으로 받음될 때의 소리를 이름. 설전음(舌顫音). 유음(流音). vibrating sound

신:동 전:류(振動電流)〈물리〉진동 회로에 의해 발생하는, 주파수(周波數)가 가장 큰 교류 전류. 무선 통신에 이용됨.

진:동-체(振動體)〈물리〉진동하는 물체.

진:동-판(振動板)〈물리〉수화기에 있어서는 진동되는 음파를 내는 얇은 철편. 송화기에 있어서는 음파를 진동시키는 부분. 《한동. fussily 하다

진동-한동 바쁘서 분주하게 지내는 모양. 《큰》진둥한둥.

진동-항아리(振動—) ①무당의 집에 받들어 모셔 놓은 신위(神位). ②큰 집안의 평안과 복됨을 빌기 위하여, 일정한 곳에 위하여 두고 돈과 쌀을 담는 항아리.

진:동 회:로(振動回路)〈물리〉자기 감응 계수(自己感應係數)와 용량(容量)을 가지고 있는 회로. oscillation circuit

진두(津頭) 〔동〕나루.

진두(陣頭) 군진의 맨 앞. 일의 선두. ¶~ 지휘. ⌐front ⌐[in quick steps

진두-걸음 진동한동 바쁘게 걷는 걸음. walking

진둥-한둥 아주 바빠서 분주하게 지내는 모양. ¶~ 글을 써 버리다. 《작》진동한동. helter-skelter 하다

진뒤〔고〕진드기.

진드근-하다[어] 매우 진득하다. 《작》잔드근하다. very sedate 진드근-히

진드기(곤충) ①진드기과(壁蝨科)의 벌레의 총칭. mite ②진드기과의 벌레. 몸은 주머니 모양, 암컷은 7 mm, 수컷은 2.5 mm 가량임. 등껍데기는 둥글고 촉수(觸鬚)는 짧음. 개·말·소 따위에 기생함. 벽슬(壁蝨). 우슬(牛蝨). 《약》진디③. tick

진득-거리다[—꺼—] ①연해 쩍쩍 들러붙다. be sticky ②자르려고 애를 써도 검질겨 잘 끊어지지 않다. 《작》잔득거리다. 《센》찐득거리다. be tough **진득=진득**

진득-찰〈식물〉엉거시과[菊科]의 일년생 풀. 높이 60 cm 내외로 끈기가 있는 털이 있어서 사람의 옷에 잘거림 잘함. 유독식물로 약재에 쓰임. 잎은 다소 소형이며 여름에 황색 두화(頭花)가 핌. 점호채(黏糊菜). 화렴초. 희선(希仙).

진득-하다[여] 태도와 행동이 침착하고 참을성이 있다. 《작》잔득하다. sedate **진득-히**

진디〈곤충〉①진디과 벌레의 총칭. plant louse ②진디과의 곤충. 몸은 작고 연약한 난형인데, 각은 가늘고 긺. 초목의 잎이나 가지에 붙어서 수액을 빨아먹으므로 원예·농작물의 해충임. ③〈약〉→진드기.

진디-등에〈곤충〉진디등에과의 곤충의 총칭. 몸은 타원형이며 모기와 비슷하나 매우 작음. 나무 그늘 등에 살며 떼를 지어 동물·사람에게 붙어 피를 빨아 먹음. 부진자(浮塵子). leaf hopper

진-딧[—딛] 집짓. 짓. 진짜. ⌐louse

진딧-물(—믈) 진디가 많이 모여 붙은 떼. 드물①. plant

진딧물-내리-다 화초나 채소에 진딧물이 잔뜩 모여 붙다. be covered by plant lice

진:땀(津—) ①몹시 힘이 들 때에 진기가 섞여 흐르는 땀. greasy sweat ②극게 되어 몹시 피로해 할 때 흐르는 땀. 유한(油汗).

진:땀-나다(津—) 진땀이 나도록 무한히 애를 쓰다. make great efforts

진-똥 물기가 많은 묽은 똥. 《대》마른똥. 된똥.

진:래(進來)〈제도〉관청에 속한 벼슬을 체포할 때에 미리 그 이유를 그 관청에 통지하던 일. 하다

진:략(進略) 쳐들어 가서 땅을 빼앗음. invasion

진:려(振旅) 적국(敵國)에서 위험을 피고 군사를 거둬 개선함. 사람들을 모아 경돈함.

진:력(盡力) ①있는 힘을 다함. endeavour ②갖은 애를 다 씀. 사력(死力). exertion 하다

진:력-나다(盡力—)[자] 있는 힘을 다하여 온갖 애를 다 쓰고 나서 싫증이 나다. weary of

진:로(進路) 나아갈 길. 《대》퇴로. course

진:로 지도(進路指導) 학생들이 졸업 후 나아갈 방향에 대하여 학교에서 행하는 지도. 직업 지도나 진학 지도를 발함. ⌐[on and treatment 하다

진:료(診療) 진찰하고 치료함. medical examinat-

진:료-소(診療所) 의사가 공중(公衆)·특정 다수인을 위해 개설한, 진찰하고 치료하는 설비를 갖춘 곳. clinic

진루(陣壘) 진(陣)②.

진:루(進壘) 〔동〕야구에서, 다음 베이스로 나아감. 하다

진루(塵累) 속루(俗累).

진:률(震慄) 몹시 떪. 전율.

진리(眞理) ①참다운 이치. 진(眞)②. true reason ②〈철학〉누구나 승인할 수 있는 보편 타당적 인식의 내용. truth ③〈논리〉판단이 바른 것. truth

진말(眞末) 밀가루.

진:말(塵末) 싸움터에서, 하는 수 없음. 하다. rash

진:망-궂-다[—굳—] 행동이나 태도가 몹시 가볍고 버릇이 없다.

진맥(眞麥) 〔동〕참밀.

진:맥(診脈)〈한의〉병자의 맥을 짚어 보아 진단함. examination of pulse 하다 ⌐acter

진:-면목(眞面目) 있는 그대로의 모습. true char-

진:멸(殄滅)圏 무찔러 죄다 없앰. 진섬(殄殲). annihilation 하다

진:멸(盡滅)圏 멸하여 다 없애 버림. 하다

진:명(盡命)圏 목숨을 바침. 목숨을 다함. 하다

진명지=주(眞命之主) 하늘의 뜻을 받아 어지러운 세상을 평정하고 통일하는 어진 임금. 《약》진주(眞主).

진목(珍木)圏 흔히 얻어 보기 어려운 진귀한 나무.

진목(眞木)圏 〈속〉 참나무.

진몰(陣沒)圏 전사(戰死)함. death in battle 하다

진묘(珍妙)圏 ①진귀하고 절묘함. ②유별나게 기묘

진무(塵務)圏 〈동〉 진사(塵事).

진:무¹(鎭撫)圏 난(亂)이나 들뜬 민심을 진정시켜 다스림. pacification 하다

진:무²(鎭撫)圏 〈제도〉 조선조 초기의 의흥 친군위(義興親軍衛)·삼군진무소(三軍鎭撫所)·오위 진무소(五衛鎭撫所)·의금부(義禁府) 등에 속한 벼슬.

진-무르-다(陣무르다)→짓무르다.

진:무-사(鎭撫使)圏 〈제도〉 조선조 때 강화 유수가 겸임하던 진무영(鎭撫營)의 으뜸 벼슬.

진:무-영(鎭撫營)圏 〈제도〉 조선조 때 강화도(江華島)의 해방(海防) 사무를 맡았던 군영. 나중에 심영

진묵(眞墨)圏 참먹.   〔心營〕이라 고침.

진묵-겁(塵墨劫)圏 〈불교〉 티끌이 쌓여 까맣게 된 것처럼 많은 시간.

진문(珍聞)圏 진귀한 질문. 엉뚱하고 별난 질문.

진문(珍聞)圏 진귀(珍貴)한 소문. 이상스러운 소문. strange story

진문(眞文)圏 〈불교〉 부처나 보살이 설법(說法)하는

진문(陣門)圏 진중으로 드나드는 문. gate of camp

진-글장(眞文章)圏 참다운 문장.

진:물(津-)圏 부스럼에서 흐르는 물. secretions from sore

진물(珍物)圏 진귀한 물건.

진물(眞物)圏 가짜가 아닌 진짜 물건.

진물-진물(-進물)圏 눈가나 살가죽이 상하여 문드러진 모양. 《작》잔물잔물. inflamed 하다

진미(珍味)圏 음식의 썩 좋은 맛. 새로운 요리. 가미(佳味·嘉味)②. delicacy   「된 뜻. real meaning

진미(眞味)圏 ①참맛. 진정한 취미. true taste ②참

진미(陳米)圏 저장해 두었던 묵은 쌀. long-stored rice

진-반찬(-飯饌)圏 마르지도 않고 국물이 있지도 않은 약간 진 듯한 반찬. 저냐·지짐이 따위. 《대》 마른반찬.

진:발(振拔)圏 가난한 사람을 도와줌. 하다

진:발(進發)圏 출발하여 나아감. march 하다

진발(鬢髮)圏 검고 아름다운 머리털.

진-밥(眞-)圏 질게 지었거나 그렇게 된 밥. rice cooked with too much water   「(辰)②.

진방(辰方)圏 방위의 이름. 동남동(東南東). 《약》 진

진:방(震方)圏 팔괘의 하나. 때로는 봄, 방위로는 동쪽을 가리킴.

진 밭과 장가처는 써먹을 때가 있다圏 장가들어 맞는 처를 소박하거나 천대하지 말라는 뜻.

진:배(進拜)圏 어른을 찾아가 뵘. paying respect to one's elders 하다

진:배(進排)圏 물품을 진상(進上)함. presentation 하다

진배-없:-다(-)圏 다름이 없다. 무엇보다 못할 것이 없다. as good as 진배=없:이圖

진-버짐(眞-)圏 얼굴의 이나 상처를 터뜨려서 진물이 흐르는 버짐. 습선(濕癬). 《대》마른버짐. eczema

진벌(津伐)圏 나무를 건너는 뗏목.

진벌(蓁茂)圏 〈한의〉 쥐꼬리망초의 뿌리. 습증(濕症)·골증(骨蒸)·황달·지혈통(肢體痛)·소변 불리(不利)

진법(診法)圏 →진맥법(診脈法). 「등의 약제로 씀.

진:범-인(眞犯人)圏 어떤 범죄의 실제 범인. 《약》진 범(眞犯). real criminal   「법. disposition of troops

진법(一陣)圏 〈군사〉 싸움터에서의 진을 치는

진법(陣法)圏 ①참된 법. true law ②〈불교〉 진여(眞如)의 정법(正法).

진:변(陳辯)圏 사정을 말하여 변명함. explanatory statement 하다

진:변(鎭邊)圏 국경을 진압시키는 일.

진:병(進兵)圏 진군(進軍). 하다

진보(珍寶)圏 진귀한 보물. treasure

진:보(進步)圏 차차 발달하여 나감. 《유》향상(向上). 《대》퇴보(退步). progress 하다

진보(塡補)圏 →전보(塡補).

진:보(鎭堡)圏 〈제도〉 평안도·함경도의 변경에 있던 여러 진.

진=보라(津-)圏 진한 보랏빛. 농자색(濃紫色).

진:보-적(進步的)圏 진보한 사상을 가졌거나 진보의 성격을 띤(것). 《대》보수적. progressive

진:보=주의(進步主義)圏 사회의 모순을 변혁하려는 전진적인 사상 경향. 《대》보수주의. progressivism

진복(眞福)圏 「기독」진실한 행복.

진복(進伏)圏 편전(便殿)에서 임금을 모실 때에 탑전(榻前)에 엎드림. 하다

진:복(震服)圏 무서워 떨면서 복종함. 하다

진복 팔단(一端)圏 (眞福八端)圏 「기독」예수의 산상 수훈 가운데의 ①신빈(神貧)·양선(良善)·통곡(痛哭)·의갈(義渴)·애긍(哀矜)·청심(淸心)·화목(和睦)·의해(義害)의 여덟 가지.

진본(珍本)圏 〈동〉 진서(珍書).

진본(眞本)圏 옛 책·글씨 또는 그림의 진짜 책. 또, 그 필적. 《대》가본(假本). 안본(贋本). original copy

진:봉(進封)圏 ①물건을 싸서 진상(進上)함. presentation ②왕세자·세손(世孫)·후(后)·비(妃)·빈(嬪)의 봉작을 더함. 하다

진부(眞否)圏 〈동〉 진위(眞僞).

진부(陳腐)圏 묵어서 썩음. 낡아서 새롭지 못함. 《대》참신(斬新). platitude 하다   「죽는 일.

진-부정(-不淨)圏 부정을 꺼리고 있을 때에 사람이

진부정-가심(-不淨-)圏 부정한 기운을 없애 버리기 위하여 사람이 갓 죽은 집에서 무당을 불러 굿을 하는 일.

진부정-지:-다(-不淨-)圏 사람이 갓 죽은 집에서 굿을 할 때의 첫 거리로 부정을 쫓아 버리다.

진북(眞北)圏 ①지리학적 극우의 방향. ②진방위(眞方位)를 측정하는 기준 방향.

진-분수(-分數)圏 (眞分數)圏 〈수학〉 분자의 값이 분모보다 작은 분수. 《대》가분수(假分數). proper fraction

진-분홍(津粉紅)圏 짙은 분홍 빛깔. deep pink

진사(一)圏「애꾸눈이」를 놀리는 말. one-eyed fellow

진사(辰砂)圏 ①〈광물〉 광택(光澤)이 강한 진홍색의 광물(鑛物). 수은(水銀)과 유황(硫黃)의 화합물로 된 모가 많은 결정. 중국 송(宋)·명(明) 때에 붉은 채색을 써서 만든 자기.

진사(珍事)圏 《약》→진사건(珍事件).

진사(眞絲)圏 명주실.

진:사(陳謝)圏 까닭을 말하여 사과함. apology 하다

진:사(進士)圏 〈제도〉 소과(小科)·초장(初場)에 합격한 사람을 일컫음. 상사(上舍)②. 「worldly affairs

진사(塵事)圏 이 세상의 더럽고 속된 일. 진무(塵務).

진:사(震死)圏 벼락을 맞아서 죽음. 하다

진:사=건(一件)圏 (珍事件)圏 보기 드문 사건. 《약》진사(珍事). mysterious case   「accident

진:사-고(珍事故)圏 보기 드문 이상한 사고. strange

진사-립(眞絲笠)圏 명주실로 짠 갓.

진:사-시(進士試)圏 〈동〉 국자감시(國子監試).

진사-전(眞絲廛)圏 명주실을 비롯하여 여러 가지 실과 끈을 파는 상점.

진사-일(辰巳日)圏 일진(日辰)이 진(辰)이나 사(巳)가 든 날에 낮이 흐리거나 비·눈이 오는 일. 「持

진:산(晉山)圏 〈불교〉 중이 새로 한 절의 주지(住持)가 되는 일.

진:산(鎭山)圏 〈제도〉 도읍(都邑)의 뒤에 자리잡고 있던 큰 산을 이름. mountain to the rear of city

진:산-식(晉山式)〈불교〉진산에 이어 거행하는 의식.
진:상(振上)图 두 다리 사이에 아령 두 개를 두고 각각 좌우 손으로 잡고 두세 번 앞으로 흔들다 앞쪽을 통하여 머리 위에 높이 들어 올리는 운동.
진상(眞相)图 ①사물의 참된 모습. real features ②실제의 형편. truth
진:상(進上)图 지방에서 나는 물건을 임금·고관에게 바침. 공상(供上). presentation 하타
진상 가는 꿀병 동이듯图 물건을 매우 소중하게 단단히 동이는 모양.   [여 봉박하였다.
진상 가는 송아지 배때기를 찼다图 공연한 짓을 하다
진:상-감[一召](進上一)图 진상할 물건을 쓴 집.
진:상-치(進上一)图 (속) 허름한 물건. 「는 법이다.
진상 퇴물림 없다图 갖다 바쳐서 싫어하는 사람은 없
진생(辰生)图 진년(辰年)에 난 사람.
진서(珍書)图 진귀한 책. 참으로 보기 드문 책. 진본(珍本). 진적(珍籍). rare book
진서(眞書)图 ①한문을 주로 쓰던 때의 한자의 일컬음. Chinese characters ②(동) 해서(楷書).
진:서(振舒)图 떨쳐 펌. stormy manifestation 하타
진선(津船)图 나룻배. ferry-boat
진선(珍膳)图 진찬(珍饌).
진:선—미(眞善美)图 진(眞)·선(善)·미(美). 곧, 인식·윤리·예술의 최고 목표. truth, good and beauty
진:선—진:미(盡善盡美)图 더할 수 없이 잘 됨. complete perfection 하타   [vel opinion
진설(珍說)图 ①(동) 진담(珍談). ②진기한 의견. no-
진:설(陳設·排設)图 〈제사나 잔치 때에 음식을 갖추어 상을 차려 놓음〉. setting the table
진:섬(殄殲)图(동) 진멸(珍滅). 하타   「하타
진섭(震攝)图(동) 수섭(水攝).
진성(眞性)图 ①인위적이 아닌, 있는 그대로의 성질. nature ②순진한 성질. true nature ③〈불교〉만물의 본체. 전의(眞如). substance ④〈의학〉의사성·유사성이 아닌, 참된 증세의 병. ¶ ~ 뇌염(腦炎).
진성(眞誠)图 참된 정성. sincerity
진성(軫星)图〈천문〉이십팔수(二十八宿)의 하나.
   〈약 진(軫)①.   [devotion 하타
진:성(鎭星·塡星)图(동) 토성(土星).
진:성(眞誠)图 마음과 정성을 다함. 탄성(殫誠).
진:성—대(眞聲帶)图〈생리〉목청을 가성대(假聲帶)에 상대하여 일컬음. true vocal chords   「력.
진세(陣勢)图 ①군진의 형세. situation ②군진의 세
진세(塵世)图 티끌이 있는 세상. 곧, 이 세상. 속세(俗世). 진경(塵境). this dusty world
진소(眞梳)图(동) 참빗.
진:소(陳疏)图 상소(上疏).   「키는 곳. fort
진:소(鎭所)图 군대가 주둔하여 그 땅을 진압하고 지
진:소—위(眞所謂)图 신실로. 그야말로.
진:속(眞俗)图 ①〈불교〉진제(眞諦)와 속제(俗諦). ②부처의 가르침과 세속의 가르침. Buddhism and worldliness ③중과 속인. bonze and layman ④부처의 세계와 속인의 세계. Buddhistic world and this world   [this world
진속(塵俗)图 티끌이 많은 속된 세상. 곧, 이 세상.
진:솔图 한 번도 빨지 아니한 새옷. new clothes
진:솔(眞率)→진솔옷.
진솔(眞率)图 정직하여 꾸밈이 없음. sincerity 하타
진솔—성[一썽](眞率性)图 진실하고 솔직한 성질.
진:솔—옷[一솓]图 봄·가을에 다듬어서 만든 모시옷. (약) 진솔.   「는 사람을 조롱하는 말.
진:솔—집[一찝]图 진솔을 단번에 젖거나 떨어지게 하
진수(辰宿)图 성수(星宿).
진수(珍羞)图 진귀하고 뛰어난 음식.
진수(珍饌)图 썩 맛이 좋은 음식. 보기 드물게 잘 차린 음식. 진선(珍膳). 진찬(珍饌). 화찬(華饌). delicacy
진수(眞數)图 ①참 개수(個數) 또는 수치(數値). real number ②〈수학〉한 수를 저수(低數)로 어떤 수의 대수(對數)에 대한 일컬음. 역대수(逆對數). (대) 가수(假數).
진수(眞髓)图 사물의 가장 중요한 중심 부분. essence
진:수(進水)图 배를 처음으로 물에 띄움. launch 하타
진:수(盡數)图(동) 몰수(沒數).
진:수(鎭守)图 〈군사〉성의 아주 소중한 곳을 든든히 지킴. 하타
진:수(鎭戍)图 국경 변두리를 지켜 막음. 하타
진:수—대(進水臺)图 새로 만든 함선을 조선대(造船臺)로부터 미끄러뜨려 물에 띄워 보내는 장치. launching platform   「린 것.
진수 성:찬(珍羞盛饌)图 맛이 좋은 음식으로 많이 차
진:수—식(進水式)图 새로 만든 배를 처음으로 물에 띄우는 의식.
진:숙(振肅)图 ①두려워서 멀며 삼감. ②문란한 것을 엄숙하게 함. ③쇠한 것을 진작시키고, 해이된 것 을 진숙시킴. 하타
진술(眞術)图 참된 술법.   [을 진술시킴. 하타
진:술(陳述)图 ①자세히 말함. statement ②〈법률〉민사 소송에 있어서, 소송 당사자 또는 소송 관계인이 그 쟁점(係爭) 사실에 대하여 사실상 또는 법률상의 사항을 구술(口述)·서면으로 말하는 일. ③〈법률〉형사 소송에 있어서, 당사자·증인·감정인 등이 타인으로부터 강요됨이 없이 관계 사항을 구술 서면으로 말하는 일. 주장(主張)③. 하타   [itten statement
진:술—서[一써](陳述書)图 진술을 기록한 서류. wr-
진승(眞僧)图 속세는 마음을 닦고 겉으로는 계행을 잘 지키는 참된 중. 진실승. genuine bonze
진시(辰時)图 ①하루를 12시로 나눈 다섯째 되는 시각. 곧, 상오 일곱시부터 상오 아홉시까지의 동안. hour of dragon ②하루를 24시로 나눈 아홉째 되는 시각. 곧, 상오 일곱시 반부터 상오 여덟시 반까지의 동안. (약) 진(辰)②.
진:시(眞是)图 참으로. 진실로. indeed
진시(陳試)图〈제도〉초시(初試)에 급제한 사람이 사정이 있어서 회시(會試)를 보지 못하게 되었을 때, 그 사유를 예조(禮曹)에 고하고 다른 해에 회시를
진:시(趁時)图 진작.   [보던 일.
진:식(進食)图 병이 나은 뒤에 입맛이 당겨서 식욕이 점점 늘어 감. growing appetite 하타
진:신图 진날에 신는 기름에 결은 신. 유혜(油鞋). rain shoes
진:신(搢紳·縉紳)图 ①벼슬아치의 총칭. ②언행이 점잖고 지위가 높은 사람. high officials
진:신—발[一빨]图 진창에서 젖은 신. shoes with dirt
진:신 장보(搢紳章甫)图 모든 벼슬아치와 유생(儒生)들.
진실(眞實)图 ①성정이 바르고 참됨. 성실(誠實). (대) 허위(虛僞). truth ②헛되지 않은 참마음. 곧, 진리인 것. 하타 히타
진실—감(眞實感)图 참된 맛을 안겨주는 느낌.
진실—로(眞實一)图 거짓없이. 참으로. truly   「하형
진실 무위(眞實無僞)图 참되어 거짓이 없음. sincerity
진실—성[一썽](眞實性)图 진실로서의 성질. 참된 성질.
진실—승(眞實僧)图(동) 진승(眞僧). [질. 참된 품성.
진실—심(眞實心)图 거짓이 없는 참된 마음. ¶ ~으로 사죄하다. true heart
진:심(盡心)图 ①마음과 정성을 다함. devotion ②마음에 고유한 본연의 마음을 다하여 이것을 체명함.
진심(塵心)图 속세에 더럽혀진 마음.   [하타
진심(瞋心·嗔心)图 왈칵 성을 내는 마음. indignation
진:심—갈:력(盡心竭力)图 마음과 힘을 있는 대로 다함. (약) 진심력(盡心力). 하타
진:심—력[一녁](盡心力)图(약) 진심 갈력.
진:안(珍案)图 진기한 생각.
진:안(眞贋)图(동) 진위(眞僞).
진안 막변(眞贗莫辨)图 진짜와 가짜를 가리기 어려움.
진:알(進謁)图 높은 사람에게 나아가 뵘. audience 하타

진:압(鎭壓)圈 진정하여 위압함. suppression 하다
진:압 경찰(鎭壓警察)圈 범죄의 수사 및 피의자의 체포를 위한 경찰. 《대》예방 경찰.
진:압-책(鎭壓策)圈 진압하는 방책.
진:앙(震央)圈 〈지학〉 진원(震源)의 바로 위의 거죽 땅. 곧, 지구의 중심으로부터 진원을 통한 직선이 지구 겉면과 만나는 점. seismic center
진:애(塵埃)圈 티끌. dust
진액(津液)圈 생물의 몸안에서 생겨나는 액체. sap
진약(珍藥)圈 구하기 힘든 약. rare medicine [하다
진:양(振揚)圈 떨쳐 일으켜 선양(宣揚)함. encourage
진어(眞御)圈 임금의 준치.
진:어(進御)圈 ①(공) 임금이 입고 먹는 일을 이르는 말. ②임금의 거둥. 하다
진:어-사(鎭禦使)圈〈제도〉조선조 때 춘천부(春川府) 진어영(鎭禦營)의 으뜸 벼슬.
진언(眞言)圈 ①참뜻. 참말. truth ②〈불교〉불타의 말. 법신(法身)의 말. sayings of Buddha ③〈동〉주문(呪文). ④〈약〉→진언종.
진:언(眞諺)圈 한문을 참글이라 하여 진서라 이르는 한글을 얕잡아 언문이라 한 뜻에서의 진서(眞書)와 언문(諺文). [함. 하다
진:언(陳言)圈 ①낡아빠진 말. 케케묵은 말. ②하는
진:언(進言)圈 윗사람에게 의견을 들어 말함. counsel
진언(嗔言·瞋言)圈 성을 내어 꾸짖는 말. [하다
진:언(盡言)圈 생각한 바를 기탄없이 다 말해 버림. 하다
진언-종(眞言宗)圈〈불교〉다라니(陀羅尼)를 외워 기도하는 한 종파. 용수 보살(龍樹菩薩)이 개종(開宗). 진언종 개조는 혜통(惠通)임. 《약》진언④.
진에(瞋恚)圈〈불교〉삼독(三毒)의 하나. 자기의 사를 거슬리는 것에 대하여 분하게 여기거나 노여워하는 일. 《약》진(瞋). ②노염. 분노.
진:여(眞如)圈〈불교〉불법 보편하여 상주 불변(常住不變)한 만유 일체(萬有一體)의 진성(眞性), 여(如). 진성(眞性)③. 여실(如實), 《유》무위법(無爲法). [뜻으로 일컬음. Korea
진:역(震域)圈 우리 나라를 동쪽에 있는 나라라는
진:역²(震域)圈 지진 때에, 일정한 진도(震度)를 가지는 지역. extent of seismic disturbance
진:연(進宴)圈〈제도〉국가적 경사 때에 궁중에서 열던 잔치. royal feast
진연(塵煙)圈 연기처럼 일어나는 티끌. cloud of dust
진연(塵緣)圈 이 세상의 인연. worldly connections
진:열(陳列)圈 물건 따위를 죽 벌이어 놓음. 《유》나열. exhibition 하다
진:열(震裂)圈 지면(地面)이 흔들리고 움직여서 갈라짐. leavage by quakes 하다
진:열-대(─-臺)(陳列臺)圈 사람이 볼 수 있도록 물품이나 상품을 진열하는 대.
진:열-장(─-欌)(陳列欌)圈 가게에서 파는 물건을 진열하는 데에 쓰는 장. show-case
진:열-창(陳列窓)圈 상품의 표본을 벌려 놓고 바깥에서 사람들이 볼 수 있도록 유리를 끼워 댄 창. show window [사진.
진영(眞影)圈 얼굴을 그린 화상(畫像). portrait 《유》
진영(陣營)圈 ①〈동〉진(陣)②. ②대립하는 세력의 어느 한쪽. ¶공산~.
진:영(鎭營)圈〈제도〉조선 초부터, 지방대(地方隊)의 주둔영(駐屯營)으로, 각 병영(兵營)·수영(水營)에 딸려 두었던 지소. 토포영(討捕營). 행영. 《약》진(鎭)②.
진:영-장(鎭營將)圈〈제도〉총융청(摠戎廳)·수어영(守禦營)·진무영(鎭撫營)과 팔도의 감영·병영에 딸린 각 진영의 장관(將官). 《유》영장(營將).
진:예(進詣)圈 대궐 안에 들어가서 뵈음. audience
진예(塵穢)圈 먼지와 더러움. 진오(塵汚). [하다
진오(塵汚)圈〈동〉진예(塵穢).
진오(陣伍)圈 군대의 항오(行伍).

진옥(眞玉)圈 진짜의 옥.
진음(疹陰)圈 음에 급성 습종(濕腫)이 함께 나는 병. 슬개(膝疥). 《대》마른음. [지고 놂. 하다
진완(珍玩)圈 ①진귀한 노리개. ②진기하게 여겨서가
진:-외가(陳外家)圈 아버지의 외가. one's grandmother's old home
진:-외조모(陳外祖母)圈 아버지의 외조모.
진:-외조부(陳外祖父)圈 아버지의 외조부.
진용(眞勇)圈 참〈용(三勇)의 하나.
진:용(陣容)圈 ①〈군사〉 진세(陣勢)의 형편·상태. battle array ②어떤 단체를 이룬 사람들의 짜임새.
진용(眞勇)圈 참된 용기. 《대》만용(蠻勇). [members
진운(陣雲)圈 ①병진(兵陣) 모양으로 이는 구름. ②전쟁터에 뜬 구름. clouds over the battlefield
진:운(進運)圈 ①진보할 운명. ②피어날 운수. sign
진:운(盡運)圈 운이 다함. 하다 [of progress
진원(眞元)圈 사람의 본디 원기.
진원(震源)圈〈약〉→진원지(震源地).
진:원-지(震源地)圈〈지학〉지각(地殼) 내부에 있는 지진의 진동의 발생점. 《약》 진원(震源). seismic centre [음력 3월.
진:월(辰月)圈 월건(月建)이 진(辰)으로 된 달. 곧,
진:위(眞僞)圈 참과 거짓. 진짜(眞否). 진위(眞贋). 진가(眞假). truth and falsehood
진위-법(─-法)(眞僞法)圈 두 가지 중 하나를 선택, 진위를 판단하여 지식의 정부(正否)나 유무(有無)를 객관적으로 확인하는 방법.
진유(眞油)圈〈동〉참기름.
진유(眞儒)圈 참된 선비.
진유(眞鍮)圈〈동〉놋쇠.
진:유(參油)圈 굿을 오다.
진:율(震慄)圈 두려워서 몸이 흔들리며 떨림. 두려워서 몸을 떪. 하다 [ion
진의(眞意)圈 참뜻. 거짓이 없는 본마음. real intent-
진:의(眞義)圈 참된 뜻. true meaning
진이(珍異)圈 진기하고 이상함. 하다
진인(津人)圈 나루터의 뱃사공. boatman at ferry
진인(眞人)圈 도교(道敎)의 깊은 진리를 깨달은 사람. genuine Taoist
진인(眞因)圈 사전의 진실한 원인.
진:-인사 대:-천명(盡人事待天命)圈 사람으로서 할 수 있는 일을 다한 뒤에 천명을 기다림.
진:-일[─닐]圈 ①물을 써서 하는 일의 총칭. 《대》마른 일. ②궂은 일. ③마음이 내키지 않아 꺼리는 일. 하다
진:일(辰日)圈 일진(日辰)이 진(辰)으로 된 날. 잠진.
진:-일(盡日)圈〈동〉→진종일(盡終日).
진:일 공부(盡日工夫)圈 진종일 힘써 하는 공부.
진:일-력(盡日力)圈〈약〉→진종일지력(盡終日之力).
진:일-보(─-步)(進一步)圈 한 걸음 더 나아감. 하다
진:일지-력[─직─](盡日之力)圈 진종일 맡은 업무(業務)에 부지런히 쓰는 힘. 《약》진일력(盡日力).
진:입(進入)圈 나아가 들어감. entry 하다 [leaves
진:-잎[─닙]圈 날것이나 절인 무성귀물. vegetable
진:잎-밥[─닙─]圈 진잎을 넣어서 지은 밥.
진잎-죽[─닙─](─粥)圈 진잎을 넣어서 쑨 죽.
진잎죽 먹고 잣죽 트림한다다 실상은 보잘것없으면서 겉으로 아주 훌륭한 것처럼 꾸민다. [나.
진자(振子)圈〈제도〉나자(儺者)의 하나. 아이 초라
진:자(振子)圈〈물리〉한 끝에 매달려서 좌우(左右)로 오락가락하는 물건. 흔들이. pendulum
진자(榛子)圈〈동〉개암.
진:-자리圈 ①바로 그 자리. 당장. very spot ②아이가 갓 태어난 그 자리. ③어린아이들이 오줌·똥을 싸서 축축하게 된 자리. ④사람이 갓 죽은 바로 그 자리. 《대》마른자리. [계.
진:자 시계(振子時計)圈 조정 장치가 흔들이로 된 시
진:작圈 ①바로 그 때에. at once ②좀 더 일찍이.

진:작(振作)[명][동] 진기(振起). 하다[자] [earlier
진작(眞勺) 〈음악〉 고려 때 속가(俗歌)의 가장 빠른 류조의 이름.
진:작(進爵)[명] ①〈제도〉진연(進宴) 때 임금에게 술잔을 올리던 일. ②[동] 헌작(獻爵). ③〈민속〉 무당이 굿할 때 술잔을 올리는 의식의 하나.
진:작 재신(進爵宰臣)[명]〈제도〉진연 때, 임금에게 술잔을 바치던 재상.
진장(珍藏)[명] 보배롭게 여겨서 잘 간직함. treasuring 하다[타] [성하게 함.
진:장(振張)[명] ①떨쳐서 일을 폄. 확장함. ②일을 번
진장(陳醬)[명] ①절메주로 담가 빛이 까맣게 된 간장.
진장(陳藏)[명][동] 김장. [②[약]→진간장
진:장(鎭將)[명]〈제도〉영장(營將). 곧, 첨사(僉使)와 만호(萬戶)의 총칭.
진재(陳材)[명]〈한의〉묵어서 오래 된 약재. [ster
=진재[災][명] 지진(地震)의 재앙. earthquake disa-
진저리[명] 어미의 'ㄹ•을'과 어울러서 명령·단정·측량의 뜻을 나타냄. ¶정성껏 섭길~.
진저리[명] ①찬 것이 별안간 살에 닿을 때나 오줌을 누고 난 뒤에 무의식적으로 몸을 떠는 짓. cold shi-
ver ②몹시 겁이 나거나 징그러운 것을 보았을 때 몸이 움츠리며 떨쳐지는 짓. chill ③몹시 싫증이 나고 지긋지긋하여 몸이 떨쳐지는 짓. shudder
진저리-나-다[자] 진저리가 일어나다. get sick of ② 못 견딜 만큼 귀찮고 징그럽고 지긋지긋한 느낌이 들다. ¶그 일은 생각만 해도 진저리난다.
진저리-치-다[자] 몹시 놀라거나 몹시 지긋지긋하여 몸이 움츠리며 떨치다. shudder
진저 에일(ginger ale)[명] 사이다 비슷한 청량 음료. 진저에 주석산•자당액(蔗糖液)•효모·물 등을 섞어 만듦. 진저 비어(ginger beer).
진적(振績)[명] 진서(眞書).
진적(眞的)[관[형] 참되고 틀림없는(것). true 하다[형]
진적(眞蹟)[명] ①실제의 유적(遺跡). ②[동]진필(眞筆).
진적(陳迹)[명] 지난날의 묵은 자취. [친필(親筆).
진전(陳田)[명] 묵은 밭.
진:전(進展)[명] 진보하고 발전함. development 하다[자]
진:전(震顫·振顫)[명] 알코올 중독 또는 신경 쇠약 등으로 머리·손·몸에 무의식적으로 일어나는 근육의 불규칙한 운동.
진절-머리[명] 심한 진저리. shudders
진절머리-나-다[자] 진절머리가 몹시 심하게 일어나다. shudder
진:점(鎭占)[명] 일정한 지역을 진압하여 점령함. 하다[자]
진정(辰正)[명] 진시의 한 중간. 곧, 상오 여덟시.
진정(眞正)[명] 참되고 올바름. ¶~한 애국자. genui-
neness 하다[형]
진정(眞情)[명] ①거짓 없는 애틋한 마음. ¶~ 소원
(所願). true heart ②침된 사정 또는 경제. true
condition [petition 하다[타]
진:정(陳情)[명] 사정을 진술함. 심정을 써서 말함.
진:정(進呈)[명] 물건을 가져다 드림. presentation 하다[타]
진:정(鎭定)[명] 진압하여 평정함. ¶내란을 ~하다.
suppression 하다[타]
진:정(鎭靜)[명] ①요란하던 것이 가라앉음. appease-
ment ②왁자한 것을 가라앉혀 고요하게 함. 《예》
홍분(興奮). tranquilizing 하다[자타]
진:정-서(陳情書)[명] 곤란한 사정을 잘 보아 달라고 써서 바치는 글. petition [sedative
진:정-제(鎭靜劑)[명] 신경 작용을 가라앉히는 약제.
진제(眞諦)[명]〈불교〉진리에 관한 실상. 무차별의 법상(法相)에 관한 이치. 《예》속제(俗諦). eternal
진:조(趁早)[명][동] 진작.
진졸(陳卒)[명] 우진영의 병졸. [truth
진:종(珍種)[명] 드물고 귀한 종류 또는 종자. rare
진:=종일(盡終日)[명] 온종일. 하루 종일. [약] 진일
(盡日). all day long
진좌(辰坐)[명] 뒷자리나 집터 따위가 진방(辰方), 곧, 동남동에서 서북서를 향하여 앉은 자리.
진:좌(鎭座)[명] ①신령이 그 자리에 임함. being en-
shrined ②자리잡아 앉음. 하다[자]
진주(珍珠·眞珠)[명] 진주 조개의 껍질이나 살 속에 생기는 일종의 구슬. 방주(蚌珠). 빈주(蠙珠). pearl
¶매우 보배롭게 여기는 물건. treasure
진주(眞主)[명][약]→진명지주(眞命之主).
진:주(陳奏)[명] 사정을 말하여 임금 또는 윗사람의 귀에 들어가게 함. report to throne 하다[타]
진:주(進走)[명] 달음박질하여 나아감. 하다[자]
진:주(進駐)[명] 군대가 남의 나라에 나아가 주둔함. stationing 하다[자] [쓰는 진주로 꾸민 부채.
진주-선(眞珠扇)[명] 혼인 때 신부의 얼굴을 가리는 데
진주-암(眞珠岩)[명]〈광물〉화산암의 하나. 석영 조면암(粗面岩)이 유리 상태로 된 것으로, 빛깔은 엷은 갈색·암녹색·담회색·흑회색임. 진주 비슷한 광택과 불규칙한 균열이 있음.
진주-조개(眞珠―)[명]〈조개〉진주조개과의 조개. 패각의 길이 7~10cm 내외로 표면은 암자록색에 비늘 모양의 인편이 겹쳐 있으며 내면은 진주 광택이 남. 맛은 별로 좋지 않으나, 진주를 지니고 껍데기는 세공에 쓰임. pearl oyster
진주-홍(津朱紅)[명] 진한 주홍빛. 곧, 새빨간 빛깔.
진죽-벽력(―霹靂)[명]〈광물〉모암(母巖)이 풍화되어 생긴 사토가 물과 섞여 곤죽처럼 된 벽력.
진중(珍重)[명] ①귀중(貴重). ②몸을 아끼어 조심함. taking care of oneself 하다[자] 히[부]
진중(陣中)[명]〈군사〉①진의 가운데. 진상(陣上). camp ②전선(戰線). 전쟁 중. ¶~ 일기(日記). battle [히[부]
진:중(鎭重)[명] 점잖고 무게가 있음. prudence 하다[형]
진중 근무(陣中勤務)[명]〈군사〉주군(駐軍) 또는 행군(行軍)에 따른 모든 근무(勤務). field duty
진:즈(jeans)[명] 올이 가는 능직(綾織) 무명의 하나.
진:즉(趁卽)[명][동] 진작.
진:지(陣)[명] 밥. repast [문 것. camp
진지(陣地)[명]〈군사〉공격이나 방어의 준비•배치를 해
진지(眞知)[명] 참된 지식.
진지(眞智)[명]〈불교〉도리를 깨달은 지혜.
진지(眞摯)[명] 참되고 진실함. sincerity 하다[형]
진지러-뜨리-다[타] 몹시 지저리지게 하다. [작] 잔지러 뜨리다. [shrink
진지러-지-다[자] 몹시 지지러지다. [작] 잔지러지다.
진지 적견(眞知的見)[명] 정확하게 아는 견문(見聞).
진:지-전(陣地戰)[명]〈군사〉진지를 구축하 놓고 하는 공방전(攻防戰). position warfare operations
진직(眞直)[명] 참되고 곧음. honesty 하다[형]
진:집 구:채(陳無舊債)[명] 썩 오래된 빚.
진집 상잉(陳陳相仍)[명] 오래 묵은 곡식이 곳집에 쌓여 있음 ¶~ 이름.
진진지-의(秦晉之誼)[명] 온순한 두 집의 사이. 좋음을
진진=하-다(津津―)[형] ①입에 착 달라붙게 맛이 좋다. ②끊임없이 솟아나듯 많다. ¶흥미 ~.
진:질(晉秩)[명] 직품 또는 관직이 오름. 하다[자]
진:집(眞―)[명] 물건의 가느다랗게 벌어진 틈. crack
진짐(珍什)[명] 진귀한 집물(什物). 진귀한 기구(器具).
진:지-상(一床)[명] 밥상. table of repast
진짜(眞―)[명] 참된 것. 위조하지 아니한 물건. 진품(眞品). 정짜(正―). [대] 가짜. genuine thing
진짬(眞―)[명] 잡것이 섞이지 않은 참된 물건. real
진찬(珍饌)[명][동] 진수(珍羞). [article
진:찬(進饌)[명]〈제도〉궁중 안에서 경사가 있을 때 열리던 잔치의 하나. [로 채운 찬합.
진:찬-합(一饌盒)[명] 바싹 마르지 않은 반찬과 과실
진:찰(晉察)[명]〈제도〉조선조 때 경상 도의 관찰사의 별칭. [진후(診候). medical examination 하다[타]
진:찰(診察)[명]〈의학〉의사가 환자의 병세를 살피는 것.
진:찰-권(―券)[명]〈의학〉환자가 그 병원에서 진찰을 받을 수 있음을 증명한 표.

진:찰비(診察費)[명] 〈의학〉 진찰한 값으로 환자가 의사나 병원에 주는 돈. 진찰료.

진:찰소(診察所)[명] 〈의학〉 의사가 환자의 집에 가지 않고 일정한 곳에서 환자의 증상을 살펴 보는 곳. consultation office. attendance 하다

진찰참[명] 제사·성묘·잔치 따위에 가서 참여함.

진창 ①땅이 질어서 곤죽같이 된 곳. 이녕. muddy place ②부패한 사회나 생활 환경을 비유하여 이름.

진:창-길[-껄][명] 땅이 곤죽처럼 질퍽질퍽한 길.

진창-미(陳倉米)[명] 곳집 속에 쌓인 묵은 쌀.

진채(珍菜)[명] 진귀하고 맛 좋은 채소. ep colour

진채색(眞彩色)[명] 빛이 진한 색상. 단청에 씀. 젬빛. de-

진책(嗔責)[명] 꾸짖어 나무람. blame 하다

진척(進陟)[명] ①일이 잘 되어 감. ¶하는 일이 ~되다. (대)삽체(澁滯). advance ②버슬이 올라감. promotion 하다. 을 천하에 펼침. 하다

진:천(振天)[명] ①소리가 하늘에 울림. ②무명(武名)

진천(震天)[명] 하늘을 뒤흔든다는 뜻으로 기세를 크게 펼침.

진:천 동:지(震天動地)[명] 위엄이나 큰 소리가 천지를 뒤흔듦. world-shaking 하다. cannon

진:천뢰(震天雷)[명] 옛날 대포의 하나. name of old

진:첩(震疊)[명] 존귀한 분의 노여움이 그치지 아니함. 하다. est 하다

진:청(陳請)[명] 사정을 말하여 간청함. earnest requ-

진:체(振替)[명][동] 대체(對替).

진:체(晋體)[명] 중국 남북조 시대의 진(晋)나라 명필 왕희지(王羲之)의 글씨체.

진초(陳草)[명] 해를 묵은 담배.

진:출(進出)[명] ①어떤 방면으로 나아감. ¶정제 ~. ②앞으로 나아감. advance 하다. 하다

진:충(盡忠)[명] 나라에 대하여 충성을 다함. royalty

진:충 보:국(盡忠報國)[명] 충성을 다하여 나라의 은혜를 갚음. 하다. votion 하다

진:췌(盡瘁)[명] 마음과 힘을 다함. 정성껏 힘씀. de-

진:취(進取)[명] 나아가서 잡음. 고난을 무릅쓰고 과단성 있게 앞으로 나아가다. (대) 퇴영(退嬰). 보수. progressiveness 하다

진:취(進就)[명] 점점 일을 이루어 감. gradual development 하다. 한 성질.

진:취-성[-생](進就性)[명] 점점 일을 이루어 나갈 반

진:취지계(進取之計)[명] 진취(進取)하는 꾀.

진:치-다(陣-)[자] 진을 베풀다. encamp

진:타:작(-打作)[명][동] 물타작.

진탁(眞-托)[명] 참되고 친절(親切)함. 하다

진탕(-宕)[부] 싫증이 날 만큼 풍부하게. ¶술을 ~ 마셨다. to one's fill

진:탕(震盪·振盪)[명] 몹시 흔들려 울림. ¶뇌 ~. 하다

진탕-만탕(-宕-宕)[부] 지극히 흐뭇하게. 양에 다 차도록 만족하고 풍부하게. to one's fill

진:태양(眞太陽)[명] 〈천문〉 가상의 평균 태양에 대하여 실제의 태양을 이르는 말. (대)평균 태양.

진태양-시(眞太陽時)[명] 〈천문〉 진태양의 시각(時角)에 의하여 정한 시각(時刻). 시태양시(視太陽時). (대)평균 태양시.

진태양-일(眞太陽日)[명] 〈천문〉 진태양이 자오선을 통과하여 다시 그것을 통과할 때까지의 시간.

진-터(陣-)[명] 진을 베풀어 친 곳.

진테제(Synthese 도)[명] 〈논리〉 결합(結合). 종합(綜合). 통합(統合).

진토(塵土)[명] 먼지와 흙. 이토(泥塗)③. dust and soil

진통(陣痛)[명] ①〈의학〉 어린아이를 낳을 때, 자궁의 수축으로 인하여 주기적으로 오는 아픈 증세. 산통(産痛). pangs of labour ②일이 성숙되어 갈 무렵에 겪는 고통.

진:통(鎭痛)[명] 아픈 증세를 진정시킴. soothing 하다

진:통-제(鎭痛劑)[명] 신경을 마비시켜 아픔을 덜어 키는 약. anodyne

진:퇴(進退)[명] ①나아감과 물러 섬. advance and re-treat ②[동] 거동. ③직무상의 거취(去就). remain-ing and resigning

진:퇴 양:난(進退兩難)[명] 진퇴 유곡(進退維谷).

진:퇴 유곡(進退維谷)[명] 물러갈 길이 끊어져 꼼짝할 수 없는 궁지에 빠짐. 수서 양단(首鼠兩端). 진퇴양난. being in dilemma

진투(陳套)[명] 시대에 뒤진 낡은 투. trouble

진:티[명] 좋지 못한 일이 일어나는 원인. cause of

진펄[명] 진흙으로 된 벌. marsh

진:편포(-片脯)[명] 쇠고기를 난도질하여 기름과 간장 혹은 소금을 쳐서 간을 맞추어 날것으로 또는 구워 먹을 수 있게 만든 편포. (대)마른 편포.

진폐(塵肺)[명] 직업병의 하나. 직장에서 생기는 먼지로 더러워진 폐.

진:폭(振幅)[명] 〈물리〉 물체가 정지하고 있는 위치에서 진동(振動)을 일으키어 그 오른쪽 또는 왼쪽의 극점에 이르는 거리. amplitude

진:폭(震幅)[명] 〈지학〉 지반의 진동이 지진계에 감촉되어 기록되는 그 넓이. amplitude of earthquake

진:폭 변:조(振幅變調)[명] 〈물리〉 신호에 따라서 반송파(搬送波)의 진폭을 변화시키는 변조 방식. 대개 라디오 방송 등에 쓰임. (대) 주파수 변조. amplit-ude modulation

진-풀[명] 홍오을 세탁한 후 마르기 전에 곧 먹이는 풀. starch

진품(珍品)[명] 진귀한 물품. 이품(異品). ¶천하의 ~.

진품(眞品)[명] 진품. curio

진풍(陣風)[명] 갑자기 불다가 잠시 후에 그치는 강한 바람.

진풍(塵風)[명] 먼지 섞인 바람. 바람.

진-풍경(珍風景)[명] 희귀한 경치나 경지.

진피[명] 질긴 성미로 끈적끈적하게 구는 짓. ¶그렇게 ~ 부리지 말아라. pertinacity

진피(眞皮)[명] ①참 가죽. real skin ②〈생리〉피부의 속가죽. inner skin. 는 발한제(發汗劑)로 쓰임.

진피(陳皮)[명] 오래 묵은 귤 껍질. 거위제(健胃劑)도

진:피-아들[명] 썩 웃긴는 사람을 이름. ugly fellow

진 피즈(gin fizz)[명] 진에 설탕·얼음·레몬을 넣고 탄산수를 부은 음료수.

진필(眞筆)[명][동] 친필. 진적(眞蹟)②.

진:하(進賀)[명] 나라에 즐거운 일이 있을 때, 백관이 왕께 나아가 조하(朝賀)하던 일. 하다

진:하-다(津-)[형][여] ①액체의 농도가 높다. thick ②빛·화장이 짙다. deep

진:하-다(盡-)[자] ①다하여 없어지다. become exhausted ②극한에 이르다. 끝나다. come to end

진:하련(進下輦)[명] 진괘(震卦)의 상형(象形)을 이르는 말. ☷로 표시함.

진:학(進學)[명] ①학문에 나아가 공부함. go to school ②상급 학교에 들어감. 하다

진:학 적성 검:사(進學適性檢査)[명] 어치브멘트 테

진:학질모기(瘧疾-)[명] 〈곤충〉 학질모기의 하나. 습지에서 생기는데, 몸 길이 약 5.5 mm, 몸과 촉각은 암갈색. 야간 활동성이며 사람의 피를 빨고, 특히 학질을 옮김.

진한(辰韓)[명] 〈역사〉 삼한(三韓)의 하나. 지금의 경상 남도 동북쪽에 있던 옛 나라. 후에 신라(新羅)

진:한(趁限)[명] [동] 진기(趁期). 가늠.

진합 태산(塵合泰山)[명] 작은 물건도 많이 모이면 나중에 크게 이루어짐의 비유. 티끌 모아 태산. many a little makes mickle

진:항(進航)[명] 배가 물 위를 달림. sailing 하다

진:해(震駭·振駭)[명] 몸을 떨며 놀람. 하다 라다

진:해(鎭咳)[명] 기침을 그치게 함. cough remedy 하

진:해-제(鎭咳劑)[명] 기침을 낫게 하는 신경 중추에 작용하여 진정시키는 약제. 모르핀·인산코데인 따위. cough cure. 해 나다. 진:행. progress 하다

진:행(進行)[명] ①앞으로 나아감. march ②일을 처리

진:행-계(進行係)[명] 회의 또는 의사 진행에서, 진척을 계획·담당한 사무 분담의 한계. 또, 그 일을 맡은 사람.

진:행-법[—뻡](進行法)[명]〈어학〉동사의 시제(時制)의 하나. 움직임이 잇달아 진행됨을 나타내는 법. 지향형. progressive form

진:행-상(進行相)[명]〈어학〉동사의 동작상(動作相)의 하나. 움직임이 진행중임을 나타냄.

진:행-성(進行性)[명]〈의학〉병이 정지 상태에 있지 않고 악화해 가는 성질.

진:행 성단(進行星團)[명]〈동〉성군(星群).

진:행주(進行—)[명]물을 묻혀서 쓰는 행주. 《대》 마른행주. wet dish-cloth

진:행-파(進行波)[명]〈물리〉한 방향으로 전파되어 가는 파동. 음원(音源)에서 주위로 퍼지는 음파, 진원(震源)에서 주위로 전해지는 지진파, 광원에서 나아가는 광파 등이 있음. 《대》 정상파. progressive wave

진:행-형(進行形)[명]〈어학〉동사의 동작상(動作相)의 하나인 것을 나타내는 언어 형식. 영어에서는 동사 원형에 -ing를 더하고, 국어에서는 움직임이 잇달아 진행됨을 나타냄. 먹는다·먹는 중이다·먹고 있다 등. 나아갑꼴.

진:-향(進向)[명]향하여 나아감. 하자

진-허리[명]잔허리의 우묵하게 들어간 부분.

진:-헌(進獻)[명]임금에게 예물을 드림. presentation of gifts to the king 하타

진현(進見·進現)[명]임금 앞에 나아가 뵘음. audience

진형(陣形)[명]진지의 형태. 전투의 대형.

진:-호(鎭護)[명]난리를 진압하여 나라를 지킴. safe guard of the country 하타

진:-혼(鎭魂)[명]죽은 사람의 넋을 가라앉힘. repose of souls 하타

진:혼-곡(鎭魂曲)[명]〈기독〉죽은 이를 조상하여 올리는 미사 음악. 위령곡(慰靈曲). requiem

진:혼-제(鎭魂祭)[명]〈동〉위령제(慰靈祭).

진홍(眞紅)[명]①—진흥색.

진:홍두깨[명]다듬이 축축한 물기운을 많이 하여 홍두깨에 올리는 일. 《대》 마른홍두깨.

진홍-색(眞紅色)[명]짙게 붉은 빛. 《약》 진홍(眞紅).

진:-화(進化)[명]〈생물〉생물이 외계의 영향과 내부의 발전에 따라 간단에서 복잡으로, 하등에서 고등으로, 동종에서 이종으로 진전하면서 점차 상호의 상태를 달리함을 이름. evolution ②생물에 있어서와 마찬가지로 사회도 미분화(未分化)에서 분화(分化)로, 동질(同質)에서 이질(異質)로 변하여 간다는 관념. 《대》 퇴화(退化). progress 하자

진화(珍貨)[명]진귀한 물품.

진:-화(鎭火)[명]불을 끔. 《대》 발화(發火). put out fire

진:화-론(進化論)[명]〈생물〉생물의 종류는 진화에 의하여 변화한다는 학설.

진:화-설(進化說)[명]〈동〉진화주의(進化主義).

진:화-주의(進化主義)[명]일반적으로 만물의 발생하는 사고 방식으로, 사물을 설명하려는 입장. 진화설(進化說).

진황(眞況)[명]참된 상황.

진황(陳荒地)[명]손을 안 대서 묵어 거칠어진 땅.

진효(珍肴)[명]진귀하고 맛있는 안주.

진:-후(診候)[명]〈동〉진찰(診察). 하타

진:-휼(賑恤)[명]흉년에 곤궁한 백성을 구원하여 줌. 진구(賑救). 하타

진-흙[—흑](塵—)[명]①빛깔이 붉고 차진 흙. clay ②물기가 많은 흙. 이토(泥土). 황토(黃土). mud

진흙-탕[—흑—](塵—)[명]질척질척하게 축갈이 된 흙.

진:-흥(振興)[명]떨쳐 일으킴. 성하게 됨. promotion

진:-흥책(振興策)[명]진흥시키는 방책. 하라타

진:흥-회(振興會)[명]어떤 사업이나 사회 운동 등을 진흥시키기 위한 모임.

진희(珍稀)[명]진기하고 드묾. 하형

질[공업]질그릇을 만드는 흙. clay

=질¹[접미]'노릇·이'짓'을 나타냄.¶구역~, 땜~.

=질²[접미]=질다.¶먹~않는다.

질(帙)[명]①여러 권으로 된 책의 한 벌. set of books ②책의 권수(卷數)의 차례. volume ③아래위가 더

질(秩)[명]관직·녹봉 등의 등급. 《대》 진책갑.

질(質)[명]①물건의 근본 바탕. 《대》 양(量). quality ②타고난 성질. temper

질(膣)[명]〈생리〉여자 생식기의 일부. 음문(陰門)에서 자궁(子宮)에 이르는 관(管). vagina

질겁-하다[명여]뜻밖에 몹시 놀라다. 《작》 잘겁하다. be frightened

질-그릇[명]진흙으로 구워 만든 물건의 총칭. earthen vessels

질겅-거리-다[타]질긴 물건을 연해 잘게 씹다. chew

질경이[명]〈식물〉질경이과의 다년생 풀. 잎은 뿌리에서 총생하고 난형 또는 타원형으로 6~8월에 흰이삭꽃이 핌. 뿌리가 길가에 나는데 종자는 약으로, 어린 잎은 식용·사료용으로. 부이(芣苡). 차전초(車前草). plantain

질고(疾苦)[명]〈동〉병고(病苦).

질고(疾故)[명]〈동〉병고(病故).

질고(秩高)[명]벼슬·녹봉(祿俸)이 높음. 하형

질고(質古)[명]검소하고 아주 순박함. 하형

질곡(桎梏)[명]①차꼬와 수갑. fetters ②자유를 몹시 속박함. bonds

질권[—꿘](質權)[명]〈법률〉담보 물권(物權)의 하나. 채권자가 채무자나 제삼자로부터 받은 담보물에 대해 다른 채권자에 앞서 자기가 변상(辨償)을 받을 수 있는 권리. right of pledge

질권 설정자[—꿘—쩡—](質權設定者)[명]〈법률〉자기가 판 사람의 채무를 담보하기 위하여 자기 물건을 저당물로 하여 질권자에게 제공한 사람. pledger

질권-자[—꿘—](質權者)[명]〈법률〉질권을 가지고 있는 사람. pledgee

질-그릇[명]진흙만으로 구워 만든 그릇. 잿물을 안 씌워 윤기가 없음. unglazed earthenware

질근=질근[부]①새끼·노 등을 느릿느릿하게 꼬는 모양. loosely ②질기고 물기가 있는 것을 씹는 모양. chewing ③가볍게 동여매는 모양.

질금[부]액체가 조금 쏟아지다 그치는 모양. 《작》 잘금. 《센》 찔금.

질금-거리-다[자타]연해 질금하다. 또, 연해 질금하게 하다. 질금거리다. 《센》 찔금거리다. fall off and on 질금=질금[부] 하자

질급(窒急)[명]별안간 몹시 놀라거나 겁나서 숨이 막힘. being suffocated by fear 하자

질긋=질긋[부]①끈덕지게 참고 견디는 모양. ②계속 누르거나 당기는 모양. 「(窒塞). 하자

질기(窒氣)[명]숨이 통하지 못하여 기운이 막힘.

질기-다[섬유질이 많거나 탄력성이 있어 쉽게 끊어지거나 부스러지지 아니하다. tough ②물건이나 성질이 오래 견딜 힘이 있다. durable

질기-둥이[명]①질깃질깃한 성질의 물건. tough thing ②성질이 몹시 검질긴 사람. tough guy

질-기와[명]생물을 넣어 씌워 낸 기와. 도와(陶瓦). unglazed tile 「운 속껍질.

질긴-껍질[명]〈식물〉식물체의 겉껍질 아래의 부드러

질긴-띠[명]〈생리〉관절을 단단하게 하고 또, 운동을 억제하는 작용을 하는 결체 조직의 올실의 띠.

질깃=질깃[부]①매우 질긴 모양. durable ②성질이 검질긴 모양. 《작》 잘깃잘깃. tenacious ③씹으면 차지고 질긴 집이 있는 모양. 《작》 졸깃졸깃. 《센》 찔깃찔깃. tough 하형 「somewhat tough

질깃-하-다[형여]조금 질깃 듯하다. 《작》 잘깃하다.

질나-[나팔](—喇叭)[명]질로 구워 만든 나팔. earthen trumpet

질녀(姪女)[명]〈동〉조카딸.

질-다[르타]①반죽한 것이 물기가 너무 많다. 《대》 되다. sloppy ②땅이 질척질척하다. boggy

질-돌[명]〈동〉장석(長石).

질-동이[명]질로 구워 만든 동이. earthen jar

질동이 깨뜨리고 놋동이 얻었다 ①대단찮은 것을 잃고 그보다 썩 나은 것을 가지게 되다. ②상처(喪妻) 후에 후처를 잘 두었다.

질둔(質鈍)图 ①투미하고 둔탁함. dull ②몸이 뚱뚱하여 행동이 굼뜸. slow 하다

질뚝-거리-다재 다리를 거북스럽게 몹시 뒤뚝뒤뚝 절며 걷다. 〈센〉쩔뚝거리다. **질뚝=질뚝**图 하다

질=뚝배기图 질로 구워 만든 뚝배기. earthen bowl

질뚱-발이图 길게 생긴 물건이 군데군데 깊이 패어 들어가서 우묵한 모양. 〈작〉잘뚱발뚱. 〈센〉찔뚝발뚝. 하다

질쑥-하-다[형]여 기다란 물건의 한 부분이 좀 움푹하게 패어 들어가 있다. 〈작〉잘쏙하다. 〈센〉찔쑥하다. sunken

질량(質量)图〈물리〉물체가 가진 실질의 분량. mass

질량 결손[--손](質量缺損)图〈물리〉산소의 질량을 16으로 하는 단위로 나타낸 원자량으로부터 원자핵의 질량을 뺀 것. mass deficit

질량 단위(質量單位)图〈동〉원자 질량 단위.

질량 불변의 법칙(質量不變--法則)图〈화학〉반응의 전후에 있어서 물체의 전체량은 항상 변하지 않고 일정하다는 법칙. 질량 보존의 법칙. 질량 불멸의 법칙. law of mass conservation

질량=수[--수](質量數)图〈물리〉원자핵을 구성하는 핵자의 수. 곧, 양자와 중성자 수의 합. mass number

질량 스펙트럼(質量 spectrum)图〈물리〉질량 분석기 또는 질량 분량기나 질량 분석계로 얻어지는 시료(試料)의 분석 스펙트럼.

질러가는 길이 먼 길이다쬑 빨리만 하려고 서두르면 도리어 그 반대의 결과가 되기 쉽다.

질러-가-다자 지름길로 곧장 가깝게 가다. 데 질러오다. take short cut

질러-먹-다타 미처나 익지 못한 음식을 미리 먹다. eat unripened thing [come along nearer way

질러-오-다자 지름길로 바르게 오다. 데 질러가다.

질레(gilet 프)图 양장에서, 저고리 밑에 입는 여자의 장식용 조끼.

질려(蒺藜)图〈동〉납가새.

질력(疾力)제 사물에 질리어 싫증이 나다.

질뢰(疾雷)图 몹시 심한 번개.

질료(質料)图〈철학〉형상(形相)에 대한 내용 곧, 실질. 아리스토텔레스의 근본(根本)개념. matter

질룩-질룩图 길게 생긴 물건이 여러군데가 질룩한 모양. 〈작〉잘룩잘룩. 〈센〉찔룩찔룩. 하다

질룩-하-다형여 한쪽이 조금 짧거나 또는 한 부분이 움푹하게 들어가 있다. 〈작〉잘룩하다. 〈센〉찔룩하다. shorter or sunken

질름-거리-다재 가득찬 액체가 흔들려 조금씩 넘치다. 〈작〉잘름거리다. 〈센〉찔름거리다¹. brim over

질름-거리-다타 동안이 느리게 여러 차례에 나누어서 조금씩 계속해 주다. 〈작〉잘름거리다. 〈센〉찔름거리다². **질름=질름**图 하다

질리-다재 ①놀라서 기를 못 쓰다. be amazed ②싫증이 나다. get sick of ③몹시 놀라거나 무서워 얼굴색이 변하다. change colour ④길은 길만이 한데 몰려 고무 퍼지지 못하다. be uneven ⑤값이 얼마 먹히다. cost [cked

질리-다타 내어지르거나 걸어참을 당하다. be ki-

질매(叱罵)图 몹시 질책하여 꾸짖음. 하다

질문(質問)图 모르거나 의심나는 점을 묻거나 물어서 답함. 〈예〉質疑. question 하다

질문-서(質問書)图 질문하는 글. questionnaire

질문-지(質問紙)图 연구·조사하려는 사항에 대하여 미리 준비한 질문 용지로 많은 대답을 얻어, 대상의 경향을 찾아 내는 방법.

질물(質物)图 전당 잡힌 물건. pawn [cated 하다

질박(質樸·質朴)图 꾸밈이 없이 순박함. unsophisti-

질=방구리图 질로 구워 만든 방구리.

질벅-거리-다재 흙에 물기가 많고 끈기가 있어서 잘 이겨지다. muddy **질벅=질벅**图 하다 [wealthy

질번질번-하-다형여 살림살이가 넉넉해 보이다.

질변(質辨)图 무릎 맞춤하여 밝힘. 하다

질-병(-瓶)图〈공업〉질로 만든 병.

질병(疾病)图 온갖 병(病). 건강하지 않은 이상 상태. 질환(疾患). 병(病)①. 우환(憂患). disease

질병 보험(疾病保險)图〈경제〉병에 걸렸을 때, 그 비용으로 병으로 인하여 생긴 손해를 보충하여 주는 보험의 하나. sickness insurance

질보(疾步)图 몹시 빠른 걸음.

질부(姪婦)图〈동〉조카며느리.

질비(秩卑)图 벼슬의 등급이나 봉록이 낮음. 하다

질빵图 짐을 짊어질 때에 쓰는 끈. 멜빵. sling

질사(窒死)图 숨이 막히어 죽음. death from suffocation 하다

질산[--산](窒酸)图〈화학〉초산에 유산을 넣어 가열시켜 만든 무색의 액체. 초산(硝酸). nitric acid

질산-가리[--산--](窒酸加里)图〈동〉질산칼륨(kalium). [(chile 硝石).

질산-나트륨[--산--](窒酸 natrium)图〈동〉칠레 초석

질산-섬유소[--산-----](窒酸纖維素)图〈동〉니트로셀룰로스.

질산-셀룰로오스[--산-----](窒酸 cellulose)图〈화학〉진한 질산과 황산(黃酸)과의 혼산(混酸)에 솜을 담가 시켜 무명 섬유를 잘 처리한 화합물. 초산셀룰로오스.

질산-소:다[--산--](窒酸 soda)图〈동〉칠레 초석(chile 硝石). [(soda 硝石).

질산-소듐[--산--](窒酸 sodium)图〈동〉소다 초석

질산-암모늄[--산---](窒酸 ammonium)图〈화학〉질산을 암모니아에 중화(中和)해서 얻는 무색의 결정. 초산 암모늄. [금속과의 혼합물. 초산염. nitrate

질산-염[--산-](窒酸鹽)图〈화학〉질산 중의 수소와

질산-은[--산-](窒酸銀)图〈화학〉은을 질산에 녹여 증발시켜서 뺄 낸 무색 결정물. 물에 잘 녹으며 수용액은 중성임. 초산은(硝酸銀). nitrate of silver

질산-칼륨[--산--](窒酸 kalium)图〈화학〉질산염의 하나로 무색 또는 백색·회색의 광택이 있는 투명 혹은 반투명의 결정체. 화약의 원료. 유리 제조 또는 비료 등으로 쓰임. 질산가리.

질산-칼슘[--산--](窒酸 calcium)图〈화학〉질산염의 하나. 질산을 석회와 화합시켜서 이온으로 하고 또는 칠레 초석과 염화칼슘의 복분해로도 만듦. 노르웨이 초석.

질-산반(-酸-)图 지게에 얹어 놓고 물건을 담아서 지는 [-는 상반.

질색(窒塞)图 ①몹시 싫거나 놀라서 기(氣)가 막힐 지경에 이름. ②하다 질기(窒氣). disgust 하다

질서(秩序)图 어지럽지 않은 차례. 사람이 지켜야 되는 순서. ¶교통 ~. 〈데〉혼돈(混沌). order

질서(疾徐)图 빠름과 느림.

질서(姪婿)图〈동〉조카사위.

질서-벌[--](秩序罰)图〈법률〉공법상의 의무 위반자에 대한 국가 또는 공공 단체가 제재로서 과하는 과태료의 총칭.

질서-범[--](秩序犯)图〈법률〉특정의 행정 질서를 침해한 사람. offence of public quiet

질소[-소](窒素)图〈화학〉빛·맛·냄새가 없는 기체 원소. 2원자 분자로서 공기 체적의 4/5를 차지하는 원소로 다른 원소와 화합하여 동식물체 및 조직·질산 등을 조성하며 특히 생물체에서의 동식물체를 구성하는 단백질의 불가결의 성분임. 원소 기호; N. 원자 번호; 7. 원자량; 14.0067. nitrogen

질소[-소](質素)图 ①구밈새 없이 순박함. plainness ②의식주(衣食住)를 간소하게 차림. ¶∼한 생활. 〈데〉사치(奢侈). frugalness 하다

질소 고정[-소--](窒素固定)图〈화학〉공기 속의 질소를 화합물이 되게 함. nitrogen fixation

질소 공업[-소--](窒素工業)图 공중의 질소를 화합물로서 고정시키는 공업. nitrogen industry

질소 동화 작용[-소-----](窒素同化作用)图〈식물〉식물이 외계에서 간단한 무기 질소 화합물 또는 유리(遊離) 질소를 얻어 자체에서 이를 변화하여 질

소를 포함하는 유기 화합물을 형성하는 화학적 변화 과정.

질소 비:료[-쏘-](窒素肥料)명〈화학〉질소를 많이 함유하거나, 질소만을 함유하는 비료. 깻묵 따위. nitrogenous fertilizer

질소족 원소[-쏘-](窒素族元素)명〈화학〉주기율표(週期律表)의 제5족(屬)에 속하는 원소. 곧, 질소·인(燐)·비소(砒素)·안티몬·창연(蒼鉛)의 5원소를 말한다.

질소 폭탄[-쏘-](窒素爆彈)명 수소 폭탄을 질소로

질손(姪孫)명 형제의 손자. 종손(從孫). grandson of one's brother

질솥명 질로 구워 만든 솥. 토정(土鼎). earthen kettle

질수[-쑤](疾首)명 '골치를 앓는다'는 뜻으로, 근심스러움을 이르는 말. 하자

질시[-씨](窒視)명 밉게 봄. glancing sidelong 하타

질시[-씨](嫉視)명 흘겨 봄. 시기해 봄. 하타

질식[-씩](窒息)명 ①숨이 막힘. suffocation ②생체(生體)에 있어서 산소의 부족 또는 탄산가스의 과잉으로 일어나는 일. asphyxiation 하자 느쓴 폭탄.

질식성 가스[-씽-](窒息性 gas)명 호흡을 곤란하게 하는 독가스의 총칭. 염소가스·포스겐·디포스겐 따위. asphyxiating gas

질실[-씰](質實)명 꾸밈없이 진실함. simplicity

질쑥-이뛰 질쑥하게. (작) 잘쏙이. (센) 찔쑥이.

질쑥-질쑥뛰 여러 군데가 질쑥한 모양. (작) 잘쏙잘쏙. (센) 찔쑥찔쑥. 하영

질쑥-하다혱여 길게 생긴 물건의 한 부분이 질쑥하거나 질쑥한 듯하다. (작) 잘쏙하다. (센) 찔쑥하다. narrow at one part

질아(姪兒)명 조카.

질언(疾言)명 급한 말투. 덤벙대는 말투.

질언(質言)명 ①동 언질(言質). ②딱 잘라 말함. speaking flatly 하타

질역(疾疫)명 유행병(流行病). 유행성 질환. epidemic

질염[-렴](膣炎)명〈의학〉질에 생기는 염증. vaginitis 느ous hatred 하타

질오(嫉惡)명 시새우며 몹시 미워함. 질오(疾惡). jealousy

질욕(叱辱)명 꾸짖어 욕함. reproach 하타

질우(疾雨)명 몹시 내리는 비. pouring rain

질원(疾怨)명 미워하고 원망함. hatred 하타

질의(質疑)명 의심 나는 점을 물어서 밝힘. 〔대〕응답. interrogation 느하타

질의(質議)명 옳고 그름을 물어서 의논함. discussion

질의 응:답(質疑應答)명 한편에서 묻고 질의를 받은 한편에서 해답하는 일. Answers to Questions

질입(質入)명동 입질(入質). 하타

질자(姪子)명 조카.

질-장구명〈음악〉질을 구워 장구 모양으로 만든 악기. 〔유〕토고(土鼓). clay-drum

질점(質點)명 ①〈물리〉물체간의 거리가 물체의 크기에 비하여 훨씬 더 클 경우, 그 크기를 무시하고 다만 질량(質量)만이 있다고 가상(假想)하고 그 질량 중심으로 모인 점. ②운동의 대상으로서 가장 간단한 것. materia point

질점-계[-쩜-](質點系)명〈물리〉몇 개의 질점으로 이루어지는 역학적(力學的)인 체계.

질정[-쩡](質定)명 갈피를 잡아서 작정함. reasonable decision 하타

질정[-쩡](叱正)명 꾸짖어 바로잡음. reprimand 하타

질정[-쩡](質正)명 생각하여 바로 잡음. reformation 하타 느(步緩).

질족[-쪽](疾足)명 재빠른 걸음. quick pace 〔대〕완

질족자 선득[-쪽-](疾足者先得)명 민첩한 사람이 승리를 얻는다는 말. 느per 하타

질주[-쭈](疾走)명 빠르게 달림. 쾌주(快走). scamness 하영

질증[-쯩](疾憎)명 몹시 미워함. 하타

질직[-찍](質直)명 순박하고 정직함. 성실함. frank

질:질뛰 ①바닥에 축 끌리는 모양. trailingly ②냄 기나 기름기가 지르르 흐르는 모양. 〔작〕잘잘. slimily ③주책없이 무엇을 빠뜨리거나 흘리는 모양. 〔작〕잴잴. mislayingly ④정한 날짜나 기한을 자꾸 미루어가는 모양. protractedly ⑤조금의 저항도 없이 순종하거나 굴복하는 모양. (센) 찔찔.

질:질-거리다자 ①주책없이 자꾸 이리저리 쏘다니다. 〔작〕절절거리다. remblingly ②질질 울다. (센) 찔찔거리다.

질-차관(-茶罐)명 질로 구워 만든 차관. clay kettle

질책(叱責)명 꾸짖어 나무람. rebuke 하타

질책(秩册)명 여러 권으로 된 한 벌의 책. set of books

질책(質責)명 꾸짖어서 바로잡음. censure and correction 하타 느잘착하다. squashy

질척-하다혱여 붉은 진흙 등이 차지게 질다. (작)

질축(姪蓄)명 시기하여 물리침. (작)

질커덕-거리다자 요란스럽게 질컥거리다. 〔작〕잘카닥거리다. 질커덕=질커덕 하영

질커덕-하다혱여 진흙 등이 몹시 질컥하다. (작) 잘카닥하다. sloppy

질컥-거리다자 질척질퍽한 것이 연해 진 촉감을 주다. ¶길이 몹시 ~. 〔작〕잘칵거리다. 질컥=질컥 하타 느다. (작) 잘칵하다. muddy

질컥-하다혱여 진흙 등이 매우 질퍽하다. (작) 잘컥하다.

질크러-지다자 질쭉하게 쑥 들어가다. (작) 잘크라지다. become hollow

질타(叱咤)명 ①크게 성내어 꾸짖음. scolding ②큰 소리로 지휘함. commanding 하타

질탕(佚宕·佚蕩)명 그의 방탕에 가깝도록 흠씬 노는 일. licentiousness 하타 하영 느그릇.

질=탕:관(-湯罐)명 질로 구워 만든 약탕관 따위의

질-통(-桶)명 ①물통. water pail ②〈광물〉광산에서 쓰는 멜빵삼태기나 나무통. 느disease

질통(疾痛)명 병으로 말미암은 아픔. suffering from

질통-꾼(-一)명 질통으로 광석·벼력 등의 짐을 져 나르는 사람.

질투(嫉妬·嫉妒)명 ①강샘. ②우월한 사람을 시기하여 미워함. 모질(媢嫉). jealousy ③〈기독〉칠죄종(七罪宗)의 하나. 하타

질퍼덕-거리다자 매우 질퍽거리다. 〔작〕잘파닥거리다. 질퍼덕=질퍼덕 하영 느muddy

질퍼덕-하다혱여 매우 질퍽하다. (작) 잘파닥하다.

질퍼덕-거리다자 곤죽이 된 진흙 같은 것이 연해 밟으면 부드럽게 진 촉감을 주다. (작) 잘퍽거리다. 질퍽=질퍽 하영 느다. muddy

질퍼덕-하다혱여 곤죽이 된 진흙 등이 보드럽게 질다.

질펀-하다혱여 ①넓게 열린 평평한 땅이 툭 트이다. ¶~한 들판. wide and flat ②비스듬히 앉아서 게으름을 피다. indolent ③거침없이 그득하다.

질품(質稟)명 상관(上官)에게 할 일을 여쭈어 봄. ¶~서(書). 느(迅風).

질풍(疾風)명 ①빠르고 센 바람. gale ②〈지학〉나뭇가지가 흔들릴 만큼 부는 바람. 맹풍(盲風). 신풍 느리지 않는 사람의 비유.

질풍 경초(疾風勁草)명 어떠한 곤란에도 마음이 흔들

질=풍류(一風流)명〈음악〉진흙을 구워 만든 악기의 총칭.

질풍 신뢰(疾風迅雷)명 심한 바람과 번개. 또, 그것처럼 빠르고 심함의 비유. ¶~.

-질=하:다回여듣여타 '노릇·짓을 하다'의 뜻. ¶도둑

질한(姪行)명 조카뻘.

질-항아리(-缸一)명 질로 구워 만든 항아리. earthen pot

질행(疾行)명 줄달음질쳐 감. speeding 하타

질호(叱呼)명 꾸짖음. fulmination 하타

질호(叱號)명 소리 질러 급히 부름. shout 하타

질화-강(窒化鋼)명〈화학〉특수강의 하나. 표면에 질화물의 굳은 층을 만들어 경도를 증가한 강철.

질-화:로(-火爐)명 질로 구워 만든 화로.

질화-물(窒化物)명〈화학〉질소와 다른 원소와의 화 느합물. nitride

질환(疾患)명동 질병(疾病).

질-흙[명] ①빛깔이 붉은 차진 흙. mud ②물기가 많은 흙. 이토(泥土). mire

짊-다[짐따][타] 짐을 지게에 얹다.

짊어-지-다[타] ①짐을 등에 메다. carry on one's back ②빚을 많이 지다. get into ③책임을 맡다. take

짐[명] ①지거나 실어서 나르는 물건. 하물(荷物). load ②맡아서 처리 나갈 피로운 일. burden (負) 가 되는 것. ④포장된 물품. 〔격의 단위. 부(負)〕

짐[朕][의명] 〈제도〉 세금을 매기는 기준이 되던 토지 면

짐[朕][대] 임금이 자기를 일컫던 말. Our Royal Self

짐=꾼[명] 짐을 나르는 일꾼. 담부(擔夫). 복군(卜軍). porter

짐=대[―때][명] ①〈고〉 돛대. mast ②〈불교〉 돌이나 쇠로 만들어 당(幢)을 달아 세우는 대. 당간(幢竿)

짐=바[―빠][명] 짐을 묶거나 동이는 밧줄.

짐=바리[―빠―][명] 마소로 나르는 짐. pack

짐=받이[―바지][명] 자전거 등의 뒤에 있는 짐을 얹거나 싣는 시렁 같은 물건. 〔사람. carrier

짐=방[―빵][명] 곡물 도매상에서 곡식짐을 운반하는

짐=배[명] 짐을 실어 나르는 배.

짐 벗고 요기할 날 없다[속] 너무 바빠서 무엇 먹을 틈도 없으니, 놀고 쉴 새도 없다.

짐벙-지-다[형] 신나서 멋지고 푸지다.

짐=삯[―싹][명] 짐을 나른 값으로 치르는 돈. freight charge 〔는 새.

짐:=새[鴆―][명] 중국 광동(廣東)에서 나는 독이 있

짐=수레[명] 짐을 싣는 수레. cart

짐승[명] ①온몸에 털이 있고 네 발이 달린 동물. beast ②(하) 미련하거나 야만적인 사람을 일컬음. ¶ ~ 같은 녀석. brute ③날짐승·길짐승의 총칭. animal ④해서(海棲) 동물로서, 고래·물개처럼 어류 아닌 포유 동물.

짐승-무리[명] 〈동물〉 포유(哺乳) 동물의 총칭. animals

짐승-이[―니][명] 〈곤충〉 이과의 이의 총칭. 개이·돼지이·말이·소이·염소이·쥐이 등이 있음.

짐승털-이[―리―][명] 〈곤충〉 짐승털이과의 이의 총칭. 개털이·닭털이·쇠털이 등이 있음.

짐작(←斟酌)[명] 어림쳐서 헤아림. conjecture 하다

짐=장[명] 〈고〉 짐짓.

짐=장수[명] 물건을 손에 들거나 지고 다니면서 파는 장수. peddler

짐=질[명] 짐을 져 나르는 일. carrying loads 하다

짐짐-하다[형] ①음식이 아무 맛이 없고 찝찔하기만 하다. salty and untasty ②마음에 약간 꺼림하다. weighing on one's mind

짐짓[부] ①일부러. ¶ ~ 못난 체하다. on purpose ②과연. ¶ 그는 연행이 ~ 바르다. deliberately

짐=짝[명] 묶어 놓은 짐의 덩이.

짐=팔이[명] 짐을 날라 주며 파는 품팔이. carrying things for hire

집¹[명] ①사람이 거처하는 건물. 실(室). 실가(室家). house ②동물의 보금자리. nest ③호주를 중심으로 이루어진 겨레붙이의 한 떼. 가정(家庭). 가족. family ④물건을 담거나 끼워 두는 것. 케이스. case ⑤바둑판의 돌로 둘러싸인 빈 칸.

집²[명] 아내 또는 남편을 가리킴. 〔원〕 집사람. my wife (husband)

=집[접] 남의 집안에서 출가한 손아래 여자를 시집의 성(姓) 밑에 붙여 그 집 사람임을 나타내어 부르는 말. ②남의 부인의 친정 택에 대하여 그 출신 지명의 아래에 붙여 쓰는 말. ¶ 부산~.

집(−輯)[명] ¶ 수필 ~. collection

집(集)[명] 시가(詩歌)·문장·그림 등을 모아서 된 책.

집(輯)[의명] 시가·문장 등을 엮어 낸 몇 차례의 책의 단위를 나타내는 말. ¶ 세 ~의 계간지.

집가=거미[명] 〈동물〉 가게거미과의 거미. 몸 길이 10~13mm. 회색에 청흑색의 줄무늬가 있음. 주로, 집의 구석진 곳에 집을 짓고 삶.

집가시-대-다[민속] 관을 내보낸 초상집에서 집안의 악한 기운을 물리친다는 뜻으로 무당굿을 하다.

집=가심[명] 집가시는 일. 하다

집=가축[명] 집을 잘 거두는 일. 하다

집-갯지렁이[명] 〈동물〉 지렁이의 하나. 몸 길이 40 cm 가량, 빛은 갈색임. 해변의 모래땅에서 해조·모래 알·조가비·나뭇잎 등으로 집을 짓고 삶. 낚시 미끼

집게[명] 물건을 집는 데 쓰는 연장. tongs 〔로 씀.

집게-게[명] 〈동물〉 잔나비게과의 게. 등딱지 길이 3 cm, 폭은 3.7 cm 가량임. 깊이 3~10 cm 가량의 진흙 모래속에 삶.

집게-발[명] 게나 가재의 집게처럼 생긴 큰 발. chela

집게-발톱[명] 집게발 끝의 집게처럼 생긴 발톱.

집게-벌레[명] 〈곤충〉 등г가슴집게벌레과의 벌레의 총칭. 몸 길이 20~25 mm 내외로 몸 빛은 밤색에 담황색이고 3쌍의 발이 있음. 부엌 바닥·돌밑·그외 썩은 식물질의 밑에 서식함. earwig

집게-뺨[명] 엄지손가락과 집게손가락을 벌린 사이의 길이. 약뼘.

집게-손가락[―까―][명] 엄지손가락의 다음 손가락. 식지(食指). 검지(檢指). 염지(鹽指). forefinger

집결(集結)[명] 한 곳으로 모임. 또는 모음. 《대》 산개 (散開). concentration 하다

집계(集計)[명] 한데로 모은 통계. total 하다

집고[명] 추상적으로 '틀림없이·반드시'의 뜻을 나타냄. ¶ ~ 그럴 사람이 아니다. surely

집과 계집은 가꾸미 탓[속] 집도 가꾸면 훌륭해진다.

집광(集光)[명] 빛을 한 곳에 모음. 하다

집광-경(集光鏡)[명] 〈물리〉 빛의 반사를 이용하여 빛을 모을 목적으로 쓰이는 거울. 집광기(集光器). condenser

집광-기(集光器)[명] 〈동〉 집광경(集光鏡).

집괴:이[명] ①집에서 기르는 고양이. 《대》 살쾡이.

집괴(集塊)[명] 덩어리. 뭉치.

집-구석(―俗)[속] 집 속. in the house

집권(執權)[명] ①정권(政權)을 잡음. ②권력을 가짐. 《대》 분권(分權). grasping political power 하다

집권(集權)[명] 모든 권력을 일부에서만 몰아서 가짐. 《대》 분권(分權). centralization of power 하다

집권-당(執權黨)[명] 정권을 장악한 정당이나 무리. 여

집권-자(執權者)[명] 정권을 장악한 사람. 〔당(興黨).

집구(集句)[명] 옛 사람의 글귀를 모아서 한 구의 시를 만듦. 또, 그러한 시. collection of poems 하다

집금(集金)[명] 돈을 받아 모음. 또, 그 돈. collection of money 하다

집금-원(集金員)[명] 〈동〉 수금원(收金員).

집기(執記)[명] 〈제도〉 논밭의 자호(字號)·결(結)·두락(斗落)·작인(作人) 들을 적은 장부.

집-나-다[자] ①팔 집이 생겨나다. house is put on sale ②바둑에서, 집이 생기다.

집-내-다[타] ①거처하던 집을 비워 내놓다. clear house ②바둑에서, 집을 만들다.

집념(執念)[명] ①달라붙어 뗄 수 없는 생각. tenacity of purpose ②한 사물에만 정신을 쏟음. concentrat-

집니르-다[다][타] 짐을 살찌다. 〔ion of mind 하다

집-다[타] ①손으로 물건을 잡다. pick ②사이에 물건을 끼워서 잡다. pinch ③줍다. 주워 가지다. pick ④지목하여 가리키다. ¶ 누구라고 집어서 말하다. point out ⑤집어서 먹음을 점잖게 이름. ¶ 안주라도 집게. eat with fingers

집단(集團)[명] ①모여서 이룬 떼. 단체. group ②개인이 모여서 이룬 단체. 《대》 생활(生活).

집단 검:진(集團檢診)[명] 학교·회사·공장 등에서 많은 인원이 한꺼번에 하는 건강 진단. 주로 결핵의 조기 발견을 위해서 함.

집단 농장(集團農場)[명] 농토나 농사(農舍) 등을 한 곳에 모으고 모든 설비를 갖추어 경영하는 대규모의 농장. collective farm

집단 방위(集團防衛)[명] 여러 나라가 협력하여 방위 기구를 만들어 안전 보장을 꾀하는 일. 나토(NA-

집단=범(集團犯)[명] 집합적 범죄.
집단 본능(集團本能)〈심리〉외따로 떨어져 있기를 꺼리고 여럿이 함께 모여서 사회적인 생활을 하여는 본능. 군거 본능. group instinct
집단 심리학(集團心理學)〈심리〉집단 심리를 연구하는 학문. 때로는 사회 심리학과 같은 뜻으로도 쓰임.
집단 안전 보:장(集團安全保障)[명] 나라의 안전을 여러 나라가 공동으로 보장하는 일. collective security
집단=어(集團語)[명] ①국가를 이루고 있지 않았거나 국가를 잃은 민족의 언어. ②국가를 배경으로 하는 국어에 대하여 어떤 지방이나 사회에서만 쓰이는 언어.
집단 역학[-녁-](集團力學)[명]〈동〉그룹 다이나믹스.
집단 요법[-뻡](集團療法)[명] 심리적 부적응 상태에 있는 사람들을 작은 집단 안에 넣어 집단 활동을 시킴으로써 치료하는 방법. group therapy
집단 의:식(集團意識)[명] 집단을 이루는 각 사람에 공통되어 개인을 초월하여 이를 규제(規制)하는 힘을 가진 의식. 사회 의식. group consciousness
집단적 자위권[-꿘](集團的自衛權)[명]〈약〉〈조약국(條約國)〉중 한 나라가 공격을 받았을 때에 조약국이 모두 함께 대항하여 싸우는 자위권. right of collective self-defence
집단 지도(集團指導)[명] ①집단에 의해서 또는 집단을 통해서 하는 지도. 【대】 개인 지도. 개별 지도. ②정당 등에서, 당내의 민주주의를 보증하기 위하여 간부의 집단적 합의에 의해서 하는 지도.
집단 표상(集團表象)[명] 사회에 바탕을 둔 지적·감정적 표상. 사조(思潮)·신앙·학문 따위의 집합 표상. 【대】 개인 표상. collective representation
집단 학습(集團學習)[명] 공동으로 하는 학습을 개별학습에 대하여 이르는 말.
집단=혼(集團婚)[명]〈동〉군혼(群婚).
집단 히스테리(集團 Hysterie 도)[명] 심리적 감염의 하나. 집단 성원이 이상한 보도로 감염하여 일어나는 일. 사교(邪敎)의 광신자 따위.
집달(執達)[명] 상의(上意)를 받아서 일을 집행함. 하타
집달리(執達吏)[명]〈법률〉지방 법원에 배치되어 송달 및 강제 집행에 관한 처분을 허하는 공무원. bailiff
집=대:성(集大成)[명] 여럿을 모아 하나로 크게 완성함. 또, 그 완성된 것. ¶가요의 ～. compilation 하타
집도(執刀)[명] ①칼을 잡음. holding knife ②외과 수술을 하기 위하여 메스를 손에 쥠. clinic operation 하타
집도 절도 없다[관] 거처하는 집이나 재산도 없이 여기
집=돼:지[명] 집에서 기르는 돼지. 【대】 산돼지. pig
집=뒤짐[명] 잃어버린 사람을 찾기 위해 남의 집을 뒤지는 일. domiciliary search 하타
집=들이[명] ①새로운 집에 이사하여 듦. ②이사한 후에 음식을 장만하여 이웃과 친구를 청하여 대접하는 일. 하타 [술. ②예식을 집행함.
집례(執禮)[명]〈제도〉제향(祭享) 때에 두먼 임시 벼
집로(執櫓)[명]〈음악〉선유락(船遊樂)에서 노를 젓는 기생. compilation of records 하타
집록(輯錄·集錄)[명] 모아서 기록함.
집류(執留)[명] 공금(公金)을 축낸 사람의 재산을 거둬
집=메주[명] 집에서 쑨 메주. 들임. 하타
집=모기[명]〈곤충〉집에 많이 모여드는 보통의 모기. 모두 야간 흡혈성이고 주털 사상충(住血絲狀蟲)의 중간 숙주. 이 매개 곤충임.
집목(楫睦)[명]〈화목(和睦)〉. 하타
집무(執務)[명] 사무를 맡아봄. business 하타

집무 편람(執務便覽)[명] 사무 담당자의 편의를 위하여 만든 사무 분장의 규정, 분과(分課) 분장의 규정 등 일반적·특수적 규정을 적은 책.
집=문서(一文書)[명] 집을 매매하는 문서. 가권(家券). 가계(家契). house deed
집물(什物)[명] 살림에 쓰는 기구. 집기(什器). furniture
집=박:쥐[명]〈동물〉박쥐의 하나. 인가 부근에서 혼한 박쥐로 앞날로 편 날개 길이는 약 3.1∼3.4 cm, 몸빛은 대개 상면은 암갈색에 털끝은 담황갈색, 하면은 회갈색임. 나비·쌍시류(雙翅類) 등을 잡아먹
집배(執杯)[명] 술잔을 듦. drinking 하타
집배(集配)[명] 한 곳으로 모아서 배달해 줌. ¶우편물 ～. collection and delivery 하타 [(執黑).
집백(執白)[명] 바둑에서 백(白)을 잡고 둠. 【대】 집흑
집법(執法)[명] 법령을 준행(遵行)함. 하타
집복(執卜)[명]〈제도〉벼슬아치가 농사의 풍흉을 현장에서 조사하여 세액(稅額)을 매기던 일. 하타
집복(集福)[명] 복력을 불러 모음. 하타
집부(集部)[명] 중국 서적의 사부(四部)의 하나. 모든 문집·시집 등이 이에 속함.
집비두리[명]〈고〉집비둘기.
집=비둘기[명] 집에서 기르는 비둘기.
집사(執事)[명] ①고용되어 그 집안일을 맡아보는 사람. steward ②〈기독〉장로교회의 교직의 하나. deacon ③〈공〉귀인. ④〈공〉장교(將校). ⑤높은 이에게 보내는 편지 겉봉에 '시하인(侍下人)'의 뜻으로 씀. 못 붙이는 사람.
집사²(執事)[인대]〈공〉노형(老兄)은 지나고 존장(尊長)
집사=관(執事官)[명]〈제도〉나라의 의식을 진행시키던 관원.
집=사:람[명] 자기 아내를 이르는 말. my wife [람.
집사=자(執事者)[명] 어느 일을 주장하고 처리하는 사
집산(集散)[명] 한 곳으로 모여들과 거기서 흩어져 나감. collection and distribution 하타
집산=주의(集産主義)[명] 생산의 요건인 토지와 자본의 개인 소유를 금하고 이를 국가 소유로 하는 경제 조직. collectivism
집산지(集散地)[명] 산물이 집산하는 곳. [하타
집상(執喪)[명] 부모의 거상(居喪) 중에 예절을 지킴.
집성(集成)[명] 여럿을 모아서 하나로 완성함. collection 하타 [세(貰實). houserent
집=세(一貫)[명] 남의 집을 얻어 있으면서 내는 돈. 가
집소 성대(集小成大)[명] 작은 것들을 모아서 큰 것을 이룸. Many drops make shower 하타
집=속[명] 집의 내부. 집안. [음. 하타
집속(執束)[명] 추수 때에 곡식의 묶음수를 세어서 적
집수(執手)[명] 남의 손을 잡음. 하타
집시(Gipsy)[명] ①인도 아리안(Aryan) 인종의 하나. ②각지에 표박(漂泊)하여 음악·말장수·점치기 등으로 생계를 유지하는 사람을 가리킴. 보헤미안(Bohemian). [ion
집심(執心)[명] 단단하게 한 곳으로 먹은 마음. devot-
집=안[명] ①가까운 살붙이. family ②〈동〉집속. ③〈동〉가정(家庭).
집안=간(一間)[명] 가까운 살붙이의 겨레 사이. family
집안 닭달[명] 집속을 깨끗이 치우는 일. cleaning house 하타
집안 사:람[一싸一][명] ①남의 앞에서 자기 아내를 일컬음. my wife ②같은 집안이 되는 살붙이를 남에게 대하여 이르는 말. one's folks
집안 심:부름[명] 집 안에서의 잔심부름. 하타
집안 싸:움[명] ①가족끼리 하는 싸움. family trouble ②한 조직이나 단체 자체의 싸움. household disturbance
집안이 망하려면 맏며느리가 수염이 난다[속] 집안 운수가 나쁘면 별별 탈이 생긴다.
집안이 망하면 집터 잡은 사람만 탄한다[속] 잘못된 일을 남의 탓으로만 돌린다.

집안이 화합하려면 베갯밑 송사는 듣지 않는다[속] 집안 어른이 부녀자의 잔소리를 듣고 그대로 행동하면 집안이 불화하게 된다.
집안=일[—닐][명] ①집에서 하는 일. domestic duties ②개인의 집안의 사사로운 일. 집일. household affairs
집=알이[명] 새로 짓거나 이사간 집을 구경 겸 인사로 「방문하는 일. **하**[자]
집약(集約)[명] 하나로 모아 뭉뚱그림. intensive **하**[타]
집약 농업(集約農業)[명] 〈농업〉 일정한 토지 면적에 대하여 비교적 많은 밑천을 들여서 수확을 많게 하는 농업. 《대》 조방(粗放) 농업. intensive agriculture
집약=적(集約的)[관][명] 집중적으로 한곳에 모아서 뭉뚱그리는(것).
집어=등(集魚燈)[명] 밤에 하는 고기잡이에 쓰는 등불. fish-luring light 「pinch
집어=뜯-다[타] ①집어서 뜯어 내다. ②꼬집어 뜯다.
집어=먹-다[타] ①집어서 먹다. eat with one's fingers ②남의 것을 가로채어 제 것으로 만들다. usurp
집어=삼키-다[타] ①입에 집어 넣고 삼키다. ¶집어삼킬 듯이 대들다. swallow ②슬쩍 남의 것을 가로채어 제 것으로 만들다. usurp
집어삼킬 듯이 보다[속] 몹시 미워서 노려보다.
집어=세ː-다[타] ①주책없이 함부로 먹다. eat greedily ②여지없이 해내다. 닦달하다. urge ③남의 것을 마음대로 가지다. embezzle
집어=치우-다[타] 하던 일을 그만두다. stop
집에서 새는 쪽박 들에 가도 샌다[속] 본성이 나쁜 것은 어디를 가나 좋아질 수 없다.
집역(執役)[명] 국민이 공역(公役)을 치름. **하**[자]
집영(集英)[명] 인재를 모음. 또, 모인 인재. **하**[자]
집=오ː리[명] 〈조류〉 오리과의 오리의 하나. 야생의 물오리를 길들인 것으로 물오리보다 좀 비대함. 발가락사이에 물갈퀴가 발달했으며 물속에 잘 들어감. 서부(舒鳧). duck
집요(執拗)[명] ①자기 의견을 우겨대는 고집이 매우 셈. obstinacy ②추근추근하게 끈질김. tenaciousness **하**[형]
집요(輯要)[명] 요점(要點)만을 모음. **하**[자]
집을 사면 이웃을 본다[속] 집을 살 때는 무엇보다도 그 환경을 보고 사라.
집음=기(集音機)[명] 약한 음을 녹음이나 방송하려 할 때, 소리를 모아 크게 하는 장치. 「[자]
집의(執意)[명] 의견을 고집하여 우겨댐. obstinacy **하**
집의(執義)[명] 정의(正義)를 지켜서 고집함. sticking ⌊to justice **하**[자]
집=일[—닐][명] 《동》 집안일.
집=임ː자[—님—][명] 《동》 집주인②.
집=장(—醬)[명] 밀기울과 콩을 불려서 찧은 뒤에 누룩가루와 물을 섞고 소금을 타서 만든 고추장 비슷한 음식. 「사령.
집장 사ː령(執杖使令)[명] 〈제도〉 장형(杖刑)을 행하던
집재(輯載)[명] 편집을 하여 기재함. compilation and publication **하**[타] 「**하**[자][타]
집적(集積)[명] 모여 쌓임. 모아서 쌓음. accumulation
집적=거리-다[타] ①아무 일에나 손을 함부로 대다. has finger (in) ②주책없이 남의 일에 참견하다. meddle with ③말로나 행동으로 공연히 남을 건드리다. tease **집적=집적**[부] **하**[타]
집적 회로(集積回路)[명] 〈물리〉 여러 회로의 성분이 한 개의 작은 판에 떨어질 수 없는 상태로 결합해 있는 초소형 구조(超小型構造). integrated circuit
집정(執政)[명] ①정무(政務)를 잡음. 또, 그 관직·사람. administration ②〈제도〉 프랑스 제일 공화정 시대의 최고의 정무관. **하**[자]
집정=관(執政官)[명] ①국정을 잡은 관원. ②〈제도〉 로마 공화정의 최고 정무관. 정원 3명, 임기 1년.
집정=자(執政者)[명] 정권을 잡고 정치를 하는 사람.
집조(執租)[명] 《동》 잡을도조(賭租).
집조(執照)[명] 〈제도〉 외국인에게 내어주던 여행권.
집주(集注)[명] ①한 곳으로 모음. collection ②한 곳에 힘을 쏟음. concentration **하**[자][타]
집주(集註·集注)[명] 여러 가지의 주석(註釋)을 한데 모은 것. variorum edition 「house broker
집=주릅[명] 집의 매매를 거간하는 사람. 가쾌(家儈).
집=주인(—主人)[명] ①한 가정을 주관하는 사람. 호주(戶主). 세대주. householder ②집을 소유한 임자. 집임자. house-owner 「제관.
집준(執樽)[명] 제향(祭享) 때 준뢰(樽罍)를 맡아보던
집중(執中)[명] 어느 쪽에도 치우침이 없이 정당한 도리를 취함. maintaining just medium **하**[자]
집중(集中)[명] ①한 곳으로 쏠려 모임. concentration ②힘이나 주의 등을 한 곳에 모음. 《대》 분산(分散). **하**[자][타]
집중 공ː격(集中攻擊)[명] 하나의 대상물에 여러 방향에서 집중적으로 하는 공격. **하**[자]
집중 사격(集中射擊)[명] 한 목표물이나 특정 지역에 모든 화력을 집중하여 사격하는 일. burst **하**[자]
집중 생산(集中生産)[명] 생산 능률을 올리고 제품의 원가를 내리기 위하여 능률이 좋은 설비나 생산자에게 생산을 집중시키는 일. integrated production
집중=적(集中的)[관][명] 한 곳을 중심으로 모이거나 모인(것). ¶~ 으로 물어보다.
집중 호우(集中豪雨)[명] 장마가 끝날 때나 태풍기 등에 많은 국지성(局地性)의 호우.
집=쥐[명] ①쥐과에 속하는 쥐의 하나. ②집에 주로 서식하는 쥐의 총칭. rat
집증(執症·執證)[명] 〈한의〉 병의 증세를 진찰하여 알아 냄. diagnosis **하**[자]
집지(執贄·執質)[명] ①제자가 예폐(禮幣)를 갖고 스승을 처음 뵙고 경의(敬意)를 표함. ②품행을 삼가할 것을 약속하고 제자가 됨을 이르는 말. serving one's pupilage **하**[자]
집=지기[명] 집을 지키는 사람. house-keeper
집지시[명] 《고》 집짓기.
집진(集塵)[명] 쓰레기를 한 곳에 모음.
집=집[명] 모든 집. 집마다. 이집저집. at every house
집착(執捉)[명] 죄인을 체포함. arrest **하**[타] ⌊**이**[부]
집착(執着)[명] 마음에 새겨 두고 잊지 아니함. attachment **하**[자] 「표. 《대》 출찰(出札). **하**[자]
집찰(集札)[명] 열차에서 내리는 사람의 표를 모음. 집
집=채[명] 집의 한 덩이. house 「use **집채=같이**[부]
집채=같-다[형] 집더미같이 매우 크다. as large as ho-
집철(輯綴)[명] 모아서 철함. 또, 그 철한 책. **하**[타]
집촌(集村)[명] 집과 집터가 밀집(密集)된 형태를 이룬 마을. 《대》 산촌(散村).
집총(執銃)[명] 총을 쥐거나 가짐. ¶~ 훈련. **하**[자]
집=치레[명] 집 모양을 내는 일. **하**[자] 「는 일. **하**[자]
집=치장(—治粧)[명] 집을 손질하여 보기 좋게 잘 꾸미
집탈(執頉)[명] 남의 허물을 꼬집어 내어 탈잡음. **하**[타]
집=터[명] ①집이 앉은 자리. 택지(宅地). lot ②집이 있던 자리. ruins of house ③집지을 땅. site for house 「house
집=터서리[명] 집의 바깥 주변(周邊). surroundings of
집=토끼[명] 집에서 기르는 토끼. 야생 토끼를 인위적으로 집에서 길러 낸 변종임.
집=파ː리[명] 〈곤충〉 집파리과의 파리의 하나. 몸 길이 6~8 mm 내외로 몸 빛은 대흑색에 흉배(胸背)에는 황회색 또는 회색의 종대(縱帶)가 있음. 여름에 번성하여 음식물에 꾀고 각종 전염병을 매개함. 가승(家蠅). fly 「찍으로 길을 터 길잡이를 하던 사람.
집편지=사(執鞭之士)[명] 귀인(貴人)이 나다닐 때, 채
집표(集標)[명] 《동》 집찰(集札). **하**[자]
집필(執筆)[명] ①붓을 들어 글을 씀. writing ②땅문서·집문서 등을 쓴 사람. writer **하**[자]
집하(集荷)[명] 각지에서 여러 가지 산물이 시장 등으로 모임. 또, 그 하물(荷物). collection of goods **하**[자]
집합(集合)[명] ①한 곳으로 모임. gathering ②한 곳으로 모음. 《대》 해산(解散). 이산(離散). ③〈수학〉

집합 범위가 확정된 것의 모임. concurrence
집합(集合)명 주워 모아서 합함. 하다
집합=과(集合果)명 두 개 이상의 암술을 가지고 있는 꽃에 생긴 열매. 오디·딸기 따위의 열매. collective fruit
집합=론(集合論)명〈수학〉집합 특히 무한(無限) 집합에 대해 연구하는 수학의 한 분야.
집합=명사(集合名詞)명〈어학〉일이나 물건의 같은 종류의 것이 여럿이 모여 있는 전체를 나타내는 명사. 곧, 가족·함대·조사단 등의 모임일새. 중다 명사(衆多名詞). collective noun
집합=범(集合犯)명〈법〉집합적 범죄.
집합=부(集合符)명〈어학〉여러 개의 낱말이나 글월을 하나로 묶음을 나타내는 부호. 묶음표. bracket ②두 개 이상의 단어들을 잇댈 적에, 그 사이에 다 짧은 가로 줄을 찍어서 잇달림을 나타내는 부호. 집합부. hyphen
집합적 범:죄(集合的犯罪)〈법률〉내란죄·소요죄(騷擾罪) 따위와 같이 여러 사람이 모여 외부적(外部的) 공동 목적을 이루려고 협동하여 저지를 필요적 공범의 한 형식. 집단범. 집합범.
집합=체(集合體)명 많은 것들이 모여서 이루어진 물체.
집해(集解)명〈책〉해석을 각가지 모은 책.
집행(執行)명 ①실제로 일을 잡아서 행함. execution ②〈법〉법률·명령·재판·처분 등의 내용을 현실로 구체화하는 일. ─방해죄(妨害罪). performance ③〈약〉─강제 집행. 하다
집행=권(執行權)[─꿘](執行權)명〈법률〉법률을 집행하는 국가 통치권의 권능(權能). 행정권. executive power 강제 집행하는 권한. right of execution
집행 기관(執行機關)명 ①어떠한 사무를 집행하기 위하여 설치한 기관. ②강제 집행의 기관.《대》의결(議決) 기관. executive organ
집행=력(執行力)명 ①일을 집행하는 능력. ②〈법률〉판결에 따라 강제 집행할 수 있는 효력.
집행 명:령(執行命令)명〈법률〉①법령(法令)을 집행하기 위하여 필요한 사항을 규정할 목적으로 내리는 명령. ②법원이 지불 명령에 붙이는 가집행(假執行)의 명령. order of execution
집행=문(執行文)명〈법률〉법원의 서기관 또는 공증인이 작성하는 서면으로, 채무 명의(名義)에 집행력이 있음을 증명하는 서면. execution clause
집행=벌(執行罰)명〈법률〉어떠한 부작위 의무(不作爲義務)나 작위의 이행을 강제할 목적으로 과하는 강제벌(強制罰). executive crimes
집행 법원(執行法院)명〈법률〉집행 행위를 하거나 또는 그를 돕는 법원. court of execution
집행=부(執行部)명 정당이나 노동 조합 등의 단체에서 의결 기관의 결정을 집행하는 책임을 맡은 부문. 집행 위원회 따위.
집행 위원회(執行委員會)명 정당(政黨) 또는 어떠한 단체의 사무를 집행하기 위하여 뽑은 위원으로 조직된 기관. executive committee
집행 유예(執行猶豫)[─뉴─](執行猶豫)명〈법률〉유죄 판결(有罪判決)을 받은 사람에게 어떠한 조건에 의하여 형(刑)의 집행을 유예함. stay of execution
집행 처:분(執行處分)명〈법률〉①법령을 정한 곳으로부터 집행하는 행정 처분. ②강제 집행에 대한 처분. executive measure
집행 행위(執行行爲)명〈법률〉강제 집행의 목적을 달성하기 위하여 집행 기관이 채무자나 기타 제삼자에게 강제력을 행사하여 일정한 법률상의 효과를 발생시키려고 행하는 행위. 압류 따위의 행위.
집현=전(集賢殿)명〈제도〉조선조 초에 경서(經書)·전고(典故)·진강(進講) 등에 관한 사무를 맡아보던 관청.
집형(執刑)명 형을 집행함. execution of sentence 하다
집화(集貨)명 화물이나 상품이 모여듦. 화물이나 상품을 모음. 또, 그 화물이나 상품. 하다
집회(集會)명 ①여러 사람의 모임. ¶─소(所). ②특정한 공동 목적을 위해 하는 다수인의 일시적인 회합. (대) 산회(散會). meeting 하다
집회=란(集會欄)명 집회에 관한 기사를 싣는 신문의 한 난. meeting advertisement
집회=장(集會場)명 집회하는 장소. meeting place
집흑(執黑)명 바둑에서 흑(黑)을 잡고 둠. (대) 집백
집히─다[─피](執白)명 집음을 당하다. be taken
짓¹명 몸을 놀리는 일. 일을 하는 노릇. ¶눈─. 몸─. action
짓²[짇] 몸 위에 붙어서 '함부로'·'마구'의 뜻을 나타냄.
짓³(고) 깃².
짓⁴(고) 짓¹(羽).
짓:─개:─다[─다] 짓이기다시피 마구 개다.
짓:─거리명 흥(興)에 겨워서 하는 노릇. act in the excess of mirth 하다
짓:고─땡명 제 뜻에 맞게 일이 잘됨을 이름.
짓:고─땡이명 →짓고땡.
짓:─궂다[─따] 불행한 일을 거듭 당하다. suffer succession of misfortune
짓:─궂다[─따] 남을 일부러 괴롭혀 곰살갑지 않다. ill-nature 짓:이─굳다
짓:글히─다[─따] 지겹다.
짓:─나─다 흥(興)에 겨워 멋을 부리다. cheer up
짓:─내─다 흥에 겨워 마음껏 기분을 내는 행동을 하다.
짓:─널─다[─널따] 함부로 마구 널다.
짓:─누르─다[르] 마구 누르다. 함부로 누르다. press
짓:─눌리─다[눌림] 짓누름을 당하다.
짓:─다[짇](ㅅ불) ①만들어 이루다. make ②건축하다. build ③창작하다. compose ④표정을 나타내다. express ⑤약을 제조하다. compound ⑥요리를 마련하다. prepare ⑦화장하거나 거짓 꾸미다. make up ⑧죄를 범하다. commit ⑨명명(命名)하다. name ⑩흐느껴 울다. be moved to tear ⑪농사를 하다. raise
짓:─다[─따](ㅅ불) '지우다'의 에스러운 말. miscarry
짓:─다[─따](고) 짓다.
짓:─두들기─다[─따] 마구 두들기다. beat up
짓:─둥이명 몸을 놀리는 모양. behaviour
짓:─마─다[─따] ①짓이기다시피 마구 부스러뜨리다. break into pieces ②흠씬 두들기다.
짓:─먹─다[─따] 마구 먹다. 너무 많이 먹다. eat one's fill
짓:─무르─다[르] 살이 상하여 문드러지다. become blistered
짓:무르─다[─따] 짓이기다시피 마구 짜이다.
짓:─밟─다[─밥─] 짓이기다시피 마구 밟다. trample under foot
짓:─밟히─다[─피] 짓밟음을 당하다.
짓:─소리명〈불교〉부처에게 재(齋)를 올릴 때 불법·게송(偈頌)을 길게 읊는 소리.
짓:─시늉명〈동〉의태(擬態).
짓:시늉─말명〈동〉의태어.
짓:─씹─다[─따] 매우 잘게 씹다. crunch
짓:─옷[짇─]명 새로 지어서 한 번도 빨지 아니한 진솔옷. new dress
짓:─이기─다[─니─] 썩 잘게 이기다. 함부로 이기다. mash
짓:─적:─다[─따] 부끄럽다. 면목이 없다. shameful
짓짓:─이명 하는 짓마다. every act
짓:─찧다 아주 세게 여러 차례 찧다. pound hard
짓:─치─다 마구 마구치다. strike recklessly
징¹명 신의 가죽 창 아래에 박는 쇠로 된 못. hobnail
징²〈음악〉놋쇠로 대야같이 만든 악기의 하나. 금(金). 대금(大金). 동라(銅羅). gong
징거─두다 ①옷이 해지지 않게 하느라고 듬성듬성 꿰매어 두다. 징거매다. tack ②할 일을 미리 마련하여 두다.
징거─매:─다[─따] 징거두다①. [하여 두다. prepare
징거미명〈동물〉새우 종류의 하나. 모양이 새우와 같으며 몸이 그보다 크고 검푸른 색을 띰. 민물에 서식함.
징건하─다혱여 먹은 것이 잘 삭지 아니하여 속에

징걸이 그득한 느낌이 있다. feel heavy on stomach
징=걸이圈 징을 박을 때 신을 엎어서 끼우는 제구. shoemaker's stand
징검-다리圈 개울에 돌팍이나 혹은 흙무미를 드문드문 띄어 놓아 그것을 디디고 건너게 된 다리. stepping-stones
징검=돌[―똘]圈 ①징검다리로 놓은 돌. stepping stones ②땅바닥에 띄엄띄엄 깔아 놓아, 진 날 디디고 다니게 한 돌.
징검=징검圈 ①드문드문 꿰매는 모양.《센》찡검찡검. with large stitches ②발을 멀리 떼어 놓으며 걷는 모양. with long strides
징경이〈鳥類〉징경이과의 새. 부리는 길고 갈고리 모양이며 발가락도 크고 날카로움. 머리는 희고 암갈색이며 등허리는 흰색 가는 갈색 반점이 있음. 강·호수·바다에서 물고기를 먹고 서식함.
징계(懲戒)圈 허물을 뉘우치도록 경계함. discipline ②〈법률〉공무원이 의무를 위반하였을 때 내리는 처벌. disciplinary punishment ③부정·부당한 행위에 대해 제재를 가함. 책망.
징계=벌(懲戒罰)圈〈법률〉징계로서 과하는 처벌. disciplinary punishment
징계 사:범(懲戒事犯)圈〈법률〉징계를 받아야 할 범행. 또, 그런 범인.
징계 위원회(懲戒委員會)圈 공무원의 징계를 토의 결정하는 위원회.
징계 처:분(懲戒處分)圈〈법률〉일반 공무원에 대한 면직·정직·감봉·견책(譴責)·과료 따위의 징계로서 행하여지는 처분. disciplinary measure
징고이즘(jingoism)圈 ①주전론(主戰論). ②침략주의. ③강경한 외교 정책.   [徵]. exaction 하타
징구(徵求)圈 돈·곡식 따위를 달라고 요구함.
징그-다[으로]圈 ①큰 옷을 줄일 때 군데군데를 접어만 놓고 듬성듬성 호다. tack ②옷이 해지지 않게 하느라고 듬성듬성 꿰매다.
징그럽-다[―따]圈 ①소름이 끼치도록 흉하다. ②보기에 불쾌하도록 흉하고 더럽다.《작》쟁그랍다. disgusting
징글-맞다[―맏따]圈 매우 징글징글하다.
징글징글-하다[―따]圈圈 생각만해도 몹시 징그러운 느낌이 날 만큼 흉하다.《작》쟁글쟁글하다. gruesome
징납(徵納)圈〈제도〉수령(守令)이 세금을 거두어서 나라에 바치던 일. 하타
징니-연(澄泥硯)圈〈공업〉고운 흙으로 구워서 만든 벼루.
징담(澄潭)圈 물이 맑은 곳. clear pond
징두리〈건물〉집채의 안팎 언저리의 밑둥. lower part of house
징모(徵募)圈 불러서 모음. 징집(徵集)②. enlistment
징미(―米)圈 젖은 쌀.   하타
징발(徵發)圈 ①물품을 강제로 거둠. forage ②강제적으로 끌어냄. requisition ③전시(戰時)에 인마(人馬)나 군용품을 모아 거둠. pressing into service
징벌=령(懲發令)圈〈법률〉징발하는 명령. 하타
징벌(懲罰)圈 ①뒷일을 경계하는 뜻으로 벌을 줌. discipline ②공무원이 부정·부당한 행위를 못하도록 함. 《대》포상(褒賞). punishment 하타
징벽(徵辟)圈 임관(任官)하기 위하여 초야(草野)에 있는 사람을 불러 냄. 징초(徵招).
징병(徵兵)圈 ①군사를 불러 냄. conscription ②국가가 법령으로써 병역 의무자를 강제적으로 모아서 일정한 기간 군무에 복무하게 함. 하타
징병 검:사(徵兵檢査)圈 징병관이 그 지방의 장정들을 소집하여 체격·학력 따위를 검사하는 일. physical examination for conscription 하타
징병-관(徵兵官)圈 징병 검사 기간중 징병 사무를 행하는 공무원. conscription officer
징병 기피죄[―쬐](徵兵忌避罪)圈〈법률〉도망·잠닉(潛匿)·신체 훼손, 기타 사위(詐僞) 행위를 하여 병역 의무를 기피하던 죄.   conscription age
징병 적령(徵兵適齡)圈 병역에 나아가야 되는 연령.
징병=제(徵兵制)圈〈동〉징병 제도.

징병 제:도(徵兵制度)圈 징병에 관한 국가의 제도. 징병제. conscription draft system
징봉(徵捧)圈〈동〉징수(徵收). 하타
징분 질욕(懲忿窒慾)圈 분을 경계하고 욕심을 막음.
징비(懲毖)圈 과오(過誤)를 뉘우쳐 삼가는 일. repentance
징빙(徵聘)圈 예를 갖춰 초대함. 초빙(招聘). 하타
징빙(徵憑)圈〈동〉징증(徵證). ②증명을 필요로 하는 사실을 증명하는 재료가 되는 간접적 사실.
징사(徵士)圈 임금이 불러도 나아가 벼슬하지 않는 학문과 덕행이 높은 사람.
징상(徵狀)圈 징후와 상태.
징색(徵色)圈 얼굴에 나타냄. expression
징서(徵瑞)圈 경사스런 징조.
징세(徵稅)圈 세금을 거두어 받음. tax collection 하타
징세-비(徵稅費)圈 조세를 정수하는데 소요되는 비용.
징=소집(徵召集)圈 징집과 소집. enlistment and levy
징수(←鉦手)圈〈제도〉군중(軍中)에서 징을 치던 군졸.
징수(徵收)圈 조세(租稅)·돈·곡식·품목을 거둠. 징봉
징수(澄水)圈 맑은 물.《徵捧》collection 하타
징습(懲習)圈 못된 습성(習性)을 징계함. 하타
징악(懲惡)圈 못된 사람을 징계함. chastisement of evil-doing 하타
징얼-거리-다哩 마음에 못마땅하여 나쁜 태도로 자꾸 중얼거리다. 또는 어린아이가 짜증을 내며 엉얼 보채다.《센》찡얼거리다.《거》칭얼거리다. **징얼-얼-하다**
징역(懲役)圈〈법률〉죄인을 형무소에 가두고 노동을 시키는 자유형의 하나.《약》역(役)⑤. penal servitude   [懲丁]. convict
징역-꾼(懲役―)圈 징역살이하는 죄수. 징역수. 징정
징역-살이(懲役―)圈 감옥에서 징역의 형을 받고 사는 일. 하타
징역-수(懲役囚)圈〈동〉징역꾼(懲役―).
징역-장(懲役場)圈 죄인을 구금해 두고 일정한 노역을 하게 하는 곳.
징용(徵用)圈 ①징수·징발하여 씀. requisition ②〈법률〉국가 권력으로 국민을 불러서 씀. 하타
징일 여:백(懲一勵百)圈 한 사람을 징벌함으로써 여러 사람을 격려한다. 하타
징입(徵入)圈 사람을 불러들임. 하타
징-잡이圈 두레패 등에서 징을 치는 사람.
징장圈 벙거지 위에 다는 장식물의 하나.
징-장구圈 징과 장구.
징정(澄淨)圈 물이 맑고 정함. 하타
징정(懲丁)圈〈동〉징역군.
징조(徵兆)圈 미리 보이는 조짐(兆朕). signs
징증(徵證)圈 표시. 증명. 증거. 징빙①. ¶내부 ~.
징지(懲止)圈 징계하여 그치게 함. 하타
징집(徵集)圈 ①물품을 거두어 모음. collection ②〈동〉징모(徵募). ③현역병을 소집함. draft 하타
징집 면:제(徵集免除)圈 징병 검사의 결과, 실역(實役)에 적합하지 아니하거나 기타의 사정으로 징집이 면제되는 일.
징집 연도[―년―](徵集年度)圈 징병 적령에 이른 연도.
징징-거리-다哩 남이 똑똑하게 알아듣을 수 없는 목소리로 연해 우는 소리를 높이낸다.《센》찡찡거리다.
징철(澄徹)圈 속이 들여다보이도록 맑음. 하타
징청(澄淸)圈 물 같은 것이 맑아서 깨끗함. clearness 하타
징-초(徵招)圈〈동〉징벽(徵辟). 하타
징축(徵逐)圈 사람을 초대하거나 또는 방문함. 하타
징출(徵出)圈 구실을 다하지 못하거나 빚을 갚지 않을 때 거붙이에게 대신 물리어 받아 냄. 하타
징치(懲治)圈 징계하여 다스림. correction 하타
징크스(jinks, jinx)圈 ①불길(不吉)한 일. ②으레 그렇게 되리라고 일반적으로 생각되고 있는 일.
징크-판(zinc 版)圈〈인쇄〉아연판(亞鉛版).
징크 평판(zinc 平版)圈〈인쇄〉아연판(亞鉛版)을 판

징표(徵表) 〈논리〉 어떤 하나의 개념을 다른 개념과 구별하는 것. (定義). 조상(兆祥)②. note
징험(徵驗) 징조(徵兆)를 경험함. 앞에서 본 조짐이 들어맞음. fulfillment 하타
징회(徵灰) 불러서 모음.
징후(徵候) 좋거나 언짢은 낌새. 맹조(萌兆). sign
짖-다자 ①개가 소리를 내어 울다. bark ②까막까치가 시끄럽게 지저귀다. caw ③'지껄이다'를 낮으로 이름.
질-다형 재물이 넉넉히 남아 있다. wealthy
질-다형 ①빛깔·화장 등이 진하다. deep ②풀·나무 등이 빽빽하다. thick ③안개·연기·냄새 따위가 깊거나 농후하다. dense ④액체의 농도가 높다.
질은-맛명 묵직하고 든든한 맛. somewhat thick
질은 세:간명(돈) 질은 천량. [세간.
질은 천:량명 대대로 전해 내려오는 많은 재물. 질은
질-푸르-다형 빛깔이 짙게 푸르다. deep blue
짚명 ①벼·밀·보리·조 등의 이삭을 떨어 낸 줄기. straw ②산욕(産褥)에 까는 벼의 짚.
짚-가리명 짚뭇을 가려 쌓은 더미. [기. straw dust
짚-나라미명 새끼 따위에서 생기는 너저분한 지푸라
짚-다타 ①지팡이를 땅 위에 대다. use stick ②맥(脈) 위에 손을 대다. feel one's pulse ③바닥에 손을 받치다. rest ④알아맞히기 등에서 어떤 부분에 지목을 하다. guess ⑤요량해서 짐작하다. guess
짚-단(돈)명 짚뭇.
짚-대명 짚의 줄기. stalk of straw
짚-둥우리명 ①볏짚으로 만든 둥우리. straw basket ②(제도) 포악(暴惡)한 원을 백성들이 지경 밖으로 몰아내때 태우던 짚의 둥우리. straw litter
짚둥우리-타-다(제도) 악정(惡政)을 한 수령이 백성들에 의해 지경 밖으로 쫓겨나다. be driven out
짚둥우리-태우-다(제도) 악정을 한 수령을 짚둥우리에 태워서 지경 밖으로 쫓아내다.
짚-뭇명 볏짚의 묶음. 짚단. bundle of straw
짚-북데기명 얼크러진 볏짚의 북데기. waste straw
짚-북세기명 →짚북데기.
짚-불명 볏짚을 태운 불.
짚불 같이 하다타 ①운명(運命)을 아주 곱게 하다. ②권세나 호강이 갑자기 몰락되다.
짚불도 쬐다 나면 서운하다하찮아 쓸모가 적은 것도 없어지고 보면 아쉽다.
짚-세기(돈)명 →짚신.
짚-수세미명 짚으로 만든 수세미.
짚-신명 짚으로 만든 신. 초리. 초혜(草鞋). 짚세기. straw sandals
짚신 감:발명 감발을 하고 짚신을 신음. 하타
짚신-골[-꼴] 명 짚신 삼아 모양을 잡고 다듬고 할 때 쓰는 나무로 만든 골.
짚신-나물명 〈식물〉 짚신나물과의 다년생 풀. 6∼8월에 노란 꽃이 수상(穗狀) 화서로 핌. 수과(瘦果)에는 가시 모양의 털이 많아 의복 등에 붙음. 뿌리는 아자(牙子)라 하여 한약재로 쓰임. 용아초(龍芽草). [짝을 벗기 좋다.
짚신도 제 날이 좋다자기와 같은 정도의 사람끼리
짚신도 제 짝이 있다보잘것없는 사람도 배필은 있
짚신-벌레명 〈동물〉 짚신벌레과의 원생 동물. 몸 길이 약 0.3mm의 긴 타원형이고 무색 또는 암갈색을 띰. 무수한 잔 털이 있고 이것으로 헤엄침. 못이나 도랑 등에 서식함. paramecium
짚신을 뒤집어 신는다몹시 인색하다.
짚신장이 헌 신 신는다타 마땅히 있어야 할 곳에 그 물건이 도리어 귀하다.
짚신 할아범명 짚신을 삼는 남자 늙은이.
짚신 할아비명 (속) 견우성(牽牛星).
짚-여물[-녀-] 명 ①볏짚으로 만든 마소의 여물. ②초벽을 붙할 때 이길 때 넣는 잘막잘막하게 썬 짚의 토막. 흙이 마른 뒤에 덜 갈라지게 함.
짚이-다자 마음에 요량되어 짐작이 가다.
짚-일[-릴] 명 짚으로 무엇을 하거나 만드는 일.
짚-자리명 짚뭇을·볏짚으로 만든 자리. straw mat ②볏짚을 깎아 만든 자리. 초석(草席)
짚-재명 볏짚을 태운 재. 금패·밀화 등의 마광(磨光)에 씀. straw-ashes
짚-주저리명 ①볏짚으로 우산같이 만들어 그릇을 덮어 쓰는 제구. ②터주·업의항 등을 가리워 덮는 볏
풀을-물명 →풀을. [짚으로 만든 물건.
질-다타 (그) 깃다[作]. 붙이다.
ㅉ〈생ᄌ〉 〈어학〉 ᄌ의 된소리. 숨집을 닫고 헛몸을 입천장에 단단히 붙였다가 입김을 밀면서 터뜨릴 때 나는 맑은 소리. double letter of 'ᄌ'
짜개명 콩·팥 따위를 둘로 쪼갠 하나. half of bean
짜개-김치명 오이를 알맞게 썰고, 소를 박지 않은 오이 김치의 하나. [다. (돈) 찌개다.
짜개-다타 짚신의 물건을 둘로 벌리어 갈라지게 하
짜개-반(-半)명 하나를 둘로 나눈 그 반. half
짜개-지-다자 ①단단한 물건이 저절로 또는 연장에 베어지거나 찍혀서 갈라지다. be split in two ②조각으로 부서지거나 갈라지다. (돈) 쪼개지다. broken to pieces [of dried chestnut
짜개 황밤(一黃一)명 말라서 쪽쪽이 짜개지 밤. half
짜그라-뜨리-다타 짓눌러서 몹시 짜그라지게 하다. (돈) 찌그러뜨리다. crush
짜그라-지-다자 ①짓눌려서 오그라지다. be distorted ②여위어 살가죽에 주름이 잡히고 작아지다. (돈) 찌그러지다. shrink
짜그라-거리-다자 →짜그락거리다.
짜그르르부 (센) →자그르르.
짜그리-다타 ①짓눌러서 짜그라지게 만들다. crush ②위아래 눈꺼풀을 감듯이 맞붙이다. (돈) 찌그리다. close one's eyes softly
짜근-거리-다자 (센) →자근거리다.
짜근덕-거리-다자 (센) →자근덕거리다.
짜글-거리-다자 (센) →자글거리다.
짜물=짜물부 볼품으로 마음을 몹시 졸이는 모양. 하타
짜금-거리-다타 맛있게 먹느라고 연해 짜금 소리를 내다. (돈) 찌금거리다. munch at 짜금=짜금
짜굿-거리-다타 ①남이 눈치채게 하느라고 눈을 연해 짜그리다. ②남을 주의시키느라고 옷을 살며시 당기다. (돈) 찌굿거리다. wink or nudge 짜굿=짜굿
짜굿-하-다형(여) 한쪽 눈이 약간 짜그라진 듯하다. (돈) 찌굿하다. wink 짜굿=이
짜-깁기명 양복 따위의 해진 데를 올로 엮어 표나지 않게 깁는 일. darning 하타
짜-깁-다타(ㅂ변) 양복 따위의 해진 데를 올로 엮어 표 나지 않게 깁다. darn
짜-다타 ①그릇이나 계작 따위의 사개를 맞추어 만들다. piece together ②부서(部署)를 마련하여 일을 갈라 할 조직체를 만들다. 조직하다. organize ③머리 얽혀 같이다. wear ④몇 사람끼리만 내통하다. ¶A와 B가 서로 짜고 한 짓이다. conspire with ⑤실 따위를 세로와 가로로 엇걸려서 피륙이나 연장 따위를 이루다. weave ⑥비틀거나 눌러서 물기나 기름기를 뽑아 내다. ¶두부를 ~. squeeze ⑦돈이나 물건 따위가 나오도록 사람을 으르거나 볶아대다. extort ⑧떠오르지 않는 생각 따위를 억지로 내다. ¶머리를 ~. rack (one's brains)
짜-다형 ①소금 맛 같다. ¶국이 너무 ~. salty ②마음에 달게 여겨지지 않다. ¶왜 저렇게 짜게 놀아. (돈) 싱겁다. unpleasant
짜드라 오-다자 많은 수량이 한꺼번에 쏟아져 오다. rush in [roar with laughter
짜드라 웃:-다자 여럿이 한목에 야단스럽게 웃다.
짜드락-거리-다자(타) (센) →자드락거리다.
짜드락-나-다자 (센) →자드락나다.

짜득짜득-하-다[여불] 검질긴 물건이 좀처럼 베어지거나 쪼개지지 않는다. 《큰》찌득찌득하다. tenacious
짜들-다[자](르] ①물건이 오래 되어 때나 기름기에 절어 몹시 더럽게 되다. be stained with dirty ②갖 어려운 일을 많이 겪게 되다. 《큰》찌들다. ② suffer hardships
짜디-짜-다[여] 매우 짜다. very salty
짜뜰-거리-다[자타] 줄 것을 한목에 주지 않고 여러 차례에 나누어 조금씩 주다 말다 하다. 《큰》찌뜰름거리다. give by driblets 짜뜰름=짜뜰름[명] 하[자타]
짜랑[부]《센》→자랑².
짜랑-거리-다[자타]《센》→자랑거리다.
짜랑짜랑-하-다[여불] 목소리가 세고 야무지 울림이 있다. 《큰》쩌렁쩌렁하다.
짜르랑[부]→자르랑. 《큰》쩌르렁하다.
짜르랑-거리-다[자타]《센》→자르랑거리다.
짜르르[부]《센》→자르르.
짜르륵[부] 가는 대롱 따위로 액체를 빨 때에 간신히 오르는 소리. 《큰》찌르륵. with gurgling sound 하[자]
짜르륵-거리-다[자타] 연해 짜르륵하다. 또, 연해 짜르륵 소리를 나게 하다. 짜르륵=짜르륵[명] 하[자타]
짜른-대[명] 곰방대.
짜른-작[명] 짧은작.
짜름-하-다[여불] 조금 짧은 듯하다. shortish
짜리[의] ①얼마의 값이 되는 물건. 또는 화폐를 가리키는 말. ¶백 원~. worth ②얼마만한 수효나 양에 해당될 물건을 가리킴. ¶몇 개~. amount ③무슨 옷을 입은 것으로써 그 사람을 낮추어 이르는 말. ¶양복~.
짜릿짜릿[부]-하-다[여불]《센》→자릿자릿하다.
짜릿-하-다[여불]《센》→자릿하다.
짜발량이[명] 짜그라뜨려서 못 쓰게 된 물건. [thing
짜부라-뜨리-다[타] 짜부라지게 하다. 《큰》찌부러뜨리다. crush
짜부라-지-다[자] ①망하거나 허물어지다시피 되다. be almost ruined ②기운이 아주 줄어 더 버틸 수 없게 되다. lose vigour ③높거나 솟았던 것이 찌그러져 내려앉다. 《큰》찌부러지다. be dilapidated
짜아리즘(tsarizm 러)[명]→차르리즘.
짜이-다[자] 규모가 어울리거나 갖춰 지다. 《약》째다¹. [fit
짜임[명] 조직이나 구성. ¶이-. 《약》쨈새. texture
짜임-새[명] 짜이어 있는 모양의 정도. 구조. 얼개. 얽짜임새[명] 참. 과연. 정말로. indeed [humour
짜증[-症][명] 북받치는 역정이나 싫증. 《큰》찌증. ill
짜증-나-다[-症-][자] 짜증이 일어나다. 《큰》찌증나다. be vexed [다. get mad
짜증-내-다[-症-][자] 짜증을 드러내다. 《큰》찌증내짜:-하-다[여불] 소문이 왁자하다. rumor spreads fast
짝¹[명] ①두 개 이상이 모여서 한 벌이 되는 물건의 낱개. pair ②한 쌍 가운데 한 개를 나머지 한 개에 대하여 이름. ¶구두한 ~. 《유》반려씨. counterpart ③귀로 한 구(句) 안의 단어를 이름. 5~7자 정도임. couplet
짝²[의] ①관형사 '아무'의 밑에서 '곳'의 뜻을 나타냄. ¶아무 ~에도 못 쓴다. ②관형사 '무슨'의 밑에서 '꼴'의 뜻. ¶무슨 ~이냐? ③《예》→편쪽.
짝³[의] ①마소의 한 바리 짐의 한 편쪽 짐. 보통 한 가마. ②소나 돼지 따위의 갈비의 한 편쪽 전부.
짝¹[부] ①활짝 바라진 모양. 《큰》쩍. wide ②찢어지나 피륙 등을 찢는 소리. ¶~ 찢다. 《큰》쩍. noisily
짝-갈이[명]〈농업〉처음 갈이와 나중 갈이가 서로 다른 갈이. 처음에 마른갈이를 하면 나중에는 물갈이를 하는 일 따위. irrigating paddy-fields 하[자]
짝-귀[명] 짝짝이로 생긴 귀. 또, 그런 사람. ears of odd sizes
짝-눈[명] 한쪽이 크거나 작아서 짝짝이인 눈. eyes of odd sizes
짝-돈[명] 백 냥쯤 되는 돈.
짝-떨어지-다[자] 맞았던 짝이 따로 떨어지다.

짝-맞-다[자] 제짝에 맞다. 제짝이 맞다. pair
짝-맞추-다[타] 제짝에 맞도록 하다. make a pair
짝-버선[명] 제짝이 아닌 버선. wrongly paired shoes
짝-사랑[명] 자기를 알아 주지 않는 이성에 대한 사랑. 외짝 사랑. 외쪽 사랑. one-sided love 하[자타]
짝사랑에 외기러기 짝사랑의 보람없음을 이르는 말.
짝-사위[명] 윷놀이에서, 걸을 칠 데에 도를 치고, 개를 칠 데에 걸을 치는 일.
짝-수(-數)[명] ①2로 나누어서 나머지가 남지 않는 수. 2·4·6·8. ②짝이 맞는 수. 짝수는 n을 임의의 정수로 하여 2n으로 표시함. 우수(偶數). 《대》홀수. even number
짝수-점[-點](-數點)〈수학〉선형 도형에서 한 점에 연결된 선의 개수가 짝수일 때에 그 점. 《대》홀수점(-數點).
짝-신[명] 제짝이 아닌 신. odd pair of shoes
짝-없-다[여불] ①아무 대중이 없다. 도무지 주책이 없다. ¶너 하는 짓은 모두 짝없는 짓뿐이다. silly ②비할 수 없이 대단하다. ¶미안하기 ~. extremely 짝-없이[여]   [이름.
짝 잃은 기러기 작자[명] 홀아비·홀어머니의 외로움을
짝자개-나무[명]〈식물〉물푸레나무과의 낙엽 활엽 관목. 높이 3~5m이고 잎은 타원형 또는 난형임. 7월에 자색 꽃이 피고 가을에 삭과가 익음. 산기슭에 나며 관상용임.   [썩하다. rumour is circulated
짝자그르-하-다[여불] 풍문이 항간에 널리 퍼져 떠들
짝자꿍[명] ①갓난애가 손뼉을 치는 재롱. ¶우리 엄마 ~. baby's hand clapping 하[자]
짝자꿍-이[명] ①남 몰래 세우는 일이나 계획. ¶무슨 ~을 했다. secret plan ②서로 다투는 일. ¶밖에서~벌어지다. dispute 하[자]
짝자꿍이 놓다[동] 남 몰래 계획을 짜 놓다.
짝자꿍이 벌어지다[동] 여러 사람이 왁자지껄하게 떠들다.
짝자꿍-질[명] 짝자꿍을 하는 짓. 하[자]   [다.
짝자꿍~짝자꿍[부] 젖먹이에게 짝자꿍을 시키는 소리.
짝자래-나무[명]〈식물〉갈매나무과의 낙엽 활엽 관목. 산이나 개울가에 나며 가시가 있고 5~6월에 황록색 꽃이 피며 우리 나라 특산으로 수피(樹皮)는 염료용임.   [couple
짝-짓:-다[자스] 짝이 이루어지도록 하다. become
짝-짝[부] 입맛을 몹시 다시는 소리. 《약》적적.
짝짝[부] ①끈끈하게 몹시 달라붙는 모양. ②장작 같은 것이 잘 짜개지는 소리나 모양. 《큰》쩍쩍¹. 하[자]
짝짝²[부]→작작².
짝짝-거리-다[자] 연해 입맛을 짝짝 다시다. 《큰》쩍쩍거리다.
짝짝-거리-다²[자]《센》→작작거리다.   [거리다.
짝짝-이[명] 한 쌍이나 한 벌이 서로 짝이 맞지 않은 벌. ¶~이다. unmatched pair   [하다. make pair of
짝-채우-다[타] 모자라는 짝을 얻어 넣다. 한 벌이 되게
짝-하-다[자타여불] 무슨 일에 있어 누구와 함께 동무가 되다. 저와 짝이 되게 하다. associate oneself with
짝-힘[명]〈물리〉한 물체에 작용하는, 크기가 같고 방향이 반대인 평행한 두 힘. 물체의 회전 운동만을 일으킴. 우력(偶力). couple
짠득-거리-다[자타]《센》→잔득거리다.
짠-맛[명] 소금 맛과 같은 맛.
짠-물[명] ①바닷물. 《대》민물. seawater ②짠맛이 있는 우물 따위의 물. brackish water ③간이 있는 물에서 흐르는 물. 《대》단물. salt water
짠물-고기[-꼬-][명] 바닷물에 사는 고기. 바닷물고기. 함수어(鹹水魚). 《대》민물고기. sea fish
짠지[명] 무를 통으로 짜게 담근 김치. 김장 때 담갔다가 이듬해 봄부터 먹음. salted turnip
짠지-패[-牌][명] 몇 사람이 떼를 지어 소구를 두드리며 속된 노래를 부르고 걸탕하게 뛰노는 패. 날탕패.

짠:-하-다〔형〕〔여〕田 후회가 되며 속이 언짢고 아프다. 《큰》 찐하다. regrettable

짤가당-거리-다〔자타〕〔센〕→잘가당거리다.
짤그랑〔센〕→잘그랑.
짤그랑-거리-다〔자타〕〔센〕→잘그랑거리다.
짤깃-짤깃〔센〕→잘깃잘깃.
짤깃-하-다〔형〕〔여〕〔센〕→잘깃하다.
짤까닥〔센〕→잘가닥.
짤까닥-거리-다〔자타〕〔센〕→잘가닥거리다.
짤까당〔센〕→잘가당.
짤깍 ①〔약〕→짤가닥. ②사진기의 셔터 누르는 소리. 《큰》 절컥. 《거》 찰칵. **하**田
짤깍-거리-다〔자타〕〔약〕→짤가닥거리다.
짤깍-눈이田 눈이 진무른 사람. person with sore eyes
짤끔〔센〕→잘금.
짤끔-거리-다〔자타〕〔센〕→잘금거리다.
짤따랗-다〔형〕〔ㅎ〕 생각보다 썩 짧다. too short
짤똑-거리-다〔자타〕〔센〕→잘똑거리다.
짤똑-짤똑〔센〕→잘똑잘똑.
짤똑-하-다〔형〕〔여〕〔센〕→잘똑하다.
짤라-뱅이田 짧게 된 물건. shrunk article
짤랑〔센〕→잘랑.
짤랑-거리-다〔자타〕〔센〕→잘랑거리다.
짤래-짤래〔센〕→잘래잘래.
짤록-거리-다〔자타〕〔센〕→잘록거리다.
짤록-짤록〔센〕→잘록잘록².
짤록-하-다〔형〕〔여〕〔센〕→잘록하다.
짤름〔센〕→잘름.
짤름-거리-다〔자타〕〔센〕→잘름거리다.
짤름-발이田〔센〕→잘름발이.
짤막-짤막 여러 개가 다 짤막한 모양. **하**田
짤막-하-다〔형〕〔여〕〔센〕 조금 짧은 듯하다. somewhat short
짤쑥-거리-다〔자타〕〔센〕→잘쏙거리다.
짤쑥-하-다〔형〕〔여〕〔센〕→잘쏙하다.
짤짤〔센〕→잘잘.
짤짤-거리-다〔자타〕〔센〕→잘잘거리다.
짤짤-이田 ①이리저리 채신없이 쏘대는 사람. ②발끝만 꿰어 신게 된 실내용의 신.
짧:-다〔짤따〕〔형〕 ①길지 못하다. ¶끈이 ~. short ②동안이 가깝다. ¶밤이 ~. short ③부족하다. ¶안목이 ~. insufficient ④식성이 좋지 못하고 음식을 가려 먹다. ¶입이 ~. be fastidious about food ⑤얕다. ⑥자본·밑천 등이 많지 못하다. ¶밑천이 ~.
짧아-지-다田 짧게 되다.
짧은-작田 길이가 짧은 화살. 단전(短箭). 왜전(矮箭).
짧은-지름田 〔수학〕 타원의 중심을 지른 긴 지름에 수직된 가장 짧은 금. 단경(短徑).
짧은-치마田 짧게 만든 치마. 《때》 긴 치마. short skirt
짬:田 ①물건끼리 서로 맞붙은 틈. gap ②한 일을 마치고 다른 일에 손대려는 겨를. ¶바빠서 밥 먹을 ~도 없다. leisure ③종이 등을 도련칠 때, 짬을 내다. ④자본·밑천 등이 많지 못하다. ¶밑천이 ~.
짬ː이〔약〕→짬지.
짬ː-니 디田 ①물건에 틈이 생기다. gap ②시간의 겨를이 나다. ¶짬나는 대로. have leisure
짬뽕(←ちゃんぽん 일, 攪和 중)田 ①두 가지 이상의 것을 아울러 쏨. ②국수·고기·채소 따위를 섞어 볶아 돼지뼈나 소뼈·닭뼈를 우린 국물을 부은 중국 요리의 하나. 초마면. **하**田
짬-질田 짜서 물기를 빼는 일. 《약》 짬². wringing **하**田
짬자미田 남 모르게 둘이서 짜는 약속. 밀약(密約). secret promise **하**田
짬짬-이田 짬이 나는 대로. 틈틈이. at odd moments
짬짤-찮-다〔형〕 점잖지 못하고 추하다. ②짬잘잖다. 않다.
짭잘-하-다〔형〕〔여〕田 ①감칠맛이 있게 조금 짜다. 《큰》 점질하다. saltish ②일이 뜻대로 되어 규격(規格)에 맞다. suitable ③물건이 값지고 귀하다. valuable
짭짤-이田
짭짭田 일이 뜻대로 되지 않거나 또는 맛이 감칠맛이 있어 입맛을 다시는 소리. 《큰》 쩝쩝. smacking one's lips **하**田
짭짭-거리-다田 감칠맛이 있거나 못마땅하여 연해

잡잡 소리를 내다. 《큰》 쩝쩝거리다.
잡ː-하-다〔형〕〔여〕田 무엇을 먹고 싶어 하다. feel hungry
짯짯-하-다〔형〕〔여〕田 ①성질이 깔깔하고 딱딱하다. rigid ②나뭇결·피륙의 바탕이 빈틈없이 연하다. uneven ③빛깔이 맑고 깨끗하다. 《큰》 쩻쩻하다. pure
짱田 얼음이나 굳은 물건이 갑자기 갈라질 때 나는 소리. 《큰》 쩡. [등그리다. frown
짱ː당-그리-다田 못마땅하여 얼굴을 찡그리다. 《큰》 쩡
짱뚱어田〔어류〕망둥어과의 물고기. 몸 길이는 15~ 18cm로, 몸은 말뚝망둥이 비슷하여 가늘고 길며 머리 폭이 넓음. 몸 빛은 청람색이며 흰빛의 잔점이 많음. 내만·간석지에 많이 분포하며 맛이 좋음.
짱아田 잠자리의 어린말. dragonfly
짱알-거리-다田 어린애가 몸이 아프거나 못마땅하여 자주 보채다. 《큰》 쩡얼거리다. 《거》 창얼거리다. fret **짱알=짱알**田 **하**田 [날쎄다. stout
짱짱-하-다〔형〕〔여〕田 생김새가 다부지고 몸짓이 굳세고
째〔의〕 수관형사나 기본수 아래에 붙여 차례나 등급을 나타냄. ¶첫~. -th [리~. as it is
=**째**〔접〕 '있는 그대로'의 뜻을 나타냄. ¶껍질~. 뿌
짹깍田→재깍².
째ː-다타〔약〕→짜이다.
째ː-다타 ①사람의 손이 모자라서 일에 쫓기다. be short of hands ②이리저리 쩟기어서 공급(供給)이 모자라다. ¶음식이 ~. be short of
째ː-다田 옷이나 신 따위가 몸이나 발에 너무 작아서 죄게 되다. be tight
째ː-다타 ①얇은 가죽이나 피륙 따위를 찢다. tear ②절개(切開) 수술을 하다. operate
째田 윷놀이에서, 말을 뗄밭에 놓다.
째ː마리田 사람 또는 물건 가운데서 가장 못된 찌꺼기. dregs
째-못田 나무못을 박는 데 빠지지 못하도록 그 막히는 촉 끝을 쪼개고 박는 쐐기. peg
째ː-보田 ①언청이를 농으로 이름. harelipped person ②몹시 잔망스러운 사람. weakling
째어-지-다田 찢어져 갈라지다. 쪼개지면서 벌어지다.
째ː-지-다田〔약〕→쩨어지다. [약〕 찌지다. be torn
째푸리-다〔자타〕 ①날씨가 매우 음산하게 흐리다. get cloudy ②얼굴이나 눈살을 몹시 쩡그리다. 《큰》 찌푸리다. make grimaces
짹=소리田 반드시 금지·부정의 말과 어울리어 쓰이며 꼼짝의 뜻을 나타냄. ¶~도 못한다. 《큰》 찍소리.
짹=짹田 참새나 쥐 따위가 내는 소리. 《큰》 쩍쩍. chirping **하**田 [적적거리다.
짹짹-거리-다田 참새나 쥐 따위가 연해 쩍쩍 울다. 《큰》
짹ː-밭〔-빧〕田 윷판의 앞밭에서부터 꺾여 여섯째 밭.
쨀뻘田→졜졜.
쨀ː=빛〔-뻗〕田 ①전채화(眞彩畵)에서, 희박한 빛깔 위에 칠하는 더 짙은 빛깔. ②두 빛깔을 조화시키느라고 더 칠하는 빛깔.
짺田=새田→짝남새.
쨍田 쇠붙이끼리 맞부딪혀 나는 소리. with clink
쨍강田→쟁강.
쨍강-거리-다〔자타〕〔센〕→쟁강거리다.
쨍그랑田→쟁그랑.
쨍그랑-거리-다〔자타〕〔센〕→쟁그랑거리다.
쨍그리-다田 근심스럽거나, 언짢을 때 이마나 눈살을 찌푸리다. 《큰》 쩡그리다. rown
쨍쨍田 ①볕이 따갑게 내리쬐는 모양. blazingly ②굳은 물질이 터져 울리는 소리. with a clink
쨍쩽-거리-다田 마음에 못마땅하여 군소리를 자주 하다. 《큰》 쩡쩽거리다. grumble
쩌개-다타田 ①하나를 둘로 벌리어 갈라지게 하다. ②단단한 물건을 연장으로 베끼거나 쩍어서 갈라지게 하다. 《작》 짜개다. split
쩌금-거리-다田 맛있게 먹느라고 자주 쩍적 소리를 내다. 《작》 짜금거리다. smack one's lips **쩌금=쩌**
쩌렁田〔센〕→저렁. [금田 **하**田

쩌렁=거리-다 〔자타〕〔세〕→저렁거리다.
쩌렁쩌렁-하-다〔혱〕〔여불〕 목소리가 커서 울림이 크다. 〔작〕 짜랑짜랑하다.
쩌르렁〔부〕 ①저르렁. ②목소리가 여무지게 울리는 소리. 〔작〕 짜르랑. 〔거〕 처르렁. 하-타
쩌르렁=거리-다〔자타〕→저르렁거리다.
쩌릿=쩌릿〔부〕〔세〕→저릿저릿.
쩌릿=하-다〔혱〕〔세〕→저릿하다.
쩌쩌〔부〕 ①혀를 차는 소리. tut tut ②소를 모는 소리.
쩍〔명〕 투전 노름의 하나. 여섯 장 중에 같은 자 셋이 두 벌 되는 것으로 다툼.
쩍〔부〕 힘껏 벌어진 모양. widely
쩍〔부〕 입맛을 다시는 소리. 〔작〕 짝. smacking
=쩍-다〔접미〕 추상 명사에 붙어 그러한 느낌이 있다는 뜻으로 형용사를 이름. ¶미심~. somewhat
쩍말-없-다〔혱〕 더할 나위 없이 잘 되다. leave nothing to be said 쩍말=없이〔부〕
쩍=벌어지-다〔자〕 활짝 열리다. be wide open
쩍=벌-이-다〔타〕 활짝 열다. open wide
쩍저기〔명〕 골패·투전 따위의 노름의 하나.
쩍쩍〔부〕 ①끈적하여 잘 들러붙는 모양. 또, 그 소리. ②단단한 물건이 바닥에 몸이 달라붙는 모양. 또, 그 소리. adhesively ③연해 세게 조개거나 또는 틈이 벌어지는 소리. 또, 그 모양. 〔작〕 짝짝². 하-타
쩍쩍²〔부〕 혀를 차며 입맛을 자꾸 다시는 소리. 〔작〕 짝짝. 거리-다.
쩍쩍=거리-다〔자타〕 연해 쩍쩍 입맛을 다시다. 〔작〕 짝짝
쩍=하면〔부〕〔약〕 번적하면.
쩔그렁〔부〕→절그렁.
쩔그렁=거리-다〔자타〕〔세〕→절그렁거리다.
쩔꺼덕〔부〕〔세〕→절거덕.
쩔꺼덕=거리-다〔자타〕〔세〕→절거덕거리다.
쩔꺼덩〔부〕→절거덩.
쩔꺼덩=거리-다〔자타〕〔세〕→절거덩거리다.
쩔뚝=거리-다〔자타〕〔세〕→절뚝거리다.
쩔뚝발-이〔명〕〔세〕→절뚝발이.
쩔뚝-이〔부〕〔약〕→쩔뚝발이.
쩔렁=거리-다〔자타〕〔세〕→절렁거리다.
쩔레=쩔레〔부〕〔세〕→절레절레.
쩔룩=거리-다〔자타〕〔세〕→절룩거리다.
쩔름=거리-다〔자타〕〔세〕→절름거리다.
쩔름발-이〔명〕〔세〕→절름발이.
쩔쑥=거리-다〔자타〕〔세〕→절쑥거리다.
쩔쩔〔부〕〔세〕→절절¹,².
쩔쩔〔부〕 몹시 끓는 모양. 〔작〕 짤짤.
쩔쩔=매-다〔자〕 일에 부닥쳐 어쩔 줄을 모르고 엄벙덤벙거리다. be in fix
쩝쩝〔부〕 일이 뜻대로 되지 않거나 또, 맛이 감칠맛하여 입을 다시는 소리. 〔작〕 짭짭. smacking one's lips 하-타
쩝쩝=거리-다〔자타〕 연해 쩝쩝 입맛을 다시다. 〔작〕 짭짭거리다.
쩟〔감〕 마음에 못마땅하여 혀를 차는 소리. 하-타
쩟쩟〔부〕 몹시 못마땅하여 혀를 차는 소리.
쩟쩟-하-다〔혱〕〔여불〕 ①성질이 깔끔하고 딱딱하다. strict ②나뭇결·피륙의 바닥이 거칠다. rough ③빛깔이 맑고 깨끗하다. clear 쩟쩟하게〔부〕
쩡쩡〔부〕 ①용수철 따위가 세게 퉁겨서 나는 소리. springing ②얼음 따위의 굳은 물건이 갈라지며 나는 소리. cracking ③세력이 굉장한 모양. 하-타
쩡쩡=거리-다〔자〕 쩡쩡한 세력을 부려 으리으리하게 살다.
쩨꺽〔부〕〔세〕→제걱.
쩨꺽=거리-다〔자타〕〔세〕→제걱거리다.
쩨꺽=쩨꺽〔부〕〔세〕→제걱제걱².
쩨쩨=하-다〔혱〕〔여불〕 ①시시하고 신통하지 않다. not doing well ②잘고 인색하다. 치사스럽고 다랍다. miserly
쩽겅〔부〕→쟁경.
쩽겅=거리다〔자타〕→쟁경거리다.
쩽그렁〔부〕〔세〕→쟁그렁.
쩽그렁=거리-다〔자타〕〔세〕→쟁그렁거리다.

쪼가리〔명〕 쪼개진 작은 조각. piece
쪼개-다〔타〕 ①둘 이상으로 나누다. 분할(分割)하다. split ②조각이 나게 부수거나 가르다. divide
쪼개-지-다〔자〕 ①둘 이상으로 나누어지다. be split ②조각으로 부서지거나 갈리다. be broken
쪼구미〔명〕〈건축〉들보 위에 세워 오량이나 상량을 받치고 있는 짧은 기둥. 동자주(童子柱). 동바리③. king-post ~들다. be crumpled
쪼그라-들다〔자〕〔므〕 차차 쪼그라져 가다. 〔큰〕 쭈그러들다.
쪼그라-뜨리-다〔타〕 세게 눌러서 몹시 쪼그라지게 만들다. crush ②힘껏 쪼그리다. 〔큰〕 쭈그러뜨리다. 〔거〕 쪼크라뜨리다. crumple
쪼그라-지-다〔자〕 ①눌리거나 열으로부터 욱이거나 하여 부피가 몹시 작아지다. be crushed ②살이 빠져서 쪼글쪼글하여지다. 〔큰〕 쭈그러지다. be withered
쪼그랑-박〔명〕 잘 굳지 않아서 쪼그라진 박. withered gourd
쪼그랑=할멈〔명〕〔하〕얼굴이 쪼그라진 늙은 여자. crone
쪼그리-다 ①무거운 것으로 누르거나 욱여서 부피를 작게 만들다. crush ②판다리를 오그려 앉거나 눕거나 하다. 〔큰〕 쭈그리다. 〔거〕 쪼크리다. squat
쪼글=쪼글〔부〕 물체가 쪼그라져서 많은 주름이 잡힌 모양. 〔큰〕 쭈글쭈글. full of wrinkles 하-다
쪼:다〔명〕〔속〕제구실을 못하는 덜 떨어진 등신의 뜻의 변말.
쪼:-다〔타〕 ①부리 따위의 뾰족한 끝으로 연달아 찍다.
쪼:-다 ¶병아리가 모이를 ~. pick ②〔동〕쪼아리다.
쪼들리-다〔자〕 ①일에 부대끼어 괴롭게 지내다. be in straitened circumstance ②남에게 몹시 시달리다. ¶빚에 ~. be troubled
쪼란-히〔부〕 작은 물건들이 하나하나 차례로 가지런하다.
쪼록〔부〕〔세〕→조록.
쪼록=쪼록〔부〕→조록조록. =게 줄지어 있는 모양.
쪼르르〔부〕〔세〕→조르르.
쪼르륵〔부〕〔세〕→조르륵.
쪼르륵=거리-다〔자타〕〔세〕→조르륵거리다.
쪼뼛=쪼뼛〔부〕→조뼛조뼛.
쪼아-먹-다〔타〕 부리로 모이를 주워 먹다. pick
쪼이-다〔자〕 남에게 쪼임을 당하다. 〔약〕 쬐다. be picked
쪼크라-뜨리-다〔타〕→쪼그라뜨리다.
쪼크리-다〔거〕→쪼그리다.
쪽〔명〕 책의 면(面). 페이지(page).
쪽〔부〕〔동〕 낯자.
쪽〔명〕 방향을 가리킴. ¶이~. 저~. direction
쪽〔명〕 물건의 쪼개진 한 부분(部分). 모둠이. ¶종이 ~. piece
쪽〔명〕〈식물〉마디풀과의 일년생 풀. 줄기는 홍자색을 띠고 잎은 난형. 또는 타원형임. 7~8월에 붉은 꽃이 줄기 끝과 가지 끝에 핌. 중국 또는 인도 지나 원산으로 잎은 남빛을 들이는 물감으로 씀. 남(藍). indigo plant
쪽〔명〕 부인네의 아래 뒷통수에 땋아서 틀어 올려 비녀를 꽂는 머리털.
쪽-고르-다〔형불〕 여럿이 죄다 고르다. even
쪽-김치〔명〕 조각조각 썰어서 담근 김치. 「인 연.
쪽-꼭지〔명〕 반쪽 반쪽 빛깔이 다른 꼭지를 모아서 붙
쪽-다리〔명〕 긴 널조각 하나로 된 다리. plank bridge
쪽-대:문(―大門)〔명〕 바깥채나 사랑채에서 안으로 통하는 작은 대문.
쪽-동백(―多柏)〔명〕〈식물〉때죽나무과의 낙엽 활엽 교목. 6월에 백색 꽃이 피고 핵과는 9월에 익음. 산지의 숲속에 나며 목재는 기구재, 과실은 제유용에 쓰임.
쪽-마루〔명〕〈건축〉널을 한 조각이나 두 조각을 깔아 만든 툇마루. veranda of one or two planks
쪽매〔명〕 얇은 나무쪽을 모아 온갖 모양으로 만든 물건.
쪽매-붙임〔명〕〔부칙〕몇 개의 조각진 쪽매를 바탕이 되는 널에 붙임. 또, 그 일. 하-다
쪽매=질〔명〕①쪽매를 만드는 일. joinery ②자그마한 조각 나무를 모아서 목기를 만드는 일. 하-다

쪽=모이[명] 많은 조각을 모아 한 조각으로 만든 물건. 또, 그런 일. joinery [하](타)

쪽=못=쓰-다[라][으므] ①어떤 일이나 사람에게 기가 눌리어 옴쭉 못하다. ②무엇에 혹하거나 반하여 꼼짝 못하다.

쪽-문(-門)[명] 커다란 대문짝의 가운데나 한편에 구멍을 터서 만든 조그만 문. side door

쪽-박[명] 조그만 바가지.

쪽박 쓰고 비 피하기[속] 제 아무리 피한다 하여도 어쩔 수 없이 당하고야 말게 됨. [하고 만다.

쪽박을 쓰고 벼락을 피해[속] 구차하게 피하려 해도 당

쪽박-차-다[자] 동냥질을 하고 다닌다. 거지가 되다. ¶그렇게 게을러서야 이다음에 쪽박차기 십상이다.

쪽-반달(-半-)[명] 두 빛깔의 종이로 반달처럼 생긴 꼭지를 붙인 연.

쪽-발이[명] ①발이 하나만 달린 물건. thing with one leg ②발통이 두 갈래로 된 물건. thing with forked [발 ③쌍동밤. feet 조어] 일본 사람. Jap

쪽-밤[명] =쌍동밤.

쪽-배[명] 통나무를 쪼개어 속을 파서 만든 배. canoe

쪽-봉투(-封套)[명] 외겹으로 된 봉투.

쪽-빛[명] 푸른 하늘빛보다 더 짙은 빛. 남빛.

쪽-소(-小樓)[명] 〈건축〉 장여의 바깥쪽에만 붙이는 소로.

쪽-소매(-)[명] =쪽소매 책상. [는 접시 받침.

쪽소매 책상(-冊床)[명] 한쪽으로만 밑까지 서랍이 달려 있는 책상. (유)쪽소매. desk with one wing

쪽-술[명] ①쪽박같이 생긴 숟가락. dipper-shaped spoon ②쟁기의 술이 비슷하게 벌어 나가다가 휘어져서 곧장 된 부분.

쪽-자(-字)[명] 두 개 이상의 활자에서 한 부분씩을 메어서 한 글자로 만들어 쓰는 활자. (대)통자.

쪽잘-거리-다[타] 음식을 시원스럽게 먹지 못하고 깨지럭거리다. nibble **쪽잘찍**[쪽잘찍] [하](타)

쪽지(-紙)[명] ①작은 종이 조각. ②작은 종이 조각에 쓴 편지. note [allsized A-frame

쪽-지게[명] 등짐 장수 등이 쓰는 조그마한 지게. sm-

쪽-쪽[이] 여러 도막이 되게. in pieces

쪽=찌-다[타] 여자가 머리를 뒤통수에 땋아 들어 올리고 비녀를 꽂다. do one's hair in a chignon

쪽-창(-窓)[명] 〈건축〉 좁고 길게 하여 한 짝만 낸 창. 척창(隻窓). narrow long window

쫀득-거리-다[센]→존득거리다.

쫀존-하-다[센]→존존하다.

쫄깃-쫄깃[센]→졸깃졸깃.

쫄끔[센]→졸금.

쫄금-거리-다[센]→졸금거리다.

쫄딱[이] 더할 나위 없이 모두. ¶~ 망하다. comple-

쫄딱-쫄딱[센]→졸딱졸딱. [tely

쫄래-둥이[명] 성정이 잔약하고 몸시 까부는 아이. [cheeky boy

쫄래-쫄래[센]→졸래졸래.

쫄리-다[센]→졸리다¹.

쫄-면(-麵)[명] 밀가루와 감자 녹말을 섞어서 만든 국수. 쫄깃한 맛이 남.

쫄쫄[센]→졸졸.

쫄쫄-이[명] 끼니를 굶어 아무 것도 먹지 못한 모양.

쫄쫄-거리-다[센]→졸졸거리다.

쫄쫄-이[명] 채신없이 까불고 소견이 좁은 사람. 키가 작고 옹졸한 사람. cad

쫄쫄-이[명] 입으면 늘어나서 닿고 벗으면 쪼글쪼글 오그라드는 가벼운 내의나 신 따위.

쫄쫄쫄[센]→졸졸졸.

쫍:-맞-다[자] 움직임이 때에 마침 들어맞다. fit

쫍치-다[타] ①옹졸하게 만들다. make illiberal ②깨트리어 부수다. spoil

쫑그리-다[타] 짐승 따위가 귀를 꼿꼿이 치켜 세우다. ¶귀 쫑그리다. cock up the ears

쫑긋[이] ①짐승이 귀를 쫑그리는 모양. ②말을 하려고 입을 닥쌀하는 모양. (큰)종긋.

쫑긋-거리-다[타] ①말을 하려고 입술을 자꾸 움직이다. purse up ②짐승이 귀를 자꾸 쫑그리다. (큰)

쫑긋거리다. prick up **쫑긋=쫑긋**[이] [하](타)

쫑긋-하-다[타][여] ①짐승이 귀를 한번 쫑그리다. ②말을 하려고 입술을 놀리다. ¶쫑긋 웃다. ③짐승의 귀가 빳빳하게 서 있다. ¶바둑이의 쫑긋한 귀. ⑤쫑긋하다. **쫑긋-이**[이]

쫑알-거리-다[센]→종알거리다.

쫑알-쫑알[센]→종알종알.

쫑잘-거리-다[센]→종잘거리다.

쫑쫑[센]→종종.

쫑쫑-거리-다[센]→종종거리다².

쬐-다 상투나 낭자 등을 틀어서 죄어 매다.

쬧겨 가다가 경치 보랴[속] 절박(切迫)하여 딴생각을 할 여유가 없다.

쬧겨-나-다[타] 쬧김을 당하다. 내쫓음을 당하다.

쬧기-다 ①쬧음을 당하다. get pursued ②어느 일에 퍽 몰려서 지내다.

쬧-다 ①억지로 떠나게 하다. drive away ②몰아내다. drive ③앞에 세우고 급히 몰다. urge on ④급한 걸음으로 뒤를 따르다. pursue

쬧아-가-다[자][타] ①뒤를 급히 따라가다. (대)쫓아오다. pursue ②남의 뒤에 바싹 따라가다.

쬧아-다니-다[타] ①뒤에서 바싹 따라다니다. ②바쁜 일로 급히 다니다.

쬧아-내-다[타] 억지로 나가게 하다. drive out

쬧아-오-다[자][타] ①뒤에서 바싹 따라오다. (대)쫓아가다.

좌르르[센]→좌르르. [다. follow ②급히 오다.

짝[센]→쪽.

짝-짝[센]→짝짝.

짤짤[센]→짤짤.

짤짤-거리-다[타]→잘잘거리다.

쬐-다¹[자] ①볕이 비치다. shine ②볕에 쐬거나 말리다.

쬐-다²[타]→쪼이다. [리다. expose

쭈그러-들다[자][르][른] 차차 쭈그러져 작게 되어 가다. (작)쪼그라들다. be crumpled by degree

쭈그러-뜨리다[타] ①세게 눌러서 몹시 쭈그러지게 만들다. crumple ②힘껏 쭈그리다. (작)쪼그라뜨리다. ¶쭈크러뜨리다.

쭈그러-지다[자] ①무거운 것으로 눌리거나 욱이거나 하여 부피가 몹시 작아지다. be crumpled ②기운이 빠져서 쪼글쪼글하여지다. (작)쪼그라지다. be withered [한 살.

쭈그러-살[명] 살기가 빠지고 주름이 잡히어 쭈글쭈글

쭈그렁-밤[명] 알이 잘 들지 않아서 껍질이 쭈글쭈글한 밤. [러진 밤송이.

쭈그렁 밤-송이[쪽]-)[명] 알이 잘 들지 않아서 쭈그

쭈그렁 밤송이 삼 년 간다[속] 아주 잔약한 사람이 언뜻 못 살 것 같아도 오래 산다.

쭈그렁-이[명] ①쭈그러진 물건. crumpled ②얼굴이 쭈글쭈글한 늙은이. old withered person ③낟알이 잘 여물지 않은 것. half ripened fruit

쭈그리-다[타] ①위로 누르거나 옆으로 욱이어서 부피를 작게 만들다. crumple ②팔다리를 우그리고 앉거나 눕거나 하다. (작)쪼그리다. crouch

쭈글-쭈글[이] 물체가 쭈그러져서 많은 주름이 고르지 않게 잡힌 모양. (작)쪼글쪼글. wrinkled [하][여]

쭈룩[센]→쭈룩.

쭈룩-쭈룩[이] ①비가 그치락 하면서 퍼엄퍼엄 내리는 소리. ②가는 물줄기가 구멍이나 면을 흐르다가 그치어 방울방울 떨어지는 소리. (작)쪼록쪼록.

쭈르르[센]→주르르.

쭈르륵[센]→주르륵.

쭈르륵-거리-다[센]→주르륵거리다.

쭈뼛→쭈뼛쭈뼛. [→주뼛주뼛.

쭈뼛-하-다[타][여] ①높이 솟아 있다. towering ②무서운 것을 만나서 머리 끝이 솟는 듯한 느낌이 있다. shuddering **쭈뼛-이**[이]

쭈크러-뜨리-다[거]→쭈그러뜨리다.

쭈크리-다[거]→쭈그리다.

쭉[센]→죽².

쭉신[명] 해지고 주그러진 헌 신. worn-out shoes
쭉정-밤[명] 쭉정이로 된 밤. blasted chestnut
쭉정-이[명] 껍질만 있고 속 알맹이가 없는 곡식의 일[대]. blasted ears
쭉-쭉[부][센]→죽죽.
쭌득-거리-다[자][센]→준득거리다.
쭐긋-쭐긋[부][센]→줄긋쭐긋.
쭐레-쭐레[부][센]→줄레줄레.
쭐룩-쭐룩[부][센]→줄룩줄룩.
쭐쭐[부][센]→줄줄.
쭐쭐-거리-다[자][센]→줄줄거리다.
=쭝[접미] 수(數)를 나타내는 명사인 냥·돈·푼 아래에 붙어서 무게를 일컬음. ¶금 한 돈~. weight
쭝그리-다[타] 짐승 따위가 귀를 빳빳하게 치켜 세우다. [작] 쫑그리다. prick up ears
쭝긋[명] ①짐승 따위가 귀를 쭝그리는 모양. ②말을 하려고 입을 달싹하는 모양. 《센》 쫑긋.
쭝긋-거리-다[자타] ①말을 하려고 입술을 자주 움직움직하다. purse up ②짐승이 귀를 자주 쭝그리다. [작] 쫑긋거리다. prick up **쭝긋**[부]=**쭝긋쭝긋**[부] [하][타]
쭝긋-하-다[자타] 짐승의 귀가 빳빳하게 서 있다. [타] [부] ①짐승이 귀를 한번 쭝그리다. ②말을 하려고 입술을 들썩이다. 《작》 쫑긋하다. **쭝긋-이**[부]
쭝덜-거리-다[자][센]→중덜거리다.
쭝절-거리-다[자][센]→중절거리다.
쭝쭝-거리-다[자][센]→중중거리다.
=쯤[접미] 윗말에 붙어 얼마의 정도(程度)를 나타냄. ¶지금~. about
쯧-쯧[부] 가엾거나 마음에 덜 차거나 또는 주의를 환기시킬 때에 혀를 차는 소리. tut, tut!
찌[명]=낚시찌.
찌[2] '똥'의 어린이 말.
찌[3] 특히 기억할 것을 표하기 위하여 그대로 글을 써서 붙이는 종이쪽. memo
찌개[명] 고기나 채소에 된장·고추장 따위를 풀어 바특하게 끓인 반찬. pot stew [열두째, 짜]
찌=**개**[2][명] 옷감의 첫발에서부터 앞짚발에 꺾이지 않고 때에 마찰하여서 나는 소리. 《센》 찌꺽. creaking
찌격-거리-다[자] 연해 찌격 소리가 나다. 또, 연해 찌격 소리를 나게 하다. 《센》 찌꺽거리다. **찌격**=**찌격**[부] [하][타] 《셋째》
찌-걸[명] 옷감의 첫발에서부터 꺾이지 않고 곧장 열
찌=**고무**(-gomme 프)[명] 낚시찌를 달기 위해 낚싯줄에 꿴 고무 대롱. [짜그라뜨리다.] distort
찌그러-뜨리-다[타] 눌러서 몹시 찌그러지게 하다. 《작》
찌그러-지-다[자] ①무엇에 눌려서 모양이 고르지 않고 여기저기 우그러지다. be distorted ②살가죽이 쭈글쭈글하게 주름이 잡히고 작아지다. 《작》 짜그라지다. be seemed with wrinkles
찌그럭-거리-다[자][센]→지그럭거리다.
찌그럭-짜그락[부] 찌그럭거리고 짜그락거리는 모양.
찌그렁이[명] ①남을 대로 메를 쓰는 짓. teasing ②열매가 제대로 여물지 못한 것. withered green nut
찌그렁이-부리-다[자] 무턱대고 억지로 지그렁이 붙다. 메를 쓰다. importune
찌그르르[부][센]→지그르르.
찌그리-다[타] ①눌러서 찌그러지게 만들다. crush ②아래위 눈두덩을 감을 듯 말 듯 맞대다. 《작》 짜그리다. close one's eyes gently
찌근-거리-다[자][센]→지근거리다.
찌근덕-거리-다[자][센]→지근덕거리다.
찌글-거리-다[자][센]→지글거리다.
찌긋-거리-다[자] 남에게 눈치를 채도록 하느라고 눈을 자꾸 찡그리거나 옷을 자주 잡아당기다. 《작》 짜긋거리다. wink **찌긋**=**찌긋**[부] [하][타]
찌긋-하-다[자타] 눈이 조금 찌그러진 듯하다. 《작》 짜긋하다. wink **찌긋-이**[부]
찌꺼기[명] ①액체 속에 가라앉아 처져 남은 물건. dregs

②같은 물건 중에서 고르고 난 나머지 물건. waste ③쓰고 남은 허섭쓰레기. 사재(渣滓). 《약》 찌끼.
찌꺼[명][약]→찌끼. [rubbish
찌꺼-거리-다[자][센]→찌걱거리다.
찌끼[명][약]→찌꺼기. [맨 밑에 처진 술.
찌끼-술[명] 술독에 지른 용수 안의 맑은 술을 들 때
찌=**낚시질**[명] 낚시찌를 달아 찌에 오는 입질을 보고 물고기를 낚는 방법. 《대》 맥낚시.
찌=**날라리**[명] 낚시찌를 찌고무에 꽂기 위하여 찌 끝에 날라리줄로 연결해 놓은 메뚜기. 《약》 날라리.
찌-다[자] 기세가 꺾여 형편없이 되다.
찌-다[2][자] 살이 올라서 뚱뚱해지다. grow fat
찌-다[3][자] 흙탕물이 논밭에 넘칠 만큼 많이 괴다.
찌-다[4][자] 날씨가 뜨거울 것같이 몹시 더워지다. sultry
찌-다[5][타] 뜨거운 김으로 익히거나 식은 것을 데우다. ¶떡을 ~. steam
찌-다[6][타] ①갈팡·대팔·삼밭 따위에 배게 난 것을 성기게 베어내다. mow ②모판에서 모를 모숨모숨 뽑아 내다. ¶모를 ~. root out young riceplants to bed out
찌-다[7][타] 쪽을 틀어 올리고 비녀를 꽂다.
찌-도[명] 첫발에서 쭉 꺾이지 않고 있는 열한째의 옷
찌드럭-거리-다[자][센]→지드럭거리다. [발.
찌득찌득-하-다[자][여] 몹시 검질긴 물건이 좀처럼 베어지거나 쪼개지지 않다. 《작》 짜득짜득하다. tough
찌들-다[자] ①옷이나 피부에 기름기에 절어서 더럽게 되다. be stained ②세상의 온갖 어려운 일을 많이 겪고 부대껴 여위다. suffer hardships
찌들-거리-다[자타] 한목에 주지 않고 여러 차례에 나누어 조금씩 주다 말다 하다. 《작》 짜들거리다. give by driblets **찌들**=**찌들**[부] [하][타]
찌러기[명] 성질이 몹시 사나운 황소. wild bull
찌르-다[르][타] ①날카로운 끝을 들이밀다. 또, 손을 주머니나 고의춤 같은 데에 꽂다. pierce ②악의로 남의 비밀을 다른 사람에게 알려 주다. inform ③밑천을 들이다. invest ④감정 등을 날카롭게 건드리다. offend ⑤냄새가 후각을 자극하다. smell offensively
찌르레기[명] 《조류》 찌르레기과의 새. 날개 길이 약 13cm, 등은 회갈색, 머리는 검음. 인가 근처의 큰 나무 위에 집을 짓고 서식함.
찌르르[부][센]→지르르.
찌르륵[부] ①가는 대통 따위로 액체를 빨 때에 간신히 빨려 오르는 소리. 《작》 짜르륵. ②찌르레기가 우는 소리.
찌르륵-거리-다[자타] 연해 찌르륵하다. 또, 연해 찌르륵 소리를 나게 하다. 《작》 짜르륵거리다. **찌르륵**=
찌르릉[부] 벨이 울리는 소리. [**찌르륵**[부] [하][타]
찌르릉-찌르릉[부] 연해 벨이 울리는 소리.
찌릿-찌릿[부] 연해 살이나 뼈마디가 갑자기 세게 저린 느낌. [하][타] [느낌이 있다. 《작》 짜릿하다.
찌릿-하-다[자][여] 살이나 뼈마디가 갑자기 세게 저린
찌무룩-하-다[자][여] 못마땅한 기색이 얼굴에 나타나다. sullen **찌무룩-히**[부] [리다. crush
찌부러-뜨리-다[타] 찌부러지게 만들다. 《작》 짜부라뜨
찌부러-지-다[자] ①망하다시피 되다. be ruined ②생기가 줄어지다. ③짓눌려서 내려앉거나 부서지다. 《작》 짜부라지다. be inanimate
찌뻑-거리-다[자][센]→지빅거리다.
찌뿌드드-하-다[자][여] 열기 있는 병으로 으슬으슬 추운 느낌이 일어나며 몹시 거북하다. ¶찌뿌드드한 몸을 이끌고 학교에 나갔다. 《약》 뿌드드하다. feeling unwell
찌아노-제(Zyanose 도)[명] 《의학》 혈액 속의 산소가 부족할 때, 이산화탄소가 증가함으로 말미암아 피부나 점막이 몹시 파랗게 보이는 현상. 특히 입술에 일어나기 쉬움.
찌언-하-다[자][여] 마음에 걸려서 불쾌하다. discon- [tented
찌우-다[사동] 살이 찌게 하다. fatten

찌=울명 울판의 첫밭으로부터 꺾이지 않고 나아간 열넷째 밭.
찌증(-症)명 역정을 벌컥 내는 짓.《작》짜증. temper
찌증-나-다(-症)-타형 역정이 벌컥 일어나다.《작》짜증나다. loose one's temper
찌증-내:-다(-症)-타형 역정을 벌컥 내다.《작》짜증내다
찌=지(-紙)명 무엇을 표하거나, 적어 붙이는 종이쪽지. tag
찌=통(-筒)명 낚시찌를 넣는 통.
찌푸리-다타 날씨가 음산하게 흐리다. gloomy 얼굴·눈살을 찡그리다.《작》쩨푸리다. frown
찍¹감《센》→직³.
찍²감《센》→직².
찍-다타 ①도장을 눌러서 인발이 나타나게 하다. stamp ②사진을 박다. photograph ③무슨 물건의 끝에 액체 따위를 묻히다. ¶물만 찍어 발랐다. dip ④뽀죡한 것으로 무엇을 찔러서 꿰다. ¶작살로 물고기를 ~. pierce ⑤무엇에 점을 칠하다. ¶연지 찍고 분바르다. ⑥지목하여 골라내어 눈여겨 두다.
찍-다타 ①날이 있는 연장으로 쳐서 베다. cut ②목은 표 따위에 구멍을 뚫다. punch
찍감 아래에 금지나 부정의 말과 함께 쓰이며 '꼼짝도'의 뜻을 나타냄. ¶~도 못한다.《작》쩍소리. squeak
찍어-내:-다타 ①꼬챙이 따위로 꿰어서 내다. ②인쇄하다.
찍어-누르-다타르형 도장을 찍듯이 꼭 박아 누르다.
찍어-당기-다타 ①근육속의 부위가 죄어들어서 켕기는 힘이 생기다. be cramped ②꼬챙이 따위로 찍어서 끌어당기다. hook and pull
찍어-매:-다타 실이나 노끈 따위로 대충대충 꿰매다. put stitch (in)
찍어-매:-다타 피부에 흠집이 몹시 저서 꿰맨 것처럼 되다. look like stitched scar
찍자 찍자 하여도 차마 못 찍는다감 벼르기만 하다가는 막상 당하면 못한다.
찍찍¹감《센》→직찍¹.
찍찍²감 참새나 쥐 따위가 내는 소리.《작》쩩쩩. 하타
찍찍³감《센》→직찍².
찍찍-거리-다자타 참새·쥐 따위가 연해 찍찍 울다.《작》쩩쩩거리다.
찍히-다자 찍음을 당하다.
찐덥-다형 부끄럽지 않고 마음에 떳떳하다. have no feeling of a shame
찐득-거리-다자《센》→진득거리다.
찐-보리명 애벌 쪄서 그냥 씹어 먹을 수 있게 가공한 보리.
찐-쌀명 덜 여문 벼를 풋바심하여 쪄서 말려 찧은 쌀. steamed rice
찐-조명 덜 여문 조를 쪄서 말려 찧은 좁쌀.
찐-하-다형여 후회가 되어 속이 언짢고 아프다.《작》짠하다. regretful
찔깃-찔깃튀→질깃질깃.
찔꺽=거리-다자 진흙을 짓이길 때 썰서 소리가 기분나다. give lapping sound 찔꺽-찔꺽튀 하타
찔꺽=눈명 눈가가 늘 진무른 눈. bleary eye
찔꺽눈-이명 찔꺽눈을 가진 사람.
찔금명《약》→질금.
찔금=거리-다자《센》→질금거리다.
찔끔-찔끔튀 적은 분량의 것을 여러 번에 나누어 조금씩 내주는 모양.《약》쩔끔쩔끔.
찔끔-하-다자여 몹시 겁이 나서 몸을 움츠러뜨리다. flinch
찔뚝=거리-다자타《센》→질뚝거리다.
찔뚝-찔뚝튀→질뚝질뚝.
찔뚝-하-다형여→질뚝하다.
찔레명 ①《약》찔레나무. ②찔레나무의 순.
찔레=꽃명 찔레나무의 꽃.
찔레=나무명〈식물〉장미과(薔薇科)의 낙엽 활엽 관목. 가시가 있고 잎은 난형 또, 타원형임. 5월에 백색의 꽃이 피고 과실은 10월에 빨갛게 익음. 산록의 양지 및 개울가에 남. 들장미.《약》찔레①. brier
찔룩=찔룩튀《센》→질룩질룩.
찔룩-하-다형《센》→질룩하다.
찔름=거리-다자《센》→질름거리다¹.
찔름=거리-다타《센》→질름거리다².
찔리-다자피 ①날카로운 끝에 찌름을 당하다. be stuck ②양심의 가책을 받다. be ashamed of
찔쑥튀《약》→찔쑥이.
찔쑥-찔쑥튀《약》→찔쑥찔쑥.
찔쑥-하-다형여《약》→찔쑥하다.
찔찔튀《센》→질질.
찜명 ①고기나 야채를 국물이 바특하게 삶아 만든 음식. boiled meat ②《약》→찜질. 하타
찜명 물건끼리 맞물은 틈. crack
찜-나-다자 틈이 생기다. crack 【짜증. fretfulness
찜부럭명 몸이나 마음이 괴로울 때에 걸핏하면 내는
찜부럭-내:-다자 걸핏하면 짜증을 내다. be irritable
찜부럭-부리-다자 일부러 짓궂게 찜부럭을 내다. fret
찜뿌명 고무공으로 야구 경기를 본떠 노는 아이들의 장난.
찜=없다타형 ①맞붙은 틈에 흔적이 통 없다. traceless joint ②일이 잘 어울려서 틈이 없다. perfect 찜=없이튀
찜=질하-다자여 ①얼음·더운물·약물을 헝겊이나 솜에 적셔 아픈 부분에 대어 병을 고치는 법. stupe ②뜨거운 모래밭이나 온천 또는 뜨거운 물 속에 몸을 묻어 땀을 흘림으로써 병을 고치는 법.《약》찜②. bath 하타 【hesitant
찜찜-하-다형여 면목이 없어 말하기는 어렵다.
찝찔-하-다형여 ①감칠맛이 없이 조금 짜다.《작》짭짤하다. saltish ②일이 뜻대로 되지 않아 못마땅하다. unsatisfying
찡명 얼음장이나 굳은 물건 등이 갑자기 갈라질 때 나는 소리.《작》짱. sound of cracking
찡검-찡검튀→징검징검.
찡그리-다타 근심스럽거나 언짢을 때 이마나 눈살을 찌푸리다.《작》쨍그리다. frown
찡긋튀 남을 주의시키려고 얼굴을 찡그리는 모양. 하타
찡긋=거리-다타 남을 몰래 주의시키느라고 얼굴을 찡그리다. warn by knitting the brows 찡긋-찡긋튀 하타 【하게 되다. be crumpled
찡기-다자 팽팽이 켕기지 못하고 구기어서 주름주름
찡등-거리-다자 마음에 언짢아하여 얼굴을 몹시 찡그리다.《작》쨍당거리다. make a wry face
찡얼=거리-다자《센》→징얼거리다.
찡정=거리-다자→징정거리다.
찡코=이명《약》→코찡정이.
찡찡-하-다형여 ①석연(釋然)하지 못한 점이 있어서 마음에 걸려 겸연쩍다. unsatisfied ②코가 막히어 숨쉬기가 거북스럽고 잘 통하지 않다. unsatisfied
찢기-다자피 ①찢어지게 되다. be torn ②이리저리 끌리다. be eagerly sought after 【끌다. draw
찢-다타 ①잡아당기어 가르다. tear ②이곳 저곳에서
찢=뜨리-다타 형겊 따위를 무심결에 찢어지게 하다. tear by accident 【pieces
찢어 발기-다타 갈가리 찢어서 못쓰게 하다. tear to
찢어-지-다자 찢기어서 갈라지다. be torn
찧고 까불다타 되지 않은 소리로 사람을 조롱하며 경망스럽게 행동하다.
찧-다타 ①곡식 따위를 절구에 담고 공이로 내리치다. polish ②땅 같은 것을 다지기 위해 무거운 물건을 들어서 내리치다. pound

차[치읓] 《어학》 ① 한글 자모의 열째 글자. the 10-th letter of the Korean alphabet ② 자음의 하나. 목젖으로 콧길을 막고, 혀의 가운뎃바닥을 경구개(硬口蓋)에 붙였다가 숨을 힘있게 불어 내면서 혓바닥을 뗄 때 나는 파찰음으로 안울림소리. 받침으로 그칠 때는 윗잇몸에서 혀끝을 떼지 아니하여 'ㄷ'에 가까운 소리가 됨.

차(의명) 《민속》 '치아'의 예스러운 말. ¶입춘~.
차:[접두] 찰기가 있음을 뜻함. ¶~조. (대) 메~.
차(此)[관] 이. 이것. this
차(車)[명] ① 자동차·기차 따위의 온갖 수레. ~창(窓). vehicle ② 일축(一軸)을 중심으로 하여 돌아 가는 바퀴의 총칭. wheel ③ 장기짝의 하나.
차(茶)[명] ①(약)→차나무. ② 차나무의 어린 잎을 따서 만든 음료(飮料)의 재료. 또, 차를 달인 물. 커피·녹차·홍차 따위. tea
차(差)[명] ① 질(質)이나 양(量)에 있어서 서로 틀리는 정도. ¶실력~. difference ②《수학》많은 수에서 적은 수를 덜어 낸 나머지 수량. remainder
차(次)[의명] 어떤 일의 그 기회를 타서 다른 일까지 하게 됨을 나타냄. ¶시골에 갔던 ~에 모교에 들렸다. take the occasion to
=**차**(次)[접미] ① 어떤 명사 뒤에 붙어서 '~하려고'의 뜻을 나타냄. ¶회의에 참석~ 서울에 왔다. in order to ② 숫자 아래 붙어서 횟수·도수를 나타내는 말. ¶제일~ 대전. ordinal number ③《수학》차수(次數)를 나타냄. ¶일~ 방정식. degree ④ 한자로 된 명사 아래 붙어 값·거리의 뜻을 나타냄. ¶하의(下衣)~. material
차[명] 《고》 째(次).
차[명] 《고》 차게(滿). 가득하게. 두루.
차:**가**(借家)[명] ① 빌려 들어 사는 집. rented house ② 집을 빌려 듦. (대) 대가(貸家). rent a house **하**다 ¶~이가 닳을 ~. carry off
차:**가**-**다**[타] 물건을 빼앗다시피 몰아가다. ¶살쾡
차:**가**-**인**(借家人)[명] 집을 빌려 든 사람. [**하**다
차감(差減)[명] 견주어서 덜어 냄. ¶~ 잔액. balance
차갑(茶匣)[명] 《고》 찻물건이 피부에 닿아 찬 느낌이 나다. ¶차가운 달빛. cold, icy ② 냉정하다. 매정하다. ¶차가운 태도를 보이다. cold, icy
차:**거**(借居)[명] 집을 빌려 삶. living in a rented house **하**다
차:**건**[一껀](借件)[명] ① 남에게 빌려 주는 물건. thing lent to others ② 남에게 빌려온 물건. rented thing
차견(借見)[명] 남에게 빌려서(書冊)을 빌려서 봄. 차람(借覽). loan for a look **하**다 [dispatch
차견(差遣)[명] 사람을 시켜서 보냄. 차송(差送).
차:**경**(且驚且喜)[명] 한편 놀라면서 한편 기뻐함. **하**다
차:**계**(遮戒)[명] 《불교》 불문(佛門)에 있는 사람이나 제자가 엄하여야 된 것을 금지하고, 속인(俗人)이나 수계(受戒)하지 않은 사람은 이를 범해도 죄가 되지 않는 계율(戒律). 불음주계(不飮酒戒)와 같은
차고(車庫)[명] 차를 넣어 두는 곳간. garage [것.
차고앉-**다**[자] 무슨 일을 맡아서 자리를 잡다.
차곡차곡[부] 한결같이 물건을 가지런히 포개거나 접히는 모양. ¶책을 ~ 쌓아 올리다. in good order
차골(次骨)[명] 원한이 뼈에 사무침. **하**다
차관(次官)[명] 《법》 장관을 보좌하고 그를 대리할 수 있는 별정직 공무원. vice-minister
차:**관**(借款)[명] 《법률》 국제간의 자금의 대차. 정부 차관과 민간 차관이 있음. loan **하**다
차관(茶罐)[명] 찻물을 달이는 그릇. 다관. tea-pot
차관-보(次官補)[명] 장관과 차관을 보좌하는 별정직 공무원. assistant secretary
차광(遮光)[명] 광선을 막아서 가림. covering the light
차광-기(遮光器)[명] 《군사》 야간에 화기(火器)를 발사할 때 나타나는 화광(火光)을 가리기 위하여 포구(砲口)에 붙이는 장치.
차광-판(遮光板)[명] 《동》 셔터(shutter).
차군(此君)[명] 대나무를 다정스럽게 일컫는 말.
차근-거리-다[자] →자근거리다.
차근차근-히[부] 자세하고도 차례가 있게 하는 모양. ¶~ 문제를 풀어 보라. **하**다 [서 있다. 차근-히
차근-하-**다**[여] 의젓하고 안정성 있게 앉아 있거나
차금(差金)[명] 차인(差引)한 나머지의 금액. 차액(差額). balance
차:**금**(借金)[명] 돈을 꾸어 옴. 또, 그 돈. debt **하**다
차금 매매(差金賣買)[명] 《경제》 매매할 물건의 시가 (市價)의 변동을 짐작하고, 그 차액(差額)을 이득으로 잡으려 하기 위한 매매. margin [타]
차:**급**(借給)[명] 꾸어 줌. 차여(借與). lend 하
차기(次期)[명] 다음의 시기. 다음 계제. ¶~의 이익 배당금. next term
차기(此期)[명] 이 시기. 이 기회. this time
차기(茶器)[명] ①《동》차제구(茶諸具). ② 가루로 된 차를 담는 사기 그릇. [은젠.
차기(箚記)[명] 독서하여 얻은 바를 수시로 수록해 놓
차:**길**(借吉)[명] 상제의 몸으로 길례(吉禮) 때에 특별히 길복(吉服)을 입음. **하**다
차깔-하-**다**[타] 문을 굳게 달아 두다. 《준》 처깔하다. shut the door tightly
차꼬(제도)[명] 옛 형구(刑具)의 하나. 기다란 두 개의 나무 토막 사이에 구멍을 파서, 죄인의 두 발목을 그 구멍에 넣고 자물쇠로 채우게 되어 있음. 족가(足枷). 족쇄(足鎖).
차꼬-막이(건축)[명] ① 기와집 용마루의 양쪽에 마무르는 수키왓장. ② 박공머리에 물리는 네모진 서까래와 기와.
차끈차끈-하-**다**[여] 차끈한 느낌이 연해 느껴지다.
차끈-하-**다**[여] 아주 차가운 느낌이 있다. chilly
차나무(茶一)[명] 《식물》 후피향나무과의 상록 활엽 관목. 봄철의 어린 잎은 홍차·녹차를 만들어서 음료로 많이 쓰이며 기호 식물로 재배함. 《약》차(茶)~. tea plant   [《대》차녀(次女). second son
차남(次男)[명] 둘째 아들. 차자(次子). 중자(仲子).
차내(車內)[명] 열차·자동차 따위의 안. inside car
차녀(次女)[명] 둘째 딸. 《대》차남(次男). one's second
차년(此年)[명] 금년. this year   [daughter
차-**다**[자] ① 더 들어갈 수 없이 가득하게 되다. ¶술독에 술이 꽉 ~. be full of ② 정한 수효가 모자람이 없이 되다. ¶정원이 차다. be filled with ③ 정한 기한에 이르다. ¶빚을 갚을 날수가 ~. be up ④ 이지러짐이 없이 온전하게 되다. ¶달도 차면 기운다. 이제 비다. wax
차-**다**[타] ① 끈을 달아 몸에 걸로 늘어뜨리다. ¶권총을 ~. ② 수갑이나 시계 따위를 팔목에 끼우다. wear
차-**다**[타] ① 발끝으로 질러서 치뜨리다. ¶공을 ~. kick ② 마소를 물거나, 언짢은 일이 있을 때 혀를 울리어 소리를 내다. click ③ 날쌔게 빼앗다. ¶독수리가 병아리를 ~. carry off ④ 거절하듯이 떼

버리다. ¶애인을 ~. refuse
차-다[티] ①인정이 없다. 냉담하다. ② 기운이 낮다.
·추-다[티] 〈고〉 차다(佩). ⎿③물체의 온도가 낮다.
·추-다[티] 〈고〉 차다(滿).
·추-다[티] 〈고〉 차다(蹴).
·추-다[티] 〈고〉 차다(寒).
차다-거리-다[자] 빨랫방망이로 빨래를 가볍게 두드려서 소리를 내다. pat ②종이 따위를 자꾸 함부로 바르거나 덧붙이다. 《큰》처럭거리다. 차다-차다-하다[티] ¶음. ¶교통(交通) ~. cutting off 하다
차단(遮斷)[팀] 막아서 끊음. 가로막아 사이를 끊음.
차단-기(遮斷器)[명] 개폐기(開閉器)의 하나. 전기 회로의 개폐를 맡아보는 기구. circuit breaker
차단-기(遮斷機)[명] 철도 선로의 건널목을 봉쇄하여 내왕을 막는 장치.
차:단-법[-뻡](遮斷法)[명] 문장 표현의 기교로서, 감정이 고양(高揚)한 것을 나타내기 위하여 문장을
차담(茶啖)[티]〈동〉다담(茶啖). ⎿중단하는 수법.
차당(大堂)〈제도〉각 관아의 당상(堂上)다음 자
차당(遮當)[티] 가려 막음. ⎿리의 관리.
차대(次代)[명] 다음 대(代).
차대(次對)[명]〈제도〉매달 여섯 차례씩 의정(議政)·대간(臺諫)·옥당(玉堂)들이 입시(入侍)하여, 중요한 정무(政務)를 상주(上奏)하던 일. 빈대(賓對).
차대(車臺)[명] 기차 같은 것의 차체를 받치며 바퀴에 연결된 철제의 비. 프레임. 「항시키는 일. 하다
차대(車對)[명] 장기에서 상대의 차(車)와 제 차를 대
차대(差代)[명] 후임자(後任者)를 뽑아 채움. 하다
차:대(借貸)(借貸)[명] 〈동〉차대(貸借).
차도(車道)[명] 보도(步道)에 대하여, 주로 차가 통행하도록 규정한 도로 구획. 차로. 찻길≫ drive way
차도(差度·瘥度)[명] 병이 조금씩 나아가는 일. ¶병이 조금씩 ~이 있다. convalescence ⎿람의 비유.
차-돌[명](鑛)석영(石英). calcite ②야무진 사
차돌 모래[명] 규사(硅砂). sand mixed with calcite
차돌-박이[명] 양지머리뼈 한복판의 기름진 고기.
차동 톱니바퀴(差動一)[명] 톱니바퀴 축의 중심이 다른 축의 둘레를 회전하도록 한 톱니바퀴. differential
차:득(借得)[명] 남의 것을 빌려 가짐. 하다 ⎿gear
차등(次等)[명] 버금되는 등급. next grade
차등(此等)[명] 이들. 이것들. these
차등(差等)[명] 차이가 나는 등급. ¶~을 두다. grade
차등(遮燈)[명] 등불 빛이 밖으로 비치지 않도록 가림. covering a lamp 하다
차등 배:당(差等配當)[명] 배당금에 차별을 두는 주식 배당 제도. 대주(大株主)에게는 배당을 주지 않고, 소주주에게만 배당을 주는 따위.
차등=사(此等事)[명] 이 여러 가지 일.
차등 신:기(差等選擧)[명] 신분·재산·교육·납세 등에 의하여 선거권의 가치가 평등하지 않은 선거.
차디-차-다[형] 매우 차다. ¶차디찬 얼음. icy cold
차-떼:기(車-)[명] 소매할 상품에 대하여, 자동차 한 차에 얼마로 값을 쳐서 모개로 떼어 사는 일.
차라리[부] 저러하는 것보다 이러하는 것이 오히려 나음을 나타내는 말. 도리어. rather ⎿악기.
차라멜라(charamela 포)〈음악〉나팔 비슷한 목관
차란-차란[부]〈거〉자르랑자르랑. 하다
차람(借覽)[명]〈문〉차견(借見). 하다
차랑[부]〈자〉자랑.
차랑-거리-다[자] 길게 드리운 물건이 부드럽게 움직인다. 《큰》치렁거리다. 차랑-차랑[부] 하다
차랑-거리다[자]〈거〉자르랑거리다.
차랑-하-다[여불] 길게 드리운 물건이 땅에 닿을락말락하게 축 늘어져 있다. 《큰》치렁하다. trailing
차:래(借來)[명] 빌려 옴. 꾸어 옴. borrow 하다
차량(車輛)[명] ①기차의 한 칸. car ②여러 가지 수레의 총칭. ¶~ 검사. vehicle
차량-세(車輛稅)[명]〈법률〉각종 차량에 대하여 그 소유자에게 과하는 잡종세. vehicle tax

차량 한:계(車輛限界)[명] 궤도(軌道)의 바른 위치에서 차량의 각 부분이 바깥 공간을 침범하지 않도록 규정한 한계.
차려[감] '부동 자세(不動姿勢)를 취하라'는 구령. Attention!
차:력(借力)[명] 약이나 신령의 힘을 빌려 몸과 기운을 굳세게 하는 일. ¶~약(藥). 하다
차:력=꾼(借力-)[명] 자기의 원 힘이 아닌 약이나 신령의 힘으로 굳세어진 사람.
차렵(명] 옷에 솜을 얇게 두는 방식. thin quilt
차렵=것[명] 차렵으로 지은 옷. clothes quilted thinly
차렵 두루마기[명] 차렵으로 지은 두루마기.
차렵 바지[명] 차렵으로 지은 바지. quilted thinly
차렵 이불[-니-][명] 차렵으로 지은 이불. beddings
차렵 저고리[명] 차렵으로 지은 저고리.
차례(次例)[명] 순서 있게 벌여 나가는 관계이 와 그 관계에서 어느 하나. 서차(序次). 제차(第次). 차제(次第).
차례(茶禮)[명] 음력 매달 초하룻날과 보름날·명절날·조상 생일 등의 낮에 지내는 제사. 다례(茶禮). 차사(茶祀). ancestor-memorial service
추·례[명]〈고〉차례.
차례-걸음[--][(次例-)][명] 차례를 따라 일을 진행함. orderly management
차례=지:내-다(茶禮-)[자] 차례의 의식을 올리다.
차례=차례(次例次例)[부] 차례를 따라서. ¶~ 들어가 ⎿물. in turn
차례-탑(茶禮塔)[명] 차례 때 탑처럼 높이 피어 올린 제
차로(叉路)[명] 두 갈래로 나누어진 길. 교차로(交叉路). forked road
차로(車路)[명] 찻길. 차도(車道). drive way
차:로(遮路)[명] 길을 막음. 차도(車道). blocking the
차륜(車輪)[명] 수레바퀴. wheels ⎿road 하다
차륜 선반(車輪旋盤)[명] 차륜·축바퀴 등의 가공에 쓰이는 특수 선반.
차르랑[부]〈자〉자르랑.
차르랑-거리-다[자]〈자〉자르랑거리다.
차르리즘(tsarizm 러)[명] 제정 러시아의 전제적 정치 체제. 또는 그러한 전제주의.
차리-다[티] ①장만하여 베풀다. ¶술상을 ~. prepare ②정신을 가다듬다. ¶정신을 ~. pull oneself together ③몸치장을 하다. ¶옷을 잘 차려 입었다. dress ④해야 할 일에 준비를 갖추다. ¶길 떠날 차비를 ~. prepare ⑤어떤 태도를 갖추거나 꾸미어 걸으로 드러내다. ¶체면을 ~. 위신을 ~. take an attitude ⑥일정한 욕망을 채우려 하다. try to satisfy one's desire ⑦분간하거나 짐작하여 알아내다. ¶껍새를 ~. sense
추리-다[티]〈고〉차리다. 정신 차리다. 찾다.
차림[명] 차린 그 모양. ¶검소한 ~. attire
차림-차림[명] 이모저모의 차림새.
차림-표(-表)[명]〈동〉식단(食單).
차:마[부] 애틋하고 안타까워서 감히 어서. ¶생생하게 여읜 그 끝이야 ~ 못 보겠다. How can one (do
차마(車馬)[명] 차량과 말. 거마(車馬). ⎿it?)
·추·마[명]〈고〉차마. ⎿증세. car sickness 하다
차-멀미(車-)[명] 차를 탐으로써 일어나는 어지러운
차면(遮面)[명] ①얼굴을 가림. veiling one's face ②얼굴을 서로 가리느라고 판장(板墻)이나 휘장(揮帳) 등으로 막음. 하다 ⎿은 담.
차면-담(遮面-)[명] 얼굴을 가리기 위하여 앞으로 쌓
차:명(借名)[명] 남의 이름을 빌려서 씀. borrowing a name 하다
차비(差備)[명]〈제도〉조선조 때, 경각사(京各司)의 관비(官婢)의 하나. 차를 끓여 대었음.
차:문(借文)[명] 남을 시켜서 시문(詩文)을 짓게 함. 또, 그 글. 하다 ⎿「(假設)로 물음. asking 하다
차:문(問問)[명] ①남에게 대하여 물음. ②허청대고 가설
차:문-차:답(借問借答)[명] 한편 묻고 한편 대답함. questioning and answering 하다
차:물(借物)[명] 빌려 쓰는 물건.

차:밍(charming)〖명〗 매력적(魅力的). 매혹적(魅惑的). 하형

차:밍 스쿨(charming school)〖명〗〖동〗 참 스쿨(charm school).

차반(饌盤)〖명〗 맛있게 잘 차린 음식. capital dinner

차반(茶盤)〖명〗 찻그릇을 올려놓는 쟁반. 다반(茶盤). ·차반(借)[고] 음식. 반찬. [tea-tray

차:방(借方)〖명〗 차변(借邊).

차변(此邊)〖명〗 이 편. this side

차:변(借邊)〖명〗〖경제〗 부기(簿記) 용어. 계정 계좌(計定計座)의 왼쪽. 자산(資產)의 증가·부채 또는 자본의 감소·손실의 발생 등을 기입하는 부분. 차방(借方). 때 대변(貸邊). debit side

차별(差別)〖명〗 차등이 있게 구별함. 때 평등(平等). discrimination

차별=계(差別界)〖명〗 만물에 차별이 있는 이 세상. 현상계(現象界). 때 평등계. world of inequality

차별 관세(差別關稅)〖명〗〖법률〗 수입 화물의 산출국(產出國)이나 상품의 종류에 따라 일반 세율보다 높은 세율을 부과하는 관세. 때 특혜 관세(特惠關稅).

차별 대:우(差別待遇)〖명〗 정당한 이유 없이 남보다 나쁜 대우를 함. 또, 그 차별을 두고 하는 대우. 하타

차부(車夫)〖명〗 마차·달구지 등을 부리는 사람. car-man [집합소. motor-pool

차부(車部)〖명〗 자동차의 시발·종착점에 마련된 차의

차부=소(一所)(車夫一)〖명〗 짐 싣는 수레를 끄는 큰 소. car-ox [ding to the grade 하타

차분(差分)〖명〗 등급을 두어 나눔. distribution accor-

차분-하다〖여〗 마음이 가라앉아 차분하다. 〖부〗차분한 성격. calm **차분=히**〖부〗

차비(車費)〖명〗 찻삯. 차임(車賃).

차비(差備)〖명〗 ①〖동〗 채비. ②〖제도〗 특별한 사무를 맡기려고 임시로 하는 임명. 하타

차비=관(差備官)〖명〗〖제도〗 특별한 사무를 맡기기 위·초·불[고] 찰방. [하여 임시로 임명하는 벼슬.

차사(此事)〖명〗 이 일.

차사(茶祀)〖명〗 차례(茶禮).

차사(差使)〖명〗〖제도〗 ①중요한 임무를 위해 파견하는 임시직. 〖합음(威音)〗 ~. ②수령이 죄인을 잡으러고 보내는 관원.

차사 예:채(差使例債)〖명〗〖제도〗 차사로 파견된 사람에게 죄인이 보내준 돈.

차:산·병(一散餅)〖명〗 찹쌀 가루로 만든 산병.

차상(次上)〖명〗〖제도〗 시문(詩文)을 꼲는 등급의 하나.

차상(車上)〖명〗 차의 위. [넷째 등급 중의 첫쨋 금.

차상(嗟傷)〖명〗 차칭(嗟稱). 하타

차상 차하(差上差下)〖명〗 좀 윗길 되기도 하고 아랫길 되기도 함. 막상 막하(莫上莫下). 하타

차생(此生)〖명〗 이승.

차서(次序)〖명〗 차례의 순서. order

차석(次席)〖명〗 수석(首席)의 다음 자리. 다음. 차위(次位). next seat

차석(此席)〖명〗 이 자리. this seat

차석(嗟惜)〖명〗 애달버하며 아깝게 여김. 하타

차선(次善)〖명〗 최선의 다음. 두 번째로 좋은 것.

차선(車線)〖명〗 ①자동차의 노선. 한 대의 차량이 지나가는 데 필요한 넓이로 그어 놓은 선. ②숫자 다음에 쓰이어, 그 숫자가 뜻하는 '차선'임을 나타냄. 〖경부 고속 국도는 사(四)~도로이다.

차선 차후(差先差後)〖명〗 앞서기도 하고 뒤서기도 함. neck to neck 하타

차선=책(次善策)〖명〗 최선에 버금가는 방책.

차:설(且說)〖명〗〖동〗 각설(却說).

차세(此世)〖명〗 이승. 이 세상. this life

차세(此歲)〖명〗 올해.

차:소=위(此所謂)〖명〗 '이야말로'를 한문투로 이르는 말.

차손=금(差損金)〖명〗 매매의 결산을 할 때의 상대의 손실금. [thing to send 하타

차:송(借送)〖명〗 빌려서 보냄. 구어 보냄. borrow a

차:송(差送)〖동〗 차견(差遣). 하타

차수(叉手)〖명〗 두 손을 어긋매껴 마주 잡음. 하자

차수(次數)〖명〗〖수학〗 ①단항식(單項式)에서 그 문자 인수(因數)의 수. ②다항식(多項式)에서 그 포함하는 단항식의 제일 높은 차수를 그 다항수(多項數)의 차수라 함. degree

차수(茶水)〖명〗 차를 끓인 물. 찻물. [a hand 하자

차:수(借手)〖명〗 남의 손을 빌려서 일을 함. borrowing

차수(差數)〖명〗 차가 생긴 수효. difference in number

차슈(差手)〖고〗 산자(繖子).

차승(叉乘)〖명〗〖수학〗 산가지를 써서 하는 승법(乘法).

차승(差勝)〖명〗 조금 나아짐. 하타

차시(此時)〖명〗 이 때. 지금. this time

차:시대(此時代)〖명〗 이 시대. 현대(現代).

차:신 차:의(且信且疑)〖명〗 믿음직하기도 하고 의심스럽기도 함. 반신 반의. half in doubt 하타

차실(次室)〖명〗 큰 방에 딸린 다음 방. next room

차실(茶室)〖명〗〖동〗 다방(茶房).

차심(此心)〖명〗 이 마음. [second son

차아(次兒)〖명〗 부모가 둘째 아들을 가리키는 말. my

차아(嵯峨)〖명〗 산이 높고 험함. towering 하타

차아(次亞)〖접두〗〖화학〗 산(酸)의 명명(命名)에 붙이는 말.

차아=인산(次亞燐酸)〖명〗〖화학〗 산류의 하나. 수용액을 공기 중에 두면 산소를 흡수하여 인산으로 됨. hypophosphorous acid [(Thio黃酸)나트륨.

차아황산=나트륨(次亞黃酸 natrium)〖명〗 →티오황산

차안(此岸)〖명〗〖불교〗 생사(生死)의 세계. 때 피안(彼岸).

차압(差押)〖명〗〖법률〗 '압류(押留)'의 구민법상의 용어.〖동〗〖狀〗 seizure 하타

차:액(借額)〖명〗 남에게서 꾸어 온 돈의 액수.

차액(差額)〖명〗 한 액수에서 다른 어떤 액수를 감한 나머지의 액수. 차금(差金). balance

차액(遮額)〖명〗〖동〗 가리마.

차야(此夜)〖명〗 이 밤. 또는 이날 밤.

차:양(遮陽)〖명〗〖동〗 차양자(次養子).

차양(遮陽)〖명〗 ①〖건축〗 볕을 가리거나 비를 막기 위해 처마끝에 덧붙이는 작은 지붕. awning ②학생모·군모 등의 이마 앞에 내민 부분.〖영〗visor [으로 많이 씀.

차양=선(遮陽船)〖명〗 차양이 있는 배. 흔히 유선(遊船)

차:양=자(次養子)〖명〗 죽은 맏아들의 사손(祀孫) 될 만한 사람이 없을 경우에, 조카뻘 되는 사람을 그의 아들을 낳을 때까지 양자(養子)로 삼는 일.〖약〗 차양(次養). 하타

차역(差役)〖명〗 노역을 시킴. employment 하타

차역(此亦)〖명〗 이것도 또한. this also

차=역시(此亦是)〖명〗 이것 역시. 이것도 또한.

차=오르기〖명〗〖체육〗 기계 체조에서, 양발을 나란히 하고 공중을 차서 상반신을 철봉 위에 올리는 운동.

차=오르리-다〖명〗 발로 차서 위로 올리다. 〖동〗 ~.

차완(茶碗)〖명〗 찻종의 하나. 조금 크고 뚜껑이 있음. teacup

차완(差緩)〖명〗 조금 느즈러짐. 하형

차외(此外)〖명〗 이 밖. 이 이외(以外).

차:용(借用)〖명〗 물건이나 돈을 빌리거나 꾸어 씀. 채용(債用).〖때〗 대여(貸與).〖반제(返濟). borrowing

차:용=금(借用金)〖명〗 꾸어 쓴 돈. [하타

차:용=물(借用物)〖명〗 남에게서 차용한 물건. ②사용대차(貸借) 계약의 목적물로서 차주가 사용 수익하는 물건.

차:용=어(借用語)〖명〗 ①〖동〗 외래어. ②특히 국어로 된 말.

차:용=인(借用人)〖명〗 돈이나 물건을 꾸어서 쓴 사람.

차:용=증[一證](借用證)〖명〗 차용 증서.

차:용 증서(借用證書)〖명〗 돈이나 물건의 차용을 증명하는 증거 문서. 차용증(借用證).

차운(次韻)〖명〗〖문학〗 남이 지은 시의 운자(韻字)를 따서 시를 지음. 하타

차원(次元)[명] ①〈수학〉일반적인 공간의 넓이의 정도를 나타내는 수. 직선은 1차원, 평면은 2차원, 통상의 공간은 3차원이지만, n차원이나 무한 차원의 공간도 생각할 수 있음. 2어떤 사물을 생각하거나 행할 때의 입장. 또, 그 정도. 사고 방식이나 행위 등의 수준. 레벨(level). ¶나의 생각은 너의 생각과 ~을 달리한다. ¶~이 다른 생활.

차:월(且月)[명] 음력 6월의 딴이름.

차월(此月)[명] 이 달.

차:월(借越)[명]〈경제〉대월(貸越)을 예금자측에서 일컫는 말. 예금액 이상으로 대부받는 일. overdraft

차월피:월(此月彼月)[명] 이달 저달로 미룸. 또, 미루는 모양. putting off from month to month 하다

차위(次位)[명] 다음가는 지위나 등위. 차석(次席).

차:위(借威)[명] 남의 위력을 빌림. 하다

차유(一油)[명] 밀을 섞어 끓인 들기름.

차이(差異)[명] 서로 차가 있게 다름. difference

차이나(China)[명] 중국(中國).

차이나 로비(China lobby)[명] 미국에서의 중국 및 극동 지역에 대한 이익 옹호를 위하여 의회(議會)에 대한 진정·청원을 중개하는 원외(院外) 단체.

차이나타운(Chinatown)[명] 화교(華僑)들이 외국 도시 일부분을 점하여 중국식의 거리를 만든 지역.

차이:법(差異法)[명]〈논리〉귀납법(歸納法)의 하나. 어떤 현상이 일어날 때와 일어나지 않을 경우와의 차이를 조사하여 인과(因果)를 미루어 가는 방법. method of difference

차이:성(一性)(差異性)[명] 차이가 나는 성질. 〖대〗동일성(同一性).

차이 심리학(差異心理學)[명]〈심리〉개인·개성(性)·민족·직업·집단·세대(世代) 등의 인간차의 차이로서 개성이나 집단의 구조를 규명하려는 심리학. 개성심리학(個性心理學). 〖점〗공통점(共通點).

차이:점(一點)(差異點)[명] 차이가 나는 점. 〖대〗공통점.

차이트가이스트(Zeitgeist 도)[명] 어떤 시대를 통하여 그 시대를 특징짓는 정신.

차익(差益)[명] ①뺄 것을 빼고 난 나머지의 이익. profits ②가격의 개정 등으로 생기는 이익. marginal profits

차인(此人)[명] 이 사람. this person

차인(差人)[명] 장사하는 일에 시중 드는 사람. 차인꾼.

차인-꾼(差人一)[명]〖동〗차인(差人).

차일(遮日)[명] 햇볕을 가리려고 치는 포장. 천포(天布)①. blind

차일-돌(遮日石)[명] 차일을 칠 때 줄을 매는 돌.

차일시 피:일시(此一時彼一時)[명] 이 때 일과 저 때 일이 서로 사정이 다름. 이것도 저것도 다 한때임. 피일시(彼一時)에 다름.

차일 피:일(此日彼日)[명] 이날 저날. ¶어떤 일이든지 ~ 미루지 말자. putting off from day to day

차임(車賃)[명]〖동〗차삯, 차비(車費).

차임(差任)[명]〈제도〉하리(下吏)를 임명하던 일. 하다

차:임(借賃)[명] 물건을 빌려 쓴 값. 〖대〗대임(貸賃). rent

차임(chime)[명] ①시각을 알리거나 호출용으로 쓰이는 벨(bell)의 일종. 또, 그 소리. ②〈음악〉화성(和聲). ③〈음악〉타악기의 하나. 반음계로 조율된 18개의 금속관을 매단 것을 해머로 쳐서 연주함. 종.

차:입(借入)[명] 대부. 대출. borrowing 하다. ¶그 소리.

차입(差入)[명] 유치 또는 구류된 사람에게 음식이나 물품을 들여 보냄. 하다

차입-금(差入金)[명] 차입하는 돈. loan

차입-물(差入物)[명] 차입하는 물건. something sent in to a prisoner in jail

차자(次子)[명] 둘째 아들. 차남(次男).

차:자(借字)[명] ①자기 나라의 글자가 아니고 빌려다 쓴 남의 나라의 글자. loan letter ②자의(字義)에 의하지 아니하고, 음(音)이나 훈(訓)만을 빌려다 쓰는 글자. loan character

차자(箚子)[명]〈제도〉간단한 형식으로 하는 상소문.

차:작(借作)[명] ①남의 손을 빌려 물건을 만듦. 또, 그 물건. vicarious work ②〈문학〉글을 대신 지음. 또, 그 글. ghost-writing 하다

차장(次長)[명] 관공서나 회사 등에서 장(長)의 차위(次位)에 있어 이를 보좌하는 사람의 직명. 또, 그 사람. vicechief

차장(車掌)[명] 기차·버스·전차 등의 안에서 차의 운행과 차 안의 일을 맡아보는 사람. conductor

차장 검:사(次長檢事)[명] 검찰 총장, 고등·지방 검찰청의 검사장을 보좌하고 유고시에 그 직무를 대행하는 사람.

차:장내:하오(此將奈何)[명] 어려운 일을 당하여 그 앞길이 막연할 때에, '이를 어찌 하나'의 뜻으로 쓰는 말.

차:저:음(次低音)[명]〖동〗바리톤(Bariton)①.

차전(車戰)[명]〈민속〉음력 정월 보름날, 강원도 춘천·경기도 가평(加平) 등지에서 하는 민속 경기. 부락별로 다 편(隊)을 짜서 외바퀴 수레를 밀어 빨리 가는 편이 이기는 내기인데, 진 동네가 흉(凶)하다 함.

차:전(一煎餠)[명] ①찹쌀 가루로 만든 전병. 나전병(糯煎餠). rice crackers ②〖동〗찰부꾸미.

차전-자(車前子)[명]〈한의〉질경이의 씨. 이뇨제(利尿劑)·안약(眼藥)·설사약으로 쓰임.

차:전 차:주(且戰且走)[명] 한편으로는 싸우면서 한편으로는 달아남. 하다

차전-초(車前草)[명]〖동〗질경이.

차전(一點)(次點)[명] 최고점 다음가는 점수. second highest mark

차전-자(一點者)(次點者)[명] 차점을 딴 사람.

차점(差點)(제도)[명] 하리(下吏) 등 임명의 사령서. 차첩(差帖).

차제(此際)[명] 이 때. 이 기회. ¶~에 분명히 해 두자. this occasion

차제(茶劑)[명] 여러 가지 식물성 약물을 혼합하여 만든 약제.

차-제구(茶諸具)[명] 차(茶)에 관한 제구. 곧, 차관(茶罐)·찻종·찻술가락 등. 다구(茶具). 차기(茶器)①. tea things

차조[명]①〈식물〉조의 하나. 열매가 메조보다 조금 잘고 빛이 누르며 약간 파르스름함. 다른 조보다 차짐. 나속(糯粟). ②〖약〗→차좁쌀.

차조기[명]〈식물〉꿀풀과의 일년생 풀. 들깨와 비슷한데 자색에 방향(芳香)이 있으며. 8~9월에 담자색 꽃이 피는데 엽경(葉莖)은 약용, 어린 잎과 종자는 식용함. 계임(桂荏). 자소(紫蘇). beefsteak plant

촛-조기[명] 차조기.

차조-밥[명] 차조쌀로 지은 밥.

차조-쌀[명] 차조의 열매를 옳은 쌀. 황나(黃糯). 〖약〗차조②. glutinous millet

차종(次宗)[명] 대종가(大宗家)에서 갈려 나온 종가.

차종(車種)[명] 자동차의 종류. branch family

차-종가(次宗家)[명] 대종가(大宗家)에서 갈려 나온 종가. branch family

차-종손(次宗孫)[명] 대종가(大宗家)에서 갈려 나온 종손(宗孫). descendants of branch family

차좌(次座)[명] 버금이 되는 좌석.

차주(次週)[명] 다음 주.

차주(車主)[명] 차의 주인. owner of car

차:주(借主)[명] 돈이나 물건을 빌려 쓴 사람. borrower

차중(次中)[명] 시문(詩文)을 평하는 등급의 하나. 빗제 등급의 둘째 급.

차중(車中)[명] ①차의 속. ②차를 타고 있을 동안. ¶그분을 ~에서 만났다. in car

차중-담(車中談)[명] 찻속에서 주고받는 말. talk in the car

차츰-차츰[부] 급작스럽지 않게 차차 앞으로 나아가는 모양. 〖게〗차츰차츰. step by step

차즙(茶汁)[명] 차나무의 잎을 끓여 낸 즙.

차지(次知)[명] 무엇을 점유(占有)하여 가짐. 또, 그 소유. one's share 하다

차:지(次知)[명]〈제도〉①각 궁방(宮房)의 일을 맡은

사람. ②주인을 대신하여 형벌을 받는 하인. 또, 다른 사람을 대신하여 대가(對價)를 받고 형벌을 받는 사람. 【대지(貸地). leased land 하타

차:지(借地)圓 남의 땅을 빌려 가짐. 또, 그 땅. 하타

차:지(charge)圓 ①(동) 차정(charging). ②충전(充電). ③비행기·자동차 등에 기름을 채우는 일. ④〈군사〉탄약을 장전(裝塡)하는 일. ⑤호텔 등에서의 요금. 하타

차:지권(借地權)[一꿘]〈법률〉자기의 건물을 세울 목적으로 남의 토지를 빌려 사용하는 지상권(地上權) 및 임차권(賃借權). lease

차지다圓 ①끈기가 있어 적혁 붙다. ¶떡 반죽이 ~. ((데))메지다. sticky ②안차고 빈틈없이 알뜰하다.

차:지료(借地料)圓 땅을 빌려 쓰고 내는 값. ground-rent

차직(次職)圓 차석의 버슬. 버금의 지위. second position

차질(蹉跌·差跌·蹉跌)圓 ①미끄러져 넘어짐. stumbling ②일이 실패로 돌아감. 질도(蹉倒). failure

차=질=다(로변)圉 차지게 질다. glutinous 하타

차:집(제도)圓 부유한 집에서 음식 등의 잡일을 맡아보던 여자. 찬모(饌母). domestic servant

차:징(charging)圓〈체육〉축구·농구에서, 공을 물고 있는 상대방을 몸으로 부딪치는 일. 차지①. 하타

차차(次次)圓 어떠한 상태가 조금씩 진행되는 모양. 점점. 차츰. gradually 【남해왕 때에 일컬음.

차차웅(次次雄)圓〈제도〉신라 때 임금의 칭호. 2대

차=차=차(cha-cha-cha)圓〈음악〉멕시코 미요의 리듬에서 히트를 얻어 만든 재즈 춤곡. 두 소절마다 후반부에 '차차차'하는 후렴이 삽입됨.

차착(差錯)圓 어그러져서 순서가 틀리고 앞뒤가 서로 맞지 않음. discordance [carwindow

차창(車窓)圓 차의 창문. ¶~을 통해 보다.

차처(此處)圓 이 곳. 여기. this place

차철(車轍)圓 수레가 지나간 자국. 바퀴 자국.

차철 마:적(車轍馬跡)圓 차나 말이 지나간 자국. 두

차첩(差帖)圓 동(同)차첩. [루 돌아다닌 뒤.

차:청 입=실(借廳入室)圓 남에게 의지하였다가 차차 그 권리를 침범함의 비유. 하타

차체(車體)圓 차량의 승객이나 화물을 싣는 부분. 보

차축(叉銃)圓(동) 걸어총. 하타 [(body).

차축(車軸)圓 바퀴의 굴대. 귀축(車軸). axle

차출(差出)圓 ①빼어서 냄. ②인원(人員)을 뽑아냄. 《유》제출(提出). 제공(提供). presentation ②관원(官員)을 임명함. appointment 하타

차춘(此春)圓 이 봄. 금춘.

차츰=차츰 閏(부)=차츰차츰.

차:치(且置)閏(약)→차치 물론(且置勿論).

차:치 물론(且置勿論)閏 내버려 두고 초들지 않음. (약)차치(且置). 하타

차칭(嗟稱)圓 마음에 감동하여 칭상(稱賞)함. 차상(嗟賞). admiration 하타

차타(蹉跎)圓 ①미끄러져 넘어짐. fall ②시기를 놓침. miss an opportunity ③성사(成事)없이 나이

차탁(茶托)圓 찻잔을 받쳐 드는 틱. 【만 먹음. 하타

차탄(嗟嘆)圓 몹시 한탄함. lamentation 하타

차탈 피:탈(此頉彼頉)圓 이 핑계 저 핑계 댐. ¶~하고 책임 회피만 한다.

차:터(charter)圓 ①인권(人權)을 확인하는 선언. 현장(憲章). ②배·비행기·버스 등을 일정한 계약으로 전세내는 일. 【동) 일람표.

차:트(chart)圓 ①지도·해도(海圖) 따위의 도면. ②

차면(次便)圓 다음 편. [bearer of this letter

차면(此便)圓 이 편. ¶~에 보내 주십시오. by the

차편(車便)圓 차가 왕래하는 편. ¶그 ~으로 상경한다. by car(train)

차폐(遮蔽)圓 가려 막고 덮음. cover ②〈물리〉방사성 물질에서 방출되는 유해(有害)한 방사선으로부터 종업원을 보호하기 위한 벽. screening 하타

차폐=물(遮蔽物)圓 ①막고 가리는 물건. ②적의 사격·관측으로부터 아군을 방호하는 구릉(丘陵)·제방 같은 장애물.

차표(車票)圓 차를 타기 위해 일정한 찻삯을 주고 사는 표. 승차권(乘車券). ticket

차-풀(茶一)圓〈식물〉차풀과의 일년생 풀. 높이 30~60 cm 가량으로 줄기는 곱고 잔털이 났음. 7~8월에 누른 꽃이 피고 과실은 혐과(莢果)임. 줄기와 잎은 차(茶) 대용임. 【씨. 하타

차:필(借筆)圓 남에게 글씨를 대신 쓰이는 일. 또, 그 글

차하(次下)圓 시문(詩文)을 뽑는 등급의 하나. 세 등급 중의 셋째 급. third grade of poetry

차하(差下)圓 버슬을 내림. degradation 하타

차하=하-다(差下一)(여변) 표준보다 모자라다. below standard

차하-지-다(差下一)재 견주어 보아 한 쪽이 다른 쪽보다 못하다. inferior to 【다. this rule

차한(此限)圓 이 한정. 이 한정. ¶~에 부재(不在)

차함(借銜·借啣)圓〈제도〉실제로 근무하지 않고 이름만 빌린 버슬. (유) 실함(實銜). 하타

차형(次兄)圓 둘째 형. 중형(仲兄).

차호(次號)圓 ①다음 번호. next number ②정기 간행물의 다음 호. ¶~에 계속. next issue

차호(嗟乎)圓 '슬프다'의 뜻. 슬퍼서 탄식할 때에 쓰는.

차-홉-다(嗟一)圓 '아 슬프도다'의 뜻. Alas!

차환(叉鬟)圓〈제도〉주인을 가까이 모시는 젊은 여자 종. 아환(丫鬟). [next time

차회(次回)圓 다음 번. 하회(下回). 【데》 전회(前回).

차회(此回)圓 이 번. 금번.

차후(此後)圓 이 뒤. hereafter 【(약)→차후.

차후-에(此後一)圓 이 뒤에. (약) 차후(此後).

착圓 잘 달라붙는 모양. fast ②몹시 휘어지거나 굽거나 늘어진 모양. (큰) 척. limply

착圓 몸가짐이나 태도가 접잖고 태연한 모양. gently

착(着)명 의복 등을 세는 수효. ¶양복 1~. suit

=착(着)圓 ①명사 밑에 붙어 도착의 뜻을 나타내는 말. ¶김포 공항~. ②수사 밑에 붙어 도착순을 나타내는 말. ¶1~. 30~. 하타

착가(着枷)圓〈제도〉죄인의 목에 칼을 씌움. pillory

착가 엄수(着枷嚴囚)圓〈제도〉죄인에게 칼을 씌워 단단히 가둠. 하타

착각(錯角)圓〈수학〉'엇각'의 구용어.

착각(錯覺)圓 ①〈심리〉외계(外界)의 사물에 대한 지각의 착오. 시각·청각에 나타나는 망각의 하나. illusion ②잘못 깨닫거나 생각함. 틀린 생각. ¶~을 일으키다. 하타

착각 방위(錯覺防衛)圓(동) 오상 방위(誤想防衛).

착각-범(錯覺犯)圓(동) 오상범(誤想犯). 환각범(幻覺犯).

착각 피:난(錯覺避難)圓(동) 오상 피난(誤想避難).

착간(錯簡)圓 책장 또는 편장(篇章)의 순서가 잘못됨. 도, 그 책장이나 편장. wrong pagination

착거(捉去)圓 잡아감. arresting 하타

착검 속대(着劍束帶)圓 검을 쓰고 머릴 딸. 하타

착검(着劍)圓 ①검을 몸에 참. ②총 끝에 대검을 꽂음. 하타

착공(着工)圓 공사를 시작함. ¶~이 늦어지다. start of construction 하타

착공(鑿孔·鑿空)圓 ①구멍을 뚫음. drilling ②새로 길을 뚫어냄. opening ③쓸데없는 공론(公論)말을 함. prattling 하타 [fruit 하타

착과(着果)圓 ①열매가 달림. ②달린 열매. bearing

착과-율(着果率)圓 과일 나무에 과일이 달리는 율.

착관(着冠)圓 관을 씀. 하타 【하타

착굴(鑿掘)圓 구멍이나 굴을 파 들어감. excavation

착근(着近)圓 친근하게 착 달라붙음. friendly manner 하타

착근(着根)圓 ①옮겨 심은 식물이 뿌리를 내림. taking root ②딴 곳으로 옮아 가 살아서 잘 부지하게 됨. settlement 하타

착급(着急)[명] 매우 급함. urgency 하타
착념(着念)[명] 착실하게 마음에 둠. contemplation 하
착란(錯亂)[명] ①뒤섞여서 어수선함. distraction ②머리가 혼란함. ¶정신 ~증. 하타
착래(捉來)[명] 잡아 옴. 하타
착력(着力)[명] 힘을 들여 함. 하타
착력점(着力點)[명] =작용점(作用點).
착류(錯謬)[명] 착오(錯誤). 하타
착륙(着陸)[명] 비행기가 육지에 내림. ¶동체 ~. 때 이륙(離陸). landing 하타
착륙등(着陸燈)[명] ①비행기의 착륙할 곳을 표시하기 위해 비행장에 설비한 조명 설비. ②야간에 조명 설비가 없는 비행장에 항공기가 착륙할 때, 지상을 비추기 위해 기체에 장비한 조명등.
착륙선(着陸船)[명] 우주 비행체가 달 등의 천체에 내리는 우주선. [낼 곳.
착륙장(着陸場)[명] 비행기가 안전히 착륙하게 설비
착륙 활주(着陸滑走)[명] 비행기가 땅에 막 내려 앉으려고 할 때, 바퀴가 땅 위를 미끄러지듯이 굴러가는 동작. 하타
착면(着綿)[명] 솜옷을 입음. 옷에 솜을 두어 입음. 하타
착명(着名)[명] 문안(文案) 등에 이름을 적음. 하타
착모(着帽)[명] ①모자를 씀. 때 탈모(脫帽). putting on a cap ②위험에서 머리를 보호하기 위해 안전용의 헬멧을 씀. 하타
착목(着目)[명][동] =착안(着眼). 하타 「taste-for 하타
착미(着味)[명] 맛을 붙임. 취미를 붙임. getting a
착박(窄迫)[명] 답답하도록 몹시 좁음. narrowness 하
착발(着發)[명] ①도착과 출발. arrival and departure
착발 신:관(着發信管)[명]〈군사〉포탄이 목표물에 맞는 그 순간으로 탄화이 작렬하게 된 신관.
착발-탄(着發彈)[명]〈군사〉착발 신관이 장치된 탄환.
착복(着服)[명][동] 옷의 着衣). ②남의 금품을 부당하게 자기 것으로 함. ③공금 ~. embezzlement 하타 「나 물보라가 얼음이 되어 얼어 붙음. 하타
착빙(着氷)[명] 항행 중의 항공기나 배 따위에 쌓인 눈이
착산 통도(鑿山通道)[명] 산을 뚫고 길을 냄. 하타
착살-맞:다[형] 얄밉게 착살스럽다. (큰)칙살맞다.
stingy and crafty
착살-부리다[자] 착살맞은 짓을 하다. (큰)칙살부리다.
착살-스럽다[ㅂ변] 착살한 태도가 있다. (큰)칙살스럽다. 착살-스레[부]
착살-하다[형] 하는 행동이 잔망스럽고 다랍다.
착상(着床)[명] 수정한 난자가 정착하여 모체의 영양을 흡수할 수 있는 상태가 됨.
착상(着想)[명] ①일의 실마리가 될 만한 생각. ¶~이 훌륭하다. ②예술품을 창작할 때 그 내용을 머리 속에서 구상하는 일. idea 하타
착색(着色)[명] 회화나 그 밖의 물건에 채색을 함. 또, 그 빛깔. ¶인공 ~. colouring 하타
착색 유리[一一]](着色琉璃)[명] 용해 상태의 혼합물에 어떤 금속의 산화물을 가하여 만든 유리. 「생(寄生).
착생(着生)[명] 다른 물건에 부착하여 삶. 기생(寄生).
착생 동:물(着生動物)[명] 다른 물체에 붙어 이리저리 옮겨 다니지 않는 동물. 어려서 성장이 되면서부터 어느 기간만을 다른 물체에 붙어서 삶.
착생 식물(着生植物)[명] 기생 식물(寄生植物).
착석(着席)[명] 자리에 앉음. 착좌(着座). 때 기립(起立). taking a seat 하타
착선(着船)[명] 배가 닿음. 때 발선(發船). arrival (of the steamer) 하타
착소(窄小)[명]〈문〉협소(狹小). 하타 「over 하타
착송(捉送)[명] 붙잡아 보냄. arresting and handing
착수(捉囚)[명] 죄인을 잡아 가둠. confinement 하타
착수(窄袖)[명] 좁은 소매. narrow sleeve
착수(着水)[명] ①수면(水面)에 닿음. ②비행기 등이 수면에 내림. 때 이수(離水). landing on the water 하타
착수(着手)[명] ①어떤 일에 손을 대어 시작함. 때 완성(完成). ②〈법률〉형법상 범죄 실행의 개시. 하수(下手)¹①. commencement 하타
착수-금(着手金)[명] 어떠한 권리를 얻고자 할 때에 그 권리를 가진 사람에게 먼저 내는 돈. retaining fee
착수 미:수(着手未遂)[명]〈법률〉범인이 범죄의 실행에 착수는 했으나 실행을 종료함에 이르지 못한 경우. ¶~범(犯). 대결 과 미수(着手未遂). landing 하타
착수-장(着水匠)[명] 도자기의 몸에 겟물을 올리는 사
착수 활주[一一주](着水滑走)[명] 수상 비행기가 물 위로 내려앉기 시작할 때에 밑바닥의 한 부분을 수면에 대고 미끄러져 달리는 동작. 때 이수 활주(離水滑走). landing-run on the water
착순(着順)[명] 도착한 순서.
착시(錯視)[명] 착각으로 잘못 봄. optical illusion 하타
착신(着信)[명] 편지나 전보 등의 통신이 도착함. 또, 그 통신. 때 발신(發信). arrival of a post 하타
착실(着實)[명] 들뜨지 않고 거짓이 없이 진실함. steadiness 하타 [tion 하타
착심(着心·著心)[명] 어떠한 일에 마음을 붙임. inten-
착악(錯愕)[명] 놀라서 당황함. 당황하여 놀람. 하타
착암(着岩)[명] 배가 육지의 언덕에 닿음. landing 하타
착안(着眼)[명] 어떠한 일을 눈여겨 보아 그 일을 성취할 기틀을 잡음. 착목(着目). notice 하타
착안-점(着眼點)[명] 착안하는 점. point of view
착암-기(鑿岩機)[명] 암석에 구멍을 뚫는 기계. 광산이나 토목용에 쓰임. rock drill
착압(着押)[명] 수결(手決)을 둠. signing 하타
착어(着御)[명] 임금이 어느 곳에 도착함. 하타
착어(錯語)[명] 착오(錯誤)가 있는 언어. 틀리는 말.
착역(着驛)[명] 열차가 도착하는 역.
착염(錯鹽)[명]〈화학〉착이온(錯ion)을 함유하고 있는 염. complex salt
착오(錯誤)[명] ①착각에 의한 잘못. ¶시대 ~. ②〈심리〉실제와 표상(表象)이 일치하지 아니함. 착류(錯謬). 오차(誤錯). error 하타
착오-처(錯誤處)[명] 착오가 생긴 곳. [타
착용(着用)[명] 의복 등을 몸에 입거나 참. wearing 하
착유(搾油)[명] 기름을 짬. 하타
착유(搾乳)[명] 소나 염소의 젖을 짬. milking 하타
착의(着衣)[명] 옷을 입음. 착복(着服)①. 때 탈의(脫衣). clothing oneself 하타
착의(着意)[명] ①무슨 일에 뜻을 둠. 조심함. conception ②궁리를 함. 하타
**착-이온-(-ㄴ)(錯ion)[명]〈화학〉착염(錯鹽)의 경우인 이온을 말함. 양(陽)이온과 음(陰)이온의 경우가 있음. complexion
착임(着任)[명] 임명된 곳에 도착함. 때 이임(離任). arrival at one's post 하타 [하타 히타
착잡(錯雜)[명] 뒤섞여 복잡함. ¶~한 감정. confusion
착장(着裝)[명][동] 장착(裝着). 하타 [보. 하타
착전(着電)[명] 전신·전보가 도착함. 또, 그 전신·전
착정(鑿井)[명] 우물을 팜. 하타
착정-기(鑿井機)[명] 보링 머신(boring machine).
착제-어(着題語)[명] 화제(話題)에 알맞은 말.
착족(着足)[명] ①발을 붙이고 섬. standing on one's feet ②어떤 곳에 자리잡고 섬. keep one's feet 하타 [곧, 의지할 곳이 없음.
착족 무처(着足無處)[명] 발을 붙이고 설 자리가 없음.
착종(錯綜)[명] ①여러 가지가 섞여 엉클어짐. intricateness ②여러 가지를 이리저리 섞어 모음. complication 하타
착좌(着座)[명] 자리에 앉음. 착석(着席). ¶발석에 ~ 하다. 하타
착즙-기(搾汁機)[명] 감자나 고구마 등을 압착하여 즙액을 짜 내는 기계.
착지(着地)[명] ①착륙하는 장소. ②도착한 곳. 도착지. ③체조 등의 연기를 마치고 땅바닥에 내려 섬. 하타

착지(錯紙)[명] ①책 등을 맬 때 그릇되어 차례가 바뀐 종이. wrong pagination ②종이 묶음 속에 섞인 파지. wrong sheets 「battlefront 하[자]
착진(着陣)[명] 진소(陣所)에 도착함. arrival at the
착착¹[부] 끈끈하여 몹시 달라붙는 모양. 《큰》 척척. 《센》 짝짝.
착착²[부] 일을 차례대로 능숙하게 하는 모양. ¶어려운 일을 ~ 잘 해치운다. 《큰》 척척. smoothly
착착(着着)[부] 사물이 순서대로 되어가는 모양. ¶~ 이루어지다.
착착(鑿鑿)[부] 말이나 일이 조리에 맞는 모양. ¶옳은 말만 ~한다. reasonable talk 하[형]
착착 부닐다[구] 남에게 가까이 달라붙어서 고분고분
착처(着處)[명] 도착하는 곳. destination ⌊굴다.
착체(錯體)[명] 〈화학〉 하나의 원자 또는 이온을 중심 원자로 하여, 그 둘레의 공간에 입체적으로 배위자(配位子)가 배위(配位)된 하나의 원자 집단.
착취(搾取)[명] ①누르거나 비틀어서 짜냄. pressing out ②자본자나 지주가 노동자나 농민에 대해 그 가치 만큼의 보수를 지불하지 않고 잉여 가치(剩餘價値)를 독점하는 일. exploitation 하[타] 「class
착취 계급(搾取階級)[명] 착취하는 계급. exploiting
착칠(着漆)[명] 옻칠을 함. lacquering 하[자]
착탄(着彈)[명] 발사한 탄환이 저쪽에 가서 맞음. 또, 그 탄환. hitting 하[자] 「리.
착탄 거:리(着彈距離)[명] 발사한 탄환이 도달하는 거
착통(鑿通)[명] 뚫어서 통하게 됨.
착하(着荷)[명] 화물이 도착함. 또, 그 화물. 하[자]
착-하-다[형][여불] 마음이 곱고 어질다. 선하다. meek
착한(着韓)[명] 한국에 도착함. 하[자] ⌊착=히[부]
착함(着銜)[명] 무슨 글발 끝에 함자(銜字)를 씀. signing 하[자] 「갑판에 내려앉음. 하[자]
착함(着艦)[명] ①군함에 도착함. ②비행기가 군함의
착항(着港)[명] 배가 항구에 닿음. 《대》 출항(出港). arrival in port 하[자]
착행(錯行)[명] 〈물리〉 광원(光源)에 대해 움직이면서 빛이 오는 방향을 관측하면, 정지해서 관측할 때와는 다른 방향을 얻게 되는 일.
착화(着火)[명] 불이 붙음. 점화(點火). lighting 하[자]
착화=점[—쩜](着火點)[명] 《동》 발화점(發火點).
찬:(贊·讚)[명] ①사물의 미를 기리는 문체의 하나. praise ②서화(書畫) 등에 글제로 쓰는 시·가·문 등. legend over the painting ③관례(冠禮) 때 빈(賓)을 보좌하는 손의 한 사람. 빈의 자제 중 주인의 친척되는 사람 가운데서 뽑아 씀.
찬:(饌)[명] 《약》→반찬(飯饌).
찬:가[—까](饌價)[명] 반찬 값. money for grocery
찬:가(讚歌)[명] ①찬미의 뜻을 표한 노래. ¶조국 ~. eulogy ②《동》 찬송가②.
찬:=가:게[—까—](饌—)[명] 반찬을 파는 가게.
찬:=가위[—까—](饌—)[명] 반찬을 만들 때 쓰는 가위.
찬:간[—깐](饌間)[명] 《동》 반빗간.
찬=간자[명] 〈동물〉 온몸의 털빛이 푸르고 얼굴과 이마만 흰 말.
찬:=거리[—꺼—](饌—)[명] 반찬 거리.
찬:결(贊決)[명] 도와서 결정함. finishing by help 하[타]
찬:고[—꼬](饌庫)[명] 《동》 찬광. 「고(饌庫). pantry
찬:=광[—꽝](饌—)[명] 반찬 거리를 넣어 두는 광. 찬
찬=국[명] 맑은 장국을 끓여 차게 식히거나 찬물에 간장과 초를 쳐서 만든 국물. 여름에 먹음. 냉국.
찬:=그릇[—끄—](饌—)[명] 반찬을 담는 데 쓰이는 그
찬=기(—氣)[명] 찬 기운. 냉기(冷氣). cold air ⌊릇.
찬=김[명] 식어서 찬 김.
찬도(竄逃)[명] 숨어서 도망함. 하[자]
찬:동(贊同)[명] 찬성하여 동의함. agreement 하[타]
찬=땀[명]→식은땀.
찬:란(燦爛·粲爛)[명] 영롱하고 현란함. 광채가 번쩍번쩍하고 환함. ¶~한 문화. brilliancy 하[형] 히[부]
찬:란 육리(燦爛陸離)[명] 빛이 영롱하고 황홀함. 하[형]
찬:례(贊禮)[명] 〈제도〉 제향(祭享) 때 임금을 전도(前導)하여 행례(行禮)케 하는 일. 또, 그 관원. 하[자]
찬:록(撰錄)[명] 찬술(撰述)하고 기록함. editing 하[타]
찬:록(纂錄)[명] 모아 기록함. 집록(集錄). compilation 하[타] 「이 현세의 삶의 일컬음.
찬:류(竄流)[명] 〈기독〉 천당 본향으로 들어가기 전의
찬:립(簒立)[명] 왕위를 빼앗고 자기가 섬. usurpation of a throne 하[자] 「kitchen stand
찬:=마루(饌—)[명] 부엌에 있는 밥상을 차리는 마루.
찬:모(饌母)[명] 남의 집에서 반찬을 맡아 만드는 여
찬=무대[명] 《동》 한류(寒流). ⌊자. 차집. cook
찬:문(撰文)[명] 글을 갖추어서 지음. composition 하[자]
찬=물[명] 데우거나 끓이지 않은 맹물. 냉수. 《대》 더운물. cold water 「accompanying dishes
찬:물(饌物)[명] 반찬 거리. 찬수(饌需). materials for
찬물도 위아래가 있다[속] 무엇에나 순서가 있다.
찬물에 기름 돈다[속] 서로 화합하지 않고 따로 도는 사람을 보고 이름.
찬물에 돌[구] 지조가 맑고 굳셈을 이름.
찬물을 끼얹다[구] 모처럼 잘 되어 가는 일에 공연히 트집을 잡아 헤살을 놓다.
찬:미(讚美)[명] 아름다운 덕을 기리어 칭송함. 찬송(讚頌). ¶성인(聖人)의 덕을 ~하다. praise 하[타]
찬:미=가(讚美歌)[명] 《동》 찬송가(讚頌歌)②.
찬=바람[명] ①추운 바람. 한풍(寒風). ②가을에 부는 싸늘한 바람. cool wind 「무렵. early autumn
찬바람 머리[명] 가을철에 싸늘한 바람이 불기 시작할
찬바람이 일다[구] 싸늘한 기운이 돌다. 살벌한 분위기가 되다. 「더운 밥. cold boiled-rice
찬=밥[명] 지은 지 오래 되어 식은 밥. 냉반(冷飯). 《대》
찬밥 더운 밥 가리다[구] 어려운 형세에 있으면서 배부른 수작을 하다. 「처럼 잊어버리지 못한다는 말.
찬밥 두고 잠 아니 온다[속] 자기가 좋아하는 일을 좀
찬=방(—房)[명] 차디찬 방. 냉방(冷房).
찬:=방[—빵](饌房)[명] 반찬을 만들거나 반찬 거리를 두는 방. pantry
찬:배(竄配)[명] 《동》 정배(定配). 하[타]
찬:부(贊否)[명] 찬성과 불찬성. ¶~ 양론(兩論). approval or disapproval
찬:불(讚佛)[명] 〈불교〉 부처의 공덕을 찬미함. praising the grace of Buddha 하[자]
찬=비[명] 추위를 느끼는 비. 냉우(冷雨). cold rain
찬:비(饌婢)[명] 《동》 반빗아치.
찬:사(讚辭)[명] 찬미하는 글이나 말. 상사(賞詞). ¶아낌없는 ~를 보냄. eulogy 「讚). praise 하[타]
찬:상(讚賞)[명] 칭찬하여 아름답게 생각함. 상찬(賞
찬=색(—色)[명] 《동》 한색(寒色).
찬:석(鑽石)[명] 《동》 금강석(金剛石).
찬:선(饌膳)[명] 《동》 음식물.
찬:섬(燦閃)[명] 빛나서 번쩍번쩍함. glittering 하[자]
찬:성¹(贊成)[명] ①도와서 성취시킴. 조성(助成). support ②동의함. ¶~ 발언. 《대》 반대(反對). agreement 하[타] 「슬. 좌찬성·우찬성이 있음.
찬:성²(贊成)[명] 〈제도〉 조선조 때, 의정부의 종1품 벼
찬:성=원(贊成員)[명] 어떤 일에 찬성한 사람. 찬성자.
찬:성=자(贊成者)[명] 찬성하는 사람. 찬성원(贊成員). 찬자(贊者)①. approver
찬:성 투표(贊成投票)[명] 어떤 의안·발의에 대하여 찬성을 표하는 투표. approval ballot
찬:성=표(贊成票)[명] 찬성하는 뜻으로 던지는 표. 찬표. 《대》 반대표(反對票). approval ballot
찬:송(贊頌)[명] 찬성하여 칭송함. praise 하[타]
찬:송(讚頌)[명] 미덕을 칭찬함. 감사하여 칭찬함. 찬미(讚美). ¶주님을 ~하라. glorification 하[타]
찬:송=가(讚頌歌)[명] ①신성한 대상을 찬미하는 기도의 노래. ②〈기독〉 하느님께 감사하고 구세주를 찬송하는 노래. 찬가②. 찬미가. hymn 「편집함. 하[타]
찬:수(撰修)[명] 책·문서 따위를 저술함. 또, 그것을
찬:수(纂修)[명] 재료를 모아서 책을 짬. 글을 모아서

닦아 정리하는 일. 하다
찬:수(饌需)[명] 반찬 거리. 반찬의 종류. 찬물(饌物). 찬품(饌品). subsidiary articles of diet
찬:술 데우지 않은 술.
찬:술(撰述)[명] 글을 지음. composition 하다
찬:술(纂述)[명] 재료를 모아 저술함. compilation 하다
찬:스(chance)[명] 호기(好機). 운(運).
찬:시(弑弑)[명] 임금을 죽이고 그 자리를 빼앗음. regicide 하다
찬:안(饌案)[명]〈제도〉진연(進宴) 때에 왕께 드리는 음식상.
찬:앙(讚仰·鑽仰)[명] 덕을 우러러 숭상함. 칭송하면서 우러러봄. respect 하다
찬:약[─냑](─藥)[명] ①식은 약. cold medicine ②한 (의) 냉재(冷材).
찬:양(讚揚)[명] 아름다움을 기리고 착함을 표창함. praise 하다
찬:양(讚揚)[명] 〖장〗교. 성가대(聖歌隊). choir
찬:양=대(讚揚隊)[명]〈기독〉남녀 신도로 조직된 choir.
찬:역(篡逆)[명] 왕위를 빼앗으려는 반역(反逆). usurpation 하다
찬:연(燦然)[명] 번쩍거리어 빛나는 모양. ¶∼히 빛나다. brilliancy 하다 스럽 스레하다 히
찬:연(鑽硏)[명] 깊이 연구함.
찬:연(粲然)[명] ①빛나는 모양. brilliantly ②이를 드러내고 웃는 모양. in horse laugh 하다
찬:용(饌用)[명] 반찬 거리를 사는 비용. grocery [expenses
찬:웃음(嘲─)[명] 냉소(冷笑).
찬:위(篡位)[명] 임금의 자리를 빼앗음. usurpation 하
찬:위(贊尉)[명]〈제도〉구한국 때, 궁내부(宮內府)·친 왕부(親王府)의 주임(奏任) 벼슬.
찬:유(讚釉)[명]〈도자〉도자기를 잿물 그릇에 담가서 잿물을 올리는 일. lacquering 하다
찬:육(饌肉)[명] 반찬 거리에 쓰이는 쇠고기.
찬:의(贊意)[명] 찬성하는 뜻. 찬성하는 마음. ¶∼를 표하다. approval [슬. cold dew
찬:이슬[─니─](冷─)[명] 밤늦게 내리는 찬 기운이 도는 이
찬:이슬 맞는 놈[명] 밤에 다니는 놈. 도둑놈을 이르는 말.
찬:익(竄匿)[명] 도망처서 숨어 버림. 하다 [(者).
찬:익(贊翼)[명] 찬성하여 도움. assistance 하다
찬:인(撰人)[명] 저작(著作)에 종사하는 사람. 찬자(撰
찬:입(竄入)[명] ①도망처 들어감. ②잘못되어 뒤섞여 들어감. 하다 [(人).
찬:자(撰者)[명] 시가(詩歌)·문장·책 등의 작자. 찬인
찬:자(贊者)[명] ①[통] 찬성자. supporter ②〈제도〉제향(祭享) 때에 홀기(笏記)를 맡아보던 임시 벼슬.
찬:자(贊辭)[명] 어떤 일을 주선할 때 가장 중요하고 빠른 방법을 써 소개하는 말. 하다 [그 장.
찬:장(─欌)(饌欌)[명] 찬그릇이나 음식 등을 넣어 두
찬:정(撰定)[명] 시문(詩文)을 지어서 정함. compilation 하다
찬:조(贊助)[명] 찬성하여 도와 줌. ¶∼ 출연. support
찬:조=금(贊助金)[명] 찬조하는 뜻으로 내는 돈. contribution [붙여 하는 연설.
찬:조 연:설(贊助演說)[명] 어떤 일이나 사람을 도와
찬:조=원(贊助員)[명] 찬조하는 사람.
찬:주(竄走)[명] 도망처서 사라져 버림. 하다
찬:진(撰進)[명] 임금에게 글을 지어서 올림. 하다
찬:집(撰集)[명] 시가·문장 등을 모아 편수함. compilation 하다
찬:집(纂集)[명] 많은 글을 모아 책을 편찬함. compilation 하다
찬:집(纂輯)[명] 재료를 모아서 책을 편찬함. 편집. compilation 하다
찬:차(纂次)[명] 모아서 순서를 정함. 편집(編輯)함.
찬찬히 꼭꼭 감거나 동여매는 모양. 하다 tightly
찬:찬(撰纂)[명] 책을 편집하여 꾸며냄. 수찬(修撰)하고 편찬(編纂)함.
찬:찬(燦燦)[명] 아름다운 모양. 번쩍번쩍 빛나는 [모양. brilliant well polished [옷. brilliant dress
찬:찬 옥식(粲粲玉食)[명] 잘 쓿어서 지은이 밥. cooked rice
찬:찬 의복(燦燦衣服)[명] 아름답고 번쩍번쩍하는 비단
찬찬-하다[형][여불] 성질이 거칠거나 경솔하지 아니하고 꼼꼼하고 침착하다. ¶들뜨지 말고 좀 찬찬하게 하라. self-possessed 찬찬-히[부]
찬찬-하다[형][여불] 일이나 행동이 급하거나 아니하고 편안하며 느리다. ¶∼히 걷다. slow 찬찬-히[부]
찬:철(鑽鐵)[명] 금강사(金剛砂). [exile 하다
찬:축(竄逐)[명] 죄인을 먼 곳으로 귀양 보내어 쫓음.
찬:출(竄黜)[명] 죄인을 귀양 보내어나 벼슬에서 내쫓음. exile 하다 [kitchen-knife
찬:칼(饌─)[명] 반찬을 만드는 데 쓰는 작은 칼. small
찬:탁(饌託)[명] 신탁 통치(信託統治)를 찬성함. 하다
찬:탁자(饌卓子)[명] 반찬 거리를 얹어 두는 탁자.
찬:탄(讚嘆·贊嘆)[명] ①칭찬하고 감탄함. admiration ②마음에 아름답게 여김. laudation 하다
찬:탈(篡奪)[명] 왕위를 빼앗음. usurpation 하다
찬:폄(竄貶)[명] 벼슬을 빼앗고 귀양 보냄. banishment 하다 [comment 하다
찬:평(讚評·贊評)[명] 칭찬하고 비평함. favourable
찬:표(饌庖)[명] ①푸주. ②옛날에 지방의 세력가에게 고기를 대던 푸주.
찬:표(贊票)[명][통] 찬성표. [최고기를 대던 푸주.
찬:품(饌品)[명] 반찬 거리. 찬수(饌需).
찬:피[명] 냉혈(冷血).
찬피 동:물(─動物)[명] [통] 냉혈 동물(冷血動物).
찬:-하다(撰─)[타][여불] 책을 저술하다. ②시가나 문장 중에서 잘된 것을 고르다. 또, 골라내어 편집하다.
찬:-하다(讚─)[타][여불] (약) 찬양하다.
찬:학(篡虐)[명] 임금을 죽이고 그 자리를 빼앗음. 하
찬:합(饌盒·饌榼)[명] ①밥·반찬·술안주 등을 담는 그릇. 사기·나무·알루미늄 등으로 둥글거나나 네모나게 여러 층으로 만듦. ②여러 층으로 된 합에 담은 반찬과 술안주. 마른 찬합과 진 찬합이 있음.
찬:합=집(饌盒─)[명]〈건축〉넓거나 크지는 않아도 구조는 탐탁하여 쓸모가 있는 집.
찰─[접] 명사 위에 붙어 끈기가 있고 차진 뜻을 나타내는 말. (약) 차:. glutinous

출[고] 근원(根源).
찰가난[명] 몹 가난한 가난.
찰간(刹竿)[명]〈불교〉도력 높은 중을 세상에 알리기 위하여 큰 절 앞에 세우는 깃대 비슷한 긴것. 나무나 쇠로 만듦. [幡]를 달기 위한 간주.
찰간-주(刹竿柱)[명]〈건축〉절 앞에 세우는 당번(幢
찰-거:머리[명]①〖동〗잘 들러붙고 떨어지지 아니하는 거머리. leech ②남에게 끈질기게 들러붙어서 귀찮게 구는 사람의 비유. nuisance [inous food
찰-곡식(─穀食)[명] 찰진 곡식으로 만든 음식. (대) 메곡. glut-
찰고(察考)[명] 자세히 생각함. ②〈기독〉천주교에서 신자들의 신앙을 굳게 하기 위하여 교리(敎理)를 복습하여 한해 일년에 두 번씩 시험을 보는 일.
찰과=상(擦過傷)[명][통] 찰상(擦傷).
찰교-인(─人)[명] 종교를 착실히 믿는 사람.
찰그랑[거][꼴] →잘그랑.
찰그랑-거리다[자] →잘그랑거리다.
찰기(─氣)[명] 차진 기운. 끈기. sticky
찰기(札記)[명] 간략하게 기록하는 일. 또, 기록하는
찰기장[명] 찰기 있는 기장. (대) 메기장.
찰기장[명] 찰기장.
찰싹 ①단단히 붙어서 멀어지지 않는 모양. fast ②묽직 묽직한 물건을 때리는 소리. (큰) 철썩. 하다
찰싹-거리다[자][타] 잇따라 찰싹 소리가 나다. 또, 잇 따라 찰싹 소리를 내게 하다. (큰) 철썩거리다. 찰싹-대다[자][타]
찰-깍쟁이[명] 성질이 매우 고약하여 못된 깍쟁이와 같 은 사람을 욕하는 말. very mean person
찰-깍정이[명] →찰깍쟁이.
찰나(刹那←kṣaṇa 범)[명]〈불교〉지극히 짧은 순간. 탄지(彈指)의 시각. 한 찰나 사이에 구백 생멸(生滅)이 있다고 함. (대) 겁(劫). moment
찰나-주의(刹那主義)[명]〈철학〉과거나 미래를 생각하지 않고 다만 현재의 순간을 충실히 쾌락을 추구하

찰-담쟁이명 물치의 매독(梅毒)에 걸린 사람.
찰딱[부] 차지거나 젖은 물건이 세게 달라붙는 소리. 또, 그 모양. (큰)철떡. fast
찰딱-거리-다[자타] 차지거나 젖은 물건이 연달아 달라붙었다 떨어졌다 하다. (큰)철떡거리다. 찰딱찰딱[부] 하다
찰-떡명 찹쌀로 만든 떡. (대)메떡. glutinous ricecake
찰떡-같-다[형] ①정이 깊이 들어 서로 떨어지지 못할 만큼 되다. ¶내외간의 정이 ~. being strongly attached to each other ②마음 속으로부터 조금도 의심없이 믿게 되다. ¶찰떡같이 믿었는데 그리 될 줄이야. trust firmly 찰떡같이[부]
찰떡 궁합(一宮合)명 ①신혼의 정이 좋음을 이르는 말. ②짝이 꼭 들어맞음을 이르는 말.
찰떡 근원(一根源)명 아주 화합하여 떨어질 줄 모르는 내외간의 사랑. deep love
찰라-거리-다[자] ①가는 물줄기가 이따금 떨어지며 자꾸 소리가 나다. trickle ②몸에 지닌 작은 여러 개의 쇠붙이 따위가 몸을 움직일 때에 소리가 나다. (큰)철러거리다. jingle 찰랑-찰랑[부] 하다
찰람-거리-다 물이 움직이는 대로 자주 넘치어 흐르다. (큰)철럼거리다. floower 찰람-찰람[부] 하다
찰랑 ①넓고 얕은 곳에 괸 물이 움직이는 모양이나 그 소리. splashing ②얇은 쇠붙이가 부딪쳐서 나는 소리. tinkling ③마음에 충격을 받아 가슴이 설레는 모양. (큰)철렁. 하다
찰랑-거리-다[자타] (계) 자주 찰랑이다. 또, 자꾸 찰랑 소리를 내게 하다. (큰)철렁거리다. 찰랑¹[부] 하다[자타]
찰랑명 작은 그릇들의 물이 모두 가득가득 피어 있는 모양. (큰)철렁철렁. 하다
찰랑-하-다[형여] 작은 그릇에 물이 가득하게 담겨 있다. full to the brim
찰바닥[부] (계)→잘바닥.
찰바닥-거리-다[자타] (계)→잘바닥거리다.
찰바당[부] (계)→잘바당.
찰바당-거리-다[자타] (계)→잘바당거리다.
찰박[부] (계)→잘박.
찰박-거리-다[자타] (계)→잘박거리다.
찰-밥명 찹쌀로 지은 밥. (대)메밥. cooked glutinous rice
찰방[부] (계)→잘방.
찰방(察訪)명《제도》각 역(驛)의 말에 관계되는 일을 맡아보던 벼슬. 역승(驛丞). 마관(馬官).
찰방-거리-다[자타] (계)→잘방거리다.
찰-벼[식물] 포아풀과의 벼의 하나. 열매에서 찹쌀을 얻음. 나도(糯稻). (대)메벼. glutinous rice
찰-복숭아[명] 살이 씨에 꼭 달라붙고 겉에 털이 없는 복숭아의 하나. kind of peach
찰-부꾸미[명] 찹쌀을 빻은 가루로 만든 부꾸미. 차전병(一煎餠)(擦過傷). abrasion
찰상(擦傷)[명] 스치거나 문질리어 벗어진 상처.
찰색(一色)명〖한의〗혈색을 보아서 병을 진찰함. 하다
찰쇠[쇠]명 문장부 옆에 박는 쇳조각. 대접쇠와 맞비비기 됨. 패철(佩鐵).
찰-스턴(Charleston)[명] 미국의 남부 찰스턴지의 흑인층에서 유행된 폭스 트롯의 일종.
찰싸닥[부] (계)→잘싸닥.
찰싸닥-거리-다[자타] (계)→잘싸닥거리다.
찰싹[부] (계)→잘싹.
찰싹-거리-다[자타] (계)→잘싹거리다.
찰-쌈지[명] 허리띠에 차는 주머니 모양의 담배쌈지.
찰-원수(一怨讐)[명] 사이가 이만저만하지 않은 큰 원수. sworn enemy
찰제(一劑)[명](擦劑)[명] 도찰제(塗擦劑).
찰제리(一帝利)[명] 〖불교〗인도 사성(四姓) 중 둘째의 계급. 왕·왕족. 〖숍〗 close study 하다
찰조[—조](察照)[명] 살피어 봄. 문서나 편지 따위에

찰주[—주](札駐)[명] 주차(駐箚). 하다
찰중[—중](察衆)[명]〖불교〗대중을 규찰함.
찰지[—찌](察知)[명] 살피어 앎. thorough understanding 하다
찰째[명] 수더분한 맛이 없고 깐깐한 사람. fastidious person
찰찰[명] 물 따위가 조금씩 넘치는 모양. (큰)철철.
찰찰(察察)[부] 썩 자세한 모양. minuteness 하다
찰짐이 불칠다[관] 살핌이 지나쳐 오히려 살피지 않음만 못하다.
찰카닥[부] (계)→잘카닥.
찰카닥-거리-다[자타] (계)→잘카닥거리다.
찰카당[부] (계)→잘카당.
찰카당-거리-다[자타] (계)→잘카당거리다.
찰칵[부] (약)→찰카닥.
찰칵-거리-다[자타] (계)→찰카닥거리다.
찰캉[부] (약)→찰카당.
찰캉-거리-다[자타] (계)→찰카당거리다.
찰-콩[명] 강낭콩.
찰토(刹土)[명]〖불교〗불교에서 국토(國土)를 이르는 말.
찰-통[명] 아주 고질인 매독. malignant syphilis
찰필(擦筆)[명] 양지(洋紙)나 녹비를 감아서 붓 모양으로 만든 것. 그림을 그리는 데 씀.
찰필-화(擦筆畫)[명] 〖미술〗찰필을 써서 그린 그림.
출하로/출하리[고] 차라리.
찰현(擦絃)[명]〖음악〗활로 현(絃)을 켬. 하다
찰현 악기(擦絃樂器)[명]〖음악〗활로 악기의 현을 마찰시켜 소리를 내는 악기. 바이올린·첼로 등.
출호순-다[고] 차리느냐. 차리는가.
찰-흙[명] 차진 기운이 있는 흙. clay
찰히[고] 차라리.

참¹[명] ①걸과 속이 맞아 거짓이 없음. 진정(眞情). true ②옳고 바른 일. 진리. (대) 거짓.
참²[부] '정말·과연·참말로' 등의 뜻을 나타내는 말. ¶~ 잘 되었네. ②깜빡 잊어버렸던 일이 문득 생각나거나 느낌이 극도에 달하였을 때, 감탄을 품은 '참말로'와 같은 뜻으로 쓰이는 말. ¶~, 깜빡 잊었네. indeed
참³[관] ①거짓이 아닌 진짜의 뜻을 나타냄. genuine ②품위나 품질이 썩 좋음을 나타내는 말.
참:[站][명]①〖제도〗역로에서 머물 만한 짐을 정하여 쉬던 곳. ②길 가다가 쉬는 곳. resting place ③일을 하다가 잠시 쉬는 시간. ¶한~. recess ④일을 하다가 쉬는 시간에 먹는 새참. ¶저녁~. ⑤의 어떠한 경우나 무엇을 할 '예정'을 나타내는 말. ¶이사하~이다.
참:(斬)[명]①〖약〗→참수(斬首). ②〖약〗→참형(斬刑).
참:(懺)[명]〖약〗→참회(懺悔).
참:(charm)[명] ①사람을 끄는 힘. 매력(魅力). ②동 [마력(魔力).
춤[명] ②참.
참가(參加)[명] ①어떤 모임이나 단체에 참여함. participation ②〖법률〗관계의 당사자 이외의 제삼자가 관여함. intervention 하다
참가-국(參加國)[명] 어떠한 국제적 모임이나 조약 같은 것에 참여하는 나라. participating nation
참-가사리[식물] 홍조류(紅藻類)의 해조(海藻). 높이 5~15 cm의 엽상(葉狀)으로 암자색을 띰. 풀·직물·공예품의 원료로 쓰이고 식용도 함. 세모(細毛).
참가-인(參加人)[명] ①참가한 사람. ②〖법률〗민사소송법상 타인간에 계속(繫屬)된 소송에 참가하는 삼자.
참가 인수(參加引受)[명] 〖법률〗환어음의 만기 전에 소구(遡求) 원인이 발생하였을 때, 그 소구권의 행사를 막기 위해 지급인 이외의 사람이 소구 의무자 중의 어떤 사람을 위해서 그 사람과 동일한 의무를 부담하는 일. acceptance by intervention
참가 지급(參加支給)[명] 〖법률〗환어음 및 약속 어음의 소구(遡求) 원인이 발생하였을 때, 소구를

참-개구리 〈동물〉 개구리과의 개구리. 몸은 보통 녹갈색이며 배는 흼. 무논에서 살며 해충을 잡아 먹음. 금선와(金線蛙). 전계(田鷄). 청와(青蛙)①. 장고(長鼓)와. 좌쇠(坐쇠). green frog

참-개암나무 〈식물〉 자작나무과에 속하는 낙엽 관목. 봄에 자웅 동가(雌雄同家)의 꽃이 피는데 웅화수(雄花穗)는 길게 드리우며 자화수(雌花穗)는 난형임. 열매는 각두(殼斗)가 있는 견과(堅果)임. 과실은 식용 및 약용. 제브을 시탄제로 씀.

참=게 [명] 〈동물〉 바위게과에 속하는 게의 하나. 갑의 길이 5 cm, 폭 6 cm 내외임. 하구 및 바닷가에 서식함. [참게리. horrible crab]

참견(參見) [명] ①참여하여 관계함. interference ②〈동〉

참경(慘景) [명] 끔찍하고 참혹한 광경. disastrous scene

참고(參考) [명] ①참고하여 고증함. ¶~품(品). reference 하타 ②참조하여 고증함.

참고(慘苦) [명] 참혹한 고통. horrible pain

참-고래 [명] 〈동물〉 참고래과(脊美鯨科)에 속하는 고래. 몸 길이가 20 m나 되고, 머리 크기가 몸의 4분의 1이나 되며 위턱 앞쪽에 흑 모양의 돌기가 있음. 몸 빛은 흑색으로 복면에 불규칙한 백색 반문이 있음.

참고-서(參考書) [명] ①어떤 일을 조사하는 데 참고가 되는 서적. ②수험이나 교수에 참고하기 위해 보는 책. reference book

참고-인(參考人) [명] 〈법률〉 범죄 수사를 위해 수사 기관에서 조사를 받는 사람 중 피의자 이외의 사람.

참관(參觀) [명] 어떤 곳에 나아가서 봄. 참간(參看). 참견(參見)②. visit 하타

참관-인(參觀人) [명] ①참관하는 사람. visitor ②〈법률〉 선거 때 투표와 개표 상황을 참관하는 사람. 투표참관인·개표참관인 등. witness

참괴(慚愧) [명] 부끄럽게 여김. 참뉴(慚恧). 참작(慚作). shame 하타

참교(參校) [명] 〈역사〉 구한국 때, 무관 계급의 하나. 하사의 최하급으로 부교의 다음.

참구(參究) [명] 참고하여 연구함. research by reference ②〈불교〉 참선하여 진리를 연구함. 하타

참구(讒口) [명] 남을 헐뜯어 없는 죄를 있는 것처럼 꾸며 말하는 간사하고 못된 입. slandering

참구(讒構) [명] 참소하는 말로 남을 못될 곳에 얽어넣음. 하타

참극(慘劇) [명] ①비창한 즐거리의 연극. ②끔찍한 사건.

참급(斬級) [명] 적의 목을 벰. ②옛날 천생에서 시람의 머리를 베어서 엮던 두름.

참기(讒欺) [명] 참소하고 욕함. slander 하타

참-기름 [명] 참깨로 짜낸 기름. 진유(眞油). 지마유(脂麻油). 향유(香油)②. 호마유. sesame oil

•**춤기·름** [명] 〈고〉 참기름.

참-깨 [명] 〈식물〉 ①참깨과의 일년생 재배 식물. 줄기에 잔털이 났으며 잎은 타원형 또는 피침형임. 5~6월에 백색 또는 담홍색에 자색 반점이 있는 꽃이 피고 열매는 긴 타원형임. 씨는 기름도 짜고 먹음. sesame ②참깨의 씨. 백유마. 백호마. 진임(眞荏). [가리어 듣는.

참깨가 기니 짧으니 한다 비슷하게 잘잘못·대소를

참깨-죽(一粥) [명] 참깨로 쑨 죽. 〈대〉들깨죽.

참·깻묵 [명] 참기름을 짜낸 찌끼. [말. azalias

참-꽃 [명] 먹는 꽃이라는 뜻으로, '진달래'를 일컫는

참-나리 [명] 〈식물〉 나리과의 다년생 풀. 7~8월에 황적색에 암자색의 작은 반점이 있는 꽃이 피는데 잎이 바깥으로 말림. 관상용으로 심으며 인경은 약용 또는 식용임. 나리. lily

참=나무 〈식물〉 ①참나무과의 나무의 총칭. ②상수리나무. oak [을 리 없다는 말.

참나무에 곁낫 걸이 [관] 턱도 없이 덤벼드나 까딱도 있

참-나물 [명] 〈식물〉 미나리과에 속하는 다년생 풀. 잎은 난형 또는 긴 타원형에 톱니가 있으며 6~8월에 흰꽃이 피고 과실은 좁은 난형임. 어린 잎은 식용하는 구황용의 구황풀(救荒用)임.

참내(參內) [명] 〈동〉 예궐(詣闕). 하타 [calumny 하형

참녕(讒佞) [명] 아첨하여 남을 참소하는 재주가 있음.

참여(參與) [명] 〈동〉→참가(參加).

참뉵(慚恧) [명] 〈동〉→참괴(慚愧). 하타

참:-다 [타] ①견디기 어려운 고비를 잘 견디어 가다. bear ②억지로 하지 않음. ③때를 기다리다.

춤:-다 [고] 참다〈忍〉. [wait

참:다-달 [헝] 〈--다〉 견딜 수 있는 데까지 견디다가 더 참고 견딜 수가 없어서. unable to bear any longer

참담(慘憺) [명] ①괴롭고 슬픈 모양. sorrow ②비참하고 가슴 아픈 모양. misery ③얼굴에 독기가 있음. viciousness 하형

참-답다 [헝][ㅂ뵨] 거짓이 없고 참되다. true

참당(參堂) [명] ①절에 기도하러 감. ②남의 집을 방문함. 하타

참-당귀(一當歸) [명] 〈식물〉 미나리과의 다년생 풀. 뿌리는 비후(肥厚)하고 유액이 많으며 향기가 강함. 8~9월에 자색의 꽃이 피고 과실은 타원형임. 뿌리는 약용, 어린 잎은 식용함. 승검초.

참:-당나귀[―망―](站―) [명] 길을 가다가 때때로 꺼를 부리고 잘 가지 않는 당나귀.

참:-대 [명] 〈식물〉 대과의 대의 하나. 높이 1.5~2 m로 초여름에 죽순이 나오며 껍질은 자줏빛을 띰. 줄기는 가구와 건축에 많이 쓰이고 순은 식용함. 고죽(苦竹). 국죽(菅竹). 왕대. 〈약〉대①. bamboo

참덕(慚德) [명] ①덕화(德化)가 널리 미치지 못함을 부끄러워함. ②임금의 허물.

참독(慘毒) [명] 몹시 참혹함. 참학(慘虐). 하형

참:-돈[―돈―](站―) [명] 상여가 쉴 때마다 상여꾼에게 술값으로 주는 돈. [인간이 되자. honest

참:-되다[―뵈―] [형] 거짓이 없고 실상스럽다. ¶참된

참두(斬頭) [명] 머리를 벰. 참수(斬首). horror

참-두릅나물 [명] 두릅나무의 새순을 소금·기름·깨소금에 무친 나물. [참딸게. gently

참-따랗게 [부] 생각각을 안 가지고 아주 참되게. 〈약〉

참-딸게 [부] →참따랗게. [意). real meaning

참-뜻 [명] 거짓이 없이 참된 뜻. 진의(眞意). 본의(本

참락(慘落) [명] 물건 값이 아주 참혹하게 떨어짐. slump

참람(僭濫) [명] 제 분수를 지나쳐 방자스러움. 참월(僭越). presumptuousness 하형

참량(參量) [명] 〈동〉 참작(參酌). 하타

참렬(參列) [명] 바열(班列)에 참여함. attendance 하타

참렬(慘烈) [명] 아주 참혹함. 혹살음. extreme misery 하형 [하나. 부령의 아래로 대대장급임.

참령(參領) [명] 〈제도〉 구한국 때, 무관 장교의 계급의

참례(參禮) [명] 예식에 참여함. attendance 하타

참-로(站路) [명] 역참이 있는 길.

참:-륙(斬戮) [명] 목을 베어 죽임. slay

참-마 [명] 〈식물〉 마과의 다년생 덩굴성 풀. 뿌리는 긴 원주형이고 잎은 난형 또는 난상 피침형임. 산지에 나며 뿌리는 식용 또는 약용임. yam

참-마음 [명] 거짓이 없는 본마음. 참뜻. 〈약〉참맘.

참-맘 [명] 〈약〉→참마음.

참-말 [명] 사실에 조금도 거짓이 없는 말. 진담(眞談).

참담(慘談) [명] 〈동〉 거짓말. serious talk

참:-망(僭妄) [명] 분수에 넘치고 망령됨. presumptuousness 하형

참매(參梅) [명] 〈조류〉 매과의 새로, 매와 비슷하며 작은 동물을 포식함. ②보라매와 송골매를 새매에 상대하여 일컬음.

참:-매미 [명] 〈곤충〉 매미과(蝉科)의 곤충. 날개 길이 6 cm 가량으로 몸 빛은 검고 다리와 가슴에 적흑색

의 얼룩무늬가 있음. 7~10월에 나와 고운 소리로 욺. 「《대》 개먹.
참=먹명 품질이 좋은 먹. 진묵(眞墨). 진현(眞玄).
참모(參謀)명 ①모의(謀議)에 참여하는 일. 또, 그 사람. 유악(帷幄). ¶회장의 ~역. taking part in a conspiracy ②〈군사〉 고급 지휘관의 막료로서 인사·정보·작전·군수(軍需) 등의 계획과 지도를 맡은 장교. ¶~장. staff officer 하자
참모 총:장(參謀總長)명 〈군사〉 육·해·공 각 군의 우두머리. ¶육군(陸軍) ~. chief of the General Staff
참묘(參墓)명 《동》 성묘(省墓). 하자
참무(讒誣)명 참소(讒訴)와 무고(誣告). false charge
참문(慘聞)명 참혹한 소문. 처참한 풍문.
참문(讖文)명 미래를 예언한 문서. 미래기(未來記).
참:=물명 물참의 물. 곧 만조(滿潮) 때의 물. full tide
참=밀명 〈식물〉 포아풀과의 이년생 재배 식물. 줄기는 곧고 1m 가량에 원통형으로 속이 비었음. 꽃은 5월에 피고 영과(穎果)를 맺음. 열매는 가루로 해서 식용하고 짚은 여름 모자·세공재로 쓰임. 소맥(小麥). 진맥(眞麥). 《약》 밀③. wheat
참=바명 볏짚·삼 따위로 세 가닥을 지어 굵고 길게 드린 줄. 《약》 바². rope
참반(參班)명 반열(班列)에 참여함. 하자
참=반디명 〈식물〉 미나리과의 다년생 풀. 여름에 긴 꽃줄기가 나와 끝이 갈라지고 그 끝에 가느다란 꽃이 녹백색으로 핌. 산지의 나무 그늘에 남.
참발(斬髮)명 머리를 깎음. 하자
참:=밥[-빱](站-)명 일을 하다가 쉬는 참에 먹는 밥. food taken in recess
참방(參榜)명 〈제도〉 과거의 방목(榜目)에 이름이 끼어 듦. 하자
참방(讒謗)명 《동》 비방(誹謗). 하타
참=방동사니명 〈식물〉 방동사니과의 풀. 뿌리는 자색이며 수근(鬚根)이 총생함. 줄기 높이 40cm 가량으로 6~8월에 황색 또는 갈색의 잔 꽃이 핌.
참=배명 먹는 배의 하나. 《대》 돌배. pear
참배(參拜)명 신이나 부처에게 배례함. ¶~자. worship 하자
참=벌명 〈곤충〉 참벌과의 벌. 날개 길이 2.5cm 가량으로 몸이 작고 등은 암갈색, 날개는 투명한 회색임. 규율 있는 사회 생활을 하며 채밀용으로 사육하는데 화분(花粉)을 매개하는 익충임. 밀봉(蜜蜂). 황봉(黃蜂). 꿀벌.
참변(慘變)명 비참한 사고. tragic accident 「~.
참봉(參奉)명 〈제도〉 조선조 때 종9품 벼슬. ¶능(陵)
참=불가:언(慘不可言)명 너무나 참혹하여 차마 말할 수 없음.
참=불인:견(慘不忍見)명 참혹하여 차마 눈으로 볼 수 가 없음.
참=붕:어명 〈어류〉 잉어과의 민물고기의 하나. 입이 위로 열렸고 입가에 수염이 없음. 몸 빛은 은빛인데 체측 중앙에 암색 세로띠가 있음.
참=비둘기명 〈조류〉 비둘기과의 새. 집비둘기의 원종으로 수컷은 날개 길이 23cm 가량이고 암컷은 약간 작음. 모가지는 녹자색으로 금속 광택이 나고 날개에 두 줄의 검은 띠와 꽁지 중간에 흰 띠가 있는 것이 특징임.
참=비름명 〈식물〉 비름을 '쇠비름'에 상대하여 일컬음.
참=빗명 빗살이 아주 가늘고 촘촘한 대빗. 진소(眞梳). 살³②. 《대》 얼레빗. finetoothed bamboo comb
·촘·빗명 《고》 참빗.
참=빗살나무명 〈식물〉 노박덩굴과의 관상용 낙엽 관목. 5~6월에 녹백색 꽃이 피고 삭과는 10월에 홍색으로 익는데 네모지고 황적색 씨가 있음. 도장·바구니·지팡이 재료로 씀.
참빗으로 훑듯속 샅샅이 뒤져 내는 모양.
참사(參事)명 ①어떠한 일에 참여함. 또, 그 사람. participation ②은행·기업체 등에서의 직위의 하나. 하자 「service 하자
참사(參祀)명 제사에 참례함. attending a religious
참사(慘史)명 비참한 역사. tragic history
참사(慘死)명 참혹하게 죽음. ¶화산 폭발의 ~. tragic death 하자
참사(慘事)명 비참한 일. 참혹한 사건. disaster
참사(慙死)명 부끄러워 죽을 지경임. 하자
참사=관(參事官)명 〈법률〉 외무직 공무원의 한 대외 직명. 공사(公使)의 아래, 1등 서기관의 위임. 대사관과 공사관에 둠. councillor
참=사람명 진실한 사람. 참된 사람.
참=사랑명 진실하고 순수한 사랑.
참=살명 건강하게 포동포동 찐 살. plumpness
참:살(斬殺)명 목을 베어 죽임. beheading 하타
참살(慘殺)명 참혹하게 죽임. slaughter 하타
참상(參上)명 ①〈제도〉 조선조 때, 벼슬아치의 6품 이상 종3품 이하의 계급. ②어른의 집에 가는 일.
참상(參商)명 ①참성(參星)과 상성(商星). ②서로 멀리 떨어져 만날 수 없음의 비유.
참상(慘狀)명 참혹한 상. 참황(慘況) ¶차마 볼 수 없는 ~. disastrous scene 「喪). untimely death
참상(慘喪)명 젊어서 죽은 상사(喪事). 《대》 호상(好
참=새명 〈조류〉 참새과[雀科]의 새. 날개 길이 7cm 가량으로 부리는 거무스름하고 머리는 적갈색, 등은 회갈색, 복부는 회백색임. 인가 근처에서 번식하며 농작물을 해치나 여름에는 해충을 구제(驅除)함. 빈작(賓雀). 황작(黃雀)②. 와작(瓦雀). 의인작(依人雀). sparrow
참새가 방앗간에 치어 죽어도 짹하고 죽는다속 힘은 없어도 막다른 경우에 이르면 반항한다.
참새가 방앗간을 거저 지나랴속 욕심 많은 사람이 이끗을 보고, 가만 있지 못한다.
참새가 작아도 알만 잘 깐다속 몸은 비록 작아도 능히 큰 일을 감당한다. 「무 괴롭히면 대항한다.
참새가 죽어도 짹한다속 아무리 약한 사람이라도 너
참새:=구이명 참새를 털을 뜯고 간해서 구운 음식. 새 전체수(-全體需). 황작구(黃雀灸).
참새 굴레 씌우겠다속 매우 약고 똑똑하다.
참새:=귀:리명 〈식물〉 포아풀과의 일년생 풀. 줄기는 총생(叢生)하며 잎은 선형으로 백색의 부드러운 털이 있음. 6~7월에 담녹색의 이삭꽃이 피고 열매는 긴 타원형임. 목초(牧草)로 씀.
참새를 까 먹었다속 잔소리를 몹시 재잘거리다.
참새를 볶아 먹었나속 말이 몹시 빠르고 재잘거리는 사람을 두고 하는 말.
참새: 만두(-饅頭)명 참새의 털을 뽑고 내장을 뺀 다음, 대가리·날개·발목을 잘라서, 뱃속에 양념을 넣고, 밀가루 반죽을 씌워서 만든 만두.
참새:=피명 〈식물〉 포아풀과의 다년생 풀. 줄기 높이 50cm 가량으로 잎은 가늘고 긺. 황록색 꽃이 수상(穗狀) 화서로 피고 영과(穎果)는 동글납작하며 두 줄로 배열됨.
참색(慙色)명 부끄러워하는 안색. ashamed look
참서(參恕)명 정상을 참작하여 용서함. extenuation 하타 「prophetic book
참:서(讖書)명 참언(讖言)을 적은 책. 참위서(讖緯書).
참석(參席)명 자리에 참여함. ¶회의에 ~하다. attendance 하자
참선(參禪)명 〈불교〉 좌선(坐禪)하여 선도(禪道)를 수행함. 선도(禪道)를 참구(參究)함. practice of *Seon* meditation 하자 「slandering
참설(讒舌)명 참소의 말을 놀리는 혀. 곧, 그 말.
참설(讖說)명 《동》 참언(讖言). 「erence 하타
참섭(參涉)명 남의 일에 참견하여 아는 체함. interf-
참세(懺洗)명 죄악을 깨달아 고쳐서 마음을 깨끗이 함. penitence 하타
참소(讒訴·譖訴)명 남을 헐뜯어 없는 죄도 있는 것처럼 고해 바침. false charge 하타
참:=수[-쑤](站數)명 쉬는 번수.
참:수(斬首)명 목을 벰. 참두(斬頭). ¶~형. 《약》 참(斬)①. decapitation 하타 「of oak wood
참=숯명 참나무 등으로 구운 숯. 백탄(白炭). charcoal

참: 스쿨(charm school)명 바른 예법이나 복장 등을 가르치는 여성 학원. 차밍 스쿨.
참:시(斬屍)명 〔약〕→부관 참시(剖棺斬屍).
참신(參神)명 신주에 절하여 뵘. worship 하자
참신(斬新)명 취향(趣向)이 매우 새로움. ¶~한 다자인. 《대》 진부(陳腐). novelty 하형
참신(讒臣)명 참소하는 신하.
참심-원(參審員)명 〈법률〉참심제에 있어서 직접적 법과과 함께 재판의 합의를 하는 사람. jury
참심-제(參審制)명 〈법률〉선거나 추첨에 의하여 국민 중에서 선출된 참심원이 직접적 법과과 함께 합의체를 구성, 재판하는 제도. jury system
as채(―)고 참게.
참-싸리명 〈식물〉콩과의 풀. 낙엽 활엽 관목. 싸리와 비슷하며 7월에 적자색 꽃이 피고 타원형의 협과는 10월에 익음. 줄기는 세공재, 나무 껍질은 섬유 원료로 쓰임.
참악(慘惡)명 참혹하고 흉악함. atrocity 하형
참악(慘愕)명 참혹한 형상에 대하여 놀람. being surprised at a tragic scene 하자
참알(參謁)명 〈제도〉매년 유월과 섣달에 벼슬아치의 성적을 고사·포폄(褒貶)할 때에 각사(各司)의 벼슬아치가 그의 으뜸 벼슬아치를 뵙는 일. 하자
참:어(讖語)명 참언(讖言).
참-억새명 〈식물〉포아풀과의 다년생 풀. 줄기는 크고 원주형으로 9월에 황갈색 또는 자갈색의 꽃이 핌. 줄기와 잎은 지붕을 이는 데 씀. 〔語〕. prophecy
참:언(讖言)명 앞일의 길흉을 예언하는 말. 참어(讖語).
참언(讒言)명 거짓 꾸며서 남을 참소하는 말. 〔네〕. 참설(讒說). false charge 〔네〕. participation 하자
참여(參與)명 참가하여 관계함. 참예(參預). 〔변〕 참가.
참여(站役)명 〈공업〉흙으로만 된 도가니를 고루 잡아서 매만지는 사람.
참연(慘然)명 슬프고 참혹한 모양. miserably 하형
참연(嶄然)명 한층 높이 뛰어난 모양. outstanding
참예(參預)명 〔동〕 참여(參與). 하자 [하형 히형
참예(參詣)명 신이나 부처에 나아가 뵘. visit 하자
참예-인(參詣人)명 참예하는 사람. visitor
참-오동(―梧桐)명 〈식물〉'벽오동'에 대하여 오동나무를 이름. paulownia
참외명 〈식물〉박과의 일년생 재배 식물. 만성(蔓性)으로 잎은 심장형에 장상(掌狀)으로 갈라짐. 여름에 황색 꽃이 피고 타원형인데 표면은 빤들빤들하고 황록색·백색·녹색으로 익음. 열매는 단맛이 있고 방향이 있어 널리 식용됨. 감과(甘瓜).
참외(參外)명 〔동〕 참하(參下). 〔진과(眞瓜〕. melon
참외를 버리고 호박을 먹는다판 ①알쏭하고 알뜰한 아내를 버리고 둔하고 못생긴 첩을 취한다. ②좋은 것을 비리고 나쁜 것을 취한다.
참:월(僭越)명 〔동〕 참람(僭濫). 하형
참위(僭位)명 〈제도〉무분 벼슬의 하나.
참:위(僭位)명 스스로 신분에 넘치는 군주의 자리에 앉는 일. 또, 그 자리. presumptuousness 하자
참:위(讖緯)명 미래의 길흉 화복의 조짐이나 그에 관한 예언. divination
참:위-서(讖緯書)명 참서(讖書).
참:위-설(讖緯說)명 중국 진대(秦代)에 비롯된 일종의 예언학. 음양 오행설에 의한 예언설. 전한 말에 성립. 사회 불안에 따라 학해 이용됨. 참위학.
참:위-학(讖緯學)명 참위설(讖緯說).
참:-으로분 진실로. really
참-으아리명 〈식물〉미나리아재비과의 다년생의 덩굴풀. 가을에 흰 꽃이 피고 수과(瘦果)에는 흰 털이 있음. 열매는 유독하여 약재로 씀.
참을-성(―性)〔―썽〕명 고통을 능히 견디가는 성질. ¶~이 많은 아이. patience [하다.
참을인자 셋이면 살인도 피한다판 참는 것이 중요하다.

참의(參議)명 〈제도〉①조선조 때, 육조(六曹)의 정3품 벼슬. ②갑오 경장 이후 의정부에 딸린 각 아문
의 한 벼슬.
참의-원(參議院)명 〈법률〉구헌법에 규정했던 양원제 국회 중의 하나. 상원. 《대》 민의원(民議院). House of Councillors
참작(參酌)명 참고하여 알맞게 헤아림. 참량(參量). consideration 하자
참작(慙作)명 부끄럽게 여김. 참괴(慙愧). 하자
참장(參將)명 〈제도〉①구한국 때, 무관 장교 계급의 하나. 부장(副將)의 다음 계급으로, 장관(將官)의 최하 계급임. ②구세군(救世軍) 계급의 하나. 장관(將官)의 최하 계급임.
참적(慘迹)명 몹시 비참한 자취. traces of a tragedy
참전(參戰)명 전쟁에 참가함. participation in a war
참전-국(參戰國)명 싸움에 참가한 나라. [하형
참절(斬截)명 목을 베고 손발을 끊음. 하자
참절(慘絶)명 비참하기 짝이 없음. extreme misery
참절 비절(慘絶悲絶)명 더할 수 없이 비참함. 비절 참절. 하형
참정(參政)명 ①정사(政事)에 참여함. participation in government ②〈제도〉의정부(議政府)의 한 벼슬. 하형
참정-권(―권)(參政權)명 〈법률〉국민이 직접·간접으로 정치에 참여하는 권리. 선거권·피선거권·공무원이 될 수 있는 권리 따위.
참정 대:신(參政大臣)명 〈제도〉갑오 경장 이후 의정부의 으뜸 대신 다음가던 벼슬.
참:정 절철(斬釘截鐵)명 거침없이 딱 결단하여 다부지게 처리해 나감.
참:-젖[―쩣](站―)명 ①참밥이 와서 먹이는 젖. ②시간을 정해 두고 먹이는 젖.
참조(參朝)명 조정(朝廷)에 들어감. 하자
참조(參照)명 참고로 맞대어 봄. reference 하자
참=조기명 〈어류〉민어과의 바닷물고기. 몸 길이 30 cm 내외로 몸 빛은 회색을 띤 황금색으로 입술은 불그스름함. 한국 서남해 일대, 황해도 연평도 근해의 간석지에 많이 서식하며 맛이 좋음. 황석어. 황석어. yellow corvina [pitation
참:-죄[―죄](斬罪)명 참형(斬刑)을 당할 죄. deca-
참:주(僭主)명 분수에 넘치게 스스로 왕이라고 일컫는 임금. usurper of the throne
참죽〈식물〉참죽나무와 참죽순의 통칭.
참죽-나무〈식물〉멀구슬나무과의 낙엽 활엽 교목. 높이 10 m 가량으로 잎은 난상 타원형이며 끝이 뾰족함. 6월에 흰 꽃이 피고 삭과는 다갈색의 타원형임. 어린 싹은 식용, 재목은 기구·농구의 재료로 씀. 향춘(香椿). 춘(椿). 〔약〕 죽나무. 「葉菜」.
참죽 나물명 참죽순을 무쳐서 만든 나물. 춘엽채(椿
참죽-순(―筍)명 참죽나무의 어린 잎.
참죽잎-쌈[―닢―](―)명 참죽나무의 어린 잎으로 밥을 싸서 먹는 쌈. 춘엽포(椿葉包).
참-줄명 광석의 매장량이 많아 채산에 맞는 광맥. rich mineral vein
참증(參證)명 참고가 될 만한 증거. evidence for [reference
참지(參知)명 〈역사〉조선조 때, 병조(兵曹)의 정3품 벼슬.
참질(讒嫉)명 고자질하고 질투함. 하자
참집(參集)명 참여하여 모임. ¶회의에 ~하다.
참차(參差)명 →참치(參差). [gathering 하자
참착(參錯)명 서로 엇걸림. 고르지 못함. 하형
참찬(參贊)명 〈제도〉의정부(議政府)의 한 벼슬. 좌참찬(左參贊)·우참찬(右參贊)의 총칭.
참:참(站站)명 이따금 쉬는 시간. 이분
참채〈어류〉큰가시고기과의 민물고기. 몸 길이 9 cm 내외로 등은 암회청색, 배는 은백색이나 생식기에는 배 쪽이 주홍색이 됨. 강·못·개울에 서식함. [할아버지보다 앞서 죽음.
참척(慘慽)명 아들·딸이나 손자·손녀가 그 아버지나
참척-보-다(慘慽―)자 웃어른으로서 참척을 당하나. survive one's child or grandchild

참척=하-다[자여튼] 한 가지 일에만 골몰하여 다른 생각이 없이 되다. ¶돈벌기에 ~. (원)잠착하다(潛着—). be absorbed in 「into the blue 하다
참천(參天)[명] 공중으로 높이 솟아서 늘어섬. shooting
참청(參聽)[명] 참석하여 들음. attendance 하다
참최(斬衰)[명] 외간상(外艱喪)에 입는 오복(五服)의 하나. 거친 베로 짓고 아랫단을 꿰매지 않은 상복 (喪服).
참취[식물] 엉거시과의 다년생 풀. 줄기는 1.5m 가량이며 8∼10월에 가장자리는 백색, 가운데는 노란 꽃이 핌. 어린 잎은 식용함. 향소(香蔬). 마제채(馬蹄菜). 마제초(馬蹄草).
참치(參差)[약] →참치 부제(參差不齊).
참치-방어(一魴魚)[명] [어류] 전갱이과에 속하는 바닷물고기. 물레가락 모양의 주둥이가 둔하게 생김. 길이는 약 30cm로 청갈색의 몸 빛에 여섯 줄의 검은 빛을 띤 갯빛 가로띠가 있음. 우리 나라 남해·일본 중부 이남에 분포함.
참치 부제(參差不齊)[명] 고르지 않아서 가지런하지 않음. (준참치(參差). lack of uniformity 하다
참칭(僭稱)[명] 멋대로 신분에 넘치는 칭호를 자칭함. 또, 그 칭호. ¶황제를 ~하다. assumption of a title 하다
참-파:토(斬破土)[명] 무덤을 만들려고 풀을 베고 땅을 팜. 파토(破土).
참판(參判)[명] [제도] 조선조 때, 육조(六曹)의 종2품 벼슬. 판서(判書)의 다음. 아당(亞堂). vice-minister
참패(慘敗)[명] 여지없이 패배함. (대)압승(壓勝). crushing defeat 하다 「(參上).
참하(參下)[명] [제도] 7품 이하 계급의 일컬음. 참외
참-하:다[형여튼] ①나무랄 데 없이 말쑥하다. nice ②성질이 얌전하고 찬찬하다. ¶참한 처녀. modest
참:-하다(斬—)[타여] 칼 따위로 날칼아서 목을 쳐서 베다. 참수(斬首)하다.
참독(慘毒)[명][하타] 참혹함. 하다 「date 하다
참한(—限)[명] 기한까지 참음. waiting until the due
참한(斬汗)[명] 부끄러워서 흘리는 땀.
참함(讒陷)[명] 참언으로 남을 모함함. slander 하다
참해(慘害)[명] ①참혹하게 입은 손해. heavy damage ②참혹하게 남을 해침. havoc 하다
참:형(斬刑)[명] [제도] 목을 베어 죽이는 벌. (준참(斬)②. ¶~에 처하다. decapitation 하다
참형(慘刑)[명] 참혹한 형벌. cruel punishment
참호(慘號)[명] 참혹한 지경. ¶~한 상황. misery 하다 히다
참화(慘火)[명] 참혹한 화재. ¶~을 입다.
참화(慘禍)[명] 참혹한 재화(災禍). disaster
참회(參會)[명] 모임에 참여함. attendance 하다
참회(慙悔)[명] 부끄러워서 뉘우침. repentance 하다
참회(懺悔)[명] ①깊이 뉘우쳐 마음을 고침. ②〈불교〉과거의 죄악을 깨달아 뉘우쳐 고침. 또, 부처 앞에 고백함. ③〈기독〉죄악을 자각하여 이것을 하느님 앞에 뉘우쳐 고백한다. (약참(懺)). penitence 하다
참회-나무[식물] 노박덩굴과의 낙엽 활엽 관목. 잎은 난형 또는 도란형인데, 위쪽은 뾰족하고 아래쪽은 둥금. 6월에 자색 또는 백색의 꽃이 핌. 동근 삭과(蒴果)는 10월에 익음.
참회-록(懺悔錄)[명] 지나간 잘못을 고백하는 기록. 참회의 고백 기록. one's confessions
참회 멸-죄[—죄](懺悔滅罪)[명] 〈불교〉참회의 공덕으로 일체의 죄업을 소멸시킴.
참회-문(懺悔文)[명] ①참회한 것을 엮은 문장. ②〈불

교〉불·보살에게 예배하거나 독경할 때, 또는 참회할 때 축원하는 글.
참회-사(懺悔師)[명] [동] 참회 스님.
참회 소:설(懺悔小說)[문학] 자기의 지나간 잘못을 뉘우쳐서 그 죄를 용서 받고자 하는 정신으로 지은 소설. confession story 「참회사.
참회 스님(懺悔—)[불교] 선법(禪法)을 주는 스님.
참획(參劃)[명] 계획에 참여함. participation in planning 하다 「slander 하다
참훼(讒毀)[명] 참소하는 뜻으로 남을 헐뜯어 말함.
참흉(慘凶)[명] 참혹한 흉년. 극흉(極凶)②. miserably lean year
참-흙[명] 모래와 진흙이 알맞게 섞여 농사에 적당한 흙. 양토(壤土). 「쌀. glutinous rice
찹쌀(一)[명] 찰벼의 쌀. 나미(糯米). 점미(粘米). 찰
찹쌀 고추장(一醬)[명] 찹쌀이나 찹쌀 가루로 담근 고
찹쌀-떡[명] 찹쌀로 만든 떡. 「추장.
찹쌀 막걸리[명] 찹쌀로 빚은 막걸리.
찹쌀-밥[명] 찹쌀로 지은 밥.
찹쌀-지에밥(一)[명] 찹쌀밥을 만드는 데, 위를 덮었거나 걸어 낸 지에밥의 하나.
찹찹-하다[형여튼] ①많이 쌓인 물건이 푸수수하지 않고 잠이 자서 있다. ②마음이 가라앉아서 아주 조용하다. calm
=**찻**(茶)[고] 제의. 번째의. '차'의 소유격형.
찻간(車間)[명] 자동차·기차 따위의 사람이 타게 된 칸. compartment in the car
찻감(茶—)[명] 차를 만들 감.
찻-길(車—)[명] ①기차나 전차 따위의 다니는 길. 궤도(軌道). track ②자동차나 마차 따위가 다니는 길. 차도(車道). (대) 인도(人道). road way
찻-다[고] 찾다.
·찻-떡[고] 찰떡.
찻-물(茶—)[명] 차를 끓인 물. 차수(茶水). tea 「값.
찻-삯(車—)[명] 차를 타는 데 내는 돈. 차비. 차임(車
찻-숟가락(茶—)[명] 차를 마실 때 쓰는 작은 숟가락. (약)찻숟갈. tea spoon
찻-숟갈(茶—)[명] → 찻숟가락.
찻-잔(茶盞)[명] 차를 따라 마시는 잔.
찻-장(一欌)[명] 찻그릇이나 과실 등을 넣어 두는 자그마한 장.
찻-종(一鍾)[명] 차를 담아 마시는 종지.
찻-집(茶—)[명] 다방(茶房).
창[명] 구두·고무신·짚신·미투리 등의 밑바닥 부분. 또, 거기에 덧붙이는 가죽이나 고무의 조각. sole
창(瘡)[명] 피륙·종이 등 얇은 조각의 물건이 해져서 뚫어진 구멍. ¶구두에 ~이 났다. hole 「장.
창(倉)[명] ①(약) →창고(倉庫). ②(속) 서울 남대문 창
창(窓)[명] (약) →창문(窓門).
창:¹(唱)[명] (약) →영창(咏唱).
창:²(唱)[명] ①노래를 부름. 가창(歌唱). singing ②가곡 곡조·잡가조(雜歌調)·판소리 등으로 노래나 소리를 함. 하다
창(槍)[명] ①옛날 무기의 하나. 긴 나무 자루 끝에 양쪽으로 칼날이 있는 뾰족한 쇠가 달렸음. ②투창(投槍) 「쓰는 기구.
창(瘡)[명] (약) →창병(瘡病).
창(艙)[명] (약) →선창(船艙).
=**창**(瘡)[접두] 끔찍하게 큰 부스럼을 나타냄. ¶등~.
창-가[—까](窓—)[명] ①창의 가. ②창 가까이. 창변.
창가(娼家)[명] 창기(娼妓)의 집. brothel
창:가(唱歌)[명] 곡조에 맞추어 노래를 부름. 또는 그 노래. 영가(咏歌). song 하다
창가-병[—뼝](瘡痂病)[명] 식물의 어린 잎·줄기·과실에 딱지 모양의 얼룩이 생김. 귤·차나무 등에서 볼 수 있음.
창:간(創刊)[명] 신문·잡지 등 정기 간행물을 처음으로 간행함. (대) 종간(終刊). first publication 하다
창:간-호(創刊號)[명] 정기 간행물(定期刊行物)의 첫 호. (대) 폐간호(廢刊號). initial number
창-갈-다(瘡—)[타르] 신창을 딴 조각으로 갈아대다. resole

창갈리다 〖자동〗 남을 시켜 신창을 갈아대게 하다.
창=갈이-다 〖자동〗 신창을 갈아대는 일. resoling 하다
창=개(創開·刱開) 〖명〗〖동〗 창시(創始). 하다
창=건(創建·刱建) 〖명〗 처음으로 세움. founding 하다
창건(蒼健) 고아(古雅)하고 굳셈. 시문(詩文)을 평할 때 쓰는 말. being elegant and powerful 하다
창=건주(創建主) 〖명〗 절을 창건한 시주(施主). ㈜ 창주(創主).
창검(槍劍) 〖명〗 창과 검. spear and sword
창검=군(槍劍軍) 〖명〗 창과 검을 쓰는 군사.
창검-무(槍劍舞) 〖민속〗 축제(蹴祭)에 창과 칼을 가지고 추던 춤사위.
창=견(創見) 〖명〗 처음으로 생각해 낸 의견. original view
창=결(悵缺·悵缺) 〖명〗 몹시 서운함. 매우 섭섭함. 하다
창경(窓鏡) 〖명〗 창문에 댄 유리. window glass 〖히〗
창고(倉庫) 〖명〗 곳집. 부고(府車). ㈜ 창(倉)①.
창고(蒼古) 〖명〗 ①아주 먼 옛날 시대. antiquity ②고색(古色)을 띠고 있어 예스러움. looking hoary 하
창-고달[-고-] (槍-) 〖명〗 창의 물미.
창고-료(倉庫料) 〖경제〗 창고를 빌려 쓰고 내는 요금. 창고부료(倉敷料). warehouse charges
창고-업(倉庫業) 〖경제〗 창고를 빌려 주고 세를 받거나, 또는 남의 물건을 간수해 주고서 세를 받는 영업. warehousing
창고 증권[-꿘](倉庫證券) 〖경제〗 창고 영업자가 발행하는 화물의 보관 증명서. 창하(倉荷) 증권. warehouse bond ㎝ in a store-house
창곡(倉穀) 〖명〗 창고(倉庫) 속에 쌓아 둔 곡식. grains
창=곡(唱-) 〖명〗〖음악〗 노래로 부르기 위한 곡조.
창-곡조(-曲調) 에 의하여 노래를 부름. 하다
창공(蒼空) 〖명〗〖동〗 창천(蒼天).
창과-변(槍戈邊) 〖명〗 한자 부수(部首)의 하나. '戍·或' 등의 '戈'의 이름.
창광(猖狂) 〖명〗 미친 것같이 사납게 날뜀. 하다
창구(窓口) 〖명〗 사무실에서 문서나 돈 따위를 주고받기 위하여 자그마하게 만든 창문. window
창구(瘡口) 〖명〗 칼날 같은 것에 베어진 상처. wound
창구(瘡口) 〖명〗 종기의 구멍. opening on a boil
창구(艙口) 〖명〗 함선의 화물창(貨物艙)에 실은 화물을 내리고 올리기 위하여 갑판에 마련한 네모꼴 구멍.
창-구멍[-꾸-] (-) 〖명〗 버선·솜옷·이불 따위를 지을 때 안팎을 뒤집어 빼내기 위하여 꿰매지 아니한 곳.
창=군(創軍) 〖명〗 군대를 처음 설치함. establish an army 하다
창군(槍軍) 〖명〗 ①〖군사〗 창을 쓰던 군사. spearman ②옛날에 창을 가지고 사냥하던 사람. 창수(槍手). one who hunts with a spear
창궁(蒼穹) 〖명〗〖동〗 창천(蒼天).
창궐(猖獗) 〖명〗 좋지 못한 세력이나 병이 걷잡을 수 없이 일어나서 퍼짐. ¶전염병의 ~. rampancy 하다
창=극(唱劇) 〖명〗〖연예〗 전통적인 판소리와 그 형식을 빌려 만든 연극. Korean opera
창-극조(唱劇調) 〖명〗 ①창극에서 부르는 노랫 소리와 같은 성조. melody of opera song ②창극식 속곡의 하나. 곧, 극적인 동작과 표정을 아울러 나타내며 부르는 노래.
창기(娼妓) 〖명〗 천하게 노는 기생. prostitute
창=기(脹氣) 〖명〗〖동〗 창증(脹症).
창기(瘡氣) 〖명〗〖한의〗 매독의 기운.
창-꾼(槍-) 〖명〗 창으로 짐승을 잡는 사람.
창-나다 얇은 조각의 물건에 구멍이 나다.
창-나무 배의 키의 자루. tiller
창난 명태의 창자. pollack tripe
창난-젓 명태의 창자로 만든 것.
창녀(娼女) 〖명〗 몸을 파는 것을 업으로 삼는 여자. 창부(娼婦). 위안부. prostitute
창단(創團) 〖명〗 단체를 처음 만듦. 하다
창=달(暢達) 〖명〗 ①뻗어 자람. growth ②거침없이 통달함. 하다
창-대[-때] (槍-) 〖명〗 창의 자루.

창=덕(彰德) 〖명〗 다른 사람의 덕행(德行)을 세상에 밝히 드러냄. 또, 그 덕. 하다
창=던지기(槍-) 〖체육〗 육상 경기의 하나. 투창(投槍). javelin throw 하다
창:도(唱道·倡道) 〖명〗 앞장서서 부르짖음. advocacy 하다
창:도(唱導) 〖명〗 ①말로 부르짖어 남을 인도함. advocacy ②〖불교〗 법리를 베풀어 불도에 인도함. 하다
창독(瘡毒) 〖명〗〖한의〗 종기의 독기. virus of the boil
창=락(暢樂) 〖명〗 마음이 순조롭고 즐거움. 하다
창랑(滄浪) 〖명〗 너르고 큰 바다의 푸른 물결. 창파(滄波). blue waves
창랑 자취(滄浪自取) 좋은 말이나 나쁜 말을 듣거나, 상이나 벌을 받는 것은 다 자기의 행동에 달렸다는 뜻.
창로(蒼鷺) 〖명〗〖동〗 해오라기.
창루(娼樓) 〖명〗 기루(妓樓). 청루(青樓).
창=류(漲流) 〖명〗 넘쳐 흐름. 넘치듯 가득 차 흐름. 하다
창름(倉廩) 〖명〗 곳집.
창=립(創立) 〖명〗 처음으로 설립함. ¶ ~ 위원(委員). 창설(創設). foundation 하다
창립-자(創立者) 〖명〗 처음으로 설립한 사람.
창:립 총:회(創立總會) 〖명〗 주식 회사 등의 창립에 관한 보고 및 여러 가지 의견을 하는 발기인과 주식 인수인과의 총회.
창-막이(艙-) (-) 〖명〗 거룻배나 돛배 따위 목조선의 선창에 칸막이로 가로 박은 나무.
창:만(脹滿) 〖명〗〖한의〗 창증(脹症)으로 배가 부름. 하다
창:만(漲滿) 〖명〗 창일(漲溢). 하다
창:망(悵惘) 〖명〗 시름으로 멍한 모양. deploring 하다
창:망(悵望) 〖명〗 시름없이 바라봄. looking at in dejection 하다
창망(蒼茫·滄茫) 〖명〗 넓고 멀어서 아득함. ¶ ~한 대해. being boundless 하다 히
창맹(蒼氓) 〖명〗 세상의 모든 사람. 창생(蒼生). all people of the world
창:면(-麵) 〖명〗 녹말을 끓는 물에 익힌 다음 채를 쳐서 꿀을 탄 오미자 국물에 넣어 먹는 음식.
창:명(愴冥) 〖명〗 슬프고 망막함. sorrowfulness 하다
창명(滄溟) 〖명〗 너르고 큰 바다. 창해(滄海). vast sea
창:명(彰明) 〖명〗 ①드러내어 밝힘. ②빛이 환하게 밝음. 하다
창모-변(槍矛邊) 〖명〗 한자 부수의 하나. '矜'·'矞' 등의 '矛'의 이름.
창무(暢茂) 〖명〗 풀과 나무가 우거져서 무성함. being luxuriant 하다
창문(窓門) 〖건축〗 채광·통풍을 위하여 벽 또는 지붕에 만든 문. 창(窓). window
창문-짝(窓門-) 〖명〗 창문의 한 짝.
창문-밑(-) 〖체육〗 활의 도고지 밑.
창-받다 (-) 〖명〗 ①신바닥에 가죽이나 고무 조각을 새로 대다. sole ②양말이나 버선 바닥에 딴 헝겊 조각을 대다. patch
창-받이(-) 〖명〗 ①가죽 크기를 바닥에 대신. shoes with leather soles ②창받는 일. soling 하다
창방(-) 〖건축〗 오량(五樑)집에 모양을 내려고 대청 위의 장여 밑에 대는 넓적한 도리. 히
창백(蒼白) 〖명〗 해쓱함. ¶ ~한 얼굴. paleness 하다
창백-출(蒼白朮) 〖식물〗 창출과 백출의 통칭.
창:벌(槍-) 〖명〗 송곳벌.
창:법(-법)(唱法) 〖명〗 시조를 부르는 법식.
창법(槍法) 〖명〗 창을 쓰는 법. art of using a spear
창변(窓邊) 〖명〗〖동〗 창가.
창:병(-병)(瘡病) 〖한의〗 화류병(花柳病)의 하나. 당창(唐瘡). 매독(梅毒). 양매창. 창질(瘡疾). (약창(瘡). pox
창:부(倡夫) 〖명〗 ①사내 광대. actor ②〖민속〗 무당 굿거리의 하나.
창부-료(倉敷料) 〖명〗〖동〗 창고료(倉庫料).
창:부 타:령(倡夫打令) 〖민속〗 무당이 굿거리에 부르는 노래의 하나.
창부-형(娼婦型) 〖명〗 가정적이 아니며, 자녀를 키우기

창:사(唱詞) 〈음악〉 정재(呈才) 때에 부르는 가사.
창산(蒼山) 파랗게 보이는 아득히 먼 산.
창:살[―쌀]〈窓―〉 ①창짝이나 미닫이 따위에 가로 세로 지른 나무 오리. lattice ②비각·종각·대문·종문 따위에 세로 죽죽 내리지른 나무 오리.
창:상(創傷) 칼날 따위에 다친 상처. wound
창:상(滄桑) 〔동〕 상전 벽해(桑田碧海).
창상 세:계(滄桑世界) 푸른 바다가 뽕나무 밭이 되듯 벽하고 변하는 세상.
창상지:변(滄桑之變) 푸른 바다가 뽕나무 밭이 되듯이 큰 변화가 있는 일. 상전 벽해(桑田碧海). great change in nature
창생(蒼生) 세상의 모든 사람. 창맹(蒼氓).
창:서(暢敍) 마음을 화창하게 폄. serenity 하다
창:선(彰善) 남의 착한 행실을 드러냄. (대) 창악(彰惡). making good deeds public 하다
창:설(創設·刱設) 처음으로 베풂. (유) 창립(創立). foundation 하다
창성(昌盛) 성하여 잘 되어감. prosperity 하다
창:성(創成) 처음으로 이루어짐. 또, 처음으로 이룸. 하다 「초. creation of the world 하다
창:세(創世) 처음으로 세계를 만듦. 또, 세계의 시
창:세:기(創世紀) 〈기독〉 구약 성서(舊約聖書)의 첫째 권. Genesis 「pine-trees
창송(蒼松) 푸른 소나무. ¶ ~ 녹죽(綠竹). green
창송 취:죽(蒼松翠竹) 푸른 소나무와 푸른 대나무.
창:수(漲水) 강물이 불어서 넘치는 물. overflow
창수(槍手) 〔동〕 창군(槍軍).
창술(槍術) 창을 쓰는 기술.
창술가(槍術家) 창술에 능한 사람.
창승(蒼蠅) 〔곤충〕 쉬파리. 「nation 하다
창:시(創始·刱始) 처음 시작함. 창개(創開). origi-
창:씨(創氏) 〔역사〕 창씨 개명(創氏改名).
창:씨 개:명(創氏改名) 〔역사〕1940년 일제(日帝)가 민족 말살 정책의 일환으로 우리의 성명(姓名)을 일본식 이름으로 강제 변경시킨 일. (약) 창씨(創氏).
창씨=고씨(倉氏庫氏) 창씨(倉氏)와 고씨(庫氏)가 옛 중국에서 세습적으로 곳집을 맡아봤다는 데서, 사물이 오래도록 잘 변천하지 아니함을 이르는 말.
창:악(慰惡) 남의 악한 일을 드러냄. (대) 창선(彰善). 하다 「original idea 하다
창:안(創案) 처음으로 생각하여 냄. 또, 그 고안.
창안 백발(蒼顔白髮) 쇠한 얼굴빛과 센 머리털. 곧, 늙은이의 얼굴과 머리카락.
창알=거리다 〔거〕→짱알거리다.
창애(詐) 짐승을 꾀어 잡는 틀. trap 「생긴 눈.
창애에 친 쥐눈 눈이 툭 불거져서 보기에 흉측하게
창약[―냑](瘡藥) 헌데에 바르는 약. ointment for boils 「가언(嘉言).
창언(昌言) 정성스럽고 매우 아름다운 말. 착한 말.
창언 정:론(昌言正論) 매우 격절하고 정대한 언론.
창:업(創業·刱業) ①나라를 처음으로 세움. ②사업을 비롯하여 이룸. 곧 사업의 기초를 세움. (대) 폐업(廢業). foundation 하다
창:업=자(創業者) 창업한 사람. founder
창:업지:주(創業之主) 왕조를 처음으로 세운 임금.
창역=주(倉役主) 〔제도〕 세미(稅米)를 창고에 넣는 수고의. 원세(元稅)에 덧붙여 받음. 「히.
창:연(悵然) 서운하고 섭섭한 모양. dejectedly 하다
창연(敞然) 시원하게 넓은 모양. 창연히 하다
창:연(愴然) 몹시 슬퍼함. deploring 하다 히
창연(蒼然) ①빛깔이 새파란 모양. verdant ②날이 저물어 어둑어둑한 모양. shady ③물건이 오래 되어 옛 빛이 저절로 드러나 보이는 모양. ¶고색(古色)~하다. antiquated 하다
창연(蒼鉛) 〈화학〉 질소족 원소. 좀 붉은 빛을 띤 은백색의 금속. 그 염류(鹽類)는 수렴(收斂)이나 방

부제(防腐劑)로 씀. 비스무트(bismuth).
창연 요법(蒼鉛療法) 〈의학〉 창연제(劑)로 매독을 치료하는 법. bismuthal therapy
창연=제(蒼鉛劑) 〈의학〉 국부 작용으로써 창면(創面) 및 점막에 대하여 분비를 제한하고 또한 수렴(收斂)·방부(防腐)하는 창연 제제(製劑). 장질환(腸疾患)·매독 따위에 쓰임.
창웃(氅―) 〔약〕→소창옷.
창옷=짜리(氅―) 창웃을 입은 사람을 훌하게「르는 말.
창:우(倡優) 〔동〕 광대. 「는 말.
창우 백:출(瘡疣百出) 언행에 잘못이 많음을 가리키
창운(昌運) 훤히 트인 좋은 운수. prosperity
창:울(悵鬱) 서운하고 울적함. 하다
창울(蒼鬱) 빽빽하게 무성한 모양. 울창. 하다
창원(蒼遠) 아주 아득하게 오래됨. remoteness 하다
창:월(窓月) 음력 동짓달.
창유(窓牖) 〔동〕 창문(窓門).
창:의(倡義) 국난(國難)을 당하여 의병을 일으킴. raising a loyal army 하다
창:의(氅衣) 〈불교〉 죽은 사람 앞에 그의 입던 옷을 가져다 놓고 생전의 집착심(執着心)을 떼어버리는 일. 「견. original idea 하다
창:의(創意) 새로 의견을 생각하여 냄. 또, 그 의
창:의(氅衣) 〔제도〕 소매가 넓고 뒷솔기가 갈라진 옷옷. 관원이 평시에 입던 옷옷.
창:의문(倡義文) 의병으로 일어날 것을 백성에게 호소하는 글. 「는 성문.
창:의문(彰義門) 〔지리〕 서울 서북(西北)쪽에 있
창:의사(倡義使) 〔제도〕 국란(國亂)을 만났을 때 의병을 일으킨 사람에게 임시로 주던 벼슬.
창:의=짜리(氅衣―) 〔제도〕 창의를 입은 사람을 훌하게 이르는 말.
창이(創痍) 무기(武器)에 다친 상처.
창이(蒼耳) 〔동〕 도꼬마리.
창이-자(蒼耳子) 〔한의〕 도꼬마리의 열매. 피부병·치통(齒痛) 등에 약으로 쓰임. 도인두. 「dation 하다
창:일(漲溢) 물이 불어서 넘침. 창만(漲滿). inun-
창자 〈생리〉 내장 기관의 하나. 소장·대장의 총칭. 수곡도. 장(腸). intestines
창자-액(―液) 〔동〕 장액(腸液).
창:작(創作) ①처음으로 만들어 내는 일. 딴것을 흉내 내지 않고서 독창적으로 만들어 냄. 또, 그 물건. origination ②문예·회화·음악 등의 작품을 창작으로 만들어 냄. 또, 그 작품. ¶~가(家). (대) 모방. creative work 하다
창:작=력(創作力) 예술 작품을 창작해 내는 힘.
창:작=물(創作物) 〈문학〉 창작한 문예 작품(文藝作品). creative work ②〔법률〕 사람의 정신적 노력의 산물의 총칭. 저작물·발명품·실용 신안·의장(意匠)·상표(商標) 따위.
창:작=집(創作集) 〈문학〉 창작한 문예 작품을 모아 엮은 책. collection of creative works
창:작=품(創作品) 〈문학〉 창작한 문예 작품. 소설·시·수필·시나리오 따위. creative work
창:저(彰著) 밝혀서 드러냄. making public 하다
창전(昌廛) 말리지 않은 쇠가죽을 팔던 가게.
창:점(創定) 처음으로 정함.
창:제(創製) 처음으로 만듦. 새로 만듦. ¶훈민 정음을 ~하시다. invention 하다
창:조(創造) ①처음으로 만듦. ②조물주(造物主)가 우주를 처음 만듦. ¶~자(者). 천지(天地) ~. creation 하다
창:조(漲潮) 〔지리〕 간조에서 만조에 이르는 상태. (대) 낙조(落潮). flooding
창:조 가극[―쪼―](唱劇歌劇) 창을 중심으로 한 연극. 국극(國劇). 창극(創劇).
창:조 교:육(創造教育) 〈교육〉 창조성을 길러줌을 중심으로 하는 교육. creative education

창:조-물(創造物)[명] 창조한 물질. [creative
창:조-적(創造的)[관형] 창조하는 특성이 있는(것).
창졸(倉卒)[명] 예정 없이 아주 급작스러움. abruptly
창졸-간(倉卒間)[명] ⟨약⟩→창출지간. [하다 히⟨부⟩
창졸지-간(倉卒之間)[명] 급작스러운 동안. ¶~에 인
 사도 못하고 떠났다. 「⟨약⟩ 창졸간. abruptly
창종(瘡腫)[명] 온갖 부스럼. 창양(瘡瘍). boil
창:준(唱準)[명] ①〈제도〉 조선조 때, 교서관(校書館)에
 서 인쇄 원고를 소리 내어 읽던 잡직. ②원고를 소
 리 내어 읽으면서 보는 교정. 하다
창:증[-증](脹症)(한의) 뱃속에 물기가 많이 들
 어가 배가 부어 오르는 병. 창기(脹氣). abdominal
 dropsy
창-질경이[명] 〈식물〉 질경이과의 이년생, 또는 다년생
 풀. 잎은 뿌리에서 총생하고 길이 30 cm 가량임.
 4~6월에 흰꽃이 이삭 모양으로 피고 열매는 긴 타
 원형임. 「짚. government-owned granary
창-집[-찜](倉-)[명] 나라에서 곡식을 쌓아 두던 곳
 창-짝(窓-)[명] 〈건축〉 창문의 따로따로의 짝. 창선(窓
 扇).
창창(蒼蒼)[명] ①빛이 썩 푸르름. ¶~한 수풀. blue
 deep ②앞길이 멀어서 아득함. ¶앞길이 ~한 청
 년. ③새벽빛이 어둑어둑함. dim 하다 형
창창 소:년(蒼蒼少年) 나이가 어려서 앞길이 먼 젊
 은이. 곧 희망이 많은 소년. young boy
창창 울울(蒼蒼鬱鬱)[명] ⟨동⟩울울 창창. 하다 형
창창-하다(倀倀-)[형여] 갈 길이 멀어 갈팡질팡하
 다. 마음이 초조하다. be in a hurry 하다
창천(蒼天)[명] 맑게 개인 새파란 하늘. 창공(蒼空).
 창궁(蒼穹). 창민(蒼旻). blue sky ②사천(四天)
 의 하나로서 봄 하늘. spring sky ③구천(九天)의 하
 나로 동북쪽 하늘. northeastern sky
창:초(創初)[명] ①사물이 비롯된 맨 처음. ②태초.
창:출(創出)[명] ①새로 이루어 생겨남. origination ②
 처음으로 생각하여 지어냄. creation 하다 타
창출(蒼朮)[명] 〈한의〉 삽주의 결구(結球)되지 않은 뿌
 리. 백출(白朮)보다 맛을 내는 힘이 세어서 소화기
 에 범한 외감을 푸는 데에 많이 씀.
창취(蒼翠)[명] 나무 따위가 싱싱하게 푸름. green 하다
창:-칼(唱-) 장도 작은 칼의 총칭. knife
창:쾌(暢快)[명] 마음에 뻗긴 것이 없이 시원하고 유쾌
 함. pleasure 하다 형
창:탄(唱彈)[명] ①노래하는 일과 탄주(彈奏)하는 일.
 ②노래하면서 가야금 등을 탐. 하다 타
창-턱(窓-)[명] 창문의 문지방에 있는 턱. window sill
창-틀(窓-)[명] 문얼굴 안쪽에 미닫이 짝이 드나드는
 홈을 판 위아래의 나무와 두껍닫이를 꾸미는 나무
 오리의 틀. window
창파(滄波)[명] 너르고 큰 바다의 푸른 물결. 창랑(滄
 浪). ¶만경(萬頃) ~. billow
창평(昌平)[명] 나라가 번창하고 세상이 편안함. prosp-
 erity and peace 하다 형
창포(菖蒲)[명] ①〈식물〉 창포과의 다년생 풀. 6~7월
 에 황록색 꽃이 밀생함. 장포. ②〈한의〉 창포의 뿌
 리. sweetrush
창포=물(菖蒲-)[명] 창포잎과 뿌리를 우려 낸 물. 오
 월 단오에 머리를 감거나 몸을 씻을 물에 섞어 씀.
창포-잠(菖蒲簪)[명] 창포 뿌리를 깎아서 붉게 물들여
 만든 비녀. 단오(端午)에 부녀들이 역병을 물리치
 는 액땜으로 곶음.
창피(猖披)[명] 체면이 사나워지거나 아니꼽음에 대한
 부끄러움. ¶~를 당하다. shame 하다 형 스럽 스레하
창:-하다(脹-)[형여] 너무 먹어서 배가 몹시 부르
 다. full
창하 증권[-권](倉荷證券)[명] ⟨동⟩ 창고 증권(倉庫證)
창해(滄海)[명] 크고 넓은 바다. 창명(滄溟). vast sea
창해-수(滄海水)[명] 푸른 바다의 물.
창해 일속[-쏙](滄海一粟)[명] 창해 안의 한 알의 좁쌀
 의 뜻으로, 광대한 것 속의 극히 작은 것의 비유.

우주 안에서의 인간 존재의 하찮음의 비유. 「하다
창:현(彰顯)[명] 널리 알려서 드러냄. making public
창호(窓戶)[명] 〈건축〉 창과 지겟문의 총칭. window
창호 가:게[-까-](窓戶-)[명] 창호를 만들어 파는 가
 게. 건구상(建具商). 「종이. window paper
창호-지(窓戶紙)[명] 문에 바르는 종이. 분왕미. 조선
창호-하다(窓戶-)[자여] 종이로 창호를 바르다.
창:혼(唱魂)[명] 죽은 사람의 넋을 부름. 초혼(招魂).
 하다 [chorus 하다
창:화(唱和)[명] 한쪽에선 부르고 한쪽에선 화답함.
창황(愴惶)(원)→당황.
창황(蒼黃·倉皇)[명] 어찌할 바를 모를 만큼 매우 급함.
 ¶~히 떠나다. precipitation 하다 히⟨부⟩
창황 망조(蒼黃罔措) 너무 급하여 어찌할 길이 없
 음. 하다
창:회(暢懷)[명] 마음 속을 시원하게 함. pleasing 하다
찾:다[타] ①어디 있는지 모르는 것을 알아내려고 뒤지
 거나 살피다. ¶모르는 단어를 사전에서 ~. look
 for ②있는 곳을 알려고 하거나, 불러서 오게 하
 다. ¶전화로 ~. ③모르는 것을 알아내려 물어
 내다. ¶원인을 ~. inquire ④잃거나 빼앗겼던 것
 을 도로 얻어내다. ¶권리를 ~. recover ⑤맡긴 것
 이나 빌린 것을 돌려 받다. ¶저금을 ~. draw ⑥
 보거나 만나러 오거나 가거나 하다. ¶웃어른을 찾
 아 다니다. visit ⑦탐승(探勝)하다. ¶전국의 사찰
 을 ~. go on a sightseeing trip
·찻·-다다 [고] 찾다.
찾아-가다 [자] ①맡긴 것이나 빌린 것을 도로 가져 가
 다. ②있는 데를 찾아서 가다. go to visit someone
찾아-내:-다 [타] 찾아서 드러내다. find out
찾아-보:다 [타] ①남을 찾아가서 만나보다. go to visit
 someone ②무엇을 찾아서 보다. ¶사전을 ~.
찾아-오:다 [자] ①남이 나를 만나러 오다. come to visit
 someone ②맡겼거나 빌린 것을 도로 가져 오다.
찾을-모 [명] 필요하여 남이 찾아 쓸 만한 점. merit
채¹[명] 가늘고 긴 물건의 길이. ¶머리 ~. length
채²[명] ①수레의 양쪽으로 걸치게 댄 나무. ②가마의 앞
 뒤로 길게 뻗어 메게 된 나무. shaft
채³[명] ①무엇→채찍. ②벌로 사람을 때리는 나뭇가지.
 ¶종아리 ~. whip ③북·장구·징 등의 타악기를 때
 려 소리 내는 자그마한 방망이나 현악기를 튀겨 소
 리 내는 제구. ¶~. drumstick
채⁴[명] 바구니·광주리 따위의 그릇을 겯는 데 쓰는 껍
 질을 벗긴 싸릿개비나 가는 나무 오리. wicker
채⁵[명] 고루 염색되지 않고 줄이 죽죽 지게 된 빛깔.
 blotches
채⁶[명] 집의 덩이. [의명] 집의 덩이를 세는 말. ¶집
 두 ~. unit of buildings [ginseng
채⁷[명] 인삼 100근을 일컬음. unit of 100 Keun of
채:⁸[명] 야채를 잘게 써는 일. 또, 썬 것. ¶~ 썰다.
 sliced vegetables「르 잡다. as it is ②-째.
채⁹[의명] ①어떠한 상태가 계속된 대로 그냥. ¶산 ~
채¹⁰[의명] 큰 기구 따위를 세는 단위. ¶수레 한 ~.
 unit of large instruments
채¹¹[부] 일정한 정도에 아직 이르지 못한 상태를 나타
 내는 말. 아직 덜 되어서. 못 마쳐서. ¶~ 익지
 않은 과실. ~ 먹기도 않았다. not yet
=채[접미] 명사 아래에 붙어 집의 덩이를 나타냄. ¶
 문간~. 사랑~. part of a house
=채[의명] -째.
채:(菜)[명] ①채소·산나물·과류(瓜類)는 양념하여 만
 든 반찬. ②온갖 나물의 총칭.
·채다 ⟨고⟩ 채키다.
채:-결(-決) 의장이 의안의 채택 여부를 의원들에
 게 물어 결정함. deciding by a roll-call vote 하다
채:-고추[명] 가늘게 채를 친 고추.
채:과(菜果)[명] 채소와 과실. vegetables and fruit
채:광(採光)[명] 건축물에 창 따위를 내어 빛을 받아들
 임. lighting 하다

채:광(採鑛)〖명〗〈광물〉광산에서 광석을 캐어 냄. ¶~권(權). mining 하타
채=광주리(採-)〖명〗채로 걸은 광주리.
채:광=창(採光窓)〖명〗건축물에 광선을 받아들이기 위하여 만든 창문. skylight
채:광-탄(彩光彈)〖명〗〈군사〉백·적(赤)·녹색 등 여러 가지 빛을 내는 채광제(彩光劑)를 갠 신호탄(信號彈). 통신 연락 또는 경보(警報)에 사용됨. signal
채:구(彩毬)〖명〗①용의 알. ②《동》구(毬).　　　[flare
채:구(彩球)〖명〗《동》색구(色球).
채:굴(採掘)〖명〗땅을 파서 광물 따위를 파냄. mining 하타
채:권(一券)(債券)〖명〗〈경제〉공채(公債)·지방채(地方債)·사채(社債)의 채무를 증명하는 유가 증권. debenture
채:권(債權)〖명〗〈법률〉채권자가 채무자에게 대하여 급부(給付)를 청구하는 권리. 《대》채무(債務). credit
채:권 양:도(一讓渡)〖명〗〈법률〉채권을 그의 동일성을 잃게 하지 않고 이전하는 신구 두 채권자 사이의 계약.
채:권=자(一者)(債權者)〖명〗〈법률〉상대방에 대하여 일정한 행위를 행할 것을 청구할 권리를 가진 자. creditor
채:권자 대:위권(一者代位權)(債權者代位權)〖명〗〈법률〉채권자가 자기의 채권을 보전할 목적으로, 그 채무자의 대신으로, 그 권리를 행사할 수 있는 실체법상의 권리. 대위 소권(代位訴權). 간접 소권(間接訴權).　　　[하는 질권.
채:권=질(一質)(債權質)〖명〗〈법률〉채권을 목적으로
채:귀(債鬼)〖명〗몹시 조르는 빚쟁이. dun
채=그릇〖명〗껍질을 벗긴 싸릿개비나 나뭇가지로 결어 만든 그릇. wicker-work
채:근(採根)〖명〗①초목의 뿌리를 캐냄. digging roots out ②일의 근원을 더듬어 냄. tracing back the origin 하타　　　[mining
채:금(採金)〖명〗〈광물〉석금·사금 따위를 캠. gold
채:금=선(採金船)〖명〗〈광물〉주로 물밑의 금을 채굴하는 데 쓰이는 배. gold mining boat
채:기(彩旗)〖명〗채색을 한 깃발.
채:기(彩器)〖명〗그림 그릴 때 채색을 풀어서 담는 그릇. colour-container
채:-김치〖명〗무로 잘게 채를 쳐서 만든 깍두기.
채=꾼〖명〗소를 모는 아이. cowboy
채끝〖명〗소의 방아살 아래에 붙은 쇠고기.
채:납(採納)〖명〗①의견을 받아들임. adopt an opinion ②사람을 골라서 씀. 하타
채널(channel)〖명〗①텔레비전 방송 등에서 각 방송국에 배당되어 있는 주파수대(周波數帶)에 의한 전파의 전송로. ②텔레비전 방송 선택을 위한 수상기의 손잡이.　　　[ation of vegetables
채:농(菜農)〖명〗〈농업〉나물밭을 가꾸는 농사. cultiv-
채:니-기(採泥器)〖명〗바다·연못 등의 바닥의 진흙·모래 및 침전물을 채취하는 장치.　　　[a little
채-다〖자〗값이 얼마 오르다. ¶쌀값이 또 ~. rise
채-다〖타〗갑자기 힘을 주어 잡아당기다. jerk
채-다〖타〗재빨리 짐작하다. ¶눈치 ~. perceive
채:-다〖타〗《약》 채우다.
채:-다〖피동〗①발로 참을 당하다. ¶배를 ~. be kicked ②중간에서 가로participación을 당하다. ¶돈주머니를 ~. ③애인한테 막지다.
채:단(采緞)〖명〗혼인 때 신랑집에서 신부집에 보내는 청색·홍색의 비단.
채:단(綵緞)〖명〗비단의 총칭. silk
채:달(彩疸)〖명〗〈한의〉채독으로 생기는 황달병.
채:담(彩毯)〖명〗여러 가지 빛의 털로 무늬를 놓아 넓게 짠 담요. figured blanket　　　[일컫는 말.
채:도(菜刀)〖명〗채칼.
채:도(彩陶)〖명〗중국의 채문 도기(彩文陶器)를 특별히
채:독〖명〗싸릿개비로 독처럼 만든 그릇의 하나. jar-shaped wickerwork
채:=독(菜毒)〖명〗①장기나 위를 해치는 나물붙이의 독기. vegetable poison ②《동》채독증(菜毒症).
채:독=증(菜毒症)〖명〗〈한의〉채소를 날 것으로 먹는 데에서 일어나는 각종 병. 채독(菜毒)②. vegetable-borne disease　　　[는 말.
채:=동지(蔡同知)〖명〗언행이 허무 맹랑한 사람을 이르
채=동우리〖명〗싸릿개비로 둥글고 깊숙하게 결어서 만든 채그릇의 하나. wicker basket
채:득(採得)〖명〗수탐(搜探)하여 사실을 찾아냄. finding out 하타
채:-뜨리-다〖타〗①앞으로 와락 잡아당기다. jerk ②재빠르게 채어 빼앗다. snatch
채:란(採卵)〖명〗알을 낳게 해서 꺼냄. gain eggs 하타
채란(彩鸞)〖명〗부드럽게 다루어 만든 너구리 가죽.
채:련(採鍊)〖명〗〈광물〉광물을 캐내어 정련(精鍊)하는 일. mining and refining 하타
채:록(採錄)〖명〗채택하여 기록·수록·녹음 등을 함. ¶주요한 의견을 ~하다. 하타
채롱(一籠)〖명〗싸릿개비를 결어서 함처럼 만든 채그릇의 하나. wickerbasket
채롱 부채(一籠-)〖명〗껍질을 벗긴 싸릿개비나 버들가지 따위로 결어 만든 부채.
채롱 부처(一籠-)〖명〗싸리나 버들 가지 따위를 결어서 만든 부처. 농불(籠佛).　　　[具). colours
채:료(彩料)〖명〗그림을 그릴 때 쓰는 감.
채:료 그릇(採料-)〖명〗채색의 재료를 풀어 쓰는 기구.
채:료 상자(彩料箱子)〖명〗채료를 담는 상자.　　　[pallette
채리티 쇼(charity show)〖명〗이익금을 자선 사업에 기부할 목적으로 하는 흥행.
채:마(菜麻)〖명〗《동》남새.
채:마-밭(菜麻-)〖명〗남새밭.
채:마-전(菜麻田)〖명〗남새밭.
채:무(債務)〖명〗〈법률〉채무자가 채권자에게 어떤 급부(給付)를 해야할 의무. 《대》채권(債權). debt
채:무 명:의(債務名義)〖명〗〈법률〉일정한 급부를 할 의무가 있음을 증명하는 것, 또 법률에 의하여 집행력이 부여된 공증 문서(公證文書). title of debt
채:무 불이행(一利一)(債務不履行)〖명〗〈법률〉채무자가 채무의 내용을 이행하지 아니하는 일. 이행 지체(遲滯)·이행 불능·불완전 이행의 세 가지 경우가 있음. default of obligations
채:무=자(債務者)〖명〗채권자에게 급부(給付)의 의무가 있는 사람. 《대》채권자(債權者). debtor
채:무 초과(債務超過)〖명〗〈법률〉자기의 재산으로써 자기의 채무를 완전히 판상할 수 없는 상태.
채:묵(彩墨)〖명〗〈미술〉채색을 풍긴 조각. 그림을 그릴 때에 먹처럼 사용함.
채:문(彩紋)〖명〗①채색의 무늬. figures ②물결 무늬.
채:문(採問)〖명〗탐문(探問). 하타
채:문 토기(彩文土器)〖명〗원시 시대의 농경민이 제조 사용하는 토기의 하나. 겉에 채색하여 장식했음.
채:미(採薇)〖명〗고비나 고사리를 캠. 하타
채:밀(採蜜)〖명〗꿀을 뜸. 하타
채반(一盤)〖명〗①껍질을 벗긴 싸릿개비로 납작하고 둥글게 결어 만든 채그릇. wicker pratter ②맛있는 음식. 근친(覲親) 때 가지고 음. dainties
채:반상(一盤相)〖명〗얼굴이 둥글고 넓적하게 생긴 사람.　　　[전//을 고집한다.
채반이 용수가 되게 우긴다타 사리에 맞지 않는 제의
채-받이(一-)〖명〗등심의 끝머리가 되는 쇠고기.
채:발〖명〗볼이 좁고 맵시 있게 생긴 발.　　　[slender foot
채:방(採訪)〖명〗물어 가서 찾음. 채탐(採探). 하타
채:벌(採伐)〖명〗풀·나무를 베어냄. 하타
채:벽(採壁)〖명〗채석장에서 돌을 뜰 때의 암벽의 단면.
채:변〖명〗남이 무엇을 줄 때 사양하는 일. ¶~ 말고 받게. polite hesitancy 하타
채:변(採便)〖명〗검사용으로 변을 채집함. 하타

채:병(彩屛)[명] 채색으로 그린 병풍. folding screen with coloured pictures 「모음. 하[타]
채:보(採譜)[명] 〈음악〉 악보를 만듦. 악보를 거두어
채:부(採否)[명] 채용함과 불채용. 채택 여부.
채비(―備)[명] 갖추어 차림. 또, 그 일. 차비(差備)①. ¶일할 ~를 차리시오. 《변》 자비. preparation 하[자]
채비 사흘에 용천관 다 지나가겠다[속] 준비만 하다가 정작 해야 할 일은 못했다.
채:빙(採氷)[명] 얼음을 떠냄. take in ice 하[자]
채:산(採山)[명] 산에서 나물을 캠. 하[자]
채:산(採算)[명] ①계산함. 수지가 맞음. ¶독립 ~제(制). ②원가·비용·이윤 등을 합해 판매가를 산정함. profit 하[타]
채:삼(採蔘)[명] 인삼을 캠. digging out *ginsengs* 하[자]
채:삼=꾼(採蔘―)[명] 인삼을 캐는 사람. 심마니.
채:색(采色)[명] 풍채와 안색.
채:색(彩色)[명] ①그림에 색을 칠함. ②여러 가지의 고운 빛깔. 단청(丹青)③. colours ③《약》→채색감. 하[자]
채:색(菜色)[명] ①푸성귀의 빛깔. vegetable ②굶주린 사람의 혈색 없는 누르스름한 얼굴빛. starved look
·칙·싀ᄀ숨[명] 《고》 물감. 채색(彩色)감. 「colours
채:색=감(彩色―)[명] 채색에 쓰는 감. 《약》 채색③.
채:색=화(彩色畫)[명] 《동》 채화(彩畫).
채:색회 토기(彩色繪土器)[명] 채색으로 그림만을 그리고 잿물을 올리지 않은 토기. 「ing 하[자]
채:석(採石)[명] 바위에서 석재(石材)를 떠냄. quarry-
채:석=장(採石場)[명] 돌을 떠내는 곳. quarry
채:선(彩船)[명] 나라 잔치 때 선유락(船遊樂)에 쓰는 배. 화선(畫船).
채:소(菜蔬)[명] 온갖 푸성귀. 남새.
채:소=과(菜蔬菓)[명] 밀가루를 꿀물에 반죽하여 실테처럼 타래를 만들어 끓는 기름에 띄워 지진 유밀과.
채:소=밭(菜蔬―)[명] 채소를 심은 밭.
채:송=화(菜松花)[명] 〈식물〉 쇠비름과의 일년생 풀. 줄기는 20 cm 가량이고 분홍빛이며 잎은 육질(肉質)임. 여러 가지 색의 고운 꽃이 아침에 피었다가 오후에는 시듦. 관상용으로 정원에 심음. 뜸북꽃. 앉은뱅이꽃. garden portulaca
채=수염(―鬚髯)[명] 성기고 긴 수염. sparse beard
채:식(菜食)[명] 푸성귀로 만든 반찬만을 먹음. 《대》 육식(肉食). vegetarian diet 하[자] 「식가(肉食家).
채:식=가(菜食家)[명] 항상 채식을 하는 사람. 《대》 육
채:식=주의(菜食主義)[명] 항상 채식을 하는 주의. vegetarianism
채:신[명] '처신(處身)'을 얕잡아 쓰는 말.
채:신머리=사:납-다[형][ㅂ불] 《속》 채신사납다.
채:신머리=없:-다[형] 《속》 채신없다. 채:신머리=없:이[부]
채:신-사:납-다[형][ㅂ불] 처신을 잘못하여 꼴이 매우 언짢다. 《큰》 치신사납다. slovenly
채:신=없:-다[형] 언행이 경솔하여 남을 대하는 위신이 없다. 《큰》 치신없다. undignified 채:신=없:이[부]
채:신지=우(採薪之憂)[명] '자기 병'을 겸손하게 이르는 말. 부신지우(負薪之憂). 「ical plants 하[자]
채:약(採藥)[명] 약재를 캐서 거두는 일. digging med-
채:여(彩轝)[명] 옛날 왕실에 의식이 있을 때 귀중품을 실어 옮기는 꽃무늬를 그린 교자(轎子) 모양의 기구. 「를 놓은 가마.
채:연(採輦)[명] 왕실의 의식 때 귀중품을 싣던 꽃무늬
채:용(採用)[명] ①사람을 골라 뽑아 씀. employment ②채택하여 씀. 하[타]
채:용(債用)[명] 《동》 차용(借用). 하[타]
채우-다[1][타] ①몸에 물건을 달아서 차도록 하다. let wear ②자물쇠로 열지 못하게 잠그다. lock ③손이나 다리에 형구(刑具)를 차게 하다. 《약》 채다[4]. shackle
채우-다[2][타] ①물건을 찬물에 담가 식히다. let one wear ②변하기 쉬운 것을 얼음에 대어 두어서 상하지 않게 하다. 《약》 채다[4]. ice
채우-다[3][타] ①모자라는 수를 보태다. make up ②빈구석이 없도록 하다. fill ③흡족하도록 하다. satisfy ④기한까지 미치도록 하다. 《약》 채다[4]. complete
채:운(彩雲)[명] 빛깔이나 무늬가 있는 구름. glowing clouds 「kitchen garden
채:원(菜園)[명] 〈농업〉 규모가 큰 남새밭. 채포(菜圃).
채:유(採油)[명] 〈광물〉 유전에서 기름을 채굴함. drilling for oil 하[자] 「油). vegetable oil
채:유(菜油)[명] 채소의 씨로 짠 기름. 채종유(菜種
채:유=권(採油權)[명] 〈법률〉 유전에서 석유를 채굴(採掘)할 수 있는 권리.
채:의(彩衣)[명] 무늬가 있고 빛깔이 울긋불긋한 옷.
채:자(採字)[명] 〈인쇄〉 인쇄소에서 원고대로 글자를 뽑는 일. 문선. picking types 하[자]
채:자=공(採字工)[명] 《동》 문선공(文選工).
채=잡-다[자][타] 어떠한 일을 하는 데 주장이 되어서 그 일을 하다. ¶남의 일에 채잡고 나서다. take the lead 「for recording one's debts
채:장(債帳)[명] 진 빚의 돈머릿수를 적은 책. notebook
채:전(菜田)[명] 남새밭. vegetable garden
채:전(債錢)[명] 빚진 돈. debt
채:전=에[부] 어떻게 되기 훨씬 이전에. long time ago
채:점[―쩜](採點)[명] ①점수를 매김. grading ②점수로써 성적의 우열을 결정하는 일. ¶~표(表). marking 하[타] 「판. mark board
채:점=판[―쩜―](採點板)[명] 경기의 성적을 기록하는
채:정(採精)[명] 인공 수정(人工受精)을 하기 위하여 정액을 채집함. 하[자] 「ing seeds 하[자]
채:종(採種)[명] 씨앗을 골라서 받음. 씨받기. gather-
채:종(菜種)[명] 채소의 씨앗. vegetable seeds
채:종=답(採種畓)[명] 〈농업〉 씨앗을 받을 목적으로 지질이 좋은 논을 가려 특설한 논. paddy-field for seed raising
채:종=밭(採種―)[명] 〈농업〉 씨앗을 받을 목적으로 지질이 좋은 밭을 가려 특설한 남새밭. 채종전(採種田). field for seed raising
채:종=유(採種油)[명] 《동》 채유(菜油).
채:종=전(採種田)[명] 《동》 채종밭.
채:주(債主)[명] 빚을 준 임자. creditor
채=지-다[형] 염색이 고르게 들지 못하다. be uneven
채:진=목(菜振木)[명] 〈식물〉 능금나무과의 작은 낙엽 활엽 교목. 산허리에 남. 흰 오판화가 피며 가을에 자흑색 타원형의 이과(梨果)가 익음. 목재는 세공재. 과실은 식용함.
채=질[명] 채찍으로 때리는 짓. whipping 하[타]
채:집(採集)[명] 채취하여 모음. ¶곤충 ~. 식물 ~. collection 하[타]
채찍[명] 마소를 모는 물건. 맷가지나 나뭇가지의 끝에 노끈이나 가죽 오리를 닮. 《약》 채[3]①. whip
채찍 바람[명] 채찍질을 하는 바람. swish
채찍=질[명] ①채찍으로 치는 짓. ②엄하게 가르쳐 격려하는 일. 편달(鞭撻) 하[타] 「ing hay 하[자]
채:초(採草)[명] 가축을 먹이기 위하여 풀을 벰. mak-
채:초(採樵)[명] 땔나무를 베어 두었다가 마른 뒤에 거둠. 또, 그 일. 하[자] 「기 위한 초지(草地).
채:초=지(採草地)[명] 녹비(綠肥)·사료(飼料) 따위를 얻
채:취(採取)[명] ①찾아서 캐어 냄. 골라서 캐어 냄. gathering ②풀·나뭇가지를 베어 냄. picking 하[타]
채:취(彩取)[명] 단청할 때에 채색을 조제하여 쓰는 판. palette
채:취=권[―꿘](採取權)[명] 〈법률〉 사광(砂鑛)을 캐어 가지며, 암석을 석재(石材)로 쪼개어 소유할 수 있
채:층(彩層)[명] 《동》 색구(色球). 「는 권리.
채=치-다[1][자] '채다[1]'의 힘줌말.
채=치-다[2][타] ①채찍으로 때리다. whip ②일을 몹시 재촉하다. press hard ③힘을 주어 갑자기 세게 당기다. jerk 「다. slice
채:=치-다[3][타] 채소·과실 등을 잘게 썰어서 채를 만들
채:=칼(菜―)[명] 채소·과실 등을 채치는 기구. 채도(菜刀). vegetable grater

채:탄(採炭)[명]〈광물〉석탄을 파냄. coal mining 하다
채:탄-기(採炭機)[명] 탄층(炭層)의 아래층을 캐어내는
채:탐(採探)[명] 채방(採訪). 하다 ［기계.
채:택(採擇)[명] 골라서 가려냄. 가려서 택함. ¶～된 방법. adoption 하다
·채·티-다[고] 채쳐지다. 채찍을 치다.
채:판(彩板)[명] 단청할 때에 채색을 조제하여 쓰는 판.
채-편(-便)[명]〈음악〉장구의 채로 치는 쪽.
채:포(採捕)[명] 해산물을 잡는 일. 또, 그 일. gathering and catching 하다
채:포(菜圃)[명]〈동〉채원(菜園). ［배.
채플(chapel)[명] ①학교·부대에 부속된 예배당. ②예
채플린(chaplain)[명] ①목사(牧師). ②종군 목사.
채:필(彩筆)[명] 채색에 쓰는 붓. paint brush
채:혈(採血)[명] 수혈을 하기 위하여 피를 뽑음. drawing of blood 하다 ［놓아 만든 상자.
채:협(彩篋)[명] 대나무를 가늘게 쪼개어 채색 무늬를
채:홍(彩虹)[명]〈동〉무지개.
채:화(採火)[명] 렌즈로 태양 광선을 받아서 올림픽 기간에 태울 성화를 얻음. 聖火. 채성화. painting
채:화(彩畫)[명]〈미술〉채색을 재료로 써서 그린 그
채:화(綵花)[명] 비단 조각으로 만든 조화(造花).
채:화-기(彩畫器)[명]〈미술〉채색 그림을 그려 놓은 사기 그릇. 색채 토기(色彩土器). ceramics with coloured figures
채:화-석(彩畫席)[명] 채색으로 그림을 놓아서 짠 돗자리. mat with coloured figures

책(冊)[명] ①어떤 사상·사항을 문자·그림으로 표현한 종이를 겹쳐 맨 물건의 총칭. ②종이를 여러 장 겹쳐 맨 물건. 방책(方冊). 편독(篇牘). book
책(柵)[명] ①쇠나 나무의 말뚝으로 둘러막은 우리. 울짱. stockade ②둑 앞에 말뚝을 박고 대쪽으로 얽어 놓은 장치.
책(責)[명] ①〈약〉→책임 ①. ②〈약〉→책망(責望).
책(策)[명] ①〈약〉→책문(策問).
=책[명][긔] '책임자'의 뜻. ¶조직～.
=책(策)[접미] '방책'의 뜻. ¶선후(善後)～.
책가(冊價)[명] 책 값. price of a book
책-가위(-加衣)[명] =책가의(加衣) 책을 덧입히는 종이. 책덮개. 책의(冊衣). 책갑(冊甲). 책갑(冊匣). ¶책에 ～을 덧입히다. jacket 하다
책-갈피(冊--)[명] 책장과 책장 사이.
책갑(冊甲)[명]〈동〉책가위. ［가위. book-case
책갑(冊匣)[명] 책을 넣어 두거나 겉으로 싸는 갑. 책
책-거리(冊--)[명]〈미술〉문방구를 그린 그림. ②〈동〉책씻이.
책고(冊庫)[명] 책을 두는 창고. library stack
책권(冊卷)[명] ①서책의 권질(卷帙). ②얼마간의 책.
책-궤(冊櫃)[명] 책을 두는 궤짝. bookchest
책-글씨(冊--)[명] 책장에 쓰는 잘고 정한 글씨. 책서(冊書). clean handwriting
책-꽂이(冊--)[명] 책을 세워 꽂아 두는 장치. bookshelf
책-덩이(冊--)[명] 책을 묶어 놓은 덩이.
책동(策動)[명] ①획책하여 행동함. maneuvers ②남으로 하여금 어떤 행동을 하도록 획책함. 남으로 하여금 움직이게 선동함. instigation 하다
책-뚜껑(冊--)[명] 책의 앞쪽 거죽 장. 표지(表紙). bookcover ［stratagem
책략(策略)[명] 꾀. 방책(方策). 책모(策謀).
책략-가(策略家)[명] 책략에 능한 사람.
책려(策勵)[명] 채찍질하여 격려함. encouragement 하다
책력(冊曆)[명] 천체를 측정하여 해와 달의 돌아다님과 절기를 적은 책. 역서(曆書)①. book-calendar
책력 보아 가며 밥 먹는다[속] 밥을 매일 먹을 수 없어 길일(吉日)만 택하여 먹는다. 곧, 가난하여 끼니를 자주 굶는다.
책례(冊禮)[명]〈동〉책씻이.
책롱(冊籠)[명] 책을 넣어 두는 농짝.
책립(冊立)[명]〈제도〉왕비자 왕후를 조칙으로 봉하여 세움. 하다

책망(責望)[명] 허물을 들어 꾸짖음.〈약〉책(責)②. blame 하다 ［bind a book
책-매:-다(冊--)[재] 책장을 모아 꿰어 책을 만들다.
책면(冊勉)[명] 채적질하여 격려함. 하다
책명(冊名)[명] 책의 이름. title of a book
책모(策謀)[명]〈동〉책략.
책무(責務)[명] 직책과 임무. responsibility and duty
책문(責問)[명] 꾸짖어 물음. 힐문(詰問). censorious question 하다
책문(策問)[명]〈제도〉문과(文科) 시문의 하나. 정치에 관한 계책을 들어 적게 함.〈약〉책(策).
책문-권[-꿘](責問權)[명]〈법률〉민사 소송에서, 당사자가 법원 또는 상대방의 소송 절차에 관한 규정에 위반(違反)된 소송 행위에 대하여 이의(異議)를 진술하고, 그 위법을 주장하는 권리.
책-받침[명] 한자 변(邊)의 하나. 곧, '近·道' 등의 'ⁱ'.
책-받침[冊--][명] 글씨를 쓸 때 자국이 나지 않도록 종이 밑에 받치는 물건. paper underlay
책방[-빵](冊房)[명]〈동〉서점(書店). 책사(冊肆). ②〈제도〉조선조 때, 고을 원의 비서(祕書). 책실(冊室).
책벌(責罰)[명] 죄과를 꾸짖어 벌함. penalty 하다
책-벌레(冊--)[명] 지나치리만큼 공부에 열중하는 사람의 별명. ［book wrapper
책-보(冊褓)[명] 책을 싸는 보자기. 또, 책을 싼 보통이.
책보(冊寶)[명] 옥책(玉冊)과 금보(金寶).
책봉(冊封)[명]〈제도〉왕세자·세손(世孫)·후(后)·비(妃)·빈(嬪) 들의 작위(爵位)를 봉(封)함. 하다
책봉-사(冊封使)[명]〈제도〉중국에서, 천자의 조칙을 받들어 번국(藩國)에 가서 봉작을 전하던 사신.
책부(責付)[명]〈법률〉형사 피고인이나 기타의 사람에게 맡기고 구속의 집행을 정지하는 구형사 소송법상의 제도. 하다 ［함. 하다
책비(責備)[명] 남에게 모든 일을 잘해 나가도록 요구
책사(冊肆)[명]〈동〉서점(書店). 책방(冊房)①.
책사(策士)[명] 어떤 일을 하는 데 꾀를 잘 내는 사람. 술사. tactician
책살(磔殺)[명] 기둥에 묶어 세우고 창으로 찔러 죽임.
책상(冊床)[명] 책을 읽거나 공부를 할 때 쓰는 상. 궤안(机案).〈유〉삼가(揷案). desk
책상(柵狀)[명] 울타리와 같은 모양.
책상-다리(冊床--)[명] ①한 쪽 다리를 다른 쪽 다리 에 포개고 앉음. sitting on crossed-legs ②〈동〉가부좌(跏趺坐). 하다
책상-머리(冊床--)[명] 책상의 한 쪽가. side of a desk
책상-못자리(柵狀--)[명]〈농업〉긴 네모꼴로 된 못자리. 책상 앙판(柵狀秧板).
책상-물림(冊床--)[명] 글만 읽다가 사회에 처음 나서서 모든 물정에 어두운 사람. 책상 퇴물(冊床退物). novice from the ivory tower ［table
책상-반(冊床盤)[명] 책상 모양과 비슷한 소반. small
책상-보[-뽀](冊床褓)[명] 수를 놓거나 여러 가지로 꾸미어 놓아서 책상을 덮는 보. table cloth
책상 앙판(柵狀秧板)[명]〈동〉책상못자리.
책상 양:반[-냥-](冊床兩班)[명] 상사람으로서 학력이 있어 양반이 된 사람.
책상 조직(柵狀組織)[명]〈식물〉엽육(葉肉)을 구성하는 조직의 하나. 울타리 조직. palisade parenchyma
책상 퇴:물(冊床退物)[명] 책상물림.
책서(冊書)[명]〈동〉책글씨.
책선(責善)[명] 친구 사이에 서로 착한 일을 하도록 권고함. urging virtuous deed
책선(策線)[명]〈군사〉책원지로부터 작전 목표에 이르는 도로나 철도 선로.
책성(責成)[명] ①책임을 지워서 부담시킴. ②남에게 맡긴 일이 잘 되게 다짐함. 하다
책-세(冊-)[명] ①세를 내고 빌려 보는 셋돈. rent for a hired book ②책을 세주는 일. ［maker's awl
책-송:곳(冊--)[명] 책을 매는 데에 쓰는 송곳. book

책=술(冊一)[명] 책의 두께. 「thread
책=실(冊一)[명] 서책을 뚫어서 매는 실. bookbinding
책실(冊室)[명] 《동》 책방(冊房)②. 「종이. book-jacket
책=싸개(冊一)[명] 책의(冊衣)를 보호하기 위하여 싸는
책=씻이(冊一)[명] 글방에서 학동이 책을 다 떼고 나서 훈장과 동료들에게 한턱 내던 일. 책거리②. 책례(冊禮). 하[자]
책언(責言)[명] 책망하는 말. reprimand
책원(策源)[명] 《동》 책원지(策源地).
책원=지(策源地)[명] 〈군사〉 ①작전지에 있는 군대가 그 전투력을 유지하거나 증강함에 필요한 모든 군수 물자를 공급하는 후방의 지점. supply point ②책략(策略)을 안출하는 근원이 되는 곳. 책원(策源).
책응(策應)[명] 쌍방이 계책(計策)을 통하여 서로 돕는
책의(冊衣)[명] 《동》 책가위. 하[타] 「일. 하[자]
책인(責人)[명] 남의 잘못을 나무람. 하[자]
책임(責任)[명] ①맡아야 할 임무. ¶~ 전가. 《약》 책(責)①. responsibility ②〈법률〉 불법 행위를 한 자에게 법률상의 불이익 내지 제재가 가해지는 일. 민사 책임과 형사 책임으로 나뉨.
책임=감(責任感)[명] 책임을 중히 여기는 마음. sense of responsibility
책임 내:각(責任內閣)[명] 〈정치〉 의회의 신임에 의하여 진퇴가 결정되는 내각. responsible cabinet
책임 능력(責任能力)[명] 〈법률〉 법률상의 책임을 부담할 수 있는 능력. 의사 능력(意思能力). capacity for responsibility
책임 무능력(責任無能力)[명] 〈법률〉 정신 기능의 미성숙·장애로 인하여 형사 책임을 질 능력이 없는 상태.
책임 연령[一년一](責任年齡)[명] 〈법률〉 형법상 책임 능력을 인정하는 연령. 현형법에서는 14세임.
책임=자(責任者)[명] 책임을 지는 사람. responsible person 「립될 만한 조건인 고의나 과실.
책임 조건[一껀](責任條件)[명] 〈법률〉 형사 책임이 성
책임 준:비금(責任準備金)[명] 〈법률〉 보험 회사가 앞으로 일어날지도 모르는 위험에 대비하여, 그 지급 책임을 이행하기 위하여 미리 적립하는 돈. legal (liability) reserve 「다. take responsibility
책임=지-다(責任一)[자] 책임을 완수할 의무를 안아 맡
책임 지출(責任支出)[명] 〈법률〉 정부가 긴급한 필요에 따라 예산 밖의 국고 잉여금으로 하는 지출. 국회의 사후 승인을 얻어야 함. disbursement on one's
책자(冊子)[명] 《동》 서적(書籍). 「responsibility
책=잡-다(責一)[타] 남의 잘못된 일을 탈잡아 말하다. find fault with
책=잡히-다(責一)[피동] 남에게 책잡음을 당하다. ¶누구에게도 책잡힐 일은 하지 말자. be held responsi-
책장(冊張)[명] 책의 낱장. leaf of book 「ble
책장(冊欌)[명] 책을 넣어 두는 장. bookcase
책정(策定)[명] 획책하여 결정함. decision 하[타]
책제(冊題)[명] 책의 제목. 책제목.
책=제목(冊題目)[명] 《동》 책제.
ᄎᆡᆨᄎᆡᆨ·ᄒᆞ-다¹[자] 《고》 다닥치다.
ᄎᆡᆨᄎᆡᆨ·ᄒᆞ-다²[형] 《고》 빽빽하다. 다붓다붓하다.
책=치레(冊一)[명] 책을 곱게 단장하는 온갖 치레. 하[자]
책=탁자(冊卓子)[명] 책을 쌓아 두는 탁자.
책=판(冊板)[명] 나무판에 글을 새겨 책을 박아 내던 판.
책=하-다(責一)[타][여불] 남의 허물을 들어 꾸짖다. 책망
책=하-다(策一)[타][여불] 꾀하다. 계획하다. 「하다.
책형(磔刑)[명] 〈제도〉 기둥에 묶어 세우고 창으로 찔러 죽이는 형벌.
책형=주(磔刑柱)[명] 〈제도〉 책형에 쓰는 나무 기둥.
챈 발에 곱 챈다[속] 곤궁한 형편에 거듭 곤궁함을 당한다.
챌린저(challenger)[명] ①도전자(挑戰者). ②〈체육〉 테니스·권투 등에서, 선수권자에게 도전할 자격을 얻은 사람.
챔피언(champion)[명] ①투사(鬪士). 선수(選手). ②우승자(優勝者). 패자(覇者). 선수권 보유자.
챗:=국[명] 무채로 만든 찬국.
챗날[명] 《약》→기름챗날.
챗=돌[명] 〈농업〉 개상 위에 얹어 놓고 태질하는 돌.
챗=열[一녈][명] 채찍 따위의 끝에 늘어진 끈. 편수(鞭
챙:[명] 《약》→차양(遮陽)②. 「穗). 《약》 열³. whiplash
챙기-다[타] ①빠짐없도록 갖추어 간수하다. ¶낚시 도구를 ~. pack ②유념하여 거두다. ¶흩어진 책
챠오즈(←餃子 중)[명] 만두. 「을 ~. pack
처=[접두] 어떤 동사 위에 붙어서 '많이·함부로'의 뜻을 나타냄. ¶많이도 ~먹네.
처(妻)[명] 아내. 처실. 《하》 권속(眷屬)②. wife
처:(處)[명] ①중앙 관서의 하나. ¶법제~. ②육군 사단급 이상 사령부의 참모 부서의 이름. ¶군수~. ③행정 사무를 보는 부서 이름의 하나. ¶교무~.
=처(處)[접미] '곳'의 뜻을 나타내는 말. ¶매매~. 접수~. place
처가(妻家)[명] 아내의 본집. one's wife's home
처가=살이(妻家一)[명] 처가에 붙어 삶. living in one's wife's home 하[자] 「wife
처가=속(妻家屬)[명] 처가의 권속. relatives of one's
처가집 말뚝에도 절하겠네[속] 아내를 사랑하는 사람이 처가를 지나치게 존중함을 이름.
처:결(處決)[명] 결정하여 조처함. decision 하[타]
처:교(處絞)[명] 죄인을 교수형에 처함. hanging 하[타]
처궁(妻宮)[명] 《약》→처첩궁(妻妾宮).
처깔-하-다[타][여불] 문을 굳게 잠가 두다. 《작》 차깔하다. keep a door tightly shut
처남(妻男)[명] 아내의 오빠나 남동생. brother-in-law
처-내:-다[자] 아궁이로 불길이나 연기가 쏟아져 나오
처=넣-다[타] 물건을 한 곳으로 몰아넣다. cram 「다.
처:네[명] ①덧덮는 얇고 작은 이불. thin quilt ②어린아이를 업을 때 두르는 끈이 달린 작은 포대기. 횡답(橫褡). quilt for carrying a baby ③《약》→머리처네.
처:녀(處女)[명] ①아직 시집 가지 아니한 나이 든 여자. 낭자(娘子)③. 색시. 처자(處子). 《대》 동정(童貞). 총각(總角). 《속》 피조리. virgin ②'최초의·처음으로 하는·인적 미답(人跡未踏)의' 뜻을 나타내는 말. 「못을 변명하고 이유를 붙일 수 있다.
처녀가 애를 낳아도 할 말이 있다[속] 무슨 일이나 잘
처:녀=고사리(處女一)[명] 〈식물〉 꼬리고사리과에 속하는 고사리의 하나. 잎은 우상 복엽(羽狀複葉)이고 땅 속의 근경에서 총생(叢生)함. 잎꼭지는 가늘고 반들반들하며 잎줄기의 좌우에 작은 자낭군이 있음. 들의 습한 곳에 남.
처:녀=궁(處女宮)[명] 《동》 쌍녀궁(雙女宮).
처:녀=림(處女林)[명] 사람이 아직 한 번도 베어내지 아니한 자연의 삼림(森林). 원시림. virgin forest
처:녀=막(處女膜)[명] 〈생리〉 질구(膣口)에 있는 질전정(膣前庭)과 질(膣) 사이의 얇은 막(膜). 음막(陰
처녀 불알[속] 매우 얻기 어려운 것. 「膜). maidenhead
처:녀 비행(處女飛行)[명] 새로 만든 비행기나 또는 새로 훈련을 받은 비행사가 처음으로 하는 비행. maiden flight
처:녀 생식(處女生殖)[명] 《동》 단성 생식(單性生殖).
처:녀=성[一썽](處女性)[명] 처녀로서 지니고 있는 성질. 「어먹어야겠다고 할 때 하는 말.
처녀 성복전도 먹어야 된다[속] 억지로라도 찾아서 얻
처:녀=수(處女水)[명] 〈지리〉 지하 깊은 곳의 마그마에서 나와 바위틈을 타고 솟아올라 지표(地表)로 나타난 물. 《대》 순환수(循環水). 「speech
처:녀 연:설(處女演說)[명] 처음 하는 연설. maiden
처:녀=왕(處女王)[명] 아직 교미하기 전인 왕벌.
처:녀=이끼(處女一)[명] 〈식물〉 처녀이끼과의 고등 은화 식물. 실 모양의 가는 뿌리 줄기가 가로 벋고 잎은 긴 타원형 또는 난형으로 녹갈색임. 깊은 산의 바위나 나무 위에 남.
처:녀=자리(處女一)[명] 〈천문〉 사자자리·천칭자리에

둘러싸인 성좌. 늦봄의 동쪽 하늘에 보임. 처녀좌(處女座). Virgo 「로 발표된 작품. maiden work
처:녀-작(處女作)圄 ①처음으로 지은 작품. ②처음으
처:녀 장:가(處女一)圄 처녀를 아내로 맞는 장가. 흔히, 재혼하는 남자에 대하여 쓰임.
처:녀-좌(處女座)圄 처녀자리.
처:녀-지(處女地)圄 아직 사람이 개척(開拓)하지 않은 땅. virgin soil
처:녀 출판(處女出版)圄 ①출판사를 차리고 처음으로 내는 출판. ②책을 지어 처음으로 하는 출판. maiden publication
처:녀 항:해(處女航海)圄 새로 만든 배나 새로운 항해사가 처음으로 하는 항해. maiden voyage
처녑(생긴)圄 소·양 따위의 새김질하는 짐승의 소화기의 한 부분. 백엽(百葉). 천엽(千葉)圄. ¶~ 쌈. reticulum 「된 집. conveniently built house
처녑-집圄 집의 짜임새가 빈틈없이 되고도 쓸모 있게
처녑-회(一膾)圄 소의 처녑으로 만든 회.
처:단(處斷)圄 결단하여 처분함. judgement 하다
처담(妻族)圄 圄 처족(妻族).
처=대-다¹圄 불에 넣어서 살라 버리다. 처지르다②.「burn
처=대-다² 잇달아 자꾸 대주다. supply continuously 「덕행. virtuous deeds of one's wife
처덕(妻德)圄 ①아내의 덕. one's wife help ②아내의
처덕-거리-다圄 ①빨래를 힘있게 두드려서 소리 처덕 소리를 내다. slap ②종이 따위를 마구 바르거나 붙이다. (작)차닥거리다. plaster at random 처덕-처덕圄의
처-든지르-다圄 圄 처먹다. (악) 처지르다③.
·처디-다圄 ①(고) 처지다. 떨어지다.
처=때-다圄 불을 요량없이 마구 때다. feed fire with too much fuel
처:=뜨리-다圄 처지게 하다. let droop
처란(-鐵丸)圄 ①엽총에 쓰는 잘게 만든 탄알. shot ②쇠붙이로 잔 탄알 모양으로 만든 물건의 총칭. 철환. 탄자. iron ball
처량(凄凉)囮 ①거칠고 황폐하여 쓸쓸함. ②초라하고 구슬픔. ¶~한 신세. 하게 히다
처럼囷 체언 아래에 붙어서, 「…과 같이…모양으로」 등의 뜻을 나타내는 보조사. ¶눈~ 희다. 달~ 환
처렁(圄)→저렁.   「하다. as
처렁-거리-다囮(圄)→저렁거리다.
처렁圄(圄)→저렁.
처렁-거리-다囮(圄)→저렁거리다.
처:리(處理)圄 일을 다스려 처려 감. 사건 또는 사무를 갈무리하여 끝내. 「사무 ~. dealing 하다
처마圄 지붕의 도리 밖으로 내민 부분. eaves
처마-끝圄(건축)처마의 맨 끝. 첨단(簷端). edge of the eaves   「판자.
처마-널圄(건축)난간이나 처마 테두리에 돌려 붙인
처마 기슭(건축)처마가 내민 가장자리. eaves
처=매-다圄 다친 자리를 붕대 따위로 단단히 둘러 감다. wind 「mouth 圄 처먹다.
처=먹-다圄 ①음식을 마구 먹다. shovel into one's
처=먹이-다圄 ①음식을 마구 먹게 하다. let one eat greedily ②(속)먹이다.
처모(妻母)圄 아내의 어머니. 장모(丈母). mother-in-law   「규정. management 하다
처:무(處務)圄 사무의 처리. 처리하여야 할 사무. ¶~
처:박-다圄 ①몹시 세게 박다. 함부로 막 박다. drive in ②함부로 쑤셔 넣거나 밀어 넣다. push in ③일정한 곳에만 있게 하고 다른 곳에 나가지 못하게 함.
처:박지르-다圄(속)처 박다.   「하다. confine
처:방(處方)圄 ①병의 증세에 따라 약재를 배합하는 방법. treatment ②일처리의 방법. prescription
처:방-전(處方箋)圄(의학)약제의 처방을 적은 서류. 약방문(藥方文). prescription
처:벌(處罰)圄 ①형법에 처함. 처형(處刑). punishment ②위법 행위에 대하여 고통을 줌. 하다

처:변(處變)圄 ①일의 기틀을 따라 잘 처리하여 감. dealing deftly according to circumstances ②피치 못할 사건을 당해 잘 변통함. coping with an accident 하다
처복(妻福)圄 아내를 잘 얻은 복. marrying a good wife
처-부모(妻父母)圄 아내의 부모. one's wife's parents
처:분(處分)圄 ①처리하여 다룸. management ②행정·사법 관청이 특정한 사건에 대해 법규를 적용하는 행동. 행정처분·보호 처분 따위. (대) 관리. ③ 이미 있는 권리나 권리의 객체(客體)에 대해 직접 변동을 일으키는 일. 가옥의 매각·주권의 입질 따위. disposition 하다
처:분-권(─權)圄 〈법률〉처분할 수 있는 권 「리.
처:분권-주의(─權主義)圄 〈법률〉①민사소송법상 당사자가 스스로 소송을 처분하거나, 소송의 해결을 도모하는 주의. 청구(請求)의 포기, 재판상의 화해(和解), 상소권 및 재문권의 포기 등. 처분주의. ②형사소송법상 소송 관계가 성립한 뒤에도 당사자로 하여금 임의로 소송 상태를 지배하게 하는 주의.
처:분 능력(處分能力)〈법률〉물건이나 권리에 대하여 처분권을 행사하는 법률상의 능력. (대) 관리능력(管理能力).
처:분 명:령(處分命令)〈법률〉국가가 국민이나 공공 기관에 대하여 일정한 행위를 할 것을 명하거나 금지하는 명령. order of disposition
처:사(處士)圄 ①초야(草野)에 묻혀서 벼슬을 하지 않고 사는 선비. hermit ②(동)거사(居士).
처:사(處事)圄 일을 처리함. management 하다
처산(妻山)圄 아내의 무덤이 있는 곳. 처장(妻葬). grave of one's wife
처-삼촌(妻三寸)圄 아내의 삼촌. uncle of one's wife
처삼촌 뫼에 벌초하듯(圄) 긴하지 않은 일을 부득이하여 형식적으로 겉날려 함의 비유.
처상(妻喪)圄 아내의 상고(喪故). death of one's wife
처:서(處暑)圄 이십사 절기의 하나. 입추(立秋)와 백로(白露) 사이에 있으며, 양력 8월 23일쯤에 듦.
처서에 비가 오면 독의 곡식도 준다圄 처서 날에 비가 오면 앞으로 뜻하지 아니한 재앙으로 흉년이 든
·처:음圄(고) 처음.
처성 자옥(妻子子獄)圄 처자를 거느린 사람은 집안 일에 얽매이어 자유로 활동할 수 없음을 가리키는 말.   「conduct of life 하다
처:세(處世)圄 이 세상에서 살아감. 유영(遊泳)
처:세-술(處世術)圄 이 세상에서 원만히 살아 나가는 수단과 방법. how to live life in society
처:세-훈(處世訓)圄 세상에서 살아가는 데 필요한 교훈. instructions in worldly wisdom
처:소(處所)圄 ①사람이 임시로 머물러 있는 곳. one's residence ②어떤 일이 벌어진 곳이나 물건이 놓여 있는 곳. 장소(場所). place
처:소격 조:사(處所格助詞)〈어학〉부사격조사(副詞格助詞)의 하나. 동사 또는 다른 용언의 내용이 되는 곳을 여러 가지로 한정하는 조사 '에·에서·에게·한테·더러·께서·에게서·한테서·로(으로)
처숙(妻叔)圄 「에게로·한테로」등.「약)처숙.
처-숙부(妻叔父)圄 아내의 숙부.
처:시:하(妻侍下)圄 아내에게 휘어 지내는 사람을 조롱하는 말. 공처(恐妻).
처:신(處身)圄 세상을 살아감에 있어 몸을 가지는 일. 행신(行身). conduct 하다
처:신-납:다(處身─)圄(형)〈브〉→처신 사납다.
처:신-술(處身術)圄 처신하는 방법과 수단.
처:신-없:다(處身─)圄 지적잖다.
처:신-답다圄 어떠한 것에 적을 마구 없다.
처실(妻室)圄 아내. 처. one's wife「servitude 하다
처:역(處役)圄 징역에 붙임. sentencing to penal
처연(凄然)囮 쓸쓸하고 구슬픈 모양. ¶~한 가을 바람. drearily 하게 히다

처:연(悽然)[형] 마음이 쓸쓸하고 구슬픈 모양. ¶~한 정경(情景). sadly 하[형]
처:외가(妻外家)[명] 아내의 외가. 곧, 장모의 친정.
처:외:편(妻外便)[명] 아내의 외쪽. 곧, 장모의 친정 일가.
처용-무(處容舞)[명] 조선조의 정재(呈才) 때와 구나의 (驅儺儀) 뒤에 추는 향악(鄕樂)의 춤.
처:우(悽雨)[명] 처량하게 내리는 비. dreary rainfall
처:우(處遇)[명] 차례로 조처하여 대우함. ¶회사마다 ~를 개선하다. treatment 하[타]
처음[명][부] 일의 시초. 맨 첫번. 본시(本始). 원시. 〈준〉첨. beginning
처:의(處義)[명] 의를 지킴. 올바르게 살아감. 하[자]
처자(妻子)[명] 아내와 자식. ¶~ 권속(眷屬).
처:자(處子)[명][동] 처녀(處女)①. and children
처장(妻葬)[명] ①아내의 장사(葬事). funeral of one's wife 〈동〉처산(妻山). ②무~ director
처:장(處長)[명]〈법물〉무슨 처(處)의 우두머리. ¶처-장이-다[타] 잔뜩 눌러서 마구 쌓다. ¶점포에 상품을 ~. pile up
처재(妻財)[명] ①처가에서 받은 재물. dowry ②육친(六親)의 하나. 아내와 재물에 관한 명수(命數)를 맡음.
처절(悽切)[명] 몹시 처량함. extremely desolate 하[형]
처절(悽絶)[명] 참혹하리만큼 구슬픔. extremely touching 하[형]
처제(妻弟)[명] 아내의 여동생. 외자매②. sister-in-law
처:조모(妻祖母)[명] 아내의 할머니. 장조모(丈祖母). one's wife's grandmother
처:조부(妻祖父)[명] 아내의 할아버지. 장조(丈祖). one's wife's grandfather
처:조카(妻—)[명] 아내의 친정 조카. 처질(妻姪). nephew's wife
처족(妻族)[명] 아내의 겨레붙이. 처편(妻便). 처당(妻黨). 처변(妻邊). relatives of one's wife
처:지(處地)[명] ①자기가 처해 있는 경우 또는 환경. situation ②서로 사귀어 지내는 관계. circumstances ③지위 또는 신분. 입장(立場). social position
처:=지-다[자] ①축 늘어지다. 팽팽하던 것이 아래로 늘어지다. droop ②바닥으로 잠기어 가라앉다. sink ③뒤에 남아 있거나 뒤에 떨어지다. drop ④문드러지거나 문질러져 떨어지다. ⑤장기에서, 궁이 면 줄로 내려가다.
처-지르다[트] ①함부로 막 불을 때거나 지르다. burn much ②〈동〉처대다①. ③〈약〉→처든지르다.
처질(妻姪)[명] 처조카.
처참(處斬)[명] 목을 베어 죽이는 형벌에 처함. 하[타]
처참(悽慘)[명] 슬프고 참혹함. ¶~한 광경. ghastliness 하[형] 히[부]
처창(悽愴)[명] 몹시 구슬픔. desolateness 하[형]
처처(處處)[명] 곳곳. various places
처처(萋萋)[명] 초목이 우거져 무성함. 하[형] 히[부]
처처-하-다(妻妻—)[형][여](몹) 아주 찬 기운이 있고 쓸쓸하다. desolate 처처-히[부] [sad 처처-히[부]
처처-하-다(悽悽—)[형][여](몹) 마음이 몹시 구슬프다.
처첩(妻妾)[명] 본아내와 첩. 적첩(嫡妾). wife and concubine
처첩-궁(妻妾宮)[명]〈민속〉처첩에 관한 운수를 점치는 십이궁(十二宮)의 하나. 〈약〉처궁(妻宮).
처:치(處置)[명] ①일을 감당하여 치러감. ¶응급 ~. dealing ②물건을 다루어서 치움. ¶남은 책상을 ~하다. disposition 하[타]
처:치(church)[명]〈종교〉교회(敎會). 교회당.
처:치 불능(處置不能)[명] 처치할 수가 없음. 하[타]
처:판(處辦)[명] 관아의 일 따위를 처리함. 하[타]
처편(妻便)[명][동] 처족(妻族). [wind
처:풍(悽風)[명] 아주 몹시 쓸쓸하게 부는 바람. dreary
처:하-다(處—)[자][타][여](몹) ①어떠한 처지를 당하다. ¶위기에 ~. face ②형벌을 주다. ¶사형에 ~. condemn

처형(妻兄)[명] 아내의 언니. 외자매①. sister-in-law
처:형(處刑)[명] 형벌에 처함. 처벌(處罰)①. execution
척[명] 체. 하[타]
척[부] ①빈틈 없이 잘 들러붙는 모양. sticking fast ②동안이 아주 빠르거나 짧은 모양. instantly ③서슴지 않고 행동하는 모양. ¶돈을 ~ 내놓다. 〈큰〉착. readily
척:[부] ①점잖고 태연한 모양. ②느슨하게 휘어지거나 굽거나 늘어지는 모양. ¶~ 늘어진 버들 가지. 〈큰〉착. hanging low
척(戚)[명] 인아간(姻婭間)의 자손 사이의 관계. 고종·내종·외종 등의 관계. relation
척(尺)[의명] 자. measure [of boats
척(隻)[의명] 배의 수효를 세는 말. ¶배 10 ~. number
척(chuck)[명] ①공구나 가공물을 끼우게 된 일종의 회전 바이스. ②〈동〉지퍼(zipper).
척각(尺角)[명] 굵기가 한 자 사방의 재목.
척간(尺簡)[명]〈동〉편지.
척감(脊疳)[명]〈한의〉어린이의 감병의 하나. 등골뼈가 톱날형으로 두드러져서 드러남.
척강(陟降)[명] 오르락내리락함. going up and down 하[타]
척강(脊强)[명] 등골뼈가 빳빳하고 곧아서 몸을 뒤로 돌리지 못하는 병.
척강(强)[명] 척강(脊强).
척거(斥拒)[명] 배척하여 거절함. rejection 하[타]
척거(擲去)[명] 던져서 내버림. 하[타]
척결(剔抉)[명] 살을 긁어 내고 뼈를 발라 냄. 결척(抉剔). hollowing out 하[타]
척골(尺骨)[명]〈생리〉전박(前膊)에 있는 두 뼈의 안쪽에 있는 뼈. 상박골과 요골(腰骨)에 연접됨. ulna
척골(脊骨)[명]〈동〉등골뼈.
척골(瘠骨)[명]〈약〉→체포 골립(毁瘠骨立).
척골(蹠骨)[명]〈생리〉부골(跗骨)과 지골(趾骨)과의 사이에 있는 뼈. metatarsus
척관-법(尺貫法)[명](一册)(尺貫法) 길이의 단위를 척(尺), 양의 단위를 승(升), 무게의 단위를 관(貫)으로 하는 도량형법(度量衡法).
척당(倜儻)[명] 뜻이 크고 기개가 있음. 하[타]
척당(戚黨)[명]〈동〉척속(戚屬).
척당 불기(倜儻不羈)[명] 기개가 있고 뜻이 커서 남에게 눌려 지내지 않음. 하[타]
척도(尺度)[명] ①자. 또는 자로 재는 길이의 정도. measure ②계획의 표준. scale ③길이. length
척독(尺牘)[명] ①짧은 편지. ②〈제도〉길이가 한 자 가량 되는, 글을 적은 널빤지. 척서(尺書). 척소(尺素). 척지(尺楮). brief note
척동(尺童)[명] 열 살 안팎의 아이. 소동(小童).
척락(拓落)[명]〈동〉낙척(落拓). 하[타]
척량(尺量)[명] 물건을 자로 잼. measurement 하[타]
척량(脊梁)[명] 등성마루. 척주.
척량-골(脊梁骨)[명]〈동〉등골뼈.
척량 산맥(脊梁山脈)[명]〈지리〉원줄기가 되는 큰 산맥. mountain range
척량 수수(尺量水數)[명] 물건을 재고 수를 헤아림.
척력(斥力)[명]〈물리〉같은 성질의 전기를 띤 두 물체가 같은 극(極)의 두 자석을 가까이 하면 서로 튀김. 〈대〉인력. repulsion
척련(戚聯)[명]〈동〉척속(戚屬).
척롱(脊聾)[명]〈동〉산등성이.
척리(戚里)[명] 임금의 내외척(內外戚). 척완(戚畹).
척말(戚末)[명][대] 성이 다른 겨레붙이에 대하여 자기를 낮추어 부르는 말. 척하(戚下).
척매(斥賣)[명] 싼 값으로 마구 팖. 하[타] [ness 하[형]
척박(瘠薄)[명] 땅이 기름지지 못하고 메마름. barren-
척보(隻步)[명] 반 걸음.
척분(戚分)[명] 척당이 되는 관계. relation
척사(斥邪)[명] 사기(邪氣)나 사교(邪敎)를 물리침.
척사(擲柶)[명][동] 윷. [rejection of evil 하[타]
척사-회(擲柶會)[명] 윷놀이를 위한 모임.
척산 척수(尺山尺水)[명] 높은 곳에서 멀리 산수를 바

척산(尺山)圓 척산 척수. [척산 촌수.
척살(刺殺)圓①찔러 죽임. 자살(刺殺) ②야구에서 공을 주자(走者)의 몸에 닿게 하여 아웃시키는 일. 터치 아웃. 하타 [death 하타
척살(擲殺)圓 몸을 내던져 죽임. throwing down to
척색(脊索)圓《생리》척수의 아래를 종주(縱走)하는 연골로 된 봉상(棒狀) 물질. 척주의 기초가 됨. notochord
척색 동:물(脊索動物)《동물》척추 동물과 원색(原索) 동물 중의 미색류(尾索類)·두색류(頭索類)의 총칭. chordata
척서(尺書)圓《동》척독(尺牘)②.
척서(滌暑)圓 더위를 씻어 버림. 하타
척설(積雪)圓 많이 쌓인 눈. 잦은 눈. snow lying
척소(尺素)圓《동》척독(尺牘)②.
척속(戚屬)圓 척분이 되는 겨레붙이. 척당(戚黨). 척련(戚聯). relatives by marriage [컬음. solitude
척수(隻手)圓 ①한 쪽 손. one hand ②외로움을 일
척수(脊髓)圓《생리》등골뼈의 수파(髓管) 안에 들어 있는 색상(索狀)의 기관. spinal cord
척수-로(脊髓癆)圓 매독이 척수에 발생한 것. 수족의 근육이 마비되어 일어설 수 없게 됨.
척수-막(脊髓膜)圓《생리》척수를 싸고 있는 결체 섬유(結締纖維)의 피막(被膜).
척수 신경(脊髓神經)圓 척수에서 갈려 나와 온몸에 퍼져 있는 운동 신경과 지각 신경(知覺神經). spinal nerves [myelitis
척수-염(脊髓炎)圓《의학》척수에 생기는 온갖 염증.
척숙(戚叔)圓 아버지의 항렬이 되는 외척.
척식(拓植·拓殖)圓 척지(拓地)와 식민(殖民). ¶~ 회사. colonization 하타
척신(隻身)圓 홀몸. single-handedness
척신(戚臣)圓 임금과 외척 관계가 있는 신하.
척안(隻眼)圓 ①한 짝의 눈. 외눈. one eye ②견식
척애(隻愛)圓《동》짝사랑. ¶(見識)이 특별한. 하타
척언(斥言)圓 사람을 배척하는 말. rejecting words
척연(怵然)圓 두려워하여 어렵게 생각하는 모양. 하[圓 히타
척연(戚然)圓 근심하고 슬퍼하는 모양. anxiety 하타
척영(隻影)圓 외따로 떨어져 있는 물건의 그림자.
척완(戚婉)圓《동》척리(戚里). [solitary shadow
척의(戚誼)圓 인척간의 정의(情誼).
척이(戚姨)圓 곰사둥이.
척전(擲錢)圓《민속》쇠로 만든 돈을 던져 그것이 앞뒤 어느 쪽으로 드러나는가에 따라 길흉을 점치는 일. [척독(尺牘)②.
척제(剔除)圓 수술하여 나쁜 부분을 제거함. 하타
척제(戚弟)圓 아우뻘이 되는 외척.
척제(滌除)圓 씻어 없앰. 하타
척종(戚從)圓 외척되는 사람으로서 항렬이나 나이가 낮은 사람에게 대하여 자기를 일컫는 말.
척주(脊柱)圓《생리》사람, 그 밖의 고등 동물의 몸 등쪽 정중선(正中線)에 있는 골격의 요부(要部). 등마루. 척량(脊梁). 척추(脊椎)①. spinal column
척지(尺地)圓 썩 가까운 곳. near by place, foot way ②조그마한 땅. 척토(尺土). 촌지(寸地). 촌토(寸土). small tract of land, foot of land
척지(尺紙)圓 ①작은 종이. ②짧은 편지.
척지(拓地)圓 토지를 개간(開墾)함. 척토(拓土). reclamation 하타 [with
척-지-다(隻一)困 서로 원한을 품게 되다. be at feud
척질(戚侄)圓 조카뻘이 되는 외척.
척=짓:-다(隻一)困〔ㅅ불〕서로 원한 품을 일을 만들다. sow the seeds of discord
척창(悽愴)圓《동》쪽창. [착착. (센) 적착.
척척圓 물체가 자연스럽게 잘 달라붙는 모양. (작)
척척圓 ①일을 거침없이 차례대로 잘 치르는 모양.

¶일을 ～ 해내다. (작) 착착. readily ②일을 주저 없이 선뜻 하는 모양. ¶어려운 일을 ～ 해치우다.
척척-박사(一博士)圓 무엇이든지 묻는 대로 척척 대답해 내는 사람.
척척-하-다혱여〕물건이 살갗에 닿을 때 물기가 있어 젖은 듯하고 찬 느낌이 있다. wet
척촉(躑躅)圓《동》철쭉.
척촉-화(躑躅花)圓《동》철쭉꽃.
척촌(尺寸)圓 자와 치. 촌척(寸尺).
척추(脊椎)圓 ①척주(脊柱). ②《약》→척추골.
척추-골(脊椎骨)圓《생리》척추 동물의 척주(脊柱)를 이루는 여러 개의 추골(椎骨). 등골뼈. 《약》척추②.
척추 동:물(脊椎動物)圓《동물》동물계의 한 문(門). 척추를 가진 고등 동물의 총칭. 원구류·어류·양서류·파충류·조류·포유류 등 6개의 강으로 구분됨. 유척 동물(有脊動物). vertebrata
척추-염(脊椎炎)圓《동》척추 카리에스.
척추 카리에스(脊椎 karies 도)《의학》척추의 골결핵(骨結核)·척추 운동 제한·농양(膿瘍) 등을 나타냄. 치료 후에 곱사등이가 됨. 척추염.
척축(斥逐)圓 물리쳐 쫓음. expulsion 하타
척출(斥黜)圓 벼슬을 뺏고 내쫓음. ousting 하타
척출(剔出)圓 도려냄. 후벼냄. ¶탄환을 ～하다. 하타
척탄(擲彈)圓《군사》①근거리의 적을 공격하기 위해 작약 또는 화학제를 충전한 작은 탄양. 수류탄과 소총 척탄이 있음. hand grenade ②격에게 폭탄을 던짐. 또, 그 폭탄. 하타
척탄-병(擲彈兵)圓《군사》척탄통(筒)을 휴대하여 탄 발사를 임무로 하는 병사. grenadier
척탄-통(擲彈筒)圓《군사》수류탄보다 약간 큰 소형 폭탄의 사격이나, 신호탄·조명탄 등을 발사하기 위한 사정 거리 100m 정도의 소형 휴대용 화기. grenade thrower [(寸地). 촌지(寸地).
척토(尺土)圓 얼마 안 되는 땅. 척지(尺地)②. 촌지
척토(拓土)圓《동》척지(拓地). 하타 [land
척토(瘠土)圓 기름지지 못하고 메마른 땅. barren
척퇴(斥退)圓 물리쳐 도로 쫓음. rejection 하타
척푼 척리(隻分隻厘)圓 아주 적은 액수의 돈.
척-하-다(隻一)困《동》척발(戚末).
척-하-다困 자기의 본연의 처지 이상으로 과장해 꾸미는 태도를 짐짓 겉으로 나타내 보이다.
척행(隻行)圓 먼 길을 혼자서 걸어 감.
척형(戚兄)圓 인척 사이에서 형뻘이 되는 사람.
척호 성:명(斥呼姓名)圓 어른의 이름을 함부로 부름. 하타 [reconciliation 하타
척화(斥和)圓 화의(和議)를 배척함. rejection of
척화-비(斥和碑)圓《역사》조선조 말 대원군이 양이(洋夷)를 배척할 것을 새기어 여러 곳에 세운 비.
척후(斥候)圓《군사》①적의 형편 또는 지형(地形) 따위를 정찰·탐색하는 일. 또 그 사람. 후자(候者). 정첩(偵諜). reconnaissance ②《약》→척후병. 하타
척후-대(斥候隊)圓《군사》척후의 임무를 띠고 파견되는 소수 병원(兵員)의 부대. reconnoitering party
척후-병(斥候兵)圓《군사》척후의 임무를 맡은 병사. 수색병(搜索兵). 《약》척후②. 후병(候兵). scout
척후-전(斥候戰)圓《군사》두 편의 척후병끼리 충돌하여 일어나는 싸움. skirmishes of scouts [서로
천(千)圓 피륙. cloth [척후하는 전쟁.
천(天)圓 ①하늘. ②《불교》육도(六道) 중 인간 세계보다 상급의 세계. 천왕(天王) 및 천인(天人)의 세계.
천(遷)圓《동》벼루². [는 그들이 살고 있다는 세계.
천(薦)圓 사람을 천거함. recommendation 하타
천(千)圓 백의 열 곱절. thousand
=천(川)圓圓 어떤 말 밑에 붙어 '내'의 이름을 나타냄. ¶청계~. river
천:(賤)圓 신분이 천한 집안. family of low class
천:가(賤價)圓 아주 싼 값. low price
천간(天干)圓 육십 갑자의 윗 단위가 되는 요소. 곧, 갑(甲)·을(乙)·병(丙)·정(丁)·무(戊)·기(己)·경(庚)·

·신(辛)·임(壬)·계(癸). 십간(十干). ten celestial stems
천갈-궁(天蠍宮)〖명〗〈천문〉십이궁의 하나. scorpio
천개(天蓋)〖명〗관(棺)을 덮는 뚜껑. 천판(天板). lid of a coffin
천객(千客)〖명〗많은 손님.
천:객(遷客)〖명〗귀양살이하는 사람. 천인(遷人). person in exile
천객 만:래(千客萬來)〖명〗많은 손님이 번갈아 찾아옴. 하
천거(川渠)〖명〗물의 근원이 멀지 않은 내. river
천:거(薦擧)〖명〗인재를 어떤 자리에 쓰도록 추천함. 거천(擧薦). recommendation 하
천거 창:일(川渠張溢)〖명〗큰 비로 냇물이 벌창하여 밖으로 넘침. 하
천겁(千劫)〖명〗〈불교〉아주 오래 세월. 만세(萬世).
천:격[一껵](賤格)〖명〗①천골(賤骨). ②낮고 천한 품격.
천:격-스럽다[—껵—](賤格—)〖형 ㅂ변〗품격이 아주 낮다. 천:격-스레
천견(淺見)〖명〗①얕은 견문. 천문(淺聞). shallow view ②천박한 의견. ③자기 소견을 겸손하게 이르는 말.
천:견 박식(淺見薄識)〖명〗변변하지 못한 견문과 지식. little experience and small learning
천경 저위(天經地緯)〖명〗만세에 변하지 않을 떳떳한 이치.
천계(天戒)〖명〗하늘의 경계. 신명의 가르침. divine commandments
천계(天界)〖명〗〔약〕→천상계(天上界).
천계(天啓)〖명〗①하늘의 인도(引導). sign from heaven ②신의 계시(啓示). divine revelation
천고(千古)〖명〗①오랜 옛적. ¶ ~ 불후(不朽). remote antiquity ②영원(永遠).
천고(天鼓)〖명〗천둥.
천고 마:비(天高馬肥)〖명〗하늘이 높고 말이 살찐다는 뜻으로, 가을의 계절을 일컬음. 추고 마비(秋高馬肥).
천고 만:난(千苦萬難)〖명〗여러 가지의 고난. 千苦萬難. various difficulties
천곡(川谷)〖명〗내와 골짜기. 하천과 계곡. river and valley
천곡(天穀)〖명〗〈종교〉대종교(大倧敎)의 신자들이 「나마다 먹는 쌀을 이르는 말.
천:골(賤骨)〖명〗비천하게 생긴 골격. 천격(賤格)①.
천:골(薦骨)〖명〗〈생리〉척추의 아랫부분에 있어 골반(骨盤)의 뒤쪽(後壁)을 이루는 뼈. sacrum
천공(天工)〖명〗①하늘의 조화로 이루어진 재주. 화공(化工). ②인공(人工). work of nature ②을
천공(天公)〖명〗〈동〉하느님. 온 백성을 다스리는 조화.
천공(天功)〖명〗자연의 힘. Nature's work
천공(天空)〖명〗하늘. 대공(大空).
천:공(穿孔)〖명〗①구멍을 뚫음. boring ②〈토목〉큰 바위 따위를 떼내기 위하여 구멍을 뚫는 일. ③〈의학〉궤양(潰瘍)·암종(癌腫) 따위의 병으로 위벽(胃壁)·복막 따위가 터져서 구멍이 뚫어짐. rupture 하
천:공(賤工)〖명〗천한 일을 하는 공장이.
천공-기(穿孔機)〖명〗공작물에 구멍을 뚫고 다듬는 기계. boring machine
천:공-판(穿孔板)〖명〗동물(動物) 극피(棘皮) 동물류의 반면쪽에 있는 석회성(石灰性)의 작은 기관.
천공 해:활(天空海闊)〖명〗하늘과 바다가 탁 트인 것같이 도량이 크고 넓음을 이르는 말.
천곽(天廓)〖명〗눈의 흰자위. white of the eye
천관(天官)〖명〗〈제도〉'이조(吏曹)'의 딴이름.
천광(天光)〖명〗밝게 개 하늘의 빛. 천색(天色).
천구(天狗)〖명〗①〖약〗→천구성(天狗星). ②〈불교〉악귀의 하나.
천구(天球)〖명〗〈천문〉관측자를 중심으로 무한대의 반경을 갖는 공구(空球). celestial sphere
천:구(賤軀)〖명〗천한 몸뚱이라는 뜻으로, 자기의 겸사말. 천구(天狗)①.
천구-성(天狗星)〖명〗〈천문〉유성(流星)의 하나. 〖약〗
천구-의(天球儀)〖명〗〈천문〉천구상(天球上)에 있는 별의 위치, 운동 따위의 알기 쉽게 하기 위하여 지구와 비슷한 모양으로 만든 기구. celestial globe

천구 좌:표(天球座標)〖명〗〈지리〉천구 위에 있는 천체(天體)의 위치를 결정하는 좌표. 천체 좌표(天體座標). celestial co-ordinates
천국(天國)〖명〗①이 세상에서 올바르게 살다가 죽은 후에 갈 수 있는, 영혼이 영원히 축복받은 나라. 곧, 하느님이 지배하는 나라. ②하느님이 지배하는 나라. 신불(神佛)이 있다는 이상의 세계. 〖유〗낙원(樂園). ③〈기독〉하느님이 지배하는 은총과 축복의 나라. 천당(天堂)②. 〖대〗지옥.
천군(天君)〖명〗①〈역사〉마한(馬韓) 때 소도(蘇塗)라는 특수한 지역을 지배하던 제관(祭官). 하늘에 제사를 올림음. ②인간의 마음. 〖유〗a series of battles
천군 만:마(千軍萬馬)〖명〗많은 군사와 말. fighting in
천궁(川芎)〖명〗①동약 궁궁이(芎藭—). ②〈한의〉궁궁이의 뿌리. 성질은 온화로 맛은 〈신〉의 혈액 순환이 잘 되는 모든 병에 좋으며 외과와 부인병에 많이.
천궁(天宮)〖명〗무지개. rainbow 이 쓰임.
천:권(擅權)〖명〗권력을 제 마음대로 함. 마음대로 권력을 행사함. abusing one's authority 하
천극(天極)〖명〗〈천문〉①천구의 남극과 북극의 일컬음. 곧, 지축을 늘여서 천구와 맞닿 가상의 접. celestial poles ②〈동〉북극성(北極星).
천:극(踐極)〖명〗천조(踐祚). 하
천근(千斤)〖명〗①무게의 단위의 하나. ②아주 무거움을 가리키는 말. ¶ ~의 무게가 있다. heavy weight
천근(天根)〖명〗하늘의 맨 끝. zenith
천:근(茜根)〖명〗〈한의〉꼭두서니의 뿌리. 혈증(血症)의 약제로 씀. 천초근(茜草根).
천:근(淺近)〖명〗깊지않고 얕음. 깊숙한 맛이 없음. 〖대〗심원(深遠). shallowness 하
천근 같:다(千斤—)〖형〗사물이 매우 무거움을 이르는 말. ¶ 오래 걸으니 몸이 ~.
천근 역사[—녁—](千斤力士)〖명〗천근을 들어 올릴 만한 장사. 곧, 힘이 썩 센 사람.
천금(千金)〖명〗①엄청 천냥. thousand pieces of coins ②많은 돈. 매우 큰 가치. ¶ 일확 ~을 노리다. much money
천금(天衾)〖명〗송장을 관에 넣을 때 덮는 이불. shroud
천금-주(千金酒)〖명〗찹쌀 이삭을 달인 물에 북나무 접질을 섞어 다시 달여서 식힌 물에 누룩을 넣고 이튿날 쌀죽을 섞어 익힌 술. 종기의 약으로 쓰임.
천금(千金駿馬)〖명〗값이 천금이나 되는 준마. 썩 좋은 말.
천:급(喘急)〖명〗〈한의〉심한 천식(喘息).
천기(天氣)〖명〗①하늘에 나타난 징조. astronomical phenomenon ②하늘의 기상(氣象). 일기(日氣).
천기(天機)〖명〗①모든 조화(造化)를 꾸미는 하늘의 기밀. secret of Heaven ②중대한 기밀. profound secret ③천부의 성질 또는 기지(機智).
천:기(喘氣)〖명〗파치 심하지 않은 천식.
천:기(賤技)〖명〗천한 재주. mean feat
천:기(賤妓)〖명〗천한 기생. base keesaeng 〔낮은 말.
천기 누:설(天機漏洩)〖명〗중대한 기밀이 누설됨을 일.
천기도(天氣圖)〖명〗일기 예보의 기본이 되는 그림. 일정한 시각에 있어서 어떤 지방의 모든 기온·기압·풍향·풍속 따위를 측정하여, 등압선(等壓線)·등온선(等溫線)을 사용해서 천기의 상태를 나타내는 그림. weather map
천 길 물 속은 알아도 계집 마음 속은 모른다 〖관〗여자의 마음은 변하기 쉬워서 대중할 수 없다.
천:-나이〖명〗길쌈.
천난 만:고(千難萬苦)〖명〗〈동〉천고 만난(千苦萬難).
천=남성(天南星)〖명〗①〈식물〉천남성과의 다년생 풀. 잎은 새발 모양으로 갈라지고 열편(裂片)은 타원형 또는 피침형임. 5~7월에 자색·녹색 꽃이 피고 과실은 장과임. 산지의 나무 그늘에 남. 두여머조자기. 남성(南星). ②〈한의〉천남성의 뿌리. 치담·치풍의 약제로 쓰임. 비천(飛天). 호장(虎掌).
천냥(千兩)〖명〗매우 많은 돈을 일컬음.

천냥 빚도 말로 갚는다 사람을 사귀는 데 있어 언변(言辯)이 중요하다는 말.
천녀(天女)圐 ①〈佛敎〉직녀성(織女星). ②〈佛敎〉하늘에 살며 하늘을 날아다닌다는 선녀(仙女). 비천(飛天). ③여신(女神). ④아름답고 상냥한 여자를 일컫는 말.
천:녀(賤女)圐 신분이 낮은 여자. woman of low birth
천녀-손(天女孫)圐 〈同〉직녀성(織女星).
천년(千年)圐 ①백 년의 열 곱절. thousand years ②
천년(天年)圐 〈同〉천명(天命)①. 〔석 오랜 세월.
천년 만:(千年萬年)圐 〈同〉천만년(千萬年).
천년-설(千年說)圐 〈기독〉예수가 재림하는 날에, 죽은 의인(義人)이 부활하고, 지상에 평화의 왕국이 서서 천년간 예수가 이 왕국에 군림하고, 최후의 심판이 있다는 신앙설.
천년-수(千年壽)圐 천년을 누리는 장수(長壽).
천년 승:지(千年勝地)圐 오래도록 변하지 않는 경치 좋은 곳. 고래로부터 유명하게 여겨 오는 승지.
천년 왕국(千年王國)圐 〈기독〉예수가 재림하여 천년 동안 다스리리라는 그 이상의 왕국.
천년 일청(千年一淸)圐 황하(黃河) 같은 탁류가 맑아지기를 바란다는 뜻으로, 가능하지 않은 일을 바람을 이름.
천념(千念)圐 〈佛敎〉1,800개의 구슬을 꿴 염주.
천노(天怒)圐 '천자의 노염'을 이르는 말.
천:노(賤奴)圐 비천한 종. lowly servant
천단(天壇)圐 ①산꼭대기. top of mountain ②임금이 천제(天祭)를 지내는 곳.
천:단(淺短)圐 식견 등이 얕고 짧음. shallowness 하[단]
천:단(擅斷)圐 제 마음대로 처단함. 천편(擅便). arbitrary decision 하[단]
천:답(踐踏)圐 짓밟음. 하[단]
천당(天堂)圐 ①하늘의 덕. palace of Heaven ②〈기독〉죄를 씻은 영혼이 죽은 뒤에 간다는 곳. 천국(天國)③. 하늘 나라. paradise ③〈佛敎〉극락세계의 정토(淨土). paradise
천:대(遷代)圐 대가 바뀜. 하[단]
천:대(賤待)圐 ①업신여겨서 푸대접함. cold treatment ②함부로 다룸. rough handling 하[단]
천:더기(賤一)圐 천대를 받는 사람. one who meets with harsh usage
천덕(天德)圐 ①하늘의 덕. goodness of Heaven ②〈민속〉길일(吉日)과 길방(吉方).
천:덕-꾸러기(賤一)圐 〈ɕ〉천더기.
천덕 사은(天德師恩)圐 하느님의 덕과 스승의 은혜.
천:덕-스럽-다(賤一)圐 보기에 품격이 낮고 아비하다. 천덕-스레.
천덕 왕도(天德王道)圐 하느님의 덕과 왕자의 도.
천덩=거리-다圐 끈적끈적한 액체가 길게 처져 내리다가 묵묵 떨어지다. sticky 천덩=천덩[뷔] 하[단]
천도(天桃)圐 선가(仙家)에서, 하늘 위에 있다고 하는 복숭아. heavenly peach
천도(天道)圐 ①천지 자연(天地自然)의 도리. providence ②〈佛敎〉욕계·색계·무색계의 총칭. ③천체가 운행하는 길. 하[단]
천:도(遷都)圐 도읍을 옮김. transfer of the capital
천:도(薦度)圐 〈佛敎〉죽은 혼령(魂靈)을 극락 세계로 가게 함. 하[단]
천도-교(天道敎)圐 〈종교〉수운(水雲) 최제우(崔濟愚)를 교조(敎祖)로 하는 종교. 인내천(人乃天), 곧 천인 합일의 지경에 이름을 그 종지로 함. 〈⌒〉성도교(聖道敎).
천도 무심(天道無心)圐 하늘이 무심하다. 하[단]
천동(天動)圐 〈ɕ〉→천둥.
천동(天童)圐 〈佛敎〉호위하는 신. 또, 천인(天人)이 동자(童子)의 형상으로 세상에 나타난 그것.
천:동(遷動)圐 움직여서 옮김. 천사(遷徙). 천이(遷移)①. movement 하[단]
천동 대:신(天動大神)圐 〈민속〉무서운 귀신의 하나.

천동-설(天動說)圐 〈天文〉고대의 우주 구조설. 지구가 우주의 중앙에 정지하고, 모든 천체가 지구 중심으로 돈다고 믿었던 설. 16세기경까지 일 반적으로 믿어 왔음. 〈⌒〉지동설(地動說). Ptolemaic theory
천둥(←天動)圐 비가 올 때 요란하게 울림. 우레. 뇌명(雷鳴). 뇌공(雷公). 천고(天鼓). 〈同〉지동(地動). 〈원〉천둥. thunder 하[단]
천둥 번개 할 때는 천하 사람이 한마음 한뜻圐 다같이 겪는 천변이나 위험 속에서는 사람들의 마음이 하나가 된다. 〔만 하는 사람. reckless person
천둥 벌거숭이圐 무서운 줄 모르고 주책없이 날뛰거나
천둥인지 지둥인지 모르겠다圐 무엇이 무엇인지 통 분간을 못하겠다는 말.
천둥-지기圐 〈농업〉비가 와야만 모를 심게 되는 논. 별둥지기. 봉답. 불천답(奉天畓). 천수답(天水畓).
천락-수(天落水)圐 하늘에서 떨어지는 빗물.
천람(天覽)圐 임금이 봄. 하[단]
천랑-성(天狼星)圐 〈天文〉큰개자리의 별인 시리우스(sirius)의 한자 이름. 항성(恒星) 중에서 광도가 가장 큼. 〔부터 얻음. 〈同〉←의 기적(奇蹟).
천래(天來)圐 ①하늘로부터 이 세상에 옴. ②하늘로
천:량(←錢糧)圐 개물과 양식. 〈俗〉재산. fortune
천려(千慮)圐 여러 가지의 사려(思慮). 여러 가지로 마음을 쓰는 일. worrying
천려(天慮)圐 천자나 하늘의 염려.
천:려(淺慮)圐 얕은 생각. indiscretion
천려 일득(千慮一得)圐 어리석은 사람도 많은 생각 가운데는 한 가지쯤 좋은 생각이 미칠 수 있다는 말. 〈대〉천려 일실.
천려 일실(千慮一失)圐 지혜로운 사람도 많은 생각 가운데는 혹간 실책이 있을 수 있다는 말. 〈대〉천려 일득.
천:렬(賤劣)圐 →천열(賤劣). 〔in a river 하[단]
천렵(川獵)圐 냇물에서 놀이로 하는 고기잡이. fishing
천:령(薦靈)圐 〈佛敎〉불공이나 재를 올려 죽은 이의 영혼을 구제함. 하[단]
천례(天禮)圐 하늘에 제사지내는 예. religious ceremony offered to the Heaven 천당에의 길.
천로(天路)圐 〈기독〉선을 실행하고 공을 세우려서 닦는
천:로(淺露)圐 얕아서 겉으로 드러남. 하[단]
천록(天祿)圐 하늘이 태워 준 복록. fortune given by the Heaven
천:록(淺綠)圐 〈약〉→천록색(淺綠色).
천:록-색(淺綠色)圐 옅은 녹색. 〈약〉천록(淺綠).
천뢰(天籟)圐 나무를 스쳐 지나는 바람 소리 따위의 자연의 소리. 〈대〉지뢰(地籟). sound of winds
천:루(淺陋)圐 천박하고 비루한 것. 견문이 좁은 것. meanness 하[단]
천:루(賤陋)圐 인품이 낮고 더러움. meanness 하[단]
천류(川流)圐 ①냇물의 흐름. 하류(河流). stream ②물의 흐름이 끊이지 않음. flowing ③맥락(脈絡)을 통하여 분명함. 〔도리. moral laws
천륜(天倫)圐 부자·형제 사이의 변하지 않는 떳떳한
천:릉(遷陵)圐 〈약〉→천산릉(遷山陵).
천:릉 도감(遷陵都監)圐 〈제도〉산릉을 옮기는 일을 맡았던 임시 관청.
천리(千里)圐 ①십리의 백 곱절. one thousand ri ②
 〔씩 먼 거리. 〔~ 타향(他鄕). great distance
천리(天理)圐 천지 자연의 이치. 하늘의 바른 도리. rule of Heaven
천:리(踐履)圐 실지로 몸소 행함. practice 하[단]
천리 건곤(千里乾坤)圐 썩 넓은 천지.
천리-경(千里鏡)圐 →망원경(望遠鏡).
천리-구(千里駒)圐 ①〈同〉천리마(千里馬). ②자제(子弟)가 뛰어나게 잘남을 칭찬하는 말.
천리 길도 한 걸음부터圐 아무리 큰일이라도 처음 시작은 작은 것이니 착실히 해야 된다.
천리-다(千里茶)圐 먼 길을 걸을 때 갈증을 덜기 위

하여 먹는 정제(錠劑).
천리 동풍(千里東風)명 천리까지 같은 바람이 분다는 뜻으로, 태평한 세상을 이르는 말.
천리마(千里馬)명 하루에 천리를 달릴 만한 썩 좋은 말. 천리구(千里駒)①. swift horse
천리마 꼬리에 쉬파리 따라가듯속 남의 세력에 기운을 뽐을 이르는 말. 말꼬리에 붙은 파리가 천리 간다. 「萬里」
천리 만:리(千里萬里)명 썩 먼 거리. 천리만리(千
천리 비:린(千里比隣)명 천리나 되는 먼 곳도 이웃같이 됨. 곧, 교통이 매우 편리함을 이르는 말.
천리-수(千里水)명 ⇒장류수(長流水)①.
천리-안(千里眼)명 먼 데서 일어나는 일을 직각적으로 감지하는 능력. clairvoyance
천리-포(千里脯)명 짐승의 고기를 술·초·소금에 주물러 하루쯤 두었다가 삶아서 말린 반찬.
천리 행룡(千里行龍)명 ①산맥이 솟았다 낮았다 하며 힘차게 멀리 뻗음. ②어떤 일을 직접 말하지 않고, 그 유래를 설명하여 차차 그 일에 미침.
천마(天馬)명 ①상제(上帝)가 타고 하늘을 달린다는 말. flying horse ②아라비아(Arabia)산의 좋은 말. good Arabian horse
천마(天麻)명 <한의> 수자해좃의 뿌리. 맛은 맵고 성질은 온(溫)하여, 두통·현훈(眩暈)·풍비(風痺) 등에 씀.
천마(天魔)명 <불교> 사마(四魔)의 하나. 욕계(欲界) 제육천(第六天)에 사는 마왕과 그 일속(一屬).
천막(天幕)명 비바람을 막기 위해 한데에 치는 넓은 양식 장막. 천포(天布)?. 1~용품. tent
천만(千萬)준 만의 천 배이고 억의 십분의 일. 썩 많은 수. ten million 명 ①아주 많은 번수에 이르는 큰 분량(의). 1~ 바라옵나이다. ②아주. 매우.
천:만(喘滿)명 숨이 차서 가슴이 벌떡거림. 하다
천:만-고(千萬古)명 천만년이나 되는 오랜 옛적. 아주 먼 옛날. remote antiquity
천만-년(千萬年)명 썩 멀고 오랜 세월. 천년 만년(千年萬年). 천만세(千萬歲). countless years
천만 다행(千萬多幸)명 매우 다행함. 만만 다행(萬萬多幸). piece of good luck 하다 히
천만-대(千萬代)명 ⇒천만세(千萬世).
천만 뜻밖(千萬一)명 아주 생각 밖. 천만 몽외(千萬夢外). 천만 의외(千萬意外). 천천만만 의외(千). great surprise
천만-리(千萬里)명 ⇒천리 만리(千里萬里).
천만 몽:외(千萬夢外)명 ⇒천만 뜻밖(千萬一).
천만-번(千萬番)명 천 번이나 만 번. 썩 많은 번수. 천백번. repeatedly
천만 부당(千萬不當)《어》⇒천부당 만부당(千不當萬不當). [wrong 하다
천만 불가(千萬不可)명 전혀 옳지 않음. absolutely
천만-사(千萬事)명 썩 많은 일. 온갖 일. all things
천만-세(千萬世)명 천만년의 세대. 썩 오랜 세대. 천만대(千萬代). 천만년(千萬年). all ages
천만-세(千萬歲)명 ⇒천만세(千萬世).
천만-에(千萬一)囧 뜻밖의 일이나 말에 대하여 그 부당함을 이르거나 또는 겸사할 때 쓰는 말. 1~ 별 말씀을 다 하십니다. not at all
천만의 말:(千萬一)명 아주 생각 밖의 말.
천만의 말:씀(千萬一)명 아주 생각 밖의 말씀. not at [all
천만 의:외(千萬意外)명 ⇒천만 뜻밖.
천만-인(千萬人)명 헤아릴 수 없이 많은 사람. ten millions people
천만-층(千萬層)명 ⇒천층 만층(千層萬層).
천만-파(千萬波)명 ⇒천파 만파(千波萬波).
천-망(天亡)명 ⇒동 천체. 망(望). 하다
천:망(薦望)명 <제도> 벼슬아치를 윗자리로 천거함.
천매-암(千枚岩)명 <광물> 변성암의 일종. 녹색이나

회갈색의 명주 같은 광택이 있고, 얇은 잎 모양으로 벗겨지는 성질이 있는 암석. 주성분은 석영·견운모·흑운모·녹석석 등임.
천맥(阡陌)명 ①밭 사이의 길. 남북으로 난 것을 천(阡), 동서로 난 것을 맥(陌)이라 함. path between fields ②산기슭·밭두둑 등의 일컬음. foot of a mountain, ridge between the fields
천맥(泉脈)명 땅 속에 있는 샘 줄기. water vein
천명(天命)명 ①타고난 수명. 정명(正命)①. 천년(天年). 천수(天壽). 천수(天數)①. 하늘⑥. 「대」비명(非命). one's life ②하늘의 명령. God's will ③⇒동 천명(勅命).
천명(天明)명 하늘이 밝을 무렵. dawn
천:명(賤名)명 ①천한 이름이란 뜻으로, 자기 이름을 겸손하게 일컫는 말. ②어린아이들에게 지어 주는 낮은 이름. '개똥이·돼지' 등.
천:명(擅名)명 명예를 들내움. 하다
천명(闡明)명 드러내서 밝힘. clarification 하다
천:목(薦目)명 <제도> 사람을 천거하는 데 필요한 명목. 이의(吏道)·문학·재능·효렴(孝廉) 등.
천:묘(遷墓)명 무덤을 다른 데로 옮김. 천장(遷葬). transfer of grave 하다
천-무음우(天無淫雨)명 하늘에서 궂은 비가 내리지 않는다는 뜻으로, 화평한 나라, 태평한 시대를 비유하는 말. peaceful era
천-무이:일(天無二日)명 하늘에 해가 둘이 없음. 곧 나라에는 임금이 하나임.
천문(天文)명 <천문> ①천체(天體)에서 일어나는 온갖 현상. astronomy ②⇒천문학(天文學).
천문(天門)명 ①<궁> 대궐문. gate of a palace ②천국으로 들어가는 문. entrance to the Heaven ③콧구멍의 별칭. nostril ④양미간의 별칭. middle
천:문(淺聞)명 ⇒천견(淺見)①. [of the forehead
천:문(薦聞)명 인물을 천거하여 임금에게 아룀. 하다
천문-대(天文臺)명 <천문> ①천문을 관측하기 위하여 설치한 시설. ②천문 현상을 조직적으로 관측·연구하는 기관. 천체 관측·천문 이론 연구·천체력(天體曆) 편찬·시보(時報) 작성 등이 주업무임. astronomical observatory
천문-도(天文圖)명 <천문> 천문을 표시한 그림. 성도(星圖). astronomical chart
천문-동(天門冬)명 <한의> 호라지좇의 뿌리. 성질은 차며 해소·담·객혈 등의 약재로 씀. asparagus root
천문 만:호(千門萬戶)명 ①대궐의 문호가 많음을 이르는 말. number of gates of a Palace ②수많은 백성들의 집. great many houses 「을 맡은 벼슬.
천문 박사(天文博士)명 <제도> 신라 때 천문의 관측
천문-시(天文時)명 <천문> 태양이 남중하는 정오를 출발점으로 재는 시간. 「대」상용시(常用時). astro-
천문 역수(天文曆數)명 천문과 역수. [nomical time
천문-조(天文潮)명 달이나 태양 등의 인력(引力)에 의해 일어나는 조석(潮汐). 천체조(天體潮). 「대」기상조(氣象潮).
천문 지리(天文地理)명 <천문> 천문과 지리.
천문 점정(天文占星)명 <천문> 천정점성(天頂點).
천문-학(天文學)명 <천문> 우주의 구조, 천체의 현상·운행, 다른 천체와의 거리 및 관계 등을 연구하는 학문. 천문(天文)②. astronomy 「사람.
천문학-자(天文學者)명 천문학을 전문으로 연구하는
천문학-적(天文學的)관명 ①천문학에서 취급하는(것). ②숫자가 엄청나게 많은 (것).
천문 항:법(-- 一 법)[天文航法]명 <천문> 천체를 관측하여 선박(船舶)이나 비행기 등의 위치를 구하는 방법. 측천법(測天法).
천:미(賤微)명 ⇒동 미천(微賤). 하다
천:민(賤民)명 ①지체가 낮고 천한 백성. lowly people ②천역에 종사하는 백성.
천:민 문학(賤民文學)명 <문학> 천민 계급의 생활 상

천박 태를 주로 한 문학. 또는 품위가 높지 못한 문학.

천:박(舛駁)[명] 뒤섞이어 바르지 못함. 천잡(舛雜). 하타

천:박(淺薄)[명] 학문이나 생각이 얕음. ¶~한 학식. 인격이 ~하다. shallowness 하타

천:박-성(淺薄性)[명] 천박한 특성.

천:발-발(擅拔)[명] 인재를 발탁하여 천거함. 하타

천방(千方)[명][동] 백방(百方).

천방(川防)[명][동] 냇둑.

천방 백계(千方百計)[명] 온갖 꾀.

천방 지방(天方地方)/**천방 지축**(天方地軸)[명] ①못난 사람이 종작없이 덤벙이는 일. recklessness ②너무 급하여 방향을 분별하지 못하고 함부로 날뛰는 일. hurry-scurry

천배-번(千百番)[명][동] 천만번(千萬番).

천벌(天伐)[명] 벼락을 침. 또는 벼락을 맞아 죽음. being struck dead by lightning

천벌(天罰)[명] 하늘이 내리는 벌. 천주(天誅). 천형(天刑). divine punishment

천변(川邊)[명] 냇가. riverside

천변(千變)[명] 여러 가지로 변화함. [change 하타] innumerable

천변(天邊)[명] 하늘의 가. horizon

천변(天變)[명] 하늘에서 일어나는 변동. (대) 지변(地變). natural disaster

천변 만:화(千變萬化)[명] 변화가 한이 없음. 천만 가지로 변화함. (약) 만화(萬化). kaleidoscopic changes 하타 《convulsion of nature

천변 지이(天變地異)[명] 천지 자연의 변동과 피변.

천변-집(川邊-집)[명] 개천가의 집. riverside

천병(千兵)[명] 많은 군사.

천병(天兵)[명] 천자의 군사. 제후국에서 일컫는 말. Emperor's soldier

천병 만:마(千兵萬馬)[명] 수없이 많은 군사와 말. multitude of troops and horses

천보(天步)[명] 한 나라의 운수. fate of a country

천:보[-뽀][一뽀](賤-)[명] 비천하고 누추한 본새 또는 버릇. vulgar mien

천보-대(千步-)[명] 조선조 영조 때, 윤필은(尹弼殷)이 만든 총. 몸이 작고 가벼우며, 탄알이 천 걸음까지 간다 함. 천보총(千步銃).

천보-총(千步銃)[명][동] 천보대(千步-).

천복(天福)[명] 하늘에서 내린 복. heavenly blessing

천봉(千峯)[명] 수많은 봉우리.

천봉 만악(千峯萬嶽)[명] 높고 낮은 수많은 산봉우리.

천봉 만학(千峯萬壑)[명] 수많은 산봉우리와 산골짜기. 천산(千山萬壑).

천부(天父)[명][기독] 하나님 아버지. Our Heavenly Father

천부(天府)[명] ①(약)→천부지토(天府之土). ②천연적

천부(天符)[명] 천부의 건(乾符).

천부(天賦)[명] 하늘이 줌. 선천적으로 타고남. ¶~적 권리. ~한 재질. natural gift 하타

천:부(賤夫)[명] 신분이 낮은 남자. lowly man

천:부(賤婦)[명] 신분이 낮은 여자. lowly woman

천부 당(千不當)[명] 부당함. 하타

천부당 만:부당(千不當萬不當)[명] 조금도 가당치 않음. 만만 부당. 만부당천부당. ¶~한 역설. (약) 만부당. 천만 부당(千萬不當). absolute injustice

천부-설(天賦說)[명][동] 선천론(先天論). 하타

천부-인(天符印)[명] 천자(天子)의 위(位), 곧 제위(帝位)의 표지로서 하늘이 내려 전한 세 개의 보인(寶印). 우리 나라 건국 신화에 보임.

천부 인권(天賦人權)[명] 하늘이 사람에게 평등히 부여한 권리. 자연권(自然權). (대) 인정권(人定權). natural rights of man

천부 인권설(天賦人權說)[명] 18세기 말엽에 자연법 학자들이 제창한, 모든 인간은 나면서부터 자유·평등의 생활을 누릴 일정한 권리를 갖는다는 설. theory of natural rights of man

천부 자연(天賦自然)[명] 하늘로부터 받아서 인력(人力)으로 어찌할 수 없는 천부의 성질. nature

천부-적(天賦的)[명] 선천적으로 타고난(것). ~ 재질. ¶좋은 땅. (약) 천부(天府)①.

천부지-토(天府之土)[명] 흙이 비옥하고 물산이 많은 땅. 천부(天府). 타고난 재질이나 분복. one's natural

천분-비(千分比)[명][동] 천분율(千分率). [gifts

천분-율(千分率)[一늁][명] 원금이나 전체의 양을 1,000으로 치고, 그 1,000분의 1을 단위로 하여 나타내는 비율. 천분비(千分比).

천불(千佛)[명]〈불교〉과거·현재·미래의 삼겁(三劫)에 각각의 1,000의 부처가 나타난다는 신앙. 특히 현재겁(劫)의 1,000 부처. [회. 천불회(千佛會).

천불 공:양(千佛供養)[명]〈불교〉천불에 공양하는 법

천불-전[一쩐](千佛殿)[명]〈불교〉천불을 모신 전각(殿閣).

천불-회(千佛會)[명][동] 천불 공양(千佛供養).

천붕 지괴(天崩地壞)[명][동] 천붕 지탁. 하타

천붕 지탁(天崩地坼)[명] 하늘이 무너지고 땅이 터진다는 뜻으로, 「큰소리에 하늘과 땅이 흔들려 움직임」을 이르는 말. 천붕 지괴. 하타

천붕 지탑(天崩地場)[명] 큰소리에 천지가 진동함. 하타

천붕지-통(天崩之痛)[명] 제왕이나 아버지의 상사(喪事)를 당해 하늘이 무너지는 듯한 슬픔.

천:비(賤婢)[명] 신분이 천한 여자 종. [말.

천:비 소:생(賤婢所生)[명] 천비의 몸에서 난 아들이나

천:빈(賤貧)[명] 천하고 가난함. lowly and poor 하타

천사(天使)[명] ①천주의 사자(使者). [가톨] 악마. angel ②천국(天國)에서 상제(上帝)를 시중하며, 또 상제의 사자로서 인간계에 파견되어 신과 인간과의 중개를 맡고 신의 뜻을 인간에게 전하며, 인간의 기원을 신에게 전하는 자. ¶백의(白衣)의 ~(간호원).

천:사(遷徙)[명][동] 옮기어 감. 이동(移動). 하타

천사-대(天賜帶)[명](약)→천사옥대(天賜玉帶).

천사 만:고(千思萬苦)[명] 여러 가지로 생각함. deep meditation 하타 [림. 하타

천사 만:량(千思萬量)[명] 여러 가지로 생각하여 헤아

천사 만:려(千思萬慮)[명] 갖가지로 생각함. 또, 그 생각. various thoughts and worries 하타

천사 만:루(千絲萬縷)[명] 피륙을 짜는 데 소용되는 많은 갈 같은 실.

천사 문:답(天師問答)[명]〈종교〉천도교의 교조(敎祖)인 최제우(崔濟愚)가 한울님과 직접 영감(靈感)으로 문답함.

천-사슬(天一)[명] 잔꾀를 부리지 않고 자연히 되어가는 대로 내맡겨 두는 일. doing things nature's way

천사-옥대(天賜玉帶)[명]〈역사〉하늘로부터 받았다는 신라의 세 가지 보배의 하나인 띠. (약) 천사대(天賜帶).

천산(千山)[명] 수많은 산.

천산(天山)[명]〈종교〉대종교에서 일컫는 백두산.

천산(天産)[명] ①천연(天然)으로 산출됨. natural production ②(약)→천산물(天産物).

천:산-갑(穿山甲)[명]〈동물〉천산갑과(穿山甲科)에 속하는 짐승. 몸 길이 63cm, 꼬리 35cm 내외임. 검은 비늘이 박히고 주둥이는 뾰족하며 끈끈한 침을 흘림. 인도·대만 등지에 살. 능리(鯪鯉). pangolin 《한의》천산갑의 껍질. 외과약으로 씀.

천:산-릉(遷山陵)[명] 산릉을 옮김. (動) 천릉(遷陵).

천산 만:락(千山萬落)[명] 수많은 산들과 촌락. 하타

천산 만:수(千山萬水)[명] 수없이 많은 산과 내. numerous mountains and rivers

천산 만:학(千山萬壑)[명] 첩첩이 쌓인 산과 골짜기. 천봉 만학(千峰萬壑).

천산-물(天産物)[명] 천연으로 생겨난 물건. (약) 천산(天産)②. natural products

천산-지산(千山-)[명] ①쓸데없이 많은 말을 핑계로 삼는 모양. lengthily excusing oneself ②여러 가지로 뒤섞이어 갈피를 잡을 수 없는 모양. 하타

천살(天煞)[명] 길하지 못한 방위의 이름.

천:살(擅殺)[명] 죽일 만한 죄인을 거리낌없이 마음대로

로 죽임. 하다
천상(天上)명 ①하늘 위. heavens ②〈기독〉천국. 천당. Heaven ③〈약〉→천상계(天上界).
천상(天象)명 〈천문〉①천체의 현상. 곧, 해·달·별이 나타내는 현상. astronomical phenomenon ②하늘의 모양. 날씨. 건상(乾象). weather
천상-계(天上界)명 〈불교〉하늘 위에 있다는 상상의 세계. 〈약〉천계(天界). 천상(天上)③.
천상 만:태(千狀萬態)명 여러 가지 많은 모양. 온갖 상태. infinite variety
천상 모:후(天上母后)명 〈동〉성모 마리아.
천상-바라기(天上一)명 늘 얼굴을 쳐들고 위를 보는 사람의 별명.
천상=수(天上水)명 빗물. 〈약〉천수(天水). rainwater
천상 천하(天上天下)명 우주의 사이. heaven and earth
천상 천하 유아 독존(天上天下唯我獨尊)명 〈불교〉우주 만물이 생겨난데는 홀로 나만이 가장 높고 귀하다는 뜻. Holy am I alone throughout heaven and earth ┌sky
천색(天色)명 하늘빛. 천광(天光). colour of the
천생(天生)명 하늘로부터 타고남. 저절로 생겨남. product of nature 부 날 때부터. 당초부터. ¶ ~ 가난한 생활을 하다.
천생 배:필(天生配匹)명 하늘이 미리 마련하여 준 배필. 자연히 이루어지는 배필. 천정 배필(天定配匹). predestined couple
천생 연분[-년-](天生緣分)명 하늘이 미리 마련하여 준 연분. 천생 인연(天生因緣). 천정 연분(天定緣分). match blessed by Heavens
천생 연분에 보리 개떡명 보리 개떡을 먹을 망정의 좋게 산다는 말.
천생 인연(天生因緣)명 〈동〉천생 연분(天生緣分).
천생 재주(天生才-)명 하늘로부터 타고난 뛰어난 재주. natural gifts
천서(天瑞)명 하늘이 내린 상서로운 징조.
천서 만:단(千緖萬端)명 일일이 가려낼 수 없을 만한 많은 일의 갈피. complication
천석(千石)명 ①천 섬. thousand bales ②많은 부피나 용량. large quantity
천석(泉石)명 〈동〉수석(水石).
천석 고황(泉石膏肓)명 자연과 고질. 곧, 자연을 몹시 사랑함. passionate love of nature
천석-꾼(千石-)명 곡식을 천석이나 할 만큼 땅을 많이 가진 부자. large land-owner
천선(天仙)명 하늘에 산다는 신선.
천선(天璇·天璿)명 〈천문〉북두 칠성의 둘째 별. 선(璇)
천:-선(遷善)명 나쁜 짓을 고쳐 착하게 됨. ¶개과(改
천선과-나무(天仙果-)명 〈식물〉뽕나무과에 속하는 낙엽 관목. 높이 5 m 가량이고 무화과 같은 열매가 달리며 잎은 도란형 또는 타원형이다. 나무 껍질의 섬유는 종이의 원료, 어린 잎과 과실은 식용함.
천 지전(天旋地轉)명 ①세상 만사가 많이 변함. ②하늘과 땅이 팽팽 도는다는 뜻으로, 정신이 현란함을 이르는 말.
천성(天成)명 저절로 이루어짐. [비유하여 이르는 말]
천성(天性)명 본래부터 타고난 성질. 자연. 천질(天質). ¶ ~이 얌전하다. 〈유〉소질(素質). nature
천성(泉聲)명 깊은 산에서 샘물이 흐르는 소리.
천세(千歲)명 ①긴 세월. 먼 장래. 천재(千載). eternity ②〈약〉→천추 만세(千秋萬歲).
천세=나다(千歲-)어느 물건이 사용하는 사람이 많아서 퍽 귀하여지다. be in great demand
천세=력(千歲曆)명 ①앞으로의 백 년 동안의 일월 성신·절기를 미리 추산(推算)하여 만든 책력(冊曆). 만세력(萬歲曆). one hundred year almanac ②백중력(百中曆)·만세력(萬歲曆)의 총칭. perpetual almanac
천세=후(千歲後)명 〈약〉→천세 만세후(千秋萬歲後).

천:속(賤俗)명 ①비천한 풍속. vulgar custom ②천하고 속됨. vulgar 하다
천손(天孫)명 〈동〉직녀성(織女星).
천:솔(賤率)명 ①자기 첩의 식솔을 일컬음. ②자기 가족을 겸손하게 일컫는 말.
천수(千手)명 〈약〉→천수 관음(千手觀音).
천수(天水)명 〈약〉→천상수(天上水). ┌림. 하다
천수(天授)명 하늘에서 내려 줌. 또는 하늘로부터 내
천수(天壽)명 〈동〉천명(天命)①.
천수(天數)명 ①천명(天命)①. ②〈동〉천운(天運).
천수(泉水)명 샘에서 나는 물. fountain
천수-경(千手經)명 〈불교〉경문(經文)의 하나. 천수 관음의 유래, 발원(發願)·공덕(功德) 등을 설하였음. 천수 다라니경.
천수 관:음(千手觀音)명 〈불교〉이십오면과 천 손[千手]·천 눈[千眼]을 갖춘 관음 보살. 과거세에 있어서 모든 중생을 구제하기 위하여 천 손과 눈을 얻으려고 일어서서 이루어진 몸. 이 몸에 빌면 모든 소원이 이루어진다 함. 관세음 보살. 〈약〉천수(千手).
천수 농경(天水農耕)명 〈농업〉수리(水利)의 편리가 나빠 오로지 빗물에만 의존하는 농업 경작.
천수 다라니(千手陀羅尼)명 〈불교〉천수 관음의 공덕을 밝힌, 82구(句)로 된 주문(呪文). 이 주문을 외면 모든 악업(惡業)·중죄(重罪)가 소멸된다고 함.
천수 다라니경(千手陀羅尼經)명 〈동〉천수경(千手經).
천수-답(天水畓)명 〈농〉천둥지기.
천수를 치다 천수경을 읽다.
천수-법(千手法)명 〈불교〉천수 관음을 본존(本尊)으로 모시고 수행하는 법.
천수-통(千手桶)명 〈불교〉절에서 중이 밥을 먹은 뒤 식기 씻은 물을 담아 두는 통.
천승지:국(千乘之國)명 큰 제후(諸侯)를 일컫는 말. domain of fedal lords
천시(天時)명 ①하늘의 도움이 있는 시기. Heaven-sent opportunity ②계절·주야(晝夜)·한서(寒暑) 등과 같이 때를 따라서 돌아가는 자연의 현상. spells of natural phenomenon
천:시(賤視)명 천하게 여김. contempt 하다
천:식(淺識)명 얕은 지식. 좁은 식견. shallow view
천:식(喘息)명 〈한의〉발작적으로 호흡이 곤란한 병. 기관지염·심장성·신경성·요독성(尿毒性) 천식 등의 구별이 있음. 폐창(肺脹). asthma
천:식(賤息)명 남에게 자기 자식을 일컫는 말.
천신(天神)명 ①하늘의 신령. 신명(神明). 〈대〉지기(地祇). 천신(地神). god in Heaven ②바람·구름·우뢰(風雲雷雨)·산천 성황(山川城隍) 등의 총칭. 중춘(仲春)과 중추(仲秋)에 날을 받아 제향(祭享)을 지냈음. 〈대〉인신(人神)①. ③〈기독〉1967년 이전에 천주교에서 '천사(天使)'를 이르던 말.
천:신(薦新)명 ①새로 나는 물건을 먼저 신위에 올리는 일. offering the first produce to god ②〈민속〉가을·봄에 신에게 하는 굿. 하다
천:신(賤身)명 임금의 대한 자칭.
천신 만:고(千辛萬苦)명 온갖 신고. 또, 그것을 겪음. ¶ ~ 끝에 얻은 물건. all sorts of hardship 하다
천신 지기(天神地祇)명 천신과 지기. 〈약〉신기(神祇).
천심(千尋)명 매우 높거나 깊음의 형용. ┌의(天意)
천심(天心)명 ①하늘의 한가운데. zenith ②〈동〉천
천:심(淺深)명 얕음과 깊음. depth
천안(天眼)명 ①임금을 높여 그의 '눈'을 이르는 말. ②〈불교〉오안(五眼)의 하나. 선정(禪定)을 닦아 얻게 되는 원근·전후·상하·주야를 자재로 볼 수 있는 눈. 「Emperor's countenance
천안(天顔)명 임금의 얼굴. 성안(聖顔). 용안(龍顔).
천암 만:학(千岩萬壑)명 많은 바위와 골짜기. 곧, 깊은 산 속의 경치. ┌punishment
천앙(天殃)명 하늘에서 내리는 앙화(殃禍). Heaven's
천애(天涯)명 ①하늘의 끝. ②아득히 떨어진 타향. ③

'이승에 살아 있는 핏줄이나 부모가 없음'을 이르는 말. ¶~의 고아(孤兒)

천애 지각(天涯地角)團 하늘과 땅의 한 귀퉁이. 곧, 아득하게 멀리 떨어져 있음을 이름. being far-off from each other

천야만-야=하-다(千耶萬耶一)圓[여불] 썩 높거나 깊어서 처 길이나 또는 깊이가 되는 듯하다. ¶천야만야한 낭떠러지. unfathomable

천:약(踐約)團 약속을 실천함. keeping a promise 하타

천양(天壤)團 하늘과 땅. 소양(霄壤). heaven and earth

천양(泉壤)團 (동) 구천(九泉). earth

천:양(闡揚)團 드러내 밝혀서 두루 퍼지게 함. enhancement 하타 「as heaven and earth 하타

천양 무궁(天壤無窮)團 하늘과 땅처럼 무궁함. eternal

천양지간(天壤之間)團 ①하늘과 땅 사이(天地間). ②서로의 차이가 썩 심함. 또는 썩 심한 차이를 이르는 말. 운니지차(雲泥之差).

천양지-차(天壤之差)團 하늘과 땅 사이와 같이 엄청난 차이. 소양지차. 소양지판. 천양지판(天壤之判). great difference

천양지-판(天壤之判)團 (동) 천양지차(天壤之差).

천어(川魚)團 냇물에서 사는 물고기. 냇물 고기.

천어(天語)團 임금의 말씀. 「fresh-water fish

천:언(踐言)團 말한 바를 이행함. keeping one's word 하타 「able words

천언 만:어(千言萬語)團 수없이 많은 말. in numer-

천:업(賤業)團 천한 직업 또는 영업. mean occupation

천여(天與)團 하늘이 줌. 하늘이 내림. gift of Heaven

천:역(賤役)團 천한 노동. 비천한 일. mean task 하타

천연(天然)團 ①사람의 힘을 가하지 않은 상태. nature ②사람의 힘으로는 어떻게 할 수 없는 상태. ¶~의 힘. (데) 가공(加工). 인공(人工). 인조(人造). 田 아주 흡사히. 꼭. ¶말소리마저 ~ 어머니를 닮았다. (천추(遷取). delay 하타

천:연(遷延)團 일이나 날짜 등을 미루어 감. 지체함.

천연 가스(天然 gas)團 땅에서 분출되는 가스. 메탄 가스·에탄 가스 따위. 「일컬음. silk-yarn

천연 견사(天然絹絲)團 인조 견사에 대해 명주실을

천연 경신(天然更新)團 (동) 천연갱신(天然更新).

천연 고무(天然 gomme)團 (동) 생고무.

천연 과:실(天然果實)團 〈법〉 물건의 경제적 용도에 따라서 얻어지는 수익물(收益物). 벽·우유·광물 따위. natural fruits

천연 기념물(天然紀念物)團 동식물·광물·지질 그 밖의 천연물이 특유·진귀하거나 또는 희소하여 한 나라 또는 지방의 자연계의 기념물이 되어, 법률로써 지정·보존되는 것의 총칭. natural monument

천연덕-스럽다(天然一)圓[여블] (동) 천연스럽다.

천연-두(天然痘)團 〈의학〉 여과성 바이러스(virus)에 의해 일어나는 급성 전염병의 하나. 피부에 발진이 나서 나은 뒤에도 마마 자국이 남는 병. 시두(時痘). 역환(疫患). 천포창(天疱瘡). 호역(戶疫). 〈준〉마마. smallpox 「natural forest

천연-림(天然林)團 천연으로 이루어진 삼림(森林).

천연-물(天然物)團 사람의 힘을 가하지 않은 천연 그대로의 물건. natural object

천연 물감[一깜](天然一)團 천연의 동물·식물·광물로부터 분리되 물감. 천연 염료(天然染料).

천연-미(天然美)團 (동) 자연미(自然美).

천연 백색(天然白色)團 조명에서 쓰는 말로 백색에 붉은 기운을 보충한 빛. 온백색(溫白色). 주광색(晝光色).

천연 비:료(天然肥料)團 〈농업〉 인분·가축의 똥·오줌·퇴비 등의 자연물을 가공하지 않고 만든 비료. 구비(廐肥). 퇴비(堆肥). natural manure

천연-빙(天然氷)團 저절로 얼어서 된 얼음. (데) 인조빙(人造氷). 식빙(食氷). natural ice

천연-색(天然色)團 만물이 자연히 갖추어진 빛깔. 자연 그대로의 색채. natural colour

천연색 사진(天然色寫眞)團 천연색의 피사체(被寫體)에 가까운 색채를 나타내는 사진. 원색 사진. (데) 흑백 사진. chromophotograph

천연색 영화[一녕一](天然色映畫)團 천연색을 그대로 나타내는 영화. 피사체(被寫體)를 박아 가지고 현상한 원색 영화(原色映畫). 색채 영화. (데) 흑백 영화(黑白映畫). cinemacolour

천연 생활(天然生活)團 자연 그대로의 원시적 생활. primitive life

천연-석(天然石)團 천연으로 된 돌. 자연석. (데) 인조석(人造石). natural stone

천연 섬유(天然纖維)團 솜·삼껍질·명주실·털 등 천연물의 세포로 된 섬유. (데) 인조 섬유. 합성 섬유. natural fibre 「미루어 감. 延期

천:연 세:월(遷延歲月)團 일을 끝내지 아니하고 자꾸

천연 숭배(天然崇拜)團 (동) 자연 숭배(自然崇拜).

천연스럽-다(天然一)圓[여블] 거짓이 없이 천연한 태도가 있다. 천연덕스럽다. 천연=스레튬

천연 염:료[一녕一](天然染料)團 (동) 천연 물감.

천연 영양[一녕一](天然營養)團 인공 영양에 대해 모유(母乳)의 영양을 일컬음. (데) 인공 영양. natural nutrition

천연-육[一뉵](天然育)團 〈농업〉 온도·습도 등을 인공으로 조절하지 않고 자연의 기후에 따라 누에를 기르는 일.

천연 자:석(天然磁石)團 〈물리〉 전자석에 대해 자철광(磁鐵鑛)의 자석을 이르는 말. natural magnet

천연 자:원(天然資源)團 천연적으로 존재하여 인간 생활이나 생산 활동에 이용될 수 있는 물자나 에너지의 총칭. 토지·물·광물·산림·수산물 따위. natural resources

천연 조:림(天然造林)團 부근에 있는 나무에서 천연적으로 떨어진 종자에 의하여 발생한 어린 나무들을 보호 양육하여 산림을 만드는 방법. 천연 갱신(天然更新). (데) 인공 조림(人工造林).

천연 주광색(天然晝光色)團 주광색에 약간 붉은 기운을 보충한 빛. 조명 용어임.

천연=하-다(天然一)圓[여블] ①생긴 그대로 조금도 꾸밈이 없다. ②천연으로 그런 것처럼 매우 흡사하다. 천연-히튬

천연 향료(天然香料)團 장미·오렌지·장뇌(樟腦)·사향노루·향유고래 등 동식물 정유(精油)에서 추출·정제한 향료. (데) 합성 향료. 「mean 튐 히튬

천:열(賤劣)圓 인품이 낮고 용렬함. (원) 천렬(賤劣).

천엽(千葉)團 ①〈식물〉 여러 겹으로 된 꽃잎. 복엽(複葉)②. 복판(複瓣). double petalled. ②[동] 처녑.

천오(川烏)團 〈약〉 천오두(川烏頭).

천:오(舛誤)團 어그러져서 그릇됨. 하타

천-오두(川烏頭)團 〈한의〉 중국 사천성에서 나오는 오두의 처음 난 원뿌리. 부자(附子)와 비슷한 성질을 가져 약제로 씀. 〈약〉 천오(川烏). 오두(烏頭).

천옥(天獄)團 ①험악한 지형. ②〈불교〉 악탁의 세계인 천상계와 고난의 세계인의 지옥.

천:와(舛訛)團 말이나 글자의 그릇됨. 하타

천:와(遷訛)團 변하여 바뀜. 변천함. change 하타

천왕(天王)團 ①〈불교〉 옥제·세존 등 옷갓 하늘의 임금. heavenly kings ②〈민속〉 무당의 굿의 하나. ③중국에서 천자(天子)의 일컬음.

천왕-문(天王門)團 〈불교〉 절의 입구에 있는 사천왕(四天王)을 모신 문.

천왕-성(天王星)團 〈천문〉 태양계 제 7행성. 태양에서의 평균 거리 28억 8,293km. Uranus

천왕-지팡이(天王一)團 키가 퍽 큰 사람의 별명. lamp-post 「farthest regions

천외(天外)團 ①하늘의 바깥. ②썩 높거나 먼 곳.

천요 만:악(千妖萬惡)團 온갖 요망하고 악한 짓. vices

천우(千憂)團 갖가지의 많은 근심. various worries

천우(天牛)團 〈곤충〉 하늘소. longhorned beetle

천우(天宇)〔명〕 하늘의 전체. Univeres
천우(天佑)〔명〕 하늘의 도움. 신명의 가호. 우명(佑命)①. providence
천우 신조(天佑神助)〔명〕 하늘과 신령의 도움. mercy [of Heaven 하타
천운(天運)〔명〕 하늘이 정한 운수. 자연히 돌아오는 운
천원(天元)〔동〕 천원점. ㈜. 천수(天數)②. fate
천원(泉源)〔명〕 샘의 근원. source of a fountain
천원자(天圓子)〔동〕 하늘타리.
천원점(天元點)〔명〕 배꼽점. 천원(天元).
천원 지방(天圓地方) 하늘은 둥글고 땅은 네모짐.
천위(天位)〔명〕 ①천자(天子)의 자리. Imperial throne ②하늘이 준 벼슬. 곧, 그 사람에게 가장 알맞는 직위. Heaven-sent rank [Imperial authority
천위(天威)〔명〕 제왕의 위엄. 상제(上帝)의 위력.
천위(天爲)〔명〕 하늘이 하는 바. 하늘의 작용. (대) 인위(人爲). providence
천위 지척(天威咫尺)〔명〕 천자의 위광(威光)이 지척이내에 있다는 뜻으로, 제왕을 썩 가까이 모셔 황송하다는 뜻. [하타
천·유(擅有)〔명〕 마음대로 제 것을 만듦. arrogation
천은(天恩)〔명〕 ①하느님의 은혜. heavenly blessings ②임금의 은덕. 성택(聖澤). benevolence of the king [silver of good quality
천은(天銀)〔명〕 품질이 제일 좋은 은. 십성은(十成銀).
천은 망극(天恩罔極)〔명〕 임금의 은덕이 한없이 두터움. 하타 [오는 일. rain of a fine day
천음(天泣)〔명〕 구름 한 점 없는 하늘에서 비나 눈이
천읍 지애(天泣地哀)〔명〕 하늘도 울고 땅도 슬퍼함. 천지가 슬퍼함.
천의(天意)〔명〕 ①하늘의 뜻. will of Heaven ②임금의 마음. 천심(天心)②. Imperial will
천의 무봉(天衣無縫)〔명〕 ①하늘의 직녀가 짜 입은 옷이 솔기가 없다는 뜻으로, 시문(詩文) 등이 매우 자연스러워 조금도 꾸밀 데가 없음을 이르는 말. ②완전 무결해 흠이 없음을 이름.
천·이(賤易)〔명〕 천하게 보고 업신여김. despise 하타
천·이(遷移)〔명〕 ①옮기어 바꿈. 천동(遷動). ②〈생물〉생태학에서, 생물의 군집이 시간의 추이에 따라 변천하여 가는 현상. ③〈물리〉 양자(量子) 역학에서 어떤 계(系)가 한 정상(定常) 상태에서 다른 정상 상태로 어떤 확률을 가지고 옮기는 일. 다음 전이(轉移)②. 하타
천·이궁(遷御宮)〔명〕〈민속〉 십이궁의 하나.
천익·천양궁(天益·天翼宮)〔제도〕'철릭'의 취음. [or deep
천인(千仞)〔명〕 산이나 바다가 몹시 높거나 깊음. lofty
천인(天人)〔명〕 ①하늘과 사람. 우주와 인생. heaven and man ②도(道)가 있는 사람. ③재질이나 용모가 뛰어난 사람. man of talents ④썩 아름다운 여자, beautiful woman ⑤천상(天象)과 인사(人事). ⑥'임금'을 달리 이르는 말. ⑦〔동〕 비천(飛天).
천·인(賤人)〔명〕 천한 사람. 신분이 낮은 사람. (대) 귀인(貴人)①. man of humble origin
천·인(遷人)〔명〕 귀양살이하는 사람. 천객(遷客).
천인(薦引)〔명〕 천진(薦進). 하타
천인 공·노(天人共怒)〔명〕 하늘과 사람이 다 노한다는 뜻에서, 누구나 분노를 참을 수 없을 만큼 몹시 증오스러움을 이르는 말. [지. lofty precipice
천인 단·애(千仞斷崖)〔명〕 천 길이나 되는 높은 낭떠러지.
천일(天日)〔명〕 ①하늘과 해. ②하늘에 있는 해. ③〈종교〉 천도교의 창건일(創建日).
천일 기도(千日祈禱)〔명〕 천 일간 어떤 목적을 가지고 드리는 기도.
천일 야·화(千日夜話)〔명〕〔동〕 아라비안 나이트.
천일-염[-념](天日鹽)〔명〕 염밭에 바닷물을 끌어들여 햇볕과 바람으로 수분을 증발시켜 결정시킨 소금. 천일 제염(天日製鹽). sundried salt [는 일수.
천일 일수(-日收)(千日日收)〔명〕 천 날 동안에 나누어 받
천일 제·염(天日製鹽)〔명〕〔동〕 천일염(天日鹽).
천일 조·림(天日照臨)〔명〕 하늘과 해가 환히 내려다본다는 뜻으로, 속일 수가 없는 명백한 일을 이르는 말. Heaven looks down 하타
천일-주[-쭈](千日酒)〔명〕 ①빚어 넣은 지 천 날 만에 먹는 술. ②한번 취하면 천 날 동안 깨지 않는다는 술.
천일-초(千日草)〈식물〉 비름과의 일년생 풀. 7~10월에 자홍색·홍색·백색 등의 화판이 없는 작은 꽃이 핌. 인도 원산으로 건조화(乾燥花)로 이용됨.
천일-행자(千日行者)〈불교〉 천 날 동안을 한정하는
천일-홍(千日紅)〔명〕〔동〕 천일초(千日草).
천·임(遷任)〔명〕 전임(轉任). ②(入). 하타
천·입(擅入)〔명〕 함부로 뛰어 들어감. 난입(闌入). [閣
천자(天子)〔명〕 ①하늘을 대신하여 천하를 다스리는 이. son of Heaven ②황제를 일컬음. (공) 만승 천자(萬乘天子). emperor
천자(穿刺)〔명〕 몸의 일부에 속이 비고 가는 침을 찔러 넣어 체내의 액체를 뽑아 냄. ¶ 척주 ~. 하타
천·자(淺紫)〔명〕 엷은 보랏빛. riness of color
천·자(擅恣)〔명〕 제 마음대로 하여 기탄없음. arbitra-
천자 뒤·풀이(千字—)〔명〕 천자문에 있는 글자의 뜻을 풀어 운율에 맞추어 해석한 타령.
천자 만·태(千姿萬態)〔명〕 여러 가지 맵시와 많은 모양. 온갖 자태. infinite variety
천자 만·홍(千紫萬紅)〔명〕 울긋불긋한 여러 가지 꽃의 빛깔. 곧, 그 빛. 온갖 꽃이 만발함을 이름. resplendency of floral display
천자문도 못 읽고 인 위조한다 어리석고 무식한 주제에 남을 속이려 함.
천작(天作)〔명〕 사람의 힘을 가하지 않고 저절로 됨. 또, 그 사물. (대) 인작(人作). natural production
천작(天爵)〔명〕 하늘에서 받은 벼슬의 뜻. 존경받을 만한 선천척 덕행. (대) 인작(人爵). nobility of character [마심. 하타
천·작(淺酌)〔명〕 조용히 알맞게 술을 마심. 술을 조금
천·작 저·창(淺酌低唱)〔명〕 알맞게 술을 마시고, 작은 소리로 노래함. 하타
천잠(天蠶)〈곤충〉 참나무산누에나비의 유충. 몸의 각절(各節)에 거친 털이 있음. 몸 길이 5 cm 가량에 몸 빛은 황갈색임. 상수리나무·떡갈나무 등의 잎을 먹고 황록색·타원형의 고치를 지음.
천잠=나비(天蠶—)〈곤충〉 참나무산누에나비과의 나비. 몸 빛은 보통 누르나 황갈색·적갈색으로 변화가 있음. 앞뒤 날개에 각각 누르고 검은 두 점의 무늬가 있음.
천잠-사(天蠶絲)〔명〕 야잠사(野蠶絲).
천잠(外蠶)〔명〕 천막(帳幕). 하타
천장(天障)〔명〕 ①보꾹. ②반자의 겉면. ceiling ③주식 거래에서, 일정 기간 중에 시세가 가장 오른 정섬(頂點).
천·장(遷葬)〔명〕〔동〕 천묘(遷墓). 하타
천·장(擅場)〔명〕 ①그 장소에서 대적할 사람이 없는 제일인자. ②주석(主席). ③중국 당(唐)나라 때 옥방 또는 연회에서 시를 일등으로 지은 사람.
천장-널(天障—)〔명〕 천장에 대는 널빤지.
천·장·부(賤丈夫)〔명〕 언행이 비루한 남자. lowly man
천장 지구(天長地久)〔명〕 ①하늘·땅과 같이 사물이 길이 이어 나감. ②하늘과 땅은 영구히 변함이 없다. coeval with heaven and earth [고 있음.
천장 지비(天藏地秘)〔명〕 파묻혀서 세상에 드러나지 않
천장-틀(天障—)〔명〕 천장널을 끼우는 '井'자 모양의 틀.
천재(千載)〔명〕 천세(千歲)①.
천재(天才)〔명〕 선천적으로 타고난 뛰어난 재주. 천부의 재능. 또, 그런 재능을 가진 사람. ¶~ 화가(畵家). (대) 범재(凡才). 백치(白痴). genius
천재(天災)〔명〕 자연의 재앙. 곧, 큰 바람·지진·홍수 따위. natural calamity

천재(天裁)[명] 천자의 재결. ―하다
천:재(淺才)[명] 얕은 재주. poor talent
천재 교:육(天才教育)[명] 《교육》 천재아의 재능의 발달·조장(助長)을 목적으로 하는 특수 교육. genius education
천재말(天才―)[명] 훈련을 받지 않고도 잘 달리는 말.
천재 일시[―씨](千載一時)[명] 《동》 천재 일우(千載一遇).
천재 일우(千載一遇)[명] 좀처럼 만나기 어려운 기회. 천재 일시(天載一時). ¶ ~의 호기. golden opportunity
천재 지변(天災地變)[명] 천재와 지변. 하늘의 재화와 땅의 괴변. natural calamity
천저(天底)[명] 《천문》 천정(天頂)과 정반대의 점(點). 곧, 관측자가 서 있는 점. 천저점(天底點). nadir
천저=점[―쩜](天底點)[명] 수직선으로 내려가서 천구(天球)와 교차되는 점. 천저(天底). [대] 천정점(天頂點). nadir
천적(天敵)[명] 《생물》 식물 연쇄(食物連鎖)에서, 어떤 동물이 다른 생물 또는 식물을 잡아먹을 때, 잡히어 먹는 생물에 대해서 잡아먹는 생물을 이름. natural enemy
천:전(遷轉)[명] 벼슬 자리를 옮김. change of post ―하다
천점(天占)[명] 하늘에 나타난 길흉의 징조.
천정(天井)[명] →천장(天障)②.
천정(天定)[명] 하늘이 정함. Heaven decided
천정(天庭)[명] 양미간·이마의 복판을 상서(相書)에서 이르는 말. 이마. forehead
천정(天頂)[명] ①하늘. 정상(頂上). height ②《약》→천문 천정(天文天頂). ③《약》→지심 천정(地心天頂).
천정 거:리(天頂距離)[명] 《천문》 천정에서 천체까지의 각거리(角距離). 고도(高度)의 여각(餘角). zenith distance
천정 배:필(天定配匹)[명] 《동》 천생 배필(天生配匹).
천정 부지(天井不知)[명] 물가 따위가 한없이 오르기만 함을 이르는 말. ¶ ~로 치솟는 물가. prices going on soaring
천정 연분(天定緣分)[명] 《동》 천생 연분(天生緣分).
천정=의(天頂儀)[명] 《천문》 항성의 천정 거리를 측정하고, 그것으로 관측 지점의 위도(緯度)를 정밀히 결정하는 데에 쓰는 망원경 장치. zenith telescope
천정=점[―쩜](天頂點)[명] 《천문》 지구상의 관측자에서 연직선을 위쪽으로 연장하여 천구(天球)와 만나는 점. 천문 천정. [대] 천저점(天底點). zenith
천정천(天井川)[명] 《지리》 하상(河床)이 주위의 평지보다 높은 하천.
천정=화(天井畫)[명] 《미술》 보꾹에 그린 그림. ceiling painting
천제(天帝)[명] 하느님.
천제(天祭)[명] 하느님께 지내는 제사. 천제사(天祭祀). festival for Heaven
천제(天際)[명] 하늘의 끝. 천말(天末). horizon
천제(天―)[명] →천지에.
천=제사(天祭祀)[명] 《동》 천제(天祭).
천조(天助)[명] 하늘의 도움. Heaven's help
천조(天造)[명] 하늘의 조화(造化). creation
천조(天朝)[명] 천자의 조정을 일컫는 말.
천:조(踐祚·踐阼)[명] 임금의 자리를 이음. 천극(踐極). succession to the throne ―하다
천조 경풍(天弔驚風)[명] 《한의》 고개를 젖히고 눈을 멀거니 떠서 하늘을 쳐다보는 어린애의 병.
천:족(賤族)[명] 천한 집안. lowly family
천종 만:물(千種萬物)[명] 온갖 물건. all things
천종지=성(天縱之聖)[명] ① 공자(孔子)의 도덕을 이르는 말. ② 제왕의 성덕을 칭송하는 말.
천주(天―)[명] 《속》 '천주학'이 줄어 변한 말.
천주=쟁이(天―)[명] 《속》 '천주교도'를 부르는 말.
천주(天主)[명] ①중국의 신의 이름. ②《불교》 천지를 창조한 최고신인 대자재천(大自在天)의 별칭. ③ 《불교》 제천(諸天)의 왕. ④《기독》 천지의 주인. 곧, 하느님. ⑤《기독》 천주교에서, 만선(萬善)·만덕(萬德)을 갖춘 신. 상주(上主). 《약》 주(主)④.
천주(天柱)[명] 하늘을 괴고 있다는 상상의 기둥. pillars supporting heaven
천주(天誅)[명] 천벌(天罰). ―하다
천:주(薦主)[명] 추천하여 준 사람. recommender
천주-경(天主經)[명] 《기독》 '주의 기도'의 구용어.
천주-교(天主教)[명] 《동》 카톨릭교. 성교(聖教)③.
천주=교:회(天主教會)[명] 천주교를 신봉하는 교회.
천주-당(天主堂)[명] 《동》 성당(聖堂). 교회.
천주 삼위(天主三位)[명] 성부(聖父)·성자(聖子)·성신(聖神)의 삼위. 성삼(聖三).
천주-성[―썽](天主性)[명] 《기독》 천주가 지니고 있는 성덕. 《약》 주성(主性).
천주-학(天主學)[명] [옛] 천주교(天主敎).
천주 활적(天誅猾賊)[명] 하늘이 교활하고 악한 놈을 벌줌. Heaven's punishment
천중(天中)[명] ①관측자를 중심으로 한 하늘의 한가운데. navel of Heaven ②이마의 위쪽. upper part of a forehead
천중 가:절(天中佳節)[명] 《동》 천중절(天中節).
천중-도(川中島)[명] 《지리》 흙과 모래가 하류의 얕은 곳에 모여서 될 강 가운데의 작은 섬.
천중=적부(天中赤符·泉中籍簿)[명] 《민속》 단오날에 각 가정에서 불길한 것을 물리치는 뜻으로 주사(朱砂)로 쓴 붉은 벽사문을 지어서 문패에 붙이는 것.
천중-절(天中節)[명] 《동》 단오(端午).
천지(天池)[명] ①바다. ②《지리》 백두산 정상에 있는 큰 못. 제 3기말의 화산 휴면으로 이루어진 칼데라(caldera)호로 가장 깊은 곳은 312.7 m 임. 용왕담(龍王潭).
천지(天地)[명] ①하늘과 땅. heaven and earth ②우주. 세상. 부재(覆載)②. world ③대단히 많음. ¶새logo 빌딩 ~다.
천지가 개벽을 할 판 사물이 싹 판판으로 바뀐 형국(形局).
천지-각(天地角)[명] 하나는 위로, 하나는 아래로 벋은 짐승의 뿔.
천지-간(天地間)[명] 하늘과 땅 사이. 천양지간(天壤之間)②. between heaven and earth
천지 개벽(天地開闢)[명] 천지가 처음으로 열림. beginning of the world ―하다
천지 만:엽(千枝萬葉)[명] ①무성한 식물의 가지와 잎. thick wood ②일이 여러 갈래로 나뉘어 어수선함을 비유하는 말. multitudinous detail
천지-망아(天之亡我)[명] 아무 허물이 없이 저절로 망함. 《약》 천망아(天亡我).
천지 분격[―껵](天地分格)[명] 서로 매우 다름.
천지 신명(天地神明)[명] 조화를 맡은 신령. god
천지-에(天地―)[명] 뜻밖의 일을 당할 때에 한탄하는 뜻으로 쓰는 말. ¶원 ~ 그런 변이 다 있나. 《약》 천제. how on earth
천=지:인(天地人)[명] 삼재(三才)를 이루는 하늘·땅·사람을 아울러 일컫는 말.
천지인 삼재(天地人三才)[명] ①하늘과 땅과 사람. ②우주간(宇宙間)의 만물.
천지 재변(天地災變)[명] 자연의 재변. natural calamity
천지 진:동(天地震動)[명] 하늘과 땅이 울려서 움직임. 소리가 굉장함을 이름. ―하다
천지 창:조(天地創造)[명] 천지를 창조한 일. 신화로서 여러 민족 사이에 볼 수 있음.
천지=판(天地板)[명] 관(棺)의 두껑과 밑바닥에 대는 널. cover and bottom boards of a coffin
천직(天職)[명] 타고난 직분. ¶그는 교원을 그의 ~으로 생각한다. heaven-sent mission
천:직(賤職)[명] 비천한 직업. a lowly occupation
천진(天眞)[명] ①세파에 젖지 않은 자연 그대로의 참됨. 순진. naivety ②《종교》 불생 불멸의 참된 마음. ―하다 스럽다 스레하다 《인》 recommendation ―하다
천:진(薦進)[명] 사람을 천거하여 쓰이게 함. 천인(薦

천진 난만(天眞爛漫) 아무런 꾸밈이 없이 언행 등에 그대로 나타남. 순진함. ~하다 [ocence 하다]
천진 무구(天眞無垢) 아무 흠이 없이 천진함. innocent
천진-전(天眞殿) 《종교》 단군의 영정을 모신 집.
천진 협사(天眞挾詐) 어리석은 가운데 더러 거짓이 끼임. ~하다 [ase
천질(天疾) 선천적으로 타고난 병. congenital dise-
천질(天質) 타고난 성질. 천성(天性). nature
천:품(賤稟質) 자기의 품성을 낮추어 일컫는 말. 천품(賤品).
천:짓[-진-] 천한 일을 맡아서 하는 것.
천:집사(賤執事) 아주 천하고 더러운 일. 또, 그 일을 하는 사람.
천차 만:별(千差萬別) 여러 가지 사물이 모두 차이가 있고 구별이 있음. infinite variety. ~하다
천착(穿鑿) ① 구멍을 뚫음. excavation ② 학문을 깊이 연구함. searching ③ 억지로 이치에 맞추어 하는 말을 함. obstinacy. ~하다 [천:착=스레
천:착-스럽-다(舛錯-)〔형ㅂ변〕 천착한 태도가 있다.
천:착-하-다(舛錯-)〔형여〕 ① 심정이 뒤틀려서 난잡하다. ② 생김새나 행동이 상스럽고 더럽다. [moat
천참(天塹) 〔天때〕 천연적으로 된 요해처(要害處). natural
천참 만:륙(千斬萬戮) 수없이 베어 여러 동강을 내어 참혹하게 죽임. ~하다
천창(天窓) 〔건축〕 천장으로 낸 창. skylight
천천만:의외(千千萬萬意外)〔명〕 천만 뜻밖.
천천-하-다〔형여〕 일이나 동작이 급하거나 거칠지 않고, 편안하며 느리다.《작》 찬찬하다. slow 천천-히〔부〕
천:철(賤妾) 종이나 노는 계집으로서 남의 첩이 된 여자. concubine 〔곁말〕 부인이 자기를 낮추어 일컫는 말. ['없이 겹쳐 있는 아름다운 산.
천첩 옥산(千疊玉山) 겹겹이 싸인 아름다운 산.
천청(天聽) 제왕이 들음. emperor's knowledge. ~하다
천청 만:촉(千請萬囑) 갖가지로 하는 청촉(請囑).
천:=청색(淺靑色) 짙은 옥색. light green
천체(天體) 〔천문〕 우주에 존재하는 물체의 총칭. 항성·행성·혜성·성단(星團)·성운(星雲)·성간(星間) 물질·인공 위성 등. celestial sphere
천:체(遷替) 옮겨 바꿈. ~하다
천체 관측(天體觀測) 〔천문〕 천체의 위치·광도(光度)·운동·크기 및 그밖의 일반적 성질을 관측하는 일. astronomical observation
천체-력(天體曆) 〔천문〕 태양·달·행성·혜성 등의 나날의 위치·출몰(出沒)·일식·월식 따위의 현상이 정밀하게 예측(豫測)되어 있는 역서. 천체 일표(天體日表). ephemeris
천체 물리학(天體物理學) 〔천문〕 천체의 물리적 성질을 연구하는 천문학의 한 분야. astrophysics
천체 사진(天體寫眞) 〔천문〕 천체를 정밀히 찍은 사진.
천체 역학(天體力學) 〔천문〕 천문학의 한 분과. 역학을 응용하여 주로 태양계에 속하는 천체의 운동 상황을 연구하는 학문. celestial mechanics
천체 일표(天體日表)〔명〕 ⇒ 천체력(天體曆).
천체-조(天體潮) 달의 인력에 의하여 일어나는 밀물·썰물.
천체 좌:표(天體座標)〔명〕 천구 좌표(天球座標).
천체-학(天體學) 〔천문〕 성도(星圖)를 만드는 법에 대하여 연구하는 학문. uranography
천초(川椒) ① 《동》 조피나무. ②조피나무 열매의 껍질.
천초-말(川椒末)〔명〕 조핏가루.
천:촉(喘促)〔명〕 숨이 차서 가쁘고 힘있는 기침을 자주 하는 병증.
천촌 만:락(千村萬落) 수많은 촌락.
천총(天寵) 임금의 총애. Imperial favour
천추(千秋) 썩 오랜 세월. 먼 미래. many years
천추(天樞) 〔천문〕 북두 칠성의 첫째 별. ~하다[감. pushing lazily 하다星).
천:추(遷推) 미적미적 미루어 감. 느즈러지게 밀어

천추 만:세(千秋萬歲) ① 천만년. ② 오래 살기를 축수하는 말. 《약》 천세(千歲)². Long live!
천추 만:세후(千秋萬歲後) 오래오래 명대로 살다가 돌아가신 뒤. 곧, 어른이 죽은 뒤를 높여 일컫는 말. 천세후(千歲後). [India
천축(天竺) 중국에서, 인도(印度)의 옛 일컬음.
천축-계(天竺桂) 〔식물〕 코카(coca).
천축 모란(天竺牡丹) 〔식물〕 달리아(Dahlia).
천:출(賤出) 천한 어머니에게서 난 자손. illegitimate child
천:취(遷就)〔명〕〔동〕 천연(遷延). ~하다 [함. ~하다
천측(天測) 경위도(經緯度)를 알고자 천체를 관측
천측 기계(天測機械) 천체의 관측에 쓰는 기계의 총칭. 망원경·육분의·경위의·자오의·천정의(天頂儀)·적도의 등.
천층(天層) 〔명〕 ① 수없이 포개어진 켜. innumerable layers ② 수없이 많은 층등(層等). ¶ ~구만층. 《약》 천만층(千萬層). innumerable ranks
천치(天癡)〔명〕〔동〕 백치(白痴)².
천칙(天則) 천연의 법칙. 자연히 정해진 법칙. nat-
천칭(天秤)〔명〕 ⇒ 천평칭(天平秤). [name 하다
천:칭(賤稱) 천하게 일컬음. 천한 칭호. scornful
천=탈기백(天奪其魄) 넋을 잃음. 본성을 잃음. ~하다
천태 만:상(千態萬象) 천차 만별의 상태. ¶ ~의 기암 괴석. infinite variety
천태-오약(天台烏藥) 〔식물〕 녹나무과에 속하는 상록수. 높이 3m 가량이고 잎은 넓은 타원형으로 뒤쪽은 백색임. 3~4월에 담황색의 꽃이 피고 타원형의 과실이 검게 익음. 뿌리는 한방(漢方)에서 천식·중풍·임질 등의 약재로 씀.
천태-종(天台宗) 〔불교〕 지의(智顗)를 개조(開祖)로 하는 대승 불교의 한 파.
천:택(川澤)〔명〕 내와 못. streams and marshes
천:토(賤土)〔명〕 천향(賤鄕).
천통(天統) 〔명〕 ① 천도(天道)의 강기(綱紀). providence ② 천자의 혈통. Imperial line
천:=트-다(薦-)〔자으〕 ① 남의 추천을 받다. be recommended ② 아무 경험 없는 일에 처음으로 손을 대다. embark on
천파 만파(千波萬波) 한없이 많은 물결.《약》 천만파(千萬波). boundless expanse of water
천판(天板)〔명〕 ① 관의 천개가 되는 널. ② 광구덩이의 천장. 천판.
천편 일률(千篇一律)〔명〕 ① 여러 시문(詩文)의 격조가 변함없이 비슷비슷함. monotony ② 사물이 다 비슷해 변화가 없음.
천평(←天秤)〔변〕→ 천칭(天秤).
천평-칭(天平秤) 저울의 하나. 가운데의 굇대에 걸친 가로장 양쪽 끝에 저울판을 달고, 한쪽에 달물건을, 다른 쪽에 추를 놓아 평형하게 하여 물건의 질량을 닮. 《약》 천칭. balance
천폐(天陛) 〔大陛〕 제왕이 있는 궁궐의 섬돌. grand staircase of the Imperial palace
천폐(泉幣)〔명〕 ⇒ 천포(泉布).
천포(天布)〔명〕 ① 〔동〕 차일(遮日). ② 〔동〕 천막.
천포(泉布)〔명〕 돈을 이르는 말. 천폐(泉幣).
천포-창(天疱瘡)〔한의〕 피부에 달걀만한 크기에서 달걀만한 크기의 크고 작은 수포(水疱)가 생겼다가 2·3일 후에 물집이 터져서 문드러지는, 천연두 비슷한 병.
천품(天稟)〔명〕 타고난 기품. 천자(天資). inheriency
천:품(賤品)〔명〕〔동〕 천질(賤質).
천풍(天風)〔명〕 하늘 높이서 부는 바람. wind blowing high up in the sky [하여 벌을 줌. ~하다
천필 염:지(天-罰-)〔명〕 〔天必厭之〕 하늘이 반드시 미워
천-하(天下) 〔명〕 ① 하늘 아래의 온 세상. world ② 한 나라 전체. whole world ③ 온 세상 또는 한 나라가 그 정권 밑에 속하는 일. ¶ 삼일 ~.
천하(天河)〔명〕〔동〕 은하(銀河).
천하(泉下)〔명〕 황천의 아래. 저승.

천:하다(薦—)[태여] 사람을 어떤 자리에 천거하다.

천:하다(賤—)[태여] ①신분(身分)이 낮다. humble ②생긴 모양이나 언행이 품위가 낮다. mean ③물건이 귀중하지 않고 너무 흔하다. common ④사물이 고상한 맛이 없이 다랍다. 《대》 귀하다. 고상하다. dirty 천:히 [부]

천하 대세(天下大勢)[명] 세상이 돌아가는 추세(趨勢).

천하 만:국(天下萬國)[명] 세상에 있는 모든 나라.

천하 만:사(天下萬事)[명] 세상의 모든 일. 《약》 천하사(天下事)②.

천하 명산(天下名山)[명] 세상에 가장 이름난 산.

천하 명창(天下名唱)[명] 세상에 드문 소리꾼.

천하 무쌍(天下無雙)[명동] 천하 제일. 「음.

천하 무적(天下無敵)[명] 세상에 필적할 만한 자가 없

천하=사(天下事)[명] ①왕이 되려고 하는 사업. ②《약》→천하 만사(天下萬事).

천하=없어도(天下—)[부] 어떠한 경우에 이를지라도 꼭. 세상없어도. ¶ ~ 가야만 한다. whatever happens 「상없이. ¶ ~ 바쁘도 꼭 가겠다.

천하=없이(天下—)[부] 이 세상에 그 유례가 없이. 세

천하에(天下—)[관] 뜻밖의 일을 당했을 때 한탄하는 뜻으로 쓰는 말. ¶ ~ 몹쓸 놈. without parallel

천하 일색(天下一色)[명] 세상에 뛰어난 미인. woman of matchless beauty 「남. 또, 그물건.

천하 일품(天下一品)[명] 비교할 수 없을 정도로 뛰어

천하 잡년(天下雜—)[명] 세상에서 가장 못된 잡년.

천하 잡놈(天下雜—)[명] 세상에서 가장 못된 잡놈.

천하 장:사(天下壯士)[명] 세상에 드문 장사.

천하 제:일(天下第一)[명] 세상에서 견줄 만한 것이 없음. 세상에서의 일등. 천하 무쌍(天下無雙).

천하 태평(天下太平)[명] ①온 세상이 태평함. peacefulness ②걱정·근심 없이 크게 평안함. optimist

천:학(淺學)[명] 학식이 얕음. 박학(薄學). 《대》석학(碩學). superficial learning 하[여]

천:학 비재(淺學非才)[명] 학식이 얕고 재주가 변변하

천한(天旱)[명] 가물음.

천한(天寒)[명] 날씨가 추움. cold 하[여]

천한(天漢)[명] 은하(銀河).

천한(賤漢)[명] 신분이 낮고 가난한 미인. mean 하[여]

천:한(賤漢)[명] 신분이 낮은 남자.

천한 백옥(天寒白屋)[명] 추운 날에 가난한 집.

천:해(淺海)[명] 얕은 바다. 《대》심해(深海).

천:해 어업(淺海漁業)[명] 육지에 근접한 지역에서의 유용 생물에 대한 어업. 조개·게·새우·굴·파래 등이 대상임.

천행(天幸)[명] 하늘이 준 다행. Heaven's favour

천:행(踐行)[명] 실지로 행함. practice 하[다]

천:향(賤鄕)[명] 풍속이 비루한 시골. 천토(賤土). country of indecent morals

천향 국색(天香國色)[명] ①모란꽃을 이르는 말. peony ②나라에서 제일가는 미인의 비유로 쓴. matchless

천:허(擅許)[명] 제 마음대로 허가함. 하[여] 「beauty

천험(天險)[명] 지세가 천연적으로 험준함.

천험지:지(天險之地)[명] 천연적으로 험준한 땅. 「ven

천:현(天玄)[명] 하늘의 정기(正氣). fair spirits of Hea

천현지:친(天顯之親)[명] 부자·형제간의 천륜의 지친. fraternity and paternity

천:협(淺狹)[명] ①얕고 좁음. shallow and narrow ②도량이 작고 옹졸함. narrow-mindedness 하[여]

천형(天刑)[명동] 천벌(天罰).

천형=병[—뼝](天刑病)[명] 문둥병.

천혜(天惠)[명] ①하늘의 은혜. Heaven's blessing ②〈기독〉천주의 은혜. grace of God

천호 만:환(千呼萬喚)[명] 수없이 여러 번 부름.

천:혼(薦魂)[명]〈불교〉죽은 사람의 영혼을 천국으로 인도하게 해 비는 글.

천:홍(淺紅)[명]〈약〉→천홍색(淺紅色). 「light scarlet

천:홍색(淺紅色)[명] 엷게 붉은 빛깔. 《약》천홍(淺紅)

천화(天火)[명] 저절로 난 화재. natural fire

천화(天禍)[명] 하늘이 내리는 재화. Heaven's vengeance 「산질의 침전물.

천화(泉華)[명]〈지리〉온천에서 생기는 석회질이나 규

천:화(遷化)[명] ①번하여 바뀜. change ②〈불교〉이승의 교화를 마치고 다른 세상의 교화로 옮긴다는 뜻으로, 고승의 죽음의 일컬음. death of a high priest ③《동》귀적(歸寂).

천화=면(天花麵)[명] 천화분으로 만든 국수.

천화=분(天花粉)[명]〈한의〉하늘타리 뿌리의 가루. 외과·담·소갈(消渴) 등에 씀. 《대》→폐하(陛下).

천황(天皇)[명] 일본에서, 자기 나라 임금의 일컫는 말.

천:황(淺黃)[명]〈약〉→천황색(淺黃色). 「light yellow

천:황색(淺黃色)[명] 엷게 누른 빛깔. 《약》천황(淺黃).

천회(天灰)[명] 광중(壙中)에 관을 내려놓고 방회로 관의 가를 메운 뒤 관 위에 다지는 석회.

천:횡(擅橫)[명] 제멋대로 횡포를 부림. arbitrariness

천후(天候)[명] 기후. 「전(全)~.

천:흑(淺黑)[명]〈약〉→천흑색(淺黑色).

천:흑색(淺黑色)[명] 옅은 검은 빛깔. 《약》천흑(淺黑).

철[명] ①일년을 봄·여름·가을·겨울의 네 시기로 나눈 그 한 동안. ¶ 가을~. ②《동》계절.

철[명] 사리를 분별할 줄 아는 힘. ¶ ~들 나이.

철(鐵)[명]〈화학〉금속 원소의 하나. 순수한 것은 백색 광택을 띰. 연성·전성이 풍부하고, 강자성(強磁性)이며 습한 곳에서는 녹슬기 쉽고, 염소·유황·인과는 격렬하게 화합하나 질소와는 직접 화합하지 않음. 용도가 넓음. 쇠. 원소 기호; Fe. 원자 번호; 26. 원자량; 55.84. iron ②단단한 모양의 비유. ③《약》→철사(鐵絲). ④~번철.

=칠(綴)[접미] 어떤 명사 밑에 붙어, 무엇을 철한 물건의 뜻을 나타낸다. ¶ 서류~. 신문~. a file

철가 도주(撤家逃走)[명] 가족을 모조리 데리고 도망감. 하[여] 「角). 《대》요각(凹角)

철각(凸角)[명]〈수학〉2직각보다 작은 각. 예각(銳

철각(鐵脚)[명] 무쇠처럼 억센 다리. iron legs

철갑(鐵甲)[명] ①쇠로 만든 갑옷. 철의(鐵衣)①. iron ②어떤 물건 위에 다른 물질을 흠뻑 바르어 이룬 겉더께. 칠갑(漆甲). ¶ 흙~. thick painting

철갑=동어(鐵甲—)[명]〈어류〉철갑동어과에 속하는 바닷물고기. 몸 길이 11 cm 가량이고 몸에 솔방울 모양의 검은 골질의 비늘이 덮였음. 해저에 군서하는 습성이 있고 맛이 좋음. Manocentris japonica

철갑=상어(鐵甲—)[명]〈어류〉철갑상어과에 속하는 바닷물고기의 총칭. ②철갑상어과에 속하는 바닷물고기. 몸 길이 1.5 m 가량이고 칼상어와 비슷한데 주둥이가 뾰족하고 머리·빨·몸통에는 골판으로 되어 있음. 전어(鱣魚). 황어(黃魚). 「clad ship

철갑=선(鐵甲船)[명] 쇠로 거죽을 싼 병선(兵船). iron

철갑=탄(撤甲彈)[명] 파갑탄(破甲彈).

철강(鐵鋼)[명] ①철과 강철. ②《동》강철.

철강=업(鐵鋼業)[명] 철광석에서 선철 및 강철을 생산하고, 또는 이것을 가공하여 제품을 만드는 금속 공업. 「mine

철갱(鐵坑)[명] 철광을 파내는 광산의 구덩이. iron

철거(撤去)[명] ①건물·시설 따위를 걷어치워 버림. 철회(撤回)③. 《~민(民). withdrawl ②군대 따위를 그곳에서 거두어 들임. 《대》비치(備置). removal 하[여]

철=겹:=다:[여][형] 어느 철에 뒤지다. behind the season

철경(鐵警)[명]〈약〉→철도 경찰(鐵道警察).

철=경고(鐵硬膏)[명]〈약학〉쇳가루를 석어서 만든 고약.

철골[명] 몸이 야위어서 뼈만 앙상한 모양. being all skin and bones 「하[다].

철골(徹骨)[명] 뼈에 사무침. piercing into the marrow

철골(鐵骨)[명] ①군세게 생긴 골격. stout build ②〈건축〉형강(形鋼)·강판(鋼板)·평판(平板) 등을 결합하여 세운 건조물의 뼈대. 철근(鐵筋).

철골 구조(鐵骨構造)[명]〈건축〉건축물의 축부(軸部)에 철재(鐵材)를 쓰는 구조(構造). steel frame

철골조 건축

철골조 건축(一造—)[명] 〈鐵骨造建築〉〈건축〉 철재를 짜 맞추어 만든 것을 주요한 뼈대로 하는 건축.

철골−태(鐵骨胎)[명] 〈공업〉 쇳가루를 섞어서 칠한 도자기의 몸. [worker

철공(鐵工)[명] 쇠를 다루는 공업. 또, 그 직공. iron-

철공−소(鐵工所)[명] 쇠로 된 재료로 온갖 기구를 만드는 철공의 일터. 철공장.

철−공장(鐵工場)[명] 쇠로 온갖 기구를 만드는 곳. 공장(工廠)①. 철공소(鐵工所). iron-works

철관(鐵棺)[명] 쇠로 만든 관(棺). iron coffin

철관(鐵管)[명] 쇠로 만든 관(管). iron pipe

철광(鐵鑛)[명] →철광석(鐵鑛石).

철광−석(鐵鑛石)[명] 철을 함유한 제철의 원료가 되는 광석. 자(磁)철광·적(赤)철광·갈(褐)철광 등. 〈약〉철광(鐵鑛).

철교(鐵橋)[명] ①철을 주재료로 하여 놓은 다리. iron bridge ②〈약〉→철도교(鐵道橋). [하다

철군(撤軍)[명] 주둔했던 군대를 철수함. 철병(撤兵).

철궁(鐵弓)[명] 쇠로 만든 활. iron bow [clenched fist

철권(鐵拳)[명] 쇠뭉치같이 굳센 주먹. 따끔한 주먹.

철궤(鐵軌)[명] 철도의 궤조(軌條). rail(rail).

철궤(鐵櫃)[명] 철판으로 만든 궤. iron chest

철−궤연(撤几筵)[명] 삼년상을 마치고 신주를 사당에 모시고 영연(靈筵)을 거두어 치움. 하다

철그릇[거]→철그릇.

철그릇−거리−다[거] 자꾸 철그럭거리다.

철근(鐵筋)[명] 〈토목〉 콘크리트 속에 박는 가늘고 긴 철재(鐵材). 철골(鐵骨)②. steel frame

철근 콘크리트(鐵筋 concrete)[명] 〈건축〉 철근을 뼈대로 한 콘크리트. steel (ferro) concrete

철금(鐵琴)[명] 〈음악〉 관현악기에 쓰이는 악기의 하나. 작은 강철의 쇳조각을 음계순으로 늘어놓고 채로 쳐서 소리를 냄. iron xylophone

철기(鐵器)[명] 쇠로 만든 그릇. ironware

철기(鐵騎)[명] ①용맹한 기병. brave cavalry ②〈제도〉철갑을 입은 기병. armoured cavalry

철기 시대(鐵器時代)[명] 〈역사〉 고고학(考古學)상의 시대 구분의 하나. 석기 시대·청동기 시대에 뒤따라 철기(鐵器)를 사용한 인류 문화 발전의 제 3 단계. 넓은 뜻으로는 현재까지도 포함됨. iron age

철−길[−낄](鐵−)[명] 철도(鐵道).

철꺽[−] ①떨어지지 않고 단단히 들러붙는 모양. sticking fast ②눅진눅진한 물건을 세게 때리는 모양. 또, 그 소리. 〈작〉찰칵. sticking tight

철꺽−거리−다[라대] 계속하여 철꺽 소리가 나다. 또. 그 소리를 내다. 〈작〉찰깍거리다. **철꺽=철꺽**[뷔 하다타

철−끈(綴−)[명] 문서 등을 철할 때 쓰는 끈.

철−나−다[재] 사리를 분별할 줄 아는 힘이 생기다. get some sense

철나자 망령난다[속] 인생은 짧은 것이라 어물어물하며 가는 아무 일도 못함을 경계하는 말.

철농(撤農)[명] 농사일을 걷어치움. 하다

철−다각형(凸多角形)[명] 〈수학〉 '볼록 다각형'의 구용어. 〈대〉요철다각(凹多角形).

철−다면각(凸多面角)[명] 〈수학〉 '볼록 다면각'의 구용어.

철−다면체(凸多面體)[명] 〈수학〉 '볼록 다면체'의 구용어. 〈대〉요철다면체(凹多面體).

철단(鐵丹)[명] 〈화학〉 누른빛을 띤 안료. 주성분은 산화제이철.

철대(−臺)[명] 〈약〉→갓철대.   [분은 산화제이철.

철도(−道)[명] 〈토목〉 침목 위에 철제의 궤조로 시설한 궤도 위를 차량으로 사람이나 물건을 운반하는 육상 운수 기관. 철길. 철로(鐵路).

철도 경찰(鐵道警察)[명] 철도 교통상 발생하는 위해를 방지하고, 공안 질서를 유지하던 경찰.

철도−교[−또−](鐵道橋)[명] 〈토목〉철도를 깔기 위해 걸쳐 놓는 교량. 〈약〉철교(鐵橋)②. railway bridge

철도−국[−또−](鐵道局)[명] '지방 철도청'의 구칭. Railway Bureau

철도−대[−또−](鐵道隊)[명] 〈군사〉철도의 부설·수선·운전 또는 파괴에 종사하는 공병. 특별 부대의 하나. railway corps

철도−망[−또−](鐵道網)[명] 철도의 분포된 체계.

철도 차량[−또−](鐵道車輛)[명] 철도 선로 위에서 여객 또는 화물의 운수에 사용되는 차량.

철도−청[−또−](鐵道廳)[명] 중앙 행정 기관의 하나. 건설 교통부 산하로 철도에 관한 사무를 관장함. Office of National Railroad [a railway

철도−편[−또−](鐵道便)[명] 철도를 이용하는 편. by

철독[−똑](鐵毒)[명] 쇠독.

철두 철미[−−](徹頭徹尾)[명] 처음부터 끝까지 투철함. 철상 철하(徹上徹下). ¶〈한 사람. 〈뷔 처음부터 끝까지 철저하게. ¶ 〜 진상을 밝히다. thoro-

철−능[−](鐵−)[명] 〈약〉→철록. [ughly 하다

철−들−다[타재] 철이 나서 사리를 분별할 수 있게 되다. 소견이 트이다. get some sense

철−따구니/**철−딱서니**/**철−딱지**[명] 철②.

철−따라서 철이 되면 거기 따라서.

철떡 젖었거나 차진 물건이 세차게 달라붙는 모양이나 소리. 〈작〉찰딱. clinging

철떡−거리−다 젖었거나 차진 물건이 자꾸 들러붙었다 떨어졌다 하다. 〈작〉찰딱거리다. **철떡=철떡**[뷔 하다

철락(鐵落)[명] 쇠똥.

철럭−거리−다 ①굵은 물줄기가 쉬엄쉬엄 떨어지며 소리가 나다. slopping ②여러 개의 쇠붙이 등이 움직임에 따라 자꾸 소리가 나다. 〈작〉찰락거리다. jingle **철럭=철럭**[뷔 하다

철럽−거리−다 얼마 안 되는 물이 움직이는 대로 자꾸 넘어 흐르다. 〈작〉찰랍거리다. flow over **철럽=철럽**[뷔 하다

철렁 ①넓고 깊은 곳에 괸 물이 움직이는 모양. 또, 그 소리. slopping ②쇠붙이 따위가 서로 부딪쳐서 나는 소리. jingling ③갑작 놀라는 모양. 〈작〉찰랑. have one's heart in one's mouth 하다재

철렁−거리−다 ①자꾸만 철렁하다. 또, 자꾸만 철렁 소리를 내게 하다. ②연달아 가슴이 철렁 내려앉다. 〈작〉찰랑거리다. **철렁=철렁**[뷔 하다재

철렁−하−다[너여] 작은 그릇에 물이 가장자리까지 가득하게 담겨 있다. 〈작〉찰랑하다. full to the brim

철−렌즈(凸 lens)[명] 볼록 렌즈.

철렴(撤簾)[명] 어린 임금이 성인이 되어 그 모후(母后)가 수렴 청정(垂簾聽政)하던 일을 폐함. 하다

철로(鐵路)[명] 철도(鐵道).

철로−둑[−뚝](鐵路−)[명] 〈토목〉철로가 부설되어 있는 높은 둑. 철로를 깔기 위하여 높이 쌓아 올린 둑. 〈약〉철둑. railway embankment   [리.

철로 바탕(鐵路−)[명] 철도의 궤조(軌條)를 시설한 자

철록−어미 담배를 연해 피우는 사람을 조롱하는 말. heavy smoker

철롱(鐵籠)[명] 쇠로 만든 농·둥우리·바구니 등의 총칭. iron basket

철륜(鐵輪)[명] ①쇠로 만든 바퀴. ②〈동〉기차.

철륜 대−감(−大監)[명] 〈민속〉 대추나무에 있다는 귀신. 퍽 무섭고 억센 영혼(靈魂)이 있다 함.

철리(哲理)[명] ①철학상의 이치. philosophical principles ②현묘한 이치. profound truths

철릭(天翼)[명] 〈제도〉 무관의 공복(公服)의 하나. 직령(直領)으로서 허리에 주름이 잡히고 소매가 넓었음. 당상관(堂上官)은 남빛, 당하관(堂下管)은 분홍빛으로 구별되었음.

철릭−짜리[명] 철릭을 입은 사람.

철마(鐵馬)[명] 기차(汽車)를 말에 비유한 일컬음.

철−만나−다[재] 제철에 들어서 한창때를 이루다.

철망(鐵網)[명] ①철사로 그물처럼 얽은 물건. ②〈약〉→철조망(鐵條網).

철망간 중−석(鐵 mangan 重石)[명] 볼프람 철강(wolfram 鐵鋼).

철매 연기 속에 섞이어 나오는 검은 가루. 또, 그 가루가 엉겨 붙은 그을음. 연매(煙煤)①. soot

철면(凸面) 가장자리에서 가운데로 차차 두꺼워지며 가운데가 볼록한 면. 〈대〉요면(凹面). convex surface

철면(鐵面) ①쇠로 만든 탈. iron mask ②검붉은 얼굴빛. dark-red face

철면-경(凸面鏡) '볼록거울'의 한자말.

철면-피(鐵面皮) 부끄러운 줄을 모르는 뻔뻔스러운 사람. 면장 우피. 〈유〉파렴치한 〈대〉파렴치한(破廉恥漢). brazen face

철모(鐵帽) 〈군사〉전투할 때에 쓰는 쇠로 만든 모자. steel helmet

철-모르다(-르를) 사리를 분간하지 못하다. 〈유〉어리다. 어리석다. be without sense

철목(綴目) 종목을 벌여 놓음. 또, 그 종목. 하타

철문(鐵門) 쇠로 만든 문. iron gate

철물(鐵物) 쇠로 만든 온갖 물건. 금물(金物). ironware

철물-전(鐵物廛) 철물점(鐵物店). hardware

철물-점(鐵物店) 철물을 파는 가게. 철물전(鐵物廛).

철-바람 계절풍(季節風).

철반(鐵盤) 쇠로 만든 쟁반.

철-반자(鐵-) 철사로 반자틀을 한 반자.

철반토(鐵礬土) 보크사이트(bauxite).

철발(鐵鉢) 〈불교〉쇠로 만든 바리때. 중의 밥그릇으로 씀.

철-방향(鐵方響) 〈음악〉악기의 하나. 쇠로 만든 방향. 석방향(石方響).

철배(撤排) 식장에 배설했던 물건들을 거두어 치움.

철버덕〈거〉→절버덕.

철버덕-거리다〈거〉→절버덕거리다.

철버덩〈거〉→절버덩.

철버덩-거리다〈거〉→절버덩거리다.

철벅〈거〉→절벅.

철벅-거리다〈거〉→절벅거리다.

철-벌레(곤충) 철에만 나왔다가 그 철만 지나면 없어지는 벌레. 후충(候蟲). migratory insect

철병〈거〉→절병.

철병-거리다〈거〉→절병거리다.

철벽(鐵壁) ①쇠로 된 것같이 견고한 벽. ¶금성 ～. iron-wall ②매우 튼튼한 방비. ¶～ 수비.

철병(撤兵) 철군. 하타

철-복(一服) 철에 알맞은 옷. clothes for the season

철봉(鐵棒) ①쇠로 된 몽둥이. iron pole ②〈체육〉주로 매달리는 운동에 쓰는 기계 체조 기구. iron bar

철부(哲夫) 어질고 밝은 남편. 〈대〉철부(哲婦). wise husband

철부(哲婦) 어질고 밝은 부인. 〈대〉철부(哲夫).

철-부지(-不知) 철이 없는 어리석은 사람. person of immature judgement

철분(鐵分) 〈화학〉어떤 물질 속에 섞이어 있는 쇠의 성분. iron content

철분(鐵粉) ①쇠의 가루. ②〈한의〉철화분(鐵華粉)을 정제한 약제. 진경(鎭痙)·강장재·수종·황달 등의 약. iron filings

철비(鐵扉) 쇠로 만든 문짝. iron door

철비(鐵碑) 쇠로 만든 비석.

철빈(鐵貧) 더할 수 없는 가난. 하타

철사(-싸)(哲士) 어질고 밝은 선비. wise scholar

철사(-싸)(徹祀) 제사를 마침. 하타

철사(-싸)(鐵砂) 사철(砂鐵).

철사(-싸)(鐵絲) 가늘고 길게 만든 금속의 줄. 철선(鐵線). 철조(鐵條). 〈약〉wire

철-사:각형(凸四角形) 〈수학〉'오목사각형'의 구용.

철사-가루(-싸-) 〈공업〉도자기의 유약(釉藥). 철분이 많은 흙으로 만든 갯물.

철삭(-싹)(鐵索) 철사를 꼬아서 만든 줄. cable

철상(-쌍)(撤床) 음식상이나 제상을 거두어 치움. clearing offertory the table 하타

철=상(-쌍)(鐵像) 쇠로 만든 물건이나 사람의 형상. iron image

철상 철하(-쌍-)(徹上徹下) 철두 철미(徹頭徹尾). 하타

철-새[-쌔] 〈조류〉철을 따라서 살 곳을 바꾸는 새. 후조(候鳥). 표조(漂鳥). 〈대〉텃새. migratory bird

철색[-쌕](鐵色) 검푸르고 약간 흰 빛이 도는 빛 깔. iron blue

철석[-쌕](鐵石) ①쇠와 돌. iron and stone ②의지가 굳고 단단함의 비유. hard and strong

철석 간:장[-쌕-](鐵石肝腸) 굳고 단단한 절개·마음. 철심 석장(鐵心石腸). 철장 석심(鐵腸石心). adamantine will 〈유〉철석같이

철석같-다[-쌕-](鐵石-) 쇠나 돌같이 단단하다. 철석같이

철-석영(鐵石英) 〈광물〉철분이 많은 산화철을 함유하고, 적색·황색·흑갈색을 띤 석영.

철선[-썬](鐵船) 쇠로 만든 배. iron vessel

철선[-썬](鐵線) 철사(鐵絲).

철설[-썰](鐵屑) ①쇠붙이의 부스러기 가루. filings ②쇠똥.

철성[-썽](鐵聲) ①쇠에서 나는 소리. metallic sound ②높고 강한 목소리. shrill voice

철소[-쏘](撤宵) 철야(徹夜). 하타

철쇄[-쐐](鐵鎖) ①쇠사슬. iron chain ②쇠로 만든 자물쇠.

철수[-쑤](撤收) ①거두어 들임. 걷어치움. withdrawal ②〈군사〉진지 따위를 걷어치우고 군대가 물러남. 철퇴(撤退). 하타

철수[-쑤](鐵銹·鐵鏽) 쇠에 스는 녹. 철의(鐵衣).

철습[-씁](撥拾) 거두어 주움. 하타

철시[-씨](撤市) 시장·점포 등을 모조리 거두어 치움. 철전(撤廛). 〈대〉개시(開市). closing all shops 하타

철심[-씸](鐵心) ①쇠같이 굳은 마음. 철장(鐵腸). adamantine will ②쇠로 속을 박은 물건의 심. iron core

철심 석장[-씸-](鐵心石腸) 〈동〉철석 간장(鐵石肝腸).

철써기[-](곤충) 여치과의 곤충. 여치 비슷하나 날개가 크고 넓음. 몸모다 뒤 모양의 촉각이 있고, 몸 길이 3～4cm, 몸 빛은 녹색 또는 암갈색이며, 초가을에 '철썩철썩' 요란스레 욺.

철썩〈거〉→절썩.

철썩-거리다〈거〉→절썩거리다.

철썩 ①물이나 물기가 있어서 눅눅한 물질을 넓적한 물건으로 세게 때릴 때 나는 소리. ②물결이 부딪치는 소리. 〈작〉찰싹. ③철썩기 등의 곤충은 놀라어 우는 소리. 하타

철썩-거리다〈거〉→철썩거리다.

철안(鐵案) 변하지 않는 단안(新案). 확고한 의견. immutable plan

철액(鐵液) 〈한의〉쇠동을 물에 오래 담가 우린 물.

철액-수(鐵液水) 〈동〉철장(鐵漿).

철야(撤夜) 잠을 자지 않고 샘. 철소(徹宵). ¶～ 근무. an all night vigil 하타

철-어엉이(鐵-) 〈광물〉광석·버력 등을 담기 위해 철사로 엮어 만든 삼태기. Wire-basket for carrying ore

철-없다[-업-] 사리를 분별한 만한 지각이 없다. indiscreet 철-없이

철엽(鐵葉) 대문짝에 붙여 박는 장식의 하나. 쇠로 물고기 비늘 모양으로 만듦.

철옥(鐵獄) 매우 견고한 감옥.

철옹 산성(鐵甕山城) 썩 튼튼히 둘러싼 것의 비유. 〈약〉옹성(甕城). 철옹성.

철옹-성(鐵甕城·鐵甕城) 〈약〉→철옹 산성.

철완(鐵腕) 매우 억세고 야무진 팔.

철요(凸凹) 요철(凹凸).

철-운모(鐵雲母) 〈광물〉작은 육각판 또는 인편상의 결정을 많이 함유하고 있는 흑색의 운모.

철음(綴音) 〈어학〉모음과 자음이 합하여 된 소리. sound of a syllable

철의(鐵衣) ①〈동〉철갑(鐵甲)①. ②〈동〉철수(鐵銹).

철의 장막(鐵―帳幕)圀 소련권의 엄격한 검열과 비밀주의에 의해 서방 세계와의 통신·정보 등의 교류를 가로막는 장벽의 뜻. 아이언 커튼(Iron Curtain).
철인(哲人)圀 ①높고 슬기로운 사람의 삶은 사람. wise man ②철학자(哲學家). 사상가(思想家). philosopher
철인(鐵人)圀 몸이나 힘이 무쇠처럼 강한 사나이.
철자(綴字)[―짜]圀 자음과 모음 글자를 맞추어 한 글자를 만듦. 'ㅈ'과 'ㅏ'를 맞추어 '자'가 되는 따위. spelling 하다
철-자(鐵―)圀 쇠로 만든 자. 철척(鐵尺). metal ruler
철자-법[―빱](綴字法) (어학) 맞춤법. spelling
철장[―짱](鐵杖)圀 쇠로 만든 지팡이. iron stick
철장[―짱](鐵場)圀 철점에서 쇠를 단련하는 곳. furnace
철장[―짱](鐵腸)圀 (동) 철심(鐵心)①.
철장(鐵漿)圀 〈한의〉 무쇠를 물에 우려낸 물. 철액수(鐵液水). 〔肝腸〕
철장 석심[―짱―](鐵腸石心)圀 (동) 철석 간장(鐵石)
철재[―째](鐵材)圀 철의 재료. (대) 목재. iron material
철저[―쩌](徹底)圀 한 연구. thoroughness 하다 히
철저[―쩍](徹底)圀 속 깊이 밑바닥까지 투철함. ¶ ~
철적[―쩍](轍迹)圀 수레바퀴의 자국의 뜻으로, 어떤 사물의 지나간 흔적을 일컫는 말.
철적[―쩍](鐵笛)圀 ① (동) 날라리. ② 쇠로 만든 저. iron chopsticks
철전[―쩐](撤廛)圀 철시(撤市). 하다
철전[―쩐](鐵箭)圀 정량(正兩)대·육량전(六兩箭)·아량전(亞兩箭)·장전(長箭) 등 무쇠 화살의 총칭.
철전[―쩐](鐵錢)圀 쇠를 녹여 만든 돈. iron coin
철점[―쩜](鐵店)圀 쇠를 캐서 불리어 만드는 곳.
철정[―쩡](鐵釘)圀 쇠못.
철정[―쩡](鐵鋌)圀 쇠로 만든 솥. iron arrow
철제[―쩨](鐵製)圀 쇠로 만듦. 또, 그 제품. made of iron
철제[―쩨](鐵蹄)圀 ①마소의 발바닥에 대는 쇠. horseshoes ②세차고 걸음을 잘 걷는 말. 준마(駿馬). swift horse
철제[―쩨](鐵劑)圀 〈약학〉 철을 성분으로 하는 약제. 강장 보혈 약으로 쓴. 황산철 등. iron preparation
철조[―쪼](凸彫)圀 〈미술〉 돋을새김.
철조[―쪼](綴條)圀 페포(廢朋)①.
철조[―쪼](鐵條)圀 철사(鐵絲).
철조-망[―쪼―](鐵條網)圀 들어오지 못하도록 가시철사를 둘러놓은 울타리. 가시 철망(鐵網)①. wire entanglements 〔막음. restriction 하다
철주[―쭈](掣肘)圀 남을 간섭하여 마음대로 못하게
철주[―쭈](鐵舟)圀 쇠로 만든 작은 배.
철주[―쭈](鐵朱)圀 대자석(代赭石).
철-주자(鐵鑄字)〈인쇄〉쇠로 부어 만든 주자(鑄字). iron type
철-중석(鐵重石)圀 단사 정계의 광석. 파리(玻璃) 광택과 금속 광택을 지니는 흑색의 물질로, 화학 성분은 철의 불프람산염임.
철중 쟁쟁[―쭝―](鐵中錚錚)圀 동류 중 가장 뛰어난 사람의 비유. outstanding person
철직[―찍](撤職)圀 임시로 두었던 숙직을 폐지함. 하
철-질(鐵―)圀 번철에 부침개를 붙이는 짓. 하다
철쭉[―쭉](躑躅)圀 철쭉나무. 척촉(躑躅).
철쭉-꽃(躑躅―)圀 철쭉나무의 꽃. 척촉화. azala
철쭉-나무圀 〈식물〉 철쭉과의 낙엽 활엽 관목. 잎은 도란형으로 잔털이 있음. 5월에 홍색 또는 담홍색 꽃이 피고 삭과는 10월에 익음. 정원수로 심는데 나무는 조각재로 씀. 철쭉.
철-찾다圀 제철에 맞추다. follow the season
철책(鐵柵)圀 쇠로 만든 울짱. iron railings
철창(鐵窓)圀 ①쇠로 만든 창. a steel lance
철창 생활(鐵窓生活)圀 감옥살이. 하다
철창 신세(鐵窓身世)圀 감옥에 갇힌 처지.

철척(鐵尺)圀 철자.
철천(鐵泉)圀 물 1 kg 중에 제 1 철 또는 제 2 철 이온을 0.01 g 이상 함유하는 온천. 류머티즘·부인병에 효과가 있음. chalybeate spring
철천지-수(徹天之讐)圀 철천지원수.
철천지-원(徹天之寃)圀 하늘에 사무치는 크나큰 원한. 철천지한. lasting regret
철천지-원수(徹天之怨讐)圀 하늘에 사무치도록 한이 맺히게 한 원수. 철천지수(徹天之讐).
철천지-한(徹天之恨)圀 철천지원한(徹天之寃).
철철圀 액체가 많이 넘치는 모양. ¶샘물이 ~ 넘쳐 흐른다. 〔좌〕 찰찰. over-flowing
철철-이圀 돌아오는 철마다. ¶~ 찾아드는 철새떼.
철첨(鐵尖)圀 끝이 뾰족한 쇠막대기. 〔every season
청=청총이(―靑驄―)圀 온몸이 푸른 털에 흰 털이 조금 섞인 말.
철=체(鐵―)圀 철사로 쳇불을 메운 체. 「dapple gray
철=총이(―驄―)圀 몸에 검푸른 무늬가 박힌 얼룩말.
철추(鐵椎·鐵鎚)圀 〈동〉 철퇴(鐵槌)②. 〔iron rule
철칙(鐵則)圀 변경하거나 어길 수 없는 굳은 규칙.
철커덕〔게〕→절커덕.
철커덕-거리-다자태〔게〕=절커덕거리다.
철커덩〔게〕=절커덩.
철커덩-거리-다자태〔게〕=절커덩거리다.
철컥〔약〕=철커덕.
철컥-거리-다자태〔약〕=철커덕거리다.
철컹〔약〕=철커덩.
철컹-거리-다자태〔약〕=철커덩거리다.
철탄(鐵彈)圀 〈동〉 철차.
철탑(鐵塔)圀 ①철근을 써서 만든 탑. steel tower ②전선을 지탱하기 위하여 세운 쇠의 기둥. an iron pole for overhead wire
철태(鐵胎)圀 〈공업〉 검붉은 도자기의 몸.
철태-궁(鐵胎弓)圀 몸을 쇠로 만든, 구조가 각궁(角弓)과 비슷한 활. 전쟁·사냥 때 씀. 〔鐵〕
철통(鐵通)圀 담뱃대의 마디를 뚫는 송곳. 동철(通
철통(鐵桶)圀 쇠로 만든 통. steel tub
철통-같다(鐵桶―)톈 조금도 헐루할 데가 없이 튼튼히 에워싸고 있다. impenetrable **철통-같이**톈
철퇴(鐵退)圀 거두어 가지고 물러남. 철수(撤收). ¶완전 ~. withdrawal 하다
철퇴(鐵槌)圀 ①쇠몽둥이. iron hammer ②〈군사〉 병장기(兵杖器)의 하나. 끝이 등그렇고 굵직하며 길이 1.8 m 가량의 쇠몽둥이. 사람을 쳐서 죽이는 데 쓰임. 철추(鐵椎). 투(投)해머에 쓰이는 공.
철파(撤罷)圀 〈동〉 철폐(撤廢). 〔용구.
철판(凸版)圀 〈인쇄〉 ①볼록 내민 부분에 잉크가 묻어서 인쇄되는 인쇄판의 총칭. 목판·활판 등. anastatic printing ②보통 선화 철판을 일컬음. 《대》 요판(凹版).
철판(鐵板)圀 쇠로 넓둠한 판. iron plate
철판을 깔다(鐵板―)圀 체면이나 염치를 돌보지 않다.
철편(鐵片)圀 쇠의 조각. piece of iron
철폐(撤廢)圀〔약〕→고늘래 철폐. 〔olition 하다
철폐(撤廢)圀 철거하여 폐지함. 없앰. 철파(撤罷). ab-
철폐(鐵肺)圀 ①철제가 침착돼 폐, 기관지 등에 호흡기 질환의 증상을 나타냄. ②진행성 소아마비로 늑간근·횡격막 등 호흡에 필요한 근육이 침범된 환자를 수용하는 인공 호흡 기계. iron lung
철포(鐵砲)圀 〈군사〉 대포·소총의 총칭. 특히 소총을 말함. fire-arm
철필(鐵筆)圀 ①펜. ②끝이 뾰족한 등사판용의 쇠붓. stylus ③도장을 새기는 새김칼. engraving knife
철필-대[―때](鐵筆―)圀 〈동〉 펜대.
철필-촉(鐵筆鏃)圀 펜촉(pen鏃).
철필-판(鐵筆板)圀 등사 원지에 글자를 쓸 때 밑에 받치는 제구. mimeograph
철필-화(鐵筆畫)圀 〈동〉 펜화(pen畫).
철-하다(綴―)타연톈 문서·신문 등을 여러 장 한데

모아 매다. bind 「추구하는 학문. philosophy
철학(哲學)圀 인생이나 우주의 궁극의 근본 원리를
철학-가(哲學家)圀 철학에 조예가 깊은 사람.
철학-사(哲學史)圀 철학 사상의 역사적 추이를 체계적으로 다룬 역사. history of philosophy
철학-자(哲學者)圀 철학을 전문적으로 연구하는 사람. philosopher
철학-적(哲學的)圀 근본적 원리를 추구(追求)하는
철한(鐵限)圀 굳은 작정. 번함이 없는 기한.
철한(鐵漢)圀 뜻이 굳센 남자. man of iron will
철함(鐵艦)圀 철판으로 꾸민 군함.
철혁(鐵革榮)圀 [military strength
철혈(鐵血)圀 ①쇠와 피. ②병기(兵器)와 군대(軍隊).
철혈 재:상(鐵血宰相)圀 '비스마르크(Bismark)'의 딴 이름. Iron Chancellor
철혈 정략(鐵血政略)圀《정치》무력(武力)으로 국위를 떨치려는 정략. blood-and-iron policy
철혈 정치(鐵血政治)圀《정치》병력으로 국위를 떨치려는 정치. iron rule
철형(凸形)圀 가운데가 도도록한 형상. convex
철화(鐵火)圀 ①빨갛게 단 쇠. redhot iron ②칼과 총. ③圀 총화(銃火). 「물건을 젓는 데 쓰임.
철=환(鐵-)圀 무쇠로 절구 비슷하게 부어 만든 그릇.
철환(撤還)圀 거두어 가지고 돌아감.
철환(鐵丸)圀《원》—처럼.
철환-제(鐵丸劑)圀《한》의 철제(鐵劑)의 환약. 황혈(黃血)·허약성 체질 등에 쓰임. pill of iron preparation 「하다
철환 천하(轍環天下)圀 수레를 타고 천하를 돌아다니
철회(撤回)圀 ①일단 제출했던 것을 도로 찾거나 거 어치움. ¶사표를 ─하다. ②한 번 말한 것을 취소함. ③圀 철거(撤去)①.
철획(鐵畫)圀 힘찬 글씨의 획.
철효(徹曉)圀 새벽까지 뜬눈으로 새움. be awake all 「night 하다
첨:(僉)圀《약》…처음.
첨:(諂)圀《약》—아첨(阿諂).
첨가(添加)圀 덧붙임. 더 넣음. ¶∼물. (대) 삭감(削減). 삭제(削除). 생략(省略). addition 하다
첨가-어(添加語)圀《어학》언어를 형태상으로 분류한 의 유형. 언어의 문법적 기능을 어근과 접사와의 결합 연속에 의하여 나타내는 언어. 접사(接辭)가 뿌리나 줄기(根幹部)에 붙어서 뜻을 더하거나 다른 말과의 관계를 달리 나타내는 말. 교착어(膠着語). 부착어(附着語). 「and reduction 하다
첨감(添減)圀 첨가와 삭감. 보탬과 덜어 냄. addition
첨감(添感)圀 감기가 더치.
첨계(檐階)圀《건축》댓돌.
첨계=돌[—똘](檐階-)圀《건축》댓돌을 이룬 돌. 첨 계석(檐階石). stonesteps
첨계-석(檐階石)圀 첨계돌.
첨:녕(諂佞)圀 매우 아첨함. 하다
첨단(尖端)圀 ①뾰족한 끝. pointed head ②시대 사조(思潮). 유행 상태의 맨 앞장. ¶유행의 ∼. va-
첨단(檐端)圀 처마끝. 「nguard
첨단 거:대증[—쯩](尖端巨大症)圀《동》첨단 비대증(尖端肥大症).
첨단 방:전(尖端放電)圀《물리》전장(電場) 속에 있는 전기 도체의 표면에 뾰족한 곳이 있고, 전장이 평형 상태일 때, 그 부분에 전기가 집중하여 코로나 방전을 일으키는 현상. 피뢰침이 이 현상임.
첨단 비:대증(尖端肥大症)圀《동》뼈끝·손가락 끝·아래턱·코·입술 따위가 정상 이상으로 커지는 병상. 아크로메갈리(acromegaly). 첨단 거대증.
첨=대(—때)(籤—)圀 책장이나 포갠 물건 틈에 끼워 표를 표하는 댓조각. 「용어.
첨례(瞻禮)圀《기독》천주교에서, '축일(祝日)'의 구
첨리(尖利)圀 뾰족하고 날카로움. 첨예(尖銳)①.
첨망(瞻望)圀 ①높직한 곳을 멀거니 바라다 봄. looking up ②앙모(仰慕)함. 하다

첨미(尖尾)圀 아래로 뾰족한 물건의 맨 끝. pointed
첨:미(諂媚)圀 아첨하여 아양을 떪. 하다 「end
첨밀(甜蜜)圀 달콤한 맛. 「filling the cup 하다
첨배(添杯)圀 술을 마시는 술잔에 더 따름. 첨잔(添盞).
첨배(瞻拜)圀 선조나 선현(先賢)의 묘소나 사우(祠宇)를 우러러 배례함. 하다 「(것).
첨벙 어떤 물체가 물 속에 떨어져 잠기는 소리.
첨벙=거리-다 잇따라 첨벙첨벙하다. 첨벙-첨벙
첨:병(尖兵)圀《군사》적 근처를 행군할 때 부대 전방
첨병(添病)圀 어떤 병에 다른 병이 겹침. 첨증(添症). complication 하다
첨보(添補)圀 더하여 보충함. supplement 하다
첨봉(尖峰)圀 매우 뾰족한 산봉우리. peak
첨부(添附)圀 더하여 붙임. annexing 하다
첨사(僉使)圀《약》—첨절제사(僉節制使).
첨사(籤辭)圀 첨자(籤子)에 적힌 길흉의 점사(占辭).
첨삭(添削)圀《한》시문(詩文)·답안 등을 더하거나 깎거나 하여 고침. 증산(增刪). correction 하다
첨산(添算)圀 정한 것 외에 더 넣어서 계산함. addition 하다
첨상(瞻想)圀 우러러보며 생각함. 하다 「ition 하다
첨서(添書)圀 원본(原本)에 글을 더 써 넣음. addition
첨서 낙점(添書落點)圀《제도》삼망(三望)에 든 사람이 모두 뜻에 안 맞을 때, 그 이외의 사람을 더 써 넣어서 점을 적어 결정하던 일.
첨선(忝先)圀 조상이 물려준 업을 지키지 못함. 하다
첨설(添設)圀 이미 설치한 위에 더하여 베풂. additional preparation 하다
첨:소(諂笑)圀 아첨하여 웃음. 하다
첨수(尖袖)圀 웃옷의 좁은 소매. (대) 광수(廣袖).
첨습(沾濕)圀 젖기에 젖음. being wetted 하다
첨시(瞻視)圀 눈을 휘둘러 봄. look 하다
첨예(瞻仰)圀 우러러 사모함. adoration 하다
첨예(尖銳)圀 ①날카롭고 뾰족함. 첨리(尖利). ②전하여, 사상이나 행동이 급진적·과격적임. sharpness 하다 「radicals
첨예 분자(尖銳分子)圀 급진적인 또는 과격적인 사람.
첨예-화(尖銳化)圀 사물이 아주 날카로워짐. 급진적으로 됨. becoming sharp 하다
첨원(尖圓)圀 끝이 뾰족하고 둥긂. spire 하다
첨원-체(尖圓體)圀 뾰족하고 둥근 형체.
첨위(僉位)圀《약》 제위(諸位). gentlemen
첨위(僉尉)圀《제도》조선조 의빈부(儀賓府)의 당하(堂下) 정 3품 벼슬. 현주(縣主)에게 장가 든 사람으로 시켰음.
첨:유(諂諛)圀 알랑거리며 아첨함. 하다
첨유(檐帷)圀 교여(轎輿)에 치는 휘장.
첨의(僉意)圀 여러 사람의 의견. general opinion
첨의(僉議)圀 여러 사람의 의논. general consultation
첨입(添入)圀 더 넣음. 더 넣음. addition 하다
첨자(籤子)圀 ①장도칼의 집에 박힌 젓가락 모양의 두 개의 쇠. 칼이 저절로 빠지지 못하게 함. 또, 젓가락으로 겸해 쓴다. ②圀 첨대.
첨작(添酌)圀 종헌(終獻) 드린 잔에 다시 술을 가득하게 채우는 일.
첨잔(添盞)圀《동》첨배(添杯). 하다
첨장(添狀)圀《동》첨한(添翰).
첨전 고후(瞻前顧後)圀《동》첨첨 후고(前瞻後顧). 하다
첨=절제사(僉節制使)圀《제도》조선조 때 진영(鎭營)에 속했던 종 3품 벼슬(從三品) 무관 벼슬. 《약》첨사(僉使). 「땅에 닿지 않는 병적인 발.
첨족(尖足)圀《의학》관절에 고장이 생겨 발뒤꿈치가
첨존(僉尊)圀《공》여러분.
첨좌(僉座)圀 여러분의 앞. presence of people
첨죄(添罪)圀 죄 있는 사람에게 또 죄를 저지름. recommitment 하다
첨증(添症)圀《동》첨병(添病). 하다
첨증(添增)圀 더하여 늘리거나 늚. 하다

첨지(僉知) ① (약)→첨지중추부사(僉知中樞府事). ② 나이 많은 이를 일컫는 말. ¶송(宋)~.
첨지[-찌](籤紙) 책 같은 데에 어떤 것을 표하기 위해 끼워 붙이는 쪽지. tag
첨=지중추부사(僉知中樞府事) 〈제도〉조선조 때, 중추부(中樞府)의 정 3품 당상관(堂上官)의 벼슬. (약) 첨지①.
첨차(檐遮) 삼포(三包) 이상의 집에 있는 꾸밈새. 초제공·이제공 등의 가운데에 어긋매껴서 짬.
첨찬(添竄) 시문(詩文)을 자주 첨삭(添削)해 고침.
첨채(甛菜) 사탕무. ─하다
첨채=당(甛菜糖) 사탕무로 만든 설탕.
첨:첨 잇따라, 계속하여 더끔더끔하는 모양. ¶솔가리를 ~ 그러모아 쌓다. older 하다
첨치(添齒) 나이가 한 살 더함. growing a year
첨탑(尖塔) 뾰족한 탑. spire
첨통(籤筒) 점사의 첨자(籤子)를 담는 통.
첨하(檐下) 처마의 아래. under the eaves
첨한(添翰) 어떤 것을 보낼 때 첨부하는 편지. 첨장(添狀).
첨형(尖形) 끝이 뾰족한 형상. pointed form
첩(妾) 본처 외에 데리고 사는 여자. 인대 예전에 여자가 자기 몸을 낮추어 일컫던 말. 측실(側室)②.
첩(疊) (약)→중첩(重疊). [concubine
첩(貼) 약봉지(藥袋紙)에 싼 약의 뭉치를 세는 말. ¶약 한 ~. pack of herb-medicine
=첩(帖) 건미 사진·그림이나 쪽지 등을 붙이거나 써 넣기 위해 맨 책의 뜻. ¶사진~.
첩경(捷徑) ① 지름길. 편도(便道). ② 어떠한 일에 이르기 쉬운 방법. royal road 부 아마 틀림없이. ¶~ 그리 될 게야.
첩=데기(妾─) → 첩(妾).
첩로(捷路) 지름길. short-cut
첩리(捷利) 매우 재빠르고 날램. alacrity ─하다
첩=며느리(妾─) 아들의 첩. one's son's concubine
첩모(睫毛) 〈동〉속눈썹.
첩미(睫眉) 속눈썹과 눈썹. eyelashes and eyebrows
첩-박다 드나들지 못하도록 대문을 닫고 그 위에 나무를 가로 걸쳐 박다.
첩보(捷報) 싸움에 이긴 보고. news of victory
첩보(諜報) 적의 정세 등을 탐지하여 보고함. 또, 그 보고. 첩정(諜呈). ¶~ 기관. ~ 활동. secret information ─하다
첩보(牒報) 〈제도〉조선조 때, 상관에게 서면으로 보고하는 일. 또, 그 보고. written report ─하다
첩부(貼付) 착 달라붙게 붙임. pasting on ─하다
첩=살이(妾─) 남의 첩이 되어 사는 생활. being a concubine (mistress) ─하다 [rt of victory
첩서(捷書) 첩보의 글. 싸움에 이긴 보고서. repo-
첩서(疊書) 잘못하여 같은 글귀나 글자를 거듭 씀. double writing ─하다
첩설(疊設) 거듭 설치함. ─하다
첩섭(貼箝) 귀에 입을 대고 속삭임. ─하다
첩속(捷速) 민첩하고 빠름. swiftness ─하다
첩=수로(捷水路) 〈토목〉내나 강의 물줄기를 바로 잡기 위해 굽은 곳을 곧게 뚫은 물길. [bine
첩실(妾室) 남의 첩이 되는 여자. 적은집. concu-
첩-아비(妾─) 첩장인(妾丈人). concubine's father ¶. pack of prepared herbmedicine
첩-약(─藥)(貼藥) 약재를 조합하여 약봉지에 싼
첩어(疊語) 갈거나 비슷한 소리로 단어의 반복적 결합으로 이루어진 복합어. '부슬부슬'·'철썩철썩'·'구들구들' 따위.
첩=어미(妾─) (속) 첩장모(妾丈母).
첩어=표(疊語標) 두 자 이상의 단어를 거듭 쓸 때, 그 글자를 쓰는 대신에 편의상 쓰는 부호. 두 글자의 길이로 '개미허리표'를 씀. 말겹듭표.
첩=얼:-다(妾─) 첩을 맞다.
첩역(疊役) 부역을 거듭 부담함. ─하다 [씀. ─하다
첩용(疊用) 착 달라붙게 사용함. 첩부(貼付)하여
첩운(疊雲) 첩첩이 쌓인 구름. cumulus
첩운(疊韻) ① 같은 말이 거듭하는 운조(韻調). 연연(戀戀) 따위. ② 한시에서 같은 운자를 거듭 씀.
첩음=법(─法)(疊音法) 〈문학〉시나 노래 등에서 같은 구절을 두 번씩 노래하는 형식. double record
첩의 살림은 밑빠진 독에 물 길어 붓기 첩 살림에
첩자(子) (동) 서자(庶子). ① 돈이 한없이 든다.
첩자(諜者) 〈동〉간자(間者). 밀정(密偵).
첩=장:가(妾─) 양첩(良妾)을 예(禮)로 맞는 일.
첩장:-들다(妾─) 첩을 예로 맞아들이다.
첩=장:모(妾丈母) 첩의 친어머니.
첩=장:인(妾丈人) 첩의 친아버지.
첩재(疊載) 한 사실을 거듭 기재함. double record
첩-쟁이(妾─) (속) 첩(妾). concubine ─하다
첩종(疊鐘) 〈제도〉열병(閱兵)할 때 군대를 집합시키기 위하여 대궐 안에서 치던 큰 종.
첩지 〈제도〉부녀가 예장(禮裝)할 때에 머리 위에 꾸민 장식품. 금·은으로 봉황새나 개구리 등의 형상을 만들고, 좌우로 긴 머리칼을 달았으며 가리마 위에 대고 뒤로 잦혀 맴.
첩지(牒紙) 〈제도〉조선말 판임관(判任官)의 임명서.
첩지(諜知) 적국의 내정을 염탐하여 알아냄. spy
첩지(疊至) 중첩(重疊)하여 이름. ─하다 [하다
첩지(疊紙) ① 겹으로 접어서 품속에 넣어 두었다가 시가(詩歌)의 초안이나 휴지 따위로 사용하던 종이. ② 두꺼운 종이에 기름을 먹여 옷가지 따위를 포장하는 것. oiled wrapping paper
첩지-머리 ① 첩지를 쓴 머리. ② 여자 아이의 귀머리를 양쪽 가닥으로 귀를 덮어서 빗은 머리.
첩첩(喋喋) 말을 거침없이 수다스럽게 하는 모양.
첩첩(疊疊) (부) → 중중첩첩(重重疊疊). [fluent ─하다
첩첩 산중(疊疊山中) 첩첩이 겹친 산속.
첩첩 수심(疊疊愁心) 겹겹이 쌓인 근심.
첩첩-이(疊疊─) 여러 겹으로 거듭 포개어져서.
첩첩 이:구[─니─](喋喋利口) 거침없이 말을 잘 하는 일. talk volubly
첩출(妾出) 첩의 소생. 서출(庶出). [another ─하다
첩출(疊出) 같은 사물이 거듭 나옴. arising one oth-
첩=치:가(妾置家) 첩을 얻어 따로 살림을 차림. (준) 치가(置家). ─하다
첩화(貼花) 〈미술〉도자기의 몸과 같은 감을 가지고 여러 가지 모양을 만들어 붙인 무늬. figures in porcelain
첫 위에 오는 체언의 성질이나 상태가 어떠하다고 수식하는 말로, '처음'의 뜻을 나타냄. ¶~ 임금.
첫- 어떤 명사 앞에 쓰여, 처음의 뜻을 나타내는 말. first [autumn
첫-가을 막 닥친 가을. 초가을. 신추(新秋). early
첫가을에는 손톱 발톱도 다 먹는다 속 첫가을에 식욕이 난다.
첫-개 윷놀이에서, 맨 처음에 나오는 개.
첫-걸 윷놀이에서, 맨 처음에 나오는 걸.
첫-걸음 ① 맨 처음 내디디는 걸음. first step ② 어떤 일에의 첫 출발. 초보(初步).
첫-겨울 막 닥친 겨울. 초겨울. 조동(肇冬).
첫-고등 맨 처음의 기회. first chance
첫국밥 해산 후 산모가 처음으로 먹는 미역국과 흰밥. first meal after childbirth
첫-기제(─忌祭) 삼년상 뒤에 처음으로 지내는 기제. 초기(初忌)②. third anniversary of one's death
첫-길 ① 처음으로 가 보는 길. unaccustomed course ② 시집이나 장가 들러 가는 길.
첫-나들이 ① 갓난 아이가 처음으로 하는 나들이. baby's first outing ② 시집 온 신부가 처음으로 하는 나들이. bride's first outing ─하다
첫-날 어떤 일의 처음이 되는 날.
첫날-밤[─빰] 결혼한 뒤에 신랑 신부가 처음으로

함께 자는 밤. 초야(初夜)③. bridal night

첫날 저녁[--찌--]圈 결혼한 날의 저녁. evening of one's wedding day

첫-낯圈 처음으로 대하는 얼굴. 「들다. first sight

첫-눈圈 처음으로 보아서 눈에 뜨이는 느낌. ¶~에

첫-눈²[-ㄴ]圈 그해 겨울이 되어 처음으로 오는 눈. first snow of the season

첫-닭[-따]圈 새벽에 맨 처음 홰를 치며 우는 닭. cock crowing first at dawn

첫-대圈 첫째로. first

첫대-바기圈 맞닥뜨리자 맨 처음으로. first

첫-더위圈 그 해 여름 처음으로 맞는 더위.

첫-도圈 윷놀이에서, 맨 처음으로 나오는 도.

첫도-왕(-王)圈 윷놀이에서, 첫도를 치면 왕이 되어 이긴다는 말. 「있다는 말.

첫도 유:복(-有福)圈 윷놀이에서 첫도를 치면 복이

첫-돌圈 첫번으로 맞는 돌. (약) 돌1². first birthday

첫-딸圈 처음으로 낳은 딸.

첫딸은 세간 밑천이다圈 ①첫딸은 집안의 모든 일에 도움이 된다. ②처음으로 딸을 낳으면 서운하다 하므로 이를 위로하는 말. 「word

첫-마디圈 맨 처음으로 하는 말의 한 마디. opening

첫-말圈 첫머리로 내는 말. 「두(初頭). beginning

첫-머리圈 어떤 일이 시작되는 머리. 선두(先頭). 초

첫-모圈 윷놀이에서 맨 처음으로 친 모.

첫모 방정에 새 까 먹는다圈 윷놀이할 때 첫모를 치면 그 판은 실속이 없다는 말. ②일이 처음에 너무 잘 되면 뒤가 좋지 않다는 뜻.

첫-무:대(-舞臺)圈 ①처음으로 무대에 출연하는 일. ②어느 분야에서 처음으로 활동하게 되는 곳.

첫-물圈 새로 지어 입고 빨 때까지의 동안. new clothes before the first wash

첫물-가다《동》 첫물지다. 「first flood of the year

첫물-지다 그 해에 첫 홍수가 나다. 첫물가다.

첫-밗圈 맨 처음의 국면(局面). outset

첫-발圈 첫걸음을 내어 디디는 발.

첫발을 내딛다圈 새로이 일을 시작하다. 또, 처음으로 어떤 범위 안으로 들어서다.

첫-밥圈 누에에게 맨 처음 먹이로 주는 뽕잎. first feed of silkworms

첫-배圈 ①圈 맏배. ②한 해에 몇 번 새끼 치는 짐승이 그 해에 처음으로 새끼를 치는 일. 또, 그 새끼. first litter

첫-번(-番)圈 첫째로 닥치는 차례. first time

첫-봄圈 막 시작된 봄. 이른봄.

첫-사랑圈 처음으로 맺은 사랑. 초련(初戀). first love

첫 사위가 오면 장모가 신을 거꾸로 신고 나간다圈 ①처가에서 사위가 크게 환영 받음을 이름. ②장모는 특히 사위를 귀중히 여긴다.

첫-새벽圈 새벽의 첫머리. 「초상(初霜). first dews

첫-서리圈 그 해의 가을에 맨 처음으로 내리는 서리.

첫-소리圈 〈어학〉 한 음절(音節)에서 처음 발음되는 소리. '남·서'에서의 'ㄴ·ㅅ' 따위. 초발성(初發聲). 초성(初聲). 두음(頭音). (대) 끝소리. first consonant in a syllable

첫손-꼽다圈 처음의 손가락으로 꼽다. 「여럿 중에 제일 가다 · 가장 뛰어나다의 뜻.

첫-솜씨圈 어떤 일에 경험이 없는 사람이 처음으로 손을 대어서 하는 일.

첫-수(-手)圈 바둑·장기 따위에서, 맨 처음의 수.

첫-술圈 맨 처음에 떠먹는 밥술. first spoonful of food

첫술에 배 부르랴圈 모든 일이 단번에 만족할 수는

첫-아기[첫-]圈 초산으로 낳은 아기. 「없다.

첫아기에 단산圈 처음이면서 마지막이 됨.

첫-아들[첫-]圈 초산으로 낳은 아들.

첫-얼음[첫-]圈 그 해 겨울에 처음으로 언 얼음.

첫-여름[-녀-]圈 막 닥쳐 온 여름.

첫-윷[-뉻]圈 윷놀이에서, 처음으로 나오는 윷.

첫-이레[-니-]圈 아기가 난 지 이레가 되는 날. baby's seventh days

첫-인사[첫-](-人事)圈 처음으로 통성명하는 인사.

첫-인상[첫-](-印象)圈 첫눈에 뜨이는 인상.

첫-잠[첫-]圈 누워서 처음으로 곤하게 든 잠. ②누에의

첫-정(-情)圈 첫번으로 든 애정. 「첫번째 잠.

첫 정월에 나는 버섯은 먹지도 못한다圈 일이 너무 일찍 되면 도리어 좋지 않다.

첫-젖圈 ①아이나 새끼를 낳은 전후로 젖에서 나오는 물같이 말간 액체. 초유(初乳). ②아이나 새끼가 태어나서 처음 먹는 젖.

첫-째圈 ①맨 처음의 차례. 차례로 맨 처음. 수일(首一). ¶~ 문제(問題). (대) 꼴찌. first 圈 만. 첫째로.

첫-차(-車)圈 그 날의 제일 먼저 떠나는 차. ¶부산행 ~로 떠나다.

첫-추위圈 그 해 겨울에 처음으로 닥친 추위.

첫-출발(-出發)圈 첫걸음을 내디딤. 처음으로 출발함. ¶졸업생 선배가 사회에 ~하다. 「일.

첫-출사[-싸](-出仕)圈 처음으로 벼슬길에 나서는

첫-판(-版)圈 ①어떤 일이 시작되는 첫머리의 판. beginning ②서적에 있어 맨 처음의 출판. 초판(初版). first edition

첫-해圈 어떤 일의 맨 처음의 해. 「을 가리키는 말.

첫해 권농圈 어떤 일을 처음으로 하는 데 그 서투름

첫-해:산(-解産)圈 첫번째로 하는 해산. 초산(初産). woman's first delivery

첫-행보(-行步)圈 처음으로 길을 다녀오는 일. one's first trip ②행상으로 첫번에 하는 장사.

첫-혼인(-婚姻)圈 처음으로 하는 혼인. 초혼. 하圈

청圈 ①무슨 물건에 있어서 얇은 막(膜)으로 된 부분. ¶귀~. membrane ②목청. 圈 ¶~이 좋다.

청(青)圈 〈약〉→청색(青色).

청(淸)圈 〈역사〉 중국 최후의 왕조. 만주족인 누루하치가 17세기 초에 명나라를 멸하고 세움. Ch'ing Dynasty of China

청(晴)圈 〈약〉→청천(晴天).

청(請)圈 ①〈약〉→청탁(請託). ②〈약〉→청촉(請囑)①.

청(聽)圈 ①圈 대청(大廳). ②〈법률〉 정부 조직법상 외국(外局)의 하나. 「철도.

=청(廳)圈回 ①어떤 기관의 이름에 붙어 '관청'의 뜻을 나타내는 말. ¶전매~. ②어떤 명사 아래에 쓰여, '곳·장소'의 뜻을 나타내는 말. ¶초례~.

청가(淸歌)圈 맑은 목소리로 부르는 노래. clear and pretty song 「for leave 하圈

청가(請暇)圈 말미를 청함. 청유(請由). application

청-가뢰(青-)圈 〈곤충〉 가뢰과의 벌레. 몸 길이 1~2cm로 몸 빛은 금록색에 약간 남빛을 띠고 정수리에 두 개의 붉은 점이 있음. 맹독(猛毒)이 있으며 말린 것은 약재로 쓰임. 원청(芫青). cantharis

청각(青殼)圈 〈약〉→청각채(青角菜).

청:각(聽覺)圈 〈생리〉 오관(五官)의 하나. 귀청이 울려 나는 감각. 청감(聽感). 듣기 감각. ¶~ 기관(器官). auditory sense

청:각 교:육(聽覺教育)圈 책이나 추상적 이론에 의하지 않고, 직접 귀로 들을 수 있는 음악·방송·텔레비전 등을 이용하는 교육.

청:각-기(聽覺器)圈 〈생물〉 청각 작용을 하는 기관. 척추 동물에서는 귀, 곤충에서는 고막 기관·현음기관(弦音器官) 등. 청관(聽官). 청기(聽器). auditory organ

청:각 영상(聽覺映像)圈 하나의 음이나 몇 개의 음에 대한 심상(心象)을 이르는 말. acoustic image

청:각-적(聽覺的)圈回 문예 작품에서 사유나 지성 등을 통하지 않고 음악적인 말을 통해 귀로 듣는 듯이 묘사하려고 하는 (것).

청각-채(青角菜)圈 〈식물〉 청각과의 해초. 홍색 조류(紅色藻類)의 해초(海草). 사슴뿔과 같이 가랑이가 지고 어두운 자흑색을 띰. 바위나 말뚝·콘크리트벽 같은 데에 착생하는데 식용 또는 풀의 원료로 쓰임. 녹각채(鹿角菜). 〈약〉 청각(青角).

청간(淸澗)［명］맑게 흐르는 산골의 시내. 청계(淸溪). clear stream 「(淸牒狀)」
청간(請簡)［명］①［동］청편지(請片紙). ②［동］청첩장
청:감(聽感)［명］청각(聽覺).
청강(淸江)［명］맑게 흐르는 강. clear stream
청:강(聽講)［명］강의(講義)를 들음. attendance at a lecture 하다
청:강-생(聽講生)［명］〈교육〉 그 학교의 학생이 아니면서 특히 청강이 허락된 사람. occasional student
청강-석(靑剛石)［명］〈광물〉 단단하고 빛깔이 푸른 옥
청강-수(靑剛水)［명］〈속〉 염산(鹽酸). 「돌.
청-개구리(靑一)［명］〈동물〉 청개구리과의 개구리. 몸 길이 4 cm 내외로 몸 빛은 녹색 바탕에 흑색 반문이 산재하고 배는 희거나 담황색을 띰. 비가 오려고 할 때 몹시 욺. 우와(雨蛙). 청와(靑蛙)②. 「frog
청객(請客)［명］손을 청함. invitation 하다
청거(請去)［명］손님을 맞아 함께 감. 하다
청검(淸儉)［명］청렴하고 검소함. integrity 하다
청결(淸潔)［명］맑고 깨끗함. (대) 불결(不潔). cleanliness 하다 히
청경(淸莖)［명］［동］시래기.
청경 우:독(晴耕雨讀)［명］갠 날은 논밭 갈고, 비오는 날은 책을 읽는다는 뜻. 부지런히 일하며 공부함. 하다 「귀의 하나.
청계(淸界)〈민속〉 사람에게 씌워서 몹시 앓게 한다는 잡
청계(淸溪)［명］깨끗한 시내. 청간(淸澗). clear stream
청고(淸高)［명］청백하고 고상함. loftiness 하다
청-고초(靑苦草)［명］〈식물〉 풋고추. green red-pepper
청곡(淸曲)［명］맑고 고운 곡조. clear tune
청:골(聽骨)［명］〈생리〉 중이(中耳) 안에 있는 작은 뼈. 고막의 진동을 내이(內耳)에 전달함. 청소골(聽小骨). tympanic bone
청공(淸空・晴空)［명］푸른 하늘. 청천(靑天).
청공(淸供)［명］①맑고 깨끗하게 갖춤. ¶문방(文房)~. ②맑고 깨끗하게 바침. 하다
청:-공간(聽空間)［명］귀로 지각할 수 있는 영역. 또, 청각의 인상에 의하여 심리적 공간에 포함되는 한 정된 범위. 「vegetables
청과(靑果)［명］신선한 과실・채소. ¶~시장. fruits and
청과-맥(靑顆麥)［명］〈식물〉 쌀보리.
청:관(聽官)［명］〈동〉 청각기(聽覺器).
청광(淸光)［명］맑은 빛. 선명한 광선. light ray
청광(淸狂)［명］심성이 깨끗하여 청아한 멋이 있으면서도 그 언행이 상례(常例)에 벗어남. fastidious loftiness
청:교-도(淸敎徒)〈기독〉 16세기 후반, 영국 교회에 반항하여 일어난 프로테스탄트의 종단(宗團). ¶~정신(精神). Puritans
청구(靑丘・靑邱)［명］중국에서 우리 나라를 일컫던 말.
청구(淸嫗)［명］(복) 호도송.
청구(請求)［명］달라고 요구함. request 하다
청구-권[－꿘](請求權)〈법률〉 남의 작위・부작위를 청구하는 권리. 채권・손해 배상권 등. right of claim
청구권 자:금[－꿘－](請求權資金)［명］대한 민국과 일본국 간의 재산 및 청구권에 관한 문제의 해결과 경제 협력에 관한 협정에 의해 수입(受入)되는 무상 자금・차관 자금 및 그의 사용으로부터 발생하는 자금의 총칭. 「connection
청-구멍[－꾸－](請一)［명］청촉(請囑)을 할 만한 자리.
청구 보:석(請求保釋)［명］피고인 또는 변호인의 청구에 따라 허가하는 보석. 보석(保釋). 「lication
청구-서(請求書)［명］어떤 내역을 청구하는 서면. app-
청국(淸國)［명］청나라.
청국-장(淸麴醬)［명］①된장 비슷한 음식. ②［동］담북장
청군(靑軍)［명］〈체육〉 경기 등에서, 청과 백으로 편을 갈랐을 때 청쪽의 편. (대) 홍군. blue.
청결(淸潔)［명］깨끗하고 조촐한 도량방. neat lady's
청규(廳規)［명］관청의 내규(內規). 「room
청귤(靑橘)［명］익지 않은 귤. unripe orange
청근(菁根)［명］〈식물〉 무. ¶~생채(生菜).

청금(靑衿)［명］유생(儒生)을 일컫는 말.
청기(靑氣)［명］푸른 기운.
청기(靑旗)［명］푸른 기. blue flag
청기(請期)［명］육례의 하나. 혼인 때에 신랑집에서 택일을 하여 그 가부(可否)를 묻는 편지를 신부집으
청:기(聽器)［명］［동］청각기(聽覺器). 「로 보냄.
청-기와(靑一)［명］청색의 연유(鉛釉)로 볽 매우 단단한 기와. 청와(靑瓦).
청기와 장수(靑一)［명］어떤 일을 자기만 알고 남에게는 알리지 아니함을 일컫는 말.
청=꼭지(靑一)［명］푸른 빛깔의 둥근 종이를 머리에 붙인 연(鳶). 「한.
청=꾼(請一)［명］남의 청을 맡아 대신 청질을 하는 사
청=나라(淸一)〈역사〉 중국의 '청'을 나라로서 일컫는 말. 청국. taxes 하다
청납(淸納)［명］납세를 깨끗이 마침. full payment of
청:납(聽納)［명］남의 말을 잘 들어 용납함. granting request readily 하다
청=낭간(靑琅玕)［명］산호 비슷하며 빛이 푸른 보석. 청산호(靑珊瑚).
청=낭자(靑娘子)［명］〈곤충〉 잠자리.
청냉(淸冷)［명］물이 맑고 참. clear and cold 하다
청:널(聽一)［명］당판(堂板). 청판(廳板).
청녀(靑女)［명］①〈민속〉 서리를 맡은 여신(女神). ②'서리'의 이명(異名). frost 「woman
청녀(淸女)［명］청나라 여자. 곧, 중국 여자. Chinese
청년(靑年)［명］청춘기에 있는 젊은 사람. 특히, 남자를 일컬음. ¶~시대(時代). youth
청년-기(靑年期)［명］대체로 열여덟 살에서 스물너덧 살까지의 시기. 청춘기(靑春期).
청년-단(靑年團)［명］어떤 목적을 위해 조직된 청년들의 단체. youngmen's association
청년 자제(靑年子弟)［명］전도가 유망한 젊은 사내들.
청년-회(靑年會)［명］어떤 목적을 위해 조직된 청년들의 단체. 또, 그 모임. young men's association
청=녹두(靑綠豆)［명］〈식물〉 꼬투리는 검고 씨는 푸른 팥의 일종. 오월경에 파종함.
청니(靑泥)［명］〈지학〉 해저 침적물의 하나. 주로 규산 알루미늄・석영・유공충의 석회질로 됨. blue mud
청단(靑短)［명］화투에서, 푸른 머석 장을 맞추어서 이루는 수. 하다
청단(淸旦)［명］맑은 아침. 청신(淸晨). fresh morning
청:단(聽斷)［명］송사(訟事)를 자세히 듣고 판단함. judgement 하다
청담(淸淡)［명］①맛・빛깔이 맑고 옅음. lightness ②마음이 깨끗하고 담백함. 하다
청담(淸談)［명］명리를 떠난 청아한 이야기. ¶노인들의 ~이 한창이다. chats on unworldly topics
청=담(晴曇)［명］날씨의 맑음과 흐림. fine and cloudy
청답(靑踏)［명］'푸른 초목을 밟는다'는 뜻으로, 봄의 야외 산책을 일컬음. 하다
청대［명］〈식물〉 대의 하나. 마디가 참대보다 쎕고 줄기에 하얀 시선(柿漆)이 있음. green bamboo
청-대(靑一)［명］베어낸 뒤에 마르지 않고 아직 푸른 대.
청대(靑黛)［명］①쪽(藍)으로 만든 검푸른 물감. ②〈한의〉 성질은 차서 미열을 내리는 어린 아이의 경간(驚癎)・감질(疳疾)・외과에 쓰는 약제.
청대 독 같다(靑一)［명］빛이 몹시 검푸른 물건을 일컫음.
청대=콩(靑一)［명］파랗게 익어 아직 물기가 있는 콩. 청태(靑太)②. green bean
청덕(淸德)［명］맑은 덕행. probity
청도(靑陶)［명］청자(靑瓷).
청도(淸道)〈제도〉 거둥 때 어로(御路)의 청소를 감싯함. 「30 cm. 감성돔 비슷하나, 몸빛이 회청색이고 배쪽
청-돔(靑一)［명］〈어류〉 감성돔과의 바닷물고기. 길이이 담색, 체측에 회자색 반점이 있음.
청동(靑桐)［명］〈식물〉 벽오동(碧梧桐).
청동(靑銅)［명］〈화학〉 구리와 주석의 합금. 주조・단

청동 련·압연계의 재료로 쓰이며, 아연·납 등을 가해 고래로 미술품·화폐 등을 만들었음. bronze

청동=경(靑銅鏡)명 푸른 눈동자. blue eyes

청동=기(靑銅器)명 청동으로 주조한 기구. bronze ware

청동기 시대(靑銅器時代)명 〈역사〉인류 발달의 제2단계인 청동기를 제조 사용한 시대로서, 석기 시대(石器時代)의 뒤,철기 시대(鐵器時代)의 앞. Bronze Age

청동=화(靑銅貨)명 청동으로 만든 돈. bronze coin

청동 화로(靑銅火爐)명 청동으로 만든 화로. 넓은 전

청동=오리(靑―)명 〈동〉물오리. [이 있고, 세 발이 달렸음.

청동=호;박(靑―)명 연 지가 오래 되어 겉이 단단하고 씨가 잘 여문 호박. fully-ripe pumpkin [granted 하타

청득(請得)명하자 청원(請願)을 하여 허락을 얻음. being

청등(靑燈)명 푸른 색을 내는 전등. blue lamp

청=등롱(靑燈籠)명 〈약〉청사 등롱(靑紗燈籠).

청등 홍가(靑燈紅街)명 유흥(遊興)으로 흥청대는 거리. 화류계(花柳界). gay quarters

청=딱따구리(靑―)명 〈조류〉딱따구리과의 새. 날개 길이 15 cm, 공지 10 cm, 부리 4 cm 내외로 암쪽의 상면(上面)은 황갈색, 허리는 등황색, 머리의 앞쪽은 선홍색, 배 쪽은 녹색을 띤 회백색인데, 꽁지에 V자형의 암색 반문이 있음.

청=딱정벌레(靑―)명 〈곤충〉풀색 먼지 벌레. 몸 길이 14 mm 내외로 몸 빛은 녹색에 머리와 흙배는 금록색이며 발은 흑색임. 야간 활동성으로 적의 공격에는 악취를 풍김.

청람(靑藍)명 〈화학〉쪽의 잎에 들어 있는 천연적인 색소. 물과 알칼리에 용해되지 않는 푸른 가루로 감색(紺色) 물감의 원료로 씀.

청람(淸覽)명 ① 조촐한 조망(眺望). clear view ②《꿈》편지나 서적 따위의 남이 보는 것을 이르는 말.

청람(嵐嵐)명 멀리 보이는 산의 푸르스름한 기운. 화창한 날에 아른거리는 아지랑이. air waving with heat [nity 하타

청랑(淸朗)명 하늘이 맑게 갬. ¶~한 가을날. sere-

청량(淸亮)명 맑고 명랑함. 하타

청래(請來)명 손님을 청하여 맞아 옴. invitation 하타

청렴(淸洽)명 물이 맑고 참. 「unding 하타 히타

청량(淸亮)명 소리가 맑고 깨끗함. clear and reso-

청량(淸凉)명 맑고 서늘함. fine and cool 하타 히타

청량=미(淸凉味)명 생동미.

청량 사육(淸凉飼育)명 불을 떼어서 잠실(蠶室)을 따뜻하게 하지 아니하고, 자연의 온도로 누에를 기르는 일. 하타

청량 음료(淸凉飮料)명 탄산가스가 들어 있어 마시면 시원한 쾌감을 주는 음료수의 총칭. 소다수·사이다 따위. refreshing drink [refrigerant

청량=제(淸凉劑)명 복용하면 기분이 상쾌해지는 약.

청려(淸麗)명 청아하고 수려함. 맑고 고움. 하타

청려=장(靑藜杖)명 명아주 대로 만든 지팡이. 여장(藜杖). 청려(靑藜).

청=력(聽力)명 〈생리〉귀로 소리를 듣는 힘. 이력(耳力). 【대】시력(視力). audition

청=력계(聽力計)명 사람의 청력을 측정하는 장치.

청련(淸漣)명 물이 맑고 잔잔함. clear and calm 하타

청렬(淸冽)명 물이 맑고 참. clear and cool 하타

청렬(蜻蛚)명 〈곤충〉귀뚜라미. cricket

청렴(淸廉)명 성품이 결곡하고 탐욕이 없음. ¶~ 결백. integrity 하타 히타

청령(蜻蛉)명 〈곤충〉잠자리. dragon-fly

청=령(聽令)명 명령을 들음. 청명(聽命). listening to an order 하타

청록(靑綠)명 백두산삼색. 고라니.

청록 산수(靑綠山水)명 〈미술〉삼청(三靑)과 석록(石綠)으로만 그린 산수(山水).

청록=색(靑綠色)명 푸른 빛이 도는 녹색. 청록(靑綠).

청료(淸醪)명 〈식물〉여뀌의 하나. 숨지에 남. 꽃과 씨는 여뀌와 같으나 잎이 조금 얇음.

청룡(靑龍)명 ① 동쪽의 일곱 별인 각(角)·항(亢)·저(氐)·방(房)·심(心)·미(尾)·기(箕)의 총칭. ② 동쪽 방위의 목(木) 기운을 맡은 태세신(太歲神)을 상징한 짐승. 용모양으로 무덤 속의 관곽과 관의 왼쪽에 그려옴. 창룡(蒼龍). 과청룡(左靑龍). 【대】백호(白虎). Blue Dragon of the East ③주산(主山)에서 갈라져 나간 왼쪽 산맥. 청룡과 외청룡으로 나누어 일컫을.

청룡(靑龍·민속)명 산의 청룡 줄기.

청룡=도(靑龍刀)명 〈약〉청룡 언월도(靑龍偃月刀).

청룡 언=월도(―도)(靑龍偃月刀)명 〈군사〉 옛 중국에서 보병(步兵)이나 기병(騎兵)들이 육전(陸戰)·수전(水戰)에서 썼던 칼. 반달 모양의 날 모양의 하고, 칼등의 중간에는 구멍이 나 있는 단 같래가 있어 이중의 쇠고리를 달도록 되어 있으며 밑은 용의 아가리를 물림. 【약】청룡도. 언월도. Blue Dragon Halberd [brothel

청루(靑樓)명 창기의 집. 기루(妓樓). 창루(娼樓).

청루 주사(靑樓酒肆)명 〈동〉주사 청루(酒肆靑樓).

청류(淸流)명 ① 맑게 흐르는 물. 【대】탁류(濁流). clear stream ② 명분·절의(節義)를 지키는 깨끗한 사람. man of honour ③ 좋은 집안.

청리(淸吏)명 〈동〉청호리. [吏]. honest official

청리(淸吏)명 청렴한 관리. 염리(廉吏). 【대】오리(汚吏)

청리(聽理)명 송사를 자세히 듣고 심리함. 청송(聽)

청림(靑林)명 나무가 하늘 들어와 찬 푸른 숲. [諺]. brothel

청마(靑馬)명 푸른 빛깔을 칠한 장기나 쌍륙(雙六)등의 말. 【대】홍마(紅馬).

청망(淸望)명 맑고 높은 명망(名望). 청명(淸名). reputation of probity

청매(靑梅)명 푸른 빛깔의 매화나무 열매. green plum

청매(請賣)명 물건을 받아서 팖. consignment sale 하

청맹(靑盲)명 〈동〉→청맹과니.

청맹=과니(靑盲―)명 보기에는 눈이 멀쩡하나 못 보는 눈. 또, 그런 사람. 【약】청맹(靑盲). amaurotic person

청=머루(靑―)명 푸른 빛깔의 머루.

청명(靑冥)명 푸른 하늘. 청천(靑天).

청명(淸名)명 청렴하다는 명망(名望). 청망(淸望). reputation of probity 하타

청명(淸明)명 ① 날씨가 맑고 밝음. clear and bright ② 이십사 절기의 하나. 춘분과 곡우의 사이로, 양력 5월 5·6일 경. 청명절(淸明節). 하타

청명=절(淸明節)명 〈동〉청명(淸明) ②. [(春酒) ①.

청명=주(淸明酒)명 청명절이 든 때에 담근 술. 춘주

청모(淸眸)명 맑은 눈동자. 서늘한 눈초리. clear eyes

청모=죽(靑麰粥)명 쩌서 말린 풋보리를 물에 담갔다가 껍질 벗겨 멥쌀 가루를 섞어 쑨 죽.

청목(靑木)명 검푸른 물을 들인 무명.

청목 당혜(靑木唐鞋)명 전날에, 기름에 결은 가죽신의 하나. 흰 바탕이나 붉은 바탕에 푸른 무늬를 놓

청묘(靑苗)명 〈농업〉푸른 모. 어린 모종. [았음.

청묘(淸妙)명 청아(淸雅)하고 기묘(奇妙)함. 하타

청무(靑蕪)명 푸르게 무성한 들. 또, 그 땅.

청문(請文)명 〈불교〉불·보살을 청하거나, 죽은 이의 영혼을 부르는 글. 청사(請詞).

청=문(聽聞)명 ① 널리 돌아다니는 소문. widely spread rumour ② 설교·연설 따위를 들음. audition 하타

청=문-회(聽聞會·聽問會)명 행정 기관이, 규칙의 제정·행정 처분·쟁송(爭訟)의 재결 또는 결정을 함에 앞서, 이해 관계인이나 제삼자의 의견을 듣기 위해 여는 모임. 미국에서 발달한 제도임.

청미(淸美)명 〈동〉청(靑―) ③.

청미(淸味)명 맑고 깨끗한 맛. 청초한 맛.

청미래=덩굴(靑―)명 〈식물〉청미래덩굴과에 딸린 갈잎 덩굴나무. 줄기 높이 1~3 m 가량이고 가시가 있으며 잎은 난형임. 어린 순과 잎은 식용, 뿌리는 약용, 잔 뿌리는 솔을 만드는 데 씀.

청민(淸敏)명 마음이 맑고 총명함. 하타

청밀(淸蜜)명 꿀. honey

청=바지(靑─)圀 청색 천으로 만든 바지. '블루진' 바
청반(靑班)圀(동) 녹반(綠礬).   [지의 일컬음.
청=반:달(靑半─)圀 꼭지를 푸른 종이로 반달같이 오
청백(淸白)圀 청렴하고 결백함. uprightness 하囤 히
청백=리(淸白吏)圀 ①청백한 관리. upright official
  ②〈제도〉의정부·육조(六曹)·경조(京兆)의 정종(正
  從) 2품 이상의 당상관과 사헌부(司憲府)·사간원
  (司諫院)의 우두머리가 천거하여 뽑힌 결백한 관리.
청백리 똥구멍은 송곳 부리 같다囤 청백한 까닭으로
  지극히 가난하다.   [rice
청백=미(淸白米)圀 희고 깨끗한 쌀. white and clean
청백=색(靑白色)圀 푸른 빛이 도는 흰 빛깔.
청백-자(靑白瓷)〈공업〉몸은 백색요, 겟물은 청자
  로 청자와 백자의 중간되는 자기.
청번(請番)圀 당번이 된 사람이 다른 사람에게 대신
  번들기를 청하는 일. 또, 그 번. **하**囤
청벽(靑甓)圀 빛깔이 푸른 벽돌. blue brick
청병(淸兵)圀〈군사〉청나라의 군사. Chinese troops
청병(請兵)圀 출병하기를 요청함. 원병을 청함. ask-
  ing for a dispatch of troops **하**囤   [cloth
청보(靑褓)圀 푸른 빛깔의 보자기. blue wrapping
청보에 개똥㉗ 겉으로 보기에는 그럴 듯하나 속을 헤
  쳐 보면 흉하다는 뜻.
청복(淸福)圀 청한(淸閑)한 복. your happiness
청봉(靑峰)圀 푸른 산봉우리. 청산(靑山). blue peak
청부(請負)圀 도급으로 일을 맡음. contract for work
청부(廳夫)圀 관청의 인부. office labourer   [**하**囤
청부 계:약(請負契約)圀 청부인(請負人)과 주문자(注
  文者)의 사이에 일의 청부에 대해 체결하는 계
  약. contract   [받는 돈.
청부=금(請負金)圀 청부인(請負人)이 주문자에게서
청부-루(靑─)圀 푸른 털과 흰 털이 섞인 말.
청부를 맡다(請負─)㉗ 일정한 일의 완성에 대하여
  일정한 보수를 받는다는 약속으로 일을 떠맡다.
청부 살인(請負殺人)圀 남의 청을 받아 사람을 죽임.
청부=업(請負業)圀(동) 도급업(都給業).
청부-인(請負人)圀〈법률〉어떤 일을 청부한 사람.
청부 주:다(請負─)㉗ 청부 일을 맡기다.
청비(廳費)圀 관청의 경비. office expenditure
청빈(淸貧)圀 청백하여 가난함. ¶ ~ 거사(居士).
  honest poverty **하**囤
청빈=가(淸貧家)圀 청빈한 생활을 하는 사람.
청빈(請賓)圀 잔치 등에 손을 청함. invitation **하**囤
청사(靑史)圀(동) 역사. 기록.
청사(靑蛇)圀(동) 업구렁이.
청사(靑絲)圀(동) 청실.   [ientious man
청사(淸士)圀 욕심이 없고 절의가 있는 사람. consc-
청사(淸寫)圀 깨끗이 베낌. 정서(淨書). **하**囤
청사(廳舍)圀 관아의 집. 관청의 건물. ¶정부 종합
  ~. office building圀 마루(마루). ¶ ~. office building
청=사기(靑沙器)圀(동) 청자(靑瓷).
청사 등롱(靑紗燈籠)圀 ①푸른 운문사(雲紋絲)로 몸
  체를 삼고 붉은 천으로 위아래에 동을 달아 쓰
  는 등롱. 궁중에서 썼음. 청사 초롱. lantern of
  blue gauze ②푸른 사로 옷을 한 등롱. 정 3품에서
  정 2품까지의 관원이 밤에 썼음. (준) 청사롱(靑紗
  籠). 청등롱(靑燈籠).
청=사롱(靑紗籠)圀(동) 청사 등롱(靑紗燈籠).
청사-조(靑蛇條)圀〈식물〉갈매나무과의 만성 낙엽 관
  목. 줄기는 때로 자색도 띠며, 잎은 뒷면이 희다. 여
  름에 녹색 꽃이 피며, 이듬해 여름에 타원형의 빨
  간 과실이 검게 익음. 골짜기의 숲 속에서 나는데 과
  실은 단맛이 있고 관상용임.
청사 초롱(靑紗─籠)圀 ¶ →청사 사진(靑色寫眞). ②
  설계도(設計圖). 미래도(未來圖). ¶90년대 ~. ③
  계획(計劃). 구상(構想). ¶아직 ~의 단계이다.
청산 초롱(靑紗─籠)圀(동) 청사 등롱①.
청산(靑山)圀 나무가 무성하여 푸른 산. 벽산(碧山).

청봉(靑峰). green mountain
청산(靑酸)圀(동) 시안화수소(cyan 化水素).
청산(淸算)圀 ①상호간에 채권·채무 관계를 셈하여
  깨끗이 정리함. liquidation ②〈경제〉회사·조합 등
  의 법인이 해산할 때에 뒷처리로서 재산 관계 일체
  를 정리하는 일. liquidation ③과거의 관계·주의·
  사상·과오 등을 깨끗이 씻어 버림. atonement **하**囤
청산=가리(靑酸加里)圀(동) 시안화칼륨.
청산 거:래(淸算去來)圀〈경제〉일정한 기한에 현물
  의 수수(授受)도 하지만, 기한 전에 전매(轉賣)하
  거나 하여 대금의 차액의 수수도 할 수 있는 거래.
  future transaction
청산 계:정(淸算計定)圀〈경제〉상거래를 할 적에 수
  시로 현금을 주고받지 하지 않고, 일정 기간의 거
  래를 모아 그 대차(貸借)를 청산하는 방식.
청산=리(靑山裏)圀 푸른 산속.
청산에 매 띄워 놓기다㉗ 허황된 일을 하고 그 결과
  만 기다리를 이르는 말.
청산=염[─념](靑酸鹽)圀〈화학〉시안(cyan)과 금속
  과의 화합물. cyanide of potassium
청산 유수[─뉴─](靑山流水)圀 막힘 없이 말을 썩
  잘하는 것의 비유. flowing eloquence
청산=인(淸算人)圀〈법률〉민법·상법의 규정에 의해
  해산한 법인의 청산 사무를 관장하기 위해 선임한
  사람. liquidator
청산=칼리(靑酸 kali)圀(동) 시안화칼륨(cyan 化 ka-
청산 협정(淸算協定)圀〈경제〉국제간의 지급에 있어
  서 서로 상대방이 가지고 있는 청산 계정에 자기
  나라 통화로 결제(決濟)의 목적
  을 달하는 규정한 협정. arrangement of liquidation
청-산호(靑珊瑚)圀(동) 청낭간(靑琅玕).
청삼(靑衫)圀 ①나라 제향(祭享) 때에 입는 남빛의
  웃옷. ②조복(朝服)의 안에 받쳐 입는 옷. 남빛의
  바탕에 검은 빛으로 가를 꾸미고 큰 소매가 달렸
  음. ③전악(典樂)이 입던 것은 유록(柳綠) 빛의 공
  복(公服).
청=삽살이(靑─)圀〈동물〉검고 긴 털이 곱슬곱슬하게
  생긴 개.   [를 입은 여자. 특히 기생.
청상(靑裳)圀 ①푸른 치마. blue skirt ②푸른 치마
청상(靑孀)圀(약)→청상 과부.
청상(淸商)圀 청나라 상인(商人).   [**하**囤
청상(淸賞)圀 맑고 고결한 대청(大聽)의 것.
청상(廳上)圀 대청(大聽)의 위.
청상 과:부(靑孀寡婦)圀 나이 젊은 과부. 또, 나이가
  젊었을 때 된 과부. (약) 청상(靑孀). young widow
청상=배(廳上拜)圀 대청 위에 올라가서 하는 절. (동)
  하경배(下庭拜).
청=상어(靑─)圀〈어류〉악상어과의 바닷물고기.
  난해성·열대성 어종. 몸은 방추형, 길이 7 m, 주
  둥이가 길고 뾰족하며, 몸 빛은 등이 암색이고 배
  쪽은 엷. 성질이 매우 사나움.
청=새치(靑─)圀〈어류〉돛새치과의 바닷물고기. 몸
  길이 3 m로 연장형이며, 측편하고 작은 비늘로 덮
  였음. 주둥이는 좁고 창 모양으로 되 있다. 몸 빛
  은 흑색, 살은 복사빛임. 기어(旗魚).
청=색(靑色)圀 푸른 빛(靑). blue
청색 사진(靑色寫眞)圀 간단한 도면(圖面)·선도(線
  圖) 따위의 복사에 쓰이는 사진의 하나. 제이철염
  (第二鐵鹽)이 햇빛에 비치어 제일철염으로 환원되
  고 적혈염(赤血鹽)과 반응하여서 청색을 띠
  는 성질을 이용한 것임. (약) 청사진(靑寫眞)①.
  blueprint
청색 전:화(靑色電話)圀(속) 사용권을 양도할 수 없
  는 가입 전화. (대) 백색 전화(白色電話).
청서(靑書)圀〈정치〉영국의 의회, 추밀원(樞密院)
  의 보고서. 그 표지가 푸른 데서 나온 말임. blue book
청서(淸書)圀(동) 정서(淨書).
청석(靑石)圀 ①푸른 빛을 띤 응회암(凝灰岩). 실내
  장식이나 건물의 겉장식에 씀. ②변성암 가운데의

녹니 편암(綠泥片岩). blue stone
청선(靑扇)圓 푸른 빛깔의 부채.
청설(淸雪)圓 깨끗하게 설치(雪恥)하거나 설분(雪憤).
청설-모(靑−毛)圓 날다람쥐의 털. 붓을 만듦. fur of a flying squirrel
청소(靑素)圓〔동〕시안(cyan).
청소(淸宵)圓 청야(淸夜).
청소(淸掃)圓 깨끗이 소제(掃除)함. cleaning 하타
청:-소:골(聽小骨)圓〔동〕청골(聽骨).
청:-소:년(靑少年)圓 청년과 소년. 젊은이. youth
청소-부(淸掃夫)圓 청소하는 일을 업으로 맡아 하는 남자. cleaner
청소-차(淸掃車)圓 쓰레기나 분뇨를 쳐다 버리는 차.
청-솔(靑−)圓 ①사시 사철 푸른 소나무. 청송(靑松). ②아주 푸른 잎이 마르지 않은, 베어 놓은 소나무.
청-솔가지(−−−)[−까−](靑−)圓 베어서 아직 마르지 않은 솔가지. green pine boughs
청송(靑松)圓 푸른 소나무. 청송①. 취송(翠松). green pines
청:-송(聽訟)圓 재판하기 위해 송사(訟事)를 들음. hearing a lawsuit 하타
청수(淸水)圓 ①맑은 물. (대) 탁수(濁水). ②〈종교〉천도교에서, 모든 의식에 쓰는 맑은 물. clear water
청수(淸秀)圓 ①얼굴이 깨끗하고 준수함. ②속되지 아니하고 뛰어남. handsomeness 하형
청숙(淸淑)圓 산천이나 계절의 기운이 맑고 깨끗함. 하형
청순(淸純)圓 깨끗하고 순수함. 맑고 순박함. 하형
청-술레(靑−)〔−술−〕〈식물〉이른 배의 하나. 빛이 푸르고 물기가 많고 맛이 좋음. 청리(靑梨).
청승圓 궁기(窮氣)가 있고 애틋한 상태. 궁상스럽고 처량한 듯한 태도. 스럽스레티
청승-궂-다[−굳−]圓 청승스러운 듯하다. pitiful
청승-꾸러기圓 몹시 청승스러운 사람. pitiful person
청승−떨−다자[르변] 청승스러운 짓을 하다. 청승맞은 태도를 부리다. piteous 〔②어리석게 애틋하다.
청승−맞−다[−맏−]圓 ①얄밉게 청승궂다. ominously plaintive
청승−살[−쌀]圓 팔자 사나운 늙은이가 청승스럽게 찐 살. 〔외모고 구차함을 이름.
청승은 늘어 가고 팔자는 오그라진다[속] 노년(老年)의 이미지. fresh 하형
청시(淸諡)圓 청렴(廉潔)・정직에 대한 시호(諡號).
청:-시(聽視)圓 듣고 봄. 〔빌레비전을 ~하다. 하타
청신(淸晨)圓 맑은 첫새벽. 청단(淸旦). dawn
청신(淸新)圓 맑고 새로움. 깨끗하고 산뜻함. ¶~한 이미지. fresh 하형
청:-신경(聽神經)圓〈생물〉귀로부터 대뇌에 통하여 청각을 맡은 지각 신경(神經). 제팔 신경(第八神經). 듣기 신경. auditory nerve
청=신:남(淸信男)圓〈불교〉불교를 믿는 남자. male Buddhist
청=신:녀(淸信女)圓〈불교〉불교를 믿는 여자. female Buddhist
청=신:사(淸信士)圓〔동〕거사(居士). Buddhist
청-신:호(靑信號)圓 ①교차로 등에 푸른 등이나 기를 달아 통행을 표시하는 교통 신호. (대) 적신호(赤信號). blue signal ②비유적으로, 앞일에 대한 순조로운 밑미를 뜻함. ¶~가 울리다.
청-실(靑−)圓 푸른 빛깔의 실. 청사(靑絲).
청실 홍실(靑−紅−−)〈민속〉남빛과 붉은 빛의 명주 실테. 신랑이 납채(納采)할 때 청홍의 두 끝을 따로 접고 그 허리에 빛갈만이 엇바뀌게 껍. 청홍사(靑紅絲).
청심(淸心)圓 ①마음을 깨끗이 함. 또, 그 마음. pure heart ②〈한의〉심경(心經)의 열을 풀음. 하타
청심 강:하(淸心降火)〈한의〉심경(心經)의 열을 풀어 화기를 내림. 하타 〔을 적게 함. 하타
청심 과:욕(淸心寡慾)〈한의〉마음을 깨끗이 가지고 욕심을 작게 함.
청심-제(淸心劑)圓〈한의〉심경(心經)의 열을 푸는 약제(藥劑).
청심−환(淸心丸)圓〈한의〉심경의 열을 푸는 환약.
청아(靑蛾)圓 눈썹먹으로 푸르게 그린 눈썹. 곧, 미인을 달리 이르는 말. blue eyebrows
청아(淸雅)圓 맑고 아담함. neatness 하형
청안(靑眼)圓 남을 기쁜 마음으로 대하는 듯이 드러난 눈초리. (대) 백안(白眼). looks of welcome
청안-시(靑眼視)圓 청안으로 남을 봄. (대) 백안시(白眼視). 하타
청알(請謁)圓 만나 뵙기를 청함. begging for audience
청야(淸夜)圓 맑게 갠 밤. 청소(淸宵). clear night
청야(聽野)圓 소리가 귀에 들리는 범위. (대) 시야(視野).
청야(淸揚)圓 청수하면서 여약함. 하형
청약(請約)圓〈법률〉①유가 증권 등의 공모(公募) 또는 매출에 응모하여 인수 계약을 신청하는 일. offer ②특정한 내용을 갖는 것에 응하는 승낙과 결합하여 일정한 계약을 성립시킬 것을 목적으로 하는 일방적 의사 표시. offer 하타
청약-립(靑箬笠)圓 푸른 갈대로 만든 갓.
청:=약불문(聽約不聞)圓 듣고도 못 들은 체함. 청이 불문(聽而不聞). 하타
청약 증거금(請約證據金)圓 청약을 보증하기 위하여 청약자가 내는 증거금. ¶주식 ~.
청양(淸陽)圓 날씨가 맑고 따뜻하다는 뜻으로, 봄을 일컫는 말. spring
청어(靑魚)圓〔어류〕청어과의 바닷물고기. 몸 길이 35 cm 내외로 온몸이 둥근 비늘로 덮였고 아래턱이 내밀었음. 몸 빛은 등 쪽이 암청색, 배 쪽이 은백색임. 생선은 '비웃', 말린 것은 '관목'이라 함. herring
청어(淸語)圓 청(淸)나라 말.
청어(鯖魚)圓〔어류〕고등어. mackerel
청연(靑鉛)圓〔지학〕주석과 아연이 섞인 황산염의 광물.
청연(靑煙)圓 푸른 빛의 연기.
청연(淸煙・淸煙)圓 맑은 하늘에 낀 안개.
청연(淸宴)圓 풍아한 연회.
청연(淸緣)圓 맑고 깨끗한 인연.
청-연광(靑鉛鑛)圓〔지학〕심청색(深靑色)의 광물. 납・동(銅)의 염기성 황산염(鹽氣性黃酸鹽)으로 되어 있으며, 단사 정계 결정으로 됨. 〈화합물(化合物).
청염(−념)(靑鹽)圓〈화학〉염소(鹽素)와 암모니아의 화합물.
청염(淸廉)圓 깨끗하고 어여쁨. 맑고 아리따움.
청염(−념)(淸鹽)圓〔동〕호렴. 〔마음. charm 하형
청영(淸影)圓 솔・매(竹)・매 따위의 그림자를 운치 있게 이르는 말. shade of a bamboo or a pinetree
청옥(靑玉)圓〔광물〕강옥(鋼玉)의 일종. 유리 광택을 지니며, 청색 투명한데, 때로는 녹황색의 것도 있음. 장식에 쓰이는 보석으로, 그릇을 만드는 데 쓰. sapphire
청울치圓 칡껍질을 벗겨 낸 취뭉굴의 속껍질. 노나 베 등의 자료임. split canes of arrowroots
청와(靑瓦)圓〔동〕청기와.
청와(靑蛙)圓 ①참개구리. ②〔동〕청개구리.
청와-대(靑瓦臺)圓 우리 나라의 대통령 관저.
청요(請邀)圓 남을 청하여 맞음. 연청(延請). invitation 하타
청-요리(淸料理)圓 중국 요리. Chinese cooking
청우(晴雨)圓 청천(晴天)과 우천(雨天). 날이 갬과 비가 내림. 우청(雨晴). fine and rainy weathers
청우(淸雨)圓 기우(新雨). 하타
청우-계(晴雨計)圓〔물리〕기상(氣象) 관측에 쓰이는 기압계. 음청계(陰晴計). 풍우계(風雨計). barometer 〔뭄 때에 비 오기를 비는 일.
청우-법(−−뻡)(請雨法)圓〈불교〉밀교(密敎)에서 가
청운(靑雲)圓 ①푸른 빛깔의 구름. blue cloud ②높은 벼슬이나 벼슬하는 말. ¶~의 뜻을 품다. high rank
청운-객(靑雲客)圓 ①높은 벼슬에 오른 사람. person who aspires to hight offices ②청운의 뜻을 품은 사람. great ambition
청운의 꿈(靑雲−−)圓 입신 출세(立身出世)하려는 꿈.
청운의 뜻(靑雲−−)圓 ①입신 출세의 대망. ②속된 세상에서 벗어나려는 뜻.
청운:-지사(靑雲之士)圓 ①고위 고관(高位高官)으로 출세한 사람. ②학덕(學德)을 겸한 높은 사람. ambitious man

청운지:지(靑雲之志)명 ①훌륭한 사람이 되고자 하는 마음. ambition ②속세를 초월하여 은자(隱者)가 되고자 하는 마음. 능운지지(凌雲之志).
청원(請援)명 구원을 청함. asking help 하타
청원(請願)명 ①청하고 원함. 《법률》 국민이 법률에 정한 절차에 따라 손해의 구제, 공무원의 파면, 법률·명령·규칙의 제정·개폐, 그 밖의 일을 국회·관공서·지방 자치 단체의 의회에 청구하는 일. petition 하타
청원 경:찰(請願警察)명 《법률》 국가 기관, 공공 단체, 국내 주재 외국 기관 등의 장이나 중요 시설 또는 사업장의 경영자가 그 비용을 부담하고 경찰의 배치를 청원하는 제도. 「법에 정해짐.
청원-권(-權)[-꿘](請願權)명 《법률》 청원하는 권리. 헌
청원-서(請願書)명 청원하는 문서.
청유(靑釉)명 청자(靑瓷)의 잿물. 「연을 줄김. 하타
청유(淸遊)명 풍치 있는 놀이. 속진(俗塵)을 떠나 자
청유(請由)명 《준말》 청가(請暇). 하타
청유-문(請誘文)명 《어학》 말하는 이가 듣는 이에게 같이 행동할 것을 요청하는 문장 종결의 양식으로서, 서술의 종결 어미로 성립함.
청유-형(請誘形)명 《어학》 어미 변화의 하나. 무엇을 하고자 유인하거나 유도하는 꼴. 동사에만 쓰임.
청을 빌려 방에 들어간다 (관) 처음에는 조심조심 시작한 것도 차차 익숙해지면 분에 넘치는 짓까지 한다.
청음(淸音)명 ①맑고 깨끗한 소리. 《대》 탁음(濁音). clear sound ②명 무성음(無聲音).
청음(淸陰)명 맑은 그늘. 소나무·대나무 등의 그늘을 흔히 있게 이르는 말.
청음(晴陰)명 《준말》 음청(陰晴).
청:음(聽音)명 음악의 기초적 연습의 하나. 귀의 훈련을 위한 것으로, 가락이나 화음을 듣고 리듬·박자·조(調)·음 이름 등을 분간하여 알아내어 악보에 옮겨 쓰는 것.
청:음-기(聽音機)명 《군사》 비행기·함선 등이 내는 소리를 청취하여 그 방향·위치 등을 탐지하는 기계의 총칭. 공중 및 수중 청음기가 있음. sound detector
청:음 수정기(聽音修正器)명 음향(音響)·속도·풍향(風向) 등에 의하여 생기는 오차(誤差)를 수정하는 청음기에 딸린 장치.
청의(靑衣)명 ①푸른 빛깔의 옷. blue dress ②옛적에 천한 사람이 푸른 옷을 입었던 데서, 천한 사람을 이르는 말. humble person
청의(淸議)명 높고 공정한 언론. lofty discussion
청의(請議)명 다수의 의견으로 의결하기를 요구함. proposal of voting 하타
첨의-서(僉議書)명 청의하는 서면.
청:이-불문(聽而不聞)명 《동》 청약불문(聽若不聞). 하
청-인(淸人)명 청(淸)나라 사람(중국인). Chinese
청일(淸溢)명 맑고 속되지 아니함. purity 하타
청일 전:쟁(淸日戰爭)명 《역사》 1894~1895년에 걸친 청국과 일본 사이의 전쟁. Sino-Japanese War
청자(靑磁)명 《미술》 철분을 함유한 청록색 또는 담회색의 유약(釉藥)을 입힌 자기. 청도(靑陶). 청사기(靑沙器). 청자기(靑瓷器). celadon porcelain
청자-기(靑瓷器·靑磁器)명 《준말》 청자(靑磁).
청자 상감(靑瓷象嵌)명 고려 시대에 발달한 자기(瓷器) 양식의 하나. 푸른 빛깔의 청자에다 여러 가지 도안과 무늬를 새겨 다른 빛깔을 냄.
청자-와(靑瓷瓦)명 《미술》 고려 때에 만든 청기와의 하나. 청자와 같은 흙으로 만든 것인데, 보통의 청기와와는 다름.
청자-유(靑瓷釉)명 《미술》 100 분의 3 가량의 철분을 함유하고 있는 자기의 잿물. 요(窯) 속에서 환원하여 청색·담화색으로 됨.
청작(靑雀)명 《동》 고내새.
청주(淸酒)명 ①맑은 술. ②제사에 쓰는 술.
청:잠(聽箴)명 사물잠(四勿箴)의 하나. 예(禮)가 아

니거든 듣지 말라는 규계(規戒). 비례 물청(非禮勿聽). 「an account 하타
청장(淸帳)명 빚 등을 다 갚아 셈을 밝힘. settling
청장(淸醬)명 진하지 않은 간장. thin soy
청장[-짱](請狀)명 ①《약》=청장문(請牒狀). ②《불교》 신도에게 오라고 청하는 글. 「of office
청장(廳長)명 청의 우두머리. 「철도~. 국세~. chief
청=장:년(靑壯年)명 청년과 장년. youths and men at prime of manhood 「하타
청재(淸齋)명 몸을 깨끗이 재계(齋戒)함. purification
청전(靑田)명 ①벼가 푸릇푸릇한 논. green rice-fields ②아직 결실하지 아니한 벼는. unripe rice-fields
청전(靑氈)명 푸른 빛깔의 전. 「는 돈.
청전(請錢)명 어떤 일을 부탁할 때 뇌물(賂物)로 쓰
청=전교(請傳敎)명 왕명을 받듬.
청전 구:물(靑氈舊物)명 '대대로 전하여 오는 오래된 물건'을 이르는 말. inherited goods
청절(淸絕)명 더할 수 없이 깨끗함. 몹시 맑음. clearness 하타 「grity
청절(淸節)명 깨끗한 정조. 결백한 절조(節操). inte-
청정(淸淨)명 ①맑고 깨끗함. 더럽거나 속되지 않음. purity ②《불교》 죄가 없이 깨끗함. 계행(戒行)이 조촐함. 《대》 부정(不淨). innocence 하타 히
청:정(聽政)명 정사(政事)를 듣고 처리함. 정무를 봄.
청정 무:사(蜻蜓武砂)명 《동》 잠자리 무사. 「하타
청정-미(靑精米)명 《동》 생동쌀. 「날에 올리는 물.
청정-수(淸淨水)명 《불교》 다기(茶器)에 담아 붙전(佛
청정-심(淸淨心)명 망념을 없앤 깨끗한 마음.
청정 야:채(淸淨野菜)명 날로 먹을 수 있도록, 퇴비나 인분뇨를 쓰지 않고 화학 비료로 재배한 야채.
청정 재:배(淸淨栽培)명 주식용 야채의 재배에 있어서 인분뇨를 사용하지 않는 일. 화학 비료를 사용하는 방법과 수경(水耕)·사경(砂耕) 등의 방법이 있음. 하타 「(靑皇)
청제(靑帝)명 봄을 맡은 동쪽의 신. 동군(東君)①. 청
청조(靑鳥)명 ①《동》 고지새. ②파랑새. blue bird ③ 반가운 사자(使者) 또는 편지. messenger
청조(淸朝)명 ①중국 청(淸)나라의 조정. Ching dynasty of China ②《약》→청조체(淸朝體). ③《약》 →청조 활자(淸朝活字)
청조(淸操)명 깨끗한 정조. pure chastity
청조(請助)명 도와 주기를 청함. asking for help 하
청조-체(淸朝體)명 《인쇄》 해서체(楷書體)의 하나. 모필(毛筆)로 쓰는듯 보편적으로 쓰이는 서체로, 명조체보다 쓰기가 쉬움. 《약》 청조(淸朝). ④ style of Chinese character
청조 활자(淸朝活字)[-짜](淸朝活字)명 《인쇄》 활자체의 하나. 청조체의 활자. 《약》 청조(淸朝)③. regular chinese character type 「family of honour
청족(淸族)명 너디 대로 절의를 숭상하여 온 집안.
청:종(聽從)명 이르는 대로 잘 들어 좇음. 하타
청좌(請坐)명 《제도》 ①혼인 때 신부 집에서 신랑에게 사람을 보내어 자리에 나와 행례하기를 청하던 일. ②조선조 때, 이례(吏隸)를 보내어 으뜸 벼슬 아치의 출석을 청하던 일. 하타
청죄(請罪)명 죄줄 것을 청함. 죄가 있어 자수함. 하
청:죄(聽罪)명 죄의 고백을 들음. 하타
청주(淸酒)명 ①맑은 술. 《대》 막걸리. pure liquor ② 정종(正宗).
청죽(靑竹)명 ①《동》 취죽(翠竹). ②마르지 않은 대.
청:중(聽衆)명 강연·설교 등을 듣는 군중. audience
청=지기(廳-)명 《제도》 양반집 수청방(守廳房)에 있으면서 잡일을 맡아보던 사람. 수청(守廳)②. steward 「honest 하타
청직(淸直)명 성정이 청렴하고 강직함. upright and
청:진(聽診)명 《의학》 환자의 몸 안에서 일어나는 심장·호흡·흉막·동맥·정맥 등의 소리를 들어서 진단함. auscultation 하타

청ː진=기(聽診器)[명]《의학》청진하는 데에 사용하는 의료 기구. stethoscope

청질(請一)[명] 어떤 일을 하는 데 남한테 청촉을 하여 그 힘을 빌리는 짓. asking a favour 하다태

청징(淸澄)[명] 맑고 깨끗함. purity 하다형

청ː-쫍다(請一)[타보] 높은 이를 청하다. 극히 높은 이에게 청하다.

청찰(請札)[명] ①[동] 청첩장(請牒狀). ②[동] 청편지.

청참외(靑一)[명]《식물》빛깔이 푸른 참외. 청과(靑瓜). green melon

청채(靑菜)[명] ①통배추의 연한 잎을 약간 데쳐 간장·초·겨자를 쳐서 무친 나물. ②[동] 풋나물.

청채(淸債)[명] 빚을 청산함. clearing off the debts 하다태

청처짐=하다[예형여] 동작이나 어떤 상태가 좀 느슨하다. [청공(靑空)] loose

청천(靑天)[명] 푸른 하늘. 벽herr(碧虛). 창공(蒼空)

청천(淸泉)[명] 맑은 샘. clear spring

청천(晴天)[명] 맑게 갠 하늘. 창공(蒼空) 청려(晴旅). (대) 담천(曇天). 우천(雨天). (약) 청(晴). clear sky

청천 백일(靑天白日)[명] ①맑게 갠 날. sun in blue sky ②뒤가 깨끗한 일. ③원죄가 판명되어 무죄가 되는 일. ④푸른 바탕의 복판에 12개의 빛살이 있는 흰 해살을 배치한 무늬.

청천 벽력(靑天霹靂)[명] ①맑게 갠 하늘의 벼락. thunderbolt from a clear sky ②뜻밖에 일어나는 큰 변동, 또는 갑자기 생긴 큰 사건. complete surprise [여 오는 모양.

청천이 구름 모이듯[관] 여기저기서 한 곳으로 많이 모

청천 하늘에 날벼락[관] 뜻밖에 일어나는 돌발적인 사건. [함금. blue iron

청철(靑鐵)[명] 두석(豆錫) 비슷하며 품질이 좀 낮은

청철=땜(靑鐵一)[명] 청철로 붙이는 땜. 하다타

청첩(請牒)[명]《약》→청첩장(請牒狀).

청첩-인(請牒人)[명] 청첩장을 보내는 사람. inviter

청첩-장(請牒狀)[명] 경사가 있을 때에 남을 초청하는 글발. 청간(請簡)②. 청찰(請札)①. 《약》청장(請狀)[명]. 청첩(請牒). invitation card

청청백백=하다(淸淸白白一)[예형여] 썩 청백하다. 맑고 깨끗하다. ¶청청백백한 심경. entirely pure

청청(靑靑一)[예형여] 싱싱하고 푸르다. verdant 청청-히[부] [clear

청청(淸淸一)[예형여] 목소리가 맑고 깨끗하다.

청초(靑一)[명] 초연의 하나. 꼭지만 희고 온몸이 푸른 연(鳶). [풋담배①.

청초(靑草)[명] ①푸른 풀. 생풀³. verdant grass ②[동]

청초(淸楚)[명] 깨끗하고 고움. 말쑥하고 조촐함. ¶─한 옷차림. neatness 하다형 ─히[부]

청초(請招)[명] 청하여 초대함. 초청(招請).

청초-절(靑草節)[명] 목장에서, 음력 5∼9월의 푸른 풀이 있는 시절을 이르는 말.

청초-체(靑楚體)[명]《문학》문체의 하나. 청초 온화하며 겸허한 아취(雅趣)를 가진 문체로, 침착하고 속단(速斷)과 과장이 없는 것이 특색임. 우아체(優雅體). clean style of writing

청촉(請囑)[명] ①청을 넣어 위촉함. 간촉(懇囑). 《약》청(請)②. entreaty ②[동] 부촉. 하다타

청총(靑驄)[명] [동] 청마(靑一).

청총-마(靑驄馬)[명] [동] 총이말.

청추(淸秋)[명] ①맑게 갠 가을. fine autumn weather ②음력 8월의 딴이름.

청춘(靑春)[명] ①새싹이 돋는 봄철. spring ②젊은 나이. 인생의 젊어 피우듯. 청년 시대. ¶─남녀(男女). heyday of youth [노래한 것.

청춘-가(靑春歌)[명]《음악》청춘기 믿음의 하나. 청춘을

청춘-기(靑春期)[명] 젊어 한창인 때. 생리적·정신적인 모든 면이 현저하게 발달한다. 청년기(靑年期).

청춘 소ː년(靑春少年)[명] 스무 살 안팎의 젊은 사람.

청춘-송(靑春頌)[명] 청춘에 대한 칭송. [youngster

청출어-람(靑出於藍)[명] 쪽에서 나온 푸른 물감이 쪽

보다 더 푸르다는 뜻으로, '제자나 후배가 스승이나 선배보다 나음'을 이르는 말.《약》출람(出藍).

청취(淸趣)[명] 맑고 깨끗한 흥취. ¶문방(文房) ∼.

청ː취(聽取)[명] 방송·진술·보고 등을 들음. [licence (fee) 하다타

청ː취료(聽取料)[명] 라디오를 듣는 요금. listener's

청ː취-서(聽取書)[명] '법률''조서(調書)'의 구용어.

청ː취율(聽取率)[명] 라디오 등의 방송 프로가 청취되고 있는 비율. 그 지역의 수신기 전체의 수에 대하여 어떤 특정 프로를 청취하는 수신기 수의 비율.

청ː취-자(聽取者)[명] 라디오를 듣는 사람. listener

청-치(靑一)[명] ①현미(玄米)에 섞인 덜 익어 푸른 쌀. 청미(靑米). ②푸른 털이 얼룩진 소.

청-치마(靑一)[명] 위로 반은 희고, 아래로 반은 푸른

청칠(靑漆)[명] 푸른 빛깔의 칠. [연(鳶).

청-탁(淸濁)[명] ①맑음과 흐림. purity and impurity ②선인과 악인. ③청음(淸音)과 탁음(濁音). 탁청(濁淸). pure and impure sounds ④청주(淸酒)와 탁주(濁酒).

청탁(請託)[명] 청하여 부탁함. 또, 그 부탁. 청촉(請囑). ¶∼서(書). 청(請)①. 하다타

청탁 병ː탄(淸濁倂呑)[명] 도량이 커서 선인·악인을 가리지 않고서 널리 포용함.

청탄(淸灘)[명] 맑고 깨끗한 여울.

청탑-파(靑鞜派)[명] 본래는 문학에 취미를 가진 여인들을 조롱하는 말이었던 말. 뒤에 와서 여성 해방을 외쳐 참정권을 주장하는 지식 계급의 여성을 가리키게 됨. Blue stocking

청태(靑太)[명] ①[동] 푸르대콩. ②[동] 청대콩.

청태(靑苔)[명]《식물》①푸른 이끼. 녹태(綠苔). green moss ②청태과의 해초. 김과 비슷하나 더 푸르고 물결이 잔잔한 바닷가에 많이 남. green laver ③[동] 김.

청태-장(靑太醬)[명] 청대콩의 메주로 담근 간장.

청태-장(靑笞杖)[명] 생나무로 만든 매방망이(태장).

청태-튀각(靑苔一)[명] ①김을 큼직하게 잘라서 기름에 튀긴 음식. ②김의 앞뒤에 찹쌀죽을 발라서 말린 뒤에 기름에 튀긴 음식.

청-파(靑一)[명] 가을에 난 것을 겨울 동안 덮어 두었다가 이른 봄에 캔 파. 청총(靑葱). green onions

청판(廳板)[명] 마루청을 널. 청널.

청판-돌(廳板一)[명] 돌다리 바닥에 깐 넓은 돌.

청-편ː지(請一紙)[명]《請片紙》청질을 하여 맡아 내는 편지. 청간(請簡)①. 청찰(請札). letter of solicitation 하다타

청평(淸平)[명] 세상이 태평함. 하다형

청평 세ː계(淸平世界)[명] 맑고 평안한 세상.

청포(靑布)[명] 푸른 빛깔의 베. blue cloth

청포(靑袍)[명] 빛깔이 푸른 도포.

청포(淸泡)[명] 녹말묵. 녹두묵.

청포-장(靑布帳)[명] 푸른 빛의 천으로 만든 휘장.

청포-탕(淸泡湯)[명] 반듯반듯하게 썬 녹말묵을 굵이어 달걀을 씌운 쇠고기나 닭고기와 함께 끓인 장국. [cool breeze

청품(淸風)[명] 부드럽고 맑은 바람. ¶∼ 명월(明月).

청-풍뎅이(靑一)[명]《곤충》풍뎅이과의 곤충. 보통 풍뎅이와 비슷하나 몸 빛이 녹색이고 촉각이 흑갈색임. 성충은 농작물의 잎과 도토리나무와 스무나무

청피(靑皮)[명] 푸른 귤의 껍질. [의 진을 먹음.

청하(淸夏)[명] 맑고 산뜻한 여름.

청하(廳下)[명] 마루의 아래.

청하니까 매 한 대 더 때린다[관] 어떤 일을 간청하였다가 도리어 봉변을 당하다.

청ː-하다(請一)[타여] ①원하다. 바라다. 요청하다. request ②남을 오라고 하여 노력하다. 잠을 부르다. ¶잠을 ∼. ask ③초대하다. ¶손님을 ∼. invite ④요리를 주문하다. 음식을 요구하다. ¶냉면을 ∼. ⑤《불교》불보살·영혼 등을 부르다.

청학(靑鶴)[명] 푸른 빛깔의 학.

청학(淸學)[명] ①중국 청나라 시대의 학문. learning of the Ch'ing dynasty ②만주어에 관한 학문. ¶~ 훈도(訓導). study of Manchu

청한(淸閑)[명] 맑고 한가함. ¶~한 여생(餘生)을 보내다. tranquility 하자

청향(淸香)[명] 맑고 깨끗한 향기. pure perfume

청허(淸虛)[명] 마음이 맑고 잡된 생각이 없어 매우 깨끗함. pureness 하자

청허(晴虛)[명]〈동〉청천(晴天).

청:허(聽許)[명] 듣고 허락함. sanction 하타

청현(淸顯)[명] 청화(淸華)과 현직(顯職).

청혈(淸血)[명] 맑은 피. 산 피. clean blood

청혈-제(淸血劑)[명] 피를 맑게 하는 약제.

청혜(靑鞋·靑鞋)[명] 짚신.

청호(晴好)[명] 날씨가 개어서 보기가 좋음. 하자

청혼(請婚)[명] 결혼하기를 청함. proposal of marriage 하자

청혼(請魂)[명]〈불교〉죽은 사람의 넋을 부름. 하자

청홍(靑紅)[명]〈약〉→청홍색(靑紅色).

청홍-기(靑紅旗)[명] 청기와 홍기. 「말.

청홍-마(靑紅馬)[명] 쌍륙·장기 등의 푸른 말과 붉은

청홍-사(靑紅絲)[명] 청실 홍실.

청홍-상(靑紅裳)[명] 푸른 치마와 붉은 치마.

청홍-색(靑紅色)[명] 청색과 홍색.〈약〉청홍(靑紅).

청화(靑化)[명] ①〈광물〉복대기를 삭히는 일. ②시안 (cyan)과 화합함.

청화(靑華·靑花)[명] ①중국에서 나는 푸른 물감의 하나. 나뭇잎·풀 같은 것을 그리는 데 씀. ②당청화 (唐靑花).

청화(晴和)[명] 하늘이 개고 날씨가 화창함. mild wea-

청:화(聽話)[명] 이야기를 들음. 하자 「lium〕.

청화-칼륨(靑化-)[명]〈동〉청화칼륨(cyan 化 ka-

청화 공장(靑化工場)[명] 복대기것집.

청화-금(靑化金)[명]〈동〉복대기금.

청:화-기(聽話器)[명] 보청기(補聽器).

청화 백자(靑華白瓷)[명] 청화 자기(靑華瓷器).

청화-법(靑化法)[명]〈동〉시안화법(cyan 化法).

청화-수소(靑化水素)[명]〈동〉시안화수소(cyan 化水素).

청화-은(靑化銀)[명]〈동〉시안화은(cyan 化銀).

청화 자기(靑華瓷器)[명]〈미술〉흰 바탕에 푸른 빛깔로 그림을 그린 자기. 백자 청화(白瓷靑華). 청화 백자(靑華白瓷). 청화 백지(靑華白地). 청화 백사기(靑華白沙器). 「化法).

청화 제:련법(靑化製鍊法)[명]〈동〉시안화법(cyan

청화-홍(靑化汞)[명]〈동〉시안화수은(cyan 化水銀).

청환(淸宦)[명]〈제도〉학식·문벌이 높은 사람이 하면 규장각(奎章閣)·홍문관(弘文館)·선전 관청(宣傳官廳) 등의 벼슬. 지위·봉록은 낮으나 뒷날에 높이 「될 자리임.

청황(淸皇)[명]〈동〉청서(靑書).

청황 색맹(靑黃色盲)[명]〈의학〉청색과 황색에 대한 감각이 나빠 청색이나, 청록색에서 자줏빛과 지들을 한 빛깔로 보는 후천적 색맹.

청훈(請訓)[명]〈정치〉외국 주재의 대사·공사·사절 등이 외무부의 훈령을 청함. (대) 회훈(回訓). request for instruction 하자

청훤(晴暄)[명] 날씨가 개어 따뜻함. 하자

청휘(晴暉)[명] 맑은 날의 햇빛. bright sunlight

청흥(淸興)[명] 맑은 흥치(興致). innocent amusement

체[명] 가루를 치거나 액체를 밭아 내는 데 쓰는 제구. 얇은 나무로 쳇바퀴를 만들고 쳇불을 메웠음. sieve

체²의[명] 그럴 듯하게 꾸미는 거짓 태도. 어미 '-ㄴ' '-은' '-는' 아래에 쓰임. 척. ¶본 ~. 잘난 ~. pretence

체³감[명] 못award지 아니꼬울 때나, 원통하여 탄식할 때 내는 소리. ¶~, 제가 될 안다고. for shame!

체(帖)[명]〈약〉→체지(帖紙).

체(滯)[명]〈동〉체증(滯症).

체(體)[명] 문장·글씨·그림 등의 본틀기와 방식.

=**체**(體)[의][명] ①입체의 뜻. ¶사면~. 육면~. ②몸·형체 등의 뜻. ¶결정~. 기업~. 조직~. ③체제나 형식의 뜻. ¶송조(宋朝)~. 고딕~. ④〈어학〉'문예'라는 뜻. ¶구어~. 문어~.

체가(遞加)[명] 등수를 따라 차례로 더하여 감. (대) 체감(遞減). successive increase 하자타

체간(體幹)[명] 척추 동물의 몸의 중축(中軸)을 이루는 부분. 두부·경부·복부·흉부·미부의 다섯으로 나뉨.

체감(遞減)[명] 등수를 따라 차례로 덜어 감. (대) 체가 (遞加). successive diminution 하자타

체감(體感)[명] 몸에 느끼는 감각. body sensation

체감 온도(體感溫度)[명]〈기상〉기온·습도·풍속(風速)·복사 따위에 따라 인체(人體)가 느끼는 더위·추위 등을 수량적으로 나타낸 것.

체감-증(體感症)[명]〈의학〉체감 곧, 내장 감각의 이상을 증징후(主徵候)로 하는 정신병. 정신 쇠약에서 볼 수 있는데, 발이 비틀린다, 피가 거꾸로 흐르고 있다 등의 환각과 망상에 사로잡힘.

체강(體腔)[명]〈생물〉동물의 체벽(體壁)과 내장과의 사이에 있는, 중배엽(中胚葉)으로 둘러싸인 빈 곳. 강장(腔腸)·흉강(胸腔)·복강(腹腔) 등. coelom

체개(遞改)[명] 사람을 갈아들임. 경질(更迭). 체역(遞易). 하자

체거(遞去)[명] 벼슬을 내어 놓고 물러감. 하자

체격(體格)[명] ①몸의 골격. ②근육·골격·영양 상태로 나타나는 몸의 외관적 형상의 전체. 형격(形格). build

체격 검:사(體格檢査)[명]〈동〉신체 검사(身體檢査)①.

체결(締結)[명] ①얽어서 맺음. binding ②계약·조약 등을 맺음. ¶조약 ~. conclusion 하자타

체경(滯京)[명] 서울에 체류함. staying in the capital

체경(體鏡)[명] 온몸이 비치는 큰 거울. large looking

체계(逮繫)[명] 붙잡아서 옥에 가둠. 하자타 「glass

체계(遞計)[명]〈약〉→장체계(場遞計).

체계(體系)[명] ①낱낱인 것을 통일한 조직. 또, 그것을 구성하는 각 부분을 계통적으로 통일한 전체. ¶~있는 학문. ②〈철학〉일정한 원리에 의해 조직된 지식의 통일적 전체. system

체계-돈[-똔](遞計-)[명] 체계(遞計)로 쓰는 돈.

체계-적(體系的)[관] 유기적으로 연관되어 계통을 이루는(것).

체계-집[-찝](遞計-)[명] 돈놀이를 하는 집.

체계-화(體系化)[명] 체계적인 것으로 되거나, 체계적인 것으로 되게 함. 하자타

체고(滯固)[명] 한 군데로 몰려서 움직이지 못함. 하자

체고(體高)[명] 몸의 높이. 키. height of the body

체공(滯空)[명] 공중에서 체류함. 하자 「기록.

체공 기록(滯空記錄)[명] 항공기의 비행 계속 시간의

체공 비행(滯空飛行)[명] 항공기가 무착륙 비행 능력을 시험하기 위해 장시간 비행하는 일. 하자

체:-관(-管)[명]〈식물〉시문의 뿌리의 조직을 구성하는 요소의 하나. 잎에서 광합성의 결과 만들어진 양분이 저장 기관으로 이동하는 동화 물질의 통로임. 잎맥·줄기·뿌리로 길게 연결됨.

체관(諦觀)[명] ①층분히 봄. 살살이 살핌. clear vision ②단념함. 체시(諦視). resignation 하자타

체관-부(-管部)[명]〈식물〉여러 개의 체관이 모여서 된 부분. 관다발을 구성하는 부분의 하나이며, 동화 양분의 이동 통로임. 사관부(篩管部).

체구(體軀)[명] 몸뚱이. 몸집. body

체국(體局)[명] 형국(形局).

체귀(遞歸)[명] 벼슬을 내어 놓고 돌아옴. 체래(遞來). 하자

체급(體級)[명]〈체육〉권투·역기·레슬링 등의 운동에서, 경기자의 체중에 의해서 매긴 등급. 「구.

체기(體技)[명]〈체육〉허리에 지고 활을 쏘는 데에 쓰는 제

체기(滯氣)[명]〈한의〉가벼운 체수(滯祟). 체증의 기미. indigestion 「는 기별.

체기(遞騎)[명]〈군사〉먼 곳에 명령·보고 등을 전달하

체기(體技)[명] 권투·레슬링·씨름·유도 등에서처럼 몸

전부를 쓰는 경기.
체-꽃[-꽃]⟨식물⟩산토끼꽃과의 다년생 풀. 높이 60~90cm, 잎은 대생하고 피침형 또는 도란형임. 8~9월에 담자색 꽃이 핌. 긴 타원형의 수과가 열리고 산에 남.
체납(滯納)남세를 지체함. 건납(愆納). arrearage
체납 처:분(滯納處分)⟨법률⟩국가·지방 자치 단체가 조세·공과금 등의 체납자에 대해 재산을 압류하고, 공매에 부쳐 그 세금·가산금·체납 처분비를 강제로 징수하는 행정 처분. 국세 체납 처분. disposition for recovery of arrears [the body
체내(體內)몸의 안. ⟨대⟩체외(體外). interior of
체-내:-다(滯一)⟨민속⟩음식을 잘 삭이지 못하는 체증을 없애는 미신으로, 환자의 배를 한 손으로 훑어 올려 목에 닿을 때, 단단한 물건을 쥔 다른 한 손을 병자의 입속에 넣어 휘저 두르다가 뱃속에서 삭이지 못한 물건을 집어 내는 것처럼 그 쥐었던 물건을 내놓음.
체내 수정(體內受精)⟨생물⟩생물의 암컷의 몸 안에서 행해지는 수정. 곤충류·파충류·조류·포유류 등 육서 동물(陸棲動物)에 많은 수정법이요, 흔히 교미에 의해 행함. ⟨대⟩체외 수정(體外受精).
체념(諦念)풀지 못하고 오랫동안 쌓인 생각.
체념(諦念)①도리를 깨닫는 마음. clear vision ②아주 단념함. resignation 하타
체념(體念)깊이 생각함.
체능(體能)어떤 일을 감당할 만한 신체의 능력. 몸의 능력. ¶~검사. physical capacity
체당(替當)⟨법률⟩뒤에 상환받기로 하고 금전·재물 등을 대신 지급하는 일. ②남의 일을 대신하여 담당함. 하타 [교질(交質).
체대(替代)서로 바꿔 가며 대신함. 교체(交替)
체대(遞代)서로 번갈아 대신함. 교체(交遞). 질대(迭代). 하타
체대(體大)①⟨불교⟩삼대(三大)의 하나. 중생심(衆生心)이 진여 평등(眞如平等)하여 생(生)·멸(滅)·증(增)·감(減)이 없고 그 몸이 큼. ⟨대⟩체소(體小). ③⟨약⟩체육 대학(體育大學). big status 하식 ②의 경영하는 경종(耕種) 방식의 하나.
체대(遞代式)⟨농업⟩체대(遞代田)의 조직에
체대-전(遞代田)⟨농업⟩조림(造林)과 전작(田作)을 교대하여 짓는 밭. [zor ②⟨동⟩면도칼.
체도(剃刀)①머리털을 깎는 칼. hair shaving ra
체도(體度)⟨동⟩체후(體候).
체도(剃度)도의(道義)를 본뜸. 하타 [체발(剃髮).
체두(剃頭)①깎기 머리. tonsured head ②⟨동⟩
체득(體得)①경험하여 얻음. experience ②뜻을 받아서 본뜸. realization 하타
체등(遞等)신구 관리가 서로 체대(替代)함. 하타
체량(體量)⟨동⟩체중(體重).
체량(體諒)썩 깊이 헤아림. 하타
체량-기(體量器)체중을 다는 기계.
체렌코프 방:사(Cherenkov放射)⟨물리⟩물과 같은 투명한 물질 속으로 전자가 통과할 때 발산하는 청색 광선.
체력(體力)몸의 힘. 몸의 작용 능력. 건강 장해에 대한 몸의 저항 능력. 근골(筋骨). ¶강인한 ~. physical strength
체력장(體力章)중·고교생에 대한 체력 검사의 결과를 적은 기록부. 교육 위원회에서 실시함.
체련(體鍊)신체를 단련함. 하타
체례(體例)관리 사이에 지키는 예절.
체로(替勞)남을 대신하여 수고함. 하타
체루(涕淚)슬퍼 울어서 흐르는 눈물. tears
체류(滯留)남의 곳에 오래 머물러 있음. 체재(滯在). ¶장기 ~. stay 하타
체리(滯利)⟨한의⟩체증으로 생기는 이질.
체리(cherry)⟨식물⟩①벚나무. 흑앵(黑櫻). ②버찌.
체맹(締盟)맹약을 맺음. 결맹(結盟)①. 하타

체맹-국(締盟國)맹약을 맺은 나라. treaty power [(風旋旋). shaky head
체=머리병적으로 저절로 흔들리는 머리. 풍두선
체머리 흔들-다①병적으로 머리가 저절로 흔들리다. have a shaky head ②어떤 일에 머리가 흔들리도록 싫증이 나다.
체메체면 모르는 사람. shameless person
체-메:-다/체-메우-다쳇바퀴에 쳇불을 대어서 그 구멍을 메우다. [⟨약⟩면¹. honour
체면(體面)남을 대하는 체재와 면목. 체모(體貌).
체면 사납다체면이 서지 아니하여 부끄럽고도 분하다. [에게 출릭을 당하였다.
체면에 몰렸다체면을 차리느라고 하잘것없는 사람
체면-치레(體面-)체면이 서도록 꾸미는 일. ¶~
체모(體毛)몸털. 몸에 난 털. [에 불과하다.
체모(體貌)⟨동⟩체면(體面).
체목(體木)①가지와 뿌리를 잘라 낸 등걸. stump ②집을 짓는 데 쓰는 기둥·도리 등의 재목. timber
체물(滯物)소화가 잘 되지 않고 위에 그대로 있는 음식물. 체한 음식물.
체미(體美)미국에 체재함. 하타
체발(剃髮)기른 머리털을 바싹 깎음. 삭발. 체두(剃頭)②. 축발(祝髮). tonsure 하타
체백(體魄)죽은지 오래 된 송장. 또는 땅 속에 묻은 송장.
체번(替番)순번의 차례로 감마듬. 번을 서로 바꿈. 체직(替直). alternation 하타 [hment 하타
체벌(體罰)몸에 고통을 주는 벌. corporal punis-
체벌-법(體罰法)글씨의 체와 법을 놀리는 법.
체병[-뼝](滯病)⟨한의⟩먹은 음식이 잘 삭지 않아 생기는 병. 체증(滯症). indigestion
체부(遞夫)⟨동⟩체전부(遞傳夫).
체불(滯拂)①지급이 연체됨. fall into arrears ②지급을 지체함. ¶~임금 ~. 하타타
체비-지(替費地)토지 구획 정리 사업의 시행자가 그 사업에 필요한 재원(財源)을 충당하기 위하여 환지(換地)계획에서 제외하여 유보 지정한 땅.
체사(涕泗)흐르는 눈물이나 콧물. [caused by indigestion
체색(體色)몸의 빛깔.
체설(滯泄)식체(食滯)로 일어나는 설사. diarrhoea
체세(體勢)몸을 지니는 자세.
체-세:포(體細胞)⟨생물⟩생물체를 구성하고 생활 작용을 영위하는 모든 세포. 모양과 크기가 같은 두 개의 상동 염색체가 짝을 이루고 있으며, 동·식물의 체세포가 증식할 때 분열이 일어남. somatic cell
체세:포 분열(體細胞分裂)⟨생물⟩생물의 몸을 구성하는 세포(생식 세포 제외)가 분열하여 새로운 세포를 만드는 현상. 간기·전기·중기·후기·말기의 과정을 거치면서 한 개의 세포가 두 개로 분열함. 식물에서는 생장점과 부름겨에서, 동식물에서는 생식 세포를 제외한 몸 전체에서 일어남.
체소(體小)몸피가 작음. ⟨대⟩체대(體大). small
체송(遞送)⟨동⟩체전(遞傳). 하타 [status 하타
체송-비(遞送費)우펀·화물의 송료.
체수(滯水)흐르지 않고 괴어 있는 물. [수·
체수(滯囚)죄가 결정되지 않아 오래 갇혀 있는 죄
체수(滯祟)⟨동⟩체증(滯症).
체-수면(滯睡眠)잠이 깊은 상태. 의식하지 않는 불수의(不隨意)운동도 억제됨. ⟨대⟩뇌수면(腦睡眠).
체스(chess)서양의 장기(將棋). [眠).
체스트 패스(chest pass)⟨체육⟩농구에서, 패스할 때에 공을 가슴으로부터 밀어내듯이 던지는 일.
체습(體習)남의 행동을 본떠 배움. imitation 하타
체시(諦視)⟨동⟩체관(諦觀)②. 하타
체식(體式)체제(體裁)와 방식. pattern
체신(遞信)순차적으로 여러 곳을 거쳐서 음신(音

체신(信)을 통하는 일. communications
체신(體身)명 사람의 몸뚱이.
체신-청(遞信廳)명 〈법률〉 정보 통신부 장관에 속하여 우편·우편환·체신 예금 및 체신 보험 업무의 시행에 관한 사무를 맡아보는 기관.
체액(體液)명 체내의 맥관(脈管) 또는 조직의 사이에 차 있는 액체. 혈액·림프액 따위.
체약(締約)명 조약·계약·약속 등을 맺음. conclusion of a convention 하타
체약(體弱)명 몸이 약함. 하타 [treaty powers
체약-국(締約國)명 〈법률〉 서로 조약을 맺은 나라.
체양(體樣)명 몸의 생긴 모양. 체상(體狀). 체용(體容). 체형(體形). ¶~이 조촐하다. features
체어(chair)명 ①의자(椅子). ②회장석(會長席). 의장석. 사회자석.
체어 리프트(chair lift)명 로프웨이(ropeway)의 하나. 메인 로프(main rope)에 직접 의자가 여러 개 매달려 있는 것으로, 스키장 같은 데서 사용함.
체어-맨(chairman)명 의장. 회장. 위원장. 사회자. 사장. 은행장.
체언(體言)명 〈어학〉 사물의 실체를 가리키는 언어라는 뜻으로, 명사·대명사·수사의 세 품사로, 문장에서 조사의 도움을 받아서 주체가 되는 구실을 하는 단어. (대) 용언(用言). substantive
체역(遞易)명 (동) 체개(遞改). 하타
체열(體熱)명 사람이나 동물의 몸에서 나는 열.
체옥(滯獄)명 옥(獄)에 오랫동안 갇혀 있음. long imprisonment 하타 [ture of the body
체온(體溫)명 생물체가 가지고 있는 온도. tempera-
체온-계(體溫計)명 〈의학〉 체온을 재는 데 쓰는 온도계. 검온기(檢溫器). clinical thermometer
체온 조절(體溫調節)명 〈생의〉 정온(定溫) 동물, 곧 포유 동물·조류 등이 그 체온을 거의 일정하게 유지하는 작용.
체외(體外)명 몸의 밖. (대) 체내(體內).
체외 수정(體外受精)명 〈생리〉 생물의 모체 밖에서 수정이 이루어지는 방법. 암컷이 물 속에 알을 낳으면 수컷이 그 위에 정자를 뿌려 수정이 이루어짐. 어류·양서류 등에 있음. (대) 체내 수정(體內受精)
체요(體要)명 사물의 요점. key point [精].
체용(體用)명 사물의 본체와 작용. 실체와 응용. theory and practice [in the rain 하타
체우(滯雨)명 비에 막혀 움직이지 못함. confinement
체위(體位)명 ①몸의 위치. 자세. ②체격·건강의 정도. ¶국민 ~ 향상. physical standard
체육(體育)명 〈교육〉 육체의 건전한 발달과 착한 심성을 기를 목적으로 하는 교육. (대) 덕육(德育). 지육(智育). physical education
체육-관(體育館)명 실내에서 체조나 경기 등을 하기 위하여 설비된 건물. gymnasium
체육 대학(體育大學)명 체육의 전문 학술에 관한 이론과 실제 방법을 교수·연구하는 대학. (약) 체대(體大)③.
체육-복(體育服)명 체육을 할 때 입는 아래위의 간편한 복장. 운동복.
체육-부(體育部)명 〈교육〉 초·중·고·대학의 특별 활동부의 하나로 체육을 특기로 하는 부.
체육 포장(體育褒章)명 체육 활동을 통하여 국민 체력 발전 및 국위 선양에 공이 있는 사람에게 주는 포장.
체육-회(體育會)명 ①체육의 발전을 꾀하기 위하여 열린 운동회·경기 대회 등. athletic meet ②각종 운동을 통하여 건강의 증진·유지를 꾀하려는 단체. 또, 그 모임. athletic association
체육 훈장(體育勳章)명 체육 발전에 공을 세워, 국민 체위 향상과 국가 발전에 공적이 뚜렷한 이에게 수여하는 훈장. 청룡장·맹호장·거상장·백마장·기린장의 5등급이 있음. [crying 하타
체읍(涕泣)명 눈물을 흘리며 슬피 욺. 읍체(泣涕).

체이증[—쯩](滯頤症)명 〈한의〉 어린아이가 침을 많이 흘리는 병.
체인(體認)명 마음으로 깊이 인정함. realization 하타
체인(chain)명 ①〈공업〉 쇠사슬. ②측량에 쓰이는 측쇄(測鎖). ③자전거의 양날이줄. ④연쇄 조직. 영화·연극의 흥행 계통.
체인 레터(chain letter)명 편지 받은 사람이 지명에 게 차례로 같은 내용의 편지를 내도록 된 연쇄(連鎖) 편지. 행운의 편지.
체인 리액션(chain reaction)명 연쇄 반응(連鎖反應).
체인 블록(chain block)명 도르래·톱니바퀴·사슬 등을 조합시켜서 무거운 물건을 달아 올리거나 잡아당기는 기계.
체인 스토어(chain store)명 연쇄점(連鎖店).
체인지(change)명 ①변천. 변화. ②교체(交替). 교환. 하타
체인지 업(change up)명 〈체육〉 야구에서, 투수가 타자의 수법으로 느리게 하려고 축구와 같은 동작으로 속도에 변화를 주어 던지는 변화구.
체인지-오:버(change-over)명 〈경제〉 환(換)의 매매 계약이 만기가 되었을 때, 실제의 인도를 하지 않고 다시 선물(先物)의 매매 계약으로 변경하는 일. 하타
체인지 오브 페이스(change of pace)명 〈체육〉 야구에서, 투수가 투구의 속도를 변화시키는 일.
체임(遞任)명 버슬을 갈아냄. 체직(遞職). change of post 하타
체임(滯賃)명 마땅히 지급해야 할 노임(勞賃) 따위를 지급하지 않고 뒤로 미룸. 또, 그 체불 임금.
체장(體長)명 ①물고기의 주둥이 끝에서 꼬리지느러미의 기저(基底)까지의 길이. ②동물의 몸의 길이. length of an animal [사람.
체=장이(滯—)명 체를 내리게 하는 일을 업으로 하는
체재(滯在)명 (동) 체류(滯留). 하타
체재(體裁)명 생기거나 이루어진 형식 또는 됨됨이.
체적(滯積)명 (동) 식적(食積). [체제(體制)①. style
체적(體積)명 〈수학〉 입체(立體)가 차지한 공간 부분의 크기. 부피. cubic volume
체적 팽창(體積膨脹)명 〈물리〉 체적의 팽창. 물체가 온도 변화에 의하여 체적을 늘이는 일. 체팽창(體膨脹)(線膨脹). cubical expansion
체적 팽창 계:수(體積膨脹係數)명 〈물리〉 온도 1°C 높이는 데 따라 생기는 물체의 팽창량과 그 물체의 0°C에서의 체적과의 비. 체팽창 계수. 체팽창률. (대) 선팽창 계수. coefficient of cubical expansion
체전(遞傳)명 차례로 여러 곳을 거쳐서 전하여 보냄. 전체(傳遞). 체송(遞送). transmittance 하타
체전-부(遞傳夫)명/체전-원(遞傳員)명 우편 집배원
체절(體節)명 (동) 체후(體候). [(郵便集配員).
체절²(體節)명 〈동물〉 환형(環形) 동물 등의 몸을 이루고 있는 하나하나의 마디. ¶~ 동물. arthromere
체제(體制)명 ①〈동〉 체재(體裁). ②사회를 하나의 유기체(有機體)에 비하여 볼 때, 그 조직의 양식(樣式). 사회 조직. organization ③〈今〉 주권자·단체·세력 등이 지배하는 상태. system ④〈생물〉 생물체 각 부분의 분화 상태 및 그것들의 상호 관계. system
체조(體操)명 신체 각 부분의 고른 발육·건강의 증진·체력의 단련 및 정신의 수양 등의 목적을 달성하기 위해 행하는 일정한 규칙에 따른 운동. 크게 맨손 체조·기계 체조 등으로 나뉨. physical exercises 하타
체중(體重)명 ①몸의 무게. 체량(體量). weight ②지위가 높고 중함. dignity 하타
체증(滯症)명 〈한의〉 체하여 잘 소화되지 않는 증세. 체수(滯祟). (약) 체(滯). indigestion
체증(遞增)명 수량이 차례로 점차 늚. (대) 체감(遞減). 하타
체지(帖紙)명 〈제도〉 ①관아에서 이례(吏隷)를 고용

체지 하는 서면(書面). 곧, 사령(辭令). ②금품을 받은 표. 곧, 영수증. 《약》체(帖). receipt

체지(體肢)〔명〕척추 동물의 체간(體幹)에서 뻗어 나온 두 쌍의 가지 부분. 전지(前肢)와 후지(後肢). 사람은 상지(上肢)와 하지(下肢). body and limbs

체직(遞職)〔명〕체임(遞任). 하타

체진(滯陣)〔명〕①진중에 체재함. ②한 곳에 오래도록 진을 치고 머묾. 하타

체=질〔명〕체로 가루 따위를 치는 짓. screening 하타

체질(體質)〔명〕①몸의 성질. 몸의 바탕. ¶알레르기성 ~. ②개인의 형태적 및 기능적인 모든 성상(性狀). constitution

체질 개:선(體質改善)〔명〕①몸의 성질과 바탕을 고쳐 좋게 함. improvement of physical constitution ②낡은 사고 방식이나 인식 등을 새롭게 함. ¶공무원 ~. 하타

체차(遞差)〔명〕관리를 갈아내어 바꿈.

체찰=사(體察使)〔명〕《제도》조선조 때, 지방에 군란이 있을 때에 왕 대신 그 지방에 나아가 일반 군무를 총할하던 군직. 재상이 겸임함.

체천(遞遷)〔명〕봉사손(奉祀孫)의 대수(代數)가 다한 신주를 최장방(最長房)이 그 제사를 받들려 하려고 그 집으로 옮기는 일. 그 최장방이 죽었을 때에는 그 다음의 최장방의 집으로 옮기는데 전체로 대진(代盡)되어 뒤에 매안(埋安)하는 것이 보통임. 하타

체첩(體帖)〔명〕글씨의 본보기가 될 만한, 잘 쓴 글씨의 장첩(裝帖).

체청(諦聽)〔명〕주의하여 자세히 들음. listening attentively 하타

체체=파:리(tsetse—)〔명〕《곤충》짐파리과의 흡혈성의 파리. 물가에서 번식하며 멀리 날아가지 않음. 수면병(睡眠病)의 병원체인 트리파노조마의 중간 숙주임.

체취(體臭)〔명〕몸의 냄새. body odour

체측(體側)〔명〕몸의 측면.

체크(check)〔명〕①수표(手票). ②검사·대조 또는 그 표적으로 적는 표 '√'. ③물품을 맡기고 그 표적으로 받는 쪽지. ④바둑판 모양의 직물의 무늬. 또, 그 직물. 하타

체크=아웃(check-out)〔명〕①돈 계산을 함. ②그날 숙박료를 계산하고 방을 비워 주는 일.

체크=오프(check-off)〔명〕급료에서 조합비 따위를 미리 공제함.

체크=인(check-in)〔명〕①호텔 등에서, 성명 등을 기장하고 투숙하는 일. 흔히는, 오후 1시 이후임. ②공항의 카운터에서 여객이 탑승 절차를 밟는 일.

체크 카:드(check card)〔명〕가게 수표를 발행할 수 있는 사람에게 은행이 교부하는 지급 보증 카드.

체크 프라이스(check price)〔명〕《경제》국제 시장의 덤핑(dumping) 행위를 방지하는 견지에서, 그 이하로는 수출 승인을 받을수 없는 최저 수출 가격.

체크 프로텍터(check protector)〔명〕어음의 개조를 막기 위해 그 표시 금액을 볼펜 잉크로 적거나, 구멍을 뚫어 표시하는 기구.

체탈(褫奪)〔명〕→치탈(褫奪).

체통(體統)〔명〕①관원(官員)의 체면. honour ②지체나 신분에 알맞은 체면. dignity

체=팽창(體膨脹)〔명〕체적 팽창(體積膨脹).

체팽창 계:수(體膨脹係數)〔명〕(동) 체적 팽창 계수(體積膨脹係數).

체팽창=률[—뉼](體膨脹率)〔명〕체적 팽창 률(體積膨脹率).

체포(逮捕)〔명〕①죄인을 쫓아서 잡음. ②검사·사법 경찰관 등이 법관이 발하는 영장에 의해 피의자를 인치(引致)하거나 구금하기 위한 강제 수단. (내) 석방(釋放). arrest 하타

체포 감금죄[—쬐](逮捕監禁罪)〔명〕《법》남을 불법 체포 또는 감금함으로써 성립되는 죄. false imprisonment

체표(體表)〔명〕몸의 표면.

체표 면:적(體表面積)〔명〕몸의 표면적. 사람의 경우에는 체표 면적=〔√체중(kg)×√신장(cm)×162.7〕cm² 임.

처들어가다

체하(帖下)〔명〕《제도》관아에서 일꾼·상인 들에게 금품을 줄 때, 서면으로 내주던 일. 하타

체=하:다〔조동여불〕그럴 듯하게 꾸미는 거짓 태도가 있다. 어미 '-ㄴ'·'-은'·'-는' 아래에 쓰임. 양하다. ¶모르는 ~. 잘난 ~. pretend to

체=하:다(滯—)〔자여불〕먹은 것이 잘 삭지 않고 위 속에 담답하게 처져 있다. sit heavy on the stomach

체해(體解)〔명〕죽은 뒤 팔다리를 찢던 옛 형벌의 하나. tearing the corpse to pieces 하타 [town 鄉]

체향(滯鄕)〔명〕고향에 머무름. staying at one's home

체험(體驗)〔명〕①자기가 몸소 경험함. 또, 그 경험. experience ②《심리》특정한 인격이 직접적으로 경험한 심적 과정. 하타

체험=담(體驗談)〔명〕직접 경험한 바의 이야기.

체험=자(體驗者)〔명〕체험한 사람.

체현(涕泫)〔명〕눈물이 줄줄 흐름.

체현(體現)〔명〕구체적으로 실현함. embodiment 하타

체형(體刑)〔명〕①신체에 가하는 형벌. 징역·사형 등. ②《내》벌금형. conquest persistently 하타

체형(體形)〔동〕체양(體樣). [figure

체형(體型)〔명〕체격의 형. 비만형·척신형(瘠身型) 등.

체화(滯貨)〔명〕《경제》상품 등이 팔리지 않고, 창고 따위에 쌓이는 것. 수송이 부진하여 밀려 있는 짐. accumulation of freights

체화 금융[—늉](滯貨金融)〔명〕《경제》체화를 덤핑(dumping)하지 않고 보유하는 데 필요한 자금의 융통. [지(保持)하고 있는 화석.

체=화:석(體化石)〔명〕동물체의 전부 또는 일부분을 유

체환(替換)〔명〕대신하여 갈아서 바꿈. 차환(差換). change 하타

체후(體候)〔명〕남에게 안부를 묻는 경우에, 그 기거(起居)를 일컫는 말. 체도(體度). 체절(體節)¹. 《두》기거(起居). your state of health

첼레스타(celesta 이)〔명〕《음악》피아노 비슷하게 생긴 건반이 있는 소형의 타악기. 강철로 만든 음판(音板)을 해머로 쳐서 소리를 내는데, 음색이 맑고 깨끗하며 날카로움.

첼로(cello)〔명〕《음악》대형의 바이올린계의 저음 현악기. 의자에 앉아 동체(胴體)를 무릎 사이에 끼고 활로 연주함. 현이나 빅밴드에서 독주 또는 합주 악기로 널리 쓰임. violoncello

첼리스트(cellist)〔명〕첼로 연주자. [명칭.

쳄발로(cembalo 이)〔명〕《음악》하프시코드의 이탈리아

쳇=다리〔명〕물건을 거를 때에 체를 올려놓는 제구. 삼차형(三叉形) 또는 사다리꼴임. sieve-stand

쳇다리=날도래〔명〕《곤충》쳇다리날도래과의 곤충. 몸 길이 13 mm, 두흉부(頭胸部)는 흑색이고, 두부에 다섯 개의 황색 혹 무늬가 있고, 복부는 흑갈색, 날개는 반투명 흑갈색에 흑색 털이 밀생함.

쳇=바퀴〔명〕얇은 나무로 둥글게 쳇불을 메우게 된 물건. 곧, 체의 몸. rim of a sieve

쳇=발〔명〕피륙이 구김살이 지거나 너비가 들락날락하지 않게 양쪽으로 버티는 물건. 베를 기구의 하나.

쳇=불〔명〕쳇바퀴에 메워 액체나 가루 따위를 거르는 그물 모양의 물건. 말총·명주실·철사 등으로 짬. meshes of a sieve

쳇불=관(—冠)〔명〕선비가 쓰는 관의 하나. 말총으로 쳇불 모양같이 거칠게 짠 조각으로 만듦.

쳇=줄(遞—)〔명〕습자(習字)의 본보기가 되는 한 줄의 글씨. 습자하는 삭서지(朔書紙) 등의 원편 가에 스승이나 선배가 써 줌.

쳐〔준〕'치다'의 활용형 '치어'의 준말.

쳐=가다〔타〕불결한 것을 쳐서 가져 가다. ¶쓰레기를 ~. carry away

쳐=내:다〔타〕불결한 것을 쳐서 내다. sweep out

쳐=다=보:다〔타〕《약》→치어다보다. [들다.

쳐=들:다〔타〕①위로 들어 올리다. lift ②〔동〕쳐들어

쳐=들어가다〔타〕무찌르러 들어가다. 《대》쳐들어오다. raid

쳐=들어오-다 무찔러 들어오다. 《대》 처들어가다. invade
처로图《고》 처럼.
처=버리-다①불결한 것을 쳐서 버리다. 《애다. sweep away ②치워 없애다.
처=보다①셈을 헤아려 보다. count ②시험을 치러 보다.
처=부수-다 무찔러 부수다. 세차게 부수다. smash
처=주다①셈을 맞추어 주다. ¶백 원을 ~. count ②인정해 주다. ¶내가 갔다고 ~. appreciate
처=죽이-다 처서 죽이다. beat to death
:쳔图《고》 돈. 재물(財物).
쳔국图《고》 쳥국장.
쳔량图《고》 쳔량. 재물.
초 불을 켜는 데 쓰는 물건. 밀·백랍·쇠기름 등을 원료로 끓여서 원주형으로 굳혀 짠 것으로 십지를 만들어 한가운데에 박음. candle
초(抄)图《약》→초록(抄錄).
초(炒)图①불에 볶는 일. parching ②볶음. 하다
초¹(草)图①《약》→기초(起草). ②《약》→초서(草書).
초²(草)图①《약》→건초(乾草). ②《약》→갈초.
초(哨)《제도》 옛 군대 편제의 하나. 약 백 명으로 된 초를 이룸.
초(綃)图 생사(生絲)로 짠 얇은 견(絹)의 총칭.
초(醋)图 조미료(調味料)의 하나. 3~5%의 초산을 함유하여, 시고 약간 단맛이 있는 액체. vinegar
초(礁)图 《동》 암초(暗礁).
초(秒)의图 시간의 단위. 일 분(分)의 육십분의 일.
초(初)[접투 '초기의'·'첫'·'처음'의 뜻. ¶~겨울.~여름.~말(末)에. early
초(超)[접투 '훨씬 뛰어난'·'동떨어져 관계가 없는'·'초월한'의 뜻. ¶~만원(滿員). ~특급(特急). super
초가(草家)图 볏짚·밀짚·갈대 등으로 지붕을 인 집.┌초가집. 초가(草家).┘
초가(樵歌)图 나무꾼들이 부르는 노래. wood cutter's song┌잡음.┘
초=가량(初假量)图 처음으로 그 대강만을 얼추 셈쳐
초가 삼간(草家三間)图《동》 삼간 초가.
초가=을(初─)图 초기의 가을. 초랑. 맹추(孟秋). 《대》
초가=집(草家─)图《동》 초가(草家). ┌늦가을.┘
초각(初刻)图 한 시간의 처음 되는 시각. first second of an hour ┌이 적음. particular 하다┘
초각(峭刻)图①돈을새김. ②성질이 까다로와 용서성
초간(初刊)图 원간(原刊).
초간(草間)图 풀이 우거진 사이.
초=간본(初刊本)图《동》 원간본(原刊本).
초=간택(初揀擇)图《제도》 맨 첫번의 간택. 하다
초간=하다(稍間─)¶①동안이 좀 뜨다. ②좀 멀다. 초격(稍隔)하다. slightly apart
초감=염(初感染)图《약학》 병원체의 최초의 감염.
초갑(草匣)图①《동》 담배쌈지. ②《동》 궐련갑②.
초강초강=하다 얼굴 생김이 갸름하면서 살이 적다. oval and lean ┌같은 목숨. straws┘
초개(草芥)图 지푸라기. 전하여, 쓸모 없는 것. ¶~
초=개탁(初開坼)图 처음으로 일을 시작함을 이르는 말.
초객(招客)图 손을 청함. 또, 그 손. 하다.
초거(招去)图 불러 감. calling back 하다
초거:대 기:업(超巨大企業)图 해외 자회사(子會社)에 의한 생산액이 연간 50~1,600 억 달러에 이르는 국제적인 매가업. ┌고. 起草①.┘
초건[─건]图(草件·初件)图 시문(詩文)의 초를 잡은 원
초=겨울(初─)图 초기의 겨울. 맹동(孟冬)①. 초동(初冬). 《약》 ~ 날씨. 《대》 늦겨울.
초견(初見)图 처음으로 봄. 시도(始睹). seeing for the first time 하다
초=고본(初稿本)图 처음으로 만든 본보기.
초=결명(草決明)图 결명차(決明茶).
초경(初更)图《제도》 오경(五更)의 하나. 하룻밤을 다섯 등분한 맨 첫째의 부분. 오후 8시 전후. 초야(初夜)②. first period of the night

초경(初耕)图《동》 애벌갈이. 하다
초경(初經)图 첫 월경. 초조(初潮).
초경(草徑)图 풀이 무성한 좁은 길.
초경(草莖)图 풀의 줄기.
초경(樵徑·樵逕)图 나뭇길.
초=경합금(超硬合金)图《화학》 탄화(炭化)텅스텐에 코발트 등을 합쳐 만든 소결(燒結) 합금. 주철·철강 제품의 절단 공구의 재료.
초계(哨戒)图《군사》 적의 습격에 대비해 엄중한 감시로 경계함. ¶~기. ~망(網). patrol 하다
초계=정(哨戒艇)图《군사》 초계하는 함정(艦艇). patrol-boat
초고(草稿·草藁)图 시문(詩文)의 시벌 원고. 원고(原稿)②. 저고(底稿). draft
초고(礁高)图 되고(推鹼)의 바탕이 된 원고.
초=고도(超高度)图 해발 5만 피트 이상의 높이를 이르는 말.
초고리(鳥類) 작은 매(鷹). little falcon
초=고속도(超高速度)图 고속도보다 더 빠른 속도.
초고속도 촬영(超高速度撮影)图 매초 수백 화면 이상을 촬영하는 일. 매초 24화면의 표준 속도로 영사하면 육안으로는 분별할 수 없는 빠른 현상이나 물체의 변화를 관찰할 수 있다.
초=고온(超高溫)图 원자핵 융합 반응이 행하여질 때와 같은, 고온의 극히 높은 온도.
초고지(草稿紙)图 초고를 쓰는 종이. ┌작은 전복.┘
초=고진공(超高眞空)图 고진공보다 진공도가 더 높은 진공 상태. 보통 10⁻⁹ mmHg 이하의 압력을 가리킴.
초=고추장(醋─醬)图 초를 쳐서 갠 고추장.
초=고층(超高層)图 구름이 생기는 대류권(對流圈)의 밖을 말함. 즉, 적도 부근 약 18 km, 극지방 약
초공(梢工)图 뱃사공. ┃8~450 km 까지를 말함.┃
초과(草菓)图《식물》 초두구(草豆蔲)의 하나. 열매의 크기가 가지각색이며, 껍질이 검고 두꺼우며, 씨는 굵고 맛이 심.
초과(超過)图 일정한 정도를 지나침. ¶예산 ~.~액(額). 《대》 미만(未滿). excess 하다
초과 이:윤(超過利潤)图《경제》 평균적 생산 조건보다도 유리한 조건이나, 유리한 생산 요소의 이용·독점 등으로 보통의 이윤을 넘어 자본가가 얻는 이윤. ┌《初準》. ¶~본. first proof-reading┘
초교(初校)图《인쇄》 인쇄물의 첫 교정(校正). 초준
초교(草轎)图 삿갓 가마.
초=탕(一湯)图 여름 음식의 하나. 영게를 삶아 한 쪽까지에 넣고, 해삼과 전복을 썰어 섞은 뒤에 오이를 채로 볶은 것과 표고를 잘게 썬것과 알고명을 한데 섞어서 얼음 물에 실백(實柏)을 띄움.
초구(初句)图 맨 처음 구(句).
초구(草具)图 나물 따위를 담는 그릇.
초구(貂裘)图 빔비 모피로 마든 갖옷.
초=구일(初九日)图《동》 초아흐렌날.
초=국가주의(超國家主義)图 극단한 국가주의.
초군(超群)图 여럿 속에서 뛰어남. pre-eminence 하다
초군(樵軍)图 초부(樵夫).
초군초군(超群超群)图 곰살 조밀하고도 느럭느럭 하는 모양. slowly but carefully 하다
초균형 예:산(超均衡豫算)图《경제》 세입이 세출보다 많아서 흑자가 나는 예산.
초균형 재정(超均衡財政)图《경제》 세입이 세출을 초과하는 재정. 재정 지출을 조세 등 경상 수입을 하회(下廻)하도록 억제하는 일.
초극(超克)图 난관을 극복함. conquest 하다
초근(草根)图 풀의 뿌리. roots of grass
초근 목피(草根木皮)图①풀뿌리와 나무의 껍질. ¶~로 연명하다. roots of herbs and barks of trees ②한약의 재료가 되는 물건. medicinal plants
초근=초근(草─草─)图 추 달라붙어서 남을 깐깐하게 조르는 모양. 《큰》 추근추근. persistently 하다

초금(草琴)[명] 풀잎 피리. 초적(草笛). grass harp
초급(初級)[명] 맨 처음의 등급. 초등(初等). ¶~반. (대) 고급(高級). ⟶lowest class
초급(初給)[명] 〈약〉초임급(初任給).
초급(峭急)[명] 성품이 날카롭고 몹시 급함. keen and short temper 하다
초-급(樵汲)[명] 땔나무하는 일과 물 긷는 일.
초기(初忌)[명] ①사람이 죽은 지 1년 만에 오는 날. ②(대) 첫기제(忌祭).
초기(抄記)[명][동] 초록(抄錄). 하다
초기(初期)[명] 맨 처음으로 비롯되는 시기. 또, 그 동안. (대) 말기(末期). early days
초기[―끼](峭氣)[명] ⟶추기.
초기(礎器)[명] 〈공업〉도자기를 구워 만들 때에 그 그릇을 올려 앉히는 굽 높은 받침.
초-기일(初期日)[명] 맨 첫번의 기일.
초길(初吉)[명] 음력 매달 초하루를 이르는 말. first day of a lunar month
초김치(醋―)[명] 초를 쳐서 담근 얼갈이 김치나 풋김치.
초-꼬슴(初―)[명] 어떤 일을 하는 데 맨 처음.
초-꼬지[명] 말린 먹조개.
초-꽂이[명] 촛대나 등의 초를 꽂게 된 장치. 또, 그 물건. candle-stick
초-나물(醋―)[명] 숙주·미나리·물쑥 등을 약간 데쳐 양념을 하여 초를 쳐서 먹는 나물의 하나. 쇠고기·돼지고기·해삼·전복 등을 저며 섞기도 함. 초채(醋菜).
초-나흗날(初―)[명] 달의 첫번째 나흗날. 초사일(初四日). (약) 초나흘. 나흗날. 나흘². fourth of a month
초-나흘(初―)[명] 〈약〉초나흗날.
초-남태(初男胎)[명] ①첫번으로 낳은 사내아이의 대(胎). placenta of the first son ②아주 어리석은 사람을 비웃는 말. fool
초년(初年)[명] ①일생의 초기. (대) 말년(末年). 중년(中年). ②첫 시절. ¶~병.
초년 고생[―꾜―](初年苦生)[명] 젊어서 하는 고생.
초년 고생은 돈을 주고 산다다 젊었을 때 고생을 하면 뒷 낙(樂)이 온다 하여 달게 여기라는 뜻.
초년 고생은 사서라도 한다 초년에 고생을 겪은 사람이라야 세상살이에 밝고 경험이 많아서 복을 누리는 까닭에 그 고생을 달게 받아야 한다.
초년-병(初年兵)[명] 입대한 지 얼마 안 되는 사병.
초념(初念)[명] 처음에 먹는 마음. one's original intention
초노(樵奴)[명] 땔나무를 해오는 종.
초-눈[명] 초파리의 유충.
초-다짐(初―)[명] 끼니나 좋은 음식을 먹기 전에, 우선 배고픈 것을 면하려고 간단히 먹는 일. 초요기(初饒飢). snack 하다
초단(初段)[명] ①첫번째의 계단. first step ②유도·태권도·검도·바둑 등의 첫째의 단. ¶유도 ~. 바둑 ~. first grade 「띠 석 장을 맞추어 이루는 단.
초단(草短)[명] 화투 놀이에서, 홍싸리·흑싸리·국화의
초단(礎段)[명] 〈토목〉지반이 건축물의 무게를 골고루 받게 하기 위하여 벽·기둥 따위의 밑을 넓게 만든 부분. 푸팅(footing).
초-단파(超短波)[명] 〈물리〉주파수 30∼300메가헤르츠, 파장 1∼10 m의 전자파. 넓은 지역에 쓰이는 전파 탐지기·텔레비전 등에 쓰임. ultra-short wave 「하는 텔레비전 및 FM 라디오 방송.
초단:파 방:송(超短波放送)[명] 초단파를 이용하여 행
초달(楚撻)[명][동] 달초(撻楚).
초-담배(草―)[명][동] 잎담배.
초-닷새(初―)[명] 〈약〉초닷샛날.
초-닷샛날(初―)[명] 달의 처음 다섯 번째 날. 초오일(初五日). (약) 초닷새. 닷새².
초당(草堂)[명] 본채 밖에 따로 떨어진 곳에 짚·억새 따위로 지붕을 인 조그마한 집채. thatched hut
초당(超黨)[명][동] 초당파(超黨派).

초당 삼간이 타도 빈대 죽는 것만 시원하다 손해는 보더라도 저를 괴롭히던 것이 없어져서 속이 후련하다.

초=당파(超黨派)[명] 일당 일파의 이해(利害) 타산을 초월하고, 관계자 전원이 일치하여 그 일에 당하는 일. 초당(超黨).
초당파 외:교(超黨派外交)[명] 각 정당의 정책을 조정하여 외교 정책상 통일적인 방침 아래 일치된 행동을 하는 외교 정책. 「선 사람. unexperienced
초대(初―)[명] 어떤 일에 경험이 없이 처음으로 나
초대(初代)[명] 어떤 계통의 최초의 사람. 또, 그 사람의 시대. ¶~ 대통령. first generation
초대(初對)[명]①[동] 초대면(初對面). ②일을 처음으로 당해 서투름. 하다
초대(招待)[명] ①사람을 불러서 대접함. invitation ②〈제도〉임금의 명령으로 불러서 오게 함. 하다
초대-권[―꿘](招待券)[명] 어떤 모임에 오기를 청하는 문권(文券). complimentary ticket
초-대:면(初對面)[명] 처음으로 대면함. 초대(初對)①. first meeting 하다 「invitation party
초대-연(招待宴)[명] 손님을 초대하여 베푸는 잔치.
초대 외:교(招待外交)[명] 외국의 요인을 초대하여 국내를 시찰하게 함으로써 깊은 이해 협조를 바라는 외교. 「invitation-card
초대-장[―짱](招待狀)[명] 초대하는 뜻을 적은 편지.
초-대:형(超大型)[명] 아주 큰 것. 극히 대형의 것. ¶~ 건물. ~ 버스. 「time
초도(初度)[명]①(대)→초도일(初度日). ②첫번.
초-도목(草都目)[명] 〈제도〉도목(都目) 때에 참고로 서임자(敍任者)의 관직·성명을 적어서 임금에게 올리던 초본 초본(草本). 「의 초본(草本).
초-도서(初圖書)[명] 쇠붙이나 돌 따위에 새기는 글자
초도 순시(初度巡視)[명] 한 기관의 책임자나 감독관 따위가 부임하여 처음으로 그 관할 지역을 순회하여 시찰하는 일. first inspection 하다
초도 습의(初度習儀)[명] 나라의 의식에 첫번으로 행하는 습의. 하다
초도-식(初度式)[명][동] 시도식(始渡式).
초도-일(初度日)[명] ①환갑날의 에스터를 일컬음. ②'생일'을 달리 이르는 말. (약) 초도(初度)①.
초동(初冬)[명] 초겨울. (대) 만동(晚冬). early winter
초동(樵童)[명] 땔나무를 하는 아이. woodcutter
초동 목수(樵童牧豎)[명] 땔나무하는 아이와 짐승 치는 아이. 일명 초목(樵牧)①.
초=동:삼(初冬三)[명] 초겨울.
초동 수사(初動搜査)[명] 범죄 사건이 일어났을 때 최초로 행해지는 현장을 중심으로 하는 수사 활동.
초두(初頭)[명] ①일의 첫머리. beginning ②애초.
초두(草頭)[명] 한자 부수(部首)의 하나. '花·茶' 등의 '艹'나 '艸'의 이름.
초두(梢頭)[명] 나무의 잔가지 끝.
초두(焦斗)[명] 다리가 셋이고 자루가 있는 냄비.
초-두구(草頭蔲)[명] 〈식물〉생강과의 열대 식물. 중국산, 잎은 피침형으로 크며, 꽃은 남빛, 열매는 용안(龍眼)만한데 좀 갸름하며, 껍질은 황색임. 맛이 시고 좋은 향기가 있는데, 한약재로 쓰임.
초두 난:액(焦頭爛額)[명] 불에 머리를 태우고 이마를 그슬린다는 뜻으로, '몹시 애를 씀'을 이르는 말.
초둔(草芚)[명][동] 뜸².「하다
초=들:다(初―)[타] 무슨 사물을 입에 올려서 말하다. 쳐들다②. mention 「(步). 대) 고등(高等). primary
초등(初等)[명] 맨 처음의 등급. 초급(初級). 초보(初
초등(超等)[명] 일반 등급을 뛰어넘음. 하다
초등-과(初等科)[명][←초등(初等科)] 초등 교육의 과정. elementary course
초등 교:육(初等教育)[명] 〈교육〉초보적이며 기초적인 보통 교육을 내용으로 하는 초등 학교 교육. elementary education
초등 학교(初等學校)[명] 〈교육〉국민의 기본 교육을 시키는 초등 교육 기관. 수업 연한은 6년임. elementary school

초라니 〈민속〉나자(儺者)의 하나. 피상한 여자 모양의 탈을 쓰고 붉은 저고리에 푸른 치마를 입고 긴 대의 깃발을 가졌음. 소매(小梅).

초라-떼:-다邳 격에 맞지 않는 짓이나 차림새로 말미암아 창피를 당하다. be snubbed

초라-하-다휑 ①겉모양은 허술하여 보잘것없다. ¶초라한 옷차림새. ②생생한 기운이 없다. 《큰》 추레하다.

초래(招來)閏 ①불러옴. invitation ②그렇게 되게 함. ¶불행을 ~하다. bringing about 하타

초래(招徠)閏(동) 초무(招撫). 하타

초략(抄略)閏 노략질로 빼앗슴. pillage 하타 「하휑

초략(抄掠)閏 폭력을 써서 강제로 빼앗슴. plunder

초략(草略)閏 몹시 거칠고 간략함. crudeness 하휑

초량(初涼)閏 초가을. 초추(初秋).

초려(草廬)閏 ①(동) 초가. ② 자기 집을 낮추어 일컫는 말. my abode

초려(焦慮)閏(동) 초사(焦思). 하타

초련(初鍊)閏 오종 곡식이나 풋바심 곡식으로 정규의 가을걷이까지 대어 먹는 일.

초련(初鍊)閏 ①재목을 베어, 처음으로 대강 다듬는 일. 껍질을 벗기고 옹이를 깎아 버리는 일. ②무슨 일을 대번에 완전히 하지 않고 애벌로 대강만 매만지는 것. 하타

초련(初戀)閏(동) 첫사랑.

초련-질(初鍊—)閏 대패로 나무의 면을 처음 거칠게 깎아 내는 일. rough planing 하타

초례(草隷)閏 초서(草書)와 예서(隷書).

초례(醮禮)閏 혼인 지내는 예식(禮式). wedding ceremony 하타 「(廳).

초례-청(醮禮廳)閏 초례를 치르는 곳. 전안청(奠雁

초로(初老)閏 ①(약) →초로기(初老期) ②40세를 달리이르는 말.

초로(初露)閏 가을이 되어 처음 내린 이슬.

초로(草路)閏 풀밭의 길. path across the grass field

초로(草露)閏 ①풀 끝에 맺힌 이슬. dews on a grass blade ②사물의 덧없음을 일컫는 말. ephemerality

초로(焦勞)閏 마음을 태우고 애씀. 하휑 「erality

초로(樵路)閏(동) 나뭇길.

초로 인생(草露一生)閏 인생이 덧없다는 뜻.

초로-기(初老期)閏 노년기의 초기. 늙는 과정이 시작되는 45~50세의 시기. (약) 초로(初老)①. middle age 「로 인생(朝露人生). transient life

초로 인생(草露人生)閏 초로와 같이 덧없는 인생. 조

초록(抄錄)閏 필요한 부분만 골라서 적음. 또, 그기록. 초기(抄記). 초사(抄寫). (약) 초(抄). 「tion 하타

초록(草綠)閏(약) →초록빛.

초록=빛(草綠—)閏 푸른 빛깔에 누른 빛깔의 중간색. 초록색. (동) 초록(草綠). green

초록-색(草綠色)閏(동) 초록빛.

초록은 동색이라/초록은 한 빛이라타 ①동류끼리 어울린다는 뜻. ②이름은 다르나 따지고 보면 같은 것이다.

초롱閏 석유 담은 양철통. 액체를 담았을 때 세는 이름. ¶술 두 ~. 석유 한 ~. can

초롱(一籠)閏(동) 등롱(燈籠).

초롱-꽃(一籠—)閏〈식물〉초롱꽃과의 다년생 풀. 줄기와 잎에 거친 털이 산재하고 잎은 긴 난형임. 6~8월에 담자색 또는 백색에 자색 반점이 있는 종상화(鐘狀花)가 핀다. dotted bellflower

초롱-불[—뿔](一籠—)閏 초롱에 켜 놓은 불.

초롱초롱-하-다엉타 맑고 영통하게 빛나다. ¶눈망울이 ~.

초륜(超倫)閏(동) 초범(超凡). 「울이 ~.

초름-하-다엉타 ①넉넉하지 못하다. insufficient ② 어떤 표준보다 좀 모자라다.

초리(草履)閏 짚신. straw-sandals

초리(一)閏 꼬리.

초리(初一)閏〈기독〉예수가 신의 독생 성자(獨生聖子)로 이 세상에 현 임하게 되는데, 그 첫번째 인자(人子)로 오는 것을 말함.

초립(草笠)閏 나이 어려서 관례한 남자가 쓰던 누른 빛깔의 썩 가는 풀로 결어 만든 갓. 풀갓¹.

초립-둥이(←草笠童—)閏 초립을 쓴 젊은 사내. young married men with a straw hat

초립둥이 장님을 보았다타 매우 재수가 없다.

초마=면(炒碼麪)閏(동) 짬뽕.

초막(草幕)閏 ①조그마하게 지은 초가의 별장. thatched hut ②〈불교〉절 근처에 있는 중의 집.

초막이(初一)閏 서까래에 걸친 평고대(平高臺).

초=만:원(超滿員)閏 더할 수 없이 꽉 찬 만원. filled to overflowing

초맛-살閏 대접에 붙은 쇠고기의 하나.

초망(草莽)閏 ①풀의 멀기. 풀숲. cluster of a plant ②촌스럽고 메떨어져서 세상 일에 서투름. rusticity 하휑 「람. commoner

초망-지신(草莽之臣)閏 벼슬을 않고 초야에 묻힌 사

초망 착호(草網着虎)閏 썩은 새끼로 범을 잡는다는 뜻으로, 엉터리없는 짓을 이르는 말. absurdity

초매(草昧)閏 ①천지 개벽의 처음. 곧, 거칠고 어두운 세상. primitive state ②거칠고 어두워서 사물이 잘 정돈되지 않은 상태. confusion 「하휑

초매(超邁)閏 보통보다 훨씬 뛰어남. extra-ordinary

초면(初面)閏 처음으로 대하여 봄. 처음 대하는 처지. ¶그와는 ~이다. (대) 구면(舊面). first meeting

초면(炒麵)閏 밀국수를 기름에 볶아 만든 음식.

초면 강산(初面江山)閏 처음 보는 타향. strange land

초면 친구(初面親舊)閏 처음으로 대하여 보는 벗. stranger

초멸(剿滅)閏 도적 떼를 무찔러 없앰. 하타

초모(招募)閏 ①군사를 불러서 모음. ②의병(義兵)을 모집함. 하타

초모(草茅)閏(동) 초잔.

초모(醋母)閏〈동〉초산균(醋酸菌).

초모-필(貂毛筆)閏 담비의 털로 맨 붓.

초목(草木)閏 풀과 나무. trees and grass

초목(椒目)閏〈한의〉조피의 씨. 성질은 냉하고 맛이 쓰매, 이뇨(利尿)·해독·살충제로 씀.

초목(樵牧)閏 ①(약)→초동 목수(樵童牧豎). ②나무하는 일과 짐승 치는 일.

초목 개병(草木皆兵)閏 풀이나 나뭇가지도 모두 적군으로 보인다는 뜻으로, 겁을 두려워함이 지나침.

초목 구후(草木俱朽)閏(동) 초목 동부(草木同腐). 하타

초목 동부(草木同腐)閏 ①한 일을 못하고 초목처럼 썩음. ②이름을 남기지 못하고 세상을 떠남. 초목 구후(草木俱朽). 「of plants

초목-회(草木灰)閏 초목을 태운 재. 비료로 씀. ashes

초무(招撫)閏 불러다가 어루만져 위로함. 불러서 따르게 함. 초래(招徠). caress 하타 「리.

초=무침(醋一)閏 초로 무치는 일. 또, 초에 무친 요

초문(初聞)閏 처음 듣는 말. (대) 구문(舊聞). thing heard for the first time

초=문자[—짜](草文字)閏 초체(草體)의 문짜. 초자(草字). cursive writing

초=물(初一)閏 염전(鹽田) 등에서 처음으로 모래를 걸러 낸 물. 졸이면 소금이 됨.

초물-전(草物廛)閏 바구니·빨랫방망이·돗자리·초방석·나막신 등의 잡살뱅이를 파는 가게. grass and wooden ware shop

초미(焦眉)閏 눈썹에 불이 붙은 것같이, 매우 위급함의 비유. 초미지급. emergency

초미에 가오리탕휑 가오릿국의 첫맛이라는 뜻으로, 시초부터 못마땅하거나 부족한 사물에 대하여 이르는 말.

초미-지:급(焦眉之急)閏(동) 초미(焦眉).

초민(焦悶)閏 애처롭고 민망하게 여김. distress 하타

초반(初盤)閏 바둑·장기 등에서, 승부의 첫 판. 또는, 한 대국의 첫 단계. 바둑의 포석의 단계. ¶~전.

초반(初飯)閏(동) 주뢰물.

초반-각(礎盤刻)閏〈건축〉기둥을 받치기 위해 초석(礎石)의 상면에 새긴 반상(盤狀)의 돌기(突起).

초발(初發)[명] 처음으로 생겨남.
초발-성[—썽][初發聲][명] 첫소리.
초발-심[—씸][初發心][명] 〈불교〉①처음으로 불문(佛門)에 들어가려고 하는 마음. religious awakening ②발심하여 불문에 갓 들어가서 아직 수행이 미숙함. 또, 그 사람.
초=밥(醋—)[명] 저민 생선·조개·새우 따위를 초친 밥에 얹어 주먹으로 쥐어 뭉친 일본 요리의 하나. vinegared rice and fish 우는 중방.
초방(初枋)[건축] 기둥을 세운 뒤에 처음으로 끼
초=방목(草榜目)[명] 초서로 쓴 방목.
초=방석(草方席)[명] 풀로 결어 만든 방석. grass cus-
초배(初配)[명] 원배(元配).
초배(初褙)[명] 정배하기 전에 허름한 종이로 먼저 하는 도배. ¶~[紙][명] 『ping promotion 하를
초배(超拜)[명] 정한 등급을 뛰어서 벼슬을 시킴. skip-
초번(初番)[명] ①순번의 처음. ②최초의 당번. ③최초. 시초. first in turn
초=벌(初—)[명] 애벌. 「first offense
초범(初犯)[명] 처음으로 저지른 범죄. 또, 그 범인.
초범(超凡)[명] 범상한 것보다 뛰어남. 초륜(超倫). excellence 하를
초벽(初壁)[건축] 새벽치기 전에 애벌로 흙을 바름. 또, 그 벽. first inner coat of clay of a wall
초벽(峭壁)[명] 매우 가파른 낭떠러지.   하를
초병(哨兵)[명] 파수 보는 군사. 보초(步哨). sentinel
초병(—瓶)[醋瓶][명] 초를 담은 병. bottle of vinegar
초병 마개[—뼁—](醋瓶—)[명] 몹시 시큰둥한 체하는 사람의 비유.
초보(初步)[명] ①보행의 첫걸음. first steps ②학문·기술 등의 첫걸음. 초등(初等). primer
초복(初伏)[명] 삼복의 첫째. 하지(夏至) 후의 셋째 경일(庚日). 《대》말복(末伏). 중복(中伏). first dog days ¶호적(戶籍)[명] ~. abstract
초본(抄本)[명] 원본의 일부를 베끼거나 발췌한 문서.
초본(初本·草本)[명] 《동》초견(草件).
초본(初本)[식물] 〈식물〉줄기의 지상부(地上部)가 연하고 물기가 많아, 목질(木質)을 이루지 않는 것의 총칭. ¶일년생 ~.   (木本莖). herbs
초본-경(草本莖)[식물] 〈식물〉초본의 줄기. 《대》목본경
초본-대(草本帶)[명] 《동》초본층(草本層).
초본-층(草本層)[명] 고산의 꼭대기 부근이나 한지(寒地) 등, 목본(木本)은 나지 못하고 초본만 나는 대. 지표에서 0.5m 지대. 초본대(草本帶).
초=봄(初—)[명] 초기의 봄. 맹춘(孟春).
초봉(初俸)[명] 첫 봉급. 초급(初給).   「woodman
초부(樵夫)[명] 나무하는 사내. 나무꾼. 초군(樵軍).
초부(樵婦)[명] 나무하는 아낙네. woman woodcutter
초부득-삼(初不得三)[명] 첫번에 실패한 것이 세번째는 성공한다는 뜻으로, 꾸준히 하면 성공할 수 있
초-부유(草蜉蝣)[명] 〈곤충〉풀잠자리.   「다는 뜻.
초분(初分)[명] 인생의 초년. 또, 그 때의 운수.
초비(草肥)[명] 녹비(綠肥).
초비(草扉)[명] 풀로 엮은 문. 허술한 오두막집.
초=비상(超非常)[명] 비상 이상의 초급한 비상.
초빈(招賓)[명] 빈객을 부름. 청빈.
초빈(草殯)[명] 어떤 사정으로 장사를 못 지내고 송장을 방안에 둘 수 없을 때, 한데나 의짓간에 관을 놓고, 이엉 등으로 그 위를 이어 눈·비를 가리게 하는 일.
초=빙(初氷)[명] 첫 얼음. first ice   [는 일. 하를
초빙(招聘)[명] 예를 갖추어 불러 맞아들임. 빙초(聘招). 징빙(徵聘). ¶교수을 ~하다. 《유》초청(招請). invitation 하를   [된 교수.
초빙 교:수(招聘敎授) 정원 외의 사람으로서 초청
초-빛(初—)[미술] 단청(丹靑)을 칠할 때 애벌로 바르는 불그레한 색채.   [仕). 하를
초사(初仕)[명] 처음으로 벼슬길에 오름. 초임사(初入
초사(抄寫)[명] 일부분을 빼내어 씀. 소용될 만한 것만 뽑아서 적음. 초록(抄錄). excerption 하를

초사(哨舍)[명] 초병(哨兵)의 막사.
초사(焦思)[명] 애를 태우며 하는 생각. 초려(焦慮). 초심(焦心). ¶노심(勞心) ~. impatience 하를
초:=사:리(初—)[명] 이른 봄에 시장에 들어오는 첫 조기. early pickled stone fish   [主義].
초:사:-실주의(超寫實主義)[명] 《동》초현실주의(超現實
초:사:일(初四日)[명] 초나흗날.
초:사흗-날(初—)[명] 그 달의 셋쨋날. 초삼일(初三日). 《약》초사흘. 초사흘. third of a month
초:사흘(初—)[명] →초사흗날.
초사흘 달은 잰 며느리가 본다 지혜롭고 민첩한 사람만이 미세한 것을 살필 수 있다.
초산(初產)[명] 처음으로 아기를 낳음. 첫해산. first
초산(硝酸)[명] 《동》질산(窒酸).   [childbirth 하를
초산(醋酸)[화학] 〈화학〉자극성 냄새와 산미(酸味)를 가진 무색의 액체. 탄소·산소·수소의 화합물로 산성이 약한 일염기산임. acetic acid
초산-균(醋酸菌)[명] 간균과(杆菌科)의 세균. 체내에 있는 효소의 작용으로 알코올을 산화시켜 초산을 만드는 성질을 갖는 한편, 주류(酒類)를 썩게 하는 유해균(有害菌)이기도 함. 식초는 이 세균에 의해 생성됨. 효모(醋母). 초산 박테리아.
초산-나트륨(醋酸natrium)[화학] 〈화학〉초산의 나트륨염. 무색·단사 정계의 결정으로, 물과 알코올에 잘 녹으며, 매염제·초산 제조·사진술 따위에 쓰임.
초산-납(醋酸—)[명] 《동》초산연.   「산소느다.
초산-동(醋酸銅)[화학] 〈화학〉동이나 염기성 탄산동을 초산에 용해한 용액에서 석출(析出)한 암록청색(暗綠靑色)의 결정. 구충제·의약으로 씀. copper acetate
초산-박테리아(醋酸bacteria)[명] 《동》초산균(醋酸菌).
초산-반토(醋酸礬土)[화학] 〈화〉초산알루미늄.
초산 발효(醋酸醱酵) 초산균이 알코올을 산화시켜 초산으로 만드는 작용. acetic fermentation
초:산-부(初產婦)[명] 아이를 처음 낳은 여자. 《대》경산부(經產婦).
초산-비닐(醋酸vinyl)[화학] 〈화학〉비닐의 하나. 빙초산(氷醋酸)에 소량의 황산수은을 넣고 거기에 아세틸렌을 통하여 반응시켜서 얻은 액체에 과산화물을 넣고 가열해서 만듦. 무색 투명한데, 알코올에 잘 녹으며, 부드럽워서 종이·가죽 등에 붙여 씀.
초산-석회(醋酸石灰)[명] 《동》초산칼슘.
초산섬유소(醋酸纖維素)[화학] 〈화학〉섬유소의 초산에스테르. 솜에 무수초산·질은 황산을 가하여 만듦. 비행기 날개의 도료(塗料)·인조 견사·안전 필름 등에 씀.   [스.
초산-셀룰로오스(硝酸cellulose)[명] 《동》질산셀룰로오
초산-소다(醋酸soda)[명] 《동》초산나트륨.
초산-아밀(醋酸amyl)[화학] 〈화학〉바나나 열매 같은 특이한 향기가 있는 무색 액체. 아밀알코올에 질은 황산과 초산을 가하여 증류해 만듦. 초화면(醋化
초산-알루미늄(醋酸aluminum)[화학] 〈화학〉물에 잘 녹으며 매염제(媒染劑)·의약품으로 쓰이는 화합물.
초산-암모늄(醋酸ammonium)[명] 《동》질산암모늄.
초산-암모니아수(醋酸 ammonia 水)[명] 〈약학〉무색 투명한 물약.   [만든 에스테르의 총칭.
초산-에스테르(醋酸ester)[화학] 〈화학〉초산과 알코올로
초산-에틸(醋酸ethyl)[화학] 〈화학〉방향이 있는 무색 액체. 초산칼슘과 알코올의 혼합물에 농황산(濃黃酸)을 가하여 증류해서 만듦.
초산-연(醋酸鉛)[화학] 〈화학〉일산화연을 묽은 초산에 녹여 증발시켜서 얻는 것. 약이나 염색에 씀. 연당(鉛糖). 초산납. lead acetate
초산-염[—념](硝酸鹽)[명] 질산염.
초산-은(硝酸銀)[명] 《동》질산은(窒酸銀).
초산-칼륨(醋酸kalium)[명] 《동》초산칼륨.
초산-칼슘(醋酸calcium)[화학] 〈화학〉소석회(消石灰)에 초산을 작용시켜서 만드는 무색의 결정물. 아세톤

초=삼일(初三日)圓⑤ 초사흘날.
초상(初喪)圓 사람이 죽어서 장사지낼 때까지의 동안. funeral
초상(肖像)〈미술〉사람의 용모·자태를 그린 화상 또는 조상(彫像). portrait
초상(初霜)圓 첫서리. 「만듦.
초상(草床)圓〈음악〉아쟁을 받처 놓은 제구. 나무로
초상(鞘狀)圓 칼집 모양으로 생긴 형상. sheath-shape
초상=계[―께](初喪―)圓 계원 가운데서 초상이 날 때에 돈이나 곡식을 태워 주는 계.
초상=록(初喪錄)圓 초상을 치르는 모든 일을 적어 두는 기록. 초종록(初終錄).
초상 상제(初喪喪制)圓 초상을 당한 상제.
초상 술에 권주가 부른다태 때와 장소를 분별 못하고 행동한다. 「(初終中).
초상=중(初喪中)圓 초상을 끝내지 않은 동안. 초종중
초상=집[―찝](初喪―)圓 초상난 집. house of mourning 「헤매어 쏘라다녀.
초상집 개 같다태 의지할 데가 없이 굶주려 이리저리
초상=화(肖像畫)〈미술〉초상의 그림. portrait
초색(草色)圓 ①풀빛. dark green ②곡식을 못 먹고 풀잎 등을 먹어 누런 얼굴빛. pale complexion
초생(初生)圓 처음 생겨남. new birth
초생=달[―딸](初生―)圓 → 초승달.
초생=수(初生水)圓〈지학〉지하 깊은 곳의 암장(岩漿)에서 나와 암석의 갈라진 틈을 타고 올라와서 비로소 지표로 나타난 물. Juvenile water
초생=아(初生兒)圓 배꼽이 아직 떨어지지 않은 갓난 아이. 초생아(新生兒). new-born baby
초생=지(草生地)圓 풀이 난 물가의 땅. grassland
초서(抄書)圓 책의 내용을 뽑아서 씀. 또, 뽑아 간추린 책. 하타
초서(草書)圓 서체(書體)의 하나. 전례(篆隷)를 간략하게 것으로, 흔히 행서(行書)를 더 풀어 점획을 줄여 흘려 쓴 글씨. 흘림². 〈대〉해서(楷書). 〈약〉초(草)②. cursive hand
초서(貂鼠)圓〈동〉노랑가슴담비.
초서=피(貂鼠皮)圓 노랑가슴담비의 모피. 털의 밑동이 푸른 빛을 띤 것으로 초피(貂皮) 중의 중질임.
초석(草席)圓 짚으로 된 자리. straw mat
초석(硝石)圓〈화〉질산칼륨.
초석(礁石)圓 물 속에 들어 있어 표면에 안 나타나는 돌. 암초(暗礁). reef
초석(礎石)圓 주춧돌. foundation stone
초선(初選)圓 처음으로 선출됨.
초선(哨船)圓 보초(哨戒)의 임무를 떤 배. patrol boat
초설(初雪)圓 ㄱ. 해 겨울에 처음 오는 눈. first snow
초성(初聲)〈어학〉한 소리 마디의 첫 자음, 첫소리. first sound
초성(草聖)圓 초서(草書)를 잘 쓰기로 이름난 사람.
초=성모양(稍成模樣)圓 겨우 모양이 되어감. 초성양(稍成樣). 하타 「물(pyrogallol).
초성 몰식자산[―씩―](焦性沒食子酸)圓〈동〉피로갈
초세(超世)圓 ①세상에서 뛰어남. distinction ②속세에 구애되지 않고 초연함. 발속(拔俗). 초속(超俗). 초탈. 탈속(脫俗). rising above the world 하타
초소(初訴)圓 보초가 서 있을 곳. ¶방범 ∼.
초속(初速)圓〈약〉→초속도(初速度).
초속(秒速)圓 1초 동안의 속도. ¶∼ 20 미터의 바람. velocity per second
초속(超俗)圓〈동〉초세(超世)②. 하타
초=속도(初速度)圓〈물리〉어떤 물체의 운동을 고찰할 때, 그 최초의 시각에 물체가 가지는 속도. ¶탄환의 ∼. 〈약〉초속(初速). initial velocity
초속도 윤전기[―또―](超速度輪轉機)圓 매우 빠른 속도로 인쇄하는 윤전기. superhigh speed rotary
초손(初孫)圓 처음으로 본 손자. [press
초쇄(初刷)圓 최초의 인쇄. 초판(初版).
초수(初手)圓 첫솜씨. first performance
초수(楚囚)圓 ①초나라에 불잡힌 사람이란 뜻에서, 포로·죄수 등의 일컬음. ②역경(逆境)에 빠져 어쩔 수 없는 사람의 비유.
초수(樵叟)圓 늙은 나무꾼. 초옹(樵翁). old woodman
초순(初旬)圓〈동〉상순(上旬).
초순(焦脣)圓 입술을 태운다는 뜻으로, 애태움을 이르는 말. agony
초=스피=드(超 speed)圓 매우 빠른 속도.
초습(剿襲)圓 ①남의 것을 슬그머니 제 것으로 함. ②남의 말·글을 따라서 씀. 도습(蹈襲)②. 하타
초승(初―)圓 음력으로 그 달 첫머리의 며칠 동안을 일컬음. ¶∼ 께.
초승(稍勝)圓 조금 나음. 하타
초승=달[―딸](初―)圓 초승에 돋는 달. 초월(初月).
초시(初試)圓〈제도〉과거의 맨 처음 시험. 또, 그 시험에 급제한 사람. 지방과 서울에서 식년(式年)의 전해 가을에 봄.
초시=류(鞘翅類)圓〈곤충〉딱정벌레목(目).
초식(草食)圓 푸성귀로만 만든 음식. 또, 그런 음식만 먹음. ¶∼ 동물. 〈대〉육식(肉食). vegetarian diet 하타
초식=류(草食類)圓〈동물〉풀을 주식물(主食物)로 하는 동물. 초식 동물(哺乳動物). 소·말·양 따위. herbivore
초식=성(草食性)圓 초식류만을 먹이로 하는 성질.
초식=장(草食場)圓 시장 안에 푸성귀 장수들이 벌여 있는 곳. vegetable market
초=신성(超新星)圓〈천문〉보통 신성의 1만 배 이상의 빛을 내는, 특별히 큰 신성. super nova 「婆」
초실(初室)圓 ①새 재목으로 세운 집. ②〈동〉초취(初
초실(草室)圓 풀의 열매. 종매. 풀씨. seeds of grass
초실(稍實)圓 ①살림이 조금 넉넉함. 초요(稍饒). ②열매가 거우 좀 여묾. 하타
초심(初心)圓 ①처음에 생긴 마음. one's original intention ②처음으로 배우는 사람. 초학(初學). beginner, greenness
초심(初審)圓〈법률〉제일심(第一審). first trial
초심(焦心)圓 마음을 졸여 태움. 초사(焦思). impatience 하타. 「롭게 염려
초심 고려(焦心苦慮)圓 마음을 태우고 괴롭게 염려
초심=자(初心者)圓 ①처음 배우는 사람. beginner ②일에 미숙한 사람. greenhorn
초십=일(初十日)圓 초열홀날.
초싹=거리=다짜 출싹거리다. 〈큰〉추썩거리다. 초싹=초싹튀
초싹=거리=다타 어깨나 입은 옷 같은 것을 자꾸 치켰다 내렸다 하다. 〈큰〉추썩거리다. 초싹=초싹튀
초아(草芽)圓 풀의 싹. 「하타
초=아흐레(初―)圓〈약〉→초아흐렛날.
초=아흐렛날(初―)圓 달의 처음 아홉 번째 날. 초구일(初九日). 〈약〉초아흐레. 아흐렛날②.
초안(草案)圓 초잡은 글발. ¶헌법 ∼. draft
초안(硝安)圓 초산암모늄(硝酸 ammonium).
초안 폭약(硝安爆藥)圓〈화학〉초산암모늄을 주제(主劑)로 해서, 니트로벤진·니트로나프탈린 등의 질화 방향족(芳香族) 화합물을 섞어 만든 폭약. 탄광에서 흔히 사용함.
초암(草庵)圓 풀로 지은 암자.
초애(峭崖)圓 가파른 낭떠러지.
초야(初夜)圓 ①에전에, 전날 밤중부터 이튿날 아침까지의 일컬음. 지금은 저녁때부터 밤중까지를 말함. first watch of the night ②초경(初更). ③〈동〉첫날밤. first night
초야(草野)圓 시골의 궁벽한 곳. ¶∼에 묻혀 학문에 힘쓰다. out of the way place
초야=권[―꿘](初夜權)圓〈제도〉서민이 결혼할 때,

초야 우생(草野愚生)圈 시골에 묻혀 사는 어리석은 사람.
초약(草約)圈 화투 놀이에서, 난초 넉 장을 갖추어 이루는 약. 난약(蘭約).
초약(草藥)圈 초재(草材).「어 두는 약장.
초약-장(炒藥欌)圈 법제(法製)한 약재만을 따로 넣
초어(梢魚·蛸魚·鮹魚)圈⑤ 낙지.
초어(樵漁)圈 어초(漁樵).
초엄(峭嚴)圈⑥ 준엄(峻嚴). **하다**
초업(礎業)圈 기초가 되는 사업.
초-여드레(初一)圈[약]→초여드렛날.「초여드레.
초-여드렛날(初一)圈 그 달의 첫번째 여드렛날.[약]
초-여름(初一)圈 초기의 여름. 음력 사월쯤을 이름. 맹하(孟夏). 초하(初夏).
초역(抄譯)圈 원문의 어느 부분만을 뽑아서 번역함. 또, 그 번역.[대] 전역(全譯). 완역(完譯). translation of selected passages **하다**
초연(初演)圈 연극·음악 등의 최초의 상연(上演). **하다**
초연(初宴)圈[약]⑤ 초혼(初婚). **하다**
초연(招宴)圈 연회(宴會)에 초대함. inviting to banquet **하다**「는 일. **하다**
초연(炒碾)圈 약재를 불에 볶아서 연(碾)에 넣고 가
초연(悄然)圈 의기를 잃어 기운이 없는 모양. in dejection **하다** **히**
초연(超然)圈 ①범위 밖으로 뛰어난 모양. standing aloof ②남과 관계 없는 모양. ¶ ~히 살아가다. indifferent **하다** **히**
초연(硝煙)圈 화약의 연기. powder smoke
초연 내:각(超然內閣)圈 〈정치〉 정당·당파를 배경으로 하지 않는 내각. transcendental cabinet
초연 주의(超然主義)圈 어떠한 사물에 직접으로 관계하지 아니하며 자기의 생각·입장에서 독자적으로 그 일을 하는 주의. transcendentalism
초연 탄:우(硝煙彈雨)圈 초연이 자욱하고 탄알이 비 오듯 함. thick of fight
초열(焦熱)圈 ①타는 듯한 더위. scorching heat ②〔약〕→초열 지옥(焦熱地獄).
초열 지옥(焦熱地獄)圈〈불교〉팔대(八大) 지옥의 하나. 살(殺)·도(盜)·음(淫)·음주(飮酒)·망어(妄語)의 죄를 진 사람이 가는 지옥.[약] 초열(焦熱)②.
초-열흘(初一)圈→초열흘날.
초-열흘날(初一)圈 그 달의 열째 날.[약] 초열흘.
초엽(初葉)圈 어떠한 시대의 초기. ¶고려 ~. 조선 조 ~.[대] 말엽(末葉). 중엽(中葉). early days
초엽(蕉葉·草葉)圈〈건축〉 기둥이나 벽에 박아서 단청(青)·현판(懸板) 등을 받치게 된 짚쭉한 삼각형의 넓적쪽.
초-영새(初一)圈→초엿샛날.「형의 넓적쪽.
초-영샛날(初一)圈 그 달의 여섯째 날. 초육일(初六
초오(草烏)圈 바꽃².[日)圈 초엿새.
초-오두(草烏頭)圈〈한의〉바꽃의 뿌리. 외과약·적취(積聚)·심복통(心腹痛)·치통(齒痛) 따위에 약재로 씀. 독공(毒公).[약] 초오(草烏)②.
초옥(招獄)圈 죄상을 밝히려고 옥사(獄事)를 문초함. **하다**
초옥(草屋)圈 풀로 이은 집. 초가집. thatched hut
초옹(樵翁)圈⑤ 초수(樵叟).
초요(稍饒)圈 살림이 조금 넉넉함. 초실(稍實)①. **하다**
초-요기(初療飢)圈 허기를 면하기 위해 끼닛밥을 먹기 전에 우선 조금 먹는 일.
초요-기(招搖旗)圈〈제도〉 싸움터에서 대장이 부하 장수를 불러 지휘할 때 사용하는 기.
초-용담(草龍膽)圈 용담(龍膽).
초우(初虞)圈 장사를 지낸 뒤 처음으로 지내는 제사. 혼령을 위안하기 위해 당일을 넘기지 않음.
초우라늄 원소(超 uranium 元素)圈 〈물리〉 우라늄보다 원자 번호가 큰 인공 방사성 원소. 플루토늄·아메리슘·큐륨 같은 인공. 초우 원소.
초우란 원소(超 Uran 元素)圈⑤ 초우라늄 원소.
초-우인(草偶人)圈 짚으로 만든 인형.
초원(初願)圈 맨 처음의 소원. 최초의 희망. one's original wish
초원(草垣)圈 풀로 엮어 만든 담.
초원(草原)圈 풀이 난 들. 풀밭. 초평(草坪). plain
초원-하다(稍遠一)圈[어] 제법 멀다.
초월(初月)圈[약] 초승달.
초월(超越)圈 ①어느 한계나 표준을 넘음. ②〈철학〉경험이나 인식의 범위 밖에 존재함. 가능적 경험의 영역 밖에 있음. 또 인식 내용의 범위에 속하지 않는 일. 초일(超逸). 초절(超絶)②. ¶ ~ 의식(意識).[대] 내재(內在). transcendence **하다**
초월(楚越)圈 서로 멀어져 상관이 없는 사이.
초월-성(一性)(超越性)圈〈철학〉어느 영역·한계·차원(次元)의 전체성의 내부에 있지 아니하고 이것을 넘어서 존재하는 일.[대] 내재성(內在性). transcendency
초월-수(一數)(超越數)圈 〈수학〉 대수적 수가 아닌 수. 곧, 원주율(圓周率)이나 자연 대수(對數)의 밑 등.「를 지배한다는 원인으로서의 신(神).
초월-인(超越因)圈 〈철학〉 세계 밖에 있으면서 세계
초월적 가치(一的一)(超越的價値)圈 〈철학〉 모든 주관이나 의식을 초월한다고 생각하는 가치.
초월 함:수(一一)(超越函數)圈 〈수학〉 대수(代數) 함수가 아닌 함수. 삼각 함수·대수(對數) 함수 등 그 밖의 함수를 일컬음.[대] 대수(代數) 함수. transcendental function
초위(初位)圈 가장 낮은 자리.
초위(招慰)圈 불러서 위로함. **하다**
초유(初有)圈 처음으로 있음. ¶사상(史上) ~. first
초유(初乳)圈 〈생리〉 임신 말기부터 분만 2~3일 사이에 분비되는 끈끈하고 진한 대황색(帶黃色)의 모유(母乳). 첫젖.
초유(招誘)圈 불러서 권유함. solicit **하다**
초유(招諭)圈 불러서 타이름. advice **하다**
초유-사(招諭使)圈〈제도〉 난리가 났을 때 백성을 초유(招諭)하는 일을 맡은 임시 벼슬.
초은(樵隱)圈 산 속 깊이 숨어서 나무나 해 가며, 세상과 멀리 떨어져 사는 사람. hermit
초음(草陰)圈 무성한 풀숲의 그늘.
초음(超音)圈[약]→초음파(超音波).
초=음속(超音速)圈 〈물리〉 소리보다 빠른 속도. supersonic speed
초음속-기(超音速機)圈 초음속의 비행기.
초=음파(超音波)圈 〈물리〉 진동수가 매초 2만 이상인 음파. 소리로는 들리지 않음.[약] 초음(超音). supersonic waves
초음파 검:사(超音波檢査)圈 〈의학〉 초음파를 이용하여 체세포의 이상을 검사하는 방법. 초음파를 신체의 국부에 방사하여 그로부터 얻어지는 상(像)을 바탕으로 내부에 존재하는 체세포보다 딱딱한 조직의 유무를 파악함. 뇌종양·갑상선 종양·유암·간장암 등의 진단에 유효함.
초의(初意)圈⑤ 초지(初志).
초의(草衣)圈 ①세속을 떠나 숨어 사는 사람이 입는 옷. hermit's clothes ②⑤ 은자(隱者).
초-이레(初一)圈[약]→초이렛날.
초-이렛날(初一)圈 그 달의 일곱째 날.[약] 초이레.
초-이튿날(初一)圈 그 달의 두 번째 날.[약] 초이틀날.
초-이틀(初一)圈[약]→초이튿날.
초인(招人)圈 ①사람을 오라고 부름. invitation ②어떤 대상 인물을 꾀어 끌어냄. seduction **하다**
초인(招引)圈 죄인이 남을 끌어넣음. dragging in **하다**「적 인간형. 초인간(超人間). superman
초인(超人)圈 인간적 가능성을 극한까지 실현한 이상
초인(樵人)圈⑤ 나무꾼.
초=인간(超人間)圈⑤ 초인(超人).
초-인격(一格)(超人格)圈 인류의 성격을 완전히 초월함. 또, 그러한 존재. 신이나 절대자 등을 가리킴.
초인격-적(一格一)(超人格的)圈 인간 세계를 초월하여 그 위에 있는(것). ¶ ~ 존재.

초인 문학(超人文學)[명]〈문학〉인간을 초월한 이상과 감정을 문학으로 나타낸 글. superhumanistic literature

초인=적(超人的)[관형]보통 사람보다도 매우 뛰어난 (것). 뛰어난 능력을 가지고 있는(것). 초인간적(超人間的). call-bell

초인=종(招人鐘)[명]사람을 부르는 신호로 울리는 종.

초인=주의(超人主義)[명]〈철학〉초인(超人)을 궁극 목적으로 하는 니체의 철학 사상. superhumanism

초일(初日)[명] ① 첫날. ¶개업(開業) ~. first day ② 처음 떠오르는 해.

초일(超逸)[명] 초월(超越)②. 하자 타

초=일념(初一念)[명]〈동〉초지(初志).

초=일일(初一日)[명]음력 초하룻날.

초읽기(秒──)[명]시간을 초 단위로 세는 일.

초임(初任)[명]처음으로 어떤 직(職)에 임명되거나 취임함. first appointment 하자 [給]

초임=급(初任給)[명]초임되어 받는 급료. 〔약〕초급(初給).

초입(初入)[명] ① 골목 등으로 들어가는 어귀. ¶골목 ~. entrance ② 처음으로 들어감. first entrance 하자

초입(招入)[명]불러들임. 하자 타

초=입경(初入京)[명]시골 사람이 서울에 처음으로 옴. 하자

초=입사(初入仕)[명]초사(初仕). 하자

초자(草字)[명]초서(草書).

초자(硝子)[명]〈동〉유리(琉璃).

초자(樵者)[명]나무꾼. woodman

초자=막(硝子膜)[명]〈동물〉동물의 상피 조직이 외표면에 어떤 물질의 분비에 의하여 생기거나 바깥 층의 세포질이 굳어져서 된 물질. [적임]

초=자연(超自然)[명]자연의 이법(理法)을 넘어서 신비

초자연=적(超自然的)[관형]자연을 초월한 그 어떤 존재나 힘에 의거하는(것). ¶~ 섭리.

초자연=주의(超自然主義)[명]〈철학〉인간의 이성(理性)의 힘으로 설명할 수 없는 초자연적인 실제(實在)를 상정(想定)하여 특별한 인식 능력이나 신(神)의 계시(啓示)에 의하여 설명하려는 처지나 학설 또는 신앙. supernaturalism

초자=체(硝子體)[명]〈동〉유리체(琉璃體).

초=잠식지(稍蠶食之)[명]점차적으로 조금씩 침략하여 들어감. 〔약〕잠(蠶). 하자 타 draft

초=잡다(草──)[타]시문(詩文)이나 어떤 글을 초벌로

초장(初章)[명] ① 음악·가곡의 첫째 장. ② 초중종(初中終)할 때에 어떤 정한 글자가 윗머리에 있는 시구(詩句). (대) 중장(中章). 종장(終章). first chapter

초장(初場)[명] ① 장사를 시작한 처음 동안. early days of one's business ② 일의 첫머리 판. 〔속〕초저녁②. beginning ③ 첫날의 시험장.

초장(炒醬)[명]〈동〉묶은장①.

초장(草場)[명]풀을 베어서 쓰는 빈 땅.

초장(醋醬)[명]초를 치고 양념을 한 간장. soysauce mixed vinegar [藥] 당재(唐材).

초재(草材)[명]우리 나라에서 나는 한약재. 초약(草藥).

초재(礎材)[명]기초가 되는 재료.

초재 진=용(楚材晉用)[명]자기 나라의 인재를 다른 나라에서 이용함을 이르는 말.

초=저녁(初──)[명] ① 이른 저녁. early evening ② 〔속〕초장(初場)②. ¶~부터 틀렸군!

초저녁 구들이 따뜻해야 새벽 구들이 따뜻하다[단]처음이 좋아야 나중이 좋다.

초저녁=잠(初──)[명]초저녁에 일찍 드는 잠.

초적(草笛)[명]풀잎 피리. 초금(草琴). reed

초적(草賊)[명] ① 좀도둑. ② 남의 곡식단을 훔쳐 가는 도둑. 초절(草竊). [woodman

초적(樵笛)[명]나무꾼이 부는 피리. flute played by a

초전(招電)[명]사람을 초청하는 전보. inviting telegram

초=전:기(焦電氣)[명]〈물리〉전기석(電氣石) 같은 어떤 결정체의 일부를 가열할 때 표면에 나타나는 전기. 파이로 전기(pyro 電氣).

초절(峭絶)[명]산봉우리가 매우 높음. 하자 타

초절(草竊)[명]〈동〉초적(草賊)②.

초절(超絶)[명] ① 출중하게 뛰어남. ② 〈철학〉절대로 넘지 못하는 한계를 사이에 두고 존재하는 일. 특히, 신과 사람의 한계에서 세계에 대한 신의 초월적 존재의 뜻. 초월(超越)②. 하자 타

초점(焦點)[명] ① 관심·흥미가 집중되는 가장 종요로운 곳. ¶화제의 ~. ② 〈물리〉구면경(球面鏡)·포물면경(抛物面鏡) 등에서 입사 평행 광선을 이루어 내는 광점. ③ 〈수학〉타원·쌍곡선·포물선의 위치 및 모양을 정하는 요소가 되는 점. focus

초점 거:리[─쩜─](焦點距離)[명]〈물리〉구면경(球面鏡)·포물면경(抛物面鏡)의 정점(頂點)으로부터 초점까지의 거리. 구면경에 있어서는 그 반지름의 1/2임. focus length [수직한 평면. focal plane

초점=면[─쩜─](焦點面)[명]〈물리〉초점을 지나 축에

초=제국(醋──)[명]새우젓국에 초를 치고 고춧가루를 뿌려 만든 것이다. 초해즙(醋醢汁). [vilion

초정(草亭)[명]풀로 지붕을 이은 정자. thatched pa-

초정(哨艇)[명]초계용의 작은 배.

초제(招提)[명]〈불교〉관부(官府)에서 사액(賜額)한 [절.

초제(醮祭)[명]성신(星辰)에게 지내는 제사.

초=제공(初提栱)[명]〈건축〉주살포(柱三包)의 집에는 기둥 위에 초방(初枋)과 교차(交叉)하여 놓고, 삼포 이상의 집에는 주두(柱頭) 위에 장화반(長花盤)과 교차하여 짜는 물건. [경. 초경(初經).

초조(初潮)[명]월경이 처음으로 나오는 일. 또, 그 월

초조(焦燥)[명]애를 태워서 마음을 졸이는 모양. ¶~한 마음. impatience 하자

초=조반(初早飯)[명]'조반(早飯)'의 궁중말.

초종(初終)[명]〔약〕→초종 장사(初終葬事).

초종(草螽)[명]〈동물〉베메뚜기.

초종=록(初終錄)[명]〈동〉초상록(初喪錄).

초종 범절(初終凡節)[명]초상(初喪) 치르는 데에 관한 모든 절차. [까지의 일동안. 〔약〕초종(初終).

초종 장:사(初終葬事)[명]초상 난 뒤부터 졸곡(卒哭)

초종=중(初終中)[명]초상중(初喪中).

초주(椒酒)[명]초피 열매를 섞어서 빚은 술.

초주검=되─다(初──)[자]거의 다 죽게 되다. be dying

초=중:등(初中等)[명]초교(初校)와 중교(中校).

초=중:전:차(超重戰車)[명]60톤 이상 되는 대형 전차.

초=중:종(初中終)[명] ① 〈문학〉시조의 삼장. 곧, 초장·중장·종장. ② 옛날 글방 아이들이 시구(詩句)를 암기하여 익히는 방법의 하나. ③ 〈어학〉초성(初聲)과 중성(中聲)과 종성(終聲)의 총칭. 하자

초지(初志)[명]처음에 품은 뜻. 초일념(初一念). 초의(初意). one's original intention

초지(抄紙)[명]종이를 뜸. 하자

초지(草地)[명]풀이 나 있는 땅. 가축의 방목 또는 목초의 재배에 이용되는 땅. ¶~ 조성. grass land

초지(草紙)[명]글을 초잡아서 쓰는 종이. paper for a rough copy

초지 관철(初志貫徹)[명]〈동〉초지 일관. 하자

초=지니(初──)[명]〈조류〉두 살 된 매나 새매. 수지니는 사냥에 적당함. 초진(初陳). two-year old hawk

초=지대(草地帶)[명]〈지리〉온대 지방의 여름에 비가 적은 곳에서, 키가 낮은 초류(草類)가 무성한 지대.

초지 일관(初志一貫)[명]처음에 먹은 마음을 끝까지 관철함. 초지 관철. 하자

초직(初職)[명]초사(初仕)로 하는 벼슬. first position

초직(峭直)[명]성품이 굳고 곧음. 하형

초진(初陳)[명]〈동〉초지니.

초진(初診)[명]첫 진찰. [초인 진자.

초=진:자(秒振子)[명]한번 갔다 오는 주기(週期)가 2

초질=근(草質根)[명]목질(木質)을 조금 함유하고 있어서 무이 여한 뿌리. herbacious root

초집(抄集·抄輯)[명]어떤 글을 간략하게 뽑아서 베껴 모음. 또, 그 글. collection of excerpt 하자

초집(招集)[명]불러서 모음. 소집(召集). 하자 타

초집(草集)[명]시문(詩文)의 초장은 원고. 시문(詩文)

초-집게(草−)[명] 풋나무나 짚 따위를 집어 헤아리는 데 쓰는 제구.

초차(初次)[명] 처음의 차례. 곧, 첫번째. first

초창(初創)[명] 〈불교〉절을 처음 세움. 하타

초창(招請)[명] 마음에 섭섭함. 하타 [beginning

초창(草創)[명] 사업을 일으켜 시작함. 또, 그 시초.

초창(悄愴)[명] 근심스럽고 슬픔. 하타 히투

초창(樵唱)[명] 초동의 노랫소리.

초창-기(草創期)[명] 어떤 사업을 처음으로 시작하는

초채(萊菜)[명] 《동》 초나물. [시기.

초책(抄冊)[명] 요점만 뽑아 기록한 책. 초록한 책. excerpt

초책(草册)[명] 초벌로 기록한 문서. 초잡은 책. draft

초책(貰責)[명] 나무람. 하타 [copy

초천(超遷)[명] 등급을 뛰어넘어 올라감. 하타

초청(招請)[명] 청하여 부름. 청원(請願). invitation

초청 외:교(招請外交) 우호·협조의 계기를 마련하고 그 촉진을 위하여 대상국의 요직에 있는 인물을 초청하여 환대하는 방식의 외교.

초청-장[-짱](招請狀)[명] 초청하는 글월. ¶ ∼을 받

초체(草體)[명] 초서의 서체(書體). cursive style

초초(焦焦)[명] 애를 태우며 근심을 함. 하타

초초(酢醋)[명] 〈한의〉 약재를 초에 담갔다가 불에 볶아 그 성질·맛을 변화시킴. 하타 [하형

초초(悄悄)[명] 근심되어 기운을 잃은 모양. dejectedly

초초(草草)[명] 간략한 모양. 바빠서 거친 모양. 하타

초초(稍稍)[부] 〈동〉 점점 漸漸.

초 분:분(秒秒分分)[명] 매초 매분마다.

초추(初秋)[명] 초가을. 초량(初凉). early autumn

초춘(初春)[명] 초봄. 조춘(早春). early spring

초출(抄出)[명] 골라서 뽑아 냄. excerption 하타

초출(初出)[명] 처음으로 나옴. going out for the first

초출(招出)[명] 불러 냄. call up 하타 [time 하타

초출(超出)[명] 우뚝하게 뛰어 남. excellence 하타

초=출사[−싸](初出仕)[명] ①입관한 뒤에 처음 출사함. first day of one's office work ②일을 처음 시작함. start 하타

초충(草蟲)[명] ①풀에 사는 벌레. grass insects ②〈미술〉 풀에 사는 벌레를 그린 그림.

초췌(憔悴·顦顇)[명] 고생·병으로 몸이 여위고 파리함. ¶ ∼한 얼굴. emaciation 하타

초취(初娶)[명] 첫번 혼인한 아내. 초실(初室)². one's

초치(招致)[명] 불러서 이르게 함. 초입(招入). ¶외국 코치의 ∼. invitation 하타 [first wife

초친-놈(醋−)[명] 난봉이나 부려서 사람 구실할 여망(餘望)이 없는 자. dissipated fellow

초친-맛(醋−)[명] 싱겁고 멋대가리 없는 재미.

초=칠일(初七日)[명] ①초이렛날. seventh of the month ②첫 이렛날. first seven days

초침(秒針)[명] 시계의 초(秒)를 가리키는 바늘. the

초코(略)→초콜릿. [second hand

초콜릿(chocolate)[명] 코코아 씨를 볶아 만든 가루. 더운물에 타서 밀크·설탕을 넣어 마시거나, 밀크·버터·설탕·향료 등을 넣고 굳혀서 과자를 만듦. (약) 초코.

초:크(chalk)[명] ①백악(白堊). ②분필(粉筆). ③양재(洋裁)에서, 복지 재단의 표를 하는 데 쓰는 일종의 분필. ④당구에서, 미끄럼을 막는 분말의 일종.

초:크 코일(choke coil) 〈물리〉교류(交流)를 제한하는 데 사용하는 코일. 고주파 초크 코일과 저(低)주파 초크 코일이 있음.

초탈(超脫)[명] 세속을 벗어남. 초세(超世)². 하타

초토(草土)[명] 거적 자리와 흙베개의 뜻으로 거상(居喪) 중임을 가리키는 말.

초토(焦土)[명] ①불에 타서 검게 된 흙. ②불타서 없어진 자리. 또, 그 자국.

초토(剿討)[명] 도둑 무리를 토벌함. 하타

초토 외:교(焦土外交)[명] 나라를 초토화해서라도 국책을 수행하려는 외교.

초토 전:술(焦土戰術)[명] 〈군사〉 패주(敗走)할 때, 적군이 이용하지 못하도록 모든 시설·자재 등을 스스로 소각 또는 파괴하는 전술. scorched earth policy

초토-화(焦土化)[명] 초토가 됨. 또, 초토로 만듦. 하타

초=특급(超特急)[명] ①〈약〉→초특급 열차(超特急列車). ②특급(特急)보다도 더 빠름. ¶ ∼으로 마무릿짓다.

초특급 열차(超特急列車)[명] 특급보다 더 빠른 열차. 〈약〉 초특급①.

초=특작품(超特作品)[명] 더할 수 없이 잘된 작품.

초파(抄把)[명] 《동》 써레.

초-파:리(醋−)[명] 〈곤충〉 초파릿과에 속하는 벌레. 길이 2∼3mm 정도로 몸 빛은 암갈색 또는 담황갈색으로 머리와 등에 가로줄이나 얼룩점이 있음. 술·간장·술 따위에 잘 덤벼 드는데 유전 실험에 많이 이용됨. Drosophila histrio

초-파:일(←初八日)[명] 《동》 파일.

초판(初−)[명] 처음의 시기나 국면. first period

초판(初版)[명] 서적의 첫 출판. 처음 판. 원판². 첫 판. 초쇄(初刷). ¶ ∼ 인쇄. (대) 재판(再版). 중판(重版). first edition

초평(草坪)[명] 넓이가 한 치 가량 되고 비모진 긴 나무 오리. 초가의 평고대로 씀.

초평(草坪)[명] 풀이 무성하고 넓은 벌판. 초원. plain

초표(礁標)[명] 바닷갔의 경계 표지(標識). 암초 표시

초피(貂皮)[명] 《동》 돈피(豚皮). [곳에 세움.

초피-나무[명] 《동》 산초나무.

초필(抄筆)[명] 잔글씨를 쓰는 가느다란 붓. small writing brush

초-하:다(抄−)[타타] ①글씨를 베끼어 기록하다. copy ②초록(抄錄)하다.

초-하:다(炒−)[타타] 불에 볶다. parch

초-흘루(初−)[명] 초하루.

초-하루(初−)[명] 〈약〉→초하룻날.

초-하룻날(初−)[명] 그 달의 첫째날. 초일일(初一日). 〈약〉 초하루. first day of a month

초하룻날 먹어 보면 열하룻날 또 간다 한 번 재미를 보면 끊지 못한다.

초학(初學·草學)[명] ①처음 걸린 학질. ②하루거리.

초학(初學)[명] ①학문을 처음으로 배움. beginning of learning ②익숙하지 못한 학문. rudiments

초학-자(初學者)[명] ①초학의 사람. 학문을 처음 배우기 시작한 사람. beginner ②학문이 얕은 사람. 초심자(初心者).

초학 훈장의 똥은 개도 안 먹는다 훈장, 즉 선생의 일이 매우 어렵고 힘들다.

초한(初寒)[명] 첫추위. first cold of the season

초한(哨寒)[명] 살을 찌르는 듯한 추위.

초함(哨艦)[명] 감시하는 임무를 띤 군함. patrol-boat

초함(草函)[명] 담뱃 서랍.

초항(初項)[명] ①〈수학〉수열(數列)·급수(級數)의 최초의 항. 제 1 항. ②첫 조항. (대) 말항(末項). first item

초항(招降)[명] 적을 타일러서 항복하도록 함. 하타

초해(初解)[명] 처음 조금 앎. 하타

초-해:문자[−짜](稍解文字)[명] 겨우 문자를 풀어 볼 정도에 이름. 하타

초해-즙(醋醢汁)[명] 《동》 초젓국.

초행(初行)[명] 처음 감. 또, 그 길. first trip 하타

초행(醮行)[명] 신랑이 초례를 지내려 처가로 가는 일.

초행-길[−낄](初行−)[명] 초행하는 길.

초행 노숙(草行露宿)[명] 산이나 들에서 자며 여행하는 것. travelling and sleeping in the open air

초헌(初獻)[명] 제사 때에, 첫번으로 술을 신위에 드림. 〈대〉 아헌(亞獻). 종헌(終獻).

초헌(軺軒)[명] 〈제도〉 종 2 품 이상의 관원이 타던 높은 외바퀴가 달린 수레. 명거(命車). 초거(軺車).

초헌-관(初獻官)[명] 〈제도〉 나라 제향(祭享) 때에 초헌을 맡은 임시 벼슬.

초현(初弦)[명] 《동》 상현(上弦). [현을 맡은 임시 벼슬.

초-현:대적(超現代的)[관형] 현대의 첨단을 걷는(것).

초-현:실주의[─ ─ ─](超現實主義)[명] 〈문학〉 프랑스에서 일어난 에du슴. 초현실적인 자유로운 상상을 표현. 쉬르레알리슴. 초사실주의(超事實主義).

초-현:실파(超現實派)[명] 〈미술〉미술에서, 서양 화파의 하나. 초현실적인 몽환(夢幻)의 세계를 상상으로 표현하는 화파. surrealist

초혜(草鞋)[명] 짚신. straw sandals

초호(初號)[명] ①최초의 호. 제 1 호. ¶잡지의 ~. ②[인]→초호 활자.

초호 활자[─자](初號活字)[명] 〈인쇄〉활자 중에서 가장 큰 활자. 42포인트 정도 되는 활자로, 2호 활자의 두 배 크기임. (약) 초호(初號)②.

초혼(初昏)[명] 해가 지고 처음 어두워 올 때. dusk

초혼(初婚)[명] ①첫혼인. (대) 재혼(再婚). first marriage ②개혼(開婚). 하타

초혼(招魂)[명] ①혼을 부름. ②〈민속〉사람이 죽었을 때, 그 사람이 생시에 입던 저고리를 왼손에 들고 오른손은 허리에 대어 지붕에 올라서거나 마당에서 북쪽을 향해 '아무 동네 아무개 복(復)'이라고 세번 부르는 일. 고복(皐復). 호복(呼復). invocation of the spirit of a dead 하타

초혼-제(招魂祭)[명] 전사(戰死) 또는 순직한 혼령을 위로하는 제사. memorial service for the wardead

초화(招禍)[명] 화를 불러들임. 하타

초화(草花)[명] 풀에 피는 꽃. 또, 아름다운 꽃이 피는 종류의 풀. flower

초환(招還)[명] 불러서 돌아오게 함. recall 하타

초황(炒黃)[명] 약재를 불에 볶아서 빛을 누렇게 만듦.

초회(初回)[명] 첫번. first time

초훈(初昕)[명] 〈천문〉일식이나 월식에 해·달이 이지러지기 시작하는 때.

초흑(炒黑)[명] 약재를 불에 볶아 빛을 꺼멓게 만듦.

촉: 작은 물건이 아래로 늘어지거나 처진 모양. (큰) 축. droopingly ¶~.

촉(鏃)[명] 긴 물건의 끝에 박힌 뾰족한 물건의 총칭. ¶화살~. ≒촉끝(鏃─).

촉가(燭架)[명] 초를 꽂아 세우는 대(臺). 촛대.

촉각(觸角)[명] 〈동물〉대부분의 절지 동물의 두부에 있는 감각기. 많은 관절로 이루어지며, 후각·촉각 등을 맡고, 먹이를 찾으며 외적을 막는 역할을 함. 갑각류에는 둘 또는 네 쌍, 곤충은 한 쌍이 있음. 더듬이[2]. feeler

촉각(觸覺)[명] 〈생물〉피부에 있는 어떤 감수기(感受器)의 흥분에 의해 일어나는 감각. 주로 온각(溫覺), 압각(壓覺), 압점(壓點). 피부 감각(皮膚感覺). tactual sense

촉각-선(觸角腺)[명] 〈동물〉갑각류(甲殼類)의 제이 촉각(第二觸覺)의 기부(基部)에 있는 배설기의 하나. 녹선(綠腺). antennal gland

촉각을 곤두세우다(觸角─)[관] 정신을 집중시키고 신경을 곤두세우고 즉각 대응할 태세를 취하다.

촉감(觸感)[명] ①무엇에 닿았을 때의 느낌. ¶~이 부드럽다. tactile sensation ②(동) 촉각(觸覺). ③(동)→촉각(觸感).

촉고(數罟)[명] 눈이 썩 잔 그물. ≒총장(總障).

촉관(觸官)[명] 〈동물〉동물의 촉각(觸覺)을 맡은 기관. 곧 척추 동물의 피부나 곤충의 촉각(觸角) 등. touch organ

촉광(燭光)[명] 촛불의 빛. candle-light [물][물리]①〈물리〉광도(光度)의 단위. 지름 1/8인치, 무게 1/6파운드 되는 고래 기름의 초가 한 시간에 8.77그램씩 탈 때의 광도. 촉력(燭力). candle-power ②조도(照度)의 단위. 1 미터 촉광은 일 촉광의 빛이 1 미터 떨어진 물체를 비출 때의 조도. (약) 촉(燭). candle-power

촉구(促求)[명] 재촉하여 구함. ¶각성을 ∼하다. 하타

촉규(蜀葵) / **촉규-화**(蜀葵花)[명] 접시꽃.

촉금(觸禁)[명] 금지하는 일에 저촉(抵觸)됨. 하타

촉급(促急)[명] 촉박하며 급함. 促迫). urgency

촉기(←峭氣)[명] 생기 있고 재치 있는 기상.

촉-끝(鏃─)[명] 무슨 구멍에 꽂게 된 뾰족한 장부.

촉-끝(鏃─)[명] 활의 먼 오금의 다음 되는 부분. point of a spearhead

촉노(觸怒)[명] 웃어른의 마음을 거슬러서 성을 벌컥 내게 함. 촉오(觸忤). provoking an elder's wrath

촉농(燭濃)(동) 촛농. 하타

촉대(燭臺)(동) 촛대.

촉-대(鏃─)[명] 살 밑의 마디. 촉의 아래쪽의 끝과 위쪽으로 화살 속에 박히는 부분과의 사이에 두두룩하게 된 부분. ≒제구.

촉-돌이(鏃─)[명] 화살의 촉을 박기도 하고 뽑기도 하는 데 쓰는 물건.

촉랭(觸冷)[명] 찬 기운이 몸에 부딪침. feeling cold

촉루(燭淚)(동) 촛농.

촉루(髑髏)[명] 해골(骸骨). [트롤리] (trolly).

촉륜(觸輪)[명] 전차의 줄 꼭대기에 있는 작은 쇠바퀴.

촉망(觸網)[명] ①그물에 걸림. 촉라(觸羅). ②법망(法網)에 걸림.

촉망(屬望·屬望)[명] 잘 되기를 바라고 기다림. 속망(屬望). (대) 실망(失望). expectation 하타

촉매(觸媒)[명] 〈화학〉화학 반응할 때, 그 자체는 화학 변화를 받지 아니하나, 반응 속도를 촉진 또는 지체시키는 물질. 1∼ 반응. ∼법. catalyst

촉매 작용(觸媒作用)[명] 〈화학〉촉매가 반응에 미치는 작용. 보통, 반응 속도를 증가시킴.

촉매-제(觸媒劑)[명] 〈화학〉촉매에 쓰이는 물질.

촉모(觸毛)[명] 〈동물〉고양이나 쥐 등의 수염처럼, 대부분의 포유 동물의 윗입술의 위와 빰·턱·사지(四肢) 등에는 나는 뻣뻣한 털. 신경이 분포하여 촉각(觸覺)을 감수하는 기능을 맡음. tentacle

촉목(囑目)[명] 눈여겨 봄. 주목하여 봄. steady gaze 하타 ¶ 이 아픔. 하타

촉목 상심(觸目傷心)[명] 사물이 눈에 보이는 대로 마

촉박(促迫)[명] 기한이 바싹 박두하여 있음. 촉급(促急). 게 함.

촉발(促發)[명] ①재촉하여 내게 함. ②재촉하여 떠나게 함.

촉발(觸發)[명] ①일을 당하여 충동·감정 따위를 유발함. ②접촉으로 폭발함. contact detonation 하타

촉발 수뢰(觸發水雷)[명] 〈군사〉어떤 수뢰에 대하여 기계 수뢰를 이룸. 자발 수뢰(自發水雷). contact mine

촉백(蜀魄)[명] 두견이.

촉범(觸犯)[명] 겨뤄 피할 길을 저지름. 하타

촉비(觸鼻)[명] 냄새가 코를 찌름. 하타

촉산(促産)[명] 서둘러 해산을 하게 함. 또, 그 해산.

촉상(觸傷)[명] 〈한의〉추운 기운이 몸에 닿아서 병이 일어남. 촉감(觸感)③. 하타

촉-새 〈조류〉참새과의 새. 날개 길이 7 cm 가량이고 등은 갈색을 띤 황록색에 부리는 황색을 띰. 야산의 숲 속에 서식하며 고기는 맛이 좋음. Korean black-faced bunting

촉새 같이 나서다[관] 제가 나설 자리가 아닌데 경망하게 촐랑거리고 참견하여 나서다.

촉새 부리[관] 끝이 뾰족한 물건의 비유. sharppointed thing

촉서(蜀黍)[명](동) 수수.

촉선(觸線)[명] ①〈수학〉맞닿아 있는 선. ②(동) 접선(接線). 하타

촉성(促成)[명] ①재촉하여 빨리 성취시킴. ②식물 따위에 인공적인 조건 따위를 가하여 빨리 자라게 함. promotion of growth 하타

촉성 재배(促成栽培)[명] 〈농업〉자연의 상태에서는 성숙하지 않는 시기에 빨리 성숙시키는 방법. 온실 재배 따위. 촉성 재배. (대) 억제 재배.

촉수(促壽)[명] 죽기를 재촉하다시피하여 수명이 짧아짐. ≒감수(減壽). shortening one's life 하타

촉수(燭數)[명] 촉광의 정도를 나타내는 수.

촉수(觸手)[명] ①〈동물〉하등 동물의 촉감기(觸感器). 대부분의 무척추 동물의 입 근처에 있음. 가늘고 길쭉하며 활발하게 운동하는 돌기로서 끝에 감각 세포가 많은데, 촉각을 맡고 먹이를 포착하는 역할

을 겸함. ②물건을 쥐는 손. 곤. 오른손. right hand ③손을 댐. ¶~엄금(嚴禁). touch 하다
촉수(觸鬚)명《동물》하등 동물의 촉각을 맡은 기관. 귀뚜라미·새우 등의 수염 따위.
촉수를 뻗치다(觸手一)야심을 가지고 대상물에 서서히 작용을 미치다.
촉슬(促膝)명 무릎을 마주 대고 앉음. 하다
촉실(促悉)명(동) 촉찰(燭察). 하다
촉심(燭心)명 초의 심지. 《야》심. wick
촉언(囑言)명 ①뒷일을 부탁해 두는 말. ②부탁하는 말. request 「진시키기 위해 첨가하는 약제.
촉염제(促染劑)명 염색할 때에 염착력(染着力)을 촉
촉오(觸忤)명(동) 촉노(觸怒). 하다
촉접(觸接)명 ①(동) 접촉(接觸)②. ②적의 근처에서 적의 정세를 쉬지 않고 탐지하는 일. steady watch
촉조(蜀鳥)명 두견이.
촉진(促進)명 재촉하여 빨리 나아가게 함. 《대》억제 (抑制). promotion 하다
촉진(觸診)명 손가락으로 만져서 병을 진단하는, 인체 진찰법의 하나. 주로 복부 내장 질환의 진단에 쓰임. 「nating through-out 하다
촉찰(燭察)명 밝게 비추어 살핌. 촉실(燭悉). illumi-
처처 봉패(觸處逢敗)명 가서 닥치는 곳마다 낭패를 당함. 《세체.
촉체(矗體)명 산봉우리 따위가 높이 솟아 삐죽삐죽
촉촉-하-다[어말] 물기가 있어서 조금 젖은 듯하다. 《큰》축축하다. dampish 촉촉-이부
촉탁(囑託)명 ①일을 부탁함. ②부탁을 받은 사람. commission ③정부 기관이나 공공 기관에서 임시로 부탁을 맡아 어떤 일을 보는 공무원 또는 직원. part-time employee 하다
촉탁 살인(囑託殺人)명 피살자의 요구에 의하거나 또는 승낙을 받고 그 사람을 죽이는 일.
촉하(燭下)명 촛불의 아래. under the candle-light
촉-하-다(促一)[여]형 ①시기가 바싹 다가서 가깝다. urgent ②음성 또는 음절이 느즈러진 맛이 없이 짧고 급하다. acute
촉한(蜀漢)명《역사》중국 삼국 시대의 유비(劉備)가 세운 나라. 도읍은 성도(成都).
촉한(觸寒)명 추운 기운에 부딪침. feeling cold 하다
촉화(燭火)명 촛불. candle-light
촉훈(促訓)명 재촉하는 훈령. 하다 「부름. 하다
촉휘(觸諱)명 존대해야 할 웃어른의 이름을 함부로
촌(村)명 마을. 부락. 시골. ¶~사람. village
촌:가(族家)명 족보(族譜)의 멀고 가까움을 나타내어 세는 말. ¶삼~. 사~. degree of kinship ②(동) 치. korean inch
촌:가(寸暇)명 촌극(寸隙).
촌:가(村家)명 시골 마을에 있는 집. 촌려(村廬). 《대》 산가(山家). village house
촌:각(寸刻)명 촌음(寸陰). 「지. my letter
촌:간(寸簡)명 ①짧은 편지. short letter ②자기 편
촌:간(村間)명 시골 마을의 집들 사이. 촌락의 사회. ¶~에 퍼진 소문. among the villages
촌:거(村居)명 시골 마을에서 삶. country life 하다
촌:공(寸功)명 아주 조그마한 공로. small merit
촌:교(村郊)명 시골의 들. field of the country
촌:-구석[一平一](村一)명 도시에서 멀리 떨어져 있는 시골. 또, 시골의 구석진 곳.
촌:극(寸隙)명 얼마 안 되는 짧은 겨를. 촌가(寸暇). moment's leisure
촌:극(寸劇)명 아주 짧은 단편적인 연극. 토막극. little dramatical performance
촌:기[一끼](村氣)명 시골 기분.
촌:길[一낄](村一)명 촌마을의 구석진 곳.
촌:내(村內)명 시촌 안쪽의 겨레붙이.

촌년이 아전 서방을 하면 갈지자 걸음을 걷고, 육개장 아니면 밥을 안 먹는다쪽 ①어수룩한 사람이 한 번 혹하면 정도를 지나친다. ②못된 자가 믿는 데가 생기면 별 아니꼬운 짓을 다 한다.
촌:-놈(村一)명《속》촌사람을 얕잡은 말. 촌한(村漢).
촌:단(寸斷)명 잘막잘막하게 여러 토막으로 끊어짐. 또, 끊음. cutting in pieces 하다
촌 닭 관청에 잡아 온 셈이다속 경험 없는 일을 당하여 어리둥절하다.
촌:동(村童)명 촌에서 사는 아이. country child
촌:-뜨기(村一)명 시골에 사는 촌스러운 사람. 시골 뜨기. hick
촌:락(村落)명 촌에 이루어진 부락. 그 주민의 생활에 따라, 농촌(農村)·어촌(漁村)·산촌(山村)·광산촌 등으로 구분함. 마을②. 촌리.
촌:락 공:동체(村落共同體)명《사회》토지 공유제에 의한 자급 자족의 공동체. 원시 공산제의 잔존 형태로서 후대까지 존속하였음. village community
촌:려(村廬)명 시골에 있는 마을.
촌:로(寸老)명(동) 촌옹(村翁).
촌:록(寸祿)명 얼마 안 되는 적은 녹봉(祿俸).
촌:리(寸里)명(동) 촌락(村落).
촌:맥(寸脈)명《한의》집게손가락·가운뎃손가락·약손가락을 손바닥으로 벋은 요골(撓骨)의 동맥에 대었을 때 집게손가락에 느껴지는 맥박의 하나.
촌:맹(村氓)명 촌에 사는 백성. 촌인(村人). 향맹(鄕氓). 민(鄕民). countryman
촌:명(村名)명 마을 이름. village name
촌:목(寸一)명〈건축〉소목(小木) 일에서 나무와 구멍을 파거나 장부를 만들 때에 금을 긋는 연장. 이 수에 맞춰 바늘이 박혀 있음.
촌:묘(寸描)명 짧은 묘사. 스케치.
촌:무(村巫)명 시골에 사는 무당.
촌:미(村味)명 ①시골에서 만든 음식물. rustic food ②시골에서 사는 취미. taste of country life
촌:민(村民)명(동) 촌백성.
촌:방(村坊)명 시골에 사는 사람. 시골 부락. village
촌:-백성(一一)(村百姓)명 시골에서 사는 백성. 촌민(村民).
촌:백충(寸白蟲)명〈동물〉조충류(條蟲類)의 기생충. 몸 길이가 1~3cm부터 10m에 달하는 것도 있으며 빛은 샘아색이고 자웅 동체(雌雄同體)임. 척추 동물의 창자에 기생하는 성체로 새벽손에서 이물을 섭취함. 《야》백충(白蟲). 촌충(寸蟲). tapeworm
촌:벽(村壁)명 구름 사이로 나타난 푸른 하늘.
촌:보(寸步)명 몇 걸음 안 되는 걸음. 조금 걷는 걸음. few steps
촌:부(村婦)명 시골의 부녀자. country-woman
촌:부자(村夫子)명(동) 촌학구(村學究)①.
촌:분(寸分)명 ①조금. ②썩 짧은 시각. moment
촌:-사람[一싸一](村一)명 ①시골에 사는 사람. country man ②어수룩한 사람. simple person 「색시.
촌:-색시[一쌕一](村一)명 ①촌에서 사는 색시. ②촌스러운
촌:-샌:님[一쌘—](村一)/촌-생원(村生員)명 촌에서 살며 벼슬을 아니 한 늙은이. aged countryman
촌:선(寸善)명 아주 보잘것없는 착한 일. 또, 좋은 일. small good deed
촌:선 척마(寸善尺魔)명 좋은 일이 아주 적고 언짢은 일이 많음을 가리키는 말. 「dow's mite
촌:성(寸誠)명 얼마 안 되는 성의. 촌충(寸衷)①.
촌:속(村俗)명 시골의 풍속. rusticity
촌:수[一쑤](寸數)명 친족간의 관계를 나타내는 수.
촌:수(寸數)명 촌옹(村翁). 「degree of kinship
촌:-스럽-다[一쓰—](村一)[ㅂ]형 어울린 맛이 없이 촌사람의 티가 나다. ¶촌스러운 옷. rustic 촌:-스레부
촌:시(村時)명 촌음(寸陰). 「레보
촌:시(村市)명 시골의 시장. country market
촌:심(寸心)명 마음속의 자그마한 뜻. 촌충(寸衷)②. 촌지(寸志)②. humble intention

촌:야(村野)圀 시골의 마을과 들. village and field
촌:열(寸裂)圀 갈가리 찢음. 또는 찢어짐. tearing in pieces 하다
촌:옹(村翁)圀 촌 늙은이. 촌로(村老). 촌수(村叟). aged villager
촌:외(寸外)圀 촌수를 따지지 않는 먼 일가. distant relation
촌:유(村儒)圀 촌에 사는 선비. rustic scholar
촌:음(寸陰)圀 얼마 못 되는 짧은 시간. 촌각(寸刻). 촌구(寸晷). 촌시(寸時). ¶~도 아껴라. moment
촌:인(村人)圀 촌뜨기. 촌맹(村氓).
촌:장(寸長)圀 얼마 되지 않는 기능(技能). 곧, 작은 장herbal(長處).
촌:장(村庄)圀 살림집 외에 시골에 따로 장만해 두는 집.
촌:장(村長)圀 마을의 일을 맡아보는 대표자. 《유》이장(里長). chief of village
촌:저(寸楮)圀 매우 짤막한 편지. 촌지(寸紙). 촌찰 (寸札).
촌:전 척토(寸田尺土)圀 얼마 되지 않는 전답. small farm [the country
촌:주(村酒)圀 시골의 술. 《유》촌탁(村濁). wine in
촌:중(村中)圀 ①한 마을의 가운데. center of a village ②온마을. whole village
촌:지(寸地)圀=척토(尺土).
촌:지(寸志)圀 ①圀 촌심(寸心). 편지(片志) ②자그마한 뜻을 나타낸 적은 선물.
촌:진 척퇴(寸進尺退)圀 ①얻는 것은 적고 잃는 것은 많음. more to lose than to gain ②진보는 적고 퇴보는 많음. more regression than progression 하다
촌:찰(寸札)圀=촌저(寸楮).
촌:척(寸尺)圀=척촌(尺寸).
촌:철(寸鐵)圀 ①자그마하고 날카로운 쇠붙이. little weapon ②경계하는 말. 또, 그 글귀. epigram
촌:철 살인(寸鐵殺人)圀 짤막한 경구(警句)로 사람의 마음을 찔러 감동시킴을 가리킴. be pithy
촌:초(寸秒)圀 극히 짧은 시간. ¶~를 아껴서 공부하라. [아니라며 빌어먹음. 하다
촌:촌 걸식(一乞一食)[一씩](村村乞食)圀 이 마을 저 마을로 돌
촌:촌-이(村村-)圀 어느 마을이나. 마을마다. every village
촌:충(寸衷)圀 ①圀 촌성(寸誠). ②圀 촌심(寸心).
촌:충(寸蟲)圀 《약》→촌백충(寸白蟲).
촌:탁(忖度)圀 남의 마음을 미루어 헤아림. 요탁(料度). conjecture 하다
촌:탁(村濁)圀 시골의 막걸리. 《유》촌주(村酒). ma-
촌:토(村土)圀 [koli of the country
촌:티(村-)圀 촌사람의 티. 촌스러운 경향·냄새. rusticity [솔 ~. 하다
촌:평(寸評)圀 아주 짧게 비평함. 또, 그 비평. ¶새
촌:학구(村學究)圀 ①시골 글방의 선생. 촌부자(村夫子). village schoolmaster ②아는 것이 별로 없고 고집이 세고 도량이 좁은 사람. narrow-minded
촌:한(村漢)圀圀 촌놈. 시골놈. [person
촌:항(村巷)圀 먼 시골의 외떨어진 길거리.
출렁-거리다圀 ①큰 그릇에 가득 담긴 물이 자꾸 흔들거리다. ②깊고 좁은 곳에 담긴 물이 연해 흔들리어 물결이 일다. 《큰》출렁렁거리다. tossing and leaping 출랑출랑=출렁출렁 하다
출랑-이圀 출랑거리는 사람. frivolous character
출싹-거리다圀 ①주책없이 경망을 부리다. ramp about ②들쑤셔서 들먹거리게 하다. 추썩거리다. 《큰》출썩거리다. instigate 출싹=출싹 하다
출:출圀 물 따위가 조금씩 넘치는 모양. 《큰》출출. overflowing [출렁이다. feel hungry
출출-하다圀뜨형 조금 배고픈 기운이 있다.
촘촘-하다圀뜨형 틈이나 구멍의 사이가 아주 배다. 《때》설피다. dense 촘촘-히圀
촙(chop)圀 ①소·돼지의 갈비. 또, 갈비구이. ②테니스·탁구에서, 공을 깎아 치는 일. ③레슬링에서, 상대를 베듯이 세게 주게 침. ④태권도에서, 상대를 치는 일. 수도(手刀).

촛-가지圀 〈건축〉 초제공(初提栱)·이제공(二提栱)에 쑥쑥 내민 쇠서. 「맛이 ~이다. very sour food
촛-국(醋-)圀 몹시 신 음식의 맛을 가리킴. ¶김치의
촛-농(-膿)圀 초가 녹아서 흘러 엉기는 것. 풍루(風淚)②. 촉농(燭膿). 촉루(燭淚). drops of wax
촛-대(-臺)圀 ①촛불을 꽂는 제구. 촉대. candlestick ②(비)활기 없이 한 구석에 덤덤히 앉았기만 하는 사람을 이르는 말.
촛-밀(-)圀 지에밥과 누룩 가루를 섞어서 삭힌 것. 먹는 초의 밑바탕이 됨.
촛-불圀 초에 켠 불. 촉화(燭火). candle-light
촛불-놀이圀 남녀가 밤에 노는 사랑 놀이.
총¹圀 말의 갈기와 꼬리에 난 털. ¶~채. horsehair
총²圀 짚신·미투리 등의 앞쪽에 박힌 낱낱의 올. ¶신~. 촉자. 총모(銃帽)①. hunting gun
총(銃)圀 ①〈군사〉 무기의 하나. rifle ②사냥에 쓰는
총:(寵)圀 《약》→총애(寵愛).
총(-)圀 '어떤 수량을 합계하여 모두'의 뜻을 나타냄. ¶~ 인구(人口). all
총:-(總)圀뜸 다른 말의 위에 붙어서 '죄다·온통·다 모아서'의 뜻을 나타냄. ¶~진군(進軍). all, general
총가(銃架)圀 〈군사〉 총을 걸쳐 두는 받침. rifle-stand
총-각(總角)圀 장가들 나이에 아직 장가들지 않은 남자. 《대》처녀(處女). 《공》도령. bachelor
총각 김치(總角-)圀 손가락 굵기만한 어린 무를 무청째로 양념에 버무러 담근 김치.
총각-무(總角-)圀 김장 때 무청째로 총각 김치를 담그는 뿌리가 잔 어린 무.
총-갈기(總-)圀 《원》→총갱기.
총감(總監)圀 총괄하으로 하는 감독. 또, 그 사람. 하다
총감투(總-)圀 말총으로 짜서 만든 감투. horsehair hat
총-개:머리[-께-](銃-)圀 개머리.
총갱기(總-)圀 짚신·미투리의 당감잇줄에 쩬 총의 고를 낱낱이 감아 돌아가는 끄나풀. 《원》총갑기.
총거(悤遽)圀뜸 총망(悤忙). 하다
총-걸:다(銃-)圀 〈군사〉 총을 삼각가(三角架)의 모양으로 걸어 세우다. 차총(叉銃)하다. stack
총검(銃劍)圀 ①총과 칼. rifles and swords ②총 끝에 꽂은 칼. bayonet
총검-술(銃劍術)圀 〈군사〉 총에 총검을 꽂고 적을 찔러 죽이는 법. bayonet exercises [shooting 하다
총격(銃擊)圀 〈군사〉 총을 쏘아 무찌름. ¶~전. rifle
총:-결:산(-算)[-쌀](總決算)圀 ①〈경제〉 수입·지출의 통틀어서의 결산. total settlement of accounts ②일이 모든 처리의 결말을 냄. total liquidation 하다
총경(總警)圀 경찰관 계급의 하나. 경무관(警務官)의 아래. police superintendent
총:-계(總計)圀 전체의 수량을 한데 모아서 셈함. 또, 그 셈. 총화(總和)①. ¶~를 내다. 《유》합계(合計). grand total 하다
총계-정(總計定)圀 계정 전체. 전체의 계정.
총계-정 원장(總計定元帳)圀뜸 원장(元帳).
총계-탕(蔥鷄湯)圀 파를 넣고 끓인 닭국.
총:-공격(總攻擊)圀 전군(全軍) 또는 전원(全員)이 총체적으로 공격함. general attack
총:-공세(總攻勢)圀 총체적으로 취하는 공세.
총:-관(總管)圀 〈제도〉 ①신라 때, 각주(州)의 군대를 통솔하던 벼슬. ②조선조 때, 오위 도총부(五衛都摠府)의 도총관(都摠管)과 부총관(副摠管). ③구한국 때, 경위원(警衛院)·호위대(扈衛隊)·승녕부(承寧府)의 으뜸 벼슬.
총-관(總管)圀 전체를 총괄 관리함. 하다 [하다
총:-관(總觀)圀 총체적으로 살펴봄. general survey
총:-괄(總括)圀 ①개별적인 여러 가지를 한데 모아서 묶음. synthesis ②〈논리〉 어떤 개념의 외연(外延)을 늘여서 많은 개념을 포괄함. 일괄(一括). generalization 하다

총괄적(總括的) 개별적인 여러 가지를 총괄하는(것).

총광(寵光) 은총(恩寵)을 입은 영광. favour

총구(銃口) 총부리.

총국(總局) 신문사 같은 데서, 지국(支局) 위에 설치하여 그 구역 안의 지국을 통할하여 본사(本社)와 사무적·사업적 연락을 하는 곳.

총군(銃軍) 〈군사〉 총을 사용하는 군사. 모군(砲軍). 총졸(銃卒). rifleman

총군(總軍) 〈군사〉 군사의 전체. 전군(全軍). whole army ⌐full powers

총권[─권](總權) 전체적인 권리. 도, 그 권력.

총궐기(總蹶起) 전체의 궐기. 하다

총극(總劇) (동) 총망(忽忙). 하다

총급(總急) 썩 급함. urgency 하다 히

총기(銃器) 소총·권총 따위의 무기. small firearms

총기(聰氣) ① 총명한 기운. bright intelligence ② (동) 기. 를 지닐종.

총기(總記) ① 전체를 총괄하는 기술(記述). ② 십진 분류법에 의한 도서 분류의 하나. 백과 사전·신문·잡지·총서(叢書) 따위. ⌐적. 하다

총기(叢記) 여러 가지를 모아서 기록함. 또, 그 서

총남(銃男) 어우나 이리같이 얼굴이 빼빼 말라 뾰족한 입과 불구진 눈을 가진 사람. lean person

총달(聰達) 슬기롭고 명달(明達)함. 하다

총담(總膽) 〈동〉 동물의 외항류(外肛類)의 개체의 전단(前端)에 말편자나 고리 모양으로 이룬 부분. 그 주위에 촉수가 있고 가운데 입이 있음. Lophophore

총:담·관(總膽管) 〈생리〉 간장(肝臟)에서 만들어 진 담즙(膽汁)을 십이지장으로 인도하는 관.

총담·요[─뇨](─褥) 말털로 두껍게 짠 담요. blanket of horsehair

총대(一臺)(銃─) 소총(小銃)의 총열을 장치한 전체의 나무. 총상의 몸. 총상(銃床). gun-stock

총대(銃隊) 〈군사〉 총군으로 편성된 군대. ¶기~. 소~. rifle unit ② 해군에서 총군으로 대오를 꾸민 수병(水兵). ⌐sentative

총대(總代) 관계자 전체를 대표하는 사람. repre-

총:대·리점(總代理店) 한 나라의 전체 또는 광범한 구역에 걸쳐 물품 매매나 상업적 업무를 대리하는 상점이 위임된 대리점.

총대우 말총이나 쇠꼬리 털로 짜서 웃칠한 갓.

총·대·장(總大將) 전군을 지휘하는 대장.

총:독(總督) 〈법률〉 식민지 등의 정무·군무 또는 부원을 통할하는 벼슬. ¶~ 정치(政治). governor-general ⌐rnment-general

총·독·부(總督府) 총독이 정무를 보는 관청. gove-

총·동맹 파:업(總同盟罷業) 〈사회〉 그 범위가 같은 지역, 같은 산업, 나아가서는 전국적으로 같은 때에 결행되는 대규모의 동맹 파업. 〈약〉 총파업. general strike ⌐를 갖춤. general mobilization 하다

총:동·원(總動員) 전원을 소집하여 어떤 행동 체제

총:득점(總得點) 득점수의 합계. 전체의 득점수.

총람(總攬) ① 전체를 통람(通覽)함. ② 어떤 사물에 관한 것을 하나로 종합한 서적. 하다

총:람(總攬) 사무 전부를 맡아 관할함. 총집(總執). 총괄(總括)③. 총할(總轄). superintendence 하다

총:력(總力) 모든 힘. 전체의 힘. one's might and main

총:력 안보(總力安保) 국민의 모든 힘을 다 기울여 나라의 안전을 보장하는 일. all-out defense, national security

총:력 외:교(總力外交) 〈정치〉 자기 나라의 방위를 충분히 하고, 상대국과 구체적 협정에 들어간다는 외교 방침. total diplomacy

총:력·전(總力戰) 국민 또는 겨레가 있는 힘을 다하여 결행하는 싸움. total war

총렵(銃獵) (동) 총사냥. ⌐ence 하다

shooting ⌐ence 하다

총:령(總領) 모든 것을 전부 거느림. superintend-

총:록(總錄) 통틀어서 적은 기록. summary

총:론(總論) 전체를 총괄한 이론. (대) 각론(各論). general remarks ⌐of treatises

총론(叢論) 논문·문장 등을 모아 놓은 글. collection

총:류(總類) 도서 분류에 있어서 어느 것이나 두루 관계되는 것을 통틀어 모은 부분. 십진 분류법에서는 0번호임.

총−류탄[─뉴−](銃榴彈) (원)→총유탄.

총:리(總理) ① 국무 위원의 우두머리가 되는 관직. ¶국무 ~. prime minister ② 전체를 모두 관리함. superintendence ③ 〈제도〉 내각 총리 대신. 하다

총림(叢林) 잡목(雜木)이 우거진 숲. thicket

총망(忽忙) 매우 급함의 바쁨. 총거(忽遽). 총극(忽劇). ¶~중에 고맙습니다. busyness 하다 히

총:말(總末) 전체를 말라함. 하다

총:망라(總網羅) 전체를 통틀어 모아서 부르는 이름. 총칭(總稱). ⌐sagacity 하다

총명(聰明) 영리하고 기억력이 좋음. ¶~한 여인.

총:명(寵命) 임금이 총애하여 내리는 명령.

총명-기(聰明記) ① 비망록(備忘錄). ② 남에게 물건을 보낼 때 적는 날기. list of articles

총명 예:지[─녜−](聰明睿智) 임금이 지니고 있는 슬기를 칭찬하여 기리는 말. (약) 총예. the phoenix

총명 호:학(聰明好學) 총명하고도 학문을 좋아함.

총:목(總目) 그 책 전부의 목록. general table of contents

총묘(塚墓) (동) 무덤.

총:무(總務) ① 전체의 사무. 또, 그것을 맡아보는 사람. ¶원내 ~.

총:무·처(總務處) 법령·조약의 공포, 공무원의 인사 관리, 공무원 연금, 상훈, 행정 사무의 개선과 실태의 평가 등의 사무를 관장하는 중앙 행정 기관의 하나.

총민(聰敏) 총명(聰明)하고 몹시 날쌤. cleverness

총−받이[─바지](銃─) 짚신·미투리의 총을 박은 데까지의 앞바닥. ⌐줄. 또, 최전선. spearhead

총−받이[─바지](銃─) 〈속〉 전투하는 군대의 맨 앞

총백(蔥白) 〈한의〉 파의 밑동. 윤담(潤痰)에 효력이 있으므로 상한(傷寒)에 흔히 쓰임.

총:보(總譜) ① 〈음악〉 연주하는 모든 악기의 악보를 하나로 종합 배열한 악보. 스코어(score). ② 바둑에서, 승부의 처음부터 끝까지를 한눈에 알 수 있도록 표시한 기보(棋譜).

총:본부(總本部) 전체를 통할하는 본부.

총:본사(總本司) 〈종교〉 대종교(大倧敎)의 모든 교우를 통할하는 기관.

총:본사(總本寺) (동) 총본산(總本山)①.

총:본산(總本山) ① 1941~45년에 우리 나라 불교의 최고 종정 기관(宗政機關). 총본사(總本寺). ② 많은 것을 통할하는 구심. 사물의 근원이 되는 곳.

총:본영(總本營) 여러 기관을 거느려서 사무를 총할하는 곳. ¶구세군 ~.

총:부(冢婦) ① (동) 종부(宗婦). ② 맏머느리.

총−부리[─뿌−](銃─) 총열의 아가리. 총구멍. 총구(銃口). ¶~을 겨누다. muzzle

총빙(叢氷) 바다 가운데의 부빙(浮氷)이 모여, 얼어 붙어서 생긴 빙구(氷丘). ⌐(祀).

총:사(冢祀) 종묘(宗廟)나 가묘(家廟)의 제사(祭祀).

총사(叢祠) 잡신(雜神)을 모신 사당. wayside shrine

총−사냥(銃─) 총으로 새나 짐승들을 잡는 일. 총렵(銃獵). hunting 하다

총:−사령관(司令官) 〈군사〉 전군(全軍)을 통할·지휘하는 사령관. supreme commander

총:−사령부(總司令部) 〈군사〉 총사령관의 막료 기관. general headquarter

총:사직(總辭職) 전원(全員)이 한꺼번에 사직함. general resignation 하다

총살(銃殺) 〈법률〉 총으로 쏘아 죽임. 포살(砲殺). shooting to death 하다

총살−형(銃殺刑) 〈법률〉 총살하는 형(刑). 총형(銃

총상(銃床)[똥] 총대(銃─). [bullet wound
총상(銃傷)[똥] 총알에 맞아 다친 상처. 총창(銃創).
총상(銃狀)[똥]→총상 화서(銃狀花序). [꽃.
총:상:(總狀花)[똥]〈식물〉총상 화서(銃狀花序)의
총:상 화서(銃狀花序)[똥]〈식물〉장다리 꽃과 같이 긴 화축(花軸)에 여러 개의 꽃이 모여 피는 화서(花序). 〈약〉총상(總狀). raceme
총생(叢生)[똥]〈식물〉①초목이 무더기로 더부룩하게 남. 족생(族生). fasciculation ②초목의 그루에서나 줄기에서 돋아 오르는 더부룩한 싹. fascicle ③여러 개의 잎이 단축(短縮)한 줄기에 붙은 엽서(葉序)의 하나. fascicle 하타
총서(叢書)[똥] ①일정한 형식으로 계속해서 간행되는 같은 종류의 출판물. 1철학 ~. series ②갖가지 책을 통일 없이 많이 모은 책. library
총:선(總選)[똥]〈약〉→총선거(總選擧).
총:선:거(總選擧)[똥]〈법률〉국회 의원 전체를 한꺼번에 선출하는 선거. 1국회 의원 ~. 〈약〉총선. 하타 [글, 일반 법칙. general remarks
총:설(總說)[똥] 전체를 통틀어서 하는 설명. 또, 그
총설(叢說)[똥] 여러 학설을 모아 놓은 것. collection
총성(銃聲)[똥] 총소리. [of theories
총:세(總勢)[똥] 한 무리의 전원.
총:소:득(總所得)[똥] 그것을 얻기 위해 소요한 경비 등을 공제하지 않은 소득의 총액. 총수입①.
총:소리[─쏘─](銃─)[똥] 총을 쏘는 소리. 총성.
총수(銃手)[똥] 총을 쏘는 사람. [관. commander
총:수(總帥)[똥] 전군(全軍)을 지휘하는 사람. 총지휘
총:수(總數)[똥] 전체를 합한 수효. 1우리 나라 인구의 ~. total number
총수(叢樹)[똥] 꽉 들어찬 나무숲.
총:수량(總數量)[똥] 전체의 수량.
총:수입(總收入)[똥]〈동〉총소득. ②〈경제〉재화의 공급에서 생산자가 얻은 화폐 수입의 총액. 곧, 재화의 가격에 기업의 판매량을 곱한 금액임.
총신(寵臣)[똥]〈동〉총영. [urite retainer
총:신(寵臣)[똥] 사랑을 받는 신하. 행신(幸臣). favo-
총:아(寵兒)[똥] ①특별히 귀여움을 받는 사람. favourite child ②어떤 방면에서 인기가 좋은 사람. 1세기의 ~. favourite
총안(銃眼)[똥] 보루(堡壘)나 성벽(城壁)에 뚫어 놓은 총을 내쏘는 구멍. loophole
총:알(銃─)[똥] 처럼·탄알의 한 가지. 총알. 총탄. 총환(銃丸).
총알-받이[─바지](銃─)[똥] ①적이 쏘는 총알에 맞게 되는 상태. target ②총탄을 막으려고 앞에 내세우는 사람이나 군대를 비유하여 이름. brunt of attack
총:애(寵愛)[똥] ①특별히 사랑함. 1영 총(寵). favour ②〈기독〉천주(天主)의 사랑. 하타
총:액(總額)[똥] 모두를 한데다가 합한 액수. 1자본의 ~. 또는 ~. total amount
총약(銃藥)[똥] 총에 장전하여 발사하는 화약.
총양(寵養)[똥] 총애하여 기름. tender upbringing 하타
총:역량[─녁─](總力量)[똥] 모든 역량. 전체의 역량. 1전공 분야에 ~을 기울이다.
총:열[─널─](銃─)[똥] 총의 탄알을 재어서 쏘게 된 원통상(圓筒狀)의 부분. 총신(銃身). 〈약〉열². gunbarrel
총:영사[─녕─](總領事)[똥]〈법률〉최상급의 영사. 주재국에 근무하는 자국의 모든 영사 및 관원을 감독함. consul general
총:예:산(總豫算)[똥]〈경제〉그 해의 수입과 지출 전체에 관한 예산. general budget
총오(聰悟)[똥] 재주가 있고 영리함. 하타
총오치도 그물 시작이다[속] 원대한 일도 보잘것없는 첫 시작에서 비롯된다.
총요(悤擾)[똥] 바쁘고 소란함. 하타
총:욕(寵辱)[똥] 총애와 모욕. [special favour 하타
총:우(寵遇)[똥] 은총(恩寵)으로 베푸는 대우(待遇).

총:원(總員)[똥] 전체의 인원수. entire personnel
총:위-영(總衞營)[똥]〈제도〉조선 헌종(憲宗) 12년에 총융청(總戎廳)을 고쳐 일컫은 군영(軍營).
총:유탄[─ㄴ─](銃榴彈)[똥]〈군사〉수류탄에 이르는 거리를 멀게 하기 위하여 소총으로 내쏘게 된 유탄.
총:융-청(總戎廳)[똥]〈제도〉인조(仁祖) 때 설치한 군영. 처음 수원(水原) 등의 진(鎭)의 군무를 맡았다가 영조(英祖) 때 경리청(經理廳)의 일을 맡음.
총:은(寵恩)[똥] ①은혜 또는 총애의 은혜. favour ②〈기독〉성총(聖寵)과 은우(恩佑). grace of Heaven
총:의(總意)[똥] 전체 인원의 공통된 의사(意思). 1국민의 ~. general opinion
총이-말(驄─)[똥] 푸른 빛깔의 부루말. 청총마(靑驄
총이-주(菖耳酒)[똥] 귀밝이술. [馬).
총:인(寵人)[똥] 총애를 받는 사람.
총:자(冢子)[똥] 태자(太子)나 세자(世子). 또는 정실(正室)에서 난 맏아들.
총-잡이(銃─)[똥] 총, 특히 권총을 잘 쏘는 사람.
총:장(總長)[똥] ①종합 대학의 우두머리. president ②전체의 사무를 관리하는 으뜸 직책. 1사무 ~. secretary-general
총:재(總裁)[똥] 모든 사무를 총괄(總括)하여 재결(裁決)하는 일. 또, 그 사람. 1적십자 ~. president 하타
총:재-관(總裁官)[똥]〈제도〉구한국 때, 양지 아문(量地衙門)·지계 아문(地契衙門)의 으뜸 벼슬.
총적(蔥笛)[똥] 파피리.
총:적량(總積量)[똥] 배나 기차·자동차 등의 짐을 실을 수 있는 전체 적재량.
총:점(總點)[똥] 전체 점수의 합계. total points
총좌(銃座)[똥] 사격할 때, 총을 얹어 놓는 대(臺).
총좌(叢挫)[똥] 어수선하고 번세(煩瑣)함. 하타
총:주(冢主)[똥] 무덤을 지키는 임자. grave keeper
총죽(叢竹)[똥] 떨기로 난 대. 대숲. bamboo grove
총죽지-교(蔥竹之交)[똥] 파피리를 불고 죽마(竹馬)를 타고 함께 놀던 어릴 때부터의 벗의 교분(交分). 죽마 고우(竹馬故友). old playmate
총:준(聰俊)[똥] 총명(聰明)하고 빼어남. genius 하타
총중(叢中)[똥] 한 떼의 가운데. amidst a crowd
총중 고골(塚中枯骨)[똥] 무덤 속의 마른 뼈와 같다는 뜻에서, 핏기 없이 뼈만 남은 사람을 가리킴. skinny man
총:지(摠持)[똥]〈불교〉진언(眞言)을 외어서 모든 법(法)을 가지다는 뜻. 다라니(陀羅尼).
총:지(聰智)[똥] 총명하고 지혜가 있음. intelligence 하타
총:지-배인(總支配人)[똥] 경영체가 여러 영업소로 구성될 때, 그 전체의 지배인.
총:지-종(摠持宗)[똥]〈불교〉신라 문무왕(文武王) 때 혜통 대사(惠通大師)가 개종(開宗)하여 뒤에 남산종(南山宗)과 합쳐 총남종(摠南宗)된 칠종(七宗) 십이파(十二派)의 하나.
총:지출(總支出)[똥] 전체의 지출. 지출의 총액.
총:지휘(總指揮)[똥] 전체를 총괄하여 하는 지휘. 하타
총:지휘관(總指揮官)[똥]〈동〉총수(總帥).
총:진(銃陣)[똥]〈군사〉총대(銃隊)로 편성한 군대의 진영. rifle position
총:진:격(總進擊)[똥] 전군이 일제히 하는 진격. 하타
총:질(銃─)[똥] 총을 쏘는 짓. 지출의 총액.
총:집[─찝](銃─)[똥] 총을 넣어 두고 보호하기 위한 주머니나 곽.
총:집(總執)[똥]〈동〉총람(總攬). 하타
총:집(叢集)[똥] 중국에서 몇 사람의 글을 모은 시문집(詩文集). 〈대〉 별집(別集). collection
총집(叢集)[똥] 떼지어 모임. 총취(叢聚). crowding
총:집회(總集會)[똥] 관계자 전체의 집회.
총:찰(總察)[똥] 모든 일을 맡아 보살핌. superintendency 하타
총:찰(聰察)[똥] 총명하여 사물에 밝음. conversance 하

총창(銃創)명 (동) 총상(銃傷).
총창(銃槍)명 《군사》 총과 창.
총창-술(銃槍術)명 《군사》 총이나 창을 쓰는 기술.
총-채명 말총을 모아 엮어 만든 먼지털이. 주미(塵尾). duster
총채-질명 총채로 먼지를 떨어 내는 일. ─하다
총-책(總責)명 (약)→총책임자(總責任者).
총-책임(總責任)명 총괄적인 책임.
총책임-자(總責任者)명 총책임을 진 사람. (약) 총책.
총-천연색(總天然色)명 ①사진이나 영화의 자연 빛깔. technicolour ②(속) 살이 많이 드러나게 차린 여자.
총천연색 영화(總天然色映畵)명 천연색 영화를 강조하는 말.
총-첩(寵妾)명 몹시 귀염을 받는 첩. favourite concubine
총-체(總體)명 전부의 전체(全部).
총총 뎔들이 촘촘하고 또렷또렷하게 빛나는 모양. thick and twinkle 하다 히
총총(悤悤)甹 나무 숲이 무성한 모양. ¶ 나무를 ~하게 심다. thick 하다 히
총총(悤悤)甹 ①일이 매우 급하고 바쁜 모양. in a haste ②몹시 급하게 몰리는 모양. hurriedly ③편지의 맺음말로 난필(亂筆)이 되어 죄송하다는 뜻을 나타내는 말.
총총(叢叢)甹 빽빽이 들어선 모양. thick 하다 히
총총-거리다(-거)困 종종거리다.
총총-걸음甹 → 종종걸음. 「들어선 모양. thickly
총총-들이(悤悤-)甹 틈이 없을 만큼 매우 총총하게
총통반 병이라 저 병에서 무엇을 부을 때, 급히 하면 반 밖에서 안 든다. 곧, 일을 급히 서두르면 안 된다.
총:-출동(-動)(總出動)명 전원(全員)의 출동. ─하다
총-출연(總出演)명 전원이 다 출연함. ─하다
총-칙(總則)명 전체를 총괄하는 규칙. ¶민법(民法)~. (대) 각칙(各則)②. general rules
총:-칭(總稱)명 웅통 한데 모아 일컬음. 또, 그 명칭. 총명(總名). general term
총탄(銃彈)명 (동) 총알.
총탕(蔥湯)명 ①(동) 팟국. ②파를 넣고 끓인 장국.
총통(銃筒)명 《군사》 화기의 총칭. 화전(火箭)·화통(火筒)·화포(火砲) 등을 말함.
총:-통(總統)명 ①총괄하여 거느리고 다스림. presiding ②중화 민국 정부의 최고 관직. generalissimo
총:-퇴:각(總退却)명 전군이 한꺼번에 하는 퇴각. ─하다
총:-퇴:장(總退場)명 전원이 한꺼번에 하는 퇴장. ─하다
총:-파:업(總罷業)명 (동) → 총동맹 파업(總同盟罷業).
총:-판(總販)명 (약) → 총판매(總販賣).
총:-판매(總販賣)명 어떤 상품을 도거리로 도맡아 팖. (약) 총판(總販).
총:-평(總評)명 총체적인 평가나 평정(評定). ─하다
총포(銃砲)명 ①(동) 총(銃). ②총과 포(砲). 포총(砲銃). 화창(火槍). fire-arms
총:-할(總轄)명 (동) 총괄(總括). ─하다
총:-합(總合)명 전부를 합함. 또, 합친 전부. (대) 분석(分析). aggregation ─하다
총:합 과세(總合課稅)명 《법률》 특정인에게 소속되는 일체의 소득을 종합한 것에 대하여 매기는 과세. composite taxation
총:-행(寵幸)명 특별한 은총. special favour ─하다
총형(銃刑)명 (동) 총살형(銃殺刑).
총혜(聰慧)명 총명하고 슬기로움. sag-
총화(銃火)명 총을 쏠 때 총구에서 번쩍거리는 불빛. 철화(鐵火)③. gun fire
총:-화(總和)명 ①전체를 모아 합한 수. 총계(總計). total ②전체의 화합. ¶ ~ 단결(團結).
총화(叢話)명 이야기를 모은 것.
총환(銃丸)명 (동) 총알.
총:-회(總會)명 ①그 단체의 전원의 모임. ¶유엔(UN)~. general session ②《법률》사단 법인의 구성원 전부로써 조직되고 그 사단 법인의 의사를 결정하는 기관. ¶주주(株主)~. general meeting
총:-획(總畵)명 한자(漢字)의 한 글자의 전체 획수(畵數). ¶~ 색인(索引).
총희(寵姬)명 총애를 받는 여자. favourite mistress
총-희(總一)명 웅통. 전부. 관계자 모두. 모조리.
촬상-관(-像一)(撮像管)명 《물리》 텔레비전 송상(送像) 장면을 일정한 텔레비전 방식에 적응하는 전기적 화상(畵像) 신호로 변환하는 기능을 가진 전자관(電子管)의 총칭.
촬영(撮影)명 어떤 물체의 형상을 사진 찍음. 또는 그 형상. photographing ─하다 「movie camera
촬영-기(撮影機)명 《연예》 영화를 촬영하는 사진기.
촬영 대본(撮影臺本)명 (동) 콘티뉴이티(continuity).
촬영-소(撮影所)명 《연예》 영화를 촬영·제작하는 데 필요한 설비를 갖춘 곳. studio
촬요(撮要)명 요점(要點)을 추림. 요점을 정리하여 적은 것.
촬토(撮土)명 한 줌 밖에 안 되는 적은 흙. handful
칼피(笹皮)명 무두질하여 가죽을 다룸. ─하다 [of soil
최:명 칠촉 끝에 박는 뾰족한 쇠촉. nail
최:(最)주휘 '가장'의 뜻을 나타냄. ¶~신식.
최:(催)명 음대. 곤.
최:-강(最强)명 가장 강함. strongest
최:-고(最古)명 가장 오래 됨. (대) 최신(最新). oldest
최:-고(最高)명 가장 높음. (대) 최저(最低). highest
최:고(催告)명 ①재촉하는 뜻의 통지. ②《법률》법률 상 일정한 결과를 일으키기 위하여 상대편의 행동 또는 불행위를 재촉하는 일. ¶~장(狀). notification ─하다 「highest price
최:고-가[-까](最高價)명 가장 비싼 값.
최:고 공인수(最高公因數)명 (동) 최대 공약수.
최:고-권[-꿘](最高權)명 《법률》 주권·통치권 등 가장 높은 권리. 「의 등위(級位). highest grade
최:-고급(最高級)명 높은 가운데에서도 가장 으뜸가
최:고 기관(最高機關)명 일체의 활동을 총괄하는 유일한 기관. highest organization
최:고 기록(最高記錄)명 운동 경기 따위의 활동에 있어서 가장 높은 기록.
최:-고도(最高度)명 가장 높은 도수·단계. ¶ 그 점수.
최:고 득점[-쩜](最高得點)명 가장 높은 점수를 얻음. 또, 그 점수.
최:-고등(最高等)명 가장 높은 등급. (대) 최하등(最下等).
최:고 발행액 제:한 제:도(最高發行額制限制度)명 《경제》 지폐의 최고 발행고를 한정하여 통화 팽창을 방지하려는 은행권 발행 제도. issue limit
최:고 법규(最高法規)명 《법률》 근세 국가의 국법(國法) 최상의 단계로서의 법. 곧, 헌법(憲法).
최:고 법원(最高法院)명 《법률》 행정권과 입법권에 대립하는 사법권의 최고 기관. 우리 나라에서는 대법원.
최:고-봉(最高峰)명 ①가장 높은 봉우리. highest peak ②어떤 분야에서 가장 뛰어남의 비유. highest authority
최:고-선(最高善)명 《윤리》사람으로서 행하여야 할 가장 높은 목적과 이상. 지고선. highest good
최:고 소유권[-꿘](最高所有權)명 《법률》 가장 높은 소유권. 곧, 영토권을 일컬음. supreme ownership
최:고-신(最高神)명 지상(至上)의 신.
최:고 온도계(最高溫度計)명 《물리》 어떤 시간 내의 최고 온도를 재는 온도계. (대) 최저 온도계(最低溫度計). maximum thermometer
최:-고조(最高潮)명 사물의 가장 높은 한도. ¶ 인기가 ~에 이르다. climax
최:고 최:저 율주의(最高最低率主義)명 《경제》 보호를 요하는 상품에 대하여 최고·최저의 세율을 정하는 주의. 최저율은 조약국·혜국(最惠國)에 적용하며, 최고율은 그 밖의 나라에 적용함.
최:고 최:저 온도계(最高最低溫度計)명 《물리》 일정한 시간 내의 최고 및 최저 온도를 나타내도록 장치한 온도계. maximum and minimum thermometer
최:고 통:솔자(最高統率者)명 (동) 대원수(大元帥).

최고품(最高品)圓 가장 좋은 물품. 극상품(極上品). 최상품(最上品). (대) 최하품. highest article

최고 학부(最高學府)圓 〈교육〉 가장 정도가 높은 학교. 대학이나 대학원 등. highest seat of learning

최구(最久)圓 가장 오램. oldest 하困

최귀(最貴)圓 가장 귀함. most valuable 하困

최근(最近)圓 ①가장 가까옴. ②지나간 지 얼마 안 되는 날. 요즈음. 만근(輓近). latest

최근세(最近世)圓 지나간 가장 가까운 시대. recent times

최급(最急)圓 ①가장 급함. urgent ②썩 빠름. very fast 하困

최급무(最急務)圓 가장 급한 일.

최기(最嗜)圓 가장 즐기거나 좋아함. like best 하困

최긴(最緊)圓 매우 긴요함. most important 하困

최다(最多)圓 가장 많음. (대) 최소(最少). maximum 하困

최다수(最多數)圓 가장 많은 수효. greatest number

최단(最短)圓 가장 짧음. ¶〜 거리(距離). (대) 최장(最長). shortest 하困

최대(最大)圓 가장 큼. (대) 최소(最小). greatest

최대 공약수(最大公約數)圓 〈수학〉 공약수 가운데에 절대치가 가장 큰 수. 최고 공인수(最高公因數). 지 시 엠(G.C.M.). (대) 최소 공배수. greatest common measure

최대 급행(最大急行)圓 가장 속력이 빠른 급행.

최대 마찰력(最大摩擦力)圓 〈물리〉 정지된 물체를 곁에서 밀 적에, 미는 힘이 어느 정도에 미쳐, 물체가 움직이기 시작할 때의, 그 극도에 달하는 마찰력.

최대 사거리(最大射距離)/**최대 사정**(最大射程)圓 〈군사〉 총기나 발사(發射) 병기의 발사되는 최대한의 거리. speed

최대 속력(最大速力)圓 가장 빠른 속력. maximum

최대 압력(最大壓力)圓 ①제일 큰 압력. maximum pressure ②포화 증기압(飽和蒸氣壓). 〔壓〕.

최대 장력(最大張力)圓 〈동〉 포화 증기압(飽和蒸氣壓).

최대한(最大限)圓 〈약〉→최대 한도(最大限度).

최대 한도(最大限度)圓 가장 큰 한도. 또는 매우 늘여 잡은 한도. (대) 최소 한도. 〈약〉 최대한(最大限). maximum

최량(最良)圓 가장 좋음. (대) 최악(最惡). finest 하困

최량품(最良品)圓 가장 좋은 물품.

최루(催淚)圓 눈물을 자아냄. ¶〜제(劑). draw tears

최루 가스(催淚 gas)圓 〈군사〉 독가스의 하나. 누선(淚線)을 자극하여 눈물이 나오도록 하는 가스. tear bomb 화뢰크린 등.

최루탄(催淚彈)圓 〈군사〉 최루 가스를 넣은 탄환.

최루 피스톨(催淚 pistol)圓 최루탄을 발사하는 피스톨.

최마(衰麻)圓 최복(衰服)인 베옷. 〔돌〕.

최만(最晩)圓 아주 늦음. latest 하困

최말(最末)圓 맨 끝. 최미(最尾). final

최면(催眠)圓 ①잠을 들게 함. inducing sleep ②정신이 무념 무상으로 된 반수면 상태. hypnosis

최면술(催眠術)圓 인위적(人爲的)으로 최면 상태에 이끄는 술법. 암시나 명령으로 최면자의 병이나 나쁜 버릇을 치료함. hypnotism

최면약[—냑](催眠藥)圓 최면제.

최면 요법[—뻡](催眠療法)圓 〈의학〉 환자를 최면 상태로 이끌어 병을 고치는 일종의 정신 요법. hypnotic treatment

최면제(催眠劑)圓 〈약학〉 수면 상태에 빠지게 하는 데 쓰는 약. 최면약(催眠藥). sleeping drug

최미(最尾)圓 맨 끝. 최말(最末). latest

최복(衰服)圓 부모·조부모 상(喪) 때에 입는 상복.

최비(最卑)圓 〈어학〉 인칭 대명사에서 아주 낮추어 일컫는 말. 곧, 저·소생·소인·너·이애 따위.

최사(催謝)圓 굴복하여 사죄함. 하困 〔(대) 최존칭.

최산(催産)圓 해산할 임부(姙婦)에게 약을 써서 해산을 쉽고 빠르게 함. 하困

최산제(催産劑)圓 〈한의〉 날짜가 차기 전에 해산하게 하는 데 쓰는 약제.

최상(最上)圓 맨 위. 정상(頂上). (대) 최하. best

최상급(最上級)圓 ①가장 위 되는 계급. 또, 그런 학급. (대) 최하급(最下級). top grade ②〈어학〉 서양 말에서의 부사·형용사의 정도가 가장 세거나 큼을 밝혀 나타내는 어미. superlative degree

최상등(最上等)圓 가장 윗등급. (대) 최하등.

최상선(最上善)圓 〈윤리〉 의무감 때문에 도덕법을 만들고 지키는 심술(心術)의 선(善).

최상지(最上地)圓 〈불교〉 가장 높은 지위.

최상층(最上層)圓 맨 위층. (대) 최하층.

최상품(最上品)圓 가장 좋은 물품. (대) 최하품.

최선(最先)圓 〈약〉→최선등(最先登).

최선(最善)圓 ①가장 좋음. 가장 착함. 〈유〉 지선(至善). (대) 최악(最惡). best ②전력(全力).

최선등(最先登)圓 맨 먼저 함. 〈약〉 최선(最先).

최선봉(最先鋒)圓 맨 앞장.

최성기(最盛期)圓 가장 왕성한 시기. 전성기(全盛期). golden age 하困

최소(最小)圓 가장 작음. (대) 최대(最大). smallest

최소(最少)圓 ①가장 적음. (대) 최다(最多). fewest ②가장 젊음. youngest 하困

최소 공배수(最小公倍數)圓 〈수학〉 둘 또는 둘 이상의 정수(整數)로 나누어 떨어질 수 있는 정수 가운데서 최소의 것. 엘 시 엠(L.C.M.). (대) 최대 공약수. least common multiple

최소 공분모(最小公分母)圓 〈수학〉 공분모 가운데에서 가장 작은 분모. least common denominator

최소년(最少年)圓 나이가 가장 적은 사람.

최소한(最小限)圓 〈약〉→최소 한도.

최소 한도(最小限度)圓 아주 작은 한도. 매우 줄잡은 한도. (대) 최대 한도. 〈약〉 최소한(最小限). minimum

최승(最勝)圓 가장 우수함. most excellent 하困

최신(最新)圓 가장 새로움. 최근에 된 것. (대) 최고(最古). newest style

최신식(最新式)圓 가장 새로운 방식·격식. newest

최신형(最新型)圓 가장 새로운 모양. newest model

최심(最甚)圓 아주 심함. most extreme 하困

최심(最深)圓 몹시 깊음. deepest

최악(最惡)圓 가장 못됨. 가장 나쁨. ¶〜의 상태. (대) 최량(最良). 최선(最善). worst 하困

최애(最愛)圓 몹시 사랑함. most beloved 하困

최외(催嵬)圓 산이 아주 높고 험함. 산봉우리. 하困

최우등(最優等)圓 가장 나은 등급. most excellent

최우수(最優秀)圓 가장 우수함. 하困

최음제(催淫劑)圓 남녀의 생식기를 자극하여 그 기능을 촉진시키는 약제의 총칭. longest 하困

최장(最長)圓 가장 김. ¶〜 거리(距離). (대) 최단.

최장방(最長房)圓 4 대(代)짜 자손 가운데 항렬이 가장 높고 나이가 맨 위인 사람.

최저(最低)圓 가장 낮음. ¶〜 기록(記錄). (대) 최고. lowest 하困

최저(摧沮)圓 기세가 꺾여 기운을 잃음. 하困

최저가[—까](最低價)圓 가장 싼 값. (대) 최고가. lowest price

최저 생활비(最低生活費)圓 인간이 인간답게 생존하는 데 최소한의 생활비. 線〕.

최저 생활선[—썬](最低生活線)圓 〈동〉 생명선(生命

최저 온도계(最低溫度計)圓 〈물리〉 어떤 시간 안의 최저 온도를 재는 온도계. (대) 최고 온도계. minimum thermometer

최저 임금제(最低賃金制)圓 〈경제〉 개인의 사는 권리를 확보할 수 있는 임금의 최저액을 결정하는 제도. minimum wage system 은 한도.

최저한(最低限)/**최저 한도**(最低限度)圓 가장 낮

최적(最適)圓 가장 적당하거나 적합함. suitable

최전(最前)圓 ①어떠한 때보다 훨씬 이전. ②맨 앞.

최ː전선(最前線)[명] ①맨 앞의 선. ②〈군사〉 적과 맞
　　서는 맨 앞의 전선(戰線). 제일선. foremost
최ː전열(最前列)[명] 맨 앞줄.
최절(摧折)[명] ①좌절(挫折). ②억제함. 하다
최조(催租)[명] 납세(納稅)를 재촉함. pressing on tax
　　payment 하다
최ː존칭(最尊稱)[명] 〈어학〉 인칭 대명사에서 아주 높
　　여 일컫는 말. 곧, 집·어르신·대감·각하·폐하
　　따위. (대) 최비칭. 《대》 최초. last
최ː종(最終)[명] 맨 나중. ¶～적(的) 《유》 최후(最後).
최ː종 상품(最終商品)[명] 최종적으로 제조를 완료한
　　상품. 시장에서 생활용 상품을 일컫는 말. 「심리
최ː종-심(最終審)[명] 〈법률〉 대법원에서 하는 최종의
최ː종-일(最終日)[명] 끝날.
최ː종-점(最終點)[명] 맨 끝의 지점. last point
최ː종-회(最終回)[명] 어떤 일을 계속, 반복하여 할 경
　　우의 마지막 회. 用] marginal utility
최ː종 효ː용(最終效用)[명] 〈경제〉 한계 효용(限界效
최ː중(最重)[명] ①가장 무거움. ②가장 중요함.
최찬(摧撰)[명] 빛이 찬란함. 하다
최청-법(催靑法)[명]-뻽] (催靑法)[명] 〈농업〉 누에알의 충실한 발
　　육과 부화(孵化)를 일제히 하도록 부화 전에 온도·
　　습도(濕度)를 적당히 조절하는 법.
최ː초(最初)[명] 맨 처음. 《대》 최종(最終). 최후. first
최촉(催促)[명][동] 재촉. 하다
최촉-장(催促狀)[명] 재촉하는 서장(書狀).
최ː친(最親)[명] 아주 친하여 가까움. 하다
최토-제(催吐劑)[명] 〈약학〉 먹은 음식을 게우게 하는
　　데 쓰는 약제. imetic medicine
최 판관(崔判官)[명] 〈불교〉 죽은 사람의 생전의 선악
　　을 판단한다는 저승의 벼슬. judge of Hell
최ː하(最下)[명] 맨 아래. 《대》 최상. lowest
최ː하-급(最下級)[명] 가장 낮은 계급 또는 등급. 《대》
　　최상급(最上級).
최ː하-등(最下等)[명] 가장 낮은 등급. 《대》 최상등.
　　lowest grade
최ː하-층(最下層)[명] 맨 아래층. 《대》 최상층. lower-「most story
최ː하-품(最下品)[명] 품질이 가장 낮은 물품. 《대》 최
　　상품. 최고품. worst stuff
최ː헐(最歇)[명] 값이 가장 쌈. 하다
최ː혜-국(最惠國)[명] 통상 조약국 가운데 가장 유리
　　한 조약을 맺은 쪽의 나라. most favoured nation
최ː혜국 대ː우(最惠國待遇)[명] 〈법률〉 통상 조약의 체
　　결에 있어서 가장 혜택을 받는 나라와 동일하게 대
　　우함. most-favoured nation treatment
최ː혜국 약관(最惠國約款)[명] 최혜국 조항.
최ː혜국 조항(最惠國條項)[명] 통상 항해 조약에서, 상
　　대국에 최혜국 대우를 부여하는 약속을 규정하는 조
　　항. 최혜국 약관. most favoured nation clause
최ː호(最好)[명] ①가장 좋아함. like best ②썩 좋음.
　　very good 하다
최ː활[명] 베를 짜는 데 그 폭의 넓이를 버티게 하는 나
　　무 오리. bracing bar
최ː후(最後)[명] ①맨 마지막. ¶～ 수단. 《유》 맨 끝.
　　최종. 종말. 《대》 최초. 최선등(最先等). last ②동
　　임종(臨終).　　　　　　　　　　　　　　　「맨 뒤끝.
최ː후-미(最後尾)[명] 길게 계속되거나 연결된 것의
최ː후 발악(最後發惡)[명] 있는 힘을 다 써서 마지막으
　　로 하는 발악. 하다
최ː후의 만ː찬(最後-晚餐)[명] 〈기독〉 예수가 수난의
　　전날 밤에 12제자와 같이 나눈 만찬. 또, 그것을
　　소재로 한 모자이크·벽화·회화 따위의 명칭. Last
　　Supper
최ː후의 심판(最後-審判)[명] 〈기독〉 세계의 종말에
　　예수가 재림하여 전 인류를 심판한다는 일. 또, 그
　　것을 소재로 한 모자이크·벽화·회화 등의 명칭.
　　Last Judgement
최ː후 일각(最後一刻)[명] 마지막 순간.
최ː후 통첩(最後通牒)[명] 〈법률〉 국제간에 있어서 최

후의 교섭으로 상대에게 회답할 시간을 주고, 그
것을 받아들이지 않으면 자유 행동을 한다는 뜻을
적은 외교 문서(外交文書). ultimatum
쵸ː면[명] (교).
=추(醜)[접미] 형용사 어간에 붙어서 동사를 만드는 여간
　　형성 접미사. ¶갖～다. 낮～다. 늦～다. adverbial
　　particle
추(錘)[명] ①저울추처럼 끈에 달려 흔들리게 된 물건
　　의 총칭. weight ②약] →시계추. 저울추.
추(醜)[명] ①더러움. dirtiness ②음함. ¶～문(聞).
　　～악(惡). 《대》 미(美). ugliness
추가(追加)[명] 나중에 더 보탬. 추후에 보태어 채움.
　　¶～ 신청. addition 하다
추가 경정 예ː산(―更正豫算)[명] 〈경제〉 국
　　가 회계의 본예산이 성립되거나 또는 적성된 뒤에
　　그의 정액이 모자랄 경우, 또는 예정 밖에 신규 사
　　업이 있을 때에 그를 채우기 위하여 의회에 제출하
　　는 예산. 추가 경정 예산(追更豫算). supplementary
　　correction budget
추가 배ː당(追加配當)[명] ①〈경제〉 일단 배당한 뒤에
　　다시 더하는 배당. supplementary dividend ②〈법
　　률〉 파산 절차에서 최후의 배당을 통지한 후 새로
　　배당에 충당할 재산이 있게 되었을 때에 하는 배당.
추가-분(追加分)[명] 추가한 부분. addition
추가 시ː험(追加試驗)[명] 정기 시험을 치르지 못한 학
　　생 또는 수험생에게 후에 특별히 치르게 하는 시험.
　　〈약〉 추시(追試)②. supplementary
　　examination
추가 예ː산(追加豫算)[명] 〈경제〉 국가 예산이 이미 의
　　회에 통과 성립된 뒤에 관항목 款項目)의 정액 또
　　는 신규 사업으로 인한 관항목을 신설할 때에 제출
　　하는 예산. supplementary budget
추가 입찰(追加入札)[명] 추가하여 하는 입찰.
추가 재판(追加裁判)[명][동] 추가 판결.
추가 조약(追加條約)[명] 미리 정한 조약에 추가하여
　　맺은 조약.
추가 특허(追加特許)[명] 〈법률〉 특허물을 이용하여 다
　　시 더 발명을 하였을 때에 그것에 대한 특허.
추가 판결(追加判決)[명] 〈법률〉 민사 소송에서 법원이
　　당사자의 신청에 의하여 재판에 탈루된 것을 보충
　　하기 위하여 행하는 판결. 보충 판결. 추가 재판.
　　additional judgement
추간(秋間)[명] 가을 사이. 가을 동안. in autumn
추간 연ː골(椎間軟骨)[생리] 서로 이웃하는 척추
　　골의 추체(椎體) 사이에 있는 편평한 판상(板狀)의
　　연골. 주로 운동은 이 연골의 탄력성의 의존한다.
추거(推去)[명] 찾아내어 가져 감. find out and take
　　away 하다　　　　　　　　　　　　　　　「하다
추거(推擧)[명] ①[동] 추천(推薦). ②[동] 추상(推上).
추격(追擊)[명] 〈군사〉 ①쫓아서 냅다 침. ¶～전(戰).
　　pursuit ②[동] 습진(習陣). 하다
추격 붙이-다(追擊―)[타] ①전술(戰術)을
　　연습시키다. train on tactic ②사이가 떠서 서로 싸
　　우게 하다. alienate
추경(秋耕)[명] 가을갈이. 하다
추경(秋景)[명] 가을의 경치. autumnal scenery 「산.
추경 예ː산(追更豫算)[명] 〈약〉 →추가 경정 예
추경-치다(秋耕―)[자] 가을에 논갈이를 하다. plough
　　paddy fields in autumn
추계(秋季)[명] 추기(秋期).
추계(追計)[명] [동] 추신(追伸). 하다
추계(推計)[명] 미루어 계산함. estimation 하다
추계 인구(推計人口)[명] 어떤 시기(時期)를 전후한 인
　　구의 자연 동태 및 사회 동태에 의한 이출(移出)을 더하
　　여 계산한 인구.
추계(推計)―학(―學)[명] 적은 자료(資料)에서 오차(誤差)
　　가 적은 방법으로 추정(推定)하는 확률론적 통계
　　학(確率論的 統計學). stochastics
추고(追考)[명] ①지난 후에 다시 생각하여 고찰(考察)
　　함. investigation ②앞서 잘못된 점을 보정(補正

추고(推考) ① 관원의 허물을 캐어물으며 고찰(考察)함. investigation ② 사정이나 도리를 미루어 생각함. inference 하다
추고(推故) 거짓말로써 핑계함. 하다
추고(推敲) →퇴고(推敲).
추고 마:비(秋高馬肥) 천고 마비(天高馬肥).
추고-성[-性](趣固性) 〈생물〉 생물의 고형물(固形物)에 대한 추성(趨性). 고체형(固體形)에 접촉하려고 하는 행동.
추곡(秋穀) 가을에 거두는 곡식. (대) 하곡(夏穀).
추골(椎骨) 〈동〉 척추골(脊椎骨).
추공(秋空) 높고 맑게 갠 가을 하늘. autumn sky
추공(秋蚣) 가을에 우는 온갖 벌레.
추과(秋果) 가을에 익는 과실. autumnal fruits
추광(秋光) 〈동〉 추색(秋色).
추광-성[-性](趣光性) 〈생물〉 빛이 자극이 되어 일어나는 생물의 이동 운동. 주광성(走光性). phototaxis
추괴(醜怪) 추하고 기괴(奇怪)함. ugliness 하다
추교(秋交) 남녀간의 쑥스럽고 추잡한 교제.
추구(追究) 근본을 캐어 들어가 연구함. thorough investigation 하다
추구(追求) ① 끝끝이 어디까지나 뒤쫓아 구함. pursuit ② 지나간 것을 뒤쫓아 생각함. recollection 하다
추구(追咎) 일이 지나간 뒤에 그 잘못을 나무람. blame 하다
추구(推究) 이치를 미루어 생각함. 하다
추국(秋菊) 가을에 피는 국화. autumnal chrysanthemum
추국(推鞫) ① 죄상을 다스림. inquisition ② 〈제도〉의금부(義禁府)에서 특지(特旨)로 중죄인을 신문하던 일.
추궁(秋窮) 햇곡은 덜 여물고 햇쌀이 나오지 않아 식량 사정이 어려운 초가을.
추궁(追窮) 끝까지 따지어 밝힘. ¶책임 ~하다. pressing hard 하다
추근-추근 끈적끈적하게 달라붙어서 조르는 모양. (작) 초근초근. pertinaciously 하다 히
추근추근-하다〔여불〕매우 축축하다. damp 추근추근
추급(追及) 뒤쫓음. 또는 뒤쫓아서 미침. overtaking 하다
추급(追給) 나중에 더 내어 줌. supplementary allowance 하다
추급(推及) 미루어 생각하여 미침. infer 하다 되다
추급(推給) 찾아서 내어 줌. supplementary 하다
추:기(약) →추깃물.
추기(秋氣) 가을다운 기운. 추량(秋涼). autumnal air
추기(秋期) 가을의 시기. 가을철. 추계(秋季).
추기(追記) 본문에 추가하여 적어 넣음. 또, 그 글. postscript 하다
추기(樞機) ① 몹시 중요한 사물. 또는 그 중요 부분. 추중(中樞)이 되는 기관(機關). ③ 천하의 대정(大政). 고문(顧問). Cardinal
추기-경(樞機卿) 〈기독〉 로마 법황(法皇)의 최고 고문(顧問).
추기-성[-性](趣氣性) 〈생물〉 생물의 산소(酸素)에 대한 추성(趨性). 주기성(走氣性). aerotaxis
추길(諏吉) 길일(吉日)을 택함.
추:깃-물 송장이 썩어서 흐르는 물. 시수(屍水). 시즙(屍汁). (약) 추기. secretion from corpse
추남(醜男) 못생긴 남자. 추부(醜夫). (대) 미남(美男). illfavoured man
추납(追納) 모자라는 것을 나중에 더 채워 바침. supplementary payment 하다
추녀〈건축〉처마 네 귀의 기둥 위에 끝이 번쩍 들린 큰 서까래. 또는 그 위의 내림미루. 충설(衝설). 충연(衝椽).
추녀(醜女) 얼굴이 못생기고 추한 여자. 추부(醜婦). (대) 미녀(美女). ugly woman
추녀 마루〈건축〉당마루에 이어 추녀를 기와로 덮은 부분.
추녀 물은 항상 제자리에 떨어진다 항상 정해진 제자리에 오게 된다.
추녀 허리〈건축〉번쩍 들린 추녀의 위로 휘어진 부분.
추념(追念) ① 지난 일을 생각함. 추사(追思). recollection ② 죽은 사람을 애석하게 생각함. 〈유〉추도(追悼). lamentation 하다
추념-사(追念辭) 추념하는 인사말.
추-다 춤의 동작을 나타내다. dance
추-다〔약〕→추어주다.
추-다 ① 숨은 물건을 찾아내다. find out ② 한 쪽을 채어 올리다. shift
추-다 남을 일부러 칭찬하다. flatter
추단(推斷) ① 죄상을 심문하여 처단함. judgement ② 추측하여 판단함. conclusion 하다
추담(推談) 핑계로 하는 말.
추담(醜談) 음탕하고 더러운 말. 추설(醜說). indecent talk
추대(推貸) 〈동〉취대(取貸). 하다
추대(推戴) 윗사람으로 떠받듦. ¶회장(會長)으로 ~하다. having someone as president 하다
추대(錐臺) 〈수학〉'원뿔대'의 구용어.
추도(追悼) 죽은 이를 생각하여 슬퍼함. 〈유〉추념(追念)②. mourning 하다
추도-문(追悼文) 추도의 뜻을 나타낸 글. memorial writing
추도-사(追悼辭) 추도의 뜻으로 하는 말. memorial address
추도-회(追悼會) 추도하는 뜻을 나타내는 모임. memorial service 하다
추돌(追突) 기차·자동차 따위가 뒤에서 들이받음.
추등(秋等) ① 등급(等級)을 춘추(春秋)의 둘로 나눈 그 둘째. 또는 춘하추동(春夏秋冬)으로 나눈 그 셋째. ② 〈제도〉봄과 가을로 두 번에 나누어 내게 된 제도에서 가을에 내던 세금. (대) 춘등(春等).
추라치〈어류〉송사리의 크고 굵은 것.
추락(墜落) ① 항공기가 그 비행 능력을 잃고서 공중에서 떨어짐. crash ② 높은 곳에서 떨어짐. fall ③ 부조(父祖)의 공덕을 따르지 못하고 떨어짐. loss
추랭(秋冷) 가을의 찬 기운. 하다
추량(秋涼) 가을철의 서늘하고 맑은 기운. 추기(秋氣). autumnal weather
추량(推量) 〈동〉추측(推測). 하다
추레-하다〔여불〕① 겉 모양이 허술하여 보잘것없다. shabby ② 생기한 기운이 없다. (작) 초라하다. dull
추력(推力) 미는 힘. impulse
추렴(←出斂) 무슨 모임의 비용으로 돈을 얼마씩 거두어 냄. ¶회비 ~하다. (원) 출렴(出斂). collecting contribution 하다
추렴-새(←出斂-) ① 추렴하는 일. going Dutch ② 추렴하는 돈이나 물건.
추로(鄒魯) 공자는 노(魯)나라 사람이며 맹사는 추(鄒)나라 사람인 데에서 공맹(孔孟)을 일컬음. Confucius and Mencius
추로(醜虜) ① 더럽고 보기 흉한 이국인(異國人). '외국인'을 천하게 일컫는 말. ② '포로(捕虜)'를 천하게 일컫는 말. 약재로 씀.
추로-수(秋露水) 〈한의〉가을의 이슬 물. 달여서 약재로 씀.
추로지-향(鄒魯之鄕) 공맹(孔孟)의 고향이란 뜻으로, 예절을 알고 학문이 왕성한 곳을 일컬음.
추로-학(鄒魯學) 공자와 맹자의 학문. 곧, 유학(儒學)을 가리키는 말. Confucianism ndum 하다
추록(追錄) 추가하여 기록함. 또, 그 기록. addendum
추론(追論) 지나간 일을 추구하여 논의함. 또, 그 논의. discussion afterward 하다
추론(推論) ① 어떤 문제를 근거삼아 다른 데에 미쳐서 갖는 결론. 추리(推理). deduction ② 차례대로 미루어서 논급(論及)함. reasoning 하다
추론-식(推論式) 〈동〉삼단 논법(三段論法).

추루(醜陋)[명] 추악하고 지저분함. filthiness 하대

추류-성[—성](趨流性)[명] 〈생물〉물의 흐름이 자극이 되어 일어나는 생물의 이동 운동. 예를 들면 물고기가 상류(上流)를 향해하여 이동하는 소행 운동(遡行運動) 따위. rheotaxis

추리[명] 양지머리의 배꼽 아래 붙은 쇠고기. flank

추리(抽利)[명] 돈놀이 따위에서 이익을 뽑아서 셈함. 하대

추리(推理)[명] ①이치를 미루어 생각함. reasoning ②〈논리〉이미 아는 사실을 전제로 아직 모르는 사실을 미루어 알아냄. reasoning ③〈논리〉미리 알려져 있는 하나 또는 둘의 판단을 바탕으로 세운 한 판단을 끄집어 내는 일. 추론(推論)①. inference 하대

추리-다[타] 섞여 있는 것 가운데서 가려 뽑다.《대》뒤에서. select

추리-력(推理力)[명] 추리하는 힘.

추리 소=설(推理小說)[명]〈문학〉범죄 수사의 추리에 흥미의 중심을 두는 소설. 탐정(探偵) 소설 따위. detective story

추리-식(推理式)[명]〈논리〉삼단 논법(三段論法)의 논[식(論式).

추림(秋霖)[명] 가을 장마.

추마(騅馬)[명] 흰 바탕에 흑색·짙은 갈색·짙은 적색 등의 털이 섞여 난 말.

추말(麤末)[명] 굵은 가루. coarse powder

추맥(秋麥)[명] 가을 보리. autumn barley

추면(皺面)[명] ①〈동〉여우오줌풀. ②주름 잡힌 얼굴. wrinkled face

추명(醜名)[명] 좋지 않은 일로 더럽힌 이름. ill name

추모(追慕)[명] 죽은 사람을 사모함. cherishing the memory of a deceased person 하대

추모(醜貌)[명] 보기 흉한 용모. ill-favoured

추=모란(←秋牡丹)[명] 과꽃.

추목(楸木)[명] 가래나무. 또, 그 재목.

추문(推問)[명] ①어떠한 사실을 캐어서 가며 힐난하여 물음. rigid question ②죄를 취조함. inquiry 하대

추문(皺紋)[명] 쭈글쭈글한 무늬.

추문(醜聞)[명] 아름답지 못한 소문.《유》추성(醜聲).《대》미문(美聞). scandal

추물(醜物)[명] ①더러운 물건. foul thing ②더럽고 지저분한 사람. filthy fellow

추물(麤物)[명] 거칠고도 못생긴 사람. [suing 하대

추미(追尾)[명] 뒤쫓아 따라감. 추적(追跡). pur-

추미(麤米)[명] 쓿지 아니한 궂은 쌀.

추미 전=보(追尾電報)[명] 특별 전보의 하나. 전보의 수신인이 지정된 주소에 있지 않을 때, 그 간 곳을 뒤쫓아가서 전하는 전보. forwarded telegram

추밀(樞密)[명] ①군사나 정무(政務)에 관한 중요한 사항. important state affairs ②중난하고 중요로운

추밀-다[라타][교] 치밀다.   [기밀. secret

추밀-원(樞密院)[명]〈제도〉고려 때 왕명(王命)의 출납(出納)·숙위(宿衛)·군기(軍機) 따위의 일을 맡은 관아. 중추원의 고친 이름. privy council

추발(抽拔)[명] 골라서 뽑아 냄. 하대

추방(追放)[명] ①쫓아냄. ¶집에서 ∼당하다. banishment ②자국인(自國人)·외국인 또는 불법 입국자를 막론하고 국가로 보아 위험하다고 인정된 사람에 대하여 국외로 퇴거할 것을 명령하는 일. ¶∼령(令). ③정치 목적상 장해가 되는 사람을 공직 따위에서 물러가게 하는 일. ¶∼ audience 하대

추배(追拜)[명] 예도(禮道)를 갖추어 나아가서 절함.

추백(追白)[동] 추신(追伸). 하대   [party

추병(追兵)[명]〈군사〉적군을 추격하는 군사. pursuing

추병(樞柄)[명] 정치의 중난하고 중요로운 권력.

추보(推步)[명] 천체(天體)의 운행을 관측함. observing the heavenly bodies 하대

추복(追服)[명] 상변을 당하였을 때 사정이 있어서 거상옷을 입지 못하였다가 상복을 입음. 하대

추복(追復)[명]《약》→추복위(追復位).

추=복위(追復位)[명] 빼앗은 위호(位號)를 그 사람이 죽은 뒤에 다시 회복시켜 줌.《약》추복(追復). 하대

추본(推本)[명] 근본을 캐어 추구함. thorough investigation 하대

추봉(秋俸)[명] 가을에 세(稅)를 징수함. 하대

추봉(秋捧)[명] 돈과 곡식을 물리어서 거둬 들임. 하대

추부(醜夫)[명]〈동〉추남(醜男).

추부(趨附)[명] 남을 붙좇아 따름. 하대

추부(醜婦)[명] 추녀(醜女). [기대어 지냄. 하대

추부 의뢰-심(趨附依賴心)[명] 세력이 있는 사람에게 붙어서

추분(秋分)[명] 이십사 절기(節氣)의 하나. 양력 9월 20일 전후.《대》춘분(春分). autumnal equinox

추분-점[—점](秋分點)[명]〈천문〉황도(黃道)와 적도(赤道)와의 두 교점(交點) 가운데서 태양이 북쪽에서 남쪽으로 향하여 적도를 지나가는 점.《대》춘분점(春分點). autumnal equinox

추비(追肥)[명]〈농업〉농작물을 위하여 첫번 거름을 준 다음, 파종 또는 이식(移植)한 뒤에 다시 주는 거름. 웃거름. 보비(補肥).《대》기비(基肥). additional fertilizer 하대   [autumnal sentiment

추사(秋思)[명] 가을철에 느껴 일어나는 쓸쓸한 생각.

추사(追思)[명] 추억(追憶)①. 하대

추사(墜死)[명] 추락하여 죽음. death from a fall 하대

추사(醜事)[명] 추한 일. 더러운 일. dirty affair

추사 이=망(追思已亡)[명]〈기독〉'위령(慰靈)의 날'의 구용어.

추사-체(秋史體)[명] 조선조 후기의 명필(名筆)인 추사(秋史) 김정희(金正喜)의 글씨체. calligrapher Kim Jong Hee's writing

추삭(追削)[명]〈제도〉죽은 사람의 죄를 의논하여 생전의 벼슬 이름을 삭제함. 하대

추산(秋山)[명] 가을철의 산. autumn mountains

추산(推算)[명] 짐작으로 미뤄서 셈침. 하대

추=삼삭(秋三朔)[명] 음력 7월·8월·9월의 석달. three lunar months of autumn

추상(抽象)[명]〈심리〉낱낱의 관념에서 공통되는 부분만 뽑아 내어 그것을 종합하는 일.《대》구상(具象). 구체(具體). abstraction 하대

추상(秋霜)[명] ①가을의 찬 서리. autumn frost ②서슬이 퍼런 위엄이나 엄한 형벌의 비유. severity

추상(追想)[명] 추억(追憶). recollection

추상(追償)[명] 지정된 기일에 일부를 갚고 나머지를 뒷날에 갚음. subsequent payment 하대

추상(推上)[명]〈체육〉구간(軀幹)을 어깨까지 올려 가지고 머리 위로 천천히 들어 올리는 운동. 추거(推擧)②. lift 하대

추상(推想)[명] 미루어 생각함. 또, 그 생각. 하대

추상(醜相)[명] 더럽고 지저분한 모양. ugliness

추상같-다(秋霜—)[형] ①위엄 있는 호령이 몹시 두렵다. ¶아버님의 호령이 ∼. severe ②형벌이 매섭고 엄하다. **추상같-이**[부]

추상 개=념(抽象概念)[명]〈논리〉사물의 성질·상태·관계 및 작용 등을 표시하는 개념. abstract concept

추상 기보(抽象記譜)[명] 오선지에 의한 악보가 아니고 소리의 움직임을 시각적으로 알 수 있게 자유롭게 점이 도안적으로 악보. 우연성 음악에 쓰임.

추상 명사(抽象名詞)[명]〈어학〉보통 명사(普通名詞)의 한 갈래. 형태를 갖추지 못한 추상적인 사물을 나타내는 명사. 무형 명사.《대》구상 명사(具象名詞). abstract noun

추상-미(抽象美)[명] 추상적으로 유별(類別)하여 그 종류에 공통되는 특유한 미. abstract beauty

추상-성[—성](抽象性)[명]〈문학〉추상적인 성질. 또, 그 경향.《대》구상성(具象性).

추상 열일[—녈—](秋霜烈日)[명] 가을의 찬 서리와 여름의 뜨거운 해같이 형벌이 엄하고 공정함을 가리킴. rigorousness

추상 예=술[—녜—](抽象藝術)[명]〈미술〉1910년경부터 일어난 한 예술 사조(思潮). 현실의 형상(形象)을 다루지 않고, 선(線)·색(色)·형(形)에 의하여

추상적 합리적인 미의 표현을 하는 것으로서, 대체로 기하학적인 양식을 취함. 《대》 구상 예술(具象藝術). abstractionism

추상=적(抽象的) 낱낱에서 공통되는 속성(屬性)을 뽑아 내어 종합하는(것). 《대》 구상적(具象的). abstract

추상적 개:념(抽象的概念) 〈논리〉 구체적인 경험 내용으로부터 어떤 성질·관계·상태 등을 추출하여 생각할 경우의 그 성질·관계·상태를 가리킴.

추상 존호(追上尊號)〖명〗 〈제도〉 선왕(先王)·선비(先妃)께 존호를 추후에 올림.

추상=체(錐狀體) 〈생리〉 눈의 망막(網膜)에 있어서 빛을 감수하는 부분.

추상=화(抽象畫) 〈미술〉 사물의 사실적(寫實的) 재현이 아니고 순수한 점(點)·선(線)·면(面)·색채에 의한 표현을 목표로 한 그림. abstract picture

추색(秋色)〖명〗 가을철의 맑은 색. 추광(秋光). autumn scenery

추생(鯫生)〖데〗 자기를 겸손하게 일컫는 말. 작고 변변하지 못한 사람이라는 뜻.

추서(追書)〖명〗〖동〗 추신(追伸). 하타

추서(追敍)〖명〗 죽은 뒤에 훈장 따위를 줌. conferring posthumous honours 하타

추서-다〖자〗 병을 잃은 뒤에 건강이 차차로 회복되다. restore

추석(秋夕)〖명〗 한가위. 중추절(仲秋節). full moon festival

추선(秋扇)〖명〗 가을의 부채(秋風扇)①.

추선(秋蟬)〖명〗 가을의 매미.

추선(追善)〖명〗 ①죽은 사람의 명복을 빌기 위하여 착한 일을 함. ②죽은 사람의 명복을 빌고 기일(忌日) 같은 때에 불사(佛事)를 함. 하타

추선(推選)〖명〗 추천하여 뽑음. recommendation 하타

추설(追設)〖명〗 경사가 지나간 다음에 그 잔치를 베풂. holding an additional banquet 하타

추설(醜說)〖명〗〖동〗 추담(醜談).

추성(秋成)〖명〗 가을철에 모든 곡식이 익음. harvest 하타

추성(秋聲)〖명〗 가을철의 바람 소리. sound of autumn winds 천추(天籟).

추성(趨性)〖명〗 〈생물〉 생물이 단순한 자극에 대하여 쏠리는 성질. 자극의 종류에 따라 추화성(趨化性)·추광성(趨光性)·추열성(趨熱性)·추지성(趨地性)·추전성(趨電性)·추류성(趨流性)·추고성(趨固性) 등으로 나뉘는데, 자극의 원인에 쏠리는 경우를 양성, 그 반대의 경우를 음성이라 함. 주성. taxis

추성(醜聲)〖명〗 행실이 추잡하다고 떠도는 소문. 《유》 추문(醜聞).

추세(抽稅)〖명〗 세액(稅額)을 계산함. assessment of taxes 하타

추세(趨勢)〖명〗 ①세력이 있는 사람을 붙좇아서 따름. 또, 그 힘. ②세상 일이 되어가는 형세. current ③향하여 나가는 세력이나 형편. trend 하타

추소(秋宵)〖명〗 가을 밤. autumn evening

추소(追訴)〖명〗 본소(本訴)에 추가하여 소(訴)를 제기함. 추소송. supplementary suit 하타

추소(追溯)〖명〗 사물의 근원을 찾아 올라서 살핌. investigation of origins 하타

추속(醜俗)〖명〗 난잡하고 더러운 풍속. 추풍(醜風). corrupt customs

추송(追送)〖명〗 ①뒤좇아서 물건을 보냄. ②떠나는 이를 배웅함. 하타

추송(追頌)〖명〗 죽은 뒤에 그 공적·선행 등을 칭송함.

추쇄(推刷)〖명〗 ①빚을 도망한 노비를 붙잡아서 본 주인에게 되돌려 주거나, 직업 없이 떠돌아다니는 백성들을 붙잡아서 본 고향으로 되돌려 보내던 일. 하타

추수(秋水)〖명〗 ①가을철에 맑게 흐르는 물. clear water in autumn ②번뜩거리는 칼빛의 비유. sharp blade ③안색이 맑고 깨끗함의 비유. clear complexion ④거울에 비친 그림자의 비유. image in the mirror ⑤명랑한 눈의 비유. bright eyes

추수(秋收)〖명〗 가을에 익은 곡식을 거두어 들이는 일. 가을걷이. 추확(秋穫). harvest 하타

추수(追隨)〖명〗 ①뒤좇아 따름. ②〖동〗 추축(追逐)③. 하타

추수(推數)〖명〗 앞으로 닥치는 운수를 미리 헤아려 앎. conjecture of one's fate 하타

추수 감:사일(秋收感謝日)〖명〗 〈기독〉 기독교 신자들이 1년에 한 번씩 추수한 뒤에 하느님에게 사례하는 뜻을 올리는 날. 추수 감사절. Thanksgiving Day

추수 감:사절(秋收感謝節)〖명〗〖동〗 추수 감사일(秋收感謝日).

추수-기(秋收記)〖명〗 추수를 하는데 소작인의 성명, 전답의 면적, 곡식의 종류 따위의 수효를 적은 치부.

추수 식물(抽水植物)〖명〗 〈식물〉 뿌리 또는 줄기의 밑부분이 수면 밑에 있는 수생 식물.

추수=주의(追隨主義)〖명〗 아무런 비판도 없이 맹목적으로 남의 뒤만 따르는 주의.

추숙(追熟)〖명〗 수확기(收穫期)의 탈락 손실을 막기 위해 적기(適期)보다 일찍 거둬 들여, 뒤에 완숙(完熟)시키는 일. 하타

추숭(追崇)〖명〗 〈제도〉 왕의 자리에 오르지 못하고 죽은 이에게 제왕의 칭호를 올리던 일. 추존(追尊). 하타

추스르-다〖타르〗 ①치켜 올리어 잘 다루다. flatter ②「잘 수습하여 다스리다. get under control

추습(醜習)〖명〗 추악한 버릇. unseemly habit

추습(麤習)〖명〗 거칠고 막된 버릇. ement 하타

추시(追施)〖명〗 나중에 시행함. supplementary enforcement 하타

추시(追試)〖명〗 ①남이 실험한 결과를 다시 한 번 그대로 해 보고 확인함. ②〖명〗 추가 시험(追加試驗).

추시(追諡)〖명〗〖동〗 추호(追號). 하타

추시(趨時)〖명〗 시속(時俗)을 따름. keeping pace with the time 하타

추신(抽身)〖명〗 바쁜 중에 몸을 뺌. scamping one's work 하타

추신(追伸·追申)〖명〗 추가하여 말하는 뜻으로, 편지의 끝에 다시 적는 말. 추계(追啓). 추백(追白). 추서(追書). postscript

추심(推尋)〖명〗 ①찾아내어 가져 옴. investigate ②은행이 소지인의 의뢰를 받아 수표 또는 어음을 지불인에게 제시하여 지불하게 하는 일. 하타

추심 어음(推尋─)〖명〗 〈법률〉 채권을 추심하기 위하여 발행하는 어음. 보통, 채권자가 채무자를 지급인으로 하고 자기 또는 자기의 채권자인 제삼자를 수취인으로 하여 환어음을 발행하여 은행에 그 추심을 위탁함.

추썩-거리다〖자〗 ①어깨나 또는 입은 옷을 자꾸 치키다. shrug ②남을 일부러 부추기다. 출썩거리다②. 《작》 초싹거리다. 추썩=추썩대다 하타 ugliness 하명

추악(醜惡)〖명〗 더럽고 좋지 않음. 《대》 미려(美麗).

추악(麤惡)〖명〗 품질이 거칠고 나쁨. crudeness 하타

추앙(推仰)〖명〗 높이 받들어서 우러름. reverence 하타

추야(秋夜)〖명〗 가을 밤. autumn evening

추야=장(秋夜長) 가을 밤의 깊음을 이르는 말.

추양(秋陽)〖명〗 가을철의 햇볕. autumn sunshine

추양(推讓)〖명〗 남을 추천하고 자기는 사양함.

추어(鰍魚·鰌魚)〖명〗〖동〗 미꾸라지.

추어 내:다〖타〗〖약〗→들추어 내다.

추어 올리:다〖타〗 ①박혀 있는 물건을 끌어내어 위로 올리다. dig up ②〖동〗 추어 주다.

추어 주:다〖타〗 남의 비위를 맞추어 주기 위하여 칭찬하여 주다. 추어 올리다②. 《약》 추다②. flatter

추어=탕(鰍魚湯)〖명〗 미꾸라지를 넣고 다른 여러 가지 국거리 양념과 섞어 끓인 국. 추탕(鰍湯).

추억(追憶)〖명〗 지나간 일이나 가버린 사람을 돌이켜 생각함. 또, 그 생각. 추상(追想). 《유》 추회(追懷). recollection 하타

추언(醜言)〖명〗 추한 말. 유언(莠言).

추업(醜業)〖명〗 매음(賣淫) 따위의 추잡한 생업. 《대》 정업(正業). shameful calling

추업=부(醜業婦)〖명〗 추잡한 생업을 하는 여자. 창기 따위. 천업부(賤業婦).

추열(推閱)〖명〗 범인을 심문함. interrogation 하타

추열=성(趨熱性)〖명〗 〈생물〉 생물이 열(熱)에 자

추예(醜穢)圓 추접스럽고 더러움. filthiness 하타
추옥(陋屋)圓 작고 누추한 집.
추온=성[—성](趨溫性)圓〈動〉추열성(趨熱性).
추완(追完)圓〈법률〉민법상으로 필요한 요건을 구비하지 않았기 때문에 효력을 보지 못한 법률 행위가 나중에 요건을 보충하여 유효로 되는 일. subsequent accomplishment
추요(芻蕘)圓 꼴과 땔나무.
추요(樞要)圓 가장 요긴하고 종요로움. importance
추요=자(芻蕘者)圓 꼴 베는 사람과 땔나무를 하는 사람.
추욕(醜辱)圓 더럽고 잡된 욕. curse
추우(秋雨)圓 가을 비. autumn rain
추우 강남(追友江南)圓 벗을 따라 멀리 감을 가리키는 말.
추운(秋雲)圓 가을 하늘의 구름. autumn clouds
추운 소한은 있어도 추운 대한은 없다 뜻으로 보면 대한이 소한보다 더 추워야 하지만, 실제로는 소한이 더 추다.
추위 plain of cold
추위=하-다[자][여불] 추위를 타다. 추위를 느끼다. com-
추원(追遠)圓 ①지나간 먼 일을 그리워함. recollection ②조상의 덕을 추모하여 제사지냄. 하타
추원 보:본(追遠報本)圓 조상의 덕을 추모하여 제사를 지내며, 자기의 태어난 근본을 잊지 않고 은혜를 갚음.
추월(秋月)圓 가을 달. autumn moon 하타
추월(追越)圓 뒤따라가서 앞섬. 앞지르기. outrunning
추위 기운이 내려 찬 기운. (대) 더위. cold
추위=전:가(推委·推諉)圓 제가 마땅히 책임을 지지 않고 남에게 전가함. shifting blame on 하타
추위=타-다[자] ①추위에 잘 견디지 못하다. (대) 더위 타다. be sensitive to the cold ②겁을 먹고 두려워하다. fear
추의(秋意)圓 가을다운 기분. autumn tints
추이(推移)圓 일이나 형편이 변하여 옮아감. 이행(移行).
추인(追認)圓 〈법률〉일단 행하여진 법률 행위 뒤에 확정적으로 유효하게 하는 일방적인 의사 표시. 하타
추일(秋日)圓 가을날. autumn day
추일사 가:지[—싸—](推一事可知) 한 가지 일로 미루어 다른 모든 일을 다 알 수 있음.
추:(잉 검(chewing gum)圓 껌.
추자(楸子)圓 ①가래. ②(동) 호두.
추자(雛子)圓 (동) 용수.
추잠(秋蠶)圓 가을에 치는 누에. (대) 춘잠(春蠶). autumn silkworm
추잡(醜雜)圓 말과 행실이 지저분하고 잡스러움. filthiness 하타 스레 스레
추잡(麤雜)圓 거칠고 막되어서 조촐한 데가 없음. crudity 하타 스레 스레
추장(抽獎)圓 여럿 속에서 추려 출려 쏨. 추탁(抽擢). choice
추장(酋長)圓 만족(蠻族)들이 사는 부락의 우두머리. chieftain
commendation 하타
추장(推奬)圓 여럿 가운데서 추천하여 장려함. rec-
추재(秋材)圓〈식물〉늦은 여름부터 늦은 가을 사이에 이루어지는 목질(木質) 부분. 한 연륜 중의 물레 부분을 차지하는데 재질(材質)이 치밀함. (대) 춘재(春材). rough
추저분-하-다(醜—)[여불] 더럽고 지저분하다. dirty 추저분-히[부]
추적(追跡)圓 뒤를 밟아서 쫓아감. (유) 미행(尾行). chase
추적 조사(追跡調査)圓 인물이나 사상(事象)의 경과 자취를 시일이 지난 뒤에 더듬어 조사·연구하는 일.
추전-성[—성](趨電性)圓〈생물〉전류가 자극이 되어 일어나는 생물의 이동 운동. 주전성(走電性). galvanotaxis
추절(秋節)圓 가을철. autumn season
추점(醜—)圓 더럽고 추저분함. nasty 하타 스레 스
추접지근-하-다(醜—)[여불] 깨끗하지 못하고 너저분한 듯하다. unclean
추=젓(秋—)圓 가을철에 담근 새우젓.
추정(推定)圓 ①추측하여 판정함. inference ②〈법률〉어떠한 사실에 대하여 반대의 증거가 없는 이상 그것이 정당하다고 내리는 가정. presumption
추존(追尊)圓〈동〉추숭(追崇). 하타
추존(推尊)圓 추앙하여 존경함. reverence 하타
추졸(醜拙)圓 지저분하고 졸렬함. slovenliness 하타
추종(追從)圓 ①남이 하는 대로 따라서 좇음. ¶남의 하는 일에 ~만 하지 아니하다. following blindly ②아첨하여 좇음. ¶~의 무리. servile following ③아무런 비판 없이 따르고 모방함. imitate blindly
추종(錘鐘)圓 추가 달린 괘종. wall-clock 하타
추종(騶從)圓 상전을 따라다니는 하인. body servant
추종-자(追從者)圓 추종하는 사람.
추주(趨走)圓 ①빨리 쫓아감. going in haste ②공경의 뜻으로 윗사람 앞을 지날 때 허리를 굽히고 빨리 걸음. 하타 eem 하타
추중(推重)圓 높이 받들어 귀중하게 여김. high est-
추증(追贈)圓〈제도〉1종 2품 이상 관원의 죽은 아버지·할아버지·증조 할아버지에게 벼슬을 주던 일. ②나라에 공로 있는 벼슬아치가 죽은 뒤 그 벼슬을 높여 줌. 이증(貤贈). 하타
추지(推知)圓 미루어 앎. 추측하여 앎. inference 하타
추지-다[자] 물기가 배어서 눅눅하다. wet
추지=성[—성](趨地性)圓〈생물〉생물이 중력(重力)에 자극되어 일어나는 이동 운동. 초목의 뿌리가 땅 속으로 파고 들어가는 것 따위.
추진(推進)圓 힘써 나아감. 힘써서 어떤 일이 되게 함. propulsion 하타
추진(趨進)圓 쫓아서 빨리 나아감. going in haste 하타 치. propeller
추진-기(推進機)圓 비행기·함선 등을 추진시키는 장치.
추진-력(推進力)圓 ①밀고 나아가는 힘. impulse ②표면에 나타나지 아니하고 표면에 있는 것을 사실상 움직이고 있는 힘. driving force
추진-제(推進劑)圓 로켓 따위를 추진하는 데 쓰는 약제 또는 연료. 고체 추진제·액체 추진제 등이 있음.
추징(追徵)圓 뒷날에 다시 더 물리어 거둠. 또는 추가하여 거두어 들임. additional collection 하타
추차 가:지(推此可知) 한 일을 미루어 다른 일도 다 헤아릴 수 있음.
추착(推捉)圓 죄인을 찾아서 잡음. 하타
추찰(推察)圓 헤아려 살핌. 미루어 생각함. 하타
추천(秋天)圓 가을 하늘.
추천(追薦)圓〈불교〉죽은 사람에게 공덕을 베풀어 명복을 비는 일. memorial enterprise 하타
추천(推薦)圓 인재를 천거함. 추거(推擧)①. 〈유〉천달. recommendation 하타
추천(鞦韆)圓〈동〉그네¹.
추천-서(推薦書)圓〈동〉추천장(推薦狀).
추천 작가(推薦作家)圓〈문학〉권위 있는 기관을 통하여 기성 작가가 작품을 심사한 뒤 그 천거를 받아 등장하는 작가. recommended writer
추천-장[—짱](推薦狀)圓 사람을 천거하는 서장(書狀). 추천서(推薦書). letter for recommendation
추천-절(鞦韆節)圓 단오절(端午節)을 그네 뛰는 명절의 뜻으로 이름.
추첨(抽籤)圓 제비를 뽑음. 제비. lottery 하타
추청(秋晴)圓 맑게 갠 가을의 날씨. clear weather
추체(椎體)圓〈생리〉추골(椎骨)의 주요한 부분. 둥글납작하여, 상하 양면은 연골(軟骨)과 접한 면이 됨.
추체(錐體)圓〈수학〉'뿔체'의 구용어. conical form
추초(秋草)圓 가을 풀. autumn grass
추초(箠楚)圓〈제도〉볼기를 치던 형구(刑具).
추추(啾啾)圓 ①두려워하는 소리. ②귀신 따위가 우는 소리. ③벌레·새·말 따위가 우는 소리.
추축(追逐)圓 ①쫓아 버림. ②(동) 각축(角逐). ③벗

추축 사이에 서로 왕래하여 교제함. 추수(追隨)②. friendly association 하다

추축(樞軸) ①사물의 가장 중요한 부분. pith ②권력이나 정치의 중심. axis ③운전이나 활동의 중심.

추축-국(樞軸國) 〈역사〉 2차 대전 때에 일본·독일·이탈리아 삼국 동맹의 편에 속했던 나라. 《대》 연합국.

추출(抽出) ①뽑아 냄. extraction ②〈화학〉 용매(溶媒)를 써서 고체·액체에서 어떤 물질을 뽑아 내는 일. 하다

추측(推測) 미루어 헤아림. 추량(推量). conjecture

추칭(追稱) 죽은 뒤에 공덕을 칭송함. posthumous praise 하다

추칭(醜稱) 더럽고 지저분한 칭호. mean title

추켜-들다 [-들러] 치올리어 들다. raise

추켜 세우-다 ①치올리어 세우다. raise ②주장하여 내세우다. insist ③칭찬하여 드러내다. commend

추켜 잡-다 치올려 잡다. 「치맛자락을 ~. tuck up

추키-다 ①위로 가든하게 추슬러 올리다. 「바지 허리를 ~. ②힘들이어 위로 끌어올리거나 채어 올리다. ③값을 크게 올려 매기다.

추탁(追琢) 뒤에 다시 정정(訂正)함. 하다

추탁(推託) ①다른 일로 핑계함. making excuses ②천거하여 일을 부탁하여 맡김. entrusting 하다

추탕(鰍湯) 〈약〉→추어탕(鰍魚湯).

추태(醜態) ①더럽고 지저분한 태도. 「~를 보이지 말라. shameful conduct ②아름답지 못한 짓. 《대》 미태(美態).

추택(推擇) 인재를 등용(登用)하기 위하여 가려 뽑음. 하다 [jugate 하다

추토(追討) 도적을 쫓아 토벌함. pursuing to subdue

추파(秋波) ①가을철의 잔잔하고 맑은 물결. autumnal waves ②은근한 정을 나타내어 보이는 눈짓. 윙크. 「~를 보내다. amorous glance

추파(秋播) 가을에 씨를 뿌림. 《대》 춘파. sowing in autumn 하다

추판(秋判) 〈제도〉 형조 판서의 딴이름.

추판(楸板) 가래나무의 널. [하다

추포(追捕) 뒤를 쫓아가서 잡음. chase and arrest

추포-탕(一湯) 깻묵·콩국 따위에 곰거리와 절인 오이를 썰어 넣고 고명을 친 국.

추풍(秋風) 가을 바람. autumn wind

추풍(醜風) 〈동〉 추속(醜俗).

추풍 낙엽(秋風落葉) ①가을 바람에 떨어지는 나무 나 풀의 잎. leaves falling in autumn winds ②세력이나 형편이 시들어짐. declining influence

추풍 식막(秋風索寞) 옛날 권세는 간곳 없고 초라한 모양.

추풍-선(秋風扇) ①때가 지나서 소용이 없게 된 물건을 가리키는 말. 《약》 추선(秋扇). no longer wanted ②남자의 사랑을 잃은 여자.

추피(楸皮) 가래나무의 껍질. 구충제로 씀.

추하(追下) 조상의 무덤이 있는 곳.

추하(墜下) 높은 곳에서 떨어짐. 또는 내림. fall

추=하-다(醜一) [여불] ①몹시 더럽고 지저분하다. dirty ②깨끗하지 못하고 비루하다. mean

추=하-다(麤一) 정밀하지 못하고 거칠다. coarse

추한(追悔) 일이 지나간 뒤에 뉘우쳐 한탄함. 《유》 추회(追悔). repentance 하다

추한(醜漢) ①용모가 못생긴 남자. ugly man ②추저분한 짓을 하는 남자. nasty fellow

추감=당(秋海棠) 〈식물〉 추해당과(秋海棠科)에 속하는 다년생 풀. 높이 60cm 가량이고 줄기는 붉은 화색이나 마디는 짙은 홍색임. 잎은 난형에 끝이 뾰족하며 가에 톱니가 있음. 7~9월에 담홍색 꽃이 피며 관상용으로 심음. begonia

추핵(推覈) 죄인을 심리(審理)함. 하다

추행(追行) 뒤를 쫓아감. following 하다

추행(楸行) 조상의 산소에 성묘하러 감. grave-visiting 하다 [conduct

추행(醜行) 추잡분한 행실. 음란한 짓. disgraceful

추향(趨向) ①대세에 따라감. following the trend of the times ②대세가 되어가는 형편. tendency 하다

추향 대:제(秋享大祭) 초가을에 지내는 종묘와 사직의 큰 제사. autumnal state memorial service

추향-성[-썽](趨向性) 〈생물〉 단일한 자극에 대한

추켜-들-다 〈고〉 추켜들다. [생물의 반응 운동.

추형(追刑) 추방(追放)의 형벌. banishment

추형(雛型) 〈동〉 모형(模型)②.

추호(秋毫) ①가을철의 짐승의 털. autumn down ②썩 작음의 비유. 「~도 죄가 없다. lightest particle

추호(追號) 죽은 뒤에 호(號)를 지어 줌. 또, 죽은 뒤에 지어 준 호. 추시(追諡). posthumous title 하다

추호(推呼) →퇴호(推呼).

추호 불범(秋毫不犯) 마음이 깨끗하여 남의 것을 조금도 범하지 않음. 하다

추화(秋花) 가을철에 피는 꽃. autumn flowers

추화(錐花) 〈미술〉 도자기의 몸에 송곳 끝으로 파서 새긴 것처럼 된 무늬.

추화-성[-썽](趨化性) 〈생물〉 생물이 화학 물질의 자극에 대하여 쏠리어 향하는 성질. 썩은 물에 파리가 모여드는 것 따위. chemotaxis

추확(秋穫) 〈동〉 추수(秋收).

추환(追喚) 보내 놓고 도로 불러옴. recall 하다

추환(追還) 뒷날에 돌려보냄.

추회(追悔) 일이 지나간 뒤에 잘못을 뉘우침. 《유》 추한(追恨). regret 하다

추회(追懷) 지난 일 또는 사람을 생각하여 그리워함. 《유》 추억. reminiscence 하다

추회 막급(追悔莫及) 지난 일을 뉘우쳐도 소용이 없음. too late to repent

추후(追後) 일이 지나간 뒤 얼마 뒤. 그 머칠 뒤. 「~을 더 주겠다. 《야》 후(後)①. later on

추흥(追興) 가을의 흥치. charm of autumn

축[의] 여러 사람으로 이루어진 동아리. 같은 또래. 「노는 ~에 끼다. group [droopingly

축² 물건이 아래로 늘어지거나 처진 모양. 《작》 촉.

축(丑) 〈민〉 십이지(十二支)의 둘째. 2nd of the 12 Earth Branches 《약〉→축방(丑方). 축시(丑時).

축(祝) ①〈약〉→축하(祝賀). ②〈약〉→축문(祝文).

축(逐) 바둑을 둘 때 끝까지 단수(單手)에 물리어 죽게 되는 경우. 「~에 걸려 들다.

축(軸) ①굴대. axis ②둘둘 말린 물건의 가운데에 박힌 방망이. 심대. roller ③활동 또는 회전의 중심이 되는 부분. pivot ④〈물리〉 물체가 회전 운동을 할 때, 그 물체에 고정된 것으로 가상되는 직선으로서 공간 위치를 바꾸지 않는 것. 지축(地軸) 따위. ⑤〈수학〉 하나의 평면 도형을 어떤 직선의 주위로 회전시켜서 입체 도형을 얻을 때의 그 직선. axis ⑥해석 기하학에서 점의 위치를 정하는데 그 기준이 되는 직선. ⑦〈공업〉 회전체의 동력의 전달을 주목적으로 하는 둥근 막대기. 주축(主軸)·선축(線軸)·중간축(中間軸)의 셋이 있음. [의]①책력 20권을 한 단위로 세는 말. unit of twenty volumes ②종이를 세는 단위. 한지(韓紙)는 열 권, 두루마리는 하나를 이름. unit of paper

축(縮) 〈약〉→축감(縮減).

축(祝歌) 축하하는 뜻으로 부르는 노래. festive [song

축-가-다(縮一) [자] 〈동〉 축나다②.

축감(縮減) 〈어떠한 수효에서 덜어 냄. 또는 축나서 적어짐. decrease 〈동〉 감축(減縮). 하다

축객(祝客) 축하하는 손님.

축객(逐客) ①손을 쫓아 버림. driving a visitor away ②〈동〉 축신(逐臣). 하다 [의 거리.

축거(軸距) 자동차의 앞바퀴와 뒷바퀴와의 중심 사

축견(畜犬)[명] 가축으로 기르는 개.
축관(祝官)[명] ①제사를 지낼 때 축문을 읽는 사람. ②〈제도〉종묘·사직 및 문묘(文廟)의 제사 때, 축을 맡아 읽던 임시 벼슬.
축구(畜狗)[명] 〈동〉축생(畜生)①.
축구(築構)[명] 축조(築造).
축구(蹴球)[명] 〈체육〉 11 명씩 두 패로 갈려 공을 차서 상대편 문안에 넣어 승부를 다투는 경기. football
축국(蹴鞠)[명] ①〈사〉옛날 장정들이 발로 차던 펑것이 꽂힌 공. football game ②옛날, 공을 발로 차던 유희. football
축귀(逐鬼)[명] 잡된 귀신을 쫓아 버림. exorcising demons 〜하다
축기(畜氣)[명] 〈생리〉호흡할 때에 최대 한도로 내쉴 수 있는 공기의 양. 1,000〜1,500 cc 가 됨.
축기(縮氣)[명] ①기운이 움츠러짐. ②용기가 없어집. 하다
축―나―다(縮―)[자] ①모자라게 되다. being short of ②줄다. 축지다②.
축년(丑年)[명] 〈민속〉태세(太歲)의 지지(地支)가 축(丑)으로 된 해. 소해. ¶을(乙)〜.
축년(逐年)[명] 해마다. year by year
축농―증[―쯩](蓄膿症)[명] 〈의학〉늑막강(肋膜腔)·부비강(副鼻腔)·관절·뇌강(腦腔) 등의 체강(體腔) 안에 고름이 괴는 질병. ozena
축―다 물기가 번져 축축하게 되다. moist
축답(築畓)[명] 〈토목〉 둑. bank
축답(蹴踏)[명] 발로 차고 짓밟음. 하다
축대(築臺)[명] 높게 쌓아 올린 터. terrace
축도(祝禱)[명] 〈야〉〜축복 기도(祝福祈禱).
축도(縮圖)[명] 〈토목〉원형을 줄인 그림. 축소도(縮小圖). reduced size drawing 「구. pantograph
축도―기(縮圖器)[명] 원형을 줄여 그리는 데 쓰는 기
축도―법[―뻡](縮圖法)[명] 도면을 일정한 비율로 줄여서 그리는 방법. pantography
축동(縮瞳)[명] 〈생리〉부교감 신경(副交感神經)의 지배를 받는 동공 괄약근(瞳孔括約筋)의 작용에 의해 동공이 축소되는 현상. 《대》산동(散瞳).
축두(軸頭)[명] 시축(詩軸)이나 횡축(橫軸) 따위의 첫머리에 있는 시·글씨·그림의 일컬음.
축두(縮頭)[명] 〈동〉축수(縮首). 하다
축력(畜力)[명] 가축이 일을 하는 힘. work of domestic animals
축로(艦艫)[명] 배의 고물과 이물. 선수(船首)와 선미(船尾) 「(船尾).
축록(逐鹿)[명] ①사슴을 쫓는 일. ②정권 또는 지위를 얻기 위하여 다툼. scramble for political power ③의원 선거에 입후보하여 경쟁하는 일. election campaign
축록―전(逐鹿戰)[명] 의원 선거에 입후보하여 승패를 다투는 싸움. election campaign 「animals
축류(畜類)[명] 집에서 기르는 짐승의 총칭. domestic
축률(軸率)[명] 〈광물〉결정면(結晶面)의 표축(標軸)의 비. 축비(軸比). 「벌 몸. 하다
축률(縮慄)[명] 두렵거나 무서워서 몸을 웅송그리고 벌
축말(丑末)[명] 축시(丑時)의 마지막. 곧, 상오(上午) 세 시경. 「for success 하다
축망(祝望)[명] 뜻대로 잘 되기를 빌고 바람. invoking
축목(畜牧)[명] 가축을 놓아서 기름. 목축(牧畜). cattle-breeding 하다 「(祝祭文)②.
축문(祝文)[명] 제사 때 신명에게 고하는 글. 축제문
축문―판(祝文板)[명] 축문을 얹어 놓은 판. 〈약〉축판.
축미(縮米)[명] 일정량에서 축난 쌀. 「(祝板).
축―바퀴(軸―)[명] 〈동〉윤축(輪軸).
축―받이[―바지](軸―)[명] 〈동〉베어링(bearing).
축발(祝髮)[명] 머리털을 바싹 깎음. 체발(剃髮). 하다
축발(蓄髮)[명] 깎았던 머리털을 길게 기름. 「growing-hair 하다 「(丑)②.
축방(丑方)[명] 이십사 방위의 셋째. 동북동쪽.
축배(祝杯)[명] 축하하여 드는 술잔. ¶승리의 〜를 들다. toast 「blessing 하다
축복(祝福)[명] 앞날의 행복을 빎. ¶장래를 〜하다.

축복 기도(祝福祈禱)[명] 〈기독〉예수교에서 예배를 마칠 때에 목사가 복을 비는 기도. 〈약〉축도(祝禱). benediction 하다
축본(縮本)[명] 책·서화(書畫)의 원형을 줄여서 작게 만든 본새. 또, 그렇게 만든 책. abridged edition
축사(畜舍)[명] 가축을 기르는 집. stall
축사(祝辭)[명] 축하하는 뜻을 나타낸 글. 하사(賀詞). 《대》조사(弔詞). congratulation 「address 하다
축사(祝辭)[명] 축하하는 말이나 글. congratulatory
축사(逐邪)[명] 사귀(邪鬼) 또는 사귀(邪鬼)를 물리쳐 내쫓음. purging evil 하다
축사(縮寫)[명] ①원형을 줄여 씀. drawing on a smaller scale ②사진을 축소하여 다시 찍음. 하다
축삭(逐朔)[명] 〈동〉축월(逐月). 「raising
축산(畜產)[명] 가축(畜產)과 그에 따른 생산. stock
축산―업(畜產業)[명] 가축·가금·벌·누에 등을 치고 또 그 생산물을 가공하는 산업.
축산―학(畜產學)[명] 〈농업〉축산의 개량·발달을 꾀하기 위하여 연구하는 학문. zootechny
축살(蹴殺)[명] 발로 차서 죽임. 하다
축색 돌기(軸索突起)[명] 〈생리〉신경 세포(神經細胞)가 가진 두 가지의 돌기 가운데 흥분을 원심적(遠心的)으로 전도(傳導)하는 구실을 하는 것. 신경 섬유(神經纖維). 신경 세포.
축생(丑生)[명] 〈민속〉축년(丑年)에 출생한 사람.
축생(畜生)[명] ①온갖 가축. 축수(畜獸). beast ②사람답지 못한 사람을 짐승 같다고 욕하는 말. dumb creatures ③〈약〉→축생도. 「ᆺ. world of beasts
축생―계(畜生界)[명] 〈불교〉십계의 하나. 동물의 세계.
축생―도(畜生道)[명] 〈불교〉삼악도(三惡道)의 하나. 죄악으로 인하여 짐승의 몸이 되어서 괴로움을 받는 길. 〈준〉축생(畜生). tormenting purgatory
축성(祝聖)[명] ①〈기독〉미사를 비롯한 온갖 의식에 쓸 특정한 물건과 공용 건물 등을 거룩한 것으로 만들기 위하여 주교나 사제 등이 기도를 곁들여 축복을 비는 일. ②방사(放赦)를 거룩하게 일컬음.
축성(築城)[명] ①성을 쌓음. building a castle ②〈군사〉요새(要塞)·보루(堡壘)·참호(塹壕) 등 구조물의 총칭. fortification 하다
축성―식(祝聖式)[명] 〈기독〉①평신부가 주교(主敎)로 오르는 서품식(敍品式). ②축성(祝聖)을 행하는 거룩한 의식.
축성―학(築城學)[명] 축성에 관한 원리·기술 등을 연구하는 학문. science of fortification
축소(縮小)[명] 줄여 작게 함. 또는 작아짐. 《대》확대(擴大). reduction 하다
축소 균형(縮小均衡)[명] 〈경제〉경제의 규모를 줄여 수입과 지출의 균형을 잡는 일.
축소―도(縮小圖)[명] 일정한 비율로 줄여 그린 그림. 축도(縮圖). picture on a reduced scale
축소 재:생산(縮小再生產)[명] 〈경제〉먼저보다 작은 규모로 같은 물품을 재생산하는 일. 《대》단순 재생산. 확장 재생산. regressive reproduction
축소―판(縮小版)[명] 〈동〉축세판.
축소 해:석(縮小解釋)[명] 〈법률〉법규의 문자·문장을 법문(法文)이 일상의 의미를 넘지 않도록 노력하는 해석 방법. 곧, 법문의 해석에 있어서 법문의 문자상의 의의를 보통 용례보다 좁혀서 해석하는 일. 한정 해석. 《대》확장 해석.
축송(逐送)[명] 쫓아 보냄. repelling 하다
축쇄(縮刷)[명] 〈인쇄〉책·그림의 원형을 그 크기만 줄여서 한 인쇄. printing in smaller type 하다
축쇄―판(縮刷版)[명] 〈인쇄〉축쇄한 출판물. 축소판. 〈약〉축판(縮版). reduced size edition
축수(祝手)[명] 두 손바닥을 마주 대고 빎. praying with folded hands 하다 「life 하다
축수(祝壽)[명] 오래 살기를 빎. Wishing one a long
축수(縮首)[명] 두렵고 겁이 나서 고개를 움츠림. 축두(縮頭). ducking one's head 하다

축승(祝勝)[명] 싸움에 이긴 축하. 축첩(祝捷). celebration of a victory 하타

축승(縮繩)[명] 《음악》 장구의 좌우 마구리를 연결하는 줄. 무명실을 꼬아서 붉게 물들여 만듦.

축시(丑時)[명] ①하루를 12시로 나눈 둘째. 곧, 상오 한 시부터 세 시까지의 동안. ②하루를 24시로 나눈 셋째. 《약》축(丑)②. Hour of the Ox

축신(逐臣)[명] 내몰려 쫓겨난 신하. 축객(逐客)②. ousted vassal

축알(蹙頞)[명] 눈살을 몹시 찡그림. 하타

축야(逐夜)[명] 밤마다. every night [하타

축약(縮約)[명] 규모를 축소하여 간약(簡約)하게 함.

축양(畜養)[명] 가축을 기름. breeding 하타

축어-역(逐語譯)[명] 외국어의 원문(原文)의 한 말 한 말을 충실하게 번역함. 축자역(逐字譯). 하타

축연(祝宴)[명]《약》→축하연.

축연(祝筵)[명] 축하하는 자리. banquet hall

축우(畜牛)[명] 집에서 기르는 소. cattle

축원(祝願)[명] ①희망하는 대로 되기를 마음으로 바라는 일. ②부처나 신에게 기도할 때 잘되게 해달라고 비는 일. prayer ③《약》→축원문(祝願文). 하타

축원-문(祝願文)[명] 축원하는 는 글. 《약》축원③.

축원-방(祝願旁)[명]《불교》 축원문을 한데 모아서 만든 책. [력 실랑.

축월(丑月)[명]《민속》월건(月建)이 축(丑)으로 된 달.

축월(祝月)[명]《불교》 음력 1월·5월·9월의 딴이름.

축월(逐月)[명] 다달이. 달마다. 축삭(逐朔). every month ③남쪽과 여름을 맡은 신.

축융(祝融)[명] ①불을 맡은 신(神). ②불이 일어남.

축음-기(蓄音機)[명] 레코드에 기록한 음파를 회전식으로 재생하는 장치. 유성기(留聲機). gramophone

축음기-판(蓄音機板)《동》레코드(record).

축의(祝意)[명] 축하나 축하를 표하는 뜻. 《데》조의(弔意). congratulation

축의(祝儀)[명] 축하하는 의례(儀禮). 축전(祝典). 《데》조의(弔儀). ─금(金). celebration [wet

축이-다[타] 물에 적셔서 축축하게 만들다. ¶짚을 ~.

축일(丑日)[명] 일진(日辰)의 지지(地支)가 축(丑)인 날. 소날.

축일(祝日)[명] ①축하하는 날. festival day ②《불교》기도하는 날. ③《기독》 하느님·그리스도·성인 등에 특별한 공경을 드리기 위하여 교회에서 제정한 날. 또, 그날 행하는 예식. [by one

축일(逐一)[명] 하나하나 좇음. 하나씩하나씩. one

축일(逐日)[명] 하루하루를 좇음. 나날이. 날마다. ¶─ 증가(增加). day by day

축일 상종(逐日相從)[명] 날마다 서로 사귀어 놂. 하타

축일-학(逐日瘧)[명]《동》 며느리고금.

축자-역(逐字譯)[명] 축어역(逐語譯). 하타

축장(蓄藏)[명] 모아서 쌓아 둠. 모아서 간직하여 둠. storage 하타

축장(築墻)[명] 담을 쌓음. build a wall 하타 [하타

축재(蓄財)[명] 재물을 모음. accumulation of wealth

축적(蓄積)[명] 많이 모아 쌓아 둠. accumulation 하타

축전(祝電)[명]《동》축하의 전보.

축전(祝電)[명] 축하의 전보. 《데》조전(弔電). congratulatory telegram

축전(蓄電)[명]《물리》전기를 모으는 일. accumulation 하타 [money 하타

축전(蓄錢)[명] 돈을 모음. 또, 그 돈.

축전-기(蓄電器)[명]《물리》 전기의 도체(導體)에 많은 전기량(電氣量)을 축적시키는 장치. condenser

축전-지(蓄電池)[명]《화학》 외부의 전원(電源)에서 받은 전기를 화학 에너지의 형태로 변화시켜 축적해 두었다가, 필요할 때에 전기로 재생하여 내는 장치. storage battery 납·부활절·성탄절 따위.

축절(祝節)[명]《종교》 즐거운 일을 기념하고 축하하는 날.

축정(丑正)[명] ①하루를 12시로 나눈 둘째의 시간의 한가운데. 곧, 상오 두 시이고 사경(四更)임. ②하루를 24시로 나눈 셋째 시간의 한가운데. 곧, 상오 한 시 삼십 분이며 상오 두 시의 사이.

두 시이고 사경(四更)임.

축정(築庭)[명] 정원을 꾸밈. gardening 하타

축제(祝祭)[명] ①축하의 제전. festival ②축하와 제사. congratulations and sacrificial rite [kment 하타

축제(築堤)[명]《토목》둑을 쌓음. 또, 그 둑. embankment

축제-문(祝祭文)[명] 축문과 제문. 《약》축문.

축제-일(祝祭日)[명] 축일과 제일. festival day and sacrificial day ②축일과 제일을 겸한 날. ③축하 제전이 벌어지는 날. festival day

축조(逐條)[명] 한 조목 한 조목씩 좇아감. 조목마다 캉그리. article by article 하타

축조(築造)[명] 쌓아서 만듦. 조영(造營). 축구(築構). building 하타 [하타

축조 발명(逐條發明)[명] 낱낱이 죄가 없다고 변명함.

축조-본(縮照本)[명] 비석의 문자 등을 사진으로 원형보다 작게 축소해서 제판한 것.

축조 심의(逐條審議)[명] 조목(條目)의 순서에 따라 차례대로 하나하나 심의함. 하타

축좌(丑坐)[명]《민속》 묏자리나 집터 따위가 북북동(北北東)을 등지고, 남남서(南南西)를 바라보고 앉은 것. 곧, 축방(丑方)을 등지고 앉은 자리.

축좌 미:향(丑坐未向)[명]《민속》 축방을 등지고 미방(未方)을 향한 좌향. [ulation

축주(祝酒)[명] 축하하는 뜻의 술. liquor for congratulation

축주(縮酒)[명] 제사 때에 세 번째 올리는 잔의 술을 모사(茅沙)에 조금 따름. 또, 그 붓는 술.

축지(縮地)[명]《민속》 도술(道術)에 의하여 지맥(地脈)을 줄이어 먼 거리를 가깝게 함. 축지법.

축-지(지縮─)[자] ①사람의 가치가 떨어지다. discredit oneself ②병으로 몸이 약해지다. 축나다②. grow weak

축지=법[─뻡](縮地法)[명]《민속》 지맥(地脈)을 축소하여 먼 길을 가깝게 만든다는 선술(仙術). magic method of contracting space [만들다.

축=짓:-다(軸─)[스] 종이 열 권씩으로 축(軸)을

축차(逐次)[명] 차례차례로 함. 차례대로 좇아 함. 타 차례차례로. 차례를 따라.

축차-적(逐次的)[명] 차례대로 좇아서 하는 (것).

축척(逐斥)[명] 배척하여 물리쳐. 쫓아서 물리침. ousting 하타

축척(縮尺)[명] ①축도의 그 축소시킬 비례의 척도. 줄인 자. ¶─ 만분의 일의 지도. scale ②피륙 등이 정한 자수에 부족함. short measure

축천(祝天)[명] 하느님에게 빎. praying to Heaven 하타

축첩(祝捷)[명]《동》축승(祝勝).

축첩(蓄妾)[명] 첩을 둠. keeping a concubine 하타

축초(丑初)[명]《민속》 ①십이시(十二時)의 둘째. 곧, 축시(丑時)의 처음. ②이십사시(二十四時)의 셋째. 곧, 상오 한 시 삼십 분에서 상오 두 시의 사이.

축:-축[부] ①큰 물건이 많이 늘어진 모양. drooping ②자꾸 처지는 모양. 《타》추축. hanging down all the time

축축-하:-다[형][여] 물기가 있어서 젖은 듯하다. 《유》 친친하다. 《작》촉촉하다. damp 축축-히[부]

축출(逐出)[명] 쫓아 물리침. 몰아냄. expulsion 하타

축태(縮胎)[명] 해산 달에 약을 먹어서 태반(胎盤)이 줄어들게 하여, 아이 낳기가 쉽게 함. 하타

축토(築土)[명]《토목》 집터나 둑 등을 만들려고 흙을 쌓아 올림. throwing up an earthwork 하타

축판(祝板)[명]《약》→축문판(祝文板).

축판(築板)[명]《동》담틀.

축판(縮板)[명]《인쇄》→축쇄판(縮刷版). [포(弔砲)

축포(祝砲)[명] 축하의 뜻을 표하여 쏘는 공포. 《데》조

축하(祝賀)[명] 경사를 빌고 치하함. 《데》애도(哀悼), 조도(弔悼). 《약》축(祝)①. congratulation 하타

축=하-다(縮─)[자][여] ①생생한 기운이 없다. languid ②좀 싱싱하지 못하다. stale

축하=연(祝賀宴)[명] 축하하는 잔치. 《약》축연(祝宴). congratulatory banquet

축하=장(-狀)[-짱](祝賀狀) 명 축하하는 뜻을 적은 글장. congratulatory note

축하-주(祝賀酒) 명 축하의 뜻을 나타내기 위하여 보내주거나 마시는 술. congratulatory wine

축하-회(祝賀會) 명 축하의 뜻을 표하고 즐기기 위한 모임. celebration

축합(縮合) 명 〈화학〉 두 개 이상의 화합물이 반응하여, 공유 결합(共有結合)에 의해서 새로운 화합물을 낳는 일. condensation 하다

축항(逐項) 명 항목을 좇음. 항목마다. 하다

축항(築港) 명 〈토목〉 갯가에 항구를 만듦. harbour

축호(逐戶) 명 집집마다. construction 하다

축혼(祝婚) 명 결혼을 축하하는 일. ¶~의 노래.

축하(祝火) 명 축하의 뜻을 나타내기 위하여 사용하는 불. 꽃. bonfire

축화(祝花) 명 축하의 뜻을 나타내기 위하여 사용하는 꽃.

축회(築灰) 명 송장이 든 널을 묻기 전에 광의 주위를 회로 다짐. 하다

춘강(春江) 명 봄철의 강물. river in spring

춘경(春耕) 명 〈농업〉 봄갈이. spring plowing 하다

춘경(春景) 명 봄철의 경치. spring scenery

춘계(春季) 명 〈동〉 춘기(春期).

춘곤(春困) 명 봄철의 고단한 기운. fatigue in the spring tide

춘광(春光) 명 ①봄빛. 춘양(春陽). spring sunshine ②봄 경치. 소광(韶光). spring scenery

춘교(春郊) 명 봄철의 경치가 좋은 들. spring fields

춘궁(春宮) 명 〈제도〉 ①세자궁(世子宮)·태자궁(太子宮)의 딴이름. ②왕세자(王世子)·황태자(皇太子)의 딴이름.

춘궁(春窮) 명 농가에서 양식이 떨어져서 궁하게 지낼 때. 곧, 음력 삼사월 경. 궁춘(窮春). 보릿고개. hard time of spring [때. farm hardship

춘궁-기(春窮期) 명 봄철의 농민이 몹시 살기 어려운

춘기(春氣) 명 봄날의 화창한 기운. vernal air

춘기(春期) 명 봄철 동안. 춘계(春季). 徐 춘절(春節).

춘기(春機) 명 ①이성(異性)이 그리워지는 마음, 남녀 간의 정욕(情慾). 춘정(春情). sexual desire ②〈동〉 춘의(春意)①.

춘기 발동기(春機發動期) 명 〈생리〉 춘정(春情)이 발동하는 시기. 사춘기(思春期). puberty

춘난(春暖) 명 봄철의 따뜻한 기운. warm spring weather

춘당(春堂·椿堂) 명 〈동〉 춘부장(椿府丈).

춘등(春等) 명 ①등급을 춘추(春秋)의 둘 또는 춘하추동(春夏秋冬)의 넷으로 나눈 그 첫째. ②〈제도〉 세금을 봄과 가을의 두 번으로 나눈 봄철의 세금. (대) 추등(秋等).

춘란(春蘭) 명 〈식물〉 봄에 꽃이 피는 난초라 뜻으로 일컫는 보춘화(報春花)의 딴이름. 잎이 가늘고 길며 봄에 푸른 빛깔을 띤 흰 꽃이 핌.

춘뢰(春雷) 명 봄날의 우레. spring thunder

춘림(春霖) 명 봄철의 장마. long rain of spring

춘만(春滿) 명 봄 기운이 가득함. 평화스러움. peacefulness 하다

춘매(春梅) 명 봄에 피는 매화. spring plum-tree

춘맥(春麥) 명 〈식물〉 봄보리. spring barley

춘면(春眠) 명 봄철의 노곤한 졸음. sleep on a spring morning

춘모(春牟) 명 봄보리.

춘몽(春夢) 명 ①봄새에 잠깐 낮잠자며 꾸는 꿈. dreams in spring days ②헛된 꿈. 덧없는 꿈. ¶일장(一場) ~. empty dream

춘방(春坊) 명 〈민속〉 입춘서(立春書).

춘복(春服) 명 봄철에 입는 옷. 춘의(春衣). (대) 하복(夏服).

춘부(春府) 명 《약》→춘부장. [복. 동복. spring wear

춘부 대:인(春府大人·椿庭) 명 〈동〉 춘부장(春府丈).

춘부-장(春府丈·椿府丈) 명 남의 아버지를 일컫는 말. 춘당(椿堂). 영존(令尊). 춘정(椿庭). 춘부 대인(大人). 〈약〉 춘부(春府). 춘장(春丈). your honored father

춘분(春分) 명 이십사 절기의 넷째. 곧, 태양이 적도(赤道) 위에 직사(直射)하여 밤낮의 길이가 같은 양력 3월 21일 무렵. (대) 추분(秋分). vernal equinox

춘분-점(春分點)[-쩜](春分點) 명 〈천문〉 적도와 황도(黃道)가 상교하는 가운데 태양이 남쪽에서 북쪽으로 향해 적도를 통과하는 점. (대) 추분점(秋分點). venal equinoctial point

춘빙(春冰) 명 봄철에 어는 얼음. spring ice

춘사(春思) 명 ①〈동〉 춘심(春心)①. ②〈동〉 색정.

춘사(椿事) 명 뜻밖에 일어나는 불행한 일. accident

춘산(春山) 명 봄철의 산. spring mountains

춘삼(春衫) 명 봄에 입는 홑옷.

춘=삼삭(春三朔) 명 음력 1월·2월·3월의 봄철의 석달. three months of spring

춘=삼월(春三月) 명 봄 경치가 가장 좋은 철. 봄의 끝달인 음력 3월. March of the lunar calendar

춘색(春色) 명 봄철의 아름다운 경치. 봄빛. spring scenery

춘설(春雪) 명 봄철에 오는 눈. 봄눈. spring snow

춘세(春稅) 명 〈제도〉 한 해치를 두 번으로 나누어 그 반 몫으로 유월에 내는 조세(租稅).

춘소(春宵) 명 춘야(春夜).

춘소(春蔬) 명 봄철에 나는 소채(蔬菜).

춘소 일각은 치천금(春宵一刻-千金) 봄철의 밤 일각 동안의 경치는 천금에 해당한다는 뜻으로, 봄철의 밤을 기리어 칭찬한 말.

춘소 화월은 치천금(春宵花月-千金) 밤밭의 꽃과 달을 지극히 이름. [어 칭찬한 말.

춘수(春水) 명 봄철에 흐르는 물. 봄물. spring water

춘수(春首) 명 〈동〉 춘초(春初). [holy

춘수(春愁) 명 봄철에 일어나는 근심. spring melancholy

춘수(春樹) 명 봄철의 수목. spring trees

춘수 모:운(春樹暮雲) 명 봄철의 수목과 해저물 무렵의 구름. 곧, 벗을 그리는 정이 잊어남을 비유하는 말.

춘신(春信) 명 봄 소식. 꽃이 피고 새가 울기 시작함을 가리키는 말. signs of spring

춘심(春心) 명 ①봄에 느끼는 정서. 춘사(春思)①. spring sentiment ②〈동〉 춘정(春情).

춘앵-무(春鶯舞) 명 〈민속〉 ①봄 꾀꼬리를 흉내낸 춤. ②춘앵전(春鶯囀).

춘앵-전(春鶯囀) 명 〈민속〉 궁중 잔치 때에 추던 춤의 이름. 분홍석(花綻席)을 깔아 놓고 그 위에서 한 사람의 무기(舞妓)가 주악(奏樂)에 맞춰 춤을 추었음. 〈동〉 춘앵무(春鶯舞). [night

춘야(春夜) 명 봄철의 밤. 봄밤. 춘소(春宵). spring

춘약(春藥) 명 〈한의〉 춘정(春情)을 돋우는 약제.

춘양(春陽) 명 〈동〉 춘광(春光)①.

춘우(春雨) 명 봄비. spring rain

춘우-수(春雨水) 명 정월에 처음으로 온 빗물.

춘운(春雲) 명 봄 하늘에 뜬 구름. spring cloud

춘월(春月) 명 봄 밤에 돋은 달. spring moon

춘유(春遊) 명 봄철의 놀이. merrymaking in spring

춘음(春陰) 명 봄철의 날씨가 흐린 날. 봄새의 흐릿한 날. cloudy day of spring

춘의(春衣) 명 〈동〉 춘복(春服).

춘의(春意) 명 ①이른 봄에 온갖 것이 피어나는 기분. 춘기(春機)②. ②〈동〉 춘정(春情).

춘의-도(春意圖) 명 춘화도(春畫圖).

춘일(春日) 명 봄날. spring day

춘잠(春蠶) 명 봄철에 치는 누에. (대) 추잠(秋蠶). 봄잠(春蠶). spring silk worms

춘장(椿丈) 명 《약》→춘부장(椿府丈).

춘재(春材) 명 〈식물〉 봄철에서 여름철에 걸쳐 형성되는 목질(木質)의 부분. (대) 추재(秋材).

춘절(春節) 명 봄철. 徐 춘기(春期). 춘계(春季).

춘정(椿庭) 명 〈동〉 춘부장(春府丈). [spring

춘정(春情) 명 남녀간의 정욕. 춘기(春機)②. 춘의(春意)②. 춘심(春心)②. sexual desire [(三ောg酒)

춘주(春酒) 명 ①〈동〉 청명주(淸明酒). ②〈동〉 삼해주

춘청(春晴) 명 맑게 갠 봄철의 날씨. fine weather of spring

춘초(春初)[명] 봄의 처음. 첫봄. 춘수(春首). early spring [grass in spring ②(식물) 아마존.
춘초(春草)[명] ①봄철의 새로 돋은 보드라운 풀. fresh
춘추(春秋)[명] ①봄과 가을. spring and autumn ②(공) 어른의 나이. ¶아버님의 ~가 몇이시냐. ③ '해'를 문자투로 이르는 말. ¶오랜 ~에 걸쳐 싸운 광복군. years ④역사.
춘추-관(春秋館)[명] 〈제도〉고려·조선조 때의 시정(時政)의 기록을 맡았던 관청. [autumn wear
춘추-복(春秋服)[명] 봄·가을에 입는 옷. spring and
춘추 시대(春秋時代)[명] 〈역사〉중국 주(周)나라의 동천(東遷)으로부터 진(晉)나라의 대부(大夫)인 한(韓)·위(魏)·조(趙) 삼씨(三氏)의 독립까지 약 320년 간의 시대. [와 전국 시대(戰國時代).
춘추 전:국(春秋戰國)[명] 〈역사〉춘추 시대(春秋時代)
춘추 정:성(春秋鼎盛)[명] 제왕의 나이가 젊음. 하[형]
춘추 필법[-뻡](春秋筆法)[명] 대의 명분(大義名分)을 밝혀 세우는 사필(史筆)의 준엄한 논법. confucian historical principles
춘치 자명(春雉自鳴)[명] 봄철의 꿩이 스스로 운다는 뜻으로, 남의 명령이나 요구에 의하지 아니하고 자발적으로 함을 이르는 말. [lack
춘태(春態)[명] 봄철에 잡은 명태. 봄명태. spring pol-
춘파(春播)[명] 봄에 씨를 뿌림. 또, 그 일. 《대》추파(秋播). sowing in spring 하[타]
춘포 창옷 친벌 호사는 남을 호사하게 한 것같이 보이지만, 실은 입고 나설 옷이 단벌 밖에 없어서 그렇게 되었다. [spring breeze
춘풍(春風)[명] 봄바람. 양풍(陽風). ¶~ 화기(和氣).
춘풍 추우(春風秋雨)[명] 봄철에 부는 바람과 가을 들어 내리는 비. 곧, 지나가는 세월. passing years
춘하(春夏)[명] 봄과 여름. spring and summer
춘하(春霞)[명] 봄철의 아지랑이. spring gossamers
춘-하-추-동(春夏秋冬)[명] 봄·여름·가을·겨울. four
춘한(春旱)[명] 봄가뭄. drought in spring [seasons
춘한(春閑)[명] 봄날의 경치에 끌리어 마음에 뒤숭숭하게 일어나는 정한(情恨). spring fever
춘한(春寒)[명] 봄추위. lingering cold in spring
춘한 노:건(春寒老健)[명] 봄추위와 늙은이의 건강. 사물이 오래가지 못함을 이름.
춘향-가(春香歌)[명] 〈민속〉춘향전을 창극조(唱劇調)로 엮어 부른 판소리. song of *Chunhyang*
춘향 대:제(春享大祭)[명] 초봄에 지내는 종묘·사직의 큰 제사. state memorial service in spring
춘화(春花)[명] 봄철에 피는 꽃. spring flowers
춘화(春華)[명] →춘하도. [nery
춘화(春華)[명] 봄철 경치의 화려한 풍물. spring sce-
춘화-도(春畫圖)[명] 성교하는 광경을 그린 그림이나 사진. 춘의도(春意圖). 《댄》춘화(春畫). obscene picture [又].
춘화 처리(春化處理)[명] 야로비 농법(jarovi 農
춘화 추월(春花秋月)[명] 봄철의 꽃과 가을철의 달. 곧, 자연계의 아름다움을 이름. natural scenery
춘효(春曉)[명] 봄철의 새벽. daybreak of spring
춘흥(春興)[명] 봄의 흥치(興致). charms of spring
출가(出家)[명] ①집을 떠나감. leaving home ②〈불교〉석가 여래가 열아홉 살 때 왕가의 몸으로 산에 들어간 일. 또는 속인(俗人)이 중이 되는 일. entering the priesthood ③〈기독〉세간을 떠나 수도원으로 들어가는 일. 하[자] [age of a maiden
출가(出嫁)[명] 처녀가 시집을 감. ¶~한 딸. marri-
출가(出家)[명] 일하거나 돈팔러 나감. 일정 기간 타향에 가서 돈벌이함. working in strange place 하[자]
출가-계(出家戒)[명] 〈불교〉출가한 중이 지켜야 할 계(戒). 십계(十戒)·육법계(六法戒)·구족계(具足戒) 등이 있음.
출가 구계(出家具戒)[명] 〈불교〉중이 되어 계행(戒行)의 공덕을 닦게 구유(具有)함. 하[자]
출가 득도(出家得度)[명] 〈불교〉출가하여 도첩(度牒)을 받고 중이 됨. 승격에 오름. 하[자]
출가 어업(出稼漁業)[명] 계절을 따라서 일하러 나가는 어업. sailing out fishing
출가 외:인(出嫁外人)[명] 시집간 딸은 남과 다름이 없다는 뜻. married daughter is no better than a stranger [이 됨. entering priesthood 하[자]
출가 위승(出家爲僧)[명] 〈불교〉속가(俗家)를 떠나 중
출가 취:락(出嫁聚落)[명] 〈지리〉계절적 출가 때문에 이루어지는 임시적 촌락.
출각(出脚)[명] 두 번째 벼슬길에 나아감. 하[자]
출간(出刊)[명] 〈동〉출판(出版). 하[타]
출감(出監)[명] 감옥에서 나옴. 출옥(出獄). 출뢰(出牢). 출소(出所). 《대》입옥(入獄). 투옥(投獄). discharge from prison 하[자]
출강(出講)[명] 강의에 나아감. 《대》휴강(休講). lecture
출강(出疆)[명] 왕명에 의하여 외국에 사신으로 감. 하[자]
출거(出去)[명] 떠나감. leaving 하[자]
출격(出擊)[명] 적을 치러 떠나감. sally 하[자][타]
출결(出缺)[명] ①〈약〉→출결석(出缺席). ②〈약〉→출결근(出缺勤).
출결=근(出缺勤)[명] 출근과 결근. 《약》출결(出缺)②.
출결=석(出缺席)[명] 출석과 결석. 《약》출결(出缺)①. [the capital 하[자]
출경(出京)[명] 서울을 떠남. 《대》입경(入京). leaving
출경(出境)[명] 그 곳의 지경(地境)을 넘어서 다른 곳으로 나감. leaving a district 하[자]
출경-당하-다(出境當─)[자] 〈제도〉악정(惡政)을 한 관원이 백성들에게 쫓기어 지경 밖으로 나가게 되다.
출경-시키-다(出境─)[타] 〈제도〉악정(惡政)을 한 관원을 백성들이 짚우리에 태워서 지경 밖으로 쫓아내다.
출계(出系)[명] 양자(養子)가 되어 다른 집의 대를 이음. ¶둘째 아들을 삼촌댁에 ~시키다. being adopted into another family 하[자]
출고(出庫)[명] 무엇을 창고에서 꺼냄. 《대》입고(入庫). taking goods out of a warehouse 하[타]
출고-량(出庫量)[명] 출고한 물품의 양. 《대》입고량(入庫量).
출고=증(出庫證)[명] 출고하는 것을 증명하는 증
출관(出棺)[명] 출상(出喪)하기 위하여 관을 집 밖으로 내감. 출구(出柩)①. carrying a coffin out of the home 하[자]①. 버림. excommunication 하[타]
출교(黜敎)[명] 〈종교〉교인을 교적(敎籍)에서 삭제하
출구(出口)[명] ①나가는 곳. 《대》입구. exit ②상품을 항구 밖으로 내어 감. ¶~세(稅). clearance
출구(出柩)[명] ①〈동〉출관(出棺). ②이장(移葬) 때에 무덤에서 관을 꺼냄. taking a coffin out of the grave 하[자]
출구 통로(出口通路)[명] 플랫폼이나 회장에서, 밖으로 나갈 수 있어야 간아답 수 있는 통로.
출국(出國)[명] 그 나라를 떠나 외국으로 감. leave the
출군(出群)[명] 〈동〉출중(出衆). 하[형]. country 하[자]
출궁(出宮)[명] 대궐의 문밖으로 거가(車駕)가 나감. Emperor's going out of the palace 하[자]
출근(出勤)[명] 일터로 근무하러 나감. 《대》결근(缺勤). 퇴근(退勤). attendance 하[자]
출근-부(出勤簿)[명] 출근한 상황을 적는 장부. attendance book [金]. payment 하[자]
출금(出金)[명] 돈을 내어 씀. 또, 그 돈. 《대》입금(入
출급(出給)[명] 내어 줌. supply 하[타]
출납(出納)[명] 내어 주고 받아들임. ¶~품(品). receipts and payments ②금전 또는 물품의 수입과 지출. entering priesthood
출납 검:사(出納檢査)[명] 회계 검사 기관, 특히 감사원에서 현금 출납을 맡은 기관에 대해 하는 회계 검사. [그 사람.
출납-계(出納係)[명] 출납의 사무를 담당하는 계. 또,
출납 공무원(出納公務員)[명] 현금 및 물품의 출납과

보관을 장리(掌理)하는 공무원.

출납-구[-口](出納口)[명] 출납하기 위해 만들어 놓은 조그마한 구멍이나 창.

출납-부(出納簿)[명] 출납을 적는 장부. account book

출당[-땅](黜黨)[명] 당(黨)에서 내쫓음. dismiss from a party 하다

출동[-똥](出動)[명] 나아감. 또는 나아가서 행동함. marching 하다

출두[-뚜](出痘)[명] 두창의 반점이 내돋음. 하다

출두[-뚜](出頭)[명] ①(약)→어사 출두(御使出頭). ②어떤 곳에 자신이 나감. appearance 하다

출두-천[-뚜-](出頭天)[명] 한자인 '天'자의 머리를 내밀면 '夫'자가 되므로 불량배들이 아내에게 대하여 그 남편을 가리킬 때에 쓰는 결말.

출du(出-)[명](제도)(속) 출두(出頭)①. present one-

출람(出藍)[명](약)→청출어람(青出於藍). self 하다

출래(出來)[명] ①안에서 밖으로 나옴. coming out ②인물·물건 따위가 세상에 나옴. occurrence 하다

출렁[명] ①액체가 큰 물결을 이루며 흔들리는 소리. splash ②가슴이 몹시 설레는 모양. ¶가슴이 ~ 내려앉다. throbbing 하다

출렁-거리-다[자] 깊은 곳에 담긴 물이 소리가 나도록 계속하여 큰 움직임이 일다. [작] 촐랑거리다. waves ripple 출렁-출렁[부]

출령-쇠[명] 뒤쇠. 스프링.

출력(出力)[명] ①돈을 내어 사업을 도움. ②(물리) 일을 할 수 있는 전기적 또는 기계적인 힘의 양(量). generating power

출력 장치(出力裝置)[명] 전자 계산기를 구성하는 부분의 하나. 외부에 정보를 보내기 위한 장치.

출렴(出斂)[명](원)→추렴.

출렵(出獵)[명] 수렵하러 나감. 하다

출령(出令)[명] 명령을 내림. issuing an order 하다

출로(出路)[명] 나올 길. 탈출할 길. ¶~가 막히다.

출뢰(出牢)[명] 출감(出監). [준] 하다

출루(出壘)[명](체육) 야구에서, 타자가 누(壘)로 나감. 하다

출류(出類)[명] 같은 무리 가운데에서 뛰어남. eminence 하다 (약) 출췌(出萃).

출류 발췌(出類拔萃)[명] 평범한 종류에서 훨씬 뛰어남.

출마(出馬)[명] ①말을 타고 나감. going out on horseback ②피선거권을 가진 사람이 선거에 입후보함. running for 하다

출마-자(出馬者)[명] 출마한 사람. 입후보할 사람.

출막(出幕)[명] 전염병에 걸린 사람을 따로 막을 쳐서 격리(隔離)시킴. quarantine 하다 an end

출말(出末)[명] 일의 끝이 남. 출초(出梢). coming to

출말-나-다(出末-)[자] 끝장이 나다. come to an end

출면(黜免)[명] 관직을 그만두게 함. discharge 하다

출 못-하-다(出-)[여불] 몸이 몹시 쇠약하여져 몸을 가눌 기운이 없다. be very weak

출모(出母·黜母)[명] 아버지에게 쫓기어 나간 어머니. 아버지와 생이별한 어머니. one's divorced mother

출몰(出沒)[명] 나타났다 숨었다 함. appearance and disappearance 하다

출몰 경향(出沒京鄉)[명] 서울과 시골로 왔다갔다 함.

출몰 귀관(出沒鬼關)[명] ①귀관을 드나듦. 죽었다 살았다 함. ②죽을 지경을 당함.

출몰 무쌍(出沒無雙)[명] 나타났다 숨었다 하는 것이 비길 데 없을 만큼 심함. 하다

출무룩-하-다[형] ①위아래가 굵지도 가늘지도 않고 비슷하다. smooth ②물건의 대가리가 일매지게 가지런하다. 금액. payment

출문(出文)[명] 장부(帳簿)에 기입된 액수에서 지급한 돈.

출문(出門)[명] ①나가는 문. exit ②문 밖으로 나감. going out of a gate 하다 outlay

출물(出物)[명] 무슨 일을 하는 데 내어 놓은 재물.

출물-꾼(出物-)[명] 회비·잡비 등을 혼자 부담하는 사람.

출반(出班)[명] 출반주(出班奏). [람]. financier

출반-주(出班奏)[명] ①많은 사람이 모인 자리에서 맨 처음으로 말을 꺼냄. ②많은 신하 가운데서 유독 혼자서 임금에게 나아가 말을 함. (약) 출반(出班). 하다

출발(出發)[명] ①길을 떠나감. departure ②일을 시작함. 발족(發足)①. ③(체육) 경주할 때에 출발점을 떠나감. 발정(發程). (대) 귀착(歸着). 도착(到着). 하다

출발-선[-썬](出發線)[명](체육) 출발점으로 쓰이던 선. starting line

출발 신-호(出發信號)[명] 출발하라는 신호. starting signal

출발-점[-쩜](出發點)[명] ①어느 곳으로 갈 때 처음 떠나는 곳. ②일을 시작하는 기점(基點). starting point ③(체육) 경주할 때에 다 같이 출발하도록 정하여진 곳.

출번(出番)[명] ①번이 들어서 자고 나옴. ¶어제 ~한 사람은 누구냐? going off duty ②갈마드는 번의 나가는 차례. ¶오늘은 나의 ~이 아니다. one's turn to be on duty 하다

출범(出帆)[명] ①배가 돛을 달고 떠나감. sailing ②배가 떠남. departure 하다

출병(出兵)[명](군사) 군사를 전장(戰場)으로 내어보냄. 출사(出師). (대) 철병(撤兵). dispatch of troops

출부(出付)[명] 굴월 따위를 띄워 보냄. 하다

출부(出府)[명](동) 상경(上京)¹. 하다

출분(出奔)[명] 집에서 도망하여 달아남. abscondence

출비(出費)[명] 비용을 냄. 또, 그 비용. ¶이번 달에는 ~를 줄이다. outlay 하다

출빈(出殯)[명] 장례를 하기 전에 집 밖에 마련한 빈소로 시체를 옮김. 하다 attendance 하다

출사[-싸](出仕)[명] 벼슬을 하여 처음으로 출근함.

출사[-싸](出使)[명](제도) ①관리가 지방으로 출장함. ②포교(捕校)가 도둑을 잡으라는 명령을 받고 먼 곳으로 출장함. 하다

출사[-싸](出師)[명](동) 출병(出兵). 하다

출사-표[-싸-](出師表)[명](군사) 출병(出兵)할 때에 그 뜻을 적어서 임금에게 올리는 글.

출산[-싼](出山)[명] ①산에서 나옴. 은자(隱者)가 세상에 나와 관직에 오름. (대) 입산(入山). ②(불교) 산사(山寺)를 나옴. 하다

출산[-싼](出産)[명](동) 출생(出生)①. 하다

출산 휴-가[-싼-](出産休暇)[명] 근로 여성의 아이를 낳기 위한 휴가. (약) 산휴.

출상[-쌍](出喪)[명] 상가(喪家)에서 상여가 떠남. 하다

출생[-쌩](出生)[명] ①세상에 태어남. 출산. 사망(死亡). (공) 탄생. birth ②(동) 생산(生産)①. 하다 ¶1년간에 출생하는 비율. birth rate

출생-률[-쌩-](出生率)[명] 인구 1,000명에 대하여

출생 신고[-쌩-](出生申告)[명](법률) 사람이 출생하였음을 관청에 제출하여 알림. 출생 14일 이내에 출생지 또는 본적지의 시·읍·면에 신고함. (대) 사망 신고. birth register 하다

출생-지[-쌩-](出生地)[명] 세상에 태어난 그 땅. birth place

출생지-주의[-쌩-](出生地主義)[명](법률) 출생지의 국적을 얻게 하는 주의. 생지주의(生地主義). territorial principle

출석[-썩](出席)[명] ①자리에 나감. attendance ②모임에 나감. ¶~수(數). (대) 결석. 하다

출석 명-령[-썩-](出席命令)[명](법률) 법원이 필요시, 피고인에 대해서 지정 장소에 출석을 명하는 일.

출석-부[-썩-](出席簿)[명] 출석을 적는 장부. attendance book

출석-생[-썩-](出席生)[명] 출석한 학생. students present of a castle 하다

출성[-썽](出城)[명] 성(城) 바깥으로 나감. going out

출세[-쎄](出世)[명] ①숨어 살던 사람이 세상에 나옴. coming out of hide ②좋은 자리에 올라 잘됨. success in life ③(불교) 번뇌를 떠나서 불도(佛道)로 들어감. ④(불교) 중생을 제도(濟度)하기 위하여 속세로 나옴. 하다

출세[-세](出稅)[명] 세금을 냄. payment of a tax 하다
출-세간[-세-](出世間)[명] ①속세와 관계를 끊음. leading a secluded life ②〈불교〉 피로움을 버리고 무위 적멸(無爲寂滅)로 들어감. 《대》세간(世間)②. 속세간(俗世間)
출세-도(出世間道)〈불교〉티끌 세상을 버리는 보리(菩提)의 도(道).
출세-급[-세-](出世給)[명] 출세한 뒤에 지급한다는 취지의 부문(付款)을 붙인 채무.
출세-작[-세-](出世作)[명] 세상에 널리 알려져서 예술에의 지위를 얻게 된 작품. one's first big work
출소[-쏘](出所)[명]〈동〉출감(出監). 하다
출소[-쏘](出訴)[명] 송사(訟事)를 일으킴. instituting 하다
출송(出送)[명] 밖으로 내보냄. sending out 하다
출수[-쑤](出售)[명] 물건을 팔기 시작함. 하다
출수[-쑤](出穗)[명]〈동〉발수(發穗). 하다
출신(出身)[명] ①어느 직업이나 학업을 겪고 나온 신분. ¶대학 ~. graduate ②〈제도〉 무과(武科)에 급제는 하고 벼슬길에 나오지 못한 사람. ③처음으로 관리가 됨. 처음으로 벼슬길에 오름. joining the government service
출썩-거리-다[자타] ①주책없이 경망을 부리다. frisk ②들쑤셔서 들먹거리게 하다. 주썩거리다②. 《작》출싹거리다. stir up 출썩=출썩[부]
출아(出芽)[명]〈식물〉①싹이 틈. 또, 그 싹. budding ②출아법(出芽法)에 의하여 번식시킴. gemmation 하다
출아-법[-뻡](出芽法)[명]〈식물〉무성 생식법의 하나. 모체의 위에 있는 작은 싹이 이룸. 작은 돌기가 생기어 모체를 떠나 한 개체를 이룸. gemmation
출-애급(出埃及)[명]〈기독〉이스라엘족이 노예 생활에서 빚어나 애급에서 해방되어 나오던 일. Exodus
출애급-기(出埃及記)[명]〈기독〉모세가 이스라엘족을 애급에서 이끌고 나오는 구약 성서의 기록. Exodus
출어(出御)[명]〈제도〉임금이 내전(內殿)에서 외전(外殿)으로 나옴. 하다
출어(出漁)[명] 물고기를 잡으러 바다로 나감. going out fishing 하다
출역(出役)[명] 역사(役事)에 동원되어 나감. 하다
출연(出捐)[명] 금품(金品)을 내어 원조함. contribution 하다
출연(出演)[명] 연설·강연·음악·연극 등을 나서서 함. appearance on the stage 하다
출영(出迎)[명] 마중 나감. 나가서 맞음. coming to meet 하다
출옥(出獄)[명]〈동〉출감(出監). 하다
출원(出願)[명] 원서를 내놓음. ¶~ 마감일. application
출유(出遊)[명] 다른 곳에 가서 놂. 하다
출입(出入)[명] ①나감과 들어옴. 드나드는 일. coming in and out ②잠깐 다녀올 셈으로 집 밖으로 나감. 나들이. going out for a visit 하다
출입-구(出入口)[명] 드나드는 어귀. entrance
출입국 관리(出入國管理)[명] 국내외인의 출국 및 입국에 관해 관리하는 일. immigration control
출입-금(出入金)[명] 출금과 입금.
출입-금지(出入禁止)[명] 출입을 금함. 드나들지 못함. ②〈법률〉 가처분(假處分) 명령에 의하여 주거(住居)·건물·토지 등 일정한 계쟁물(係爭物)에 대하여 출입하는 것을 금지함. 하다 [는 옷. 나들이옷.
출입-복(出入服)/출입-옷(出入-)[명] 나들이할 때 입
출입-패(出入牌)[명] 나들 때 가지는 패.
출자[-짜](出資)[명] ①자금을 냄. investment ②〈경제〉법인·조합 등의 공동 사업에 자본을 냄. contribution 하다 [invested
출자-금[-짜-](出資金)[명] 자금으로 낸 돈. money
출장[-짱](出張)[명] 직무를 띠고 어느 곳으로 나감. official trip 하다
출장[-짱](出場)[명] ①그 자리에 나감. appearance ②운동 경기 등에 참가함. 《대》퇴장(退場). participation 하다 [는 곳. branch office
출장-소[-짱-](出張所)[명] 출장하여 사무를 처리하
출장-원[-짱-](出張員)[명] 출장 임무를 띠고 나가는 사람. person dispatched on business
출전[-쩐](出典)[명] 고사(故事)·숙어(熟語)·인용 문구 등의 출처(出處)가 되는 책. source
출전[-쩐](出戰)[명] ①싸우러 나감. departure for the front ②시합·경기를 하러 나감. participation 하다 [廷). appearance in court 하다
출정[-쩡](出廷)[명]〈법률〉법정에 나감.《대》퇴정(退
출정[-쩡](出征)[명] 군에 참가하여 싸움터로 나감. departure for the front
출정[-쩡](出定)[명]〈불교〉선정(禪定)으로부터 나옴. 《대》입정(入定). 하다 [front in the field
출정-군[-쩡-](出征軍)[명] 출정하는 군대. army at the
출정 군인[-쩡-](出征軍人)[명] 출정하는 군인. soldier at the front
출제[-쩨](出題)[명] 문제나 제목을 냄. giving a 하다 [condence 하다
출주[-쭈](出主)[명] 제사 때 신주(神主)를 모셔 냄.
출주[-쭈](出走)[명] 있던 곳을 떠나서 달아남. absence 하다
출주[-쭈](出駐)[명] 군대가 군영을 떠나가서 머뭄. stationing 하다 [축문.
출주-축(-主祝)[명] 신주를 모셔 낼 때 읽는
출중(出衆)[명] 뭇사람 속에서 뛰어남. 출군(出群). ¶~한 사람을 가려 뽑다. preeminence 하다
출중-나다[-쭝-](出衆-)[명] 남보다 뛰어나다. be preeminent 하다
출진[-찐](出陣)[명] 싸움터로 나아감. going to war
출진[-찐](出塵)[명]〈불교〉①속세(俗世)를 벗어남. ②번뇌의 먼지와 때를 벗어남. 중이 됨. 하다
출차(出差)[명]〈천문〉달이 해의 영향으로 인하여 그 궤도 운행의 속도가 주기적으로 달라지는 일. evection
출찰(出札)[명] 표를 냄. 또, 팖. ticket issue 하다
출찰-구(出札口)[명] 표를 내거나 파는 창구. booking
출채(出債)[명] 빚을 냄. raising a loan 하다 [office
출처(出妻·黜妻)[명] ①인연을 끊어버린 아내. one's divorced wife ②아내를 내쫓음. divorce 하다
출처(出處)[명] ①사물이 나온 근거. ¶돈의 ~를 조사하다. source ②세상에 나서는 것과 집에 들어 있는 것. going out and staying at home
출척(怵惕)[명] 두려워서 조심함. 하다
출척(黜陟)[명] 못된 사람을 쫓고, 착한 사람을 씀. ousting a bad official for better one 하다
출천지-효(出天之孝)[명] 천성으로 타고난 효도. 지극한 효성.
출초(出草)[명]①〈건축〉화반 촛가지에 용두(龍頭) 같은 것을 그림. ②〈동〉기초(起草). 하다
출초(出梢)[명]〈상〉출말(出末). 하다
출초(出超)[명]〈경제〉수입(輸入)보다 수출(輸出)이 많음. 《대》입초(入超). excess of exports 하다
출ː출(-)[명] 액체가 많이 넘치는 모양. 《작》출촐. overflowing [때가 되니 ~. 《작》출출하다. hungry
출ː출-하-다[형]①〈동〉조금 시장한 기운이 있다. ②점심
출타(出他)[명] 다른 지방에 나감. going out a visit ②〈동〉외출. 하다 [생산함. 하다
출탄(出炭)[명] 석탄을 파냄. 석탄이 나옴. 《동》출탄.
출토(出土)[명] 땅 속의 물건이 저절로 밖으로 들쳐 나오거나 또는 파내서 나옴. unearthing 하다
출토-품(出土品)[명] 고분(古墳)·능묘(陵墓) 따위에서 발굴되어 나온 고대의 유물(遺物). excavation
출통(出筒)[명] 통계(筒計)를 흔들어 제알을 뽑음. 하다
출-투자(出投資)[명]〈경제〉출자와 투자.
출판(出判)[명] ①판정이 남. settlement ②재산을 탕진하여 아주 끝판이 남. bankruptcy 하다
출판(出版)[명] 책·그림 따위를 인쇄하여 세상에 내놓음. 출간(出刊). ¶~업(業). publication 하다

출판권[-權](出版權)⑨ ①저작물을 복제하여, 발매·반포(頒布)할 수 있는 배타적인 재산권. ②저작권자가 출판자에게 설정하는 권리로서, 저작물을 문서나 도화 등으로 복제하여 이를 반포할 수 있는 배타적 권리. 《약》판권(版權). right of publication

출판 기념회(出版記念會)⑨ 저작물을 출판하였을 때에 친구 또는 친지들이 축하하는 뜻으로 모이는 모임. party in celebration of the publication

출판물(出版物)⑨ 판매·반포할 목적으로 인쇄한 책이나 그림. publications

출판사(出版社)⑨ 출판을 영업 내용으로 하는 회사.

출패(出牌)⑨ 지방의 불량한 무리가 못된 일을 계획할 때에 외방에 나가서 계획을 꾸미는 사람. 《대》좌패(坐牌).

출포(出捕)⑨ 죄인을 자기 관할 구역 밖에까지 좇아가서 잡음. ㅡ하다

출포(出浦)⑨ 곡식이나 그 밖의 하물을 배에 실으려고 포구(浦口)로 내놓음. ㅡ하다

출품(出品)⑨ 진열하는 곳이나 전람회 등에 물건을 내놓음. 또, 그 물건. exhibition ㅡ하다ㅡ타

출하(出荷)⑨ 짐을 내보냄. shipment ②상품을 시장으로 내보냄. 적출(積出). 《대》입하(入荷). ㅡ하다

출학(黜學)⑨〈교육〉규칙을 위반한 학생을 학교에서 내쫓음. 방교(放校). expulsion from school ㅡ하다

출한(出汗)⑨ 땀이 남. perspiration ㅡ하다

출항(出航)⑨ 선박이나 항공기가 출발함. sailing off, take-off ㅡ하다

출항(出港)⑨ 배가 항구를 떠나감. 발선(發船). 발항(發港). 《유》출범(出帆). 《대》입항(入港). 착항(着港). 착선(着船). departure ㅡ하다

출항세(出港稅)⑨ 식민지로부터 본국 또는 타 식민지로 이출(移出)하는 화물에 대하여 부과된 식민지세(植民地稅).

출해(出海)⑨ 바다 가운데로 나감. 해외로 나감. ㅡ하다

출행(出行)⑨ ①나가서 다님. ②먼 길을 떠남. departure ㅡ하다 [one's native place

출향(出鄕)⑨ 고향을 떠나감. 《대》귀향(歸鄕). leaving

출현(出現)⑨ ①나타남. 나타나 보임. appearance ②〈천주〉천체가 다시 드러남. emersion ㅡ하다

출혈(出血)⑨ ①〈생리〉피가 혈관 밖으로 나옴. bleeding ②결손(缺損). 손상(損傷). 희생. loss ③전투로 인해 생기는 인원의 손상. ¶다소의 ~이 있더라도 힘껏 싸우라. ㅡ하다

출혈 경ː쟁(出血競爭)⑨ 결손(缺損)을 무릅쓰고 하는 경쟁. cutthroat competition

출혈 보ː상 링크(出血補償 link)⑨〈경제〉수출입 링크제(制)의 하나. 어느 정도의 손실을 수반하는 상품의 수출에 대하여 그 출혈을 보전하기 위하여 특수 물자의 수입권을 주는 제도.

출혈 수출(出血輸出)⑨ 장래의 이익을 기대해서 당장 채산이 맞지 않는 주문을 맡아 수출하는 일. below-cost export ㅡ하다 [fire ㅡ하다

출화(出火)⑨ 화재가 남. 《대》소화(消火). starting

출화(出貨)⑨ 화물(貨物)을 내보냄. ㅡ하다

출회(出廻)⑨ 물품이 시장에 나옴. ¶시장에 채소의 ~가 너무 많다. movement ㅡ하다

출회(秫灰)⑨ 차조의 짚을 불에 태운 재. 관(棺)의 밑에 까는 데 씀.

출회(黜會)⑨ 모임이나 단체에서 제명함. expulsion from membership ㅡ하다

춤⑨ 손짓·발짓을 하며 율동적으로 뛰노는 예술적 행동. 무용(舞踊). dancing

춤⑨ 물건의 운두나 높이. ¶접시~이 높다. height

춤[ː]⑨《약》ㅡ허리춤.

춤[의]⑨ 한 손으로 쥘 만한 분량. ¶모 한 ~. handful ·**춤**⁵[고] 침.

춤-가락⑨ 춤을 이루는 몸과 팔다리의 갖가지 동작.

춤-꾼⑨ ①춤을 추는 사람. ②이곳저곳 돌아다니며 춤추던 일을 업으로 삼던 사람.

춤-사위⑨〈민속〉민속춤을 출 때, 손이나 발 등의 일정한 동작.

춤-자이⑨〈제도〉신라 때 춤을 추던 구실아치.

춤추ː-다孩 ①손짓·몸짓을 하여 우쭐거리면서 율동적으로 뛰놀다. dance ②남의 말을 좇아 주견 없이 앞에 나서서 날뛰다. [cold

춤ː-다[ㅂ] 기온이 내려 찬 기운이 있다. 《대》덥다.

충⑨《약》→충항아리.

충(衝)⑨〈천문〉혹성이 지구에 대하여 태양과 정반대의 위치에 온 시각. 또, 그 상태. 《대》합(合).

충(蟲)⑨ ①벌레. ②《약》→회충(蛔蟲). [opposition

충간(忠奸)⑨ 충성스러운 마음. ¶ ~ 을 다함. 충담(忠膽). loyalty ②진정으로 임금을 섬기는 마음.

충간(忠諫)⑨ 충성스러운 마음으로 윗사람의 잘못을 간(諫)함. loyal remonstrance ㅡ하다

충간(衷懇)⑨ 충심으로 간청함. entreaty ㅡ하다

충격(衝激)⑨ 서로 심하게 대질려 부딪침. violent collision ㅡ하다

충격(衝擊)⑨ ①서로 맞부딪쳐서 몹시 침. impingement ②마음에 심한 자극을 받는 일. shock ③물체에 대해 급격히 가해지는 힘.

충격-력(衝擊力)⑨〈물리〉타격·충돌 따위의 경우에 일어나는 물체간의 상당히 큰 접촉력. impulsive force

충격 요법[-뇨뻡](衝擊療法)⑨〈의학〉생명에 위험이 있는 범위 안에서 최대한의 자극을 급격히 주어 치료하는 방법. shock therapy

충격-파(衝擊波)⑨〈물리〉공기 등의 기체 속을 음속 이상의 속도로 전도(傳導)되는 강력한 압력 변화. 폭발이나 음속 이상의 속도로 탄화이나 항공기가 나는 경우 등에 생기는 압력 변화. shock wave

충견(忠犬)⑨ 충직(忠直)한 개. faithful dog

충경(忠敬)⑨ 공경스러운 마음으로 임금을 섬김. loyalty ㅡ하다

충계(忠計)⑨ 진심으로 꾸민 계획. loyal plan

충고(忠告)⑨ 남의 잘못을 숨기거나 꾸밈이 없이 타이름. 충언(忠言)⑧. advice ㅡ하다ㅡ타

충곡(衷曲)⑨〈동〉심곡(心曲).

충군(忠君)⑨ 임금에게 충성을 다함. loyalty ㅡ하다

충군 애ː국(忠君愛國)⑨ 임금에게 충성을 다하고 나라를 사랑함. 《약》충애(忠愛)③. ㅡ하다

충근(忠勤)⑨ ①충성스럽고 근실함. loyalty ②성실하게 근무함. faithful service ㅡ하다

충나-다(蟲ㅡ)孩 곡물이나 화초 따위에 벌레가 생기다. get infested with vermin [full ㅡ하다

충납(充納)⑨ 부족한 것을 채워서 바침. payment in

충년(沖年)⑨ 열 살 안팎의 어린 나이. young age

충노(忠奴)⑨〈동〉충복(忠僕).

충담(沖澹)⑦ 성질이 결백함. ㅡ하다

충당(充當)⑨ 모자라는 것을 채움. ¶용돈을 학비에 ~하다. appropriation ㅡ하다

충돌(衝突)⑨ ①서로 부딪침. ¶정면 ~. collision ②서로 의견이 맞지 않음. ¶의견 ~. conflict ㅡ하다

충동(衝動)⑨ ①들쑤셔 움직여 일으킴. instigation ②〈심리〉목적을 의식하지 않고 일어나는 마음의 활동. ¶순간적 ~. impulse ㅡ하다

충동-적(衝動的)관형 ①충동을 일으키는(것). ②충동을 받아 하는(것). impulsive

충동-질(衝動ㅡ)⑨ 충동하는 짓. ㅡ하다

충량(忠良)⑦ 충실하고 선량함. loyal and good ㅡ하다

충력(忠力)⑨ 충심으로 바치는 힘. work with sincerity

충렬(忠烈)⑨ ①절개와 의리를 세워서 충성을 다함. loyal and true ②충의(忠義)스러운 마음이 두텁고 강함. unswerving loyalty ㅡ하다

충렬-사[ㅡ싸](忠烈祠)⑨ 충성을 다하여 의(義)와 절개를 지킨 사람의 영(靈)을 모신 사당. shrine to the loyal dead [dead

충령(忠靈)⑨ 충의를 위하여 목숨을 바친 영령. loyal

충류(蟲類)[명] 벌레의 종류. worms
충만(充滿)[명] 가득하게 참. repletion 하[자] 히[피]
충매-화(蟲媒花)[명] 《식물》곤충의 매개로 말미암아 다른 꽃의 화분을 받아서 생식 작용을 하는 꽃. entromophilous flower
충모(忠謀)[명] 충성스러운 꾀. loyal plan
충모(衝冒)[명] 어려움을 무릅쓰고 달려듦. 하[자]
충목-장(衝目之杖)[명] 눈을 찌를 막대기라는 뜻으로 남에게 해를 끼치는 고약한 마음을 이르는 말.
충복(充腹)[명] 아무런 음식으로나 고픈 배를 채움. filling up one's stomach 하[자]
충복(忠僕)[명] 주인을 정성스럽게 섬기는 종. 충노(忠奴). faithful servant
충-복통(蟲腹痛)[명]《동》거위배.
충분(充分)[명] 분량에 맞아서 모자람이 없음. 넉넉함. sufficiency 하[영] 히[피]
충분(忠憤)[명] 임금에게 충성을 다하려는 마음에서 우러나는 분개심. indignation out of loyalty
충분(忠奮)[명] 충의를 위하여 마음이 분발함. 하[자]
충분 조건[-껀](充分條件)[명]《논리》A라는 일이 성립되면 반드시 B라는 일도 성립될 때, 그 B에 대한 A의 일을 말함. A에 대한 B를 '필요 조건'이라 함. [preparation 하[자]
충비(充備)[명] 넉넉히 준비함. 풍비(豊備). enough
충비(忠婢)[명] 충성스러운 여자 종. faithful woman servant [다. quiver in flight
충-빠지-다〈체육〉화살이 중심을 잃고 멀게 나가
충사(忠士)[명] ①충성스러운 사람. faithful person ②충의(忠義)의 무사(武士). faithful warrior
충사(忠死)[명] 충의를 위하여 죽음. loyal death 하[자]
충사(忠邪)[명] 충성됨과 간사함. loyalty and wickedness [being filled up 하[자]
충색(充塞)[명] 가득 차서 막힘. 또, 가득 차서 막음.
충심(忠心)[명] 충실하고 동정심이 많음. sincerity and
충서(蟲書)[명]《약》→조충서(鳥蟲書). [sympathy
충성(忠誠)[명] 마음에서 우러나는 정성. 성충(誠忠). [대] 불충(不忠). loyalty 하[자] 스[형] 스레[피]
충성(蟲聲)[명] 벌레의 우는 소리. singing of insects
충성-심(忠誠心)[명] 충성스러운 마음. loyal heart
충손(蟲損)[명] 해충으로 인하여 농작물이 손해를 입음.
충수(充數)[명] 미리 정하여 놓은 수효를 채움. filling up the number 하[자]
충수(蟲垂)[명]〈생리〉맹장(盲腸)의 아래 끝에 붙어 있는 굵은 소돌기(小突起). 충양 돌기(蟲樣突起).
충수(蟲垂炎)[명] [람. dummy
vermiform appendix
충수-꾼(充數-)[명] 수채임밖에 안 되는 쓸모 없는 사
충수-염(蟲垂炎)[명]《의학》충양 돌기(蟲樣突起)에 생기는 염증. 통속적으로 냉깅녑이라 함. [하[영] 히[피]
충순(忠純)[명] 마음에 잡심이 없고 참됨. talthfulness
충순(忠順)[명] 충직하고 온순함. allegiance 하[자]
충신(忠臣)[명] 충성을 다하여서 섬기는 신하. loyal subject [로 거짓이 없음. sincerity
충신(忠信)[명] ①충성과 신의. faithfulness ②진실으
충신 불사 이:군[─싸─](忠臣不事二君)[명] 충의(忠義)로운 신하는 두 임금을 섬기지 않음.
충실(充實)[명] ①속이 올차서 단단하며 여묾. substantiality ②몸이 굳세고 튼튼함. healthfulness ③원만하고 성실함. faithfulness 하[영] 히[피]
충실(忠實)[명] 충직하고 성실함. faithfulness 하[영] 히[피]
충실(蟲室)[명]〈동물〉외항류(外肛類)의 개체를 보호하는 석회질·각소질(角素質)·우모질로 된 벌레집.
충심(忠心)[명] 충성스러운 마음. loyalty
충심(衷心)[명] 속에서 우러나는 참된 마음. 충관(衷款). 성성(誠意), 충성(衷情)②. ¶ 승진을 ~으로 축하한다. one's true heart
충애(忠愛)[명] ①충성과 사랑. loyalty and love ②충성스럽게 사랑함. loyal love ③《약》→충군 애국(忠君愛國). 하[자]

충액(充額)[명] 정한 액수를 채움. filling up the amount 하[자]
충양 돌기(蟲樣突起)[명] 충수(蟲垂). 「의 구칭.
충양 돌기-염(蟲樣突起炎)[명]《의학》'충수염(蟲垂炎)'
충-어(蟲魚)[명] 벌레와 물고기. insects and fish
충언(忠言)[명] ①진심으로 하는 말. sincere words ②바르게 타이르는 말. kind advice ③《동》충고(忠告). 하[자] [刺激.
충언 역이(忠言逆耳)[명] 충직한 말은 귀에 거슬려 불
충=역(忠逆)[명] 충의(忠義)와 반역(叛逆). loyalty and treachery
충연(衝然)[명] 높이 솟은 모양. loftiness 하[영] 히[피]
충연(衝椽)[명]《동》추녀.
충영(蟲癭)[명]〈식물〉곤충의 기생으로 이상 발육(異常發育)하여 혹처럼 된 식물체. 오배자벌레 따위의 집. [desire 하[자]
충욕(充慾)[명] 욕심을 채움. gratification of one's
충용(充用)[명] 충당하여 씀. ¶~기호(記號). appropriation 하[자] [하[영]
충용(忠勇)[명] 충성스럽고 용맹함. loyalty and courage
충우(忠友)[명] ①진심으로 사귄 벗. faithful friend ②친절한 벗. kind friend [replacement 하[자]
충원(充員)[명] 부족한 인원을 채움. [대] 결원(缺員).
충원 소집(充員召集)[명]〈군대〉전시·사변 또는 동원 (動員)이 선포된 경우에, 부대 편성이나 작전 수요 (需要)를 위하여 행하는 소집. general call-up
충원 지시(充元指示)[명]〈군대〉부족되는 병원(兵員)을 보충시키기 위한 지시.
충의(忠義)[명] ①충성과 절의(節義). [대] 불충(不忠). loyalty ②《제도》공신(功臣)의 자손으로서 충의위(忠義衛)에 소속된 사람. [메움. 하[자]
충이(充耳)[명] 염습(殮襲)할 때에 송장의 귀에 솜을
충이-다 섬 따위에 곡식을 담을 때 좌우로 흔들거나 까불러서 곡식이 많이 들게 하다. ¶ 볏섬을 ~. shake
충일(充溢)[명] 꽉 차서 넘침. exuberance 하[자]
충입(衝入)[명] 대질러서 뚫고 들어감. 하[자]
충장(充腸)[명] 가득 차서 썩썩함. 하[자]
충재(蟲災)[명] 해충으로 인하여 생기는 농작물의 재앙. damage from insects [하[자]
충적(充積)[명] 가득하게 쌓음. piling up to the full
충적(沖寂)[명] 마음이 공허하고 고요함. serenity 하[영]
충적(沖積)[명] 흐르는 물에 의하여 쌓임. alluvial 하[자]
충적(充積)[명]〈한의〉음식이 위 속에서 잘 삭지 않아 마치 벌레가 뭉친 것같이 감각되는 병.
충적-기(沖積期)[명]《동》충적세(沖積世).
충적-물(沖積物)[명]〈지리〉유수에 의하여 운반되어 쌓인 진흙과 모래와 조약돌 따위. alluvium
충적-선(沖積扇)[명]《동》선상지(扇狀地).
충적-세(沖積世)[명]〈지학〉지질 시대 제 4 기 최후의 시대. 충적기(沖積期). alluvial epoch
충적-층(沖積層)[명]〈지학〉바닷가 또는 강가에 흙·모래·자갈 따위가 가라앉아서 형성된 지질학상 가장 새로운 지층. 충적통(沖積統). alluvium
충적-토(沖積土)[명]〈지리〉흙·모래가 물에 흘러 내려 쌓인 충적층의 흙. alluvial soil
충적-통(沖積統)[명]《동》충적층(沖積層).
충적 평야(沖積平野)[명]〈지리〉상류의 흙·모래 따위가 강물에 의하여 하류에서 쌓이어 된 평야. alluvial plane
충전(充電)[명]《물리》축전지나 콘덴서 등에 전기를 축적하는 일. 차지(charge)②. [대] 방전(放電). 하[자]
충전(充塡)[명] 가득 채움. 가득 참. filling up 하[자]
충전 가:상(充塡假象)[명]《광물》광물이 있던 공간에 다른 광물이 메어저서 생긴 가상.
충전 광:상(充塡鑛床)[명]《광물》암석 중의 빈 곳에 충

충전-기(充電器)［명］〈물리〉축전지의 충전에 쓰는 기구. 특히, 교류 전원을 정류하여서 충전에 적합한 직류 전압을 발생하는 장치. battery charger

충전-물(充塡物)［명］①충전하는 물질. fillers ②〈군사〉탄환이나 포탄을 채우기 위해 사용되는 폭약이나 그 밖의 재료.

충전 전:류(充電電流)［명］〈물리〉①축전지에 충전할 때 들어가는 전류. charging current ②축전지에 직류 전압을 걸어서 같은 전압이 될 때까지 흐르는 전류. charging current ③송전선의 무부하(無負荷) 상태에 흐르는 전류. no-load current

충절(忠節)［명］충성스러운 절의(節義). loyalty
충정(沖情)［명］마음이 편안하고 고요함. peace mind
충정(忠正)［명］충실하고 올바름. faithfulness 하면
충정(忠貞)［명］마음이 참되고 지조가 굳음. faithfulness 하면
충정(忠情)［명］참되고 두터운 정. true affection
충정(衷情)［명］①마음에서 우러나오는 참된 정. true affection ②[동] 충심(衷心).   하면 히면
충족(充足)［명］분량에 차서 부족함이 없음. sufficiency
충족-률(充足律)［명］[동] 충족 이유율.
충족 원리(充足原理)［명］[동] 충족 이유율(充足理由律).
충족 이:유율[—니—](充足理由律)［명］〈논리〉사유 법칙의 하나. 모든 사물의 존재 또는 모든 진리에는 그것이 존재하고 또는 진리이어야 할 충분한 이유가 있어야 한다는 원리. 라이프니츠는 모순율과 이것을 논리학의 2대 원리라 함. 충족률. 충족 원리. principle of sufficient reason

충지(忠志)［명］충성스러운 깊은 뜻. faithful mind
충질(忠質)［명］충성스럽고 곧음. faithfulness 하면 히면
충천(衝天)［명］①하늘을 찌를 듯이 높이 솟음. ¶사기(士氣) ～. rising high ②의룸거나 분한 생각이 북받쳐 오름. be in high spirits 하면
충충(忡忡)［명］몹시 근심하는 모양. anxiously 하면
충충-거리다[재］땅을 구르듯이 걸음을 급하게 걷다. 《준》 총총거리다. walk hastily ［somber **충충-히**[부]
충충-하다[형여］빛깔이 산뜻하지 못하고 흐리다.
충치(蟲齒)［명］벌레 먹은 이. 병인(病因)은 아직 알지 못하며, 세균형의 균이라고도 하며, 화학적인 해(害)라고도 함. 삭은니. 우치(齲齒). decayed tooth
충택-하다(充澤—)[형여] 몸집이 크고 살에 윤기가 있다. well-fed and glossy
충=항아리[명］이 둥근 모양으로 만든 병의 하나. 청룡(靑龍)을 그렸으며, 흔히 꽃을 꽂아 위주 갈은 데 올려 놓음. (약) 충.
충해(蟲害)［명］해충으로 입은 농사의 손해. insect pests
충현(忠賢)［명］충성스럽고 현명함. loyal and wise
충혈(充血)［명］〈의학〉피가 몸의 어느 한 곳으로 몰림. 또, 그 상태. ¶～된 눈으로 쏘아 보다. congestion   ［dead ②[약]=충혈 의해.
충혼(忠魂)［명］①충의를 위하여 죽은 사람의 넋. loyal
충혼-비(忠魂碑)［명］충의(忠義)를 위하여 세운 비. monument to the loyal dead 〔충혼②〕. loyalty
충혼-탑(忠魂塔)［명］충의를 다하여 죽은 사람의 넋을 기리기 위하여 세운 탑. tower to the loyal dead
충화(衝火)［명］일부러 불을 놓음. arson 하라타
충화-적(衝火賊)［명］남의 집에 불을 지르고 가산 집물을 훔쳐 가는 도둑.   ［one's inmost feeling
충회(衷懷)［명］마음속에서 우러나는 그윽한 회포.
충=효(忠孝)［명］충성과 효도. loyalty and filial piety
충효 겸전(忠孝兼全)［명］**충효 쌍전**(忠孝雙全)［명］**충효 양:전**(忠孝兩全)［명］충성과 효도를 모두 겸함. 하면
충=효:열(忠孝烈)［명］충신·효자·열녀의 총칭.
충후(忠厚)［명］충성스럽고 순수함. loyal and true-hearted 하면
충훈(忠勳)［명］충의를 다해 세운 훈공(勳功).

췌:객(贅客)［명］어떤 집에 장가든 사람을 그 집에 대한 연고로 따져서 하는 말.
췌:거(贅居)［명］처가에 덧붙어 삶. 처가살이. 하라
췌:관(膵管)［명］〈생리〉췌장에서 분비되는 췌액을 십이지장으로 보내는 가는 관.
췌:담(贅談)［명］[동]췌언(贅言). 하라
췌:론(贅論)［명］필요없는 군더더기 이론. pleonasm
췌:설(贅說)［명］[동]췌언(贅言).
췌:액(膵液)［명］〈생리〉췌장에서 분비되는 무색·무취의 투명한 알칼리성의 소화액. pancreatic juice
췌:언(贅言)［명］필요없는 군더더기 말. 췌담(贅談). 췌사(贅辭). superfluous words 하라
췌:육(贅肉)［명］궂은살. superfluous flesh
췌:장(膵臟)［명］〈생리〉위 및 간장(肝臟) 부근 복막(腹膜) 밖에 있는 길이 약 15 cm의 암황색의 기관(器官). 하루 500～800 cc의 췌액을 분비함. pancreas   ［물의 총칭.
취[명]〈식물〉곰취·단풍취·참취 등 '취'가 붙은 산나
취:(吹)［명］〈음악〉생(笙) 따위의 악기를 부는, 대나무로 만든 부리. 이 부리에 입김을 불어 넣어 소리를 냄.
취:가(娶嫁)［명][동] 가취(嫁娶). 하라
취:가(醉歌)［명］술이 취하여 노래를 부름. 또, 그 노래. singing in intoxication 하라
취객(醉客)［명］술에 취한 사람. 취인(醉人). drunkard
취:거(取去)［명］가지고 떠나 버림. taking away 하라
취:결(就結)［명］운송중의 상품을 담보로 하여 은행으로부터 금융을 받기 위하여 하송인(荷送人)이, 그 은행을 수취인, 하수인(荷受人)을 지급인으로 하는 어음을 발행하여 은행에서 할인을 하여 받는 일. drawing of bills 하라   ［장사하는 일.
취:골(聚骨)［명］한 가족의 무덤을 한군데 산에 모아
취:광(醉狂)［명］술이 취하여 바른 정신이 없음. 또, 그 사람. person in drunken frenzy
취:구(吹口)［명］나팔·피리·취관(吹管) 등의 입김을 불
취:국(翠菊)［명］과꽃.   ［어 넣는 구멍.
취:군(聚軍)［명］군사나 인부 등을 불러 모음. 하라
취:급(取扱)［명］①사물을 다룸. handling ②응대하거나 대접함. ¶사람을 어떻게～하느냐. treatment ③사무 따위를 처리함. management 하라
취:기(臭氣)［명］좋지 않게 풍기는 냄새. stink ［drink
취:기(醉氣)［명］술이 취하여 얼근한 기운. effects of
취:나물［명］삶은 참취와 쇠고기·기름·파·깨소금 따위를 섞어 볶은 나물.
취:담(醉談)［명］술이 취하여 마구 하는 말. 취언(醉言). 취어(醉語). speech under the influence of liquor 하라   ［forming a gang 하라
취:당(聚黨)［명］한 무리의 동류(同類)를 불러 모음.
취:대(取貸)［명］돈을 꾸어 주거나 꾸어 씀. 추대(推貸). borrowing and lending 하라
취:대(翠黛)［명］①눈썹 그릴 때 쓰는 푸른 색깔의 먹. ②푸른 아지랑이가 어른거리는 산색의 모양.
취:도(醉倒)［명］술에 만취하여서 쓰러짐. 하라
취:득(取得)［명］자기의 소유로 만듦. acquisition 하라
취:득-세(取得稅)［명］지방세(地方稅)의 하나. 부동산·차량·중기(重機)·입목(立木) 등의 취득에 대하여 그 취득 가격을 표준으로 하여 취득자에게 부과함. acquisition tax
취:락(聚落)［명］〈지리〉서로 화목하여 서로 의지하고 협조하는 생활을 목적으로 하는 인류의 집단적 거주. settlement ②〈식물〉박테리아가 고체의 배양기(培養基) 위에서 만든 집단. colony
취:람(翠巒)［명］푸른 산봉우리.
취:람(翠嵐)［명］먼 산에 낀 푸르스름한 이내.
취:랑(吹浪)［명］물고기가 숨을 쉬기 위하여 물 위에서서 입을 벌렸다 오므렸다 함. 하라
취:량(膵凉)［명］가을철에 갑자기 일어나는 서늘한 기운. sudden chill

취:렴(聚斂)[명] 백성의 재산을 욕심내어 함부로 거두어 들임. exaction 하다

취:렴(翠簾)[명] 푸른 대오리로 엮어 만든 발. green bamboo-blind [illation 하다

취:로(取露)[명] 액체를 증발시켜 그 김을 받음. dist-
취:로(就勞)[명] 노동의 일을 함. 노동에 종사함. go to work 하다 [지급하는 돈.
취:로=비(就勞費)[명] 각종 공사에 취역시키는 대가로
취:로 사:업(就勞事業)[명] 영세 근로자의 생계를 돕기 위하여 정부에서 실시하는 새마을 사업의 하나. 주로 제방·하천·도로 등의 사업장에서 일을 하게 됨.

취:리(取利)[명] 돈·곡식을 빌려 주고 그 변리를 받음. usury 하다

취:립(聚立)[명] 여러 사람이 한 곳에 모여 섬. standing together 하다 [in intoxication 하다

취:매(醉罵)[명] 술에 취하여 욕하며 꾸짖음. abusing
취:면(就眠)[명] 《동사》잠을 잠(就寝). [ation 하다
취:면(醉眠)[명] 술에 취하여 잠. sleeping in intoxic-
취:면 운:동(就眠運動)[명] 〈식물〉식물의 잎·꽃이 밤이 되면 오므라들거나 아래로 처지는 운동. 수면 운동. sleep movement

취:면 의식(就眠儀式)[명] 강박 관념의 하나. 잠자고자 할 경우, 일정한 순서로 일정한 동작을 되풀이하지 않으면 잠이 오지 아니는 일.

취:명(吹鳴)[명] 사이렌 등을 불어 울림. 하다
취:모(翠毛)[명] 물총새의 털.
취:목(取木)[명] '휘묻이'의 한자말.
취:몽(醉夢)[명] 술에 취하여 자는 동안에 꾸는 꿈. dreams in intoxication [tion 하다
취:무(醉舞)[명] 취중에 추는 춤. dancing in intoxica-
취:묵(醉墨)[명] 취중에 쓴 글씨. writing in intoxication

취:미(翠微)[명] ①먼 산에 엷게 낀 푸른 기운. blue mountains ②산의 중허리. side of a mountain ③산기운이 푸르러서 아롱아롱하게 보이는 빛. blue-ness

취:미(趣味)[명] ①정취(情趣)를 이해하고 감상할 수 있는 힘. taste ②본업(本業) 이외에 즐기는 일. taste ③좋아하여 하는 일. interest

취바리〈민속〉산대도감놀이에 쓰이는 이상한 모양의 사내의 탈.

취:반(炊飯)[명] 밥을 지음. cooking rice 하다
취:백(就白)[명] 《동》취복백(就伏白).
취:벽(翠壁)[명] 녹색의 암벽(岩壁).
취:병(翠屛)[명] 꽃나무 가지를 이리저리 휘어 문 모양이나 병풍처럼 만든 것.
취:병-들다(翠屛─)[타] 꽃나무 가지로 취병(翠屛)을 만들다. make a floral arch
취:보(醉步)[명] 술에 취하여 비틀거리는 걸음걸이.
취:복백(就伏白)[명] 흰 문안으로 편지할 때에 웃어른에게 안부를 물은 다음 여쭈고자 할 사실을 쓸 적에 쓰는 말. 취백(就白).

취:사(炊事)[명] 부엌의 온갖 일. cooking 하다 [다
취:사(取捨)[명] 취할 것은 취하고 버릴 것은 버림. 하-
취:사(醉死)[명] ①술에 취하여죽음. drunken to death ②《약》→취생 몽사(醉生夢死).

취:사-병(炊事兵)[명] 취사를 임무로 하는 사병.
취:사 선:택(取捨選擇)[명] 취할 것은 취하고 버릴 것은 버려서 골라잡음. choice 하다
취:사-장(炊事場)[명] 부엌. [and dispersion 하다
취:산(聚散)[명] 사람들의 모임과 흩어짐. gathering
취:산 꽃차례(聚繖一)[명] 《동》취산 화서(聚繖花序).
취:산 화서(聚繖花序)[명] 《식물》유한 화서(有限花序)의 하나. 산방 화서(繖房花序)와 거의 같으나, 갈라져 각 꽃대마다 또는 한가운데의 꽃부터 먼저 피기 시작함. 취산 꽃차례. centrifugal inflorescence

취:상(就床)[명] 《동》취침(就寝). 하다
취:색(取色)[명] 낡은 세간 따위를 닦아 손질하여 윤을 냄. polishing 하다
취:색(翠色)[명] 남색과 파란색의 중간 빛. verdure

취:생 몽:사(醉生夢死)[명] 취몽 속에 살고 죽는다는 뜻으로, 아무 뜻도 없이 한평생을 흐리멍텅하게 살아 감을 이르는 말. 《약》취사(醉死)②. 하다

취:선(醉仙)[명] 술에 취한 신선이란 뜻으로, 취한 사람을 멋스럽게 이르는 말.

취:소(取消)[명] ①글이나 말로 이야기 한 사실을 말살해 버림. withdrawal ②〈법률〉법률 행위의 효력을 소급하여 소멸시키는 행위. ¶─권(權). cancellation 하다

취:소(臭素)[명] 〈화학〉'브롬'의 구용어.
취:소(就巢)[명] 암새가 알을 까기 위해 보금자리에 들어 알을 품음. 하다 [earing in court for trial 하다
취:송(就訟)[명] 재판을 받으려고 법정에 나아감. app-
취:송(翠松)[명] 청송(青松).
취:수(聚首)[명] 머리를 맞대듯이 가까이 모여 앉음.
취:수(醉睡)[명] 술에 취하여 잠. [하다
취:수-탑(取水塔)[명] 강이나 저수지 따위에서 물을 끌어들이기 위한 관. 또, 문의 설비가 되어 있는 탑 모양으로 생긴 구조물. water tower

취:식(取食)[명] ①밥을 먹음. ②남의 밥을 염치없이 먹는 일. ¶남의 밥을 몰래 ∼하다. 하다 [하다
취:식(取息)[명] 변리를 놓여 받음. charging interest
취:식-객(取食客)[명] 염치없이 남의 밥을 먹는 사람. 포철객(哺啜客). hanger-on

취:식지계(取食之計)[명] 근근이 밥이나 먹고 살아가는 꾀. means of livelihood

취:신(取信)[명] 남의 신용을 얻음. winning the confidence of others 하다

취:실(娶室)[명] 장가를 듦. 아내를 얻음. marriage 하다
취:안(醉眼)[명] 취한 눈. 취로(醉眸). eyes dimmed
취:안(醉顔)[명] 취하여 붉은 얼굴. drunken face
취:약(脆弱·脆弱)[명] 무르고 약함. fragility 하다
취:약-성(脆弱性)[명] ①취약한 성질이나 특성. ②〈군사〉보복 전략 무기 따위가 적의 제일격을 받았을 때 파괴되지 않고 남는 확률이 적은 일.

취:약 웅예(聚药雄蕊)[명] 〈식물〉합생 웅예(合生雄蕊)의 하나. 약(葯)은 서로 붙고 화사(花絲)는 떨어진 것.
취:어(醉語)[명] 《동》취담(醉談).
취:어-초(醉魚草)[명] 〈식물〉취어초과에 속하는 낙엽 관목 등 키가 1∼1.5 m이고 풀 모양이며 줄기는 네모가 지고 여름에 자줏빛 꽃이 이삭처럼 핌.

취:언(醉言)[명] 《동》취담(醉談).
취:업(就業)[명] ①업무를 봄. commencement of work ②《동》취직(就職).
취:업 규칙(就業規則)[명] 기업주·근로자 사이에 취업의 조건에 관해 정한 규칙.
취:업 인구(就業人口)[명] 현재 취업하여 소득을 올리고 있는 인구. 잠재 실업자도 포함함. population employment [sion 하다

취:역(就役)[명] 역무(役務)에 종사함. go intocommis-
취:연(炊煙)[명] 밥을 짓는 연기. kitchen smoke
취:연(翠煙)[명] ①푸른 연기. ②멀리 보이는 푸른 숲에 낀 안개.

취:옥(翠玉)[명] 《약》→비취옥(翡翠玉).
취:옹(醉翁)[명] 술에 취한 노인. drunken old man
취:와(醉臥)[명] 술에 취하여 누워 있음. lying in drunken stuper 하다
취:와(鷲瓦)[명] 《동》망새①. [drunken stuper 하다
취:욕(就褥)[명] ①《동》취침. ②병으로 자리에 누움. 하다

취:용(取用)[명] 남의 것을 가져다 씀. borrowing 하다
취:우 대:대(取用取貸)[명] 돈·물건 따위를 서로 융통해 씀. [비. rain drops on green leaves
취:우(翠雨)[명] 푸른 잎에 매달린 빗방울. 곧, 여름
취:우(驟雨)[명] 《동》소나기.
취:음(取音)[명] 말의 뜻은 생각하지 않고 음(音)만 비슷한 한자(漢字)로 적는 일. use phonetic equivalents 하다 [poems in intoxication 하다

취:음(醉吟)[명] 술에 취하여 시가(詩歌)를 읊음. recite
취:의(趣意)[명] 《동》취지(趣旨).

취ː인(取人)[명] 인재를 골라 씀. selection 하다
취ː인(醉人)[명]〈동〉취객(醉客).
취임(就任)[명] 맡은 임무에 나아감. assumption of office 하다
취임-사(就任辭)[명] 취임할 때 하는 인사의 말. inaugural address
취임-식(就任式)[명] 취임에 행하는 식. inaugural ceremony
취입(吹入)[명] ①입김을 불어 넣음. blowing in ② 레코드·녹음기의 녹음판에 소리를 불어 넣음. ¶ 노래를 레코드에 ~하다. recording 하다
취ː재(取才)[명] 재주를 시험하여 뽑아 씀. selecting a man of talent 하다
취ː재(取材)[명] 어떤 사물에서 기사나 작품의 재료를 취하는 일. ¶~하러 외출하다. collecting data 하다
취ː재-원(取材源)[명] 신문이나 잡지 따위에 실린 기사의 출처. source of news
취ː재원 비ː닉(取材源祕匿)[명] 신문사나 잡지사에서 기사의 출처 등의 목적으로 취재원을 비밀로 함.
취ː적(吹笛)[명] 피리를 붐. play a flute 하다
취ː적(就籍)[명] 호적(戶籍)에 빠진 사람을 입적함. put a person's name on the family register 하다
취ː정 회ː신(聚精會神)[명] 정신을 한 곳에 모음. 하다
취ː조(取調)[명] '문초(問招)'의 구용어. investigation
취ː조(翠鳥)[명]〈동〉쇠새.
취ː종(取種)[명] 씨를 받음. gathering seeds 하다
취ː주(吹奏)[명]〈음악〉관악기, 곧 부는 악기를 입으로 불어 연주함. playing wind instruments 하다
취ː주-악(吹奏樂)[명]〈음악〉목관 악기·금관 악기·타악기(打樂器)로 편성되어 연주하는 음악.
취ː주 악기(吹奏樂器)[명] 관악기(管樂器).
취ː주 악대(吹奏樂隊)[명]〈음악〉취주 악기의 악수로 편성된 악대. 취주악을 연주하는 악대. brass band
취ː죽(翠竹)[명] 푸른 대나무. 청죽(靑竹). green bamboo
취ː중(醉中)[명] 술에 취한 동안. while drunk
취ː중(就中)[명] 특별히 그 가운데. 그 중에서도 특히. above all
취중에 진담 나온다 취했을 때 속마음을 털어놓게 된다.
취ː지(趣旨)[명] 근본이 되는 뜻. 지취(旨趣). 취의(趣意). purport
취ː지-서(趣旨書)[명] 취지를 적은 글이나 문서. prospectus
취ː직(就職)[명] 직업을 얻음. 취업(就業)②. finding employment 하다
취ː직-난(就職難)[명] 사회의 경제 상태가 부진하거나 경쟁자는 많고 수요는 격거나 하여 취직하기가 심히 어려운 일. difficulty in getting employment
취ː진(驟進)[명] 급작스럽게 관리의 계급이 뛰어오름. rapid elevation in the offical world 하다
취ː집(聚集)[명] 모여들거나 모아듦. collection 하다
취ː착(取捉)[명] 죄를 짓고 잡히게 됨. 하다
취ː처(娶妻)[명] 아내를 얻음. 장가듦. taking wife 하다
취ː체(取締)[명] ①거느림과 다스림. control ②단속(團束). 하다
취ː체-역(取締役)[명] 주식 회사의 '이사(理事)'의 구칭.
취ː초(取招)[명] 문초(問招)하여 범죄 사실을 진술하게 함. 하다
취ː침(就寢)[명] 잠자리에 듦. 취욕(就褥)①. 취상(就床). 취면(就眠). ¶~ 시간이 일정하다. 《대》 기침 (起寢). going to bed 하다
취ː타(吹打)[명]〈제도〉군중(軍中)에서 나발·소라 따위를 불고 징·북 따위를 치던 군악. 《대》 세악(細樂). 하다
취ː타-수(吹打手)[명]〈제도〉군중에서 나발·소라 따위를 불고 징·북 따위를 치는 군사. 《대》 세수악(細樂手).
취ː탄(吹彈)[명] 피리 등의 관악기를 불고, 바이올린 등의 현악기를 켬. 하다
취ː태(翠苔)[명] ①푸른 이끼. 녹태(綠苔). green moss ②푸른 산을 일컫음. green mountain
취ː태(醉態)[명] 술 취한 사람의 태도. drunkness
취ː택(取擇)[명] 가려서 골라냄. selection 하다

취ː토(取土)[명]〈민속〉장사지낼 때에 광중(壙中)의 네 귀에 놓는 길방(吉方)에서 떠온 흙. 하다
취ː토(聚土)[명] 흩어진 흙을 거두어 모음. gathering earth up 하다 「ering and sowing seeds 하다
취ː파(取播)[명]〈농업〉씨앗을 받아서 곧 심음. gath-
취ː패(臭敗)[명] 냄새가 나도록 썩어 문드러짐. decomposition 하다 「convenience
취ː편(取便)[명] 편리한 것을 취함. consulting one's
취ː품(取品)[명] 여럿 가운데서 좋은 품질을 골라 냄. selection of fine goods 하다
취ː품(取稟)[명] 어른에게 의견을 말씀드리어 그의 대답을 기다림. 하다
취ː품(就稟)[명] 나아가서 아룀. 하다
취ː필(取筆)[명] 잘 쓴 글씨를 뽑음. 또, 글씨 잘 쓰는 사람을 취함. selection of excellent writings 하다
취ː하(取下)[명] 신청하였던 일이나 서류 따위를 도로 거두어 들임. ¶고소(告訴) ~. withdrawal 하다
취ː=하ː다(醉─)[자여] ①술기운이 온몸에 퍼지다. be drunk ②많은 군중·사람에 시달려서 정신이 흐려지다. ③음식물의 중독으로 상기가 되고 온몸이 화끈끈 달다. be poisoned ④먹은 약 등의 기운이 몸에 퍼지다. ⑤무엇에 열중하여 황홀해지다. 도취하다. be fascinated
취ː하ː다(取─)[타여] ①가지다. 제것으로 만들다. ¶남은 것을 모두~. take ②자세를 보이다. ¶나쁜 태도를 ~. ③방법 등을 쓰다. ¶마지막 수단을 ~. ④빼앗다. 죽이다. ¶적의 목을 베어서 가지고 오다. ⑤남에게서 돈이나 물품 같은 것을 꾸거나 빌리다. ¶돈을 취하는 버릇을 삼가자. borrow
취ː하ː다(娶─)[타여] 아내를 맞아들이다. marry a lady
취ː학(就學)[명] ①학교에 들어가서 교육을 받음. school attendance ②스승에게서 학문을 배움. 《대》 미취학(未就學). beginning to study 하다
취ː학-률(就學率)[명] 학령 아동 학생의 총수에 대한 취학자의 백분율. percentage of school attendance
취ː학 아동(就學兒童)[명]〈교육〉국민 학교에 취학하는 아동. school children
취ː한(取汗)[명]〈한의〉병을 다스리기 위하여 땀을 냄. 발한(發汗). sweating out 하다
취ː한(醉漢)[명] 술 취한 사람. drunkard
취ː한-제(取汗劑)[명]〈한의〉땀을 내기 위하여 먹는 약. 발한제(發汗劑).
취ː한-증(─症)[명]〈의학〉겨드랑이·음부 등에서 냄새가 고약한 땀을 분비하는 병증.
취ː합(聚合)[명] ①모여서 합침. 또, 한데 모아 합침. ②〈화학〉분자나 원자가 모여 갖가지 상태를 나타내는 일. ③광물에서 여러 가지 결정질이 결합하여 덩어리를 이루는 일. 하다
취ː항(就航)[명] 항공 또는 항해하기 위하여 비행기 또는 배가 떠남. ¶국내선 ~. enter service 하다
취ː향(趣向)[명] 취미가 쏠리는 방향. ¶~이 다른 부부 사이. taste 「drunken joviality
취ː향(醉鄕)[명] 술을 마시어 느끼는 즐거운 경지.
취ː훼(醉毁)[명] 남의 잘한 일을 풍을 쳐서 좋게 말하여 쳐거함. 하다
취ː화(臭化)[명]〈화학〉'브롬화(化)'의 구용어.
취ː화지-본(取禍之本)[명] 재앙을 가져 오는 근본.
취ː황(就荒)[명] 황폐하게 됨. 하다
취ː후(醉後)[명] 술에 취한 뒤.
취ː흥(醉興)[명] 술에 취한 흥취. ¶~에 겨워서 춤을 추다. conviviality
츄마(ː)《고》치마.
츄마물(ː)[명] 갯물.   「각하다.
츠기너·기·다(ː)《고》섭섭히 여기다. 원망스럽게 생
츠·다(ː)《고》치다.
초·다(ː)《고》추다〔舞〕.
=측(側)[자미] 어떠한 동아리의 한쪽을 상대적으로 가리킴. ¶학교~. 주최~. side

측각기

측각=기(測角器)[명] 〈물리〉각도를 재는 기계의 총칭.
측간(測桿)[명] 측량대. [goniometer
측간(厠間)[명] 뒷간.
측거=기(測距器)/**측거의**(測距儀)[명] 〈물리〉광학의 원리를 응용하여 원거리에 있는 목표까지의 거리를 재는 기계. range-finder
측경=기(測徑器)[명] 캘리퍼스(callipers).
측광(測光)[명] 〈물리〉발광체(發光體)의 빛의 강도를 잼. 하타
측귀(厠鬼)[명] 〈민속〉뒷간에 있다는 잡된 귀신.
측근(側近)[명] 곁의 가까운 곳. being close to one
측근(側根)[명] 〈식물〉양치 식물(羊齒植物)보다도 고등(高等)한 식물의 주근(主根)에서 생기는 지근(枝根). 곁뿌리. lateral root [attendant
측근=자(側近者)[명] 곁에서 가까이 모시는 사람. close
측도(測度)[명] ①도수·척도를 잼. measurement ②각종의 양을 재는 단위. 계량(計量)의 단위. unit of measurement 하타 [뼈의 총칭.
측두=골(側頭骨)[명] 〈생물〉두개골의 측면을 이루는
측량(測量)[명] ①물건의 크기·무게·방향을 재어서 헤아림. measurement ②지표상(地表上)의 한 부분의 모양·위치·면적 등을 재는 작업. survey ③헤아림. calculaton 하타
측량 기계(測量器械)[명] 측량에 쓰이는 기계(器械). surveying instrument
측량 기:술자(測量技術者)[명] 측량법의 규정에 따라 면허를 받아서 측량에 종사하는 기술자. 측량사. surveying engineer
·**량사. surveying pole
측량=대(測量—)[명] 측량할 때 쓰는 막대기.
측량=도(測量圖)[명] 측량하여 만든 지도. survey map
측량=사(測量士)[명] 측량 기술자.
측량=선(測量船)[명] 바다 밑의 상태, 바다의 기후 등을 조사하는 배. 측량함(測量艦). surveying ship
측량=수(測量手)[명] 측량하는 사람.
측량=술(測量術)[명] 토지의 위치·모양·면적 등을 측정하는 기술. 또, 그 기술로 지도를 만드는 일.
측량=함(測量艦)[명] 측량선(測量船).
측로(側路)[명] 옆길. 샛길.
측릉(側稜)[명] 〈수학〉'옆모서리'의 구용어.
측면(側面)[명] ①옆면. 옆 ②상하·전후 이외의 좌우의 방면. ③〈수학〉각기둥이나 각뿔의 밑면 이외의 면. 횡면. ④정면(正面). flank
측면 공:격(側面攻擊)[명] 적을 측면에서 정면으로 치지 않고 옆으로 치는 공격. flank attack
측면=관(側面觀)[명] 측면으로 살피는 관찰. 객관적인 관찰. side view [view
측면=도(側面圖)[명] 물체의 옆쪽을 그린 도면. side
측면 묘:사(側面描寫)[명] 〈문학〉사물을 측면으로 묘사하는 문예 작품의 표현 양식. [area
측:면:적(側面積)[명] 물체의 옆면의 넓이. 옆넓이.
측목(測目)[명] ①눈질을 함. side glance ②무서워서 바로 보지 못함. averting one's eyes with fear
측목=나무[명] 〈동〉뒷나무.
측문(仄聞)[명] 남의 전하는 말을 얻어들음. ¶∼으로 못난일을 평하지 말라. hearsay 하타 [side gate
측문(側門)[명] 옆으로 난 문. 옆문. ⇒정문(正門).
측문(側聞)[명] 옆에서 얻어들음. overhearing 하타
측방(側防)[명] 〈군사〉적을 측면으로 공격할 수 있도록 병력 또는 병기를 배치하는 일. flank defense
측방(側方)[명] 가까운 결. 멀지 않은 바로 옆. side
측방 침:식(側方浸蝕)[명] 〈지리〉하천의 곡벽(谷壁)을 침식하여 곡삼(谷森)을 넓히는 작용. lateral erosion
측백(側柏)[명] 〈동〉측백나무.
측백=나무(側柏—)[명] 측백과의 상록 침엽 교목. 높이 3m 내외이고 줄기는 많은 가지로 갈라지고 잎은 잔 비늘 형상임. 정원수 또는 산울타리용으로 적당하며 잎과 과실은 약용함. 측백. oriental arborvitae [혈재·수렴(收斂)제로 씀.
측백=엽(側柏葉)[명] 〈한의〉측백나무의 잎. 보혈제·지

측판

측백=자(側柏子)[명] 〈한의〉측백나무 열매의 씨. 자
측벽(側壁)[명] 측면의 벽. [양·강장제로 씀.
측보(側步)[명] ①발걸음의 거리를 잼. ②〈동〉보측(步測). 하타 [계. 보수계(步數計). pedometer
측보=기(測步器)[명] 〈물리〉걸음의 거리를 재는 기
측사(側射)[명] 측면에서 사격을 함. 하타
측사=기(測斜器)[명] 〈동〉클리노미터(clinometer).
측산(測算)[명] 헤아려서 셈함. calculation 하타
측서(厠鼠)[명] 뒷간의 쥐라는 뜻으로, 지위를 얻지 못한 사람을 가리키는 말. man of no distinction
측선(側線)[명] ①옆에 있는 선 또는 선로(線路). 철도의 선로 및 정거장에서 본선·지선을 제외한 선로. sidetrack ②〈동물〉어류(魚類) 및 수서(水棲)·양서류(兩棲類)의 몸 양옆에 있어서의 여러 줄의 구멍기. lateral line [삼성(三聲). 〈대〉평성(平聲).
측성(仄聲)[명] 〈어학〉한자의 상(上)·거(去)·입(入)의
측쇄(測鎖)[명] 거리를 재는 데 쓰는 자처럼 생긴 쇠사슬. Gunter's chain
측수(測水)[명] 물의 깊이를 잼. sounding 하타
측시(側視)[명] 모로 봄. 옆쪽으로 봄. side glance 하타
측신(厠神)[명] 뒷간을 지키는 귀신.
측실(側室)[명] ①결방. ②〈동〉첩(妾). ③적자(嫡子)에 대하여, 서자(庶子)를 낳은 실.
측실(厠室)[명] 〈동〉뒷간.
측심(惻心)[명] 〈약〉측은지심(惻隱之心).
측심(測深)[명] 깊이를 잼. 하타
측심=연(測深鉛)[명] 굵은 줄 끝에 매단 납덩이. 바다 깊이 따위를 재는 데 쓰임. 측연(測鉛).
측아(側芽)[명] 〈동〉액아(腋芽).
측압(測壓)[명] 압력을 잼. 하타타 [remarks
측언(側言)[명] 치우쳐서 말. 공평하지 못한 말. partial
측연(惻然)[명] 가엾게 여기는 모양. being sympathetic
측연(測鉛)[명] 〈동〉측심연(測深鉛). 하타 히타
측우=기(測雨器)[명] 비가 온 분량을 헤아리는 기구. rain gauge
측운(仄韻)[명] 〈어학〉한자의 상(上)·거(去)·입(入)의 삼성(三聲)의 운(韻). 〈대〉평성(平韻).
측운=기(測雲器)[명] 구름의 속도·방향을 재는 장치.
측은(惻隱)[명] 불쌍하고 가엾음. pity 하타 히타
측은지:심(惻隱之心)[명] 불쌍하고 가엾이 여기는 마음. 〈약〉측심(側心). compassion [타
측이(側耳)[명] 귀를 기울여 상세히 들음. attention 하
측일(側日)[명] 〈동〉사양(斜陽).
측자(仄字)[명] 한자 음의 상성(上聲)·거성(去聲)·입성(入聲)에 딸린 글자. 〈대〉평자(平字).
측적(測積)[명] 면적이나 체적을 잼. 하타타 [point
측점(測點)[명] 측량의 기준으로 삼는 점. measuring
측정(測定)[명] ①헤아리어 정함. measurement ②어떤 양(量)의 크기를 기계나 장치를 써서 어떤 단위를 기준으로 하여 잼. 하타
측정=기(測程器)[명] 배나 차 따위의 지나온 거리 또는 이를 바탕으로 하여 속도를 재는 기구. 하타
측지(測地)[명] 〈지리〉토지를 측량함. land surveying
측지=선(測地線)[명] 〈수학〉곡면상의 임의의 두 점을 맺는 최단 거리의 곡선.
측지=학(測地學)[명] 〈지리〉지구 표면의 면적·형태를 자상히 측정하는 데에 관한 여러 사항을 연구하는 학문. geodesy
측차(側車)[명] 자전거나 오토바이의 옆에 단 수레. 사람을 태우거나 짐을 실음. [ometry 하타
측천(測天)[명] 〈천문〉천체를 관측하여 헤아림. astr-
측천=법(測天法)[명] 〈천문〉천체의 높이·거리·방위 따위를 측정하여 그 위치의 경도·위도를 매기는 방법. 천문 항법(天文航法). astronomical
측청(厠廳)[명] 크게 잘 꾸민 뒷간. [observation
측출(側出)[명] 〈동〉서출(庶出).
측판(側板)[명] 〈동〉옆널.
측판(側板)[명] 측량기에 딸린 조준의(照準儀)를 올려놓거나 도면을 붙이기도 하는 널조각. surveying

측면(側扁)閉 두께가 얇고 폭이 넓음. 납작함. 하타
측ुく-다타 (屬) 측은하다. 섭입하다. [량함.
측해(測海)閉 바다의 넓이나 깊이 또는 해안선을 측
측행(仄行·側行)閉 비뚜로 걸음. 모로 걸음. sidling
측=화면(側畫面)閉 〈수학〉 평화면(平畫面)·입화면
 (入畫面)의 쌍방에 직교(直交)하는 제3의 화면.
측=화산(側火山)閉 〈지학〉 화산 기슭이나 산허리에
 새로 생긴 작은 화산 구덩이.
측후(測候)閉 기상(氣象)이나 천체의 이동을
 관측함. meteorological observation 하타
측후-소(測候所)閉 중앙 기상대의 지방 기관. 기상
 관측 및 예보와 농업 기상에 관한 사항을 분장(分
 掌)함. local weather bureau
·츰閉 [고] 힘.   [놈. mean
슴슴-하다(贍贍一)[휑 염치가 없이 비루하다. ¶슴슴한
춫閉 [고] 사이.   [다(灑).
·츷는-다타[춫어 춫으니〔灑〕. 물방이 똑똑 떨어지
층(層)閉 ①약〕충등(層等). ②포개진 그 켜. 도,
 격지. ¶지(地)~. layer ③〈건축〉 충층대의 한
 계단. stairs ④건물의 한 켜. story
층격(層隔)閉 여러 층으로 가리어 막힘. separation
 into layers 하타   [하휑
층격(層激)閉 서로 거세게서 화평하지 못함. conflict
층계(層階)閉 ①〈건축〉 층층이 높이 올라가게 만들어
 놓은 설비. stairs ②〔똥〕계층(階層).
층계-참(層階站)閉 충충다리의 중간에 있는 조금 넓
 은 곳. landing
층=권운(層卷雲)閉 '고층운(高層雲)'의 구용어.
층-나-다(層一)[자] 층이 생기다. begraded
층-널(層一)閉 나무로 만든 그릇의 서랍 밑에 대는
 널조자. bottom of a drawer
층대(層臺)閉 (약)→층층대(層層臺).
층=돌[一돌] (層一)閉 (약)→층샛돌.
층뒤-판(層一板)閉 충디딤판의 뒤를 막아 낀 널판.
층등(層等)閉 서로 같지 않은 등급(等級). (약) 층
 (層)①. grade
층디딤-판(層一板)閉 층계를 오르내릴 때 디디는 널.
층란(層欄)閉 〈건축〉 겹겹이 된 난간.
층루(層樓)閉 〈건축〉 두 층 이상으로 높게 지은 누각
층류(層流)閉 〔똥〕 층층누(層層樓).
층리(層理)閉 (層理面)閉 〈지학〉 지층을 만드는 물질이 퇴
 적했을 때의 면. 지층이 겹쳐 있을 경우에는 각 지
 층의 상면과 하면을 말함.   [above another
층만(層巒)閉 여러 층이 진 멧부리. peaks rising one
층면(層面)閉 ①겹겹이 쌓인 물건의 겉. layer ②
 〈지리〉 수성암(水成岩)과 같이 지층이 겹겹이 쌓
 인 면. stratum
층상(層狀)閉 층을 이룬 모양. 겹친 모양.
층상 화산(層狀火山)閉 〔똥〕 성층 화산.
층새(層色)閉 ①황금의 품질. quality of gold ②황금
 을 층샛돌에 대고 마찰시켜 그 색수(色數)를 헤아
 리는 표준 제구.
층샛-돌(層一)閉 〈광물〉 층새와 황금을 나란히 문
 질러 황금의 색을 분간하여 보는 흑색의 돌. 시금
 석(試金石). 층석(層石). 칭석(秤石). (약) 층돌.
층생(層生)閉 거듭하여 일어남. 하타
층생 첩출(層生疊出)閉 무슨 일이 잇달아 자꾸 일어
 남. 하타
층서-학(層序學)閉 어떤 지역의 지층의 분포나 층을
 이룬 상태 등을 연구하는 학문. 층위학(層位學).
층석(層石)閉 〔똥〕 층샛돌.
층수(一수) (層數)閉 층의 수효. number of layers
층승(層昇)閉 한층 높은 단계로 올라감. 하타
층암(層岩)閉 여러 층으로 험하게 쌓인 바위.
층암 절벽(層岩絶壁)閉 여러 층의 험한 바위로 된 낭
 떠러지. precipitous cliff   [pment
층애(層崖)閉 바위가 여러 층으로 쌓인 언덕. escar-

층애 지형(層崖地形)閉 〈지리〉 굳은 지층은 대칭적
 (對稱的)이 아닌 구릉열(丘陵列)이 되어 남고 무른
 지층은 낮게 되어 나란히 발달한 지형. escarpment
층옥(層屋)閉 〔똥〕 층집.
층운(層雲)閉 〈지리〉 지평선과 나란히 층을 이루는
 지면에 가장 가까이 이는 구름. 안개구름①. stratus
층위-학(層位學)閉 〔똥〕 층서학(層序學).
층적-운(層積雲)閉 〈지리〉 하층운(下層雲)의 하나. 비
 가 오는 전후에 흔히 볼 수 있는 검은 구름. stra-
 tocumulus
층절(層折)閉 ①층지고 꺾임. ②층진 데와 꺾인 곳.
층절(層節)閉 일의 많은 가닥. various aspects of an
층제(層梯)閉 계단이 많은 사다리다리. stairs [affair
층중(層重)閉 〔똥〕 층첩(層疊).
층-지-다(層一)[재] 층등이 지게 되다. be graded
층-집[一집](層一)閉 두 층 이상으로 된 집. 층옥(層
 屋). many storeyes building 하타
층첩(層疊)閉 겹겹으로 포갬. 층중(層重). piling up
층-층(層層)閉 ①여러 층. layers ②낱낱의 층.
층층-고란초(層層阜蘭草)閉 〈식물〉 고사리과에 속하
 는 여러해살이 작은 풀. 잎의 길이가 3~9cm에 이
 르고 근경은 땅 속에서 가로 뻗음. 자낭군(子囊群)
 은 둥근데 잎의 뒤쪽 주맥의 좌우에 줄지어 있음.
층층-나무(層層一)閉 〈식물〉 산수유과(山茱萸科)에
 딸린 낙엽 교목. 높이는 10~20m 가량이고 초여
 름에 가지 위에 흰빛의 작은 꽃이 피고 자적색의
 작은 핵과가 열림. 정원수로 심기도 하며 줄기는
 세공재로 씀.
층층-다리(層層一)閉 여러 층으로 만든 층계.
층층-대(層層臺)閉 여러 층으로 된 대(臺). (약) 층
 대. stairs
층층 시하(層層侍下)閉 부모·조부모가 다 살아 있는
 시하. life under the parental root
층층-이(層層一)閉 여러 층으로. 겹겹이.
층층-이꽃(層層一)閉 〈식물〉 꿀풀과의 일년생 풀. 줄
 기는 모가 지고 짧은 털이 있으며, 잎은 난형 또는
 난상 타원형임. 6~9월에 담홍색 꽃이 피고 어린
 엽경(葉莖)은 식용함.
층탑(層塔)閉 여러 층으로 된 탑. pagoda
층하(層下)閉 낮잡아 홀대함. ¶손님을~한다. disre-
 spect 하타
층향(層向)閉 〈지리〉 기울어지게 지층과 수평면이 서
층-흐름(層一)閉 〈물리〉 속도가 시각적으로 변동하지
 않은 유체의 층을 이루며 흐르는 관내(管內) 또는
 경계층내의 흐름. 층류(層流).
·최-다 (고) 치우이다. →칙이다.
최돌-다재 [고] 치우치다.
최돌-다[재] 〔고〕 치우쳐 두다. 비켜서 두다.
·최앗기-다재 [고] 치우쳐 아끼다.
최이-·다[재] 〔고〕 ①치우치다. ②치우다.
칙칙흐-다[재] 〔고〕 빽빽하다.
치閉 ①신의 궁중말. ②상투의 궁중말.
치¹의[굿] ①[이] 사람. ¶그~·저~. fellow ②명사
 아래에 붙어서 그것에 상당한 분량 또는 가치를 나
 타내는 말. 뭉. ¶두 말 ~. 다음 달 ~. fixed qua-
 ntity ③[의] 일정한 곳에 놓여 있거나 또는 그곳
 에서 나는 물건. ¶강화 ~. 전주 ~. ④(민속〕 절
 기의 이름. 보름·그믐·조금, 또는 일진의 진사(辰
 巳)·술해(戌亥) 등에 붙여 그날 무렵의 날씨의 나
 빠짐을 나타내는 말. ¶입춘 ~. 그믐 ~.
치²閉 길이의 단위. 한 자의 10분의 1. 촌(寸)②.
 ¶세 ~ 두 푼. Korean inch
치³의 ①절구질·도끼질 따위와 같이 힘드는 일을 할
 때에 내는 소리. ②→제²조.
치=의[굿] 다른 말에 붙어서 위로 올라가는 뜻을 표하
 는 말. up   [~. 코~. hunch
=치¹의굿] 어느 기미를 알아차리는 짓을 이름. ¶눈
=치²의굿] 어떤 동사의 어간에 붙어 그 동작의 힘줌을
 나타내는 어간 형성 접미사. ¶들~다. 받~다.

치(値)[명] 계산하여 얻는 수(數). numerical value
치(癡)[명] 〈불교〉 삼독(三毒)의 하나. 우매하여 미친 듯한 행동을 하는 일.
치[명] 《고》 키. 배〔船〕의 방향을 돌리는 제구.
치가(治家)[명] 집안 일을 다스림. 살림살이. 치산(治産)①. home management 하[자] 「occupation 하[자]
치:가(致家)[명] 집의 업(業)을 이룸. forming one's
치:가(置家)[명] 《약》→첩치가(妾置家).
치가 떨리-다(齒—)[자] 몹시 분하거나 무서워 이가 갈리다. 《약》 치떨리다. gnash the teeth
치감(齒疳)[명] 〈한의〉 잇몸이 헐어 곪는 병. pyhorrhoea alveolaris 「온몸을 감다시피 하였다.
치감고 내리감는다[속] 위아래 옷을 비단으로만 입어서
치=감-다[—따][타] 위로 치올려서 감다. wind up ward 「dental cavity
치강(齒腔)[명] 〈생리〉 이의 속에 있는 빈 구멍의 부분.
치=개-다[타] 마주 대어 잇달아 세게 비비다.
치거(馳車)[명] ①달리는 수레. ②수레를 달림. 하[자]
치건[—껀](侈件)[명] 사치스러운 물건. luxurious articles
치=걷-다[타][드불] 위쪽을 향하여 걷다.
치경(治經)[명] 《동》 강경(講經). 하[자]
치:경(致景)[명] 좋은 경치. 미경(美景).
치:경(致敬)[명] 경의(敬意)를 표함. respect 하[자]
치경(齒莖)[명] 《동》 잇몸.
치경=음(齒莖音)[명] 〈어학〉 '혀끝소리'의 구용어.
치계(雉鷄)[명] ①꿩과 닭. pheasant and cock ②꿩닭.
치고[조] ①체언에 붙어 '그 전체가 예외없이' 등의 뜻을 나타내는 보조사. ¶너의 옷~ 좋지 않은 것이 없다. ②《동》 치고는②.
치고는[조] ①'치고'를 강조하는 말. ¶인간~ 못할 일일세. ②체언에 붙어 '그 중에서는·예외적으로' 등의 뜻을 나타내는 보조사. 치고②. ¶우리 가족~ 그럴만한 사람이 없다.
치고=서[조] '치고'를 강조하는 말.
치골(恥骨)[명] 〈생리〉 골반(骨盤)을 에워싼 뼈. 불두덩뼈. ¶~근(筋). pubis bones
치골(齒骨)[명] 〈생리〉 이틀을 이루는 뼈. dentine
치골(癡骨)[명] 남이 비웃는 줄 모르고 제멋대로만 하는 어리석은 사람. fool
치과[—꽈](齒科)[명] 〈의학〉 이에 관한 병을 고치는 부문. 또, 그 의원. ¶~ 의사(醫師). dentistry
치과 대학[—꽈—](齒科大學)[명] 〈교육〉 치과 의학을 교수 연구하는 단과 대학의 하나. dental college
치관(治棺)[명] 관(棺)을 짬. making a coffin 하[자]
치관(齒冠)[명] 〈생리〉 입안에 나타나 있는 이의 법랑질(琺瑯質)의 부분. crown of a tooth
치교(治敎)[명] 정치와 교육. 세상을 다스리며 국민을 가르치는 도(道). politics and education
치:교(緻巧)[명] 치밀하고 교묘함. 하[형]
치구(馳驅)[명] ①말을 타고 달림. ②비삐 돌아다님. 「하[자]
치구(齒垢)[명] 《동》 치석(齒石).
치국(治國)[명] 나라를 다스림. 《대》 난국(亂國). government 하[자] 「하게 함. 하[자]
치국 안민(治國安民)[명] 나라를 다스리고 백성을 편안
치국 이:념(治國理念)[명] 나라를 다스리는 근본 정신.
치국 평천하(治國平天下)[명] 나라를 잘 다스리고 온 세상을 편안하게 함. statecraft 하[자] 「분. 이촉.
치근(齒根)[명] 〈생리〉 이의 치조(齒槽) 속에 있는 부
치근=거리-다[명] 《거》→지근거리다.
치근덕=거리-다[타] 《거》→지근덕거리다
치근치근=하-다[형][여불] 끈기 있는 물건이 축축하여 맞닿으면 불쾌한 느낌이 드는 듯하다. sticky 치근치근=히[부]
치=긋:-다[타][스불] 위로 올리어 긋다. draw upward
=치기[접미] 명사 아래 붙여 내기하는 것을 나타냄. ¶엿~. 화투~. playing 「氣). childishness
치기(稚氣)[명] 유치한 모양. 어린애 같은 짓. 유기(乳
치기=배(—輩)[명] 날치기·들치기·소매치기 등의 패거리를 통틀어 이르는 말.

치뉵(齒衄)[명] 〈한의〉 잇몸에서 피가 나오는 병.
치니=매기[명] 〈체육〉 할흉(割胸)을 한 뒤에 몸을 기울여 누워, 장(杖)으로써 말의 꼬리에 비기는 동작.
치-다¹[자] ①눈보라·바람·물결·번개 등이 세차게 움직이다. ¶눈보라 ~. 번개가 ~. strike ②된서리가 퍽 많이 내리다. fall
치:-다²[자] 《약》→치이다¹.
치-다³[타] ①맨손으로나 물건으로 다른 물건을 힘껏 때리다. ¶못을 ~. strike ②어떤 소리를 내려고 두드리다. ¶징을 ~. beat ③무기를 들고 적에게 달려가다. ¶적군을 ~. attack ④떡을 떡메로 때려 짓이기다. pound ⑤잘게 썰어 채를 만들다. grate ⑥나뭇가지나 잎을 베어내다. ¶가지를 ~. cut ⑦남의 잘못을 타박 주다. censure ⑧배겨 있는 속에서 깎아 내거나 골라 뽑다. ¶머리카락을 ~. cut ⑨손·꼬리·발 따위로 물 속이나 공중에서 세게 흔들다. ¶날개 ~. shake ⑩밤의 보늬를 칼날을 밖으로 하여 깎다. ¶날밤을 ~. pare ⑪시간을 알리려고 종소리·신호 소리를 내다. ¶한 시를 ~. ring ⑫공을 때리거나 튕기며, 놀거나 경기를 하다. ¶공을 ~. hit ⑬전신을 보내다. ¶전보를 ~. telegraph to ⑭두드리어 박다. ¶말뚝을 ~. hammer ⑮화투목이나 주패 등으로 놀이를 하다. play ⑯체질을 하다. ¶체로 모래를 ~. cure ⑰병마·독기(毒氣) 등을 꺾어 다스리다. hen ⑱휘갑 따위를 마무르다. sprinkle ⑲가루·액체를 고루고루 흩어지게 뿌리거나 끼얹다. ¶콩가루를 ~. cast ⑳윷·주사위를 던져 끗수를 얻다.
치-다⁴[타] ①맷방석·돗자리 등을 엮거나 틀다. ¶돗자리 ~. ②그물·발 등을 펴서 걸다. ¶그물 치고 고기 잡다. hang ③병풍 등을 둘러 세우다. ¶병풍 ~. ④대님을 두르거나 신갱기를 감다. ¶대님 ~. tie ⑤소리를 힘차게 내다. ¶소리~. shout ⑥장난을 거세게 하다. ¶장난 ~. do, play ⑦진저리를 몹시 내다. ¶진저리 ~. ⑧짐짓 기세를 부리다. ¶허풍 ~. ⑨벽·담으로 막아 가리우다. ¶벽을 ~. fence ⑩줄을 가로 늘이거나 매다. draw
치-다⁵[타] ①동물이 새끼를 낳아 퍼뜨리다. ¶개가 새끼 ~. breed ②식물이 가지를 내돋게 하다. shoot up ③가축(家畜)을 기르다. raise ④영업으로나 자선으로 손님을 대접하다. ¶하숙 ~. receive
치-다⁶[타] ①셈을 맞추다. ¶100 원으로 친다. estimate ②어떠한 양으로 여겨 주다. ¶바보로 ~. consider ③묵화를 그리거나, 점이나 줄을 긋다. ¶환을 ~. draw ④점괘로 길흉을 알아보다. ¶점~. divine ⑤도장을 누르다. ¶도장 ~. seal
치-다⁷[타] ①쌓였거나 막힌 더러운 물건을 깨끗이 없애 버리다. ¶개천을 ~. clean ②땅을 일구어 논밭을 만들다. ¶밭을 ~. till ③행주·걸레 따위로 문지르거나 닦다. mop
치-다⁸[타] ①무슨 물건을 제대로 두지 않고, 손으로 매만지다. ②쇠붙이를 달구어 펴이거나 낫 따위를 만들다. ③벌이 꿀을 빚다.
치-다⁹[타] 《약》→치우다.
치-다¹⁰[타] 무엇을 치르거나 겪다. ¶시험을 ~. take
치:-다¹¹[피동] 《약》→치이다².
=치-다[접미] 어떤 동사의 어간·어근 및 '=아·=어·=우' 등의 어미에 붙어, 그 동작의 힘들임을 나타내는 말. ¶넘~. 밀~.
치다꺼리[명] ①일을 치러 내는 일. management ②남을 도와서 일을 이루게 하는 일. help 하[타]
치단(侈端)[명] 낭비의 시초. 사치의 시초. beginning of luxury
치=닫-다[자][타][드불] ①위쪽으로 달리거나 또는 달려 올라가다. run up ②지방에서 수도(首都) 중심지로 달려가다. ③힘차게 냅다 닫다. ④생각·감정이 치밀어 오르다. surge 「다스림. 하[자]
치담(治痰)[명] 〈한의〉 담으로 인해 생기는 병을 고쳐
치대-다¹[타] 빨래·반죽 따위를 무엇에 대고 자꾸 문지

치대다 위쪽으로 대다. put on the upper side
치덕(齒德)[명] ①많은 나이와 아름다운 덕행. ②나이도 많고 덕행도 있음. age and virture
치도(治道)[명] ①〖토목〗길을 닦는 일.《유》길닦이. construction of roads ②다스리는 도리. politics 하다
치도(馳到)[명] 달음질하여 도달함. hurried arrival 하다
치도(緇徒)[명]〖불교〗검은 옷을 걸친 중.
치도-곤(治盜棍)[명]〖제도〗곤장(棍杖)의 하나. 길이 다섯 자 일곱 치, 넓이 다섯 치 서 푼, 두께 한 치인 형구.
치독(治毒)[명] 독한 기운을 다스려 없앰. counter-poison 하다
치독(置毒)[명] 독약을 음식에 넣음. administering poison 하다
치둔(癡鈍)[명] 몹시 어리석고 하는 짓이 굼떠서 흐리터분함. stupidity 하다
치=떨-다(齒一)[라][약]→치를 떨다②.
치=뜰-다(齒一)[라][약]→치가 떨리다.
치-뜨다 아래에서 위를 향하여 뜨다.
치=뜨-다[으러] 눈을 위로 뜨다.《대》내리뜨다.
치-뜨리다 위쪽으로 던져 올리다. cast up
치=들-다[라하] 하는 꼬락서니가 나쁘고 더럽다. vile
치란(治亂)[명] ①잘 다스리는 세상과 어지러운 세상. peace and war ②어지러운 세상을 다스림. suppression of a revolt 하다
치람(侈濫)[명] 지나치게 사치하여 분수에 넘침. exrtavagance 하다
치랭(治冷)[명]〖한의〗냉기(冷氣)를 다스림. 하다
치략(治略)[명] 세상을 다스리는 방책.
치려-주다[라] 돈을 내어 주다. 치르다①. pay
치런-치런[부] 액체가 가장자리 위에서 넘치락말락하는 모양. ¶연못에 빗물이 ~ 괴다. overflowing ②물건의 한 끝이 바닥에 좀 스치락말락하는 모양. ¶치맛자락을 ~ 내리뜨리다.《작》차란차란.《예》지런지런. dragging 하다
치렁-거리다[자] 길게 드리워진 것이 가볍게 움직이다. ¶머리채가 ~.《작》차랑거리다. dangle ②어떤 일에 있어서 날짜가 자꾸 느즈러지다. be postponed from day to day 치렁=치렁[부]
치렁하-다[여형] 길게 드리운 물건이 땅에 닿을락 말락하게 축 늘어져 있다.《작》차랑하다. dangling
치레(治禮)[명] ①잘 매만져서 모양을 내는 일. ¶집~. make up ②어느 일에 실속보다도 더 낫게 꾸며 드러냄. ¶인사 ~. putting a fairshow 하다 [ging 하다
치렵(治獵)[명] 쇠·나무 따위에 맞먹은 다듬. for.
치렵(馳獵)[명] 말을 타고 이리저리 달리며 사냥질함. hunting on horseback 하다 [person
치롱(癡聾)[명] 우매하고 귀먹은 사람. stupid and deaf
치료(治療)[명] 병을 잘 다스려서 낫게 함. 치병(治病). ¶~법(法). treatment 하다
치료 감호소(治療監護所)[명] 사회 보호법에 따라 정신 장애자나 마약·알코올 중독자를 수용하여 치료하는 시설.
치루(痔瘻·痔瘻)[명]〖한의〗똥구멍 가에 구멍이 생기는 치질의 하나. anal fistula
치롱(癡籠)[명] 싸리로 채롱 비슷하게 무껑이 없이 만든 그릇.《유》채롱. wicker basket [nothing
치롱-구니[명] 어리석어서 쓸모가 적은 사람. good-for
치롱-장수[명] 물건을 치롱에 넣어 다니면서 파는 장
치륜(齒輪)[명] 톱니바퀴. cogwheel [수. peddler
치르-다[러] ①마땅히 줄 돈을 내어 주다. 치러주다. pay ②일을 겪어 내다. undergo ③어떤 행동을 당하여 해내다. carry out
치를 떨:-다(齒一)[라] ①아주 인색하여 내놓기를 꺼리다. be close fisted ②몹시 분을 내어 이를 갈다.《약》치떨다. grind one's teeth
치리(漁類)[명] 잉어과의 민물고기. 길이 15~25 cm 이고, 빛은 은백색으로 등쪽 청갈색임. 하천의 완류(緩流) 구역에 삶.

치립(峙立)[명] 쑥 솟아서 우뚝 섬. standing aloft 하다
치마[명] ①여자의 아랫도리의 겉옷. skirt ②조복(朝服)·제복(祭服) 등의 아래에 덧두르는 옷. ③위의 절반은 백지고, 아래의 절반은 빛깔이 다른 종이로 만든 연의 그 아래 절반을 가리킴. ④족자·병풍 따위의 아랫도리에 마른 헝겊.
치마(馳馬)[명] 말을 타고 달림. galloping a horse 하다
치마가 열 두 폭인가[관] 남의 일에 공연히 간섭하고 수다를 떤다.
치마-끈[명] 치마의 말기에 달아 가슴에 둘러매는 끈.
치마-널[명] 난간 밑 테두리에 둘러 붙인 판목(板木).
치마-머리[명] 머리털이 적은 사람이 상투를 짤 때 본머리에 덧둘러서 감는 딴머리.《대》밑머리. added hair [(齒粉).
치마-분(齒磨粉)[명] 이를 닦는 데 쓰는 가루.
치마-상투[명] 본 머리털이 적어 치마머리를 넣어 짠 상투. topknot with added hair
치마야제(Zymase 도)[명]〖화학〗당류를 분해하고 알코올 발효의 역할을 하는 효소의 총칭.
치마 양:반(一兩班)[명] 지체 낮은 집에서 지체 높은 집으로 여러 번 혼인한 양반.
치마-폭(一幅)[명] 피륙의 폭을 여러 개 이어서 만든 치마의 폭. width of a skirt
치마폭이 스물네 폭이다[관] 자기는 아무 상관도 없는 남의 일에 지나치게 참견한다.
치맛-바람[명] ①옷은 치맛자락이 야단스럽게 움직이는 서슬. 곧, 설치는 여자의 서슬. rustling of the skirt ②제대로 갖추어 입지 않고 나온 여자의 옷차림. ordinary dress ③새색시를 놀리는 말. bride
치맛-자락[명] 옷은 치마폭의 늘어진 부분. lower part
치매(嗤罵)[명] 비웃으며 꾸짖음. scorn 하다 [of skirt
치매(癡呆)[명] 말씨나 행동이 느리고 정신이 흐릿함. dementia 하다
치-매기다[라] 차례의 번호를 거꾸로 매기다.《대》내리매기다. number in ascending order
치매-증(一症)(癡呆症)[명] 언어와 동작이 느리며 정신 작용이 완전하지 못한 증세. dementia
치-먹다[자] ①번호가 위로 올라가면서 먹다. going in reverse order ②시골에서 생산된 물건이 서울로 실려 와서 팔린다. get sold in the city
치-먹이다[라] 시골에서 생산된 물건을 서울로 실어다가 판다. ¶시골 물품을 서울로 ~. sell at the center of commerce
치-먹히다[자] ①번호 따위가 위로 올라가면서 먹게 되다. be numbered upward ②시골에서 생산된 물건이 서울로 실려 와서 팔리게 되다. be sold to the center of commerce
치면-하다[여형] 그릇 속에 담긴 물건이 가장자리에 거의 닿을 만하다. be nearly brimful
치명(治命)[명] 죽을 무렵에 맑은 정신으로 하는 유언(遺言).《대》난명(亂命). verbal will
치:명(致命)[명] ①죽을 지경에 이름. being fatal ②〖기독〗천주와 교회를 위하여 자기 목숨을 바침. martyrdom 하다
치:명-상(致命傷)[명] ①죽음의 원인이 될 만한 상처. fatal wound ②재기 불능하게 된 사태의 근본. fatal blow
치:명-적(致命的)[관] 치명적인 타격. [정치의(것).
치목(治木)[명] 재목을 다듬음. trimming timber 하다
치목(稚木·稚木)[명] 싹이 난 지 얼마 안 되는 어린 나무. 치수(稚樹). sapling
치문(緇門)[명] ①〖불교〗모든 학자의 글귀를 모은 불경의 이름. ②검은 옷을 걸친 중문(宗門).
치미(侈靡)[명] 정도가 너무 지나치도록 하는 사치. extravagance 하다
치민(治民)[명] 국민을 다스림. government 하다
치밀(緻密)[명] ①자세하고 꼼꼼함. 면밀(綿密). ¶계획을 ~하게 세우다. minuteness ②곱고 빽빽함.

치밀다 delicacy ③포목 따위가 올이 배고 톡톡함. (배)조잡(粗雜). 산만(散漫). closeness 하타 히타
치밀-다타르 ①아래에서 위로 힘있게 솟아오르다. up surge ②마음에 품은 욕심, 또는 불길 따위가 확확 일어나다. flare up ③오래 된 체증이 덩어리 따위가 솟아오르다. feel sick 타르 ④아래에서 위로 힘있게 밀어 올리다. push up
치-받다타 위를 향해 떠받아 오르다. 타 위를 향해 맞받아 밀어내다. 《대》내리받다.
치받이[—바지] 명 ①비탈진 언덕을 올라가게 된 방향. 《대》내리받이. steep slope to go up ②〈건축〉집의 처마 산자(撒子) 안쪽으로 바르는 흙. 또는, 그 일. 앙벽(仰壁).
치받이-하다[—바지—] 여타 천장 산자에 흙을 바름.
치받치-다자 ①불길·연기 따위가 힘차게 솟아서 오르다. shoot up ②어떤 감정이 속에서 세차게 북받쳐 오르다. rise ③아래에서 위로 받치어 오르다. push up 타 ①밑을 버티어 위로 올려 밀다. ②아래에서 위로 향하여 받치다.
치발 부장(齒髮不長) 명 〈동〉치발 불급(齒髮不及).
치발 불급(齒髮不及) 명 배냇머리나 배냇니가 아직 미치지 않았다는 뜻으로, 나이가 아직 어림을 가리키는 말. 치발 부장(齒髮不長).
치법[—뻡] (治法) 명 ①나라를 다스리는 법. ②치료하는 법. ③법으로 다스림. 하타
치병(治兵) 명 군대를 다스림. 군대를 훈련함. administration of military affairs 하타
치병(治病) 명 〈동〉치료(治療). 하타   [hurry 하타
치보(馳報) 명 빨리 달려가서 알림. informing in a
치본(治本) 명 〈한의〉병의 근원을 없애 버림. 하타
치부(恥部) 명 ①음부(陰部). ②남에게 보이게 되면 부끄러운 부분.   [wealth 하타
치-부(致富) 명 재물을 모아 부자가 됨. attaining
치-부(置簿) 명 ①금전·물품의 출납을 적음. account ②(얘-하다)타 치부책(置簿冊). 하타
치-부꾼(致富—) 명 부지런하고 검소하여 부자가 될 만한 사람. money-maker
치부-장(置簿帳) 명 一짱」〈동〉치부책.
치부-책(置簿冊) 명 금품의 출납을 기록하는 장부. 치부장. (약) 치부②. ledger
치분(齒粉) 명 〈약〉치마분(齒磨粉).
치-불:-다자르 바람이 아래에서 위로 향하여 약간 **치름**[고] 여기운[寒]. | 불다. 《대》내리불다.
치-불-다 위로 치켜 올라타다.
치빙(馳騁) 명 ①말을 타고 달리며 다님. ②부산하게 이곳저곳 돌아다님. 하타
치-사(致仕) 명 나이가 많아서 관직을 내놓고 물러남. retiring due to old age 하타
치-사(致死) 명 죽기에 이름. 죽게 함. 치폐(致斃). ¶과실 ~. being fatal 하타
치사(恥事) 명 남부끄러운 일. shame 하타 스렝 스레
치-사(致詞·致辭) 명 ①경사시에 임금께 드리는 송덕(頌德)의 글. 치어(致語). commendation ②악인(樂人)이 경사 있을 때에 풍류에 맞추어 올리는 찬양의 말.   [하타
치-사(致謝) 명 고맙다는 뜻을 표함. extending thanks
치-사(致仕) 명 손윗 사람에 대한 사랑.
치-사량(致死量) 명 약·X선·전기 등의 환자 치료에 적당한 한도를 넘은 양. fatal amount
치-사율(致死率) 명 〈의학〉어떤 병에 걸린 환자 중에서, 그 병으로 죽는 사람의 비율.
치산(治山) 명 ①산소를 매만져서 다듬음. conservation of a graveyard ②산을 잘 다스림. 《대》치수(治水). forest conservation 하타
치산(治産) 명 〈동〉치가(治家). ②〈법률〉재산을 관리하고 처리함. management of one's property 하타 | 주다. extol to the skies
치살리-다 지나치게 칭찬하여 주다. 함부로 추어
치상(治喪) 명 초상을 치러 냄. performance of a funeral ceremony 하타   [하타
치생(治生) 명 살아갈 방도를 차림. making a living
치서(齒序) 명 나이의 순서. 치차(齒次). order of age
치석(治石) 명 돌을 다듬음. trimming stone 하타
치석(齒石) 명 〈의학〉이의 안바닥이나 틈 사이에 침에서 분비된 석회분(石灰分)이 엉기어 붙어서 굳어진 물질. 치구(齒垢). tartar
치-선(置先) 명 〈야〉→치중 선수(置中先手).
치성(致誠) 명 ①있는 정성을 다함. devotion ②신이나 부처에게 정성을 드림. ¶~을 드리다. sacrificial service 하타   [service 하타
치성(齒聲) 명 〈음〉잇소리.
치성(熾盛) 명 아주 버썩 성함. violence 하타
치세(治世) 명 ①잘 다스려진 세상. 태평한 세상. peaceful world ②세상을 잘 다스림. 《대》난세(亂世). reign 하타
치소(嗤笑) 명 빈정거리며 웃음. derisive laugh 하타
치소(癡笑) 명 바보 같은 웃음. idiotic laughter
치손(稚孫) 명 나이가 어린 손자. young grandchild
치-솟-다 자 ①위를 향하여 힘차게 솟다. ¶연기가 ~. shoot up ②감정·생각·힘 등이 세차게 북받쳐 오르다. ¶울분이 ~. rise   [one off 하타
치송(治送) 명 행장을 차리어 길을 떠나 보냄. seeing
치송(擇松) 명 잣솔.   [measure
치수(—數) 명 길이를 잴 때의 몇 자 몇 치의 수.
치수(治水) 명 〈토목〉하천·호수 등의 물을 잘 다스리어 그 피해를 막음. 《대》치산(治山)②. flood control 하타
치수(齒髓) 명 〈생리〉이틀 속에 꽉 차 있는 부드럽고 연한 조직. 이골. dental pulp
치수(錙銖) 명 아주 작은 무게. 백 개의 기장의 낱알을 1수(銖). 24수를 1냥(兩), 8냥을 1치(錙)라 함.
치수(稚樹) 명 어린 나무[稚木].   [고 매겨진 금.
치수-금(—數—) 명 자로 치수를 재어서 그은 금.
치수-내:-다(—數—) 명 물건의 길이의 치수를 정하다.
치수-로-다(—數—) 명 치수를 재어 정하다.
치수 맞춰 옷 마른다 잘 살펴보고 계획을 한 다음에 격에 맞도록 일을 한다.
치수-염(齒髓炎) 명 〈의학〉치수에 생기는 염증. 동통이 심하며 화농성·비화농성의 두 종류가 있음.
치술(治術) 명 나라나 병을 다스리는 방법.   [pulpitis
치-쉬:-다 숨을 크게 들이마시다.
치습(治濕) 명 〈한의〉병의 근원인 습기를 고침. 하타
치신(置身) 명 처신(處身).
치신머리-사:납-다[—답]혀ㅂ 〈하〉치신사납다.
치신머리-없:-다[—업]혀 〈하〉치신없다.   [하타
치:신 무지(置身無地) 명 두려워서 몸둘 바가 없음.
치:신-사:납-다혀ㅂ 치신을 잘못하여서 꼴이 매우 언짢다. 치신사납다. (작) 채신사납다. shameful
치:신-없:-다혀 치신을 경솔히 하여 남을 대하는 위신이 없다. (씨) 처신없다. (작) 채신없다. shameful
치:신-없이 위
치심(侈心) 명 사치를 좋아하는 마음.
치심(恥心) 명 부끄러움을 아는 마음. shameful mind
치심(穉心) 명 ①어릴 적의 마음. childish mind ②어린이 같은 마음.   [남아 있음.
치심 상:존(穉心尙存) 명 어릴 적의 마음이 아직까지
치아(稚兒) 명 어린아이. child
치아(齒牙) 명 〈동〉이.
치아(稚兒) 명 〈동〉치자(穉子).
치아-열(齒牙熱) 명 〈의학〉태어난 지 반 년 내지 일년 경에 유아의 이가 나기 시작할 때에 일어나는 열.
치아-탑(齒牙塔) 명 〈불교〉학덕(學德)이 높은 이의 치아를 넣고 쌓아 놓은 탑.
치아-통(齒牙筒) 명 이쑤시개와 귀이개를 넣어서 차고 다니는 작은 통. 은·대뿔 따위로 만듦.
치안(治安) 명 ①나라를 편안히 다스림. 또는 나라가 편안히 다스려짐. public peace ②국가 사회의 안녕 질서를 보전함. 또는 안녕 질서가 보전됨. ¶

치안감
~ 유지. maintenance of law and order 하다타
치안=감(治安監)명 경찰 공무원 계급의 하나. 치안 정감(治安正監)의 아래, 경무관(警務官)의 위. Senior Superintendent General
치안=경:찰(治安警察)명《동》보안 경찰(保安警察).
치안=방해(治安妨害)명 국가 사회의 치안을 방해함. breach of the public peace
치안 본부(治安本部)명 사회의 안녕 질서를 유지하는 사무를 분장(分掌)하는 내무부 장관 소속하의 한 기관.
치안 재판(治安裁判)명《속》즉결 심판(卽決審判).
치안 정(治安正)명 경찰 공무원 계급의 하나. 치안 총감의 아래, 치안감의 위임.
치안=책(治安策)명 치안의 방책. measure of public peace
치안 총:감(治安總監)명 경찰 공무원의 최고 계급. 내무부 치안 본부장에 보직됨.
치약(齒藥)명 이를 닦는 약. tooth paste
치:어(致語)명《동》치사(致詞)①.
치어(稚魚)명 알에서 깬 지 얼마 안 되는 어린 물고기. 유어(幼魚)①과 작은 것을.《대》성어(成魚).
치어다-보다태 고개를 들고 치쳐보다. look up
치언(痴言)명 바보 같은 말. 어리석은 말.
치열(治熱)명《한의》병의 열기를 다스림. ¶이열(以熱) ~. cure the fever 하다
치열(齒列)명 잇바디. row of teeth
치열(熾烈)명①세력이 불길같이 맹렬함. vehemence ②불길이나 햇볕이 매우 성함. intensity 하다 히
치열(熾熱)명 열이 매우 높음. 매우 뜨거움. intense heat 하다 히
치예(馳詣)명 윗사람 앞으로 빨리 달려감. 치진(馳進)①. presenting oneself in a hurry 하다
치=올리-다타 위로 밀어 올리다. push up
치용(齒冗)명 이를 쑤시어 벗고 쪼는 병.
치와와(Chihuahua)명 개의 한 품종. 멕시코 원산으로 키 약 13cm, 몸무게 0.8~2kg. 세계에서 가장 작은 개임. 털이 짧고 귀가 크며, 몸 빛은 흑색·갈색 등 여러 가지임. 애완용.
치외 법권(治外法權)명《법률》①다른 나라에서 그 나라의 법률에 좇지 않고 자기 나라의 주권을 행사할 수 있는 국제법상의 권리. extraterritoriality ②규정된 법위 밖의 권리. outside the scope of rules
치욕(恥辱)명 부끄럼과 욕됨. 하군(瑕瑾)②.《대》명예(名譽). 영예(榮譽).《약》욕(辱). disgrace
치우(痴愚)명 사람이 못나고 어리석음. stupidity 하다
치우-다타①물건을 다른 곳으로 보내다. send ②흐 어진 것을 잘 간수하다. put in order ③먹어서 없애다. drink up ④놓았던 물건을 숨기려 위하여 다른 곳으로 옮기다. remove ⑤하던 일을 다 마치지 못하고 도중에 그만두거나 일단 끝을 내다.《약》치다⁹. dispose of
치우-치다자 한쪽으로 쏠려 있다. ¶자기 생각에만 ~. lean
치위(致慰)명 상중(喪中)이나 복중에 있는 사람을 위로함.
치위(고)위문. condolence
치유(治癒)명 의사의 치료를 받고 병이 나음. healing 하다
치유(稚幼)명①나이가 어림. young ②학문·기술 등이 미숙함. 유치(幼稚)②. immature 하다
치은(齒齦)명《생리》잇몸. gum
치은 궤:양(齒齦潰瘍)명《의학》잇몸이 허는 병. ulceration of the gums
치은 농양(齒齦膿瘍)명《의학》잇몸이 헐어서 고름이 생기는 병. gumboil
치은=염(一炎)명《의학》잇몸에 생겨나는 염증. gingivitis of the gums
치은=종(齒齦腫)명《의학》잇몸이 허는 병. gathering
치음(齒音)명《어학》훈민정음에서 ㅅ·ㅈ·ㅊ 등의 일 컬음. 잇소리. 치성(齒聲). sibilant

치조 농양
치읓명《어학》자음 열째 번의 'ㅊ'의 이름. name of the tenth consonant
치:의(致意)명①남의 뜻을 알아차림. perceiving another's intention ②자기가 가진 뜻을 남에게 알림. communicating one's intention 하다
치:의(致疑)명 의심을 둠. doubt 하다
치의(緇衣)명《불교》①중의 검은 옷. ②《동》승도(僧徒).
치이-다①피륙의 올이 이리저리 쏠리다. 이불 따위에 둔 솜이 한쪽으로 밀려와 뭉키다. become uneven ②고기나 짐승 따위가 덫이나 무거운 물체에 걸리고 눌리다. be trapped ③다른 힘에 역눌리거나 이아침을 당하다.《약》치다². be pressed down
치이-다²자 값이 얼마씩 먹히다.《약》치다¹¹. cost
치이-다³타동①대장장이에게 도끼나 칼이나 낫 따위를 만들게 하다. ②어떤 물건을 치우거나 시키다.
치인(治人)명《동》치자(治者).
치인(痴人)명 어리석고 못난 사람. 치자(痴者). 치한(癡漢)①. idiot
치인 설몽(痴人說夢)명 어리석고 못난 사람이 꿈이야기를 한다는 뜻으로, 종작없이 허황한 말을 지절임을 이르는 말.
치일(治日)명 세상이 잘 다스려진 시기. peaceful days
치자(治者)명①한 나라를 다스리는 사람. ruler ②권력을 가진 사람. 치인(治人).《대》피치자(被治者). man of power
치자(梔子)명《한의》치자나무의 열매. 해열제로 씀.
치자(稚子)명①여남은 살쯤 되는 어린 아이. child ②나이 어린 아들. 치아(稚兒). young son
치자(癡者)명《동》치인(痴人).
치:자-나무(梔子—)명《식물》꼭두서니과의 상록 활엽 관목. 키 2~3m 이상 잎은 피침형으로 녹색에 광택이 남. 7월에 백색의 큰 꽃이 피고 과실은 긴 타원형이며 가을에 황홍색으로 익음. 관상용으로 심으며 열매는 이뇨제, 또는 황색색 염료로 씀. cape jasmine
치자 다소(痴者多笑)명 어리석고 못난 사람은 아무렇지도 않은 일에도 웃기를 잘함을 이름.
치:자-색(梔子色)명 치자나무 열매로 물들인 짙은 누른색에 좀 붉은색이 섞인 색깔. orange
치-잡다타 치켜 올려 잡다. make up 하다
치장(治粧)명 매만져서 모양을 곱게 냄. ¶~한 얼굴.
치장(治裝)명 행장을 차림. 치행(治行). arrangement of travelling outfit 하다
치장 차리다가 신주 개 물려 보낸듯 머뭇머뭇하다가 일을 그르치고 큰 욕막 당하다.
치:재(致齋)명 제관(祭官)이 될 사람이 사흘 동안 부정한 일을 가까이 않고 몸을 깨끗이 가지는 일. 하다
치적(治績)명 정치상의 공적. administrative achievements
치:전(致奠)명 친한 사람이 죽은 때에 겨레붙이나 친구들이 슬퍼하는 뜻을 나타내는 제식. 하다
치점(嗤點)명 비웃어서 뒷손가락질함. 손가락질하여 비웃음. 하다
치정(治定)명 나라를 다스리어 안정시킴. decision
치정(痴情)명 남녀간의 사랑에 있어서 생기는 여러 가지로 어지러운 정. foolish passion
치정 문학(痴情文學)명《문학》치정 관계를 제재(題材)로 하여 향락주의적인 입장에서 쓴 문학. 하다
치:제(致祭)명 공이 많았던 신하에게 내리는 제사.
치조(齒槽)명《생리》치근(齒根)이 박혀 있는 상하 악골(顎骨)의 구멍. alveolus
치조=골(齒槽骨)명《생리》치근의 주위에 있는 뼈. 악골(顎骨)의 일부임.
치조 농루(齒槽膿漏)명《의학》이가 흔들리고 치조에서 고름이 나는 병. pyorrhoea alveolaris
치조 농양(齒槽膿瘍)명《의학》이가 박힌 자리에 세균이 감염되어 이뿌리 속에 고름이 생기는 염증. gumboil

치조-음(齒槽音)〖어학〗 '허끝소리'의 구용어.

치졸(稚拙·穉拙)〖〗 유치하고 졸렬함. 《유》유치(幼稚). clumsy 하타

치죄(治罪)〖〗 죄를 징계하여 벌함. punishment 하타

치주(馳走)〖〗 달려감. running 하타

치:주(置酒)〖〗 술자리를 베품. holding a banquet 하타

치:중(置中)〖〗 ①한가운데 둠. placing at the centre ②바둑 둘 적에 한가운데에 또는 에워싸인 중앙에 다 또 점을 놓음. 하타

치:중(置重)〖〗 어떤 곳에 중점을 둠. ¶수출 진흥 정책에 ~하다. emphasis 하타

치중(輜重)〖〗 수레에 실은 짐. pack on a horse ② 육군에서, 군사상 옮겨 나르는 온갖 군수품. military supplies　　　　　　　　〔transport supplies

치중-대(輜重隊)〖군사〗 치중병으로 편성된 군대.

치중-병(輜重兵)〖군사〗 군수 물품을 운송하는 책임을 맡은 군사.

치:중 선수(置中先手)〖〗 바둑에서 복판에 치중하는 사람이 선수함.《약》치선(置先). 하타

치:즈(cheese)〖〗 우유 중의 카세인을 엉고 발효시킨 식품. 요리·제과 등에 쓰임. 건락(乾酪).

치지(差池)〖〗 들쭉날쭉하여 가지런하지 않음. unevenness 하타　　　　　　　　　　　〔nding 하타

치:지(致知)〖〗 알아서 깨닫는 지경에 이름. understa-

치:지(置之)〖〗 내버려 둠. leaving aside 하타

치:지 도:외(置之度外)〖〗 내버려 두고 문제로 삼지 아니함. 도외시하여 내버려 둠. 도외 치지(度外置之).

치직(癡職)〖〗 버슬을 웃난 사람. 하타

치진(馳進)〖〗 ①〖동〗치에(馳詣). ②〖제도〗원이 감영에 달려감. 하타

치진(緇塵)〖〗 지저분한 티끌. 세속의 더러운 때.

치질(痔疾)〖한의〗 똥구멍의 안팎에 나는 병의 총칭. 치루(痔瘻)·치핵(痔核)·치열(痔裂) 따위가 있음.　　　　　　　　　　　〔을 이르는 말.

치질 앓는 고양이 모양 같다〖〗 주제꼴이 매우 초라함

치차(齒次)〖〗〖동〗치서(齒序).

치차(齒車)〖〗 톱니바퀴. cogwheel hemorrhoids

치-천하(治天下)〖〗 천하를 통치함. rule over the whole world 하타

치체로네(cicerone 이)〖〗 명소나 고적의 안내인.

치:총(置塚)〖민속〗 치표(置標)로 만든 무덤.

치축(馳逐)〖〗 달려가서 쫓음. hurry 하타

치취(馳驟)〖〗 썩 빠름.

치치-다〖타〗 ①위로 올리어 긋다. extol to the skies ②위로 올리어 보내다. toss up

치켜-들다〖타〗 위로 올려 들다. ¶손을 ~.

치켜-세우다〖타〗 ①정도 이상으로 칭찬하다. sing the praises of ②위로 추켜 올려 세우다. ¶옷깃을 ~. ③부추켜서 제 궤도에 올려 세우다.

치:크(cheek)〖〗 뺨. 빰.　　　　　〔다. pull up

치키다〖타〗 위로 끌어올리다. ¶바지를 치켜 올려 입

치킨(chicken)〖〗 ①병아리. ②식용으로서의 닭. 닭고기.

치킨 라이스(chicken rice)〖〗 밥에 닭고기와 양파·청대콩 따위를 넣고 기름에 볶은 서양 요리의 하나.

치킨 커틀릿(chicken cutlet)〖〗 닭고기에 밀가루·달걀·빵가루 따위를 발라 기름에 튀긴 요리.

치:타(cheetah)〖동물〗고양이과에 속하는 표범의 하나. 몸 길이는 1.4m정도, 사지는 가늘고 길며 귀는 짧음. 몸 빛은 황갈색에 둥근 흑색 무늬가 있음. 포유 동물 중 걸음이 가장 빠름.

치:탈(褫奪)〖〗 무엇을 벗겨 빼앗아 들임. 체탈. robbing a person of 하타

치탈 도:첩(褫奪度牒)〖불교〗승려가 삼보(三寶)에게 중대한 죄를 지었을 때 그의 도첩을 빼앗는 일.

치태(癡態)〖〗 바보 같은 모양새. foolery 　 〔하타

치토(塡土)〖농업〗50% 이상의 점토를 함유하는 토양. 주로, 점판암·이판암·이암 따위가 바람에 삭　　　　　　　　　　　　　〔아서 된 흙.

치:토(雉兎)〖〗 꿩과 토끼.

치:토-자(雉兎者)〖〗 꿩과 토끼를 사냥하는 사람.

치통(齒痛)〖의학〗이가 아픈 증세. 이앓이. toothache 　　　　　　　　〔을 당함. failure 하타

치:패(致敗)〖〗 ①살림이 결단남. bankruptcy ②실패

치평(治平)〖〗 세상이 잘 다스려져서 평안함. 태평(泰平). peace and tranquility 하타

치:폐(致斃)〖〗〖동〗치사(致死). 하타 〔garden 하타

치포(治圃)〖〗 채원을 가꿈. cultivation of a vegetable

치:표(治表)〖한의〗병의 근원을 다스리지 않고 겉 증세만을 그때그때에 없애는 치료 방법.

치:표(置標)〖〗 ①표하여 둠. marking ②〖민속〗묏자리를 미리 잡아 표적을 묻어서 무덤 모양으로 만들어 두는 일. 하타

치풍(侈風)〖〗 사치스런 풍습. luxurious custom

치풍(治風)〖한의〗병의 풍기(風氣)를 다스림. curing palsy 하타

치풍-주(治風酒)〖한의〗병을 다스리는 술. 찹쌀과 솔잎과 꿀과 물을 끓여서 식힌 것에 누룩을 버무려서 담금.

치하(治下)〖〗 다스리는 범위의 안. 통치의 아래. domain ②관할하는 구역 안. jurisdiction

치:하(致賀)〖〗 ①남의 경사에 대하여 하례함. congratulation ②치사하여 칭찬함. compliments 하타

치:하-다〖타〗그날 무렵의 날씨가 나빠지다.

치한(癡漢)〖〗 ①〖동〗치인(癡人). ②여자를 희롱하는 남자. erotic man

치핵(痔核)〖의〗직장의 정맥(靜脈)이 늘어져서 항문의 둘레에 혹과 같이 된 일종의 종기. 내치핵(內痔核)과 외치핵(外痔核)이 있음.

치행(治行)〖〗 길 떠날 행장을 차림. 치장(治裝). 하타

치행(慫行)〖〗 아주 못난 병신 행동.

치혈(治血)〖한의〗혈액에 관한 병을 다스림. 하타

치혈(痔血)〖한의〗치질로 나오는 피.

치화(治化)〖〗 어질고 착한 정치로 국민을 교화함. enlightenment 하타 〔〖동〗정사(情事).

치화(癡話)〖〗 ①정인(情人)끼리 주고받는 이야기. ②

치:환(置換)〖〗 ①바꾸어 놓음.《유》환치(換置). ②〖수학〗n개의 숫자를 하나의 순열(順列)로부터 다른 순열로 바꾸어 펼침. ③〖화학〗어떤 화합물의 어떤 원자 또는 원자단을 다른 원자 또는 원자단으로 바꾸어 놓음. 가령 황산의 수소를 아연으로 치환하면 황산아연이 됨. replacement 하타

치효(鴟梟)〖〗 ①올빼미. ②포악하게 빼앗는 성질로 있는 사람의 비유.

치-흠(齒欠)〖〗 위쪽을 향하여 흠다.

치희(戱戱)〖〗 ①어리석은 장난. childish conduct ② 어린이의 장난. child's play

치-켜다〖고〗치키다. 올려 끌다.

칙교(勅敎)〖〗〖동〗칙유(勅諭).

칙단(勅斷)〖〗 임금의 칙재(勅裁).

칙답(勅答)〖〗 ①임금이 대답함. 또, 그 대답. ②임금의 물음에 대하여 대답함. 또, 그 대답. 하사타

칙령(勅令)〖〗 임금의 명령. 하타

칙명(勅命)〖〗 임금의 명령. 대명(大命). 주명(主命). 천명(天命)③. 칙지(勅旨). 칙령(勅令). Imperial command 〔messenger

칙사(勅使)〖〗 임금의 명령을 받은 사신. Imperial

칙살-맞다〖〗 하는 짓이 얄밉게 잘고 더럽다. 《작》착살맞다. miserly 〔리다. be mean

칙살-부리다〖〗 칙살스러운 짓을 하다.《작》착살부

칙살-스럽다〖〗 칙살한 태도가 있다. 《작》착살스럽다. 칙살=스레다

칙살-하다〖〗 하는 짓이나 말이 아니꼽게 잘고 더럽다. 《작》착살하다. miserly

칙서(勅書)〖〗 임금이 어떤 사람에게 권계(勸戒)의 뜻이나 알릴 일을 적은 글. Imperial letter 〔하타

칙선(勅選)〖〗 임금이 몸소 뽑음. Royal nomination

칙액(勅額)〖〗 글자를 임금이 손수 쓴 편액(扁額).

칙어(勅語)〖〗〖동〗칙유(勅諭).

칙유(勅諭)영 임금이 몸소 타이른 말씀. 또는 그것을 격은 포고문(布告文). 칙교(勅敎). 칙어(勅語). Imperial instructions

칙임(勅任)〈법률〉칙명으로 벼슬을 시킴. 또, 그 벼슬. imperial appointment 하다

칙임-관(勅任官)〈제도〉칙임관(勅任官)의 아래, 주임관(奏任官)의 윗벼슬. Imperial appointee

칙재(勅裁)영 임금의 결재. 칙단(勅斷). 칙재. Impe-

칙지(勅旨)영 칙명(勅命). [rial decision

칙칙-폭폭영 증기 기관차가 연기를 뿜으면서 달리는 소리.

칙칙-하다[여]영 ①색깔이 곱지 못하고 질기만 하다. ¶빛깔이 ~. gaudy ②숱이나 머리털이 매우 배어서 길다.

칙필(勅筆)영 임금의 친필(親筆). Imperial autograph

칙행(勅行)영 칙사의 행차(行次).

칙허(勅許)영 칙사의 허가. Royal sanction

친(親)영 ①겨레붙이에 대한 일컬음에 '직접'·'가까운'의 뜻을 나타냄. ¶~동생. one's own ②어떤 말 위에 붙어 그것과 가까움을 나타냄.

친가(親家)영 ①영 친정(親庭). ②〈불교〉중의 부모가 사는 속가(俗家). [ndence 하다

친감(親監)영 임금이 몸소 살핌. Imperial superinte-

친갑(親監)영 임금이 몸소 봄. 하다

친견(親見)영 몸소 봄. 《유》친람(親覽). personal inspection 하다 [방계친(傍系親)으로 나눔.

친계(親系)〈법률〉친족의 계통. 직계친(直系親)과

친고(親告)영 ①몸소 알리어 바침. informing personally ②〈법률〉피해자가 직접 하는 고소. personal accusation 하다

친고(親故)영 ①겨레붙이 및 오래 사귄 벗. relatives and friends ②영 친구①.

친고-죄[-죄](親告罪)영〈법률〉검사가 공소(公訴)를 제기함에 있어서, 피해자 또는 그 밖의 법률이 정한 자의 고소나 청구가 있음을 필요로 하는 범죄.

친공-신(親功臣)〈제도〉선조의 공을 이어받은 것이 아니고 제 스스로 공을 세워 녹훈(錄勳)을 받

친교(親交)영 친밀하게 사귐. intimacy [은 공신.

친교(親敎)영 부모의 가르침. one's parent's instruction

친구(親舊)영 ①오래 두고 사귀어 온 벗. 친고(親故). 친우(親友). 《유》친지(親知). friend ②나이가 비슷한 아랫사람에 대하여 가깝게 부를 때에 이르는 말. intimate friend [하다

친국(親鞫)영〈제도〉임금이 중죄인을 친히 다스림.

친권(親眷)영 아주 가까운 겨레붙이. close relatives

친권[-꿘](親權)영〈법률〉부모가 미성년인 자식에 대하여 가지는, 신상(身上)·재산상의 감독·보호 및 교육을 내용으로 하는 권리와 의무의 총칭. parental authority [자. person in parental authority

친권-자[-꿘-](親權者)영〈법률〉친권을 행사하는

친근(親近)영 정의가 매우 가까움. 《서로 ~한 사이. 《유》친밀(親密). 《대》경원(敬遠). 소원(疏遠). intimacy 하다 히영 [one's parents

친기(親忌)영 부모의 제사. memorial service for

친-남매(親男妹)영 한 부모에게서 난 남매.

친=동기(親同氣)영 영 동기.

친람(親覽)영 왕공(王公)·귀인이 친히 봄. 몸소 관람함. 《유》친견(親見). personal viewing 하다

친림(親臨)영 임금이 몸소 나타남. personal attendance 하다 [랍. staff

친막(親幕)영 장수 밑에서 획책(劃策)에 참여하는 사

친-막친(親莫親)영 더할 수 없이 친함.

친명(親命)영 어버이의 명령. order of one's parents

친모(親母)영 영 친어머니.

친목(親睦)영 서로 친하여 뜻이 맞고 정다움. friend-

친목-계(親睦契)영 서로 친하게 지낼 목적으로 모은 계.

친목-회(親睦會)영 친목을 도모하기 위한 모임. social-gathering

친문(親問)영 몸소 물음. 하다 [personally 하다

친문(親聞)영 왕공(王公)·귀인이 친히 들음. hearing

친밀(親密)영 가까워서 사이가 버성기지 않음. 《유》친근(親近). 친의(親誼). intimacy 하다 히영

친밀-감(親密感)영 친밀한 느낌. feeling of intimacy

친병(親兵)영 임금이 몸소 거느리던 군사. Imperial bodyguards [하다

친봉(親捧)영 손수 거두어 받듦. personal acceptance

친부(親父)영 영 친아버지.

친분(親分)영 썩 가깝고 다정한 정분. 계분(契分). 《유》친의(親誼). intimacy [friendship

친-불친(親不親)영 친함과 친하지 않음. degree of

친사(親査)영 《약》~친사돈(査頓).

친사-돈(親査頓)영 친사돈이 되는 사이. [사(親査).

친사-돈(親査頓)영 부부의 부모끼리의 일컬음. 《약》친

친산(親山)영 어버이의 산소. graves of one's parents

친-삼촌(親三寸)영 친아버지의 형제. 《대》외삼촌(外三寸). [for one's parents

친상(親喪)영 어버이의 상사. 대우(大憂)②. mourning

친-생자(親生子)영〈법률〉부모와 혈연 관계가 있는 자(子). 부모의 혼인중의 출생자와 혼인외의 출생자가 있음.

친서(親書)영 ①몸소 글씨를 씀. 또, 그 편지. autographing ②《유》친신(親信)영. 하다 [ture 하다

친서(親署)영 왕공(王公)·귀인의 서명. Royal signa-

친선(親善)영 가까워 사이가 좋음. ¶~ 경기(競技). friendly relations [감. degree of intimacy

친소(親疏)영 친하여 가까움과 친하지 못하여 버성

친소간-에(親疏間-)영 친하여 가깝든지 가깝지 못하든지 관계할 것 없이. whether intimate or not

친속(親屬)영 영 친족(親族). [말.

친손(親孫)영 '친손녀'와 '친손자'를 아울러 이르는

친-손녀(親孫女)영 자기 아들의 친딸. 곧, 직계(直系)의 손녀. 《대》외손녀.

친-손자(親孫子)영 자기 아들의 친아들. 곧, 직계(直系)의 손자. 《대》외손자.

친손자는 걸리고 외손자는 업고 간다영 사랑에 있어서 차례가 바뀜을 가리키는 말. [family

친솔(親率)영 같은 집안의 식구. members of one's

친수(親受)영 왕공(王公)·귀인이 몸소 받음. 하다

친수(親授)영 왕공(王公)·귀인이 친히 줌. giving in person 하다

친수 교질(親水膠質)영 영 친수 콜로이드(colloid).

친-수성[-성](親水性)영 물에 대하여 친화력(親和力)이 있는 성질. 《대》소수성(疏水性).

친수 콜로이드(親水 colloid)영〈화학〉분산매(分散媒)가 물인 콜로이드. 콜로이드 입자가 물과 단단히 결합하여 있으므로 소수(疏水) 콜로이드에 비해 점도(粘度)가 높으며 전해질(電解質)에 의해서도 응결하기 힘들고 안정성이 있음. 친수 교질.

친숙(親熟)영 친하여 어色 허물함이 없음. 《유》친압(親狎). intimacy 하다 히영

친시(親試)영〈제도〉임금이 친히 시험을 뵘. 하다

친신(親臣)영〈제도〉임금을 가까이 모시는 신하.

친신(親信)영 ①가까이 여겨서 믿음. ②몸소 보내 준 서신(書信). 친서(親書)②. autograph 하다

친심(親審)영 몸소 살피어 심사함. 하다

친-아버지(親-)영 자기를 직접 낳은 아버지. 실부(實父). 친부(親父). one's real father

친-아우(親-)영 동기(同氣)인 아우. 친제(親弟). one's real younger sister

친압(親狎)영 사이가 버릇없이 너무 가까워짐. 《유》친숙(親熟). much familiarity 하다 히영

친애(親愛)영〈제도〉임금이 친히 적전(籍田)에서

친애(親愛)영 서로 친밀히 사랑함. affection 하다

친-어머니(親-)영 자기를 낳은 어머니. 실모(實母). 친모(親母). one's real mother

친=언니(親―)[명] 동기(同氣)인 언니. one's real elder sister
친연(親緣)[명] 친척간의 인연.
친영(親迎)[명] ①몸소 나아가 맞음. receiving someone personally ②〈제도〉 신랑이 신부를 몸소 맞는 육례(六禮)의 하나. receiving of the bride by the bridegroom 하라
친왕(親王)[명] 임금의 아들이나 형제. Emperor's son or brother
친왕(親往)[명] 친히 감. going in person 하라
친용(親用)[명] 친히 씀. 하라
친우(親友)[명] 《동》 친구(親舊)①.
친위(親衛)[명] 임금·국가 원수(元首) 등의 신변의 보호를 함.
친위-대(親衛隊)[명] ①국왕(國王)·국가 원수 등의 신변을 경호하는 대(隊). bodyguards ②〈제도〉 고종 때 서울의 수비를 맡던 군대.
친의(親倚)[명] 가까이 의지함. 하라타
친의(親誼)[명] 아주 친밀한 정의. 《유》 친분. 친밀. close friendship
친일(親日)[명] 일본과 친근함. 《대》 배일(排日).
친일-파(親日派)[명] ①일본과 친근한 파. ②〈역사〉 1945년 이전의 일제(日帝) 때 반민족적 행위를 한 무리. pro-japanese
친자(親炙)[명] 스승이나 존경하는 분에게 친히 가르침을 받음. 《대》 사숙(私淑). receiving personal teaching 하라
친재(親裁)[명] 임금이 몸소 옳고 그름을 결단함. 하라
친전(親展)[명] ①몸소 펴서 봄. opening in person ②편지를 받는 분이 몸소 펴 보아 주기를 원한다는 뜻으로, 겉봉의 수신인 이름 옆이나 아래에 써넣는 말. confidential 하라
친전(親傳)[명] 친히 가서 전하여 줌. delivering in person 하라
친절(親切)[명] 매우 정답고 고분고분함. 실의(實誼)①. 절친(切親). kindness 히 하라
친접(親接)[명] 몸소 접대함. receiving in person 하라
친정(親征)[명] 임금이 몸소 나아가 정벌함. 하라
친정(親政)[명] 임금이 몸소 정치를 맡아봄. direct Imperial rule 하라
친정(親庭)[명] 시집간 여자의 생가. 본가댁. 친가(親家)①. 본가(本家). 《대》 시집. woman's parent's home
친정-댁(親庭宅)[명] 친정.
친정=살이(親庭―)[명] 친정에 몸을 의지하고 삶. 또, 그 일. 하라
친정 일가 같다[명] 남이지만 흉허물이 없다.
친제(親弟)[명] 《동》 친아우.
친제(親祭)[명] 임금이 친히 제사를 지냄. 친향(親享).
친족(親族)[명] 촌수가 가까운 겨레붙이. 흔히 사종(四從) 이내를 말함. 친속(親屬). kinfolk
친족 결혼(親族結婚)[명] 친족끼리의 결혼.
친족-권(親族權)[명] 〈법률〉 친족상의 신분에 따르는 권리. 친권(親權)이 후견(後見)에 따르는 권리 등.
친족-법(親族法)[명] 〈법률〉 부부·부모와 자녀·친족·후견(後見) 및 그 밖의 친족 관계를 규정하는 사법(私法). Domestic Relations Law
친족-회(親族會)[명] 〈법률〉 특정(特定)한 사람 또는 집의 중요한 사항을 의결하기 위하여 친족이 모여 하는 회. 본인·호주·후견인(後見人)·친족·검사(檢事)·이해 관계인의 청구에 의하여 법원이 소집함. family conference
친족 회:의(親族會議)[명] ①친족들이 모여 하는 회의. ②〈동〉 친족회(親族會). family meeting
친지(親知)[명] 아주 가깝게 지내는 사람. ¶ ~의 도움을 청하다. 《유》 친구(親舊)①. intimate
친진(親盡)[명] 대진(代盡).
친집(親執)[명] 남에게 일을 시키지 않고 몸소 잡아서 함. practice in one's own person 하라
친착(襯着)[명] 바싹 다가서 가까이 달라붙음. clinging closely 하라
친찬(親撰)[명] 임금이 글을 친히 지음에 또, 그 글. Royal composition 하라
친찰(親札)[명] 친히 쓴 편지.
친척(親戚)[명] ①친족(親族)과 외척(外戚). ②성이 다른 가까운 척분(戚分). 고종·이종 등. 연가(緣家). 유연(類緣). relations
친총 만:기(親總萬機)[명] 임금이 정사를 몸소 다스림.
친:친(親親)[명] 여러 번 감거나 또는 단단하게 동여매는 모양. 《각》 찬찬. many times round
친친(親親)[명] 마땅히 가깝게 지내야 할 사람과 친함.
친친-하-다(親―)[여불] 축축하고도 끈끈하여 불쾌한 느낌이 있다. 《유》 축축하다. damp
친탁(親―)[명] 생김새나 성질이 할아버지나 아버지를 닮음. 《대》 외탁(外―). take after one's father's side 하라 《과생》(科生)이 되기를 피함. 하라
친피(親避)[명] 근친 사이에는 서로 시관(試官) 또는
친필(親筆)[명] 손수 쓴 글씨. 진필(眞筆). autograph
친-하-다(親―)[타여] ①남을 가깝게 사귀다. ②〈보〉 intimate [영]은 가까이 사귀어 정이 두껍다. ¶ 친한 사이. real grandmother
친-할머니(親―)[명] 자기 아버지의 친어머니.
친-할아버지(親―)[명] 자기 아버지의 친아버지. one's real grandfather
친행(親行)[명] 일을 몸소 시행함. 궁행(躬行). 하라
친향(親享)[명] 《동》 친제(親祭). 하라 brother
친형(親兄)[명] 친언니. 실형(實兄). one's own elder
친-형제(親兄弟)[명] 한 부모에게서 낳은 언니와 아우.
친호(親好)[명] 서로 사이가 좋고 정다움. intimacy 하라
친화(親和)[명] ①서로 친해 화합함. fellowship ②〈화학〉 서로 종류가 다른 물질이 화합함. affinity 하라
친화-력(親和力)[명] 〈화학〉 각종 원소의 원자가 각각 독특한 친화성을 가지고 서로 결합할 때의 힘. chemical attraction
친환(親患)[명] 부모의 병환. illness of one's parents
친후(親厚)[명] 서로 친하여 그 정의가 두터움. close friendship 하라 state of health
친후(親候)[명] 어버이의 체후(體候). one's parent's
친-히(親―)[부] ①몸소. 손수. ¶ ~ 청소하시다. personally ②친하게. ¶ ~ 지내다. familiarly
칠(漆)[명] ①《예》→옻칠. ②무은 빛깔이나 광택을 내는 물질. 또, 그것을 바르는 일. coating 하라
칠(七)[명] 일곱. seven 평면형.
칠각-형(七角形)[명] 〈수학〉 일곱 개의 직선으로 싸인
칠갑(漆甲)[명] 《동》 철갑(鐵甲)
칠거지-악(七去之惡)[명] 아내를 내쫓는 이유의 일곱 가지. 곧, 불순 구고(不順舅姑)·무자(無子)·음행(淫行)·질투(嫉妬)·악질(惡疾)·구설(口舌)·도절(盜竊).
칠경(七經)[명] 시경(詩經)·서경(書經)·예기(禮記)·악기(樂記)·역경(易經)·논어(論語)·춘추(春秋)의 일곱 가지 경서(經書). 일곱 가지 고난.
칠고(七苦)[명] 〈기독〉 성모 마리아와 요셉이 겪은 일
칠공(漆工)[명] 칠장이.
칠공예(漆工藝)[명] 옻칠을 써서 하는 공예.
칠교(七敎)[명] 사람이 지켜 나갈 일곱 가지 가르침. 군신·부자·부부·형제·붕우(朋友)·장유(長幼)·빈객에 관한 도(道).
칠교-도(七巧圖)[명] 장난감의 하나. 직각 삼각형(直角三角形) 큰 것 두 조각, 중간 것 한 조각, 작은 것 두 조각과 정방형(正方形)과 평행 사변형과 한 조각을 마음대로 이리저리 맞춰서 물건의 모양을 만들게 되어 있음. ¶ 을 고비음을 가리키는 말.
칠궁(七窮)[명] 음력 7월이 농가에 있어서 가장 어려운
칠규(七竅)[명] 사람 얼굴에 있는, 귀·눈·코의 각 두 구멍과 입의 한 구멍. seven holes of a human
칠-그릇(漆―)[명] 《동》 칠기(漆器)
칠기(七氣)[명] 기쁨·성냄·슬픔·은혜·사랑·놀람·두려움의 일곱 가지의 심기(心氣).
칠기(漆器)[명] ①《예》→칠목기(漆木器) ②옻칠과 같이 검은 잿물로 된 도자기. 칠그릇. lacquer ware
칠난(七難)[명] 〈불교〉 이 세상에 있는 일곱 가지의 재난. 곧, 수난(水難)·화난(火難)·나찰난(羅刹難)·왕난(王難)·귀난(鬼難)·가쇄난(枷鎖難)·원적난(怨

칠난 팔고(七難八苦)영 여러 가지 고난. 온갖 고초.

칠 년 가뭄에는 살아도 석 달 장마엔 못 산다속 가뭄은 견딜 수 있으나 장마는 길어서만 귀찮다.

칠 년 간병에 삼 년 묵은 쑥을 찾는다속 오랜 병을 간호하려면 여러 가지 어려운 일을 겪는다.

칠당[一堂](七堂)영 〈불교〉절에 있는 온갖 전당과 집의 총칭. 불당(佛堂)·법당(法堂)·승당(僧堂) 따위.

칠대[一때](七大)영 〈불교〉만유 생성의 일곱 가지 요소. 곧, 지대(地大)·수대(水大)·화대(火大)·풍대(風大)·공대(空大)·견대(見大)·식대(識大).

칠=대양[一때—](七大洋)영 남태평양·북태평양·남대서양·북대서양·북극양·남극양·인도양의 일곱 대양. seven oceans

칠독[一똑](漆毒)영 옻의 독기. lacquer poison

칠렁거리다(七零一) 영 칠령 팔락(七零八落). 하

칠랑(七樑)영 〈건축〉집의 갈비가 세 간동이나 넓게 지을 때, 오량(五樑)으로는 상연(上緣)의 경사가 급하지 못할 때 보 두 줄을 더 놓아 짓는 방식.

칠량-각(七樑閣)영 →칠량집.

칠량-보[一보](七樑一)영 〈건축〉칠량집의 한가운뎃보.

칠량-집[一집](七樑一)영 〈건축〉칠량으로 지은 집. 칠량각(七樑閣).

칠량-쪼구미(七樑一)영 〈건축〉칠량보를 받치는 동자기둥.

칠렁거리다→ 많은 물이 움직이는 대로 자꾸 넘쳐 흐르다. overflow 칠렁—칠렁[—]하하양 찰랑찰랑. 하하

칠렁-칠렁→ 큰 그릇에 물이 그득그득 피어 있는 모양.

칠렁—하다[형연] 큰 그릇에 물이 가장자리까지 그득하게 담겨 있다. to overflowing 칠렁—히영

칠레 초석(Chile 硝石) 〈화학〉질산나트륨을 주성분으로 한 보통 입상(粒狀)·피각상(皮殻狀)의 광석. 질산염의 원료로, 비료·화약 등의 제조에 씀. 질산소다. Chile saltpetre

칠령 팔락(七零八落)영 ① 사물이 연락되지도 않고 고르지도 못함. ②영락함. 지리 멸렬이 됨. 칠락 팔락(七落八落). unevenness 하하

칠률(七律)영 〈약〉→칠언 율시(七言律詩).

칠립(漆笠)영 옻칠을 한 갓.

칠망(七望)영 〈천문〉음력 열이렛날에 되는 망(望).

칠면—조(七面鳥)영 〈조류〉꿩과[雉科]의 새. 머리와 목은 털이 없이 붉은 살이 붙어 있고 그 색깔가 청색·적색·청백색 등의 여러 색으로 변함. 미국과 유럽에서 육용 및 애완용으로 사육됨. turkey ②변덕스러운 사람을 가리킴. fickle man

칠면—초(七面草)영 〈식물〉명아주과에 속하는 일년생 풀. 잎은 붉은 가루 같으나, 8~9월에 녹색 꽃이 피며 과실은 포과임. 해변에 나며 어린 잎과 줄기는 식용함.

칠목(漆木)영 〈식물〉옻나무.

칠목=기[一기](漆木器)영 옻칠을 한 나무 그릇. ¶—전(廛). 〈약〉칠기(漆器)①. lacquered woodenware

칠물(漆物)영 옻칠을 한 기물의 총칭. lacquerware

칠반(漆—)영 옻칠을 한 함지박.

칠백(七魄)영 〈불교〉죽은 사람의 몸에 남아 있는 일곱 가지의 정령(精靈). 곧, 귀가 둘, 눈이 둘, 콧구멍이 둘, 입이 하나.

칠보(七寶)영 ①〈불교〉일곱 가지의 보배. 무량수경(無量壽經)에는 금·은·유리·파리(玻璃)·마노(瑪瑙)·거거(硨磲)·산호, 법화경(法華經)에는 금·은·마노·유리·거거·진주·매괴(玫瑰). ②〈불교〉전륜성왕(轉輪聖王)이 가지고 있는 일곱 가지의 보배. 곧, 윤보(輪寶)·상보(象寶)·마보(馬寶)·여의주보(如意珠寶)·여보(女寶)·장보(將寶)·주장신보(主藏臣寶). ③은이나 구리 따위의 바탕에 갖가지 및의 에나멜을 녹여 붙여서 꽃·새·인물 따위 무늬를 나타낸 세공(細工).

칠보 단장(七寶丹粧)영 많은 보물로써 몸을 단장함.

칠보=재(七步才)영 일곱 걸음을 걷는 동안에 시(詩)를 지을 만한 재주라는 뜻. 시재(詩才)·문재(文才)에 뛰어남을 가리키는 말.

칠보 족두리(七寶—)영 여러 가지 패물과 금박으로 꾸민 신부가 쓰는 족두리.

칠분—도(七分搗)영 현미를 찧어서 본시의 무게의 100분의 92 이상이 되게 하는 용정(舂精).

칠분도—미(七分搗米)영 칠분도로 찧은 쌀. 70 percent polished rice

칠불(七佛)영 〈불교〉과거에 나타난 일곱 부처. 곧, 비바시불(毘婆尸佛)·시기불(尸棄佛)·비사부불(毘舍浮佛)·구류손불(拘留孫佛)·구나함모니불(俱那含牟尼佛)·가섭불(迦葉佛)·석가모니불(釋迦牟尼佛).

칠=붓(漆—)영 칠을 바를 때 쓰는 붓.

칠삭—둥이[—싹—](←七朔童一)영 ①밴 지 일곱 달 만에 난 아이. prematurely-born child ②조금 모자라는 사람을 비웃는 말. fool

칠색[—쌕](七色)영 ①일곱 가지의 빛깔. 곧, 빨강·파랑·노랑·보라·초록·남·빛깔. ②〈물리〉태양광(太陽光)을 스펙트럼으로 나눌 때 나타나는 일곱 가지의 빛깔. 곧, 빨강·주황·노랑·초록·파랑·남빛·보랏빛. seven colours

칠색[—쌕](漆色)영 칠의 광택. lacquer colour

칠색 팔색(七色八色)을 **하다** 얼굴빛이 변하도록 놀라며 믿지 않음을 이르는 말.

칠생[—쌩](七生)영 〈불교〉일곱 번 다시 태어나는 일. 이 세상에 다시 태어날 수 있는 가장 많은 극한(極限).

칠서[—써](七書)영 ①주역·서경·시경·논어(論語)·맹자(孟子)·중용(中庸)·대학(大學)의 사서 삼경(四書三經). ②〈약〉→무경 칠서(武經七書).

칠서[—써](漆書)영 종이가 없던 옛날에 대쪽에 글자를 쓰고 그 위에 옻칠을 한 글자.

칠석[—썩](七夕)영 ①명절의 하나. 음력 7월 초이렛날의 밤. 이날 밤에 견우성과 직녀성이 오작교를 건너서 만난다고 함. Vega festival ②〈약〉→칠석날(七夕—). 〈약〉석(七夕).

칠석—날[—썩—](七夕—)영 칠석이 되는 날. 〈약〉칠석(七夕).

칠석—물[—썩—](七夕—)영 칠석날에 오는 비.

칠석물 지—다(七夕—)영 칠석날에 비가 많이 와서 큰물이 지다.

칠선[—썬](漆扇)영 옻칠을 한 부채. lacquered fan

칠성[—썽](七成)영 황금의 품질을 10등으로 나눈 제 4등.

칠성[—썽](七星)영 ①〈약〉→북두 칠성(北斗七星). ②〈약〉→칠성각(七星閣). 칠성당(七星堂). 칠성전(七星殿). 〈약〉→칠성판(七星板)③.

칠성—각[—썽—](七星閣)영 〈불교〉칠원성군(七元星君)을 모신 전. 칠성당. 칠성전. 〈약〉칠성(七星)①. Taoist shrine consecrated to the Big Dipper

칠성—님[—썽—](七星—)영(雅) 칠원성군(七元星君).

칠성—단[—썽—](七星壇)영 〈불교〉칠원성군을 모신 단.

칠성—당[—썽—](七星堂)영 〈불교〉칠원성군을 모신 으로 모신 당. 〈약〉칠성(七星)①.

칠=성:사[—썽—](七聖事)영 〈기독〉예수가 정한 세례·견진(堅振)·성사·성체(聖體)·혼인·종부(終傅)·신품(神品)의 일곱 가지 성사.

칠성—상어[—썽—](七星—)영 〈어류〉신락상어과의 상어. 대형인데 머리는 작고 넓고, 등지느러미는 1개. 몸은 다갈색으로 암갈색의 무늬가 있음.

칠성—은[—썽—](七成銀)영 〈동〉정은(丁銀).

칠성 장어(七星長魚)[명]〈어류〉다묵장어과의 물고기. 몸 길이는 약 63 cm이며 뱀장어와 비슷함. 몸 빛은 흑청색, 배는 흼. 한국 동남해에 주입하는 하천, 일본 등지에 분포됨.

칠성-전[-썽-][七星殿][명]〈동〉칠성각(七星閣).

칠성-판[-썽-][七星板][명]①관 안바닥에 까는 널조각. 북두 칠성을 본떠서 일곱 구멍을 뚫음. 〔약〕칠성(七星)③. ②[비]얼굴. [lacquered dinner-table

칠-소반[-쏘-][漆小盤][명]옻칠을 한 소반. small

칠순[-쑨][七旬][명]①일흔 날. seventy days ②일흔 살. ¶ ~ 노인. seventy years old

칠순[-쑨][七順][명]순조로운 일곱 가지 순종(順從)의 도(道). 곧, 순천(順天)·순지(順地)·순민(順民)·순리(順利)·순덕(順德)·순인(順仁)·순도(順道). [room

칠실[-씰][漆室][명]몹시 캄캄하게 어두운 방. dark

칠실지-우[-씰-][漆室之憂][명]옛날 노(魯)나라의 천부(賤婦)가 캄캄한 방에서 나라의 일을 근심하였다는 데서 온 말로 제 신분에 맞지 않는 일을 근심함을 이르는 말. [혼 살. seventy years old

칠십[-씹][七十·七拾][명]일흔. seventy 칠(七).

칠십이-후[-씹-][七十二候][명]음력에서, 1년을 72 기후로 나눈 이름. 닷새를 1후로 함.

칠야(漆夜)[명]캄캄한 밤. 앞이 안 보이는 어두운 밤. 흑야(黑夜). ¶칼날~. pitch-dark night

칠양지=꽃(一陽地-)[명]〈식물〉장미과의 다년생 풀. 높이 30 cm 가량으로 줄기는 땅으로 벋으며 4~8월에 황색 꽃이 핌.

칠언(七言)[명]한 구가 일곱 자로 된 한시의 한 체. verse with seven characters to the line

칠언 고시(七言古詩)〈문학〉한 구(句)가 일곱 자로 된 고시(古詩). 초사(楚辭)·탁요(鐸謠)·항우(項羽)의 해하가(垓下歌)·한고조(漢高祖)의 대풍가(大風歌) 따위.

칠언 율시[-씨](七言律詩)〈문학〉칠언 팔구(七言八句)로 된 한시(漢詩). 〔준〕칠률(七律).

칠언 절구(七言絶句)〈문학〉칠언 사구(七言四句)로 된 한시(漢詩). 〔약〕칠절(七絶). Chinese quatrain with 7-syllable lines

칠오-조[-쪼][七五調]〈문학〉신시(新詩)의 한 체. 일곱 자·다섯 자를 섞바꾸어서 음조(音調)를 맞추어서 시를 지음. seven-and-five syllable meter

칠요(七曜)[명]①중국의 천문설로 일월(日月)과 수·화·목·금·토의 오성(五星). ②〔약〕칠요일(七曜日).

칠-요일(七曜日)[명]일요일·월요일·화요일·수요일·목요일·금요일·토요일의 총칭. 일주간(一週間). 칠치(七値). 〔약〕칠요(七曜)②. week, seven days of the week

칠원-성군(七元星君)〈불교〉북두(北斗)의 탐랑 성군(貪狼星君)·거문 성군(巨文星君)·녹존 성군(綠存星君)·문곡 성군(文曲星君)·염정 성군(廉貞星君)·무곡 성군(武曲星君)·파군 성군(破軍星君)의 일곱성군.

칠월(七月)[명]한 해의 일곱째 달. July [성군.

칠월 더부살이가 주인 마누라 속곳 걱정한다[속]아무 관계없는 일에 쓸데없는 걱정을 한다.

칠음(七音)[명]①〈음악〉동양 음악의 궁(宮)·상(商)·각(角)·치(徵)·우(羽)·반상(半商)·반치(半徵)의 일곱 가지 소리. ②〈어학〉중국의 음운학(音韻學)에서 분류한 아(牙)·설(舌)·순(脣)·치(齒)·후(喉)·반설(半舌)·반치(半徵)의 일곱 가지의 소리.

칠-일[-릴][漆-一][명]옻칠을 하다. 하다

칠일-장(七日葬)[명]죽은 지 이레 만에 지내는 장사. burial seven days after death

칠일-주[-쭈](七日酒)[명]담근 지 이레 만에 먹는 술.

칠장(漆匠)[명]〈동〉칠장이.

칠-장(漆欌)[명]①옻칠을 한 의장(衣欌). ②옻칠한 물건을 넣어 굳히는 장. 갓방에서 갓에 칠을 해 두는 데에 쓰임. lacquered wardrobe

칠장이(漆匠-)[명]칠을 바르는 것으로써 업을 삼는 사람. 칠공(漆工). 칠장(漆匠).

칠재[-째](七齋)〈제도〉고려 국학의 여택(麗擇)·대빙(待聘)·경덕(經德)·구인(求仁)·복응(服膺)·양정(養正)·강예(講藝)의 일곱 분재. 칠관(七館).

칠적[-쩍](七賊)〈역사〉국권을 일본에게 넘겨 주는 칠조약(七條約)을 맺게 한 일곱 매국노(賣國奴). 곧, 총리 대신 이완용(李完用)·내무 대신 임선준(任善準)·법부 대신 조중응(趙重應)·농상공부 대신 송병준(宋秉畯)·학부 대신 이재곤(李載崑)·군부 대신 이병무(李秉武)·탁지부 대신 고영희(高永喜)를 [이름.

칠전[-쩐](漆田)[명]옻나무를 심은 밭.

칠전 팔기[-쩐-](七顚八起)[명]일곱 번 넘어지고 여덟 번 일어난다는 뜻으로, 몇 번 실패해도 굴하지 않고 일어서서 분투함을 이름. 십전 구도. ¶~의 투지. not giving in to adversity 하다

칠전 팔도[-쩐-도](七顚八倒)[명]일곱 번 구르고 여덟 번 거꾸러진다는 뜻으로, 고생이 대단함을 이름. undergo various difficulties 하다

칠절[-쩔](七絶)[명]〔약〕칠언 절구(七言絶句).

칠정[-쩡](七井)[명]한 줄에 7 사람씩 14 사람이 상여를 메도록 꾸미는 방식.

칠정[-쩡](七情)[명]①사람의 일곱 가지의 감정. 곧, 희(喜)·로(怒)·애(哀)·락(樂)·애(愛)·오(惡)·욕(欲). 또는 희(喜)·로(怒)·우(憂)·사(思)·비(悲)·경(驚)·공(恐). ②〈불교〉희·로·우·구(懼)·애·증(憎)·욕. seven passions

칠정 겹술[-쩡-](七井-)[명]24 사람이 메도록 칠정에 세로줄 하나를 더한 상여의 술.

칠정-력[-쩡-](七政曆)[명]조선조 세종 때 처음으로 반포한 책력의 하나.

칠족[-쪽](七族)[명]①증조(曾祖)·조부(祖父)·부(父)·자기·자(子)·손(孫)·증손(曾孫)의 직계친(直系親)을 중심으로 하여, 방계로서 방계친(傍系親)으로 증조의 삼대손이 되는 형제·종형제·재종 형제를 포함하는 동종(同宗) 친족의 일컬음. ②고모의 자녀, 자매의 자녀, 딸의 자녀, 외족(外族), 이종(姨從), 장인·장모 및 자기 동족.

칠종[-쫑](七宗)〈불교〉고려 때 불교의 일곱 가지 종파. 자은종(慈恩宗)·화엄종(華嚴宗)·시흥종(始興宗)·중도종(中道宗)·남산종(南山宗)의 5교와 조계종(曹溪宗)·천태종(天台宗)의 양종.

칠종 칠금[-쫑-](七縱七擒)[석]적을 일곱 번 놓아주고 일곱 번 사로잡는다는 뜻으로, 상대를 마음대로 함을 이르는 말. [달리 이르는 말.

칠좌-성[-쫘-](七座星)[명]'북두 칠성(北斗七星)'을

칠-죄;종[-쬐-](七罪宗)〈기독〉본죄(本罪)의 일곱 가지 으뜸. 곧, 교오(驕傲)·간린(慳吝)·미색(迷色)·분노(忿怒)·탐도(貪饕)·질투(嫉妒)·해태(懈怠). 죄종(罪宗).

칠중[-쭝](七衆)〈불교〉불타(佛陀)의 일곱 제자. 곧, 비구(比丘)·비구니(比丘尼)·식차마나(式叉摩那)·사미(沙彌)·사미니(沙彌尼)·우바새(優婆塞)·우바이(優婆夷).

칠중-주[-쭝-](七重奏)[명]〈음악〉7 사람의 연주자가 7 개의 악기로 하는 연주. 흔히 현악과 관악으로 연주함. 셉텟트(septet).

칠즙(漆汁)[명]액체 그대로 있는 옻. liquid lacquer

칠지(漆紙)[명]옻을 바른 종이. lacquered paper

칠지 단장[-찌-](漆紙丹粧)[명]활의 양냥고자 밑에 칠지(漆紙)로 가로로 가민 단장.

칠진 만:보[-찐-](七珍萬寶)[명]모든 진귀한 보물.

칠질(七蛭)[명]일흔 살. [온갖 보물.

칠창(漆瘡)[명]〈한의〉옻독으로 생기는 급성 피부병.

칠첩 반상(七-飯床)[명]밥그릇 하나, 국그릇 하나, 대접 하나, 쟁반 하나, 조치 하나, 보시기 하나, 종지 셋, 접시 일곱을 한 벌로 하는 반상.

칠촌(七寸)[명]①일곱 치. ②아버지의 육촌. 또, 자기 육촌의 자녀. one's father's second cousin

칠치(七値)[명]〈동〉칠요일(七曜日).

칠칠(七七)[명]일곱 이레.

칠칠-일(七七日)〖명〗〖동〗사십구일. 〖참〗칠재.
칠칠-재(七七齋)〖명〗〖불교〗사십구일재(齋). 〖약〗재.
칠칠-하다〖여유〗①푸성귀 따위가 길차다. ¶칠칠하게 자란 배추. wellgrown ②하는 일이 거침새없이 민첩하다. quick ③주접이 들지 않고 깨끗하다.
칠-히〖부〗
칠판(漆板)〖명〗분필로 글씨를 쓰게 만든 널조각. 흑판. 「黑板」. blackboard
칠팔-월(七八月)〖명〗칠월과 팔월. July and August
칠팔월 수숫잎〖관〗성질이 약하여 변복하기를 잘 하는 사람. 「가기가 곤란하다.
칠팔월 은어 곯듯 한다〖관〗졸지에 수입이 줄어서 살아
칠포(漆布)〖명〗①칠을 바른 베. lacquered cloth ②관(棺) 위에 놓이는 헝겊. cloth covering the coffin
칠피(漆皮)〖명〗에나멜을 칠한 가죽. ¶~ 혁대.
칠함(漆函)〖명〗옻칠을 한 함. lacquered box
칠현-금(七絃琴)〖명〗〖음악〗일곱 줄로 메어 만든 거문고. 오현금(五絃琴)에 문무현(文武絃)을 더하여 음. heptachord 〖器〗. 옻을 담는 통.
칠-호병(漆胡甁)〖명〗병 모양으로 된 서양식의 칠기(漆)
칠화(漆畵)〖명〗옻칠을 하여 그린 그림. lacquer painting
칠흑(漆黑)〖명〗칠처럼 검고 광택이 있음. 또, 그 빛깔. coal-black
칡[칙]〖명〗〖식물〗콩과의 다년생 덩굴나무. 잎은 넓은 난형이고 2~3 갈래로 갈라졌으며 전체에 갈색 털이 남. 뿌리는 갈근(葛根)이라 하여 전분이 많아 식용하고 덩굴의 속껍질은 청을치라 하여 피륙을 짜고 노를 꼬는 데 씀. arrowroot
칡-덤불[칙~]〖명〗칡과 그 밖의 풀·형극(荊棘)들이 서로 엉클어져 우거진 덤불. thicket of arrowroots
칡-덩굴[칙~]〖명〗칡의 벋어 나간 덩굴. vines of arrowroots 「striped tiger
칡-범[칙~]〖명〗온몸에 칡덩굴 같은 무늬가 있는 범.
칡-뿌리[칙~]〖명〗칡의 뿌리. 약재로 쓰이고 전분은 갈분이라 하여 식용함. 〖소〗. striped cow
칡-소[칙~]〖명〗온몸에 칡덩굴 같은 무늬가 있는 소.
침(생리)〖명〗입 속의 타액선(唾液腺)에서 분비되는 끈기 있는 소화액. 타액(唾液). 구액(口液). spittle
침(針)〖명〗바늘. needle
침(鍼)〖명〗〖한의〗①사람·마소 등의 혈(穴)을 찔러 병을 다스리는 데 쓰는 바늘 needle ②~하다 침술(鍼術). 「칠시(沈柿). sweetened persimmon
침-감(沈-)〖명〗소금물에 담가, 떫은 맛을 없앤 감.
침강(沈降)〖명〗가라앉아 내림. sinking 하다
침강-류(沈降流)〖명〗〖지학〗일선(一線) 또는 일점(一點)을 중심으로 해수(海水)가 하부 수직으로 가라앉는 보류(補流). 〖대〗용승류(湧昇流).
침강 운동(沈降運動)〖명〗〖지학〗해면에 대하여 땅의 높이가 낮아지는 따위의 운동. sedimentation
침강 해안(沈降海岸)〖명〗〖지학〗지반(地盤)의 침하(沈下)에 의하여 된 해안. 침수 해안(沈水海岸). shore line of submergence
침거(侵據)〖명〗침노하여 그 곳에 근거를 둠. 하다
침격(侵擊)〖명〗침입하여 공격함. 하다
침경(侵耕)〖명〗〖제도〗국유지나 다른 사람 소유의 토지를 불법으로 개간하거나 경작하던 일. 하다
침경(侵境)〖명〗국경을 침범함. 하다
침-골(枕骨)〖명〗〖생리〗두개(頭蓋)의 뒷부분을 형성하는 뼈. rear part of a skull
침공(侵攻)〖명〗침범하여 공격함. invasion 하다
침공(針工)〖명〗①바느질하여 준 삯. pay for needlework ②바느질을 하는 기술. 「나드는 구멍.
침공(針孔)〖명〗①바늘의 귀. needle's eye ②바늘이 드
침공(鍼孔)〖명〗침을 맞는 구멍.
침구(寢具)〖명〗침입하여 노략질함. invasion 하다
침-구(寢具)〖명〗잠잘 때에 쓰는 제구. 이부자리와 베개 따위. bedding 「moxibustion
침-구(鍼灸)〖명〗〖한의〗침질과 뜸질. acupuncture and
침구-술(鍼灸術)〖명〗〖한의〗침질과 뜸질로 병을 고치는 의술. art of acupuncture and moxacautery

침:낭(寢囊)〖명〗슬리핑 백.
침노-하다(侵撈-)〖여유〗①남의 나라로 쳐들어가다. invade ②개개로 먹어 들어가다. 「다.
침-놓다(鍼-)〖자〗①침을 주다. ②따끔하게 풍자하다.
침니(chimney)〖명〗①등산 용어로, 굴뚝처럼 세로로 갈라진 암벽의 틈.
침닉(沈溺)〖명〗①〖동〗침몰(沈沒). ②술·계집·노름 같은 것에 빠짐. be infatuated with 하다
침:-담그다(沈-)〖타으〗떫은 맛을 빼기 위하여 감을 소금물에 담그다. soak in salt water
침:대(寢臺)〖명〗사람이 누워 자게 만든 서양식 침상. 침상(寢牀). 와상(臥牀). bed
침대-권(寢臺券)〖명〗기차·기선 따위에 설치된 침대를 쓰는 경우에 요금을 치르고 사는 표.
침대-차(寢臺車)〖명〗침대의 설비가 있는 열차.
침독(枕毒)〖명〗〖鍼毒〗침의 독(毒). poison from acupuncture 「uncture
침-두(枕頭)〖명〗베갯머리. one's bedside
침둔(沈鈍)〖명〗기력이 주저앉아 둔함. 하다
침략(侵掠)〖명〗①남의 물건을 폭력으로 빼앗음. plunder ②영토를 침범하여 빼앗음. 〖유〗침략(侵略). 〖대〗방위(防衛). aggression 하다
침략(侵略)〖명〗남의 나라를 침범하여 땅을 빼앗음. ¶~ 행위(行爲). 〖유〗침략(侵掠). aggression 하다
침략-주의(侵略主義)〖명〗남의 나라를 공격하여 영토를 빼앗음을 정책으로 하는 주의.
침량(斟量)〖명〗〖동〗짐작. 하다
침려(沈慮)〖명〗고요히 생각함. 정신을 한 곳에 모아 깊이 생각함. 침사(沈思). meditation 하다
침례(浸禮)〖명〗〖기독〗예수님과 온몸에 물을 끼얹어 죄를 씻는 의식. baptism by immersion
침례-교(浸禮敎)〖명〗〖기독〗침례를 중요시하는 신교의 한 파. 유아 세례를 반대하며, 침례에 특수한 의의를 인정하고, 이를 중시함. Baptist Church
침:-로(針路)〖명〗자침철이 가리켜 주는 방향. 곧, 배나 비행기 따위가 나아가는 길. ship's course
침륜(沈淪)〖명〗①〖동〗침몰(沈沒). ②재산·권세 등이 줄어들어 떨치지 못함. decline 하다
침-맞:다(鍼-)〖자〗①침주는 자를 당하다. be treated with acupuncture ②물건을 중간에 몰래 빼앗기다.
침맥(沈脈)〖명〗〖한의〗네 맥, 곧, 부(浮)·침(沈)·지(遲)·삭(數)의 하나. 손끝으로 눌러 모아야만 뛰는 것을 알 수 있는 맥. 〖대〗부맥(浮脈).
침 먹은 지네〖관〗당연히 할 말을 한 마디도 못하고 있는 사람을 가리키는 말. poor spirited fellow
침면(沈眠)〖명〗몸이 곤하여 깊이 잠이 듦. sound sleep 하다 「못함. 하다
침면(沈湎)〖명〗정신적 고민으로 술에 젖어서 헤어나지
침:-모(針母)〖명〗남의 바느질을 하여 주고 삯을 받는 부인. 든침모와 난침모가 있음. seamstress
침:-목(枕木)〖명〗①길고 큰 물건 밑을 괴어 놓은 목재. block ②기차 선로 아래 까는 목재나 콘크리트재. sleeper 「침몰(沈沒). sinking 하다
침몰(沈沒)〖명〗물 속에 가라앉음. 엄몰(淹沒). 침닉①.
침몰-선(沈沒船)〖명〗물 속에 가라앉은 배. sunken vessel 「言〗. silence 하다
침묵(沈默)〖명〗아무 말이 없이 잠잠함. 〖대〗발언(發
침반(針盤)〖명〗『나침반(羅針盤)』.
침:-방(針房)〖명〗〖제도〗궁중에서 침모들이 바느질하던 곳. sewingroom
침:-방(寢房)〖명〗〖동〗침실(寢室).
침 뱉고 밑 씻겠다〖관〗정신이 아주 없어서 일의 두서를 차리지 못한다.
침 뱉은 우물 다시 먹는다〖관〗다시 안 볼 듯이 하여도 이후에 다시 소청할 일이 있게 된다.
침벌(侵伐)〖명〗침범하여 침. invasion 하다
침범(侵犯)〖명〗남의 영토·권리 따위를 범함. invasion 하다
침:-변(枕邊)〖명〗〖동〗베갯머리.
침:-병(枕屛)〖명〗〖동〗머릿 병풍.
침부(沈浮)〖명〗①가라앉음과 뜸. floating and sinking ②세속(世俗)의 영고(榮枯)의 성쇠(盛衰)의 비유.

침:=불안석(寢不安席)[명] 걱정이 많아서 편안히 자지 못함. 하다타

침:불안 식불안(寢不安食不安)[명] 근심·걱정이 많아서 침식이 편하지 못함. 침식 불안(寢食不安).

침사(沈思)[명] 정신을 한 곳에 모아 깊이 생각함. 한 곳에 깊이 생각함. meditation 하다타

침사(鍼砂)[명]〈한의〉침을 만들 적에 거독(去毒)시 고운 쇳가루. 보약으로 쓰임.

침사-지(沈沙池)[명]〈토목〉사방 공사를 할 때에 물길로 흘러 내리는 모래와 흙을 막기 위하여 요처에 만들어 놓는 못.

침삭(侵削)[명] 침범하여 조금씩 깎아 먹어 들어감. 하

침:삼키-다[자] 먹고 싶거나 손에 넣고 싶어, 저도 모르게 군침을 삼키다. 침흘리다①. [먹 보고 ~.

침:상(枕上)[명] 베개의 위. 누워 있을 때. lying down

침상(針狀)[명] 바늘과 같이 가늘고 끝이 뾰족한 모양.

침상(寢牀)[명] [needle-shaped

침상-엽[―녑](針狀葉)[명]〈동〉침엽(針葉).

침:-샘[명]〈생리〉침을 내보내는 샘. 포유류에서는 구강점막(口腔粘膜) 가운데 있으며, 귀밑샘·혀밑샘이 있음. [는 자리. place for sleeping

침:석(枕席)[명] ①베개와 자리. pillow and bed ②자

침:석(砧石)[명] 다듬잇돌.

침:석(寢席)[명] 침실에 까는 돗자리. bedroom rushmat

침석(鍼石)[명] 돌로 만든 침. 병을 고치는 데 씀.

침선(沈船)[명] 배가 가라앉음. 그 배. sunken ship 하다타 [(績). needlework 하다타

침:선(針線)[명] 바늘과 실. 바느질. ~ 방적 (紡績)

침:선-비(針線婢)[명]〈제도〉상의원(尙衣院)에서 바느질을 맡던 기녀(妓女). [라왔다설치함.

침설(浸泄)[명] 수로(水雷)·해저 전선 등을 수중에 가

침:성(砧聲)[명] 다듬이하는 소리. sound of fulling

침:소(寢所)[명] 사람이 자는 곳. bed room [cloth

침:소 봉대(針小棒大)[명] 조그마한 일을 크게 불리어 말함. [원]침소 방대. gross exaggeration 하다타

침손(侵損)[명]〈동〉침해(侵害). 하다타

침수(沈水)[명] 물에 잠김. inundation 하다타

침수(浸水)[명] 물이 넘쳐나 젖거나 잠김. ¶ ~ 가옥.

침:수(寢睡)[명] 수면(睡眠). [flooding 하다타

침수 식물(沈水植物)[명]〈식물〉식물체 전부가 물 속에 잠겨 사는 수생 식물의 하나. 붕어마름·통발 따위. 침수 식물. hydrophyte

침수-지(浸水地·沈水地)[명] 시위로 물에 잠긴 땅.

침수 해:안(沈水海岸)[명]〈동〉침강 해안(沈降海岸).

침술(鍼術)[명]〈한의〉침으로 병을 다스리는 기술. [약](鍼)②. acupuncture [한]

침습(浸濕)[명] 물이 스며들어 젖음. getting moist 하

침시(針翅)[명] 풋감.

침식(侵蝕)[명] 차츰 먹어 들어감. erosion 하다타

침식(浸蝕)[명]〈지리〉빗물·냇물·바람·파도 따위의 힘에 의하여 지표(地表)가 깎여 깎이면서 들어가는 침식 작용. corrosion 하다타

침식(寢食)[명] 자고 먹는 일. 일상 생활. 숙식(宿食). 면식(眠食). eating and sleeping [止息). 하다타

침식-곡(浸蝕谷)[명]〈지리〉강물의 침식 작용에 의하여 된 골짜기. (대) 구조곡(構造谷).

침식 분지(浸蝕盆地)[명]〈지리〉단단한 암석과 연약한 암석의 경계면이 분지 모양을 이룸, 그 연약한 층이 침식되어 형성된 분지. [不安).

침식 불안(寢食不安)[명] 침불안 식불안(寢不安食不安).

침식-산(浸蝕山)[명]〈지리〉굳은 암석이 수식에 깎이지 않고, 둘레의 지역이 침식에 의하여 낮아진 후에 높은 채로 남아서 이루어진 산. 유년기·장년기·노년기를 거쳐서의 과정. 지형 윤회(地形輪廻). erosion cycle

침식 평야(浸蝕平野)[명]〈지리〉긴 세월 동안의 침식으로 높은 데가 거의 평지(平地)로 된 땅.

침:실(寢室)[명] 자는 방. 침방(寢房). bed room

침심(沈深)[명] 생각함이 깊음. profundity 하다

침염(浸染)[명] 차차 물이 듦. 차차 감화됨.

침엽(針葉)[명]〈식물〉바늘·인편(鱗片) 모양으로 된 초목의 잎. 침상엽(針狀葉). needle

침엽-수(針葉樹)[명]〈식물〉침엽으로 된 나무의 총칭. 소나무·잣나무 따위. (대) 활엽수(闊葉樹). needle-leaf tree

침:와(枕臥)[명] 누워 잠. lying on one's back 하다타

침:완(枕腕)[명] 서예(書藝)에서, 왼손을 오른팔의 팔꿈치에 받치고 글씨를 쓰는 일.

침요(侵擾)[명] 침범하여 소요를 일으킴. invading to cause a disturbance 하다타

침:요[―뇨](寢褥)[명] 잘 때에 까는 요. mattress

침용(沈勇)[명] 침착하고 용기가 있음. cool courage 하다 [anxiety

침우(沈憂)[명] 마음속에 잠겨 있는 깊은 근심. deep

침:우 기마(寢牛起馬)[명] 소는 눕는 것을, 말은 서 있는 것을 좋아한다는 뜻으로, 사람마다 제각기 취미가 다르다는 말.

침울(沈鬱)[명] ①걱정·근심 따위로 마음이나 기분이 맑지 못함. melancholy ②날씨·분위기 등이 어둡고 답답함. gloominess 하다 히다

침월(侵越)[명] 경계를 넘어 침입함. invasion 하다타

침윤(浸潤)[명] ①차차 젖어 들어감. ②차차 침입하여 퍼짐. 침음(浸淫). saturation 하다타

침음(沈吟)[명] ①입 속으로 웅얼거리며 깊이 생각함. ②근심에 잠겨 신음함. meditation 하다타

침음(沈陰)[명] 구름과 안개가 겹쳐 곧 비가 내릴 듯한 날씨. [음 [모양.

침음(浸淫)[명]〈동〉침윤(浸潤). 하다타

침음 양구[―냥―](沈吟良久)[명] 입 속으로 웅얼거리며 무엇을 깊이 생각하느라고 한참 있다가.

침:의(寢衣)[명] 잘 때의 옷. 잠옷. night clothes

침의(鍼醫)[명] 침으로 병을 고치는 의원. acupuncturist

침입(侵入)[명] 침범하여 들어감. 또는 들어옴. ¶ 한밤의 ~자(者). invasion 하다타

침입(侵入)[명] ①물이 스며듦. intrusion ②침범하여 들어감. 무리하게 들어감. invasion 하다타

침잠(沈潛)[명] ①물 밑에 잠김. submergence ②마음을 가라앉히어 깊이 생각함. meditation 하다자타

침장(沈藏)[명] 김장.

침:장이(鍼―)[명]〈동〉침의(鍼醫).

침재(沈滓)[명]〈동〉침전(沈澱). 하다자 [work

침:재(針才)[명] 바느질하는 재주·솜씨. skill in needle-

침-쟁이(沈―)[명] 아편 중독자. opium addict

침:-저(砧杵)[명] 다듬잇방망이. [tion 하다타

침적(沈積)[명]〈지학〉물 밑에 가라앉아 쌓임. deposi-

침적-암(沈積岩)[명]〈동〉수성암(水成岩).

침전(沈澱)[명] ①액체 속에 섞인 물건이 가라앉음. deposition ②〈화학〉용액 속에서 화학 변화가 일어날 때, 녹지 않는 성질의 생성물(生成物)이 용액 안에 나타남. 또는 그 생성물. 침재(沈滓). precipitation 하다자 [이 있는 방. king's bedroom

침:전(寢殿)[명] ①〈동〉정자각(丁字閣). ②임금의 침방

침전 광:물(沈澱鑛物)[명]〈광물〉천연수에 포함되었던 물질이 가라앉아서 된 광물. 방해석·석고(石膏) 따위. sedimentary ore

침전-물(沈澱物)[명] 가라앉은 물건. 앙금. deposit

침전-암(沈澱岩)[명]〈동〉수성암(水成岩).

침전-제(沈澱劑)[명] 액체 속에 섞인 잡물건을 침전시키기 위하여 쓰는 화학 물질. precipitator

침전-지(沈澱池)[명]〈토목〉물 속에 섞인 흙과 모래를 가라앉혀 맑게 만들기 위하여 만든 못. 침징지(沈澄池). settling basin

침:-점(―占)[명] 앞날 같은 것을 정할 때 하는 점의 하나. 침을 손바닥에 뱉고 이를 손가락으로 쳐서 많이 튀어가는 쪽을 잡음.

침점(侵占)[명] 빼앗아 차지함. capture 하다
침정(沈正)[명] 사람의 됨됨이가 침착하고 바름. composure and honesty 하다
침정(沈靜)[명] ①마음이 가라앉아 고요함. presence of mind ②기쁨이 내키지 않음. blueness 하다 히
침제(浸劑)[명] 잘게 썬 약물(藥物)에 끓인 물을 붓고 저어, 약용 성분을 우려 낸 약제.
침종(浸種)[명] 〈농업〉 씨앗과 싹이 빨리 터지게 하기 위하여 물에 담가 불림. soaking of the seeds 하다
침=주다(鍼―)[자] 병을 고치기 위하여 몸의 혈(穴)을 침으로 찌르다. 놓다①. acupuncture
침중(沈重)[명] ①성질이 침착하고 무게가 있음. composure ②병이 깊음. seriously ill ③매우 요긴하고 중요함. importance 하다
침지(浸漬·沈漬)[명] 물건을 물 속에 담가 적심. soak
침=질(鍼―)[명] 병을 다스리기 위하여 침을 놓는 일. 하다 「앗아 들임.
침징(侵徵)[명] 위세를 부려 불법으로 남의 물건을 빼
침징-지(沈澄池)[명] 〈동〉 침전지(沈澱池).
침착(沈着)[명] 어떠한 일에 당황하지 않고 마음이 가라앉아 있음. selfpossession 하다 히
침책(侵責)[명] 간접으로 관계되는 사람에게 책임을 추궁함. calling indirectly to account 하다
침:척(針尺)[명] 바느질자. sewing measure
침청(沈靑)[명] 〈동〉 영정(影靑).
침체(沈滯)[명] ①일이 잘 진전되지 않음. ¶ ~ 상태. stagnation ②오랫동안 벼슬이 오르지 않음. 하다
침취(沈醉)[명] 술에 몹시 취함. dead drunkenness 하
침침(浸沈)[명] 스며 들어감. permeation 하다
침침(駸駸)[명] 속력이 매우 빠름. rapidity 하다 히
침침-하다(沈沈―)[형여] ①어두커나 흐리다. ¶ 침침한 날씨가 계속되다. gloomy ②눈이 어두워서 무엇이 또렷이 보이지 아니하다. ¶ 나이가 드니 눈이 ~. dim
침탈(侵奪)[명] 침범하여 빼앗음. plunder 하다
침통(沈痛)[명] ①마음에 뼈저리게 느낌. deeply moved ②슬픔에 잠기어 가슴이 아픔. ¶ ~하 기색을 하다. 하다 히 「case for acupuncture needles
침=통(鍼筒)[명] 침을 넣어 두는 대로 만든 작은 통.
침투(浸透)[명] 젖어 들어감. 스미어 들어감. permea
침투-압(浸透壓)[명] 〈물리〉 삼투압. 「tion 하다
침=튀기다(鍼―)[자] 침방울을 튀게 할 정도로 열을 울려 지껄이다. 「with a needle
침파(鍼破)[명] 침으로 종기를 째. incising a tumour
침팬지(chimpanzee)[명] 〈동물〉 유인원과(類人猿科)에 속하는 원숭이의 하나. 수컷의 키는 1.67m, 암컷은 1.3m 가량이고 잦은 흑갈색이다. 아프리카 열대 산림 지대에서 살며 수명은 25년 가량임. 유인원 중 지능이 가장 발달되었음.
침편(針片)[명] 쇠로 만든 침과 돌로 만든 침. 「하다
침핍(侵逼)[명] 침범하여 핍박함. invasion and violence
침하(沈下)[명] 가라앉아 내려감. 하다
침학(侵虐)[명] 침범하여 포학스럽게 행동함. 침포(侵暴). invasion and violence 하다
침해(侵害)[명] 침범하여 해를 끼침. 침손(侵損). ¶ 주권 ~. 〈대〉 방호(防護). infringement 하다
침향(沈香)[명] 〈식물〉 팥꽃나무과의 상록 교목. 줄기 높이가 20m 이상이고 잎은 긴 타원형으로 겉에 흰 광택이 남. 흰 꽃이 피어 과실은 익어서 두 쪽으로 갈라짐. 동인도 지방의 원산인데 향료로 이름남.
침향-색(沈香色)[명] 황갈색(黃褐色). [aloeswood
침형(針形)[명] 〈식물〉 바늘 모양으로 된 잎의 모양의 하나. needle-shaped
침혹(沈惑)[명] 어떤 일이나 물건을 편벽되게 좋아하여 정신을 잃을 정도로 거기에 빠짐. addiction 하다
침후(沈厚)[명] 무슨 일에 침착하고 중후(重厚)한 태도를 가짐. composure and sincerity 하다 「별명.
침=흘리개[명] 침을 항상 흘리는 버릇이 있는 사람의
침=흘리다[자] ①좋은 물건이나 예쁜 여자를 보고 탐

을 내다. 침삼키다. salivate ②입이 입 밖으로 나오다. one's mouth waters
칩(chip)[명] ①상아나 플라스틱으로 만든 산가지. 노름판에서 판돈 대신에 쓰임. ②목재를 작은 조각으로 만든 것. ③잘게 썰어서 기름에 튀긴 요리. ¶ 포테이토 ~.
칩거(蟄居)[명] ①나가서 활동하는 일이 없이 집 속에 죽치고 있음. confinement ②벌레 따위가 땅 속에 죽치고 있음. 칩장(閉蟄). ¶ ~ 생활. hibernation
·칩·다다[교] 주다.
·칩·다다[교] 주다.
칩뜨-보-다[타] 눈을 치쳐 올려 보다. 〈대〉 내립떠보다. turn up one's eyes 「jump up
칩뜨-다[자] 몸을 힘있게 솟구어 높이 떠오르다.
칩룡(蟄龍)[명] 숨어 있는 용이란 뜻으로, 숨어 있는 영웅을 가리키는 말. hidden hero 「음. 하다
칩복(蟄伏)[명] 자기 거처에 들어가 가만히 엎드려 있
칩수(蟄獸)[명] 겨울철에 칩복하고 있는 짐승. hibernating animal
칩충(蟄蟲)[명] 겨울철에 칩복하고 있는 벌레. hibernating insects
칫-솔(齒―)[명] 이를 닦는 솔.
칭(稱)[명] 일컬음. 이름지어 부름. 또, 그 이름. name
칭(斤)[명] 무게 근(斤)의 일컬음. weight of about 100 pounds 「게 함. 하다
칭-가유:무(稱家有無)[명] 집의 형세에 따라 일을 알맞
칭경(稱慶)[명] 경사를 치름. 하다 「name
칭념(稱念)[명] ①무슨 일에 대하여 말하면서 잊지 말고 잘 생각하여 달라고 부탁함. request ②남을의 피함. reliance 하다
칭당(稱當)[명] 꼭 알맞음. fitness 하다
칭대(稱貸)[명] 돈이나 물건을 꾸어 줌. lending 하다
칭덕(稱德)[명] 덕을 일컬어 기림. praise 하다
칭도(稱道)[명] 마음에 그리워하여 입으로는 칭송함. praise 하다 「편을 헤아림. consideration 하다
칭량(稱量)[명] ①저울로 담. weighing ②사정이나 형편을 헤아림. consideration 하다
칭량-병(秤量瓶)[명] 흡습성(吸濕性)의 물질의 무게를 재는 데 사용하는 작은 병. 화학 실험용으로 쓰임.
칭량-화:폐(稱量貨幣)[명] 무게를 달아서 그 교환 가치를 산출하여 사용하는 화폐. 〈대〉 계수(計數) 화폐.
칭명(稱名)[명] 남에게 거짓 이름을 일컬음. giving one's assumed name 하다 「ing illness 하다
칭병(稱病)[명] 병을 핑계 삼음. 칭질(稱疾). pretend
칭사(稱辭)[명] 칭찬하는 말.
칭상(稱觴)[명] 〈동〉 헌수(獻壽). 하다
칭선(稱善)[명] 착함을 칭찬함. 칭찬하여 좋게 여김. praise one for being good 하다 「음. praise 하다
칭송(稱頌)[명] 공덕을 칭찬하여 기림. 칭찬하여 기림
칭수(稱首)[명] 첫째로 그 이름을 일컫는다는 뜻으로, 뛰어난 사람을 일컫는 말. calling one's name first
칭술(稱述)[명] 칭찬하여 말함. praise 하다
칭양(稱揚)[명] 〈동〉 칭찬(稱讚). 하다
칭얼-거리다[자] 〈거→〉 찡얼거리다.
칭예(稱譽)[명] 칭찬하여 기림. 하다
칭원(稱冤)[명] 원한을 말함. 억울함을 하소연함. 〈유〉 호원(呼寃). confessing one's grudge 하다
칭정(稱情)[명] 마음에 맞음. 「직무.
칭직(稱職)[명] 재능이나 그 직무에 맞음. 또는 알맞는
칭질(稱疾)[명] 칭병(稱病).
칭찬(稱讚)[명] 좋은 점을 일컬음. 미덕을 찬송하여 기림. 〈유〉 찬예(讚譽). 칭양(稱揚). 포칭(褒稱). 〈대〉 조소(嘲笑). admiration 하다
칭추(秤錘)[명] 저울추. 「매(嘲罵).
칭탁(稱託)[명] 어떻다고 핑계함. excuse 하다
칭탄(稱歎)[명] 칭찬하고 감탄함. admiration 하다
칭탈(稱頃)[명] 사고가 있다고 핑계함. pretext 하다
칭통이[명] 큰 벌의 총칭.
칭-하다(稱―)[타여] 일컫다. 부르다. call
칭호(稱號)[명] 어떠한 뜻으로 일컫는 이름. title

經世訓民正音圖說字 ㄱ ㅋ ㅋ **訓民正音字**

ㅋ[키읔] 〈어학〉 ① 한글 자모(字母)의 열한째 글자. ② 자음의 하나. 목젖으로 콧길을 막고 혀뿌리를 높여 연구개(軟口蓋) 뒤쪽에 붙여 입길을 막았다가 뗄 때 거세게 나는 파열음으로 안울림 소리. 받침으로 그칠 때는 혀뿌리를 메지 않아 'ㄱ'과 같게 됨. the 11th letter of the Korean alphabet

카:뜨럽 ① 몹시 맵거나 독한 냄새가 코를 찌를 때에 내는 소리. ② 곤하게 잠잘 때에 내쉬는 숨소리. 《큰》 커.

카:(car)명 ① 차(車)·수레의 뜻. ② 승용 자동차.

카나리아(canaria)명 〈조류〉 되새과의 새. 종달새와 비슷하나 날개 길이 7cm, 등은 회황갈색에 흑색 반점, 배와 허리는 황색, 겨드랑이 부분에 흑색 반문이 있음. 아프리카 원산으로 울음 소리가 아름다워 사조(飼鳥)로 사육함. 금사작(金絲雀).

카나린(canarin)명 염료의 하나. 등황색(橙黃色)의 가루로 칼리코의 날염(捺染)에 사용됨.

카나마이신(kanamycin)명 〈약학〉 항생 물질의 하나. 널리 세균성 질환에 쓰이며 결핵 치료에 특히 효력이 있음.

카:네기 홀:(Carnegie Hall) 미국 뉴욕에 있는 음악당. 1891년 카네기 재단의 기금에 의해 건설됨.

카:네이션(carnation)명 〈식물〉 석죽과(石竹科)의 다년생 풀. 높이 약 30~90cm, 잎은 선상(線狀)으로 엷은 초록색임. 완전 겹꽃으로 여름에 흰색·빨강·분홍·노랑 등의 겹꽃이 핌. 관상용으로 재배함.

카네킨(canequine)명 옥양목(玉洋木).

카:노타이트(carnotite)명 〈광물〉 우라늄광의 일종. 산화우라늄을 50~65% 포함함.

카노푸스(Canopus 라)명 〈동〉 남극성(南極星).

카논(canon 그)명 ① 법규. 법전. ② 규범. 규준(規準). ③ 〈음악〉 둘 이상의 성부(聲部)가 같은 선율을 어떤 간격을 두고 모방하는 가장 엄격한 형식의 대위법적(對位法的) 악곡. 전칙곡(典則曲).

카농포(canon 砲프)명 〈군사〉 짧고 큰 포신(砲身)과 비교적 완만히 타는 화약을 사용하여 주로 45°이내의 사각(射角)으로 원거리 사격에 이용하는 대포. 고사포(高射砲)·야포(野戰砲) 따위. 캐논포.

카누(canoe)명 수피(樹皮)·수피(獸皮)·강대·통나무 등으로 만든 '마상이' 비슷한 배. 선박의 최초의 겉임.

카뷜레(Kanüle 도)명 〈의학〉 인체에 약을 넣기나 애체를 뽑아 내기 위해 혈관·기관(氣管) 속에 넣는 관.

카:니발(carnival)명 사육제(謝肉祭). [호스.

크니와◁〈고〉 커녕. …도 …이지만. 물론이거니와.

카:덤퍼(car dumper)명 화물 자동차 등에서 화물을 내릴 때, 화물이 미끄러져 떨어지도록 적재함이 기울어지게 하여 실은 짐을 비우는 장치.

카덴차(cadenza 이)명 〈음악〉 독주자나 독창자의 기교를 과시하기 위하여, 악곡이 끝나기 직전에 연주 또는 노래하는 장식적인 부분.

카:드(card)명 ① 조그맣게 잘른 두꺼운 종이. 표(票)·명함·엽서·연하장 따위. ② 특히, 크리스마스 카드. ③ 사항을 기입하여 자료의 정리·집계 등에 쓰이는 종이. ④ 카드놀이에 쓰이는 제구. ⑤ 직접 또는 간접으로 전자 계산기에 데이터나 명령을 도입시키기 위한 정보 운반 매체(媒體). 『은행 신용 ~.

카:드놀이(card—)명 서양식의 실내 게임의 하나. 53매의 카드를 사용하는데, 놀이 방법이 여러 가지임.

카드리유(quadrille 프)명 프랑스 사교 댄스로서 대무(對舞)의 하나. 네 명이 한 조가 되어 서로 마주 보며 춤.

카드뮴(cadmium 라)명 〈화학〉 아연과 비슷한 청백색을 띤 금속 원소. 아연과 함께 산출되며 성질도 비슷함. 이용 합금(易融合金)의 제조, 카드뮴 도금 등에 쓰임. 원소 기호 ; Cd. 원자 번호 ; 48. 원자량 ; 112.41.

카드뮴 옐로(cadmium yellow)명 〈미술〉 황화(黃化) 카드뮴으로 만든 황색 안료. 회화용·래커(lacquer)용임. 카드뮴황.

카드뮴=황(cadmium 黃)명 〈동〉 카드뮴 옐로.

카:드 섹션(card section)명 모인 여러 사람이 각자 손에 든 각종 원색 카드(청·홍·백·황·남·녹색 등)의 배합에 의해 전체적으로 통일된 글자나 인물·꽃 등의 무늬를 연출해 보이는 유희.

카:드=시스템(card-system)명 정보 정리 방법의 하나. 어떤 사항을 기재한 카드를 가나다순(順)·ABC순·숫자순 등으로 분류 보존함. 카드식(card 式).

카:드=식(card 式)명 〈동〉 카드시스템.

카:드 케이스(card case)명 ① 포켓용 명함 케이스. ② 카드목록의 카드를 넣어 두는 상자. 카드 함자. 카드 함.

카:디건(cardigan)명 앞을 단추로 채우게 된 털의 스웨터(sweater).

카:디널(cardinal)명 ① 〈기독〉 추기경(樞機卿). ② 〈수학〉 기수(基數). cardinal number ③ 심홍색(深紅色).

카라멜(caramelo 포)명 노랑 설탕에 소다를 넣어 살짝 구운 과자.

카라반(caravane 프)명 대상(隊商).

카라비너(Karabiner 도)명 〈체육〉 등산에서, 암벽을 오를 때, 암벽에 하켄을 박고 하켄과 등산 밧줄을 연결하는 강철로 만든 고리.

카라토(carato 이)명 〈동〉 캐럿(carat).

카랑카랑[부] ① 물 같은 것이 그득하게 괴어 윗전까지 거의 찰 듯한 모양. ② 견머기는 적은데 국물만 너무 많아서 고르지 않은 모양. ③ 물을 지나치게 마시어 뱃속이 근근한 느낌이 있는 모양. 《큰》 크렁크렁. 《센》 ['가 섞소리같이 맑고 똑똑하다.

카랑카랑-하다[형] ① 날씨가 맑고 차다. ② 목소리

카레(curry)명 강황(薑黃)·후추·세앙·마늘 따위로 만든 노랑 빛 매운 조미료. 양요리에 씀.

카레: 라이스(curried rice)명 〈동〉 커리드 라이스.

카로틴(carotin)명 〈화학〉 당근·고추 따위에 들어 있는 황적색 또는 붉은 자줏빛의 색소. 놈 안에서는 비타민 A를 함유함.

카:르(Kar 도)명 〈지학〉 빙하의 침식으로 솥의 밑바닥처럼 된 지형. 권곡(圈谷).

카르노 순환(Carnot 循環)명 〈물리〉 프랑스의 카르노가 생각한 열기관의 효율이 최대가 되도록 하는 이상적인 사이클. carnot cycle

카르맹(carmin 프)명 〈동〉 카민(carmine).

카르보나도(carbonado 이)명 2~4%의 불순물이 들어 있어서 검은 빛을 띤 금강석의 하나.

카르보닐(carbonyl)명 〈화학〉 ① 2가(價)의 기(基)인 일산화탄소. ② 금속과 일산화탄소로 이루어진 착염(錯鹽).

카르보닐=기(carbonyl 基)명 〈화학〉 유기 화합물의 원자단의 일종. 알데히드 및 케톤(ketone)은 모두 카르보닐기를 가짐. 불포화 결합을 갖는 기(基)로 반응성이 풍부하고, 이 화합물은 합성 화학상 용도가 많음.

카르복시=기(carboxy 基)명 〈화학〉 'COOH'로 나타내

카르본(carvone) 프 명 〈화학〉 액체 케톤(ketone)의 하나. 물·알코올에 녹으며, 광학 활성체(活性體)로 향신료(香辛料)·향료로 쓰임.

카르셀=등(carcel 燈 프) 명 〈물리〉 카르셀이 발명한 등의 하나. 심지는 원통(圓筒)으로 그 안팎에 공기를 유통시키는 장치가 있으며, 유리로 만든 원통형의 등피를 씌움. 카셀 램프.

카르스트(Karst 도)〈지학〉유고슬라비아 북서부, 이스트라(Istra) 반도의 기부(基部)에 있는 석회암(石灰岩)의 대지(臺地). 카르스트 지형의 어원(語源)이 되었음.

카르스트 지형(Karst 地形)〈지학〉석회암 대지를 빗물이나 지하수가 침식하여 이루어진 지형. 석회암 대지에서 석회암의 표면이 용해 침식을 받기 쉽거나, 빗물이 갈라진 틈으로 스며들어 주위의 암석을 용해하기 쉬워서, 사발 모양의 돌리네(Doline) 지형이나 종유동(鍾乳洞) 따위의 지형이 형성됨. karst topography

카르테(Karte 도) 명 진료부(診療簿). 병증부(病症簿).

카르텔(Kartell 도)〈경제〉동일 산업 부문의 기업이 자유 경쟁을 피하고 시장을 독점하여 이윤의 증대를 꾀할 목적으로 각기 그 경제적 독립성을 유지하면서 시장 통제의 목적으로 형성되는 연합 형태. 기업 연합(企業聯合)①.

카르토그람(cartogramme 프) 명 여러 지방을 서로 비교 지역적으로 분포되어 있는 통계 자료를 적당한 백지도(白地圖) 위에 그려 넣는 지도.

카르통(carton 프) 명 ① 마분지. ② 지금・거스름돈을 담아 손님에게 내어 주는 종이 또는 셀룰로이드 접시. ③ 데생(dessin) 또는 그림 그릴 때 쓰는 마분지로 만든 종이. ¶ 프스 지방에 많음. 권막호(圈幕湖).

카르호(Kar 湖) 명 〈지학〉 카르에 형성된 호수. 얼호.

카리스마(Charisma 도) 명 ①〈기독〉기적을 행하는 예언을 행하는 신부(神賦)의 자질(資質). ②사회의 지배자나 지도자의 신성 불가침한 신위적(神威的) 자질. ¶~적 지배.

카리에스(caries 라) 명 〈의학〉골질(骨質)이 그 석회 염분을 소실하고 유기적 성분을 액화하여 뼈가 결손되고 고름이 나게 되는 질환. 결핵이 원인이며 연소자에 많음.

카리용(carillon 프) 명 〈음악〉타악기(打樂器)의 하나. 모양 또는 크기를 달리하는 많은 종을 음계(音階)의 순으로 달아 놓고 치는 악기. 옛날 사원(寺院) 같은 데서 쓰였음.

카메라(camera) 명 ① 사진기. 촬영기. ② 영화의 촬영 기나 텔레비전의 촬상기(撮像機). ③〈약〉= 텔레비전 카메라.

카메라=맨(cameraman) 명 ① 보도 관계의 사진반원. ② 영화의 촬영 기사(技師). ③ 사진사. ④ 아마추어 사진가.

카메라 아이(camera eye) 명 ① 카메라로 찍었을 때의 상태를 상상·판단할 수 있는 능력. ② 남의 얼굴 따위를 잘 기억하는 눈(사람).

카메라 앵글(camera angle) 명 영화·텔레비전·사진 등에서 피사체(被寫體)에 대한 카메라의 위치나 렌즈의 각도.

카메라 워:크(camera work) 명 촬영 기술. 촬영 조작(操作). 촬영기 기교. ¶대한 카메라의 위치.

카메라 포지션(camera position) 명 피사체(被寫體)의 위치.

카메오(cameo 라) 명 ①돋을새김을 한 보석·패각 등의 작은 장신구. ②석고나 착색한 밀랍으로 돋을새김처럼 만든 사진화(寫眞畵).

카멜레온(chameleon 라) 명 〈동물〉 도마뱀류의 카멜레온과의 파충류. 밀림의 살. 길이 30 cm 가량이고 눈은 크고 머리는 두부 모양임. 긴 혀로 곤충을 잡아먹으며 몸 빛이 자유로이 쉽게 변하여 주위의 상태에 적응함.

카멜레온=자리(Chamaeleon—) 명 〈천문〉남쪽 하늘의 별자리의 하나. 바다뱀자리의 훨씬 남쪽에 있는데, 우리 나라에서는 안 보임. 카멜레온좌. Chamaeleon Constellation

카멜레온-좌(Chamaeleon 座) 명 카멜레온자리.

카무플라즈(camouflage 프) 명 ① 위장(僞裝). 미채(迷彩). ② 엄폐(掩蔽). 은폐(隱蔽). 속임수. 하타

카:민(carmine) 명 연지벌레의 암컷에서 뽑아 낸 홍색 안료(顔料). 동양화의 물감·적색 잉크의 제조·음식물의 착색·염직(染織) 원료 등으로 쓰임. 또는 생물학 등에서 박테리아나 조직 염색에 쓰이기도 함. 양홍(洋紅). 카르맹.

카밀레(kamille 네) 명 〈식물〉엉거시과에 속하는 일년생 풀. 네덜란드 원산. 키 높이 50 cm 쯤. 여름에 가장자리가 희고 속이 누른 꽃이 두상 화서(頭狀花序)로 핌. 꽃은 향기가 강하며, 말려서 진통제·발한제(發汗劑)로 씀. ¶〈식〉고급 술집.

카바레(cabaret 프) 명 무대·댄스 홀 등을 갖춘 서양.

카:바이드(carbide) 명 〈화학〉 탄화물(炭化物). ② 탄화칼슘의 상품명. 물을 부으면 아세틸렌을 발생함.

카바티나(cavatina 이) 명 〈음악〉 ① 가극 중의 서정적인 독창곡. 단악장이며 선율적임. ② 속도가 느린 짧은 기악곡.

카:뱌(kavya 범) 명 범어(梵語)로 된 문학적 작품의 총칭. 복잡한 수사법에 따라서 일정한 특징을 갖춘 어법과 문체로 씀.

카:보런덤(carborundum) 명 탄화규소의 상품명. 흑색 바탕이며 아름다운 결정으로, 굳기가 금강석에 가깝고, 연마력이 강하며, 높은 온도·약품에 견딤. 모래·코크스·소금을 섞어 가열한 후 정제(精製)·분쇄하여 연마재·내화재·저항기 등으로 쓰임.

카:보이(carboy) 명 주로 산(酸)과 같은 부식성(腐蝕性) 액체를 담을 때에 편리하여 상자나 채롱에 넣은 커다란 유리병.

카:본(carbon) 명 ①〈화학〉탄소(炭素). ②〈전기〉아크등이나 전극에 쓰는 탄소봉(棒) 또는 탄소선(線). ③〈물리〉탄산지(炭酸紙). ¶~ 복사.

카: 본 블랙(carbon black) 명 천연 가스·기름·아세틸렌·타르·목재 등의 불완전 연소에 의해 만들어지는 흑색 안료. 먹·잉크·페인트 등의 원료, 고무·시멘트 등의 착색료(着色料)임.

카:본 사진(carbon 寫眞) 명 카본 사진법으로 만든 사진. 변색하지 않고 온아(溫雅)하므로 미술 사진화 등의 사진 페이퍼에 씀.

카:본-지(carbon 紙) 명 카본 페이퍼. ¶ 응용됨.

카:본 페이퍼(carbon paper) 명 탄산지(炭酸紙). 카본지(carbon 紙).

카:뷰레터(carburettor) 명 기화기(氣化器).

카비네-판(cavinet 判 프) 명 사진 감광(感光) 재료의 크기의 일종. 필름·건판에서는 세로 163 mm, 가로 118mm, 인화지에서는 세로 164 mm, 가로 119mm 임. 캐비닛(cabinet)④.

카:빈-총(carbine 銃) 명 ① 미국 육군이 사용하던 소총의 일종. ② 기총(騎銃).

카세인(casein) 명 우유 속에 있는 단백질. 알칼리나 석회와 섞여 접착제로 쓰며, 인조 섬유·플라스틱·수성 페인트 원료로도 쓰임. 건락소(乾酪素).

카세인 각질물(casein 角質物) 명 우유 단백을 경화(硬化)하여 만든 각질(角質)의 한 가지. 단추나 양산의 손잡이 등을 만드는 데 씀.

카세트(cassette) 명 ①기계적의 장탈(裝脫)이 간편하도록 안에 필름·테이프 등을 내장(內藏)한 비닐 케이스. ②〈약〉= 카세트 테이프. ③〈약〉= 카세트 테이프 리코더. ④카메라용 필름 케이스.

카세트 테이프(cassette tape) 명 폭 3.81 mm 의 자기(磁氣) 테이프를 카세트에 수납한 녹음 테이프. 〈약〉카세트(cassette)②.

카세트 테이프 리코:더(cassette tape recorder) 명 카세트 테이프용(用)의 테이프 리코더. 기체(器體)의 격납실(格納室)에 카세트를 장착해서 간단히 녹음·재생이 됨. 〈약〉카세트③.

카:스테레오(car stereo)<呀> 자동차에 부착된 음악 따위의 입체 음향 장치.

카스텔라(castella 포)<呀> 밀가루에 달걀과 설탕을 버무려서 둥글둥글하게 구운 과자.

카:스트(caste)<呀>(등) 사성(四姓). 사종성(四種姓).

카시오페이아-자리(Cassiopeia—)<呀> 〈천문〉 북천(北天)의 한 별자리. 북극성을 중심으로 북두 칠성과 대칭적 위치에 있음. 늦가을 저녁에 천정(天頂) 가까이 'W'형으로 보임.

카신베:병(Kaschin-Beck 病)<呀> 〈의학〉 만주나 시베리아의 지방병(地方病). 사춘기 전후에 발병하는데, 손가락과 발가락의 관절에 동통(疼痛)·종창(腫脹)이 일어남. 심한 경우에는 발육이 정지되며, 관절 골단(骨端)에 변화가 일어남.

카오스(khaos 그)<呀> ①혼돈(混沌·渾沌). ②혼란. ③크나큰 심연(深淵). (때) 코스모스.

카올린(Kaolin 도)<呀> 고령토(高嶺土).

카우보이(cowboy)<呀> ①목동. ②주로 북미의 목장에서 말타고 일하는 억센 남자.

카운슬(council)<呀> ①회의(會議). ②시의회(市議會).

카운슬러(counselor)<呀> 〈교육〉 카운슬링 전문가. 상담원(相談員). 교도 교사.

카운슬링(counseling)<呀> 일신상의 문제를 해결하기 위해 조언을 해 주는 일. 상담 지도.

카운터(counter)<呀> ①계산자(計算者). ②계산기(計算器). 속도계(速度計). ③은행·상점 등의 계산대(計算臺).

카운터-블로(counterblow)<呀> 〈체육〉 권투에서, 상대편의 공격을 받고 즉시 타격을 가하는 일.

카운터 샤프트(counter shaft)<呀> 주축(主軸)에서 받은 동력을 기계에 전달하는 중간에 있는 축. 〈法〉.

카운터-포인트(counterpoint)<呀> 〈음악〉 대위법(對位法).

카운트(count)<呀> ①계산. 셈. ②운동 경기에서, 득점계산. ¶불 ~. ③〈체육〉권투에서, 녹다운 된 선수에게 일어설 기회를 주기 위하여 10초를 세는 일. **하**<呀>.

카운트-다운(countdown)<呀> ①초(秒)읽기. 곧, 로켓이나 유도탄의 발사에서, 발사 순간을 0으로 하고 일(日)·시(時)·분·초를 계획 개시시(時)부터 거꾸로 세는 일. ②카운트의 점감.

카운트-아웃(count-out)<呀> 〈체육〉 권투에서, 녹다운 된 선수가 10초를 세는 동안 일어나지 못하는 일.

카이로 선언(Cairo 宣言)<呀> 1943년 11월 27일에 카이로에서 당시의 미국 대통령 루스벨트, 영국 수상 처칠, 중화 민국 총통 장개석이 모여 대일(對日) 전쟁의 수행과 전후의 일본 영토의 처분에 관하여 발표한 미·영·중 삼국의 공동 선언. 포츠담 선언의 기초가 되고, 우리 나라 독립도 이 선언에서 약속함. Cairo Declaration

카이로 회담(Cairo 會談)<呀> 제2차 세계 대전 중인 1943년 11월 27일에 미국의 루스벨트, 영국의 처칠, 중화 민국의 장개석 등 삼국의 수뇌와 군사 고문·외교 사절들이 카이로에 모여, 일본에 대한 군사 행동과 전후 처리에 관하여 협의한 회담. 회담 후 삼국이 발표한 공동 선언이 카이로 선언임. 이 회담에서 우리 나라의 독립을 약속하였음.

카이모그래프(kymograph)<呀> 〈물리〉 음파(音波)의 진동하는 상태를 곡선으로 나타내는 장치가 있는 기계. 파동 기록기(波動記錄器).

카이제르 수염(Kaiser 鬚髥)<呀> 독일 황제 빌헬름 2세(Wilhelm 二世)의 수염에서 온 말로, 양쪽 끝이 위로 올라간 코밀 수염.

카인(Cain)<呀> 〈종교〉 가인. 〔ㄴ을 일컫는 말.

카인의 후:예(Cain—後裔)<呀> 저주 받는 무리 또는

카지노(casino 이)<呀> 도박·음악·댄스의 오락 설비가 있는 일종의 도박장(賭博場). 오락장. 클럽. ②카

카추샤<呀> →카투사. 〔드놀이의 일종.

카카오(cacao 스)<呀> ①(동) 카카오나무. ②카카오나무의 열매. 오이 모양으로 생겼는데, 살이 많고 익으

면 등황(橙黃) 또는 적갈색으로 됨. 씨를 말려 가루로 만든 것이 코코아임.

카카오-나무(cacao—) 〈식물〉 벽오동과에 속하는 상록 교목. 남미·중미가 원산으로, 높이 5~10 m, 잎은 긴 타원형임. 꽃은 담홍색(淡紅色)의 오판화(五瓣花)이고, 열매는 오이 모양의 다육질(多肉質)임. 씨는 지방을 제거하여 코코아·초콜릿 등을 만드는 원료로 씀. 카카오①. 코코아나무.

카:키-색(khaki 色)<呀> 누른빛에 담다색(淡茶色)이 섞인 빛깔. 군복에 많이 씀.

카타르(Katarrh 도)<呀> 〈의학〉 조직의 파괴를 일으키지 않는 점막의 삼출성(滲出性) 염증. ¶위~.

카타르성-염[—썽념](Katarrh 性炎)<呀> 〈의학〉 삼출성 염(滲出性炎)의 하나. 위카타르·기관지 카타르 등에서 점막(粘膜)의 분비가 많아지고, 점막의 위 꺼풀이 벗겨져 떨어짐.

카타르시스(katharsis 그)<呀> ①〈문학〉 문학 작품을 읽거나 비극을 보거나 하여 그 효과가 항상 울적한 인간의 공포에 눌린 긴장감을 해소하며 상쾌한 기분으로 전환하는 일. 정화(淨化). ②〈심리〉 자기가 직면한 고뇌 따위를 외부에 표출시킴으로써 강박 관념을 해소시키는 일. 정신 요법으로 이용.

카타스트로프(catastrophe 프)<呀> ①돌연한 대변동. 대변회(大變災). ②희곡의 최후 장면. 대단원(大團圓). ③비극적인 결말. 파국(破局). 〔가다쯤바.

카타콤(catacomb)<呀> 초기 기독교 시대의 지하 묘지.

카탈로그(catalogue)<呀> ①목록(目錄). 상품 목록(商品目錄). 영업 안내(營業案內). ②도서 목록.

카턴(carton)<呀> 카톤류.

카테고리(Kategorie 도)<呀> 〈철학〉 범주(範疇)②.

카테드랄(cathédral 프)<呀> 〈종교〉 주교좌(主敎座)가 마련되어 있는 성당(聖堂). 대성당(大聖堂).

카테-테르(Katheter 도)<呀> 〈의학〉 도뇨(導尿)·위장액(胃腸液) 체취·수혈 등에 쓰는 관(管). 끝과 안쪽에 구멍이 여럿 있음. 고무 제품이 많으나, 금속 플라스틱 제품도 있음. 존데(sonde)②. 소식자(消息子). 〔신자.

카톨릭(Catholic)<呀> ①천주교. 천주 교회. ②천주교인.

카투사(KATUSA)<呀> 〈군사〉 〔약〕 Korean Augmentation Troops to the United States Army 주한 미육군에 배속된 한국 군인.

카페(café 프)<呀> (등) 커피. ②대중가에 있어 시중을 드는 술집. '바(bar)'의 구용어. ③커피 음료와 양주 및 간단한 서양식 음식을 파는 집.

카:페리(car ferry)<呀> 승객과 함께 자동차를 운반하는 배. ¶부관(釜關)~.

카페인(caffein)<呀> 〈화학〉 커피의 열매나 잎, 카카오·차의 잎 등에 함유되어 있는 식물성 알칼로이드의 일종. 무색·무취의 약간 쓴 침상 결정(針狀結晶)임. 이뇨(利尿)·흥분·강심(强心)을 위해 쓰임. 극약으로 많이 사용하면 중독 증상을 일으킴. 나찡(茶情). 다소(茶素).

카페테리아(cafeteria)<呀> 손님 자신이 좋아하는 음식을 식탁으로 날라다가 먹는 간이 식당.

카:펫(carpet)<呀> 양탄자. 보전(毛氈).

카프로락탐(caprolactam)<呀> 페놀·시클로헥산·톨루엔을 원료로 하는 환식(環式) 아미드의 일종. 조해성(潮解性)의 흰 결정체로 나일론의 중간 원료가 되는 시료(可塑劑) 원료.

카프리치오(capriccio 이)<呀> 〈음악〉 악식상 일정한 규칙 없이 변화가 많은 수법으로 작곡된 기악곡. 광상곡(狂想曲).

카프리치오소(capriccioso 이)<呀> 〈음악〉 '기분나는 대로·변덕스럽게'의 뜻.

칵<呀> 목구멍에 걸린 것을 뱉으려고 목청에 힘을 주어 내는 소리. **하**<呀>.

칵-칵<呀> 연해 칵하는 소리나 모양. **하**<呀>.

칵칵-거리다<呀> 잇따라 칵칵 소리를 내다. 또, 칵칵 소리를 나게 하다. ¶가시가 걸려 ~.

칵테일(cocktail) 명 ①몇 종의 양주를 적당히 조합(調合)하여 가미료(加味料)·방향료(芳香料)·고미제(苦味劑)와 얼음을 넣고 혼합한 술. 주로 식전에 마시는 혼합주. ②이종(異種)의 혼합물. 「쓰는 유리잔.
칵테일 글라스(cocktail glass) 명 칵테일을 마실 때
칵테일 드레스(cocktail dress) 명 여자가 칵테일 파티에서 입는 드레스. 약식의 야회복.
칵테일 파:티(cocktail party) 명 간단한 음식과 칵테일을 주로 차려 놓고 서서 먹는 소규모의 연회.
칸 명 사방을 둘러막은 그 선의 안. 의명 ①집의 칸살을 세는 말. ②여섯 자를 한 단위로 하는 길이.
칸(khan) 명 ①중세기의 몽고·터키·달단(韃靼) 종족의 원수(元首)의 칭호. ②페르시아·아프가니스탄 등의 고관의 칭호.
칸나(canna) 명 〈식물〉 칸나과의 다년생 풀. 근경(根莖)이 있고, 줄기는 넓죽하고 잎은 파초잎과 비슷함. 봄에 심어 여름·가을에 붉은 연상(葉狀)의 큰 수술을 갖는 꽃이 핌. 관상 또는 절화로서 화단용·화분용으로 재배함. 난초(蘭蕉). 담화(曇華)①.
칸느 영화제(Cannes 映畫祭) 〈연예〉 1946년 프랑스 중앙 영화 센터에 의해서 창설된 국제 영화제로, 매년 4월에 칸느시(市)에서 개최됨.
칸델라(kandelaar) 명 ①합석 등으로 만든 호롱에 석유를 넣어 불을 켜 들고 다니는 등. ②(동) 간드레.
칸델라(candela) 의명 〈물리〉 1948년 국제 도량형도량(度量衡) 총회에서 결정된 광도(光度)의 단위. 1 국제 촉광에 가까움. 기호; cd.
칸디다증[一쯩](candida 症) 〈의학〉 사상균(絲狀菌)과 효모의 중간 성질을 나타내는 일종의 곰팡이인 칸디다의 기생에 의해서 입안·피부·질·기관지·=**칸마·론**[이](コ)=하런마는.   [폐 등에 생기는 병.
칸-막이 명 칸과 칸 사이를 건너질러 막음. 또, 그 막은 물건. 하자
칸-살 명 ①집의 도리 네 개로 둘러막은 사이의 면적. ②사이를 띄운 거리. 《약》 칸.   「하다. partition
칸살 지르-다 [三 르] 타 큰 칸살을 나누기 위해 칸막이를
칸-수[一쑤](一數) 명 집의 칸살의 수. floor space
칸잡이 그:림 건축의 설계도.
칸초나(canzona 이) 명 〈음악〉 ①이탈리아 특유의 민요풍의 가곡. ②복음(複音) 합창. 「요곡(小謠曲).
칸초네타(canzonetta 이) 명 〈음악〉 경쾌 우미한 소가
칸칸-이 명 각 칸살마다. each room
칸타빌레(cantabile 이) 명 〈음악〉 '노래하듯이' · '노래하는 듯한 표정으로'의 뜻. 칸단도.
칸타타(cantata 이) 명 〈음악〉 독창·중창·합창과 기악 합주가 섞인 짧은 오라토리오풍의 성악곡. 교성곡
칸탄도(cantando 이) 명 (동) 칸타빌레. (交聲曲).
칸토(canto 이) 명 〈음악〉 ①가곡(歌曲). ②선율(旋律). ③합창곡의 가장 높은 음부(音部).
칸트 학파(Kant 學派) 명 〈철학〉 칸트 철학의 근본 정신을 계승·발전시키려 철학자들. 실러·피히테·헤겔·쇼펜하워 등. Kantists
칼 명 물건을 베고 썰고 깎는 연장. 날카로운 날에 자루가 달렸음. knife, sword
칼[2] 〈제도〉 중한 죄인에게 씌우는 형구(刑具). 기름한 널빤지의 한쪽 머리를 목이 들어갈 만하게 도려내어 양쪽에서 나무 비녀장을 지르게 되었음. 크기에 따라 큰 칼, 작은 칼이 있음.
칼-가래질 명 〈농업〉 가래를 모로 세워 흙을 깎는 짓. scraping with a shovel 하자
칼-감[一깜] 명 성질이 표독한 사람. brute
칼-국수[一꾹쑤] 명 밀가루를 반죽하여 칼로 가늘게 썰어 만든 국수. 손국수. 《대》 틀국수. knife-cut noodles
칼-금[一끔] 명 칼날에 스쳐 생긴 가는 금.
칼-깃 명 새 죽지의 주요 부분을 이룬 빳빳하고 긴 지. 죽지에 가지런히 벌여서 붙어 있는데, 그 기부(基部)는 우부우(雨覆羽)로 덮여 있음. 풍절우(風切羽)
칼-끝 명 칼날의 맨 끝.   [羽]. primary feathers
칼-나물 명 절간에서 '생선'을 일컫는 변말. fish

칼-날 명 칼의 물건을 베는 날카로운 쪽. 《대》 칼등. edge
칼데라(caldera 스) 명 〈지리〉 '커다란 솥이란 뜻'으로, 화산체(火山體)의 중심부에 화산의 제폭발로 생긴 함몰로 생긴 분화구(噴火口) 모양으로 두목한 지형. 화산의 붕괴나 침몰로 인해 형성됨.
칼데라 호수(caldera 湖水) 〈지리〉 칼데라에 물이 괴어 된 호수. 대개 원형(圓形)이나 화산자가 있거나 분사체 모양으로 됨. 호안(湖岸)은 경사가 급하나 호저(湖底)는 평탄한데 면적에 비하여 깊은 편임. 백두산(白頭山)의 천지(天池) 같은 것. caldera lake
칼-도마[一또一] 명 도마. chopping board
칼도방-부(一刀旁部) 명 한자 부수의 하나. '分'의 '刀'와 '刑'의 'リ'의 일컬음.
칼-등[一뚱] 명 칼날 반대쪽의 두꺼운 부분. 《대》 칼날. back of a sword
칼라(collar) 명 ①양복이나 와이셔츠의 깃. ②양복이나 와이셔츠의 깃에 안으로 덧대는 일종의 장식품.
칼라[1] 명 병으로 쇠약하여 입을 예사로 벌리고 내는 기침 소리. 《큰》 컬러. coughing 하자
칼락-칼락[1] 하자
칼락-거리-다[2] 있따라 칼락 소리를 내다. 《큰》 컬럭 거리다. 칼락칼락 하자의 뜻.
칼란도(calando 이) 명 〈음악〉 '차차 약하고 느리게'
칼럼(column) 명 ①고대 그리스·로마 건물의 둥근 돌 기둥. 또, 일반으로 양식 건물의 원주(圓柱). ②신문·잡지 등에서, 시사 문제·사회 풍속 등을 촌평하는 난(欄).
칼럼니스트(columnist) 신문·잡지 등의 칼럼의 필자. 또, 칼럼 집필에 숙달한 기자·평론가.
칼로리(calorie) 명 〈물리〉 열량의 단위. 순수한 물 1g의 온도를 1기압 밑에서 1°C 높이는 데 요하는 열량. 기호; cal. ②킬로칼로리를 약하여 부르는 말. 식품의 영양가·연료의 열량을 산정할 때 씀. 기호; Cal 또는 kcal.
칼로리:미:터(calorimeter) 명 〈물리〉 열량계(熱量計).
칼로멜(Kalomel 도) 명 〈화학〉 감홍(甘汞).
칼로 물 베기 불화(不和)하였다가도 다시 곧잘 화합(和合)하는 일.
칼루트론(calutron) 명 〈물리〉 질량과 전하(電荷)의 비의 차이로 우라늄 동위체와 다른 원소를 분리하는 전기적 장치. 질량 분석기의 원리에 의하여 이루어짐.
칼륨(kalium 라) 명 〈화학〉 은백색의 연한 금속 원소. 금속 원소 중 이온화(ion化) 경향이 가장 크며, 산화하기 쉬우므로 석유나 휘발유 속에 보존함. 물과 작용하여 수소를 발생시키면서 열을 발하여 폭발음을 내며, 가성칼리로 됨. 가리(加里). 포타슘(potassium). 칼리①. 원소 기호; K. 원자 번호; 19. 원자량; 39.102.
칼륨 명반(kalium 明礬) 〈화학〉 황산알루미늄의 수용액에 황산칼륨을 가하여 만든 팔면체의 결정. 염색·물을 맑게 하는 데, 의약 등에 씀. 칼리 명반(kali 明礬).
칼륨=염[一넘](kalium 鹽) 명 〈화학〉 여러 가지 산기(酸基)와 칼륨과의 화합으로 생기는 염의 총칭. 황산칼륨·염화칼륨·질산칼륨·탄산칼륨 등. 비료로 씀. 칼리염.
칼륨 유리[一뉴一](kalium 琉璃) 명 〈화학〉원료로서 탄산칼륨을 쓴 유리. 물이나 산(酸)에 침범되지 않으므로 화학 기구에 쓰이고, 윤이 나므로 장식용으로도 쓰임. 보헤미아 유리.   「리(加里).
칼리(kali 라) 명 ①(동) 칼륨. ②칼륨 염류의 통칭.
칼리 명반(kali 明礬) 명 칼륨 명반(kalium 明礬).
칼리 비누(kali一) 명 액상 지방산이 주성분인 비누. 연고상(軟膏狀)으로 흡습성이 강하고 물에 잘 풀림. 화장품·직물·약용으로 쓰임. 「함유하고 있는 비료. 황산칼륨·재 등.
칼리 비:료(kali 肥料) 명 〈농업〉 칼륨을 비교적 많이

칼리염(kali鹽)[명] 〈동〉칼륨염(kalium 鹽).
칼리지(college)[명] ①단과 대학(單科大學). 분과(分科). 전문 학교. ②영국의 몇몇 퍼블릭 스쿨(public school)의 명칭. ¶이튼(Eton) ~.
칼리코(calico 프)[명] 고급 옥양목(玉洋木).
칼리포르늄(californium)[명] 〈화학〉1950년 캘리포니아 대학에서 사이클로트론(cyclotron)을 사용하여 퀴륨에 알파선을 비추는 핵반응에 의하여 만든 인공 방사선 원소. 알파 방사능을 가짐. 원소 기호; Cf. 원자 번호 ; 98. 원자량 ; 251.
칼리프(calif, caliph) 〈종교〉상속자의 뜻인 아라비아 말 khalifah에서 온 말로 이슬람의 교주. 이슬람 세계 전체의 우두머리라는 뜻으로 사용.
칼=릿(Carlit)[명] 스웨덴의 칼슨(Carlson)이 발명한 폭약의 상품명. 토목 공사의 발파용.
칼막이=끝[명] 날이 창과 같이 뾰족하고 칼코등이를 자루에 박게 메운 끌.
칼=맞=다[자] 칼침을 당하거나 상하다. be cut
칼=메기=다[타] 투전짝을 고르게 섞기 위해, 반틈 갈라 부뚯살처럼 펴서, 두 편의 각 장이 사이에 서로 끼어들게 밀어 넣다. shuffle
칼모틴(Calmotin)[명] 〈화학〉브롬발레릴 요소(Bromvaleryl 尿素)의 상품명. 백색 무취의 결정상(結晶狀) 분말. 진정·최면제로 쓰임.
칼 물고 뜀뛰기/칼 짚고 뜀뛰기[명] ①일의 성패(成敗)를 목숨을 걸고 최후 결단을 한다는 말. ②험한 일을 모험한다는 말.
칼뱅이즘(calvinism 프)[명] →칼빈주의
칼=부림[명] 칼을 함부로 내저어 상대편을 위협하는 짓. employing a sword
칼빈(Calvin 敎)[명] 〈기독〉종교 개혁가 칼빈주의(Calvin 主義)를 신봉하는 기독교의 한 파(派). Calvinism
칼빈=주의(Calvin 主義)[명] 〈기독〉16세기 프랑스의 종교 개혁자 칼빈(Calvin, Jean)의 종교 개혁 운동에 의한 기독교의 교의(敎義). 엄격한 성서주의, 신의 절대적 권위와 예정적(豫定的) 은총, 장로에 의한 교회 정치, 깨끗한 신앙 생활 등을 주내용으로 함. Calvinism
칼=상어[명] 〈약〉칼철갑상어. [로 함.
칼=새[명] 〈조류〉칼새과의 새. 제비와 비슷하면서, 등과 허리(下面)는 흑갈색, 목은 백색. 허리에는 백색 띠가 있고 깃털도 가장자리만 흼. 네 발가락이 모두 앞쪽을 향한 것이 특징. 날개가 길고 꽁지는 해안·고산에 살며 특히 우천시(雨天時)에 도회지까지 떼지어 날아듬. 곤충을 잡아먹는 익조임. 명매기. 호연(胡燕).
칼슘(calcium 라)[명] 〈화학〉알칼리 토류(土類) 금속에 속하는 은백색의 무른 경금속 원소. 방해석(方解石)·석회석·석고·인회석 등에 포함되어 지각(地殼) 중에 널리 분포되어 있음. 식물체에 수산염(蓚酸鹽)으로 존재하나, 동물 골격이 주성분을 이루고 있음. 원소 기호 ; Ca. 원자 번호 ; 20. 원자량 ;
칼슘=분(calcium 分)[명] 〈화학〉칼슘의 성분. [40.08.
칼슘 비누(calcium—)[명] 석회 염류와 보통 비누가 화합하여 생기는 백색 불용성(不溶性)의 비누. 보통 석회질을 함유한 물로 비누를 사용할 때 생김.
칼=싹두기[명] 밀가루 반죽을 반죽해서 굵직굵직하고 조각지게 썰어서 물에 끓인 음식. 도면(刀麵)①. hand-made noodles [끼우다.
칼=쓰=다[타] 〈제도〉죄인이 목을 칼의 구멍 안에
칼=씌우=다[타] 〈제도〉죄인의 목에 칼을 씌우다.
칼=자[—짜][명] 〈제도〉지방 관아에서 음식을 맡아 만들던 하인. 도척(刀尺).
칼=자국[명] 칼로 찌르거나 벤 자국. scar
칼=자루[—짜—][명] ①칼에 달린 자루. handle ②〈속〉실제의 권력이나 세도. 「는 사람.
칼자루를 잡다[관] 상대방보다 유리한 입장에 있다.
칼=잡이[명] 소나 돼지 따위를 잡는 것을 업으로 하
칼장단[—짱—][—長短][명] 도마질할 때 율동적으로 내는 칼 소리. sound of rhythmical chopping
칼=전대[——쩐—][—纏帶][명] 칼집에서 꽂은 칼을 싸 두는 전대.
칼=제비[명] 칼싹두기나 칼국수를 수제비에 대하여 일컫는 말. ㈋ 수제비. hand-made noodles [하기.
칼=질[명] 칼로 물건을 깎거나 썰거나 베는 것. cutting
칼=집[—찝][명] 칼날을 보호하기 위해 칼의 몸을 꽂아 넣어 두는 물건. sheath
칼=상어[—쌍—][명] 〈어류〉철갑상어과에 속하는 바닷물고기. 철갑상어 비슷하며 몸길이 1m, 입과 꼬리가 길고 뾰족함. 〈약〉칼상어.
칼=첨자[—찜—][—籤子][명] 칼날이 쉬 빠지지 못하게 누르기 위하여 장도집에 끼우는 젓가락 모양의 쇠붙이.
칼=춤[명] 칼을 들고 추는 춤. 검무(劍舞). ¶ ~ 추다. sword-dance
칼=침[——鍼][명] 칼로 찌르거나 찜립의 일컬음. piercing with a sword 「해를 입다.
칼침=맞=다[——鍼—][자] 원험(怨嫌) 등으로 칼맞아 피
칼칼=하=다[여보][①목이 말라서 무엇을 마시고 싶은 생각이 간절하다. thirsty ②맵고 자극하는 맛이 있다. 〈큰〉컬컬하다. pungent
칼=코등이[명] 칼자루의 슴베 박은 쪽의 목에 감은 쇠테. 검비(劍鼻). 검환(劍環). 〈약〉코등이. sword-guard [alk).
칼크(calc 라)[명] ①석회. ②〈속〉클로르칼크(Chlork-
칼킷(Calcuit)[명] 칼슘을 함유하는 비스킷의 상품명.
칼=판[—板][명] 칼질할 때 밑에 받치는 널조각.
칼=품=다[—品—][타] 살의(殺意)를 품다.
칼피스(Calpis)[명] 유산균(乳酸菌) 음료의 상품명. 우유를 가열·살균하여 냉각·발효시킨 후, 당액(糖液)·칼슘을 섞어서 익히어 만듦. 「에 속하는 기(紀).
캄브리아=계(Cambria 系)[명] 〈지학〉캄브리아기(紀)
캄브리아=기(Cambria 紀)[명] 〈지학〉고생대(古生代) 중 가장 오랜 시패.
캄캄=절벽[—絕壁][명] 아무 것도 모르고 있다는 말.
캄캄=하=다[여보][①몹시 어둡다. 〈큰〉컴컴하다. ②희망의 빛이 없어 앞길이 까마득하다. dim ③사리·정보 등을 전혀 알지 못하다. 〈예〉깜깜하다. ignorant
캄파(kampanya 러)[명] 투쟁. 특히, 대중에 호소하여 어떤 목적을 달성하고자 하는 경우에 씀.
캄플라지(←camouflage)[명] →카무플라즈.
캅셀(Kapsel 도)[명] →캡슐(capsule).
캉캉[명] 작은 개가 크게 짖는 소리. 〈큰〉컹컹. yelps
캉캉(cancan 프)[명] 1830년~1844년 경에 파리에서 유행한 서민의 저속한 춤. 특별한 스텝은 없으나 몸을 자유로이 흔들고 오리걸음을 흉내낸 스텝이 특징임. 프렌치 캉캉. [컹컹거리다.
캉캉=거리=다[자] 잇따라 캉캉 소리를 내어 짖다. 〈큰〉
캄프르(camphre 프)[명] →캠퍼(camphor).
캐=내=다[타] ①파내다. dig out ②캐어물어서 속내용을 알아내다. Inquire out
캐논(cannon)[명] 〈속〉카농포(cannon 砲). ②당구에서, 친 공이 연속하여 두 표적 공에 맞는 길.
캐=다[타] ①땅 속에 묻힌 물건을 파내다. dig out ② 비밀을 자주 찾아 밝혀 내다. inquire into
·키=다[타] 〈口〉켜다.
캐디(caddie, caddy)[명] 〈체육〉골프(golf) 치는 사람을 따라다니며 공을 주롭거나 클럽(club)을 들고 다니는 사람. 「리를 측정하는 기구.
캐디토미=터(cathetometer)[명] 두 점 사이의 수직 거
캐러멜(caramel)[명] 자당(蔗糖)에 우유·초콜릿·커피 등을 넣고 고아서 굳힌 과자. 조그맣게 잘라 종이에 싸서 갑에 넣어 팖. 카라멜.
캐러밴(caravan)[명] ①대상(隊商). ②〈건축〉조립식 주택 건축의 하나.
캐럴(carol)[명] 성탄절이나 부활절의 축가.
캐럿(carat)[명] ①보석의 무게의 단위. 200 mg에 해당함. ②순금의 함유도(含有度)를 나타내는 단위. 순금을 24 캐럿으로 침. 카라토(carato). 기호 ; car.,

캐리어 웨이브(carrier wave)〖명〗 반송파(搬送波).
캐리잉=볼(carrying-ball)〖명〗〈체육〉농구·핸드볼 등에서, 공을 가지고 허용된 걸음 수 이상 걷는 반칙.
캐리커처(caricature)〖명〗 ①풍자화. 만화. 희화. ②〈문학〉시대나 사회를 비판하는 묘사법. 어떤 성격을 표현할 때 그 중 한둘의 특징이나 성질을 묘출(描出) 강조하여 전체를 나타내게 하는 표현법.
캐릭터(character)〖명〗 ①성격. 인격. ②특징. 특질. ③작품에 등장하는 인물. ④연극 중의 등장인물. 또, 그가 분장하는 역할.
캐:=묻=다〖타〗〖下〗〖약〗캐어묻다.
캐미솔(camisole)〖명〗 ①여자용 속옷으로 소매가 없고 길이는 허리 아래까지임. ②여자용의 짧은 자켓.
캐비닛(cabinet)〖명〗 ①보석·귀중품을 넣어 두는 장. ②미술품 등을 진열하는 유리문을 끼운 선반. ③내각(內閣). 〖명〗 카비네파(派). ④라디오·텔레비전의 외형을 이루는 상자.
캐비아(caviar)〖명〗 철갑상어의 알젓.
캐비지(cabbage)〖명〗〈식물〉양배추.
캐빈(cabin)〖명〗 ①1·2등 선실(船室). ②합장실(艦長室). 〖室〗. 선장실.
캐소:드(cathode)〖명〗〈물리〉음극(陰極). 특히, 진공관의 음극.
캐슈(cashew)〖명〗〈식물〉열대 아메리카 원산의 옻나무와 비슷한 식물. 씨는 식용, 수지는 도료.
캐:스터(caster)〖명〗 ①텔레비전 뉴스 따위의 보도원·해설자. ②소금·후추·소스 따위를 넣어 두는 테이블용의 양념병.
캐스터네츠(castanets)〖명〗〈음악〉두 짝의 목편이나 상아를 손가락에 끼워 노래나 춤에 맞추어 치는 스페인의 타악기.
캐스트(cast)〖명〗 ①〈연예〉연극·영화의 배역(配役). ②주형(鑄型). 주조물(鑄造物).
캐스팅(casting)〖명〗〈인쇄〉동력에 의하지 않고 수동(手動)으로 활자를 주조하는 기계. 수동적이므로 능률이 낮으나 기계의 조작이 간단하여 소량의 활자 주조에는 편리함.
캐스팅 보:트(casting vote)〖명〗 ①가부(可否)가 동수인 경우의 의장의 결재 투표. ②의회 같은 데서 두 정당의 세력이 비슷한 경우, 그 승패를 결정하는 제3당의 투표.
캐시(cash)〖명〗 맞돈. 현금(現金).
캐시 레지스터(cash register)〖명〗 금전 출납 등록기(金錢出納登錄器). 〖약〗 레지스터.
캐시미어(cashmere)〖명〗 인도의 서북부 카슈미르(Kashmir) 지방에 나는 실로 사문(斜紋)이나 능직으로 짠 직물.
캐시미어 숄(cashmere shawl)〖명〗 인도의 카슈미르(Kashmir) 지방의 염소 털로 만든 실로 짠 숄.
캐시밀론(cashmilon)〖명〗〈화학〉아크릴니트릴계(系) 합성 섬유의 상품명. 캐시미어 비슷한 촉감으로 가볍고 보온성(保溫性)이 있어 양복지 등으로 쓰임.
캐시=북(cashbook)〖명〗 현금 출납부.
캐어=묻=다〖타〗〖下〗 자주 거듭하여 묻다. 자세히 파고 들어 묻다. 《약》 캐묻다. ask inquisitively.
캐주얼 슈:즈(casual shoes)〖명〗 평상시에 신는 구두의 총칭.
캐주얼 웨어(casual wear)〖명〗 간단한, 약식의 평상복.
캐처(catcher)〖명〗〈체육〉야구의 포수(捕手).
캐치(catch)〖명〗 ①잡음. 캠. 포착(捕捉). ②야구에서, 공을 잡는 일. 〖하다〗〖타〗 〖고 받고 하는 연습. 〖하다〗
캐치 볼:(catch ball)〖명〗〈체육〉야구에서 공을 던지
캐치프레이즈(catchphrase)〖명〗 광고·선전에서 적확한 표현으로 대중의 심리를 포착하는 기발한 문구(文句). ②〖동〗 경구(警句).
캐터펄트(catapult)〖명〗 ①쇠뇌와 비슷한 고대 그리스·로마의 투석기(投石機). ②〈군사〉함선 위나 좁은 지면에서 화약·압축 공기 등의 힘으로 비행기를 공중으로 쏘아(射出)시키는 장치. 사출기(射出機).
캐터필러(caterpillar)〖명〗〖동〗 무한 궤도.
캐터필러 트랙터(caterpillar tractor)〖명〗 바퀴 대신에 캐터필러를 장치한 트랙터.
캐티키즘(catechism)〖명〗〈기독〉기독교의 신조를 평이한 문답체로 기록한 책. 교리 문답서.
캐피털(capital)〖명〗 ①자본. 자본금. ②대문자(大文字). ③수도(首都). 〖자본주의자.
캐피털리스트(capitalist)〖명〗〈사회〉자본가(資本家).
캐피털리즘(capitalism)〖명〗〈사회〉자본주의.
캑〖명〗 목에 붙은 가래를 떼려고 기침을 힘껏 하는 소리. hacking 〖하다〗
캑=캑〖명〗 여러 번 캑하는 소리. 〖하다〗 〖소리를 내다.
캑캑=거리=다〖자타〗 연해 캑캑 소리가 나다. 또, 그런
캔(can)〖명〗 통조림. 통조림관.
캔들(candle)〖명〗 양초.
캔디(candy)〖명〗 ①봉봉·드롭스·캐러멜·초콜릿·누가 등의 사탕 과자의 총칭. ②모든 과자의 총칭. ③〖명〗→아이스 캔디.
캔버스(canvas)〖명〗 삼베 같은 천에 아교나 카세인을 바르고 그 위에 아마유(亞麻油)·아연화·밀타승(密陀僧) 등을 섞어 바른 물건. 유화(油畫)를 그릴 때 씀. 화포(畫布).
캔서(cancer)〖명〗 암(癌). 〖약 해제. 〖하다〗
캔슬(cancel)〖명〗 ①취소. 삭제. ②특히, 무역상의 계
캘루트론(calutron)〖명〗 큰 전자석을 써서 질량 분리를 행하는 장치. 이에 의하여 우라늄의 동위 원소가 분리됨. 〖쌍이 추는 댄스.
캘리도니언(caledonian)〖명〗 스코틀랜드에서 발생한 캘리비아 이동(calibia 移動)〖명〗〈연예〉영화를 촬영할 때 피사체(被寫體)를 향하여 전진하여 가는 이동 촬영. 〖무명의 총칭.
캘리코(calico)〖명〗 평직(平織)으로 된 나비가 넓은 면
캘리퍼스(callipers)〖명〗 자로 재기 힘든 물건의 외경(外徑)·내경(內徑)·두께·폭 등을 재는 데 쓰는 측정용 보조 기구. 용수철로 연결된 구부러진 두 다리를 목적물에 댄 다음 그것을 자로 잼. 측경기(測徑機).
캘린더(calendar)〖명〗 달력·쾌력(掛歷)·책력의 총칭.
캠(cam)〖명〗 일정 축의 둘레를 회전하여 종동자(從動子)에 여러 운동을 주는 장치. 〖캄프르.
캠퍼(camphor)〖명〗 정제한 장뇌(樟腦). 장뇌의 액(液).
캠퍼스(campus)〖명〗 학교, 특히 대학의 교정.
캠퍼 정기(camphor 丁幾)〖명〗 정제 장뇌 10%를 알코올 70%에 용해, 증류수 20%를 가해 만든 무색 투명의 액체. 훕벨제로 씀. 장뇌정기. 장뇌 정기. 캠퍼 팅크제.
캠퍼 주:사(camphor 注射)〖명〗〈의학〉중병 환자가 심장에 쇠약하여졌을 때, 심장 활동을 강하게 하고 혈액 운동을 촉진시키기 위하여 놓는 주사.
캠퍼 팅크제(camphor tincture)〖명〗〖동〗캠퍼 정기.
캠페인(campaign)〖명〗 ①야전(野戰). ②사회적·정치적 목적을 위해 조직적으로 행해지는 운동. ③선거전. 유세(遊說).
캠프(camp)〖명〗 ①야영. 야숙(野宿). 또, 그 막사. ②야영 진지(陣地). 〖하다〗
캠프=촌(camp 村)〖명〗 캠프가 모여 이룬 마을.
캠프=파이어(campfire)〖명〗 캠프에서 때는 모닥불. 또, 그것을 둘러싸고 하는 친목회.
캠핑(camping)〖명〗 야영. 천막 생활. 〖하다〗
캡(cap)〖명〗 ①전후 운두가 없는 납작한 모자. ②연필·만년필 등의 뚜껑. ③〖약〗→캡틴. ④공산당의 세포 책임자.
캡=램프(cap-lamp)〖명〗 소형 전구 및 반사경을 갖춘 모자와 쇠전지로 된 갱내용(坑內用) 전기등.
캡션(caption)〖명〗 신문·잡지 등의 사진 설명문.
캡슐(capsule)〖명〗 ①교갑(膠匣). ②피막(被膜). ③우는 물건. ④우주 비행체의 기밀 용기(氣密容器). 칼셀(Kapsel).
캡스턴(capstan)〖명〗 ①수직으로 된 원통꼴의 동체(胴體)에 밧줄 또는 쇠사슬을 감아 그것을 회전시켜 무거운 물건을 끌어올리거나 당기는 기계. ②녹음·재생 장치에 있어서, 테이프의 속도를 결정하는 정속

캡틴 (定速) 회전축.

캡틴(captain)명 ①수령(首領). 장(長). ②선장. 함장. 해군 대령. ③스포츠 팀의 주장(主將). ④육군 대위. (약) 캡(B).

캡틴 볼:(captain ball)명《체육》구기(球技)의 하나. 여러 명이 두 팀으로 나뉘어 중앙에 있는 자기 편의 주장에게 공을 던지려 하고 상대편은 이것을 방해하는 유희로, 주장이 먼저 공을 잡는 편이 이김.

캥명 여우의 우는 소리.

캥거루(kangaroo)명《동물》포유류에 속하는 초식 동물의 하나. 몸 길이 1.5 m 가량으로 앞다리는 짧고 뒷다리는 긺. 몸 빛은 수컷은 광택 있는 회색, 암컷은 회백색이며 새끼를 낳으면 배에 있는 육아 주머니(育兒義)에서 기름. 호주의 특산종으로 가죽은 여러 가지 공예품 원료로 씀. 대서(袋鼠).

캥=캥튀 여러 번 캥하고 우는 소리. 하자

캥캥=거리=다재 잇따라 캥캥 소리를 내다.

캐러멜(caramel)명《동》캐러멜. [hawkingly 하자

캭명 목구멍에 붙은 물건을 떼려고 힘있게 뱉는 소리.

캭=거리=다자 여러 번 캭하는 소리. 하자

캭캭=거리=다자 잇따라 캭캭 소리를 내다.

컁명 여우가 요물스럽게 우는 소리. 하자

컁=거리=다자 여우가 요물스럽게 연해 우는 소리. 하자

컁컁=거리=다자 잇따라 컁컁 소리를 내다.

컁컁=하=다형영 얼굴이 몹시 여위다. lean

커명 ①맛이 맵거나 냄새가 몹시 독할 때 내는 소리. ②곤하게 잠잘 때에 내는 숨소리.《퀘》카.

커넥션(connection)명 ①연락. 관계. ②친한 관계. 교우(交友).

커녕조 그것은 고사하고, 그보다 못한 것도 될 수 없다는 뜻을 나타내는 보조사. far from, anything but

커니와《고》'커녕. →거니와.

커닝(cunning)명 '교활'·'교묘'의 뜻이며, 수험생의 부정 행위. 하자

커닝 볼:(cunning ball)명《체육》럭비에서, 스크럼에 공을 넣을 때의 부정구(不正球).

커=다랗=다형ㅎ 매우 크다. 아주 큼직하다. (약) 커닿다. 크다랗다. very big

커=다래=지=다자 커다랗게 되다. (약) 커대지다. (원) 크다래지다. grow bigger

커=닿=다형ㅎ 《약》→커다랗다.

커=대지=다자《약》→커대지다.

커런트(currant)명 씨 없는 건포도.

커런덤(corundum)명《광물》자연 형태로 채취되는 순수한 금강사(金剛砂)로, 숫돌·그라인더에 쓰이는 것의 상품명.

커런시=주의(currency 主義)명《경제》통화주의(通貨主義).

커런트(current)명 ①경향. 품조. 사주(思潮). ②유동. 유통. 조류(潮流). 기류. ③현금(現金). 현재. ④전류(電流).

커런트 뉴:스(current news)명 시사(時事) 보도. 시사.

커런트 토픽스(current topics)명 오늘의 화제(話題). 시사 문제.

커리드 라이스(curried rice)명 인도 요리의 하나. 고기·야채 등을 익힌 국물에 카레 가루·밀가루를 되직하게 섞어 쌀밥에 친 요리. 라이스 카레. 카레라이스.

커리어(career)명 경력. 출세. 성공. [라이스.

커리큘럼(curriculum)명《교육》학교의 교육 목표를 달성하기 위해, 그 내용을 체계적으로 나타낸 전체 계획. 교과 커리큘럼·경험 커리큘럼 등이 있음. 교육 과정(教育課程).

커뮤니스트(communist)명《사회》공산주의자.

커뮤니언(communion)명 ①공동으로 하는 일. 조합. ②서로 마음을 터놓고 사귀는 일. ③《기독》성찬식(聖餐式).

커뮤니즘(communism)명《사회》공산주의(共産主義).

커뮤니케이션(communication)명 ①전달. 통신. 연

락. ②사회 생활을 하는 인간 사이에 행해지는 사상의 교환이나 전달.

커뮤니티(community)명 ①거주 지역을 같이하는 공동 사회. 촌락·도시·지방 등. ②《교육》학교의 봉사 영역(奉仕領域)으로서의 지역적 공동 사회. ¶~스쿨(school).

커뮤니티 체스트(community chest)명 사회 사업을 위한 공동 모금(共同募金). 공동 기금(共同基金).

커미션(commission)명 ①수수료. 구전. ②뇌물.

커버(cover)명 ①무릎. 표지. 표장(表裝). ②구두나 양말 등 위에 덧신는 물건. ③경기중에 딴 선수의 행동·수비 동작을 엄호하는 일. ④손실·부족을 보전(補塡)하는 일. 하자

커버 걸:(cover girl)명 잡지 따위의 표지 사진의 모 「델 여성.

커버 글라스(cover glass)명 현미경에서 슬라이드 글라스 위에 목적물을 놓고 물을 친 후에 덮는 얇고 네모꼴 유리.

커:브(curve)명 ①곡선. 굴곡. ②《체육》야구에서 투수가 던진 공이 타자 가까이에 와서 구부러지는 일.

커스터:드(custard)명 우유·달걀·설탕을 섞어서 찌거나 구운 물렁한 과자. ¶~푸딩.

커스텀(custom)명 맞춤. 특제(特製).

=**커:니=와**《고》=하시거늘.

=**커:시:니**《고》=하시니.

=**커:시마=론**《고》=하시건마는.

커:지=다자 크게 되다. grow

커터(cutter)명 ①자르는 사람. 재단기(裁斷機). ②영화 필름의 편집자(編輯者). ③군함·구축함의 부속 된 어어(oar)를 갖춘 단정(短艇). ④마스트가 하나 뿐인 일종의 쾌속 범정(快速帆艇).

커터 셔츠(cutter shirt)명 와이셔츠와 비슷하게 생기고 칼라와 커프스를 바꿔 달 수 없게 된 셔츠. 운동복으로 많이 씀.

커트(cut)명《체육》테니스·탁구·골프 등에서, 공을 비스듬히 아래로 깎는 것처럼 치는 일. 커팅(cutting)② 네 드라이브. ③

커:튼(curtain)명 ①창·문 등에 치는 휘장. 문장(門張). ②극장의 막.

커:튼 레이저(curtain raiser)명 ①개막하는 맨 처음에 하는 연극으로 보통 짧은 1막짜리. 개막극. ②운동 경기의 개막전(開幕戰).

커틀릿(cutlet)명 얇게 썬 소·양·돼지 등의 고기에 빵가루를 묻혀 기름에 튀긴 요리. ¶비프 ~.

커팅(cutting)명 ①재단. ②《동》컷①. ③《동》커트.

커패시티(capacity)명 ①수용량(受容量). 수용 능력. ②능력. 재능. ③《물리》전기 용량.

커프스(cuffs)명 와이셔츠의 소맷부리. ¶~를 걷어 올리다. 「프스에 다는 단추.

커프스 단추(cuffs—)/**커프스 버튼**(cuffs button)명 커

커플(couple)명 ①두 개. 한 쌍. ②남녀 한 쌍. 부부.

커플링(coupling)명 한 축(軸)에서부터 다른 축으로 동력을 전달하는 장치. 클러치와 달라서 동력의 전달을 마음대로 떼었다 붙였다 하지는 못함.

커:피(coffee)명 ①커피나무 열매의 씨를 볶아 갈아서 만든 가루. 카페인을 함유하고 있음. 카페①. ②《약》→커피차.

커:피=나무(coffee—)명《식물》꼭두서니과의 상록 교목. 열대 지방의 식물로 좋은 냄새가 나는 흰꽃이 핌. 열매는 육질로서, 씨가 두 개 들었고 익으면 짙은 붉은색임. 씨는 커피의 원료로. 「방. ②다방.

커:피 숍(coffee shop)명 ①호텔 같은 데에 부속된 다

커:피=차(coffee 茶)명 끓는 물에 설탕·우유를 넣어 만든 차. 《약》커피②.

커:피포트(coffeepot)명 커피를 끓이는 주전자.

=**컨대**《고》=하건대. ¶원~.

=**컨대**《약》'=컨대'에 조사 '는'이 겹친 말.

컨덕터(conductor)명 관현악·취주악·합창 등의 지휘자·지도자. 악장(樂長).

컨덕트(conduct)명 ①《음악》관현악 등의 지휘·지도.

컨디션 ②집단 등의 지휘·지도·관리·통솔. **하자타**
컨디션(condition)명 ①조건. 제약(制約). ②상태. 몸의 상태. ③주위의 상황. 사정.
=**컨러·룬**(이미)(교) =하건마는.
컨버세이션(conversation)명 ①담화. 회화. 대담(對談). ②비공식 회담.
컨버ː트(convert)명《체육》 ①럭비에서, 트라이한 후 골킥에 성공함. ②야구에서, 수비 위치를 바꿈.
컨베이어(conveyor)명 화물(貨物)을 수평(水平) 또는 상하의 층간(層間)으로 이동시키는 무한 대상(無限帶狀)의 운반 장치. 반송대(搬送帶). 전송대(傳送帶).
컨베이어 시스템(conveyor system)명 《경제》 컨베이어에 의한 작업 조직. 컨베이어 열의 일정한 위치에 노동자들이 배치되어 자기 앞을 지나는 완성 과정에 있는 물건에 자기에게 할당된 부분만의 작업을 하는 방식.
컨벤셔널리즘(conventionalism)명 인습이나 관례를 존중·도습하는 경향. 또, 그 주의. 인습주의.
컨벤션(convention)명 인습. 습속(習俗). 인습.
컨테이너(container)명 →콘테이너.
컨트롤(control)명 ①지배. 관리. 조절. 제어(制御). ②특히 야구에서, 투수가 투구를 조절하는 일. ¶ ~이 나쁘다. **하타**
컨트롤 타워(control tower)명 관제탑(管制塔).
컨트리 클럽(country club)명 전원 생활을 즐기려는 도회지 사람을 위하여 시가(市街)에서 멀어진 곳에 세운 골프장 따위의 시설을 둔 클럽.
컬(curl)명 머리털을 곱슬곱슬하게 지지는 일. 또, 그 머리털. **하타**
컬러(color)명 ①색. 색채. ②채색. ③개성. 작품의 맛. 기분.
컬러리스트(colorist)명 ①착색자(着色者). 채색자. ②색채의 조합을 중요시하는 화가. 색조 화가.
컬러 컨디셔닝(color conditioning)명 인간의 감정이 색채의 영향을 받는다는 견해에서, 건물의 색채를 적당히 조정하는 일.
컬러 텔레비전(color television)명 피사체(被寫體)의 원색을 그대로 전송(電送)·재현하는 텔레비전.
컬러풀(colorful)명 화려함. 색채가 풍부함. **하타**
컬러 필름(color film)명 ①천연색 필름. ②《연예》 천연색 영화(天然色映畫).
컬럭 오랜 기침병으로 앓는 사람이 입을 예사로 벌리고 내는 기침 소리. 《작》칼칵. coughing **하타**
컬럭-거리다(타) 잇따라 컬럭 소리를 내다. 《작》칼칵거리다. 컬럭=컬럭 **하타**
컬럼브-석(columb 石)명 《광》 방사능 광물의 하나. 거정(巨晶) 화강암의 장석(長石)에 포함되며, 철흑색·단주상(短柱狀)임. [를 이은 끈.
컬레이저(chalaza)명 《생물》 새알의 노른자와 흰자
컬ː링 아이언(curling iron)명 머리를 곱슬곱슬 지질 때 쓰는 가위처럼 생긴 기구.
컬처(culture)명 ①교화(敎化). 배양(培養). ②문화.
컬컬-하다(형예) 목이 말라서 시원한 물·술 등을 마시고 싶은 생각이 간절하다. be thirsty ②맵고 얼큰한 맛이 있다. 《작》칼칼하다.
컬티베이터(cultivator)명 경운기(耕耘機). 경작기.
컴백(comeback)명 복귀(復歸). 재기(再起). **하타**
컴ː컴-하다(형예) ①침침하게 아주 어둡다. 《작》캄캄하다. ②마음씨가 음침하고 욕심이 많다. shady ③거칠고 암담하다. 《세》검컴하다.
컴패니언(companion)명 ①친구. 짝. 동료. ②국제적인 행사 등에서 내빈의 접대역.
컴퍼니(company)명 ①회사. 집단. ②교우(交友).
컴퍼니 유ː니언(company union)명 《사회》 사용자측 뜻에 따라 조직된 노동 조합. 어용 조합(御用組合).
컴퍼스(compass)명 ①제도용의 기구. 양다리를 자유롭게 오므렸다 폈다 하여, 선을 긋거나 길이를 재거나 원을 그리는 데 씀. ②나침의. ③보폭.

컴퓨ː터(computer)명 《물리》 전자적으로 자료 처리를 하는 여러 가지 기능(입력 기능, 기억 기능, 연산 기능, 출력 기능)을 가진 조직체. 곧, 전자 회로를 이용, 계산을 자동적으로 행하는 장치의 총칭. 수치 계산 이외의 자동 제어, 데이터 처리, 사무 관리에도 이용됨. 전자 계산기.
컴퓨ː터 범ː죄(computer 犯罪)명 컴퓨터를 둘러싼 범죄. 흔히 프로그램을 조작하여 경쟁 회사에 팔아먹는 일 따위.
컴퓨ː토피아(computopia)명 전자 계산기로 말미암아 실현되는 이상 사회. 전자 계산기의 기술이 극한에 이르면 미래에 대한 예측과 그에 대한 대비에 이르기까지 많은 관리의 업무까지도 담당하게 되는 미래 사회.
컴프레서(compressor)명 공기 압축기.
컵(cup)명 ①유리로 만든 술잔. ②찻잔. ③금이나 은으로 만든 우승배. 상배(賞杯).
컵-자리(cup—)명 《천문》 성좌의 하나. 처녀자리의 서남쪽에 있는 작은 별자리로 늦은 봄의 저녁에 남쪽 하늘에 보임.
=**컷**(cut) '것'의 뜻. '수'와 '암'의 밑에 쓰임.
컷(cut)명 ①절단. 잘라 냄. 짜아 냄. ②《인쇄》 작은 삽화(揷畫). ③영화의 편집·검열할 때 필요 없거나 나쁜 부분을 자르는 일. 또, 그 필름. 커팅(cutting)②. ④영화 촬영에서, 카메라의 회전 시작에서 끝까지 계속하여 촬영된 일련의 필름. ⑤정구·탁구(卓球)를 잡아쨋듯이 치는 일. ⑥야구에서, 야수가 던진 공이 목적의 야수에 도달하기 전에 다른 야수가 중간에서 잡는 일. **타**
컷 글라스(cut glass)명 조탁(彫琢)을 한 글라스.
컷ː-라인(cutline)명 끊어 버리는 선. 합격권의 최저선.
컷-백(cutback)명 《연예》 연속된 화면의 도중에 갑자기 다른 화면이 나타났다가 다시 먼저의 화면으로 돌아가는 영화 촬영상의 기교.
컷 쇼ː트(cut short)명 《체육》 골프에서 공을 비스듬히 아래로 깎는 것처럼 치는 법.
컷-오프(cutoff)명 방송중인 음악이나 이야기 따위를 급히 중단하는 일. 시청자의 주의력을 모으고 화면 변화에 대한 기대를 높이기 위한 기교.
컷-워ː크(cutwork)명 서양 자수의 하나. 도안의 윤곽을 버튼 홀 스티치(button hole stitch)로 하고, 내부로부터 주위를 적당히 잘라 내어 모양을 만드는 수법.
컷-인(cut-in)명 《연예》 ①영화 편집에 있어서 필름을 잘라 내고 잇는 일. ②라디오에서 소리를 갑자기 크게 하는 일.
컷인-플레이(cut-in-play)명 《체육》 야구에서, 포구(捕球)를 중단(中斷)하여 잡음. 삼루수가 유격수 쪽으로 가는 포구를 가로질러 잡는 일.
컷 필름(cut film)명 건판(乾板) 대신에 한 장 한 장 틀에 넣어 사용하도록 절단되 두께로 된 필름.
컹컹 큰 개가 짓는 소리. 《작》캉캉. bow-wow **하타**
컹컹-거리-다(자) 잇따라 컹컹 짖다. 《작》캉캉거리다.
케노트론(kenotron)명 고전압·저전류가 요구되는 장치에서, 정류기(整流器)로 쓰기 위해 설계된 고진공 이극관(高眞空二極管).
케라틴(keratin)명 《생리》 손톱·발톱·뿔·모발(毛髮) 따위의 성분이 되는 경단백질(硬蛋白質). 각소(角素).
케로이드(keroid)명 방사능(放射能)에 의하여 화상(火傷)을 입은 자리.
케른(cairn)명 산의 정상이나 등산길을 표시하기 위하여 쌓아 올린 돌.
케미 슈ː즈(chemi shoes)명 ⇨케미컬 슈ː즈.
케미스트(chemist)명 ①화학자. ②약종상(藥種商). 약제사.
케미스트리(chemistry)명 화학(化學).
케미컬(chemical)명 ①화학적. '화학적으로 합성된'의 뜻. ②케미컬 슈ː즈.
케미컬 슈ː즈(chemical shoes)명 합성 피혁으로 만든 신. 《속》케미 슈ː즈. 케미컬②.

케스타(cuesta)〖명〗〈지리〉 경사가 완만하고, 무른 암석과 단단한 암석이 교호(交互)로 층을 이루고 있는 일군(一群)의 지층이 침식되어 이루어진 지형.

케어(CARE)〖명〗〈약〉 Cooperative for American Remittances to Europe Inc. 유럽 구제를 위하여 미국의 종교 자선 단체에 의하여 만들어진 기관.

케어 물자(CARE 物資)〖명〗 미국의 종교 자선 단체에 의하여 제2차 대전 후 유럽 각국의 구제를 목적으로 한 원조 물자.

케이 디 아이(KDI)〖명〗〈약〉 Korea Development Institute 한국 개발 연구원.

케이블(cable)〖명〗 ①전기 절연물로 싼 전선을 여럿 모아서 다시 겉으로 포장한 것. ②닻에 쓰는 쇠고리줄. ③해저(海底) 전선. ④〖약〗→케이블 카.

케이블=그램(cablegram)〖명〗 해저 전신.

케이블 카(cable car) 등산 철도의 하나. 비탈을 철색에 의하여 운전하는 차. 또는 공중에 걸친 철색에 의하여 차를 움직임. 로프 웨이(rope way). 현수 철도(懸垂鐵道).〖약〗케이블.

케이 비 에스(K.B.S.)〖명〗〈약〉 Korean Broadcasting System 한국 방송 공사.

케이스(case)〖명〗 ①상자. 갑. ②〈인쇄〉 활자를 담는 나무 그릇. ③〈어학〉 격(格). ④경우. 형편.

케이스 스터디(case study) 어떤 특수한 경우를 철저히 연구함으로써 일반적인 법칙이나 이론을 유도해 내는 방법. 사례 연구법(事例研究法).

케이스=워크(casework) 본래 의사나 환자의 증상(症狀)을 진찰하여 치료 방법을 생각함을 이름. 정신적·육체적·사회적으로 결함이 있는 사람을 정상(正常)으로 고치는 방법을 이름.

케이슨(caisson 프)〖명〗〈토목〉 잠함(潛函).

케이슨=병(caisson 病)〖명〗〈의학〉 잠수부가 장시간 수중의 수압이 큰 곳에서 있다가 급히 기압이 낮은 곳에 나옴으로써 생기는 병. 근육·관절의 동통(疼痛)·현기증·사지 마비 따위가 일어남.

케이싱(casing)〖명〗 ①포장. 포장 재료. ③겉상자.

케이 에스(K.S.)〖명〗〈약〉 Korean Industrial Standards 한국 공업 규격. 또, 그 표시.

케이 에스 마크(K.S. mark)〖명〗〈약〉 Korean standard mark 한국 공업 규격 표준 규격품.

케이 에스 자석강(K.S. 磁石鋼)〖명〗 특수강의 하나. 강력한 자성을 가짐. 코발트 30~35%, 텅스텐 6~8%, 크롬 16%, 탄소 8.8%로 됨.

케이 에이 엘(KAL)〖명〗〈약〉 Korea Air Line 대한 항공 공사(大韓航空公社).

케이=오(K.O.)〖명〗〈체육〉 녹아웃(knockout). 하관

케이오=승(KO 勝)〖명〗 상대를 녹아웃시킴으로써 이김.

케이 오 시(KOC)〖명〗 Korea Olyimpic Committee 한국 올림픽 위원회.

케이 입자(K 粒子)/**케이 중간자**(K 中間子)〖명〗〈물리〉 전자 질량의 약 970 배 되는 중중간자(重中間子)의 하나.

케이지(cage)〖명〗 ①새장. 우리. ②엘리베이터의 칸. ③

케이크(cake)〖명〗→배딱 케이크.

케이폭(kapok)〖명〗 케이폭수(樹)의 열매를 싸고 있는 털. 가볍고 보온성이 많으며, 물을 빨아들이지 아니하여 부력(浮力)이 큼. 구명구(救命具)·이불·베개·방석 등에 씀. 판야(panja).

케이프(cape)〖명〗 ①망토와 같은 소매가 없는 외투. ②〖각〗(岬).

케인스 학파(Keynes 學派)〖명〗〈경제〉 케인즈 혁명 이후에 형성된 경제학상의 한 파. 신고전학파가 주장한 세이(J. Say)의 법칙을 버리고 케인즈의 이론에 의하여 이론화된 유효 수요의 원리를 주장하였음.

케인즈 혁명(Keynes 革命)〖명〗〈사회〉 불완전 고용(雇傭)의 균형을 이룬다는 경제학이 '투자(投資)가 저축'의 소득 결정 이론으로 설명하였다는 이론상의 혁명의 하나.

케일(kale)〖명〗〈식물〉 양배추의 일종. 비타민·미네랄이 많아 주스 만드는 데 씀.

케첩(ketchup)〖명〗 토마토 등의 주스에다 향료·감미료(甘味料)·식초 등을 섞어서 만든 소스의 하나.

케케=묵다〖자〗 ①일이나 물건이 매우 오래 되어서 쓸모가 그러 없다. old ②말이나 생각이 진부하다. stale

케톤(ketone)〖명〗〈화학〉 카르보닐기가 두 개의 탄화수소기와 결합하고 있는 유기 화합물의 총칭. 아세톤 같은 것.

케틀(kettle)〖명〗 ①가마. 솥. ②수솥에 쓰는 의류·가제

케틀=드럼(kettledrum)〖명〗 팀파니.

케플러 망원경(Kepler 望遠鏡)〖명〗〈물리〉 대안 렌즈로 볼록렌즈를 사용한 망원경. kepler's telescope

케플러의 법칙(Kepler—法則)〖명〗 독일의 케플러가 알아낸 행성(行星)의 운동에 관한 법칙. Kepler's law

켄트=지(Kent 紙)〖명〗 영국의 켄트에서 나는 도화지. 제도와 인쇄 용지로 씀.

켈로이드(keloid)〖명〗 ①〈의학〉 피부의 상처가 아문 후 이상적으로 융기된 붉은 빛의 판상(板狀) 또는 결절상(結節狀)의 종양(腫瘍). ②방사능에 의한 화상의 자국. ¶원폭(原爆) ~.

켈트(Kelt)〖명〗 유럽 인종의 하나. 스위스·스코틀랜드·아일랜드 등지에 사는데, 키가 크고, 머리털은 금발 또는 붉은 밤색임. 골(Gaul) 인·브리튼 인도 이

켈프(kelp)〖명〗 ①다시마 따위의 해초를 태운 요오드. 탄산소다의 원료가 됨. ②표착(漂着) 해초의 총칭.

켕기=다〖자〗 ①팽팽하게 되다. ④느슨하지다. be strained ②닿이 날카로 보아서 불안해지다. be cowed

켜 ①팽팽하게 잡아당기다. strain ②마주 버티다. hold

켜〖명〗 물건을 포개어 놓은 층. out against

켜=내=다〖타〗 고치에서 실을 켜서 뽑아 내다.

켜=다〖타〗 ①성냥·등불·촛불·전등알에 불을 붙이다. (대) 끄다. light ②물·술 따위를 한목에 마시다. drain ③톱으로 나무를 세로로 썰어서 쪼개다. saw off ④누에고치에서 실을 뽑다. reel off ⑤깡깡이 따위의 악기를 쓸어서 소리를 내다. play on ⑥기지개를 하다. straighten one's back ⑦수컷이 암컷을 부르는 소리를 내다. 또는 수컷이나 암컷이 홀로 성욕이 불끈 닳아 올라서 어쩔 줄을 모르다. give a mating call ⑧옷을 다루어서 희게 만들다. ⑨물이 지게 하다. ¶발을 ~.

켜=다〖타〗 (켜) 끌다. →혀다.

켜=떡〖명〗 켜를 지어 만든 떡.

켜이=다〖자〗 켜기를 당하다. 〖약〗키다.

켜켜=이〖부〗 켜켜마다. 여러 켜마다. every ply

결례(結例)〖명〗〈수학〉 두 개의 점 또는 선 혹은 수가 서로 특수한 관계를 가지고 있어, 서로 바꾸어 놓아도 그 관계에 변화가 없을 경우의 그 둘의 관계. 공액(共軛). conjugate [말. 한 벌. pair

결례²(結例)〖명〗 한 벌의 신·양말·버선·방망이 따위를 세는

결례=각(—角)〖명〗〈수학〉 정점(頂點)과 두 변이 공통이고 그 합(合)이 360°인 두 개의 각에서 서로 반대쪽에 있는 각. 공액각(共軛角).

결례=면(—面)〖명〗〈수학〉 어떤 2차 곡선에 관하여 두 개의 평면의 각 극이 서로 다른 평면 위에 있을 때의 그 두 평면. 공액면(共軛面).

결례=선(—線)〖명〗〈수학〉 어떤 원폭 곡선에 관하여 두 직선이 각각 다른 직선의 극(極)을 지날 때의 그 두 직선. 공액선.

결례=점(—點)〖명〗→컬레 초점.

결례 초점(—焦點)〖명〗〈물리〉 구면경(球面鏡)이나 렌즈의 광점(光點)과 실상(實像)의 초점이 서로 위치를 바꿀 수 있는 두 점. 공액 초점. →컬레점.

결례=축(—軸)〖명〗〈수학〉 쌍곡선의 두 초점 사이의 중점(中點)에서 가로축에 직교(直交)하는 축. 공액축.

결례=호(—弧)〖명〗〈수학〉 합이 한 원주(圓周)와 꼭 같은 두 개의 호의 서로의 명칭. 공액호.

켤=속〖명〗 일의 갈피.

켸켸=묵=다〖자〗→케케묵다.

코¹〖명〗 ①오관기(五官器)의 하나. 얼굴 한복판에 우뚝

코²명 ①물건의 가장 앞쪽의 오목하게 내민 부분. ¶버선∼가 뾰족하다. ②그물·뜨개옷 따위의 물을 이루는 낱낱의 고. stitch

코³[─](숫) 번(番). 瓘터.

=코⁴(약)=하고. ¶결단∼ 응납하지 않을 것이다.

=·코⁵[어미](고)=고. =인고. 'ㅎ' 첨용(添用)하면 말에 쓰임.

코가 납작해지다(관) 몹시 무안을 당하거나 기가 죽다.

코가 비뚤어지게(관) 부끄러움을 모를 만큼 취하도록 술을 마시는 모양.

코가 빠지다(관) 근심이 싸여 맥이 빠지다.

코가 우뚝하다(관) ①의기 양양하다. ②난 체하고 거만한 태도가 있다.

코-감기(─感氣)명 코가 메고, 콧물이 나오는 가벼운 감기.

코-걸이명 씨름·싸움을 할 때 손가락을 상대자의 두 콧구멍에 박아서 뒤로 밀어 넘기는 것.

코-걸이명 코에 거는 물건. nose-ring

코-골다(자) 잘 때에 요란하게 드르렁거리며 숨을 쉬다.

코-끝명 콧등의 뾰족한 끝. ¶─숨을 쉬다. snore

코끝도 볼 수 없다(관) 도무지 나타나지 않아 얼굴을 볼 수 없다.

코끼리명 〈동물〉코끼리과(科)의 짐승의 총칭. 인도 코끼리와 아프리카 코끼리의 두 종류가 있음. 육지에 사는 동물 중 최대형으로 코는 원통의 모양으로 길게 늘어졌음. 피부는 매우 두껍고 귀는 크고 눈은 작으며 원주상의 튼튼한 네 다리가 있음. elephant ¶ 붉이 일렬음. 상비층(象鼻蟲).

코끼리-벌레명 〈곤충〉딱정벌레·중싸구미 따위를 통칭.

코-납작이명 ①코가 납작한 사람. person with a flat nose ②핀잔을 맞아 기가 꺾인 사람. rebuffed person

코냑(cognac 프)명 프랑스 코냑 지방 명산인 고급 브랜디. 포도주로 만들며, 약 70%의 알코올을 함유함. ②[매점(賣店). ④난(欄).

코-너(corner)명 ①구석. 모퉁이. ②(약)→코너 아웃.

코:너 아웃(corner out)명 〈체육〉축구 등에서, 자기 편 골 라인 밖으로 공을 차낸 경우. (약) 코너②.

코:너 킥(corner kick)명 〈체육〉코너 아웃이 났을 때 공격하는 편이 골 라인의 끝의 귀퉁이에 공을 놓고 차는 일. 하(─) ¶ 굵고 음색이 부드러운.

코:넷(cornet)명 〈음악〉금관 악기의 하나. 소리가

코-높다(자) 잘난 체하여 뽐내는 태도가 있다. arrogant

코-눈물-관(─管)명 〈생리〉눈물 주머니의 끝에서 콧구멍으로 통하는 눈물관. nasal duct

코니:데(Konide 도)명 〈지학〉자주 활동하는 화산의 일정한 분출구로부터 나온 용암과 많은 방출물이 주위에 퇴적하여 생긴 원뿔꼴의 화산.

코다(coda 이)명 〈음악〉반복이 있는 악곡이나 규모가 큰 곡조를 마치는 데에 붙이는 마지막 소악장(小樂章). 결미(結尾).

코닥(Kodak)명 미국의 이스트먼(Eastman)이 고안한 작은 카메라 및 필름의 상품명.

코-담:배명 향기를 맡는 가루 담배. snuff

코-대:답(─對答)명 탐탁하지 않게 여겨 건성으로 콧소리로 대신하는 대답. cold answer 하(─)

코데인(Codein)명 〈화학〉아편에 포함된 알칼로이드.

코데타(codetta 이)명 작은 코다(coda).

코-도반(cordovan)명 말 궁둥이의 가죽. 특히 스페인의 코르도바에서 나는 가죽을 말함. 구두 제조용. 치밀하고 탄력성이 있음.

코:드(chorde)명 ①악기의 현(絃). ②화음.

코:드(cord)명 〈물리〉전깃줄의 하나. 가늘고 부드러운 전선의 여럿을 합하여 고무 따위로 싸고, 그 위에 실을 짜서 씌움. 전등·전화기 따위에 씀.

코:드 스위치(cord switch)명 양쪽에 코드가 연결된

코등이(약)=칼등이. [스위치의 하나.

코-딱지명 말라붙은 코의 덩어리. nosedirt

코=떼:-다(자) 부끄러움을 당하다. get snubbed

코-뚜레(약)→쇠코뚜레.

코:란(Koran)〈종교〉회교의 경전. 마호메트가 받은 천계(天啓)를 모은 것. [聖歌).

코랄(Choral 도)명 〈음악〉찬미가의 합창곡. 성가

코랑-코랑(부) 자루나 봉지 따위에 들어 있는 물건이 좀 덜 찬 모양. (큰) 쿠렁쿠렁. loosely 하(─)

코:러스(chorus)명 ①합창(合唱) ②합창곡(合唱曲) ③합창대. ¶남성 ∼.

코:러스 걸(chorus girl)명 쇼나 레뷰(revue) 따위에서 여럿이 함께 노래하거나 춤추는 여성.

코레스폰던스(correspondence)명 ①〈경제〉은행과의 환거래 계약. ②상업용 서신.

코레스폰던트(correspondent)명 통신원. 통신 기자.

코로나(corona)명 ①〈천문〉개기 일식(皆旣日蝕) 때에 태양 둘레의 부옇고 푸르스름한 빛. ②〈물리〉높은 전압의 도체(導體)로부터 내는 부슬스름한 빛.

코로나²(corona)명 〈음악〉연음 기호(延音記號).

코로넷(coronet)명 귀족·왕후이 의식 때 쓰는 작은 보.

코:르(Chor 도)명 〈음악〉합창. 합창대. [관(寶冠).

코르덴(←corded velveteen)명 누빈 것처럼 골지게 짠 우단 비슷한 직물.

코르셋(corset)명 ①여자의 속옷 가운데 하나로 배와 허리의 모양을 내기 위하여 사용함. ②척추 질환자 따위가 환부의 고정·안정을 위하여 대는 기구.

코르크(Kork 도)명 코르크나무의 안 껍질. 병마개 따위로 씀. 목전(木栓).

코르크-나무(Kork─)명 〈식물〉참나무과의 상록 교목. 지중해 연안에 나며, 높이 18 m 가량이고 잎은 타원형임. 줄기의 해면질(海綿質) 중에서 코르크를 채취함.

코르크=질(Kork 質)명 코르크를 이루는 물질. 목전질 (木栓質). [쪽의 부분.

코르크=층(Kork 層)명 〈식물〉나무의 껍질 가운데 안

코리도(corridor)명 ①〈건축〉복도. ②〈지리〉남의 땅으로 쑥 좁고 길게 벋친 영토.

코리어(Korea)명 한국.

코리언(Korean)명 한국 사람. 한국어.

코린-내(동) 고린내.

코린트=식(Corinth 式)명 〈건축〉기원 전 5∼6세기 동안 코린트에서 발달한 고대 그리스의 건축 양식의 하나. Corinthian order

코-맹녕이→코맹녕이. [사람. snuffler

코-맹녕이명 코가 막히어 소리를 제대로 내지 못하는

코-머거리명 비색증(鼻塞症)에 걸린 사람. 〈絃閉〉.

코:머(제도)명 지방 관청의 우두머리 기생. 현수

코머:셜(commercial)명 ①상업적. 상인적. ②라디오나 텔레비전의 광고 방송 부분. 시엠(CM).

코머:셜리즘(commercialism)명 상업주의. 영리주의. 영리 본위. [시엠 송.

코머:셜 송(commercial song)명 광고 선전용의 노래.

코먼 로:(common law)명 ①협의(狹義)로는 영국에서 통상 법원이 다루는 판례에 따라서 발달한 일반 국내법. 보통법. (대) 에퀴티. ②광의(廣義)로는 로마 법계와 구별된 영미 법계에 속하는 법제(法制). [解力).

코먼 센스(common sense)명 상식(常識). 이해력(理

코메콘(COMECON)명 Council for Mutual Economic Assistance 공산권(共産圈)의 상호 경제 원조 기구(機構).

코멘테이터(commentator)명 라디오에서 실황(實況)을 방송하거나 뉴스를 해설하는 사람.

코멘트(comment)명 설명. 의견. 비평.

코묻은 돈명 코흘리는 어린아이들의 돈. children's pocket money [럼다.

코묻은 돈이라도 빼앗아 먹겠다(관) 하는 짓이 단작스

코뮈니케(communiqué 프)명 ①통첩(通牒). ②주로 외교상의 성명서. 공문서.

코미디(comedy)명 〈연예〉희극(喜劇). [하는 배우.

코미디언(comedian)명 희극·소극(笑劇)을 전문으로

코믹(comic) 〖명〗 ①희극적. 《대》 트래직(tragic). ②〖약〗 →코믹 오페라. 하~[는 경쾌한 노래.

코믹 송(comic song) 〖명〗 〈음악〉 익살스러운 느낌이 있

코믹 오페라(comic opera) 〖명〗 〈연예〉 가극 의에 대사와 경쾌한 음악이 수반되고 해피 엔드로 끝나는 가극. 희가극. 뮤지컬 코미디. 〖약〗 코믹②.

코민테른(Komintern 러) 〖명〗 〈약〉 Communist International 제삼 인터내셔널.

코민포름(Cominform) 〖명〗 〈약〉 Communist Information Bureau 공산당 정보국(情報局). 1947년 소련과 동유럽의 9개국의 공산당 대표가 설립한 공산당의 선전 기관. 1956년에 해산.

코-밑〖명〗 인중의 윗부분.

코-바늘 〖명〗 뜨게질하는 데 쓰는 바늘. 끝이 갈고리같이 되어 있음. knitting needle

코발트(cobalt) 〖명〗 〈화학〉 금속 원소의 하나. 천연으로 비소나 황의 화합물로 산출됨. ②〖약〗→코발트색.

코발트 그린(cobalt green) 〖명〗 아연과 코발트와의 산화물. 아름다운 녹색의 안료(顔料). 또, 그 빛깔.

코발트 블루(cobalt blue) 〖명〗 푸른 빛의 안료의 하나. 산화 코발트와 반토의 혼합물로 그림 물감이나 도자기의 제조에 이용됨. 코발트청(靑).

코발트-색(cobalt 色) 〖명〗 하늘빛 같은 맑은 남빛. 엷은 군청색(群靑色). 코발트②.

코발트 옐로(cobalt yellow) 〖명〗 코발트염(鹽)에 아질산(亞窒酸) 칼륨을 작용시킬 때 생기는 황색 안료.

코발트 폭탄(cobalt 爆彈) 〖명〗 〈물리〉 바깥쪽을 코발트로 싼 원자 폭탄·수소 폭탄. 폭발하면 코발트가 중성자를 흡수하여 강력한 방사능을 가짐.

코-방귀 〖명〗 ①코로 나오는 숨을 막았다가 갑자기 터뜨리면서 불어 내는 소리. snort ②멸시하거나 남의 타이름을 우습게 여김. [없다.

코방귀만 뀌다 남의 말을 듣은 체 만 체 말대꾸가

코방아-찧-다 순간적으로 엎어져서 코를 바닥에 부딪치다. fall on one's face 「prominent nose

코-배기 〖명〗 〈속〉 코가 큰 사람. ¶양~. person with a

코-보 〖명〗 〈속〉 →코주부.

코-볼(COBOL) 〖명〗 〈약〉 Common Business Oriented Language 대형 컴퓨터용으로 개발된 사무 처리용 프로그래밍 언어.

코브라(cobra) 〖명〗 〈동물〉 코브라과의 독사의 하나. 몸 길이 1.6∼2m 가량으로 성이 나면 목을 양쪽으로 펴서 역삼각형으로 꼿꼿하게 세움. 몸 빛은 회색·갈색·흑색 등의 많은 변화가 있음.

코-빼기 〖명〗 〈약〉→코쭝배기.

코-뼈 〖명〗 비골(鼻骨).

코사인(cosine) 〖명〗 〈수학〉 여현(餘弦). 「로만 하다.

코-세다 〖명〗 남의 타이름을 듣지 아니하고 제 고집대

코-쇠 〖명〗 〈광〉 산기슭 같에 있는 사금층(砂金層).

코-숭이 〖명〗 산줄기의 끝. end of a mountain range

코:스(course) 〖명〗 ①진로. 방향. 방법. ②경주·경영·경조 따위에서 선수가 나아가는 길. 경주로(競走路). ③과정. 경과. ④순서(順序).

코스닥(KOSDAQ) 〖명〗 〈경제〉 〈약〉 Korea Securities Dealers Automated Quotation 매매를 위한 유형의 장소 없이 컴퓨터 통신망을 이용해 장외 거래 주식을 매매하는 전자 거래 시스템. [선수들의 경쟁로.

코:스 라인(course line) 〖명〗 경주로·경영장에 그어진 각

코:스 로:프(course rope) 〖명〗 수영 경기에서, 이 코스 분리짓기 위해 수영장 수면에 띄워 놓은 로프.

코스모스(cosmos) 〖명〗 ①〈철학〉 그 자체 속에 질서와 조화를 지니는 우주 또는 세계라는 뜻. ②〈식물〉 국화과의 일년생 풀. 키는 1∼2m로 크고 걷가지가 많으며 잎은 가늘게 갈라졌음. 가을에 흰빛·자줏빛·분홍빛의 맑고 고운 꽃이 핌. 살사리꽃.

코스모스-위성(cosmos 衛星) 1962년 소련이 연속적으로 발사한 공간 관측 위성. 「자력 파괴 장치.

코스모트론(cosmotron) 〖명〗 1952년에 완성된 미국의 원

코스튬(costume) 〖명〗 ①부인의 의상. ②〈연예〉 의상. ③〈미술〉 웃음 입은 인물화. ④어떤 국민·계급·시대·지방 따위의 특수한 복장.

코스튬 주얼(costume jewel) 〖명〗 목걸이·귀걸이·팔찌 등 금속으로 만든 장신구.

코스튬 플레이(costume play) 〖명〗 배우에게 시대 의상을 입혀 그 스펙터클한 효과를 노린 역사극이나 역사 영화. 「〈價値〉.

코스트(cost) 〖명〗 ①경비(經費). 비용. 생산비. ②가치

코스트 인플레이션(cost inflation) 〖명〗 〈경제〉 임금(賃金) 인상(引上)에 의한 인플레이션. 높아진 임금 수준(水準)이 제품의 생산 원가(原價)를 높이는 일

코-싸등이 〖명〗 〈속〉 콧등. [을 이룸.

코-싸쥐-다 〖자〗 코멤을 당하여 무안함에, 얼굴을 곧추 못 들다. be overwhelmed with shame 「다.

코 아니 흘리고 유복하다 힘들이지 않고 이룰 얻는

코 아래 진상 바싹 다가붙어서 먹기 쉽게 대접하거나 뇌물 따위를 갖다 바치는 일.

코-안경(-眼鏡) 〖명〗 안경 다리가 없이 코에 걸게 만든 안경. pincenez

코알라(koala) 〖명〗 〈동물〉 오스트레일리아 특산의 작은 동물. 꼬리 크고 거의 없음. 배에 주머니가 있으며 머리는 곰과 비슷함.

코-앞 〖명〗 ①아주 가까운 곳. under one's nose ②어떤 기회나 시간이 박두했음을 나타내는 말. impending

코앞에 닥치다 바로 눈앞에 닥쳐 일이 급박해지다.

코어(core) 〖명〗 ①핵심(核心). ②〈교육〉 공통 필수 과정. ③철심(鐵心).

코어 커리큘럼(core curriculum) 〖명〗 〈교육〉 전문적으로 분화된 여러 교과의 통합을 꾀하기 위하여 중심 교과를 두는 학습 계획. 핵심 교육 과정.

코-에듀케이션(coeducation) 〖명〗 남녀 공학.

코에서 단내가 난다 일에 시달리고 고단하여 심신이 몹시 피로하다는 말.

코-오퍼러티브 시스템(co-operative system) 〖명〗 〈교육〉 학교와 직장이 연락을 가지고 학교의 학습과 직장에서의 실습을 적절히 교착(交錯)시키는 교육법. 직업 교육상 유효한 방법임.

코-웃음 〖명〗 비웃는 웃음. 비소(鼻笑). sneering

코웃음-치-다 〖자〗 코웃음을 웃다. sneer ②멸시나 냉

코인(coin) 〖명〗 화폐. 경화(硬貨). [소를 하다. sneer

코인 텔레비전(coin television) 〖명〗 동전을 넣으면 일정한 시간만 나오는 텔레비전.

코일(coil) 〖명〗 〈물리〉 절연물을 입힌 전선을 구형 또는 원통형으로 감은 물건. 권선(捲線). 선륜(線輪).

코일 보빈(coil bobbin) 〖명〗 코일을 만들기 위한 통.

코작-말(Cossack—) 〖명〗 〈동물〉 러시아의 카자흐 지방에서 나는 말. 체력이 강하고 영리함.

코-쟁이 〖명〗 〈속〉 미국 사람.

코-주부 〖명〗 코가 큰 사람.

코즈메틱(cosmetic) 〖명〗 ①분·향수·크림·로바느 등 화장품의 총칭. ②백랍·쇠기름·파라핀 등에 향료를 넣어 굳혀서 만든 화장품. 주로 머리에 바름. 지무.

코즈모폴리터니즘(cosmopolitanism) 〖명〗 〈사회〉 ①국가나 국민을 초월하여 직접 개인을 단위로 세계 사회를 이루자는 사상. 세계주의. 사해(四海)주의.

코즈모폴리턴(cosmopolitan) 〖명〗 세계주의를 신봉하는 사람. 세계인. 「chief

코-지(-紙) 〖명〗 코를 풀고 씻는 종이. paper handke

코-쭝배기 〖명〗 〈속〉 코. 〈약〉 코빼기.

코-찡찡이 〖명〗 병으로 코가 찌그러졌거나 버릇으로 말소리가 찡찡한 사람의 별명. 코찡찡이.

코-청 〖명〗 두 콧구멍 사이를 막은 얇은 막(膜).

코-치(coach) 〖명〗 운동 경기의 정신과 기술을 지도·훈련하는 일. 또, 그 사람. 하∼

코-친(Cochin 네) 〖명〗 〈조류〉 닭의 한 품종으로 중국 북방이 원산지임. 고진종(高眞種). 「one's nose

코-침 〖명〗 콧구멍에 심지를 넣어 간질이는 것. tickling

코침-주-다 〖타〗 ①콧구멍을 찌르다. tickle one's nose

②사람을 화나게 하다. make one angry
코:칭 스태프(coaching staff)명 코치의 진용. 코치진 (coach 陣).
코카(coca)명 〈식물〉 코카과(coca 科)의 관목. 높이 2 m 가량이고 잎은 타원형에 끝이 뾰족하고 첫여름에 황록색 꽃이 핌. 남미 원산으로 잎에서 코카인을 만듦. 고가(古加·古柯). 천축계(天竺桂).
코카인(cocaine)명 〈약학〉 코카의 잎에서 채취하는 알칼로이드의 결정. 국부 마취제로 씀.
코카-콜라(Coca-Cola)명 코카의 잎과 열매에서 짜낸 즙액을 원료로 한 청량 음료의 하나.
코코넛(coconut)명 야자(椰子)나무의 열매. 배유에서 야자유를 짜내며 이것을 말려 코프라(copra)를 만듦. 「그 음료(飲料).
코코아(cocoa)명 카카오나무의 씨를 볶은 가루. 또,
코코아-나무(cocoa—)명 〈동〉 카카오나무.
코코-야:자(coco 椰子)명 야자나무.
코콤(COCOM)명 Coordinating Committee for Export Control to Communist Area 북대서양 조약 가맹국과 독일이 공산권(共産圈) 여러 나라에 대한 수출 통제(주로 군수품)를 조정하기 위하여 설치한 위원회. 비공식 기관으로서 파리에 본부를 둠.
코큰-박:쥐명 〈동〉박쥐과의 짐승. 산에 살며 입이 좁고 길며 관상(管狀)의 코가 쑥 나온 것이 특색임.
코큰 소리 잘난 체하는 소리.
코탄젠트(cotangent)명 〈수학〉 삼각 함수의 하나. 직각 삼각형을 이룬 예각(銳角)을 낀 밑변과 그 각의 대변과의 비(比)를 그 각에 대해 코탄젠트라 함.
여절(餘切). 여접(餘接).
코=털명 콧구멍에 난 털. 「탄다.
코털이 센다관 일이 하도 뜻대로 안 되어 몹시 애가
코-투레명 코투레끼. 「내는 깃. 코투레. 하라
코투레-질명 마소가 코를 멀며 투루하는 소리를 자꾸
코:트(coat)명 휴대용 겉옷. 오버. 외투.
코:트(court)명 〈체육〉 정구·배구·농구 따위의 경기 도료의 중요 원료가 됨.
코트라(KOTRA)명 〈약〉 Korea Trade Promotion Corporation 대한 무역 진흥 공사.
코튼(cotton)명 ①면화. 목화. ②목면. 면포. 면사. ③(약)→코튼지.
코튼-유(cotton 油)명 면화씨에서 짜낸 기름.
코튼-지(cotton 紙)명 〈화학〉목면 섬유를 원료로 한, 두껍고 부드러우며 가벼운 종이. 인쇄용임. (약) 코튼③.
코:퍼레이션(corporation)명 ①사단 법인. 법인. ② 유한 회사. 주식 회사. ③조합. 단체.
코:펄(copal)명 〈화학〉호박(琥珀) 비슷한 수지(樹脂)의 총칭. 무색 투명 또는 황갈색의 광택이 있음. 도료의 중요 원료가 됨.
코페르니쿠스적 전:회(Copernicus의 轉回)명 〈철학〉 종래의 정설(定說)과는 정반대의 주장을 내세우는 일컫는 말. 「불의 100분의 1.
코페이카(kopeika 러)의명 러시아의 화폐 단위. 루
코펠(←Kocher 도)명 등산할 때 휴대하는 조립식 취사 도구. 코헬.
코=푸렁이명 〈속〉 굿대 없고 나약하며 흐리멍덩하고 어리석고 못생긴 사람의 별명. blockhead
코-풀-다(타르)코 안의 진액이나 콧물을 밖으로 나오게 하다. blow the nose
코퓰러(copula)명 〈논리학〉 계사(繋辭).
코프라(copra)명 야자 씨의 배유(胚乳)를 말린 물건. 야자유의 원료가 됨.
코:피명 코에서 나는 피. 육혈(衄血).
코피(copy)명 ①미술품 등의 복제(複製). 또, 복사하는 일. ②문서의 복사(複寫). 또, 복사하는 일. 특히, 복사기에 의한 복사. ③광고의 문안. 하다
코피라이터(copywriter)명 문안 작성자. 「저작권).
코피 라이트(copy right)명 〈법률〉 ①판권(版權). ②
코피-지(copy 紙)명 문서 복사 때 여러 장을 겹쳐 쓰는 얇은 종이. 복사지.

코핀(coffin)명 〈물리〉 사방 벽이 두꺼운 납으로 된 방사성 물질을 수송하기 위한 상자.
코:=하-다어두 '자다'의 어린이 말. sleep
코허리명 콧등의 잘룩한 곳. saddle of the nose
코허리가 저리고 시다관 심히 비통하다.
코헤르(Kocher 도)명 코펠.
코=홀리개명 ①콧물을 늘 흘리는 아이를 놀리는 말. sniveller ②'어린아이'를 이름.
콕명 ①되게 부딪혀 박히는 모양. ②부리나 끝으로 단단한 물건을 쪼는 모양. (큰) 쿡. 하라
콕¹(cock)명 ①수탉. ②꿩·칠면조 등의 수컷.
콕²(cock)명 수도·가스 기타의 기체나 액체의 유량 (流量)을 조절하는 꼭지.
콕스(cox)명 〈약〉→콕스웨인.
콕스웨인(coxswain)명 조정(漕艇) 경기에서 배의 키를 잡는 사람. (준) 콕스(cox).
콕-콕명 여러 번 콕하는 모양. (큰) 쿡쿡. 하라
콕콕-거리-다재 여러 번 콕콕거리다. (큰) 쿡쿡거리다.
콘:¹(cone)명 ①확성기에 쓰이는 원뿔형의 두꺼운 종이. ②아이스크림을 담는, 과자로 된 그릇. 먹을 「(수) 있음.
콘:²(corn)명 옥수수.
콘덴서(condenser)명 ①축전기(蓄電器). ②복수기(復水器). ③집광경(集光鏡).
콘덴스트 밀크(condensed milk)명 가당 연유(煉乳).
콘도미니엄(condominium)명 휴양지의 분양 아파트.
콘돔(condom)명 성교할 때 피임(避妊)·성병(性病) 예방의 목적으로 음경에 끼우는 낭상물(囊狀物).
콘보이(convoy)명 ①호위. 상선 등의 호송. ②호송함. 호송선. 하다 「동. 휴대용 사전. 콘싸이스.
콘사이스(concise)명 '간결(簡潔)·간명(簡明)'이란
콘서:트(concert)명 ①음악회. 연주회. ②연주 단체. 합주회. 협력. 콘체르트 ③.
콘서:트=마스터(concertmaster)명 〈음악〉 관현악의 제일 바이올린의 수석(首席) 주자(奏者). 「연주회장.
콘서:트 홀(concert hall)명 〈음악〉 음악당(音樂堂).
콘설(consul)명 ①집정관(執政官). ②영사(領事).
콘설턴트(consultant)명 기업(企業) 경영의 상담·진단·조언·지도를 하는 사람. 경영 고문.
콘설턴트 회:사(consultant 會社)명 〈경제〉 설계를 맡거나 기술자를 제공하는 회사. 기술을 파는 산업.
콘센트(concent)명 〈전기〉전기 배선과 코드와의 접속에 쓰이는 전기 기구. 플러그를 끼우게 되어 있음.
콘셉션(conception)명 ①〈생리〉임신(姙娠). 수태(受胎). ②〈논리〉개념(概念). 의상(意想). 개념 작용.
콘소난트(consonant)명 〈어학〉자음(子音).
콘스트럭션(construction)명 ①구조. 짜임새. ②건설.
콘스티튜:션(constitution)명 ①구성. 구조. ②국법. 헌법. 「합창이나 합주.
콘체르타토(concertato 이)명 〈음악〉 혼성(混成)의 대
콘체르토(concerto 이)명 〈음악〉 독주 악기와 관현악이 합주하는 교향적 악곡으로, 독주 악기의 기교가 충분히 발휘되도록 작곡된 소나타 형식의 악곡. 협주곡(協奏曲). 콘체르트①.
콘체르트(Konzert 도)명 ①〈음〉=콘체르토. ②〈동〉콘서
콘첸른(Konzern 도)명 〈경제〉 독립된 몇 개의 기업이 내용면에서 자본적으로 강력히 결합된 기업 집중의 형태. 형식상으로는 기업 연합과 비슷하나 내용적으로는 기업 합동과 비슷한 형태임. 산업형·판매형·금융형 등이 있음. 재벌(財閥).
콘크리:트(concrete)명 시멘트에 모래와 자갈을 섞고 물을 가해 굳힌 혼합물. 압축의 세기가 크며, 불·지진에 잘 견디는 성질이 있고, 경비가 싸므로 토목 건축의 중요 재료임. 혼응토.
콘크리:트 도:로(concrete 道路)명 콘크리트로 포장한 길.
콘크리:트 믹서(concrete mixer)명 시멘트·모래·자갈을 섞어 콘크리트를 만들어 내는 기계.
콘크리:트 믹서차(concrete mixer 車)명 생(生)콘크리트 수송용의, 콘크리트 믹서를 장치한 차. 믹서

차(mixer 車).

콘크리ː트 포장(concrete 鋪裝)[명] 도로면을 튼튼하게 하기 위하여 콘크리트를 한 켜나 두 켜로 포장하여 길바닥을 평활하게 하는 일. 또, 그 포장.

콘택트(contact)[명] 《약》→콘택트 렌즈.

콘택트 렌즈(contact lens)[명] 각막에 밀착시켜, 안경처럼 근시·원시 등의 교정에 쓰이는 소형 렌즈. 유리 또는 합성 수지로 만듦. 《약》 콘택트.

콘테스트(contest)[명] ①경쟁. 시합. ②경기회(競技會). 선출회.

콘테이너(container)[명] ①화물 운송에 쓰는 상자. 두랄루민 또는 목재의 조립식으로, 짐을 꾸리지 않고 넣어 그대로 화차·선박에 실음. ¶～선(船). ②기계·기구 등의 용기.

콘텍스트(context)[명] 문장의 전후 관계. 문맥(文脈).

콘텐츠(contents)[명] 논문·서적·문서 등의 내용. 내용의 목차.

콘트라바소(contrabasso 이)[명] 《동》 콘트라베이스.

콘트라베이스(contrabass)[명] 〈음악〉 바이올린류(類)의 현악기 중 가장 최저음의 악기. 4～5현(弦)으로 되었음. 더블 베이스. 콘트라바소.

콘트라스트(contrast)[명] ①대조. 대비(對比). 배합(配合). ②사진에서, 인화의 명암도.

콘트라파고토(contrafagotto 이)[명] 〈음악〉 목관 악기의 하나. 음색에 무거운 감이 있어 관현악의 가장 낮은 음부를 담당함.

콘트라=프로펠러(contra-propeller)[명] 한 축(軸) 위에서로 회전 방향이 반대가 되는 프로펠러를 조합(組合)한 프로펠러. 회전에 의한 반력(反力)의 영향을 없앤 것임.

콘트랄토(contralto 이)[명] 〈음악〉 알토(alto).

콘티넨털 탱고(continental tango)[명] 〈음악〉 아프리카 흑인의 무용 리듬에 기원을 두고 유럽, 특히 스페인에서 발달한 탱고. 대륙적이고 우아한 정서가 흐름.

콘티뉴이티(continuity)[명] ①연속. ②각본을 기초로 하여 각 장면의 구분·내용·대사 등을 상세히 기술한 것. 촬영 대본. 콘티.

콘 포코(con foco 이)[명] 〈음악〉 '열정적으로'의 뜻.

콘ː=플레이크스(cornflakes)[명] 옥수수 가루로 얇게 만든 가공 식품. 우유나 크림을 발라 간단한 아침 식사나 간식 또는 유아식으로도 먹음.

콜ː(call)[명] ①호출. ②《약》→콜 머니. ③《약》→콜 론.

콜ː(coal)[명] 석탄. 「안부(鞍部).

콜(col 프)[명] 등산 용어로, 산등성이의 오목한 곳.

콜ː 걸ː(call girl)[명] 전화 호출에 응하는 고급 매춘부.

콜ː드 게임(called game)[명] 〈체육〉 야구에서, 5회 이상의 경기를 마치고, 일몰·강우 등의 사정으로, 심판에 의해 경기 중지가 선언된 시합. 승패는 그 때까지의 득점에 의함. 「고기. 햄·소시지 따위.

콜ː드 미ː트(cold meat)[명] 굽거나 삶아서 냉동한 쇠

콜ː드 워ː(cold war)[명] 냉전(冷戰).

콜ː드 체인(cold chain)[명] 식품을 생산지에서 소비지까지 연속적으로 저온의 설비 속에서 유통하는 기구. 냉장과 냉동의 두 가지가 있음.

콜ː드 크림ː(cold cream)[명] 유성(油性) 크림의 총칭. 피부 보호, 마사지 작용, 피부를 깨끗이 하는 작용 등이 있음.

콜ː드 퍼ː머넌트(cold permanent)[명] 전기를 쓰지 않고 약품만으로 하는 퍼머넌트. 《약》 콜드 퍼머.

콜라(cola)[명] 〈식물〉 벽오동과의 상록 교목. 높이 8～15 m, 잎은 혁질(革質)의 달걀꼴, 꽃은 황색 무판화임. 과실은 15 cm의 긴 타원형으로 속에 4～10개의 씨가 있음. 씨는 카페인과 콜라닌(colanine)을 함유하며, 콜라 음료의 원료임.

콜라주(collage 프)[명] 화면에 종이·인쇄물·사진 등을 오려 붙이고, 일부에 가필하여 구성하는, 쉬르레알리슴의 한 수법. 광고·포스터 등에도 많이 이용됨.

콜랑[부] 《거》→꼴랑.

콜랑=거리-다[자] 《거》→꼴랑거리다.

콜레라(cholera)[명] 〈의학〉 콜레라균이 소장의 상피(上皮)를 침범해서 일어나는 격렬한 급성 전염병. 열이 몹시 나며 배가 끓고 토사함. 사망률이 높음. 호열자(虎列刺).

콜레라=균(cholera 菌)[명] 〈의학〉 콜레라의 병원균.

콜레스테롤(cholesterol)[명] 〈의학〉 동물의 뇌·신경 조직·장기(臟器)·혈액 속 등에 포함되어 있는 지방 비슷한 물질. 부족하면 빈혈이 되고 혈관 속에 피면 고혈압증을 일으킨다 함. 콜레스테린(cholesterin). 「금리(金利).

콜ː 레이트(call rate)[명] 〈경제〉 콜 론(call loan)의

콜렉션(collection)[명] ①수집. 수집품. 특히, 미술품·골동품 등을 말함. ②징수. 모금. ③새로운 복식(服飾) 작품의 수집·전시. 또, 그 발표회.

콜렉트마니아(collect mania)[명] 정신병학의 용어로, 수집광(蒐集狂).

콜렉티비즘(collectivism)[명] 집산주의(集産主義).

콜로니(colony)[명] ①식민지. ②취락(聚落). ③〈생물〉 군서(群棲). 군락(群落). 「노.

콜로라투라(coloratura 이)[명] 《약》→콜로라투라 소프라

콜로라투라 소프라노(coloratura soprano 이)[명] 〈음악〉 구슬을 굴리는 듯한 화려한 소리의 가수. 장식적이고 기교적인, 화려한 선율을 노래 부르는 데 알맞음. 《약》 콜로라투라.

콜로서스(colossus)[명] 거상(巨像). 거대한 조상(彫像).

콜로세움(Colosseum 라)[명] 〈건축〉 고대 로마 시대에 세워진 거대한 원형 극장.

콜로이드(colloid)[명] 〈화학〉 용액 중에 매우 작게 분산되어 있으나, 분자보다는 크고 확산의 속도가 느리며, 반투막(半透膜)을 통과할 수 없을 정도의 물질. 젤라틴·비누·한천 등의 수용액 중의 입자 등. 교질(膠質).

콜로이드=은(colloid 銀)[명] 〈약학〉 금속과 같은 광택이 있는 검푸른 물질. 은의 함유량은 74～80%. 소독과 살균 작용이 있음.

콜로이드 화ː학(colloid 化學)[명] 〈화학〉 콜로이드 상태에 있는 물질의 물리적·화학적 성질을 연구하는 물리 화학의 한 분과. 교질 화학.

콜로타이프(collotype)[명] 사진을 이용한 제판 인쇄 방법의 하나. 사진 또는 원도(原圖)를 복제(複製) 인쇄하는 것임. 「게 내는 기침 소리. 《큰》 쿨룩. 하[자]

콜록[부] 오랜 기침병으로 입을 오므리고 가슴이 울리

콜록=거리-다[자] 연해 콜록 소리를 내다. 《큰》 쿨룩거리다. **콜록=콜록**[부] **하**[자]

콜록=쟁이[명] 오랫동안 기침병을 앓는 사람.

콜ː 론ː(call loan)[명] 〈경제〉 콜 머니를 대주(貸主)편에서 일컫는 말. 당좌(當座) 대부금. 《약》 콜③.

콜론(colon)[명] 구문(歐文)에서 쓰는 구두점의 하나. 설명구·인용구 등의 앞에 씀. ':'. 중점(重點). 이중점.

콜롬보(colombo)[명] 〈식물〉 새모래덩굴과에 속하는 다년생 덩굴풀. 동아프리카 원산으로 잎은 잎자루가 있고 어긋나며 손바닥 모양으로 갈라짐. 뿌리는 콜롬보근이라 하여 약용함.

콜롬보 계ː획(Colombo 計劃)[명] 〈정치〉 미국의 트루먼 대통령이 제창하여 콜롬보에서 영국 연방 외상 회의가 결정한 동남 아시아의 경제 개발 계획.

콜롬보=근(colombo 根)[명] 콜롬보의 뿌리를 채취해 말린 생약(生藥). 방추상(紡錘狀)의 덩어리로 쓴맛이 있음. 달여서 만성 설사약으로 씀.

콜리(collie)[명] 영국 스코틀랜드 원산의 개. 얼굴이 길고 코 끝이 가늘고 구부러졌으며, 길고 아름다운 털과 북슬북슬한 꼬리를 가짐. 목양견(牧羊犬)·애완견·사냥용임.

콜리플라워(cauliflower)[명] 〈식물〉 겨자과에 속하는 이년생 풀. 양배추 중 가장 진화된 것임. 꽃양배추.

콜ː 머니(call money)[명] 〈경제〉 주로 금융·보험·증권업자간에 대차되는 하루 이틀 정도의 단기 자금.

단자(短資). 《略》 콜②.
콜：사인(call sign)圈 방송국이나 무선국의 전파 호출 부호. KBS 의 HLKA 따위.
콜：시：장(call 市場)圈〈경제〉 콜 돈과 같은 융자가 행해지는 시장. 단자 시장(短資市場).
콜：택시(call taxi)圈 전화로 호출하여 부리는 택시.
콜콜[게]→꿀꿀.〖큰〗쿨쿨². 하[
콜콜圈 어린애가 곤하게 잠잘 때 코를 고는 소리.
콜콜=거리-다[게]→꿀꿀하다.
콜：콜=거리-다[재] 곤하게 자면서 쿨쿨 소리를 내다.〖큰〗쿨쿨거리다.   [느냐.
콜콜-히閉 매우 슬퍼하는 모양. ¶왜 그리 ~ 앉아 있
콜：-타르(coaltar)圈〈화학〉석탄을 건류할 때 생기는 흑색의 끈끈한 액체. 방부 도료(防腐塗料)로 쓰이며, 염료·폭약·의약 등 유기 화학 공업상 중요 원료임.
콜트(Colt)圈 미국인 콜트(Colt, S.)가 발명한 회전식 권총의 상표명.
콜호：스(kolkhoz 러)圈〈사회〉소련의 농업 생산 협동 조합. 집단 농장. 공영(共營) 농장.
콜히친(Kolchizin 도)圈〈화학〉 백합과 콜키쿰(colhicum)의 씨와 지하경에서 채취하는 알칼로이드의 일종. 황색의 결정으로 통풍(痛風)에 특효약임. 식물의 핵분열 연구와 품종 개량에 이용됨.
=**콤**[미](고) =씨.
콤마(comma)圈 ①구두점의 하나. 곧 ',' 수를 표기할 때 보통 세 자리마다 찍기도 함. ②〈수학〉'소수점'의 이름.   [지 않는 것.
콤마 이:하(comma 以下)圈 보통 이하. 수에 들어가
콤바인(combine)圈 수확기(收穫機)와 탈곡기(脫穀機)를 함께 장치한 농업 기계. 합성식 수확기.
콤바인드 레이스(combined race)圈〈체육〉스키에서, 거리 경주와 점프의 두 경기의 채점으로 승부를 결정하는 일. 복합 경기.   [성북 재즈 악단.
콤보(combo)圈〈음악〉보통 3 명에서 7~8 명으로 편
콤비(←combination)圈 무엇을 행하기 위해 두 사람이 짝이 됨. 또, 두 사람. ¶우리는 ~.
콤비나：트(kombinat 러)圈〈경제〉상호 보조적인 관계의 기업들이 서로 기술적 견지에서 능률을 높이기 위해 일정한 지역에 집중한 기업 집단의 한 형태. ¶석유 화학 ~.
콤비네이션(combination)圈 ①서로 맞춤. 결합. 합동. ②공연(共演). ③〈수학〉조합(組合). ④아래위가 붙은 속옷. ⑤가죽과 즈크, 빛깔이 다른 가죽 등을 섞어 지은 구두. ⑥위아래가 다른 양복 한 벌. ⑦야구에서, 투수가 타자에게 던지는 공의 구종(球種)의 배합.
콤샛(COMSAT)圈《略》Communication Satellite Corporation 미국 통신 위성 회사. 1963 년 설립되어 위성 통신의 설비·조직을 소유하고 그 시설을 임대하고 있음.
콤파：트먼트(compartment)圈 ①칸. 구획. 격실. ②열차의 칸 막은 방. ③칸 막은 선실(船室).《略》콤파트.
콤팩트(compact)圈 ①덩어리로 굳힌 분. ②분·연지 등을 넣는, 거울이 붙은 휴대용 화장 기구. ③소형 자동차. 콤팩트 카. ④작고 야무짐. 옹골참. ¶~한 카메라. 하[[구도(構圖). ④작곡. 악보.
콤퍼지션(composition)圈 ①구성. 구조. ②작품. ③
콤:-포트(compote)圈 ①설탕에 절인 과일. ②굽 달린 접시. 과일을 담거나 꽃꽂이 등에 씀.
콤플렉스(complex)圈〈심리〉정신 분석학 용어. 개인의 심적 내용 중에서, 억압된 사고 욕구가 서로 착종(錯綜)되어 있는 관념의 복합. ②열등감. ③합성물. 화합물.
콧-**구멍**圈 코에 뚫린 구멍. 비공(鼻孔). 비문(鼻門).
콧구멍 둘 마련하기가 다행이다 몹시 답답하거나 기가 막히다.
콧=김 콧구멍에서 나오는 더운 김. hot breath
콧김이 세다 관계가 가까워서 영향력이 세다.

콧=날 콧등의 날카로운 줄. bridge of the nose
콧-노래圈 입은 놀리지 않고 코로 가락만을 부르는 노래. humming a song
콧-노리圈《약》→콧등노리.
콧-대圈 콧등의 우뚝한 줄기. bridge
콧대가 세다圈 '코세다'를 강조하여 이르는 말.
콧대를 꺾다圈 상대방의 자만심(自慢心)이나 자신을 꺾어, 기가 죽게 하다.
콧대를 세우다圈 우쭐하여 거만하게 굴다.   [nose
콧-등圈 코의 등성이. 비척(鼻脊). septum of the
콧-등노리圈 갈퀴의 가운데 치마를 맨 곳.《약》콧노리.
콧-마루圈 콧등의 마루진 부분. 비량(鼻樑). ridge of the nose
콧-물圈 코 속에서 흘러 나오는 묽은 물. 비수(鼻水). 비액(鼻液). 비체(鼻涕). watery snivel
콧-방(一放)圈[하] 상대방의 콧끝을 손가락으로 튀기
콧-방울圈 코끝의 좌우 양쪽에 둥글게 내민 부분. rounded sides of the nose   [하는 사람의 별명.
콧-벽쟁이圈 콧구멍이 너무 좁아서 숨을 잘 쉬지 못
콧-병(一病)圈 ①코의 병. disease of the nose ②병 아리가 잘 앓는 코의 병.   [nose
콧-살圈 코를 찡그리어 생긴 주름. wrinkles on the
콧-소리圈 ①콧구멍으로 나오는 소리. 비성(鼻聲). nasal twang ②〈어학〉코 안을 울리면서 내는 소리. ㄴ·ㅁ·ㅇ의 소리. 비음(鼻音). 통비음(通鼻音).
콧-속圈 콧구멍의 속. 비강(鼻腔).   [mustache
콧-수염(一鬚髥)圈 코 아래에 난 수염. 코밑 수염.
콧-숨圈 코로 쉬는 숨. 비식(鼻息). snorting
콧-잔등圈《약》→콧잔등이.
콧-잔등이圈[해] 코허리.《약》콧잔등. bridge of the
콩圈〈식물〉콩과(豆科)에 딸린 일년생 재배 식물. 줄기 높이 60~90cm, 꽃은 백색 또는 자색의 나비 모양. 열매는 길고 둥근데 그 속에 두세 개의 씨가 있음. 씨는 누른빛·푸른 빛·검은 빛이 있고, 단백질·지방을 함유하여, 여러 가지 식용의 재료가 됨. 대두(大豆).
콩[미]   =됨. 대두(大豆).
콩가(conga 스)圈 ①쿠바의 민속 음악에서 사용되는 타악기. ②쿠바의 민속 무용의 한 형식. 4 분의 2 박자의 명랑한 리듬으로, 행진하면서 춤을 춤.
콩-가루[-까-]圈 콩을 빻아서 만든 가루. 두황(豆
콩-가지[-까-]圈 콩나무의 가지.〖黃〗. bean flour
콩-강정圈 콩가루에 굴리어서 만든 강정.
콩고 레드(Congo red)圈〈화학〉붉은 색의 아조 염료(azo 染料). 세탁이나 알칼리에는 강하나, 햇볕과 산(酸)에 약함. 종이의 염료, 지시약(指示藥) 등임.
콩-고물[-꼬-]圈 콩가루로 만든 고물.   [쓰임.
콩[一國]圈 콩을 맷돌에 잘게 갈아서 맷돌에 갈아 짜낸 물. 젖과 같은 것을 맑아 익음.   [음.
콩-국수圈 콩국에 만 국수. 여름에 얼음을 띄워 먹
콩그레스(congress)圈 ①정식 대표자의 회의. 집회. ②특히, 미국의 의회.
콩글로머리트(conglomerate)圈 여러 업종의 회사를 차례로 합병 흡수하여 거대한 기업으로 팽창한 회사.
콩-기[-끼-]圈 ①말이 콩을 많이 먹어서 기운이 세참. ②사람이 재빠르고 세참의 비유. shrewd and stout
콩-기름圈 콩을 짜서 만든 기름. 두유(豆油). 하[
콩-깍지圈 콩을 털어 낸 껍데기. hull   [(太油).
콩-깻묵圈 콩기름을 짜낸 찌끼. 거름으로 씀. 두박(豆粕). 대두박(大豆粕).
콩-꼬투리圈 콩알이 들어 있는 콩의 꼬투리.
콩-나물圈 콩을 질시루 같은 구멍 있는 그릇에 담아 그늘에 두고서 물을 주어 뿌리를 내리게 한 식료품. 대두아(大豆芽). 숙아채(菽芽菜). bean sprouts
콩나물-국圈 콩나물을 넣고 끓인 국.
콩나물-밥圈 입쌀에 콩나물을 격지격지 두어서 지은 밥. 대두아반(大豆芽飯).   [bean-sprouts
콩나물-순(一筍)圈[해] 채 자라지 아니한 콩나물. young
콩나물-죽(一粥)圈 입쌀에 콩나물을 섞어서 쑨 죽.
콩=노굿圈 콩의 꽃. bean-blossoms

콩노굿-일:-다[-닏-]짜 콩의 꽃이 피다.
콩=다식(-茶食)명 콩가루로 만든 다식.
콩다콩 '콩닥'에 미음(尾音) '콩'을 달아 율동적인 효과를 내는 말. 큰 쿵더쿵.
콩닥 작은 방아를 찧는 소리. 큰 쿵덕.
콩닥-거리-다재 잇따라 콩닥 소리가 나다. 큰 쿵덕거리다. **콩닥** 하재 큰 쿵더쿵. 하재
콩닥닥 작은 북 따위의 장단을 맞추어 치는 소리.
콩닥닥-거리-다재타 잇따라 콩닥닥 소리가 나다. 또, 잇따라 콩닥닥 소리를 나게 하다. 큰 쿵덕덕거리다. **콩닥닥=콩닥닥** 하재타
콩-대[-때]명 콩을 떨어 낸 대. bean stalks
콩=대우명 콩을 심은 대우.
콩대우-파-다타 이른봄에, 밀이나 보리 따위를 심은 밭이랑에, 드문드문 호미로 파서 콩을 심다.
콩=댐 물에 불린 콩을 갈아서 유지(油脂) 장판에 바르는 일. 장판이 오래 가고 빛과 윤이 남. 하재
콩독나방(-毒-)명 〈곤충〉 독나방과에 딸린 곤충. 날개 길이 3~5cm로 몸 빛은 다갈색에 앞 날개의 횡선은 농색(濃色)임. 유충은 흑색이며 콩과 식물 및 각종의 해충임. 독나방(豆毒蛾).
콩-떡 쌀가루에 콩을 섞어 찐 떡.
콩-마당 콩을 털러고 넣어놓는 마당. soy-bean yard
콩=멍석 물릿것에 물려 닭가죽이 부르터 두들두들한 것을 이름.
콩-몽동이 둥글게 비비어서 길쭉하게 자른 콩엿.
콩-무리[-무-]명→콩버무리.
콩-바구미명 〈곤충〉 콩바구미과에 딸린 곤충. 몸 길이 4~5mm 가량으로 타원형이며 몸 빛은 흑색으로 갈색의 짧은 털이 덮여 있음. 콩이나 완두를 파먹는 해충임. [명(속) 죄수의 밥.
콩-밥명 ①쌀에 콩을 섞어서 지은 밥. rice with beans ②(속) 감옥살이를 하다. be put in prison
콩밥-먹-다타(속) 감옥살이를 하게 하다.
콩-밭명 콩을 심어 가꾸는 밭.
콩밭에 가서 두부 찾는다 몹시 성급한 사람을 이름.
콩-배나무명 〈식물〉 능금나무과의 낙엽 활엽 과목. 잎은 달걀꼴 또는 원형으로 끝이 뾰족하고 밑은 둥긂. 4,5월에 흰꽃이 피고 이과(梨果)는 10월에 익음. 산이나 들에 남.
콩-버무리 멥쌀 가루에 콩을 두어서 켜를 짓지 아니하고 찐 떡. 큰 콩무리. rice cake with beans
콩-볶듯이 ①콩볶듯하는 총소리의 비유. 콩볶듯②. keep peppering away ②성정(性情)이 몹시 급하여 가만히 있지 않는 사람을 두고 하는 말. impatiently
콩볶아 먹다가 가마솥 터뜨린다큰 작은 이익을 탐내다가 큰 해를 입는다.
콩-볶은이명 볶은 콩. roasted beans
콩-새명 〈조류〉 참새과의 새. 날개 길이 10cm 가량으로 몸 빛은 상면은 갈색, 복면은 밤갈색, 목은 회색, 날개는 흑록색임. 산 숲의 숲 속에서 살며・곤충을 먹고 단독 서식을 함. 상호(桑扈). Korean hawfinch
콩-설기명 쌀가루에 콩을 섞어 켜를 지어 찐 떡.
콩세르바토와르(conservatoire 프)명 음악 학교. 미술 학교. [stuffing
콩-소[-쏘]명 떡에 넣는 콩이나 콩가루로 만든 소. bean
콩소메(consommé 프)명 두 종류 이상의 육류. 주로 닭고기・쇠고기를 삶아 낸 물에 간을 한 맑은 수프.
콩 심은 데 콩 나고 팥 심은 데 팥 난다 원인과 결과는 언제나 서로 따르는 것이어서 전혀 떨어지지 특출한 일은 있을 수 없다.
콩-알명 ①콩의 낱알. 두립(豆粒). grains of beans ②매우 작은 물건을 가리킴. ¶간이 ~만하다. things of little size
콩=엿[-녇]명 볶은 콩을 섞어서 곤 엿.
콩으로 메주를 쑨다 하여도 곧이듣지 않는다재 거짓말을 잘 하므로 신용할 수 없다. 「도 그대로 믿는다.
콩을 팥이라 해도 곧이듣는다재 비록 거짓말로 말해

콩=잎[-닢]명 콩의 잎.
콩잎=가리[-닢-]명 〈동〉 먹가뢰.
콩잎-장[-닢-]장(-醬) 콩잎으로 장아찌를 박아 담근 간장. 두엽장(豆葉醬).
콩-자:반(-佐飯)명 콩을 간장에 끓여서 바싹 조린 반찬. beans boiled soy sauce
콩=장(-醬)명 볶은 콩을 장에 넣고 기름・깨소금・고춧가루 및 이긴 파 등을 넣고 버무린 반찬. 두장(豆醬). [쌀을 함께 넣기도 함. 두죽(豆粥).
콩-죽(-粥)명 불린 콩을 갈아서 쌀과 함께 쑨 죽.
콩-짚명 깍지가 달린 콩대.
콩-짜개명 두 쪽으로 갈라진 콩. severed beans
콩-찰떡 찹쌀 가루에 검은 온 콩을 고물로 두고 켜를 지어 찐 떡. [가리킴. pell-mell
콩켸팥켸명 사물이 마구 뒤섞여 뒤죽박죽 된 것을
콩코:드(Concord)명 영・불 양국이 공동으로 개발한 초음속 여객기. 1971년도 취항. 순항 속도 마하 2.05. [동로를 겸한 중앙 홀.
콩코:스(concourse)명 역이나 공항 등의 건물 속의
콩-콩 여러 번 콩하는 소리. 큰 쿵쿵. whining 하재
콩콩-거리-다재 잇따라 콩콩 소리가 나다. 또, 잇따라 콩콩 소리를 나게 하다. 큰 쿵쿵거리다.
콩쿠:르(concours 프)명 ①경쟁. 경기. ②음악・미술・영화 등을 장려하기 위해 개최하는 경연회. 콩쿨.
콩쿨 대:회(←concours大會)명 콩쿠르②. [대회.
콩-탕(-湯)명 찬물에 고운 날콩가루를 풀어서, 순두부처럼 엉길 때까지 끓였다가 진잎을 잘게 썰어 넣고 다시 끓여 내어 양념한 국.
콩테(conté 프)명 〈미술〉 크레용의 일종. 목탄보다 단단하고 연필보다 연하여 막대기가 연필 모양인데, 백색・흑색・다색의 세 종류가 있음.
콩-튀듯재 ①(약)→콩튀듯팥튀듯. ②〈동〉콩볶듯①. 하재
콩튀듯-팥튀듯재 몹시 성이 나서 어찌할 줄 모르게 마구 팔팔 날뛰는 모양. 《약》콩튀듯①. in frenzy of rage 하재
콩트(conte 프)명 〈문학〉 ①짧고 재치 있게 쓴 단편. 유머・풍자・기지로 인생을 비판한 것이 많음. 장편 소설(掌篇小說). ②①과 같은 취향으로 웃음을 자아내는 촌극(寸劇). [모양. gibbering 하재
콩팔-칠팔재 콩밭을 잡을 수 없이 함부로 지껄이는
콩꽃[디]명 콩팥.
콩팥명 콩과 팥. soy-bean and Indian bean ②〈생리〉 척추 동물의 배설 기관. 가로막 밑쪽 부분에 좌우 한 쌍이 있는데, 길이는 약 10cm, 폭 4cm 정도의 강낭콩 모양임. 피질・수질・신우의 3부분으로 나뉘며, 혈액 속의 노폐물을 걸러 오줌으로 배설함. 내신(內腎). 신경(腎經). 신장(腎臟).
콩팥=편자명 콩팥과 같이 생긴 모양. 잎사귀 모양을 말할 때 씀.
콩-풀명 헝겊이나 종이를 풀질하여 붙일 때 그 사이에 공기가 들어가서 불룩하게 솟은 것을 부드럽게 깨기.
콰(口)과. 와. 'ㅎ'을 첨용(添用)하는 말에만 쓰= **콰다**(口)= 콰하다. [였음.
콰르르(거)→콰르르.
콰르테트(quartette)명 〈음악〉 ①사중주(四重奏). 사중창(四重唱). ②사성부(四聲部) 또는 네 악기의 합주용으로 된 소나타 형식의 악곡.
콰이어(choir) 〈음악〉 교회의 성가대. 또, 그 성가 내악(聖歌隊席).
콱(거) ①힘껏 들이지르는 모양. ¶~ 쥐어박다. ~ 찌르다. ②몹시 춥거나 덥거나 또는 지독한 냄새로 숨이 막히는 모양. ¶악취가 코를 ~ 찌르다. ③구멍 등을 힘주어 막거나 또는 힘있게 막히는 모양.
콱-콱(거) 계속해서 콱하는 모양. 하재 [하재
콱콱-거리-다재 계속해서 콱콱하다.
콴툼(quantum 라)명 〈물리〉양자(量子).
콸콸(거)→콸콸.
콸콸-거리-다재(거) 콸콸거리다.
쾅(거) 쾅.

쾅쾅(-) 〘거〙→쾅쾅.
쾅쾅-거리-다〘재타〙〘거〙→쾅쾅거리다.
쾌(快) ①북어 스무 마리를 한 단위로 세는 말. twenty dried pollacks ②〘제도〙 엽전 열 꾸러미. 곧 열 냥을 한 단위로 세는 말. 관(貫)①.
쾌(快)〘명〙→쾌патса(快사).
쾌(快)〘명〙 ①〘심리〙 감정(感情)의 근본 방향을 지속하여 나가려는 상태. ②〘약〙→쾌감(快感).
쾌(夬)〘명〙과. →괘.
쾌감(快感)〘명〙 즐거운 느낌.〘약〙쾌(快)②.
쾌감 원칙(快感原則)〘명〙〘심리〙 정신 분석학의 용어로, 될 수 있는 한 불쾌감을 피하고 쾌감을 추구하는 이드(id)의 지배 원칙. 쾌락 원칙(快樂原則).
쾌거(快擧)〘명〙 통쾌한 거사. gallant act
쾌과(快果)〘명〙 시원한 과일이란 뜻으로, '배(梨)'의 별.
쾌:**괘**(夬卦)〘명〙〘민속〙 육십사괘(卦)의 하나. 태괘 (兌卦)와 건괘(乾卦)가 거듭된 것. 못이 하늘 위에 있음을 상징함.〘약〙쾌(夬).〘동〙쾌차(快差).
쾌기(快氣)〘명〙 ①쾌활한 기상. 상쾌한 기분. cheer ②→쾌차(快差).
쾌=**남아**(快男兒)〘명〙 시원하고 쾌활한 남자. 쾌남자(快男子)
쾌=**남자**(快男子)〘명〙 쾌남아. 쾌한.〔男子〕
쾌담(快談)〘명〙〘동〙쾌론(快論).
쾌도(快刀)〘명〙 썩 잘 드는 칼. sharp blade
쾌도 난마(快刀亂麻)〘명〙 잘 드는 칼로 어지럽게 형클어진 세 가닥을 자른다는 말로, 어지럽게 뒤섞인 사물을 명쾌하게 처리함을 이르는 말. cut the Gordian knot
쾌=**둔**(快鈍)〘명〙 시원스러움과 무덤. sharp and dull
쾌락(快樂)〘명〙 ①기분이 좋고 즐거움.〘대〙고통(苦痛). pleasure ②〘심리〙 감성(感性)의 만족·욕망의 충족에서 오는 유쾌한 감정.
쾌락(快諾)〘명〙 쾌히 승낙함. ready consent 쾌락-하다
쾌락=**설**(快樂說)〘명〙〘윤리〙 쾌락을 유일한 선(善), 또는 인생의 목적으로 하여 쾌(快)를 추구하는 고(苦)를 피함을 행동의 원리로 하는 윤리설. 쾌락주의. hedonism
쾌락 원칙(快樂原則)〘명〙〘동〙쾌감 원칙(快感原則).
쾌락=**주의**(快樂主義)〘명〙〘동〙쾌락설(快樂說).
쾌로(快路)〘명〙 가는 곳마다 즐거움이 생기는 상쾌한 여로(旅路).〔담(快談). pleasant talk
쾌론(快論)〘명〙 시원스레 거리낌없이 하는 이야기. 쾌담(快談).
쾌마(快馬)〘명〙 시원스레 잘 달리는 말.
쾌면(快眠)〘명〙 시원스레 잘 잠. 쾌면-하다
쾌몽(快夢)〘명〙 기분이 상쾌한 꿈.
쾌문(快聞)〘명〙 듣기에 시원스러운 소문. refreshing news
쾌미(快味)〘명〙 기분 좋은 느낌. 상쾌한 맛. agreeable feeling 〔다움. beauty
쾌미(快美)〘명〙 상쾌한 기분. 마음이 시원스럽고 아름
쾌변(快辯)〘명〙 거침없이 잘 하는 말. 시원스럽게 하는 변론(辯論).   〔good news
쾌보(快報)〘명〙 듣기에 시원스런 소식. 〘승리의 ~.
쾌복(快復)〘명〙〘동〙쾌차(快差). 쾌복-하다
쾌분(快奔)〘명〙 빨리 달아남. running fast away 쾌분-하다
쾌사(快事)〘명〙 시원한 일. 통쾌한 일. pleasant matter
쾌삭=**강**(快削鋼)〘명〙 강(鋼)에 망간·유황·납·셀렌(selen) 등을 첨가한 특수한 강. 잘 깎이므로 나사의 대량 생산에 이용됨.
쾌상(一床·一箱)〘명〙 네모 반듯하고, 위 뚜껑이 좌우 두 짝, 사람은 한 개이며 밑이 빈, 방세간의 하나. 주로 문방구를 넣어둠.
쾌설(快雪)〘명〙 욕되고 부끄러운 일을 시원스레 다 씻어 버림. vindication of one's honour 쾌설-하다
쾌소(快笑)〘명〙 유쾌한 웃음. 시원스런 웃음. cheerful
쾌속(快速)〘명〙 속도가 매우 빠름. high speed 쾌속-하다
쾌=**속도**(快速度)〘명〙 통쾌하도록 빠른 속도.
쾌속=**선**(快速船)〘명〙 속도가 썩 빠른 배.
쾌속=**정**(快速艇)〘명〙 속도가 매우 빠른 주정(舟艇).〘약〙쾌속정. fast vessel
쾌승(快勝)〘명〙 통쾌하게 이김.〘대〙참패(慘敗). signal victory 쾌승-하다

쾌식(快食)〘명〙 ①좋은 음식. good food ②유쾌하고 만족하게 먹음. eating pleasantly 쾌식-하다
쾌심(快心)〘명〙 만족하게 여기는 마음. 또, 마음이 유쾌함. satisfaction 쾌심-하다
쾌심=**사**(快心事)〘명〙 매우 유쾌하고 대견한 일.
쾌심=**작**(快心作)〘명〙 예술 작품 등에서 마음에 썩 들게 제작된 작품. 회심작(會心作). 쾌작(快作).
쾌연(快然)〘명〙 마음이 상쾌한 모양. being pleasant 쾌연-히
쾌우(快雨)〘명〙 소나기같이 시원스레 내리는 비.
쾌유(快遊)〘명〙〘동〙유쾌하게 놂. 쾌유-하다
쾌유(快癒)〘명〙〘동〙쾌차(快差). 쾌유-하다   〔tly 쾌-히
쾌음(快飮)〘명〙 술을 유쾌하게 마심. drink pleasan-
쾌음(快音)〘명〙 유쾌한 듯. 시원스런 마음. good inte-
쾌인(快人)〘명〙 쾌활한 사람.   〔ntion
쾌인 쾌사(快人快事)〘명〙 시원시원한 사람의 시원스런 행동.
쾌자(快子)〘명〙〘제도〙등솔을 길게 째고, 소매는 없음. 전복(戰服)의 하나. 근래는 명절이나 돌날에 복건 (幞巾)과 함께 아이들이 입음.
쾌작(快作)〘명〙〘동〙쾌심작(快心作).
쾌재(快哉)〘명〙 마음에 아주 흡족할 만큼 통쾌스럽게 여김. 〘~를 부르다. delight
쾌저(快著)〘명〙 마음에 아주 흡족할 만큼 통쾌하게 지은 저서. satisfactory
쾌적(快適)〘명〙 ①심신에 적합하여 기분이 썩 좋음. 〘~한 환경. comfort ②〘심리〙쾌감을 일으키는 조건이 개인적이고 주관적이며, 유기적(有機的)인 것. agreeableness 쾌적-하다   〔움. good fight
쾌전(快戰)〘명〙 마음껏 싸우는 일. 섹씩하여 어울린 싸
쾌정(快艇)〘명〙〘약〙→쾌속정(快速艇).
쾌조(快調)〘명〙 아주 컨디션이 좋음. 호조(好調). 〘~의 기더더.   〔艇). 쾌조-하다
쾌주(快走)〘명〙 통쾌하도록 빨리 달림. 질주(疾走). 쾌주-하다
쾌차(快差)〘명〙 병이 완전히 나음. 쾌기(快氣)②. 쾌유 (快癒). 쾌복(快復). restoration to health 쾌차-하다
쾌척(快擲)〘명〙 금품을 마땅히 쓸 자리에 시원스레 내어 놓는 일.
쾌첩(快捷)〘명〙 통쾌하도록 썩 민첩함. quickness 쾌첩-하다
쾌청(快晴)〘명〙 하늘이 상쾌하도록 맑게 갬. 〘~한 가을 하늘. very fine weather 쾌청-하다
쾌쾌=**하**-**다**(快快一)〘형여〙 군세고 씩씩하며 아주 시원스럽다. pleasent 쾌쾌-히
쾌투(快投)〘명〙〘체육〙 야구에서, 투수가 멋들어지게 공을 던지는 일.
쾌=**하**-**다**(快一)〘형여〙 ①마음이 유쾌하다. ②병이 아주 낫다. ③하는 짓이 시원스럽다. 쾌-히 〔fellow
쾌한(快漢)〘명〙 기상이 용맹한 사나이. 쾌남자. fine
쾌활(快活)〘명〙 마음씨나 행동이 씩씩하고 활발함. cheerfulness 쾌활-하다 쾌활-히   〔eness 쾌활-히
쾌활(快闊)〘명〙 시원하게 앞이 트여 넓음. extensiv-
쾨쾨=**하**-**다**(一一)〘형여〙 상하고 찌들어 냄새가 상할 정도로 고리다. (큰)퀴퀴하다. bad smelling
쾨헬(Köchel 도)〘명〙→쾨헬 번호.
쾨헬 번호(Köchel 番號)〘명〙〘음악〙 모차르트의 곡에 붙인 정리 번호(K. 로 생략). 〘~ 551번(교향곡 주피터).〘약〙쾨헬.
쿠:**냥**(←姑娘 중)〘명〙 처녀. 젊은 여자.
쿠데타(coup d'État 프)〘명〙〘정치〙 비합법의 무력적 기술에 의하여 정권을 탈취하는 일. 지배 계급 내부의 권력 이동으로서, 체제의 변혁을 목적하는 혁명과는 구별됨. 〘양.〘작〙 크랑코랑. not full 쿠-하다
쿠렁=**쿠렁**〘부〙 자루나 포대 속에 넣은 물건이 덜 찬 모
쿠르(Kur 도)〘의학〙 특정 치료를 계속하는 기간. 치료의 주기. 〘명〙 방송에서, 연속물 프로의 방송 기간의 단위. 〘~ 드라마.
쿠릴타이(khuriltai 몽)〘명〙 몽고족의 국회.
쿠미스(koumiss)〘명〙 몽고·동부 러시아에서 말·낙타의

쿠션(cushion) ⓝ ①의자·소파·탈것의 좌석 등에 편히 앉도록 탄력이 생기게 만든 부분. ②일종의 푹신푹신한 방석. 의자에 까는 방석. ③당구대 안쪽의 공이 부딪치는 가장자리의 면. ¶~겨 되돌아오는 공.

쿠션 볼:(cushion ball) ⓝ 야구에서, 펜스에 맞아 튕겨 나오는 공.

쿠싱-병[─뼝]**(Cushing 病)** ⓝ 〈의학〉 뇌하수체의 이상에 의하여 야기되는 질환. 몸에 지방이 가라앉아 붙어 다모증(多毛症)·무력증·고혈압 등을 수반함.

쿠키(cookie, cooky) ⓝ 밀가루를 주재료로 하여 구운 과자.

쿠킹(cooking) ⓝ 요리. 요리법. ¶~의 비즈니스.

쿠페(coupé 프) ⓝ 자동차의 한 형(型). 상자 모양이며, 보통 세단보다 작고 두 짝의 문이 있음.

쿠:폰(coupon) ⓝ ①회사의 증서·증권 등의 이자권(利子券). ②한 장씩 떼어서 쓰게 되어 있는 표. ③판매 광고에 첨부된, 떼어 내서 쓰게 되어 있는 신청권 또는 할인권(割引券)

쿡 ⓐ ①물건이 다른 물건 속으로 세게 박히는 모양. ②부리나 연장으로 단단한 물건을 쪼개는 모양.《작》

쿡(cook) ⓝ 요리인(料理人).　　　　　┌~. 하타

쿡-쿡 ⓐ 여러 번 쿡하는 모양.《작》쿸쿡. 하타

쿡쿡-거리-다 타 계속해서 쿡쿡하다. ¶상처가 ~.《작》콕콕거리다.

쿤닐링구스(cunnilingus 라) ⓝ 구강(口腔) 성교의 하나. 남성이 입이나 혀로 여성의 성기를 자극함으로써 스스로 쾌감을 얻는 일.《대》펠라티오.

쿨:러(cooler) ⓝ 냉각기. 냉방 장치. ¶~카~.

쿨링 ⓐ《거》→꿀렁.

쿨링-거리-다 자《거》→꿀렁거리다.

쿨:롬(coulomb) 의ⓝ 〈물리〉 전기량(電氣量)의 실용 단위(實用單位). 1암페어의 전류가 1초간에 도체의 단면을 흐르는 양이 1쿨롬임. 기호; C.

쿨:롬-미:터(coulomb-meter) ⓝ 《동》적산기(電量計).

쿨:롱 법칙(Coulomb 法則) ⓝ 〈물리〉 정전기(靜電氣)나 정자기(靜磁氣) 사이의 서로 끌거나 밀어내는 힘에 대한 법칙.

쿨룩 ⓐ 병으로 쇠약하여 입을 오므리고 울리게 내는 기침 소리.《작》쿨록. 하타

쿨룩-쿨룩 ⓐ 계속해서 쿨룩 하는 소리를 내다.《작》쿨록거리다. 쿨룩-쿨룩 하타

쿨:리(cooly←苦力 중) ⓝ 기계 공업에 익숙하지 못한 중국의 하층 노동자.

쿨리지-관(Coolidge 管) ⓝ 〈물리〉 미국의 쿨리지가 발명한 엑스선관(X線管)의 하나.

쿨:링-다운(cooling-down) ⓝ 〈체육〉 경기가 끝난 뒤의 정리 운동(整理運動).《대》워밍업(warmingup).

쿨쿨 ⓐ《거》→꿀꿀.　　　　　　┌양.《작》쿨룰. 하타

쿨:쿨 ⓐ 곤히 잠들었을 때 숨쉬는 소리. 또, 그 모

쿨쿨-거리-다 자《거》→꿀꿀거리다.

쿨:쿨-거리-다 자 곤히 잠들었을 때 쿨쿨 하는 소리를 계속해서 내다. 쿨룰거리다.

쿵 ⓐ《거》→꿍.　　　　　┌효과를 내는 말. 하타

쿵ⓐ '쿵'에 미음(尾音) '쿵'을 달아 율동적인

쿵쿵쿵-쿵쿵쿵 ⓐ 여러 번 쿵쿵하는 모양. 하타

쿵덕 ⓐ 방아를 찧을 때 확 속에 공이를 한 번 내리칠 때 나는 소리.《작》쿵닥. 하타

쿵덕-거리-다 자 방아를 찧을 때 계속해서 쿵덕하는 소리가 나다.《작》쿵닥거리다. 쿵덕-쿵덕 하타

쿵덕덕 ⓐ 북 같은 타악기로 장단맞추는 소리.《작》쿵닥닥. 하타 ¶쿵닥거리다. 쿵덕덕-쿵덕덕 하타

쿵덕덕-거리-다 자 계속해서 쿵덕덕 소리를 내다.《작》

쿵쾅-거리-다 자타《거》→꿍꽝거리다.

쿵쿵 ⓐ《거》→꿍꿍.

쿵쿵-거리-다 자타《거》→꿍꿍거리다.

쿼:터타임(quarter-time) ⓝ 농구 등에서, 한 경기 시간의 1/4마다 1분간 쉬는 시간. 지금은 폐지.

쿼:터파이널(quarter-final) ⓝ 〈체육〉 준준결승(準準決勝) 시합.

쿼:털리(quarterly) ⓝ 계간지(季刊誌).【決勝】시합.

쿼:테이션(quotation) ⓝ 인용(引用). 인용문.

쿼:테이션 마:크(quotation mark) ⓝ 인용 부호.

쿼:트(quart) ⓝ 야드파운드법에서 양(量)의 단위. 1갤론의 1/4 또는 2파인트.

퀀셋(Quonset) ⓝ 길쭉한 반원형의 간이 건물.

퀄퀄 ⓐ《거》→꿜꿜.

퀄퀄-거리-다 자《거》→꿜꿜거리다.

퀑 ⓐ《거》→펑.

퀑-쿵 ⓐ《거》→펑펑.

퀑쿵-거리-다 자타《거》→펑펑거리다.

퀘스천(question) ⓝ 의문. 의문점.　　┌'?'.

퀘스천 마:크(question mark) ⓝ 의문 부호. 물음표.

퀘이커-파(Quaker派) ⓝ 17세기 영국에서 일어난 기독교의 한 파. 세례·찬송 등의 의식을 배격하고, 자신의 마음속에 작용하는 신의 힘을 믿음.

퀭-하-다 여형 눈이 크고 정기가 없다. have big and lacklustre eyes

퀴놀린(quinoline) ⓝ 〈화학〉 특이한 냄새가 나는 흑색의 액체. 콜타르 중에서 생성되며 염료 합성 원료·방부제·용해(溶解)로 쓰임.

퀴닉 학파(Kynik 學派) ⓝ 〈철학〉 안티스테네스(Antisthenes)가 창설한 그리스 철학의 한 파. 개인적 정신의 자유를 확보하기 위해 무욕(無慾)한 자연 생활을 영위하는 것을 생활의 이상으로 함. 견유

퀴닌(quinine) ⓝ 《동》 키니네.　　　【犬儒】학파.

퀴레네 학파(Kyrene 學派) ⓝ 그리스의 소(小)소크라테스 학파의 하나. 아리스팁푸스(Aristippus)를 시조로 하는 쾌락주의 학파.

퀴륨(curium) ⓝ 〈화학〉 초(超)우라늄 원소의 하나. 1944년에 플루토늄에서 만든 방사성 원소. 원소기호; Cm. 원자 번호; 96. 원자량; 245.

퀴리(curie) 의ⓝ 〈물리〉 방사능성 물질의 질량을 나타내는 단위. 1초에 3,700×10¹⁰개의 피벽(壞變)을 나타내는 핵종(核種)의 양이 1퀴리임. 기호; C.

퀴리누스(Quirinus) ⓝ 로마 신화 중의 군신(軍神).

퀴비슴(cubisme 프) ⓝ 〈미술〉 입체파(立體派). 큐비즘.　　　　　　　　┌이 및 그 질문의 총칭.

퀴즈(quiz) ⓝ 어떤 질문에 대한 답을 알아맞히는 놀

퀴즈 쇼:(quiz show) ⓝ 질문에 답하는 형식으로 그 내용을 흥미 있는 쇼 형식으로 연출하는 방송 프로.

퀴즈 콘테스트(quiz contest) ⓝ 양편이 서로 학문적인 문제 등을 시문(試問)하여 말문을 막는 편이 이기게 되는 경기.

퀴퀴-하-다 혱여 상하고 찌들어 비위가 상할 정도로 고리다.《작》쾨쾨하다.

퀵(quick) '빠르게, 빨리'의 뜻.《대》슬로(slow).

퀵-런치(quick-lunch) ⓝ 간단한 요리·도시락 장수.

퀵-체인지(quick-change) ⓝ 등장 인물의 재빨리 변장함. 하타

퀵-캐리어(quick-carrier) ⓝ 매장(賣場)과 카운터(counter) 사이에 기설된, 현금을 전송(傳送)하는 기계.

퀵-퀵(quick-quick) '빨리빨리'의 뜻.

퀸:(queen) ⓝ ①여왕(女王). 왕비(王妃). ②여왕이 그려진 카드의 패. ③한 패 중의 가장 으뜸가는 여자. 프리마 돈나(prima donna).

퀸테트(quintette) ⓝ 〈음악〉 ①오중창(五重唱). 오중주(五重奏). 오중창자(五重唱者). 오중주단(五重奏團). ②오성부(五聲部) 또는 다섯 악기의 합주용으로 된 소나타 형식의 악곡.

퀸틀(quintal) 의ⓝ 무게의 단위. 미국에서 100파운드, 영국에서 112파운드, 미터법에서는 100 kg 임. 주로 곡물에 쓰임.

퀼로트(culotte 프) ⓝ 《약》→퀼로트 스커트.

퀼로트 스커:트(culotte skirt) ⓝ 짧은 바지. 짧은 팬티.《약》퀼로트.

퀼팅(quilting) ⓝ 수예(手藝) 기법(技法)의 하나. 불·옷감 등에 누비질을 베풀어 두드러지게 무늬를 나타내는 방법. 마틀라세(matelassé).

큐:(cue)몡 ①당구에서, 공을 치는 막대기. ②라디오나 텔레비전 용어. 대사·동작·음악 등의 개시 신호.
큐라소(curaçao 네)몡 리큐어(liqueur)의 한 가지. 알코올에 쓴맛이 나는 오렌지의 껍질을 넣은 단맛이 있는 양주.
큐: 라이트(cue light)몡 출연자·촬영자에게 현재 어느 카메라로 전환되었나를 알리는 신호등이 텔레비전 카메라의 앞쪽의 빨강 또는 파랑 빛 전등. 「말.
큐: 볼:(cue ball)몡 당구에서, 자기의 공을 일컫는
큐:브(cube)몡 정육면체(正六面體). 입방체(立方體).
큐:비즘(cubism)몡 미술에서, 입체파(立體派). 퀴비슴(cubisme).
큐어링(curing)몡 〈농업〉 고구마의 저장에서, 저장 전에 고구마를 30~33°C, 습도 90~95%의 환경에서 4~5일 동안 보관했다가 저장하는 과정. 표면에 코르크층을 만들어 병원균의 침입을 막게 됨.
큐:열(Q熱)몡〈의학〉 리케차(rickettsia)를 병원체로 하는 가축 전염병의 일종. 인체에도 전염하는 열병으로, 발열·두통 등의 증상이 있고 사망률은 낮음.
큐티쿨라(cuticula 라)몡〈생물〉 동물의 상피(上皮) 세포나 식물의 표피(表皮) 세포에서 분비된 여러 가지 물질이 굳어 그 표면에서 이룬 망상(網狀) 구조의 총칭.
큐:틴(cutin)몡〈생물〉 식물의 표면을 보호하는 세포벽에 분비되는 지방산과 그 화합물과의 혼합물. 물에 녹지 않으며 산(酸)에도 견딤. 각피소(角皮素).
큐:폴라(cupola)몡 주물 공장에서 주철을 녹이는 가마. 용선로(鎔銑爐).
큐:피(kewpie)몡 큐피드(Cupid)를 희화(戲化)하여 머리 같이 뾰족 나오게 만든 나체 인형. 석고·셀룰로이드 등으로 만듦.
큐:피드(Cupid)몡 ①로마 신화의 사랑의 신. 비너스(Venus)의 아들. 연애의 메신저. 나체에 날개가 달리고 활과 화살을 가진 아기의 자태로 그려짐. ②미소년(美少年).
크기몡 큰 정도.
크나=크다[―큰]휑 커나큰 사전.
크낙=새〈조류〉 딱따구리과의 새. 밀림에서 한 쌍이 살며, 날개 길이 25cm, 부리는 6.5cm, 몸빛은 주로 흑색이고 가슴 아래는 백색, 후두에서 후경(後脛)까지는 선홍색이며, 우는 소리가 크게 울림. 천연 기념물로 지정 보호됨. 골락새.
크=넓=다[―널퍼]휑 크고 넓다. ¶크넓은 바다.
크놉=액(Knop液)몡〈생물〉 식물의 물가꾸기에 쓰이는 배양액. 질소·산소·수소·황·인·칼륨·철·칼슘 가 그네슘 등의 9가지 원소를 포함하고 있음.
크니몡 (피) 큰 것.
크=다ⓒ휑 자라다. 커지다. ¶커서 과학자가 되다. 「grow
크=다휑[으] ①어떤 표준에 비하여 부피나 길이가 많은 공간을 차지한다. ¶키가 ~. 짐이 ~. big ②범위가 넓다. ¶일이 크게 벌어지다. vast ③심하다. 중대하다. 위대하다. ¶손해가 ~. ④대 작다. great
크다=랗=다휑[ㅎ] 〈원〉→커다랗다.
크다래=지다=지다[원]→커다래지다.
크닿=다휑[ㅎ] 〈약〉→커다랗다.
크대=다휑[ㅎ] 〈약〉→커다래지다.
크디=크=다휑 크고도 크다. (대) 작디작다.
크라우칭 스타:트(crouching start)몡〈체육〉 단거리 경주의 출발에 허리를 굽히는 자세.
크라운(crown)몡 ①관. 왕관. ②가로 15인치, 세로 21인치의 종이의 판(判).
크라운 기어(crown gear)몡〈물리〉 직각으로 동력을 전달할 때 쓰이는 톱니바퀴. 관치차(冠齒車). 「리.
크라운 유리[―유―](crown琉璃)몡〈화학〉 소다 유
크라이시스(crisis)몡 ①위기(危機). ②〈경제〉 공황(恐慌). ③〈연예〉 극이나 영화의 위기 일발의 장면. 비극 구성의 제삼단(第三段).
크라프트=지(craft紙)몡 표백되지 않은 크라프트 펄프로 만든 튼튼한 갈색 종이. 포장용·시멘트 부대(負袋)로 쓰임.

크래버넷(Cravenette)몡 특수한 방수(防水) 가공을 한 모직물. 양복감·비옷용으로 쓰임. 상표명.
크래커(cracker)몡 ①크래커 봉봉(cracker bonbon). ②단맛이 나지 않는 얇고 바삭바삭한 비스킷.
크래커 봉봉(cracker bonbon)몡 가늘고 긴 종이로 만든 장난감. 끈을 잡아당기면 폭음이 나고 종이로 된 모자·장난감 따위가 튀어나옴. 크래커①.
크래킹(cracking)몡〈화학〉 석유 따위의 탄화수소를 가열·가압 증류하여, 비점(沸點)이 낮은 간단한 물질로 분해하는 방법. 분해 증류.
크랭크(crank)몡 ①〈공업〉 피스톤의 왕복 운동을 커넥팅 로드를 통하여 회전 운동으로 바꾸어 외부에 동력을 전달하는 장치. ②〈연예〉 영화 촬영기의 핸들. 또, 그것을 회전하여 영화를 촬영하는 일. 크랭.
크랭크=샤프트(crankshaft)몡 크랭크에 의하여 회전되는 회전축. 크랭크축(軸).
크랭크 업(crank up)몡〈연예〉영화의 촬영을 완료함.
크랭크 인(crank in)몡〈연예〉영화의 촬영을 개시함.
크러셔(crusher)몡 분쇄기(粉碎機).
크러스트(crust)몡 ①태양열·기온·바람의 작용과 사람이 거듭 디딤으로써 형성된 얼어 붙은 설면(雪面). ②빵의 겉껍질.
크러치(crutch)몡 노받이. 보트의 노를 거는 두 갈래로 갈라진 쇠붙이.
크링=크링(ㄸ)→그렁그렁.
크레디트(credit)몡 ①외국의 정부나 금융 기관 등으로부터 자금을 차입하는 일. 또, 일정한 금액의 융자를 받도록 약속하는 일. 또, 그 신용. 차관(借款). ②외상 판매 따위의 상업상의 신용 거래. ③월부 따위의 신용 판매. ④몡→크레디트 카드.
크레디트 설정(―定)(credit設定)몡〈경제〉 차관에 필요한 기간·금액·용도 등을 정하여 계약을 맺는 일.
크레디트 카:드(credit card)몡 카드 회사와 카드의 가맹점이 서로 체휴하여 행하는 신용 판매 제도로. 또, 거기에 쓰이는 카드. 카드 회사의 회원이 된 자로 은행에서 보통 예금이 있는 이에게 발행되며, 상품의 구매시, 이 대금은 일정한 기일에 회원의 예금에서 카드 회사의 예금에 이체됨으로써 지급됨. 신용 카드. ④몡 크레디트(credit)④.
크레믈린(Kremlin 러)몡 ①러시아의 모스크바에 있는 궁전. ②소련 정부와 공산당의 별칭. 「갈라진 틈.
크레바스(crevasse 프)몡 빙하(氷河)나 설계(雪溪)의
크레센도(crescendo)몡〈음악〉 '점점 세게'의 뜻.
크레오소:트(creosote)몡 너도밤나무를 건류(乾溜)하여 만든, 무색·담황색의 유액(油液). 마취·방부제·진통제로 쓰임.
크레오소:트=유(creosote油)몡 콜타르를 분류(分溜)할 때 유출되는 물질. 목재의 방부제나 연료로 사용됨.
크레용(crayon 프)몡 ①서양화의 데생에 쓰이는 막대기 모양의 화구. ②그림용의 채색 재료. 비누·납·지방에 안료를 섞어 만듦. 「이 된 상태.
크레이지(crazy)몡 열광적인 모양. 또, 거의 미친 끝
크레이터(crater)몡 ①〈천문〉달의 표면에 곰보처럼 보이는 분화구. ②〈도〉 분화구.
크레이프(crape, crepe)몡 바탕에 오글쪼글한 비단의 일종.
크레인(crane)몡 기중기(起重機).
크레졸(cresol)몡 석탄 타르와 목(木)타르 중에, 석탄산과 함께 발생하는 물질. 소독약·방부제로 쓰임.
크레졸 비눗물(cresol—)몡 칼리 비누 1%와 크레졸 1%를 섞어 만든 투명한 황갈색의 액체. 외과용 소독액·살균액으로 씀.
크레졸=수(cresol 水)몡 크레졸 비눗물 6%와 물 94%를 섞은 액체. 소독약임.
크레파스(Craypas)몡 크레용과 파스텔의 특색을 따서 만든 막대기 모양의 화구(畵具).
크레파스=화(Craypas畵)몡 크레파스로 그린 그림.
크레펠린 검:사(Kraepelin檢査)몡〈심리〉독일의 정

신병 학자 크레펠린에 의하여 고안된 성격 검사의 하나. 수의 계산 작업을 연속적으로 하게 하여 그 결과에 따라 성격을 판단함.

크로:나(Krona)명 스웨덴·아이슬란드의 화폐 단위.

크로:네(Krone 도)명 옛날 독일의 10 마르크 금화(金貨). 의명 노르웨이·덴마크의 화폐 단위.

크로노그래프(chronograph)명 극히 적은 시간을 정밀히 측정·기록하는 기계.

크로노스(Kronos)명 그리스 신화 중의 농경과 계절의 신. 제우스의 아버지.

크로마뇽-인(Cro-Magnon 人 프)명 1868 년 프랑스 도르도뉴(Dordogne) 지방의 동굴 크로마뇽에서 발견된 구석기 시대 후기의 화석 인류. 현대 인류와 동종임.

크로매틱(chromatic)/**크로매틱 스케일**(chromatic scale) 명 《음악》 반음계(半音階).

크로스(cross)명 ①십자가. 십자형(十字形). 십자. ② 교차(交叉). 교차점. 3이종 교배(異種交配). 혼혈아. 잡종. ④《크로스레이트.

크로스=레이트(cross-rate) 명 《경제》 어떤 나라에서 본, 다른 두 나라 사이의 환시세. 《약》 크로스(cross)④. [의 가로대.

크로스=바(crossbar)명 축구 등의 골문이나 높이뛰기

크로스=스티치(cross-stitch)명 십자수(十字繡).

크로스=워:드(crossword)명 바둑판 무늬처럼 선을 그은 칸 안에 글자를 넣어 세로 읽으나 가로 읽으나 뜻이 통하도록 맞추는 놀이. 크로스워드 퍼즐.

크로스컨트리 레이스(cross-country race)명 《체육》 산야(山野)를 횡단하여 달리는 경주.

크로스 킥(cross kick) 명 《체육》 축구에서 공을 옆으로 비스듬히 차서 자기 편으로 보내는 일.

크로스 패스(cross pass)명 《체육》 자리를 자기 편끼리 모아 엇바꿔 가며 하는 패스.

크로스=헤드(crosshead)명 왕복 기관에서, 피스톤 로드와 커넥팅 로드를 연결하는 장치. 피스톤 로드의 운동을 실린더의 중심선에 일치시키는 역할을 함.

크로켓(croquette 프)명 서양 요리의 하나. 고기를 다져 으깨어 볶고, 쪄서 으깬 감자와 섞어서 둥글게 만들어 빵가루를 묻혀서 기름에 튀긴 음식.

크로키(croquis 프)명 《미술》 스케치. 약화(略畫). 빠른 그림.

크로페시마-층(chrofesima 層)명 《지학》 지구의 시마층(sima 層)에서 중심층까지의 부분. 주로 크롬·철·규소·마그네슘 등의 성분으로 되어 있음.

크롤(crawl)/**크롤 스트로:크**(crawl stroke)명 《체육》 물을 양손에 잡고 두 손으로 차례로 물을 끌어당기며 발버둥을 치면서 나아가는 빠른 수영법.

크롬(chrome) 명 《화학》 은백색의 단단한 금속 원소. 공기 중에서 녹이 슬지 않아 크롬 도금(鍍金)으로 널리 쓰임. 크로뮴. 원소 기호; Cr. 원자 번호 ; 24. 원자량; 51.996.

크롬-강(chrome 鋼)명 크롬을 함유하는 강. 크롬 합량 11% 이상인 것은 스테인리스 스틸이라 하여 구별함.

크롬=니켈=강(chrome-nickel 鋼)명 내산성(耐酸性)이 큰 합금. 주로 화학 기계에 쓰이는데, 성분은 크롬 16~20%, 니켈 7~12%, 탄소 0.1~0.4%임. 니켈크롬강.

크롬=망간=강(chrome-mangan 鋼)명 니켈크롬강에 대용하는 강. 충격력에 대하여 더 강하므로 차량의 용수철에 쓰임.

크롬 명반(chrome 明礬) 《화학》 보통 암자색(暗紫色) 정팔면체의 결정. 제toms(製革)·잉크 제조·제혁(製革)·사진 정착의 젤라틴 고정액 등에 쓰임.

크롬=몰리브덴=강(chrome-molybden 鋼)명 철에 크롬과 몰리브덴을 첨가해 만든 강. 용접하기 쉽고 열에 강함. 얇게 판(板)이나 관으로 만들어 씀.

크롬=바나듐=강(chrome-vanadium 鋼)명 크롬에 소량의 바나듐을 첨가한 강. 열처리가 완전하게 된 것은 기계적 성질이 우수함.

크롬산=납(chrome 酸—)명 《화학》 나트륨과 질산염(窒酸鹽)의 복분해(複分解)로써 얻어지는 단사 정계의 황색 결정. 황색 안료로 씀. 황연(黃鉛). 크롬산연.

크롬산-연(—鉛)(chrome 酸鉛)명 크롬산납.

크롬 옐로(chrome yellow) 명 ①크롬산납을 주성분으로 하는 황색 염료. 도료·인쇄 잉크·크레용 등에 쓰임. ②분금(鬱金色).

크롬철-광(chrome 鐵鑛)명 《광물》 철과 크롬과의 산화물. 흑색을 띰. 크롬의 유일한 원광(原鑛)임.

크루:즈 미사일(Cruise missile)명 '순항 미사일'의 원어.

크루:프(croup) 명 《의학》 후두 기관의 가장자리에 섬유소성의 위막(僞膜)을 만드는 급성 염증. 그 위막이 쉽게 벗겨지는 점이 디프테리아와 다름.

크루:프성 폐-렴[—쎵—](croup 性肺炎)명 《의학》 폐렴 쌍구균에 의해 발생하는 폐렴. 오한·구토·경련으로 시작하여, 고열·흉통·호흡 곤란·기침 등을 수반함.

크룩스-관(Crookes 管) 《물리》 진공도(眞空度)가 수은주(水銀柱) 압력 0.1mm 정도 이하의 방전관(放電管). 영국 물리학자 크룩스가 발명.

크리슈나(Krishna) 힌두교 신화의 영웅신. 훗날 비슈누(Vishnu 神)의 화신이 됨.

크리스마스(Christmas)명 《기독》 예수가 탄생한 날. 12 월 25 일임. 성탄일. 성탄절.

크리스마스 실:(Christmas seal)명 항(抗)결핵 기금을 모으기 위해 크리스마스 전후에 발행되는 증표.

크리스마스 이:브(Christmas Eve)명 크리스마스의 전야(前夜). 곧, 12 월 24 일 밤.

크리스마스 카:드(Christmas card)명 크리스마스를 축복하기 위해 서로 보내는 카드.

크리스마스 캐럴(Christmas Carol) 명 크리스마스를 축복하는 찬송가.

크리스마스 트리(Christmas tree)명 《기독》 크리스마스에 장식으로 세우는 나무.

크리스천(Christian)명 기독교도. 기독교 신자.

크리스천 네임(Christian name)명 《기독》 세례할 때 붙이는 이름. 세례명(洗禮名).

크리스천 사이언스(Christian Science) 명 미국 기독교의 한 파. 죄·병·악의 허망을 주장. 1866 년 미국의 에디(Eddy) 부인이 시작했음.

크리스털(crystal) 명 ①수정(水晶). 수정 제품. ②《약》 →크리스털 글라스. ③결정. 결정체.

크리스털 검:파기(crystal 檢波器)명 《물리》 광석 검파기(鑛石檢波器).

크리스털 글라스(crystal glass) 명 고급 식기·장식품·공예품 등에 쓰이는 고급 유리. 《약》 크리스털②.

크리스털 다이오드(crystal diode) 명 《물리》 반도체(半導體)의 결정의 성질을 이용한 검파·정류용(整流用)의 이단자(二端子) 소자(素子).

크리스털 리시:버(crystal receiver)명 광석 수신기.

크리에이션(creation)명 ①창조. 창조물. ②창작. 창작품. [신.

크리에이터(creator)명 ①창조자. 창작자. ②조물주.

크리켓(cricket) 명 《체육》 영국의 국기(國技). 약 100m의 사방을 필드(field)로 하여 두 개의 위켓(wicket)을 20 m 거리로 세워 놓고, 11 명 한 팀의 두 팀이 목구(木球)를 배트로 쳐 위켓을 넘어뜨리는 경기.

크리:크(creek)명 작은 내. 샛강.

크리:핑 인플레이션(creeping inflation)명 《경제》 호황·불황에 관계없이, 물가가 꾸준히, 그리고 서서히 계속 오르는 상태.

크릴(krill) 명 《동》 작은 새우 비슷한 갑각류(甲殼類)에 속하는 플랑크톤. 남극해에서 많이 나며, 원래 큰 고래의 주요 먹이이나 미래의 식량 자원으로 주목되고 있음.

크림(cream) 명 ①우유의 지방으로 만드는 식품. 지방 함유량은 10~55%이며 과자나 요리의 재료로

쓰임. 유지(乳脂). ②피부를 부드럽게 하고 표면에 얇은 층을 만들어 외기·일광의 영향을 방지하는 응유상(凝乳狀)의 화장품. ③《약》→아이스크림.

크림 소:다(cream soda)圀 소다수에 아이스크림을 넣은 음료.

크림 전:쟁(Krim戰爭)圀 〈역사〉영국·프랑스·터키 연합군과 러시아와의 1853~1856년의 전쟁. 러시아의 남하 정책이 좌절되고, 터키도 크게 피폐되었음.

크립톤(krypton)圀 〈화학〉 희가스류(稀gas類) 원소의 하나. 공기중에 혼합되어 있는 무색 무취의 기체. 원소 기호 ; Kr. 원자 번호 ; 36. 원자량 ; 83.80.

크샤트리야(ksatriya 범)圀 〈제도〉 인도 카스트 제도의 하나. 왕공 귀족으로 정치·군사를 맡아봄. 찰제리(刹帝利).

크세논(Xenon 도)圀 〈화학〉 희가스류(稀gas類) 원소의 하나. 공기 중에 가장 적게 존재하는 원소로, 무색 무취이고 다른 원소와 화합하지 않음. 원소 기호 ; Xe. 원자 번호 ; 54. 원자량 ; 131.30.

큰=가래圀 〈농업〉세 사람이나 네 사람이 두 줄을 당기어 흙을 파내는 썩 큰 가래의 하나. large shovel

큰가슴=살圀 〈생리〉가슴의 살가죽 안에 있는 세모꼴의 힘줄.

큰=갓圀 양이 썩 넓은 갓.

큰=개:미자리圀 〈식물〉 석죽과(石竹科)의 이년생 풀. 줄기는 여러 개가 총생하며 높이 20cm 내외임. 5~7월에 흰꽃이 피고 삭과는 난형임. 해변에 남.

큰개=자리圀 〈천문〉봄 하늘 은하수 옆에 있는 별자리의 하나. 오리온(Orion) 자리의 동쪽에 있으며 주성은 시리우스성임. 큰개좌. Canis Major

큰개=좌(一座)圀 〈동〉 큰개자리.

큰=계:집(一宅)圀 〈속〉본처. 큰마누라.

큰=고래圀 〈동〉 큰고래과의 고래. 길이 20~22m, 등은 검고 배는 흼. 기운을 뿜을 때 날카로운 소리를 내며, 떼를 지어 다님. 몸에는 기름이 많고, 고기는 식용함.

큰=골圀 〈동〉 대뇌(大腦).

큰=곰圀 ①〈동물〉곰과의 짐승. 몸 길이 2m 가량으로 보통의 곰보다 대형이며 털 빛은 갈색 또는 흑적갈색이고 대개 목에는 흰 무늬가 있음. 성질이 사납고 헤엄을 잘 침. 냇가의 숲 속에 서식하는데 고기는 먹고 털가죽은 요나 방석 등에 씀. ②《略》→큰곰자리.

큰곰=자리圀 〈천문〉북두 칠성을 중심으로 하는 별자리의 하나. 대웅좌(大熊座). 《略》 큰곰②. Ursa Major

큰=팽이밥圀 〈식물〉 팽이밥과의 풀. 근경은 육질(肉質)이고 줄기와 함께 땅에 붙어 뻗음. 5~6월에 화경 끝에 한 송이씩 피고 삭과는 끝이 뾰족함. 산지의 나무 그늘에 남.

큰=구슬붕이圀 〈식물〉 용담과의 이년생 풀. 5~6월에 자색 꽃이 줄기 끝에 피고 삭과는 두 쪽으로 갈라짐. 제주도에 남.

큰=굿圀 크게 차리고 하는 굿.

큰=글씨圀 글자를 크게 쓰는 글씨. 《대》잔글씨.

큰=기러기圀 〈조류〉오리과에 딸린 철새. 몸 빛은 암갈색 내지 회갈색에 등과 겨드랑이 깃은 가장자리가 담색임. 부리는 평평하고 다리는 누르스름함. 우랄 북부·시베리아에서 번식하며 중국·한국·일본 등에서 월동함.

큰=기름새圀 〈식물〉 포아풀과의 다년생 풀. 줄기는 2m 가량으로 총생하고 잎은 선상 피침형임. 8~9월에 흰 꽃이 피는데 짧은 자갈색의 가시 랭이가 있음.

큰=기침圀 남에게 위엄을 보이거나 제 정신을 가다듬는 태도를 나타내거나 소리를 크게 내어 하는 기침. 《대》잔기침. cough 하자

큰=길圀 넓은 길. 대로(大路). highroad

큰=길거리[一꺼一]圀 사람이나 차가 많이 다니는 큰 길로 이루어진 거리. thoroughfare

큰=까:치수염(一鬚髥)圀 〈식물〉 앵초과의 풀.

줄기 높이 90cm 내외로 잎은 긴 타원형 또는 타원상 피침형임. 6~8월에 이삭 모양의 흰 꽃이 피고 과실은 구형임. 산지에 나며 어린 잎은 식용함.

큰꽃=으아리圀 〈식물〉 미나리아재비과의 독이 있는 다년생 덩굴풀. 5월에 자줏빛의 큰 꽃이 피고 과는 난형으로 화상(花狀體)에는 깃 모양의 갈색 털이 있음. 뿌리는 약으로 씀.

큰=꾸리圀 쇠고기 꾸리의 하나. 앞다리의 바깥쪽에 붙은 살덩이. 《대》작은꾸리.

큰=노랑잠자리圀 〈곤충〉잠자리과에 속하는 벌레의 하나. 몸 빛은 연한 암황색이며 날개는 반투명임. 한국·일본 등지에 분포함.

큰=놈圀 ①다 자란 놈. ②《선》 큰아들. 《대》작은놈.

큰=누나圀 큰누이의 어린이 말. 맏누나. eldest sister

큰=누이圀 맏누이. 《대》 작은누이. eldest sister

큰=단나(一檀那)圀 〈불교〉절에 보시(布施)를 많이 한 시주(施主). 대단나(大檀那).

큰=달圀 양력으로 31일, 음력으로 30일이 되는 달. 대월(大月). 《대》작은달. odd months

큰대=부(一大部)圀 한자 부수의 하나. '天·奈·奉' 등의 '大'의 이름. brother

큰=댁(一宅)圀 〈공〉큰집. 《대》작은댁. house of eldest

큰=도요새圀 〈조류〉날개 길이 14cm 가량이고 몸 빛은 이마와 목 둘레는 흑색, 배는 백색, 꽁지는 가운데 두 개가 검음. 모양이 아름답고 우는 소리도 고움. 냇가에 서식함. 민댕기물떼새.

큰=독圀 높이가 대여섯 자 가량 되는 큰 오지독.

큰=돈圀 액수가 많은 돈. 거금(巨金). large sum of money

큰=두더지圀 〈동물〉두더지과의 짐승. 두더지보다 훨씬 크고 몸 빛은 적갈색을 띰. 모피(毛皮)는 목도리 등을 만들어 씀. 언서(鼴鼠). 전서(田鼠).

큰=등갈키(一藤一)圀 〈식물〉 콩과의 덩굴풀. 길이가 1m 이상이며 잎은 긴 난형 또는 긴 타원형임. 7~8월에 자색 꽃이 피고, 협과는 편평하고 긴 타원형임. 들에나 산속에 남.

큰=따님圀 〈공〉 남의 큰딸. your eldest daughter

큰=딸圀 맨 위의 딸을 작은딸에 대하여 이르는 말. 맏딸. 장녀. 《대》작은딸. eldest daughter

큰=마:누라圀 작은마누라에 대하여 본마누라를 일컬음. 큰계집. 정실(正室). 《대》작은마누라.

큰=마:음圀 크게 먹은 마음씨. 《약》 큰맘. generous heart 결심을 함.

큰마음 먹다㊗ ①후하게 요량하다. ②모처럼 어려운

큰=만두(一饅頭)圀 잘게 빚은 만두 여러 개를 큰 껍질로 싸서 사발 덩이만하게 빚은 만두의 일종. 흔히 중국의 사신을 대접할 때 썼음. 대만두(大饅頭).

큰=말圀 〈어학〉 단어의 실질적 뜻은 작은말과 같으나 어감의 분화로, 표현상의 느낌이 크게 되는 말. 주음절의 모음이 'ㅓ·ㅕ·ㅜ·ㅠ·ㅡ·ㅣ'와 같이 음성 모음이 됨. '설렁설렁·데굴데굴·꾸불꾸불' 따위. 《대》작은말. heavy isotope of a word

큰 말이 나가면 작은 말이 큰 말 노릇한다㊁ ①아비가 죽으면 그 아들이 대신할 수 있다. ②뒷일을 너무 걱정하지 말아라.

큰말=표(一標)圀 어감상 윗말에 대하여 아랫말이 큰 말임을 보일 때, 굴뚝의 복판을 타서 쓰는 부호. '>'.

큰=맘《약》→큰마음.

큰=매:부(一妹夫)圀 큰누이의 남편. 《대》 작은매부.

큰=머리圀 〈제도〉 예식 때 부녀의 머리에 크게 틀어 올린 가발. 어여머리 위에 나무로 만든 큰 머리를 얹음. ceremonial hairdo 하자

큰=멋쟁이圀 〈동물〉 네발나비과에 속하는 나비. 앞 날개 길이 6cm 가량으로 날개는 검은 빛에 흰 무늬가 있고 불규칙한 가로띠가 있음. 5월경에 나타남. 《대》작은잔뿔.

큰=못圀 연목(椽木) 걸이·부엌(浮樑) 걸이·대문짝 등에 쓰는 굵고 긴 못.

큰=문(一門)圀 삼문(三門) 중의 가운데 제일 가는

큰문잡다

큰문잡-다(—門—)찌 존귀한 사람이 출입할 때에 큰 문을 열다. open the main gate 〔洪水〕. flood
큰=물명 장마가 져서 내나 강이 크게 불은 물. 홍수
큰물-지-다재 큰물이 흐르다. 홍수가 나다. be flooded
큰=바람명 풍력 계급의 하나. 초속 17.2~20.8 미터로 부는 바람. 질강풍(疾强風). fresh gale
큰=박:쥐명〈동물〉큰박쥐과에 딸린 포유 동물. 크기는 비둘기만하다. 주둥이는 길며 꼬리는 작고, 몸 빛은 흑갈색임. 낮에는 나뭇가지에 늘어져 자다가 해질 무렵부터 활동함.
큰=방(—房)명 ①넓고 큰 방. 대방(大房). large room ②집안의 가장 어른되는 부인이 거처하는 방. inner room ③절에서 중이 항상 거처하는 방.
큰 방죽도 개미 구멍으로 무너진다〔속〕①작은 사물이라고 업신여긴다면, 그 때문에 큰 화를 입는다. ②변변하지 않은 것이 큰 일을 이룬다.
큰=벼룩아재비명〈식물〉마전과(馬錢科)의 일년생 풀. 줄기는 여러 가지로 갈라지고 잔털이 났음. 잎은 긴 타원형이고 7~9월에 담황색 꽃이 핌. 들이나 밭에 남.
큰부리-까마귀명〈조류〉까마귀과의 새. 날개 길이 38cm 가량이고 몸 빛은 흑색임. 인가 또는 논밭에 떼를 지어 다니며 농작물·과실에 해를 끼치나 해충을 잡아먹어 유익하기도 함. 취태아(鷲太鴉)
큰=부처명〈불교〉큰절에 모신 불상. 대불(大佛).
큰=북명〈음악〉땅에 놓거나 달아 놓고 치는 크고 무겁게 만든 북.
큰=불명 ①큰 화재. conflagration ②커다란 짐승을 잡으려고 놓는 총알. 잔불. buckshot
큰불-놓-다재 ①크게 불을 놓다. have a conflagration break out ②큰 짐승을 잡는 총알을 쏘다. fire a buckshot 〔rain
큰=비명 오래도록 많이 오는 비. 대우(大雨). heavy
큰=비녀명 큰머리나 낭자할 때 꽂는 크고 긴 비녀.
큰=사:람명 ①키가 썩 큰 사람. tall man ②위대하고 이름난 사람. 큰 일을 할 수 있는 사람. great man
큰=사랑(—舍廊)명 ①썩 크게 지은 사랑. large guest room ②웃어른이 거처하는 사랑.〔대〕작은사랑.
큰-사:마귀명 왕버마재비.
큰=사슴명〈동〉백두산사슴. 〔은사사.
큰=사위명 작은사위에 대하여 일컫는 말사위. 〔대〕작
큰=사위명 윷놀이에서 모나 윷.〔약〕사위.
큰=산소(—山所)명 한 산 안에 여러 산소가 있는 경우에 그 중에서 가장 어른되는 산소.
큰=산장대(—山長—)명〈식물〉겨자과의 일년생 풀. 줄기는 연하고 높이 30cm 가량이며 잎은 타원형으로 가에 톱니가 있음. 5~6월에 흰꽃이 핌. 깊은 산에 남. 〔household
큰=살림명 큰 규모로 말 치이고 사는 살림살이. large
큰=상(—床)명 ①잔치 때에 음식을 많이 차려서, 주인공(主人公)을 대접하는 상. reception table ②많은 음식을 차릴 수 있는 상. large dinner table
큰상=물림(—床—)명 혼인 잔치에 큰상을 받았다가 물린 뒤에 받았던 이의 본집으로 싸서 보내는 음식.〔유〕퇴상(退床).
큰상=받-다(—床—)재 잔치 때 특별히 크게 차린 상을 그 주인공이 받다. be presented with a formal table 〔ue and learning
큰=선비명 학식과 덕망이 뛰어난 선비. man of virt-
큰=센=바람명 풍력 계급의 하나. 초속 20.8~24.5 미터로 부는 바람. 대강풍(大强風). strong gale
큰=소리명 ①야단치는 소리. growl ②목청을 크게 하고 내는 소리. loud voice ③일이 될지 안 될지 생각도지 않고 앞으로 뱃심 좋게 장담하는 말. ¶~만 치다. bragging ④가막히 일을 다 이룬 뒤에야 여봐란 듯이 하는 말. 대성(大聲). 대언(大言). 호언(豪言). boasting 하재
큰소리 치다 호언 장담을 하다.

큰춤

큰=소매명 붙이 축 처지게 지은 넓은 소매.
큰=손명 증권 시장에서 대량으로 매매하여 시황(市況)에 영향을 미치게 하는 개인 또는 기관 투자가.
큰=손녀(—孫女)명 작은손녀에 대하여 일컫는 맏손녀.〔대〕작은손녀. eldest granddaughter 〔은 손님.
큰=손님명 ①특별히 잘 모셔야 할 귀중한 손님. ②작
큰=손자(—孫子)명 작은손자에 대하여 일컫는 맏손자.〔대〕작은손자. eldest grandson 〔ldron
큰=솥명 안방 부엌에 거는 가장 큰 솥.〔대〕옹솥. cau-
큰=수리쥐명〈식물〉엉거시과의 다년생 풀. 9~10월에 암자색 꽃이 핌. 산과 들에 나고 어린 잎은 식용하여 부싯깃을 만듦.
큰=스님명〈불교〉덕이 썩 높은 생불(生佛).
큰=씨름명〈동〉상(上—).
큰=아가씨명〈공〉올케가 큰시누이를 부르는 말.
큰=아기명 ①다 큰 계집아이. young lady ②만딸을 다정하게 일컫는 말. eldest daughter 〔eldest son
큰=아들명 작은아들에 대하여 일컫는 맏아들. 장자.
큰=아버지명 아버지의 맏형. 백부(伯父).〔대〕작은아버지. 〔르는 말. 〔대〕작은아씨. oldersister
큰=아:씨명 결혼한 맏딸이나 맏며느리를 하인들이 부
큰=아이명 큰아들이나 큰딸을 다정하게 일컫는 말.〔약〕큰애. eldest child
큰=악절(—樂節)명〈음악〉두 개의 작은악절이 합친 것. 보통, 8 마디·12 미디로 이루어짐. 대악절(大樂 〔節.
큰=애명〈약〉→큰아이.
큰=어머니명 ①큰아버지의 아내. 백모(伯母).〔대〕작은어머니. aunt ②서자(庶子)가 아버지의 정실을 일컫는 말.
큰=어미명〈속〉큰엄마. 적모. 적모(嫡母).
큰=언니명 큰형을 다정하게 이르는 말.〔대〕작은언니. eldest brother (sister) 〔brother
큰=오빠명 가장 손위 되는 오빠.〔대〕작은오빠. eldest
큰=옷명 예식 때에 입는 옷옷. ceremonial robes
큰=어머니명 ①남의 여러 첩 중에 많이 되는 사람.〔대〕작은어머니. eldest brother ②적은집에서 남의 본마누라를 일컫는 말.〔대〕작은집. legal wife
큰=일[—닐]명 ①다루는 데 힘이 많이 들고 범위가 넓은 일. ② 큰 예식이나 잔치를 치르는 일.〔대〕잔일. ceremony 〔다. become serious
큰일-나-다재 감당하기 어려운 일이나 큰 탈이 생기
큰일을 치르다 대사(大事)를 치르다. 〔large adz
큰=자귀명 서서 두 손으로 들고 자루를 깎는 연장.
큰=절명 여자가 초례(醮禮) 때나 시부모를 뵈올 때와 같은 가장 예의를 갖출 때 하는 절. deep curtsy 하재 〔절. head temple
큰=절명〈불교〉딸린 절에 상대하여 일컫는 주장되는
큰=정맥(—靜脈)명〈동〉대정맥.
큰=제:사(—祭祀)명 아랫대의 제사에 대하여 고조(高祖)나 고조비(妣)의 제사.
큰=조카명 큰형의 아들. 장조카. 장질(長姪).
큰=짐승명 ①몸이 매우 크 심술. big animal ①'범'을 완곡하게 이름.
큰=집명 ①아우나 그 자손의 집에 상대하여 일컫는 말. 형이나 맏형의 자손 집.〔대〕작은집.〈공〉큰댁(—宅). house of one's elder brother ②적은집이나 그 주손의 집에는 본부인이나 본부인의 자손의 집.〔대〕적은집. ③분가(分家)하여 나간 집에서 일컫는 원집. 종가(宗家).〔대〕작은집. head family ④간수가 많은 큰 집.〔대〕작은집. large family ⑤〈속〉교도소. 〔드는 모양.
큰집 드나들듯이 어떤 곳에 매우 익숙하게 자주 드나
큰집이 기울어져도 삼 년 간다〔속〕부자는 망해도 얼마 동안은 그럭저럭 살아갈 수 있다.
큰집 잔치에 작은집 되지 잡는다〔속〕제 일도 아닌 경우에 예상 외로 많은 금품(金品)을 쓰게 된다.
큰=처남(—妻男)명 맏 맏이 되는 처남. 작은처남에 상대하여 일컫는 말.〔대〕작은처남. eldest brother-
큰=체하-다재 자랑하며 젠체하다. 〔in-law
큰=춤명 성장(盛裝)을 차리고 정식으로 추는 춤. da-

큰춤보다 자기를 위하여 큰춤을 베풀어 주는 의식의 영광을 누리다. 「치마. long skirt
큰-치마 땅에 끌리도록 길게 만든 치마. 《대》 짧은
큰-칼 옛날 중한 죄인의 목에 씌우던 칼. 길이 135 cm 가량임. 《대》 죽은 칼. 「匠).
큰코 다치-다 크게 봉변을 당하다. pay dearly
큰=톱 두 사람이 마주 잡고 켜는 큰 내릴톱. 대톱. big saw
큰톱-장이(一匠一)® 큰톱으로 큰 제목을 써는 일을 업으로 하는 사람. 둘이 한 짝이 됨. 인거장(引鉅
큰=판(一板)® 크게 벌어진 판. 「匠).
큰-피마이〈식물〉 미나리과의 다년생 풀. 줄기는 땅 위로 벋으며 잎은 5~7 갈래로 갈라짐. 봄·여름에 희고 작은 구슬 모양의 꽃이 피고 파실은 난형임. 잎을 상처에 바르면 피를 막는 효과가 있음.
큰-하늘지기〈식물〉 방동사니과의 다년생 풀. 줄기는 총생하고 잎은 좁은 선형임. 8월에 긴 화경 끝에 다갈색의 꽃이 핌. 해변이나 습한 들에 남.
큰-할머니 큰할아버지의 아내.
큰=할아버지 할아버지의 맏형. granduncle
큰=형(一兄)® 작은형에 대하여 일컫는 맏형. 장형(長兄). 《대》 작은형.
큰=형수(一兄嫂)® 큰형의 아내. 《대》 작은형수.
큰=활〈체육〉 정량대를 메어서 쏘게 된 크고 센 활.
클라:드니 도형(Chladni 圖形 도)〈물리〉 수평하게 고정된 평판 위에 뿌린 모래나 가루가 판의 진동에 따라서 진동하지 아니하는 부분에 모여들어 이룬 도형.
클라리넷(clarinet)/**클라리오넷**(clarionet)〈음악〉 목관 악기의 하나. 마우스피스에 한 장의 허가 있으며, 관은 아래로 내려잡수록 차차 퍼지어 됨.
클라리온(clarion)〈음악〉 명쾌한 음색을 갖는 나팔 종류의 관악기.
클라브생(clavecin 프)® 하프시코드.
클라비코:드(clavichord)〈음악〉 피아노가 발명되기까지 하프시코드와 병용되었던 전반 현악기. 피아노의 원리와 같음.
클라이맥스(climax)® ①흥분·긴장 등이 최고조에 이른 상태. 二. 고 장면. ②극(劇)·사건 따위의 절정.
클라이밍(climbing)® 기어오름. 「최고조(最高潮).
클라이스트론(klystron)® 극초단파(極超短波)의 발진(發振)·증폭(增幅) 따위에 쓰이는 진공관의 하나.
클래스(class)® ①계급. 등급(等級). ②학급(學級). 반(班).
클래스=메이트(classmate)® 동급생. 동창생. 급우 「(級友).
클래시시즘(classicism)® 고전주의(古典主義).
클래시컬(classical)® 고전적. 전통적. 하다타
클래식(classic)® ①전형적(典型的). ②고전적(古典的). ③고전 작품. 고전적 명작. ④고전 음악. 하다타
클랙슨(Klaxon)® 자동차 경적(警笛)의 상품명. 변하여, 경적의 통칭이 됨. 호(horn).
클램프(clamp)®〈공업〉 ①공작물을 공작 기계의 테이블 위에 고정시키는 장치. ②바이스(vice)의 하나. 손으로 다듬을 때 작은 물건을 고정시키는 데 쓰이는 기구.
클러치(clutch)® ①일직선상에 있는 두 축(軸)의 한 쪽으로부터 다른 축으로 동력을 임의로 단속하여 전하는 장치. 교합식(咬合式)·원판식(圓板式)·원추식(圓錐式) 등이 있음. 연축기(連軸器). ②보트의 노를 거는 쇠고리.
클럽(club)® ①공통된 목적으로 결합한 단체. 또, 그 모이는 장소. 구락부. ②골프에서, 공을 치는 막대기. ③카드놀이에서 클로버의 잎 모양이 그려져 있는 카드.
클럽=하우스(clubhouse)® 클럽의 회관. 「는 카드.
클럽 활동(一活一)®(culb 活動)〈교육〉 특별 교육 활동의 하나. 공통의 흥미·관심을 갖는 학생들이 자주적으로 학예·운동·작업·기술·사회 봉사 등의 영역에서 하는 활동.
클레이 사격(clay 射擊)® 클레이 피전을 공중에 던져, 라이플 총으로 격파하는 운동.

클레이 코:트(clay court)®〈체육〉 모래·자갈을 깐 토대 위에 찰흙으로 다저 만든 경구장.
클레이 피전(clay pigeon)® 사격에서 쓰이는 석회를 뭉쳐 만든 접시 모양의 표적.
클레임(claim)® 상품 거래에서, 무역업자가 상품의 수량·품질·포장 등에 위약(違約)이 있을 경우, 상대방에 대하여 손해 배상의 청구나 이의를 제기하는 일. 구상(求償).
클렌저(cleanser)® 금속·유리 등을 윤내는 가루.
클렌징 크림(cleansing cream)® 주로 세안용(洗顔用) 유지성(油脂性)의 크림.
클로랄(chloral)®〈화학〉 에틸알코올에 염소를 작용시켜 산화한 다음, 다시 인산화하여 만드는 자극성 냄새가 있는 무색 유상(油狀)의 액체. 물과 화합시켜 최면 진정제를 만듬.
클로렐라(Chlorella 도)®〈식물〉 민물에서 나는 단세포 녹조(綠藻). 단백질이 풍부하고 광합성 능력이 높으며 번식력이 매우 강함. 식량·사료의 자원으로 대량 배양되고 있음.
클로로=마이세틴(Chloromycetin)® 백색의 판상(板狀) 또는 침상 결정의 항생 물질. 티푸스·파라티푸스에 대한 특효약이며, 리케차나 바이러스 질환에도 유효함. 클로람페니콜(chloramphenicol)의 상품명.
클로로=포름(chloroform)®〈화학〉 무색의 밝은 휘발성 액체. 마취제로 쓰이기도 하나 주로 용제(溶劑)로 쓰임.
클로로=프렌(chloroprene)®〈화학〉 부타디엔의 염소 화물. 무색의 휘발성 액체. 내유성(耐油性)의 합성 고무 제조 원료로 쓰임.
클로로=필(chlorophyll)® 엽록소(葉綠素).
클로:르(Chlor 도)® 염소(鹽素).
클로:르=칼크(Chlorkalk 도)® 표백분(漂白粉).
클로:버(clover)®〈식물〉 콩과의 다년생 풀. 길이 30~60 cm 의 잎꼭지 끝에 작은 잎이 보통 세 개가 장상(掌狀)으로 붙음. 여름에 흰꽃이 긴 꽃줄기 끝에 나비 모양으로 핌. 목초·녹비용(綠肥用)임. 토끼풀.
클로:스(cloth)® ①직물(織物). 양복감. 모직물. ②테이블클로스와 같은 피복물(被覆物)의 총칭. ③책의 표지 장정에 쓰이는 헝겊.
클로:즈(clause)®《문》 절(節).
클로:즈 게임(close game)® 운동 경기에서 서로 실력이 백중한 접전(接戰). 백열전(白熱戰).
클로:즈=업(close-up)® ①영화에서, 대상의 일부를 화면에 크게 나타냄. 대사(大寫). 《대》 롱 숏(long shot). ②어떤 일을 크게 취급함. 《약》 업(up)®. 하다타
클로:크(cloak)®→클로크룸(cloakroom). 「다라.
클로:크=룸(cloakroom)® 극장·호텔·클럽 등에서, 휴대품 보관소. 《약》 클로크(cloak).
클리노미터(clinometer)®〈지학〉 지층의 주향(走向)이나 경사각(傾斜角) 등을 측정하는 데 쓰는 측량용·지질용·항공용 기구. 경사계(傾斜計). 경사의(傾斜儀). 측각기(測斜器). 「진찰실(診察室).
클리닉(clinic)® ①임상 강의(臨床講義). ②진료소.
클리:닝(cleaning)® ①세탁. 청소. ②《약》→드라이클리닝. 하다타
클리어런스(clearance)®〈체육〉 축구에서, 자기 편 끝 앞의 공을 멀리 차내어 위기를 면하는 일.
클리어런스 세일(clearance sale)® 재고 정리(在庫整理). 떨이로 팖. 「머 폭이 좁고 긴 골프 채.
클리:크(cleek)® 공을 때리는 면이 쇠로 되어 있으
클리토리스(clitoris)®〈동〉 음핵(陰核).
클린 빌(clean bill)®《동》 클린 신용장(clean 信用狀).
클린 신용장(clean 信用狀)®〈경제〉 선적(船積)에 서류가 첨부되어 있지 않은 외국환 어음. 클린 빌(clean bill). 무담보 신용장.
클린:업(cleanup)® 야구에서, 장타를 쳐 주자를 청소(一掃)하는 일. 하다타

클린:업 트리오(cleanup trio)명 야구에서, 클린업하는 율이 많은 3·4·5 번의 강타자.
클린치(clinch)명 권투에서, 상대편의 공격을 피하기 위해 껴안는 일.
클린 핸드(clean hand)명 〈법률〉 스스로 부도덕한 행위를 주장하는 자에게는 법원은 구제를 하지 않는다는 원칙.
클린 히트(clean hit)명 야구에서, 깨끗한 안타.
클립(clip)명 ①탄력이나 나선(螺旋)을 이용해 종이나 서장(書狀) 등을 끼워 두는 기구. ②만년필·샤프 펜슬(sharp pencil) 등에 달려 양복 주머니에 끼우는 쇠. ③여자들이 머리에 웨이브를 만들기 위해 머리를 감아 마는 기구.
큼직=큼직튀 여럿이 모두 큼직한 모양. 하다
큼직-하다형여 꽤 크다. 하이
큼큼 병이나 버릇으로 숨을 콧구멍으로 힘을 주어 피엄피엄 계속해서 내쉬는 소리. 하다 [새 맡다.
큼큼-거리-다자 큼큼하는 소리를 자꾸 내다. ①냄새를
큼큼-이튀 큼큼하는 소리를 섞어서 말을 하는 사람의
키명 [고]키(身長). [별명.
키¹명 ①선 몸의 길이. 신장(身長). 체고(體高). ¶ ~장다리. stature ②선 물건의 높이. clearance
키²명 곡식 따위를 까불러 고르는 그릇. winnow
키³명 배의 가는 방향을 조절하는 기구. 배 뒤에 달렸음. 타(舵). helm
키:(key)명 ①어떤 문제를 해결할 수 있는 열쇠. 관건(關鍵). ¶해결될 ~는 그가 가지고 있다. ③피아노·오르간의 건반. ④타이프 라이터의 손가락. 크기. [락으로 치는 글자판.
키:-꺽다리명 '키다리'를 똑똑히 일컫는 말.
키:-꿀명 (비) 키가 큰 몸집.
키나(kina 베)명 〈의학〉 퀴닌(quinine)의 원료.
키-내림명 곡식에 섞인 티끌을 바람에 날려서 고르려고 곡식을 키에 담아 높이 들고 천천히 쏟아 내리는 일. winnowing 하다
키네마(kinema 그)명 영화(映畫).
키네마-컬러(kinema colour)명 천연색 영화.
키네마토-그라:프(Kinematograph 도)명 영화(映畫).
키네마 팬(kinema fan)명 영화를 즐기는 팬.
키네오라마(kineorama)명 〈연예〉 ①파 kinema and panorama 파노라마에 색광선을 써서 경치를 변화시켜 보이는 장치.
키네토-스코:프(kinetoscope)명 〈연예〉 초기의 영화 촬영기. 에디슨이 발명한 것으로, 40피트의 필름이 30초간 회전하였음.
키노-글라스(kino-glass)명 입체 영화를 볼 때 쓰는 안경. 한쪽은 청색, 한쪽은 적색임.
키노-드라마(kino-drama)명 〈연예〉 연극과 영화를 결합시킨 연극(連鎖劇).
키:노:트(keynote)명 ①〈음악〉 어떤 코(調)의 중심이 되는 주음(主音). 으뜸음(主調音). ②안목(眼目). 골자. 중심 사상(中心思想).
키는 작아도 담은 크다 키 작고 용감한 사람을 추키거나 칭찬하는 말.
키니네(kinine 베)명 기나수(幾那樹)의 껍질에서 만드는 알칼리성의 쓴맛이 있는 해열·강장약으로 쓰이며 말라리아의 특효약임. 금계랍. 퀴닌.
키:-다타 (약)→키우다.
키:-다타 (약)→키우다.
키다리명 키 큰 사람의 별명. (대) 난쟁이. tall fellow
키드(kid)명 구두·장갑 등의 재료로 쓰이는 어린 염소의 가죽.
키르히호프 법칙(kirchhoff 法則) 〈물리〉 키르히호프가 발견한 전류와 열방사에 관한 법칙.
키마이라(Chimaira 그)명 그리스 신화에 나오는 괴수(怪獸). 전반신은 사자·산양이며 후반신은 용사(龍蛇)의 모양을 하고 있음.
키:보:드(keyboard)명 ①〈음악〉 건반. ②호텔 등에서 열쇠를 걸어서 놓아 두는 판.

키=봉명 흐르는 물 속에서 일정한 방향을 유지할 수 있도록 키가 달린 낚싯봉.
키부츠(kibbutz 히)명 이스라엘의 농업 공동체.
키=순:(一順)명 키가 큰 차례. 신장순(身長順).
키스(kiss)명 ①입을 맞추는 일. ②인사할 때에 뺨·손 따위에 입을 대는 일. ③당구에서, 한 번 맞닿은 공이 다시 닿는 일. 하다
키: 스테이션(key station)명 딴 방송국에 프로를 중계하는 중심이 되는 방송국.
키슬링(kissling)명 창안자의 이름에서 유래. 등산용의 큰 배낭. 뚜껑은 없고 양 옆에 포켓이 붙어 있음.
키우-다타 크게 하다. (약) 키다. raise
키:-워:드(key word)명 어떤 문제를 해결할 수 있는 열쇠가 되는 말.
키위(kiwi)명 〈조류〉 키위과에 딸린 원시적인 새. 몸을 둥글고 닭까위에 날개와 꼬리는 없고 털 같은 깃털이 온몸에 났음. 부리는 길고 끝에 콧구멍이 있으며 발에 나와 활동하는 주로 지렁이 같은 곤충을 먹음. 뉴질랜드의 삼림 지대에 분포하며 '키위·키위' 하고 욺.
키읔명 한글 자모 'ㅋ'의 이름.
키: 인더스트리(key industry) 〈동〉 기간 산업(基幹産業).
키잡이명 배의 키를 조정하는 사람. 조타수(操舵手).
키=장다리명 ①키가 몹시 큰 사람의 별명. ②'키가 아주 큰 초목'따위의 비유.
키=조개명 〈조개〉 키조개과에 딸린 조개. 패각은 키 모양으로 길이 29cm, 폭 15cm. 암녹색의 두 껍질은 이가 없이 인대(靭帶)로써 구부(口部)가 연결되었음. 산란기는 5~9월임.
키=질명 키로 곡식 따위를 까부르는 것. 하다
키친(kitchen)명 요리장(料理場). 부엌. 주방. 취사장. ¶~카. 리빙~. 다이닝~.
키킹(kicking)명 〈체육〉 축구에서, 반칙의 하나. 고의로 상대편을 차거나 또는 차려고 하는 행위. 상대방에게 프리 킥이 주어짐.
키톤(kiton 그)명 아래위가 잇달린 고대 그리스의 옷. 재단하지 않은 천으로 되어 있음.
키틴-질(chitin 質) 〈생물〉 곤충류나 갑각류 등의 겉껍질의 주성분이 되는, 질소를 함유하는 다당류(多糖類). 강하여 산이나 알칼리에 잘 녹지 않으며 몸을 보호함.
키:퍼(keeper)명 (약)→골 키퍼(goal keeper).
키: 펀처(key puncher)명 전자 계산기(電子計算機)의 기록 카드에 천공기(穿孔機)로 구멍을 뚫는 사람.
키: 펀치(key punch)명 전자 계산기의 카드 천공기(穿孔機).
키: 포인트(key point)명 주안점(主眼點). 해결점. 사
키핑(keeping)명 〈체육〉 럭비에서, 게임의 상황에 따라 공을 스크럼 속에 머물러 두는 일.
키: 홀더(key holder)명 열쇠 고리.
킥 참을 수 없어 절로 한 번 나오는 웃음 소리. ¶ ~하고 웃다. 하다
킥(kick)명 〈체육〉 축구에서, 발로 공을 참. 하다
킥 복싱(kick boxing)명 발로 차기도 하고 팔꿈치·무릎도 쓰기도 하는 태국 고유의 권투.
킥=볼(kickball)명 〈체육〉 축구 유희의 하나. 두 편으로 나누어, 두 개의 동그라미 사이에 공을 놓고 먼저 상대편의 동그라미 속에 공을 차 넣는 것으로 승부를 겨룸.
킥=아웃(kickout)명 〈체육〉 미식 축구에서 시합을 다시 시작할 경우, 25야드 선에서 상대방을 향하여 공을 차는 일.
킥 앤드 러시(kick and rush) 럭비·축구의 공격법의 하나. 상대편 배후에 공을 세게 차서 띄우고 동시에 여럿이 돌진함.
킥=오프(kickoff)명 〈체육〉 축구에서, 처음 공을 차서 시합을 개시 또는 재개(再開)함. 시축(始蹴). 하다
킥킥 연해 억지로 웃는 소리. 하다
킥킥-거리-다자 계속해서 킥킥하는 소리를 내다.

킥 턴:(kick turn)명 스키에서, 한쪽 발을 올리면서 반대 방향으로 정지하여 행동하는 방향 전환법.
킨제이 보:고(Kinsey 報告)명 킨제이가 저술한 현대 미국인의 성생활의 실태를 밝힌 통계적 조사 보고.
킨키나-나무(quinquina—)명〈식물〉꼭두서니과의 늘 푸른 큰키나무 또는 멀기나무. 동인도에서 재배됨. 나무껍질로 키니네를 만듦.
킬:(keel)명《동》용골(龍骨)②.
킬(kill)명〈체육〉①테니스에서, 공을 상대방이 칠 수 없게 치는 일. ②배구에서, 네트 가까이 토스(toss)한 공을 상대편의 코트를 향해 세게 치는 일. 스파이크(spike). 하타
킬러(killer)명 ①〈체육〉배구에서, 스파이크하는 사람. ②야구에서, 특정한 팀에 대하여 승률(勝率)이 높은 투수. [약칭.
킬로(kilo 그)의명 킬로그램·킬로와트·킬로미터 등의
킬로-(kilo)君도 천(千)의 뜻을 나타내는 말. 기호; K.
킬로-그램(kilogram)의명〈물리〉미터법의 질량의 기본 단위. 1그램의 천 배. 기호; kg.
킬로그램=미:터(kilogrammeter)의명〈물리〉일의 단위. 질량 1kg의 물체를 1m 높이로 끌어올리는 데 필요한 일의 분량.
킬로그램 원기(kilogram 原器)명 미터법 조약에 의하여 1kg의 질량을 갖는다고 제정한 분동(分銅). 백금 90과 이리듐 10의 합금으로 높이와 지름이 39밀리임.
킬로그램 칼로리(kilogram calorie)의명 열량의 단위. 1칼로리의 천 배. 킬로칼로리(kilocalorie).
킬로-리터(kiloliter)의명 미터법 체적의 단위. 액체·가스체·입상물(粒狀物)을 측정하는 양의 단위. 1리터의 천 배. 기호; kl.
킬로-미:터(kilometer)의명 미터법 길이의 단위. 1미터의 천 배. 기호; km.
킬로-볼트(kilovolt)의명 전압(電壓)의 단위. 곧, 1볼트의 천 배. 1,000볼트. 기호; kV.
킬로-사이클(kilocycle)의명〈물리〉주파수의 단위. 주파수가 1초 사이에 1,000 사이클. 기호; kc.
킬로-암페어(kiloampere)의명〈물리〉전류(電流)의 단위. 1암페어의 천 배. 기호; kA.
킬로-와트(kilowatt)의명 전력(電力)의 단위. 1와트의 천 배. 기호; kW.
킬로와트=시(kilowatt 時)의명 일·전력량의 단위. 1와트시의 천 배. 킬로와트아워(kilowatthour). 기호; kWh.

킬로와트=아워(kilowatt-hour)의명《동》킬로와트시(kilowatt 時). [1,000전자 볼트. 기호; keV.
킬로 전:자 볼트(kilo 電子 volt)의명 에너지의 단위.
킬로-줄:(kilojoule)의명〈물리〉일 또는 에너지의 양을 나타내는 단위. 1줄의 1,000배. 기호; kJ.
킬로-칼로리(kilocalorie)의명 열량의 단위. 1칼로리의 1,000배. 기호; kcal.
킬로-퀴리(kilocurie)의명〈물리〉방사능의 단위. 1퀴리의 1,000배. 기호; kCi.
킬로=텍스(kilotex)의명 섬유의 번수(番手)의 단위. 길이 1km, 무게 1kg의 섬유. 1,000텍스.
킬로-톤(kiloton)의명 ①천 톤. ②핵분열·핵융합 폭탄의 생산고를 나타내는 데 쓰이는 단위. TNT 화약 1,000톤에 해당하는 파괴력. 기호; kt.
킬로-헤르츠(kilohertz)의명 진동수의 단위. 1,000헤르츠.
킬킬=거리-다타〈겨〉껄껄. 르츠와 같음. 기호; kHz.
킵의 가스 발생기[―생―](Kipp—gas 發生器)명〈물리〉화학 실험실에서 수소가스·탄산가스·황화수소 등의 가스를 발생시킬 때 쓰는 유리로 된 기구. 킵의 장치.
킵의 장치(Kipp—裝置)명《동》킵의 가스 발생기.
킷-값명 키가 큰 만큼 부끄럽지 않게 행동함을 일컫는 말. 자기 자식이나 손아랫 사람에게 씀. ¶~도 못한다.
킹(king)명 ①왕. 군주. ②카드 패의 왕의 패. ③서양 장기의 왕이 되는 말.
킹덤(kingdom)명 ①왕국(王國). ②왕정(王政).
킹-사이즈(king-size)명 표준보다 큰 것. 특대(特大). 특히, 담배에 대하여 일컬음. ¶~의 담배.
킹=코브라(king cobra)명〈동물〉뱀과에 딸린 최대의 독사. 길이 4~6m, 머리는 작고 좁으며 비늘이 극히 크고 거침. 골을 내면 몸이 툭 불거짐. 몸빛은 엷은 올리브색으로 어두운 가로무늬가 있음. 다른 뱀보다 영리하고 독성이 강하여 극히 위험함.
킹킹 어린아이가 울음 섞인 소리로 응석을 피우거나 무엇을 조르는 소리. 하타
킹킹=거리-다 계속해서 킹킹 소리를 내다.
킹=펭귄(king penguin)명〈조류〉펭귄과의 새. 키는 90cm 정도. 주둥이는 길쭉하여 조금 아래로 구부러졌으며, 몸 빛은 청회색 내지 흑백색임. 몸 앞쪽의 반은 벗겨졌음. 10월부터 3월에 걸쳐 알 한 개를 발 위에 올려놓고 품음. 남극 부근의 섬에 분포함.

ㅌ

經世訓民正音圖說字 / 訓民正音字

ㅌ[티읕]〈어학〉①한글 자모의 열두째 글자. the 12-th letter of the Korean alphabet ②자음의 하나. 허끝과 윗잇몸 사이에서 나는 혀끝소리[齒槽音]로 안울림소리[無聲音] 중 폐에서 나오는 공기를 일단 막았다가 그 막은 자리를 터뜨리면서 내는 파열음으로 거센소리임.

타(他)명 남. 타인(他人). ¶~의 추종 불허. others
타(舵)(檀)명 키³. [2~. dozen
타(打)의 '다스'의 한자 표기. ¶연필 10~. 양말
타=(他)접투 '딴·다른'의 뜻. [other's house
타가(他家)명 남의 집. 다른 집. ㈃ 자가(自家).
타가 수분(他家受粉)명 은행나무·소철·시금치 등１과 같이, 암그루와 수그루의 구별이 있어서 수그루로부터 수술의 꽃밥에서 만들어진 꽃가루가 암그루의 암술머리로 옮겨지는 현상. 타화 수분(他花水粉). 딴꽃가루받이.
타가 수정(他家受精)명 타가 수분된 꽃가루에서 꽃가루관이 나와 정핵이 씨방 속의 밑씨에 있는 알세포와 결합되는 현상. 타화 수정(他花受精). 딴꽃정받이. [길을솜 ~책(策). find a way in the
타:개(打開)명 얽히고 막힌 일을 잘 처리하여 나아갈 길을 엶. ~책(策).
타:격(打擊)명 ①때려서 침. blow ②어떤 영향을 받아 기운이 꺾임. ③경제적으로 ~을 받다. shock ③〈체육〉야구에서, 투수가 던지는 공을 배트로 침. 타봉(打棒). batting ④손해. 손실(損失). damage
타:격력(打擊力)명 때려서 세게 치는 힘. ㈃ 타력
타:격률(打擊率)명〈체육〉야구에서, 안타수(安打數)를 타격수로 나눈 백분율. ㈃ 방어율. ㈃ 타율(他率).
타:격수(打擊數)명〈체육〉야구에서, 실제로 타자(打者)가 된 횟수에서 사구(四球)·사사(死四)·희생타 및 타격 방해에 의한 출루의 횟수를 뺀 수. ㈃ 타수(打數). times at bat
타:격=순(打擊順)명〈체육〉야구에서, 배트를 쳐서 나갈 선수의 차례. 배팅 오더. ㈃ 타순(打順). batting order [other's opinion
타견(他見)명 ①다른 사람이 보는 바. ②남의 의견.
타:결(妥結)명 두 편이 서로 종도록 협의·절충하여 일을 마무름. 또, 그 일. compromise ㈃.
타계(他系)명 딴 계통.
타계(他界)명 ①다른 세계 타인의 세계. another world ②귀인의 죽음을 일컬음. passing away ③〈불교〉십계(十界) 가운데 인간 이외의 세계. 천인(天人)·지옥·아귀(餓鬼)·수라(修羅) 따위. ㈃.
타계(他計)명 다른 계책. 다른 꾀. other plan
타고(他故)명 다른 사고. 다른 까닭. other trouble
타:고(打鼓)명 북을 침. 하재. owed with
타고=나다(他─) 선천적으로 지니고 태어나다. be end-
타=**고을**(他─) 다른 고을. 다른 지방. ㈃ 타골.
타=**고장**(他─) 다른 지방.
타=**곳**(他─) 다른 곳. 타향(他鄕).
타:=**곳**(他─)명 동 타향(他鄕).
타:공(打共)명 공산주의 및 그 국가를 타도함. 하재.
타관(他官·他關)명 타향(他鄕). [여행할 수 없다.
타관 양반이 누가 허위수인 줄 아나[족담] 관계 없으니, 부
타:관=**사:다**(他官─)자 타관에 어울리지 못하여, 부끄럽거나 설움을 받다. feel awkward in a strange place [school
타교(他校)명 다른 학교. ㈃ 본교(本校). another
타교=**생**(他校生)명 타교의 학생. ㈃ 본교생(本校生).

타:구(打毬)명 옛날 운동의 하나. 홍·백의 두 패로 갈라 각기 말을 타고 내달아 구장(毬場)의 복판에 놓인 홍·백의 공을 구장(毬杖)으로 떠서 자기편 구문(毬門)에 먼저 집어 넣기어 승부를 겨룸. 격구(擊毬)②. 하재. [그 공.
타:구(打球)명〈체육〉야구에서, 공을 치는 일. 또,
타:구(唾具)명 가래침을 뱉는 그릇. 타담호. 타호(唾壺).
타:구(楕球)명 타원형으로 된 구(球). [壺. spittoon
타국(他國)명 다른 나라. 이방(異邦). 수방(殊邦). 타방(他邦). 이경(異境). ㈃ 본국(本國). foreign
타국=**인**(他國人)명 외국인. [country
타:국=**조**(唾蟈鳥)명 검은머리물떼새.
타군(他郡)명 ①다른 고을. 타고을. ②다른 군. another country
타:금(打琴)명〈음악〉①가야금·풍금 등을 탐. ②중국 악기의 하나. 동부(胴部)에 친 여러 개의 줄을 두 개의 채로 쳐서 소리를 냄. 하재.
타급(他給)명 남에게 내줄 돈.
타:기(打棄)명 냉정히 끊어서 버림. discard 하재.
타:기(唾棄)명 미워서 침을 뱉다시피 하여 버림. detest 하재.
타기(舵機)명 ①배의 키. ②키를 움직여 배의 방향을 조정하는 기계. 조타기(操舵機).
타:기(惰氣)명 게으른 마음. indolence
타:기 만만(惰氣滿滿)명 게으른 기분이 가득함. 하재.
타기술중[─쭝]**(墮其術中)명 남의 간악한 술책에 빠짐. 하재.
타:깃(target)명 과녁. 표적. 목표. ¶사격장의 ~.
타끈=**스럽다**(□□)[형□] 탐탁한 태도가 있다. **타끈**=**스레**□.
타끈=**하다**(□□)[형여] 단작스럽고 인색하고 욕심이 많다.
타날빈(Tannalbin 도)명 지사제(止瀉劑)의 하나. 알부민(Albumin)과 타닌산과의 결합물. 황색 가루로 거의 냄새가 없다.
타=**내:다**(□─) 돈이나 물건을 웃어른에게서 얻어내다.
타년(他年)명 다른 해. another year [get
타념(他念)명 다른 생각. some other thought
타:농(惰農)명 게으른 농군. ㈃ 정농(精農).
타=**누르기**명〈체육〉씨름 따위에서, 몸집이 크고 거운 사람이 약한 편을 몸동이로 눌러 넘어뜨리는 재간. push down
타닌(Tannin)명(동) 타닌산(酸).
타닌=**산**(Tannin 酸 모)〈화학〉오배자(五倍子)·몰식자 따위의 식물에서 얻은 액체를 증발시켜 만든 황색가루. 물에 잘 풀리고 떫은 맛이 남. 매염제·유피제(鞣皮劑)·의약 등으로 쓰임. 타닌.
타닌산 퀴닌(Tannin 酸 quinine 도)명 맛이 쓰고 떫은 황백색 가루약. 해열·머릿 기름 만드는 데 쓰임.
타=**다**□① 불이 붙어 벌겋게 되거나 불길이 오르다. ¶낙엽이 ~. 장작이 ~. ②뜨거운 열로 빛이 까맣게 되다. ¶밭이 ~. 볕에 ~. ③애가 썩어서 가슴 속에 불이 붙는 듯하다. ¶애가 ~.
타=**다**□① 탈것이나 짐승의 등에 얹히다. ¶~비행기를 ~. 기차를 ~. ②나무나 산이나 줄을 올라가다. ¶바위를 ~. 줄을 ~. ③어떤 조건이나 기회를 포착하다. 물에 잘 풀리고 이용하다. ¶야음을 타서 기습하다. ④얼음 위를 걷거나 미끄러져 달다. ¶썰매를 ~. ⑤물결·기세 따위에 몸을 맡기다. ¶리듬을 ~. ⑥커피에 설탕을 ~.
타=**다**□ 많은 액체에 적은 가루·액체 등을 넣어서 섞다.
타=**다**□ 상·월급·재산 등을 받다. ¶우등상을 ~.

타다 원고료를 ~. ②복·재주·기운·운명 등을 선천적으로 지니다. ¶복을 많이 타고나다.
타-다囝 ①갈라붙여 가리마를 내다. ¶가리마를 ~. ②박 따위를 두 쪽으로 쪼개어 가르다. ¶박을 ~. ③콩·팥 등을 맷돌에 갈아 알알이 부서뜨리다. ¶녹두를 ~.
타-다囝 ①가야금·거문고·현악기 등을 튀겨 소리를 내다. ②풍금·피아노 등을 두들겨 소리를 내다. ¶피아노를 ~.
타-다囝 ①독한 기운을 몸에 유난히 잘 받다. ¶옻을 ~. ②부끄럼이나 노여움을 곧잘 느끼다. ③시절이나 기후의 영향을 쉬 받아서 몸이 해쓱해지다. ¶추위를 ~. 가뭄을 ~.
타-다囝 목화를 씨아에 들어서 씨를 빼낸 뒤에 솜을 활줄로 튀기어 퍼지게 하다. ¶솜을 ~.
튼-다[튼]囝 타다(燒).
·튼·-다[튼]囝 타다(乘).
·튼·-다[튼]囝 타다. 느끼다(感).
·튼·-다[튼]囝 타고나다(稟賦). 태어나다.
·튼·-다[튼]囝 타다(彈).
타다-거리-다囝 ①몹시 지치거나 나른하여 힘없이 발을 떼어 옮겨 걷다. trudge along ②가난하여 어렵게 겨우겨우 살아가다. make a bare living ③일이 힘에 겨워 애처롭게 겨우 몸을 놀리다. work lazily ④먼지가 날 정도로 살살 여러 번 두드리다. 《큰》터덕거리다. tap **타닥-타닥**[튼] ㅎㄹ囝
타달-거리-다囝 ①지친 몸을 이끌고 무거운 발걸음으로 힘없이 걷다. trudge along ②깨어진 질그릇 같은 것을 두드리듯이따라 흐린 소리가 나다. 또, 잇따라 그런 소리를 나게 하다. sound cracked ③빈 수레가 험한 길을 소리를 내며 지나가다. 《큰》터덜거리다. clatter **타달-타달**[튼] ㅎㄹ囝
타:당(妥當)囝 ①형편이나 이치에 마땅함. ¶~한 의견. ②[동] 타당성(妥當性)②. ㅎ囝
타:당-성[-씽](妥當性)囝 ①적절하게 들어맞는 성질. ②어떤 판단의 인식상의 가치. 타당(妥當). ¶보편 ~. validity
타:도(打倒)囝 때리어 거꾸러뜨림. 쳐서 부수어 버림. ¶독재 정부 ~. overthrow destruction ㅎ囝
타도(他道)囝 행정 구역상의 다른 도(道). other provinces
타도 타관(他道他官)囝 다른 도와 다른 고을. 타향(他鄕).
타동(他洞)囝 다른 동네. another village
타동(他動)囝 ①동작이 다른 데에 미침. 곧, 목적 또는 처분하는 대상을 필요로 하는 동작. 《대》자동(自動). transitive use ②[약]→타동사(他動詞).
타동 면:역(他動免疫)囝 〈의학〉다른 생물체 속에서 만들어진 기성(旣成)의 면역체를 몸 속에 획득한 면역 상태. 수동 면역(受動免疫). 《대》자동 면역(自動免疫).
타동-사(他動詞)囝 〈어학〉동사의 하나. 동사의 동작이나 작용이 주어 이외의 다른 사물에까지 미칠뿐 아니라, 주어만으로 그 동사의 동작이나 작용을 할 수 없어 반드시 목적어를 필요로 한는 동사. 《대》자동사(自動詞). 《약》타동②. transitive verb
타드랑囝 깨어드린 쇠그릇이 무엇에 부딪칠 때 울려 나는 소리. 《약》타랑. 《큰》터드렁. clattering ㅎㄹ囝
타드랑-거리-다囝 잇따라 타드랑 소리가 나다. 또, 잇따라 타드랑 소리를 나게 하다. 《약》타랑거리다. 《큰》터드렁거리다. **타드랑-타드랑**[튼] ㅎㄹ囝
타락(駝酪)囝 우유(牛乳)의 딴이름. ¶~죽(粥).
타·락(墮落)囝 ①품행이 나빠서 못된 구렁에 빠짐. corruption ②〈기독〉죄를 범하여 불신(不信)한 생활에 떨어짐. apostasy ③〈불〉도심(道心)을 잃고 속심(俗心)으로 떨어짐. apostasy ㅎ囝
타·락-죽[-쭉](駝酪粥)囝 우유(牛乳)의 딴이름. ¶~죽(粥).
타래-줄囝 사람의 머리털로 꼬아 만든 매우 질긴 줄. 《원》터럭줄. hair rope
타란텔라(tarantella 이)囝 〈음악〉3 박자 또는 6 박자계(系)의 아주 빠른 이탈리아 무곡. ②타란벨라에 맞추어 추는 이탈리아의 춤.
타람[튼] (약)→타드랑.
타람-거리-다[튼] 《약》→타드랑거리다.
타래[의]囝 실·고삐 따위를 들어 놓은 분량의 한 단위.
타래-과(-菓)囝 밀가루를 꿀물에 반죽하여 기름에 지진 유밀과(油蜜菓).
타래-난초(-蘭草)囝 〈식물〉난초과의 다년생 풀. 줄기는 원두형 또는 선상 피침형임. 6〜7월에 도홍색(桃紅色)의 이삭꽃이 피고 삭과는 잔털이 남. 들에 저절로 남.
타래-박囝 물을 푸는 데 쓰는 기구. 나무나 대로 긴 자루를 만들고 그 한쪽 끝에 큰 바가지를 달아 맴. 두레박. dipper
타래박-질[-찔]囝 타래박으로 물을 긷는 일. dipping ㅎ囝
타래-버선囝 어린아이들의 누비 버선의 하나. 양 볼에 수를 놓고 코에 색실로 삭모(槊毛)를 닮.
타래 송:곳[튼]囝 ①둥근 구멍을 뚫는 송곳. 끗대가 배배 틀리게 끝이 지고 끝이 날카로움. spiral drill ②병마개를 빼는 송곳. 모양이 용수철처럼 배배 틀렸음. cork-screw
타래-쇠囝 태엽같이 둥글게 서린 가는 쇠고리. 작은 문고리 같은 것을 벗겨지지 않게 꿰어 걺. spiral
타래-실囝 타래로 되어 있는 실.
타래-역囝 타래를 만들듯이 꼬아 놓은 엿. stick of glutinous rice jelly
타래-타래囝 둥글게 뱅뱅 들어진 모양. ¶새끼를 ~사리다. 《큰》트레트레. spirally ㅎ囝
타려(他慮)囝 딴 근심. 다른 염려. another anxiety
타·력(打力)囝 [약]→타격력(打擊力).
타력(他力)囝 ①다른 힘. 다른 힘. 《대》자력(自力). external power ②〈불교〉아미타 여래(如來) 본원(本願)의 힘. 또, 그것을 자기의 성불(成佛)의 힘으로 하는 일. ③[버릇의 힘]. momentum
타력(惰力)囝 ①타성의 힘. ¶~으로 달리다. inertia
타력-교(他力敎)囝 〈불교〉타력(他力)에 의하여 극락왕생(極樂往生)을 이루는 종교. sect which believes in salvation by faith
타력-문(他力門)囝 [약]→타력종(他力宗).
타력-종(他力宗)囝 〈불교〉타력교(他力敎)의 종문(宗門). 곧, 정토종(淨土宗)이나 진종(眞宗)을 이르는 말. 타력문(他力門).
타:령(打令)囝 ①〈음악〉음악 곡조의 하나. tune ②〈음악〉광대의 판소리나 잡가(雜歌)의 총칭. 잡가(雜歌). ballad ③[한 가지 사물에 대해 자주 이야기하거나 되까리는 일. ¶돈~. story
타령(他領)囝 남의 영토. 다른 영역.
타·루(墮淚)囝 [동] 낙루(落淚). ㅎ囝
타류(他流)囝 ①다른 식. ②딴 유파.
타륜(舵輪)囝 배의 키를 조정하는 손잡이가 달린 바퀴. 조타륜(操舵輪).
타르(tar)囝 〈화학〉목재·석탄 등을 전류(蒸溜)하여 얻는, 구로·흑색의 유상액(油狀液). 목(木)타르·석탄 타르 등.
타르 머캐덤 도:로(tar macadam 道路) 〈토목〉잘게 깬 돌을 깔고 그 위에 타르를 뿌리거나 흘려서 물로서 굳게 다진 도로.
타르타로스(Tartaros 그)囝 ①그리스의 종교 신화에 나오는, 땅 밑에 있다는 암흑계. 지옥. ②암흑. 심연(深淵).
타르 페이스트(tar paste)囝 〈약학〉타르의 환원성(還元性)을 이용하여 만든 고약. 습진·옴 등 주로 피부병의 특효약.
타:매(唾罵)囝 침을 뱉고 욕을 마구 퍼부음. spit on and revile ㅎ囝
타·맥(打麥)囝 보리를 거두어 타작함. thrashing of barley ㅎ囝
타면(他面)囝 ①다른 방면. 다른 쪽. other way ②다른 면. 《대》본면(本面). other side
타:면(打綿)囝 [동] 탄면(彈綿). ㅎ囝

타:면(唾面)圈 못된 사람의 얼굴에다 침을 뱉음. spitting in one's face 하타

타:면(惰眠)圈 ①게으름을 피우고 잠. idle slumber ②빈둥거리고 일하지 아니함. 나면(懶眠). indolence

타면-기(打綿機)圈 솜틀. cotton gin

타:목(唾目)圈 탁하고 쉰 목소리. hoarse voice

타문(他們)圈 남의 문중. 남의 집안. other familes

타문(他聞)圈 남이 들음. 남의 귀에 들림. reaching other's ears

타물(他物)圈 다른 물건. 또, 남의 물건.

타물=권[-권](他物權)圈 〈법률〉 남의 소유물 위에 존재하는 물권(物權). 곧, 지상권(地上權)·지역권(地役權)·전세권 등. right on other mans property

타:박 허물이나 결함을 잡아 크게 탓함. ¶~을 주다. rebuke 하타

타:박(打撲)圈 때리어 침. blow 하타

타박-거리-다国 다리에 힘이 없어 모래 위를 걷는 것과 같이 짧게 떼어 놓으며 걷다. (큰) 터벅거리다. trudge along 타박=타박'見 하타

타:박-상(打撲傷)圈 〈의학〉 때리어서 난 상처. 부딪혀서 난 상처. 《俗》 타상(打傷). bruise

타박=타박°見 가루 음식 따위가 물기가 없어 씹기에 조금 빡빡한 모양. (큰) 터벅터벅. lacking in moisture 하타

타방(他方)圈 ①→타방면. ②《略》→타지방.

타:방(打邦)圈 타국(他國).

타:방면(他方面)圈 다른 방면. 《略》 타방(他方)①.

타배(駝背)圈 곱사등이.

타:보(打報)圈 전보를 침. 타전(打電). sending a telegraph 하타

타:봉(打棒)圈 〈야구〉 야구에서, 배트. 또, 배트로 공을 치는 일. 타격(打擊)②. ¶~에 불이 붙다. batting

타부(他部)圈 다른 부. 다른 부서. ¶~ 소속

타-부:처(他部處)圈 다른 부처. 타처(他處).

타분-하-다ᄬ획 ①고기·생선 등이 약간 상하여서 신선한 맛이 없다. ②〈略〉→고리타분하다.

타블 도:트(table d'hôte 프)圈 서양 요리의 정식(定食). ↔아 라 카르트(á la carte).

타블렛(tablette 프)圈 ①편액(扁額). ②《略》→알약. 정제(錠劑). 타블로이드①. ③단선(單線) 궤도에서 차가 다음 역까지 진행할 수 있다는 증거로 역장이 기관수에게 교부하는 증표(證票).

타블로(tableau 프)圈 그림. 액자(額子).

타블로이드(tabloid)圈 ①〈동〉 타블렛②. ②《略》→타블로이드판.

타블로이드=판(tabloid 判)圈 신문·잡지 등에서 보통 신문지의 1/2 크기의 판. 《略》 타블로이드②.

타사(他社)圈 다른 회사. another company

타사(他事)圈 다른 일. 딴 일. other matter

타산(他山)圈 다른 산. 다른 사람의 산. another mountain

타:산(打算)圈 이해 관계를 셈쳐 봄. 절산(折算). calculation 하타

타:산-적(打算的)圈 사전에 그 일의 이해 득실을 따져 보는(것). ¶~인 사람.

타산지:석(他山之石)圈 타산(他山)의 나쁜 돌도 자기 옥(玉)을 가는 데에는 소용이 됨. 곧, 다른 사람의 하찮은 언행이라도 자기의 지덕을 연마하는 데 도움이 됨의 비유. example one may profitly

타살(他殺)圈 ①남이 죽임. ②남에게 목숨을 빼앗김. (대) 자살(自殺). murder 하타

타:살(打殺)圈 때려 죽임. 박살(撲殺). clubbing to death 하타

타:상(打傷)圈 《略》→타박상(打撲傷).

타:상(妥商)圈 〈동〉 타의상(妥議商). 하타

타색(他色)圈 ①다른 빛. another colour ②〈역사〉 사색 당파(四色黨派)에서 자기가 속하지 않는 다른 색목(色目). other faction

타생(他生)圈 〈불교〉 ①금생(今生) 이외의 전세나 후세에 누리는 생. previous existence ②타세(他世)

에 태어나는 일. metempsychosis

타서(他書)圈 다른 서적. 다른 글.

타:석(打席)圈 ①배터 박스. ②《略》→타석수(打席數)

타석(他席)圈 다른 자리. 남의 자리. 타좌(他座). another seat

타:석(唾石)圈 〈의학〉 타액선의 도관(導管)에 생긴 결석(結石). 악하선(顎下腺)에 많음.

타:=석기(打石器)圈 《略》→타제 석기(打製石器).

타:석-수(打席數)圈 야구에서, 타자로서 배터 박스에 선 횟수. 《略》 타석(打席)②.

타:선(打線)圈 야구에서, 타력(打力)의 면에서 본 타자의 구성. ¶~ 폭발.

타:선(唾腺)圈 《略》→타액선(唾液腺).

타성(他姓)圈 다른 성. 이성(異姓).

타성(惰性)圈 ①오래 되어 굳어진 버릇. force of habit ②〈동〉 관성(慣性).

타성-적(惰性的)圈 오래 되어 버릇이 굳어진(것). 타성에 관한(것). habitual

타세(他世)圈 〈불교〉 미래의 세계. 후세. 내세(來世).

타소(他所)圈 다른 곳. 다른 장소. 타처(他處).

타:쇄(打碎)圈 때려 부숨. 때려서 깨드림. 하타

타:수(打手)圈 〈동〉 타자(打者).

타:수(打數)圈 《略》→타격수(打擊數).

타:수(唾手)圈 손에 침을 바름. 곧, 기운을 내어 일을 시작함. 하타

타:수(舵手)圈 선박에서 키를 맡아보는 선원(船員). steersman

타:수 가:득(唾手可得)圈 어렵지 않게 일이 성사됨을 기약할 수 있음.

타:순(打順)圈 《略》→타격순(打擊順).

타스 통신(TASS 通信)圈 Telegraphnoye Agentstvo Sovyetskovo Soyuza 소련의 국영 전보 통신사. 1917년 창설.

타시(他時)圈 다른 때. 딴 때.

타심(他心)圈 ①다른 마음. another idea ②음험한 심사. 이심(二心). secret purpose

타아(他我)圈 〈철학〉 개인 의식의 통일체로서의 자아 (自我)에 대하여, 사람내가 가지고 있는 타인의 아(我). 다른 나. (대) 자아(自我). another self

타:악기(打樂器)圈 〈음악〉 쳐서 소리를 내는 악기의 총칭. (대) 관악기(管樂器). percussion instrument

타:안(妥安)圈 평안함. 안온함. peaceful 하형

타애(他愛)圈 〈동〉 애타(愛他). 이타(利他).

타:액(唾液)圈 침. saliva

타:액=선(唾液腺)圈 〈생리〉 침을 분비하는 선(腺). 침샘. 《略》 타선(唾腺). salivary gland

타약(惰弱)圈 〈동〉 나약(懦弱).

타언(他言)圈 ①다른 말. other words ②남에게 하는 말. ¶~을 불요(不要)함. telling others

타-오르-다ᄀ[ᄅ변] ①불이 붙어 타기 시작하다. begin to burn ②마음이 닳다. become anxious

타옥(墮獄)圈 〈불교〉 현세(現世)의 악업(惡業)으로 인하여 죽어서 지옥에 떨어짐. go to hell 하타

타용(他用)圈 다른 곳에 씀. diversion 하타

타올=거리-다国 목적을 이루려고 애를 바득바득 쓰다. 《큰》 터울거리다. struggle 타올=타올'見 하타

타워(tower)圈 탑(塔). 누대(樓臺).

타:원(楕圓)圈 〈수학〉 평면 위의 두 점에서의 거리의 합(合)이 언제나 일정한 점을 이루는 궤적(軌跡). ellipse

타:원-구(楕圓球)圈 〈수학〉 그 중심을 지나는 평면에 의하여 절단된 평면이 타원이 되는 입체. ellipsoid

타:원-면(楕圓面)圈 〈수학〉 타원체가 만드는 곡면(曲面). 타원체면(楕圓面). ellipsoid

타:원 운:동(楕圓運動)圈 타원형의 궤도를 그린 운동. elliptic motion

타:원-율[-뉼](楕圓率)圈 〈수학〉 타원의 반장경(半長徑)과 반단경(半短徑)과의 차(差)와 반단경과의 비(比). 이심률(離心率). 타원율(楕圓率). ellipticity

타:원=체(楕圓體)圈 〈수학〉 타원이 그 장경(長徑) 도

타원체면(楕圓體面)［명］타원면(楕圓面).
타:원=형(楕圓形)［명］타원을 이룬 도형(圖形). 길죽하게 둥근 모양. 긴 동근꼴. oval 〔수〕.
타월(towel)［명］베 바닥에 줄기가 나고 보풀하게 짠 수건.
타월을 던지다［타］①권투에서, 테크니컬 녹아웃을 신청하다. ②전의(戰意)를 상실하다.
타율(他律)［명］①다른 규율. other rules ②자기의 본성에서 우러나오는 명령에 의하지 않고 다른 힘의 강박(强迫)·구속 등에 의하여 행동하는 일. ¶〜적(的). 〔대〕자율(自律). heteronomy
타:율(打率)［명］〔야〕→타격률.
타:율(精率)［명］〔약〕→타원율(楕圓率).
타읍(他邑)［명］다른 고을의 읍. another town
타의(他意)［명］①다른 생각. 딴마음. another purpose ②다른 사람의 뜻. ¶자의 반(自意牛) 〜 반(牛).
타:의(妥議)［명］온당하게 서로 타협적으로 의논하는 일. 타상(妥商). negotiation in a compromising attitude 하[타]
타이(tie)［명］①끈. 줄. 특히, 구두끈. ②〔약〕→넥타이. ③〔음악〕5선식(線式) 악보에서, 두 개의 같은 높이의 음(音)의 음표 사이에 걸친 호선(弧線) '⌒'의 이름. 두 음표를 많지 않고 이어서 연주할 것을 가리킴. 결합선(結合線). 연결선. ④〔스포츠〕타이 스코어.
타이거(tiger)［명］범. 호랑이. 〔코어〕tie score).
타이곤(tigon)［명］호랑이(tiger)의 수컷과 사자(lion)의 암컷과의 교배 잡종. 어미보다 크며 호랑이와 비슷한 무늬가 있고, 수컷은 사자와 같은 갈기가 있음.
타이 기록(tie 記錄)［명］동등한 기록. 타이 레코드(tie record).
타이드 론(tied loan)［명］〔경제〕대부금(貸付金)의 사용 지역이 대부국에 한정되어 있는 국제간의 대부.
타이 레코:드(tie record)［명］〔동〕타이 기록.
타:이르-다［타르불］①사리를 밝혀 알아듣도록 말하다. ②잘하도록 가르치다.
타이머(timer)［명］①경기 등에서, 시간을 재는 사람. ②〔동〕타임 스위치(time switch). ③〔동〕셀프 타이머(selftimer).
타이밍(timing)［명］①〔연예〕연출의 최대 효과를 올리기 위하여 연주나 연기의 스피드를 조절하는 일. 또, 이같이 하여 얻은 효과. ②시기를 보아 좋은 때에 동작을 맞추는 일. ¶〜이 맞지 않다. ③야구에서, 배트를 공에 맞추어 맞히는 일. ¶〜을 맞추다.
타이 스코어(tie score)［명］동점(同點). 무승부(無勝負). 〔약〕타이(tie)④.
타이어(tyre)［명］차바퀴의 바깥 둘레에 끼는, 쇠 또는 고무로 만든 테. ¶자동차 〜.
타이-업(tie-up)［명］제휴. 협력. 하[자]
타이츠(tights)［명］몸에 착 달라붙는 의복.
타이트(tight)［명］①팽팽함. ②몸에 꼭 맞음.
타이트 스커:트(tight skirt)［명］주름이 없으며 좁고, 몸에 꼭 맞게 지은 스커트.
타이틀(title)［명］①제호(題號). 서명(書名). ②직명(職名). ③자격. 권리. ④선수권. ¶〜을 차지하다. ⑤영화의 자막(字幕).
타이틀 매치(title match)［명］선수권을 걸고 하는 시합. 선수권 쟁탈전. 〔대〕논타이틀 매치.
타이틀 페이지(title page)［명］책의 표제자 저자의 이름 등을 적은 맨 앞의 페이지. 표제지(表題紙).
타이푼(typhoon)［명］〔동〕태풍(颱風).
타이프(type)［명］①활자. ②〔약〕→타이프라이터(typewriter). 〔타이프(type)②〕.
타이프-라이터(typewriter)［명］타자기(打字機).
타이피스트(typist)［명］〔동〕타자수(打字手).
타이-핀(tiepin)［명］〔약〕→넥타이핀(necktiepin).
타인(他人)［명］다른 사람. 남. 타(他).
타:인(打印)［명］〔동〕개인(蓋印). 답인(踏印). 하[자]

타인 소:시(他人所視)［명］남이 보는 바라 숨길수 없음.
타인 소:시에(他人所視一)［관］남이 보는 바에.
타인 자:본(他人資本)［명］〔경제〕기업(企業)이 출자자(出資者) 이외의 제3자로부터 구어 들인 기업 자본의 부분. 차입금(借入金)·사채(社債) 따위. 〔대〕자기 자본(自己資本).
타일(他日)［명］다른 날. 딴 날.
타일(tile)［명］점토(粘土)를 구워서 만든 얇은 판. 여러 가지 모양과 빛깔이 있는데, 벽과 바닥에 붙이거나 지붕을 이는 데 씀.
타임(time)［명］①때. 시간. 시대. ②운동 경기의 소요(所要) 시간. ③운동 경기에서, 정규의 휴지(休止) 시간 외의 경기의 일시 중지. 또, 심판의 이러한 그 명령. ④〔음악〕박자·속도·음표의 장단(長短).
타임 레코:드(time record)［명］①시간의 기록. ②〔체육〕시간상의 가장 우수한 기록. ③〔동〕타임 리코더. 〔시키. 하[명]
타임리(timely)［명］때에 알맞음. 적절한 시기. 좋은
타임리 에러(timely error)［명］〔체육〕야구에서, 가장 중대한 경우에 저지르는 실책.
타임 리코:더(time recorder)［명］시간을 기록하는 장치의 총칭. 특히 시계가 가리키는 시각을 카드에 자동적으로 기록하는 장치. 시간 등록기. 타임 레코드③. 〔安打〕. 적시타(適時打).
타임리 히트(timely hit)［명］〔체육〕적시(適時)의 안타
타임 스위치(time switch)［명］일정한 시간이 지나면 자동적으로 전류가 흐르거나 끊어지게 하는 장치. 타이머(timer)②.
타임 스탬프(time stamp)［명］시각이 적히는 기계.
타임 스피릿(time spirit)［명］시대 정신(時代精神).
타임-아웃(time-out)［명］〔체육〕농구 따위에서, 경기팀이 요구하는 휴식 또는 협의를 위한 짧은 시간. 경기 시간에 포함되지 않음.
타임-업(time up)［명］〔체육〕경기 따위에서, 규정한 시간이 다 됨.
타임-엔드(time-end)［명］운동 경기 중, 중간 휴식 시간 등의 규정한 시간이 끝남. 〔워치.
타임-워치(time-watch)［명］기초 시계(記秒時計). 스톱
타임즈(Times)［명］신문의 이름에 붙이어 '신문·시보(時報)'의 뜻으로 쓰는 말. ¶코리어 〜.
타임 캡슐(time capsule)［명］그 시대를 대표·기념하는 기록이나 물건을 후세에 전하기 위하여, 넣어서 땅 속에 묻는 용기(容器).
타임-키:퍼(timekeeper)［명］①시간을 기록하는 사람. 게시원(計時員). ②〔음악〕박자를 지휘하는 사람.
타입(type)［명］①형(型). 양식. 유형. ¶학자 〜. ②전형(典型). 대표물. 본보기.
타:자(打字)［명］타자기의 키(key)를 눌러서 종이 위에 글자를 찍음. typing 하[자]
타:자(打者)［명］〔체육〕야구에서, 배트로 공을 치는 공격진의 선수. 타수(打手). batter
타:자-기(打字機)［명］손가락으로 키(key)를 눌러서 종이 위에 글자를 찍는 기계. 타이프라이터(印字機). 타이프(type)②.
타:자-병(打字兵)［명］타자를 치는 병사. 〔프라이터.
타:자-수(打字手)［명］타자기(打字機)로 글자를 찍는 사람. 타자를 업으로 삼는 사람. 타이피스트. 타자원(打字員).
타:자-원(打字員)［명］〔동〕타자수(打字手).
타:작(打作)［명］①곡식의 이삭을 떨어서 그 알을 거두는 일. 마당질. threshing ②배메기. ③〔동〕타조법. threshing
타:작-꾼(打作一)［명］타작하는 일꾼. 〔ound
타:작 마당(打作一)［명］타작하는 마당. threshing gr-
타:전(打電)［명］전보를 침. 타보(打報). 하[자]
타점(他店)［명］①다른 상점. other shops ②〔경제〕정한 계약 아래 환(換)거래를 하는 동업자로서의 다른 은행. 환거래처(換去來處). 〔대〕본점(本店).
타:점(打點)［명］①붓으로 점을 찍음. dotting ②마음 속에 지정함. deciding in one's heart 하[자]

타:점²[―점](打點)[명] 《체육》 야구에서, 타자가 안타 등으로 자기편에 득점하게 한 점수. ¶ ~왕.

타:정(妥定)[명] 온당하게 작정함. 순리하게 작정됨. 하다

타제(他製)[명] 《약》 → 타제품(他製品).

타:제(打製)[명] 두드려 쳐서 만듦. 하다

타:제 석기(打製石器)[명] 석기 시대 초기에, 인류가 돌을 두드려 쳐서 만든 석기. 《약》 타석기(打石器).

타:제ː품(他製品)[명] 다른 제품. 《약》 타제(他製).

타:조(駝鳥)[명] 《조류》 타조과의 새. 키가 2~2.5 m 가량으로 현생(現生)의 새 중 가장 크며, 두부는 작고 목은 긺. 몸 빛은 수컷은 흑색, 암컷은 회갈색임. 날개는 작아서 날지 못하나 매우 잘 달림. 아프리카·아라비아 사막·황무지에 살며 모래 속에 알을 낳음. 깃을 장식용으로 씀. ostrich

타:조법(打租法)[명] 타작한 후에 수확량에 따라 지주가 도조를 받아가는 소작 제도의 하나. 타작(打作)③.

타종(他宗)[명] 다른 종지(宗旨) 딴 종파(宗派). other sects

타종(他種)[명] 다른 종류.

타:종(打鐘)[명] 종을 침. ringing a bell 하다

타:종 신:호(打鐘信號)[명] 종을 쳐서 하는 신호.

타:좌(他座)[명] 《동》 타석(他席).

타:죄(墮罪)[명] 다른 죄. another offence

타:죄(墮罪)[명] 죄에 빠짐.

타:주(惰走)[명] 타성(惰性)의 힘으로 달림. 하다

타주(他主占有)[명] 《법률》 지상권자(地上權者)·저당권자·대차인·운송인(運送人)·창고업자 등의 점유와 같이, 소유의 의사 없이 특정한 관계에서 물건을 지배하는 뜻으로 점유하는 일. 《대》 자주 점유(自主占有).

타지(他地)[명] 타향(他鄕). 타지방(他地方).

타지(他紙)[명] 다른 신문.

타지(他誌)[명] 다른 잡지.

타지(他地)[명] 타방(他方)②.

타:지방(他地方)[명] 다른 지방. 딴 곳. 타지(他地).

타:진(打診)[명] 《체육》 야구에서, 타자의 진용.

타:진(打診)[명] ①《의학》 타진기나 손가락 끝으로 가슴이나 배 등을 두드려서 그 소리로 병세의 유무를 진찰하는 일. ②남의 의사를 알아봄. ¶상대방의 의향을 ~하다. 하다

타:진(打盡)[명] 모조리 잡음. 휘몰아 잡음. ¶일망(一網) ~. 하다

타:진-기(打診器)[명] 《의학》 타진에 쓰는 의료 기구. 타진판(打診板)·타진추(打診槌) 등.

타:진 기구(打診氣球)[명] ①항공기가 비행 전에 상공의 기류 상황을 알기 위하여 띄우는 소형의 기구. ②상대방의 의향을 떠보기 위하여 발표하고 유포시키는 허위의 정보 또는 가정적 의견.

타:진-추(打診槌)[명] 《의학》 타진기의 하나. 끝에 경질(硬質)의 고무를 단 쇠붙이의 작은 마치.

타:진-판(打診板)[명] 《이학》 타진기의 하나. 쇠붙이나 상아(象牙)로 만든 작고 납작한 판.

타:짜(打─)[명] → 타짜꾼.

타:짜-꾼[명] 노름판 같은 곳에서 속임수를 잘 부리는 사람. 《약》 타짜.

타:책(他策)[명] 딴 계책. 다른 수단.

타:처(他處)[명] 다른 곳. 딴 데. 타소(他所).

타:척(他擲)[명] 후려 때림.

타:천(他薦)[명] 후보자로 남이 추천함. ¶자천 ~의 후보. 《대》 자천(自薦).

타:첩(妥帖·妥貼)[명] 별 사고 없이 일이 끝남. 하다타

타:촌(他村)[명] 다른 마을. 다른 촌.

타:출(打出)[명] 쇠붙이의 판에 모형(母型)을 대고 안에서 두드려 겉으로 나오게 하여 그 물형(物形)을 만듦.

타:태(惰怠)[명] 게으르고 느림. 태만. 하다

타:태(墮胎)[명] 《의학》 복약(服藥)이나 인위적 수단으로, 태아를 분만기 전에 모체 밖으로 배출시킴. 《유》 낙태(落胎). 하다 [이외의 땅. 곧, 정토(淨土).

타토(他土)[명] ①다른 토지. 딴 흙. ②《불교》 이 세상

타:트(tart)[명] 과일을 넣은 파이(pie).

타:파(他派)[명] 다른 파. 다른 당파.

타:파(打破)[명] 규정이나 관습 같은 것을 깨뜨려 버림. ¶미신 ~. 하다

타:판(妥辦)[명] 사리를 타당하게 판명(辦明)함.

타:포-기(打布機)[명] 무명이나 삼베 등의 바닥을 부드럽게 하며 눈을 고르게 하고 광택을 내는 데에 쓰이는 직물 기계의 하나.

타표(他票)[명] 다른 표. 남의 표. 「합의함. 하다

타:합(打合)[명] 미리 상의함. 이리저리 할 것을 미리

타:합-점(打合點)[명] 서로 합의를 볼 수 있는 점.

타향(他鄕)[명] 제 고장이 아닌 다른 고장. 타곳. 타관. 객향(客鄕). 타지. 《대》 고향(故鄕). 「하다

타향-살이(他鄕─)[명] 타향에서 사는 일. 기우(寄寓).

타:혈(唾血)[명] ①침에 섞여 나오는 피. ¶~증. haemoptysis ②《동》 토혈(吐血). 하다

타:협(妥協)[명] 두 편이 서로 좋도록 협의함. ¶~적인 태도. 《대》 고집(固執). compromise 하다

타:협-안(妥協案)[명] 상반되는 이해나 견해의 차를 조정하여 서로를 타협시키기 위해서 안출(案出)된 안. 「타협하려는 태도가 있는(것).

타:협-적(妥協的)[명] 모든 일을 서로 타협하는(것).

타:협 정치(妥協政治)[명] 《정치》 정당의 배경이 없거나 힘이 약한 행정부가 유력한 어느 정당과 적당한 조건 밑에 타협하여 행하는 정치.

타:호(唾壺)[명] 《동》 타구(唾具).

타:홍-증(―症)[명] 타홍증(唾紅症)[명] 《의학》 타혈(唾血)을 하는 병증. haemoptysis

타화(他化)[명] 《불교》 남을 교화하여 지도하는 일. 하다

타화(他花)[명] 같은 송이가 아닌 같은 개체나 다른 개체의 꽃. 또, 그 꽃가루.

타화 수분(他花受粉)[명] 《동》 타가 수분.

타화 수정(他花受精)[명] 《동》 타가 수정.

탁[부] ①딱 덕. 어떤 물건이 부딪거나 터지는 소리. with a bang ②별안간 손바닥으로 치는 소리. sound of flapping ③죄어져 있던 것이 갑자기 끊어지는 소리. 또, 그 모양. coming loose suddenly ④아무 막힘 없이 시원스러운 모양. widely 하다

톡[부] 《고》 턱.

탁감(坼柑)[명] 싹이 나오느라고 씨의 껍질이 터짐. 하다

탁강(濁江)[명] 맑지 않고 물이 흐린 강.

탁객(濁客)[명] 《동》 탁보(濁甫)③.

탁견(卓見)[명] 뛰어난 의견이나 전식(見識). 탁식(卓識). excellent view

탁고(託孤)[명] 고아의 뒷일을 믿을 만한 자리에 부탁함. entrusting with the care of an orphan 하다

탁고(託故)[명] 어떤 일을 내세워 핑계함. making a pretext 하다

탁구(卓球)[명] 《체육》 나무 대(臺)에 네트를 치고 셀룰로이드 공을 마주 서서 배트로 쳐 넘기는 경기. 핑퐁(pingpong). 테이블 테니스.

탁구-공(卓球─)[명] 탁구 경기에 쓰는 셀룰로이드로 만든 공.

탁구-대(卓球臺)[명] 탁구에서 쓰이는 대. 「노릇.

탁남(濁南)[명] 《역사》 조선조 때의 남인(南人)의 한 갈래.

탁덕 양력[―냥―](度德量力)[명] 자신의 덕량과 능력을 헤아려 살핌. 하다

탁-동(濁銅)[명] 《광물》 광맥에서 지각으로 장벽을 향할 때 그 모양(母型)을 일컫는 말.

탁락(卓犖)[명] 《동》 탁월(卓越). 탁발(卓拔). 하다

탁란(濁亂)[명] 사회나 정치가 흐리고 어지러움. confusion 하다

탁랑(濁浪)[명] 흐린 물결. muddy waves

탁렬(坼裂)[명] 터져 갈라짐. being torn open 하다

탁론(卓論)[명] 뛰어난 의론(議論). 탁월한 논지(論旨). sound argument 하다

탁류(濁流)[명] ①올려 가는 흐린 물. 흙물. ¶~가 도도히 흐르다. 《대》 청류(淸流). muddy stream ②불량한 무리. 무뢰배(無賴輩). turbid current

탁마(琢磨)[명] ①옥석(玉石)을 쪼고 갊. polishing ②

탁목(啄木) 〖명〗→탁목조(啄木鳥).
탁목-조(啄木鳥) 〖조류〗딱따구리. 〖약〗탁목(啄木).
탁반(托盤) 〖명〗잔매(盞梅).
탁발(托鉢) 〖명〗〈불교〉①중이 경문을 외면서 집집이 다니며 동냥하는 일. ②절에서 식사 때 중들이 바리떼를 들고 식당에 가는 일. 행걸(行乞).
탁발(卓拔) 〖명〗특별히 뛰어남. 탁월(卓越).
탁발(擢拔) 〖명〗발탁(拔擢). 하타
탁발-승(托鉢僧) 〖불교〗동냥 다니는 중.
탁방(坼榜) 〖명〗①〖제도〗과거(科擧)에 급제한 사람의 성명을 게시함. ②일이 결말남의 비유. ¶~을 짓다.
탁방이 나다 방(榜)나다.   [다. settlement
탁보(濁甫) 〖명〗①성질이 흐리터분한 사람. ②아무 분수를 모르는 사람. ③탁주를 좋아하는 사람. 탁객(濁客). 탁춘추(濁春秋).
탁본(拓本) 〖명〗탑본(搨本).   [seal 하타
탁봉(坼封) 〖명〗편지 봉하는 데를 뜯음. breaking a
탁사(託辭) 〖명〗꾸며대어 핑계하는 말. excuses
탁상(卓上) 〖명〗책상이나 식탁 등 탁자의 위. 하타
탁상(擢賞) 〖명〗여럿 가운데서 뽑아 내어 칭찬함. praise   [좌종(坐鐘).
탁상 공론(卓上空論) 〖명〗실천성이 없는 허황한 이론. 궤상 공론(机上空論).
탁상 시계(卓上時計) 〖명〗책상 위에 놓고 보는 시계.
탁상 연:설(卓上演說) 〖명〗연회 석상에서 식사 도중에 각자의 자리에서 자유롭게 하는 짧은 연설. 테이블 스피치(table speech).
탁상 일기[-닐-](卓上日記) 〖명〗책상 위에 놓고 그날 그날 생긴 일을 기록하는 작은 일기. desk diary
탁상 전:화(卓上電話) 〖명〗탁상 같은 데 놓아 자유롭게 이동시킬 수 있도록 한 전화기. desk telephone
탁상-지(卓狀地) 〖명〗책상 꼴로 이루어진 대지(臺地).
탁선(託宣) 〖명〗신이 사람에게 붙거나 또는 꿈에 나타나서 그 뜻을 알리는 일. 신탁(神託).
탁설(卓說) 〖명〗탁월한 말·논설. 뛰어난 의견. ¶명론(名論) ~. excellent opinion
탁성(濁聲) 〖명〗탁한 목소리. hoarse voice
탁세(濁世) 〖명〗①풍교(風敎)가 어지럽고 더러운 세상. corrupt world ②〈불교〉이 세상. 속세(俗世). ¶~ 진토(塵土). 〈대〉청세(淸世). this world
탁송(託送) 〖명〗남에게 부탁하여 물건을 보냄. consignment 하타
탁송 수화물(託送手貨物) 〖명〗철도 당국이나 운송인이 여객에게서 인도(引渡)를 받아, 그 보관 책임 아래 운송하는 수화물.
탁송 전:보(託送電報) 〖명〗전화 가입자가 자기의 사용할 전화로 송수(送受)하는 전보.   [muddy water
탁수(濁水) 〖명〗흐린 물. 오수(汚水). 〈대〉청수(淸水).
탁수(濯秀) 〖명〗여럿 가운데서 빼어남. 하타
탁식(卓識) 〖명〗뛰어난 식견. 탁견(卓見).   [하타
탁신(託身) 〖명〗남에게 몸을 의탁함. rely on another
탁아-소(託兒所) 〖명〗부녀 노동자의 어린아이를 맡아서 보호·지도하는 사회적 시설. day nursery
탁언(託言) 〖명〗①핑계의 말. 구실(口實). excuse ②남에게 부탁하여 전하는 말. 전언(傳言). message
탁연(卓然) 〖명〗높이 뛰어난 모양. preeminence 하타히   [한 쌍의 작은 날.
탁엽(托葉) 〖명〗〖식물〗보통 잎의 일꼭지 밑에 붙어 난
탁오(濁汚) 〖명〗흐리고 더러움. 오탁(汚濁). impurity 하타   [하타
탁용(擢用) 〖명〗여럿 중에서 사람을 뽑아 씀. selection
탁원(卓遠) 〖명〗아득히 멂. 하타
탁월(卓越) 〖명〗월등하게 뛰어남. 탁락(卓犖). 탁발(拔扯). 탁출(卓出). ¶~한 재능. ~한 지도력. excellence 하타
탁월=풍(卓越風) 〖명〗〖동〗항풍(恒風).
탁음(濁音) 〖명〗〖동〗유성음(有聲音).
탁의(卓衣) 〖명〗가사(袈裟).
탁의(託意) 〖명〗자기의 의사를 다른 일에 비기어 붙여서 나타냄. allegory 하타   [mind
탁의(濁意) 〖명〗깨끗하지 못한 뜻. 더러워진 마음. foul
탁이(卓異) 〖명〗남보다 뛰어나게 다름. uniqueness 하타
탁자(卓子) 〖명〗①물건을 올려놓는 기구. 사방 탁자. 책상 등의 총칭. ②테이블(table). ③부처 앞에 붙박이로 되어, 제물·다기(茶器) 등을 차려 놓는 상.
탁자(坼字·坼字) 〖명〗파자(破字).
탁자(託子) 〖명〗자식을 남에게 의탁함. entrusting one's son to the care of another 하타
탁자(卓子欌) 〖명〗위아래 층은 트거서 가운데 층만 사면을 막고 문짝을 단 찬장.
탁잣-불(卓子-) 〖명〗부처 앞의 탁자에 올려놓은 마지 (摩旨).   [처발.
탁자-손(卓子-) 〖명〗선반이나 탁자를 올려 없게 된 까
탁재(卓才) 〖명〗뛰어난 재주. 또, 그런 사람. 〖보〗드문 ~. genius
탁적(託跡) 〖명〗종교 또는 어떤 일에 몸을 의탁함. 하타
탁절(卓絶) 〖명〗몹시 뛰어남. 탁출(卓出). ¶고금 ~의 작품. super excellence 하타
탁절(卓節) 〖명〗뛰어나게 높은 절조(節操). lofty virtues
탁정(濁井) 〖명〗물이 맑지 않은 우물.
탁조(濁操) 〖명〗깨끗하지 못한 지조(志操).
탁족(濯足) 〖명〗①발을 씻음. 세족(洗足). foot-bath ②〖약〗→탁족회(濯足會).
탁족-회(濯足會) 〖명〗여름철 청간(淸澗)·옥수(玉水)를 찾아 더위에 발을 씻고 노는 모임. 〖약〗탁족②.
탁주(濁酒) 〖명〗막걸리. unrefined Korean wine
탁지(度支) 〖명〗①〖동〗호조(戶曹). ②〖약〗→탁지부.
탁지(度地) 〖명〗땅을 측량함. land surveying 하타
탁지 대:신(度支大臣) 〖명〗〖제도〗조선조 말 탁지부의 으뜸 벼슬. 〖약〗탁대(度大).
탁지-부(度支部) 〖명〗〖제도〗조선조 말 정부의 재무를 총괄하던 관아. 탁지 아문(度支衙門)을 고친 이름. 〖약〗탁지(度支).   [의 견신.
탁지 아:문(度支衙門) 〖명〗〖제도〗조선 말의 '탁지부'
탁지=우(濯枝雨) 〖명〗해마다 음력 유월에 오는 큰 비. heavy rain in June of the lunar month
탁=처자(託妻子) 〖명〗처자를 남에게 맡김. 하타
탁=춘추(濁春秋) 〖명〗〖동〗탁보(濁甫)③.
탁출(卓出) 〖명〗〖동〗탁절(卓絶).
탁-탁 〖명〗①일을 결단성 있게 잘 처리하는 모양. in a business-like way ②침을 세게 자주 뱉는 모양. 또, 그 소리. spitting ③여러 물건이나 사람이 연이어 거꾸러지는 모양. in rapid succession ④숨이 못 견디게 자주 막히는 모양. ¶숨이 ~ 막히다. choky ⑤물건을 자주 두드리거나 먼지 같은 것을 떠는 모양. 또, 그 소리. ¶먼지를 ~ 털다. 〈큰〉턱턱. striking off   [는 소리. 하타
탁-탁(卓卓) 〖명〗단단한 물건이 자주 세게 대질리거나 부딪치는 소리를 나게 함.
탁탁=거리-다 〖자타〗연하여 탁탁 소리가 나다. 또, 그 소리를 나게 하다.
탁탁-하:다 〖형여〗①피륙 같은 것의 바탕이 올차고 치밀하다. 〈큰〉특특하다. close ②살림 같은 것이 넉넉하고 윤택하다. ¶살림이 ~. abundant
탁트(Takt 도) 〖명〗〖음악〗박자(拍子). 마디.   [ting
탁필(卓筆) 〖명〗뛰어난 필적 또는 문장. excellent wri-
탁-하:다(濁-) 〖형여〗①액체나 공기가 걸쭉하여 흐리다. ¶공기가 탁한 다방. muddy ②얼굴이 훤히 트이지 못하다. gloomy ③성질이 흐리터분하고 바르지 못하다. impure ④소리가 굵고 거칠다. ¶음성이 ~. 〈대〉맑다. harsh
탁행(卓行) 〖명〗높고 뛰어난 행실. outstanding conduct
탁행(逴行) 〖명〗아주 먼 곳에 감. 원행(遠行). long trip 하타   [향로. 금속제와 도기제(陶器製)가 있음.
탁-향로(卓香爐) 〖명〗책상 따위의 위에 장식으로 놓는
탁효(卓效) 〖명〗뛰어난 효험.
탄:(炭) 〖명〗①〖약〗→석탄. ②〖약〗→연탄. 구멍탄.
탄:(炭)-(炭價) 〖명〗탄(炭)의 값. price of coal
탄:-갈(殫竭) 〖명〗남김없이 다함. 탄진(殫盡). 하타

탄:갈 심력(殫竭心力)명 마음과 힘을 다함. 하자

탄:값[-깝](炭-)명 석탄·연탄의 값. price of briquet (coal)

탄강(誕降)명 임금·성인(聖人)이 탄생함. 강탄(降誕). birth 하자

탄갱(炭坑)명 석탄을 파내는 구덩이. coal pit

탄갱 도시(炭坑都市)〈제도〉탄광에 직접·간접으로 종사하는 사람들로 이루어진 탄광 근처의 도시.

탄:결[-껼](炭-)명 탄층을 이루는 결.

탄:고(炭庫)명 숯·석탄을 저장하여 두는 창고. coal cellar

탄:곡(嘆哭)명 탄식하여 욺. 하자

탄:광(炭鑛)명(약)→석탄광(石炭鑛).

탄금(彈琴)명 거문고·가야금 따위를 탐. playing the Kayakeum 하자 [새]. scorched smell of coal

탄:내(炭-)명 연탄이나 숯이 탈 때에 나는 독한 냄새

탄:대(彈帶)명(동) 탄띠①.

탄:도(坦道·坦途)명 평탄한 길.

탄:도(彈道)명 발사된 탄환이 포물선을 그리면서 목적물에 이르는 길.

탄:도 비행(彈道飛行)명 연료가 다한 로켓이 지구의 인력만을 받아 일정한 궤도를 나는 비행.

탄:도 유도탄(彈道誘導彈)명〈군사〉자동 조정식 탄도학적 비행탄. 로켓을 동력으로 하고, 그 안의 추진제가 연소하는 동안 유도하다가 추진제가 다 연소되면 탄환처럼 탄도를 그리며 원거리를 비행함. ¶ 대륙간 ~. (약) 탄도탄①. guided ballistic missile

탄:도탄(彈道彈)명①(약)→탄도 유도탄(彈道誘導彈). ②유도 장치를 갖지 않고 포물선의 탄도를 갖는 초음속의 장거리 포탄. ballistic missile

탄:도탄 요격 미사일(彈道彈邀擊 missile)명 레이더에 의해서 포착된 대륙간 탄도탄을 추격하여 격추시키기 위한 미사일. 요격 미사일②. 에이 비 엠(A.B. M.).

탄:도학(彈道學)명〈군사〉탄도와 그에 관련된 모든 물리적 군사적 이론을 연구하는 학문. ballistics

탄:두(彈頭)명 탄환의 두부(頭部). warhead

탄:띠(彈-)명〈군사〉①탄창(彈倉)을 끼어 몸에 지니게 만든 띠. 탄대. ②기관총탄을 꿴 긴 띠.

탄:력(彈力)명①팽팽하게 버티는 힘. elastic force ②〈물리〉탄성체(彈性體)가 외력(外力)에 대항하여 원형으로 돌아가려는 힘. 튀기는 힘. elasticity

탄:력 고무(彈力 gomme ㅍ)명(동) 탄성 고무.

탄:력 섬유(彈力纖維)명〈생리〉척추 동물(脊椎動物)의 진피(眞皮)·인대(靭帶)·피부(皮下)·기관(氣管)·혈관 등을 구성하는 조직에 포함되어 있는 탄력이 있는 섬유.

탄:력-성(彈力性)명①튀기는 힘이 있는 성질. ¶ ~이 있는 몸피. flexibility ②변통성.

탄:력 조직(彈力組織)명〈생리〉결체 조직(結締組織) 중 특히 탄력 섬유가 많은 조직.

탄:로(坦路)명(약)→탄탄 대로(坦坦大路).

탄로(綻露)명 비밀이 드러남. 비밀을 드러냄. 현로(顯露). ¶ 부정 사실이 ~되다. discovery 하자

탄:막(彈幕)명〈군사〉적의 침투 공격에 대해 구성하는 각종 포화의 방벽(防壁).

탄:말(炭末)명 숯가루. charcoal dust

탄망(誕妄)명 허탄하고 망령됨. falsehood 하자

탄:면(彈綿)명 솜을 탐. 타면(打綿). willowing 하자

탄:명-스럽-다[-따](-)형(보) 보기에 똑똑하지 못하고 흐리멍덩한 데가 있다. dull 탄명-스레튀

탄:미(嘆美)명 탄복하여 크게 칭찬함. admiration 하자

탄:발(彈發)명(동) 탄사(彈射)①. 하자

탄:백(坦白)명 있는 그대로 솔직히 말함. frankness 하자 [tion 하자

탄:복(歎服)명 깊이 감탄하여 심복(心服)함. admiration

탄:불[-뿔](炭-)명 숯을 피운 불. coal fire

탄:사(彈射)명 총탄을 발사함. 발탄(發彈). firing 하자

탄:사(彈絲)명①가야금·거문고 등의 줄을 탐. ②〈식〉 포자낭에서 포자를 튀어나게 하는 사상(絲狀) 기관의 총칭.

탄:사(歎辭·嘆辭)명①감탄의 말. expression of admiration ②탄식하여 하는 말. phrase of regret

탄:산(炭山)명〈동〉석탄광(石炭鑛).

탄:산(炭酸)명〈화학〉이산화탄소가 물과 화합하여 만들어 내는 약한 산. 성질이 극히 불안정하며, 분리가 쉽지 않음. carbonic acid

탄산 가스(炭酸 gas)명(속) 이산화탄소.

탄:산 가스 중독(炭酸 gas 中毒)명〈의학〉호흡 곤란·구토·두통·현기 등의 증상이 있음.

탄:산-공(炭酸孔)명〈지학〉이산화탄소를 뿜어 내는 분기공(噴氣孔).

탄:산-나트륨(炭酸 Natrium 도)명〈화학〉나트륨의 탄산염. 무색의 결정으로 유리·비누·도기(陶器)·종이·염색·세탁 등과 위산(胃酸)의 중화제로 쓰임. 탄산소다. [용(炭素同化作用).

탄:산 동화 작용(炭酸同化作用)명〈동〉탄소 동화 작

탄:산-마그네슘(炭酸 magnesium)명〈화학〉마그네슘을 녹인 물에 탄산칼리를 넣어서 만든, 부서지기 쉬운 흰 결정체. 24% 이상의 순마그네슘을 함유하고 있음. 완하제 또는 치분(齒粉)의 재료.

탄:산-석회(炭酸石灰)명 탄산칼슘(炭 calcium).

탄:산-소:다(炭酸 soda)명〈동〉탄산나트륨.

탄:산-수(炭酸水)명〈화학〉이산화탄소의 포화 수용액. 청량 음료로 상용되며, 약용·화학 실험용으로도 널리 쓰임. carbonated water

탄:산수소-나트륨(炭酸水素 Natrium 도)명〈화학〉무색의 결정상 가루로 물에 녹고 알코올에는 녹지 않음. 수용액은 65°C 에서 이산화탄소를 발생함. 청량 음료, 소화기(消化器) 또는 의약에 쓰임. 산성 탄산나트륨. 중탄산소다.

탄:산-암모늄(炭酸 ammonium)명〈화학〉탄산칼슘과 황산암모늄을 가열하여 얻은 무색의 결정. 물에 녹기 쉽고, 분석 시약·고무 제품·물감 제조 등에 쓰임.

탄:산-염[-념](炭酸鹽)명〈화학〉탄소의 수소 원자가 금속 원자로 치환되어 생긴 화합물의 총칭. carbonate

탄산-증[-쯩](呑酸症)명〈의학〉위 안에 열이 생겨 음식이 잘 소화되지 않고 신트림이 나는 병.

탄:산-지(炭酸紙)명 얇은 종이에 기름·납·안료(청색·적색·자주 등)의 혼합물을 칠한 것으로 복사에 쓰임. 탄소지. 카본지. 카본 페이퍼.

탄:산-천(炭酸泉)명 탄산 가스의 수용액이 천연적으로 솟아 나오는 광천. carburetted spring

탄:산-철(炭酸鐵)명〈동〉능철광.

탄:산-칼륨(炭酸 kalium 라)명〈화학〉조해성의 백색 분말. 류머티즘·당뇨병 등에 유효하며, 유리의 원료로 쓰임. 탄산칼리(kali).

탄:산-칼리(炭酸 kali)명(동) 탄산칼륨.

탄:산-칼슘(炭酸 calcium)명〈화학〉칼슘의 탄산염. 대리석·석회석·방해석·조개 껍데기 등의 주성분임.

탄:상(炭床)명〈동〉탄층. [탄산석회(炭酸石灰).

탄:상(嘆傷)명 탄식하여 마음이 상함. worry 하자

탄:상(歎賞·嘆賞)명①탄복하여 크게 칭찬함. 탄칭(歎稱). admiration ②심히 감탄하면서 구경함. seeing with admiration 하자 [쓰는 말. 주로

탄:생(誕生)명 사람이 태어남. 특히 귀인에 대하여

탄:생-석(誕生石)명 낳은 달과 관련지어 정한 보석. 1월의 석류석(柘榴石), 2월의 자수정(紫水晶) 따위. [일(誕日). one's birthday

탄:생-일(誕生日)명 탄생한 날. 탄신(誕辰). (약) 탄

탄:생-지(誕生地)명 탄생한 곳.

탄:성(彈性)명〈물리〉물체에 다른 힘을 가했다가 놓으면 그 부피와 모양이 일정한 정도로 변했다가, 그 힘이 없어지면 원래의 상태로 되돌아가려는 성질. elasticity

탄:성(歎聲)명①탄식하는 소리. sigh ②감탄하는 소리.

탄:성(歎誠)명(동) 진성(盡誠). 하자 [리.

탄:성(灘聲)명 여울 물이 흐르는 소리. sound of the

탄:성 고무(彈性 gomme 프)圀 뛰길 힘이 있는 고무. 생고무 원료에 황산을 섞어 탄성을 보강한 고무. 탄력 고무. elastic gum

탄:성=력(彈性力)圀 〈물리〉 탄성을 가진 물질(탄성체)의 모양을 변형했을 때 원래 상태로 돌아가는 힘. elastic force

탄:성=률(彈性率)圀 〈물리〉 탄성체가 탄성 한계내에서 갖는 응력(應力)과 변형과의 비. modulus of elasticity

탄:성 진:동(彈性振動)圀 〈물리〉 탄성체(彈性體)의 탄력에 의하여 생기는 진동. elastic oscillation

탄:성체(彈性體)圀 〈물리〉 탄성을 가진 물체. elastic body

탄:성 탐광법[—뻡](彈性探鑛法)圀 〈광물〉물리 탐광법의 하나. 화약의 폭발이나 중량물의 낙하 등으로 인공적 지진을 일으켜 그 파동이 지하를 전달하는 상태를 기록하여 지하 구조를 조사하는 방법. 지진 탐광법.

탄:성파(彈性波)圀 〈물리〉 탄성 매질(彈性媒質) 속을 전파하는 파동. 지진파·음파 등.

탄:성 한:계(彈性限界)圀 〈물리〉 탄성체의 변형이 외력을 없애면 본디의 형상으로 돌아가는 힘의 범위. 탄성 한도.

탄:성 한:도(彈性限度)圀 ⇨ 탄성 한계(彈性限界).

탄:소(炭素)圀 〈화학〉 생물체를 구성하는 비금속 원소의 하나. 무색·무취의 고체. 금강석·석탄·석묵 등의 유리 상태에서, 무수탄산·탄산염·탄수화물 등의 화합물로서 자연계에 널리 존재함. 원소기호; C. 원자 번호; 6. 원자량; 12. 011. Carbon

탄:소(嘆訴)圀 한탄하여 호소함.

탄:소=강(炭素鋼)圀 〈화학〉 탄소 함유량이 2% 이하인 강(鋼). 탄소량이 많을수록 강(鋼)은 단단해짐.

탄:소강화법(炭素鋼化法)圀 〈공업〉 탄소분이 적은 연철(鍊鐵)을 목탄·코크스 등과 함께 열해서 탄소강을 만드는 방법. 시멘테이션(cementation).

탄:소 동화 작용(炭素同化作用)圀 〈생물〉 식물 세포 중의 엽록체가 일광의 에너지에 의하여 공기 중에서 섭취한 탄산 가스와 뿌리에서 흡수한 수분으로써 탄수화물을 만들어 내는 작용. 탄산 동화 작용(炭酸同化作用).

탄:소=말(炭素末)圀 탄소 가루로 만든 먹.

탄:소=봉(炭素棒)圀 아크등(arc 燈)에 사용하는 막대 모양의 탄소 전극(電極).

탄:소=선(炭素線)圀 순수한 무명실이나 또는 대의 겉껍질을 밀폐한 용기 속에서 태워 만든 가느다란 선.

탄:소 송:화기(炭素送話器)圀 탄소 가루가 압력에 의해서 저항을 변화하는 성질을 이용한 송화기.

탄:소 전:구(炭素電球)圀 탄소를 필라멘트로 사용한 전구.

탄:소=지(炭素紙)圀 ⇨ 탄산지(炭酸紙).

탄:소=판(炭素板)圀 탄소 가루를 압착하여 만든 널조각.

탄:소 피:뢰기(炭素避雷器)圀 전신·전화 기계의 안전 보전 장치로서 사용하는 피뢰기. 두 개의 작은 탄소판(炭素板)으로 되어 있는데, 한 개는 전선에, 한 개는 땅에 접속시킴.

탄:소 호등(炭素弧燈)圀 ⇨ 아크등(arc 燈).

탄:솔(坦率)圀 성품이 관대하여 소절(小節)에 얽매이지 않음. large-mindedness 하回

탄:=수(炭水)圀 ①석탄과 물. coal and fresh water ②탄소와 수소. carbon and hydrogen

탄:소=차(炭水車)圀 증기 기관차 뒤에 석탄과 물을 싣는 차량(車輛). tender

탄:수화물(炭水化物)圀 〈화학〉 생물의 생장에 필요한 3대 영양소의 하나. 광합성에 의해 만들어지며, 탄소·수소·산소의 세 가지 원소로 이루어진 화합물로 생물체 내에서 필요한 에너지원으로 쓰이고, 일부는 간이나 근육에 글리코겐으로 저장됨. 함수탄소(含水炭素). carbohydrate

탄:식(歎息·嘆息)圀 한숨을 쉬며 한탄함. sigh 하回

탄:신(誕辰)圀 임금·성인이 난 날. 탄일(誕日).

탄:=알(彈—)圀 탄환의 두 끝에 아물린, 앞 끝이 뾰족한 첫덩이. 탄환回. shot

탄:압(彈壓)圀 ①함부로 올려대고 억누름. ②지배 계급이 피지배 계급에 대하여 강권력으로 억누름. ¶ ~에 반항하다. suppression 하回

탄:앙(歎仰)圀 감탄하여 우러러봄. admiration 하回

탄:약(彈藥)圀 탄환과 화약의 총칭. ¶~갑(匣). ammunition [고. powder magazine

탄:약=고(彈藥庫)圀 〈군사〉 탄약을 저장하여 두는 창

탄:약 상자(彈藥箱子)圀 〈군사〉 탄약을 넣어서 운반하는 데 쓰이는 상자. ammunition case [는 차량.

탄:약=차(彈藥車)圀 〈군사〉 탄약을 운반하는 데 쓰이

탄:약=통(彈藥筒)圀 〈군사〉 대포에 쓰는 탄환·장약·약협(藥莢)·점화제 등을 완전히 갖춘 통. cartridge

탄:연(坦然)圀 아무 걱정도 없이 평정한 모양. composure 하回 히回

탄:연(彈煙)圀 총이나 포를 많이 쏘아서 자욱하게 낀 연기. [bullets

탄:우(彈雨)圀 빗발과 같이 쏟아지는 총알. rain of

탄:우지=기(吞牛之氣)圀 소를 삼킬 만한 장대한 기상.

탄:원(歎願)圀 사정을 자세히 말하고 도와 주기를 바람. ㊀ 애원(哀願). entreaty 하回

탄:원=서(歎願書)圀 탄원의 뜻을 기록한 서면.

탄:일(誕日)圀 ㊁⇨탄생일.

탄일=종[—종](誕日鐘)圀 성탄절에 교회에서 치는 종.

탄:자(彈子)圀 ①⇨탄환(彈丸). ②《俗》 당구알②.

탄:장(彈章)圀 어떤 사람의 죄상(罪狀)을 일일이 밝혀 탄핵하는 상소. impeachment

탄:=재[—쩨](炭—)圀 불이 타고 남은 재. coal ash

탄:저(炭疽)圀 ⇨탄저병(炭疽病)①.

탄:저=균(炭疽菌)圀 《동》 비탈저균(脾脫疽菌)

탄:저=병[—뼝](炭疽病)圀 ①〈수의〉 탄저균의 감염으로 가축에 발생하는 전염병. 입 및 직장 출혈로 심한 패혈증(敗血症)을 일으켜 이삼 일내에 죽게 됨. 사람에게도 걸리는데, 이 경우에는 비탈저(脾脫疽)라 함. 탄저(炭疽). 탄저열(炭疽熱). ②〈식물〉고구마·토마토·사과·복숭아 등 육질이 많은 과실 등에 생기는 병. 암갈색이나 황갈색의 반점이 생김. 보르도액을 살포하여 예방함.

탄:저=열(炭疽熱)圀 ⇨탄저병(炭疽病)①.

탄:저=옹(炭疽癰)圀 〈의학〉 탄저병에 걸린 가축의 피부에 생기는 옹저. [田). coal field

탄:전(炭田)圀 〈광물〉 석탄이 묻혀 있는 땅. 매전(煤

탄젠트(tangent)圀 〈수학〉 삼각 함수의 하나. 직각 삼각형의 예각의 대변과 그 각을 낀 밑변의 비를 그 각에 대하여 일컬음. 정절(正切). 정접(正接). ⑤코탄젠트(cotangent).

탄:전(炭田)圀 〈광물〉 연간 30만톤 이상의 일정량의 석탄을 생산할 수 있다고 인정하여 설정한 어떤 지역내의 석탄 광구(鑛區)의 하나.

탄:주(炭柱)圀 〈광물〉 탄갱에서 지면 또는 천장의 침강·함락을 방지하기 위하여 채굴하지 않고 남겨 둔 석탄의 층.

탄:주(彈奏)圀 ①탄핵하여 상주(上奏)함. impeachment ②〈음악〉 현악기를 탐. 하回

탄:주 악기(彈奏樂器)圀 《동》 현악기.

탄주=어(吞舟之魚)圀 배를 삼킬 만한 큰 고기. 곧, 큰 인물을 이름. great man [of tobacco

탄지(炭漬)圀 다 빨뚜리가 덜 타고 남은 담배. embers

탄:지(彈指)圀 ①《약》⇨탄지지간(彈指之間). ②손톱이나 손가락을 튀김. snapping the fingers 하回

탄:지:간(彈指之間)圀 손가락을 튀길 사이라는 뜻으로, 세월이 아주 빠름을 이르는 말. 《약》 탄지(彈指)①. short moment

탄:진(炭塵)圀 〈광물〉 탄갱(炭坑) 안의 공기에 떠다니는 석탄 가루. 때로 인화하여 터지기도 함. coal dust

탄:진(彈盡)圀 《동》 탄갈(彈竭). 하回

탄:질(炭質)[명] 숯이나 석탄·무연탄 등의 품질이나 성질. quality of coal

탄:차(炭車)[명] 석탄을 실어 운반하는 차.

탄착 거:리(彈着距離)[명] 〈군사〉①탄환의 발사 지점에서 도착 지점까지의 거리. ②최대 사정(射程). 착탄 거리(着彈距離). 「는 점.

탄:착점(彈着點)[명] 〈군사〉발사된 탄환이 최초로 맞

탄:창(彈倉)[명] 〈군사〉자동 소총·카빈총·권총 등 연발총의 보충용 탄환을 재어 두는 통. magazine

탄층(炭層)[명] 〈지학〉땅 속에 석탄이 묻혀 쌓인 층. 탄상(炭床).

탄:칭(歎稱·嘆稱)[명] 매우 감탄하여 칭찬함. 탄상(歎賞). admiration 하타

탄:탄(坦坦)[명] 평평하고 넓은 모양. even, flat 하여

탄탄 대:로(坦坦大路)[명] ①평평하고 넓은 길. broad highway ②장래가 아무 어려움이나 피로움이 없이 수월함을 가리킴. 탄로(坦路). peaceful life

탄탄-하다[형여] 된 품이나 생김새가 굳고 실하다. 〈큰〉튼튼하다. solid 탄탄-히[부]

탄탈(Tantal 도)/**탄탈룸**(tantalum 라)[명] 〈화학〉금속 원소의 하나. 강철과 같은 광택이 남. 연성(延性)·전성이 풍부하고, 기계적 성질이 좋으며 산·알칼리에 침식되지 않음. 의료 기구·백금 대용으로 쓰임. 원소 기호; Ta. 원자 번호; 73. 원자량; 180. 948.

탄:토(呑吐)[명] 삼킴과 뱉음. 토탄(吐呑). 하타

탄:통(炭桶)[명] 석탄을 담아 두는 통.

탄:통(歎痛·嘆痛)[명] 몹시 탄식하고 가슴 아파함. 하자

탄:평(坦平)[명] ①넓고 평평함. evenness ②근심이 없이 마음이 편함. peace 하여

탄:폐(炭肺)[명] 〈의학〉탄갱에서 일하는 갱부 등, 탄소 가루를 흡입하는 사람에게 생기는 호흡병.

탄:피(彈皮)[명] 〈군사〉탄환·처리의 껍질. cartridge case 「하타

탄:하(呑下)[명] 정제(錠劑)나 고체 식물을 삼켜 넘김.

탄:하-다[자여] ①남의 일에 참견하다. meddle ②남의 말에 대구하여 시비조로 나서다. retort

탄:핵(彈劾)[명] ①죄상을 들어 논란하여서 배격함. 탄박(彈駁). ②〈법률〉공무원의 위법을 조사하여 일정한 소추(訴追) 방식에 의하여 파면시키는 절차. 우리 나라에서는 대통령·국무위원·법관 등 신분보장이 되어 있는 공무원의 위법에 대하여 국회의 소추에 의해서 헌법 위원회의 심판으로 파면을 선고함.

탄:핵 소:추권(彈劾訴追權)[명] 〈법률〉국회의 일반 국무에 관한 권리의 하나. 대통령을 비롯하여 국무 총리 등, 고급 공무원 및 기타 법률에 정한 공무원의 직무를 집행함에 있어서 헌법이나 법률에 위배된 때에는 탄핵의 소추(訴追)를 의결할 수 있는 권리. 절차는 국회에서 재적 의원 1/3 이상의 찬성으로 발의되고, 재적 의원 과반수 이상의 찬성으로 의결됨. 단, 대통령은 국회 재적 의원 과반수 이상의 찬성으로 발의, 재적 의원 2/3 이상의 찬성으로 의결됨.

탄:핵 심판권(彈劾審判權)[명] 〈법률〉헌법 재판소의 권한의 하나. 국회로부터 탄핵 소추를 받은 자가 있을 경우, 헌법 재판소 재판관 6인 이상의 찬성으로 탄핵을 결정함.

탄:핵주의(彈劾主義)[명] 〈법률〉범죄가 있을 경우, 국가가 형사(刑事) 절차를 개시하지 않고, 원고인 피해자나 일반 사인(私人)의 제소(提訴)에 의하여 절차가 개시되는 방식. 〈대〉규문주의(糾問主義). accusation principle 「shot hole

탄:혈(彈穴)[명] 포탄이나 폭탄의 폭발로 생긴 구덩이.

탄:화(炭火)[명] 숯불. charcoal fire

탄:화(炭化)[명] 〈화학〉유기 화합물의 열분해 또는 다른 화학적 변화에 의하여 탄소로 되는 일. carbonization 하자

탄:화(彈火)[명] 발사된 탄환에서 일어나는 불. gun-fire

탄:화(彈花)[명] 활로 탄 솜.

탄:화-규소(炭化硅素)[명] 〈화학〉카보런덤.

탄:화-도(炭化度)[명] 〈화학〉탄화 작용에 의하여 탄화된 정도.

탄:화-모(炭化毛)[명] ①[동] 탄화 양모(炭化羊毛). ②모와 면의 탄화법에 의하여 회수된 자생모.

탄:화-물(炭化物)[명] 〈화학〉탄소와 알칼리·토류 금속·할로겐 등의 양성 원소와의 화합물.

탄:화법[-뻡](炭化法)[명] 양모 섬유에 섞여 있는 식물성 섬유를 제거하는 공정. 원료에 황산·염산 등의 산류(酸類)를 작용시키어 행함.

탄:화-석회(炭化石灰)[명] [동] 탄화칼슘.

탄:화-수소(炭化水素)[명] 〈화학〉탄소(炭素)와 수소(水素)의 화합물(化合物)의 총칭. hydro-carbon

탄:화 양모(炭化羊毛)[명] 탄화법에 의하여 식물성 잡물을 제거한 양모. 탄화모(炭化毛).

탄:화-철(炭化鐵)[명] 〈화학〉탄소와 철과의 화합물.

탄:화-칼슘(炭化 calcium)[명] 〈화학〉생석회와 탄소를 전기로(電氣爐)에 넣고 가열·반응시켜 만든 회색의 굳은 덩이. 물을 가하면 아세틸렌 가스를 냄. 칼슘 카바이드(Calcium carbide).

탄:환(彈丸)[명] 〈군사〉①[동] 탄알. ②총포에 재어서 터뜨리면 폭발하여 그 힘으로 탄알이 튀어 나가게 된 물건. 총탄·포탄의 총칭. 탄자(彈子). ③옛 중국에서, 새를 잡기 위하여 활에 달아 쏘던 작고 둥근 물진. 「상이 되는 아주 좁은 땅.

탄:환지(彈丸之地)[명] 적국에 포위되어 공격의 대

탄:회(坦懷)[명] 거리낌 없는 마음. ¶허심 ~.

탄:흔(彈痕)[명] 탄환이 맞은 자국.

탈[명] ①가면(假面). 마스크(mask)②. ¶하회~. ②속뜻을 감추고 겉으로 거짓을 꾸미는 의뭉스런 얼굴. 「②병(病). 하자

탈(頉)[명] ①사고(事故). ¶행사를 ~없이 마치다.

탈각(脫却)[명] ①벗어남. ②벗겨 버림. 탈거(脫去)①. 하자 「남의 사상이나 생활에서 벗어남. 하자[타]

탈각(脫殼)[명] ①껍질에서 벗어남. 껍데기를 벗김. ②

탈감(脫監)[명] [동] 탈옥(脫獄). 하자

탈거(脫去)[명] ①벗겨 버림. 벗어남. 탈각(脫卻). ② [동] 탈출(脫出). 하자

탈거(奪去)[명] 빼앗아 감. take away from 하타

탈건(脫巾)[명] 두건 등 머리에 쓴 것을 벗음. taking off a mourner's hempen cap 하타

탈겁(脫怯)[명] 언짢고 침침한 기분이 없어짐. dissipation of gloominess 하자

탈것[-껏][명] 말·자동차·기차·비행기·가마 같은 사람이 타고 다니게 된 물건의 총칭. vehicle

탈격[-껵](奪格)[명] 〈어학〉인구어(印歐語)의 명사(名詞)의 한 격(格). 분리·이탈·원인·수단·방법·때·곳 등을 표시함. ablative case ②우리말 문법에서 '에게서'·'한테서'와 같이 동작의 비롯하는 장소를 나타내는 조사(助詞)의 한 격(格).

탈고(脫稿)[명] 원고 쓰기를 마침. 〈대〉기고(起稿). completion of one's writing 하타

탈:고신(奪告身)[명] 〈제도〉죄를 지은 벼슬아치의 직첩(職帖)을 빼앗아 들임. 하타

탈곡(脫穀)[명] 〈농업〉①곡식의 낟알을 이삭에서 떨어냄. ②곡식의 겉겨를 떨어 냄. 낟알떨기. threshing 하타

탈곡-기(脫穀機)[명] 탈곡하는 기구. threshing machine

탈공(脫空)[명] 뜬소문이나 누명의 죄명을 벗어남. clearing oneself from dishonour 하자

탈공업 사:회(脫工業社會)[명] 공업화 사회의 다음에 올 미래 사회. 정보와 지식의 생산이 가치를 낳는 정보화(情報化) 사회. 「을 없앰.

탈공해(脫公害)[명] 공해에서 벗어남. 또, 공해 요인

탈관(脫冠)[명] 갓을 벗음. taking off one's hat 하자

탈교(脫敎)[명] ①교회를 버리고 떠남. ②믿던 종교를 버림. renouncing one's religion 하자

탈구[一꾸](脫句)[명] 빠진 글자. omitted phrase

탈구(脫臼)[명] 〈의학〉뼈마디가 삐어져 물러나는 일.

탈:급(頉給) 탈면(頉免)을 허락하여 줌. 하다
탈기(脫氣) ①놀라거나 겁에 질려 기운이 아주 빠짐. disheartenment ②몹시 지쳐서 기운이 빠짐. exhaustion 하다
탈:꾼 탈춤 추는 일을 업으로 삼는 사람.
탈:=나-다(頉-) ①고장이 나다. 잘못되어 가다. get out of order ②몸에 이상이 생기다. fall ill
탈:=나게-하다(頉-) 탈나게 하다.
탈:놀음〈민속〉꼭두각시놀음·산디놀음 등과 같이 탈을 쓰고 하는 연극. 가면극(假面劇). 탈놀이.
탈:놀이 탈놀음.
탈당(脫黨) 당원이 당적을 떠남. (대) 입당(入黨). secession 하다
탈락(脫落) 달리거나 한쪽이 떨어진 물건이 한 번 흔들리는 소리. 또, 그 모양. (큰) 털럭. 하다
탈락(脫落) ①빠져 버림. falling off ②동작자 등을 따라가지 못하게 됨. 대오에서 ~하다. ③둘 이상의 음절이 접속할 때 한쪽의 모음이나 자음 또는 음절이 없어져 약음으로 되는 일. '어제 저녁'이 '엊저녁', '사다리'가 '사다리'로 되는 등. 하다
탈락-거리-다 달리거나 늘어뜨린 물건이 거북하게 자꾸 흔들리다. (큰) 털럭거리다. dangle 탈락-탈락 하다 [nder 하다
탈략(奪略·奪掠) 함부로 빼앗음. 약탈(掠奪). plu-
탈략-혼(奪掠婚) 원시 사회(原始社會) 또는 미개한 민족 사이에서, 배우자(配偶者)가 될 여자를 다른 부락에서 약탈하여 아내로 삼던 일. 약탈혼(掠奪婚). marriage by capture
탈로(脫路) 빠져 나가는 길. 도망길. bypath 하다
탈루(脫漏) 빠지고 샘. (유) 유루(遺漏). omission
탈륨(Thallium)〈화학〉납 모양으로 광택이 있는 엷게 푸른 금속 원소의 하나. 화학적으로는 알루미늄과 비슷함. 원소 기호; Tl. 원자 번호; 81. 원자량; 204. 39.
탈망(脫網) 머리에 쓴 망건을 벗음. removing one's headband 하다 [한 차림새.
탈망-바람(-빠-)(脫網-) 망건을 쓰지 않은 흐트러
탈:면(頉免) 특별한 사정으로 책임의 면제를 받음. releasing from one's responsibility 하다
탈모(脫毛) 털이 빠짐. falling out of the hair 하다
탈모(脫帽) 모자를 벗음. ¶~ 바람. (대) 착모(着帽). taking off one's hat 하다
탈모-제(脫毛劑) 필요 없는 털을 없애기 위하여 바르는 약. depilatory
탈모-증(脫毛症)〈의학〉주로 머리털이 빠지는 병. alopecia
탈무-드(Talmud 히)〈종교〉유태인의 율법학자의 구전(口傳)·해설을 집대성한 책.
탈문(脫文) 글이나 글귀가 빠짐. 또, 그 글귀.
탈:-바가지[-빠-] ①바가지로 만든 탈. (약) 탈박. mask ②(속) 탈. ③철로. 파이버(fiber).
탈:-바꿈 변태(變態). 하다
탈바닥 납작한 물건이 얕은 물을 거칠게 쳐서 나는 소리. (큰) 털버덕. splashing 하다
탈바닥=거리-다 연하여 탈바닥 소리가 나다. 또, 그 소리를 나게 하다. (큰) 털버덕거리다. 탈바닥-탈바닥 하다
**탈:-박 (약)→탈바가지①. [탈바닥]'하다
탈박 밑바닥이 둥근 물건으로 얕은 물을 쳐서 나는 소리. (큰) 털벅. splash 하다
탈박-거리-다 잇따라 탈박 소리가 나다. 또, 그 소리를 나게 하다. (큰) 털벅거리다. 탈박-탈박 하다
탈발(脫髮) 머리털이 빠짐. falling out of the hair
탈방 작은 돌멩이 같은 것이 물에 떨어져 나는 소리. (큰) 털벙. plop 하다
탈방=거리-다 잇따라 탈방 소리가 나다. 또, 그 소리를 나게 하다. (큰) 털벙거리다. 탈방-탈방 하다 [어남. evasion of the law 하다
탈법(脫法) 법망(法網)을·교묘히 뚫거나 벗

탈법 행위[-뻡-](脫法行爲)〈법률〉강행 법규의 작용을 회피·잠탈(潛脫)하여 법의 명령·금지를 범하는 일. slip from the grip of the law
탈:보(頉報) 상사에게 특별한 사정이 있음을 진술하여 탈면(頉免)을 청함. asking for one's absolu-
탈복(脫服)(동) 제복(除服). 하다 [tion
탈산(-싼)(脫酸)(동) 화합물 속의 산소를 화학 변화에 의해서 제거함. deoxidization 하다
탈삽[-쌉](脫澁) 감의 떫은 맛이 빠짐. 또, 인공적으로 떫은 맛을 뺌. 하다
탈상(-쌍)(脫喪)(동) 해상(解喪). 하다
탈색[-쌕](脫色) 들인 물색을 뺌. ¶~법(法). (대) 염색(染色). decolorization 하다
탈색[-쌕](奪色) 같은 종류의 물건 가운데서 어떤 물건이 특히 뛰어나서 딴 물건을 압도함. conspicuousness 하다
탈색-제[-쌕-](脫色劑)〈화학〉빛깔을 빼기 위해 쓰는 약품. 표백분 따위. decolorant
탈=석유(脫石油) 석유 의존을 줄이는 일.
탈선[-썬](脫船) 선원이 허가 없이 선박을 이탈하는 일. 하다
탈선[-썬](脫線) ①기차·전차 등이 선로를 벗어남. ②언행이 상궤(常規)를 벗어나 빗나감. derailment ③목적을 빗나간 행위. ¶~적(的). 하다
탈선 행위[-썬-](脫線行爲) ①상궤(常規)나 상식을 벗어난 행위. ②목적을 빗나간 행위.
탈세[-쎄](脫稅)〈경제〉납세 의무자가 납세액의 일부 또는 전부를 포탈(逋脫)하는 일. evasion of taxes 하다
탈속[-쏙](脫俗) ①속태(俗態)를 벗고 세속(世俗)을 초월함. 탈진(脫塵). ¶출가 ~. unworldliness ②범용(凡庸)에서 넘어섬. 초세(超世). 하다
탈쇄[-쐐](脫灑) 속기(俗氣)를 벗어나서 깨끗함. free from trammels of folly
탈수[-쑤](脫水) ①물질 속에 있는 수분을 제거함. ②〈화학〉결정수(結晶水)를 제거하는 일. 곧, 화합물 중에서 수소와 산소를 제거하거나 물의 분리에 의한 축합(縮合) 반응을 행하는 일. ¶~ 작용. dehydration 하다
탈수=기[-쑤-](脫水機) 세탁·염직(染織)·제약(製藥) 등에서 탈수하는 데에 쓰는 기계.
탈수-제(脫水劑) 탈수하기 위한 약. 무수염화칼슘·망초 따위. dehydrating agent
탈수 증상[-쑤-](脫水症狀)〈의학〉여러 가지 원인으로 생기는 과도한 체액 상실 상태.
탈습[-씁](脫襲)(동) 탈두(脫套). 하다
탈신[-씬](脫身) 상관하던 일에서 몸을 뺌. breaking off 하다
탈신 도주[-씬-](脫身逃走) 몸을 빼쳐서 달아남. (유) 탈주(脫走). 하다 [짐. 하다
탈실[-씰](脫失)(동) 이탈하여 없어짐. 빠져서 없어
탈싹 작은 사람이나 물건이 갑자기 주저앉거나 내려앉는 모양. 또, 그 소리. (큰) 털썩. flop 하다
탈싹=거리-다 잇따라 탈싹하다. (큰) 털썩거리다.
탈싹-탈싹 하다
탈:-쓰-다 ①얼굴에 탈을 쓰다. mask ②거짓으로 꾸민 행동을 하다. dissemble ③생김새나 하는 것이 누구를 닮다.
탈양(脫陽症)(동)〈한의〉토사(吐瀉) 후에 원기가 부족하여 인사 불성이 되는 병증.
탈어(脫語)(동) 빠진 말. missing word
탈:-없다(頉-) ①일에 고장이나 잘못이 생기지 않다. 일이 순조롭다. ②몸에 병이 없다. **탈:-없이**
탈염(脫鹽)(동)〈화학〉물에서 칼슘·마그네슘·나트륨 따위 화합물인 광물을 제거하는 일.
탈영(脫營)(동)〈군사〉군인이 병영을 빠져 도망함. desertion from barracks 하다
탈영-병(脫營兵)(동)〈군사〉탈영한 병사. deserter A

탈오(脫誤)[명] 탈자(脫字)와 오자(誤字). omissions and errors
탈옥(脫獄)[명] 죄수가 감옥을 빠져 도망함. 탈감(脫監). prison-breaking [하자] jail-breaker
탈옥=수(脫獄囚)[명] 교도소에서 빠져 도망한 죄수.
탈위(脫危)[명] 위험한 지경에서 벗어남. 병이 위경에서 벗어남. escaping death [하자]
탈음(脫陰)/탈음=증[一-증][명] 탈음증(脫陰症). [의] 자궁탈(子宮脫)
탈의(脫衣)[명] 옷을 벗음. (대) 착의(着衣). taking off one's clothes [하자]
탈의-실(脫衣室)[명] 온천이나 목욕탕 등에서 옷을 벗는 방.
탈의-장(脫衣場)[명] 해수욕장이나 운동장 등에 설치한 옷을 벗는 장소.
탈의-파(奪衣婆)[명] <불교> 죽어 지옥으로 가는 도중 삼도(三途)의 냇가에 이르면 입었던 옷을 뺏는다는 귀파(鬼婆).
탈자[一짜](脫字)[명] 빠진 글자. 낙자(落字). omitted word
탈=잡-다(頉一)[타] 어떻게 해서든지 흠을 잡는다. find fault with
탈장[一짱](脫腸)[명] <의학> 복벽(腹壁)의 찢어진 틈을 통하여, 소장·대장 또는 다른 내장이 복막에 싸인 체로 복강(腹腔) 밖으로 나오는 일. hernia [하자]
탈장=대[一짱一](脫腸帶)[명] <의학> 외부에서 압력을 가하여 탈장을 일정 시간 동안 제지시켜, 자연치유(治癒)를 촉진시키는 띠. truss
탈장-증[一짱쯩](脫腸症)[명] <의학> 탈장이 일어나는 병증.
탈저-정(脫疽疔)[명] <의학> 신체 조직의 어떤 부분이 생활력을 잃고, 영양 공급 및 혈액 순환이 두절됨으로써 그 부분이 썩어 문드러지는 병. gangrene
탈적[一쩍](脫籍)[명] 호적·병적·당적(黨籍)의 적(籍)에서 빠져 나옴. 제적(除籍).
탈적[一쩍](奪嫡)[명] 종손이 끊어지거나 아주 미약해진 때에 유력한 지손(支孫)이 종손을 누르고 종손 노릇을 하는 일. 탈종(奪宗).
탈정[一쩡](奪情)[명] ①[동] 기록 출사(起復出仕). ②억지로 남의 정을 빼앗음. doing violence to one's feeling [하자]
탈종[一쫑](奪宗)[동] 탈적(奪嫡). [하자]
탈죄[一쬐](脫罪)[명] 죄를 벗어남. evasion of punishment [하자]
탈주[一쭈](脫走)[약] → 탈신 도주(脫身逃走).
탈지[一찌](脫脂)[약] 기름을 빼버림. removal of fat [하자]
탈지[一찌](奪志)[명] 정절(貞節)을 지키는 과부를 개가(改嫁)시킴. force a widow to marry again [하자]
탈지-면[一찌一](脫脂綿)[명] 지방분과 불순물을 제거하여 소독한 솜. 소독면. 약솜. 정제면(精製綿). absorbent cotton
탈지 분유[一찌一](脫脂粉乳)[명] 탈지유를 농축(濃縮)·건조한 가루 우유. 일반 우유보다 단백질·유당(乳糖)·칼슘·비타민 B₁ 등이 많음.
탈지 요법[一찌一뻡](脫脂療法)[명] <의학> 지방 과다증 환자로부터 지방을 빼는 요법.
탈지-유[一찌一](脫脂乳)[명] 표면에 엉기는 지방분을 제거한 우유. 탈지 분유·아이스크림 제조에 쓰임. skim milk, non-fat milk
탈진[一찐](脫盡)[명] 기력이 다 빠져 없어짐. exhaustion [하자]
탈진[一찐](脫塵)[동] 탈속(脫俗)①. [하자] [하자]
탈채(脫債)[명] 빚을 갚음. 부채를 갚음. paying off
탈=처(頉處)[명] 탈이 난 곳. cause of an accident
탈출(脫出)[명] 몸을 빼쳐 나옴. 탈거(脫去). [하자] escape [하자]
탈=춤[명] 얼굴에 탈을 쓰고 추는 춤. 가면무②.
탈취(脫臭)[명] 냄새를 빼어 없앰. deodorization [하자]
탈취(奪取)[명] 빼앗아 가짐. ¶고지를 ~하다. capture [하자]
탈취-제(脫臭劑)[명] 냄새를 빼는 데 쓰는 약. [하자]
탈타리[명] ①헐어서 몹시 탈탈거리는 자동차 등 일컬음. (준) 털터리. rattling old car ②[약] → 빈털터리.

탈탈[부] ①탈탈거리는 모양이나 소리. totteringly ②금이 간 질그릇 따위를 연해 두드려 내는 소리. (준) 털털. rattling [하자]
탈탈[부] ①먼지 등을 깨끗이 털어 버리는 모양. 또, 그 소리. ②아무 것도 남지 않게 죄다 털어 내는 모양. ¶주머니를 ~ 털다. (큰) 털털². dusting
탈탈-거리-다[자] ①마음을 급하나 몸이 피곤하여 바른 걸음으로 겨우 걷다. ¶지칠 대로 지쳐서 탈탈거리기만 한다. ②깨어져 금이 간 질그릇 같은 것을 연해 두드리어 떠는 소리가 나다. 또, 자주 탈탈 소리를 내게 하다. (큰) 털털거리다.
탈태(脫胎)[명] <공업> 질이 아주 얇아서 겉뿐과 가지고 그릇이 된 듯한 투명한 자기(瓷器)의 몸. 반탈태(半脫胎)와 진탈태(眞脫胎)가 있음.
탈태(脫態)[명] 형식이나 형태를 바꿈. transform [하자]
탈태(奪胎)[약] → 환골 탈태(換骨奪胎)①.
탈토(脫兔)[명] ①달아나는 토끼. ②빨리 달아남의 비유. ¶~의 기세. 동작이 재빠름을 이르는 말.
탈토지세(脫兔之勢)[명] 우리를 빠져 도망하는 토끼.
탈퇴(脫退)[명] ①관계를 끊고 물러남. 일단 가입한 정당이나 단체 따위에서 이탈함. ¶~자(者). (대) 가입(加入). seceding ②[법률] 법률 관계의 구속을 이탈함. secession [하자]
탈투(脫套)[명] 옛 관습을 벗어남. 탈습(脫習). freeing oneself from trammels of custom [하자]
탈=품(頉稟)[명] 어떤 사정에 의하여 다하기 어려운 책임을 면제하여 달라고 상사에 청하는 일. asking for one's temporary absolution [하자]
탈피(脫皮)[명] ①<생리> 파충류·곤충 등이 성장함에 따라 낡은 허물을 벗음. ecdysis ②낡은 사고 방식에서 벗어나 진보함. casting off [하자]
탈함(脫艦)[명] <군사> 함상(艦上) 근무자가 군함에서 탈하거나 상륙한 체로 도망하는 일. desertion from a warship [하자]
탈함-병(脫艦兵)[명] <군사> 탈함(脫艦)한 병사.
탈항(脫肛)[명] <의학> 치질의 하나. 점막(粘膜)이 통구멍 밖으로 빠져서 처짐. proctocele
탈항=증[一쯩](脫肛症)[명] <의학> 탈항이 되는 병증.
탈혈(脫血)[명] [동] 실혈(失血). [하자]
탈화(脫化)[명] 낡은 형식에서 벗어나 새로운 형식으로 변하는 일. transforming [하자]
탈화(脫靴)[명] 신을 벗음. [하자]
탈환(奪還)[명] 도로 빼앗음. 탈회(奪回). ¶~전. recapture [하자] [을 제거하는 일.
탈황(脫黃)[명] 연기·중유 등에 함유되어 있는 유황분을 제거하는 일.
탈회(脫會)[명] 어떤 모임에서 관계를 끊고 빠져 나옴. (대) 입회(入會). withdrawal from a society [하자]
탈회(奪回)[명] 탈환(奪還). [하자]
탐(貪)[명] ①[약] → 탐욕(貪慾). ②<불교> 세 가지 독(毒)의 하나, 곧, 오욕(五慾) 경계에 몰두는 망념(妄念). [하자]
탐검(探檢)[명] 탐색(探索)하고 두루 살핌. exploration [하자]
탐검 기구(探檢氣球)[명] <지학> 기상 관측 기계를 장치하여 공중의 기상을 관측하는 데에 쓰이는 기구.
탐관(貪官)[명] 탐욕에 찬 관리. 묵리(墨吏). 탐리(貪吏). ¶~ 오리(汚吏). (대) 염관(廉官). covetous official
탐관의 밑은 안반 같고 염관의 밑은 송곳 같다[담] 탐관은 살림이 기름지고 청렴한 관원은 매우 가난하다. [prospecting [하자]
탐광(探鑛)[명] <광물> 광맥이나 광상(鑛床)을 찾아냄.
탐구(探究)[명] 더듬어 연구함. research [하자]
탐구(探求)[명] 더듬어 구함. 탐색(探索). quest [하자]
탐구(探求)[명] 탐내어 구함. [하자]
탐념 낙쇠(貪婪樂勢)[명] 권세를 탐함. [하자]
탐-나-다(貪一)[자] 몹시 가지고 싶은 욕심이 나다. ¶탐나는 물건. be covetous for
탐낭 취-물(探囊取物)[명] [동] 낭중 취물(囊中取物).
탐-내-다(貪一)[타] 몹시 가지고 싶은 욕심을 내다.

¶남의 물건을 ~. covet

탐닉(耽溺)[명] 어떤 일을 몹시 즐겨서 거기에 빠짐. 익혹(溺惑). ¶주색에 ~하다. indulgence **하다**

탐다 무:득(貪多務得)[명] 욕심이 많아 많은 것을 탐냄. covet **하다**

탐도(貪饕)[명] ①재물을 탐함. 탐람(貪婪). ②〈기독〉칠죄종(七罪宗)의 하나. 먹고 마시기를 너무 지나치게 함. **하다**

탐도 불법(貪饕不法)[명] 재물을 탐내어 법을 어김.

탐독(耽讀)[명] ①어떤 책을 특별히 즐거이 읽음. poring over a book ②글읽기에 빠짐. **하다**

탐라(耽羅)[명] 제주도의 옛 이름.

탐락(耽樂)[명] 주색에 빠져 마음껏 즐김. indulgence in pleasure **하다**

탐람(貪婪)[명] 〓탐도(貪饕)①. 「함. **하다**

탐련(耽戀)[명] ①연애에 정신이 빠짐. ②탐내어 생각

탐렴(貪廉)[명] 탐욕(貪慾)과 청렴(淸廉). **하다**

탐리(貪吏)[명] 〓탐관(貪官).

탐리(探吏)[명] 〈제도〉 봉명 사신(奉命使臣)의 가는 길을 탐문(探問)하는 아전(衙前).

탐리(貪利)[명] 지나치게 이익을 탐냄. 모리(謀利). covetousness **하다** 「liness **하다**

탐린(貪吝)[명] 욕심이 많고 인색함. greed and miser-

탐망(探望)[명] ①살펴 바라봄. looking for ②넌지시 바람. having a desire in one's heart **하다**

탐매(探梅)[명] 매화 핀 경치를 찾아 구경함. going to enjoy plum blossoms **하다** 「**하다**

탐문(探問)[명] 더듬어 찾아 물음. 채문(探問). inquiry

탐문(探聞)[명] 더듬어 찾아서 들음. detection **하다**

탐미(耽美)[명] 아름다움에 열중하여 깊이 즐김. love of beauty **하다**

탐미-적(耽美的)[관·명] 미를 최고의 가치로 삼고, 미에 도취하는 경향이 있는(것). ¶~인 시인.

탐미주의(耽美主義)[명] 예술을 위한 예술, 미를 위한 미'를 강조한 예술적 경향으로 19세기 후반 유럽에서 일어났으며, 와일드·보들레르 등이 대표적임. 유미주의(唯美主義). aestheticism

탐미-파(耽美派)[명]〈문학〉 탐미주의를 신봉하는 예술상의 한 파. 유미파(唯美派). aesthetic school

탐방[명] 작고 묵직한 것이 깊은 물에 떨어질 때 나는 소리. 또, 그 모양. (큰)텀벙. plop **하다**

탐방(探訪)[명] 기자 등이 어떤 일의 진상을 탐문하려고 찾아감. inquiry **하다**

탐방-거리다[자타] 잇따라 탐방 소리가 나다. 또, 잇따라 탐방 소리를 나게 하다. (큰)텀벙거리다. 탐방-탐방 [부]

탐방-기(探訪記)[명] 목적하는 사람이나 장소를 탐방하여 쓴 기사.

탐방 기자(探訪記者)[명] 탐방하는 일을 맡은 신문·잡

탐보(探報)[명] 더듬어 살펴서 알림. **하다**

탐사(探査)[명] 더듬어 살핌. ¶석유 ~. inquiry **하다**

탐상(探賞)[명] 경치 좋은 곳을 찾아서 즐기며 구경함. sight-seeing **하다**

탐색(貪色·耽色)[명] 〓호색(好色). **하다**

탐색(探索)[명] ①실상(實相)을 더듬어 찾음. search ②〈법〉 실종한 죄인의 행방이나 그 죄상을 샅샅이 찾음. inquiry **하다**

탐-스럽다[형ㅂ불] 마음이 끌리도록 보기에 소담스럽거나 좋다. attractive 탐-스레[부]

탐승(探勝)[명] 좋은 경치를 찾아다님. sight-seeing **하다**

탐승-객(探勝客)[명] 명승지를 찾아다니는 사람.

탐식(貪食)[명] 음식을 탐냄. 탐내어 먹음. voracity **하다**

탐심(貪心)[명] ①탐내는 마음. avarice ②부당한 욕심.

탐애(貪愛)[명] ①남의 물건을 탐내고 제것을 퍽 아낌. greedy and stingy ②〈불교〉 사랑에 집착(執着)함. **하다** 「(貪慾). indulgence in 음욕

탐오(貪汚)[명] 욕심이 많고 하는 짓이 더러움. 탐묵

탐욕(貪慾)[명] ①지나치게 탐하는 욕심. (대)무욕(無慾). 〈약〉탐(貪)①. covetousness ②〈불교〉 삼구(三垢) 또는 삼독(三毒)의 하나. 스럽다 스레[부]

탐욕=가(貪慾家)[명] 탐욕이 남달리 많은 자.

탐음(貪淫)[명] 지나치게 색을 탐함. 여색(女色)에 빠짐. sexual indulgence **하다**

탐장(貪贓)[명] 관리가 나쁜 짓을 하여 재물을 탐함.

탐장-질(貪贓―)[명] 관리가 탐장하는 짓. 범장(犯贓). jobbery **하다**

탐재(貪財)[명] 재물을 탐함. coveting for property **하다**

탐재 호:색(貪財好色)[명] 재물을 탐하고 여색을 즐김.

탐정(貪政)[명] 탐욕 부리는 포악한 정치. despotism **하다** 「person out **하다**

탐정(探情)[명] 남의 의향을 넌지시 살핌. sounding a

탐정(探偵)[명] 비밀히 깊은 사정을 더듬어 살핌. 또, 그 사람. 정탐(偵探). spy **하다**

탐정-가(探偵家)[명] 탐정하는 사람. detective

탐정=꾼(探偵―)[명] (하)탐정하는 사람.

탐정 소:설(探偵小說)[명] 주로 범죄 수사를 제재(題材)로 하여 흥미 있게 추리(推理)·귀납(歸納)하는 데 중점을 둔 소설. 추리 소설(推理小說). 「**하다**

탐조(探照)[명] 더듬어 찾으려고 멀리 내비춤. lighting

탐조-등(探照燈)[명] 조사용(照射用) 및 원거리 발광 신호로서 쓰이는 전등. 반사경의 의하여 평행 광선을 한 방향으로 멀리 비치게 함. 탐해등(探海燈). 서치라이트.

탐지(探知)[명] 더듬어 살펴 알아냄. detection **하다**

탐지-기(探知機)[명] 어떤 사물의 소재(所在)나 진부(眞否)를 탐지하는 기계의 총칭. 지뢰 탐지기·전파 탐지기·거짓말 탐지기 따위.

탐지-꾼(探知―)[명] 탐지하는 사람. detective 「**하다**

탐착(貪着)[명] 만족할 줄 모르고 더욱 사물에 집착함.

탐찰(探察)[명] 탐색하여 살핌. search **하다**

탐춘(探春)[명] 봄의 경치를 찾아다니며 구경함. (유)상춘(賞春). sight-seeing in spring **하다**

탐춘-객(探春客)[명] 탐춘하는 사람.

탐측(探測)[명] 적정(敵情)이나 기상 등을 탐색하여 측량함. ¶~ 기구. **하다**

탐탁-하다[형여] 탐탁하게 보이다. 탐탁-스레[부]

탐탁-스럽다[형ㅂ불] 마음에 들게 모양이나 태도가 어울리다. satisfactory 탐탁-히[부]

탐탐(眈眈)[명] 야심을 품고 잔뜩 노리는 모양. ¶호시(虎視) ~. watching for an opportunity to **하다**

탐탐(耽耽)[명] 매우 즐겨 좋아하는 모양. **하다**히[부]

탐-탐(tam-tam)[명]〈음악〉 타악기로 징의 일종. 청동제(靑銅製)의 두꺼운 원반(圓盤)을 한 개의 채로 쳐 소리를 내며 관현악에도 씀.

탐폰(Tampon 도)[명]〈의학〉 소독한 솜·가제 등에 약을 적신 것. 국소(局所)에 삽입하여 지혈 또는 분비액을 흡수하여 둘임.

탐-하다(貪―)[타여] 지나치게 탐심(貪心)을 내다. ¶재물을 ~. 폭리를 ~. 「'ence **하다**

탐학(貪虐)[명] 탐욕이 많고 포학함. avarice and viol-

탐해-등(探海燈)[명] 〓탐조등.

탐험(探險)[명] 위험을 무릅쓰고 미지(未知)의 세계를 탐방함. exploration **하다** 「險者)

탐험-가(探險家)[명] 탐험에 종사하는 사람. 탐험자(探

탐험-대(探險隊)[명] 탐험을 목적으로 조직된 대.

탐험 소:설(探險小說)[명]〈문학〉 탐험을 내용으로 하는 소설. adventurous story

탐험-자(探險者)[명] 〓탐험가.

탐호(貪好)[명] 매우 즐기며 좋아함. fanatic love of

탐혹(耽惑)[명] 깊이 빠져 미혹됨. indulgence **하다**

탐화(探花)[명] ①꽃을 찾아다님. ②〈약〉→탐화랑(探花郞)

탐화-랑(探花郞)[명]〈제도〉 조선조 때, 갑과(甲科)에서 셋째로 급제한 사람을 이르는 말. 담화랑(擔花郞).

장원(壯元)②. 《약》 탐화(探花)②
탐화 봉접(探花蜂蝶) 꽃을 찾아다니는 벌과 나비란 뜻으로 여색을 좋아하는 사람의 비유. sensualist
탐횡(貪橫) 탐욕이 많고 행동이 횡포함. avarice and tyranny 하다
탐후(探候) 남의 안부를 물음. inquiring after 하다
탑(塔=Stupa 범) ①《불교》 사리(舍利)・불골(佛骨)을 모시거나, 공양(供養)・보은(報恩)을 하거나, 또는 영지(靈地)임을 나타내기 위하여 세우는 고층 건조물. 탑파①. tower ②여러 층으로 높고 뾰족하게 세운 건조물. ¶기념(記念)~.
탑(榻) 좁고 기다란 평상.
탑객(搭客) 《동》 탑승객(搭乘客).
탑골=**치**(塔―) 잘 삼은 썩 튼튼한 미투리. 예전 대대문 밖 탑골에서 삼는 데서 유래함. 《왕명.
탑교(榻敎) 《제도》의정(議政)을 불러 친히 전하던
탑기단(塔基壇) 탑신(塔身) 밑의 기단.
탑·망·원경(塔望遠鏡) 《천문》 태양을 관측하는 데 쓰이는 탑 모양의 망원경.
탑문(搨文) 석판(石板)의 문자(文字)
탑본(搨本) 금석(金石)에 새긴 글씨. 그림을 종이에 그대로 박아 냄. 또, 그 종이. 비첩(碑帖). 영본(影本). 탁본(拓本). rubbed copy 하다
탑비(塔碑) 탑과 비석. pagoda and a monument
탑삭리 《거》 탑삭.
탑삭-이다《거》―담삭거리다.
탑삭=**나룻**리 짧고 다보록하게 많이 난 수염. 《큰》 텁석나룻. shaggy beard
탑삭=**부리**리 탑삭나룻이 난 사람의 별명. 《큰》 텁석부리. man with a shaggy beard
탑상(榻床) 교의(校椅)・와상(臥牀) 등의 총칭. wooden bench or bed
탑상=**운**(塔狀雲) 탑 모양으로 머리 부분이 썩 높이 치솟아진 적은 우량(積量). 뇌우(雷雨)가 일어나기 쉬움.
탑새기다=**주**=**다**리 남의 일을 방해하거나 망쳐 주다. hinder
탑소록=**하**=**다**[형여불] 배게 난 털이 어수선하게 드리다. 《큰》 텁수룩하다. be shaggy **탑소록**=**이**리
탑=**손**(―) 보습을 쥐는 손. handle
탑승(搭乘)리 배・비행기 따위에 올라 탐. getting on 하
탑승·객(搭乘客) 배・비행기 따위에 탄 손님. 탑객.
탑승·원(搭乘員) 탑승하고 있는 사람. 승무원에 한정하여 사용하는 경우도 있음. crew
탑=시계(塔時計) 탑시계에 단 시계. 《의 탑의 몸.
탑신(塔身) 탑기단(塔基壇)과 상륜(相輪)과의 사이
탑신-석(塔身石) 석탑의 탑신을 이루는 돌.
탑영(塔影) 탑의 그림자. shade of a tower
탑영(搨影)리 본디의 형상을 본떠서 그림. 또, 그 그림.
탑인(搨印)리 본떠서 박음. copy 하다 《림. 하다
탑재(搭載)리 배・수레・비행기 등에 물건을 실음. loading 하다
탑재·량(搭載量)리 탑재할 수 있는 짐의 분량. loadage
탑재·물(搭載物)리 탑재하는 물건. load
탑전(榻前)리 임금의 자리 앞. 《다
탑전 정=**탈**(榻前定奪) 임금이 즉석에서 재결함. 하
탑전 下=**교**(榻前下敎) 임금이 즉석에서 명령을 내림. 하다 《eple
탑첨(塔尖) 《건축》 탑의 맨 위의 뾰족한 부분. ste-
탑파(塔婆)범 ①탑(塔)①. ②묘(墓).
탓리 ①잘못된 까닭. ¶네 ~이다. reason ②구실이나 핑계로 삼는 것. ¶일이 안 되면 조상 ~만 한다. pretence ③잘못된 것을 원망하는 짓. ¶누구 ~하랴. 하다 《empty
탕:¹리 속이 비어서 아무 것도 없는 모양. 《큰》 텅¹.
탕:²리 총포・총알(銃丸)이 터져서 나는것과 같은 소리. 《큰》 텅². 하다
탕¹(湯)리 ①'국'의 높임말. ②제사에 쓰이는 건지가 많고 국물이 적은 국. ¶육(肉)~.
탕²(湯) 목간이나 온천 등의 목욕하는 곳.

=**탕**(湯)[접미] ①탕약(湯藥) 이름 밑에 붙이는 이름. ¶쌍화~. 십전 대보~. ②어떤 명사 아래 붙어 '국'의 뜻을 나타냄. ¶설렁~. 대구~. soup
탕·갈(蕩竭) 재물이 다 없어짐. exhaustion 하다
탕·감(蕩減) 진 빚을 온통 삭쳐 줌. remission 하다
탕개(湯―) 물건의 동인 줄을 죄어치는 제구. 동인 줄의 중간에 비녀장을 질러 틀에 넘기면 줄이 좋아들게 됨. ¶~목 질러 놓는 나무. taut-peg
탕개=**목**(―木) 탕개줄을 비비 틀어서 풀리지 않도록 한 나무.
탕개=**붙임**[―부침] 《건축》 탕개줄을 틀어서 나무쪽을 붙임.
탕개=**줄** 틀=**다**[(르)] 탕개줄을 틀어 동인 줄을 죄다.
탕·객(蕩客) 방탕한 사람. fast liver
탕·거리(―거―) 탕을 끓일 감. soup stuff
탕·건(宕巾) 예전에 벼슬아치가 갓 아래에 받쳐 쓰던 관(冠). 말총으로 뜨는데 앞은 낮고 뒤는 높아 턱이 졌음. 《만 쓰는 차림새. horse-hair skullcap
탕·건·바람[―빠―] (宕巾―) 갓을 쓰지 않고 탕건
탕·건·집[―집](宕巾―) 탕건을 넣어 두는 상자.
탕·관(湯罐)리 국을 끓이거나 약을 달이는 작은 그릇. 쇠붙이・오지 등으로 만듦. ¶약(藥)~. kettle
탕·국물(湯―)리 탕의 국물. soup
탕·기[―끼](湯器)리 국이나 찌개 따위를 담는 자그마한 그릇. soup dish
탕·론(蕩論)리 ①=탕평론(蕩平論). ②어느 한편으로 치우치지 않는 공평한 이론이나 논의. impartial view
탕·메(湯―)리 제사에 쓰이는 국과 밥. boiled-rice and soup offered to the deceased souls
탕·면(湯麪)리 국에 만 국수. wheat vermicelli ser-
탕·반(湯飯)리 장국밥. rice in soup 《ved in soup
탕·방(―房) 《건축》 넓고 큰 구들장을 놓아 만든 방. large room with large floor stones
탕·부(蕩婦)리 방탕한 계집. lewd woman
탕·산(蕩産) 《약》=탕진 가산(蕩盡家産).
탕·상(湯傷) 끓는 물에 덴 상처. [squander 하다
탕·석(蕩析) 《동》 탕산(蕩散). 하다
탕·수(湯水) 탕을 끓이는 물. soup kettle
탕·수(湯水) 끓는 물. hot water
탕수·육(糖水肉)리 쇠고기나 돼지고기 튀김에 녹말을 달콤하게 끓여 부은 중국 요리. Chinese dish of fried meat seasoned with sugar
탕·심(蕩心) 방탕한 마음. profligate mind
탕·아(蕩兒) 방탕한 사내. 탕자(蕩子).
탕·액(湯液) 한약을 달이어 짠 물.
탕·약(湯藥) 《한의》 달이어 먹는 한약. 탕제(湯劑). 산약(散藥). 환약(丸藥). infusion
탕약에 감초 빠질까리 어떤 일에도 빠짐없이 끼이다. 약방의 감초.
탕·양(湯漾) 물이 실넘히 넘쳐 흐르는 모양. surge
탕=원미(湯元味) 초상집에 보내는 죽. 멥쌀가루・쇠고기・표고・석이・잣가루 따위를 재료로 하여 만듦.
탕·일(蕩逸) 방탕하여 절제(節制)가 없음. dissipa-
탕·자(蕩子) 《동》 탕아(蕩兒). [tion 하다
탕·장(帑藏) 내탕고(内帑庫)에 간수한 재물.
탕·전(帑錢) 내탕금(内帑金).
탕·정(湯井) 더운물이 솟는 우물. 온천(溫泉). 탕천(湯泉). hotspring
탕·정(蕩情) 방탕한 마음. lewdness
탕·제(湯劑) 《동》 탕약(湯藥).
탕·지(蕩志) ①크고 넓은 뜻. ambition ②방탕한 《마음. lewdness
탕=지기(湯―) 《제도》 대궐 안에서 국을 맡아 끓이던 차비노(差備奴). ¶~. squandering 하다
탕·진(蕩盡) 재물을 다 써서 없앰. ¶재산을 ~하다.
탕·진 가산(蕩盡家産) 집안의 살림을 다 써서 없앰. 탕패 가산(蕩敗家産). 《약》 탕산(蕩産). 하다
탕·창(宕氅) 탕건(宕巾)과 창의(氅衣)를 아울러 이르는 말.

탕창짜리(宕氅-)圓 탕건 쓰고 창의 입은 사람을 홀하게 이르는 말.

탕창하다(宕氅-)|자여동| 당하(堂下)의 벼슬을 하다. [rge 하타

탕척(蕩滌)圓 죄명(罪名)을 깨끗이 씻어 줌. discha-

탕척 서:용(蕩滌敍用)圓〈제도〉죄명을 씻고 다시 벼슬에 올려 씀. 하타

탕천(湯泉)圓 =온천(溫泉). 탕정(湯井).

탕치(湯治)圓 온천에서 목욕하여 병을 고치는 일. ¶~ 요법. hotspring cure 하타

탕:치-다(蕩-)|타여동| ①제산을 다 없애다. 2빚을 탕감하다. run through one's fortune, forgive a debt

탕=탕 여럿이 다 비어 있는 모양. (큰) 텅텅¹.

탕:탕圓 총포(銃砲)가 연해 터지거나 마룻 바닥을 연방 치는것과 같은 소리. (큰) 텅텅². (센) 땅땅.

탕:탕圓 실속 없는 장담을 함부로 하는 모양. ¶큰 소리만 ~ 치지 마오. (큰) 텅텅³. (센) 땅땅.

탕:탕(蕩蕩)圓 ①넓고 큰 모양. vast ②평탄(平坦)한 모양. easy ③수세(水勢)가 힘찬 모양. rushing ④ 법도(法度)가 쇠퇴한 모양. in confusion 하타

탕탕=거리-다|자타| 잇따라 탕 소리를 풀다. 또, 잇따라 탕탕 소리를 내게 하다. (큰) 텅텅거리다. (센) 땅땅거리다. 「탕탕(蕩-)①. impartiality 하타

탕:탕 평평(蕩蕩平平)圓 어느 쪽에도 치우치지 않음.

탕:파(湯婆)圓 더운물을 넣어 몸을 덥게 하는 쇠나 자기로 만든 그릇. 각파(脚婆).

탕:패(蕩敗)圓 살림을 다 없애서 결단남. 탕진(蕩盡). ruin 하타

탕:패 가산(蕩敗家產)圓(동) 탕진 가산(蕩盡家產).

탕:평(蕩平)圓(하여) =탕탕 평평(蕩蕩平平)②. (약) 탕평책(蕩平策).

탕:평-론(蕩平論)圓〈제도〉탕평책의 정론(政論). (약)

탕:평-책(蕩平策)圓(동) 탕평 분포(-淸和).

탕:평-책(蕩平策)圓〈제도〉①조선조 영조가 당쟁의 뿌리를 뽑아 왕권의 신장과 탕탕 평평(蕩蕩平平)을 꾀한 정책. (약) 탕평(蕩平)②. ②불편 부당의 정책.

탕:포(蕩逋)圓 범포(犯逋)한 사람의 변상(辨償)을 탕감해 줌. 하타

탕:-하다(湯-)|자여동| 목욕하다. [fire

탕:화(湯火)圓 끓는 물과 뜨거운 불. hot water and

탕화(湯花)圓 유황이 많이 섞인 온천에서 밑바닥에 침전하여 생긴 유황화(硫黃華).

탕:화-상(湯火傷)圓 탕화창(湯火瘡).

탕:화-창(湯火瘡)圓〈한의〉끓는 물이나 뜨거운 불에 데어서 생긴 헌데. 탕화상(湯火傷).

태¹ 질그릇·놋그릇의 깨진 금. crack
태² 농작물에 해를 끼치는 새를 쫓는 물건. 짚·삼·실 따위로 머리는 굵고 꼬리는 가늘고 부드럽게 꼬아 머리를 잡고 꼬리를 휘휘 두르다가 거꾸로 잡아 채면 '딱' 소리가 남. 페기². device for chasing birds [方}.

태:(兌)圓〈민속〉①(약)→태괘(兌卦). ②(약)→태방.

태¹(胎)圓 ①뱃속의 아기를 싸고 있는 난막(卵膜)·태반(胎盤) 및 탯줄의 총칭. 삼¹. ②도가(道家)에서 인신(人身)이 깃들이는 체기(體氣)의 근원. 두엇.

태²(胎)圓 =태지(胎紙). [→태장계(胎藏界).

태(泰)圓 ①(약)→태괘(泰卦). ②(약)→태국(泰國).

태(態)圓 ①짐짓 지어 보이는 태도. ②물질의 겉에 나타나는 아름다움. ④〈어학〉언어가 나타내 보이는 상태. 동사가 나타내는 동작의 특질. ¶ 능동(能動)-. 피동(被動)-.

태가(-價)|駄價|圓 짐을 실어다 준 값. cartage

태-가:다그릇에 깨진 금이 나다. 태먹다. crack

태가 벗다그릇 모양이 촌티가 없이 세련되다.

태가 없다젠체하며 뿔내는 빛이 없다.

태갈(苔碣)圓 이끼가 긴 작은 빗돌.

태감(台監)圓 대감(大監). 편지에 쓰이던 말.

태감(台鑑)圓(공) 아경(亞卿) 이상의 벼슬아치에게 편지나 보고서 같은 것의 걸봉에 살펴보라는 뜻으로 쓰던 말. 하타 [기 쉬움. 하타

태강-즉절(太剛則折)圓 너무 세거나 빳빳하면 꺾어지기 쉬움.

태거(汰去)圓 죄과(罪過) 있는 하급 벼슬아치나 구실 아치를 파면함. 하타

태경(苔徑)圓 이끼가 긴 길. mossy path

태경 간풍(胎驚癎風)圓〈한의〉아이 밴 여자가 어떤 심한 충격을 받은 까닭으로, 낳은 아이들에게 일어나는 경간(驚癎).

태계(苔階)圓 이끼가 긴 섬돌. mossy stone-step

태고(太古)圓 아주 오랜 옛날. 상고(上古)①. ¶~ 시대(時代). ancient time

태고(太高)圓 썩 높음. loftiness 하타

태고(太鼓)圓(동)〈음악〉북². [「고층(高層)

태고-계(太古界)圓 태고대(太古代)의 지층(地層). 태

태고-대(太古代)圓 지질 시대 중의 최고의 시대. 방산충(放散蟲)·해면(海綿) 등이 생존했음. 시원대

태고-사(太古史)圓 태고적의 역사. [(始原代).

태고 순:민(太古順民)圓 아주 오랜 옛날의 순하고 선량한 백성.

태고-연(太古然)圓 아득한 옛날과 같음. antique 하타

태고-적(太古-)圓 아득한 옛날. ancient times

태고지:민(太古之民)圓 오랜 옛적의 순박한 백성.

태고지:층(太古之層)圓〈지학〉태고대(太古代)의 지층(地層). 태고계(太古界). Archean Group

태공(太公)圓(약)→태국공(國太公).

태공(太空)圓 가깝게 놓고 먼 하늘.

태공-망(太公望)圓〈속〉강태공(姜太公). 낚시질을 좋아하는 사람. 낚시꾼의 딴이름.

태과(太過)圓 너무 지나침. 아주 심함. being exces-

태관(兒管)圓(동) 색대. [sive 하타

태-괘(兌卦)圓 ①〈민속〉 팔괘의 하나. 상형은 '三', 못을 상징함. ②육십사괘의 하나. 못 아래에 못이 거듭됨을 상징함. (약) 태(兌)①.

태-괘(泰卦)圓 육십사괘의 하나. 곤괘(坤卦)와 건괘 (乾卦)가 거듭된 것이니, 하늘과 땅이 사귐을 상징함. (약) 태(泰)①.

태교(胎敎)圓〈교육〉아이 밴 여자가 언어·행동을 삼가, 태아에게 정로 좋은 감화를 주는 일. prenatal education [름. (약) 태(泰)①.

태국(泰國)圓〈지리〉'타이(Thailand)'의 한자 이

태권(-권)(跆拳)圓〈체육〉우리 나라 고유의 호신 무술의 하나. 맨손과 맨주먹으로 찌르기·치기·발로 차기 등을 중심으로 공격하여 자기 몸을 방어하는 기술. [말.

태권-도(-권-)(跆拳道)圓 무도로서 태권을 일컫는

태그(tag)圓 프로 레슬링 등에서, 선수의 2인조. 2 ~ 팀. 「람쪽 편을 짜서 하는 시합 형식의 하나.

태그 매치(tag match)圓 프로 레슬링에서, 두세 사

태극(太極)圓〈철학〉역학(易學)에서 우주 만물이 생긴 근원인 본체. 하늘과 땅이 아직 나뉘기 전의 세상 만물의 원시(元始)의 상태. First Cause

태극-기(太極旗)圓 우리 나라의 국기. 흰 바탕의 한 가운데 태극을 양(陽)으로 붉은, 음(陰)으로 푸른 빛으로 하고, 건(乾)·곤(坤)·감(坎)·이(離) 네 패를 네 귀에 검은 빛으로 벌임. Korean national flag

태극-나방(太極-)圓〈곤충〉발나방과에 딸린 곤충. 날개 길이 5~6 cm로 몸 빛은 암회갈색이며 앞날개에는 뚜렷한 태극 무늬가 있음. 유충은 자귀나무의 잎을 먹으며 5~6월, 7~8월에 두 번 나타남.

태극-선(太極扇)圓 태극 모양을 그린 둥근 부채. 카치선(-扇). fan with a mark of Tai-geuk

태금(汰金)圓〈광물〉감숙의 황금을 물에 일. 하타

태금(胎金)圓 두루미.

태급(太急)圓 썩 급함. 하타 히타

태기(胎氣)圓 아이를 밴 기미. ¶~가 있다. indica- tions of pregnancy

태:-갈(態-)圓 ①태와 빛깔. figure and colour ②교 만한 태도. haughty attitude ③맵시. 태도. style

태깔이 나다 맵시 있는 태도가 보이다. [스럽]스레하

태껸 〈체육〉 한 발로 서로 상대방 다리를 차서 넘어뜨리는 호신술의 하나. 각희(脚戲). 하라

태:나 〈약〉→태어나다.

태납(怠納)영 태만하여 조세(租稅)를 납부하지 않음. arrears of taxes 하타

태낭(胎囊)영 〈동물〉 포유류의 태아가 쓰이고 있는 주머니 모양의 물건. 또, 조류·파충류(爬蟲類)의 알 껍데기 안에 있는 막(膜). 「ior of the womb

태내(胎內)영 어머니의 뱃속. 〈유〉 태중(胎中). inter-

태농(怠農)영 농사일을 태만히 함. 나농(懶農). 하라

태:-다영〈약〉→타다¹,²,³.

태다(太多)영 썩 많음. multitude 하영

태다-수(太多數)영 썩 많은 수효.

태-대각간(太大角干)영 〈제도〉 신라의 대각간(大角干)의 윗 위계(位階). 나라에 큰 공로가 있는 사람을 예우(禮遇)하기 위하여 베풀었음.

태:-도(態度)영 ①속에 드러나 보이는 걸모양. posture ②몸을 가지는 모양이나 맵시. posture ③행동(行動). ④〈심리〉 일정한 안정도(安定度)를 가지고, 어느 정도 지속하여 그것에 의하여 미래의 경험이 정해지는 어떤 심적 경향.

태독(胎毒)영 〈의학〉 젖먹이의 머리나 얼굴 같은 곳에 생기는 여러 가지의 피부병. eczema

태동(胎動)영 ①모태(母胎) 안에서 태아가 움직이는 일. foetal movement ②둥 동태(動態)). ③무슨 일이 생기려는 기운이 싹틈. ¶역사가 ~하다. fomentation 하라

태동(泰東)영 '동양'을 예스럽게 이르는 말. 「서(泰西).

태두(太豆)영 쇠 콩팥을 식용으로 일컫는 군두목 말.

태두(泰斗)영 ①〈약〉→태산 북두(泰山北斗). ②어떤 전문 분야에서 권위가 있는 사람. ¶사학계의 ~. authority

태란(胎卵)영 〈생리〉 태생(胎生)과 난생(卵生).

태람(太濫)영 너무 한도에 지나침. excess 하영

태람(台覽)영 〈궁〉 아경(亞卿) 이상의 벼슬아치나 높은 사람에게 글이나 그림 등을 보낼 때 살펴보라는 뜻으로 쓰이는 말. inspection 하라

태래-어(泰來魚)영 〈어류〉 키크리과에 딸린 민물고기. 1955년에 태국(泰國)에서 이식해 민대성 물고기로 몸은 대개 긴 타원형, 빗비늘로 덮임.

태령(太嶺·泰嶺)영 험하고 높은 고개. steep and high pass 「병.

태루(胎漏)영 〈의학〉 잉태 중에 자궁에서 피가 나는

태류(苔類)영 〈식물〉 선태 식물의 하나. 엽록소가 있어 탄소 동화 작용을 함. 몸은 팽평한 엽상의 배우체로서 관다발이 없으며 헛뿌리를 가짐. 포자를 만들어 번식함. 우물 근처의 축축한 곳에 남. 우산이끼·솔이끼 등. 〈대〉 선류(蘚類).

태를 길렀다《속》 어리석고 못난 사람의 비유.

태림(台臨)영 지체가 높은 어른의 출타함. 하라

태:마-노(苔瑪瑙)영 이끼와 같은 무늬가 있는 나노.

태막(胎膜)영 〈생리〉 태아를 보호하며, 호흡·영양 작용을 맡은 막상물(膜狀物). 태아막(胎兒膜).

태만(怠慢)영 게으르고 느림. 타태(惰怠). 태홀(怠忽). 해완. 〈대〉 근면(動勉). negligence 하라 히다

태맥(胎脈)영 잉태한 여자의 맥. pulse of a preg-

태:-먹:-다동 태가다. 「gnant woman

태명(台命)영 삼공(三公)의 명령. 또, 높은 사람의 명령.

태모(胎母)영 잉부(孕婦). 「명령.

태몽(胎夢)영 아이를 밸 징조의 꿈. dream of conce-

태묘(太廟)영 종묘(宗廟). 「ption

태무(殆無)영 거의 없음. scarcely anything 하영

태-무심(太無心)영 아주 무심함. 하영

태문(苔紋)영 이끼 모양으로 된 무늬. pattern of moss

태반(太半)영 절반이 지남. 반수 이상. 대반(大半). greater part 「half, greater part

태반(胎盤)영 〈생물〉 포유 동물을 임신했을 때, 모체의 자궁 내벽(內壁)과 태아 사이에 있어 배의 전체를 싸서 보호하며, 배에 양분을 공급하고, 태아의 배설물을 배출하며, 호흡 물질을 교환하는 기능을 맡은 쟁반 모양의 기관(器官).

태발(胎髮)영 〈동〉 산모(產毛). 배냇머리.

태방(兌方)영 〈민속〉 팔방(八方)의 하나. 정서(正西)를 중심으로 한 45도의 각거리(角距離)로 이룩되는 방향. 〈약〉 태(兌)②.

태배(胎背)영 늙은 사람을 가리킨 말. 북생선의 껍질처럼 나이 많은 사람의 살가죽이 여위고 거칠음

태백(太白)영 〈약〉→태백성(太白星). 「로 이르는 말.

태백-성(太白星)영 〈천문〉 저녁 때 서쪽 하늘에 보이는 금성(金星). 장경(長庚). 장경성(長庚星). 〈대〉 샛별. 〈약〉 태백(太白). evening star

태벌(笞罰)영 〈제도〉 태장(笞杖)으로 볼기를 치는 형벌. 「벌. whipping 하라

태변(胎便)영 〈동〉 배내똥①.

태병(苔餠)영 떠서 말린 파래. dried sea lettuce

태봉(胎封)영 〈제도〉 궁가(宮家)의 태를 묻음. 또, 그 곳.

태-부족(太不足)영 많이 모자람. great shortage 하영

태비(苔碑)영 이끼가 낀 비석. mossy tomb-stone

태사(太社)영 〈제도〉 조선조 때, 임금이 백성을 위하여 후토(后土)를 제사지내던 곳. 대사(大社).

태사(汰沙)영 물에 일어서 좋고 나쁜 것을 갈라 놓음. 하라

태사-신(太史-)영 〈제도〉 남자가 신던 마른신. 울을 형겊이나 가죽으로 하고 코아 뒤에 흰 선문(線紋)이 있음.

태사-혜(太史鞋)영 〈동〉 태사신. 〔을 새겼음. 태사혜.

태:-산(泰山)영 ①높고 큰 산. 교악(喬嶽)②. 〔은 헤가 「같다. 크기도 아주 크다.

태산 명동에 서일필《크게 떠벌리기만 하고 실제의 하는 일은 보잘것없다.》

태산 북두(泰山北斗)영 ①태산과 북두성. Mt. Tai and the Dipper ②세상 사람으로부터 가장 존경을 받는 사람. 〈약〉 산두(山斗). 태두(泰斗)①. great man 「온다. 고진 감래(苦盡甘來).

태산을 넘으면 평지를 본다《고생 끝에는 즐거움이

태산 준:-령(泰山峻嶺)영 큰 산과 험한 고개.

태상(太上)영 ①가장 뛰어난 것. 극상(極上)②. ②〈동〉 태상황(太上皇).

태상(台上)영 〈동〉 태증(台增). 「천자(天子).

태=상:-왕(太上王)영 선위(禪位)한 왕. 태왕(太王). 〈약〉 상왕(上王). abdicated king

태=상:-절(上上絶)영 〈민속〉 팔패(八卦)의 하나. 태패(兌卦)의 상형(象形)인 '≡'의 이름.

태=상:-황(太上皇)영 선위(禪位)한 황제. 태황제(太皇帝). 〈약〉 상황(上皇). abdicated emperor

태생(胎生)영 ①어머니 뱃속에서 어느 정도의 발달을 한 후에 태어남. 포유 동물과 물고기의 경우. 〈대〉 난생(卵生). viviparity ②어떠한 땅에 태어남. ¶서울 ~. birth

태생 과:(胎生果實)영 〈식물〉 배(胚)가 발달하여 진 뿌리가 드리운 후에 모체에서 탈락하는 열매. viviparous fruit

태생 동:(胎生動物)영 〈동물〉 태생하는 동물. 난생 동물(卵生動物). viviparous animals

태생-어(胎生魚)영 〈어류〉 모어(母魚)의 수난관(輸卵管)의 볼록한 부분에서 유어(幼魚)가 발육하여 어느 정도 성장한 뒤에 태어나는 어류의 총칭. 노랑가오리·망

태생-지(胎生地)영 태어난 땅. 〈동〉 태어 따위.

태생-학(胎生學)영 '발생학(發生學)'을 의학에서 일

태서(泰西)영 〈동〉 서양(西洋). 「컫는 말.

태석(苔石)영 이끼가 전 돌. 이끼로 덮인 돌. meco-

태선(苔蘚)영 〈식물〉 이끼. 「nium

태선(苔癬)영 〈의학〉 실질성 구진(丘疹)으로서 수포(水疱)나 농포(膿疱)로 변화하지 않은 만성 피부병.

태성영 이마가 흰 망아지.

태세(太歲)영 ①그 해의 간지(干支). 육십 갑자. ②〈동〉 목성(木星). 「of a fetus

태세(胎勢)영 자궁 내에서의 태아의 자세. position

태:세(態勢)영 상태와 형세. ¶임전 ~. state of things

태속(笞贖)〖제도〗불기 맞는 형벌 대신으로 바치던 돈.

태손(太孫)〖약〗→황태손(皇太孫).

태손-궁(太孫宮)〖제도〗①〖공〗황태손(皇太孫). ② 황태손의 궁전(宮殿).

태수(太守)〖제도〗지방관(地方官).

태수 덕에 나팔 소리 들었다〖속〗저는 수고하지 않고 남의 덕분에 하고 싶던 일을 이루게 될 때를 이름.

태시(太始)〖명〗〖동〗태초(太初).

태시(胎屎)〖명〗배내똥.

태식(太息)〖명〗〖동〗한숨.

태식(胎息)〖약〗→태식법(胎息法).

태식-법(-[一]胎息法)〖명〗도가(道家)에서 행하는 호흡법의 하나. 마음에 잡념 없이 하고 편안히 가만가만히 숨을 쉬어서, 기운이 배꼽 아래에 머물게 함. 이것을 되풀이하면 오래 산다고 함. 〖약〗태식.

태심(太甚)〖명〗너무 심함. 극심(極甚). 하〖 〗. [胎息].

태아(胎兒)〖명〗모체 안에서 자라고 있는 유체(幼體). embryo

태아(胎芽)〖명〗①〖식물〗양분을 저장하여 자연히 탈락하여 다시 한 개체(個體)가 되는 싹. sprout ②〖동물〗임신 후 2개월까지의 척추 동물의 수정란(水精卵).

태아-기(胎兒期)〖명〗모체 안에서 자라는 기간.

태아 심음(胎兒心音)〖명〗〖의학〗보통 임신 5개월부터 청진기로 들을 수 있는 태아의 심음(心音).

태안(泰安)〖명〗태평하며 안락함. peacefulness 하〖 〗 히〖 〗. [太陽醯].

태안-젓(太眼-)〖명〗명태의 눈으로 담근 젓. 태안해.

태안-해(太眼醯)〖명〗〖명〗태안젓(太眼-).

태양(太陽)〖명〗①〖천문〗태양계의 중심을 이루는 발광체(發光體)로 지구에서 가장 가까운 항성(恒星). 지구로부터의 평균 거리는 1억 4천 945만 km, 적도 반경은 695,553 km, 체적은 지구의 약 130만 배가 되며, 그 표면은 약 6,000°C로 광선을 발하고 있음. 약 25일의 주기로써 자전(自轉)하고 있음. 해. 일륜(日輪). 〖대〗태음(太陰). sun ②우리에게 빛나고 만물을 육성하며 희망을 주는 것. ¶민족의 ~.

태양(態樣)〖명〗모양. 형태. 상태.

태양-경(太陽經)〖명〗〖한의〗침술을 적어 흔히 이용하는 십이 경락(十二經絡)의 하나. 태양(太陽)·양명(陽明)·소양(少陽)으로 나눔. 〖대〗태음경. [경.

태양-경(太陽鏡)〖명〗태양을 관측하는 데에 쓰는 망원

태양-계(太陽系)〖명〗〖천문〗태양의 인력이 미치는 천체의 집단 전부로, 태양을 중심으로 그 주위를 도는 행성(수성·금성·지구·화성·목성·토성·천왕성·해왕성·명왕성 등 9개)·위성(32개)·소행성(1600개)·혜성·유성 및 성간 물질로 이루어졌으며, 반경이 약 60억 km임. solar system

태양=년(太陽年)〖명〗〖천문〗해가 춘분점(春分點)을 지나 다시 춘분점으로 돌아오는 동안. 365.2422일(日)에 해당함. 회귀년(回歸年). 〖대〗태음년(太陰年). solar year

태양=등(太陽燈)〖명〗〖의학〗자외선(紫外線)이나 적외선(赤外線)을 내쏘게 하는 보건 의료용(醫療用)으로 쓰는 수은등(水銀燈). sun lamp

태양-력(太陽曆)〖명〗〖천문〗지구가 해의 둘레를 일회전(一回轉)하는 동안을 1년으로 삼는 역법(曆法)으로, 곧 365.2422일이 1년. 신력(新曆). 〖대〗태음력(太陰曆). 〖약〗양력(陽曆). solar calendar

태양 물리학(太陽物理學)〖명〗〖천문〗태양의 물리적 상태를 연구하는 천문학의 한 분과.

태양 상수(太陽常數)〖명〗지구 표면의 대기 밖에서 태양 광선에 직각인 면 1 cm²에 1분 동안 입사(入射)하는 태양 복사 에너지, 곧 태양 광선의 열량. 2 cal/cm²·min 임.

태양-석(太陽石)〖명〗묘안석(猫眼石).

태양 숭배(太陽崇拜)〖명〗미개 종교의 하나. 태양을 신격화(神格化)하여 숭배함. heliolatry

태양=시(太陽時)〖명〗〖천문〗시간의 단위. 태양일을 24시간으로 해서 정한 시법(時法). solar time

태양=신(太陽神)〖명〗〖민속〗고대 민족의 태양을 의인화하여 종교 신앙의 대상으로 신격화한 것. sun-god

태양=열(-[一]널)(太陽熱)〖명〗태양으로부터 방사되어 지구에 도달하는 열. 자외선(紫外線) 또는 적외선(赤外線). solar heat

태양열 발전(-[一]널-쩐)(太陽熱發電)〖명〗〖물리〗태양열을 전력으로 변경시키거나 이것을 이용하여 발전하는 일.

태양열 주:택(-[一]널-)(太陽熱住宅)〖명〗〖물리〗태양열을 이용하여 난방이나 온수를 공급하는 주택. 솔라 하우스 (solar house).

태양-일(太陽日)〖명〗〖지학〗태양이 자오선(子午線)을 통과 남중(南中)해서 다시 자오선에 남중할 때까지의 시간(24시간). 진(眞) 태양일과 평균 태양일이 있음. solar day

태양 전:지(太陽電池)〖명〗〖물리〗반도체를 이용한 태양 에너지를 직접 전기 에너지로 바꾸는 전지. 수명이 길고 전원(電源)이 필요 없어 인공 위성 등에 쓰임.

태양 전:파(太陽電波)〖명〗태양이 방사하는 전파.

태양 중심설(太陽中心說)〖명〗〖지학〗지구와 그 밖의 행성이 태양을 중심으로 회전하고 있다고 하는 설.

태양-증(-[一]쯩)(太陽症)〖명〗〖동〗상한 양증(傷寒陽症).

태양-초(太陽草)〖명〗다른 특별한 조작 없이 햇볕에 말린 고추.

태양-풍(太陽風)〖명〗〖천문〗태양에서 방출(放出)되는 양성자와 전자이 하전 미립자(荷電微粒子)의 흐름.

태양 향:점(-[一]쩜)(太陽向點)〖명〗〖천문〗태양계(太陽系)가 항성(恒星) 사이를 향해 운동하고 있는 방향. sola apex

태양-혈(太陽穴)〖명〗〖한의〗인체에 침을 놓는 자리의 하나로 귀의 위, 눈의 옆쪽. 곧, 무엇을 씹으면 움직이는 곳. 섭유(顳顬).

태양 흑점(太陽黑點)〖명〗〖지학〗태양면(太陽面)의 동쪽에서 서쪽으로 이동하여 나타나는 흑색의 반점. 태양의 자전 주기 및 그 밖에 관측상 중요하며 지구상의 기온과 천후에도 갖가지 영향을 미침. 〖약〗흑점(黑點)②. sun-spots

태어-나다〖자〗어머니의 태(胎)로부터 세상에 나오다. be born

태업(怠業)〖명〗①〖사회〗노동 쟁의 수단의 하나. 고의로 일을 지연시켜 작업을 지체시키는 일. 사보타아지 (sabotage). 〖유〗파업(罷業). sabotage ②일을 게을리 함. negligence 하〖 〗.

태:-없다〖형〗①뽐낼 만한 지위에 있으면서도 조금도 뽐내는 빛을 안 보이다. unassuming ②볼 만한 태가 없다. **태:-없이**〖부〗

태연(泰然)〖명〗기색이 아무렇지도 않고 그냥 그대로 있는 모양. ¶~ 무심(無心). composed 하〖 〗 스레〖부〗스럽게

태연 자약(泰然自若)〖명〗마음에 무슨 충동을 받아도 듬직하고 천연스러움. ¶싫은 소리를 해도 ~하다. imperturbability 하〖 〗. [에도 가지고 있다.

태열(胎熱)〖명〗어린애가 태 안에서 받은 열을 출생 후

태엽(胎葉)〖명〗시계나 축음기 같은 기계의 동력으로 쓰이는, 탄력을 이용하는 물건. 강철을 얇고 길게 만들어서 둘둘 말아 넣었음. 발조(發條). spring

태오(怠傲)〖명〗게으름스러워 예법이 없음. haughtiness

티·오·다〖타〗〖고〗[稟賦]. 타고나다. 하〖 〗

티·오·다〖타〗〖고〗태우다.

태완(太緩)〖명〗아주 늦음. slowness 하〖 〗

태왕(太王)〖명〗태상왕(太上王).

태우〖고〗대부(大夫).

태우-다〖타〗①불에 타게 하다. ¶집을 ~. burn ②지나치게 뜨거워 검어지게 하다. ¶밥을 ~. scorch ③마음을 조리어 가슴 속에 불붙는 듯하게 하다. ¶애를 ~. burn ④햇빛과 따위에 그을게 하다. ¶피부를 ~. ⑤바싹 마르게 하다. ¶볏모를 ~. 〖어〗태다.

태우-다[1] ① 탈것에 몸을 얹게 하다. ¶손님을 차에 ~. take on ② 몸을 붙이기가 어려운 자리에 위태롭게 가게 하다. ¶줄을 ~. make one walk on ③ 얼음·눈을 걷거나 미끄러지게 하다. ⑩태다.

태우-다[2] ① 재산·월급·상여금 따위를 주다. share ② 의무적으로나 동정적으로 갈라 주다. ¶재산을 ~. ③ 노름이나 내기에서 돈이나 물건을 지르다. ⑩태다.

태우-다[3] 갈라 붙이게 하다. ¶가리마를 ~. [4동] 콩이나 팔을 맷돌에 갈아 쪼개게 하다.

태우-다[4] 무엇을 놓았다 켕기었다 하게 하다. ¶그네를 ~.

태운(胎運)[명] 태평한 운수.

태위(台位)[명] 〈제도〉 삼공(三公)의 자리. 곧, 재상 (宰相)을 이르는 말. 태좌(台座).

태위(胎位)[명] 〈생리〉 태아의 위치. 태아축(胎兒軸)과 자궁의 종축(縱軸)과의 상호 관계. 종위(從位)와 횡위(橫位)의 두 가지가 있음. 태좌(胎座).

태유(太油)[명] 콩기름.

태-을(太乙)[명] ① [동] 태일(太一·泰一). ② [약] ⇒태을성.

태을-성[-썽](太乙星)[명] 〈민속〉 하늘 북쪽에 있어 병란(兵亂)·재화(災禍)·생사를 맡아 다스린다고 하는 신령한 별. 태일성(太一星). ⑩태을⑦.

태을-점[-쩜](太乙占)[명] 〈민속〉 태을성(太乙星)의 팔방(八方)에 유행(遊行)하는 위치를 따라서 길흉을 알아보는 점(占). 태일점(太一占·泰一占).

태음(太陰)[명] 〈천문〉 달을 지구의 위성으로 일컫는 말. [대] 태양. moon

태음-경(太陰經)[명] 〈한의〉 침놓을 적에 흔히 이용하는 심이 경락(十二經絡)의 하나. 태음(太陰)·소음 (少陰)·궐음(厥陰)의 셋으로 가름. [대] 태양경(太陽經).

태음-년[-년](太陰年)[명] 〈천문〉 태음월(太陰月)을 평년에는 12개월을 합한 동안이고, 윤년에는 13개월을 합한 동안. lunar year [대] 태음 운행의 변화.

태음년-차(太陰年差)[명] 〈천문〉 태음년 사이에 생기는 차.

태음-력(太陰曆)[명] 〈천문〉 달의 한 삭망을 기초로 한 책력으로 한 달은 29일, 또는 30일이고, 1년을 열 두 달로 하여 19년에 일곱 번 윤달을 둠. 구력(舊曆). [대] 태양력(太陽曆). lunar calendar

태음양-력(太陰陽曆)[명] 〈천문〉 태음력과 태양력을 절충한 역서(曆書). 음력(陰曆). 구력(舊曆).

태음-월(太陰月)[명] 〈천문〉 삭월(朔月)에서 만월(滿月)을 거쳐서 다음 사월로 이르는 동안. 곧, 달이 태양이나 지구에 대하여 동일한 자리를 차지할 때까지의 동안. 그 길이는 29일 12시 44분 2초 남짓함. 삭망월(朔望月). lunar month

태음-일(太陰日)[명] 〈천문〉 달이 자오선을 지나서 다시 그 자오선을 지나칠 때까지의 동안. 평균 24시 50분 28초. lunar day

태음-증[-쯩](太陰症)[명] 상인 슴증(傷寒陰症).

태의(胎衣)[명] 〈생리〉 태아의 껍질. 포의(胞衣).

태일(太一·泰一)[명] 〈철학〉 천지 만물의 근원. 태을 (太乙)①.

태일-성[-썽](太一星)[명] [동] 태을성(太乙星).

태일-점[-쩜](太一占·泰一占)[명] [동] 태을점(太乙占).

태자(太子)[명] [약] ⇒황태자(皇太子).

태자-궁(太子宮)[명] 〈제도〉 ① [공] 황태자. 춘궁(春宮). ② 황태자의 궁전. 동궁.

태자-비(太子妃)[명] 〈제도〉 황태자의 아내.

태작(駄作)[명] 졸렬한 작품. 보잘것없는 작품.

태장(笞杖)[명] 〈제도〉 태형(笞刑)과 장형(杖刑).

태장-계(胎藏界)[명] 〈불교〉 대일 여래(大日如來)의 자지(慈悲)의 이리(理)의 방면(方面)되는 이르는 말 이부분. ⑩태(胎)①③.

태장계 만다라(胎藏界曼荼羅)[명] 〈불교〉 모든 부처의 이성의 덕을 상징하였다는 태장계의 표리를 그립음.

태장-해(太腸醢)[명] [동] 창난젓.

태-스럽(殆__)[형] 몹시 위태로움. dangerous

태전(苔田)[명] 바닷가에 김을 가꾸어서, 듣어내려고 마련한 곳.

태점(胎占)[명] 뱃속 아기가 아들인가 딸인가를 알아보는 점.

태정(台鼎)[명] [동] 삼정승(三政丞).

태정(苔井)[명] 이끼가 앉은 우물. mossy well

태조(太祖)[명] 〈역사〉 한 왕조의 초대의 임금. [유] 시조(始祖). founder of a dynasty

태종(太宗)[명] 〈역사〉 한 왕조에서 공훈과 덕행이 태조에 견줄 만한 임금.

태좌(台座)[명] [동] 태위(台位).

태좌(胎座)[명] 〈식물〉 암꽃술의 한 부분. 자방(子房) 안에 배주(胚珠)가 붙어 있는 자리. placenta

태죄(笞罪)[명] 태형(笞刑)당할 만한 죄. crime punishable by flogging

태주〈민속〉 마마를 하다가 죽은 어린 계집아이의 귀신. 다른 여자에게 지피어서 길흉 화복을 말하고, 온갖 것을 잘 알아맞히다 함. 명도(明圖). 명두(明斗). [나] ② 음력 정월의 딴이름.

태주(太簇)[명] 〈음악〉 중국의 십이율(十二律)의 하나.

태주-할미[명] 〈민속〉 태주를 부리는 여자.

태중(胎中)[명] 아이를 밴 동안. 태상(胎上). [유] 태내 (胎內). period of maternity [이]. 측림지.

태지(苔紙)[명] 가는 털과 같은 이끼를 섞어서 뜬 종이.

태지(胎紙)[명] ① 주련·병풍 따위를 배접할 때에 모자라는 종이를 넣은 종이. [약] 태(胎)². ② 편지 속에 따로 접어 넣는 종이.

태직(太稷)[명] 〈제도〉 임금이 백성을 위하여 후직(后稷)을 제사하는 곳. 대직(大稷).

태질[명] ① 되게 메어치거나 넘어뜨리는 일. throwing down ② 〈농업〉 타작의 하나. 개상에서나 벳단을 메어쳐서 곡식을 떠는 짓. 자리개질. threshing down ⑩태치다. throw down

태질-하-다[타] 되게 넘어지거나 몹시 메어치다. [약] 태치다.

태-짐(駄-)[명] 싣거나 져서 옮기는 짐. pack load

태짐-꾼(駄-)[명] 태짐을 싣거나 지는 일꾼. pack-bearer [게 차력이 되게 하는 술. ⑩태.

태-차(胎借)[명] 태중의 여자가 약을 먹어서 그 아이에게

태초(太初)[명] 우주의 맨 처음. 곧, 하늘이 개벽한 처음. 대시(大始)·무시(無始)②. 태시(太始). beginning of the universe

태촉(太促)[명] 몹시 재촉함. 또는 촉급함. pressing

태-치다[타] [약] ⇒태질하다.

태클(tackle)[명] 〈체육〉 ① 럭비에서, 공을 가지고 달리는 사람의 아랫도리를 붙잡아서 쓰러뜨리거나 공을 빼앗는 일. ② 레슬링에서, 상대편 하반신을 공격하여 쓰러뜨리는 일. ③ 축구에서, 상대방이 공격하고 있을 때에 틈을 노려 공을 빼앗는 일. ⑤슬라이딩 ~. [하]

태타(怠惰)[명] 몹시 게으름. [대] 근면(勤勉). laziness

태탕(駘蕩)[명] ① 넓은 모양. vastness ② 봄빛이 화창함, genial [하]

태평(太平·泰平)[명] 나라나 집안이 잘 다스려서 편안 한 일이 평안함. 태강. [유] 치평(治平). perfect peace [하] [스텝] 스레[파] 히[파]

태평-가(太平歌)[명] 태평함을 부르는 노래. song in praise of profound peace

태평-관(太平館)[명] 〈제도〉 조선조 때, 중국 사신이 와서 머물던 객관(客館). [사람.

태평-꾼(泰平-)[명] 아무 걱정이 없이 마음이 편안한

태평 성-대(太平聖代)[명] 어질고 착한 임금이 잘 다스리어 태평한 세상.

태평 성-사(太平盛事)[명] 태평한 시대의 훌륭한 일.

태평 세-계(太平世界)[명] 잘 다스리어 안락한 세상.

태평-소(太平簫)[명] 〈음악〉 날라리.

태평양 고기압(太平洋高氣壓)[명] 북태평양에 발달하는 아열대(亞熱帶) 고기압.

태평양-시(太平洋時)[명] 서경(西經) 120도 자오선을 기선(基線)으로 한 그리니치의 서쪽 제 8 경대(經帶)의 시각. 태평양 표준시.

태평양 안전 보-장 조약(太平洋安全保障條約)[명] 1951

태평양 전:쟁(太平洋戰爭)[명] 1941년부터 1945년까지의 전쟁. 일본과 연합국과의 전쟁으로 2차 세계대전의 일부임. Pacific War

태평 연월[—년—](太平烟月)[명] 태평하고 안락한 생활.

태평 천국(太平天國)[명] 중국 청말(淸末)(1851)에 장발적(長髮賊) 홍수전(洪秀全)이 세운 나라.

태풍(颱風)[명] 〈지리〉 남양 열대에서 발생하여 아시아 동부로 불어오는 매서운 폭풍우. 타이푼(typhoon).

태풍의 눈(颱風—)[명] 태풍이 불 때, 중심에 가까울수록 원심력이 세어지는 까닭에 비교적 정온(靜穩)한 기상 현상이 나타나는 부분. 태풍안.

태프트-하틀리법[—법](Taft-Hartley 法)[명] 〈법률〉 1947년 6월에 제정된 미국의 노사(勞使) 관계법.

태학(太學)[명] ①[동] 성균관(成均館). ②중국의 고대로부터 송대(宋代)까지 국가가 중앙에 베푼 최고학부.

태학-사(太學士)[명] 〈제도〉 ①이조 홍문관(弘文館) 대제학(大提學)의 딴이름. ②갑오 경장 뒤의 궁내부 홍문관의 으뜸 벼슬. 칙임관(勅任官)임.

태학-생(太學生)[명] 〈제도〉 성균관에서 기거하며 공부를 하던 유생(儒生).

태항(胎缸)[명] 〈제도〉 왕족(王族)들의 태를 담아서 태봉(胎封)하는 데에 쓰던 항아리.

태허(太虛)[명] 〈동〉 하늘①.

태형(笞刑)[명] 〈제도〉 ①매로 볼기를 치던 형벌. ②당률(唐律)·명률(明律)의 오형(五刑)의 하나. flogging

태홀(怠忽)[명] 〈동〉 태만(怠慢). **하리 히리**

태화(胎化)[명] 모태(母胎) 안에서의 교화(敎化).

태화-탕(太和湯)[명] ①끓는 물. boiled water ②언제나 마음이 태평함. 『바꾸는 일. conversion 하리

태환(兌換)[명] ①바꿈. ②〈경제〉 지폐를 정화(正貨)로

태환(胎患)[명] 〈한의〉 갓날 적에 눈알이 몹시 흔들리어서 너덧 살 되면 눈동자가 희어지고 안력(眼力)이 약해지는 병.

태환-권[—권](兌換券)[명] 〈경제〉 가지고 오는 사람에게 언제든지 본위 화폐인 정화(正貨)와 바꾸어 줌을 보증한 보조 화폐인 지폐(紙幣).

태환 은행(兌換銀行)[명] 〈경제〉 태환 은행권을 발행하는 특권이 있는 은행. bank of issue

태환 제:도(兌換制度)[명] 〈경제〉 은행이나 정부가 발행한 보조 화폐인 지폐를 가진 이의 요구에 따라서 언제라도 본위 화폐인 정화(正貨)와 바꿀 수 있는 화폐 제도. conversion system

태환 지폐(兌換紙幣)[명] 〈경제〉 언제나 본위 화폐(本位貨幣)로 바꿀 수 있는 보조 화폐. 〈대〉 불환(不換) 지폐. convertible note

태황(太皇)[명] 〈동〉→태황제(太皇帝). 『太皇』

태:-황제(太皇帝)[명] 〈제도〉 태상황(太上皇). 〈약〉 태황

태:-황태후(太皇太后)[명] 〈제도〉 황통(皇統)으로써 치고 항렬(行列)은 치지 않는 황제의 살아 있는 할머니. 곧, 전전(前前)의 황제의 부인.

택거(宅居)[명] 집에 거처함. residence 하리

택곡(澤谷)[명] 아랫 눈까풀의 코에 가까운 곳.

택교(擇交)[명] 벗을 사귀는 데 좋고 나쁨을 골라서 사귐. choice of one's companions 하리

택-급만세(澤及萬世)[명] 은택이 영원히 미침. 하리

택길(擇吉)[명] 〈동〉 택일(擇日). 하리

택내(宅內)[명] 댁내(宅內).

택란(澤蘭)[명] ①〈동〉 쉽싸리. ②〈한의〉 쉽싸리의 잎. 조금 온(溫)한 성질이 있고 피를 다스리는 약이어서 산과와 산부인과에 많이 쓴다.

택량(澤梁)[명] 어량(魚梁)을 쳐 놓은 못.

택료(宅療)[명] 환자가 자기 집에서 하는 요양. 하리

택반(澤畔)[명] 못 가.

택발(擇拔)[명] 많은 가운데서 뽑아 냄. 하리

택벌(擇伐)[명] 나무를 골라 가리어 벌채함. 하리

택사(宅舍)[명] 사람이 사는 집.

택사(澤瀉)[명] ①〈식물〉 택사과의 다년생 풀. 잎은 피침형으로 길이 10~30 cm 가량이며 7월에 백색 꽃이 핌. 무논·못·습지에 남. ②〈한의〉 택사의 뿌리.

택상(宅相)[명] 장래에 훌륭하게 될 외손(外孫).

택서(擇壻)[명] 사윗감을 고름. choice of one's son-in-law 하리 『하리

택선(擇善)[명] 선(善)을 택하여 가짐. choice of good

택시(taxi)[명] 택시미터를 장치하여 요금을 받는 영업용 자동차.

택시-걸(taxi-girl)[명] 택시의 여자 운전사. 또, 조수.

택시 드라이버(taxi driver)[명] 택시 운전사.

택시-미:터(taximeter)[명] 택시에 표시한 요금 자동 표시기. 운행 거리에 따라 요금액이 표시됨.

택심(宅心)[명] 〈동〉 존심(存心)①. 하리

택언(擇言)[명] 도리에 맞는 말을 가리어 말함. speaking a thing to one's taste 하리

택용(擇用)[명] 마음에 드는 것으로 골라서 씀. selecting 『하리

택우(澤雨)[명] 〈동〉 자우(滋雨).

택우(擇偶)[명] 짝을 고름. choice of a suitable match

택인(擇人)[명] 쓸 만한 인재(人材)를 고름. choice of suitable person 하리 『of one 하리

택일(擇一)[명] 하나를 고름. ¶양자(兩者) ~. choice

택일(擇日)[명] 좋은 날을 고름. 택길(擇吉). selection of lucky day 하리

택정(擇定)[명] 선정(選定). 하리

택조(宅兆)[명] ①무덤의 광중과 벽안의 총칭. ②《동》

택지(宅地)[명] 집터. building-site 『묘지(墓地).

택지(擇地)[명] 좋은 땅을 고름. selection of a site 하리

택진(宅診)[명] 의사가 자기 집에서 남의 병을 진찰함. 〈대〉 왕진(往診). medical examination at a clinic 하리 『시킴. appointment of able men 하리

택자(擇者)[명] 쓸 만한 인재(人材)를 골라서 벼슬을

택처(擇處)[명] 살 곳이나 살림할 곳을 고름. selection of a residential place 하리

택출(擇出)[명] 골라냄. selection 하리

택칠(澤漆)[명] 〈식물〉 대극과(大戟科)에 속하는 이년생 독초(毒草). 줄기는 원주형으로 단단하고 25~30 cm 가량이며 자르면 백색의 유액이 나옴. 5월에 황록색 꽃이 피고 삭과는 세 갈래로 갈라져 씨가 나옴. 유독하여 뿌리는 약용함. 등대풀.

택트(tact)[명] ①기지(機知). 재치, 요령. ②음악의 박자. 음악의 지휘봉. 『sample 하리

택품(擇品)[명] 좋은 물품을 고름. selection of a good

택피 창생(澤被蒼生)[명] 은택이 만민에게 미침. 하리

택-하-다(擇—)[타여불] 여럿 가운데서 고르다. 선택하다. 『하리

택현(擇賢)[명] 어진 사람을 고름. selection of a sage

택호(宅號)[명] 벼슬 이름이나 시집·장가간 곳의 땅이름을 붙여서 부르는 칭호. 이 진사댁·김 장로댁·서울댁 따위. chosing a name 『suitable match 하리

택혼(擇婚)[명] 혼인할 상대자를 고름. choice of one's

탠덤(tandem)[명] ①두 사람이 타게 된 자전거. ②두 필의 말이 앞뒤로 늘어서서 끄는 마차.

탤런트(talent)[명] ①재능. 수완. ②[인재. 재인(才人). ③고대 그리스·허브리의 형량(衡量). 화폐의 단위. ④라디오·텔레비전의 예능 프로에 나오는 가수·아나운서·배우 등의 예능인.

탤런트 머니(talent money)[명] 〈체육〉 경기의 우승자에게 상여(賞與)로서 주는 돈. 상금.

탤리즈먼(talisman)[명] 사람을 그린 서양식 부적.

탤컴(talcum)[명] 〈동〉 탤크(talc).

탤크(talc)[명] 〈광물〉 활석(滑石). 탤컴(talcum).

탬버린(tambourine)[명] 〈음악〉 금속 또는 목제의 테의 한쪽 면에 가죽을 대고 둘레에 작은 방울을 단 악기의 하나. 손에 들고 가죽을 치며, 흔들어 방울을 울림.

탭(tap)[명] ①암나사를 만드는 연장. ②속에 든 액체

탭 댄스(tap dance)명 원래 아메리카 남부의 흑인의 무용으로 밑바닥에 금속판을 박은 구두의 앞끝과 뒤축으로 마루바닥을 디디면서 추는 무용. 약 탭.

탯=거리(態─)명 속 태도. 외관(外觀). [(tap)]
탯=덩이(胎─)명 못생긴 사람의 비유. fool
탯=돌명 타작할 때 태질에 쓰는 돌.
탯상→개상. [새낀.
탯=자리개명 〈농업〉 타작할 때에 벼·보릿단을 묶는
탯=줄(胎─) 〈생리〉 태아(胎兒)와 태반(胎盤)을 연결하는 교질(膠質)의 흰 육관(肉管). 태아에 영양을 공급함. 삼줄. 제서(臍緖). umbilical cord
탯줄 잡듯 한다명 무엇을 잔뜩 붙잡는다.
탱(幀)명 약→탱화(幀畫).
탱고(tango)명 〈음악〉 서양 댄스의 하나. 2/4 박자 또는 4/8 박자의 무곡(舞曲). 또, 그에 맞추어 추는 사교춤.
탱알명 〈식물〉 엉거시과의 다년생 풀. 잎은 긴 타원형이고 7～10월에 가운데는 황색, 가는 버자색의 아름다운 꽃이 핌. 산에 나며 뿌리는 약용, 어린 잎은 식용됨. 반혼초(返魂草). 자완①. aster
탱자명 탱자나무의 열매. 향기가 좋고 약용함. trifoliate orange
탱자=나무명 〈식물〉 운향과(芸香科)의 낙엽 관목. 줄기 높이 2m 가량으로 녹색에서 5cm 가량의 가시가 났음. 5월에 백색 꽃이 피고 둥근 잡색가 누렇게 익음. 열매는 향기가 나고 약재로 씀. 구귤(枸橘). trifoliate orange [는 기둥. prop
탱주(撐柱)명 지탱해 나갈 기둥. 넘어지지 않게 버티
탱중(撐中)명 가슴 속 가득히 화가 치밀어 오르거나 어떠한 욕심이 가득 참. 하타
탱천(撐天)명 통 충천(衝天). 하타
탱커(tanker)명 유송선(油送船).
탱크(tank)명 ①물·가스·기름 등을 넣어 두는 큰 통.
②〈군사〉 전차(戰車).
탱크 로리(tank lorry)명 가솔린·프로판 가스 등의 액체·기계를 운반하는, 탱크를 갖춘 트럭.
탱크=차(tank車)명 탱크를 장치한 철도 화차의 하나.
탱탱꿈 작은 물건이 몹시 살이 씨거나 붓거나 하여 패챙하는 모양. (큰) 팅팅. (거) 땡땡. 하타
탱화(幀畫)명 〈불교〉 그림으로 그려서 벽에 거는 불상(佛像). (약) 탱(幀). [(佛像)을 그리는 일.
탱화 불사(─佛)(幀畫佛事)〈불교〉 벽에 거는 불상
터명 ①건축·토목 공사를 하거나 또는 했던 자리. 집∼. 옛 성∼. 성이 이루어진 밑자리. 토대②. foundation ②자리·곳의 뜻을 나타냄. 「낚시∼. place
터[2]명 처지의 뜻을 나타내는 말. 「아는 ∼에 안 도와 줄 수 없지. case or relation
터[3]명 약→터수.
터[4]의명 어미 '-ㄹ'·'-울'·'-늘일' 아래에서 예정의 뜻을 나타내는 말. 「이것을 네게 줄 ∼이다. intent
터거리명 턱.
터=과녁(─貫革)명 120보의 거리를 두고 활을 쏠 때에 쓰는 소포(小布)나 과녁.
터널(tunnel)명 ①땅 밑을 뚫어 만든 통로. 굴(窟). 굴(隧道). ②〈체육〉 야구에서 두 다리 사이로 공을 놓치는 일.
터=놓다[─노타] 라①막은 물건을 치우다. 「방을 ∼. open ②금지시켰던 명령을 풀다. lift ③친구로서의 말을 서로 터놓고 지내다. be frank with
터:닝(turning)명 ①회전(回轉). 선회(旋回). 전회. 꼬투리는 모퉁이. ②〈체육〉 풀 따위에서 갔다가 돌아오는 헤엄. 하타
터:닝 포인트(turning point)명 전환기(轉換期). 전향점(轉向點). 분기점(分岐點).
터=다지다태 터를 단단하게 하다. 무게가 있는 것으로 터를 단단히 치다. 약 터닷다. harden earth

터=닦다태 ①건물 세울 자리를 만들다. level ground ②일의 밑자리를 굳게 장만하다. solidify the foundation
터=닺다약→터다지다.
터덕=거리다자①걸음이 지치거나 느른하여 힘없이 걸음을 건다. trudge ②가난하여 어렵게 겨우 살아가다. make a bare living ③일이 힘에 겨워 애쓰
듬게 겨우 움직이다. struggle ④먼지가 날 정도로 가만히 두드리다. 《작》타박거리다. tap **터덕=터덕**
터덜=거리다자타 ①몸이 몹시 느른하여 힘없이 겨우 걷다. plod ②깨어진 질그릇을 끌어당기거나 두드려 흐린 소리가 나다. sound cracked ③평탄하지 고르지 못한 길을 요란한 소리를 내며 지나가다. 《작》타달거리다. rattle **터덜=터덜** 하타라
터드렁명 깨어진 쇠그릇이 울리어 나는 소리. 약 터렁. 터드랑. sound of a cracked vassel 하타라
터드렁=거리다자 잇따라 터드렁 소리가 나다. 또, 잇따라 터드렁 소리를 나게 하다. (약) 터렁거리다. 《작》타드랑거리다. **터드렁=터드렁** 하타라
터=득(攄得)명 생각하여 깨달아 찾아냄. 「진리를 ∼ 하다. understanding 하타
터=뜨리다태 터지게 하다. explode
터럭명 ①사람이나 짐승의 몸에 난 길고 굵은 털. hair ②〈고〉 머리털. 털.
터럭모=부(─毛部)명 한자 부수(部首)의 하나. '毫'나 '髥' 등의 '毛'의 이름.
터럭발=밑(─髮─)명 한자 부수(部首)의 하나. '髮'이나 '鬚' 등의 '髟'의 이름.
터럭삼=부(─彡部)명 한자 부수(部首)의 하나. '形'이나 '影' 등의 '彡'의 이름. 삐친 석삼부.
터럭=손명 터럭이 많이 난 손.
터럭=줄(─)명→타라줄.
터렁약→터드렁.
터렁=거리다자 약→터드렁거리다.
터리고명 털.
터릿(turret)명 ①(약)→터릿 선반. ②활영기의 여러 개의 렌즈를 가진 부분.
터릿 선반(turret 旋盤)명 선반 위의 공구 부착대(附着臺)가 회전하여, 여러 가지 가공을 계속해서 할 수 있게 만든 선반. (약) 터릿(turret)①.
터무니명 ①터를 잡은 자취. ②근거(根據). ground
터무니=없:다혜 ①근거가 없다. 「터무니없는 거짓말. groundless ②부당하다. unreasonable ③지나치다. 과(過)하다. excessive 터무니=없이부
터:미널(terminal)명 ①종착역(終着驛). ②전지(電池) 파워의 단자(端子). ③학기 시험.
터:미널 스테이션(terminal station)명 종착역. 종점(終點).
터벅=거리다자 지친 다리로 마치 모래 위를 걷는 것 같이 힘들이 걷다. 《작》타박거리다. trudge **터**
벅=터벅 하타라
터벅터벅=하다혱여연 가루 음식 등이 물기가 없어 먹기에 조금 빽빽하다. 《작》타박타박하다. dry
터:번(turban)명 ①인도인이나 회교도가 머리에 감는 천. ②터번풍(風)의 여성용 모자, 또는 머리 장식.
터:보제트 엔진(turbojet engine)명 제트 엔진의 하나.
터:보프롭 엔진(turboprop engine)명 제트 엔진의 일종. 터빈으로 프로펠러축(軸)까지 돌리는데, 여기서 남은 고스를 뒤쪽으로 분사하여 추력을 일으킴. 연료 소비가 터보제트보다 적으면서 가솔린 엔진보다 큰 마력을 얻을 수 있음.
터부(taboo)명 ①신성하다고 인정된 사물·장소·행위·인격·말 등에 대해 접촉·상용(常用)을 억제하는 종교적 금기(禁忌). ②금지. 금제(禁制).
터부룩=하다혱여연 머리털·풀·나무 등이 우거져서 위가 매우 수북하다. unkempt **터부룩=이**부
터분=하다혱여연 ①음식 맛이 산뜻하지 아니하다. untasty ②날씨·기분·마음 등이 시원하지 맑지 아니하고 매우 답답하다. 《작》타분하다.

터:빈(turbine)[명] 〈공업〉 고압의 물·증기·가스 등의 힘으로 회전축을 돌리는 원동기.
터=세:-다[형] 집이나 터에서 좋지 않은 일이 자주 생기다. unlucky 「귀는 분수. 《약》 터3. terms
터수[명] ①살림의 형편과 정도. living condition ②사
터앝[명] 꽃·나무를 심을 만한 집 울안에 있는 작은 밭. kitchen garden 「살 ~로 낳다.
터울[명] 한 어머니가 낳은 자녀의 나이의 차이. ¶두
터울=거리-다[자] 목적을 이루려고 애를 몹시 쓰다. 《작》 타울거리다. make desperate efforts 터울=터울[부] 하[자] 「작정하다.
터=잡-다[자] ①터를 골라 정하다. select site ②기초를
터전[명] 자리를 잡고 앉은 곳. 기반. 기지(基地).
터주(—主)[명] 〈민속〉 집 지은 터를 지킨다는 지신(地神). 또, 그 자리. 터줏대감①. 「물고기.
터주 고기(—主—)[명] 일정한 장소에 늘 머물러 사는
터주=님(—主—)[명] 《공》 터주. 「lift ban
터=주-다[타] 금하던 것 또는 막혔던 것을 열어 주다.
터주에 놓고 조왕에 놓고 나면 아무 것도 없다[속] 적은 재물을 이리저리 다 제하면 남는 것이 없다.
터주에 붙이고 조왕에 붙인다[속] 이곳 저곳에 갈라 붙인다.
터주=항아리(—主缸—)[명] 〈민속〉 터주에게 바치는 곡식을 담은 항아리.
터줏=대:감(—主大監)[명] ①《동》 터주. ②일정한 마을이나 직장 등에서 가장 오래되어 관록을 가지고 있는 사람을 농조로 이르는 말.
터줏=자리(—主—)[명] 〈민속〉 터주를 모셔 놓은 자리.
터:지-다[자] ①거죽이나 겉이 벌어져 갈라지다. ¶손등이 ~. 입술이 ~. get chapped ②둘러싸여 막혔던 것이 갈라져서 무너지다. ¶방죽이 ~. burst ③쌓였던 감정이 갑자기 쏟아져 나오다. ¶분통이 ~. burst out ④어떤 일이 갑자기 일어나거나 벌어지다. ¶전쟁이 ~. ⑤화약 따위가 불붙어 튀다. ¶폭탄이 ~. break out ⑥감추었던 사실이 드러나다. ¶비밀이 ~. burst ⑦얻어맞다. 매를 맞다. be exposed ⑧웃음이 한꺼번에 나오다. be struck ⑨혼솔이나 궤맨 자리가 뜯어져 갈라지다. rip [조동] [조형] 용언의 어미 '=어'·'=아' 등의 아래에 사물의 정도가 한도까지 다달았다는 뜻을 나타내는 말. ¶물러 터진 사람. 불어 터진 국수.
터진 꽈리 보듯[속] 사물을 탐탁하게 보지 않다.
터진 방앗공이에 보리알 끼듯[속] 긴요하지 않은 방해물이 참여하다. 「터져서 생긴 흠.
터:짐[명] 〈건축〉 제재(製材) 후 건조(乾燥)로 인하여
터치(touch)[명] ①손을 댐. 건드림. 접촉. 촉감. ②사진이나 그림 따위의 수정(修正)·가필(加筆). ③피아노·풍금·타이프라이터 등의 탄주. ④어떤 사물에 관계하는 일. ⑤〈체육〉 배구에서 전위가 재빨리 공을 쳐 넣는 공격법. 당구에서 공과 공이 맞닿는 일. 하[자][타] 「지면에 대어 득점하는 일.
터치=다운(touchdown)[명] 럭비에서, 공을 적의 골 안
터치라인(touchline)[명] 〈체육〉 럭비나 축구에서 경기장의 골의 양쪽에 있는 한계선.
터치 아웃(touch out)[명] 〈체육〉 야구에서 수비자가 주자(走者)의 몸에 공을 대어 아웃을 시키는 일.
터:키(turkey)[명] 〈조류〉 칠면조(七面鳥).
터:키=탕(Turkey 湯)[명] 증기 목욕탕.
터:틀=넥(turtleneck)[명] 자라목 셔츠. 「풀어 줌. 하[타]
터:파(攄破)[명] 내 속마음을 모두 말하여 남의 의혹을
터=편사(—便射)[명] 〈제도〉 15명씩 편을 짜 가지고 어느 편이 더 잘 활을 쏘나 비교하여 승부를 겨룸.
터:포(攄抱)[명] 《동》 터회(攄懷). 하[자] ⌊하[자]
터프(tough)[명] ①억세고 완강한 모양. 불요 불굴. ②권투에서 쉽사리 지지 않는 강인한 사람. 불사신(不死身). ¶~ 가이(guy).
터:회(攄懷)[명] 마음속에 간직하고 있었던 생각을 터놓고 이야기함. 터포(攄抱). opening one's mind 하[자]

턱1[명] ①사람이나 동물의 위턱뼈·아래턱뼈를 통틀어서, 발성(發聲)이나 씹는 일을 하는 기관. 《속》 인덕거리. 턱살. jaw ②아래턱의 바깥 부분. 《속》 턱주가리. 터거리. chin
턱2[명] 평평한 곳에 갑자기 조금 높게 된 자리. raised spot 「한~내마. treat
턱3[명] 좋은 일이 생겼을 때에 베푸는 대접. ¶내가
턱4[명] ①관계된 까닭. ¶이런 일을 할 ~이 있나. reason ②그만한 정도. ¶아직도 그저 그 ~이다.
턱5[부] ①죄던 것이 좀 누그러진 모양. 마음을 ~ 놓다. freely ②반갑게 붙잡거나 잡는 모양. ¶손을 ~ 잡고 인사를 하라. passionately ③여러 사람 앞에 태연스러운 태도를 나타내는 모양. ¶앞으로 ~ 나서다. composedly ④몹시 막히는 모양. ¶숨이 ~ 막히다. completely ⑤갑자기 힘없이 쓰러지는 모양. ¶그 자리에 ~ 쓰러지다. with a thud ⑥든든한 물건이 갑자기 세게 터지는 소리. 또, 그 모양. all of a sudden
턱(tuck)[명] 양재(洋裁)에서 일정한 간격을 두고 헝겊을 호아 올려서 궤맨 주름.
턱=거리[명] ①《약》→언턱거리. ②〈한의〉 풍병으로 턱 아래에 생기는 종기.
턱=걸이[명] ①〈체육〉 철봉 운동의 하나. 철봉을 손으로 잡고 몸을 달아 올려 턱이 그 위까지 미치게 하는 운동. chinning oneself ②〈체육〉 싸움이나 씨름할 때 손으로 상대편 턱을 걸어 밀어 넘어뜨리는 재주. ③남에게 의뢰하여 지냄의 비유. dependence ④합격·영전·승급 등에 관한 운동. 하[자]
턱=까불-다[자][ㄹ탈] ①죽을 때에 숨을 모으느라고 턱을 떨다. gasp one's last ②경솔한 언행을 하다. ¶턱까불고 다니더니 그 꼴이 됐구나. frivolous
턱=따기[명] 나무가 일정한 방향으로 넘어지도록 베는 자리를 따내는 일.
턱 떨어진 개 지리산 쳐다보듯[속] 되지도 않을 일을
턱=마루[명] 산등성이. ⌊쓸데없이 탐내다.
턱=밀이[명] 〈체육〉 씨름할 때의 한 재주. 상대자의 재간을 막아 내느라고 턱을 손으로 밂. 하[타]
턱=밑[명] ①턱의 밑. under one's chin ②썩 가까운
턱=받기[명] →턱받이. ⌊거리. 《속》 턱살밑.
턱=받이[—바지][명] 어린아이의 턱 아래에 대어 침이나 음식물이 옷에 묻지 않게 하는 헝겊으로 만든 물건. pinafore
턱=받침[명] 손으로 턱을 괴는 것.
턱=뼈[명] 〈생리〉 위아래 턱을 이룬 뼈. 사람은 두 개의 하악골과 한 개의 상악골로 됨. jaw-bone
턱살[명] 《속》 턱1①.
턱살=밑[명] 《속》 턱밑.
턱=솔[명] 건축·석재(石材)나 목재를 연결시킬 때, 그 이을 곳을 서로 두께의 반씩 도려내고 합한 자리.
턱시:도(tuxedo)[명] 남자용 약식 야회복(略式夜會服). 연미복(燕尾服)의 대용으로 입음. 모양은 거의 양복과 같으나 윗깃을 비단으로 덮고 바지 솔기에 장식이 달렸음. 디너 코트.
턱=없:-다[형] ①이유에 닿지 아니하다. ¶턱없는 값으로 팔리다. groundless ②신분에 맞지 아니하다. moderate 턱=없:이[부]
턱인 블라우스(tuck-in blouse)[명] 스커트 속으로 집어넣어 입는 블라우스. 언더 블라우스.
턱=잎[명] 〈식물〉 잎을 구성하는 부분의 하나. 잎자루의 밑 좌우에 붙어 난 한 쌍의 작은 잎으로, 잎새 모양을 하고 있음. 눈이나 잎이 어렸을 때, 이를 보호하며 흔히 쌍떡잎 식물 가운데서 볼 수 있음. 엽탁(葉托). 탁엽(托葉).
턱=자가미[명] 아래턱과 위턱이 서로 맞물린 곳.
턱=주가리[명] 《속》 아래턱. 턱1②. lower jaw
턱=지-다[형] ①언덕이 생기다. swell ②한턱 해야 할 부담이 있다. 「movement of the chin 하[자]
턱=짓[명] 턱을 움직여서 자기 의사를 나타내는 짓.
턱=찌끼[명] 먹다가 남은 음식. leftover food

턱=촌=목〈건축〉재목의 한 변에 평행한 선을 긋는 연장.

턱=턱 ①일 처리를 결단성 있게 잘하는 모양. ¶맡은 일을 ~ 해내다. with dispatch ②침을 세게 자꾸 뱉는 모양. 또, 그 소리. spitting ③여럿이 차례로 거꾸러지는 모양. one upon another ④숨이 자꾸 막히는 모양. ¶숨이 ~ 막히다. suffocatingly ⑤물건을 자꾸 두드리거나 먼지 등을 떠는 모양. 또, 그 소리. 〔작〕탁탁. flapping

턱=털〔속〕아랫 수염. beard
턴(turn)〔명〕①회전. ②진로를 바꿈. ¶U~. ③수영에서, 되짚어 돌아옴. 「같음.
턴=버클(turnbuckle)〔명〕줄을 당겨 죄는 기구. 양편에 서로 반대 방향의 수나사가 있어 회전시켜 양편 줄을 당겨 죔.
턴=테이블(turn table)〔명〕축음기의 회전반(盤).
턴=파이크(turnpike)〔명〕유료 도로(有料道路).
털〔명〕①포유 동물의 피부에서 나는 가느다란 실 모양의 것. hair ②물건의 거죽에 부풀어 일어난 실 모양의 것. hairy growth ③머리카락. 두발(頭髮). hair of the head ④우모(羽毛) ⑤〔약〕=털실. ⑥〈식물〉표피(表皮) 세포가 가는 실 모양을 이룬 물건.
털=가죽〔명〕모피(毛皮). 「건. wool
털=갈-다〔자〕묵은 털이 빠지고 새 털이 나오다. moult
털매나무〔명〕〈식물〉갈매나무과의 낙엽 활엽 관목. 온 줄기에 가시가 있고 잎은 도란형 또는 난원형임. 6월에 황록색 꽃이 핌. 나무 껍질은 염료용임.
털=같이〔부〕집승이나 조류가 털이나 깃을 가는 일.
털=게〔명〕〈동물〉온몸에 털이 많이 난 게.
털=곰팡이〔명〕〈동〉자낭균(子囊菌).
털=구멍〔-구-〕〔명〕〈생리〉살갗에 털이 나오는 구멍. 모공(毛孔). pores
털깎기〔명〕털을 깎는 일. 전모(剪毛). shear
털끝〔명〕①털의 끝. end of a hair ②아주 작은 사물. 모두(毛頭). least
털끝도 못 건드리게 하다〔관〕조금도 손을 못 대게 하다.
털=내의(-內衣)〔명〕털실로 짠 내의.
털=너널〔명〕모물(毛物)로 만든 큰 버선. 추울 때나 먼 길 갈 때 덧신음. 털버선.
털-다〔타〕①먼어지도록 힘차게 충격을 주다. ¶먼지를 ~. shake off ②재물을 몽당 내다. ¶노름을 하고 돈을 몽당 털렸다. lay out ③도둑이 남의 재물을 모조리 가져 가다. ¶도둑이 들어 ~. make off
털도 아니 난 것이 날기부터 하려 한다 어리석은 사람이 제 분수를 넘어 엄청난 짓을 하려 한다.
털도 아니 뜯고 먹으려 한다①지나치게 성급히 하려고 덤빈다. ②제 것도 아닌 것을 통째로 먹으려 한다.
털도 없이 부엌부엌 한 체한다〔관〕귀염성 있게 생기지도 않은 것이 귀염을 받으려 한다.
털동자=꽃(-童子-)〔명〕〈식물〉너도개미자리과의 다년생 풀. 줄기 높이 1m 가량이고 6~8월에 짙은 홍색 꽃이 줄기 끝 사이에 핌. 전춘라(剪春羅).
털=뜯-다〔타〕(고)털을 뜯다.
털럭〔부〕달리거나 한쪽에서 떨어진 물건이 한번 흔들리는 소리. 또, 그 모양. 〔작〕탈락. 하다
털럭=거리-다〔자타〕메달리거나 늘어진 물건이 거북하게 자꾸 흔들리다. 〔작〕탈락거리다. swing **털럭-털럭**하다
털리-다〔자〕①털어지게 되다. be shaken off ②노름판에서 지녔던 돈을 모조리 잃다. 〔사동〕털게 하다. lose all
털메기〔명〕모숨을 굵직하게 하여 되는 대로 힘하게 삼은 짚신.
털=모자(-帽子)〔명〕집승의 털 또는 털가죽으로 만든 모자. 「cloth
털=목(-木)〔명〕굵고 거칠게 짠 무명. coarse cotton
털=목도리〔명〕털가죽으로 만든 목도리. 여우 목도리.

털=방석(-方席)〔명〕털을 솜 대신 넣어 만든 방석이나 집승의 털로 짠 방석.
털=배-자(-褙子-)〔명〕안에다가 털을 대어 만든 배자.
털버덕〔부〕①얕은 물을 함부로 거칠게 쳐서 나는 소리. with splash ②아무렇게나 주저앉은 모양. 또, 그 소리. 〔작〕탈바닥. 하다
털버덕=거리-다〔자타〕잇따라 털버덕 소리가 나다. 또, 잇따라 털버덕 소리를 나게 하다. 〔작〕탈바닥거리다
털버덕-털버덕하다
털=버선〔명〕=털너널.
털벅밑바닥이 둥근 물건으로 얕은 물 위를 쳐서 나는 소리. 〔작〕탈박. splash 하다
털벅=거리-다〔자타〕잇따라 털벅 소리가 나다. 또 잇따라 털벅 소리를 나게 하다. 〔작〕탈박거리다. **털벅-털벅**하다
털벙크고 무거운 돌멩이 등이 깊은 물에 떨어져 나는 소리. 〔작〕탈방. flop 하다
털벙=거리-다〔자타〕잇따라 털벙 소리가 나다. 또 잇따라 털벙 소리를 나게 하다. 〔작〕탈방거리다. **털벙**하다
털=벙거지〔명〕털로 만든 벙거지.
털=보〔명〕몸에 털이 많이 난 사람. shaggy man
털보=박쥐〔명〕〈동물〉박쥐과〔蝙蝠科〕의 집승. 얼굴에 긴 털이 있으며 몸이 작음. 산 속의 고목의 구멍에 살며 저녁에 나와서 날아다님. 한국・시베리아・만주.
털=복사〔명〕복숭아. ¦주〕일본 동지에 분포함.
털=복숭아〔명〕〈식물〉껍질에 털이 많이 난 유월도(六月桃). 털복사. downy peach 「이. hairy person
털=복숭이〔명〕털이 많이 난 사람이나 물건. 〔작〕복숭
털=붓〔명〕'붓'을 연필이나 만년필에 대하여 털로 만들었다 하여 이르는 말. 모필(毛筆). writing brush
털=붙이(-부치)〔명〕①털이 그대로 붙어 있는 집승의 가죽. fur ②털을 가지고 짠 물건. woolen goods
털=빛[-삗]〔명〕털의 빛깔. 모색(毛色). colour of hair
털=셔츠(-shirts)〔명〕털로 짠 셔츠. woolen shirt
털=수건(-手巾)〔명〕타월. 「shy beard
털=수세미〔명〕털이 많이 나서 험상굿게 보이는 수염. bu-
털=수세미=꽃무지〔명〕〈곤충〉풍뎅이과의 벌레. 몸 길이 15mm 가량이고 몸 빛은 흑색, 촉각・날개는 황색이고 운순에 털이 낳음. 성충은 꽃 꿀・수액・과실을 먹음.
털=신〔명〕털가죽을 써서 만든 신. ¦을 먹는 해충임.
털=실〔명〕집승의 털을 뽑아서 만든 실. 방한용(防寒用)으로 옷을 만듬. 모사(毛絲). 〔약〕털⑤. woolen yarn
털썩〔부〕①사람이 갑자기 주저앉는 소리의 모양. ②조금 두껍고 넓은 물건이 갑자기 내려 앉는 소리의 모양. ¶짐을 ~ 내려놓다. 〔작〕탈싹. 하다
털썩=거리-다〔자타〕잇따라 털썩하다. 〔작〕탈싹거리다. **털썩-털썩** 하다
털썩이=잡-다〔타〕일을 망치다. spoil
털야광=나무〔명〕찔레나무. 「기하다
털어-먹-다〔타〕지닌 것을 함부로 써서 없애다. ¶재산
털어서 먼지 안 나는 사람 없다〔관〕누구나 그의 결점을 찾으려고 뜯어보면 허물이 없는 사람은 없다.
털=여뀌〔명〕〈식물〉마디풀과의 일년생 풀. 줄기 높이 2m 가량이고 7~8월에 엷은 홍색 꽃이 이삭 모양으로 핌. 어린 잎은 식용함.
털=오랑캐〔명〕〈식물〉제비꽃과〔菫菜科〕의 다년생 풀. 잎은 뿌리에서 여러 개가 총생하고 4~5월에 홍자색 꽃이 잎이 10cm 가량의 화경 끝에 달림. 산의 양지에 나는데, 한국 각지에 분포한다. 털제비꽃.
털=올-실〔명〕집승의 털로 만든 올실.
털=옷〔명〕집승의 털 또는 털가죽으로 만든 옷. furs
털=옷감〔명〕털로 짠 피륙. 「외투.
털=외투(-外套)〔명〕집승의 털 또는 털가죽으로 만든
털=이슬〔명〕〈식물〉바늘꽃과의 일년풀. 8월에 백색 꽃이 줄기 끝과 가지 끝에 핌. 과실은 구형(球形)으로 갈고리 같은 털이 밀포해서 이슬 방울의

털장갑 털(一掌匣)명 짐승의 털가죽 또는 털실로 만든 장갑.

털장구 명 〈식물〉 너도개미자리과에 딸린 한해살이풀. 잎과 줄기는 홍자색이며 전체에 털이 배게 남. 7월에 흰꽃이 피고 삭과는 긴 난형임. 산에 남.

털장대 명 (-때) (-長-) 명 겨자과의 월년생 풀. 줄기 높이 20∼60 cm고 잎은 난상 피침형임. 6∼7월에 백색 꽃이 피고 열매는 장각과(長角果)임. 산과 들에서 나며 어린 잎은 식용함.

털조장나무 명 (一釣樟) 명 〈식물〉 녹나무과의 낙엽 소교목의 하나. 잎은 긴 타원형이고 잎 뒤에 털이 있음. 4월에 황색 꽃이 피고 핵과는 10월에 검게 익음. 이쑤시개·산울타리용임. irfollicle

털-주머니 명 〈생리〉 털뿌리를 싸고 있는 주머니. ha-

털중나리 명 〈식물〉 나리과의 다년생 풀. 인경은 난상 타원형이고 높이 약 1 m 가량임. 잎은 피침형이며 6∼8월에 황적색 꽃이 핌. 관상용으로 심음.

털-짚 명 주책없이 돈을 쓰는 방탕한 사람과, 그 돈을 우려먹는 쪽에서 이르는 말. prodigal 「박힌 말.

털총이 명 (一驄-) 명 〈동물〉 검고 푸른 무늬가 줄지어

털터리 명 ①몹시 헐어서 덜털거리는 자동차 따위. (작) 탈탄리. rattletrap ②빈털터리.

털털[1] 명 ①마음은 급하나 몸이 몹시 느른하여 떨리는 걸음으로 겨우 걷는 모양. totteringly ②금간 질그릇 등을 여러이 가서 깨어 나는 소리. 《작》 탈탈[1]. sound of cracked vessel 하다타

털털[2] 명 먼지 같은 것을 깨끗이 털어 버리는 모양. 《작》 탈탈[3]. dusting

털-거리다 명 자타 ①마음은 급하나 몸이 썩 피곤하여 떨리는 걸음으로 연해 겨우 걷다. ②깨어져 금이 있는 질그릇 같은 것을 연해 두드리어 떠는 소리가 나다. 또, 자꾸 털털 소리를 나게 하다. 《작》 탈탈거리다. 「사람.

털털-이 명 차림새나 행동이 깔끔하지 못하고 털털한

털털-하다 명여 ①성격이 까다롭지 아니하고 소탈하다. ②품질이 수수하다. full-bellied

털-토시 명 털을 넣고 만든 토시. fur-lined wristlets

텀:(term) 명 ①말. 특히, 용어(用語)·술어(術語)·전문어. ②기간. 기한. ③조건(條件).

텀:론:(term loan) 명 기간 1년 내지 10년의 대출(貸出). 주로 중소 기업에 대한 자금 조달에 이용됨.

텀벙 명 묵직한 큰 물건이 깊은 물에 떨어질 때 나는 소리. 또, 그 모양. (작) 탐방. with a splash 하다타

텀벙-거리다 명 잇따라 텀벙 소리가 나다. 또, 잇따라 텀벙 소리를 나게 하다. 첨벙거리다. 《작》 탐방거리다. **텀벙-텀벙** 하다타

텀블러(tumbler) 명 큰 잔. 「된 스위치.

텀블러 스위치(tumbler switch) 명 아래위로 잦히게

텀블링(tumbling) 명 〈체육〉 응중체비. 곧, 여러 사람이 손을 맞잡거나 서로 어깨에 올라타 앉는 것과 같은 동작으로 여러 가지 모양을 만드는 체조. 《유》 유희. 재주. 「suddenly

텁석 명 갑자기 덮쳐 물거나 쥐는 모양. 《작》 탑삭.

텁석-거리다 명 잇따라 덮쳐 물거나 쥐다. 《큰》 탑삭거리다. **텁석-텁석** 하다타

텁석-나룻 명 짧고 더부룩하게 많이 난 수염. 《작》 탑삭나룻. shaggy whiskers

텁석-부리 명 구레나룻이 난 사람. 《작》 탑삭부리. bushy-whiskered man

텁석부리 사람된 데 없다 관용 수염이 많은 사람을 두고 조롱하는 말.

텁수룩-하다 형여 더부룩하게 많이 난 털 같은 것이 어수선하게 덮여 있다. ¶ 텁수룩한 머리털. 《작》 탑수룩하다. **텁수룩-히** 부

텁지근-하다 형여 입맛이나 음식맛이 텁텁하고 깨끗하지 못하다. distasteful 「person

텁텁-이 명 성격이 소탈하여 까다롭지 않은 사람. easy

텁텁-하다 형여 ①입맛이나 음식맛이 시원하고 깨끗하지 못하다. unpleasant ②후덥지근한 기운으로 눈이 깨끗하지 못하다. dim ③성미가 까다롭지 않다. easy

텃-고사(-告祀) 명 〈민속〉 터주에게 올리는 고사.

텃-구렁이 명 =업구렁이①.

텃-구실 명 집터에 매기는 조세(租稅). site tax

텃-논 명 집터에 딸리거나 또는 마을 가까이 있는 좋은 논.

텃-도지(一賭地) 명 집터에 매기는 도지. site rent

텃-마당 명 타작을 할 때에 공동으로 쓰려고 장만하여 놓은 마당.

텃-물 명 집의 울안에서 흘러 나오는 온갖 배수(排水).

텃-밭 명 집터에 딸리거나 집 가까이에 있는 밭. 대전(垈田)

텃-새 명 〈조류〉 철을 따라 옮아 다니지 않는 새. 참새·까마귀·꿩 따위. 유조(留鳥). stationary bird

텃-세 명 (一貰) 명 터를 빌린 세. site lent

텃-세 명 (一勢) 명 먼저 자리잡은 사람이 뒤에 들어오는 사람을 업신여기는 짓. disregarding a newcomer

텅[1] 부 비어서 없는 모양. 《작》 탕[4]. vacantly 「하다

텅[2] 부 총포(銃砲)가 터져서 나는 것과 같은 소리. 《작》 탕[2]. bang 하다

텅스텐(tungsten) 명 〈화학〉 회색이며 매우 단단하고 질긴 금속 원소의 하나. 백열 전구·X선관의 진공관의 필라멘트, 합금 재료로 유용등. 볼프람, 중석(重石). 원소 기호; W. 원자 번호; 74. 원자량; 183. 85.

텅스텐-강(tungsten 鋼) 명 =볼프람강(wolfram 鋼).

텅스텐 전:구(tungsten 電球) 명 백열 전등의 하나. 텅스텐을 필라멘트로 한 진공 백열 전구.

텅스텐 전:등(tungsten 電燈) 명 볼프람을 지름 100분의 1 mm 정도의 가는 선으로 하여 쓴 진공의 백열 전등.

텅-텅[1] 부 여럿이 다 비어서 없는 모양. ¶ ∼ 비어 있다.

텅텅[2] 부 총포가 연해 터지거나 마룻 바닥 등을 연해 치는 것과 같은 소리. 《작》 탕탕[2]. 하다

텅-텅[3] 부 헛된 장담만 하는 큰 소리만 ∼ 치고 다닌다. 《작》 탕탕[3]. 《세》 떵떵. boastingly

텅텅-거리다 자 잇따라 텅 소리가 나다. 또, 잇따라 텅텅 소리를 나게 하다. 《작》 탕탕거리다.

테[1] 명 ①〈하〉=테두리. ②그릇의 조각이 튕겨지지 않게 둘러멘 줄. hoop ③둘아가며 죽 둘린 언저리.

테[2]의 명 서려 놓은 실의 묶음을 세는 단위. reel

테너(tenor) 명 〈음악〉 남성의 가장 높은 음역. 또, 그 가수. 하고음(下高音).

테너 바리톤(tenor baritone) 명 〈음악〉 테너에 가까운 음색의 바리톤. 또, 그 가수.

테너 색스(tenor sax) 명 〈음악〉 악기의 하나. 알토보다 낮고 바리톤보다 높은 음역으로 취주할 수 있는 색소폰.

테누토(tenuto. ten. 이) 명 〈음악〉 본래의 음표보다 길이를 충분히 늘려 연주하는 것. 하다타

테니스(tennis) 명 〈체육〉 정구(庭球).

테니스 코:트(tennis court) 명 〈체육〉 정구장(庭球場).

테-다 [약] 터이다. ¶ 그렇게 할 ∼.

테두리 명 ①둘레의 가는 테를 두른 줄. 윤곽(輪廓). hem ②일정한 범위나 한계. (유) 테 ①. frame

테라 로사(terra rosa 라) 명 〈지학〉 석회암 지대에 발달하는 적색·적갈색 및 황갈색의 흙. 점토질 토양.

테라마이신(Terramycin) 명 〈의학〉 항생 물질의 하나. 방선균(放線菌)의 일종에서 산출되는 냄새가 없고 쓴맛이 있는 황색 결정상(結晶狀) 가루. 독성이 적고 폐렴·적리(赤痢)·티푸스·트라코마, 특히 살모넬라균에 유효함. '옥시테트라사이클린'의 상품명.

테라스(terrasse 프) 명 ①실내에 연결되어 있는 방앞에 마련된 가로나 정원에 벌려 나온 곳. 벽돌 등을 바닥에 깔아 놓고, 난 씨가 좋을 때는 의자를 내다 놓고 앉음. 옥상(屋上). 노대(露臺). ②천연적으로 된 대지(臺地), 또는 암벽(岩壁) 따위가 좁은 시렁

테라초(terrazzo 이)[명] 대리석 부스러기와 착색 시멘트를 섞어 굳힌 뒤에 표면을 닦아 대리석과 같이 만든 것.

테라 코타(terra cotta 이)[명] ①〈건축〉건축 재료로 쓰이는 장식용의 단단하고 섬유운 도기. 주로 아치·난간·벽·천장 등의 장식으로 석재(石材) 대신으로 쓰임. ②점토를 구워서 만든 도기(陶器)의 총칭.

테러(terror)[명] 폭력 수단을 행사하여 적을 위협하거나 공포에 빠지게 하는 행위. ②〈약〉→테러리스트. 테러리즘. ｢명주의자. ｣〈약〉테러②.

테러리스트(terrorist)[명] 〈사회〉폭력주의자. 폭력 혁명주의자.

테러리즘(terrorism)[명] 〈사회〉폭력에 호소하는 정치상의 주의. 폭력주의. 공포주의. 〈약〉테러②.

테레빈-유(terebin 油)[명] 〈화학〉테르펜틴을 수증기로 증류(蒸溜)하여 얻은 휘발성 정유(精油). 송지유(松脂油). 송정유. 테르펜틴유.

테르밋(Thermit 도)[명] 〈화학〉알루미늄 가루와 산화철의 등량(等量) 혼합물. 철·강의 용접재로, 소이탄에도 씀.

테르밋 용접[---- -ㅂ-](Thermit 鎔接)[명] 테르밋에 의한 용접법. 용접부가 상당히 큰 경우에 씀.

테르븀(terbium 라)[명] 〈화학〉희토류 원소의 하나. 아주 적게 나며 이온색은 엷은 황색이고 현재까지 용도는 별로 알려지지 않음. 원소 기호; Tb. 원자 번호; 65. 원자량; 158.925.

테르펜(Terpen 도)[명] 〈화학〉가연성(可燃性)의 불포화 탄화수소로 미독성(微毒性)의 액체.

테르펜틴(Terpentin 도)[명] 〈화학〉소나무·잣나무 따위의 줄기에서 흘러 나오는 끈끈하게 수지(樹脂).

테르펜틴-유(Terpentin 油)[명] 테레빈유.

테리어(terrier)[명] 영국산의 민첩하고 작은 사냥용 개. 굴 속의 작은 짐승을 잘 잡음.

테리터리(territory)[명] 영토. 판도(版圖). 분야(分野).

테릴렌(Terylene)[명] '데이크론(dacron)'의 미국 상품명. ｢②제목(題目). 논제(論題).

테-마(thema 라)[명] ①주제(主題). 주선율(主旋律).

테:마 뮤:직(thema music)[명] 〈음악〉어떤 작품의 주제를 표시하는 음악. 주제 음악.

테:마 소:설(thema 小說)[명] 〈문학〉어떤 일관된 사상·주제를 주로 하여 묘사한 소설. 주제 소설.

테:마 송(theme song)[명] 〈음악〉주제가.

테-메-다[타] ㄷ변격 테메다. hoop

테메우-다 그릇의 벌어진 데다가 데오리나 철사로 돌려 감다. ⑨테메다. hoop

테-밀이(건축〉문살 모서리를 약각 테가 있게 민 테. 또, 그 밀살. 하타

테-밖(테 밖) 한 통속에 들지 못한 그 밖. 《유》판밖. outside

테-받다-다 그 모양을 이루다. imitate

테: 베:(T. B. 도)[명] 〈의학〉결핵종. 디 비.

테석-테석[부] 부드럽지 못하고 거칠게 일어나는 모양. rough 하다

테스터(tester)[명] ①시험자. 검사인. ②시험기(器). 시험 장치. ③라디오 수신기 등의 전기 기구들의 작은 전류 전압계.

테스터먼트(testament)[명] ①〈법물〉유언. 유언장. ②〈종교〉성서. 구약 성서는 올드 테스터먼트. 신약 성서는 뉴 테스터먼트. ｢하타

테스트(test)[명] 검사(檢査). 시험(試驗). 음미(吟味).

테스트 케이스(test case)[명] ①〈법물〉판례(判例)가 될 소송 사건. ②시험적으로 해보는 실례(實例).

테스트 파일럿(test pilot)[명] 시험 비행을 하는 비행 기사. 시험 비행가.

테스트 패턴(test pattern)[명] 텔레비전 수상기의 조정용으로 보내어지는 화상(畫像).

테-실(thread)[명] 테를 지은 실. coiled thread

테아:트로(théâtre 프)[명] 극장. 영화관. 무대.

테-안[명] 범위의 속. 테두리 안. within the limit

테오:리아(theoria 그)[명] 〈철학〉①연구. 이론.

테이블(table)[명] 탁자. 식탁.

테이블 매너(table manner)[명] 양식을 먹을 때의 예법.

테이블 센터(table center)[명] 탁자 중앙에 놓는 장식용의 작은 레이스.

테이블-스푼(tablespoon)[명] 수프용의 큰 숟가락.

테이블 스피:치(table speech)[명] 연회 같은 데서 음식을 먹은 뒤에 그 자리에서 간단히 하는 연설.

테이블-클로:스(tablecloth)[명] 탁자 위를 덮는 보.

테이블 테니스(table tennis)[명] 〈동〉탁구.

테이프(tape)[명] ①전선에 감아서 절연하는 데 쓰이는 좁고 긴 종이. ②질기게 만든 헝겊이나 종이 오라기. ③녹음기의 녹음하는 데 쓰이는 가늘고 긴 필름. 현자지(現字紙).

테이프 리코:더(tape recorder)[명] 〈물리〉테이프에 자성재(磁性材)를 칠한 것을 매체(媒體)로 하여 녹음하는 장치. 녹음기.

테이핑(taping)[명] 운동 선수의 관절·근육·인대 등에 테이프를 감는 일. 경기 중의 부상 예방과 치료에 유용함. ｢많이 늘인 머리.

테일(tail)[명] ①꼬리. 맨 끝. ②꼬리 모양의 물건. ③

테일-라이트(taillight)[명] 자동차 등의 뒤에 있는 꼬리등(尾燈). ｢점(洋裝店).

테일러(tailor)[명] ①재봉사(裁縫師). ②양복점. 양장

테일 엔드(tail end)[명] ①꼬리. 말단. ②〈체육〉경기에서의 최하급의 성적(成績).

테:제(These 도)[명] ①명제(命題). 논리. 논제. ②〈철학〉정립(定立). 《대》안티테제. ③〈사회〉사회적 정치적 운동에서 그 기본 방침을 규정한 강령(綱領). 운동 방침.

테크네튬(technetium)[명] 〈화학〉인공 방사능 금속 원소의 하나. 화학적 성질은 레늄과 비슷하며, 최근에는 원자로에서 다량으로 추출됨. 원소 기호; Tc. 원자 번호; 43. 원자량; 99. ｢〈사회 경제 체제.

테크노크라시(technocracy)[명] 기술자의 관리에 의한

테크노크라트(technocrat)[명] 과학자. 기술계 출신의 관리자나 행정관. 기술 관료.

테크놀로지(technology)[명] 기술학. 공예학(工藝學).

테크니션(technician)[명] ①전문가. 전문 기술자. ②기교가.

테크니컬(technical)[명] 기술적. 전문적. 학술적.

테크니컬 녹아웃(technical knockout)[명] 〈체육〉권투에서 기술의 심한 차이로 심판이 시합 도중에 승패를 정하는 일. 〈약〉티케이 오(T. K. O.).

테크니컬러(technicolor)[명] 〈연예〉천연색 영화의 한 방식. 필터에 의해서 세 종류의 필름을 동시에 촬영하고 그것을 삼원색(三原色)의 여색(餘色)의 판(板)으로 하여 투명 필름에 인화하여 완성함.

테크니컬 텀:(technical term)[명] 학술어. 전문어.

테크니컬 파울(technical foul)[명] 농구에서, 퍼스널 파울 이외의 파울.

테크닉(technic)[명] ①수법. ②전문 기술.

테토론(Tetoron)[명] 클리에스테르 계통의 합성 섬유의 하나. 흡수성이 적으므로, 양복감으로 쓰임. 일본의 상품명.

테트라젠(tetrazene)[명] 〈화학〉폭발성의 무색 또는 황색을 띤 고체. 폭약 기폭제 및 뇌관(雷管)에 쓰임.

테트라포드(tetrapod)[명] 호안 또는 파도로 인한 침식을 막기 위하여 만드는 네 개의 발이 달린 콘크리트 블록.

테트로도톡신(tetrodotoxin)[명] 〈화학〉복어의 난소(卵巢)에 들어 있는 맹독소(猛毒素). 말초 신경과 중추 신경에 작용하며, 생명에 위험함. 진정제로 이용됨.

테플론(Teflon)[명] 미국 뒤퐁 회사에서 만든 폴리 플루오르(poly fluor) 에틸렌 계열의 수지 및 섬유의 상품명.

텍사스 리:거(Texas leaguer)[명] 〈체육〉야구에서, 내야수와 외야수 사이에 공이 뚝 떨어져서 안타가 되는 타구. ｢〈약〉텍사스 히트.

텍스(tex)[명] ①사탕수수 찌꺼기나 거친 펄프 등을 눌러 굳힌 널빤지. 천장·벽에 붙이는 건축 재료. ¶방음

텍스처(texture)㊀ ①피륙 짜는 법. 또, 그 바탕. ②~. ②직물. 옷감. 「표면의 감촉.
텍스트(text)㊀ ①주석·번역·서문 및 부록 등에 대한 본문 또는 원문(原文). 원전(原典). ②라디오의 강의·강연의 개략·골자를 기록한 인쇄물 등. ③〈연예〉 대본(脚本). 상연 대본. ㉥텍스트북.
텍스트-북(text-book)㊀ 교과서. 《약》텍스트④.
텍타이트(tektite)㊀ 〈광물〉오스트레일리아·인도네시아·체코 등에서 산출하는 흑요석 비슷한 암석.
텐(ten)㊀ 열. ¶베스트 ~. 「고급 스테인리스용.
텐덜로인(tenderloin)㊀ 소·돼지의 허리께의 연한 살.
텐스(tense)㊀ 〈어학〉시제(時制).
텐트(tent)㊀ 천막(天幕).
텔레그래프(telegraph)㊀ 전신(電信). 전보(電報).
텔레라이터(telewriter)㊀ 〈물리〉전류의 작용에 의하여 자동적으로 문자를 적어내는 장치. 전자기(電字機). 전기 사자기(電氣寫字機).
텔레마ː크(telemark)㊀ 스키에서, 회전·정지 기술의 하나.
텔레ː미ː터(telemeter)㊀ 오토메이션 공장의 상황을 중앙 제어실에 수집하거나 로켓·인공 위성에 의한 관측 데이터를 지상에 모으는 원격 측정 장치.
텔레비ː드라마(televi-drama)㊀ 〈연예〉《약》television drama 텔레비전을 표현 수단으로 하는 드라마.
텔레비전(television)㊀ 〈물리〉실경(實景) 등을 그대로 한곳에서 전파(電波)를 통해서 먼 곳으로 보내어 영사(映寫)하는 장치. 아이코노스코프를 써서 빛의 강약을 전류의 강약으로 바꾸어 방송하면 이것을 수상기로 받아 광도(光度)의 변화를 바꾸어 상(像)을 형성시킴. 소리는 라디오와 같은 방식으로 보냄. 비데오(video). ¶~ 네트워크.
텔레비전 전ː화(television電話)㊀ 사람의 얼굴을 보이며, 동시에 말이 들리도록 송신하는 기계.
텔레비전 채널(television channel)㊀ 〈물리〉텔레비전 방송에 사용하는 전파의 주파수대(周波數帶).
텔레비전 카메라(television camera)㊀ 촬상관(撮像管)을 병용하여 텔레비전 촬상에 사용하는 광학적·전기적 장치. 《약》카메라(camera)②.
텔레스코ː프(telescope)㊀ 〈물리〉망원경.
텔레캐스트(telecast)㊀ 텔레비전 방송.
텔레타이프라이터(teletypewriter)㊀ 〈물리〉무전 장치에 의하여, 송신자가 타이프라이터를 치면 동시에 먼 곳에 있는 수신자측의 타이프라이터가 자동적으로 같은 문자를 찍어 내는 장치. 전신 인자기(電信印字機). 텔레프린터. 《약》텔레타이프.
텔레파시(telepathy)㊀ 정신 감응.
텔레팩스(telefax)㊀ 모사 전송(模寫電送).
텔레폰(telephone)㊀ ①전화기. ②전화.
텔레프린터(teleprinter)㊀ ⇒텔레타이프라이터.
텔레픽스(telepix)㊀ 텔레비전용의 영화.
텔렉스(Telex)㊀ 다이얼로 상대방을 불러내어, 텔레타이프로 통신하는 전신 장치. 신문사·무역 회사 등에서 해외와의 통신에 이용함.
텔로스(telos 그)㊀ 목적. 목표.
텔로프(Telop)㊀ 텔레비전 화면에 영사하는 문자·사진. 또, 그 방영 기술. 카메라를 사용하지 않음.
텔루륨(tellurium 라)㊀ 〈화학〉원소의 하나. 은백색의 금속 광택이 있는 결정. 화학적 성질은 유황·셀렌(selen)과 비슷함. 텔루르(Tellur). 원소 기호; Te. 원자 번호; 52. 원자량; 127.60.
텔루르(Tellur)㊀ ⇒ 텔루륨(tellurium).
텔스타 위ː성(Telstar 衛星)㊀ 〈물리〉미국의 증폭(增幅) 중계용의 저(低)고속도 통신 위성.
템㊀ 생각보다 많은 정도를 나타내는 말. 흔히 명수(名數)에서만 조사 '이나'를 붙여 씀. ¶한 달 ~이나 걸렸다.
템페라(tempera)㊀ 〈미술〉서양화의 하나. 안료를 교질이나 풀 같은 것에 섞어 만든 재료로 그린 그림. 또, 그 재료.
템페스토(tempesto 이)㊀ 〈음악〉'폭풍우와 같이'의 「뜻.

템포(tempo)㊀ ①〈음악〉악곡 진행의 속도·박자. ② 문학 작품·연극·영화 등의 줄거리나 내용의 진전 속도. ③진도. 속도.
템포 디(tempo di 이)㊀ 〈음악〉'···의 속도로'의 뜻.
템포 루바토(tempo rubato 이)㊀ 〈음악〉전체의 길이를 변경함이 없이, 연주자의 임의로 박자를 바꾸어 점점 느리게 했다가는 다시 빠르게 하곤 하는 일.
템포슈붕(Temposchwung 도)㊀ 〈체육〉스키에서, 회전법(回轉法)의 하나. 예동(制動)을 가하지 않고 고속도(高速度)로 회전하는 기술. 「템포로'의 뜻.
템포 지우스토(tempo giusto 이)㊀ 〈음악〉'정확한 템포 코모도(tempo comodo 이)㊀ 〈음악〉'템포를 마음대로' 또는 '적당한 박자로'의 뜻.
템포 프리모(tempo primo 이)㊀ 〈음악〉'맨 처음의 템포로 →반복.   「템포로'의 뜻.
텡쇠㊀ 겉으로는 튼튼한 듯이 보이나 속은 허약한 사람. weak person who looks strong
텰릭㊀ 〈고〉칠릭. 융복(戎服)의 하나.
토㊀ 〈어학〉①한문을 읽을 때 한문의 구 끝에 읽는 우리 말 부분. ¶~를 달다. ②조사(助詞). '吐'로 씀은 취음. particle
토²㊀ ①간장을 졸일 때 윗면에 떠오르는 찌끼. ②간장을 담은 그릇의 밑바닥에 가라앉는 된장의 부스러기. 「는 말. ¶결 ~면 이긴다.
토㊀ 윷을 놀 때에 '도'를 다른 말 아래 붙일 때 하
토(土)㊀ ①〈민속〉오행(五行)의 하나. 방위로는 중앙, 색으로는 황(黃). ②《약》⇒토요일. ③《약》⇒토기.
토(土)㊀㊁ 어떤 명사 앞에 붙어 '흙'의 뜻을 나타내는 말. ¶~마루. ~벽.   「내는 말. ¶부식~.
=토(土)㊀㊁ 어떤 명사 뒤에 붙어 '흙'의 뜻을 나타
토가ː[―까](土價)㊀ 땅 값.   「하다
토ː가[―까](討價)㊀ 값을 부름. 물건 값을 청구함.
토각 귀모(兎角龜毛)㊀ 토끼의 뿔과 거북의 털. 곧, 세상에 없는 것의 비유.
토감(土坎)㊀ ①흙구덩이. ②정식으로 무덤 속에 관을 넣기 전에 우선 어떻게나 시체를 흙으로 덮음.
토건(土建)㊀ ⇒토목 건축.   「하다
토고(土鼓)㊀ 〈음악〉부(缶)·훈(塤) 따위와 같이 나무나 쇠붙이 따위를 쓰지 않고 흙으로 기구를 만든 타악기.
토고-등(土鼓藤)㊀ 〈식〉댕댕이덩굴.   「질경구.
토굴(土窟)㊀ 흙 익더겨.
토공(土工)㊀ 〈토목〉①축토(築土)·절토(切土) 및 이에 관련된 공사. civil engineering works ②미장이.
토과(土瓜)㊀ 〈식〉쥐참외.   plasterer
토관(土官)㊀ ⇒토관직(土官職).
토관(土管)㊀ 〈토목〉흙을 구워 만든 둥근 관. 연통이나 배수로(排水路)에 쓰임. earthen pipe
토관-직(土官職)㊀ 〈제도〉평안도·함경도의 부(府)·목(牧)·도호부에 따로 둔 벼슬. 그 도 사람만 시킴. 향직(鄕職). 《약》토관(土官).   godown
토=광(土―)㊀ 널빤지를 깔지 않은 흙바닥의 광.
토광(土鑛)㊀ 〈광물〉흑광(黑鑛)의 산화대(酸化帶)가 흙 같은 엷은 빛의 광석으로 변하여 금분(金粉)과 은분이 풍부한 광석.   「
토광 인희(土廣人稀)㊀㊁ 지광 인희(地廣人稀). 하
토괴(土塊)㊀ 〈동〉흙덩이.
토교(土橋)㊀ 〈동〉흙다리.
토구(土寇)㊀ 지방에서 일어나는 도둑의 떼. 토비(土匪). 토적(土賊). native bandits
토ː구(吐具)㊀ 〈동〉토기(吐器).   「tion 하다
토구(討究)㊀ 사물의 이치를 검토·연구함. investiga-
토=굴(土―)㊀ 〈조개〉①땅에서 나는 굴의 통칭. ②굴과의 조개. 암초·조약돌에 고착 생활함. 패각은 길이 15 cm의 원형 또는 방형(方形). 유생(幼生)은 어미 조개의 강내(腔內)에서 성장함.
토굴(土窟)㊀ 땅을 파서 만든 큰 구덩이. cave ②땅 속으로 뚫린 큰 굴. cavern
토굴=집[―찝](土窟―)㊀ 땅굴을 파고 사람이 살 수

토=극수(土克水)[명]〈민속〉흙이 물을 이긴다는 오행(五行)의 운행(運行).

토:근(吐根)[명]〈식물〉꼭두서니과에 딸린 늘푸른 딸기나무. 높이 30~40 cm 로 줄기는 곧게 올라가고 가지가 많음. 뿌리는 구부러지고 잎은 타원형 또는 도란형임. 열매는 완두만한데, 처음에는 붉으나 나중에는 진주빛이 됨. ②〈한의〉토근의 뿌리를 말린 것. 맛은 쓰고 냄새가 나며, 토제(吐劑)·거담제(祛痰劑)·아메바 이질의 약제로 씀.

토:근=정(吐根錠)[명]〈약〉토근에 유당(乳糖)을 섞어서 만든 정제. 거담제(祛痰劑).

토금(土金)[명] ①금빛이 나는 흙. yellowish soil ②〈광물〉흙이나 모래 속에 섞여 있는 금. gold dust

토=금속(土金屬)[명]〈약〉→토류 금속(土類金屬).

토금속 원소(土金屬元素)[명]〈동〉토류 금속 원소(土類金屬元素).

토기(土氣)[명] ①〈한의〉위부(胃腑)의 작용. ②[동]지기(地氣).

토기(土器)[명]〈공업〉①진흙으로 만들어 잿물을 올리지 않고 구운 그릇. 와기(瓦器). earthenware ②〈역사〉원시 시대에 쓰이던 토제(土製) 그릇의 유물.

토:기(吐氣)[명][동]욕지기.

토:기(吐器)[명][동]먹을 것을 먹을 때에 섞어 삼키지 못할 것들을 담는 작은 그릇. 토구(吐具). spittoon

토기-장이(土器匠―)[명]토기 만드는 일을 전문으로 하는 사람. 토기장(土器匠). potter

토기=점(土器店)[명]토기를 구워 파는 가게.

토=끝(土―)[명]〈공예〉①피륙의 끄트머리. fag end ②피륙의 필(疋) 끝에 글씨나 그림이 박힌 부분.

토끼[명]〈동물〉토끼과(兔科)에 속하는 짐승의 총칭. 귀가 길고 앞다리보다 뒷다리가 발달하였으며 앞니가 끊임없이 자람. 나무껍질·곡식·채소·과실 등을 먹으며 번식력이 강함. 여러 가지 품종이 있음. rabbit

토끼가 제 방귀에 놀라다[관] ①남이 알지 못하게 저지른 허물이 염려되어 스스로 겁을 먹어 떤다. ②경망하다.

토끼-날(―날)[명]〈민속〉①여자가 남의 집 출입을 꺼리는 음력 정월의 첫 번 묘일(卯日). ②묘일(卯日)의 총칭. 톳날.

토끼 둘을 잡으려다가 하나도 못 잡는다[관] 욕심을 부리면 여러 가지 일 가운데서 하나도 뜻을 이루지 못한다. [으로 상징되어 이르는 말.

토끼-띠[명]〈민속〉묘생(卯生)을 가리키며 토끼의 속성

토끼를 다 잡으면 사냥개를 잡는다[관] 필요할 때는 소중히 하던 것도 그 때가 지나면 천대하고 없애 버린다. [을 붙이는 잠. light sleep

토끼-잠[명]토끼처럼 깊이 잠이 들지 않고 잠깐 눈

토끼잠 자듯[관]깊이 들지 못하고 금방 잠을 깨는 모양.

토끼-장(―欌)[명]토끼를 넣어 기르는 우리. 토끼우 [리. 토끼집.

토끼-장(―場)[명]토끼장.

토끼-털[명]토끼의 털.

토끼-풀[명]클로버(clover).

토끼-해[명]〈민속〉묘년(卯年)을 이르는 통칭.

토나카이(tonakai)[명]〈동〉순록(馴鹿).

토:납(吐納)[명]묵은 기운을 입으로 내뿜고 새 기운을 코로 들이마셔서 신선되기를 배우는 술법. ―하다

토:너먼트(tournament)[명]횟수를 거듭할 적마다 패자를 제외하고 최후에 남는 양자로서 우승을 결정하는 경기.

토:네이도(tornado)[명]미국에서 일어나는 맹렬한 선풍(旋風). 봄·여름에 많으며, 집·나무 등을 쓰러뜨린다. [저(高低)를 정확히 재는 계기(計器).

토노미:터(tonometer)[명]〈물〉음의 진동수, 곧 고

토농-이(土農―)[명]한 곳에서 붙박이로 살며 농사 짓는 사람. indigenous farmer

토닉 솔파(tonic sol-fa)[명]계명(階名) 창법.

토닥-거리다[자]자꾸 토닥 소리가 나다. 또, 잘 들리지 않을 물건을 가볍게 자꾸 두드리어 소리를 내다. (큰)투덕거리다. (센)또닥거리다. **토닥=토닥**[부] 하

토단(土壇)[명]흙으로 쌓은 단.

토-달다(吐―)[자] ①한문의 구절 끝에 토를 붙이어나 적어 놓다. 현토(懸吐)하다. ②한자 옆에 그 음(音)을 한글로 적어 놓다.

토담(土―)[명]흙으로 쌓아 친 담. 토원(土垣). 토장(土墻). dirtwall [사람. 〈약〉담장이. dirt waller

토담-장이(土―匠―)[명]토담을 치는 일로 업을 삼는

토담-집(―집)[명] 재목을 쓰지 않고 토담만 쌓아 그 위에 지붕을 이어 지은 집. 토옥(土屋). 〈약〉담집. dirt walled house

토담-틀(土―)[명]토담을 치는 데 쓰는 틀. [뿌리.

토-당귀(土當歸)[명] ①〈동〉땅두릅. ②〈한의〉멧두릅의

토대(土臺)[명] ①집을 가지고 높게 쌓아 올린 대. terrace of earth ②세운 집의 맨 아래 부분이 되는 바람. 흙바탕. 터[2]. foundation ③어느 사업 같은 것의 기초. 〈약〉지대(地臺). groundwork

토: 댄스(toe dance)[명]발레에서, 발끝으로 서서 추는 [춤.

토도-사(土桃蛇)[명]〈동〉굿뱀.

토둔(土屯)[명]그리 높지 않고, 크지 않은 언덕. hillock

토라(土螺)[명]〈동〉우렁이.

토라지-다[자]먹은 음식이 잘 삭지 못하고 신트림이 나다. be indigested ②마음먹은 것과 틀려서 싹 돌아서다. turn sulky

토란(土卵)[명]〈식물〉천남성과(天南星科)의 다년생 풀. 줄기 높이 80~120 cm 로 땅 속에 살이 많은 구경(球莖)이 있음. 아시아 원산으로 당질·인·염분·칼슘이 많아 영양과 함께 좋함. 우자(芋子). 토련(土蓮). 토지(土芝). taro

토란-국(―국)(土卵―)[명]토장국이나 맑은 장국에 토란을 넣어 끓인 국. 토란탕. taro soup

토란-탕(土卵湯)[명]토란국.

토레아도:르(toreador)[명]①어자의 승마 바지. ②투 [tility of soil

토력(土力)[명]식물(植物)을 길러 내는 땅의 기운. fer-

토련(土蓮)[명]〈동〉토란. [만든 송편.

토련-병(土蓮餠)[명]토란 가루로 만든 송편.

토: 렴[명]밥이나 국수에 뜨거운 국물을 여러 차례 부어 다 따랐다 하여 덥게 함. 《원》퇴염(退染)①. ―하다

토:로(吐露)[명]속마음을 다 드러내어서 말함. 토파(吐破). 토정(吐情). expression ―하다

토록[명]〈광물〉원맥(原脈)을 떠나 다른 잡돌과 함께 밖으로 드러나 있는 광석.

토록[조]얼마만한 수량이나 어느 정도까지 늘인다는 뜻을 나타내는 조사. ¶이~ 많은 줄은 몰랐다. so to such an extent

토:론(討論)[명]어떤 문제를 둘러싸고 여러 사람이 각자 자기의 의견을 말하여 옳은 결론을 얻으려고 하는 논의. ¶~회(會). 〈유〉토의(討議). discussion ―하다 [만든 무덤. 토분(土墳). gravemound

토롱(土壟)[명]임시로 또는 급하게 흙을 모아 간단히

토룡(土龍)[명]①〈동〉지렁이. ②두더지.

토류(土類)[명]〈화학〉희유 금속의 산화물같이 물에도 잘 안 풀리고 열에도 잘 안 녹고 환원하기도 힘든 금속 산화물. earths

토류 금속(土類金屬)[명]〈화학〉알루미늄과 같이 산화하여 흙 따위가 된 금속의 총칭. 알루미늄·갈륨·인듐·탈륨 따위. 〈약〉토금속(土金屬). earth metal

토류 금속 원소(土類金屬元素)[명]〈화학〉토류 금속. 〈약〉토금속 원소.

토륨(thorium 라)[명]〈화학〉방사선 금속 원소의 하나. 회색의 무거운 결정체. 원소 기호 ; Th. 원자 번호 ; 90. 원자량 ; 232. 12.

토르소(torso 이)[명]〈미술〉목과 사지(四肢)가 없이 동체(胴體)만으로 된 소상(塑像).

토리[명]①둥글게 실을 감은 뭉치. ②〈체육〉화살대 끝의 쇠고리. [의]실뭉치를 세는 말. ball of thread

토리(土理)[명]〈농업〉①흙의 성분이 기름지고 메마르는 성질. fertility ②어느 식물에 맞고 안 맞는 땅의 성질. 지미(地味). nature of soil

토리=실 사려서 테를 짓지 않고 그냥 둥글게 감은 실. balled string

토리첼리의 진공(Torricelli—眞空)图《물리》깊이 1 m 의 유리관에 수은을 넣고, 그릇 속의 수은에 거꾸로 세우면, 그릇의 수은 면에서 76 cm쯤 되는 데까지 내려와 윗부분에 생기는 진공. 이 실험으로 토리첼리는 대기의 압력을 측정하였음.

토=마루(土一)图 시골집에서 흔히 만드는 흙으로만 쌓아 만든 마루. floor of earth

토마토(tomato)图《식물》가지과의 다년생 또는 일년생 재배 식물. 여름에 노란 꽃이 피고 열매가 열려 익으면 붉은데 비타민이 풍부 널리 식용함. 도마도. 일년감.

토마토 케첩(tomato ketchup)图 토마토를 조린 다음 향료 따위를 가미한 조미료.

토막图 ①크고 덩어리가 진 도막. cut ②목침(木枕)의 방언. wooden pillow 의의 잘라진 도막을 세는 말. [나무 ~. piece

토막(土幕)图 움막. 움집. cave

토막 고기 굵게 썬 고기. chop

토막=극(一劇)图《동》촌극(寸劇). [of wood

토막 나무 매기 쉽게 잘라서 토막이 된 나무. cut

토막=말 ①토막토막 동안을 두어 가며 하는 말. intermittently ②긴 내용을 간추려 한마디로 표현하는 말. summary [in cellar hovels

토막=민(土幕民)图 움집에서 사는 사람들. dwellers

토막 반찬(一飯饌)图 생선이나 자반을 토막쳐서 요리한 반찬.

토막=치-다图 토막이 나게 하다. cut in pieces

토막=토막图 여러 토막으로 잘린 모양. in pieces

토=만두(土饅頭)图 무덤.

토=매(土一)图《농업》벼를 갈아서 현미(玄米)를 만드는 기구. 매통 비슷하게서 아래위 두 짝으로 되고, 위쪽에 자루가 달려 있음.

토매(土昧)图 지능 정도가 아주 낮고 문명이 깨지 아니한 모양. uncultivated person 하图

토매=인(土昧人)图 야만인.

토매인=우(土昧人遇)图 야만인의 대우.

토=맥(土脈)图《동》지맥(地脈).

토=머름(土一)图《건축》흙으로 막은 머름.

토멸(討滅)图 쳐서 없애 버림. destroying 하图

토명(土名)图 그 지방에서 쓰여지고 있는 이름.

토목(土木)图《약》→토목 공사.

토목 건축(土木建築)图《토목》토목과 건축.《약》토건(土建).

토목 공사(土木工事)图《토목》가옥·도로·다리·항만·철도·제방·상수도 따위. 모든 목재·철재·토석 등을 사용하는 공사의 총칭. 토목지역(土木之役).《약》토목. civil engineering works

토목=공이(土木一)图 어리석고 무지한 사람. fool

토목 공학(土木工學)图《도목》도로·하천 및 도시 계획 따위의 시설에 관한 이론 및 실제를 연구하는 공학의 한 부분. 토목학. civil engineering

토목=과(土木科)图 공과 계통의 한 학과. 토목에 관한 원리와 실제를 연구함.

토목 기:사(土木技師)图 토목 공사에 종사하는 기사.

토목 사:업(土木事業)图 토목에 관한 사업.

토목용 기계(—用機械)图 토목 공사에 쓰이는 기계의 총칭.

토목지=역(土木之役)图《동》토목 공사(土木工事).

토문(土門)图 좌우로 흙을 쌓아 올리고 지붕이 없는 문. earthen gate

토문(討問)图 캐어 물음. inquiry 하图타

토=문조(吐蚊鳥)图《동》바람개비②.

토물(土物)图 ①흙으로 만든 물건. ②그 땅에서 나는 물건. 토산(土産).

토미즘(Thomism)图《철학》토마스 아퀴나스의 사상. 카톨릭 교회 공인(公認) 철학으로서 지성의 우위(優位)를 주장함. 토마스교.

토=바닥(土一)图《광업》사금을 캐어 내는 곳의 흙과 돌.

토박이(土一)图《약》→본토박이. [모래로 된 밑바닥.

토박-하다(土薄—)图图 땅의 성질이 기름지지 못하고 메마르다. barren

토반(土班)图 몇 대를 두고 그 시골에 붙박혀 사는 양반. 향족(鄕族). native noble family

토=반모(土斑蝥)图《동》땅가뢰.

토=반묘(土斑猫)图《동》땅가뢰.

토반=유(土斑釉)图《미술》짚이나 겨를 태운 재를 장석(長石)·토회(土灰)와 섞어 만든 탁한 백색 잿물.

토=반자(土一)图《건축》반자지를 안 바르고 윗가지로 한 반자.

토방(土房)图 마루를 놓을 수 있는 처마 밑 땅.

토번(土蕃)图 토박이로 사는 미개한 족속. aborigines

토번(吐蕃)图《역사》티베트족을 당(唐)나라 때에 일컫던 이름. [subjugation 하图

토벌(討伐)图 죄있는 무리를 군사로 침.《약》~대(隊).

토벽(土壁)图 흙벽. earthen wall

토병(土兵)图 본시 그 땅에 붙박이로 사는 사람 가운데서 뽑은 군사. native troops

토=복령(土茯苓)图《동》비해(萆薢).

토봉(土蜂)图《동》땅벌.

토=부자(土附子)图《동》초오두(草烏頭).

토분(土粉)图 쌀을 쓿을 때 함께 섞어서 찧는 흰 흙.

토분(土墳)图《동》토롱(土壟). [가루. earth powder

토분(兎糞)图《한의》토끼 똥. 해열약(解熱藥)에 씀.

토불(土佛)图 흙 부처. [너짐. crumbling 하图

토붕(土崩)图 흙이 무너지는 것같이 사물이 점점 무너짐.

토붕 와해(土崩瓦解)图 흙이 무너지고 기와가 깨지는 뜻. 곧, 어느 모임이나 단체 같은 것이 무너져 버림을 이르는 말. total collapse 하图

토브랄코(tobralco)图 평직(平織)의 무명.

토비(土匪)图《동》토구(土寇). [of bandits 하图

토비(討匪)图 비적(匪賊)의 무리를 침. suppression

토빈=장(土殯葬)图 정식으로 장사를 지내기 전에 임시로 관을 야외에 묻음. temporary burial 하图

토사(土砂)图 흙과 모래. soil and sand

토:사(吐絲)图 누에가 입에서 실을 뽑아 냄. spinning [하图

토:사 하:사(吐瀉下瀉)图 설사함. 상토 하사(上吐下瀉). vomiting and diarrhea 하图

토:사(兎舍)图 토끼를 기르기 위해 마련한 집.

토:사 곽란(吐瀉癨亂)图《한의》위로는 토하고 아래로는 설사하면서 배가 질리고 아픈 증세.

토사 구팽(兎死狗烹)图 쓸모가 없어지면 버린다는 뜻.

토사=도(土砂道)图《토목》흙으로 만든 편한 포장 않은 길.

토사 문양(兎絲紋樣)图 토호화(兎毫花). [mountain

토산(土山)图 흙으로만 이루어진 산. 흙메. earth

토산(土産)图 그 땅에서 나는 산물. 토물②. 토산물(土産物). 토지 소산(土地所産). local products

토산=마(土産馬)图 본토에서 나는 말.

토산=물(土産物)图 그 땅에서 나는 산물. 토산. 토지 소산(土地所産). [여 한쪽이 특별히 커진 불알.

토산=불알(←疝—)图《한의》산증(疝症)으로 인하

토산불-이(←疝—)图 토산불알을 가진 사람.

토산=종(土産種)图 그 지방에서 나는 종자, 또는 종류.《약》토종(土種). native seeds

토산=품(土産品)图 그 지방 특유의 물건.

토색(土色)图 ①흙 빛. ②황토(黃土) 같은 빛깔.

토색(討索)图 금품을 억지로 달라고 함. extortion 하图

토색=질(討索—)图 토색하는 짓. 하图

토=색금(土生金)图《민속》오행(五行)의 운행(運行)에서 토(土)가 금(金)을 도와 준다는 말.

토석(土石)图 흙과 돌. earth and stones

토석=류(土石流)图 홍수가 났을 때 산에서 사태로 내려 밀리는 진흙과 모래. landslip

토선(土船)图 흙을 나르는 배. [(實). 하图

토:설(吐說)图 숨겼던 사실을 비로소 입밖에 냄. 토실(吐

토=성(土姓)图《민속》사람의 성자(姓字)를 궁(宮)·상(商)·각(角)·치(徵)·우(羽)로 나누어 이것을 오

행(五行)에 갈라붙인 가운데 토(土)에 붙은 성.
토성(土性)[명] 토지의 성질. 토질(土質).
토성(土星)[명] 〈천문〉 태양계(太陽界)의 한 행성(行星). 두 번째로 큰 행성으로 편평도가 최대이고 밀도는 최소임. 공전(公轉) 주기는 29년 167일, 체적은 지구의 762.4배임. 적도 둘레에 얇은 판 모양의 테를 가짐. 위성은 21개임. saturn
토성(土城)[명] ①흙으로 쌓아 올린 성. mud castle ②《하》 사성(莎城). ③개자리 뒤에 흙을 쌓아 화살을 막는 둑.
토=세:공(土細工)[명] 흙을 재료로 하는 세공.
토속(土俗)[명] 그 지방 특유의 풍속. local customs
토속=학(土俗學)[명] 민속학과 민족학으로 구분되기 이전을 일컬음. folklore
토:수(吐手)[명] '토시'의 취음.
토:수(吐首)[명] 〈건축〉 기와의 하나. 전각 네 귀의 추녀 끝에 끼는 용두형·귀두형(鬼頭形)의 장식.
토수=화(土鏽花)[명] 〈미술〉 흙 속에 오래 있던 연유(軟釉)의 도자기가 변화하여 이루어진 일종의 무늬.
토순(兎脣)[명] 윗입술이 세로 찢어져서 토끼의 입술처럼 생긴 입술. 언청이. harelip
토:=슈:즈(toeshoes)[명] 발레의 여성 무용수가 토 댄스를 출 때 신는 구두.
토스(toss)[명] ①가볍게 위로 던지는 일. ②동전 같은 것을 공중에 던져서 그 표리에 의하여 사물을 결정하는 일. ③〈체육〉 정구에서 코트와 서브를 선택하는 방법. 공이나 라켓을 던짐. ④〈체육〉 야구에서 공을 아래로 가볍게 굴려 보내는 일. ⑤〈체육〉 배구에서, 상대편에 공을 쳐 넣기 좋도록 공을 올려
토스레[명] 베실을 삶아서 짠 실.　　「주는 일. 하[자][타]
토스 배팅(toss batting)[명] 〈체육〉 야구에서, 가벼운 투구로 하는 타격 연습.
토:스터(toaster)[명] 토스트를 굽는 기계.
토:스트(toast)[명] 식빵을 얇게 잘라 살짝 구워 버터나 잼 따위를 바른 것.　　「stlets
토시(←套袖)[명] 팔목에 끼어 추위를 막는 제구. wri-
토시=살[명] 소의 만화에 붙은 고기.　　「food 하[타]
토식(討食)[명] 음식을 강제로 청하여 먹음. extorting
토신(土神)[명] 〈민속〉 음양가(陰陽家)에서 말하는 흙을 맡아 다스린다는 신. deity of earth
토실(土室)[명] 《동》 토옥(土屋).
토:실(吐實)[명] 일의 경위를 사실대로 말함. 토설(吐說). telling the truth 하[타]
토실=토실[부] 살이 보기 좋을 정도로 통통하게 찐 모양. ¶~살이 찌다. 《큰》 투실투실. plump 하[형]
토심(土深)[명] 흙의 깊이. depth of earth
토:심(吐心)[명] 좋지 않은 낯빛으로 남을 대할 때 상대편이 느끼는 불쾌하고 아니꼬운 마음. displea-
투=씨[명] 《동》 조사(助詞).　　「sure 스[형] 스레[부]
토:악=질(吐—)[명] ①먹은 음식을 게워냄. vomiting ②남의 재물을 정당하지 못하게 받았다가 도로 내어 놓음. disgorgement 하[타]
토압(土壓)[명] 〈토목〉 밑이나 윗부분이나 폭이 같고 곧게 쌓은 흙이 무너지려고 누르는 힘. earth pres-
토:약(吐藥)[명] 《동》 토제(吐劑).　　「sure
토양(土壤)[명] 〈지질〉 ①흙. soil ②곡물 등이 생장할 수 있는 흙.
토양 미생물(土壤微生物)[명] 흙 속에 있는 미생물.
토양 반:응(土壤反應)[명] 〈농업〉 토양의 산성·중성(中性) 또는 염기성 여부를 나타내는 반응. soil reaction
토양 소독(土壤消毒)[명] 열이나 약품을 써서 흙 속에 병원(病原) 미생물을 죽이는 처치.
토양 침식(土壤浸蝕)[명] 〈지학〉 비바람에 의해서 농경지의 표토(表土)가 유실되는 현상.
토양=학(土壤學)[명] 흙의 성질·변화·분류 따위를 연구
토어(土魚)[명] 《동》 가리맛.　　「하는 학문. soil science
토어(土語)[명] ①그 고장의 본토박이가 쓰는 말. native tongue ②사투리. dialect　　「둑. earth bank
토=언:제(土堰堤)[명] 〈토목〉 흙만 가지고 쌓아 올린

토역(土役)[명] 흙일. earthwork
토:역(吐逆)[명] 《동》 구토(嘔吐). 하[자]　　「하[타]
토역(討逆)[명] 역적을 토벌함. suppression of rebels
토역=꾼(土役—)[명] 흙일에 종사하는 일꾼.
토역=일[—닐](土役—)[명] 흙일.
토=역청(土瀝青)[명] 〈화학〉 아스팔트(asphalt).
토연(土煙)[명] 토사(土砂)가 날리어 뽀얗게 연기처럼 보이는 것. cloud of dust
토영 삼굴(兎營三窟)[명] 토끼가 위기를 면하려고 굴을 셋을 만든다는 뜻에서 자신의 안전을 위하여 미리 몇 가지의 술책을 만들어 놓는다는 말.　　「하[형]
토옥(土沃)[명] 땅이 기름짐. 《대》 토척(土瘠). fertility
토옥(土屋)[명] 《동》 토담집.
토와(土蝸)[명] 《동》 괄태충(括胎蟲).
토왕(土旺)[명] 《약》→토왕지절(土旺之節).
토왕 용:사(土王用事)[명] 토왕지절의 첫째날. 일년에 네 번 있고 이 날만은 흙일을 금함.
토왕지=절(土旺之節)[명] 〈민속〉 오행(五行)에서 말하는 토기(土氣)가 성한 절기로 춘·하·추·동에 한 절기씩 일 년에 네 번 있음. 《약》 토왕(土旺).
토요(土曜)[명] 《약》→토요일.
토요=일(土曜日)[명] 칠요일(七曜日)의 제일 끝 날. 반공일. 《약》토요(土曜). 토(土)②. Saturday
토욕(土浴)[명] ①닭이 흙을 파헤치고 앉아 몸을 버르적거림. sand bath ②말이 땅위를 뒹굶. 하[자]「하[자]
토욕=질(土浴—)[명] 토욕을 하는 것. sand bathing
토용(土俑)[명] 흙으로 온갖 형상을 만들어 구운 물건. earth image
토우(土雨)[명] 흙비. dust storm
토우(土偶)[명] 흙으로 만든 인형. 이소인(泥塑人). 토우인. earthen figure
토우=인(土偶人)[명] 《동》 토우(土偶).　　「나르는 배.
토운=선(土運船)[명] 〈토목〉 토목 공사에서 흙을 실어
토운=차(土運車)[명] 〈토목〉 토목 공사에서 쓰는 흙을
토원(土垣)[명] 《동》 토담.　　「나르는 수레.
토:유=병[—뼝](吐乳病)[명] 〈한의〉 젖먹이들이 젖을
토음(土音)[명] 사투리. dialect　　「토하는 병.
토의(土宜)[명] ①《동》 토지 소산(土地所產). ②흙의 성질이 사람 살기에나 농사짓기에 알맞음.
토의(討議)[명] 토론하여 의논함. ¶~ 사항(事項). 《유》 토론(討論). discussion 하[타]　　「vages 하[자]
토이(討夷)[명] 오랑캐를 토벌함. subjugation of sa-
토:이기(土耳其)[명] '터키'의 음역. 《약》 토(土)③.
토=이:질(土痢疾)[명] 〈한의〉 아메바성 이질을 한의학에서 일컫는 말.
토인(土人)[명] ①지방에 대대로 붙박이로 사는 사람. 토착민(土着民). native ②야만인. ③《동》 흑인.
토인 문학(土人文學)[명] 〈문학〉 ①열리지 못한 땅의 인간 생활을 그린 문학. ②미개(未開)한 땅에서 토인이 쓴 기교가 없고 소탈한 문예 작품. native literature
토일렛(toilet)[명] ①화장(化粧). ②《약》→토일렛 룸.
토일렛 룸:(toilet room)[명] ①화장실. ②변소. 《약》 토
토일렛 소:프(toilet soap)[명] 세수 비누.　　「일렛②.
토일렛 케이스(toilet case)[명] 몸단장하는 여러 도구를 넣은 상자.
토일렛 페이퍼(toilet paper)[명] 휴지.　　「하[타]
토장(土葬)[명] 시체를 땅 속에 매장하는 일. burial
토장(土醬)[명] 된장. soy a bean paste
토장=국[—꾹](土醬—)[명] 된장국.
토장 찌개(土醬—)[명] 된장 찌개.
토재=관(土在官)[명] 자기가 가진 땅이 있는 곳의 관청.
토저(土豬)[명] 《동》 오소리.
토적(土賊)[명] 《동》 토구(土寇).
토적(土積)[명] 흙을 쌓음. heaping up earth 하[자]
토적(討賊)[명] 도둑을 침. 역적을 토벌함. suppression of bandits 하[자] 「캐내는 광산. mine of gold dust
토점(土店)[명] 〈광물〉 토금(土金)이나 사금(砂金)을
토정(土鼎)[명] 《동》 질솥.

E

토:정(吐情)圈 마음속에 있는 사정을 솔직하게 말함. 《俗》토로(吐露). telling actual circumstances 하다

토:정(吐精)圈 남자가 정액(精液)을 쌈. 사정(射精). ejaculation 하다

토제(土製)圈 흙으로 만듦. 또, 그 물건.

토:제(吐劑)圈〈약학〉먹은 음식을 토하게 하는 약. 토약(吐藥). emetic

토제(討祭)圈《俗》벌제(伐齊). 하다 [lies

토족(土族)圈 토반(土班)의 겨레. native noble fami-

토종(土種)圈〈약〉→토산종(土産種).

토:종(討終)圈 종장(終場)까지. [벌.

토종=벌(土種―)圈 양봉(洋蜂)에 대하여 재래종의 꿀

토죄(討罪)圈 범한 죄를 하나하나 드러내어 다부지게 나무람. chastisement 하다

토주(土主)圈 ①땅 주인. 지주(地主). ②〈약〉→토주관(土主官).

토주(土朱)圈 ①〈동〉석간주(石間硃). ②〈동〉대자석(代 [赭石].

토주(土柱)圈〈지학〉지면에 오랜 세월을 두고 빗물이 침식하여 생기는 흙의 기둥. 대개 머리 위에는 바윗돌을 이고 있음. [명주의 하나.

토:주(吐紬)圈 두꺼운 바닥에 누르스름한 빛깔을 띤

토주(討酒)圈 술을 강제로 청하여 마심. extorting drinks 하다 [이르던 말. 〈약〉토주(土主).

토주=관(土主官)圈〈제도〉백성들이 자기네 고을 원을

토:주=석(吐酒石)圈〈약학〉산성 주석산(酸性酒石酸) 칼륨과 산화안티몬의 화합물. 최토(催吐)·발한(發汗)·거담제(祛痰劑) 등으로 내복하며 연고(軟膏) 또는 매염제(媒染劑) 등으로도 씀. tartar emetic

토:주자(土鑄字)圈〈인쇄〉흙으로 주조한 주자. earthen

토죽(蔫竹)圈 둥글대. [type

토지(土地)圈 ①땅. 흙. soil ②지면(地面)·지소(地所)·경지(耕地)·집터 따위들. land ③일정한 구획의 지표(地表)의 부분과 그 밑의 지각(地殼). land ④

토(土)지(土芝)圈 토란. [영토(領土). territory

토지=개:량(土地改良)圈 좋은 토질을 유지·증진하기 위하여 토지에 행하는 개간(開墾)·객토(客土) 넣기·비료(肥料) 주기 따위의 총칭. land improvement

토지=개량=조합(土地改良組合)圈 수리(水利) 조합을 개칭한 공공 조합. 토지 개량 사업을 행함.

토지=개:혁(土地改革)圈〈사회〉토지를 소유하는 형태에 관한 혁명. land reform

토지=관할(土地管轄)圈〈법률〉법원이 지니고 있는 재판권을 행사할 수 있는 토지의 관할 구역. territorial jurisdiction

토지=구획=정:리(土地區劃整理)圈〈토목〉주택지의 이용을 더 늘리기 위하여 기왕의 길이나 개천 같은 것을 바꾸거나 없애하는 일.

토지=국유(土地國有)圈〈사회〉많은 일체 개인이 소유할 것이 아니라 나라에서 정당히 관리하여야 한다는 토지 제도. theory of state ownership of land

토지=대장(土地臺帳)圈 토지의 소재지·번호·지목·등급·넓이·가격·소유자 성명 등 여러 가지 사항을 자세히 적어 가 세무서에 보관하는 토지의 장부로서 지적(地籍)에 관한 기본 대장인 동시에 지세 부과의 기본 대장이 됨. terrier

토지=등기(土地登記)圈〈법률〉토지의 소유권 및 그 밖의 물권(物權)에 대한 득실 변경(得失變更) 사항을 명백히 증거하기 위하여 등기부에 등기하는 일.

토지=법(―法)圈(土地法)〈법률〉토지의 소유·이용·개량 등에 관해 규정한 법률의 총칭. 일반적으로 헌법·민법에서 규정함.

토지=사:용권(―權)(土地使用權)〈법률〉공공 사업의 기업자나 그 사업에 필요한 타인의 토지 사용을 인정 받는 공법상의 권리. [宜)①.

토지=소:산(土地所産)圈〈동〉토산(土産). 토의(土

토지=소유권(―權)(土地所有權)〈법률〉토지의 사용·수익·처분에 관한 권리.

토지=수용(土地收用)圈〈법률〉공공의 이익을 위하여 개인이 소유하는 토지를 필요한 만큼 강제로 받아 들이는 나라의 행정 처분. expropriation of land

토지 이:용률(土地利用率)圈 경지(耕地) 면적에 대한 실지 경작 면적을 백분비로 나타낸 것. [earth

토지지=신(土地之神)圈 토지를 맡은 신령. deity of

토지 착오(土地錯誤)圈〈법률〉한 나라에 적용되는 법률·정책을 사정이 판연하게 다른 나라에서 그대로 적용하는 데서의 착오.

토지 측량(土地測量)圈 경계 및 면적을 측정하고 지물(地物)의 위치를 밝힐 목적으로 하는 측량.

토지 회:사(土地會社)圈 토지의 분양(分讓)을 업으로 하는 회사. [이 모두 말함. 하다

토:진 간:담(吐盡肝膽)圈 있는 사실 그대로를 숨김 없

토질(土疾)圈〈한의〉한 지방의 수질(水質)과 토질에 맞지 않아 생기는 병.

토질(土質)圈 논밭의 흙의 성질. 토성(土性). 토품(土品). 흙바탕. nature of soil

토찌끼圈 간장 속에 가라앉아 있는 토의 찌끼. soy dregs

토착(土着)圈 ①대대로 그 지방에서 살고 있음. native ②〈생물〉생물이 어떤 곳에 침입하여 거기에 정주(定住)하다. 하다

토착=민(土着民)圈 대대로 그 땅에서 살고 있는 백성. 본토박이. 토민. 토인(土人)①. native 하다

토착=화(土着化)圈 땅에 뿌리를 박음. 또는 뿌리박이를. 하다

토척(土瘠)圈 땅이 거칠고 메마름. 〈대〉토옥(土沃). sterility 하다

토청(土靑)圈〈미술〉청화 자기(靑華瓷器)에 쓰는 우리 나라에서만 나는 푸른 도료(塗料).

토체(土體)圈 체적을 오행(五行)으로 나눈 가운데의 토(土)에 딸린 체적. [불에 볶음. 하다

토초(土炒)圈〈한의〉황토물에 약재(藥材)를 적시어

토:출(吐出)圈 ①먹은 것을 게움. vomitting ②속에 품은 뜻을 나타냄. express 하다

토통(土桶)圈 흙질 지게. [②회전 전동.

토:치(torch)圈 ①횃불. 올림픽 성화. 【―릴레이.

토:치카(totschka 러)圈 ①〈군사〉요지를 콘크리트로써 굳건하게 구축하고 안에 총화기 등을 비치하여 방어 진지. ②사랑이 좋은 사람.

토크(toque)圈 테 없는 여성용 모자.

토:큰(token)圈 버스 요금이나 자동 판매기 등에 쓰기 위하여 상인·회사 등에서 발행한 화폐 모양의 주조물(鑄造物).

토:키(talkie)圈 영사(映寫)할 때에 영상(映像)과 동시에 음성·음악 등이 나오는 영화. 발성 영화(發聲映畵). 〈대〉사일런트(silent).

토: 킥(toe kick)圈 축구할 때 구두 끝으로 공을 참.

토탄(土炭)圈〈광물〉햇수가 오래되지 않아 완전히 탄화(炭化)하지 못한 석탄의 한 종류. 이탄(泥炭).

토:털(total)圈 합계. 총계. 총액.

토테미즘(totemism)圈 토템에 의하여 형성된 신앙 형태 및 사회 체계. 정신 발달의 한 단계.

토템(totem)圈 북아메리카 인디언의 토어(土語) 'ototemn'에서 온 말로, 미개한 원시적 사회의 부족이나 씨족 또는 그 성원(成員)과 특별한 친연(親緣) 관계를 가졌다고 보아 신성시되는 특정의 천연물 및 그 표로(表號).

토:파(吐破)圈 토로(吐露). 하다 [refutation 하다

토파(討破)圈 남의 말을 쳐서 깨뜨림. 또는 논박함.

토파즈(topas)圈 황옥(黃玉).

토판(土版)圈 흙을 가지고 만든 책판(冊版).

토=판장(土板牆)圈 나무로 짜서 세운 집에 붙여 쌓은 담. mud-wall [코트.

토퍼(topper)圈 짧고 좀 헐렁한 여자용 춘추 반(半)

토평(討平)圈 물리쳐서 평정함. suppression 하다

토포(討捕)圈 토벌하여 잡음. capture 하다

토포=사(討捕使)圈〈제도〉도둑을 잡는 일을 맡던 각 진의 영장(營將)의 겸직(兼職).

토포=영(討捕營)圈 토포사(討捕使) 진영(鎭營). [相數學).

토폴로지 수:학(Topologie 數學)圈〈동〉위상 수학(位

토폴로지 심리학(Topologie 心理學)圈〈동〉위상 심리

토표 학(位相心理學).

토표(土豹)명(동) 스라소니.

토품(土品)명 논이나 밭의 품질. 토질(土質). nature of soil

토풍(土風)명 지방 풍속. local customs

토:플(TOEFL)명(약) Test of English as a Foreign Language 미국 등 영어를 공용어로 사용하고 있는 나라에 유학하려는 사람을 대상으로 하는 영어 시험. 상표명임.

토피(土皮)명 땅거죽. surface of the ground

토피(免皮)명 토끼 가죽. rabbit skin

토피카(topica 라)명〈논〉논점·관점의 뜻. 장소를 뜻하는 topos에서 나온 말.

토픽(topic)명 ①이야기 거리. 화제(話題). ¶해외 ~. ②제목. 논제(論題).

토필(土筆)명 ①분필. ②〈식물〉뱀밥.

토:-하다(吐-)타여불 ①가래·피 따위를 뱉다. spew ②게우다. vomit ③생각하고 있는 바를 말하다. ¶실정을 ~.

토:하-제(吐下劑)명 음식물을 토하게 하거나 설사가 나게 하는 약제.

토-현삼(土玄蔘)명〈식물〉현삼과(玄蔘科)의 다년생 풀. 뿌리는 약재로 쏨. figwort 「of blood 하다

토혈(吐血)명〈의학〉피를 토함. 상혈(上血). spitting

토호(土豪)명 ①지방에서 재산·세력이 양반 부럽지 않은 사람. yeoman ②지방에 웅거하여 세력을 떨치던 호족(豪族). 「위에 있는 가느다란 무늬.

토호-반(免毫斑)명 미술에서 토끼털 같은 흑유(黑釉)

토호 열신(土豪劣紳)[-씬] 중국 농촌에 있어서 전 시대의 귀족·관료의 상전 또는 그 자손으로 경제적으로는 지주로서, 고리 대금 업자들을 가리킴.

토호-질(土豪-)명 옛날 시골에 있는 양반이 세력을 믿고 무고한 백성들에게 가혹한 행동을 함부로 하던 일. oppression 하다

토호-화(免毫花)명〈공업〉토끼털 같은 것이 도자기 겉물에 있는 무늬. 토사문(兎絲紋).

토화(土花)명 ①습기로 인하여 생겨나는 곰팡이. ② (동) 가리맛. (동) 미네굴.

토화(土話)명 사투리. dialect

토화-구(土花炙)명 굴적.

토황-마(土黃馬)명 (동) 황부루.

토효(土梟)명 올빼미.

토후(土侯)명〈제도〉영국의 보호 밑에 토후국(土侯國)을 지배하던 세습제의 전제 군주. 번왕(藩王).

토후-국(土侯國)명〈제도〉토후가 군림했던 인도내의 작은 전제 왕국. 번왕국(藩王國).

톡명(동) 호패(胡牌).

톡부 ①한 부분이 불거져 오른 모양. swollen ②가볍게 치거나 건드리는 모양. 또, 그 소리. tap ③무엇이 별안간 터지는 모양. 또, 그 소리. pop ④발길이 무엇에 갑자기 걸리는 모양. 또, 그 소리. stumbling ⑤별안간 튀는 모양. 또 그 소리. ¶벼룩이 ~ 튀다. hopping ⑥갑자기 끊어지거나 부러지는 모양. 또, 그 소리. snap ⑦말을 야멸치게 쏘아 붙이는 모양. 《큰》툭. blunt 「and thick

톡-하다형여 포목의 짜임새가 톡톡하다. close

톡소이드(toxoid)명〈의학〉병원체가 만드는 독소를 처리하여 독성을 감소시켜 면역성을 가진 항원만을 가지고 있는 것.

톡탁부 서로 치는 소리. 《큰》툭탁. with a tap 하다

톡탁-거리다자타 잇따라 톡탁 소리가 나다. 또, 잇따라 톡탁 소리를 내게 하다. 《큰》툭탁. 톡 **탁=톡탁하다** 하다 「《큰》툭탁치다.

톡탁-치다타 시비를 가릴 필요도 없이 다 없애 버리다.

톡톡부 ①연해 살짝살짝 치는 모양이나 그 소리. ②무엇이 연해 터지는 모양이나 그 소리. ③연해 뛰는 모양이나 그 소리.

톡톡-하다형여 ①피륙의 발이 단단한 올로 고르고 촘촘하게 짜여 도톰하다. close and thick ②국물이 바특하여 묽지 않다. heavy ③지닌 재산이 넉넉하다. 《큰》툭툭하다. rich **톡톡-히**부

톤(tone)명 ①소리. 음조. 음. ②〈음악〉일정한 높이의 악음(樂音). ③색조(色調).

톤(ton)명 ①화물의 큰 중량을 재는 단위. 미터법에 의한 톤. ②화물의 큰 용적을 헤아리는 단위.

톤(噸)(약) 튼온.

톤라이터(Tonleiter 도)명〈음악〉음계(音階).

톤=수(ton 數)명 합선의 용량. 군함은 배수량, 상선은 적재량으로 잼.

톨명 밤 따위의 한 낱. grain 의명 밤알을 세는 말.

톨=**게이트**(tollgate)명 고속 도로나 유료 도로에서 통행료를 징수하는 곳.

톨로이데(Tholoide 도)명〈지학〉분출된 용암이 그 분출구 부근에 누적하여 종(鐘)을 엎어 놓은 모양으로 된 화산. 괴상 화산(塊狀火山). 종상 화산(鐘狀

톨루엔(toluene)명 톨루올. 「火山).

톨루올(Toluol 도)명〈화학〉콜타르를 분류하여 얻은 무색의 액체로 탄화수소의 하나. 용매(溶媒) 및 화약 원료로 쓰임. 톨루엔.

톨루이딘(toluidine)명〈화학〉톨루올을 질산으로 처리하여 얻는 아름다운 물감.

톨스토이이즘(Tolstoyism)명 인도주의. 무정부주의. 러시아의 작가 톨스토이의 사상 및 주장.

톰방부 좁고 작은 물건이 깊은 물에 떨어져 나는 소리. 또, 그 모양. 《큰》툼벙. plop 하다

톰방-거리다자타 연해 톰방 소리를 내며 들어갔다 나왔다 하다. 또, 연해 톰방 소리를 내게 하다. 《큰》툼벙거리다. **톰방=톰방** 하다

톰백(tombac)명〈화학〉인조금(人造金). 구리와 아연과의 합금(合金). 「saw

톱명 나무나 쇠붙이를 자르거나 켜는 데 쓰는 도구.

톱명 모시나 삼을 삼을 때 그 끝을 긁어 훑는 제구.

톱(top)명 ①꼭대기. 첨단(尖端). ②수위(首位). 수석(首席). ¶~ 타자. ③신문 등의 면에서 가장 윗단(段). 상란(上欄).

톱명(동) 손톱. 발톱.

톱=기사(top 記事)명 ①신문에서, 맨 윗부분 우단에 실리는 기사. ②잡지에서 권두에 실리는 그 호(號)의 특별 기사. 「of a saw

톱-날명 톱의 양끝에 세운 날카로운 이. 톱니. teeth

톱날-집게벌레명〈곤충〉집게벌레과 속하는 벌레. 몸 길이 2~2.5 cm로 몸의 빛은 갈색 또는 암갈색이며 톱니가 있어서 누에를 해침.

톱날-하늘소명〈곤충〉하늘소과〔天牛科〕에 속하는 벌레. 톱니 모양으로 된 두 개의 촉각이 있으며 날개 딱지가 거세고 빛은 빛나는 흑갈색임. 유충은 침엽수의 해충임.

톱 뉴:스(top news)명 신문 지면의 맨 윗부분 오른쪽에 실리는 중요(重要)한 기사(記事).

톱=니명 ①톱의 한 부분. 물건을 가르게 됨 남을이 무르고 촘촘한 부분. 거치(鋸齒). teeth of a saw ②〈식물〉잎의 가장자리가 마치 톱의 날같이 생긴 부분. serrate edge of a leaf

톱니-바퀴명 기계 장치의 하나로 둘레에 톱니가 박혀 있는 바퀴. 이와 이가 서로 맞물려 돌아가게 한 축(軸)에서 다른 축으로 동력을 전함. 치차(齒車). 치륜(齒輪). 아륜(牙輪). cogwheel

톱니-오리명〈조류〉오리과의 새. 머리와 목은 검고 등은 회백색이며 배는 흼. 부리은 붉은에 톱니 같은 검은 이빨이 있음. 하천·항만에 서식함. 천추사(千秋沙).

톱니-잎명〈식물〉가장자리에 톱니가 있는 잎. 거치상엽(鋸齒狀葉). serrate leaf

톱 라이트(top light)명 ①〈군사〉기함(旗艦)의 돛대의 뒤에 달린 신호등. ②〈연예〉무대의 천장에서 내리 비치는 라이트.

톱 매니지먼트(top management)명〈경제〉①기업의 최고 간부에 의한 경영 관리. ②사장·부사장·전무·

상무 등 최고 경영자층(最高經營者層).
톱 모:드(top mode)명 유행의 최첨단.
톱밥명 톱질을 할 때에 나무에서 쓸리어 나오는 굵거나 잔 가루. 거설(鋸屑). 목설(木屑). sawdust
톱상어(一魚)명〈어류〉톱상어과 태생(胎生)의 바닷물고기. 몸 길이 1.5m로 가늘고 길며 입부리가 넓고 길게 나와서 양쪽에 톱니를 이루었음. saw shark [서 제일 절정(絶頂)을 차지하는 책.
톱 셀러(top seller)명 베스트 셀러(best seller) 중에
톱손명 ①틀톱에서 양쪽 가의 손잡이로 되는 나무. saw handle ②톱질을 하는 일손. [각. saw blade
톱=양(一兩)명 톱에 톱니를 이루고 있는 얇고 긴 첫조
톱장이명 톱을 가지고 물건을 켜거나 자르는 것으로 업을 삼는 사람. sawyer
톱질명 톱을 가지고 나무·쇠·조가비 같은 것을 자르거나 켜거나 오리는 일. sawing 하다
톱칼명 ①새기 따위를 자를 때 쓰는 톱. saw ②동 지도(鋸刀).
톱=코:트(topcoat)명 여자용의 낙낙한 춘추 반코트.
톱톱-하다형 국물이 묽지 않고 진하다. 《큰》툽툽하다. thick
톱풀명〈식물〉엉거시과의 다년생 풀. 산·들·길가에 나는데, 높이 60~90cm, 잎은 타원상 선형으로 톱니가 있고, 근여름·가을에 담홍색·백색의 꽃이 핌. 잎과 줄기는 식용·약용함. 가새풀.
톳명 김 마흔 장 또는 백 장을 한 묶음으로 묶은 덩이. 의명 김의 묶음을 세는 말. bundle
톳명 동 녹미채(鹿尾菜).
·톳·기명 [고] 토끼.
톳-나무명 큰 나무. big tree
톳날명〈민〉토끼날.
톳날-구기(兎-拘忌)명〈민속〉음력 정월 첫번째 토끼날 남의 여자가 자기 집에 와서 오줌 누는 것을 꺼리는 일. [끝에 차는 톳날에 만든 쌀.
톳-쌀명〈민속〉그 해에 경사를 바랄만하고 주머니 끈
통¹명 ①바짓가랑이나 소매 같은 것의 속의 넓이. inside width ②〈광물〉광맥의 넓이. width ③허리·다리 따위의 굵기나 둘레. waist measure ④도량(度量)을 비유하여 이름. caliber [물이 되는 수효.
통²명 노름할 때에 선 장을 뽑아서 끗수가 다른 스
통³명 ①속이 차게 자란 배추·박 같은 것의 몸피. piece ②광 속이 차게 자란 배추·박 따위를 세는 말. ¶배추 백 ~. [으로 씀. roll
통⁴의명 광목·옥양목 따위를 셀 때, 필(疋)과 같은 뜻
통⁵명 ①어느 일로 복잡한 둘레, 또는 그 안이나 사이. ¶여럿이 먹는 ~에. ②어느 일에 한 무리가 된 모임. ¶한 ~이 되다. party ③어느 일로 정신 차릴 수 없을 정도의 기세. ¶떠드는 ~.
통⁶명 ①속이 텅 빈 나무통이나 널빤지 따위를 칠 때 나는 소리. hollow sound ②작은 북을 칠 때 나는
통¹(약)→통통. [소리. 《큰》통. sound of a drum
통¹(桶)명 물 따위를 담는 나무 그릇. 여러 개의 나뭇조각을 맞추어 테를 메운 것. tub
통¹(通)명〈제도〉과거(科擧)에서 성적이 으뜸인 등급 표시. [속의 넓이. inside diameter
통(筒)명 ①둥글고 길고 속이 빈 물건. pipe ②물건
통(統)명 ①시(市) 행정 구역의 하나. 동(洞)의 아래, 반(班)의 위임. tong ②〈제도〉열 집을 한 통으로 하던 민호 편제(民戶編制).
통²(桶)의명 통에 담긴 것을 세는 말.
통²(通)의명 편지·문서 따위를 세는 말. 벌. copy
-통(通)명 어느 거리 따위에 붙어 그 방면에 통하는 뜻. ¶소식~. expert on
통가(痛苦)명 매우 아프고 괴로움.
통가(通家)명 ①선조 때부터 서로 친하게 사귀어 오는 집. ②(동)인척(姻戚). [끊어진 모양(母胎).
통-가리〈광물〉광석을 캐는 가운데 갑자기 광맥이
통-가리[-까-] 명 똘을 엮어 마당에 둘러치고 그 속에 곡식 따위를 쌓은 더미. rick of corn

통=가죽 솔기를 뜯지 않고 그냥 빨아 입게 된 옷.
통가지:의(通家之誼)명 친한 친구끼리 서로 일가처럼 내외를 트고 지내는 정의(情誼). [hollow horn
통-각(痛覺)명 소홀같이 가운데가 빈 뿔.
통:각(統覺)명〈심리〉①새로 생긴 표상(表象)의 의미 있는 표상에 유화(類化)·융합하는 작용. ②의식의 중심적인 부분에 있어 특록한 대상을 포착하는 의지의 작용. ③여러 가지 경험에 있어서 인식·사유하는 통일 과정의 총칭. apperception
통:각(痛覺)명〈심리〉①피부 및 몸 내부에 아픔을 느끼는 감각. ②〈의학〉신체에 생리적으로 생기는 아픔을 느끼는 감각. sense of pain
통:각 결여(痛覺缺如)명 의식을 잃지 않았는데 아픔을 느끼지 못함.
통간(通姦)[-깐]명 간통(姦通). 하다 [무감각하게 됨.
통간(通間)명 집안의 간(間)이 서로 통하여 하나로 된 것. [하다
통감(痛感)명 절실히 마음에 느낌. feeling keenly
통:감(統監)명 정치 또는 군사(軍事)로 통할하고 감독함. supervision 하다
통:감:부(統監府)명 본디 보호국(保護國)에 주재시켜 본국의 대표자로서 조약(條約)의 범행의 제반 정무를 통할시키던 관직(官職). Resident General
통:감:부(統監府)명〈제도〉구한국 고종 광무(光武) 9년(1905) 11월 을사 보호 조약이 체결된 다음 달부터 순종 융희(隆熙) 4년(1910) 8월까지 일제(日帝)가 한국 침략의 목적으로 서울에 두었던 기관. office of the Japanese Resident-General [potato
통-감자 쪼개지 아니한 통째로의 감자. whole uncut
통:개(洞開)명 문학을 활짝 열어 젖뜨림. 하다
통:개 옥문(洞開獄門)명 죄의 경중(輕重)을 가리지 아니하고 은사(恩赦)로써 죄인을 다 내어 놓음. 하다
통:개 중:문(洞開重門)명 겹겹이 닫힌 문들을 죄다 열어 놓음. 출입 금지를 해제한다는 말. 하다
통-거리[-꺼-] 명 모두. 죄다. 온통. ¶~로 사다. all
통-걸[-껄] 명 통으로 된 것. 통째 그대로의 것. whole [confide
통겨-주다(通-)国 남이 모르는 비밀을 몰래 알려 주다.
통겨-지다(通-)国 ①숨겨졌던 사물이 뜻하지 않은 때 쑥 나타나다. be disclosed ②짜인 것이나 버티어 놓은 물건이 어긋나서 빠져나가거나 빠져 나오다. be out of place ③기회가 어그러지다. loose a chance ④뼈의 관절이 어긋나다. 《큰》통겨지다. be put out of joint [다. severe blow of
통:격(痛擊)명 남을 몹시 쳐서 나무람. ¶~을 가하
통견(通見)명 앞일을 환하게 내다봄. foresight 하다
통견(通絹)명 썩 얇고 여린 집.
통경(通經)명〈한의〉처음으로 월경이 나오기 시작
통경제(通經劑)명 월경이 나오게 하는 약제. emmenagogus
통:계(統計)명 ①온통 모아서 계산함. total calculation ②〈수〉같은 범위에 일어나는 현상을 모아, 숫자 계산에 의하여 그 상태 또는 형세를 나타냄. statistics
통:계 계:열(統計系列)명 통계 수치(數値)를 조사 수집(調査蒐集)한 각 항(項)별로 정리한 줄.
통:계 기계(統計機械)명 통계·회계 사무에서 계산 작업을 신속히 해내는 기계. [아 하는 기관.
통:계 기관(統計機關)명 통계의 조사·작성·연구를 맡
통:계 도(統計圖)명〈약〉→통계 도표.
통:계 도표(統計圖表)명 이해하기 어려운 통계 숫자의 내용을 그림으로 나타낸 표. 《약》통계도(統計圖). statistical chart [표를 모아 박은 서류.
통:계-서(統計書)명 통계의 조사 수집(調査蒐集)한
통:계 숫:자(統計數字)명 통계에 나타낸 숫자.
통:계 연감(統計年鑑)명 해마다, 정치·경제 그밖의 여러 가지 통계 가운데서 중요한 것을 따서 실어 그 나라의 국세(國勢)를 숫자적으로 자세히 알 수 있도록 밝힌 통계서. statistical year book

통:계=적(統計的)[관] ①통계를 바탕으로 행해지는 (것). ②통계를 잡아서 비로소 이해할 수 있는(것).
통계적 방법(統計的方法)[관] 많은 현상(現象) 또는 사물(事物)에 대한 비교적(比較的) 정밀한 양적 개괄(量的概括)을 하는 방법. statistical method
통=계적 법칙(統計的法則)[관] 대량(大量) 관찰의 결과로서 얻어지는 일정한 규칙.
통:계 전사(統計前仕)[관]《제도》근속한 연한(年限)을 계산할 때 전직(前職)의 연수를 넣음.
통:계 집단(統計集團)[관] 통계학상 일정한 공통 성질을 갖고 있는 같은 종류의 개체의 집단.
통:계=표(統計表)[관] 여러 가지 일이나 물건의 종별(種別)·대소(大小)·다과(多寡)를 비교하거나 시간적으로 일어나는 숫자적 변동을 비교하여 볼 수 있도록 나타낸 표. statistical table
통:계=학(統計學)[관] 사회의 제반 현상을 통계적인 방법을 써서 연구하는 학문. statistics
통고(通告)[관] ①서면이나 말로 일러줌. ¶~문(文). notice ②《법률》일정한 행위 또는 처분을 상대방에게 행하여야 할 뜻을 고하여 알려 줌. notification
통=고(痛苦)[관]《동》고통(苦痛). [하타]
통=고=금(通古今)[관] ①예나 이제나 한결같음. constancy ②예와 이제에 통달(通達)함. 하타
통고=서(通告書)[관] 통고하는 문서. notice
통고 처:분(通告處分)[관]《법률》조세·전매 등에 관한 범법자에 대하여 벌금·과료·몰수 등을 부과하고, 납부할 것을 통고하는 일종의 행정 처분. noticed disposition
통=고추(筒─)[관] 쎌지 않은 그대로의 고추. uncut redpepper
통=곡(痛哭)[관] 소리를 높여 슬피 움. 통곡(慟哭). lamentation
통=곡(慟哭)[관] 큰 소리로 섧게 움. 하타
통=공[관] 여러 갈래의 물이 한 곳으로 모이는 곳.
통공(通功)[관] 어떤 일을 분업적(分業的)으로 이루어 냄. 하타
통과(通過)[관] ①통하여 지나감. ¶~역(驛) ②회의에서 의안이 가결(可決)됨. carriage ③관청에 제출한 원서가 허가됨. approval 하타
통과 무:역(通過貿易)[관]《경제》어떤 나라가 딴 나라로부터 상품을 수입(輸入)하여 창고에 넣었다가 시간을 보아서 딴 나라에 수출하는 무역 방법. 중간 무역. 중계 무역. 통과 상업. transit trade
통과=보(通過報)[관] 일정한 등대(燈臺)의 연안을 지나가는 배의 이름·시간 등을 청구자에게 전보로서 알리는 선박 통보의 하나.
통과 상업(通過商業)[관]《동》통과 무역(貿易).
통과=세(通過稅)[관]《법률》지나가는 화물에 대하여 받는 조세. transit duties
통과=역(通過驛)[관] 급행 열차(急行列車)가 정거(停車)하지 않고 지나가는 정거장. nonstop station
통과 화:물(通過貨物)[관] 수입되는 것이 아니고 단지 한 나라의 관세 지역(關稅地域)을 경유하여 다른 나라로 나가는 물건. transit goods
통=관(洞觀)[관] ①꿰뚫어 봄 ②추리나 사고(思考) 등에 의하지 않고 직각적으로 진리를 깨닫는 일. 하타
통관(通管)[관]《동》관통(貫通). 하타
통관(通款)[관] 이 편의 형편을 적이나 상대편에게 내통(內通)함. treachery 하타
통관(通關)[관]《법률》관세법의 규정에 따라서 수출입의 허가를 받고 세관을 지나감. clearance 하타
통관(通觀)[관] ①전체를 통하여 내다봄. ②전체를 대국적(大局的)으로 내다봄. ③전체를 한 번 훑어봄. general survey 하타
통:관(統管)[관]《동》관통을 관할함. control 하타
통관 베이스(通關 base)[관]《약》~통관 베이스 무역액.
통관 베이스 무:역액(通關 base 貿易額)[관]《경제》세관에 수출한 물건을 기준으로 하여 집계한 무역액. 《약》통관 베이스. [보조·중개·대리하는 영업.
통관=업(通關業)[관] 상품(商品)의 세관(通關) 업무를

통:괄(統括)[관] 낱낱의 일을 한데 몰아 잡음. ¶~(的). generalization 하타
통교(通交)[관] 국가 또는 개인이 서로 교제함. ¶~신호(信號). entry into diplomatic relation 하타
통=교(通敎)[관]《불교》사교(四敎)의 하나. 삼승(三乘)에 통한 대승교(大乘敎)로서 공무 생멸(空無生滅)의 이치에 따라서 인연(因緣)·사제(四諦)의 법을 살펴 알게 함.
통=구(通衢)[관] ①통행하는 길. ②왕래가 번잡한 통로. 사방으로 통하여 교통이 편리한 도로. highway
통=구덩이[──이][관] 기초 공사를 위해 건축물의 밑바닥 전반에 걸쳐 판 구덩이. [구멍.
통=구멍[──][관]《건축》통기음하기 위하여 뚫은 통구멍이[──이](어류) 통구멍과의 물고기. 몸 길이 27 cm, 달걀꼴로 납작하며 둥근 비늘로 덮임.
통국(通國)[관]《동》전국(全國). [몸 빛은 암회색.
통권(通卷)[관] 잡지나 책 등의 전체에 걸친 권수.
통규(通規)[관] 일반에 다 같이 적용되는 규칙. 통칙. general rules
통:극(痛劇)[관] 몹시 극렬함. 하타 히타 [하타
통근(通勤)[관] 근무처에 일보러 다님. commutation
통근 열차(──)(通勤列車)[관] 통근하는 사람의 편의를 위하여 운행하는 열차.
통근=차(通勤車)[관] 통근하는 사람의 편리를 보아 운행하는 기차나 자동차. vehicle for commuters
통=금[──][관] ①여러 가지를 한데 몰아 쳐 친 값. total amount ②물건을 통거리로 파는 값. wholesale
통금(通禁)[관]《동》통행 금지(通行禁止). [price
통:금(痛禁)[관]《동》엄금(嚴禁).
통기(通氣)[관] ①공기를 통하게 함. 필요한 공기를 공급함. ventilation ②《동》통풍(通風).
통기(通寄)[관]《동》통지(通知). 하타
통기=다[관] ①버틴 물건을 빠지게 건드리다. slip ②뼈의 관절을 어긋나게 하다. put out of the joint ③기회를 어그러지게 하다.《준》튕기다. spoil
통기둥(──)(建築)[관] 상하 재목으로 이음매 없이 뻗친 기둥. log pillar
통기=성[──성](通氣性)[관] 공기가 유통하는 성질.
통=기타(筒 guitar)[관]《속》통으로 된 통 기타.
통=김치(──)(通─)[관] 통째로 담가 배추 김치. 통저(筒菹). pickles made of whole cabbage [(筒沈菜包).
통김치=쌈[관] 통김치의 잎으로 싸 먹는 쌈. 통침채포
통=꽃[관]《식물》합판화(合瓣花).
통=끼움(筒─)[관]《건축》한쪽 목재의 옆면에 다른 목재의 머리가 통하도록 구멍을 파서 끼우는 일.
통=나무(筒─)[관] 켜거나 쪼개지 아니한 통째의 나무. 아직 제재(製材)하지 아니한 굵고 둥근 원목(原木). log
통=나무좀(筒─)(곤충)[관] 통나무좀과의 곤충. 길이 1~2 cm, 가늘고 다소 원통형인데, 적갈색 또는 황갈색 털이 덮임. 유충은 오리나무 등의 해충임.
통=나무=집(筒─)[관] 통나무로 지은 집.
통=내:외(通內外)[관] 두 집 사이의 남녀가 서로 내외 없이 드나듬. 하타
통념(通念)[관] 일반적으로 널리 통하는 개념(概念). 일반적인 생각. ¶~사회. general idea 하타
통:=념(痛念)[관] 몹시 아프게 생각함.
통뇨(通尿)[관] 소변이 통하여 나오게 함. 하타
통=단[관] 크게 묶은 곡식단. large sheaf
통달(通達)[관] ①막힘이 없이 환히 통함. thorough knowledge ②사물에 거침없이 숙달하는. conversance ③통하여 닿음. 효달(曉達). 투달(透達). information ④상급 관청이 소관(所管)의 기관 및 직원에 대하여 행하는 통지. 통첩(通牒). notice 하타
통=닭[─닥][관] 통거리로 익힌 닭고기. chicken cooked whole [닭을 이름.
통닭=구이[─닥──][관] 구운 통닭. 흔히, 전기구이 통
통=대구(一大口)[관] 속만 빼고 말린 대구. cod dried whole [belt
통=대자(通帶子)[관] 겹으로 전대와 같이 짠 띠. lined

통도(通道)〖명〗①〖동〗통로(通路). ②일반의 행할 도의(道義). common moral

통:도(痛悼)〖명〗마음이 몹시 아프고 슬픔. 상통(傷痛).

통독(通讀)〖명〗처음부터 끝까지 내리 읽음. reading through

통독(〖제도〗강서(講書)·시문(詩文)으로 보이던 문과 초시의 하나.

통:독(統督)〖명〗통합하여 감독함.

통:돌-다〖ㄹ변〗여러 사람의 의견이 합치되어 그렇게 하기로 서로 알리어지다.

통동(通洞)〖명〗광물 광산에 있어서의 중요 갱도(坑道).

통동(通同)〖명〗온통. 모두. 죄다. all survey

통람(通覽)〖명〗첫머리부터 끝까지 살펴봄. general

통래(通來)〖명〗왕래(往來)①. 「양태.

통량(統凉)〖명〗경상 남도 통영(統營)에서 만든 갓의

통력(通力)〖불〗만사에 통하지 않는 것이 없는 자유 자재의 신묘한 능력.

통력(通歷)〖명〗연대(年代)를 통하여 셈함.

통:렬(痛烈)〖명〗몹시 맵고 사나움.《유》맹렬. fierceness

통령(通靈)〖명〗정신이 신령(神靈)과 통함. 통신(通神).

통:령(統領)〖명〗전체를 거느림. 통리(統理)①. 통솔(統率). command

통령-초(通靈草)〖명〗〖식물〗겨우살이 덩굴. 「usage

통례(通例)〖명〗일반이 통하여 쓰는 전례. common

통례(通禮)〖명〗조선조 때, 통례원에 두었던 정 3품 벼슬.

통례-원(通禮院)〖명〗〖제도〗조선조 때, 조회(朝會)·제사 등의 예식에 관한 사무를 맡아보던 관청. 홍로원

통례-적(通例的)관명 통례에 관한(것). 「(鴻臚院).

통로(通路)〖명〗①막힘이 없이 통하는 길. ②일반이 통행하는 길. 통도(通道)①. passage

통론(通論)〖명〗①일의 이치에 통달한 이론. reasonable theory ②전체를 통한 당당한 이론. outline ③전체적으로 공통된 이론. consensus of opinion

통:론(痛論)〖명〗통절한 언론. 또, 통절하게 논함. vehement argument

통리(通利)〖명〗대소변이 통함.

통리(通理)〖명〗①사리에 밝음. reasonableness ②사물의 이치를 통달함. conversance ③일반에 공통되는 도리. 투리(透理). common reason

통리(統理)〖명〗①〖동〗통치. 통치(統治). ②〖동〗통치.

통:리 교섭 통상 사:무 아:문(統理交涉通商事務衙門)〖명〗〖제도〗조선조 때, 통리 아문(統理衙門)을 고친

통:리 군국 사:무 아:문(統理軍國事務衙門)〖명〗〖제도〗조선조 고종 19년에 통리 내무 아문(統理內務衙門)을 고친 이름.

통리 군자(通理君子)〖명〗사리(事理)에 통달한 학자.

통:리 기무 아:문(統理機務衙門)〖명〗〖제도〗조선조 때, 국가의 기무를 맡아보던 관청.

통:리 내:무 아:문(統理內務衙門)〖명〗〖제도〗조선조 때, 통리 아문(統理衙門)의 후신.

통:리 아:문(統理衙門)〖명〗〖제도〗조선조 때, 국가의 외교 사무를 맡아보던 관청.

통리-제(通利劑)〖명〗대소변(大小便)이 막힌 것을 잘 통하게 하는 약제. laxative

통-마늘〖명〗①쪼개지 아니한 통째로의 마늘. ②여러 쪽으로 되지 않고 한 톨로 생긴 큰 마늘. unpeeled leek 「넌출 사이에 놓인 마루.

통-마루〖건축〗뒷마루를 제외(除外)한 안방과 전

통-말(桶−)〖명〗둥근 통과 같이 만든 말〖斗〗. round drymeasure 「vere condemnation

통:매(痛罵)〖명〗몹시 꾸짖어 욕함. 또, 그 꾸지람. severe

통-머름〖건축〗긴 널을 통째로 가로 막은 머름. 합중방(合中枋).

통-메:다〖자〗→통메우다.

통-메우-다(桶−)〖자〗①나무쪽을 맞추어 테를 끼우다. bind with hoops ②좁은 자리에 많은 사람이 몰려들어감을 가리킴. 《약》통메다. crowding through

a narrow gate 「로 삼는 사람. cooper

통메-장이(桶−匠−)〖명〗통을 메거나 고치는 것을 업으

통명(通名)〖명〗일반에 통하는 이름. popular name

통명(通明)〖명〗통달하여 밝음. brilliantness

통모(通謀)〖명〗①비밀히 통하여 공모함. ②〖법률〗서로 상대방과 공모하여 허위의 의사 표시를 하는 일. plot 「갓모자의 하나.

통-모자(−帽子)〖명〗위투겁과 운두가 같은 산 살로 된

통-모:죄[−쬐](通謀罪)〖명〗〖법률〗외국 정부와 통모하여 국가에 대해서 실제로 개전(開戰)케 하거나, 외국인과 통모하여 국가에 항적(抗敵)함으로써 성립되는 죄. 「일컫던 말. ore-carrier

통-목(通目)〖명〗광산에서 광석을 나르는 일을 맡았던 사람

통-무〖명〗통무로의 무. 「circular

통문(通文)〖명〗여러 사람이 둘려보는 통지문(通知文).

통문(通門)〖명〗〖불교〗가사(袈裟)의 폭에 통하게 하는 바느질. 「러 때의 관청.

통문-불(通門佛)〖명〗불통문(佛通門).

통문-관(通文館)〖명〗〖제도〗역어(譯語)를 맡아보던 고

통-밀-다〖타〗이것저것 가릴 것도 없이 똑같이 하다. 통밀다. ¶일률적으로 ~. average 「밀어.

통밀어〖부〗전부를 균등하게 쳐서. ¶~ 얼마요. 《약》

통-바지〖명〗통이 넓은 바지. 「ation

통-박(痛駁)〖명〗통렬하게 공박(攻駁)함. bitter confut-

통-반석(−盤石)〖명〗한 덩어리로 된 넓고 평평한 바위.

통발〖식물〗통발과의 풀. 줄기는 가늘고 길며, 잎은 가늘고 잘게 갈라짐. 8∼9월에 황색 꽃이 화경(花莖) 끝에 피고 열매는 뾋지 않음. bladderwort

통-발(筒−)〖명〗가는 댓조각을 통과 같이 만든 물고기를 잡는 제구. weir

통발-류(通發流)〖명〗〖식물〗뿌리로 빨아올리는 물이 끊임없이 줄기와 가지를 지나서 잎에 이르는 현상.

통발 작용(通發作用)〖명〗〖식물〗식물의 몸에 물을 수증기로 만들어 발산시키는 작용. 증산 작용.

통방[1](通房)〖명〗감옥에서 이웃한 감방의 수감자(收監者)끼리 암호로 통하는 일. secret communication in prison 「방.

통방[2](通房)〖명〗〖제도〗지방 관청의 통인(通引)이 있던

통방이〖명〗쥐를 잡는 덫. rat-trap

통법[−뻡](通法)〖명〗①일반에 공통되는 법칙. 통칙(通則). universal law ②〖수학〗여러 다른 단위로 된 수를 한 단위로 고침. reduction to a single unit

통변(通辯)〖명〗《동》통역(通譯). 「다니는 사람.

통변-꾼(通辯−)〖명〗〖속〗말전주를 하며

통보(通報)〖명〗통지하여 소식을 전하여 옴. ¶기상 ~. report

통보(通寳)〖명〗옛날에 통용되던 돈. ¶해동 ~. coin

통=보:리〖명〗타개거나 누르지 않은 통째로의 보통 보리.

통보-통(通報筒)〖명〗〖군사〗함대의 사령부 밑으로부터 각 부처에 미치는 명령·통지 기타의 전달을 위해 장치된 갑철관(甲鐵管).

통보-함(通報艦)〖명〗〖군사〗적정(敵情)을 살펴서 본국에 전하고 명령을 서로 통달해 주는 경쾌한 군함의 하나. 보지함(報知艦). dispatch boat

통:봉(痛棒)〖명〗〖불〗좌선(坐禪)할 때 스승이 마음의 안정을 잡지 못하는 사람을 징벌하는 데 쓰는 방망이. 「uncement of death

통부(通訃)〖명〗사람의 죽음을 알림. 부고(訃告). anno-

통부(通符)〖명〗〖제도〗의금부(義禁府)·병조(兵曹)·형조(刑曹)·한성부(漢城府)의 입직관(入直官) 및 포도청(捕盜廳)의 종사관(從事官)·군관(軍官)이 범인을 체포하는 증표로 차던 패.

통분(通分)〖명〗〖수학〗두 개 이상의 분수 또는 분수식의 각 분모를 그 최소 공배수로 같이 만듦. reduction of fractions to a common denomination

통:분(痛忿)〖명〗《동》절통(切痛).

통:분(痛憤)〖명〗원통하고 분함. resentment

통비(通比)〖명〗〖수학〗전체를 모두 통하는 비례.

통:비(痛痺)〖명〗〖한의〗사지(四肢)의 관절이 아픈 병.

통비음(通鼻音)[명] 《동》비음(鼻音). 콧소리.
통빙(通聘)[명] 서로 교제함. 하다
통-뼈[명] ①두 가닥의 뼈로 이루어져 있지 않고, 붙어서 한 가닥 통으로 되어 있다는 하박골(下膊骨)을 이르는 말. ②뱃속의 아이가 나올 수 있게 유신성을 가지지 못한 여자의 좁은 골반을 이름.
통사(通士)[명] 사리에 정통한 사람. 통인(通人). man of the world
통사(通史)[명] 《역사》기술법(記述法)의 한 양식. 어느 시대를 한정하거나 아니하고, 고금의 사적(史的) 줄거리만 서술 설명함. comprehensive history
통사¹(通事)[명] ①외국과의 교제. intercourse with foreign countries ②일을 처리함.
통사²(通事)[명] 《동》통역(通譯). 하다
통사(通事)[명] 《제도》동래(東萊)·의주(義州)의 사역원(司譯院)에 딸렸던 관리.
통-사정(通事情)[명] ①저의 사정을 남에게 알림. frank talk ②남의 사정을 잘 알아 줌. 통인정. 《약》통정①. understanding one's situation 하다
통산(通算)[명] 통틀어서 계산함. 통계(通計). total 하다
통상(通商)[명] 외국과의 무역. 외국과의 거래. 교역(交易). trade 하다
통상(通常)[명] 특별하지 않고 늘 있는 일. ¶ ~ 국회(國會). ordinary 〔부〕보통으로. 보통의 경우는. ¶ ~ 그렇게 하더라. usual
통상(筒狀)[명] 통처럼 생긴 모양.
통-상(痛傷)[명] 몹시 슬퍼함. great sorrow 하다
통상=권(通商權)[명] 《법률》국가가 그 국민의 통상을 다른 국가에 허용하는 권리. 통상 조약에서 합의하는 경우에 한함.
통상 대:표부(通商代表部)[명] 정식으로 국교를 맺지 않은 나라 등 상주(常駐)하는 나라, 통상에 관한 외교 업무를 전담하는 재외 공관의 하나. 「thes
통상=복(通常服)[명] 평상시에 입는 옷. everyday clo-
통상=소:포 우편물(通常小包郵便物)[명] 《법률》가격 등기(價格登記)로 특별히 다루지 아니하는 보통 소포 우편물. ordinary parcel post
통상 엽서[--녑--](通常葉書)[명] 봉함(封緘)·그림·복복 등 특수한 내용이나 외형을 갖지 않은, 일반 우편 엽서. 「곧, oredinary를 일컬음. evening dress
통상 예복[--녜--](通常禮服)[명] 보통으로 입는 예복.
통상 우편물(通常郵便物)[명] 《법률》소포 우편물에 대한 보통 우편물. ordinary mail matter
통상 의회(通常議會)[명] 《정치》헌법의 규정에 따라 해마다 한 차례씩 소집되는 의회. 《대》임시 의회. ordinary session of the house 「의 전보.
통상 전:보(通常電報)[명] 특수 취급을 하지 않는 보통
통산 조약(通商條約)[명] 《정치》체약국(締約國) 상호의 통상(通商)·항해(航海)에 관한 사항 및 이에 따른 입국(入國)·영업(營業) 등에 관한 일을 규정한 조약. commercial treaty
통상=주(通常株)[명] 《경제》보통주(普通株). ordinary share
통상 주주(通常株主)[명] 《경제》보통 주권을 가진 사람. ordinary shareholder
통상 총:회(通常總會)[명] 《법률》사단 법인(社團法人)에 있어서 적어도 해마다 한 차례는 개최하여야 하는 사원 총회. ordinary general meeting
통상 협정(通商協定)[명] 규정 사항이 특수하거나 임시 잠정적인 통상 조약.
통상-화(筒狀花)[명] 《식물》꽃잎이 통 모양으로 피는 꽃. 오랑캐꽃 따위. 통상꽃. tubular flower
통상 화:약(通商火藥)[명] 흑색 화약(黑色火藥)·갈색 화약(褐色火藥)·심장 화약(尋常火藥)의 총칭.
통상=환(通常換)[명] 전신(電信) 기타의 특수 취급을 하지 않는 보통의 우편환.
통상=회(通常會)[명] 《법률》규례(規例)에 따라서 개최(開催)하는 집회(集會).
통서(統緖)[명] 한 갈래로 이어지는 계통.

통석(通釋)[명] 《동》통해(通解). 하다
통:석(痛惜)[명] ①몹시 애석하게 여김. ②몹시 애석함. lamentation 하다
통선(通船)[명] 강이나 바다를 왕래하는 선박.
통:설(洞泄)[명] 아주 심한 설사. 하다
통설(通說)[명] ①널리 알려진 일반적인 학설. 《대》이설(異說). popular view ②전반에 걸쳐 해설하는 일. 하다 「로 왕래(往來)함. intercourse 하다
통섭(通涉)[명] ①사물에 널리 통함. conversance ②서
통성(通性)[명] 《약》→통유성(通有性).
통성(通姓)[명] 《약》→통성명(通姓名).
통-성(痛聲)[명] ①병으로 앓는 소리. moan ②아픔을 못 견디어 지르는 소리.
통=성명(通姓名)[명] 서로 성과 이름을 알려 줌. 《약》통성(通姓). introducing each other 하다
통성 원리(通性原理)[명] 《철학》사물(事物)의 본질을 같은 종류에 속하는 많은 것의 유형(類型)으로서 볼 때를 말함. 《대》개성 원리.
통:세(痛勢)[명] 병의 아픈 증세. condition of illness
통-세:계(通世界)[명] 온 세계에 통함. common to all the world 《약》온 세상. all the world 하다
통소(洞簫)[명] 《원》→통소.
통소(通宵)[명] 《동》철야(徹夜). 하다 「는 소로.
통-소:로(通小櫨)[명] 《건축》첨차(檐遮) 사이에 끼우
통소 불매(通宵不寐)[명] 밤새도록 잠을 이루지 못함. 하다
통=속[-쏙](通俗)[명] ①비밀한 모임. ¶그 도도 한 ~이다. secret society ②비밀한 약조. secret promise
통속(通俗)[명] ①일반 세상에 널리 통하는 풍속. general customs ②전문적이 아니고 일반으로 알기 쉬운 일. popularity
통속=극(通俗劇)[명] 통속적인 내용으로 된 연극.
통속=문(通俗文)[명] 누구나 알기 쉽게 쓴 내용의 글.
통속 문학(通俗文學)[명] 《문학》문학적 소양(素養)이 낮은 일반 사람들을 상대로 한 흥미 본위(興味本位)의 문학. 《대》순수 문학. popular literature
통속-미(通俗味)[명] 학술·예술 등에서 풍기는 통속적인 맛이나 느낌.
통속 소:설(通俗小說)[명] 《문학》일반 대중을 상대로 한 문학적 가치가 낮은 흥미 본위의 소설. popular novels
통속-적(通俗的)[명] ①일반 사람이 알기 쉬운(것). ②저급 비속(低級卑俗)한(것). 「rization 하다
통속-화(通俗化)[명] 모든 사람이 알기 쉽게 됨. popula-
통솔(統率)[명] 온통 몰아서 거느림. 통령(統領). 통수(統帥). ¶~자(者). command 하다
통:솔-력(統率力)[명] 어떤 무리를 통솔하는 힘.
통=송:곳(通--)[명] 반원형(半圓形)으로 날이 있는 송곳. 《대》도래 송곳. 「물을 댐. 하다
통수(通水)[명] ①물이 통하게 함. ②수도 없는 지역에
통수(統首)[명] 《제도》조선조 중엽부터 생긴 제도로, 민호(民戶)를 편제(編制)한 통의 우두머리.
통:수(統帥)[명] 《동》통솔(統率). 하다
통수-권[--꿘](統帥權)[명] 《법률》한 나라의 병력(兵力)을 지휘 통솔하는 권력. prerogative of supreme command
통=수수[명] 쌀을 내지 않은 그대로의 수수.
통=술[-쑬](桶--)[명] 통에다 넣어 담은 술. 한 통 되는 술. wine in a bag
통:시(洞視)[명] 꿰뚫어 봄. 통찰(洞察). 하다
통식(通式)[명] 일반에 통하는 방식.
통신(通信)[명] ①소식을 전함. correspondence ②우편·전신·전화 따위로 서로 소식을 전하는 일. communication ③신문·잡지에 실을 기사의 재료를 본사에 알림. 신(信)④. report 하다
통신(通神)[명] 《동》통령(通靈). 하다
통신 관서(通信官署)[명] 《법률》체신 장관의 지휘 감독 하에 통상 우편·소포·우표·전신·전화를 비롯한 제반 통신 사무를 관장하는 관서.

통신 교:수(通信敎授)[명] 인쇄물을 통하여 하는 교수. 통신 강의록 따위. instruction by correspondence

통신 교:육(通信敎育)[명]〈교육〉통신 교수에 의하는 교육. correspondence course

통신-기(通信機)[명] 전화기·무선 전화기 및 기타 통신에 관한 일을 처리하는 기계.

통신 기관(通信機關)[명] 우편·전신·전화 따위의 통신을 맡아보는 기관. means of communication

통신-대(通信隊)[명]〈군대〉군대에서 통신의 제반 임무를 맡은 부대. signal corps

통신-망(通信網)[명] 언론 기관에서 내외 각국에 통신원을 보내어 본사와의 연락을 행하는 조직. news-gathering network

통신-법(通信法)[명] ①통신하는 방법. ②[법률] 통신 또는 통신 사업에 관한 법률. 「줄 수행하는 사병.

통신-병(通信兵)[명]〈군사〉통신대에 딸려 통신 임무

통신-부(通信簿)[명]〈교육〉학교에서 각 학생의 성적·건강·출석 상태 등을 부형에게 알리는 문서. 통신표. 통지표. report-card

통신-사(通信使)[명] 조선조 말엽에 궁내부에 딸렸던 관칙. 주로 전화·철도에 관한 사무를 맡았음. 「로 보내던 사신.

통신-사(通信使)[명]〈제도〉조선조 중엽 이후 일본으로

통신-사(通信社)[명] 신문사·잡지사·방송국 따위에 뉴스를 제공하는 기관. news agency

통신 사:업(通信事業)[명] ①의사의 전달을 목적으로 하는 사업. 곧, 우편·전신·전화 등의 사업. communication enterprise ②신문사·잡지사·방송 업자 등에 대하여 보도의 재료를 대어 주는 사업. news service ③의사 전달 매개를 목적으로 하는 사업.

통신-소(通信所)[명] 통신기를 이용하여 온갖 일을 통신하는 장소나 영조물(營造物).

통신-원(通信員)[명] 본사와 다른 지방에 파견되어 그 지방의 특수한 사실을 통신하여 주는 책임을 띤 사람. correspondent 「에 이용되는 인공 위성.

통신 위성(通信衛星)[명] 원거리간의 전파 통신의 중계

통신 자유(通信自由)[명] 신서(信書)의 비밀을 보장받는 자유.

통신 장:교(通信將校)[명]〈군사〉단위 부대의 통신에 관한 전술적(戰術的)·기술적 행정적 운영의 책임을 맡고 있는 특별 참모. communication officer

통신 판매(通信販賣)[명]〈경제〉상품의 목록을 보내거나 신문·잡지 따위의 광고에 의하여 주문을 받으로 받고 물품을 소포로 보내는 소매 상업. mail

통신-표(通信票)[명] 통신부. [order sale

통신 회:의(通信會議)[명] 서로 다른 지점을 통신 시스템으로 연결하여 행하는 회의.

통심(痛心)[명] 몹시 상하여 아픈 마음.《유》상심(傷心). worry 하자타

통=심정(通心情)[명] 정의(情誼)를 서로 통함.《약》통정. taking into one's confidence 하자타

통약(通約)[명]〈수학〉분수의 분모와 분자 속에서 공통되는 인자(因子)를 제거함. 약분. 하타

통양(痛痒)[명] ①아프고 가려움. pain and itch ②자신의 이해 관계를 비유한 말. concern

통=양관(痛痒相關)[명] 서로 썩 가까운 사이. 이해 (利害)가 일치되는 사이. 「이 통함. 하자타

통어(通語)[명] ①[동]통역(通譯). ②외국인과 서로 말

통:어(統御)[명] 거느리어서 제어함. rule 하타

통:언(通言)[명] ①호되게 말함. 또, 그 말. 극언(極言). ②따끔한 직언(直言). 하자타

통업(通業)[명] 일반에 통치하는 사업. government

통역(通譯)[명] 서로 말이 달라서 통하지 못하는 사람 사이에 그 말을 다 아는 사람이 말을 서로 옮겨 듯을 전하여 줌. 또, 그 사람. 통변(通辯). 통법판①. 통사(通事)². 통어(通語)①. interpretation 하자타

통역-관(通譯官)[명] 통역하는 일을 맡은 관리. interpreter ②[제도] 대한 의원·궁내부의 한 벼슬.

통역-원(通譯員)[명] 대한의 일을 전문으로 담당하는 사람.

통역 장:교(通譯將校)[명]〈군사〉통역에 관한 임무를 수행하는 사관.

통역 정치(通譯政治)[명] 주로 통역을 중간에 세워 시행함으로써 야기되는 행정상의 맹점(盲點)을 빗대어 하는 말. administration through interpreters

통:연(洞然)[명] 밝고 환함. 하阊 히阊 「경영함. 하阊

통:영(統營)[명]〈제도〉통제사의 군영. ②통제하의

통:영-반(統營盤)[명] 경상 남도 충무시(忠武市)에서 만든 온반. 책상반(册床盤).

통용(通用)[명] ①일반이 두루 쓰임. 유통(流通). current use ②서로 넘나들어 쓰임. passage 하자

통용 금:지(通用禁止)[명] 화폐(貨幣)같은 것의 통용을 금지함. 하타 「간.

통용 기간(通用期間)[명] 통용하는 기간. 곧, 유효 기

통용-문(通用門)[명] 대문 이외에 항상 자유롭게 드나들게 만든 문. sidegate 「rent word

통용-어(通用語)[명] 일반에게 두루 쓰이는 말. cur-

통운¹(通運)[명] 물건을 실어 옮김. 또, 옮겨 감. transportation 하자타 「lot

통운²(通運) 운수가 터짐. improvement of one's

통운(通韻)[명] ①음운(音韻)이 서로 통함. 또, 통하는 음운. common rhyming ②한시에서 발음이 비슷한 여러 글자의 운. 今, 동(東)·동(冬)·강(江)의 통성 (通聲) 따위. 「차·선박·비행기·자동차 따위.

통운 기관(通運機關)[명] 통운에 종사하는 기관. 곧, 기

통-울:음(痛鬱陷病)[명] 매우 슬퍼함.

통운 회:사(通運會社)[명] 화물을 운반하는 일을 주된 업무로 삼는 회사.

통원(通院)[명] 병원 등에 치료를 받으러 다님. 하자

통유(通有)[명] 널리 일반으로 다 같이 갖추고 있음. (대) 특유(特有)①. commonness 하타

통유(通儒)[명] 세상 일에 두루 통하고 실행력이 있는 유학자. scholar of wide attainments

통유-성(通有性)[명] 여럿이 공동으로 갖고 있는 성질.《유》통성(通性).

통융(通融)[명]〈동〉융통(融通)③. 하타

통-으로(通─)[부]→온통으로.

통:음(痛飮)[명] 술을 흠뻑 많이 마심. carousal 하타

통의(通義)[명] 일반에 공통되는 의리. universal principal

통의(通議)[명] 세상 일반이 이행해야 할 도의. 「ciple

통:−이계:지(統計之)[명] 모두 합쳐 계산함. 하타

통-이불[─니─](筒─) 자루같이 만든 이불. 침낭 (寢囊). sleeping-bag 「of the world

통인(通人) 사물에 통달한 사람. 통사(通士). man

통인(通人)[명]〈제도〉①고려 밀직사(密直使)의 구실. ②조선조 말엽의 지방 관청의 우두머리에 딸려 잔심부름을 하던 사람.

통-인정(通人情)[명] 통사정.

통일(通日)[명] 1월 1일부터 통산(通算)한 일수(日數).

통:일(統一)[명] 여럿을 몰아서 하나로 만듦. 통합(統合). 일가(一家). 하자타

통:일 국가(統一國家)[명] 지방 분권적인 봉건적 국가에 대하여 중앙 집권적인 근대 민족 국가를 이름.

통:일-미(統一米)[명] 전체가 잘 통일된 아름다움. architectural beauty 「로서 단위당 수확량이 많음.

통:일-벼(統一─)[명] 벼 품종의 하나. 새로 개량된 벼

통:일-성[─썽](統一性)[명] 통일을 이룬 상태나 성질.

통:일-안(統一案)[명] ①통일을 위한 의안(議案)이나 법안. ②여럿을 통일하여 하나로 만든 안. ¶맞춤법 ∼. 「로 되어 있는 원리.

통:일 원리(統一原理)[명] 개개의 것 또는 일정한 조직

통:일-적(統一的)[명] 통일을 이룬 방향으로 하는 (것).

통:일 전:선(統一戰線)[명]〈사회〉국제 공산당의 전술의 하나. united front

통:일 주체 국민 회:의(統一主體國民會議)[명][법률] 제 4 공화국 때의 조국의 평화적 통일을 추진하기 위하여 설치된 헌법 기관으로, 대통령을 선거하며, 국회가 의결한 헌법 개정안을 최종적으로 확정하는 등의 구실을 가진 국민적 조직체. 1980 년 10 월 27

일이 공포된 개정 헌법에 의해 폐지되었음. National Conference for unification 〖천하. 하다〗
통=일 천하(統一天下)〖명〗 천하를 통일함. 또, 통일된
통=일체(通一體)〖명〗 통일된 단체 또는 형체(形體). unified body 〖이 맺음. 하다〗
통=입골수(一一수)〖痛入骨髓〗 원통한 일이 뼛속 깊
통=자(一字)〖인쇄〗 글자가 완전히 한 덩이에 새겨 진 활자. (대) 쪽자.
통=잣〖명〗 송이에서 낱알을 빼내지 않은 통짜의 잣.
통장(通帳)〖명〗 ①은행 따위에서 예금한 사람에게 그 내용을 적어 주는 장부. pass-book ②외상으로 거래 할 때, 금액·날짜·품명 따위를 적은 장부. chit-book
통=장(統長)〖명〗 통의 우두머리.
통=장(統將)〖명〗〈제도〉무예 별감(武藝別監)의 우두 머리.
통=장수(桶一)〖명〗①통을 파는 사람. tab dealer ②통 에 젓갈을 넣어 가지고 다니며 파는 사람.
통=장이(桶匠一)〖명〗통을 메우는 장인(匠人). hooper
통=장작(一長斫)〖명〗쪼개지 아니한 통째의 장작. un-chopped fire wood 〖credit 하다타〗
통장=**질**(通帳一)〖명〗통장으로 하는 외상질. buying on
통재(通才)〖명〗여러 가지 사물에 능통한 재주. versatile talent 〖다스림. 하다타〗
통=재(統裁·統宰)〖명〗①통솔하여 재결함. ②통솔하여
통전(筒箋)〖명〗통집지.
통전(通典)〖명〗일반적으로 적용되는 규칙. universal 〖code
통전(通電)〖명〗널리 알려 주는 전보. circular telegram 〖電報〗전류를 통함. sending an electric current 하다〗 〖히다
통=절(痛切)〖명〗뼈에 사무치게 간절함. trenchant 하다
통=점[一쩜](痛點)〖의학〗피부에 퍼져 있어, 통각 (痛覺)을 느끼는 점. pain-spot
통정(通情)〖명〗①《一》통심정, 통사정. ②세상 일반의 인정. ③남녀가 정을 통함. 하다자
통정(通睛)〖명〗〈한의〉어린애가 경풍으로 경련(痙攣) 을 일으켜 눈을 치뜨는 병.
통정 대:부(通政大夫)〖명〗〈제도〉문관의 정 3 품 당상 관(堂上官)의 한 품계. 〖of a pail
통=젖(桶一)〖명〗통에 달린 손잡이. 통꼭지. handle
통=제(統制)〖명〗①여러 갈래로 나누어진 일을 하나로 모음. control ②어떠한 목적을 달성하기 위하여 모 든 부분을 한 원리로 제약하는 일. regulation 하다타
통:제 경제(統制經濟)〖명〗생산·배급·소비 따위 의 경제 활동이 국가로부터 통제당하는 경제. (유) 계획 경제(計劃經濟). controlled economy
통:제=권[一꿘](統制權)〖명〗통제할 수 있는 권리.
통:제=력(統制力)〖명〗제약하는 힘. 지도·제한하는 힘.
통:제=벌(統制罰)〖법률〗통제 법상의 의무 위반에 대하여 과해지는 벌.
통:제=법[一뻡](統制法)〖법률〗통제를 실시하기 위한 행정 법령의 총칭. 주로 통제 경제에 관한 법령을 말함.
통:제=부(統制府)〖군사〗해군의 한 기관으로, 군 항 구역의 방어·경비 및 출동 준비에 관한 사항을 관장함.
통:제=사:(統制使)〖명〗조선조 중엽에 두었던 무 관직의 하나. 전라·충청·경상 3 도의 수군(水軍)을 통솔하던 대장.
통:제=품(統制品)〖명〗전쟁 그 밖의 경제 사정에 의하 여 생산·배급·소비(消費) 등에 있어 국가의 통제 를 받는 물품. controlled goods
통:제 회:사(統制會社)〖명〗다른 주식 회사의 주권(株 券)을 많이 소유함으로써 그 회사를 지배하는 회사.
통=조각〖명〗여러 쪽이 아니고 하나로 이루어진 조각. whole piece
통=조림(桶一)〖명〗고기·과실 따위를 오래 저장하기 위 하여 양철통에 넣고 공기가 들어가지 못하도록 땜 질하여 둔 물건. tinned provisions
통=주(統主)〖명〗〈제도〉조선조 말엽의 편제(民戶

편제)에 있어서 통(統)의 주인. 뒤에 통수(統首)로 고침.
통=줄(筒一)〖명〗①연을 날릴 때에 얼레 머리를 연쪽으로 내 밀어 갑자기 많이 풀리어 나가는 줄. ②미끼 목줄 을 매지 않고 원줄에 직접 낚시를 매단 낚싯줄.
통=줄(筒一)〖명〗둥글게 생긴 줄. 둥근 구멍의 안쪽을 쓰는 데에 씀. round file
통줄=**주:다**〖명〗연을 날릴 때에 통줄을 보내다.
통=증[一쯩](痛症)〖명〗몹시 아픈 증세. severe condition of a patient 〖notice 하다
통지(通知)〖명〗기별하여 알림. 통기(通寄). 통달①.
통지기〖명〗서방질을 잘하는 계집종. 통지기년①. 〖이르는 말.
통지기=년〖명〗①〖동〗통지기. ②음탕한 계집을 욕으로
통지=서(通知書)〖명〗통지하는 문서. 아뢸장. notice
통지 예:금(通知預金)〖경제〗돈을 찾을 경우에 일 정한 기간 전에 미리 은행에 알리고 찾도록 약정 (約定)한 예금. deposits at notice
통지=표(通知表)〖명〗통신부.
통=징(痛懲)〖명〗〖동〗엄징(嚴懲). 하다타
통짜(通一)〖명〗통으로 된 덩어리. ¶~로 삼겠다.
통=짜=다〖명〗한 동아리가 되기를 약속하다. band together 〖다. frame
통=짜=다〖명〗각 부분을 모아서 전체를 이루게 맞추
통짜=로〖명〗나누지 아니한 덩어리 물건으로. ¶~ 먹 었다. entirely 〖켰다. whole
통=째〖명〗나누지 않고 덩어리로 있는 그대로. ¶~ 삼
통=차지〖명〗통째로 다 자기의 것으로 되게 하는 차지. having the whole by oneself 하다
통:찰(洞察)〖명〗온통 밝혀서 살핌. 통시(洞視). ¶~ 력(力). penetration 하다타
통창(通敞)〖명〗넓고 밝아 시원하고 환함. 하다형
통창(通暢)〖명〗조리가 밝아 환함. lucidity 하다형
통=책(痛責)〖명〗〖동〗엄책(嚴責). 하다타
통=처(痛處)〖명〗병으로 아픈 곳. pain-spot
통천=건(通天巾)〖명〗성복하기 전에 상제가 쓰는 위가 터진 건(巾). 〖칙(勅詔)을 내릴 때에 쓰던 관.
통천=관(通天冠)〖명〗〈제도〉임금이 정무를 보거나 조
통천지=수(通天之數)〖명〗매우 좋은 운수.
통=천판(通天板)〖명〗〈광물〉천반을 뚫었을 때, 위의 광혈(鑛穴)과 서로 통해진 천판.
통=천하(通天下)〖명〗천하에 두루 통함. 보천지하(普天 之下). pervade all over the world 하다
통:철(洞徹)〖명〗깊이 살펴서 깨달음. conversance 하다
통철(通徹)〖명〗막힘이 없이 통함. penetration 하다
통철(通鐵)〖명〗쇠통(鐵桶).
통첩(通牒)〖명〗①서면으로 통지함. 또, 그 서면. written notice ②상급 관청에서 내리는 훈령(訓令). official instruction ③국제법상, 국가의 일방적의 시 표시를 내용으로 하는 문서. 통달④. ¶최후 ~. notification 하다
통청(通淸)〖명〗청환(淸官)이 될 자격을 얻음.
통청(通請)〖명〗〈불교〉①온갖 부처를 함께 부름. ②모 든 사람을 모두 부름.
통초(通草)〖명〗〖동〗목통(木通).
통=초(痛楚)〖명〗몹시 아픔. 하다형
통=촉(洞燭)〖명〗〖공양을 살핌(炯察). 하다타
통치(通治)〖명〗하나의 약이 여러 병에 다 효력이 있음. ¶만병 ~. curing all diseases 하다
통치(痛治)〖명〗〖동〗엄치(嚴治). 하다타
통=치(統治)〖명〗①도맡아 다스림. rule ②국토와 국민 을 지배하는 일. 통치②. government 하다
통:치=권[一꿘](統治權)〖명〗〈법률〉나라를 다스리는 권력. 최고권(最高權). sovereignty
통치 기관(統治機關)〖명〗통치자가 통치하기 위하여 설치한 기관.
통=치:다→한통치다.
통=치마〖명〗양쪽 선단이 없이 통으로 지은 치마. (대) 풀치마. seamless skirt 〖곳.
통:치=지(統治地)〖명〗통치권이 미치는 지역. 통치하는

통칙(通則)『명』통규(通規). 통법①.
통침채ː=포(筒沈菜包)『명』통김치쌈.
통칭(通稱)『명』①공통으로 쓰이는 이름. common name ②널리 통해서 부르는 이름. 통틀어일컬음. 두루 일컬음. popular name
통ː칭(統稱)『명』도거리로 부르는 이름.
통ː쾌(痛快)『명』①무슨 일이 뜻대로 잘 풀릴 때에 마음이 매우 시원스러움. incisive ②매우 유쾌함. extremely delightful ~하다 ~히
통ː쾌-감(痛快感)『명』통쾌한 느낌.
통ː크-다[으ᄅ]마음씀이 크다. 도량이 넓다. 「하다
통ː타(痛打)『명』①통쾌하게 때림. ②(동) 강타(强打).
통ː탄(痛歎)『명』몹시 느끼어 내는 탄식. deep lamentation ~하다
통탕『부』①널빤지 따위를 함부로 두드리거나 구르는 소리. with a stamp ②총을 마구 쏘는 소리. 《큰》통탕. with a bang ~하다
통탕-거리-다『자』잇따라 통탕 소리가 나다. 또, 자꾸 통탕 소리를 나게 하다. 《큰》퉁탕거리다. **통탕-통탕**『부』~하다
통-터지-다 여럿이 냅다 쏟아져 나오다. pour out
통통『부』(거)→통통.
통통『명』①작은 발동기 따위가 울리는 소리. ②발로 탄탄한 데를 자주 구르는 소리. stamping ~하다
통통-거리-다『자』자꾸 통통 소리가 나다. 또, 자꾸 통통 소리를 나게 하다. 《큰》퉁퉁거리다.
통통-걸음『명』발을 통통 구르며 빨리 걷는 걸음. 《큰》퉁퉁걸음. stamp
통통-배『명』작은 발동기를 장치하여 통통 소리를 내는 조그만 배. motoboat 「ration ~하다
통투(通透)『명』뚫어지게 깨달아 환히 알게 됨. penet-
통들-어다(=다)『타』있는 대로 모조리 합쳐 묶다. include
**통들어-있는 대로 모두 합하여. 1~ 얼마요.
통들어-일컫-다[ᄃ돋]전부를 뭉뚱그리어 일컫다.
통들어-일컬음(동)「명」통칭(通稱)②. 「아 넣을 판.
통판(通版)『명』(인쇄)신문의 양면을 한 폭 안에 몰
통-팔도[-또](通八道)『명』팔도, 곧 우리 나라 도처에 널리 통함. **통팔로**(通八路). ~하다
통팔로(通八路)『명』(동)통팔도(通八道). ~하다
통팥『명』맷돌에 갈지 않고 그대로 밥에 넣는 팥. whole
통편(通篇)『명』전편(全篇)을 통함. 「red-beans
통폐(通弊)『명』일반에 다 같이 있는 폐단. common evils
통ː-폐ː합(統廢合)『명』동일·유사한 계통의 여러 기업이나 기구를 폐지 또는 합쳐서 하나로 만듦. ~하다
통표(通票)『명』단선 철도에서 열차가 다음 역까지 진행할 수 있다는 증거로 발차역(發車驛)의 역장이 기관수에게 주는 둥근 증표. 패찰(牌札).
통풍(通風)『명』여기와 저기의 바람이 서로 드나듦. 통기(通氣)②. ventilation ~하다
통ː풍(痛風)『명』〈의학〉요산 대사(尿酸代謝)의 이상으로 일어나는 관절염의 하나. 심한 동통·변형·종창 등을 수반함. gout 「(空氣口).
통풍-구(通風口)『명』공기를 통하도록 낸 구멍. 공기구
통풍-기(通風機)『명』통풍이 잘 되지 않는 곳에 바람이 일도록 장치한 기계. ventilator
통풍-창(通風窓)『명』주로 공기를 통하기 위하여 만든 작은 창. ventilator
통-하-다(通一)『자타여불』①막힘이 없이 트이다. be opened ②마음이나 정을 주고받다. have intimate relation with ③환하게 알다. be well versed in ④지나다. 다니다. 「버스가 ~. pass ⑤전화 따위가 연락이 되다. get through to ⑥길 따위가 이르다. 다다르다. lead to ⑦비밀히 적과 내통하다. betray ⑧통용하다. pass as
통ː-하ː정(通下情)『명』아랫 사람의 정상을 잘 알아 줌.
통학(通學)『명』자기 집에서 유숙하는 집에서 학교에 다님. school attendance
통학 구역(通學區域)『명』〈교육〉통학을 허용하여 주는

구역. school district 「(生). day scholar
통학-생(通學生)『명』통학하는 학생. ↔기숙생(寄宿
통학-차(通學車)『명』통학생을 위하여 특별히 운행되는 열차나 자동차. school bus (train)
통ː-한(痛恨)『명』매우 한탄함. deep regret ~하다 「일.
통ː한-사(痛恨事)『명』몹시 한탄할 일. 몹시 원통한
통ː할(統轄)『명』모두 거느려서 관할함. supervision
통ː합(統合)『명』(동)통일(統一). ~하다 「~하다
통항(通航)『명』배가 통하여 다님. navigation ~하다
통항-권(通航權)『명』〈법률〉국제 조약에 의하여 외국 영해를 통항하는 권리.
통항-료(通航料)『명』운하 지대를 통항할 적에 그 수역(水域)을 사용하는 사례로서 지불하는 요금. toll
통해(通解)『명』전부를 통하여 해석함. 통석(通釋). entire interpretation ~하다
통행(通行)『명』①길로 통하여 다님. passage ②물화(物貨)가 돌아서 통함. ~하다「규정.
통행 규정(通行規定)『명』도로 같은 것의 통행에 관한
통행 금ː지(通行禁止)『명』특정한 지역이나 또는 시간에 사람 및 차량의 통행을 일체 금하는 일. 《약》통금(通禁). 「는 요금.
통행-료(通行料)『명』유료 도로를 통행하는 차량에 받
통행-본(通行本)『명』널리 일반에 통하여지는 책.
통행-세(通行稅)〔-쎄〕(通行稅)『명』①일정한 지역을 통행하는 사람에게 받는 세금의 하나. ②기차·전차·기선 등의 승객에게 거리와 등급에 따라 매기는 세금. 「금. traveling tax
통행-인(通行人)『명』통행하는 사람. 「전. 回 귀빈전.
통행-전(通行錢)『명』길·다리 따위를 통행하는 사람으로부터 받아들이는 요금. 通 통 「수 있는 지역.
통-행전(筒行纏)『명』아래에 귀가 달리지 않은 예사 행전
통행-증(一증)(通行證)『명』특정한 지역이나 금지된 시간에 통행을 허가하는 수결. pass 「수 있는 지역.
통행-지(通行地)『명』통행권을 가지고 임의로 통행할
통현(通玄)『명』사물의 현묘한 이치를 깨달음. conversance 하다
통혈(通穴)『명』①공기가 통하게 뚫어 놓은 구멍. ventilating opening ②〈광물〉갱도(坑道)와 갱도로서 로 통하게 뚫은 굴. 또, 그 구멍. air-shaft ~하다
통호(通好)『명』교의(交誼)를 맺음. 우정을 통함.
통호(通號)『명』세상에 널리 통해 사용하는 명호(名號). popular name 「도, 그 수효.
통ː호ː수[一쑤](統戶數)『명』통(統)과 호(戶)의 차례.
통혼(通婚)『명』①서로 혼인 관계를 맺음. contracting marriage ②혼인할 뜻을 전함. ~하다
통화(通化)『명』〈불교〉부처의 가르침을 널리 펴서 중생을 교화함. ~하다 「currency
통화(通貨)『명』〈경제〉한 나라 안에서 통하여 쓰는 돈.
통화(通話)『명』전화로 서로 말을 서로 통함. 또, 그 일. telephone call 「역」일정한 시간 내의 통화를 단위로 일컫는 말. 【한 ~는 3분이다. ~하다
통화 개ː혁(通貨改革)『명』〈경제〉주로 인플레이션의 수축(收束)을 위하여 행하여지는 통화 조치. 화폐 개혁. currency reform 「量」issued amount
통화-고(通貨高)『명』통화의 발행량. 통화량(通貨
통화 관ː리(通貨管理)『명』〈경제〉지폐 발행을 금준비(金準備)의 제약으로부터 해방하여 그 발행액을 인위적으로 관리·조절하는 것.
통화-량(通貨量)『명』(동)통화고.
통화-료(通話料)『명』통화하는 요금.
통화 발행-고(通貨發行高)『명』통화의 발행 액수.
통화 수축(通貨收縮)『명』〈경제〉통화량이 지나치게 적게 되어 물가가 떨어지는 경제 현상. 《대》통화 팽창(膨脹).
통화 위조죄[一죄](通貨僞造罪)『명』〈법률〉행사할 목적으로 통화를 위조 또는 변조하는 범죄. coinage offences
통화 유통 속도(通貨流通速度)『명』〈경제〉어떤 일정 기간에 통화가 거래에 사용되는 횟수.
통화 인플레이션(通貨 inflation)『명』〈경제〉불태 지폐

통화 정책(通貨政策)〈경제〉통화 수량의 신축(伸縮)·금융·시세·물가의 통제·조절을 꾀하고자 하는 경제 정책. monetary policy

통화 조절(通貨調節)〈경제〉주조 화폐·지폐 및 은행권의 수량을 적당히 증감하여 물가를 적당한 높이에 유지하는 일.

통화-주의(通貨主義)〈경제〉중앙 은행권의 태환권 발행액을 그 금 준비에 일치시키면 물가 수준이 안정되라는 설. 《대》은행주의. currency principle

통화 통:제(通貨統制)〈경제〉통화의 가치(價値)를 유지·안정시키기 위하여 국가가 통화를 관리·조절하는 일. monetary control

통화 팽창(通貨膨脹)〈경제〉한 나라의 통화가 필요 이상으로 증가되는 경제 현상. 그 결과로서 물가의 등귀(騰貴)를 가져오게 함. 《대》통화 수축. inflation

통환(通患) ①일반에 공통되는 걱정. ②여러 사람이 두루 가지고 있는 근심과 병통. universal trouble

통:회(痛悔) ①매우 뉘우침. deep repentance ② 〈기독〉고해 성사의 다섯 가지의 가운데 첫째. 상통회(上痛悔)와 하통회가 있음. 하타

통효(通曉) 환하게 깨달아서 앎. 효달(曉達). 효통(曉通). thorough knowledge 하타 「후추.

통=후추(桶-) 빻아서 가루를 만들지 않은 알 그대로의

톺-다 샅샅이 더듬어 뒤지면서 찾다. search

톺-다 삼을 삶을 적에 쩬 삼의 끝을 가늘고 부드럽게 하려고 톱으로 눌러 긁어 훑다.

톺아-보-다 샅샅이 톺아 가면서 살피다.

퇴(退退) ①〈동〉물림②. ②〈약〉뒷마루①. ③〈약〉뒷간(退間). 「부은. 어군(魚群)이 많이 모임.

퇴(堆)〈지학〉대륙붕(大陸棚) 중에서 특히 얕은

퇴:각(退却) 패하여 후퇴함. 퇴거(退去)①. 《대》진격(進擊). retreat ②가져온 물건을 물리쳐서 받지 않음. refuse 하타

퇴:거(退去) ①물러감. 살고 있는 곳에서 딴 곳으로 거주를 옮김. 퇴각(退却)①. ¶~ 명령. 《대》진거(進居). leaving ②《법》은거(隱居). 하타

퇴:거 불응죄[-죄](退去不應罪)〈법률〉사람의 주거, 간수(看守)하는 저택·건조물이나 선박 또는 점유하는 방실(房室)에서 퇴거 요구를 받고 응하지 않음으로서 성립하는 죄. 불퇴거죄(不退去罪).

퇴:경(退京) 서울에 머물다가 시골로 내려감. leaving Seoul 하타

퇴:경(退耕) 벼슬을 내놓고 시골에 가서 농사를 지음. retirement into the country 하타

퇴:경(退境) 어떠한 경계 안에서 그 밖으로 물러남.

퇴고(推敲) 시문을 지을 때 자구(字句)를 여러 번 생각하여 고침. 추고. polish 하타

퇴골(腿骨)〈생리〉다리를 이루는 뼈. 넓적다리뼈와 정강이뼈로 나뉨. 다리뼈. leg bone 「하타

퇴:공(退供)〈불교〉부처 앞에 바쳤던 물건을 물림.

퇴:관(退官) 벼슬을 내놓고 물러감. 퇴임(退任). 퇴직(退職)①. retirement from office 하타

퇴:관(退棺) 나장(裸葬)을 하기 위하여 하관(下棺)할 때 관을 벗겨 덮에 냄.

퇴:교(退校)《동》퇴학. 하타

퇴:군(退軍) 전쟁터에서 군사가 물러감. 《대》진군(進軍). retreat 하타

퇴:궐(退闕) 대궐에서 물러나옴. 《대》입궐(入闕). leaving the court 하타

퇴:근(退勤) 직장에서 시간을 마치고 물러나옴. 사퇴(仕退). 《대》출근(出勤). coming home from one's office 하타

퇴:기(退妓)〈제도〉기안(妓案)에서 물러난 기생. retired keesaeng

퇴:기(退期) 기한을 물림. 연기. 퇴한(退限). postpone 하타

퇴:기-다 ①힘을 모았다가 갑자기 탁 놓아 내뻗치다. snap ②건드려서 갑자기 뛰어 달아나게 하다. 《큰》튀기다. flip

퇴김 연을 날릴 때에 얼레 자무를 잦히며 통줄을 주어서 연 머리를 그루박는 일. 《큰》튀김. 하타

퇴김-주 연을 날릴 때에 퇴김 재간을 부리다. 「도록 하다.

퇴:내-다 먹거나 가지거나 누리는 것을 싫것 물리

퇴:단(退團) 속하는 단체(團體)에서 물러남. 《대》입단(入團). 하타

퇴:대(退待) 물러가서 명령을 기다림. awaiting orders 하타

퇴:도지[-또-](退賭地) 10년 기한부로 전답을 부쳐 먹는 권리를 팔아 넘기는 토지.

퇴:등(退燈)〈제도〉지방 관청에서 수령(守令)이 취침할 때에 등불을 끄면 일. 하타

퇴락(頹落) 무너지고 떨어짐. delapidation 하타

퇴:량(退樑)《동》뒷보.

퇴:령(退令)〈제도〉지방 관청에서 이속(吏屬)·사령(使令) 등에서 물러 나감을 허락하는 명령. 하타

퇴:로(退老) 늙어서 버슬을 사퇴함. 하타

퇴:로(退路) 후퇴할 길. ¶적의 ~를 차단하다. 《대》진로(進路). retreat 「상.

퇴:로 재:상(退老宰相) 늙어서 버슬에서 물러난 재

퇴:리(退吏)〈제도〉퇴직한 관리. 은퇴한 관리. retired official

퇴=만양〈농사〉아주 늦게 심은 모.

퇴:-맞-다(退-)《동》퇴박맞다.

퇴:물(退物) ①윗사람이 쓰던 것을 물려준 물건. ②퇴박맞은 물건. 퇴물림②. ③어떤 직업에서 물러난 사람을 낮게 이르는 말. 「rejected article

퇴:-물림(退-) ①큰상물림. ②퇴물(退物)①.

퇴:박-맞-다(退-) 마음에 들지 않아 물리침을 받다. 《어》딱지맞다. be refused

퇴:박-하-다(退-) 마음에 들지 않아 거절하「다. refuse

퇴벽(頹壁) 허물어져 내린 벽.

퇴:보(退步) ①뒤로 물러감. retrogression ②지략이나 힘이 전만 못하게 줄어짐. 뒷걸음. 《대》진보(進步). deterioration 하타

퇴:분(退盆) 분에 심은 화초를 뽑아 버림. 《대》등분(登盆). taking out from flowerpot 하타

퇴비(堆肥)〈농업〉잡초·낙엽·해조(海藻) 같은 것을 쌓아서 썩힌 비료. 두엄. compost

퇴비(頹圮)《동》퇴패(頹敗). 하타

퇴비-하-다(堆肥-) 퇴비를 만들다.

퇴:사(退仕) ①낮은 관리가 구실을 내놓고 물러남. resignation ②《동》사퇴(仕退). 하타

퇴:사(退寺)《동》퇴속(退俗). 하타

퇴:사(退社) ①사원이 규정된 시간에 일을 마치고 퇴근함. eaving office ②회사 직원이 그 회사를 그만 두고 물러남. 《대》입사(入社). retire from company 하타 「하타

퇴:사(退思) 물러나서 생각함. retire and consider

퇴:산(退散) ①모였던 것이 흩어져 감. dispersal ②흩어져 도망질함. 하타

퇴산(癀疝)〈한의〉불알이 붓는 병의 총칭.

퇴:상(退床) 음식상을 물림. 《유》큰상물림. finishing one's meal 하타

퇴:상(退霜) 첫서리가 늦게 내림. 상강(霜降)이 지나 늦게 내린 서리. late frost 하타

퇴:색(退色·褪色) 빛이 바램. 투색(渝色). ¶~한 의복. fading 하타

퇴:서(退暑) 물러가는 더위. lingering summer heat

퇴:석(退席) ①자리에서 물러남. ②《동》퇴장②. 퇴좌. leaving one's seat 하타

퇴석(堆石) ①〈지학〉빙하에 의해 운반되어 퇴적한 토사나 암석(岩石). moraine ②돌을 높이 쌓음. 또, 그 돌. 하타

퇴석-층(堆石層)〈지학〉퇴석이 모여 이룬 지층.

퇴:선(退膳)📖 ①(약)→제퇴선(祭退膳). ②〈제도〉 임금의 어상(御床)에서 물려낸 음식. leavings of the Royal table

퇴설-당(堆雪堂)📖〈동〉 별당(別堂)②.

퇴:섭(退懾)📖 두려워서 뒤로 물러감. retreat 하다

퇴세(頹勢)📖 쇠퇴하여 가는 형세. downward tendency 「(俗). 퇴사(退寺). 하다

퇴:속(退俗)📖〈불교〉중이 도로 속인이 됨. 환속(還

퇴:속(頹俗)📖 쇠퇴하여 문란해진 풍속. 퇴풍. corrupt manners 「back

퇴:송(退送)📖 물건을 물리처 도로 보냄. sending
퇴:송(退訟)📖 소송을 받지 않고 물리침. dismissal of a case 하다

퇴:수(退水)📖〈체육〉 수구(水球) 경기에서, 반칙(反則)을 한 선수가 잠시 동안 풀 밖으로 물러나게 되는
퇴:수(退守)📖 후퇴하여 수비함. 하다 「일. 하다
퇴:수(退受)📖〈불교〉 시주에게 가사를 받아 가짐. 하다

퇴:식(退食)📖 관청에서 물러나와 집에서 밥을 먹음.
퇴:식(退息)📖 관계하던 일에서 물러나서 쉼. retirement 하다

퇴:식(退食一)📖〈불교〉 부처님 앞에 올렸다가 물린 밥. 불공밥. boiled-rice for Buddhist mass

퇴:신(退身)📖 관계하는 일에서 물러나옴. 하다

퇴:암(退闇)📖 사물에 우둔한 사람을 물리침. sending back the dull person 「cession 하다

퇴:양(退讓)📖 다른 사람에게 사양하고 물러남. con-
퇴:역(退役)📖〈군사〉 현역에서 물러남. ¶~ 장교(將校). retirement from service 하다

퇴:열-시키-다(退熱―)📼 신열(身熱)을 다스리어 물러가게 하다. abate fever

퇴:염(退染)📖〈원〉→토렴. 염색된 물건의 빛깔을 빼냄. 하다

퇴:영(退嬰)📖 물러나서 움직이지 아니함.《대》진취(進取). conservatism 하다

퇴욱(頹俗)📖 남아서 허물어진 가옥(家屋).

퇴운(頹運)📖 쇠하는 운명. 쇠약해진 운명. declining for fortune 「입원(入院). leaving hospital 하다

퇴:원(退院)📖 병원에 들었던 사람이 물러나옴. 《대》

퇴:위(退位)📖 ①임금의 자리에서 물러남. 《대》즉위(卽位). abdication ②위치를 뒤로 돌림. retreat ③관위(官位)에서 물러남. retirement 하다

퇴:인(退引)📖 뒤로 물러남.

퇴:-일보(退一步)📖 염려가 되어 좀 주춤하여 뒤로 물러남. stop to think over

퇴:임(退任)📖《동》 퇴직(退職)①. 하다 「하다

퇴:잠(退潛)📖 물러나 가만히 있음. remaining silent

퇴:장(退場)📖 ①어떠한 장소에서 볼일을 다 마치고 그 자리를 물러남. 《대》등장(登場). leaving ②회장에서 참석하였다가 무슨 까닭으로 말미암아 그 회의에 참여하지 않고 도중에서 물러남. 퇴석(退席). walk out ③경기 중 반칙(反則) 등으로 인하여 물러남. 《대》출장(出場). 하다

퇴:장(退藏)📖 ①물러나서 행적을 감춤. leaving and hiding oneself ②감추어 놓고 소지(所持)함. ¶~ 물자. ~ 화폐. 하다

퇴적(堆積)📖 ①많이 덮어 쌓임. 또, 많이 덮어 쌓음. accumulation ②〈약〉→퇴적 작용. 하다

퇴적-도(堆積島)📖〈지학〉 화산(火山)의 분출물(噴出物)이나 생물의 유해(遺骸) 등이 퇴적하여 이루어진 섬. sedimentary island

퇴적-물(堆積物)📖 ①퇴적된 쌓인 물건. accumulation ②〈지학〉 퇴적 작용으로 말미암아 지표상에 쌓인 물건. deposit 「진 산.

퇴적-산(堆積山)📖〈지학〉 퇴적 작용에 의하여 이루어
퇴적-심(堆積心)📖〈지학〉 퇴적물이 가장 두터운 곳.
퇴적-암(堆積岩)📖〈지학〉 압석의 작은 덩어리 또는 생물의 유해 등이 수중·육상에서 침전·퇴적하여 생긴 암석. 사암(砂岩)·혈암(頁岩)·석회암(石灰岩) 등. 수성암(水成岩). 적척암(沈積岩). sedimentary rocks

퇴적-열[―녈](堆積熱)📖 물건이 퇴적하여 물리적·화학적으로 생기는 열.

퇴적 작용(堆積作用)〈지학〉 지각(地殼)을 이루는 암석 공기 물질이 물·빙하·바람 등에 의해 운반되어 어떤 곳에 집적(集積)하는 현상.《약》퇴적(堆積)②. sedimentation

퇴적 평야(堆積平野)〈지학〉 모래와 자갈 등이 퇴적하여 생긴 평야. 충적 평야(沖積平野). alluvial plain

퇴:전(退轉)📖 ①파산하여서 살림이 다른 사람에게로 넘어감. ruin ②〈불교〉 부처를 믿는 마음을 다른 곳으로 옮김. distraction ③일이 바뀌어 나빠짐.

퇴:절(腿節)📖 곤충의 넓다리 부분의 마디. 「하다

퇴:정(退廷)📖 조정(朝廷)·법정(法廷)에서 물러남. 《대》출정(出廷). leaving the court 하다

퇴:정(退定)📖 기한을 뒤로 물리어서 작정함. postponement 하다

퇴:조(退朝)📖 ①조회(朝會)에서 물러나옴. leave the morning meeting ②조정에서 물러나옴. leaving the palace 하다

퇴:조(退潮)📖 ①썰물. ebb tide ②기세가 약해진 상태를 비유하여 이름. be on the ebb 하다

퇴:좌(退座)📖《동》 퇴석(退席)②. 하다

퇴:주(退主)📖《동》 뒷기둥.

퇴:주(退酒)📖 제사 때에 초헌(初獻)과 아헌(亞獻)에서 물린 술. 「기가 무늬를 새긴 공예품.

퇴주(堆朱)📖 붉은 옻칠을 백 번 정도까지 칠하고 거

퇴:주 그릇[―끄―](退酒―)📖 퇴주를 담는 그릇.

퇴:주-기(退酒器)📖《동》 퇴주 그릇. 「주기(退酒器).

퇴:주-잔[―짠](退酒盞)📖 ①제사를 지낼 때에, 퇴주 한 술잔. ②권하거나 드리다가 퇴박맞은 술잔.

퇴:직(退職)📖 ①현직에서 물러남. 퇴관(退官). 퇴임(退任). ②직업을 내놓음. 《대》취직(就職). 재임(在任). retirement 하다 「retirement allowance

퇴:직-금(退職金)📖 직장에서 물러날 때에 받는 돈.
퇴:직 소:득(退職所得)〈법률〉 퇴직 급여(給與)에 의한 소득. 「비례하여 주는 수당.

퇴:직 수당(退職手當) 퇴직하는 이에게 근무 연수에

퇴:진(退陣)📖 군사의 진지를 뒤로 물림. retreat 하다

퇴:짓-돌[―똘](退―)📖〈건축〉 처마 밑에 돌려 놓은 장대석(長臺石).

퇴:-짜(退―)📖 ①적당한 정도에 이르지 못하여 물리침을 받음. 또, 그 사실. rejection ②〈제도〉 진상하는 물건의 품질이 낮아 '退'자를 찍어 퇴한 물건.

퇴:짜-놓-다(退―)📼 바치는 물건을 물리치다. reject ②거절하다. ¶남의 부탁을 ~.

퇴:짜-맞-다(退―)📼 ①〈제도〉 상납(上納)하는 물건이 품질이 낮아 퇴(退)를 받아 물리침을 받다. ②거부당하다. 낙제하다. be rejected 「장.

퇴:창(退窓)📖 바람벽 밖으로 쭉 내밀도록 물려서 낸
퇴:창(推窓)📖 창문을 밀어서 엶. bay-window 하다
퇴:척(退斥)📖 물리침. 퇴하여 배척함. repulsion 하다
퇴첩(堆疊)📖 우뚝하게 겹쳐 쌓음. heap 하다
퇴:청(退廳)📖 근무 시간을 마치고 관청에서 물러나옴. 사퇴(仕退). 퇴근(退勤). 《대》등청(登廳). leaving office 하다 「물러남. 하다

퇴:촉(退鏃)📖 화살이 과녁에 닿았다가 튀어져 뒤로
퇴:촌(退村)📖 시골 아전이 읍내에서 촌으로 물러나서 삶. retire to a village 하다 「back 하다

퇴:축(退逐)📖 보낸 것을 받지 않고 물리침. sending
퇴:축(退縮)📖 움츠리고 물러남. shrink 하다
퇴:출(退出)📖 물러나서 나감. leaving 하다

퇴:치(退治)📖 물리쳐서 아주 없애버림. ¶문맹(文盲) ~. subjugation 하다

퇴:침(退枕)📖 서랍이 있는 목침(木枕). wooden pillow

퇴토(堆土)📖 퇴적한 흙. 쌓아 모은 흙.

퇴:-퇴📖《동》 뭬퇴.

퇴:-판(-板)[명] 물리도록 흡족하여 퇴를 내는 판.
퇴:(退)[명] ⇒퇴짜.
퇴:-각(退却)[명] 싸움에 패하여 물러남. retreat 하다
퇴:패(頹敗)[명] 풍속·도덕·문화 같은 것이 쇠퇴하여 문란해짐. 퇴비(頹靡). degeneration 하다
퇴:폐(頹廢)[명] ①쇠하여 결딴남. 퇴당(頹唐). ruin ②도의·풍속 등이 쇠퇴하여 문란해짐. 데카당(decadent). degeneration 하다
퇴폐 문학(頹廢文學)〈문학〉 19세기 말의 유럽의 회의 사상(懷疑思想)을 기초로 한 문학. 기성의 사회 도덕을 무시하여 예술의 목적을 일시적·육체적 향락을 구하는 데 있다는 부패한 문학. décadentisme
퇴폐-적(頹廢的)[관·명] 도덕·기풍 등이 무너져서 불건전한(것).
퇴폐-주의(頹廢主義)[명] 문학상의 주의로서의 데카당스. 19세기 말, 프랑스를 중심으로 하여 유럽 각국에 퍼진, 퇴폐적인 문화에서 미적 동기를 구한 문예상의 한 풍조. décadence
퇴폐-파(頹廢派)[명]〈문학〉데카당스(décadence 프).
퇴:풍(頹風)[명] 퇴패한 풍속. 퇴속(頹俗).
퇴:-피(退避)[명] 물러나 피함. taking refuge 하다
퇴:-필(退筆)[명] 끝이 모자라져서 쓰지 못하게 된 붓. worn-out brush
퇴:-하-다(退一)[타] ①다시 무르다. send back ②주는 물품을 물리치다. reject ③더한 것을 덜어내다. reduce
퇴:-학(退學)[명] 학생이 졸업 전에 다니던 학교를 그만 둠. 또, 그리 하게 함. 퇴교(退校). ¶~ 처분. 【대】입학(入學). expulsion from school 하다
퇴:학-생(退學生)[명] 퇴학한 학생.
퇴:-한(頹限)[명] 퇴폐한 시기(時期). 하다
퇴:-행(退行)[명] ①뒤로 물러감. ②다른 날로 물려서 행함. ③〈동〉퇴화(退化)①. ④행성(行星)이 천구(天球) 위를 서쪽으로 돌게 운행하는 일. ⑤〈심리〉유년 달의 초기에서 습득한 합목적(合目的) 행동이 무의식적으로 다시 나타나는 현상. 그 행동이 어린에 같고 내용이 정서적(情緖的)임.
퇴:행-기(退行期)[명]〈의학〉병세(病勢)가 차츰 회복되는 시기. period of recuperation
퇴:호(推戶)[명] 지게문을 밀어서 엶. pushing open a
퇴:-혼(退婚)[명] 언약한 혼인을 어느 한 편에서 퇴함. decline a proposal of marriage 하다
퇴:-화(退化)[명] ①진보 이전의 상태로 되돌아감. 퇴행(退行)③. retrogression ②〈생리〉생물체의 어떤 기관·조직이 진화나 계통 발생 및 개체 발생에 있어 도중 차츰 쇠퇴 축소되어 그 작용을 잃는 일.【대】진화(進化). devolution 하다
퇴:화 기관(退化器官)[명]〈동〉흔적 기관(痕跡器官).
퇴:-환(退換)[명]〈제도〉환표(換票)의 지급을 거절함. rejection of money order 하다
퇴:-회(退會)[명] 회원이 그 회에서 탈퇴함.【대】입회(入會). withdrawal from membership 하다
퇴:-휴(退休)[명] 벼슬을 그만두고 물러나서 쉼. retirement 하다
툇:-간(退間)[명]〈건축〉집채의 원칸살 밖에 딴 기둥을 세워 붙여 지은 칸살. (예)퇴.
툇:-기둥(退一)[명] 툇간에 딸린 기둥. 퇴주(退柱).
툇:-도리(退一)[명] 툇기둥에 얹히는 짧은 도리.
툇:-마루(退一)[명] 툇간에 놓은, 좁고 길게 내어 만든 마루. ¶ 뒤퇴(退)②. veranda(h) ②'고랑'의 궁중말. floor of a veranda 하다 [보. 퇴량(退樑).
툇:-보(退一)[명]〈건축〉툇기둥과 안기둥에 얹히는 짧은
툠[명]〈띠〉칭. 때림.
투(套)[명] ①일을 하는 법식(法式). ¶편지 ~. form ②버릇이 된 틀. ¶~을 말하는 ~. ③무슨 일을 하는 품이나 솜씨. ¶하는 ~가 좀 해 본 사람이다.
투:(two)[명] 둘. 두 개.
투각(透刻)[명]〈미술〉열으로 뚫어지게 새기는 조각.
투강(投江)[명] 강물에 던짐. throwing into a river 하다
투겹(벤)⇒두겹.

투견(鬪犬)[명] 개를 싸움 붙임. 또, 거기 쓰이는 개. 투구(鬪狗). fighting dog 하다
투계(鬪鷄)[명] 닭을 싸움 붙임. 또, 싸움닭. 하다
투고(投稿)[명] 원고를 신문사·잡지사에 보냄. 또, 그 원고. 기고(寄稿). 투서(投書)②. ¶~ 환영. contribution 하다
투고-란(投稿欄)[명] 투고한 글을 싣는 잡지·신문의 난.
투과(透過)[명] 꿰뚫고 지나감. ¶광선이 ~하다. penetration 하다
투과-성(透過性)[명]〈화학〉원형질막(原形質膜), 그 밖의 유기성(有機性) 및 무기성(無機性) 피막(皮膜)이 물과 용질(溶質)을 통과시키는 성능. permeability
투관(套管)[명] 고전압의 도체가 건축물 또는 전기 기기(器機)의 벽을 뚫고 지나가는 곳에, 절연(絶緣)의 목적으로 사용하는 통 모양의 유리 또는 사기 절연체.
투광(投光)[명] 빛을 주상(柱狀)으로 모아 비춤. 하다
투광-기(投光器)[명]〈물리〉광선을 주상(柱狀)으로 모아 전방(前方)을 비추는 장치. 반사경과 렌즈를 구며 맞추어서 한 부분만을 밝히어 비추는 조명 기구임. 헤드라이트·스포트라이트 등. flood-light projector [모자. helmet
투구[명] 옛날 군인이 전쟁할 때 갑옷과 함께 쓰던 쇠
투구(投球)[명] 공을 던짐. pitching 하다
투구(鬪狗)[명]〈동〉투견(鬪犬). 하다
투구(鬪毆)[명] 서로 치면서 때림. fisticuffs 하다
투구-꽃[명]〈식물〉현삼과의 다년생 풀. 산에 나는데, 높이 10~20cm, 잎은 달갈꼴, 여름에 백색에 자색
투구-벌레[명]〈동〉장수풍뎅이. [줄이 있는 꽃이 핌.
투구-법[一-법](投球法)[명] 야구에서, 공을 던지는 방법. [르다. growl at
투그리-다[자] 짐승이 싸우려고 소리를 지르며 잔뜩 벼
투기(投寄)[명] 남에게 물건을 부치어 줌. 하다
투기(投棄)[명] 내던져 버림. abandonment 하다
투기(投機)[명] ①기회를 엿보아 큰 이익을 보려는 짓. ②〈경제〉시가(時價)의 변동을 예기하고 그 차액을 얻기 위해 행하는 매매 거래. 하다
투기(妬忌)[명]〈동〉강샘. 하다
투기(鬪技)[명] ①곡예·운동 등의 재주를 서로 다툼. contest ②맞붙어서 싸우는 경기. 하다
투기 거:래(投機去來)[명] 실물의 수도(受渡)를 행하지 아니하고 시가(時價)의 변동에 의해 생기는 차액의 이득만을 목적으로 하는 매매 거래.
투기 공황(投機恐慌)[명]〈경제〉투기 활동으로 인해 야기되는 공황. [리 싸게 사들이는 구매.
투기 구:매(投機購買)[명] 뒷날에 비싸게 팔 목적으로 미
투기-꾼(投機一)[명] ①기회를 틈타 요행으로 큰 이익을 보려는 사람. ②투기 거래를 하는 사람.
투기 매:매(投機賣買)[명] 투기적으로 사고 파는 행위.
투기 사:업(投機事業)[명] 잘 되면 이익이 많고 잘못 되면 큰 손해를 보게 되므로 바라고 하는 사업.
투기-상(投機商)[명] 일확 천금을 바라는 들뜬기 장사. speculator
투기 시:장(投機市場)[명] 투기 거래를 행하는 시장.
투기-심(妬忌心)[명] 강샘하는 마음. [람.
투기업-자(投機業者)[명] 투기 사업을 업으로 삼는 사
투기-열(投機熱)[명] 투기 사업에 대한 열성.
투깔-스럽-다[보] 일이나 물건의 모양새가 투박스럽고 거칠다. rough 하다
투덕-거리다[자] ⇒두덕거리다. [plump
투덕투덕-하다[형] 얼굴 따위가 살쪄 복성스럽다.
투덜-거리다[자] ⇒두덜거리다.
투도(偸盜)[명] ①남의 물건을 훔침. 또, 그 사람. 투절. stealing ②〈불교〉오계(五戒)의 하나. 하다
투도-계(偸盜戒)[명]〈불교〉도둑질하지 말라는 말로, 오계의 하나. [하다
투득(透得)[명] 환하게 깨달음. thorough comprehension
투레-질[명] 젖먹이 아이가 두 입술을 떨며 '투루루'

투료(投了)[투] 바둑에서, 승부의 도중에 진 것을 인정하고 쥐었던 바둑돌을 던지어 대국을 끝내는 일.
투루루[투] 젖먹이 아이가 투레질하는 소리.
투루루-하-다[자여불] '투루루'의 소리를 내다.
투리(透理)[투][동] 통리(通理). 하다
투망(投網)[투] 쾽이. casting net
투매(投賣)[투] 물건을 원가 이하로 싸게 팖. dumping
투매(偸賣)[투][동] 도매(盜賣). 하다
투맹(偸盲)[투] 맹세한 언약을 배반함. 하다 life 하다
투명(投命)[투] 목숨을 내던져 버림. laying down one's
투명(透明)[투] ①환히 트임. 환히 트여 속까지 보임. clarity ②물체가 빛을 잘 통과시킴. (대) 불투명(不透明). transparency 하다 [transparency
투명-도(透明度)[투] 호수·해수·강수의 투명의 비율.
투명 비누(透明─)[투] 소량의 알코올 또는 글리세린·자당 들이 들어 있는 비누.
투명 수지(透明樹脂)[투] 무색 투명한 인조(人造) 수지. 요소(尿素) 수지의 딴이름.
투명-체(透明體)[투] ①속까지 환히 트여 보이는 물체. ②(물리) 유리·물·공기 따위와 같이 광선을 잘 통과시키는 물체. transparent body
투묘(投錨)[투] 닻을 내림. 선박을 정박(碇泊)시킴. (대) 발묘(拔錨). anchoring 하다
투미-하-다[투미여불] ①미련하고 둔하다. stupid ②매우 어리석다. foolish
투박-스럽-다[투박스럽비불] 투박하게 보이다. look coarse 투박스레[투] 만 하다. coarse
투박-하-다[투바카여불] 볼품없이 튼튼하고 투박스럽고 튼튼하다.
투베르쿨린(Tuberkulin 도)[투] 〈의학〉 결핵균을 배양한 갈색 투명의 주사액. 초기 결핵의 치료 또는 진단에 씀.
투베르쿨린 반:응(Tuberkulin 反應)[투] 〈의학〉 결핵균(結核菌)의 배양액(培養液)을 피하(皮下)에 주사하여 결핵균의 침염 여부를 조사하는 반응 방법.
투병(鬪病)[투] 적극적으로 질병과 싸움. ¶～ 생활. 하다
투병 식과(投兵息戈)[투] 병기를 던지고 창(槍)을 뉩춤. 곧, 싸움의 그침을 말함. ceasefire 하다
투부(妬婦)[투] 질투심이 심한 여자. jealous woman
투비(投畀)[투] 왕명으로 죄인을 지정한 곳에 귀양 보냄.
투사(投射)[투] ①창·수류탄·화염(火焰) 들을 적에게 던지는 일. throwing ②(물리) 소리·빛의 파동이 어느 한 물질을 뚫고 다른 물질과의 경계면에 이름. 입사(入射). incidence ③〈심리〉 사람의 감각적 지각(感官的知覺)의 대상을 외계에 있는 것으로 보는 것. projection 하다 [결합. 하다
투사(投射)[투] 음탕한 마음을 내는 남자를 여자가 거
투사(透寫)[투] 그림·글씨를 다른 얇은 종이 밑에 받쳐 놓고 그대로 그리거나 씀. tracing 하다
투사(鬪士)[투] ①어떤 주의·이론 투쟁에 나서 싸우는 사람. ②전투적인 투지에 불타는 사람. ③전장(戰場)·경기장(競技場)에서 싸우려고 나서는 사람. fighter
투사-각(投射角)[투] 〈물리〉 투사선(投射線)에서 투사선과 법선(法線)이 맞부어 이루어진 각(角). 입사각(入射角). (대) 반사각(反射角). angle of incidence
투사 광선(投射光線)[투] [동] 입사 광선(入射光線).
투사-선(投射線)[투] 〈물리〉 제1매질(媒質)을 통과하여 제2매질과의 경계면에 들어오는 광선. 입사 광선(入射光線). (대) 반사선(反射線). incident ray
투사-영(投射影)[투] [동] 투영(投影).
투사-율(投射率)[투] ①투사하는 율. ②농구 등에서, 슛(shoot)하여 성공시키는 비율.
투사-점[─쩜](投射點)[투] 〈물리〉 투사선이 제1매질과 제2매질의 경계(境面)에 합쳐지는 점. 입사점. incident point
투사-지(投寫紙)[투] 도면(圖面)을 투사하는 데 쓰는 얇은 반투명의 종이. 미농지(美濃紙)·양지(洋紙)

등. tracing paper
투사-형(鬪士型)[투] 〈체격형(體格型)〉의 하나. 곧, 둥둥하고 강한 체형. 투지(鬪志)가 장대하고 활한 성격. athletic
투상-스럽-다[투상스럽비불] [동] 퇀상스럽다.
투색(渝色)[투][동] 퇴색(退色). 하다
투생(偸生)[투] 죽어 마땅할 때에 죽지 못하고 욕되게 살기를 탐함. wanting to live in dishonour 하다
투서(投書)[투] ①드러나지 않은 사실·남의 비행을 적어서 보냄. anonymous letter ②투고하여 보냄. (유) 투고(投稿). ③이름을 숨기고 넌지시 글을 보냄. 하다
투서-함(投書函)[투] 투서를 넣는 상자.
투석(投石)[투] ①돌을 던짐. stone-throwing ②던지는 돌. throwing stone 하다
투석(透析)[투] 〈화학〉 황산지(黃酸紙)나 방광막(膀胱膜)을 사이에 두고 콜로이드 용액 속에 섞이어 있는 결정질(結晶質)을 제거하고 그 용액을 정제하는 방법. dialysis 하다 [고.
투-석고(透石膏)[투] 흰색 또는 무색 투명한 결정질 석
투석-구(投石具)[투] 옛 무기의 하나. 길이 2m 정도의 끈 또는 가죽끈의 중간을 넓게 하여, 거기에 돌을 싸서 끈의 양끝을 모아 잡고 돌리다가 한 끝을 놓아 돌을 날림.
=투성이[투](접미)①온몸에 묻어 더럽게 됨의 뜻. ¶피～. covered with ②그 위의 명사와 관련된 대상이 매우 많음을 이름. ¶빚～. be filled with
투수(投手)[투] 〈체육〉 야구에서, 내야의 중앙에서 타자에게 공을 던지는 사람. 투자(投者). 피처(pitcher). (대) 포수(捕手). [고.
투수(透水)[투] 물이 스며듦. permeation of water 하
투수-층(透水層)[투] 〈지학〉 쉽게 물을 침투(浸透)시키는 층. [리. pitcher's plate
투수-판(投手板)[투] 〈체육〉 야구장의 투수가 서는 자
투숙(投宿)[투] 여관에서 잠. 투지(止止)②. putting up at a hotel 하다
투:-스텝(two step)[투] 2/4박자의 사교 댄스. 원무의 하나로, 폭스 트롯의 기초를 이루는 스텝임.
투습(套習)[투] 본을 뜸. 모방함. conventionality 하다
투시(妬視)[투][동] 질시(嫉視). 하다
투시(透視)[투] ①속에 있는 물건을 틔워 봄. seeing through ②〈심리〉 일미 알고 있는 감각 기관에의 존재하지 않고 외적(外的) 사상을 인식하는 시. clairvoyance 하다
투시-도(透視圖)[투] 〈미술〉 투시 도법에 의하여 그린 그림. 투시화. (유) 디오라마. perspective drawing
투시 도법(透視圖法)[투──뻡] 〈물리〉 무한대의 거리 또는 지구상의 어떤 한 점에 시점(視點)을 두고 시선(視線)에 직각으로 놓인 평면에 경위선(經緯線)을 투영(投影)하는 지도 투영법(地圖投影法)의 하나. (대) 투영 도법(投影圖法). (약) 퍼스. perspective
투시-력(透視力)[투] 꿰뚫어 보는 힘. [pective
투시-법(──法)[투][동] ☞투시 도법(透視圖法).
투시-화(透視畫)[투][동] 투시도(透視圖).
투시 화법(透視畫法)[투] 〈미술〉 물체의 형상·원근을 눈에 보이는 것과 같이 그리는 입체 기하 화법(立體幾何畫法). 도화의 투영법(投影法). 배경 화법(背景畫法). 원경법(遠景法). perspective
투식(套式)[투] 투로 된 법식.
투식(偸食)[투] 공급이나 공곽(公穀)을 도둑질함. usurpation of government funds 하다
투신(投身)[투] ①무슨 일에 몸을 던져 관계함. ¶교육계에 ～했다. (유) 투족(投足). giving oneself ②죽으려고 몸을 던짐. ¶～ 자살. drowning oneself 하다 [토실토실. plump 하다
투실-투실[투] 살이 보기 좋도록 통통하게 진 모양. (작)
투심(妬心)[투] 시새우는 마음. jealousy [hearted
투심(偸心)[투] 〈불교〉 도둑하려는 검은 마음. black-
투아(偸兒)[투] 좀도둑. [ment of ease 하다
투안(偸安)[투] 안일(安逸)을 꾀함. snatching mo-

투약(投藥) 약을 씀. 병에 알맞는 약을 지어 줌. prescription 하다

투약-구(投藥口) 병원 같은 데서 약을 지어 내어 주는 조그만 창구.

투어(套語) 상투어(常套語).

투어(鬪魚) 버들붕어.

투어(tour) 간단한 여행.

투어리스트(tourist) 관광객. 유람객(遊覽客).

투어리스트 걸:(tourist girl) 유람객을 안내하는 여자.

투어리스트 뷰로(tourist bureau) 여행사(旅行社).

투어링(touring) 택시 영업소.

투여(投與) 남에게 줌. 특히 약을 줌.

투영(投映) 슬라이드 따위를 비쳐 냄. ¶~기. 하다

투영(投影) ①어떤 면 위에 물체를 비침. 또, 그 그림자. 사영(寫影)·영사(映寫) 따위. cast shadow ②물체를 어떤 점에서 본 모양의 평면체(平面體). 투사영. projection 「영화(投影畫). projection

투영-도(投影圖) 투영 도법에 따라 그린 그림.

투영 도법[-뻡](投影圖法) 〈수학〉공간에 있는 물체의 위치, 형상을 정사영(正射影)의 방법에 따라 둘 또는 그 이상의 투영면(投影面)에 그려내는 일종의 일체 기하 화법(立體幾何畫法). 투영 화법. 투시 도법(透視圖法). 투영법. method of projections 「像을 명확하게 하기 위한 렌즈.

투영 렌즈(投影 lens) 〈물리〉확대(擴大)된 영상(映

투영-면(投影面) 물체를 한 표면 위에 투영하는 경우의 그 표면. face of projection

투영-법[-뻡](投影法) 투영 도법(投影圖法).

투영-선(投影線) 투영하는 직선. line of projection

투영-화(投影畫) 투영도(投影圖).

투영 화:법(投影畫法) 투영 도법(投影圖法).

투옥(投獄) 옥에 가둠. 출옥(出獄). imprisonment 하다

투우(鬪牛) ①소싸움. bull-fight ②싸움하는 소. fighting bull ③투우사(鬪牛士)와 투우가 서로 겨루어 싸우는 스페인 국기(國技)의 하나. bull-fight 하다 「fighter

투우-사(鬪牛士) 투우를 전문으로 하는 사람. bull-

투우-장(鬪牛場) 투우를 하는 곳.

투-원반(投圓盤) 원반던지기.

투-융자(投融資) 〈경제〉투자와 융자.

투입(投入) ①던져 넣음. throwing in ②정한 인원 밖의 사람을 더 넣음. 「을 통함. 하다

투자(投刺) 윗사람을 처음 만나려 할 때 미리 명함

투자(投者) 투수(投手).

투자(投資) 일의 밑천을 댐. investment 하다

투자(骰子) 주사위.

투자 경기(投資景氣) 〈경제〉공장 확장, 새로운 기계 설비 등에 대한 투자로 말미암아 조성되는 경기.

투자 금융[-늉](投資金融) 은행이나 금융 회사 등이 증권을 가진 사람에게 필요한 자금을 빌려 주거나 신용 거래를 가능하게 해 주는 일.

투자 승수[-쑤](投資乘數) 〈경제〉투자의 증가분에 대한 소득의 증가 비율. investment multiplier

투자 시:장(投資市場) 〈경제〉자본 시장을 투자자쪽에서 이르는 말.

투자 신:탁(投資信託) 〈경제〉증권 회사가 일반 투자자로부터 투자의 청약을 받아 광범위하게 분산적 증권 투자를 행하고, 이에 의해 얻은 이윤·배당금·매매 차익 등을 투자자에게 분배하는 제도.

투자-율(透磁率) 〈물리〉자장(磁場) 안의 물질이 자화(磁化)하는 정도를 나타내는 상수(常數).

투자 은행(投資銀行) 〈경제〉증권 투자를 전문으로 하는 은행.

투자 자:산(投資資産) 투자의 목적으로 보유하는 자산 및 현금화하는 데 장기간이 필요한 자산(資産).

투자 회:사(投資會社) 투자의 목적으로 다른 회사의 주식을 보유하는 회사. 지주(持株) 회사.

투작(偸斫) 도벌(盜伐). 하다

투장(偸葬) 암장(暗葬). 하다

투장(鬪將) 싸우는 대장. 투쟁하는 수뇌자.

투쟁(鬪爭) ①다투어 싸움. fight ②어떤 목적을 이루기 위한 다툼. ¶반공 ~. strife 하다

투쟁 문학(鬪爭文學) 〈문학〉사회주의적 계급 투쟁의 문학. literature of class strifes

투쟁-심(鬪爭心) 싸워서 상대편을 승리하려는 마음.

투쟁-욕[-뇩](鬪爭慾) 투쟁하려는 의욕.

투전(投錢) 돈치기. 하다

투전(鬪牋) 두꺼운 종이로 손가락 넓이만하고 다섯 치쯤 되게 만들어 그림으로 끗수를 표한 노름 제구의 하나. gambling 하다

투전-꾼(鬪牋-) 투전 노름을 일삼는 사람. gambler

투절(偸竊) 투도(偸盜)①. 하다

투정(嘑)→투정질.

투정-질 주로 아이가 무엇이 모자라거나 마음에 맞지 않아서 메를 쓰며 조르는 짓. ¶밥 ~. 잠 ~. 투정. teasing 하다

투정-창(妬精瘡) 음식창(陰蝕瘡).

투조(透彫) 〈미술〉조각법의 하나. 나무와 금속 따위에 도안을 나타내는 법. 누공(漏空). open work

투-족(投足) 발을 들어 놓음. 〈유〉투신(投身)①. stepping in 하다

투-중:추(投重錘) 투해머(投 hammer). 「하다

투지(投止) ①망설임 ②숙소에 듦. 투숙(投宿).

투지(鬪志) 싸우고자 하는 마음. 투쟁심. ¶강인한 ~. fighting spirit

투창(投槍) 〈체육〉창을 던지는 운동 경기의 하나. 창던지기. javelin-throwing ②적에게 내던지는 창. spear 하다 「한 색채.

투채(鬪彩) 〈미술〉도자기 위에 놓은 무늬의 난만

투처(妬妻) 시샘이 많은 아내.

투척(投擲) 던짐. throwing 하다

투척 경:기(投擲競技) 〈체육〉투원반(投圓盤)·투창(投槍)·투중추(投重錘)·투포환(投砲丸) 따위의 총칭. throwing and putting the weight 「히다

투철(透徹) 사리가 밝고 확실함. penetrating 하다

투-철퇴(投鐵槌) 〈체육〉지정된 둘레 안에서 철퇴를 던지는 경기. hammer-throwing

투초(鬪草) 풀싸움. 하다

투취(偸取) 절취(竊取). 하다

투침(偸針) 다래끼.

투-타(投打) 투구력과 타격력. 피칭과 배팅.

투탁(投託) ①남의 세력에 의지함. being placed in the care of another ②조상이 확실하지 않은 사람이 이름있는 남의 조상을 자기 조상이라 함. 하다

투탄(投炭) 기관(汽罐) 속에 석탄을 넣음.

투탄(投彈) 포탄을 던짐. 포탄을 떨어뜨림. dropping a bomb 하다

투토카인(Tutokain 도) 〈약학〉백색 침상 결정(針狀結晶)의 코카인 대용 국소 마취제.

투-포환(投砲丸) 〈체육〉일정한 무게의 쇠공을 시정된 둘레 안에서 한 손으로 던져 그 도달 거리에 따라 승부를 겨루는 운동 경기의 하나. shot-put

투표(投票) 선거 또는 어떤 사항을 체결(採決)할 때 유자격자가 자기의 의사를 부표(符票)로써 표시하여 일정한 장소에 넣는 일. 또, 그 표. 〈대〉개표(開票). voting 하다

투표 관리자(投票管理者) 〈법률〉선거 사무에 관한 일체를 관리하기 위한 각종 선거 위원회 따위. 선거 관리자(選擧管理者). voting observer

투표-구(投票區) 〈법률〉투표의 편의를 위하여 구분된 구역. 한 선거구에 여러 개의 투표구를 두는 것이 원칙으로 되어 있음. polling district

투표-권[-꿘](投票權) 투표하는 권리.

투표 기일(投票期日) 투표하려고 정해진 날짜.

투표-소(投票所) 투표하는 장소.

투표-수(投票數) 투표한 수효.

투표 용:지(投票用紙) 투표에 쓰이는 소정 양식의

투표율=율(投票率)명 유권자 전체에 대한 투표자 수의 비율.
투표-자(投票者)명 투표를 하는 사람.
투표-지(投票紙)명《약》→투표 용지(投票用紙).
투표 참관인(投票參觀人)《법률》투표의 엄정을 기하기 위하여 투표 관리자 밑에서 투표하는 일을 하는 사람. scrutineer 「는 상자. ballot-box
투표-함(投票函)명 투표자가 기입한 투표 용지를 넣
투:=피:스(two-piece)명 여성복에서 윗도리와 스커트의 둘로 한 벌이 되는 옷. (대) 원피스.
투필(投筆)명 붓을 던져 버림. 문필을 떠나 다른 일에 종사함. giving up a scholarly or literary career 하다
투필 반:무(投筆反武)《동》 투필 성자(投筆成字).
투필 성자(投筆成字)명 글씨를 잘 쓰는 사람은 정신을 쓰지 아니하여도 글씨가 잘 됨을 가리키는 말. 투필 반무(投筆反武).
투하(投下)명 아래로 떨어뜨림. ¶투탄 ∼. 구호품 ∼. throwing a bomb 하다
투하(投荷)명《법률》해난(海難)시에 선박과 적하 (積荷)의 공동 위험을 면하기 위하여 일부 적하를 바다에 버리는 일. 또, 그 물건. jettison 하다
투하-탄(投下彈)명《군사》비행기에서 지상 목표로 투하하는 폭탄. 소이탄·조명탄 등.
투한(偸閑)명 바쁜 가운데 겨를을 찾음. finding one's spare moments 하다
투함(投函)명 우체통 따위에 편지를 넣음. posting
투합(投合)명 뜻이나 성질이 서로 잘 맞음. ¶의기 ∼하다. 하다
투항(投降)명 적(敵)에게 항복함. surrender 하다
투-해머(投 hammer)명 투척 경기의 하나. 무게 7.25 kg 이상의 해머를 직경 2.135 m의 원 안에서 던져 그 거리로 승부를 겨룸. 투증추.
투향(投響)명 유향의 유생(儒生)이 지방 관청의 직원이 됨. 하다
투(投)명 물건을 바침. offering 하다
투현 질능(妬賢嫉能)명 어질고 유능한 사람을 시기하여 미워함. 하다
투호(投壺)명《체육》화살대가 만든 청홍의 긴 막대기를 갈라 가지고 일정한 거리에 놓인 병 속에 던져 꽂아 넣는 운동 놀이. game of pitching arrows into a pot 하다 「르던 가사의 하나.
투호 낙양춘(投壺洛陽春)명《음악》나라 잔치 때 부
투호-살(投壺−)명 투호 놀이에 쓰는 화살.
투혼(鬪魂)명 끝까지 싸우려는 기백. 투쟁 정신. fighting spirit
투화(投化)명《동》귀화(歸化). 하다
투화(透化)명 결정성 물질을 용융(溶融)하여 결정이 석출되지 않도록 과(過)냉각 상태로 만드는 일. 유리·에나멜 제조에 이용됨.
투휘(投揮)명 물건을 휘두름. brandishing 하다
툭명①불거진 모양. ¶이마가 ∼ 불거지다. tumidly ②세게 치거나 건드리는 모양. 또, 그 소리. ¶벌안간 ∼ 치고 달아나다. tapping ③무엇이 터지는 모양. 또, 그 소리. ¶고무공이 ∼ 터지다. snapping ④발길이 무엇에 갑자기 걸리는 모양. 또, 그 소리. ¶돌부리에 ∼ 걸려 넘어지다. stumbling ⑤벌안간 뛰는 모양. 또, 그 소리. 《작》톡. pop ⑥갑자기 끊어지거나 부러지는 모양. 또, 그 소리. snap off ⑦말을 퉁명스럽게 쏘아 붙이는 모양.
툭박-지다형 툭툭하고 순박하다. thick and simple
툭수리-치다자 망하여 빌어먹다. be reduced to beggary
툭탁《어》→톡탁.
툭탁-거리다자《거》→툭닥거리다.
툭탁치-다타①시비를 가릴 것없이 다 없애버리다. throw away everything ②쓱싹하다.
툭-툭부①여기저기 쭉쭉 불거지어 나온 모양. ②자주 가볍게 치거나 튀기는 모양이나 소리. ③자주 터지거나 부러지는 모양이나 소리. ④나가가 여러 번

거치는 모양이나 소리. ⑤말을 아무렇게나 내뱉는 모양.《작》톡톡.
툭툭-하다형《여》①피륙이 단단하게 곱고 고르고 촘촘하게 짜여 두툼하다. close and thick ②국물이 특하여 묽지 않다. thick ③지닌 시재가 넉넉하다.《작》톡톡하다. well-off 「dull 국다랗다.
툭-하다형《여》①끝이 날카롭지 못하고 뭉툭하다.
툭-하면부 언뜻하면. 자칫하면. ¶∼ 운다. too often
툰드라(tundra 러)명《지리》유라시아·북아메리카의 북부의 대평원. 동원(凍原). 동토(凍土帶).
툰드라 기후(tundra 氣候)명《지리》한대 기후의 하나. 가장 따뜻한 달의 평균 기온이 0∼10℃이며, 많은 영구히 얼어 있으나 여름에는 표면만 녹아 습원(濕原)을 이룸.
툰드라 식물대(tundra 植物帶)명《지리》식물 지리구 (地理區)의 하나. 극지·저온·동토(凍土)로 인하여 이끼·지의류(地衣類)의 식생(植生)으로 된 지역.
툴륨(Thulium 도)명《화학》희토류 원소의 하나. 염과 산화물은 녹색임. 원소 기호; Tm. 원자 번호; 69. 원자량; 168.934.
툴툴부 시뻐서 몹시 투덜거리는 모양. grumble 하다
툴툴-거리다자 성난 기색으로 두덜거리다.
툼벙명 좁고 큰 물건이 깊은 물에 떨어져 나는 소리. 또, 그 모양.《작》톰방. plop 하다
툼벙-거리다자 자꾸 툼벙 소리가 나다.《작》톰방거리다. **툼벙=툼벙**부
툼상-스럽다(−스러워)형비 투박하고 상스럽다. 튼튼하기만 하고 멋이 없다. coarse 툼상-스레부
툼툼-하다형《여》국물이 묽지 않고 걸다.《작》톰톰하다. thick
통명①물질이 좋지 못한 놋쇠. brass of inferior quality ②통으로 만든 엽전(葉錢). 돈의 딴이름.
통명①속이 덩 빈 나무통이나 널빤지로 따위를 칠 때 나는 소리. with a thump ②큰 북을 칠 때 나는 소리. ③대로를 놓는 소리.《작》통. rub-a-dub
통가리명《어류》메기과의 민물고기. 몸 길이 5∼13 cm로 자가사리와 비슷하나 입가에 네 쌍의 수염이 있고 가시가 있으나 몸의 위쪽은 갈색이고 아래쪽은 흼. 비념(緋鮎).
통겨-지다자①숨겨졌던 사물이 뜻하지 않은 때 나타나다. be detected ②짜인 것이나 버티어 놓은 물건이 어긋나서 들어지거나 빠져 나오다. ③기회가 어그러지다. slip out ④빠의 관절이 어긋나다.《작》통기다. get out
통구스-어(Tungus 語)명《어학》만주·통구스어라고도 하며, 동부 시베리아·중국·만주 등지에 분포한 몽고계의 한 종족인 통구스족이 쓰는 언어로, 특징은 교착어(膠着語)라는 것임.
통기-다타①버틴 물건·잘 짜인 물건을 빠지거나 어지게 하다. spring ②빠의 관절을 어긋나게 하다. put out of the joint ③일의 기회를 어그러지게 하다.《작》통기다. let slip
통=노구명 통으로 만든 작은 솥. brass kettle
통-딴명 절도(竊盜)범이 옥에 갇혔다가 나온 뒤 포도청(捕盜廳)의 앞잡이가 된 사람.
통-때명 엽전(葉錢)에 묻은 때.
통-맞다자《약》→통바리맞다.
통명-부리-다자 꽤히 불쾌한 말이나 태도를 취하다.
통명-스럽다(−스러워)형비 말·행동이 정답지 못하고 불쾌한 빛을 보이다. ¶말이 ∼. blunt **통명-스레**부
통-바리명 통으로 만든 바리. brass bowl for woman's meal
통바리-맞다자 무슨 이야기를 하다가 사정없이 거절당하다.《약》통맞다. be given a flat refusal
통-방울명①통으로 만든 방울. brass bell ②크고 둥글진 사람이나, 많이 울어서 눈이 부은 사람을 이름. 통방울눈. lobster-eyed person
통방울-눈명 통방울처럼 불거지진 눈.

통방울=이 《명》 통방울②.
통-부처 《명》 통으로 만든 부처. brass image of Buddha
통소(←洞簫) 《명》 《음악》 부는 악기의 하나. 소관(簫管). bamboo clarinet
통어리-적-다 《형》 시비를 모르고 아무 생각 없이 행동하다. indiscreet
통=주발(—周鉢) 《명》 통으로 만든 주발. brass bowl
통탕 《부》 ①탄탄한 물건을 함부로 요란스럽게 두드리거나 발로 구르는 모양. stamping ②총을 마구 쏘는 소리. 《작》 통탕. bang-bang **하**《자》
통탕-거리-다 《자》 자꾸 통탕 소리가 나다. 또, 그 소리를 나게 하다. 《큰》 통탕거리다. **통탕=통탕** 《부》
통통 《부》 연해 나는 통 소리. 《큰》 통통. 《센》 통통
통통 《부》 붓거나 살찌거나 불어서 몸피가 굵은 모양. 《작》 통통. 《센》 통통
통통-거리-다 《자》 잇따라 통통 소리가 나다. 또, 그 소리를 나게 하다. 《작》 통통거리다.
통통=걸음 《명》 발을 통통 구르며 걷는 걸음. 《작》 통통걸음. walking heavily
통통-증[—症](—症) 《명》 일이 뜻대로 되지 아니할 때에 끝내는 증세. feeling of impatience
퉤 《부》 입 안의 것을 뱉거나 더러운 데에 대하여 침을 함부로 뱉는 소리. 또, 그 모양. sound of spitting
퉤-퉤 《부》 자꾸 잇따라 침을 뱉는 소리. 또 모양.
튀각 《명》 다시마를 잘라서 기름에 튀긴 반찬. fried tangle
튀각 산-자(一饊子) 《명》 다시마를 잘라서 넓게 펴고 그 한쪽에 반죽한 찹쌀 가루를 얇게 발라 말린 후 튀긴 반찬.
튀개 《명》 스프링.
튀기 《명》 ①수나귀와 암소 사이에 난 새끼. cross between an ass and a cow ②종이 다른 두 동물 사이에서 난 새끼. 잡종(雜種). mixed breed ③《속》 혼혈아(混血兒). half-breed
튀기-다 《타》 ①모았던 힘으로 갑자기 탁 놓아 내뻗치다. ¶물을 ~. splash ②건드려서 물건을 튀어 달아나게 하다. 《작》 되기다. prod ③손가락 끝으로 탄력을 주어 올렸다 내렸다 하다. flip
튀기-다 《타》 ①끓을 기름에 넣어서 부풀어 오르게 하다. ②마른 낟알에 열을 가하여 부풀어 커지게 하다. fry
튀김 《명》 ①연을 날릴 때에 통줄을 주어서 연 머리를 그박는 짓. 《작》 되김. ②고기·생선 따위를 물에 푼 밀가루에 묻혀 기름에 튀긴 음식. fry
튀김-주-다 《타》 튀김의 기술을 부리다. 《작》 되김주다.
튀-다 《자》 ①갑자기 터지는 힘으로 세게 나가다. ¶콩이 ~. spring ②휘어지지 아니하고 그 일부가 튀어지거나 갈라져 튕겨지다. crackle ③갑자기 달아나다. run away ¶쌀을 튀긴 것. popped rice
튀밥 《명》 ①찬벼를 볶아 튀긴 쌀. 주로 유과에 씀. ②튀어-나-다 《자》 튀어서 나가다. jet out
튀어-나-오-다 《자》 ①튀어서 나오다. ②불거지다.
튀케(Tyche) 《명》 그리스 신화에 나오는 행복·운명의 여신(女神).
튀튀(tutu 프) 《명》 《연예》 발레에 쓰는 스커트. 천 천에 주름을 많이 잡아 펼렁펼렁 나부끼게 함.
튀-하-다 《타》 《속》 새·짐승의 털을 뽑으려고 끓는 물에 넣었다가 꺼내다. scald
튜-나(tuna) 《명》 가공한 다랑어의 고기.
튜-너(tuner) 《명》 라디오나 텔레비전 등에서 주파수(周波數)를 동조(同調)시키기 위한 기계.
튜-니클(tunicle) 《명》 《기독》 천주교에서 차부제(次副祭)가 입는 제복(祭服).
튜-니카(tunic) 《명》 허리 밑까지 내려와 벨트(belt)로 맨 게 부인용의 느릿한 블라우스 또는 코트.
튜-바(tuba) 《명》 《음악》 ①로마 시대에 쓰이던 크고 저음(低音)인 악기의 하나. ②금관 악기 가운데에서 가장 낮은 음을 맡는 정조(正調) 악기. 음색이 장중하고 음량이 큼.
튜-브(tube) 《명》 ①고무바퀴나 공의 바람주머니. ②납으로 만들어 치약 따위를 넣는 용기.

튜-픽(tupik) 《명》 에스키모의 여름 집. 해표(海豹)의 가죽으로 지은 천막임.
튜립(tulip) 《명》 《식물》 백합과에 속하는 다년생 풀. 높이 20〜60 cm이고, 잎은 넓은 피침형에 백색을 띠고, 늦봄에 황·적·백색 등의 미려한 종 모양의 육판화가 핌.
트기 →튀기.
트-다 《자》 ①틈이 나서 사이가 벌어지다. ¶손이 ~. be chapped ②해가 뜨기 전에 동쪽이 훤하여지다. ¶동틀 무렵. break ③싹·꽃봉오리 따위가 돋아나거나 벌어지다. ¶움이 ~. bud out
트-다 《타》 ①막혔던 것을 통하게 하다. ¶길을 ~. open ②사람을 사귈 때에 '하오'하는 말로는 '하게'로 고치다. 허교(許交)하다. ¶서로 사이를 트고 지내다. associate friendly
트라이(try) 《명》 ①노력하고 애씀. 시도(試圖). ②《체육》 럭비에서, 상대편의 골 라인 안쪽에 공을 대는 일. try
트라이앵글(triangle) 《명》 ①《수학》 삼각형. ②삼각 관계. ③《음악》 관현악에 쓰이는 타악기의 하나.
트라이얼(trial) 《명》 ①시련. 고난. ②심문(審問). ③자전거 경기에서, 독주(獨走) 시간 경주. ¶오.
트라이얼 앤드 에러(trial and error) 《명》 시행 착
트라코마(trachoma) 《명》 트라홈.
트라홈(Trachom 도) 《의학》 전염성이 있는 만성의 결막염(結膜炎). 트라코마. 《속》 개씨바리.
트랄리움(Tralium 도) 《명》 《음악》 독일의 전기 악기. 피아노와 비슷하며 전반에 전기를 통하게 하면 음계가 자유로이 연주됨. 음색과 같은 음색.
트래블러(traveller) 《명》 여행자.
트래블러즈 체크(traveller's check) 《명》 여행자용 수표(手票). 해외 여행에 널리 이용됨. 「디(comedy).
트래지디(tragidy) 《명》 비극적. 비장한 모양. 《대》 코미
트랙(track) 《명》 《체육》 육상 경기나 경마장의 경기하는 길. ¶하는 경기의 총칭. 《대》 필드 경기.
트랙 경-기(track 競技) 《명》 육상 경기장의 트랙에서 행하는 경기의 총칭.
트랙 백(track back) 《명》 《연예》 카메라를 대상물로부터 뒤로 옮기며 하는 이동 촬영. 《대》 트랙 업(track up). ¶향하여 카메라를 전진시켜 하는 이동 촬영.
트랙 업(track up) 《명》 움직이지 않는 대상을.
트랙터(tractor) 《명》 ①화물 자동차에 싣지 못할 만큼 무거운 짐을 싣고 고르는 특수한 자동차. 견인(牽引) 자동차. ②견인하는 데에 쓰는 비행기.
트랜스(trans) 《명》 《약》→트랜스포머(transformer).
트랜스미션(transmission) 《명》 엔진의 회전력·속도·회전 방향을 바꾸는 장치. 변속기.
트랜스미터(transmitter) 《명》 《물리》 송신기(送信器)·송화기(送話機)·송파기(送波器) 따위의 통칭.
트랜스시-버(transceiver) 《명》 휴대용의 소형 무선 전화기, 근거리 연락용.
트랜스퍼 기구(transfer 機構) 《명》 《경제》 국제 수지 불균형을 시정하기 위한 기구. 「《약》 트랜스.
트랜스포머(transformer) 《명》 《물리》 변압기(變壓器).
트랜싯(transit) 《명》 각을 재는 측량 기계의 하나. 전경의(轉鏡儀).
트랜지스터(transistor) 《명》 《물리》 진공관 대신에 게르마늄을 이용한 증폭(增幅) 장치. 결정 삼극관(結晶三極管).
트랜지스터 라디오(transistor radio) 《명》 《물리》 진공관 대신에 트랜지스터를 사용한 라디오 수신기.
트램펄린(trampoline) 《명》 탄력 있는 스크의 4 각형의 천을 이용하여 도약·공중 제비 따위를 하는 운동. 또, 그 기구. 「닥다리.
트랩(trap) 《명》 배나 항공기의 승강(乘降)에 쓰이는 사
트랭킬라이저(tranquilizer) 《명》 정신 안정제.
트러블(trouble) 《명》 ①근심. 곤란. 불행. ②말썽거리. 쟁의(爭議). 분쟁(紛爭).
트러스(truss) 《명》 《건축·토목》 교량(橋桁)·지붕의 부재(部材)를 삼각 조직으로 결구(結構)하여 부재의

응력(應力)이 정력학적(靜力學的)으로 산출될 수 있도록 설계된 구조(構造).

트러스트(trust)명 〈경제〉같은 종류의 기업가끼리 경쟁을 없애고 시장을 독점할 목적으로 같은 기업(企業)이 합동한 조직. 기업 합동. 기업가 협동.

트럭(truck)명 ①화물 자동차. ②영구내에서 수하물 같은 것을 나르는 작은 수레. ③무개 화차(貨車).

트럭 믹서(truck mixer)명 배합된 콘크리트를 필요한 장소로 굳지 않도록 개면서 운반하는 콘크리트 믹서를 장치한 트럭.

트럼펫(trumpet)명 〈악기〉금관 악기 가운데 보통 가장 높은 음을 맡는 악기.

트럼프(trump)명 그림 딱지로 된 서양식 놀이 제구의 하나.

트렁크(trunk)명 ①여행에 쓰는 큰 가방. ②자동차 뒤쪽의 짐 넣는 곳.

트렁크스(trunks)명 남자용의 팬티. 수영·복싱 등에 착용함.

트레=머리(명)가르마를 타지 않고 머리를 뒤에다 늘어붙이는 여자의 머리. foreign-style hair-dressing 하다

트레-바리(명) 까닭없이 남의 말에 반대하기를 좋아하는 성격, 또는 그런 성격을 가진 사람을 놀리는 말. cross-grained person

트레=방석(一方席)(명) 주로 짚으로 나선형으로 들어 만든 방석. 김치독 따위를 덮음. straw-cushion

트레이너(trainer)명 훈련시키는 사람. 지도자.

트레이닝(training)명 훈련. 연습.

트레이닝 캠프(training camp)명 운동 선수의 합숙 훈련. 또는 그 숙사(宿舍). 「격에 있는 긴 팬츠.

트레이닝 팬츠(training pants)명 운동 경기를 연습할

트레이드(trade)명 무역(貿易). 상업.

트레이드 네임(trade name)명 상호(商號). 「크.

트레이드=마:크(trademark)명 상표(商標). 〈약〉마

트레이드 머니(trade money)명 프로 야구 선수의, 구단간(球團間)에서의 이적(移籍)·교환을 위해 지급되는 돈. 「合」

트레이드 유니언(trade union)명 노동 조합(勞動組

트레이서(tracer)명 〈화학〉물질의 행방 또는 변화를 추적·지시하기 위해 사용되는 특수한 물질.

트레이스(trace)명 ①등산에서, 족적(足跡). 또, 족적을 따라가는 일. ②원그림 위에 얇은 종이를 놓고 그림을 베끼는 일.

트레이싱 페이퍼(tracing paper)명 투사지(透寫紙).

트레인(train)명 기차(汽車). 열차(列車).

트레일러(trailer)명 견인차(牽引車)에 부수하여 여객 화물을 운반하는 원동기가 없는 차량.

트레일러=버스(trailer-bus)명 원동기를 갖춘 견인차로써 대형의 트레일러를 끄는 버스.

트레일러 트럭(trailer truck)명 트레일러를 끌도록 된 자동차. 기관과 앞의 운전실만 있고 뒤에 트레일러 연결 장치가 있음. 「타래타래. crooked 하다

트레-트레튀 둥글게 여러 번 빙빙 틀어져 있는 모양.〔작〕

트로이 전:쟁(Troy 戰爭)명 호메로스의 시에 나오는 고대 그리스의 전설적 전쟁. 스파르타의 왕비 헬렌이 트로이의 왕자 파리스에게 유괴당한 것이 원인임. 그리스 군사가 십 년간의 공격 끝에 트로이 성을 점령했다.

트로이카(troika 러)명 ①러시아 특유의 말 세 필이 끄는 썰매. 눈이 녹으면 마차로 바꿈. ②삼두제(三頭制). 한 기관에 장(長)을 세 사람 두어 서로 견제하게 하려는 제도. 「약.

트로:키=제(troche 劑)명 설탕과 약을 섞어서 만든 알

트로피(trophy)명 싸움에 이긴 기념물. 경기 우승배(競技優勝盃).

트로피컬(tropical)명 모직물의 하나로 얇은 바탕의 평직 하복지(夏服地).

트롤리(trolly)명 ①전차의 가공선에 맞닿는 작은 쇠바퀴. ②건물의 천정·공간 등에 부설된 레일위를 전동기(電動機) 등에 의해 주행하는 작은 차량.

트롤리=선(trolley 線)〈공업〉전차나 전기 기관차의 전동기에 전력을 공급하는 선. 카드뮴선·규동선(硅銅線)이 쓰이며, 모양은 원형임.

트롤리 폴:(trolley pole)명 전차 등의 지붕 위에 있어 전기를 통하게 하는 촉봉(觸輪棒).

트롤-망(trawl 網)명 원양 어업에 쓰는 그물의 일종.

트롤-선(trawl 船)명 모래나 진흙의 바다 밑을 트롤망을 끌며 항행하여 고기를 잡는 어선.

트롤 어업(trawl 漁業)명 트롤망에 의한 원양 어업(遠洋漁業)의 하나. trawling fishery 「우비

트롬본(trombone)명 〈음악〉금관 악기의 하나. 모자

트롬빈(Thrombin 도)〈화학〉퍼브리노겐(fibrinogen)을 불용성(不溶性)의 피브린(fibrin)으로 변화시키는 효소.

트리밍(trimming)명 ①사진에서, 화면의 불필요한 부분을 제거하고 구도(構圖)를 조정하는 일. ②양재에서, 양복 가장자리의 선두르는 장식품.

트리비얼리즘(trivialism)명 〈문학〉창작상 하찮은 것에 빠져 엄밀이는 태도. 자연주의가 몰입한 말초적 사건에 세밀한 묘사를 한 것에 기인. 「술 전람회.

트리엔날레(triennale 이)명 3년마다 열리는 국제적 미

트리오(trio 이)명 〈음악〉①삼중창(三重唱). ②삼중주(三重奏). ③미뉴에트의 중간부(中間部).

트리튬(tritium 도)명 〈화학〉수소의 동위 원소의 하나. 원자핵이 두 개의 중성자와 한 개의 양성자로 되어 있는 특수한 중수소(重水素). 수소 폭탄 등에 이용됨. 삼중 수소. 기호; T, H³.

트리파노소마(trypanosoma 라)〈동물〉트리파노소마과의 편모충류(鞭毛蟲類)의 총칭. 몸은 방추형, 한 개의 편모가 있음. 척추 동물의 혈액 속에 기생. 수면병·악성 질환의 병원(病原)이 되는 것이 많음.

트리플(triple)명 삼중(三重). 삼등표점.

트리플렛(triplet)명 〈음악〉삼연음부(三連音符). 셋

트리플 크라운(triple crown)명 ①야구에서, 수위 타자(首位打者)·홈런왕·타점왕(打點王)을 한 사람이 차지하는 것. 삼관왕(三冠王). ②스키에서, 활강(滑降)·회전·대회전(大回轉) 경기의 1위를 동시에 차지하는 일. 「아웃되는 일. 삼중살(三重殺).

트리플 플레이(triple play)명 야구에서 계속 3명이

트리핑(tripping)명 〈체육〉축구·농구·아이스 하키 등에서, 상대팀 선수를 넘어뜨리게 하는 일. 하다

트릭(trick)명 ①간책(奸策). 기만(欺瞞). ②(영)→트릭 워크(trick work).

트릭 워:크(trick work)명 〈연예〉영화 촬영에 있어 실제로는 불가능한 것을 특별한 기술로써 참답게 촬영하는 기법. 「약칭.

트릴(trill)명 〈음악〉'떤꾸밈음'의 영어 명칭.

트릴로(trillo 이)명 〈음악〉떠는 목소리로 노래함.

트:림명 먹은 음식이 잘 삭지 않아서 입으로 가스가 복바쳐 오름. 애기(噯氣). belching 하다

트립신(trypsin 라)〈생리〉체장에서 분비되는 일종의 소화 효소. 단백질을 가수 분해하여 아미노산을 만듦.

트릿-하다(튀)[여튀] ①먹은 음식이 잘 삭지 아니하여 가슴이 거북하다. feel heavy on the stomach ②〈속〉굵고 뻣는 데가 없이 묵측잖다. ¶트릿한 사람. vague person

트위스트(twist)명 ①1961년 말경부터 젊은이들 사이에 유행된 춤의 하나. 4/4 박자의 리듬이 뚜렷하고 빠른 음악에 맞춰 허리를 중심으로 상하체를 좌우로 비틀면서 추는 춤. ②〈영〉갈비새.

트윈(twin)명 ①쌍을 이룬 것. 쌍둥이. ¶~ 베드 ②호텔 등에서, 1인용 침대를 두개 갖춘 객실. ¶~ 룸.

트이-다재 ①막혔던 것이 통하다. be opened ②구름·안개가 걷히다. be clear ③지혜가 생기다. become sensible ④잘 안 되던 일이 잘 되어 가다. 〈약〉틔다. become better

트적지근=하다(튀) 트릭하여 속이 거북하다. feel uncomfortable in the stomach

트집[명] ①한 덩이가 되어야 할 물건·일이 벌어진 틈. split ②공연히 흠집을 꼬집어 내어 말썽이나 불평을 부리는 짓. find fault with
트집-나다[자] 트집이 생기다. fall out with each other
트집-바탈[명] 무엇이고 트집만 부리는 일.
트집-잡다[타] ①조그마한 흠집을 가지고 말썽을 부려 괴롭게 하다. cavil at another's fault ②물건의 흠을 잡다. find fault with
트집-쟁이[명] 트집을 잘 잡는 사람. fault finder
특가(特價)[명] 특별히 싸게 매긴 값. special price
특감(特減)[명] 특별히 줄임. special reduction 하다
특강(特講)[명] 특별히 하는 강의(講義). 경희.
특경(特磬)[명]〈음악〉아악(雅樂)을 그칠 때 치는 큰 경쇠.
특경-대(特警隊)[명] 특별한 경비나 경호 등의 의무를 맡은 경찰 부대.
특공(特功)[명] 특별한 공로. special merits
특공-대(特攻隊)[명] ①적지(敵地)를 기습 공격하기 위하여 특별히 훈련된 장병. special attack corps ②제2차 대전 중, 일본군에서 생환을 기할수 없는 부대를 일컫던 명칭. 《유》 별동대(別動隊).
특과(特科)[명] 특수한 과목이나 병과(兵科). special course
특과-병(特科兵)[명]〈군사〉특수한 군사 교육을 요하는 보병과(步兵科) 이외의 병과. 포병·공병·헌병 따위. technical soldier
특교(特敎)[명](동) 특지(特旨).
특권(特權)[명] ①특별한 권리. ②특정의 신분 계급에 속하는 사람에게 특별히 주어지는 우월한 지위나 권리. privilege
특권 계급(特權階級)[명]〈사회〉사회상의 한 계급. 특권을 가지고 있는
특권-층(特權層)[명] 특권 계급. (대) 서민층.
특근(特勤)[명] 근무 시간 밖에 특별히 더 하는 근무. working overtime 하다
특근 수당(特勤手當)[명] 특근에 대한 보수로 주는 수당.
특급(特急)[명] (약)→특별 급행.
특급(特級)[명] 특별한 계급이나 등급. special class
특급(特給)[명] 특별히 줌. special distribution 하다
특급 열차(特急列車)[명] 특별 급행의 열차. express
특기(特技)[명] 특수한 기능. 장기(長技). 《속》 십팔번. speciality
특기(特記)[명] 특별히 적음. 또, 그 적은 것. mention 하다
특기-병(特技兵)[명]〈군사〉민간인(民間人)으로 있을 때에 습득한 특별한 기능(技能)을 가지고 군대에 들어간 사병. specialist ration 하다
특념(特念)[명] 특별히 걱정하여 줌. special consideration 하다
특달(特達)[명] 재주가 특별하게 뛰어남. excellence 하다
특당(特當)[명] (약)→특별 당좌 예금(特別當座預金).
특대(特大)[명] 특별히 큼. 또, 그 물건. extra-large
특대(特待)[명] 특별한 대우. 특우(特遇). special treatment 하다
특대-생(特待生)[명] 학업과 품행이 본받을 만하여 수업료를 내지 않는 특전을 입는 학생. scholarship student
특동-대(特動隊)[명] 특별한 것에 동원시키기 위하여 마련된 부대. special mission corps
특등(特等)[명] 특별한 등급. special grade
특등-실(特等室)[명] 기차·기선·호텔 등에 마련한 가장 좋은 방. special case
특례(特例)[명] 특별한 예. 특별한 관례. (대) 상례(常
특례=법(特例法)[명]〈법률〉특정한 사람·사물·행위 또는 지역에 적용하는 법. 특별법. (대) 일반법(一般法). special law 섬. outstanding 하다
특립(特立)[명] 홀로 우뚝 섬. 특히 뛰어나게 남.
특매(特賣)[명] ①특별히 싸게 팖. special sale ②수의 계약(隨意契約)에 의하여 어떤 사람에게 팖. sale by a private contract 하다
특매-장(特賣場)[명] 상점 따위에서 따로이 장소를 정하여 물건을 싼 값으로 파는 곳. Bargain Department
특면(特免)[명] 특별히 면하여 줌. 하다

특명(特命)[명] (약)→특별 명령.
특명 전권 공사(特命全權公使)[명]〈법률〉외교 사절의 제이 계급. 특명 전권 대사에 다음가는 외교 사절. 직무는 대사와 같음. Envoy Extraordinary and Minister Plenipotentiary
특명 전권 대:사(特命全權大使)[명]〈법률〉외교 사절의 제일 계급. 외국에 주재하여 본국 정부의 훈령에 따라 그 나라와의 외교 및 그 나라에 사는 자국민(自國民)의 보호를 맡아봄.
특묘(特廟)[명] 첩의 사당(祠堂).
특무(特務)[명] 특별한 임무. special duty
특무 기관(特務機關)[명]〈군사〉군인의 신원 조사와 첩보(諜報)의 일을 맡아보는 곳. intelligence service
특무-대(特務隊)[명]〈군사〉군의 정보(情報) 부대의 하나. 방첩(防諜)에 관한 사항 및 그에 따른 범죄 수사를 맡아봄. 시 아이 시(C.I.C.).
특무 사관(特務士官)[명]〈군사〉①하사관 출신의 해군 무관. ②무를 보는 사관.
특무-정(特務艇)[명]〈군사〉해군 함정의 하나. 초계정(哨戒艇)·소해(掃海) 특무정·잠수정 따위. special service vessel
특무 정:교(特務正校)[명]〈제도〉구한말의 무관 계급의 하나. 하사관의 가장 높은 자리.
특무-함(特務艦)[명]〈군사〉특수한 임무를 띤 군함. 주로 다른 군함의 활동을 도와 줌. 해군 함정·공작함·운송함·쇄빙함·급유함·측량함 등의 총칭. special service vessel
특발(特發)[명] ①〈의학〉남에게 전염을 받지 아니하고 제 스스로 전염병을 발생함. idiopathy ②특별히 내는 것. special dispatch 하다
특발-성[--성](特發性)[명]〈의학〉병의 발생에 있어 명확한 원인이 없이 일어나는 성질. 고혈압·혈뇨(血尿) 등에 흔히 있음. ¶ ~ 탈모증.
특발성 질환[--성-](特發性疾患)[명]〈의학〉외계로부터의 작용에 의하지 아니하고 스스로 일어나는 질환.
특배(特配)[명] ①(약)→특별 배급. ②(약)→특별 배당.
특별(特別)[명] 일반과 다름. 특수(特殊)①. (대) 보통(普通). 일반(一般). speciality 하다 히
특별 가봉(特別加俸)[명] 특별한 사유(事由)에 대하여 본봉(本俸) 이외에 가급(加給)되는 봉급(俸給).
특별 가중(特別加重)[명]〈법률〉형벌 가중(刑罰加重)의 하나. 두번째로 다시 죄를 범하거나 여러 사람이 함께 꾀한 범죄나 부모에게 폭행·협박을 행한 범죄 따위에 그 형벌을 더함.
특별 감:경(特別減輕)[명]〈법률〉형벌 감경(刑罰減輕)의 하나. 죄를 범하고 자수(自首)를 하는 경우 감경을 받을 수 있음.
특별 감시(特別監視)[명]〈법률〉가출옥(假出獄)한 죄수를 그의 형기(刑期)가 찰 때까지 감시함.
특별 감:형(特別減刑)[명]〈법률〉은사(恩赦)의 하나. 내각의 결정에 따라 특수한 경우에 형기(刑期)를 감함.
특별 계:약(特別契約)[명]〈법률〉본계약(本契約)에 대하여 후일(後日) 특별히 체결(締結)하는 계약.
특별 고등계(特別高等係)[명] 일제(日帝) 이후 우리 나라 독립 운동가들의 동태 조사를 도맡아 보던 경찰서의 한 계(係).
특별 고압선(特別高壓線)[명] 전선 상호간 또는 전선과 땅 사이의 전위(電位)의 차이가 3,500 V를 초과할 경우의 전압의 송배전선(送配電線).
특별 관습(特別慣習)[명] 상관습(商慣習) 등과 같이, 특정한 사람들 사이에 통행되는 관습.
특별 교:서(特別敎書)[명] 수시로 필요에 의해 의회에 보내는 교서. (대) 연차 교서.
특별 교:실(特別敎室)[명] 특별한 설비를 해 놓은 교실. 과학 교실·음악·미술 등의 교실.
특별 교:육 활동(特別敎育活動)[명] 국민 학교·중고교에서, 교과 학습 이외의 교육 과정의 하나. 학생의 자발적·자치적인 활동을 주로 하는 영역으로

자치회 활동·클럽 활동 등을 포함함. 《약》특활(特活).

특별 권한(特別權限)〈법률〉특별한 규정(規定)에 의하여 특히 어떤 기관(機關)에 소속시킨 권한.

특별 규정(特別規定)〈법률〉어떤 특정한 일에만 적용하여 쓰는 법규. special regulation

특별 급행(特別急行) 큰 정거장에서만 정거하고 특별한 속력으로 달리는 열차. 《약》특급(特急). super-express

특별 다수(特別多數) 의안 표결에서 2/3 이상을 말함.

특별 담보(特別擔保)〈법률〉특히 어떤 채무(債務)때문에 공여(供與)하는 담보. 《대》공동 담보(共同擔保). special security

특별 당좌 예금(特別當座預金) 은행 예금의 하나로 늘 자기의 뜻에 따라 맡기거나 찾을 수 있는 예금. 보통 저축(貯蓄)의 목적으로 이용됨. 《약》특당(特當).

특별 대리인(特別代理人)囝 대리권(代理權)의 범위가 특정한 사항에 한정되어 있는 대리인을 가리키는 때도 있지만 보통은 아들과 친권자, 법인(法人)과 이사(理事) 등 사이에 이익이 상반되는 행위에 관하여서 본래의 대리인인 친권자나 이사를 대신하여 특히 선임된 대리인을 말함.

특별 명령(特別命令) ①특별히 내리는 명령. ②〈군사〉한 부대의 개인 또는 소집단(小集團)에 대해 내리는 명령 형식의 지시. 일반적으로 보직·전속·진급 등의 사항을 말라함. 《대》일반 명령. 《약》특명(特命).

특별 방략(特別方略)囝 특별한 방법과 꾀. 《명》하다

특별 방송(特別放送)囝 정규 프로가 아닌 특별한 내용을 가진 방송.

특별 배급(特別配給) 어떤 기관이나 단체에서 어떤 대상자에게 특별히 주는 배급. 《약》특배(特配)①. 하다

특별 배당(特別配當)〈경제〉회사가 일정 기간에 예상 이외의 많은 이익을 본 경우, 보통 배당을 한 위에 다시 남은 이익금을 일정한 비례로 주주(株主)에게 주는 배당. 《약》특배(特配)②. extra dividend

특별 배임죄(特別背任罪)〈법률〉형법에 규정되어 있는 배임죄 외에 상법(商法) 그 밖의 법으로 규정되어 있는 배임죄.

특별법[—뻡](特別法)囝 특례법.

특별 법원(特別法院)囝 ①〈제도〉고종 32년에 설치하여 응회 2년에 폐한 황족의 범죄를 심리하던 법원. ②〈법률〉특수한 인사나 사건에 관하여서 재판권을 행하는 법원.

특별 변호인(特別辯護人)囝〈법률〉대법원 이외의 법원의 사건에 있어서 특히 법원의 허가를 얻어 변호사가 아닌 사람 중에서 변호인으로 선임한 사람. 《대》특사(特赦).

특별비(特別費)囝 특별한 곳에 쓰기 위해 별도로 계산된 비용.

특별 사면(特別赦免)囝〈법률〉사면(赦免)의 하나. 선고(宣告)를 받은 특정 범인에 대하여 형의 집행이 면제되거나 유죄 선고의 효력을 상실시키는 조치. 《약》특사(特赦).

특별세[—쎄](特別稅)囝〈법률〉①지방 자치 단체가 독립으로 부과하는 세. ②특별한 용도에 충당하기 위하여 징수하는 세금.

특별 수권(特別授權)囝〈법률〉특별한 의사 표시(意思表示)에 의하여 타인에게 특별한 권한을 수여(授與)함.

특별시(特別市) 지방 자치 단체의 일종. 법적으로 도(道)와 같은 으로 직접 중앙의 감독을 받음. 현재 서울을 특별시뿐임. special municipality

특별 예금[—예—](特別預金)囝〈경제〉정기 예금·당좌 예금 외의 특약의 예금.

특별 위원(特別委員)囝〈법률〉국회(國會)에서 특별한 필요가 있을 때에 선거하는 위원(委員).

특별 위임(特別委任)囝〈법률〉특별히 어떤 사항(事項)에 관하여 행한 위임.

특별 은행(特別銀行)囝〈동〉특수 은행.

특별 임용(特別任用)囝 어떤 관직에 특별히 경험이 있는 사람을 일정한 자격이나 조건에 의하지 아니하고 임용하는 일. special employment

특별 참모(特別參謀)囝〈군사〉기술·보급 및 행정 목적을 위해 본부에 소속된 각종 병과 및 특과 장교를 말한다. 《대》일반 참모.

특별 핵물질[—찔](特別核物質)〈화학〉플루토늄·우라늄 235·우라늄 238 등 핵분열성 물질 및 삼중(三重) 수소·리튬(lithium) 등 핵변화에 의하여 에너지를 방사하는 물질의 총칭.

특별 형법[—뻡](特別刑法)〈법률〉특별한 경우의 범죄(犯罪)와 형벌(刑罰)을 규정한 형법 규정. 군형법·처벌법 등.

특별 회계(特別會計)囝〈법률〉특별한 목적을 위하여 수입 지출을 일반 회계에서 분리하여 독립으로 처리하는 회계. 《대》일반 회계. special account

특보(特報)囝 특별히 보도함. 또, 그 보도. flash 하다

특사(特使)囝 특별한 임무를 띠고 파견되는 사절(使).

특사(特赦)《약》→특별 사면. 《略》. special envoy

특사(特賜)囝 임금이 신하에게 특별히 내림. special grant from the King 하다 special product

특산(特産)囝 지방의 특별한 산물. 특산물(特産物).

특산물(特産物)囝 그 땅에서 특별히 산출 또는 생산되는 물건. special product

특상(特上)囝 특별하게 고급임. 또, 그 물건.

특상(特賞)囝 특별한 상. 특별상. 《¶》을 받다. special prize 〔cter〕《동》특장(特長).

특색(特色)囝 ①다른 것과 다른 점. special character

특생(特牲)囝 소〔牛〕로 이바지하는 희생. sacrificial bull

특선(特選)囝 ①특별히 골라 뽑음. 특등으로 뽑힘. ②특히 우수하다고 인정한 작품. special selection 하다 〔장. special installment 하다

특설(特設)囝 특별히 설치함. 별설(別設). 《¶》~하는

특성(特性)囝 그것에만 있는 특수한 성질. 특질(特質)①. 특이성(特異性)①. characteristic

특성적(特性的) 개개(個個)의 대상이 딴 것과 구별되는 표현에 따르는(것). 《대》유형적(類型的).

특세(特勢)囝 특별히 다른 형세. special situation

특수(特秀)囝 특별히 뛰어남. 특히 우수함. excellence 하다

특수(特殊)囝 ①특별히 다름. 특별(特別). special ②〈철학〉일정한 대상군(對象群)에만 속하는 것. 《유》특이. 《대》보편(普遍). 하다 〔cial demand

특수(特需)囝 특별한 수요(需要). 《¶》~품(品). special

특수 감각(特殊感覺) 일반의 감각과 다른 이질(異質)의 감각.

특수강(特殊鋼)〈화학〉특수한 목적에 쓰기 위하여 강철에 특수한 원소(元素)를 넣어서 그 성질을 좋게 하는 강. 강철(鋼鐵)에 크롬·텅스텐·규소·망간·몰리브덴·코발트 따위의 원소를 적당하게 섞어서 만든 강. special steel

특수 강도죄[—쬐](特殊強盜罪)囝〈법률〉밤중에 주거(住居)에 침입하여 강도 행위를 하는 죄 및 흉기를 휴대하거나 두 사람 이상이 합동하여 강도 행위를 하는 죄.

특수 과학(特殊科學)囝 특수한 인식 목적(認識目的)에 따라 특수한 영역(領域)을 대상으로 하는 과학.

특수 교육(特殊教育)囝〈교육〉①신체·정신상의 이상(異常)이 있는 자나 불량한 경향이 있는 자들에게 특별히 행하는 교육. ②〈동〉천재 교육. ③특수한 학과나 교과만을 중심으로 하는 교육. special education

특수 근무 수당(特殊勤務手當)囝 업무 수행상 생명의 위험이 수반하거나, 특수하고 곤란한 근무 조건 아래서 일하는 사람에게 지급되는 수당.

특수 문자[—짜](特殊文字)囝 숫자(數字)나 로마자(Roma字) 따위 이외에, 컴퓨터에 사용되는 문자를

특수 법인 　　　　1933　　　　특지

이름. +·-·( )·=·₩ 따위.
특수 법인(特殊法人)圖 특별법에 의하여 설치된 법인. 국책상(國策上) 또는 공공의 이익을 위해 설치됨.
특수 비행(特殊飛行)圖〈군사〉공중 촬영 또는 활공기(滑空機)에 의한 수송 등 전술상 특수한 임무를 띤 군사 비행. special flight
특수 사회(特殊社會)圖 보통듸 다른 특별히, 어떤 층의 사람들로 구성되어 있는 사회.
특수 상대성 이론[―성―](特殊相對性理論)圖〈물리〉 1905년 아인슈타인이 절대 정지(靜止)의 좌표계(座標系)를 부정하고 서로 등속(等速) 운동을 하고 있는 좌표계의 상대성을 수립한 이론.
특수-성[―성](特殊性)圖 사물의 특수한 성질.
특수 심리학(特殊心理學)圖〈심리〉정신 생활(精神生活)의 특수한 현상을 연구하는 심리학.
특수-아(特殊兒)圖 심신의 발달·행동이 어떤 점에서 일반 어린이와 다른 어린이.
특수 에너지설(特殊Energie 說)圖 사람의 감각 성질이 자극의 성질에서 규정되는 것이 아니고, 그 자극을 받는 감각 기관의 성질 여하에 따라서 규정된다고 주장하는 학설.
특수 우편(特殊郵便)圖⇒특수 취급 우편.
특수 유전(特殊遺傳)圖〈생리〉부모의 어느 한 쪽이 가진 특히 뛰어난 성질의 유전. special heredity
특수 은행(特殊銀行)圖〈법률〉일반 은행법의 적용을 받는 보통 은행에 대하여 특별한 단행 법령의 적용을 받는 은행. 특별 은행(特別銀行). chartered bank
특수 인쇄(特殊印刷)圖 종이 이외의 유리·금속·나무·천·플라스틱 등의 소재(素材)에 인쇄하는 일. 또, 보통 사용되지 않는 방식으로 하는 인쇄.
특수 조사(特殊助詞)圖〈어학〉격(格)과는 관계없이 어떤 뜻을 돕는 조사. 은·는·도·만… 따위. 도움 토씨. 보조사(補助詞). special particle
특수 창조설(特殊創造說)圖〈종교〉하느님이 우주의 만물을 날낱이 다르게 창조하였다는 설. creationism
특수 채권[―권](特殊債券)圖〈법률〉특별한 법령에 의해서 설치된 법인이 발행하는 채권.
특수 취급 우편(特殊取扱郵便)圖 특수한 취급을 하는 우편. 등기·속달·배달 증명·내용 증명·대금 교환·연하(年賀) 우편 등의 것. 圖수 우편. special mail
특수 폭탄(特殊爆彈)圖 특수한 공격 목표와 용도에 쓰이는 폭탄. 소이(燒夷) 폭탄·세균 폭탄·조명 폭탄·독가스 폭탄 등.
특수 학교(特殊學校)圖 ①특수 교육을 하는 학교. 맹아 학교 따위. ②특수한 과목을 가르치는 학교. 양재 학교 따위. special school
특수 혼인율(特殊婚姻率)圖 1년 동안에 신고된 법률상의 혼인수와 그 해의 미혼(未婚) 인구와의 비율.
특수-화(特殊化)圖 일반적으로 보편적인 것에, 특수한 것을 가하여 한정하는 일. 하□
특수 회사(特殊會社)圖 특별법에 의해 설립된 주식 회사.
특악(慝惡)圖 드러나지 아니한 악. 숨은 악. latent evil 하□
특애(特愛)圖 특별히 사랑함. special favour 하□
특약(特約)圖 ①특별한 조건을 붙인 약속. special arrangement ②특별한 편의, 또는 이익이 있는 약속. special contract ③특별히 약속함. special promise 하□
특약-점(特約店)圖 본점(本店)과 특별한 편의의 계약을 맺고 상품을 취급하는 상점. special agent
특용(特用)圖 ①특별히 쓰임. ②특별한 용도. special use 하□
특용-림(特用林)圖 수액(樹液)·과실·수피(樹皮) 등의 채취를 목적으로 하는 나무가 있는 수풀.
특용 작물(特用作物)圖〈농업〉식용(食用) 이외의 특별한 용도에 이용할 목적으로 재배하는 작물. 삼·뽕·차·모시 따위.

특우(特遇)圖〈동〉특대(特待). 하□
특위(特委)圖 특별 위원회.
특유(特有)圖 ①그것만이 특별히 가지고 있음.〈대〉통유(通有). characteristic ②특별히 소유함. 하□
특유-성[―성](特有性)圖 그 물건만이 가지고 있는 특별한 성질.
특유 재산(特有財産)圖〈법률〉특별히 소유(所有)하는 재산. 현행 관습에 처(妻)가 혼인하기 전부터 가지는 재산 및 자기의 이름으로 취득한 재산을 처의 소유 재산으로 인정함. special property
특융(特融)圖 금전 등을 특별히 융통함. 하□
특은(特恩)圖 특별한 은혜. special favour
특이(特異)圖 ①월씬 다름. singularity ②보통보다 월씬 나음.〈유〉특수. excellence 하□
특이-성[―성](特異性)圖 ①특이 특성(特性). ②특별히 남다른 성질.「로 장애가 있는 어린이.
특이 아동(特異兒童)圖〈심리〉정신적 또는 신체적으
특이-점[―점](特異點)圖 특이한 점.
특이-질(特異質)圖〈의학〉특정(特定)의 물질에 대한 과민증(過敏症). 피부·호흡기·소화기에 특유한 반응이 일어나는 체질. 특이 체질(特異體質). idiosyncrasy　　　　「무. 하□
특임(特任)圖 특별한 관직에 임명함. 또는 특별한 임자(恁者)圖 간사하고 악한 사람. wicked person
특작(特作)圖 특수한 작품. 특히 우수한 작품. special production　　　　「point
특장(特長)圖 특별히 좋은 점. 특색(特色)②. strong
특저(特著)圖 특별한 저작(著作). special work
특전(特典)圖 ①특별한 은전(恩典). special favour ②특별한 규칙 또는 의식(儀式). privilege
특전(特電)圖 어떤 신문사의 독특한 전보 통신. 주로 외국 특파원의 보도(報道)에 의한. special telegram
특절(特絶)圖 특히 뛰어남. 하□
특점(特點)圖 남달리 특별한 점. characteristic
특정(特定)圖 특별히 지정(指定). specially fixed 하□
특정 가격[―가―](特定價格)圖〈법률〉물건의 성격상 정상 가격으로 감정함이 부적당할 경우나 감정에 있어서나 특수한 조건이 수반될 경우에 물건의 성격·조건에 알맞은 가격.
특정-물(特定物)圖〈법률〉물건 거래에 있어서 당사자의 의사로써 구체적으로 지정된 물건.〈대〉불특정물(不特定物). specific thing　　「진 법률 행위.
특정 법률 행위(特定法律行爲)圖〈법률〉특히 정하여
특정 승계인(特定承繼人)圖〈법률〉다른 사람의 권리를 한 개 한 개 메워서 취득(取得)하는 사람. 매매(賣買) 같은 것에 의한 보통의 권리 승계인은 모두 이것임.〈대〉포괄 승계인(包括承繼人). singular successor
특정 유증(特定遺贈)圖〈법률〉특정한 물건이나 권리 같은 일정액의 금전을 주는 유증.〈대〉포괄 유증(包括遺贈). specific testamentary gift
특정-인(特定人)圖 특별히 지정된 사람.
특정 자본(特定資本)圖〈경제〉일정한 목적에만 사용하는 자본.　　　「정된 한 부분의 재산.
특정 재산(特定財産)圖〈법률〉모든 재산 중에서 특
특정 횡선 수표(特定橫線手票)圖〈경제〉횡선내에 은행명을 기재한 횡선 수표. 특별 횡선 수표.
특제(特除)圖 특별한 지시로써 벼슬을 시킴. special appointment 하□　「품(―品). special makes 하□
특제(特製)圖 특별히 만듦. 또는 그 만든 물건. 특제
특종(特種)圖 ①특별한 종류. special kind ②〈약〉→특종 기사.　　　「종·일가(―家)의 한 개를 단 것.
특종(特鐘)圖〈음악〉아악(雅樂)을 시작할 때에 치는
특종 기사(特種記事)圖 신문이나 잡지에서 독점(獨占)하여 게재하는 중요한 기사.〈약〉특종. scoop
특주(特酒)圖 ①특별한 방법으로 품질이 좋게 만든 술. specially brewed wine ②〈동〉동동주.
특중(特重)圖 특히 중대함. importance 하□
특지(特旨)圖 특별히 내린 왕명(王命). 특교(特敎). special

특지(特志) ① 특별한 뜻. special intention ② 〈약〉→특지가(特志家) 뜻 있는 일을 하고자 하는 사람. 〈유〉 특지(特志)②. volunteer

특진(特進) 일정한 진급 기간 안에 특별한 공로로써 되는 진급. special promotion of rank

특진(特進) 〈제도〉 고려 때 문관의 계급. 정 2 품의

특진-관(特進官) 〈제도〉 ① 경연(經筵)에 진참하던 2품 이상의 문관·무관·음관의 특수한 칭호. ② 왕실에 관한 사무를 자순(諮詢)하던 궁내부의 칙임(勅任) 벼슬.

특질(特質) 특수한 기질. 특성(特性). characteristic ② 특수한 품질. pecularity

특집(特輯) 특별히 편집함. 또, 그 편집물. special edition

특색(特色) ① 특별히 눈에 드이는 표적. 《유》특색(特色). characteristic ② 〈제도〉 벼슬을 시키려고 임금이 특별히 부름.

특징-적(特徵的) 특징으로 되는(것).

특차(特差) 특별히 임명한 사신을 보냄. king's special envoy

특채(特採) 특별히 채용함. special employment

특천(特薦) 특별히 추천함.

특청(特請) 특별히 청함. 또, 그 청. special request

특출(特出) 특별히 뛰어남. preeminence

특칭(特稱) ① 특별히 일컬음. particular name ② 얼마간의 수를 지시함. ③ 〈논리〉주사(主辭)가 나타내는 사물(事物)이 일부분에 관한 것임을 나타내는 칭호. 《대》 전칭(全稱). particular

특칭 긍정 판단(特稱肯定判斷) 〈논리〉 정언적 판단(定言的判斷) 가운데서 '약간의 A 는 B 다'라는 형식으로 표시되는 특칭 판단의 하나. 《대》 특칭 부정 판단(特稱否定判斷). particular affirmative judgement

특칭 명:제(特稱命題) 〈논리〉 주사(主辭)의 한 부분에 관한 판단을 나타내는 명제. 특칭 긍정(特稱肯定)과 특칭 부정(特稱否定)의 두 가지로 나누임. paticular proposition

특칭 부:정 판단(特稱否定判斷) 〈논리〉 정언적 판단 가운데서 '약간의 A 는 B 가 아니다'라는 형식으로 표시되는 특칭 판단의 하나. 《대》 특칭 긍정 판단(特稱肯定判斷). particular negative judgement

특칭적 판단(特稱的判斷) 〈논리〉 주개념(主槪念)의 일부분(一部分)에 대하여 주장하는 정언적 판단(定言的判斷)의 하나. particular judgement

특칭 전제의 허위(特稱前提一虛僞) 〈논리〉 정언적 (定言的) 삼단 논법에 있어서의 형식적 허위의 하나. 두 개의 특칭적 판단에서 결론을 이끌어 내려고 하여 생기는 오류(誤謬). '어떤 부자는 악인이다' · '어떤 선인은 부자이다'에서 '어떤 선인은 악인이다'로 되는 것. fallacy of particular premises

특특-하다 사이가 없이 흐리다. 《작》 탁탁하다.

특특-층-하다 〔고〕 칙칙하다. 빽빽하다.

특파(特派) 특별히 보냄. special dispatch

특파-원(特派員) ① 특별히 파견된 사람. special mission ② 외국에 특별히 파견되어 보도에 종사하는 사람. correspondent

특품(特品) 특별히 좋은 품질. 또, 그 물품. fine brand

특필(特筆) 두드러진 일을 특별히 적음. 또, 그 글. ¶대서(大書)~. special mention

특허(特許) ① 특별히 허가함. special permission ② 〈법률〉 공업상의 발명품에 대하여 권리를 그 사람에게만 주는 행정 처분(行政處分). patent

특허 공기:업(特許公企業) 특허로 공기업(公企業). 전기(電氣) 사업·가스 사업·지방 철도 사업 따위. charactered enterprise

특허-권[−꿘] (特許權)〈법률〉 특허를 받은 발명을 독점적으로 이용할 수 있는 권리. patent right

특허 대:리업(特許代理業) 특허·실용 신안(實用新案)·의장(意匠)·상표 등에 관한 대리업.

특허=법[−뻡] (特許法)〈법률〉 유익한 신규 발명을 보호·장려할 목적으로 특허에 관한 일을 정한 법률. Patent Law

특허 변:리사(特許辨理士) 〈법률〉 특허, 실용 신안(實用新案) 따위에 관하여 특허청에 대하여 해야 할 절차의 대리를 하는 것으로 업을 삼는 사람.

특허 심판(特許審判) 〈법률〉 특허권에 관한 쟁송을 판정하는 절차.

특허 제도(特許制度) 〈법률〉 발명·실용 신안·의장(意匠) 따위에 대한 독점권을 주어 전용(專用)하게 하는 제도.

특허=증[−쯩] (特許證)〈법률〉 특허권 설정의 등록을 마친 특허권자에게 발부해 주는 증명서.

특허=청(特許廳) 통상 산업부에 속한 기관으로 특허·실용 신안·의장(意匠)·상표에 관한 사무에 대하여 심사·판결 및 행정 심판 사무를 관장한다.

특허 출원(特許出願) 새로운 공업적 발명을 한 사람이 국가에 대해서 그 특허를 요구하는 행위.

특허 침해(特許侵害) 〈법률〉 남의 특허권을 침해함.

특허-품(特許品) 〈법률〉 특허를 얻은 제품. patented articles

특혜(特惠) 특별히 베푸는 은혜. preference

특혜 관세(特惠關稅) 〈법률〉 특정한 나라의 생산품 또는 선박에 대하여 과하여지는 낮은 세율의 관세. preferential duties

특혜 무:역(特惠貿易) 〈경제〉 특혜 관세를 적용시켜서 행하는 무역.

특혜-불(特惠弗) 〈경제〉 특정한 물자의 수출로써 얻은 달러를 정부에서 책정한 품종 이외의 물자라도 자유로 수입할 수 있도록 정부로부터 특별한 조처를 받은 달러. preferential dollars

특혜 세:율(特惠稅率) 특혜 관세의 세율.

특화(特化) 한 나라의 산업 구조나 수출 구성에 있어서 특정 산업 또는 산물이 상대적으로 큰 비중을 차지하고 있는 상태.

특-화:점[−쩜] (特火點)〈군사〉 특별히 공고하게 구축한 화점(火點). 토치카.

특활(特活) 〈유〉→특별 교육 활동.

특효(特效) 특별히 나타나는 효험. 신효(神效). special virtue specific medicine

특효-약(特效藥) 〈약학〉 특별한 효험이 있는 약.

튼-히(特−) 보통과는 다르게. especially

튼-갈:월(−日) 한자 부수(部首) '日'의 이름.

튼실-하다(−實−) 매우 튼튼하고 실하다. robust

튼-입구[−닙−] (−□)한자(漢字) 부수(部首) '匚'의 이름.

튼튼-하다 된 됨이 굳고 실하다. 《작》 탄탄하다. tough **튼튼-히**

틀 ① 물건을 만드는 데 판이나 골이 되는 물건. mould ② 물건을 만드는 데 팽팽하게 하기 위하여 테두리만으로 된 물건. frame ③ 일정하게 꾸며진 격식이나 형식. ④ 〈속〉 기계. machine ⑤ 〈유〉 재봉틀. ⑥ 〈유〉→틀거지. ⑦ 〈생리〉 생물의 생활 작용을 하는 부분. ¶숨~.

틀 의명 상여·가마 등을 세는 단위.

틀-가락[−까−] 무거운 물건을 메는 데 쓰는 긴 나무. pole

틀거지 위엄이 있는 태도. dignity

틀-국수 틀에 넣어 뺀 국수. 《대》 칼국수.

틀-누비 재봉틀로 누빈 누비. quilting by a sewing machine

틀-니 빠졌거나 흠이 난 이에 인조(人造)로 해서 박는 일. 또, 그 이. 의치(義齒). false teeth

틀-다 팀] ① 방향이 꼬이게 돌리다. ¶몸을 ~. turn ② 일이 다른 방향으로 돌아가도록 주장하다. oppose ③ 머리털을 일정한 모양으로 뭉치어 올려 붙이다. ¶머리를 ~. put up one's hair ④ 나사 장치로 된 것을 돌리다. ¶수도 꼭지를 ~. turn ⑤ 일정한 장치를 움직이어 작동하게 하다. ¶라디오를 ~. turn on ⑥ 솜틀로 솜을 타다. whip

틀리-다 재 ① 어떤 일이 들어지다. ¶계획이 ~. go wrong ② 맞지 않다. mistake ③ 사이나 감정이 나빠지다. ④ 바른 점에 들어서지 아니하다. be twisted

틀리다 / 티커

⑤사상이나 감정이 비뚤어지다.
틀리-다回자 틈을 당하다. 자동 들게 하다.
틀림 ①일이 어그러져 맞지 아니함. fail ②바른 점에서 어긋남. mistake
틀림=없-다형 꼭 같다. same ②어긋남이 없다. true **틀림=없:이** 튄
틀=바느질명 재봉틀을 하는 바느질.
틀어-난-다형 성질이 침착하다. deliberate
틀-스럽-다형[ㅂ변] 들지어 있게 보이다. be dignified
틀-스레튄
틀어-넣-다티 억지로 좁은 자리에 밀어 넣다. thrust [into
틀어-막-다티 ①틀어박아서 막다. stuff ②말이나 행동을 못하게 하다. stop up ③일이 안 되게 억지로 막다. obstruct
틀어-박-다티 ①억지로 넣어 박다. force in ②어떤 물건을 함부로 박아 넣어 두다. shut in
틀어-박히다자 집 속에만 있다. 죽치고 있다. ¶집
틀어-쥐-다티 통틀어 손아귀에 쥐다. [구석에 ~.
틀어-지-다자 ①꾀하는 일이 어긋나다. be upset ②새끼 모양으로 비꼬이다. be twisted ③사이가 불화하게 되다. break up with ④무슨 물건이 옆으로 굽어지다. be distorted
틀-지-다형 틀지어 있어 보이다. dignified
틀=톱명 이쪽 저쪽에서 밀고 당기어 두 사람이 켜게 된 옛날식 톱. pit saw
틈명 ①벌어져서 사이가 생긴 자리. opening ②사람들 사이의 교제에서 생긴 거리. 불화(不和). ③겨를. ④어떤 행동을 할 만한 기회. ¶공격할 ~을 노린다. chance
틈=나-다자 ①겨를이 생기다. have a spare time ②틈이 생기다. be gapped ③서로 사이가 벌어지다. become estranged
틈돌이 터지고 태먹은 둑이 깨진다족 좋지 않은 징조가 있더니 일이 잘 안 되었다
틈=바구니명 《속》틈. 틈바귀. gap
틈=바귀명 《약》→틈바구니.
틈발(闖發)명 기회를 보아서 일어남. 하자
틈사(闖事)명 기회를 타서 제멋대로 함. 하자
틈=새벌어져 난 틈의 사이.
틈-새기명 극히 좁은 부분의 틈. chink
틈-서리명 틈난 부분의 가장자리. edge of an opening
틈입(闖入)명 기회를 타서 막 뛰어들어감. intrusion
틈=타-다티 겨를을 얻다. find the time to [하자
틈틈-이튄 ①틈이난 자리마다. in every opening ②틈날 때마다. at odd moment

등아리명 《어류》메기과의 민물고기. 등·가슴 지느러미에 가시가 있음. 몸의 위쪽은 갈색임.

틔-다자 《약》→트이다.
틔우-다티 트이게 하다.

티명 ①재·흙 그 밖의 온갖 물건의 잔 부스러기나 찌꺼기. dust ②작은 흠. defect ③기색(氣色). tonch
티의명 어떠한 모양. 또는 버릇. ¶시골 ~.
티:(tea)명 ①차(茶). 특히 홍차. ②점심과 디너 사이의 차가 딸려 나오는 가벼운 식사.
티:(tee)명 골프에서, 구좌(球座). 공을 치기 시작할 때를 올려 놓기 위해서 모래로 약간 두두룩이 쌓아 올린 곳.
티격-나-다자 서로 뜻이 맞지 아니하여 사이가 벌어지다. 격(隔)나다. break up with
티격-태격튄 서로 의견이 맞지 않아 시비하는 모양. disputing 하자 [작하는 구역.
티:그라운드(tee ground)명 골프에서, 공을 치기 시
티끌명 티나 모인 티. 진애(塵埃). dust
티끌 모아 태산족 적은 것도 거듭 쌓이면 많아진다. 진합 태산(塵合泰山). 적소 성대(積小成大).
티끌 세:상(一世上)명 영계(靈界)에서 볼 때의 이 세상. 진경(塵境). 진계(塵界). 진세(塵世). this filthy world
티눈명 《한의》발가락 사이에 생기는 사마귀 비슷한 단단한 살. 육자(肉刺). 계안창(鷄眼瘡). corn

티-다티 《고》치다. 빛을 내다.
·티-·다티 《고》치다(擊).
·티-·다티 《고》점(占)장(張).
=·티-·다미 《고》어떠한 행동의 힘줌을 나타냄.
티: 더블류 아이(T.W.I.)명 《약》Training Within Industry 직장(職場)의 제일선의 감독자를 양성할 목적으로 하는 훈련 방식. 1940년 미국 정부가 처음으로 실시하였음.
티=돋다티 ①흠점을 자꾸 찾아내다. find faults with ②붙은 티를 뜯어 버리다. scrape off dirt
티록신(Thyroxin 도)명 《생리》갑상선(甲狀腺)의 분비물(分泌物). 과잉(過剩)으로 중독증을, 결핍하면 갑상선종(甲狀腺腫)을 일으킴.
티:-룸(tearoom)명 찻집. 다방(茶房).
티:-맨(T-man)명 ①《약》treasury man 미국 재무성(財務省)의 지폐 위조자·마약 매매자를 단속하기 위하여 조직한 수사관. ②《약》traffic man 미국의 시민으로 교통 위반을 단속하기 위하여 경찰이 임명한 사람.
티몰(Tymol 도)〈화학〉산소소(山蘇蘇)의 성분으로서 특이한 향기가 있는 백색 결정. 십이지장충·회충·요충의 구충제(驅蟲劑)로 쓰임.
티:-밀이(건축)창살의 등을 둥글게 밀어 만드는 일. 하자
티=보-다티 ①흠점을 메워 찾다. find faults with ②《속》도둑질하다. 망보다.
티: 비:(T.B.)명 《약》tubercle bacillus 결핵병. 특히 제결핵의 경우에 이름.
티: 비:(T.V.) 텔레비전(television).
티비온(Tibion 도)〈약학〉4-아세틸아미노 벤즈알데히드 티오세미카르바존(4-acetylamino benzaldehyde thiosemicarbazone)의 상품명 또는 통칭. 독일의 도마크(Domagk)가 창제한 황색의 결정(結晶). 결핵의 치료약.
티석-티석형 화히 트이지 못하거나 부드럽지 못한 모
티: 세트(tea set)명 커피 세트. [양. dimly 하자
티: 셔츠(Tshirt)명 'T'자 형으로 생긴 반소매의 속셔츠. 보통, 메리야스로 만듦. [(第一打).
티:-숏(tee shot)명 티 그라운드에서 시작하는 제일타
티슈 페이퍼(tissue paper)명 얇은 화장지.
티:=스푼(teaspoon)명 찻숟가락.
티: 엔 티:(T.N.T.)명 《약》trinitrotoluene 톨루엔(toluene)을 강하게 니트로화(化)하여 얻는 고성능의 폭약.
티오=황산나트륨(Thio 黃酸 natrium)《동》차아황산소다(次亞黃酸 Soda).
티오=황산소:다(Thio 黃酸 soda)명 《동》차아황산소다(次亞黃酸 Soda).
티: 유: 시:(T.U.C.)명 《약》Trades Union Congress 영국 노동 조합 회의(會議). 1866년에 창립되어, 국체 노동 노력(勞聯)의 중심 단체가 됨.
티을〈어학〉한글의 자모 'ㅌ'의 이름. name of the letter 'ㅌ' [字定規). 미레자.
티:-자(T-)명 'T'자 모양으로 된 자. 정자 정규(丁
티:저 광:고(teaser 廣告)《속》살 마음이 내키게 하는 광고.
티적-거리-다남의 흠을 잡아 이말 저말 비위 거슬리게 말하여 싸움을 돋우다. provoke **티적-티적**튄
티:처(teacher)명 교사(敎師). 선생. [하자
티:치-인(teach-in)명 ① 미국에서 대학 교수·지식인·학생 등이 공동 토의를 함으로써, 정부의 정책에 항의하는 운동. ② 사회·정치 등 문제에 대하여 전문가 아닌 사람들이 철저하게 의견·토론 따위를 교환하는 모임.
티칭 머신(teaching machine)명 〈교육〉프로그램 학습에 쓰이는 기계. 학생이 문제(問題文)을 읽고 답을 낸 다음, 단추를 누르면 자동식으로 정답(正答)을 보여 줌. [식의 통보기(通報機).
티커(ticker)명 시세를 끊임없이 테이프에 기록하는 전

티케(Tyche)영 그리스 신화에 나오는 행복·운명의 여신(女神).

티ː케이 오ː(T.K.O.)영《약》 technical knockout 권투에서, 기술이 현저하게 차이질 때, 심판관이 도중에서, 승패를 결정짓는 일. 기도(技倒).

티켓(ticket)영 차표. 입장권. 허가장.

티ː 큐ː 시ː(T.Q.C.)영《경제》《약》 total quality control 종합적 품질 관리.

티ː크(teak)영《식물》 마편초과의 낙엽 교목. 높이 30 m, 수피(樹皮)는 회백색, 꽃은 흰 통상화로 향기가 있음. 재목은 가볍고 굳어 조선(造船)·차량·용재로 씀. 버마·타이 등지에 남.

티타늄(titanium 라)영《화학》 은백색의 단단한 금속 원소로 가볍고 강도·내식성이 크며 제트기·로켓의 재료 등 각종 내식성 재료로 쓰임. 티탄. 원소 기호; Ti. 원자 번호; 22. 원자량; 47.90.

티ː 타임(tea time)영 차 마시는 시간.

티탄(Titan 도)영《동》 티타늄.

티토브병(Titov 病)영《의학》 우주 비행 중에 걸리는 배멀미 같은 상태. 소련의 우주 비행사 티토브가 걸렸었음. Titov's sickness

티ː 티ː(T.T.)영《약》 telegraphic transfer 전신에 의한 환·송금.

티ː 티ː 레이트(T.T. rate)영《약》 telegraphic transfer rate 외국환을 티 티 방식으로 송금할 때 쓰이는 은행 메도 전신 환율.

티티새〈조류〉① 지빠귀. ② 개똥지빠귀.

티ː 티ː 티ː(T.T.T.)영《약》 time temperature tolerance 허용 온도 시간. 식품이 어느 정도의 온도에서 몇 시간까지 신선하게 보존되는가를 나타내는 수치.

티ː 파ː 티(tea party)영 다과회(茶菓會).

티푸스(Typhus 도)영《의학》 티푸스균(菌)에 의한 급성 전염병의 총칭.

티푸스균(Typhus 菌)영《의학》 티푸스의 병원균. 살모넬라 속의 균으로서 간상(桿狀)이며 아포(芽胞)가 아님. 편모(鞭毛)가 있고 운동성임.

티ː 피ː 오ː(T.P.O.)영《약》 time, place, occasion 옷은 때와 장소와 경우에 따라 맞추어 입어야 한다

티피컬(typical)영 전형적. 대표적. **하**영 L는 뜻.

티핀(tiffin)영 정식보다 약간 간단한 식사.

티-하-다[재][여불] 어떠한 색태나 버릇을 겉에 드러내다.

티ː 형-강(T 型鋼)영 횡단면이 T 자 모양을 한 봉상(棒狀)의 강재. 「철근(鐵筋) 콘크리트로 된 옹벽.

티ː 형 옹벽(T 型擁壁)영《토목》 뒤집힌 T 자 모양의

틴ː(teen)영 10대의 소년·소녀.

틴들 현ː상(Tyndall 現象)영《물리》 투명 물질 중에 많은 미립자(微粒子)가 흩어져 있는 경우, 투사(投射)된 광선이 사방으로 산란(散亂)되어 광선의 통로가 흐리게 보이는 현상.

틴ː 에이저(teen-ager)영 십대의 소년·소녀.

팀ː(team)영 ① 한 단체. ②《체육》 경기에 있어서의 한 편짝.

팀ː 워ː크(teamwork)영 ① 협동(協同)해서 일을 함. ②《체육》 경기에 있어서 단결하여 제 편을 도움.

팀치영《고》 김치. 「나 특색.

팀ː 컬러(team color)영 그 팀이 가지고 있는 분위기

팀파눔(tympanum)영《건축》 그리스식 건축의 합각 머리·돌림띠 사이, 홍예문 위의 호형(弧形) 등의 바람벽.

팀파니(timpani 이)영《음악》 냄비 모양의 북. 수평으로 쇠가죽을 붙이고 손잡이의 조절로 음률을 조정하는 타악기. 케틀드럼(kettledrum).

팀파니스트(timpanist)영 팀파니를 연주하는 사람.

팁(tip)영 ① 여급(女給)·보이·하인·운전수 등에게 일정한 품삯 이외에 더 주는 돈. ②《체육》 야구나 탁구를 할 때 공이 배트나 라켓에 스쳐 나가는 일.

팃ː 검불영 ① 짚·풀 등의 부스러기. rubbish of dried grass ② 흩어진 낟알과 짚부스러기. gleanings

팅크처(tincture)영《약학》 요오드팅크처·칼무르팅크처와 같이 어떤 약품을 알코올이나 에테르에 담가 [녹이거나 우린 액체.

팅팅《거》→땡땡.

ㅍ

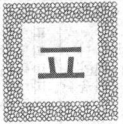

經世訓民正音圖說字　　　訓民正音字

ㅍ [피읖] 〈어학〉 ①한글 자모의 열셋째 글자. the 13-th letter of the Korean alphabet ②자음의 하나. 목젖으로 콧길을 막고 두 입술을 다물어 숨길을 막았다가 뗄 때에 목청을 갈고 숨을 불어 내면서 파열되어 나오는 안울림소리. 받침으로 그칠 때는 입술을 떼지 아니하여 'ㅂ'과 같게 됨.

파[图] 〈식물〉 백합과에 딸린 다년생 풀. 지하경(地下莖)에는 많은 수근이 있고 줄기 높이 30~60cm, 잎은 원주형으로 속이 비었으며 끝이 뾰족한 향취가 있어 널리 식용함. welsh onion

파(派)[图] ①갈려 나뉘어 흐르는 갈래. ②[약]→파계(派系). ③사상이나 행동을 같이하는 계통. ¶낭만~. 고전~. school group

파(破)[图] ①깨어지거나 상한 물건. breakage ②사람의 결점. defect ③〈민속〉 풍수 지리(風水地理).

파(把)[의] [동] 줌[图]. 　　[득(得)이 흩어진 곳.

=**파**(波)[图] '파동·물결'의 뜻. ¶전자~. 충격~.

파(fa 이)[图] 〈음악〉 ①7음 음계의 넷째 음. ②'F'음의 이탈리아 음 이름. 우리 나라 음 이름 '바'와 같음.

파:가(破家)[图] 파호(破戶). 하타　　　　　[같음.

파:가(罷家)[图] 살림살이를 집어치움. break up home

끈가[图] 파家.

파가 저택(破家瀦宅) 〈제도〉 파륜파(破倫派) 죄인의 집을 헐어 없애고 그 터를 파서 물을 대어 못을 만들어 버리는 형벌. 하타

파:각(破却)[图] 깨뜨림. 하타

파:갑-탄(破甲彈)[图] 〈군사〉 포탄의 하나. 파괴력이 강하여 적함의 장갑부(裝甲部)나 토람(砲墻), 또는 적성(敵城)의 포탑과 철벽등을 격파하는 데 사용함. 니켈강·크롬강 등으로 만듦. 철갑탄.

파-강회(-膾)[图] 강회의 하나. 살짝 데친 파로 돼지고기나 편육을 돌돌 휘어 감아 잣을 박아서 초고추 장에 찍어 먹는 강회.

파개(罷開)[图] 파레박.

ㆍ파ㆍ개인(-個人)[图] 〈군사〉 파치.

파:건(一건)(破件)[图] 파치. 　　[familiarity 하타

파:겁(破怯)[图] 익숙하여 부끄럽거나 두려움이 없음.

파격(破格)[图] 격식을 깨뜨림. 또, 그리된 격식. ¶~적(的) 대우. exception 하타

파견(派遣)[图] 용무로 띄워 사람을 보냄. 파송(派送). ¶~ 근무. (대)소환(召還) dispatch 하타

파견-군(派遣軍)[图] 〈군사〉 특수한 임무를 띄어 파견하는 군대. expeditionary force　　　　[단체.

파견-단(派遣團)[图] 어떤 임무를 띠고 외부에 파견된

파견 부대(派遣部隊)[图] 〈군사〉 경비상 또는 전략상의 요구에 의하여 파견되는 부대.

파ː경(破鏡)[图] ①깨어진 거울. broken mirror ②이지러진 달을 비유한 말. halfmoon ③부부의 금실이 좋지 않아 이별하게 되는 일. ¶~에 이르다. divorce　　　　　　　　　　　　　　[(派)②.

파계(派系)[图] 동종(同宗)에서 갈려 나온 계통. 파

파:계(破戒)[图] 〈종교〉 계율을 깨뜨리어 지키지 않음. (대) 지계(持戒). breach of commandments 하타

파:계(罷繼)[图] 계(系)를 끊음. 하타

파:계(罷繼)[图] 파양(罷養). 하타　　　　　[est 하타

파:계-승(破戒僧)[图] 〈불교〉 파계한 중. apostate pri-

파고(波高)[图] 물결의 높이. wave height

파고-계(波高計)[图] 파도의 높이를 재는 기계의 총칭.

파고다(pagoda)[图] 버마 지방에서 탑(塔婆). 서양에서는 동양의 불탑(佛塔)을 일컬음.

파고-들다(-들다)[타图] ①깊숙이 안으로 들어가다. ②깊

이 스며들다. ¶마음속에 ~. ③비집고 들어갈 틈을 붙이다. ¶외국 시장에 ~. ④깊이 캐어 알아내다. ¶진상을 ~.

파-고:지(破古紙)[图] ①〈식물〉 콩과에 딸린 일년생 풀. 높이 1m 내외. 여름·가을에 작은 나비 모양의 자줏빛 꽃이 핌. ②파고지의 씨. 허리 아픈 데 약용함. 보골지(補骨脂).

파곡(波谷)[图] 〈물리〉 한 물결의 가장 낮은 위치. (대) 파구(波丘). trough of the wave

파:골(破骨)[图] 뼈를 으스러뜨리거나 부러뜨림. 또, 그리된 뼈. breaking bone 하타

파곳(fagotto 이)[图] 바순(bassoon).

파:공(罷工)[图] ①〈기독〉 주일로 지정된 대축일(大祝日)에 육체 노동을 금함. ②동맹 파업. 하타

파:공 관면(罷工寬免) 〈기독〉 부득이한 이유로 파공을 허함. 하타

파:과(破瓜)[图] 〈약〉→파과지년(破瓜之年).

파:과-기(破瓜期)[图] 여자가 경도를 처음 시작하는 15~16세 되는 시기. female puberty

파과-병(一病)[图] 〈의학〉 정신 분열증의 중핵을 이루는 질병의 하나. 사춘기에 흔히 발병하여 망상·충동 행위·독백 등의 증상을 보임. 〈유〉 파과병. hebephrenia　　　　[64세. 〈약〉 파과(破瓜).

파:과지-년(破瓜之年)[图] 여자의 16세, 또는 남자의

파광(波光)[图] 물결이 번적이는 빛. wave light

파:광(破壙)[图] ①무덤을 파 옮기던 옛자리. ②무덤을 옮기기 위하여 광중(壙中)을 파헤침. 하타

파:광-터(破壙-)[图] 파광한 자리.

파:괴(破壞)[图] 깨뜨리어 헐어 버림. 깨뜨리어 기능을 잃게 함. (대) 건설(建設). destruction 하타

파:괴 강도(破壞强度) 〈토목〉 물체가 외 외력(外力)을 받고 깨뜨려질 때에 생기는 응력(應力). breaking strength

파:괴-력(破壞力)[图] 파괴하는 힘.

파:괴-적(破壞的)[관] 모든 방면에서 파괴하는 성질을 띤 (것). (대) 건설적(建設的).

파:괴-주의(破壞主義)[图] ①남의 입론(立論)·계획·조직 등을 반대·부인·파괴하는 사상이나 의견. destructionism ②〈철학〉 뚜렷한 진리 또는 선악 등의 존재를 부정하는 주의.　　　　　　　[으로 하는 폭탄.

파:괴 폭탄(破壞爆彈) 〈군사〉 구조물 파괴를 목적

파구(波丘)[图] 〈물리〉 물결의 가장 높은 위치. (대) 파곡(波谷). crest of the wave

파:-구분(破舊墳)[图] 개장(改葬)하기 위하여 무덤을 파냄. 파묘(破墓). 하타

파:국(破局)[图] ①어떠한 판국이 결딴남. 또, 그 판국. 비극적인 종말. ¶~에 직면하다. ②약국(藥局)을 파하고 그 업을 폐하는 일. shut up ones drugstore 하타

파:군(罷君)[图] 〈제도〉 왕가에서 5대(代) 이후에는 종친으로서의 봉군(封君)을 폐하던 일. 하타

파:군(罷軍)[图] 〈군사〉 군진을 풀어 헤침. 파진(罷陣). withdrawal of troops 하타　　　　　[북두 칠성의 제 7성.

파:군-성(破軍星)[图] ①[图] 요광성(搖光星). ②〈민속〉

파:귀(罷歸)[图] 일을 끝내고 돌아가거나 돌아옴. home coming 하타

파국-천(巴戟天) 〈한의〉 부조초(不凋草)의 뿌리. 정혈 강장제(精血强壯劑)로 쓰임. 팔파천(括巴天).

파극(巴戟)

파근파근-하:다[형여] ①음식이 메지고 빡빡하여 타박타박한 느낌이 있다. hardish ②다리가 걸음마다 피곤하다. heavy

파근-하-다 〖형〗〖여운〗 다리 힘이 지치어 팍팍하고 노자근하다. heavy

파급(波及) 〖명〗 영향이나 여파가 차차 전하여 멀리 미침. ¶사건이 전국적으로 ~되다. spreading 하다

파기(疤記) 〖명〗 병정·죄인의 몸을 검사하여 그 특징을 적은 기록.

파:기(破棄) 〖명〗 ①깨뜨리거나 찢어서 내어 버림. breaking off ②〖법〗 소송법상 원심 판결을 취소함. 파훼(破毀) ③ annulment ④계약·조약·약속 따위를 지키지 않고 깨버림. revocation 하다

파:기(破器) 〖명〗 깨진 그릇. broken vessel

파:기록(破記錄) 〖명〗 현기록을 깨뜨림. breaking record 하다 「자 쓸데없이 애를 씀을 이르는 말.

파기 상종(破器相從) 〖명〗 이미 망그러진 일을 고치고

파기와(破─) 〖명〗 깨어지거나 흠집이 있는 기와.

파:기 자판(破棄自判) 〖법〗 상고 법원에서 원심 판결을 파기한 경우, 환송·이송을 하지 않고 그 사건에 대해 직접 하는 재판. 파훼 자판(破毀自判).

파-김치 〖명〗 파로 담근 김치. 총저(葱菹). 하다

파김치가 되었다 기운이 몹시 지쳐서 아주 느른하게 되었다. 「생겨 쓰지 못하게 되다. be broken

파:-나-다(破─) 〖자〗 물건이 깨어지거나 찢어져서 흠이

파나마(panama) 〖명〗 ①〖약〗→파나마풀. ②〖약〗→파나마모자.

파나마 모자(panama 帽子) 〖명〗 파나마풀의 잎을 잘게 쪼개어 짜서 만든 여름 모자. 〖약〗 파나마①.

파나마-풀(panama─) 〖식물〗 파나마풀과에 딸린 다년생 풀. 네 개의 수꽃과 한 개의 암꽃이 네 조각의 포(苞)에 싸여 핌. 줄기는 짧고 근생하며 이로 파나마 모자를 쨈. 브라질·중앙 아메리카에 분. 〖약〗 파나마①.

파-나물 〖명〗 데친 파에 간장·기름·깨소금·후춧가루 등을 양념하여 먹는 나물. 총채(葱菜).

파내:-다 묻히거나 박힌 것을 파서 꺼내다. ¶고분을 ~. dig out 「나타낸 그림 장치.

파노라마(panorama) 어떤 곳의 전경을 사생하듯이

파노라마-대(panorama 臺) 사방의 경치를 멀리까지 볼 수 있도록 되어 있는 높은 장소.

파노라마 사진기(panorama 寫眞機) 어둠 상자의 위치를 움직이지 않고, 렌즈만 옆으로 이동하여 전경의 사진을 찍는 사진기.

파노라마 촬영(panorama 撮影) 〖명〗〖연예〗 촬영기를 여러 모로 움직여서 넓은 범위의 장면을 촬영하는 방법.

파:니 아무 하는 일 없이 노는 모양. ¶~놀지만 말고 일 좀 해라. 〖큰〗 퍼니. idly

파-다 〖타〗 ①구덩이나 구멍을 만들다. ¶땅을 ~. dig ②일의 밑자리를 속까지 깊이 알아내다. ¶사건의 진상을 파고들다. investigate ③〖새〗새기다. ¶도장을 ~. ④바느질할 때 것을 달 곳을 우묵하게 자르다. cut off ⑤전력을 기울어 하다. ¶공부를 ~. ⑥것을 몹시 빨다.

파-다(頗多) 아주 많음. 매우 많음. ¶그러한 예가 ~하다. 하다 〖형〗 「다. wide spread 하다 〖형〗

파-다(播多) 〖명〗 소문이 널리 퍼짐. ¶소문이 ~하

파-다 〖고〗 팔다. 「파닥거리다. 파닥=파닥 하다

파닥-거리-다 〖자〗 연해 파닥하다. 〖큰〗 퍼덕거리다. 〖센〗

파닥-이-다 〖센〗→파닥이다.

파닥-하-다 〖자〗 잡혔파 따위가 위험에서 헤어나려고 날개를 가볍고 빠르게 쳐서 소리를 내다. ①물고기가 꼬리를 물바닥에 쳐서 소리를 내다. 〖큰〗 퍼덕이다. 〖센〗 파딱하다.

파:-단(破斷) 재료에 파괴가 일어나거나 잘못해져서, 둘 이상의 부분으로 잘라져 나가는 일.

파:-담(破談) 〖명〗 의논이 깨어짐. 담화가 중단됨. 하다

파당(派黨) 〖명〗 ①당파. factions ②여러 갈래로 된 단체. groups

파-대가리 〖식물〗 방동사니과에 딸린 다년생 풀. 지하경(地下莖)으로 번식하고 그 마디마디에서 잎이 나며 줄기는 곧게 섬. 들의 햇볕 쬐는 습지이 나며, 여름에 갈색 또는 녹색 꽃이 핌.

파도(波濤) 〖명〗 센 물결. billows

파도-치-다(波濤─) 물결이 일어나다.

파독(派獨) 〖명〗 독일에 파견함. 하다

파:-독(破毒) 〖명〗 독물을 없앰. counteraction 하다

파동(波動) 〖명〗 ①물결의 움직임. wave ②사회적으로 일으킨 큰 변동. ¶정치 ~. wave ③〖물리〗 물질의 한 쪽을 진동시킬 때 그 울림이 물질의 각 부분에 퍼지는 현상. wave ④주기적인 변화. ¶경기의 장기(長期) ~.

파동 광학(波動光學) 〖명〗 물리 광학(物理光學).

파동-설(波動說) 〖명〗 ①〖물리〗 광(光)의 본질은 일정한 매질(媒質)에 있어서의 파동이라고 설명하는 학설. wave theory ②〖언어〗 언어의 지리적 변천이 파동적으로 생김을 주장하는 학설.

파동 역학[──ㄴ녁─](波動力學) 〖명〗〖물리〗 물질파의 이론을 발전시켜서 물질 입자나 특히 전자의 운동을 기술하기 위하여 세운 역학. 지금은 양자(量子) 역학으로 통일됨. wave mechanics

파동-치-다(波動─) 〖자〗 물결 파가 움직이다.

파두(巴豆) 〖명〗〖식물〗 대극과에 속하는 상록 관목(灌木). 자웅 동주(雌雄同株)로 수꽃은 위쪽으로 암꽃은 아래쪽으로 붙어 핌. 씨는 맹독(猛毒)이 있으며 한약재로 씀. 동부 아시아 열대 지방에서 남. ①〖한의〗 파두의 씨. 성질이 열(熱)하고 독이 있음. 통리(通利)하는 힘이 있어서 외과(外科) 약재로 많이 쓰임.

파두(波頭) 〖명〗 ①물마루. ②바다의 위.

파두-상(巴豆霜) 〖한의〗 기름을 빼어 버린 파두씨의 가루. 하제(下劑)로 쓰임.

파두-유(巴豆油) 〖명〗 파두씨의 기름. 하제나 외부의 자극약(刺戟藥)으로 씀. croton oil

파드닥 새나 물고기 같은 것이 요란스럽게 날개나 꼬리를 치는 소리. 〖큰〗 퍼더덕. 하다

파드닥-거리-다 새나 물고기 같은 것이 연하여 파드닥 소리를 내며 날개나 꼬리를 치다. 파드닥=파드닥 하다 〖큰〗 퍼더덕거리다.

파드득 〖거〗→바드득.

파드득-거리-다 〖거〗→바드득거리다.

파드득-나물 〖식물〗 미나리아재비과의 다년생 풀. 잎은 마름모꼴로 끝이 뾰족하고 반들반들함. 6∼7월에 흰 꽃이 가지 끝에 피고 타원형의 과실이 까맣게 익음. 향기가 있고 어린 잎은 식용함.

파딱-거리-다 〖센〗→파닥거리다.

파딱-이-다 〖센〗→파닥이다.

파뜩 ①무슨 생각이 빨리 뚜렷이 나타나는 모양. ②행동을 재빠르고 날쌔게 하는 모양. 〖큰〗 퍼뜩. 하다

파뜩=파뜩(破─) 무슨 생각을 빨리 깨닫는 모양. 〖큰〗 퍼뜩퍼뜩. 하다

파라(para 그) 화학 따위에서 비슷한 물질을 구별할 때에 쓰는 말. ①치환기(置換基)의 위치를 나타내는 말. 파라크실렌(paraxylene) 따위. ②원자핵의 스핀(spin)의 차이를 나타내는 말. 파라수소(para 水素) 따위. ③중합체(重合體)를 뜻하는 말. 파라알데히드(paraldehyde) 따위.

파라-고무(paragomme 프) 〖명〗 파라고무나무에서 채취한 생고무. ②〖약〗→파라고무나무.

파라고무-나무(paragomme──) 〖식물〗 버들옷과에 속하는 늘푸른 큰키나무. 높이 30 m, 자웅 동주(雌雄同株)임. 여름에 흰 단성화가 피고, 꽃이 진 뒤에 삭과가 달림. 브라질 원산으로 줄기를 쳐서 흐르는 젖 같은 수액(樹液)으로 탄성 고무를 만듦. 〖약〗 파라고무①.

파라-노이아(paranoia 라) 〖명〗〖동〗 편집병(偏執病).

푸르-다 〖고〗 푸르다.

파라=디클로로벤젠(paradichlorobenzene) 〖약학〗 방충제의 하나. 무색 결정으로 특유한 방향(芳香)이 있음. 의류·양모·표본의 방충제.

파라=메트론(parametron) 〖명〗 자기(磁氣)를 이용한 전

파라문 [婆羅門]명 →바라문.
파라밀다 [──多] [婆羅蜜多]명 [불] →바라밀다.
파라볼라 안테나 (parabola antenna)명 →패러볼라 안테나.
파라-비오시스 (parabiosis)명 두 동물의 신체의 일부가 결합되어 있는 상태. 또, 실험에 의해 봉합(縫合)한 상태에도 이름.
파라-사이콜로지 (parapsychology)명 〈심리〉 소위 투시(透視)·사념 전달·예지(豫知)·염력(念力) 등의 현상에 대하여 심리학적 방법으로 연구하려는 부문.
파라솔 (parasol 프)명 양산(陽傘).
파라-쇼크 (parashock)명 손목 시계 따위를 떨어뜨리거나 부딪쳐도 고장이 나지 않게 하는 진동 방지 장치.
파라슈-트 (parachute)명 낙하산(落下傘).
파라오 (Pharaoh)명 〈역사〉 고대 이집트 왕의 칭호.
파라지 (破羅之)명 '바라지'의 취음.
파라 척결 (爬羅剔抉)명 ① 손톱으로 후벼 파냄. scratch ② 숨은 인재를 찾아냄. looking for a hidden talent ③ 남의 흠을 들추어냄. find fault with 하타
파라티온 (Parathion 도)명 유기인(有機燐)을 포함한 갈색 농약. 사람과 가축에 유독하다.
파라티푸스 (Paratyphus 도)명 〈의학〉 파라티푸스균에 의하여 생기는 급성 소화기 전염병.
파라티푸스-균 (Paratyphus 菌)명 〈의학〉 간상균(桿狀菌)의 하나. 그 종류가 많고, 주로 편모(鞭毛)를 가지고 운동하는 데, 아포(芽胞)는 만들지 아니한다. 포도당을 분해하여 산과 가스를 산출함.
파라핀 (Paraffin 도)명 〈화학〉 석유 제조의 부산물로 생기는 흰빛의 환한 결정체. 냄새가 없고, 납(蠟)의 제조 원료 및 연고·경고의 기초제로 쓰임.
파라핀-유 (Paraffin 油)명 〈화학〉 액상(液狀)의 파라핀계(系) 탄화수소의 고비점(高沸點) 부분의 혼합물. 중유를 증류하여 만듦.
파라핀-지 (Paraffin 紙)명 〈화학〉 파라핀을 먹인 종이. 방습(防濕) 포장용으로 쓰임. paraffin paper
파·랗-다 형 파랗다.
파라-호르몬 (parahormone)명 〈생리〉 특정한 호르몬선(腺)에서 분비(分泌)되지는 않으나 혈관 운동 중추(血管運動中樞)·호흡 중추(呼吸中樞) 따위에 영향을 주고 전신의 기능 조정을 하는 탄산가스·유산(乳酸) 따위와 같은 대사물(代謝物)의 일컬음. 부호르몬(副 hormone).
파:라-호 (破落戶)명 행세하는 집 자손으로 난봉나서 결딴난 사람. ruined person
파:란 투명하지 못한 유리 성질의 물체. 쇠로 된 그릇을 장식하거나 녹을 막는 데 바름. 법랑(琺瑯).
파란 (波瀾)명 ① 작은 물결과 큰 물결. 파랑(波浪). waves ② 어수선한 사단(事端)의 비유. ¶ ──많은 생애. disturbance ③ 문장의 기복(起伏)이나 변화가 있음. storminess
파란 (波蘭)명 〈지리〉 폴란드(Poland)의 음역(音譯).
파란 곡절 (波瀾曲折)명 생활이나 일의 진행에 있어 많은 곤란과 변화. vicissitudes
파란 만:장 (波瀾萬丈)명 일의 진행에 몹시 기복(起伏)과 변화가 심함. ¶ ──한 일생. stormy 하타
파란-여로 [──여─] (一黎蘆)명 〈식물〉 백합과에 딸린 다년생 풀. 근경은 짧고 갈색의 털로 덮였으며 줄기는 원주형으로 높이 1 m 내외임. 7월에 녹색 또는 담자색의 작은 꽃이 핌.
파란 중:첩 (波瀾重疊)명 일의 진행에 변화와 난관이 많음. changefulness 하타
파랄림픽 (Paralympic)명 국제 신체 장애자 스포츠 대회. 4년에 한번 열림. 정식 명칭은 국제 파라플레지스 올림픽(paraplegic's olympic).
·포·랍-다 형 파랗다.
파랑 파랑 물감이나 빛깔. 《큰》 퍼렁. blue
파랑 (波浪)명 《동》 파란(波瀾)①.
파랑-강충이 명 〈곤충〉 빛이 푸른 강충이의 총칭.

파랑-나나니 명 〈곤충〉 나나니벌과의 벌. 몸 길이 2.5 cm 가량으로 몸 빛은 광택 있는 청람색이며 황록색의 털이 있음. ¶ ──빛이 나는 말. 녹색조. 녹조.
파랑-말 명 〈식물〉 제 몸에 잎자루를 두어서 푸른
파랑-무지기 명 끝에 파랑물을 들인 무지기.
파랑-물잠자리 명 《동》 물잠자리②.
파랑-새 명 ① 푸른 빛깔을 띤 새. 길조(吉兆)를 상징함. 청조(靑鳥). blue bird ② 〈조류〉 파랑새과의 새. 날개 길이 20 cm, 꽁지 10 cm, 부리 2 cm 가량. 빛은 암녹색에 머리는 녹색을 띤 흑갈색임. 부리는 폭이 넓고 끝이 구부러졌음.
파랑-쐐:기나방 명 〈곤충〉 쐐기나방과에 속하는 곤충. 날개 길이 4 cm 내외이고 몸 빛은 녹색, 유충은 황록색. 잎 모양의 잘못 고치를 지으며, 감나무·사과나무·버드나무 등의 잎을 갉아먹는 해충으로, 한국·중국·일본 등지에 분포함. parasa consocia
파랑-이 명 파랑 빛깔의 물건. 《큰》 퍼렁이. blue
파랑-콩 명 파란 빛깔의 콩.
파랗-다 형ㅎ ① 매우 푸르다. 아주 푸르다. ② '아주 젊음'의 비유. ¶ 파랗게 젊은 사람. 《큰》 퍼렇다.
푸릏-다 형ㅎ 파랗다. ┌다. blue
파래 명 〈식물〉 파래과에 딸린 바닷말. 길이 18 cm 가량으로 길고 좁기가 넓고 긴 것도 있고 머리털같이 가늘고 긴 것도 있음. 빛은 광택 있는 황록색이고 단물 섞인 바다에 군생함. 국·튀각 따위를 만들어 먹음. 식용 또는 종이의 원료로 쓰임. 석순(石蓴). ¶ ──김치. green laver ┌가지. 파개.
파래-막 명 배 안으로 들어오는 물을 퍼내는 데 쓰는 바가지.
파래-지다 자 파랗게 되다. ¶ 얼굴빛이 금방 ~. 《큰》 퍼레지다. become blue
파려 (玻瓈)명 《동》 파리(玻璃).
파려-피 (玻瓈塊)명 파리모(玻璃母).
파력 (波力)명 파도의 압력.
파·렬 (破裂)명 →파열.
파:-렴치 (破廉恥)명 염치를 모름. 수치를 수치로 알지 아니함. ¶ ──한 행동. ──하다
파:렴치-범 (破廉恥犯)명 도덕적으로 비난받아야 할 동기(動機)로 행하여진 범죄. 또, 그 범인.
파:렴치-죄 [──죄] (破廉恥罪)명 절도·강도·사기·횡령 등과 같은 비도덕적인 범죄 행위의 속칭.
파:렴치-한 (破廉恥漢)명 수치를 수치로 알지 않는 사람. 낯두꺼움을 모르는 사람. 《유》 철면피(鐵面皮). shameless dog
파로디 (Parodie 도)명 〈문학〉 어떤 작가의 시의 문체나 운율을 모방하여 그것을 풍자적으로 꾸민 익살스런 시문. 패러디②.
파로틴 (Parotin 도)명 〈화학〉 타액선(唾液腺) 호르몬의 하나. 뼈나 치아의 칼슘 침착을 촉진시킴.
파롱 (辦弄)명 조희(調戱).
파:뢰 (破牢)명 뇌옥(牢獄)을 탈출한 죄수.
파:-루 (罷漏)명 〈제도〉 오경 3점(五更三點)에 큰 쇠북을 서른세 번 치던 일. 서울에서 인정(人定)이 되어 밤마다 금했다가 이때 파루를 치면 풀렸음.
파륜 (波輪)명 파문(波紋)①.
파:-륜 (破倫)명 《동》 패륜(悖倫).
파:-륜-자 (破倫者)명 인륜을 파괴하는 사람.
파르께-하다 형여 깊지도 짙지도 않고 약간 파랗다. 《큰》 푸르께하다. bluish
파르나스 (Parnasse 프)명 ① 〈문학〉 시(詩). 시단(詩壇). 문학계(文學系). ② 그리스 신화의 시신(詩神) 아폴로(Apollo)와 뮤즈(Muse)의 영지(靈地)인 산.
파르나시앵 (parnassiens 프)명 《동》 고답파(高踏派).
파르대대-하다 형여 흐리게 보이게 파르스름하다. 《큰》 푸르데데하다. bluish
파르댕댕-하다 형여 격에 어울리지 아니하게 파르스름하다. 《큰》 푸르뎅뎅하다. bluish
파르라니 푸르스름하게. 곧, 파란 빛이 드러난 모

파르르 ~ 깎은 머리.
파르르튀 (거)→바르르.
파르무레-하-다휑여워 아주 옅게 파란 듯하다. 《큰》푸르무레하다.
파르스름-하-다휑여워 약간 파랗다. 《큰》푸르스름하다.
파르족족-하-다휑여워 빛깔이 고르거나 깨끗하지 아니하고 칙칙하게 파르스름하다. 《큰》푸르죽죽하다. greenish
파롯-파롯튀 군데군데 파르스름한 모양. 하휑
파롯-하-다휑여워 빛깔이 좀 파란 듯하다. freshly
파룽-채(波稜菜)몡(식) 시금치. [blue 파룽-이몡
파:리(巴里)몡⟨곤충⟩쌍시류(雙翅類)에 속하는 파리목(目)의 곤충. 한 쌍의 날개와 퇴화된 구문(口吻)이 있고, 뒷날개는 퇴화하였음. 여름에 많이 발생하며 콜레라 등 나쁜 병원균을 옮김. §집파리.
파리(玻璃)몡①⟨동⟩유리(琉璃·瑠璃). ②수정. ③⟨불교⟩일곱 가지 보석의 하나. 파려(玻瓈).
파리(笆籬)몡①⟨동⟩울타리. ②⟨약⟩→파리 변물.
ᄑ리(ᄑ)파리.
파:리 경주인(一京主人)몡 진무른 눈에 파리가 모여드는 일의 비유. 곧, 시골 아전이 서울에 오면, 그 고을 경주인의 집으로 모여든다는 말.
파:리-날리-다짜 한가하여 하는 일이 없다는 뜻으로, 사업·영업 따위가 번성하지 못하다는 말. be dull
파:리-똥몡 파리의 잘고 까만 똥.
파리-똥-새[一똥一]몡 광릉파리똥같이 새카맣고 자잘한 새.
파리-매⟨곤충⟩파리매과의 곤충. 모양은 벌과 같고 몸 빛은 검으며 누른 털이 있음.
파리-머리⟨제도⟩ 행정건(平頂巾).
파리-모(玻璃母)몡 유리가 녹아 엉긴 덩어리. 파려괴(玻瓈塊). lump of glass
파리-목(一目)몡⟨곤충⟩쌍시류(雙翅類)에 속하는 곤충의 한 목(目). 한 쌍의 날개와 큰 복안이 있고, 보통 세 개의 단안이 있음. 대개 난생인데 완전 변태함. 파리·모기 등.
파리목 동곳못몡 꼭지가 둥글고 목이 잘록하게 생긴 동곳못.
파리 목숨몡 보잘것없이 남에게 죽임을 당하는 목숨의 비유. cheap life
파리 목숨 같다몡 생명이 하찮고 보잘것없다.
파리발 드리다몡 손을 싹싹 비비며 애걸하다.
파리 변물(笆籬邊物)몡 쓸데없는 물건. 《약》 파리(笆籬)②.
파리 잡듯몡 목숨 끊기를 대수롭지 않게 여기는 모양.
파리-제(Paris祭)몡 1789년 7월 14일의 프랑스 혁명 기념일.
파리 조약(Paris 條約)몡⟨역사⟩①1763년 영국·프랑스·스페인 3국 사이에 체결된 조약. ②1814년 나폴레옹 전쟁을 종결시킨 동맹국과 프랑스 사이에 체결된 조약. ③1856년 크림 전쟁 종결의 조약.
파리지엥(Parisien 프)몡 파리에서 난 남자.
파리지엔느(Parisienne 프)몡 파리에서 난 여자.
파:리지옥-풀(一地獄一)몡⟨식물⟩끈끈이귀개과의 다년생 풀. 북아메리카산. 엽병(葉柄)에 넓은 날개가 있고 역시(葉身) 끝에 잎이 있음. 여름에 흰 오판화가 됨. 잎의 감각모에 개미·파리 따위가 닿으면 빨리 잎을 닫아 포식하는 식충 식물임.
파:리-채몡 파리를 잡는 채.
파:리-통(一筒)몡 파리를 잡는 유리통.
파:리-풀몡⟨식물⟩파리풀과에 딸린 다년생 풀. 7~9월에 담자색의 작은 꽃이 가지 끝에 이삭 모양으로 됨. 산과 들의 나무 그늘에 나며 유독한 뿌리를 이겨 파리를 잡는 데는 쓰임. catchfly
파리-하-다휑여워 몸이 마르고 해쓱하다. emaciated
파립(破笠)몡 해어진 갓. 폐립(敝笠). torn bamboo hat
파:마'퍼머넌트 웨이브'가 줄어 변한 말. 하자
파망(破網)몡 젖어진 망건. 해어진 망건. 폐망(敝網). 《대》 신망(新網).
파:매 동맹(罷賣同盟)몡 많은 사람이 단결해서 일정

한 물건 사기를 거부하는 일. 보이콧(boycott)①. 불매 동맹(不買同盟). 비매 동맹(非買同盟).
파-먹-다타①파서 먹다. eat into ②벌지 않고, 있는 것으로 놓고 먹다. ¶균이 폐를 ~. bite in
파면(波面)몡 물결의 면. wave surface
파:면(罷免)몡 직무를 면제시킴. 파출(罷黜). ¶~권. 면직(免職). dismissal 하타
파:-면자(破綿子)몡 헌 솜. [래한다. ruin 하타
파:멸(破滅)몡 깨어져 멸망함. ¶술은 몸의 ~을 초
파명당(破明堂)몡 명당 된 묘를 딴 곳으로 옮김.
파:묘(破墓)몡⟨동⟩파구분(破舊墳). 하타 [하타
파:묘-축(破墓祝)몡 파묘할 때에 읽는 주문.
파문(波紋·波文)몡①수면에 이는 잔 물결. 파륜(波輪). ¶~이 번지다. ripple ②물결 모양의 무늬. 파상문(波狀紋). ③어떤 일의 영향. ¶세상에 큰 ~을 일으키다. influence
파:문¹(破門)몡①⟨종교⟩신도의 자격을 박탈하고 종문(宗門)에서 쫓음. 기절(棄絶). excommunication ②사제(師弟)의 의리를 끊고 제척(除斥)함. ¶제자를 ~하였다. 하타 [점.
파:문²(破文)몡⟨민속⟩파수가 끝으로 보이는
파:문-벌[一뻘]⟨破門罰⟩몡⟨동⟩기절벌(棄絶罰).
파-묻-다타①땅을 파고 무엇을 묻다. bury ②물래 깊이 감추어 두다. conceal
파:물-이-다타⟨드⟩여러 차례 자세히 되짚어 묻다. ¶너무 파묻지 말라. inquire searchingly
파:묻히-다[一무치-]짜 파묻힘을 당하다. be buried
파:물(破物)몡 깨어지거나 흠이 나서 못 쓰게 된 물건. defective article [頭].
파미(波尾)몡 파도의 가장 낮은 부분. ⟨대⟩ 파두(波
파:민(罷民)몡①일정한 주소나 생업이 없는 부랑민(浮浪民). ②민중을 피폐하게 함. 하타
파-밑동몡 파의 아랫도리의 흰 부분. 총백(葱白).
파반(把盤)몡 손잡이가 달린 목판. handled wooden tray
파발(擺撥)몡⟨제도⟩공문을 급히 보내기 위해 설치한 역참(驛站). ¶~을 놓다. post station
파발-꾼(擺撥-)몡⟨제도⟩각 역참에 딸려 공문을 가지고 역참(驛站) 사이를 나르는 사람.
파발-마(擺撥馬)몡⟨제도⟩공무로 급히 가는 사람이 타는 말. post horse
파방(坡房)몡⟨제도⟩해마다 한 번씩 각 지방 군(郡)에서 육방(六房)의 하리들을 교섭(交涉)하던 일. 파임(派任). [소함. 하타
파:방(罷榜)몡⟨제도⟩과거에 급제자의 이의 발표가 있는 더 볼 것이 없다.
파방에 수수엿 장수몡 이미 일이 잘못되었으니 이제는 더 볼 것이 없다. [다. shut up
파:방-치-다(罷榜-)타 살던 살림을 그만 집어엎
파:방-판(罷榜-)몡 일이 다 끝난 판. end
파-밭몡 파를 심은 밭.
파밭 밟듯하다몡 조심스럽게 발을 옮겨 걸어 나가다.
파배(把杯)몡 손잡이가 달린 술잔. handled wine cup
파벌(派閥)몡 한 파에서 갈린 가벌(家閥)이나 지벌(地閥). ¶~ 싸움. clique
파벌-적(派閥的)관명 파벌을 이루는(것).
파:벽(破僻)몡 벽성(僻姓)이나 무반향(無班鄉)에서 인재가 나 본래의 미천한 상태를 면하게 함. 파천황(破天荒)②. 하타
파:벽(破壁)몡 무너진 벽.
파:벽(破甓)몡 깨지거나 부서진 벽돌. 헌 벽돌.
파:벽-토(破壁土)몡 무너진 벽의 흙. crumbled wall plaster [faction 하타
파별(派別)몡 갈래를 나누어 가름. 도, 그런 갈래.
파병(派兵)몡 군대를 파견함. dispatch of troops
파보(派譜)몡 동종(同宗) 속의 한 파의 보첩(譜牒).
파보리(favori 이)몡⟨음악⟩'사랑스럽게'의 뜻.
파복(波腹)몡⟨물리⟩정상파(定常波)의 가장 진동이 심한 곳. [로 들어감. 하타
파:복(罷伏)몡⟨제도⟩파루(罷漏) 뒤에 순라가 집으
파부초(婆婦草)몡⟨식물⟩백부과에 속하는 다년생

풀. 높이 60 cm 이상. 상부(上部)는 덩굴져서 딴 물건에 감기고, 잎은 난형으로 광택이 남. 여름에 담록색의 사판화(四瓣花)가 핌. 괴근(塊根)은 약재로 씀. 「로 크게 싸움을 이루는 말.
파:부 침선(破釜沈船)〖명〗 살아서 돌아가지 않을 각오
파:빈(破殯)〖명〗〖동〗 제빈(啓殯).
파빌리온(pavilion)〖명〗 ①야유회·운동회 따위에 쓰는 큰 천막. ②박람회장 등에 세우는 임시 건물의 일컬음.
파-뿌리〖명〗 ①파의 뿌리. ②백발의 비유. ¶검은 머리
파사(波斯)〖명〗 '페르시아'의 음역. '이란'의 구칭.
파:사(破邪)〖명〗 허물어진 절.
파:사(破事)〖명〗 깨어진 일. 실패한 일. failure
파사(婆娑)〖명〗 ①춤추는 소매가 날리는 모양. fluttering ②몸이 가냘픈 모양. slender ③초목의 잎이 떨어지고 가지가 성긴 모양. flaking ④거문고의 소리가 꺾이는 모양. 하다
파:사(罷仕)〖명〗 ①그날의 일을 끝냄. finishing the day's duty ②〖동〗 사퇴(仕退). 하다
파:사-신(罷祀神)〖명〗→파제사(罷祭祀).
파:=사기(破沙器)〖명〗 깨지거나 금이 간 사기. 「面).
파사드(façade 프)〖명〗 서양 건축의 정면 또는 전면(全
파사칼리아(passacaglia)〖명〗〖음악〗 옛날 이탈리아·스페인 등에서 유행한 3박자의 느린 무곡(舞曲). 17~18세기의 조곡(組曲) 중에 사용되었음.
파:사 현:정(破邪顯正)〖명〗〖불교〗 사견(邪見)·사도(邪道)를 파괴하여 정법(正法)을 창현함. 〖약〗 파현(破顯).
파삭-파삭〖명〗 몹시 파삭한 모양. 〖큰〗 퍼석퍼석. 하다
파삭-하-다〖여불〗 메마르고 연하여 잘 부서지게 부피만 있성하다. 〖본〗 퍼석하다. fragile
파:산(破産)〖명〗 ①가산을 모두 날려버림. ¶~ 직전에 처하다. bankruptcy ②〖법률〗 채무자가 그 채무를 완제할 수 없는 상태에 빠졌을 때 그 채무자의 총재산을 모든 채권자에게 공평히 변제할 것을 목적으로 하는 재판상의 제도. 도산(倒産)②. 하다
파:산(破算)〖명〗 주판에 계산된 셈을 흩뜨려 버림. calculating anew 하다
파:산(罷散)〖명〗 벼슬을 그만두어 한산(閑散)하게 됨.
파:산 관재인(破産管財人)〖법률〗 파산 재단에 속하는 재산의 관리를 하는 파산 절차상의 공공 기관. trustee in bankruptcy 「정해 놓은 법률.
파:산-법(破産法)〖명〗〖법률〗 파산에 관하여
파:산 법원(破産法院)〖법률〗 파산 사건을 관할하는 법원. court of bankruptcy
파:산 선고(破産宣告)〖법률〗 파산 법원이 신청에 의하여 채무자의 파산 원인을 인증하고 그에게 파산이 결정을 내리는 선고. adjudication of bankruptcy 「자(破産債務者). bankrupt
파:산-자(破産者)〖명〗〖법률〗 파산된 사람. 파산 채무
파:산 재단(破産財團)〖명〗〖법률〗 파산 절차에 의하여 파산 채권자에게 배당되어야 할 파산자의 총재산.
파:산 절차(破産節次)〖명〗〖법률〗 파산 재단을 그의 총채권자에게 평등하게 배당 반제(返濟)하는 목적으로 특별 민사 소송상의 절차. progress of bankruptcy 「kruptcy
파:산 채무자(破産債務者)〖명〗 파산 선고를 받은 자.
파상(波狀)〖명〗 물결이 기복(起伏)하는 형상. 상하로 만곡한 모양. wave like
파:상(破傷)〖명〗 상하여 상함. injury 하다
파상 공격(波狀攻擊)〖군사〗 하나의 공격 목표에 대하여 단속적(斷續的)인 공격. repeated attack
파상-운(波狀雲)〖명〗〖기〗 파문(波紋)운②.
파상-운(波狀雲)〖명〗 물결 모양의 구름. wave clouds
파상 운:동(波狀運動)〖명〗〖생물〗 거머리가 헤엄칠 때, 또는 애벌레가 파도를 이루며 몸을 파상으로 움직이는 운동.
파상 파업(波狀罷業)〖명〗 동맹 파업 형태의 하나이. 통일적 요구를 쟁취하기 위한 전술로 동일 산업의 여러 조합이나, 동일 기업의 지역적 조합 조직이 차례차례로 연속해서 행하는 파업.

파상 평원(波狀平原)〖동〗 준평원(準平原).
파:상-풍(破傷風)〖명〗〖의학〗 외상(外傷)에서 체내에 들어간 파상풍균(破傷風菌)의 독소로 일어나는 전염병. 중하면 곧 죽음. tetanus
파:상풍-균(破傷風菌)〖명〗〖의학〗 파상풍의 병원균. 그람 양성(Gram 陽性)의 간균(桿菌)으로 혐기성(嫌氣性)이 공중에서는 발육을 못함.
파:상풍 혈청(破傷風血淸)〖명〗〖의학〗 파상풍균이 산출하는 독소를 말에 주사하여, 면역(免疫)시켜서 만든 항독소 혈청. 파상풍의 치료·예방에 쓰임.
파:색(破色)〖명〗 원색에 백색 또는 흑색을 조금 섞은 색.
파:색-조(破色調)〖명〗 원색에 잿빛을 가한 색. 즉, 제삼차색을 말하며, 간색(間色)과 같은 뜻으로 쓰임.
파생(派生)〖명〗 어떤 사물의 주체로부터 갈려 나와 생김. derivation 하다
파:생(罷省)〖명〗 그만두게 하여 제거함. 하다
파생-률(派生律)〖명〗〖철학〗 일반적인 법칙으로서 특별한 경우에 적용되는 법칙. 「물건.
파생-물(派生物)〖명〗 사물의 주체에서 갈려 나와 생긴
파생-법(派生法)〖명〗〖어학〗 실질 형태소에 형식 형태소를 붙이어 파생어를 만드는 단어 형성법. 〖대〗 합성법(合成法). derivative
파생 사:회(派生社會)〖명〗〖사회〗 사회의 분화 과정에 있어서 원형(原型)을 이루는 기초 사회로부터 파생된 사회. 「생산할 때 생기는 간접적인 수요.
파생 수요(派生需要)〖명〗〖경제〗 어떠한 화물(貨物)을
파생-어(派生語)〖명〗〖어학〗 어떤 원말에서 갈라져 생긴 말. derivative
파생-적(派生的)〖명〗 어떠한 원칙적인 것에 대한 종속적(從屬的) 또는 부분적인(것). 파생한(것).
파생所=득(派生所得)〖명〗 연금·공채·이자·증여 등과 같이, 생산에 종사하지 않고 본원적 소득에서 갈라져 나오는 소득. 「나온 개체.
파생=체(派生體)〖명〗 한 근원이 되는 주체로부터 갈려
파샤(pasha)〖명〗 터키에서 장군·총독·사령관에게 주는 영예의 칭호. ¶케말 ~.
파:석(破石)〖명〗 암석·광석을 깨트림. breaking a stone
파선(波線)〖명〗 물결 모양으로 구불구불한 선. 파상으로 된 선. wave-line 「하다
파:선(破船)〖명〗〖동〗 난파선. shipwreck
파:선(破線)〖명〗 짧은 선을 간격을 두고 벌여 놓은 선.
파:설(播說)〖명〗 말을 퍼뜨림. 말을 전함. dissemination
파:성-기(破成器)〖명〗 파쇠로 만든 그릇. 「ation
파:섹(parsec)〖명〗〖천〗 천문학상의 거리의 단위. 연주 시차(年周視差) 1초(秒)에 해당하는 거리. 즉, 1 파섹은 약 30조 8,400억 km 또는 3.26 광년(光年). 기호; PC. 「〖把〗과 〖束〗.
파속(把束)〖명〗〖제도〗 논밭의 결세(結稅)의 단위인 줌
파속(波速)〖명〗 파동이 전파되는 속도.
파:손(破損)〖명〗 못 쓰게 됨. 깨트려서 못 쓰게 만듦. ¶키를 ~. 〖대〗 수리(修理). damage 하다
파:송(派送)〖명〗 ①사람을 어떤 곳으로 갈라 붙여 보냄. 「림. crushing 하다
파:쇄(破碎)〖명〗 깨어져 부스러짐. 깨트리어 부스러뜨
파:=쇠(破-)〖명〗 ①쇠붙이 그릇의 깨진 조각. ②현쇠. 하철. scrap iron
파쇼(Fascio)〖명〗〖사회〗 ①이탈리아의 파시즘 운동. ②극단적인 운동·경향·지배 체제(의 집단단체).
파쇼나토(passionato)〖명〗〖음악〗 '정열적으로'의 뜻.
파수(把守)〖명〗 경계하여 지킴. 또, 그 사람. 하다
파수(派收)〖명〗 ①5일께마다 팔고 산 물건 값을 치르는 일. ②장날에서 다음 장날까지의 동안. ¶한 ~. 두 ~. ③여러 번 있는 일에서 그 어느 한 번, 또는 어느 동안. ¶이번 ~. 다음 ~.
파:수(破水)〖명〗 ①〖의학〗 분만(分娩) 때에 양막(羊膜)이 터져서 양수(羊水)가 배출되는 일. 또, 그 양수. ②〖민속〗 풍수 지리상, 뒷구지나 마을들에서 메 뒤로 보이는 물줄기의 파문(波紋)으로 빠져 나
파수-꾼(把守-)〖명〗 파수보는 사람. watch 「가는 물.

파수=막(把守幕)[명] 파수보는 막. watch-man's lodge
파수=병(把守兵)[명] 파수를 보는 병정. 보초병(步哨兵).
「다. stand watch
파수=보-다(把守—)[타] 한 곳을 경계하여 지키어 보
파순(波旬, Pâpîyâs 범)[명] 〈불교〉 불도에 정진하는 사람의 수행(修行)을 방해하는 흉악한 마왕(魔王). 악마. ¶천마(天魔) ~.
파ː스(farce)[명] 《동》 소극(笑劇).
파스(P. A. S.)[명] 〈약학〉 《약》 para-amino salicylic acid 백색의 쓴 맛이 나는 가루 모양의 결핵 특효 내복약.
파스너(fastener)[명] ①분리되어 있는 것을 잠그는 데 쓰는 기구. ②척(chuck). 지퍼.
파스칼 원리(Pascal 原理)[명] 〈물리〉 밀폐된 용기(容器) 속에 정지한 유체(流體)는 그 일부에 받은 압력을 증감 없이 전체의 부분에 전달한다는 원리. 수압기에 응용됨.
파스타(Pasta 도)[명] ①풀. ②연고(軟膏).
파스텔(pastel)[명] 〈미술〉 파스텔화(畫)에 쓰이는 크레용의 일종. 빛이 있는 가루 원료로 만듦.
파스토랄(pastoral 프)[명] ①전원(田園)을 그린 작품. ②〈연예〉 전원적인 제재(題材)를 한 가극(歌劇)이나 음악극(音樂劇). ③〈음악〉 6박자·9박자의 소박한 선율의 목가적(牧歌的)인 기악곡이나 성악곡.
파스토랄레(pastorale 이)[명] 〈음악〉 '목가풍(牧歌風)으로'의 뜻.
「교향곡(田園交響曲).
파스토랄 심포니(Pastoral Symphony)[명] 〈음악〉 전원
파스투렐(pastourelle 프)[명] 프랑스 중세기의 전원시(田園詩).
파스파 문자[—짜](Pagspa·ḥPhags-pa 文字)[명] 〈역사〉 중국 원(元)나라 세조 때 티베트의 라마승으로 임금의 스승이 된 파스파〔八思巴 ; Pagspa·ḥPhags-pa〕가 왕명으로 만든 몽고의 글자.
파스피에(passepied 프)[명] 〈음악〉 3박자의 옛날 프랑스의 선원들 사이에서 일어난 무곡(舞曲).
파ː슬리(parsley)[명] 〈식물〉 미나리과의 이년생 풀. 골이 있고 높이 30~60 cm, 줄기에서 많은 가지를 내며 잎은 짙은 녹색, 꽃은 황록색이며 향기가 있어 식용함.
파슬=파슬[부] 덩어리진 가루 등속이 물기가 없어 쉽게 헤어지는 모양. 《큰》 퍼슬퍼슬. 하[형]
파시(波市)[명] 해상에서 열리는 생선 시장. ¶연평도(延坪島)의 조기 ~. fish-market on the ships
파ː시(罷市)[명] 중국에서, 도시의 상인이 다 가게를 닫고 물건 파는 것을 중지하는 일. 하[자]
파시스트(Fascist)[명] ①파시즘(Fascism)을 신봉·주장하는 사람. ②이탈리아의 파시스트 당원(Fascist 黨員).
「조직된 국수주의(國粹主義)당.
파시스트=당(Fascist 黨)[명] 1919년 무솔리니에 의하여
파시즘(Fascism)[명] 제 1차 세계 대전 후, 무솔리니를 중심으로 하여 일어난 주의. 정치적으로는 독재주의를, 경제적으로는 노사 협조주의를, 대외적으로는 민족주의·조국 지상주의를 고집함.
파시=풍(波市風)[명] 파시(波市)의 풍경. 「built 하[타]
파식(波蝕)[명] 〈지학〉 물결이 육지를 침식함. wave
파식(播植)[명] 《동》 파종(播種). 하[타]
파식 대지(波蝕臺地)[명] 〈지학〉 파식에 의해 육지가 깎이어 나가, 해안 근처의 해저에 생긴 평탄면. wave built terrace
파심(波心)[명] 물결의 한가운데. center of the wave
파악(把握)[명] ①잡아 쥠. grasp ②확실히 이해함. ¶요지 ~. 정세 ~. understanding 하[타]
파ː안(破顔)[명] 얼굴빛을 부드럽게 하여 웃음. 개안(開顔). smile broadly 하[자] 「게 웃음. 하[자]
파ː안 대ː소(破顔大笑)[명] 얼굴빛을 부드럽게 하여 크
파압(波壓)[명] 밀려오는 파도의 압력.
파ː약(破約)[명] 약속을 깨뜨림. 해약(解約)②. ¶계약은 ~이 되었다. breach of promise 하[자][타]
파양(爬痒)[명] 가려운 데를 긁음. 하[자]
파ː양(罷養)[명] 양자의 인연을 끊음. 파계(罷繼). 하[타]
파ː업(罷業)[명] ①하던 일을 중지함. give up one's business ②《동》 동맹 파업(同盟罷業). 하[자]
파ː업=권(罷業權)[명] 〈사회〉 사용자와 근로자의 사이에 임금이나 노동 조건에 관하여 의견의 차이가 있을 때 그 요구를 관철시키기 위하여 근로자가 파업을 행할 수 있는 권리. right to strike
파ː업 기금(罷業基金)[명] 〈사회〉 동맹 파업 때에 사용하기 위하여 노동자가 평상시에 미리 준비하여 두는 기금.
「(Apollon)의 아들.
파에톤(Phaëthon 그)[명] 그리스 신화에서, 아폴론
파ː연(罷宴)[명] 잔치가 끝남. 잔치를 끝냄. finishing the banquet 하[자][타]
「부르는 노래.
파ː연=곡(罷宴曲)[명] 〈음악〉 연회나 잔치를 끝낼 때
파ː열(破裂)[명] 깨어져 갈라짐. 깨뜨리어 가름. 궤열(潰裂). explosion 하[자][타]
파ː열=시(破裂矢)[명] 포경용(捕鯨用) 작살의 일종. 발사되어 고래의 살 속에 들어가서 파열하게 됨.
파ː열=음(破裂音)[명] 〈어학〉 자음(子音)을 발음할 때 후두 위의 발음 기관의 어느 한 부분을 막고 숨을 그친 다음 이를 터뜨려 내는 소리. ㅂ·ㅃ·ㅍ·ㄷ·ㄸ·ㅌ·ㄱ·ㄲ·ㅋ 등의 소리. plosive
파오(包 중)[명] 몽고인의 이동식 텐트 모양의 집. pao
파ː옥(破屋)[명] 무너진 집. 허물어진 집. ¶~을 수리하다. demolished house
파ː옥(破獄)[명] 죄수가 옥을 깨뜨림. prison breaking 하[자]
「함. 하[자]
파ː옥 도주(破獄逃走)[명] 죄수가 옥을 깨뜨리고 도망
파ː와(破瓦)[명] 깨어진 기와. broken tile
파우더(powder)[명] ①가루. 분말. ②화장용의 분. ③화약(火藥).
파우치(pouch)[명] 행낭(行囊). ¶외교 문서 ~.
파운데이션(foundation)[명] ①기초 화장에 쓰는 화장품의 하나. ②몸의 선을 고르게 하기 위한, 여성의 속옷. ③기초. 토대.
파운드(pound)[의명] ①영국의 무게의 단위. 1파운드는 0.4536 kg. 기호 ; lb, 복수는 lbs. ②영국의 화폐 단위. 1파운드는 100펜스. 기호 ; £, L. 방(磅).
파운드 지역(pound 地域)[명] 《동》 스털링 지역.
파운틴 펜(fountain pen)[명] 《동》 만년필.
파울(foul)[명] 규칙 위반. 반칙(反則). 「밖의 운동장.
파울 그라운드(foul ground)[명] 야구에서, 파울 라인
파울 라인(foul line)[명] 야구에서, 본루와 일루 및 본루와 삼루를 연결한 직선과 그 연장선.
파울 볼ː(foul ball)[명] 야구에서, 타자가 파울 라인 밖으로 치는 공.
파울 팁(foul tip)[명] 야구에서, 타자의 배트를 스쳐, 직접 포수의 미트 속에 들어간 파울 볼.
파울 히트(foul hit)[명] 야구에서, 타자가 파울 볼이 되게 치는 일.
파워(power)[명] 힘. 권리. 능력. 권력.
파원(波源)[명] 〈물리〉 파동의 근원.
파원(派員)[명] 파견된 사람.
파월(派越)[명] 베트남에 파견함. 하[타]
파ː의(罷意)[명] 하고자 하던 의사를 버림. 단념. abandonment 하[타]
파ː의(罷議)[명] 의논을 그만둠. cancellation 하[자][타]
파이(牌 중)[명] 마작(麻雀)용의 패(牌).
파이(pie)[명] 양과자의 하나. 밀가루를 반죽하여 과실·고기 등을 넣어 구운 양과자.
파이(Π·π 그)[명] ①그리스(Greece) 문자의 16번째의 자모. ②〈수학〉 Π는 총승(總乘) 기호, π는 원주율(圓周率)에 쓰임.
파이널 세트(final set)[명] 배구·테니스·탁구 등에서 승
파이-다[피동]→패다⁴. 〔패를 가름하는 최종 세트.
파이렉스 유리(Pyrex 琉璃)[명] 〈화학〉 붕화규산(硼化珪酸) 유리의 상품명. 이화학용으로 쓰임.
파이버(fibre)[명] ①섬유(纖維). 섬유상(狀)의 것. ②철모 밑에 받쳐 쓰는 모자. ③《약》→스테이플 파이버(staple fibre).

파이버보드(fiberboard)〖명〗 펄프 섬유·석면(石綿)·유리 섬유 등의 섬유질 재료를 압축 성형한 널빤지의 하나.

파이어(fire)〖명〗①불. ②〖하〗해고(解雇). 〖하타〗 〖총칭〗.

파이어니어(pioneer)〖명〗 선구자. 개척자.

파이어티즘(Pietism)〖명〗〈종교〉 경건주의.

파이어플레이스(fireplace)〖명〗 서양식 집의 난방 장치로, 벽 안에 설치한 난로. 벽로(壁爐). 〔肉〕

파이쿠(排肉 중)〖명〗 중국 요리의 하나. 골부육(骨付肉)

파이터(fighter)〖명〗①투지(鬪志) 있는 사람. 전사(戰士). ②권투에서, 기술보다도 힘으로 하는 공격형의 선수.

파이트(fight)〖명〗①전투력. 투지. ②원기. 기력.

파이트 머니(fight money)〖명〗 권투·레슬링 등의, 시합의 보수(報酬).

파이팅(fighting)〖명〗 '잘 싸우자'는 뜻으로 운동 선수들이 외치는 구호.

파이팅 스피릿(fighting spirit)〖명〗 전투 정신. 투지(鬪志).

파이프(pipe)〖명〗①주로 물·가스·증기(蒸氣) 등을 수송하는 데 사용하는 관(管). 도관(導管). ②살담배를 피우는 서양식 담뱃대. 〈속〉 빨부리.

파이프 라인(pipe line)〖명〗 가스·석유 등 유체를 먼 곳으로 수송하는 도관(導管). 송유관.

파이프 렌치(pipe wrench)〖명〗〈공업〉 관을 부설할 때 관의 나사를 돌리는 공구.

파이프 오르간(pipe organ)〖명〗〈음악〉 많은 파이프를 음계적으로 배열하고, 이것에 바람을 보내어 주악하는 건반 악기. 장엄하고 신비적인 음들을 낼 수 있음. 〔野人〕

파인(巴人)〖명〗 시골 사람. 비속(鄙俗)한 사람. 야인(野人).

파인더(finder)〖명〗 사진 촬영할 때에, 피사체의 위치를 보고 정하기 위하여 카메라에 부착해 둔 장치.

파인애플(pineapple)〖명〗 아나나스의 열매. 향기가 좋고 단백질을 소화시키는 힘이 있음. 봉리(鳳梨).

파인트(pint)〖의명〗 야드파운드법에 의한 액량(液量)의 단위. 1파인트는 1갈론의 8분의 1. 〔기(妙技).

파인 플레이(fine play)〖명〗 경기에서의 미기(美技). 묘

파:일(八日)〖명〗〈불교〉 음력 사월 초여드렛날의 석가(釋迦) 탄생일. 연등절(燃燈節). 초파일. Buddha's birthday

파:일(破日)〖명〗 음력으로 매월 초닷샛날, 열나흗날, 스무사흗날. 이 날에 일을 하면 불길하다고 함.

파일(file)〖명〗 서류철(書類綴).

파일(pile)〖명〗①직물(織物)의 원자모(原子毛). ②첨모(添毛) 직물·유모(有毛) 직물을 일컬음. 외투용으로 쓰임. ¶ 〜. ③ 말뚝.

파:일등(八日燈)〖명〗〈불교〉 파일에 다는 등.

파일럿(pilot)〖명〗①항공기 조종사. ②〖동〗도선사(導船士).

파일럿 램프(pilot lamp)〖명〗 표시등(燈).

파일럿 버:너(pilot burner)〖명〗 버너에 계속 점화하여 두기 위한 심지.

파일럿 팜(pilot farm)〖명〗 근대적 경영의 실습 농장.

파일럿 플랜트(pilot plant)〖명〗〈공업〉 실험실 안의 제조·연구 성과의 공업화에 대하여 예비 실험을 행하는 설비. 실험 공장. 〔든본. 노트·장부·서류 등.

파일 북(file book)〖명〗 자유로이 끼우고 뺄 수 있게 만

파일 직물(pile 織物)〖명〗 한쪽 또는 양면에 파일이 있는 직물을 총칭. 우단(羽緞)·코르덴·벨벳 비로드 따위.

파:임(漢字 자획)〖명〗 한자(漢字) 자획(字劃)의 'ㄴ'의 이름. 〔부〗

파임(派任)〖명〗〖동〗 파방(派房). 〖하타〗

파임-내:-다〖하타〗 일치된 의논에 대해 나중에 딴소리를 하여 그르치다. spoil

파자(笆子·把子)〖명〗〈원〉→바자.

파:-자(破字)〖명〗 한자의 자획(字劃)을 분할(分合)하여 맞추는 수수께끼. '李'자를 분해하여 '木子'라 하는 따위. ②〈민속〉 점치는 법의 하나. 한자를 불분해서 길흉을 알아냄. 탁자(坼字). 해자(解字).

파자마(pajamas)〖명〗①낙낙하게 지은, 저고리와 바지로 된 자리옷. ②인도 사람의 통넓은 바지.

파:자-쟁이(破字-)〖명〗〖동〗 해자쟁이(解字-).

파:자-점(破字占)〖명〗〈민속〉 파자(破字)로써 길흉을 점침. 또, 그 점. 〖하타〗

파:-잡-다〖명〗 결점을 들추어내다. find out one's faults

파장(把掌)〖명〗〈제도〉 결세액(結稅額)과 납세자를 양안(量案)에서 부책(簿册)에 초록(抄錄)하던 일. 〖하타〗

파장(波長)〖명〗〈물리〉 파동에서 같은 위상(位相)을 가진 서로 이웃한 두 점 사이의 거리. wave length

파:장(罷場)〖명〗 과장(科場)·백일장(白日場)·시장 따위가 파함. 또, 그 때. closing of a market 〖하타〗

파장-계(波長計)〖명〗 교류(交流)의 주파수(周波數)를 자동적으로 지시하는 계기.

파장-기[一끼](把掌記)〖명〗〈제도〉 결세액(結稅額)과 납세자를 양안(量案)에서 초록한 부책(簿册).

파:장-머리(罷場-)〖명〗 파장이 될 무렵. 파장할 때.

파:장-지(罷場紙)〖명〗 파로 만든 장아찌.

파:재(破齋·罷齋)〖명〗〈불교〉 법회(法會)나 재회(齋會)를 마침. 〖하타〗 〔timber

파재-목(破材木)〖명〗 파손된 재목. 헌 재목. damaged

파쟁(派爭)〖명〗 편끼리의 다툼. strife among groups

파저(波底)〖명〗〖동〗 물밑①. 〔하타〗

파:적(破寂)〖명〗①적적함을 면함. 고요함을 면함. diversion for idle moments ②심심풀이. 〖하타〗

파:적(破敵)〖명〗 적을 쳐서 부수거나 깨뜨림. 〖하타〗

파:적(破積)〖명〗 적병(積病)을 고침. 〖하타〗 〔knot

파:전(破錢)〖명〗 찢어지거나 깨어진 돈. damaged ban-

파:전(罷戰)〖명〗 싸움을 그만둠. 싸움을 그침. ceasefire 〖하타〗 〔하지 않는 부분.

파절(波節)〖명〗〈물리〉 정상파(定常波)에 있어서 진동

파:절(破節)〖명〗 절개를 깨뜨림.

파:접(罷接)〖명〗 작시(作詩)·독서의 회합을 걷어치움. closing of the reading meeting 〖하타〗

파:접-례(罷接禮)〖명〗 파접할 때에 베푸는 잔치. 〖하타〗

파:정(罷精)〖명〗 성교할 때 정액이 사출함. 사정(射精).

파:제(破堤)〖명〗 홍수로 제방(堤防)이 무너짐. 〖하타〗

파:제(破題)〖명〗〈제도〉 과거 보는 시(詩)의 첫머리에 그 글제의 뜻을 들춰냄.

파:제(罷祭)〖명〗→파제사.

파:제 만:사(破除萬事)〖명〗〖동〗 제백사(除百事). 〖하타〗

파:-제:사(罷祭祀)〖명〗 제사를 마침. 《약》 파사(罷祀). 파제(罷祭). 〖하타〗

파:제삿-날(罷祭祀-)〖명〗 제사를 마친 날. 《약》 파쳇날.

파:쳇-날(罷祭-)〖명〗〈약〉→파제삿날.

파족(派族)〖명〗 갈라져 나온 종족(宗族). 〔boil 〖하타〗

파:종(破腫)〖명〗 종기를 칼로 쨈. incising a

파종(播種)〖명〗 논밭에 곡식의 씨앗을 뿌려 심음. 종파(種播). 파식(播植). ¶ 〜법. 〜 시기. sowing

파종-기(播種機)〖명〗 씨앗을 뿌리는 기계.

파주(把住)〖명〗①마음속에 간직함. ②〈심리〉 경험의 감각을 오래 간직하고 있다가 때때로 재현(再現)할 수 있는 작용. 〖하타〗 〔르는 말. 초목을.

파-죽음〖명〗 심히 맞거나 지쳐서 녹초가 된 상태를 이

파죽지세(破竹之勢)〖명〗 대적(大敵)을 거침없이 물리치고 쳐들어가는 당당한 기세. irresistible force

파지(把持)〖명〗①꼭 쥠. 쥐고 있음. grasp ②〈심리〉 기억 과정의 한 요소. 어떤 표상·감정·흥분·반응·경험 따위를 보존하는 일. retention 〖하타〗

파지(把指)〖명〗 손가락을 쥐고 놓는 법.

파:지(破紙)〖명〗①찢어진 종이. waste paper ②인쇄 본 등의 공정에서 손상되어 못 쓰게 된 종이.

파직(罷職)〖명〗 관직에서 물러가게 함. discharge 〖하타〗

파:진(破陣)〖명〗 적진을 부숨. destroying the encam-

파:진(罷陣)〖명〗〖동〗 파군(罷軍). 〔pment 〖하타〗

파종이-메뚜기〖명〗 누리.

파:착(把捉)〖명〗①마음을 단단히 먹음. firm resolution ②〖동〗 포착(捕捉)①. 〖하타〗

파:찰-음(破擦音)〖명〗〈어학〉 파열과 마찰이 함께 되어 나는 자음. ㅈ·ㅉ·ㅊ 따위. affricate 〔refuge 하

파천(播遷)〖명〗 임금이 도성을 떠나 난을 피함. Imperial

파:천황(破天荒)[명] ①이전에 아무도 한 적이 없는 일을 처음으로 하는 일. 전대 미문(前代未聞). 미증유(未曾有). unprecedentedness ②[동] 파벽(破僻).

파:철(破鐵)[명] [속] 파쇠②.

파:체(破砌)[명] ①깨어진 섬돌. broken stone step ②파손된 문지방. damaged threshold

파:체(破涕)[명] 슬픔을 기쁨으로 돌리어 생각함. 울음을 거둠. stopping weeping 하다

파초(芭椒)[명] 천초(川椒)②.

파초(芭蕉)[명] 〈식물〉 파초과의 다년생 풀. 높이 3m 내외의 잎은 긴 타원형으로 길이 1~2m임. 여름에 황갈색의 단성화(單性花)가 핀 후 원기둥 끝인 육질의 열매가 달림. 중국 원산이며 관상용으로 재배함. plantain

파초-선(芭蕉扇)[명] 파초의 잎 모양으로 만든 부채. 또, 파초 잎을 드리운 것. 의정(議政)이 출행할 때 머리 위를 가림.

파총(把摠)[명] 〈제도〉 각 군영의 종4품 무관 벼슬.

파출(派出)[명] 사무를 배당하여 사람을 출장시킴. 하다

파:출(罷黜)[명] [동] 파면(罷免). 하다

파출-부(派出婦)[명] 임시로 출장하여 가사 따위를 돌봐 주는 일종의 시간제 가정부.

파출-소(―所)[명] ①파출된 사람이 사무를 보는 곳. ②〈약〉→경찰관 파출소.「일컬음.

파충(爬蟲)[명] 〈동물〉 파충류에 속하는 동물을 통틀어

파충-류(爬蟲類)[명] 〈동물〉 척추 동물(脊椎動物)의 한 강(綱). 외부는 각질(角質)의 비늘 따위로 덮여 있고 냉혈(冷血)이며 허파로 호흡을 함. 대개 난생(卵生)임. 거북·뱀·도마뱀·악어 따위. reptiles

파:-치(破―)[명] 파손되어 못 쓰게 된 물건. 파지(破

파:침(破針)[명] [동] 파소(破―).「件). defective

파카(parka)[명] 두건이 달린, 약간 긴 셔츠 모양의 자켓.「을 막는 방법의 하나.

파커라이징(parkerizing)[명] 〈화학〉 철강의 녹스는 것

파크(park)[명] ①공원(公園). ②자동차 등이 특정 장소에 잠시 주차하는 일. 하다

파킨슨-병(Parkinson 病)[―[명] 〈의학〉 대뇌의 탈로 일어나는 병. 허리가 굽어지며 손발이 따막하게 근육 동작이 부자유스럽게 됨.

파:킹(parking)[명] 주차 또는 주차장.

파타(PATA)[명] 〈약〉 Pacific Area Travel Association 태평양 지역 관광 협회.

파:탄(破綻)[명] ①찢어지고 터짐. breaking ②일이 이루어지지 못하고 탈이 남. failure ③〈경제〉상점· 회사 등이 지금 정지(支給停止)로 됨. bankruptcy 하다「from restraint 되다

파:탈(擺脫)[명] 예절 또는 구속에서 벗어남. freedom

파:타(擺陀)[명] 파라타(皤羅陀).

파토(PATO)[명] 〈정치〉〈약〉 Pacific Area Treaty Organization 태평양 조약 기구(太平洋條約機構).

파토스(pathos 그)[명] ①슈우. 비애감. 〈대〉로고스(logos) ②〈철학〉 수동(受動)을 나타내는 말. 정념(情念)·격정(激情)처럼 일시적이고 지속성 없는 상태를 말함. 〈대〉에토스(ethos).

파톨로기(Pathologie 도)[명] 〈의학〉 병리학(病理學).

파:투(破鬪)[명] 화투칠 때 장수가 부족하거나, 차례가 어긋나서 그 판이 무효로 되는 일. no count

파:투-나다(破鬪―)[자] 화투칠 때 파투가 되다.

파:트(part)[명] ①부분(部分). 요소. 구실. 역할. ③〈음악〉 음부(音部). 성부(聲部). 악장(樂章). ④책·희곡·시 등의 부(部), 편(篇), 권(卷) ⑤기계의 각 부분.

파:트너(partner)[명] ①짝패. 동반자. 춤·경기·유희 등에서 둘이 한 짝이 되는 경우의 상대. ②〈법률〉조합원. ③배우자.

파트로네(Patrone 도)[명] 밝은 데서도 카메라에 장전할 수 있도록 만든, 필름을의 금속 케이스.

파트롱(patron 프)[명] 예술인이나 어떤 특수한 사람의 생활 문제를 돌보아 주는 사람. 후원자. 보호자.

파:트=타임(part-time)[명] 하루 중 아침 혹은 저녁 등으로 시간을 정하고 단시간 근무하는 제도.

파:티(party)[명] ①당파(黨派). 정당(政黨). ②연회(宴會). 다과회(茶菓會). ③무도회(舞蹈會). ④〈인물〉 당사자(當事者). ⑤〈군사〉 분견대(分遣隊). ⑥일행(一行).

파파(派派)[명] 동종(同宗)에서 나온 여러 갈래.

파파 노:인(皤皤老人)[명] 백발이 된 늙은이. whitehaired old man

파파이아(papaya)〈식물〉 열대 아메리카 원산의 과수(果樹). 줄기는 연하고 가지가 벌지 않음. 잎은 손바닥 모양으로 갈라지고 노란 빛 열매는 향기가 좋음. 식용·구충제로 씀.「질 분해 요소.

파파인(papain)[명] 파파이아의 과즙 중에 있는 단백

파:편(破片)[명] 깨진 조각. piece

파:편 폭탄(破片爆彈)[명] 〈군사〉 탄착(彈着) 순간에 폭발하여 탄체가 잘게 조각나서 인축(人畜)을 살상함을 목적으로 하는 폭탄.「어 곤궁함. 하다

파:폐(罷弊)[명] ①피곤하고 쇠약함. ②비용이 많이 들

파프(pap)[명] 연고처럼 생긴 피부약. 또, 그 약으로 젤질하는 일.「만든 향료.

파프리카(paprika 헝)[명] 일종의 고추. 또, 그것으로

파피루스(papyrus)[명] ①옛 이집트에서 파피루스 풀줄기의 섬유로 만든 종이. ②〈식물〉 나일 강가에 자라는 갈대 비슷한 식물. ③파피루스 풀로 만든 문서에 적은 옛 문서.

파:피리(破―)[명] 파의 잎으로 만든 장난감 피리. 총적(葱笛).

파:필(把筆)[명] 붓대를 잡음. 곧, 글씨를 씀. holding a writing-brush 하다「(下山)하는 일.

파:하(罷夏)[명] 〈불교〉 하안거(夏安居)의 중도에 하산

파:-하다(罷―)[자타][여] 어떤 모양이나 공동으로 하던 일이 시간이 끝나서 다 헤어지다. close ②그 일을 마치거나 그만두어 버리다. make an end of

파:-하다(破―)[타][여] 적을 쳐부수어 이기다. defeat

파:한(破閑)[명] 심심풀이. killing the time 하다

파행(爬行)[명] 벌레·짐승 따위가 땅 위를 기어 다님. crawling 하다「이 잡히지 않음. 하다

파행(跛行)[명] ①절뚝거리며 걸어감. limping ②균형

파행 본위제도(跛行本位制度)[명] 〈경제〉 화폐 제도에서, 금화 은화를 무제한 법화(法貨)로 인정하고 그 중 한쪽의 자유 주조를 인정하지 않는 본위 제도. limping standard

파행적(跛行的)[명] 일이 순조롭게 진행되지 아니하는(것). 사물의 균형이 잡히지 않은(것). ¶ ~인 경제 성장.「하다. ¶부정을 ~. 땅을 ~.

파:-헤치다 내부에 있는 것이 드러나도록 벌려 젖

파:현(破顯)[명] 〈약〉→파사 현정.

파:혈(破穴)[명] 〈민속〉 묏자리로서 좋지 못한 땅에 썼던 무덤을 파헤침. excavating a grave 하다

파:혈(破血)[명] 〈한의〉 체내에 뭉치어 있는 나쁜 피를 약을 써서 없어지게 함. 하다「이는 약제.

파:혈-제(破血劑)[一劑][명] 〈한의〉 파혈을 하는 데 쓰

파형(波形)[명] 물결처럼 기복이 있는 상태.

파:호(破戶)[명] 바둑을 둘 때에 상대의 집에 몇 점을 놓아 집이 못 나게 함. 파가(破家). 하다

파:혹(破惑)[명] 의혹을 없앰. 해혹(解惑). disembarrassment 하다「agement 하다

파:혼(破婚)[명] 약혼한 것을 깨뜨림. breach of engagement

파:회(罷會)[명] 〈불교〉 법회(法會)를 다 마침. closing of a Buddhist work.「樂)②. 하다

파:훼(破毁)[명] ①깨뜨리어 헐어 버림. ②[동] 파기(破

파:훼 자판(破毁自判)[명] 〈법률〉 파훼 자판(破棄自判).

파:흥(破興)[명] 흥을 깨뜨림. 흥이 깨어짐. 패흥(敗興). spoiling the sport 하다

팍 ①힘있시 지르는 모양이나 소리. violently ②힘없이 거꾸러지는 모양이나 소리. flop ③깊숙이 박히는 모양이나 그 소리. (큰) 퍽. 하다

팍삭 [부] ①맥없이 주저앉는 모양. 또, 그 소리. flop ②부피가 앙상하고, 메마른 물건이 부드럽게 닿

팍삭팍삭 러지거나 가라앉거나 여지없이 깨어지는 모양. 또 그 소리. 《큰》퍽석. fragilely **하**튀

팍삭=팍삭튀 연하여 팍삭 소리를 내며 주저앉거나 바스러지는 모양. 《큰》퍽석퍽석. **하**튀

팍신=팍신튀 ①어렷이 다 팍신한 모양. ¶~하게 밀가루를 반죽해라. ②매우 팍신한 모양. 《큰》퍽신퍽신. **하**튀

팍신-하-다[어엔] 보드랍고 튀기는 힘이 있어 닿으면 부서질 듯한 느낌이 있다. 《큰》퍽신하다. soft

팍-튀 ①자꾸 내지르거나 쑤시는 모양. having throbbing pain ②힘없이 자꾸 거꾸러지는 모양. falling down from weakness ③진흙 따위를 디딜 때 몹시 빠지는 모양. 《큰》퍽퍽. sink into

팍팍-하-다[어엔] ①가루 따위를 입에 넣고 섭을 때 물기가 적어 부드럽지 못한 모양이다. dry and hard to masticate ②다리가 아주 지쳐 꼼짝 못할 정도로 무겁다. 《큰》퍽퍽하다. heavy

판명 일이 벌어진 자리. ¶노름~. 씨름~. place ②승부를 겨루는 일의 수효를 세는 말. ¶장기 한 ~ 두자. game

판(板)명 ①널빤지. ②반반한 표면을 사용하는 기구. 장기판·바둑판 따위. ③《동》판(版)①. ④《약》유성 기판. 축음기판. 레코드판. ⑤《의》달걀 30개를 오목오목하게 반(半) 달걀짤로 파인 종이 또는 플라스틱 판에 세워 담은 것을 세는 말.

판(版)명〈인쇄〉①활자나 글씨 등을 새기어 인쇄에 사용하는 나뭇조각 또는 쇳조각. 판(板)③. ②《약》→활판(活版). ③인쇄의 판면(版面). ④인쇄서 책을 만드는 일, 또, 같은 책의 동일한 판에 의한 인쇄 횟수(回數). ¶~인쇄.

판(瓣)명 ①《식물》꽃잎. 화판(花瓣). petal ②《공업》기계의 일부로서 어떤 구멍 옆에 붙어 그 구멍을 막았다 하게 된, 얇고 납죽한 장치. 기체·액체의 운동을 지배함. valve ③《동》판막(瓣膜).

판(判)명〈인쇄〉책이나 종이의 짙이 및 너비의 규격을 표시하는 단위 《명》. ¶국(菊)~. size

판(Pan 그)명 그리스 신화의 목양신(牧羊神).

판-[까-] (販價)명《약》→판매 가격(販賣價格).

판-가름명 시비를 판단하여 가름. **하**타

판가름 나다튀 시비나 우열을 가리어 결정이 나다.

판-가리명 이기고 짐을 결판 내는 일. **하**타

판각(板刻)명〈인쇄〉서화를 나뭇조각에 새김. 각판(刻版). wood cutting **하**타

판각(板閣·版閣)명 《불교》절 안의 경판(經板)을 쌓아 둔 전각. 판전(版殿). 판전각(版殿閣). storehouse of wooden printing plater

판각-본(板刻本)명 목판으로 인쇄한 책. 《약》판본.

판-값(板-)명 물건을 팔고 받은 값. 매가(賣價)². 《대》 산값.

판-검:사(判檢事)명 판사(判事)와 검사(檢事).

판결(判決)명 ①시비나 선악을 판단하여 결정함. judgement ②〈법률〉법원이 법률을 적용하여 소송 사건을 판단·결정함. decision **하**타

판결-례(判決例)명《법률》소송 사건에 관한 판결의 실례(實例). 《약》판례(判例). judicial precedent

판결-문(判決文)명《동》판결서(判決書).

판결-사[-싸-] (判決事)명 ①시비·선악을 가르는 일. ②《제도》장례원(掌隷院)의 정3품 으뜸 벼슬.

판결-서(判決書)명 법원이 판결을 내린 사실·이유 및 판결 주문을 기재한 문서. 판결문(判決文).

판결 원본(判決原本)《법률》판결을 표시하기 위하여 확정적으로 최초에 작성된 서면.

판결 유예[-류-] (判決猶豫)명 《법률》법원이 어떤 범죄자에 대하여 개전(改悛)할 성이 있다고 인정할 때에 일정 기간 동안 미루어 두고 판결을 내리지 않는 일. suspension of judgement

판결 주문(判決主文)명 《법률》판결의 결론 부분.

판결(判決)명 흉년이 이 있을 것으로 판단하여 경함. **하**타

판계(板桂)명《동》육계(肉桂). [ment **하**타

판공(辦公)명 공무에 종사함. serve in the govern-

판-공론(一公論)명 여러 사람이 공통으로 떠도는 의논. public opinion

판공-비(辦公費)명 공무(公務) 처리에 필요한 비용. confidential expenses

판:관(判官)명 심판관(審判官). 재판관.

판:관 사:령[-싸-] (判官使令)명 아내의 시킴에 잘 순종하는 사람을 농으로 하는 말.

판교(判校)명 《제도》조선조 때, 교서관(校書館)·승문원(承文院)의 당하(堂下) 정3품 벼슬.

판교(板橋)명 《동》 널다리.

판국(一局)명 ①사건이 벌어져 있는 국면. 《유》시국(時局). state of affairs ②《민속》집터 도는 묏자리 등의 위치와 형국(形局). 《약》국(局)②.

판권[-꿘] (板權·版權)명 ①《법률》도서의 출판에 관한 이익을 전유(專有)하는 권리. ②《동》판권장(版權張).

판권 소:유[-꿘-] (版權所有)명 판권을 소유함. 하타

판권-장[-꿘짱] (版權張)명《인쇄》책을 인쇄할 때 그 책의 맨 끝장이나 표지에 인쇄 및 발행 일자·저작자·발행자의 주소·성명 등을 밝히어 박은 종이장. 판권(版權). [sheet

판금(板金)명 썩 얇고 넓게 조각을 지은 금속. metal

판:금(販禁)명《약》→판매 금지(販賣禁止).

판-꽂이(-) 명《식물》나뭇가지를 표면에 꽂아 모를 길렀다가 다른 곳으로 이식하는 식물법.

판-나다튀 ①판이 끝나다. ②재산이 다 없어지다.

판납(辦納)명 금전이나 물품을 변통해서 바침. **하**타

판다(panda)명《동물》히말라야에서 중국에 걸쳐 사는 포유 동물. 중국에 사는 '자이언트 판다'나 불리는 종류는 작은 곰만한데, 눈·귀의 주위와 뒷다리는 까맣고 이외의 부분은 흼. 댓잎·죽순 등을 주식으로 함.

판-다르-다[-를] 판이(判異)하다. entirely different

판단(判斷)명 ①어느 사물의 진위·선악·미추 등을 생각하여 정함. ②《논리》주어와 술어를 보이는 두 개념을 결부시켜, 그 관계의 참과 거짓을 정하기. **하**타 「단할 수 있는 정신적인 능력.

판단 능력(判斷能力) 자기 행위의 시비 선악을 판

판단-력(判斷力)명 판단하는 힘.

판단 중지(判斷中止)명《철학》고대 회의파(懷疑派)가 독단론자(獨斷論者)에 대하여 주장한 이론 및 태도. 어떠한 언설(言說)일지라도 반대될 수 있으므로 판단은 모두 중지하여야 한다는 주장.

판도(版圖)명 ①한 나라의 영토(領土). ¶국가의 ~를 넓히다. territory ②어떤 세력이 미치는 영역·범위. ¶재계의 ~.

판도라(Pandora) 그리스 신화에서, 신이 인간에게 내린 최초의 여자. 프로메테우스(Prometheus)가 천계의 불을 훔쳐 낸 것에 노한 제우스(Zeus)가 인간을 벌하기 위해 화신(火神) 헤파이스토스(Hephaistos)로 하여금 흙으로 인류 최초의 여자, 즉 판도라를 만들게 하였음.

판도라의 궤(一櫃)명 제우스(Zeus)가 모든 죄악·재화(災禍)를 넣고 봉하여 판도라를 시켜 인간세에 내려 보냈다고 하는 궤. 판도라가 호기심에서 이것을 열었기 때문에 모든 불행이 쏟아져 나왔는데, 급히 닫는 통에 희망만이 남았다고 함.

판도-방(判道房)명《불교》①고승(高僧)들이 거처하는 큰 방의 둘레에 있는 절의 작은 방. ②중들이 공부하는 제일 넓은 방.

판독(判讀)명 뜻을 헤아리면서 글을 읽음. ¶암호를 ~하다. deciphering **하**타

판-돈[-똔-] 명 노름판에 태워 놓은 돈. 또, 노름판에 내어 놓은 가지의 돈. stakes

판돈-떼:-다[-똔-] 명 노름판을 벌이고 돈을 딴 사람으로부터 얼마씩 떼어 가지다. take a banker's [fee

판돈-거리-다튀 〈거〉→반들거리다.

판독(辦得)명 변통하여 얻음. **하**타

판들-거리-다튀 〈거〉→반들거리다.

판-들-다[르타] 가진 재산을 다 써 없애다. run through with one's fortune

판-때리-다[타] 시비·선악을 가려 결정하다. judge

판례(判例)[명] 〈약〉→판결례(判決例).

판례-법[-뻡](判例法)[명] 〈법률〉판례의 누적(累積)에 의하여 성립한 법규범(法規範)으로서 성문화(成文化)되지 아니한 법. case law

판로(販路)[명] 상품이 팔리는 방면이나 길. ¶~개척. market

판로 협정(販路協定)[명]〈경제〉경쟁을 피하기 위하여 상품 판매자 사이에 판로를 협의하여 결정함. market agreement

판리(辦理)[명] 일을 주장해 처리함. management 하타

판막(瓣膜)[명]〈생리〉심장 내벽(內壁)이나 혈관 속에, 좌심방과 좌심실 사이에 이첨판, 우심방과 우심실 사이에 삼첨판, 심실과 동맥 사이에 반월판이 있어서 혈액의 역류를 막아 주는 막. 날름막. 판(瓣)③. ¶~증. valve

판막음[명] 그 판에서의 마지막 승리. win decisively

판-막-다[타] 마지막 승리를 얻어 그 판의 끝장을 내하다

판마음[명] 그 판에서의 마지막 승리. decisive winning 하타

판매(販賣)[명] 상품을 팖. (대) 구매(購買). sale 하타

판매 가격(-ㄱ-)(販賣價格)[명] 상품(商品)을 파는 가격. 〈약〉 판가(販價). selling price

판매-고(販賣高)[명](동) 매상고(賣上高).

판매-권[-꿘](販賣權)[명] 판매할 수 있는 권리.

판매 금:지(販賣禁止)[명] 어떤 상품에 대하여 법률상 또는 경제상의 이유로 그 판매를 금지함. 《약》 판금(販禁). 하타

판매-량(販賣量)[명] 일정한 기간 동안 판매한 양(量).

판매-망(販賣網)[명] 그물처럼 친, 판매를 위한 조직·기관. sales network

판매-부(販賣部)[명] 어느 한 기관(機關) 안에 설치하여 그 판매의 사무를 맡아보는 부서. marketing section

판매 셰어(販賣 share)[명]〈경제〉어떤 상품의 판매 총액에 대하여, 그 중 특정 기업의 제품이 점유하고 있는 비율.   위하여 특별히 베푼 장소.

판매-소(販賣所)[명] 상품을 판매하는 장소. 판매하기

판매-액(販賣額)[명] 상품을 판매한 금액. 또, 그 총액. 매상고(賣上高).

판매-업(販賣業)[명] 상품을 판매하는 영업.

판매-원(販賣元)[명] 상품을 판매하는 근원이 되는 곳.

판매-인(販賣人)[명] 상품을 파는 사람. seller

판매-점(販賣店)[명] 상품을 판매하는 가게. store

판매 조합(販賣組合)[명]〈사회〉조합원의 생산품을 협동하여 유리하게 판매함을 목적으로 하는 조합. selling agency

판매-처(販賣處)[명] 상품을 판매하는 곳.

판매 촉진(販賣促進)[명] 상품을 판매하는데, 예상 고객이 될 수 있는 모든 소비자에게 알맞은 방법에 의하여 그들의 소비 욕구가 일어나도록 하는 모든 활동. 광고와 판매원 판매에 의한 활동이 있음. sales promotions

판매 카르텔(販賣 Kartell)[명]〈경제〉동업자간의 경쟁에 의한 가격의 하락을 방지하고, 이윤을 증가시키기 위하여 기업자가 연합하여 만든 판매상의 협정.

판매 회:사(販賣會社)[명]〈경제〉다른 회사나 공장, 또는 상회에서 생산한 상품에 대하여 판매의 업무를 전속으로 하는 회사.

판매 회수 대:금(販賣回收代金)[명] 물건을 팔아 그 대가(代價)로 거두어 들이는 돈.

판면(板面)[명] 널빤지의 면.

판면(版面)[명] 인쇄판의 겉면. 「becoming clear 하타

판명(判明)[명] 명확하게 드러남. ¶범인이 ~되다.

판목(板木)[명] 두께가 6cm 이상, 너비가 두께의 3배 이상 되는 재목. board 「나무. printing block

판목(版木)[명] 인쇄하기 위하여 글자나 그림을 새긴

판=몰이[명] 노름판의 돈을 한 사람이 모두 몰아 가짐. sweepstakes 하타

판무(判無)[명] 아주 없음. 판연히 없음. none at all 하타

판무(辦務)[명] 사무를 처리함. management 하타

판무(辦務官)[명] 〈정치〉영국 등에 있어서, 보호국·식민지로 파견되어 정치·외교의 사무를 처리하는 관리. commissioner   「¶~쟁이.

판-무식(判無識)[명] 전(全)무식. 일자 무식(一字無識).

판문(板門)[명] 판자로 만든 문. wooden gate

판-물리-다[자] 윷판이나 씨름판에서 판을 좁혀 몰려 들어오는 구경꾼을 뒤로 물리다. widen the wrestling ring

판-박이(版-)[명] ① 판에 박아 낸 책. printed book ② 꼭 같은 것. 변통성이 없는 모양. 또, 그러한 사람. conventional thing ③ 물에 풀리기 쉬운 풀을 바탕 종이에 바르고 뒤집어 인쇄한 종이. 금속·유리·도자기 등의 인쇄에 이용됨. 아이들의 장난감으로도 쓰임.

판-밖[명] 일이 벌어진 그 밖. (유) 베밖. outside 「임.

판밖엣 사람[명] 그 일에 관계가 없는 사람.

판-벌:이-다[타] 노름을 시작하다.

판-법[-뻡](判法)[명] 판단하는 방법. judgement

판벽(板壁)[명] 판자로 만든 벽. board wall

판별(判別)[명] 판단하여 구별함. 판연히 구별함. ¶수를 ~하다. 〈유〉식별. discrimination 하타

판별-력(判別力)[명] 알아내는 힘.

판별-식[-씩](判別式)[명] 방정식의 근의 성질을 판별하는 데 쓰는 방식으로서, '방정식의 계수들로 된 식'을 말함. 판정식.

판본(板本·版本)[명] 〈약〉→판각본(板刻本).

판부(判付)[명]〈제도〉주인(奏案)을 임금이 윤가(允可)함. 판하(判下). 하타   「채색을 한 불상.

판불(板佛)[명] 널빤지나 동판(銅板)에 모양을 새기고

판비(辦備)[명] 변통하여 준비함. 「각각 속하여 심리 재판을 맡아보는 법원.

판사(判事)[명]〈법률〉대법원·고등 법원·지방 법원에

판-상(上)[명] 전체 가운데서 가장 나은 사물.

판상(板狀)[명] 널조각 같은 형상(形狀).

판상(辦償)[명] ① 빚을 갚음. 판제(辦濟). ② 끼친 손실을 물어줌. reparation ③ 제물을 내어 지은 죄과를 갚음. 변상(辨償)③. 변제(辦濟). 하타 「fellow

판-상놈(-常-)[명] 가장 못된 상놈. very vulgar

판상 절리(板狀節理)[명]〈지학〉화성암(火成岩)의 생성시 냉각될 때 수축에 의해서, 또는 압력 변동에 의한 힘을 받을 때 얇게 판상으로 쪼개진 틈. 굳은 암이 됨. plate joint   「綱). 부족류(斧足類).

판새-류(瓣鰓類)[명]〈동물〉연체 동물에 딸린 한 강

판서(判書)[명] 고려 말과 조선조 때의 육조(六曹)의 으뜸 벼슬.

판-서다[자] 책판에 분필로 글을 씀. 또, 그 글. 하다

판-설:-다[르자] 전체의 사정에 서투르다. 아주 서투르다. (대) 판수 익다. not familiar

판세[-쎄][-勢](判勢)[명] 판의 형세. situation

판-셈[명] 빚진 자가 그의 재산을 빚준 각 사람에게 되다 나누어 갖게 함. apportionment of a debtor's property 하타

판-소리[-쏘-]〈음악〉조선조 영조 이후 서민들이 창극에 붙여서 부르던 노래. Korean opera

판-쇠[-쐬](-쇠)[명]〈광물〉한쪽으로 치우치지 않고 전면에 널리 분포되어 있는 사금층(沙金層).   「teller

판수[명] 점치는 눈먼 소경을 삼는 소경. blind fortune-

판수(辦壽)[명] 생일(生日) 축하함의 이름.

판수 익:다[-쑤-][숙어] 전체의 사정에 익숙하다. (대) 판설다. be familiar with the situation 「(粉).

판-스틱(pan-stick)[명] 유성(油性)의 막대기 모양의 분

판시(判示)[명] 판결하여 보임. 하타

판-시세[-쎄-](-時勢)[명] 판국의 시세. state of affairs

판식(版式)[명] 인쇄판의 양식.

판-씨름[명] 판을 벌리고 하는 씨름. wrestling 하타

판야(panja 포)[명]〈동〉케이폭(kapok).

판연(判然)[명] 환하게 판명된 모양. distinct 하타 히

판열(瓣裂) 〈식물〉약(藥; 꽃밥)의 열개법(裂開法)의 하나. 꽃밥이 들창문을 여는 것처럼 터지고 꽃

판옥(板屋)〈동〉판잣집. [가루를 날리게 됨.

판올=**선**(板屋船)〈동〉널빤지로 만든 작은 배.

판=**유리**[―ㅠ―](板琉璃)〈동〉판상(板狀)의 유리. 판초자(板硝子). plate glass

판윤(判尹)〈동〉〈제도〉조선조 때, 한성부(漢城府)의 으뜸 벼슬. mayor of Seoul of olden times

판이(判異)〈동〉아주 다름. ¶성질이 아주 ∼하다. entirely different 하〈동〉

판자(板子)〈동〉넓게 만든 밭이랑. wide ridge in a field

판자(板子)〈동〉①나무로 만든 널조각. wooden board ②〈동〉송판(松板).

판자=**벽**(板子壁)〈동〉판자로 된 벽.

판자=**집**(板子―)〈동〉판자로 된 집. 판옥(板屋). barrack

판장(板墙・板牆)〈동〉→널판장.

판=**장**=**원**[―짱―](―壯元)〈동〉그 판에서 재주가 가장 뛰어난 사람. most talented person

판재(板材)〈동〉판재(板材).

판적(版籍)〈동〉①〈제도〉호구(戶口)를 적은 책. record of estates and inhabitants ②〈동〉서책(書冊).

판적=**사**(版籍司)〈동〉〈제도〉조선조 때, 토지・호구(戶口)・조세 등의 일을 맡은 호조(戶曹)의 분장(分掌).

판전(版殿)・**판**=**전**:**각**(版殿閣)〈동〉〈동〉판각(版閣).

판정(判定)〈동〉판별하여 결정함. 〈유〉판단. judgement 하〈동〉 [decision

판정=**승**(判定勝)〈동〉〈체육〉판정으로 이김. win by a

판정=**패**(判定敗)〈동〉〈체육〉판정으로 짐. losing by a

판제(辦濟)〈동〉판상(辦償)①. 하〈동〉 [decision

판=**조사**(―曹司)〈동〉그 판에서 재주가 가장 뒤진 사람. most inferior person

판주(販主)〈동〉〈제도〉음식물을 제공하는 사람.

판주=**다**〈동〉그 판에서 가장 뛰어난 사람으로 인정하여 내놓다. pick out one as the best of all

판=**중**(―中)〈동〉판을 이룬 여러 사람 가운데. among

판지(板紙)〈동〉두껍고 단단하게 널조각처럼 만든 종이. cardboard

판=**차리**=**다**〈동〉무슨 일을 할 판을 만들다. prepare

판책(版冊)〈동〉판으로 박아 낸 서책.

판첸 라마(Pan-ch'en bla-ma)〈동〉티베트의 찬주(Gcan 州)의 다시 룬포 사원 주지의 경칭. 달라이 라마의 다음가는 권력자.

판=**초자**(板硝子)〈동〉〈동〉판유리(板琉璃). [릿.

판=**초코**(板―)〈동〉판자 모양의 네모지고 납작한 초코

판출(辦出)〈동〉변통하여 갖추어 냄. 하〈동〉 [nged

판=**치**=**다**〈동〉그 판에서 가장 잘하다. stand unchalle

판타지(Phantasie 도)〈동〉〈음악〉환상곡(幻想曲).

판타지스튁(Phantasiestück 도)〈동〉자유로운 형식에 의한 환상적 소기악곡(小器樂曲).

판타지아(fantasia 이)〈동〉〈음악〉환상곡(幻想曲).

판탈롱(pantalon 프)〈동〉아랫 부분은 나팔 모양으로 된 넓은 여성용 바지.

판탕(板蕩)〈동〉①국정이 문란하여졌음. governmental derangement ②〈동〉탕진(蕩盡). 하〈동〉

판테온(Pantheon 라)〈동〉①로마의 신전(神殿). 현재는 이탈리아 국왕의 관이 안치되어 있음. ②프랑스에 있는 성당. 안에 프랑스의 위인을 합사(合祠)하는 묘(廟)가 있음.

판토텐=**산**(pantothen 酸)〈동〉〈화학〉비타민 B 복합체의 하나. 탄수화물이나 지방의 대사(代謝)에 필요한 효소(酵素)의 성분을 이루며, 이것이 부족하면 성장 정지・피부염・신경계의 변성(變性) 등을 초래

판=**판**(判―) 전연. 아주. 온통. wholly [함.

판판=**이**〈부〉판마다. every time

판판=**하**=**다**〈형여〉물건의 표면에 고저(高低)가 없이 고르고 넓다. 〈큰〉편편하다. even **판판**=**히**〈부〉

판=**포**:**커스**(pan focus)〈동〉〈연예〉영화 장면의 전경 (前景)으로부터 후경(後景)까지 한결같이 초점을 맞춰, 화면 전체를 선명하게 나타내는 촬영 기법.

판하(判下)〈동〉판부(判付). 하〈동〉

판=**하**=**다**〈동여〉판판하고 아득하게 너르다. 《큰》편하다. plain and broad **판**=**히**〈부〉

판행(版行)〈동〉출판하여 발행함. 하〈동〉

판형(判型・版型)〈동〉〈인쇄〉책의 크기. 사륙 배판・국판 (A5판)・사륙판(B6판) 등이 있음. size of a book

판화(版畫)〈동〉〈미술〉판으로 찍어 낸 그림. 목판화(木版畫)・동판화(銅版畫)・석판화(石版畫) 등. woodblock print

팔(―)〈동〉사람의 어깨와 손목 사이의 부분. arm

팔(八)〈동〉여덟. eight

풀[ㅍ](ㅁ) 팔[臂].

·풀[ㅍ](ㅁ) 파리.

팔=**가락지**(―)〈동〉여자의 팔목에 끼는 금・은 같은 귀금속으로 만든 고리 모양의 장식품. 〈약〉팔찌①. bracelet

팔각(八角)〈동〉팔모.

팔각=**기둥**(八角―)〈동〉〈수학〉밑면이 팔각형으로 된 각기둥. 팔각주(八角柱). 팔각주(八角柱).

팔각=**당**(八角堂)〈동〉팔각형으로 세운 불당.

팔각=**뿔**(八角―)〈동〉〈수학〉밑면이 팔각형인 각뿔. 팔각추(八角錐).

팔각=**시**(八角詩)〈문학〉시회(詩會) 같은 곳에서 글자 여덟 개를 뽑아 그 속에서 각 자씩 가지고 이것을 두구(頭字)로 하여 사자구(四字句)와 삼자구(三字句)를 서로 지은 다음, 각 사람이 지은 것을 한데 맞추어서 칠언 절구(七言絶句)를 만드는 시작(詩作)의 놀이.

팔각=**정**(八角亭)〈동〉〈동〉팔모정(八―亭).

팔각=**주**(八角柱)〈동〉〈동〉팔각기둥(八角―).

팔각=**집**(八角―)〈동〉〈건축〉지붕이 팔각형으로 된 집.

팔각=**추**(八角錐)〈동〉〈동〉팔모뿔(八角―).

팔각 파배(八角把杯) 여덟 모가 지고 손잡이가 달린 술잔. [여 둥글막은 평면. octagon

팔각=**형**(八角形)〈동〉〈수학〉여덟 개의 직선을 연결하

팔걸이(―)〈동〉①의자의 팔을 걸치는 부분. elbow rest ②〈체육〉씨름 재간의 하나. 손으로 상대방의 반대 쪽 다리를 걸어 고개와 몸으로 밀어 넘어뜨림. ③〈체육〉팔로 덤을 뜨게 하고 두 팔을 섞바꾸어 물 위로 빨리 놀려서 치는 헤엄. breast stroke

팔걸이 의자(―椅子)〈동〉팔걸이가 있는 의자. armchair

팔결(―)〈부〉〈동〉판.

팔경(八景)〈동〉여덟 가지의 아름다운 경치. ¶관동(關東) ∼. eight beauty spots

팔계(八戒)〈동〉〈불교〉우바새(優婆塞) 및 우바니(優婆尼)가 지키는 여덟 계행(戒行). eight Buddhist commandments

팔고(八苦)〈동〉〈불교〉인생이 겪는 여덟 가지 피로움. 곧, 생고(生苦)・노고(老苦)・병고(病苦)・사고(死苦)・애별리고(愛別離苦)・원증회고(怨憎會苦)・구부득고(求不得苦)・오음성고(五陰盛苦).

팔고조=**도**(八高祖圖)〈동〉사대(四代)까지의 조(祖) 및 외조(外祖)의 계통도.

팔곡(八穀)〈동〉여덟 가지의 곡식. 곧, 벼・보리・기장・조・밀・콩・팥・깨 또는 벼・보리・기장・피・수수・조・깨・콩. eight cereals

팔관=**회**(八關會)〈동〉〈제도〉고려 때 매년 중경(中京)과 서경(西京)에서 토속신(土俗神)에게 제사지내던 의식(儀式).

팔괘(八卦)〈동〉①중국 상고 시대의 복희씨(伏羲氏)가 지었다는 여덟 가지의 괘. 곧, 건(乾☰)・태(兌☱)・이(離☲)・진(震☳)・손(巽☴)・감(坎☵)・간(艮☶)・곤(坤☷)의 일컬음. eight signs of divination ②점(占).

팔괘=**장**(八卦掌)〈동〉〈제도〉조선말갑 잡오 경장 이후에 정한 훈장의 하나. 일등에서 팔등까지 있는데, 문무관 중에 훈공이 있는 이에게 서사(敍賜)하였음.

팔괭(八紘)[명]〈동〉팔방(八方).

팔구(八九)[명] 여덟이나 아홉.

팔구(八區)[명] 팔방의 구역. 곧, 온 천하. ricts, whole land eight dist-

팔구=분(八九分)[명] ①열로 나눈 것 가운데서 여덟이나 아홉쯤 되는 정도. ten to one ②거의. almost

풀구브렁/풀구비[명]〈고〉팔꿈치.

팔구-십(八九十)[명] 여든이나 아흔.

팔구-월(八九月)[명] 팔월과 구월. 팔월이나 구월.

팔구-차(八九次)[명] 연이어 여러 번.

팔극(八極)[명]〈동〉팔방(八方).

팔기(八旗)[명]〈역사〉중국 청(淸)의 병제(兵制)의 하나. 청 태조(淸太祖)가 천명(天命) 1년(1616)에 제정한 것으로, 총군(總軍)을 각각 기(旗)의 빛에 따라, 정황(正黃)·정백(正白)·정홍(正紅)·정람(正藍)·양황(鑲黃)·양백(鑲白)·양홍(鑲紅)·양람(鑲藍) 8개의 기(旗)로 하고, 각 기의 병수는 칠천오백.

팔=주머리[명]〈속〉팔꿈치. elbow

팔=꿈치[명]〈생리〉팔의 상하 관절이 연접한 곳의 바깥쪽. elbow

팔난(八難)[명] ①여덟 가지의 재난. 곧, 배고픔·목마름·추위·더위·물·불·칼·병란(兵亂). eight misfortunes ②여덟 가지 곤란. many difficulties

팔-난봉[명] 여러 방면으로 난봉을 다 부리는 사람. debauchee

팔년 병화(八年兵火)[명] 승부가 오래 결정되지 아니함. 곧, 항우(項羽)와 유방(劉邦)과의 싸움이 8년 걸린 데서 나온 말.

팔년 풍진(八年風塵)[명] 여러 해 동안 고생을 겪음의 비유. 곧, 유방(劉邦)이 팔 년이나 지난 뒤에 항우(項羽)를 멸한 데서 나온 말. having a difficult time for many long years

팔=놀림[명] 팔을 움직이는 모양.

팔다[타] ①값을 받고 물건이나 노력을 남에게 주다. [대] 사다. sell ②눈이나 정신을 다른 곳으로 옮기다. ¶한눈 ~. turn ③이름을 빙자하다. ¶형의 이름을 ~. trade on another's name ④돈을 주고 남의 곡식을 사다. ¶쌀 팔러 가다. [대] 사다. buy ⑤여자가 돈을 받고 몸을 허락하다. ¶몸을 ~. —다[자] 팔다.

팔=다리[명] 팔과 다리. ¶~ 운동. legs and arms

팔달(八達)[명] ①길이 팔방(八方)으로 통하여 있음. ¶사통(四通)~. lead to every direction ②모든 일에 정통함. 하다

팔=대가(八大家)[명] ①당송 팔대가(唐宋八大家). ②[속]수투전(數鬪牋).

팔대 독자 외아들이라도 울음 소리는 듣기 싫다 아이들이 아무리 귀여워도 우는 소리는 듣기 싫다.

팔대 명왕[-때-](八大明王)[명]〈불교〉여덟 가지 명왕. 부동 명왕(不動明王)·항삼세존(降三世尊)·군다리명왕(軍茶利明王)·육족존(六足尊)·금강 야차(金剛夜叉)·예적 금강(穢跡金剛)·무능승(無能勝)·마두 관음(馬頭觀音).

팔대 야[-때-](八大夜叉)[명]〈불교〉여덟 야차신(夜叉神). 보현(寶賢)·만현(滿賢)·산지(散支)·중락(衆落)·응념(應念)·대만(大滿)·무비력(無比力)·밀엄(密嚴).

팔대 용왕[-때-](八大龍王)[명]〈불교〉여덟 용왕. 곧, 난타(難陀)·발난타(跋難陀)·사갈라(娑竭羅)·화수길(和修吉)·덕차가(德叉迦)·아나바달다(阿那婆達多)·마나산(摩那斯)·우발라(優鉢羅). [行星]

팔대 유성[-때-](八大-)[명] 팔 대 행성(八大行星).

팔대 지옥[-때-](八大地獄)[명]〈불교〉팔한(八寒)과 팔열(八熱) 지옥의 총칭.

팔대 행성[-때-](八大行星)[명]〈천문〉여덟 개의 큰 행성. 곧, 수성·금성·지구·화성·목성·토성·천왕성·해왕성. 팔대 유성(八大遊星).

팔덕[-떡](八德)[명] 여덟 가지 덕. 인(仁)·의(義)·예(禮)·지(智)·충(忠)·신(信)·효(孝)·제(悌)의 총칭. eight virtues

팔도[-또](八道)[명]〈지리〉조선조 때의 행정 구획. 곧, 경기도·충청도·경상도·전라도·강원도·황해도·평안도·함경도의 여덟 도. 팔로(八路). eight provinces of Korea [道]의 산수(山水).

팔도 강산[-또-](八道江山)[명] 우리 나라 전도(全

팔도를 무른 메주 밟듯 하였다[속] 전국 방방곡곡을 두루 빠짐없이 담사하였다.

팔도 명산[-또-](八道名山)[명] 우리 나라 전도의 명산. all the famous mountains of Korea

팔도 음정[-또-](八度音程)[명]〈동〉옥타브(octave).

풀·독[명]〈고〉팔무개.

팔-두신[-뚜-](八頭身)[명]〈동〉팔등신(八等身).

팔두 작미[-뚜-](八斗作米)[명] 벼 한 섬을 찧는 데 모말로 쌀 여덟 말을 받고 그 나머지는 방아 삯으로 주는 일.

팔-등신[-뜽-](八等身)[명] 신장이 얼굴 길이의 8배 되는 몸. 또, 그런 사람. 몸 균형이 잡힌 미인의 표준. 팔두신(八頭身).

팔딱[부] ①힘을 모아서 가볍게 뛰는 모양. jumping ②맥이 뛰는 모양. pulsing softly 하다

팔딱-거리다[자] ①힘을 모아서 가볍게 계속하여 뛰다. ②맥이 자주 뛰다. ③성이 나서 팔팔 뛰며 못견디어 하다. ④몸을 여달구며 자주 나뛰다. [큰] 펄떡거리다. 팔딱=팔딱[부] 하다.

팔딱-이다[자] 작은 것이 탄력 있게 뛰다. [큰] 펄떡이다.

팔뚝[명]〈생리〉팔꿈치로부터 손목까지의 부분.

팔뚝 시계[-時計][명] →손목 시계.

팔라듐(Palladium 도)[명]〈화학〉백금속 원소의 하나. 경도(硬度)가 높고 부식(腐蝕)에 대한 저항력이 강하므로 합금 재료·촉매·치과 재료·안료 등으로 쓰임. 원소 기호; Pd. 원자 번호; 46. 원자량; 106.4.

팔락[부] 종이나 발 같은 것이 바람에 날리어 가볍게 나부끼는 모양. 또, 그 소리. [큰] 펄럭. 하다

팔락-거리다[자] 바람에 날리어 가볍고 아주 빠르게 나부끼다. [큰] 펄럭거리다. 팔락=팔락[부] 하다

팔락-이다[자] 바람에 날리어 가볍고 빠르게 연해 나부끼다. [큰] 펄럭이다.

팔랑[부] 바람에 날리어 한번 가볍고 부드럽게 나부끼는 모양. [큰] 펄렁. 하다

팔랑=개비[명] ①어린아이들의 장난감의 하나. 빳빳한 색종이를 여러 갈래로 잘라 그 귀를 구부려 한데 모아 작은 같은 것의 끝에 꽂아 자루에 불어서 바람에 뱅뱅 돌도록 만듦. 풍차(風車)③. paper windmill ②몸을 주책없이 가볍게 놀리며 돌아다니는 사람의 비유. gadabout

팔랑-거리다[자] 바람에 날리어 계속하여 가볍게 나부끼다. [큰] 펄렁거리다. 팔랑=팔랑[부] 하다

팔러(parlor 프)[명] 응접실. 별실(別室).

팔레트(palette 프)[명] 그림 물감을 짜내어 섞어 풀어서 필요한 색을 만드는 도구. 조색판(調色板).

팔레트(pallet)[명] 포크리프트 트럭의 포크를 들이밀어 떠받쳐서 운반하는 데 쓰이는 짐판.

팔레트-나이프(palette-knife)[명]〈미술〉그림 물감을 섞는 데 쓰는 칼.

팔레티제이션(palletization)[명] 상품을 실은 팔레트만 이동시키는 유닛(unit) 수송 시스템의 하나.

팔로(八路)[명]〈동〉팔도(八道).

팔리다[자] ①이름이나 노력을 다른 사람이 사 가게 되다. be sold ②정신이 한쪽으로 쏠리다. ¶장난에 정신이 ~. be engrossed in

팔림[-채][명] 상품이 팔리는 상태. ¶~가 좋다.

팔만 나라(八萬奈落)[명]〈불교〉팔막 지옥(八萬地獄).

팔만 대=장경(八萬大藏經)[약]·팔막 사천 대장경.

팔만 사:천 대:장경(八萬四千大藏經)[명]〈불교〉대장경을 8만 4천의 법문(法文)이 있으므로 일컫는 말. [약] 팔만 대장경. complete collection of Buddhist Sutras, Laws and Treatises

팔만 장안(八萬長安)[명] 사람이 많이 사는 곳이라는 뜻으로, '서울'을 일컫는 말.

팔만 지옥(八萬地獄)囹〈불교〉중생이 번뇌 때문에 당하는 많은 괴로움을 지옥에 비유한 말. 팔만 나락(八萬奈落). ¶∼에서 멀리 던지는 것.
팔매囹 돌 같은 작고 단단한 물건을 손에 쥐고 팔을 내어 멀리 던지는 것. ¶돌∼ 하다. pebble-throwing 하다
팔매=질囹 팔매치는 짓. ¶돌∼ 하다. pebble-throwing 하다
팔매=치기囹 팔매 장난. game of pebble throwing 하다
팔매=치-다囵 팔매질하다.
팔면(八面)囹 ①여러 방면. all plain sides ②〈수학〉여덟 개의 면. eight planes
팔면=고(八面鼓)囹〈음악〉영고(靈鼓)처럼 여덟 면을 가진 틀에 매어 놓고 치는 북. [람. total stranger
팔면 부지(八面不知)囹 어느 모로나 알지 못하는 사
팔면 영롱[―녕―](八面玲瓏)囹 어느 쪽으로 보아도 아름답게 빛나고 맑은 모양.
팔면 육비(八面六臂)囹 어느 일을 당해도, 묘하게 처리하는 수완·역량이 있음을 일컫는 말.
팔면=체(八面體)囹〈수학〉여덟 개의 평면으로 둘러 막힌 입체. octahedron
팔=모(八―)囹 여덟 모. 팔각. eight angles
팔모(八母)囹〈제도〉복제(服制)에서 최복(衰服)의 어머니 이외에 따로 구별하여 일컫는 여덟 어머니. 곧, 적모(嫡母)·계모(繼母)·제모(養母)·자모(慈母)·가모(嫁母)·출모(黜母)·서모(庶母)·유모(乳母).
팔=모가지囹〈비〉팔목. [족의 삼각형.
팔모=귀(八―)囹 네모진 것에 팔모를 만들고 나온 배
팔모 기둥(八―)囹〈건축〉여덟 모로 다듬은 기둥.
팔모=살(八―)囹〈건축〉팔모가 지게 댄 문살. octagonal frames [(八角形). octagonal arbour
팔모=정(八―亭)囹 팔모가 지게 지은 정자. 팔각정
팔모 항아리(八―紅―)囹 팔모가 지게 만든 항아리.
팔목[―目]囹〈생리〉손과 연접하는 팔의 끝 부분. [비] 팔목
팔목(八目)囹〈동〉수부천(數鬪魚). [가지. wrist
팔문(八門)囹〈민속〉술가(術家)가 구궁(九宮)에 맞추어서 길흉을 점치는 여덟 문. 휴(休)·생(生)·상(傷)·두(柱)·경(景)·사(死)·경(驚)·개(開).
팔문 둔=갑(八門遁甲)囹 술가가 귀신을 부리는 술법.
팔물=탕(八物湯)囹〈한의〉사물탕(四物湯)과 사군자탕(四君子湯)을 배합한 탕약. 기혈(氣血)을 고루 보함. 팔진탕(八珍湯).
팔미=채(八味菜)囹 기름하게 자른 생선에 배추·오이 채를 섞고 양념하여 버무려 만든 음식.
팔미틴(Palmitin 도)囹〈화학〉백색 납상(蠟狀)의 포화 중성 지방(脂肪)의 하나. 동식물에 있어서 지방의 중요한 성분임.
팔미틴-산(Palmitin 酸)囹〈화학〉동식물성 유지(油脂) 속에 함유되어 있는 고급 지방산. 흔히 야자유를 감화(鹼化)시켜 만듦.
팔미=환(八味丸)囹〈한의〉육미환(六味丸)에 부자(附子)와 육계(肉桂)를 섞어 만든 성리제. 팔미원(八味元).
팔=밀이囹 ①혼인 날 신랑이 신부 집에 이를 때 신부집 사람들이 읍(揖)하여 맞이하는 예. ②마땅히 자기가 할 일을 남에게 미룸. 하다
팔방(八方)囹 ①사방(四方)과 사우(四隅). 곧, 동·서·남·북·동북·동남·서북·서남의 여덟 방위. 건(乾)·감(坎)·간(艮)·진(震)·손(巽)·이(離)·곤(坤)·태(兌)의 여덟 방향. eight points of the compass ②모든 방면. 이곳저곳. 팔굉(八紘). 팔극(八極). 팔표. 팔황(八荒). all directions
팔방=돌이(八方―)囹 여러 군데를 도는 일. ¶길이 험한 비다가 ∼라 가기 어렵다. meandering 하다
팔방=망이(八―)囹 방망이 여덟을 앞뒤로 대어 열어섯 사람이 메게 된 상여(喪輿).
팔방 미인(八方美人)囹 ①어느 모로 보나 아름다운 사람. perfect beauty ②누구에게나 두루 곱게 보이도록 처세하는 사람. 두루 춘풍. everybody's friend ③여러 방면에 능한 이. know-all ④아무 일에나 조금씩 손대는 이. person who dips into everything

팔방=천(八方天)囹〈불교〉하늘을 여덟 방위로 나눔을 일컬음. 곧, 제석천(帝釋天)·이사나천(伊舍那天)·염마천(閻魔天)·화천(火天)·수천(水天)·나찰천(羅刹天)·비사문천(昆沙門天)·풍천(風天).
팔=배태囹 저고리의 소매 밑 솔기를 따라서 겨드랑이 끝까지 두 편으로 따로 줍게 댄 헝겊. [는 말.
팔백¹(八百)囹〈민속〉음양가에서 토성(土星)을 이르
팔백²(八百)囹 백의 여덟 곱절. eight hundred
팔백금으로 집을 사고 천금으로 이웃을 산다囹 이웃 과 서로 사귀어야 한다. [one's elbow
팔=베개囹 팔을 베개로 삼아 벰. resting one's head on
팔복=전(八福田)囹〈불교〉①복을 심는 팔인(八因)이 있는 밭. 곧, 화상전(和尙田)·아사리전(阿闍梨田)·불전(佛田)·성인전(聖人田)·승전(僧田)·부전(父田)·모전(母田)·병전(病田). ②깊가에 샘 파는 일, 물 가에 다리 놓는 일, 험한 길을 닦는 일, 부모에게 효도하는 일, 삼보(三寶)를 공경하는 일, 병인(病人)을 구원하는 일, 가난한 사람에게 밥 주는 일, 무차 대회(無遮大會)를 베푸는 일.
팔부(八部)囹〈준〉→팔부중(八部衆).
팔부=중(八部衆)囹〈불교〉불법을 수호하는 여덟 신장(神將)들. 천(天)·용(龍)·야차(夜叉)·건달바(乾達婆)·아수라(阿修羅)·가루라(迦樓羅)·긴나라(緊那羅)·마후라가(摩睺羅迦). 〔약〕팔부(八部).
팔분(八分)囹 예서(隸書)의 이분(二分)과 전서(篆書)팔분을 섞어 만든 한자의 서체.
팔분 쉼=표(八分─標)囹〈음악〉온쉼표의 1/8의 길이를 갖는 쉼표. `″`로 나타냄.
팔분 음부(八分音符)囹〈동〉팔분 음표(八分音標).
팔분 음표(八分音標)囹〈음악〉온음표의 1/8을 나타내는 음표. `♪`로 나타냄. 팔분 음부(八分音符).
팔=불용(八不用)/**팔=불출**(八不出)囹 몹시 어리석은 사람을 가리키는 말. 팔불용(八不用). good-for-nothing
팔=불취(八不取)囹〈동〉팔불용(八不用).
팔=뼈囹 팔의 뼈. [string twisted with eight threads
팔사[―絲]囹 여덟 가닥으로 드린 실 노끈.
팔삭[―朔](八朔)囹 음력 팔월 초하룻날. 이 날 농가에서 처음 햇곡식을 벰. August 1st of the lunar calendar
팔삭=둥이[―싹─](八朔童―)囹 ①밴 지 8개월 만에 낳은 아이. ②똑똑하지 못한 사람을 조롱하는 말. dull witted fellow
팔상[―쌍](八相)囹 ①인상(人相)의 여덟 가지 상. 곧, 위(威)·후(厚)·청(淸)·고(古)·고(孤)·박(薄)·악(惡)·속(俗). ②〈불교〉석가가 중생을 제도(濟度)하기 위하여 일생을 나타낸 여덟 가지의 변상(變相). 곧, 대승(大乘) 불교에서의 종도솔천퇴(從兜率天退)·입태(入胎)·주태(住胎)·출태(出胎)·출가(出家)·성도(成道)·전법륜(轉法輪)·입열반(入涅槃), 소승(小乘) 불교에서의 종도솔천퇴(從兜率天下)·탁태(託胎)·출생(出生)·출가·항마(降魔)·성도·전법륜·입열반의 일.
팔상 성도[―쌍─](八相成道)囹〈불교〉석가가 일생 중 팔상(八相)으로 이룬 도(道). 팔상 작불(八相作佛). [成道].
팔상 작불[―쌍─](八相作佛)囹〈동〉팔상 성도(八相
팔상=전[―쌍─](八相殿)囹〈불교〉석가의 팔상의 그림과 존상을 각각 나누어 모신 당각.
팔색=조[―쌕─](八色鳥)囹〈조류〉팔색조과에 속하는 새. 날개 길이 12~13cm로 깊은 숲에 살며, 개동지빠귀와 비슷함. 여러 빛깔이 조화된 아름다운 철새임. fairy pitta
팔서[―書]囹〈동〉→팔체서(八體書).
팔선 교자[―쎈─](八仙交子)囹〈동〉팔선상(八仙床).
팔=선녀[―썬―](八仙女)囹〈문학〉고대 소설 구운몽(九雲夢)에 나오는 주인공 양소유(楊少游)의 처첩인 여덟 미인.
팔선=상[―쎈─](八仙床)囹 네모가 반듯하게 생긴 큰

상. 8인이 둘러앉을 만한 크기임. 갤선 교자(八仙교자).

팔선-화[-썬-](八仙花)圏동 수국(水菊). [交子].

팔성[-썽](八成)圏 황금의 품질을 10등으로 나눈 3등. third of the ten grades of gold

팔=성:도[-썽-](八聖道)圏〈불교〉불교 수행에 있어서의 여덟 가지 명목. 곧, 정견(正見)·정어(正語)·정업(正業)·정명(正命)·정념(正念)·정정(正定)·정사유(正思惟)·정정진(正精進). 팔정도(八正道).

팔성-론[-썽-](八成論)圏 현은(玄銀).

팔세-보[-쎄-](八世譜)圏〈제도〉문관(文官)·무관(武官)·음관(陰官)을 고사(考査)하기 위하여 그의 팔대조(八代祖)까지 기록한 보첩(譜叢).

팔손이-나무[-쏜-](八-)圏〈식물〉두릅나무과의 상록 활엽 관목. 해안의 산골짜기에 나며, 잎은 장상인데 8∼9갈래로 갈라진다. 겨울에 흰 꽃이 피고, 다음 봄에 장과가 익음.

팔순[-쑨](八旬)圏 여든 살. eighty

팔시간 노동제[-씨-](八時間勞動制)圏〈사회〉노동 시간을 하루 평균 8시간, 일주일 48시간으로 하는 제도. 사십팔 시간제(四十八時間制). eight hour day system

팔식[-씩](八識)圏〈불교〉오관(五官)과 뜻을 통해 외계의 사물을 인식할 수 있는 여덟 가지의 심적 작용. 곧, 안식(眼識)·이식(耳識)·비식(鼻識)·설식(舌識)·신식(身識)·의식(意識)·말나식(末那識)·아뢰야식(阿賴耶識).

팔=심[-씸]圏 팔뚝의 힘. ¶∼이 약하다. muscular strength of one's arm [살.

팔십[-씹](八十·八拾)圏 여든. eighty 圏 나이 여든

팔십 노인도 세 살 먹은 아이한테 배울 것이 있다圍 ①손아랫 사람의 말이라도 바른말은 들어야 한다. ②지혜와 식견은 반드시 나이에 따르는 것이 아니

팔싹 ①연기나 먼지 등이 한바탕 일어나는 모양. ②갑자기 주저앉는 모양. 〈큰〉펄썩. suddenly 하다

팔싹-팔싹 연기나 먼지 같은 것이 계속하여 세게 일어나는 모양. 〈큰〉펄썩펄썩. 하다

팔-씨름 팔심을 겨루는 내기. armwrestling 하다

팔아 내·다日 ①물건을 열심히 잘 팔다. have a good sale ②물건을 팔아서 돈으로 바꾸다. pay in cash by selling

팔아-먹-다日 ①팔아서 돈으로 바꾸어 없애다. ¶재산을 모두 ∼. lose ②정신을 남에게 쏠려 버리다. ¶정신을 딴 데 ∼. be sold on ③곡식을 사 먹다. ¶쌀을 ∼. buy cereals to eat ④값을 받고 권리를 남에게 주다. sell ⑤여자가 금품을 받고 몸을 남에게 맡기다. prostitute

팔양-경(八陽經)圏〈불교〉천음 지양(天陰地陽)의 여덟 가지 양(陽)을 말하여 혼인·해산(解産)·장사(葬事)등에 관한 미신적 행동을 타파하는 내용의 불경(佛經)의 하나.

팔열 지옥(八熱地獄)圏〈불교〉극히 뜨거운 여덟 지옥. 곧, 등활(等活)·흑승(黑繩)·중합(衆合)·규환(叫喚)·대규환(大叫喚)·초열(焦熱)·대초열(大焦熱)·무간(無間地獄). [elbow

팔-오금(八-)圏 팔꿈치를 오그린 안쪽. 《약》오금②. of

팔왕·팔왕(-旺)圏 목은 발. 화전(火田).

팔월(八月)圏 일년 중 여덟 번째의 달. 계월(桂月).

팔월-선[-쎈](八月仙)圏 농사일을 끝내고 추수를 시작할 때까지의 한가한 농부. 신선 같다는 뜻.

팔월-치(八月-)圏 8월에 금전이나 물품을 수급(受給)하는 일. [작하다.

팔월 한가위(八月-)圏 음력 8월 보름날. 「

팔을 걷고 나서다圍 어떤 일을 능동적으로 나서서 시작하다. 팔을 걷어붙이다.

팔을 걷어붙이다圍 무슨 일에 적극적으로 나서다. 팔소매를 걷어붙이다.

팔음(八音譜)圏 아악에 쓰는 여덟 가지 악기. 곧, 금(金)·석(石)·사(絲)·죽(竹)·포(匏)·토(土)·혁(革)·목(木). 또, 그 소리.

=팔이[-리]圏 파는 사람. ¶성냥∼ 소녀.

팔이 들이굽지 내굽나圍 친밀한 사이에 있는 사람에게 먼저 동정하게 되며, 어느 일이나 자기에게 유리하도록 꾀하는 것이 인지상정이다.

팔인-교(八人轎)圏 8인이 메는 교자.

팔일-무(八佾舞)圏 나라의 큰 제사 때에 추는 춤. 학생 64인을 8열로 정렬시켜 추게 하는 규모가 큰 문무(文舞)나 무무(武舞). [사납다. one's lot

팔자[-짜](八字)圏 사람의 한평생의 운수. ¶∼가

팔자²[-짜](八字)圏 한자의 '八'이라는 글자.

팔자가 사나우니까 의붓아들이 삼 년 맏이라圍 닥친 일이 마땅하지 못함을 자탄하다.

팔자 걸음[-짜-](八字-)圏〈약〉여덟 팔자 걸음.

팔자 고치다圍 ①재가(再嫁)하다. ②갑작스레 부자가 되거나 지체를 얻어 딴사람처럼 되다.

팔자는 독에 들어가서도 못 피한다圍 ①일이 뜻과 어긋남을 체념하는 뜻으로 탄식하는 말. ②타고난 운명을 억지로 바꿀 수 없다는 말. [하다.

팔자 늘어지다圍 걱정 근심이 없고, 사는 것이 편안

팔자-땜[-짜-](八字-)圏 사나운 팔자를 어떤 어려운 일로 대신함. 하다

팔자 사납다圍 험악한 운명을 타고나다.

팔자 세다圍 협악한 운명을 타고나다.

팔자에 없다圍 분수에 넘쳐 격에 어울리지 않다. 뜻하지 않은 복을 (福祿)이 겨다. [준산(八字

팔자 청산[-짜-](八字青山)圏〈동〉팔자 춘산(八字

팔자 춘산[-짜-](八字春山)圏 미인의 고운 눈썹의 비유. 八字春山. beautiful brows

팔자 타:령[-짜-](八字打令)圏 불행한 자신의 신세를 한탄하거나 원망하는 일.

팔작-가[-짜-](八作-)圏〈동〉팔작집.

팔작-집[-짜-](八作-)圏〈건축〉네 귀에 모두 추녀를 달은 집. 팔작가(八作家).

팔-장:사[-짱-](八壯士)圏〈역사〉조선조 인조 14년(1636) 병자 호란(丙子胡亂)에 항복하고, 세자와 봉림 대군(鳳林大君)이 청(淸)에 볼모로 갈 때에 요양(遼陽)까지 수행했던 여덟 사람. 곧, 김지웅(金志雄)·박기성(朴起星)·박배원(朴培元)·신진익(申晋翼)·오효성(吳孝誠)·장사민(張士敏)·장애성(張愛聲)·조양(趙陽).

팔-장신[-짱-](八將神)圏〈민속〉음양가(陰陽家)에서 말하는 여덟 방위를 맡은 여덟 신. 태세(太歲)·대장군(大將軍)·태음(太陰)·세형(歲刑)·세파(歲破)·세살(歲煞)·황번(黃幡)·표미(豹尾).

팔재[-쩨](八災)圏〈불교〉선정(禪定)을 방해하는 여덟 가지 재화(災患). 곧, 희(喜)·우(憂)·고(苦)·낙(樂)·심(尋)·사(伺)·출식(出息)·입식(入息).

팔=재간[-쩨-](-才幹)圏〈체육〉씨름에서, 팔을 쓰는 재간.

팔전(八專)圏 임자(壬子)일부터 계해(癸亥)까지의 12일 중 축(丑)·진(辰)·오(午)·술(戌)의 나흘을 제한 나머지 8일 동안의 일컬음.

팔절=일[-쩔-](八節日)圏 여덟 절후. 곧, 입춘(立春)·춘분(春分)·입하(立夏)·하지(夏至)·입추(立秋)·추분(秋分)·입동(立冬)·동지(冬至). eight seasons

팔절-판[-쩔-](八切判)圏 사진 용어로서, 가로 22 cm, 세로 16.5 cm의 사진크기. octavo size

팔=정:도[-쩡-](八正道)圏〈동〉팔성도(八聖道).

팔조지-교[-쪼-](八條之教)圏 우리 나라 고대 사회에서 시행된 여덟 가지의 법금(法禁). 팔조금법.

팔조지=금법[-쪼-뻡](八條之禁法)圏〈동〉팔조지교(八條之教).

팔족-시[-쪽-](八足詩)圏〈문학〉팔각시(八角詩)에서 머리 글자로 쓰는 것을 끝 글자로 쓰는, 팔각시와 비슷한 장난.

팔-주비전[-쭈-](八注比廛)圏〈제도〉조선조 때, 서울에 있던 백각전(百各廛) 중에서 선전(縮廛)·면포전(綿布廛)·면주전(綿紬廛)·지전(紙廛)·저포전

팔죽지 『명』 팔꿈치에서 어깨 죽지 사이의 부분. upper arm

팔=준:마[—쭌—] 『명』(八駿馬) 역사상 유명한 여덟 필의 준마. 곧, 화(驊)·유(騮)·적기(赤驥)·백의(白義)·초광(譟光)·황유(黃騟)·도리(盜驪)·산자(山子).

팔중=주[—쭝—] 『명』(八重奏) 《음악》 실내악의 하나. 여덟 개의 독주 악기에 의한 중주. 현악 팔중주·관악 팔중주·관현(管絃) 팔중주 등이 있음. 옥텟(octet).

폴·지[] 『명』(팔지). [八趾].

팔진[—] 『명』(八鎭) 사방(四方)과 사우(四隅). 팔방

팔진=도[—찐—] 『명』(八陣圖) 여덟 가지 모양으로 친 진법(陣法)의 그림. 보통, 천(天)·지(地)·풍(風)·운(雲)·용(龍)·호(虎)·조(鳥)·사(蛇)의 여덟 가지로 나타내는 병가(兵家)에 따라 그 형상은 서로 같지 아니함.

팔진=탕[—찐—] 『명』(八珍湯) 《동》 팔물탕(八物湯).

팔질[—찔] 『명』(八耋) 나이 여든 살의 일컬음. eight years of age

팔=짓[—찟] 『명』 팔을 놀리는 짓. ¶ 손짓 ~하면서 연설하다. gesturing with one's arms 하

팔짝 『부』 ① 문 같은 것을 갑자기 여는 모양. suddenly ② 갑자기 가볍게 뛰거나 나는 모양. 《큰》 펄쩍. lightly 하

팔짝=거리·다 『자타』 ① 문 같은 것을 자꾸 여닫다. ② 계속하여 갑자기 가볍게 뛰거나 날다. 《큰》 펄쩍거리다. 팔짝=팔짝 하

팔짝 뛰·다 억울한 일을 당했을 때에 세게 부인하다. 《큰》 펄쩍 뛰다. start up with anger

팔짱 『명』 손을 두 소매 속에 마주 넣거나, 두 팔을 가슴 앞으로 바짝 마주 끼어 손을 겨드랑이 밑으로 두는 짓. folding one's arms

팔짱 꽂·다 팔짱 지르다.

팔짱 끼·다 두 팔을 마주 굽혀 끼다. ¶ 팔짱 끼고 방관하다. fold one's arms

팔짱 지르·다 두 팔을 양쪽 소매 속에 넣어서 마주 꽂다.

팔찌 『명』 《약》→ 팔가락지. ② 활을 쏠 때에 활을 쥐는 쪽의 팔소매를 걷어 매는 띠.

팔찌=동 『명』 《체육》 활을 쏠 때의 예법. 활을 쏠 때에, 남향으로 상가자(賞加資)나 첨지 가자(帖紙加資)를 한 사람은 무게급자이므로 무과(武科) 출신의 사람 위에 서지 못하고, 남향이라도 가지지 아니한 사람이면 당하 출신의 사람 위에서 쏘며, 매양 슴사(習射)할 때에는 한 순 외에 한두 대도 더 쏘지 못하며 두 순을 마치못하면 쏘지 못함.

팔척 장신(八尺長身) 장대한 몸을 과장하는 말. man of great stature

팔체(八體) 『명』 팔체서(八體書).

팔체=서(八體書) 『명』 진(秦)나라 때에 쓰이던 여덟 가지 서체. 곧, 대전(大篆)·소전(小篆)·각부(刻符)·충서(蟲書)·모인(摹印)·서서(署書)·수서(殳書)·예서(隷書). 《약》 팔서. 팔체. eight styles of calligraphy

팔초=어(八稍魚) 『명』 문어. [jawed

팔초-하·다 『형』 얼굴이 좁고 턱이 빨다. lantern-

팔촌(八寸) 『명』 ① 여덟 치. eight feet ② 삼종(三從) 간의 촌수.

팔팔 『부』 ① 적은 물이 용솟음치며 끓는 모양. bubblingly ② 작은 것이 기운차게 한 자리에서 자꾸 날거나, 뛰는 모양. flutter about ③ 등이나 온돌방이 몹시 달치는 모양. 《큰》 펄펄. burningly

팔팔=결 『명』 엄청나게 어긋나는 일이나 모양. 《약》 팔결. what is preposterously wrong

팔팔 뛰·다 억울하거나 뜻밖의 일을 당하였을 때 갑작 놀라거나 아주 세게 부인하다. 《큰》 펄펄 뛰다. fly into rage

팔팔-아(八八兒) 『명』 앵무새.

팔팔-하·다 『형』 ① 성질이 급하고 매우 쌀쌀하다.

quick-tempered ② 날 듯이 아주 생기가 있다. 《큰》 펄펄하다. lively

팔포 대:상(八包大商) 『명』 ① 생활에 걱정이 없는 사람. ② 청나라에 보내던 사신을 따라가 홍삼을 파는 허가를 맡았던 의주의 상인.

팔표(八表) 『명』 팔방의 구석. 땅의 끝.

팔풍(八風) 『명』 팔방의 바람. 곧, 동북 염풍(炎風)·동방 조풍(條風)·동남 혜풍(惠風)·남방 거풍(巨風)·서남 량풍(涼風)·서방 유풍(飂風)·서북 여풍(麗風)·북방 한풍(寒風). winds of eight directions

팔풍=받이[—마지](八風—) 『명』 사방으로 바람을 받는 곳. wind-swept place

팔=학사(八學士) 《제도》 조선조 예문관의 봉교(奉教)·대교(待教) 각 두 사람과 검열(檢閱) 네 사람을 합하여 이르는 말.

팔한 지옥(八寒地獄) 《불교》 몹시 추운 여덟 지옥. 알부타(頞部陀)·이라부타(尼刺部陀)·알찰타(頞哳陀)·학학바(臛臛婆)·호호파(虎虎婆)·올발라(嗢鉢羅)·발특마(鉢特摩)·마하 발특마(摩訶鉢特摩).

팔행=시(八行詩) 『명』 여덟 줄로 된 시.

팔황(八荒) 『명』 《동》 팔방(八方).

팔=회목 『명』 팔의 회목. small of wrist

팜: 팀: (farm team) 『명』 프로 야구의 제 2군. 제 1군 선수를 양성하기 위한 팀.

팜파스(pampas) 『명』 《지리》 남미, 특히 아르헨티나의 수목이 없는 대평원. [music).

팝 뮤:직(pop music) 『명』 《동》 포퓰러 뮤직(popular

팝 송(pop song) 『명』 《약》→ 포퓰러 송(popular song).

팝스(pops) 『명』 《동》 포퓰러 송(popular song).

팝 아:트(pop art) 《미술》 회화의 한 양식. 미국에서 만화·포스터 등을 소재로 일어난 전위 예술 운동의 하나.

팝=콘(popcorn 미) 튀긴 옥수수에 잔을 한 식품. 곧. [八.

팟=국 『명』 파를 넣어 끓인 국. 총탕①. scallion soup

풋돔 『명』 《고》 팥돔.

·풋비·리 『명』 《고》 흔히. 많이.

풋비히 『명』 《고》 베짱이.

팟=종 『명』 파의 줄기.

팡 『거』 → 뺑!.

팡개 돌멩이나 흙덩이를 적어 멀리 먼저 새를 날리는 데에 쓰는 한 끝이 비 갈래로 짜개진 대 토막.

팡개=질 『명』 팡개로 돌멩이나 흙덩이를 적어 던지는 것.

팡개=치·다 『타』→ 팽개치다. [짓. 하

팡당 작고 무거운 물건이 얕은 물 속에 떨어져서 되바라지게 나는 소리. 《큰》 펑덩. splash 하

팡당=거리·다 『자타』 계속하여 팡당 소리가 나다. 또, 계속하여 팡당 소리를 내게 하다. 《큰》 펑덩거리다.

팡당=팡당 하 [¶ 염석소가 없고 기생함.

팡이 《식물》 민꽃식물의 하나. 버섯·곰팡이 따위.

쌍이=균산(—菌傘).

팡이=무리 『명』 균류(菌類).

팡이=실 『명』 균사(菌絲).

팡이=자루(—柄) 『명』 균병(菌柄).

팡탈롱(pantalon 프) 『명』→ 판탈롱.

팡파·르(fanfare 프) 『명』 ① 북북 금관 악기(金管樂器)를 위해 작곡된 짧고 씩씩한 악곡. ② 삼화음(三和音)을 사용한 트럼펫의 신호. [지다. stumpy

팡파=지다 『동』 동그스름하고 옆으로 퍼지다. 《큰》 펑퍼

팡파짐=하·다 『형』 불룩하고 편편하게 가로퍼지다. 《큰》 펑퍼짐하다. pudgy

팡팡 『부』 ① 눈이나 물이 세차게 쏟아지거나 솟는 모양. 또, 그 소리. copiously ② 여러 번 계속하여 나는 거센 총소리. 《큰》 펑펑. 하

팡팡=거리·다 『자타』 연달아 팡팡하는 소리가 나다. 또, 연달아 팡팡 소리를 내게 하다. ② 팡팡하고 쏟아지다. ③ 작은 물건이 얕은 물 속으로 자꾸 떨어져 들어가다. ④ 재산을 헤프게 자꾸 쓰다. 《큰》 펑펑거리다. waste

팥圀〈식물〉①콩과에 딸린 일년생 풀. 여름에 노란 꽃이 피고, 긴 원통형 꼬투리가 달리는데 씨의 빛깔은 여러 종류가 있음. 인도 원산으로 각지에서 재배하며 씨는 식용이 됨. red bean ②팥의 씨.
팥-가루圀 팥을 삶아서 만든 가루. 　[두(小豆)
팥-고물圀 팥으로 만든 고물. mashed bean used for coating rice-cake 　[근 고추장.
팥-고추장(-醬)圀 콩과 팥을 함께 삶아서 메주로 담
팥-고투리圀 알맹이가 든 팥의 열매. red-bean pod
팥-꽃圀 팥의 꽃. 약으로도 씀. 소두화(小豆花).
팥꽃-나무圀〈식물〉팥꽃나무과에 딸린 갈잎 떨기나무. 높이 1 m 가량으로 잎은 피침형이고 잔털이 밀생함. 4월에 담자색 꽃이 피고 장과는 가을에 익음. 꽃봉오리를 말린 것은 약재로 씀.
팥-노굿圀 팥의 꽃. 　　　　[buds of red bean
팥-눈圀 팥알의 겉에 하얀 점이 박힌 자리. embryo
팥-단자(-團子)圀 겉은 팥가루를 묻힌 단자.
팥-대우圀 팥을 심은 대우.
팥대우를 파다囚 이른봄에, 보리나 밀을 심은 밭이랑에 드문드문 호미로 파서, 팥을 심다.
팥-떡圀 팥고물을 묻힌 떡.
팥-망아지圀〈곤충〉나비나 나방의 유충 중에서, 자벌레・배추벌레・모충 등 이외의 유충. red-beans
팥-매圀 팥을 타는 커다란 맷돌. quern for grinding
팥-물圀 팥을 삶아 짜서 거른 물. 팥죽 쑤는 데 쓰임. juice pressed out of boiled red beans
팥-밥圀 팥을 놓아 지은 밥. rice cooked with red
팥밥-덩圀 팥배나무의 열매. 당리(棠梨). 　　[beans
팥배-나무圀〈식물〉장미과의 낙엽 활엽 교목. 높이 10 m. 흰 꽃이 피고 목재는 가구재・시탄재로 쓰이고 과실은 식용함. 털야광나무.
팥-비누圀 팥의 껍질을 벗겨 만든 가루. 비누의 대용품으로 씀. red-bean soap
팥-소圀 팥으로 만들어 떡 속에 넣는 소. red-bean 　[paste
팥-수라(-水剌)圀 '팥밥'의 궁중어.

팥으로 메주를 쑨다 하여도 끝이듣는다속 남이나 남의 말을 지나치게 믿는다. 　　　　[은 손해 본 게 없다.
팥이 풀어져도 솥 안에 있다속 손해를 본 듯하나 사실
팥-잎(-닢)圀 팥의 잎. 소두엽(小豆葉).
팥-장(-醬)圀 팥과 밀가루로 메주를 만들어 담근 장. 소두장(小豆醬). red-bean soy
팥-죽(-粥)圀 팥을 삶아 체에 으깨어 밭여서 솥에 넣고 쌀을 넣어 쑨 죽. 두죽(豆粥).
팥죽 동옷(-粥-)圀 어린아이의 동지빔으로 입는 자줏빛 또는 보랏빛 동옷.
팥-편圀 팥물을 밀가루에 섞어 꿀을 치고 익힌 음식.
패(牌)圀 ①특징・이름・성분 등을 알릴 목적으로, 그림이나 글씨를 그리거나 쓰거나 새긴 자그마한 쇠붙이나 나뭇조각. wooden slab ②몇 사람이 어울린 동아리. party
패(覇)圀 ①남을 교묘하게 속이는 꾀. trickery ②바둑에서 서로 한 수씩 걸러 가며 잡고자 하는 한 집.
패-가(敗家)圀 가산을 탕진하여 없앰. insolvency 하困
패-가 망신(敗家亡身)圀 가산을 없애고 몸을 망침. 하困
패-가(貝家)圀圀〈동〉조가비.
패-거리(牌-)圀 그 패에 속하는 동아리 전체.
패-검(佩劍)圀 차는 칼. 칼을 참. 대검(帶劍). 대도(帶刀). 패도(佩刀). side-arms 하困
패-관(稗官)圀〈제도〉옛날 임금이 민간의 풍속이나 정사를 살피기 위해 가설 항담(街說巷談)을 모아 기록시키던 벼슬아치. official editor who collected folk stories ②이야기를 짓는 사람. story writer 　　[패→패관 소설.
패-관 문학(稗官文學)圀〈문학〉패관이 채집한 가설 항담에 패관의 창의와 윤색이 가미되어 일종의 문학 형태를 갖추게 된 것.
패-관 소:설(稗官小說)圀〈문학〉민간의 가설 항담을 주제로 하여 지은 소설. (약) 패관(稗官)③. 패

설(稗說)②. folk story
패:-국(敗局)圀 쇠패한 정국(政局)이나 국면.
패:-군(敗軍)圀 싸움에 진 군사. (대) 승군(勝軍). defeated army 　　[(敗將). defeated general
패:군지-장(敗軍之將)圀 싸움에 진 장수. (약) 패장
패-권(覇權)圀 ①수령(首領)의 권력. 패자의 권력. 승자(勝者)의 권력. supremacy ②국제 정치에서, 무력이나 다른 힘으로 남의 나라를 지배하는 경우에 그 우월적 지위 혹은 권력. ¶ ~을 쥐다.
패-기(覇氣)圀 ①패권을 잡으려는 기상. ②패자의 늠름한 기상. ③야심(野心). spirit
패:기 만:만(覇氣滿滿)圀 패기가 가득함. 하困
패:기 발발(覇氣勃勃)圀 성격이 진취적이고 패기가 한창 일어나는 모양. 하困
패:-나-다(覇--)囚 바둑에서, 패가 생기다.
패널(panel)圀 ①〈건축〉벽널 따위의 널빤지. ②〈미술〉화판(畫板)에 그린 그림. ③콘크리트를 붓는 형틀. 거푸집. 〈참〉배심원. 배심원 대부.
패널 디스커션(panel discussion)圀 토의 형식의 하나. 이미 결정되어 있는 논제로 보통 4∼6인 가량의 대립되는 의견을 가진 대표자가 청중 앞에서 토의하는 일. 패널 토의(panel 討議). 배심 토의(陪審
패널-화(panel 畫)圀 판자에 그린 그림. 　[討議].
패닉(panic)圀〈경제〉공황(恐慌).
패-다困 곡식의 이삭이 나오다. come into ears
패:-다困 사정없이 마구 때리다. strike mercilessly
패:-다困 도끼로 장작 등을 쪼개다. chop
패:-다피동 팜을 당하다. 패어지다. be dug 자동 게 하다. let a person dig
패:-담(悖談・詖談)圀 사리에 어그러지는 말. 조리가 서지 않는 말. 패설(悖說). improper talk 하困
패-덕(悖德)圀 ①도덕과 의리에 어긋남. immorality ②정도(正道)에서 벗어난 행위. immoral conduct
패덕(悖德)圀 도덕과 의리를 그르침. 인도(人道)를 등짐. immorality
패:-도(佩刀)圀〈동〉패검(佩劍). 하困
패:-도(覇道)圀 인의를 무시하고 무력이나 권모로써 공리(功利)를 오로지 하는 일. (대) 왕도(王道). military rule
패:독-산(敗毒散)圀〈한의〉감기와 몸살을 푸는 약.
패:-동개(佩--)圀 허리에 동개를 참. 하困
패두(牌頭)圀 ①인부 열 사람의 두목. ②〈제도〉인에게 태장(笞杖)을 집행하는 형조의 사령(使令).
패:-떼-다(牌--)困 골패・투전・화투 따위를 가지고 패를 짝여 내다.
패랭이圀〈제도〉댓개비로 엮어 만든 갓의 일종. 천인이나 상제가 씀. 평량립(平凉笠). 평량자. ②〈약〉'패랭이꽃'.
패랭이-꽃圀〈식물〉너도나미자리과에 딸린 다년생 풀. 줄기는 총생하며 잎은 선형 또는 피침형임. 6∼8월에 붉은 빛 또는 붉은 빛 꽃이 피는데 가는 실모양으로 갈라짐. 꽃은 전초(全草)와 함께 약재로 씀. 석죽(石竹). 석죽화. 천국(天菊). (약) 패랭이②. China pink
패랭이-꽃부리圀〈식물〉꽃의 밑부분은 가늘고 길며, 윗부분은 밑부분에 직각에 가깝게 바깥쪽으로 퍼져서 패랭이 모양으로 된 꽃부리.
패러그래프(paragraph)圀 ①문장의 절(節). 항(項). ②신문 등의 소기사(小記事). 단평(短評).
패러다이스(paradise)圀 근심 걱정 없이 행복을 누릴 수 있는 곳. 이상향. 낙원(樂園).
패러다이스 피시(paradise fish)圀〈어류〉중국 남부 원산의 관상어(觀賞魚). 전장 9 cm 정도. 수컷끼리 싸움을 좋아하며, 수면에 기포로 굴을 만들어 그 속의 알을 지킴.
패러독스(paradox)圀〈논리〉①역설. ②기론(奇論). 반패설. ③모순의 논(論).
패러독시컬(paprdoxical)圀 ①역설적임. ②구실(口實)에 맞지 않음. 하困

패러디(parody)명 ①풍자. 서투른 익살스러운 흉내. ②어떤 저명한 작품을 풍자적으로 모방, 개작(改作)하는 일. 파로디(Parodie).

패러볼러 안테나(parabola antenna)명 〈물리〉극초단파 중계용의 안테나. 전파를 일정한 방향으로 집중시켜서 발사하는 안테나로서 지름 1~3m의 포물면경의 금속면에 반사시켜서 송신함. 텔레비전 중계 따위에 쓰임.

패러프레이즈(paraphrase)명 ①해설. 상해(詳解). ②어떤 악곡에 새로운 기교를 가하거나, 악곡을 개수함. 또, 그 악곡. 하타

패럴렐리즘(parallelism)명 ①〈철학〉평행론(不行論). 병행설. ②하나의 희곡 중에 줄거리나 인물의 종류나 대사(臺詞) 등이 항상 조응(照應)하여 사용되며, 그것이 병행하여 서로 얽혀서 전개되는 일.

패럴렐 액션(parallel action)명 〈연예〉영화의 몽타주의 하나. 같은 시간에 다른 장소에서 일어나는 사건을 교체로 접속 연결하여 보이는 일.

패럿(farad)의명〈물리〉정전기 용량의 실용 단위. 1쿨롱의 전기량으로 대극(對極)간에 1볼트의 전위차를 나타내는 양. 기호; F. ┌bbedness

패:려(悖戾)명 성질이 순직하지 못하고 비꼬임. cra-

패려 굳다타 언행이 거칠고 예모가 없다. cross grained ┌impoliteness 하타

패:례(悖禮)명 예의에 어그러짐. 또, 그런 예절.

패:류(貝類)명 〈동〉조개의 종류. 쌍패류(雙貝類)와 권패류(卷貝類)로 대별됨. shell-fish

패:류(悖類)명 패려(悖戾)한 무리. stupid and shameless fellows (不倫). immorality infamy 하타

패:륜(悖倫)명 인륜에 어그러짐. 파륜(破倫). 불륜

패:륜-아(悖倫兒)명 인륜(人倫)에 어그러진 행위를 하는 자. immoral person

패:리(悖理)명 도리에 어그러짐. irrationality 하타

패리티(parity)명 ①〈경제〉타국 통화와의 비율. ②〈경제〉농가의 수입과 생활비와의 비율. 균등(同等). ④〈수학〉1과 0으로 성립된 수열(數列)에 있어서의 1의 개수(個數)의 우수·기수를 나타내는 말. 그 개수가 우수일 때 패리티는 0, 기수일 때 패리티는 1임.

패리티 계:산(parity 計算)명 〈경제〉관련하는 물가의 변동에 따라 그 물건의 가격을 결정하는 계산 방법.

패:만(悖慢)명 사람됨이 온화하지 못하고 거칢. indecency 하타

패:망(敗亡)명 ①패하여 망함. ②싸움에 져서 죽음. 패상(敗傷). defeat 하타

패:망 쇠미(敗亡衰微)명 패망하여 쇠미(衰微)함. 하타

패:멸(敗滅)명 싸움에 져서 멸망함. decay 하타

패:모(貝母)명 ①〈식물〉백합(百合)과의 여러 다년생풀. 줄기는 곧고 인경은 두개의 반구형에 수근이 많이 남. 잎우 넓은 선형으로 5월에 담황록색에 자색 반점이 있는 꽃이 종 모양으로 됨. 산서에나 며 관상용으로 재배됨. checkered lily ②〈한의〉패모의 인경(鱗莖)의 인편(鱗片). 약재로 쓰임.

패:목(牌木)명 패를 붙이거나 그 자체에 패를 새긴 나무. 괘목. ┌든 물건. shell goods

패:물(貝物)명 산호·호박·수정·대모(玳瑁) 등으로 만

패:물(佩物)명 ①몸에 차는 장식물. personal ornaments ②〈동〉노리개.

패:물 삼건(-件)(佩物三件)명 산호(珊瑚)·호박(琥珀)·밀화(蜜花) 등으로 장식한 패물. 패물 삼작(貝物三件).

패:물 삼작(貝物三作)명 ☞패물 삼건(佩物三件).

패밀리(family)명 가문(家門). 가족(家族).

패밀리 사이즈(family size)명 인구 통계에서, 한 쌍의 부부가 낳은 가족의 수. 보통, 아내의 연령이 50세 이상이고, 부부가 함께 존재하는 완전 부부가 그 동안 출산한 자녀의 수를 말함.

패:배(敗北)명 싸움에 짐. 싸움에서 도망감. 패주(敗走). ¶~자(者). 〈대〉승리(勝利). defeat 하타

패:배-주의(敗北主義)명 아예 패배를 예상하고, 승리나 성공을 스스로 기대하지 않는 사고나 태도.

패:병(敗兵)명 싸움에 진 병정. 패졸(敗卒). routed soldiers ┌장악함. holding the sway 하타

패:병(覇柄)명 생살 여탈(生殺與奪)의 권병(權柄)을

패:보(敗報)명 싸움에 패한 소식. 〈대〉승보(勝報). news of defeat

패:-보다(敗─)타 실패를 당하다. 낭패를 보다. fail

패:복(佩服)명 ①몸에 지님. preserve ②마음에 새겨 잊지 않음. impression 하타

패:부(牌符)명 〈제도〉고을 원의 지위에 있는 일.

패:부진(牌不進)명 〈제도〉임금의 명령으로 명초(命招)를 받고도 병이나 다른 사고로 인하여 봉명(奉命)하지 못하는 일.

패:분(貝粉)명 조개 껍데기의 가루. 자개의 가루.

패:사(敗死)명 싸움에 져서 죽음. 하타

패:사(敗事)명 실패한 일.

패:사(稗史)명 〈역사〉사관(史官)이 아닌 사람이 이야기 모양으로 꾸며 쓴 역사 기록. 패관(稗官)이 소설 형식으로 꾸며 쓴 역사 이야기. 〈대〉정사(正史)②. unofficial history

패:산(敗散)명 패하여 흩어짐. 하타

패:상(敗喪)명〈동〉패망(敗亡)②. 하타

패:색(敗色)명 패배의 빛. 패배할 것 같은 경향.

패색이 짙다 패배할 것 같은 경향이 심하다.

패:석(貝石)명 ①자개의 화석. fossil shell ②조가비가 붙은 돌. stone with shell fossils

패:-석회(貝石灰)명 자개를 태워 만든 석회.

패:설(稗說·諢說)명 〈동〉패담(稗談).

패:설(稗說)명 ①가설 항담·기담 이문 등 세상에 떠돌아다니는 설화. ②〈약〉패관 소설.

패:세(敗勢)명 패할 형세. 〈대〉승세(勝勢). reverse tide of a war

패셔닛(passionate)명 정열적. 다정 다감. 하타

패션(fashion)명 ①유행(流行). ②양식(樣式).

패션(passion)명 ①열정. 정열. 정화(情火). ②〈음악〉'파숀(Passion)'의 영어 이름.

패션 모델(fashion model)명 최신 유행의 옷을 입고 무대에 나가는 사람. 〈시(圖示)한 책. 스타일 북.

패션 북(fashion book)명 의상(衣裳) 등의 유행을 도

패션 쇼(fashion show)명 그 시즌의 유행 의상(衣裳)을 모아 모델이 착용하고 관객에게 보이는 쇼.

패:소(敗訴)명 송사(訟事)에서 짐. 낙송(落訟). 〈대〉승소(勝訴). lost case 하타 ┌customs

패:속(敗俗)명 쇠퇴하여 버린 풍속. degenerated

패:쇠(敗衰)명 패하여 쇠하짐. decline 하타

패:수(敗數)명〈동〉패운(敗運).

패:-수살[-쌀](敗數煞)명 패운살(敗運煞).

패스(pass)명 ①통과. 합격. 급제. ¶입학 시험에 ~하다. ②무임 승차권. 무료 입장권. 정기권. ③〈아〉ft. ④〈체육〉축구·농구·럭비 등에서, 같은 편끼리 공을 주고받아 연락함. ⑤카드놀이에서, 자기 차례를 거르고 다음 차례로 돌림. 하타

패스-포:트(passport)명 ①정부가 외국 여행자에게 교부하는 허가증. ②통행증. 〈약〉패스③.

패:습(悖習)명 못된 버릇. 못된 풍습. bad habit

패시미:터(passimeter)명 〈공업〉기계에서 구멍의 직경 조사 또는 측정에 쓰는 기구.

패시브(passive)명 ①수동적(受動的). 수동(受動). ②문장의 형태·동사 등이 수동적인 것. 〈약〉액티브(active). ┌フト.

패시지(passage)명 〈음악〉경과구(經過句). ┌(live.

패:-싸움(牌-)명 패끼리 싸우는 일. ¶~을 벌이다. 〈약〉패쌈(牌-).

패:-쌈(牌-)명 〈약〉☞패싸움.

패:쓰-다(牌-)라타들 ①교묘한 수단으로 위기를 면하다. ②바둑에서, 패를 두다. ┌rioration 하타

패:악(悖惡)명 도리에 어긋나고 흉악함. moral dete-

패암 곡식의 이삭이 패어 나옴. earing
패:업(敗業)명 사업에 실패함. failing in business
패:업(霸業)명 ①패자(霸者)의 사업. achievement of supreme ruler ②제후(諸候)의 으뜸이 되는 사업. chief achievement of feudal lords
패:역(悖逆·誖逆)명 패악(悖惡)하고 불순(不順)함. rebellion 하다
패:역 무도(悖逆無道·誖逆無道)명 패역 불순하여 사람다운 점이 없음. 하다
패연(沛然)명 비나 물이 억수로 쏟아짐. 하다 히
패:영(貝纓)명 산호·호박·밀화·대모·수정으로 만든 갓끈. 「늘이어 차는 옥. court-dress jewels
패옥(佩玉)명〈제도〉금관 조복(金冠朝服)의 좌우에
패옥(敗屋)명 허물어진 집. broken house
패:왕(霸王)명 ①패자(霸者)와 왕자(王者). 패도(霸道)와 왕도(王道). supreme ruler and king ②제후(諸候)를 통어(統御)하여 천하를 다스리는 자.
패왕수(霸王樹)명〈동〉선인장(仙人掌).
패:용(佩用)명 훈장이나 명패 등을 몸에 닮. wearing medals 하다 「lining fortune
패:운(敗運)명 기울어져 가는 운수. 패수(敗數).
패:운·살[—쌀](敗運煞)명 운수가 기울어질 살. 패수 살(敗數煞). 「obligation 하다
패:은(佩恩)명 은혜를 입음. being put under an
패:의(敗衣)명 떨어진 옷. 해진 옷.
패:인(敗因)명 싸움에 지거나 일에 실패한 원인. (대) 승인(勝因). cause of defeat
패:자(貝子)명 둥근 자패(紫貝).
패:자(悖子)명 사람의 도리에 어긋난 자식. unfilial son
패:자(敗子)명 가산(家産)을 망친 자식. prodigal son
패:자(敗者)명 싸움이나 경기에서 진 자. (대) 승자(勝者). defeated person
패:자(牌子)명〈동〉패지(牌旨).
패:자(霸者)명 ①제후(諸候)의 으뜸. ¶춘추 전국 시대의 ~. head of feudal lords ②패권을 잡아 패도로 천하를 다스리는 사람. supreme ruler ③어느 부문에서 가장 우수한 사람. 왕자(王者)③. ¶마라톤의 ~. champion
패:자 역손(悖子逆孫)명 패역 불순한 자손.
패:자-전(敗者戰)명 운동 경기나 바둑 같은 놀이에서, 진 사람끼리 이기고 짐을 겨루는 시합.
패:잔(敗殘)명 패하여 최잔한 나머지. survival after defeat 「군사.
패:잔-군(敗殘軍)명 싸움에 패하여 얼마 남지 않은
패:잔-병(敗殘兵)명 싸움에 패하여 얼마 남지 않은 병
패:잡-다(牌—)타 노름판에서 물주가 되다. lead 「정.
패:장(敗將)명〈약〉패군지장(敗軍之將).
패장(牌將)명 ①관청이나 일터의 일꾼을 거느리는 사람. foreman ②〈제도〉공사(公事)에 장공(匠工)을 거느리는 사람. ③〈제도〉전례(典禮) 때에 계집종을 거느리는 사람. 「낱장.
패-장[—짱](牌張)명 투전·화투 등의 패의 짝이 되는
패:적(敗敵)명 싸움에 패한 적. defeated enemy
패:적(敗績)명 자기 나라의 패전(敗戰)을 이름. our defeat 「하다
패:전(敗戰)명 싸움에 집. (대) 승전(勝戰). lost battle
패:전-국(敗戰國)명 싸움에 진 나라. (대) 전승국(戰勝國). defeated nation
패:전 투수(敗戰投手)명 야구에서, 패전에 가장 책임이 있는 투수. (대) 승리투수(勝利投手).
패전트(pageant)명〈연예〉야외극(野外劇).
패:정(悖政)명 도리에 벗어난 정치. 학정(虐政).
패:조(敗兆)명 싸움에 질 징조.
패:졸(敗卒)명〈동〉패병(敗兵).
패:주(貝柱)명〈동〉조개 관자(貫子).
패:주(敗走)명 싸움에 패배(敗北). 하다
패:지(敗紙)명 찢어진 종이. 못 쓰게 된 종이.
패지(牌旨)명〈제도〉지위가 높은 사람이 낮은 사람에게 공식으로 주는 편지. 패자(牌子).
패:진(敗陣)명 싸움에 진 진영. 「be nicknamed
패-차다(牌—)타 좋지 못한 일로 별명이 붙게 되다.
패:착(敗着)명 바둑에서, 그 곳에 돌을 놓았기 때문에 결과적으로 그 판에 지게 한 악수(惡手).
패찰(牌札)명〈동〉통표(通票). 「붙이다.
패-채우다(牌—)타 좋지 못한 일로 남에게 별명을
패:철(佩鐵)명 ①지관(地官)이 몸에 지남철을 지님. ②〈동〉찰쇠. 「명으로 신하를 부름. 하다
패초(牌招)명〈제도〉조선조 때 승지(承旨)를 시켜 왕
패촌(敗村)명 쇠퇴한 촌락(村落). declining village
패:총(貝塚)명 석기 시대의 사람이 까 먹고 버린 조개나 조가비가 쌓여서 된 유적의 무더기. 조개더미. shell heap
패:출 패:입(悖出悖入)명 도리에 어긋나는 일을 하면 또 그와 같은 일을 받음. one reaps what he has
패치(patch)명 집는 형겊 대신에 대는 가죽. 「sown
패치=워:크(patchwork)명 이것저것 그러모은 것. 쪽 모이 세공. 창의 없는 사진 편찬에도 比세함.
패키지(package)명 ①소포 우편물. ②언제든지 곧 사용할 수 있도록 미리 계획·제작해 놓은 것, 라디오·텔레비전 프로나 여행 계획 따위.
패킹(packing)명 ①집꾸림. 포장. ②깨지거나 망가지지 않게 하기 위하여 포장 속에 채워 넣는 충전물. 하다 「③. 포장되.
패킹 페이퍼(packing paper)명 포장용(包裝用)의 종
패:택(沛澤)명 ①〈동〉우택(雨澤). ②죄수를 대사(大赦)하는 은전(恩典)의 비유. amnesty
패턴(pattern)명 ①모범. 견본. 모형. ¶베스트 ~. ②〈철학〉문화 사회학·문화 인류학 등에 쓰이는 개념으로 모범처의 형(型)의 뜻. ③〈공업〉주형으로 만드는 원형. ④〈인쇄〉모형(母型) 또는 부형(父型)을 조각기로 조각할 때, 원형으로 쓰이는 글자.
패턴 북(pattern book)명 유행 디자인의 구체적 설명과 재단(裁斷)을 중심으로 편집한 카탈로그식 책.
패-통(牌筒)명 교도소에서, 재소자가 용무가 있을 때, 담당 교도관을 부르기 위하여 마련한 장치.
패:퇴(敗退)명 싸움에 지고 물러남. retreat 하다
패:퇴(敗頹)명 쇠퇴(衰頹)하여 무너짐. 하다
패트런(patron)명 ①보호자. 후원자. 찬조자. ②상점·여관의 고객. 「하다
패트롤(patrol)명 ①순찰. 경찰. ②순찰대. 경찰대.
패트롤 카(patrol car)명 경찰 등의 순찰차.
패:패(牌牌)명 여러 패. many parties
패:=하-다(敗—)자여타 ①싸움에 지다. be defeated ②살림이 거덜나다. ruin ③여위고 못되다.
패:향(佩香)명 몸에 지니고 다니는 향.
패:향(悖鄕)명 못된 백성이 살아서 풍기가 좋지 않은 고장. decadent district
패:혈증[—쯩](敗血症)명〈의학〉화농균이 핏속으로 들어가서 생기는 병. blood-poisoning
패호(牌號)명 남들이 패써하여서 부르는 별명. nickname
패:화(貝貨)명 미개 시대의 인류가 사용한 패화폐(貝殼幣) 등의 화폐. shell money
패:환(珮環)명 옥으로 만든 고리. gem ring
팩문 ①작은 몸이 맥없이 쓰러지는 모양. manner of collapsing ②썩은 관 등이 힘없이 끊어지는 모양. (큰) 픽. snap 하다
팩(pack)명 ①비닐로 만든 작은 용기. 과일·야채 따위를 담아서 팖. ②피부의 보호, 노화 방지 및 밝게 하기 위해 하는 미용법.
팩시밀리(facsimile)명 ①모사(模寫). 복사. ②모사 전송기(模寫電送機).
팩시밀리 방:송(facsimile 放送)명 텔레비전과 같은 원리로써 사진이나 글을 무선 전송(無線電送)하는 일. 복사(複寫) 방송. facsimile transmission
팩시밀리 신문(facsimile 新聞)명 전송 신문.
팩터(factor)명 ①요인(要因). 인자(因子). ②인수(因數).

팩터리(factory)명 ①제조소. 공장. ②대리점. 출장소. 제외 상관(在外商館).

팩=하다재 ①각소 몸이 여럿이 또는 잇따라서 힘들이 쓰러지는 모양. (큰)픽픽. manner of collapsing ②자그마한 몸이 지지 않으려고 연해 덤벼드는 모양. ③썩은 새끼 같은 것이 힘없이 자꾸 끊어지는 모양. (큰)픽픽. 하다 [성을 잘 내다. 콱하다.

팩=하다여튼 성질이 몹시 좁고도 비꼬여 걸핏하면

팬(fan)명 ①부채. ②경기나 연극 영화 등에 대한 열렬한 애호가.

팬(pan)명 ①자루 달린 냄비. 손냄비. ¶프라이~. ②영화·텔레비전 등에서, 카메라를 좌우로 돌려 찍는 방법. 이동 촬영. 기호; PAN.

팬=(pan) 다른 외래어의 앞에 붙어서, '모두·전(全)·총(總)·범(汎)'의 뜻을 나타냄.

팬더(panda)명〈동물〉→판다.

팬둥=거리=다자 (거)→밴둥거리다.

팬들=거리=다자 (거)→밴들거리다.

팬 레터(fan letter)명 팬이 영화 배우 등 스타에게 [보내는 편지.

팬시(fancy)명 ①상상·공상. ②내킨 생각. 일시적 기분. ③공상적인 디자인의 복식(服飾).

팬시 상품(fancy 商品)명 학생이나 젊은 여성을 대상으로 하는 신변 잡화·장신구·문방구 등.

팬=아메리카니즘(Pan-Americanism)명 범미주의.

팬=아시아니즘(Pan-Asianism)명 범아시아주의.

팬잔=례(—禮)명 첫날 낳은 사람이 친구들에게 졸리어 한턱내는 일. (때) 생남례(生男禮). 하다

팬지(pansy)명〈식물〉제비꽃과에 속하는 일년생 또는 이년생 풀. 줄기 높이 20 cm 가량으로 잎은 자주색·백색·황색의 꽃이 핌. 품종이 많으며 관상용으로 많이 재배됨.

팬츠(pants)명 ①바지. ②육상 경기용의 짧은 바지. ¶트레이닝 ~. ③드로어즈(drawers). ④바지 속의 내의. [운, 빈대떡 모양의 과자.

팬=케이크(pancake)명 프라이팬이나 번철(燔鐵)에 구

팬크로(panchro)명〈약〉→팬크로매틱.

팬크로매틱(panchromatic)명〈인쇄〉브롬화은(Brom 化銀) 건판보다 색채가 잘 감광하도록 만든 사진 건판 또는 필름. (약) 팬크로(panchro).

팬태스틱(fantastic)명 공상적. 광상적(狂想的). 하다

팬터그래프(pantagraph)명 ①전차·전기 기관차 등의 지붕에 달아, 가선(架線)으로부터 전기를 끄는 틀 장치. 집전기(集電器). ②원그림을 임의의 크기로 확대·축소하여 그릴 수 있는 기계. 축도기.

팬터마임(pantomime)명〈연예〉무언극(無言劇).

팬텀=기(phantom機)명 미국의 최신 고속 전투기. 음

팬티(panty)명 여성용의 짧은 속바지. [속의 약 3배.

팬티 스타킹(panty stocking)명 팬티와 스타킹이 한데 붙은 여성용 속내의.

팬=포커스(pan-focus)명 광각(廣角) 렌즈를 쓸 수 있는 한 졸여서 선명하게 찍히는 거리를 멀리 한 영화 촬영의 기법.

팰리스(palace)명 ①궁전. ②넓은 오락장. ③잔주름 [부드러운 천의 하나.

팰리시즘(phallicism)명 남근 숭배(男根崇拜). 생식기

팸플릿(pamphlet)명 간략하게 엮은 작은 책자. 소책자. ¶전시회 ~.

팻=**갈**(—)명 바둑에서, 패를 쓸 수 있는 자리.

팻=**돈**(牌—)명 놀음판에서 걸어 놓은 돈. 패전(牌錢).

팻=**목**(牌—)명 패목(牌木).

팻=**술**(牌—)명〈제도〉벼슬아치가 호패(號牌)를 차면 큰 술곤. 당상관(堂上官)은 자줏빛, 당하관(堂下官)은 남빛을 씀.

팽명 팽나무의 열매. 맛이 달콤함.

팽튼 ①한 바퀴 재빨리 도는 모양. ②갑자기 정신이 아찔한 모양. 하다 ¶ 휑.

팽개=질명 팽개치는 짓. 하다 [away

팽개=치다타 집어던져 버리다. (원) 광개치다. throw

팽그르튼 (거)→뱅그르.

팽글=**팽글**튼 (거)→뱅글뱅글.

팽=**나무**명〈식물〉느릅나무과의 낙엽 활엽 교목. 높이 20 m 내외이고 수피는 회색, 이년생 가지는 갈색, 일년생 가지는 녹색임. 목재는 건축·기구재로 쓰이고 정자 나무로 많이 심음.

팽다(烹茶)명 달인 차(煎茶).

팽대(膨大)명 부풀어올라 커짐. swelling 하다

팽두 이숙(烹頭耳熟)명 한 일이 잘 됨에 따라서 다른 일이 저절로 이루어짐의 비유.

팽란(烹卵)명 삶은 달걀. boiled egg

팽만(膨滿)명 ①음식을 많이 먹어 배가 부름. eating enough of food ②점점 부풀어올라 터질 듯함. swelling 하다

팽배(澎湃·彭湃)명 ①물결이 맞부딪쳐 솟구침. ②사물이 맹렬한 기세로 일어남. swelling 하다

팽압(膨壓)명〈식물〉식물 세포를 저장액에 넣으면 원형질의 부피가 늘어나 세포벽을 밀어 내려는 압력.

팽윤(膨潤)명〈화학〉용매(溶媒) 속에 담근 고분자(高分子) 화합물이 용매를 흡수하여 차차 체적이 불어 가는 현상. 용해(溶解).

팽이명 둥글고 짧은 나무의 한쪽 끝을 뾰족하게 깎아 채로 팽팽 돌리는 어린이의 장난감. top

팽이=**돌리는 채**. spinning 하다

팽이=**치기**명 팽이를 채로 쳐서 돌리는 놀이. top

팽창(膨脹)명 ①부풀어 멍멍하게 됨. swelling ②〈물리〉물질이 온도의 상승과 더불어 그 길이나 체적이 느는 현상. ¶열에 의한 ~. expansion ③발전하여 커짐. 뻗침. ¶인구가 ~하다. (대) 수축

팽창 계:수(膨脹係數)명 (동) 팽창률. (收縮). 하다

팽창=**률**(膨脹率)명〈물리〉물체가 온도 1°C 올라갈 때마다 증가하는 길이·본디의 길이·체적과의 비. 팽창 계수. rate of expansion

팽=**총**(—銃)명 팽을 탄알로 삼아 쓰는 장난감 총.

팽패=**리다**[형](여튼)성질이 괴상하고 부드럽지 못하다. hard to please 팽패=로이튼 [ious person

팽패리명 팽패로운 사람을 농으로 이르는 말. fastid-

팽팽튼 ①매우 빨리 도는 모양. ②총알 따위가 공중으로 빠르게 지나는 소리. 또, 그 모양. (큰) 핑핑.

팽팽(烹魚)명 열목이의 어린 새끼. (때) 산치.

팽팽=하다[형]여튼 ①물건이 잔뜩 켕기어 뒤질 힘이 있다. taut ②양쪽 힘이 서로 비슷비슷하다. (큰) 핑핑하다. matchable ③성질이 팩하고 너그럽지 못하다. illiberal 팽팽=히튼

팽팽=하다(膨膨—)[형]여튼 한껏 부풀어 평평하게 되다. ¶ 핑핑하다. swelling 팽팽=히튼

팽=**하다**[형]여튼 모자람이 없이 꼭 알맞다. moderate 팽=히튼 ¶ 핑핑하다.

팽형(烹—)명〈제도〉죄인을 더운물에 삶아 죽이는 형벌에 처하다. boil a culprit to death

팽화(膨化)명〈화학〉겔(Gel)이 액체를 흡수하여 용적이 증가하는 현상. 하다

퍼그리(—)[부]〈—히〉 기꺼이 힘없이 쓰러지는 모양. (큰) 퍼걱

퍅성(愎性)명 퍅한 성질. short temper

퍅=**퍅**튼 ①가냘픈 몸이 여럿이 또는 잇따라 힘들이 쓰러지는 모양. ②가냘픈 몸이 지지 않으려고 자꾸 대드는 모양.

퍅=**쏘**=**다**자 입바른 말을 잘하다. attack bitterly

퍅=**하다**(愎—)[형]여튼 (동) 팩하다.

퍼걸러(pergola)명 뜰이나 평평한 지붕 위에다 목재(木材)를 가로 세로 얽어 놓고, 등나무 따위 덩굴식물을 올리게 만든 장치.

·**퍼기**(匍)명 포기.

퍼=**내**=**다**타 깊숙한 데에 담긴 것을 떠내다. bail out

퍼내틱(fanatic)명 광신적(狂信的). 열광적(熱狂的). 하다 [놀고만 있다. 파니. idly

퍼=**니**(樋)튼 하는 일 없이 놀고만 있는 모양. ¶그저

퍼=**니처**(furniture)명 가구(家具). 비품(備品).

퍼더버리고=**앉**=**다**자 두 다리를 오므리거나 뻗거나 아무렇게나 하고 제멋대로 편하게 앉다. with one's legs stretched out

퍼더=버리다 팔다리를 아무렇게나 뻗고 쳐어 앉아 버리다. ¶퍼떡거리다. 퍼덕=퍼덕⎡하⎤
퍼덕-거리다⎡자⎤ 연해 퍼더기다리. 《작 파닥거리다.
퍼덕-이다⎡자⎤ ①새가 바지락거리며 날개를 쳐서 소리를 내다. ¶날개를 ~. ②물고기가 꼬리를 쳐서 소리를 내다. 《센》퍼먹이다.
퍼데틱 드라마(pathetic drama)⎡명⎤〈연예〉감상적인 연극·희곡. ⎡서 나는 소리. 《작》파드닥. 하⎤
퍼드덕⎡명⎤ 새가 날개를, 물고기가 꼬리를 치는 소리나 모양.
퍼드덕=거리다⎡자⎤ 새나 물고기가 연해 날개나 꼬리를 치면서 퍼드덕 소리를 내다. 《작》파드닥거리다. 퍼드덕=퍼드덕⎡하⎤
퍼떡=거리다⎡자⎤ 《센》→퍼덕거리다.
퍼떡=이다⎡자⎤ 《센》→퍼덕이다.
퍼=뜨리다⎡타⎤ 널리 펴서 미치게 하다. 세상에 널리 알게 하다. ¶소문을 ~.
퍼뜩⎡부⎤ 어떤 생각이 별안간 머리에 떠오르는 모양. ¶좋은 생각이 ~ 머리에 떠오르다. ②행동을 재빨리 날쌔게 하는 모양. 《작》파뜩. 하⎤
퍼뜩=퍼뜩⎡부⎤ ①연해 빨리 깨닫는 모양. 《작》파뜩파뜩. ②→푸득푸득.
퍼러흥(~고)퍼렇다. ⎡⎤.. ②→푸득푸득.
퍼렁⎡명⎤ 퍼런 빛깔이나 물감. 《작》파랑. blue
퍼렁-이⎡명⎤ 퍼렁 빛이 나는 물건. 《작》파랑이. blue article
퍼렇-다⎡형⎤ 매우 푸르다. 《작》파랗다. deep blue
퍼레이드(parade)⎡명⎤ ①관병식. 열병(閲兵). ②축하 행렬. 시위 행렬. ¶카~. ③검술에서, 받아 자세.
퍼레-지다⎡자⎤ 퍼렇게 되다. 《작》파래지다. become
퍼르르(게)→버르르. ⎡blue
·**퍼·리**⎡명⎤〈고〉펄. 벌. ⎡웨이브. 하⎤
퍼:머넌트(permanent)⎡명⎤ ①영속적. ②약→퍼머넌트
퍼:머넌트 웨이브(permanent wave)⎡명⎤ 머리를 물결처럼 곱슬곱슬하게 지지는 일. 또, 그 머리. 《약》퍼머넌트.⎡⎤.. ①이 머리. 【거슬리는글 이거슬러 먹다. devour
퍼-먹다⎡타⎤ ①퍼서 먹다. scoop and eat ②함부로 먹다.
퍼:멀로이(permalloy) 니켈과 철의 합금. 마멸도(磨滅度)가 적고 신전성(伸展性)이 풍부함.
퍼:밀(permill) 천분율(千分率).
퍼벌-하다⎡자여⎤ 외양을 꾸미지 아니하다. neglect ons's appearance
퍼-붓:다⎡스⎤ ①퍼서 붓다. ¶물을 ~. pour upon ②비·눈이 억세게 오다. pour down ③욕설을 마구 하다. hurl
퍼블리시티(publicity)⎡명⎤ 광고주가 드러나지 않게 하는 광고. 신문 기사 등을 통해 자연스럽게 하는 광고. ⎡·공사(公事)·일반(一般)'의 뜻.
퍼블릭(public)⎡명⎤ '공공(公共)·공립(公立)·공중(公衆)
퍼블릭 릴레이션(public relation)⎡명⎤ '피 아르(P. R.)'의 정식 명칭.
퍼블릭 스쿨(public school)⎡명⎤〈교육〉①미국의 공립 학교. ②영국의 상중류(上中流) 자제들을 위한 대학 진학의 예비 교육 또는 공무원 양성을 목적으로 하는 기숙제(寄宿制)의 사립 중등 학교.
퍼블릭 코:퍼레이션(public corporation)⎡명⎤ 공공 기업체(公共企業體). 공사(公社).
퍼:서낼리티(personality)⎡명⎤ 인격(人格). 개성(個性).
퍼석-하다⎡형여⎤ 메마르고 엷어서 부피만 엉성하고 부스러지기 쉽다. 《작》파삭하다. fragile 퍼석=퍼석
퍼센트(percent)⎡의명⎤ %의 이름. 전량(全量)을 1로 하여 그 100분의 얼마에 상당한가를 가리키는 말. 백분율(百分率). 퍼센티지. 프로센트(포).
퍼:센티지(percentage)⎡명⎤ 《동》퍼센트.
퍼:스널 컴퓨:터(personal computer)⎡명⎤ 프로그램이 있는 소형(小型) 자가용 컴퓨터.
퍼:스트(first)⎡명⎤ 첫째. 제일. 맨처음. ⎡대통령 부인.
퍼:스트 레이디(first lady)⎡명⎤ 최상위의 여성. 특히,
퍼:스트 베이스(first base)⎡명⎤〈체육〉일루(一壘).
퍼:스트 베이스맨(first baseman)⎡명⎤〈체육〉일루수(一壘手).
퍼:스트 임프레션(first impression)⎡명⎤ 첫인상.
퍼스펙티브(perspective)⎡명⎤ ①원근법(遠近法). ②무대 장치의 배치도. ③전망(展望).
퍼슬-퍼슬⎡명⎤ 덩이가 될 가루 등이 말라서 쉽게 헤어지는 모양. 《작》파슬파슬. 하⎤
퍼:지-다⎡자⎤ ①끝이 넓적하게 또는 굵게 벌어지다. ¶밑이 퍼진 스커트. widen ②널리 미치다. ¶소문이 ~. spread ③삶은 것이 불어 커지다. 발이나 죽 따위가 푹 삶겨지다. ¶잘 퍼진 죽. swell ④빨래의 구김살이 잘 다려지다. be ironed well ⑤자손이 번성하여지다. ¶집안이 ~. increasing ⑥초목이 번성하여지다. flourish ⑦고루 미치다. ¶약기운이 ~. ⎡이는 기구. ②여과기(濾過器).
퍼:컬레이터(percolator)⎡명⎤ ①여과 장치를 한 커피 끓이기.
퍼텐셜(potential)⎡명⎤〈물리〉①벡터의 장(場)의 크기를 그 경사의 비율로 나타낼 수 있는 스칼라(scalar)량. ②〈동〉전위(電位). ⎡지(位置 energy).
퍼텐셜 에너지(potential energy)⎡명⎤〈물리〉위치 에너지
퍼티(putty)⎡명⎤ 산화석(酸化錫) 또는 탄산석회를 아마인유 같은 건성유로 이긴 연한 물질. 창유리의 정착, 판자의 도장(塗裝), 철관의 연결 등에 사용을 함.
퍼:펙트 게임(perfect game)⎡명⎤〈체육〉야구에서 완전 시합. 곧, 한편 팀이 상대편에 한 사람의 주자도 내지 않고 이긴 시합. ⎡명.
퍼:포레이션(perforation)⎡명⎤ 필름의 양쪽가에 뚫린 구멍.
퍼프(puff)⎡명⎤〈동〉분첩(粉貼)①. ⎡very
퍽⎡부⎤ 썩 많이. 아주 지나치게. ¶~, 많이 읽었다.
퍽⎡부⎤ ①힘있게 냅다 지르는 모양이나 소리. firmly ②힘없이 한번에 거꾸러지는 모양이나 소리. with a thud ③진흙 같은 데를 밟을 때 깊숙이 빠지는 모양이나 소리. 《작》팍. 하⎤
퍽(puck)⎡명⎤〈체육〉아이스하키 공으로 사용하는 고무로 만든 납작한 원반.
퍽석⎡부⎤ ①맥없이 주저앉는 모양이나 그 소리. plump ②메마르고 엉성한 물건이 가볍게 가라앉거나 여지없이 깨지는 모양이나 그 소리. 《작》팍삭. 하⎤
퍽석=퍽석⎡부⎤ 매없이 연해 주저앉는 모양. 또, 메마르고 엉성한 것이 여러 번 가볍게 가라앉거나 여지없이 깨어지는 모양. 《작》팍삭팍삭. 하⎤
퍽신-하다⎡형여⎤ 부드럽고 튀기는 힘이 있어 닿으면 부서질 듯한 느낌이 있다. 《작》팍신하다. soft
퍽-퍽⎡부⎤ ①힘있게 자주 내지르는 모양. ②힘없이 연해 거꾸러지는 모양. ③눈이나 비가 많이 쏟아지는 모양. ④진흙 같은 데를 다닐 때 깊이 빠지는 모양. 《작》팍팍.
퍽퍽-하다⎡형여⎤ ①메진 가루붙이가 끈기나 물기가 없어서 먹기에 목이 메일 정도로 메마르다. dry and hard to masticate ②다리가 너무 지쳐서 무겁고 기운이 없다. 《작》팍팍하다. leaden
펀더기⎡명⎤ 넓은 들. wide plain
펀둥=거리다⎡자⎤.《게》→번둥거리다.
펀드(fund)⎡명⎤ 기금(基金). 자금(資金).
펀들=거리다⎡자⎤.《게》→번들거리다.
펀치(punch)⎡명⎤〈체육〉①권투에서 주먹으로 치는 일. ②차표 등에 구멍을 뚫는 가위. ③과실즙(果實汁)에 설탕·양주 따위를 섞은 일종의 음료. ④〈체육〉럭비에서 발등으로 공을 힘차게 차는 일.
펀치-기(punch 器)⎡명⎤ 팜플렛 등을 철(綴)할 때에 작은 구멍을 뚫는 기계.
펀치 카:드(punch card)⎡명⎤ 자료의 분류·계산·통계 등을 기계에 넣어 자동적으로 하기 위해, 구멍을 뚫어 쓰는 카드. 천공(穿孔) 카드.
펀칭 백(punching bag)⎡명⎤〈체육〉권투에서, 치는 힘을 기르는 데 쓰는 부대.
펀칭 볼(punching ball)⎡명⎤〈체육〉권투에서, 펀치를 빠르게 치는 연습에 쓰는 가죽 공.
펀트 킥(punt kick)⎡명⎤〈체육〉럭비에서, 공을 손에서

펀펀하다

멀어뜨려 지면에 닿기 전에 차는 일.
펀펀-하-다[혱여벼] 물건이 거죽에 높낮이가 없이 너르다. 《작》 판판하다. even 펀펀=히閉 **편!=**히閉
펀!=하-다[혱여벼] 가.가 아득하게 너르다. 《작》 판하다.
펄閉 ①《약》→개펄. ②《계》→벌.
펄: (pearl)閉 진주(眞珠).
펄閉 《교》 포기. 「about his appearance
펄=꾼閉 걸치레를 않는 사람. person who is careless
펄떡 ①힘을 모아 가볍게 뛰는 모양. with a hop ②맥이 아주 크게 뛰는 모양. 《작》 팔딱. pit-pat
펄떡-거리-다 ①힘을 모아 가볍게 자꾸 뛰다. ②문을 여닫으며 자꾸 나누다. ③맥이 세게 자꾸 뛰다. ④성이 나서 펄펄 뛰며 못 견디어 하다. ⑤ 팔딱거리다. **펄떡=펄떡**閉 **하**콰

펄럭 바람에 날리어 한 번 가볍고 빠르게 나부끼는 모양. ¶태극기가 바람에 ~입니다. fluttering **하**콰
펄럭-거리-다 바람에 날리어 아주 빠르게 잇따라 나부끼다. ¶바람에 ~. 《작》 팔락거리다. **펄럭=펄럭**閉 **하**콰
펄럭-이-다 바람에 날리어 세차게 빨리 나부끼다. ¶바람에 펄럭이는 깃발. 《작》 팔락이다.
펄렁 바람에 날리어 한 번 가볍게 계속하여 나부끼는 모양. 《작》 팔랑. fluttering **하**콰
펄렁-거리-다 바람에 날리어 가볍게 계속하여 나부끼다. 《작》 팔랑거리다. **펄렁=펄렁**閉 **하**콰
펄스(pulse)閉 ①동맥. 맥박. ②《물리》 일반적으로, 어떤 양(量)이 극히 짧은 시간 동안 변화할 때의 그 부분.
펄썩 ①연기나 먼지 따위가 일어나는 모양. puffing ②갑자기 주저앉는 모양. 《작》 팔싹. plump **하**콰
펄썩=펄썩閉 연기나 먼지가 연해 일어나는 모양. 《작》 팔싹팔싹.
펄쩍 ①문이나 뚜껑 등을 급작스레 여닫는 모양. suddenly ②갑자기 뛰거나 솟아오르는 모양. 《작》 팔짝. with a hop **하**콰
펄쩍-거리-다 ①문이나 뚜껑 따위를 연해 바삐 여닫다. ②연해 뛰거나 솟아오르다. 《작》 팔짝거리다. **펄쩍=펄쩍**閉 **하**콰
펄쩍 뛰-다 억울한 일을 당했을 때 세게 부인하다. 《작》 팔짝 뛰다. be started at
펄펄 ①많은 물이 자꾸 끓는 모양. bubbling ②새나 기폭 등이 계속해서 날리거나, 뛰거나, 나부끼는 모양. fluttering ③몸이나 온돌방이 몹시 뜨겁게 단 모양. 《작》 팔팔. scorchingly
펄펄 뛰-다 억울한 일을 당했을 때 아주 세게 부인하다. 《작》 팔팔 뛰다. deny firmly
펄펄-하-다[혱여벼] ①성질이 급하고 매우 괄괄하다. vigorous ②날 듯이 생기가 있다. 《작》 팔팔하다. lively
펄프(pulp)閉 기계적 화학적 처리에 의하여 식물체의 섬유를 추출한 것. 섬유가 능을 만드는 데 씀. 원료(紙料).
펄프-재(pulp 材)閉 펄프 제조에 쓰이는 목제의 총칭.
펌블(fumble)閉 《체육》 야구에서, 포구(捕球)나 비구(飛球)를 헛잡는다.
펌프(pump)閉 《물리》 흡입 압축 작용에 의해 액체 기체를 빨아올리거나 이동시키는 기계. 《靴》.
펌프스(pumps)閉 끈이나 고리가 없는 여성화(女性靴).
펌프 우물(pump—)閉 펌프로 물을 자아올리도록 된 우물.
펑閉 《계》→뻥².
펑閉 마작에서 짝수와 맞추는 뜻으로 쓰는 말. **하**콰
펑덩 크고 무거운 물건이 깊은 물에 떨어질 때에 나는 소리. ¶물에 ~ 빠지다. 《작》 팡당. **하**콰
펑덩-거리-다 계속해서 펑덩 소리가 나다. 또, 계속해서 펑덩 소리를 나게 하다. 《작》 팡당거리다. **펑덩=펑덩**閉 **하**콰
펑퍼-지-다 둥그스름하고 편편하게 가로로 퍼지다.
펑퍼짐-하-다[혱여벼] 둥그스름하고 편편하게 가로로 퍼져 있다. 《작》 팡파짐하다. spacious

펑=펑閉 ①눈이나 액체 따위가 세차게 쏟아져 나오는

모양. ¶눈이 ~ 내리다. profusely ②여러 번 거세게 나는 총소리. 《작》 팡팡. **하**콰
펑펑=거리-다[재] ①연해 평평하는 소리가 나거나 나게 하다. ②평평하는고 쏟아지다. keep exploding ③큰 물건이 깊은 물에 계속해서 멀어지다. ④재산을 계속해서 헤프게 쓰다. 《작》 팡팡거리다. waste
페가수스(Pegasus 그)閉 그리스 신화의 날개 돋친 천마(天馬).
페가수스-자리(Pegasus—)閉 《천문》 북쪽 하늘의 성좌. 안드로메다자리의 서남쪽, 백조자리의 동남에 있음. 10월 하순에 남중.
페그마타이트(pegmatite)閉 《광물》 암맥(岩脈)을 이루고 석영(石英)·장석(長石)·흑운모(黑雲母)가 거대한 결정으로 이루어진 광석.
페그마타이트 광=상(pegmatite 鑛床)閉 《지학》 마그마(magma)가 굳을 때 페그마타이트 시대의 잔장(殘漿)이 짜내어져서 굳은 광상. pegmatite deposits
페나세틴(phenacetin)閉 해열 진통제로 쓰이는 무색의 판상 결정(板狀結晶) 또는 결정성 분말의 약.
페넌트(pennant)閉 ①가늘고 긴 삼각기. ②야구의 우승기. 「전하여, '우승'의 뜻.
페넌트 레이스(pennant race)閉 《체육》 야구 리그전 따위에서, 장기에 걸쳐 우승을 겨룸. 백조자리의 동남에 (公式) 경기. 「위에 대한 벌. ③형벌. 벌칙.
페널티(penalty)閉 ①《체육》 경기자의 규칙 위반 행
페널티 골(penalty goal)閉 《체육》 페널티 킥으로 들어간 공. 「벌칙 구역.
페널티 에어리어(penalty area)閉 《체육》 축구에서,
페널티 킥(penalty kick)閉 ①《축구에서》, 페널티 에어리어 안에서 방어측이 반칙하였을 때, 상대편이 얻은 킥. ②럭비에서 경기자가 반칙한 경우에, 상대편이 그 자리에다 공을 놓고 차게 하는 일. **하**콰
페노바르비탈(phenobarbital)閉 《약학》 무색 무취(無色無臭)의 분말로 된 약. 최면·진정·구토·항경련제로 쓰임.
페놀(phenol)閉 ①특취(特臭) 있는 무색의 침상 결정 또는 백색 결정의 피상물(塊狀物). 방부·소독용·합성 원료로 쓰임. ②벤젠 핵(核)의 수소 원자를 수산기로써 치환한 화합물의 총칭. 검출·식별에 씀. 석탄산(石炭酸).
페놀=프탈레인(phenolphthalein)閉 《화학》 지시약(指示藥)의 하나. 물에는 극히 소량이 녹으며, 온(溫) 알칼리에는 쉽게 녹아 농홍색을 나타내는 무색의 결정. 산·알칼리성의 지시약 및 염색에 쓰임.
페니(penny)閉 영국의 화폐. 파운드의 1/100.
페니스(penis 라)閉 《의학》 음경(陰莖). 남근(男根).
페니실린(penicillin)閉 《약학》 푸른곰팡이에서 분리하여 얻은 항생 물질의 일종. 폐렴(肺炎)·임질·매독·매독 독에 유효.
페니실린 쇼크(penicillin shock)閉 《의학》 페니실린 주사로 인한 충격증. 이명(耳鳴)·발한·호흡 곤란 등의 증상이 계속되어 의식을 잃으며 죽기도 함.
페니실린 알레르기(penicillin Allergie)閉 《의학》 페니실린에 대한 과민증(過敏症). 「온스의 1/20.
페니=웨이트(penny weight)[의롑] 영국의 무게의 단위.
페니히(Pfennig 도)[의롑] 독일의 작은 동화(銅貨). 100분의 1마르크. 「거의 발걸이.
페달(pedal 이)閉 악기·재봉틀 등의 발판이나, 자전
페달 심벌(pedal cymbal)閉 《음악》 페달로 연주하는 타악기. 「복 바지.
페달 푸셔(pedal pusher)閉 자전거를 탈 때 입는 양
페더(feather)閉 새털.
페더-급(feather 級)閉 《체육》 중량별 경기의 체급의 하나. 아마추어 권투에서는 54~57 kg, 프로 권투에서는 55.34~57.15 kg, 레슬링에서는 125.5~136.5파운드, 역도에서는 56~60 kg. 페더웨이.
페더-웨이트(featherweight)閉 《동》 페더급.
페던트(pedant)閉 학식을 자랑하는 사람. 현학자(衒

페던트리(pedantry)명 학자연하는 것. 현학(衒學).

페디오니테(Pedionite 도)명 〈지리〉화산 분류의 하나. 유동성(流動性)이 강한 열기성(鹽基性)의 용암이 퍼져 두꺼운 대상(臺狀)으로 퇴적한 화산. 용암 대지(熔岩臺地).

페디큐어(pedicure)명 발과 발톱을 아름답게 다듬는 화장법. 미족술(美足術).

페라이트(ferrite)명 〈광물〉보통 온도에서의 순철의 금속 조직상의 명칭. '어를 만듦. ¶~바나듐.

페로(ferro)접두 〈화학〉'철'의 뜻. 그 뜻의 접두어.

페로=망간(ferromanganese)명 〈화학〉망간 80%를 포함한 합금철(合金鐵).

페로몬(pheromone)명 〈생물〉동물 특히 곤충이 분비하며, 극히 미량으로 동류(同類)에 어떤 행동을 일으키게 하는 물질. 「혈염(黃血鹽).

페로시안화=칼륨(ferrocyan 化 kalium)명 〈화학〉황

페로=알로이(ferroalloy)명 〈화학〉규소·망간·크롬·텅스텐 따위를 다량으로 포함하는 합금철. 전기로·특수강의 제조에 쓰임.

페로=타이프(ferrotype)명 사진 용어로, 주로 크롬을 도금한 철판에 콜로디온액(collodion 膜)을 붙여, 광택 있는 양화(陽畫)를 만드는 법. 철판 사진(鐵板寫眞).

페르골라(Pergola 도)명 →퍼걸러(pergola)

페르마ː타(fermata 이)명 〈음악〉악곡의 특수한 감정을 붙이기 위하여 중간이나 끝에 박자를 멈추는 일. 기호는 '⌒, ⌒'로 쓰며 음부(音符)나 휴지부(休止符)에 붙임. 늘임표.

페르뮴(Fermium 도)명 〈화학〉악티늄(actinium) 계열에 속하는 인공 방사성 원소의 하나. 플루토늄 등을 장시간 중성자 조사(照射)하여 만듦. 원자로를 완성한 페르미의 이름에서 명명. 원소 기호; Fm. 원자 번호; 100. 원자량; 253.

페르미=상(Fermi 賞)명 페르미를 기념하여 원자 과학 공로자에게 주는 상.

페르소나(persona 라)명 〈미술〉인체상(人體像).

페리고르디노(perigordino 이)명 〈음악〉옛날 네덜란드의 무도곡. 「연락선.

페리=보ː트(ferryboat)명 자동차를 실을 수 있는 대형

페리스코ː프(periscope)명 ①잠망경(潛望鏡). ②정세의 관찰. 개관.

페리오 치약(perieo 齒藥)명 카프론 산(酸) 등 치수(齒髓) 질환을 예방하는 약용 성분이 함유된 치약.

페리파토스 학파(←Peripatetic 學派)명 〈철학〉소요학파(逍遙學派).

페미나=상(Fémina 賞)명 〈문학〉그 해에 발표된 우수 작품에 수여하는 프랑스의 문학상(文學賞).

페미니니티 테스트(femininity test)명 올림픽이나 세계 선수권 대회 등에서 여자 선수의 성검사(性檢査)를 하는 일. 흔히, 구강 점막(口腔粘膜)의 색소체를 조사함.

페미니즘(feminism)명 여성의 사회적·정치상·법률상의 권리 확장을 주장하는 설.

페서리(pessary)명 〈의학〉자궁의 위치 이상을 바로잡기 위해 쓰는 고무제의 기구. 임신 조절에 쓰임. 자궁전(子宮栓).

페소(Peso 스)명 스페인의 금은화(金銀貨). 〔음악〕아르헨티나·쿠바·멕시코·필리핀 등의 화폐 단위.

페스트(pest)명 〈의학〉페스트균에 의한 급성 전염병. 고열·두통·권태·현기증이 나며 피부가 흑자색으로 변함. 흑사병(黑死病).

페시미스트(pessimist)명 염세주의자. 염세가. (대) 옵티미스트(optimist).

페시미즘(pessimism)명 〈철학〉염세주의(厭世主義). 비관론(悲觀論). (대) 옵티미즘(optimism).

페어(fair)명 ①올바른 것. 공명 정대한 것. ②〈체육〉경기 용어로서 규칙에 맞는 것. 적법(適法)한 것. (대) 파울(foul). ③공평. 공명 정대. 어지간한 것. 째 좋은 것.

페어(pair)명 서로 대(對)를 이루는 두개. 한 쌍.

페어리(fairy)명 〈동〉요정(妖精).

페어리=랜드(fairyland)명 요정의 나라. 신선들이 산다는 곳. 선경(仙境).

페어리 테일(fairy tale)명 동화(童話). 옛날 이야기.

페어=스케이팅(pair-skating)명 〈체육〉남녀가 짝을 지어서 하는 피겨 스케이팅.

페어 플레이(fair play)명 ①경기를 정정 당당히 행하는 일. 정정 당당한 승부. ②경기 중의 미기(美技). 파인 플레이.

페이(pay)명 봉급. 보수. 수당(手當).

페이거니즘(paganism)명 〈종교〉신앙을 달리하는 다른 종교의 사상. 또, 그 신앙. 이교(異敎) 신앙.

페이=데이(payday)명 봉급날. 지급일.

페이드=아웃(fade-out)명 ①〈연예〉영화나 텔레비전의 화면이 처음에 밝았다가 차차로 어두워지는 일. 용암(溶暗). ②라디오에서 음량(音量)을 차차 감소시키는 일. 〔대〕페이드=인(F.O.).

페이드=인(fade-in)명 ①〈연예〉영화나 텔레비전의 화면이 처음에 어둡다가 차차 밝아지는 일. 용명(溶明). ②라디오에서 음량을 차차 증가시키는 일. 〔대〕페이드아웃. 〔약〕에프 아이(F.I.).

페이브먼트(pavement)명 포도(鋪道). 인도(人道).

페이비어니즘(Fabianism)명 〈사회〉1884 년 설립된 영국의 페이비언 협회에서 취하고 있는 점진적 사회주의.

페이비언 협회(Fabian 協會)명 〈사회〉1884년에 설립된 영국의 사회주의 단체. 영국 노동당의 중추를 이룸.

페이소스(pathos)명 슬픔. 비애(悲哀). 애수(哀愁).

페이스(pace)명 ①걸음걸이. 보조(步調). 속도(速度). ¶상대방의 ~에 말려들다. ②야구에서 구속(球速). ¶체인지 오브 ~.

페이스 가ː딩(face guarding)명 〈체육〉농구에서, 상대편 앞에 서서, 그 사람의 동작을 따라 진행을 방해하는 일. 「액면 가격(額面價格).

페이스 밸류(face value)명 〈경제〉증권·어음 등의 겉면.

페이지(page)명 책이나 장부 등의 면(面). 도, 그 면수. 「는 말.

페이턴트(patent)명 특허(特許). 특허품. 〔는 말.

페이털리스트(fatalist)명 숙명론자(宿命論者). 운명론자(運命論者).

페이털리즘(fatalism)명 〈철학〉숙명론(宿命論). 숙명관.

페이퍼(paper)명 ①종이. 사포(砂布). ¶토일릿 ~. ②〔약〕→샌드페이퍼(sand-paper).

페이퍼=백(paper-back)명 표지를 종이 한 장으로 장정한, 싸고 편한 책. 문고나 신서(新書)에 많음.

페이퍼 플랜(paper plan)명 지상의 안(案). 탁상 공론(卓上空論).

페인터(painter)명 ①화가(畫家). ②칠장이.

페인텍스(paintex)명 기름 성분이 강한 그림 물감으로 헝겊·종이·가죽 따위에 그림·무늬를 그리는 수예. 또, 그 그림 물감. 「기 위한 전체 동작.

페인트(feint)명 운동 경기에서, 공격하는 시늉. 속이

페인트(paint)명 〈화학〉안료를 전색제(展色劑)와 혼합한 것. 유성(油性) 페인트·수성(水性) 페인트·에나멜 페인트·에멀션 페인트로 구분됨.

페인팅 나이프(painting knife)명 〈미술〉유화(油畫)를 그릴 때 사용하는 쇠칼. 잘못된 곳을 긁어 내기도 하고 또는 붓 대신 그리기도 함. 「의 뜻.

페잔테(pesante 이)명 〈음악〉'무겁게 힘을 넣어서'

페치카(pechka 러)명 러시아식 가옥의 난방 장치. 벽을 가운데에 방 안을 따뜻하게 함. 벽난로①.

페ː타(peta 그)명 미터법(法)의 여러 단위(單位)의 10^{15}, 곧 1000조(兆) 배의 크기를 나타내는 말. 기호; P.

페트(pet)명 ①애완 동물. 애완물(愛玩物). ②주로 나이가 아래인 연인. ③응석받이로 기르는 아이.

페티코ː트(petticoat)명 여자의 속옷. 스커트 밑에 받쳐 입는 속치마.

페팅(petting)圀 남녀간의 관능적 애무.
페퍼(pepper)圀 〈식물〉 후추.
페퍼민트(peppermint)圀 ①박하향유(薄荷香油)·등에유 등을 향료로 가미한 청록색 리큐어주(酒). ②〈식물〉 박하(薄荷).
페플럼(peplum)圀 허리에 두르는 짧은 스커트.
페-하(PH·pH 도)〈화학〉계(系)의 수소 이온 활성도를 나타내는 데 쓰이는 솔로로 수소 지수를 표시하는 기호. 피 에이치.
펙틴(pectine)圀 〈화학〉 과실 중에 포함된 탄수화물. 과실을 먹을 때 젤리화(jelly 化)를 촉진함. 잼(jam)·젤리 등을 만들 때 씀.
펜(pen)圀 펜촉을 펜대에 끼운 것. 철필(鐵筆).
펜나이프(penknife)圀 주머니칼. 명(筆名).
펜 네임(pen name)圀 문예상 작품에 쓰는 아호.
펜=대[-때](pen--)圀 펜을 끼어서 쓰는 대·자루. 철필대(鐵筆-). pen-holder
펜더(fender)圀 자동차 흙받이. 바퀴에서 튀어 오르는 흙물들을 막기 위하여 바퀴 윗부분에 둥글게 씌운 철판.
펜던트(pendant)圀 ①가운데에 보석으로 된 드롭(drop)을 달아 가슴에 늘어뜨리게 된 목걸이. ②상들이. 적(蹟跡).
펜맨-십(penmanship)圀 습자(習字). 서체(書體). 필
펜스(pence)의圀 영국 화폐의 단위. 페니(penny)의 복수.
펜싱(fencing)圀 〈체육〉서양식의 격검(擊劍).
펜-촉(pen 鏃)圀 펜의 촉. 철필촉(鐵筆鏃). pen-nib
펜-클럽(P. E. N. Club)圀 〈약〉 Poets, Playwrights, Editors, Essayists and Novelists Club 국제 펜클럽. [방 총성(國防總省)을 일컬음.
펜타건(Pentagon)圀 오각형(五角形)의 뜻으로 미국 국
펜타네(pentane)圀 〈화학〉 탄소 다섯 개로 된 메탄계 탄화수소의 하나. 세 가지 이성체(異性體)가 있음.
펜탄 온도계(pentane 溫度計)圀 펜탄을 사용한 액체 온도계. —200°C의 저온(低溫)까지 측정.
펜토믹 편제(pentomic 編制)圀 〈군사〉 미국 육군의 새로운 편성 방법. 사단을 5개 전투단으로 개편, 각 단을 원자 무기와 재래 무기를 병용한 원자전에 적응시킨 편제.
펜토오스(pentose)圀 〈화학〉 단당류(單糖類)의 일종. 식물의 목질부의 부분에 들어 있는 펜토오산(pentosan)을 가수 분해하여 얻음. 오탄당(五炭糖).
펜 팔(pen pal)圀 서신을 교환함으로써 국제적 우정을 맺고 있는 벗. 펜 프렌드(pen friend).
펜 프렌드(pen friend)圀 〈동〉 펜 팔(pen pal).
펜-화(pen 畫)圀 펜으로 그린 그림. 철필화(鐵筆畫).
펠라티오(fellatio)圀 구강(口腔) 성교의 하나. 여성이 입술이나 혀로 남성의 성기를 애무하는 일. (대) 쿤닐링구스.
펠링-액(Fehling 液)圀 〈화학〉 당(糖)의 검출(檢出)·정량(定量)에 쓰이는 시약(試藥).
펠턴 수차(Pelton 水車)圀 충동식(衝動式) 수력 터빈의 일종. 구조가 간단하고 효율이 큼.
펠트(felt)圀 양모(羊毛) 또는 다른 짐승의 털을 원료로 습기·압력·마찰·열을 가하여 만든 물건. 모자나 양탄자 등의 제조에 씀. ¶ ~ 모자.
펠트 펜(felt pen)圀 휘발성의 잉크를 넣은 용기에 펠트등을 심(心)으로 꽂은 필기 용구.
펠티에 효·과(Peltier 效果)圀 〈물리〉 전기 현상의 하나. 두 개의 다른 금속의 접속을 통하여 전류를 통하면 그 접속점에서 열이 발생하거나 또는 흡수되는 현상.
펨프(pimp)圀 뚜쟁이.
펩신(pepsin)圀 단백질 분해 효소. 위액(胃液) 중에서 염산과 함께 작용하여 단백질을 프로테아제(protease) 및 펩톤(peptone)으로 분해하여 장벽(腸壁)이 흡수할 수 있는 물질이 되게 하는 작용을 함. 효소로도 쓰임.
펩톤(peptone)圀 〈화학〉 단백질이 펩신의 작용으로 분해된 물질. 병자의 인공 영양제로 사용함.
펭귄(penguin)圀 〈조류〉 펭귄과의 바다새. 직립한 키가 90 cm 가량으로 다리는 짧고 몸의 뒤쪽에 있음. 날개는 짧고 지느러미 모양인데 전혀 날지 못하고 걷는 모양이 사람과 비슷함. 남극 지방 해상에 군생(群生)함. 인조(人鳥).

펴-내-다囲 ①파킨 것을 넓게 하여 내어 놓다. spread out ②응색함을 견디어 내다. endure ③널리 퍼뜨리다. 발행하다. 반포(頒布)하다. ¶책을 ~. prop-
펴냄-이圀 〈동〉 발행자(發行者). [agate
펴널멘圀 상투 짤 때에 맺는 맨 아랫 돌림.
펴=놓-다囲 ①펴서 벌리어 놓다. spread ②마음 속을 숨김없이 나타내다. one's heart bare
펴-다囲 ①개킨 것을 젖히어 놓다. unfold ②굽은 것을 곧게 하다. straighten ③접은 것을 벌리다. uncoil ④오므라진 것을 벌리다. ¶날개를 ~. open ⑤주름이나 구김살을 반반하게 하다. smooth out ⑥넓게 깔다. spread out ⑦헤치다. scatter ⑧책 따위를 열다. open ⑨널리 나누거나 퍼뜨리다. ¶한글을 ~. spread ⑩세력 따위의 범위를 넓히다. expand ⑪마음을 놓다. 기운을 돋우다. feel relived ⑫숨기었다. disclose ⑬수족을 뻗다. stretch ⑭숨김함을 여유있게 하다. relieve from poverty ⑮기세를 왕성하게 가지다. ¶기를 ~. be animated
펴-다囲 (고) 베플다.
　펴·디·다囲 (고) 퍼지다.
펴락=쥐락囲 →쥐락펴락.
　펴아-나-다囲 (고) 피어나다.
펴이-다囲困 ①움히었던 것이 제대로 되다. take a favorable turn ②응색함이 없어지다. be relieved from poverty ③뜻기·가 펴지다. (약) 펴다. (의)
펴-지다囲困 ①개켜져 있던 것이 젖혀지다. become straight ②구김살이 없어지다. become undone ③굽혔던 것이 곧게 되다. ¶철사가 ~. become straight ④접힌 것이 벌어지다. ¶우산이 ~.
편-간圀 먹을 점갑게 이르는 말.
편(片)圀 작은 조각의 물건. 의圀 인삼의 뿌리를 세
편[1](便)圀 ①한 쪽. ②(약)→인편(人便). ③패(牌)로 갈리 한 쪽. ¶우리 ~이 이겼다. ④무엇을 하는데 앞쪽을 게제나 편의(便宜). ¶기차 ~. ⑤ 사물을 몇 개로 나누어 생각했을 경우의 한 쪽. ¶일쪽 가는 ~이 낫다.
편(編)圀 ①〈음악〉 노래 곡조의 하나. turn ②인명·단체명 등의 밑에 붙어 편찬의 뜻을 나타내는 말.
편(鞭)圀 〈군사〉 쇠도리깨.
편[2](便·偏)의圀 (약)→편쪽.
편(篇)圀 ①형식이나 내용·성질 등이 다른 글을 구별하여 나타내는 말. ¶동양 ~. ②책이나 시문(詩文)의 수효. ¶한 ~의 수필. ③책 속에서 큰 대목의 수효를 가리키는 말. ¶제일 ~.
편=가르-다(便)재囲困④ 승부를 겨루기 위해 몇 패로 나누다. divide into parties
편각(片刻)圀 삽시간(霎時間).
편각(偏角)圀 ①〈지학〉 자침(磁針)의 방향과 지구의 자오선(子午線)과의 사이의 각. 곧, 자침이 가리키는 방향과 진북이 이루는 각. 방위각. declination ②〈수학〉 어떤 방향에 있어서, 그것이 일정한 기준 방향과의 경사(傾斜)를 나타내는 각·방향각 등을 말함. amplitude
편각-계(偏角計)圀 편각을 측정하는 기계.
편간(編刊)圀 책을 편찬하여 발간함. compilation 하囲
편=갈리-다(便—)囲困 편가름을 당하다. be divided into parties [이름. defeated soldier
편:갑(片甲)圀 갑옷의 조각. 싸움에 지고 난 군사를
편:강(片薑)圀 얇게 저민 새앙을 설탕에 조린 당속(糖屬)의 하나. sliced dried ginger [를 세는 말.
편=거리(片—)圀 인삼을 잔 작(作片)하는 데 그 개수
편견(偏見)圀 공정하지 못하고 한쪽으로 치우친 생각. ¶~을 버리다. prejudice

편경(偏傾)[명] 한쪽으로 기울어지거나 치우침. 하자
편경(編磬)[명] 〈음악〉 아악기의 하나. 두 층으로 된 걸이에 각 여덟 개씩 매어 단 경쇠.
편:계:피(片桂皮)[명] 얇은 조각의 계피.
편:고(片孤)[명] 어버이의 한쪽을 잃은 아이.
편고지:역(偏苦之役)[명] 남보다 피로움을 더 받으면서 하는 일.
편곡(偏曲)[명] 성질이 편벽하고 곡함. crankness 하형
편곡(編曲)[명] 〈음악〉 어떤 악곡을 다른 형식으로 바꾸어 꾸며서 연주 효과를 달리하는 일. 또, 그 곡. arrangement 하타
편곤(鞭棍)[명] 〈군사〉 쇠도리깨와 곤(棍).
편관(扁罐)[명] 배가 불룩한 주전자. flatkettle
편광(偏光)[명] 〈물리〉 광물의 광학적 성질의 하나. 진행 방향에 직각인 평면 내에서 한 방향으로 진동하는 광파(光波). polarized light
편광(偏狂)[명] 어떤 사물에 집착하여, 상식에 벗어난 일을 예사로 하는 사람. maniac
편광-경(偏光鏡)[명] 〈물리〉 니콜 프리즘(Nicol prism)을 사용하거나 않고 두 개의 유리 평변경(平面鏡)을 써서 편광을 검출하는 장치.
편광-자(偏光子)[명] 〈물리〉 자연광을 편광으로 바꾸는 장치. 니콜 프리즘 등. polarizer
편광 프리즘(偏光 prism)[명] 〈물리〉 편광을 발생시키거나 이것을 검출하는 프리즘.
편광 현:미경(偏光顯微鏡)[명] 광물의 광학적 성질을 관찰하기 위한 특수 현미경. 보통 현미경과 달리 2개의 니콜 장치가 있으며, 직교되어 있음. polarization microscope
편국(偏國)[명] 멀리 외따로 동떨어져 있는 나라. 편방
편굴(偏屈)[명] 편벽(偏僻)하고 비굴함. 하형 하타
편근(便近)[명] 가깝고 편리함. near and convenient
편근(鞭根)[명] 매를 들. ¶ ~ 유도법(誘導法). 하타
편급(褊急·偏急)[명] 소견이 좁고 성질이 급함. 하형 히타
편기(偏嗜)[명] 치우치게 즐김. 편벽한 기호(嗜好). predilection
편기(偏忌)[명] 소견이 좁아 남을 시기함.
편년(編年)[명] 연대를 따라서 역사를 편찬함. chron-
편년-사(編年史)[명] 편년체로 엮은 역사. ologizing
편년-체(編年體)[명] 연대를 따라서 편찬한 역사 편찬의 한 체재. 대 기전체(紀傳體). chronicle order
편녕(便佞)[명] 말로는 모든 일을 잘 할 것 같으나 실속이 없음. all talk and no action 하형
편-놈[명] 〈민속〉 [비] 산디놀음을 하는 사람.
편:뇌(片腦)[명] 용뇌향.
편:뇌-유(片腦油)[명] 장뇌유(樟腦油)를 정류(精溜)하여 얻는 무색 휘발성의 기름. 방충제·향료·도료의 용제(溶劑) 등에 쓰임.
편단(偏斷)[명] 편벽되게 결정함. partiality 하타
편달(鞭撻)[명] ①체직으로 때림. whipping ②종아리나 볼기를 침. 편복(鞭扑). 복달(扑撻) ③경계하고 격려함. ¶ 지도 ~을 바람. encouragement 하타
편:담(偏談)[명] 널리 말함. 빠짐없이 말함. talking on all topics 하타
편:답(遍踏)[명] 널리 돌아다님. 편력(遍歷). travelling about 하타
편당(偏黨)[명] 한쪽의 당파. 한 당파에 치우침. partisanship 하타
편대(編隊)[명] 〈군사〉 대오(隊伍)를 편성함. 또, 편성된 대오. formation
편대 비ː행(編隊飛行)[명] 〈군사〉 비행사가 대오를 편성하여 비행함. formation flight 하자
편도(片道)[명] ①가고 있거나 잘 중 어느 한쪽. 또, 그 길. ¶ ~ 승차권. ②일방적으로 함.
편도(扁桃·匾桃)[명] 〈식물〉 ①장미과(薔薇科)의 낙엽 교목. 붉은 빛 또는 흰빛의 꽃이 피고 복숭아만한 열매가 있어 익으면 저절로 터짐. 씨는 맛이 쓴 것과 단 것이 있어 전자는 약에 쓰고, 후자는 먹음. almond ②[동] 감복숭아.
편도-선(扁桃腺)[명] 〈생리〉 사람의 입속 양쪽 구석에 하나씩 있는 편평하고 타원형의 림프 세포군(lymph 細胞群). 구개 편도선(口蓋扁桃腺)을 일컬음. tonsils
편도선-염(扁桃腺炎)[명] 〈의학〉 편도선에 생기는 염증. 편도선이 벌겋게 부어어, 숨쉬기와 음식물을 넘기기가 어려움. tonsillitis
편도-유(扁桃油)[명] 편도의 씨에서 채취한 담황색의 지방유. 비누·약 제조에 씀.
편독(便毒)[명] 성병에 의한 가래톳.
편독(偏讀)[명] 한 방면에만 치우치게 독서함. 하타
편동-풍(偏東風)[명] 〈지리〉 지구 자전(地球自轉)의 영향을 받아 조금 동쪽에서 약간 쏠려서 부는 극풍(極風). 무역풍. 주극풍(周極風). easterly wind
편두(扁頭)[명] 납작콩①.
편두-살이(偏頭一)[명] 〈어류〉 참상어과의 바닷물고기. 열대성 어족. 몸 길이 1.5m을 길쭉하며, 머리는 종편(縱偏)되고 지느러미는 모두 작음. 식용함.
편두-통(偏頭痛)[명] 〈의학〉 한쪽 머리가 아픈 병. megrim. side with
편-들ː다(便一)[타] 가담하여 힘을 보태다. 편역들
편락(編樂)[명] 〈음악〉 낙시조(樂時調)를 엮은 가곡의 하나. ¶ 국어 학습 ~. handbook
편람(便覽)[명] 보기에 편리하도록 간명하게 만든 책.
편:력(遍歷)[명] 《동》 편답(遍踏). 하타
편로(便路)[명] 다니기에 편리한 길. 편도(便道). convenient way denunciation 하타
편론(偏論)[명] 남이나 타당(他黨)을 논란함. 하타
편류(偏流)[명] 비행기가 비행중에 바람에 의해 수평으로 이행(移行)하여 항로에서 한쪽으로 벗어나는 일. 하자 하타
편리(便利)[명] 편하고 쉬움. 편익. 대 불편(不便).
편리 공ː생(片利共生)[명] 〈생물〉 한편은 이익을 받으나 상대방의 다른 편은 이익도 해도 없는 공생의 한 양식.
편리 기와(便利一)[명] 기와 재료에다 아스팔트를 첨가시켜서 만든 기와. 가벼워서 실용적임.
편리-화(便利靴)[명] 가볍고 부드러워서 신기에 편한 형걸식. handy shoes
편:린(片鱗)[명] ①한 조각의 비늘. piece of scale ②사물의 극히 작은 한 부분. ¶ 그의 재능의 ~을 볼 수 있다. glimpse
편-마비(片麻痺)[명] 《동》 반신 불수.
편-마:암(片麻岩)[명] 〈광물〉 석영(石英)·장석(長石)·운모(雲母)·각섬석 따위로 이루어진 암석의 하나. 엽편상(葉片狀) 또는 줄무늬의 결정으로 되었음. (溜滿流)[명] 널리 흐르기. 하타 gneiss
편-먹ː다(便一)[타] 《속》 편을 갈라 짜서 한 편이 되다.
편(片面)[명] 한쪽 면. 한 면. one side
편:면 행위(片面行爲)[명] 〈법률〉 기부(寄附)·취소·추인(追認)·최고(催告) 등과 같이 일방적인 의사 표시로 성립하는 법률 행위.
편모(片貌)[명] 단적적인 모습. ¶ ~을 엿보다.
편모(偏母)[명] 아버지가 죽고 혼자 있는 어머니. one's lone mother
편모(鞭毛)[명] 〈생물〉 원생 동물이 가진 운동 및 영양을 섭취하는 기관. flagellum
편모-균(鞭毛菌)[명] 균체에 편모가 있어 고유한 운동성을 가지는 세균. 편모조류(鞭毛藻類)
편모-류(鞭毛類)[명] ①《동》 편모충류(鞭毛蟲類). ②《동》 편모 슬하(偏母膝下)[명] 《동》 편모 시하.
편모 시ː하(偏母侍下)[명] 홀로 남은 어머니를 모시고 있는 처지. 자시하(慈侍下). 편모 슬하. living with one's widowed mother
편모 운ː동(鞭毛運動)[명] 〈생물〉 편모를 파상(波狀)으로는 나선형으로 움직여 추진·회전 및 식물 섭취를 하는 운동. 편모류와 동물의 정충 등은 이 방법으로 활동함.
편모조-류(鞭毛藻類)[명] 〈식물〉 하등 식물의 한 문(門). 편모충류와 가까운 단세포 생물로 가장 원시적임. 편모류②.

편모충(鞭毛蟲)영 〈동물〉 편모충에 속하는 동물의 총칭. 주로 해수·담수에서 편모 운동을 하며 삶.
편모충-류(鞭毛蟲類)영 〈동물〉 원생 동물의 한 강(綱). 편모류①.
편무(片務·偏務)영 한쪽에서만 지는 의무. unilateral [duty
편무 계:약(片務契約)영 〈법률〉 당사자의 한쪽만이 의무를 부담하는 계약. (대) 쌍무 계약(雙務契約). unilateral contract
편-무:역(片貿易)영 〈경제〉 어떤 상대방에 대해 행해지는, 수출이나 수입의 어느 편에 치우치는 무역. 편도 무역(片道貿易).
편문(片聞)영 한쪽 편의 말만 들음. 하타
편문(便門)영 통용문. 뒷문.
편물(編物)영 ①(동) 뜨개질. ②(동) 뜨개것.
편미(篇尾)영 일편(一篇)의 끝부분.
편-발(扁-)영 편평족(扁平足).
편발(辮髮·編髮)영 ①관례(冠禮)하기 전에 머리를 땋아 늘임. ②(동) 변발(辮髮). [child
편발 아이(辮髮-)영 머리를 길게 땋 아이. pigtailed
편방(偏旁)영 한자의 왼쪽인 '편(偏)'과 오른쪽인 '방(旁)'의 일컬음.
편배(編配)영 〈제도〉 도류안(徒流案)에 적어 넣음. 하타
편백(扁柏)영 〈식물〉 노송나무.
편번(翩翻)영 펄럭펄럭 날리는 모양. fluttering
편범(片帆)영 돛을 한쪽으로 기울여, 바람을 받게 하는 일.
편법(-빕)(便法)영 편리한 방법. handy method
편법(-빕)(篇法)영 시문(詩文) 등을 편을 지어 만드는 방식. versification [사람. flattery 하타
편벽(偏僻)영 한쪽으로만 지나치게 치우침. 또, 그런 소견. eccentricity 하타 [eccentric 편벽-되다영
편벽-되-다(偏僻-)영 성질이 한쪽으로 치우치다.
편복(便服)영 평상시에 입는 옷. 편의(便衣). every-
편복(蝙蝠)영 박쥐. [day clothes
편복(鞭扑)영 (동) 편달(鞭撻)②. 하타
편-비내영 방축이 무너지지 않도록, 내나무·갈대를 엮어 둘러치는 일. '편飛가'로 씀이 좋음.
편사(便私)영 자기만이 편하도록 꾀함. 하타
편사(便射)영 사원(射員)끼리 편을 갈라 활쏘는 재주를 겨룸. 하타 [favour 하타
편사(偏私)영 특정인에게만 호의를 보임. partial
편사(編絲)영 수를 놓거나 여러 가지 무늬를 겉는 실. thread for embroidery
편사-국(編史局)영 〈제도〉 갑오 경장(甲午更張) 이후 수사(修史)의 일을 맡은 의정부의 한 국(局).
편삭(編削)영 서적을 편차(編次)함. binding books in order 하타
편산(偏産)영 태아(胎兒)가 이마부터 나오는 일. 하타
편-산(遍散)영 곳곳에 널리 흩어져 있음. lying scattered 하타 [는 법의.
편삼(偏衫·褊衫)영 〈불교〉 승복의 일종. 상반신을 덮
편상-화(編上靴)영 목이 단화보다는 길고 장화보다는 짧은 구두의 하나. boots
편색(偏色)영 〈제도〉 조선조 때, 색목(色目)의 종류들.
편서(片書)영 글을 써 놓은 조각. [some person
편서(便書)영 인편에 부치는 편지. letter sent by
편서-풍(偏西風)영 〈지리〉 위도 60° 부근의 중위도(中緯度) 고압 지방에서 북상하는 서풍. 탁월 서풍(卓越西風). westerly wind
편선(便船)영 경편(輕便)한 배. handy ship
편성(偏性)영 한쪽으로 치우친 성질. 편벽된 성질. eccentricity
편성(編成)영 ①엮어서 만듦. formation ②엮어 모아서 책을 이룸. ③조직하고 형성함. ¶예산 ~. 학급 ~. 하타
편소(偏小)영 땅·장소 등이 좁고 작음. 한타
편수영 얇게 밀어 편 밀가루 반죽을 보시기 등으로 눌러 떼어 채로만든 소를 넣고네 귀를 붙여, 끓는 물에 익혀 장국에 넣어 먹는 여름 음식. 변씨만두(卞氏饅頭).
편수²(篇首)영 공장(工匠)의 두목. head artisan
편수(片手)영 한 팔. 외팔.
편수(篇首)영 책편(冊篇)의 첫머리. (대) 편미(篇尾). opening page of a book
편수(編修)영 책을 편집하고 수정함. ¶~실(室). [editing 하타
편수(鞭穗)영 (동) 첫열.
편수-관(編修官)영 〈제도〉 춘추관(春秋館)에 딸린 정 3품부터 종 4품까지의 벼슬. ②문교부 장학 편수실에서, 주로 교육 과정 및 교용교 도서의 편찬을 맡아보는 공무원. 인문 과학·사회 과학·자연 과학의 편수관이 있음.
편수 용상(片手聳上)영 〈체육〉 역도(力道)에서 바벨(barbell)을 한 손에 쥐고, 한 팔로 완전히 잡아 머리 위로 추어 올리는 운동.
편술(編述)영 엮어서 지음. compilation 하타
편승(便乘)영 ①남이 타고 가는 가마의 한 자리를 얻어 탐. ¶친구 차에 ~하다. ②편선을 탐. 그 편(便)에 탐. taking a ship (car etc.) ③세태나 남의 세력을 이용하여 자신의 이익을 거둠. ¶시대의 조류에 ~하다. taking advantage of an occ-
편:시(片時)영 잠시(暫時). [asion 하타
편식(偏食)영 음식을 편벽되게 가려서 먹음. unbalanced diet 하타 [belief 하타
편신(偏信)영 한쪽으로 치우치게 믿음. eccentric
편:신(遍身)영 ①(동) 전신(全身). ②온몸에 두루 퍼짐. spreading all over the body
편:심(片心)영 ①작은 마음. one's heart ②일방적인 마음. eccentricity
편심(偏心)영 ①치우친 마음. 편벽된 마음. 편의(偏意). eccentricity ②〈물리〉 세로로 작용하는 힘의 선이 재료의 횡단면을 통과하지 않는 일.
편-싸움(便-)영 ①편을 갈라 하는 싸움. fighting between two groups ②〈민속〉 음력 정월에 편을 갈라 승부를 다투는 장난. (약) 편쌈. 하타
편:쌈(便-)영 (동) →편싸움.
편쌈-꾼(便-)영 편쌈에 한몫 끼어 노는 사람.
편쌈-질(便-)영 걸핏하면 편쌈을 벌이는 짓. 하타
편-수기(便-)영 정월 초하룻날에 차례(茶禮) 지내는 떡국.
편-씨름(便-)영 편을 갈라 승부를 겨루는 씨름. wrestling contest between two groups 하타
편안(便安)영 ①무사함. peacefulness ②거북하지 않고 한결같이 좋음. ¶~한 여성. 하타 히타
편:암(片岩)영 〈광물〉 석영·운모 등의 박층(薄層)을 이룬 엽편상(葉片狀)의 변성암의 한가지. 흔히 담회색이나 담갈색을 띰. ¶결정 ~. schist
편:암(片庵)영 ①조잡(粗雜)하게 지은 집. ②자기 집을 낮추어 이르는 말. [mindedness 하타
편애(偏隘)영 성미가 편벽하고 좁음. 편협①. narrow-
편애(偏愛)영 편벽된 사랑. 이느 한쪽을 치우쳐서 사랑함. ¶동생을 ~하다. partiality 하타
편액(扁額)영 비단이나 종이 또는 널빤지에 그림을 그리거나 글씨를 써서 방 안이나 문위에 걸어 놓는 액자(額子). 편제(扁題). (약) 액(額)①.
편언¹(片言)영 한쪽 사람의 말.
편:언²(片言)영 한 마디의 말. 간단한 말.
편:언 절옥(片言折獄)영 한 마디 말로 송사의 시비를 가림. 하타
편:언 척자(片言隻字)영 한 마디의 말과 몇 자의 글. 짤막한 말과 글자. 일언 반구. few words
편역-들다타영 편들다.
편연(便妍)영 몸이 재고 아리따움. 하타
편:-연지(片臙脂)영 붉은 물을 속에 먹여 말린, 중국에서 나는 물감의 하나. 끓는 물에 담갔다가 물을 짜서 씀.
편:영(片影)영 조그마한 그림자. speck, shadow
편영(便佞)영 →편녕(便佞).
편오(編伍)영 〈군사〉 대오(隊伍)에 편입함. 대오를

편성함. forming ranks 하자타
편:운(片雲)명 조각 구름. speck of cloud
편:월(片月)명 초승달. crescent moon
편:육(片肉)명 얇게 저며 썬 수육. sliced boiled meat
편의(便衣)명 평복(便服).
편의(便宜)명 ①편리하고 마땅함. ②그때그때에 적응한 처지. 또, 특별한 조치. ¶~를 제공하다. ~를 도모하다. convenience 하다
편의(偏倚)명 ①치우침. 기울어져 있음. declination ②동 편차(偏差)①. 하다
편의(偏意)명 동 편심(偏心)①.
편의-대(便衣隊)명 전날 중국에서 무장 없이 평복으로 적지에 잠입, 후방을 교란하고 정적을 탐지하던 부대. partisan
편의 도법(便宜圖法)〈지리〉투시 도법(透視圖法)·방위 도법·원추 도법 등 여러 가지 도법의 장점(長點)으로 따서 그린 도법의 총칭.
편의 재량(便宜裁量)〈법률〉다의적(多義的) 불확정적인 규정으로 법 규범에 대해 무엇이 가장 행정 목적에 적합한가를 판단하여 행하는 행정 관청의 재량.
편의 종사(便宜從事)〈제도〉임금이 사절을 보낼 때 무슨 일을 미리 정해서 맡기지 않고, 가서 형편에 따라 좋을 대로 하라는 일. 便宜從事.
편의-주의(便宜主義)명 근본적인 처리를 하지 않고 일시 변통으로 둘러맞추는 방법. opportunism
편:이(片耳)명 퍼낸이. 발행자.
편이(便易)명 편리하고 용이함. facility 하다
편익(便益)명 편리하고 유익함. 편리(便利). ¶~을 주다. benefit 하다
편인(偏人)명 성질이 편벽된 사람. 별난 짓을 잘하는 사람. eccentric person
편:일(片日)명〈민속〉①육갑(六甲)의 십간(十干) 중에서, 갑(甲)·병(丙)·무(戊)·경(庚)·임(壬)의 날. ②짝이 맞지 아니하는 날. 곧, 기수(奇數)의 날. 대 쌍일(雙日).
편입(編入)명 ①얽거나 짜 넣음. inclusion ②이미 편성된 조직이나 대열에 끼어 들어감. ¶~생. admission 하다
편자명 ①말굽에 대어 붙이는 쇳조각. 제철(蹄鐵). 마철. horseshoes ②(약)→망건 편자(網巾-).
편자(編者)명 책을 편저한 사람. 엮은이. editor
편자 고래(-)명 편자 모양으로 만든 방고래의 한 형식.
편장(偏長)명 당파의 어른. 편짝의 우두머리. leader
편재(偏在)명 어느 곳에 치우쳐 있음. ¶부(富)의 ~. 대 편재(遍在). maldistribution 하다
편:재(遍在)명 두루 퍼져 있음. omnipresence 하다
편재(騙財)명 남의 재물을 속여 빼앗음. swindling 하다
편:재-론(遍在論)명〈기독〉이가 우주의 일체의 사물에 있다는 설.
편저(編著)명 편집하여 저술함. compilation 하다
편:-적운(片積雲)명 조각조각으로 된 적운. fractocumulus
편:전(片箭)명 ①아기살. ②총통(銃筒)에 넣어 놓는.
편전(便殿)명〈제도〉임금이 평상시에 거처하는 궁전. Royal resting house
편전-지(便箋紙)명 동 편지지(便紙紙).
편정(偏情)명 감정에 편중됨. 정으로만 기욺. 하다
편제(扁額)명 동 편액(扁額).
편제(編制)명〈군사〉대오를 편성함. 또, 그 제도. ¶전시 ~. organization 하다
편제-표(編制表)명〈군사〉부대·행정 단위 등의 편제를 표시하는 도표. 티 오(T.O.)
편조(扁爪)명〈동〉포유 동물의 손톱·발톱의 한 형식. 사람의 손톱처럼 손바닥만이 잘 발달하여 편평(扁平)하게 된 손발톱.
편:조(遍照)명 두루 비춤. lighting widely 하다
편조(編造)명 엮어서 만듦. 하다
편조-식(編條植)명 가로나 세로나 한 쪽으로만 줄이 서도록 심는 모.
편족(片足)명 ①한쪽 다리. ②한쪽 다리가 없는 불구.
편좌(便坐)명 ①편히 앉음. ②쉬는 방. 휴게실. 하다
편:-주(片舟·扁舟)명 작은 배. 쪽배. ¶일엽 ~. little boat
편중(偏重)명 ①치우치게 무거움. unbalancedly heavy ②치우치게 소중히 여김. ¶학력 ~. giving too much importance 하다
편증(偏憎)명 편벽되게 미워함. 하다
편:지(片紙·便紙)명 소식을 서로 알리거나 용건을 적어 보내는 글. 서간(書簡). 서신(書信). 서찰(書札). 서한(書翰). 척독(尺牘). 신서(信書). letter
편지에 문안(問安)명 으레 따라다니게 마련인 것.
편:지-지(片紙紙·便紙紙)명 편지를 쓰는 종이. 편전지(便箋紙). letterpaper
편:지-질(片紙-)명 ①편지를 주고받는 일. ②자꾸 편지를 써서 보내는 짓. 하다
편:지-투(片紙-)명 편지틀.
편:지-틀(片紙-·便紙-)명 편지를 본보기로 만든 책. 간독(簡牘). letter writer
편:지-하다(片紙-)명 편지를 부치다.
편지-물(編織物)명 실로 뜨개질한 것처럼 짠 피륙.
편질(篇帙)명 책의 편(篇)과 질(帙). chapter and volume
편집(偏執)명 편견(偏見)을 고집하고 남의 말을 듣지 않음. obstinacy 하다
편집(編輯)명 신문·잡지·사진·단행본 등의 저작물을 간행하기 위해 수집한 기사·원고를 어떤 기획에 의하여 모음·선택·정정하고 배열하여 형식을 갖춤. 찬집(簒輯). ¶~국(局). compilation 하다
편집-광(偏執狂)명〈의학〉어떤 사물에 집착하여 몰상식적인 행동이나 행동을 예사로 하는 이상한 정신 병자.
편집-권(編輯權)명 신문·잡지·서적 등의 편집 방침을 결정하여 실행하는 권리.
편집-병(偏執病)명〈의학〉의식은 분명한데 이해할 수 있는 이상한 망상을 고집하여 남의 말을 용납하지 않는 정신병의 하나. 파라노이아(paranoia)
편집 위원(編輯委員)명 잡지 및 전집 기타의 간행물에 대한 편집 경향·편집 계획 등을 담당하는 위원.
편집-인(編輯人)명 편집의 책임자. 편집자(編輯者). editor
편집-질(編執質)명〈의학〉자기를 지나치게 높이 가리키는 기질.
편집 회:의(編輯會議)명 편집 위원·편집원들이 모여 간행물 편집에 대해 토의하는 모임.
편집 후:기(編輯後記)명 편집을 끝내고 나서 편집서의 과정·감상·계획·비평·특별한 화제 등을 단편적으로 적은 간단한 기사.
편:지-다(片-)타스 ①인삼을 작근(作斤)하는 편(片)의 일정 수효를 골라 맞추는. ②목제의 감을 그 용도에 따라 미리 마련하는. apportion
편-짜-다(便-)자 승부를 겨루기 위하여 편을 갈라 조직하는. separate into groups
편-짝(便-偏-)의명 상대하는 두 편 중 어느 한 편을 가리키는 말. ¶이~. 때 짝³. 편(便)². side
편차(便車)명 짐을 운반하는 손수레.
편차(偏差)명 ①〈수학〉수치·위치·방향 등이 일정한 기준에서 빗나감. 편의(偏倚)②. ②〈군사〉정확하게 조준하여 쏜 탄환이 바람 등의 원인으로 명중하지 않고 생기는 목표와 탄착점과의 차이. ¶~수정(修正). editing in order 하다
편차(編次)명 순서를 따라 편집하는 것. 또, 그 차례.
편찬(編纂)명 여러 종류의 재료를 모아 책의 내용을 꾸미며. ¶사전 ~. compilation 하다
편-찮-다(便-)형 ①편하지 아니하다. 편치 않다. uncomfortable ②병으로 앓고 있다. unwell
편책(鞭策)명 동 말채찍.
편:-철(片鐵)명 ①쇳조각. ②동 가락지³.
편철(編綴)명 정리하여 서로 철하거나 결을 binding
편청(一淸)명 떡을 찍어 먹는 엿.
편청(偏聽)명 한편 말만 듣고 신용함. listening to

편충 one side only 하다

편충(鞭蟲) 圓 〈동물〉선충류(線蟲類) 편충과의 선형 동물의 하나. 암컷은 4.5~5cm, 수컷은 4~4.5cm 로 됨은 말의 모양으로 가늘고 뒤쪽은 넓음. 구강을 통하여 감염되어 사람의 창자에 기생하며 빈혈·신경증을 유발, 설사를 일으킴.

편취(騙取) 圓 속여서 빼앗음. ¶금품을 ～하다. swindling 하다

편측(片側) 圓 한쪽. (대) 양측(兩側).

편=층운(片層雲) 圓 층운이 편편이 조각으로 되어 있는 구름. fractostratus

편친(偏親) 圓 홀로 된 어버이. single parent

편친 시:하(偏親侍下) 圓 편친을 모시고 있는 처지.

편:토(片土) 圓 작은 토지. 한 조각의 땅. small piece of land

편=틀 圓 떡을 괴는 굽이 높은 나무 그릇.

편파(偏頗) 圓 한쪽으로 치우쳐 공평하지 못함. 《유》편사(偏私). (대) 공평(公平). partial 하다

편파-성[-썽](偏頗性) 圓 어느 한쪽으로 치우쳐 공평을 잃는 성질.

편파-적(偏頗的) 관형圓 공평하지 못하고 한쪽으로 치우친(것).

편편(片片) 圓 조각조각.

편편(翩翩) 圓 가볍게 훨훨 나는 모양. flying lightly

편편=금(片片金) 圓 어느 물건이나 모두 보배로 어떤 시문이 구귀마다 모두 아름다움.

편편 옥토(片片沃土) 圓 어느 논밭이나 다 비옥함. Every inch is fertile 〔양〕 every piece

편편-이(片片-) 圓 조각조각으로 깨어져 헤지는 모양.

편편-이(便便-) 圓 인편이 있을 때마다. on every occasion 〔자리가〕 ～

편편-찮다(便便-) 圖 불편하고 거북살스럽다. ¶잠

편편-하다(便便-) 혱 여 ①거리끼거나 어긋남이 없이 편안하다. peaceful ②넓적하다. flat ③물건의 배가 부르지 않고 번듯하다. **편편-히** 厠

편평(扁平) 圓 넓고 평평함. 하다 히 厠

편평-골(扁平骨) 圓 〈생리〉넓적뼈. flat bone

편평-족(扁平足) 圓 〈의학〉발바닥에 오목 들어간 데가 없이 편평하게 된 발. 평발. flat foot

편평-체(扁平體) 圓 〈동〉전엽체(前葉體).

편폐(偏嬖) 圓 편벽되게 총애함. undue favour 하다

편:포(片脯) 圓 난도질하여 반대기를 지어 말린 고기.

편풍(-) 圓 병풍.

편-하다(便-) 혱 여 ①거북하거나 괴롭지 않다. ②근심 걱정이 없다. ¶마음이 ～. ③쉽고 만만하다. **편-히** 厠

편향(偏向) 圓 ①한쪽으로 치우침. propensity ②〈물리〉대전 입자(帶電粒子)의 비행 방향을 전계(電界)나 자계(磁界)를 가하여 변화시킴. deflection 하다

편협(偏狹·褊狹) 圓 ①도량이 좁음. 편애(偏隘). ~심(心). ~한 생각. narrow-mindedness ②땅 같은 것이 좁음. narrowness 하다

편형 동:물(扁形動物) 圓 〈동〉동물 분류상(分類上)의 한 문(門). 몸이 편평(扁平)하고 환절(環節)이 없으며, 소화관의 발달은 불량하고 대체로 항문이 없음. 자웅(雌雄) 동체로 독립 또는 기생함. 촌충류 등. platyhelminthes 〔옛날 몸벌레.〕

편호(扁壺) 圓 도자기로 된 납작하고 동그랗게 생긴 병.

편호(編戶) 圓 ①호적을 편성함. ②호적에 편입함. 또, 그 집. entry in the family register 하다

편혹(偏惑) 圓 편애에 빠져 정신을 잃음. indulgence

펼치-다 園 펴서 드러내다. 펴서 크게 하다. spread

펼친 그:림 圓 〈수〉전개도(展開圖).

펼침=화음(-和音) 圓 〈음악〉화음을 구성하는 각 소리가, 동시가 아니고 분산하여 낮은 음에서 높은 음으로 급속히 연주하는 일.

폄:(貶) 圓 남을 깎아 내리어 말함. speaking ill of

폄:강(貶降) 圓 벼슬의 등급을 떨어뜨림. degradation 하다

폄:격[-껵](貶格) 圓 품격(品格)을 떨어뜨림. degradation 하다

폄:론(貶論) 圓 남을 폄하는 말. 하다

폄:박(貶薄) 圓 남을 헐뜯고 얕잡음. speaking ill of

폄:사(貶辭) 圓 사람을 헐뜯는 말. words of censure

폄:적(貶謫) 圓 ①벼슬을 강등(降等)하고 멀리 옮겨 보냄. relegation 하다

폄:직(貶職) 圓 벼슬이 떨어짐. 면직을 당함. demotion

폄:척(貶斥) 圓 ①인품을 꺾어 물리침. ②인망을 깎아 말하여 배척함. 폄출(貶黜). degradation 하다

폄:천(貶遷) 圓 벼슬을 강등(降等)하고 좌천시킴. relegation 하다

폄:출(貶黜) 圓 〈동〉폄척(貶斥). 하다

폄:하(貶下) 圓 치적(治績)이 나쁜 원을 쫓아냄. degradation 하다

폄:훼(貶毁) 圓 남을 깎아 내리고 헐뜯음. 하다

평(評) 圓 ①잘 되고 못 됨을 깎아서 말함. 비평(批評). ¶～이 좋다. comment ②(약)→평론(評論)①. 하다

평(坪) 의圓 ①지적(地積)의 단위. 곧, 여섯 자 평방. pyong, land measure of six chuck squre ②입체(立體)의 단위. 곧, 여섯 자 입방. ③형겊·유리·벽(壁) 따위의 한 자 평방. ④조각(彫刻)·동판(銅版) 따위의 한 치 평방.

평=(平) 접튀 '특별한 직무나 책임을 맡고 있지 않는 보통의 뜻. ¶～사원.

평가(平家) 圓 〈동〉평집(平-).

평가(平價) 圓 ①싸지도 비싸지도 않은 물건의 값. reasonable price ②〈경제〉두 나라 사이의 본위 화폐에 들어 있는 금속 함유량을 기준으로 산출되는 두 나라 화폐 사이의 가격의 비(比)(比價). par

평가[-까](評價) 圓 ①물품의 가격을 평정함. 또, 평정한 값. ¶가격 ～. appraise ②선악 미추(善惡美醜) 등의 가치를 논정함. 또, 그 가치. appreciation ③〈교육〉교사와 아동이 어떤 교과에 대한 학습의 효과·발달 등을 측정함. evaluation 하다

평가-가락지(平-) 圓 밋밋하게 곧은 소반의 가락지.

평가 발행[-까-](平價發行) 圓 〈경제〉국채나 채권 등을 그 액면 금액과 같은 가격으로써 하는 발행.

평가 절상[-까-쌍](平價切上) 圓 〈경제〉본위 화폐 중의 순금의 양을 늘리는 일. 화폐 단위의 가치를 올리는 일. (대) 평가 절하(平價切下). upward revaluation

평가 절하[-까-](平價切下) 圓 〈경제〉본위 화폐 단위가 함유하는 금량을 절하하는 일. 화폐 단위의 가치를 내리는 일. (대) 평가 절상(平價切上).

평각(平角) 圓 〈수학〉두 변이 정점(頂點)의 양쪽으로 벌어져 한 직선이 되어 있는 각. 2직각. 곧, 180°와 같음. straight angle

평강(平康) 圓 〈동〉평안(平安).

평견(平絹) 圓 평직(平織)의 견포(絹布).

평:결(評決) 圓 평의(評議)하여 결정함. ¶배심원이 유죄 ～했다. decision 하다

평경(平鏡) 圓 〈동〉맞보기.

평고(評估) 圓 〈법률〉재판 때에, 장물(贓物)의 값을 평정함. 하다

평고-대(平高臺) 圓 〈건축〉처마 끝에 가로로 놓은 오리목. 평교대(平交臺).

평-골(平-) 圓 가축신의 신골의 하나. 창이 평평하고 앞이 과히 들리지 않은 본새임.

평과(苹果) 圓 〈동〉사과(沙果).

평관(平關) 圓 〈제도〉동등한 관아 사이의 관문(關文).

평교(平交) 圓 나이가 서로 비슷한 벗. friends of about same age

평교(平郊) 圓 들 밖. 또, 성문 밖의 넓고 평평한 들. open suburb

평교-간(平交間) 圓 나이가 비슷한 벗 사이.

평교-대(平交臺) 圓 〈동〉평고대(平高臺).

평교-배(平交輩) 圓 나이가 비슷한 벗들.

평:교사(平敎師) 圓 특수한 직무나 직책을 맡고 있지 않은 보통의 교사.

평=교자(平轎子)〈제도〉종1품 이상 및 기로소(耆老所) 당상관이 타는 남여(藍輿). 《약》교자(轎子).

평균(平均)图 ①많고 적음이 없이 균일함. equilibrium ②여럿을 고르게 함. average ③〈수학〉많은 수나 양의 중간적인 치(値). 또, 그런 수치를 구하는 일. 하타. 값. 평균치.

평균=값[—깁](平均—)图〈수학〉평균하여 얻어지는 값. 평균치.

평균=곤(平均棍)图〈곤충〉파리·모기 등의 쌍시류(雙翅類)에서 곁이 주머니 모양으로 불룩하게 변화한 뒷날개. 날 때에 몸의 평형을 유지하는 역할을 함.

평균 기온(平均氣溫)图 일정한 기간을 두고 관측(觀測)한 결과를 평균한 기온. 상온(常溫).

평균=대(平均臺)图〈체육〉체조 경기의 여자 종목에 쓰이는 기계(器械). 높이 1.2m, 길이 5m, 폭 10cm, 두께 16cm의 나무로 만든 대(臺).

평균 물가 지수[—까—](平均物價指數)〈경제〉한 나라의 중요 물품 중 약간을 가려 내어 일정 기간에서의 각 상품의 평균 가격을 100으로 하여 일정 연월 기간내에 해당 상품의 가격의 변동을 100에 대한 비례로 나타낸 숫자.

평균 분배(平均分配)图 많고 적음이 없이 똑같은 비율로 나눔. 《약》평분(平分). 하타.

평균 속력(平均速力)图〈물리〉어느 일정한 시간 동안 그 중간의 빠르고 느린 것은 생각하지 않고, 이동한 거리를 이동하는 데 걸린 시간으로 나눈 값. mean speed 「mean number

평균=수[—쑤](平均數)图〈수학〉평균한 수치(數値).

평균 수면(平均水面)图〈지학〉바람 그 밖의 일체의 외력(外力)이 작용하지 않으며 또 조석(潮汐)에 의한 수위(水位)의 승강(昇降)도 없을 때의 가상적(假想的) 해변. 평균 해면(平均海面). mean sea level

평균 수명(平均壽命)图 일 년 동안에 죽은 사람의 모든 나이를 합쳐 이를 죽은 사람의 수효로 나눈 수. mean life 「대부분의 사람이 차지하고 있는 정도.

평균 수준(平均水準)图 그 동류(同類) 전체 가운데.

평균=시(平均時)图《약》평균 태양시(平均太陽時).

평균 연교차[—년—](平均年較差)图 일 년 중 가장 높은 달과 가장 낮은 달과의 평균.

평균 연령[—녕—](平均年齡)图 그 사회·조직을 구성하고 있는 이들의 나이의 평균치.

평균=율[—늉](平均率)图 평균한 비율. mean rate

평균 이:윤율[—늉—](平均利潤率)图〈경제〉여러 생산 부문 사이의 이윤수가 평균하여 생긴 일반적인 이 윤율. 「과 행위 능력을 가진 사람. 보통 사람.

평균=인(平均人)图 사회에 있어서 통상의 판단 능력

평균 자유 행로(平均自由行路)图〈물리〉중성자나 기체의 한 분자가 하나의 충돌로부터 다음 충돌까지 달릴수 있는 거리의 평균값.

평균=점[—쩜](平均點)图 각 학과의 점수 총계를 과목의 수로 나눈 수. average mark

평균 정:오(平均正午)图〈지학〉평균 태양시의 12시의 일컬음. 곧, 평균 태양이 자오선(子午線)을 경과하는 시각. mean noon

평균=치(平均値)图 '평균값'의 구용어.

평균 태양(平均太陽)图〈지학〉태양이 천구를 한 바퀴 도는 그 동안에 하늘의 적도 위를 일정한 속력으로 바꿔 돈다고 하는 가상적 태양. mean sun

평균 태양시(平均太陽時)图〈지학〉평균 태양의 시각(時角)에 의하여 정하는 시간. 곧, 평균 태양일의 24분의 1. 《약》평균시(平均時). mean solar time

평균 태양일(平均太陽日)图〈지학〉평균 태양이 한번 남중하였다 그 다음에 또 남중할 때까지의 동안. mean solar day

평균 풍속(平均風速)图 풍속을 표시할 때에 10분 동안의 풍속을 평균으로 나타낸 풍속. 《대》순간 풍속. mean wind velocity

평균 해:면(平均海面)图《동》평균 수면.

평균=화(平均化)图 평균하게 됨. 하타.

평길(平吉)图 화복(禍福)이 없이 그저 편안함. ordinary luck 하타.

평=나막신(平—)图 울이 없는 평바닥의 나막신.

평년(平年)图 ①윤년(閏年)이 아닌 해. 365일로 1년이 되는 해. 《대》common year ②농사가 보통으로 된 해. normal year

평년=작(平年作)图〈농업〉풍작도 흉작도 아닌 보통의 수확 농사. 과거 5개년의 수확량 중, 최고와 최저의 해를 제한 나머지 3개년간의 수확량의 평균 수확량. 《약》평작(平作). normal crop

평년=치(平年値)图 과거 30년간의 기후를 평균한 값을 말함.

평다리치-다(平—)困 꿇어 앉지 않고 편하게 앉아 다리를 마음대로 가지다. sit at one's ease

평=단(評壇)图 비평가의 사회. critic's circle

평담(平潭·平淡)图 마음이 고요하고 의욕이 없음. disinterestedness 하타. 「pyong

평당(坪當)图 한 평에 대한 비율. ¶ ～ 50만원. per

평=대:문(平大門)图 행랑채나 좌우 건물과 높이가 같은 대문. 「데 쓰이는 대패.

평=대패(平—)图〈공업〉목재의 면을 평면으로 깎는

평=두량(平斗量)图 평말.

평두=정(平頭釘)图 대가리가 편평하게 생긴 못.

평등(平等)图 치우침이 없이 고르고 한결같음. 두루 미쳐 차별이 없음. 동등. ¶남녀 ～. 《대》차별. equality 하타.

평등=관(平等觀)图 ①〈불교〉모든 법의 진상은 평등 일여(一如)하다는 관. ②일체의 것에 구별·차별을 두지 않는 견해.

평등=권[—꿘](平等權)图 ①국제법상, 국가가 차별 없이 평등한 권리·의무를 가지는 일. ②헌법상 모든 국민이 법 앞에서 평등한 권리. 「평등함. 하타.

평등 무차별(平等無差別)图 일체 차별이 없이 다 고름.

평등 사상(平等思想)图 특권의 철폐와 기회 균등을 내세우며, 만민은 법 앞에 평등하다고 주장하는 사상. 「않는 1인 1표의 선거 제도.

평등 선:거제(平等選擧制)图 불평등 선거를 인정하지

평등=심(平等心)图 모든 것을 차별하지 않고 한결같이 사랑하는 마음.

평등-주의(平等主義)图 모든 것을 차별을 두지 아니하고 대하는 입장. 이것과 저것과의 차별을 인정하지 않는 주의.

평-뜨기(坪—)图 농작물의 수확량을 알아내기 위해 일정한 평수 안의 곡식을 거두어 그 낟알을 헤아려 보는 일. 평예(坪刈).

평란(平亂)图 난리를 평정함. suppression of a rebe-

평량=립(平涼笠)/**평량-자**(平涼子)图《동》패랭이①. 「llion 하타.

평로(平爐)图 제강로(製鋼爐)로서 가장 널리 쓰이는 반사로(反射爐)의 하나. 내화 벽돌로 만들며 축열실이 있고 가스 연료로 가열함. openhearth furnace

평로=강(平爐鋼)图 평로로 만들어 낸 강(鋼).

평=론(評論)图 ①사물의 가치·선악(善惡) 등을 비평하여 논함. 또, 그 글. 《약》평(評)②. ②〈문학〉문학·예술 작품의 가치를 비평하여 논정함. criticism 하타. 「평가(批評家)②. critic

평=론가(評論家)图 평론을 전문으로 하는 사람. 비

평=론계(評論界)图 평론가의 사회.

평=론집(評論集)图 여러 평론을 한데 모은 책.

평리=원(平理院)图〈제도〉'고등 재판소(高等裁判所)'를 광무 3년(1899)에 고쳐 일컫던 이름.

평=림(評林)图 평론을 모아 엮은 책. collection of criticism 「된 말. 평두량(平斗量).

평말(平—)图 곡식을 될 때에 평미레로 고르게 되어

평맥(平脈)图 평상시 또는 건강한 때의 맥박. 1분간에 60～75번 쯤. normal pulse

평면(平面)图 ①평평한 표면. 《대》면. level ②〈수학〉한 표면 위의 임의의 두 점을 지나는 직선이 항상 그 표면에 포함되는 면. ¶ ～ 삼각형(三角形). 《대》곡면(曲面). 입체(立體). plane

평면=각(平面角)图〈수학〉한 평면 위에 있는,

평면경(平面鏡)[명] 반사면이 평면을 이룬 것을. 평면 거울. plane mirror
평면 곡선(平面曲線)[명] 〈수학〉한 평면 안에 포함되는 곡선. plane curve
평면 기하학(平面幾何學)[명] 한 평면상에 있어서의 도형의 성질을 연구하는 기하학. (대) 공간 기하학(空間幾何學). plane geometry
평면 대:칭(平面對稱)[명] 〈수학〉물체나 도형 중의 서로 대응하는 어떤 두 점을 맺는 직선이 주어진 평면에 의하여 수직으로 이등분되는 위치적 관계. (약) 면대칭(面對稱). plane symmetry
평면=도(平面圖)[명] 투영 모델 중, 물체의 수평면상에서의 투영에 의해 생긴 그림. ground plan
평면 도형(平面圖形)[명] ①평면과 같이 넓고도 평평한 형(形). ②〈수학〉한 평면 위에 전부 포함되는 각종류의 도형. 평면형. (대) 입체 도형(立體圖形). plane figure
평면 묘:사(平面描寫)[명] 〈문학〉주관을 가하지 않고 작가의 눈에 비친 사전의 표현만을 있는 그대로 그리는 문예상의 기교. plane delineation
평면-미(平面美)[명] 〈미술〉그림의 외형에 나타난 미.
평면 삼각법(平面三角法)[명] 〈수학〉삼각법의 하나. 삼각 함수를 사용하여 평면 위의 삼각형의 변·각 사이의 관계를 기초로 하는 각종의 기하학적 관계를 연구하는 학문. (대) 구면 삼각법(球面三角法). plane trigonometry
평면=적[-쩍](平面的)[명] 내면(內面)에 들어가지 않고 표면상에서만 논의하거나 표현하거나 하는(것). (대) 입체적(立體的). plane
평면 지도(平面地圖)[명] 평면에 그린 지도.
평면=체(平面體)[명] 〈수학〉평면으로 둘러싸인 입체. (대) 입체(立體). plane body
평면 측량(平面測量)[명] 지표면(地表面)을 평면으로 취급하는 측량.
평면=형(平面形)[동] 평면 도형(平面圖形).
평명(平明)[명] ①아침 해가 들 시각. ②쉽고 명석함. dawn 하다[형] 「적고 이해하기 쉬운 십분한 문제」.
평명-체(平明體)[명] 기사·규칙 같은 같이 꾸미는 맘이 맏 계문.
평목(平木)[동] 평미레.
평무(平蕪)[명] 곡식을 심을 수 있는 거친 평원.
평문(平文)[명] 보통문. 산문(散文).
평문(平問)[명] 〈제도〉형틀(刑一)을 쓰지 닥달하지 않고 그냥 죄인을 심문함. 하다
평=미레(平一)[명] 말이나 되에 곡식을 담고 그 위를 밀어서 고르게 하는 데 쓰는 방망이. 평목(平木). strickle
평미레-질(平一)[명] 곡식을 될 때 평미레를 쓰는 짓. measuring with strickle 하다[타] make even
평미리-치-다(平一)[타] 고르게 하다. 평등하게 하다.
평민(平民)[명] ①벼슬이 없는 일반민. 평인(平人)①. common people ②중들 상대하여. 서민(庶民).
평민 계급(平民階級)[명] (동) 평민층(平民層).
평민-어(平民語)[명] 일반 사람들이 쓰는 말.
평민-적(平民的)[명] 지위나 신분에 구애되지 않으며 의식 같은 것을 피하는(것).
평민-주의(平民主義)[명] 신분의 차별 없이 평민적으로 처리하려 하는 주의. democracy
평민-층(平民層)[명] 〈사회〉평민이 소속하여 있는 사회적인 계급. 귀족 및 특권 계급에 대한 맞말. 평민 계급.
평민-회(平民會)[명] 〈역사〉고대 로마 시대에 평민을 위하여 호민관이 소집하여 사회하던 평민 의회.
평=바다(平一)[명] ①광물 수평으로 파 들어가는 일. 또, 그 바다. ②감음 바다이 판판하게 된 바다. flat bottom 하다
평반(平盤)[명] 다리가 달리지 않은 둥근 예반. tray
평반에 물 담은 듯[관] 안정되고 고요함의 비유.
평=반자(平一)[명] 가는 오리목을 가로세로 드문드문 질러 '井'자형을 만들어 종이로 반듯이 바른 반자. 펼반자①.

평방(平方)[명] 〈수학〉'제곱'의 구용어. (대) 입방(立方).
평방(平枋)[명] 〈건축〉기둥 위에 초방(初枋)을 짜고, 그 위에 수평으로 올려 놓은 나무. re root
평방-근(平方根)[명] 〈수학〉'제곱근'의 구용어. square
평범(平凡)[명] 뛰어난 점이 없이 보통임. 평평 범범(平平凡凡). ¶ ~한 인물. (대) 비범(非凡). commonplaceness 하다[형] 히[부] (대) 지상주의(至上主義).
평범-주:의(平凡主義)[명] 평범한 것을 주장하는 주의.
평보(平步)[명] 보통 걸음.
평복(平服)[명] 평상시에 입는 옷. 평상복(平常服). 통상복(通常服). (대) 제복(制服). 예복(禮服). ordinary dress
평복(平復)[명] 병이 나아 건강이 회복됨. 하다
평복(平服)[명] 평상시에 차림을 하는. 평상복
평분(平分)[명] →평균 분배(平均分配). 는을 입다.
평분-시(平分時)[명] 진태양(眞太陽)의 남중(南中)을 기준의 시각으로 하여 진태양일을 24등분하는 시. (대) 시법(時法).
평사(平沙)[명] 모래벌. sand beach
평사(平射)[명] ①평면에 투영(投影)함. projection on the plane ②포탄환을 만곡이 낮은 탄도로 발사함. (대) 곡사(曲射). low angle firing 하다
평사 낙안(平沙落雁)[명] 평평한 모래벌에 기러기가 날아 앉은 것처럼 곰실곰실 살아 움직이는 듯한 글씨의 형용. 가늘고 매끈하게 쓴 글씨를 평하는 말.
평사 도법[一뻡](平射圖法)[명] 〈지리〉투시 도법의 하나. 지구 직경의 한 점을 시점(視點)으로 가정하여, 그 반대측의 반구(半球)를 평면상에 나타내어 경위선(經緯線)을 투사하는 방법. method of projection
평=사랑(平四樑)[명] 〈건축〉간반(間半) 통에 보 네 개를 쏘서 상마루가 그리 높지 않게 지은 집.
평=사원(平社員)[명] 특수한 지위를 맞지 않은 보통 지위의 사원. ordinary member
평사-포(平射砲)[명] 〈군사〉평사(平射)에 사용하는 대포의 총칭. flat trajectory gun
평삭(平朔)[명] 한 달의 평균 일수가 일삭 망월(一朔望月)로 되도록 큰 달과 작은 달을 안배하는 역법(曆法). 쓰는 공장 기계의 하나.
평삭-반(平削盤)[명] 〈공업〉넓은 평면을 깎아내는 는
평=삼치(平一)[명] 〈어류〉동갈삼치과에 속하는 바닷물고기. 몸 길이 1.5m. 삼치 비슷하나 배지느러미가 몹시 작고 비늘도 작아서 피하에 붙어있다. 몸 빛은 등쪽은 회청색, 배쪽은 은빛색임. 식용됨.
평상(平床)[명] 나무로 다른 침상의 하나. 살평상과 널평상의 두 가지임이 있음. ¶ ~널. 널. flat
평상-복(平常服)[명] (약) → 평상시(平常時). wooden bed
평상-복(平常服)[명] (동) 평복(平服).
평상-시(平常時)[명] 보통 때. 평상시에. 평소(平素)①. (대) 비상시(非常時). (약) 상시(常時). 평상(平常). 평시(平時). ordinary times
평상-일(平常日)[명] 일요일이나 명절. 경축일이 아닌 보통날. 평일(平日)②. 평생토록.
평생(平生)[명] 〈약〉→일생(一生). ¶ ~의 사업. 평생을.
평생 교:육(平生教育)[명] 인간의 교육이 가정·학교·사회 등의 교육의 통합으로 전생애에 걸친 교육으로 조직화되어야 한다는 교육관. ¶ ~장.
평생-도(平生圖)[명] 〈미술〉사람의 평생 경력을 그린 그림. picture of one's whole life
평생 소:원(平生所願)[명] 일생의 소원. 내다.
평생을 맡기다 여자가 결혼을 하다. 여자를 시집보
평생-지:계(平生之計)[명] 일생의 생계.
평생-토록(平生一)[명] 일생 동안 걸려서. 일생토록. 종신토록. ¶ ~ 교육계에 몸바치다. for all one's life 「신을 때까지, 그 자격을 가지는 회원.
평생 회:원(平生會員)[명] 어떤 단체의 회원으로서 종
평서(平書)[명] (동) 평신(平信).
평서(平敍)[명] 〈제도〉한 벼슬의 임기가 차서 벼슬이 갈릴 때에 급수가 올라가지 못하고 같은 급에 머물

평서-문(平敍文)명 문장 종류의 하나. 말하는 이가 문장의 내용을 평범하게 진술하는 문장. 종결의 양식으로서, 평서형으로 성립됨. 의문문·감탄문·명령문에 대해 사물을 객관적으로 서술하는 데 주로 쓰이어, 독자에게 작용하는 특별한 수사적 수법을 쓰지 않는 것. └단순 평서문과 약속 평서문이 있음. declarative sentence

평서-법[-뻡](平敍法)명 문법에서, 종결 어미에 나타나는 서법의 하나로서 어떤 사실을 그대로 베풀어 말하는 법. 설명법. 평서형(平敍形).

평:석(評釋)명 시문(詩文)을 비평하고 또 그 뜻을 풀어서 밝혀 놓음. annotation 하다

평:설(評說)명 비평을 가미(加味)한 설명.

평성(平聲)명〈어학〉한문 글자의 사성(四聲)의 하나. 상평성(上平聲)·하평성(下平聲) 둘이 있음.(대) 측성(仄聲). even tone └낱. 관 평소에.

평소[-쏘](平素)명①동〉평상시(平常時). ②지나간 어느

평수[-쑤](坪數)명 평(坪)으로 셈한 넓이. 또는 부피. area in pyong

평=수량(平水量)명〈지학〉하천의 유량(流量)이 일년 중 185일간을 유지할 수 있는 수량.

평=수위(平水位)명〈토목〉평상시의 강물의 높이. ordinary water-level

평순(平順)명 ①성질이 온순함. gentleness ②보통 때에 병이 없음. 순명(順下). healthiness 하다

평순 모음(平脣母音)명〈어학〉입술을 둥글게 오므리지 않는 상태에서 발음되는 모음. 원순 모음이 아닌 모음. 'ㅔ·ㅐ·ㅣ·ㅏ'등.(대) 원순 모음(圓脣母音). unfounded vowel

평승(平僧)명 지위가 없는 보통의 중.

평시(平時)명①〈약〉→평상시(平常時).

평시 공법[-뻡](平時公法)명〈동〉평시 국제법(平時國際法)

평시 국제법[-뻡](平時國際法)명 평화시에 행하여지는 국제법. 전쟁 때라도 중립국 상호간 및 중립국과 교전국 사이에서는 평시 국제법이 시행됨. 평시 공법. 평시 국제 공법.(대) 전시 국제법(戰時國際法).

평시 봉쇄(平時封鎖)명〈법률〉평상시에 한 국가가 그 해군력을 가지고 다른 나라의 해안을 봉쇄하는 일.(대) 전시 봉쇄(戰時封鎖). └행하여지는 점령.

평시 점령(平時占領)명 평시에 보복 등의 수단으로서

평-시조(平時調)명 ①시조 창법의 하나. 목소리를 순평하게 내어 부름. ②〈문학〉시조의 하나. 3·4조를 기반으로 하여 초장(3·4·3(4)·4)·중장(3·4·4·3(4))·종장(3·5·4·3)의 3장 45자 내외의 대표적 시조 형식.(대) 사설 시조(辭說詩調). 엇시조(籠詩調).

평시 징발(平時徵發)명〈군사〉평시의 연습(演習) 및 행군 등에서 실시하는 징발. peacetime requisition

평시 편제(平時編制)명〈군사〉평상시의 군대 편제.(대) 전시 편제(戰時編制). peace organization

평신(平身)명 엎드려 절한 뒤에 몸을 그 전대로 함. ¶∼ 저두(低頭)하다. 하다

평신(平信)명 ①평상시의 소식. ②무사한 소식. 평서(平書). peaceful tidings └자. common believer

평-신도(平信徒)명 교직(教職)에 있지 않은 일반 신

평심(平心)명〈약〉→평심 서기(平心舒氣).

평심 서:기(平心舒氣)명 마음을 평하고 순화롭게 함. 또, 그런 마음.〈약〉평심(平心). serenity 하다

평안(平安)형 마음에 걱정이 없음. 만왕(萬旺). 평강(平康). peace 하다 히

평애-법[-뻡](坪刈法)명〈농업〉농작물의 작황(作況)을 실지 검사할 때에 평균작으로 된 곳의 한 평(坪) 내지 몇 평분을 베어 전체의 수량을 셈하여 내는

평야(平野)명 들. plain open field └방법.

평양 감사도 저 싫으면 그만이다 아무리 좋은 것이라도 싫다고 하면 어찌 할 수가 없다는 말.

평:어(評語)명 ①비평하는 말. 평언(評言). critical remark ②〈교육〉수(秀)·우(優)·미(美)·양(良)·가(可) 등 학과 성적을 표시하는 짧은 말. grading

평언(平言)명〈동〉평어(評語)①.

평연(平然)명 예사로운 모양. 태연(泰然). 하다 히

평연(平椽)명 들연.

평열(平熱)명 건강한 때의 인체의 체온. normal temperature

평영(平泳)명 개구리헤엄. └mal temperature

평-오량(平五樑)명〈건축〉도리 다섯 개로 지은 집.

평온(平溫)명 ①평상시의 온도. normal temperature ②평균 온도. average temperature

평온(平穩)명 고요하고 안온함. ¶∼ 무사(無事). (대) 불온(不穩). calmness 하다 히

평요 렌즈(平凹lens)명〈물리〉한쪽 면은 평평하고 다른 한쪽 면은 오목한 렌즈.

평요-판(平凹版)명〈인쇄〉평판을 개량하여 회선부(劃線部)를 약간 오목하게 한 인쇄판. 평판(平版). deed-etch plate

평운(平韻)명 평성(平聲)에 따른 상하의 30운(韻).

평원(平原)명 평탄한 들판.(대) 고원(高原). plain

평원(平遠)형 시야가 넓고 평평함. ¶∼ 광야(廣野). open field of vision 하

평유(平癒)명 병이 완전히 나음. 평복(平復). recovery

평음(平音)명〈어학〉자음 중의 소리를 내는 방법에 따른 갈래. 곧, 'ㄱ·ㄷ·ㅂ·ㅅ'등과 같은 보통의 소리. 예사소리.

평:의(評議)명 서로 의견을 교환하여 의논함. conference 하다 └빤지로 맨 의걸이.

평-의걸이(平-)명 살의걸이에 대하여, 얇면을 살 평:의-원(評議員)명 어떤 일을 평의하는 데 참여하는 사람. ¶∼ 대표. councilor └제 기관. council

평:의-회(評議會)명 어떤 일을 평의하기 위한 합의

평이(平易)형 까다롭지 않고 쉬움. ¶∼한 말. ∼한 표현.(대) 난삽(難澁). easiness 하다

평이-성[-썽](平易性)명 평이한 성질이나 특성.

평-이음(平-)명 건축용 목재를 편편하게 깎은 그대로 잇는 방법.

평인(平人)명〈동〉평민(平民)①. ②벼슬이 없는 사람. ③상제에 대해 상제 아닌 사람을 이르는 말.

평일(平日)명 ①평상시.〈동〉평상일. ②평소. ordinary day └립(漆笠)을 일컫는 말.

평-입자[-닙-](平笠子)명 보통 갓이란 뜻으로, 칠

평-자(平-字)[-짜](平仕)명 사성(四聲)에서 측(仄)에 딸린 글자. 한시(漢詩)의 염(簾)을 보는 데 씀.

평:자(評者)명 비평하는 사람. critic └축자(仄字).

평-자(平-)명 그리 길지도 짧지도 않은 화살. ordinary arrow └을 치지 않고 작물을 재배하는 방법.

평작(平作)명 ①〈약〉→평년작(平年作). ②〈농업〉고랑

평장(平章)명 ①공평하게 비평함. ②공정한 정치를

평장(平葬)명〈약〉→평토장(平土葬). └함. 하다

평저(平底)명 평평한 밑바닥.

평전(平田)명 높은 곳에 있는 평지(平地). level land

평:전(評傳)명 비평을 겸한 전기(傳記). critical biography

평:점[-쩜](評點)명 ①시문(詩文)의 중요한 곳에 찍는 점. ②피교육자의 학력을 매기는 점수. ¶∼이 짜다. marks ③물건의 가치를 평하여 매기는 점수. examination mark

평정(平正)명 공평하고 정직함. fairness 하다

평정(平定)명 난리를 평온하게 진정시킴. ¶난리를 ∼하다. suppression 하다

평정(平靜)명 평안하고 고요함. ¶∼을 되찾다. tranquillity 하다 히

평:정(評定)명 평의하여 결함. ¶근무 ∼. conference

평정-건(平頂巾)명〈제도〉각 사(司)의 서리(書吏)가 쓰던 건. 파리머리.

평정 기준(評定基準)명 학습의 결과·성과·태도 등을 평가할 때 사용하는 기준. 숫자(數字)로 나타내는 경우와 A·B·C·D 또는 수(秀)·우(優)·미(美)·

평정법 (評定法) 〖교〗 사상(事象)의 특징을 평어(評語)·도시적(圖示的) 방법·품등법(品等法) 등에 의해, 일정한 견지에서 선택, 각 특징에 대하여 평정시키는 방법. method of evaluation

평조(平調) 〖음악〗 우리 나라 속악의 음조. 중국 음악의 치조(徵調)와 양악의 장조(長調)에 가까운 낮은 음조. 청황종궁(淸黃鐘宮)과 임종궁(林鐘宮)의 두 가지가 있음.

평좌(平坐) 예절을 차리지 않고 편하게 앉음. sitting at one's ease 하타

평준(平準) 〖 〗 ① 수준기(水準器)를 써서, 재목·위치 기타를 수평으로 하는 일. levelling ② 〖동〗 수준기(水準器). ③ 물가 따위를 균일되게 하는 일. 하타

평준-법(—法) 〖 〗 ① 수준기(水準器)를 써서 수평으로 만드는 방법. method of levelling ② (제도) 한(漢)나라 무제(武帝)가 쓴 물가 조정책. 풍년에 물자를 사들여 평준창(平準倉)에 저장하여 두었다가, 흉년에 방출하여 물가고(物價高)를 조정하고, 그 이윤을 세입으로 하였음.

평준-점(—點) 〖 〗 사물이 균일 안정하게 되는 점.
평준-화(平準化) 〖 〗 평준되게 함. ¶ 교고 ~. 하타

평지 〖식물〗 겨자과의 월년생 풀. 4월에 황색 꽃이 피고 열매는 원주형의 장각(長角)이며 씨는 작고 흑갈색임. 잎과 줄기는 식용, 씨는 기름을 짜서 식용함. 매게(薹芥). 운대(蕓薹). 유채(油菜). 한채(寒菜). rape
평지(平地) 바닥이 펀펀한 땅.

평지 낙상(平地落傷) 〖 〗 ① 평지에 넘어져 다침. falling on flat land ② 뜻밖에 당하는 불행의 비유. sudden misfortune 하타

평지 돌출(平地突出) 〖 〗 평지에 산이 우뚝 솟음. ② 한미(寒微)한 집안에서 돌free 주는 사람 높이 출세함의 비유. 하타

평-지붕(平—) 〖건축〗 물매가 매우 떠서 수평에 가까운 지붕.
평지 풍파(平地風波) 〖 〗 뜻밖에 분쟁이 일어남의 비유. ¶ ~ 을 일으키다. unnecessary trouble

평직(平織) 〖 〗 ① 그냥 짜는 방법. 또, 그렇게 짠 천. ② 한 가지 실로만 짜는 방법. ordinary weaving
평-집(平—) 〖건축〗 서 지은 집. 평가(平家). small house

평-집(—) 〖건축〗(平—) 〖건축〗 도리 셋이나 넷을 얹어 지은 집.
평찌 나지막하고 평평하게 날아가는 화살.
평천관(平天冠) 〖제도〗 임금이 쓰던 위가 판판한 관.
평천하(平天下) 〖 〗 천하를 태평하게 다스림.
평철 렌즈(平凸 lens) 〖물리〗 한쪽 면은 평평하고 다른 쪽 면은 볼록한 렌즈.

평-측(平仄) 〖 〗 평(平)과 측(仄). 한문의 시·부(賦) 따위의 염보는 데 음운의 높낮이를 가리킴. 높낮이 ②.
평측-식(平仄式) 〖문학〗 한시(漢詩)의 평측에 관한 법식(法式).

평측-자(平仄字) 〖 〗 한자의 사성(四聲)에 있어서의 평성의 글자(平字)와 측성의 글자(仄字). 고저자(高低字). 고하자(高下字).
평치(平治) 나라를 태평하게 다스림. governing peacefully 하타
평탄(平坦) 〖 〗 ① 지면이 평평함. ¶ ~ 한 길. ② 마음이 편하고 고요함. peace of mind ③ 일이 순조롭게 됨. 평평 坦坦(平平坦坦). 순탄(順坦). (대) 험조(險阻). smoothness 하타

평토(平土) 〖 〗 관을 매장한 뒤에 흙을 쳐서 평평하게 함. levelling the ground after burial 하타
평토 깍두기(平土—) 짝게 담가 땅에 묻었다가 이듬해 여름에 꺼내 먹는 깍두기.
평토-장(平土葬) 〖 〗 봉분을 만들지 않고 평평하게 매장함. 또, 그런 매장. 흔히 암장(暗葬)할 때 함. (약) 평장(平葬). 하타
평토-제(平土祭) 〖 〗 봉분제(封墳祭).
평판(平板) 〖 〗 ① 평평한 판. 편편한 널조각. flat board ② 씨를 뿌릴 때 땅을 고르는데 쓰는 농구. ③ 바르지 위에서 온 땅의 모양을 종이 위에 직접 재어 그리는 측량 기계. 측판(測板). ④ 시문(詩文)에 파란

(波瀾)·변화가 없고 아취가 적음.
평판(平版) 〖인쇄〗 판면에 거의 요철(凹凸)이 없고 화학적 작용에 의하여 제판(製版)되어 잉크의 지방(脂肪)과 물과의 반발성에 의해서 인쇄되는 인쇄판.
평판(評判) 〖 〗 ① 비평하여 시비를 판정함. criticizing ② 세간의 비평. 세상의 비평. 세평(世評). ¶ ~ 이 나쁘다. 하타
평판-기(平版機) 〖인쇄〗 평면 연판(鉛版)이나 원판(原版)으로 하는 보통 인쇄 기계.
평판 인쇄(平版印刷) 〖인쇄〗 평판을 써서 하는 인쇄의 총칭. 오프셋 인쇄·석판 인쇄 등. lithograph
평판 측량(平板測量) 〖수학〗 삼각가(三脚架) 위에 제도판을 얹어 수평을 유지하고 평판을 써서 땅위의 모양을 평면 위에 나타내어 그리는 간이 측량. level surveying 하타

평편(平便) 〖 〗 평평하며 편안함. even and comfortable
평평(平平) 〖 〗 ① 높낮이가 없이 넓적하고 판판함. even ② 특별함이 없이 그저 예사로움. 평범함. mediocre
평평 범범(平平凡凡) 〖 〗 평범함. 하타 히타
평평 탄탄(平平坦坦) 〖 〗 평탄. 하타
평포(平鋪) 〖 〗 편편하게 베풀어 놓음. 하타
평-풍(—) → 병풍(屛風).
평:-하다(評—) 〖타여〗〖 〗 → 비평(批評)하다.

평행(平行) 〖 〗 ① 〖수학〗 두 직선이나 평면이 서로 나란히 있어 아무리 연장하여도 서로 만나지 않음. ¶ 선을 ~ 으로 긋다. ② 〖동〗 병행(竝行). ③ 글씨를 쓰는 데, 각 줄의 머릿자를 꼭 같은 높이로 씀. 하타
평행 도형(平行圖形) 〖 〗 평행형(平行形).
평행-력(平行力) 〖물리〗 힘의 방향이 어느 직선과 평행하는 힘. parallel forces
평행-맥(平行脈) 〖식물〗 서로 평행하고 있는 엽맥(葉脈). (대) 망상맥(網狀脈). parallel vein
평행-면(平行面) 〖 〗 평면 → 평행 평면.
평행-봉(平行棒) 〖체육〗 기계 체조 용구의 하나. 두 개의 평행한 가로대를 160 cm 정도의 높이로 버티어 놓은 것. parallel bars
평행 사:변형(平行四邊形) 〖수학〗 서로 마주 대하는 두 쌍의 변이 각각 평행인 사변형. parallelogram
평행-선(平行線) 〖동〗 평행 직선(平行直線).
평행 육면체(平行六面體) 〖수학〗 서로 대하는 세 쌍의 면이 서로 나란한 육면체. parallelepiped
평행 이:동(平行移動) 〖수학〗 물체 또는 도형의 각 점이 같은 방향으로, 같은 거리만큼 옮기는 운동. 병진 운동(竝進運動). parallel movement 하타
평행-자(平行—) 〖 〗 평행선을 긋는 데 쓰는 자. 두 개의 자가 평행하게 움직이도록 구성되었음.
평행 직선(平行直線) 〖수학〗 같은 평면상에 있는 두 개 또는 그 이상의 서로 평행한 직선. 평행선(平行線).
평행 평면(平行平面) 〖수학〗 같은 공간상에 있는 두 개 또는 그 이상의 서로 평행한 평면. (약) 평행면(平行面). parallel plane
평행-형(平行形) 〖수학〗 마주 대하는 두 쌍의 변이 서로 나란한 형. 평행 도형(平行圖形). parallel figure
평행-호(平行壕) 〖군사〗 전선(戰線)에 대하여 평행하게 구축한 참호(塹壕). 횡전 연락(橫戰連絡) 및 사격에 쓰임. communication trench
평허(平虛) 〖 〗 아무 걱정이 없이 마음이 편함. peacefulness 하타
평형(平衡) 〖 〗 ① 물건을 다는 데 저울대가 똑바름. ② 〖동〗 균형(均衡). ③ 〖물리〗 어떤 물체에 두 힘이 동시에 작용할 때에 힘이 전혀 가하여지지 않은 것처럼 정지하고 있는 상태. equilibrium 하타
평형 감:각(平衡感覺) 〖생리〗 신체를 평형으로 유지하는 데 작용하는 감각. 곧, 중력이 자극이 되어 일어나는 감각으로 위치나 회전을 아는 감각. sense of equilibrium

평형 교부금(平衡交付金)〖경제〗지방 자치 단체의 불균형한 재정을 도와, 국가가 지방 자치 단체에 교부하는 교부금.

평형 기관(平衡器官)〖생리〗중력(重力) 및 동물체의 운동의 방향을 감수(感受)하는 기관. static organ

평형 기능(平衡機能)〖생리〗평형 기관이 체위를 정상으로 유지하는 능력. 「위하여 부과하는 조세.

평형-세[一稅](平衡稅)〖명〗조세 부담의 균형을 꾀하기

평형-천(平衡川)〖명〗《동》평형 하천(河川).

평형-추(平衡錘)〖명〗기계의 부분이 그 지점 또는 축에 대해 형평을 잘 이루게 하는 추.

평형 하천(平衡河川)〖지학〗하류(下流)의 침식 작용이 형형을 유지하고 있는 하천. 평류천(平流川).

화목(和睦)〖명〗평온하고 화목함. 화합하고 안온함. harmony ②전쟁이 없이 세상이 평온함. peace 하형 스형 스레피.

화평(和平境)〖명〗평온하고 화목한 경지.

화평 공세(和平攻勢)〖정치〗국제 관계가 냉전하에서, 긴장·악화되었을 때 한쪽 진영에서 갑작스럽게 평화적 태도를 취하여 행하는 공세. peace offensive

화평 공·존(和平共存)〖명〗사회 체제가 다른 자본주의 국가와 사회주의 국가가 평화적으로 공존할 수 있다는 이론 및 정책. 평화적 공존(平和的共存).

화평-롭-다(和平一)〖형[ㅂ]〗평화스러운 느낌이 있다. peaceful 평화 로이

화평-리(和平裏)〖명〗평화로운 가운데.

평·화·면(平畫面)〖수학〗정투영(正投影)에서 직교하는 두 화면 중 수평의 위치에 있는 화면.

화평 봉·사단(平和奉仕團)〖명〗발전 도상 국가에 그 단원을 보내 기술·농업·교육·위생 활동에 봉사하게 하는 미국 정부 지원 민간 단체. 1961년 케네디 대통령이 창설.

화평 산·업(平和產業)〖명〗비군수적인 상품의 생산을 목적으로 하는 산업. peacetime industries

화평-시(平和時)〖명〗평화로운 때. peacetime

화평 운·동(平和運動)〖명〗전쟁을 막고 세계 평화를 옹호하고자 전개하는 운동.

화평 의·정서(平和議定書)〖명〗국제 분쟁 처리에 관한 의정서. 1924년 국제 연맹 총회에서 작성함.

화평적 공·존(平和的共存)〖명〗《동》평화 공존(平和共存).

화평 조약(平和條約)〖명〗①강화 조약(講和條約). peace treaty ②헤이그 및 베르사유(versailles)의 평화 회의에서 체결된 양(兩) 조약의 통칭. 《약》화약(和約)②.

화평-주의(平和主義)〖명〗평화를 주장하는 주의.

화평 지향(平和志向)〖명〗전쟁이나 파란이 없는 평온한 사회를 이루어 내려는 방향으로 쏠리는 의지.

화평 통·일(平和統一)〖명〗무력적인 전쟁에 의하지 않고, 평화적인 방법으로 수행되는 통일.

화평 혁명(平和革命)〖명〗무력을 쓰지 않고 평화적인 수단으로써 수행되는 혁명. 「和會議).

화평 회·의(平和會議)〖명〗→만국 평화 회의(萬國平

평(平一)〖명〗연습할 때 쓰는 활. arrow for practice

평활(平滑)〖명〗평평하고 미끄러움. smooth 하형

평활(平闊)〖명〗평평하고 넓음. flat and wide 하형

평활-근(平滑筋)〖생리〗내장의 모든 기관·혈관 등의 벽에 있어 그 운동을 다스리는 섬유. 민무늬근.

평:회(評會)〖명〗비평하는 모임.

폐(肺)《약》→폐장(肺臟).

폐:(弊)〖명〗《약》=폐단. 남에게 끼치는 피로움. ¶~가 되다. trouble 스형 스레피.

폐:(弊)[관]자기 것의 위에 붙이어 겸손한 듯을 나타내는 말. ¶~교(校). our school

폐:가(弊家)〖명〗자기 집을 겸손하여 이르는 말.

폐:가(廢家)〖명〗①버려 두어 낡아 빠진 집. 폐옥. deserted house ②호주가 죽고 상속인이 없어서 그 집의 뒤가 끊어지는 일. 또, 그 집. extinct family ③《법률》호주가 타가(他家)에 입적(入籍)하기 위하여 스스로 그 일가(一家)를 폐하고 이를 소멸시키는 법률 행위. abolishing a house 하형

폐:가·제(閉架制)〖명〗도서관에서 서고(書庫)를 열람자에게 자유롭게 개방하지 않고 일정한 절차에 의하여 도서를 출납하는 제도. 《대》개가제.

폐:각(閉殼)〖명〗〖물리〗파울리(Pauli)의 베타(排他) 원리에서 허용되는 최대한의 개수(個數)의 전자를 수용한 전자각(電子殼).

폐:각(肺脚)〖명〗걷지 못하는 다리. crippled leg

폐:간(肺肝)〖명〗〖의학〗허파와 간장. lungs and livers

폐:간(廢刊)〖명〗신문·잡지 등의 정기 간행물의 간행을 폐지함. 《대》창간(創刊). discontinuance of publication 하형 「어느는 감병(疳病).

폐:감(肺疳)〖명〗〖의학〗어린아이의 폐경(肺經)에 일

폐:강(廢講)〖명〗하던 강의·강좌 과목을 폐지함. discontinuance of chair 하형

폐:객(弊客)〖명〗①남에게 폐를 끼치는 사람. ②찾아다니며 귀찮게 구는 사람. 폐혼(弊一).

폐:갱(廢坑)〖명〗〖광물〗폐기된 광산이나 탄갱. deserted shaft 「keeping indoors

폐:거(閉居)〖명〗집안에 들어박혀 있음. 칩거(蟄居).

폐:건(一:전](弊件)〖명〗옷·그릇 같은 것의 낡고 더러워져 못쓰게 된 물건.

폐:결핵(肺結核)〖명〗〖의학〗결핵균의 침임에 의해 생기는 폐의 질환. 폐병②. 노점(癆漸). 폐환(肺患). 허손(虛損). pulmonary tuberculosis

폐:경(肺經)[명]〖한〗폐에 딸린 경락(經絡). pulmonary system 「갱년기(更年期). menopause

폐:경·기(閉經期)〖명〗여성의 월경(月經)이 없게 되는

폐·곡선(閉曲線)〖명〗〖수학〗곡선의 양쪽 끝이 서로 만남으로써 닫혀지는 곡선. 《대》개곡선(開曲線). closed curve

폐:공(廢工)〖명〗공부하던 일을 폐지함. 하형

폐:공(蔽空)〖명〗하늘을 가림. covering the sky 하형

폐:공동(肺空洞)〖명〗〖의학〗폐장 실질(實質)에 생긴 결핵성의 결절(結節)이 변성 액화하여 고름이 축축 같되고 일부는 흡수되고, 대부분은 가래와 함께 객출(喀出)되는데 그 자리에 생긴 공동.

폐:과(閉果)〖명〗〖식물〗건조과(乾燥果)의 하나. 익어도 겉껍질이 터지지 않는 열매. 밤·벼 따위. 《대》열과(裂果). 「함. 하형

폐:과(廢科)〖명〗과거를 보러 다니던 일을 폐지

폐:관(閉管)〖명〗한쪽 끝이 단히고 다른 쪽 끝이 열린 관. 소리의 실험을 하는 장치.

폐:관(廢管)〖명〗자기 관을 검사하여 이르는 말.

폐:관(廢館)〖명〗①피폐한 관. ②영화관·도서관 등을 폐쇄함. 《대》개관(開館). closing 하형

폐:관(廢關)〖명〗외국과의 조약을 폐(廢)함. denouncing a treaty 하형 「력계의 하나. 막힌 압력계.

폐관 압력계(閉管壓力計)〖명〗〖물리〗유자관(U字管) 압

폐:광(廢鑛)〖명〗광산의 발굴을 폐지함. 또, 그 광산. abandonment of a mine 하형

폐:교(閉校)〖명〗①학교에서 수업을 중지하고 쉼. 《대》개교(開校). closing of a school ②폐교(廢校). 하형 「《대》귀교(貴校). our school

폐:교(敝校·弊校)〖명〗자기 학교를 검사하여 이르는 말.

폐:교(廢校)〖명〗학교를 폐지함. 또, 그 학교. 폐교(閉校)②. abolition of a school 하형

폐:구(閉口)〖명〗입을 다묾. close one's mouth 하형

폐:구·음(閉口音)〖명〗〖어학〗입을 다물고 두 입술을 동일시키지 않는 음. 한글의 'ㅇ' 등.

폐:국(弊局)〖명〗폐해가 많아 결딴나게 된 판국.

폐:국(弊國)〖명〗자기 나라를 검사하여 이르는 말. 방(弊邦). 《대》귀국(貴國).

폐:군(廢君)〖명〗폐위된 임금. 폐주(廢主).

폐:군(廢郡)〖명〗폐지된 군이나 고을. 하형

폐:궁(廢宮)〖명〗궁권을 폐지함. 또, 그 궁전. 하형

폐:기(閉氣·肺氣)〖명〗딸꾹질. hiccup 하형

폐:기(廢棄)〖명〗①못 쓰게 된 것을 버림. ¶~처분.

폐기량

abolition ②조약(條約)을 당사국의 의사에 의하여 그 효력을 잃게 함. abrogation 하타
폐:기=량(肺氣量)圀 =동 폐활량(肺活量).
폐:기종(肺氣腫)圀 폐포(肺胞)가 확대되어 폐가 지속적으로 확장하고 있는 상태. 만성 기관지 카타르·천식 등에 따라 일어나는데, 호흡이 곤란해짐.
폐:=꾼(弊一)圀 =동 폐객(弊客)②.
폐:=끼치-다(弊一)圀 남에게 피로움을 끼치다. trouble
폐농(廢農)圀 농사를 그만둠. giving up farming 하타
폐-다(약)→폐이다. 「일. (약) 폐(弊)①.
폐:단(弊端)圀 괴롭고 번거로운 일. 귀찮고 해로운
폐:답(廢畓)圀 농사를 짓지 않고 버려둔 논. deserted ricefield 「하타
폐:동(廢洞)圀 폐지하여 없어진 동네. deserted village
폐=동=맥(肺動脈)圀 =동 허파 동맥(一動脈).
폐:등(廢燈)圀 전등을 아주 떼어 없앰. disused lamp 하타 「(distoma).
폐-디스토마(肺 distoma)圀 =동 폐장 디스토마(肺臟
폐려(敝慮·弊慮)圀 =동 비제(鄙第).
폐:렴(←肺炎)圀 <의학> 폐장의 염증. 폐렴균의 침입으로 일어나며 오한이 나고 발열하여 가슴을 찌르는 아픔과 심한 기침 및 호흡 곤란을 일으킴.
폐:렴=균(←肺炎菌)圀 <생물> 폐렴의 병원균의 총칭.
폐로(肺癆)圀 =동 노점(癆漸).
폐:로(閉路)圀 <물리> 닫은 회로. 곧, 전류가 흐르고 있는 회로. 전기의 회로인 경우에는 폐전로(閉電路), 자기의 경우에는 폐자로(閉磁路)라 함. closed circuit
폐:론(廢論)圀 논의를 폐지함. 하타
폐:-롭-다(弊一)혭ㅂ변 ①성가시고 귀찮다. troublesome ②성의가 까다롭다. particular **폐:=로이**旧
폐:륜(悖倫)圀 혼인하지 않거나 또는 못함.
폐리(敝履·弊履)圀 헌 신. worn-out sandals
폐:립(廢立)圀 ①임금을 폐하고 새로 임금을 맞아 세움. enthronement and dethronement ②=동 존폐 (存廢). 하타
폐:막(閉幕)圀 ①연극을 다 마치고 막을 내림. ②일반적으로 어떤 일이 끝남을 비유하여 이르는 말. ¶박람회가 ∼되다. (대) 개막(開幕). falling of the curtain 하타
폐:막(弊瘼)圀 ①없애 버리기 어려운 폐해. deep rooted evils ②못된 병통. fatal evil 「하타
폐:맹(廢盲)圀 눈이 멀어 소경이 됨. becoming blind
폐:멸(廢滅)圀 폐하여 멸망함. 폐절(廢絶). 하타
폐=모음(閉母音)圀 <어학> 입을 조금 벌려 혀의 위치가 가장 높은 상태에서 발음되는 모음. 'ㅣ·ㅡ·ㅜ'. 고모음(高母音).
폐목(閉目)圀 눈을 감음. 하타
폐:복(廢目)圀 시력(視力)이 불완전한 눈. 폐안(廢眼). disabled eyes
폐:목(蔽目)圀 눈을 가림. 하타 「one's duty 하타
폐:무(廢務)圀 사무를 보지 않음. abandonment of
폐=문(肺門)圀 <생물> 폐의 출입구. 기관지(氣管支)·허파 동맥(肺動脈)·허파 정맥(肺靜脈)이 출입하는 폐 내부의 부분. pulmonary hilum
폐:문(閉門)圀 문을 닫음. 폐호(閉戶). ¶ ∼시간. (대) 개문(開門). closing a gate 하타
폐=문 림프샘(肺門 lymph一)圀 <생물> 폐에 분포되어 있는 림프관이 모여 폐문부의 기관지 림프샘에 합치는 부위.
폐물(幣物)圀 선사하는 물건. present
폐물(廢物)圀 못 쓰게 된 물건. ¶ ∼이용. waste
폐:방(廢房)圀 방을 쓰지 않고 버려 둠. 또, 그 방. deserted room 하타
폐백(幣帛)圀 ①신부가 처음 시부모를 뵐 때 큰 절을 하고 올리는 대추·포 등. ②혼인 때 신랑이 신부에게 주는 청단·홍단 등. 채단(綵緞). ③제자가 처음 만나러 간 선생에게 올리는 예물. ④점잖은 이를 만나러 갈 때 갖고 가는 물건. bride's presents to her parents-in-law 「울리는 닭.

폐:백=닭(幣帛一)圀 신부가 시부모에게 폐백으로서
폐:백 대:추(幣帛一)圀 신부가 폐백으로서 시부모에게 올리는 대추. 폐조(幣棗).
폐:백-반(幣帛盤)圀 폐백을 담는 예반(禮盤).
폐:병[一뼝](肺病)圀 <의학> ①폐의 질병의 총칭. 폐허(肺虛). consumption ②=동 폐결핵(肺結核).
폐:병(廢兵)圀 전쟁 중에 다쳐 병신이 된 병정. disabled soldier
폐:부(肺腑)圀 ①=동 허파. 폐장(肺臟). ②마음의 깊은 속. depth of one's heart ③일의 요긴한 점 또는 급소. point 「다.
폐부를 찌르다 ①깊은 감명을 주다. ②급소를 찌르
폐부에 새기다 깊이 명심하여 잊지 아니하다.
폐:부=언(肺腑之言)圀 마음속에서 우러나는 참된 말. 「royal family
폐:부지-친(肺腑之親)圀 왕실(王室)의 가까운 친족.
폐:비(廢妃)圀 왕비의 자리를 물러앉게 함. 또, 그 왕비. deposal of a queen 하타
폐:빙(幣聘)圀 예물을 갖추어서 손님을 초빙함. 하타
폐:사(吠舍)圀 <불교> 인도 사성(四姓) 중 평민으로 농공상(農工商)의 직업에 종사하는 셋째 계급. 바이사. 비사(毗舍).
폐:사(敝舍·弊舍)圀 =동 비제(鄙第).
폐:사(敝社·弊社)圀 자기 회사를 겸손하게 이르는 말.
폐:사(廢寺)圀 폐지되어 없어진 절.
폐:사(斃死)圀 쓰러져 죽음. fall to death 하타
폐:사 자립(廢師自立)圀 스승의 설을 버리고 자설(自說)을 세우는 일.
폐:색(閉塞)圀 ①닫아 막음. blockade ②운수가 막힘. coming to the end of one's luck ③추위로 언 것이 열어서 생기가 막힘. benumbed ④(약)→폐색기(閉塞器). 하타
폐:색-기(閉塞器)圀 철도에서 한 열차만 운행하게 하여 그 열차가 있을 땐 다른 열차가 그 구간에 들어가지 못하게 하는 장치. 폐색 장치. (약) 폐색④.
폐:색-선(閉塞船)圀 <군사> 적의 항구를 폐색하거나 적의 합대의 침입을 막기 위해 적이나 아군의 항구 입구에 가라앉혀 두는 배.
폐:색 전:선(閉塞前線)圀 <지학> 온대성 저기압에서 전선은 동쪽으로 이동하는데, 한랭 전선이 온난 전선보다 이동 속도가 빠르므로 저기압의 중심에서부터 두 전선이 겹쳐진 전선. 위에는 따뜻한 공기, 아래는 찬 공기가 됨. 온난형·한랭형의 두 형이 있음. occlusional front
폐:색-호(閉塞湖)圀 <지학> 산(山) 따위가 무너져 강물을 막고 그 상류부(上流部)에 물이 피어서 된 호수. 언색호(堰塞湖).
폐:석(廢石)圀 ①광산에서 파낸 것 중 무가치한 돌 조각. ②바둑에서, 활용할 가치가 없어서 버려 둔 돌.
폐:선(廢船)圀 ①낡아서 못 쓰는 배. scrapped vessel ②선적(船籍)에서 없애 버린 배. ship out of commission
폐:성-심(肺性心)圀 <의학> 폐순환계의 저항이 증대하여져서 우심실(右心室)에 부하(負荷)가 가해진 상태. 폐심증(肺心症).
폐:쇄(閉鎖)圀 ①문을 닫고 자물쇠를 꼭 채움. ¶ ∼적인 성격. closing ②기관이나 단체 등을 없애버림. 닫음. 개설(開設). stop 하타
폐:쇄-기(閉鎖機)圀 <군사> 포신(砲身)의 약실(藥室) 뒤쪽의 탄약을 재는 장치. breech mechanism
폐:쇄성 결핵[一씽一](閉鎖性結核)圀 폐쇄성 폐결핵.
폐:쇄성 폐:결핵[一씽一](閉鎖性肺結核)圀 <의학> 객담(喀痰) 속에 결핵균이 섞여 나오지 않는 폐결핵. 폐쇄성 결핵.
폐:쇄-음(閉鎖音)圀 <어학> 설근(舌根)과 연구개(軟口蓋) 사이가 폐쇄 상태로 정지되는 경우의 파열음.
폐:쇄 혈관계(閉鎖血管系)圀 <동물> 환형 동물·척추

동물에 발달되어 있는 혈관계.
폐:수(廢水)[명] 사용하고 난 뒤에 버린 물. 사용하여 못 쓰게 된 물. ¶~ 오염. 〔허 붓는 병〕
폐:수종(肺水腫)[명]〈의학〉폐포(肺胞) 속에 물이 잠
폐:수 처:리(廢水處理)[명] 공장 등에서 내어버린 물을 한 곳에 모아 약품 등으로 중화시켜 독성을 제거하여 내보내는 일.
폐:순환(肺循環)[명]〈생리〉심장에 모인 피가 삼천판에서 우심실로 가, 허파 동맥으로 말미암아 모세 혈관으로 흘러 허파 정맥을 통하여 좌심방으로 들어가는 혈액 순환. 허파 순환. 소순환(小循環). 〔대〕체순환(體循環). pulmonic circulation
폐:슬(蔽膝)[명]〈제도〉조복(朝服)·제복(祭服)을 입을 때에 앞에 늘이는 헝겊.
폐:습(弊習)[명] ①나쁜 버릇. ②〔동〕폐풍(弊風).
폐:시(閉市)[명] 저자를 닫음. 〔대〕개시. closing of a market 하타
폐:─시키─다(閉市─)[타] 남에게 폐를 끼치다.
폐:식(閉式)[명] 식(儀式)이 끝남. 〔대〕개식(開式). closing of ceremony 하타
폐:식(廢食)[명] 식사를 폐지함. fast 하타
폐:식사(閉式辭)[명] 의식이 끝날 때에 인사로 하는 말. 〔대〕개식사(開式辭). closing address
폐:신(嬖臣)[명] 임금에게 아첨하여 신임을 받는 신하. flattering courtier 〔안건(案件)〕rejected bill
폐:안(廢案)[명] 토의하지 않고 버려 둔 의안(議案)이나
폐:안(廢眼)[명]〔동〕폐목(廢目).
폐:암(肺癌)[명]〔약〕폐장암(肺臟癌).
폐:애(嬖愛)[명] 남에게 아첨하여 받는 사랑. 폐행(嬖
폐:액(肺液)[명] 폐물(廢物)의 분 용액. 〔幸〕.
폐:어(肺魚)[명]〈어류〉폐어류에 딸린 어류의 총칭. 열대 지방의 담수어. 몸은 1~1.8m이며 고대형의 어류로, 화석으로 발견되나 현존하는 것도 있음. 우기에는 물 속에서 아가미로 숨쉬고, 건조기에는 모래펄에 기어들어 부레로 숨을 쉼.
폐:어(廢語)[명] 폐지된 말. 쓰지 않는 말.《유》사어(死語). obsolete word
폐:업(閉業)[명] ①문을 닫고 영업을 쉼. ②〔동〕폐업(閉業)[명] 직장이나 영업을 그만둠. ¶~ 신고(申告). quitting one's business 하타
폐:열(肺熱)[명] 허파의 열기.
폐:염(肺炎)[명]〔원〕→폐렴(肺炎).
폐:엽(肺葉)[명] 포유류의 폐를 이루는 부분. lobe of
폐:옥(廢屋)[명] 비제(鄙第). 〔the lung
폐:옥(廢屋)[명] 낡고 허물어서 버려 둔 집. 폐가(廢家)①.
폐:옹(肺癰)[명] 폐장의 농양(膿瘍). 고름이 섞인 가래〔가 나옴.
폐:왕(廢王)[명] 폐위(廢位)된 왕(王). dethroned king
폐:원(廢院)[명] ①학원·병원 등에서 일을 보지 않고 문을 닫음. ¶~(는 것). ②국회에서 회기를 마치어 문을 닫음. 〔대〕개원(開院). closing of the Diet
폐:원(廢源)[명] 폐해의 근원. root of evils
폐:원(廢園·廢苑)[명] 황폐한 정원.
폐:위(廢位)[명] 왕위를 폐함. 〔대〕복위(復位). dethr
폐:유(廢油)[명] 폐물이 된 기름. 〔onement 하타
폐:─음절(閉音節)[명]〈어학〉자음으로 끝나는 음절. 받침 있는 음절이 이에 속함. '갑·앞' 따위. 〔대〕개음절(開音節).
폐:읍(弊邑)[명] ①폐습이 많아 어지러운 고을. evil district ②제 고장을 겸손히 이르는 말. our town
폐:의 파:관(敝衣破冠) / **폐:의 파:립**(敝衣破笠)[명] 해진 옷과 부서진 갓. 곧, 구차한 모양으로 이름. 폐포파립(敝袍破笠). seedy appearance
폐:인(廢人)[명] ①병으로 몸을 망친 사람. ②남에게 버림 받아 쓸모 없게 된 사람. 기인(棄人)②. disabled person 〔사람. flatterer
폐:인(嬖人)[명] 남의 비위를 잘 맞추어서 귀염을 받는
폐:─일언(蔽一言)[명] 한 마디 말로 휩쓸어서 말함. ¶~하고 이 일부터 해치우자. in short 하타

폐:잔(廢殘)[명] 못 쓰게 되어 남아 있음. 하타
폐:장(肺腸)[명] ①허파와 창자. ②마음. 마음속.
폐:장(肺臟)[명]〈생리〉사람 동물의 호흡기의 주요 부분. 혈관·폐포의 벽을 통해 혈액 중의 탄산 가스와 흡기(吸氣) 중의 산소를 교환함. 허파. 폐부①. 〔예〕폐(肺). lung
폐:장(閉場)[명] 회장이나 극장 등을 닫음. 〔대〕개장(開場). closing of a place 하타
폐:장(閉藏)[명] ①닫아 감춤. ②물건을 감추어 둠. concealment 하타
폐:장(廢莊)[명] 버려 둔 논밭. deserted farm
폐:장 디스토마(肺臟 distoma)[명]〈동물〉편형 동물 흡충류(吸蟲類)에 딸린 디스토마. 몸 길이 7~12mm, 폭 4~8mm의 홍갈색 달걀꼴의 즙충. 두 개의 흡반을 가지고 소(小) 기관지벽에 기도(氣道)와 통하는 구멍을 만들어 기생함. 폐디스토마(肺 distoma). 폐흡충(肺吸蟲). 폐장 디스토마(─distoma).
폐:장 디스토마병:[─뼝](肺臟 distoma 病)〈의학〉폐장 디스토마의 폐장 침입에 의해 일어나는 일종의 풍토병. 〔腫〕.
폐:장─암(肺臟癌)[명]〈의학〉폐장에 생기는 암종.
폐:장 외:과(─外科)[명]〈의학〉폐절제·폐압·기관지 확장증, 그 밖에 폐에 발생하는 모든 종양에 대해 외과적 수술 요법으로 치료하는 의학의 한 과.
폐:적(廢嫡)[명] 적자의 신분·상속권 등을 폐함. disinheritance 하타
폐:전(廢典)[명] ①폐지된 법. abolished law ②의식(儀式)을 없앰. 또, 그 의식. abolition of a ceremony
폐:─전색(肺栓塞)[명]〈의학〉유혈(流血) 중에 유리된 혈전의 파편이 폐의 혈관에 걸려, 혈액 순환의 장애를 일으키는 병. 〔extinction 하타
폐:절(廢絶)[명] 아주 허물어져 없어짐. 폐멸(廢滅).
폐:절─가(廢絶家)[명]〔법률〕상속인이 없어 가계(家系)가 끊어진 집. extinct family
폐:점(閉店)[명] 가게를 닫음. 폐업(閉業)②. 〔대〕개점(開店). closing of a shop 하타
폐:점(敝店·弊店)[명] 자기 상점의 겸칭. my store
폐:정(閉廷)[명]〔법률〕①법정을 닫음. ¶~을 선언한다. closing of the court ②재판·심리(審理) 등을 마침. 〔대〕개정(開廷). adjourning 하타 〔use
폐:정(廢井)[명] 쓰지 않고 버려진 우물. well out of
폐:정(廢政)[명] 정사(政事)를 그만둠. giving up political affairs 하타
폐:정(弊政)[명] 악페의 정치. misgovernment
폐:─정맥(肺靜脈)[명]〈생리〉폐(肺)에서 피를 심장에 옮겨 주는 혈관(血管). 안에는 동맥혈(動脈血)이 있음. 허파 정맥. 폐정동맥.
폐:제(幣制)[명]〔약〕→화폐 제도.
폐:제(廢帝)[명] 폐위된 황제. dethroned king
폐:제(廢除)[명] ①폐지하여 없애 버림. ②〔법률〕일정한 법정 원인에 의거하여 또는 피상속인의 청구에 의하여 추정 호주 상속인 또는 추정 유산 상속인의 자격을 법원의 관결에 의하여 상실하게 하는 일.
폐:조(幣藻)[명] 폐백 대추. 〔하타
폐:조(廢朝)[명]〈제도〉①제왕이 조회를 폐함. 철조(輟朝). ②폐군(廢君)의 시대. 하타
폐:족(廢族)[명] 형을 받고 죽어서 그 자손이 벼슬을 할 수 없게 된 사람의 겨레.
폐:주(廢主)[명] 폐군(廢君).
폐:지(閉止)[명] 작용·기능이 그침. 작용·기능을 그치게 함. ¶월경 ~. 하타
폐:지(廢止)[명] 실시하던 제도·법규·일 등을 치워서 만듦. 혁파(革罷). ¶구법을 ~하다. abolition 하타
폐:지(廢地)[명] 쓸모 없는 토지.
폐:지(廢址)[명] 집이 헐린 뒤의 황폐한 터. ruins
폐:─안(廢止案)[명] 실시하면 제도·법규·일 등을 폐지하자고 하는 의안. bill of abrogation
폐:직(廢職)[명] 관직이 폐지됨. 또, 그 관직. 하타
폐:─진애증(肺塵埃症)[명]〈의학〉흡기와 함께

폐질(廢疾)圀 고칠 수 없는 병. disablement
폐차(廢車)圀 ①못 쓰게 된 차. scrapped car ②차 처분을 함. 또, 그 차. car retired from service 하타
폐차(蔽遮)圀 보이지 않도록 가리어 막음. cover 하
폐차 처:분(廢車處分)圀 ①폐차를 팔거나 차체를 분해해 처분함. ②〈법률〉차량 등록을 취소하고 폐차함.
폐창(肺脹)圀 《동》 천식(喘息). [로 취급함. 하타타
폐창(廢娼)圀 창녀(娼女)를 없앰. 공장 제도(公娼制度)를 철폐함. ¶~ 운동.
폐철(廢撤)圀 폐지하고 철거함. 철폐(撤廢). 하타
폐첨(肺尖)圀〈의학〉폐(肺)의 위쪽으로 둥그스름하게 솟은 첨단(尖端). (대) 폐저(肺底). apex of a lung [부분의 결핵. catarrh of the apex
폐첨 카타르(肺尖 Katarrh 도)圀〈의학〉폐첨(肺尖)
폐첩(嬖妾)圀 아양을 떨어 귀염을 받는 첩. coquettish concubine
폐:출(廢黜)圀 벼슬을 떼고 내침. 하타
폐:=출혈(肺出血)圀〈의학〉①폐 조직의 손상 및 여러 증상으로 폐혈관에서 출혈하는 증상. (喀血). [총칭. 폐장 디스토마 등.
폐충(肺蟲)圀〈동물〉폐장에 기생하는 흡충(吸蟲)의
폐=충혈(肺充血)圀〈의학〉폐장에 있어서 염증으로 인한 충혈.
폐치(廢置)圀 ①폐지해 버려 둠. lay idle ②폐지와 설치. abolition and establishment 하타
폐치 분합(廢置分合)圀〈법률〉지방 자치 단체의 법인격의 변동을 수반하는 구역 변경. 분할·분립·시설 합병·편입의 병칭.
폐침(廢寢)圀 잠도 잊고 일에 힘씀. forgetting to
폐:침 망:찬(廢寢忘饌)圀 침식을 잊고 일에 골몰하여 심력을 다함.
폐:침(閉蟄)圀 겨울을 당해 벌레 따위가 땅 속으로 들어가 겨울잠을 잠. 칩거(蟄居). (대) 계칩(啓蟄). hibernation 하타 [있음. keeping indoors 하타
폐:칩(廢蟄)圀 외출을 전폐(全廢)하고 집안에만 박혀
폐:퇴(廢頹)圀 황폐하여 무너짐. decay 하타
폐:파(廢罷)圀《동》폐파 행위(廢罷行爲).
폐:파 소:권(廢罷訴權)圀—권 〈법률〉채권자 취소권(債權者取消權)의 종속적인 명칭. 직접 소권(直接訴權). [하는 행위. 폐파(廢罷).
폐:파 행위(廢罷行爲)圀〈행정행위〉행정 행위를 취소
폐=페스트(肺 pest)圀〈의학〉페스트균의 침입으로 급격히 출혈성 기관지 폐렴을 일으키며, 살 빛깔이 흑자색으로 변해 죽는 병.
폐:포(肺胞)圀〈생리〉폐로 들어간 기관지(氣管支)가 갈라져 그 끝에서 주머니 모양으로 된 부분. 포도 송이처럼 갈라져서 기체 교환이 작용을 함. 허파 꽈리. pulmonary alveolus [허으음.
폐:포(肺胞音)圀〈의학〉건강한 폐에서 청진되는
폐:포 파:립(敝袍破笠)圀 해진 옷과 부서진 갓. 곧, 너절하고 구차한 차림새. 폐의 파관(敝衣破冠).
폐:품(廢品)圀 쓸 수 없게 된 물품. 소용이 없이 된 물품. 폐물(廢物).
폐:풍(弊風)圀 폐해가 되는 못된 풍습. 폐습(弊習)②.
폐:풍우(弊風雨)圀 비바람을 막음.
폐:하(陛下)圀 《공》황제. 후후. His(Her) Majesty [지--다.
폐:=하--다(廢--)〔一을〕타여불 圀 ①있던 제도·법규·기구 등을 치워 없애다. ¶허례 허식을 ~. ②중도에서 그만두다. ¶학업을 ~. discontinue ②쓰지 않고 버려 두다. ¶식음을 ~. abolish ④어떤 지위에서 내치어 버리다. ¶왕을 ~. depose
폐:학(廢學)圀 ①학업을 중도에서 폐지함. discontinuance of one's studies ②학업을 중도에서 그만둠. leaving school 하타
폐:학지:경(廢學之境)圀 학업을 중도에서 폐지할 형편. [그 군함. ship out of commission 하타
폐:함(廢艦)圀〈군사〉함대(艦隊)에서 없애어 버림. 또,

폐:합(廢合)圀 어떤 것을 폐지하여, 다른 것에다 병합함. abolition and amalgamation ②폐지와 병합. 하타 [~. evil
폐:해(弊害)圀 폐가 되는 나쁜 일. ¶대가족 제도의
폐:행(嬖幸)圀 남에게 아첨하여 귀염을 받음. 嬖愛). flattery
폐허(肺虛)圀〈한의〉노점(癆漸). 폐결핵.
폐:허(廢墟)圀 건물·시가·성(城) 등의 황폐된 터. 쑥대밭②. ruins [the king 하타
폐:현(陛見)圀 황제나 황후께 알현함. audience with
폐혈(肺血)圀 객혈로 인한 폐의 피.
폐:=혈관(肺血管)圀〈생리〉폐와 동맥·허파 정맥 및 폐포와 얽혀 있는 많은 모세 혈관을 통틀어 일컬음.
폐:형(閉形)圀〈광물〉정면체와 같이 몇 개의 결정면(結晶面)이 의하여 공간을 둘러싸는 결정형(結晶形)
폐:호(閉戶)圀 《동》폐문(閉門). [形.
폐:호(蔽護)圀 감싸서 보호함. protection 하타
폐:호 선생(閉戶先生)圀 집안에 들어박혀 독서만 하는 사람.
폐:화(廢貨)圀 폐지된 화폐. [는 사람.
폐:환(肺患)圀《동》폐결핵(肺結核).
폐:=활량(肺活量)圀 폐 속에 최대 한도로 공기를 빨아들여, 다시 배출하는 공기의 양. 폐기량(肺氣量). ¶~을 재다. breathing capacity of the lungs
폐:활량-계(肺活量計)圀 폐활량을 재기 위한 장치.
폐:회(閉會)圀 집회(集會) 또는 회의를 마침. (대) 개회(開會). closing of a meeting 하타
폐:회로 텔레비전(閉回路 television)圀 동일 건물이나 특정 시설 안에서, 유선 텔레비전으로서 텔레비전 프로그램을 방영하는 방법. 시 시 티 비(CCTV).
폐:회=사(閉會辭)圀 폐회를 선언하는 인사의 말. closing address
폐:회=식(閉會式)圀 ①폐회하는 의식. closing ceremony ②상실이 아닌 합의체의 기관이 폐회할 때 올리는 의식. (대) 개회식(開會式).
폐:=후(廢后)圀〈제도〉폐위되어 물러난 황후. deposed queen
폐:=흡충(肺吸蟲)圀 폐장 디스토마.

포의圀 〈약〉→포인트(point).
=포圀어〔어〕해·달·날 등의 아래에 쓰여 '동안'을 나타내는 말. ¶달~이 나다.
포1(包)圀 ①장기 짝의 하나. ②촛가지. ③〈제도〉중학의 교구. 또, 그 집회소.
포(苞)圀〈식물〉꽃대의 밑 또는 꽃꼭지의 밑에 있는 비늘 모양의 잎. 보통은 녹색임. 화포(花苞).
포(胞)圀 ①생물체를 조직하는 미세(微細)한 원형질. ②《동》포의(胞衣).
포(炮)圀〈한의〉·부자(附子) 같은 독한 약재를 끓는 물에 넣어서 독기를 빼어 버리는 법. 하타
포:(砲)圀 ①(약)「대포(大砲). ②옛적 무기의 하나. 돌멩이를 튀기어 쏘았음. catapult
포(脯)圀〈약〉→포육(脯肉).
포(鮑)圀《동》전복(全鮑).
포2(包)의圀 일정한 양으로 싼 인삼. ¶열 ~의 인삼.
포:가(砲架)圀〈군사〉포신(砲身)을 얹는 받침대. 포구를 임의의 목표에 돌리는 지점(支點)이 됨.
포:간(飽看)圀 싫도록 봄. 하타
포:강(砲腔)圀 포신(砲身) 내부의 공동(空洞) 부분.
포개-다[타여불] 놓인 위의 또 놓다. put one upon another ②있는 위에 거듭하다. pile up [up
포개-이다[자여불] 포개어 놓은 상태로 되다. be piled
포갈-끝지점(一點)(一)圀 세미콜론(semicolon).
포갈-점(一點)(-)圀 콜론(colon).
포갬=포갬(一-)(-)圀 겹쳐 포개거나 포개져 있는 모양. one on top of another
포건(布巾)圀 베로 만든 것. hood [하타
포:격(砲擊)圀 대포에 의한 공격(攻擊). bombardment
포경(包莖)圀〈의학〉성인의, 귀두가 껍질에 싸인 자지. 우멍거지. ¶~ 수술. phimosis
포:경(砲徑)圀 포의 구경(口徑). caliber of a gun
포:경(捕鯨)圀 고래를 잡음. whale fishing 하타

포:경 모:선(捕鯨母船)圈 포경선에 연료·식량을 보급하고 포획한 고래를 가공·처리하는 대형의 배.
포:경선(捕鯨船)圈 고래를 포획하기 위해 특별한 장치를 설비한 배. whaling vessel
포:경=업(捕鯨業)圈 고래를 잡는 어업(漁業). whale fishing
포:경=포(捕鯨砲)圈 포경선에 장치한 포.
포:계(捕繫)圈 포박해 매어 둠. 하타
포계(襃啓)圈〈제도〉각 도의 관찰사·어사가 고을 원의 선정(善政)을 포장하는 계문(啓聞).
포:고(布告·佈告)圈 ①일반에게 널리 알림. announcement ②국가의 결정적 의사 표시를 일반에게 발표하는 일. ¶선전(宣戰) ~. proclamation 하타
포:고=령(布告令)圈 어떤 내용을 포고하는 명령이나 법령. ¶~ 반포.
포:고 발심[―씸](怖苦發心)圈〈불교〉세상 고통이 두려워서 참(眞)을 찾는 마음을 일으킴. 하타
목:곡(布穀鳥)圈〈조류〉뻐꾸기.
포공=영(蒲公英)圈〈식물〉민들레. ②〈한의〉민들레 뿌리. 유종(乳腫)·결핵·나력(瘰癧) 등 외과의 약으로 씀.
포과(包裹)圈 물건을 꾸리어 쌈. 하타
포과=지(包裹紙)圈 물건을 꾸리어 싸는 종이.
포관(布棺)圈 베를 여러 겹 배접해 만든 관.
포괄(包括)圈 있는 대로 온통 휩쓸어 쌈. ¶~적으로 말하다. including 하타
포괄 수유자(包括受遺者)圈〈법률〉포괄 유증(包括遺贈)을 받은 사람. 상속인(相續人)과 동일한 권리 의무를 가진다. inclusive legatee
포괄 승계(包括承繼)圈〈법률〉상속 등에 의한 권리 의무의 일괄적 승계. general succession
포괄 유증[―중](包括遺贈)圈〈법률〉유산(遺産) 전체 또는 몇 분의 1이라는 분수적(分數的) 부분을 주는 유증(遺贈). (대)특정 유증(特定遺贈). inclusive legacy
포괄 재산(包括財産)圈〈법률〉권리와 의무를 일괄하여 승계할 때의 재산. 상속 재산 따위.
포괴(泡塊)圈 액체의 면에 떠 있어서 그 액체의 접질로 둘러싸인 기체의 둥근 덩어리.
포:교(布敎)圈 종교(宗敎)를 널리 폄. 선교(宣敎). propagation of religion 하타
포:교(捕校)圈〈제도〉'포도 부장(捕盜部將)'의 딴이름. missionary
포:교=사(布敎師)圈〈불교〉불교의 교리를 펴는 승.
포구(庭球)圈〈체육〉야구에서, 굴러가는 공. 그라운더(grounder).
포구(浦口)圈 배가 드나드는 개의 어귀. creek
포:구(砲口)圈 화포의 구부(口部). ¶~ 수정(修正).
포:구(捕球)圈 공을 잡음. 하타
포구 장전(砲口裝塡)圈 포구로부터 탄약을 장전함. (대)포미 장전. 하타
포국(布局)圈 ①전체의 배치. ②바둑돌을 국면에 벌여 놓음.
포:군(砲軍)圈 포를 장비한 군사. 총군(銃軍).
포:권척(布卷尺)圈 권척의 하나. 너비 2 cm 가량 되는 헝겊을 길이 50 m이하로 하여, 가죽 가죽집에 넣어 풀었다 감았다 하게 된 자. 권척(卷尺). tape measure
포근=포근 탄력성이 있고 보드라워서 솜이 살에 닿을 때와 같이 약간 따뜻하고 편안한 모양. (큰)푸근푸근. 하타 히타
포근=하다㈀엷旨 ①탄력성이 있고 보드라워서 솜 위에 살이 닿을 때와 같이 약간 따뜻하고 편안한 느낌이 있다. soft ②겨울날이 바람도 없이 부드럽고 따뜻하다. (큰)푸근하다. warm 포근=히튄
포기[나]초목의 뿌리를 단위로 한 낱개. root
포기(抛棄)圈 ①하던 일을 중도에 그만두어 버림. throwing away ②자기의 자격·권리를 쓰지 않음. 출연(出捐)을 ~하다. renunciation 하타
포기(泡起)圈 물거품과 같이 부풀어오름.
포기(暴棄)圈〈약〉→자포 자기(自暴自棄).

포기=가름⟨⟩ 포기나누기. 하타
포기=나누기圈 밑동에서 나 있는 여러 개의 줄기나 싹 중에서 그 일부를 나누어 알맞은 곳에 따로 이식하는 일. 포기가름. 분주(分株). 하타
포:난(飽煖)圈〈약〉→포식 난의(飽食暖衣).
포낭(包囊)圈〈식물〉박테리아·규조(珪藻)·녹조(綠藻) 등에서 불수하는 무성 생식 세포. cyst
포네틱 사인(phonetic sign)圈 발음 기호.
포네틱스(phonetics)圈 음성학(音聲學).
포:노스코프(phonoscope)圈 소리의 진동을 전기적 진동으로 바꾸어, 브라운관 위에 상(像)으로 나타나게 하는 기계.
포:놀로지(phonology)圈 음운학(音韻學).
포니(pony)圈 몸이 작은 말의 일종.
포니=테일(pony-tail)圈 뒤로 땋아 늘인 조랑말 꼬리 같은 여자 머리. 「位). 음소(音素).
포:님(phoneme)圈 ①언어음(言語音). ②음단위(音單
포닥닥 새나 물고기가 날개·꼬리를 가볍고도 재빨리 치는 소리. (큰) 푸덕. (작) 파다. fluttering 하타
포단(蒲團)圈 ①부들로 둥글게 틀어 만든, 깔고 앉는 방석. bulrush seat ②이불. mattress
포달 앙살이 나서 악을 쓰고 함부로 주워대는 말. 스뭡 스례투
포달=부리=다圖 포달스럽게 말을 하다. talk ruthlessly
포달=지=다⟨⟩ 말솜씨가 사납고 다라지다. rough and hard
포대(布袋)圈 포 부대(袋袋).
포대(布袋)圈 베로 만든 자루. burlap bag
포대(布帶)圈 베로 만든 띠. cloth belt
포:대(胞胎)圈 도포로 머.
포:대(砲臺)圈〈군사〉적탄을 막고, 아군의 대포 발사를 쉽게 하려고 견고히 만든 축조물. 포루(砲樓). battery
포:대=경(砲臺鏡)圈〈군사〉적정의 정찰·목표 발견 등에 쓰는 금융 광학 기계.   「비한 사진 기계.
포:대경 사진기(砲臺鏡寫眞機)圈〈군사〉포대경에 장
포대기圈 어린아이의 이불. 강보(襁褓). baby's quilt
포:덕(布德)圈〈종교〉천도교에서, 한울님의 덕을 세상에 퍼다는 뜻으로 전도를 일컬음.
포:도(捕盜)圈 도둑을 잡음. capture of a thief 하타
포도(逋逃)圈 죄를 저지르고 도망감. escaping 하타
포도(葡萄)圈〈식물〉포도나무의 열매. grapes
포도(鋪道)圈 포장한 길. paved street
포:도=군관(捕盜軍官)圈〈제도〉'포도 부장(捕盜部長)'의 딴이름.   「(盜廳)의 군졸. 포졸(捕卒).
포:도 군사(捕盜軍士)圈〈제도〉조선조 때 포도청
포도=나무(葡萄─)圈〈식물〉포도과의 덩굴 껍는 낙엽 활엽 관목(灌木). 덩굴은 길게 뻗어 나가며 덩굴손은 으로 다른 것에 감아 붙음. 종류에 따라 흑자색·적색·녹색 등의 둥글둥글한 열매가 많이 달림. 열매는 '포도'라 하여, 날로 먹거나 건포도·포도주를 만듬. grape vine
포도=당(葡萄糖)圈〈화학〉포도·무화과·감 같은 열매나 양파나 꽃꿀 등의 식물에 들어 있는 단당류(單糖類)의 하나. 광합성에 의해 생성되는 단맛이 있는 물질로 에너지원으로 쓰이며, 사람의 혈액 속에는 약 0.1% 포함되어 있음. 베네딕트 용액과 페일링 용액으로 검출됨. 전분당(澱粉糖). glucose
포:도 대:장(捕盜大將)圈〈제도〉조선조 때 포도청의 우두머리. (준)포장(捕將).
포도동 꿩 따위의 날짐승이 갑자기 날 때의 소리. (큰) 푸두둥. with a flap 하타
포도동=거리=다⟨⟩ 연해 포도동 소리를 내며 날다. (큰) 푸두둥거리다. 포도동=포도동튄 하타
포:도 부장(捕盜部長)圈〈제도〉조선조 때 포도청의 한 버슬. 포교(捕盜軍官).
포도상 구균(葡萄狀球菌)圈〈생물〉구형 세포가 다수 불규칙하게 모여 포도 송이같이 된 세균. 「포도빛.
포도=색(葡萄色)圈 포도처럼 붉은 빛이 나는 자룸색.
포도=석(葡萄石)圈〈광물〉사방 정계(斜方晶系)의 광

포도원

물. 판상(板狀)·주상(柱狀)이며 때로는 포도상을 이룸. prehnite
포도=원(葡萄園)﹝명﹞ 대규모로 가꾸는 포도밭. vineyard
포도-주(葡萄酒)﹝명﹞ 포도즙의 정제당(精製糖)을 넣어 발효시켜 만든 술.
포도-즙(葡萄汁)﹝명﹞ 포도를 짜서 만든 즙액.
포:도-청(捕盗廳)﹝명﹞〈제도〉 조선조 중기 이후 도둑, 기타 범죄자를 잡기 위해 설치한 관청. 《약》 포청. pre-1910 public security office 〔벧는 모양.
포도청 변 쓰듯 남이 알아듣지 못할 말을 툭툭 내
포동=포동﹝부﹞→보동보동. 〔숨음. 하타
포:투-척(抱頭鼠竄)﹝명﹞ 무서워서 몰골 사납게 얼른
포드닥 날짐승이 날개를 가볍고 어지럽게 치는 소리. 또, 작은 물고기 따위가 생기있게 뛰며 어지럽게 꼬리를 치는 소리. 《큰》 푸드덕. 하타
포드닥-거리다 연해 포드닥 소리를 내다. 《큰》 푸드 덕거리다. 포드닥=포드닥﹝부﹞ 하타
포드득﹝부﹞→보드득.
포드득-거리-다타타﹝부﹞→보드득거리다.
포락(炮烙)﹝명﹞ ①불에 달구어 지짐. ②《약》→포락지형 (炮烙之刑). 하타 〔져 떨어짐. 하타
포락(浦落)﹝명﹞ 강물이나 냇물에 논밭이 개먹어서 무너
포락지-형(炮烙之刑)﹝명﹞ 중국 은(殷)나라 주왕(紂王)이 쓰던 혹독한 형벌. 불에 달군 쇠기둥을 맨발로 건너게 하였음. 《준》 뜨거운 쇠로 단근질하는 극형(極刑). 《약》 포락(炮烙)². punishment by branding 〔하타
포:란(胞卵)﹝명﹞ 암새가 알을 품어 마스카하는 일.
포럴(poral)﹝명﹞ 바탕에 기공(氣孔)이 많은 모직물.
포:럼(forum)﹝동﹞ 포롬. 〔여름 옷감으로 쓰임.
포:럼 디스커션(forum discussion) 로마에서 유행하던 토의의 방식. 사회자의 지도 아래 한 사람 또는 여러 사람이 연설을 하여, 청중이 이에 대하여 질문하면서 의론을 펼치는 방법. 토론회(討論會)
포렴(布簾)﹝명﹞ 복덕방·술집 등의 문에 늘인 베조각.
포:로(捕虜)﹝명﹞ ①전투에서 적에게 사로잡힌 병사. 부로(俘虜). ②어떤 것에 매여서 꼼짝 못하는 상태.
포로(飽露)﹝명﹞﹝동﹞ 박. 〔사랑의 ~가 되다.
포:로-감(哺露疳)﹝명﹞〈의학〉 선병질(腺病質)의 어린애가 두개(頭蓋)의 여러 뼈의 봉합(縫合)이 잘 달라붙지 않는 병.
포로 교환(捕虜交換)〈군사〉 교전 단체가 상호간의 포로를 교환하는 일. 〔of war
포:로-병(捕虜兵)﹝명﹞ 포로로 잡힌 적병(敵兵). prisoner
포:로-송-환(捕虜送還)﹝명﹞ 전쟁 상태의 종결로 포로를 석방해 본국으로 송환하는 일. 〔시키는 시설.
포:로 수용소(捕虜收容所)﹝명﹞ 포로를 유치(留置)·거주
포통(抱痛)﹝명﹞ 속을 태우는 것이 나는 모양. 〔환학.
포:롱=환(抱龍丸)﹝명﹞〈한의〉 열로 인한 경풍에 쓰는
보름(forum 라)﹝명﹞ 로마 시대의 도시의 광장. 포럼
포:리(蒲柳)﹝명﹞﹝동﹞ 갯버들. 〔(forum).
포:류-질(蒲柳之質)﹝명﹞ 몸이 잔약하여 병에 걸리기
포르노(porno)﹝명﹞→포르노그라피. 〔쉬운 체질.
포르노그라피(pornography) 춘화(春畫). 외설 문학(猥褻文學). 《약》 포르노(porno).
포르르﹝부﹞ ①﹝거﹞→보르르. ②작은 새 등이 제자리에서 갑자기 낮뜨면서 나는 소리. 《큰》 푸르르. flutterlingly
포르말린(Formalin 도)﹝명﹞〈화학〉 포름알데히드의 40% 수용액의 상품명. 사진·화학용 약품 및 살균제·소독제·방부제로 씀.
포르타멘토(portamento)﹝명﹞〈음악〉 한 음으로부터 다른 음으로 옮아갈 때, 극히 매끄럽게 부드러거나 또는 연주하는 일. 〔《대》 피아노(piano)².
포르테(forte 이)﹝명﹞〈음악〉 '강하게'의 뜻. 약호: f.
포르테냐 음악(porteña 音樂 스)﹝명﹞ 아르헨티나의 수도 부에노스아이레스를 중심으로 발달한 음악의 총칭. 탱고·밀롱가(milonga)·발스(vals) 등을 포함함. 〔후론 약하게'의 뜻; fp.
포르테 피아노(forte piano 이)﹝명﹞〈음악〉 '강하게 한

포르티시모(fortissimo 이)﹝명﹞〈음악〉 '아주 강하게'의 뜻. 약호; ff. 《대》 피아니시모.
포르티시시모(fortississimo 이)﹝명﹞〈음악〉 '가장 강하게'의 뜻. 약호; fff.
포름=산(form 酸)﹝명﹞〈화학〉 개미나 벌 등의 체내에 있는 일종의 지방산. 신맛과 쏘는 듯한 냄새가 있으며, 피부에 닿으면 극통을 일으킴. 개미산(酸). 의산(蟻酸).
포름알데히드(Formaldehyd 도)﹝명﹞〈화학〉 메틸알코올을 산화하여 만드는 냄새가 강하고 무색인 액체. 수용액은 포르말린이라 하여 방부제·소독제로 쓰임.
포:리(捕吏)﹝명﹞〈제도〉 포도청·지방 관아에 딸려 죄인을 잡는 하리(下吏). raiding constable 〔ficial
포:리(捕吏)﹝명﹞ 착복·포탈한 이속. corrupt of-
포리(暴吏)﹝명﹞ 포학한 관리. wicked official
포린 버:전(foreign version)﹝명﹞ ①외국어 번역문. ②토키 영화(talkie 映畫)의 외국판.
포립(布笠)﹝명﹞ 베·모시 등으로 싸개를 한 갓.
포마(鋪馬)﹝명﹞〈제도〉 각 역참을 (驛站)에 갖추어 두고 관용(官用)으로 쓰던 말. 역마(驛馬). 역말(驛—).
포마드(pomade)﹝명﹞ 머리털에 바르는 반고체의 기름. 주로 남자용임.
포마이커(Formica)﹝명﹞ 가구나 벽 널에 칠하는 내약품성(耐藥品性)·내열성(耐熱性)의 합성 수지 도료(塗料)의 상품명.
포막(鋪幕)﹝명﹞〈제도〉 병정·순검(巡檢)이 파수보는 막.
포:만(飽滿)﹝명﹞ 무엇이나 그 용량에 충분히 참. fill
포:만(暴慢)﹝명﹞ 난폭하고 거만함. 폭만(暴慢). 포횡 (暴橫). insolence 하타 〔여 무례함. 하타
포:만 무례(暴慢無禮)﹝명﹞ 하는 짓이 난폭하고 거만하
포:만-하-다(飽滿—)타타﹝명﹞ ①용량에 과 차다. ② →푸마하다. 〔匠)이가 신는 베 버선.
포말(布襪)﹝명﹞ 광중(壙中)을 다듬을 때 사토장(莎土
포말(泡沫)﹝명﹞ 물거품. 덧없는 것. bubble
포말 회:사(泡沫會社)﹝명﹞ 벌안간 생겼다가 없어진 회
포망(布網)﹝명﹞ 상제가 쓰는 베 망건. 〔사.
포:망(捕亡)﹝명﹞ 도망한 사람을 잡음. capture 하타
포:맹(逋氓)﹝명﹞ 공금을 자기 사용(私用)에 써 버린 사
멀리즘(formalism)﹝명﹞ 형식주의(形式主義). 〔람.
포면(布面)﹝명﹞ 피륙의 표면. right side of cloth
포:명(佈明)﹝명﹞ 널리 펴서 두루 밝힘. manifestation 하
포목(布木)﹝명﹞ 베와 무명. 목포(木布). ¶ ~전(廛). drapery 〔그 장수. draper
포목-상(布木商)﹝명﹞ 베와 무명 등을 파는 장사. 또,
포목-점(布木店)﹝명﹞ 베와 무명을 파는 상점.
포문(胞門)﹝명﹞﹝동﹞ 산문(産門).
포문(砲門)﹝명﹞ 대포의 탄알이 나가는 아구리. 포구(砲口). ¶ ~을 열다. muzzle 〔hearing 하타
포:문(飽聞)﹝명﹞ 진력이 나도록 들음. being tired of
포:물-면-경(抛物面鏡)﹝명﹞〈물리〉 회전 포물선면으로 이루어진 기울. 주축에 편행으로 온 구축(近軸) 광선을 수차 없이 전부 초점에 모을 수 있는 반사경의 하나. 탐조등·헤드라이트 등에 쓰임. parabolic reflector
포:물-선[—썬]﹝명﹞﹝拋物線﹞〈수학〉 원뿔 곡선의 하나. 평면 위의 정점과 한 정직선에서의 거리가 같은 점의 궤적.
포:물선 운:동[—썬—]﹝명﹞﹝拋物線運動﹞〈물리〉 포물선의 궤도 위를 움직이는 운동. 〔물체.
포:물-체(拋物體)﹝명﹞〈물리〉 지상의 대기 중에 던져진
포:미(胞衣)﹝명﹞〈화학〉 아이의 태(胎). 아기씨.
포:미 장:전(砲尾裝塡) 포미로부터 탄약을 장전함.
포민(浦民)﹝명﹞ 갯가에 사는 백성. fisherman 〔하타
포:박(捕縛)﹝명﹞ 잡아서 묶음. ¶ 도둑을 ~하다. arrest
포:방(砲放)﹝명﹞ 총포를 놓음. 하타 〔하타
포배(胞胚)﹝명﹞〈생리〉 동물 발생의 한 시기에 있어서 난할(卵割)이 진행되어 세포가 공 모양으로 표면에 늘어서 가운데에 빈 곳이 생긴 것.
포:배기 거듭하는 상태. repetition

포백(布帛)[명] 베 종류와 비단 종류. hemp cloth and silk cloth
포백(曝白)[명] 마전5. 하타
포백-척(布白尺)[명] 바느질자.
포범(布帆)[명] 베로 만든 돛. hemp sail
포편(浦邊)[명] 갯가.
포:병(抱病)[명] 몸에 늘 지닌 병. 병을 늘 지님. inveterate disease [명]
포:병(砲兵)[명] 〈군사〉육군 병과의 하나. 대포를 부리는 군대. 또, 그 군대에 속한 장병.
포:병-객(抱病客)[명] 늘 병을 지니고 있는 사람. 병객(病客). sick person
포:병-대(砲兵隊)[명] ①〈군사〉 포병으로 조직된 군대. artillery corps ②〈제도〉 조선조 말기 광무(光武) 4년에 설치되었던, 산포(山砲)·야포(野砲)로 편제한 군대.
포:복(怖伏)[명]하타 무서워서 엎드림. lying down in fear
포:복(抱腹)[명] 아주 우스워 배를 안음. hold one's sides with laughter 하타
포복(匍匐)[명] 배를 땅에 대고 김. ¶~ 전진하다. crawling 하타
포:복(飽腹)[명]하타 포식(飽食). leeping the
포복-경(匍匐莖)[명] 〈식물〉 땅 위로 뻗는 줄기. 고구마·낙화생·딸기 등의 줄기 따위. creeping vine
포:복 절도[-또](抱腹絶倒)[명] 너무 우스워 배를 안고 몸을 가누지 못할 만큼 웃음. 봉복 절도(捧腹絶倒). [명] 절도.하타
포:볼(four-ball)[명] 〈체육〉 야구에서, 투수가 타자에게 스트라이크 아닌 볼을 네 번 던지는 일. 사구(四球). [명](自信). aspiration
포:부(抱負)[명] 마음속에 지닌 생각·계획·희망이나 자
포브스(FOBS)[명] 〈약〉 Fractional Orbital Bombardment System 위성(衛星) 폭탄.
포비(泡沸)[명] 〈물리〉 고체를 융용할 때 고체 자체가 부풀어오르는 현상. 하타
포비(脬痺)[명] 〈의학〉 방광(膀胱)에 나는 급성·만성의 염증. 급성이면 두통·오한이 나며, 만성이면 그 증세가 급성보다 조금 가벼움.
포비슴(fauvisme 프)[명] 〈미술〉 1905년 프랑스의 반(反) 아카데미파의 화가들이 창시한 혁신적인 신기한 화풍(畫風). 야수파(野獸派).
포사(布絲)[명] 베 실.
포사(砲肆)[명]하타 푸주.
포사(褒賞)[명] 칭찬하여 권장하여 물품을 하사함. 하타
포삭 포삭[명][거]~보삭보삭.
포삭-하-다[형여] 거칠어서 부피만 많고 옹골차지 못해 부스러지기 쉽다. [명] 푸석하다. brittle
포:살(砲殺)[명] 총포로 쏘아 죽임. 총살(銃殺). 하타
포:살미(包一)[명] 〈건축〉 포를 차림. [명] ginseng
포삼(包蔘)[명] 조선조 때, 포장한 홍삼(紅蔘). packed
포삼(圃蔘)[명] 삼포(蔘圃)에서 자란 인삼. cultivated ginseng [명] 산삼(山蔘). [명] 한 산삼(山蔘).
포삼 장뇌(圃蔘長腦)[명] 인삼 밭에서 인공적으로 재배
포상(布商)[명] 베 장수. linen dealer
포상(褒賞)[명] 포장(襃獎)하여 상을 줌. 포상 하타
포상 홍수(布狀洪水)[명] 〈지학〉 건조지 또는 방전조지에서, 계절적인 큰 비로 인해 산기슭의 사면(斜面) 일대에 흘러 내리는 홍수.
포색(蒲色)[명] 부들 이삭과 같은, 붉은 바탕에 누른 빛을 띤 빛깔. 화색(樺色). reddish-yellow
포:석(布石)[명] ①바둑 둘 때, 처음 바둑 돌을 벌여 놓는 일. ②일을 벌여 놓음. 장래를 준비함. ¶총선거를 위한 ~. 하타
포석(蒲席)[명][동] 부들자리.
포석(鋪石)[명] 까는 돌. 도로 포장(鋪裝)에 쓰이는 돌. ¶~을 깔다. pave the way for the future
포선(布扇)[명] 상제가 외출할 때 얼굴을 가리기 위해 갖는 베로 된 물건. 벳조각에 두 개의 대자루를 붙
포설(鋪屑)[명][동] 대팻밥.
포섭(包攝)[명]하타 포섭. 하타
포섭(包攝)[명] ①상대를 허용하여 받아들임. 자기 편에 가담시킴. ¶동조자를 ~하다. acceptance ②〈논리〉 어떤 개념이 보다 일반적인 개념에 포괄(包括)

되는 종속 관계. 이를테면, 포유류가 척추 동물에 종속되는 관계. subsumption 하타
포성(砲聲)[명] 포장을 친 곳. curtained place
포:성(砲聲)[명] 대포를 쏠 때 나는 소리. 폿소리. 포음(砲音). sound of firing
포세(抱稅)[명] 가축을 잡는 데 물리는 세금.
포:세(通稅)[명] 세금을 내지 않고 불법하여 면함. illegal evasion of taxes 하타
포속(布屬)[명] 베붙이. [명] legal evasion of taxes 하타
포:손(抱孫)[명] 손자를 봄. 손자가 생김. birth of one's grandson 하타 [명] 는 일. 하타
포:쇄-례[-네](抱孫禮)[명] 손자를 보았을 때 받아 먹는 턱.
포쇄(曝曬)[명] 젖거나 축축한 것을 바람에 쐬고 볕에 바램. 하타 [명] 는 일. ¶풀 ~. 하타
포수(泡水)[명] 헝겊이나 종이 위에 무슨 액체를 바르는 일.
포:수(砲手)[명] 총으로 짐승을 잡는 사냥꾼. hunter
포:수(捕手)[명] 〈체육〉 야구에서, 본루(本壘)를 지켜 투수가 던지는 공을 받는 선수. 캐처(catcher). [명] 투수(投手).
포:수-막(捕手幕)[명] 사냥꾼들이 휴식하기 위해 지은 산막(山幕).
포:술(砲術)[명] 화포를 다루는 기술. gunnery
포스겐(Phosgen 도)[명] 〈화학〉 무색의 자극취(刺戟臭) 있는 무거운 기체. 유독하여 독가스로 쓰임.
포:스 아웃(force out)[명] 〈체육〉 야구에서, 다음 베이스에 가야 할 주자가 미처 베이스에 닿기 전에 수비측에서 공을 베이스에 먼저 아웃시키는 일. 봉살(封殺).
포스터(poster)[명] 광고·선전을 위한 삐라나 도안.
포스터 밸류(poster value)[명] 선전 가치. 광고 효과.
포스터 컬러(poster colour)[명] 포스터용의 그림 물감.
포스트(post)[명] ①우체. 우체통. ②지위. ¶중요한 ~. ③기둥. ¶골 ~.
포스트 카:드(post card)[명] 우편 엽서.
포스트=포슴[명]〈거〉→보스보슴.
포:승(捕繩)[명] 죄인을 잡아 묶는 노끈. 박승(縛繩). [명] 법인을 ~으로 묶다. policeman's rope
포시(布施)[명]→보시(布施).
포:식(捕食)[명]하타 잡아서 먹음. prey upon 하타
포:식(飽食)[명]하타 배부르게 먹음. 포끽(飽喫). 포복(飽腹). [명] 굶주림, 기아(饑餓). gluttony 하타
포:식 난의(飽食煖衣)[명] 배불리 먹고 따뜻하게 입음. 곧, 의식(衣食)이 넉넉함. [명] 난의 포식(煖衣飽食).
포:신(砲身)[명] 〈군사〉 포의 몸통. gun-barrel
포실-하-다[형여] 살림이 넉넉하고 오붓하다. rich
포아-풀(Poa-)[명] 〈식물〉 포아풀과의 풀의 총칭. 줄기는 높그나 속이 비고 마디가 있으며 많은 것은 호생함. 벼·보리 등이 이에 속함. [명] 스메 스메
포악(暴惡)[명] 사납고 악함. ¶~한 짐승. violent 하타
포악-부리-다(暴惡一)[자타] 포악한 말이나 짓을 하다.
포악-질(暴惡一)[명] 사납고 악한 짓.
포:안(砲眼)[명] 〈군사〉 성루(城壘)·함선·장벽 등에, 총을 쏘기 위해 낸 구멍. embrasure
포양(襃揚)[명][동] 포장(襃獎).
포에지(poésie 프)[명] ①시(詩) ②시상(詩想).
포에지 퓌르(poésie pure 프)[명] 〈문학〉 순수시(純粹詩). 시에서 산문적 요소를 배제하고 순수하게 감동만을 전달함을 목적으로 함. [명] 문(韻文).
포에트리(poetry)[명] 〈문학〉 시가(詩歌).
포에티스(poetics)[명] 〈문학〉 시론(詩論). 시학(詩學).
포엠(poem, poet)[명]〈문학〉시(詩). 운문(韻文).
포엣(poet)[명] 시인(詩人).
포역(逋逆)[명] 난폭하여 인도에 벗어남. 또, 그 사람. violent 하타
포:연(砲煙)[명] 총포를 쏠 때 나는 연기. powder-smoke
포:연 탄:우(砲煙彈雨)[명] 총포의 연기와 비오듯하는 탄알. 곧, 치열한 전투를 이름. shell-rain and powder-smoke
포:열(砲列)[명] 〈군사〉 화포(火砲) 사격을 위한 포병

포엽(苞葉)〖식물〗잎의 변태로, 봉오리를 싸 보호하는 잎. bract

포영(泡影)물거품과 그림자. 사물의 덧없음을 이름.

포:옹(抱擁)품에 껴안음. embrace 하다

포:완(捕腕)〖동물〗연체 동물(軟體動物) 두족류(頭足類) 오징어 무리의 다섯 쌍의 발 가운데 특히 긴 한 쌍의 발. 포식완.

포:외(怖畏)〖불교〗무섭고 두려움. awe 하다

포용(包容)①칩싸서 들임. comprehension ②도량이 넓어서 남의 잘못을 싸 덮어 줌. tolerance 하다

포용-력(包容力)①마음씨가 너그러워 남의 잘못을 허용하고 아끼하여 감싸 주는 힘. ②칩싸 들이는 힘. 성질. tolerance

포용-성(包容性)남을 감싸 덮어 용서하는 성질.

포용-심(包容心)포용하는 마음.

포:워드(forward)〖체육〗농구·축구 등에서, 전위(前衛). 공격진. 공격수.

포:원(抱冤)원한을 품음. cherishing a grude 하다

포위(包圍)뼁 둘러 에워쌈. siege 하다

포위-망(包圍網)치밀하게 싸인 포위의 비유. ¶적의 ~을 뚫다.

포위-선(包圍線)주위를 둘러싼 선.

포유(包有)싸서 가지고 있음. keeping 하다

포유(布諭)널리 펴서 유고(諭告)함. publication 하다

포:유(哺乳)제 몸의 젖으로 새끼를 먹여 기름. 젖 먹임. 젖먹임. lactation 하다

포:유-강(哺乳綱)〖동〗포유류(哺乳類).

포:유-기(哺乳期)젖을 주식으로 하는 유아기(乳兒期). 곧, 나서부터 이유(離乳)하기까지의 기간.

포:유 동:물(哺乳動物)〖동물〗포유류(哺乳類)에 딸린 동물. 젖먹이 동물.

포:유-류(哺乳類)〖동물〗척추 동물의 한 문(門)에 딸린 강(綱). 몸은 털로 덮여 있고, 척추가 있으며, 새끼를 낳아 젖을 먹여 기름. 체온이 외부의 기온에 관계없이 항상 일정한 항온 동물이며 체내 수정·태생을 함. 동물들 중 가장 발달된 무리로 개·소·말·토끼·고양이·고래 등이 여기에 속한다. 포유강(哺乳綱). mammalian

포:유-문(抱有文)〖어학〗'안은 문장'의 한자말.

포:유-병(哺乳瓶)젖먹이에게 짠 모유나 우유 등을 먹일 때 쓰는 병. 젖병(一瓶).

포:육(哺育)젖을 먹여 새끼를 기름. 하다

포:육(脯肉)얇게 저며서 양념하여 말린 고기 조각. 〔약〕 포(脯). pemmican

포:음(砲音)〖포성〗(砲聲).

포의(布衣)①벼슬이 없는 선비. 백의(白衣)②. 백포(白布)②. scholar without rank ②베로 지은 옷.

포의(胞衣)〖생리〗태아(胎兒)를 싸고 있는 막(膜)과 태반(胎盤). 혼돈피(混沌皮). 혼원수(混元水). 포(胞)②. placenta [태가 나오지 않는 병.

포의 불하증(胞衣不下症)〖한의〗해산 후에

포의=수(胞衣水)〖동〗모래집물. 양수(羊水).

포의지:교(布衣之交)선비일 때 사귄 벗.

포의 한사(布衣寒士)벼슬이 없는 가난한 선비.

포인터(pointer)〖동물〗영국 원산의 개의 한 종. 털이 짧고 몸 빛은 흰 바탕에 검은 빛 또는 누른 빛의 반점이 있거나 붉은 빛으로만 된 것도 있음. 온순·용감·영리하고 후각이 예민하여 사냥에 적합하며 집도 잘 지킴.

포인트(point)①전철기(轉轍機). ②〔약〕→포인트 활자. ③〔수학〕소수점. ④득점. ⑤활자의 요점. 의명 포인트 활자의 사이즈의 단위. 1인치의 약 1/72. 〔약〕 포

포인트 활자(一[一字](point 活字)〖인쇄〗한 변(邊)이 1포인트(1/72인치)을 단위로 하여 그 정수배(整數倍)의 길이를 갖는 활자의 한 계열. 〔약〕 포인트(point)②.

포자(胞子)①〖생물〗은화 식물(隱花植物)이나 포자충류(胞子蟲類) 등의 모체(母體)를 떠나서 번식을 말은 세포. spore ②〖지학〗암혹 성운(暗黑星雲) 중 특히 조밀한 우주진(宇宙塵)의 둥근 집단.

포자(炮煮)굽고 삶아 끓이는 일. cooking 하다

포자-낭(胞子囊)〖생물〗식물의 내부에서, 포자를 형성하는 세포 또는 조직. 홀씨 주머니.

포:자-반(脯飣飯)고기를 소금에 절여 말린 반찬.

포자 생식(胞子生殖)〖생물〗포자에 의하여 이루어지는 무성 생식의 하나. 조류(藻類)·균류(菌類)·선태류(蘚苔類)·양치류(羊齒類)에서 볼 수 있음. 〔대〕 영양 생식. spore reproduction

포자 식물(胞子植物)〖식물〗포자에 의해 번식하는 식물. 홀씨 식물. 〔대〕 종자 식물(種子植物).

포자-엽(胞子葉)〖생물〗포자가 생기는 잎. 〔대〕 영양엽(營養葉). sporophy

포자우네(Posaune 도)〖음〗트롬본(trombone).

포자-체(胞子體)〖생물〗식물에서, 포자를 형성하는 개체. 〔대〕 배우체(配偶體).

포자-충(胞子蟲)〖식물〗포자충류의 원생 동물의 총칭. 생활사의 한 시기에 포자를 형성하며 번식하는데, 누에·양·말·돼지·닭 등에 기생함.

포장(包裝)물건을 싸서 꾸림. packing 하다

포장(包藏)속에 품고 있음. 깊이 싸서 간수함. concealment

포:장(捕將)〔약〕→포도 대장(捕盜大將). [of merit

포장(圃場)밭. 농포(農圃).

포장(褒章)포장(褒獎)하여 주는 휘장(徽章). medal

포장(鋪裝)길바닥에 아스팔트·콘크리트·돌을 깔아 단단하게 다져 꾸미는 일. pavement 하다

포장(褒獎)칭찬하여 장려함. 포양(褒揚). commen-

포장 도:로(鋪裝道路)포장한 도로. [dation 하다

포장 마:차(布帳馬車)포장을 둘러친 마차. [용.

포장-비(包裝費)물건을 싸거나 꾸리는 데 드는 비

포장 수력(包藏水力)하천 유역에 있어서의 발전용 수자원의 이용 가능량.

포장 시:험(圃場試驗)논·밭의 조건 밑에서 하는 농작물 재배 등에 관한 시험. [과지(裏裹紙).

포장-지(包裝紙)포장에 쓰이는 종이. 포지(包紙).

포장 화:심(包藏禍心)남을 해칠 마음을 가슴에 품음. cherishing an evil intention 하다

포:재(抱才)품은 재능. ability

포저(苞苴)뇌물로 보내는 물건. present of bribe

포전(布廛)〔제도〕조선조 때, 서울에서 베를 팔던 시전(市廛). 육주비전(六注比廛)의 하나로 후에 저포전(苧布廛)과 합쳐짐. 육의전(六矣廛).

포전(圃田)남새밭. kitchen garden

포전(浦田)갯가에 있는 밭. seaside field

포:전(砲戰)〖군사〗화포(火砲)의 사격에 의한 전

포:정(庖丁)백정. butcher [투. cannonade

포제(布製)베로 만듦. 또, 그 물건.

포:족(飽足)①배부르고 만족함. gluttony ②풍족함. abundance 하다

포:졸(捕卒)〖동〗포도 군사(捕盜軍士).

포:좌(砲座)〖군사〗대포를 올려 놓는 대가(臺座). gun platform

포:주(抱主)①기둥 서방. pimp ②창녀를 두고 영업을 하는 주인. employer of prostitutes

포주(庖廚)→푸주.

포즈(包子 중)만두(饅頭).

포:즈(pose)①화상·조상(影像)·모델의 자세. ②태도. 의식적으로 취한 태도.

포지(包紙)〖동〗포장지(包裝紙).

포지(袍)〔약〕→포지티브(positive)②.

포지션(position)①지위. 위치. 부서. 직업. ②〖음악〗 운지(運指)의 위치. ③〖음악〗현악기의 지판(指板) 위의 손가락의 위치.

포지트론(positron)〖물리〗양전자(陽電子).

포지티브(positive)①적극적. 긍정적. 실증적. ②사진의 양화(陽畫). 〔대〕 네거티브(negative). 포지.

포:진(布陣)명 전쟁·경기에서 진을 침. line-up 하자
포:진(布陳)명 품평회나 상점의 창 안에 물건을 진열하여 늘어 놓음. 하타
포진(鋪陳)명 ①바닥에 깔아 놓는 방석·요·돗자리 등의 총칭. ②어느 잔치 같은 때에 앉을 자리를 마련하여 깖. preparing seats 하타
포진 장병(鋪陣障屏)명 방석·요·병풍 등의 총칭.
포:진지(砲陣地)명 〈군사〉 대포를 배열한 진지. artillery position
포:진 천물(暴殄天物)명 물건을 함부로 쓰고도 아까운 줄을 모르는 일.
포:집-다타 ①거듭 집다. hold again ②그릇을 포개어 놓다. pile up
포징(襃懲)명 착한 일을 칭찬하고 나쁜 일을 징계함. commendation and punishment 하타
포:차(抛車)명 옛날 군중(軍中)에서 무석용(投石用)으로 쓰이던 차.
포:차(砲車)명 ①화포를 이동하기 쉽게 바퀴를 붙인 포가(砲架). ②화포를 끄는 견인 자동차. gun-carriage
포:착(捕捉)명 ①꽉 붙잡음. 파착(把捉)함. ¶ 기회를 ~하다. arrest ②요점(要點)·요령을 얻음. 하타
포척(布尺)명 베로 만든, 측량에 쓰이는 자의 하나.
포:척(抱擲)명 내던짐. throwing 하타 linen fish
포척(鮑尺)명 물 속에서 전복을 따는 사람. earshell collector
포:철(抛撤)명 먼저 여러 군데로 헤뜨림. 끼얹어 헤침.
포:첩(捕牒)명 〈약〉→포도청(捕盜廳).
포:촉(布帛)명 ①제사에 쓰는 포육과 초. ②지방의 관리가 세말에 중앙의 벼슬아치나 친지에게 세찬으로 보내는 포육과 초.
포촌(浦村)명 갯가에 있는 마을. waterside village
포촌-놈(浦村-)명 갯가에 살면서 고기잡이 등으로 업을 삼는 무식한 자. 포한(浦漢).
포:총(砲銃)명 포(砲)와 총(銃砲)
포:충-망(捕蟲網)명 벌레를 잡는 데 쓰는 오구 모양의 그물. 곤충망(昆蟲網). butterfly-net
포:충 식물(捕蟲植物)명〈식〉식충 식물(食蟲植物).
포:충-엽(捕蟲葉)명〈식물〉식충 식물에 있어서 날아붙는 벌레를 잡아 소화시키는 잎. insectivorous leaf
포:치(布置·鋪置)명〈동〉 배치(排置). 하타
포:치(抛置)명 먼저 버려 둠. leaving alone 하타
포:치(捕治)명 죄인을 잡아다가 다스림. trial 하타
포:치(porch)명 차 대는 곳. 건물의 입구에 지붕을 갖추어 만든 구조물.
포칭(襃稱)명 칭찬함. 칭찬(稱讚). praising 하타
포:커(poker)명 미국에서 일어난 카드놀이의 하나.
포:커 페이스(poker face)명 무표정한 얼굴.
포켓(pocket)명 양복에 달린 호주머니.
포켓 머니(pocket money)명 용돈.
포켓 북(pocket book)명 호주머니에 들어갈 만한 책. [수첩.
포코(poco 이)명〈음악〉조금. 약간. ¶ ~ 안단테(조금 빠르게). ~ 피아노(조금 여리게).
포코 아 포코(poco a poco 이)명〈음악〉조금씩. 서서히. 점점. 차차. ¶ ~ 크레센도(조금씩 세게). ~ 디미누엔도(조금씩 약하게).
포:크(fork)명 ①서양식(洋食)에서, 고기·생선·과일을 찍어 먹는 식탁 용구. 삼지창. ②두엄·풀두엄 등을 꿰어 푸거나 헤칠 때 쓰이는 농구.
포:크(pork)명 돼지 고기. ¶ ~ 커틀렛.
포:크 댄스(folk dance)명 ①전통적인 민속 무용. 향토 무용. ②국민 무용.
포:크-리프트(forklift)명 차의 앞 부분에 포크형의 두 개의 철판이 나와 있어 이것을 상하로 움직여 짐을 운반하거나 하역하는 차. 지게차.
포:크 볼(fork ball)명〈체육〉야구에서, 투수가 던지는 변화구의 하나. 집게손가락과 가운데손가락으로 공을 끼어 던짐.
포:크 송(folk song)명〈음악〉 민요(民謠).
포:크 플레이(folk play)명〈연예〉 특수한 민족의 생활을 다룬 극.

포타슘(potassium)명 '칼륨(kalium)'의 영어명.
포타:즈(potage 프)명 수프의 하나.
포탄(砲彈)명 대포·화포의 탄환. shell
포:탈(通脫)명 ①도망하여 면함. escape ②조세(租稅)를 피하여 면함. ¶세금을 ~하다. evasion of taxes 하타
포탑(砲塔)명〈군사〉군함·요새(要塞) 따위에서 대포·화기(砲架)·전투원을 방호(防護)하기 위하여 두른 두꺼운 강철 장치. turret
포태(胞胎)명 아이를 뱀. pregnancy 하타
포:터(porter)명 호텔이나 역 등에서 손님의 짐을 날라 주는 사람. 수하물 운반인.
포:터블(portable)명 들고 다닐 수 있을 정도의 크기와 중량임. 또, 그런 물건. 이동하여 쓰이는 라디오·전축·벨레비전·타이프라이터 등의 휴대용을 이름. ¶ ~ 기.
포:터블 라디오(portable radio)명 휴대용 라디오 수신기.
포:토(photo)명〈약〉→포토그래프(photograph).
포토-그래프(photograph)명 사진(寫眞).〈약〉포토 (photo).
포토 뉴:스(photo news)명 사진 화보(寫眞畫報).
포토-몽타:주(photomontage 프)명 여러 장의 다른 사진을 한 장으로 합쳐 만든 사진. 합성 사진.
포토-스튜디오(photostudio)명 사진 촬영소. 사진관.
포토-제니(photogénie)명 프랑스어 photo와 génie(특성)의 합성어. 스크린 위에 하나의 영상으로서 영사되었을 때, 본질적인 미(美)가 나타나는 일. 사진으로서, 효과가 있는 특질을 가짐.
포:토키나(Photokina 도)명 서독 케른에서 열리는 사진과 시네마 기재(機材)의 국제 견본시(見本市).
포토-타이프(phototype)명 콜로타이프(collotype)의 딴 이름.
포토-플레이(photoplay)명〈연예〉영화극. ¶ 이름.
포토-플레이어(photoplayer)명〈연예〉영화 배우.
포:트(port)명〈약〉포트 와인(port wine).
포:트(pot)명 항아리. 병. ¶커피 ~.
포:트-랩(port-lap)명 포트 와인을 뜨거운 물에 타서 설탕을 친 음료.
포:트레이트(portrait)명 초상(肖像). 초상화.
포:트 와인(port wine)명 포도주.〈약〉포트(port).
포:틀랜드 시멘트(portland cement)명 시멘트의 정식 명칭. 최초에 발명된 시멘트가 영국의 포틀랜드 섬에서 나는 석재(石材)와 비슷한 데서 생긴 말.
포:판(砲板)명 박격포 따위의 포신 밑에 받치는 넓은 판.
포폄(襃貶)명 칭찬하는 일과 비방하는 일. praise and [censure 하타
포:풍 착영(捕風捉影)명 바람과 그림자를 잡는다는 말로, 허망한 언행을 이르는 말. visionary talk and conduct 하타
포퓔리슴(populisme 프)명〈문학〉프랑스 문단(文壇)의 집산주의 문학을 표방한 그룹. 일종의 민중주의적(民衆主義的) 리얼리즘.
포퓰러(popular)명 ①대중적. 일반적(一般的). ②평판(評判)이 좋음. 인기(人氣) 있음. 하타
포퓰러 뮤:직(popular music)명 재즈·샹송·영화 음악 따위의 오락적 성격을 띤 음악. 팝 뮤직(pop music).
포퓰러 송(popular song)명 널리 일반 대중에게 인기 있는 노래. 팝스.〈약〉팝 송.
포:프(pope)명〈기독〉교황(敎皇).
포플러(poplar)명〈식물〉미루나무.
포플린(poplin)명 직물의 하나. 날에 가는 생사를, 씨에 굵은 소모사를 쓴 평직. 양복감·셔츠감·커튼감·장식용 등으로 쓰임.
포피(包皮)명 ①표면을 싼 가죽. skin ②자지의 귀두부(龜頭部)를 싼 가죽. foreskin
포피(poppy)명 겨자.
포피-염(包皮炎)명〈의학〉귀두 포피에 나는 염증.
포필(布疋)명 필로 된 베.
포:학(暴虐)명 횡포하고 잔악함. tyranny 하형
포:학 무도(暴虐無道)명 성질이 포학하고 도리에 어

포한 굿남. tyranny and injustice 하回
포:한(抱恨)回 원한을 품음. cherishing a grudge 하回
포한(庖漢)回〔동〕백장.
포한(逋漢)回 포흔놈.
포함 무당이 귀신의 말을 받아서 호령하는 일. the inspired utterances of a shaman 하回
포:함(包含)回 ①속에 싸여 있음. inclusion ②함유함. comprehension 하回回
포:함(砲艦)回〔군사〕연안(沿岸)·하안(河岸)의 경비를 주임무로 하는 소형의 경쾌한 군함. 홀수선(吃水線)이 낮고 경쾌를 비치함.
포함-주-다(抱含-)回 무당이 귀신의 말을 받아서 호령하다.
포:합(抱合)回 서로 껴안음. 하回回回
포:합-어(抱合語)回〔어학〕형태상으로 본 세계 언어 분류의 하나. 동사에 주어·목적어 등을 나타내는 접사가 붙어 문장과 단어의 구별이 어려운 언어. 아메리카 토인·아이누의 말 같은 것. incorporating language
포항(浦港)回 포구와 항구. port
포:해태(布海苔)回〔동〕풀가사리.
포:핸드(forehand)(게임)回 정구 등에서, 손바닥을 상대방에 향하여 하여 공을 치는, 정상적인 타구법.
포행(暴行)回〔원〕→폭행. 〔打球法〕.〔대〕백핸드.
포:향(砲響)回 대포를 놓을 때 울리는 음향. 포성(砲聲).
포:향(飽享)回 흡족하게 누림. 하回回
포:혈(砲穴)回 포를 쏠 수 있게 만든, 참호나 성에 둠.
포:혜(脯醯)回 포와 식혜. 肯 구명.
포호 빙하(咆虎馮河)回 맨 손으로 범을 두드려 잡고 무턱대고 황하를 건너려 한다는 뜻으로, 용기는 있으나, 지혜가 없는 무모함의 비유. perilous adventure 〔다는 말.
포호 함:포(咆虎陷浦)回 떠들기만 하고 성취함이 없
포화(布靴)回 헝겊신. cloth-shoes
포화(泡花)回 물거품. bubbles 〔퍼붓다. gun-fire
포:화(砲火)回 총포로 놓을 때에 일어나는 불.〔~를
포:화(飽和)回 ①물리〕물질이 더 이상 용매에 녹아 들어가지 않는 한계에 도달한 상태. 곧, 일정한 한도의 극도에 이른 상태. saturation ②최대 한도까지 무엇에 의해 가득 차 있는 상태.
포:화 상태(飽和狀態)回〔물리〕공기가 최대한도의 증기를 포함한 상태. 곧, 더할 수 없는 양에 이른 상태.〔습도가 ~에 이르다. saturated state
포:화 수증기량(飽和水蒸氣量)回〔물리〕포화 상태의 공기 1m³ 속에 들어 있는 수증기의 질량을 g수로 나타낸 양. 온도가 높을수록 많아지고, 낮을수록 적어짐.
포:화 압력(飽和壓力)回〔동〕포화 증기압.
포:화 용액(飽和溶液)回〔물리·화학〕용매에 용질(溶質)이 더 이상 용해되지 않는 한계까지 용해되어 있는 용액. 곧, 포화 상태에 있는 용액. saturated solution 〔수용매가 극한에 달한 인구.
포:화 인구(飽和人口)回 어느 지역에서 섬길 증기계
포:화 증기(飽和蒸氣)回〔물리〕일정한 공간에서의 액체가 일정한 온도에서 점차 증발하루어서 어느 한도에서 그치게 된 때의 증기.〔대〕불포화 증기. saturated vapor
포:화 증기압(飽和蒸氣壓)回〔물리〕포화 증기의 압력. 최대 압력. 최대 장력(最大張力). 포화 압력 (飽和壓力). saturated vapor pressure
포:화 화:합물(飽和化合物)回〔화학〕유기 화합물의 탄소나 그 외의 것에 의해 측면에서 포화 상태의 구조식을 가진 화합물.〔대〕불포화 화합물. saturated compound
포환(泡幻)回 물거품과 환상. 세상이 허무하고 헛된 함의 비유. bubbles and phantasy
포:환(砲丸)回 ①대포의 탄알. cannon-ball ②투포환에 쓰이는 쇠 공.
포:환 던지기(砲丸-)回〔체육〕투포환(投砲丸).
포회(包懷)回 싸서 가짐. hold 하回
포:획(捕獲)回 ①적병을 사로잡음. capture ②짐승이나 물고기를 잡음.〔고래를 ~하다. capture ③〔법

물〕전시에 적의 선박이나 범법(犯法)한 중립국의 선박을 사로잡음. seizure 하回
포:획 심판소(捕獲審判所)回〔법률〕교전국이 해상에 있어서의 포획의 효력을 확정하기 위하여 설치하는 특별한 법원. 포획 재판소.
포효(咆哮)回 사납게 외침. 사나운 짐승이 소리를 지름.〔사자의 ~. roar 하回
포:흠(逋欠)回 관물(官物)을 사사로이 소비함. 흠포. misappropriation of government properties 하回
포:흠-나-다(逋欠─)回 포흠이 생기다.
포:흠-내-다(逋欠─)回 포흠나게 하다.
폭回①어떠한 일에 대한 노력 또는 손해와 바꿀 수 있게 생각되는 셈.〔이를 ~은 되겠지. 사흘은 걸린 ①아주 깊고 느긋하게.〔잠이 ~ 들다. ②힘
폭°回 있게, 깊게 찌르는 모양.〔송곳을 ~ 박다. ③빈틈없이 잘 덮거나 잘 싸는 모양.〔아이를 ~ 싸다. ④빨빨 끓어오른 모양.〔국이 ~ 끓었다. ⑤남김없이 죄다.〔통째 ~ 쏟아 주다. ⑥얕고 또렷하게 판 모양.〔땅이 ~ 패었다. ⑦수렁 등에 갑자기 빠지는 모양.〔도랑에 ~ 빠지다. ⑧힘없이 단번에 쓰러지는 모양.〔~ 쓰러지다. ⑨〔약〕→폭사 ⓐ〔문〕.
폭(幅)回 ①너비. ②도량·지식·포용성 따위의 다과(多寡).〔~이 넓은 사람. ③사회면에 있어서의 인망·세력·위세. ④~넓은 교제. 肯〕종이·피륙·널 같은 조각 또는 그림·족자를 세로 쓰는 말.〔한 ~
폭객(暴客)回〔동〕폭한 폭한(暴漢). 〔의 그림 같다.
폭거(暴擧)回 난폭한 행동. violence
폭격(爆擊)回〔군사〕비행기가 폭탄·소이탄을 투하하여 적의 진지나 국토를 파괴함. bombing 하回
폭격-기(爆擊機)回〔군사〕적의 진지나 시설을 폭격하는 것을 임무로 하는 대형 항공기. bomber
폭광(幅廣)回 한 폭의 너비. sufficient width
폭군(暴君)回 포악한 군주. tyrant
폭도(暴徒)回 폭동을 일으켜 치안을 문란케 하는 무리.〔의〕포도(暴徒). mob
폭동(暴動)回 도당을 짜서 불온한 행동을 함.〔~죄(罪).~을 일으키다. disturbance
폭등(暴騰)回 물가·주가 등이 갑자기 뛰어오름.〔대〕폭락(暴落). abnormal rise 하回
폭락(暴落)回 물가가 갑자기 크게 떨어져 내림.〔주가의 ~.〔대〕폭등(暴騰). sudden fall 하回
폭려(暴戾)回 모질고 사나워서 그 행동이 인도에 벗어남.
폭력(暴力)回 난폭한 힘. force〔남. tyranny 하回
폭력-단(暴力團)回 폭력에 호소하여 사적 목적을 달성하려는 반사회적 단체.
폭력-배(暴力輩)回 걸핏하면 폭력을 행사하는 불량배.
폭력-주의(暴力主義)回〔동〕테러리즘(terrorism).
폭력주의-자(暴力主義者)回 테러리스트.
폭력 혁명(暴力革命)回〔사회〕국민(國民)의 무력에 의해 수행되는 혁명.〔대〕평화 혁명(平和革命). Bolshevik revolution 〔~약(藥). 하回
폭렬(爆裂)回 폭발(爆發)하여 파열함. 폭발(爆發).
폭렬 유:탄[─유─](爆裂榴彈)回〔군사〕격렬한 파괴력을 가진 작약(炸藥)으로 된 유탄.
폭로(暴露)回 ①바람과 비에 노출됨. ②나쁜 일·음모·비밀 등이 드러남. 또, 드러냄.〔대〕은폐(隱蔽). 肯〕주제로 하는 문학의 총칭.
폭로 문학(暴露文學)回〔문학〕사실의 진상을 폭로
폭로 소:설(暴露小說)回〔문학〕정치나 사회의 암흑면의 작태를 주제로 한 소설. tell-tale story
폭로 전:술(暴露戰術)回〔사회〕반대 당파 또는 반대자의 숨은 결함·부정 등을 사회에 폭로하여 상대편을 궁지에 빠뜨리려는 전술. 노동 쟁의·정쟁(政爭) 등에 씀. exposure tactics
폭론(暴論)回 난폭한 언론. violent speech
폭뢰(爆雷)回〔군사〕잠수함 공격용 병기. 비행기·함선에서 투사되어 일정한 깊이에 이르면 기계적 발

화 장치에 의해 발화 폭발됨. 「officer
폭리(暴吏)명 도리에 어긋난 일을 하는 관리. violent
폭리(暴利)명 부당한 이익. 한도를 넘는 이익. (대) 박리(薄利). excessive profit
폭리 행위(暴利行爲)〈법률〉 상대자의 궁박·경솔·무경험 등에 편승, 지나치게 균형을 잃은 재산적 급부를 약속시키는 행위. 「detonation 하타
폭명(爆鳴)명 폭발할 때에 소리가 남. 또, 그 소리.
폭명 가스(爆鳴 gas)명 〈화학〉 산소 1, 수소 2의 혼합 기체. 점화하면 굉장한 폭발을 함. 폭명기(爆鳴氣)
폭명–기(爆鳴氣)명 〈동〉 폭명 가스(爆鳴 gas). 「氣」
폭명 유성[-뉴-](爆鳴流星)명 지구의 대기로 오는 도중 파열하여 폭명을 수반하는 유성.
폭민(暴民)명 폭동을 일으킨 민중. mob
폭발(暴發)명 ①갑작스럽게 터짐. ②졸지에 벌어짐. outbreak 하타
폭발(爆發)명 ①불이 일어나며 갑작스럽게 터짐. bursting ②〈화학〉 급속한 화학 반응에 의해 다량의 가스와 열량이 발생해 급격히 용적을 증대하며, 폭명·화염 및 파괴 작용을 일으키는 현상. 폭렬(爆裂). ¶폭탄이 ~하다. explosion 하타
폭발 가스(爆發 gas)명 〈화학〉 광산의 갱도 안에서 발생하여 공기와 혼합되어 어느 일정한 비율에 도달하면 폭발하게 되는 가연성 가스. 「explosive
폭발–물(爆發物)명 폭발성 물질의 총칭. 화약 등속.
폭발물 단속(爆發物團束)〈법률〉 폭발물이 일반 사회에 미치는 위험성을 미리 방지하기 위한 단속.
폭발–약[-략](爆發藥)명 〈화학〉 화약·작약 및 폭파 등의 총칭. (약) 폭약(爆藥). blasting powder
폭발–적[-쩍](爆發的)관명 별안간 굉장한 기세로 일이 터지는 (것). ¶~을 인기. 「(爆彈). bomb
폭발–탄(爆發彈)명 폭발약을 장치한 탄알. (약) 폭탄
폭배(暴杯·暴盃)명 술잔을 돌리지 않고 한 사람에게 맛 거듭 따라 줌. offering many cups of wine to a person 하타
폭백(暴白)명 ①분한 사정을 들어 함부로 성을 내어 말로 변명(辨明)함. ②(동) 발명(發明)②. 하타
폭부(暴富)명 벼락 부자. 졸부(猝富)
폭사(暴死)명 별안간 참혹하게 죽음. 폭졸(暴卒). sudden death 하타
폭사(爆死)명 폭탄의 파열로 죽음. ¶공습으로 ~하다. death resulting from bombing 하타
폭삭[튀 ①온통 곯아서 썩은 모양. ¶달걀이 ~ 곯다. (약) 폭²②. (큰) 푹석. wholly ②담기었던 물건이 모두 엎질러지는 모양. ¶물을 ~ 엎다. entirely
폭삭–폭삭[튀 ①맥없이 여럿이 또는 여러 번 주저앉는 모양. ②거칠고 마른 물건이 단단하거나 차지지 못하고 쉽게 부스러지거나 가라앉는 모양. (큰) 푹석 폭석.
폭살(爆殺)명 폭탄·폭약 등을 폭발시켜서 죽임. 하타
폭서(暴暑)명 혹독하게 사나운 더위. 폭염(暴炎). 혹서(酷暑). 「書」 airing of books 하타
폭서(曝書)명 서책을 볕에 쬐고, 바람에 쐼. 쇄서(曬曝
폭설(暴泄)명 〈한의〉 갑자기 몹시 나는 설사. 폭주(暴注)². 하타
폭설(暴雪)명 갑자기 많이 내리는 눈. heavy snow
폭설(暴說)명 난폭한 연설.
폭성(爆聲)명 폭발하는 소리.
폭소(爆笑)명 폭발하듯 갑자기 웃는 웃음. ¶일제히 ~를 터뜨리다. burst of laughter 하타
폭쇠(暴衰)명 정력·세력이 갑작스레 줆. 하타
폭스(fox)명 여우.
폭스 테리어(fox terrier)명 〈동물〉 테리어종의 일종
폭스 트롯(fox trot)명 〈음악〉 사교 댄스의 하나. 2분의 2박자나 4분의 4박자로 된 음악에 맞추는 춤.
폭스폴=인(Foxfall 人)명 영국의 폭스폴에서 발견된 약 5∼10만 년 전의 시석기(始石器) 시대의 화석인 (化石人).
폭식(暴食)명 ①음식을 한꺼번에 많이 먹음. ¶폭음

~. overeating ②음식을 가리지 않고 아무 것이나 마구 먹음. (대) 절식(節食). gluttony 하타
폭신=**폭신**[튀 모두가 다 폭신한 모양. 매우 폭신한 모양. 폭신폭신. 하타
폭신–하–다[휑 보드라운 탄력성이 있고 따스한 느낌이 있다. ¶폭신한 이불. (큰) 푹신하다. soft
폭심(爆心)명 폭발·폭격 등의 중심점. ¶~지(地).
폭암(暴暗)명 〈한의〉 ①갑자기 정신이 아뜩해지는 어지럼증. ②눈이 별안간 잘 보이지 않는 병.
폭압(暴壓)명 폭력으로 억압함. 또, 그 억압. oppression 하타
폭약(爆藥)명 〈약〉 →폭발약(爆發藥). 「ssion 하타
폭양(曝陽)명 ①뜨겁게 내리쬐는 볕. 뙤약볕. ②뜨거운 볕에 쬠. burning sun 하타
폭언(暴言)명 난폭하게 하는 말. (원) 포언(暴言). violent language 하타
폭염(暴炎)명 〈동〉 폭서(暴暑).
폭우(暴雨)명 갑자기 많이 쏟아지는 비. pouring rain
폭원(幅員)명 땅의 넓이 또는 지역의 넓이. 이(幅).
폭위(暴威)명 거칠고 사나운 위세. 「원. width
폭음(暴淫)명 방사(房事)를 지나치게 함. carnal excess 하타
폭음(暴飮)명 ①술을 한 차례에 아주 많이 마심. excessive drinking ②가리지 않고 함부로 마심. intemperance in drinking 하타
폭음(爆音)명 화약·화산 등이 폭발하는 큰 소리. explosion
폭정(暴政)명 포악한 정치. tyranny 「plosion
폭졸(暴卒)명 〈동〉 폭사(暴死).
폭주(暴走)명 ①생각 없이 또는 무턱대고 달림. 야구에서, 주자가 무모하게 주루(走壘)하는 일. ¶자동차의 ~. 3루로 ~하다. ②생각 없이 또는 성급하게 날뛰는 짓을 함. 하타
폭주(暴注)명 ①비가 갑작스레 많이 쏟아짐. downpour ②(동) 폭설(暴泄). 하타
폭주(暴酒)명 한 번에 많이 먹는 술. heavy drinking
폭주(輻輳·輻湊)명 ①(동)→폭주 병진(輻輳幷臻). ②〈생물〉 두 눈의 주시선(注視線)이 눈앞의 한 점으로 집중하는 일. 하타
폭주 반:응(輻輳反應)〈생물〉 극히 가까운 점을 주시할 때 눈의 폭주에 따라 동공(瞳孔)이 축소되는 현상.
폭주 병:진(←輻輳幷臻·輻湊幷臻)한 곳에 많이 몰려듦을 이르는 말. 폭주(輻輳)①. 하타
폭죽(爆竹)명 가는 대통에 불을 지르거나 또는 화약을 재어 터뜨려서 소리가 나게 하는 물건. ¶~을 터뜨리다. 備뜻. firecracker
폭질(暴疾)명 갑작스럽게 앓는 급한 병. sudden illness
폭취(暴醉)명 술이 몹시 취함. dead drunkenness 하타
폭침(爆沈)명 폭발시켜 가라앉힘. ¶폭격으로 적함을 ~시키다. sinking by explosion 하타
폭탄(爆彈)명 〈약〉→폭발탄(爆發彈).
폭탄 선언(爆彈宣言) 어떤 국면이나 상태에 폭발적인 작용과 전기(轉機)·반향을 일으키는 결정적인 선언. thunderbolt like declaration
폭투(暴投)명 〈체육〉 야구에서, 투수가 타자에 던진 투구를 포수가 못 잡을 경우의 일컬음. 또, 야수가 잡을 수 없는 악송구.
폭파(爆破)명 폭발시키어 파괴함. ¶~ 작업. explosion
폭평(暴評)명 난폭한 비평. 하타
폭포(瀑布)명 〈약〉→폭포수. 「하타
폭포–선(瀑布線)명 〈지리〉 침식(浸蝕)에 대하여 저항력이 강한 산지(山地)로부터 저항력이 약한 평야로 향하여 흐르는 하천(河川)의 침식력의 차에 따라 그은 (선).
폭포 도시(瀑布線都市)〈지리〉 폭포선을 따라 발달된 수력 발전 공사의 의하여 또 그 수력을 이용하기 위하여 발달된 공업 도시.
폭포–수(瀑布水)명 낭떠러지에 흘러 떨어지는 물. 비천(飛泉)②. 현단(懸湍). (약) 폭포. waterfall
폭–폭(튀 ①연해 깊이 찌르거나 쑤시는 모양. prick ②

남김없이 죄다 썩어 들어가는 모양. grow rotten throughout ③속들이 익도록 삶는 모양. boiling throughly ④암광지게 연해 쏟거나 담는 모양. ⑤앞//여기를 가리지 않는 말씨로 거침없이 대들어 따지는 모양. ⑥눈 같은 것이 소복소복 내려 쌓이는 모양. 《큰》푹푹.

폭풍(暴風)團 ①몹시 세게 부는 바람. tempest ②〈지리〉기상학에서, 풍력 계급 11에 해당하는 초속 28.5~32.6 m, 56~63 knot 의 바람. 넓은 범위에 피해를 줌. 왕바람. storm

폭풍(爆風)團 폭탄 등이 폭발할 때의 강렬한 공기의 압력. ¶~으로 유리창이 깨지다. bomb blast

폭풍 경:보(暴風警報)團〈지리〉기상 경보의 하나. 폭풍·폭풍우·폭풍설 등이 불어올 우려가 있음을 알리는 경보.

폭풍=설(暴風雪)團 폭풍과 폭설.

폭풍=우(暴風雨)團 폭풍과 폭우. storm

폭풍 전의 고요團 무슨 변(變)이 터지기 전의 잠깐 동안의 불안스러운 정적.

폭=하다(曝―)目⋄①볕에 쬐다. expose to the sun ②한데에 두어 우로(雨露)를 맞게 하다. expose to the weather

폭한(暴寒)團 갑자기 닥치는 심한 추위. sudden severe cold

폭한(暴漢)團 함부로 난폭한 짓을 하는 사람. 폭객 (暴客). ruffian

폭행(暴行)團 ①난폭한 행동. violence ②타인에게 폭력을 가하는 일. ¶집단 ~. violent conduct ③〈속〉강간(强姦). 《원》 포행(暴行). 하目

폭행 외=설죄[―죄](暴行猥褻罪)團〈법률〉남자나 여자에 대해 폭행·협박을 하여 외설 행위를 하거나 시킨 죄.

폭행=죄[―죄](暴行罪)團〈법률〉남에게 폭행을 가하였으나, 상해를 입히지 않았을 때의 죄. offence of assault

폰(phon)의團 소리의 크기를 나타내는 단위. 회화 소리는 40 폰이며, 80 폰 이상의 소음(騷音)은 사람의 신경에 자극을 줌.

폰던트(fondant)團 ①설탕을 반죽하여 크림 모양으로 한 조청 같은 것. 당과의 원료. ②→퐁당.

폰=미:터(phone meter)團 전화의 통화 도수계(度數計). 트에 닿는 일. ¶~승(勝).

폴(fall)團〈체육〉레스링에서, 선수의 양 어깨가 매

폴(pole)團 ①장대높이뛰기에 쓰는 장대. ②〈물리〉전극(電極). ③측량에 쓰는 긴 막대. 의團 길이의 단위. 5 야드 반(半). 곧, 5.0291 m 를 1 폴이라 함.

폴(polder)團〈지리〉네덜란드의 연안 지역에서 발달한 간척지(干拓地). 해면보다 낮음.

폴딱團 힘을 모아 가볍게 뛰는 모양. 《큰》폴떡. 하目

폴딱=거리다目⋄ 힘을 모아 연해 가볍게 뛰다. 《큰》폴떡거리다. 폴딱=폴딱 하目

폴라로그래프(polarograph)團〈물리〉미소 전극(微小電極)에서의 전해 현상을 연구하는 전기 화학적 장치.

폴라로이드(Polaroid)團 ①인조 편광판(人造偏光板)의 상품명. ②천연 또는 인공의 편광성 결정.

폴라로이드 랜드 카메라(Polaroid Land Camera)團 촬영에서 현상·인화까지 둡내 1 분 안에 자동적으로 조작되는 카메라. 《약》폴라로이드 카메라.

폴라로이드 카메라(Polaroid Camera)團《약》→폴라로이드 랜드 카메라.

폴라리스(Polaris)團 ①〈군사〉미국 해군의 증거리 탄도 미사일. ②북극성(北極星).

폴락=거리다目⋄ 바람에 날려 아주 빠르게 나부끼다. 《큰》폴럭거리다. 폴락=폴락 하目

폴랑團 바람에 날려 한번 가볍게 나부끼는 모양. 《큰》폴렁. flapping 하目

폴랑=거리다目⋄ 바람에 날리어 가볍게 나부끼다. 《큰》폴렁거리다. 폴랑=폴랑 하目

폴:러 캡(polar cap)團 차양이 넓고 안쪽에 선글라스가 붙은 야구모(野球帽).

폴:로(polo)團 마상 경기의 하나. 스틱으로 공을 쳐며 승패는 골 득점과 반칙의 감점으로 결정함. 한 팀이 네 명임. 《곡 및 무용. 3/4 박자로 느린 템포.

폴로네:즈(polonaise 프)團〈음악〉폴란드 특유의 가

폴로늄(polonium)團〈화학〉방사성 원소의 하나. 다음의 분석물로 우라늄 등 광물 속에 포함됨. 원소 기호; Po. 원자 번호; 84. 원자량; 209.

폴:로 셔츠(polo shirt)團 폴로 경기를 할 때 입는 반소매 셔츠. 여 제작된 영화 장면.

폴로: 신(follow scene)團〈연예〉이동 촬영에 의하

폴리그래프(polygraph)團〈동〉거짓말 탐지기.

폴리돌(Folidol 도)團 유기인(有機燐)을 포함한 파라티온계 살충제의 상품명. 농약임.

폴리비닐 알코올(polyvinyl alcohol)團〈화학〉합성 수지의 하나. 비닐론의 원료.

폴리스(police)團 경찰. 경관. 순경.

폴리스(polis 그)團 도시 국가(都市國家).

폴리스 박스(police box)團 파출소.

폴리=스티렌(polystyrene)團〈화학〉스티렌의 중합체 (重合體). 곧, 스티렌 수지의 딴이름. 폴리스티롤 (Polystyrol). tyrene).

폴리=스티롤(Polystyrol 도)團〈동〉폴리스티렌(polys-

폴리시(policy)團 정책(政策). 정략(政略). 책략(策略).

폴리=아미드(polyamide)團〈화학〉아미기(基)와 알킬렌기가 결합한 고분자(高分子) 화합물. 나일론·파론 따위의 합성 섬유를 만듦.

폴리=에스테르(polyester)團〈화학〉합성 수지의 하나. 내약품성(耐藥品性)·내열성에 뛰어나 가구·전재·합성 섬유 등에 이용됨.

폴리=에틸렌(polyethylene)團〈화학〉합성 수지의 하나. 내약품성(耐藥品性)·내수성(耐水性)·전기 절연성 등에 뛰어나, 그릇·포장·용기·절연재 등으로 이용됨. 있는 유기 화합물의 총칭. 탄성 고무 등.

폴리엔(polyene)團〈화학〉이중 결합을 여러 개 갖고

폴리오(polio)團〈의학〉유행성 소아 마비.

폴리오=바이러스(poliovirus)團〈의학〉소아 마비의 병원(病原). 바이러스.

폴리우레탄 발포체(polyurethane 發泡體)團 다가(多價) 알코올과 디이소시아네이트(diisocyanate)로 만들어지는 스펀지 모양의 다공질(多孔質) 물질.

폴리틱스(politics)團 정치학(政治學).

폴리포니(polyphony)團〈음악〉다성부(多聲部) 음악.

폴립(polyp)團〈동물〉히드라충류(hydra 蟲類)의 강장 동물에서 고착 생활을 하는 동물의 한 형체. 원통형에 그 주위에는 촉수가 수십 개 있고 위강(胃腔)이 있는데, 항문은 없음.

폴싹團 연기나 먼지가 뭉키어 일어나는 모양. 《큰》폴썩. suddenly 하目

폴싹=거리다目⋄ 연기나 먼지가 뭉키어서 연달아 일어나다. 《큰》폴썩거리다. 폴싹=폴싹 하目

폴:아웃(fallout)團 죽음의 제. 핵 폭발 실험으로 생성되는 방사성 낙진(落塵).

폴: 점프(pole jump)團 장대높이뛰기.

폴짝團 문을 갑자기 열거나 닫는 모양. 《큰》폴쩍. suddenly 하目

폴짝=거리다目⋄ 문을 연해 갑작스레 여닫고 드나들다. 《큰》폴쩍거리다. 폴짝=폴짝 하目

폴카(polka)團〈음악〉4 분의 2 박자인 급속하고 경쾌한 무곡. 브의 실패.

폴:트(fault)團〈체육〉테니스·탁구·배구 등에서, 서

폴폴團 ①열게게 자주 뛰어나 나는 모양. ②적은 물이 자주 끓어오르는 모양. simmer ③새나 눈·먼지가 날아 날리는 모양. 《큰》풀풀. softly

폼(form)團 ①형식. 양식. ②형태. 자세.

폼 러버(foam rubber)團 기포(氣泡) 고무. 라텍스 (latex)에 거품을 일으켜 가황(加黃)한 고무 제품. 침구 따위의 쿠션 재료로 쓰임.

폼:잡다目⋄ 무엇을 시작하려는 자세·태세를 취하다.

폼:재:-다 으쓱거리고 뽐내는 티를 짐짓 겉으로 나타내다.

폼포소(pomposo 이) 〈음악〉'장려하게·호탕하게'의 뜻.

폿=소리(砲―) 포성(砲聲).

폿=집(包―) 〈건축〉 전각(殿閣)·궁궐 등과 같이 포살미하여 지은 집.

퐁 ①작은 구멍이 뚫어지는 소리. ②세게 뀌는 방귀 소리. 〈큰〉풍. 〈센〉뽕.

퐁당 작고 단단한 물건이 물에 떨어져 빠지는 소리. ¶~ 물에 빠지다. 〈큰〉퐁덩. 하타

퐁당(fondant 프) 입에 넣으면 곧 녹는 부드러운 사탕 과자.

퐁당=거리-다 잇따라 퐁당하는 소리가 나다. 또, 잇따라 퐁당 소리를 내며 물 속으로 들어가거나 들어가게 하다. 〈큰〉풍덩거리다. **퐁당-퐁당** 하타

퐁=퐁 ①좁은 구멍으로 물이 쏟아지는 소리. ②작은 발동기에서 기화(氣化)하면서 나는 소리. ③방귀를 연해 세게 뀌는 소리. 〈큰〉풍풍. 〈센〉뽕뽕.

퐁퐁-거리-다 연이어 퐁퐁 소리가 나다. 또, 연이어 퐁퐁 소리를 내다. 〈큰〉풍풍거리다. 〈센〉뽕뽕거리다.

푄:(Föhn 도) 산을 넘어 불어 내리는 돌풍적인 건조한 열풍. 풍염(風炎).

표(表) ①겉. 겉. 겉옷. 바깥쪽. ②〈동〉표지(標識). ③소회(所懷)를 적어 임금께 올리는 글. ④요항(要項)을 순서에 좇아 열기한 것. ⑤〈약〉→표적(表迹).

표(票) 증거가 될 만한 쪽지. 차표 등.

표(標) ①증거가 될 만한 필적. ②준거가 되는 형적. ③두드러지게 나타나 보이는 특징. ④특징이 되게 하는 어떤 지점(指點). ⑤〈약〉→표지(標紙). 하타

표가[―가](表價) 화폐의 표면에 기록되어 있는 가격.

표가라(驃―) 몸은 검고 갈기가 흰 말.

표결(表決) 의안에 대한 가부의 의사를 표시하여 결정함. ¶~로 돌아가다. decision 하타

표결(票決) 투표로서 결정함. decision by vote 하타

표결=권[―꿘](票決權) 〈동〉의결권(議決權).

표고 〈식물〉 송이과(松耳科)에 딸린 버섯의 하나. 밤나무·떡갈나무 등의 고목에 나는데, 줄기는 굵고 짧으며 백색에 자윤색 또는 흑갈색 선두가 있음. 삿갓은 원형 또는 신장형이고 표면은 갈색 회색이고 내면은 백색임. 비타민 D의 함량이 많아 널리 식용함. 마고(蘑菇). 추이(椎茸). 향심(香蕈). mushroom 이르는 수직의 거리.

표고(標高) 바다의 수준면에서 지표의 어느 지점의

표고=버섯[―꼳] 〈식물〉'표고'를 분명히 일컫는 말.

표고=점[―쩜](標高點) 〈지학〉표고(標高)를 숫자로 나타낸 지점.

표구(表具) 〈동〉장황(裝潢). 하타

표구=사(表具師) 장황을 업으로 삼는 사람. mounter

표기(表記) ①거죽에 표시해 기록함. 또, 그런 기록. ②문자 및 음성 기호로 언어를 표시하는 일. ¶외래어의 ~법. inscription on the face 하타

표기(標記) 무슨 표로 기록함. 또, 그런 부호. mark 하타

표기[―쪼](朝―騎) 옛날 장수의 주기(主旗).

표기(標旗) ①목표로 세우는 기. flag ②〈제도〉병

표기=법[―뻡](表記法) 문자·부호를 사용해 언어를 표기 나타내는 규칙의 총칭.

표=값―다(票―) 일정한 돈을 내고 표를 사다.

표=나-다(表―) 특별히 표될 만한 점이 나타나다.

표녀(漂女) 빨래하는 여자. washing woman

표대[―때](表對) 〈문학〉글을 짓는 데에 썩 잘 맞게 된 대구(對句).

표도(剽盜) 〈동〉표략(剽掠). 하타 「스레.

표독(慓毒) 사납고 독살스러움. brutality 하타 스럽

표등(標燈) 무엇을 표시하는 등불. signal lamp

표랑(漂浪) ①떠돌아 헤멤. 떠돌아다님. vagrancy ②떠도는 물결. drifting 하타

표략(剽掠) 협박해 강제 빼앗음. 표도(剽盜). 표탈(剽奪). blackmail 하타

표력=토(漂礫土) 〈지학〉빙하에 의해 운반되었다가 빙하가 융해(融解)되면서 그대로 방치된 쇄설물(碎屑物).

표령(飄零) ①나뭇잎 등이 나부껴 떨어짐. blowing off ②신세가 딱하게 되어 떠돌아다님. wandering 하타 [하타

표로(表露) 거죽에 나타남. 또, 나타냄. appearance

표류(漂流) ①물에 떠서 흘러감. ¶로빈슨 ~기. drifting ②정처 없이 돌아다님. wandering 하타

표류-선(漂流船) 기동성을 잃고 표류하는 배.

표르드(fiord 노) →피오르드(fjord).

표리(表裏) ①겉과 속. 안팎. 표면과 내심. inside and outside ②〈제도〉 은사(恩賜)나 헌상(獻上)하던 옷의 겉감과 안침.

표리 부동(表裏不同) 마음이 음충맞아서 겉과 속이 다름. doubledealing 하타 [맞음. 하타

표리 상응(表裏相應) 밖에서와 안에서 서로 손이

표리 일체(表裏一體) 안팎이 한 뭉치가 됨. 하타

표마(驃馬) 표절따.

표말(標末) 팟말.

표물(標―) 표말.

표말(標―) 떴다 가라앉았다 함. 하타

표면(表面) 거죽으로 드러난 면. 겉쪽. 〈대〉이면(裏面). surface

표면 마찰(表面摩擦) 〈물리〉 고체에 접한 유체가 흐를 때, 상호 간섭에 의해 일어나는 마찰력.

표면 장력(表面張力) 〈물리〉 액체의 표면이 스스로 작은 면적을 취하려는 힘. surface tension

표:면:적(表面積) 〈수학〉 물체의 겉면의 면적. 면적. surface area

표면-적(表面的) 사물의 겉보기에 관한(것).

표면-파(表面波) 〈지학〉매질(媒質)의 표면 또는 두 매질의 경계면에 따라 전파하는 파동.

표면-화(表面化) 표면에 드러남. ¶사건이 ~하다.

표명(表明) 드러내어 명백히 함. ¶사의 ~. expression 하타

표모(漂母) 빨래하는 노파.

표목(標木) 〈동〉 팟말.

표묘·표묘(縹緲·縹渺) ①어렴풋하여 뚜렷하지 않은 모양. indistiness ②넓고 끝이 없는 모양. vastness 하행

표문(表文) 임금께 표로 올리던 글. memorial to the throne

표문(豹紋) 표범의 가죽에 있는 얼룩무늬.

표박(漂泊) ①흘러 떠돎. ②일정한 주거나 생업이 없이 떠돌아다니며 지냄. 표우(漂寓). ¶~의 나그네 길. wandering 하타 [wandering 하타

표방(標榜) ①어떠한 명목을 붙여 주의·주장을 앞에 내세움. ¶자유를 ~하다. stand for ②남의 선행을 칭찬하고 기록하여 여러 사람에게 보임. making a model 하타

표밭(票―) 선거 투표에서, 특정출마자가 그 지역에서 그가 차지하는 인기가 특히 좋거나 선거 지반이 튼튼하여 집중적인 득표를 많이 올릴 수 있는 구역. [ssion 하타

표백(表白) 드러내어 밝힘. 나타내어 말함. expre-

표백(漂白) 바래거나 약품을 써서 희게 함. bleaching 하타

표백-분(漂白粉) 〈화학〉 소석회(消石灰)에 염소를 흡수시켜 만든 백색 분말. 무명 등의 표백에 쓰이며 또 소독제로도 쓰임. 〈약〉 백분(白粉). bleaching powder [하는 작용. bleaching

표백 작용(漂白作用) 색소를 탈색하는 또는 희게

표백-제(漂白劑) 〈화학〉 섬유 또는 염색 재료 속에 있는 색소(色素)를 표백하는 약제. 과산화수소 등.

표백 조:제(漂白助劑) 표백제의 침투성을 높이기 위하여 섬유 표백욕(浴)에 가하는 물질. 파인유(油)·몽사(硼砂) 및 설탄화수(化油) 등.

표=범(豹―) 〈동물〉고양이과의 맹수. 삼림·암지(岩地)에 사는데, 몸 길이 1.5m 가량으로 몸빛은

등은 담황색, 배는 순백색이고 온몸에 원형 또는 난형의 흑색 무늬가 있음. 날쌔고 성질이 포악하며 나무에 잘 오르는데, 날짐승과 작은 짐승을 잡아 먹음.

표범=나비(豹─)명 〈곤충〉①표범나비과에 속하는 나비의 총칭. ②범나비보다 작아 몸 길이 2cm 내외, 날개 길이 6cm 가량임. 몸은 등황색으로 표범과 비슷한 흑색의 무늬가 있음.

표변(豹變)명 ①표범의 무늬처럼 뚜렷이 허물을 고쳐 착해지는 일. ②마음과 언동이 돌변함. sudden change 하다

표보(標譜)명 〈음악〉 5선의 악보가 아니고, 문자나 부호로써 악기를 치는 장소를 표시한 악보.

표본(標本)명 본보기가 되는 물건. 하나를 가지고 같은 종류의 물건의 표준을 삼을 만한 물건. 표품(標品). specimen

표본 벌레(標本─)명 〈곤충〉 표본 벌레과에 속하는 곤충. 황갈색 털이 배게 나 몸을 가진, 곤충 표본의 대표적인 벌레로, 모피(毛皮)의 해충임.

표본=실(標本室)명 표본을 보호하거나 진열해 놓은 방. specimem room

표본=지(標本紙)명 식물의 표본을 붙이는 종이.

표본 추출(標本抽出)명 통계상의 목적으로 모집단(母集團)에서 표본을 골라내는 일. 〔─는 토사.

표사(漂砂)명 ①〔동〕유사(流砂). ②해변에서 유동함.

표사 광;상(漂砂鑛床)명 〈광물〉 유수나 파도로 암석이 부서져 그 속에 포함되었던 금속 광물이 모래와 섞여 이루어진 광상.

표사 유피(豹死留皮)명 표범은 죽어서 가죽을 남긴다는 뜻. 사람은 죽어서 명예를 남겨야 한다는 말. 호사 유피(虎死留皮).

표상(表象)명 ①〔동〕 상징. ②〈심리〉 물체나 인물을 생각할 때 그것이 눈앞에는 없어도 머리에 흐릿하게 떠오르는 것. 심상(心象). 〔기억 ~. 상상 ~.

표상=주의(表象主義)명 상징주의(象徵主義).

표상=형(表象型)명 〈심리〉 표상의 작용에 따라 나눈 인간형(人間型). 청각적·시각적 및 혼합형의 네 가지로 나눔. model of representation

표서(表書)명 가죽에 글씨를 씀. 또, 그 글씨. (대)이서(裏書). writing on the surface 하다

표석(表石)명 무덤 앞에 세우는 푯돌. 품계·관직·성명 등을 새김. 표묘(墓表).

표석(漂石)명 ①〈지리〉 빙하의 작용으로 운반되었다가 빙하가 녹은 뒤에 그대로 남아 있는 바윗돌. erratic block ②〈광물〉 풍화 작용에 의해 시냇물에 흘러 내려가서 하류까지 운반된 광석의 파편.

표석(漂石)명 〔동〕 푯돌.

표선(漂船)명 바람에 불려 정처 없이 떠도는 배. drifting ship

표설(漂說)명 무설(誣說).

표송(表松)명 나뭇갓에 베지 않고 몇 대만 쏘아서 남겨 둔 큰 소나무.

표시(表示)명 ①겉으로 드러내어 보임. indication ②남에게 알리려고 겉으로 드러내어 발표함. 〔감사의 ~. expression 하다

표시(標示)명 표를 해 외부에 드러내 보임. mark 하다

표시=기(標示器)명 교통 정리·방향 지시 등을 위해 글자나 그림으로 어떻게 하라는 뜻을 가리켜 보이느라고 세우는 풋대.

표시=등(標示燈)명 ①전화를 걸면 교환수의 면전(面前)에 점화되는 장치의 작은 전등. ②수로(水路) 안내 선박에 다는 등불.

표시=주의(表示主義)명 〈법률〉 의사 표시에 있어서 외부에 나타난 행위의 표시를 중요하게 여기는 주의.

표식(表式)명 표시하는 일정한 법식.

표식(標式)명 고고학에서, 하나의 형식을 정확히 나타낼 수 있는 전형적인 유적·유물을 말함.

표식(標識)명 표지(標識)의 잘못.

표신(標信)명 〈제도〉 궁중에 급변을 전할 때나 또는 궁궐을 출입할 때에 지니던 문표(門標).

표실(漂失)명 물에 흘러가 없어짐. drifting away 하다

표양(表樣)명 겉으로 드러낸 표정·모양.

표어(標語)명 주의·강령(綱領) 등을 간명하게 표현한 짧은 어구(語句). 슬로건. motto

표어 문자(─字)(表語文字)〔동〕 단어 문자(單語文字)

표연(飄然)명 ①바람에 가볍게 나부끼는 모양. flapping ②훌쩍 떠나거나 나타나는 모양. wandering 하다

표우(漂寓)명 《동》 표박(漂泊)②. 하다 허튼

표웜(─)[音] 표범. [音]. phonetic 하다

표음(表音)명 〈어학〉 소리를 그대로 표시함. 사음(寫音)

표음 기호(表音記號)명 언어의 음성을 음성학적으로 나타내는 기호. 발음 기호(發音記號).

표음 문자(─字)(表音文字)명 〈어학〉 말의 소리를 기호로 나타낸 글자. 한글·로마 문자 등. 성음 문자(聲音文字), 음향 문자(記音文字). 음표 문자(音表文字). (대) 표의 문자(表意文字). ponetic symbol

표음=주의(表音主義)명 〈어학〉 철자법에 있어서, 낱말이 서로 다르게 발음되는 경우에는, 그것이 같은 낱말이지 그 경우마다 각각 소리 나는 대로 적자는 주장.

표의(表衣)명 겉에 입는 옷. 〔어느 한다는 주장.

표의(表意)명 말의 뜻을 글자로 나타냄. ideograph 하다

표의 문자(─字)(表意文字)명 〈어학〉 그림에 의해서나, 사물의 형상을 그대로 베껴서 시각에 의해 사상을 전달하는 문자. 한자(漢字) 따위. 단어 문자(單語文字). 뜻글자. (대) 표음 문자(表音文字). (예) 의자(意字). ideograph 〔러냄. 하다

표─이출지(─제)(表而出之)명 겉으로 두드러지게 드

표일(飄逸)명 모든 것을 무시 않고 마음 내키는 대로 행동함. unconventionality 하다

표일=곡(飄逸曲)명 〈음악〉 해학적인 이며 빠르고

표자(瓢子)명 구쩨한 소곡(小曲).

표장(表裝)명 《동》 장황(粧潢). 하다

표장(標─)명 《동》 서표(書標).

표장(標章)명 무슨 표로 보이는 부호. 휘장(徽章) 같은 것. symbolic device

표재(俵災)명 흉년든 해에 구실을 감함. 하다

표=재사(表才士)명 사륙문(四六文)을 민첩하게 잘 짓는 사람. 대구(對句)를 잘 맞추는 재주가 있는 사람.

표저(表著)명 《동》 현저(顯著). 〔람.

표저(瘭疽)명 손가락·발가락의 조하(爪下) 조직의 화농성 염증. 동통(疼痛)이 심함.

표적(表迹)명 거죽으로 드러난 형적. 기표(記標). (예) 표(表)⑤. traces 〔標點). target

표적(標的)명 목표가 되는 물건. 의적(儀的)①. 표점

표적=선(標的船)명 《동》 표적함(標的艦).

표적=함(標的艦)명 〈군사〉 사격·뇌격·폭격 등의 훈련이나 실험에 사용하는 특무함의 하나. 표적선(標的船).

표전(表箋)명 표문(表文)과 전문(箋文).

표전(飄轉)명 정처 없이 굴러다님. wandering 하다

표절(剽竊)명 남의 시가·문장 등의 일부, 또는 글귀를 가져다가 자기 것으로 발표함. 〔~ 작품. piracy 하다

표─절따(驃─)명 〈동물〉 몸은 누른 바탕에 흰털이 섞이고 갈기와 꼬리는 흰 말. 표마(驃馬).

표점(標點)명 《동》 표적(標的).

표정(表情)명 마음속의 감정·정서를 외모에 드러내 보임. 또, 그 변화. 〔불안한 ~. facial expression 하다

표정(表旌)명 충신·효자·열부(烈婦)를 표창하여 정문(旌門)을 세움. commemorating the virtues of a person 하다

표정=근(表情筋)명 〈생리〉 안면 신경에 의해 지배되

표정=술(表情術)명 〈동작·면모·자태 등에 사상·감정을 표현하는 기술. 무대에서의 연기의 요소가 됨. expressional art

표정 예술(─네─)(表情藝術)명 연극·영화·무용 등 표정을 주로 쓰는 예술. expression arts

표제(標題·表題)명 ①서책의 겉에 쓰이는 그 책의 이름.

수제(首題)[명] 제목①. title ②연설·담화 등의 제목. subject ③연극의 제목. ④서적 장부 중의 항목을 찾기 편리하도록 베푼 제목. ¶~를 붙이다. ⑤신문·잡지의 기사의 제목. ~로 내세우다.

표제-어(標題語·表題語)[명] 표제가 되는 단어.

표제 음악(標題音樂)[명] 〈음악〉일정한 관념이나 사물을 묘사·서술하기 위하여 곡명으로 표제를 붙인 악곡. 표제악(標題樂). (대) 순음악(純音樂). programa.

표조(漂鳥)[명] 철새. 며돌이새. [mme music

표종(表從)[명] 외종(外從) 사촌.

표주(標主)[명] 남에게 빚을 쓰고 수표를 써 낸 사람.

표주(標柱)[명] 푯대. [解] marginal note

표주(標註)[명] 서책의 난외(欄外)에 기록하는 주해(註

표주-박(瓢—)[명] 조롱박이나 둥근박을 반으로 쪼개어 만든 작은 바가지. 瓢子(瓢子). gourd

표주박면 대-패(瓢—面—)[명] 표주박처럼 반구형의 면을 밀어내는 대패.

표준(標準·表準)[명] ①사물의 정도를 정하는 목표. 준거(準據). 기준(基準). ¶~ 치수. ~형. standard ②타의 규범이 되는 준칙. 격식. [궤간.

표준 궤:간(標準軌間)[명] 1,435mm 되는 철도 선로의

표준 규격(標準規格)[명] 공업 통제상, 모든 물건의 모양·크기·성능·검사 방법 등을 나타내는 데 필요한 조건을 보이는 기술적인 규정을 어떤 표준에 따라 통일한 것.

표준 기압(標準氣壓)[명] 〈물리〉표준으로 정한 기압. 온도 0°C, 표준 중력일 때 높이 760mm의 수은주가 그 밑면에 가하는 압력에 해당하는 기압. 이를 1기압으로 함. nomal pressure

표준-량(標準量)[명] 다른 것의 표준이 되는 분량.

표준-말(標準—)[명] 표준어(標準語).

표준 상태(標準狀態)[명] 〈물리〉온도가 0°C, 기압이 1기압인 조건 아래에 있는 물질의 상태.

표준 생계비(標準生計費)[명] 건전한 생활을 유지해가는 데 필요한 비용.

표준=시(標準時)[명] 어떤 지역에 공통으로 사용되는 지방시(地方時). 한국 135°E. standard time

표준 시계(標準時計)[명] 빠르거나 느리지 않고 그 나라의 표준시와 꼭 들어맞는 시계.

표준 식(標準食)[명] 건강을 유지하는 데 필요한 칼로리와 각 영양소의 표준량을 함유한 식사. standard

표준-액(標準液)[명] 〈동〉노르말액. [meal

표준-어(標準語)〈어학〉한 나라의 표준이 되는 말. 각국의 수도에서 쓰는 말을 기초로 함. 한국에선 교양 있는 사람들이 두루 쓰는 현대 서울말을 중심으로 하여 결정한 것임. 대중말. 표준말. (대) 방언(方言). 사투리.

표준음(標準音)[명] 〈음악〉합주나 악기를 조율할 때의 기준으로서 제정된 음의 높이.

표준 임:금(標準賃金)[명] 실제로 지급되고 있는 임금을 통계적으로 조사하여 산출한 평균 임금. 산업·학력·남녀·연령별 등으로 나뉨.

표준 체온(標準體溫)[명] 〈생리〉동물의 소화 기관이나 근육 등의 활동이 정지하고 동물이 가만히 휴식하고 있을 때의 체온. [표준이 되는 항성(恒星).

표준 항성(標準恒星)[명] 〈천문〉천체를 관측할 때에

표준-화(標準化)[명] 관리(管理)의 능률 증진을 꾀하기 위하여 자재(資材) 등의 종류·규격을 제한·통일함. standardization 하다

표준 화석(標準化石)[명] 〈지학〉지질 시대를 결정하는 데 표준이 되는 화석. standard fossil

표증(標證)[명] 〈한의〉겉으로 드러나는 병의 증세.

표증(標證)[명] ①드러난 표적. ②증명(證明).

표지(表紙)[명] ①책뚜껑. cover ②〈동〉서표(書標).

표지(標紙)[명] 증거의 표로 적은 글발의 종이. ¶약 표(標)⑤. certificate

표지(標識)[명] 어떤 사물을 표하기 위한 기록. 표치(標識). 표(表)②. mark

표지-등(標識燈)[명] 야간에 항해 중이거나 계류 중인 선박. 비행중인 비행기 등이 그 위치를 표시하는 등화(燈火).

표지-색(標識色)[명] 〈동물〉동물의 색채가 생활 환경 속에서 특히 눈에 잘 드일 경우, 그 색채를 말함. 경계색·인식색(認識色)·위협색(威脅色) 등.

표직(豹直)[명] 오래도록 드는 번(番). nightshift

표징(表徵)[명] 겉으로 드러나는 상징. 특징(特徵). sign

표징(標徵)[명] 어떤 것과 다른 것을 드러내 보이는 뚜렷한 점. [stately 표차-로이[부]

표차-롭-다(表—)[형비] 드러내 놓기에 면세가 번듯하여.

표착(漂着)[명] 표류하여 어떤 곳에 닿음. drifting

표찰(標札)[명] 표로 쓴 종이. [ashore 하다

표창(表彰)[명] 남의 아름다운 일을 세상에 드러내어 밝힘. commendation 하다

표창(鏢槍)[명] 〈군사〉던져서 적을 공격하는 무기. 창대강이는 쇠로 하고, 첨단은 호로(葫蘆) 모양으로 함. iron-pointed spear

표장-장(表裝)[肚](表裝狀) 표장하는 문장을 적은 종이.

표척(標尺)[명] 수준(水準) 측량에서 쓰는 자.

표출(表出)[명] ①겉으로 나타냄. expression ¶감정 ~. ②널리 정신 활동에 수반되는 신체적인 변화.

표충(瓢蟲)[명] 〈곤충〉무당벌레. [③표현. 하다

표층(表層)[명] 표면의 층.

표층 눈:사태(表層—沙汰)[명] 적설(積雪)의 상층부만 미끄러져 내리는 눈사태.

표치(標致)[명] ①취지(趣旨)를 외부로 드러내 보임. expression ②얼굴이 매우 아름다움. fairness

표치(標識)[명] 《동》표지(標識).

표탈(剽奪)[명] 표략(剽掠). 하다 [tower

표탑(標塔)[명] 표지(標識)을 삼기 위해 세운 탑. signal

표탕(飄蕩)[명] ①물에 흔들려 움직임. ②정처 없이 헤매어 떠돎. wandering aimlessly 하다

표토(表土)[명] 작물 재배시에 갈아 일으킨 흙의 윗부분. 경토(耕土).

표토(漂土)[명] 빙하(氷河) 때문에 이동한 작은 돌·모래가 부서지거나, 빙하가 지반을 연마한 결과로 된 것. [흙. top soil

표폭(漂幅)[명] 《동》표변(邊幅)②.

표표(表表)[명] ①두드러져 눈에 띄는 모양. conspicuousness ②훨씬 뛰어나게 나타나는 모양. notedness 하다 [있는 모양. floating 하다 하다

표표(漂漂)[명] ①높이 떠 있는 모양. ②물에 등등 떠

표표(飄飄)[명] 가볍게 나부끼는 모양. 표요(飄颻)⑦. fluttering 하다 하다

표품(標品)[명] 《동》표본(標本).

표풍(漂風)[명] 바람결에 떠서 흘러 감. 하다

표풍(飄風)[명] ①회오리바람. whirlwind ②바람에 부낌. fluttering in the wind 하다

표피(表皮)[명] 〈생물〉①식물체 각부의 표면을 덮은 조각. ②생물체의 외표면을 덮은 세포층. 겉껍질. epidermis

표피(豹皮)[명] 표범의 모피. skin of a leopard

표피 섬유(表皮纖維)[명] 씨나 과일의 표피에 있는 섬유. [포.

표피 세:포(表皮細胞)[명] 〈생물〉표피를 조성하는 세

표-하다(表—)[타여] ①나타내다. 드러내다. ¶감사의 뜻을 ~. ②정의(情誼) 등을 다른 물질로서 대신 삼아 나타내다. ¶삼가 조의(弔意)를 ~. express

표-하다(標—)[타여] 표시 안표(眼標)하다. 목표를 삼다. mark

표한(慓悍)[명] 사납고 강한(强悍)함. fierceness 하다

표현(表現)[명] ①의사나 감정을 나타냄. 또, 나타난 형상이나 모양. ¶~이 서투르다. presentation ②작가가 감동이나 사상을 예술로 표출함. expression

표현-력[—녁](表現力)[명] 표현하는 능력. [하다

표현-미(表現美)[명] 표현의 아름다움.

표현 수단(表現手段)[명] 나타내는 방법. 표현하는 재료. ¶문학은 언어를 ~으로 하는 예술임.

표현=주의(表現主義)[명] 작가 개인의 강력한 주관을 통해 단적으로 사물의 내부 생명을 나타내려는 것을

술상의 한 주의. 제1차 대전 후 주로 독일을 중심으로 성하였음.
표현-파(表現派)[명] 표현주의를 주장하는 예술가의 일파. expressionist school 「나타낼 수 있는 범위.
표현 한:계(表現限界)[명] 일정한 말로 의사·감정 등을
표현-형(表現型)[명] 〔동〕 표현형(表現).
표현 형식(表現形式)[명] 〈문학〉 대상을 그려내는 문예 상의 형식. expressional form
표현형(表現型)[명] 〈생물〉 유전질(遺傳質)을 도외시하는 외형상으로만 본 형질(形質). 유전학상의 용어. 현상형(現象型). 표현형(表現型). 〔데〕 인자형(因子型). 유전자형(遺傳子型). phenotype
표홀(飄忽)[명] 급히 얼씬하는 모양. **하다** 히
표훈(表勳)[명] 〔동〕 훈장(勳章)①.　　　　[sign post
푯-대(標-)[명] 표지의 표지로 세우는 대. 표주(標柱).
푯-돌(標-)[명] 목표로 세우는 돌. 표석(標石). stone post　　「표달(標杻). ¶~을 박다. pile
푯-말(標-)[명] 표로 박아 세우는 말뚝. 표목(標木).
푸:[명] ①입술을 모아 김을 내뿜는 소리. with a puff ②짐승이 귀는 방귀 소리. farting
푸가(fuga 이)[명] 〈음악〉 악곡 형식의 하나. 한 주제가 나오면 몇 마디 뒤에 다른 성부에서 5도위 또는 4도 아래에 비슷한 주제가 대위 법칙에 의해 나온다. 둔주곡(遁走曲).　　　　「다른 형식에 삽입되는 악곡.
푸가토(fugato 이)[명] 〈음악〉 푸가의 제일부로만 되어
푸근[뷔] 매우 푸근한 모양. 《작》 포근포근. **하다**
푸근-하다[형][여변] ①탄력성이 있고 부드러워서 솜위에 살이 닿을 때와 같이 약간 따뜻하고 편안한 느낌이 있다. cushiony ②겨울날이 바람도 없이 부드럽게 푹하다. 《작》 포근하다. mild ③매우 넉넉하여 좋다. comfortable **푸근-히**[뷔]
푸-나무[명] 풀과 나무.
푸나무-서리[명] 풀과 나무가 우거진 사이. in a coppice
푸네기[명] 가까운 혈족. near relatives
푸념[명] ①〔민속〕 무당이 귀신의 뜻을 받아 옮기어 정성들이는 사람을 꾸짖람함. ravings of a sorceress ②마음에 품은 불평을 함부로 퍼부어 말함. 넋두리. grievance **하다**
푸-다[타] ①물을 떠내다. ¶우물에서 물을 ~. draw ②그릇에서 곡식 따위를 떠내다. ¶솥에서 밥을 ~.
푸-다[자] 피다.　　　　　　　　　　　　　　[serve
푸닥[명] 〔민속〕 무당이 간단하게 음식을 차려 놓고 잡귀를 풀어 먹이는 굿. exorcism **하다**
푸닥-지-다[형] 적은 것을 많다고 비꼬아서, '푸지다'고 과장해 쓰는 말.
푸-대:접(-待接)[명] 아무렇게나 하는 대접. 냉대(冷待). 냉우(冷遇). 부대접(不待接). 외대(外待). cold treatment **하다**
푸덕[명] 새나 물고기가 날개나 꼬리를 무겁고도 둔하게 치는 소리. 《작》 포닥. **하다**
푸덕-거리다[자타] 자주 푸덕 소리가 나다. 또, 자꾸 푸덕 소리를 나게 하다. 《작》 포닥거리다. **푸덕=푸덕 하다**[자] 《작》 포닥포닥. with a flap **하다**
푸두둥[명] 꿩 따위의 새가 갑자기 날 때에 나는 소리.
푸두둥=거리다[자] 연해 푸두둥 소리를 내며 날다. 《작》 포도등거리다. **푸두둥=푸두둥** **하다**
푸둥=푸둥[뷔] 통통하게 살지고 부드러운 모양. 《작》 포동포동. **하다**
푸드덕[명] 날짐승이 날개를 무겁고 어지럽게 치는 소리. 또, 큰 물고기 따위가 생기 있게 뛰며 어지럽게 꼬리를 치는 소리. 《작》 포드닥. **하다**
푸드덕=거리다[자타] 푸드덕 소리를 내다. **푸드덕=푸드덕하다**. **하다**
푸드득[뷔] 《거》 ~부드득.
푸드득=거리다[자] 《거》 ~부드득거리다.
푸:드 센터(food center)[명] 식료품 가게나 음식점을 한 자리에 모은 것.　　　「양털 모양이고 아름다움.
푸:들(poodle)[명] 〈동물〉 애완용 개의 하나. 털이 길며
푸딩(pudding)[명] 서양식의 연한 생과자. 곡분(穀粉)

에 달걀·우유·크림·설탕·향료 등을 섞고, 과실·야채 등을 가해 구움.　　　　　　　　[dically **하다**
푸뜸=푸뜸[뷔] 이따금 피엄피엄 나타나는 모양. spora-
푸렁[명] 푸른 빛깔이나 물감. blue
푸렁-이[명] 푸른 빛깔의 물건. blue coloured article
푸르께-하-다[형][여변] 끔찍도 짙지도 못하게 푸른 빛이 나다. 《작》 파르께하다. bluish
푸르-다[형][러변] ①하늘빛·초록빛과 같은 빛이다. ¶푸른 하늘. blue ②세력의 서슬이 싱싱하다. ¶서슬이 ~. fresh
푸르대-콩[명] 〈식물〉 열매의 껍질과 속알이 모두 푸르스름한 콩. 청대콩(靑大-)①.
푸르데데-하-다[형][여변] 천격스럽게 푸르스름하다. 《작》 파르대데하다.
푸르뎅뎅-하-다[형][여변] 격에 어울리지 않게 푸르스름하다. 《작》 파르뎅뎅하다. bluish
푸르디-푸르-다[형][러변] 몹시 푸르다. 진하게 푸른 빛이 나다. very blue　　「겠다 하는 모양. **하다**
푸르락-누르락[명] 흥분하여 얼굴색이 푸르렀다가 누래
푸르락-붉으락[명] ~붉으락푸르락.
푸르르[뷔] 《거》 →부르르. ②작은 새 등이 제자리에서 갑자기 냅뜨면서 나는 소리. 《작》 포르르.
푸르무레-하-다[형][여변] 때가 나지 않고 칙칙하고 옅게 푸르다. 《작》 파르무레하다. bluish　　　　「다. bluish
푸르스-하-다[형][여변] 약간 푸르다. 《작》 파르스름하
푸르죽죽-하-다[형][여변] 빛깔이 고르지 못하고 칙칙하게 푸르스름하다. 《작》 파르족족하다. greenish
푸르퉁퉁-하-다[형][여변] 산뜻하지 못하게 푸르다. bluish
푸른-거북[명] 〈동물〉 배갑(背甲)의 길이 1m 내외의 십장형임. 바다에서 해초를 주식으로 하여 살며 지방은 비누의 원료로 씀. 바다거북. green turtle
푸른-곰:팡이[명] 〈식물〉 균류에 속하는 곰팡이의 하나. 빵이나 음식물에 기생하여 음식물을 썩게 함. 흩씨의 빛깔이 푸르며, 페니실린의 원료로 이용됨.
푸른-도요[명] 〔동〕 냉기물떼새.
푸른-콩[명] →청대콩.
푸를청-부(-靑部)[명] 한자 부수(部首)의 하나. '靖'·'靜' 등의 '靑'의 이름.
푸룻=푸룻[명] 군데군데 푸르스름한 모양. ¶~ 새싹이 돋았다. 《작》 파릇파릇. greenspotted **하다**
푸리오소(furioso 이)[뷔] 〈음악〉 '열렬하게'의 뜻.
푸만-하-다(一飽滿-)[형][여변] 뱃속이 그들먹하여 조금 거북하고 편하지 못한 느낌이 있다. feel satiable
푸새[명] 옷 따위에 풀을 먹이는 일. starching **하다**
푸새²[명] 산과 들에 저절로 나서 자란 풀의 통칭. weeds
푸서[명] 피륙을 베어 낸 자리에서 풀어지는 올. 《대》 식서. ravel
푸서리[명] 잡초가 무성한 땅. wasteland
푸석-돌[명] 〈광물〉 화강암·편마암 등의 바윗돌이 취약해져 부석부석해진 돌. 《약》 석돌. brittle stone
푸석-살[명] 무르고 푸석푸석한 살. 《대》 대살.
푸석이[명] ①거칠고 단단하지 못해 부스러지기 쉬운 물건. brittle stuff ②옹골차지 못하고 아주 무르게 생긴 사람. weak person
푸석=푸석[명] 바탕이 거칠고 부피만 커서 매우 부스러지기 쉬운 모양. **하다**
푸석-하-다[형][여변] 거칠어서 부피만 많고 옹골차지 못하여 부스러지기 쉽다. 《작》 포삭하다. brittle
푸성귀[명] 사람이 가꾸어 기르거나 또는 저절로 난 온갖 나물들의 일컬음. greens
푸성귀는 떡잎부터 알고, 사람은 어렸을 때부터 안다 장래가 유망한 사람, 또는 위인(偉人)은 어렸을 때부터 유다름을 알 수가 있다.
푸-솜[명] 타지 않은 날솜. raw cotton
푸슬=푸슬[뷔] 《거》 →부슬부슬.
푸시-폰(push-phone)[명] 다이얼의 숫자(數字)의 버튼을 누름으로써, 교환기에 상대방의 번호를 알리는 방식의 전화기.

푸싱(pushing)[명]⟪체육⟫ 축구·농구 경기에 있어서, 상대자를 밀어뜨리는 반칙 행동.

푸쟁[명] 모시·베 따위로 지은 옷을 풀을 먹여 대강 발로 밟아 손질한 뒤에 다리미로 다리는 일.

푸접=없ː다[형] 남에게 대하여 포용성·붙임성 또는 엉너리가 없고 쌀쌀하게만 하다. **푸접=없ː이**[부]

푸ː조기[명]⟨어류⟩조기의 하나. 보통 조기보다 머리가 작고 빛이 희며 살이 단단함.

푸조=나무[명]⟨식물⟩느릅나무과의 낙엽 활엽 교목. 강이나 촌락 부근에 나는데 과실은 식용하고 목재는 그릇 등을 만드는 데 씀.

푸주(─廚)[명] 소·돼지 같은 짐승을 잡아 고기를 파는 가게. 도사(屠肆). 포사(庖肆). 포주(庖廚). 육간(肉間). 찬포(饌舖). butcher's shop

푸주에 들어가는 소걸음 벌벌 떨며 무서워하는 모양.

푸주-한(─廚漢)[명] 푸주를 업으로 하는 사람. butcher

푸줄리나(fusulina)[명]⟨지학⟩고생대의 페롬기(permian period)에 번성했던 방추형의 유공충류(有孔蟲類)임. 원생 동물, 지름은 0.5~1.5cm 정도. 내부는 벌집처럼 많은 벽으로 나뉘어져 있음. 퇴적하여 푸줄리나 석회암을 만들었음. 방추충(紡錘蟲).

푸줏-간(─廚間)[명]→푸주.

푸지-다[형] 매우 많아서 넉넉하다. abundant

푸-지위(─知委)[명]⟨제도⟩지위(知委)를 풂. 곧, 명령했던 것을 뒤에 도로 중지시킴. 하다

푸짐-하다[형][여] ①풍성하고 소담스럽다. ¶푸짐한 잔치. abundant ②굉장하고 떠들썩하다. **푸짐-히**[부]

푸집개[명] 병장기를에 내부는 물건.

푸짓-잇[─닏][명] '이불잇'의 궁중말.

푸코 전ː류(Foucault 電流)[명]⟨물리⟩변화하고 있는 자장내(磁場內)의 도체. 곧, 코일 속의 철심(鐵心) 따위의 전자 감응으로 인하여 생기는 전류. 맴돌이 전류.

푸코 진ː자(Foucault 振子)[명]⟨물리⟩지구의 자전 관측에 쓰는 단진자. 오래 진동시키는 동안 지구 자전(지면의 회전)의 영향으로 진동면이 회전함. Foucault's pendulum

푸트=노ː트(footnote)[명]⟪동⟫각주(脚註).

푸트-촉(foot 燭)[명] 1촉광(燭光)의 광원(光源)에서 1 피트 떨어진 곳의 밝음.

푸팅(footing)[명]⟪동⟫초단(礎段).

푸ː-하다[자][여] 입김을 연해 내부는 소리. ollen

푸ː-하다[형][여] 속이 들며 볼록히 내밀어 있다. sw-

푹 ①빈틈없이 잘 덮이나 잘 싸는 모양. ¶모자를 ~ 눌러 쓰다. pulling over one's head ②아주 깊이 느긋하게. ¶잠이 ~ 들었다. soundly ③흠뻑 끓어오르는 모양. ¶~ 삶다. boiled thoroughly ④힘있게 깊이 찌르는 모양. stabbing deep ⑤힘없이 단번에 쓰러지는 모양. ¶~ 쓰러졌다. with a flop ⑥수렁 따위에 갑자기 빠지는 모양. slipperily ⑦남김없이 되다. thoroughly ⑧깊게 두명이 패던 모양. ¶~ 파인 곳. ⟪작⟫폭. deeply ⟪약⟫→푹석¹. ⑨방귀 뀌는 방귀 소리. farting

푹석[부] ①온통 곯아 썩은 모양. ②맥없이 주저앉는 모양. ⟪약⟫푹⑨. ⟪작⟫폭석①. all decayed

푹석=푹석[부] 부피가 영성하고 단단하지 아니한 물건이 부스러지거나 가라앉는 모양. fragilely

푹-푹[부] 거칠고 마른 물건이 단단하거나 차지지 못하고 쉽게 부스러지거나 가라앉는 모양. ⟪작⟫폭삭폭삭③. 하다

푹신[부] 연해 푹신한 느낌이 있는 모양. 하다

푹신-하다[형][여] 부드러운 탄력성이 있고 따스한 느낌이 있다. ⟪작⟫폭신하다. soft and downy **푹신-히**[부]

푹ː-푹[부] ①연해 깊이 찌르거나 쑤시는 모양. ¶칼로 호박을 ~ 찌르다. ②남김없이 되다 썩어 들어가는 모양. growing rotten throughout ③흠뻑 물 익도록 삶는 모양. boiling thoroughly ④야무지게 담거나 쏟는 모양. ⑤눈 같은 것이 소복소복 내려 쌓이는 모양. recklessly ⑥날씨가 찌는 듯이 더운 모양. ⟪작⟫폭폭. sultrily 서 여리다. infirm

푹푹-하다[형][여] 종이·피륙 따위가 헤식으며 푹-하다[형][여] 겨울 날씨가 춥지 않고 따뜻하다.

푼[의명] ①옛날 엽전의 단위. 한 돈의 1/10. 한 닢을 일컬음. ¶닷 냥 서 ~. one penny ②무게의 단위. 한 돈의 1/10. ¶한 돈 오 ~. ③길이의 단위. 한 치의 1/10. ¶두 치 오 ~.

푼ː-거리[명] 땔나무나 물건을 몇 푼어치씩 매매하는 일. 푼매기②. small dealings

푼ː거리 나무[명] 푼거리로 매매하는 땔나무. ⟪약⟫푼나무. firewood sold by bunches

푼ː거리 장수[명] 푼장수.

푼ː거리-질[명] ①푼거리 나무를 사 때는 일. buying small faggots ②물을을 조금씩 조금씩 감질나게 사서 쓰는 일. 하다

푼ː-끌[명] 작은 끌. 날의 넓이가 한 푼 또는 두 푼쯤 됨. small chisel

푼ː-나무[명] ⟪약⟫→푼거리 나무.

푼ː-내기[명] ①노름에 몇 푼의 돈으로 하는 조그마한 내기. gambling with a negligible stake ②푼 돈거리. siness 하다

푼ː내기 흥정[명] 푼돈으로 셈하는 흥정. small-time business

푼더분-하다[형][여] ①얼굴이 두툼하여 탐스럽다. fullfaced ②약소하지 아니하고 두둑하다. abundant

푼더분-히[부]

푼ː-돈[─똔][명] 많지 아니한 몇 푼의 돈. small money

푼ː리(─厘)[명]⟪변⟫→분리(分厘).

푼ː-물[명] 대어 놓고 사는 물이 아니라 때때로 한 지게씩 사는 물. water bought from a watercarrier

푼ː-빵[명] 품 파는 일 따위를 도급으로 주지 아니하고 한 집섭에 대하여 삯을 주는 일. labourer's piece work 단돈 ~.

푼ː-사[의명] 돈을 몇 푼이라고 셀 때에 남는 몇 푼.

푼사(─絲)[명] 명주실의 하나. 고치를 켠 그대로 드리지 아니한 실. 푼사실. embroidery thread

푼사-실(─絲─)[명] 푼사.

푼ː-수[명] 정도. 비율. rate

푼ː-어치[명] 푼돈으로 계산할 만한 물건. pennyworth

푼ː-장수[명] 푼거리하는 사람. 푼거리 장수.

푼ː-전(─錢)[명]→푼돈.

푼ː전 임미(─錢粒米)[명]⟪변⟫→분전 임미(分錢粒米).

푼ː-주[명] 너부죽한 사기그릇.

푼지-나무[명]⟨식물⟩노박덩굴과에 딸린 갈잎 덩굴나무. 잎은 원형 또는 넓은 난형이고 5월에 녹황생의 꽃이 피고 삭과는 10월에 누렇게 익음. 어린 잎은 식용함.

푼ː-치[명] 얼마 안 되는 차이(差異)를 이르는 말. 길이의 '푼'과 '치'의 사이의 일컬음. little difference

푼ː-침(─針)[명]→분침(分針).

푼ː-칭(─秤)[명]⟪변⟫→분칭(分秤).

푼ː-이푼[명] 한 푼씩 한 푼씩. penny by penny

푼푼-하다[형][여] 모자람이 없이 넉넉하다. enough

푼푼-히[부] living on grass

푼ː-소[명] 여름에 생풀만 먹고 사는 소. 힘이 적음. cow

푼소 가죽[명] 푼소의 가죽. 질기고 않음.

푼소 고기[명] 푼소의 고기. 맛이 적음.

풀¹[명]⟨식물⟩①초본식물의 속칭. grass ②⟪약⟫갈풀.

풀²[명] 쌀·밀가루 등의 전분질에서 빼낸 접합제.

풀³[명]→풀기(─氣).

풀⁴(fool)[명] ①어리석은 성질. ②반병신. ③못난이.

풀ː(full)[명] 충분함. '온'·'천(全)'의 뜻. ¶~ 베임.

풀⁵(pool)[명] ①작은 못. ②자동차 따위가 모이는 곳. ¶모터 ~. ③⟨경제⟩공동 계산. 둘 이상의 기업체가 공동 판매·공동 구입·이윤 분배를 협정하여 수지 계산을 공동으로 행하는 것. ④수영 경기용으로 만든 콘크리트제의 사각형의 못. 수영장.

풀=가사리[─까─][명]⟨식물⟩홍조류(紅藻類)의 바다

풀-가시[―가―]명 →풀가사리. [시. glue plant
풀-가사리[―가―]명〈植〉홍조류의 바닷말의 한 가지. 해조(海藻). 해라(海蘿). 〔약〕가사리. 풀가시.
풀-갓명 초펌(草苞). [plot
풀-갓²[―깓]명 풀·갈풀 등을 가꾸는 말림갓. grass
풀-개-다타 풀을 뭉개서 풀다. thinning starch
풀-거미명〈動〉절지 동물로, 가게거미과에 딸린 거미의 하나. 관목·풀밭 등에 거미줄을 늘이고 삶. 몸은 1.5cm 내외이며, 황갈색임. 팔풀거미.
풀:**계산**(pool 計算)명〈經濟〉여러 회사나 공장에서 각기 생산하는 같은 물품의 값을 한데 합하여 그 물품의 단가를 정하는 계산.
풀-고사리명〈植〉고사리과에 딸린 여러해살이의 늘 푸른 양치류(羊齒類). 따뜻한 산지에 나며, 뿌리 줄기는 거칠고 곧 칡성으로 길게 옆으로 벋고 경질이며, 적갈색 피침형의 비늘 조각이 밀생함.
풀-기[―끼](―氣)① 풀을 먹여 뻣뻣하게 된 기운. starchiness ②사람의 썩썩한 활기. ¶―없는 젊은이. 〔약〕풀³. liveliness
풀-꺾-다타〈농업〉모낼 논에 거름할 갈풀을 베다.
풀-꺾이명〈농업〉모낼 논에 거름할 갈풀을 베는 일. 하자
풀-끝명 풀(糊)의 아주 적은 분량. [름.
풀 끝에 앉은 새 몸이라 안정치 처지가 아님을 이르
풀 끝의 이슬甲 사람의 생애란 풀 끝에 맺힌 이슬처럼,
풀-끼얄[―동] 귀얄. [덧없고 허무하다는 말.
풀-노린재〈곤충〉노린재과의 곤충. 몸 길이 1.3 cm 가량이고, 몸 빛은 녹색임. 앞가슴과 등쪽에 회백색의 무늬가 있고 머리 해충임.
풀-다타불규 ①묶은 것이나 뭉킨 것을 풀어지게 하다. ¶여장을 ~. untie ②생땅이나 밭을 논으로 만들다. reclaim ③ 맺힌 원한을 씻어 버리다. pay off ④금령(禁令) 따위를 터놓다. ¶통제를 ~. remove ⑤ 액체에 다른 것을 타다. 섞다. ¶물감을 ~. ⑥〔약〕풀어내다④. ⑦사람을 동원하다. ¶친구를 ~→풀을 ⑨ 코를 풀어 밖으로 나오게 하다. ⑩ 꿈·점괘(占卦)의 길흉을 판단하여 내다. ¶점괘를 ~.
풀-대님[―때―] 바지나 고의를 입고 대님을 치지 않고 그대로 터놓는 일. 하자
풀-덤불명 풀이 많이 우거진 덤불.
풀-등명 강물 속에 모래가 모여 쌓이고 그 위에 풀이 우북하게 난 곳. 초서(草嶼). grassy sandbank
풀-떡명①풀떡이기. [tly 하자
풀떡²명 힘을 모아 가볍게 뛰는 모양.〔작〕폴떡. ligh-
풀떡-거리-다자 힘을 모아 연해 가볍게 뛰다.〔작〕 폴딱거리다. 풀떡풀떡 하자
풀-떨기명 풀이 ?저저 이룬 떨기.
풀떼기명①잡곡(雜穀) 가루로 풀처럼 쑨 죽. thick gruel of grain flour ②잡곡의 낟알을 맺에 갈아 물을 짜내어 나머지 잡곡의 낟알 것을 넣어 쑨 죽.〔약〕 풀떽¹.
풀도-도〈식물〉앵도과의 낙엽 활엽 관목. 앵도나무와 비슷하고 봄에 복숭아빛의 꽃이 피고 열매는 가을에 붉게 익음. 우리 나라 특산임.
풀럭-거리-다자 날려 아주 빠르게 나부끼다. ¶깃발이 ~.〔작〕폴락거리다. 풀럭-풀럭 하자
풀렁명 바람에 날려 한번 빠르게 나부끼는 모양.〔작〕 폴랑. fluttering 하자
풀렁-거리-다자 바람에 날려 무겁게 나부끼다.〔작〕 폴랑거리다. 풀렁풀렁 하자
풀리(pulley)명 도르래. 활차(滑車).
풀리-다자 ① 맨 것이나 엉킨 것이 끌러지다. ¶실(집)이 ~. ②맺힌 것이나 뭉친 것이 없어지다. ¶명이 ~. ③ 의심·오해·노염·원망 따위가 없어지다. ¶원한이 ~. ④ 추위로 꺼어 날씨가 누그러지다. ¶수수께끼가 ~. ⑤이치나 문제가 밝히어지다. ¶밀가루가 물에 ~. ⑦금령(禁令) 따위가 터놓아지다. ¶단속이 ~. [thatched hut
풀-막(―幕)명 산기슭이나 물가에 뜸집처럼 지은 막.
풀-매명 풀쌀을 가는 작은 맷돌. quern to grind rice for starch
풀-매:기명 잡초를 뽑아 없애는 일. 하자
풀-매:듭명 풀기 쉽거나 저절로 풀릴 수 있게 매어진 매듭.(대) 옭매듭. easily untied knot
풀-매:미명〈곤충〉매미과의 곤충. 몸 길이 약 2cm, 날개 끝까지는 3cm 임. 빛은 흑색이며, 7~10월에 나와서 풀섶에 날아다님. 한국·중국·일본 등지에 분포함. [sened hair 하자
풀-머리명 풀어 헤쳐 걷어 올리지 않은 머리털. loo-
풀 먹은 개 나무라듯 한다母 혹독하게 나무라고 탓함의 비유.
풀-먹이-다타 피륙·옷 같은 것을 빳빳하게 하기 위해 묽게 갠 풀을 넣고 주물러 풀이 배어 들어가게 하다. ¶풀먹인 세탁물. starch
풀-멸구〈곤충〉멸구과의 곤충. 소형의 멸구로 작은 매미 비슷하며, 빛은 선녹색(鮮綠色). 몸의 뒷면은 수컷이 검고, 암컷은 담황색임. 벼에 황위병 (黃萎病)·위축병을 매개하는 큰 해충임.
풀-모명〈농업〉모물로 거름할 못자리. rice-nursery fertilized with weeds
풀무명 불 피울 때 바람을 일으키는 제구. 야로(冶爐). 풍상(風箱). bellows
풀무-질명 풀무로 바람을 일으키는 짓. ¶~로 숯불을 피우다. working the bellows 하자
풀-무치〈곤충〉메뚜기과의 곤충. 양지 바른 풀밭에 홀로 살며, 몸은 6cm, 황갈색 내지 녹색이며, 앞날개에 불규칙한 흑갈색 무늬가 있음. 화본과 식물의 해충임.
풀-미역치〈어류〉풀미역치과의 물고기. 몸은 약 12cm로 가늘고 길며 불규칙한 암갈색의 점무늬가 있음. 몸에는 비늘이 없으며, 먹지 못함.
풀-밭명 잡풀이 많이 난 땅. 초원(草原). ¶~에서 놂. grassplot
풀-백(fullback)명〈체육〉축구에서, 수비진에 속하는, 골키퍼의 앞에 포진해 있는 두 선수.
풀-벌명 풀이 많이 난 벌판. grassland
풀-베기명 풀을 베는 일. 하자
풀 베이스(full base)명〈체육〉만루(滿壘).
풀-보기명 새색시가 혼인 지낸 지 며칠 뒤에 시부모를 뵈러 가는 예식. 해현례(解見禮). ¶~날. 하자
풀-비[―삐](―扉)명 귀얄 대신 쓰려고 짚 이삭으로 만든 작은 비. 짚풍솔. straw brush
풀-빛[―삗]명 풀색.
풀-색[―쌕](―色)명 풀에 노란 빛이 연하게 섞인 빛깔. 풀빛. dark green
풀색-먼지벌레[―쌕―](―色)〈곤충〉딱정벌레과에 딸린 곤충. 밀이나 장기습의 풀밭이나 먼지 밑에 살며, 몸은 약 1.4cm로 상면은 녹색, 하면은 흑색. 온몸에 금빛의 짧은 털이 빛이 밀생하였음. 야간 활동성으로 작은 벌레를 잡아먹음. 적을 만나면 악취를 풍김.
풀-서-다자 풀을 먹여 피륙이 빳빳하다. [풍김.
풀-섶명 풀이 많이 난 곳. bush
풀-솜[―쏨―]명 고치들을 늘여 만든 솜. 설면자(雪綿子). floss silk
풀솜-할머니[―쏨―]명 외할머니의 결말. maternal grandmother
풀-숲명 풀이 무성한 수풀.
풀 스톱(full stop)명 종지부(終止符).
풀 스피:드(full speed)명 전속력(全速力). ¶~로 차를 몰다.
풀-시렁명 건초나 여물을 얹는 시렁. [를 몰다.
풀-싸리명〈식물〉콩과에 딸린 갈잎떨기나무. 7월에 짙은 자색 또는 홍자색의 꽃이 피고 협과(莢果)는 10월에 익음. 산록에 나며 줄기는 시탄재, 잎은 사료, 나무 껍질은 섬유용임.
풀-싸움명①풀을 듣어다가 비교하여 많이 듣어온 아

이가 이기는 장난. ②겨울감이 되는 풀을 베다가 다른 동네에 속하는 풀밭을 침노하여 일어나는 싸움. 투초(鬪草). 〔약〕풀쌈. 하자
풀=쌀[-] ①무리풀을 갈기 위하여 물에 불린 멥쌀. rice for starch ②풀을 만드는 멥쌀.
풀=쌈[명] 〔약〕풀싸움.
풀썩 연기나 먼지가 뭉키어 한꺼번에 일어나는 모양. ¶먼지가 ~ 나다. 《작》폴싹. puffing 하자
풀썩-거리-다[자] 연기나 먼지가 연해 뭉키어 일어나다. ¶먼지가 ~. 《작》폴싹거리다. **풀썩~풀썩**[부] 하자
풀=쐐:기[명] 〔곤충〕불나방의 유충(幼蟲). 작은 누에와 같고 빛이 검푸르며, 거친 털이 온몸에 배게 났음. 잡초의 잎을 갉아먹음. 〔약〕쐐기². caterpillar
풀=쑤-다[타] ①무리풀이나 밀가루를 풀에 타서 불에 익히다. make paste ②풀젓개를 쑤듯 재산을
풀쑥[갑]→불쑥. 〔휘저어 버림의 비유.
풀어-내:다[타] ①얽힌 것, 얼크러진 것들을 끌러 내다. ¶엉킨 실을 ~. disentangle ②깊은 이치나 어려운 문제를 궁구하여 밝혀 내다. ¶힘든 문제를 ~. 〔약〕풀다⑥. solve ③〔속〕풀어먹이다②.
풀어-놓-다[타] ①맨 것을 끌러 주다. ¶죄수를 ~. ②무엇을 몰래 탐지하기 위하여 여러 사람을 널리 베풀어 놓다. ¶형사를 ~.
풀어-먹이-다[타] ①음식이나 재물 등을 여러 사람에게 나누어 주다. distribute ②〈민속〉귀채(鬼責)가 있는 병에 죽을 쑤어 버리거나 무당이나 판수를 시켜 푸닥거리를 하여 풀다. 풀어내다③.
풀어-쓰기[명] 〔어학〕한글의 현행 자형을 풀어 헤쳐, 초·중·종성을 그 차례대로 쓰는 방식. '한글'을 'ㅎㅏㄴㄱㅡㄹ'로 쓰는 따위. 횡철(橫綴)①. writing form left to right
풀어-지-다[자] ①매거나 얽힌 것이 풀리게 되다. get untied ②오해·원한 따위의 감정이 없어지다. melt away ③의나나 문제 따위가 해명되다. be solved ④뭉친 것, 단단한 것이 엉길 힘이 없이 풀리다. ¶국수가 ~. ⑤액체에 다른 것이 잘 타지다. ¶물에 풀이 잘 ~. ⑥추위가 누그러지다. ⑦금령(禁令) 따위가 누꿍어지다. ¶규제가 ~.
풀어-헤치-다[타] 끌러 놓고 이리저리 헤치다. 〔웨터.
풀-오:버(pull-over)[명] 머리로부터 입는 소매 달린 스
풀이[명] 알기 쉽게 쉬운 말로 밝혀 말함. explanation =풀이[명] 오해·원한·살(煞) 등을 풀어 버리는 일. ¶~살. exorcism 하자
풀이-마디[명] 〔문〕술어절(述語節).
풀이-말[명] 〔문〕술어(述語).
풀이-씨[명] 용언(用言).
풀이-자리[명] 서술격(敍述格).
풀이-조각[명] 술부(述部).
풀-잎[-립][명] 풀의 잎. leaves of grass
풀잎 피리[-립-][명] 두 입술 사이에 풀잎을 대거나 물고 부는 것. 적피리.
풀잠자리[명] 〔곤충〕풀잠자리과의 곤충. 온몸이 초록색이며 날개의 맥(脈)도 초록색임. 여름 밤에 등불에 날아드는데, 냄새가 고약함.
풀-젓개[명] 풀을 쑬 때에 휘젓는 막대. paste-stirer
풀죽-다[자] ①들기가 죽어서 뻣뻣하지 못하다. be crestfallen ②성하면 기세가 꺾여 약해지다. be depressed
풀-줄기[-쭐-][명] 〔식물〕풀의 줄기. 〔pressed
풀질[명] 무엇을 붙일 자리에 풀을 칠하는 일. pasting 하자 〔store
풀집[-찝][명] 입쌀 풀을 쑤어 덩이로 파는 집. paste
풀쩍[부] 갑자기 갑작스럽게 열거나 닫는 모양. 《작》풀짝. suddenly 하자
풀쩍=거리다[자] 풀쩍을 연해 갑작스레 여닫고 드나들다. 《작》풀짝거리다. **풀쩍~풀쩍**[부] 하자
풀첩지[명] 〔곤충〕여치과의 곤충. 베짱이와 비슷하나 몸이 가늘고 길이 4～5 cm 가량임. 몸 빛은 녹색으로 앞가슴에 담갈색의 굵은 세로줄이 있음.
풀처-생각[명] 뱉었던 생각을 풀고 스스로 위로함. re-

signation 하자
풀치[명] 〔어류〕갈치의 새끼. young hair-tail
풀치-다[타] 뱉었던 생각을 돌려 용서하다. ¶생각을 ~. pardon 〔시마. 〔대〕동치마.
풀-치마[명] 좌우 양쪽으로 선단을 대어 둘러 입게 된
풀칠(一漆)[명] ①종이 등을 붙이려고 무엇에 풀을 바름. pasting ②겨우 끼니를 이어 감. 호구(糊口). subsistence 하자 〔것. pasting spatula
풀-칼[명] 대오리나 얇은 나무 오리로 칼같이 만든 풀
풀=판(一板)[명] 풀을 개어 놓은 널조각. pasting board
풀포수(一泡水)[명] 갈모쌈지·유삼(油衫) 등을 만드는 데 기름에 절기 전에 묽은 풀을 먼저 바르는 일. 하자
풀풀[부] ①기운차게 자꾸 뛰거나 나는 모양. ¶몸이 ~ 난다. ②물을 연해 끓어오르는 모양. bubblingly ③눈·먼지 따위가 흩날리는 모양. ¶먼지가 ~ 난다. 〔약〕풀풀. fluttering
풀풀-하-다[형][여불] 참을성이 적고 괄괄하다. bilious
풀피리[명] 〔약〕풀잎 피리.
풀-하-다[타][여불] 풀을 먹이다. starch
풀-하-다²[타][여불] 〔약〕갈풀하다.
풀해:마(一海馬)[명] 〔어류〕실고기과에 딸린 바닷물고기. 내만의 해조(海藻) 사이에 사는데, 머리에 두 개의 촉수가 있는 것이 특징임.
품[명] ①웃도리 옷에서 겨드랑이 밑의 넓이. 앞길과 섶과의 넓이. 또는 뒷길의 넓이. ¶살이 쪄서 ~을 늘리다. width of the breast ②웃옷을 입었을 때, 가슴과 옷과의 간격. ¶~이 넓다. bosom ③안기거나 안기는 것으로서의 가슴. ¶어머니의 ~안. bosom
품[명] 무슨 일에 드는 힘 또는 수고. ¶~이 들다. ¶하루 ~이 들다. labour
품[의] 동사 아래 붙어서 그 동작이나 됨됨이의 어떠함을 표하는 말. ¶말하는 ~. 생긴 ~. attitude
품:¹(品)[명] ①〔약〕품질(品質)(物品). ②〔약〕품격(品格). 위위(品位). ④〔약〕품목(品目).
품(品)[의] 〔제도〕품계의 순위를 매기는 말. ¶정 ~이 떨어지다. 〔위〕품(品)①⑩. dignity
품-값[-깝][명] 노력의 대가. wages for labour
품-갚-다[타] 자기가 받은 품의 갚음으로 품을 상대자에게 제공하다. reward one's labours
품-갚음[명] 남에게 도움을 받은 것을 그대로 갚음. recompensation for labour 하자 〔good quality
품:건[一껀](品件)[명] 상품(商品)의 물건. article of
품-격[一껵](品格)[명] 사람된 자품(資稟). 기품(氣品). ¶~이 떨어지다. 〔위〕품(品)①⑩. dignity
품-결(稟決)[명] 품고하여 처결함. 하자
품-계(品階)[명] 〔제도〕옛 관리의 직품과 관계(官階). 품질(品秩). 〔유〕등차(等差). official grade
품-고(稟告)[명] 웃어른·상사(上司)에게 여쭘. 품달. report to a superior 하자
품-관(品官)[명] 〔제도〕품계를 가진 관리의 총칭.
품-관(品冠)[명] 〔제도〕벼슬 품계에 따라 쓰는 관.
품-귀(品貴)[명] 물건이 귀함. ¶~ 상태. scarcity 하자
품-급(品級)[명] 벼슬의 등급. rank
품-꾼[명] 〔약〕품팔이꾼.
품-다¹[-따][타] ①품 속에 넣거나 가슴에 대어 안기나 몸에 지니다. ¶비수를 ~. ②원한·슬픔·기쁨·생각 등을 마음속에 가지다. ¶의심을 ~. 웅지(雄志)를 ~. 〔drawing water from
품-다²[-따][타] 괴어 있는 물을 계속하여 푸다.
품-다³[-따][타] 모시풀 껍질을 품칼로 벗기다.
품-달(稟達)[명] 품고(稟告). 하자 〔는 것. dignity
품-대(品帶)[명] 〔제도〕벼슬아치의 공복(公服)에 갖추
품-돈[一똔](品)[명] 품삯으로 받는 돈. wage
품-등(品等)[명] 품질과 등급(等級). ¶~에 따라 값을 매기다. grade
품-등(品燈)[명] 〔제도〕벼슬아치가 밤에 나들이 할 때 하인에게 들리고 다니던 사등롱(紗燈籠).
품:등-법[一뻡](品等法)[명] 〔심리〕심리학상 시험의

한 방법. 많은 대상을 일정한 순서로 배열하고 각 대상의 평균적인 위치와 그 산포도(散布度)를 계산하는 방법.
품:렬(品劣)圓 된 품이 낮음. inferiority 하다
품:령(稟令)圓 〈제도〉왕세자의 대리 섭정 때 내리던 영지(令旨).
품:류(品類)圓 물건의 갖가지 종류. 종류. kind
품:명(品名)圓 품종의 명칭. 물품의 이름. name of an article ¶~. list of articles
품:목(品目)圓 물품의 명목. 물품의 항목. ¶수출품
품:목(稟目)圓 상관에게 여쭙는 글.
품:물(品物)圓 형체를 갖춘 온갖 물건의 총칭. goods
품:반(品班)圓 〈제도〉대궐 안 정전(正殿)의 앞뜰에 백관이 정렬하던 차례.
품:별(品別)圓 물품의 구별. kinds of articles 하다
품:부(稟賦)圓 천성으로 타고남. 품수(稟受). natural gift 하다
품:사(品詞)圓 〈어학〉단어를 문법의 의미·형태·직능에 따라, 그 모아 놓은 단어의 갈래. 剛②. part of speech
품:사-론(品詞論)圓 〈어학〉문장에 쓰인 단어의 성질에 따라서 그 의미·형태·직능(구실) 등을 연구하는 문법의 한 분야(分野). accidence
품:사 전:성(品詞轉成) 〈어학〉어떤 단어가 본디의 품사와는 다른 문법상의 성질을 가져, 한 품사로부터 다른 품사로 바뀌는 일. (약) 전성(轉成)②.
품:삯[─싹](品─)圓 품팔이에 대한 삯. 노임(勞賃). ¶~을 주다. wage
품:석(品石)圓 〈제도〉대궐 안 정전(正殿) 앞 뜰에 관석(官階) 품을 새겨 세운 석표(石標).
품:석(品席)圓 〈제도〉벼슬아치가 까는 방석. 품위에 따라 다름. [facter
품:성(品性)圓 품격과 성질. ¶~이 비열하다. char-
품:성(稟性)圓 천성으로 타고난 성품. 부성(賦性). 품질(稟質)圓 ¶~이 뛰어난 사람. nature
품:속[─쏙](品─)圓 품의 속이나 품고 있는 그 깊은 속. ¶~에 간직한 돈. (예)품가. bosom
품:수[─쑤](品數)圓 품의 차례. order
품:수(稟受)圓 (동)품부(稟賦). 하다
품:신(稟申)圓 아룀. 보고. reporting 하다
품:안(品─)圓 품는 범위의 안. ¶어린애를 ~에 안다.
품:안(品案)圓 〈제도〉품계를 가진 이의 성명을 그 작품의 차례대로 기록한 장부(簿冊).
품:앗-다[─따] 자기가 품을 제공한 갚음으로 상대의 품을 받다. help each other
품:앗-이[─싸─](品─)圓 힘든 일을 서로 도와 품을 지고 갚고 함. mutual assistance 하다
품:위(品位)圓 ①직품(職品)과 지위(地位). ¶~를 높이다. grade ②금은화가 머금은 금의 우의 비례. ¶~ 증명. ③광석 중에 포함된 금속의 정도. ④노력에 의한 가치의 소유자인 인격을 갖는 절대적 가치의 특질. ¶~ 없는 사람. (예) 품(品)①. dignity
품:의(稟議)圓 웃어른·상사(上司)에게 글이나 말로 여쭈어 의논함. ¶~서(書). consultation with a superior 하다
품:자[─짜](品字)圓 삼각(三角)으로 벌여 놓은 형상.
품:재(品才)圓 성품과 재주. personality and ability
품:재(稟才)圓 타고난 재주.
품:절(品切)圓 (동)절품(切品). 되다
품:정(品定)圓 우열이나 품질을 비평하고 판정함. 하 [decide 하다
품:정(稟定)圓 여쭈어 의논해 결정함. report and
품:제(品制)圓 벼슬의 등급. 위계(位階).
품:제(品題)圓 (동) 제품(題品).
품:종(品種)圓 ①물품의 종류. kind ②〈생물〉생물 분류학상 종(種) 이하의 한 단위, 또는 식물에서의 유전적 개량의 새로운 개체군(個體群)의 명칭. 종(種). ¶~ 개량(改良). ③〈농업〉농학상의 분류 구분으로서 농작물·가축의 여러 특성에 의해 다시 잘

분한 단위의 명칭. ¶육용(肉用) ~. 재배 ~.
품:주(稟奏)圓 임금에게 상주(上奏)함. reporting to the emperor 하다
품:지(稟旨)圓 울려 아뢰어서 무르와내는 군명(君命).
품:질(品質)圓 물건의 성질. (예) 품(品)①. quality
품:질(稟質)圓 (동) 품성(稟性).
품:처(稟處)圓 상주하여 처리함. 하다
품:칼(稟─)圓 모시풀의 껍질을 벗기는 데 쓰는 칼.
품:팔-다(品─)瑥 품삯을 받고 일하다. work for a wage
품:팔-이(品─)圓 품삯을 받고 남의 일을 해주는 짓. ¶~로 끼니를 잇다. 고공(雇工). labour 하다
품팔이-꾼(品─)圓 품팔이를 하여 생활을 해가는 사람. (예) 품꾼. wage earner [하다
품:평(品評)圓 품질에 대한 평정(評定). evaluation
품:평-회(品評會)圓 산물(産物)·제품(製品) 등을 모아 품평하는 모임. exhibition
품:-하-다(稟─)伊瑥 웃어른·상사에게 무슨 일의 가부를 연기 위해 말씀을 여쭈다. report
품:행(品行)圓 품성과 행실. 조행(操行). ¶~ 방정 (方正). conduct
풋-頭 '새로운 것·덜 익은 것'의 뜻. unripe
풋-가지圓 ①푸나무의 가지. ②새로 난 말물 가지.
풋-감圓 빛이 퍼렇고 아직 익지 않은 감. unripe persimmon (綠肥). green manure
풋-거름圓 생풀이나 생나무 잎으로 하는 거름. 녹비
풋-것[─껃]圓 그 해에 새로 나온 곡식·과실·나물붙이의 통칭. ¶~을 먹다. first product of the season
풋-게圓 초가을에 아직 장이 들지 않은 게.
풋-고추圓 빛이 푸르고 아직 익지 않은 고추. 청고초 (靑苦草). ¶~ 조림. ~ 찌개. green red peppers
풋고추 절이 김치圓 절이 김치에 풋고추가 꼭 들어가듯이, 서로 친밀히 지내어 항상 붙어다니는 것을 [보고 하는 말.
풋-곡(─穀)圓 (약)→풋곡식.
풋-곡식(─穀食)圓 덜 익은 곡식. (약) 풋곡(─穀). new grain
풋-과:실(─果實)圓 아직 다 안 익은 과실. [기운.
풋-기운圓 아직 힘이 몸에 깊게 배지 않은, 젊은이의
풋-김치圓 봄·가을에 새로 나온 어린 무나 배추로 담근 김치. 청저(靑菹). [grass fuel
풋-나무圓 새나무·갈잎나무·풋장을 통틀어 일컫는 말.
풋-나물圓 봄철에 새로 난 풀이나 나무의 연한 싹으로 만든 나물. 청채(靑菜)②. early edible herbs
풋나물 먹듯圓 아까운 줄도 모르고 엄청나게 먹는 모양.
풋-내圓 새로 나온 푸성귀·풋나물붙이로 만든 음식에서 나는 풀냄새. smell of new greens
풋-내기圓 ①젊고 경험이 없는 사람. ¶~ 의사. ②진중하지 못하고 툭하면 객기(客氣)를 부리는 사람. greenhorn
풋-담:배圓 ①퍼런 잎을 썰어 당장에 말린 담배. 청초(靑草). ②배운 지 얼마 안 돼 맛도 모르고 피우는 담배짓. green tobacco
풋-대:추圓 ①말리지 않은 대추. ②완전히 닥지 않은 대추. green jujubes [petty fortune
풋-돈:냥(─兩)圓 한때 후림결에 생긴 약간의 돈.
풋-머리圓 밭물이나 햇것이 나오는 무렵. 또는 겨우 익어서 무르녹기 않은 무렵. early season
풋-바둑圓 배운 지 얼마 안 되는 서투른 바둑 솜씨.
풋-바심圓 채 익기 전의 벼나 보리를 지레 베어 떨이 내는 일. ¶~ 하다. harvesting unripe crops
풋-밤圓 채 다 익지 아니한 밤. [하다
풋-발圓 옷판의 도발으로부터 옷발까지의 발.
풋-배圓 채 다 익지 않은 배.
풋-벼圓 채 다 익지 않은 벼. green rice
풋벼-바심圓 풋벼를 베어서 곧 타작하는 일. thresh- ing green rice 하다 [는 공.
풋-볼(football)圓 ①〈체육〉축구(蹴球). ②축구에 쓰
풋-사과(─沙果)圓 덜 익은 사과.
풋-사랑圓 ①정이 덜 들고 안정성이 없는 들뜬 사랑. ②어려서 깊이를 모르는 사랑.

풋=사위 윷놀이에서 풋윷으로 나오는 큰 사위.
풋=솜씨 익숙하지 않은 서투른 솜씨. poor hand
풋=술 맛도 모르고 마시는 술.
풋=워크[footwork] 구기·권투 등의, 발의 놀림. 또, 발을 쓰는 재간.
풋=잠[-눈] 익숙지 못한 윷 솜씨.
풋=잠 갓 든 옅은 잠. light sleep
풋=장 가을에 억새·참나무·진달래, 그 밖에 잡목의 가지를 베어 말린 땔나무. grass fuel 「기 senses.
풋-장:기(-將棋) 배운 지 얼마 안 되는 서투른 장
풋=콩 깍지 속에 들어 채 다 익지 않은 콩.
풍 ①물에 무엇이 빠지거나 큰 구멍이 뚫어지는 소리. ②세게 퀴는 방귀 소리. (작) 퐁. (센) 뿡.
풍¹(風) 허황하여 믿음성이 없는 말이나 행동을 가리키는 말. ¶밖낮 ~만 떨다. ~이 세다.
풍²(風)〈한의〉①정신 작용·근육 신축·감각 등에 탈이 생긴 병. 곧, 중풍·전풍(巓風) 따위. palsy ②원인 불명의 살갗의 질환. 두풍(豆風)·피풍(皮風) 등.
=풍(豐)《약》→풍패(豐沛).
=풍(風) 명사 밑에서 '풍속·양식'의 뜻을 나타내는 말. ¶고전~. 서구~. air
풍각(風角)(민속) 사방(四方)과 네 모퉁이의 바람을 궁·상·각·치·우(宮商角徵羽)의 오음(五音)으로 감별해서 길흉을 점치는 방술.
풍각=쟁이(風角-) 집집으로 돌아다니면서 문 앞에 서서 풍류를 하며 돈을 구걸하는 사람. street singer
풍간(諷諫) 완곡한 표현으로 잘못을 고치도록 함. (대) 직간(直諫). insinuative exhortation 하다
풍감(風鑑) 사람의 용모와 풍채로써, 그 사람의 성질을 감정하는 일.
풍개-나무(-) 〈식물〉느릅나무과의 갈잎 큰키나무. 여름철에 담황색의 잔 꽃이 피고 팥알만한 열매가 열리는데 익으면 황혹색이 됨. 목재는 신단재·기구재에 쓰임.
풍객(風客) 바람둥이. 「로 쓰이고, 과실은 식용됨.
풍건(風乾) 바람으로 쐬어 말림. exposure to the
풍걸(風傑)〈불〉풍편 거지. 「wind pest
풍격 -격(風格) 풍채(風采)와 품격(品格). ¶선비다운 ~. appearance and dignity
풍경(風景) 경치. 경관(景觀). ¶전원 ~. ②《약》 →풍경화(風景畫).
풍경(風磬) 처마 끝에 다는 경쇠. 작은 종 모양임. 풍령(風鈴). 「그윽한 ~ 소리. wind-bell
풍경(諷經)〈불〉①소리 맞춰 경문을 읽는 일. ②《불교》선종(禪宗)에서, 부처 앞에 근행함.
풍경-치-다(風磬--) 풍경을 치듯이 자주 드나들다. go in and out continually
풍경-화(-畫)(風景-)〈미술〉자연의 경치를 그린 그림. ¶~를 출품하다. (대) 정물화(靜物畫). 《약》 풍경(風景)². landscape painting
풍계(風系)〈지학〉풍향이 거의 같은 바람의 집단. 무역풍·편서풍(偏西風)·계절풍·해륙풍(海陸風) 등이 있음. 「아내는 아이들 장난의 하나. 하다
풍계-묻이[-무지] 무슨 물건을 감춰 두고 서로 찾
풍고(風高下) 한 해 동안의 기후의 일컬음. 봄·여름은 바람이 낮고, 가을·겨울은 바람이 높다는 말. 「님. appearance and build
풍골(風骨) 풍채와 골격. ¶선인(仙人)의 ~을 지
풍광(風光) 풍경(風景). scenery 「름다움. 하다
풍광=명미(風光明媚) 산수의 경치(景致)가 맑고 아
풍-괘[-쾌](風卦)〈민속〉육십사괘의 하나. 지뢰(震雷)와 이괘(離卦)가 거듭된 것. 우레와 번개가 다 이름을 상징함. 《약》풍(豐).
풍교(風敎) (동) 풍화(風化)¹.
풍구(風具) 곡물로부터 쭉정이·겨·먼지 등을 골라 내는 농구(農具). 풍차(風車)². winnowing machine
풍-국(楓菊) 단풍과 국화. maple and chrysanthemum
풍금(風琴)〈음악〉건반(鍵盤) 악기의 하나. 페달을 밟아서 바람을 넣어 소리를 냄. 오르간. organ
풍급(風級)《약》→풍력 계급(風力階級).
풍기(風紀) 풍속·풍습에 관한 기율. 남녀간의 교제에 있어서의 절도(節度). ¶~ 문란(紊亂). discipline
풍기(風氣) ①《동》풍속(風俗). ②《동》풍병(風病). ③풍도(風度)와 기상(氣象). one's appearance and attitude 「일컬음.
풍기(風期) 임금과 신하 사이의 뜻이 서로 통합을
풍기-다 ①냄새가 퍼지다. 냄새를 퍼뜨리다. scent ②짐승이 사방으로 흩어지다. 또는, 짐승을 사방으로 흩어지게 하다. ③곡식에 섞인 겨나 검불들을 까불려 날리다. winnow
풍난(風難) 풍풍에 의한 재해(災害).
풍년(豐年) 농사가 잘 된 해. 세풍(歲豐). 영세(寧歲). 풍~(歌). 《대》흉년(凶年). fruitful year
풍년 거:지(豐年--) 뭇사람이 다 이익을 보는데, 자기 혼자만 빠짐의 비유. 풍걸(豐乞).
풍년 거지 더 섧다 남은 다 잘 사는데 혼자만 서러운 신세를 이름.
풍년 기근(豐年飢饉) 풍년은 들었으나 곡가(穀價)가 너무 싸서 농민에게 타격이 심한 현상.
풍년-우(豐年雨) 풍년의 조짐으로 때 맞춰 내리는 감우(甘雨). welcome rain 「리키는 말.
풍년 풀덩이[-떵-](豐年-) 탐스러운 물건을 가
풍단(風丹) 단독. 「으로 인해 생기는 담.
풍담(風痰)〈한의〉풍증을 일으키는 담. 또, 풍증
풍담(風談) 풍류에 관한 이야기.
풍대(風大)〈불교〉사대(四大)의 하나. 지대(地大)·수대(水大)·화대(火大)와 함께 만물을 구성하는 원소의 하나로, 물건을 증장(增長)함.
풍덩 크고 무거운 물건이 깊은 물에 떨어져 빠지는 소리. 풍당.
풍덩=거리다 자꾸 풍덩 소리가 나다. 또, 자꾸 풍덩 소리를 내며 물 속으로 들어가거나 들어가게 하다. 「풍덩거리다.
풍뎅이 〈곤충〉풍뎅잇과의 벌레. 몸 길이 1.5~2 cm로 넓은 난형이고, 몸빛은 광택이 있는 짙은 녹색 또는 자홍색임. 성충은 활엽수의 잎을 갉아먹고 유충인 근절충(根節蟲)은 농작물·나무 뿌리를 갉아먹음. 금귀자. 금귀충(金龜蟲). May-beetle
풍뎅이² 추울 때 머리에 쓰는 방한구의 하나. 모양이 남바위와 같이 생겼음.
풍뎅이-붙이[-부치]〈곤충〉풍뎅이붙잇과의 곤충. 풍뎅이 비슷한데, 빛은 광택있는 흑색임. 파리 등의 유충을 포식(捕食)하는 익충임.
풍도(風度) 풍채(風采)와 태도. ¶대인의 ~. appearance and manners 「and waves
풍도(風濤) 바람과 큰 물결. 풍랑(風浪)①. wind
풍독(風毒)〈한의〉바람에 맞은 병독. 「하다
풍독(諷讀) 책을 외어 읽음. 암송(暗誦). recitation
풍동(風洞)〈물리〉인공적으로 공기의 흐름을 일으키기 위한 터널형의 장치. wind tunnel
풍동(風動) 바람에 불리듯 쏠려 움직임. 하다
풍등(豐登) 농사 지은 것이 썩 잘됨. good crop 하다
풍=떨-다(風--)〈디르타〉《약》→허풍떨다(虛風--).
풍락(風落) 풍절목(風折木).
풍락-목(風落木) 절로 죽거나 바람에 꺾인 나무. 풍절목(風折木). windfall
풍락-초(←風落草) 바람에 떨어진 댓수.
풍란(風蘭)〈식물〉난초과에 속하는 늘 푸른 다년생 풀. 뿌리 줄기는 짧고 굵으며 있은 두꺼운 혁질(硬質)임. 7~8월에 잎 사이에서 긴 화병이나 흰 꽃이 피며 위에 활색으로 번함. 산호 나무 위에 나는데 관상용으로 심기도 함. ②《미술》에 쓰인 난초.
풍랑(風浪) ①바람과 물결. 풍도(風濤). wind and waves ②바람이 물으로써 일어나는 물결. rough seas 「꿈.
풍랑-몽(風浪夢) ①고생스러운 꿈. ②갈팡질팡하는
풍랭-통(風冷痛)〈한의〉충치 또는 잇몸이 부었거

풍려 않고 이가 아프며 흔들리는 병.
풍려(風勵)[명] 부지런히 힘쓰고 게으르지 않음.
풍력(風力)[명] ①〈지학〉 풍세(風勢). ¶ ~ 선광(選鑛). wind force ②사람의 force. 풍릉(風稜).
풍력=계(風力計)[명] 풍속계(風速計).
풍력 계급(風力階級)〈지학〉바람의 강약을 나타내기 위하여, 풍속과 수목·파도 등의 상태를 눈어림으로 만든 단급(段級). 보통 0~12의 13계급을 씀. (약) 풍급(風級). wind scale
풍력 발전(─電)[명]〈물리〉풍력으로 발전기를 돌려 발전하는 방법.
풍력 발전기(─發電機)[명]〈물리〉풍력에 의하여 움직이는 프로펠러 발전기.
풍령(風鈴)[명] 풍경(風磬).
풍로(風爐)[명] 화로의 하나. 흙 도는 쇠붙이로 만드는데 아래에 구멍이 있어 바람이 통함. ¶석유 ~. small kitchen-range
풍로(風露)[명] ①바람과 이슬. wind and dew ②바람결에 빛나는 이슬. dews shining in the wind
풍로=불[──불](風爐─)[명] 풍로에 피워 놓은 불.
풍뢰(風籟)[명] 바람이 무엇에 부딪쳐 나는 소리. rustle in the wind 　　　　　　　　　　　(통) 촌소리.
풍루(風淚)[명] ①바람을 받을 때에 흐르는 눈물. ②
풍류(風流)[명] ①속된 일을 떠나 운치있고 멋스럽게 노는 일. 화조 풍월(花鳥風月)②. ¶~를 일삼다. elegant pursuits ②운치스러운 일. elegance ③음악을 에스러이 일컫는 말. 음(律). music
풍류=객(風流客)[명] (통) 풍류 남자.
풍류 남자(風流男子)[명] 풍류를 알고 멋스러운 젊은 남자. 풍류재. 지음객(知音客). man of refined taste
풍류-놀이(風流─)[명] 시도 짓고, 노래도 하고, 술도 마시고, 춤도 추는 놀이. enjoyment of idyllic life
풍류=랑(風流郞)[명] 풍치가 있고 멋스러운 젊은 남자.
풍류=장(風流場)[명] 풍류를 즐기고자 모이는 남녀의 판. elegant society
풍륜(風輪)[명] ①〈불교〉 수미산(須彌山)을 버티고 있다는 삼륜(三輪)의 하나. ②바람을 맡은 신. ③〈생물〉각락 수정체(水晶體)의 사이에 있는 검은 빛깔의 고리 모양 같은 중격(中隔). 시력을 조절함.
풍릉(風稜)[명] (동) 풍력(風力)②.
풍림(風林)[명] ①바람받이 숲. windbreak ②풍치 있는 숲.
풍림(風霖)[명] (동) 풍우(風雨)①. 　　[숲. scenic forest
풍림(楓林)[명] 단풍든 숲. bush tinged with red
풍마(風磨)[명] 바람에 갈림.
풍마 우:세(風磨雨洗)[명] 비와 바람에 갈리고 씻김. weather-beaten 하④
풍만(豐滿)[명]①풍족하여 그득함. abundance ②몸이 비만임. ¶~한 육체. plumpness 하④
풍망(風望)[명] 풍채와 인망(人望). appearance and popularity
풍매(風媒)[명] 바람에 의한 수분(受粉)의 매개.
풍매-화(風媒花)[명] 바람에 의해 수분(受粉)이 이루어지는 꽃. 벼·보리·소나무 등의 꽃. anemophilous flower
풍모(風貌)[명]①풍채와 용모. 풍재(風裁)①. ¶늠름한 ~. ②기풍과 모습. mien
풍문(風紋)[명] 바람 때문에 모래 표면에 생기는 물결 모양의 무늬. 　　　　　　　　　　　　[rumour
풍문(風聞)[명] 바람결에 들리는 소문. 풍설(風說).
풍물(風物)[명] ①경치. scenery ②〈음악〉 농악에 쓰는 꽹과리·징·소고·북·날라리·장구 등의 일컬음. instruments of Korean folkmusic
풍물=장이(風物匠─)[명] 풍물을 만드는 공인(工人).
풍미(風味)[명]①음식의 고상한 맛. flavour ②사람의 됨됨이가 멋스럽고 아름다움. elegance
풍미(風靡)[명] 바람에 쏠려 초목이 쓰러지듯이, 위세에 딸려 저절로 휩쓸림. overwhelm 하라

풍미(豐味)[명] 푸짐한 맛. 풍요한 느낌. rich in flavour
풍미(豐美)[명] 풍만하고 아름다움. 풍염(豐艷). 하④

풍백(風伯)[명] 바람을 맡은 신. 풍사(風師). 풍신(風神)①. Aeolus 　　　　　　　　　[백. sailing ship
풍범=선(風帆船)[명] 돛을 달고 바람을 받아서 가는
풍=병[─](風病)[명]〈의학〉①신경의 탈로 생기는 온갖 병의 총칭. 풍기(風氣). 풍증(風症). 풍질(風疾). palsy ②문둥병.
풍부(豐富)[명] 넉넉하고 많음. ¶~한 자원. 《대》 고갈 (枯渴). abundance 하④ 히④
풍비(風痺)[명] 바람을 타고 흩날림. 하④
풍비(風痱)[명]〈한의〉몸의 한쪽을 잘 쓰지 못하는 병.
풍비(風痺)[명]〈한의〉뇌척수의 탈로 인해 몸과 다리가 마비되고 감각과 동작에 저항이 있는 병.
풍비(豐備)[명] 풍부하게 갖춤. 충비(充備). 하④
풍비 박산(風飛雹散)[명] 사방으로 날아 흩어짐. ¶폭격으로 시가지가 ~이 되다. (약) 풍산(風散). get scattered 하④
풍사(風師)[명] (동) 풍백(風伯).
풍산(風散)[명] (약)→풍비 박산(風飛雹散).
풍산(豐産)[명] 풍부하게 남. 또, 그 산물. ¶~성(性). abundant production 하④
풍상(風霜)[명] ①바람과 서리. wind and frost ②많이 겪는 세상의 고난(苦難). ¶만고(萬古) ~. hardships of life
풍상 우:로(風霜雨露)[명] 바람과 서리와 비와 이슬.
풍상을 겪다[명] 세상의 어려움을 겪으면서 고생하다.
풍상지=임(風霜之任)[명] 엄엄하고 기강(氣綱)한 임무. 어사·사법관의 일컬음.
풍색(風色)[명] 남보기에 좋지 못한 기색.
풍생=암(風生岩)[명] (동) 풍성암(風成岩).
풍생=층(風生層)[명] (동) 풍성층(風成層).
풍=서랍(風─欖)[명]〈건축〉문지방의 아래위와 문의 양옆 선단에 바람막이로 대는 좁은 나무 조각.
풍석(風席)[명]①돛을 만드는 돗자리. rushmat for making a sail ②부뚜. ③무엇을 널어 말리는 데 쓰는 거적이나 멍석·뱃방석 등의 총칭. strawmat
풍석=질(風席─)[명] 부뚜질. 하④
풍선(風扇)[명]①빙빙 돌리거나 훌훌 부쳐 바람을 일으키는 기구. 글무, 선풍기 따위. fan ②곡식을 드릴 때 바람을 내어 검불·티끌을 날리는 농기. winnower
풍선(風船)[명]①(동) 기구(氣球). ②(약)→고무 풍선. 광고 풍선. 종이 풍선.
풍선(風選)[명]〈농업〉풍력을 이용하여 가볍고 불량한 종자는 날려 버리고 무거운 종자만 채취하는 법.
풍설(風雪)[명] (동) 마른 버짐.
풍설(風泄)[명]〈한의〉갑자기 걸려 급하게 설사가 나는 병.
풍설(風屑)[명] 비듬. dandruff
풍설(風雪)[명] 눈바람.
풍설(風說)[명] 실상이 없이 떠돌아다니는 말. 풍문(風聞). 풍평(風評). ¶항간의 ~. rumour
풍성(風成)[명] 바람의 작용으로 되는 일.
풍성(風聲)[명]①바람 소리. sound of blowing wind ②들리는 명성(名聲). reputation ③(동) 풍화(風化)¹.
풍성(豐盛)[명] 넉넉하고 많음. 은풍(殷豐). ¶~한 자금. abundance 하④ 히④
풍성=암(風成岩)[명]〈지학〉바위의 가루·부스러기가 바람에 운반되어 다른 지역에 쌓여서 굳은 바위. 기성암(氣成岩). 풍생암(風生岩). Aeolian rock
풍성=층(風成層)[명]〈지학〉바람의 작용으로 밀리어 모인 모래나 흙이 퇴적되어 이루어진 지층. 풍생층(風生層). Aeolian layer
풍성=토(風成土)[명]〈지학〉암석의 부스러기가 바람의 작용에 의해 운반되어 어떤 곳에 쌓여서 이루어진 땅. 풍적토(風積土). 하④ 히④
풍성-풍성(豐盛豐盛)[명] 매우 풍족하고 은성(殷盛)한 모양. 하④ 히④
풍성 학려(風聲鶴唳)[명] 겁을 집어먹은 사람이 하찮은 일에도 놀람을 가리키는 말.
풍성 해류(風成海流)[명]〈지학〉바람이 일정한 방향으로 계속 불 때 생기는 해수의 흐름. 무역풍과 편서풍이 거대한 해류를 일으킴.
풍세(風勢)[명] 바람의 세력. 곧, 바람의 강약. 바람

세. ¶ ~ 대작(大作). wind force
풍세(豊歲)몡 농사가 잘 된 해.
풍속(風俗)몡 ①예로부터 민간에 행하여 온 의·식·주 그 밖의 모든 생활에 관한 습관. 풍기(風氣)①. ¶ 세시(歲時) ~. ②세상의 시체(時體). manners and customs
풍속(風速)몡 바람이 부는 속도. ¶최대 ~. wind velocity
풍속 경찰(風俗警察)몡 〈법률〉사회 공중의 선량한 풍속을 어지럽히는 행위의 단속·방지를 목적으로 하는 경찰. police of public morals
풍속-계(風速計)몡 〈지학〉풍속을 측정하는 기계. 풍력계(風力計). anemometer
풍속-도(風俗圖)몡 〈미술〉그 시대의 세정(世情)과 풍습을 그린 그림. 풍속화(風俗畫). genre picture
풍속-범(風俗犯)몡〖風俗 사〗(風俗非犯)몡〈법률〉미풍 양속 내지 성도덕에 위반되는 범죄. offence against public morals
풍속 소:설(風俗小說)몡〈문학〉세태·인정·풍속의 묘사를 주로 한 소설. genre novel
풍속 영업[-녕-](風俗營業)몡〖동〗유흥업(遊興業).
풍속-화(風俗畫)몡〖동〗풍속도(風俗圖).
풍손(風損)몡 풍해 때문에 의한 손해.
풍:송(諷誦)몡 글을 읽고 시를 읊음. reading and reciting poems 하타
풍수(風水)몡〈민속〉①음양설에 기초하여 민속적으로 지켜 내려오는 지술(地術). ②풍(風)지관(地官).
풍수(風嗽)몡〈한의〉코가 막히고 목이 쉬며, 또 목이 마르고 목구멍이 가렵고 기침이 나는 병.
풍수(豊水)몡 시기적으로 수량이 풍부함. 〖대〗갈수(渴水). [설정된 그림이나 지도.
풍수-도(風水圖)몡 지세(地勢)를 풍수설에 의거하여
풍수(豊水量)몡〈지학〉하천 유량의 표현법. 1년을 통하여 95일은 보존되는 수량.
풍수력 기계(風水力機械)몡 기체·액체의 상태를 변경시키는 데 사용하는 기계의 총칭.
풍수-설(風水說)몡〈민속〉①풍수에 관계된 학설. geomancy ②풍수 지리설(風水地理說).
풍수-쟁이(風水-)몡〖속〗지관(地官).
풍수-증[-쯩](風水症)몡〈한의〉심장병·신장병(腎臟病) 등으로 인하여 사지에 부증(浮症)이 생기는 병.
풍수지-감(風樹之感)몡〖동〗풍수지탄(風樹之嘆).
풍수 지리(風水地理)/**풍수 지리설**(風水地理說)몡〈민속〉지형·방위의 길흉을 판단하여 죽은 이를 매장하는 데 적당한 장소를 점쳐서 구하는 이론. 풍수설(風水說)②. 〖약〗지리(地理)④.
풍수지-탄(風樹之嘆)몡 효도하고자 할 때에 이미 부모는 죽고 효행을 다하지 못하는 슬픔. 풍수지감. lamentation for one's departed parents 〖동〗
풍수-학(風水學)몡〈민속〉풍수에 관한 학문. geomancy
풍=수해(風水害)몡 풍재(風災)와 수재(水災). ¶ ~ 대책. damage from storms and floods
풍습(風習)몡 ①기습(氣習). ②풍속(風俗)과 습관(習慣). manners
풍습(風濕)몡〈한의〉습한 땅에서 사는 까닭에 습기를 받아서 뼈마디가 아프고 저린 병.
풍식(風蝕)몡〈지학〉바람이 흙과 모래를 몰아쳐서 암석을 깎아 표면에 일어나는 침식 작용. weathering
풍신(風神)몡 ①바람을 맡은 신. 풍백(風伯). 풍사(風師). ¶~우사(雨師). 〖동〗풍채(風采).
풍신-기(風信旗)몡〈지리〉풍향을 표시하는 기(旗). 기폭의 빛깔에 의하여 구별함. vane
풍신-기(風信器)몡〖동〗풍신기(風向旗).
풍아(風雅)몡 ①시전(詩傳)의 풍(風)과 아(雅). 곧, 시. poetical work ②풍류와 문아(文雅). elegance ③고상하기 짝이 없음. 하형 〖동〗스윌 스러〖돋〗[이로
풍아-로웁-다(風雅-)〖ㅂ불〗〖돋〗보기에 풍아하다. 풍아-로
풍악(風樂)몡〈음악〉우리 나라 고유의 옛 음악(音樂). ¶~군. ancient Korean music
풍안(風眼)몡 바람과 티끌을 막기 위하여 쓰는 안경.
풍=안:경(風眼鏡)몡〈제도〉바람과 티끌이 몹시 심한 데서 싸울 때 병졸에게 씌우던 안경. goggles
풍압(風壓)몡〈물리〉물체에 미치는 바람의 압력. 공기 밀도와 풍속(風速)의 제곱에 비례하여 커짐. wind-pressure
풍압-계(風壓計)몡〈물리〉풍압을 재는 기계. pressure tube anemometer 〖루는 약(約).
풍약(楓約)몡 화투 놀이에서 단풍 넉 장을 모아서 이
풍-양(風陽)몡 바람과 볕. 낯씨. weather
풍양(豊穰)몡 풍년이 들어 곡식이 잘 여뭄. ¶~가(歌). rich harvest 하자 〖어〗. big catch
풍어(豊漁)몡 어획이 많음. 대어(大漁). 〖동〗풍(豐) [어].
풍연(風煙)몡 멀리 있는 공중에 서린 흐릿한 기운.
풍열-통(風熱痛)몡〈한의〉잇몸이 붓고 몹시 아프게.
풍염(風炎)몡〖동〗푄(Föhn). [고를으로 이는 잇몸.
풍염(豊艶)몡 탐스럽게 살쪄 아름다움. voluptuousness 하형 [poems 하타
풍영(諷詠)몡 시가(詩歌) 등을 읊조리는 것. reciting
풍옥(豊沃)몡 많이 기름짐. 비옥(肥沃). 하형
풍요(風謠)몡 한 지방의 풍속을 읊은 노래. folk song
풍요(豊饒)몡 흠뻑 많아서 넉넉함. 풍유(豊裕). ¶~한 사회. abundance 하형
풍-요통(風腰痛)몡〈한의〉감기로 허리가 아픈 병.
풍우(風雨)몡 ①바람과 비. 풍림(風霖). wind and rain ②풍속 10 m 이상 정도로 비를 수반하는 바람. rainstorm
풍우 대:작(風雨大作)몡 바람이 불고 비가 몹시 옴. rainstorm 하자
풍우 장중(風雨場中)몡 ①한창 바쁜 판. ②〈제도〉풍우 중에 치르는 과거의 장중. [표.
풍우-표(風雨表)몡〈물리〉기상대에서 풍우를 재는
풍운(風雲)몡 ①바람과 구름. wind and cloud ②영웅 호걸들이 세상에 두각을 나타내는 좋은 기운(機運). ③세상이 크게 변하려는 기운(氣運). ¶~이 감돌다. [refined taste
풍운(風韻)몡 풍류와 운치(韻致). 〖유〗풍조(風調).
풍운-아(風雲兒)몡 좋은 기운(機運)을 타고 세상에 두각을 나타낸 사람. ¶정계의 ~. adventurer
풍운의 뜻〖돋〗풍운을 타고 큰 일을 이룩하려는 뜻.
풍운 조:화(風雲造化)몡 비바람이나 구름의 미리 예측하기 어려운 변화. unpredictable Changes of wind and clouds
풍운지-회(風雲之會)몡 ①영명(英明)한 군주와 현신(賢臣)이 서로 만나는 일. meeting of wise master and sagacious servant ②영웅 호걸이 때를 얻어 뜻을 이룰 좋은 기회. hero's chance to come out in the world 〖약〗→음운 농월. 하자
풍월(風月)몡 ①청풍과 명월. beauties of nature ②
풍월-객(風月客)몡 음풍 농월(吟風弄月)의 시가를 읊는 이. man who enjoys the beauties of nature
풍월 주인(風月主人)몡 맑은 바람과 밝을 따위의 자연을 즐기는 사람. person of romantic turn
풍위(風威)몡 바람이 부어오는 방위. direction of the 〖유〗세게 부는 바람의 위력. [wind
풍-유(諷諭)몡 슬며시 나무라는 뜻을 붙여 타이른. allegory 하타
풍유(豊裕)몡〖동〗풍요(豊饒). 하형
풍유-법[-뻡](諷諭法)몡〈문학〉비유법의 하나. 본 뜻은 뒤에 숨기고 비유되는 말만으로 숨겨진 본래의 뜻을 암시하는 방법. 곧, 무엇을 무엇에 비유한다는 것을 드러내지 않고 비유하는 말만을 들어 그 뜻을 알게 함. 속담이나 격언은 대개 이에 속함.
풍의(風懿)몡 풍채(風采).
풍의(風懿)몡〈한의〉뇌의 병으로 인해 혀와 목구멍이 마비되고, 말을 못하고 고장이 생기는 것.
풍이(풍뎅이)몡 풍뎅이과의 풍이속의 하나. 몸 길이 2.5 cm 가량이고 둥은 편평한 장방형임. 날개는 검붉고 다리는 초록빛임.
풍이(風異)몡 나무가 꺾어지고 집이 무너질 만큼 힘

풍인(風人)图 ①문동이. ②시부(詩賦)에 능한 사람. man of poetical talent

풍자(風姿)图〔동〕풍채(風采).

풍자(諷刺)图 무엇에 빗대어 재치있게 경계하거나 비판함. ¶~적. satire 하다

풍자=극(諷刺劇)图〔연예〕사회의 죄악이나 인간의 불미한 점을 들어 비꼬아서 찌르는 내용의 연극. 또, 그런 희곡(戲曲). morality play

풍자=문학(諷刺文學)图〔문학〕사회·인물·시대의 모순이나 죄악 등을 풍자하는 내용의 문학. satire

풍=자 소=설(諷刺小說)图〔문학〕기지적(機智的)·냉소적(冷笑的)·빈풍적(諷諷的)으로 쓴 소설. satirical novel

풍=자=시(諷刺詩)图〔문학〕사회의 죄악성이나 불미스러운 점을 비꼬아 찌르는 뜻을 나타내어 지은 시. satirical poem

풍=자=화(諷刺畵)图 사회 또는 남의 실수·결함·죄악 등을 기지·냉소 등을 섞어 풍자함을 목적으로 한 그림. caricature

풍작(豊作)图 풍년이 든 농작. (대) 흉작(凶作). good harvest

풍잠(風簪)图 망건의 당 앞에 꾸미는 물건. 금패(錦貝)·대모·쇠뿔 등으로 원산(遠山) 모양을 만듦.

풍장(風章)图〔음악〕농악(農樂)에 쓰는 풍물(風物)을 민속적(民俗的)으로 일컫는 말. 경사·명절 때 치고 놂. ¶~을 치다.

풍장(風葬)图 시체를 한데에 내버려 두어 비바람에 쐬어서 자연히 없어지게 하는 원시적인 장법(葬法). burial by exposing the corps to the wind and rain

풍재(風災)图 폭풍으로 당하는 재해. 풍손(風損). 풍해(風害). damage from wind

풍채(風采)图 ①풍모(風貌)②.〔동〕풍치(風致).

풍쟁(風箏)图〔동〕연(鳶).

풍적=토(風積土)图〔동〕풍성토(風成土).

풍전(風前)图 불어오는 바람의 앞. 바람받이. windy place

풍전(瘋癲)图 후천적 정신병증, 언행 착란·의식 혼미.

풍전 등촉(風前燈燭)/풍전 등화(風前燈火)图 ①매우 위급한 자리에 놓여 있음을 가리키는 말. ②사물이 덧없음을 가리키는 말.〔약〕풍촉(風燭). precariousness of life

풍전지진(風前之塵)图 사물의 무상함을 가리키는 말.

풍절(風折)图 거룩한 몸체와 절개. 풍의(風儀).

풍절=목(風折木)图 풍락목(風落木).

풍정(風情)图 풍치(風致)가 있는 정회(情懷). 풍회. 난 않음의 비유. 하다

풍조(風鳥)图〔조류〕풍조과(風鳥科)의 새. 중앙 바닷가의 밀림에 삶. 날개 길이 22cm. 기부(基部)에는 긴 등황색 식우(飾羽)가 밀생하여 매우 아름다움. 빛은 암적갈색임. bird of paradice

풍조(風潮)图 ①바람에 따라 흐르는 조수. lee tide ②시대에 따라 변하는 세태.〔퇴폐〕~일습. trend

풍족(豊足)图 매우 넉넉하여 모자람이 없음. abundance 하다 히

풍증[—증](風症)图〔동〕풍병(風病)①.

풍지(風紙)图〔—〕〔준〕문풍지(門風紙).

풍진(風疹)图 발진성의 급성 피부 전염병.

풍진(風塵)图 ①비바람에 날리는 티끌. dust ②세상의 속된 일. ¶세상 ~을 겪다. worldly affairs ③〔동〕병진(兵陣).

풍진 세=계(風塵世界)图 편안하지 못한 세상. troubled times

풍질(風疾)图〔—〕〔동〕풍병(風病)①.

풍차(風車)图 ①바람의 힘을 동력으로 이용해 쓰는 장치. 정미(精米)·제분(製粉)·제재(製材)·양수(揚水)에 이용하는 기계. ②풍동. 바람개비. windmill ③〔동〕팔랑개비①.

풍차(風遮)图 ①토끼·여우 등의 모피로 지은 추운 때에 쓰는 방한용인 두건(頭巾). hood for the winter ②어린아이 바지나 고의의 마루폭에 좌우로 대는 헝겊.

풍차 바지(風遮—)图 마루폭에 풍차를 단 어린아이 바지.

풍찬 노=숙(風餐露宿)图 바람과 이슬을 무릅쓰고 한데에서 먹고 잠. eating and sleeping in the open 하다

풍창(風窓)图 통풍(通風)하기 위해 뚫어 놓은 창.

풍:창곡(風唱曲)图〔음악〕가곡에 있어서의 서정적(抒情的)인 독창곡.

풍창 파:벽(風窓破壁)图 허술하고 가난한 집. dilapidated house

풍채(風采)图 빛나고 드러나 보이는 사람의 겉모양. 풍신(風神)②. 풍의(風儀). 풍자(風姿). 풍절(風節). 풍표(風標). ¶~가 당당하다. appearance

풍촉(風燭)图〔약〕→풍전 등촉(風前燈燭).

풍취(風趣)图 ①풍경의 아치. 경치. scenery ②〔동〕풍치(風致). 「풍취(風趣)②.

풍치(風致)图 시원스럽게 격에 맞는 멋. 풍재(風栽)②.

풍치(風齒)图〔한의〕풍증으로 일어나는 치통.

풍=치=다(風一)图〔약〕허풍(虛風)치다.

풍치=림(風致林)图 명승 고적 등의 정취(情趣)를 유지·조성하기 위하여 기르는 나무숲. ornamental plantation

풍치 지구(風致地區)图 도시 안팎의 풍치 유지를 목적으로 도시 계획 구역 내에서 토지의 상황에 따라 지정한 지구. 「(空氣枕).

풍침(風枕)图 공기를 불어 넣어서 베는 베개. 공기침

풍타 낭=타(風打浪打)图 일정한 주의(主義)·주장(主張) 없이 그저 대세(大勢)에 따라 행동함의 비유.

풍토(風土)图 바람과 토지의 상태. ¶~의 순화(順化). natural features

풍토=기(風土記)图 지방별로 풍토·문화 기타를 적은 기록. history of natural features

풍토=병[—뼝](風土病)图 기후·지질로 인해 생기는 그 땅 특유의 병. 지방병. endemic disease

풍토=색(風土色)图 풍토의 차이에서 생기는 각각의 특색(特色). local features

풍파(風波)图 ①세찬 바람과 험한 물결. wind and wave ②험상궂게 얼크러진 분란(紛亂). 파란(波瀾). ¶갖은 ~을 겪다. 평지 ~을 일으키다. trouble

풍판(風板)图〔건축〕뱃집으로 지은 전각·신당의 두쪽 박공 밑에 비바람을 막기 위하여 널빤지를 이어 덮은.

풍편(風便)图 바람결.〔連幅〕하여 대는 물건.

풍평(風評)图〔동〕풍설(風說).

풍표(風標)图〔동〕풍채(風采).

풍=풍 ①좁은 구멍으로 물이 쏟아지는 소리. gushing ②막혀 있던 기체 따위가 거푸 세게 뿜어 나오는 소리. 또, 방귀를 연해 되게 뀌는 소리.〔작〕퐁퐁.

풍풍-거리다 图 자꾸 풍풍 소리가 나다. 또, 자꾸 풍풍 소리를 내다.〔작〕퐁퐁거리다.〔예〕풍붕거리다.〔세〕뿡뿡거리다. 「안 되어 오한이 나는 병.

풍학(風瘧)图〔한의〕감기에 걸려 신열이 나다가 얼마

풍=한=서=습(風寒暑濕)图 바람·추위·더위·습기. wind, cold, heat and humidity 「열이 나는 병.

풍한-열(風寒熱)图〔한의〕어린애가 감기에 걸려 신

풍한=천(風寒喘)图〔한의〕감기로 숨이 차고 호흡을 「곤란한 병.

풍해(風害)图〔동〕풍재(風災).

풍화(風化)图〔동〕풍화(風化)②.

풍향(風向)图〔지학〕바람이 부는 방향. wind direction

풍향=계(風向計)图 풍향을 관측하는 기계. 풍신기(風信器). anemoscope

풍향-지(風香脂)图 백교향(白膠香).

풍헌(風憲)图 ①풍교(風敎) 및 헌장(憲章). ②〔제도〕조선조 향소직(鄕所職)의 하나. 면(面)·이(里)의 일을 맡음.

풍혈(風穴)图〔지리〕높은 산등성이·산기슭에 있어 늘 시원한 바람이 불어 나오는 구멍이나 바위 틈. ②나무 그릇 같은 데 가으로 돌아가며 잘게 새겨 붙이는 꾸밈새. 「cheek

풍협(豊頰)图 두툼하게 살찐 탐스러운 뺨. plump

풍-흑(楓一)圈 단풍나무의 옹두리가 뭉쳐 커진 혹.
풍화(風火)圈〈한의〉병의 풍기(風氣)와 화기(火氣).
풍화¹(風化)圈 교육과 정치의 힘으로 풍습을 잘 교화 시킴. 풍교(風敎). 풍성(風聲)③. moral reform
풍화²(風化)圈 ①〈지학〉지표의 암석이 공기·물 등의 작용으로 차차 부서져 흙으로 변하는 과정. ②〈화학〉세탁 소다·망초(芒硝) 등처럼 결정수(結晶水) 를 포함한 결정이 공기 속에서 차차 수분을 잃고 부서져 가루 모양의 물질로 변하는 작용. 풍해(風解). 하困 〔calm 하困〕
풍화(風和)圈 바람이 그치고 파도가 잔잔함. become
풍화-물(風化物)圈 풍화된 물질.
풍화 석회(風化石灰) 공기 중에 장기간 노출된 생석회가 공기 중의 수분을 흡수하여 부스러진 흰 가루. air-slaked lime 〔weathering and erosion
풍화 작용(風化作用)圈 풍화를 일으키는 모든 작용.
풍회(風懷)圈⑧ 풍정(風情).
풍후(豊厚)ㅣ '①얼굴이 살쩌서 두둠함. full face ② 아주 넉넉하도록 많음. richness 하困
풍후(風候)圈〈한의〉감기에 걸려 어지럽고 오슬오슬 추우며 많이 몹시 나는 병.   〔harvest
풍-흉(豊凶)圈 풍년과 흉년. 풍겸(豊歉). rich or poor
풍흉-술(豊胸術)圈〈의학〉약제를 주입하거나 하여 빈약한 유방을 크고 보기 좋게 정형하는 수술.
퓌-다困〔고〕피다.
퓌-다困〔고〕피다(곰팡피다).
퓌·우-다困〔고〕피우다.
퓨러터니즘(Puritanism)圈〈기독〉청교도주의(清教徒主義). 엄정주의. 청교도.
퓨리턴(Puritan)圈〈기독〉청교도(清敎徒).
퓨:마(puma)圈〈동물〉고양이과의 짐승. 미국 원산. 수컷은 몸 길이 약 1.6 m, 암컷은 작음. 머리는 작고 귀는 둥글며, 뒷다리가 길고 등은 적갈색 내지 회갈색임. 나무에 잘 기어오르고 작은 동물을 포식 함.
퓨:젤=유(fusel 油)圈〈화학〉알코올 발효 때에 생기는 아밀알코올을 주성분으로 하는 비점이 높은 여러 가지 고급 알코올의 혼합물. 휘발성이며 유독성이어서 술마신 뒤의 두통의 원인이 됨.
퓨즈(fuse)圈〈물리〉전기 회로에 과대한 전류가 흐를 때, 곧 녹아 회로를 끊고, 미리 위험을 방지하는 데 쓰이는 금속물.
풀리처-상(Pulitzer 賞)圈 미국의 언론·문학상. 미국의 언론인 풀리처의 유산에 의하여 매년 신문·잡지·문학 부문의 우수한 사람에게 줌. Pulitzer prize
프-다困〔고〕피다. →퍼다.
프라세오디뮴(praseodymium)圈〈화학〉회토류 원소의 하나. 담황색에 전성(展性)·연성(延性)이 풍부하고 아연보다 단단함. 프라제오딤. 원소 기호; Pr. 원자 번호; 59. 원자량; 140.92.
프라스코(frasco 포)圈⑧ 플라스크(flask).
프라우다(Pravda 러) 소련 공산당 중앙 위원회의 기관지. 1912년 창간. 진리·진실의 뜻.
프라운호:퍼-선(Fraunhofer 線)圈〈물리〉독일의 물리 학자인 프라운호퍼에 의해 발견된 태양의 광선을 분광기로 분해한 스펙트럼 가운데에 나타나는 무수한 암선(暗線).
프라이(fry)圈 수육·물고기·야채 등을 밀가루에 버무려 기름에 튀기는 일. 또, 그 음식. ¶새우 ~. 하困
프라이드(pride)圈 자랑. 자존심. 긍지(矜持). ¶
프라이머리(primary)圈 초급. 초등.   〔l가 높다.
프라이머리 스쿨(primary school)圈 초등 학교. 국민 학교.
프라이버시(privacy)圈 사사(私事)로운 일이 남에게 공개되지 않고, 또 간섭을 받지 않는 개인의 자유. ¶~의 침해.
프라이빗(private)圈 개인적. 사적(私的).   〔權〕.
프라이오리티(priority)圈 우선(순위). 우선권(優先
프라이-팬(frypan)圈 프라이하는 데 쓰는 냄비.

프라제오딤(Praseodym 도)圈 프라세오디뮴(praseodymium).
프락치(fraktsiya 러)圈 일정한 조직에서 특수한 임무를 맡고 일정한 부문에 파견된 사람. 프랙션(fraction).
프락치 활동[—동](fraktsiya 活動)圈 좌익 운동에 쓰이는 세력 확장의 한 전술. 노동 단체 같은 곳에 조직원을 보내어 좌익 블록을 만들어 활동하는 일.
프랑(franc)의圈 프랑스·벨기에·스위스의 화폐 단위.
프랑슘(francium)圈〈화학〉악티늄 227이 α붕괴할 때 생기는 방사성 원소. 원소 기호; Fr. 원자 번호; 87. 원자량; 223.
프랑스 대·혁명(France 大革命)圈〈사회〉1789년 프랑스에서 부르봉 왕조의 절대주의적인 구제도를 타파, 근세 시민 사회를 이룩하는 시민 혁명.
프랑크-족(Frank 族)圈 게르만 민족의 한 부족. 라인강 하류 지방에서 일어나 486년에 프랑크 왕국을 세웠음.
프래그머티즘(pragmatism)圈〈철학〉진리를 그 자체로서의 순이론적 가치로서가 아니고, 인생에 대한 그의 실용성·합목적성이라는 근본적 견지에서 구명하는 입장. 실용주의(實用主義). 실제주의(實際主義).
프랙션(fraction)圈⑧ 프라치(fraktsiya).
프랜차이즈(franchise)圈 ①프로 야구단의 근거지. ②
프러디-다困〔고〕풀어지다.   〔근거지의 흥행권.
프러스트레이션(frustration)圈〈심리〉욕구 불만. 정신 이상의 한 원인이 됨. 이 상태를 이겨내는 능력이 프러스트레이션 내성(耐性).
프러시안 블루(prussian blue)圈 청색의 안료(顔料).
프런트(front)圈 ①정면. 전면(前面). ②호텔 현관의 계산대. ③전선(前線·戰線).
프런트 글라스(front glass)圈 자동차 정면의 유리창.
프런트 코:트(front court)圈 농구 경기장의 중앙에 그은 선에서 상대편 쪽의 코트.   〔신·개척 정신.
프런티어 스피릿(frontier spirit)圈 진취·격극의 정.
프레미어 쇼(premier show)圈〈연예〉일반 공개에 앞서 상영하는 유료 시사회. 이는 피로(披露)와 반향을 테스트하는 의미를 가지며 극히 짧은 기간의 흥행. 보통 1·2회 정도.
프레스(press)圈 ①누르는 일. ②인쇄. 출판. ③신문. 정기 간행물. ④압축기(壓縮機).
프레스 센터(press center)圈 ①신문사가 많이 모여 있는 지역. ②어떤 기획·사건 따위의 취재·보도에 쩌리하도록 설치된 기자 전용의 시설 또는 방.
프레스 캠페인(press campaign)圈〈사회〉언론 기관이 지상(紙上)을 통하여 하는 사회 개혁 운동.
프레스코(fresco 이)圈 벽화를 그릴 때에 새로 석회를 바르고 채 마르기 전에 수채로 그리는 화법.
프레스토(presto 이)圈〈음악〉'빠르게·급하게'의 뜻.
프레스티시모(prestissimo 이)圈〈음악〉'아주 빠르게'의 뜻.   〔②신입생(新入生).
프레시:맨(freshman)圈 ①신인(新人). 신진(新進).
프레싱(pressing)圈 의복·옷감 위에 젖은 형겁을 대고 다리질하여 주름을 펴는 일. 하困
프레-올림픽(pre·Olympic)圈⑧ 올림픽이 개최되는 전년에, 그 개최 예정지에서 거행되는 국제적인 경기 대회.
프레이즈(phrase)圈 ①〈어학〉구(句). 성구(成句). 숙어. ¶캐치 ~. ②〈음악〉악구(樂句).
프레이즈-반(fraise 盤)圈 공작 기계의 하나. 공작물을 절단함.   〔(溫床). 묘상(苗床).
프레임(frame)圈 ①틀. 테두리. ②온실(溫室). 온상
프레젠트(present)圈 선사. 선물. 증답품(贈答品).
프레지덴트(president)圈 대통령·의장·회장·교장·총장·총재·사장(社長)에 대한 일컬음.
프레파라:트(Präparat 도)圈〈생물〉현미경용의 표본.
프렌드(friend)圈 친구. ¶보이 ~.
프렌드=십(friendship)圈 우정(友情). 우의(友誼).
프렌치 드레싱(French dressing)圈 초·샐러드·기름·후

프렌치 슬리:브(french sleeve)명 부인복에서, 소매와 몸통의 옷자락이 한 부분으로 되어 있는 소매.

프렌치 토:스트(French toast)명 달걀·우유 등을 섞은 것에 식빵의 얇은 조각을 넣고 프라이팬에 지진 서양 음식.

프렐류:드(prelude)명 〈음악〉 전주곡(前奏曲).

프로(pro) ①〔약〕→프로그램. ②〔약〕→프로덕션. ③〔약〕→프로퍼갠더. ④〔약〕→프롤레타리아. ⑤〔약〕→프로페셔널. ⑥〔약〕→프로센트.

프로그래머(programmer)명 ①프로그램을 작성하는 사람. 기획을 하는 사람. ②전자 계산기의 프로그래밍에 종사하는 사람.

프로그래밍(programming)명 전자 계산기가 할 일의 순서를 자세하게 분석하여 기계가 순서를 틀림없이 처리할 수 있도록 준비하는 일.

프로그램(program)명 ①목록(目錄). ②예정. 계획. 순서. ③〈연예〉연극·영화·음악 등의 진행 순서표. ④전자 계산기의 연산 처리 절차를 지시한 것. 〔약〕 프로(pro)①.

프로그램 뮤:직(program music)명 〈음악〉 표제 음악.

프로그램 학습(program 學習)명 〈교육〉아동의 개인차(個人差)에 적응(適應)한 교육 과정(커리큘럼). 학습에 기계·기구를 사용하여 개인 지도를 잘할 수 있는 학습 방법. program lesson

프로덕션(production)명 ①생산. 작품. ②영화의 제작 또는 제작소. 〔약〕 프로②.

프로듀:서(producer)명 ①연극·영화·방송 관계의 제작자. ②무대 감독. 연출자(演出者).

프로듀:서 시스템(producer system)명 프로듀서가 연극·영화·방송 등의 기획에서 완성까지 책임을 지는 제도. 〔직업적 레코팅.〕

프로 레슬링(pro wrestling)명 흥행을 목적으로 하는 씨름 또는 격투기.

프로메튬(prometium)명 〈화학〉희토류 원소의 하나. 우라늄의 핵분열 기타의 핵반응에 의해 인공적으로 발전됨. 원소 기호 ; Pm. 원자 번호 ; 61. 원자량 ; 145. 〔②흥행주.

프로모:터(promoter)명 ①지지자. 후원자.

프로 문학(pro 文學)명 〔약〕→프롤레타리아(proletariat) 문학. 〔어디는 붉은 빛의 가스 구름.

프로미넌스(prominence)명 〈천문〉태양의 불꽃 같은

프로세스(process)명 ①방법. ②과정(過程). 절차. ③〔약〕→프로세스 평판.

프로세스 평판(process 平版)명 〈인쇄〉 금속 평판 중의 사진 제판법으로 제판하는 것. 특히, 다색(多色) 인쇄의 경우를 말함. 오프셋 인쇄에 이용함. 잡지의 표지 등 인쇄에 쓰임. 〔약〕 프로세스③.

프로센토(procento 프)명 퍼센트(percent).〔약〕 프로⑥.

프로스타글랜딘(prostaglandin)명 〔약학〕 컴팁선(前立腺)·정낭(精囊) 등에서 만들어지는 호르몬 모양의 일군(一群)의 약재. 위액 분비 억제·혈압 강하 등에 쓰임.

프로 야:구(pro 野球)명 직업 야구. professional baseball 〔조한 것.

프로자이크(prosaïque 프)명 산문적(散文的). 무미 건

프로젝트(project)명 ①학습자가 자기 활동을 스스로 선택·계획·방향짓는, 문제 해결의 학습. ②연구·사업 등의 계획. 〔이름.

프로카인(Procain 도)명 〔약학〕국소(局所) 마취제의

프로타민(Protamin 도)명 〈화학〉단순 단백질에 속하는 1군 단백질의 총칭. 동물에 있으며 핵산과 결합의 성분을 이루는 염기성 단백질로, 단백질 중 가장 단순함.

프로테스탄트(Protestant)명 〈기독〉종교 개혁의 결과 일어난 기독교 여러 파의 그 후에 일어난 같은 계통의 이의 총칭. 신교도(新敎徒).

프로테스탄티즘(Protestantism)명 〈기독〉16세기 종교 개혁 운동에서 발달한 기독교의 여러 교의(敎義)·교회의 총칭. 신교(新敎).

프로텍터(protector)명 ①보호자. 후원자. ②〈체육〉 야구에서, 심판이나 포수가 가슴에 대는 보신구.

프로톤(Proton 도)명 《물》양자(陽子).

프로탁티늄(protactinium)명 〈화학〉천연 방사선 원소의 하나. 우라늄광(鑛) 중에 미량 존재함. 원소 기호 ; Pa. 원자 번호 ; 91. 원자량 ; 231.

프로판(Propan 도)명 〈화학〉유전 지대에서 나는 천연 가스.

프로판 가스(propane gas)명 프로판을 주성분으로 하는 메탄계의 탄화수소 가스. 가정 연료로 쓰임.

프로퍼갠더(propaganda 라)명 ①선전. 확장 운동. ②〈종교〉전도(傳道). 〔약〕 프로③.

프로페서(professor)명 교수(敎授).

프로페셔널(professional)명 전문적. 직업적. 〔대〕 아마 **프로페션**(profession)명 추어. 〔약〕 프로⑤.

프로펠러(propeller)명 ①비행기에서, 발동기의 회전력을 추진력으로 변화시키는 장치. ¶~ 비행기. ②선박에서, 원동기의 출력으로 회전시켜 선박을 움직이는 장치.

프로펠러 열차(propeller 列車)명 열차의 앞부분에 달린 프로펠러를 회전시켜 빠른 속도로 달리는 열차.

프로포:즈(propose)명 ①건의하는 일. 제안하는 일. ②구혼하는 일. 하다타 〔약명(略評).

프로필(profile)명 ①옆얼굴. ②측면관(側面觀). 인물

프록 코:트(frock coat)명 남자용 예복. 검은 색인데 저고리 길이가 무릎까지 이름.

프론토실(Prontosil 도)명 화농균 질환의 특효약.

프론티어(frontier)명 국경(國境). 변방(邊疆).

프롤레타리아(prolétariat 프)명 〈사회〉①자본주의 사회에서 생산 수단을 갖지 않고 자기 노동력을 자본가에 팔아 생활하는 노동자. 임금 노동자. 〔대〕 부르주아. ②프롤레타리아트. 〔약〕 프로④.

프롤레타리아 독재(prolétariat 獨裁)명 프롤레타리아트의 혁명으로 얻은 권력의 유지·강화를 위해 강제로 부르주아지를 지배하는 일.

프롤레타리아 리얼리즘(prolétariat realism)명 〈문학〉프롤레타리아의 입장에서 현실을 기초로 하여 사물을 사회적으로 파악하고, 인간을 전체로 통하여 보려는 예술가의 창작 태도. 사회적 리얼리즘.

프롤레타리아 문학(prolétariat 文學)명 〈문학〉프롤레타리아의 생활에 근거를 두고, 그의 계급적 자각에 의하여, 현실을 사회주의 리얼리즘의 입장에서 묘사해 내는 문학. 사회주의 문학. 〔약〕 프로 문학. proletarian literature

프롤레타리아 예:술(prolétariat 藝術)명 재래(在來)의 예술에 대립하여 프롤레타리아의 감정·이데올로기 및 그 생활을 내용으로 한 예술. 〔약〕 프로 예술.

프롤레타리아트(Proletariat 도)명 프롤레타리아의 계급. 프롤레타리아②. 〔대〕 부르주아지.

프롤레타리아 혁명(prolétariat 革命)명 〈사회〉프롤레타리아의 영도하에 프롤레타리아와 그의 동맹군이 부르주아지의 지배를 타파하고 정치 권력을 장악하여 모든 자본주의적 관계를 타도하고서 계급 제도가 없는 사회주의 사회의 건설을 목표로 한 혁명. 러시아의 1917년 10월 혁명 따위. Proletarian Revolution

프롤로그(prologue)명 ①〈문학〉서시(序詩). 서언. ②〈연예〉서곡(序曲). 개회사. ③비유적으로, 사건의 발단(發端). 에필로그.

프롬나:드(promenade 프)명 ①산책. 소요(逍遙). ②산책장. 소요장.

프롬프터(prompter)명 〈연예〉연극에서, 뒤에 숨어서 배우에게 대사를 읽어 주는 사람.

프롬프터 박스(prompter box)명 〈연예〉프롬프터가 들어가기 위해 특별히 무대(舞臺)에 만들어 놓은

프루:츠(fruits)명 과실. 〔그만한 상자 모양의 방.

프루:츠 펀치(fruits punch)명 여러 가지 과실을 잘게 썰어 과즙·빙수와 섞은 음식.

프·르·-다[고] 푸르다.

프리(free)[명] ①자유. 해방적. ②무료(無料).
프리깃(frigate)[명] 〈군사〉①상하의 갑판에 28~60문의 대포를 장비한 중세기의 목조 쾌속 범선. ②[약] →프리깃(艦).
프리깃-함(frigate 艦)[명] 미국 해군에서 구축함보다 크고 순양함보다는 작은, 배수량 4천~9천 톤급의 군함. 주로 공격형 항공 모함의 호위를 맡음. ☞프리깃②.
프리 랜서(free lancer)[명] ①전속이 아닌, 자유 기고가. ②자유 계약에 의한 사람. ③전속이 아닌 배우나 가수.
프리-레코:딩(prerecording)[명] 〈동〉프리스코어링(prescoring).
프리마 돈나(prima donna 이)[명] 가극(歌劇) 중의 주역을 맡은 여가수.
프리마 발레리나(prima ballerina 이)[명] 주역(主役)의 여자 무용가.
프리=메이슨(Freemason)[명] 〈사회〉1717 년 런던에서 설립되어, 전유럽에 퍼진 국제적 비밀 결사.
프리미엄(premium)[명] ①입장권 등의 할증금(割增金). 웃돈. ②수수료. 보수. ③보험료. ④〈경제〉 한 화폐가 다른 화폐에 비해 갖는 초과 구매력. ⑤〈경제〉주식·공사채 등의 매매 가격이 액면 가격을 초과하였을 때의 그 초과액. ¶~을 붙이다.
프리 배팅(free batting)[명] 〈체육〉야구에서, 자유로이 타격을 연습하는 일. 〈시사(試寫)〉를 보는 일.
프리뷰(preview)[명] 영화를 개봉하기 전에 관계자만이
프리 섹스(free sex)[명] 자유 성애(性愛).
프리 스로(free throw)[명] 〈체육〉농구·핸드볼·수구 등에서, 상대편이 반칙했을 때 규정된 선(線)에서 골을 향하여 자유로이 공을 던지는 일.
프리-스코어링(prescoring)[명] 〈연예〉텔레비전이나 영화에서 화면을 촬영하기 전에 음악이나 대사(臺詞)를 녹음하는 일. 프리레코딩(prerecording).
프리 스타일(free style)[명] 〈체육〉수영에서의 자유형(型). ②아이스크림을 만드는 장치.
프리:저(freezer)[명] ①냉각기(冷却機). 냉동기(冷凍機).
프리즘(prism)[명] 〈물리〉광선의 굴절·분산 등을 일으킬 때 쓰는 유리 또는 수정의 삼각 기둥. 망원경에 이용됨. 삼릉경. 삼릉 파리. ¶직각 ~.
프리즘 분광기(prism 分光器)[명] 〈물리〉프리즘을 사용한 분광기.
프리즘 스펙트럼(prism spectrum)[명] 〈물리〉프리즘을 이용한 분광기로 관측한 스펙트럼.
프리즘 쌍안경(prism 雙眼鏡)[명] 〈물리〉대물(對物)·대안(對眼) 두 렌즈 사이에 두 개의 직각 프리즘을 끼워 넣어 네 번 전반사(全反射)시켜서 영상을 바로 서게 한 쌍안경.
프리:지어(freesia)[명] 〈식물〉붓꽃과의 다년생 풀. 남미 원산. 줄기는 달걀꼴 또는 원통형이고 섬유질의 거친 퍼막에 덮혀 있음. 잎이 날 무렵에 6판화가 황색으로 핌.
프리 킥(free kick)[명] 〈체육〉축구에서, 상대편이 반칙을 범하였을 때, 그 지점에서 자유로이 공을 차는 일. 〈[會話]. 원고 일이 하는 자유 토론.
프·리 토:킹(free talking)[명] 자유스런 형식의 회화
프리패브(prefab)[명] 조립식 주택.
프리 패스(free pass)[명] ①무임 승차·무료 입장 따위를 받는 일. ②무임 승차권. 무료 입장권. 패스(pass)②.
프린세스(princess)[명] ①공주. ②공작 부인(公爵夫人).
프린스(prince)[명] ①왕자. 황태자. ②제일인자. ③공주의(主義).
프린시플(principle)[명] ①원리. 원칙. 공리(公理).
프린터(printer)[명] 〈인쇄〉①인쇄업자(印刷業者). 활판 직공(活版職工). ②인쇄 기계.
프린트(print)[명] 〈인쇄〉①인쇄. ②강의록·강의의 내용을 등사판에 박은 것. 인쇄물. ③음화(陰畵)에서 양화(陽畵)를 박아 냄. 또, 그 필름. ④날염(捺染). 날염지. 하다[타]
프린트 배:선(print 配線)[명] 베이크 라이트판 위에 철사 대신 금속의 박(箔) 따위로 회로(回路)를 인쇄하는 일.
프린트 합판(print 合板)[명] 자연목과 흡사한 나뭇결을 인쇄한 종이를 발라 수지(樹脂) 가공한 베니어 판.
프릴(frill)[명] 주름을 잡아 물결 모양으로 한 가장자리 장식. 여성복이나 아동복의 소매나 깃에 붙임. 풀이 많이 우겨진 사이.
프·서리[명] 〈고〉무서리. →프서리.
프성·귀[명] 〈고〉무성귀.
프탈-산(phthal 酸)[명] 〈화학〉무색의 기둥 모양의 결정. 가열하면 녹아 무수(無水) 프탈산이 됨. 약품·물감의 합성 원료.
프토마인(Ptomain 도)[명] 사멸 유기체 또는 부패 단백질의 분해에 의하여 발생한다고 생각되는 독물(毒物). ¶~ 중독(中毒).
프티부르 문학(petit bourgeois 文學)[명] 소시민 계급의 생활과 감정을 표현한 문학. 〈중산 계급.
프티 부르주아(petit bourgeois 프)[명] 소시민(小市民).
프티알린(ptyalin)[명] 〈생물〉동물성 아밀라아제의 하나. 고등 동물의 침에 포함되어 있으며, 전분을 분해하여 덱스트린(dextrine)·맥아당을 만듦.
-풀[명] 〈고〉풀(草).
-풀[명] 〈고〉풀(糊).
-풀-·다[타] 〈고〉풀다.
플라네타륨(Planetarium 도)〈천문〉천구(天球)와 그 천체의 운동을 설명하기 위한 장치. 천상의 기상(象)
플라노(flano) 플란넬(flannel)의 양부칭. 〔儀〕.
플라멩코(flamenco 스)[명] 〈음악〉스페인 남부 안달루시아 지방의 집시 연예에서 나온 노래와 춤.
플라밍고(flamingo)[명] 〈조류〉두루미과의 새. 목이 길고 주둥이는 중간에서 급히 아래로 꼬부라졌고 발을 물닦위가 있음. 깃은 담홍·흑색을 띰. 물 속에 새우·개구리를 포식함. 홍학(紅鶴).
플라빈(flavine)[명] 〈화학〉동식물체에 존재하는 황색 색소(黃色色素)의 일군(一群). 물에는 잘 녹으나 유기 용매에 녹지 아니하고 빛이나 알칼리에 불안정하며, 비타민 B_2 의 작용이 있는 것이 특징.
플라스마(plasma)[명] ①〈생물〉혈장(血漿). 원형질. ②〈의학〉건강한 사람에게서 뽑아 건조시킨 혈장. ③〈물리〉고도로 전리(電離)된 기체.
플라스크(flask)[명] 유리로 목이 길고 둥글게 만든 화학 실험용 병. 프라스코(frasco).
플라스터(plaster)[명] ①석고. 벽토. ②고약. 경고(膏).
플라스틱(plastic)[명] 〈화학〉①외력 또는 열에 의해 변형된 채 원형으로 돌아가지 않는 성질의 물질. ②천연 또는 인공으로 열가공이 쉬운 재료. ③특히, 합성 수지의 일컬음.
플라스틱 공해(plastic 公害)[명] 플라스틱 기물의 누적과 그 처리 과정에서 일어나는 고열·염소 가스 등의 피해. 〈배·자동차·비행기 따위의 모형.
플라스틱 모델(plastic model)[명] 플라스틱으로 만든
플라스틱 반:도:체(plastic 半導體)[명] 컬렉 이중 결합 구조를 가진, 폴리아세틸렌과 같은 유기질(有機質)
플라워(flower)[명. ¶~ 디자인. 〔의 플라스틱.
플라이(fly)[명] 〈체육〉야구에서, 타자가 하늘 높이 쳐올린 공. 비구(飛球). ¶라이트 ~를 치다.
플라이스(flies)[명] 〈연예〉무대 천정(舞臺天井). 무대 장치를 매달아 올리어 놓는 곳.
플라이웨이트(flyweight)[명] 〈체육〉아마추어 권투에서 48~51 kg, 프로 권투에서 48~50.8 kg, 베술링 권투에서는 52 kg 이하 체중을 가진 체급. 플라이급.
플라이트(flight)[명] ①비행(飛行). ②〈체육〉스키 경기에서, 비약대(飛躍臺)에서 뛰어내리는 일. ③〈체육〉육상 경기의 장애물 경주에서, 허들(hurdle)을 뛰어넘는 일.
플라잉 스타:트(flying start)[명] 〈체육〉경주(競走)·경영(競泳)을 할 때, 출발 신호가 나기 전에 스타트하는 일. 반칙임.
플라자(plaza 스)'사람이 많이 모이는 장소' 〔뜻. 광장. 시장.

플라지올렛토(fiagioletto 이)〖음악〗관악기의 하나. 6개의 구멍과 부리 모양의 주둥이가 있는 고음의 은피리. 은적(銀笛).

플라타너스(platanus)〖식물〗플라타너스科〕의 낙엽 활엽 교목. 높이 20∼30 m 이상, 잎은 장상(掌狀)이며 3∼5 갈래로 갈라짐. 과실은 지름 3 cm 가량으로 긴 꼭지에 달려 가을에 익음. 가로수 로 또는 관상용으로 심음.

플라토닉(platonic)〖형〗정신적. 우애적(友愛的).

플라토닉 러브(platonic love)〖명〗본능적인 사랑으로, 관능적·육체적이 아닌 정신적 사랑.

플라톤=주의(Platon 主義)〖명〗〖철학〗플라톤의 이데아(idea)의 사상 및 그것을 계승하는 학설. Platonism

플라톤 학파(Platon 學派)〖명〗〖철학〗플라톤의 철학을 계승하는 학파. 신플라톤 학파. 르네상스기의 신아카데미 학파 및 케임브리지 플라톤 학파 등.

플란넬(flannel)〖명〗평직으로 짠, 털이 보풀보풀 일어나는 부드러운 모직물.

플랑크톤(Plankton 도)〖생물〗수중에 부유(浮遊)하는 미생물의 총칭. 어류의 먹이. 부유 생물(浮遊生物).

플래시(flash)/**플래시**=**라이트**(flashlight)〖명〗①섬광(閃光). ②회중 전등(懷中電燈). ¶ ∼를 켜다.

플래즈머(plasma)〖명〗플라스마.

플래카드(placard)〖명〗슬로건(slogan)을 쓴 휴대용의 판이나 천.

플래티나(platina)〖명〗〖광물〗백금(白金).

플래퍼(flapper)〖명〗①왈가닥. 말괄량이. ②멋쟁이 여자.

플랜(plan)〖명〗①계획(計畫). 설계(設計). ¶ ∼을 짜다. ②설계도. 평면도.

플랜테이션(plantation)〖명〗재식 농원(栽植農園). 미국 남부·인도·동남 아시아·중남미 등에 발달한 전근대적 농업 대기업.

플랜트(plant)〖명〗제조 공업에 요하는 장치. 제조 공장. 생산 설비.

플랜트 수입(plant 輸入)〖명〗생산재 일습을 수입하는 방식.

플랜트 수출(plant 輸出)〖명〗생산재 일습을 수출하는 방식.

플랫(flat)〖명〗①〖음악〗반음(半音) 내리는 기호. 'b'의 꼴. ②경기의 기록에서, 타임이 초 이하의 우수리가 붙지 않는 일. ¶11 초 ∼.

플랫식 아파트(flat 式 apart)〖명〗〖건축〗집단 주택의 한 형태. 각 층에 한 세대가 살게 지은 아파트.

플랫폼(platform)〖명〗역의 승강장.

플러그(plug)〖명〗①전로(電路)를 쉽게 접속시키거나 절단시키는 데에 쓰이는 전기 기구. ¶ ∼를 꽂다. ②내연 기관의 실린더 안의 연료를 전기 불꽃으로 점화하는 장치. 점화전(點火栓).

플러스(plus)〖명〗①〖수학〗보탬. 더함. ②잉여. 부가(附加). 이익. ③덧셈표(+). ④양수(陽數)의 부호. 《데》마이너스. 하

플러스=극(plus 極)〖명〗양극(陽極).

플러스 마이너스(plus minus)〖명〗①〖수학〗더함과 뺌. 가감(加減). ②영(零). 제로(zero). ③〖동〗상쇄(相殺). ④장점과 단점. 이점과 결점. ¶다수결제(制)의 ∼. 「더한 것.

플러스 알파(plus alpha)〖명〗얼마를 더하기. 또, 그

플런저(plunger)〖명〗유체(流體)를 압축하거나 내보내기 위하여 왕복 운동을 하는 기계 부분의 총칭. 피스톤은 그의 일종임.

플레밍의 오른손 법칙(Fleming—法則)〈물리〉자계내(磁界內)에서 도체(導體)를 움직일 때, 오른손의 엄지손가락·집게손가락·가운뎃손가락을 각각 직각이 되게 하여 뻗어 집게손가락을 자계(磁界)의 방향으로 향하게 하고, 이 자계 내에서 엄지손가락의 방향으로 도체를 움직이면 도체에는 가운뎃손가락의 방향으로 전류가 흐른다는 법칙.

플레밍의 왼손 법칙(Fleming—法則)〈물리〉자장내(磁場內)의 도체에 전류가 통할 때, 왼손의 엄지손가락·집게손가락·가운뎃손가락을 서로 직각이 되게 하여, 집게손가락을 자계(磁界)의 방향으로 향하게 하고 가운뎃손가락의 방향으로 전류를 흐르게 하면 그 도체는 엄지손가락의 방향으로 힘을 받게 된다는 법칙.

플레어(flare)〖명〗①〖약〗→플레어 스커트. ②스커트 등에 장식으로 된 물결 모양의 주름.

플레어 스커트(flare skirt)〖명〗자연적으로 주름이 잡히게 된 밑이 확 퍼진 스커트. 〖약〗플레어①.

플레이(play)〖명〗①경기. 유희. 연극. ②〖문학〗희곡. 각본. ③경기 따위를 시작할 때 그를 알리는 말.

플레이 가이드(play guide)〖명〗영화·연극·음악 따위 흥행물의 안내소나 입장권 판매소.

플레이보이(playboy)〖명〗①쾌활한 사나이. 젊은이. ②돈 잘 쓰고 만판 놀기만 하는 사나이. ③《속》호색한(好色漢).

플레이 볼:(play ball)〈체육〉야구·정구 따위의 구기(球技)에서, 심판자가 시합의 개시를 명하는 말.

플레이스 킥(place kick)〖명〗축구·럭비 따위에서, 공을 땅에 놓고 치는 일. 하

플레이스 히트(place hit)〈체육〉야구에서, 겨누어서 친 안타(安打).

플레이어(player)〖명〗①연주자. 연기자. ②경기자. 선수.

플레이 오프(play off)〈체육〉골프·축구에서, 동점

플레이트(plate)〖명〗①금속판. ②진공관의 양극(陽極). ③사진의 감광판(感光板). ④〖체육〗야구에서, 홈 플레이트(본루)나 피처 플레이트(투수판).

플레인 콘크리:트(plain concrete)〖명〗철근을 넣지 않은 콘크리트.

플렉시블(flexible)〖명〗①휘어지기 쉬움. 유연함. ②융통성이나 적응성이 있음. 하

플렉트럼(plectrum)〖명〗〖음악〗만돌린 따위의 발현(撥弦) 악기의 현을 튀기는 데 쓰이는 나무나 상아의 소편(小片). 「일람표.

플로 시:트(flow sheet)〖명〗〈경제〉생산 공정(工程)

플로어(floor)〖명〗마루. 층계. 층(層).

플로어링(flooring)〖명〗마루를 까는 널빤지.

플로어 쇼:(floor show)〖명〗높은 무대를 쓰지 않고 객석 같은 마루에서 벌이는 흥행물.

플로지스톤(phlogiston)〖명〗18세기 초 쉬타르을 설명하려고 설정한 물질. 라부제에 의하여 부정됨. 연소(燃燒). 「(舟).

플로:트(float)〖명〗①뜸. ②수상 비행기의 부주(浮

플로피 디스크(floppy disk)〖명〗자기(磁氣) 디스크 기억 장치의 하나. 자성화(磁性體)를 칠한 플라스틱의 작은 원반으로, 흔히 소형 컴퓨터에 쓰임.

플롯(plot)〖명〗①구상(構想). ②〖문학〗소설·설화·희곡·각본 등의 줄거리. 결구(結構). 구성(構成).

플루오르(Fluorine)〖명〗①〖화학〗할로겐의 원소의 하나. 푸릇스럽하고 연한 노란 빛의 기체 원소. 불소(弗素). 기호; F. 원자 번호; 9. 원자량; 19. 00. ②〖광물〗형석(螢石).

플루오르 수지(Fluorine 樹脂)〈화학〉탄화 수소쇄(炭化水素鎖)에 플루오르가 치환한 중합물(重合物)의 총칭. 「오르와 화합함. 불소화.

플루오르=화(Fluorine 化)〖명〗〖화학〗어떤 물질이 플루

플루오르=물(Fluorine 化物)〖명〗〖화학〗플루오르와 다른 원소와의 화합물.

플루오르화=수소(Fluorine 化水素)〖명〗〖화학〗형석(螢石)에 농황산을 부어 가열해서 얻는 수소. 불화수소(弗化水素). 「오르와 칼슘과의 혼합물.

플루오르화=칼슘(Fluorine 化 calcium)〖명〗〖화학〗플루

플루:크(fluke)〖명〗닿구어서, 공이 뜻밖에 맞는 일.

플루토(Pluto)〖명〗①로마 신화에 나오는 명계(冥界)의 왕. ②〖천〗명왕성(冥王星).

플루토늄(plutonium)〖명〗〖화학〗우라늄으로부터 핵변환에 의해 이루어지는 초우란(超 uran) 원소의 하나. 인체에 가장 해로운 α선을 가지고 있음. 원소 기호; Pu. 원자 번호; 94. 원자량; 242.

플루토늄 폭탄(plutonium 爆彈)圀 플루토늄의 핵(核) 분열을 이용한 원자 폭탄. 1945년 일본에 투하됨.

플루ː트(flute)圀 〈음악〉 대개 금속으로 만드는 목관 악기의 하나. 고음 악기로 음색이 곱고, 빠른 악곡을 연주하는 데 많이 쓰임.

플리머스록(Plymouth Rock)圀 〈조류〉 미국에서 개량한 닭의 한 종류. 〜으로 쓰이는 말.

플리ː즈(please)囝 '미안하지만·부디·제발' 등의 뜻

플리ː츠(pleats)圀 아코디온의 주름 상자 모양으로 모를 내어 스커트에 잡는 주름.

플린트(flint)圀 부싯돌. 라이터 돌.

플린트 유리(flint 琉璃)圀 납·칼륨의 규산염으로 된 유리. 굴절률이 커서 광학 기계에 씀. 납유리.

풋줍(―)圀 ①풋잠. 얕이 든 잠.

피圀 ①〈생리〉 사람·동물의 혈관 가운데 있는 붉은 빛의 체액(體液). 혈액(血液). blood ②〈동〉 혈통(血統). ③〈동〉 혈기(血氣)①. ④희생·노력 따위의 뜻. ¶〜의 대가. sacrifice

피圀 〈식물〉 포아풀과의 일년생 풀. 높이 1m 내외로 잎은 가늘고 길며 끝이 뾰족함. 8〜9월에 작은 이삭 꽃이 원추 화서(圓錐花序)로 피고 영과(潁果)는 식용 또는 사료용으로 쓰임. 제패(梯稗). barnyard grass

피:³㉮ ①남을 업신여겨 비웃는 모양. pshaw ②고무 공 따위에 구멍이 뚫려 공기가 힘없이 새는 소리.

피(彼)㈜ 그이. 때 아(我). he　　　　[하㉮

피=(被―)㉮㈜ 명사 위에 붙여 피동의 뜻을 나타냄. ¶〜선거권. passive particle

피가 거꾸로 솟다 몹시 흥분하여 피가 머리로 모이다.

피가 끓다 ①감정이 고조되다. 흥분한다. ②경기를 앞두고 용기가 솟는, 온몸에 긴장감이 넘치다. ③젊고 혈기가 왕성하다. 　　　　　　　　　[것 같다.

피가 마르다 몹시 괴롭거나 애가 타서 피가 마르는

피ː가수[―쑤](被加數)圀 〈수학〉 가법(加法)에서 더하여지는 수. 곧, 5+8=13의 경우 5를 이름. summand

피가 켕기다 핏줄이 이어진 골육 사이에는 서로 당기는 친화력(親和力)이 있다.　　　　　[기물(突起物).

피각(皮殼)圀 〈의학〉 피부에 생기는 각질(角質)의 돌

피각(P殼)圀 〈물리〉 원자핵을 둘러싼 전자의 여섯 번째 층.

피ː감수[―쑤](被減數)圀 〈수학〉 감법(減法)에 있어서 빼냄을 당하는 수. 곧 5에서 2를 빼어 3을 구하였을 때 5를 일컬음. minuend

피갑(皮甲)圀 〈제도〉 돼지의 가죽으로 자그마하게 미를 만들어 녹이로 없어 맨 갑옷.

피ː검(被檢)圀 ①검거됨. 붙잡힘. being arrested ②검사를 받음. being inspected ②

피ː검ː사(―檢査)圀 혈액 검사.

피겨(figure)圀 ①모양. 도형(圖形). ②도표(圖表)의 번호를 나타내는 말. Fig., fig. 로 표기함. ③〈약〉→피겨 스케이팅.

피겨 스케이팅(figure skating)圀 〈체육〉 활주(滑走)하면서 여러 가지 도형과 모양으로 그리는 기교적인 스케이팅. 《약》 피겨③. 　　　　[acked 하㉮

피ː격(被擊)圀 습격을 받음. 공격을 당함. being att-

피견(披見)圀 〈동〉 피람(披覽). 하㉮

피ː고(被告)圀 〈법률〉 ①민사 소송에 있어서 소송을 당한 사람. 때 원고(原告). defendant ②〈약〉→피고인.

피ː고름 피도 아직 뻐지 않을 무렵, 농가의 식량 사정이 극도로 궁핍한 고비를 이름. bloody pus

피ː고름圀 피가 섞인 고름. 농혈(膿血). 혈농(血膿).

피ː고ː사건[―껀](被告事件)圀 검찰관(檢察官)의 공소권 행사로 범죄로서 기소(起訴)된 사건.

피ː고ː인(被告人)圀 〈법률〉 형사 소송에 있어서 형벌을 주기 위해 검찰관으로부터 공소(公訴)의 제기(提起)를 당한 사람. 때 원고(原告). 《약》 피고②. accused

피곡(皮穀)圀 〈동〉 걸우식②.

피곤(疲困)圀 몸이 지치어 고달픔. 피비(疲憊). fatigue

피골(皮骨)圀 살가죽과 뼈. skin and bones 　　　[하㉮

피골 상련(皮骨相連)〈동〉 피골 상접. 하㉮

피골 상접(皮骨相接)圀 살가죽과 뼈가 맞붙을 정도로 몸이 몹시 마름. 피골 상련. being all skin and bones 하㉮　　　　　　　　　　　　[(皮色匠).

피공(皮工)圀 가죽으로 물건을 만드는 사람. 피색장

피공(皮孔)圀 〈동〉 피목(皮目).

피ː교ː육자(被敎育者)圀 교육을 받는 사람.

피구(皮裘)圀 가죽으로 지은 옷.

피ː구(避球)圀 도지 볼(dodge ball).

피권(疲倦)圀 피로하여 싫증이 남. 하㉮

피그(pig)圀 ①〈물리〉 방사성 물질을 운반·저장하는 데 쓰이는 용기(容器). ②〈동물〉 돼지.

피근피근(――)㉮ 고집이 세어 밉살스럽게 남의 말을 잘 듣지 않는 모양. perverse 하㉮　　　　　[飾)에 씀.

피금(皮金)圀 금(金)을 입힌 얇은 양가죽. 복식(服

피ː기(避忌)圀 꺼려서 피하는 것. dislike and avoid

피기기(고) 딸꾹질.　　　　　　　　　　　　[하㉮

피나다 극심한 신고(辛苦)나 노력의 비유.

·피나모(고) 피나무.

피ː나무 〈식물〉 피나무과의 낙엽 활엽 교목. 잎은 원형에 끝이 뾰족하며 잎 뒤에 잔털이 있음. 6〜7월에 향기가 높고 줄이 많은 담황색 꽃이 핌. 목재는 도구재, 수피는 밧줄·맛·끈을 만드는 데 쓰임.

피ː난(避難)圀 ①재난을 피함. avoid the disasters ②재난을 피하여 있는 곳을 옮김. 피재(避災). 피해(避害). refuge 하㉮　　　　　　　　　　　[refugees

피ː난민(避難民)圀 재난의 위험에서 벗어난 이재민.

피ː난살이(避難―)圀 재난을 피하여 있는 곳에서 사는 살림살이. life of refugees 하㉮

피ː난처(避難處)圀 재난의 위험에서 벗어나 있는 곳. 또, 재난을 피할 만한 곳.

피날레(finale 이)圀 몸시 지쳐서 몸이 나른함. 하㉮

피날레(finale 이)圀 〈음악〉 ①교향곡·주명곡(奏鳴曲) 등의 최후의 악장. 종곡(終曲). ②〈연예〉 최후의 막(幕). 대단원(大團圓). ③최종(最終).

피내 주ː사(皮內注射)圀 〈의학〉 백신·혈청 또는 약액 등을 피내에 주사하는 일. 치료가 아니고 예방 용.

피ː넛(peanut)圀 땅콩. 　　　　　　　　　　　[치임.

피ː뽑기(―)圀 〈동〉 수혈(輸血).

피데(fine 이)圀 〈음악〉 악곡의 끝을 나타내는 말.

피넨(Pinen 도)圀 〈화학〉 테르페유(terpene 油)의 주성분을 이루는 물질로서 방향(芳香)이 있는 무색의 액체. 합성 장뇌(樟腦)·인공 향료의 원료 등에 쓰임.

피ː눈물圀 몹시 슬퍼서 나는 눈물. 혈루(血淚). 홍루(紅淚). bitter tears

피니시(finish)圀 ①끝. 최종. ②〈체육〉 운동 경기에서, 운동 동작을 마무리 짓는 일.

피ː닉(避匿)圀 피하여 숨음. 하㉮

피닉스(Phenix)圀 〈민속〉 이집트 신화(神話) 중의 신조(神鳥). 불사조(不死鳥).

피ː다㉰ ①꽃봉오리·잎 따위가 벌어지다. ¶꽃이 〜. 때 지다②. ②불이 점점 일어나다. ¶불이 〜. 때 꺼지다. burn ③사람이 얼굴에 살이 오르고 화색이 돌아 예뻐지다. bloom ④뭉게뭉게 일어나거나 부풀부풀하여지다. ¶구름이 〜. 솜이 〜. rise ⑤안개→펴이다. 타 ①〈약〉→피우다. ②솜을 매만져 얇게 늘이다. spread '아무리 해도 없어지지 않는다.

피 다 잡은 논없고 도둑 다 잡은 나라 없다 도둑은

피대(皮袋)圀 짐승의 가죽으로 된 손가방. leather bag　　　　　　　　　　　　[피대帶. belt

피대(皮帶)圀 〈공업〉 기계를 돌리는 데 쓰는 가죽띠.

피대줄(―)(皮帶―)圀 〈동〉 피대(皮帶).

피대지기(皮帶―)圀 〈제도〉 문서가 든 피대를 갖고 집행(執行)을 따라다니는 관례(官隷). 피대직(皮帶直).

피대(皮袋)圀 〈동〉 피대(皮帶).

피도 눈물도 없다㉰ 인간적인 심정이 전혀 없다. 조금도 인정머리가 없다. 냉혹하고 비정하다.

피도 마르지 않다/피도 안 마르다 아직 어리다.
피:돌기[被] [동] 혈액 순환.
피:동(被動) [명] ①남의 힘에 의해 움직이는 일. passivity ②〈어학〉딴 동작에 의하여 동작을 하게 하는 동사의 성질. 수동(受動). 《배》능동(能動). passive
피:동사(被動詞) [명] 〈어학〉딴 동작에 의하여 동작을 하게 되는 성질의 동사. 《배》능동사(能動詞). passive verb
피:동성 면:역(被動性免疫) 〈의학〉사람·동물에 후에 예방의 목적으로 항혈청을 주사하여 얻어진 면역. 《배》능동성 면역.
피:동형(被動形) [명] 〈어학〉피동을 나타내는 낱말의 형태.
피둥=피둥 [부] ①원기가 좋은 노인의 살결이 윤택해 보이고 살이 찐 모양. robust ②남의 말을 잘 듣지 않는 모양. disobedient 하다
피:드=백(feedback) [명] 전기 회로에서, 출력의 일부를 입력측(入力側)으로 돌리고 출력을 증대 또는 감소시키는 일. 또, 일반적으로 결과의 의하여 원인을 자동적으로 수정·조정하는 조작.
피딱지 [명] 닥나무껍질의 찌꺼기로 뜬 품질이 낮은 종이. 피지(皮紙).
피딱지[명] 피가 흘러 굳어진 딱지. clot of blood
피:땀 [명] ①피와 땀. ②몹시 힘들여 일하여 흘리는 진땀. 혈한(血汗). ¶~ 흘려서 모은 재산. blood and sweat
피땀 흘리다 [자] 온갖 인내와 노력을 쏟아서 일하다.
피:똥[명] 〈한의〉피가 섞인 똥. 혈변(血便). 혈분(血糞). blood excrement
피뜩[부] 어떤 물체나 생각이 가볍게 나타나거나 떠올랐다가 곧 사라지는 모양. [glance
피뜩[부] 갑자기 눈길을 돌려 잠깐 바라보는 모양.
피뜩=피뜩[부] 잇달아 나타나거나 떠올랐다가 곧 사라지는 모양.
피라미[명] ①〈어류〉잉어과의 민물고기. 몸 길이 10~14cm이며 측편(側偏)하고 뒷지느러미가 매우 큼. 몸 빛은 상변은 청흑색, 하변은 은백색이며 비늘은 둥글고 수염은 없음. 흑조어(黑條魚). ②(속) 아이.
피라미돈(Pyramidon 도) [약학] 디메틸 아미노 안티피린의 상품명. 융점(融點) 108도의 무색 또는 백색의 결정성 가루약. 맛이 쓰며 잘 녹는 용해열제. 일반의 열성병과 진정·진통 등에 쓰임.
피라미드(Pyramid) [명] 기원 전 30~29세기경 이집트 국왕의 무덤인 삼각탑(三角塔)의 유검. 금자탑(金字塔)①.
피:란(避亂) [명] ①난리를 피함. refuge ②난리를 피하여 있는 곳. escape 하다
피:란=민(避亂民) [명] 난리의 위험에서 벗어난 이재민. refugees
피:란=살이(避亂一) [명] 난리를 피하여 있는 곳을 옮겨 사는 살림살이. life of refugees 하다
피:란=지(避亂地) [명] ①형세가 난리를 피해 살기 좋은 땅. ②피란하는 땅.
피:란=처(避亂處) [명] ①난리의 위험에서 벗어나 있는 곳. 또는 난리를 피할 만한 곳. refuge [하다
피람(披覽) [명] 책 따위를 펴서 봄. 피견(披見). reading
피:랍(被拉) [명] 납치를 당함. ¶~되다. press 하다
피력(披瀝) [명] 마음속에 먹은 바를 털어놓고 말함. express
피로(披露) [명] ①책·서류 따위를 펴서 보임. show ②일반에게 널리 알림. ¶결혼 ~연(宴)을 베풀다. introduction ③마음을 펴냄. unbosoming 하다
피로(疲勞) [명] 고단함. 지침. 하다
피로갈롤(pyrogallol) [명] 〈화학〉무색의 판상(板狀) 결정으로, 강한 환원력·사진의 형상액·방부제·분석용 시약 등으로 사용됨. 초성 필식산제.
피로 곤:비(疲勞困憊) 피로에 지치는 일. 하다
피로=연(披露宴) [명] 결혼·출생 등을 일반에게 널리 알리는 뜻으로 베푸는 연회. dinner given in announcement of
피로 전:기(pyro 電氣) [물리] 어떤 종류의 결정체의 일부를 가열하면 표면에 전기가 나타나는 현상. 초전기(焦電氣).

피로:회(披露會) [명] 결혼·출생 등을 일반에게 널리 알리게 하기 위하여 모이는 모임. party given in announcement of
피롱(皮籠) [명] 짐승의 가죽으로 된 큰 함. leather case
피:뢰(避雷) [명] 낙뢰(落雷)를 피함. escape lightning 하다
피:뢰=기(避雷器) [명] 〈물리〉전기 회로에 일어나는 이상 고전압을 안전하게 방전시켜 회로 중의 기계 따위의 파손을 예방하는 여러 가지 장치. arrester
피:뢰:주(避雷柱) [명] [동] 피뢰침(避雷針).
피:뢰=침(避雷針) [명] 〈물리〉벼락의 피해를 막기 위하여 옥상에 베풀어 놓은 쇠붙이의 막대. 피뢰주(避雷柱). lightning conductor [cloth
피륙[명] 필로 된 무명·베·비단 등의 포목의 총칭. 천.
피룽(疲癃) [명] 〈한의〉기력이 떨어지고 기운이 쇠약하여 걸리는 노인의 병.
피:리[명] 〈음악〉①목관 악기의 하나. 구멍이 8개 있고 피리혀를 꽂아서 붐. ②속이 빈 대에 구멍을 뚫고 불어서 소리를 내는 것의 총칭. flute
피리독신(pyridoxine) [명] 비타민 B_6의 기능을 가진 물질. 쌀겨·효모 등에 함유.
피리딘(pyridine) [명] 〈화학〉석탄 타르에서 뽑아 내는 무색이며 특유한 악취를 지닌 액체.
피:리=새 〈조류〉참새과의 새. 날개 길이 8~9cm로 부리는 짧고 몸 빛이 아름다움. 피리를 부는 것처럼 곱게 울어 농조(籠鳥)로 기름. 한국·일본·유럽 등지에 분포함. 유작(拙老婆). bullfinch
피:리엽=부(一 余部) [명] 한자 부수(部首)의 하나. '勳'·'勵' 등의 '俞'의 이름.
피리어드(period) [명] ①시기. 시대. ②〈어학〉문장의 끝을 나타내는 부호. 종지부(終止符). 풀 스톱(full stop).
피리 춘:추(皮裏春秋) '말로는 잘잘못을 가리지 않는 사람도 마음속으로는 셈속과 분별력이 있음'을 이르는 말. [는 부분. reed
피:리=혀(一) [명] 〈음악〉피리의 윗머리에 끼워서 소리를 내
피마(一馬) [명] 다 자란 암말. 빈마(牝馬). 《배》상마. mare [②아주까리씨.
피마=자(篦麻子) [명] 〈식물〉①아주까리. castor bean
피마자=유(篦麻子油) [명] 아주까리 기름.
피막(皮膜) [명] ①겉껍질과 속껍질. skin and film ②살갗·힘살을 에워싼 점막. tapetum
피:막(被膜) [명] 덮어 싸고 있는 막.
피:막(避幕) [명] 예전에, 사람이 죽기 직전에 잠시 안치해 두는 마을에서 떨어진 외딴집을 일컫던 말.
피막이=풀 [명] 〈식물〉미나리과의 다년생 풀. 줄기는 땅 위로 벋으며 마디에 수염뿌리가 남. 잎은 신장형(腎臟形)에 백색 또는 자백색의 꽃이 피고 과실은 납작함. 잎은 으깨어 지혈제로 씀. 아불식초.
피:막=지기(避幕-) [명] 피막을 지키는 사람.
피말(皮襪) [명] [동] 다로기.
피망(piment 프) [명] 서양 고추.
피맥(皮麥) [명] 겉보리.
피=맺히=다 [자] ①아무지게 부딪치거나 맞아 피부의 안으로 피가 나와 피멍이 들다. be bruised ②가슴에 피가 맺힐 정도로 한이 사무치다.
피:명(被命) [명] 명령을 받음. being ordered 하다
피:모(被毛) [명] 짐승 따위의 몸에 난 털. hair
피목(皮目) [명] 〈식물〉식물 줄기의 단단한 부분이나 사과의 껍질 같은 데에 있는 작은 구멍. 수분을 증발시킴. 껍질눈. 피공(皮孔). lenticel
피물(皮物) [명] 짐승의 가죽. leather
피물=전(皮物塵) [명] 짐승의 가죽을 파는 가게.
피:披(披瀝) [명] ①나무나 풀이 바람에 불려 쓰러지거나 쓸림. fluttering ②남의 권세나 위력에 눌려 여러 사람이 굴복함. yielding 하다 [blood
피=바다 [명] 피가 널리 낭자하게 되어 있는 곳. sea of
피발(被髮) [명] ①머리를 풀어 헤침. letting down one's

hair ②〈제도〉부모가 돌아갔을 때 머리를 풀어 헤치던 일. 하다 「자가 머리를 풀고 버선을 벗던 일.
피발 도선(被髮徒跣)명〈제도〉부모상을 입었을 때 여
피발 좌:임(被髮左衽)명〈제도〉머리를 풀고 옷깃을 왼쪽으로 여미다는 뜻으로, 미개한 오랑캐의 풍속을 가리키던 말.
피:밥명 피로 지은 밥. 패반(稗飯).
피:벌(被罰)명 벌을 받음. being punished 하다
피:범벅명 온 군데에 피가 묻어 뒤범벅이 됨.
피:변(被變)명 저런. other side
피병(疲兵)명 피로한 군대. tired armed forces
피:병(避病)명 병을 피하여 있는 곳을 옮김. 하다
피:병원(避病院)명 전염병 환자를 따로 수용·치료하는 병원. isolation hospital
피:보:상자(被補償者)명〈법률〉재산권·영업권 따위에 대하여 입은 손해에 따른 대상(代償)을 받을 수 있는 권리자.
피:보:험(被保險)명 보험의 대상이 됨.
피:보:험:물(被保險物)명 손해 보험 계약의 목적물.
피:보:험자(被保險者)명〈법률〉①손해 보험에서, 계약에 따라 손해의 전보(塡補)를 받을 수 있는 사람. ②생명 보험에서, 그 사람의 생명에 관하여 보험이 들어 있는 사람. (대) 보험자(保險者).
피:보:호:국(被保護國)명〈법률〉보호 국가와 맺은 보호 조약에 의해 내정을 비롯해 특히 외교 관계에 있어 제한을 받는 국가.
피복(被服)명 옷. 의복. clothing
피복-선(被覆船)명 해초·조가비 등이 붙어 배 밑을 더럽히거나 썩는 것을 막기 위하여 동판을 입힌 배.
피복-선(被覆線)명 절연물로 피복한 도전선(導電線).
피복-창(被服廠)명 공공 기관·단체의 제복 등을 제조·
피:본(一本)명 〈동〉혈액형. 「수선 보관하는 곳.
피봉(皮封)명〈동〉겉봉.
피부(皮膚)명〈생리〉동물의 온몸을 싸고 있는 겉껍질. 살가죽. 살갗. skin
피부 감:각(皮膚感覺)〈생리〉피부 또는 그 하부(下部)에 바로 접하는 켜[層]에 수용기(受容器)를 가진 감각의 총칭. 촉각·멈림·압력·온도·아픔 따위의 여러 감각을 포함함. 하등 동물에는 피부 광각(皮膚光覺) 같은 것이 있음. sensation of skin
피부 결석(皮膚結石)명〈의학〉피부의 일부에 석회가 침착하여 생긴 굳은 근 결절.
피부-과(皮膚科)명〈의학〉피부에 관하여 연구·치료하는 의학의 한 분과. dermatology
피부-병(皮膚病)명〈의학〉피부에 생기는 질환의 총칭. skin disease 「피선(皮腺).
피부-선(皮膚腺)명〈생리〉피부에 분포한 외분비선.
피부선-병(皮膚腺病)명 결핵균의 의해 피부에 무통성의 결절이나 궤양이 생기는 병.
피부 소양증(一一症)(皮膚搔痒症)〈의학〉피부가 발작적으로 몹시 가려우며 하고 발진이 없는 상태.
피부-암(皮膚癌)명〈의학〉피부의 암종. 편평 피부암·심성 피부암·유두상(乳頭狀) 피부암으로 나뉨. cutaneous cancer
피부-염(皮膚炎)명〈의학〉체내 또는 체외의 원인으로 일어나는 피부의 염증. 발적·종창·부종·수포(水疱)·작열(灼熱)·미란(糜爛)·소양·동통(疼痛) 따위의 증상이 생김. dermatitis 「이의 혈관.
피부 혈관(皮膚血管)명〈생리〉피부 조직과 진피 사이
피부 형성술(皮膚形成術)명〈의학〉피부를 절개(切開)하여 결손부를 메우거나 피부를 이식하는 수술.
피부 호흡(皮膚呼吸)명〈생리〉피부를 통하여 탄산가스와 수분(水分)을 배설하고 산소(酸素)를 섭취하는 일. dermal respiration 「요 단백질.
피브로인(fibroin)명〈화학〉비단 섬유를 구성하는 주
피브리노겐(fibrinogen)명〈화학〉척추 동물의 혈장(血漿)·임파액 속에 있는 글로불린(globulin)의 하나.
피비(皮痹)명〈의학〉피부의 지각이 마비되는 증세.
피비린내명 ①피에서 풍기는 비린 냄새. 혈성(血腥).

reek of blood ②몹시 살벌(殺伐)한 기운. reek of
피=비:저(皮膚疽)명 마비저(馬鼻疽). 「murder
피-빨강이명《동》헤모글로빈.
피뿌리-꽃명〈식물〉팥꽃나무과의 다년생 풀. 근경은 비대하고 줄기는 가지가 없이 직립함. 5~7월에 꼽은 빛의 두상화(頭狀花)가 핌. 잎줄기는 약재로 씀.
피-사리명〈농업〉농작물 가운데 섞여 있는 피를 뽑아 버리는 일. weeding out barnyard grass 하다
피=사체(被寫體)명 사진을 찍는 데에 그 대상이 되는 물건. subject of photograph
피-사초(一莎草)명〈식물〉방동사니과에 속하는 다년생 풀. 산·들에 나며, 높이 약 15 cm, 잎은 선형임. 초여름에 두세 개의 소수(小穗)가 핌.
피:살(被殺)명 죽임을 당함. being killed 하다
피상(皮相)명 ①바깥 모양. 겉모양. 거죽. look ②진상을 추구하지 않고 표면만을 보고 내리는 판단.
피상(皮箱)명 짐승 가죽으로 만든 상자.
피:상속:인(被相續人)명〈법률〉상속인에게 재산·권리의 이전 소유자. (대) 상속인.
피상-적(皮相的)관[명] 진상을 추구하지 않고 겉면만 취급하는(것). ¶ ~으로만 생각하다.
피새명 성질이 급하고 날카로워 걸핏하면 화내는 성질. quick temper
피새-나다 감추는 일이 드러나다. come to light
피새-내-다 조그만 일에도 성을 잘 내다. irritable
피새-놓-다 긴한 체하면서 일의 훼방을 부리다. hinder
피색-장(皮色匠)명 짐승의 가죽으로 여러 가지 물건을 만들던 장색. 피공(皮工). (예) 피장(皮匠). tanner
피색-전(皮色廛)명 짐승의 가죽을 다루는 가게. le-
피샘명《동》혈선(血腺). 「ather shop
피:서(避暑)명 더위를 피하여 서늘한 곳으로 옮김. (대) 피한(避寒). summering 하다
피:석(避席)명 ①자리에서 물러남. retiring ②공경하는 뜻으로 웃어른을 모시었던 자리에서 일어남.
피:선(皮腺)명《동》피부선(皮膚腺). 「(避瘧). 하다
피:선(被選)명 선거에 뽑힘. ¶의장에 ~되다. being elected 하다 「보하여 피선될 수 있는 권리.
피:선:거권(被選擧權)[一권]명〈법률〉선거에 입후
피:세(避世)명 세상을 피해 숨음. 은둔(隱遁). hiding oneself 하다
피:소(被訴)명 제소(提訴)를 당함. facing a lawsuit
피:수(被囚)명 감옥에 갇힘. imprisonment 하다
피:수식어(被修飾語)명〈어학〉수식어에 의하여 의미상으로 한정이 주어지는 말.
피:스(peace)명 평화. 「청부제(請負制)의 일.
피:스-워:크(piecework)명 도급으로 말아서 하는 일.
피:스 코(Peace Corps)명 평화 봉사단.
피스톤(piston)명〈공업〉증기 기관 따위의 실린더 속에서 왕복 운동을 하는 원주(圓柱). 활색(活塞). ②〈음악〉금관 악기의 음조를 내는 장치.
피스톤-간(piston 桿)명 피스톤에 고정되어, 피스톤의 운동을 기통(氣筒) 밖으로 전하는 작용을 하는 쇠막대기. 피스톤 로드.
피스톤 로드(piston rod)명《동》피스톤간.
피스톤 수송(piston 輸送)명 두 지점을 오가면서 계속 사람이나 물건을 수송함.
피스톨(pistol)명 권총. 수창(手銃).
피:습(被襲)명 습격(襲擊)을 당함. being assaulted
피:승:수[一수](被乘數)명〈수학〉곱셈을 당하는 수. 곧, 3×2=6에서의 3 따위의 말함. (대) 승수(乘數). multiplicand 「dered 하다
피:시(被弑)명 임금이 신하에게 피살됨. being mur-
피:신(避身)명 몸을 피함. 도신(逃身). (유) 은신(隱身). ¶ refuge 하다 「번우는 모양. 하다
피씩-이다 일을 약간 벌렸다 다물며 힘없이 싱겁게 버우다.
피:아(彼我)명 저 사람과 나. oneself and others
피:아-간(彼我間)명 저 사람과 나와의 사이. ¶ ~에는 아무런 감정도 없다.

피아노¹(piano)명 〈음악〉건반 악기의 하나. 양금(洋琴). [대] 포르테.

피아노²(piano 이)명 〈음악〉'약하게'의 뜻. 기호 ; p.

피아니스트(pianist)명 피아노를 잘 치는 사람.

피아니시모(pianissimo 이)명 〈음악〉'아주 여리게'의 뜻. 기호 ; pp.

피아니시시모(pianississimo 이)명 〈음악〉'피아니시모보다 더 약하게'의 뜻. 기호 ; ppp.

피: 아르(P. R.)명 〈약〉 public relation 관청이나 기업체 등이 그 사업 내용이 공중의 이익을 위하는 데 있다는 취지를 널리 대중에게 알리는 선전. ¶~활동. 하자

피: 아르 영화(P. R. 映畵)명 기업체 등에서 선전용으로 만든 영화.

피: 아르 카(P. R. car)명 차내에 녹음기·확성기 등을 설비해 놓고 도시·농촌을 이동하면서 선전하는 데 쓰는 자동차.

피아스터(Piaster)명 멕시코·스페인 등의 옛날 화폐. 루마니아·베트남·아라비아·이집트·터키 등의 나라의 화폐 단위.

피: 안(彼岸-Faramita 범)명 ①〈불교〉생사 윤회(生死輪廻)의 사바 세계(娑婆世界)를 떠난 열반 상락(涅槃常樂)의 오성(悟性)의 세계. ②현실적으로는 존재하지 않는, 관념적으로 고안해 낸, 현실 밖의 경지. ¶압박을 당하는 계급.

피: 압박 계급(被壓迫階級)명 〈사회〉지배 계급에게 압박을 당하는 계급.

피: 압박 민족(被壓迫民族)명 딴 민족에게 압박을 받는 민족.

피앙세¹(fiancé 프)명 남자 약혼자.

피앙세²(fiancée 프)명 여자 약혼자.

피어-나-다명 ①곤경(困境)이 풀리다. ¶형세가 ~. get better ②불이 붙어 일어나다. ¶연탄불이 ~. burn up ③기절했던 사람이 살아나다. ¶한참 후에야 ~. revive ④파리하던 얼굴에 혈색이 돌다. ¶창백하면 얼굴이 ~. bloom

피-어리-다(피 ①피가 엉기다. 피가 뱃히다. curdle ②어떤 일에 노력이나 고난이 뱃히다. become permeated with blood

피에로(pierrot 프)명 〈예능〉무언극의 어릿광대.

피: 에스(P. S.)명 〈약〉 postscript 추신(追伸).

피: 에이치(pH, PH)명 〈화〉 폐하.

피에조(piezo)명 〈물리〉압력에 관계하는 현상에 관형적으로 쓰이는 말.

피에조 전기(piezo 電氣)명 〈물리〉수정(水晶)이나 전기석 등의 광물을 압축 또는 신장할 때 양극에 음양의 전위차가 생기는 현상. 마이크로폰·수화기 등에 이용.

피에조 전기계(piezo 電氣計)명 〈물리〉피에조 전기를 재는 데 쓰이는 계기(計器). [매점(賣店)].

피: 엑스(P. X.)명 〈약〉 Post Exchange 군인을 위한

피: 엘 오(PLO)명 〈약〉 Palestine Liberation Organization 팔레스티나 해방 기구. [~(後).

피: 엠(P. M.)명 〈약〉 post meridiem 오후(午

피연(疲軟)명 기운이 없고 느른함. languor 하자

피: 연(被鉛)명 전력 케이블(cable)·전신 케이블 등의 케이블을 보호하며 외부로부터의 영향을 막기 위하여 납 또는 납의 합금으로 케이블을 싸는 일. (捕鉛), 그 납. 하자

피: 오 더블류(P.O. W.)명 〈약〉 Prisoner of War 포

피오르드(fjord)명 〈지학〉빙식곡이 침강하여 생긴 좁고 긴 만. 협만(峽灣).

피: 용-자(被傭者)명 노동 계약에 따라 종속적 관계에서 임금을 받고 노동에 종사하는 사람.

피우(più 이)부 더욱.

피우-다動 ①피게 하다. ¶향을 ~. make a fire ②담배 연기를 들이마시었다 내뿜다. ¶식후 일밀로 담배를 ~. ③먼지·냄새 따위를 나타내다. ¶향긋한 냄새를 ~. scent ④수단·재주 따위를 나타내다. ¶잔꾀를 ~. 〈약〉 피다①. perform

피육(皮肉)명 가죽과 살. skin and flesh

피육 불관(皮肉不關)명 아무런 관계가 없음. 하자

피율(皮栗)명 겉밤.

피율명 〈어학〉한글의 자모 'ㅍ'의 이름. name of Korean letter

피: 의(被疑)명 의심을 받음. 혐의(嫌疑)를 받음. being suspected

피: 의(跛倚)명 한 다리에 의지하고 기대어 섬. 하자

피: 의-자(被疑者)명 〈법〉범죄의 혐의를 받고 있는 자로서 아직 기소(起訴)되지 않은 사람. 혐의자(嫌疑者). 용의자(容疑者). suspect [ing foreigner

피: 인(彼人)명 ①저 사람. 〈유〉궐자(厥者). he ②외국

피일시 차일시(彼一時此一時)명 그 때는 그 때, 이 때는 이 때로, 그 때마다 임기 응변함. 차일시 피일시(此一時彼一時).

피: 임(被任)명 어떠한 소임을 맡게 됨. ¶과장에 ~되다. being appointed 하자 [ntraception 하자

피: 임(避姙)명 인위적(人爲的)으로 임신을 피함. co-

피: 임-제(避姙劑)명 피임하기 위하여 쓰는 약제.

피자(pizza 이)명 밀가루 반죽에 야채·고기·치즈 따위를 넣고, 향료를 곁들여 납작하게 구운 파이.

피: 자 식물(被子植物)명 〈식물〉관정 식물(管辨有胚) 식물에 속하는 종자 식물의 한 아문. 배주(胚珠)가 자방 안에 싸여 있는 식물로서 감나무·벚나무·벼 따위. 속씨 식물. 〈대〉나자(裸子) 식물. angiosperm

피-잣(동)명 겉잣.

피장(皮匠)명 〈약〉→피색장(皮色匠).

피: 장부 아-장부(彼丈夫我丈夫)명 그가 장부라면 나도 장부라는 뜻으로, 남에게 굽히거나 남보다 못할 것이 없음을 이르는 말.

피장-파장명 서로 다르고 못하고 없는 경우나 처지를 이르는 말. ¶이 일이나 그 일이나 어려움은 ~이다. much the same

피: 재(避災)명 재난을 피함. refuge 하자

피접(被接)명 그루터기의 껍질을 벌리고 가지를 끼 [워 붙이는 접.

피: 접(避接)명(한)→피막(避幕).

피: 제-수(被除數)명 〈수학〉나눗셈에 있어서 나눔을 당하는 수. 곧 10÷2=5에서 10을 말함.

피: 조(被造物)명 조물주에 의하여 만들어진 모든 물

피종-다동 자자지다. →피종다. [건.

피종-다(교) 자자지르다. 黥刑]

피: 좌(避座)명 〈동〉피 석식(避席) ~. 하자

피: 죄(被罪)명 죄를 입음. being incriminated 하자

피: 죽(-粥)명 피로 쑨 죽. gruel made of barnyard

피죽(皮-)명 대나무 겉껍질. bamboo skin [millet

피죽 바람(-粥-)명 모낼 무렵에 아침 저녁으로 부는 동풍과 서북풍. 이 바람이 불면 흉년이 들어서 피죽 얻어먹기 힘들다는 데서 생긴 이름. unfavourable wind

피죽 상자(皮竹箱子)명 대 껍질로 만든 상자의 총칭.

피죽-새(-鳥)명 지빠귀과에 딸린 밤꾀꼬리의 한

피지(皮紙)명 〈동〉피막지¹. [~종류.

피지(皮脂)명 〈생리〉피지선(皮脂腺)에서 분비되는 반유동성(反流動性) 유상(油狀)의 물질. sebum

피: 지(彼地)명 뷰. that place

피: 지도-자(被指導者)명 지도를 받는 사람.

피지-루(皮脂漏)명 〈의학〉피지선의 분비 과다의 증상. 지루(脂漏).

피: 지배(被支配)명 지배를 당함.

피지-선(皮脂腺)명 〈생리〉진피(眞皮) 속에 있는 작은 선(腺). 손바닥·발바닥 이외의 전신에 분포함. 지방선(脂肪腺). sebaceous gland

피지칼(physical)명 ①물리적(物理的). ②물질적. ③육체적. ④신체적. ⑤자연적.

피지스(physics)명 물리학(物理學).

피질(皮質)명 〈생리〉조직의 외층부(外層部). 그 조직명을 앞에 붙여 부신(副腎) 피질·대뇌(大腦) 피질 등으로 일컬음.

피집 불굴(被執不屈)명 자기의 주장을 세워 굽히지 아니함. holding fast to one's views 하자

피: 차(彼此)명 저것과 이것. this and that 부 서

피:차=간(彼此間)[명] 쌍방의 사이.
피:차-없:-다(彼此一)[형] 두 편이 서로 낫고 못함을 따질 것이 없다. 피:차-없:이[부]
피:차 일반(彼此一般)[명] 쌍방이 서로 같음. ¶잘못은 ~이야.
피:차(彼次)[명](동) 피체(被逮). 하[자]
피:처(彼處)[명] 저곳. 거기. there
피처(feature)[명] ①신문(新聞)의 특집 기사(特輯記事). ②(연예) 특작품(特作品).
피처(pitcher)[명] 〈체육〉 야구에서, 볼을 던지는 사람. 투수(投手). (대) 캐처.
피:척(彼隻)[명] 소송(訴訟) 당사자 사이에 상대방을 서로 이르는 말. opponent
피천[명] 아주 적은 돈. petty money
피:천(被薦)[명] 추천을 받음. being recommended 하[자]
피천 한닢 없:다[관용] 수중에 돈 한 푼 없다. penniless
피:체(被逮)[명] 불잡힘. 피착. being arrested 하[자]
피층(皮層)[명] 〈식물〉 식물의 조직계(組織系)의 하나. 표피(表皮)와 중심주(柱) 사이를 채우는 세포층. cortex
피치(pitch)[명] ①보트를 저을 때 1분간에 젓는 횟수. 또, 그 완급(緩急)의 정도. ②작업의 형편·능률의 정도. ③〈음악〉음의 높낮이의 정도. 음조. ④〈화학〉콜타르에서 휘발 성분을 증류하고 남은 찌꺼기. ⑤나사못을 1회전 했을 때 나아간 거리. ⑥톱 니바퀴의 톱니와 톱니 사이의 길이. ⑦프로펠러의 1회전으로 나아간 거리. ⑧야구에서 투수가 타자에게 공을 던지는 일. ⑨아스팔트. 역청(瀝靑). 하[자]
피치 게이지(pitch gauge)[명] 〈공업〉나사의 피치의 길이를 재는 기계.
피치-블렌드(pitchblende)[명] 〈광물〉섬(閃)우란광의 하나. 라듐의 중요 광석. 은·납등의 황화 광물에서 남.
피:치-자(被治者)[명] 〈법률〉국가의 통치권(統治權) 밑에서 다스림을 받는 사람.
피치카토(pizzicato 이)[명] 〈음악〉현(絃)을 손끝으로 퉁겨 연주함. 또 그 곡(曲).
피치 코:크스(pitch cokes)[명] 콜타르에서 휘발 성분을 증류시킨 찌꺼기를 건류(乾溜)하여 얻은 다공질(多孔質) 물질. 연료 또는 전극(電極) 재료로 쓰임.
피:침(披針·鍼鍼)[명] ①[동] 피바소. [❞이불. 하[자]
피:침(被侵)[명] ①침범을 당함. being invaded ②저축
피침-형(披針形·鍼鍼形)[명] ①바소와 같은 형상. ②〈식물〉바소와 같은 모양.
피칭(pitching)[명] ①〈체육〉투구(投球). 야구에서, 투수가 공을 던지는 일. ②선박·비행기의 앞머리가 위아래로 흔들리는 동요. (대) 롤링.
피카레스크 소:설(picaresque 小說)[명] 〈문학〉악한(惡漢)을 주인공으로 하여 일종의 모험 소설. 뜻이 바뀌어 독립된 여러 이야기를 수집(收集)·나열(羅列)한 뒤에 끝에는 어떤 계통(系統)을 세운 소설.
피컬(picul)[명] 중국, 타이 등지에서 사용되는 중량(重量)의 단위[약 16, 12 관(貫)].
피케 프(piqué 프)[명] 면직물의 하나. 코르덴처럼 가로로 고랑이 지거나 또, 무늬가 두드러지게 짠 면포.
피케트(picket)[명] ①〈군사〉보초. 경계대. ②노동 쟁의 중 파업 배반자를 막기 위해 노조측에서 내보낸 감시인.
피케트 라인(picket line)[명] 〈군사〉 보초선. 경계선.
②파업을 배반하는 자를 감시하기 위한 선.
피케팅(picketing)[명] 노동 쟁의 중 피케트를 내보냄. 하[자]
피켈(pickel)[명] 등산 용구의 하나. 곡괭이와 지팡이
피코(picot 프)[명] 레이스·펄몰 따위의 가장자리를 장식하고자 둥근 무늬를 도드라지게 짠 것. 또, 그렇게 짜는 뜨개질.
피콜로(piccolo)[명] 〈음악〉관악기의 하나. 소형(小形)의 플루트로서, 음역이 플루트보다 1 옥타브 높음.
피콜로=플루:트(piccolo-flute)[명] 플루트 중에서 가장 작음. 가장 높은 음을 맡음.

피:크(peak)[명] 정상. 정점. 절정.
피크¹(pick)[명] 기타나 만돌린 등을 켤 때 쓰는 물건. 셀룰로이드 따위로 만듦.
피크²(pick)[명] 살리실산(salicyl酸)을 섞은 황갈색의 경고(硬膏). 종기 등에 붙임.
피크닉(picnic)[명] ①교외 산보(郊外散步). 소풍. ②원유회(園遊會). 야유회.
피크린-산(picrin 酸)[명] 〈화학〉 황색 결정. 유독하며 물·알코올에 녹음. 염료·폭약에 씀.
피:타(被打)[명] 맞음. 구타를 당함. being beaten 하[자]
피타고라스의 정:리(Pythagoras—定理)[명] 〈수학〉 평면 기하의 정리의 하나. 직각 삼각형의 빗변을 한 변으로 하는 정사각형의 면적은 다른 두 변을 각각 한 변으로 하는 두 개의 정사각형의 면적의 합과 같음.
피:탈(被奪)[명] 빼앗김. 약탈을 당함. being robbed 하[자]
피:탈(避脫)[명] 피하여 벗어남. escaping 하[자]
피테칸트로푸스 에렉투스(Pithecanthropus Erectus)[명] 〈역사〉네덜란드 사람 듀보아가 1891년 자바에서 발견한 화석인(化石人). 골격은 유인원(類人猿)과 인류를 닮은 성질을 겸하여 지니고 있으며, 눈두덩이 높고 대퇴골(大腿骨)은 조금 구부러져 있으나, 서서 걸었던 것으로 생각됨. 약 50만년 전에 살고 있었던 것으로 짐작됨. 직립 원인(直立猿人).
피톨[명](동) 혈구(血球).
피-투성이[명] 온몸 피가 묻은 몸. being blood-stained
피:트(feet)[의명] 길이의 단위. 1피트는 12인치, 30.48cm 임.
피:티 에이(P. T. A.)[명](약) Parent Teacher Association 사친회(師親會).
피-파랑이[명] 〈생리〉 혈청소(血靑素).
피-파:리[명] 〈곤충〉 파리과의 곤충. 몸은 파리만하고 빛은 회색에, 배는 황회색의 가루로 덮임. 인축의 피를 빨아먹음.
피펫(pipette)[명] 〈화학〉화학 실험에서 액체의 정량을 재기 위한 액량계(液量計)의 하나. 끝이 가늘고 배가 굵은 유리관(管).
피폐(疲弊)[명] 지치고 쇠약해짐. 파폐(罷弊).
피폐(疲斃)[명] 지치어 죽음. 폐 [ustion 하[자]
피폐-상(疲弊相)[명] 낡고 쇠약해진 모습.
피:폭(被爆)[명] ①폭격을 당함. ②원자탄이나 수소탄의 폭격을 당함. 또, 그 방사능으로 피해를 입음. 하[자]
피:폭 열량(被爆熱量)[명] 핵폭발이 진행되는 동안에 일정한 표면에 맞는 열방사량(熱放射量)의 수직(垂直) 성분의 총량.
피풍(皮風)[명]〈한의〉피부가 가려운 풍비.
피:피 엠(PPM)[의명] parts per million 용적 등을 나타낸는 비율의 단위. 100 만분율. 1 ppm=10⁻⁶.
피핍(疲乏)[명] 피곤함. 노곤함. 하[자]
피하(皮下)[명] 〈생물〉 피부의 밑. hypodermic part
피하 결체 조직(皮下結締組織)[명] 〈생물〉 포유류·조류의 진피(眞皮) 밑에 있으며, 근조직·골조직 사이에 있는 조직.
피하 기종(皮下氣腫)[명] 〈의학〉 피부의 상처로 말미암아 피하 조직 안에 공기 따위가 들어가서 생기는 종기와 같은 질환.
피:하-다(避—)[자타] ①몸을 숨겨 드러내지 않다. avoid ②여려운 자리에서 떠나다. avoid ③무슨 일에 부딪힐 날짜나 곳을 꺼리어 택하지 않거나 들어가지 않다. shun ④비나 눈 따위에 맞지 않게 하다. take shelter ⑤관계하지 아니하다. keep off ⑥당하지 않고 벗어나다. evade ⑦숨기다. hide
피하 일혈(皮下溢血)[명] 〈의학〉 외상(外傷)으로 인하여 살가죽 밑에서 피가 나옴. ecchymosis
피하 조직(皮下組織)[명] 〈생리〉 피부에 곧 이어 결체 조직(結締組織)을 이룬 피부의 일부분.
피하 주:사(皮下注射)[명] 〈의학〉 피하의 결체 조직(結體組織) 안에 놓는 주사. (대) 혈로 주사. hypodermic injection

피하 지방(皮下脂肪)⦗명⦘〈생리〉 포유류의 피부의 피하 조직에 많이 포함된 지방 조직.
피하 출혈(皮下出血)⦗동⦘ 내출혈(內出血).
피학대 성:욕 도착증(被虐待性慾倒錯症) / **피학대 음란증**(被虐待淫亂症)⦗동⦘ 메저키즘.
피한(皮漢)⦗속⦘ 피장(皮匠).
피:한(避寒)⦗명⦘ 추위를 피하여 따뜻한 곳으로 자리를 옮김.⦗대⦘ 피서(避暑). wintering 하타
피:한-지(避寒地)⦗명⦘ 피한하는 곳. 또는 피한에 적당한 고장.
피:해(被害)⦗명⦘ 해를 입음.⦗대⦘ 가해(加害). damage 하타
피:해(避害)⦗명⦘ 재난(災難)을 피함. evade disaster 하
피:해 망:상(被害妄想)〈의학〉 남이 자기에게 해를 입힌다고 생각하는 일. 정신 분열이나 조울병의 억울 상태의 환자에게 자주 보임.
피:해-민(避害民)⦗명⦘ 재해를 피하려는 백성.
피:해-액(被害額)⦗명⦘ 손해를 입은 금액.
피:해-자(被害者)⦗명⦘〈법률〉 불법 행위 또는 개인의 법익을 침해 당하거나 또는 침해의 위험을 받은 사람. sufferer
피:핵(被劾)⦗명⦘ 탄핵(彈劾)을 당함. being impeached
피:험-자(被驗者)⦗명⦘ ①시험을 받는 자. ②심리학상 실험자에게 하나의 연구 대상으로서 시험을 당하는 자. s. 또는 vp로 약기.
피혁(皮革)⦗명⦘ 날가죽과 무두질한 가죽의 총칭. leather
피혁-상(皮革商)⦗명⦘ 가죽 또는 가죽 제품을 파는 장사. 또, 그 장수.
피혈-부(血部)⦗명⦘ 한자 부수(部首)의 하나. '衆'이나 '齡' 등의 '血'의 이름.
피:혐(避嫌)⦗명⦘ 혐의를 피함. 혐의에서 벗어남. dispelling suspicion 하타
피:화(皮靴)⦗명⦘ 가죽 구두.
피:화(被禍)⦗명⦘ 재화를 입음. suffering from a misfortune 하타
피:화(避禍)⦗명⦘ 재앙을 피함. keeping out of harm's way 하타
피:회(避廻)⦗명⦘ 피하여 돌아다님.
픽⦗부⦘ ①힘없이 쓰러지는 모양. 《작》 팩. with a plop ②썩은 새끼나 줄·끈 따위가 힘없이 끊어지는 모양. 《작》 팩. faintly ③재빠르지 않게 방향을 획 돌리는 모양. turning rapidly ④다물었던 입술을 터뜨리며 싱겁게 웃는 모양. with grin ⑤막혔던 증기나 공기가 새어 나오는 소리. hissing 하타
픽션(fiction)⦗명⦘ ①실제로는 없는 것을 꾸미어 내는 것. ②〈문학〉 현실의 이야기가 아니고 작가의 상상력에 의해 창작해 낸 가공의 이야기. 허구(虛構).
픽스(fix)⦗명⦘ 경주용 보트에서 좌석을 고정시키는 장치.
픽-업¹(pickup)⦗명⦘ ①〈물리〉 전기 축음기에서 바늘의 진동을 전류의 음향의 진동을 전류의 것으로 바꾸는 장치. ②〈물리〉 밖에서 제작된 프로그램을 방송국에 연결시키는 장치. ③〈약〉→픽업 트럭.
픽-업²(pick up) 골라 뽑는 것. 정선하는 것. 하타
픽업 트럭(pick up truck)⦗명⦘ 바퀴가 네 개 있고 짐 싣는 부분이 짧은 소형 트럭. 《약》 픽업¹).
픽처(picture)⦗명⦘ ①그림. ②사진. ③영화(映畫).
픽포켓(pickpocket)⦗명⦘ 소매치기.
픽-픽⦗부⦘ ①여럿이 연이어 힘없이 쓰러지는 모양. 《작》 팩팩. ②썩은 새끼나 줄·끈 따위가 연이어 힘없이 끊어지는 모양. 《작》 팩팩. ③다물었던 입술을 터뜨리며 연이어 가볍게 웃는 모양. ④막혔던 증기나 공기가 연이어 새어 나오는 소리. 하타
핀(pin)⦗명⦘ ①바늘. ②못바늘.
핀둥-거리-다⦗자⦘→빈둥거리다.
핀들-거리-다⦗자⦘→빈둥거리다.
핀셋(pincette 프)⦗명⦘ 잔 물건을 집는 데 쓰이는 쇠로 만든 기구.
핀-업(pin-up)⦗명⦘ 핀으로 벽에 꽂아 두는 미인 사진.
핀업 걸(pin-up girl)⦗명⦘ ①핀업에 적당한 미녀. ②미인 선발에 뽑힌 사람. ③연예계의 신인(新人).
핀잔⦗명⦘ ①맞대하여 책망하는 말. rebuke ②약간 비웃으며 꾸짖는 말. 구두(顧頭). chiding 하타
핀잔-먹-다⦗자⦘ 핀잔을 당하다. being snubbed
핀잔-주-다⦗타⦘ 핀잔을 하다. upbraid
핀치(pinch)⦗명⦘ ①절박한 사태. 위기. ②야구에서, 수비측의 위기.
핀치 러너(pinch runner)⦗명⦘ 야구에서, 대주자(代走者).
핀치 히터(pinch hitter)⦗명⦘ 야구에서, 대타자(代打者).
핀 컬(pin curl)⦗명⦘ 머리에 웨이브를 내려고 머리를 클립에 말아 핀으로 꽂음. 하타
핀트(←brand punt 네)⦗명⦘ ①사진의 렌즈의 초점. focus ②사물의 중심점. 겨냥.
핀트-글라스(←brand punt glass)⦗명⦘ 사진기의 어둠 상자·가important 상자의 유리에 비치어 놓고, 피사체의 영상이 나타나게 하여 구도(構圖)를 정하기 위한 유리.
핀=홀(pinhole)⦗명⦘ 작은 구멍. 바늘 구멍.
필⦗명⦘ ①〈속〉 칼¹. ②〈俗〉 면도(面刀).
필(匹)⦗명⦘→필성. [head
필(匹)⦗의명⦘ 마소들을 세는 단위. 두(頭). ¶소 한 ~.
필(疋)⦗의명⦘ 일정한 자수로 된 피륙을 하나로 세 때 쓰는 단위. ¶광목 한 ~. roll
필(筆)⦗명⦘ 논·밭·임야 등의 구획된 전부를 하나로 셀 때 쓰는 단위. 필지(筆地).
=**필**(畢)⦗접미⦘ '이미 끝마침'의 뜻으로 쓰이는 말.
필가(筆架)⦗명⦘ 붓을 걸어 놓는 기구. 필격(筆格). penrack
필가(筆家)⦗명⦘ ①글씨를 잘 쓰는 사람. good penman ②글씨 쓰는 일을 전문으로 하는 사람. writer 하타
필간(筆諫)⦗명⦘ 글로 써서 간함. written admonition
필갑(筆匣)⦗명⦘ 붓을 넣어 두는 갑. writing brush case
필격(筆格)⦗명⦘⦗동⦘ 필가(筆架).
필경(畢竟)⦗명⦘⦗부⦘ 마침내. 결국에는. 구경(究竟). ¶~ 잡히고야 말 것이다. after all
필경(筆耕)⦗명⦘ ①직업으로 글씨를 쓰는 일. copying ②원지(原紙)에 철필로 글씨를 쓰는 일. cutting the stencil paper 하타
필경-생(筆耕生)⦗명⦘ 필경을 직업으로 하는 사람.
필계(筆契)⦗제도⦘ 관아에 붓을 공물로 바치던 계.
필공(筆工)⦗명⦘ 붓을 만드는 일을 업으로 삼는 사람. brush maker
필관(筆管)⦗명⦘ 붓대.
필광(弼匡)⦗명⦘ 도와서 바로잡음. correction 하타
필기(筆記)⦗명⦘ ①글씨를 씀. writing ②말을 받아 씀. taking notes 하타
필기-구(筆記具) / **필기 도:구**(筆記道具) 글씨를 쓰는 데 사용하는 제구. 종이·먹·붓·볼펜 따위.
필기 시:험(筆記試驗)⦗명⦘ 답안을 필·연필 따위로 써서 제출하는 시험. 필답 시험.⦗대⦘ 구술 시험. written examination
필기-장[一짱](筆記帳)⦗명⦘ 필기하는 데 쓰는 책. 학습장(學習帳). 노트.
필납(必納)⦗명⦘ 반드시 납부함. 또, 납부해야 함. required payment 하타
필납(畢納)⦗명⦘ 남세·납품 등을 끝냄. full payment 하타
필낭(筆囊)⦗명⦘ 붓을 넣어 차는 주머니. writing brush bag
필념(弼念)⦗명⦘ 보필하여 전하게 함. 하타
필-누비(匹一)⦗명⦘ 누비 모양으로 짠 옷감.⦗대⦘ 손누비.
필단(疋緞)⦗명⦘ 필로 된 비단.
필단(筆端)⦗명⦘ ①붓끝. tip of the pen ②붓의 운용. manipulation of one's pen
필담(筆談)⦗명⦘ 말로 뜻이 통하지 못하는 사람끼리 글자를 써서 문답함. 또, 그 문답.⦗대⦘ 담화(口談). conversation by writing 하자타
필답(筆答)⦗명⦘ 글로 써서 대답함.⦗대⦘ 구답(口答). written answer 하자타
필답 시:험[一답一](筆答試驗)⦗명⦘⦗동⦘ 필기 시험.
필대(匹對)⦗명⦘⦗동⦘ 필적(匹敵). 하자타
필:더(fielder)⦗명⦘〈체육〉 외야수(外野手).

필도[-도]《筆道》⟨명⟩ 서도(書道).
필도[-도]《弼導》⟨명⟩ 도와서 인도함. leading 하다
필독[-똑]《必讀》⟨명⟩ 반드시 읽어야 함. 꼭 한 번은 읽을 가치가 있음. ¶~의 書. required reading 하다
필두[-뚜]《筆頭》⟨명⟩ ①붓의 끝. ②연명(連名)으로 적은 사람의 첫째 이름. first on the list ③어떤 단체 같은 데서 주장이 되는 사람.
필두-채《筆頭菜》⟨명⟩ 쇠뜨기.
필《匹》⟨명⟩ ①들. ②활동 범위. 영역. 분야(分野). ③⟨체육⟩육상 운동 경기나 기타 모든 경기를 행하는 일정한 장소. ④⟨체육⟩야구에서의 내야(內野)・외야(外野)의 총칭. ⑤전동기・발동기 따위에 있어서 전자석이 만드는 자장(磁場).
필드 경기《field 競技》⟨명⟩ 필드에서 하는 도약・던지기 등의 경기.
필드 글라스《field glass》⟨명⟩ 쌍안경.
필드 워크《field work》⟨명⟩ 야외 작업. 야외 조사. 또, 채집.
필드 하키《field hockey》⟨명⟩ ⟨체육⟩ 11명씩의 두 이 끝이 굽은 막대기를 가지고 일정 시간에 상대방의 골에 공을 많이 넣는 것으로 승패를 결정하는 단체 구기의 하나.
필득[-뜩]《必得》⟨명⟩ 꼭 얻음. 꼭 자기의 물건이 됨. required possession
필딩(fielding) ⟨체육⟩ 야구에서, '수비(守備)'를 이르는 말.
필라리아(filaria) ⟨동물⟩ 사상충과(絲狀蟲科)의 기생충의 총칭. 사람・동물의 혈관에 기생함. ¶~충.
필라멘트(filament) ⟨물리⟩전구(電球)나 진공관 속에 넣은 가느다란 선. 선조(線條).
필라델피스트(philatelist) ⟨명⟩ 우표 수집을 취미로 삼는 사람.
필래프(pilaf 프) ⟨명⟩ 밥에 고기나 새우 등을 넣고 버터로 볶은 음식.
필력《筆力》⟨명⟩ 글씨의 획에 드러난 힘. 필세(筆勢). stroke of the pen
필로《筆勞》⟨명⟩ ①글씨를 쓰고 난 뒤에 오는 피로. ②글씨를 쓰는 노력.
필로《筆路》⟨명⟩ ①붓의 운용(運用). penmanship ②문장의 줄거리. plot
필로《蹕路》⟨명⟩ 거둥할 때에 왕가(王駕)가 지나가는 길.
필로소퍼(philosopher) ⟨명⟩ 철학자(哲學者). 철인(哲人). 도통한 사람.
필로소피(philosophy) ⟨명⟩ 철학. 철리(哲理).
필로폰(philopon) ⟨명⟩ 중추 신경의 흥분제의 상품명. 무색・무취의 결정 또는 흰 결정성 가루. 물・알코올에 잘 녹음.
필로폰 중독(philopon 中毒) ⟨명⟩ ⟨의학⟩ 필로폰 남용에 의한 만성 중독. 전신 쇠약・불면증・식욕 부진 및 정신성 분열증이 나타남.
필률《觱篥》⟨명⟩ ⟨음악⟩ 나발, 피리 따위를 이름.
필름(film) ⟨명⟩ ①투명한 고급 셀룰로이드의 거죽에 감광막(感光膜)을 붙인 건판(乾板). ②박피(薄皮). 박막(薄膜). ③영화의 통칭.
필름 라이브러리(film library) ⟨명⟩ 영화 필름이나 슬라이드(slide) 등을 수집하여서 정리・보관하여 두고, 빌려 주는 시설.
필름 배지(film badge) ⟨명⟩ 핵(核) 관계의 일에 종사하는 사람이 배지처럼 달고 있는 엄폐(掩蔽)된 사진 필름 조각.
필링(feeling) ⟨명⟩ 직감적으로 느끼는 일.
필마《匹馬》⟨명⟩ 한 필의 말. horse
필마 단기《匹馬單騎》⟨명⟩ 혼자 한 필의 말을 탐. 또, 그 사람.
필마 단창《匹馬單槍》⟨명⟩ 혼자 한 필의 말을 타고 간단한 무장을 한 채 전장으로 나감.
필멸《必滅》⟨명⟩ ⟨불교⟩ 반드시 멸망함. mortal 하다
필명《命命》⟨명⟩ ①생명이 끊어짐. 사망함. death ②목숨을 바쳐 일함. loyalty 하다
필명《筆名》⟨명⟩ ①글씨를 잘 씀으로써 떨치는 명예. fame of good writing ②본명 이외에 글을 쓸 때 쓰는 이름. 펜 네임(pen name).

필목《疋木》⟨명⟩ 필로 된 무명. 광목・당목 따위의 총칭. rolls of cloths
필묵《筆墨》⟨명⟩ 붓과 먹. pen and ink
필-지-연《筆紙硯》⟨명⟩ 붓・먹과 종이와 벼루. stationery
필문 필답《筆問筆答》⟨명⟩ 글로 묻고 글로 대답하는 일. 하다
필반자《匹-》⟨명⟩ ①⟨동⟩ 평반자(平-). ②⟨약⟩→필반자지(匹-紙). [-]②.
필반자-지《匹-紙》⟨명⟩ 필로 된 반자지. ⟨약⟩ 필반자(匹-).
필발《蓽茇》⟨명⟩ ⟨식물⟩ 후추과[胡椒科]에 속하는 풀의 하나. 높이 1m 내외로 봄에 흰 꽃이 피어 늦은 여름에 열매를 맺음. ②⟨한의⟩ 필발의 열매. 속을 덥히고 흥분을 가라앉히는 데 씀.
필방《筆房》⟨명⟩ 붓을 만들어 파는 가게. writing brush maker's
필배《畢杯》⟨명⟩ 종배(終杯).
필백《疋帛》⟨명⟩ 비단 피륙. 명주. [-]ished 하다
필벌《必罰》⟨명⟩ 죄 있는 사람은 꼭 처벌함. to be punished
필법《筆法》⟨명⟩ 글씨 쓰는 법. style of writing
필봉《筆鋒》⟨명⟩ ①서화(書畫)・문자(文字)의 기운. 붓의 위세. stroke of brush ②붓끝.
필부《匹夫》⟨명⟩ ①한 사람의 남자. man ②하찮은 남자. ⟨대⟩ 필부(匹婦). man of humble position
필부《匹婦》⟨명⟩ ①한 사람의 여자. woman ②보잘것없는 여자. ⟨대⟩ 필부(匹夫). woman of humble position
필부지-용《匹夫之勇》 깊은 생각 없이 혈기만 믿고 내두르는 용기. foolhardiness
필부 필부《匹夫匹婦》⟨명⟩ 평범한 남녀.
필사[-싸]《必死》⟨명⟩ ①죽을 결심. desperation ②꼭 죽음. inevitable death ③죽도록 힘을 씀. making desperate efforts 하다
필사[-싸]《筆寫》⟨명⟩ 베껴 씀. copying 하다
필사-적[-싸-]《必死的》⟨관⟩ 어떤 일에 죽음을 무릅쓰고 노력하는(것). ¶~노력.
필삭[-싹]《筆削》⟨명⟩ 써 넣을 것은 문장에 더 써 넣을 것은 가필하고 지워 버릴 것은 빼 버림. correction 하다
필산[-싼]《筆山》⟨명⟩ '산' 모양으로 만든 붓가(筆架).
필산[-싼]《筆算》⟨명⟩ 숫자를 써서 셈함. 붓셈. ⟨대⟩ 암산(暗算). ciphering 하다
필살《必殺》⟨명⟩ 반드시 죽음. 기어이 죽임. 하다
필상《筆商》⟨명⟩ 붓을 팔러 다니는 사람. 붓장수. writing-brush peddler
필생《畢生》⟨명⟩ 생을 마칠 때까지. 일생. 한평생. ¶~의 숙원. life
필석《筆石》⟨명⟩ ⟨광물⟩ 오르도비스기(ordovice 紀)・고틀란드기(gotland 紀)의 누층(累層) 속에서 발견되는 부유(浮游) 동물의 화석(化石).
필-설《筆舌》⟨명⟩ ①붓과 혀. 곧, 글과 말. language written and spoken ②붓으로 쓰고 입으로 말함. express by written and spoken words
필성[-썽]《畢星・觜星》⟨명⟩ ⟨천문⟩ 이십팔수(二十八宿)의 12째 별. ⟨약⟩ 필(畢).
필성[-썽]《弼成》⟨명⟩ 도와서 이루게 함. 하다
필세《畢世》⟨명⟩ 일생(一生). [-]vessel
필세[-쎄]《筆洗》⟨명⟩ 붓을 빠는 그릇. brush washing
필세[-쎄]《筆勢》⟨명⟩=필력(筆力).
필수[-쑤]《必修》⟨명⟩ 반드시 학습하여야 함. required study
필수[-쑤]《必須》⟨명⟩ 꼭 필요함. 없어서는 아니 됨. ¶~조건(條件). required
필수[-쑤]《必需》 꼭 있어야 함. indispensability
필수 과목《必須科目》⟨명⟩=필수 교과.
필수 교-과[-쑤-꽈]《必須教科》⟨교육⟩ 학교의 이수 과정 가운데, 전원이 이수하여야만 하는 교과(教科目). 필수 과목. ⟨대⟩ 선택 과목. required subject
필수 아미노산[-쑤-]《必須 amino 酸》사람, 또는 동물의 체내(體內)에서 합성되지 않거나 합성하여도 어려워서, 음식물로서 섭취하지 않으면 안 되는 아미노산.

필수=적[-쑤-](必需的)[관][명] 꼭 필요로 하는(것). 없어서는 아니 되는 것.

필수=품[-쑤-](必需品)[명] 일상 생활에 없어서는 안 될 물품. 항상 필요한 물품. necessaries

필순[-쑨](筆順)[명] 글자를 쓰는 획(劃)의 차례. order of writing

필술(筆述)[명] 글로 써서 아룀. 《대》구술(口述). explain in writing 하다

필승[-씅](必勝)[명] 반드시 이김. ¶~의 신념. 《유》상승(常勝). certain victory 하다

필시[-씨](必是)[동] 필연(必然).

필야(必也)[동] 필연(必然).

필업(畢業)[명] 업을 마침. completion 하다

필역(畢役)[명] 역사(役事)를 마침. 요역(了役). completion of the work 하다

필연(必然)[명] 반드시 그리 되는 수밖에 다른 도리가 없음. certainty [부] 꼭. 반드시. 틀림없이. 필시(必是). 필야(必也). certainly 하다

필연(筆硯)[명] 붓과 벼루. pen and ink

필연=론[-논](必然論)[동] 결정론.

필연=성[-썽](必然性)[명] 그렇게 될 수밖에 없는 성질. 《대》우연성(偶然性). necessity

필연=코(必然-)[부] '필연'의 힘줌말. necessarily

필요(必要)[명] ①꼭 소용이 됨. 수요(須要). 필용(必用). necessity ②쓸모가 있음. 《대》불필요. requirement 하다

필요 경비(必要經費)[명] 《경제》어떤 소득을 낳는 데 필요한 경비.

필요=비(必要費)[명] 《법률》물건을 보존 또는 관리하는 데 드는 비용. 《대》유익비(有益費). preserving expenses

필요 사=무(必要事務)[명] 《법률》지방 단체(地方團體)가 법령상의 의무(義務)로서 수행(修行)함을 요하는 사무. necessary business
「sity
필요=성[-생](必要性)[명] 필요로 하는 성질. necessity

필요=악(必要惡)[명] 피할 수 없는 사회악.

필요적 공=범(必要的共犯)[명] 《법률》범죄가 성립함에는 반드시 두 사람 이상의 공동 행위(共同行爲)를 필요로 하는 공범. 《대》임의적 공범(任意的共犯).

필요적 변=호(必要的辯護)[명] 변호인이 없이는 공판을 개정할 수 없는 경우에 법원이 직권으로 변호인을 선임하는 일. 강제 변호. legal defence

필요 조건[-껀](必要條件)[명] ①어떤 관계가 성립하는 데 꼭 필요한 조건. ②《수학》'A이면 B이다'의 형식의 명제가 성립할 때 B의 A에 대한 일컬음. 이 경우, A는 B가 되기 위한 충분 조건(充分條件)이라 이름. necessary condition

필요 충분 조건[-껀](必要充分條件)[명] 《수학》'A이면 B이다' 'B이면 A이다'의 형식의 명제가 동시에 성립할 때의 B에 대한 A의 일컬음. necessary and sufficient condition

필=욕감심(必欲甘心)[명] 원망을 풀어 없애고자 노력함. 하다

필요=히(必要-)[부] 필요하게 씀. 하다

필원(筆苑)[명] ①문필가(文筆家)들의 사회. literary circle ②예전에 명필들의 이름을 적어 모은 책. list of ancient good penmen

필=유곡절(必有曲折)[명] 반드시 무슨 까닭이 있음. 필유 사단(必有事端).

필=유사=단(必有事端)[명] 《동》필유 곡절(必有曲折).

필자[-짜](筆者)[명] 글을 쓴 사람. writer ②어떤 책의 저자(著者). 작자(作者). author

필재[-쩨](筆才)[명] 글을 쓰는 재능.

필적[-쩍](匹敵)[명] 어깨를 겨룰 만큼 아슷비슷함. 필대(匹對). rivalry 하다

필적[-쩍](筆蹟·筆跡·筆迹)[명] 글씨의 형적이나 그 솜씨. 수적(手迹).

필적=학[-쩍-](筆跡學)[명] 글씨로, 쓴 사람의 성격·심리를 연구하는 학문. 필적 감정 등에도 포함하여, 성격과 필적의 관계, 필적에 의한 심리의 연구를 함.

필전[-쩐](筆戰)[명] 글로써 다툼. 《대》설전(舌戰). paper battle 하다

필점[-쩜](筆占)[명] 필력이나 필세로 운수의 길흉(吉凶)을 점침. 또, 그 점. graphology 하다

필정[-쩡](必定)[부] 꼭 그리 됨.

필주[-쭈](筆誅)[명] 남의 죄악을 글로 써서 책망함. denunciation in writing 하다

필중[-쭝](必中)[명] 반드시 명중함. 하다

필지[-찌](必至)[명] 반드시 이름. inevitability 하다

필지[-찌](必知)[명] 반드시 알아야 함. required to know

필=지[-찌](筆紙)[명] 붓과 종이. pen and paper

필지[-찌](筆地)[의명] 《동》필(筆).

필지우서(筆之於書)[명] 다짐을 두거나 잊어버리지 않기 위하여 글로 써 둠. 하다

필진[-찐](筆陣)[명] ①필전(筆戰)에 맞서는 포진(布陣). writers in a battle by pen ②정기 간행물의 집필 진용. writing members

필집[-찝](筆執)[명] 증인으로 증서 ·공문서를 쓴 사람. string of coppers 「料).

필채(筆債)[명] 《제도》이속(吏屬)이 받던 필사료(筆寫

필첩(筆帖)[명] ①옛 사람의 필적을 모은 서첩. collection book of hand writing ②《동》수첩(手帖).

필체(筆體)[명] 《동》글씨체.

필촉(筆觸)[명] 그림에서, 붓을 놀릴 때 오는 느낌.

필축(筆軸)[명] 《동》붓대.

필치(筆致)[명] ①글씨의 운치. ②글 솜씨. style

필터(filter)[명] ①박피(薄皮). 박막(薄膜). ②어떤 빛을 투과·제한 또는 차단하거나 위한 색유리. ③전기 통신 공학에서, 특정 주파수의 진동 전류를 통과시키기 위한 장치. ④련련 끝에 붙여 입에 물게 되고 담배 연기를 받게 되는 부분.

필터 페이퍼(filter paper)[명] 거름 종이. 예전에는 '여과지(濾過紙)'라고 일컬었음.

필통(筆筒)[명] ①필기 도구를 넣어 가지고 다니는 갑. pencil case ②붓·연필·볼펜 등을 꽂아 두는 통. writing brush stand

필=하[正-](畢-)[부] ①필마다. ②여러 필로 연이어.

필하(筆下)[명] 붓끝. 또, 붓으로 씀.

필=하다(畢-)[타][여불] 일을 마치다. 끝내다. finish

필하=모닉(philharmonic)[명] 음악 애호가(音樂愛護家).

필헬레니즘(philhellenism)[명] 친(親)그리스주의.

필혼(畢婚)[명] 아들 딸 간에 맨 끝으로 치르는 혼인. 《대》개혼(開婚). 하다

필화(筆華)[명] 시가(詩歌)·문장의 문채(文彩). 문화(文華). 사화(詞華).

필화(筆禍)[명] 글을 잘못 쓰고 받는 재앙. 《대》설화(舌話). serious slip of the pen

필획(筆畫)[명] 《동》자획(字畫).

필흔(筆痕)[명] 글씨의 흔적. 필적(筆蹟). handwriting

필흥(筆興)[명] 글씨를 쓰거나 그림을 그릴 때에 일어나는 흥취.

핍=(必-)[부] 꼭. 반드시.

핍근(逼近)[명] ①매우 가까워짐. becoming near ②여유가 없어짐. becoming tight ③가까이 닥쳐옴. approaching 하다

핍박(逼迫)[명] ①바싹 가까이 닥쳐와서 형편이 매우 절박함. urgency ②바싹 죄어서 괴롭게 굶. annoying 하다

핍색(逼塞)[명] 꽉 막힘. 몹시 군색함. poverty 하다

핍=쌀[명] 겉피를 찧어 겉겨를 벗긴 쌀.

핍월(乏月)[명] 음력 사월의 딴이름. 곧, '보릿고개'라는 뜻.

핍인(乏人)[명] 인재(人材)가 결핍됨. 핍재(乏材). shortage a talent 하다

핍재(乏材)[명] 《동》핍인(乏人). 하다

핍재(乏財)명 재산이 아주 없어짐. neediness 하다
핍전(乏錢)명 돈이 절핍(絶乏)함. 하다
핍절(乏絶)명 〈동〉절핍(絶乏)함. 하다
핍절(逼切)명 핍진(逼眞)하고 간절함. 하다
핍진(乏盡)명 죄다 없어짐. exhaustion 하다
핍진(逼眞)명 실물과 거의 같음. verisimilitude 하다
핍축(逼逐)명 ①핍박하여 쫓음. 바싹 가까이 쫓음. driving out 하다
핍탈-하다(乏一)타여 ①위협하여 빼앗음. rob ②임금을 협박하여 그 자리를 빼앗음. usurp 하다 [lack
핍-하다(乏一)혱여불 ①모자라다. scanty ②없다.
핍혈(乏血)명 〈의학〉혈액 전체량은 줄었으나 단위 용적 안의 헤모글로빈의 양이 줄지 않은 상태.
핏-겨(一)명 피(稗)의 껍질. hush of barn yard grass
핏골-집[-찝]명 돼지의 창자 속에 피를 섞어서 삶아 만든 음식. 혈장탕(血臟湯). sausage
핏-기(一氣)명 몸 겉에 나타나는 핏빛. 혈색(血色). complexion
핏=대명 피(稗)의 줄기. stalk of barnyard grass
핏-대명 큰 핏줄. 큰 혈관. vien
핏대-세우-다관 핏대 올리다.
핏대-올리-다관〈속〉성내다. get angry
핏-덩어리/핏=덩이명 ①피의 덩어리. lump of blood ②〈속〉갓난 아이. baby
핏-발명 생리적 이상(異常)으로 몸의 어느 부분에 피가 모여 붉게 서림. congestion
핏발-삭-다관 핏발이 가라앉다.
핏발-서-다관 핏발이 서리다. be bloodshot
핏-빛명 피와 같은 새빨간 빛. 피의 빛깔.
핏=속명 ①피의 속. ②〈동〉혈통.
핏=줄명 ①〈동〉혈관(血管). ②〈동〉혈통(血統).
핏=줄기명 ①피의 줄기. ②〈동〉혈통.
핏줄-쓰이-다관 혈연적인 친밀감을 느끼다. have an intimate feeling of blood
핑무 ①〈거〉→빙. ②갑자기 정신이 아찔한 모양. 《작》 쨍²③. feel giddy suddenly ③별안간 눈물이 어리는 모양. ¶눈물이 ~ 돌다.
핑거링(fingering)명〈음악〉악곡을 정확하게 연주하기 위하여 손가락을 움직이는 법. 운지법(運指法).
핑거 볼:(finger bowl)명 서양 요리에 있어서, 음식을 먹은 뒤에 손과 입을 씻기 위하여 물을 담아 내놓는 작은 그릇.
핑거 페인팅(finger painting)명 〈미술〉풀에 물감을 섞어서 손가락으로 문질러 그리는 그림.
핑거=프린트(fingerprint)명〈동〉지문(指紋).
핑계명 ①다른 일을 끌어 붙여 변명함. excuse ②다른 일을 방패로 내세움. pretext 하다
핑계가 좋아서 사돈네 집에 간다관 속마음은 다르면서 겉으로는 좋은 듯 핑계를 댈 때 이름.
핑계 삼:-다[-따]타 핑계가 되게 하다. ¶병을 핑계 삼아 결근하다. [거리는 있다.
핑계 없는 무덤이 없다관 무슨 일이라도 반드시 핑계
핑구명 위에 꼭지가 달린 팽이. spinning top
핑그르르무 ①물건이 미끄럽고 빨리 한바퀴 도는 모양. ②갑자기 눈물이 눈에 어리는 모양. ③갑자기 정신이 아찔한 모양. 《작》 팽그르르. 《센》 삥그르르.
핑글-핑글무 계속하여 빠르고 미끄럽게 도는 모양. 《작》 팽글팽글. 《센》 삥글삥글.
핑크(pink)명 ①〈식물〉패랭이꽃. ②담홍색(淡紅色). 분홍색; 석죽색(石竹色).
핑킹(pinking)명 천을 지그재그로 자를 수 있는 가위.
핑-퐁(ping-pong)명〈동〉탁구(卓球).
핑-핑무 ①계속하여 힘있게 도는 모양. 《작》 팽팽. 《센》 삥삥. ②총알 따위가 공중으로 빠르게 지나는 소리. 또, 그 모양. 《작》 팽팽.
핑핑-하-다혱여 ①잔뜩 켕기어져 튀길 힘이 있다. taut ②두 편 힘이 서로 비슷비슷하다. even ③한껏 팽창해 있다. 《작》 팽팽(膨膨)하다. full 핑핑=히무
픙[경피읖]무 옛 순경음 글자의 하나. '프' 소리를 내면서 입술을 조금 덜 닫고 내는 소리.

ㅎ ㅎ ㅎ

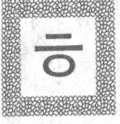

經世訓民正音圖說字 　　　　　　　　　　　　訓民正音字

ㅎ¹[히읗]〈어학〉①한글 자모의 열넷째 글자. the 14-th letter of the Korean alphabet ②자음의 하나. 목청을 좁혀 숨을 내쉴 때 그 가장자리를 마찰하여 나오는 맑은 소리. 받침으로 끝날 경우에는 입천장을 막고 떼지 않으므로 ㅅ받침의 경우와 같으며, ㄱ·ㄷ·ㅂ·ㅈ과 만나면 앞뒤를 가리지 않고 ㅋ·ㅌ·ㅍ·ㅊ의 소리로 바뀜.

ㅎ²〔약〕접미사의 어근(語根)'하'의 준말. ¶활발—.

ㅎ 받침 변ː칙[히읗—](一變則)〔동〕ㅎ 불규칙 활용.

ㅎ 불규칙 활용(—不規則活用)〈어학〉어간의 끝이 ㅎ받침으로 된 일부의 형용사가 어미 'ㄴ, ㄹ, ㅁ' 위에 받침인 'ㅎ'이 줄어지는 활용. '하얗다'가 '하얀·하얄·하얌'이 되는 따위. ㅎ 받침 변칙.

하〔튀〕'많이·크게·아주·퍽·대단히' 따위의 뜻으로 쓰임. ¶~ 많은 짐들. greatly

하ː²무엇을 녹이거나 축일 때, 또는 몹시 매울 때 입김을 많이 내부는 소리. 《큰》호. 후. ha! 하

하ː³희로애락(喜怒哀樂)의 감정을 나타낼 때 내는 소리. 《큰》허². ha! ho!

하(下)〔명〕①아래. 밑. 끝. last volume ②가장 못하거나 모자라거나 낮음. 《대》상(上). inferiority

하(河)〔명〕①강(江). 〔도(渡)~. river ②중국에서 황하(黃河)의 일컬음. ¶~남(南). Yellow River in China　　　　　　　　　　　　　　「때가는 말.

하(夏)〔의〕〈불교〉중이 된 뒤로부터의 나이를 셀=하(下)〔접미〕아래에. 밑에서. 관계하는 어떤 형편에 있어서. ¶지위~. 통달~. 《대》=상(上). under

하¹〔명〕〔고〕해. 것.

하²〔고〕많이. 크게. very

·하〔고〕시켜. 이시여.

하ː가(下嫁)〔명〕〈제도〉공주(公主)·옹주(翁主)가 귀족이나 신하에게로 시집감. 하강(下降)②. marriage of a princess to a commoner 하

하가(何暇)어느 때. 어느 겨를.

하가—에(何暇—)〔튀〕어느 겨를에. 해가(奚暇)에. ¶어느 ~ 도망쳤느냐?

하간(何間)어느 틈. 어느 때. without realizing it

하간(夏間)〔명〕여름 동안.

하갈 동ː구(夏葛冬裘)여름의 서늘한 베옷과 겨울의 따뜻한 갖옷. 곧, 격(格)에 맞음을 이르는 말.

하ː감(下府)〔명〕음부의 헌데(陰伸痛).

하ː감(下瞰)〔명〕위에서 내려다봄. looking down 하

하ː감(下鑑)〔명〕아랫 사람이 올린 글을 어른께서 봄. 하

하ː강(下降)〔명〕①〔동〕강하(降下). ②〔동〕하가(下嫁). ③신선이나 웃어른이 속세(俗世)로 내려옴. 《대》상승(上升·上昇). 상등(上騰). 　　　　　「the coffin 하

하ː강 기류(下降氣流)아래로 내려오는 기류.

하ː객(賀客)〔명〕축하하는 손님. congratulator

하ː거(下去)〔명〕①위에서 아래로 내려감. descent ② 서울에서 시골로 내려옴. going down 하

하ː거(下車)〔명〕원이 부임함. ②〔동〕하차(下車). 하

하거(河渠)〔명〕강과 개천.

하게—체(—體)〈어학〉결어법(結語法)의 존비법(尊卑法)에 딸린 종결 어미의 한 체(體). 아랫 사람에게 보통으로 낮추면서 조금 대접해 주는 뜻을 나타냄. '앉게·있네·희이그려' 따위의 말이 이에 속함.

하게=하—다〔제도〕벗 또는 아랫 사람에게 쓰는 보통 낮춤의 말씨를 쓰다. '하오하다'와 '해라하다'의 　　　　　　　　　　　　　　　　　　　「중간 말투.

하ː견(夏繭)〔명〕여름 누에의 고치.

하ː경(下京)〔명〕서울서 내려옴. 《대》상경. 하

하ː경(夏耕)〔명〕농토를 여름에 가는 일. 하

하ː계(下計)〔명〕가장 낮은 계책. 하책(下策). 《대》상계(上計).

하ː계(下界)〔명〕①천상계(天上界)에 상대하여, 사람이 사는 세상. 《대》상계(上界). ②높은 곳에서 낮은 곳을 일컫는 말.

하계(河系)〔명〕강의 본류와 지류의 총칭. river system

하ː계(夏季)〔명〕【동】하기(夏期).

하ː계 대ː학(夏季大學)여름 방학을 이용하여 어느 학과(學科)를 교수하기 위하여 임시로 세운 학교. 하기 대학. summer school

하고·과(—과)와·과와 같은 뜻으로 둘 이상의 체언을 나열할 때에 쓰는 연결형 서술격 조사. ¶너 ~ 나 ~

하고(何故)〔명〕무슨 까닭. why 　　　　　　　「가자. with

하고는〔조〕조사 '하고'의 힘줌말. 〔약〕하곤.

하고많·다많고 많다. 아주 많다. 크게 많다. 대단히 많다. 매우 많다. ¶하고많은 사람 중에서 하필 그 사람을 선택했느냐. so many

하ː고음[下高音]〔동〕테너(tenor).

하ː고초(夏枯草)〔명〕①〈식물〉제비꿀. ②〈한의〉제비꿀의 줄기와 잎. 나력·자궁병·월경 불순·눈병 등에 약제로 씀. 　　「식. 《대》추곡(秋穀). summer crop

하곡(夏穀)〔명〕보리와 밀 따위의 여름에 거두는 곡

하곤〔약〕→하고는.

하공(河工)〔명〕〈토목〉하천에 관한 공사.

하공—학(河工學)〔명〕〈토목〉하천(河川)에 관한 공사를 연구하는 공학의 한 분파. riparian engineering

하ː과(夏課)〔명〕〈제도〉고려 때에 오뉴월에 시작하여 50일 동안 절에서 예글·에시와 당송(唐宋)의 글을 외우고, 시와 부(賦)를 짓던 공부.

하ː관(下官)〔명〕①아랫 자리의 관원. 《대》상관(上官). lower officials ②아랫 자리 관원의 상관에 대한 자칭.

하ː관(下棺)〔명〕관을 광(壙) 안에 내림. taking down

하ː관(下額)〔명〕얼굴의 아래쪽. lower part of the face

하관(何關)〔명〕무슨 관계. 　　　　　　　　　　　　「말.

하관 대ː사(何關大事)〔명〕큰 관계가 없음을 가리키는

하ː관—빨다(下額—)〔형ː타〕전체 얼굴에서 하관이 매우 좁다. 　　「여 관의 네 모퉁이에 거는 베.

하ː관—포(下棺布)〔명〕관을 광 안에 내리기 위하

하ː괘(下卦)〈민속〉①주역(周易)의 육효(六爻)의 두 괘 중 아래에 있는 괘. ②길하지 아니한 점괘. 흉한 괘. 《대》상괘(上卦).

하ː교(下校)〔명〕공부를 끝내고 학교에서 집으로 돌아옴. 〔동〕등교(登校). dismissal of a class 하

하ː교(下敎)〔명〕①〔동〕전교(傳敎). ②윗사람이 아랫 사람에게 가르치어 보임. instruction 하

하ː구(下矩)〔명〕〈천문〉오전 중에 지구에서 보아서 태양과 외혹성 또는 달이 있는 위치의 방향이 90°로 되는 일. 《대》상구(上矩).

하구(河口)〔명〕바다로 흘러 들어가는 강물의 어귀. 《대》하원(河源). mouth of a river

하ː국(夏菊)〔명〕〔동〕금불초(金佛草).

하ː권(下卷)〔명〕한 벌의 책을 셋으로 된 책의 끝권. 《대》상권(上卷). 중권(中卷). last volume

하ː극상(下剋上)〔명〕계급·신분이 낮은 사람이 윗사람을 겪고 오름. going above one's superiors 하

하ː근(下根)〔명〕〈불교〉기근(機根)이 열등한 사람. 도(道)를 닦을 능력이 적은 사람. 《대》상근(上根).

하근(瑕瑾)〔명〕①흠. 단점. 결점. ②부끄러움. 치욕(恥辱).

하:급(下級) ① 급이 낮음. lower grade ② 아랫 등급. 하층②. 〈유〉하등(下等). 〈대〉상급(上級). lower class

하:급 관청(下級官廳) 동일 계통끼리의 관청으로서, 어떤 관청의 지휘 감독 아래에 있는 관청.

하:급 법원(下級法院) 〈법률〉윗 법원의 감독 밑에 있는 법원. 곧, 대법원에 대한 고등 법원 등. 〈대〉상급 법원(上級法院). lower court

하:급-생(下級生) 학년이 낮은 학생. 〈대〉상급생. lower-grade student 「급심(上級審). lower court

하:급-심(下級審) 〈법률〉하급 법원의 심리. 〈대〉상

하:급 학년(下級學年) 학교의 낮은 학년. 〈대〉상급 학년(上級學年). 「skill

하:기(下技) 변변하지 못한 재주. 하기(末技). poor

하:기(下記) ① 돈을 쓰거나 처러 준 것을 기록한 장부. account-book ② 아래에 적음. 특별히 알리기 위하여 적는 글. ¶ 다음과 같이 지시함. 〈上記〉. as follow 하다 「가라앉힘. calm down 하다

하:기(下氣) 〈한의〉① 기운을 내리게 함. ② 흥분을

하기(夏期) 여름의 시기. 하계(夏季). summertime

하기는 '실상 적당히 말하자면'의 뜻으로, 말이 있었던 일을 긍정하는 말. ¶ ~ 그도 옳아. 〈약〉하긴.

하:기 대학(夏期大學) 〈동〉하계 대학.

하:기 방:학(夏期放學) 여름의 더운 때에 학교에서 한동안 수업을 쉬는 일. 여름 방학.

하:기 시간(夏期時間) 〈동〉서머 타임(summer time).

하기야 '실상 적당히 말하자면'의 뜻으로, 이미 있었던 일을 긍정하는, 아래에 무슨 조건을 달 때 쓰는 말. ¶ ~ 나도 갔었지만. in deed … but

하:기 학교(夏期學校) 〈교육〉여름철의 휴가를 이용하여 학과를 교수하는 학교. 여름 학교. summer school

하:기 휴가(夏期休暇) 여름철의 몹시 더울 때에 전강과 휴양을 위하여 주는 휴가. 여름 휴가. 〈대〉동기 휴가(多期休暇). summer holidays

하:기 휴업(夏期休業) 여름철에 더위 등으로 영업 하긴〈약〉→하기는. 「을 쉼. 〈대〉동기 휴업.

하나 ① 오직 그것뿐. only that one ② 한쪽. one part ③ 같은 것. 일체. 일체(一體). ④ 〈수〉야라. 〈수〉정수(整數)의 첫 기수(基數). 모든 수의 처음. 일(一·壹). one

하나 '그러하나'의 뜻의 접속 부사. 「같이

하나-같-다 꼭 같다. 예외없이 모두 같다. 하나

하나는 열을 꾸리려 해도 열은 하나를 못 꾸린다 한 부모는 여러 자식을 거느리지만 여러 자식은 한 부모를

하나-님 〈동〉하느님②. 「모시기 힘들어 한다.

=**하·ㄴ·로**[어미] 하므로. 「안다.

하나를 보고 열을 안다 일부만 보고 전체를 미루어

하나부터 열까지 어떤 것이나 다.

·**하나·비**[명] 〈고〉할아비.

하나치[명] 동 단위(單位). 「없이 죄다. every

하나-하나[명][부] ① 하나씩. one by one ② 하나도 빠짐

하·나한면 많고 많다. 많고 많은

하·놀[명] 〈고〉하늘.

하·놀도·래[명] 〈고〉하늘다리.

하·놀아·돌[명] 하느님의 아들. 천자(天子).

하:남(下納) 〈제도〉중앙 정부에 바치지 않고, 자의로 지방 관청에다 바침. 하납

하:납-미(下納米) 〈제도〉고을의 대동미(大同米)를 중앙에 상납하지 않고, 부산창(釜山倉)에 넣어 바치던 쌀. 「라도 받겠다는 다짐. 하남

하낱-다짐[명] 일이 잘 되지 않으면 목을 베는 형벌이

하:녀(下女)[명] 여자 하인. 하비(下婢). maidservant

하:녘(下-)[명] 아랫 편. 한쪽.

하년(何年)[명] 어느 해.

하년(遐年)[명] 오랜 삶. 장수(長壽). 하다

하년-초(夏年草)[명] 한련초.

하년 하일(何年何日)[명] 어느 해 어느 날. certain date

하:념(下念)[명] 윗사람이 아랫 사람을 염려하는. 하려(下慮). care 하다

하·놀-이-다[고] 회롱하다. 괴롭히다.

하눌타리[명] 〈식물〉박과(葫蘆科)의 다년생 덩굴풀. 괴근(塊根)은 비대하고 줄기는 일년생임. 7~8월에 자색 꽃이 피고 과실은 타원형이며 등황색으로 익음. 씨와 뿌리는 한약재로 쓰임. 괄루(栝樓). 천과. 천원와.

하느-님(←하늘님)[명] ① 〈종교〉종교적 신앙의 대상. 인간을 초월한 절대자로서 우주를 창조하고 주재(主宰)하며 불가사의한 힘으로 선악을 판단하고 화복을 내린다는 신(神). 상제(上帝). 상천(上天). 천제(天帝). 천공(天公). 황천(皇天)②. Almighty God ② 〈기독〉기독교의 신앙의 대상인 유일신(唯一神). 세계의 창조자로서 전지 전능하고 영원하며 인류와 만물을 섭리로써 다스림. 성부(聖父). 신(神). 하나님. 천주(天主). Heaven

하느작-하느작-다 가늘고 길고 부드러운 나뭇가지 따위가 가볍게 나부끼리다. 〈약〉하느작이다. 〈큰〉호느적거리다. fluttering 하느작-하느작 하다

하늘-거리-다[자] → 하느작거리다.

하늘[명] ① 해와 달과 무수한 별들이 널려 있는 무한대(無限大)한 공간(空間). 공명(空冥). 상천(上天). 상천(上天). 허공(虛空). 태허(太虛). 하늘 sky ② 〈신〉만물의 주재자(主宰者). 조물주. 천신(天神). 천제(天帝). Heavenly Lord ③ 〈종교〉천공(天空)에 있어 천인(天人)·천사(天使)가 살며 청정(淸淨)하다고 하는 상상계(想像界). 사람이 죽으면 그 혼이 올라간다고 믿는 곳. 하늘 나라. 천국(天國). Heaven ④ 〈불교〉인간 이상의 것으로 삼승(三乘)의 과보(果報)를 얻은 성자(聖者). 곧, 모든 부처의 통칭. Buddhas ⑤ 자연의 이치·조화에 의하여 부여된 것으로서 인력으로써는 어쩔 수 없는 진리(眞理). 우주의 법칙. laws of nature ⑥ 저절로 된 운명. 천명. 「땅에서 떨어진 공중. sky ⑧ 날씨. weather ⑨ 방향. ¶ 고향 ~. direction

하늘-가[-까][명] 하늘의 끝.

하늘-거:재[명] 〈곤충〉사슴 벌레.

하늘거리-다 힘없이 늘어져 가볍게 흔들리다. 〈큰〉흐늘거리다. dangle 하늘~하늘 하다

하늘과 땅 두 사물 사이에 큰 차이나 먼 거리가 있음의 비유.

하늘-궁전(-宮殿)[명] 〈불교〉하늘에 있다는 궁전(宮

하늘 나라[명] 〈동〉천당(天堂)②. 「殿). 천궁(天宮).

하늘-나리[명] 〈식물〉나리과(百合科)의 다년생 풀. 높이 70 cm 가량이고 6~7월에 짙은 홍색의 꽃이 피는데, 내면에 자색의 반점이 있음.

하늘 높은 줄 모른다 ① 출세 가도를 치닫는다는 말. ② 물가가 천정 부지로 올라간다는 말.

하늘 높은 줄은 모르고 땅 넓은 줄만 안다 키가 작고 뚱뚱하여 땅으로만 퍼져 뚱뚱하게 생긴 사람의 비유.

하늘-눈[명] 〈불교〉육안(肉眼)으로 볼 수 없는 것을 환히 보는 도통한 마음의 눈.

하늘-다람쥐[명] 〈동물〉날다람쥐과의 동물로 보통 다람쥐보다 커서 머리는 둥글고 꼬리에 긴 털이 났음. 앞뒷발 사이에는 몸의 피부가 축 늘어져서 피막이 있어 이것을 펴서 나뭇가지와 나뭇가지 사이를 활공(滑空)할 수 있는 것이 특징임. flying

하늘=땅[명] 하늘과 땅. 천지(天地). 「squirrel

하늘로 호랑이 잡기 권세가 좋아 원하는 것이면 무엇이나 다 이루어진다.

하늘 마음[명] 〈불교〉하늘처럼 맑고 밝고 넓고 고요한 마음. 천심(天心).

하늘=나리[명] 〈식물〉나릿과의 다년생 풀. 인경(鱗莖)은 구상 난형이고 높이 1m 가량됨. 7~8월에 황적색 꽃이 피는데 인경과 어린 엽경은 식용함.

하늘 무서운 말 천벌을 받을 만한 못된 말.

하늘 무섭다 천벌을 당할까 무섭다.

하늘-뒤[두]쥐[명] 〈동물〉① 박쥐과의 짐승. ② 우리 나라 특산종임.

하늘=밥도둑 〈곤충〉하늘밥도둑과의 곤충. 몸 길이

3cm 내외로 몸 빛이 암갈색을 띤 흑빛에 연한 털이 배게 났음. 앞다리는 땅을 파기에 적당하며 날개는 짧음. 육식성이며 때로는 식물의 뿌리나 싹을 갉아 먹는 해충임. 누고(螻蛄). 땅강아지. 토구(土狗). mole-cricket 「일을 한다.
하늘 보고 손가락질한다[團] 당치 않은 일에 손을 댐의 비유.
하늘=빛[―삧][團] 맑은 하늘의 빛깔. 푸른빛. 담람색. 담청색(淡靑色). azure
하늘=소[―쏘][團] 〈곤충〉 하늘소과의 갑충(甲蟲)의 총칭. 종류가 많으며 대개 몸이 길쭉하고 날개 딱지가 단단하며 주둥이의 양쪽에 날카로운 이가 있어 나무를 잘 갉아먹음. 한약재로 씀. 발절충. 천우(天牛). cerambysid
하늘소붙이[―쏘부치][團] 〈곤충〉 하늘소붙이과의 곤충. 몸길이 1cm 가량이며 하늘소와 비슷하나, 그보다 약함. 몸은 흑갈색, 날개는 누르거나 암황갈색인데, 회색의 짧은 털이 있음.
하늘에 맡기다[團] 운명에 맡기다. 「함의 비유.
하늘에 침뱉기[團] 남을 해치려다가 도리어 자기가 당
하늘의 별따기[團] 무엇을 얻거나 차지하기가 매우 어려움을 비유함. difficulty
하늘이 무너져도 솟아날 구멍이 있다[團] 아무리 큰 재난에 부닥치더라도 그것에서 벗어나 도움을 받을 방법과 꾀가 서게 된다.
하늘이 캄캄하다[團] ①큰 충격을 받아, 정신이 아찔해져서 앞이 보이지 않게 되다. ②절망 상태에 빠지다.
하늘―지기[團] 〈식물〉 방동사니과의 일년생 풀. 수근(鬚根)은 총생하고 화경(花莖)의 높이가 30cm 가량으로 잎은 선형에 끝이 뾰족함. 8~9월에 다갈색 꽃이 피고 난형의 작은 이삭이 달림. 물가나 길가에 남. 「음과 새김.
하늘―천(―天)[團] 천자문(千字文)의 첫 글귀. 천(天)의
하늘하늘―하다[團] 너무 무르거나 성기어서 퐁크러질 듯하다. [團] 흐늘흐늘하다.
하늬[團]→하늬바람. 「는 말. [團] 하늬.
하늬=바람[團] 농가·어촌(漁村)에서 서풍(西風)을 이르
하늬―쪽[團] '서쪽'을 사공들이 이르는 말. west
하니[團] '그러하니 그리하니'의 뜻으로 쓰이는 접속어.
=하·니[團][團] 〈古〉 하〔爲〕와 니〔行〕의 합성(合成)으로, 어떠한 행동의 과정을 뜻하는 말로서 '니·'―'의 경우에 쓰이던 말. 「'으로 쓰이는 접속 부사.
하니까[團] '그러하니까·그리하니까·그리 말하니까'의 뜻
흥·니·다[團][團] 하나다.
하니듀[團] 멜론(honeydew melon) 〈식물〉 대형 멜론의 한 품종. 「「하전(下典)」.
하님[團] 〈제도〉 계집종들이 서로 대접하여 이르는 말.
하―다[團] ①무슨 목적을 위하여 행하다. ¶ 운동을 ~. do ②먹거나 마시다. ¶ 저녁을 ~. 한잔 ~. take ③어떤 상태나 표정을 나타내다. ¶ 슬픈 얼굴을 ~. ④어떤 상태가 지위가 되게 하다. ¶ 사장(社長)으로 ~. ⑤어떤 상태가 되게 결정을 짓다. ¶ 독서를 권장하기로 ~. ⑥무슨 구실이나 일을 맡아보다. ¶ 중매를 ~. 종놋릇을 ~. ⑦처분하다. 처리하다. ¶ 집안 식구를 어떻게 할 텐가? ⑧ '―라고 하다'의 형태로 '~라고 부르다'의 뜻을 나타낸다. ¶ 그와 같은 사람을 항우 장사라고 한다. [團][團] ①무슨 움직임이나 행위를 실제로 옮기다. ¶ 자네가 하나 어찌 내가 할 것인가? ② '그러한 상태이다'의 뜻을 나타낸다. ¶ 힘도 모자라고 해서 시합에 졌다. ③ '시간이 경과하다'의 뜻을 나타낸다. ¶ 한 달쯤 하니 그가 찾아왔다. ④'얼마의 금액이다'의 뜻을 나타낸다. ¶ 만원 하는 옷을 사 입었다. ⑤ 인용하는 말 다음에 쓰여 '말하다'의 뜻을 나타낸다. ⑥ '생각하다'의 뜻을 나타낸다. ¶ 앞뒤의 글을 다 공부하려 하고 문을 열어 보았다. ⑦앞뒤의 글을 이을 때 쓰인다. ¶ 이 어려운 문제를 누가 풀 것인
가 하는 문제.
하―다[團][團] ①동사의 어미 '=기도' 아래에 붙어 '많이·잦게'의 뜻이나 혼히 더러·이따금 있는 동작을 힘주어 나타낸다. ¶ 많이 먹기도 한다. very much indeed ②용언의 어미 '=게' 아래에 붙어 사역(使役)을 나타낸다. ¶ 먹게 ~. make one to ③동사의 어미 '―려·―으려·―고자' 따위에 붙어 의사를 나타낸다. ¶ 가려 ~. be going to ④용언의 어미 '―면·―으면' 등의 아래에 쓰여, 생각이나 소원을 나타낸다. ¶ 너와 같이 했으면 한다. ⑤동사의 어미 '―야·―어야·―여야' 등의 아래에 쓰여 당위(當爲性)을 나타낸다. ¶ 밥을 먹어야 한다. ⑥동사의 어미 '=기·=고' 등에 '까지·는·만·조차' 등의 조사가 어울린 말 아래 쓰여 서술을 돕고 강조한다. ¶ 놀기만 한다.
하―다[團][團] ①형용사의 어미 '=기도·=기는' 아래에 붙어 그리 여김을 나타낸다. ¶ 크기는 ~. 기쁘기도 ~. ②형용사의 어미 '―아야·―어야' 아래에 붙어 마땅함을 나타낸다. ¶ 높어야 한다. must ③형용사의 어미 '=기=고' 등에 '까지·는·만·조차' 등의 조사가 어울린 말 아래 쓰여, 서술을 돕고 강조한다. ¶ 기쁘기만 ~.
=하―다[團] ①명사 아래에 붙어 동작을 나타내는 동사를 만듦. ¶ 질투~. 원망~. 사랑~. ②형용사의 어간에 붙어서 쓰임. ¶ 착~. 까마득~. ③부사에 붙어서 동사나 형용사를 만든. ¶ 번쩍번쩍~. 울퉁불퉁~. ④부사형 어미 '―와·―워'와 'ㅏ·ㅓ'에 붙어서 동사를 만든다. ¶ 고와~. 기워~. ⑤'의존 명사 '양·체·듯' 등의 아래에 쓰여 조동사 또는 보조 형용사를 만든다. ¶ 체~. 듯~. 양~.
·하―[團][團] '하다'의 리불침. ①참소(讒訴)하다. 헐든다. ②하소하다. →할다.
·하―다[團] 많다.
흥―다[團][團] 많다.
하다가 어쩌다가. 간혹. 더러. sometimes
·흐다·가[團] 하다가. 만일(―). 만약(萬若).
하다 못―[團]=하다못하여 아무러 다하여도 이루지 못하다.
하다 못―해[團] ①별도리가 없다면. ¶ ~ 지게라도 지지 긁고 있어? ² at least ②있는 힘을 다하였으나 하는 수 없이. ¶ ~ 달아났다. at last
하:단(下段)[團] ①글의 끝의 단. lowest column ②아래의 단. [團] 상단(上段). lower step
하:단(下端)[團] 아래쪽의 끝. 아래쪽. [團] 상단(上端). lowest end 「ving platform [團]
하:단(下壇)[團] 단에서 내려옴. [團] 등단(登壇). lea-
하:단(夏斷)[團] 〈불교〉 여름 안거(安居)를 행하는 동안 부정한 음식을 사용들을 먹지 않는 일.
하:―단전(下丹田)[團] 〈민속〉 배꼽에서부터 한 치쯤 아래 되는 곳. 상단전·중단전과 함께 삼단전의 하나.
하:달(下達)[團] 윗사람의 뜻이 아랫 사람에게 이르거나 또는 이르게 함. [團] 상달(上達). 상통(上通). conveyance 하단
하:달 지리(下達地理) 아래로 지리에 밝음. [團] 상통 천문(上通天文). well versed in geography 하단
하담(荷擔)[團] 짐을 짐. carrying on the shoulder 하단
하:답(下畓)[團] 토질이 낮은 논. [團] 상답(上畓). fields of lower grade 「1 답. 답. answer 하단
하:답(下答)[團] 웃어른이 아랫 사람에게 대답함. 또,
하:당(下堂)[團] 마루에서나 방에서 뜰로 내려옴. 하단
하:당 영지(下堂迎之) 반가워 마중에서 내려와서 맞이함.
하:당지우(下堂之憂) [團] 낙상(落傷). ¦음. 하단
하:대(下待) ①낮은말을 씀. using disrespectful words ②함부로 소홀히 대접함. [團] 존대. 공대. inhospitable cold reception 하단
하:대(下隊)[團] 〈동〉 하미①. 「가리키는 말.
하:―대(何―)[團] '기다리기 매우 지루함'을 나타내어
하:―대명년(何待明年)[團] 기다리기 매우 지루함의 비유.
하:―대석(下臺石)[團] 〈동〉 부하석(豪石) 석등(石燈)의 밑에 받친 대석.
하던 지랄도 멍석 펴 놓으면 안 한다[團] 혼히 하던 짓

도 새삼스럽게 청하면 하지 않는다. 「없다.
하도튀 '하'를 강조하는 말. ¶~ 많아서 셀 수가
하:도(下道)명 옛날에 충청(忠淸)·경상(慶尙)·전라
(全羅)의 세 도를 일컫던 말.
하도(河圖)명 옛날 중국 복희씨(伏羲氏) 때 황하(黃
河)에서 용마(龍馬)가 지니고 나왔다고 하는 일월
성신(日月星辰)의 모양을 그린 그림.
하:도감(下都監)명《제도》훈련원(訓鍊院)에 두었던
훈련 도감(訓鍊都監)의 분영(分營).
하:도급(下都給)명 어떤 사람이 도급맡은 일의 전부
나 일부를 다른 사람이 다시 도급맡는 일.
하:도급자(下都給者)명 하도급을 맡아 하는 사람.
하도롱=지(←hard-rolled紙)명 다갈색의 질긴 서양 종
이의 하나. 물건의 포장·봉투 따위에 씀.
하도할샤튀《고》많기도 많아라. 많기도 많구나.
하돈(河豚)명《동》복.
하동(河童)명 ①강 따위의 물 속에서도 산다는 상상의
동물. water imp ②여름철에 물놀이하는 어린이들
을 이르는 말.　　　　　　　mer and winter
하:동(夏冬)명 여름과 겨울.《대》춘추(春秋). sum-
하동거리다 어떤 일정한 방향이나 방법을 정하지
못하여 갈팡질팡하다.《尊》하둥거리다. fluster one-
self 하동=하동튀 하동
하동=지동 다급하여 정신차릴 수 없도록 몹시 하동
거리는 모양.《尊》허둥지둥. in a hurry 하동
하드럭(hard-luck)명 ①불운·불행·재난. ②경주 등
에서, 상대방의 아까운 실책에 대하여 하는 말. 배
드러크.　　　　　　　　　　　　「힌 널빤지.
하:드=보:드(hardboard)명 펄프에 접착제를 섞어 굳
하:드보일드(hard-boiled)명《문학》문학 작품에서
감상에 빠지지 아니하고 냉혹한 태도와 문체로써
주로 색다른 사건을 취급하는 수법. 헤밍웨이의
'살인자(殺人者)' 등이 이에 속함.
하:드웨어(hardware)명 전자 계산기의 기계 및 장
치의 부분.《대》소프트웨어.
하:드 트레이닝(hard training)명 맹훈련. 맹연습.
하:등(下等)명 ①아랫 등급. lower class ②품질이 낮
은 등급.《유》하급.《대》상등(上等). inferiority
하:등(夏等)명 ①일년을 춘·하·추·동 사등으로 나눈
둘째. summer ②《제도》춘·하·추·동 네 철에 내는
조세 부과에서 여름에 내는 세금.
하등(何等)튀 ①아무런. 조금도. ¶너에게는 ~ 상
관없다. nothing whatever ②얼마만큼. 어느 정도.
하:등 감(下等感覺)명《심리》오관(五官) 중 후
(嗅)·미(味)·촉(觸)의 세 감각의 총칭.《대》고등
감각. lower senses
하:등=동물(下等動物)명《동물》진화 정도가 낮은
원시적인 동물. 보통 무척추 동물(無脊椎動物)을 일
반적으로 말함.《대》고등 동물. lower animals ②
품성이 낮은 사람을 조롱하는 말.
하:등=맞=다(下等─)《제도》관원이 도목 정사(都
目政事)에 하등 성적을 맞다. 이 성적이면 쫓겨남.
하:등=식물(下等植物)명《식물》세균류(細菌類)와 같
이 진화(進化)의 정도가 낮고 조직이 간단한 식물.
《대》고등 식물(高等植物). lower plants
하:등=품(下等品)명 품질이 하등인 물품. article of
inferior quality
하:띠(下─)명 ①연전(揀箭)떼 내기에서 화살을 가
장 먼저 짜거나, 화살을 제일 적게 맞힌 떼. 하대
(下隊).《대》상띠. ②화투놀이에서 제일 끗수가 낮
은 짝.《유》 적게 맞히다.
하:띠=맞=다(下─)《제도》연전(揀箭)떼에서 활을 쏘아 가
흐루《고》하루.
흐루거리고금《고》하루거리.
흐루=사·리《고》하루살이.
하라=체(一體)명《존비법(尊卑法)》에 속한 종결 어미의
한 체(體). 상대방이 특정한 개인이 아닐 때, 존비
(尊卑)가 중화(中和)된 말로서 '하라'·'있는가'
따위.

하:락(下落)명 ①아래로 떨어짐. fall ②물건 값이 떨
어짐.《유》반락.《대》상등(上騰). 앙등(昂騰). fall
③등급이 떨어짐. degradation 하
하:란(夏卵)명《생물》물벼룩 등이 여름철 전후에 낳
는 알. 단성(單性) 생식으로 보통은 암컷을 낳으나
가을철 직적에 낳는 것은 모양이 작은 수컷을 낳음.
하란(蝦卵)명 새우알. ¶~젓. ~ 찌개.
하:래(下來)명 ①높은 곳에서 낮은 곳으로 내려옴.
coming down ②서울서 시골로 내려옴. coming to
a province 하［중략(中略). rest omitted 하
하:략(下略)명 아래의 부분을 생략함.《대》상략(上略).
하:량(下諒)명 윗사람이 아랫 사람의 마음을 살펴 양
아 줌. generous consideration 하
하량(荷量)명 짐의 분량. quantity of pack
하렘(harem)명 ①규중(閨中). ②이슬람교를 믿는 나
라의 부인들이 거처하는 방. ③처첩(妻妾).
하:려(下慮)명《동》하념(下念). 하
하:련(下輦)명《제도》임금이 연(輦)에서 내림. 하
하:련=소(下輦所)명《제도》임금이 연(輦)을 멈추어
하:련(下劣)명 ~하열.　　　　　　　「내리던 곳.
하:렴(下簾)명 발을 내림. letting down a blind 하
하:령(下令)명 ①《제도》왕세자(王世子)가 영지(令
旨)를 내림. ②명령을 내림. order 하
하령(遐齡)명《동》노수(老壽). 하
하:령=회(夏令會)명《기독》예수교 각 교회의 대표
자, 또는 신앙심이 두터운 교인이 수양과 친목을
위하여 여름에 여는 모임.
하:례(下隷)명 하인(下人).
하:례(賀禮)명 축하의 예식. 하의(賀儀). 하
하:례=배(下隷輩)명 하례의 무리. 하인배.
흐:로《고》으로. 로.
하:로=교(下路橋)명《토목》주구(主構)의 아래쪽에
통로를 만든 다리.《대》상로교(上路橋).
하:로=동:선(夏爐冬扇)명 여름의 화로와 겨울의 부채.
곧, 철에 맞지 않는 물건의 비유. useless thing
하롱거리다 ①말이나 하는 짓이 다부지지 않고 가
볍게 들뜨게 놀리다.《尊》허둥거리다. be rash 하
롱=하롱튀 하롱
하:료(下僚)명 ①부하인 동료. subordinates ②지위
(地位)가 낮은 관리(官吏). petty officials
하루명 ①《다》하룻날. ②낮과 밤이 되돌아가 그 다
음날이 되는 동안. 한 날. 일일(一日). day ③일
주야(一晝夜). ④어떤 날. one day ⑤해가 있는
낮 동안. 종일. 아침에서 밤까지. daytime
하루(瑕累)명 흠. 결점(缺點). 하자(瑕疵)①.「이.
하루가 멀다고명 때를 가리지 아니하고 거의 매일 같
하루=갈이명 아침에서 저녁까지 갈 수 있는 논밭의 넓
이. size of a field that takes a day's plowing
하루=같이튀 하루와 같이. 똑같이. 한결같이.
하루거리명《한의》하루씩 걸러서 앓는 학질(瘧疾).
간일학(間日瘧). 날거리. tertian malarial fever
하루=건너튀《동》하루걸러.　　　　　　　「하루
하루=걸러튀 하루를 사이하여. 격일(隔日)하여. 하루
걸러, every other day　　　「어서는 안 된다.
하루=물림이 열흘 간다튀 무슨 일이거나 뒤로 미루
하루=바삐튀 하루라도 바쁘게. 하루라도 빨리. as
soon as possible
하루=살이명 ①《곤충》하루살이과의 벌레. 몸 길이가 7~
8 mm로 앞날개는 몸 길이와 거의 같고 뒷날개는 없
음. 유충은 물 속에서 자라 저녁에 폐지어 다님.
dayfly ②생활이나 목숨의 덧없음의 비유.
하루=아침명 ①짧은 시간. ¶~에 해치우다. short
space of time ②어떤 날 아침. ¶~은 말하기를
…. one morning
하루 저녁에 단속곳 셋 하는 여편네 속곳 벗고 산다
튀 마땅히 튼튼한 것으로 생각되는 곳에 도리어 덜
함의 비유.
하:루=치명 하루의 품. ¶~를 배급 받다.　　「다.
하루=하루명 ①매일매일. 그날그날. ②하루가 지날

때마다. day after day

하룻-강아지[명] ①난 지 얼마 안 되는 어린 강아지. puppy ②재게 뛰어 돌아다니는 강아지. ③초보자[명]. 신출내기.

하룻강아지 범 무서운 줄 모른다[속] 멋도 모르고 철없이 덤빈다.

하룻-길[명] 하루에 걸어서 갈 수 있는 길의 거리.

하룻-날[명] 그 달의 첫째 날. 《약》 하루①. first day of the month

하룻-밤[명] ①어떤 날 밤. ¶~은 그가 찾아왔었다. certain night ②한 밤. 일야(一夜). ¶~을 꼬박 새웠다. one night

하룻밤을 자도 만리성을 쌓랬다[속] 아무리 일시적·임시적인 일이라 할지라도 확실성이 있게 하여야 한다. 「요한 것이라는 것을 강조한다.

하룻밤을 자도 헌 각시[속] 부녀자들의 정조란 매우 중

하-류(下流)[명] ①강이나 내의 흘러 내리는 아래편. lower stream ②하등(下等)의 지위. 하등 사회. 《대》 상류(上流). lower classes

하류(河流)[명] 강의 흐름. 강류(江流).

하-류 계급(下流階級)[명] 아래의 계층. 하층.

하-류 사회(下流社會)[명] 신분이나 생활 정도가 낮은 사람의 사회. 하층 사회. 《대》 상류 사회. 「천하게 이르는 말. low-class people

하-류지-배(下流之輩)[명] 하류 사회에 속하는 사람을

하-륙(下陸)[명] 배나 비행기 따위에서 짐을 땅에 옮겨 놓음. disembarkation 하다

하르르[부] 종이나 옷감 따위가 얇고 하늘하늘하며 보드레한 모양. 《큰》 흐르르. flimsy 하다

하릅[명] 말·소·개 따위의 한 살됨을 일컬음. 한살. ¶~ 송아지. one years old

하리(下吏)[명] 아전(衙前). 「《대》 상리(上里).

하-리(下里)[명] 상하(上下)로 나뉜 동네의 아랫 동네.

하-리[명] 참소(讒訴). 헐뜯음.

하리-나-다[자타] 윗사람에게 남을 헐뜯어 일러바치다. 참소하다(讒訴). slander

하리다-다[형] 마음껏 사치하다. indulge in luxury

하리-다[형] 기억력·판단 또는 하는 일이 분명하다. 《큰》 흐리다. stupid

하리-다[자] 《고》 낫다[勝]. 덜하다.

하리-들-다[자] 되어가는 일의 중간에 방해가 생기다. ¶사업이 ~. suffer a setback

하리망당-하-다[형] ①오래 되어 기억이 아름아름하다. dim ②귀에 들리는 것이 분명하지 않고 흐리다. vague ③옳고 그름의 구별이나 하는 일이 흐릿하여 분명하지 않다. ④정신이 몽롱하다. 《큰》 흐리멍덩하다. uncertain 하리망당=히

하리아드랫-날[명] 음력 2월 초하룻날. 이 날에 정월 열나흗날부터 보름날까지 담과 지붕에 꽂아 둔 당조(檬造) 무명·낟가릿대 등을 모두 서두어 불때고 콩도 볶고 먹도 만들어 먹는다.

하리-쟁이[명] 하리놀기를 일삼는 사람. slander

하리타분-하-다[형] ①일이 하리하고 어지러워 똑똑하지 못하다. obscure ②성미가 산뜻하지 못하고 텁텁하다. 《큰》 흐리터분하다. underhand 하리타분=히

하릴-없-다[형] ①어찌할 수 없다. 어떻게 할 도리가 없다. ¶졸업 후 하릴없이 놀고있다. helpless ②조금도 틀림이 없다. 하릴없=이

하-림(下臨)[명] 강림(降臨). 하다 「unting 하다

하-마(下馬)[명] 말에서 내림. 《대》 승마(乘馬). dismo-

하마(河馬)[명] 〈동물〉 하마과의 짐승. 몸 길이 4m 가량으로 몸은 거대하고 머리와 목은 크나 귀는 매우 작음. 입이 크고 강대한 송곳니가 있으며 비 메를 지녀 다님. 사하라 사막 이남의 아프리카에 분포함.

하마(蝦蟆)[명] 〈동물〉 청개구리. 「hippopotamus

하·마[부] ①이미. 벌써. ②장차.

하마리=**하다**[명] 《속》 환감질.

하마면[부] [고] 하마터면. 거의. 까딱하면.

하:마-비(下馬碑)[명] 그 앞을 지날 때는 말에서 내리라는 뜻을 새긴 비. '大小人員皆下馬' 또는 '下馬

하:마-석(下馬石)[명] 노둣돌. 「碑'라고 새겼음.

하마터면[부] '자칫 하였더라면·조금 더 잘못하였더라면'의 뜻으로, 위험한 경우를 겨우 벗어났을 때으는 말. ¶~ 큰일날 뻔했다. nearly

하:마-평(下馬評)[명] 관계의 변동이나 어떤 관직에 임명될 후보자들에 관하여 세상에 떠도는 공론.

하마-하마[부] ①어떤 기회가 자꾸 닥쳐오는 모양. seemingly ready ②어떤 기회를 자꾸 기다리는 모양. anxiously

·**하물며**[부] [고] 하물며.

하-면(下面)[명] 아래쪽의 면. 밑면. 《대》 상면(上面).

하:-면(夏眠)[명] 〈동물〉 동물이 여름철의 더위와 건조(乾燥)를 피하여 신진 대사를 절약하기 위하여 음식을 중지하고 잠을 자는 일. 도룡뇽 등이 함. 여름잠. 《대》 동면(冬眠). summer sleep 하다

하:-면-목(何面目)[명] 무슨 면목. 곧, 불낯이 없음을 일컬음. ¶~으로 만나겠느냐? with what face

하:-면적(下面積)[명] 밑넓이.

하:-명(下命)[명] ①《공》 명령. ②명령을 내림. ¶~을 받들다. order from about 하다

하-모(夏毛)[명] 여름털.

하모(何某)[대] 아무.

하:-모늄(harmonium)[명] 〈음악〉 풍금과 같은 형식의 작은 악기. 음색·표정력(表情力)이 오르간보다 명쾌함. 「일치(一致).

하:-모니(harmony)[명] ①〈동〉 화성(和聲). ②조화(調)

하:-모니카(harmonica)[명] 〈음악〉 작은 취주 악기의 하나. 직사각형의 좁은 통속에 조그만 칸을 만들고 칸마다 금속제의 혀가 있어 입에 대고 붊.

하:-모닉스(harmonics)[명] ①〈물리〉 배음(倍音). ②〈음악〉 현악기의 특수 기교로서 내는 피리와 같은 음색을 가지는 배음.

하목(河目)[명] ①음푹 들어간 눈. ②현자(賢者)의 상(相)이 아래위의 눈꺼풀이 편평한 모양.

하:-묘(下錨)[명] 닻을 내림. 배를 항구(港口)에 댐. anchoring 하다

하무〈제도〉 조선조 때, 군대에서 군인이 떠들지 못하도록 입에 물리던 나무 막대기.

하무뭇-하-다(何心)[형] 심히 하뭇하다. 《큰》 흐무뭇하다. very much satisfied

하:-문(下文)[명] 아래의 글. 다음의 문장.

하:-문(下門)[명] 〈생리〉 vulva

하:-문(下問)[명] ①아랫 사람에게 물음. asking one's inferiors ②《공》 남의 물음을 일컬음. your question

하:문 불치(下問不恥)[명] 아랫 사람에게 묻는 것이 수치가 아니라는 뜻으로, 누구에게나 물어 식견을 넓히려는 말

하물(何物)[명] 무슨 물건. 어떠한 것 what

하물(荷物)[명] 짐. freight

하물며 '그 위에 더군다나·황차(況且)·우황(又況)·하황(何況)·황(況)'의 뜻의 접속 부사. ¶짐승도 못할 짓을 ~ 사람이 하랴? how much more

하물-하물 썩 익어서 무르게 된 모양. 《큰》 흐물흐물. flabby 하다 「하뭇=이

하뭇-하-다[형] 마음이 흡족하다. 《큰》 흐뭇하다.

하:-미(下米)[명] 품질이 낮은 쌀. 《대》 상미(上米). 중미(中米). rice of inferior quality

하:-미-전(下米廛)[명] 서울 동대문(東大門) 안에 있던

하:-민(下民)[명] 〈동〉 범민(凡民). 「싸전. 《대》 상미전.

하-리(下痢)[명] 〈동〉 여름 털갈이.

하바네라(habanera 스)[명] 〈음악〉 아메리카 주의 쿠바에서 일어나, 스페인에서 유행된 2/4 박자의 무용.

흥-용(洶湧)[명] ~하다. 「도, 그무 튀.

하:-박(下膊)[명] 〈생리〉 팔꿈치에서 손목까지의 부분. 전박(前膊). 팔뚝. 《대》 상박(上膊). forearm

하:박(下薄)[명] 윗사람보다 아랫 사람에게 야박함. ¶상후 ~. (대) 상후(上厚). 하다

하:박-골(下膊骨)[명] 팔의 아랫 부분을 형성한 뼈. 전박골(前膊骨). 전완골(前腕骨). bones of the forearm

하:박-석(下薄石)[명] 비(碑)·탑(塔) 등의 아래에 있 「는 돌. pedestal

하박하박-하-다[형여불] 익어서 오래된 사과 따위가 씹어서 무슨푸슨 헤어지도록 물기가 적고 연하지 않다. (큰) 허벅허벅하다. soft 「lower half

하:반(下半)[명] 둘로 나눈 아래의 반. (대) 상반(上半).

하:반(下盤)[명] 〈지학〉 ①단층면(斷層面)이 수평면과 이루는 각의 예각(銳角) 부분. ②광맥·광층 등의 아래쪽에 있는 암반(岩盤). (대) 상반.

하반(河畔)[명] 강 언덕. 강변(江邊). river-side

하:반(夏半)[명] '음력 7월'의 딴이름.

하:반-기(下半期)[명] 일년을 둘로 나눈 나중 여섯 달 동안. ¶ ~ 결산. latter half of the year

하:반-부(下半部)[명] 전체 길이의 중간에서 아래쪽이 되는 부분. (대) 상반부(上半部).

하:반-신(下半身)[명] 몸을 둘로 나눈 아래 부분. (대) 상반신(上半身). lower half of one's body

하:발-이(下─)[명] 맨 아랫깃의 아들.

하:방(下方)[명] 아래쪽. 아래 방향. (대) 상방(上方).

하:방(下枋)[명]〈약〉→하인방(下引枋).

하방(遐方)[명] 서울을 중심으로 하여 먼 곳. 하예(遐裔). 하토(遐土). 하향(遐鄕). remote provinces

하:방 침:식(下方浸蝕)[명]〈지학〉 하천이 하상(河床)을 내리 침식하는 현상. erosion of the river bed

하:배(下輩)[명]〈약〉→하인배(下人輩).

하백(河伯)[명] 강을 맡은 신(神). God of water

하:번(下番)[명] ①당직(當直)을 마치고 나오는 사람. one who comes off duty ②〈제도〉 군영(軍營)에서 돌림차례를 마치고 나오는 번(番). ③순번이 아래인 사람. (대) 상번(上番).

하:복(下腹)[명] 아랫배. abdominal region

하:복(夏服)[명] 여름에 입는 옷. 여름옷. 하의(夏衣). (대) 동복(冬服). summer clothes

하:복-부(下腹部)[명]〈생리〉 척추 동물, 특히 사람의 치골부(恥骨部)와 서혜부(鼠蹊部)를 합친 부분. 아랫배. abdomen

하:부(下付)[명] 관청에서 백성에게 증명·허가·인가·면허 따위를 내줌. issuance (동) 하송(下送)②.

하:부(下府)[명] 하사(下司).「下司). 「하다

하:부(下部)[명] 아래쪽의 부분. (대) 상부(上部). lower part

하:부 구조(下部構造)[명] ①하부의 조직. ②〈사회〉사회의 모든 관계를 결정하는 토대라 할 수 있는 경제적 구조. (대) 상부 구조.

하분=하분[무] 너무 익은 사과 따위와 같이 씹으면 물기가 조금 있으면서 매우 말랑말랑한 모양. (큰) 허분허분. soft 하다 「있다는 말.

하:-불실(下不失)[명] 적어도 그 정도의 희망은

하:불하(下不下)[명] 적다 하여도, 소불하(少不下). ¶모두 합하여도 ~ 한 말은 되리라. at least

하:비(下婢)[명] 계집종. 하녀(下女). maid servant

하비-다[타] ①손톱·발톱, 또는 날카로운 물건으로 긁어 생채기를 내다. scratch ②남의 결점을 들어 비열하게 헐뜯다. carp at faults

하비작-거리다[타] 자꾸 하비어 헤롭게 하다. (큰) 허비적거리다. carp at faults 하비작=하비작[무] 하다

하뿔싸[감] 무슨 일이 잘못되어서 실망할 때나 또는 깜빡 잊어서 일을 그르칠 때에 놀라서 내는 소리.

하:사(下士)[명]〈군사〉 육·해·공군에서 중사(中士)의 아래, 병장(兵長)의 위의 계급. corporal

하:사(下司)[명] 하급 관청. 하부(下府). (대) 상사(上司). subordinate office   [imperial grant 하다

하:사(下賜)[명] 임금이 신하에게 물건을 내리어 줌.

하사(何事)[명] 어찌된 일. 어떠한 일. 무슨 일. what

하:사(賀詞)[명] 축하의 말. 축사(祝詞). 하다

하:사-관(下士官)[명]〈군사〉 육·해·공군에서 '상사·중사·하사'를 통틀어 일컫는 말. non-commissioned officer

하:사-금(下賜金)[명] 하사하는 돈. grant

하:사-품(下賜品)[명] 하사하는 물품.

하:산(下山)[명] ①산에서 내려가거나 내려옴. 낙산(落山)①. (대) 등산(登山). descent from a mountain ②재목 등 산에 있는 것을 옮겨 내려가거나 내려옴. 하다 「력(勢力).

하:산지세(下山之勢)[명] 썩 빨라서 걷잡을 수 없는 세

하:-삼도(下三道)[명] '충청·전라·경상'의 3도를 이르는 말. 삼남(三南). 「월·유월의 석 달.

하:-삼삭(夏三朔)[명] 여름의 석 달. 곧, 음력 사월·오

하:상(下殤)[명] 여덟 살에서 열에 살까지 사이에 요절(夭折)함. 또, 그 사람.

하:상(下霜)[명] 첫서리가 내림. falling of the first frost of the season

하상(河床)[명] ①하천 밑의 지반(地盤). river bed ②평균 수위가 물에 덮이어 있는 강의 형태.

하상(遐想)[명] 멀리 떨어져 있는 사람을 생각함. 하다

하상(何嘗)[무] '애초부터 따지고 보면'의 뜻으로, 의문사(疑問詞) 위에 붙여 씀. ¶비가 ~ 무엇을 했다고 뽐내느냐? what particularly

하:-상:갑(夏上甲)[명] 입하(立夏) 뒤에 처음으로 드는 갑자일(甲子日). 이 날에 비가 오면 큰 장마가 있다고 함.

하:-생(下生)[대] ①어른에게 대한 자기의 낮춤말. ②〈제도〉 정1품관이 자기 자신을 일컫던 말.

하:서(下書)[명] 웃어른이 주신 글월.

하:석 상:대(下石上臺)[명] 아랫돌 빼서 윗돌 괴고 윗돌 빼서 아랫돌 괴기. 곧, 임기 응변(臨機應變)으로 어려운 일을 처리함을 이름. makeshift

하:선(下船)[명] 배에서 내림. (대) 상선(上船). 승선(乘船). leaving a ship 하다 「vessel

하:선(荷船)[명] 짐을 싣는 배. 하객선(貨客船). freight

하:선 동:력(夏扇冬曆)[명] 여름의 부채와 겨울의 새해 책력(冊曆). 곧, 철에 맞는 선사(善事)를 말함. seasonable present

하:성(下誠)[명] 어른에게 대한 자기의 정성(精誠)을 일컫는 말. 편지에 씀.

하성 단구(河成段丘)[명] 하안 단구.

하성-층(河成層)[명]〈지학〉 하류(河流)가 운반하여 온 모래·자갈 등이 그 유로(流路)에 침적(沈積)하여 이룬 층.

하:세(下世)[명] 기세(棄世)①. 하다 ①이루어진 층.

하:소[명] '하게'보다 조금 존대(尊待)하는 말씨. 하다

하:소(煆燒)[명] 하소하다.

하:소(煆燒)[명] 물질을 공기 속에서 태워서 휘발성 성분을 없애고 재로 만드는 일. 하다

하소-체(─體)[명]〈어학〉 결어법(結語法)의 존비법(尊卑法)에 딸린 종결 어미의 한 체(體). 상대방을 아주 높이는 뜻을 나타냄. 문어(文語)로 쓰임. '가소서'·'하나이다'·'있으사이다' 따위.

하소서=하-다[자·여불] 상대자를 아주 높이어 말하다.

하:소연[명] 억울하고 막힌 사정을 간곡히 호소함. ¶ ─ 할 데가 없다. 〈약〉하소②. appeal 하다

하소-체(─體)[명]〈동〉하오체.

하소-하다[자·여불] 하소연하다.

하:속(下屬)[명]〈동〉하인배(下人輩).

하:솔(下率)[명]〈동〉하인배(下人輩).

:하-솟ː그:리-다[타]〈동〉 참조하다.

하:송(下送)[명] ①비천(卑賤)한 사람에게 물건을 보냄. sending to a lowly man ②높은 곳에서 낮은 곳으로 물건을 내려보냄. sending down ③서울서 시골로 물건을 보냄. sending to the country ④웃 사람이 아랫 사람에게 편지를 보냄. 하부(下付)②. sending to one's inferior 하다

하송-인(荷送人)[명] 짐을 보내는 사람. sender

하:수¹(下手)[명] ①(옛) 착수(着手). ②사람을 죽일 목적으로 직접 행동함. murder 하다

하:수²(下手)[명] 솜씨가 낮음. 또, 그런 사람. 아랫

하수(-手).『명』상수(上手). poor hand
하수(下水)『명』빗물 또는 가정에서 흘러 나오는 더러운 물. 『대』상수(上水). sewerage
하:수(下壽)『명』나이 예순 살 혹은 여든 살. 『대』상수(上壽). sixty or eighty years of age
하수(河水)『명』냇물. 강물. 강수(江水). river water
하:수(賀壽)『명』장수(長壽)를 축하함. congratulation on long life 하다
하수(遐壽)『명』오래 삶. 하령(遐齡). 장수(長壽). 하다
하:수 가스(下水 gas)『명』수챗물에서 생기는 가스와 혼합되어 더러워진 하수관 안의 공기. sewerage gas
하:수 공사(下水工事)『명』하수도를 설비 또는 수리하는 공사.
하:수관(下水管)『명』수챗통. ┌는 배수로. 수
하:수구(下水溝)『명』더러운 물을 빼내는 배수로. 수채. 하수도(下水道). drainage system
하:수도(下水道)『명』지하(地下)에 파묻어서 시설한 배수로(排水路). 『대』상수도(上水道). drainage system
하:수인(下手人)『명』사람을 살해할 목적으로 직접 손을 댄 사람. 하수자(下手者). murderer
하:수자(下手者)『명』하수인(下手人).
하:수 처:리(下水處理)『명』하수를 인공적으로 정화(淨化)하는 일. 또, 그 과정.
하:수통(下水桶)『명』하수구(下水溝)를 만들기 위하여 땅 속에 묻는 토관이나 철관(鐵管). 수챗통. drainpipe
하:숙(下宿)『명』①비교적 오랜 기간을 정하고 남의 집에 숙박함. 또, 그 집. 사관(舍館). lodging 하다 ②싼 여관. ┌는 방.
하:숙-방(下宿房)『명』하숙하고 있는 방. 하숙을 시키
하:숙-비(下宿費)『명』하숙하고 있는 사람이 내는 방세와 음식 값. 하숙료(下宿料).
하:숙-생(下宿生)『명』하숙하고 있는 학생.
하:숙-인(下宿人)『명』하숙하고 있는 사람. ┌으로 하는 집.
하:숙-집(下宿-)『명』①하숙하고 있는 집. ②하숙을 업
하:순(下旬)『명』그 달 스무하룻날부터 그믐날까지의 열흘 동안. 하한(下浣). 하원(下浣). 『대』상순(上旬). 중순(中旬). last ten days of the month
하:순(下脣)『명』아랫 입술. 『대』상순(上脣).
하:순(下詢)『명』윗사람이 아랫사람에게 물음. 순문(詢問). 『대』상순(上詢). consultation 하다
하숫-그·리·다다『자』참소하여다. 하소하다.
하:습(下習)『명』하인들의 풍습(風習). servant's manners ②계급이 낮은 사람들의 풍습. manners of the lower class ┌and damp 하다
하:습(下濕)『명』땅이 낮고 습기(濕氣)가 많음. low
하:승(下乘)『명』①수레에서 내림. ②'느린 말'이라는 뜻으로 낮은 사람들의 말.
하:시(下視)『명』①아래를 봄. looking down ②낮잡아 봄. 업신여김. looking down upon 하다
하시(何時)『명』어느 때. 언제. when
하시:경(何時頃)『명』어느 때쯤. 몇 시쯤.
=·하·시·로『어미』『고』=하시므로.
하시디즘(Hasidism)『명』18 세기 폴란드의 유태교도 사이에 일어난 신비주의적 경향의 신앙 부흥 운동.
하시시(hashish)『명』→해시시.
하식(河蝕)『명』〈지학〉하천의 물이 땅을 침식하는 현상. erosion of the river
하식-애(河蝕崖)『명』〈지학〉하식(河蝕) 작용을 받는 언덕. 또는 하식 작용에 의하여 이루어진 언덕.
하신(河身)『명』강의 줄기의 물이 흐르는 부분.
하·아(夏芽)『명』〈식물〉여름눈. 나아(嫩芽). 『대』동아(多芽). summer bud
하:악(下顎)『명』아래턱.
하:악골(下顎骨)『생리』아래턱의 뼈. submaxillary bone ┌는 일.
하:악 탈구(下顎脫臼)『의학』아래턱이 빠어져서 벗
하안(河岸)『명』물가의 둔덕. river bank
하:안거(夏安居)『명』〈불교〉여름 장마 때 중이 방안에 모여서 수도(修道)하는 일. 하다

하안 단구(河岸段丘)〈지리〉하천(河川) 양쪽에서 지반(地盤)의 간헐적(間歇的)인 융기(隆起)와 물의 침식 작용으로 이루어진 계단상(階段狀)의 토지. 하성 단구(河成段丘). river terrace by erosion
하:야(下野)『명』관(官)에서 물러남. 야인(野人)으로 돌아감. retiring from public life 하다
-흥·야『감』①어여라. ②더불어.
흥·야·디·다다『고』해어지다〔壞〕. ┌허여멀겋다. fair
·하야로·비『명』〈동물〉해오라기.
하야말갛-다다『형』살빛이 매우 희고도 맑다. 〈큰〉
하야말쑥하다『형』하얗 살빛이 말끔하고 깨끗하다. 허여멀쑥하다. fair 하야말쑥=히『부』
하야버리-다다『고』허여 버리다.
·하야-호다『고』허여하다.
하:약(下藥)『명』하제(下劑). ┌thing
하얀『명』①흰빛. 흰 물감. white ②하얀 것. white
하:양수(下揚水)『명』논밭에 물을 대기 위하여 하천(河川)에서 끌어올리는 물.
하얗-다다『형』밝기도 희다. 〈큰〉허옇다. snow white
하얘:지-다다『자』하얗게 되다. ②희어지다. turn white
하여(何如)『부』어떻게. 어찌. how 하다
하여『고』하여금. 시키어〔使〕.
하여-간(何如間)/하여간-에(何如間-)『부』어찌하였든지. 어쨌든. 하여튼. ¶~ 그날에는 꼭 와 주게. anyhow
하여금 조사 '로'나 '으로' 밑에 붙어서 '으로써·에게·시키어' 따위의 뜻을 나타냄. ¶그 일로 ~ 뜻을 글을 수가 없다.
하여-보-다다『부』①시험하거나 실험하여 보다. ②만들어 보다. try ③어디까지나 맞겨루다. 〈약〉해보다. keep up rivalry ┌다. take the trouble to
하여-주-다다『부』만들어 주다. 대신하여 주다. 〈약〉해주
하여-지-다다『자』하게 되다.
하여-튼(何如-)『부』어쨌든. ¶~ 해보자.
하여-튼지(何如-)『부』어쨌든지. ¶~ 가 보자.
하:역(下役)『명』부하의 이속(吏屬). subordinates
하역(荷役)『명』짐을 싣고 내리는 일. 또, 그 사람. cargo-working
하역(遐域)『명』먼 경계. 먼 나라.
하:연(下椽)『명』아랫 들연.
하:연(賀宴)『명』축하하는 뜻으로 베푼 잔치. 하연(賀筵)②. banquet
하:연(賀筵)『명』①축하하는 자리. ②『동』하연(賀宴).
하:열(下劣)『명』비천하고 졸렬함. baseness 하다
하염-없:-다다『형』①시름에 쌓여 멍하니 아무 생각이 없다. ¶하염없이 먼산만 바라본다. 〈유〉기선없다. absentmindedly ②끝맺는 데가 없다. ¶지난 일을 생각하면 하염없는 눈물이 흐른다. without ending
하엽(荷葉)『명』연잎. ┌하염=없:-이『부』
하예(何如)『명』『동』하방(遐方).
하:오『어미』상대자를 보통으로 높여 말할 때 쓰는 말씨. '합쇼'와 '하게'의 중간.
하:오(下午)『명』낮 12시부터 밤 12시, 점심 때로부터 저녁까지의 사이. 오후(午後). 『대』상오(上午). afternoon
호오로미『고』홀로.
호오·사/호오야『고』홀로. →호부사.
호오와르『고』홀로.
하오-체(-體)『명』〈어학〉경어법(敬語法)의 존비법에 딸린 종결 어미의 한 체(體). 상대자를 예사로 높이는 뜻을 나타냄. '보오'·'있소'·'읽을시오' 등이 이에 속함. 하소체(-體).
하오-하다다『부』'하오'의 말씨를 쓰다. '합소하다'보다는 낮게, '하게 하다'보다는 높게 쓰임. '무엇 하오에서 일하오' 따위. 하소하다.
하:옥(下獄)『명』죄인을 옥에 가둠. 입옥(入獄). 하다
호옷-로『고』홀로.
호옷어미『고』홀어미.
호옷-몸『고』홀몸. 단신(單身).
호·옷『고』홀[單]. →호웃.

하옻(古) 흙(單). →하읗.
하와(Hawwāh 그)(기독) 하느님이 아담의 갈비뼈로 만든 인류 최초의 여자. 이브(Eve).
하와이안 기타(Hawaiian guitar)(음악) 경음악에 쓰이는 악기. 하와이 음악의 중심 악기.
하:완(下浣)(명) 하순(下旬).
하:외품(下外品)(명) 하품.
하:우(下雨)(명) 비가 내림. rain 하괘
하:우(下愚)(명) 아주 어리석은 사람. fool
하:우(夏雨)(명) 여름철에 내리는 비. 여름 비. summer rain
하:우 불이(下愚不移)(명) 몹시 어리석은 사람의 기질(氣質)은 변하지 아니함. Born unwise, die unwise
하우스(house)(명) 집. 주택(住宅). 저택.
하우스드레스(housedress)(명) 여자가 가정에서 입는, 몸에 착 붙지 않고 일하기 편리한 옷.
하우스보이(houseboy)(명) 가정에 고용되어 일하는 사람. 하인(下人).
하우스키:퍼(housekeeper)(명) ①가사 주재자(家事主宰者). 또, 가정부(家庭婦). ②주택 또는 사무소를 관리하는 사람.
하우징(housing)(명) ①기계의 부품이나 기구를 싸서 보호하는 상자형 부분. ②토지·가옥·가구·실내 장식 등을 종합적으로 다루는 주택 산업의 총칭.
하:운(夏雲)(명) 여름철의 구름. summer clouds
하:운(夏雲奇峰)(명) 산봉우리같이 기이하게 솟아오른 여름철의 구름. summer clouds
하:원(下元)(명)(민속) 명일의 하나. 음력 사월 보름. (대) 상원(上元).
하:원(下院)(명)(정치) 이원 제도(二院制度)에서 국민이 선거(選擧)한 의원(議員)으로 조직된 입법 기관(立法機關). 하의원. (대) 상원(上院). Lower House
하원(河源)(명) 하천의 수원(水源). (대) 하구(河口). source of a river
하원(遐遠)(명) 멀어져서 매우 멂. 하괘
하위(下(和解). 하괘
하:위(下位)(명) 낮은 지위(地位). 아랫 자리. (대) 상위(上位). lower rank
하:위 개:념(下位概念)(명)(논리) 어떤 개념이 딴 개념을 포괄할 때의 작은 개념. 저급 개념(低級概念). (대) 고급 개념. 상위 개념.
하:위 자방(下位子房)(명)(식물) 꽃받침(악편)·꽃잎·수꽃술(웅예) 따위가 붙는 자리보다 아래쪽에 자리잡은 씨방(子房). 붓꽃·석산(石蒜)의 씨방 따위. inferior ovary
명한면 왕명(王命).
하:유(下諭)(명)(제도) 지방의 관원에게 상경(上京)을 사부모(師父母). 하괘
하:육처자(下育妻子)(명) 아래에 처자를 기름. (대) 앙사부모(仰事父母). 하괘
하:의(下衣)(명) 아랫도리에 입는 옷. 아랫옷. 아랫바지. (대) 상의(上衣). lower part of garment
하:의(下意)(명) ①아래 사람들의 의사(意思). ②국민의 뜻. (대) 상의(上意). wishes of the governed
하:의(賀意)(명) 경하하는 뜻. (대) 조의(弔意).
하:의 상:달(下意上達)(명) 아랫 사람의 뜻을 윗사람에게 전달함. (대) 상의 하달(上意下達).
하:=의원(下議院)(명)(동) 하원(下院).
하이(退還)(명) 낢과 가까움. (대) 원근(遠近).
하이(high)(관) 높은. 비싼. 상류(上流)의.
하이네=메딘씨병(Heine-Medin 氏病)(명)(의학) 소아 마비(小兒痲痺).
하이 넥(high neck)(명) 뒷 것이 높은 부인복. 또, 그 헝이다(中)①시키다. ②입다. 당(當)하다.
하이델베르크=인(Heidelberg 人 도) 1907년 하이델베르크 부근에서 화석골(化石骨)로 발견된, 약 35만 년 전 구석기 시대의 원생(原生) 인류.
하이드라지드(hydrazide)(명) 결핵 특효약의 하나. 이소니코틴산 하이드라지드.
하이드로미:터(hydrometer)(명) ①(물) 액체 비중계(液體比重計). ②유속계(流速計).
하이드로퀴논(hydroquinone)(명) →히드로퀴논.

하이드로=플레인(hydroplane)(명) 수상 비행기(水上飛行機).
하이=라이트(highlight)(명) ①가장 밝은 부분. ②(연예) 가장 흥미있는 부분. ③(인쇄) 회화나 사진에서 광선이 가장 세고 가장 희게 보이는 부분.
하이마트쿤스트(Heimatkunst 도)(문학) 향토 문학(郷土文學). 19세기 말에 독일에서 일어난 예술 운동.
하이 미스(high+miss)(명) 올드 미스.
하이볼(highball)(명) 위스키에 소다수(soda 水)·물을 넣고 얼음을 띄운 음료(飲料).
하이브리드(hybrid)(명) 텔레비전·라디오 등에서 진공관과 트랜지스터·IC 따위를 혼용하여 회로를 구성하는 방식.   [등 학교.
하이 스쿨(high school)(명) ①고등 학교. ②미국의 중
하이 스피:드(high speed)(명) 고속도(高速度).
하이알라이(jai-alai)(명)(체육) 스페인의 운동. 대리석(大理石)으로 삼방(三方)을 둘러싼 실내(室內)에서 경구(硬球)를 빠르게 서로 치는 경기(競技).
하이어(higher)(명) ①보다 더 높은 것. ②고급(高級).
하이어(hire)(명) 택시(taxi)보다 고급인 전세(專賃) 자동차.   [자동차 도로.
하이=웨이(highway)(명) 간선 도로. 주요 도로. 고속
하이잭(hijack)(명) 항공기·배의 승무원 등을 협박하여 진로를 변경, 납치하는 범죄. 또, 그 범인. 공중 또는 해상 납치.   [주고도(走高跳).
하이 점프(high jump)(명)(체육) 도움닫기 높이뛰기.
하이츠(heights)(명) 높은 지대의 주택지.
하이=칼라(high collar)(명) ①보통 것보다 운두가 높은 칼라. ②멋쟁이. ③머리털을 짧게 길러서 밑의 가장자리만 짧게 깎는 조발법(調髮法).
하이커(hiker)(명) 하이킹하는 사람.   [고급. 일류.
하이=클래스(high-class)(명) 신분이나 품질 등이 높은.
하이킹(hiking)(명) 떼떼이 약간의 음식을 가지고 가볍게 herzog변이나 산야를 걷는 일. 하괘
하이=틴(highteen)(명) 틴에이저 가운데 16세 이상의 사람. 고교생 정도의 연령층. (대) 로틴.
하이파이(Hi-Fi)(명) ①역사 high fidelity 고충실도(高忠實度)의 뜻. 라디오의 수신기나 녹음의 재생 장치에서 재생되는 음이 육성(肉聲)이나 실제 음악 등에 거의 가까운 일. ②(약) high fidelity sound reproduction system 원음에 충실하게 소리를 재생할 수 있는 음향 축음기의 총칭.
하이 패션(high fashion)(명) 일반에 유행되기에 앞서 최첨단을 가는 유행.   [큰 소립자(素粒子).
하이페론(hyperon)(명)(물리) 초중량자(核子)보다도
하이포(hypo)(명)(화학) 차아황산(次亞黃酸)소다.
하이픈(hyphen)(명) 영어 등에서 두 낱말을 잇거나 두 행(行)에 걸쳐 쓰여지는 한 낱말을 결합하거나, 또는 낱말을 구분할 때 쓰이는 '-'의 부호. 접합부(接合符).   [두. (약) 힐(heel)②.
하이 힐(←high-heeled shoes)(명) 뒷굽이 높은 여자 구
하:인(下人)(명) 남자 종과 여자 종의 총칭. 하례(下隷). 여대(與儓). (대) 상전(上典). servant   [하고.
하인(何人)(명) 어떠한 사람. 어느 사람. ¶~을 막론
하:인방(下引枋)(명)(건축) 벽의 아래쪽 기둥 사이에 가로지른 인방(引枋). (약) 하방.
하:인=배(下人輩)(명) 하인의 무리. 하솔(下率). 하속(下屬). 하례배. (약) 하배(下輩). servant
하:인=청(下人廳)(명)(제도) 관원이나 양반의 집에 있는 하인들이 거처하던 방.
하:일(下日)(명) 근무하지 않는 날. 비번(非番)인 날.
하:일(何日)(명) 어느 날. 무슨 날. oneday
하:일(夏日)(명) 여름날. summer day
하:일=반(夏日班)(명) 여름 주근깨.
하임 움직씨(명)(동) 사동사(使動詞).
하자(何者)(명) 어떤 사람. 어느 것. who
하자(瑕疵)(명) ①흠. 결점. 허자(虛疵). ②(법률) 법률 또는 당사자가 예기(豫期)한 상태나 성질이 결여(缺如)되어 있는 일. defect

하자 담보(瑕疵擔保)〖법률〗 매매 따위의 유상 계약(有償契約)에 있어서 그 목적인 물건 자체에 숨은 흠이 있을 적에 매주(賣主)가 지는 담보 책임. warranty

하작-거리-다 연해 하작이다. 《큰》허적거리다.

하작-이-다 ①쌓인 물건의 속을 들추어 헤치다. 《큰》허적이다. rummage ②일하기가 싫어서 자주 헤치기만 하다. turn over idly

하잘것-없-다[—건—] 시시하여 할 만한 것이 없다. insignificant **하잘것-없-이**

하-잠(夏蠶) 칠월에 치는 누에. 여름 누에. 《대》춘잠(春蠶). 추잠(秋蠶). summer silkworm

하-장(下章) 아랫장(章). 다음 장.

하:장(下裝) 가마나 수레 따위의 아랫부분. lower part

하:장(賀狀) 경사를 축하하는 편지. congratulatory letter

하:장(賀章) 남의 기쁜 일을 축하하는 시문(詩文). congratulatory verses

하:저(下箸) 음식을 먹는 일. taking

하저(河底) 하천의 밑바닥.

하적-호(河跡湖)〖지리〗 하천(河川)의 일부가 그 양부(兩部)에서 진흙으로 메몰되어 이루어진 호. river-bed lake

하:전(下田) 질이 좋지 않은 하등(下等)의 전지(田地). fields of lower quality

하:전(下典) ①〖동〗 하남. ②〖동〗 아전(衙前).

하전(荷電)〖물리〗물체가 전기를 떠고 있는 일. 전하(電荷). 〖유〗 대전(帶電). electric charge

하:전(厦氈)〖제도〗 임금이 기거하는 곳. 경연청(經筵廳).

하전-하-다〖여불〗 ①주위에 아무 것도 없어서 서운한 느낌이 있다. feel lonely ②무엇을 잃은 것처럼 서운한 느낌이 있다. 《큰》허전하다. feel the miss of

하전하전-하-다〖여불〗 ①다리에 힘이 없어 다리를 가누지 못할 것만 같다. ②매우 하전하다. 《큰》허전허전하다. feel weak in the legs

하:절(夏節) 여름철. summer season

하:정(下情) 자기의 심정을 일컫는 말. 하회(下懷). 《대》상의(上意). greetings

하:정(賀正) 신년(新年)을 축하함. New Year's

하:정-배(下庭拜)〖제도〗 신분이 낮은 사람이 높은 사람에게 뜰 아래에서 절하던 일. 《대》청상배(廳上拜). **하:정-배**

하:제(下第) 과거에 응시하여 낙제함. 《유》급제(及第).

하:제(下劑)〖약학〗 설사를 시키는 약제의 총칭. 사제(瀉劑). 하약(下藥). purgative

하제(河堤) 하천에 만든 제방(堤防).

하-졸(下拙) 하등이고 졸렬함.

하:종(下從) 아내가 남편을 좇아 죽음.

하:종(下種) ①〖동〗 파종(播種). ②〖불교〗 부처나 중생에게 성불(成佛)·득도(得道)의 씨를 내림. ③행실이나 마음씨가 천한 사람을 욕하여 일컫는 말.

하:=종가[—까](下終價)〖경제〗 증권 시장에서, 하루에 내릴 수 있는 최저 한도까지 내려간 주가(株價).

하:좌(下座) 아랫자리. 낮은 자리. 《대》상좌(上座).

하죄(何罪)[무슨 죄. 어떠한 죄.

하주(河舟) 하천을 통항하는 배.

하주(荷主) 짐의 임자. shipper

하:중(夏中) 하안거(夏安居)를 행하는 동안.

하중(荷重) ①짐의 무게. load ②〖물리〗물체에 작용하는 외력(外力). load

하:지(下地) ①메마른 땅. barren field ②양 위. ground ③〖불교〗 낮은 지위. low position ④〖불교〗수행 도상에 있는 보살의 낮은 지위. ⑤〖율학〗하제(下禀). 〖다리 부분. 《대》상지(上肢).

하:지(夏至) 이십사 절기의 하나. 낮이 가장 긴 날. 양력 6월 21일경. 지일(至日). 《대》동지(冬至). summer solstice

하:지-근(下肢筋)〖생리〗 하지에 딸린 근육의 총칭. 관부근(臗部筋)·대퇴근(大腿筋)·하퇴근(下腿筋)·족근(足筋)으로 이루어짐. muscles of hind legs

하:지-대(下肢帶)〖생리〗 대퇴골(大腿骨)과 구간골(軀幹骨)을 연결시키는 뼈. 치골(恥骨)·좌골(坐骨)·장골(腸骨)로 되었음.

하지만 '그렇지만·그러나'의 뜻의 접속 부사. but

하:지-목(下地木) 가장 낮은 품질의 무명.

하:지-상(下之上) 하등(下等) 가운데의 윗길. best one of the low grade

하:지-선(夏至線)〖동〗 북회귀선(北回歸線).

하:지-점[—쩜](夏至點)〖천문〗 황도(黃道) 위의 춘분점(春分點)에서 90도 떨어져 있는 최북(最北)의 점. summer solstitial point

하:지-중(下之中) 하등 가운데의 가운뎃길. medium of the low grade

하:지-하(下之下) 하등 가운데의 아랫길. lowest of low grade

하:직(下直) ①먼 길을 떠날 때에 웃어른에게 작별을 고함. leave-taking ②〖제도〗 서울을 떠나는 관원이 임금에게 작별을 아룀. 숙배(肅拜). ③작별(作別)을 고함. **하:직**

하:질(下秩)〖동〗 하질(下).

하:짓-날(夏至—) 하지가 드는 날.

하:차(下車) 차에서 내림. 강차(降車). 하거(下車) 〖대〗 승차(乘車). alighting **하:차**

하자묵지-않-다①품질이 다소 좋다. ②착한 성질이 조금 있다. somewhat good

하찰-다〖약〗

하찰(荷札)〖동〗 꼬리표(票).

하:책(下策)〖동〗 하계(下計).

하:처(下處)〖약〗→사처.

하처(何處)[지대] 어디. 어느 곳. where

하:처-방(下處房)〖빨〗→사처방.

하:천(下賤)〖약〗 하천인(下賤人).

하천(河川)〖동〗 시내. 강. river

하:천-배(下賤輩) 신분이 낮은 사람의 무리. 〖지배.

하:천-법[—뻡](河川法)〖법률〗 하천에 관한 관리·사용·보전 등을 규정한 법률.

하:천-인(下賤人) 신분이 낮은 사람. 《약》하천(下賤). person of low birth

하:천지-배(下賤之輩)〖동〗 하천배.

하:첨(下籤)〖민속〗 신고(神明) 따위로 산가지를 뽑아 길흉을 점치는데, 가장 낮은 첨.

하:청(下聽)〖약〗→하청부(下請負).

하청(河淸) 황하의 탁류가 맑아지는 일. 곧, 아무리 하려고 해도 실현되지 않음. ¶백년(百年) ~. impossibility

하:=청부(下請負) 하도급(下都給)의 구용어. 《약》하청(下請).

하:-청(下請人) → 하도급자(下都給者).

하찰치-다〖불교〗 절에서 재(齋)가 끝난 다음에 여흥(餘興)을 뿔 뿐이나. **하찰**

하:체(下帖)〖제도〗 지방관이 체문(帖文)을 내림.

하:체(下體) ①사람의 몸의 아랫도리. 《대》상체(上體). lower part of the body ②남녀의 음부(陰部). private parts

하:초(下焦)〖한의〗 삼초(三焦)의 하나. 배꼽의 아랫 부분. lower part of abdomen

하:초-열(下焦熱)〖한의〗 하초에 열기(熱氣)가 있어 혈뇨(血尿) 또는 요폐(尿閉)를 일으키는 병증.

하:추-간(夏秋間) 여름철에서 가을철로 들어갈 무렵. forward the beginning of autumn

하:층(下層) ①아래층. 밑층. downstairs ②아래 계급. 하류(下流). 낮은 계급(階級). 《대》상층(上層). lower class

하:층 계급(下層階級) 생활 수준이 낮은 사회 계급.

하:층 사:회(下層社會)〖동〗 하류 사회. 〖름.

하:층-운(下層雲) 2,000 m 이내의 공중에 있는 구름.

하:=치(下—)(下層雲) 같은 종류에서 품격이 제일 낮은 물건. 《대》상치(上—). inferior goods

하:치(下齒)[명] 아랫니. (대) 상치(上齒). lower teeth
하치(荷置)[명] 화물을 간직하여 둠. ~하다
하치-않다[형] ①별로 훌륭할 것이 없다. worthless ②대수롭지 아니하다. (약) 하잖다. insignificant
하:치=**은**(下齒齦)[명] 아랫 잇몸.
하치-장(荷置場)[명] 화물을 보관하여 두는 장소.
하침(下沈)[명] 밑으로 가라앉음. ~하다
하:침(下鍼)[명] 침을 놓음. ~하다
하켄(Haken 도)[명] 암벽이나 빙벽에 박는 금속제의 못. [하키.
하키(hockey)[명] <체육> ①필드 하키. ②(약)→아이스
하:탁(下託)[명] 아랫 사람에게 부탁함. entrusting ~하다
하:탑(下榻)[명] 손님을 극진히 친절하게 대접함. ~하다
하:탕(下湯)[명] 온천의 탕물 안에서 물이 그리 덥지 아니한 곳. (대) 상탕(上湯). 「(上土). barren land
하:토(下土)[명] 농사 짓기에 아주 나쁜 토지. (대) 상토
하:퇴(退土)[명] 하방(退方).
하:퇴(下腿)[명] <생리> 종아리. calf
하:퇴-골(下腿骨)[명] <생리> 정강이뼈와 종아리뼈의 총칭.
하:트(heart)[명] ①심장(心臟). ②마음. 애정. ③카드 놀이 패의 하나.
하특(何特)[명] 어찌 특히.
하:-판(下─)[명] 마지막 판. (대) 상판.
하:판(下版)[명] ①<불교> 절의 큰방의 아랫목. 항두(桁頭). ②<인쇄> 교료(校了)된 조판을 인쇄 또는 지형을 뜨기 위하여, 다음 공정(工程)으로 옮김.
하:편(下篇)[명] 두 편 이상으로 된 책의 맨 나중 편. (대) 상편(上篇). 중편(中篇). last volume
하:평(下平)[명] <어학> 사성(四聲)의 하나. 평성(平聲)을 상하(上下)로 나눈 하(下). (대) 상평(上平).
하:-평성(下平聲)[명] <어학> 사성(四聲)의 하나. 先·蕭·肴·豪·歌·麻·陽·庚·靑·蒸·尤·侵·覃·鹽·咸의 15운(韻)임. (대) 상평성.
하폭(河幅)[명] 하천의 너비. width of rivers
하:표(賀表)[명] <제도> 나라나 조정(朝廷)에 경사가 있을 때에 신하가 바치어 축하하는 문서.
하품[명] 정신 또는 몸이 피로(疲勞)하거나 졸음이 올 때에 입을 크게 벌리고 심호흡(深呼吸)을 하는 것. yawn ~하다
하:품(下品)[명] ①품격이 낮은 물건. 하치(下─). lowgrade goods ③<불교> 구품 정토(九品淨土)의 밑자리의 세 품.
하품만 하고 있다(관용) 경기가 없거나 할 일이 없음을 이르는 말.
하:풍(下風)[명] 사람이나 사물의 질이 낮음. inferior quality
하:프(half)[명] ①중간. 반절. 하프. ②(약)→하프백.
하:프(harp)[명] <음악> 발현 악기(撥絃樂器)의 하나. 만곡된 틀에 다수의 현을 세로로 평행하게 걸어 손으로 줄을 튕겨여 연주함.
하프늄(hafnium 도)[명] <화학> 지르코늄과 비슷한 금속 원소. 1923 년 기르콘 광석 중에서 발견됨. 원소 기호; Hf. 원자 번호; 72. 원자량; 178.49.
하:프-백(halfback)[명] <체육> 축구·하키에서, 전위(前衛)의 후방의 위치. 또, 그 위치의 3 인의 경기자. (약) 하프②. 「위(中衛)의 중앙 위치. 또, 그 사람.
하:프 센터(half center)[명] <체육> 축구·배구에서, 중
하:프시코=드(harpsichord)[명] <음악> 지금의 피아노로 발전하기 전의 악기의 하나. 클라브생.
하:프 코:트(half coat)[명] 길이가 허리쯤까지 내려오는 여성 외투. 반코트.
하:프 타임(half time)[명] <체육> 축구·농구 등의 경기에서, 경기 시간을 둘로 나누어, 그 사이에 쉬는 시간. ②제한된 시간의 반.
하:필(下筆)[명] 시문(詩文)을 지음. composition ~하다
하필(何必)[부] 어찌 반드시. 무슨 필요가 있어서. 해필(奚必). ¶~ 오늘 비가 올까? why particularly
하하[부] [하다] 기뻐서 입을 크게 벌리고 웃는 소리. (큰) 허허. Ha! Ha! ~하다

하하²[─하:][감] ①기막힌 일을 당했을 때 탄식하여 내는 소리. Oh! dear! ②무엇을 비로소 깨달았을 때 내는 소리. ¶~, 이제 알겠다. Oh! both
하:학(下學)[명] 학교에서 그 날의 공부를 마침. ¶~종(鐘). (대) 상학(上學). closing classes of the day
하:학 상:달(下學上達)[명] 아래를 배워서 위에 이름. 곧, 쉬운 것을 깨쳐 어려운 이치에 통함. ~하다
하:한(下限)[명] 아래 또는 끝 쪽의 한계. ¶~선. (대) 상한(上限).
하한(河漢)[명] 은하(銀河).
하:합(下合)[명] 내합(內合).
하합(呀呷)[명] 입을 벌림. 입을 벌려 꾸짖음. ~하다
하항(河港)[명] 강안(江岸)에 있는 항구. (대) 해항(海港). river port
하해(河海)[명] 큰 강과 바다. rivers and seas
하해지=택(河海之澤)[명] 큰 강이나 넓은 바다와 같이 넓고 큰 은혜. great favour
하:행(下行)[명] ①아래쪽으로 내려감. (대) 상행(上行). going down ②서울에서 지방으로 내려감. going away from the capital ③(약)→하행 열차. ~하다
하:행 열차(下行列車)[명] 서울의 반대 방향으로 가는 열차. (약) 하행(下行)③.
하:향(下向)[명] ①위쪽에서 아래쪽으로 향함. going down ②점점 쇠퇴하여 감. decline ③서울에서 시골로 감. going from the capital ④물가 등이 떨어짐. (대) 상향(上向). decline ~하다
하:향(下鄕)[명] ①시골로 내려감. going to the country ②서울에 있다가 고향으로 내려감. going back to one's home ~하다
하향-식(下向式)[명] 어떤 일의 의견·방침 등이 상부층에서 결정되어 하부층으로 내려오는 방법. (대) 상향식(上向式). deciding anything by order from above
하허-인(何許人)[명] 어떤 사람. 그 누구.
하:현(下弦)[명] <천문> 음력 매월 23 일경에 뜨는 달. (대) 상현(上弦). last phase of the moon
하:-현궁(下玄宮)[명] <제도> 왕의 재궁(梓宮)을 현궁(玄宮)에 내림. ~하다
하:현-달[─딸][명] [下弦─] 하현 때의 반원형의 달.
하:혈(下血)[명] 분문(糞門)이나 하문(下門)에서 피가 나옴. (대) 상혈(上血). bloody flux ~하다
하협(河峽)[명] 강 양쪽으로부터 벼랑이 바싹 닥쳐 좁고 깊게 된 부분.
하화(荷花)[명] <동> 연꽃.
하화 중:생(下化衆生)[명] <불교> 아래로 중생을 교화 제도함. 하화 명령(冥闇)은 상구 보리(上求菩提).
하:-활(下─)[명] 돛의 맨 밑에 댄 활대.
하:하(何況)[부] 하물며.
하:회(下回)[명] ①다음의 차례. 차회(次回). next time ②윗사람이 아랫 사람에게 내리는 회답.
하:회(下廻)[명] 어떤 표준보다 낮아지거나 낮아 적어짐.
하:회(下懷)[명] <동> 하정(下情). come up to ~하다
하회옴[명] <고> 하욤.
하:후 상:박(下厚上薄)[명] 아랫 사람에게 후하고 윗사람에게 박함. (대) 상후 하박(上厚下薄). ~하다
하후 하박(何厚何薄)[명] 한 쪽은 후하게 하고 한 쪽은 박하게 함. 곧, 차별이 있게 대하는 것을 원망하는 말. discrimination ~하다
하:휼(下恤)[명] 아랫 사람을 불쌍히 여겨 도와 줌. sympathy for one's subordinates ~하다

학[명] 토하는 소리. ~하다
학(學)[명] ①(약)→학문(學問). ②현실의 전체 혹은 그것의 특수한 여러 영역 또는 측면에 관한 계통적 인식.
학(鶴)[명] <조류> 두루미.
=학(學)[명] 어떤 명사 아래 쓰여 학문의 한 분과를 성립시키는 말. ¶국어~. 영문~. science
학가(鶴駕)[명] <제도> 왕세자(王世子)가 행계(行啓)하던 수레. 또, 그 일.
학감(學監)[명] <교육> 학교에서 교무와 학생을 감독하는 직무. director of studies

학계(學界) 명 학문을 연구하는 사회. 학자들의 사회. academic circles

학계(學契) 명 교육 또는 학비를 목적하고 모은 계.

학려(學侶) 명 〈불교〉 승려(僧侶)의 학식에 의하여 주어지는 위계(位階). 강사(講師)·법사(法師)·학사(學師) 따위. 분류.

학력(學力) 명 교수 및 연구의 편의상 구분한 학술의 분야.

학과(學科) 명 〈교육〉 학교의 수학 과정(修學課程). ㈜ 공과(功課). lesson [curriculum

학과 과정(學科課程) 명 〈교육〉 학과의 진행 과정.

학과-목(學科目) 명 〈교육〉 학문의 과목. 교수상 세분(細分)한 학과 과정의 한 단위. subjects on a school curriculum

학과 배:당표(學科配當表) 명 〈교육〉 학과의 과목과 시간수를 배당하여 짠 도표. lesson

학과 시간표(學科時間表) 명 〈교육〉 학과목을 교수하는 시간을 짠 도표.

학관(學館) 명 〈교육〉 ①'학교'의 다른 이름. ②학교의 명칭을 붙일 조건을 갖추지 못한 사립 교육 기관. educational institution

학교(學校) 명 〈교육〉 일정한 장소에서 일정한 목적·설비·제도 및 규칙에 의거하여 계속적으로 학생을 가르치는 교육 기관. 또, 그 집. 학원(學院)②. 학당(學堂)②. ㈜ 학사(學舍). school

학교 관:리(學校管理) 명 학교의 교육 활동을 유효 적절히 하기 위하여 시설·운영하는 일.

학교 교:련(學校敎鍊) 명 〈군사〉 중등 정도 이상의 남자 학교에서 군사학(軍事學)을 교수하며 군사 교련을 실시하는 일. school military drill

학교 교:육(學校敎育) 명 교육 형태의 하나. 가정 교육이나 사회 교육 등에 대하여 학교에서 받는 교육.

학교군 제:도(學校群制度) 명 중·고등 학교의 통학구(通學區)를 지정하여 학교 격차를 완화하기 위해 채택한 제도. ㈜ 학군 제도.

학교 도서관(學校圖書館) 명 학생 및 교사들의 학습·조사·연구 등을 위하여 학교 안에 부설한 도서관.

학교 도시(學校都市) 명 학교가 비교적 많은 도시. 교육 도시.

학교-림(學校林) 명 학교에서 실험·실습·연구를 목적하거나, 재단 등기물인 임야(林野). woods belonging to a school

학교 방:송(學校放送) 명 〈교육〉 학교의 학생들을 위하여 일정한 시간에 행하는 방송.

학교 법인(學校法人) 명 〈법률〉 비영리 법인(非營利法人)의 하나. 사립 학교의 설치를 목적으로 설립한 법인.

학교-병[-뼝](學校病) 명 ①〈의학〉 학교 생활에 있어서 학생들 사이에 특히 생기기 쉬운 병. 근시안·뇌신경 쇠약·척추 만곡(脊椎彎曲) 폐결핵·백일해·유행성 감기·트라코마 따위. ②학교에 너무 열중하는 행동이나 생각. school diseases [(敎授)

학:교수(學敎授) 명 〈제도〉 사학(四學)의

학교 신문(學校新聞) 명 학교 단위로 편집·발행되는 신문. 또는 학생들이 편집·인쇄·배포하는 학교 안의 신문. school paper

학교원(學校園) 명 〈교육〉 자연 과학의 연구 및 학생의 정서 도야(情緖陶冶)와 교내 미화(校內美化)를 위해서 설치한 학교 안의 정원. ㈜ 학원(學園)②. campus

학교 위생(學校衛生) 명 〈교육〉 학교의 학생·교사 들의 건강과 질병의 예방 및 치료를 도모하는 일. school hygiene

학교-의(學校醫) 명 〈교육〉 위탁(委託)을 받고 그 학교의 위생 사무와 학생들의 신체 검사를 맡아보는 의사. ㈜ 교의(校醫).

학교-장(學校長) 명 〈교육〉 학교 교육과 학교 운영을 주장하여 다스리는 사람. ㈜ 교장(校長). principal

학구(學究) 명 ①학문을 오로지 연구함. research ② 학문에만 몰두(沒頭)하여 세정(世情)에 어두운 사람. scholar ③글방의 스승. 훈장(訓長). 학궁(學窮)②. 학장(學長)②. teacher

학구(學區) 명 〈교육〉 의무(義務) 교육 행정상 아동이 취학할 학교를 지정하여 나뉘어진 지역. school [district

학구-열(學究熱) 명 학구하는 정열.

학구-적(學究的) 관 학문 연구에 몰두하는 (것).

학구-제(學區制) 명 〈교육〉 학구를 설정하여 그 학구 안의 아동을 일정한 학교에 취학(就學)시키는 제도. school district system

학군(學群) 명 〈교육〉 입시 제도의 개편에 따라 지역별로 나눠 설정한 몇 개의 중학교 또는 고등 학교.

학군-단(學軍團) 명 ㈜→학생 군사 교육단. 의 무리.

학군 제:도(學群制度) 명 ㈜→학교군 제도.

학궁(學宮) 명 '성균관(成均館)'을 달리 이르는 말.

학궁(學窮) 명 ①우졸(迂拙)한 학자(學者). 쓸모 없는 학자. stupid scholar ②(준) 학구(學究)③. ③곤궁(困窮)한 학자. 가난한 서생(書生). poor scholar ④학자가 자신을 겸손하게 일컫는 말.

학규(學規) 명 ①학교(校規). ②학과(學課)의 규칙. school regulation

학급(學級) 명 〈교육〉 같은 학과를 동시에 교수 받는 학생의 일단(一團). 학반(學班). class

학급 경영(學級經營) 명 학급 활동을 유효 적절히 실시하기 위하여, 학급내의 여러 가지 일을 운영하는 일.

학급 담임(學級擔任) 명 학급을 담임하는 교사.

학급 문고(學級文庫) 명 학급에 비치하여 둔 도서. 또, 그 도서를 모아 둔 곳. [(氣運)

학기(學氣) 명 〈한의〉 학질(瘧疾)이 일어나려는 기운

학기(學期) 명 〈교육〉 학교에서 한 학년의 수업 기간을 나눈 그 하나. 두 학기로 나뉨. school term

학기말 시:험(學期末試驗) 명 〈교육〉 학기의 끝에 그 학기 동안의 수업 성적(修業成績)을 알기 위하여 치르는 시험. 학기말 시험. ㈜ 학기 시험(學期試驗). terminal examination

학기 시:험(學期試驗) 명 ㈜→학기말 시험.

학내(學內) 명 대학의 내부. ¶ ~ 사정.

학년(學年) 명 〈교육〉 ①교육법에서 규정된 1년간의 수업 기간. school year ② 1년간의 수학기에 따라서 구별한 학교의 단계. class

학년말 시:험(學年末試驗) 명 학년의 끝에 그 학년의 수업 성적을 알기 위해서 치르는 시험. 학년말 고사. ㈜ 학년 시험. annual examination

학년 시:험(學年試驗) 명 ㈜→학년말 시험.

학년-제(學年制) 명 한 학년을 단위로 한 교육 제도. school-year system

학대(虐待) 명 혹독한 짓으로 남을 괴롭히거나 모악하게 대우함. 혹우(酷遇). 〈대〉 애호(愛護). 우대(優待). ill treatment 하다.

학대(鶴戴) 명 〈제도〉 문과시 버틸 학을 수놓은 허리 띠.

학대 성:욕 도착증(虐待性慾倒錯症)/학대 음란증[-증](虐待淫亂症) 명 사디슴.

학덕(學德) 명 학문(學問)과 덕행(德行). ¶ ~을 겸비하다. learning and virtue

학도(學徒) 명 ①학교에서 학업을 수업하는 사람. 학생(學生)①. ②학문을 닦는 사람. ¶ 문(文)~. student

학도(學道) 명 학문의 중심이 되는 도시.

학도-대(學徒隊) 명 〈제도〉 구한국 말에 무관 학교(武官學校)와 여성 학교(硏成學校)의 학도로 조직하였던 군대. student corps

학도-병(學徒兵) 명 ①학도로 조직된 군대. 또, 그 군인. ㈜ 학병. student soldier ②㈜ 학도 의용병.

학도 아니고 봉도 아니고 관 아무 것도 아니라는 뜻. 행동이 분명치 않거나 사람이 뚜렷하지 못함을 비웃는 말. [군대.

학도 의:용대(學徒義勇隊) 명 학도 의용병으로 조직된

학도 의:용병(學徒義勇兵) 명 재학중인 학도의 신분으

학도 호:국단(學徒護國團)[명] 학생의 과외 활동을 통해 개성의 발전을 조장하고 자치 능력을 배양하며, 학도의 애국 운동을 통일 지도하여 사회 봉사의 실행을 기함을 목적으로 하는 학생 단체.

학동(學童)[명] ①학문을 배우는 아동(兒童). 서동(書童). ②국민 학교에서 배우는 아동.

학려(學侶)[명] ①〈불교〉오로지 학문에만 종사하는 승려(僧侶). ②〈불교〉학료(學寮)에서 지내는 중. ③〈동〉학우(學友)②. [scholarship

학력(學力)[명] 학문의 역량(力量). 학문을 쌓은 정도.

학력(學歷)[명] 수학(修學)한 이력(履歷). school career

학력 검:사(學力檢查)[명] 〈교육〉그 학과의 학습 결과 및 효과를 측정·평가하는 일.

학력 고사(學力考查)[명] 대학 입학에 필요한 학력이 있는지 여부를 가리기 위하여 문교부에서 해마다 고등 학교 졸업자에게 보이는 시험. 대입 학력 고사.

학령(學齡)[명] 〈교육〉의무 교육을 받아야 할 나이. 만 6살부터 만 12살까지의 6년간. 학령기. school age [의 연령. longevity

학령(鶴齡)[명] 두루미의 나이. 곧, 장수(長壽)한 노인

학령-기(學齡期)[명] 〈동〉학령(學齡).

학령-부(學齡簿)[명] 시(市)·읍(邑)·면장(面長)이 작성하는 그 관할 안의 의무 취학 중에 있는 아동과 이듬해 취학할 학령 아동에 관한 장부. record book of school age children [children of school age

학령 아동(學齡兒童)[명] 〈교육〉학령에 해당하는 아이.

학-로(學勞)[명] 학문과 근로.

학료(學寮)[명] 학교의 기숙사. dormitory

학류(學流)[명] 〈동〉학파(學派). [theory

학리(學理)[명] 학문상의 원리(原理)나 이론(理論).

학리-적(學理的)[명] 학리를 기초로 한(것).

학림(學林)[명] ①〈동〉학문①. learning ②학자가 모이는 곳. meeting place of scholars ③학교에 딸린 임야(林野). school forest ④〈불교〉불교의 학교. Buddhist school

학림(鶴林)[명] 〈불교〉사라쌍수(沙羅雙樹) 수풀의 딴 이름. 석가가 입멸(入滅)할 때에 사라쌍수(沙羅雙樹)의 잎이 학(鶴)과 같이 희게 되었다고 함.

학망(鶴望)[명] ①고개를 길게 빼고 발돋움하여 바라봄. looking at with a craned neck ②간절히 바람. scientific name [한 이름.

학명(學名)[명] ①동식물에 붙인 학술상으로 세계에 공통하는 이름. scientific name ②학자로서의 명성이나 명판. ¶~이 높다.

학모(學帽)[명] →학생모(學生帽).

학무(學務)[명] 학사(學事)·교육(教育)에 관한 온갖 사무(事務). [무(事務). school affairs

학무(學舞)[명] 학춤.

학무 아:문(學務衙門)[명] 〈제도〉조선조 때, 교육에 관한 사무를 맡아보던 관청. 학부(學部)의 전신.

학문(學問)[명] ①배우고 익힘. 학예(學藝)를 수업함. 규문(奎文). 학림(學林)①. 학업②. learning ②체계(體系)가 선 지식(知識). knowledge ③학식(學識). 〔약〕학(學)①. 하다

학문의 자유(學問—自由)[명] 정치·종교 기타의 모든 권력의 지배로부터 학문을 해방시켜 그 자유를 확보하는 일.

학문-적(學問的)[관형] 〈철학〉체계(體系)가 서 있어 과학으로서의 적합한 조건·방법·체계가 원칙되어 이치에 맞는(것). [secution of the people 하다

학민(虐民)[명] 백성을 몹시 가혹(苛酷)하게 다룸. per-

학반(學班)[명] 〈동〉학급(學級).

학발(鶴髮)[명] 학의 깃처럼 흰 머리털. 곧, 노인의 백발. 〔유〕백발(白髮). ¶~ 노인. gray hair

학방(學房)[명] 글방.

학배기(곤충)[명] 잠자리의 애벌레(幼蟲). larva of a

학=바섯(식물)[명] 싸리버섯과의 식용 버섯. 숲속에 나는데, 내피막(內皮膜)이 없고 줄기가 짧. 삿갓버섯.

학벌(學閥)[명] ①학문을 닦은 지체. 또는 출신 학교의 지체. scholastic background ②학문의 파벌. 〔유〕학파. academic clique

학병(學兵)[명]→학도병(學徒兵)①.

학보(學報)[명] 대학에서 학술(學術)에 관한 논문·연구·조사를 발표하는 간행물. bulletin

학부(學部)[명] ①대학(大學)에서 전공 학과에 따라서 나눈 부(部). department ②구제 대학의 본과(本科). ③〈제도〉'학무 아문(學務衙門)'의 후신.

학부 대:신(學部大臣)[명] 〈제도〉구한국 말 학부의 으뜸 벼슬. 또, 그 사람.

학-부득(學不得)[명] 배워도 따라 미치지 못함. 하다

학-부모(學父母)[명] 학생의 아버지·어머니.

학부모-회(學父母會)[명] 아동 및 학생의 교육에 있어서, 학교와 가정의 유기적인 연결을 강화하기 위하여 학부모들로 조직하는 회. 또, 그 회의. [음.

학=부형(學父兄)[명] 아동(兒童)·학생(學生)의 부형(父兄). parent of students

학부형-회(學父兄會)[명] '학부모회'의 지난날의 일컬

학비(學費)[명] 학업을 닦는 데 드는 비용. 학자(學資). school expenses [資金). school expenses

학비-금(學費金)[명] 학비로 드는 돈. 학자금(

학-우(學—)[명] 학생.

학사(學士)[명] ①대학 졸업생의 칭호. bachelor of arts ②학술 연구에 전념(專念)하는 사람. 학자(學者). scholar ③〈제도〉고려 때 한림원(翰林院)의 정4품, 사림원(詞林院)의 정3품, 보문각(普文閣)의 종3품 벼슬. ④〈제도〉조선조 초 중추원(中樞院)의 종2품 벼슬. ⑤〈제도〉조선조 말 갑오 경장(甲午更張) 이후 경연청(經筵廳)·규장각(奎章閣)·홍문관(弘文館)의 칙임(勅任) 벼슬. [교. school

학사(學舍)[명] 학습하는 장소. 또, 그 건물. 〔유〕학

학사(學事)[명] ①학문에 관계된 일. ②학교의 교육·경영 등에 관한 모든 일. school affairs

학사 보:고(學事報告)[명] 〈교육〉학교의 교육·운영 등에 관한 사항을 보고하는 일.

학사 시:찰(學事視察)[명] 상부 감독 관청에서 각급 학교의 교육 운영 상황을 살펴보는 일.

학사-원(學士院)[명] 〈제도〉고려 초에 사명(詞命)을 짓는 것을 맡아보던 관청.

학살(虐殺)[명] 참혹(慘酷)하게 죽임. slaughter 하다

학생(學生)[명] ①학교에서 공부하는 사람. 학도①. student ②〈공〉생전에 버슬하지 아니하고 죽은 사람의 명정(銘旌)·신주(神主) 등에 씀. ¶~ 부군 신위(府君神位). ③〈제도〉신라 때 국학(國學)에서 교수를 받던 사람.

학생=감(學生監)[명] ①〈교육〉대학의 직원으로 학생 단속에 관한 사무를 맡은 사람. dean of students ②〈제도〉대한 의원(大韓醫院)의 한 벼슬.

학생 군사 교:육단(學生軍事教育團)[명] 아르 오 티 시(ROTC). 학군단(一).

학생-란(學生欄)[명] ①일정한 내용을 학생에게 알리기 위하여 특별히 마련된 신문이나 잡지 따위의 일부분의 난(欄). student section ②학생 작품으로서 꾸며진 난(欄). [학모(學帽). school cap

학생-모(學生帽)[명] 학생들이 쓰는 모자. 학모(校帽).

학생 문예(學生文藝)[문학] 학생이 연구 발표하거나, 학생을 위하여 이루어진 시·소설·희곡·기타의 문예 작품. students' literature

학생 문제(學生問題)[명] 〈교육〉학생의 생활·학습·사상·진학·취직에 당면한 문제. 또, 이를 처리해야 할 일.

학생 연:극(——劇)(學生演劇)[명] 학생에 의하여 출연되는 연극. 분류상으로는 소인(素人) 연극 및 청소년 연극의 사람으로서 모든 연극을 이름.

학생 운:동(學生運動)[명] 학생들로서 교내 및 정치·사회·민족 문제에 관하여 일으키는 운동.

학생의 날(學生—)[명] 1929년에 광주 학생 사건을 기념하기 위한 날. 매년 11월 3일. Student

Day

학생-증[—증][學生證][명] 학생의 신분을 밝히는 증명서. student's identification card

학생=판[學生版][명] 같은 내용의 작품을 학생에게 널리 읽히기 위해서 값싸게 팔 수 있게 만든 책. student edition

학설(學說)[명] 학문상으로 주장하는 논설(論說). theory

학세(學稅)[명] [동] 강미(講米).

학소(謔笑)[명] 희롱하여 웃음. 하다

학수(鶴首)[명] ①머리털이 흰 머리. white-hair ②목이 가늘고 긴 병(瓶). bottle with long neck

학수(鶴壽)[명] 학(鶴)이 오래 산다는 데서, 장수(長壽)의 뜻. longevity

학수 고대(鶴首苦待)[명] 학의 목처럼 길게 늘여 몹시 기다림. waiting with a craned neck 하다

학술(學術)[명] ①학문과 기술. ¶ ~ 강연회(講演會). science and skill ②학문의 방법. method of learning ③학문과 예술. art and science

학술 단체(學術團體)[명] 학술을 연구·장려하는 단체.

학술=어(學術語)[명] 학술 연구에 특별히 쓰이는 말. (유)술어(術語). technical term

학술-원(學術院)[명] 〈법률〉학술상의 연구 및 발전에 기여(寄與)하기 위하여 권위 있는 학자로서 조직된 가장 높은 학술 기관. 아카데미(academy)③. (대)예술원. Academy of Sciences

학술=지(學術誌)[명] 학문·예술·기술 등에 관한 전문적인 글을 싣는 잡지.

학술 회:의(學術會議)[명] 학술에 관한 사실을 토의하는 모임.

학술 안:경(鶴膝眼鏡)[명] 안경다리를 둘로 꺾을 수 있게 만든 안경.

학습(學習)[명] ①배워서 익힘. learning ②(기독) 세례를 받기 위하여 입교 신자(入敎信者)에게 베푸는 예수교의 한 의식. ③(교육) 넓은 뜻으로는 정신·신체의 후천적 발달을 이르며, 좁은 뜻으로는 과거의 경험 위에서 지식이나 기술을 습득하는 일. ④〈심리〉이상에 겪었거나 아직 겪지 않은 상태에 적응하는 능력을 습득하는 과정. ⑤〈심리〉경험을 토대로 하여 반응 경향(反應傾向)에 적당히 가(加)하는 수정(修正). ⑥〈심리〉상기(想起)·재인(再認) 이용이하게 기억 내용을 굳게 하는 일. ⑦〈심리〉형태 심리학에서 어떤 상태에의 통찰(洞察)을 얻는 과정. 하다

학습 곡선(學習曲線)[명] 학습의 진보한 행동의 향상을 도표에 표시한 곡선.

학습 단원(學習單元)[명] [동] 단원②.

학습 발표회(學習發表會)[명] 학생들의 예능 발표 및 학예품 전시를 주로한 특별 교육 활동의 하나. 학예회.

학습=서(學習書)[명] 아동이나 학생의 학습 활동을 돕는 참고 서적.

학습=장(學習帳)[명] ①학습에 도움이 되도록 만들어 교과서와 함께 또는 그 내신으로 쓸 수 있게 만든 책. 방학장·수련장 따위. ②학습을 보충하는 데 쓰는 공책. work-book

학습 지도 요령(學習指導要領)[명] 〈교육〉교육 과정이나 교과 내용과 그 다루는 기준 또는 학습 활동 각 개의 기준 따위를 보인 것. 국민 학교·중학교 따위를 통하여 일반적 외에 각 교과마다에 만들어져 있음. 교과서도 이를 기준하여 만든다. 교과안(敎科案). course of study [기 위한 아동이나 학생의 활동.

학습 활동[—똥](學習活動)[명] 학습의 목적을 달성하

학승(學僧)[명] ①학문을 수학하는 중. ②[동] 학문①.예가 깊은 중. ③수학 중의 중.

학식(學識)[명] ①학문으로 얻은 지식. ②학문과 식견.

학업(學業)[명] ①학문을 수학하는 일. ② [동] 학문①.

학예(學藝)[명] ①문장과 기예(技藝). ②학문(學問)과 예능 활동.

학예=란(學藝欄)[명] 신문·잡지 따위에서 학예에 관한 작품을 싣는 난(欄). literary columns

학예=면(學藝面)[명] 학예에 관계되는 기사만 싣는 신문의 지면. arts and science page

학예=품(學藝品)[명] 학예 작품(學藝作品)의 총칭. literary works

학예=회(學藝會)[명] [동] 학습 발표회.

학용=품(學用品)[명] 학습에 필요한 물건. 연필·공책 등. school supplies

학용 환:자(學用患者)[명] 〈의학〉의학 연구용으로 수속

학우(學友)[명] ①학교에서 함께 공부하는 벗. schoolmate ②학문상[도]으로의 벗. 글동무. 학려(學侶)②. fellow student

학우=회(學友會)[명] 같은 학교나 같은 고장의 학우들로서 조직된 모임. students society

학원(學院)[명] ①일정한 자격을 갖추지 못한 학교. institute ②[동] 학교(學校).

학원(學員)[명] 공부하는 인원(人員).

학원(學園)[명] ①학교의 총칭. 《유》배움터. educational institution ②(유)→학교원(學校園).

학위(學位)[명] 일정한 학술을 전공하여 그 깊은 이치를 연구·발표한 사람에게 주는 칭호. 박사(博士)·석사(碩士)·학사(學士) 등. academic degree

학위 논문(學位論文)[명] 학위를 획득하기 위하여 제출하는 학술 논문.

학이 곡곡하고 우니 황새도 곡곡하고 운다[속] 주견(主見) 없이 남의 행동을 따라 한다.

학이=지지(學而知之)[명] 배워서 앎. 하다

학익=진(鶴翼陣)[명] 〈군사〉학의 날개를 펴듯이 좌우에서 적을 포위하는 진. (대) 어린진(魚鱗陣).

학인(學人)[명] ①〈불교〉배우는 사람. ②학자(學者)나 문필가가 아호(雅號)로 흔히 쓰는 말.

학자(學者)[명] ①학문을 연구하여 통한 사람. scholar ②학문에 능란한 사람. 선비. 학사(學士)②. literary man

학자(學資)[명] [동] 학비(學費).

학자=금(學資金)[명] [동] 학비금(學費金).

학자 문학(學者文學)[명] 〈문학〉예술가가 아닌 학자들이 쓴 문세(文勢)가 강한 글. 수필 따위의 작품.

학장(學長)[명] ①대학의 학부(學部). 또는 단과 대학의 장(長). dean ②학구(學究).

학재(學才)[명] 학문에 대한 재능. scholastic talent

학적(學的)[명] ①학문에 관한 [것]. ②학문으로서의 요건에 적합한[것]. 체계적·조직적·합리적 따위의 뜻.

학적(學籍)[명] ①재학생의 성명·생년월일·본적·주소·성적·보호자 등의 기록. school register ②학생으로서의 적(籍).

학적-부(學籍簿)[명] 〈교육〉학교에서 학적을 기록하여 비치(備置)해 두는 장부. school register

학점(學點)[명] 〈교육〉대학과 대학원 학생들의 이수(履修)를 계산하는 단위 credit [넌 제도.

학점=제(學點制)[명] 학점을 단위로 계산하여 졸업하게

학정(虐政)[명] 포학한 정치. 패정(悖政).

학정(鶴頂)[명] 탕건(岩巾)의 윗 이마.

학제(學制)[명] 학교 또는 교육에 관한 제도.

학치[명] 〈불교〉불경을 배우는 곳.

학질(瘧疾)[명] 〈의학〉일정한 시간이 되면 오한(惡寒)이 나고 발열(發熱)하는 병. 말라리아. malaria

학질=떼:다(瘧疾—)[자] ①학질을 고치다. get rid of one's malaria ②간신히 괴로운 일을 벗어나다. get out of a trouble

학질=모:기(瘧疾—)[명] 〈곤충〉모기과 아노펠레스속(屬)의 모기의 총칭. 학질을 매개하는 모기로서, 암컷의 몸 길이 6mm, 날개 길이 5mm 가량으로 몸빛은 암회색에 가슴과 등에 갈색의 다섯 세로줄이 있음. 정지할 때에는 몸의 뒤를 올리는 특징이 있음. 사란물. anopheles mosquito

학창(學窓)[명] 학문을 닦는 곳. 학교·사숙의 일컬음. ¶ ~ 생활. school

학-창=의(鶴氅衣)[명] 〈제도〉빛이 희고 소매가 넓고 가를 흑색(黑色)으로 꾸민 옷옷.

학철 부:어(涸轍鮒魚)[명] [원] → 학철 부어(涸轍鮒魚).

학=춤[鶴—][명] 〈제도〉나라 잔치 때 학처럼 차리고 추던 춤의 이름. 학무(鶴舞).

학치[명] 〈속〉정강이. [추던 춤의 이름. 학무(鶴舞).

학치=뼈 〔속〕 정강이뼈. shank-bone
학치-패:-다 〔속〕 종아리를 때리다. whipping on the calves
학칙(學則) 〔교육〕 교과(敎科) 및 편제(編制)에 관한 학교의 규칙. school regulations
학통(學統) 학문의 계통·계보.
학파(學派) 학문상(學問上)의 유파(流派). 학류(學流). ㈜ 학벌(學閥).
학풍(學風) ①학문의 경향. academic traditions ②학교의 기풍(氣風). 교풍(校風). school character
학해(學海) ①학문의 길이 바다와 같이 넓음. profoundity of knowledge ②몹시 넓은 그 학문의 세계. vast field of knowledge ③냇물이 쉬지 않고 흘러서 바다로 들어간다는 뜻으로 꾸준히 학문을 쌓아 드디어 대성함. scholarly attainments
학행(學行) ①학문 및 불도(佛道)의 수행(修行). learning and ascetic exercises ②학문과 덕행(德行). learning and virtue ③학문 및 실행(實行). study and practice
학형 음란증[一症](虐刑淫亂症) 〔심리〕 사디슴(sadisme)
학형(學兄) 학우(學友)를 서로 일컬음. Mr.
학회(學會) ①학술의 연구·장려(獎勵)를 목적으로 조직된 단체. 국어 ~. learned society ②〔불교〕 불학(佛學)을 닦는 사람들이 모인 곳. Buddhist circle
학=흉배(鶴胸背) 〔제도〕 문관(文官)의 관복의 가슴과 등에 대던 학의 자수(刺繡). 당상관(堂上官)은 쌍학(雙鶴), 당하관(堂下官)은 단학(單鶴). 〔데〕 호흉배(虎胸背). [~ 백 명. about
한ⓛ ①'하나'의 뜻. → 권. one ②'대략'의 뜻.
한- ①명사 위에 붙어서 크다는 뜻을 나타냄. ¶ ~길·~겨울. great ②명사 위에 붙어서 바르다는 뜻을 나타냄. ¶~복판. right ③명사 위에 붙어서 가득하다는 뜻을 나타냄. ¶~آ. full ④명사 위에 붙어서 같음을 나타냄. ¶~식구. same
한(干) →간(干).
한(干·汗·翰·韓) 〔제도〕 우리 나라 고조선 때의 군
한:(汗) 돌궐(突厥)·몽고(夢古)·회흘(回紇) 족속의 우두머리. 또는 임금.
한:(恨) ①〔동〕→원한(怨恨). ②〔약〕→한탄(恨歎).
한:(限) ①〔동〕 기한(期限). ②〔약〕→제한(制限). ③〔약〕→경계(境界). ④넘지 못하게 정한, 또는 이미 정하여진 정도나 범위. 한도(限度). limit 하타
한:(漢) 〔역사〕 중국 역대의 왕조 중의 하나. 전한(前漢)·후한(後漢) 등.
한(韓) ①〔약〕→대한 민국. ②〔역사〕 중국의 전국 시대의 나라. name of ancient Chinese state
=**한**(限) 〔접〕 '까지'의 뜻. ¶명일(明日).
한〔명〕〔고〕 환.
·**한**[2] 〔명〕 〔고〕 많은. →하다.
한〔명〕〔고〕 많다.
호[1] 〔명〕 것. 은.
·**호**[2] 〔명〕 〔고〕 한[一].
한:가(恨一) 원통한 생각. [없는 집안.
한가(寒家) 〔명〕 빈가(貧家) ②가난하고 문벌(門閥)이
한가(閑暇) 별로 할 일이 없이 틈이 있음. 〈준말〉 한. 다망. 분망. leisure 하다 히
한-가락 ①노래나 소리의 한 곡조. ②그 방면에서 녹녹하지 않은 재주나 솜씨. [rely 한가=로이뿌
한가-롭:-다(閑暇一) 〔형〕〔비〕 한가한 느낌이 있다. leisurely
한-가운데 꼭 한가운데. 정중(正中).
한가위 음력 팔월 보름날. 추석 명절. 중추(中秋). 중추절. 한가윗날. August 15th of the lunar calendar
한가윗-날[一가운] 한가위.
한-가을 ①농사일이 한창 바쁜 가을철. harvest season
한-가지 서로 같음. ¶이것이나 그것이나 ~다. being the same
한:가-하-다(恨一)〔타여불〕 원통한 생각을 가지다.
한각(閑却)무심히 내버려 둠. negligence 하다
한:간(旱乾·暵乾)〔명〕→한건(旱乾).
한:간(漢奸) 중국에서 적과 내통하는 자를 일컬음. [traitor

호ㄹㄱㅌㅣ 〔고〕 한결같이.
호ㄹㅇㅌㅣ 〔고〕 한결같이.
한감(寒感) 추위를 겪어서 든 감기. cold
한갓[명] 그것만으로. 단지. 한갓. ¶~ 하는 짓이 먹고 [노는 것뿐이다. mere
한갓[명] 한갓. 공여히.
한갓-지-다 아늑하고 조용하다. 한가하고 조용하다. quiet
한:강(漢江) ①한국의 중부에 있어, 황해(黃海)로 들어가는 강. 남한강과 북한강의 두 강으로 갈렸음. 한수(漢水). ②.어떤 곳에 물이 많이 피어 물바다가 됨의 뜻. ¶수도관이 터져 거리는 ~이다.
한강 가서 목욕한다(漢一) 먼 데까지 일부러 가서 해 보아야 수고한 했지 별로 이로울 것이 없다.
한:강 투석(漢江投石) 지나치게 미미하여 전혀 효과가 없음. 한강에 돌 던지기. futility
한갓〔동〕한갓.
한객(閑客) 과적(破寂)삼아 놀러오는 한가한 손님.
한거(閑居) 하는 일이 없이 한가히 있음. 연거(燕居). quiet life 하다
한-걱정 큰 걱정. 대단한 염려. 한시름. 하다
한:건·폭건(旱乾·暵乾) ①많이 물기 없이 바짝 마름. ②오래 비가 오지 아니하고 가뭄. 〈데〉 한간(旱乾). dryness [잘 타다. [(乾)하다.
한:건-하-다(旱乾一·暵乾一)〔형여불〕 논밭이 가물어
한-걸음 한 번 디디는 발걸음. step
한걸음-에 도중에서 내처 걷는 걸음으로. ¶~ 달리다. with one rush
한-것기 무수기를 볼 때 닷새와 스무날을 일컬음.
한-겨울 추위가 한창인 겨울. 동지 섣달. 엄동(嚴冬). 성동(盛冬). depth of winter ㈜한겨울.
한:격(限隔) 경계(境界)가 막힘. blockade 하다
한-결(꼿見) 드물지 못함. 몸가.
한결 보다 더. 제법. 째. ¶물에 들어가니 ~ 시원하다. much more [결=같이
한결-같-다 처음부터 끝까지 꼭 같다. uniform 한
한-것 반나절. 곧. 하루의 사분의 일. ¶~이 지나서야 일을 마쳤다. quarter of a day
한:계(限界) ①땅의 경계. boundary ②사물의 정해 놓은 범위. 계한(界限). ¶~선(線). limit
한:계-각(限界角)〔물〕임계각(臨界角).
한:계 상황(限界狀況) 극한 상황.
한:계 생산비(限界生産費)〔경제〕일정한 생산량을 새로 한 단위 추가하여 생산하려고 할 때에 필요한 생산비의 증가분.
한:계=인(限界人)〔심리〕 문화 양식, 특히 언어나 가치 기준을 달리하는 두 개의 집단에 동시에 귀속하는 사람.
한:계 저:축 성:향(限界貯蓄性向)〔경제〕 소득 증가분에 대한 저축 증가분의 비율.
한:계 효:용(限界效用)〔경제〕 주관적인 가치, 효용에 근거를 둔 이론에서 재화의 일정한 양 가운데 욕망을 만족할 수 있는 최고의 단계가 되는 효용. 최종 효용(最終效用). marginal utility
한:계 효:용 체감의 법칙(限界效用遞減一法則)〔경제〕 일정한 기간에 소비되는 재화의 수량이 증가함에 따라 그 추가분에서 얻을 수 있는 한계 효용은 점차 감소한다는 법칙.
한:고(꼿古) 옛적부터 드물음. 하다 [weather
한고(寒苦) 추위의 피로음. suffering from cold
한-고비 가장 긴요한 때. most serious moment ②몹시 괴로운 때. most painful hour ③무슨 일이 바로 꼭대기에 이른 판. 극단(極端).
한고조(寒皐鳥)〔불교〕인도의 설산(雪山)에 살았다는 상상상(想像上)의 새. 겨울에 도를 닦지 못하거나 또는 그런 사람의 비유.
한:곡(旱穀) 가뭄에 견디는 곡식.
한-골(一骨) 썩 좋은 문벌(門閥). 신라 때 임금과 동성(同姓)의 귀족을 일컫던 유속(遺俗)에서 나옴.
한골=나가-다(一骨一) 〔자〕 썩 좋은 지체로 드러나다.

한공(寒空)[명] 겨울의 차갑고 맑은 하늘. cold winter sky
한-공중(一空中)[명] 하늘의 한복판.
한가(閑暇·閒暇)[명] 한가한 벼슬 자리.
한-과(漢果)[명] 밀가루를 꿀이나 설탕에 반죽하여 네모지게 만들어 기름에 튀겨 낸 유과(油果)의 하나. 혼인 잔치, 또는 제사에 씀.
한관(閑官·閒官)[명] 한가한 벼슬. 한직(閑職). sinecure
한-괘(一棵)[명] 〈음악〉 거문고의 가장 큰 첫째 괘. 대괘(大棵).
한교(韓僑)[명] 외국에 가서 사는 한국 사람. Koreans abroad
한-구석[명] 한쪽으로 치우쳐 구석진 곳. 한적한 곳. 궁벽한 곳. corner
한구-자(一字)[명] 〈인쇄〉 활자체의 하나. 한구(韓構)의 필체를 본떠 주조하여 구리 활자.
한-국(限局)[명] 동 국한(局限).
한국(寒國)[명] 매우 추운 나라. cold country
한국(寒菊)[명] 겨울에 피는 국화(菊花). 꽃이 잘게 생김. winter chrysanthemum
한국(韓國)[명] ①〈약〉→대한 제국. ②〈약〉→대한 민국.
한국 공업 규격(韓國工業規格)[명] 공업 표준화법에 따라 제정된 공업 표준 규격. 합격된 제품에는 ㉿ 마크를 붙일 수 있음. 우수품.
한국-미(韓國米)[명] 한국에서 산출되는 쌀. 품질이 좋음.
한국-어(韓國語)[명] 〈어학〉 한국인이 쓰는 언어. 형태학상 교착어(膠着語)이며 우랄알타이 어족(語族)에 속함. 〈약〉 한어(韓語). 고도 전통적인 요리.
한국 요리(一一)(韓國料理)[명] 한국에 발달한 고유한
한국 은행(韓國銀行)[명] 〈경제〉 한국의 중앙 은행. 정부 및 다른 금융 기관과의 거래를 업무로 하며, 주임무는 은행권의 발행, 금리 정책, 공개 시장에 있어서의 증권 매매 등임. 〈약〉 한은(韓銀). Bank of Korea
한국-적(韓國的)[관][명] ①한국의 고유한 특징이나 색채가 있는(것). ¶~인 사고 방식. ②한국 전체의 범위에 걸쳐 있는(것). ¶~ 민주주의.
한국 조폐 공사(韓國造幣公社)[명] 화폐·은행권·국채·복권·수입 인지 및 증권 제조를 목적으로 하는 공법 기관. 정부가 출자함.
한국 통감부(韓國統監府)[명] 〈제도〉 일본이 한국을 보호국으로 만든 후, 한국을 보호한다는 미명 아래 서울에 설치하였던 관청.
한국 표준시(韓國標準時)[명] 한국에서 공통으로 사용하는 평균 태양시. 그리니치보다 9시간 빠른 동경 135°를 표준시로 함.
한-군데[명] 어떤 일정한 곳. ¶~로 몰아라. one place
한-귀(旱鬼)[명] 가뭄을 일으킨다는 귀신.
한-그루[명] 한 해에 한 번 가는 일.
한국(寒極)[명] 지구상에서 가장 추운 곳. 아시아 북부의 레나 강(Lena 江) 유역 일대.
한극(閑隙)[명] 한가한 틈. 겨를. leisure
한-근심[명] 큰 근심. 대단한 걱정. ¶~ 놓았다.
한글[명] 우리 나라 글자의 이름. 자모(字母)의 수는 반포 당시 28자였으나, 지금 쓰이는 것은 24자임. 훈민 정음(訓民正音). Korean alphabet
한글-날[명] 세종 대왕(世宗大王)이 한글을 지어 반포(頒布)한 날로, 국경일의 하나. 10월 9일. Korean Alphabet Day 문학 사회.
한글 문단(一文壇)[명] 〈문학〉 한글로써 저술하는
한글 문학(一文學)[명] 〈문학〉 한글로써 표현 저술한 우리 문학. 정들까지 흙을 덮음.
한-금정(限金井)[명] 관(棺)을 광중(壙中)에 넣고 금
한-기(一機)·-다(一機)[자] 큰 광물을 캐다.
한-기(旱期)[명] 가뭄철.
한기(旱期)[명] 한정한 기한(期限).
한기(寒氣)[명] ①추위. cold weather ②추위를 느끼는 기운. 《대》서기(暑氣). chill
한-길[명] 사람이 많이 다니는 큰 길. 행로(行路). street
한꺼번-에[명] 죄다 동시에. 〈약〉 한꺼번. at a stretch
한껍-에[명] 《준》→한꺼번에.

한:-껏(限一)[명] 할 수 있는 데까지. 힘이 자라는 데까지. ¶~ 잡아당기다. to the best of one's ability
한-끝[명] 끝이 난 한쪽. 맨 끝. end
한-끼니[명] 한 번의 끼니. 한 차례의 식사. one meal
한나마[명] 〈제도〉 신라 때의 관계(官階)의 명칭. day
한나-절[명] 하루 낮의 반(半). 반날. 오전(午前). half
한:남(漢南)[명] 한강(漢江) 남쪽의 땅. 《대》한북(漢北). south of the Han River
한-낮[명] 낮의 한가운데. 곧, 낮의 열두시가 되는 때. 정오(正午). 오천(午天). 《유》 대낮. noon
한낱[명] ①오직. 단지. 하나의. ②하찮것없는. ¶~ 꿈이다. mere limit
한:내(限內)[명] 기한 안. 한정한 그 안. within the
한 냥 장설에 고추장이 아홉 돈어치라[속] 전체에 비하여 그 중 일부에 지나치게 비용이 많이 들었다는 말.
한 노래로 긴 밤을 새울까[속] 한 가지 일만을 하여 세월을 허송해서는 안 된다. ②무슨 일이든지 그만둘 때가 되면 치우고 새 일을 시작해야 한다.
한-눈[명] ①한 번 봄. 잠깐 봄. ¶~에 반하다. ②한 번에 전부 둘러보는 일.
한-눈[명] 마땅히 볼 데를 안 보고 딴 데를 봄.
한-눈 팔-다[자] 볼 데를 안 보고 딴 데를 보다. 먼눈 팔다. ¶왜 자꾸만 한눈을 파니. look off aside
한-뉘[명] 한생전. 한평생. 일생. one's whole life
한다고 하는[관] 동→한다한다.
한-다리[명] 한쪽 다리.
한 다리가 천리[속] 조금이라도 가까운 사람에게 정이 가며 사이가 먼 사람에게는 등한해진다.
한다-한[관] 남이 우러러볼 만한. 지체나 범절이 의젓한. 남이 알아 줄 만한. 한다고 하는. ¶~ 사람이 그게 무슨 꼴입가. eminent **한다**=**한다한다**
한닫-거리-다[자] 연이어 한닥이다. 《큰》 흔득거리다.
한닥-이-다[타] 박혀 있거나 끼인 물건이 약간 흔들리다. 또는 흔들리게 하다. 《큰》 흔덕이다. be loose
한:-단(漢緞)[명] 중국(中國)에서 생산되는 비단의 하나. =홍(紅). =대단. =켄대. 대단(大緞).
한단-몽(邯鄲夢)/한단지몽(邯鄲之夢)[명] 당나라의 노생(盧生)이 한단(邯鄲) 땅에서 여옹(呂翁)의 베개를 빌려서 잠을 잤더니 메조 밥을 짓는 사이에 평생 년간의 영화로운 꿈을 꾸었다는 고사. 인생과 영화의 덧없음을 비유. 황량몽(黃粱夢). short dream of human prosperity
한단지-보(邯鄲之步)[명] 자기의 본분을 잃고 함부로 남의 흉내를 내면 두 가지 다 잃는다는 말. falling between two stool skill 하[자]
한달(閑達)[명] 배워서 그 일에 익숙해짐. 숙달(熟達).
한달 서른날[명] 온 한 달이란 뜻을 강조하여서 이르는 말. ¶~ 달려왔다. at a dash
한달음-에[명] 중도에 쉬지 아니하고 줄곧 달음질하여.
한담(閑談)[명] 심심풀이로 하는 이야기. 한화(閑話). idle talk 하[자] idle talk
한담 설화(閑談屑話)[명] 심심풀이로 히는 쓸데없는 말.
한답(汗畓)[명] →불한답(不旱畓).
한대[명] 〈건축〉 팔작집의 모퉁이의 춧가지에 모로 나온 나무 토막.
한대(寒帶)[명] 〈지리〉 ①지구상의 기후대(氣候帶)의 하나. 적도에서 남북으로 각각 66.23도에서 시작하여 양쪽 극(極)에 이르기까지의 사이. 《대》 열대(熱帶). ②아주 추운 지대. frigid zone
혼-틱[명] 〈고〉 낮은 곳. 한데. [點] 이하인 기후형.
한대 기후(寒帶氣候)[명] 일년의 평균 기온이 빙점(永
한대-림(寒帶林)[명] 한대의 삼림(森林). 침엽수(針葉樹)가 주가 됨. 《대》 열대림. polar forest
한대 식물(寒帶植物)[명] 한대 지방에 생장하는 식물. 주로 지의류(地衣類)이나 그 밖에도 왜소해진 관목이나 초본류(草本類)·선배류(蘚苔類) 등이 있음. 한대 식물. polar plant
한대-중(一中)[명] 전과 다름이 없는 같은 정도. 호수.
한대-호(寒帶湖)[명] 〈지리〉 표면 수온이 4°C 이하인

한댕=거리-다 매달린 물건이 연이어 가볍게 흔들거리거나 흔들리게 한다. (큰)흔뎅거리다. swing lightly **한댕=한댕**

한댕-이-다 작은 것이 위태롭게 매달려 흔들리거나 또는 흔들리게 하다. (큰)흔뎅이다. dangle

한-더위(명) 한창 심한 더위. 성서(盛暑). 성염(盛炎). summer heat

한-덕수(-德水)(명)〖불교〗덕이 담긴 물처럼 설법이 중생에게 고루 이익을 베풂.

한=데(명) 한 곳. 한 군데. ¶~로 모여라. one place

한:-데(명) 사방·상하를 덮거나 가리지 아니한 곳, 곧, 집채의 바깥. 노천(露天). ¶~ 나가 놀자. open air

한데(부) '그러한데'의 뜻의 접속 부사.

한:-데 아궁이(명) 한데의 아궁이. outdoor fuel hole

한데 앉아서 음지 걱정한다(족) 제 일도 한심스러운데 남의 일에 마음을 쓴다.

한:-데 우물(명) 집채 밖에 있는 우물. 노櫓 우물. neighbourhood well

한:-뎃 금점(一金店)(명)〖광물〗망가죽의 모래흙에 섞여 있는 사금(砂金)을 캐는 금광.

한:-뎃 뒷간(一間)(명) 집 밖에 만들어 놓은 뒷간. door lavatory

한:-뎃 부엌(명) 방고래와 상관없는 한데에 따로 솥을 걸고 쓰는 부엌. outdoor kitchen

한:-뎃-솥(명) 한뎃 부엌에 걸어 놓은 솥. kettle in open-air kitchen

한:-뎃잠(명) 집 밖의 한데서 자는 잠. 노櫓숙(露宿). sleeping in the open-air

-흐더이오=(어미)(고) =하구나.

한:-도(旱稻)(명)(동) 밭벼.

한:-도(限度)(명) 일정한 정도. 제한(際限). 한(限). limit

한:-독(旱毒)(명) 가뭄으로 인하여 생기는 모든 병. diseases due to dry weather

한:-독(悍毒·猂毒)(명) 성질이 매우 사납고 표독함. fierceness **하**(형)

한:-독(韓獨)(명) 한국과 독일.

한돌(명) 만 일년 되는 날. first anniversary

한-돌림(명) ①한 차례를 돌아가는 한 번. 한 바퀴. one round ②둥근 물건을 처음과 끝을 마주 댄 한 흐·둣·컷·길(명) 한 자리의 일.

한-동갑(一同甲)(명) 같은 동갑.

한-동기(一同氣)(명) 부모가 같은 형제 자매. 한동생.

한동기간(一同氣間)(명) 한동기의 사이. between brothers and sisters

한동-넘기-다〖광물〗끊어진 광맥을 파 들어가서 다시 광맥을 잇대어 찾아내다.

한동-먹-다〖광물〗한 줄의 광맥에서 처음과 다음 사이가 얼마쯤 끊어져서 광물을 캘 수 없다.

한-동생(一同生)(명)(동) 한동기.

한-동아리(명) 메지어 행동하는 무리.

한-동안(명) 꽤 오랜 동안. 한참. for a good while

한:-동자(명) 식후에 다시 새로 밥을 짓는 일. ¶뜻밖의 손님 때문에 ~를 한다. cooking a second time after meal

한:-되-다(恨一)(형) 유한이 되다. be regrettable

한-두(관) 하나나 둘 가량. 일이(一二). ¶~ 사람. one or two

한두 가지가 아니다(관) 여러 가지가 있다. one or two

한-두루미(명)〖어류〗민물고기의 하나. 우리 나라 두만강에 삶.

한:-둔(명) 한데에서 밤을 지냄. 노櫓숙(露宿). bivouac

한-둘(수) 하나나 둘. 일이(一二). ¶~이 모여 있다. one or two

한드랑-거리-다(자타) 매달린 물건이 좁은 폭으로 이리저리 가볍게 움직이다. (큰)흔드렁거리다. dangling **한드랑-한드랑 하**(부)

한드작-거리다/-대다(자타) 매달린 물건이 한군데 중심을 두고 찬찬히 자꾸 이리저리 움직이다. 또, 자꾸 찬찬히 이리저리 움직이게 하다. (큰)흔드적거리다. swing **한드작-한드작 하**(부)

한들-거리-다(자타) 가볍게 이리저리 연해 움직이다. (큰)흔들거리다. swing **한들=한들 하**(부)

한등(寒燈)(명) ①추운 밤에 비치는 등불. ②쓸쓸히 비치는 등불.

한등-누르-다(르)(자) 임기(任期)가 만료(滿了)된 뒤에 도 갈리지 않고 눌러 있게 되다. continue to serve

흐디위(고) 한 번. 한참. after expiration

한-때(명) ①같은 때. same time ②한 동안. 얼마간의 시기. while

한란(寒卵)(명) 추운 겨울에 낳는 달걀.

한란(寒暖)(명) 추위와 따뜻함. 한온(寒溫)①. ¶~포(飢飽). cold and heat

한란-계(寒暖計)(명) 온도를 재는 계기. 수은(水銀) 또는 알코올을 넣어 만든 한란계가 간편하여 가장 널리 쓰임. 각각 계산 방법이 다른 섭씨(攝氏)·화씨(華氏)·열씨(列氏) 등의 한란계가 있음. 한서표. thermometer

한랭(寒冷)(명) 몹시 참. 추움. ¶~한 날씨. cold **하**(형)

한랭-대(寒冷帶)(명) ①한랭한 지대. 또는 그 부근. cold region ②〖지리〗한랭 전선(寒冷前線)의 부근. 우(驟雨)·뇌우·급풍(急風) 따위가 일. area along cold front

한랭 전선(寒冷前線)(명) 〖천문〗기상학상의 불연속선(不連續線)의 하나. 따뜻하고 가벼운 기단(氣團) 아래에 차고 무거운 기단이 들어간 불연속선. (대)온난 전선. cold front

한랭짓 농업(寒冷地農業)(명) 한랭 지대에서 행하여지 고 있는 농업.

한:량(限量)(명) 일정한 분량(分量).

한량(閑良)(명) ①〖제도〗벼슬을 못한 호반(虎班). languid and pale ②돈 잘 쓰고 잘 노는 사람.

한량(寒凉)(명) ①기운이 없고 얼굴이 파리함. ②찬 기운과 서늘한 기운. **하**(형)

한:량-없:다(限量一)(형) 그지없다. ¶경하스럽기 한량없습니다. **한:량-없:이**(부) 「먹는 짓. 오후 산람.

한량 음:식(閑良飮食)(명) 배가 고픈 판에 음식을 마구

한량 편사(閑良便射)(명)〖제도〗한량(閑良)으로 구성된 사원(射員)이 두 편으로 갈려 활 쏘는 재주를 겨루던 편사. **하**(형) autiful **하**(형)

한려(閑麗)(명) 윤이 흐르고 아름다움. glossy and beautiful

한:-련(旱蓮)(명)〖식물〗한련과(旱蓮科)의 일년생. 줄기는 덩굴 모양으로 땅 위로 뻗으며 잎은 연잎 모양임. 6~10월에 황색·적색·황백색 등의 꽃이 피고 과실은 둥글고 납작하며 신맛이 있음. 어린 잎과 씨는 향미료로 씀. ¶~김치. tropaeolum

한:-련초(旱蓮草)(명)〖식물〗엉거시과에 속하는 일년생 풀. 줄기 높이 15~30 cm이고 짧은 털이 있으며 잎은 피침형임. 8~9월에 담록색 또는 백색의 꽃이 피고 열매는 흑색으로 익음. 지혈제(止血劑)로 쓰임. 하련초. Eclipte prostrata

한:-례(旱例)(명) 보기 드문 전례(前例).

한:로(旱路)(명)(동) 육로(陸路).

한로(寒露)(명) 이십사 절기(節氣)의 하나. 추분의 다음. 양력 10월 8,9일이 됨.

한:-뢰(旱雷)(명) 가문 날에 나는 우레.

한뢰(寒雷)(명) 겨울, 한랭 전선의 통과함에 따라서 발생하는 우레. silence **하**(형) 희(형)

한료(閑寥)(명) 한가롭고 고요함. 적적하고 고요함.

한류(寒流)(명) ①찬물의 흐름. ②〖지학〗온도가 비교적 낮은 해류(海流). 찬무리. (대)난류(暖流). cold current

한림(寒林)(명) ①겨울의 잎 떨어진 숲. cold winter forest ②인도의 풍습으로 송장을 버려두는 숲. (동) 묘지(墓地).

한:-림(翰林)(명)〖제도〗①신라 35대 경덕왕 때, 상문사(詳文師)의 고친 이름. ②조선조 때, 예문관(藝文館) 검열(檢閱)을 달리 이르는 말.

한:림-뚜에(翰林一)(명) 숭교(乘轎)의 뚜껑의 하나. 모양이 지붕과 비슷하여 가운데는 기와를 엎어 놓은 것과 같음. 짓는 일을 보진.

한:림-원(翰林院)(명)〖제도〗고려 때에 사명(詞命)을 맡던 관청.

한:림 탕:건(翰林宕巾)(명) 위는 그물 모양, 아래는 빗살 모양으로 만든 탕건의 하나. 일종(一種).

한:림 풍월(翰林風月)(명) 황해도 해주에서 나는 먹의 일종(一種).

한:림 학사(翰林學士)(명)〖제도〗고려 때 한림원(翰林

院), 또는 학사원(學士院)의 학사.
한-마(悍馬)圈 성질이 사납고 드센 말. unruly horse
한-마디圈 짧은 이야기. 간단한 말. 「선 긴 나무.
한-마루圈〈농업〉쟁기의 성에와 술을 꿰뚫어 곧게
한마루 공사(一公事)圈 일의 처리를 전과 다름없이 하는 일. following precedents
한-마음圈 ①하나로 합친 마음. same mind ②〈불교〉우주(宇宙)는 오직 마음 하나로 되었다는 말. 곧, 모든 사물은 마음이 모인 덩어리라는 뜻.
한마음 한뜻圈 모든 사람이 꼭 같은 생각을 가짐. 《약》 한맘 한뜻. (with) one accord
한-마지-로(汗馬之勞)圈 말을 달려 싸움터에서 힘을 다하여 싸운 공로. 싸움에 이긴 공로. meritorious services in war
한:만(汗漫)圈 탐탁한 맛이 없어 되어 가는 대로 내버려 두고 등한함. negligence 하圈
한-만(限滿)圈 기한(期限)이 참. 하圈
한만(閑漫·閒漫)圈 매우 한가함. 몹시 한가하고 느슨함. 《예》꿀룸(汨沒). leisure 하圈 스럽 스레圈 히圈
한 말 등에 두 길마를 지울까圈 한 사람이 한 번에 두
한맘 한뜻圈 →한마음 한뜻. 「일은 못하다.
한-맛圈〈불교〉불교의 설법은 때와 곳에 따라 다르나 그 근본 뜻은 결국 같다.
한맛-비圈〈불교〉부처의 설법이 모든 중생에게 끼쳐 주는 것이 마치 비가 모든 풀과 나무를 윤택하게 하는 것과 같다는 비유.
한망(閑忙)圈 한가함과 바쁨. leisure and business
한:명(限命)圈 하늘이 정한 목숨. life-span
한명(漢名)圈 한문으로 된 이름.
한:모(翰毛)圈 붓의 털. hair of a writing brush
한-목圈 한꺼번에 다. 한 차례에 다. all at one time
한-몫圈 한 사람 앞에 돌아가는 분량(分量). share
한-무날圈 무수기를 볼 때 열둘과 스무닷새를 일컫는 말. 「spell of hard study
한-무릎 공부(一工夫)圈 한동안 착실히 하는 공부.
한-묵(翰墨)圈 문한(文翰)과 필묵(筆墨)이란 뜻으로, 문필(文筆)을 이르는 말.
한묵-장(翰墨場)圈 한묵을 가지고 노는 자리. 곧, 여러 사람이 시문(詩文)을 짓는 곳.
한문(寒門)圈 가난하고 문벌이 없는 집안. 한족(寒族). 한호(寒戶). poor and humble family
한문(漢文)圈 ①중국 한대(漢代)의 문장. writing of the Han period ②중국 고유의 문장. Chinese composition ③한자로 쓴 문장. Chinese classics
한-문자[一짜](閑文字·閒文字)圈 필요 없는 문자.
한:-문전(漢文典)圈 한문의 어법(語法)·문법(文法)따위를 설명한 책. grammar of Chinese classics
한:-문-제(漢文體)圈 한문의 문체(文體). chinese style
한문-학(漢文學)圈 ①한문으로 연구하는 학문. ②〈문학〉중국의 문학. 중국의 경서(經書)·사서(史書)·시문(詩文) 따위. 《약》한학(漢學)②. Chinese literature 「금 ~이다. best season
한물圈 채소·어물 따위가 한창 성한 때. ¶갖치가 지
한물-지-다圈 채소나 어물 따위가 한창 나는 차례가 ·**한·물·디-다**圈 큰물. 홍수. 「되다. be at best
한미(寒微)圈 구차하고 지체가 변변하지 못함. 하圈
한미(韓美)圈 한국과 미국. Korea and America
한:-민족(漢民族)圈〈동〉한족(漢族).
한-민족(韓民族)圈〈동〉한족(韓族). 「of capital
한-밑천圈 일을 이루는 터가 될 만한 큰돈. sizable sum
한-바닥圈 번화한 중앙의 땅. 《종ㄴ》~. 「location
한-바퀴圈 한 둘레. 일주(一周). round
한-바탕圈 크게 벌어진 한 판. ¶~의 웃음. burst of laughter
한-반도(韓半島)圈 한국 국토의 전체를 포괄하고 있는 반도.
한:-발(旱魃)圈 ①가뭄. 《예》홍수(洪水). drought ②가뭄을 맡고 있다는 귀신. god of drought

흔불〈고〉한 켜.
한-밤圈 ①하룻밤. night ②〈동〉한밤중.
한-밤중[一쭝](一中)圈 밤 열두시쯤의 때. 깊은 밤중. 야반중. 한밤②. midnight
한-밥圈 누에의 마지막 잠된 밥.
한:-밥²圈 끼니때가 지난 뒤에 차리는 밥.
한-방(一放)圈 ①일발(一發). ¶~ 쏘다. ~ 놓다. ②사진·필름의 찍은 것. 「room
한=방(一房)圈 ①같은 방. room ②은 방. all the
한방(漢方)圈〈한의〉①중국에서 발달한 의술. Chinese medicine ②한의(漢醫)의 처방.
한:방-약[一냑](漢方藥)圈〈한의〉한방약. herb doctor
한:방-의(漢方醫)圈〈한의〉한방의 의사(醫師). 또, 한방의 쑨 의술이 미치는 한도. reach 「복(同腹).
한-배圈 한 무렵에 태어난 새끼들. litter ②〈동〉
한-배圈〈음악〉국악에서, 곡조의 장단. time
한배(汗背)圈 부끄러워 땀을 흘림. cold sweat of shame on one's back 하圈
한배-검圈〈종교〉대종교에서 단군(檀君)을 부르는 이름. 대황신(大皇神).
한:-백미(韓白米)圈 ①모래와 잡것을 고르지 아니한 보통의 좋은 쌀. ②한국산의 쌀. 「차(一次). once
한:-번(一番)圈 ①한 돌림. 한 차례. 일회(一回). ②
한번 걸러챈 돌에 두 번 다시 채지 않는다圈 똑같은 실수를 거듭하지 말라.
한번 실수는 병가의 상사圈 한 번 정도의 실수는 혼히 있을 수 있는 일이니 크게 탓하거나 나무랄 것이 없음.
한번 엎지른 물은 다시 주워 담지 못한다圈 일단 저지른 일은 다시 돌이키지 못한다. 「nely spot
한벽-처(閑僻處·閒僻處)圈 조용하고 궁벽한 곳. lo-
한:별(恨別)圈 이별을 슬퍼함. 한 많은 이별. 하圈
한보(閑步·閒步)圈 한가히 산보함. 천천히 걸음. ramble 하圈
한복(韓服)圈 우리 나라 옷. 《예》양복. Korean dress
한-복판圈 복판의 한가운데. ¶서울 ~. centre
한부(悍婦)圈 마음이 거칠고 사나운 계집. virago
한-북(漢北)圈 한강 북쪽의 땅. 《예》한남(漢南). north
한불(韓佛)圈 한국과 불란서. | of the Han River
한:-불조:도(恨不早圖)圈 시기를 놓처 진작 하지 못한 것을 뉘우침. 하圈 「한 것을 뉘우침. 하圈
한:-불조:지(恨不早知)圈 일의 기를 일찍 알지 못
한비(寒肥)圈 겨울에 주는 비료.
한비(韓比)圈 한국과 필리핀.
한-비圈 큰 비. 장마.
한빈(寒貧)圈 춥고 가난함. 썩 가난함. poverty 하圈
한:사(死)圈 죽기를 한정함. 결사(決死). ¶~ 반대. desperation 하圈
한:사(恨死)圈 ①원통하게 죽음. 억울하게 죽음. die regrettedly ②한 많은 죽음. 원통한 죽음. regrettable death 하圈 ②원통스러운 일. chagrin
한:사(恨事)圈 ①한탄스러운 일. regrettable thing
한사(寒士)圈 가난하고 지체 없는 선비. poor scholar
한사(閑事)圈〈동〉한사업(閑事業). 「결정홉. 하圈
한:사 결단[一딴](限死決斷)圈 죽기를 각오하고 단연
한:-사:군(漢四郡)圈〈역사〉한무제(漢武帝)가 기원전 108 년에 위만 조선(衛滿朝鮮)을 없애고 그 옛 땅에 두었던 낙랑(樂浪)·임둔(臨屯)·현도(玄菟)·진번(眞蕃)의 네 군.
한-사리圈 매달 음력 보름날과 그믐날에 조수(潮水)가 가장 많이 들어오는 때. 대기(大起). 《예》조금(潮一). 《약》사리. 「(職任).
한사 만:직(閑司漫職)圈 일이 많지 않고 한가한 직임
한:-사:업(閑事業)圈 ①급하지 아니한 사업. leisurely business ②실용(實用)에 적합하지 아니한 사업. 필요하지 아니한 사업. 한사(閑事).
한:사-코(限死一)圈 기어코. 고집하여 몹시 심하게. ¶~ 반대하다. desperately

한산(寒疝)[명] 〈한의〉 불알이 차고 부으며 쓰라리게 아픈 병. 산증(疝症)의 일종.

한산(閑散)[명] 한가하고 적적함.《대》다망(多忙). 번망(繁忙). 흥왕(興旺). leisure 하形 히부

한산(寒酸)[명] 가난하여 고통스러움. 하形

한산 모시(韓山―)[명]〈동〉한산저(韓山紵).

한산 세:모시(韓山細―)[명]〈동〉한산 세저.

한산 세:저(韓山細紵)[명] 충청 남도 한산에서 나는 가는 모시. 한산 세모시.

한산저(韓山紵)[명] 충청 남도 한산에서 나는 모시. 품질이 매우 좋음. 한산 모시.

한:살(恨殺)[명] 원한을 품고 죽임. killing out of rancour 하타

한:살-되-다[자] 두 물건이 한데 어울려서 하나가 되다. become one ② 남녀가 결합하여 부부가 되다. become a couple

한-살이[명]〈동〉일생. ②곤충 등이 알·유충·번데기·성충으로 바뀌면서 자라는 변태(變態) 과정의 한 차례의 생애. life cycle

한삼(汗衫)[명] 〈예〉한삼덮개.

한:삼(汗衫)[명] ①손을 감추기 위하여 두루마기의 소매에 길게 덧댄 소매. ②속적삼의 궁중말.

한삼-덩굴[명] 〈식물〉 삼과의 다년생 덩굴풀. 잎은 손바닥 모양으로 깊이 갈라지고 9~10월에 잔 꽃이 피는데 암꽃은 녹색, 수꽃은 황록색임. 과실은 건위제로 씀. 울초(葎草).《예》한삼.

한-삼매(―三昧)[명]〈불교〉한 가지 일에 마음을 집중하여 수행(修行)하는 것.

한-상량(閑商量·閑商量)[명] 천천히 헤아려 생각각함. 하타

한새[명]〈동〉황새.

한색(寒色)[명]〈미술〉채색 가운데 그 기분이 찬 느낌의 맛을 내는 빛. 푸른 빛·검은 빛 따위. 찬색.《대》온색(溫色). 난색(暖色). cold colour

한:-생전(生生前)[명] 한평생(平生).

한서(寒暑)[명] ①추위와 더위. heat and cold ②겨울과 여름. winter and summer

한:서(漢書)[명] ①중국 전한(前漢)의 역사책. 반고(班固)가 편찬하다 반소(班昭)가 완성함. 120권. ②한문으로 적힌 책. 한적(漢籍). Chinese books

한:선(汗腺)[명] 〈생리〉살갗에 있어서 몸 안에서 몸 밖으로 땀을 내보내는 샘. 땀샘. sweat gland

한선(寒蟬)[명] ①〈동〉 쓰르라미. ②가을 매미. ③울지 아니하는 매미. 「寒」이 나는 설사. 당설(溏泄).

한설(寒泄)[명]〈한의〉배가 부르며 아프고, 오한(惡)

한설(寒雪)[명] 차가운 눈.

한:성-부(漢城府)[명]〈제도〉삼법사(三法司)의 하나. 조선조 때 서울의 행정(行政)·사법(司法)을 맡아 보았던 관청.

한-세:상(一世上)[명] ①한평생 사는 세상. life time ②한창 잘 사는 시기. ¶~보고 죽겠다. one's best day leisure

한-세:월(閑歲月·閑歲月)[명] 한가하게 보내는 세월.

한:-소:(旱騷)[명]〈민(俗)〉가뭄으로 말미암은 세상의 소동. confusion due to drought

한소(寒素)[명] 가난하나 깨끗함. honest poverty 하形

한-소금[부] 한 번 부르르 끓는 모양. boiling up

한-속[명] ①같은 뜻. same will ②같은 셈속. ¶어떻게 그리 ~이냐. conspiracy

한속(寒粟)[명]〈동〉소름.

한손-놓-다[자] 일이 일단 끝나다. come to an end

한손-잡이[명] 외손잡이. handicapping

한손-접-다[타] 높은 편이 실력을 낮추어 고르게 하다.

한솔-밥[명] 같은 솥에서 푼 밥. same mess

한솥밥 먹고 송사한다[속] 가까운 사람끼리 다툰다.

한쇼[명]〈고〉큰 소. 황소.

한수(寒羞)[명] 변변하지 못한 음식.

한수(寒嗽)[명]〈한의〉감기가 들어서 자주 기침이 나는 병. cough due to cold

한:수(漢水)[명] ①큰 강. ②〈동〉한강(漢江)①.

한수-석(寒水石)[명] ①〈광물〉대리석(大理石)의 일종. 빛은 희고 갈아 놓으면 썩 아름다움. white marble ②〈한의〉소금의 간수를 굳힌 것으로 이뇨제(利尿劑)에 쓰임.

한순(一巡)[명] 한 차례에 화살 다섯 대를 쏘는 일.

한-술[명] 한 숟가락. 적은 양의 음식을 이르는 말.

한술 더 뜨다[관] 남이 생각하고 있는 것을 미리 헤아려 알고서 거기에 대처할 대책을 세움을 이르는 말.

한술 밥에 배부르랴[속] 작은 공으로 큰 효과를 거둘 수 없다.

한-숨[명] ①한 번의 호흡. 또는 그 동안. breath ②짧은 휴식이나 잠. ¶~에 해치우자. rest ③계속해서 하는 한동안. 단숨. ¶~에 해치우자. at a time ④탄식이나 서러움으로 속에 맺힌 기운을 내뿜는 길게 쉬는 숨. 태식(太息). ¶노처녀의 ~소리. sigh

한숨[고] 한잠. 탁식(歎息).

한숨-쉬-다[자] 한숨을 내뿜다. sigh

한숨-에[부] 단숨에. 단결에. at a breath

한숨-짓[명]〈스불〉한숨을 쉬다. sigh

한:-스럽-다(恨―)[형변] 한이 되는 느낌이 있다.

한습[명] 마소의 한 살. 하릅. year of age of a cow or horse 「습력(濕色).

한습(寒濕)[명]〈한의〉습기로 허리의 아래가 찬 병.

한:시(漢詩)[명] ①한문으로 된 시. ②중국의 시. Chinese poetry

한 시를 참으면 백 날이 편하다[속] 세상 살아 가는데 참기 어려운 일이 많으나, 한번 꾹 참으면 뒷일이 좋고, 그렇지 않으면 반드시 후회할 일이 있다.

한-시름[명] 한 가지 시름. 한걱정. ¶~ 놓다. worry

한:시-법(一時法·限時法)[명] 〈법률〉 유효 기간이 명기되어 있는 법률이나 명령.

한식(寒食)[명] 명절의 하나. 동지(冬至)에서 105 일째 되는 날. 냉절(冷節). 105th days after the winter solstice

한식(韓式)[명] 한국식. 한국의 양식. ¶~ 집.

한식(韓食)[명] 한국식의 음식·식사. 한국 요리.

한식-경(一食頃)[명] 한 차례의 음식을 먹을 만한 시간. 한참 동안.

한식-면(寒食麵)[명] 한식날에 먹는 국수.

한식-사리(寒食―)[명] 한식 무렵에 잡는 조기.

한식에 죽으나 청명에 죽으나[속] 한식과 청명은 하루 사이이니, 곧 하루 앞서 죽으나 뒤에 죽으나 같다.

한실(閑室·閉室)[명] ①조용한 방. 한적한 방. quiet room ②쓰지 아니하여 둔 방. surplus room

한심-스럽-다(寒心―)[형변] 한심하게 보이다. 한심-스레[부]

한심-하-다(寒心―)[형여] 정도에 지나치거나 모자라서 가엾고 딱하다. ¶한심하기 짝이 없다.

한아(閑雅·閑雅)[명] ①아담하고 품위가 있음. elegance ②고요하고 경치가 아름다움. quietude 하形 ―스레[부]

한아(寒餓)[명] 추위와 굶주림.

한-아버지[명]〈예〉할아버지.

·한아-비[고] 할아버지. 할아비.

한:악(悍惡)[명] 성질이 사납고 악함. ferocity 하形 스레[부]

한야(寒夜)[명] 추운 밤. 겨울 밤.

한-약(韓藥)[명]〈동〉한방약(漢方藥).

한:약-방(漢藥房)[명] 한약을 지어 파는 약방. chinese drugstore

한약(韓藥材)[명]〈동〉한약의 재료. herbs

한양(閑養·閒養)[명] 한가로이 쉬면서 몸을 보양함. quiet life to improve one's health 하타

한:양(漢陽)[명] '서울'의 딴 이름. historical name

한어(閑語·閒語)[명]〈동〉한언(閑言). of Seoul

한:어(漢語)[명] ①한자음(漢字音)으로 된 말. ②중국 사람이 쓰는 말. Chinese

한어(韓語)[명] 〈약〉한국어(韓國語).

한언(罕言)[명] 말이 드묾. 하形

한언(閑言·閒言)[명] ①조용하고 천천히 하는 말. quiet

speaking ②쓸데없는 말. 한어(閑語). gossip
한얼 〈종교〉대종교에서 우주(宇宙)를 이름.
한얼=님 〈종교〉대종교에서 단군을 높여서 일컬음.
한ː=없ː다(限―)圈 끝이 없다. ¶한이 없이 넓은 바다. endless 한ː=없이閉
한=여름[――]圈 여름철의 한창 더운 고비. midsummer ②여름 한철. summer
한ː역(漢譯)圈 한문으로 번역함. 또, 그 책. Chinese translation 하困
한역(韓譯)圈 한국말로 번역함. 국역(國譯). Korean
한ː열(旱熱)圈 가물 때의 심한 더위. 한염(旱炎). intense heat in a dry weather [fever
한열(寒熱)圈〈한의〉춥고 열이 나는 병. chill and
한열 상박(寒熱相搏)圈〈한의〉추운 기운과 더운 기운이 맞부딪침. 하困 [(熱). intense heat
한ː염(旱炎)圈 가물 때의 불꽃 같은 더위. 한열(旱
한=영(韓英)圈 한국과 영국. Korea and England
한=영[―녕]圈 한 모퉁이. 한갓진 곳. one side
한=오금圈 활의 밭은 오금과 먼 오금의 사이. 《약》 오금.
한옥(韓屋)圈 양식 건물에 대하여 재래식의 한국 가
한온(寒溫)圈 ①날씨의 차고 따뜻함. 한란(寒暖). cold and warm weather ②계절의 문안 인사말.
한ː=외(限外)圈 ①한계의 밖. outside of the bounds ②제한 밖. outside of the limit ③기한 밖. outside the time limit
한ː외 마약(限外痲藥)圈 어떤 마약이 혼합되어서 그 마약의 재제(再製)가 불가능하고 그 사용에 의하여 습관성이 나타나지 않는 약품.
한ː외 발행(限外發行)圈〈경제〉지폐를 발행하는 은행에서 준비금 이상으로 지폐를 발행함. excessive issuance 하困
한 외양간에 암소가 두 마리困 미련한 것끼리 있으면 서로 이로울 것이 없다.
한ː=우(旱雨)圈 가까운 비. cold rain 곤하는 비. winter rain 하閑 스윙 스레트
한우(寒雨)圈 ①차가운 비. cold rain ②추운 때의 오
한우(韓牛)圈 한국 재래종의 소. Korean cow.
한ː우 충동(汗牛充棟)圈 책이 매우 많음을 일컬음. abundance of books
한ː운(旱雲)圈 가물 때의 구름.
한운(閑雲·閒雲)圈 한가히 떠도는 구름. floating clouds
한운 야=학(――)=(閑雲野鶴·閒雲野鶴)圈 공중에 떠 가로이 뜬 구름과 들에 절로 노는 학처럼 아무 속박(束縛)됨이 없이 한가롭게 지내는 생활을 가리킴. carefree life
한울 〈종교〉①'한'은 '큰', '울'은 '우리'의 준말. 천도교에서 '큰 나·온 세상'이라는 뜻으로 우주의 본체를 가리킴. universe ②하늘. heaven
한울=님 〈종교〉천도교에서 조물주(造物主)인 최고의 신(神)을 일컬음. God [moon
한월(寒月)圈 겨울의 달. 차가워 보이는 달. winter
한월(閑月·閒月)圈 농삿일이 없는 달. 《대》 망월(忙月). leisurely month
한위(寒威)圈 대단한 추위. 추위의 위세. severe cold
한유(閑裕·閒裕)圈 한가하고 여유가 있음. leisure 하困 [the time 하困
한유(閑遊·閒遊)圈 한가히 놀고 있음. idling away
한은(韓銀)圈〈약〉→한국 은행.
한음(閑吟·閒吟)圈 한가로이 시가를 읊음. reciting poetry at leisure 하困
한ː=음(漢音)圈 한문 글자의 중국음.
한ː=음식(―飮食)圈 끼니 밖에 차린 음식.
한ː의(汗衣)圈 많이 내뿜은 옷. sweatsoaked clothes
한ː의(寒衣)圈 '하늬'의 취음.
한ː의(漢醫)圈 ①한방(漢方)의 의술. 《유》 구의(舊醫). 《대》 양의. ②《약》→한의사. herb doctor
한ː의사(漢醫師)圈 한방의 의사. 의생. 《약》 한의(漢醫)②. physician of Chinese medicine

한ː=의원(漢醫院)圈 한의사가 한의업을 하는 곳. clinic of Chinese medicine
한ː이레[―니―]圈 '첫이레'의 딴이름.
한ː인(恨人)圈 다정 다감한 사람. man of sentiment
한인(閑人·閒人)圈 ①한가한 사람. man of leisure ②일없는 사람. one who has no business
한ː인(漢人)圈 ①중국 한족(漢族)에 속한 사람. ②중
한인(韓人)圈 한국 사람. Korean [국 사람.
한인 물입(閑人勿入·閒人勿入)圈 일없는 이가 들어오지 말라는 뜻. No admittance except on business 하困
한ː=일(限日)圈 기한을 정한 날. appointed day
한=일(閑日·閒日)圈 한가한 날. leisurely day
한ː=일(韓日)圈 한국과 일본.
한ː=일모(限日暮)圈〈동〉한종일. 하困
한=일월(閑日月·閒日月)圈 한가한 세월. spare time
한 일을 보면 열 일을 안다困 한 가지 일을 보면 그 사람의 다른 모든 행동도 미루어 알 수 있다.
한ː일 합방(韓日合邦)圈〈역사〉1910년 8월 29일 일 합병 조약에 의해 한국의 통치권을 일본에게 빼앗긴 국치(國恥)의 역사적 사실. 국권 피탈.
한ː=입[―닙]圈 ①하나의 입. 한 사람의 입. ②한 번 벌릴 입. ¶∼에 ③하나를 이르는 말.
한 입 건너고 두 입 건너다困 소문이 자꾸 퍼져 나감
한ː=입골수[―쑤](恨入骨髓)圈 원한이 골수에 사무침. cut deep into one's heart 하困
한ː=자(漢字)圈 중국의 글자. Chinese character
한자 동맹(Hansa 同盟)圈〈역사〉13세기로부터 15세기에 걸쳐 해상 교통의 안전 보장·공동 방호·상권 확장을 목적으로 북독일 연안의 여러 도시와 발트해(Baltic 海) 연안의 여러 도시 사이에 맺어진 도시 동맹.
한=자리圈 ①같은 자리. ¶∼에 모이다. same table ②한 몫. 한 버슬. ¶∼ 차지하다. share 하困
한ː=자(漢字―)圈〈동〉한자어(漢字語).
한ː=자수홍(恨紫愁紅)圈 꽃이 울긋불긋하여 정서적이고 감상적인 모양.
한ː=자=어[――](漢字語)圈 한자로 이루어진 말. 한
한ː=잔(―盞)圈 ①잔 하나의 분량. ②간단히 먹는 술. 한잔 걸치다困 간단하게 술을 들이키다. 하困
한잔 내ː다(―盞―)困 자리를 베풀어서 한 차례 대접하다. treat a person to drinks [party
한잔 먹ː다(―盞―)困 술을 한잔 마시다. hold a
한잔 술에 눈물 난다困 사람을 대접할 때 후하고 박하고를 달리 해서는 안 된다.
한ː=잠圈 ①깊이 든 잠. ¶일에 지친 나머지 ∼이 들다. deep sleep ②잠시 자는 잠. ¶점심 후 ∼ 자곤하는 다른 섬. short sleep [가로운 사람.
한잡=인(閑雜人·閒雜人)圈 일에 관련이 없고 몹시 한
한장=치圈 누에 알을 받아 붙인 종이 한 장분이란 말. 누에 알 한 장을 치면 고치가 대개 10∼13말 난다.
한ː=재(旱災)圈 가뭄로 인해 생기는 재앙. damage from drought
한ː=저녁圈 끼니때가 지난 후에 어울리지 않게 차린 저녁. late supper
한적(閑寂·閒寂)圈 한가롭고 고요함. quietude 하困 히閑 [생활. quietude 하困
한적(閑適·閒適)圈 한가하여 자적(自適)함. ¶∼한
한ː=적(漢籍)圈〈동〉한서(漢書)②.
한ː=전(旱田)圈 밭을 논에 상대하여 이르는 말. 《대》수전(水田). field
한ː=전(限前)圈 기한이 되기 전.
한전(限前)圈 경작하지 않은 땅. uncultivated land
한전(寒戰·寒顫)圈〈한의〉오한이 심하여 몸이 떨리는 증세. [chill
한전=나ː다(寒戰―)困 한전이 생기다. shiver from
한절(寒節)圈 몹시 추운 겨울철. 추운 절기(節氣). 《한천(寒天)》. midwinter
한ː=점[―쩜](限點)圈 제한하는 점. 어떤 사물을 한정하는 기준점.

한:점심(一點心)[명] 끼니때가 지난 뒤의 점심.
한:정(限定)[명] ①제한하여 정함. limitation ②〈논리〉 개념에 속성을 많여 그 뜻을 좁게 함. 곧, 내포(內包)를 넓게 하고 외연(外延)을 좁히는 일. 규정(規定). 제한(制限). [대] 개괄(槪括). 하타
한정(閑靜·閒靜)[명] 한가하고 편안함. quietness 하히
한:정 능력(限定能力)〈법률〉법률에 의해서 제한된 사람의 행위 능력. 미성년자, 금치산자 따위의 행위 능력. limited competent ability
한:정 능력자(限定能力者)〈법률〉행위 능력이 법률에 의하여 제한된 사람.
한:정 승인(限定承認)〈법률〉상속인이 피상속인의 채무 및 유증(遺贈)에 관하여 상속에 의하여 얻은 재산을 한도로 하는 책임을 지는 것을 유보(留保)해서 행하는 상속의 승인. [대] 단순 승인(單純承認). limited recognition
한:정 치산(限定治産)〈법률〉심신 박약자·낭비자 등 의사 능력이 불충분한 자에게 법률상 자유로 치산하는 일을 금하는 처분.
한:정 치산자(限定治産者)〈법률〉심신 박약·낭비벽이 있는 자로, 일정한 자의 청구에 따라서 법원에서 한정 치산의 선고를 받은 자.
한:정:판(限定版)〈인쇄〉서적 부수를 제한하여 내는 출판. 많이 팔릴 수 없는 책을 출판할 경우에 흔히 있음. limited edition
한제(寒劑)[명]〈물리〉혼합으로써 저온을 얻는 재료. 소금과 얼음을 1:3의 비율로 혼합하면 녹아서 영하 21도의 저온도가 얻어짐. 기한제(起寒劑). freezing mixture
한제(韓製)[명] 한국에서 만든 물건. Korean make
한조(寒鳥)[명] 겨울철의 새. winter bird
한:조(翰藻)[명] 시가(詩歌) 또는 문장(文章). verse or composition
한:조금[명] 무수기를 볼 때 여드레와 스무사흘을 이르는 말.
한족(寒族)[명] 한문(寒門).
한:족(漢族)[명] 중국 본토에서 예로부터 살아오며 동양 고대 문화를 이룩한 민족. 한민족(漢民族). Han race [배달 민족(倍達民族). Korean race
한:족(韓族)[명] 한국 민족(韓國民族). 한민족(韓民族).
한:=종신(限終身)[명] 몸이 죽기를 한정하는 일. [略] 죽을 때까지. [限己身).till one's death 하타
한:=종일(限終日)[명] 날이 저물기를 한정하는 일. ②해가 질 때까지. 한일모(限日暮). all day long 하타
한국(寒局)[명] [동] 자국(寒竹).
한준(寒畯)[명] 생활은 가난하나 문벌은 좋은 선비. poor but well-born scholar [ray
한=줄기[명] ①한 계통. 한 바탕. streak ②한 가다.
한=줌[명] 한 주먹. 한 주먹으로 쥘 만한 분량.
한중(閑中·閒中)[명] 한가한 동안. 한가한 사이.
한중(寒中)[명] ①소한부터 대한까지의 사이. ②겨울철의 추운 동안. midwinter
한=중(韓中)[명] 한국과 중국(中國). Korea and China
한=중간(一中間)[명] 맨 가운데. 한복판. centre
한중=망(閑中忙·閒中忙)[명] 한가한 가운데 바쁨. [대] 망중한(忙中閑). keeping busy in a leisurely life
한중 진미(閑中眞味·閒中眞味)[명] 한가한 가운데 갖드는 참다운 맛. real taste of leisure
한죽(寒竹)[명]〈약〉그러하죽. 그러한죽.
한:증(汗蒸)[명] 몸을 덥게 하고 땀을 내어 병을 고치는 일. sudatorium 하타
한:증=막(汗蒸幕)[명] 한증하는 곳. 담을 둘러쳐서 굴처럼 만듦. steam bathroom
한:지(早地)[명] 밭. field
한:지(限地)[명] 지역을 제한함. limit the area 하타
한지(閑地·閒地)[명] 조용하고 한가한 지방. quiet land
한지(寒地)[명] 추운 지방. [반] 난지(暖地). cold region
한:지(韓紙)[명] 닥나무의 껍질을 원료로 하여 한국의 전통적인 제법으로 만든 종이. 창호지 따위.
한:지 의사(限地醫師)〈법률〉특정한 지역 안에서만 개업하도록 허가를 받은 의사.
한:지 의생(限地醫生)〈법률〉특정한 지역 안에서만 개업을 하도록 허가를 받은 의생.
한:지=제(扞止堤)[명] 광산에서 금속 성분을 추출한 찌꺼기를 처리하기 위하여 마련한 둑. [sinecure
한:직(閑職·閒職)[명] 늘 한가한 벼슬자리. 한쿠(閑官).
한:진(汗疹)[명]〈한의〉땀띠.
한 집 살아 보고 한 배 타 보아야 속 안다[속] 사람은 오래 같이 지내보아야 알며, 특히 역경을 같이 겪어야 잘 알게 된다. [가 친척. relative
한=집안[명] ①한 집에서 사는 가족. family ②같은 일
한집안=간(一間)[명] 혈연(血緣)이 같은 일가붙이를 친근하여 이르는 말.
한집안 식구(一食口)[명] 한집에서 항상 같이 지내는 사람을 천절하여 이르는 말.
한 집안에 김 별감 숨을 모른다[속] 자세히 살펴보지 않고 대강 보아 낸다.
한:징(旱徵)[명] 가뭄의 조짐. signs of drought
한째[명]열째·스물째·백째·천째 따위의 각 말과 어울려, 열째·스무째·백째·천째 들의 각 다음 서례를 이름. first
한=쪽[명] 여러 갈래 사물 중 하나의 쪽. 한편¹. ¶집의 ~이 기울어지다.
한=차례[명] 한 바퀴. 한 돌림의 차례.
한:찰(翰札)[명] 편지. letter
한=참[명] ①역참(驛站)에서 역참까지의 사이. ②일을 하거나 쉬는 동안의 한차례. [동] 한동안.
한창[명] 가장 성하고 활기가 있을 때. ¶딸기가 ∼이다. height [부] 가장 활기 있게. ¶지금 ∼ 바쁠 때다.
한=창(寒窓)[명] ①쓸 객지(客地). [다. for some time
한창(寒脹)[명]〈한의〉배가 뭉뚱하게 붓고 토사가 나며 팔다리가 싸늘하여지는 병.
한창 나이[명] 기운이 한창 성할 때의 젊은 나이. ¶∼에 앓기만 하다.
한창=때[명] 원기가 매우 왕성한 때. prime of one's life
한척(寒滌)[명] 옷과 그릇을 빨끄나게 씻음.
한:천(旱天)[명] 몹시 가문 여름의 하늘. dry weather
한천(寒天)[명] 추운 하늘. 추운 때. 한절(寒節). [대] 열천(炎天). cold weather
한천²(寒天)[명] 우뭇가사리 따위의 홍조류를 끓여 만든 끈끈한 물을, 끓여서 해교(解膠)한 후, 물에 식혀 먹거나, 약으로 만성 변비증 또는 세균을 배양하는 데에 쓰임. 우뭇.
한천(寒泉)[명] 찬 물이 솟는 샘. cold spring
한:=천명(限天明)[명] 날이 밝기를 한정하는 일. [略] 날이 샐 때까지. until the day break 하타
한천지(寒天紙)[명] 한천을 얇게 얼어 펴서 종이처럼 만든 것. 직공을 윤이 나게 때나 여자의 머리 장식에 씀.
한=철[명] ①봄·여름·가을·겨울 중 한 계절. ②한때.
한:초(旱草)[명] 가뭄을 능히 견디는 식물. plant with adaptability to day weather
한촌(寒村)[명] ①가난한 마을. poor village ②쓸쓸한 마을. forlorn village
한촌(閑村·閒村)[명] 한가한 마을. quiet village
한=추위[명] 한참 심한 추위. severe cold
한축(寒縮)[명] 추워서 기운을 펴지 못하고 오그라 듦. shrinking due to cold 하타
한:=출 첨배(汗出沾背)[명] 부끄럽거나 무서워서 흐르는 땀이 등을 적심. cold perspiration 하타
한:충=향(漢沖香)[명] 여자들이 선초(扇貂) 따위에 달고 다니거나 또는 노리개로 차는 향.
한=층(一層)[명] 한 층. 한층 더. 증가. one story [略] 한결. 더욱. ¶∼ 더 분발하라. more 그 게다가.
한 치 걸러 두 치[속] 촌수나 친분은 조금만 멀어도 크게 벌어진다.
한 치 못 본다[속] 시력이 좋지 못하거나 식견(識見)이 얕음을 비유하는 말.
한집(寒蟄)[명] 추위를 타서 엎드려 집 안에만 있음.

staying indoors due to cold weather 하다
한-카래 [액]→한카래꾼.
한-카래꾼 가래질을 할 때에 쓰이는 세 사람의 한 패. 《액》 한카래. trio of diggers with spade
한-칼 ①한 번 휘둘러서 베는 칼질. single stroke ②쇠고기 따위를 한 번에 벤 덩이. slice
한-턱 《속》 성공 한 번.
한-탄(恨歎)[명] 원통하거나 뉘우침이 있을 때에 한숨 짓는 탄식. 《액》 한(恨)②. deploring 하다
한-탕 《속》 '한바탕'의 뜻으로, '한 행보, 한 왕복, 한 건(件)'을 가리키는 말. ¶~ 달리니 기분이 후련하다.
한탕 치다 《속》 부정 행위나 범죄 행위 같은 못된 짓을 한바탕 무분별하게 내질러 하다.
한태[명] 〈농업〉 쟁기 따위의 봇줄을 잡아매는 줄.
한-턱 한바탕 남에게 음식을 대접하는 일. treat 하다. [standing treat
한턱-거리 한턱을 낼 만한 거리. something worth
한턱 내-다 한턱 음식을 대접하다.
한턱 먹-다 한턱의 대접을 받다. be given a treat
한테-로 '에게로'의 뜻으로 쓰이는 통속적인 말. ¶동생 ~ 보낼 책. to someone
한테 '에게'의 뜻으로 쓰이는 통속적인 말. ¶저 사람~ 가서 물어 보라.
한테-서 '에게서'의 뜻으로 쓰이는 통속적인 말. ¶형님~ 받았다. from someone
한-토(寒土)[명] ①쓸쓸한 땅. 벽지(僻地). remote place ②추운 곳. cold place
한-토(漢土)[명] ①한(漢)나라. ②중국 땅.
한-토(韓土)[명] ①한국의 땅과 터키. ②한국 땅.
한:-토:-하(汗吐下)[명] 〈한의〉 병을 고치려고 땀을 내거나 토하게 하거나 또는 설사를 시킴. 하다
한통 ①〈체육〉 활의 한가운데. middle of the bow ②《액》 한통속. [리. 《액》 한통①. group
한-통속 [一속] 마음이 서로 통하여 한곳에 모이는 무
한통-치-다 나뉘지 않고 한 곳에 합치다. put together
한퇴(寒退)[명] 한기(寒氣)가 물러감. 하다
한파(寒波)[명] 찬 공기가 갑자기 이동하여 모진 추위가 오는 기류(氣流)의 흐름. 《대》 난파(暖波). 온파. cold wave
한-판[명] 한 차례의 내기. ¶~에 이겼다. game
한팔-접이 [명] 씨름에서, 힘과 기술이 부족한 사람을 가리킴. weaker one
한-패[명] 같은 동아리 또는 패.
한-편(一便)[명] ①목적을 함께 하는 편. 일방(一方). 일변(一邊). 한쪽. on the one hand ②한짝. 같은 동아리. ¶한쪽으로는. ¶~ 먹기도 하고, ~ 싸우기도 힌다. [시비를 가리기는 어렵다.
한편 말만 듣고 송사 못 한다 한편 일만 들어서는
한-평생(一平生)[명] 살아 있는 동안. 《대》 반평생. all one's life
한:-평생(限平生)[명] 살아 있는 동안까지. 한생전(限 生前). as long as one lives
한-포(一布)[명] 파초(芭蕉)의 섬유로 짠 굵은 베.
한-포국-하-다[여불] 흐뭇하게 가지다.
한 푼 장사는 두 푼 밑져도 팔아야 장사 장사는 이 멀든지 팔아야 한다는 말. [spirit
한-풀[명] 기운·끈기·의기(意氣)·투지 등의 일부분.
한풀-꺾이다 기운이나 무지의 일부분이 줄어들다. ¶재벌의 거만이 ~. be dispirited
한:-풀-다(恨-)(恨) ①소원을 이루다. satisfy one's grudge ②한을 풀다. vent one's spite
한:풀-이(恨-)[명] 한을 푸는 일. realizing one's heart's desire 하다 [artened
한풀-죽-다 거세던 기운이 꺾이어 죽다. be dishe-
한-품(限品)[명] 〈제도〉 벼슬을 줄 때 신분이 낮은 상민(常民)을 일정한 관품 이상으로 올라가지 못하게 제한함. 하다

한풍(寒風)[명] 찬바람. 《대》 난풍(暖風). cold wind
한-풍류(一風流)[명] 〈종교〉 대종교에서 단군의 공덕을 기리는 노래를 이름. 천악(天樂).
한필(閑筆·閒筆)[명] 한가한 마음으로 쓴 글씨나 글. writing leisurely
한:-하-다(限-)[타여] ①기한을 한정하다. limit ②사물을 특히 제한하다. restrict [품다.
한:-하-다(恨-)[타여] ①원통히 여기다. ②불평을
한-학(漢學)[명] ①중국에 관한 학문. 한학(洋學). Chinese classics ②《액》 한문학. ③중국에서 송(宋)·명(明) 시대의 성리학(性理學)에 대하여 한(漢)·당(唐)시대의 훈고학(訓詁學)을 일컫는 말.
한:학 상:통사(漢學上通事)[명] 〈제도〉 조선조 때 사역원(司譯院)의 한 벼슬. 한어 통역을 맡았음.
한-학자(漢學者)[명] 한학에 관한 학자.
한한(閑閑)[명] ①수레가 흔들리는 모양. ②남녀의 구별 없이 왕래하는 모양. ③넓고 큰 모양. vastness ④조용하고 침착한 모양. quietness 하다
한:-해(旱害)[명] 가뭄으로 말미암아 받은 손해. 《대》 수해(水害). damage from drought
한해(寒害)[명] 〈농업〉 추위로 말미암아 받은 손해. 상해(霜害). 동해(凍害). cold weather damage
한해-살이[명] 《식》 일년생(一年生).
한행(寒行)[명] 〈불교〉 추운 것을 견디어 나가는 고행(苦行).
한=허리[명] 길이의 한중간. midway
한허리[명] 〈고〉 허리. 또는 허리.
한:-혈(汗血)[명] ①땀과 피. blood and sweat ②피와 같은 땀. bloody sweat [이르는 말.
한:-혈-마(汗血馬)[명] 명마(名馬). 곧, 아라비아 말
한호(寒戶)[명] 가난한 집. 한문(寒門).
한-화(寒花)[명] 겨울에 피는 꽃. winter flower
한화(閑話·閒話)[명] 〈동〉 한담(閑談). 하다
한화(韓貨)[명] ①한국의 화폐. Korean money ②한국의 물품. Korean goods
한화 휴제(閑話休題·閒話休題)[명] 쓸데없는 이야기는 그만두라는 뜻. to return to the point
한훤(寒喧)[명] 일기의 춥고 더움. 《약》→한훤문. seasonal greeting
한훤-문(寒暄問)[명] 춥고 더움을 물음. 곧, 편지 허두에 쓰는 경후의 인사말. 《액》→한훤문.
할(喝)[명] 〈불교〉 선가(禪家)에서 말이나 글로 나타낼 수 없는 도리(道理)를 보이는 말. ②사견(邪見)을 꾸짖어 반성을 하게 하는 소리.
할(割)[의명] 열로 나눠 그 몇을 나타내는 말. ¶○ ·三[口]를. 을. [이 너르다.
할갑-다 껍 물건보다 껍 자리가 좀 너르다. 《큰》 헐겁다. loose-fitting
할거(割去)[명] 베어 버림. 찍어 버림. cutting off 하다
할거(割據)[명] 땅을 나누어서 웅거(雄據)함. ¶군웅(群雄) ~. maintain independent authority 하다
할경[명] ①말로써 빈정거리는 뜻을 나타냄. contempt ②남의·떳떳하지 못한 신분을 폭로하는 말로 이름. expose [하다.
할경(割耕)[명] 인접한 남의 논밭을 침범하여 경작함.
할구(割球)[명] 〈생리〉 개체 발생(個體發生)의 초기(初期)에 난세포(卵細胞)가 분열하여 생긴 세포.
할근-거리[다] 숨이 차서 할딱거리며, 가르랑거리다. 《큰》 헐근거리다. pant 할근-할근[부] 하다
할금-거리[다] 남의 눈치를 살피려고 어떤 결눈질을 하면서 보다. 《센》 할끔거리다. look furtively at 할금-할금[부] 하다
할긋[부] ①갑자기 한 번 눈운동자를 옆으로 돌려 보는 모양. ②눈에 얼씬 보이는 모양. 《큰》 헐긋. 《센》 할끗. with a glance 하다
할긋-거리[다] 할긋할긋하다. 《큰》 헐긋거리다. 《센》 할끗거리다. 할긋-할긋[부] 하다
할기-다 눈을 옆으로 돌리어 못마땅하게 노리어 보다. 《큰》 헐기다. give a sharp sidelong glance at
할기시[부] 눈을 바로 뜨고 노려보는 모양. glaringly

할기죽=죽(하) 흘겨보는 눈에 못마땅한 빛이 드러나는 모양. 《센》흘기죽. with reproachful eyes 하(형)

할긋(부) 가볍게 한 번 할겨 보는 모양. 《큰》흘깃. 《센》할끗. glaring sideways 하(형)

할긋-거리-다(자) 연해 할긋하다. 《큰》흘깃거리다. 《센》할끗거리다. 할깃=할깃(부) 하(형)

할끔-거리-다(자) → 할금거리다.

할끔(부)(여) 몸이 고달파서 눈이 걸어질리어 있다. ¶얼굴이 ~. 《큰》흘끔하다. look exhausted

할끗(부) 《센》→할긋.

할끗 거리-다(자) 《센》→할긋거리다.

할낏-거리-다(자) 《센》→할긋거리다.

할-날(명) 하루의 날.

:할-다(타)(ㄹ) ①참소(讒訴)하다. 헐든다. ②호소(呼訴)-다(고) 할 것인가. 할 것이로구나. 할 것이다.

할단[一짠](명)(割斷) 베어서 끊음. cutting off 하(타)

할당[一땅](명)(割當) 분배함. 몫몫이 벼름. 또는 그 분량. ¶잉여금 ~. apportionment 하(타)

할당-제[一땅一](명)(割當制) 몫을 갈라 배당하거나 책임을 지우는 제도.

할둥-할둥[一뜬一](부) 연해 일을 하려고 하는 모양. nearly 하(타)

할딱〔딱-할딱(부) 하(형)

할딱-거리-다(자) 연해 할딱이다. 《큰》헐떡거리다. 할딱이-이-다(자) ①연해 숨을 가쁘게 쉬다. gasp 하(타) ②신발이 너무 헐거워서 자꾸 벗어졌다 신기었다 하다. 《큰》헐떡이다. be loose-fitting [half-heartedly 하(타)

할둥-말둥(부) 할 것도 같고 아니 할 것도 같이

할랑-거리-다(자) ①너무 할거워서 자꾸 흔들리다. be loose-fitting ②삼가고 조심하지 않고 경망한 행동을 자꾸 하다. 《큰》헐렁거리다. be loose 할랑-할랑(부) 하(형) 《큰》헐렁하다. be loose

할랑-하-다(형) 자리에 들어간 물건이 좀 작아

할레발딱-거리-다(자) 연해 숨을 할딱이며 가쁘게 몰아쉬다. 《큰》헐레벌떡거리다. puff and blow 할레발딱=할레발딱(부) 하(형)

할렐-루야(Hallelujah 히)(감)〈기독〉예수교에서 신(神)을 찬송하고 또는 감사(感謝)·숭배(崇拜)하는 뜻을 표하는 말로 찬송가에 쓰임. 알렐루야(alleluia).

할려-금(割戾金)(명) 일단 받았던 돈 가운데서 얼마간 도로 주는 돈.

할례(割禮)(명)〈종교〉남자가 난 지 여드레 만에 자지 끝의 껍질을 끊어내는 종교적 관습. 유태인 또는 원시 민족의 사이에 행해짐.

할로겐(Halogen 도)(명)〈화학〉일 가(價)의 원자가(原子價)를 가지고 있는 원소. 곧, 할로겐족 원소의 총칭.

할로겐-원소(Halogen 族元素)(명)〈화학〉염소(鹽素)·취소(臭素)·옥소(沃素)·불소(弗素)·아스타틴(astatine)의 총칭.

할로겐-화물(Halogen 化物)(명)〈화학〉할로겐족(族) 원소와 딴 원소와의 화합물(化合物).

할룸-석[一썩](명)(割栗石)〈토목〉도로·석축 따위의 기초 공사나 지반을 굳히는 데 사용하는 잘게 쪼갠 주먹보다 작은 돌. crushed rock

할리파(khalifa 아)(명)〈종교〉마호메트의 후계자로서 그 나라의 군주 겸 교주(教主)를 일컬음.

할마=마(一媽媽)(명)〈제도〉할머니의 궁중말.

할-말(명) 하고 싶은 말. 해야 할 말. 의논하려는 말.

할말-없ㅣ-다(형) 변명할 여지가 없다. 면목이 없다. 할

할맘-구(부)(속) 늙은 여자. old woman **할말=없**ㅣ(형)

할맥(割麥)(명) 보리를 세로 2등분한 뒤 쌀처럼 다듬어 정제한 보리쌀.

할머니(명) ①아버지의 어머니. 조모(祖母). 왕모(王母). grandmother ②나이 많은 여자. aged woman ③부모의 어머니와 한 항렬에 있는 여자의 통칭. grandmother [비유.

할머니 뱃가죽 같다(판) 시들시들하고 쭈굴쭈굴한 것의

할머-님(명)〈공〉할머니. grandmother

할맘(명) ①낮은 계급의 늙은 여자. old woman of mean birth ②신분이 낮은 사람의 할머니. one's grandmother ③제 할머니를 낮추어서 이름. grandmymother ④남의 집에서 부리는 늙은 여자. 노파(老婆). old woman servant [머니.

할미(명) ①늙은 여편네. one's old wife ②할머니. 할

할미=꽃(명)〈식물〉미나리아재비과의 다년생 풀. 온 몸에 흰 털이 밀생하고 4~5월에 적자색의 꽃이 긴 꽃대의 끝에서 한 송이씩 핌. 꽃이 진 뒤에도 꽃대가 자라고 흰 털이 많이 남. 산과 들의 양지에 나며 뿌리를 약용함. 노고초(老姑草). 백두옹(白頭翁). pasqueflower

할미=새(명)〈조류〉할미새과의 작은 조류의 총칭. 깃은 흑색·감람·황색 등이며, 부리와 몸은 대체로 가늘고 길. 흔히 물가에 삶. 응키. wagtail

할미=씨개비(명)〈식물〉미나리아재비과(毛茛科)의 다년생 풀. 4~5월에 암홍자색 꽃이 하나씩 고부라져서 핌. 꽃이 진 뒤 암꽃술의 끝이 변하여 흰 털이 길게 빔음. 백두옹(白頭翁). 호왕사자(胡王使者). anemone

할미=질빵(명)〈식물〉미나리아재비과의 낙엽 만목(落葉蔓木). 여름에 꽃이 피고 수과(瘦果)가 열리는 메 꽃 모양의 백색 털이 있음. 어린 잎은 식용함.

할바=마=마(一媽媽)(명) 할아버지의 궁중말.

할박(割剝)(명) ①가죽을 벗기고 살을 도려냄. flaying and cutting ②탐관 오리 따위가 백성의 재물을 약탈함. 박탈(剝奪). depriving 하(타)

할반(割半)(명) 반을 베어 냄. cutting off the half 하(타)

할반지=통(割半之痛)(명)〈同義〉형제가 죽는 슬픔. sorrow for brother's death [끊음. 하(타)

할복(割腹)(명) ①배를 가름. ②배를 칼로 찢어 죽음. ¶~ 자살(自殺). disembowelment 하(타)

할봉(割封)(명)〈제도〉시권(試券)이 과거(科舉) 답안지의 봉미(封頭)를 뜯음.

할부-금(割賦金)(명) 분할(分割)하여 배당함. allotment 하(타)

할부 상환(割賦償還)(명)〈경제〉부채(負債)의 원리(元利)를 부금(賦金)으로써 청산하는 상환.

할부 판매(割賦販賣)(명)〈경제〉고객(顧客)에게 매입(買入) 대금을 분할하여 갚게 하는 판매 방식.

할상-부르-다[一쌍一](형) 할 것 같다. be likely to

할석[一썩](명)(割席) ①자리를 달리함. ②절교함. breach of friendship 하(타) [에 앉지 아니함.

할석 분체(割石分體)(명) 교분(交分)을 끊고 같은 자리

할선[一썬](명)(割線)〈수학〉원(圓) 또는 그 밖의 곡선(曲線)을 두 점에서 자르는 직선(直線). secant

할손-례[一쏜네](명)(割損禮)〈기독〉이스라엘 민족이 선민 사상(選民思想)에 의하여 남자가 나면 그 몸의 한 부분을 수술하여 내는 고교(古教)의 예식.

할-수=없ㅣ-다[一쑤一](형) 하는 도리가 없다. 어찌할 도리가 없다. **할-수=없**ㅣ(부):이(부)

할쑥-하-다(형) 얼굴이 야위고 핏기가 없다. 《작》헐쑥하다. worn-out and pale

할·아-다(타)(고) 참소하다. 헐든다.

할아버-님(명)〈공〉할아버지.

할아버지(명) ①부모의 아버지. grandfather ②나이 많은 남자. 왕부(王父). ③〈공〉할아비지. old man

할아범(명) ①낮은 계급의 늙은 남자. old man ②하찮은 할아버지. one's grandfather

할아비(명)(하) 할아비지. grandfather

할암(명)〈고〉험구(險口).

할애(割愛)(명) 아깝지만 아까워하지 않고 나눠 줌. 선뜻 내줌. sharing willingly 하(타)

할양(割讓)(명) ①물건의 일부를 나누어서 다른 이에게 넘겨 줌. cession ②상호국(相互國)의 조약에 따라 '자국 영토의 일부분을 다른 나라에 이전(移轉)함. alienation 하(타)

할여(割與)[명] 베어 줌. 쪼개어 줌. 하타

할육 거:피(割肉去皮)[명] 짐승을 잡아서 가죽을 벗기고 살을 베어 냄. 하타 [먹음을 이르는 말.

할육 충복(割肉充腹)[명] 혈족(血族)의 재물을 빼앗아

할은(割恩)[명] 은정을 끊음. cut other's favor 하타

할은 단:애(割恩斷愛)[명][동] 할은 단정. 하타

할은 단:정(割恩斷情)[명] 은정(恩情)을 끊음. 할은 단애(割恩斷愛). 하타

할인(割引)[명] 정가보다 얼마간의 돈을 깎음. (대) 증(割增). discount 하타

할인(割印)[명] 한 개의 도장을 두 장의 서류에 걸쳐서 찍음. 또, 그 도장. 계인(契印). tally impression 하타

할인권(一券)(割引券)[명] 일정한 정가에서 할인할 것을 증명하는 표. discount coupon

할인료(一뇨)(割引料)[명][경제] 어음 할인에 있어 현금과 인환(引換)한 날부터 만기(滿期)까지의 일수(日數)에 따라 차인(差引)하는 이자(利子). 온 어음 액면(額面)과 매입 가격(買入價格)의 차(差). discount

할인 모집법(割引募集法)[명]〈경제〉 공채나 주식 등을 모집할 때에 액면 가격보다 할인한 것을 표방하고 모집하는 방법. (대) 평가(評價) 모집법.

할인 발행(割引發行)[명]〈경제〉 공채·사채 및 주식 따위의 증권을 그 액면 이하로 발행하는 일.

할인 시:장(割引市場)[명]〈경제〉 어음 할인의 방법에 의하여 단기 자금의 수요 공급이 행하여지는 금융시장.

할인 어음(割引一)[명]〈경제〉 은행에서 이자를 먼저 떼어 놓고 잔금을 지불하는 어음. discounted bill

할인율(一뉼)(割引率)[명]〈경제〉 할인하는 비율(比率). discount rate

할인 은행(割引銀行)[명]〈경제〉 영업 자본의 운용상 대출 방법(貸出方法)으로서 어음 할인을 주요한 업무로 하는 은행. bank of discount

할접(割接)[명] 접목(接木)에서 대목(臺木)을 가르고 접수(接穗)를 끼우는 방법.

할주(一쭈)(割註)[명] 본문 사이에 두 줄로 잘게 단 주(註). inserted note

할증(一쫑)(割增)[명] 일정한 액수에 얼마를 더 얹음. (대) 할인(割引). premium 하타

할증금(一쯩)(割增金)[명]〈경제〉① 일정한 가격이나 금료 또는 여분(餘分)을 넘어서 매매·지급되는 금액. ② 채권 등의 상환에서 추첨 등의 방법에 의해 여분으로 주어지는 금액. 프리미엄(premium).

할증 발행(割增發行)[명]〈경제〉 공채면보다 큰 가격으로 공채 또는 사채를 발행하는 일. issue of bonds at a premium

할짝-거리-다[자타] 혀끝으로 자꾸 가분가분 핥다. (큰) 헐쩍거리다. lick lightly 할짝-할짝[부] 하타

할쭉-거리-다[자타] 혀끝으로 자꾸 거분거분 핥다. (큰) 헐쭉거리다. lick lightly 할쭉-할쭉[부] 하타

할쭉-하-다[여형] 살이 빠져서 할쭉하다. (큰) 헐쭉하다. haggard

할창(割創)[명]〈의학〉도끼 따위의 둔기로 거의 수직으로 내리쳐서 생긴 상처. [part 하타

할취(割取)[명] 다른 부분을 빼앗아 가짐. depriving

할퀴-다[타] ① 손톱이나 날카로운 물건으로 긁어 생채기를 내다. scratch ②'남의 것을 훔치다'의 변말. steal [cooking 하타

할팽(割烹)[명] 삶아서 음식을 만듦. 또는 그 음식.

할·흐-다[고] 핥다. [gasping 하타

할딸[명] 숨이 차서 숨을 고르게 쉬지 못하는 모양.

흙무(土)[명][고] 흙.

흙무-디[명][고] 흙무더기. → 흙무적.

흙무적[명][고] 흙무더기. 흙덩이.

흙벽[명][고] 흙벽. 굽지 아니한 흙벽돌. [위를 만들다.

흙비[명][고] 흙비.

흙빛-다[타][고] 흙빛다. 흙을 빚어 사람 모양 같은 따

흙손[명][고] 흙손.

핥-다[타] ① 혀끝을 물건에 대고 맛보다. taste ② 혓바닥으로 물건의 겉면을 쓸어 들이다. lick

핥아-먹-다[타] ① 혀끝을 물건에 대어 닦아 먹다. lick up ② 옳지 못한 수단으로 남의 것을 조금씩 빼앗다. fleece [에게 것으로 만들다. swindle

핥아-세:-다[타] 옳지 좋지 못한 수단으로 남의 것을 대번

핥이-다[—치—][피동] 핥음을 당하다. be licked [자동] 핥게 하다.

함:(函)[명] ① 결혼식 때 신랑집에서 혼서지·채단 따위를 넣어 신부집에 보내는 나무 그릇. wooden box ② 옷을 넣어 두는 나무로 만든 상자. chest

함(咸)[명]〈약〉함괘(咸卦).

함(銜)[명] 자기의 이름자를 달리 써서 만든 수결(手決). (유) 서명(署名). 기호(記號). signature

함(緘)[명] 봉투를 봉함하는 뜻으로 봉한 자리에 쓰는 글자. sealed

함:(喊)[명] 함성. [타내는 뜻. ¶ —질소황산.

함(含)[접미]〈화학〉어떤 물질을 포함하고 있음을 나

=함(函)[접미] 통. 상자. ¶서류(書類)—. 투표(投票)—

함감(含憾)[명] 유감의 뜻을 품음. 하타 [~. chest

함:거(轞車·檻車)[명] 죄인을 호송하던 수레.

함고(咸告)[명] 빼지 않고 모두 고함. 다 일러 바침. informing in detail 하타

함:괘(咸卦)[민속] 육십사괘의 하나. 태괘(兌卦)와 간괘(艮卦)가 거듭된 것. 산 위에 못이 있음을 상징함. (예) 함(咸).

함:교(艦橋)[명] 군함의 두 현(舷)에 높이 건너질러 만든 갑판. 선교(船橋). bridge [insult 하타

함구(含垢)[명] 욕된 일을 참고 견딤. pocketing an

함구(緘口)[명] 입을 다물고 말을 아니함. 결구(結口). 결설(結舌). 두구(杜口). 두구(杜口). 함묵(緘黙). (대) 개구(開口). keeping one's mouth shut 하타

함구-령(緘口令)[명] 특정한 일의 내용에 관하여 말함을 엄금하는 명령. gag [ping silent lips

함구 무언(緘口無言)[명] 입을 다물고 말이 없음. kee-

함구 물설(緘口勿說)[명] 입을 다물고 말을 하지 못하게 함. 겸구 물설(箝口勿說). let someone hold his tongue 하타 [holding one's tongue 하타

함구 불언(緘口不言)[명] 입을 다물고 말을 아니함.

함께[부] 같이. 서로. ¶~ 놀자. together

함께-자리[명]〈동〉공동격(共同格).

함닉(陷溺)[명] ① 물 속에 빠져 들어감. drowned ② 주색(酒色) 따위에 빠짐. be addicted 하타

함당-률(—뉼)(含糖率)[명] 포함되어 있는 당분의 비율. rate of contained sugar [부대. fleet

함:대(艦隊)[명]〈군사〉군함 두 척 이상으로써 짜인

함:대공(艦對空)[명] 군함에서 공중에 대함. ¶~ 미사일을 발사하다.

함:대 사령관(艦隊司令官)[명]〈군사〉한 함대의 최고 통솔권을 진 사람. commander of a fleet

함도(含桃)[명]〈동〉앵두. [을 g으로 나타낸 정도.

함도(鹹度)[명] 바닷물 1,000 g에 섞여 있는 소금의 양

함독(含毒)[명] 독기나 독한 마음을 품음. having a noxious intention 하타

함=두(銜—)[이](銜)[명] 수결(手決)을 쓰다. sign

함락(陷落)[명] ① 땅이 무너져 떨어짐. 운함(隕陷). falling, sinking ② 적지(敵陣)를 빼앗음. falling 하

함:락 지진(落熱地震)[명] 함몰(陷沒)지진. [타]

함:락-호(陷落湖)[명] 함몰호(陷沒湖).

함량(含量)[명]〈약〉=함유량(含有量).

함:련(頷聯)[명]〈문학〉오칠언 율시(五七言律詩)에서 연구(聯句)를 이룸. 제 3·제 4의 두 구를 이름.

함:령(艦齡)[명] 함선이 진수(進水)한 때로부터의 경과 연수(經過年數). age of a warship [농.

함:-롱(函籠)[명] ① 함과 농. ② 옷을 담는 함처럼 된 농.

함루(含淚)[명] 눈물을 머금음. being moved to tears [of a fortress 하타]

함:루(陷壘)[명] 진루(陣壘)가 함락됨. 또, 함락함. fall

함매(銜枚)(제도) 옛날에 군대를 움직여 진을 칠 적에 군졸들이 떠들지 않도록 입에다 하무를 물리던 일. 하다

함몰(陷沒)(①모두 빠짐. subsidence ②모작 결단 나 없어짐. 또, 모작 결딴내어 없앰. ③재난을 당하여 멸망함. 《대》융기(隆起). ruin 하다

함몰 지진(陷沒地震)(지학) 지층이 함몰할 때에 일어나는 지반(地盤)의 진동(震動). 함락 지진(陷落地震). fallen earthquake

함몰=호(陷沒湖)(지리) 지반(地盤)이 함몰한 곳에 물이 고여 된 호. 함락호. depression lake

함묵(含黙) 입을 다물고 잠잠히 있음. keeping silent

함묵(緘默)(동) 함구(緘口). 하다

함:미(艦尾) 군함의 뒤 끝. 《대》함수(艦首). stern

함미(鹹味) 짠 맛. saltiness

함:미-포(艦尾砲)(군사) 군함의 뒤 끝에 장치한 속사포(速射砲) 따위의 대포. 《대》함수포(艦首砲). stern chaser

함바기(식물) 쇠머덩굴과의 낙엽 만목. 잎은 방패 모양의 넓은 타원형이고 여름에 잘고 엷은 녹색의 꽃이 핌. 해변의 산록에 나며 줄기로는 광주리(을 만듦.

함박(약)→함지박.

함박(약)→함박꽃.

함박-꽃(식물) ①함박꽃나무의 꽃. ②작약(芍藥)의 꽃. 《약》함박². peony flower

함박꽃-나무(식물) 목련과(木蓮科)의 낙엽 교목. 잎은 타원형으로 두꺼우며, 5~6월에 향기가 있는 백색의 큰 꽃이 피는데 수술이 담홍색으로 아름다움. 관상용으로 재배됨. magnolia

함박-눈 함박꽃송이같이 굵게 많이 오는 눈. large flakes of snow 「big hole

함박-만하-다 뚫린 구멍이 함지박만큼 크다.

함박 삭모(一槊毛) 말의 머리를 꾸미는 삭모.

함박-살 허벅살.

함박-송이 ①함박꽃의 송이. peony flower ②더부룩한 솔ара삭모.

함박 시키면 바가지 시키고 바가지 시키면 쪽박 시킨다 윗사람이 아랫 사람을 불러 시키면 그는 또 제 아랫 사람을 시킨다.

함박-조개(동) 개량조개과의 바닷물조개. 패각의 길이 10 cm, 목 5 cm 가량이고 함지박 모양임. 모래땅에 서식하며 살이 많고 맛이 좋아 식용함.

함:-보(函褓)(명) 함을 싸는 보자기. chest wrapper

함봉(緘封)(명) 편지의 겉봉을 봉함. 《대》개봉(開封). sealing 하다

함부로 ①생각없이 되는 대로 마구. ¶~ 말하지 마라. at random ②이것저것 닥치는 대로. ¶남의 물건을 ~ 손대지 마라. ③버릇없이. ¶사무실에서 ~ 대들지 마라.

함부로-덤부로(명) 함부로의 힘줌말.

함부르크(Hamburg 도)(명)《조류》닭의 난용종(卵用種)의 하나. 독일 원산으로 영국에서 개량되었음. 몸이 작고 아름다움. 하다

함분(含憤)(명) 분한 마음을 품음. bearing resentment

함분 축원(含憤蓄怨)(명) 분한 마음을 품고 원통한 바 음을 가짐. 하다

함빡(부) ①모자람이 없이 아주 넉넉하게. sufficiently ②흠뿍이 운동. ¶비를 ~ 맞았다. thoroughly

함:상(艦上) 군함의 위. on the deck of warship

함:상-기(艦上機)(동) 함재기(艦載機).

함서(緘書)(명) 봉한 편지. 봉서(封書). sealed letter

함석(명) ①(동) 아연(亞鉛). ②겉에 아연을 입힌 양철. 백철(白鐵). 철엽. tin plate

함석-꽃(명) 놋쇠 따위를 녹일 때에 도가니에서 연기와 같은 기운이 나가서 서려 붙은 물건. 이것을 모아서 약으로 쓸. 연화분(鉛華粉). white lead

함석 지붕(명) 함석으로 이은 지붕.

함석-집(명) 함석으로 지붕을 인 집.

함석=철(一鐵)(동) 함석판.

함석=판(一板)(명) 함석으로 된 철판. 아연판(亞鉛板). 함석철. galvanized iron plate

함:선(艦船)(명) 군함과 기선의 총칭. 선함. warships and other craft 「a castle 하다

함:성(陷城)(명) 성이 함락됨. 성을 함락시킴. fall of

함:성(喊聲)(명) 여럿이 함께 부르짖는 소리. 아우성.

함소(含笑)(명) ①웃음을 머금거나 띰. wearing a smile ②꽃이 피기 시작함. beginning to bloom 하다

함소 입지(含笑入地)(명) 웃으며 죽음. 곧, 의사(義士)가 죽음 앞에 태연함. 또는 두려움 없이 위험한 곳에 뛰어듦. die smiling

함수(含水)(명) 물을 포함함.

함수(含羞)(명) 부끄러워하거나, 부끄러운 기색을 띰. being shy 하다

함수(含漱)(명) 양치질을 함. gargling 하다

함수[—수](函數)《수학》두 변수(變數) $x \cdot y$ 사이에 어떤 관계가 있어 x의 변화에 따라 y가 일정한 법칙으로 변화할 경우, y를 x의 함수라 한다. 따름수. function

함수(鹹水)(명) ①바닷물같이 짠 물. salt-water ②바닷물. 《대》담수(淡水). sea water

함수(艦首)(명) 군함의 앞머리. 함미(艦尾). bow

함수 결정(含水結晶)(명) 《화학》물을 결합하고 있는 결정(結晶).

함수-론[—수—](函數論)《수학》해석학(解析學)의 하나. 주로 정칙(正則)인 함수의 연속성을 기초로 하는 여러 가지의 성질을 연구하는 수학의 한 부문. theory of functions

함수 방정식[—수—](函數方程式)《수학》미지수를 포함하는 방정식.

함수 산화철(含水酸化鐵)(명) 《화학》갈철광(褐鐵鑛)의 화학상 성분의 이름.

함수-어(鹹水魚)(명) 짠물고기.

함수 어업(鹹水漁業)(명) 염분(鹽分)을 포함한 수역(水域)을 대상으로 하는 어업.

함수-제(含漱劑)(명) 입안이나 목구멍의 병균을 죽이려고 머금고 씻는 물약. gargle

함수-초(含羞草)(명)《식물》콩과(豆科)에 딸린 일년생 풀. 운음에 가는 털과 가시가 있고, 여름철에 잘고 담홍자색(淡紅紫色)의 꽃이 핌.

함수 탄:소(含水炭素)(명)(동) 탄수화물(炭水化物).

함수-포(艦首砲)(군사) 군함의 뱃머리에 베푼 대포. 《대》함미포(艦尾砲). bow gun

함:수=표[—수—](函數表)《수학》일종 또는 이상의 함수에 관해서, 그 독립 변수(變數)의 온갖 값에 대하여 함수의 값을 늘어 적어서, 실지로 계산하는 데에 이바지하는 대수표(對數表)·삼각표(三角表) 등. table of function

함수-호(鹹水湖)(명)(지리) 물맛이 짠 호수. 흔히 내륙호(內陸湖)의 건조한 곳에 있는 호수이며, 물이 나가는 데가 없음. 이스라엘의 사해(死海) 따위. 《대》담수호(淡水湖). 《약》함호(鹹湖). salt lake

함수 화:합물(含水化合物)(명) 《화학》물과의 분자 화합물. 곧, 일정한 비율로 물을 함유하여 결정하고, 또는 일종의 화합물로 된 것같이 보여서 이것을 가열하면 쉽게 물을 방출하는 것. hydrate

함실(명) 부넘기가 없이 불길이 그냥 곧게 들어가게 된 아궁이. smoothfront fireplace

함:실 구들(명) 함실로 된 구들.

함:실-근(명) 임천정과 맞뚫린 근.

함:실-빵[—빵](명) 함실 구들을 놓은 방.

함:실 아궁이(명) 함실 구들에 불을 때는 아궁이.

함:실-코(명) 코가 폭 빠져서 임천정과 맞뚫린 코.

함실=퉁퉁-하다 너무 삶아서 뭉크러질 정도로 되다. 《큰》흠실흠실. boiled too soft 하다

함씨(咸氏)(공) 남의 조카. 영질. your nephew

함씬(부) 꽉 차고도 남도록 넉넉하게. 《큰》흠씬. thoroughly

함양(涵養)[명] ①차차 길러 냄. fostering ②학문과 재 덕을 넓히어서 심성(心性)을 닦음. 함육(涵育). cultivation 하다

함양 훈도(涵養薰陶) 사람을 덕의(德義)로써 교도 하여 재덕(才德)을 이룩하게 함. edification 하다

함영(咸營)[명] 북영(北營).

함영(含英)[명] 무자맥질.

함원(含怨)[명] 원한을 품음. bearing a grudge 하다

함유(含有)[명] 섞여 있거나 머금고 있음. containing 하다 [量]. amount contained

함유-량(含有量)[명] 함유하고 있는 분량. (유) 함량(含量)

함유-층(含油層)[명] 〈지학〉석유(石油)를 함유하고 있 는 지층(地層).

함유 혈암(含油頁岩)[명]〈동〉석유 혈암(石油頁岩).

함육(含育)[명] 함양(涵養).

함인(含忍)[명] 마음 속에 넣어 두고 참음. perseverance

함:입(陷入)[명] 빠져 들어감. cave-in 하다

함자(—字)[명]〈衒字〉[명] 남의 이름. ¶~가 무엇입니 까. your name

함:장(函丈)[명]〈동〉스승.

함:장(艦長)〈군사〉군함의 지휘 감독을 맡은 군인. captain of warship

함:장(艦橋)[명] 군함의 돛대. mast of a warship

함:재-기(艦載機)[명]〈군사〉군함이나 항공 모함에 실은 비행기. 함상기. [籍]. Navy list of ships

함:적(艦籍)[명] 군함이 그 소속한 군항에 등록한 적

함:정(陷穽)[명] ①짐승을 잡고자 파놓은 구덩이. 허방 다리. ②꽤져 들어가는 구덩이의 비유. ¶~에 걸려 들다.

함:정(艦艇)[명] 전투력을 가진 온갖 배의 총칭. 전함· 잠수함·어뢰정 등. war vessels

함정에 든 범[주] 마지막 운명만 기다리는 처지.

함정에서 뛰어난 범[주] 매우 위험한 궁지에서 빠져나 와 다시 살게 된 경우.

함종-률(咸從栗)[명] 함종 지방에서 나는 약밤. 껍질과 보늬가 얇고 맛이 매우 단 밤. 평양률(平壤栗).

함:중(啣中)[명] 죽은 이의 관직·성명을 기록하기 위하 여 신주의 뒤쪽을 장방형으로 우묵하게 파낸 부분.

함지(—)[명] ①나무로 짜서 귀둥이지게 만든 그릇. large wooden vessel ②(약)—함지박. ③함지박과 비슷한 그릇. 복싀나 감흥을 풀에 덜어서 금을 잡는 데 씀.

함지(咸池)[명] ①해가 동쪽 양곡(暘谷)에서 돌아서 서 쪽으로 들어간다는 못. ②〈동〉천신(天神).

함:지(陷地)[명] 깊게 들어간 땅. low ground

함지-박(—)[명] 통나무를 파서 큰 바가지와 같이 만든 전 이 없는 그릇. (약) 함지². 함박. large round dugout wooden vessel

함:지 사:지(陷地死地)[명] 죽을 만한 곳에 빠짐. falling into a dangerous pitfall 하다

함지-질(—)[명]〈광산〉에서 금 방아를 찧고 나서 광 석을 함지로 일어서 금을 잡는 일. ¶~꾼.

함지-탕(—)〈광물〉함지질을 한 복대기.

함:진-아비(—)[명]〈민속〉혼인 전날 밤이나 혼인 날 낮추에서 신부측에 보내는 함을 지고 가는 사 람.

함채(鹹菜)[명] 소금에 절인 채소.

함:척(函尺)[명]〈토목〉높낮이를 재는 데 쓰는 자. 얇 은 널로 짜서 올리고 내릴 수가 있게 됨.

함철(含鐵)[명] 철을 함유함. 하다

함초롬-하다[형여] 가지런하고 곱다. even **함초롬-히**

함축(含蓄)[명] ①깊이 간직하여 드러나지 아니함. im- plication ②의미가 깊음. significance 하다

함축-미(含蓄美)[명] 걸에 드러나지 아니하고 속에 지 니고 있는 아름다움.

함축-성(含蓄性)[명] 말·글 중에 어떤 뜻이 들어 있는 [성질].

함축-적(含蓄的)[관](철학) 어떤 요소(要素)나 성질 이 어떤 전체에 포함되어 있어 엄밀한 논리학 분석을 가 하는 데에야 비로소 나타나는(것). implicit

함치르르-하다[형여] 깨끗하고도 윤이 반들반들하다. (큰) 흠츨르르하다. glossy

함탄(含炭)[명] 석탄을 함유함. 하다

함:포(艦砲)[명] 군함에 베풀어 놓은 대포. naval gun

함포 고복(含哺鼓腹)[명] 잔뜩 먹고 배를 두드리며 즐 김. contentment 하다

함:-하다(陷—)[자여] ①땅바닥이 오목하다. hollow ②기운이 까라지다. depressed [끼]. leavings

함하-물(領下物)[명] 남이 먹고 남은 물건. 곧, 덕찌

함함(頷頷)[명] 몹시 주리어서 견딜 줄을 모름. 하다

함함-하다[형여] 털이 보드랍고 윤이 나다. soft and glossy [해를 입힘. entrapping 하다

함:해(陷害)[명] 남을 재해에 빠지게 함. 남을 모함하여

함혐(含嫌)[명] ①싫어하는 마음을 품음. feeling enmity toward ②혐의를 품음. harboring a suspicion 하다

함:형(艦型)[명] 군함의 형태.

함호(含糊)[명] 입안을 풀칠한 것처럼 말을 우물우물 똑똑하지 않게 함. murmur 하다

함호(鹹湖)[명]〈지〉→함수호.

함흥 차사(咸興差使)[명] 조선조 때, 태조(太祖)가 선 위(禪位)하고 함흥에 은퇴하였을 때 태종(太宗) 이 보낸 사신을 혹은 죽이고 혹은 잡아 가두어 돌 려보내지 아니하여 고사(故事)에서 온 말로, 한번 갔다 하면 감감 무소식이라는 뜻. lost messenger

합(合)[명] ①여럿을 한데 모음. 또, 그 수. sum total ②(철학) 인도 논리학의 술어. 삼단 논법의 소전제 (小前提). 인명(因明). ③〈철학〉변증법에서 정(正) 이 반(反)이 되어서 다시 형성하는 상태. 종합(綜 合). synthesis ④〈천문〉유성과 태양이 같은 하나 의 황경(黃經)에 와서 닿음. 또는 두 개의 천체(天 體)가 같은 하나의 경도(經度)와 닿음. 《대》충(衝). conjunction 의명 ~홉.

합(盒)[명] 둥글고 넓적하며 뚜껑이 있는 놋그릇. 합자 (盒子). small round brass vessel

합가(合家)[명]〈동〉전가(全家).

합가(闔家)[명] 온 집안 식구. 한 집안.

합각(合刻)[명] 둘 이상의 책을 한 책으로 합하여 간행 하는 일. 하다 [자 모양을 이룬 각.

합각(合閣)[명]〈건축〉지붕 위쪽 옆에 박공으로 'ㅅ'

합각(蛤殼)[명] ①조가비. 조개껍데기. ②자개비.

합각 마루(合閣—)[명]〈건축〉박공 위에 있는 마루.

합각 머리(合閣—)[명]〈건축〉합각이 있는 측면. gable

합각 지붕(合閣—)[명]〈건축〉위 절반은 박공 지붕이 고 아래 절반은 네모 지붕으로 된 지붕.

합격(合格)[명] ①격식 조건에 맞음. 또는 자격을 언 음. ②품(品). standing the test ②시험에 급제 (及第)함. 패스. ¶~증(證). (대) 불합격. passing an examination 하다

합격-률(合格率)[명] 합격한 사람의 지원한 사람 수에

합격-자(合格者)[명] ①시험에 급제한 사람. 급제자(及 第者). successful candidate ②격식이나 조건에 잘 맞은 사람. eligible person

합경(合慶)[명] 경사스러운 일이 거듭함. series of happy events 하다

합계(合計)[명] 한데 몰아서 계산함. 또는 그 수. (유) 합산(合算). 총계(總計). (대) 計. sum total 하다

합계(合啓)[명]〈제도〉사간원(司諫院)·사헌부(司憲府) ·홍문관(弘文館) 가운데 두 군데나 세 군데서 연합 하여 올리던 계사(啓辭). 하다

합계-액(合計額)[명] 합계한 금액. 모두 합한 액수.

합곡(合谷)[명]〈한의〉침 놓는 자리의 하나로서 엄지 손가락과 집게손가락끼리의 사이.

합국(合局)[명]〈민속〉무덤·집 자리가 좋은 곳. 곧, 혈(穴)과 사(砂)가 합하여 이룬 자리.

합군(合郡)[명] 여러 고을을 합치어 하나의 군으로 만 듦. combining two counties into one 하다

합궁(合宮)[명] 부부 사이의 방사(房事). 합금(合衾)². 하다 [의 하나. 흔히 혼례식을 지냄. 方한.

합근(合巹)[명] ①구식 혼인 거행에 있어서의 예식 절

합금(合金)[명]〈화학〉두 가지 이상의 다른 금속을 녹 여서 혼화(混和)시킨 쇠붙이. 합성금(合成金). alloy

합금(合衾)[명] ①한 이불 속에서 잠. sleeping toget-

합금강 〈합금鋼〉[명] 철과 탄소 이외의 원소를 첨가한 강.

합기도 〈合氣道〉[명] 무술의 하나. 맨손 또는 단도·검·창·봉 등이 따위를 쓰며, 관절지르기와 급소지르기를 특기로 하는 호신술.

합내 〈閤內〉[명] 〈존〉 남의 집안 식구.

합다리-나무 [식물] 나도밤나무과의 낙엽 소교목. 잎은 앞뒤에 잔털이 있고 가에 톱니가 있음. 7월에 많은 잔 꽃이 피고 핵과는 9월에 익음. 산록의 양지에 남.

합당 〈合當〉[명] 꼭 알맞음. 적당 〈適當〉. adequacy 하타

합독 〈合櫝〉[명] 부부 〈夫婦〉의 신주를 한 독 안에 넣어 모심. 또는 그 독. [대] 외독 〈一櫝〉. 하타

합동 〈合同〉[명] ① 여럿이 모여 하나를 이룸. union ② 〈수학〉 둘 또는 몇 개의 도형 〈圖形〉의 모양. congruence 하타

합동 〈合洞〉[명] 여러 동네를 새로운 한 동네로 합침. 하타

합동 결혼-식 〈合同結婚式〉[명] 한 자리에서 한 사람의 주례 〈主禮〉에 의하여 합동으로 행하여지는 결혼식. mass wedding ceremony

합동 방:송 〈合同放送〉[명] 선거 개표 상황의 방송 등과 같이, 여러 방송국을 중계선으로 연결하여 그 내용을 하나의 프로그램으로 편성하여 공동으로 하는 방송. 다원 방송 〈多元放送〉.

합동 법률 사:무소 〈合同法律事務所〉[명] 법무부 장관의 인가를 얻어 법원 소재지에서 3~5인 이상의 변호사가 합동하여 설립한 법률 사무소. 공증 업무를 볼 수 있음.

합동 참모 본부 〈合同參謀本部〉[명] 〈군사〉 군령에 관한 사항에 대해 국방부 장관을 보좌하게 하기 위해 국방부에 둔 기관. [처] 버리다. join together

합=뜨리-다 〈合一〉[동] 결정적으로 합치다. 또, 아주 합

합력 〈合力〉[명] ① 흩어진 힘을 한데 합침. uniting efforts ② 〈물리〉 몇 개의 힘 A·B·C 들이 동시에 한 물체에 작용하는 결과가 한 개의 힘이 작용하는 것과 같을 때, 이 힘을 A·B·C 들의 합력이라 함. 합성력 〈合成力〉. [대] 분력 〈分力〉. resultant force ③ 〈경제〉 어느 일을 하는 경우의 노력 〈勞力〉의 결합 〈結合〉. cooperation 하타

합례 〈合禮〉[명] ① 신랑 신부가 첫날 저녁에 한 이불 속에서 잠. 정례 〈正禮〉. first marriage bed ② 예절에 맞음. courtesy 하타 ~tion of ways 하타

합로 〈合路〉[명] 두 길 또는 그 이상의 길이 합함. junc-

합류 〈合流〉[명] ① 냇물 따위가 합치어 흐름. ¶ 두 강이 ~하다. confluence ② 뭉치기 위하여 한데로 몰림. joining 하타

합류식 하:수도 〈合流式下水道〉[명] 빗물이나 하수를 모두 같은 하수관으로 배제 〈排除〉하는 하수도.

합류-점 [—쩜] 〈合流點〉[명] ① 강물 따위가 만나는 곳. confluence of rivers ② 다른 단체와 합류하게 되는 경위나 계기 〈契機〉.

합리 〈合理〉[명] 떳떳한 도리에 합당함. [대] 불합리 〈不合理〉

합리-적 〈合理的〉[명] ① 합리성 또는 합목적성을 기조 〈基調〉로 한 〈것〉. ② 합리주의에 입각한 〈것〉. 이성적 〈理性的〉. ¶ ~인 생각. rational

합리-주의 〈合理主義〉[명] 〈철학〉 비합리주의와 우연적인 것을 물리치고 도리와 이성 〈理性〉과 논리 〈論理〉가 일체를 지배한다는 주의. 유리론 〈唯理論〉. 합리론 〈合理論〉. [대] 경험론 〈經驗論〉. 비합리주의. rationalism

합리-화 〈合理化〉[명] 〈철학〉 모든 우연을 물리치고 논리적인 필연성의 바탕 위에 대상을 구성하는 일. ② 목적을 이상적으로 이루려고 합리적으로 체계를 개선하는 일. ¶ 경영의 ~. ③ 그럴 듯하게 이유를 붙이는 일. rationalization 하타

합명 〈合名〉[명] ① 이름을 함께 이어 씀. joint signature ② 공동으로 책임을 지기 위하여 이름을 함께 씀. general partnership 하타

합명 회:사 〈合名會社〉[명] 〈경제〉 두 사람 이상이 출자 〈出資〉하여 경영하는 무한 책임의 간단한 회사. 원칙적으로 각 사원이 회사의 업무를 집행·대표함. unlimited partnership

합목 〈合木〉[명] 세공물 등의 나뭇 조각을 마주 붙임. splicing pieces of wood together 하타

합=목적 〈合目的〉[명] 목적에 맞음. fitness

합목적-성 〈合目的性〉[명] ① 〈철학〉 어떤 목적에 가장 적합한 구조나 행위. 생물의 환경과 조화 〈調和〉 등이. 칸트 제 3 비판의 근본 개념. fitness

합문 〈閤門〉[명] ① 〈밖으로 나가지 않는 출입구 〈出入口〉. 편전 〈便殿〉의 앞문. 각문 〈閣門〉. private door ② 〈동〉 통례문 〈通禮門〉. ③ 〈제도〉 고려 때 조회 〈朝會〉의 의례를 맡은 관청. ¶ ~ 부사 〈副使〉.

합문 〈闔門〉[명] ① 거가 〈擧家〉. ② 제사지낼 때 유식 〈侑食〉하는 차례에서 문을 닫음. 하타

합반 〈合班〉[명] 두 학급 이상을 합침. 또, 그 반. 하타

합반 〈蛤飯〉[명] 조개밥.

합반-주 〈合半酒〉[명] 〈변〉 합환주 〈合歡酒〉.

합방 〈合邦〉[명] 두 나라 이상을 한 나라로 합침. 또, 그 나라. 합병 〈合併〉②. annexation of a state to another 하타

합-배뚜리 [공업] 뚜껑이 달린 작은 바탱이.

합번 〈合番〉[명] 〈제도〉 중대한 일이 있을 때에 관리가 모여 숙직함. 합숙 〈合直〉. 하타

합법 〈合法〉[명] 법령 〈法令〉 법식에 맞음. 적법 〈適法〉. [대] 불법 〈不法〉. 비합법 〈非合法〉. 위법 〈違法〉. legal

합법-성 〈合法性〉[명] ① 〈철학〉 자연·사회의 현상이 일정한 인과율 〈因果律〉에 따라 일어나는 일. lawfulness ② 〈법률〉 일정한 한도 안에서 국가의 법질서 테두리 안에서 행하여졌을 경우의 행위의 평가. legitimacy

합법 운:동 〈合法運動〉[명] 〈사회〉 법률에 저촉되지 않는 범위 안에서 관청에서 허락을 받아 합법적으로 행동하는 사회 운동.

합법-적 〈合法的〉[명] 법령이나 규범에 적합한 〈것〉.

합법-주의 〈合法主義〉[명] ① 〈법률〉 범죄에 관한 여러 가지 증거를 검사 〈檢事〉가 잡았을 경우에는 반드시 공소 〈公訴〉를 하여야 한다는 주의. ② 〈사회〉 사회 운동·노동 운동을 할 때 법률에 어그러지는 것을 하지 않으려는 주의. [대] 비합법주의. legalism

합벽 〈合壁〉[명] 맞벽.

합변 〈合變〉[명] 합하며 변화함. 하타

합병 〈合兵〉[명] 〈군사〉 몇 대 〈隊〉 이상의 군대를 모아서 한 대 〈隊〉로 만듦. uniting troops 하타

합병 〈合倂〉[명] ① 둘 이상의 국가·기관을 하나로 합침. 병합 〈倂合〉. union ② 〈동〉 합방 〈合邦〉. ③ 〈법〉 둘의 회사가 계약에 의하여 한 개의 회사로 합동하는 일. [대] 독립. combination 하타

합병-증 [—쯩] 〈合倂症〉[명] 〈의학〉 하나의 질병에 잇달아서 일어나는 다른 질병. merger

합-보 〈合褓〉[명] 밥상을 덮는 겹보자기. cloth cover

합-보시기 〈盒—〉[명] 뚜껑이 달린 보시기. 합보아.

합본 〈合本〉[명] ① 〈동〉 합자 〈合資〉. ② 여러 책을 함께 맴. 또, 그 책. [대] 분책 〈分冊〉. copies bound in one volume 하타

합본 취:리 〈合本取利〉[명] 밑천을 한데 모아서 이익을 얻으려고 꾀함. combining capital 하타

합부 〈合祔〉[명] 〈동〉 합장 〈合葬〉. 하타

합-부인 〈閤夫人〉[명] 〈공〉 남의 아내. your wife

합비의 이: 〈合比—理〉[명] 〈수학〉 두 개의 비가 같을 때, 하나의 비의 전항 〈前項〉과 후항 〈後項〉과의 합과 그 후항과의 비는, 다른 비의 전항과 후항의 합과 그 후항과의 비와 같다는 이치.

합빙 〈合冰〉[명] 강물이 건너까지 모두 얼어 붙음. entire freezing of a river 하타

합-사 [—싸] 〈토와 합치〉.

합사 〈合祀〉[명] 둘 이상의 죽은 사람의 넋을 한 곳에 모아 제사함. enshrining together 하타

합사 〈合絲〉[명] 실을 겹쳐 꼰 실. 또는 그런 일. ¶~

기(機). twisted thread 하다.

합사=묘(合祀廟) ①합사하는 묘당. ②〈동〉문묘(文廟).

합=사발(盒沙鉢) 뚜껑이 딸린 사발.

합=사주(合四柱) 혼인 말이 일어난 신랑 신부감이 서로 사주를 맞추어 봄. 하다.

합삭(合朔) 해와 달이 지구를 중간에 두고 서로 대할 때. 〈약〉 삭(朔). conjunction

합산(合算) 합하여 셈함. 〈유〉합계. summing 하다.

합=산적(合散炙) 닭·꿩·쇠고기 들을 난도질하여 갖은 양념을 치고 반대기를 지어 구워 낸 음식.

합살=머리 〈명〉 횟감으로 쓰는 소의 양(胖)의 벌의집 위에 붙은 고기.

합생 웅예(合生雄蕊) 〈식물〉 여러 수꽃들이 한데 엉기어 붙어서 한 덩이가 된 수꽃술. adnate stamen

합석(合席) 자리를 함께함. sitting together 하다.

합선(合線) ①선(線)이 합침. ②양전기·음전기의 두 전선이 고장으로 한데 붙음. interruption of circuit 하다.

합설(合設) 한 곳에 합치어서 설치함. consolidation

합성(合性) 〈명〉 복합 성어.

합성(合成) 〈명〉 ①둘 이상의 것이 합하여 한 개로 됨. ¶―국(國). composition ②〈화학〉 원소로부터 출발하여 화합물을 만들어 냄. 〈대〉 분해(分解). thesis ③〈생물〉 생물이 탄산가스에서 유기 화합물을 만드는 작용. 〈대〉 분석(分析). adnation 하다.어.

합성(合成 gomme프)〈명〉〈화학〉 나트륨을 촉매(觸媒)로 하여 이소프렌을 중합시키어 만드는 고무. 인조 고무. 〈대〉 천연 고무. synthetic rubber

합성 국가(合成國家) 〈법률〉 두 개 이상의 국가 또는 자치 정부를 가지고 있는 주(州) 등이 합쳐서

합성=금(合成金) 〈동〉 합금(合金). [성립된 국가.

합성 담배(合成―) 셀룰로오스 유도체·칼슘·마그네슘염·점토(粘土) 등으로 된 인공 껵연 소재(喫煙素材)를 담배 잎에 섞어 만든 담배.

합성=력(合成力) 〈물리〉 두 이상의 힘을 모아서 된 한 힘. 합력(合力)②. resultant force

합성 명사(合成名詞) 〈명〉 〈동〉 복합 명사.

합성=물(合成物) 〈명〉 ①합성하여 만들어진 물건. compound ②〈법률〉 단일한 형체를 여러 물건의 결합으로 이루어져 그 구성 부분이 여전히 개성(個性)을 지니는 물질. 곧, 보석 반지나 건물 따위.

합성=법(―[合成法) 〈어학〉 실질 형태소를 서로 결합하여 어휘를 만드는 단어 형성법. 〈대〉 파생법(派生法).

합성 사진(合成寫眞) 〈명〉 몽타주 사진.

합성 사:회(合成社會) 〈사회〉 남성 여성이 합치어 전후 몇 대(代)를 포함하는 자연적인 발달의 사회.

합성 석유(合成石油) 〈화학〉 석유 원유(原油) 이외의 원료를 가공하여 얻은 액체 탄화(炭化)수소 원료.

합성 섬유(合成纖維) 〈화학〉 카바이드 등을 원료로 하여 합성시킨 고분자(高分子) 화합물에서 만들어진 섬유. 나일론·비닐 섬유 등. 〈약〉합성(合纖). synthetic fiber

합성 세:제(合成洗劑) 화학적으로 합성한 세제.

합성=수(合成數) 〈동〉 비소수(非素數).

합성 수지(合成樹脂) 〈화학〉 각종 화합물에서 인공적으로 합성하여 만든 수지. 인조 수지(人造樹脂). synthetic resin

합성=어(合成語) 〈동〉 복합어(複合語).

합성 염:료(合成染料) 〈동〉 인조 물감(人造―).

합성음(合成音) ①둘 이상의 음이 서로 어울려 된 소리. ②둘 이상의 음이 동시에 울리어 들리는 소리.

합성=주(合成酒) 〈화학〉 양조 과정을 거치지 아니하고 알코올에 단맛과 비슷한 맛의 여러 성분을 섞어서 만든 술. 〈대〉 양조주(釀造酒). synthetic spirit

합성 진:자(合成振子) 〈동〉 복진자(複振子).

합성품(合成品) 〈명〉 두 가지 이상을 합성시켜 이루어진 물건.

합성 품:종(合成品種) 〈식물〉 잡종 강세(雜種强勢)를 이용하여 육성한 농작물의 품종. 복성종(複成種).

합성 향료(合成香料) 동식물의 정유(精油)나 타르계(tar系) 원료를 유기 합성하여 만든 향료. 〈대〉 천연 향료. [하다.

합세(合勢) 세력을 한데 모음. forming an alliance

합=속도(合速度) 〈물리〉 한 물체에 동시에 두 속도가 가해질 때에 그 물체가 운동하는 속도.

합솔(合率) 흩어졌던 집안이나 가까운 일가가 함께 삶. living together 하다. [합시오.

합쇼 아주 높임의 뜻을 나타내어 하는 말씨. 〈원〉

합쇼=체(―體) 〈어학〉 결어법(結語法)의 존비법(尊卑法)에 속하는 종결 어미의 하나. '가십쇼·주무십쇼' 따위. [말씨를 쓰다. 합시오다.

합쇼=하다(合―)〈어〉〈여〉 '합쇼'하는 말씨를 쓰다. 존경하는

합수(合水) 〈명〉 몇 갈래의 물이 모이어 한데 흐르는 물. junction of rivers 하다. [junction of rivers

합수=머리(合水―) 〈명〉 여러 갈래의 물이 모이는 곳.

합수-지다(合水―) 〈자〉 몇 갈래의 물이 한데로 합치다.

합숙(合宿) 〈명〉 ①많은 사람이 한 곳에 숙박함. lodging together ②어느 단체가 훈련을 위하여 한 곳에서 숙박함. staying in a camp for training 하다.

합숙=소(合宿所) 합숙을 하는 곳.

합승(合乘) 〈명〉 ①여럿이 함께 탐. 승합(乘合). 합승 자동차. riding together ②〈약〉→합승 택시. 하다.

합승 택시(合乘taxi) 여럿이 타는 택시. 〈약〉 합승②.

합시오〈약〉→합쇼.

합시오-하:다〈어〉〈여〉〈원〉→합쇼하다. [心). 하다.

합심(合心) 〈명〉 많은 사람이 마음을 모음. 〈유〉 협심(協

합안(闔眼) 〈명〉 남의 허물을 보고 모르는 체함. 눈감아 중. conniving at another's fault 하다.

합연(合演) 〈명〉 합동하여 연출(演出)·연주(演奏)함. 하다.

합연 기연(合緣奇緣) 내외가 되는 인연. 이상야릇한 인연. good match

합연(溘然)=히〉 갑자기 죽어 버리는 모양.

합외(閤外) 〈명〉 편전(便殿)의 바깥.

합용 병서(合用並書) 〈어학〉 서로 다른 자음(子音)을 혹이나 셋을 나란히 가로 붙여 씀. 또, 그 일. 곧, 'ㅂㅅ·ㅂㅈ·ㅅㄱ·ㅅㅁ·ㅆㄷ·ㄹ·ㄹ'이나 'ㅃ·ㄸ' 따위.

합위(合圍) 〈명〉 빙 둘러 에워쌈. surrounding 하다.

합위 지경(合圍地境) 〈법률〉 계엄(戒嚴) 지구의 하나. 적군에게 합위(合圍)당하거나 공격(攻擊)당할 때의 지역. [有〉의 중간 형태. joint ownership

합유(合有) 공동 소유의 한 형태. 공유와 총유(總

합음=자(―字) 〈어학〉〈동〉 합자(合字).

합의(合意) 〈명〉 ①서로 뜻이 같음. mutual consent ②〈법률〉 당사자 간의 뜻이 합치함. agreement 하다.

합의(合議) 〈명〉 몇 사람이 모여서 의논함. 〈유〉 협의(協議). conference 하다.

합의 관:할(合意管轄) 〈법률〉 민사 소송법상 당사자의 관할의 합의에 의하여 설정된 법원의 관할. collegial jurisdiction

합의 기관(合議機關) 〈법률〉 그 기관의 의사(意思)가 몇 사람의 의사 종합에 의하여 결정되는 기관. 〈대〉 단독 기관.

합의 재판(合議裁判) 〈법률〉 두 사람 이상의 법관으로 되는 합의제의 재판. 〈대〉 단독 재판.

합의=제(合議制) ①합의에 의하여 일을 처결(處決)하는 제도. representative system ②〈법률〉 심리의 신중·적정을 기하기 위하여 몇 사람의 법관이 심리하는 제도. 〈대〉 단독제(單獨制). collegiate system

합의제 관청(合議制官廳) 합의제에 의한 관청. 국무 회의와 각 위원회 같은 행정 위원회 같은 것.

합의제 법원(合議制法院) 〈법률〉 3명 이상의 법관으로 구성되는 합의제의 법원.

합의체(合議體)[명]〈법률〉세 사람 이상으로 구성된 합의제의 재판 기관. council system

합일(合一)[명] 합치어서 하나가 됨. unity 하자

합자(合字)[명] 두 개 이상의 글자를 합하여 한 글자를 만듦. 또는 그 글자. 합음자(合音字). 하자

합자(合資)[명]〈경제〉두 사람의 자본을 한데 합침. 합본(合本)①. joint stock 하자

합자(盒子)[명] 동합(盒).

합자(蛤子)[명] 섭조개와 홍합을 말린 어물.

합자-산(合資算)[명]〈경제〉합자하여 경영한 사업에서 생기는 이익의 배당·손실 분담의 액수를 계산하는 일.

합자-해(合字解)[명]〈어학〉초(初)·중(中)·종성(終聲) 이 한 음절을 이루는 데 대한 규정의 풀이.

합자 회ː사(合資會社)[명]〈경제〉무한 책임 사원(無限責任社員)이 경영하는 사업에 유한 책임 사원이 자본을 제공하고 그 사업으로부터 얻는 이익을 분배하는 회사. limited partnership

합작(合作)[명] ① 힘을 합하여 만듦. collaboration ② 공동 목표를 위하여 여러 사람·단체가 협력하는 일. cooperation ③〈문학〉두 사람 이상이 함께 만든 작품. joint work 하자

합작 영화[-녕-](合作映畫)[명]〈연예〉둘 이상의 제작자·제작 회사가 공동으로 제작하는 영화.

합장(合掌)[명] ① 두 손바닥을 합침. joining the hands ②〈불교〉부처에게 배례할 때 두 손바닥을 합침. joining the hands in prayer 하자

합장(合葬)[명] ① 여러 사람의 주검을 한 무덤 속에 묻음. ② 부부의 시체를 한 무덤에 묻음. 합부(合祔). 합폄(合窆). (대) 각장(各葬). buring together 하자

합장 매듭(合掌-)[명] 두 개의 가닥이 아래위로 엇물린 모양의 매듭.

합장 배ː례(合掌拜禮)[명]〈불교〉두 손바닥을 마주 대고 절함. worshiping with folded hands 하자

합장-심(合掌心)[명]〈불교〉① 남을 우러러 받드는 마음. ② 자비스러운 마음. 「들어가는 재떨이.

합=재떨이(盒-)[명] 합같이 만들어, 뚜껑이 합으로 된.

합저(合著)[명] 힘을 합하여 책을 지음. 합작(合作)③. joint work 하자

합전(合戰)[명]〈동〉접전(接戰). 하자

합점(合點)[명] ① 합한 점수. total ②〈식물〉배주(胚珠)와 배병(胚柄)과의 부착점.

합제(合劑)[명] 두 가지 이상의 약을 조합(調合)한 약제(藥劑). medical mixture 「장르에 속함.

합조(合調)[명] 라디오 수신기를 조정하여 방송국의 파

합졸(合卒)[명] 장기를 둘 때, 병(兵)이나 졸(卒)을 가로 맞대어 한데 모음. 하자

합종(合從·合縱)[명] ① 굳게 맹세하여 서로 응함. alliance ②〈약〉→합종설. 하자

합종-설(合縱說)[명]〈역사〉중국 전국 시대에 소진(蘇秦)이 주장한, 육국(六國)이 동맹하여 서쪽의 진(秦)나라를 대항하자는 의견. 《약》 합종②.

합주(合奏)[명] 여러 가지 악기로 함께 연주함. 앙상블 (ensemble). 협주(協奏). (대) 독주(獨奏). concert 하자 「made from glutinous rice

합주(合酒)[명] 참쌀로 담근 여름에 먹는 막걸리. makoli

합주-곡(合奏曲)[명]〈음악〉합주를 할 수 있도록 꾸민 곡. 「진 합주 단체.

합주-단(合奏團)[명]〈음악〉두 사람 이상으로 이루어

합죽(合竹)[명] 얇은 댓조각을 맞붙임. joint pieces of bamboo 하자 「다. mumble 합죽합죽 하자

합죽-거리-다[이가 빠져서 입술이 우물거리는 입을 다시

합죽-선(合竹扇)[명] 겉대로 살을 만든 쥘부채.

합죽-이(蛤竹-)[명] 이가 빠져 입과 볼이 합죽해진 사람. toothless person with pursed lips

합죽-하다[형][여] 이가 빠져 볼과 입술이 우물거리다. have sunken cheeks and lips

합죽할미[명] 위아랫니가 모두 빠져서 볼과 입술이 안으로 우묵하게 할미. old woman who has no teeth

합준(合蹲)[명] 몇 개의 작은 준시(蹲柿)를 서로 뭉치어 크게 만든 마른 감.

합중(合衆國)[명] 연합 국가의 하나. 여러 나라가 연합하여 공동의 정부를 조직하고 완전한 외교권을 가진 국가. united states 「하자

합=중ː력(合衆力)[명] 많은 사람들의 힘을 한데 합침.

합=중방(合中枋)[명][동] 동벌목.

합중 왕국(合衆王國)[명]〈정치〉영국의 경우와 같이 합중국의 형태를 이룬 통치권이 그 나라의 왕에게 딸린 나라. united kingdom

합지-증[一증](合指症)[명]〈생리〉손가락이나 발가락의 일부, 또는 전부가 붙어 있는 기형(畸形).

합직(合直)[명][동] 합번(合番). 하자

합집(合集)[명] 합쳐서 모임. 하자 「attaching 하자

합착(合着)[명] 떨어졌다 있던 것들을 한데 합하여 붙임.

합창(合唱)[명] ① 여러 사람이 소리를 맞추어 노래함. singing together ②〈음악〉4명 이상의 소리가 함께 화성(和聲)을 이루면서 다른 가락으로 노래함. (대) 독창(獨唱). chorus 하자 「up 하자

합창(合瘡)[명] 종기·상처 따위가 아무는 일. healing

합창-곡(合唱曲)[명]〈음악〉합창을 할 수 있도록 꾸민 곡. chorus

합창-단(合唱團)[명]〈음악〉① 여러 사람이 모여 노래하는 단체. ② 합창을 주로 하는 음악을 연구하는 단체. chorus

합창-대(合唱隊)[명] 합창을 하기 위하여 조직된 단체.

합체(合體)[명] 두 사람 이상이 마음을 모아 한 덩어리가 됨. union 하자 「together 하자

합취(合聚)[명] 한데 모여서 합(合)함. 합친. putting

합치(合致)[명] 일치함. ¶ ~점(點). agreement 하자

합치 감:정(合致感情)[명]〈심리〉비교 작용·판단 작용 등에 있어서 두 표상(表象)이 동화가 될 때에 일어나는 감정. feeling of agreement

합-치-다(合一)[타] ① 여럿을 하나로 만들다. unite ② 뒤섞다. ③ 한데 모으다. amalgamate

합판(合板)[명] 통나무에서 아주 얇게 켠 판을 여러 장 겹쳐 붙인 널빤지. veneer 「publication 하자

합판(合版)[명] 몇 사람이 합동으로 책을 출판함. joint

합판(合辦)[명] ① 몇 사람이 힘을 모아 어느 사업을 경영함. ②〈경제〉몇 개의 기업체(企業體)가 공동으로 어느 기업을 경영하는 일. joint management

합판 유리[-뉴-](合板琉璃)[명] 두 장의 판유리를 맞붙여서 만든 유리. 깨져도 파편이 튀지 않음.

합판-화(合瓣花)[명]〈식물〉꽃잎이 서로 붙은 꽃. 나팔꽃 따위. (대) 이판화(離瓣花). gamopetalous flower

합판 화관(合瓣花冠)[명]〈식물〉여러 꽃잎이 서로 붙은 화관. gamopetalous corolla

합편(合編)[명] 두 편 이상의 글이나 책을 합쳐 엮음. 또는 그 책. binding together 하자

합폄(合窆)[명][동] 합장(合葬). 하자

합평(合評)[명] 여럿이 한 자리에 모여서 같은 문제·작품을 가지고 의견을 나누어 비평. joint view 하자

합평-회(合評會)[명] 문제되는 작품을 대상으로 많은 사람이 한 자리에 모여서 비평하는 모임. meeting for a joint review 「(대) 분필(分筆).

합필(合筆)[명] 여러 지번(地番)의 토지를 합체 합침.

합하(閤下)[인대]〈제도〉[공] 정 1품의 관직에 있는 사람을 이름.

합-하-다(合一)[자여] ① 여럿이 하나가 되다. be put together ② 마음에 꼭 맞다. agreeable

합-하-다²(合一)[타여] ① 몇 개를 하나로 만들다. unite ② 뒤섞다. mix

합해(蛤醢)[명] 잔조개의 살로 담근 것.

합헌-성[一성](合憲性)[명] 어떤 법적 행위가 헌법 정신에 일치함. (대) 위헌성.

합혈(合血)[명] 서로 합함. 아버지의 피와 아들의 피를 물에 떨어뜨리면 합하여진다고 하여 재판에서 정말 부자간인가를 조사할 때에 쓰는 방법.

합화(合和)명 한데 합하여 잘 어울림. harmony 하다
합환(合歡)명 ①여럿이 기쁨을 함께 함. sharing pleasure ②남녀가 한 이불 속에서 자면서 즐거워함. sharing the bed 하다
합환(閤患)명 《공》남의 아내의 병.
합환=목(合歡木)명 《동》자귀나무.
합환=주(合歡酒)명 혼례 때 신랑·신부가 서로 잔을 바꾸어 마시는 술. 《변》합반주(合半酒). nuptial cups
핫-튀 ①옷이나 이불 같은 것에 솜을 둔 것을 뜻하는 말. padded ②짝이 갖추어진 상태를 나타냄.
핫-것명 솜을 둔 옷이나 이불 따위의 총칭. wadded things [秋]. article of inferior quality
핫-길(下一)명 하등의 품질. 또는 그 물건. 하질(下
핫 뉴:스(hot news)명 새로운 뉴스.
핫-도그(hot dog)명 개자유(芥子油)나 버터를 바른 길쭉한 빵 속에 뜨거운 소시지를 넣은 음식.
핫-두루마기명 솜을 둔 두루마기.
핫 라인(hot line)명 미소 직통 통신선(美蘇直通通信線).
핫 머니(hot money)명 《경제》①국제 금융 시장을 끊임없이 이동하고 있는 단기(短期)의 자금. ②주식(株式) 시장에 대한 단기의 불안전한 투자금.
핫-바지명 ①솜을 두어 지은 바지. wadded Korean trousers ②(속) 시골 사람. 어리석은 사람. country man
핫-반명 두 겹으로 된 솜반. double sheets of cotton
핫-아비[한一]명 배우자 곧 아내가 있는 남자. 《대》
핫-어미[한一]명 핫어미. [홀아비.
핫-어머니[한一]명 배우자 곧 남편이 있는 여자. 《대》
핫-옷[한一]명 솜을 두어 지은 옷. [홀어미.
핫 워(hot war)명 무력을 써서 하는 전쟁. 열전(熱戰). 《대》콜드 워(cold war). 냉전.
핫 위스키(hot whisky)명 위스키에 더운 물을 적당히 타고 레몬 또는 개피 등으로 향기를 돋군 술.
핫-이불[一니一]명 솜을 두어 겨울에 덮는 이불.
핫-저고리명 솜을 둔 저고리.
핫 케이크(hot cake)명 밀가루에 설탕·달걀·버터 등을 넣어 구운 둥근 과자.
핫-코:너(hot-corner)명 야구에서, 강한 타구(打球)가 많이 날아가는 데서, 삼루를 말함.
핫-통이명 ①옷에 솜을 많이 두어서 통통한 옷. well-wadded clothes ②철 지난 후에 입는 솜옷. wadded clothes worn out of season
핫-하우스(hothouse)명 온실(溫室).
항(行)명 《원》→행(行)¹⁰.
항:(項)명 ①법률이나 문자 등의 각각의 구분. paragraph ②예산 편제에 있어서 관(款)의 아래, 목(目)의 위. item ③《수학》→사항(事項). ④《수학》다항식(多項式)에 있어서 각계의 단항식(單項式). ⑤《수학》분수에 있어서 분자나 분모. term ⑥《수학》비례식에 있어서 각 부분. term ⑦급수(級數)를 이루는 각 수. term ⑧같은 종류 속에서 각 부분. section
항:(抗)튀 일부 명사 아래 쓰여, 저항(抵抗)의 뜻을 나타내는 말. ¶~결핵제.
=항(行)명 ①친족을 나타내는 말 아래 쓰여, 항렬(行列)의 뜻을 지니고 혈족간의 관계를 나타내는 말 아래 쓰이는 말. ¶질(姪)~. degree of relationship
=항(港)명 명사 아래에 붙어, 항구의 뜻으로 쓰임. ¶인천~. port [ging
항:가(巷歌)명 거리에서 노래함. 또는 그 노래. singing
항가-새(동) 엉겅퀴.
항:가(港街)명 항구의 거리. 항구의 street
항:간(巷間)명 《약》→항간(閭巷間).
항:강(項强)명 항강증(項强症).
항:강-증[一一증](項强症)명 《한의》경련성(痙攣性)이 나 뇌막염 같은 병으로 목 뒤가 잘 움직이지 않고 아프고 뻣뻣함. 《약》항강(項强).
항:거(抗拒)명 버팀. resistance 하다
항:거 운:동(抗拒運動)명 권력 등의 압력에 대항하는 운동.
항:거-죄[一죄](抗拒罪)《법률》공무를 집행하는 공무원에게 협박이나 폭행을 써서 방해한 죄. offence of resisting lawful order
항견=권(恒見圈)명 《천문》어느 처소에서나 항상 바라볼 수 있는 천구의 한 부분. 천구의 극을 중심으로 하여 그 처소의 위도와 같은 반지름을 가지는 원 [(圓).
항:계(港界)명 항만의 경계.
항:고(抗告)명 《법률》법원의 결정·명령에 대하여 상급 법원에 독점 불복(不服) 상소함. complaint 하다
항:고=심(抗告審)명 《법률》항고에 대하여 상급 법원이 행하는 심리(審理). [aviation 하다
항:공(航空)명 항공기로 공중을 비행함. ¶~여객.
항:공=계(航空界)명 항공에 관계되는 사회. 또는 그 분야.
항공 계:기(航空計器)명 《공업》항공기의 조종 및 운용상의 보조로서 사용되는 여러 계기(計器). 고도계(高度計)·속도계(速度計)·방향 지시기(方向指示器)·발동기용 계기(發動機用計器) 따위가 있음.
항:공 관:제(航空管制)명 《약》→항공 교통 관제.
항공 관:제탑(航空管制塔)명 공항 안에 세워져, 항공기의 이륙과 착륙의 지시 등 항공 교통을 관리·지도하는 설비를 갖춘 탑. 《약》관제탑. control tower
항공 교통 관:제(航空交通管制)명 항공기를 안전하고 능률적으로 운행시키기 위하여 행하는 교통 관제. 《약》항공 관제.
항:공-기(航空機)명 공중을 비행할 수 있는 비행선(飛行船)·기구(氣球)·비행기·활공기(滑空機)의 총칭. aircraft
항:공 기상학(航空氣象學)명 항공기가 날아다니는 데 여러 가지로 필요한 기상을 연구하는 학문.
항:공 기호(航空記號)명 항공기 곁에 표시하는 여러 가지 기호.
항:공=대(航空隊)명 《군사》①항공기를 주요 부분으로 하여 구성한 부대. ②단위 부대에 소속되어 있는 항공기의 부대. aircorps
항:공-도(航空圖)명 항공용(航空用)의 지도. air-map
항:공 등대(航空燈臺)명 야간이나 나쁜 기상으로 비행하는 항공기의 항공 안전 및 지점 인식의 편의를 위하여, 비행장·항공로상의 중요 지점에 설치하는 등대. [power 공군의 병력. air force
항:공-력(航空力)명 ①항공의 능력·역량(力量). air
항:공-로(航空路)명 경기적으로 행해지는 항공기의 노선. 《약》공로(空路). 항로(航路)². airline
항공 모:함(航空母艦)명 《군사》항공기를 발착(發着)시키는 넓은 갑판과 격납고 및 수리 설비를 갖춘 군함. 《약》모함(母艦). aircraft carrier
항:공 무선(航空無線)명 항공기의 항행을 안조하는 데 이용하는 무선 설비의 총칭.
항:공 문학(航空文學)명 《문학》항공기로 공중을 다니면서 얻은 경험으로 여러 가지를 나타낸 문학.
항공-법[一뻡](航空法)명 《법》항공기에 관한 행정적 단속을 목적으로 하여 제정한 법률. 항공 법규.
항공 법규(航空法規)명 《약》→항공법.
항공-병(航空兵)명 항공기로 적진에 들어가 정찰·전투·폭격 같은 구실을 맡은 병정. airman
항:공-병(航空病)명 《의학》항공기를 타고 다니는 까닭으로 일어나는 여러 가지 신체적 이상(異狀). 높이·가속도(加速度) 또는 특수한 심리 작용에 기인함. aeroneurosis
항:공 보:험(航空保險)명 《경제》항공기의 사고로 일어난 여러 가지 손해를 보충하려는 것을 목적으로 하는 보험. flight insurance
항:공-사(航空士)명 ①《동》조종사(操縱士). ②항공기를 타고 날씨·방향 등을 관측하여 조종사에게 일러

주어 조종의 보좌역을 하는 사람. aviator
항:공-사(航空社)圀 항공 운송 사업을 하는 회사.
항:공 사진(航空寫眞)圀 비행 중의 항공기에서 고성능 사진기로 지상을 촬영한 사진. 공중 사진.
항:공-상(航空相)圀 항공 관계 장관의 딴이름.
항:공-선(航空船)圀 비행선. 〔설치돼 세관.
항:공 세:관(航空稅關)圀 항공기가 뜨고 내리는 곳에
항:공 수송(航空輸送)圀 항공기에 의한 여객·화물·우편물 따위의 수송. 〔약〕공수. air transportation 하다
항:공-술(航空術)圀 항공에 관계되는 여러 기술.
항:공 역학[-녁-](航空力學)圀〈물리〉항공기의 유체 역학적(流體力學的) 방면을 다루는 학문. aero-mechanics
항:공 연료[-년-](航空燃料)圀 항공기가 하늘을 나르는 데 필요한 연료. 항공 가솔린·제트 연료 등.
항:공 우편(航空郵便)圀 항공기로 우편물을 실어 나르는 제도. 또, 그 우편물. 〔약〕항공편①. airmail
항:공 의학(航空醫學)〔의학〕항공기 탑승자의 보전·위생·능률의 유지 및 향상을 꾀하는 의학.
항:공-전(航空戰)圀 공중전(空中戰).
항:공 정찰(航空偵察)圀 공중 정찰.
항:공 지도(航空地圖)圀 항공용의 지도. 항공로·비행 금지 구역·비행장·무선 항행 원조 시설 등이 기재되어 있음. 〔내왕하는 편.
항:공-편(航空便)圀 ①〔약〕→항공 우편. ②항공기가
항:공 표지(航空標識)圀 ①항공기의 양 날개 밑이나 허리통 아래 또는 후부에 표한 국적 기호·등록 기호(登錄記號). aircraft mark ②항공기의 발착(發着)에 안전을 꾀하기 위한 비행장이나 그 근처에 설비한 모든 표지. aerial beacon
항:공-학(航空學)圀 항공에 관계되는 여러 가지 일을 연구하는 학문. aeronautics
항:공-항(航空港)圀 공항.
항-괘(吐괘)圀〈민속〉우레와 바람을 상징하는 육십
항괘고[-꽤-]圀 〔사쾌의 하나. 〔약〕항(恒).
항구圀 옆받으로 판에 낼 바닷물을 받는 웅덩이.
항:구(恒久)圀 변하지 아니하고 오래오래 감. 영구 (永久). permanency 하다
항:구(港口)圀 배가 드나들고 또 머무르는 곳. 박박 (薄泊). 항진(港津). 〔약〕항(港). harbour
항:구 도시(港口都市)圀 항구를 끼고 발달한 도시. 〔약〕항도(港都). 항시(港市). port city
항구-적(恒久的)圀 영구적.
항:구-세[-쎄-](港口稅)圀 항구를 통하여 수출입하는 화물에 대하여 매기는 세금. 〔약〕항세(港稅).
항구적(恒久的)圀 영구적.
항균-성[-썽-](抗菌性)圀 항생 물질 등이 세균의 발육을 저지하는 성질. 〔질.
항:균성 물질[-썽-질-](抗菌性物質)圀 〔동〕항생 물
항기(降旗)圀〔동〕백기(白旗)①.
항:내(港內)圀 항구의 안. 〔대〕항외. in a habour
항-다반(恒茶飯)圀 늘 있어서 이렇하거나 신통할 것이 없는 일의 비유. 〔약〕다반(茶飯). matter of common occurrence 〔약〕다반사.
항다반-사(恒茶飯事)圀 예사로운 일. 항상 있는 일.
항-담(巷談)圀 세상의 풍설. 가설(街說). 항설(巷說). 가담(街談). town talk
항덕(恒德)圀 변함없이 한결같은 덕. firm virtue
항도(恒道)圀 영구히 변하지 않는 정도(正道).
항:도(港都)圀 〈지리〉항구(港口) 안바의 지리를 자세히 그려, 배의 출입 또는 정박에 도움이 되는 해
항:도(海圖)圀 항아리와 독. 〔도(海圖).
항:-독소(抗毒素)圀〈의학〉생체(生體) 안으로 침입하는 독소(毒素)에 저항 결합하여 독을 없애는 작용을 하는 물질. 혈청(血淸) 기타의 체액(體液)에 생김. antitoxin 〔치한 등.
항:등(港燈)圀 선박 출입의 편리를 위하여 항구에 설

항=등식(恒等式)圀〈수학〉등식(等式)의 하나. 식에 들어 있는 문자에 어떠한 값을 넣어도 언제나 양쪽의 값이 같아지는 식. $a+b=b+a$, $(x+2)(x-2)=x^2-4$ 따위. 〔대〕방정식(方程式). identical equation
항:라(亢羅)圀 날을 셋 혹은 다섯 짝으로 몰아 성기게 짠 여름 옷감. sheer silk 〔配偶〕. pairs
항:려(伉儷)圀 남편과 아내로 이루어진 짝. 곧, 배우
항:력(抗力)圀 ①〈물리〉어떤 물체가 유체(流體) 속을 운동할 때에 운동 방향과는 반대 방향으로 물체에 작용하는 유체의 저항력. ②〈물리〉물체가 면(面) 위에 있을 때에 그 물체에 작용하는 힘. ③버티는 힘. 저항력(抵抗力). drag
항렬(行列)圀 같은 혈족간에 있어서의 관계를 표시하는 계급. degree of kin relationship
항렬-자[-짜-](行列字)圀 같은 혈족간에서 한 항렬을 표시하기 위하여 이름 두 자 가운데 한 자는 공통으로 같게 쓰는 글자. 돌림자.
항:례(抗禮)圀 ①어느 편에도 기울지 않는 대등(對等)의 예로 접대함. 또, 그 예. association as equals ②동등한 교제. 동등한 대우. 하다
항례(恒例)圀 상례(常例).
항:로(航路)圀 ①배가 다니는 길. ¶~ 구역(區域). 〔유〕수로(水路). sea-route ②〔약〕→항공로(航空路).
항:로 보:조금(航路補助金)圀〈경제〉어느 항로를 계속 유지하기 위하여 그 항로를 사용하는 경영자에게 정부에서 일정한 보조로 지원하는 금액.
항:로 신:호(航路信號)圀 항해하고 있는 선박이 가까이 온 다른 선박과의 충돌을 피하기 위하여, 자기 선박의 침로 변경(針路變更)을 통지하는 음향 신호(音響信號). marine signal
항:로 표지(航路標識)圀 항로를 지시하고 항로의 안전을 꾀하기 위하여 설치하는 표지. 등대·부표(浮標) 또는 안개 신호 따위. nautical mark
항:론(抗論)圀 대항하여 의논함. refutation 하다
항:룡(亢龍)圀 지극히 높은 지위. utmost high position 〔다.
항마(降魔)圀〈불교〉악마를 물리쳐 항복을 받음. 하
항마-검(降魔劍)圀〈불교〉악마를 물리쳐 항복 받는 칼.
항:만(港灣)圀 배를 대고 물건 또는 사람의 오르고 내림이 편리하도록 모든 설비를 해 놓은 곳. 만박 (灣泊). harbours
항:명(抗命)圀 명령이나 제지(制止)에 따르지 않고 반항함. 명령을 어김. disobedience 하다
항:명-죄[-쬐-](抗命罪)圀〈군사〉상관의 명령이나 제지(制止)에 복종하지 아니하는 죄. offence of dis-
항:모(航母)圀〔약〕→항공 모함. [obedience
항-목(一木)圀〔동〕갱목(坑木).
항:목(項目)圀 사물을 세분한 조목. item
항문(行文)圀 글을 적어 나가는 방법. 작문의 방식.
항문(肛門)圀〈생리〉똥구멍. ¶~ 열상(裂傷). anus
항:문(港門)圀 항구(港口)의 출입구. entrance to a port
항문 괄약근(肛門括約筋)圀〈생리〉항문의 주위에 있어, 항문을 오므리고 커고 하는 것을 맡은 근육. musculus sphincterani
항:배 상망(項背相望)圀 ①뒤를 이을 사람이 많음의 비유. ②왕래(往來)가 빈번함을 말함. 하다
항:법[-뻡](航法)圀 ①선박이나 항공기가 두 지점 사이를 가장 정확하게 이동하기 위한 기술. navigation ②항공(航空)이나 항해(航海)하는 방법.
항:법-사[-뻡-](航法士)圀 항공기에 탑승하여 그 위치 및 침로(針路)의 측정과 항공상의 자료를 보는 사람.
항:변(抗卞)圀 항변(抗辯). 하다〔출하는 사람.
항:변(抗辯)圀 ①서로 대항하여 변론함. 〔유〕의논(議論)①. dispute ②〔법률〕민사 소송에서 방어하으기 위하여 반대 진술함. 또, 그 방법. 항변(抗卞). 하다

항병(降兵)명 항복해 오는 병졸. 항졸(降卒). surrendered soldier
항복(降伏·降服)명 ①힘에 눌려서 적에게 굴복함. surrender ②〈불교〉나(我)를 죽이고 굴복함. ③〈불교〉부처의 힘으로 악마를 물리침. 하타
항복-기(降伏旗)명〔동〕항기(降旗). 백기(白旗)①.
항부(降伏)명 항복하여 붙음. 하타
항사(恒事)명 항상 있는 일. 보통의 일.
항산(恒産)명 ①생활할 수 있는 일정한 재산. fixed property ②일정한 생업(生業). regular occupation
항:산성-균(抗酸性菌)명〈생물〉산(酸)에 강한 균. 결핵균이나 나병균 따위.
항상(恒常)명 당연함. 보통으로 있음. 튄 언제나. 늘. 일상(日常). 육장(六場). always
항:생 물질(抗生物質)명〈화학〉세균이나 곰팡이로부터 만들어지는 물질로 다른 미생물(微生物)의 발육이나 번식을 억제할 수 있는 것. 항균성 물질. antibiotic
항:생-제(抗生劑)명〈약학〉항생 물질로 된 약제.
항서(降書)명 항복할 의사를 적어 적에게 보내는 글. instrument of surrender
항:설(巷說)명〔동〕항담(巷談). 항어(巷語).
항설-선(─線)(恒雪線)명〔동〕설선(雪線).
항성(恒性)명 언제나 변하지 않는 성질. constancy
항성(恒星)명〈천문〉천구상(天球上)에서 서로의 위치를 거의 바꾸지 아니하고 성좌(星座)를 구성하는 천체(天體). 정성(定星). 붙박이별. 〔대〕유성(遊星). fixed star
항성 광도(恒星光度)명〈지학〉지구의 표면에 있어서 수직으로 비치는 항성의 빛의 강도(強度).
항성-년(恒星年)명〈천문〉태양이 항성과 동일한 황경(黃經)을 거쳐 다시 되돌아오기까지의 시간. 지구의 공전 주기와 같음. sidereal year
항성-도(恒星圖)명〈천문〉천구(天球)를 평면 위에 투영하여 항성을 그 광도(光度)에 따라 투영하여 이를 그 광도에 따라 그린 그림. 〔약〕성도(星圖). celestial map
항성-시(恒星時)명〈천문〉지구가 항성계(系)를 한 바퀴 도는 시간을 하루로 정하고(곧, 항성일) 이것을 24시 60분 60초로 나눈 시각의 단위. sidereal time
항성-월(恒星月)명〈천문〉항성을 기준으로 하여 달이 천구(天球)를 한 바퀴 도는 주기(周期). 평균 27일 7시간 43분 11초임. sidereal month
항성-일(恒星日)명〈천문〉한 항성이 자오선을 통과하고 다시 같은 자오선을 통과할 때까지의 시간. 23시 56분 4.091초임. sidereal day
항성 주기(恒星週期)명〈천문〉위성이나 유성이 그 중심되는 천체를 한 바퀴 도는 동안. sidereal revolution
항성-표(恒星表)명〈지학〉다수의 항성의 시(視)위치·운동·등급·스펙트럼형·거리·변광 주기 등을 나타낸 표.
항:-세(─稅)(港稅)명→항구세(港口稅).
항:소(抗訴)명〈법률〉제일심(第一審) 판결에 대하여 불복(不服)하고 법원에 이의 변경을 요구하는 일. 공소(控訴). appeal to a higher court 하타
항:소-권(─권)(抗訴權)명〈법률〉상소권의 하나. 항소를 할 수 있는 권리.
항:소 극론(抗疏極論)명 임금에게 상소문을 올리어 극력(極力)으로 논함. 하타
항:소 기각(抗訴棄却)명〈법률〉법원이 적당하지 아니한 항소를 각하하여 버릴 때에 하는 재판. 하타
항:소 법원(抗訴法院)명〈법률〉항소 법원. 제1심 법원의 상급 법원. 하여 항소가 있을 때에 개시되는 항소 법원의 심리(審理) 절차.
항:소 심리(抗訴審理)명〈법률〉제1심 법원의 판결에 대하여 항소가 있을 때에 개시되는 항소 법원의 심리(審理) 절차.
항:소-인(抗訴人)명〈법률〉항소한 사람.
항:소-장(─장)(抗訴狀)명〈법률〉항소 제기의 의사 표시를 명백히 하여 항소 기간 안에 원심 법원에 내는 서면.
항속(航速)명 ①항상 빠름. ②일정한 속도. fixed speed
항:속(航速)명 선박이나 비행기의 속도.
항:속(航續)명 항공·항해를 계속함. ¶~거리. cruising flight 하타
항:속-력(航續力)명 항공기 또는 함선(艦船)이 한 번 실은 연료만으로 항공·항해를 속행할 수 있는 힘. cruising power 〔~까지의 시간. endurance
항:속 시간(航續時間)명 비행을 개시해서 종료할 때까지의 시간.
항:송(航送)명 선박 또는 항공기로 수송함. sending by ship or airplane 하타
항:쇄 족쇄(項鎖足鎖)명〈제도〉죄인을 단단히 잡히기 위하여 목에는 칼을 씌우고 발에는 족쇄나 차꼬를 채움. pillory and shackles 하타
항수(─수)(行數)명〔원〕→행수(行數).
항수(─수)(恒數)명〔동〕상수(常數).
항습(恒習)명 언제나 하는 버릇. custom
항:시(恒時)명〔동〕상시(常時). 튄 늘.
항식(恒式)명 일정 불변하는 격식(格式). constant formality
항:심(抗心)명 대항하려는 마음.
항심(恒心)명 언제나 지니고 있는 떳떳한 마음. stable mind
항아(姮娥)명 달 속에 있다고 하는 선녀(仙女)의 이름. 상아(嫦娥). fairies who live in the moon
항아리(缸─)명 아래위가 좁고 배가 바탱이보다 작은 그릇. jar
항아리 손님(缸─)〔한의〕양쪽 볼이 항아리처럼〔부어오르는 마마의 하나.
항:어(抗禦)명 맞대서서 막아냄. resistance 하타
항:어(巷語)명 항간에 떠도는 말. 항설(巷說). rumour
항:언(抗言)명 대항하는 말. protest 하타
항언(恒言)명 언제나 하는 말. 보통말. common words
항업(恒業)명 언제나 지니고 있는 일정한 직업. regular occupation
항:역(抗逆)명 대항하여 거역함. 하타-타
항:연(項軟)명〈한의〉어린아이들이 너무 오랜 병에 시달려서 목을 가누지 못하는 증세.
항오-결(行連結)명〔동〕직렬(直列). 〔file
항오(行伍)명〈군사〉군대를 조직한 행렬. rank and
항오 발천(行伍發薦)명 ①졸병으로부터 장관(將官)으로 올라감. ②낮은 벼슬에서 차츰 높은 벼슬로 오름. 하타
항오 출신(─신)(行伍出身)명 미천한 졸병으로부터 출세함. officer risen from the ranks 하타
항온(恒溫)명 상온(常溫).
항온-기(恒溫器)명〔동〕정온기(定溫器).
항온-대(恒溫帶)명 상온층(常溫層).
항온 동물(恒溫動物)명〔동〕동온 동물(等溫動物). 정온 동물(定溫動物).
항온 장치(恒溫裝置)명 실험(實驗) 장치·공업 생산 공정·주거(住居) 등의 특정한 곳의 온도를 될 수 있는 대로 일정하게 유지시키는 장치.
항온-조(恒溫槽)명 외기(外氣)의 온도에 영향을 받지 아니하고 늘 일정한 온도를 보유하게 만든 조(槽).
항온-층(恒溫層)명 상온층(常溫層). 〔port
항:외(港外)명 항구의 바깥. 〔대〕항내. outside the
항:요(巷謠)명 항간에서 불리는 속된 노래. street song
항용(恒用)명 드물거나 귀할 것 없이 보통임. common 튄 항상. 보통. ¶~하는 버릇. always
항용=건(─건)(恒用件)명 언제나 쓰는 물건.
항우도 댕댕이 덩굴에 넘어진다〔속담〕무엇이든 경솔하게 얄보아서는 안 된다는 뜻.
항:우 장:사(項羽壯士)명 항우와 같이 힘이 아주 센〔사람.
항:운(航運)명 배로 짐을 실어 나름. shipping 하타
항:원(抗元·抗原)명〈생리〉혈액 가운데에서 항체(抗體)를 만들게 하는 원인이 되는 것. 세균이나 보통

혈액 가운데에 없는 단백질 같은 것들임. 항체원. antigen

항은-권(恒隱圈) 〈천문〉 어느 장소에서든지 도무지 바라볼 수 없는 천구(天球)의 부분. 《대》 항현권(恒顯圈).

항:의(抗議) ①반대의 뜻을 주장함. 《유》 항변(抗辯). ②어느 나라가 다른 나라의 행동에 반대하는 뜻을 상대국에 정식으로 통지함. protest 하

항의(降意) 항복할 뜻. intention of surrender

항의(恒儀) 항례(恒例)로서 올리는 의식.

항의(恒醫) 보통의 의원(醫員).

항:의(巷議) 세상의 평판. 길거리에 뜬 소문. rumour

항인(降人) 항복한 사람. surrenderer

항:일(抗日) 일본 제국주의에 대한 항거. 《유》 배일(排日). antiJapanese 하

항자(降者) 항복한 사람. surrenderer

항자 불살(降者不殺) 항복하여 오는 사람은 죽이지 아니함. 하

항장(降將) 항복한 군대의 장수(將帥). defeated general

항:장-력(抗張力) 〈물리〉 물체가 잡아당기는 힘에 대항하여 견디어 낼 수 있는 한계의 장력.

항:-장:사(項壯士) 항우와 같은 장사라는 말로 힘이 아주 센 사람을 이르는 말.

항:재(抗材) 〈토목〉 ①건축에 있어서 기초 공사에 쓰이는 지주재(支柱材). scaffolding ②광산의 갱도(坑道) 지주재. shaft props

항:쟁(抗爭) 대항하여 다툼. 《유》 항전(抗戰). contention 하

항:적(抗敵) 버티어 대듬. hostility 하

항:적(航敵) ①배 따위가 물 위를 지나간 뒤에 보이는 형적. wake ②항공기가 통과한 형적을 연결한 선.

항:적-운(航跡雲) 비행기운(飛行機雲).

항:적 필사(抗敵必死) 죽기로 하고 대적하여 싸움. 부수려는 목적으로 행동하는 것.

항:적 행위(抗敵行爲) 〈법률〉 적의 나라 인가에 붙은 쇠고기. brisket

항:전(抗戰) 적(敵)과 버티어 전쟁함. 《유》 항쟁(抗爭). resistance 하

항정 돼지나 개의 목널미. neck ②양지머리 위에 붙은 쇠고기. brisket

항:정(航程) 항행(航行)하는 이정(里程). run of a ship

항:조(亢燥) 지대가 높아서 많이 메마름. high and dry 하

항졸(降卒) 〈동〉 항병(降兵).

항:종(項腫) 〈한의〉 목에 나는 큰 부스럼.

항:주-력(航走力) 항행하여 달리는 힘.

항:직(亢直) 곧고도 굳셈. 강직(剛直). 하

항:진(亢進) ①뽐내고 한껏 나아감. ②병세(病勢)따위가 악화됨. exasperation 하

항:진(航進) 배나 비행기를 타고 나아감. 하

항:차(항) 황차(況且).

항:차(航差) ①배의 방향과 침로(針路)의 차. ②배의 고유의 속력과 실지 항행 속력과의 차.

항:-철목(項鐵木) 물방아의 굴대를 떠받친 나무.

항:체(抗體) 〈생리〉 생체(生體)가 항원(抗原)의 침입에 대응하여 혈청(血淸)이나 조직 속에 형성되는 물질. 면역체. antibody

항:체-원(抗體原) 〈동〉 항원(抗原).

항:타-기(抗打機) 〈토목〉 무거운 쇳덩이를 말뚝 머리에 떨어뜨려 그 힘으로 말뚝을 땅속에 때려 박는 기계. 물건을 올릴 수 있도록 하는 기초.

항:타 기초(抗打基礎) 〈토목〉 말뚝 위에다가 다른 항태(缸胎) 거칠고 두껍고 무거운 오지 그릇의 하나. 질이 토기(土器)와 같이나 거칠고 두꺼우며 굳고 무거움. ②갯물을 올리기 전의 도자기의 몸.

항통(缿筒·缿筩) 〈역〉 ①관청에 만들어 두고 백성의 투서를 받던 통. ②〈동〉 녹인통(鹿印筒).

항풍(恒風) 〈지학〉 무역풍같이 일정한 방향으로 부는 바람. 탁월풍(卓越風). constant wind

항:-하(恒河) 〈지리〉 '갠지스강(Ganges 江)'의 한자 이름. 없을 만큼 많은 수효. numberless

항하=사(恒河沙) 항하(恒河)의 모래알처럼 셀 수

항:한(亢旱) 극심한 가뭄.

항:해-도(航海) 배를 타고 바다를 건넘. voyage 하

항:해-도(航海圖) 연안 항해(沿岸航海)에 필요한 사항을 적은 해도(海圖). navigator's chart

항:해-등(航海燈) 항해중의 배가 밤중에 그의 진행 방향을 나타내고자 켜는 등. 장등(檣燈)·현등(舷燈)·선미등(船尾燈) 따위.

항:해-력(航海曆) 항해자들이 필요로 하는 기상 관계의 사항을 적은 책력. nautical almanac

항:해 보:험(航海保險) 〈경제〉 배가 항해하는 동안에 생기는 여러 손해를 채우기 위한 보험.

항:해-사(航海士) 〈법률〉 선박 방위의 측정, 승무원의 지휘, 하역의 감독 등을 담당하는 선박 직원의 하나. mate

항:해-술(航海術) 선박이 항해중, 그 배가 실지 현재의 경위도를 확인하고 또 항해하여야 할 지름길의 침로(針路)·항정(航程) 등을 헤아리는 기술. art of navigation

항:해 일지(航海日誌) 항해하는 동안에 그날 그날 일어나는 모든 것을 적어 두는 책. 법률에서 선박에 강제로 비치하게 한 선내 중요 서류의 하나임. voyage log

항:해-장(航海長) 항로(航路)·기상(氣象) 그리고 여러 물품을 간수하는 감독을 맡은 함장(艦長) 아래 지위에 있는 사람.

항:해 조례(航海條例) 〈역사〉 1651년 영국에서 자기 나라의 해운업을 돕고 네덜란드의 상업을 방해할 목적으로 반포한 법률. 영국 및 그 속령에 출입하는 화물은 영국이 또는 그 속령의 선박에 한할 것을 규정한 것임. 1849년 폐지. Navigation Act

항:해 증서(航海證書) 〈법률〉 선박의 항해를 허가하는 증명서.

항:해 천문학(航海天文學) 〈천문〉 항해하면서 천체의 관측에 의하여 경위도(經緯度)나 방위(方位)를 알아내는 천문학. nautical astronomy

항:해-표(航海表) 천체(天體)를 관측하고 선박의 해상의 있어서의 위치를 측정하며 또는 나침판의 오차 측정(誤差測定) 등을 알아서 쓰이는 표. nautical tables

항:행(航行) 배를 타고 바다나 큰 물을 건넘. navigation 하

항:행 구역(航行區域) 선박의 각 등급에 따라 항행할 수 있는 수역(水域).

항:행-도(航行圖) 〈군사〉 선박이나 항공기를 조종할 때 쓰는 지도.

항:행 서:열(航行序列) 〈군사〉 여러 함대(艦隊)로 구성한 커다란 함대가 바다 위에서 취하는 각 함대의 줄짓는 차례.

항:행 차:단(航行遮斷) 〈군사〉 해군력으로 상대국의 항만·연안과의 항행을 차단하는 일. 하

항현-권(恒顯圈) 〈천문〉 천구상의 원(圓). 관측 위도와 거의 같은 극거리(極距離)를 가지며, 이 원 안에 천체는 지평 아래를 가라앉지 아니함. 《대》 항은권(恒隱圈).

항:=혈청(抗血淸) 항원(抗原)을 동물에 주사하여 얻은 항체를 함유하는 혈청.

항:형(抗衡) 서로 대항하고 지지 아니함. rivalry 하

항:-효소(抗酵素) 〈생물〉 효소 작용을 선택적으로 저해하는 물질.

항:히스타민-제(抗 histamine 劑) 〈약학〉 알레르기성 질환을 일으키는다는 히스타민의 작용을 해소시킬 목적으로 만든 약제.

해 ①〈천문〉 태양계의 중심인 항성(恒星). 직오(織鳥). 태양(太陽). sun ②햇빛. 햇볕. sunshine

해 ①지구가 태양을 한 바퀴 도는 동안. year ②낮의 길고 짧음을 일컬음. ¶ ~가 짧다. daytime ③시대. times ④나이. age ⑤연호(年號), era

해:3의미 '것'-뜻으로 명사나 대명사 가운데서 사람을 나타내는 말 아래에 붙어 씀. ¶이것 네 ~냐. belong to

해: 기운 없이 싱겁게 입을 벌리는 모양. 《큰》 헤.

해¹⁾ 일을 조금 열어 빙그레 웃는 모양. 또, 그 소리. (臣) 헤. 하다

해:⁵ [약] 하여. [에 얹혀 씀. ¶~콩.
해=내기 '그 해에 새로 나온 것'이란 뜻으로 명사 위에 붙여 씀.
해(亥)[명] 〈민속〉 십이지(十二支)의 열 두째. 따르는 짐승은 돼지. ②[약] =해시(亥時). (略) 해방(亥方).
해(害)[명] 이롭지 못한 모든 것의 총칭. (대) 이(利).
해(解)[명] ①풀어 밝히는 일. ②=해제(解除).
해(垓)[명] 십진급수(十進級數)의 단위의 하나. 경(京)의 만 곱.
해(該)[접두] 일부(一部)의 명사 앞에 붙어 '해당하는 그'의 뜻을 나타냄. ¶~사건(事件). that
=해(海)[접미] '바다'의 뜻. ¶동~.
·해[조] 많이.
·해²[조] 에.
·히[명] 해〔日〕.
·히²[명] 해〔年〕.
·히³[명] 해.
해=가림 햇볕을 가려 주는 일. 하다타
해가 서쪽에서 뜨다관 절대로 할 수 없는 일 또는 사물이 뒤바뀜을 비유하여 이르는 말.
해가=에(奚暇-)[명] 어느 겨를에. 하가(何暇)에.
해가 지다관 해가 서쪽으로 넘어가다.
해:각(海角)[명] 〈지리〉 ①육지가 바다 가운데로 뾰족이 나간 부분. promontory ②거리가 멀리 떨어진 곳. distant place
해:각(解角)[명] 노루·사슴들에게서 새 뿔이 날 때에 묵은 뿔이 떨어진 것.
해:각-학(解刻學)[명] 〈미술〉 생물체를 여러 부분으로 나누어서 그 관계·위치·구성 등을 연구하는 학문.
해:갈(解渴)[명] ①목마름을 풀어 버림. appeasing one's thirst ②금전의 융통이 생김. come to have some money ③비가 내려 가뭄을 겨우 면함. have a small rainfall 하다자 [면(水綿).
해감 ①물에서 생기는 찌끼. incrustation ②[동] 수
해감-내[명] 물에서 생기는 찌끼의 냄새.
해:-강(蟹-醬)[명] 게의 껍질. shell of a crab
해:강-어(海糠魚)[명] 〈동물〉 보리새우. [action
해거(駭擧)[명] 해괴한 짓. extraordinary behavior or
해=거름[명] 해가 서쪽으로 기울어진 때. (약) 해름. sunset
해=거리[명] ①해를 거름. 격년(隔年). ②과실 나무가 한 해 걸러서 열매가 많이 열리는 일. every other year
해:결(解決)[명] ①여러 가닥으로 얽힌 일을 풀어서 처리함. 어려운 문제를 풂. solution ②〈음악〉 불협화음을 협화음으로 이끌음. resolution 하다
해:결=책(解決策)[명] 어떤 일이나 문제 따위를 해결하기 위한 방책.
해:경(海警)[명] ①바다의 수비(守備). 해변의 방비. sea defence ②[약] =해양 경찰대.
해:고(解古)[명] 옛 글의 해석. 책을 현대 말로 풀이한 것의 총칭. interpretation of ancient writings
해:고(解雇)[명] 〈사회〉 고용자(雇傭者)가 피고용자를 내어 보냄. 곧, 고용의 계약을 해제(解除)함. 해용(解傭). discharge 하다
해:고 수당(解雇手當)[명] 〈사회〉 해고당한 사람에게 고용주가 주는 위로금. dismissal allowance
해골(骸骨)[명] ①〈생물〉 몸을 이루고 있는 뼈. skeleton ②죽은 사람의 살이 썩고 남은 뼈. 또, 그 머리뼈. 촉루(髑髏). skull [박.
해골-바가지(骸骨-)[一바-][명] 해골. (약) 해골-해골-박(骸骨-)[一빡][명] (속) =해골바가지. 고다.
해골-산(骸骨山)[명] 〈기독〉 그리스도가 죽은 골
해골-선(-船)[명] 〈군사〉 조선조 때 수사영(水師營)에 딸렸던 전선(戰船)의 하나. 좌우 뱃전에 거북 모양의 널이 있어 해조(海鳥)와 같이 보였음.
해골-지킴(骸骨-)[명] (속) 묘지기.
해:공(害工)[명] 힘써 일하는 데 방해함. 하다

해:공(海工)[명] 〈토목〉 바다에 관계되는 축항 공사(築港工事)·임해 공사(臨海工事)·항만(港灣)의 설비 등 모든 공사의 총칭.
해:공(海空)[명] ①바다와 하늘. sea and air ②해군과 공군. navy and airforce
해:관(海關)[명] ①개항지(開港地)에 마련한 세관(稅關). maritime custom-house ②항구에 마련하여 놓은 관문(關門). [release from office 하다
해:관(解官)[명] 벼슬에서 해면(解免)함. 해임(解任).
해:관-세(-稅)[명] (海關稅) 해관에서 수출입품(輸出入品)에 물리는 세금. =상징금. (약) 해(解).
해:괘(解卦)[명] 〈민속〉 육십사괘의 하나. 우뢰와 비를 상징. [사. strangeness 히다 absurd 하다
해괴(駭怪)[명] 매우 이상야릇하고 괴상함. ¶~한 처
해괴 망측(駭怪罔測)[명] 헤아릴 수 없이 해괴함. most
해교(該校)[명] 그 학교. that school
해:교(解膠)[명] 〈화학〉 한데 엉기어 뭉친 침전(沈澱) 또는 고체를 콜로이드액(colloid液)으로 되돌아가게 하는 작용. [entrance to a harbour
해:구(海口)[명] 바다의 후미진 곳으로 들어간 어귀.
해:구(海丘)[명] 〈지리〉 대양(大洋) 밑에 독립적으로
해:구(海狗)[명] 물개. sea hill
해:구(海區)[명] 바다 위에 설정된 구역. sea area
해:구(海寇)[명] 바다로부터 침입하는 도둑떼. 해적(海賊). pirates
해:구(海溝)[명] 〈지리〉 대양(大洋)의 밑바닥에 가늘고 길게 움푹 들어간 곳. 보통 그 측면(側面)은 급한 경사(傾斜)를 이룸.
해:구(海鷗)[명] 바다의 갈매기. seagul
해:구-신(海狗腎)[명] 〈한의〉 물개 수컷의 생식기(生殖器). 강장제로 좋음. 올눌제(膃肭臍).
해:국(海國)[명] 사방이 바다에 둘러싸인 나라. 섬나라. maritime country
해:국(海菊)[명] 〈식물〉 엉거시과의 다년생 풀. 해변에 나는데, 높이 30~60cm, 목질(木質)임. 잎은 두께 우며 가장 자리 되 약 모양임. 여름에 연분홍 설상화(舌狀花)가 두상(頭狀) 화서로 픽.
해:군(海軍)[명] 〈군사〉 바다에서 전투 및 방어하기 위하여 조직된 군대. (대) 공군(空軍). 육군(陸軍). navy
해:군(解軍)[명] 군대를 해산함. disbandment 하다
해:군(該郡)[명] 그 고을. 그 군(郡). that country
해:군 공창(海軍工廠)[명] 〈군사〉 해군의 함선·기계·병기 등의 제조·수리 등을 관장하는 기관.
해:군-기(海軍機)[명] 해군에 속하는 항공기.
해:군 기지(海軍基地)[명] 〈군사〉 ①군함과 그 경비 기지. ②함선의 수리·보급·출동 등의 중심이 되는 지.
해:군 대학(海軍大學)[명] 〈군사〉 해군의 고급 장교에게 고등 군사학을 교수하고 연구하게 하는 학교. (약) 해대(海大)②. Naval Staff College [power
해:군-력(-力)(海軍力)[명] 해군의 병력. naval
해:군 본부(海軍本部)[명] 〈군사〉 국방부 소속 행사 기관의 하나. 해군의 편제·장비·기술·작전·교육·훈련·후방 지원 및 그 밖의 해군에 관한 사무를 맡아 보는 최고 기관. Headquaters of the Navy
해:군 사:관 학교(海軍士官學校)[명] 〈군사〉 해군의 정규(正規) 장교가 될 사람을 교육시키는 해군 본부 소속의 군사 학교. 소정(所定)의 교육을 마친 사람은 해군 또는 해병 소위로 임관되고, 이학사(理學士)의 학위(學位)를 수여(授與)받음. Naval academy
해:군 신:호(海軍信號)[명] 〈군사〉 해군에서 연락 통신 때 사용하는 여러 가지 신호. 신호등·수기(手旗) 신호·전화·무선 전신·기적·호포(號砲) 따위가 있음.
해:군-포(海軍砲)[명] 〈군사〉 해군에서 사용하는 대포의 총칭. naval gun
해:군 함:선(海軍艦船)[명] 〈군사〉 해군에 소속된 군함 및 선박의 총칭. 군함·운송선·병원선·공작선·잡역선(雜役船) 등이 있음. naval vessel

해:권[-꿘](海權)圈(약)→해상권(海上權).
해:권-국[-꿘-](海權國)圈 해권을 쥐고 있는 나라.
해:귀(海鬼)圈 ①바다의 귀신. ②바다 속에 들어가서 어개(魚介)를 잡는 것을 업으로 삼는 사람. 보자기. woman diver 「생긴 사람을 이름.
해:귀-상(-당)[ ]圈 얼굴이 해바래지고 둔하곤하지 못하게 생
해:근(解斤)圈 물건을 저울로 풀이함. 근풀이. 하타
해금(奚琴·稽琴)圈《음악》속 빈 둥근 나무에 짐승의 가죽을 메우고 긴 나무를 꽂아 줄을 활 모양으로 건 악기. 행금. 앵금. Korean harp
해:금(海禁)圈 자기 나라의 해안에 외국 배가 오는 것과 외국인이 어업을 하는 것을 금함. 하타
해:금(解禁)圈 금하던 것을 풂. 해정(解停). (대) 금지(禁止). removing a prohibition 하타
해:금-사(海金砂)圈 ①『동』실고사리. ②『한의』임질·습열에는 담황색을 지닌 실고사리의 포자(胞子).
해금-수(奚琴手)圈『제도』해금을 켜는 사람.
해기(咳氣)圈『한의』기침 기운.
해기(海技)圈 해원(海員)으로서 필요한 기술.
해:기(海氣)圈 해상(海上)에 어린 기운.
해:기 면허장(海技免許狀)『법률』해기원의 면허를 주는 증서.
해:기-욕(海氣浴)圈 해변가에서 맑은 공기를 온몸에 받는 요양법(療養法).
해:기-원(海技員)圈『법률』교통부 장관이 시행하는 해기원 국가 시험에 합격하여 해기원의 면허를 받은 사람.
해:길-다[ ]혈[르타] 해가 떠 있는 동안. 곧, 낮이 길다. (대) 해짧다. long daytime
해:깍두기[ ]圈 김장 깍두기를 다 먹기도 난 뒤, 봄에 새로 담근 깍두기. 「다. till sunset
해:껏[ ]圈 해가 넘어갈 때까지. ¶~하여야 끝날 수 있
해끄무레-하-다[ ]혈[여불] 빛깔이 조금 흰 듯하다. 《큰》희끄무레하다. whitish
해끔-하-다[ ]혈[여불] 빛깔이 깨끗하고 조금 희다. 《큰》희끔하다. whitish 「희끔. 희끔
해끔-해끔[ ]圈 빛깔이 여기저기 해끔한 모양. 《큰》희끔
해끗-해끗[ ]圈 흰 빛깔이 군데군데 나타난 모양. 《큰》희끗희끗. spotted with white 해끗
해낙낙-하-다[ ]혈[여불] 마음이 흐뭇하여 기쁜 빛이 있다. satisfied 「disaster
해:난(海難)圈 항해하다가 만나는 재난(災難). sea
해:난 구:조(海難救助)圈 해난당한 선박의 선원이나 화물 등을 구조하는 일.
해:난 심판원(海難審判院)圈『법률』해난 사건의 원인을 규명하고 재결을 행하는 기관.
해:난 증명서(海難證明書)圈 선장의 신청에 의하여 가장 가까운 항구의 당해 관청에서 교부하는, 해난 사실을 증명하는 문서.
해날작-하-다[ ]혈[여불] 얼굴빛이 하얗고 생김새가 납작하다. 《큰》희넓적하다. pale and flat face
해낭(奚囊)圈 여행할 때에 시초(詩草)를 써서 넣어 가지고 다니는 주머니.
해:내(海內)圈 ①사면이 바다에 싸인 육지. seagirt land ②해외. in the whole country ③중국에서 자기 나라를 이르는 말.
해:내-다[ ]혈[ ] ①맡은 일 또는 당한 일을 능히 처리해 내다. carry out ②말다툼 같은 데서 상대방을 여지없이 이겨 내다. beat one all hollow
해:넘이[ ]圈 해가 넘어갈 때. 일입(日入). 일몰(日沒). (대) 해돋이. sunset
해:녀(海女)圈 바다 속에서 해삼·전복·미역 등을 따는 것을 업으로 하는 여자². woman diver
해:년(亥年)圈『민속』태세(太歲)가 해(亥)로 된 해. 을해(乙亥)·정해(丁亥) 등.
해:님[ ]圈 해의 미칭. 또는 높여 일컫는 말.
-히-다[ ]헐[고] 시키다.
히-다[ ]헐[고] 희다.
해:다리[ ]圈『동』해 달(海獺).

해:달(海獺)圈『동물』족제비과(鼬鼠科)의 바다 짐승. 몸 길이 1m 가량이고, 양털과 같은 부드러운 솜털이 많이 남. 개다 가운데서 살며 가죽은 모든 털가죽 중에서 가장 좋음. 해다리. sea otter
해담(咳痰)圈 기침할 때 나오는 담.
해:담(海膽)圈『동』성게.
해:답(解答)圈 문제를 풀어서 답함. 또, 그 답. (대) 질문(質問). (약)답②². answer 하타
해:답-집(解答集)圈 문제의 해답을 모아서 엮은 책.
해:당(海棠)圈『동』해당화(海棠花).
해:당(海棠)圈 당(黨)을 해침. 해타
해:당(該當)圈 ①무엇에 관계되는 바로 그것. appropriate ②바로 들어맞음. applicability 하형
해:당(解黨)圈 당을 해산함. (대) 결당(結黨). dissolve party 하타
해:당 분자(害黨分子)圈 당을 해롭게 하는 분자.
해당-자(該當者)圈 해당하는 사람. ¶징집 ~.
해:당 작용(解糖作用)圈『생리』동물의 조직 속에서 글리코겐이 산소 없이 분해되어 유산(乳酸)과 탄산 가스가 되는 일련의 작용.
해:당-화(海棠花)圈『식물』장미과의 낙엽 활엽 관목. 가시가 많고 잎은 도란형 또는 타원형임. 5월에 짙은 홍색 꽃이 피고 장과는 구형으로 8월에 황청색이 됨. 해변의 모래밭이나 산록에 남. 때찔레. 해당(海棠). wild rose
해:대(海大)圈 ①(약)→해양 대학(海洋大學). ②(약)→해군 대학(海軍大學).
해:대(海帶)圈 다시마.
해:대(海臺)圈『지학』바다 밑바닥이 덕을 이룬 지형.
해:대(解隊)圈 '대(隊)'자가 붙은 단체를 해산함. 하타
해:대-다[ ]헐[ ] ①화난 김에 전후 사정을 돌보지 않고 막 대들다. attack ②남에게 대들어서 여지없이 욕되게 하다. snub ③일을 마구 몰아 처리하다.
해:도(海島)圈 바다 가운데 떨어져 있는 섬. island in the sea
해:도(海盜)圈 해적(海賊). 「the sea
해:도(海圖)圈『지리』바다 밑의 성질·깊이 따위를 적은 지도. sea chart
해:도(海濤)圈 바다의 큰 파도. wave
해도(該道)圈 그 도. said province 「harm
해:독(害毒)圈 해와 독. 두해(蠹害). (약) 독(毒).
해:독(解毒)圈 독기를 풀어 없애버림. (대) 중독(中毒). counteraction 하타
해:독(解讀)圈 ①풀어 읽음. interpretation ②읽어서 알아냄. ¶암호를 ~하다. deciphering
해:독-약[-냑](解毒藥)圈『약학』먹은 음식으로부터 이 중독되었을 때 그 독기를 풀어서 맑으로 내어보내거나 또는 중화(中和)시키는 데 쓰는 약. (약) 해독약(解毒藥). 「는 약제. antidote
해:독-제(解毒劑)圈『약학』독기를 없애기 위하여 쓰
해:돈(海豚)圈『동』돌고래.
해:돈-과[-꽈](海豚科)圈『동』돌고래과.
해:돋-이[-도지]圈 해가 돌아 오르는 때. 또, 그 현상. 일출(日出). 해뜨기. (대) 해넘이. sunrise
해동(孩童)圈 어린이. 젖먹이. 「of Korea
해:동(海東)圈 우리 나라의 옛 이름. another name
해:동(海桐)圈『동』엄나무.
해:동(解凍)圈 얼었던 것이 녹아서 풀림. thawing 하타
해:동-갑(一同甲)圈 해가 넘어갈 때까지의 동안. 해가 넘어갈 때까지 어느 일을 함. 하타
해:동 공:자(海東孔子)圈 고려 성종(成宗) 때 학자인 최충(崔沖)을 이르는 말.
해:동-연(海東硯)圈 우리 나라 돌로 쪼아 만들거나 흙으로 구워 만든 벼루의 한가지.
해:동 중:보(海東重寶)圈『제도』고려 성종 이후 쓰던 '海東重寶' 넉 자를 넣은 주전(鑄錢).
해:동 통보(海東通寶)圈『제도』고려 숙종 때 만든 '海東通寶' 넉 자를 넣은 엽전.
해:동-피(海桐皮)圈『한의』허리·다리가 저릴 때 쓰

해는 쓴 맛이 있는 엄나무 접질.

해:득(解得)圓 깨우쳐 앎. ¶국문을 ~하다. understanding 하타

해:뜨기圓 해돋이.

해뜨리-다타〔약〕→해어뜨리다. 「white and red 하다

해뜩-발긋圓 빛깔이 흰기가 돌고 발그스름한 모양.

해뜩-해뜩圓 흰 빛깔이 군데군데 쥐엇이어 보이는 모양. 〈큰〉희뜩희뜩. spotted with white 하다

해라圓 손아랫사람 또는 비천한 사람에게 대하는 말씨. '빨리 오너라, 네가 가거라' 따위. plain style

해:라(海螺)圓〈동물〉소라. conch 「of speech

해:라-체(―體)圓〈어학〉결어법(結語法)의 존비법(尊卑法)에 의하여 일컫는 종결 어미의 한 체(體). 손아랫사람에 대하여 아주 낮추는 말씨를 나타낸다. '자거라・먹거라' 따위.

해:라-하다자여튐 '해라'의 말투를 쓰다.

해락(偕樂)圓 많은 사람이 함께 즐김. enjoying together 하다

해란(孩卵)圓 게의 알.

해래(偕來)圓 같이 옴. 함께 옴. 하다

해:량(海量)圓 바다와 같은 너른 도량. 편지 같은 것에서 상대방의 용서를 구할 때 씀. lenient understanding 하다

해:량(海諒)圓 바다와 같은 넓은 마음으로 너그럽게 양해함. 편지 같은 것에서 상대방의 용서를 구할 때 씀. lenient understanding 하다 「지형.

해:령(海嶺)圓〈지리〉바다 밑에 산맥 모양으로 솟은

해:례(海例)圓 보기를 보여 품. example 하다

해:로(海路)圓 배가 다니는 바닷길의. 바닷길. 〈유〉항로(航路). 〈공로(空路). 육로(陸路). seaway

해로(偕老)圓 부부(夫婦)가 일생을 함께 늙음. ¶백년 ~. growing old together in wedded life 하다

해:로(海顱)圓〈한의〉어린아이의 머릿뼈가 합치못해 사이가 떠 벌어지다.

해로(harrow)圓 쟁기로 간 뒤에, 흙덩이를 잘게 처서 개는 서양 농기구.

해로-가(薤露歌)圓 부추 위에 서린 이슬같이 쉽게 말라버린다는 뜻으로, 상여 나갈 때 부르는 노래. 구슬픈 가사와 곡조로 됨. dirge

해로 동혈(偕老同穴)〔삶아서는 같이 늙고 죽어서는 같이 무덤에 묻힘. be united as a man and wife for weal or woe〕〈동물〉바다수세미과의 해면 동물(海綿動物)의 하나. venus's-flower-basket

해:록(海鹿)圓 바다 속에 사는 사슴.

해:록-석(海綠石)圓〈광물〉운모 비슷한 구조를 가진 일라이트류(類)의 토상(土狀) 광물.

해:롭-다(害―)튐ㅂ불 이롭지 않다. 해가 있을 만하다. harmful 해:로이튐

해롱-거리-다자 자주 버릇없이 까불다. 〈큰〉희롱거리나. lightly 해롱-해롱튐 하다

해:룡(海龍)圓 용. 「具)를 만드는 데 씀

해:룡-피(海龍皮)圓 용의 가죽. 방수 용구(防水用

해:루(海樓)圓 바닷가에 있는 누각(樓閣).

해:류(海柳)圓〈동물〉산호(珊瑚)의 하나. 버드나무 가지처럼 생긴 중추를 이루고 좌우에 우상(羽狀)으로 개충(個蟲)이 나열하여 있음. 바다 밑에 서식하며 이용 가치는 없음. 갯버들.

해:류(海流)圓 일정한 방향을 거의 같은 속도로 흐르는 바닷물의 흐름. 무늬. current

해:류-도(海流圖)圓〈지리〉해류의 종류・방향・속도 등을 나타낸 그림. current-chart

해:류-병(海流瓶)圓 해류의 방향과 속도를 알기 위하여 바다 위로 띄워 보내는 병. 해상(海上)의 위도(緯度) 경도(經度)와 위도(緯度)를 적은 종이 조각을 넣고 밀폐하여 띄움. ocean current bottle

해:=륙(海陸)圓 바다와 육지. land and sea 「ttle

해:=륙-풍(海陸風)圓〈지리〉해안 지방에서 밤과 낮의 기온의 차로 방향이 변하는 바람. land and sea

해:름圓〔약〕→해거름. 「breeze

해:리(海貍)圓〈동물〉설치류(齧齒類)에 속하는 포유

동물(哺乳動物). 몸 길이 80 cm 가량으로 몸은 굵고 꼬리는 넓고 평평한 비늘로 덮였으며, 뒷발의 물갈퀴로 헤엄을 침. 모피를 쓰며 약용・향료용으로 쓰임. beaver

해:리(解離)圓 ①풀려 떨어짐. 또는 풀어서 떨어지게 함. ②〈화학〉화합물이 가열・용용 등의 작용에 의하여 그 성분으로 가역적(可逆的) 분해를 행하는 현상. 열에 의한 것을 열해리, 전기에 의한 것을 전해리라 함. dissociation 하다

해:리(海里)圓의 바다 위의 거리를 나타내는 단위의 하나. 1,852 m임. 이(浬). nautical mile

해:리-도(解離度)圓〈화학〉해리된 분자수와 해리 전의 분자 총수와의 비(比). degree of dissociation

해:리-열(解離熱)圓〈화학〉해리를 일으키는 데 필요한 열량(熱量). heat of dissociation

해:마(海馬)圓 ①〈어류〉실고기과에 속하는 바닷물고기. 몸 길이 5~15 cm 의 소형어로 담갈색의 작은 점이 흩어져 있음. 암컷이 낳은 알을 수컷이 지닌 배 앞의 가죽 주머니에 넣어 깜. 수마(水馬). ②〈동〉인어(人魚).

해:마다 그 해 그 해. 매년(每年). every year

해:마-아(海馬牙)圓 해마의 엄니. 상아(象牙)의 대용으로 씀. sea-horse's tooth

해:만(海灣)圓 ①바다와 만(灣). ②〈동〉만(灣).

해:만(解娩)圓〈동〉해산(解産). 하다

해:만(解慢)圓 게으르고 태만함. 〈동〉 「열한 시쯤.

해:=말(亥末)圓 해시(亥時)의 마지막 시작. 곧, 하오

해=말갛다혬ㅎ불 얼굴빛이 희고 말갛다. 〈큰〉해멀겋다. white and clear 「곰하다. fair-complexioned

해말끔-하다혬여튐 얼굴빛이 희고 말끔하다. 〈큰〉희멀

해말쑥-하다혬여튐 얼굴빛이 희고 말쑥하다. 〈큰〉희멀

벌쑥하다. fair-skinned 「다. fair

해-맑다[―막―]혬 얼굴빛이 하얗고 맑다. 〈큰〉희맑

해망(駭妄)圓 해피하게 까불고 요망스러움. wickedness 하다

해:망 구실(蟹網俱失) 게도 그물도 함께 잃었다는 뜻으로, 일을 꾀하다가 도리어 밑천까지 잃음을 가리키는 말.

해망-쩍-다혬 영리하지 못하고 어리석다. dull

해매圓 요약한 기운. wicked signs

해:매(海罵)圓튀 해미.

해머(hammer)圓 ①망치. ②〈음악〉피아노의 줄이나 그 밖의 악기의 음률을 내는 데 필요한 작은 망치. ③해머던지기에 쓰는 구상(球狀)의 기구.

해머-던지기(hammer―)圓〈체육〉지름이 7피트 되는 원 안에서 쇠망치를 던지는 경기. 투(投)해머.

해먹(hammock)圓 기둥 사이나 나무 등걸에 달아매고 잠자리로 쓰는, 실로 짠 그물.

해:―먹―다타 ①음식을 만들어 먹다. ¶먹을 ~. cook ②(속) 부정한 짓으로 돈을 얻다. ¶공금을 해먹고 달아나다. embezzle ③①무슨 일을 직업으로 삼고 지내다. follow an occupation ④남에게 해를 끼치다. do harm

해먼드 오르간(Hammond organ)圓〈음악〉소형(小型) 파이프 오르간 모양으로 된 전기 오르간. 보통 건반(鍵盤)이 두 층으로 되어 있음. 1935년 미국인 로렌츠 해먼드가 고안함. 「face of the sea

해:면(海面)圓 바닷물의 겉쪽. 〈대〉해저(海底). surface of the sea

해:면(海綿)圓 ①정제하 해면의 뼈. 갯솜. sponge ②〔약〕→해면 동물(海綿動物).

해:면(解免)圓 ①어느 관직이나 직책에서 사직을 당함. discharge ②책임을 면함. 해제(解除)③. exemption 하다

해:면 동:물(海綿動物)〈동물〉동물 분류의 하나. 가장 원시적인 다세포(多細胞) 동물로 모양은 피상(塊狀)・배상(盃狀)・수지상(樹枝狀)・원통상(圓筒狀) 등이 있음. 한 끝에는 입이 있고 그 가운데는 위강이 있으며 체벽의 곁에는 작은 구멍이 많음. 연안 및 심해에 서식함. 〈약〉해면②. porifera

해:면상 조직(海綿狀組織) 〈생리〉부정형(不定形)의 세포가 간격을 두고 해면처럼 다공상(多孔狀)으로 배열되어 있는 조직. 갯솜 조직. 해면 조직. spongy tissue.

해:면 조직(海綿組織) → 해면상 조직.

해:면질(海綿質) 〈생리〉목욕 해면(沐浴海綿) 따위와 같이 섬유 모양의 골격을 이루고 있는 유기 물질(有機物質), 또는 이와 비슷한 섬유 모양의 조직. 갯솜질. spongy matter

해:면철(海綿鐵) 〈공업〉철광석을 목탄과 섞어서 고온으로 가열한 다음, 환원하여 얻은 철. sponge iron

해:면체(海綿體) ①해면의 모양과 같이 성기고 잔 구멍이 많이 둘린 물체. ②〈생물〉혈액의 충만(充滿)에 의하여 용적(容積)이 커지는 기관(器官). sponge body

해:명(海鳴) 태풍이 바다 위에 있을 때, 바다에서 들려오는 낮은 우레와 같은 소리. 「tion 하다

해:명(解明) 풀어서 밝힘. making clear, elucida-

해:명 신화(解明神話) 주로 자연적 또는 문화적 사상(思想)의 기원(起源)·유래·성립 과정 등을 설명하는 신화. 《대》기술 신화(記述神話).

해:몽(解夢) 꿈의 길흉을 풀어서 판단함. 점몽(占夢). interpretation of a dream 하다

해:몽(解蒙) 어리석은 것을 일깨워 알게 함. awakening 하다

해:무(海霧) 바다 위에 끼는 안개. sea-fog 「彩)

해무늬(海─) 해가 비치어 얼룩얼룩하게 무늬진 문채(文

해:묵(海墨) 황해도 해주(海州)에서 생산하는 먹.

해:묵-다(自) ①물건이 한 해를 지나다. get a year old ②하려던 일을 못하고 한 해를 지나다. drag on for a year 「다.

해:묵히-다(他) 물건이나 하려던 일을 한 해 묵게 하

해:문(海門) 두 육지 사이에 끼어 있는 바다의 통로. channel

해:물(海物) 〈약〉→해산물(海產物).

해물지심(害物之心) 물건을 공연히 해하고자 하는 마음. evil intention to harm

해:미(海微) 바다 위에 낀 짙은 안개. 해매(海霾). 분기(氣). dense sea-fog 「products

해:미(海味) 해산물로 만든 맛좋은 반찬. marine

해:민(解悶) 근심을 풀어 버림. 고민을 떨어버림. be relieved of agonies 하다

해바라기(植) 엉거시과에 속하는 일년생 풀. 높이 2m 가량으로 잘고 강한 털이 밀생함. 여름에 노란색의 큰 꽃이 태양을 향하여 핌. 씨는 잘고 검은데 식용 또는 등유용(燈油用)으로 씀. 규화(葵花). 향일화(向日花). sunflower

해바라기(他) ①〈속〉지치아(遲進兒). ②〈속〉파라솔.

해=바라지-다(自) 모양새 없이 넓게 바라지다. (큰) 헤벌어지다.

해=바르-다(형르) 양지(陽地)바르다. sunny

해박(該博) 학문이 넓음. 사물에 관하여 널리 통함. ¶─한 학식. 《대》고루(孤陋). profundity 하다

해반닥-거리-다(自) ①눈알을 크게 뜨고 휜자위를 자꾸 움직이다. goggle ②물고기가 몸을 자꾸 반닥이다. (큰) 희번덕거리다. 해반닥─하다(自) 하다

해반드르르-하-다(形) ①모양새 해말쑥하고 반드르르하다. smart ②이치에 맞게 잘 꾸며대어 그럴싸하다. (큰) 희번드르르하다.

해반들─하─다(形) 〈약〉→해반드르르하다.

해반주그레─하─다(形) 얼굴이 해말쑥하고 반주그레하다. (큰) 희번주그레하다. fair

해반지르르─하─다(形) 얼굴이 해말쑥하고 반지르르하다. (큰) 희번지르르하다. neat and fair

해:발(海拔) 육지나 산의 해면으로부터의 높이. above sea level

해:발 고도(海拔高度) 〈지리〉중등 조위(中等潮位)를 기준(基準)으로 하여 구한 어떤 지점(地點)의 높이. 해발고(海拔高). height above the sea level

해발쪽(─) ①아가리나 구멍 따위가 납작하게 바라져서 발쪽한 모양. ②입을 반쯤 열고 뱅긋 웃는 모양. (큰) 헤벌쭉. 하다

해발쪽-이(─) 해발쪽하게. (큰) 헤벌쭉이.

해:방(亥方) 〈민속〉이십사 방위(方位)의 하나. 북쪽에서 조금 서쪽에 가까운 방위. 《약》해(亥)③. northwest by north

해:방(海方) → 해외(海外)①.

해:방(海防) 바다를 지켜서 막음. ¶─비(費). coast defense 하다

해:방(解放) ①억압하거나 가두었던 것을 풀어 놓음. ¶노예 ─. liberation ②일체의 인습적(因襲的)인 속박을 풀어서 자유로운 몸으로 함. 《대》속박. emancipation 하다

해:방 문학(解放文學) 〈문학〉압박을 당하고 있는 계급이나 민족이 해방과 자유를 얻고자 하는 목적으로 이루어진 문학. liberation literature

해:방 운(解放運動) 〈사회〉어떤 민족이나 식민지의 민중(民衆)이 권력의 억압으로부터 해방되려고 하는 운동. movement for liberation

해:배(解配) 〈제도〉귀양간 사람을 놓아 줌. ¶─장(狀). release of prisoner in exile 하다

해백(楷白) 정확하고 명백함. clear 하다

해:벌(解罰) 형벌을 풀어 줌. be released from punishment 하다

해:법(一法) 〈법〉〈약〉→해상법(海上法).

해:변(海邊) 물과 바다와의 서로 맞닿은 곳. 또, 그 근처. 바닷가. 해빈(海濱). beach 「는 식물.

해:변 식물(海邊植物) 〈식물〉바닷가의 모래밭에 나

해:변 학교(海邊學校) 여름 방학 동안 아동들의 전강과 특수 교육을 목적으로 바닷가에 설치하여 공동 생활과 간단한 학습을 하는 임시 학교.

해병(咳病) 〈한의〉기침병. cough 「병. marine

해:병(海兵) ①해군의 병졸. sailor ②해병대의 사

해:병-대(海兵隊) 〈군사〉해군으로서 육상 작전과 육군 보조 부대로서 수륙 양용 작전을 하기 위하여 편성된 부대. 육전대(陸戰隊)①. marine corps

해:보(海堡) 〈군사〉바닷가에 쌓아 만든 보루(堡壘)나 포대(砲臺). coast fortress

해:보-다(他) ①시험삼아 하다. try ②함부로 대들어 맞서다. ¶이놈아, 해볼테면 해보자.

해:보-다(害─) 손해를 입다. suffer a loss

해:복(解腹) 〈동〉해산(解產)①.

해:부(解剖) ①〈생물〉생물의 몸을 부분 또는 전체를 쪼개어 조사하는 일. anatomy②. ¶개구리를 ~하다. anatomy ②사물의 조리를 분석(分析)하여 연구함. ¶사건의 ~. analytics 하다

해:부-도(解剖刀) 〈의학〉해부할 때 쓰는 칼. 해부칼. scalpel

해:부-제(解剖祭) 〈의학〉해부에 쓰는 시체의 영혼을 위로하기 위하여 지내는 제사.

해:부 표본(解剖標本) 〈의학〉생물의 근육·장기·골격 등의 위치·모양 및 그 상호간의 관계를 보기 쉽게 만든 표본.

해:부-학(解剖學) 〈생리〉인체 또는 생물체를 해부하여, 그 각 부분의 구조·위치 따위를 연구하는 학문. anatomy

해:분(海盆) 〈지리〉해심 3,000∼6000m 깊이에서 약간 둥글게 오목 들어간 곳.

해:분(海粉) 〈약〉→해합분(海蛤粉).

해:분(解紛) 분쟁을 해결함. 하다 「하다

해:비(賅備·該備) 넉넉히 갖춤. sufficient possession

해:빈(海濱)〈동〉해변(海邊).

해:빙(海氷) 〈지리〉높은 위도(緯度)의 해양의 물이 대체로 해안선을 따라 동결(凍結)된 것.

해:빙(解氷) 얼음이 풀림. 《대》결빙(結氷). thawing 하다

해:빙-기(解氷期) 얼음이 풀리는 시기. 「affairs

해:사(海事) 바다에 관한 여러 가지 일. maritime

해:사(海蛇) 〈동〉물뱀.

해:사(解事)[명] 사리(事理)를 자세히 앎. understanding 하타

해:사:건[―껀](該事件)[명] 그 일. 그 사건. that said affair

해사 공법[―뻡](海事公法)[명] 해사에 관한 공법의 총칭.

해:사 금융[―늉](海事金融)[명] 선박을 저당으로 하는 장기 금융.

해사-하다(解)[여변] 얼굴이 좀 희고 말쑥하다. fair

해:산(海山)[명] 〈지학〉 바다 밑에서 1,000 m 이상의 높이로 고립해 솟아 있는 봉우리.

해:산(海産)[명] ①바다에서 남. ②〔약〕→해산물.

해:산(解産)[명] 아이를 낳음. 임육(臨蓐). 해만(解娩). 해복(解腹). childbirth 하타

해:산(解散)[명] ①헤어져 흩어짐. (대) 집합. breaking up ②〈법률〉집회 도중에 모인 사람들을 흩어져 가게 함. dissolution ③〈법률〉계약을 풀어서 단체를 폐지함. dispersion ④공법상, 의원(議員)이 임기(任期) 미만인 때 그 자격을 해제함. dissolution 하타

해:산 구완(解産敎―)[명] 아이를 낳을 때 산모에게 시중 들어줌. (원) 해산 구원(解産救援). assistance at a childbirth 하타

해:산 구원(解産救援)[명] 〔원〕→해산 구완(解産敎―).

해:산-달[―딸](解産―)[명] 아이를 낳을 달.

해:산-등(解産燈)[명] 문이 없이 밑바닥에 구멍을 내어 초가 드나들게 만든 작은 등.

해:산 명:령(解散命令)[명] ①모인 사람에게 헤어져 돌아가라고 내리는 명령. order to break up ②〈법률〉법인(法人)이 설립 목적 위반 또는 그밖의 사유로 그 존속을 허용할 수 없다고 인정되는 때에 감독 기관에서 해산하라고 내리는 명령.

해:산-물(海産物)[명] 바다에서 나는 온갖 물건. 어패(魚貝)·해초(海草) 등. (대) 육산물(陸産物). (약) 해물(海物). marine products

해:산 미역(解産―)[명] 산모(産母)가 먹을 미역.

해산 미역 같다(解産―)[명] 허리가 굽은 사람을 조롱하여 일컫는 말. [midwifery]

해:산 바라지[―빠―](解産―)[명] 해산을 돕는 일.

해:산 비:료(海産肥料)[명] 〈농업〉해산물로 만든 비료. [(窟米)②].

marine manure

해:산-쌀(解産―)[명] 산모가 먹을 밥을 짓는 쌀. 산미

해:산 어미(解産―)[명] 해산한 지 얼마 되지 않은 부인. 산모(産母). woman in childbed

해산 어미 같다(解産―)[명] 몸이 부석부석 부은 사람을 일컫는 말.

해:삼(海蔘)[명] 〈동물〉스티코푸스과(Stichopus 科)의 극피 동물. 몸길이 40 cm 가량에 20개 내외의 촉수(觸數)가 있음. 몸 빛은 갈색과 밤색의 반문이 있음. 바닷속에 서식하며 고기는 식용하는데 맛이 좋음. 해서(海鼠). 사손(沙噀). 토육(土肉). ¶~백숙(白熟). sea cucumber

해:삼-초(海蔘炒)[명] 마른 해삼을 물에 불려서 내장을 빼고 다시 불려 물을 뺀 뒤에 진장·기름·설탕을 넣고 끓여서 후춧가루와 갖가루를 친 음식.

해:삼-탕(海蔘湯)[명] 마른 해삼과 쇠고기를 넣고 끓인 음식.

해:삼-회(海蔘膾)[명] 해삼을 뺀, 날 해삼을 썰어서 고추장이나 진장에 찍어 먹는 회. [上]. overseas

해:상(海上)[명] 바다 위. ¶~전투력. (대) 육상(陸上).

해:상(海床)[명] 〈지리〉바다 밑의 깊은 곳. bottom of the sea

해:상(海商)[명] 바다로 물건을 배에 싣고 다니면서 파는 장사. 또, 그 장수. marine commerce

해:상(海象)[명] 〈동물〉바다표범과에 속하는 바다 짐승. 길이는 5.5~6.7 m, 무게는 3 t 정도이고 해마(海馬)와 비슷하나 바다 표범과 같이 귓부위가 없고 코는 코끼리 모양으로 김. 캘리포니아 연안이나 북양(北洋)에 삶. [통틀어 일컫는 말.]

해:상¹(海洋)[명] 해양에 있어서의 자연 현상을 통틀어 일컫는 말.

해:상²(海喪)[명] 어버이의 삼년상을 마침. 결복(闋服).

결제(闋制). 종제(終制). 탈상(脫喪). expiration of the mourning period 하타

해:상(解像)[명] 〈물리〉렌즈가 아주 조그만 부분까지 똑똑히 그 형태를 비추는 일.

해:상 경:찰(海上警察)[명] 〈동〉수상(水上) 경찰.

해:상-권(海上權)[명] 〈법률〉바다 위를 지배(支配)하는 권리. 제해권(制海權). 〈약〉해권(海權). maritime power

해:상 급유(海上給油)[명] 해상에서 항행중인 선박에 연료를 공급하는 일. 양상 급유.

해:상-력(解像力)[명] 〈물리〉촬영된 피사체의 상(像)이 얼마만큼 정확히 재현되어 있는가를 보는 단위.

해:상 무:역(海上貿易)[명] 〈경제〉배로 바다를 거쳐 행하여지는 무역. overseas trade

해:상-법(海上法)[명] 〈법률〉항해(航海)에 관한 법률. 〈약〉해법(海法). marine law

해:상-법(海商法)[명] 〈법률〉해상(海商)에 관한 법규. maritime commercial law

해:상 보:험(海上保險)[명] 〈경제〉항해(航海)에 관한 일체의 위험을 담보하는 보험 제도. marine insurance

해:상 보:험 증권[―꿘](海上保險證券)[명] 〈경제〉해상 보험자가 피보험자에게 주는 보험 계약서.

해:상 봉쇄(海上封鎖)[명] 적의 전투력을 간접으로 감쇠시키기 위하여, 교전국이 적의 함선의 항행·운수를 차단하는 일. maritime blockade

해:상 예식[―녜―](海上禮式)[명] 한 나라의 해군이 다른 나라의 군함을 만날 때 예포 또는 기장(旗章)으로서 행하는 예식.

해:상 용왕[―뇽―](海上龍王)[명] 〈불교〉관세음 보살의 차른 쪽에 있는 보처존(補處尊).

해:상 운:송(海上運送)[명] 해상에서 선박에 의하여 여객·화물을 운송하는 일. 〈약〉해운(海運).

해:상 트럭(海上 truck)[명] 한 사람의 선원이 운전하도록 되어 소형 화물선.

해:상 포:획(海上捕獲)[명] 교전국의 한 나라가 공해나 영해에서 적국의 함선이나 또는 중립을 위반한 혐의가 있는 제삼국의 선박을 포획하는 일.

해:색(海色)[명] 바다의 경치. 「된 바에 태어난 사람.

해:생(亥生)[명] 태세(太歲)의 지지(地支)가 해(亥)로

해:-생물(海生物)[명] 바다 속에 사는 동식물.

해:서(海西)[명] '황해도(黃海道)'를 이르는 말. another name of Whanghae province

해:서(海恕)[명] 넓은 마음으로 용서함. forgiveness

해:서(海棲)[명] 바다 속에서 삶. 하타

해:서(海鼠)[명] 〈동〉해삼(海蔘).

해서(楷書)[명] 한자(漢字) 서체의 하나. 자형(字形)이 가장 방정(方正)한 것. 진서(眞書). 〔대〕초서(草書). square style of Chinese handwriting

해:서 산맹(海誓山盟)[명] 산이나 바다가 영구히 존재함과 같이 굳은 맹세를 이름. 맹서 해서(盟山誓海).

해:석(海石)[명] 〈동〉속돌.

해:석(海汐)[명] 저녁 조수(潮水). 저녁 무렵의 밀물 또는 썰물. evening tidewater

해:석(解析)[명] ①사물을 상세히 풀어서 이론(理論)에 기초를 두고 연구함. analysis ②〔약〕→해석학. ③〈수〉→해석 기하학. 하타

해:석(解釋)[명] ①뜻을 알기 쉽게 풀어서 설명함. 또는 사물의 내용을 쉽도록 살펴 봄. ②연기자(演技者) 또는 지휘자에 대하여 주체적으로 작품을 파악하거나 이해하는 방식. interpretation 하타

해:석 기하학(解析幾何學)[명] 〈수학〉좌표(座標)에 의하여 도형(圖形)의 성질을 수식(數式)으로 나타내어, 대수적(代數的)인 수단으로써 연구하는 기하학의 한 부문. 좌표 기하학. 〈약〉해석(解析)③. analytical geometry

해:석 법규(解釋法規)[명] 〈법률〉당사자의 의사 표시가 있는 경우에, 그 분명하지 못한 부분을 해석하는 임의(任意) 법규.

해:석 법학(解釋法學)[명]〈법률〉재판 기타 실용적 목적에 봉사하는 법학. 민법·형법·소송법·노동법·행정법 등의 일반 실정법에 관한 법해석학과 입법 정책학이 이에 속함.

해:석학(解析學)[명]〈수학〉①함수(函數)의 연속성에 관한 성질을 미적분의 개념을 기초로 하여 연구하는 수학의 한 부문. (약) 해석(解析)②. ②기하학 이외의 수학의 총칭.

해:석학(解釋學)[명]〈철학〉의적(外的)으로 표현된 것에서 내적(內的)인 것을 이해(理解)하기 위한 학문적 방법(學問的方法).

해:선(海扇)[명]〈동〉가리비.

해:선(解船)[명]배의 밧줄을 풂. 곧, 출범(出帆)함. 「set sail 하다

해:설(解雪)[명]눈이 녹음. thaw 하다

해:설(解說)[명]문제를 풀어서 밝힘.또, 그런 책. ¶ ～ 기사(記事). explanation 하다

해:성(諧聲)[명]불가사리².

해:성(海城)[명]①해변의 성. 또는 해변의 포대(砲臺). coast fort ②군함(軍艦). warship

해성(諧聲)[명]형성(形聲).

해:성 단계(海成段階)[명]〈지리〉파도로 말미암아 바닷가가 깎이거나 또는 토사(土砂)가 퇴적하여 이루어진 바닷가의 평지. 「어젓 지층. sea layer

해:성-층(海成層)[명]〈지리〉바다 밑에 퇴적하여 만들어진 지층.

해:성-토(海成土)[명]〈지학〉암석의 풍화물(風化物)이 바닷물의 이동에 의하여 운반·도태(陶汰)·퇴적되어 이루어진 땅. earth formed by the sea

해소(咳嗽)[명]〈변〉해수(咳嗽).

해:소(海嘯)[명]①밀리는 조수(潮水)가 냇물과 부딪칠 때 심한 파도를 일으키면서 내는 소리. ②만조(滿潮) 때에 얕은 해안이나 삼각형상의 하구(河口部)에서 일어나는 거센 물결 소리. ③동 해일(海溢).「solutions 하다

해:소(解消)[명]어떤 관계를 풀어서 없애 버림. dis-

해:소(解訴)[명]원고(原告)가 소송을 그만둠. 해송(解訟). withdrawal of a case 하다

해:-소수[명]한 해가 조금 넘는 동안.

해:-소일(一消日)[명]하는 일도 없이 날을 보냄. wasting time 하다 「짐. amazing the world 하형

해속(駭俗)[명]세상 사람이 놀랄 만큼 풍속에 어그러

해손(害損)[명]〈동〉손해(損害). 「손해.

해:손(海損)[명]경제나 항해 중에 사고가 생겨서 나는

해:손 계:약서(海損契約書)[명]〈법률〉하주(荷主)가 공동 해손(共同海損)이 일어난 때 분담액(分擔額)을 지급할 것을 승낙한 계약서. average bond

해:송(海松)[명]〈식물〉①바닷가 섬에서 나는 소나무. maritime-pinetree ②소나무과의 상록 침엽 교목. 높이 30 m 가량이고 껍질 빛이 검으며 잎이 두 개씩 붙어 남. 해변의 조풍을 받는 곳에 적당하며 수피(樹皮) 및 화분(花粉)은 식용, 수지(樹脂)는 약용 및 공업용으로 쓰임. 고레. 해구 공. 잣나무.

해:송(解訟)[명]〈동〉해소(解訴). 하다

해:송-자(海松子)[명]〈식물〉잣. ¶～粥(粥). pine nut ②한의〉한약제로서의 잣. 성질은 온(溫)한 데 영양을 도우며 대변을 순하게 함.

해:송-병(海松子油)[명]〈식물〉잣기름.

해:송-판(海松板)[명]잣나무의 널빤지. nut-pine board

해수(咳嗽)[명]〈의학〉기침. (변) 해소(咳嗽). cough

해:수(海水)[명]바닷물. sea water

해:수(海獸)[명]〈동물〉바다에 사는 포유(哺乳) 동물의 총칭. 몸은 방추형이고 사지는 지느러미 모양으로 변하여 헤엄치기에 적당함. 고래·해구 등. sea-beast 「는 증세. 기침병. coughing

해수-병(一―病)[一뼝](咳嗽病)[명]〈한의〉연거푸 기침을 하

해:수-욕(海水浴)[명]여름에 피서·운동·위생·오락을 목적으로 바닷물에 목욕함. 또, 그 목욕. 조욕(潮浴). ¶～하다. sea-bathing 하다

해:수욕-장(海水浴場)[명]해수욕을 하기 위하여 여러 가지 시설을 설치한 곳.

해:시(亥時)[명]〈민속〉십이시(十二時)의 열두째 시간. 곧, 오후 9시부터 11시까지의 동안. (약) 해(亥)②.

해:시(海市)[명]〈동〉신기루(蜃氣樓). 「(亥)②.

해:시(海屍)[명]시체를 해부함. postmortem examination, autopsy 하다

해시(駭視)[명]놀라서 봄. stare in amazement 하다

해시(醢豉)[명]아주 잘게 썬 고기의 요리.

해:-시계(一時計)[명]〈천문〉일주(日週) 운동을 이용하여 대강의 시각을 아는 장치. 곧, 시각의 금을 새긴 판 복판의 일정한 깊이의 막대기를 수직으로 세워 그 그림자로 시각을 헤아리는 장치.

해시 라이스(←hashed rice)[명]양파나 쇠고기 등을 기름에 볶은 다음 밀가루를 물에 풀어서 끓여 밥에 부은 요리.

해시(hashish)[명]마약으로 쓰는, 인도산 대마(大麻)의 이삭과 잎을 말린 것.

해:식(海蝕)[명]〈지리〉해안선 부근에서 작용하는 해수의 침식 작용(浸蝕作用). erosion of the sea

해:식(解式)[명]〈수학〉운산(運算)의 방법을 일정한 기호에 의하여 적음. solution 하다

해:식 단구(海蝕段丘)[명]〈지리〉해식에 의하여 형성된 평탄형이 융기하여 이루어진 해안의 단구.

해:식-대(海蝕臺)[명]〈지리〉파도의 침식 작용에 의하여 이루어진 평탄한 해저.

해:식 대지(海蝕臺地)[명]〈지리〉해식붕(海蝕棚)이 융기하여 이루어진 바닷가의 평탄한 지대. coastal terrace 「낭떠러지에 생긴 동혈(洞穴).

해:식-동(海蝕洞)[명]〈지리〉해식에 의하여 된 해변.

해:식-애(海蝕崖)[명]〈지리〉해식 작용에 의하여 생긴 해안의 급한 낭떠러지. coastal cliff 「sea-god

해:신(海神)[명]바다를 다스리는 신. 해령(海靈).

해:신(解信)[명]〈불교〉불교의 이치를 터득한 뒤에 믿음.

해신(駭神)[명]마음을 놀라게 함. 하다 「음. 하다

해실(該悉)[명]광범위하게 다 앎. 하다

해심(垓心)[명]경계(境界)의 한가운데. centre

해:심(害心)[명]해치려는 마음. evil intention

해:심(海心)[명]바다의 복판. heart of the sea

해:심(海深)[명]바다의 깊이. depth of the sea

해쓱-하다[여]얼굴이 창백하다. pale

해:씨(該氏)[명]그 분. 그 분. said person

해아(孩兒)[명]〈동〉해자(孩子).

해:아(海牙)[명]'헤이그(Hague)'의 음역.

해:악(害惡)[명]해가 되는 나쁜 일. evil

해:악(海嶽)[명]바다와 산악(山嶽). sea and mountain

해악(駭愕)[명]몹시 놀람. amazement 하다

해:안(海岸)[명]바닷가. 바닷가의 언덕. seashore

해:안(解顔)[명]얼굴을 부드럽게 풀고 웃음. smile 하 「(海岸防備).

해:안 경:비(海岸警備)[명]바닷가의 경비. 해안 방비

해:안 기후(海岸氣候)[명]〈지리〉바닷가나 호숫가의 매우 습윤(濕潤) 온화(溫和)한 기후. coastal climate 「식을 배열된 평탄하고 좁고 긴 지형.

해:안 단구(海岸段丘)[명]〈지리〉해안선을 따라 계단

해:안-도(海岸島)[명]〈지리〉육지의 일부분이 떨어져서 형성된 섬. coastal isle

해:안 도서족(海岸島嶼族)[명]〈지리〉태평양·인도양 연안이나 대양의 섬들에 살고 있는 족속들의 총칭.

해:안 방비(海岸防備)[명]〈동〉해안 경비(警備).

해:안 방풍림(海岸防風林)[명]조풍(潮風) 및 그에 포함되는 염분을 방지하기 위하여 이룬 해안의 숲.

해:안 사구(海岸砂丘)[명]〈지리〉해안 지대에 발달한 모래 둔덕.

해:안-선(海岸線)[명]①〈지리〉바다와 육지가 접(接)한 경계선. 연해선(沿海線). coast line ②바닷가를 따라 부설한 철도 선로(線路). 〈coast railway

해:안 요새(海岸要塞)[명]〈군사〉바닷가의 요지에 두어 만든 요새.

해:안 지형(海岸地形)[명]〈지리〉직접 또는 간접으로 바다의 작용을 받아서 이루어진 지형.

해안태(海岸太)[명] 주로 동해안 등의 연안에서 잡히는 명태.

해:안 평야(海岸平野)[명] 〈지리〉①해안에 펼쳐진 평야. ②얕은 바다의 융기나 해퇴(海退)에 의하여 이루어진 평야. [여러 가지 포. coast gun

해:안포(海岸砲)[명] 〈군사〉해안 요새에 갖추어 놓은

해애(海艾)[명] 바다 가운데의 섬에 나는 쑥.

히:야디-다[자] 〈고〉해어지거나 닳아서 떨어지다.

해:약(解約)[명] ①〖법률〗계약을 해제(解除)함. 해지(解止). cancellation of a contract ②[동] 파약(破約). 하타

해:양(海洋)[명] 크고 넓은 바다. ¶~ 소설(小說).

해:양 경찰대[―때](海洋警察隊)[명] 해상에서의 범죄 수사 등 경찰 업무를 맡은 경찰 조직. (약) 해경(海警).

해:양 기후(海洋氣候)[명] 〈약〉→해양성 기후. [警]②.

해:양-대(海洋大)[명] 〈약〉→해양 대학.

해:양 대학(海洋大學)[명] 〈교육〉항해·기관(機關)에 관한 학문·기술을 전문적으로 교수·연구하는 단과 대학. (약) 해양대. 해대(海大)⑤. marine college

해:양 문학(海洋文學)[명] 〈문학〉해양을 주제로 한 문학. sea literature

해:양 봉쇄(海洋封鎖)[명] 〈법률〉해양을 국가 주권의 아래에 두고 필요에 의하여 이를 봉쇄하는 일. (대) 해양 자유. 하타

해:양-성(海洋性)[명]-썽 해양 특유의 성질.

해:양성 기후[―씽―](海洋性氣候)[명] 〈지리〉기온의 연교차(年較差)·일교차(日較差)가 적은 기후. 흐리기 쉽고 비가 많이 내리는 기후. 대양적 기후. (대) 대륙성 기후. (약) 해양 기후. oceanic climate

해:양 자유(海洋自由)[명] 〈법률〉전시와 평화시를 불구하고 해양을 개방(開放)하는 일. (대) 해양 봉쇄. freedom of the seas

해:양-학(海洋學)[명] 해양 속에서 일어나는 여러 가지 현상을 연구하는 학문. oceanography

해:양 회유성[―성](海洋回遊性)[명] 어류가 해양 속을 이동하는 일.

해:어(海魚)[명] 바다에서 나는 물고기. sea fish

해:어(解語)[명] 말의 뜻을 이해함. understanding a language 하타

해어(諧語)[명] ①농담. 희롱하는 말. joke ②서로 마음을 털어놓고 정답게 하는 이야기. frank talk

해어-뜨리-다[타] 해지게 하다. (약) 헤뜨리다. wear away [지다². wear out

해어-지-다[자] 닳아서 떨어지다. ¶양복이 〜.

해어-화(解語花)[명] 말을 하는 꽃. 곧, '미인'을 이르는 말. beauty

해:엄(解嚴)[명] 계엄(戒嚴)을 해제함. 경계(警戒)나 단속을 풂. withdrawal of martial law 하타

:히여[명] 〈고〉하여금.

:히 여][기] 하여금.

:히여곰[명] 〈고〉하여금.

히여디-다[자] 〈고〉해어지거나 닳아서 떨어지다.

해역(咳逆)[명] 〈한의〉목구멍이 막히어 숨을 들이쉴 때 소리가 나는 병.

해:역(海域)[명] 바다 위의 일정한 구역. sea area

해:연(海淵)[명] 〈지리〉바다 밑이 특별히 깊은 곳. abyss

해:연(海燕)[명] 〈동물〉외형류(歪形類)에 속하는 바다에 사는 동물. 껍데기는 길쭉하고 둔한 오각형으로 무늬가 있음. 전면에는 가시가 나고 갈색을 띰. 바다의 모래 바닥에 서식함. 〈俗〉바다메비.

해연(駭然)[명] 놀라는 모양. surprise 하타

해:=연-풍(海軟風)[명] 〈지리〉낮에 바다에서 뭍으로 부는 바람. (대) 육풍(陸風). 육연풍(陸軟風). sea breeze [removal of fever 하타

해:열(解熱)[명] 〈한의〉높아진 체온(體溫)을 낮게 함.

해:열-약(解熱藥)[명] 〈동〉해열제.

해:열-제[―쩨](解熱劑)[명] 〈약학〉높아진 열을 내리게 하는 약제. 아스피린 따위. 해열약(解熱藥).

antifebrile [sea salt

해:염(海鹽)[명] 바닷물로 만든 소금. (대) 산염(山鹽).

해:오(解悟)[명] ①깨달음. 알아차림. comprehension ②〖불교〗도리(道理)를 터득함. 개오(開悟). (유) 오히오-다[타](悟-). 하타 [득(悟入). 하타

해오라기[명] 〈조류〉섭금류(涉禽類) 해오라기과의 새. 날개 길이 30cm 가량이고 몸 빛은 백색에 눈 주위는 황백색이고 긴 부리와 다리는 흑색임. 연못·논·강에서 서식함. 교정(鵁鶄). 설객(雪客). 용서(春鋤). 백로(白鷺). 백조(白鳥). 사금(絲禽). (약) 해오리. snowy heron

해오라기-난초(―蘭草)[명] 〈식물〉난초과에 속하는 다년생 풀. 7~8월에 흰 꽃이 줄기 끝에 피는데 가장자리가 잘게 갈라져 마치 해오라기가 날아가는 모양과 흡사함. 관상용으로 심음. 산과 들의 습지에.

히오라비[명] 〈고〉해오라기. [저절로 남.

해:옥(解玉)[명] 〈경제〉증권 거래에서, 해합(解合)에 의하여 건옥(建玉)을 팔 수 무(無)로 돌리는 일.

해왕(偕往)[명] 함께 감. going together 하타 [해타

해:왕-성(海王星)[명] 〈천문〉해에서 가장 먼 곳에 떨어져 있는 태양계(太陽界)의 유성(遊星). Neptune

해:외(海外)[명] ①바다를 사이에 두고 떨어져 있는 나라. 해방(海方). 외국(外國). ¶〜 동포. (대) 해내(海內). foreign countries ②바다 밖. overseas

해:외 무역(海外貿易)[명][동] 외국(外國) 무역.

해:외 방송(海外放送)[명][동] 국제 방송.

해:외 시황(海外市況)[명] 〈경제〉주식·공채·환·상품 등의 해외 시장의 상황.

해:외 은행(海外銀行)[명] 〈경제〉외국에서 경영하는 은행. overseas bank [도, 그 백성.

해:외 이민(海外移民)[명] 자국의 백성을 해외로 옮김.

해:외 저금(海外貯金)[명] 〈경제〉해외에 사는 자국민(自國民)을 위하여 금전 출납의 편법(便法)을 베푼 우편 저금. overseas deposit

해:외 투매(海外投賣)[명][동] 덤핑(dumping).

해:요-체(―體)[명] 〈어학〉존비법에 딸린 종결 어미의 한 체(體). 상대방을 높이되 부드러운 느낌을 주는 말씨임. '오시요·곱군요'

해:요-하-다[타] 상대방을 높이되 부드러운 느낌을 가미하여 말하다. (함). forgiveness 하타

해:용(容容)[명] 관대한 마음으로 남의 잘못을 널리 용서함.

해:용(解傭)[명][동] 해고(解雇). 하타

해:우(海牛)[명] 〈동물〉해우과의 바닷짐승. 몸 길이 3~6m, 몸무게 300~400kg. 빛깔은 암청색이며 몸에는 털이 성글게 나 있고, 입가에는 뻣뻣한 수염이 나 있음. 인도양 또는 남태평양 등지에. sea-cow

해:우(海隅)[명] 바다의 한 쪽 구석. corner of the sea

해:우(解憂)[명] 근심을 없앰. removal of anxiety 하타

해:-운(―運)[명] 그 해의 운수. that year's fortune

해:운(海運)[명] 〈약〉해상 운송.

해:운 시:장(海運市場)[명] 〈경제〉해운에 관한 여러 가지 일이 행하여지는 곳. shipping market

해:운-업(海運業)[명] 〈경제〉바다에서 배로 화물·여객을 운송하는 영업. ¶~자(者). shipping industry

해:운 협정(海運協定)[명] 〈경제〉해운에 관한 국가 사이의 협정.

해:웃-값[명] 기생(妓生)·창녀(娼女)들과 상관하고 주는 돈. 화대(花代)². 화채(花債). charge for an entertainer

해:웃-돈[명] 해웃값으로 주는 돈. payment to prostitute

해:원(海原)[명] 넓은 바다. [공무원. seaman

해:원(海員)[명] 〖법률〗선박에서 일하는 선장 이외의

해:원(解冤)[명] 분풀이함. 분풀이랍. 하타

해:원 명부(海員名簿)[명] 〖법률〗특정한 선박에 승선 중인 모든 해원의 이름을 열거하고, 또 그 고입(雇入) 계약의 내용을 적어 둔 명부.

해:월(月月)[명] 월건(月建)이 해(亥)로 되는 달로 음

려 시월의 딴이름.
해:월(海月)[명] ①바다 위에 뜬 달. 또는 바다 위의 하늘에 떠 있는 달. ②《동》 해파리.
해:위(解圍)[명] 에워싼 것을 풂. **하**[타]
해:유(解由)[명] 〈제도〉 관원이 해임한 때에 후임자와 사무 인계의 인수를 끝내고 퇴임자가 상관에게 보고하던 일. **하**[자][타]
해:읍(海邑)[명] 바닷가에 있는 읍. seaside town
해읍스름-하-다[형][여불] 썩 깨끗하지 못하고 조금 희다. 《큰》 희읍스름하다. whitish **해읍스름-히**[부]
해:의(海衣)[명] 《동》 김².
해:의(害意)[명] 해하려는 뜻. harmful intention
해:의(解義)[명] 뜻을 풀어 밝힘. ¶헌법(憲法) ~. explanation **하**[타]
해:이(解弛)[명] 마음이나 규율(規律)이 풀려서 느스러짐. slackening **하**[자]
해:이(解頤)[명] 턱을 풂. 곧, 입을 크게 벌리고 웃음. **하**[자]
해:인(海人)[명] ①《동》 보자기②. ②남자 보자기.
해:인(海印)[명] 〈불교〉 바다의 풍랑이 잔잔하여져 만상을 있는 그대로 나타낸다는 뜻으로, 부처의 슬기를 이름. Buddha's wisdom
해=인(該人)[명] 그 사람.
해:인=사(海印寺)[명] 경상 남도 합천(陜川) 가야산(伽倻山)에 있는 절.
해:인 삼매(海印三昧)[명] 〈불교〉 석가가 화엄경을 말하기 위하여 들어간 삼매(三昧).
해인 이목[―니―](駭人耳目)[명] 기괴한 짓으로써 남을 놀라게 함. astonishing others **하**[자]
해:인 장경(海印藏經)[명] 해인사 장경각에 간직되어 있는 대장경 6,802권. 국보 32호. 고려 장경.
해:인=초(海人草)[명] 〈식물〉 홍조류(紅藻類)에 속하는 바닷말. 원주상으로 군생하며 높이 5~25 cm, 굵기 2~3 mm고 암자색임. 난류의 해저 암석·산호초에 착생함. 말린 것을 달여 회충 구제약으로 씀.
해:일(亥日)[명] 〈민속〉 일진(日辰)의 지지(地支)가 해(亥)인 날. 을해(乙亥)·정해(丁亥)·기해(己亥) 등.
해:일(海日)[명] 바다 위에 돋은 해. sun above the sea
해:일(海溢)[명] 바다의 큰 물결이 갑자기 일어나 육지로 넘치는 일. 지진·화산의 폭발 또는 폭풍우로 인함. 양일(洋溢). 해소(海嘯)③. tidal wave **하**[자]
해:임(解任)[명] 맡긴 직임(職任)을 내놓게 함. 해관. 해직. 면직. release from office **하**[타]
해:임=장[―짱](解任狀)[명] 〈법률〉 공사나 대사를 본국으로 소환하는 경우에 본국 정부가 그 공사나 대사를 거쳐서 주재국(駐在國) 원수(元首)에게 바치는 해임의 서장(書狀). 《대》 신임장(信任狀). letter of recall
해:자(孩子)[명] 두서너 살 된 어린아이. 해아(孩兒). child
해자(垓字)[명]①능(陵)·원(園)·묘(墓)의 경계. boundary of graveyard ②성(城) 밖으로 둘려 판 호(壕). outer moat
해:자(解―)[명] ①공으로 한턱을 먹는 일. ②〈제도〉 서울의 각 관청의 이서(吏胥)나 하례(下隷)가 새로 임명되어 들어오면, 이왕부터 있던 이들에게 한턱 내던 일. 《원》 해좌(解座). **하**[자]
해:자(解字)[명] 《동》 파자(破字).
해자(楷字)[명] 해서(楷書)로 쓴 글자. printed style of handwriting
해자[명] 《고》 비용.
ᄒᆡᄌᆞ[명] 《고》 성밑 못[城下池].
해:자=쟁이(解字―)[명] 〈민속〉 해자로써 점을 치는 사람. 파자쟁이.
해작=거리-다[타] 자꾸 해작이다. 《큰》 헤적거리다. **해작=해작**[부] **하**[타]
해작=이-다[타] ①감추인 물건을 찾으려고 자꾸 들추어 해치다. rummage ②탐탁하지 않은 태도로 음식 따위를 먹지는 않고 이리저리 헤치기만 하다. 《큰》 헤적이다. scatter
해작=질[명] 자꾸 해작이는 짓. 《큰》 헤적질. grubbing **하**[자]
해:장(海葬)[명] 바다에 장사함. 《유》 수장. burial at sea **하**[타]
해:장(海瘴)[명] 바다 위의 습기와 열기로 말미암아 생기는 장기(瘴氣). plague on the sea
해:장(←解酲)[명] 아침 식전에 술속을 풀기 위하여 술을 조금 마심. 《원》 해정. **하**[자]
해:장=국[―꾹][명] 해장으로 먹는 국. 삼태국(三太―). 성주탕(醒酒湯). 해정탕(解酲湯). broth to chase a hangover
해:장=술[―쑬][명] 술속을 풀기 위하여 조반 전에 약간 마시는 술. 해정주(解酲酒). drinking to relieve a hangover
해:장=죽(海藏竹)[명] 〈식물〉 대과에 속하는 대나무의 하나. 높이 6 m 가량으로 마디 사이가 김. 해변 촌락 부근에 나는데, 제방 방풍림으로 심고 줄기는 죽세공재로 쓰며 죽순은 식용함.
해장=품(醢醬品)[명] 고기나 조개 등의 살·알·내장 등을 소금에 절여 발효시켜서 특수한 맛이 있게 한 식품.
해:장풍=어(海長風魚)[명] 《동》 붕장어.
해:저(海底)[명] 바다의 밑바다. 《대》 해면(海面). sea bottom
해:저(海猪)[명] 《동》 돌고래.
해:저=곡(海底谷)[명] 〈지리〉 바다의 밑바닥에 이루어진 골짜기.
해:저 목장(海底牧場)[명] 바다의 밑바닥에 사는 대하(大蝦)·섭게·전복 등을 인공적으로 길러서 키우는 양식장.
해:저 산맥(海底山脈)[명] 〈지리〉 바다 밑바닥에 산줄기처럼 벋어나간 높은 곳. submarine mountain range
해:저 유전(海底油田)[명] 바다의 밑에 있는 유전. 수심 200 m 정도까지에 있는 대륙붕(大陸棚)에 있는 것이 보통임.
해:저 전:선(海底電線)[명] 바다의 밑에 부설된 전선. submarine cable
해:저 전:신(海底電信)[명] 〈물리〉 해저 전선으로써 바다를 사이에 둔 양 지점간에 행하는 전신. submarine telegraph
해:저 전:화(海底電話)[명] 〈물리〉 해저 전선으로써 통화되는 전화. submarine telephone
해:저 화:산(海底火山)[명] 〈지리〉 대양저(大洋底)에서의 화산 활동(火山活動) 때문에 생겨 바다 위로 봉우리를 내밀지 않은 화산. 해중 화산(海中火山). submarine volcano
해:적(海賊)[명] ①바다를 오가면서 재화(財貨)를 강탈하는 도적. 《대》 산적(山賊). ②〈법률〉 공해(公海)에서 폭행으로써 배나 물화를 빼앗는 사람. 해도(海盜). 해랑적. 해구(海寇). pirate
해:적(害敵)[명] 적을 해침. **하**[자]
해:적=선(海賊船)[명] 해적이 타고 부리는 배. pirate ship
해:적=판(海賊版)[명] 다른 사람의 출판물을 승낙을 얻지 않고 복사하여 출간한 출판물. pirate edition
해:적=호(海跡湖)[명] 〈지리〉 바다의 일부가 뭍으로 말미암아 잘려져서 생긴 호수(湖水). inland sea-lake
해=전(―前)[명] 해가 넘어가기 전. before dark
해:전(海戰)[명] 〈군사〉 바다에서 함정(艦艇)을 타고 싸우는 전쟁. 《대》 육전(陸戰). 공중전. sea battle **하**[자]
해절(該切)[명] 가장 적절함. appropriate **하**[형]
해:정(亥正)[명] 하루를 열두시로 나눈 12째 되는 시각의 한 가운데. 곧, 오후 10시.
해:정(海程)[명] 바닷길의 길이. 뱃길의 길이. distance by sea
해정(楷正)[명] 글자의 모양이 바르고 똑똑함. formal and precise style of writing **하**[형]
해:정(解停)[명] 《동》 해금(解禁). **하**[타]
해:정(解酲)[명] 《원》→해장.
해:정(蟹睛)[명] 〈의학〉 눈병의 하나. 각막의 한 쪽에 구멍이 나서 홍채(虹彩)가 나오고, 게의 눈과 같은 까만 알이 생기는 병증.
해:정=주(解酲酒)[명] 《동》 해장술.
해:정=탕(解酲湯)[명] 《동》 해장국.
해:제(解制)[명] 〈불교〉 ①안거(安居)를 끝냄. ②재계(齋戒)를 풀어 둠. **하**[자][타]

해:제(解除)[명] ①행동상(行動上)의 제약을 풀어서 자유롭게 함. 또, 그 일. release ②[동] 해면(解免). ③〈법률〉어떤 관계나 책임을 지워 없애고, 그것이 없던 때와 같은 상태로 되돌림. 또, 그 일. ¶~ 조건(條件). cancellation 하타

해:제(解題)[명] 어떠한 책·작품의 저작자, 저작의 유래, 내용의 대개, 권수(卷數), 출판 연월일 등에 관한 간단한 설명. 권, 그 글. bibliographical introduction 하타

해:제-권(解除權)[─꿘]〈법률〉당사자 한 쪽의 뜻으로 계약을 풀어버릴 수 있는 권리. right of cancellation

해:조(害鳥)[명] 인류(人類)의 생활에 해를 끼치는 새. (대) 익조(益鳥). injurious bird

해:조(海鳥)[명] 바다에서 사는 새. sea bird

해:조(海潮)[명][동] 조수(潮水).

해조(海藻)[명]〈식물〉바다에서 나는 식물의 총칭. 녹조류(綠藻類)·갈조류(褐藻類)·홍조류(紅藻類) 등. 바닷말. sea weeds

해조(諧調)[명] ①잘 조화됨. harmony ②즐거운 가락. melody

해:조-문(蟹爪紋)[명]〈공업〉도자기의 겉에다 게발을 바르고 구워서, 게의 발이 갈라지듯이 잘게 낸 금.

해:조-분(海鳥糞)[명]〈농업〉해조의 똥이 높이 쌓여서 된 것. 열대 지방의 섬이나 바닷가에서 나는데 질소·인산이 많아서 거름에 씀. guano

해:조-음(海潮音)[명] ①조수(潮水)의 소리. 파도 소리. sound of the tide ②〈불교〉승려가 나무 관세음(南無觀世音)을 제창하는 소리. 또는 관세음보살을 설경하는 소리.

해:좌(亥坐)[명]〈민속〉해방(亥方)을 등지고 앉은 방향.

해:제(解除)[원]→해자가.

해:죄(解罪)[명]〈기독〉고해 성사(告解聖事)로 지은 죄의 사(赦)함을 받는 일.

해:=주-다(약)→하여주다.

해:주=상산(海州常山)[명] 누리장나무.

해죽[부] 마음이 흡족한 듯이 가볍게 한 번 웃는 모양.〔큰〕히죽.〔센〕해쭉. smilingly

해:죽(海竹)[명] 양금채.

해죽-거리-다[자] 흡족한 듯이 귀엽게 자꾸 웃다.〔큰〕히죽거리다.〔센〕해쭉거리다. 해죽해죽¹ 하타

해죽=거리-다[자] 짧은 팔을 이리저리 내저으며 가볍게 걷다.〔큰〕히죽거리다. walk lightly 해죽=해죽² 하타

해죽-이[부] 마음이 흐뭇하게 귀엽게 지긋이 웃는 모양.〔큰〕히죽이.〔센〕해쭉이.

해:중(海中)[명] 바다 속. in the sea

해:중 고혼(海中孤魂)[명] 바다에서 죽은 외로운 혼.

해:중 대원(海中臺原)[명]〈지리〉해저 땅 속에서 비스듬히 내려가다가 벼랑간 경사도(傾斜度)가 완해하여 된 단이 생긴 곳. submarine plateau

해:중-선(海中船)[명] 잠면에 잠수함이 해중에서 하는 해전.

해:중 화:산(海中火山)[명] 해저 화산.

해:지(海志)[명] 이룰 수 없는 넓고 큰 소망. 당치 않은 소망.

해:지(解止)[명]〈법률〉당사자 일방의 의사 표시에 따라 계약에 바탕을 둔 법률 관계를 장래에 대하여 소멸시키는 일. 해약(解約)①.

해:지(該地)[명] 그 땅. said place

해-지-다[자] 해가 서산으로 넘어가다. sun sets

해:-지-다[자](약)→해어지다.

해:직(解職)[명][동] 해임(解任). 하타

해:진(海進)[명]〈지리〉지질 시대에 지반(地盤)의 강 따라로 말미암아 유지가 바다로 덮였던 일. 해침(海浸).〔대〕해퇴(海退). transgression

해:진(海震)[명] 바다 밑에서 일어나는 지진(地震). submarine quakes

해질-녘[명] 해가 질 무렵. sundown

해-짧-다[형] 해가 떠 있는 동안이 짧다. 곧, 낮이 짧다.〔대〕해길다. short day

해쭉[부](센)→해죽.

해쭉=거리-다[자](센)→해죽거리다¹.

해쭉-이[부](센)→해죽이.

해:차(解車)[명] 열차의 정비에서, 차량을 떼어냄. 또, 그 일. 하타

해:착(海錯)[명] 바다속에서 나는 물건으로서 먹을 수 가 있는 것. [schief 하타 스칠 스레기

해:찰[명] 온갖 물건을 부질없이 마구 해치는 짓. mi-

해:찰-궂-다[형] 해찰을 하는 버릇이 있다. naughty

해:찰-하다[자] 정신을 딴 데 두고 쓸데없는 짓만 하다. be mischievous

해:채(海菜)[명]〈식물〉미역. seaweeds

해:척(海脊)[명] 바다에서 고기잡이를 업으로 하는 사람.

해:척(解尺)[명][동] 자풀이. 하타

해천(咳喘)[명]〈한의〉기침과 천식(喘息)의 병증.

해천-증(─症)[명](咳喘症) 〈한의〉기침과 천식(咳喘息)

해=청(該聽)[명] 그 관청. [일. 하타

해청(駭聽)[명] 매우 이상스럽고 놀랍게 들림. 또, 그

해:-체(─體)[명]〈어학〉존비법(尊卑法)에 속하는 종결 어미의 한 체(體). 받말로 상대방을 예사로 낮춰서 하는 말씨. '참으로 급해·나와' 따위.

해:체(解體)[명] ①어떤 조직체가 낱낱으로 풀리어 흩어짐. 또는 뜯어 헤침. taking to pieces ②[동] 해부(解剖)⓪. 하타 [9시가 지난 바로 뒤.

해:초(亥初)[명]〈민속〉해시(亥時)의 처음. 곧, 오후

해:초(海草)[명] ①바다에서 자라는 풀의 총칭. 바닷풀. seaweeds ②충청 남도 해변에서 나는 담배.

해:초월(海初月)[명] 음력 섣달의 딴이름.

해:춘(解春)[명] 눈이나 얼음이 녹는 봄. spring 하타

해:충(害蟲)[명] 사람이나 농작물에 해를 끼치는 벌레.〔대〕익충(益蟲). noxious insect

해:치(獬豸)[명][원]→해치.

해치(豸蟲)[명][동] 교치(咬齒).

해치(hatch)[명] 배의 갑판의 승강구.

해:-치-다(─하)[타] ①해롭게 하다. ¶몸을 ~. injure ②남을 상하거나 죽이다. ¶남의 생명을 ~. hurt ②[일의 방해가 되는 대상을 없애버리다.

해:치우-다[타] ①어떤 일을 빨리 시원스럽게 끝내다.

해:침(海浸)[명][동] 해진(海進).

해캄[명]〈식물〉녹조류 별해캄과에 속하는 담수조(淡水藻). 헝클어진 머리카락 모양의 사상체(絲狀體)로 길은 녹색을 띰. 수태(水苔). 수면(水綿). spirogyra

해:-코지(害─)[명] 남을 해치고자 하는 짓. 하타

해킹(hacking)[명] 남의 컴퓨터를 무단으로 침입하여 데이터나 프로그램을 훼손시키는 불법 행위.

해타(咳唾)[명] ①기침과 침. ②어른의 말씀.

해:타(海駝)[명] 해태(獬豸).

해타(懈惰)[명][동] 해태(懈怠)①. 하타

해탄(駭歎)[명] 놀랍게 여겨서 하는 탄식. deploring 하타

해탄-로(─爐)[─노](骸炭爐)[명] 석탄을 넣고 열하여 해탄을 만드는 가마. coke oven

해:탈(解脫)[명] ①구속에서 벗어남. deliverance ②〈불교〉미계(迷界)를 벗어나 속세간의 근심이 없는 편안한 심경에 이름. 열반(涅槃). salvation ③〈불교〉사망(死網)이 수라(修羅)의 망집(妄執)에서 벗어나 떠오름. 하타

해:탈(解脫)[명]〈불교〉삼덕(三德)의 하나. 곧 무애 자재(無礙自在)의 묘력(妙德).

해:탈-문(解脫門)[명]〈불교〉산문(山門).

해:탈 영산(─靈─)[명]〈민속〉무당이 쓰는 말로, 아이 낳은 빌미로 죽은 아내의 귀신.

해태(海苔)[명][동] 김².

해:태(獬多)[명]〈동물〉옳고 그름을 판단하여 안다는 상상의 신기한 동물. 석상(石像)으로 새기어 궁전 좌우에 세움. 해타(海駝).〔원〕해치(海豸). unicorn-lion

해태(懈怠)[명] ①몹시 게으름. 해타(懈惰). laziness ②〈법률〉어떤 법률 행위에 하여야 할 기일을 넘겨 놓아서 책임을 다하지 않음. 하타

해:토(解土)[명] 언 땅이 풀림. thawing 하타 [eason

해:토=머리(解土─)[명] 언 땅이 풀린 때. thawing se-

해:퇴(海退)[명]〈지학〉지질 시대(地質時代)에 땅이

해트(hat)〖명〗전이 달린 모자. 중절 모자(中折帽子).

해트 트릭(hat trick) 축구에서, 한 선수가 한 경기에 세 골을 올리는 일.

해:파(海波)〖명〗바다의 파도.

해:파리(〖동물〗해파리과의 강장(腔腸) 동물. 갓 모양으로 생겼고, 갓 밑에는 많은 촉수가 있음. 우무와 같은 바탕으로 단단하지 않고 뼈도 없음. 몸빛은 담청흑색이며 갓은 식용함. 수모(水母). 해월(海月)②. 무럼생선. jellyfish

해:판(解版)〖명〗〖인쇄〗식자(植字)하여 조판한 활판을 풀어 헤침. decomposition 하타

해패(駭悖)〖명〗몹시 막되고 피악함. terribly perverse

해:포〖명〗두어 해. year or so

해:표(海表)〖명〗먼 바다 밖. 바다의 저쪽. beyond the seas

해:표(海豹)〖명〗〖동물〗바다표범. seal

해표초(海螵蛸)〖명〗〖한의〗오징어 뼈. 눈에 핏발이 서거나 칼로 벤 상처의 지혈제(止血劑)로 쓰임.

해:풍(海風)〖명〗바닷바람. 〖대〗육풍(陸風). sea wind

해프닝(happening)〖명〗①갑자기 일어나는 일. 우발적인 일. ②유다른 표현 수단에 의한 전위적(前衛的)인 풍속 또는 예술 활동.

해피 스모:크(happy smoke)〖명〗마약(麻藥)의 하나. 마리화나로 만든 담배.

해피 엔드(happy end)〖명〗소설·연극·영화 등의 내용이 행복스럽게 끝마치는 일.

해필(奚必)〖동〗하필(何必).

하(하蝦)〖명〗홍하(紅蝦).

하(解夏)〖명〗여름철의 안거(安居)를 끝내어 마침.

해:-하:다 좋아서 입을 해 벌리고 웃다.

해:-하(害─)타〖여타〗남에게 해가 되게 하다.

해:학(海壑)〖명〗①바다와 구렁텅이. sea and gully ②은혜가 넓고 깊음. wide and deep

해학(諧謔)〖명〗이를거림. [해. joke

해학(諧謔)〖명〗익살스럽고 품위 있는 농담. 회해. 오해.

해학-가(諧謔家)〖명〗해학을 썩 잘하는 사람.

해학-곡(諧謔曲)〖명〗〖음악〗해학적인 빠른 속도의 경쾌한 악곡. 소나타·교향곡 등의 한 악장을 이룸. 스케르초(scherzo). 〖극〗벌레스크(burlesque).

해학-극(諧謔劇)〖명〗해학적인 사실을 내용으로 한 연극.

해학 문학(諧謔文學)〖문학〗해학적인 사실을 내용으로 한 문학. humourous literature

해학 소:설(諧謔小說)〖문학〗해학적인 내용의 소설. 유머 소설. humourous novel

해:합(解合)〖명〗〖경제〗거래소(去來所)에서 불시의 사변이나 매점(買占) 등으로 시세가 급변한 경우의 혼란을 막기 위하여 매매의 쌍방 당사자가 타협하여 일정한 값을 정하고 매매 계약을 소멸시키는 일. 하타

해:합-분(海蛤粉)〖명〗〖한의〗바다 조가비의 가루. 담과 대하증(帶下症)에 약으로 씀. 〖약〗해분(海粉).

해:항(海港)〖명〗①바닷가에 있는 항구. 〖대〗하항(河港). ②외국 무역에 쓰이는 항구. seaport

해해 남을 놀리듯이 까불며 웃는 소리. 〖큰〗히히. ha! ha! 하타

해해-거리-다 자꾸 해해하고 웃다. 〖큰〗히히거리다.

해행(偕行)〖명〗①같이 감. walking together ②여럿이 성윤히 감. processioning 하타

해행(蟹行)〖명〗게 모양으로 옆걸음함. walking sideways 하타 [결핵 따위. haemoptysis

해혈(咳血)〖한의〗피 섞인 가래가 나오는 병. 폐

해:협(海峽)〖명〗〖지리〗육지와 육지, 또는 섬과 섬 사이에 끼어 있는 바다의 좁은 부분. strait

해혹(解惑)〖명〗의혹의 풀림. 파혹(破惑). 하타

해화(諧和)〖명〗①조화(調和). ②〖음악〗음악의 곡조가 서로 잘 어울림. 하타

해:화-석(海花石)〖명〗〖동물〗석산호류(石珊瑚類)에 속하는 산호의 하나. 열대 지역의 옅은 바다 속에 모여 산호초를 이루는데, 군체(群體)의 겉은 국화 모양의 무늬가 배게 났음. 국명석(菊銘石). 아관석(鵞管石).

해:황(海況)〖명〗바다의 형편. 수온·비중·염분·파도·조류의 유향(流向)·유속 등 주로 해양의 물리적 상황을 이름.

해:황(蟹黃)〖명〗게의 뱃속의 노란 장. 게장. crabspawn

해:후(邂逅)〖명〗〖약〗→해후 상봉.

해:후 상봉(邂逅相逢) 우연히 서로 만남. 〖약〗해후. chance meeting 하타

핵(核)〖명〗①어떤 사물이나 활동의 중심이 되는 것. center ②〖생리〗세포의 중심에 있는 구상(球狀)의 원형질. nucleus ③〖생물〗신경학에서 동일한 구실을 하는 신경 세포의 집단. ④〖식물〗열매의 속껍데기가 굳어서 속의 씨를 보호하는 물건. kernel ⑤〖동〗원자핵(原子核).

핵-가족(核家族)〖명〗한쌍의 부부와 미혼의 자녀만으로 구성되는 적은 가족. 소(小)가족②.

핵강(核腔)〖명〗〖식물〗핵막(核膜)으로 둘러싸인 강소(腔所). 곧, 핵이 가득 차 있는 부분.

핵과(核果)〖명〗〖식물〗다육과(多肉果)의 하나. 살 속의 씨가 단단한 핵으로 변한 실과. 복숭아·살구 따위. stonefruit

핵-단:백질(核蛋白質)〖생리〗염색체 및 비루스의 구성 물질로 핵산과 단백질의 결합물.

핵득(覈得)〖명〗일의 실상을 조사하여 사실을 알아냄. finding out after due investigation 하타

핵력(核力)〖명〗〖물리〗원자핵을 형성하는 입자(粒子)로서의 양자(陽子)와 중성자(中性子) 사이에서 작용하는 힘. nuclear power

핵론(劾論)〖명〗허물을 들어 논박함. impeachment 하타

핵론(覈論)〖명〗일의 실상을 조사하여 논박함. confutation 하타 [clear membrane

핵막(核膜)〖명〗〖생물〗세포의 핵을 싸고 있는 막. nu-

핵-무:기(核武器)〖명〗〖군사〗핵에너지를 이용한 병기의 총칭. 원자 폭탄·수소 폭탄 따위. 핵병기. atomic weapons [치하는 일.

핵-무:장(核武裝)〖명〗〖군사〗핵무기를 장비하여서나 배

핵-물리학(核物理學)〖명〗〖물리〗원자핵(原子核)의 구조 및 그 안에서 일어나는 법칙을 연구하는 물리학의 한 분야. nuclear physics

핵-반:응(核反應)〖명〗〖물리〗원자핵끼리 또는 중성자(中性子)와 광자(光子)와의 상호 작용에 의해서 다른 원자핵이 생길 때의 현상. [vestigation 하타

핵변(覈辨)〖명〗일의 실상을 조사하여 따져 밝힘. in-

핵-병기(核兵器)〖명〗〖동〗핵무기.

핵-분열(核分裂)〖명〗①〖생물〗세포 분열에 앞서 핵이 분열하는 일. 그 양식에 따라 유사 분열(有絲分裂)과 무사 분열(無絲分裂)로 구별됨. nuclear fission ②〖약〗→원자핵 분열(原子核分裂).

핵분열성 물질(核分裂性物質)[─성─]〖물리〗중성자의 충돌에 의하여 핵분열을 일으키는 물질. 우란 233·우란 235·플루토늄 등으로 이루어지는 물질. 원자 연료로 씀. fissionable minerals

핵사(核絲)〖명〗〖식물〗핵 속의 실 모양으로 된 구조. 염색성의 작은 입자가 붙어 있음. linin

핵산(核酸)〖명〗〖화학〗단순 단백질과 결합하여 핵단백질의 형성에 관여하는 유기산의 한 군. nucleic acid

핵-산:란(核散亂)〖명〗〖물리〗입자(粒子)가 핵과 충돌하여 방향을 바꾸는 일.

핵실(覈實)〖명〗일의 실상을 조사함. verification 하타

핵-실험(核實驗)〖명〗〖물리〗원자핵의 분열·붕괴·인공 변환 등에 관한 실험. 하타 [가락. 고갱이. core

핵심(核心)〖명〗사물(事物)의 중심이 되는 요긴한 부분.

핵심-체(核心體)〖명〗〖물리〗핵심이 되는 부분. core ②〖물리〗연료 원자핵 등이 분열하고 에너지를 방출하는 원자로의 중심부.

핵-알맹이(核─)〖명〗열매·씨의 알맹이.

핵-에너지(核 energy)〖명〗〖물리〗분열이나 융합(融合)

핵연료 과 같은 핵반응(核反應)에서 방출된 에너지.

핵=연료(核燃料)圓 핵반응을 일으켜 고(高)에너지를 방출하는 물질.

핵외=전:자(核外電子)圓〈물리〉원자핵 주위에 배치 된 전자. orbital electron

핵=우:산(核雨傘)圓 국가의 안전 보장을 확보하기 위하여 비(非)핵보유국이 의존하는, 다른 핵무기 보유국의 핵전력(核戰力).

핵=융합[—ㅇ—](核融合)圓〈물리〉두 개의 원자핵이 합일하여 한 개의 새로운 큰 원자핵으로 되는 반응. 원자력 융합. nuclear fusion

핵=응:용학(核應用學)圓〈물리〉물리학·화학·천문학·생물학·공업 기타 각 분야에서의 핵과학(核科學)과 그 기술의 응용에 관한 학문.

핵=이:성체[—니—](核異性體)圓 질량수와 원자 번호가 같고, 그 외의 성질이 다른 원자핵. nucleus-isomer

핵자(核子)圓 ①알맹이. kernel ②〈물리〉원자핵을 구성하는 양자(陽子)와 중성자(中性子). nucleon

핵=자기(核磁氣)圓〈물리〉원자핵이 나타내는 자기적 현상 및 그 근원인 자기(磁氣) 모멘트.

핵잡이(劾執)圓 탄핵하는 글. letter of impeachment

핵정(劾情)圓 정상을 조사하여 따짐. investgation one's circumstances 하

핵종(核種)圓〈물리〉동위 원소의 하나하나를 독립하여 부를 때에 일컫는 말.

핵주(劾奏)圓 관원(官員)의 죄과를 탄핵하여 임금에게 아룀. accusation in a memorial to the throne 하

핵질(核質)圓〈생물〉세포의 핵내(核內)에 가득 차 있는 물질. 단백질로 되어 있음. karyoplasm

핵=충격(核衝擊)圓〈물리〉 핵(原子)를 분열(分裂)시키거나 새로운 원소(元素)를 형성하기 위하여 핵체(核體)에 원자 방사물(原子放射物)을 발사(發射)하는 일.

핵=클럽(核 club)圓 핵무기(核武器)를 보유(保有)하고 있는 나라를 일컫는 말. 미·영·불·중·소 등의 나라.

핸드(hand)圓 ①손. ②➡핸들링(handling).

핸드 드릴(hand drill)圓 손으로 핸들을 회전하여 톱니바퀴와 래치트의 작용으로 송곳이 구멍을 뚫게 만든 공구.

핸드 머니(hand money)圓 ①보증금. ②잔 용돈.

핸드=백(handbag)圓 부녀(婦女)가 쓰는 작은 손가방.

핸드=볼(handball)圓〈체육〉구기(球技)의 하나. 7인이 한 패가 되어, 한 개의 공을 패스나 드리블로 상대편의 골에 던져 승부를 겨룸. 송구(送球)⑤.

핸드=북(handbook)圓 ①수첩. ②편람(便覽). 안내기

핸드 오르간(hand organ)圓 손풍금.〈案內記〉.

핸들(handle)圓 손잡이.

핸들링(handling)圓〈체육〉축구에서 골키어 이외의 사람이 공에 손을 대는 반칙(反則).〈야〉핸드②.

핸디(handy)圓 ①편리(便利). 간이(簡易). ②솜씨가 있음. 능란함. 하

핸디캡(handicap)圓 ①우열(優劣)을 평균하게 해주기 위하여 우세자(優勢者)에게 지우는 부담이나 조건. ②불리한 조건(條件).

핸섬(handsome)圓 풍채가 좋거나 말쑥함. 균형이 잡

힌훍(고) 흰 훍. 백토(白土). [힌 미삼자. 하

핼금ᄇ 곁눈으로 살며시 흘겨보는 모양. 〈큰〉힐금. 〈센〉핼끔. ogling 하

핼금=거리-다国圄 방정맞게 눈동자를 옆으로 돌려 연해 살짝살짝 쳐다보다.〈큰〉힐금거리다.〈센〉핼끔거리다. 핼금=핼금 하

핼끔ᄇ〈센〉➡핼금.

핼끔=거리-다国圄〈센〉➡핼금거리다.

핼로(hallo)᎜ 여보. 여보세요.

핼리 혜:성(Halley 彗星)圓 긴 꼬리를 가진 해왕성속(海王屬)의 주기(周期). 대(大)혜성.

핼쑥-하-다᎙ 얼굴에 핏기가 없고 파리하다. 창

햄(ham)圓 돼지 넓적다리 고기를 소금에 절여서 불에 슬쩍 구워 만든 식품(食品). 훈퇴(燻腿).

햄릿=형(Hamlet 型)圓 우유 부단(優柔不斷)하고 회의적인 성격의 형(型).〈대〉동키호테형.

햄버거(hamburger)圓 ①〈동〉햄버그 스테이크. ②햄버그 스테이크를 둥근 빵에 끼운 샌드위치.

햄버그(hamburg)圓〈동〉햄버그 스테이크.

햄버그 스테이크(hamburg steak)圓 잘게 다진 쇠고기나 돼지고기를 빵가루와 양파에 둥글게 뭉쳐 구운 서양 요리. 햄버그①. 햄버그. [요리.

햄=샐러드(ham salad)圓 햄에 샐러드를 첨가한 서양

햄셈 어:족(Ham Sem 語族)圓〈어학〉세계 언어의 어족의 하나. 아라비아 반도에서부터 북아프리카에 걸쳐 사용되는 햄어와 셈어를 묶는 이름.

햄스터(hamster)圓〈동물〉시리아 원산인 쥐의 일종.

햄=어:족(Ham 語族)圓〈어학〉이집트를 중심으로 북아프리카에서 대부분 쓰던 어족. 오늘날에는 거의 쓰이지 않음. [운 양식의 하나.

햄에그(ham egg)圓 얇게 핀 햄에 달걀을 끓여 씌운

햄족(Ham族)圓 노아의 아들 햄의 자손이라고 하는 민족군(民族群). 셈족(族)·아리안족과 함께 유럽 3대 인종의 하나. 아프리카의 동부·북부에 사는 에티오피아인 따위.

햅=쌀圓 그 해에 처음으로 난 쌀. 신미(新米). 〈대〉

햅쌀=밥圓 햅쌀로 지은 밥. [묵은쌀. new rice

햇豆 '그 해에 처음으로 난'의 뜻을 나타냄. new

햇=것圓 해마다 나는 물건으로 그 해에 처음 난 것.

햇=곡(—穀)圓 ➡햇곡식.

햇=곡식(—穀食)圓 그 해에 새로 난 곡식. 신곡(新穀).〈대〉구곡(舊穀).〈약〉햇곡. [beams

햇=귀圓 ①해가 처음 솟을 때의 빛. ②〈동〉햇발. sun-힛·귀圓〈고〉해의 그림자. 햇귀.

햇=나물圓 그 해에 새로 난 나물.

햇=누룩圓 그 해 새로 나온 밀로 만든 누룩.

햇=님圓 ➡해님.

햇=닭圓 그 해에 깐 닭.

햇=덧圓 짧아가는 가을날에 빨리 지는 해의 동안.

햇=돝圓 그 해에 낳은 돼지.

햇모·로(圓)〈고〉햇무리.

햇=무리圓 해의 언저리에 구름같이 허옇고 둥그렇게 나타나는 기운. 일훈(日暈).〈대〉달무리.〈약〉햇물①. halo of the sun [여지는 샘물.

햇-물圓 ①〈약〉➡햇무리. ②장마 뒤에 잠시 났다가 없

햇=발圓 사방으로 뻗친 햇살. 햇귀②. sunbeams

햇=볕圓 햇살의 뜨거운 기운.〈약〉볕. sunlight

햇=보리圓 그 해에 새로 난 보리.

햇비들기 재 넘을까᎜ 경험이나 실력이 없이 자만심으로는 큰 일을 할 수 없음을 이르는 말.

햇=빛圓 해의 빛. 대명(大明). 일광(日光). sunshine

햇=살圓 해가 쏘이는 빛살. ¶~이 세어 꽃잎이 마
  르나. sunbeams

햇새圓 그 해에 새로 알에서 깬 새.

햇새가 더 무섭다᎜ 젊은 사람들이 더 살림을 무섭게
  한다는 말. [years

햇=수(—數)圓 해의 수. 연수(年數). number of

햇=실과(—實果)圓 그 해에 처음 난 실과.

햇=일[—닐](圓) 그 해에 행한 일. 또는 행하도록 작정된 일. 역사(年事). annual events

행(行)圓 ①글의 줄.〈원〉항(行). line ②〈문학〉한 시(漢詩)의 한 체(體). ¶비파(琵琶)~. line of verse ③〈제도〉당(唐)에서의 한 곳에 집중되어 있던 동업 상점의 거리. 송(宋)대 이후는 각처에 흩어져 있던 동업 상점의 조합. 또는 각 상점 자체.

행²(行)圓 ①〈불교〉일체의 변화하는 존재.〈불교〉②인 실이 인연의 하나. 전생의 과보(果報)의 인(因)이 되는 과거의 업(業). ③〈불교〉중이 불법(佛法)을 닦는 일. 수행(修行). 수지(修知).

행³(行)圓〈제도〉도로(道路)와 행작(行作)을 맡은 궁

행:(幸)圓〈야〉➡다행(多幸). [중 칠사(七祀)의 하나.

행(行)〖명〗〈불교〉관직(官職)보다 관계(官階)가 높은 사람의 벼슬 이름 위에 붙여 일컫던 말.

=**행**〖접〗고유 명사에 붙여 그 곳으로 가는 뜻을 나타냄. ¶서울~. 부산~. to

행각(行脚)〖명〗 ①〈불교〉여기저기 다니면서 수행(修行)함. pilgrimage ②어떤 목적으로 여기저기 돌아다님. ¶애정(愛情) ~. tour 하다

행각(行閣)〖명〗〈건축〉궁궐·사찰 등의 정당(正堂)의 대청의 앞, 또는 좌우쪽에 길게 지은 집. 상방(箱房).

행각-승(行脚僧)〖명〗〈불교〉여러 곳으로 다니며 수행하는 중. itinerant monk

행간(行姦)〖명〗간음을 행함. 도덕에 어긋난 음사(淫事)를 행함. 행음(行淫). illicit intercourse 하다

행간(行間)〖명〗글줄과 글줄의 사이. between the lines

행객(行客)〖명〗나그네. 길 가는 사람. traveller

행거(hangar)〖명〗 격납고. 창고.

행건(行巾)〖명〗복인(服人) 또는 상제들이 쓰는 건. mourner's hempen cap

행계(行啓)〖명〗〈제도〉왕비후·왕후·왕세자 들의 출행.

행고(行苦)〖명〗〈불교〉삼고(三苦)의 하나. 무상 유전(無常流轉)으로 인하여 받는 고통.

행고(行賈)〖명〗떠돌아다니는 장수. 도부(到付) 장사. 행상(行商). (대) 좌고(座賈). peddling

행고(行鼓)〖명〗〈군사〉옛날 군대가 행진할 때에 치던 북. drum for march

행공(行公)〖명〗 공무(公務)를 집행(執行)함. 하다

행구(行具)〖명〗⟶행장(行裝).

행군(行軍)〖명〗①〈군사〉군대를 거느리고 멀리 걸어감. ②학생이 줄을 지어 멀리 걸어감. 행진(行陣). march 하다

행궁(行宮)〖명〗임금이 거둥할 때에 묵던 별궁. temporary palace

행근(行殣)〖명〗길에서 굶어 죽은 송장.

행=글라이더(hang glider)〖명〗 미국에서 시작된 공중 스포츠의 하나.

행기(行氣)〖명〗①몸을 움직임. moving one's body ②호기를 부림. displaying one's heroic temper ③숨결을 잘 통하게 함. ease one's hard breathing 하다

행(幸)〖기〗다행하기를 바람. wishing for 하다

행길(行-)〖명〗⟶한길.

행낭(行囊)〖명〗우편물을 넣어 보내는 주머니. 낭저. 행-내기(行-)〖명〗⟶보통내기.

행년(行年)〖명〗먹은 나이. age

행년 신수(行年身數)〖명〗그 해의 신수. fortune of the year

행년-점[-쩜](行年占)〖명〗 행년 신수를 알기 위하여 치는 점. consulting a fortune-teller

행=단(杏壇)〖명〗 수학(修學)하는 곳을 이르는 말. school

행담(行擔)〖명〗길 갈 때 가지고 다니는 작은 상자. 흔히 싸리나 버들로 결어 만듦. traveller's bag

행덕(行德)〖명〗〈불교〉불법(佛法)을 닦아 쌓은 공덕.

행도(行道)〖명〗①도(道)를 행함. 도를아나님. travelling ②경행(經行). ③〈불교〉대법회(大法會)에 때 여러 중이 열을 지어 독경하며서 불상이나 불탑의 주위를 돌아가는 의식. ⑤〈불교〉중이 경문을 외면서 걷는 일. 하다

행동(行動)〖명〗①몸을 움직여 동작함. 또, 그 동작. 행작. ¶~ 심리학. action ②〈심리〉자극에 대응하는 신체(身體)의 근육·내분비선의 작용 상태 등의 총칭. 행장. ③〈동〉행위(行爲)⑵. ④〈생리〉생물이 몸의 안팎의 자극에 대하여 나타내는 전체적인 조절된 반응. 하다

행동 거지(行動擧止)〖명〗몸을 움직이는 모든 짓. 거조(擧措). (약) 거지(擧止). 행지(行止)①. behaviour

행동 과학(行動科學)〖명〗인간 행동의 일반 법칙을 얻은 측면에서 발견하려는, 자연 및 사회 과학의 두 분야에 걸치는 새로운 과학.

행동-대(行動隊)〖명〗직접 행동을 취하는 무리.

행동 반:경(行動半徑)〖명〗〈군사〉군함·항공기 따위가 기지를 떠나서 다시 기지로 돌아올 수 있는 최대 행정(行程). radius of action

행동 심리학(行動心理學)〖명〗〈심리〉행동주의에 입각하여 행동에 관하여 연구하는 심리학의 한 부문.

행동=주의(行動主義)〖명〗①〈심리〉자극에 대한 반응으로 일어나는 행동에서 인간의 심리를 객관적으로 관찰하려는 사상의 하나. behaviorism ②〈문학〉문학 운동의 하나. 행동을 통하여 사회에 참여하고, 거기에 인간성을 재건하려는 주의. activism

행동파 사:회학(行動派社會學)〖명〗〈사회〉사회의 현상을 단심적(單心的)·의식적 과정(意識的過程)으로 보지 않고 이것을 초월한 행위 과정(行爲過程)으로, 또는 초주관적(超主觀的)인 자극과 반응의 생리적 과정으로 보는 사회학. behaviouristic sociology

행동-형(行動型)〖명〗〈심리〉일정한 자극에 대하여 나타내는 동형적(同型的) 반응의 형. behavior pattern

행동 환경(行動環境)〖명〗〈심리〉행동을 규정하고 있는 환경. 코프카가 제창한 개념임. behavioral environment

행락(行樂)〖명〗잘 놀고 즐겁게 지냄. enjoyment 하다

행랑(行廊)〖명〗①대문간에 붙어 있는 방. room on a side of the gate ②대문의 양쪽에 벌여 있어 하인들이 거처하는 방. servant's room ③장행랑(長行廊). 서울 장거리에 줄대어 있던 이층의 전방(廛房). 낭저(廊底).

행랑-것[-껃](行廊-)〖하〗행랑살이를 하는 사람.

행랑 도감(行廊都監)〖명〗〈제도〉고려때 큰거리에 있는 행랑을 관리하던 관청.

행랑 뒷:골(行廊-)〖명〗 서울 전방(廛房) 뒤의 있는 좁은 골목을 이름.

행랑-방(行廊房)〖명〗대문의 양쪽 또는 문간에 있는 방. 행랑것이 거처하는 방. ¶~ 신세. servant's room

행랑-살이(行廊-)〖명〗남의 집의 행랑을 빌려 들고 그 대신으로 그 집의 일을 도와 주며 사는 생활. life is servant 하다

행랑-아범(行廊-)〖명〗 행랑살이하는 남자. servant

행랑-어멈(行廊-)〖명〗 행랑살이하는 여자. woman

행랑-채(行廊-)〖명〗 (동) 문간채.

행려(行旅)〖명〗나그네가 되어 다님. 또, 그 나그네. traveller 하다

행려 병:사자(行旅病死者)〖명〗여행 도중에 병이 나서 죽은 사람.

행려 병:인(行旅病人)〖명〗**행려 병:자**(行旅病者)〖명〗나그네로 떠돌아 다니다가 병이 나고 치료할 길이 없는 사람.

행려-시(行旅屍)〖명〗행려 병인의 주검.

행력(行力)〖명〗〈불교〉불도를 수행(修行)하는 힘.

행력(行歷)〖명〗지내온 경력. 지냄. 겪음. personal history 하다

행렬(行列)〖명〗여러 사람이 줄을 지어 나감. 또, 그 줄. procession 하다

행령(行令)〖명〗명령을 시행함. execution of order 하다

행례(行禮)〖명〗예식을 올림. holding a ceremony 하다

행로(行路)〖명〗①사람이 걸어다니는 길. 한길. path ②세상에서 살아나가는 길. 세로(世路). ¶인생(人生) ~. course of life

행로-난(行路難)〖명〗세상살이의 어려움. difficulties of life

행로지-인(行路之人)〖명〗아무 상관이 없는 사람을 이르는 말. passer-by

행록(行錄)〖명〗사람의 언행을 적은 글. chronicle of one's sayings and doings

행뢰(行賂)〖명〗뇌물을 보냄. bribery 하다

행료(行療)〖명〗길에 피로.

행리(行李)〖명〗 (동) 행장(行裝).

행리(杏林)〖명〗①살구나무의 수풀. ②의원(醫員)의 미칭(美稱). ¶만리(萬里) ~. doctor

행:림-계(杏林界)〖명〗의원(醫員)의 사회. 의원의 세계.

행마(行馬)〖명〗쌍륙(雙六)·장기·바둑 등의 말을 씀.

행:망(幸望)〖명〗요행을 바람. trust to chance 하다

행:망-하다(倖望-) 정신을 차리지 아니하다. careless

행매(行媒) 중매를 듦. match-making 하다

행매(行賣) ①처음으로 팔기 시작함. starting to sell ②물건을 돌아다니면서 팖. peddling 하다

행면(倖免) 「행이득으면(倖而得免).

행무(行務) ①은행의 사무. ②사무를 집행함. 하다

행문(行文) ①글을 지음. 작품. writing a composition ②관문서(官文書)의 내왕(來往). official communication 하다

행문 이첩[-니-](行文移牒) 관청에서 문서로써 조회(照會)함. 〔약〕행이(行移).

행방(行方) 간 곳. 간 방향. whereabouts

행방(行房) 부부가 잠자리를 같이함. sharing the bed with one's wife 하다 「을 모름.

행방 불명(行方不明) 간 곳이 분명하지 않음. 간 곳

행배(行杯)〔동〕행주(行酒).

행법[-뻡](行法)〈불교〉①행자(行者)가 수득(修得)하여야 할 교법(敎法). ②불도를 닦는 방법.

행보(行步)〔동〕walk 2·어느 먼 곳으로 장사하러 다님. going for peddling 하다

행보-석(行步席) 마당에 까는 긴 돗자리. 흔히 큰 일이나 신랑·신부를 맞을 때 씀.

행:복(幸福)〔동〕①좋은 운수. good fortune ②〈심리〉뜻을 이루어 조금도 부족감이 없는 기쁨의 상태. 〔대〕불행(不幸). happiness 하다 스레 스레히

행:복-설(幸福說)〈윤리〉행복의 획득(獲得), 증진(增進)을 인생의 최고 목적으로 하는 도덕설. eudemonism 「은 불성(佛性).

행-불성[-쩡](行佛性)〈불교〉수행(修行)으로 얻

행:=불행(幸不幸) 다행과 불행. happiness and unhappiness 「교하는 일.

행비(行比)〈불교〉수행(修行)의 공력(功力)을 비

행리(行李)〔동〕노자(路資). 「service 하다

행사(行祀) 제사(祭祀)를 지냄. perform a religious

행사(行事) 일을 거행함. 또, 그 일. event 하다

행사(行使)〔동〕①부려어 씀. employment ②〈법률〉권리 따위의 내용을 실현함. 하다

행사(行詐) 거짓을 행함. acting falsely 하다

행상(行商)〔약〕→행상인. 도부 장사.

행상(行喪) ①시체를 운반하는 기구. 또, 그 일. funeral procession ②상여(喪輿). 「rewards 함.

행상(行賞) 상을 줌. 〔논공(論功)~〕. bestowal of

행상-인(行商人) 도부 장수. 〔약〕행상①. peddler

행색(行色) ①나그네의 차림새. travelling attire ②행동하는 태도. behaviour

행서(行書) 해서(楷書)와 초서(草書)의 중간되는 한자(漢字)의 한 체. semicursive writing

행선(行先) 가는 곳. destination

행선(行船) 배가 감. 배. 「미. sailing 하다

행선(行禪)〈불교〉각처로 다니면서 선(禪)을 닦는

행선-지(行先地) 떠나가는 목적지. 「일. 하다

행선 축원(行禪祝願)〈불교〉나라가 태평하고 백성이 편안하기를 조석으로 부처에게 비는 일.

행성(行星)〔동〕유성(遊星).

행세(行世)〔동〕①사회에서 사람답게 행함. 또, 그 태도. ¶~하는 집안. conducting oneself ②세상을 살아감. 또, 그 태도. behaviour 하다

행세(行勢) 세도를 부림. 하다

행세-건[-껀](行世件) 행세하느라고 하는 것. manners of living 「맞는 법.

행세-경[-꼉](行世經) 행세를 잘못하여 남에게

행세-꾼(行世-) 행세하는 데 특히 주의하는 사람. man who is very careful in manners

행=세도(行勢道) 세도를 부림. 〔약〕행세(行勢). wielding special power 하다

행세-본(行世本) 행세하는 방법. 세상을 지내는 방법. way one behaves oneself

행소(行訴)〔약〕→행정 소송(行政訴訟).

행수(行首)〔동〕①한 무리의 두목. head ②한량의 우두머리. 「항수.

행수(行數)-[쑤](行數) 글 줄의 수. 또, 그 차례. 〔원〕

행수 기:생(行首妓生) 기생의 우두머리. 도기(都妓). head keeseng 「되는 무명.

행수-목(行需木) 사신(使臣)의 행차(行次)에 소용

행순(行巡) 살피며 돌아다님. patrol 하다

행술(行術) 의술(醫術)·복술(卜術)·지술(地術)로 행세함. 하다

행습(行習) ①버릇이 되도록 행동함. 또는, 몸에 젖은 버릇. ②〔동〕기습(氣習). 하다

행시(行時) 때 맞추어 씀. 하다

행시(行詩)〈제도〉과거에 시험하던 십팔 구(句) 이상의 근체시(近體詩).

행시 주:육(行尸走肉) 살아 있는 송장이요, 걸어다니는 고깃덩이란 뜻으로, 배운 것이 없어서 쓸모가 있는 사람을 일컫는 말. good-for-nothing

행신(行身)〔동〕처신(處身). 하다

행신(行神)〔동〕①길을 지키는 신령. ②길에서 죽은 사람의 귀신.

행:신(行臣)〔동〕총신(寵臣). 「람의 귀신.

행:실(行實) 일상 하는 행동. 품행(品行).

행실을 배우라 하니까 포도청 문고리를 뺀다[옛담] 품행을 바르게 하라고 하였더니 도리어 위험하고 못된 짓을 한다는 말.

행:심(幸甚)〔동〕매우 다행함. very happy 하다 「하다

행악(行惡) 모지고 나쁜 짓을 행함. doing evil

행어(hanger) 옷걸이.

행업(行業)〈불교〉불도(佛道)를 닦음. 하다

행:여(幸一) 어쩌다가라도. 바라건대. 운좋게. ¶ ~ 오실까. fortunately 「possible

행:여-나(幸一) '행여'의 힘줌말. by chance, if

행역(行役) 여행의 피로움. hardships of travelling

행연(行硯) 가지고 다니는 조그마한 벼루. 「하다

행용(行用) 널리 퍼트려 씀. 두루 씀. widely used

행운(行雲) 떠가는 구름. 열구름.

행:운(幸運) 행복한 운수. 좋은 운수. 복운(福運). 〔대〕불운(不運). good fortune

행:운-아(幸運兒) 때를 잘 만나서 좋은 운수를 탄 사람. lucky person

행운 유수(行雲流水) 떠가는 구름과 흐르는 물이란 뜻으로, 곧 일을 거침없이 처리하거나 마음씨가 시원시원하고 썩썩하거나, 일정한 형체가 없이 늘 변함을 이르는 말.

행원(行員)《약》→은행원(銀行員).

행위(行爲) ①하는 것. 짓. act ②〈윤리〉사람의 도의적 성질을 띤 의식적 동작. 행동③. ¶부정(不正)~. conduct ③〈법률〉의식 작용에 따른 적극적인 동작. 「어서, 일반적으로 지켜야 될 규범.

행위 규범(行爲規範) 사람이 사회 생활을 함에 있

행위 능력(行爲能力)〈법률〉①사법상(私法上)법률 행위를 단독으로 할 수 있는 능력. 국제법상, 국가가 자기의 의사 행위에 의하여 국제법상의 효과를 발생케 할 수 있는 능력. legal capacity

행위-법[-뻡](行爲法)〈법률〉인간의 행위 자체를 규정하는 법. 〔대〕조직법(組織法). 「됨. 하다

행위 부정(行爲不正) 행함이 바르지 못하게 됨.

행위-세[-쎄](行爲稅)〈법률〉직접 물건을 목적으로 하지 않는 법률적 또는 경제적 행위에 과하는 세. 등록세(登錄稅)·인지세(印紙稅) 따위.

행위-시(行爲時) 행위할 때.

행위-지(行爲地)〈법률〉형사 사건의 행위를 한 곳. place of an act

행위지-법[-뻡](行爲地法)〈법률〉법률 행위(法律行爲)가 행하여지는 처소(處所)의 법률.

행:-유:여력(行有餘力) 일을 다 하고도 힘이 남음.

행음(行吟) ①거닐며 글을 읊음. walking and reciting ②큰소리로 글을 읊음. 하다

행음(行淫)〔동〕행간(行姦). 하다 「의 웃옷.

행의(行衣) 소매가 넓고 검정으로 가를 꾸민 선비

행의(行義)圓 의(義)를 행함. doing justice 하타

행의(行誼)圓 ①행실이 올바름. righteousness ②바른 길을 행함. ③품행과 도의(道誼). behaviour and friendliness

행의(行醫)圓 의술로서 살아감. practice medicine 하

행이(行이)圓→행문 이첩(行文移牒).

행:=이득면(倖而得免)圓 무슨 좋지 못한 일을 요행히 벗어남. (약) 면면(倖免). 하타

행인(行人)圓 ①길 가는 사람. passer-by ②동 사자(使者). ③불교 불법(佛法)을 닦는 사람. 주문(呪文)을 외는 사람. 부처님의 계행(戒行)을 닦는 중. disciplinant

행인(行印)圓 은행의 도장. seal of a bank

행:인(杏仁)圓〈한의〉살구씨의 알맹이. 기침·변비에 약제로 씀. seed of apricot

행자(行者)圓 ①〈불교〉 불도(佛道)를 수행(修行)하는 사람. 상좌(上佐). layman engaged in performing Buddhist austerities ②행상(行喪) 때 상제를 모시고 따라가는 사내종.

행자(行資)圓〔동〕 노자(路資).

행:자(杏子)圓 (약)→행자목(杏子木).

행:자-목(杏子木)圓 은행나무의 목재(木材). 《약》 행자(杏子).

행:자-반(杏子盤)圓 은행나무로 만든 소반. tray made of gingko wood

횡즈쵸마(ㅁ)圓 행주치마.

행:자-판(杏子板)圓 은행나무로 만든 널판.

행작(行作)圓〔동〕 행동(行動)①.

행장¹(行狀)圓 ①행동. 몸가짐. 행실. behaviour ②사람이 죽은 뒤에 그 평생의 행적을 적은 글. brief record of one's life ③교도소에서 수감자의 언행에 매겨 매기는 성적. conduct mark

행장²(行狀)圓 조선조 초기, 왜인(倭人)이 조선에 내왕할 적에 소지(所持)하게 했던 여행 증명서. 대마도주(對馬島主)가 발행한 것임.

행장(行裝)圓 여행할 때에 쓰는 모든 기구. 행구(行具). 행리(行李). travelling suit

행장(行障)圓〈제도〉왕후의 장례 때 여러 사람들이 들고 가던 굵은 베의 긴 휘장. one's conduct

행장=기(行狀記)圓 지내온 일을 기록한 것. record of

행재-소(行在所)圓 거둥하여 임시로 머무는 곳. king's temporary headquaters

행적(行績·行蹟·行跡)圓 행위의 실적. 평생에 한 일. achievements

행전(行錢)圓 노름판에서 돈을 주고 있음. 하타

행전(行纏)圓 바지·고의를 입을 때 정강이에 감아 무릎 아래에 매는 물건. leggings

행정(行政)圓 ①정치를 함. ②〈법률〉 삼권 분립(三權分立) 제도(制度)인 국가 통치 조직에 있어서 입법·사법 이외의 통치 작용(統治作用). ③〈군사〉 전술과 전략을 제외한 모든 군사 사항을 관리·운용하는 일. administration

행정(行程)圓 ①멀리 가는 길. ②가는 길의 이수(里數). ¶하루의 ~. distance ③증기 기관·내연 기관에서 피스톤이 왕복하는 거리. stroke

행정 각부(行政各部)圓 중앙의 행정 사무를 분장하는 국가 기관인 각 부(部). (약) 각부(各部)③.

행정 감독(行政監督)圓〈법률〉 행정 관청의 하는 일에 착오(錯誤) 또는 부정 따위를 밝혀 그런 일이 없도록 행하는 감독.

행정 감사(行政監査)圓〈법률〉 행정 사무의 관리나 집행이 적법·정당하게 행해지는가의 여부를 파악하기 위하여 하는 감사.

행정 경:찰(行政警察)圓〈법률〉 국민의 위해(危害)를 예방하고 안녕(安寧)을 보전함을 목적으로 하는 경찰. (대) 사법 경찰. ②각 부(部)의 행정 방침에 따라 위해(危害)를 방지함을 목적으로 하는 경찰. administrative police

행정 계:약(行政契約)圓〈법률〉 국가 또는 공공 단체(公共團體)와 개인과의 합의로 공법상의 법률 관계를 맺게 되는 계약. administrative contract

행정=관(行政官)圓 행정 사무를 맡아보는 관리의 총칭. executive officer

행정 관청(行政官廳)圓〈법률〉 정부 및 정부에 소속하여 국가의 의사를 결정·표시하는 권한을 가지는 행정 기관. (약) 행정청. administrative office

행정 구역(行政區域)圓 행정 기관의 권한이 미치는 법위의 일정한 지역. 시(市)·도(道)·군(郡)·면(面)·동(洞) 따위.

행정=권(行政權)圓〈법률〉 삼권(三權)의 하나. 곧 행정 통치권(統治權)의 작용. 집행권①. ¶~ 이양(移讓). administrative power

행정 규칙(行政規則)圓〈법률〉①행정 기관이 행정을 수행하기 위하여 내리는 규칙. administrative rule ②행정 기관 안에서만 효력이 있는 명령. 훈령(訓令)·사무 규정 따위. administrative regulations

행정 기관(行政機關)圓 행정 기관의 사무를 맡아보는 국가의 기관. administrative organ

행정 대:서(行政代書)圓〔동〕 행정 서사.

행정 대:집행(行政代執行)圓〈법률〉 행정상의 강제 집행 수단의 하나. 남이 대신할 수 있는 의무가 의무자에 의하여 불이행될 경우, 당해 행정청이 스스로 하거나 제삼자에게 대행시키고 그 비용을 의무자로부터 징수하는 일.

행정 대학원(行政大學院)圓 고급 행정 공무원 양성을 목적으로 하는 대학원의 하나.

행정=도(行政圖)圓〈군사〉 전술적 상황과 관련시켜 행정상의 여러 상황을 나타낸 그림.

행정 명:령(行政命令)圓〈법률〉 행정 기관이 행정상의 목적에서 직권(職權)에 따라 내리는 명령. administrative order

행정=벌(行政罰)圓 행정법상 과거의 의무 위반에 대하여 일반 통치권에 의하여 가해지는 제재. administrative punishment. 는 행죄. 법정범.

행정=범(行政犯)圓〈법률〉 행정법상 의무 위반에서 오는 범죄.

행정=법(一般)(行政法)圓〈법률〉 행정 기관의 조직 및 행정권의 작용에 관한 법. administrative law

행정 법원(行政法院)圓〔동〕 행정 재판소.

행정=부(行政府)圓 삼권 분립(三權分立)에 의한 국가 기관의 하나. 행정(行政)을 맡아보는 국가 기관(國家機關). 정부(政府). administration

행정 사:무(行政事務)圓〈법률〉 행정 기관이 맡아보는 사무, 또는 그 성질상 행정 작용에 딸린 사무. administrative affairs

행정 서사(行政書士)圓〈법률〉 다른 사람의 위촉을 받아 관서에 낼 서류, 그 밖의 권리·의무 및 사실 증명에 관한 서류의 작성을 업무로 하는 사람. 행정 대서. administrative scrivener

행정 소:송(行政訴訟)圓〈법률〉 행정 관청의 위법 처분에 의하여 권리를 침범당한 사람이 그 처분의 취소 또는 변경을 요구하는 소송. (약) 행소(行訴). administrative litigation. 권에 의한 행정 행위.

행정 작용(行政作用)圓〈법률〉 행정권의 작용. 행정

행정 재산(行政財産)圓〈법률〉 국가 또는 공공 단체에 의하여 직접 행정 목적에 공용(共用)이 되며 그 관리 처분에 대해 특별한 규정이 있는 국유 재산. (대) 재정 재산(財政財産).

행정 재판(行政裁判)圓〈법률〉 행정 사건에 관한 재판. 곧 행정상의 법률 관계에 관하여 쟁의(爭議) 또는 의의(疑義)가 있는 경우에 이를 일정한 소송 절차에 의하여 재판함을 말함. administrative trial

행정 재판소(行政裁判所)圓 행정 사건을 재판하기 위하여 행정부에 설치하는 재판소. 행정 법원.

행정=적(行政的)관형 행정에 관한 성질의(것). 행정에 관한(것). 등에 의하여 경비를 절약하는 일.

행정 총리(行政總理)圓 행정 각 부서의 폐합 정리.

행정 조정실(行政調整室)圓 각 중앙 행정 기관 및 서울 특별시에 대한 행정의 지휘·조정·감독을 담당하는 국무 총리의 보좌 기관.

행정 처:분(行政處分)圓〈법률〉 법규에 따라서 구체

행정청 적인 경우에 관한 권리를 설정하고 의무를 명하며 기타 법률상의 효과 발생을 목적으로 하는 행정권의 행위. administrative measure

행정=청(行政廳)圈 ⇨행정 관청(行政官廳).
행정=학(行政學)圈 행정의 실태를 연구하며, 그 합리화를 꾀하기 위한 학문.
행정 행위(行政行爲)圈《법률》행정권에 의한 행정 법규를 구체적으로 적용·집행하는 행위. 공무원의 임명 따위. administrative act
행정 협정(行政協定)圈《법률》국회의 비준을 필요로 하지 않고, 정부로서만 체결할 수 있는 국가간의 조약의 하나. administrative agreement
행주圈 그릇을 씻거나 훔치는 데 쓰는 헝겊.
행주(行酒)圈 잔에 술을 부어 돌림. 행배(行杯). passing round the wine glass 하타
행주(行廚)圈 ①음식을 다른 곳으로 옮김. ②《제도》거둥 때의 어선(御膳)을 맡은 임시의 주방(廚房).
행주 좌:와(行住坐臥)圈《불교》사람의 행동하는 네 가지 위의(威儀). 곧, 행(行)·주(住)·좌(坐)·와(臥).
행주-질圈 행주로 그릇 등을 훔치는 짓. 하타
행주-질-다圈 행주로 발상이나 그릇 따위를 훔치내다. 《약》행주치다. drying with a dish-towel
행주-치-다圈《약》⇨행주질하다.
행주-치마圈 부엌일을 할 때 치마 위에 덮이던 희고 작은 치마. apron
행줏-감圈 행주로 쓰기에 알맞은 감. wiping cloth
행중(行中)圈 길을 함께 가는 일행. party
행지(行止)圈 ①《약》⇨행동 거지(行動擧止). ②감과 머물. going and staying
행지(行持)圈《불교》불도(佛道)를 닦아 지님.
행지-증[-쯩](行遲症)圈《동》각연증(脚軟症).
행직(行職)圈 성질이 강하고 곧음. integrity 하타
행진(行陣)圈《동》행군(行軍). 하타
행진(行進)圈 ①앞으로 걸어 나아감. ②여러 사람이 대오(隊伍)를 지어서 걸어 나아감. ¶군대 ~. march 하타[樂曲]. march
행진-곡(行進曲)圈《음악》행진할 때 취주하는 악곡
행진 운:동(行進運動)圈 줄을 지어 발을 맞추어 앞으로 나아가는 운동.[하는 유희.
행진 유희[-뉴-](行進遊戱)圈 줄을 지어 행진하면서
행짜圈 심술을 부려 남을 해치는 짓. ¶저 사내는 ~가 심하다. mischief [high official 하타
행차(行次)圈 윗어른이 길을 감. marching of a
행차 명정(行次銘旌)圈 행상 때에 죽은 이의 성(姓)·관직을 써서 상여 앞에 들고 가는 기(旗). 《대》관 상 명정(棺上銘旌).
행차-소(行次所)圈《곤》윗어른이 여행할 때에 머무는 곳을 일컬음. [라 붙이는 접.
행차-접(行次-接)圈 줄기에서 빌러 갈려진 가지를 잘
행차-칼(行次-)圈《제도》옥중에 있는 죄인이 밖에 나올 때 목에 씌우던 형구(刑具). fetter of a prisoner [가는 반찬.
행찬(行饌)圈 여행 또는 소풍을 갈 때 집에서 가지고
행창(行娼)圈 공공연(公公然)하게 창기(娼妓) 노릇을 함. prostitution 하타
행천(行川)圈 갓 죽. 죽.
행체(行體)圈《미술》수묵화(水墨畵)에 있어서 해체(楷體)와 초체(草體)의 사이의 글씨체.
행초(行草)圈 여행할 때에 가지고 가는 담배. cigarette for travelling
행=서(行書)圈 행서(行書)와 초서(草書).
행커:프(handkerchief)圈 손수건. [던 주머니.
행탁(行槖)圈 지폐(紙幣)가 없었던 때에 노잣돈을 넣
행탕이(行-)圈《광》광산 구덩이 안의 돌에 가라앉은 철분(鐵分)·흙·먼지 따위의 혼합물(混合物).
행-티圈 심술을 부리는 버릇. mischief[하타
행패(行悖)圈 체면에 벗어나는 일을 함. impropriety
행포(行暴)圈 난폭한 짓行爲. 함부로 사납게 구는 짓. violence 하타
행하(行下)圈 ①잔치 때 주인이 부리는 사람에게 주

는 금품. ②품삯 이외에 더 주는 돈. ③놀이나 놀음이 끝난 뒤에 기생이나 광대에게 주던 보수. tip
행하=건[-껀](行下件)圈 등(等)이 낮은 물건. lower grade goods
행하-다(行一)圈[여불] ①하다. perform ②행동하다. act ③실행하다. practise
행하-조[-쪼](行下調)圈 말막음으로 하는 일.
행행(行幸)圈 궁중 밖으로 거둥함. 유행(遊行).《대》환궁(還宮). imperial visit 하타
행연=하:다(悻然-)圈圈圈 발끈 성을 내어 일어서는 태도가 차갑다. angrily [함. 하타
행혈(行血)圈《한의》약의 힘으로 피를 잘 돌아가게
행형(行刑)圈 ①형벌(刑罰)을 집행함. execution of a sentence ②사형을 집행함. execution 하타
행형=법[-뻡](行刑法)圈《법률》수형자(受刑者)를 격리·보호·교정·교화하여 사회에 적응하게 하는 법률. law of prison affairs
행형-학(行刑學)圈《법률》행형에 관한 학문.
행=호:령(行號令)圈 ⇨행호 시령(行號施令).
행호 시:령(行號施令)圈 호령을 내림.《약》행호령. command 하타
행화(行化)圈《불교》자기의 수행(修行)과 타인의 교화(敎化)를 함께 함. [wer of apricot
행:-화(杏花)圈《식물》살구나무의 꽃. 살구꽃. flo-
행흉(行凶)圈 사람을 죽임. murder 하타
행:희(幸姬)圈 총애를 받는 계집.
하암(-庵)圈 향암(鄕闇). 시골 백성.
향(向)圈《민속》묏자리·집터 따위의 자리잡은 위치의 전면. 《대》좌(坐).
향(香)圈 ①향내가 나는 물질. perfume ②제전(祭奠) 때에 피우는 향내나는 물질. incense
향(鄕)圈 ①고대 중국이나 신라·고려의 부곡(部曲)의 하나. ②《제도》중국 주대(周代)에 있었던 행정상의 한 구역.
향가(鄕歌)圈《문학》향찰(鄕札)로 기사(記寫)된 신라 중엽에서 고려 초기까지 있었던 고유의 시가(詩歌).
향각(香閣)圈《동》노전(爐殿). [歌).
향갑[-깝](香匣)圈 향을 담는 상자. incense case
향객(鄕客)圈 시골에서 온 손님. guest from the country [제사를 함.
향고(饗告)圈 조상의 영혼에 공양물(供養物)을 바쳐
향:고:양(←香供養)圈《불교》부처 앞에 향을 피우는 일. ②절간에서 담배를 피우는 일.
향곡(鄕曲)圈 향(鄕)과 곡(曲). 즉, 시골. country
향곡(餉穀)圈《제도》군량(軍糧)으로 쓰이는 곡식.
향:관(享官)圈《동》제관(祭官).
향관(鄕關)圈《동》관향(貫鄕).
향관(鄕關)圈《동》고향(故鄕).
향광=성[-썽](向光性)圈《식물》식물체가 광선이 강한 쪽을 향하여 굽어지는 성질. 《대》배광성(背光性). heliotropism
향교(鄕校)圈 시골에 있는 문묘(文廟)와 거기에 딸린 학교. ¶~밭. Confucian school
향국(鄕國)圈 고국(故國). 또는 고향. native land
향:국지성(向國之誠)圈 나라에 대한 정성.
향군(鄕軍)圈 ①《약》⇨재향 군인(在鄕軍人). ②《약》⇨향토 예비군(鄕土豫備軍).
향궤[-뀌](香櫃)圈 향을 담는 궤. incense case
향:궤(餉饋)圈 군사의 음식물. [prohibition
향금(鄕禁)圈 그 지방에서 못 하게 말리는 일. local
향긋-하-다(-)圈圈 얼마간 향기가 있다. smell sweet
향기(香氣)圈 꽃다운 냄새. 향냄새. scent
향기-롭-다(香氣-)圈圈 향기로운 냄새가 나다. fragrant 향기-로이圈 [incense dish
향-꽂이[-꼬지](香-)圈《제》향을 꽂아 놓는 기구(器具).
향-나무(香-)圈《식물》측백과의 상록 침엽 교목. 껍질은 적갈색이며 비늘 모양의 잎은 묵은 가지에 나고 송곳 모양의 잎은 새로 나온 가지에 남. 4월에 자웅 일가의 꽃이 핀 후 콩알만한 구과가 달림.

향남 〖香木〗. Chinese juniper [th 하타]
향:남(向南)명 남쪽을 향함. 남쪽을 봄. facing south
향남(香囊)명 향을 넣어 차고 다니는 말총으로 짠 주머니.
향-내(香一)명 〔⇨〕 향내음.
향=냄:새(香一)명 향기로운 냄새. 향기(香氣). 훈취(薰臭). 우연 fragrance
향:년(享年)명 ①한 평생에 누릴 나이. ②이 세상에 생존한 햇수. ¶~ 오십사 세. one's age at death
향:념(向念)명 〔⇨〕 향의(向意)②.
향다(香茶)명 좋은 향기가 나는 차. fragrant tea
향:당(享堂)명 〖불교〗 향당(香堂)은 제(祭)를 받든다는 뜻으로 선종 사원(禪宗寺院)에서 조사(祖師)의 상(像)과 위패(位牌)를 모시고 제사지내는 당집.
향당(鄕黨)명 자기가 났거나 사는 시골의 마을, 또는 그 지방에서 사는 사람들. village community
향도(香徒)명〖동〗 상여군.
향:도(嚮導)명 길을 인도함. 또, 그 사람. 안내. [guide 하타]
향:도-관(嚮導官)명 〖제도〗 군사를 인솔하고 갈 때 길을 인도하는 벼슬. 또는 그 벼슬아치.
향도-꾼(香徒一)명 →상두꾼.
향:동(向東)명 동쪽으로 향함. facing east 하타
향:락(享樂)명 즐거움을 누림. enjoyment 하타
향:락-세(享樂稅)명〖동〗 사치세(奢侈稅).
향:락-재(享樂財)명〖경제〗 사람의 욕망을 채워 주는 재화. 곧, 그 소비가 향락만을 위한.
향:락-주의(享樂主義)명 〖윤리〗 쾌락(快樂)을 누리는 것이 인생의 최고 목적이라고 하는 주의. 〔예〕 엠 숙주의. epicurism ②〖문학〗문예 및 미술에 있어서 도락적 입장. 관능주의(官能主義). dilettantism
향랑-각시(香娘閣氏)명〖동〗노래기.
향랑-자(香娘子)명 〖동〗 바퀴².
향:래(向來)명 접때. 지난 번. [의.
향례(饗禮)명 손님을 청하여 향응하는 의식 또는 예.
향:로(向路)명 향하여 가는 길. 갈 길. one's way a head [burner
향로(香爐)명 향을 피우는 자그마한 화로. incense-
향로-석(香爐石)명 무덤 앞에 있는 향로를 올려놓는 돌. 향안석(香案石).
향론(鄕論)명 시골의 여론. local opinion
향료(香料)명 ①향(香)을 만드는 감. incense ②무슨 물건을 만드는 데 섞어 향내를 내는 감. spice ③〖부의 부(賻儀).
향료 식물(香料植物)명 향수(香水)나 향유(香油)의 원료가 되는 식물. aromatic plants
향류(向流)명〖물리〗유체(流體)가 서로 반대 방향으로 흘러 흐르는 상태. 〔예〕 병류(並流).
향리(鄕吏)명〖제도〗한 고을에 대를 이어 내려오는 아전(衙前). local official
향리(鄕里)명 태어나서 성장한 고향의 마을. 향촌(鄕村). one's native village
향맹(鄕氓)명〖동〗 촌맹(村氓). [타
향:모(向慕)명 자꾸 사모함. 줄곧 바라서 생각함. 하
향목(香木)명 〔⇨〕 향나무. [sweet dream
향몽(香夢)명 봄철의 꽃 필 무렵에 꾸는 향기로운 꿈.
향몽(鄕夢)명 고향을 그리워하여 꾸는 꿈. nostalgic
향미(香味)명 음식의 향기로운 맛. flavour [dream
향미(鄕味)명 시골에 사는 취미. 시골에 사는 맛.
향미-료(香味料)명 약품이나 음식물을 향기롭게 하는 원료. spices
향민(鄕民)명〖동〗 촌맹(村氓). [원료.
향반(鄕班)명〖제도〗시골에서 여러 대를 두고 벼슬을 못하는 양반.
향:발(向發)명 목적지를 향해 출발함. leaving for 하
향:발(響鈸)명 〖음악〗 옛날, 나라 잔치 때에 쓰던 타악기(打樂器)의 하나. 제금처럼 생겼음.
향:방(向方)명 향하는 방향. destination
향:방 부지(向方不知)명 어디인지 분간을 못함. do not know the direction 하타 [or disobedience
향:배(向背)명 좇음과 등짐. 배향(背向). submission

향:배(香陪)명〖제도〗 제향(祭享) 때에 헌관(獻官)이 향축(香祝)을 받아 가지고 나갈 적에 향궤를 받들고 가던 사람.
향:벽(向壁)명 사기적인 방법으로 사실을 왜곡하거나 권모 술수로써 정도(正道)에 위배됨. 하타
향병(鄕兵)명 지방 각처에서 향토인으로 조직된 병정.
향:보(向保)명 병역을 면제하여 준 군정(軍丁)에게서 받는 삼베·무명 따위.
향:보(饗報)명 신에게 제사하고 공덕에 보답함. 하타
향:복(享福)명 복을 누림. enjoying a happy life 하
향:복(饗卜)명 ①물건의 울림으로 길흉을 점침. ②제야에 사람의 말을 듣고 길흉을 점침.
향부-악(鄕部樂)명 〖음악〗 아악(雅樂) 삼부(三部)의 하나. 제례악(祭禮樂)과 연례악(宴禮樂)이 있음.
향-부자(香附子)명 〖식물〗 방동사니과에 속하는 다년생 풀. 뿌리 줄기는 군데군데 덩이줄기가 나오며 살은 희빛이고, 향기가 남. 높이 70 cm, 잎은 좁은 선형(線形), 여름에 다갈색 꽃이 피며 해변에 남. ②〖한의〗향부자의 땅속 줄기. 위장병이나 월경을 다스리는 데 씀.
향:북(向北)명 북쪽으로 향함. facing north 하타
향분(香粉)명 ①향기가 좋은 분. fragrant face powder ②향료를 섞은 화장품. ③향료와 분. perfume and face powder [incense fire
향-불(一一불)(香一)명 향을 피우는 불. 향화(香火)①.
향불-피우-다(一一)(香一)명 절간에서 '담배를 피운다는 뜻'으로 쓰는 변말.
향비파(一一)(鄕琵琶)명 〖음악〗비파의 하나. 신라 때 처음으로 만들었음. 다섯 줄과 열 기둥이 있음.
향:사(享祀)명 〖동〗 제사(祭祀).
향사(鄕士)명 ①시골 선비. 지방 인사. 지방 유지(有志). local celebrities ②시골에 살며 영농(營農)하던 옛 무사(武士). yeoman
향사(鄕思)명 고향 생각. homesickness
향사(鄕射)명 〖제도〗 시골 한량이 모여서 활쏘는 재간을 겨룸. 지는 편이 술을 내었음. 하타
향사(鄕絲)명 우리 나라에서 나는 명주실을 이르는 말. raw silk produced in Korea
향:사-곡(向斜谷)명 〖지리〗 양쪽이 다 경사가 저서 오목하게 된 골짜기. synclinal valley
향:상(向上)명 ①윗사람에게 마음을 씀. elevation ②현재의 상태에 만족하지 않고 다시 발전하려고 노력함. 진보(進步). ¶실력의 ~을 꾀하다. 〔예〕저하(低下). improvement 하타
향상(香床)(香一)명 향로나 향합을 올려놓는 상. 향 안(香案). table for an incense burner
향:상-성(一성)(向上性)명 향상하고자 하는 성질.
향:상-심(向上心)명 향상하려는 마음.
향:상-주의(向上主義)명 〖윤리〗 인격을 완성하고 이상(理想)을 실현하기 위하여 차차 자기의 발전을 꾀하는 주의.
향:서(向西)명 서쪽으로 향함. facing west 하타
향:서(向署)명 더운 쪽으로 향함. 곧, 점점 더워짐. ¶~의 계절. 하타 [me
향서(鄕書)명 고향으로부터 온 편지. letter from ho-
향-선생(鄕先生)명 ①그 지방에서 명망이 높은 선비. scholar of renown in the province ②시골에 사는 선비를 높으로 이름. rustic scholar
향설(香雪)명 향기가 있는 눈이라는 뜻으로, 흰 꽃을 눈에 견주어 하는 말. white flower
향:설(饗設)명 잔치를 베풂. hold a banquet 하타
향설-고(香雪膏)명 별미로 먹는 음식의 하나. 문배·후추·꿀·생앙 따위를 재료로 만듦.
향:성(一성)(向性)명 〖생물〗 굴성(屈性). 특히 정(正)의 굴성을 이름. inclination
향:성 검:사(向性檢査)명 〖심리〗성격 검사의 하나. 질문지법(質問紙法)에 의하여 내·외향성을 결정하는 검사. 융(C. Gr·Yung)이 창시. extroversion

introversion test

향소(享所)圀 ①제사지내는 곳. ②제단(祭壇).
향소(香所)圀 〈동〉참회.
향소(鄕所)圀 유향소(留鄕所).
향소-산(香蘇散)圀 〈한의〉 향소를 주제(主劑)로 한 약. 위장을 고르게 하고 외감(外感)을 치료하기도 함. ┌toms
향속(鄕俗)圀 시골의 풍속. 향풍(鄕風). rural cus-
향:수(享受)圀 ①받아들임. 수령(受領). receipt ②예 술 작품 따위를 음미(吟味)하고 즐김. enjoyment 하다 ┌with longevity 하다
향:수(享壽)圀 오래 사는 복을 누림. being blessed
향수(香水)圀 ①〈불교〉관불(灌佛)할 때에 뿌리는 향을 달인 물. 신체·불기(佛器)·도량(道場)에 뿌려 정화(淨化)를 꾀함. scented water ②화장품의 하나. 향료를 알코올 등에 녹여 만듦. 신체·의복·실내 등에 뿌림. perfume ③〈불교〉관불(灌佛)할 때에 쓰는 향을 달인 물. ┌다. nostalgia
향수(鄕愁)圀 고향을 그리워하는 마음. ∼에 잠기
향수-병[−뼝](鄕愁病)圀 고향 생각에 젖어 있는 것을 병에 빗대어 이르는 말.
향수-지(香水紙)圀 향수를 뿌린 종이.
향숙(鄕塾)圀 시골에 있는 서당.
향:습-성(向濕性)圀 〈식물〉식물의 뿌리가 습기가 많은 곳으로 벋어 나가려는 성질. positive hydrotropism ┌day
향:시(向時)圀圄 ①접때. last time ②지난 번. other
향시(鄕試)圀 〈제도〉 각 도에서 그 관내(管內)에서 선비에게 보이던 과거의 하나.
향:식(餉食)圀 잠을 깬 누에에 처음으로 뽕잎을 먹임. 또, 그 일. feed
향신(鄕信)圀 고향의 소식. message from home
향신료[−뇨](香辛料)圀 맵거나 향기로운 맛을 음식에 더하는 양념감.
향신료 식물[−뇨−](香辛料植物)圀 〈식물〉 어느 부분이 향신료로 될 수 있는 식물.
향:심-력(向心力)圀 〈동〉구심력(求心力).
향악(鄕樂)圀 〈음악〉우리 나라 고유의 풍류. 《대》당악(唐樂). Korean music
향악-기(鄕樂器)圀 향악 곧, 국악(國樂)의 악기. instrument for Korean music
향안(香案)圀 향상(香床).
향안-석(香案石)圀 〈동〉향로석(香爐石).
향암(鄕閣)圀 시골 구석에서 지내므로 온갖 사리에 어두움. 또는 어두운 사람.
향암-되-다(鄕閣−)圀 (교) 촌스럽다.
향약(鄕約)圀 〈제도〉권선 징악을 내용으로 하여 마련된 시골 동네의 규약. rural community agreements
향약(鄕藥)圀 ①시골에서 나는 약재(藥材). medical herbs produced in the country ②중국에서 나는 약재에 대해서 우리 나라에서 나는 약재를 일컬음. medical herbs produced in Korea
향약 본초(鄕藥本草)圀 우리 나라에서 나는 약용(藥用)의 식물·동물·광물의 총칭. domestic medicinal
향:양(向陽)圀 햇벝을 바로 받음. sunny 하다 ┌herbs
향:양-지(向陽之地)圀 남쪽을 향하고 있어서 볕을 바로 받는 땅. sunny place
향양 목화(向陽花木)圀 볕을 받은 꽃나무란 뜻으로, 현달(顯達)하기 쉬운 사람을 가리키는 말.
향어(鄕語)圀 제 고장 말. dialect
향연(香煙)圀 ①향을 피우는 연기. smoke of an incense ②향기로운 내가 나는 담배. fragrant cigarette ┌대접하여 내는 잔치. banquet
향:연(饗宴)圀 남을 위하는 잔치. 특히 장
향:왕(嚮往·向往)圀 마음이 늘 어느 사람이나 지역을 향하여 감. concentration 하다
향우(鄕友)圀 고향 동무. friend of one's hometown

향:우지-탄(向隅之歎)圀 좋은 기회에 마주치지 못한 탄식. ┌위하여 갖는 모임.
향우=회(鄕友會)圀 객지에 있는 향우들끼리 친목을
향운(香雲)圀 ①한창 만발한 흰 꽃. fragrant blossoms ②구름처럼 떠오르는 향불의 연기. incense cloud
향원(鄕員)圀 〈제도〉향소(鄕所)의 직원(職員). 곧 좌수(座首)나 별감(別監) 따위. local official
향원(鄕園)圀 고국 또는 고향의 전원(田園). native home
향:유(享有)圀 누려서 가짐. enjoyment 하다
향유(香油)圀 ①향다운 냄새가 나는 화장용 물기름. 주로 머리 치장에 씀. ②참기름. sesame oil
향유(香薷)圀 꿀풀과에 딸린 일년생 풀. 줄기는 네모지며, 부드러운 잔 털이 있고 높이는 60 cm. 잎은 달걀 모양임. 산이나 들에 나는데, 여름에 홍자색의 꽃이 됨. 한방에서 곽란·배앓이 등의 병에 쓰임. 노야기.
향유(鄕儒)圀 시골의 유생·선비. country scholar
향유-고래(香油−)圀 〈동물〉향유고래과에 속하는 고래. 몸 길이가 암컷은 11∼12.5 m, 수컷은 15∼18 m 이고 몸 빛은 등쪽이 회색, 복부쪽이 담혹색임. 난류 해역에서 살며 이는 상아(象牙)의 대용품으로 이용되고 기름은 품질이 좋음. 창자 안에 있는 용연(龍涎香)은 향료로 씀.
향:유-사(鄕有司)圀 서울과 서로 관계가 있는 어떤 단체의 시골에 주재하는 유사.
향음(鄕飮)圀〈약〉향음주례(鄕飮酒禮).
향음주-례(鄕飮酒禮)圀 〈제도〉온 고을 안의 유생이 모여서 음양(揖讓)의 예를 지켜 술을 마시던 잔치.
향읍(鄕邑)圀 시골에 있는 읍. 고향의 촌읍(村邑).
〈약〉향읍(鄕邑). ┌rural town
향:응(饗應)圀 특별히 우대하는 뜻으로, 음식을 차리어서 대접하거나 물건을 베품. entertainment 하다
향:응(響應)圀 ①지른 소리에 마주서 그 소리와 같이 울림. echo ②다른 사람의 그와 같은 행동을 마주취함. responding to 하다
향:의(向意)圀 ①쏠리는 마음. 향하는 마음. 의사(意思). 의향(意向). attention ②마음을 기울임. 생각을 함. 향념. taking notice of 하다
향이(香餌)圀 ①냄새가 구수한 미기. bait ②사람의 마음을 꾀는 재물 따위를 비유하여 이름. lure
향:의(享益)圀 이익을 나누어 받음. 하다
향인(鄕人)圀 같은 고향인 사람. fellow countryman
향:인 설화(向人說話)圀 남에게 대하여 이야기함. talk about others 하다 ┌물. 하다
향:일(向日)圀 ①지난 번. other day ②햇빝을 마주
향일-성[−쌩](向日性)圀 〈식물〉식물의 가지나 잎이 햇빝이 센 방향으로 벋어 자라는 성질. 굴일성(屈日性). 해성. 《대》배일성(背日性). positive
향-일회(向日花)圀 〈동〉해바라기 ┌heliotropism
향:자(向者)圀圄 접때. 지난 번. 향일(向日).
향:저(鄕邸)圀〈동〉향제(鄕第).
향저(響蛆)圀〈동〉누에구데기①.
향:전(向前)圀圄 얼마 전.
향전(鄕戰)圀 〈민속〉지방의 관례(慣例)로 일정한 날을 정하여 두 지방의 주민 사이에 행하여지는 회전(戱戰). 곧, 석전(石戰)·줄다리기·차전(車戰) 따위.
향:점[−쩜](向點)圀 〈천문〉천체(天體)가 운동하는 방향이 천구와 맞닿는 점. 《대》배점(背點). apex
향제(鄕第)圀 고향에 있는 집. 향저(鄕邸). one's house at home town
향족(鄕族)圀 향원(鄕員)이 될 자격을 갖춘 가문.
향중(鄕中)圀 향원의 일동(一同).
향지(香脂)圀 방향(芳香)이 있는 고형(固形)의 지방. 머릿기름 따위로 화장에 쓰임.
향:지-성[−쎙](向地性)圀 〈식물〉식물의 뿌리가 지구의 중심을 향하여 자라나는 성질. 《대》배지성

(背地性). geotropism
향직(鄕職)[명]〈동〉 토관직(土官職).
향:진(向進)[명] 고향에 나아감. 하타
향찰(鄕札)〈어학〉 신라 시대에 한자로써 우리말을 표음식(表音式)으로 나타내던 글.
향체(香楚)[명] 향기로운 나물. [home town
향천(香天)[명] 고향. 또는 고국의 하늘. sky of one's
향천(鄕薦)[명]〈제도〉고을 안의 인재를 추천함. 하타
향첩(享帖)[명] 제관(祭官)을 임명하는 서장(書狀).
향청(香廳)[명]〈동〉 향소(鄕所).
향초(香草)[명] 향내가 좋은 풀. 또는 담배. fragrant
향=촉(香燭)[명] 제사에 쓰는 향과 초. incense and candle
향촌(香村)[명] 시골. 시골의 마을. 향리(鄕里). village
향=축(香祝)[명] 제사에 쓰는 향과 축문(祝文).
향:춘=객(享春客)[명] 봄을 즐겁게 누리는 사람. spr-
향취(香臭)[명]〈동〉 향내음. [ing-time merrymakers
향탁(香卓)[명] 향로(香爐)를 올려 놓는 탁자(卓子). small table for a incense-burner
향탄=산(香炭山)[명]〈제도〉능(陵)·원(園)·묘(廟)에서 쓰는 향나무와 숯 같은 참나무를 기르기 위하여 능 부근에 정한 멧부.
향탕(香湯)[명] 염습(殮襲)할 때 시체를 씻기 위하여 향을 넣어 달인 물. water boiled with incense
향토(鄕土)[명] 시골. 고향 땅. ¶~ 봉사 활동(奉仕活動). one's native place [처지에서 시키는 교육.
향토 교:육(鄕土敎育)[명]〈교육〉향토의 계몽·발전의
향토 무:용(鄕土舞踊)[명] 민속 무용.
향토 문학(鄕土文學)[명]〈문학〉①향토의 풍물·감정·사상 등을 나타낸 문학. ②19세기 말 독일에서 일어난 문학 운동. folk literature
향토=색(鄕土色)[명]〈동〉 지방색(地方色)①.
향토=애(鄕土愛)[명] 향토에 대한 사랑. 향토에의 애착.
향토=예:비군(鄕土豫備軍)[명] 향토 방위를 위하여 예비역 장병으로 편성한 비정규군. 《약》향군②.
향토 예:술(鄕土藝術)[명] ①도회를 떠난 시골의 인정·풍속과 자연을 표현한 예술. ②향토 사람들이 만든 예술. folk arts [리.
향토 요리(鄕土料理)[명] 그 지방 특유의 전통적인 요
향토 정서(鄕土情緖)[명] 시골의 정서.
향토지(鄕土誌)[명] 향토의 역사·전설·실정 등을 조사·연구하여 쓴 기록. history of a locality
향토 학교(鄕土學校)[명]〈교육〉향토 전체를 학생의 학습장으로 보고, 교과를 떠난 실지의 행동으로 보람있는 향토를 이루어 나가려는 학교. ¶~ 운동(運動).
향:판(響板)[명] 피아노의 현사 밑에 비스듬히 낀 널빤지. [動].
향폐(鄕弊)[명] 시골의 폐풍. evil customs in the co-
향포(香蒲)[명]〈동〉 부들. [untry
향풍(鄕風)[명]〈동〉 향속(鄕俗).
향=피:리(郷―)[명]〈음악〉피리의 하나. 당피리와 같으나, 아래 둘째 구멍이 뒤에 있음.
향:-하-다(向―)[자여] ①얼굴을 돌려 대하다. ¶앞을 ~. face towards ②마음을 기울이다. pay attention ③마주 서다. ¶얼굴을 서로 ~. face ④지향하여 가다. ¶고향으로 ~. come near
향(向學)[명] 학문에 뜻을 두고 그 길로 나아감. desire for learning 하타
향학(鄕學)[명]〈제도〉고려 때의 지방 학교. local school of the Koryo period [learning
향=학=심(向學心)[명] 학문을 하려는 마음. desire for
향:학=열[―녈](向學熱)[명] 학문을 배우려는 열성. ¶~에 불타는 학도. enthusiasm for learning
향함(香函)[명] 향을 담는 데 쓰는 함. incense box
향합(香盒)[명] 제사 때에 쓰는 향을 담는 합. 사기나 쇠붙이로 만듦. incense vessel
향항=불(香港弗)[명]〈동〉 홍콩 달러.
향혼(香魂)[명] ①꽃의 향기. fragrance of flower ②계집을 꽃에 비유하여 그 넋을 이르는 말. soul of a woman

향화(香火)[명] ①〈동〉향불. incense ②향을 피운다는 뜻으로 제사(祭祀)를 이르는 말. religious service
향=화(香花)[명] ①향과 꽃. ②향기로운 꽃.
향화(香華)[명]〈불교〉부처 앞에 바치는 꽃과 향.
향회(鄕會)[명] 한 고을의 일을 의논하기 위한 모임. local assembly [eafter
향:후(向後)[명] 이 다음. 이 뒤. ¶~ 삼개월. her-
향훈(香薰)[명] 꽃다운 향기. fragrance
허:¹[감] ①무엇을 녹이거나 축일 때, 또는 몸시 매울 때 허를 예사로 두고 입도 예사로 벌려 입김을 많이 내부는 소리. ②가볍게 감탄하는 소리. 《작》하.
How wonderful! 하타
허:²[감] 심중의 감정을 나타낼 때 내는 소리. ¶~ 그럴 수 있나. 《작》하³. O dear!
허(虛)[명] ①결함으로 인한 약점(弱點). defect ②〈철학〉실(實)에 대한 개념. ③[명] 허점(虛點).
=허(許)[접미] ①평교(平交) 이하의 성명 밑에 쓰는 말로서, '앞'이라는 뜻으로 쓰임. ②그쯤 되는 곳. ¶십리(十里)~. about
허가(許可)[명] 허락함. 들어 줌. 《대》불허(不許). 불허가(不許可). 하타 [하는 영업.
허가 영업(許可營業)[명] 행정 관청의 허가를 필요로
허가=증(許可證)[명] 허가증.
허가=제(許可制)[명]〈법률〉①행정상, 법령에 의한 어떤 행위의 일반적인 제한·금지를 특정한 경우에 해제하고 법에 맞도록 이를 할 수 있게 하는 제도(制度). license system ②민법상 법정 대리인(은) 미성년자의 영업을 허락하는 제도. [permit
허가-증[―쫑](許可證)[명] 허가하는 증명서. 허가장.
허가품(許可品)[명] 통제 경제하에서, 허가를 얻어 송급하거나 통제 가격 이외의 가격으로 거래할 수 있는 물품. permitted goods
허간[명](口) 헛간.
허갈[명]〈동〉거짓으로 꾸며 공갈함. bluff 하타
허겁(虛怯)[명] 실하지 못하여 겁을 냄. trepidation 하타
허겁-증[―쯩](虛怯症)[명]〈한의〉몸이 몹시 허약하여 까닭없이 무서움을 타는 증세.
허겁-지겁[부] 조급한 마음으로 미친 듯이 허둥거리는 모양. hurryscurry 하타
허경(虛驚)[명] 사실이 무근(無根)한 일에 놀람. 헛것을 보고 놀람. empty fears 하타
허공(虛空)[명] ①아무것도 없는 텅 빈 공간. 거지 중천(居之中天). empty space ②적막한 무인지경(無人之境). empty space ③모양과 빛이 없는 상태. 무량(無量)한 공간 및 시간을 이루는 상
허공-장(虛空藏)[명]〈약〉→허공장 보살. [태. void
허공장 보살(虛空藏菩薩)[명]〈불교〉허공처럼 한없는 지혜와 자비를 베푸는 보살. 《약》허공장.
허과(虛誇)[명] 실상은 없으면서 허풍치며 자랑함. 하타
허광(虛曠)[명] 텅 비어 넓음.
허광(虛曠)[명] 허화(虛華). 하형
허교(許交)[명] ①서로 벗하기를 허락하고 사귐. being on friendly terms with ②서로 가까이 사귀어 허물없이 '하게'의 말씨를 씀. 하타타
허구(許久)[명] 매우 오래임. ¶~한 날을 뜻없이 보내다. long time 하타
허구(虛構)[명] ①근거도 없는 일을 사실처럼 얽어 만듦. fabrication ②〈문학〉소설·희곡 등에서 실제로 없는 사건을 작자의 상상력으로 꾸며내는 일. 또, 그 이야기. 픽션(fiction). 하타
허=구렁[명]〈동〉아무것도 없는 구렁. empty hollow
허구리[명] 허리의 좌우쪽 빈 부분. waist
허구-성[―쌩](虛構性)[명] 사실에서 벗어나서 만들어진 모양이나 요소를 띤 성질. ¶소설의 ~.
허구-적(虛構的)[관·명] 허구의 빛을 띤(것).
허국(許國)[명] 몸을 돌보지 않고 나라를 위하여 힘을 다함. dedicating oneself to one's country 하타
허근(虛根)[명]〈수학〉방정식 따위의 허수(虛數)에 속

허급 한 근(根). 《데》실근(實根). imaginery root
허급(許給**)**[명] 허가하여 줌. 허시(許施).
허기(虛氣**)**[명] ①기운을 가라앉힘. 또, 그 기운. composing ②속이 비어 허전한 기운. hunger
허기(虛飢**)**[명] 굶어서 배가 고픔. ¶~증(症). hunger
허기(虛器**)**[명] ①쓸모 없는 기명(器皿). useless article ②실상은 없고 이름만 있음. unsubstantiality ③실권이 없는 벼슬 자리. nominal position
허기-지-다(虛飢一**)**[자] ①몹시 배가 고프다. be hungry ②무엇을 몹시 바라며 허기증이 나다. hanker after
허기 평심(虛氣平心**)**[명] 기를 가라앉히고 마음을 평정
허깨비[명] ①마음이 허하여 무슨 물건이 다른 것으로 보이는 현상. phantom ②생각한 것보다 아주 무게가 가벼운 물건. thing lighter than has been expe-
허남(許納**)**[명] 받기를 허락함. 「cted
허니-문(honeymoon**)**[명] ①신혼 여행. ②결혼한 후 일 개월 동안. 밀월(蜜月).
허다(許多**)**[명] 몹시 많음. 수두룩함. 허다반(許多般). multitude **하**[형] **히**[부]
허탁-하-다[타] 모아 둔 금전이나 물건 등을 헐어서 쓰기 시작하다. spend
허담(虛談**)**[명] 헛된 이야기. 실상이 없는 꾸민 말. 허언(虛言). empty talk
허덕-거리-다[자] ①일이 차도록 애쓰며 활동하다. make frantic effort ②여유가 없어서 절절매다. be struggling ③어린아이가 팔·다리를 계속하여 움직이다. wriggle ④피로워서 애를 쓰다. struggle **허덕=허덕**[부] **하**[타]
허덕-이-다[자] ①힘에 겨워서 피로워하다. 애를 쓰다. strive ②어린애가 팔·다리를 움직이다. wriggle
허덕-지덕[부] 정신을 못 차릴 정도로 몹시 허덕거리는 모양. out of breath
허도(虛度**)**[명][동] 허송(虛送). **하**[타]
허도 세:월(虛度歲月**)**[명] 허송 세월. **하**[타]
허두(虛頭**)**[명] 글 또는 말의 첫머리. beginning
허둥-거리-다[자] 어떤 일정한 방향이나 방법을 정하지 못하고 갈팡질팡하다. ¶마음이 조급하여 허둥거리며 집으로 향하다. 《작》하동거리다. fluster oneself **허둥=허둥**[부] **하**[자]
허둥-지둥[부] 다급하여 정신차릴 수 없도록 몹시 허둥거리는 모양. 전지 도지(顚之倒之). ¶도둑이 ~ 도망가다. in a hurry **하**[자]
허드레기[명] 함부로 쓸 수 있는 허름한 물건이나 물건. thing of no importance
허드레-꾼[명] 이 일 저 일에 함부로 쓰이는 사람. odd jobber 「water of no importance
허드레-물[명] 먹는 외에 아무 데고 두루 쓰이는 물.
허드렛-심:부름[명] 중요하지 않고 자잘한 심부름.
허드렛-일[-닐][명] 중요하지 아니한 일. chores
허드재비[명] 허드레로 쓰는 일이나 물건. object of no importance
허든-거리-다[자] 다리에 힘이 없어 중심을 잃고 이리저리 발을 헛디디다. totter **허든=허든**[부] **하**[자]
허:들(hurdle**)**[명]〈체육〉①장애물 경주에의 장애물. ②《야》허들 레이스.
허:들 레이스(hurdle race**)**[명]〈체육〉허들을 뛰어넘는 육상 경기의 하나. 남자의 110 m·200 m·400 m와 여자 100 m·200 m의 다섯 종목이 있음. 장애물 경주②. 《약》허들 레이스②.
허락(許諾**)**[명] 청하고 바라는 바를 들어줌.《대》불허(不許). consent **하**[타]
허랑(虛浪**)**[명] 언행이나 행동에 거짓이 많고 착실하지 못함. ¶~한 놈. frivolousness **하**[형] **히**[부]
허랑 방:탕(虛浪放蕩**)**[명] 몸뚱이가 허랑하고 방탕함. loose and profligate living **하**[형] **스**[러] **스럽**[게] 「랭함. **하**[형]
허랭(虛冷**)**[명]〈한의〉몸에 양기(陽氣)가 부족하고 냉
허령(虛靈**)**[명] ①잡념이 없고 마음이 신령에 통함.

②포착(捕捉)할 수 없으나 그 영험(靈驗)이 불가사의함. uncloused mind **하**[형]
허령 불매(虛靈不昧**)**[명] 마음에 잡념이 없고 신령하여 어둡지 않음. uncloused mind **하**[타]
허례(虛禮**)**[명] 겉으로만 꾸미고 실속이 없는 예절. empty forms 「며 번드레함. 실속이 없음.
허례 허식(虛禮虛飾**)**[명] 예절 법식 등을 겉으로만 꾸
허로(虛老**)**[명] 아무것도 해 놓은 일이 없이 헛되이 몸만 늙음. putting on years in vain **하**[자]
허로(虛勞**)**[명] ①심신(心身)의 피로. emaciation ②《동》노점(癆漸).
허로-증[一증](虛勞症**)**[명]《동》노점(癆漸).
허록(虛錄**)**[명] 거짓의 기록. 거짓으로 적음. **하**[타]
허론(虛論**)**[명] 헛된 이론. 공론(空論). empty theory
허-롭다[고] 헐어 말함. 헐. 해짐. 「**하**[타]
허료(虛料**)**[명]〈동〉허소(虛疎). 「less empty
허룩-하-다[여][형] 없어지거나 줄어지다. more or
허룽-거리-다[자] 말이나 하는 짓을 다부지고 진중하게 하지 않고 가볍고도 들뜨게 하다. 《작》하롱거리다. play fast and loose **허룽=허룽**[부] **하**[자]
허류(虛留**)**[명]〈제도〉곳집에 쌓아 둔 환곡(還穀)을 소비하고 장부에는 거짓을 기록하는 일.
허름-하-다[형][여][①좀 모자라거나 낡은 데가 있어 값이 좀 싼 듯하다. cheap ②귀중하지 않다. 표준 정도에 좀 미치지 못한 듯하다. worthless
허름-숭이[명] 언행이 허탄하여 믿기 어려운 사람. insincere fellow
허리[명]〈생리〉사람의 몸의 갈빗대 아래 골반 위. 곧 배의 옆의 잘록한 부분. loins ②위아래가 있는 물건의 한가운데에 있는 부분. waist ③바지·고의·치마 등의 맨 위에 대는 부분. waist
허리[의]〈체육〉씨름 규정에서 한 사람을 이겨 낸 수효의 단위. ¶한 ~. 두 ~.
허리(虛痢**)**[명]〈한의〉허설(虛泄)의 심한 증세.
허리-가지[명]〈어학〉겹쇠귀.
허리-겨이[명]〈체육〉씨름 재간의 하나. 힘을 모아 허리를 꺾어 넘겨서 상대자를 이겨 냄.
허리-끈[명] 허리띠로 쓰는 끈.
허리-나모[고] 허리나무.
허리-나무[명] 골풀무 드릴 널의 아래쪽에 놓은 나무.
허·리·다[고] 헐게 하다. 상하게 하다.
허리-동이[명] 허리 좌우쪽에 띠를 띤 연.
허리-띠[명] 허리에 매는 띠. 요대(腰帶).《약》힐띠. waistband
허리-맥(一脈**)**[명] 왼쪽 젖가슴 밑에서 뛰는 맥.
허리-뼈[명]〈생리〉양서류(兩棲類) 이상 동물의 가슴 복판에 있는 뼈.
허리 세장[명] 지게 밑 세장 위에 가로 댄 나무. 「**하**[타]
허리 씨름[명]〈체육〉허리에 맨 띠를 잡고 하는 씨름.
허리-안개[명] 산 중턱에 낀 안개.
허리-앓이[명] 요통(腰痛). 「안로 첨
허리-죄:기[명] 씨름 재간의 하나. 상대편의 허리를 꺼
허리-질러[부] 반쯤 되는 곳에. 절반을 타서. in the middle
허리-춤[명] 바지·고의 등의 허리와 살과의 사이. 또는 치마의 허리와 속옷과의 사이. 요하(腰下).《약》춤³. inside the waist of one's trousers
허리케인(hurricane**)**[명] 태풍. 폭풍우. 특히 여름철에 북대서양 서인도 제도 부근의 해역에 일어나는 선
허리=통[명] 허리의 둘레. 요위(腰圍). 「풍(旋風).
허릿-간(一間**)**[명]〈동〉고물간.
허릿간 마디[명] 화살의 허리 부분에 있는 마디.
허릿-달(一達**)**[명] 연(鳶)의 허리에 붙이는 대.
허릿-매[명] 여자의 가느스름하고 날씬한 허리의 맵시. waistline
허릿-심[명] ①허리의 힘. strength of waist ②화살의 중간이 단단한 것을 일컬음.
허망(虛妄**)**[명] 거짓이 많고 근거가 없음. 허탄(虛誕). falsehood **하**[형] **스**[럽] **스럽**[게]

허망지설(虛妄之說) 거짓되어 근거가 없는 말.
허맥(虛脈) 〖한의〗 허한 맥.
허명(虛名) 헛되고 실속 없는 명성. 허성(虛聲)②. 허문(虛聞). empty name
허명 무실(虛名無實) 헛된 이름만 있고 실상이 없음. 유명 무실. 하
허묘(虛墓) 폐허가 된 무덤. deserted tomb
허무(虛無) ①아무것도 없고 텅 빔. void ②마음 속이 비고 아무것도 없음. thoughtlessness ③사물이 덧없음. 무상(無常)함. uncertainty ④〖철학〗노자(老子)의 학설. 천지 만물은 인식을 초월하는'하나'라는 본체에서 발생하는데, 그 본체는 형상(形狀)이 없어 볼 수도 들을 수도 없는 허무임. nihility ⑤유(有)에 대립하는 개념만 있고, 실제하지 않는 무의미한 무(無)의 의식(意識). nothing 하
허무-감(虛無感) 허무하게 여겨지는 느낌. 무상(無常)한 느낌.
허무-당(虛無黨) 〈사회〉 19세기 후반 러시아 제정 시대 허무주의를 신봉(信奉)하여 위정자(爲政者)를 암살한 비밀 결사(祕密結社). nihilists
허무 맹랑(虛無孟浪) 텅 비고 거짓되어 터무니없음. faslehood 하
허무 적멸(虛無寂滅) ①생사(生死)의 경지(境地)를 떠남. ②〖철학〗도교(道敎)에서 말하는 허무와 불교(佛敎)에서 말하는 적멸.
허무-주의(虛無主義) 〖철학〗일체 사물의 실재나 진리를 인정하지 않는 주의. ②도덕・종교상의 가치・규범을 인정하지 않고, 기성의 모든 권위・제도를 인정하지 않는 주의. nihilism [permit
허문(許文) 허락하여 주는 뜻으로 내어 주는 문서.
허문(虛文) 겉만 꾸미고 실속이 없는 글이나 법제(法制). formalities
허문(虛聞) ①똥 헛소문①. ②똥 허명(虛名).
허물¹똥 ①그릇된 실수. 과실(過失). 건과(愆過). 죄견. fault ②흠. 하근(瑕瑾). defect 하
허물²똥 ①살갗에서 일어나는 꺼풀. ②뱀・매미 등이 벗는 껍질. skin 게 하다. demolish
허물-다¹[라타] 쌓인 물건이나 짜여 있는 것을 흩어지
허물-벗-다 ①피부의 얇은 껍질이 벗겨지다. ②뱀・매미 등이 껍질을 벗어 갈다. cast off the skin ③누명이나 죄명을 씻다. clear oneself of a false charge
허물어-뜨리-다[타] 허물어지게 하다. destroy
허물어-지-다[자] 쌓인 물건이나 짜인 것이 흩어져 무너지다. collapse 「는다. frank 허물=없:이
허물-없-다[타] 서로 친숙하여서 체면을 헤아리지 않
허물-하-다[타연] 잘못이라고 나무라다.
허·물똥 ①[고]와 허물²똥. ②허물. 흠.
허·믈-다·다[고] 헐다[瘡].
허·믈흐·-다[타] [고] 허물하다. 꾸짖다.
허밍(humming) 입을 다물고 소리를 코로 내면서 노래를 부르는 법. 합창에 많이 씀.
허바=허바(hubba-hubba)똥 '빨리빨리'라는 뜻. 본디 캐나다의 토어(土語)라 함.
허박(虛薄) 〖하여〗허약(虛弱). 하
허발똥 몹시 주리거나 궁하여 함부로 먹거나 덤비는 모양. guzzle 하
허발(虛發) ①총・활을 쏘아 목적물에서 벗어남. ②목적도 이루지 못하고 공연한 짓을 함. vain effort 「돌아보다. make vain efforts
허발-치-다(虛發-)[자] 목적을 이루지 못하고 헛되이
허방똥 움푹 패인 땅. hollow
허방=다리똥 〖동〗함정(陷穽)①.
허방=짚-다[타] 잘못 예산하다. 그릇 알고 실패하다. make a wrong estimate
허방-치-다[자] 바라던 일이 실패로 돌아가다. fail
허배(虛拜) 신위(神位)에 절을 함. 또, 그 절. ¶ ~일(日). 하
허벅=다리똥 넓적다리의 윗쪽. thigh

허벅-살똥 허벅다리의 안쪽 살. flesh of the thigh
허벅허벅-하-다[연] 허벅다리의 안쪽. inside of the thigh 익어서 오래 된 사과 따위와 같이 씹을때 물기가 매우 적고 연하게 박하다. soft
허번(虛煩) 〖한의〗양기(陽氣)가 부족하고 신경이 과민(過敏)하여 가슴이 뛰는 병증. [nominal law
허법(一法)〖법法〗실속 없이 명목(名目)만인 법.
허병(虛屛) 널리 퍼져 있는 큰 병문(屛門).
허병(虛病) 꾀병. feigned illness
허보(虛報) 허위의 보도. false report
허복(許卜) 〖제도〗복상가(卜相家) 가운데서 의정(議政)으로 임명함. 하
허복(虛卜) 토지를 가지지 아니한 사람에게 토지를 가진 것으로 되어 있다 하여 공연히 물리던 조세(租稅). [or disapproval
허부(許否) 허락함과 허락하지 아니함. approval
허부적-거리-다[동] 허우적거리다.
허분-허분[동] 너무 익은 사과 따위와 같이 씹으면 물기가 조금 있으면서 매우 물렁물렁한 모양.《작》하분분하분. softly 하
허비(虛費) ①쓸데없는 비용을 씀. 또, 그 비용. extravagance ②헛되게 없앰. waste 하
허비(虛憊) 피곤하여 고달픔. fatigue 하
허비-다[타] 손톱이나 발톱이나 또는 날카로운 물건으로 긁어 생채기를 내다.《작》하비다. scratch
허비적-거리-다[타] 자꾸 허비어 해집게 하다.《작》하비작거리다. 허비적-허비적[동] 하
허뿔싸[감] →허룩사.
허사(虛事) 헛된 일. 헛것. 헛일. 도사(徒事).
허사(虛辭) ①[동] 허언(虛言). ②〖어학〗조사(助詞)나 어미(語尾)같이 홀로는 어떠한 뜻을 나타내지 못하는 말.《대》실사(實辭).
허사비〖약〗→허수아비. [ntation
허상(許上) 지위가 높고 귀한 자리에 바침. prese-
허상(虛想) 쓸데없는 생각. 부질없는 생각. fancy
허상(虛像) ①〖물리〗실상(實像)이 형성하는 광선을 반대 방향으로 연장시켜 이루어지는 상(像)의 영상. ②헛된 거짓 상(像).《대》실상(實像). virtual image 「바로 설사가 나는 병.
허설(虛泄) 〖한의〗기력이 쇠약하여 음식을 먹으면
허설(虛說) 헛된 말. 거짓말. 빈말. false report
허섭=쓰레기[동] 좋은 것을 고르고 난 뒤의 찌꺼기 물건. rubbish 「무늬없는 소문. groundless rumors
허성(虛聲) ①[동] 헛소리. ②[동] 허명(虛名). ③비
허세(虛勢) 실상이 없는 기세. 허위(虛威). bluff
허소(虛疏) ①허전하고 미덥지 않음. ②다루는 태도가 야무지지 않음. 허루(虛漏). crude 하
허손(虛損) 사물에 허기를 느껴 줄 때를 기다리지 않고 가지고자 덤빔. hastening to take 하
허송(虛送) 하는 일 없이 때를 헛되이 보냄. 허도(虛度). waste of time 하
허송 세:월(虛送歲月) 하는 일 없이 세월을 헛되이 보냄. 허도 세월. passing time aimlessly 하
허수(虛數) 〖수학〗제곱한 결과가 부수(負數)으로 되는 따위의 수.《대》실수(實數). imaginary quantity
허수룩-하-다[연] →허룩하다. ②→첩수룩하다.
허수아비[동] ①대와 짚으로 사람의 형상을 만들어 씌운 물건. scarecrow ②쓸모 없는 사람이나 실권이 없는 사람. dummy ③주관(主觀)이 없이 행동하는 사람. 자기 역할을 다하지 못하게 자리만 차지하고 있는 사람. 뇌신(儡身).〖유〗괴뢰(傀儡).〖약〗허아비. 허사비.
허=수양수(虛垂揚水) [동] 헛수양수.
허수-하-다[연] ①알지 못한 사이에 없어져 빈 자리가 난 것을 느끼고 마음에 서운하다. feel something wanting ②매거나 주린 듯이 느슨하다. loose 허수-히[동]
허슬-하-다[연] ①헐어서 못 쓰게 되다. very old

허스키(husky)명 목소리가 쉬고 불투명함. 또, 그런 목소리를 가진 사람. 하다 [함. 하다
허슬(hustle)명 의기 왕성하여 활동함. 맹렬히 활동
허시(許施)명 달라는 대로 줌. 청구하는 대로 베풀어줌. 허급(許給). bestow 하다
허식(虛飾)명 실속이 없이 외면 치레만 함. ¶~은 금물이다. show 하다 [oneself to a man 하다
허신(許身)명 여자가 몸을 남자에게 허락함. give
허실(虛失)명 헛되이 잃음. 하다
허=실(虛實)명 ①거짓과 참. truth or falsehood ②〈의〉허증(虛症)과 실증(實症). ③공허(空虛)와 충실(充實)
허실 상몽(虛實相蒙)명 허실이 분명하지 않음. 하다
허심(許心)명 마음을 허락함. trust 하다
허심(虛心)명 ①아무 생각이 없음. absent-mindedness ②남의 말을 잘 받아들임. open-mindedness 하다
허심 탄=회(虛心坦懷)명 마음에 아무런 사념(邪念)이 없이 솔직한 태도로 일에 임함. open-mindedness
허쑹하지고[-띠]면 〈변〉허허 훌하지고. [하다
허아비명 〈약〉허수아비.
허약(許約)명 허락하여 약속함. permission 하다
허약(虛弱)명 기력이 약함. 허박(虛薄), (대) 강장(强壯). 건강(健康). weakness 하다
허양명 〈동〉근방(近方).
허어(虛語)명 〈동〉허언(虛言). 하다
허언(虛言)명 실속이 없는 빈말. 거짓말. 양언(佯言). 위언(僞言). 허담(虛談). 허사(虛辭). 허어(虛語). ¶~을 일삼다. lie 하다
허업(虛業)명 겉으로만 꾸며 놓고 실속이 없는 사업. 견실하지 아니한 사업. empty business
허여(許與)명 허락하여 줌. permission 하다
허여-멀겋-다면[호명] 살빛이 매우 희고도 맑다. 《작》하야말갛다. fair
허여-멀쑥하-다면[호명] 허연 살빛이 멀끔하고도 깨끗하다. 《작》하야말쑥하다. fair 허여멀쑥-히면
·허여-흥-다면[고] 허옇다.
허열(虛熱)명 〈한의〉열과 땀이 나고 식욕이 없고 기력이 쇠약해지는 병. 허화(虛火). consumptive fever [vain glory ②없고 이상의 겉치레. vanity
허영(虛榮)명 ①자기 정도에 넘치는 외관상의 영화.
허영-가리(대)명 〈약〉허영끼.
허영-거리-다면 힝고난 뒤의 걸음걸이가 기운이 없이 쓰러질 듯이 비슬비슬하다. stagger 허영=허영
허=영상(虛影像)명 〈동〉허상(虛像)①. [면 하다
허영-심(虛榮心)명 허영에 들뜬 마음.
허영-주머니(-주-)(虛榮-)명 허영심이 많은 사람을 농으로 이름. man full of vanity
허영-청(虛影聽)명 실제의 거취(去就)가 흐리멍덩함을 가리킴. 《약》허청(虛聽)②. vagueness
허영청에 단자 걸기[관] 일에 대한 똑똑한 계획이나 목적이 덮어놓고 하는 어리석은 짓.
허영-다면[호명] ①희미한 정도로 희다. whitish ②정도에 지나치게 희다. 하얗다. too white
허예(虛譽)명 실속이 없는 빈 명예. empty reputation
허예-지다면 ①허옇게 되다. 《작》하애지다. become white ②무슨 일이 잘못되거나 들려서 무색하여지다.
허욕(虛慾)명 헛된 욕심. 당치 않은 욕심. greed
허용(許容)명 허락하고 용납(容納)함. 용허(容許). approval 하다
허용 법규(許容法規)명 〈법률〉명령·환경을 내용으로 하지 않고 허용을 내용으로 하는 법규.
허용 응력(許容應力)명 〈토목〉어떤 재료가 바깥 힘을 받을 때에도 깨어지지 않고 능히 지탱할 수 있는 힘. 허용 내력. build
허우대명 풍채가 있어 보이는 키. ¶신랑이 ~가 좋
허우룩=하-다면[여명] 매우 가까운 사람과 영영 이별하여서 섭섭하다. 허라하다. 《허존-》. regretful
허우적-거리-다면 위험한 고비에서 빠져서 나오려고 손과 발을 내두르다. 허부적거리다. struggle 허우적=허우적 하다
허울명 겉모양. outward appearance
허울=좋-다면[호명] 실속은 없이 겉으로만 볼품스럽다. good only in appearance
허울 좋은 도둑놈[관] 겉으로는 인사 체모가 제법 번듯하나 행동이 흉악한 사람.
허울 좋은 하눌타리[관] 겉으로 보기에는 훌륭한 듯하나 실속은 보잘것없는 사람이나 물건.
허위(虛位)명 ①빈 자리. ②실권이 없는 지위. nominal position
허위(虛威)명 헛세(虛勢).
허위(虛僞)명 ①없는 것을 있는 것처럼 하는 짓. 거짓. (대)진실(眞實). false ②진리(眞理)가 아닌 것. 그릇된 지식. 특히 그릇된 사고(思考). (대)진리(眞理). [다. struggle up
허위-넘다[-따]자 허위단심으로 높은 곳을 넘어가
허위-단심명 허위적거리고 무척 애를 씀. ¶몸이 아픈 데도 ~으로 찾아가다. struggle
허위대명 →허우대.
허위 배설(虛位排設)명 제사지낼 때 신위(神位)가 없이 제례를 베풂. 하다
허위적-거리-다면 →허우적거리다. [사 표시.
허위 표시(虛僞表示)명 〈법률〉진의(眞意)가 아닌 의
허위 행위(虛僞行爲)명 〈법률〉허위 표시로서 이루어지는 법률 행위. [ave of absence 하다
허유(許由)명 휴가를 허락함. 또, 그 말미. grant le
허유-권[-권](虛有權)명 〈법률〉지상권·지역권(地役權) 등의 용익(用益)물권이 설정되어 공허하게 된
허일(虛日)명 일이 없는 날. off-day [소유권.
허입(許入)명 들어오는 것을 허락함. permitting to enter 하다
허자(虛字)명 ①'飛·走·行·走' 등과 같이 형상이 없는 것을 나타낸 글자. 동사·형용사 따위가 이에 속함. ②'于·者·哉·焉' 따위와 같이 일정한 실질적 뜻이 없는 글자. 전치사·부사·조동사 따위가 이에 속함. (대)실자(實字). form-word
허장(虛葬)명 ①땅에 거짓으로 장사함. false burial ②남의 땅에 거짓으로 장사하여 땅주인의 태도를 살펴봄. false burial in another's land ③종적을 감추는 사람을 죽은 사람처럼 꾸며서 거짓 장사지냄. false burial 하다
허장 성세(虛張聲勢)명 실력이 없으면서 허세만 떠벌림. 호대세. bluff 하다 [burial place
허장-지(許葬地)명 매장을 허락하는 땅. authorized
허적-거리-다면 연이어 허적거리다. ¶책상 서랍 속을 ~. 하작거리다. 허적=허적 하다
허적-이-다면 쌓인 물건의 속을 들추어 헤치다. 《작》하작이다. rummage [false rumour 하다
허전(虛傳)명 근거 없는 거짓 풍문. 헛되이 전함.
허전-거리-다면 다리에 힘이 빠져서 쓰러질 듯이 걷다. stagger
허전 관령(虛傳官令)명 ①관청의 명령을 거짓 꾸며서 전함. ②상사의 명령을 거짓 전함. 하다
허전하-다면[여명] 주위에 아무것도 없어서 서운한 느낌이 있다. feel lonely ②무엇을 잃은 것처럼 서운한 느낌이 있다. miss something ③죄임성이 없어 안정감이 없다. feel the miss of
허전허전-하-다면[여명] ①다리에 힘이 없어서 쓰러질 것만 같다. stagger ②자꾸 허전한 기운이 일어나다. 《작》하전하전하다.
허점[-쩜](虛點)명 방심하여 게을리한 곳이나 빈틈. 허슬③. ¶~을 찌르다.
허정명 겉으로 보기에는 알뜰하게 보이나 실상은 충

실하지 못함. ¶〜한 부인. not so good as it looks 하囹

허정(虛靜)囹 마음에 잡념이나 망상이 없이 조용함.
허정-거리다囝 병으로 기운이 없어서 걸음이 잘 걸리지 않고 비틀거리다. (거)허정거리다. stagger 허정=허정 囝

허족(虛足)囹〈생물〉원생 동물(原生動物)이 움직일 때 쓰이는 원형질(原形質)의 돌기(突起). 그것으로 발을 대신함. 유족(僞足). pseudo-podium

허주(虛舟)囹 짐을 싣지 않은 빈 배. empty boat
허줄-하다囹[여불] 배가 조금 고프다. (거)허줄하다. somewhat hungry

허줏-굿囹〈민속〉무당이 되려고 할 때 처음으로 신(神)을 맞기 위하여 하는 굿. shamans initiatory exorcism 하囹

허즈번드(husband)囹 남편. 부군(夫君). (대) 와이프.
허=즉실(虛則實)囹 ①보기에 허하면 속은 알뜰하게 차 있음. ②〈군사〉아무 방비가 없는 듯한 곳에 복병(伏兵)이 있음. 하囹

허증[―쯩](虛症)囹〈한의〉기력·혈액의 부족으로 몸이 쇠약해지는 병의 총칭. 신경쇠약 따위.

허참(許參)囹〈제도〉새로 출사(出仕)하는 관원이 구관원에게 음식을 대접하던 례. 면신례(免新禮).
허채(許採)囹〈광업〉①광주가 덕대(德大)에게 광석을 파내는 일을 승낙함. ②(약)→허채권(許採權). 하囹 [로 다섯 달로 정하나 일정하지 않음.

허채 기한(許採期限)囹〈광업〉허채하는 기한. 대체
허채=증[―쯩](許採證)囹〈광업〉광물 허채할 때에 받는 증서. (약)허채②.

허청(虛廳)囹 ①[同] 헛청. ②(약)→허영청(虛影廳).
허청-거리다囝 (거)→허정거리다.

허청=대고(虛聽―)⺇ 확실한 계획이 없이 마구. blindly
허청=지거리다囹 들을 상대자가 없이 들떼놓고 하는 말. 네기·제길 같은 말.

허체(許遞)囹 특지(特旨)를 내려 벼슬을 갈아 줌. 하囹
허=초점[―쩜](虛焦點)囹〈물리〉오목렌즈에서 굴절한 빛살이나 볼록렌즈에서 반사한 빛살의 연장선(延長線)이 렌즈 또는 거울 뒤에서 모이는 한 점. false
허출-하다囹[여불] (거)→허줄하다. [focus
허탄(虛誕)囹 허망하고 거짓됨(虛妄). 하囹

허탈(虛脫)囹 ①몸이 쇠약해져서 기운이 빠짐. prostration ②〈의학〉심장 쇠약과 함께 혈액 순환이 장애되어 전신의 힘이 쏙 빠져서 빈사(瀕死)의 지경에 이르는 상태. atrophy 하囹

허탈-감(虛脫感)囹 허탈한 듯한 느낌.
허탕囹 아무 소득이 없는 짓. vain effort
허탕(虛蕩)囹〈약〉→허랑 방탕(虛浪放蕩).
허탕=짚-다囹 아무 소득도 없는 일을 모르고 하게 되다. exert oneself to no purpose [efforts
허탕-치-다囹 아무런 소득이 없이 되다. make vain
허투(虛套)囹 남을 농락하기 위해 꾸미는 의면 치레.
허투루⺇ ①예수롭지 않게. lightly ②아무렇게나. 혈후(歇后)하게. carelessly

허-튀(故)囹 다리. 종아리. 장딴지.
허-뒷·녑[囹 종아리의 양쪽 옆.
허-뒷·비(故)囹 장딴지. 종아리.
허-뒷·쎄(故)囹 종아리의 뼈.
허튼囹 명사 위에서 '헤프게·함부로' 등의 뜻을 나타냄. irresponsible

허튼 계:집囹 정조 관념이 없는 헤픈 여자. loose woman ─ [흩어서 놓은 방고래.
허튼-고래囹 불길이 이리저리 아무렇게나 퍼돌게 하는
허튼-구들囹 골을 켜지 않고, 잔돌로 피어 놓는 구들. 막구들. (대)연귀구들. [ponsible oath
허튼 맹세(―盟誓)囹 허튼 헤프게 하는 맹서. irres-
허튼-모囹〈농업〉정조식(正條植)을 하지 않고 산작으로 마구 심는 모. 산식(散植). 벌모. (대)줄모. random sowing

허튼 소리囹 헤프게 함부로 하는 말. random speech

허튼 수작(―酬酌)囹 헤프게 함부로 하는 수작. baseless talk ─ [무릎 켜거나 자를 수 있는 톱.
허튼-톱囹 동가리톱과 내릴톱의 중간이 되어어 있는
허파囹〈생리〉육서 동물의 척추 동물 중 양서류·파충류·조류·포유류 등의 호흡기의 중요 부분. 콩팥·허파 벽을 통해 혈액 중의 탄산 가스와 흡기(吸氣) 중의 산소를 교환함. 폐. 폐장(肺臟). lung

허파 꼬리囹 허파의 끝쪽 부분. tip of a lung
허파=꽈:리囹〈생리〉허파를 이루고 있는 단위. 실기관지 끝에 붙어 있으며, 한층의 세포로 된 작은 주머니로, 그 겉을 모세 혈관이 둘러싸고 있어서 산소와 이산화탄소의 교환이 일어남. 그 수는 3억∼4억 개 정도이고, 총표면적은 100㎡나 됨. 폐포.
허파 동:맥(―動脈)囹 허파 순환의 동맥. 심장의 우심실에서 허파로 나가는 정맥혈을 보내는 혈관. 폐동맥. ─ [들어가는 곳.

허파-문(―門)囹〈생리〉허파의 숨관과 핏줄 따위가
허파 순환(―循環)囹 심장과 허파 사이의 혈액 순환. 운동을 돈우 우심방으로 들어온 정맥피는 우심실을 거쳐 허파로 가고, 허파의 모세 혈관에서 이산화탄소를 버리고 산소를 받은 동맥피는 좌심방으로 들어오게 됨. 즉, 우심실→허파 동맥→허파(모세 혈관)→허파 정맥→좌심방을 거치는 혈액 순환.

허파 정맥(―靜脈)囹 허파 순환의 정맥. 허파(모세 혈관)에서 깨끗해진 동맥피가 정맥을 통하여 좌심방으로 들어오는 혈관. 폐정맥(肺靜脈).
허풍(虛風)囹 실제보다 너무 과장하여 믿음성이 적은 언행. (약)풍(風). boast
허풍-떨:-다(虛風―)囝 허풍을 마구 치다. (약)풍떨다. boast

허풍-선(虛風扇)囹 ①숯불을 불어 일으키는 손풀무의 하나. bellows ②(동)허풍선이. boaster
허풍선-이(虛風扇―)囹 허풍만 치고 다니는 사람의 별명. 허풍선②. boaster
허풍-치-다(虛風―)囝 실상에 지나치게 너무 과장하여 말하다. (약)풍치다. big talk
허핍(虛乏)囹 굶주려서 기운이 없음. starvation 하囹

허-하다(許―)目[여] ①허가하다. permit ②청을 들어주다. accept
허-하다(虛―)囹[여] ①옹골차지 않다. infirm ②원기가 없다. depressed ③비다. hollow ④〈한의〉원기가 부실하다. spiritless

허한(虛汗)囹〈한의〉원기가 쇠약하여서 나는 땀.
허행(虛行)囹[동] 헛걸음. ─ [하. Ha! Ha! 하囹
허허⺇ 기뻐서 입을 크게 벌리어 웃는 소리. (작)하
허허⺇ ①뜻밖의 일을 당했을 때 탄식하여 내는 소리. ¶〜 기가 막혀. (작)하허. O dear! ②뻐하면 일이 어그러져 버릴 때 내는 소리. (작)하허.
허허-거리다囝 연해 허허하다고 웃다. (작)하허거리다.
허허 공공(虛虛空空)囹 ①허공같이 한없이 넓고 큼. vastness ②아무것도 없음. nothingness 하囹
허허-바다囹 끝없이 넓고 큰 바다. vast ocean
허허=벌판囹 끝없이 넓고 큰 벌판. wide plain
허허-실실(虛虛實實)囹 허실의 계책을 써서 싸움. Diamond cut diamond
허허실실-로[―씰씰―](虛虛實實―)⺇ 잘 되고 못 되고를 따지지 않고 되는 대로 맡겨 버리는 모양.
허허 탄:식(歔歔歎息)囹 몹시 탄식함. 하囹
허허 해도 빛이 열닷 냥이다 겉으로는 즐거운 체하나 속은 근심이 많다.
허허 흉한지고 아주 심한 일을 만났을 때 탄식하는 소리. ¶허허 흉한지고. ─ [的)빈혈 상태.
허혈(虛血)囹〈의학〉조직에 있어서의 국부적(局部
허호(虛戶)囹 실제로 있지 않은 호수(戶數).
허혼(許婚)囹 혼인함을 허락함. 허빙(許聘). approval of engagement 하囹
허화(虛火)囹[동] 허열(虛熱).
허화(虛華)囹 실속은 없고 겉으로만 빛나서 아름다음. empty show 하囹

허확(虛廓) 마음이 허우룩함. 허곽(虛廓). feeling the miss of 하다

허황(虛荒) 마음이 들떠서 황당함. 《대》성실(誠實). 진실(眞實). fickleness 하다

허황지설(虛荒之說) 허황되어 미덥지 않은 말.

허혼(虛昏)〈한의〉기운이 매우 쇠약하여 일어나는 어지러운 증세. 〖움. 하다

허희 유체(歔欷流涕) 짙게 한숨짓고 눈물을 흘리며

허희 탄:식(歔欷歎息) 짙게 한숨짓고 탄식함. deep sigh 하다

혁囹 ①갑자기 마음에 드는 일이 있을 경우에 탐욕이 일어나서 덤비는 모양. ②몹시 놀라거나 겁에 질려 숨을 들이마셔 호흡을 중지하는 소리나 모양. breathlessly ③몹시 지쳐 물러서거나 자빠지는 모양. 하다 「타냄. 〖~ 모자. ~ 옷. old

헌-囹 명사의 위에 붙어서 오래 되거나 낡았음을 나

헌가(軒架)囹 ①옛날에 종(鐘鼓) 따위를 시렁에 걸어 놓음. 또, 그 시렁. ②높이 걺. hanging high

헌:가락지=조개囹〈조개〉헌가락지조개과의 조개. 자갈 섞인 모래 바닥에 삶. 패각의 길이 2cm, 높이 2cm, 폭 1cm로 타원형임. 각표(殼表)는 더러운 황색의 각피로 덮였으나 내면은 흼.

헌거(軒擧)囹 의기가 당당하여 너그럽고 인색하지 않음. 헌앙(軒昻). high spirits 하다

헌거-롭:다(軒擧─)[롭用]圄 남다르고 의기가 당당하여 보이다. majestic 헌거-로이[레

헌걸-스럽:다[다]囹 헌거롭게 보이다. elated 헌걸-스

헌걸-차:다[다]囹 ①매우 헌거롭다. highspirited ②기운이 매우 장하다. 키가 매우 크다. ¶헌걸찬 체구의 소유자. strong 「물건. old things

헌:-것囹 낡아 헌 물건. 오래 되어서 낡아져서 쓰게 된

헌:계:집囹 이미 시집갔던 여자. once-married wo-

헌:공(獻供)囹 헌납(獻納)①. 하다 「man

헌:관(獻官)囹〈제도〉나라 제사 때 임시로 임명하는 제관(祭官).

헌:근(獻芹)囹 변변하지 못한 미나리를 바친다는 뜻으로, 남에게 물건을 선사할 때나 의견을 적어 보낼 때 겸사로 쓰는 말.

헌:근지-성(獻芹之誠) 정성을 다하여 올리는 마음. 옛날에 미나리를 임금에게 바쳤다는 데서 유래됨.

헌:금(獻金)囹 돈을 바침. 또, 그 돈. contribution 하다

헌:납(獻納)囹 ①물건을 바침. 헌공(獻供). ②주일(主日)이나 어떤 일을 맞이하여 교회, 곧 하느님 앞에 바치는 돈. 연보(捐補). 하다

헌:납(獻納)囹〈제도〉①조선조 때, 사간원에 둔 정5품 벼슬. ②고려 문하부의 정5품 벼슬.

헌:다(獻茶)囹〈불교〉신불께 차를 올림. 하다

힌달(獻達)囹〈불교〉부모의 제사를 절에 맡기고 그 비용으로 쓰도록 절에 논을 바침. ¶논 ~ 〖~주(施主). donation of paddy fields 하다

헌:당(獻堂)囹〈기독〉교회당을 신축하여 하느님에게 바침. ¶~식(式). 하다

헌:-데囹 부스럼이 난 곳. boil

헌:동 일세(嶔動一世)囹 →혼동 일세.

헌등(軒燈)囹 처마에 다는 등. doorlamp 「lantern

헌:등(獻燈)囹 신불(神佛)에게 바치는 등. votive

헌량(軒亮)囹 도량이 썩 크고 넓음.

헌:-머리囹 헌데가 생긴 머리.

헌머리에 이 모이듯집 이익이 있는 곳에 떼를 지어 모임을 이르는 말.

헌면(軒冕)囹〈제도〉①고관(高官)들이 타던 초헌(軺軒)과 머리에 쓰던 관(冠). ②고관의 통칭.

헌:물(獻物)囹 임금께 바치는 물건.

헌:미(獻米)囹 ①신불께 울리는 쌀. 성미(誠米). ②〈기독〉신자들이 일용(日用)하는 쌀의 얼마를 주님에게 바치는 일. 또, 그 쌀.

헌:-민수[─수](獻民數)囹〈제도〉조선조 때, 한성부(漢城府)에서 삼년마다 전국의 호구를 조사하여 임금에게 아뢰던 일.

헌:배(獻杯)囹 술잔을 올림. offering a cup of wine

헌:법[─뻡](憲法)囹〈법률〉①근본이 되는 법규. 넓은 뜻으로 국가 통치 체제의 기초에 관한 각종의 근본 법규의 총칭. ②좁은 뜻으로 자유주의 원리에 입각하여, 국민의 기본적인 인권을 보장하고 국가의 정치 기구 특히 입법권에의 조직·참가의 형식 또는 기준을 규정한 근대 국가의 근본법. 〖유〗조헌(朝憲). constitution

헌:법 기관[─뻡](憲法機關)囹〈법률〉헌법 조규(條規)에 의하여 성립된 국가 기관. 국회(國會)·국무 위원·법원의 총칭. constitutional institution

헌:법 사:항[─뻡](憲法事項)囹〈법률〉헌법에 규정되어 있는 여러 사항.

헌:법 위원회[─뻡](憲法委員會)囹〈법률〉법률의 위헌 여부·탄핵·정당의 해산 등에 대하여 심판하는 기관. 9명의 위원으로 구성되며, 위원은 대통령이 임명하되 그 중 3명은 국회 선출자, 3명은 대법원장 지명자를 임명함.

헌:법-학[─뻡](憲法學)囹 법학의 한 부문. 헌법 및 헌법상의 여러 현상을 연구 대상으로 하는 학문. 국헌학(國憲學).

헌:병(憲兵)囹〈군사〉각 군의 참모 총장의 지휘 감독 밑에 군사 경찰을 맡고, 겸하여 행정 경찰·사법 경찰을 맡은 특수(特科) 군인. military policeman

헌:병-대(憲兵隊)囹〈군사〉헌병들로 이루어진 군대. military police

헌:본(獻本)囹 책을 바침. 또, 그 책. 헌서(獻書). 하다

헌:부(憲府)囹〈역〉→사헌부(司憲府).

헌:사(獻詞·獻辭)囹 저자나 발행자가 그 책을 다른 이에게 헌정(獻呈)하는 취지를 기록한 글.

헌숭숭-다[다]囹 떠들썩하게 소문이 퍼지고 야단스럽다. 시끄러워 어수선하다.

헌:상(獻上)囹 임금께 바침. 삼가 올림. 헌진(獻進). presentation 하다

헌:생(獻牲)囹 신에게 희생을 바침. offering a sacr-

헌:서(獻書)囹 ⇒헌본(獻本). 하다 「ifice 하다

헌:성(獻誠)囹 정성을 다하여 바침. offering one's

헌:─송(獻)囹 의복이나 이불 등에서 빼어 낸 오래된 솜.

헌:─쇠囹 깨어지거나 녹이 나서 못 쓰게 된 쇠. 설철(屑鐵). 「drinking glasses 하다

헌:수(獻酬)囹 잔을 주고받고 하는 일. exchange

헌:수(獻壽)囹 환갑 잔치 등에 오래 살기를 비는 뜻으로 술잔을 올림. 상수(上壽). 칭경(稱慶). 칭상(稱觴). 하다 「poem 하다

헌:시(獻詩)囹 시를 지어 바침. 또, 그 시. dedicated

헌:식(獻食)囹〈불교〉문 앞 같은 데에 잡귀(雜鬼)에게 베풀어 주는 밥. 또, 그 일.

헌:신(獻身)囹 자기의 이해를 돌보지 않고 전력(全力)을 다함. ¶사회 사업에 ~하다. devotion 하다

헌:─신짝囹 남아빠진 신짝. old shoes

헌:신짝 같:다囹 값어치가 없다. 버려도 아까울 것이 없다.

헌신짝 버리듯 하다囹 요긴하게 쓰고서는 마음에 거리낌도 없이 내버리다.

헌앙(軒昻)囹 ⇒헌거(軒擧). 하다

헌:언(獻言)囹 의견을 말씀 드림. expression of opinion to the king 하다 「spirit 하다

헌연(軒然)囹 풍채가 좋고 의기가 당당한 모양. high

헌:의(獻議)囹 의견을 드림. proposal 하다

헌:작(獻爵)囹 제사 때에 술잔을 올림. 진작(進爵). offering a cup of wine 하다

헌:장(憲章)囹 ①헌법의 전장(典章). ②국가나 국가와 같은 수준의 집합체가 이상(理想)으로서 정한 원칙. ¶국민 교육 ~. 어린이 ~.

헌:정(憲政)囹 〖약〗⇒입헌 정치(立憲政治).

헌:정(獻呈)囹 물품을 바침. presentation 하다

헌:주(獻奏)囹 신에 주악을 올림. 하다

헌:지붕=조개囹〈조개〉헌지붕조개과의 조개. 정선(汀

헌집 고치기

線)부근의 진동, 깊은 암초에 고착함. 패각은 길이 3.5 cm, 높이 1.8 cm, 직사각형임.
헌:집 고치기 한 군데를 손대면 이것저것 손댈 것이 많이 생김을 다른 것에 비유하여 하는 말.
헌:솔도 솔은 남아서 못쓰게 된 짚신.
헌짚신도 짝이 있다[관] 아무리 못나고 가난한 사람이라도 배필이 있다.
헌:책(獻策)[명] 책문(策問)을 바침. 또는 일에 대한 방책을 드림. suggestion 하다
헌:천 동:지(掀天動地)[명] =혼천동지.
헌:춘(獻春)[명] 첫봄. 맹춘(孟春).
헌:칙(憲則)[명] 법·법칙·법률.
헌칠민틋-하-다[형][여]헌칠하고 민틋하다. smoothly
헌칠-하-다[형][여] ①키와 몸집이 크고 어울리다. ¶헌칠하게 키에 말쑥한 얼굴. have well-proportioned figure ②시원스럽게 훤하다. ¶헌칠한 하늘. ③헌
헌터(hunter)[명] 사냥꾼. [aslant
헌트(hunt)[명] ①사냥. ②추적. 하다 [거목고 철저하다.
헌팅(hunting)[명] ①수렵. 사냥. ②탐구. 추구.
헌팅 캡(hunting cap)[명] 운두가 없이 넓적하고 간단하게 만든 모자. [으로 돌아가며 깐 좁은 마루.
헌함(軒檻)[명] 〈건축〉 건넌방·누각·부처 따위의 대청 기둥 바
헌:향(獻香)[명] 신불께 향을 올림. dedication of incense 하다 [고 쾌활한 남자. manly fellow
헌헌 장:부(軒軒丈夫)[명] 외모(外貌)가 준수(俊秀)하
헌:혈(獻血)[명] 환자에게 수혈하기 위하여 자기의 피를 뽑아서 바침. 또, 그 일. 하다
헌호(軒號)[명][불교][꽁] 남의 당호. [꽃을 바침.
헌:화(獻花)[명] 꽃을 바침. 죽은 이의 묘에나 영혼에
헌활(軒豁)[명] 썩 넓은 모양. wideness 하다
헐가[一까](歇價)[명][동] 헐값. [버림.
헐가 방:매[一까一](歇價放賣)[명] 헐값으로 마구 팔아
헐간(歇看)[명] 정신이 없거나 탐탁스럽지 않을 때 물건이나 일을 소홀히 보아 넘김. negligence 하다
헐-값[一깝](歇一)[명] 싼 값. 헐가. cheap price
헐객(歇客)[명] 허랑방탕한 사람을 가리켜 일컫는 말. loose and unreliable man
헐겁-다[형][ㅂ변] 껄 물건보다 껄 자리가 너르다. 《작》할갑다. loose-fitting [만든 물건.
헐겁-지[명] 깍지. 활 쏠 때 손가락에 끼는 뿔로
헐근-거리-다[자] 숨이 가빠서 기운 없이 헐떡거리며 그렁거리다. 《작》 할근거리다. wheeze 헐근=헐근[부] 하다
헐-다[자][ㄹ변] 부스럼이나 상처가 나다. be sore [타][ㄹ변] ①쌓은 물건을 무너뜨리다. destroy ②남의 험담을 하다. speak ill of ③모아 놓은 물건을 축나게 하다. decrease 형[타] 오래되어 남아지다. be worn out [떠=헐떡.
헐떡-거리-다[자] 연해 헐떡이다. 《작》 할딱거리다. 헐
헐떡-이-다[자] ①연해 숨을 가쁘게 쉬다. pant ②신이 헐거워 자꾸 벗어지며 신기었다 하다. 《작》 할딱이다. be loose [경련하다. 《작》 할딱하다. sunken
헐떡-하-다[형][여] ①얼굴에 핏기가 없다. pale ②눈이
헐:-뜯-다[타] 남의 흠을 잡아내어 말하다. slander
헐:띠[명](약)=허리띠.
헐:러 드:비(hurler derby)[명]〈체육〉직업 야구 따위에서, 공식전 중 투수의 승률 다툼.
헐렁-거리-다[자] ①너무 헐거워서 자꾸 흔들리다. be loose ②삼가고 조심하지 않고 경망한 행동을 자꾸 하다. 《작》할랑거리다. act rashly 헐렁=헐렁[부] 하다 [volous person
헐렁-이[명] 행동이 진중하지 아니한 사람의 별명. fri-
헐렁-하-다[형][여] 자리를 너르고 들어간 물건은 작아서 헐겁다. 《작》 할랑하다. loose
헐레-벌떡 숨을 헐떡이며 가쁘게 몰아 쉬는 모양. 《작》 할래발딱. be hurry-scurry 하다
헐레벌떡=거리-다[자] 연해 헐레벌떡거리다. 《작》 할래발딱거리다. 헐레벌떡=헐레벌떡[부] 하다
헐레이션(halation)[명] 강한 빛을 받고 있는 백색의

험악

물체나 발광체(發光體) 따위를 촬영하였을 때, 그 영상(映像)의 언저리에 무리(暈)와 같은 것이 생겨서 모양이 확실하지 않은 현상.
헐:리다[자] 헐어 뜯음을 당하다. be demolished
:헐:므슴[명][고] 헐.
헐므으-다/=헐못-다/헐·르-다[고] 헐다(瘡).
헐박(歇泊)[명] 쉬고 묵음. 헐숙(歇宿). sojourning 하다
헐:-벗-다[자] ①떨어진 옷을 입다. be in rags ②가난해서 못 살다. be poor [邊]. low interest
헐변(歇邊)[명] 아주 저율(低率)로 주는 이자. 저변(低
헐복(歇福)[명] 어지간한 복이 없다. very unlucky 하다
헐소-청[一쏘—](歇所廳)[명] 〈제도〉 고관(高官)에게 문안(問安) 온 사람이 쉬던 곳. 헐숙청(歇宿廳).
헐수할수 없다[관] ①이리도 저리도 어떻게 할 수가 없다. be at a loss ②몹시 가난하여 살 길이 막연하다. be hard up
헐숙(歇宿)[명][동] 헐박(歇泊). 하다
헐식(歇息)[명] 쉼. 휴식. rest
:헐:리-다[고] 훌뿌리다. 헐뜯다.
헐쑥-하-다[형][여] 얼굴이 파리하고 핏기가 없다. 《작》할쑥하다. pale
헐씨근-거리-다[자] 자꾸 헐근거리다 씨근거리다. 헐씨근=헐씨근[부] [어지다. collapse
헐어-지-다[자] 짐이나 쌓인 물건이 저절로 물러나 흩
헐장[一짱](歇杖)[명]〈제도〉 장형(杖刑)에서 때리는 시늉만 하는 매질.
헐쭉-하-다[형][여] 살이 빠져서 썩 여위다. 《작》할쭉하다. haggard and pale
헐치(歇治)[명] ①병을 가볍게 보고 치료를 소홀히 함. negligence of treatment ②가볍게 벌함. light punishment 하다
헐치(歇齒)[명] 닳아서 잘 맞지 않는 기계 톱니바퀴의 이. worn-out touch of a toothed wheel
헐-치-다[타] ①가볍게 하다. lighten ②허름하게 하다. make loose
헐-하-다(歇—)[형][여] ①값이 시세보다 싸다. cheap ②엄하지 않다. mild ③생각보다는 힘들지 않고 마음에 시들하다. 《약》헒다. easy
헐떡 숨이 차서 숨을 고르게 쉬지 못하고 크거나 작게 쉬는 모양. gasp 하다
헐후(歇后)[명] 대수롭지 않음. trifling 하다 히[부]
헗:-다[형]〈약〉=헐하다.
험[명] 〈변〉=흠(欠).
험(hum)[명] 라디오의 잡음. [person ②[동] 흠구가.
험:객(險客)[명] ①성질이 험상스러운 사람. crafty-
험:-괴(險怪)[명] 험하고 괴상함. 기괴하고 이상함. strangeness 하다
험:구(險口)[명] 늘 남의 흠을 헐뜯기를 좋아하는 짓. 또, 그 사람. 악구(惡口). slanderousness 하다
험:구-가(險口家)[명] 험구를 잘하는 사람. 험구②.
험:난(險難)[명] ①위험하고도 어려움. hazard ②고생이 됨. 난럼(難險). [데] 순탄. hardship ③몹시 험함. steepness 하다 [않음. ④적음(一음).
:험념(고)[고]①흉년(凶年). ②검소(儉素) ③배부르
험:담(險談)[명] 남의 흠을 찾아내어 하는 말. 험언(險言). 흠구덕(欠—). calumny 하다
험:랑(險浪)[명] 사납고 험한 파도. [steep path
험:로(險路)[명] 험난한 길. 준로(峻路). 악도(惡道).
험:산(險山)[명] 가파르고 험악한 산. steep mountain
험:산(驗算)[명]〈수학〉계산한 결과의 맞고 틀림을 알기 위하여 하는 계산. 검산(檢算). verification of accounts 하다 [roughness 하다 스럽 스레하다
험:상(險狀)[명] 험악한 모양. 거칠고도 모진 상태.
험:상(險相)[명] 험상스러운 인상(人相). uncanny look
험:상-궂-다(險狀—)[형] 모양이 험악하다. rough
험:수 코크(驗水 cock)[명] 증기관의 물이 규정 이외로 감소하는 것을 막고, 또한 물의 유무를 검사하고자 관의 전면에 붙인 마개.
험:악(險惡)[명]①길이나 낯서 따위가 험난함. rugged-

험: 애(險礙)[명] 《동》 협조(險阻). 하타 [레
험: 액(險阨)[명] 지형이 험하고 좁음. 하타
험: 어(險語)[명] 이해하기 어려운 말. difficult word
험: 언(險言)[명] 《동》 험담(險談). 하타
험: 요(險要)[명] 지세가 험하여 방어하는 데 매우 중요함. 또, 그런 곳. ¶~지(地). 하타
험울[명] 《고》 허물.
험: 원(險遠)[명] 길이나 일이 험하고도 멂. being rough and distant 하타
험: 이(險夷·險易)[명] 험난함과 평탄함. steepness and plainness
험: 조(險阻)[명] 지세나 일 따위가 매우 험난하고 막힘. 험애(險隘). steepness 하타
험: 좌(險左)[명] 증거. 증인.
험: 준(險峻)[명] 매우 높고도 가파름. steep 하타
험: 지(險地)[명] 험난한 땅. rugged place
험: 하다(險—)[형][여] ①땅의 생긴 형세가 발붙이기 어렵다. ②나타난 모양이 보기 싫게 험상스럽다. ③움직이는 형태가 위태롭다. ④말이나 행동 따위가 막되다. ⑤먹는 것이나 입는 것이 너무나도 수준 이하이다. ⑥매우 거칠고 힘에 겹다.

헙수룩-하-다[형][여] ①머리털이 텁수룩하다. dishevelled ②옷차림이 허름하다. shabby 헙수룩=히[부]
헙신-헙신[부] 허분허분하고 물씬물씬한 모양. 하타
헙협-하-다(俠—)[형][여] ①융통성이 있어 활발하다. ②규모는 없으나 인색하지 않다. ③어이없으리만큼 허망하다. 「자랑.
헛[관] 비었거나 참되지 못함을 나타내는 말. ¶~
헛-가: 게[명] 때를 따라 벌였다 걷었다 하는 가게.
헛-간(—間)[명] 문짝이 없는 광. barn [fused
헛-갈리-다[자] 마구 뒤섞이어 분간할 수가 없다. con-
헛-걸음[명] 목적도 이루지 못하고 공연히 갔다가 옴. 허행(虛行). going in vain 하타
헛-것[명] 《동》 허사(虛事).
헛-고생(—苦生)[명] 아무런 보람도 없는 고생. 하타
헛-공론(—公論)[명] 쓸데없는 공론. 보람없이 떠들어대는 공론. 하타
헛-구역(—嘔逆)[명] 토할 생각은 나도 토해지지 않는 구역. 건구역(乾嘔逆). sickly feeling
헛-글[명] 배워도 뜻있게 쓰지도 못하는 글. useless knowledge ②독자에게 아무런 효과도 주지 못하는 글. worthless writings
헛-기침[명] 인기척을 내기 위하여 일부러 하는 기침. dry cough 하타
헛-김[명] 딴 곳으로 새어 나는 김. escaping steam
헛김-나-다[자] ①기운이 딴 곳으로 새어 나오다. ②일에 실패하거나 하여 기운이 꺾이다. 《유》 맥빠지다. exhausted
헛-끌[명] 맞두르는 구멍의 끝밥을 긁어내는 데 쓰는 연장.
헛-노릇[명] 한 보람이 없는 헛된 일. 헛일.
헛다리-짚-다[자] ①잘못 되어 기대한 바에 어긋나다. fall short of one's expectation ②상대를 잘못 정하여 교섭하다. mistake for [轉]하다.
헛-돌-다[자] 바퀴 따위가 헛되이 돌다. 공전(空
헛-동자(—童子)[명] 사당·찬장·책상에서 서랍과 서랍 사이에 앞만 동자목처럼 세운 얇은 나무.
헛-되-다[형] ①아무 보람이 없다. 허황하여 믿기가 어렵다. vain ②쓸데없다. unreliable ③무상(無常)하다. useless 헛-되이[부]
헛된-말[명] 허황하여 믿기 어려운 말. empty talk
헛-듣다[태] 잘못 듣다. mishear ②에사로 들어 넘기다. pay little attention to
헛-들리-다[자] 잘못 들리다. 정상(正常)과는 어긋나게 들리다. be misheard
헛-디디-다[태] 발을 잘못 디디다. miss one's step
헛-뜨리-다[태] 잘못 뜨리다. lie ②아무 근거 없는 빈말. empty
헛-맹세(—盟誓)[명] 쓸데없는 거짓 맹세. 하타 [talk
헛-물관(—管)[명] 《식물》 겉씨식물이나 민꽃식물의 관다발의 나무질 부분에 있어서 즙액을 운반하는 관. tracheid [fruitless effort
헛-켜다[타] 애만 쓰고 아무런 보람도 없다. make
헛-발[명] 잘못 디디거나 내친 발.
헛발-질[명] 겨냥이 안 맞거나 빗나간 발길질. 하타
헛-방(—房)[명] 허드레 세간을 넣어 두는 방. room not in use
헛-방(—放)[명] ①맞히지 못한 총질. wrong hit ②보람없는 말. empty talk
헛-방: 귀[명] 배탈로 인하여 소리도 냄새도 거의 없이 나오는 방귀.
헛방-놓-다(—放—)[자] ①맞히지 못하는 총을 놓다. misfire ②보람없는 말을 하다.
헛-배[명] 음식을 먹지 않고도 배가 부름.
헛배-부르-다[르여] ①먹기 아니하고 배가 부르다. feel a sense of satiety without eating ②실속은 없고 마음에만 느긋하다. ③실현성이 없고 생각만 그득하다. [보다. mistake for
헛-보다[타] ①잘못 보다. misread ②사실과 어긋나게
헛-보이-다[피여] 사실과 어긋나게 보이다. 시각(視覺)의 이상(異常)으로 인하여 사실이 정상(正常)과 어긋나게 보이다. be mistaken
헛-부엌[명] ①평소에는 쓰지 않는 부엌. outdoor kitchen range ②그다지 긴요하지 않은 부엌. kitchen of no importance
헛-불[명] 사냥할 때에 짐승을 맞히지 못한 총질. random shot in hunting
헛-뿌리[명] 《식물》 실뿌리같이 생겨 수분을 섭취하여 식물을 고착시키는 구실을 하는 기관. [하타
헛-삶이[명] 《농업》 논을 갈아서 써레질하여 두는 일. 헛일.
헛-소리[명] ①실속 없는 말. 헛말. nonsense ②앓는 사람이 정신을 잃고 중얼거리는 말. 섬어. 허성(虛聲)①. talking in delirium
헛-소문(—所聞)[명] ①실상이 없이 떠도는 소문. 허문(虛聞). false rumour ②쓸데없는 소문. unreliable rumour
헛-손질[명] ①정신 없이 손을 휘젓는 짓. ②쓸데없이 손으로 매만지는 일. ③손의 겨냥이 안 맞아 잘못 잡거나 때리는 짓. beating the air 하타
헛-솥[명] 헛부엌에 걸려 있는 솥.
헛-수(—手)[명] 바둑이나 장기에서, 헛되이 두는 수. 군수. useless move 하타
헛-수고[명] 보람이 없는 수고. 헛애. vain effort
헛-수술(—手—)[명] 가웅술(假雄蕊).
헛-수양수(—垂揚手)《체육》격구에서, 장시(杖匙)에 공을 담지 아니하고 치는 수양수. 허수양수(虛垂揚手). [fruitless effort
헛-심[명] 쓸데없는 힘. 보람없이 쓰는 힘. 《원》 헛힘.
헛-아궁이[헌—][명] ①늘 쓰이지 않는 아궁이. fireplace not in use ②헛부엌의 아궁이.
헛-애[헌—][명] 《동》 헛수고.
헛-웃음[헌—][명] ①거짓 지어서 웃는 웃음. feigned smile ②쓸데없는 웃음. silly laugh
헛-일[—닐][명] ①실상이 없는 일. falseness ②쓸데없는 일. 허사(虛事). 헛노릇. vain effort 하타
헛-잎[—닙][명] 《동》 가엽(假葉).
헛-잠[명] ①거짓으로 자는 체하는 잠. fox sleep ②잔 둥 만 둥 하는 잠. nap
헛-잡다[태] 잘못 잡다. fail to grip [stake
헛-잡히-다[피여] 잘못 잡히다. being gripped by mi-
헛-장[명] 풍을 치며 떠벌이는 큰 소리. tall talk
헛-청(—廳)[명] 헛간으로 된 집채. 허청(虛廳)①. open shed [blank shot
헛-총(—銃)[명] 탄알을 재지 아니하고 놓는 총. 공포.
헛총-놓-다(—銃—)[자] ①탄알을 재지 아니하여 소리만 내어 총을 놓다. 공포놓다. fire blank shots ②보람없는 말을 하다. talk big
헛총-질(—銃—)[명] 헛총을 쏘는 짓. 하타
헛-코[명] 거짓으로 자는 체하느라고 고는 코.

헛코=골−다 자는 체하느라고 코를 골다. sno-
헛=턱 실상이 없는 빈 턱. ring to feign sleep
헛헛−증(−症) 헛헛한 증세. 배가 출출한 느낌. 공복감(空腹感). perverted appetite
헛헛−하−다 배고픈 느낌이 있다. 배가 출출해서 무엇을 먹고 싶다. hungry
헛=힘(−) →헛심.
헝거 스트라이크(hunger strike) 어떤 요구 조건을 내걸고 단체적으로 굶는 일. 절식 동맹(絶食同盟).
헝겊 →헝겊조각.
헝겊−지겁 너무 기뻐서 정신을 차리지 못하고 허둥거리는 모양. (약) 헝겊. leaping with joy 하다
헝:겊 피륙의 조각. small piece of cloth
헝:겊=신 헝겊으로 울을 돌린 신. 포화(布靴). clo-
헝울 (고) 허물. [th-shoes
헝클−다 (거)→엉클다.
헝클어−뜨리−다 (거)→엉클어뜨리다.
헝클어−지−다 (거)→엉클어지다. 하다
헤¹ 기운없이 싱겁게 입을 벌리는 모양. (작) 해.
헤² 입을 반쯤 열고 크게 빙그레 웃는 모양. 또, 그 소리. (작) 해. with a smile 하다
−헤 (고) 에. (예).
헤게모니(Hegemonie 도) 〈사회〉 ①패권(覇權). 지도권(指導權). ②지적적 실질적 지위에 있는 사람.
헤근−거리−다 벌름한 물건이 어근버근 흔들리다. be rickety 헤근=헤근 하다
헤:−나−다 (약)→헤어나다.
헤너디이즘(henotheism) 〈종교〉 단일신교(單一神教).
헤−다 ①마음대로 행하다. do as one pleases ②여럿 중에서 잘난 체하고 휩쓸다. put on airs
헤−다 ①물 속에 몸을 뜨게 하고, 팔다리를 놀리어 앞으로 헤치어 나가다. swim ②어려운 고비를 벗어나려고 애쓰다. struggle
헤:−다 (약)→헤구다.
헤돌−다 (고) 헤매어 다니다.
헤−대−다 공연히 바쁘게 왔다갔다하다. bustle [about
헤−덤빌−다 ①헤매며 덤비다. ②공연히 바쁘게 서둘다. busy oneself about
헤드(head) 머리. 두목(頭目).지휘자(指揮者).
헤드−기어(headgear) 권투·레슬링 등에서, 연습 때 두부(頭部)를 보호하기 위하여 쓰는 덮개.
헤드라이트(headlight) ①기차나 자동차 따위의 앞에 달린 등. 전등(前燈). 장등(檣燈). ②기선의 돛대 끝에 달린 횃불의 등. ③(숙) 눈¹.
헤드=라인(headline) 신문·잡지등의 표제(標題).
헤드 램프(head lamp) 머리 부분에 붙어서 켜는 등. 광부·공원(工員)등이 사용한다.
헤드 슬라이딩(head sliding) 〈체육〉 야구에서, 베이스를 목표로 손부터 먼저 미끄러져 들어가는 슬라이딩.
헤드 업(head up) 〈체육〉 골프나 야구에서, 타자가 배트를 스윙할 때 턱이 올라가고 공에서 눈이 떨어지는 일.
헤드워:크(headwork) ①머리를 써서 하는 일. 정신 노동. ②인사이드 워크(inside work).
헤드 코:치(head coach) 〈체육〉 주감독(主監督).
헤드−폰(headphone) ①밴드(band)로 머리에 걸고 귀에 고정시키는 전화 수신기(受信器). ②라디오·스테레오 등을 들을 때 또는 방송·녹음할 때 모니터로 쓰는 두 귀를 덮는 소형 스피커.
헤딩(heading) 〈체육〉 축구(蹴球)에서, 공을 머리로 받는 일. 하다
헤뜨−다 자다가 놀라다.
헤뜨러−지−다 ①헤뜨림을 당하다. be dispersed ②물건이 흩어지다. disperse 늘어놓다. litter
헤−뜨리−다 ①흩어지게 하다. scatter ②어수선하게
헤라(Hera 그) 그리스 신화에 나오는 하늘의 여왕. 제우스의 아내.
헤라클레스−자리(Herakles—) 〈천문〉 북쪽 하늘의 별자리. 거문고자리의 서쪽에 있으며 8월 초순 저녁녘에 천정에 있게 됨.
헤로이즘(heroism) 영웅적 자질(英雄的資質). 용장(勇壯)한 행위. 의협의(義俠的) 장거(壯擧).
헤로인(heroine) ①소설·연극 따위의 여주인공. ②여장부(女丈夫). 여걸(女傑).
헤르니아(hernia 라) 탈장(脫腸).
헤르츠(Hertz 도) 〈물리〉 진동수의 단위. 1초마다의 사이클을 말함. 1초 동안에 n회의 진동수를 n 헤르츠의 진동이라 하고, 전자파·음파 따위에 쓰임.
헤=매−다 ①이리저리 돌아다니다. wonder ②마음이 안정되지 않아 갈피를 잡지 못하다. be at a loss
헤−먹−다 구멍이 헐거워서 어울리지 아니하다.
헤모글로빈(haemoglobin) 〈생물〉 철이 든 색소(haem)와 단백질(globin)이 결합된 화합물. 적혈구 따위에 함유되어 있음. 산소와 쉽게 결합하여, 주로 척추 동물의 호흡에서 산소 운반에 중요한 구실을 함. 혈색소(血色素). 혈홍소(血紅素). 피빨강이.
헤−무르−다 헤식고 무르거나 여무지지 못하다. feeble
헤물장−치−다 씨름판이나 기타의 승부를 가리는 장소에서 연전 연승하다.
헤−묽−다 (−묵−) 헤식고 묽다. fragile and thin
헤방(−) →헤방(駭謗)
헤벌어−지−다 헤식고 알맞지 않게 넓다. (작) 헤바라지다.
헤벌쭉 ①무슨 아가리나 구멍 따위가 넓적하게 벌어져 벌쭉한 모양. ②입을 반쯤 열고 빙긋 웃는 모양. (작) 해발쭉. 하다
헤벌쭉−이 헤벌쭉하게. (작) 해발쭉이.
헤브라이−어(Hebrai 語) 〈어학〉 셈어계에 속하는 중앙 셈어의 하나. Hebrew
헤브라이즘(Hebraism) 영적(靈的)·금욕적(禁慾的)·이타적(利他的)·종교적·신앙적인 경향.
헤브루(Hebrew 그) 〈역사〉 서남 아시아에 있었던 고대 왕국의 하나. 기원전 1,000년에 사울(Saul)이 세운 나라. 희브리.
헤비−급(heavy 級) 〈체육〉 아마추어 권투에서는 81 kg 이상, 프로 권투에서는 86.18 kg 이상, 레슬링에서는 87 kg 이상, 역도에서는 90 kg 이상의 체급. 헤비웨이트급.
헤비웨이트−급(heavyweight 級) (동) 헤비급.
헤뜬−다 (고) 허둥거리다. 허둥대며 날뛰다. 황황하다. 하다
해:살짖 짓궂게 일을 해방함. 또, 그 짓. hindrance
해:살−꾼 해살을 놓는 사람. obstructionist
해:살−놓−다 실지로 해살하는 짓을 하다. hinder
해:살=부리−다 함부로 해살을 놓다. interfere
헤:−식−다 ①단단하지 못하여 헤지기 쉽다. brittle ②탐탁하지 못하다. unreliable
헤실−바실 (−) 모르는 사이에 없어지는 모양. ②일하는 것이 시원하지 못한 모양. lukewarm 하다
헤싱헤싱−하−다 치밀하지 못하여 허전한 느낌이 있다. loose
헤뜬−다 (고) 허둥대다. 허둥거리며 날뛰다.
헤:아리−다 ①수량을 세다. ¶손익금을 ∼. ②생각으로 가늠하여 따지고 살피다. 미루어 생각하다. ¶가난한 살림살이를 ∼. consider
헤어(hair) 머리. 머리털.
헤어−나−다 헤치고 벗어나다. (약) 헤나다. get out [of
헤어−네트(hair net) 여자의 머리를 덮는 그물.
헤어−드라이어(hairdryer) 머리털의 건조나 정발(整髮)에 쓰이는 작은 전기 기구.
헤어 로:션(hair lotion) 머리카락을 마사지하는 데 쓰는 화장수.
헤어리−베치(hairy-vetch) 〈식물〉 콩과에 속하는 일년생 또는 이년생 만초. 줄기는 가늘고 길며 잎은 6∼10개의 작은 잎으로 끝에는 덩굴손이 있음. 5월경에 나비 모양의 작은 꽃이 핌. 녹비·사료용으로 심음.

헤어-스타일(hair-style)명 머리를 매만져 꾸민 형(型).

헤어 아이론(hair iron)명 머리털을 지져서 다듬을 때 쓰는 쇠붙이로 된 기구. 고데.

헤어-지-다타 ①흐트러지다. break up ②이별하다. ③살이 갈라지다. (약) 헤지다.

헤어 토닉(hair tonic)명 두발용의 양모제(養毛劑).

헤어-핀(hairpin)명 여자의 머리를 쪽질 때 꽂는 철사로 만든 장식품.

헤엄명 물 속에 몸을 뜨게 하고 손발을 놀리며 떠다니는 짓. 수영(水泳). (약) 헴¹. swimming 하다

헤엄-다리명 〈동물〉 헤엄 동물에 있어서 몸을 물에 떠가게 하는 다리. 바닷짐승의 다리 따위.

헤엄-발명 〈동물〉 헤엄 동물의 발. 자라의 발·바닷짐승의 앞발 같은 것. swimerets

헤엄 잘 치는 놈 물에 빠져 죽고, 나무에 잘 오르는 놈 나무에서 떨어져 죽는다속 아무리 그 기(技)에 능한 사람이라도 한 번 실수는 있는 법이다.

헤엄-치-다자 헤엄을 하다. swim

헤·여·디·다타 (고) 헤어지다.

헤염명 (고) 헤엄(泳).

헤이(hey)감 '야' 하고 사람을 부르는 소리. [輪]

헤일로(halo)명 ①해나 달의 무리. ②후광. 광륜(光

헤적-거리-다자 활개를 저으며 부드럽게 걷다. (작)해적거리다. 헤적-헤적 하다

헤적-거리-다²자 자꾸 헤적이다. (작) 해작거리다. 헤적-헤적 하다

헤적-이-다타 ①감추인 물건을 찾으려고 자꾸 들추어 헤치다. rummage ②게지럭거리며 자꾸 이러저리 헤치다. disarrange ③탐탁하지 않은 태도로 음식 따위를 먹기는 않고 이리저리 헤치기만 하다. (작)

헤적-질명 연해 헤적이는 짓. 하다 [해작이다.

헤죽-거리-다자 팔을 이리저리 내저으며 가볍게 걷다. (작) 해죽거리다. swing one's arms as one

헤:-지-다타 (약)→헤어지다. [goes 헤죽-헤죽 하다

헤집-다타 긁어 파서 뒤집어 흩다. dig up

헤징(hedging)명 〈경제〉 현물(現物)의 시세 하락에 의한 손해를 방지하기 위하여 선물(先物)로 팔아치우는 일.

헤치-다타 ①속에 있는 것을 파서 잡아 젖히다. turn up ②흩어져 가게 하다. disperse ③웃자락을 벌리다. ④앞에 걸리는 물건을 좌우로 물리치다. push aside ⑤가난이나 고난 같은 것을 이겨 나가다.

헤테로다인(heterodyne)명 〈물리〉 수신 전파의 주파수에 접근한 주파수의 전파를 국부 발진관으로부터 내어서 울림을 발생하게 하므로 검파·수신을 하는 방

헤·티·다타 (고) 헤치다. 깨트리다. [법.

헤파이스토스(Hephaistos 그)명 그리스 신화의 불과 기술(특히 대장)의 신. 제우스와 헤라(또는 헤라만)의 아들로, 절뚝발이에 추한 용모. 미(美)의 여신(女神) 아프로디테(비너스)의 남편. 로마 신화

헤·네·다타웹 ~에서는 울카누스.

헤:프·다웹으락 ①물건이 쉽게 닳거나 없어지다. (대) 마다다. easily wearing ②몸이나 물건을 함부로 쓰는 버릇이 있다. wasteful ③말을 조심하지 않고 함부로 지껄이다. garrulous

헤:피분 아끼지 아니하고, 헤프게. wastefully

헤:-하다형여 좋아서 입을 벌리고 웃다. (작) 해하다. (큰) 히하다.

헤:헤감 입을 반쯤 벌리고 헤식게 웃는 모양. 또, 그 소리. (작) 해해. (큰) 히히. 하다

헤헤-거리-다자 연해 헤헤하다. (작) 해해거리다.

헤죽-이다타 (고) 헤치다.

헥실레조르신(hexylresorcin)명 〈약학〉 구충(驅蟲)·요도(尿道) 살균제의 하나. 백색 또는 황백색 바늘 모양의 결정. 회충·시이지장충·요충 따위의 구제, 신우염(腎盂炎)·방광염 따위에 쓰임.

헥타르(hectare)명량 토지 면적의 단위. 100 아르(are). 10,000 m². 기호; ha.

헥토=(hecto 그)접두 100 의 뜻으로 미터법 단위의 머리에 붙여 그의 100 배를 나타냄.

헥토-그램(hectogram)명량 100 g.

헥토-리터(hectoliter)명량 100 l.

헥토-미:터(hectometer)명량 100 m.

헨리 법칙(Henry 法則)명 〈물리〉 온도가 일정할 때에 기체의 용해도는 압력에 정비례한다는 법칙.

헬 다이브(hell dive)명 〈군사〉 급강하 폭격(急降下爆擊).

헬드 볼:(held ball)명 〈체육〉 양 팀 두 사람이 동시에 공을 쥐고 놓지 않는 일. 점프 볼을 하여 시합을 계속함. [르던 나라.

헬라스(Hellas 그)명 고대 그리스인이 자기 나라를 부

헬레네(Helene 그)명 그리스 신화(神話)에 나오는 미인(美人). [계통. 그리스 풍의 문화.

헬레니즘(Hellenism)명 〈역사〉 고대 그리스의 문화

헬렐레하다형여 술이 곤드레만드레 취하여 몸을 가누지 못하는 모양. 하다

헬륨(Helium 도)명 〈화학〉 화합력이 거의 없는, 공기에 썩 적은 분량으로 들어 있는 기체 원소. 빛깔도 냄새도 없고 가볍고 물에 타지 않으며 다른 원소와 화합되지 않음. 원소 기호; He. 원자 번호; 2. 원자량; 4.003.

헬리오스탯(heliostat)명 〈물리〉 햇빛을 거울로 반사하여 일정한 방향에 보내는 광학적(光學的) 장치. 일광 반사경(日光反射鏡). 회광경(回光鏡).

헬리콘(helicon)명 〈음악〉 관악기(管樂器)의 하나. 군악대 등에서 어깨에 메고 부는 대형의 저음(低音) 나팔. [고 내릴 수 있는 장치가 있음.

헬리콥터(helicopter)명 활주 없이 거의 수직으로 뜨

헬리콥터 모:함(helicopter 母艦)명 헬리콥터가 발착(發着)할 수 있게 갑판을 갖추고 다수의 헬리콥터를 적재하는 군함. [着場).

헬리-포:트(heliport)명 헬리콥터 전용의 발착장(發

헬멧(helmet)명 ①포탄·폭탄의 파편이나 유탄(流彈) 따위에 대한 방어로 군인이 쓰는 강철로 만든 둥근 모자. 철모(鐵帽). ②서양의 투구형 모자.

헴¹명 →헤염. [리.

헴²감 점잔을 빼거나 습관적으로 내는 작은 기침 소

헴-스티치(hemstitch)명 천의 가장자리에 씨실을 몇 가닥씩 뽑고 날실을 몇 가닥씩 묶어서 만든 수예. 옷·책상보·이불·수건 따위에 많이 이용함.

헷-갈리-다자 ①정신을 차리지 못하다. be in confusion ②갈피를 잡지 못하다. be complicated ③여러 갈피가 뒤섞이다. be tangled

헹-가래명 〈민속〉 기쁜 일을 치사하는 뜻으로나, 또는 잘못을 벌주는 뜻으로 여럿이 그의 네 활개를 번쩍 들어 계속해서 밀었다 들이쳤다 하는 짓. hoisting shoulder-high

헹가래-치-다타 어떤 사람을 헹가래를 시키다. 대개 네 사람이 한 사람의 사지를 쳐들고 침. carry one shoulder-high [서 빨다. (약) 헤다³. rinse out

헹구-다타 씻은 빨래를 다시 정한 물에 넣어 흔들어

헹글헹글-하다형여 옷 따위가 커서 몸에 맞지 아니한 모양. baggily 하다

혀명 ①사람이나 짐승의 입 안 아래쪽에 붙어 있어 맛을 깨달으며 소리를 고르는 구실을 하는 길둥근 살. tongue ②〈음악〉 피리 따위의 부리에 끼워 소리를 내는 얇은 물건. 황엽(簧葉). reed ③〈동〉 말⁵.

혀²명 (고) 서까래.

혀³명 (고) 서까래.

혀-굴리-다자 혀를 놀리다. wag one's tongue ②'ㄹ'소리를 내다. trill

혀-근명 (고) 작은(小). →혀다.

혀-쪼부랑이명 혀꼬부라진 반벙어리의 별명. lisper

혀-끝명 혀의 끝. 설단(舌端). 설두(舌頭). 설첨(舌尖). tip of tongue [는 체한다.

혀는 짧아도 침은 길게 뱉는다속 분수에 지나치게 있

혀-다(고) 켜다(點火).

혀-다² 《고》 커다〔鋸〕.
혀-다 《고》 커다〔紡〕. →혜다.
혀-다 《고》 세다〔數〕.
혀-다 《고》 커다〔彈〕. →타다.
혀-다 《고》 당기다. 잡아당기다.
·혀-다 《고》 끌다. 당기다〔引〕.
혀다·기 《고》 지라. 비장(脾臟).
·혀더·틀-다 《고》 말러듬다. 허가 굳다.
혀를 빼물었다围 일이 몹시 힘들다.
혀-밑(원) ①셋밑.
혀밑-샘围 《동》 설하선(舌下腺).
혀-뿌리围 설근(舌根).
혀 아래 도끼 들었다围 말을 잘못하면 재앙을 입게 되니 말조심해야 한다.
혀여보-다티 세어 보다.
혀옆-소리围 《동》 설측음(舌側音).
혀=짜래기《약》→혀짤배기.
혀=짤배기围 혀가 짧아서 'ㄹ'소리를 똑똑하게 내지 못하는 사람. 《약》 혀짜래기. tongue-tied person
혀짤배기 소리围 혀가 짧아서 'ㄹ'받침 소리를 똑똑하게 내지 못하는 소리. 하티
혀=차다티 마음에 언짢음을 나타내는 뜻에서 혀끝으로 입천장을 끌끌 치다. click one's tongue
혁(革)围 ①《약》→말혁. ②《약》→혁봉(革封).
혁갑(革甲)围 갑옷.
혁개(革改)围 《동》 개혁(改革). 하티
혁고(革故)围 오래 된 것. 묵은 것을 고침. reform
혁=괘(革卦)围 〈민속〉 육십사괘의 하나. 태괘(兄卦)와 이괘(離卦)가 거듭된 것으로 못 속에 불이 있음을 상징함. 《약》 혁(革)②.
혁기(奕基)围 《동》 바둑.
혁낭(革囊)围 가죽으로 만든 주머니나 자루. leather [bag
혁노(赫怒)围 버럭 성을 냄. fit of anger 하티
혁-다랗다《고》 작다. 가느다.
혁대(革代)围 《동》 혁세(革世).
혁대(革帶)围 가죽으로 만든 띠. leather belt
혁명(革命)围 ①급격한 변혁. 어떤 상태가 급격하게 발전·변동하는 일. ②이전의 왕통(王統)을 뒤집고 다른 왕통이 대신하여 통치자가 되는 일. ③비합법적 수단으로 국체(國體)·정체(政體)를 변혁하는 일. ④종래의 권위나 방식을 단번에 뒤집어엎는 일. revolution
혁명=가(革命家)围 국가 사회의 제도를 고치려고 운동(運動)하는 사람. revolutionist
혁명=가(革命歌)围 혁명의 정신을 일으키려고 지은 노래.
혁명=군(革命軍)围 혁명을 목적으로 마련된 군대.
혁명 문학(革命文學) 〈문학〉 무산 계급(無産階級)의 이상(理想)이나 고민(苦悶)을 묘사함을 사명(使命)으로 하는 문학. 또는 혁명 사상을 고취하거나 혁명을 묘사한 문학 작품. proletarian literature
혁명 재판(革命裁判) 혁명 이전 정권의 요인 또는 반혁명자들을 심판하는 재판. revolutionary trial
혁명=적(革命的)围 혁명을 실현하거나 뜻하는(것).
혁명 정권[一권](革命政權)围 혁명을 일으킨 계급이나 정당 등에서 장악하는 정권.
혁세(革世)围 나라의 왕조가 바뀜. 세상이 바뀜. 역성(易姓). 혁대(革代). change of the world 하티
혁세-공(革細工)围 가죽으로 섬세한 물건을 만드는 세공.
혁세 공경(赫世公卿) 대대로 현귀(顯貴)한 고관.
혁신(革新)围 ①아주 새롭게 함. innovation ②묵은 제도를 고쳐서 새롭게 함. 《대》 보수(保守). reform 하티
혁신 세·력(革新勢力)围 종래의 정치 조직·사회 체제를 혁신하려는 정치 세력.
혁신-적(革新的)围国 혁신하거나 혁신하는 것과 같은 (것).
혁신=주의(革新主義)围 지금까지의 조직·관습·방법

등을 바꾸고 새로운 방향을 향해서 나아가려는 경향(革爲)을 고치어 사고 방식.
혁연(赫然)围관 ①버럭 성을 내는 모양. in a blaze of passion ②사람을 놀래어 움직이게 하는 모양.
혁엽(奕葉)围 대대로 영화스러움. 〔shockingly 하타
혁음(革音)围 ①가죽 소리. ②북 소리.
혁작(赫灼)围 빛나고 반짝임. 하타
혁장(閱牆)围 형제 사이의 다툼질.
혁정(革正)围 바르게 고침. reform 하타
혁지(革底)围 숫돌처럼 쓰는 가죽 띠. 이발관 따위에서 흔히 볼 수 있는. strop
혁진(革進)围 묵은 것을 개혁하여 나아감. reform 하
혁질(革質)围 가죽처럼 질긴 성질. 또, 그런 물건. coriaceous
혁파(革罷)围 낡아서 못 쓰게 된 것을 폐지함. 하타
혁편(革鞭)围 가죽으로 만든 채찍. leather whip
혁폐(革弊)围 폐해(弊害)를 고쳐 바로잡음. rooting up abuses 하타
혁포(革鞄)围 가죽으로 만든 가방.
혁=표지(革表紙)围 가죽으로 된 표지. 〔극(革)하다.
혁-하-다(革—)여 《약》 변혁(變革)하다. ②→
혁혁(突突)여 크고 아름답고 성(盛)한 모양. grand and beautiful 하타
혁혁(赫赫)여 빛나는 모양. brilliant 하국 히국
현(弦)围 ①활의 시위. bow string ②〈수학〉 원호(圓弧) 또는 그 밖의 곡선의 호(弧)의 두 끝을 벤 선분(線分). chord ③〈수학〉 직각 삼각형의 사변(斜邊). hypotenuse ④〈천문〉 달의 모양이 활모양으로, 반월형으로 보이는 경우. quarter ⑤한치 들이의 옆박의 위에 둘린 쇠로 된 떼. iron frame ⑥〈음악〉 현악기의 줄. gut
현(現)围 ①눈앞에 나타나 있음. 또, 그 일. 실재(實在)함. 또, 그 일. reality ②《약》→현세(現世). 国지금의. 현재의. ¶~사회. ~교장. present
현(舷)围 뱃전. sides of a boat
현(絃)围 〈음악〉 ①현악기에 매달아 발음체로 삼은 선조(線條). string ②《약》→현악기(絃樂器).
현(賢)围 아랫 사람을 대우하여 일컬음. '자네'의 뜻으로 편지에 흔히 씀.
현(縣)围 〈제도〉 조선조 때 두었던 지방 행정 구역의 하나. prefecture
현围 《고》 몇.
현가(絃歌)围 현악기를 타면서 노래를 부름. 또, 그 노래.
현=가[—까](現價)围 〈경제〉 ①현재의 값. 현재의 시세. present price ②앞으로 일정한 기간에 받아들일 연금액(年金額)의 대신으로 일정한 이윤을 보고 현재 한꺼번에 그것을 받아 두는 경우의 돈. ¶~계산(計算).
현(縣監)围 〈제도〉 외관직 문관(外官職文官)의 종6품 관리. 곧, 작은 현의 원.
현=거(現居)围 현재 거주(居住)함. 또, 그 곳. present residence 하타
현격(懸隔)围 ①썩 동떨어짐. 현절(懸絕). being wide apart from each other ②매우 차이가 남. 또, 그런 일. disparity 하타
현경(懸磬)围 ①그릇 속이 비어 있는 모양. ②집안이 가난하여 아무것도 없음을 일컬음. penury
현=계(顯界)围 《동》 현세(現世).
현-고(現高)围 현재의 재고수량. 〔쓰는 말.
현고=학생부(顯考學生府)围 돌아가신 선주의 첫머리에
현=고조고(顯高祖考)围 돌아가신 고조부(高祖父)의 주에 쓰는 말. 〔주에 쓰는 말.
현=고조비(顯高祖妣)围 돌아가신 고조모(高祖母)의
현곡(懸谷)围 〈지리〉 시냇물의 본류(本流)와 지류(支流)가 그 합류하는 곳에서 넓이가 매우 다를 적에 본류에 흘러 들어가는 지류(支流). tributary
현=과(現果)围 〈불교〉 과거의 업인에 의하여 현세에서 받는 과보.
현관(玄關)围 ①양식(洋式)·일본식(日本式) 집의

현관(玄關)면(正面) 문간. porch ②〈불교〉현묘(玄妙)한 길로 나что어귀란 뜻으로, 선학(禪學)에 들어감. 또, 그 일. ③〈불교〉선사(禪寺)의 작은 문. [list
현관(現官)명 현직의 관리. official on the active
현관(顯官)명 지위가 중요한 관리. 또, 그런 자리에 있는 관리. ②〈제도〉문무 양반만이 하는 벼슬. 《대》미관(微官). high official
현관-방[-빵](玄關房)명 현관에 딸린 방.
현:교(祆敎)명〈종교〉배화교(拜火敎).
현:교(懸橋)명〈동〉적교(吊橋).
현교(顯敎)명〈불교〉①숨김 없이 알기 쉽게 풀어 놓은 가르침. exoteric cult ②생각할 수 있고 돌 수 있고 알기 쉬운 경전(經典).
현:구고(見舅姑)명 신부(新婦)가 예물을 가지고 처음으로 시부모를 뵘. bride's first greeting to her parents-in-law 하자
현군(賢君)명 어진 임금. wise king
현:군(懸軍)명 본대(本隊)를 떠나서 깊이 적군 속으로 들어감. 또, 그 군대. 원정군(遠征軍). isolated force 하자
현:군 고투(懸軍孤鬪)명 적군 진영으로 깊이 들어가서 본부와 연락도 없고 후원군도 없이 외롭게 싸움. desperate battle with no reinforcement coming 하자
현궁(玄宮)명〈제도〉제왕(帝王)의 묘광(墓壙).
현:귀(顯貴)명 지위가 드러나게 높고 귀함. 《대》미천(微賤). high and noble 하여
현금(玄琴)명〈음악〉거문고의 하나. harp
현금(弦琴)명 ①여러 줄로 만든 악기의 총칭. ②현악기를 탐. string instrument
현:금(現今)명 지금. 이제. 눈앞. 목하(目下). 오늘. 현하(現下). 당금(當今). present time
현:금(現金)명 ①지금 그 자리에 있는 돈. 가진 돈. 현찰(現札). ②〈경제〉어음·채권 따위에 대하여, 통용(通用)하는 화폐. 우체환·송금환 따위의 바로 통화로 바꿀 수 있는 것까지를 말함. ③바로 제자리에서 금전을 받는 일. 맞돈. cash
현금(現金)명 현상금.
현:금²(懸金)명〈제도〉맞전에 금판자를 붙임. 하자
현:금=가[-까](現金價)명 현금 거래를 할 때의 값.
현:금 거:래(現金去來)명 상품 매매와 함께 그 값을 맞돈으로 주고 받는 거래. 하자
현:금 계:정(現金計定)명〈경제〉부기에서 그날그날의 현금의 수지(收支)를 처리하는 계정 과목.
현:금 매매(現金賣買)명 현금을 받고서 팔거나 현금을 주고서 삼. 또, 그 일. cash business 하타
현:금-불(現金拂)명 맞돈으로 지불함.
현:금=주의(現金主義)명 ①현금으로 장사하는 주의. no-credit pollcy ②노동이 임금 따위만으로 일을 처리하는 주의(主義). mercenary principles
현:금 출납부(現金出納簿)명 현금이 나가고 들어오는 것을 적어 놓는 장부. cashbook
현기(玄機)명 현묘한 이치.
현기(弦妓·絃妓)명 가무(歌舞)·서화(書畫)·시문(詩文) 따위의 예능을 익힌 기생. 예기(藝妓).
현:기(眩氣)명 어지러운 기운. ⑦ 현훈(眩暈). giddiness
현기(衒氣)명 자만(自慢)하는 마음. pride 하자
현:기=증[-쯩](眩氣症)명〈한의〉현기가 나는 증세. 곧, 어지러운 증세. 현훈증(眩暈症). vertigo
현녀(賢女)명 영리하거나 현명한 여자. wise woman
현념(懸念)명 마음에 두고 늘 생각함. anxiety 하자
현:능(衒能)명 제 재주를 드러내어 자랑함. showing of one's ability 하자 [man of ability 하자
현능(賢能)명 어질고 재간이 있음. 또, 그런 사람.
현:단(懸湍)명《동》폭포수(瀑布水).
현:단계(現段階)명 현재의 단계. ¶~로서는 그런 일을 하기에는 너무 무리이다.
현달(賢達)명 현명하고 사물의 이치에 통함.
현달(顯達)명 벼슬과 명망이 높아서 세상에 드러남.

입신 출세(立身出世). worldly fame 하자
현담(玄談·懸談)명〈불교〉①경론(經論)을 강하기 전에 먼저 그 제호(題號)·저자(著者)·대의(大意) 따위를 풀이함. 또, 그런 책. preface ②멀고 깊은 이치를 말하는 이야기. moral tale
현답(賢答)명 현명한 대답. wise answer
현:당(現當)명〈불교〉현재와 미래. 현세와 내세. ¶~이세(二世).
현:대(現代)명 ①지금의 시대. 당세(當世). 차시(此時代). 현금(現今). ¶~ 감각(感覺). present age ②국사(國史)에서는 고종(高宗)·순종(純宗) 시대 이후, 동양사에서는 청일(淸日) 전쟁 이후, 서양사에서는 대개 제1차 대전 이후를 말함. ¶~사(史). 《대》고대(古代). modern times
현:대-극(現代劇)명 ①현대 사회를 묘사하는 연극. ②현대의 사상·감정을 새로운 연주적 표현으로 파악한 극. 《대》시대극(時代劇).
현:대-문(現代文)명〈문학〉현대의 말을 바탕으로 하여 쓴 문장. 곧, 현대어의 글투의 문장. 《대》고문(古文). current style
현:대 문학(現代文學)명〈문학〉근대 문학(近代文學)의 계승으로서 현대에 형성된 문학. current literature
현:대-물(現代物)명 현대 사회의 사건이나 풍속 따위를 묘사한 소설 또는 희곡. 《대》시대물.
현:대-어(現代語)명〈어학〉현대에 통용되고 있는 말. modernism
현:대-인(現代人)명 ①현대에 살고 있는 사람. modern person ②현대적인 교양을 쌓아 현대식 생활을 하는 사람.
현:대-적(現代的)명 현대에 적합한 느낌이 있거나 현대에 특징적인(것). 모던(modern).
현:대-전(現代戰)명 발달된 과학 병기를 써서 하는 현대의 전쟁. modern war-fare
현:대-주의(現代主義)명〈철학〉현대의 사조(思潮)나 문화·학술에 순응(順應)하려는 사상(思想) 및 운동. 근대주의(近代主義). modernism
현:대 철학(現代哲學)명〈철학〉데페로 신칸트 학파가 물러앉은 1920년 이후의 철학. 생(生)에서 실존으로, 인식에서 존재로 자리가 옮겨짐. contemporary philosophy
현:대-판(現代版)명 고전의 주인공이나 옛날에 행해진 저명한 사건을 오늘날에 재현했다고 해도 좋은 것. ¶춘향전의 ~.
현:대-화(現代化)명 현세에 적합하게 됨. 또, 되게 함. ¶무기(武器)의 ~가 시급히 요청된다. 하자
현덕(玄德)명 현묘(玄妙)한 덕. 심원(深遠)한 덕.
현덕(賢德)명 어진 덕행.
현두(舷頭)명 뱃머리.
현등(舷燈)명 선박의 양쪽 뱃전에 다는 등. 항해 중에 그 진로를 다른 선박에게 알리기 위하여 닮.
현등(懸燈)명 ①등잔을 높이 달아맴. suspended lamp ②밤에 행군을 할 때 긴대에 등을 닮. 하자
현:란(眩亂)명 정신이 어수선함. uneasiness 하자
현:란(絢爛)명 ①눈부시도록 찬란함. gorgeousness ②문장·시가 따위의 사구(辭句)의 수식이 맑고 아름다움. gaudiness 하자
현:란(懸鑾)명〈동〉소라반자.
현량(賢良)명 어질고 착함. 어진 사람과 착한 사람. wise and virtuous 하자
현량-과(賢良科)명〈제도〉조선조 중종 때 보이던 과거. 경학(經學)에 밝고 덕행이 높은 사람을 시험하여 뽑았음. 기로 천과(己卯薦科).
현량 방정(賢良方正)명 현량하고 방정함. 하자
현려(賢慮)명 ①현명한 생각. wise thought ②남의 사려(思慮). your thought
현:령(縣令)명〈제도〉①큰 현의 원. ②신라 때의 현의 우두머리 관원.
현령(懸鈴)명 ①기둥 같은 데에 달아 놓고 끈을 잡

아당거 소리를 내어 알리는 방울. called bell ② 〈제도〉 속달 통신(速達通信)의 하나. ③〈원〉→설령.
현:령(顯靈)명 신령(神靈)이 나타남. 현성(顯聖). 하자
현:로(眩露)명[동] 탄로. (綻露).
현로(賢勞)명 많은 사람 가운데서 특별히 홀로 수고를 함. 또, 그 사람. distinguished services 하자
현록(懸錄)명 치부책에 올려 적음. booking 하자
현록 대:부(賢祿大夫)명 〈제도〉 종친(宗親)의 정 1 품 (正一品) 품계. 「(子)의 도.
현리(玄理)명 ①현묘한 이치. ②노자(老子)·장자(莊
현:리(現利)명 현재의 이익. 눈앞의 이익. ¶~만 추
현리(賢吏)명 현명한 관리. 「구하는 사람.
현미 〈고〉 설마.
현마² 〈고〉 얼마.
현맥(玄麥)명 쓿지 않은 보리.
현명(賢明)명 사리에 밝음. 《데》우매(愚昧). wisdom 하형 히튀
현명(賢命)명 〈공〉 상대자나 윗사람의 명령. your es-
현명(懸命)명 목숨을 걺. 죽기를 결단함. risking one's life 하자
현:명(顯名)명 이름이 세상에 드러남. win fame 하자
현:명(顯命)명 명백한 명령.
현모(賢母)명 어진 어머니. wise mother
현모 양처(賢母良妻)명 어진 어머니이면서 착한 아내. wise mother and good wife
현목(玄木)명 바래지 아니한 무명. 빛이 누르거무스름한 채로 있음. unbleached cotton cloth 「하자
현목(眩目)명 눈이 부심. 눈이 빙빙 돎. brilliance
현:몽(現夢)명 꿈에 죽은 사람이나 신령이 나타남. appearing in one's dream 하자
현묘(玄妙)명 도리(道理)나 기예(技藝)가 깊어서 썩 미묘(微妙)함. 현미(玄微)함. 하형
현무(玄武)명 ①〈천문〉 북쪽 일곱 별인 두(斗)·우(牛)·여(女)·허(虛)·위(危)·실(室)·벽(壁)의 통칭. the seven constellations of the north ②〈민속〉 북쪽 방위의 수(水) 기운을 맡은 태음신(太陰神)을 상징한 짐승. 《데》주작(朱雀).
현무-암(玄武岩)명 〈광물〉 화산암(火山岩)의 하나. 바탕이 단단하고 빛은 검음. 총석돌. basalt
현문(玄門)명 〈불교〉 현묘한 문이란 뜻으로 일컫는 불문(佛門). 「question
현문(賢問)명 현명한 질문. 《데》우문(愚問). wise
현:물(現物)명 ①지금 있는 물품(物品). actual thing ②금전에 대하여 일컫는 물자(物資). ¶~ 상환(相換). in kind ③〈경제〉 주식·공채(公債)·쌀·면사(綿絲)·생사(生絲) 등의 현품. ¶~ 배급. 《데》실물(實物). spot goods 「값. spot prices
현:물 가격[ー까ー](現物價格)명 〈경제〉 실제 물건의
현:물 거:래(現物去來)명 〈경제〉 수도(受渡)에 의한 결제(決濟)를 목적으로 하는 매매 계약. 곧, 현재에 있는 물건을 보고서 받아 넘기는 매매 계약. spot transaction 하자
현:물 급여(現物給與)명 통화 이외의 물건 곧, 제품이나 일용품 등으로 지급되는 임금.
현:물 매매(現物賣買)명 〈경제〉 상품의 실제 물건을 그 자리에서 사고 하는 일. 계약이 이루어지면 곧 돈과 맞바꿈. spot trading 하자
현:물-세[ー에](現物稅)명 농민이 수확한 농산물의 일부분을 현물로 바치는 세.
현:물 시:장(現物市場)명 장기 계약으로 이루어지는 거래가 아닌 변칙적인 원유(原油) 거래 시장.
현:물 출자(現物出資)명 〈경제〉 어떤 기업에 실제 물건으로서 하는 출자. investment in kind
현:물=환(現物換)명 〈경제〉 외국 무역에서 상품의 매매 계약과 동시에 자국 화폐와 외국 화폐를 교환하여 환결제를 하는 일.
현미(玄米)명 벼의 껍질만 벗기고 쓿지 않은 쌀. 메조미쌀. 조미(糙米)². 《데》백미(白米). unpolished 현미(玄微)형 현묘(玄妙)함. 하자 「rice

현:미-경(顯微鏡)명 몹시 작은 물체를 크게 보려고 만든 기구(器具). microscope
현:미경 사진(顯微鏡寫眞)명 〈물리〉 극히 작은 물체를 확대하여 촬영한 사진. microphotograph
현:미경-자리(顯微鏡ー)명 〈천문〉 염소자리의 남쪽에 자리잡은 별자리. 초가을의 저녁녘에 남중(南中)함.
현:미-기(玄米機)명 벼를 왕겨와 현미로 분리하는 기계. 「를 현미경으로 관찰하면서 하는 해부.
현:미 해:부(顯微解剖)명 〈생물〉 산세포나 조직 일부
현:명(顯明)명 뚜렷함과 잘 드러나지 않음. conspicuousness and obscurity ②〈불교〉현교(顯敎)와
현반(懸盤)명 〈원〉→선반. 「밀교(密敎).
현벌(懸罰)명 〈제도〉 대궐 안에서 허물이 있는 사람을 벌하려고 두 손을 묶어서 나무에 달던 형벌.
현병(懸病)명 병으로 말미암아 결석할 때에 그 뜻을 적음. 「서 그 갚음을 받는 일.
현:보(現報)명 〈불교〉 현세의 업인(業因)으로 현세에
현보(賢輔)명 현명한 보좌(補佐).
현:보(懸保)명 보증을 섬. 또, 그 일. security 하자
현:봉(現俸)명 현재의 봉급.
현부(賢婦)명 어진 며느리. virtuous daughter-in-law
현:부(顯否)명 나타남과 나타나지 않음. 입신과 영락(零落).
현:부인(現夫人)명 현재의 부인.
현=부인(賢夫人)명 ①어진 부인. virtuous wife ②〈공〉 남의 부인. your wife
현=부형(賢父兄)명 어진 아버지와 형. wise father and brother
현:불(고 켠 불. 「(內命婦)의 정 1 품 관직.
현비(賢妃)명 ①어진 왕비. ②〈제도〉 고려 때 내명부
현비(賢姚)명 돌아간 어머니 신주의 첫머리에 쓰는
현사(賢士)명 어진 선비. intelligent scholar 「말.
현:=사당(見祠堂)명 신부(新婦)가 처음으로 시집의 사당에 절하고 뵘. 하자
현삭(絃索)명 가야금·거문고 등의 줄.
현삼(玄蔘)명 〈식물〉 현삼과의 다년생 풀. 줄기는 방형(方形)으로 1.5m 가량임. 8~9월에 담황록색의 꽃이 피고 가을에 맺히며 두 각편(殼片)으로 갈라짐. 뿌리는 약재로 쓰임. 원삼(元蔘).
현:상(現狀)명 지금의 상태(狀態). 눈앞의 모습. present situation
현:상(現象)명 ①눈앞에 나타나서 보이는 사물의 모양. 사상(事象). appearance ②〈철학〉 사람이 감성적(感性的)으로 지각 경험(知覺經驗)할 수 있는 온갖 일이나 물건. 《데》본체(本體). 본질(本質). phenomenon
현:상(現想)명 보고 듣는 데 관련하여 일어나는 생각.
현:상(現像)명 ①모양을 나타냄. 또, 그 모양. appearance ②사진술에서, 촬영한 필름·전판(乾板)·습판(濕板) 따위를 현상액(現像液)에 담가 그 영상(映像)을 나타나게 함. developing 하자
현상(賢相)명 〈약〉→현재상(賢宰相).
현상(懸賞)명 상(賞)을 걺. 상을 줄음 조건으로 함. offering a prize 하자
현:상-계(現象界)명 〈철학〉 경험의 세계. 객체계(客體系). 차별계. phenomenal world
현상 광:고(懸賞廣告)명 지정된 행위를 한 사람에게 보수를 주겠다는 취지의 뜻을 나타낸 광고. 「prize
현상-금(懸賞金)명 상(賞)으로 건 돈. 현금(懸金)¹.
현:상-론(現象論)명 〈철학〉 ①사람이 인식할 수 있는 것은 사물의 본질이 아니고 다만 현상에 불과하다는 학설. ② 인식에 나타난 현상이 곧 본체이고 인식을 떠난 현상은 있을 수 없다는 이론. 유상론. 《데》본체론(本體論). phenomenalism 「아 모음. 하자
현상 모집(懸賞募集)명 상을 걸고 어떤 일을 널리 뽑
현:상-액(現像液)명 〈물리〉 사진을 현상할 때에 쓰는 약물.
현:상-약[ー냑](現像藥)명 현상에 쓰는 환원제.
현상 양좌[ー냥ー](賢相良佐)명 어질고 착해서 잘 받

드는 신하.
현ː상 유지[—뉴—](現狀維持)명 현상태를 지탱함.
현ː상 타ː파(現狀打破)명 현상태를 깨뜨림.
현상-학(現象學)명〈철학〉①본체(本體)가 나타난 현상(現象)을 연구하는 학문. ②의식의 본질적 사실을 분석·기술하는 학문. phenomenology
현ː상-형(現象型)명〈생물〉생물의 표면상의 형질. 〈대〉유전형. life
현ː생(現生)명〈불교〉이 세상의 생애(生涯). this life
현ː생 인류(現生人類)명〈동〉현세 인류.
현석(玄石)명 자석(磁石). 〔공자(孔子).
현성(玄聖)명 ①가장 뛰어난 성인. great sage ②〈공〉
현성(賢聖)명 ①현인과 성인. sages ②〈불교〉불도(佛道)를 닦는 어진 중.
현ː성(顯聖)명 현령(顯靈). 하자 [금.
현성-지ː군(賢聖之君)명 어질고 명석하며 거룩한 임
현ː세(現世)명 이 세상. 지금 세상. 사바 세계. 속세계(俗世界). 현계(顯界). 〈대〉과거세(過去世)·내세(來世). 미래세(未來世). 〈약〉현(現)②. this world
현ː세(現勢)명 현재의 정세·세력. present situation
현ː세 인류(現世人類)명 현재 지구에 분포된 인류 및 생물학상 동족의 인류. 현세 인류.
현ː세-주의(現世主義)명〈철학〉현세만을 중요시하고 생활의 기초를 이 위에 두자는 주의(主義). 현실의 쾌락에 중점을 두는 사상. secularism
현손(玄孫)명 손자의 손자. 고손(高孫). 〈대〉현손녀(玄孫女). great-great-grandson
현손-녀(玄孫女)명 손자의 손녀. 〈대〉현손(玄孫). great-great-granddaughter
현손-부(玄孫婦)명 현손(玄孫)의 아내. wife of one's great-great-grandson
현손-서(玄孫壻)명 현손녀의 남편.
현송(縣送)명 ①현물을 실어 보냄. making a shipment ②〈경제〉현금 곧 정화(正貨)를 실어 보냄. specie shipment 하다
현송(絃誦)명 가야금 따위를 타며 글을 읽음. 또, 그 일. 하다
현송지-성(絃誦之聲)명 거문고 타면서 시를 읊는 소
현ː수(現收)명 현재의 수입. [리.
현수(絃首)명〈동〉코머리.
현ː수(現數)명 현재의 수효. present number
현수(賢首)명〈불교〉〈공〉비구(比丘).
현수(懸垂)명 ①아래로 꼿꼿하게 달려 드리워짐. suspension ②〈약〉현수 운동. 하타
현수(懸殊)명 아주 층이 져서 다름. great difference
현ː수-과(懸瘦果)명〈식물〉몇 개의 실(室)이 있고, 익은 후 각 포(胞)가 중추에서 갈라지며 꼭지의 끝에서부터 거꾸로 달리는 열매.
현수-교(懸垂橋)명〈토목〉현교(弔橋).
현수-막(懸垂幕)명 ①방·극장 따위에 드리우는 막. ②선전용 따위에 적어 드리운 막. drop curtain
현수-선(懸垂線)명〈수〉수금선(垂曲線).
현수 운ː동(懸垂運動)명〈체육〉기계 체조의 하나. 철봉·평행봉 따위에 두 손을 걸고 몸을 드리워 달고 있다가 폈다 하는 운동. 〈약〉현수②. exercises on a horizontal bar
현수 철도(懸垂鐵道)명 ①20~30m 간격으로 세운 지주(支柱)의 가로대에 부설한 레일에 차량을 매달아서 운전하는 철도. ②케이블 카(cable car).
현숙(賢淑)명 마음이 어질고 정숙함. gracefulness 하
현순 백결(懸鶉百結)명 가난하여 입은 옷이 갈갈이 찢어진 것을 가리키는 말.
현ː시(現時)명 지금. 이때. 방금. present time
현ː시(顯示)명 나타내 보임. revelation 하다
현ː시-시대(現時代)명 오늘날의 시대. 현대(現代).
현ː시-시점[—쩜](現時點)명 현재의 시점. ¶~에서 면학에 가일층 노력하자.

현ː신(現身)명 ①하인이 주인 앞에 나타남. presenting oneself before his master ②현세(現世)의 몸. this life ③〈불교〉응신(應身). 하다
현신(賢臣)명 어진 신하(臣下). wise vassal
현ː신-불(現身佛)명〈불교〉중생을 제도하기 위하여 육신(肉身)을 이 세상에 나타낸 부처. living Buddha
현실(玄室)명 ①〈제도〉왕세자의 관(棺)을 묻는 광중(壙中). ②횡혈식(橫穴式) 고분 안에 있는, 관을 안치하는 방. 고분의 입구와는 연도(羨道)로 연결됨.
현ː실(現實)명 ①지금 나타나 있음. 〈대〉공상(空想). ②〈철학〉사유(思惟)의 대상인 객관적·구체적 존재. ③〈철학〉가능적 존재에 대한 현재적 존재. ④〈철학〉주체(主體)의 객체와의 상호 매개적(媒介的)·주체적 통일. 〈대〉이상(理想). reality
현ː실 도피(現實逃避)명 ①사상으로나 실천면(實踐面)에서 현실과 맞서기를 회피함. ②소극적·퇴폐적인 처세 태도. escapism
현ː실 매ː매(現實賣買)명〈법률〉목적물(目的物)과 대금(代金)과를 현장에서 서로 교환하는 매매.
현ː실-성[—썽](現實性)명 ①실제로 일어날 수 있는 가능성(可能性). 현실에 있을 수 있는 가능성. ②〈철학〉현실이 지니고 있는 존재 성격·가능성이 사실로 되어 나타난 것. actuality
현ː실-적[—쩍](現實的)관 현재 사실로서 존재하고 있는(것).
현ː실-주의[—쭈—](現實主義)명 ①현실적인 것을 첫째로 내세우는 주의. actualism ②주의·이상에 구애됨이 없이 현실의 사태에 적응해서 일을 처리하는 태도. 〈대〉이상주의. realism [바른말.
현ː실 직시(現實直視)명 현실을 있는 그대로 똑바로
현ː실 타ː개(現實打開)명 지금 나타나 있는 일 또는 상태를 잘 처리하여 나아갈 길을 엶.
현ː실-파(現實派)명〈철학〉실제의 사실에서 학설을 세우고, 일을 해 나가는 파. 〈대〉이상파(理想派). actualist
현ː실-화(現實化)명 실현되거나 현실로 되게 함. ¶기술 왕국을 ~하기 위한 노력을 기울이다. 하자타
현악(絃樂)명〈음악〉현악기를 탄주(彈奏)하는 음악. 〈대〉관악(管樂). string music
현악-기(絃樂器)명〈음악〉줄을 타는 악기. 거문고·가야금·기타·바이올린 따위. 탄주 악기. 〈대〉관악기. 타악기. 〈약〉현(絃)②. stringed instrument
현악 사ː중주(絃樂四重奏)명〈음악〉네 개의 현악기에 의한 실내악의 중주. 바이올린 둘, 비올라 하나, 첼로 하나로 연주됨. string quartet
현악 삼중주(絃樂三重奏)명〈동〉현악 트리오.
현악 오ː중주(絃樂五重奏)명〈음악〉다섯 개의 현악기에 의한 실내악의 중주. 바이올린 둘, 비올라 둘, 첼로 하나로 연주함. string quintet
현악 트리오(絃樂 trio)명〈음악〉현악기만의 삼중주(三重奏). 또, 그 곡(曲). 보통 바이올린 비올라·첼로로 구성됨. 현악 삼중주. string trio
현악 합주(絃樂合奏)명〈음악〉현악기로만 가지고 하는 합주. 제 1·제 2 바이올린·비올라·첼로로써 콘트라베이스 각각 일명 혹은 필요로 함. string orchestra
현안(懸案)명 이전부터 의논하여 오면서 아직 결정을 못 지은 의안(議案). ¶아직도 타결되지 못한 ~ 문제가 많다. pending bill
현ː알(見謁)명〈동〉알현(謁見).
현애(懸崖)명 ①낭떠러지. cliff ②분재(盆栽)에서, 줄기와 가지가 뿌리보다 아래로 처지게 가꾸는 일. 또, 그 분재. 국화(菊花)의 경우는 이를 '낙국(落菊)'이라 이름. [of cash
현ː액(現額)명 지금 있는 돈의 액수. present amount
현ː양(顯揚)명 이름·지위 따위를 세상에 높이 드러냄. extollment 하다
현어(玄魚)명〈동물〉올챙이. tadpole
현어(懸魚)명 ①생선을 매닮. suspend a fish ②뇌

현:업(現業)[명] 현재의 업무나 영업. present occupation
현:역(現役)[명] ①〈군사〉 상비 병역(常備兵役)의 하나. 현재 각 소속 부대에 편입되어 복무하고 있는 병역. 또, 그 군인. 현역군인. 〈대〉예비역(豫備役). 후비역(後備役). active service ②지금 어떤 일을 하고 있는 사람. ¶~ 작가(作家). service on full pay
현:역-병(現役兵)[명]〈군사〉 현역에 복무하고 있는 병
현:역함(現役艦)[명]〈군사〉 현재 군무에 종사하고 있는 함.
현연(泫然)[명] 눈물이 줄줄 흐름. stream down ceaselessly 하다[형]
현:연(顯然)[명] 눈이 깔끔함.
현:연(現然)[명] 눈에 드러나는 듯함. visible 하다[형]
현:연(顯然)[명] 분명히 드러나는 듯함. obvious 하다[형]
현영(弦影)[명] 반월(半月)의 모양. 또는 그 빛.
현:영(現影)[명][동] 현형(現形). 하다[자]
현:영(眩榮)[명] 명성이 높고 영화로움. dazed 하다[형]
현오(玄奧)[명] 학문·기예 등이 헤아릴 수 없이 깊음. 하다[형]
현옥(懸玉)[명]〈제도〉 통정 대부(通政大夫)의 품계를 표시하기 위하여 오관자(玉貫子)를 붙임. 또, 그 일. 하다[자]
현완 직필(懸腕直筆) 붓글씨를 쓸 때 팔목을 바닥에 대지 않고 곧게 편 채로 쓰는 몸가짐.
현:왕(現王)[명] 현재 왕위에 있는 임금.
현왕(賢王)[명] 현명하고 어진 임금. wise king
현:요(炫耀)[명] 눈부시게 빛나고 찬란함. brilliance 하다[형]
현:요(顯要)[명] ①현관(顯官)과 요직(要職). 또, 그 지위에 있는 사람. ②현귀(顯貴)하고 중요함. 하다[형]
현우(賢友)[명] 어진 벗. intelligent friend
현우(賢愚)[명] 현명(賢明)함과 어리석음. 또, 그 사람. wisdom and folly
현:운(眩暈)[명]〈의〉→현훈(眩暈).
현:운-증(―症)[명][의학(醫學)]〈의〉→현훈증.
현월(玄月)[명] 음력 9월의 딴이름.
현월(弦月)[명] 초승달. crescent moon
현:위(顯位)[명] 높은 지위. 현달한 지위. high position
현:유(現有)[명] 현재 가지고 있음.
현은(玄銀)[명] 80%의 은가 든 은. 팔성은. [하다]
현이(賢異)[명] 어질고 뛰어남. prominence in wisdom
현인(賢人)[명] 성인 다음가는 어질고 총명한 사람. 현자(賢者). 〈대〉우인(愚人). 우자(愚者). sage
현인 군자(賢人君子)[명] ①현인과 군자. sage and true gentleman ②어진 사람을 일컬음. virtuous person
현:=인안=목(眩人眼目)[명] 사람의 눈을 현혹(眩惑)하게 함. dazzle 하다[자]
현:임(現任)[명] 현재의 직임(職任). 시임(時任)②. present post
현자(賢者)[명][동] 현인(賢人). [sent post]
현자(顯者)[명] 세상에 이름이 드러난 사람.
현:장(現場)[명] ①사물事物)이 지금 있는 곳. spot ②사건이 일어난 곳. 《사건 ~. 《유》 현지(現地)①. scene ③공사장(工事場).
현장(賢將)[명] 현명한 장수.
현장(懸章)[명]〈군사〉 주번 사관·순찰(巡察) 군인 들이 오른쪽 어깨에서 왼쪽 겨드랑이에 메는 식장(飾章). sash
현:장 감독(現場監督)[명] 공사(工事)가 설계(設計)대로 실시되도록 건축이나 토목 공사의 현장을 감독함. 또, 그 사람.
현:장 검:증(現場檢證)[명]〈법률〉 법원이나 수사 기관이 범죄의 현장 기타 법원 외의 장소에 가서 행하는 검증.
현:장-도(現場度)[명]〈경제〉 거래하는 상품을 그 소재지에 넘기는 일.
현:장 매매(現場賣買)[명] 상품이 있는 현장이나 계약이 성립된 곳에서 하는 매매.
현:장 부재 증명(現場不在證明)[명][동] 알리바이
현:재(現在)[명] ①이제. 지금. 시재(時在). 현재든(見在든).

---

present time ②이 세상. this life ③〈철학〉시간의 여러 구별의 하나. ④〈어학〉 동사의 시제(時制)의 하나. 과거와 미래와의 구별. 〈대〉과거(過去). 미래(未來). present tense ⑤〈불교〉이승의 뜻. this world
현재(賢才)[명] 남보다 뛰어난 재주. 또, 그 사람.
현재(賢宰)[명]〈동〉→현재상(賢宰相). [man of ability]
현:재(顯在)[명] 나타나 있음. 드러나 있음. 〈대〉잠재(潛在). manifestation 하다[자]
현:재-불(現在佛)[명]〈불교〉 삼세불 중의 한 부처. 곧 현재에 나타나 있는 부처.
현:재-상(賢宰相)[명] 어질고 현명한 재상. 〈약〉현상(賢相). 현재(賢宰). wise minister
현:재 완료(現在完了)[명]〈어학〉 현재까지 동작(動作)이 끝났음을 나타냄. present perfect tense
현:재-원(現在員)[명] ①현재 그 곳에 있는 인원. ②〈군사〉 일일(日日) 병력.
현:재 원:시(現在遠視)[명]〈의학〉 잠복하여 있지 아니하고 현재 나타나 있는 원시.
현:재적 실업(顯在的失業)[명] 현실적으로 실업하여 전연 수입의 길이 없고 생활도 곤궁한 현상의 실업.
현:저(顯著)[명] 뚜렷이 드러남. 표저(表著). distinguished 하다[형]
현:전(現前)[명] ①눈앞. before one's eyes ②앞에 나타남.
현절(懸絶)[명] 현격(懸隔). 하다[형] [타나는 일.
현정(懸旌)[명] ①바람에 나부끼는 기(旗). fluttering flag ②멀리 출군(出軍)하는 일. expedition [정권(政權).
현:-정권(―政權)[명][현재(現在)]〈현재 집권(執權)하고 있는
현:-정부(現政府)[명] 현재 집권하고 있는 정부.
현정-석(玄精石)[명] ①〈광물〉 간수가 땅속에 스며 오래되어 이루어진 돌로서 흰 빛에 푸른 기가 돌며 반듯하고 뾰족뾰족한 조각이 귀갑(龜甲) 같은 무늬로 되어 있다. ②〈한의〉 풍냉(風冷)이나 사기(邪氣)를 푸는 약재로 씀.
현:-질(顯晶質)[명]〈광물〉 암석을 형성하는 광물의 덩이의 크기가 육안이나 돋보기로 볼 수 있을 정도로 큰 것.
현제(賢弟)[명]①아우뻘 되는 사람. 〈대〉우제(愚弟).
현제(懸蹄)[명]〈동〉밤눈1.
현제(懸題)[명]〈제도〉 과거 때에 글제를 내걸던 일. 하다[자]
현:제-판(懸題板)[명]〈제도〉 글제를 내걸던 판.
현조(玄祖)[명] 고조(高祖)의 아버지. 오대조(五代祖).
현조(玄鳥)[명][동] 제비2. [ancestors]
현:-조(顯祖)[명] 이름이 높이 드러난 조상. eminent
현:-조고(顯祖考)[명] 돌아간 할아버지의 신주 첫머리에 쓰는 칭호. [쓰는 칭호.
현:-조비(顯祖妣)[명] 돌아간 할머니의 신주 첫머리에
현:존(現存)[명] 눈 앞에 있음. 현재 살아 있음. 실존(實存). existing 하다[자]
현좌(賢佐)[명] 어진 보좌의 신하.
현좌 충신(賢佐忠臣)[명] 어진 재상(宰相)과 충성스러운 신하.
현주(玄酒)[명] 제사 때 술 대신으로 쓰는 냉수. 무물.
현:-주(現住)[명]〈어〉→현주소(現住所). ②지금 머물러서 삶. ¶~자. dwelling at present 하다[자]
현주(賢主)[명] ①어진 임금. wise king ②어진 주인. wise master
현주(懸註)[명] 주석(註釋)을 닮. annotation 하다[자]
현:-주소(現住所)[명] 현재 거주하고 있는 곳. 《약》현주(現住). preseant abode
현준(賢俊)[명] 현명하고 준수함. wise and prominent 하다[형] [condition of illness
현:-증(現症)[명] 현재 나타나고 있는 병 증세. present
현:증(顯證)[명] 뚜렷한 증거.
현:-증조고(顯曾祖考)[명] 돌아간 증조할아버지의 신주(神主) 첫머리에 붙여 쓰는 칭호.
현:-증조비(顯曾祖妣)[명] 돌아간 증조할머니의 신주 첫머리에 붙여 쓰는 칭호.
현:지(現地)[명] ①현재의 토지. present place ②어떤 일이 일어난 곳. 《유》현장(現場). on the spot 하다[자]

현:지(賢智) 어질고 지혜로움. wisdom and intelligence

현:지 금융[─늉](現地金融)圓〈경제〉해외에 진출한 기업이 현지의 금융 기관으로부터 융자를 받아 자금을 조달하는 일.

현:지 답사(現地踏査)圓 현지에 직접 가서 하는 조사.

현:지 대:부(現地貸付)圓〈경제〉해외에 나가 있는 금융 기관이 현지에서 본국의 기업에 자금을 대부하는 일.

현:지 로케(現地─)圓〈약〉→현지 로케이션.

현:지 로케이션(現地 location)圓〈연예〉현지에 가서 하는 야외 촬영(野外撮影). 《약》현지 로케.

현:지 법인(現地法人)圓〈법률〉우리 나라의 자본만으로 외국법에 의거하여 외국에 설립한 외국적(外國籍)의 회사 법인.

현:지 보:고(現地報告)圓 현지에서 하는 실정의 보고.

현:지 입대(現地入隊)圓〈군사〉문관·군속이 근무하고 있는 곳에서 바로 현역에 편입되는 일. on the spot military service

현:지-처(現地妻)圓 외지에 나가 있는 남자가 현지에서 얻어 그 곳에 있을 동안 데리고 사는 아내.

현:(現職) 圓 지금의 직업 또는 관직. ¶～ 교사. 《대》전직(前職). present post

현:직(顯職) 圓 높고 중요한 직위. prominent post

현:찰(現札) 圓 현금(現金)①.

현찰(賢察) 圓 남이 미루어 살핌을 높여 일컫는 말.

현창(舷窓) 圓 선복(船腹)에 낸 창.

현창(顯彰) 圓 밝게 나타냄. 또는 나타냄. 하다타

현처(賢妻) 圓 어진 아내. 양처(良妻). 《대》우처(愚妻). wise wife

현척(現尺) 圓 있는 그대로 나타낸 척수. 《대》축척(縮尺).

현천(玄天) 圓 북쪽 하늘인 구천(九天)의 하나.

현천(懸泉) 圓〈동〉현폭(懸瀑).

현철(賢哲) 圓 어질고 사리에 밝음. 또는 그 사람.

현:출(現出) 圓동 노출(露出). 하다 [sagacity 하다

현:출(顯出) 圓 두드러지게 드러남. 또, 드러냄. manifestation 하다타

현:충(顯忠) 圓 두드러진 충절(忠節). distinguished loyalty 하다자 충렬(忠烈)을 현양(顯揚)함. exaltation of loyalty 「사당.

현:충-사(顯忠祠)圓 충절을 추모·기념하기 위해 세운

현:충-일(顯忠日)圓 창군(創軍) 이래, 나라를 위하여 목숨을 바친 장병(將兵)·군에 협조한 사람 또는 애국 선열들의 충성을 기념하는 날(6월 6일).

현:충-탑(顯忠塔)圓 나라를 지키기 위하여 싸우다 숨진 사람들의 충성을 기리기 위하여 세운 탑.

현측(舷側) 圓 뱃전.

현측 포대(舷側砲臺)圓〈군사〉군함의 현측(舷側)에 장치한 포대의 장갑 장치.

현:칭(現稱) 圓 지금 일컫는 이름. 《대》구칭(舊稱).

현:탈(現頉) 圓 일에 탈이 남. occurrence of a trouble 하다자 「기록함.

현:태(現態) 圓 현재의 모양이나 상태. present condition

현:판(現版) 圓〈인쇄〉활자판에 직접 박아내는 인쇄 판. hanging board with a picture on it

현판(懸板) 圓 글씨나 그림을 쓰거나 새겨서 문위나 벽 위에 다는 널조각. tablet

현폭(懸瀑) 圓 높은 곳에서 떨어지는 폭포. 폭포. 현천(懸泉). waterfall

현:품(現品) 圓 현재 있는 물품. good in stock

현:하(現下) 圓 현재의 형편 아래. 현금(現今). 「천.

현하(懸河) 圓 급한 경사를 세차게 분류(奔流)하는 하

현하 구:변(懸河口辯)圓 현하(懸河)와 같이 거침없이 유창하게 하는 말. 현하 웅변. 현하지변. fluency

현하 웅변(懸河雄辯)圓〈약〉현하 구변. [in speech

현하지-변(懸河之辯)圓동 현하 구변.

현학(玄學) 圓 ①현묘(玄妙)한 학문. occultism ②노장의 학문. Taoism [one's knowledge 하다

현:학(衒學) 圓 학식이 있음을 뽐냄. 페던트리. boast

현:학-자(衒學者)圓 학식이 있음을 자랑하여 뽐내는 사람.

현:학-적(衒學的)圓 학식의 있음을 자랑하는(것).

현합(賢閤) 圓 남의 아내. 귀부인(貴夫人). 영실(令室). 영부인(令夫人).

현:행(現行) 圓 현재 행함. 또는 행하고 있음. ¶～ 조약(條約). existing

현:행-범(現行犯)圓〈법률〉범행하는 현장에서 발각된 범죄. 또는 그 사람. flagrant delict

현:행-법[─뻡](現行法)圓〈법률〉현재 행하여지고 있어 효력(效力)이 있는 법률(法律). law in force

현:혁(顯赫) 圓 이름이 높이 드러나 빛남. ¶～한 가문(家門)의 출신. brilliance 하다

현:읍(泫泣) 圓 눈물을 줄줄 흘림. 하다자

현:현(顯現) 圓 똑똑히 나타남. manifestation 하다자

현:현-절(顯現節)圓〈기독〉그리스도가 탄생한 후 12일째에 동방(東方)의 세 박사가 처음으로 그리스도를 찾아가서 그를 축하하는 날.

현:형(現形) 圓 형체가 거죽에 드러남. 또, 그 형체. 현영(現影). manifestation 하다자 [you

현:형(賢兄) 圓〈꼭〉벗. 친구. 대형(大兄). 인형(仁兄).

현:형(顯型) 圓〈생리〉유전된 형질 가운데 외부에 나타나는 형(型).

현호(弦壺) 圓 활등 모양의 손잡이가 달린 항아리의

현호(賢豪) 圓 현명하고 뛰어남. 또는 그러한 사람. 하다

현호-삭(玄胡索)圓〈식물〉양꽃주머니과의 다년생 풀. 높이 20 cm 내외이고 잎은 난형 또는 타원형이며 뒷면은 분백색임. 4월에 엷은 홍자색 꽃이 가지 끝에 피고 삭과는 양끝이 뾰족함. 구상(球狀)의 괴근(塊根)은 통경(通經)·산후 복통 따위에 한약재로 쓰임.

현:혹(眩惑) 圓 정신이 혼미하여 어지러움. 홀림에 빠져 미혹함. bewitchment 하다

현:혼(眩昏) 圓 어찔하고 혼미함. 하다

현:화(現化) 圓 ①현실로 나타남. realization ②신불이 되어서 세상에 나타남. incarnation 하다

현:화 식물(顯花植物)圓〈식물〉관정 유배 식물(管精 有胚植物).《대》은화 식물.

현황(玄黃) 圓 ①검은 하늘빛과 누른 땅빛. ②하늘과 땅. ③검은빛과 누른빛의 폐백(幣帛). ④중앙의 제왕(帝王). ⑤말이 병들어 쇠약해짐.

현:황(眩慌·炫煌) 圓 정신이 어지럽고 황홀함. disconcertion 하다

현:황(現況) 圓 현재의 상황. 지금의 형편. ¶진행 중인 일의 ～을 보고하다. present situation

현:효(現效) 圓 효험이 나타남. efficacy 하다

현:효(顯效) 圓 현저한 효험. remarkable efficacy

현훈(玄纁) 圓 매장할 때 산신에게 폐백 드리는 흑색과 흑색의 헝겊.

현:훈(眩暈) 圓〈의학〉정신이 아찔아찔하고 어지러움. 현기(眩氣). 《원》현운(眩暈). giddiness 「증.

현:훈-증[─쯩](眩暈症)圓동 현기증(眩氣症). 어질

혈(穴) 圓 ①〈민속〉풍수 지리(風水地理)의 정기가 모인 자리. ②〈한의〉침을 놓는 움바른 자리.

혈가(血瘕) 圓〈한의〉경도(經度)가 그치고 배가 아픈 병증. 혈괴(血塊)①.

혈거(穴居) 圓 흙이나 바위의 굴 속에서 삶. 또, 그 일. 혈처(穴處). cave-dwelling 하다

혈거 야:처(穴居野處)圓 동굴 속이나 한데서 삶. 하다

혈거피(巾)圓 깍지. 활 쏠 때 손가락에 끼는 물로 만

혈겁(血怯) 圓〈약〉→혈액 검사.

혈고(血枯) 圓〈한의〉경도(經度)가 막히는 부인병.

혈관(血管) 圓〈생리〉몸 속으로 피가 돌아다니는 맥관(脈管). 핏줄①. 혈맥(血脈)①. blood vessel

혈관-계(血管系)圓 혈액의 통로를 이루는 일계(一系)의 맥관(脈管). vascular system

혈관-선(血管腺)圓〈생리〉갑상선(甲狀腺)·비장 따위의 혈관만이 많은 선(腺).

혈관 주:사(血管注射) 〈의학〉 혈관에 놓는 주사. 《대》피하 주사(皮下注射). venous injection

혈괴(血塊) ①동 혈가(血瘕). ②〈한의〉체내에서 혈파 밖으로 나와 맺힌 핏덩어리. clot of blood

혈구(血球) 명 〈생리〉 혈액 중의 성분. 고체 성분으로 혈장(血漿) 속에 부유(浮遊)하는 세포임. 적혈구(赤血球)와 백혈구(白血球)가 있음. 피를. ¶ ~ 기생충(寄生蟲). blood-corpuscle

혈기(血氣) 명 ①목숨을 유지하는 체력(體力). 피[1]③. vitality ②격동하기 쉬운 의기(意氣). youthful

혈기 방장(血氣方壯) 명 혈기가 가장 성(盛)함. full of vigour 하다

혈기지용(血氣之勇) 명 혈기로 일어나는 한때의 용맹.

혈농(穴膿) 명 동 구메노송②.

혈농(血膿) 명 〈의학〉 피가 섞인 고름. 피고름.

혈뇨(血尿·血溺) 명 ①〈한의〉요혈(尿血). ②피가 섞인 오줌.

혈담(血痰) 명 피 섞인 가래. bloody phlegm

혈당(血糖) 명 〈생리〉 혈액에 섞여 있는 당류. 특히 포도당을 말함. pledge club

혈당(血黨) 명 생사를 같이 하는 무리. blood

혈동(血洞) 명 〈생리〉 혈관계의 일부가 외부로 불룩해져서, 움푹 들어간 부분.

혈로(血路) 명 ①포위된 때에 헤치고 벗어나는 길. way cut through the enemy's rank ②곤경을 견디어 살아 나가는 길. emergent way

혈루(血淚) 명 동 피눈물.

혈루(血漏) 명 〈한의〉 음부에서 때때로 피가 나오는 병. 출혈성 자궁 내막염(出血性子宮內膜炎)이나 자궁암(子宮癌)으로 말미암아 생김.

혈리(血痢) 명 적리(赤痢). [疾].

혈림(血痳·血淋) 명 〈의학〉 피오줌이 나오는 임질(痳

혈관(血管) 명 ①혈액이 통하는 맥관(脈管). 혈관. blood vessel ②동 혈통(血統). ③동 전통(傳統). 법통(法統).

혈맥 상통(血脈相通) 혈맥이 서로 통함. 곧, 혈육(血肉) 관계가 있음. blood relationship

혈맹(血盟) 명 피로써 굳게 맹세함. blood pledge 하다

혈반(血斑) 명 〈의학〉 살가죽 안쪽에 얼룩진 무늬같이 된 일혈(溢血). blood stains

혈반-병(血斑病) 명 〈의학〉 피부 점막에 혈반이 생겨 열이 나고 붓는 말(馬)의 전염병. purpura

혈변(血便) 명 동 피똥.

혈병(血餠) 명 혈액이 밖으로 나올 때 굳어지는 응고 부분(凝固部分). 《대》혈청(血淸). cruor

혈분(血分) 명 〈생리〉 피의 영양적 분량.

혈분(血粉) 명 가축의 피를 건조시켜 굳혀서 만든 질소 비료(窒素肥料).

혈분(血糞) 명 동 피똥.

혈붕(血崩) 명 〈한의〉 산후에 출혈이 멎지 않는 병.

혈사(血嗣) 명 동 혈손(血孫).

혈산(血疝) 명 변옹(便癰).

혈상(血相) 명 관상(觀相)에서, 얼굴에 나타나는 혈색의 상격(相格).

혈색(血色) 명 ①살갗에 나타난 핏기. ¶ ~이 나쁘다. ②살갗의 광택. complexion

혈색-소(血色素) 명 헤모글로빈.

혈서(血書) 명 제 몸의 피를 내어 쓴 글발. 또는 쓰는 일. writing in blood

혈선(血腺) 명 〈생리〉 혈액을 만들고 분해하는 선(腺). 곧, 비장(脾臟)·경동맥(頸動脈) 따위. 피샘.

혈성(血性) 명 ①의협심(義俠心)과 혈기가 왕성한 성질. vigorous nature ②〈의학〉 혈액이 관여되어 있는 성질.

혈성(血誠) 명 진심에서 나오는 정성. 혈심(血心). intense sincerity

혈성 남자(血誠男子) 명 용감하고 의기(義氣)가 있어 죽음을 두려워하지 않는 사나이. sanguine

youth

혈세(血洗) 명 〈기독〉 정식(定式)으로 영세(領洗)를 못 하여도 치명(致命)하였으면 정식 영세의 효과가 있음.

혈세(血稅) 명 가혹한 조세(租稅).

혈속(血速) 명 혈액이 순환하는 속도. circulating speed of blood

혈속(血屬) 명 혈통을 잇는 족속. blood relation

혈손(血孫) 명 혈통을 잇는 자손. 혈사(血嗣). descendants [증세.

혈수(血嗽) 명 〈한의〉 기침할 때에 피가 나오는

혈수(血讐) 명 죽기를 각오하고 갚으려는 깊은 원수. deadly feud

혈수(血髓) 명 〈생리〉 피와 골수. blood and medulla

혈식(血食) 명 ①국전(國典)으로 제사를 지냄. national memorial service ②나라를 보존함. 하다

혈실(血室) 명 굴 속에 만든 방.

혈심(穴深) 명 무덤 구덩이의 깊이. depth of a grave

혈심(血心) 명 동 혈성(血誠). [여 감. 하다

혈심 고독(血心苦篤) 명 성심을 다해 일을 하

혈안(血眼) 명 ①노하거나 흥분하여 핏발이 선 눈. bloodshot eyes ②열중하여 분주히 돌아치는 모양. busy 아지다. blood pressure

혈압(血壓) 명 혈관 속의 피의 압력(壓力). ¶ ~이 높

혈압-계(血壓計) 명 혈압을 재는 기구(器具).

혈액(血液) 명 피. 피[1]①.

혈액 검:사(血液檢査) 명 혈액을 뽑아서 행하는 검사를 통틀어 일컫음. 피검사. 《약》혈검(血檢).

혈액 금고(血液金庫) 명 동 혈액 은행.

혈액 기생충(血液寄生蟲) 명 혈액 가운데서 살고 있는 혈장 기생충과 혈구 기생충의 총칭.

혈액 순환(血液循環) 명 〈생리〉 피가 심장에서 출발하여 동맥을 통과 모세 혈관을 지나 다시 정맥을 거쳐 심장으로 되돌아가는 상태. 대순환(大循環 ; 전신의 순환)과 소순환(小循環 ; 폐의 순환)으로 나눔. 피돌기. circulation (of the blood)

혈액-원(血液院) 명 수혈 또는 혈액 제제(製劑)에 필요한 혈액을 채혈(採血)·조작(操作)·보존·공급하는 기관.

혈액 은행(血液銀行) 명 수혈용 혈액(輸血用血液)을 대량으로 저장한 곳. 혈액 금고. blood bank

혈액-형(血液型) 명 적혈구(赤血球)와 혈청(血淸)과의 응집 반응을 기초로 한 혈액의 분류형. A, B, AB, O 및 Rh(-), Rh(+)의 형이 있음. type of blood

혈여(血餘) 명 〈한의〉 사람의 머리털·수염을 약재로 이르는 말. 불에 태워서 가루를 만들어 해수·임질·어린아이의 경간(驚癇) 따위에 씀.

혈연(血緣) 명 혈통 관계로 서로 이어지는 줄. 피[1]②. blood-relation

혈연 단체(血緣團體) 명 혈연에 의하여 성립 또는 통일을 보지(保持)하는 단체. 혈족 단체(血族團體). 《대》지연 단체(地緣團體). kinship society

혈연 사:회(血緣社會) 명 혈연의 기초가 혈연에 있으며, 혈족이라는 사실과 의식을 정신적 유대(紐帶)로 하고 있는 미개 시대의 지배적 사회 형식. 엄밀히 말하면, 씨족·가족, 경우에 따라서는 민족까지도 포함함. consanguineal society

혈연 집단(血緣集團) 명 혈연으로 성립·통일된 집단.

혈영(血癭) 명 혈후.

혈온(血溫) 명 피가 지니고 있는 온도. blood heat

혈우(血雨) 명 살상(殺傷)으로 인한 심한 유혈(流血). blood shed

혈우-병(一病) 명 〈의학〉 혈액이 엉기지 않는 유전병. 여자에 의해 유전되고 남자에게 나타나는 유전병. [은 원수. deadly feud

혈원 골수(一骨髓) 명 뼈에 사무치는 아주 깊

혈유(血遺) 명 남겨진 외톨 씨. orphan

혈유 생령(孑遺生靈) 명 겨우 남아 있는 목숨.

혈육(血肉)圐 ①피와 살. blood and flesh ②자기가 낳은 자녀. one's own children ③부모·자식·형제·자매 들. 골육(骨肉). 혈육지신.

혈육지=신(血肉之身)圐 ⇨ 혈육(血肉).

혈장(一짱)(血漿)圐 혈액을 형성하는 한 성분(成分). blood-plasma

혈장=탕(一짱一)(血臟湯)《동》핏골집.

혈쟁(一쨍)(血爭)圐 생사를 헤아리지 아니하고 다툼. bloody fight 하자

혈적(一쩍)(血積)圐 〈한의〉피가 울결(鬱結)하여 안색이 누르고 검은 똥을 누는 병.

혈전(一쩐)(血栓)〈생리〉핏줄 속에서 피가 굳어진 것. 「고지의 ~. bloody battle 하자

혈전(一쩐)(血戰)圐 생사를 임과선 싸움. ¶빼앗

혈족(一쪽)(血族)圐 ①혈통의 관계가 있는 겨레붙이. blood relation ②〈법률〉혈통이 연속되는 친족, 또는 양자(養子)의 경우와 같이 법률이 그와 동시(同視)한 사람. blood relationship

혈족 결혼(血族結婚)圐 같은 혈족 간에서 이루는 결혼. 보통 우생학상(優生學上)으로는 좋지 못한 자식을 낳는다. consanguineous marriage

혈족=친(一쪽一)(血族親)〈법률〉육촌(六寸) 이내의 혈족(血族).

혈종(一쫑)(血腫)圐 출혈(出血)의 결과 피가 한 국소(局所)에 많이 몰려 혹과 같이 부어 오른 것.

혈증(一쯩)(血症)圐〈한의〉피에 관한 여러 병. blood trouble ②《동》실혈증(失血症).

혈징(一찡)(血癥)圐〈한의〉피가 뱃속에서 한 곳에 단단히 뭉친 병.

혈처(穴處)《동》혈지. 하자

혈청(血淸)〈생리〉피를 뽑아 놓을 때 엉긴 피 위에 있는 황색 투명한 액(液).《대》혈병(血餠). serum 「일어나는 특수한 감염.

혈청 간=염(血淸肝炎)〈의학〉수혈(輸血)로 의하여

혈청 검=사(血淸檢査)〈의학〉사람의 건강 상태를 검사하기 위하여서 혈청을 검사하는 일. serum diagnosis

혈청=병(一뼝)(血淸病)圐 동물 혈청의 주사로 말미암아 일어나는 이종 단백(異種蛋白)에 대한 과민 상태. 발열·전신 권태·부종·임과선 종창이 일어나고 중증인 경우에는 구토·경련 따위가 일어남.

혈청 요법(一뇨뻡)(血淸療法)〈의학〉환자의 몸에 그 전염병에 대한 면역이 된 동물의 혈청을 주사하는 치료법. serotherapy

혈청 치료(血淸治療)〈의학〉면역이 생긴 사람이나 동물의 혈청을 주사하여서 병의 치료나 예방을 하는 일. serum treatment

혈충(血忠)圐 정성을 다하는 충성. utmost loyalty

혈치(血痔)圐《동》우치(疣痔).

혈침(血忱)圐《동》혈성(血誠). 「度).

힐침(血沈)圐→적혈구 침강 속도(赤血球沈降速

혈통(血統)圐 같은 핏줄을 타고난 겨레붙이의 계통, 가계(家系). 피②. 핏속②. 핏줄②. 핏줄기②. 종성(種姓). 혈맥(血脈)②. lineage

혈통=주의(血統主義)圐 속인(屬人)주의.

혈투(血鬪)圐 생사를 불구하고 투쟁함. 또는 그 싸움. bloody fight 하자

혈판(穴一)〈민속〉광중(壙中)에 묘를 파기에 적당한 곳.

혈판(血判)圐 손가락을 잘라서 그 피로 도장을 찍음. 또, 그 도장. 「pression of menstruation

혈폐(血閉)圐〈한의〉월경이 그치는 병. morbid sup-

혈풍 혈우(血風血雨)圐 극심한 싸움의 혈전의 비유.

혈한(血汗)圐 피와 땀. blood and sweat

혈한-하(血汗下)圐〈한의〉열병(熱病)에서 땀이 풀려 느라고 많을 흘리거나, 코피를 쏟거나, 또는 똥을 싸는 증세. 「器). circulation of the blood

혈행(血行)圐〈생리〉혈액이 몸안을 도는 일. ¶~기

혈허(血虛)圐〈한의〉영양 불량에서 생기는 혈문(血分)이 허한 증세. 하자

혈혈(子子)圐 ①우뚝하게 외로이 선 모양. solitary ②오독한 모양. ③작은 모양. tiny 하자 히자

혈혈 고종(子子孤蹤)圐 객지에 있어서 적적한 나그네. lonely traveller 「alone in the world

혈혈 단신(子子單身)圐 의지할 곳이 없는 홀몸. all

혈혈 무의(子子無依)圐 홀몸으로 의지할 곳이 없음. lonely and helpless person 하자

혈=혹(血一)〈한의〉피가 뭉쳐서 된 혹. 혈류(血瘤). 혈영(血癭). hematocele

혈홍=색(血紅色)圐 핏빛과 같은 빨간 색.

혈홍=소(血紅素)圐《동》헤모글로빈.

혈훈(血暈)圐〈한의〉산후(産後) 또는 기타 출혈(出血)로 정신이 혼미하여지는 병.

혈흔(血痕)圐 피가 묻거나 흘린 흔적. blood-stain

혐가(嫌家)圐 서로 혐의를 품은 집안. families at feud

혐극(嫌隙)圐 서로 꺼리어서 생기는 틈. breach

혐기(嫌忌)圐 싫어하여 꺼림. abhorrence 하자

혐기(嫌棄)圐 싫어하여 내어버림. rejection 하자

혐기 생활(嫌氣生活)〈생물〉분자상(分子狀) 산소가 없는 상태에서 영위되는 생활의 형태.

혐기=성(一씽)(嫌氣性)圐 세균 따위가 산소를 싫어하여 공기 속에서는 잘 생육하지 않는 성질. 《대》호기성(好氣性). aerophobia 「쬐면 죽는 세균.

혐기성 세=균(一씽一)(嫌氣性細菌)〈생물〉공기를

혐노(嫌怒)圐 싫어하여 화를 냄. anger 하자

혐명(嫌名)圐 임금 이름자를 백성이 피하여 쓰지 않던 일. 고려 중기(中期)에 시작하였음. 하자

혐문(嫌文)圐 꺼려서 피해야 하는 글.

혐시(嫌猜)圐 싫어하고 꺼리는 일과 시기하고 샘함. dislike and jealousy 하자

혐염(嫌厭)圐 미워서 싫어함. 혐질(嫌嫉). dislike 하자 「tred 하자

혐오(嫌惡)圐 싫어하고 미워함.《대》애호(愛好). ha-

혐오=감(嫌惡感)圐 싫어하고 미워하는 느낌.

혐원(嫌怨)圐 미워하고 원망함. hate 하자

혐의(嫌疑)圐 ①의심함. ②꺼리고 미워함. dislike ③〈법률〉범죄를 저지른 사실이 있으리라는 의심. suspicion 하자 스럽 스레하

혐의=자(嫌疑者)圐 혐의를 받는 사람.

혐의-쩍-다(嫌疑一)웽 ①마음에 꺼리고 싫어할 만한 점이 있다. dislikable ②의심할 점이 있다. 혐의스럽다. 「dislikable

혐점(一쩜)(嫌點)圐 꺼림을 받을 만한 점. something

혐질(嫌嫉)圐《동》혐염(嫌厭). 「horrence 하자

혐피(嫌避)圐 꺼리어하고 싫어하여서 서로 피함. ab-

혐피(嫌避)圐 매우 의심적음.

협(挾)〈악〉⇨협무(挾舞).

협각(夾角)圐 '끼인각'의 구용어.

협간(峽間)圐《동》골짜기.

협감(挾感)圐 감기에 걸림. 하자

협감(挾憾)圐 유감의 뜻을 품음. 하자

협객(俠客)圐 협기(俠氣)가 있는 사람. ¶협(遊俠)

협사(俠士). gallant

협격(夾擊)圐 ①동시 협공(挾攻). ②〈체육〉야구에서, 주자를 베이스와 베이스 사이에 몰아 죽게 하는 일. double attack 하자

협견 첨소(脅肩諂笑)圐 어깨를 간들거리며 연하여 아첨함. coquetry 하자

협곡(峽谷)圐 ①협하고 좁은 산골짜기. ②〈지리〉하천(河川) 하부의 심한 침식(浸蝕)으로 인하여 생기는 좁고 갸름하고 깊은 골짜기. 권곡(圈谷). 카르(kar). ravine

협골(俠骨)圐 대장부다운 기골. manly spirit

협골(頰骨)圐 뺨의 관골. cheek-bone

협공(挾攻)圐 양쪽으로 끼고 들이침. 협격①. attack from both flanks 하자

협과(莢果)圐〈식물〉꼬투리로 맺히는 열매. 두과 식물(荳科植物)의 열매. legume

협괴(俠魁)圐 협객(俠客)의 두목. boss of gallants

협궤(狹軌)〖토목〗각국 철도의 표준 궤간(軌間)인 1.435m보다 좁은 궤간. 《대》광궤(廣軌). narrow gauge

협궤 철도[―도](狹軌鐵道)〖토목〗레일의 폭이 협궤로 된 철도.

협귀(狹貴)〖명〗자기의 부귀를 믿고 남에게 뽐내는 일.

협근(頰筋)〖명〗〖생리〗볼에 펼쳐지어 있는 근육. zygomaticus

협기(俠氣)〖명〗대장부의 호방한 기품. 용맹한 마음.

협기(頰鰭)〖명〗〖어류〗가슴지느러미.

협낭(夾囊)〖명〗=엽낭(一囊).

협낭(頰囊)〖명〗〖동물〗다람쥐나 원숭이 따위의 볼 안에 있는 주머니 모양으로 생긴 것. 먹이를 저장함.

협녀(俠女)〖명〗협기(俠氣)가 있는 여자.

협농(峽農)〖명〗산골에서 짓는 농사. farming in the mountain recess

협대(夾帒)〖명〗귀중한 물건을 넣어 두는 자그마한 전대.

협도(夾刀·挾刀)〖군사〗①칼등에 상모를 달았으며 둥근 꽃등이 있는 무기의 하나. ②보졸(步卒)이 익히는 여러 가지 검술(劍術)의 하나로 십팔기(十八技)의 하나.

협도(鋏刀)〖명〗①약재를 써는 작도와 비슷한 칼. herbcutter ②가위. scissors 〖立〗. cooperation 〖대〗

협동(協同)〖명〗힘과 마음을 합하여 합함. 《대》고립(孤 ...

협동 기업(協同企業)〖명〗공동 기업의 하나. 여러 기업가들이 내부적인 계약에 의하여 연합으로 경영하는 기업. joint enterprise

협동 생활(協同生活)〖명〗두 사람 이상의 사람이 마음과 힘을 함께 하여 하는 생활.

협동-성[―성](協同性)〖명〗협동하는 성격. 또는 성질.

협동 일치(協同一致)〖명〗협동하여 한마음이 됨. 하口

협동 작전(協同作戰)〖군사〗몇 개 이상의 군대나 육·해·공군이 서로 합세하여 계획하는 작전. combined warfare

협동-적(協同的)〖명〗협동하여 하는(것).

협동 전-선(協同戰線)〖명〗〖사회〗성질이 다른 조합끼리 어느 주의(主義)를 달성하려고 합세하여 일으키는 운동. united front

협동 정신(協同精神)〖명〗서로 힘을 합하는 정신.

협동 조합(協同組合)〖명〗〖사회〗자본주의의 큰 경영에 의하여 몰락의 경향이 있거나, 많은 압박을 받고 있는 중소 기업자나 소부 운동에서 일어난 그들의 조직체의 총칭. cooperative association

협동-체(協同體)〖명〗〖동〗공동체(共同體).

협량(狹量)〖명〗좁은 국량(局量). 《대》관용. narrow-mindedness

협력(協力)〖명〗힘을 합하여 서로 도움. joint action 〖경제〗한 가지 일을 이루기 위하여 여러 사람이 공동으로 노력함. cooperation 〖대〗

협련-군(挾輦軍)〖명〗〖제도〗거둥 때 연(輦)을 호위하던 훈련 도감(訓練都監)의 군사.

협로(夾路)〖명〗큰 길에서 갈린 좁은 길. narrow path

협로(峽路)〖명〗산 속의 길. 두멧길. defile

협로(峽路)〖명〗〖동〗소로(小路).

협록(夾錄)〖명〗편지 속에 따로 넣은 작은 쪽지에 적은 글.

협륵(脅勒)〖명〗으르고 위세를 부려 우겨댐. menace 하口

협만(峽灣)〖명〗〖지리〗비슷한 정도의 좁은 폭으로 육지 깊이 들어간 좁고 긴 만. 빙하의 작용으로 된. 피오르드. fiord 〖―은 백성. ignorant people

협맹민(峽氓)〖명〗산골 속에서 농사나 짓고 사는 어리석

협무(挾舞)〖명〗〖음악〗주연자(主演者) 옆에서 함께 춤을 추는 사람. 《약》협(挾).

협문(夾門)〖명〗①정문(正門) 옆에 따로 붙은 작은 문. side-gate ②삼문(三門) 좌우에 낸 작은 문.

협박(脅迫)〖명〗①으르고 다잡음. 박협(迫脅). 위박(威迫). threat ②〖법률〗형법상(刑法上) 상대방에 대하여 공포심을 일으킬 목적으로 해를 끼칠 뜻을 통지하는 일. intimidation ③〖법률〗상대방의 반항을 억압할 정도로 강력하게 다잡는 일. intimidation

하다 〖rrenness of land 하口

협박(狹薄)〖명〗땅이 좁고 메마름. narrowness and ba-

협박-장(脅迫狀)〖명〗협박하는 내용의 뜻을 적은 글. intimidating letter

협박-죄(脅迫罪)〖명〗사람을 협박함으로써 이루어지는 죄.

협방(夾房)〖명〗곁방. 〖죄.

협보(挾輔)〖명〗곁을 붙잡아서 도와 줌. 하口

협부(挾扶)〖명〗힘을 모아 도와 줌. help 하口

협부(挾扶)〖명〗곁에서 부축하여 지지함. 하口

협사(俠士)〖명〗협객(俠客). 〖세우는 상(像).

협사(脇士)〖명〗〖불교〗불상의 좌우에 시립하는 형태로

협사(挾私)〖명〗사정(私情)을 둠. 하口

협사(挾詐)〖명〗간사한 마음을 품음. cherishing crafty feelings 하口

협살(挾殺)〖명〗야구에서, 야수(野手)들이 주자를 협격

협상(協商)〖명〗①협의하여 계획함. conference ②〖동〗협의(協議). ③〖법률〗두 나라 또는 몇 나라가 동맹 관계에 이르지 않는 정도에서 특정한 사항에 관하여 협상함. negotiation 하口

협상 가격차(鋏狀價格差)〖명〗〖경제〗독점된 산업 부문과 비독점 부문과의 가격차가 가위를 벌린 것처럼 증대해지는 현상. 특히 농산물과 공업 제품과의 가격의 차에서 두드러지게 나타남.

협상 조약(協商條約)〖명〗협의하여 정한 조약이나 약조. 《약》협약(協約). 〖글. insertion 하口

협서(夾書)〖명〗글을 글줄 옆에 끼어서 적음. 또, 그

협서(挾書)〖명〗과거장(科擧場)에 몰래 책을 가지고 감. 하口 〖글. insertion 하口

협서(脇書)〖명〗본문 옆에 따로 글을 기록함. 또, 그

협성(協成)〖명〗힘을 모아 일을 이룸. accomplishing by cooperation 하口

협세(挾勢)〖명〗남의 위세(威勢)를 빙자함. 하口

협소(狹小)〖명〗아주 좁음. 좁고 작음. 착소(窄小). 《대》광대(廣大). narrowness 하口

협시(夾侍)〖명〗〖제도〗임금을 곁에서 모시던 내시(內 〖侍)

협시(脇侍)〖명〗〖불교〗부처에 가까이 이 모심. 하口

협식(挾食)〖명〗〖동〗협체(挾滯). 〖일어난 상한(傷寒).

협식 상한(挾食傷寒)〖명〗〖한의〗위병이 한데 겹쳐서

협식-성(狹食性)〖명〗〖동물〗먹이의 선택 범위가 좁은 동물의 식성. 《대》광식성(廣食性).

협실(夾室)〖명〗〖동〗곁방.

협심(協心)〖명〗여러 사람의 마음을 한군데로 모음. 《유》합심(合心). unison 하口

협심(俠心)〖명〗강한 자를 누르고 약한 자를 돕는 마음. 의협심(義俠心). chivalry

협심(狹心)〖명〗좁은 마음. narrow-mindedness

협심-증(狹心症)〖명〗〖의학〗심장부(心臟部)에 갑자기 심한 동통(疼痛)이나 발작이 일어나는 병. stricture of the heart

협애(狹隘)〖명〗①터전이 썩 좁음. narrowness ②마음이 아주 좁음. narrow-mindedness 하口

협약(協約)〖명〗《약》=협상 조약(協商條約).

협약(脅約)〖명〗위협으로써 이루어진 약속이나 조약. promise gained by threat

협약(協弱)〖명〗약한 자를 눌러서 다잡음. threat 하口

협업(協業)〖명〗〖경제〗①일정한 생산을 하기 위하여 많은 노동자가 일을 협력하여 계획적으로 하는 노동. cooperation ②동〗협동(協同). 하口

협연(協演)〖명〗〖음악〗한 독주자(獨奏者)가 다른 독주자나 악단 등과 함께 악곡을 연주함. 하口

협용(俠勇)〖명〗호협한 기개와 용맹. 하口

협우(峽雨)〖명〗골짜기에 내리는 비.

협위(脅威)〖명〗〖동〗위협(威脅). 하口

협읍(峽邑)〖명〗산읍(山邑).

협의(協議)〖명〗여러 사람이 모여 서로 토의함. 협상(協商)②. 《유》합의(合議). conference 하口

협의(狹義)〖명〗범위가 좁은 국한된 의의(意義). 《대》광의(廣義). narrow sense 〖음. 하口

협의(愜意)〖명〗생각하고 있던 바와 같이 뜻이 아주 맞

협의-안(協議案)[명] 협의할 안건.

협의 이혼(協議離婚)[명] 부부의 협의에 의한 이혼.

협의 조항(協議條項)[명] 노동 협약 가운데, 협약 내용을 구체적으로 규정하지 않고, 문제가 발생했을 때 쌍방이 합의하기로 한 조항.

협의-회(協議會)[명] 협의하기 위한 모임.

협자(俠者)[명] 협기(俠氣) 있는 사람. chivalrous man

협잡(挾雜)[명] 옳지 않은 짓으로 남을 속이는 일. swindle 하다

협잡-꾼(挾雜—)[명] 협잡으로 남을 속이는 사람. imposter

협잡-물(挾雜物)[명] ①깨끗이 섞여 순수하지 못한 물건. intermixture ②협잡을 하여 얻은 물건. swindled goods

협잡-배(挾雜輩)[명] 협잡을 하여 남을 잘 속이는 무리. trickster

협잡-질(挾雜—)[명] 협잡을 하는 짓. 하다

협장(脇杖)[명] 절름발이가 겨드랑이에 대고 걷는 지팡이. 목다리. 목발. crutches

협장(狹長)[명] 폭이 좁고 길기만 함. being narrow [and long 형]

협정(協定)[명] 협의하여 결정함. 의논하여 결정함. 또, 그 결정된 사항. ②[법] 국제간에 있어서 서로의 문서에 의한 합의의 하나. agreement 하다

협정 가격(協定價格)[명] 〈경제〉①동업자 조합에서 서로 협정하여 물품에 매긴 가격. ②국제간에 서로 협정하여 물품에 매긴 가격. stipulated price

협정 관세(協定關稅)[명] 통상 항해 조약이나 관세 조약에 의하여 정해진 관세.

협정 무:역(協定貿易)[명] 〈경제〉두 나라 사이, 또는 다수 국가간에 무역 거래에 관한 협정을 맺고, 그 조항에 좇아서 하는 무역 방식. 다각 무역(多角貿易)

협정-문(協定文)[명] 협정의 내용을 적은 문서. 〔易〕.

협정 세ː율(協定稅率)[명] 〈법〉조약에 의하여 특별히 협정된 관세율(關稅率). 협정 세율이 있는 화물(貨物)에는 국정 세율(國定稅率)이 적용되지 않음. 〔대〕 국정 세율(國定稅率). conventional tariff

협정 헌ː법[—법](協定憲法)[명] 국민끼리 협정하거나 또는 군주와 국민이 협정하여 이루어진 헌법. 〔대〕 흠정 헌법(欽定憲法). conventional constitution

협제(脅制)[명] 으르대고 견제함. 하다

협조(協助)[명] 힘을 모아 서로 도움. cooperation 하다

협조(協調)[명] ①힘을 다하여 서로 조화(調和)함. co-operation ②이해(利害)가 대립하는 쌍방이 평온하게 상호간의 문제를 협력하여 해결하려고 하는 일. conciliation 하다

협조 융자(協調融資)[명] 〈경제〉몇 개의 은행이 각각의 부담액을 융자하여 한 회사에 많은 금액을 융자하는 방식.

협조-적(協調的)[관] 협조하는 성질이나 상태에 관한 〔것〕.

협조 조합(協調組合)[명] 지주와 소작인 사이에서 소작의 쟁의(爭議)를 피하고 토지 개량을 꾀하는 정신으로 조직된 단체.

협조-회(協調會)[명] 〈사회〉사업주와 노무자와의 협동 · 조화를 꾀하여 사회 시설의 조사 연구를 목적으로 하는 회. under duress 하다

협종(脅從)[명] 위협당하여 남에게 복종함. obeying

협주(協奏)[명] 〈음악〉두 개 이상의 악기로써 동시에 연주하는 일. 합주(合奏). concert 하다

협주-곡(協奏曲)[명] 〈음악〉①두 개 이상의 악기에 의한 독주 악기와 관현악이 합주하는 교향적 악곡. concerto

협죽-도(夾竹桃)[명] 〈식물〉협죽도과(夾竹桃科)에 속하는 상록 관목(灌木). 잎은 난상 피침형이고 여름에 붉은 꽃이 핌. 과실은 질쭉한 꼬투리며 갈라지면 양끝에 긴 털이 있는 씨가 튀어나옴. 관상용으로 심음. sweet oleander

협중(峽中)[명] 〔동〕두메. 도ː 심심. sweet oleander

협지(夾紙)[명] 편지 가운데에 따로 끼우는 종이. inserted paper

협차(夾叉)[명] 〈군사〉포격에서, 목표물을 가운데에 두고 전후 좌우를 번갈아 사격하면서 목표물을 맞추는 일. 하다

2073

협착(狹窄)[명] 차지하고 있는 공간이 몹시 좁음. narrowness 하다

협착 사격(狹窄射擊)[명] 〈군사〉소총 사격을 위하여 하는 조준과 사격의 요령만을 위주로 하는 사격. rifle shooting 〔탄〕. miniature ammunition 하다

협착-탄(狹窄彈)[명] 협착 사격에 사용되는 조그만 실탄.

협찬(協贊)[명] 협력하여 도움. approval 하다

협채(夾彩)[명] 〈미술〉①자기(磁器)의 몸 전체에 색을 칠한 다음 그 위에 다시 채색한 것. ②연채(軟彩)와 경채(硬彩)를 합쳐 쓴 것. 하다

협체(挾滯)[명] 〈한의〉체증이 생긴 뒤에 다른 병도 곁쳐서 생김. 협식(挾食).

협촌(峽村)[명] 두메에 있는 마을. mountain village

협탈(脅奪)[명] 올러대어 빼앗음. 하다 〔증세〕.

협통(脇痛)[명] 〈한의〉갈빗대 어느 언저리가 걸리는 증세.

협판(協辦)[명] 〈제도〉①각부(各部)와 궁내부(宮內部)의 둘째 벼슬. vice minister ②외교 관계를 맡아보던 관직의 하나.

협포(夾布)[명] 너비가 좁은 베. 긴 관청의 한 벼슬.

협ː-하다(狹—)[형][여불] 성질이 너그럽지 못하고 아주 좁다. narrow-minded

협호(夾戶)[명] 한 집에서 딴 살림을 하게 된 집채.

협호 살림(夾戶—)[명] 남의 집에서 협호를 얻어서 하는 살림.

협화(協和)[명] ①마음을 한데 모아 화합함. ②〈음악〉몇 소리가 한꺼번에 울려도 잘 어울리는 현상. harmony 하다. consonance

협화-음(協和音)[명] 〈음악〉어울림음. 〔대〕 불협화음.

협회(協會)[명] 회원이 협동하여 유지하는 회. association

혓-밑[혇믿][명] 혀의 밑.

혓-바늘[명] ①〈한의〉혓바닥에 돋는 좁쌀알만한 것이 돋는 것. eruption on the tongue ②편직기에 쓰이는 바늘의 하나.

혓-바닥[명] 혀의 윗면. upper surface of the tongue

혓-소리[—쏘—][동] 설음(舌音).

혓-줄[—쭐][명] 혀의 힘줄. 〔비〕 혓줄때기. root of the tongue

혓-줄때기[—쭐—][명] 〔비〕 혓줄기.

형(兄)[명] 동기간(同氣間) 가운데서나 또는 한 항렬 사이에서 나이가 자기보다 많은 사람. 〔대〕 아우. elder brother 〔대〕 나이가 비슷한 친구 사이에서 상대자를 높여 부르는 말. 〔대〕 제(弟). Mr.

형(刑)[명] 《약》→형벌(刑罰). 〔形〕.

형(形)[명] ①《약》→형상(形狀). ②《약》→활용형(活用形).

형(型)[명] ①《약》→주형(鑄型). 모형(模型).

형(桁)[명] 〈건축〉집이나 다리를 세울 때 기둥 위에 건너질러 횡단목(橫斷木)을 받치는 재목. beam

형각(形殼)[명] 겉으로 드러난 모양이나 그 형체. shape

형강(形鋼)[명] 〈토목〉절단한 면이 일정한 모양으로 이루어진 압연(壓延)시킨 강철재(鋼鐵材).

형개(荊芥)[명] ①〈식물〉정가. ②〈산모(産母)〉가 해산 지후에 피를 깨끗이 하고 숨을 순하게 하는 약으로 쓰는 정가의 줄거리.

형개-수(荊芥穗)[명] 〈한의〉한약재로 쓰이는 정가의 〔꽃이 달린 이삭〕.

형격(形格)[명] 〔동〕체격(體格).

형관(刑官)[명] 〈제도〉고려 초기의 형조(刑曹)의 이름.

형관(刑冠)[명] 〈기독〉예수가 십자가에 못박힐 때 머리에 쓴 가시로 만든 관. 가시관. crown of thorns

형광(螢光)[명] 〔물〕①[동] 반딧불. ②〈물리〉어떤 투명체가 빛을 받았을 때 그 빛과 다른 색의 빛을 반사하는 일. fluorescence 〔료〕.

형광 도료(螢光塗料)[명] 형광체를 포함하고 있는 도료.

형광-등(螢光燈)[명] 〔물리〕①형광체가 형광을 내도록 된 방전등(放電燈)의 하나. 아크등. fluorescent lamp ②〔수〕감각이 둔한 사람.

형광 물질(螢光物質)[명] 형광을 발하는 물질. 형광체.

형광-체(螢光體)[명] →형광 물질.

형ː광-판(螢光板)[명] 〔물리〕자외선 또는 방사선이 닿으면 눈에 보이는 형광성 물질을 바른 판. fluorescent plate

형교(桁橋)[명] 교체(橋體)가 형(桁)으로 된 다리.
형구(刑具)[명] 형벌(刑罰)이나 고문(拷問)하는 데에 쓰이는 제구. implements of punishment
형구(形軀)[명] 《동》 몸.
형국(形局)[명] ①어떤 일이 벌어진 그 때의 형편이나 판국. ②《민속》 풍수 지리(風水地理)나 관상에서 사람의 얼굴이나 묏자리 또는 집터의 생김새와 그 형국(形局). 체국(體局). 〖難〗. ¶~로(路).
형극(荊棘)[명] ①나무의 가시. thorns ②《동》 고난(苦
형기(刑期)[명] 《법률》 형의 집행 기간. term of imprisonment
형기(形氣)[명] 겉모양과 기운.
형기(衡器)[명] 물건의 무게를 다는 기구. instrument of measure
형기 무용(刑期無用)[명] 형벌의 목적은 형벌이 없게 하는 것을 이상으로 한다는 뜻.
형노(刑奴)[명] 《제도》 왕실에서 딸렸던 집안에서 하인들에게 벌을 주던 일을 맡아보던 하인.
형=님(兄─)[명] 《존》 형. dear brother
형단 영:척(形單影隻)[명] 의지할 곳이 없어 몸시 외로울을 일컫는 말. prisoner
형도(刑徒)[명] 형(刑)을 받은 사람. 죄인. 죄수.
형=도(衡度)[명] 저울과 자. balance and a ruler
형랍(型蠟)[명] 조각할 때에, 먼저 그 형상을 본뜨는 데 사용되는 재료. 송진 또는 밀랍(蜜蠟) 따위. casting material
형랑(兄郞)[명] 《동》 형부(兄夫).
형례(刑例)[명] 《법률》 형벌에 관한 규정. regulation concerning punishment
형륙(刑戮)[명] 죄인을 형벌로써 죽임. execution 하타
형률(刑律)[명] 《동》 형법(刑法).
형리(刑吏)[명] 《제도》 지방 관청의 형방의 아전.
형만한 아우 없다 아무래도 경험을 많이 쌓은 형이 아우보다 낫다. 「동생이 형통을 잇는 일.
형망 제:급(兄亡弟及)[명] 형이 아들 없이 죽었을 때
형명(刑名)[명] 《법률》 형벌의 명칭. 곧, 사형·징역·금고(禁錮)·자격 상실·자격 정지·벌금·구류·과료(科料)와 몰수 등. names of penalties
형명(形名)[명] 《제도》 기쪽과 북을 울려서 군대의 여러 가지 행동을 지휘하던 옛날 군대의 지휘법.
형명=학(刑名學)[명] 중국의 한비자(韓非子) 등이 제창한 법을 가지고 나라를 다스려야 한다는 학문.
형모(形貌)[명] ①생긴 모양. shape ②얼굴 모양. 용모. face
형무=관(刑務官)[명] '교도관(矯導官)'의 이전 이름.
형무=소(刑務所)[명] 《법률》 '교도소(矯導所)'의 이전 이름. prison
형문(刑問)[명] 《제도》 ①정강이를 형장(刑杖)으로 때리는 형벌. ②《동》 형신(刑訊). torture
형방(刑房)[명] 《제도》 형전(刑典)에 관한 사무를 맡아보던 승정원(承政院)이나 지방 관청의 육방(六房)의 하나. 「dernn to exile 하타
형배(刑配)[명] 《제도》 죄인을 형벌하여 귀양 보냄. con-
형벌(刑罰)[명] ①국가(國家)가 범죄를 저지른 사람에게 주는 제재. penalty ②죄를 저지른 자에게 앙갚음으로 주는 고통. 형죄(刑罪). 《약》 형(刑). punishment 하타
형벌 보:응주의(刑罰報應主義)[명] 《법률》 형벌이란 것은 죄를 저지른 사람의 죄악에 대한 앙갚음으로 주다는 학설. Theorie der Vergeltungsstrafe(도)
형법[─뻡](刑法)[명] ①공법(公法)의 하나. 범죄 및 형벌에 관한 규정. criminal law ②형법의 법칙. 형률(刑律).
형법=학[─뻡─](刑法學)[명] 《법률》 형법의 원리와 응용에 관하여 연구하는 학문.
형:별(逈別)[명] 아주 동이 뜨게 다름. 하타
형부(兄夫)[명] 언니의 남편. 형랑(兄郞). girl's elder sister's husband 「던 말.
형부(刑部)[명] 《제도》 고려 말기에 형조(刑曹)를 이르
형부(刑婦)[명] 《동》 형처(刑妻).
형사(刑死)[명] 형을 받아 죽음. 하타

형사(刑事)[명] 《법률》 ①형법의 적용(適用)을 받는 사건. 《대》 민사(民事). criminal case ②《약》→형사 순경(刑事巡警).
형사(形寫)[명] 모양을 본떠서 베껴 냄. copy 하타
형사 금:치산자(刑事禁治産者)[명] 《법률》 금치산에 부가형(附加刑)을 받은 사람.
형사=범(刑事犯)[명] 《법률》 형사상 범죄를 구성한 행위. 자연범. 《대》 민사범(民事犯). 행정범(行政犯). criminal offence
형사=법[─뻡](刑事法)[명] 《법률》 국가 형벌권의 행사에 관한 일체 법률의 총칭. 형법, 기타의 실체법, 형사 소송법, 기타의 형사 절차법. 행형법을 포함함. 《대》 민사법. criminal law
형사 보:상법[─뻡](刑事補償法)[명] 《법률》 죄가 없는데 강제 처분을 받은 자에 대해 국가가 그 손해를 보장할 것을 규정한 법률. 국가 배상법. Criminal Indemnity Law
형사=부(刑事部)[명] 《법률》 법원에서 형사 사건을 담당하여 재판하는 부. criminal department
형사 사:건[─껀](刑事事件)[명] 《법률》 형사의 적용을 받게 되는 사건. 《대》 민사 사건. criminal case
형사 소:송(刑事訴訟)[명] 《법률》 형사 재판의 절차. 곧, 범죄의 심리·판결을 하기 위한 소송. 《대》 민사 소송(民事訴訟). 《약》 형소(刑訴). criminal action
형사 소:송법[─뻡](刑事訴訟法)[명] 《법률》 형사 사건의 소송 및 재판의 집행에 관한 절차를 규정한 법률. 《약》 형소법. Criminal Procedure Law
형사 소:추(刑事訴追)[명] 《법률》 검사가 피고인을 기소하여 그 형사 책임을 추궁하는 일.
형사 순경(刑事巡警)[명] 《법률》 범죄의 수사 또는 범죄인을 체포하는 직무(職務)를 가진 순경. 《약》 형사②. criminal police
형사 시효(刑事時效)[명] 《법률》 형사에 관한 시효. 일정 기간의 경과에 따라 공소권(公訴權)이 소멸되는 '공소 시효'와 형의 집행력이 소멸되는 '형(刑)의 시효'로 나누어짐.
형사 재판(刑事裁判)[명] 《법률》 형사 사건에 관하여하는 재판. 《대》 민사 재판(民事裁判). criminal trial
형사 정책(刑事政策)[명] 《정치》 범죄의 원인을 탐구하여 그 대책을 확립하는 정책. criminal poilcy
형사:지(兄事之)[명] 나이가 자기보다 얼마 많지 않은 사람을 형의 대접을 하여 섬김. regarding as one's senior 하타
형사 책임(刑事責任)[명] 《법률》 어느 불법 행위를 저지르게 되어 그에 따라 형벌을 받아야 하는 법률상의 책임. ¶범죄자는 ~을 져야 한다. penal responsibility 「가하는 처분.
형사 처:분(刑事處分)[명] 범죄를 이유로 하여 국가가
형사 피:고인(刑事被告人)[명] 《법률》 형법(刑法)의 범죄자로 기소를 당하였으나 아직 확정 판결이 내리지 않은 사람. accused
형사=학(刑事學)[명] 《법률》 이루어진 범죄와 형벌에 관계되는 모든 부분을 연구하는 학문. penology
형살(刑殺)[명] 사형을 집행함. 하타
형상(刑賞)[명] 형벌과 상여(賞與).
형상(形狀·形相)[명] 물건의 생김새와 생긴 모양. 형상(形象)①. 《약》 형(形)③. form
형상(形象)[명] ①《동》 형상(形狀). ②상상(想像)에 의해 마음속에 떠오르는 대상의 모습.
형상 문자[─짜](形象文字)[명] 《동》 상형(象形)문자.
형상 예:술[─네─](形象藝術)[명] 형태를 갖추고서 시각적인 의형을 가진 예술. 조각(彫刻)·회화(繪畫) 등. formative arts
형상-하다(形象─)[타여] 형용하다. use a figure
형상=화(形象化)[명] 예술 활동에서 마음속의 관념이나 관념을 처음 포착한 것 따위를 어떤 표현 수단에 의해 구상화(具象化)하는 일. 하타
형색(形色)[명] 형상과 빛깔. form and colour

형석(螢石)[명] 유리 광택을 내고 무색 투명하나 붉은 물로 대개 파랑·초록·빨강·보라 같은 빛깔을 지닌 광석. fluorite 「는 갯물.
형석=채(螢石彩)[명]〈공업〉도자기의 홍채(紅彩)가 나
형설(螢雪)[명] 부지런하고 꾸준하게 학문을 닦음. hard study under great adversity
형성(形成)[명] 어떤 모양을 이룸. 만들어 냄. formation 하다

형성(形聲)[명] 한자(漢字)를 만드는 법의 하나. 글자의 반은 뜻을, 반은 음을 나타냄. 諧聲〉.
형성 가격(形成價格)[명]〈경제〉원료·운임·임금 등의 가격 구성의 각 요소를 계산하여 이윤을 더하여 인위적으로 국가가 정한 가격. formation price
형성=권[—권](形成權)[명]〈법률〉권리자의 일방적 의사 표시에 의하여 일정한 법률 효과를 발생시키는 권리. 취소권·추인권·해제권·인지권 따위. 「기간.
형성=기(形成期)[명] 어떤 사물이 형성되는 시기.
형성=층(形成層)[명]〈식물〉나무에서 겉껍질과 목질부의 중간을 이루고 있는 얇은 조직. cambium
형세(形勢)[명] ①생활의 경제적인 형편. condition ②정세(情勢). ③〈민속〉풍수 지리설(風水地理說)에서 산형(山形)과 지세(地勢)를 이름. natural
형소(形素)[명]〈음악〉형사 소송(形事訴訟). 「features
형소법[—뻡](刑訴法)[명]〈약〉형사 소송법.
형수(兄嫂)[명] 형의 아내. elder brother's wife
형승(形勝)[명] ①지세나 경치가 뛰어남. picturesqueness ②〈동〉요지(要地). 하다
형승지국(形勝之國)[명] 지세(地勢)가 좋아서 승리하기에 좋은 위치에 있는 나라. strategic country
형승지지(形勝之地)[명] 지세(地勢)나 풍경이 아주 뛰어난 땅. picturesque spot
형식(形式)[명] ①겉모습. 격식(格式).《대》내용(內容). form ②일정한 상태. 고정된 성질. formality
형식 과학(形式科學)[명] 경험이나 경험적 개념을 대상으로 하지 않는 과학.
형식 논리학(形式論理學)[명]〈논리〉사유(思惟)의 형식적 원리. 곧, 개념·판단·추론의 제 형식을 연구하는 학문.《대》인식론적 논리학. formal logic
형식 도야(形式陶冶)[명]〈교육〉교육 방법의 하나. 피교육자의 정신적 능력을 연마시키는 데 중점을 둠. formal building of character formalism 「lism
형식=론(形式論)[명] 형식에만 치중하는 이론. forma-
형식 명사(形式名詞)[명] '의존 명사(依存名詞)'의 구용어.
형식=미(形式美)[명]〈미술〉예술 작품의 표현 형식상에서의 조화·균등·대조 등의 미(美).《대》내용미(內容美). beauty of the form
형식犯(形式犯)[명]〈법률〉형식 거동범(擧動犯).
형식=법(形式法)[명]〈법률〉권리와 의무를 실행되는 형식. 곧, 그 절차를 중요시하는 법률. formal laws
형식적(形式的)[관] 내용보다 형식을 주로 하는 것.
형식=주의(形式主義)[명] ①일상에서 형식을 중요시하는 주의. ②〈윤리〉선악은 직접 감지(感知)된다고 하는 설. ③〈철학〉인식 능력(認識能力)에는 선천 형식을 주(主)가 있다고 하는 설.《대》실질주의(實質主義). formalism
형식 형태소(形式形態素)[명]〈어학〉실질(實質) 형태소에 붙어 말과 말 사이의 문법적 관계를 나타내는 형태소. 조사·어미 따위.《대》실질 형태소.
형식=화(形式化)[명] ①형식으로 되거나 되게 함. ②형식에 맞춤.
형신(刑訊)[명]〈제도〉형장(刑杖)으로 때리며 죄인을 심문함. 형문(刑問)②. 형추(刑推). 하다
형안(炯眼)[명] ①날카로운 눈매. sharp eyes ②사물의 관찰력이 뛰어난 사람. man of great insight
형안(刑案)[명] 공부를 하는 책상.
형언(形言)[명] 형용하여 말함. description 하다

형역(形役)[명] 마음이 육체의 부리는 바가 됨.
형영(形影)[명] 모습과 그림자. shape and shadow
형영 상동(形影相同)[명] 마음먹은 것이 그대로 밖으로 나타남을 이르는 말.
형영 상조(形影相弔)[명] 자기의 몸과 그림자가 서로 불쌍히 여긴다는 뜻으로 매우 외로운 경우를 이르는 말. 「on
형옥(刑獄)[명] ①형벌. ②감옥. punishment and pris-
형용(形容)[명] ①생긴 모양. 形④ ②사물의 어떠함을 설명함. description ③어떤 사물을 다른 것에 비유하여 나타냄. figurative expression 하다
형용=구(形容句)[명]〈어학〉형용사와 같은 구실을 하는 구.
형용=사(形容詞)[명]〈어학〉사물의 형용·상태·성질이 어떠함을 설명하는 품사(品詞). 그림씨. 어떻씨. adjective
형우 제공(兄友弟恭)[명] 언니와 아우가 서로 극진히 사랑함. love of the brothers 하다
형이=상(形而上)[명]〈철학〉형체를 초월한 것. 형식을 떠난 것. 무형(無形).《대》형이하(形而下). metaphysical
형이상=학(形而上學)[명]〈철학〉형이상(形而上)의 존재를 연구하는 철학의 부문.《대》형이하학(形而下學). metaphysics
형이=하(形而下)[명]〈철학〉형체를 갖추어 가진 것. 유형(有形).《대》형이상(形而上).
형이하=학(形而下學)[명]〈철학〉형체를 갖추고 있는 사물을 대상으로 하는 학문.《대》형이상학(形而上學). physical science
형인(刑人)[명] 형벌을 받은 사람. prisoner
형자(兄姊)[명] 형과 손위 누이.
형장(兄丈)[명] 평교간에 있어서의 상대자를 일컫는 말. you
형장(刑杖)[명]〈동〉곤장(棍杖).
형장(刑場)[명] 사형을 집행하는 장소. execution ground
형적(形跡)[명] 뒤에 남은 흔적. trace
형전(刑典)[명]〈제도〉육전(六典)의 하나. 형조(刑曹)에 관한 여러 사항을 규정한 법전. criminal code
형정(刑政)[명]〈정치〉범죄에 관한 방면의 행정. criminal policy
형제(兄弟)[명] ①형과 아우. 곤계(昆季). 곤제(昆弟). ¶~간(間). brother ②〈동〉동기(同氣). 동근(同根)③. ③하느님을 믿는 신도들이 스스로를 이르는 말.
형제궁(兄弟宮)[명]〈민속〉십이궁(十二宮)의 하나. 형제에 관계되는 운수를 점치는 기본 자리.
형제를 잘 두면 보배, 못 두면 원수[속] 사람 구실 못하는 형제가 있어서도 피해를 많이 본다.
형제=애(兄弟愛)[명] 형제간의 사랑.
형제 위수족(兄弟爲手足)[명] 형제 사이는 손발과 같음. 곧 우애 있게 시내야 함을 이름.
형제 자매(兄弟姉妹)[명] ①형제와 자매. brothers and sisters ②〈동〉동기(同氣).
형제 주인이어멈(兄弟主人一)[구] →쌍동 중매(雙童仲媒).
형제지국(兄弟之國)[명] 사이가 아주 친밀하고 가깝게 지내는 나라. 또는 서로 혼인 관계를 이룬 나라. brother nations
형제지의(兄弟之誼)[명] 형제간의 우애처럼 지내는 정다운 친구의 정의. brotherly affection
형제 혁장(兄弟鬩墻)[명] 형제가 담 안에서 싸운다는 뜻으로 같은 종족끼리 서로 다툼을 이르는 말.
형조(刑曹)[명]〈제도〉조선조 때 법률·소송(訴訟)·노예(奴隸)들에 관한 일을 보던 관청.
형조 판서(刑曹判書)[명]〈제도〉형조의 으뜸 벼슬.《약》형판(刑判).
형조 패두의 버릇이나[속] 사람을 마구 때리는 버릇을 이르는 말.
형죄(刑罪)[명] 형벌과 죄. 형벌. punishment
형주(兄主)[명]〈공〉형(兄).
형지(形止)[명] ①사실의 자초 지종(自初至終). ②일이

되어가는 형편.
형지(形址)〖동〗엉터리.
형지(型紙)〖명〗어떤 본보기로 만든 종이. 본①.
형지-안(形止案)〖명〗〈제도〉역노비(驛奴婢)를 정사(精査)하여 작성한 원적부.
형질(形質)〖명〗①형태와 성질. 생긴 모양과 그 바탕. shape and nature ②〈생리〉동물의 육체나 정신, 식물의 여러 기관의 모양·크기·성질 등의 특질의 총칭. character
형질 세:포(形質細胞)〖명〗〈생리〉결합 조직의 세포 성분으로 보는 백혈구의 하나. 장벽 점막·작은 혈관 주변 등에 밀집하며, 원형 또는 타원형임.
형징(刑懲)〖명〗형벌을 주어서 징계함. 벌징(罰懲). punishment 하타
형(詗捉)〖명〗몰래 이리저리 살펴 조사하여서 잡음.
형:찰(詗察)〖명〗넌지시 염탐함. 하타
형창(螢窓)〖명〗①공부하는 방의 창. ②학문(學問)을 닦는 곳.
형처(刑妻)〖명〗남에게 대한 자기 아내의 겸칭. 형부(刑婦). my wife
형철(瑩澈)〖명〗환하게 내어 비치도록 맑음. 하형
형체(形體)〖명〗물건의 생김새와 바탕이 되는 몸. 상(像). form
형:탐(詗探)〖명〗살그머니 엿보아 가며 모조리 뒤짐. 하타
형태(形態)〖명〗①사물의 모양. form ②형상과 태도. form and attitude
형태-론(形態論)〖명〗〈어학〉단어의 어형 변화를 다루는 학문으로 구문론과 함께 문법의 이대(二大) 부문의 하나. 어형론(語形論). 형태학②. morphology
형태-소(形態素)〖명〗〈어학〉①의의소(意義素)로 되어 단어 구성에 없지 못할 요소. ②하나의 언어 체계에서, 뜻을 가지는 최소의 언어 단위.
형태-학(形態學)〖명〗〈생물〉생물 전체 또는 그 일부의 형태·구조·발생 등을 연구하는 학문. morphology ② 〖동〗형태론(形態論).
형통(亨通)〖명〗모든 일이 뜻과 같이 잘 됨. going well 하형
형=틀(刑─)〖명〗죄인을 신문(訊問)할 때에 앉히는 형구(刑具). implement of punishment
형을 지고 와서 볼기 맞는다〖속〗가만히 있으면 탈 없을 것을 제가 자청해서 화를 부르고 고생을 산다.
형판(刑判)〖명〗《역조 판서《刑曹判書》.
형판(形板)〖명〗석공 등이 어떤 모양을 만들어 쓰는 모양을 새긴 널빤지.
형편(刑便)〖명〗죄인을 매질하는 체제.
형편(形便)〖명〗①일이 되어가는 경로. 또는 결과. 상황(狀況). course of an event ②살림살이의 형세. condition ③땅의 생긴 모양. situation ④어떠한 셈속. real state of affairs
형편-없:다(形便─)〖형〗①일의 경과·결과 따위가 좋지 못하다. ②모양이나 내용에 전혀 취할 것이 없다. **형편-없:이**튀
형평(衡平)〖명〗〖동〗수평(水平).
형평-사(衡平社)〖명〗〈사회〉사회적인 차별 대우의 철폐를 목적으로 천민 계급(賤民階級)이 일으킨 정치적 결사(結社). 1923년 경남 진주에서 창립됨.
형평 운:동(衡平運動)〖명〗〈사회〉차별 대우를 철폐하려고 일으킨 천민 계급, 특히 백정들의 정치 운동. 수평 운동(水平運動). leveling movement
형해(形骸)〖명〗①사람의 몸과 뼈. body ②구조물의 뼈대를 이루는 부분. frame
형향(馨香)〖명〗꽃다운 향기.
형헌(刑憲)〖명〗법률. 규칙. 규범.
형:(炯炯)〖명〗번쩍번쩍 빛나는 모양. ¶～한 안광(眼光). 하형 히부
형형(熒熒)〖명〗광선이 연달아 번쩍거리는 모양. 하형 히부 [가 각색. various colours
형형 색색(形形色色)〖명〗형상과 종류의 가지가지. 가
형화(螢火)〖명〗반딧불. glow of a firefly [신.
혜(慧)〖명〗〈불교〉사물의 이치를 뚜렷이 판별하는 정
혜:감(慧鑑)〖명〗혜존(惠存).

혜:검(慧劍)〖명〗〈불교〉지혜가 번뇌를 끊는 것을 날카로운 칼이 물건을 잘라 버린다는 데에 비유한 말.
혜:고(惠顧)〖명〗①〖공〗남이 나를 찾아줌. 혜래(惠來). 혜림(惠臨). 혜왕(惠枉). your visit ②잘 보살펴 줌. patronage 하타
혜:교(慧巧)〖명〗영리한 슬기와 교묘한 기교.
혜:군(惠君)〖명〗자비로운 임금.
혜:념(惠念)〖명〗동정하여 주는 생각이란 뜻으로 편지에 많이 씀. patronage 하타
혜:-다〖타〗〖고〗세다〔量〕. 생각하다.
혜:당(惠堂)〖명〗《약〉선혜 당상(宣惠堂上).
혜두(慧竇)〖명〗슬기가 우러나오는 구멍. 슬기 구멍.
혜:란(蕙蘭)〖명〗〈식물〉난초과(蘭草科)에 속하는 다년생 풀. 잎이 난초보다 썩 길며 늦은 봄에 한 줄기에 예닐곱의 조금 부연 꽃이 핌.
혜:래(惠來)〖명〗〖공〗혜고①. 하크타
혜:려(惠慮)〖명〗〖공〗남의 염려.
혜:림(惠臨)〖명〗〖동〗혜고①. 하크타
혜:명(慧命)〖명〗〈불교〉①불교의 명맥(命脈). 곧, 불법의 명맥을 이어가는 비구(比丘). ②지혜를 생명에 비유하여 이르는 말.
혜:무(惠撫)〖명〗은혜를 베풀어 주고 달래 줌. 하타
혜:민(慧敏)〖명〗영리하고 민첩함. 〖유〗혜오(慧悟). cleverness 하형 [료를 맡아보던 관청.
혜:민-국(惠民局)〖명〗〈제도〉고려 때 일반민의 질병 치
혜:민-서(惠民署)〖명〗〈제도〉조선조 때 가난한 백성들에게 무료로 병을 치료하여 주고 무료 침술을 가르쳐 주는 일을 맡았던 관청.
혜:민-원(惠民院)〖명〗〈제도〉조선조 말기에 가난한 백성들을 구조하는 일을 맡아보던 관청.
혜:분 난비(蕙焚蘭悲)〖명〗친구의 불행을 슬퍼함을 이르는 말. 〖대〗송분 백열(松盆柏悅).
혜:사(惠思)〖명〗은혜로 사랑하여 생각함. 하타
혜:사(惠赦)〖명〗임금의 은혜로 죄를 용서받음. forgiveness 하타
혜:사(惠賜)〖명〗은혜로 금품을 줌. 혜여(惠與). 혜증(惠贈). almsgiving 하타
혜:서(惠書)〖명〗〖공〗남이 나에게 준 편지. 혜한(惠翰). 혜함(惠函). 혜찰(惠札). 혜음(惠音). your letter
혜:성(彗星)〖명〗①〈천문〉살별. comet ②어떤 분야에 갑자기 뛰어나게 두렷이 드러나기 시작함의 비유.
혜:성(慧性)〖명〗민첩하고 총명한 성품. wise nature
혜:성-적(彗星的)〖명〗뛰어나게 두렷이 빛나는(것). [comet-like
혜:송(惠送)〖명〗보내어 주심. 하타
혜:시(惠示)〖명〗남에게 알리어 달라고 부탁하는 뜻으로, 편지에 쓰이는 말.
혜:시(惠施)〖명〗은혜를 베풀어 줌. almsgiving 하타
혜:심(慧心)〖명〗슬기로운 마음. perspicacity
혜아-룜(─)〖명〗〖고〗혜아림. 생각. 근심.
혜:아-리-다〖타〗〖고〗헤아리다. 생각하다.
혜안(慧眼)〖명〗①사물을 꿰뚫어 보는 눈. quick eye ②〈불교〉진리를 통찰(洞察)하는 눈. 〖대〗범안(凡眼). keen insight
혜:애(惠愛)〖명〗은혜로서 사랑함. favour 하타
혜여흐-다〖타〗〖고〗생각하다. 헤아리다.
혜:여(惠與)〖명〗〖동〗혜사(惠賜). 하타
혜:역〖명〗〖고〗헤아리시. 냐리즉. 세니.
혜:오(慧悟)〖명〗슬기롭게 깨달음. 〖유〗혜민(慧敏). cleverness 하형
혜:왕(惠顧)〖명〗〖동〗혜고(惠顧)①. 하크타
혜옴〖명〗〖고〗생각.
혜:우(惠雨)〖명〗①만물을 촉촉히 적셔서 혜택이 되게 하는 비. welcome rain ②오래 가물다가 오는 비. ③임금의 은혜. Emperor's favour
혜:육(惠育)〖명〗은혜로 기름. 하타
혜:-육〖명〗〖고〗생각. 셈〔數〕. 계산.
혜:음(惠音)〖명〗〖동〗혜서(惠書).
혜:인(惠人)〖명〗〈제도〉조선조 때 정 4 품·종 4 품의 종친(宗親)들의 아내의 품계(品階).

혜전(鞋廛)[명] 신 파는 상점. 신전. shoe-store
혜:정(惠政)[명] 인자한 정치. 인정(仁政). benevolent government
혜:존(惠存)[명] 자기의 저서(著書)나 작품을 남에게 드릴 때 '받아 간직해 주십사'는 뜻으로 쓰는 말. with compliments
혜감(慧鑑).
혜:증(惠贈)[명]《동》혜사(惠賜). 하타
혜:지(慧智)[명] 총명한 슬기. wisdom
혜:찰(慧察)[명]《동》혜촉(惠燭). 하타
혜:척(惠擲)[명]《동》혜투(惠投). 하타
혜:택(惠澤)[명] 슬기롭고 명철함. 하타
혜:택(惠澤)[명] 은혜와 덕택. favour
혜:투(惠投)[명] 남이 보내 줌. 혜척(惠擲). 하타
혜:풍(惠風)[명] ①화창하게 부는 봄바람. spring breeze ②음력 삼월.
혜:한(惠翰)[명] 혜서(惠書). ze ②음력 삼월.
혜:함(惠函)[명] 혜서(惠書).
혜:해(慧解)[명]〈불교〉지혜로 사리를 잘 해득함. 하
혜:화(惠化)[명] 은혜를 베풀어 교화함. 하타
혜:휼(惠恤)[명] 고맙게 어루만져 돌보아 줌. relief 하타
헴가림[명]《고》헤아림. 사례. 분별(分別).
헴[부](感) 일을 조금 오므리고 입김을 불어 내부는 소리. 훗. with a blow 하타
호:(戶)[명] 호적상(戶籍上)의 집. house 의뎡 집의 수효를 나타내는 단위. ¶50~.
호:²(戶)[명]〈제도〉칠사(七祀)의 하나. 출입을 맡은 궁문(宮門)의 작은 신(神).
호(弧)[명]〈수학〉원주 또는 곡선의 한 부분. arc
호(毫)[명] 붓의 털끝. thin hair 의뎡 ①무게의 단위. ②길이의 단위.
호(湖)[명]〈약〉→호수(湖水).
호(號)[명] 본명이나 자(字) 이외에 쓰는 아명(雅名). penname 의뎡 ①차례의 단위. ¶제1~. 오월~. number ②비행기·배·기차 따위에 이름을 붙이는 말. ¶통일~. 태극~. suffix attached to the name of a boat or train
호(濠)[명] ①호수. ②성(城)의 아래에 물이 괴는 곳.
호(壕)[명]〈약〉→참호(塹壕).
호:(好)[두] 명사 위에 붙어 좋음의 뜻을 나타내는 말. ¶~경기(景氣). good
호가(呼價)[명] 팔거나 사려는 값을 말라고 부름. offer a price
호가(胡笳)[명]〈음악〉①날라리. ②풀잎 피리.
호가(胡家)[명] 호인(胡人)의 집.
호가(浩歌)[명] 목소리를 크게 질러 부르는 노래. 하타
호가(扈駕)[명]〈제도〉왕이 탄 수레를 안동하여 따라 감. 후가(後駕). "house ②호족(豪族).
호가(豪家)[명] ①부유한 집. 권세가 당당한 집. rich
호:가호:위(狐假虎威)[명] 남의 권세를 빌려 위세를 부림을 이르는 말.
호:각(互角)[명] 서로 역량이 같음.
호:각(號角)[명] 신호용(信號用)으로 쓰는, 불어서 소리를 내는 물건. 호루라기². whistle
호:각지세(互角之勢)[명] 서로 비슷비슷한 위세.
호감(好感)[명]《동》호감정(好感情).
호:=감:정(好感情)[명] 좋은 감정. (대) 악감정(惡感情). (약) 호감(好感). good feeling
호강[명] 호화롭고 편안한 생활을 누림. ¶그녀는 시집 가서 ~한다. luxury 하타 스힝 스레힝
호강(豪强)[명] 호화하게 굳셈.
호강(好强)[명] 호강으로 얻은 첩. 하타
호강-첩(-妾)[명] 부유한 사람을 만나 호강스럽게 지내는 첩. well-to-do concubine "사람.
호객(豪客)[명] ①기운을 뽐내는 사람. ②호기가 있는
호:거(好居)[명] 넉넉한 살림으로 살아감. 하타
호:거(虎踞)[명] ①범이 웅크리고 앉을 듯함. ②피이하게 생긴 돌의 형상. ③범처럼 웅크리고 앉음.
호거(豪擧)[명] 호협스러운 행동. heroic act 하타
호:거=용반(虎踞龍蟠)[명]《동》용반 호거(龍蟠虎踞).
호:건(好件)[一件][명] 좋은 물건. plucky 하타
호건(豪健)[명] 뛰어나게 잘나고 굳셈. 세차고 꿋꿋함.
호걸(豪傑)[명] 지용(智勇)이 뛰어나고 도량이 넓으며 기개(氣槪)와 풍모가 있는 사람. ¶~남자(男子). 영웅(英雄). ~. hero 스힝 스레힝
호걸-풍(豪傑風)[명] 호걸의 기품이나 풍모. ¶~인 인
호격[一格][명]〈어학〉호칭(呼稱)으로 쓰인 격(格). 부름자리. vocative case
호격 조:사[一格一][명]〈어학〉주어 아래에 붙어서, 사람이나 물건을 부를 때 쓰는 격조사. "야·여·아·이시여·시여" 따위가 있음. 부름자리토씨.
호:=결과(好結果)[명] 좋은 결과. good result
호:경(好景)[명] 훌륭한 경치. fine scenery
호:=경기(好景氣)[명] 좋은 경기. 경제 활동이 몹시 왕성한 상태. 호황(好況). ¶~를 누리는 백화점. (대) 불경기. prosperity
호:고(好古)[명] 옛 것을 즐김. 하타
호=고추(胡一)[명] 만주에서 나는 고추. 하견
호:곡(號哭)[명] 소리를 바이 슬피 우는 울음. wailing
호:곡=성(號哭聲)[명] 목놓아 슬피 우는 울음 소리.
호:골(虎骨)[명]〈한의〉근골(筋骨)을 튼튼하게 하는 데 쓰이는 호랑이의 뼈. bones of a tiger
호:과(好果)[명] 좋은 결과. good result
호과(胡瓜)[명]〈식물〉cucumber
호과(瓠瓜)[명]〈식물〉박과에 딸린 식물의 열매. 오이·참외 따위. pepos
호관(好官)[명] 좋은 벼슬. ─미관(美官).
호광(弧光)[명]〈물리〉두 개의 전극(電極) 사이에서 발생하는 호상(弧狀)의 빛. 아크. arc light
호광(毫光)[명] 부처의 몸에서 빛이 사방으로 비쳐 퍼지는 모양.
호광-등(弧光燈)[명]《동》아크등(arc 燈). 지는 모양.
호광-로(弧光爐)[명]〈물리〉전호(電弧)에 발생하는 열을 이용한 전기로(電氣爐)의 하나. arc furnace
호구[명] 팽이·쇠스랑 따위의 자루를 맞추는 구멍. 괴통.
호:구(戶口)[명] 집과 사람의 수효. number of houses and inhabitants
호:구(虎口)[명] ①위태한 경우 또는 지경. ¶스스로 ~에 들어가는 셈이다. jaws of death ②바둑에서, 상대편 바둑 석 점이 이미 싸고 있는 그 속.
호구(狐裘)[명] 여우의 겨드랑 밑의 흰 털가죽을 모아 만든 옷. "livelihood 하타
호구(糊口)[명] 입에 풀칠함. 곧, 겨우 먹고 삶. bare
호:구 만:명(戶口萬明)[명]〈민속〉천연두에 걸려서 죽은 귀신을 이름.
호:구=별(戶口別)[명] 호구에 따라 가른 구별.
호:구 별성[一星](戶口別星)[명]〈민속〉천연두를 집집마다 차례로 내린다고 하는 여신(女神). 두신(痘神). 역신(疫神)①. 호귀 별성. (약) 별성. (풍) 별성마마.
호:구 여생(虎口餘生)[명] 구사 일생(九死一生)으로 살아 남은 목숨.
호:구 조:사(戶口調査)[명] ①호수(戶數) 및 인구를 조사하는 일. ②각 호구의 가족 동태에 대한 조사. 또, 그 일. census 하타
호구지-계(糊口之計)[명]《동》호구지책(糊口之策).
호구지-방(糊口之方)[명]《동》호구지책(糊口之策).
호구지-책(糊口之策)[명] 겨우 먹고 살아가는 방책. 호구지계. 호구지방. means of living
호:국(護國)[명] 나라를 호위함. ¶~의 영령에 대한 묵도. defence of the fatherland 하타
호:군(護軍)[명]〈제도〉①조선조 때 오위(五衛)의 정 4품 벼슬. ②고려 말기의 장군(將軍)의 고쳐진 이름.
호:굴(虎窟)[명] 호랑이가 사는 굴. 호혈(虎穴)①. tiger's den
호궁(胡弓)[명]〈음악〉동양에서 널리 쓰이는 궁현 악기(弓弦樂器)의 총칭. 말의 꼬리털로 맨 활로 연주함. Oriental fiddle
호궤(犒饋·犒饋)[명]〈군사〉군사에게 음식을 베풀어 위로함. 호군(犒軍). 호석(犒錫).
호금(胡琴)[명]〈음악〉①비파(琵琶). ②당악(唐樂)을 연주하는 현악기의 하나. 호궁(胡弓)과 비슷하게 생겼는데, 대로 만들어 뱀껍질을 입혔음.

호:기(好奇)图 새롭고 기이한 것을 좋아함. curiosity 하回

호:기(好期)图 좋은 시기. 호시기. good season

호:기(好機)图 좋은 기회. 호기회. ¶물실(勿失) ~. good opportunity

호기(呼氣)图 숨을 밖으로 내부는 기운. ⟷흡기(吸氣). expiration

호:기(虎騎)图 용맹스런 기병(騎兵). brave cavalry

호기(胡騎)图 말 탄 오랑캐 군사.

호:기(浩氣)图 호연(浩然)한 기운. 정대(正大)한 기운. 호연지기(浩然之氣).

호기(號旗)图 신호로 쓰는 기. signal flag

호기(豪氣)图 ①씩씩하고 장한 기상. heroic temper ②호걸스럽고 장한 의기. ③거드럭거리는 기운. 스렙 스레回

호기-롭-다(豪氣-)웰[日日] ①의기양양하다. of a heroic temper ②거드럭거려 뽐내는 기운이 있다.

호기 만:발(豪氣滿發)图 호기가 외모에 나타나 있음. 하回

호기 만장(豪氣萬丈)图 호기로을 기세가 몹시 높음.

호기-부리-다(豪氣-)困 호기 만만한 태도를 나타내다. give oneself the airs of a great man

호:기-성[-썽](好氣性)图 세균 따위가 산소를 좋아하여 공기 중에서 잘 자라는 성질. (呪) 염기성(嫌氣性).

호:기-심(好奇心)图 신기한 것을 좋아하는 마음. curiosity

호:-기회(好機會)图 ⟹ 호기(好機).

호깨-나무(胡-)图 ⟨식물⟩ 갈매나무과의 낙엽 교목(落葉喬木). 7월에 흰 꽃이 피고 갈색의 둥근 과실이 10월에 익음. 열매는 약으로 쓰고, 나무는 그릇을 만드는 데 쓰임. 기구(枳棋). 목밀(木蜜).

호-나북(胡蘿蔔)图 당근.

호남(湖南)图 ⟨지리⟩ 전라 남북도. provinces of north and South *Cholla*

호:-남아(好男兒)图 ①씩씩하고 쾌활한 남자. fine fellow ②미남자. handsome boy

호녀(胡女)图 ①만주족의 여자. Manchurian woman ②중국 여자를 얕잡아 이르는 말. ⟦를. 하回

호=년(胡-)图 이년저년하는 여자를 '년'자를 붙여 부름.

호:념(護念)图 〈불교〉부처나 보살을 항상 마음속에 품고 있으면 부처가 항상 두호하여 준다는 말.

호노 자식(胡奴子息)图 ⟶ 호래아들. 「사나운 종.

호노 한:복(豪奴悍僕)图 고분고분한 맛이 없는 종들.

호농(豪農)图 많은 땅을 가지고 짓는 농사. 또, 그 집. wealthy farmer

호:-다[타] 헝겊을 여러 겹 겹치고 성기게 꿰매다.

호:-다[조동] [고] 하다. ⟶ 하다. [sew together

호단(毫端)图 붓끝.

호:담(虎膽)图〈한의〉범의 쓸개. 식욕 부진 · 이노 통변 및 아이들의 경풍(驚風) 등에 한약재로 씀.

호담(豪談)图 호언(豪言)과 장담(壯談). big talk 하回

호담(豪膽)图 매우 담대함. iron nerves 하回

호당(戶當)图 한 집 집마다 배당되 몫.

호당(湖堂)图 〈제도〉독서당(讀書堂)의 고친 이름. 젊고 재주 있는 문신으로서 임금의 특명을 받은 사람들이 공부하던 곳.

호:대(浩大)图 아주 넓고 큼. vast 하回

-호:-딕[경미] [고] 하되.

호도(好道)图 ⟹호도리(好道理).

호도(胡桃)图 ⟹호두.

호도(糊塗)图 ①성정이 어두워서 흐리터분함. obscuration shuffling ②일시적으로 흐리터분하게 어루만짐. 하回

호도(弧度)图 〈수학〉'라디안(radian)'의 구용어.

호도갑-스럽-다[日日] 언행(言行)이 경망하고 황급하다. hasty 호도갑-스레回

호도득-거리-다困 ⟶호드득거리다.

호:-도:리(好道理)图 훌륭한 계책. 앞으로 잘 되어 나갈 방책. (원. 호도(好道).

호도법[-뻡](弧度法)图 〈수학〉 라디안(radian)을 단위로 하여 중심각을 헤아리는 법. circular method

호도애图 〈조류〉 비둘기과(鳴鳩)에 속하는 새. 어깨와 날개는 거의 검거나 갈색이며 머리는 갈색(褐色), 다리는 홍색(紅色)임. 산지 · 산림에 서식함. 청구(青鳩).

호도-유(胡桃油)图 호두 속살에서 짜낸 기름.

호동-루(胡桐淚)图 〈한의〉야라보(呀喇菩)의 나무 진. 치통(齒痛) · 목병 등의 외용약(外用藥)으로 쓰임. 호동-률.

호동-률(胡桐律)图 〈동〉 호동루(胡桐淚).

호되-다图 ①혹독스럽게 되다. violent ②매우 심하다.

호두(胡頭)图 〈농업〉용두레. ¶호된 추위. severe

호두(胡-)图 호두나무의 열매. 강도(羌桃). 핵도(核桃). 당추자(唐秋子). 추자(楸子)②. walnut

호:두-각(虎頭閣)图 〈제도〉의금부(義禁府)에서 죄지은 사람을 심리하던 곳.

호:두-각(虎頭閣)图 〈건축〉의금부(義禁府)의 호두각(虎頭閣)을 본떠 지은 집.

호두-나무(胡-)图 〈식물〉호두나무[胡桃科]의 활엽수인 낙엽 교목. 굵은 가지만 많이 나며 잎은 달갈꼴 타원형임. 핵과(核果)는 구상의 넓은 난형으로 식용 · 제유용(製油用)으로 쓰이고, 목재는 그릇을 만드는 데 쓰임. walnut-tree「없다.

호두 속 같다回 일의 갈피가 많아서 그 속을 알 수가

호두-엿(胡-)图 호두 살을 넣어 만든 엿.

호두-잠(胡-簪)图 대가리가 호두와 비슷한 옥비녀.

호두-장(胡-醬)图 호두의 속껍질을 벗기고 기름에 약 간 볶아서 간장에 넣은 음식.

호드기图 물오른 버들가지나 밀짚의 토막으로 만든 피리의 하나. reed pipe

호드득图 ①깨 · 콩 따위의 작은 난알들을 볶을 때 튀며 나는 소리. ②총포나 딱총 등이 터지거나 나는 소리. ③잔 나뭇가지나 검불 따위가 타 들어가며 나는 소리. (큰) 후드득. crackling

호드득-거리-다困 ①경망스럽게 자주 방정을 떨다. ②깨 · 콩 따위를 볶을 때 난알들의 튀는 소리가 연이어 나다. ③총포나 딱총 등이 연이어 터지며 소리가 나다. ④작은 나뭇가지나 마른 검불 따위가 기세 좋게 타면서 호드득 호드득 소리를 내다. (큰) 후드득거리다. **호드득-호드득**困 하回

호들갑图 야단스런 언행. 방정맞은 언행. 스럽 스레回

호들갑-떨:-다[자囯] 경망스럽게 방정을 떨다.
「pretty

호:돗-하-다[여回] ①가냘프다. slender ②예쁘다.

호등(弧燈)图 아크등(arc 燈).

호:-떡(胡-)图 불에 구워 낸 중국식 떡의 하나. 고병(烤餠). Chinese bread

호떡-집(胡-)图 호떡을 파는 가게. Chinese bakery

호떡집에 불이 났나囚 질서 없이 떠들썩하게 지껄임을 빈정거리어 하는 말.

=**-호.라.다**[回] [고] = 하노라. =노라.

호라이(Horai 그)图 그리스 신화에 나오는 계절과 때의 여신(女神)으로, 천후(天候)를 감시하며 정의 · 질서 · 윤리 · 평화의 직능을 가졌음.

호라치-몽(-麥)图〈식물〉천문동과의 다년생 풀. 줄기 길이 2m 가량으로 5~6월에 담황색의 작은 꽃이 피고 장과는 적색임. 덩굴로 머저저 뿌리는 천문동(天門冬)이라 하여 한약재로 쓰임. asparagus

호:락(虎落)图 ①'외번(外蕃)'의 2 범을 막는 울타리.

호락(弧落)图 허울은 크면서도 아무 소용이 없게 됨.「하回

호락-질图 남의 힘을 빌리지 않고 혼자 힘으로 농사 짓는 일. single-handed farming 하回

호락-호락图 ①버릴 만큼이나 만만한 모양. ②수월하게. 쉽사리. ¶네 말에 ~ 넘어갈 내가 아니다.

(원) 홀약홀약(忽弱忽弱). readily 하回

호란(胡亂)图 뒤숭숭하여 어수선함. tumult 하回

호란(胡亂)图 ⟹병자 호란(丙子胡亂).

호:랑(虎狼)图 ①범과 이리. tiger and wolf ②욕심이

호:랑나비(虎狼─)명〈곤충〉범나비.
호:랑버들(虎狼─)명〈식물〉버들과〔楊柳科〕의 낙엽 소교목(落葉小喬木). 잎은 넓은 타원형으로 된 면에 융모(絨毛)가 밀생함. 4월에 자웅 이가(雌雄異家)의 꽃이 피고 삭과는 5월에 익음. 산록에 나며 관상용으로 심기도 함.
호:랑연〔─년〕(虎狼鳶)명 '虎'자 모양으로 만든 연.
호:랑이(虎狼─)명 ① 범을 무섭게 이르는 말. tiger ②즙시 무서운 사람의 비유. fierce person
호랑이 담배 먹을 때족 까마득해서 종잡을 수 없는 옛날.
호랑이도 새끼가 열이면 스라소니를 낳는다족 많은 자식을 낳으면 그 중에는 사람 구실을 제대로 못하는 놈도 끼게 된다.
호랑이도 쏘아 놓고 나면 불쌍하다족 밉던 사람도 그가 죽을 지경에 이르면 불쌍하다.
호랑이도 자식난 골에는 두남둔다족 호랑이와 같이 사나운 짐승도 제 새끼는 사랑하고 중히 여기는데 하물며 사람에 있어서야 말할 것도 없다.
호랑이도 제 말을 하면 온다족 제삼자를 가리켜 이야기하고 있을 때 그 사람이 공교롭게 찾아온다.
호랑이 보고 창구멍 막기족 위급한 때 매우 당황하여 미봉책으로 피하려 한다. 〔동〕손을 한다.
호랑이에게 고기 달라다족 전혀 경우에 맞지 않는 행동.
호랑이에게 물려 갈 줄 알면 누가 산에 갈까족 처음부터 위험한 줄 알면 아무도 모험을 하지 않는다.
호:랑지빠귀(虎狼─)명〈조류〉지빠귀과에 속하는 새. 자웅 동색으로 몸의 상면은 황갈색, 하면은 황색이며 상하 날개에 반달 모양의 흑색 무늬가 있음. 우리 나라·시베리아 동부에 살며 해충을 잡아먹음. 금렵조(禁獵鳥)임. 호랑티티.
호:랑지심(虎狼之心)명 성질이 거칠고 사나워 인자스럽지 못한 마음.
호:랑티티(虎狼─)명〈동〉호랑지빠귀.
호래아들명 버릇없이 구는 놈. 제풀로 자라서 교양이 없는 놈. 호노 자식(胡奴子息). 〔원〕홀의아들. insolent fellow
호래-자식(─子息)명 →호래아들.
호래 척구(呼來斥去)명 사람을 오라고 하여 놓고 곧 쫓아 버림. 하다
호렴(戶斂)명〈제도〉집집마다에서 받아내는 세.
호렴(胡─)명〔변〕→호염(胡鹽).   「림.
호렵-도(胡獵圖)명 오랑캐들의 사냥하는 것을 그린 그
호:령(號令)명 ①지휘하여 명령함. command ② 큰 소리로 꾸짖음. shout 〔준〕구령(口令). 하다
호:령-관(─冠)명 대님을 끄르지 않고 바지를 뒤집어 제치고 머리를 그 속에 들어박는 어린아이들의 장난의 하나.   「슬.
호:령-바람〔─빠─〕(號令─)명 큰 소리로 꾸짖는 서슬. 〔준〕호:령(號令). 정신 차릴 틈을 주지 않고 연달아 큰 소리로 꾸짖음. chiding severely 하다
호:례(好例)명 좋은 예. 알맞은 예. good example
호로명 분합문 아래에 박는 쇠 장식의 하나.
호로(胡─)명 ①중국 북방의 이민족(異民族). 흉노(匈奴)를 말함. ②(하)외국인을 얕잡는 말.
호로(葫蘆·壺盧)명 ①〈음악〉호리병박. ②〈음악〉무동(舞童)춤을 출 때 허리에 매어 좌우로 술이 늘어지게 된 제구.
호로(犒勞)명 음식이나 먹을 것을 보내어 수고로움을 위로함. 하다
호로로명 ①호루라기 따위를 부는 소리. whistling ②〔동〕호로록③. 하다
호로록명 ①날짐승이 날개를 치며 날아가는 소리. flapping ②물이나 묽은 죽 따위를 들이마시는 소리. 호로로③. ③호각이나 호루라기 같은 것을 부는 소리.《약》호록. 《큰》후루룩. sipping 하다
호로록=거리다재타 ①날짐승이 날개를 치며 계속 호로록 날다. ②물이나 묽은 죽 따위를 들이마

시다. ③호각이나 호루라기 같은 것을 계속 불다. 《약》호록거리다. 《큰》후루룩거리다. **호로록=호로록**부 하다재타   「gourd bottle
호로-병(葫蘆瓶)명 호리병같이 만든 병. 〔변〕호리병.
호로=생(葫蘆笙)명〈음악〉부리가 호리병처럼 생긴.
호로=자식(─子息)명〔동〕후레아들.   「생황(笙簧).
호로(葫蘆巴)명〈식물〉콩과〔荳科〕에 속하는 일년생 풀. 꽃은 나비 모양이며 누른 빛으로 여름에 핌. 중국에서 나며 열매는 약용함.
호록명〔약〕→호로록.
호록=거리다재타〔약〕→호로록거리다.
호롱명 석유등(石油燈)의 석유를 담는 그릇. oil lamp
호롱-불〔─뿔〕(─燈)명 호롱에 켠 불. lamp-lights
호루라기명 ①갈구씨나 복숭아씨 양쪽에 구멍을 뚫고 속을 파내어 부는 물건. ②호각·우레 따위의 통칭. 호각(號角). whistle
호루루명 호각을 부는 소리. whistling 하다
호:류(互流)명 서로 엇바꿈. 서로 교류(交流)함. interchange 하다
호르르명 ①새가 나는 소리. flapping ②종이가 타는 모양. lightly ③호루라기 따위를 부는 소리. 《큰》후르르. whistling 하다
호르륵명 ①적은 액체나 국수 따위를 가볍게 빨아들이는 소리. ②작은 새가 갑자기 날개를 치며 가볍게 나는 모양. 또, 그 소리. fluttering ③호루라기나 호각 따위를 부는 소리. 《약》호륵. 《큰》후르륵. whistling 하다
호르륵=거리다재타 ①적은 액체나 국수 따위를 가볍게 계속 주르 빨아들이다. ②작은 새가 갑자기 날개를 자꾸 치며 가볍게 날다. ③호루라기나 호각 따위를 자꾸 불다. 《약》호륵거리다. 《큰》후르륵거리다. **호르륵=호르륵**부 하다재타
호르몬(Hormon 도)명〈생리〉내분비선(內分泌腺)으로부터 분비되어, 체액과 같이 체내를 순환하며, 화학적으로 모든 기관에 여러 가지 중요한 작용을 행하는 물질의 총칭. 갑상선 호르몬·고환 호르몬·곤충의 털갈이 호르몬 등 십수 종이 있음.
호르몬-선(Hormon 腺)명〈생리〉내분비선(內分泌腺).
호륵(豪勒)명 매우 사납고 세참. 하다
호른(Horn 도)명〈음악〉금관 악기의 하나.
호리명〈농업〉한 마리의 소가 끌게 된 쟁기. 〔대〕겨리. plough
호리명 집 뒤. 뒤란. back of the house
호:리(狐狸)명 ①여우와 삵. fox and badger ②'소인배(小人輩)'를 비유하여 이르는 말.
호리(毫釐)명 ①자나 저울 눈의 호(毫)와 이(釐). whit ②몹시 작은 것을 가리키는 말. modicum   「름.
호리 건곤(壺裏乾坤)명 항상 술에 취하여 있음을 이
호리-다타 ①매력으로 남의 정신을 어지럽게 하여 빼앗다. bewitch ②속여서 끌어내다. lure out ③유혹하다. 《큰》후리다.
호리=병(葫─瓶)명〔변〕→호로병(葫蘆瓶).
호리병-박(葫─瓶─)명〈식물〉박과의 일년생의 덩굴진 풀. 줄기와 잎에는 털이 많고 7월에 백색 꽃이 자웅 동주로 핌. 장과(漿果)는 호리병 모양임. 조롱박. 고포(苦匏). 고호(苦瓠). 고호로(苦葫蘆). 포로(蒲蘆). 호로(葫蘆)①. gourd
호리 불차(毫釐不差)명 조금도 틀리지 아니함. laking any difference
호리존트(Horizont 도)명〈연예〉근대 연극에서, 무대 안쪽에 설치한 벽. 분위기를 내기 위함임.
호리지-차(毫釐之差)명 근소한 차.
호리-질(─농업)명 호리로 논밭을 가는 일. ploughing
호리 천리(毫釐千里)명 처음은 조금의 차이지만 나중에는 대단한 차가 생김을 말함.
호리호리-하다형예 키가 날씬하게 좀 크다. 《큰》후리후리하다. slender
호림명 남을 꾀어 호리는 일. 《큰》후림. bewitching
호:마(虎麻)명 고삼(苦蔘)의 뿌리. 약재임.

호마(胡馬) 만주나 중국 북방에서 나는 말. Chinese horse

호마(胡麻) 〈식물〉 참깨·검은깨의 총칭. 유마(油麻). 지마(芝麻). sesame

호-마노(縞瑪瑙) 〈동〉줄마노(一瑪瑙).

호마-유(胡麻油) 〈동〉참기름.

호마이카(←Formica) →포마이커(Formica).

호마-인(胡麻仁) 〈한의〉종창을 다스리는 데 약으로 쓰는 참깨나 검은 깨.

호말(毫末) ①썩 작은 물건을 이름. 호발. slightest degree ②털끝만한 일. hair-end

호망(虎網) 호환(虎患)을 막기 위하여 집 근처에 쳐 놓은 그물.

호망(狐網) 여우잡이의 그물.

호매(豪邁) 호기롭고 열샘. 호탕하고 염매(英邁)

호·매(枯) 호밀. 〔함. undauntedness 하

호맥(麥) 〈동〉호밀.

호머님(homonym) 〈어학〉동음어(同音語).

호메오파티(Homeopathie 도) 〈의학〉모든 병에 그것과 비슷한 작용을 일으키는 극히 적은 양의 극약이나 독약을 투약하는 치료법.

호-멧돼:지(胡─) 〈동물〉 신돼지과의 돼지의 하나. 보통 산돼지보다 훨씬 크고 대가리가 긴 것이 특징

호면(胡麵) 밀국수의 품질이 좋은 것을 물품.

호면(胡麵) 〈동〉당면(唐麵).

호면(湖面) 호수의 수면. lake surface

호·명(好名) 명예를 좋아함. love of name 하

호명(呼名) 이름을 부름. 창명(唱名). calling 하

호명(糊名) 〈제도〉과거 보는 사람의 성명을 풀칠하여 꼭 봉함. 하

호모(呼母) 어머니라고 부름. 하타

호모(毛毛) 〈명〉①가는 털. ②〈동〉모발(毛髮). ③근육

호모(護膜) 고무(gomme 프). 〔함. 밀소함.

호모(homo 라) 〈명〉 사람, 인간(人間). ②〈생물〉 생물 항상 순수하고 질(質)이 같은 것. ③〈속〉 동성애자, 특히 남성 동성애자, 흔히 비하하는 뜻으로 쓰임

호모 사피엔스(Homo sapiens 라) 〈명〉 ①〈생물〉 현생(現生) 인류. ②〈철학〉 지성인. 이성에서 본 근대의 인간상(像). M. 셸러의 말.

호모 에코노미쿠스(Homo economicus 라) 〈경제인.

호모포니(homophony) 〈음악〉본래는 '동음(同音)'이란 뜻이었으나, 오늘에 와서는 주성부(主聲部)의 선율에 대한 간단한 반주를 붙이는 작법(作法)을 말함. 단성부(單聲部) 음악.

호:묘(浩眇) 넓고 아득한 모양. vastness 하

호무(毫無) 털만큼도 없음. none 하[일] 을 이르는 말.

호:문(虎吻) 호랑이의 입술이라는 뜻으로, 위험함

호:물(好物) ①좋은 물건. good article ②즐기는 물건. favourite thing

호물-거리-다 이가 빠진 입으로 가볍게 잇닿아 음식을 섭다. 《큰》 후물거리다. mumbling 호물=호물 다 하

호미 〈명〉 김매는 데 쓰는 농구의 하나. weeding hoe

호:미(虎尾) 호랑이의 꼬리.

호:미(狐媚) 아양을 부리고 아첨함.

호미(胡米) 중국에서 나는 쌀. Chinese rice

호:미 난방(虎尾難防) 위험한 일을 시작하여 놓고 그냥 계속하기도 어렵고 중단하기도 어려운 경우에 이름. being in a dilemma

호미로 막을 것을 가래로 막는다 크게 벌어지기 전에 막았던들 그다지 노력을 안 들여도 될 것을 그냥 내버려 두었다가 큰 수고를 한다. 〔십는 모.

호미-모(農業) 물기가 적은 논에 호미로 파면서 심는 모.

호미-씻이(명) 농가에서 음력 7월경에 농사를 잠시 쉬고 노는 일. 세서연. 하

호미-자락 ①호미의 갈이 되는 부분. 또, 그 깊이. ②빗물이 땅 속에 스며든 깊이를 잴 때 쓰는 말.

호민(豪民) 세력이 있고 부자인 백성. powerful and wealthy family

호:민-관(護民官) 〈역사〉로마 공화제(共和制) 시대의 가장 높은 관직. 귀족과 서민의 중간에 서서 귀족을 누르고 서민의 신체·재산을 보호하였음.

호-밀(胡─) 〈식물〉포아풀과의 밀의 하나. 보리와 흡사하나 잎 끝이 썩 뾰족하며 가늘고 긺. 토박한 모래땅에 잘 되며 열매는 빵·양조(釀造)·사료(飼料) 등으로 씀. 호맥(胡麥). rye

호밀-짚[一집] (胡─) 호밀의 대.

호:박(명) ①〈식물〉박과의 덩굴진 일년생 풀. 줄기와 잎에는 거친 털이 있고 여름에 노란 꽃이 핀 후 구형 또는 타원형의 큰 열매가 달림. 동인도(東印度) 원산으로, 열매는 식용으로 되며 잎과 순을 먹음. pumpkin ②호박의 열매. 호박(胡朴)·청동호박으로 씀.

호:박(琥珀) 〈광물〉옛적 송진들이 땅 속에 묻히어 굳어진 물건. 황색 투명하며 타기 쉽고 잘 닦아 장식품으로 씀. 돈모(頓牟). amber 〔생긴 것.

호:박-개〈동물〉뼈대가 굵고 털이 복실복실하게

호:박-고지(명) 애호박을 얄팍하게 썰어서 말린 찬거리. dried and sliced pumpkin ②오가리.

호:박 김치 애호박과 호박순을 썰고 온갖 고명을 쳐서 만든 김치. 〔개.

호:박 김치 찌개 푹 익은 호박 김치로 만든 김치 찌

호박꽃도 꽃이냐 여자는 모름지기 예뻐야 한다.

호박-단(琥珀緞) 비단의 하나.

호박 덩굴이 벋을 적 같아서야 세력이 한창 좋을 때에는 그 기세가 무섭지만 언제까지나 그런 것은 없다. 〔만든 시루떡.

호:박-떡 오가리나 청둥호박을 생으로 얇게 썰어

호:박-무름 애호박 속에 양념한 쇠고기를 넣어 찌낸 것 위에 버섯을 양념하여 없은 음식.

호:박-벌(─곤충)①먹왱벌. ②어리호박벌.

호:박-범벅찹쌀 가루와 청둥호박을 버무려 쪄 낸 음식. 〔얻은 유기산(有機酸). succinic acid

호:박-산(琥珀酸) 〈화학〉호박을 건류(乾溜)하여

호:박-색(琥珀色) 호박의 색깔. 〔sprout

호:박-순(─筍)(명) 호박덩굴의 연한 순. pumpkin

호:박-씨(琥珀色) 호박의 씨. pumpkin seed ②〈속〉이빨.

호:박씨-까-다속이 엉큼하여 딴 짓을 하다.

호박씨 까서 한입에 넣는다 ①조금씩 저축하였다가 그것을 한꺼번에 버린다. ②애써서 조금씩 모은 것을 어떠한 사람에게 몽땅 빼앗기다. 〔이 없다.

호박에 침 주기 ①아주 쉬운 일이다. ②아무 반응

호:박-유[─유](琥珀油) 〈화학〉호박을 건류하여 얻은 냄새가 고약한 휘발성의 갈색(褐色) 액체. Succinic oil

호박이 굴렀다 뜻밖에 재물을 얻었다. 〔겼다.

호박이 덩굴째로 굴러 떨어졌다 크게 좋은 수가 생

호박일색 청개구리 뛰어오르듯 연소자가 연장자에게 버릇없이 군다.

호:박-전(一煎) 애호박을 둥글게 얇게 썰어 밀가루와 달걀을 씌어서 지진 음식.

호:박-주추(一柱─) 〈건축〉원기둥꼴로 다듬어 만든 주추. 전각(殿閣)의 둥근 기둥 밑에 받침.

호:박-죽(─粥) 땅굴국에 양념 쇠고기를 이겨 넣고 끓이다가 애호박을 썰어 놓고 끓인 죽.

호:박 지짐이애호박을 얇게 저미고 파를 썰어 넣어 된장이나 고추장을 양념하여 만든 지짐이.

호:박 풍잠(琥珀風簪) 호박으로 만든 풍잠.

호:반(虎班) 〈제도〉무관(武官)이 소속한 반열(班列). 무열(武列). 무반(武班). 〈대〉문반(文班). 학반(鶴班). military stock

호반(湖畔) 호수의 가. 못 언저리. lakeside

호:반(皓礬) 〈화학〉 〈속〉황산아연(黃酸亞鉛).

호반-새(湖畔─)(명) 〈조류〉물총새과의 물새. 몸의 상면은 색깔, 하면의 목과 복부는 황갈색임. 부리는 굵고 크며 붉은 색이고, 다리는 격갈색임. 부어(鮒魚)에 해가 되며 겨울에 남방으로 가는 후조(候鳥)임. 적비취(赤翡翠). Korean ruddy kingfisher

호:반-석(虎斑石)[명] 〈광물〉 벼루를 만드는 데 쓰는 검은 바탕에 흰 점이 아롱진 돌.
호:반-유[―뉴](虎斑釉)[명] 도자기에 호랑이 무늬같이 어룽지게 칠하는 잿물.   「말. 호발(毫末)①.
호발(毫髮)[명] 자디잔 털. 곧, 썩 잔 물건을 가리키는
호발 부동(毫髮不動) 조금도 움직이지 아니함. immobility 하다
호:방(戶房)[명] 〈제도〉호전(戶典)에 관한 사무를 맡아보던 승정원(承政院) 또는 지방 관청의 육방(六房)의 하나.
호방(毫放)[명] 의기가 장하여 작은 일에 거리낌이 없음. 호종(毫縱). large-mindedness 하다
호:배(戶排)[명] 집집이 나누어 줌. 하다
호:배(虎拜)[명] 신하가 임금에게 배알(拜謁)함. 또, 그일. audience 하다
호:배-추(胡―)[명] ①〈식물〉 중국종(中國種)의 배추. Chinese cabbage ②〈속〉 의자매(義姉妹)를 벗고 정
호백(皓白)[명] 썩 흼. 희음.   「음을 통하는 사람.
호백(葫白)[명] 마늘.
호백-구(狐白裘) 여우의 겨드랑이의 흰 털이 있는 부분의 가죽으로 만든 옷.
호버크라:프트(Hovercraft)[명] 지면·수면·해면에 압축 공기를 뿜어 내어 기체를 띄우어 나는 에어 쿠션선(air cushion船)의 상품명.
호:번(浩繁)[명] 넓고 큼직하여 번다함. 하다
호:법(護法)[명] 〈불교〉①불법(佛法)을 충실히 지키는 일. defence of faith ②악마나 질병을 물리치는 일. casting out devils 하다
호:법-신(護法神)[명] 〈불교〉불법(佛法)을 지키는 선신(善神)과 범천(梵天)·제석천(帝釋天)·사천왕(四天王) 등이 있음.
호:변(好辯)[명] 말솜씨가 좋음. 훌륭한 말솜씨. elo-
호:변(虎變)[명] 호랑이 가죽의 어룽진 무늬처럼 곱게 변하여 아름다움의 뜻.   「―는 사람. orator
호:변-객(好辯客)[명] 말솜씨가 능숙한 사람. 말을 잘하
호:별(戶別)[명] 집집마다. 헌별(軒別). each house
호:별 방문(戶別訪問)[명] 집집마다 방문하는 일. 하다
호:별-세[―쎄](戶別稅)[명] 〈법률〉살림을 하는 각 집마다 받아들이는 지방세(地方稅)의 하나. 〈약〉호세. house rate
호:병(虎兵)[명] 용맹한 병사. brave soldier
호:보(虎步)[명] 씩씩하게 걸음. 또, 그 걸음걸이. 하다
호복(胡服)[명] 만주 사람의 옷. 야만족의 옷. Chinese clothes
호봉(胡蜂)[명] 〈곤충〉말벌.
호봉(號俸)[명] 직계(職階)·연공(年功) 등을 기초로 하여 정해진, 그 급여 체계 안에서의 등급. 「5급 2~.   「의 이름.
호:부(戶部)[명] 〈제도〉고려 말기에 이르던 호조(戶曹)
호:부(好否)[명] 좋음과 나쁨. 호불호(好不好).
호부(呼父)[명] 이비라고 부름. 하다
호부(豪富)[명] 세력을 지닌 부자. rich man
호:부(護符)[명] 지니고 있으면 신비적인 힘을 얻어 신명(身命)의 위해(危害)를 방지할 수 있다고 믿고 있는 부적.   「남을 가리킴.
호:부 견자(虎父犬子)[명] 아버지는 잘나고 아들은 못
호부-장(糊附裝)[명] 책의 속장을 모두 철사로 맨 다음 표지를 씌우고 표지째로 마무리 재단을 하는 제책 방법. 하다   「고 부름. 하다
호부 호모(呼父呼母)[명] 아버지라고 부르고 어머니라
호부 호형(呼父呼兄)[명] 아버지라고 부르고 형이라고
호분(胡粉)[명] 〈동〉 백분(白粉).   「부름. 하다
호:-불호(好不好)[명] 좋음과 나쁨. 호부(好否).
호비-다[타] 〈예〉 →오비다. ②일의 내막을 깊이 파다.
호비어 넣:다[타] 〈예〉 →오비어 넣다.   「다. 후비다.
호비어 파-내다[타] 〈예〉 →오비어 파내다.
호비작-거리다[자타] 〈예〉 →오비작거리다.
호비-칼[명] 나막신의 콧속을 호비어 파내는 칼. gouge
호빈 작주(一客作主)[명] →회빈 작주(回賓作主).
호:사(好事)[명] ①기쁜 일. 《대》악사(惡事). happy event ②일을 벌여 하기를 좋아함. dilettantism 하
호:사(豪士)[명] 호방한 사람. large-minded person
호:사(豪奢)[명] 호화스러운 사치. luxury 하다 스럽다 하다   「선하게 생각함. 또, 그 생각. 하다
호:사 난:상(胡思亂想)[명] 몹시 뒤섞이고 착잡하여 어수
호:사 다마(好事多魔)[명] 좋은 일에는 마(魔)가 들기 쉬움. Lights are usually followed by shadows 하다   「dandy
호:사-바치(豪奢―)[명] 몸치장을 호사하며 하는 사람.
호사 수구(狐死首丘)[명] ①여우가 죽을 때는 제가 살던 언덕으로 머리를 돌린다는 말로, 근본을 잊지 않음을 이름. ②고향을 그리워함을 일컫는 말.
호:사 유피(虎死留皮)[명] 〈동〉 표사 유피(豹死留皮).
호:사-자(好事者)[명] 일을 벌이기를 좋아하는 사람.
호사 토읍(狐死兎泣)[명] 같은 무리의 불행을 슬퍼함의 비유. 토사 호비. 토사 호비.
호:산(胡算)[명] 수효를 기록하는 중국 특유의 부호. 로
호산(蒜蒜)[명] 〈동〉마늘.   「마 숫자와 비슷함.
호산나(hosanna)[명] 〈기독〉 '이제 구하옵소서'의 뜻을 가진 히브리의 옛말. 예수가 예루살렘에 입성할 때 군중이 불렀다 함.
호:산-청(護産廳)[명] 〈제도〉빈(嬪)이나 내명부(內命婦)가 몸을 풀 때에 임시로 마련하던 관청.
호:상(互相)[명] 서로. 상호(相互). mutual
호:상(好喪)[명] 많은 나이에 복을 많이 누리다가 죽은 사람의 상사(喪事).
호상(弧狀)[명] 활의 등처럼 굽은 모양. arcshaped
호상(胡牀)[명] 중국식(中國式) 걸상의 하나. Chinese bench   「어진 모양. vase-shaped
호상(壺狀)[명] 항아리처럼 배가 불룩하고 아가리가 벌
호상(壺觴)[명] 술병과 술잔.
호상(豪爽)[명] 호방하고 시원시원함. large-mindedness
호상(豪商)[명] 규모가 크고 돈이 많은 상인. wealthy merchant
호:상(護喪)[명] ①초상에 관한 모든 일을 주선함. ② 〈약〉→호상 차지(護喪次知). taking charge of a funeral 하다
호:상 감:응(互相感應)[명] 〈물리〉서로 다른 전류 회로(電流回路) 사이의 전자 감응(電磁感應). 상호 유도(相互誘導). mutual induction
호:상-소(護喪所)[명] 초상을 치르는 데 관계되는 여러 가지 일을 맡아보는 곳. office in charge of a funeral   「음. 하다
호:상 연결[―년―](互相聯結)[명] 상호간에 관계를 맺
호:상 연락(互相聯絡)[명] 상호간(相互間)에 끊임없이 연락함. 하다
호상 열도[―녈토](弧狀列島)[명] 〈지리〉원호상(圓弧狀)이나 궁형으로 배열되어 있는 열도. 「함. 하다
호:상 왕:래(互相往來)[명] 상호간(互相間)에 가고오고
호:상 입장(互相入葬)[명] ①한 족속을 한 묘지에 장사함. ②임자 없는 산에 아무나 가 장사함. 하다   「―는 사람. 〈약〉호상②. funeral director
호:상 차지(護喪次知)[명] 호상소의 온갖 일을 주장하
호:색(好色)[명] 여색(女色)을 좋아함. 탐색(貪色). lasciviousness 하다
호:색-가(好色家)[명] 〈동〉 색골(色骨).
호:색-꾼(好色―)[명] 색골(色骨).   「lewd party
호:색지도(好色之徒)[명] 여색을 유난히 즐기는 무리.
호:색-한(好色漢)[명] 여색을 특히 좋아하는 사내. lewd man
호:생(互生)[명] 〈식물〉식물의 잎이 줄기나 가지의 각 마디에 한 개씩 어긋매겨 남. 어긋나기. 《대》 대생(對生). alternate 하다   「〈죽기〉를 겨림.
호:생 오:사(好生惡死)[명] 생물은 살기를 좋아하고,
호:생-지덕(好生之德)[명] 사형(死刑)에 처할 죄인을 특사한 임금의 덕.   「잘 사는 식물.
호:생지물(好生之物)[명] 되는 대로 굴려도 죽지 않고
호서(瓠犀)[명] ①박의 속과 씨. ②박씨 같이 희고 고운 치아(齒牙)의 일컬음.

호서(湖西)[명]〈지리〉충청 남북도(忠淸南北道). 호중(湖中). Choongchung provinces

호서배(狐鼠輩)[명] 간사스럽게 못된 무리. flatterer

호:석(虎石)[명] 능원(陵園)에 세우는 법 형상으로 만든 돌. 석호(石虎). 「돌.

호:석(護石)[명] 능묘(陵墓)의 봉토 주위를 둘러쌓은

호:선(互先)[명]〈동〉맞바둑.

호:선(互選)[명] 특정한 사람들이 그 범위 안의 사람들끼리 서로 행하는 선거. cooptation 하다

호선(狐仙)[명] 중국 민간 신앙에서, 여우가 오랫동안 도를 닦아 되었다는 신선. 「arc

호선(弧線)[명] 활 모양으로 된 선. 반원(半圓)의 선.

호선(胡船)[명] 중국 사람의 배. Chinese ship

호설(胡說)[명] 아무렇게나 입에서 나오는 대로 지껄이는 말. random speech 「powerful family

호성(豪姓)[명] 그 곳에서 세력을 잡고 있는 성(姓).

호:성 공신(扈聖功臣)[명]〈역사〉임진 왜란 때에 선조(宣祖)를 따라 의주(義州)까지 갔던 이항복(李恒福) 등 86인에게 내린 훈호(勳號). 「된 토양.

호성토(湖成土)[명]〈지학〉소멸한 호수의 퇴적물로

호:세(戶稅)[명]〈약〉호별세(戶別稅).

호:세(估勢)[명] 권세를 믿음. 하다

호세(豪勢)[명] 강대한 세력. 「연합. appeal 하다

호소(呼訴)[명] 원통한 사정을 관부 또는 남에게 하소

호소(虎嘯)[명] ①법의 울음 소리. ②영웅의 활약을 비유한 말.

호소(湖沼)[명] 호수와 늪. lakes and marshes

호소(縞素)[명] 횐빛의 비단.

호소 무처(呼訴無處)[명] 호소할 곳이 없음. having nobody to appeal to

호소-문(呼訴文)[명] 딱한 사정을 하소연하는 글. 「업.

호소 어업(湖沼漁業)[명] 호수나 늪에서 행하여지는 어

호:송(互送)[명] 서로 보냄. sending each other 하다

호:송(護送)[명] ①보호하여 보냄. ②〈동〉압송(押送). escort 하다

호:송-원(護送員)[명] 호송의 임무를 맡은 사람.

호수(戶首)[명]〈제도〉땅 여덟 결(結)을 한 단위로 공부(貢賦)를 바치는 책임을 진 사람.

호:수[-쑤](戶數)[명] ①집의 수효. 허수(軒數). number of houses ②호적상(戶籍上)의 집 수.

호:수(虎鬚)[명] ①법의 수염. whiskers of a tiger ②거치른 수염. bristly moustache ③〈제도〉옛 무장(武裝)의 하나. 주립(朱笠)의 네 귀에 장식으로 꽂던 흰 털.

호수(湖水)[명]〈지리〉육지가 우묵하게 패고 물이 피어 있는 곳. 호해(湖海)③. 〈약〉호(湖). lake

호:수[-쑤](號數)[명] ①번호나 차례의 수효. ②그림 작품의 크기를 나타낼 때 쓰는 단위.

호:수 천신(護守天神)[명]〈동〉수호 천신(守護天神).

호:수 활자[-쑤-짜](號數活字)[인쇄] 크기를 호수제(號數制)에 따라 주조한 활자. 초호(初號) 및 1호에서 8호에 이르기까지의 9종류.

호:스(hose)[명] 고무·비닐 등으로 만든 관(管).

호스텔(hostel)[명] 숙사(宿舍). 특히 여행자를 위한 간이(簡易)한 숙사.

호스트(host)[명] 주인. 주인역(役).「대부. ②에어걸.

호스티스(hostess)[명] ①여주인. 안주인. ②여급. 접

호스피틀(hospital)[명] 병원(病院).

호:승(好勝)[명] 경쟁하여 이기고자 하는 마음이 강함. competitiveness 하다

호:승지-벽(好勝之癖)[명] 경쟁하여 이기기를 남달리 즐기는 성벽. 〈약〉승벽. unyielding will

호:시(互市)[명] 외국과의 교역. 무역. trade

호시(弧矢)[명] 나무로 만든 활과 화살. 「를 일컬음.

호:시(怙恃)[명] 믿어서 의지한다는 뜻으로 부모(父母)

호:시(虎視)[명] 범처럼 날카로운 눈초리로 사방을 둘러봄. glaring at 하다

호:시기(好時期)[명]〈동〉호기(好期).

호:시성(弧矢星)[명]〈천문〉남극 노인성(南極老人星)의 북쪽 성좌(星座)에 있어서 화살을 시위에 먹인 모양과 비슷한 아홉 개의 별.

호:-시절(好時節)[명] 좋은 시절. ¶춘삼월(春三月)~.

호:시 탐탐(虎視眈眈)[명] ①범이 먹이를 노리고 눈을 부릅뜨고 노려봄. vigilant hostility ②기회를 노리고 가만히 정세(情勢)를 판망함을 비유한 말일컬음. 하다

호:식(好食)[명] ①좋은 음식. 또는 좋은 음식을 먹음. rich diet ②음식을 좋아함. 또는 잘 먹음. ¶~가(家). (대) 악식(惡食). good appetite 하다

호:식(虎食)[명] 호랑이에게 먹힘.

호:식(豪食)[명] 호탕한 먹성.

호:신(豪臣)[명] 세력이 강한 신하. powerful retainer

호:신(護身)[명] 몸을 보호함. ¶~지책(之策). self-protection 하다 「for self-protection

호:신-도(護身刀)[명] 몸을 보호하려고 지닌 칼. sword

호:신-법[-뻡](護身法)[명] ①몸을 보호하려는 온갖 방법. art of self-protection ②〈불교〉다섯 가지의 비인(祕印)을 맺어서 진언(眞言)을 외어 자기와 타인의 몸과 목숨을 보호함.

호:신-부(護身符)[명]〈불교〉몸을 보호하기 위하여 지니는 부적(符籍). amulet

호:신-불(護身佛)[명]〈불교〉재화(災禍)로부터 몸을 지키기 위하여 모시는 부처.

호:신-술(護身術)[명] 자기의 몸을 방호(防護)하기 위한 체기(體技). 보건술(保身術).

호:신-용[-뇽](護身用)[명] 호신에 씀. 보신용(保身用). ¶~ 단도(短刀).

호심(湖心)[명] 호수(湖水)의 한가운데. 호수의 수심(水心). centre of a lake

호:심-경(護心鏡)[명]〈제도〉갑옷의 가슴에 호신(護身)으로 대는 구릿조각.

호:악(好惡)[명] 좋음과 나쁨. good or bad

호악(胡樂)[명] 중국 음악. Chinese music 「face

호:안(好顔)[명] 기쁜 빛을 띤 얼굴. 호안색. cheerful

호:안(護岸)[명]〈토목〉하안(河岸)·해안(海岸)이 파도나 흐르는 물에 깎임을 막기 위한 장치. embankment 「위하여 베푸는 토목 공사.

호:안 공사(護岸工事)[명] 강·바닥이나 둑을 보호하기

호:안-석(虎眼石)[명]〈광물〉푸른 석면이 풍화 변질하여 된 돌. 장식으로 쓰임. 「서 생장하는 생물.

호압성 생물(好壓性生物)[명]〈생물〉고압력 조건하에

호:액(護腋)[명]〈약〉호액갑(護腋甲).

호:액-갑(護腋甲)[명]〈제도〉갑옷 겨드랑이에 대는 쇠.

호:양(互讓)[명] 서로 사양함. 서로 양보(讓步)함. ¶~ 정신(精神). give-and-take 하다

호:어(好語)[명]〈동〉호언(好言).

호어(呼語)[명] 사람이나 물건을 부르는 말. '어머니·수남아·그대여·바나여' 따위. 부름말.

호:언(豪語)[명] 호탕(豪蕩)하게 하는 말. 대언 장어(大言壯語). 호언(豪言). big talking 하다

호언(好言)[명] 부드럽고 좋은 말. 호어(好語). kind words 「(壯談). big words 하다

호언(豪言)[명] 호기스러운 말. 호어(豪語). ¶~ 장담.

호언 난:설(胡言亂說)[명] 무슨 말인지 이해할 수 없는 말. 이치에 맞지 않는 말. unreasonable words

호:역(戶役)[명] 집집마다 부과되는 부역(賦役).

호:역(戶疫)[명]〈의학〉천연두(天然痘).

호연(弧宴)[명] 생일 잔치. banquet of one's birthday

호:연(浩然)[명] ①크고 왕성한 모양. large and triumphant ②마음이 넓고 뜻이 큰 모양. vast and open 하다 「clear and white 하다

호:연(皓然)[명] 희게 빛나는 모양. 아주 명백한 모양.

호:연지-기(浩然之氣)[명] ①넓고 커서 온 세상에 가득 차고 넘치는 원기(元氣). vast-flowing spirit ②공명정대하면서 부끄러움이 없는 도덕적 용기. open and magnanimous spirit ③사물에서 해방되어 자유스럽고 유쾌한 마음. 호기(浩氣). freedom

호:열자[-짜](虎列刺)[명]〈의학〉콜레라. 호역(虎疫).

호염(胡鹽)튁에 난 수염. whiskers
호염(胡鹽)명 ①중국에서 나는 소금. 청염(清鹽). Chinese salt ②앑이 굵고 거친 천일염을 일컬음. coarse salt ③〈화학〉청염(青鹽). 《변》호염.
호:오(好惡)명 미워하고 좋아함. like and dislike
호:온(好溫)명 생물이 더운 것을 좋아함을 이름.
호온자(孤) 혼자.
호로(孤) 홀로.
호왁(孤) 절구의 확[臼].
호:왈백만(號曰百萬)실상은 얼마 못 되는 것을 많다고 과장함. 허장 성세(虛張聲勢). exaggeration
호:외(戶外)명 집 밖. ¶~ 운동. open air
호:외(號外)명 ①신문·잡지 따위의 임시로 발행하는 중요한 보도. extra ②일정한 호수(號數) 밖에 붙인 번호. special number 「alternative use 하타
호:용(互用)명 교대(交代)로 씀. 서로 넘나들며 씀.
호용(豪勇)명 호담하고 용감함. valour 하다
호:용-리(互用犁)명 〈농업〉 갈아서 흙을 좌우 양쪽으로 넘기는 서양식(西洋式) 보습.
호:우(好友)명 좋은 벗. good friend
호:우(好雨)명 단비. welcome rain
호:우(豪雨)명 짧은 시간에 많은 비가 즐기차게 내림. 또, 그 비. 극우(劇雨). 심우(甚雨). 《대》 소우(小雨). dawn pour
호우 경:보(豪雨警報)명 기상 경보의 하나. 24시간의 강우량이 150 mm 이상의 호우와 이로 인한 피해가 클 것이 예상될 때에 발표함.
호우 주:의보(豪雨注意報)명 기상 주의보의 하나. 24시간의 강우량이 80 mm 이상의 호우와 이로 인한 피해가 클 것이 예상될 때에 발표함.
호:운(好運)명 좋은 운수. good fortune
호웅(豪雄)명 호걸과 영웅.
호원(呼冤)명 원통함을 호소함. 하다
호월(胡越)명 중국 북쪽의 호(胡)와 남쪽의 월(越)이라는 뜻이니, 두 나라의 위치가 서로 멀리 떨어져 있음을 가리키는 말.
호:월(皓月)명 밝게 비치는 달. bright moon
호월 일가(一家)[-릴가-](胡越一家)명 천하가 한집과 같음을 이르는 말. 「함을 이르는 말.
호월지:의(胡越之意)명 서로 소원(疏遠)하여 알지 못
호:위(虎威)명 권력이 있는 사람의 위력을 이름.
호:위(扈衛)명 〈제도〉 궁성을 경호함. 하다 「influence
호:위(護衛)명 보호하여 지킴. ¶~병(兵). guard 하다
호:위-국(扈衛局)명 〈제도〉 조선조 때 궁중의 호위에 관한 일을 맡아보던 주전원(主殿院)의 한 국(局).
호:위-대(扈衛隊)명 〈제도〉 조선조 때 임금의 승교에 따라다니는 군사를 통솔(統率)하는 군대.
호:위 대:장(扈衛大將)명 〈제도〉 조선조 때 호위청(扈衛廳)의 주장(主將).
호:위-청(扈衛廳)명 〈제도〉 조선조 때 궁중(宮中)을 경호하기 위하여 베푼 군영(軍營).
호:유(互有)명 공동으로 소유함. 서로 가짐. 하다
호유(豪遊)명 호화롭게 놂. extravagant pleasure 하다
호:유-권[-권](互有權)명 〈법률〉 경계선상의 물건을 상린자(相隣者)가 서로 가지는 일종의 공유권.
호:유-장단(互有長短)명 서로 장처(長處)와 단처(短處)가 있음.
호을-아·비(孤) 홀아비. 과부(寡夫)
호:음(好音)명 ①좋은 소식. good news ②좋은 소리. good sound 「(酒). heavy drinking 하다
호음(豪飮)명 술을 썩 잘 마심. 또, 그 사람. 호음(飮飮).
호음=성(好陰性)[-쎵](好陰性)명 〈생물〉 그늘을 좋아하고 그늘에서 증식(增殖)하는 성질. 「wailing 하다
호읍(號泣)명 소리를 높여서 욺. 《대》 읍읍(泣泣).
호:응(呼應)명 ①부름에 따라 대답함. ¶~ 관계(關係). answer ②서로 기맥(氣脈)이 통함. unison

하다 「의. goodwill
호:의(好意)명 친절한 마음씨. 선의(善意). 《대》 악
호:의(好誼)명 좋은 정의. deep friendship
호의(狐疑)명 깊이 의심함을 이름.
호:의(號衣)명 〈동〉 더그레.
호:의(好意)명 호의로 하거나 호의에서 나온 (것). ¶~인 반응을 얻다.
호:의 현상(縞衣玄裳)명 ①온몸이 희고 날개 끝과 꼬리 끝이 검어서 보기에 아름다운 뜻. 소동파(蘇東坡)의 적벽부(赤壁賦)에 나오는 말로, 학의 외모를 형용한 말임. ②흰 옷과 검은 치마.
호:의 호:식(好衣好食)명 잘 입고 잘 먹음. 《대》 악의악식(惡衣惡食). well-fed and well-clad 하다
호웃·옷[-옫] 홑옷.
호:이(好餌)명 ①좋은 미끼. lure ②능란하게 꾀는 수단. ③손쉽게 욕망의 희생이 되는 물건.
호이스트(hoist)명 〈공업〉 경편(輕便)한 기중기의 하나. 가벼운 물건을 들어서 운반하는 장치임.
호:이=초(虎耳草)명 〈동〉 범의귀.
호:인(好人)명 성질이 좋은 사람. 호인물(好人物). 《대》 악인(惡人). good-natured man 「foreigner
호인(胡人)명 ①만주 사람. Manchurian ②외국인.
호:인(護刃)명 〈군사〉 군기로 쓰는 칼날의 슴베의 위. 곧, 날을 휘어 만든 덮쇠.
호:인물(好人物)명 호인(好人).
호:일(好日)명 좋은 날.
호자(虎子)명 새끼 범. tiger cub
호:자-나무(胡剌-)명 〈식물〉 꼭두서니과[茜草科]에 속하는 상록수 소관목(小灌木).
호:장(戶長)명 〈제도〉 각 고을 아전의 맨 윗자리.
호:장(虎將)명 아주 용맹스러운 장수. 《대》 호병(虎兵). brave general
호장(豪壯)명 ①호화롭고 장쾌(壯快)함. magnificence ②세력이 강하고 왕성함. boldness ③호탕하고 씩씩함. splendour 하다 「eral procession 하다
호:장(護葬)명 장의 행렬을 호위함. escort the fun-
호:재(好材)명 호재료.
호:=재료(好材料)명 ①좋은 재료. ②거래에서, 시세를 등귀시키게 하는 원인이 되는 조건. 호재(好材). 《대》 악(惡)재료.
호:저(好著)명 좋은 저서(著書). good book
호저 평야(湖底平野)명 〈지학〉 호수물이 배수되어 호수 바닥이 드러나 이루어진 평야.
호:적(戶籍)명 ①호수나 식구별로 기록한 장부. ②〈법률〉부부를 중심으로 한 집에 속하는 사람의 본적지·성명 그 밖에 여러 가지 사항을 기록한 공문서. 장적(帳籍). family register
호:적(好適)명 꼭 알맞음. suitableness 하다
호적(胡笛)명 〈음악〉 날라리.
호적(號笛)명 ①사이렌. ②신호로 부는 피리. hooter
호:적 등본(戶籍謄本)명 한 집안 식구의 전체를 적은 공인 문서(公認文書). copy of one's family register
호:적-법(戶籍法)명 호적 제도를 규정한 법률.
호:적-부(戶籍簿)명 호적을 지번호(地番號)의 차례로 편찬한 장부. 「기록한 장부.
호:적-지(戶籍地)명 본적지(本籍地).
호:적-색(戶籍色)명 〈제도〉 각 고을의 군아(郡衙)에서 호적에 관한 일을 맡아보던 한 분장(分掌). 호적빛.
호:=적수(好敵手)명 좋은 적수. 알맞은 상대. 맞수.
호:적(胡笛手)명 〈제도〉 진중(陣中)에서 날라리를 부는 사람. Chinese-horn player
호:적 온도(好適溫度)명 〈생리〉 생물이 생활·성장하기에 가장 알맞은 온도.
호:적 초본(戶籍抄本)명 호적 가운데에서 청구자가 지정하는 사람의 신분·관계만을 증명하고자 초사(抄寫)한 공인 문서(公認文書). abstract of one's
호:전(戶田)명 가옥과 전지(田地). 「family register
호:전(戶典)명 〈제도〉 육전(六典)의 하나. 호조(戶曹)

의 사무에 관한 규정 등을 적은 책. 육전(六典)의 하나.

호:전(好戰)[명] 전쟁을 좋아함. 《대》염전(厭戰). bellicosity

호:전(好轉)[명] 잘 안 되던 일이 잘 되어 가기 시작함. ¶회사의 운영 상태가 ~되어 가기 시작한다. favourable turn ②병의 증세가 차차 나아짐. ¶병의 증세가 ~되어 간다. 《대》악화(惡化). change for the better 하타

호:전(護守)[명] 온전하게 보호(保護)함. protection 하

호:전-적(好戰的)[관형] 싸움하기를 즐기는 (것).

호접(胡蝶)[명] 〈곤충〉 나비. butterfly

호정-하다[형] ①무서운 느낌이 들 만큼 쓸쓸하다. lonesome ②쓸쓸하고 외롭다. desolate 호정=이

호:정(戶庭)[명] 집 안의 뜰과 마당. yard

호정(糊精)[명] 〈동〉 덱스트린(dextrine).

호정 출입(戶庭出入)[명] 앓는 사람이나 늙은이가 겨우 마당 안에서만 드나듦. 하타

호제(呼弟)[명] 아우라고 부름. 《대》호형(呼兄).

호:조(互助)[명] 서로 도움. help each other 하타

호:조(戶曹)[명] 〈제도〉 호구(戶口)·공부(貢賦)·전량(錢糧)·식화(食貨)에 관한 사무를 맡았던 육조(六曹)의 하나. 탁지(度支). Revenue Board

호:조(好調)[명] ①좋은 상태. 《유》쾌조. satisfactoriness ②좋은 조화(調和). favourable tone ③좋은 경기(景氣). favourable trend

호조(呼祖)[명] 할아버지라고 부름. 하타

호:조(護照)[명] 〈제도〉 외국인이 다닐 때에 정부에서 내주던 여행장(行狀)². passport

호:조건[—건](好條件)[명] 좋은 조건. 또, 조건이 좋음. 《대》악조건(惡條件). favourable condition

호:조 판서(戶曹判書)[명] 〈제도〉 조선조 호조(戶曹)의 정 2품 으뜸 벼슬. 《약》호판(戶判).

호족(豪族)[명] 재산이 많고 세력이 아주 드센 혈족 단체. 호가(豪家)®. powerful family

호족-반(虎足盤)[명] 나주반(羅州盤).

호졸군-하다[형] ①피륙·종이 같은 것이 약간 젖거나 풀기가 빠져서 보기 흉하게 늘어지다. exhausted ②몸이 고단하여 힘이 없다. 《준》후줄근하다. languid 호졸근-히[부]

호:종(怙終)[명] 전의 잘못을 뉘우침이 없이 다시 죄를 지음.

호종(胡種)[명] 만주(滿洲)의 인종, 또는 만주에서 나는 여러 가지 물종(物種). person or thing of Manchurian origin

호:종(扈從)[명] 왕가(王駕)를 모시고 따라감. 또, 그 사람. ¶어가(御駕)를 ~하다. attendance 하타

호종(豪縱)[명] 〈동〉 호방(豪放). 하타

호:주(戶主)[명] ①한 집안의 주장이 되는 사람. ②〈법률〉 호주권(戶主權)의 주체가 되는 사람. head of family

호:주(好酒)[명] 술을 좋아함. fond of drink 하타

호주(胡酒)[명] 〈동〉 고량주(高粱酒).

호주(豪酒)[명] 〈동〉 호음(豪飮). 하타

호:주객(好酒客)[명] 술을 썩 즐겨하는 사람.

호:주-권[—권](戶主權)[명] 〈법률〉 가족을 통솔하기 위하여 주어진 권리·임무. 한 집안의 어른으로서 그 가족(家族)에 대하여 가지는 사권(私權). headship of a family

호:주머니[명] 조끼·저고리·적삼·즈봉 등에 꿰매어 단 주머니. pocket

호죽(胡竹)[명] 담뱃통이 투박하고 너부죽하게 생긴 긴 뱃대의 하나.

호준(豪俊)[명] 재능(才能)이 뛰어난 또, 그러한 사람.

호중(呼中)[명] 〈제도〉 승보시(陞補試)의 방(榜)을 붙인 뒤에 대사성(大司成)이 제생(諸生)을 불러 음식을 대접하고 찬물(饌物)을 내던 일.

호:중(湖中)[명] 〈동〉 호서(湖西).

호중 천지(壺中天地)[명] 별천지. 선경(仙境).

호지(胡地)[명] 오랑캐의 땅. land of the Manchus

호:지(護持)[명] 보호하여 유지함. uphold 하타

호:차(戶車)[명] 여닫을 미끄럽게 하기 위하여 미닫이의 문짝 아래에 끼는 쇠바퀴. pulley

호참(豪慘)[명] 〈동〉 참호(慘豪).

호창(呼唱)[명] 높은 소리로 부름. calling loudly 하타

호:척(互戚)[명] 서로 처가(娘家)를 대서서 일컬음.

호:천(互薦)[명] 서로 천거함. 하타

호:천(呼天)[명] 하늘을 우러러 몹시 부르짖음. 하타

호:천(昊天·顥天)[명] ①넓고 큰 하늘. boundless sky ②구천(九天)의 하나. 서쪽 하늘. west sky ③사천(四天)의 하나. 여름 하늘. skies in summer

호천(呼薦)[명] 선거할 때 입후보자의 이름을 불러 추천함. 하타 「망을 침. 하타

호천 고지(呼天叩地)[명] 매우 애통하여 하늘을 부르며

호:천 망:극(昊天罔極)[명] 끝이 없는 하늘과 같이 부모의 은혜가 크다는 것을 일컬음. boundless love of our parents 「여 욺. wailing loudy 하타

호천 통:곡(呼天痛哭)[명] 하늘을 부르며 목소리를 높

호:천후(好天候)[명] 몹시 좋은 날씨. 《대》악천후(惡天候).

호:청(好晴)[명] 날씨가 썩 맑게 갬. clear weather

호초(胡椒)[명] ①후추. pepper ②〈한의〉 후추나무 열매의 껍질. 팥작제(龍胃)·위위제·구풍제로 쓰임.

호초-나무(胡椒—)[명] 〈동〉 후추나무.

호:총(戶總)[명] 민가(民家)의 총 수효. total number

호:총(號銃)[명] 〈군사〉 대포(大砲). [of houses

호:총-수(號銃手)[명] 〈제도〉 대포수(大砲手).

호출(呼出)[명] ①불러 냄. call ②〈법〉 소환(召喚).

호출=료(呼出料)[명] 전화 설비가 없는 곳에 사는 사람에게 전화를 걸 때, 그 편의 우체국에서 그 사람을 불러 내어 전화를 대어 준 값으로 받는 요금. call

호출 부호(呼出符號)[명] 콜 사인(call sign). [fee

호출=장[—짱](呼出狀)[명] ①호출하기 위하여 보내는 문서. ②〈법률〉 민사 소송에서, '소환장(召喚狀)'의 이전 이름.

호출 전:화(呼出電話)[명] 전화 설비가 없는 사람이 있는 사람에게 걸어 주기를 부탁하여 그의 호출에 의해서 통화를 하는 일.

호:치(皓齒)[명] 희고 정결한 이. pearly teeth

호치(豪侈)[명] 호화(豪華). 하타 스럽-스레다

호:치 단순(皓齒丹脣)[명] 단순 호치.

호치키스(Hotchkiss; Hotchkiss paper-fastener)[명] 종이를 메는 기구. 손잡이를 누르면 'ㄷ' 모양의 쇠바늘이 자동적으로 튀어나와 메이게 됨.

호:침(虎枕)[명] 〈미술〉 범 모양으로 만든 도자기의 베개. tiger-shaped China pillow [하타

호:칭(互稱)[명] 서로 일컫는 이름. mutual designation

호칭(呼稱)[명] 불러 일컬음. 이름을 지어 부름. designation 하타 「anuts

호=콩(胡—)[명] ①〈식물〉 땅콩. ②땅콩 볶은 것. pe-

호쾌(豪快)[명] 호탕하고 쾌활함. intrepidity 하타

호크(hock; 네)[명] 양복·옷의 벌진 곳을 잠글 때 단추처럼 맞물리어 잠그는 갈고리 모양의 물건.

호:탄(浩歎)[명] 크게 탄식함. deploring 하타

호:탄(虎—)[명] 호랑이 같은 담이 큰 담요.

호:탕(浩蕩)[명] 《약》→호호 탕탕(浩浩蕩蕩).

호탕(豪宕)[명] 기상이 호결스럽고 행실이 방탕함. ¶ ~한 기질. dauntlessness 하타

호탕 불기(豪宕不羈)[명] 기개가 세차서 억누를 수 없음. indomitableness 하타

호택(湖澤)[명] 호수와 못. lake and pond

호텐토트(Hottentot)[명] 아프리카 인종의 하나. 칼라하리 사막 주변에 사는 황갈색의 미개 종족임. 여자는 엉덩이가 돌출하고 키는 1.5m 이하임.

호텔(hotel)[명] 시설이 잘 되어 있는 서양식의 고급 여관.

호통[명] 대단히 노하여 크게 소리침. roar of anger

호통 바람[—ㅅ—][명] 호통을 지르는 바람.

호:투(好投)[명] 야구에서, 투수가 좋은 투구(投球)를 함. 하타

호=파(胡—)[명] 〈식물〉 만주에서 나는 파의 한 품종.

뿌리가 희며 맛이 좋음.
호:판(戶判)〖약〗→호조 판서(戶曹判書).
호:팔자[ㅡ짜](好八字) 좋은 팔자. 좋은 운수.
호매(胡梅) 골패로 하는 노름의 하나. 톡!. hind of game played with dominoes
호패(號牌)〖제도〗열여섯 살 이상의 남자가 차던 성명과 생년간지(生年干支)를 쓰고 관부의 낙인(烙印)을 찍은 패. identification plate
호:평(好評) 좋은 평판. 평판이 좋음. 《대》악평(惡評). popularity 하困
호:포(戶布)〖제도〗봄 가을 두 철로 매호(每戶)마다 당일이던 구실. 호포전.
호:포(號砲) 군호(軍號)로 쏘는 대포. signal gun
호:포=수(號砲手)〖제도〗호포를 쏘는 군사.
호:포=전(戶布錢)困 →호포(戶布).
호:표(虎豹) 범과 표범. [quality
호:품(好品) 좋은 품질. 품질이 좋은 물건. good
호풍(胡風)困 ①호인(胡人)의 풍속. Manchurian customs ②困 북풍.
호풍 환:우(呼風喚雨)困 요술로 바람과 비를 불러 일으킴. raise wind and rain 하困 ~가오제의 ~.
호프(hope)困 ①희망. ②기대되는 사람이나 물건. ¶
호:피(虎皮)困 범의 털가죽. tigerskin
호:피 방석(虎皮方席)困 호피로 만든 방석.
호:학(好學) 학문을 좋아함. love of learning 하困
호:한(好漢)困 의협심(義俠心)이 많은 사람. 호남아(好男兒). 《대》악한(惡漢). nice fellow
호:한(互寒) 추위가 심함. 극한(極寒). 혹한(酷寒).
호:한(浩瀚)困 ①넓고 커서 질펀함. vastness ②서적(書籍) 따위가 한없이 많음. 호망(浩茫). voluminous 하困 히困
호한(豪悍) 호방하고 매우 사나움. wildness 하困
호:한 식호:한(好漢識好漢)困 영웅이라야 영웅을 안다는 말. Only a hero knows a hero
호:합(好合) 서로 좋게 만남. 서로 잘 만남. 하困
호항(湖港)困〖지리〗호숫가에 발달한 항구. lake harbour
호해(湖海)困 ①호수와 바다. lakes and seas ②困 호수. ③강호(江湖)·민간(民間)의 뜻.
호:행(護行)困 보호하여 따라감. escort 하困
호행 난:주(胡行亂走)困 구속됨이 없이 함부로 날뛰며 돌아다님. 어지러이 마구 행동함. 하困
호:헌(護憲)困 헌법을 옹호함. 헌법을 수호함. protection of the constitution 하困
호:혈(虎穴)困 ①범의 굴. 호굴(虎窟) ②몹시 위험한 곳을 이름. dangerous place
호협(豪俠)困 호방하고 의협심이 많음. 또, 그런 사람. 용협(勇俠). chivalrousness 하困
호형(呼兄)困 '형'이라고 부름. 《대》호제(呼弟). call somebody as one's elder brother 하困 [상, arc
호형(弧形)困 ①활의 모양. ②〈수학〉활같이 굽은 형
호형 호:제(呼兄呼弟) 형이니 아우니 할 정도로 매우 가까운 친구의 사이임을 나타내는 말. calling each other brothers' close friendship 하困
호:혜(互惠) 서로 도와서 편익(便益)을 끼치는 은혜. reciprocity
호:혜 관세(互惠關稅)〖경제〗통상 협정에 의하여 협정 당사국 상호간에 관세를 인하하여 무역 증진을 꾀하는 관세. reciprocal duty
호:혜 무:역(互惠貿易)〖경제〗호혜 평등의 원칙에 입각하여 행하여지는 무역.
호:혜 조약(互惠條約)〖법률〗조약을 맺은 나라가 서로 상대국의 화물·선박 등에, 제삼국에 대하는 것보다 유리한 조건을 줄 목적으로 체결된 통상 조약. reciprocal treaty ho! ho! 하困
호호困 작은 소리로 예쁘게 웃는 여자의 웃음 소리.
호:호(戶戶)困 이집저집. 매호(每戶). every house
호호(呼呼)困 ①큰 소리로 부르짖음. roaring ②크게 선전(宣傳)함. advertising extensively 하困

호:호(浩浩)困 ①넓고 큰 모양. vastness ②큰물이 흐르는 모양. 하困
호:호(皓皓)困 ①빛나고 맑은 모양. glowing ②흰 모양. whiteness ③비어서 넓은 모양. vastness 하困
호호=거리-다囚 호호 소리내며 자주 웃는다.
호:호=거리-다囚 자주 호호 소리내며 입김을 내어 불다. 《큰》후후거리다. [boundlessness 하困
호:호 막막(浩浩漠漠)困 끝없이 넓고 멀어 아득함.
호:호 백발(皓皓白髮)困 온통 하얗게 센 머리. 또는 그러한 늙은이. hoary hair
호:호-야(好好爺)困 인품을 훌륭한 늙은이. dignified old man [person
호:호-인(好好人)困 인품이 훌륭한 사람. dignified
호:호 탕:탕(浩浩蕩蕩)困 썩 넓어서 끝이 없음. 《약》호탕(浩蕩). vastness 하困
호혹(狐惑)困 의심하고 미혹함. suspect 하困
호홀지:간[ㅡ찌ㅡ](毫忽之間)困 터럭같을만큼 틀리는 지극히 짧은 사이. 서로 조금 어긋난 동안. short while
호:화(號火) 신호로 울리는 불. 신호불. signal fire
호화(豪華)困 사치스럽고 번화함. 호치(豪侈). 《대》비참(悲慘). splendour 하困 스럽 스레困
호화-롭-다(豪華ㅡ)[롭다 롭困] 사치스럽고 번화한 데가 있다. splendid 호화-로이困
호화-선(豪華船)困 호화품으로 시설을 해 놓은 큰 기선.
호화 자:제(豪華子弟)困 호화로운 집안에 태어난 자제. sons of a wealthy family
호화 찬:란(豪華燦爛)困 찬란하고 호화로움. 하困
호화-판(豪華版)困 ①사치스럽게 꾸민 출판물. edition deluxe ②굉장히 사치스러운 판국. extravagance
호:환(互換)困 서로 이해의 차가 없이 교환함. 하타
호:환(戶還)困〖역사〗환곡(還穀)을 구어 준다.
호:환(虎患)困 범이 인축(人畜)에게 끼치는 해. disaster caused by tigers
호환(糊丸)困 풀에 약가루를 반죽하여 환약을 만듦. 또, 그 환약. making a pill 하困
호:활(活闊)困 막힘 데 없이 사뭇 너름. 하困
호활(豪活)困 성격이 호방하고 쾌활함. 하困
호:황(好況)困 상황이 좋음. 경기(景氣)가 좋음. 호경기. 《대》불황. prosperous condition
호:=황련(胡黃蓮)困〖식물〗미나리아재비과[毛茛科]에 속하는 다년생 풀. 높이 10~30 cm이고 이른 봄에 흰 꽃이 핌. 뿌리는 가늘고 황갈색이며 쓴맛이 있음. 뿌리는 한방에서 약용함. ②《한의》호황련의 뿌리.
호:=황모(胡黃毛)困 붓을 매는 데에 쓰는 만주 족제비 꼬리의 털. 열로 인한 골증(骨蒸)과 도한(盜汗)·안질(眼疾)·치질 등에 약으로 쓰임.
호:=흉배(虎胸背)困〖제도〗조선조 때 당상 당하(堂上堂下)의 무관이 붙이던 흉배의 하나.
호흡(呼吸)困 ①숨을 내쉼과 들이심. 또, 그 숨. 기식(氣息). breath ②〖생리〗생물이 산소(酸素)를 들이마시어서 탄산가스를 내보내는 작용. respiration ③일을 행할 때의 장단. ¶도무지 ~이 잘 맞지 않는다. knack 하困
호흡 계:수(呼吸係數)困〖동〗호흡상(呼吸商).
호흡-근(呼吸根)困〖식물〗물 속에서 나는 식물의 어떤 것이 호흡 작용을 하려고 생기는 뿌리. 숨뿌리. pneumatophore
호흡-근(呼吸筋)困〖생리〗호흡 운동을 맡은 근육. 곧, 호흡할 때 흉곽(胸廓)의 확대·수축을 행함. 숨근.
호흡-기(呼吸器)困〖생리〗호흡 전용, 특히 외호흡을 맡은 기관(器官). 숨틀. respiratory organs
호흡-률[ㅡ뉼](呼吸率)困〖생물〗동물의 호흡에서, 일정한 시간에 배출하는 탄산가스의 양과 들이쉬는 산소량의 비.
호흡 불통(呼吸不通)困 어떤 자극을 받아 호흡이 잠시 통하지 않음. 하困

호흡=비(呼吸比)[명] 호흡상(呼吸商).
호흡=상(呼吸商)[명] 호흡할 때에 배출(排出)되는 탄산 가스의 양과 동일 시간 내에 섭취되는 산소의 양과의 비(比). 곧 탄산가스량을 산소량으로 나눈 율(率). 호흡비(呼吸比). 호흡 계수(呼吸係數). respiratory quotient
호흡=수(呼吸數)[명] 일정한 시간의 호흡의 횟수.
호흡=열[-녈](呼吸熱)[명] 〈식물〉식물의 호흡 작용을 할 때 생기는 열. respiratory heat
호흡 운=동(呼吸運動)[명] 〈생리〉호흡기(呼吸器)가 딴 새로운 공기를 들이쉬는 운동. breathing ②〈체육〉체조의 하나. breathing exercise
호흡=음(呼吸音)[명] 호흡할 때 나는 소리.
혹[명] ①병으로 근육이 굳어지거나 피가 모여, 기형적으로 불거진 것. 영류. wen ②타박상(打撲傷)으로 근육이 부어 오른 것. knob ③물건의 거죽이 불룩하게 내민 부분. outgrowth ④나무 줄기에 생기는 덩어리. ⑤방해물. 짐스런 물건이나 일. troubles
혹[명] ①액체를 한숨에 들이마실 때에 나는 소리. ②입김을 세게 내부는 소리. 《큰》혹. 하다
혹(或)[부] 〈약〉→혹시(或時·是도).   [ionally
혹간(或間)[부] 어쩌다가 때때로. 간혹(間或). occas-
혹기(酷嗜)[명] 무엇을 몹시 즐김. devotion 하다
혹닉(惑溺)[명] ①미혹(迷惑)하여 빠짐. indulgence ②몹시 미혹하여 본 마음을 잃어버림. be infatuated with 하다   [대패.
혹=대:패(-貸)[명] 〈공업〉제목의 앞면의 우묵한 곳을 깎는
혹=도미(-)[명] 〈어〉양놀래기과의 바닷물고기의 하나. 몸은 길쭉한 타원형이고 주둥이가 뾰족하며, 몸 빛은 암갈색이고 수컷의 앞머리에는 혹이 있음. 온대성 어족으로 여름에 맛이 좋음. 《약》혹돔.
혹독(酷毒)[명] ①정도가 퍽 심함. severity ②성질·행위 따위가 몹시도 나쁨. ¶~한 추위. cruelty 하다
혹=돔[명] 〈약〉→혹도미.   [히
혹 떠러 갔다가 혹 붙어 온다[관] 이익을 얻으려 갔다가 도리어 해롭게 되다.
혹란(惑亂)[명] 미혹하여 어지러움. bewilderment 하다
혹렬(酷烈)[명] ①매우 혹독하고 심함. severity ②냄새가 지독함. stingy 하다
혹령(酷令)[명] 가혹한 명령. severe law
혹리(酷吏)[명] 가혹한 관리. 가리(苛吏). cruel official
혹=몰라(-)[부] 어찌 될는지 잘 몰라 의문을 붙이어 쓰는 말. ¶~ 잘 될지. I wonder
혹박(酷薄)[명] 잔혹(殘酷)하고 박정(薄情)스러움. heartlessness 하다
혹법(酷法)[명] 몹시 가혹한 법치. severe law
혹=부리(-)[명] 얼굴에 혹이 달린 사람의 별명. wenny man   [resemblance 하다 히
혹사(酷似)[명] 아주 비슷함. 《유》혹초(酷肖). striking
혹사(酷使)[명] 심악스럽게 부림. exploitation 하다
혹살[명] 소의 볼기 복판에 붙은, 기름이 많은 부분. aitchbone
혹서(酷暑)[명] 몹시 심한 더위. 용서(隆暑). 혹열(酷熱). 혹염(酷炎). 폭서(暴暑). 폭염(暴炎). 《대》혹한(酷寒). intense heat
혹설(或說)[명] 어떤 사람이 주장하는 말이나 학설(學說). view
혹설(惑說)[명] 여러 사람을 미혹하게 하는 말. misleading rumours
혹성(惑星)[명] 《대》유성(遊星).
혹세(惑世)[명] ①어지러운 세상. troublous time ②세상을 어지럽게 함. seducing the public 하다
혹세(酷稅)[명] 과중(過重)한 조세(租稅). 가혹한 세금. heavy taxes
혹세 무=민(惑世誣民)[명] 세상 사람을 미혹하게 하여 속임. seducing the public 하다
혹속 혹지(或速或遲)[부] ①어떤 때에는 빠르고 어떤 때에는 더딤. ②어떤 사람은 빠르고 어떤 사람은 더딤. 하다
혹술(惑術)[명] 사람을 미혹시키는 술법. witchcraft

혹시(或是)[부] ①만일에. 혹여나. if ②어떠한 경우. 혹야(或也). 혹여(或如). 혹자(或者). 《약》혹(或). by any chance
혹시(或時)[부] 어떠한 때. 간혹. 《예》혹(或).
혹시=나(或是-)[부] 행여나. ¶~ 올지도 모르겠다.
혹시 혹비(或是或非)[명] ①어떤 것은 옳고 어떤 것은 그름. ②옳고 그름이 분간되지 않음. ③어떤 사람은 옳다 하고 어떤 사람은 그르다 함.
혹신(惑信)[명] 미혹(迷惑)하여 그것을 꼭 믿음. blind belief 하다   [severity
혹심(酷甚)[명] 너무 심함. 지나치게 심함.
혹=쐐기풀[명] 〈식물〉쐐기풀과(蕁麻科)에 속하는 다년생 풀. 줄기와 잎에는 잔 털이 밀생함. 자웅 일가(雌雄一家) 또는 이가(二家)로 녹색 꽃이 핌.
혹애(惑愛)[명] 끔찍이 사랑함. 익애(溺愛). blind love 하다
혹양(酷陽)[명] ①쨍쨍 내리쬐는 태양. scorching sun ②몹시 심한 더위. intense heat
혹여(或如)[부] 《예》혹시(或是).
혹열[-녈](酷熱)[명] 《예》혹서(酷暑).
혹염(酷炎)[명] 《예》혹서(酷暑).
혹왈(或曰)[부] 여러 사람이 말하는 바. 혹운(或云). 혹위(或謂). someone says
혹우(酷遇)[명] 가혹한 대우. 학대(虐待). 하다   [사.
혹운(或云)[부] 《예》혹왈(或曰).
혹=은(或-)[부] '그렇지 않으면·또는'의 뜻의 접속 부
혹자(或者)[명] 어떠한 사람. ¶~는 말하기를. someone [부] 혹시.
혹장(酷杖)[명] 혹독한 장형(杖刑). cruel flogging
혹정(酷政)[명] 혹독한 정치. 가혹한 정치. 독정(毒政). tyranny
혹중 혹부중(或中或不中)[명] ①예언(豫言)·점쾌(占卦) 따위가 어떤 것은 맞고 어떤 것은 맞지 않음. ②화살이나 탄환이 맞는 것도 있고 맞지 않는 것도 있음.   [ose resemblance 하다
혹초(酷肖)[명] 똑같음. 꼭 닮음. 《유》혹사(酷似). cl-
혹취(酷臭)[명] 몹시 나쁜 냄새. offensive odour
혹평(酷評)[명] 까다롭고 심한 비평. 가평(苛評). severe criticism 하다   [be charmed
혹-하다(惑-)[자] 마음에 들어서 아주 반하다.
혹한(酷寒)[명] 몹시 혹독한 추위. 극한(劇寒). 호한(冱寒). 《대》고염(苦炎). 극서(極暑·劇暑). severe cold
혹해(酷害)[명] 몹시 심한 재해(災害). severe harm
혹형(酷刑)[명] 가혹한 형벌. 심형(深刑). severe punishment 하다
혹호(酷好)[명] 몹시 좋아함. being fond of 하다
혹화(酷禍)[명] 혹독한 재화. great misfortune
혼(魂)[명] 넋. 정신. 얼. 영혼(靈魂). soul
혼가(婚家)[명] 《예》혼인(婚姻).
혼가(婚嫁)[명] 《예》혼인(婚姻). 하다
혼:가(渾家)[명] 한 집안의 온 권속. 혼솔(渾率). 혼권(渾眷). 혼실(渾室). family that has a marriage occurring
혼:간(混姦)[명] ①동 윤간. ②동 혼음(混淫). 하다
혼간(婚簡)[명] 혼인 때 사주 및 택일을 쓰는 간지.
혼간(婚艱)[명] 잠거(雜居). 하다   [하다
혼겁(魂怯)[명] 혼이 빠지도록 겁을 냄. amazement
혼계(昏季)[명] 나이가 젊고 어리석음. young and stupid 하다
혼:=계:영(混繼泳)[명] 경영(競泳) 종목의 하나. 정하여진 거리를 4명의 영자(泳者)가 배영(背泳)·평영(平泳)·접영(蝶泳)·자유형(自由型)의 차례로 헤엄 침.
혼고(昏鼓)[명] 〈불교〉저녁때에 치는 북.   [침.
혼:곤(昏困)[명] 정신이 흐릿하고 맥이 빠져서 고달픔. exhaustion 하다 히
혼교(魂轎)[명] 장사(葬事) 때에 살아서 입던 옷·갓을 담아 가는 교자(轎子). 혼련(魂輦).
혼구(婚具)[명] 혼인 때에 쓰는 제구. wedding outfit

혼군(昏君)명 혼미한 임금. 암군(暗君). foolish king
혼궁(魂宮)명 〈제도〉왕세자의 장례 뒤에 삼 년간 신위(神位)를 모시던 궁전.
혼ː권(渾權)명 《불》혼가(渾家). 「하던 일. 하다
혼금(閽禁)명 관청에 볼일 없는 사람이 들어옴을 금
혼기(婚期)명 혼인하기에 알맞은 시기. 가기(嫁期). 혼령(婚齡). marriageable age
혼기(魂氣)명 정신. 영혼(靈魂).
혼꾸멍 내ː다[-다](魂—)타 호되게 혼내다.
혼ː나ː다(魂—)자 몹시 놀라거나 무서워서 정신이 빠지다. 혼쭐나다②. be frightened
혼ː내ː다(魂—)타 혼나게 하다.
혼담(婚談)명 혼인하려고 오고 가는 말. 연담(緣談). proposal of marriage
혼ː담(昏膽)명 혼백(魂魄)과 간담(肝膽). 곧, 넋. soul
혼도(昏倒)명 정신이 어지러워서 넘어짐. falling into a swoon 하다
혼ː돈(混沌·渾沌)명 ①천지가 아직 나누어지지 않은 상태. chaos ②사물이 구별할 수 없이 흐리멍덩한 상태. 혼륜(渾淪). (대) 질서(秩序). disorder 하다
혼ː돈 세ː계(混沌世界)명 ①천지 개벽(天地開闢)할 때 사물이 판연하지 아니하던 시대. ② '의식이 몽롱한 곳'의 비유. 혼돈 천지(混沌天地). 홍몽 세계(鴻濛世界).
혼ː돈-씨(混沌氏)명 정신이 혼미한 사람의 별명.
혼ː-동피(混沌皮)명 《동》 포의(胞衣). 〔약〕혼.
혼ː동(混同)명 ①섞이어 하나가 됨. 뒤섞음. mixture ②뒤섞어 보거나 잘못 판단함. ③〈법률〉권리 및 의무자의 자격이 동일인에 귀속하는 일. 하다
혼ː동 농법[—뻡](混同農法)명 〈농업〉농사와 목축(牧畜)을 겸하는 농업 경영법. mixed farming
혼ː동-시(混同視)명 혼동하여 보거나 생각함. 잘못 봄. 하다
혼ː-뜨ː다(魂—)자 몹시 놀라거나 무서워서 혼이 떠서 나갈 지경에 이르다. be frightened
혼ː-띄ː다(魂—)타 혼을 떠나가게 하다. surprise
혼란(昏亂)명 어둡고 어지러움. derangement 하다
혼ː란(混亂)명 ①이것저것 뒤섞여서 뒤숭숭함. 혼잡(混雜)②. confusion ②뒤섞여서 질서(秩序)를 잃음. 효란(淆亂). disorder 하다 스럽 스레
혼ː란(焜爛)명 어른어른 번쩍이는 빛이 눈부시게 아름다움. 하다 스럽 스레
혼ː란-기(混亂期)명 어지러운 시기. 질서가 문란한 시기.   「상태. chaotic state
혼ː란-상(混亂相)명 어지러운 모양. 질서가 문란한
혼령(婚齡)명 혼인할 나이. marriageable age
혼령(魂靈)명 죽은 사람의 넋. 영혼(靈魂).
혼례(婚禮)명 혼인의 의식(儀式). 근례(巹禮). 빙례(聘禮). wedding ceremony
혼례-식(婚禮式)명 결혼식.
혼ː류(混流)명 뒤섞이어 하나가 되어 흘러감. mixed stream 하다
혼ː림(混林)명 여러 종류의 나무가 뒤섞여 있는 수풀. 잡림(雜林).
혼마(魂馬)명 〈민속〉반혼(返魂)의 의식의 하나. 상여 앞에 가는 안장을 갖춘 말.   「ess 하다
혼망(昏忘)명 정신이 흐려서 잘 잊어버림. forgetfuln-
혼매(昏昧)명 어리석어서 사리를 잘 모름. stupidity 하다
혼명(昏明)명 어둠과 밝음. darkness and brightness
혼명(昏冥)명 어둠. 캄캄함. darkness
혼모(昏耗)명 늙어서 정신이 흐리고 기력이 쇠약함. dotage 하다
혼ː-목(混牧林)명 임업과 목축을 겸한 산림. 「하다
혼명(昏瞢)명 정신이 흐려서 가물가물함. dizziness
혼ː문(混文)명 〈어학〉종속절(從屬節)과 대등절로 가진 글. 섞임월. 혼성문(混成文). mixed sentence
혼물(婚物)명 《동》혼수(婚需).

혼미(昏迷)명 사리(事理)에 어둡고 마음이 흐리멍덩함. bewilderment 하다
혼ː미(混迷)명 ①뒤섞여 모르게 됨. confusion ②마음이 흐리고 사리에 어두움. stupidity 하다
혼반(婚班)명 서로 혼인할 수 있는 문벌.
혼ː방(混紡)명 성질이 다른 두 섬유(纖維)를 섞어서 짜는 방적(紡績). mixed weaving 하다
혼ː방-사(混紡絲)명 혼방으로 만든 실. mixed yarn
혼배(婚配)명 《가톨릭》혼사(婚配聖事).
혼배 성ː사(婚配聖事)명 〈기독〉'혼인 성사'의 이전 이름. 〔약〕혼배.
혼백(魂帛)명 신주를 만들기 전에 모시는 생명주 조각을 접어서 만드는 임시의 신위. temporary ance-
혼백(魂魄)명 넋. soul   「stral tablet
혼백 상자(魂帛箱子)명 혼백을 담는 상자. 〔약〕혼상(魂箱).
혼비(婚費)명 혼인에 드는 비용. 혼수감②. marriage expenses
혼비 백산(魂飛魄散)명 몹시 놀람을 가리킴. become astonished 하다
혼사(婚事)명 혼인에 관한 일. nuptials
혼사말 하는데 장사말 한다관 화제와 도무지 관계없는 엉뚱한 말을 한다. 동문 서답(東問西答).
혼상(婚喪)명 혼인과 초상에 관한 일. marriage and
혼상(魂箱)명 〔약〕→혼백 상자(魂帛箱子). 「funeral
혼색(混色)명 성질이 다른 색. 빛깔을 뒤섞음. 혼합색. 색을 혼합함. compound colour 하다
혼서(婚書)명 혼인 때에 신랑집에서 신부집에 보내는 글발. 예서(禮書)②. 예장(禮狀)①.
혼서-지(婚書紙)명 혼서를 쓰는 종이.
혼서지-보[—뽀](婚書紙褓)명 혼서를 싸는 보자기.
혼ː선(混線)명 ①전신(電信)·전화(電話) 따위의 선이 서로 닿아 양쪽 전류(電流)가 합하여져서 다른 신호·통신(通信)이 나타남. entanglement of wires ②말의 줄기가 뒤섞임. incoherence 하다
혼ː성(混成)명 ①섞어서 만듦. ②혼합하여 이루어짐. mixture 하다
혼ː성(混聲)명 ①섞인 소리. ②남녀의 각 성부(聲部)를 합한 것. (대) 단성(單聲). mixed voice
혼ː성 가스(混成 gas)명 건류(乾溜) 가스와 수성(水性) 가스의 혼합물.
혼ː성 경ː기(混成競技)명 〈체육〉두 가지 이상의 경기 종목을 합하여 하나로 한 경기. 삼종(三種)·오종(五種)·십종(十種) 경기 등. mixed game
혼ː성-곡(混成曲)명 〈음악〉둘 이상의 곡으로 섞여서 이루어진 곡. pasticcio
혼ː성-림(混成林)명 《동》혼효림(混淆林).
혼ː성-문(混成文)명 《동》혼문(混文).
혼ː성 방파제(混成防波堤)명 〈토목〉아랫 부분은 잡석(雜石)을 섞어서 둑 모양으로 쌓고 윗부분은 벽 모양으로 된 방파제.
혼ː성 부대(混成部隊)명 〈군사〉여러 병과(兵科)의 병사(兵士) 또는 여러 나라의 병사로 편성된 부대. composite force   「비행단으로 혼성된 비행단.
혼ː성 비행단(混成飛行團)명 〈군사〉전투·폭격·연습
혼ː성-암(混成岩)명 〈광〉땅 껍질의 깊은 쪽에 관입(貫入)한 암장과 주변의 암석 성분과 섞여서 생긴 암석.
혼ː성 여단(混成旅團)명 〈군사〉보병 1개 여단에, 필요한 다른 병사(兵士)를 섞어서 편성(編成)한 독립 군단(獨立軍團). mixed brigade
혼ː성 재배(混成栽培)명 한 땅에 동시에 두 가지 이상의 곡식이나 과수를 섞어 재배하는 일. 혼식(混植). 하다
혼ː성-주(混成酒)명 주정(酒精)·소주 따위에 향료(香料) 및 당분(糖分)을 섞어서 만든 술. composite drink   「하여 이루어지는 사물.
혼ː성-체(混成體)명 두 가지 이상의 재료나 요소가 합
혼ː성-팀(混成 team)명 두 개 이상의 팀에서 뽑힌 선

수로 이루어진 팀.
혼: 성 합창(混聲合唱)〈음악〉남녀가 작성부(聲部)로 나뉘어 부르는 합창. ¶사부 ~. mixed chorus
혼소(魂銷)명 ①잠깐 놀람. astonishment ②생기를 잃어서 정신을 못 차림. dispiritedness 하다
혼:솔(細)명 촘촘하게 속는 솔기. broad-stitched state
혼:솔(渾率)명《옛》혼가(渾家).
혼수(昏睡)명 ①정신 없이 혼혼하여 잠이 듦. dead sleep ②의식이 없어짐. ¶~ 상태. coma 하다
혼수(婚需)명 혼인에 드는 물건이나 비용. 혼물(婚物). wedding articles or expenses
혼:수[-수](混數)명〈수학〉대분수(帶分數).
혼:수-감[-깜](婚需-)명 ①혼수로 쓰일 물건. 혼물(婚物). ②『일. 혼비(婚費).
혼:숙(混宿)명 남녀가 한 숙소에 뒤섞여 함께 자는 일.
혼:순환 소:수(混循環小數)명〈수학〉소수점 이하에 하나 또는 몇 개의 숫자가 있고, 그 다음 숫자부터 되풀이되는 소수. 0.46323232……따위. (대) 순순환소수. 「올라가고 시체는 땅으로 내려감. 하다
혼승 백강(魂昇魄降)명 죽은 사람의 영혼은 하늘로
혼시(閽寺)명〈제도〉내시(内侍)
혼:식(混食)명 ①백미(白米)와 잡곡(雜穀)을 섞어서 지은 밥을 먹음. boiled rice mixed with other cerials ②여러 가지 음식을 섞어 먹음. mixed food
혼:식(混植)명 혼성 재배. [하다
혼:신(渾身)명 온 몸. 전신(全身). ¶~의 힘을 기울여 일하다. one's whole body
혼:신 결혼(混信結婚)명 신봉하는 종교가 다른 사람
혼:실(婚室)명 혼가(渾家). 「끼리의 결혼.
혼:아(婚芽)명〈식물〉잎이 될 싹과 꽃이 필 싹이 합한 싹. mixed bud [하다
혼암(昏暗)명 ①昏 昏黑(昏黑). ②동 혼암(昏暗).
혼암(昏闇)명 어리석어 사리에 어두움. 혼암(昏暗)².
혼잔(昏㞉). 혼혼(昏黑). stupidity 하다
혼:야(昏夜)명 어둡고 깊은 밤. dark night
혼야(婚夜)명 혼인하는 날의 밤. 첫날밤. bridal night
혼야 애걸(昏夜哀乞)명 깊은 밤, 다른 사람이 보지 않는 틈을 타서 세력이 있는 사람에게 하는 애걸. secret entreaty 하다
혼약(婚約)명 ①혼인을 뱃은 언약. 약혼. engagement ②(약) → 혼인 예약(婚姻豫約). 하다
혼:연(渾然)명 ①조금도 딴것이 섞이지 않은 모양. entire ②구별이나 차별이 없는 모양. ¶~ 일치(一致). perfectly harmonious ③규각(圭角)이나 결점이 없는 모양. completely suave 하게
혼:연 일체(渾然一體)명 조그마한 차별이나 균열도 없이 한 몸이 됨. [하다
혼:연 천성(渾然天成)명 아주 쉽게 저절로 이루어짐.
혼:영(混泳)명 수영 경기의 하나. 일정한 거리를 몇 개의 구간으로 나누어 한 사람이 여러 가지 방법으로 수영함.
혼요(婚擾)명 혼인 때에 소란한 일. 「로 헤엄침.
혼:욕(混浴)명 같은 욕탕 안에서 남녀가 함께 목욕하는 일. 하다
혼:용(混用)명 섞어서 씀. 여러 목적으로 사용함. ¶국한문(國漢文) ~. mixed use 하다
혼:용-선(混用船)명 화물·승객·용공으로 쓸 수 있는 배. ship for mixed use 「ness 하형
혼우(昏愚)명 흐리멍덩하고 아주 어리석음. foolish-
혼:운(混元)명 천지나 우주를 이루는 근기. universe
혼:원(渾圓)명 아주 원만함. 하다
혼유-석(魂遊石)명 ①상석의 뒤와 무덤의 앞에 놓는 장방형(長方形)의 돌. grave stone ②왕릉(王陵)의 봉분 앞에 놓는 장방형 돌. 석상(石床). gravestone of imperial mausoleum 「mony 하다
혼:융(混融)명 물건이 녹아 잘 어울림. perfect harmony
혼:음(混淫)명 몇 쌍의 남녀가 뒤섞이어 간음(姦淫)함. 혼간(混姦)². promiscuous intercourse 하다
혼:음(混飮)명 여러 술을 섞어서 마심. drinking mixed liquors 하다

혼:응-토(混凝土)명〈동〉콘크리트.
혼의(婚儀)명 혼인의 의식. 화혼(華婚)². nuptial cere-
혼의(渾儀)명〈동〉혼의기(渾儀器). 「mony
혼의(魂衣)명 혼연(魂筵)에 씻는 생전의 의복.
혼:의-기(渾儀器)명〈천문〉둥근 거죽에 일(日)·월(月)·성신(星辰)을 그려 천체의 운행을 관측하던 기계(器械). 의기(儀器). 혼의(渾儀). 혼천의(渾天儀). 선기옥형(璇璣玉衡). celestial globe
혼인(婚姻)명 ①장가 들고 시집 가는 일. 남녀가 부부가 되는 일. ②〈법률〉사회 제도로서 보장된 남녀의 성(性)적 결합 관계. 또는 이 관계에 들어가는 법률 행위. 결혼. 혼가(婚嫁). 혼구(婚媾). 혼취(婚娶). (대) 이혼(離婚). marriage 하다
혼인(閽人)명 문지기.
혼인-계(婚姻屆)명〈동〉혼인 신고. 하다
혼인 비행(婚姻飛行)명〈곤충〉교미를 위해서, 곤충의 암컷·수컷이 한데 섞여서 하늘로 나는 행동.
혼인-색(婚姻色)명〈동물〉양서류·조류·어류 등의 동물이 번식기에 변색하는 피부 빛깔.
혼인 성:사(婚姻聖事)명〈기독〉칠성사(七聖事)의 하나. 교회법이 허용하는 일남 일녀가 혼인하는 성사.
혼인 신고(婚姻申告)명〈법률〉결혼한 사유(事由)를 관할 관청에 신고하는 일. 혼인계(婚姻屆). registration of one's marriage 하다
혼인에 발간 놓은 놈은 만장 가운데서 총을 놓아 죽여라속 인생의 대사인 혼인 일에 이간질을 하고 방해하는 자는 죽여 쌀 만큼 나쁘다.
혼인 예:약(婚姻豫約)명 앞으로 결혼할 것을 약속하는 계약.〈약〉혼약②.
혼인 적령(婚姻適齡)명〈법률〉법률상 효력을 발생할 수 있는 혼인 나이.
혼인-집[-찝](婚姻-)명 혼례(婚禮)를 치르고 잔치를 베푸는 집. 혼가(婚家).
혼인치레 말고 팔자치레 하랬다속 혼인 잔치는 잘못하더라도 잘 살아가는 것이 중요하다. 「다
혼:일(婚一)명 섞어서 하나로 만듦. consolidation 하
혼일(婚日)명 혼인을 지내는 날. wedding day
혼:입(混入)명 한데 섞여서 들어감. 한데 섞음. mixing in 하다 「by oneself
혼자 자기 한 몸. 단독으로. 독자(獨自). alone,
혼자-되-다㈀ 홀로 되다.
혼:작(混作)명〈농업〉한 철에 두 가지 이상의 농작물을 한 밭에 가꾸는 농사법. 혼작(混作). mixed cultivation 하다
혼:작-식(混作式)명〈동〉혼작(混作). 「vation 하다
혼:잡(混雜)명 섞이어서 복잡함. 효잡(淆雜). bustling 하다 스럽 스레하
혼잣-말명 혼자 하는 말. 혼잣소리. 독어(獨語). 독백(獨白).
혼잣-소리명 혼잣말.「연(獨言). soliloquy
혼잣-손명 혼자 일을 하는 처지. 단손. single-handed
혼재(婚材)명 혼인하기에 적당한 남자와 여자. marriageable person
혼:전(混戰)명 ①두 편이 뒤섞여서 싸움. confused fight ②그러진 파위에서, 승패를 가름할 수 없는 치열한 싸움. ¶청군과 백군이 ~을 거듭하다.
혼전(魂殿)명〈제도〉왕·왕비의 장례 후 삼년간 신위(神位)를 모시던 궁전.
혼전우(魂箭羽)명 화살나무. 「다
혼절(昏絶)명 정신이 아찔하여 까무러침. fainting 하
혼:점(混點)명〈동양화에서, 나뭇가지나 일사귀가 밀생(密生)하고 있는 모양을 타원형의 점을 찍어 그리는 화법. ¶기를 여름을 일. 하다
혼정(昏定)명 밤에 잘 때에 부모에게 밤새 안녕하라서 살핌.〈약〉정성(定省). filial piety 하다
혼:정(混睛)명〈한의〉눈알에 푸른 빛이 나는 병.
혼정 신성(昏定晨省)명 조석으로 부모의 안부를 물어서 살핌.〈약〉정성(定省). filial piety 하다
혼종(昏鐘)명 저녁 때 치는 종. 만종(晚鐘). evening
혼:종-어(混種語)명〈어학〉둘 이상 다른 언어에서 유래한 요소의 결합에 의하여 이루어진 언어.
혼:중성(昏中星)명〈천문〉해가 지고 어둡기 시작할

때의 증성.
혼:직(混織)[명] 두 가지 이상의 실을 섞어서 짜는 일. 또, 그 짜는 방식이나 짠 물건. **하**[타]
혼질(昏窒)[명] 혼미하여 정신을 차리지 못할 정도로 질식(窒息)됨. suffocation **하**[자]
혼쭐 나-다(魂—)[자] ①매우 훌륭하여 정신이 흐릴 지경이다. be struck with admiration ②《동》 혼나다. be frightened 「리. marriageable person
혼처(婚處)[명] 혼인하기에 알맞은 상대방. 혼인할 자
혼척(婚戚)[명] 《동》 인척(姻戚).
혼:천=의(渾天儀)[명] 《동》 혼의기(渾儀器).
혼취(昏醉)[명] 정신이 없도록 술에 취함. dead drun-
혼취(婚娶)[명] 《동》 혼인(婚姻). **하**[자] ⌊kenness **하**[자]
혼침(昏沈)[명] 정신이 혼미함. derangement **하**[자]
혼:칭(混稱)[명] 서로 혼동하여 일컬음. 또, 그 명칭. **하**[타] 「idity **하**[형]
혼:탁(混濁·溷濁·渾濁)[명] 맑지 아니하고 흐림. turb-
혼탕(混湯)[명] 남녀 구별 없이 함께 쓰는 목욕탕.
혼택(婚擇)[명] 결혼할 날짜를 가림. 혼인의 택일(擇日). fixing the marriage day **하**[자]
혼:합(混合)[명] ①뒤섞어서 한데 합함. mixture ②〈화학〉 두 가지 이상의 물질이 혼화(混和)하는 일. 곧, 화학적인 결합을 하지 않고 섞이는 일. ¶~ 기체(氣體). intermixture **하**[자][타]
혼:합 경:기(混合競技)[명] 《동》 혼성 경기.
혼:합 경제(混合經濟)[명] 〈경제〉 사적 자유 경제(私的自由經濟)와 공적 계획 경제(公的計劃經濟)가 병존(併存)하고 있는 경제. mixed economy
혼:합 농업(混合農業)[명] 〈농업〉 곡물 경작과 목축을 겸하는 집약(集約) 농업의 하나. mixed farming
혼:합=눈(混合—)[명] 《동》 혼합아(混合芽).
혼:합=림(混合林)[명] 두 종류 이상의 나무가 혼합된 삼림(森林). mixed forest
혼:합=물(混合物)[명] ①여러 가지가 뒤섞여서 이루어진 물건. ②〈화학〉 두 가지 이상의 물질이 화학적 결합(化學的結合)을 하지 않고 서로 섞여서 된 것. 《대》 화합물(化合物). mixture
혼:합=법(混合法)[명] 〈수학〉 품질이 다른 같은 종류의 것을 섞을 때의 특수한 응용 문제(應用問題)를 푸는 셈법. 혼합 비례(混合比例). alligation
혼:합=비(混合比)[명] ①이질(異質)의 물질을 혼합하는 비율. ②〈화학〉 내연 기관에서 연료와 공기가 혼합하여 혼합 기체를 이루는 비율.
혼:합 비:례(混合比例)[명] 《동》 혼합법.
혼:합 비:료(混合肥料)[명] 《동》 배합 비료(配合肥料).
혼:합=아(混合芽)[명] 〈농업〉 잎과 꽃을 가지고, 새 가지가 나와서 꽃 피는 눈(芽). 혼합눈. mixed bud
혼:합=액(混合液)[명] 두 가지 이상의 약품(藥品)을 탄 물. solution
혼:합 연료[—녈—](混合燃料)[명] 연료와 산화제(酸化劑)로 된 고형(固形) 화학 연료의 일반적 이름. 로켓 추진제로 쓰임.
혼:합 열차[—녈—](混合列車)[명] 객차(客車)와 화물차(貨物車)를 서로 연결하여 운행(運行)하는 열차. composite train
혼:합=주(混合酒)[명] ①성질이 다른 두 가지 이상의 술을 한데 섞은 술. blended liquor ②여러 가지 술을 한데 섞어 먹는 술. compound spirits ③칵테일.
혼:합=체(混合體)[명] 둘 이상이 섞여 한 덩이를 이룬 물체나 단체. compound body
혼행(婚行)[명] 혼인할 때에 신랑이 신부집으로 가거나 또는 신부가 신랑집으로 감. 신행(新行). ¶~길. trip to marry **하**[자]
혼:혈(混血)[명] 다른 종족(種族)과의 사이에 생기는 혈통(血統). 《대》 순혈(純血). mixed blood **하**[자]
혼:혈=아(混血兒)[명] 《동》 튀기③.
혼혐(婚嫌)[명] 혼인이 어울리지 아니하는 혐의(嫌疑).
혼혼(昏昏)[부] ①어두운 모양. darkly ②도리(道理)를 잘 모르는 모양. ignorantly ③마음이 흐린 모양. unconsciously **하**[형] **히**[부]
혼:화(混化)[명] ①뒤섞여 딴 물건이 됨. combination ②〈심리〉 분트(Wundt)의 심리학 용어. 융합(融合)·동화(同化)와 같이 동시 연합의 하나. **하**[자]
혼:화(混和)[명] ①섞어서 합함. mixture ②섞어서 합하게 함. mingling **하**[자][타]
혼화(渾和)[명] 혼연(渾然)한 화기(和氣). peace and harmony
혼:화=제(混和劑)[명] 〈약학〉 두 가지 이상의 재료를 혼화한 약제. 「石) ~. **하**[자][타]
혼:효(混淆)[명] 뒤섞음. 또, 뒤섞이게 함. ¶옥석(玉
혼:효=림(混淆林)[명] 두 가지 이상의 나무로 이루어진 숲. 단순림(單純林)보다 충해(蟲害) 및 풍해에 강하고, 목재 생산고가 많음. 혼성림(混成林). 《대》 단순림(單純林). mixed forest
혼:후(渾厚)[명] 화기(和氣)가 있고 인정이 두터움. suave and warm-hearted **하**[형] **히**[부]
혼흑(昏黑)[명] 날이 저물어서 몹시 어두움. 혼암(昏暗)①. dark **하**[형] 「single
홀=[접두] '하나뿐'의 뜻을 나타내는 말. ¶~어미.
홀(笏)[명] 〈제도〉 ①조복(朝服)을 입고 조현(朝見)할 때에 오른손에 쥐던 패. wooden mace ②《약》→홀기(笏記).
홀(忽)[수] 십진급수(十進級數)의 하나.
홀:(hall)[명] ①식당. ②회관. ③《약》→댄스 홀.
홀가분=하-다[형][여불] ①가뿐하고 산뜻하다. light ②너더분하지 않다. neat ③가든하다. easy ④대수로운 상대자가 아니다. easy to beat **홀가분=히**[부]
홀기(笏記)[명] 〈제도〉 혼례(婚禮)나 제례(祭禮)의 의식(儀式) 때에 그 순서를 적은 글. 《약》 홀(笏)②.
홀=나무(笏—)[명] 〈제도〉 홀을 만드는 데에 쓰던 나무.
홀대[—때][명] 《속》 젓가락.
홀대[—때](忽待)[명] 소홀히 대접함. 탐탁지 않게 하는 대접. 《유》 괄대(恝待). 괄시(恝視). cold treatment **하**[타] 「有者).
홀:더(holder)[명] ①무엇을 받치는 물건. ②보유자(保
홀:딩(holding)[명] ①축구·농구 등에서, 상대편을 손이나 몸으로 방해하는 반칙. ②배구에서, 공을 잠깐 동안이라도 손 또는 몸에 머물게 하거나 손바닥으로 치는 반칙.
홀딱[부] ①옷을 벗거나 벗은 모양. 《큰》 훌떡. with nothing on ②무엇을 뒤집거나 뒤집히는 모양. 《큰》 훌떡. entirely ③낮은 데를 뛰어넘는 모양. 《큰》 훌떡. nimbly ④몹시 반하거나 여지없이 속는 모양. ¶~ 반하다. deeply
홀딱=거리-다[자] ①신이 헐거워서 자꾸 벗어지려 하다. be apt to slip out ②헐거워서 가만히 붙어 있지 않고 자꾸 움직이다. 《큰》 훌떡거리다. loose **홀딱=홀딱**[1][부] **하**[자]
홀딱=홀딱[2][부] ①연해 옷을 벗는 모양. ②연해 뛰어넘는 모양. 《큰》 훌떡훌떡[2].
홀라=들이-다[타] ①되는 대로 마구 쑤시거나 훑다. ②자주 드나들게 하다. 《큰》 훌라들이다.
홀랑[부] ①모두 드러나는 모양. entirely ②가볍게 벗어지는 모양. peel off ③들어갈 물건보다 구멍이 커서 헐겁게 들어가는 모양. ④미끄럽게 뒤집히는 모양. 《큰》 훌렁. entirely
홀랑=거리-다[자] 바깥 것이 그 안에 들어간 물건보다 커서 헐겁게 드나들다. 《큰》 훌렁거리다. **홀랑=홀랑**[1][부] **하**[자]
홀랑이=질[명] 자꾸 홀라들이는 짓. 《큰》 훌렁이질. **하**[자]
홀랑이=치-다[자] 홀랑이질을 연해 하다. 《큰》 훌렁이치다. 「다. 《큰》 훌렁하다.
홀랑=하-다[형][여불] 구멍보다 들어갈 물건이 작고 짧
홀랑=홀랑[2][부] 계속해 홀랑 벗거나 뒤집히는 모양. 《큰》 훌렁훌렁[2]. 「[부]
홀략(忽略)[명] 소홀하고 간략함. carelessness **하**[형] **히**
홀로[부] 외롭게. 혼자서만. ¶~ 지나다. alone
홀로 되-다[자] 짝을 잃다.

홀로-말[一](동) 독립어(獨立語).
홀로=이름씨[一](원)→홀이름씨.
홀리-다[타] 아주 반하다. be charmed ②유혹에 빠지다. be bewitched ③정신이 현혹되다.
홀리데이(holiday)[명] 휴일. 축제일.
홀-맺다[一맫따][타] 풀리지 않게 옭아서 단단히 맺다. tie tight
홀-몸[명] 형제나 배우자(配偶者)가 없는 사람. 척신(隻身). single person
홀뮴(holmium)[명]〈화학〉희토류(稀土類) 원소의 하나. 아직 순수한 금속으로서는 얻어지지 않음. 원소 기호; Ho. 원자 번호; 67. 원자량; 164.94.
홀미(忽微)[명] 아주 잘고 가늚. extremely fine and slender 하(형)
홀변(忽變)[명] 갑자기 변함. 또는 그런 변화. 하(자)
홀보드르르-하-다[여][형] 피륙 따위가 가볍고도 보들보들하다. (약) 홀보들하다. (큰) 훌부드르르하다. soft
홀보들-하-다[여][형]→홀보드르르하다.
홀=소리[一쏘一]〈어학〉 모음(母音). 〔和〕.
홀소리-어울림[一쏘一]〈어학〉 모음 조화(母音調和).
홀-수[一쑤](명)〈수〉 둘로 나누어 나머지가 생기는 수. 1·3·5·7·9 따위. 기수(奇數). (대) 짝수.
홀수=깃꼴겹잎[一쑤一닙](명)〈식물〉잎 줄기 좌우에 몇 쌍의 작은 잎이 짝을 이루어 달리고, 끄트머리가 한 개의 작은 잎으로 된 깃꼴겹잎. 등나무 따위. imparinnate compound leaf
홀스타인(Holstein 도)〈동물〉소과(牛科)의 짐승. 흑백의 반문이 있는 젖소로 유량이 매우 많음. 네덜란드의 원산.
홀시[一씨](忽視)[명]①슬쩍 보아 넘김. glance at ②깔봄. disregard 하(타)
홀-씨[명](동) 포자(胞子).
홀=아버니[명](공) 홀아비.
홀-아비[명] 아내를 여의고 혼자 지내는 남자. 환부(鰥夫). (대) 핫아비. (공) 홀아버지. widower
홀아비-김치[명] 무나 배추 한 가지로만 담근 김치. 환처(鰥菹).
홀아비-꽃대[명]〈식물〉 꽃대과의 풀. 깊은 산 속에 나며 잎은 네 개가 돌려 붙고 흰 꽃대를 냄.
홀아비는 이가 서 말, 과부는 은이 서 말[타]①홀아비의 살림은 헤프고, 과부의 살림은 알뜰하다. ②과부는 혼자 살아 갈 수 있어도 홀아비는 혼자 살 수 없다.
홀아비-좆〈농업〉쟁기의 한마루의 위 멍에줄이 닿는 곳에 가로 꿰어, 아래덧방을 누르는 작은 나무.
홀-알[명] 암탉이 교미(交尾)하지 않고 낳는 알. 무정란(無精卵). wind egg
홀-앗이[명] 혼잣살이 홀로 처리하여 지내는 처지.
홀앗이 살림[명] 식구가 단출한 옹촐한 살림. small household
홀약호락-하-다(忽弱忽弱一)[형][여] (원)→호락호락하다.
홀=어머니[명](공) 홀어미.
홀=어미[명] 남편을 여의고 혼자 지내는 여자. 과부(寡婦). 과수(寡守). (대) 핫어미. (공) 홀어머니. widow
홀언(忽焉)[부](동) 홀연(忽然).
홀연(忽然)[부]①문득 열썩 나서는 모양. ②갑자기 사라지는 모양. 홀언(忽焉). ¶ ~ 유명이 나타나다. suddenly 하(타) 히(부)
홀왕 홀래(忽往忽來)[명] 열썩하면 가고 열썩하면 옴. sudden going and coming 하(자)
홀의-아들[명](원)→호래아들.
홀=이름씨[명]〈어학〉고유 명사(固有名詞). [이름씨.
홀: 인(hole in)[명] 골프에서, 그린(green) 위에 놓은 공을 퍼터(putter)로 홀 안에 넣는 일.
홀: 인 원(hole in one)[명] 골프에서, 티 샷(tee shot)이 그대로 홀인하는 일.
홀저(忽諸)[명] 금작스럽고 소홀함. 하(자) 히(부)
홀-지다[一찌](忽地)[자] 갑자기 되다.
홀=지느러미[명]〈어류〉등지느러미, 뒷지느러미, 꼬리지느러미 들과 같이 홀수로 된 지느러미. single fin

홀지 풍파(忽地風波)[명]①갑자기 야단이 일어나는 풍파. ②뜻하지 않은 사이에 일어나는 소란. unexpected disturbance
홀-짝[명]①홀수와 짝수. ②주머니에 진 구슬이나 딱지 또는 그 밖의 물건의 수가 홀수인가 짝수인가를 서로 알아맞히는 아이들의 장난.
홀짝[1][부]①액체를 한숨에 남김없이 마시는 모양. gulping ②한번에 가볍게 뛰거나 날아오르는 모양. ¶ 높은 데를 ~ 뛰어오르다. leaping ③콧물을 들이마시는 모양. sniff ④망설이지 않고 갑자기 떠나는 모양. (큰) 훌쩍. quickly
홀짝=거리-다[자타] 연해 훌쩍이다. 홀짝=훌짝 하(타)
홀짝-이-다 ①적은 분량의 액체를 들이마시다. ②콧물을 들이마시다. (큰) 훌쩍이다.
홀쭉-이[명] 몸이 호리호리하고 가냘픈 사람. (대) 뚱뚱이. (큰) 훌쭉이. thin person
홀쭉-하-다[여][형]①가늘고 길다. slender ②끝이 뾰족하고 길다. sharp ③앓거나 지쳐서 몸이 수척하여 가늘게 보이다. (큰) 훌쭉하다. thin
홀출(忽出)[명] 갑자기 나타남. 하(자)
홀치기 염: 색(一染色)[명] 천을 군데군데 훌쳐매어 여러 가지 무늬를 나타내는 염색법. (큰) 훌치기.
홀치-다[타] 벗어나거나 풀리지 않게 조처하거나 동이다.
홀치어-매-다[타] 풀리지 않게 단단히 잡아매다. tie fast
홀태[명]①알 혹은 이리가 없어서 배가 홀쭉한 생선. fish without spawn ②넓적하고 좁은 물건.
홀태-바지[명] 통이 좁은 바지. tight trousers
홀태-버선[명] 볼이 좁은 버선. tight socks
홀태-부리[명] 홀쭉하게 된 물건의 앞부리.
홀태-질[명] 곡식을 훑어서 떠는 일. hackling 하(타)
홀-하-다(忽一)[여][형] 조심성이 적고 삼가지 않아 행동이 가볍다. careless
홀현 홀몰(忽顯忽沒)[명] 문득 나타났다 문득 없어짐. appearing and disappearing like a flash 하(자)

홀: 홀[1][부]①작은 날짐승이나 가벼운 물건이 나는 모양. lightly ②작은 사람이나 짐승이 날 듯이 가볍게 뛰는 모양. nimbly ③가볍고 작은 물건을 연해 멀리 던지는 모양. lightly ④물이 조금씩 일어나는 모양. flare up ⑤옷 따위를 벗어 버리는 모양. without reserve ⑥먼지 따위를 가볍게 떨어 버리는 모양. flying lightly ⑦물이나 묽은 죽 따위를 조금씩 들이마시는 모양. slurp lightly ⑧입을 모부려서 자꾸 부는 모양. (큰) 훌훌. blowing lightly
홀홀-하-다[여][형] 죽·미음 따위가 잘 퍼져서 마시기에 보드라운 느낌이 있다. 훌훌하다. watery
훑-다[타]①물건을 무슨 틈에 끼워 잡아당기다. curry ②겉에 묻은 것을 메어 내다. scrub ③그릇 따위의 속에 붙은 것을 부시어 내다. 훑다. scrape
훑이-다[훑치一][자] 부뚯하고 많던 것이 다 빠져서 적게 되다. become thinner [피동] 훑음을 당하다. (큰) 훑이다.

홈[1] 오목하고 길게 파낸 고랑의 줄. groove
홈(home)[명]①가정. 집. 고향. ②〈약〉→홈 베이스 (home base).
홈[2](喜)[명] '홈다'의 명사형. 「(대) 로드 게임.
홈: 게임(home game)[명] 그 고장에서 하는 경기.
홈: 그라운드(home ground)[명]①근거지. ②야구·축구 따위에서, 그 팀의 소재지에 있는 그라운드.
홈-끌[명] 속에 홈이 패어진 끌. 조각하는 데.
홈-:드라마(home drama)[명] 가정의 일상 생활을 주제로 한 극이나 영화. [용 원피스.
홈-:드레스(home dress)[명] 실용적이고 간편한 부인
홈: 런(home run)[명]〈약〉→홈런 히트.
홈: 런 더: 비(home-run derby)[명]〈체육〉야구에서, 한 시즌 중의 홈런 히트를 경쟁하는 일.
홈: 런 히트(home-run hit)[명]〈체육〉야구에서, 타자가 본루(本壘)까지 살아서 돌아올 수 있게 친 안타. 〈약〉 홈 런.
홈-:룸:(home room)[명] 학과 선택제를 취하는 학교에

서 교사의 지도 밑에 가정적 분위기를 이루어 여러 가지 자치 활동을 행하는 조직.

홈: 메이드(home made)명 ①손수 만든 것. ②자기 나라에서 만든 것. 국산(國産).

홈:=뱅킹(home banking)명 통신을 이용하여 집에서 은행의 각종 서비스를 받을 수 있는 제도.

홈: 베이스(home base)명 〈체육〉 야구에서, 본루(本壘). 《약》 홈(home)②.

홈: 섹션(home section)명 신문·잡지 등의 가정란(欄).

홈:=쇼핑(home shopping)명 통신 등을 이용하여 가정에서 물건을 사는 방식.

홈:-스트레치(homestretch)명 〈체육〉 경기장에서, 결승점(決勝點)이 있는 쪽의 직선 주로(直線走路).

홈: 스틸(home steal)명 〈체육〉 야구에서, 홈 베이스로의 도루(盜壘).

홈:=스펀(homespun)명 양복감의 하나. 씨날에 손으로 자은 굵은 털실을 써서 쓴 직물(織物).

홈: 식(homesick)명 〈동〉 회향병(懷鄕病). 향수병.

홈: 웨어(home wear)명 집에서 입는 평상복.

홈: 인(home in)명 〈체육〉 야구에서, 주자(走者)가 본루에 살아 돌아오는 일. 하자

홈:=질 바늘 땀을 아래위로 드문드문 호는 바느질의 하나. sewing together 하자

홈착=거리-다자 ①보이지 않는 데 있는 것을 찾으려고 연해 더듬거리다. grope for ②눈물을 이리저리 씻다. 홈착거리다. wipe 홈착-홈착튀 하자

홈처=때리-다타 덤벼들어 단단히 때리다. 《큰》 홈쳐때리다. beat up

홈치-다타 ①물기나 때가 묻은 것을 말끔하게 닦아 내다. wipe ②남의 물건을 슬그머니 가지다. steal ③보이지 않는 곳에 있는 것을 찾으려고 더듬어 만지다. 《큰》 홈치다. 〈동〉 홈쳐때리다.

홈치작=거리-다자 느릿느릿하게 홈착거리다. 《큰》 홈치적거리다. 홈치작-홈치작튀 하자

홈켜=잡-다타 〈거〉→움켜잡다.

홈켜=쥐-다타 〈거〉→움켜쥐다.

홈키-다타 〈거〉→움키다.

홈타기명 물건이 갈라지는 오금. crotch

홈=통(-桶)명 ①구멍을 뚫거나 홈을 파서 물을 이끌어 가는 데에 쓰는 물건. drain pipe ②창틀·장지 따위의 위아래를 '凹'자 모양으로 파낸 줄. groove

홈: 팀(home team)명 다른 팀을 맞아들여 대전하는 주인격의 팀. 외국 팀에 대한 국내 팀.

홈=파-다타 〈거〉→옴파다.

홈=패-다자 〈거〉→옴패다.

홈=페이지(home page)명 인터넷에서, 정보 제공자가 정보의 목록과 이에 대한 간단한 소개 및 사용 요령 등을 설명해 놓은 페이지.

홈홈-하-다휑여무 얼굴에 흐뭇한 표정이 나타나 있다. 《큰》 흠흠하다. satisfied

홉(←合)의 용량(容量)의 단위. 한 되의 십 분의 일. unit of measurement

홉(hop)명 〈식물〉 뽕나무과에 속하는 다년생 만초(蔓草). 가지와 일꼭지에 마주 있으며 잎은 난형인데 세 갈래로 갈라졌음. 여름에 황록색의 꽃이 피고 열매는 타원형임. 맛이 쓰고 방향이 있어 건위제·맥주의 향미제로 쓰임.

-홉-다어미 〈고〉→스럽다. →스럽구나.

홉=되(←合—)명 홉의 용량을 되는 그릇.

홉=뜨-다타 눈알을 굴리어 눈시울을 위로 치뜨다. look daggers at

홉 스텝 앤드 점프(hop step and jump)명 세단뛰기. 삼단도(三段跳).

홋홋-하-다휑여무 딸린 사람이 적어서 홀가분하다.

홍(紅)명 《약》→홍색(紅色). 준말=이홍=

홍각(紅殼)명 건축 재료의 도료(塗料)로 쓰는 묽은 채색(彩色)의 하나. red paint

홍건-적(紅巾賊)명 원(元)나라 말엽 1351년에 한산동(韓山童)을 두목으로 하여 일어났던 도적의 무리.

홍견(紅絹)명 무늬 없는 붉은 빛깔의 비단.

홍경(弘經)명 〈불교〉 불경을 세상에 널리 전파(傳播)하는 일.

홍경 대:사(弘經大師)명 〈불교〉 불경을 널리 전파하는 법사(法師).

홍=고량(紅姑娘)명 〈동〉 꽈리.

홍곡(紅穀)명 중국에서 만드는 빛이 붉게 법제(法製)한 쌀. 홍국(紅麴)②.

홍곡(鴻鵠)명 기러기와 고니. 큰 인물을 일컫는 말.

홍곡지-지(鴻鵠之志)명 원대한 포부.

홍공(鴻功)명 크나큰 공로.

홍-교(紅敎)명 〈종교〉 라마교의 구파. 8세기 중엽에 인도에서 티베트로 전래함. 홍모교(紅帽敎).

홍교(虹橋)명 ①무지개. rainbow ②무지개처럼 생긴 다리. 홍예 다리. [紅穀]

홍국(紅麴)명 ①멥쌀로 만든 누룩의 하나. ②〈동〉홍곡.

홍국-주(紅麴酒)명 〈한의〉 홍국(紅麴)으로 담근 술. 산모(産母)의 어혈(瘀血)에 방약으로 씀.

홍군(紅軍)명 〈체육〉 종합 운동 경기에서 두 편을 가를 때 붉은 표를 한 편. 《때》 백군(白軍). red camp

홍군(紅裙)명 붉은 빛깔의 치마라 뜻으로, 미인(美人)이나 예기(藝妓)를 이르는 말.

홍규(紅閨)명 ①아담하게 꾸며진 여인의 거처하는 방. 미인의 침실. ②〈동〉 기루(妓樓). boudoir

홍금(紅錦)명 붉은 비단. red silk 「grand enterprise

홍기(弘基·鴻基)명 큰 사업의 기초. foundation of a

홍기(紅旗)명 붉은 기. red flag

홍-꼭지(紅—)명 붉은 종이로 둥근 꼭지를 만들어 붙인 연. 《때》 먹꼭지.

홍-날개=메뚜기(紅—)명 〈곤충〉 메뚜기과의 벌레의 하나. 날개는 붉은 빛을 띠고 날아갈 때 소리가 남. 여름에 풀밭에서 흔히 볼 수 있음.

홍-날개=연새(紅-連-)명 〈조류〉 여새과에 딸린 새의 하나. 날개 길이 약 11cm 가량으로 머리에는 긴 우관(羽冠)이 있음. 몸과 등의 빛깔은 포도갈색이고 날개는 홍색부와 흑색부가 있음. 홍여새.

홍-낭자(紅娘子)명 〈동〉 메뚜기. 베짱이. ②〈동〉홍다.

홍다(紅茶)명 홍차. [리.

홍-다리=하늘가=재(紅—)명 〈곤충〉 하늘가재과의 벌레의 하나. 몸빛은 흑색이며 딱지(翅鞘)는 갈색을 띠고 수컷의 턱 말단에 서너 개의 소치(小齒)가 있음. 성충은 수액을 먹음. 홍다리사슴벌레.

홍단(紅短)명 화투에서, 붉은 띠가 있는 솔·매화·벚꽃을 그린 석 장이 짝이 되어 이루는 단.

홍-당무(紅唐—)명 ①〈식물〉 꽃이 붉고 뿌리의 겉껍질이 붉은 무의 하나. 당근. red radish ②열이 올랐거나, 술이 취했거나 부끄러워서 몹시 빨개진 얼굴의 비유.

홍대(弘大)휑 넓고 큼. immenseness 하자

홍대(洪大·鴻大)명 ①썩 큼. immenseness ②〈한의〉 보통 이상으로 맥이 크게 뜀. 하자

홍대(紅黛)명 연지와 눈썹먹.

홍덕(鴻德)명 큰 덕. 대덕(大德).

홍도(弘道)명 도를 널리 폄.

홍도(紅桃)명 ①《때》→홍도화(紅桃花). ②《약》→홍도나무. [무.

홍도(洪圖·鴻圖)명 ①큰 계획. 홍모(洪謨). grand enterprise ②임금의 계획.

홍도-나무(紅桃—)명 〈식물〉 관상용 복숭아나무의 하나. 짙은 홍색의 겹꽃이 피고 열매는 없음. 《약》 홍도②. red peach tree

홍도-화(紅桃花)명 〈식물〉 홍도나무의 꽃. 《약》 홍도(紅桃)①. red peach blossoms [하.

홍동(哄動)명 여러 사람이 지껄이며 떠듦. clamour

홍-동가리(紅童—)명 옷을 홍일색(紅一色)으로 입은 어린아이.

홍동(紅銅)명 《때》 적동(赤銅). [이.

홍동(鴻洞)명 ①넓고 공허(空虛)함. ②끝없이 연이은 모양. vastitude 하자

홍동 백서(紅東白西)명 〈민속〉 제물(祭物)을 차리는

홍두(紅豆)몡 붉은팥. red beans
홍두(紅荳)몡 ①콩과(荳科)에 속하는 만성 목질(蔓性木質)의 식물. 꽃은 백색, 또는 분홍색의 나비 모양이고, 협과(莢果) 속에는 붉은 팥 모양의 씨가 있음. 아프리카 원산의 열대 식물로 씨는 약용, 및 장식용으로 쓰임. Abrus precatorius ②(한의) 배앓이·두통 또는 충독을 제하는 한방 약제.
홍두깨몡 ①옷감을 감아서 다듬이질하는 데 쓰는 제구. round wooden stick for fulling clothes ②서투른 일군이 논밭을 갈 때 잘 갈지 못해 고랑 사이에 남겨 놓은 땅. ③소의 볼기에 붙은 고기. 홍두깨살.
홍두깨 다듬이몡 홍두깨에 감아서 하는 다듬이질. 하
홍두깨-떡몡 홍두깨처럼 굵게 빼낸 가래떡.
홍두깨-살몡 〖동〗홍두깨③.
홍두깨 생갈이몡 〈농업〉서투른 일군이 논밭을 가는 데 잘 갈리지 않는 거웃 사이를 억지로 가는 일. 〖약〗생갈이. 하
홍두깨-틀몡 다듬이 홍두깨를 버티는 데 쓰는 나무 기구.
홍두깨-흙[—흑]몡〈건축〉기와를 이을 때에 암키와 사이에 수키와가 붙어 있게 하기 위하여 그 밑에
홍등(紅燈)몡 붉은 등불. red light [피는 진홍.
홍등-가(紅燈街)몡 붉은 등이 켜져 있는 거리라는 뜻으로, 유곽(遊廓)이나 화류계를 이르는 말. 주사청루(酒肆靑樓). 화가(花街). 화류가(花柳街). gay quarters
홍-등롱(紅燈籠)몡 →홍사 등롱(紅紗燈籠).
홍란(弘蘭)몡 붉은 꽃이 피는 난.
홍량(弘量·洪量)몡 ①넓은 도량. 마음이 넓음. broadmindedness ②큰 술꾼. heavy drinker
홍련(紅蓮)몡〈식물〉붉은 연꽃. red lotus bloom
홍련 지옥(紅蓮地獄)몡〈불교〉몹시 찬 바람에 살가죽이 째져 붉은 빛깔의 연꽃같이 된다는 팔한 지옥(八寒地獄)의 하나.
홍로(紅爐)몡 빨갛게 달아오른 화로.
홍로상 일점설(紅爐上一點雪)구 홍로(紅爐)에 눈 한 송이라는 뜻으로, 크나큰 일에 적은 힘이 아무 보람이 없음을 비유하여 이름. 홍로 점설.
홍로 점설(紅爐點雪)구 홍로상 일점설.
홍록 색맹(紅綠色盲)몡〈생리〉홍색과 녹색의 구별을 할 수 없는 색맹. 적록 색맹(赤綠色盲).
홍료(紅蓼)몡 단풍이 들어 빨갛게 된 여뀌.
홍루(紅淚)몡 ①미녀의 눈물. tears of a fair ②피눈물. bloody tears
홍루(紅樓)몡 ①부유한 집안의 부녀가 거처하는 처소. ladies quarters ②기생집. (대) 녹창(綠窓). keesaeng house [청루(靑樓).
홍마(紅馬)몡 장기 말 따위의 붉은 글로 쓴 말. (대)
홍=마=목(紅馬木)몡 궁문(宮門) 밖 좌우에 세워 있던 마목.
홍매(紅梅)몡〈식물〉붉은 매화. pink plum blossom
홍머리-동이[紅—]몡 붉은 종이를 붙인 연.
홍명(鴻名)몡 큰 명예·명성. renown
홍모(紅毛)몡 붉은 머리털.
홍모(鴻毛)몡 기러기의 털이라는 뜻으로, 아주 가벼운 사물(事物)을 이르는 말. very light thing
홍모-교(紅帽敎)몡 〖동〗홍교(紅敎).
홍모-인(紅毛人)몡 머리털이 붉은 사람이란 뜻으로, 서양 사람을 경멸하는 말.
홍목 당혜(紅目唐鞋)몡〈제도〉젊은 여인이나 아이들이 신던 푸른 무늬의 수를 놓은 가죽신.
홍몽(鴻濛)몡 ①하늘과 땅이 아직 갈리지 아니한 모양. ②천지 자연의 기운.
홍=몽둥이[紅—]몡〖속〗주장(朱杖).
홍몽 세=계(鴻濛世界)몡〖동〗혼돈 세계(混沌世界).
홍문(紅門)몡 ①〖약〗→홍살문. ②항문(肛門). ③정문(旌門).
홍문-관(弘文館)몡〈제도〉조선조 때, 삼사(三司)의 하나. 궁내부(宮內府)의 경적(經籍) 및 문한(文翰)

과 경연(經筵)을 맡았음.
홍박(洪博)몡 넓고 넓음. 하
홍박(鴻博)몡 학문이 넓고 깊음. 박람 다식(博覽多識). 박학 다식(博學多識). erudition 하
홍반(紅斑)몡 ①붉은 빛의 얼룩점. ②〈의학〉살갗의 유두체(乳頭體)의 혈관이 충혈되어 생기는 붉은 얼룩점. [만들 때 쓰는 연.
홍=반=달(紅半—)몡 연 머리에 붉은 종이를 반달처럼
홍-백(紅白)몡 홍색(紅色)과 백색(紅白色).
홍백-색(紅白色)몡 붉은 빛과 흰빛. 〖약〗홍백(紅白). red and white
홍백 시=합(紅白試合)몡 홍군과 백군으로 나누어 하는 시합. contest between red and white teams
홍범(弘範)몡〈종교〉대종교(大倧敎)에서 시행되는 규범의 총칙(總則).
홍범(鴻範)몡 큰 규모. large scale
홍범 구주(洪範九疇)몡 서경(書經) 홍범에 기록되어 있는 우(禹)가 정한 정치 도덕의 아홉 원칙. 〖약〗구주(九疇).
홍법(弘法)몡〈불교〉불도(佛道)를 널리 펴는 일.
홍벽(紅甓)몡 붉은 벽돌.
홍-벽도(紅碧桃)몡〈식물〉홍도나무와 벽도나무를 접붙여 된 복숭아나무의 변종. 분홍색의 아름다운 꽃이 피며 열매는 없음. [rmation 하
홍보(弘報)몡 널리 알림. 또는 그 보도. public info-
홍-보(紅褓)몡 붉은 보자기. red wrapper
홍-보:석(紅寶石)몡 루비(ruby).
홍복(洪福)몡 큰 행복. 큰 복지. great happiness
홍분(承粉)몡〈한의〉경분(輕粉).
홍분(紅粉)몡 ①연지와 분. rouge and powder ②홍색.
홍분-발(紅粉發)몡 문권 자체(權門子弟)의 연소자가 불공평하여 과거에 급제함을 풍자(諷刺)하는 말.
홍불감-장(紅不甚醬)몡 ①빛깔은 붉으나 맛이 쓴 간장. ②겉으로는 좋은 듯하나 속은 신통찮은 것의 비유.
홍사(紅絲)몡 ①〖동〗홍실. ②〖동〗오라. ③붉은 말.
홍사 등롱(紅紗燈籠)몡〈제도〉궁중에서 쓰던 등. 정종 1품(正從一品)의 관리가 야행(夜行)할 때 사등(紗燈). 〖약〗홍등롱(紅燈籠). 홍사롱(紅紗籠). redsilk lantern
홍사=롱(紅紗籠)몡〖약〗→홍사 등롱(紅紗燈籠).
홍살-문(紅—門)몡 능(陵)·원(園)·궁전(宮殿)·관아 따위의 앞에 세운 지붕이 없는 붉은 살 위에 죽 박은 문. 홍전문(紅箭門). 홍문(紅門)①.
홍삼(紅衫)몡〈제도〉붉은 바탕에 검은 줄을 두른 조복(朝服)의 웃옷.
홍삼(紅蔘)몡〈한의〉수삼을 쪄서 말린 붉은 빛깔의 몸이 단단한 인삼. ¶~정과(正果). (대) 백삼(白蔘). steamed-and-dried red ginseng
홍상(紅裳)몡 ①〈제도〉붉은 바탕에 검은 도련을 두른 조복(朝服)의 아래 옷. ②붉은 치마. red-skirt
홍색(紅色)몡 붉은 빛. 〖약〗홍(紅). red
홍색 인종(紅色人種)몡 얼굴빛이 붉은 인종. 아메리카 본토의 인종. 아메리카 인디언. 〖약〗홍인종(紅人種). red race
홍색-조(紅色藻)몡〈식물〉붉은 말.
홍색-짜리[紅色—]몡〈민속〉예전에 큰 남자에 족두리를 쓰고 다홍치마를 입은, 갓 시집온 새색시를 일컫던 말. (대) 남색짜리.
홍서(弘誓)몡〈불교〉중생을 제도하여 불과(佛果)를 얻게 하는 불보살(佛菩薩)의 큰 서원(誓願).
홍-석영(紅石英)몡〈광물〉붉은 석영. red quartz
홍서(鴻緖)몡 임금의 혈통(血統). royal lineage
홍섬(洪纖)몡 넓고 큰 것과 가늘고 작은 것.
홍세(洪細)몡 큰 것과 작은 것. 대(大)와 소(小). large and small
홍소(哄笑)몡 크게 입을 벌리고 웃음. 떠들썩하게 웃어댐. 껑소(轟笑). (대) 미소(微笑). loud laughter 하 [『대) 백소주(白燒酒). red liquor
홍=소주(紅燒酒)몡 홍곡(紅穀)으로 담가 만든 소주.

홍송(紅松)〈식물〉 몸이 무르고 결이 고운 소나무의 하나. red pine-tree

홍수(洪水)團 ①장마로 범람하는 큰물. 날물. 서위. 큰물. ¶~ 예보(豫報). (대) 한발(旱魃). flood ②물이 넘쳐 흐르는 듯이 사람이나 물건이 아주 많음을 가리킴. ¶인파의 ~. deluge

홍수(紅袖)團〈제도〉군복(軍服)의 붉은 소매. red sleeves 궁녀(宮女)의 딴이름.

홍수(紅樹)團〈식물〉홍수과(紅樹科)의 상록 교목. 높이 4 m 가량이고 잎은 타원형의 육질(肉質)로 반들반들함. 흰 바탕에 붉은 꽃받침을 한 꽃이 피며, 열매가 익으면 나무에 달린 채 싹이 트고 뿌리가 내려 자란 뒤에 떨어지는 태생 식물(胎生植物)임. 수피는 홍색 염료의 채취에 쓰임. 열대 지방 바닷가 진흙에서 남.

홍수 경보(洪水警報)團 장마나 폭우로 어느 지역에 홍수가 일 것을 경계시키는 기상 경보.

홍수-막이(一幕一)團〈변〉황수막이.

홍수-막이(洪水一)團 장마 때 홍수를 막기 위해 미리 사방 공사를 하는 일. embankment 하타

홍수 예보(洪水豫報)團 강우량을 측정하여 하류에 홍수의 정도·시작 등을 미리 통고하는 일.

홍수 전술(洪水戰術)團〈군사〉 하천이나 운하를 터 놓아 그 물의 홍수로 적군을 막아내는 전술.

홍수 조절지(洪水調節池)團〈一찌〉 홍수 때에 물을 조절하기 위하여 만든 저수지.

홍수-피(紅樹皮)團 ①홍수의 껍질. 붉은 물감 또는 가죽 정제용의 재료로 쓰임. ②〈한의〉설사를 막는 데 쓰는 약재(단方藥). 〈官〉

홍수 황문(紅袖黃門)團〈제도〉 궁녀(宮女)와 환관(宦官).

홍순(紅唇)團 ①여자의 붉은 입술. red lips ②막 피어나는 꽃송이. flower half in bloom

홍=스란치마(紅一)團 붉은 빛의 비단 치마. 치마 끝에는 직금을 둘러댐.

홍시(紅柿)團 물렁 익어 붉고 말랑말랑한 감. 연감.

홍시-죽(紅柿粥)團 연시를 체에 걸러 넣고 쑨 죽.

홍-실(紅一)團 붉은 실. 홍사①. red thread

홍-십자사회(紅十字社會)團 중국의 적십자회. Chinese Red Cross

홍아리(洪牙利)團〈지리〉 '헝가리'의 취음. 〈face

홍안(紅顔)團 젊고 아름다운 얼굴. 주안(朱顔). rosy

홍안(鴻雁)團 큰 기러기와 작은 기러기. wild goose

홍안 박명(紅顔薄命)團 "썩 예쁜 여자는 팔자가 사납다"는 뜻으로 쓰이는 말. 미인 박명(美人薄命).

홍안 백발(紅顔白髮)團 나이 들어 머리는 세었으나, 얼굴은 붉고 윤기가 돎을 이름. ruddy-face with white hair

홍안 비자(紅顔婢子)團 젊고 얼굴이 고운 계집종.

홍어(洪魚)團〈어류〉 가오리과의 가오리 비슷하게 생긴 바닷물고기. 기오리보기 둥글고 가죽 퍼졌으며 머리와 주둥이는 작음. 몸 빛은 등쪽이 갈색, 배 쪽은 흰색. 고등무치. skate

홍어-국(一一)團〈食〉 홍어를 넣고 끓인 국. 홍어탕.

홍어-백숙(洪魚白熟)團 홍어를 찌거나 빡탕에 곤 음식.

홍업(洪業·鴻業)團 건국(建國)의 대업. 비업(丕業). glorious achievement

홍-여새(紅一)團〈조류〉 여새과의 새. 날개 길이 약 11 cm, 긴 도가머리가 있고 등은 포도갈색, 꼬리 끝은 붉음. 여름에 새끼 침.

홍역(紅疫)團〈한의〉 신열이 대단하고 온몸에 좁쌀 같은 붉은 꽃이 돋고 기침이 나는 어린이의 전염병. 마진(痲疹). 홍진(紅疹). measles

홍연(哄然)團 큰 웃음을 터뜨리는 모양. loud laughter

홍연(紅鉛)團 여자의 맨 처음 월경(月經). first menses

홍연-광(紅鉛鑛)團〈광물〉 단사 정계(單斜晶系)에 속하며 주상(柱狀)이나 침상(針狀)의 결정으로 산출되는 크롬산염(chrome 酸鹽)의 광물. 가루로 만들어 체료(彩料)·안료(顔料)로 쓴다.

홍연 대소(哄然大笑)團 큰소리로 껄껄 웃음. 〈유〉 가 대소(呵呵大笑). loud laughter 하타

홍염(紅焰)團 ①붉은 불꽃. red flame ②프로미넌스 (prominence). 〈히〉

홍염(紅艶)團 화색이 돌고 탐스러움. prettiness 하타

홍엽(紅葉)團 ①붉은 잎. red leaves ②단풍이 든 나뭇잎. 녹엽(綠葉). tinged autumnal leaves

홍=영기(一一㫋)[一녕끼](紅令旗)團〈제도〉 붉은 바탕에 남빛으로 '令'자를 수놓은, 군령(軍令)을 행할 때 쓰던 영기(令旗). 〈蜆旗〉

홍예(虹蜺·虹霓)團 ①〈동〉무지개. ②〈약〉→홍예문(虹)

홍예 다리(虹蜺一·虹霓一)團〈토목〉 중간이 무지개처럼 둥글고 붉똥 솟아 놓은 다리. 홍교. rainbow bridge 〈鶩曲線〉의 정점.

홍예-머리(虹蜺一)團〈건축〉 홍예문의 내민 곡선(內

홍예-문(虹蜺門·虹霓門)團〈건축〉 문열굴의 윗머리가 반원형이 되게 만든 문. 〈약〉홍예(虹霓)②.

홍예-석(虹蜺石)團〈건축〉 홍예를 만드는 돌.

홍예-틀다(虹霓一)타[트튼]〈건축〉 문 따위를 홍예 모양으로 만들다.

홍옥(紅玉)團 ①붉은 빛깔의 옥. ruby ②사과의 한 종류. jonathan

홍우(紅雨)團 꽃잎이 비 오듯 많이 떨어짐을 일컫는 말. falling of petals

홍운(紅雲)團 ①붉은 구름. red clouds ②꽃이 만발한 모양. blooming of flowers

홍원(弘遠)團 넓고 원대함. far and wide 하〈형〉

홍원(弘願)團〈불교〉아미타불의 본원(本願) 중에 근본이 되는 서원(誓願).

홍유(鴻儒)團〈동〉 거유(巨儒).

홍윤(紅潤)團 불그스름한 윤기가 돎. 화색이 돌고 맑은 안색. ruddy 하〈형〉

홍은(鴻恩)團 넓고 큰 은덕. 대은(大恩). great favour

홍의(弘毅)團 뜻이 넓고 굳셈. fortitude 하타

홍의(紅衣)團 ①붉은 옷. red clothes ②〈제도〉 각 궁전의 별감(別監) 및 묘사(廟社)·능원(陵園) 따위의 수복(守僕)이 입던 붉은 옷.

홍의 주교(紅衣主敎)團〈기독〉 로마 교황청(教皇廳)의 72 추기경(樞機卿).

홍익(弘益)團 ①큰 이익. great profit ②널리 이롭게 함. public benefit 하타

홍익(鴻益)團 매우 큰 이익. great profit

홍익 인간(弘益人間)團 널리 인간 세계를 이롭게 함. 국조(國祖) 단군(檀君)의 건국 이념(建國理念). extension of human welfare

홍-인종(紅人種)團〈→ 홍색 인종(紅色人種).

홍일(紅日)團 새벽에 막 떠오르는 붉은 빛을 한 해. red sun

홍-일점(一점)(紅一點)團 ①푸른 잎 가운데 한 송이 붉은 꽃이 피어 있는 것 red flower mid green leaves 구어 속에서 오직 하나 이채(異彩)를 띠는 것. distinguished one among many ②많은 남자들 사이에 끼어 있는 한 사람뿐인 여자. 일점홍 (一點紅). only girl among those present

홍자(紅紫)團 ①붉은 빛깔과 보랏빛. red and violet ②여러 가지 꽃들의 아름다운 빛깔을 비유하는 말.

홍장(紅帳)團 큰 은혜.

홍장(虹腸)團 무지개처럼 굽은 다리. rainbow-bridge

홍장(紅帳)團 과거 보일 때 어제(御題)를 흰색판(懸題板)에 붙이고, 글을 삼관으로 묶어 매달던 장막.

홍장(紅粧·紅粧)團 ①연지 등으로 붉게 하는 화장. ②미인의 화장을 비유하는 말. make-up ③꽃이 붉게 피어 있는 것의 비유.

홍쟁(訌爭)團〈동〉내분(內紛). 내홍(內訌).

홍적-기(洪積期)團〈지질〉 지질 시대(地質時代)의 신생대(新生代) 최후 시기이며, 제 4 기의 전반(前半) 시대. 홍적세. 경신세(更新世). diluvial epoch

홍적-세(洪積世)團〈동〉홍적기. [diluvial formation

홍적-층(洪積層)團〈지학〉 홍적기에 이루어진 지층.

홍전(紅箭)[명]〈육〉투호(投壺)에 쓰던 붉은 화살.
홍전(紅氈)[명] 붉은 빛깔의 전(氈).
홍전립(紅氈笠)[명]〈동〉군뢰복다기.
홍전문(紅箭門)[명]홍살문.
홍조(紅潮)[명] ①취하거나 상기되어 뺨이 붉게 달아 오름. 또, 그런 빛. ②미인의 부끄럼 타는 얼굴. flush ③아침 해가 바다에 비치어 붉게 보이는 해조(海潮). red waves ④〈동〉월경(月經).
홍조(鴻爪)[명] ①기러기가 눈이나 진흙에 남긴 발자국. ②행적이 묘연하고 경로가 불분명함을 일컫는 말.
홍조-류(紅藻類)[명]〈동〉홍조 식물. [말. uncertainty
홍조-소(紅藻素)[명]홍조류(紅藻類)의 색소체(色素體) 안에 엽록소와 함께 들어 있는 붉은 색소. pigment of red algae
홍조 식물(紅藻植物)〈식물〉조류(藻類) 식물의 한 문(門). 엽록소 외에 홍조소를 함유하고 홍색·자색을 띰. 흔히 바다의 깊은 곳에 착생함. 홍조류.
홍주-석(紅柱石)[명]〈광물〉기름한 사각형으로 된 규산반토(硅酸礬土)의 광물. 몸이 단단하고 광택이 있으며, 고급 내화물(高級耐火物)로 쓰임. andalusite
홍지(鴻志)[명] 대지(大志).
홍진(紅塵)[명] ①번화한 곳에 일어나는 티끌. dust in the air ②속세의 티끌. 번거로운 세상. noisy world
홍진 만:장(紅塵萬丈)[명] 햇빛에 비치어 붉게 된 티끌이 높이 솟아오름. cloud of dust [는 말.
홍진 세:계(紅塵世界) 어지럽고 속된 세상을 이르
홍차(紅茶)[명] 달이어 물이 붉은 차의 하나. 차나무의 잎을 발효(醱酵)시키어 말린 것. 홍다(紅茶). [대] 녹차. black tea
홍채(紅彩)[명]〈생리〉눈알의 각막(角膜)과 수정체(水晶體)의 사이에 있는 둥근 모양. 눈조리개. iris
홍-철릭(紅一)[명]〈제도〉무관의 공복(公服)의 하나. 당하관(堂下官)이 입었음.
홍초(紅一)[명] 연꽃의 외에는 전체가 붉은 연.
홍초²(紅一)[명] 붉게 만든 초. 홍촉(紅燭). red candle
홍초(紅草)[명]〈동〉불강이.
홍초(紅蕉)[명]〈식물〉파초과(芭蕉科)의 파초 비슷한 다년생 풀. 파초보다 잎이 좀 작으며 여름에 홍색 또는 황색의 포(苞)를 가진 이삭꽃이 핌. 중국 원
홍촉(紅燭)[명]〈동〉홍초(紅一)². [산으로 관상용임.
홍-치마(紅一)[명]〈동〉다홍치마.
홍칠(紅漆)[명] 붉은 칠. red paint
홍콩 달러(Hongkong Dollar)[명]〈경제〉홍콩 정부에서 발행 통용되는 달러 표시의 통화. 향항불.
홍당(紅糖)[명] 붉은 사탕. 적사탕. 홍사탕(紅砂糖). red sugar   [의 흙. red earth
홍토(紅土)[명]〈지리〉열대 지방에 생기는 붉은 빛깔
홍패(紅牌)[명]〈제도〉과거(科學) 급제한 사람에게 그 성적의 등급 및 성명을 기록하여 주던 붉은 종이의 합격증.   [mation 하다
홍포(弘布)[명] 널리 알림. 널리 포고(布告)함. procla-
홍포(紅布)[명] 붉은 빛깔의 옷감.
홍포(紅袍)[명] ①강사포(絳紗袍). ②높은 버슬아치가 입는 붉은 빛깔의 도포나 예복.
홍하(紅河)[명] 큰 강. long river
홍하(紅蝦)[명]〈동〉대하(大蝦).   [sunset in the sky
홍하(紅霞)[명] 해 근처에 보이는 붉은 놀. glow of
홍함 평원(洪涵平原)〈지학〉범람원(氾濫原).
홍합(紅蛤)[명]〈조개〉홍합과에 속하는 조개의 하나. 길이 15 cm, 높이 7 cm, 폭 5 cm 가량으로 모양은 타원형임. 접데기는 흑갈색이고 안쪽은 진주 광택이 남. 살은 붉은 빛깔로 맛이 좋음. 바다의 암초에 붙어 서식함. 담채(淡菜)①. 동해 부인. sea mussel
홍혈(紅血)[명] 붉은 피.
홍협(紅頰)[명] ①붉은 뺨. rosy cheeks ②연지를 바른 뺨. rouged cheeks
홍호(鴻號)[명] 널리 알려진 이름. 또는 임금의 이름.
홍훔(紅一)[명] 코찡찡이가 말할 때 헛김이 섞여 나오는 소리.
홍화(洪化)[명] 크나큰 덕화.

홍화(紅花)[명] ①붉은 꽃. ②〈동〉잇². ③〈한의〉잇의 꽃이나 씨. 어혈(瘀血)·통경(通經) 따위나 외과약(外科藥)으로 쓰임.
홑[명] 겹이 아닌 것. [대] 겹.
홑=고쟁이[명] 한 겹이나 외겹의 뜻. single
홑=거리[명] 무젇 노름에서 일·이에 돈을 댈 때 일에 대   [는 돈. single
홑=겹[명] 한 겹.
홑=그루[명]〈농업〉홑으로 한 가지 농작물만 짓는 일.
홑=껍데기[명] ①홑으로 만든 옷. unlined clothes ②외겹으로만 된 껍데기. onefold thing
홑=잎[명]〈식물〉단판(單瓣).
홑=낫표[명]〈인쇄〉내리글씨의 따옴표로 쓰는 '「」'의 이름. [대] 겹낫표.
홑=눈[명]〈곤충〉단안(單眼). [대] 곁눈.
홑=단치마[명] 한 겹의 단으로 지은 치마.
홑=담[명] 한 겹으로 쌓은 담.
홑=닿소리[명]〈어학〉단자음(單子音). [대] 겹닿소리.
홑-대[명] 덧씌를 끼우지 않은 대패.
홑=몸[명] ①혼자의 몸. 단신(單身). single ②아이를 배지 않은 몸. woman who is not pregnant ③〈동〉단체(單體).
홑=문장(一文章)[명]〈어학〉단순한 문장. 주어(主語)와 술어(述語)와의 관계가 단 한 번만 성립하는 문장. 즉, 절(節)이 없는 문장. 단문(單文).
홑=바지[명] 홑겹으로 된 바지.
홑=반(一)[명] 한 겹으로 넓게 지은 솜반.
홑반-뿌리[명] 홑반을 두어로 지은 옷.
홑=벌[명] ①〈동〉단벌. single suit ②한 겹으로만 된 물건. onefold thing   [thinking person
홑벌 사:람[명] 소견이 얕은 사람. 〈약〉홑사람. shallow-
홑=벽(一壁)[명]〈건축〉한 쪽만 흙을 바른 얇은 벽.
홑=사람[명]〈약〉홑벌 사람.   [대] 겹사람. thin wall
홑=성(一性)[명]〈생물〉생물이 암·수의 어느 한 생식 기관만을 가지고 있는 일. 단성(單性). unisexuality
홑성-꽃(一性一)[명]〈식물〉한 꽃으로서, 수술 또는 암술만을 갖춘 꽃. [대] 쌍성꽃. unisexual flower
홑성-붙이(一性一)[명]〈생물〉암컷과 수컷과의 교배 없이 행하여지는 붙이. [대] 쌍성붙이. unisexual corolla   [物). ~ 바다말. unicell
홑=세:포(一細胞)[명] 단 하나의 세포. ¶~ 동물(動
홑=셈[명] 단수(單數).   [sound
홑=소리[명]〈어학〉단음(單音). [대] 겹소리. single
홑=수(一數)[명]〈수학〉①〈동〉기수(奇數).
홑=실[명] 외올로 된 실. 단사(單絲).
홑=씨방(一房)[명]〈식물〉홑암꽃술 및 떨어져 난 암꽃술의 씨방. 완두의 씨방 따위. [대] 겹씨방.
홑=암꽃술[홈―][명]〈식물〉복숭아·완두 따위의 암꽃술과 같이, 한 개의 속잎으로 된 암꽃술. [대] 겹암꽃술.
홑=옷[명] 한 겹으로 된 옷. 단의(單衣). 〈꽃〉술.
홑=으로[명] 세기 쉬운 적은 수효로. ¶~ 한두 개많이 아니네.
홑=이불[―니―][명] ①한 겹으로 된 이불. sheet ②이불 안쪽에 덧씨는 한 겹으로 된 이불. unlined counterpane
홑=잎[―닙][명]〈식물〉①홑으로 된 꽃잎. simple leaf ②잎새가 단 하나이며 잎자루에 마디가 있는 잎. 배나무 따위.
홑잎새=겹잎[―닙―닙][명]〈식물〉겹잎의 하나. 잎사귀가 단 하나이어서 홑잎 같으나, 잎꼭지에 마디처럼 작은 잎이 있음. 귤잎 따위. unifoliate compound leaf
홑=자리[명]〈수학〉단위가 되는 수. [대] 겹자리.
홑=지다[재] 복잡하지 않고 단순하게 되다. be simp-
홑=집[명]〈건축〉단채로 된 집. [대] 겹집.   [lified
홑=창(一窓)[명]〈건축〉갑창이 달리지 않은 미닫이. [대] 겹창. single window
홑=처마[명]〈건축〉처마 끝 서까래가 일단(一段)으로 된 처마. single-layer eaves
홑=체[명] 한 올씩으로 짠 쳇을로 메운 체.

홑치마 속에 아무것도 입지 않고 입은 치마. skirt worn without underwear

홑-소리[-쏘-]〖어학〗단모음(單母音).

화:¹(火)〖명〗 ①〈약〉→화기(火氣). ②〈민속〉오행(五行)의 하나. ③몹시 언짢거나 못마땅해서 나는 성.

화:²(和)〖명〗 ①〈수학〉'합(合)'의 구용어. ②〈음악〉모양이 생(笙)과 같이 생긴 관악기의 하나.

화(畫)〖명〗 그림.

화:(禍)〖명〗 몸과 마음에나 일에 뜻밖의 변고를 당하여 받는 괴로움이나 해(害). 〈대〉복(福). disaster

=화(化)〖접미〗 어떠한 명사 아래에 붙어, 그렇게 됨을 나타내는 말. ¶민주(民主)~. 하다타

=화(花)〖접미〗 꽃의 뜻을 나타내는 말. ¶장미~. flower

=화(畫)〖접미〗 도식(圖式)이 아닌 그림의 뜻을 나타내는 말. ¶서양~. picture

화가(華街)〖명〗 홍등가(紅燈街).

화:가(畫架)〖명〗 화가(畫家)가 그림을 그릴 때 화폭(畫幅)을 받치는 삼각다리(三脚—). easel

화:가(畫家)〖명〗 그림을 그리는 것을 전문으로 하는 사람. 화장(畫匠). 〈유〉화공(畫工)·화백(畫伯). painter

화가 여생(禍家餘生)〖명〗 죄화(罪禍)를 입은 집의 자손.

화:각(火角)〖명〗 불에 넣어서 무르게 만든 짐승의 뿔.

화:각(火脚)〖명〗 위에서 내리 덮치는 불길. falling fire

화:각(畫角)〖명〗 ①〈음악〉뿔로 그림을 그리어 만든 악기의 하나. ②채화(彩畫)를 그리고 그 위에 색 얇은 쇠뿔을 오려 덧붙이는 목기(木器) 세공품(細工品)의 하나. [building

화:각(畫閣)〖명〗 단청을 한 누각. 화루. painted palace

화간(和姦)〖명〗 부부가 아닌 남녀가 서로 합의하여 육체적으로 관계함. 〈대〉강간(強姦). adultery 하다

화간(花間)〖명〗 꽃과 꽃의 사이. amid the flowers

화간(華簡)〖명〗 ①〈동〉화목(華墨). [아닌님.

화간 접무(花間蝶舞)〖명〗 나비가 꽃사이를 춤추며 날

화:감청(花紺青)〖명〗〈미술〉인공(人工)으로 만들어진 감청 빛의 물감. 〈대〉석감청(石紺青).

화갑(花甲)〖명〗〈약〉→화갑자(花甲子).

화갑(華甲)〖명〗 61 세. '華'자가 '十'자 여섯과 '一'자로 되었고 '甲'은 '甲子'의 '甲'으로 '歲'의 뜻. sixty-one years of age 〈동〉회갑(回甲).

화-갑자(花甲子)〖명〗〈민속〉육십 갑자(六十甲子)의 딴

화강-석(花崗石)〖명〗〈광물〉화강암의 조각돌. granite

화강-암(花崗岩)〖명〗〈광물〉석영(石英)·운모(雲母)·장석(長石) 등을 주성분으로 한 화성암(火成岩)의 하나. granite [직물이 명백하지 않은 바위.

화강 편마암(花崗片麻岩)〖명〗〈광물〉편마암의 별판 조

화개(花蓋)〖명〗〈식물〉꽃받침과 꽃부리의 외환상의 총 칭. 꽃뚜껑. perianth [겠수(客數).

화:객(化客)〖명〗〈불교〉시주(施主)를 구하여 다니는

화객(花客)〖명〗 꽃의 구경꾼. flower-viewing party

화:객(貨客)〖명〗 화물과 승객.

화객(華客)〖명〗 단골의 손. customers

화:객(畫客)〖명〗〈동〉환장이. 그림장이.

화:객-선(貨客船)〖명〗 화물과 여객을 함께 운반하는 선박. '읍'을 이름. death 하다

화:거(化去)〖명〗 다른 것으로 변해 간다는 뜻으로,

화:경(畫經)〖명〗 ①불교의 법(畫法). ②〈동〉화품(畫品).

화:경(火耕)〖명〗〈농업〉화전(火田)을 경작(耕作)함. cultivation of a burnt field

화:경(火鏡)〖명〗 햇볕에 비추어서 불을 일으키는 거울. 곧, '볼록 렌즈'를 이름. burning lens

화경(花梗)〖명〗〈식물〉꽃자루.

화경(花莖)〖명〗〈식물〉꽃줄기.

화경(華景)〖명〗 '음력 2월'의 딴이름.

화:경(畫境)〖명〗 경치가 그림과 같이 아름다운 곳. picture [sque scene

화:계(畫海)〖명〗〈동〉화해(畫海).

화계(花階)〖명〗〈동〉화단(花壇).

화:고(畫稿)〖명〗〈미술〉그림을 그릴 때 초벌로 그려 보는 초고(草稿). rough drawing

화곡(禾穀)〖명〗〈동〉벼.

화:곤(火棍)〖명〗 부지깽이.

화:골(化骨)〖명〗 뼈 또는 그와 비슷한 물질로 화함. 또, 그리 되게 함. ossification 하다

화:공(火工)〖명〗 ①불을 때는 직공. ②탄약에 화약을 재는 직공. [업. ③〈약〉→화학 공학.

화:공(化工)〖명〗 ①〈동〉천공(天工). ②〈약〉→화학 공

화:공(火攻)〖명〗 불로 공격함. fire attack 하다

화:공(畫工)〖명〗〈미술〉그림 그리는 것을 업으로 하는 사람. 화사(畫師). 〈유〉화가(畫家). painter

화공(靴工)〖명〗 양화를 짓는 직공. shoemaker

화:공-품(化工品)〖명〗 화약·폭약 따위를 써서 세공한 공작품의 총칭. article processed with heat

화관(花冠)〖명〗 ①〈제도〉여자 예장(禮裝)에나 또는 잔치 때, 기녀(妓女)·무동(舞童) 들이 쓰던 관(冠). decoration crown ②〈식물〉꽃을 보호하는 화피의 내무으로서 꽃의 가장 고운 부분. 꽃부리. corolla

화관 무:직(華官膴職)〖명〗 이름이 높고 녹이 많은 벼슬.

화:광(和光)〖명〗 불빛.

화:광(和光)〖명〗 자기 지덕(知德)의 빛을 감추고 드러내지 아니함. subdued brightness

화광 동진(和光同塵)〖명〗 ①자기의 재능을 감추고 세속(世俗)을 따름. following the worldliness ②〈불교〉부처나 보살이 중생을 제도(濟度)하기 위해 속인(俗人)과 섞여 행동함. [력함. 하다

화:광 충천(火光衝天)〖명〗 불길이 하늘로 치솟을 듯이

화:교(火教)〖명〗〈종교〉불을 신화(神化)하여 숭배하는 종교. 배화교(拜火教). Zoroastrianism

화교(華僑)〖명〗 중국 사람으로 외국에 가서 사는 사람. Chinese resident abroad

화교-법[—뻡](和校法)〖명〗〈수학〉어떤 물질을 섞는 대중을 셈하 내는 혼합법(混合法)의 하나.

화:구(火口)〖명〗 ①불을 때는 아궁이의 아가리. fuel hole ②〈지학〉화산이 터진 구멍. crater

화:구(火具)〖명〗 ①불을 켜는 데에 쓰는 제구. 등불·촛불 따위. ②폭발에 쓰는 제구. 문관(門管)·뇌관(雷管)·신관(信管)·도화관(導火管) 따위.

화:구(畫具)〖명〗 그림을 그리는 데 필요한 제구. painting materials

화:구-곡(火口谷)〖명〗〈지학〉화구(火口)의 벽이 터져서 생긴 골짜기.

화:구-구(火口丘)〖명〗〈지학〉화구(火口) 안에 겹으로 터져 나온 화산. volcanic cone

화:구-벽(火口壁)〖명〗〈지학〉화산 분화구의 안쪽 면. 절벽을 이루는 일이 많고, 화산 분출물이 층을 이루어 퇴적한 흔적이 보이는 것도 있다. crater-wall

화:구-상(畫具商)〖명〗 화구를 파는 상업·상인.

화:구-원(火口原)〖명〗〈지학〉화구(火口)와 외륜산(外輪山)과의 사이에 있는 평원. crater-basin

화:구-항(火口港)〖명〗〈지학〉옛날 분화구(噴火口)의 외벽(外壁)이 무너져 바닷물이 들어가서 천연적으로 이루어진 항구. [군 호수. crater-lake

화:구-호(火口湖)〖명〗〈지학〉화구(火口)가 막히어 물이

화:권(畫權)〖명〗〈불교〉중생을 제도의 방편.

화:극(話劇)〖명〗〈연예〉중국에서, 대화(對話)를 주로 하는 신극(新劇). dialogue play

화:극-금(火克金)〖명〗 오행 운행(五行運行)에서 화(火)는 곧 금(金)을 이긴다는 말. [of evil

화:근(禍根)〖명〗 재화(災禍)의 근원. 화원(禍源). root

화:근-거리다[—끄—]〖자〗 화근이 될 만한 일이나 물건.

화:금(火金)〖광물〗도광 제련(搗鑛製鍊)할 때 수은을 분리·증발시키기 위하여 불에 가열해 낸 금.

화금(靴金)〖명〗〈건축〉대문짝 아래 돌쪽에 씌우는 쇠.

화:금 분철(火金分鐵)〖명〗〈광물〉화금(火金)으로써 정해진 분철(分鐵).

화:급(火急)〖명〗 매우 급함. 화속(火速). ¶~한 일이

생겨 집을 뛰쳐 나가다. urgency 하圖 히因
화:기(火氣)團 ①가슴이 답답하여지는 기운. stuffiness ②격노한 기운. anger ③불의 뜨거운 기운. 불기운. 화세(火勢). 《야 화(火)¹◎. heat of fire
화:기(火器)團 〈군사〉①총·대포 등의 총칭. 화병(火兵)². fire-arms ②불을 담는 그릇의 총칭. fireutensil
화기(和氣)團 ①화창한 일기. harmony ②온화한 기[운. peace
화기(花期)團 ①꽃이 피는 시기. 화후(花候). 《卽》화시(花時). flower season ②꽃철. 곧, 봄을 가리킴. spring   [따위.
화기(花器)團 꽃을 꽂아 놓는 그릇. 꽃병·꽃바구니
화기(畫技)團 그림을 그리는 기술.
화기(畫器)團 〈공업〉그림을 그려 넣은 사기(沙器).
화기(禍機)團 화액(禍厄)이 숨어 있는 기틀.
화기 애애(和氣靄靄)團 여럿이 모인 자리에 따스하고 부드러운 기운이 넘쳐 흐르는 모양. ¶~한 분위기. peace and harmony 하圖   [하圖
화길(和吉)團 화목하고 길(吉)함. harmony and luck
화끈團-하다囝 갑자기 몹시 뜨거운 느낌이 일어나는 모양. 《큰》후끈. burning 하圖
화끈=거리다囝 뜨거운 기운을 받아 몸이 화끈 달아 오르다. 《큰》후끈거리다. 화끈=화끈團
화:-나다(火-)囝 ①몹시 노하여 화증이 나다. get angry ②큰 걱정이 있어 마음이 답답하다. flare up
화:난(火難)團〈동〉화재(火災).
화난(和暖)團 날씨가 화창하고 따뜻함. geniality 하圖
화난(患難)團 재화와 환난. 화화(禍火). 화화(禍禍). disaster   [South China
화남(華南)團〈지리〉중국의 남부 지방. 남지(南支).
화:-내:다(火-)囝 몹시 노하여 화증을 내다. get into rage
화냥團 서방질을 하는 계집. wanton woman
화냥=질團 서방질. 하圖
화:녀(化女)團〈불교〉술법으로 화현(化現)한 여자.
화년(華年)團 ①예순한 살의 일컬음. age of sixty years ②소녀 시절의 꽃다운 나이. blooming
화:농(化膿)團〈의학〉종기가 성장이 되어 고름이 생김. 성농(成膿). maturation 하圖
화:농-균(化膿菌)團〈의학〉화농을 일으키는 균.
화:농-성(-性)(化膿性)團 종기가 곪아서 고름이 생길 성질. suppurative
화다-색(樺茶色)團〈동〉낙엽색.
화다닥團 ①급하게 서두르는 모양. ¶일을 ~ 해치우다. hurry scurry ②갑자기 일어나거나 뛰어나가려고 몸을 몹시 급하게 움직이는 모양. ¶~ 뛰어나가다. 《큰》후다닥. alarmedly 하圖   [하圖
화다닥=거리다囝 자꾸 화다닥하다. 화다닥=화다닥團
화:단(花壇)團 꽃을 심기 위하여 뜰 한 쪽에 흙을 한 층 높게 쌓아 놓은 곳. 화체(花砌). flower bed
화:단(畫壇)團 ①회화의 진열장(陳列場). gallery ②화가들의 사회. painting circles
화담(和談)團 화해(和解)하는 말. reconciliation ②정답게 주고받는 말. familiar talk
화답(和答)團 시가(詩歌)에 대하여 응답함. 하因
화:대(火大)團〈불교〉우주(宇宙) 만물의 골고루 들어 있다고 하는 불기운. 사대(四大)의 하나.
화:대(花代)團 ①〈동〉놀음차. ②〈동〉해웃값.
화대(花臺)團 화분을 올려놓는 받침.
화=대:모(華代瑁)團 누른 바탕에 검은 점이 약간 박히고, 투명하여 생긴 대모의 껍질.
화:덕(火-)團 ①숯불을 피워 쓰게 만든 큰 화로. brazier ②한쪽에서 솥을 걸고 쓰게 쇠나 흙으로 간단히 만든 물건. cooking-stove
화:덕 진군(火德眞君)團〈민속〉불을 맡은 신령.
화:도(火刀)團 부시. steel (for striking fire)
화:도(火道)團 도자기 등을 굽는 온도.
화:도(化度)團〈불교〉중생을 교화(敎化) 제도(濟度)함. 하因
화:도(化導)團 덕으로써 교화(敎化)하여 인도함. edification 하因
화도(花道)團 꽃이나 나무에 인공을 가하여 풍취를 더하는 기술. flower arrangement
화:도(畫圖)團 여러 종류의 그림의 총칭. drawings
화도-끝(花-)團 이불의 양쪽 끝에 상표를 붙여 단 부분. 화두(華頭).
화:독(火毒)團 불의 독한 기운.
화:독-내(火毒-)團 음식이 타게 된 때에 나는 냄새. 초취(焦臭). scorching smell of food
화동(和同)團 두 사람 사이가 벌어졌다가 다시 뜻이 잘 맞게 됨. harmony 하因
화:두(火斗)團〈동〉다리미.
화:두(火頭)團〈불교〉절에서 불을 때는 사람. 또는 [그 일.
화두(話頭)團 ①이야기의 말머리. beginning of story ②〈불교〉참선할 때에 드는 제재(題材).
화두-와(花頭瓦)團 막새.
화드득團 ①숯불이 튀기어 급히 터져 나오는 소리. crackling ②콩을 볶을 때나 총포 화약 등이 터지는 소리. rattling ③경망하게 방정을 떠는 소리. 하因   [화드득 하因
화드득=거리다囝 연해 화드득 소리가 나다. 화드득=
화들=떡다囝 별안간 펄쩍 뛸 듯이 놀라는 모양.
화:=등잔(火燈盞)團 놀랐을 때 휑하게진 눈을 형용하는 말.   [②활대.
화라지團 ①가로퍼진 긴 나뭇가지. long branches
화락(和樂)團 화평하고 즐거움. harmony 하圖
화란(和蘭)團〈지리〉'네덜란드'의 한자명.
화:란(禍亂)團 재변에 의한 세상의 어지러움. calamity
화랑(花郞)團〈제도〉신라 시대에 비롯한 사회적·정치적인 단체. 문벌과 학식이 있고 외모가 단정한 사람으로 조직되고, 정치·사회의 선도(善導)가 이념으로 하였음. 국선(國仙). flower of youth in Silla times who excelled in bravery   [gallery
화:랑(畫廊)團 ①회화(繪畫)를 전람하는 방. picture
화랑-도(花郞徒)團〈제도〉화랑의 무리. 낭도(郞徒).
화랑-도(花郞道)團〈제도〉화랑이 지키야 할 도리. 유(儒)·불(佛)·선(仙) 세 교의 정신을 받들고 오계(五戒)와 삼덕(三德)을 신조로 하여 애국 애족을 표방하였음.
화랑-이(花郞-)團〈민속〉옷을 잘 꾸며 입고 가무행악(歌舞行樂)을 하는 광대와 비슷한 무리.
화랑-이團 (卽)박수. 사내무당.
화랑 정신(花郞精神)團 화랑의 이념인 다섯 가지 것을 실행하는 정신. 곧, 충성, 효도, 벗에 대한 믿음, 살생을 삼가고, 전쟁에서 물러서지 않는 것 등.
화려(華麗)團 빛나고 아름다움. 화미(華美). splendour 하圖
화려-체(華麗體)團〈문학〉문장 표현의 하나. 감정적이며 화려한 어구와 음악적 가락으로 독자에게 선명한 인상을 주는 문체. brilliant style
화:력(火力)團 ①불의 세력. heat power ②〈군사〉총포의 위력. 화창(火槍). fire power
화:력 발전(-전-)(火力發電)團 석탄이나 석유 같은 것을 연료로 한 화력을 열기관(熱機關)에 의하여 발전기를 돌려 전기를 일으키는 일. (대)수력 발전. power electric generation
화:력 발전소(-전-)(火力發電所)團 화력 발전으로 전류를 발생시켜 배전(配電)하는 발전소. (대)수력 발전소. thermal power electricity
화:렴(火廉)團〈민속〉매장한 시체의 빛깔이 까맣게 되는 일.   [become black
화:렴=들:다(火廉-)囝囝 매장한 시체가 검어지다.
화:로(火爐)團 숯불을 담아 두는 그릇. brazier
화로-수(花露水)團 꽃의 진을을 짜내어 만든 향수. floral perfume
화:론(畫論)團 회화에 관한 논평이나 이론.
화뢰(花蕾)團〈동〉꽃봉오리.   [wing a dragon
화:룡(畫龍)團 그림 속의 용. 또는 용을 그림. dra-

화:롱 점정(畫龍點睛)명 화가(畫家)가 용을 그리고 눈을 그려 놓았더니 하늘로 올라갔다는 고사(故事)에서 나온 말로, 사물의 긴한 부분을 완성시킴을 이름.
화·롱-초(畫龍─)명 용을 그린 초. 화룡촉.
화·롱-촉(畫龍燭)명 화룡초(畫龍─).
화·루(畫樓)명 화각(畫閣).
화류(花柳)명 ①꽃과 버들. blossoms and willows ② 사내들을 상대하여 노는 계집. prostitute 「는 말.
화:류(華留)명 〈제도〉 '수원 유수(水原留守)'를 이르
화류(樺榴)명 자단(紫檀)의 목재. 붉은 빛으로 결이 곱고 단단하여 건축·가구·미술품의 재료로 씀. 화려(華欄). 화리(花梨). red sandalwood
화류-가(花柳街)명 〈동〉 홍등가(紅燈가).
화류-계(花柳界)명 노는 계집들의 사회. 색계(色界). 화류장(花柳場). 청등 홍가(青燈紅家). gay world
화류-병(─病)(花柳病)명 〈동〉 성병(性病).
화류-장(花柳場)명 화류계(花柳界).
화류-장(樺榴欌)명 화류(樺榴)로 만든 아름다운 장롱. red sandalwood chest of drawers
화류-항(花柳巷)명 노는 계집들이 모여 사는 거리. gay
화·륜(火輪)명 태양(太陽)의 딴이름. 　　　[quarters
화륜(花輪)명 화환(花環).
화·륜-거(火輪車)명 기차(汽車)의 이전 이름. 《약》 윤거(輪車). train 　　　　　　　　　　　　[ship
화·륜-선(火輪船)명 기선(汽船)의 이전 이름. steam-
화릉(花綾)명 꽃무늬를 놓아 짠 능견(綾絹).
화리(禾利·花利)명 땅을 팔 때 그 토지에서 나는 곡식을 떼어 팔 경우 그 곡식을 일컫는 말. standing crops
화리 끼-다(花利─)(타) 전답(田畓)을 팔 때 화리도 상에 넣다. ¶논을 화리 껴서 팔다. include standing crops
화림(花林)명 꽃나무 숲. wood of flowerplants
화:립(畫笠)명 〈제도〉 구나(驅儺) 때에 지군(持軍)·판관(判官)이 쓰던 갓.
화:마(火魔)명 화재(火災)를 마귀(魔鬼)에 비유하여 이름. fire demon
화마(花馬)명 워라말.
화만(華鬘)명 〈불교〉 부처 앞에 장엄하게 꾸미는 꽃다발. 원래 서역(西域)의 풍습으로 부녀들이 목걸이로 만들어 쓰던 것임.
화:망(火網)명 〈군사〉 소총·기관총·대포 같은 화기(火器)로 그물처럼 펼쳐 놓는 탄도(彈道).
화매(和買)명 살 사람과 팔 사람이 아무 이의(異意) 없이 팔고 삼. harmonious trade 하(타)
화:면(火綿)명 〈동〉 솜화약(─火藥).
화면(花面)명 화면(花面).
화:면(畫面)명 ①그림의 표면. surface of a picture ②영사막(映寫幕)에 비치 사진의 면. scene ③필름·인화지(印畫紙)에 촬영(撮影)된 영상(映像)이나 사상(寫像). image
화명(花名)명 꽃의 이름. name of a flower
화명(花明)명 꽃이 피어 환함. 하(자)
화:명(畫名)명 ①그림의 이름. subject of a picture ②영화의 이름. subject of a cinema
화모(花貌)명 화용(花容)①.
화-목(木木)명 〈동〉 벤나무.
화목(花木)명 꽃나무.
화목(和睦)명 서로 뜻이 맞고 정다움. 돈친(敦親). 집목(緝睦). ¶집안이 ～하게 지내다. (대) 불목(不
화목(花木)명 빛나무. 　　　　　　　　[睦). harmony 하(자)
화목-제(和睦祭)명 〈기독〉 구약 시대에, 하느님에게 동물을 희생으로 바침으로써 진노(震怒)를 벗어나 하느님과 사람 사이에 화목을 얻으려고 행하던 제사.
화묘(禾苗)명 벼모.
화-무십일홍(花無十日紅)명 열흘 붉은 꽃이 없음은 곧, 한 번 성하면 반드시 머지않아 쇠한다. Every tide has an ebb

화묵(花墨)명 남을 높여 그의 '편지'를 이르는 말. 화간(華簡). 화한(華翰).
화:문(火門)명 대포 등의 화기(火器)의 아가리.
화문(花紋)명 꽃의 무늬. floral design 　　[spike
화문-석(花紋石)명 꽃무늬가 박힌 수석(壽石).
화문-석(花紋席)명 꽃돗자리. mat with a floral design
화문-쌓기(花紋─)명 〈건축〉 벽돌이나 돌로 꽃무늬를 그려서 쌓는 일. floral design of brick or stone
화물(貨物)명 ①〈건축〉 유형(有形)의 재화(財貨). goods ②〈동〉 짐.
화:물 등급(貨物等級)명 철도청에서 국민 생활과의 관계의 정도에 따라서 화물 종류에 매긴 등급.
화:물 상환증(─━)(貨物相換證)명 운송인이 운송품을 수취한 것을 증명하고 이것을 권리자에게 인도함을 약속한 유가 증권. 화물 환증. receipt note
화:물-선(─선)(貨物船)명 화물을 운반하는 선박.
화:물 열차(─列─)(貨物列車)명 화물만을 운반하게 된 열차. 《약》 화차(貨車)②. goods train
화물 자동차(貨物自動車)명 짐을 싣는 자동차. truck
화:물(貨物車)명 짐을 싣는 차. 《약》 화차(貨車)①.
화:물-창(貨物艙)명 선박 내의 짐을 싣는 창고.
화미(華美)명 빛나고 아름다움. 미려(美麗)②. 화려(華麗). pomp 하(자) 　　　　　　　　　[eyebrows
화:미(畫眉)명 눈썹을 그림. 또는 그린 눈썹. penciled
화:미-조(畫眉鳥)명 〈조류〉 두루미과(鶴科)에 속하는 새. 머리는 적갈색, 이마·날개·꽁지는 감람색이고 눈 가장자리에 흰색의 긴 무늬가 있음. 중국 원산으로 소리가 매우 아름다움.
화·민(化民)명 〈제도〉 선산이 있는 지방의 수령(守令)에게 자기를 백성의 인칭 대명사. 민(民).
화:민 성속(化民成俗)명 백성을 교화(敎化)하여 선량한 풍속을 만듦. enlighten the people 하(자)
화:밀(花蜜)명 〈동〉 화청(花淸). 　　　　　　꽃. nectar
화밀(花蜜)명 〈식물〉 꽃의 밀선(蜜腺)에서 분비하는
화밀-화(花蜜花)명 〈식물〉 충매화(蟲媒花)의 하나. 꽃 속의 꿀을 먹으러 오는 벌레를 통하여 수분(受粉)함. 벚꽃·배나무꽃 등. entomophilous flower
화반(花盤)명 ①꽃으로 만든 화병의 하나. flowervase ②〈건축〉 장여와 상인방 사이에 화분·사자·연꽃 따위를 새겨 끼운 널조각.
화반-석(花斑石)명 〈광물〉 홍백색(紅白色)의 무늬가 있고 바탕이 무른 돌. 인장의 재료로 쓰임.
화-반자(花─)명 〈동〉 소란반자.
화:반-창(火斑瘡)명 〈한의〉 화상(火傷)을 입어 생기는 홍반성(紅斑性) 피부염(皮膚炎).
화발-통(─通)(一通)명 막혀야 할 곳이 막혀 있지 않아 허전하면서 비어 있는 통.
화:방(火防)명 《약》→방화방(防火防).
화방(花房)명 〈동〉 꽃방. 꽃가게.
화·방(畫舫)명 그림을 그리어 장식한 놀이에 타는 배.
화방-수(─水)명 소용돌이 쳐서 흐르는 물. whirl
화:방-놓다(火防─)(타) 〈건축〉 돌과 진흙으로 화방을 쌓아놓다. 　　　　　　[장색(匠色). porcelain painter
화:배-공(畫坏工)명 도자기(陶瓷器)에 그림을 그리는
화백(和伯)명 〈제도〉 신라 때, 진골(眞骨) 이상의 관리가 회합하여 국가 대사를 평의하던 회의. 만장 일치제로 진행하였음. assembly of nobles at Shilla
화:백(畫伯)명 〈경〉 화가(畫家). painter
화벌(華閥)명 세상에 널리 드러난 높은 문벌. distinguished family 　　　　　　　　　[格)①. drawing art
화:법(畫法)명 ①그림을 그리는 방법. 화격(畫
화:법-식(畫法式)명 〈동〉 화식(畫式).
화:변(火變)명 〈동〉 화재(火災).
화:변(畫邊)명 〈인쇄〉 인쇄물의 가를 꾸며 놓은 뇌문(雷紋) 등의 장식 패선(罫線). 또, 그 활자.
화:변(禍變)명 대단한 재변(災變). great disaster
화:병(火兵)명 〈제도〉 밥을 짓던 병정. cooking soldier ②화기(火器)①.

화:병[-병](火病)(명)(동) 울화병(鬱火病).
화병(花柄)(명)(식물) 꽃자루.
화병(花甁)(명) 꽃을 꽂는 병. 꽃병. flower-vase
화:병(畫屛)(명) 그림을 그린 병풍. pictured screen
화:병(畫甁)(명) 그림을 그린 병. pictured bottle
화:병(畫餅)(명)(閑)⇒화중지병(畫中之餅).
화:병-전(火兵戰)(명)(군사) 총포 사격(射擊)을 하는 전투. 화전(火戰). fire battle
화보 얼굴이 넓고 살이 두툼한 여자의 딴이름.
화보(花譜)(명) 화명(花名)·화품(花品) 및 그 꽃이 피는 시절 등을 쓴 책. catalogue of flowers
화:보(貨寶)(명)(동) 보화(寶貨). 보배.
화:보(畫報)(명) 세상에 일어난 일을 보도하는 그림이나 사진. 또는 그 책. pictorial
화:보(畫譜)(명) 여러 가지의 그림을 모아 놓은 책. catalogue of pictures
화:보살(化菩薩)(명)(불교) 일체 중생을 제도하고자 나타난 보살.
화복(華服)(명) 물을 들여서 만든 옷. (때) 소복(素服). dyed dress
화:복(禍福)(명) 재앙(災殃)과 복록(福祿). fortune and misfortune
화:복 무문(禍福無門)(명) 화복은 문이 있고 없고 간에 사람의 선악(善惡)을 따라옴. Misfortune and happiness need no gate
화:본(畫本)(명)(미술) ①그림을 그리는 데 쓰는 바탕이 되는 종이, 또는 감. drawing paper ②그림을 모은 책. 그림이 들어 있는 책. picture-book
화본-과[-꽈](禾本科)(명)(식물) 포아풀과·대과를 통틀어 일컫는 말. Gramineae
화봉(花峰)(명) 꽃봉오리.
화봉-초(花峰草)(명) 꽃봉오리같이 만든 잎담배.
화:부(火夫)(명) 기관(汽罐) 같은 데에 불을 때는 일을 맡은 사람. stoker
화북(華北)(명)(지학) 중국의 북부 지방. 북지(北支). North China
화분(花盆)(명) 화초를 심는 그릇. flowerpot
화분(花粉)(명) 꽃가루.
화분-화(花粉花)(명) 꽃에 많은 화분이 생겨 찾아오는 벌떼로 하여금 수분(受粉)의 매개(媒介)가 되는 꽃. It never rains but it pours
화:-불단행(禍不單行)(명) 재앙은 매양 겹쳐 오게 됨.
화(火棚)(명)(동) 화산맥(火山脈).
화사(花蛇)(명)(동) 산무애뱀.
화사(花絲)(명)(식물) 수꽃숭의 꽃밥을 갖고 있는 가느다란 줄기. 꽃실. stamen, filament
화사(花詞)(명)(동) 찬사. 분사(粉奢). luxury 하다
화사(華奢)(명) 화려하고 사치로움. 미려(美麗)①. 분
화사(華辭)(명) 아름다운 말씨. 미사(美辭)①. elegant
화:-사업(畫師業)(명) 화공(畫工).
화:사-석(化舍石)(명) 석등의 중대석(中臺石) 위에 있는 점등하는 부분. 보신 강장제.
화사(畫師)(명)(서화) 화사를 넣어 삼척일 안에 뜨는 술.
화:사 첨족(畫蛇添足)(명) 쓸데없는 짓을 덧붙여 하다가 도리어 실패함. (약) 사족(蛇足). superfluity
화:산(火山)(명)(지학) 가스체(gas 體)나 용암(溶岩) 등을 내뿜는 산. 또는 그런 분출물이 부근에 쌓인 산. 분화산(噴火山). volcano
화:산-군(火山群)(명)(지학) 각기 독립된 화산이 한 지역에 집중한 것.
화:산-대(火山帶)(명)(동) 화산맥(火山脈).
화:산-도(火山島)(명)(지학) 해저(海底)에서 화산이 분출하여 바다에 생기는 섬. volcano island
화:산-력[-녁](火山礫)(명)(광물) 화산 방출물의 하나. 화산탄보다는 작고 화산사(砂)보다는 큼. lapillus 분연(噴煙) 속에 일어나는 격렬한 뇌우.
화:산-뢰(火山雷)(명) 화산이 폭발할 때
화:산-맥(火山脈)(명)(지학) 같은 계통의 화산이 잇닿아 일어 있는 지대. 화봉. 화산대. volcanic chain
화:산-모(火山毛)(명) 화산 분출물의 하나. 암장(岩漿)이 날리어 흩어져서 갑자기 식어짐으로써 긴 실 모양의 유리질로 굳어진 것.

화:산-사(火山砂)(명)(지학) 화산이 분화(噴火) 할 때 분출된 암장(岩漿)이 모래알만큼씩 굳은 것.
화:산성(火山性地震)(명)(지학) 화산의 분출·파열에 따라 일어나는 지진.
화:산-암(火山岩)(명)(광물) 암장(岩漿)이 지표(地表)로 솟아나와 된 바위. 분출암. volcanic rocks
화:산 작용(火山作用)(명)(지학) 지구 내부에 있는 압장(岩漿)이 지각(地殼)을 뚫고 뿜어져 나오는 현상. volcanism
화:산 지진(火山地震)(명)(지학) 화산이 터질 때 따라 일어나는 지진. volcanic earthquake 한 것.
화:산-진(火山塵)(명)(지학) 화산회(火山灰) 중 미세
화:산-탄(火山彈)(명)(광물) 화산이 터질 때 쏟아져 나오는 용암의 조각. volcanic bomb
화:산 현:상(火山現象)(명) 화성암을 형성하는 현상 및 이와 직접 관련된 모든 현상.
화:산-호(火山湖)(명)(지학) 화산 작용으로 말미암아 이루어진 호수. crater-lake
화:산 활동(火山活動)(명)(지학) 지구 내부에서부터 용암(溶岩)이나 가스 따위가 분출하는 활동. volcanic activity
화:산-회(火山灰)(명)(지학) 화산이 뿜는 용암의 부스러기가 자디잔 먼지같이 된 재. volcanic ashes
화-살(←활살)(명) 가는 대의 끝에다 쇠로 만든 촉(鏃)을 꽂고, 위에는 세 줄로 새긴 날을 단, 활을 쏘는 데 쓰는 살. (약) 살. arrow
화살-나무(명)(식물) 화살나무과의 낙엽 관목. 줄기 높이 1m 내외이고 줄기와 가지에 세로로 된 날개 모양의 코르크질이 있음. 줄기는 지팡이·화살 재료로 쓰이고 날개 모양의 것은 약용, 어린 잎은 식용. 위모(衛矛). 혼전우(魂箭羽).
화살-대[-때](명) 화살의 몸체가 되는 대. 전죽(箭竹). shaft
화살-촉(-鏃)(명) 화살 끝에 박는 쇠. (약) 활촉. arrowhead
화살-표(-標)(명) 문장에 쓰는 부호 '→'의 인쇄상의 이름. arrow
화:삽(火揷)(명) 부삽. fire shovel
화:상(火床)(명) 보일러의 불을 때는 곳.
화:상(火傷)(명) 불에 뎀. 또는 그 상처. burn 하다
화상(←Khosha 범)(명)(불교) ①주체자(受戒者)를 위하여 사표(師表)가 되는 중. Buddhist priest
화상(花床)(명)(동) 화탁(花托). ②(부) 중.
화상(華商)(명) 중국 사람이 경영하는 장사. 또는 그 장수. Chinese merchant
화:상(畫商)(명) 그림을 파는 사람. picture dealer
화:상(畫像)(명) 사람의 얼굴과 모습같이 그린 그림. 사조(寫照). 회상(繪像). ¶자(自)~. portrait
화:상-찬(畫像讚)(명) 화상에 쓴 찬사(讚辭). congenial look
화색(和色)(명) 온화한 얼굴빛. ¶~이 돈다. mild complexion
화색(花色)(명) 재화가 벌어지는 빛깔.
화:생(火生)(명)(불교) 부동 명왕(不動明王)이 화염(火焰)을 내어 세계를 비추고, 그 불로 악마를 소멸(燒滅)하는 일.
화:생(化生)(명)(불교) ①자라는 일. 생기는 일. growth ②생물의 기관(器官)이 보통의 형태와 현저하게 변하고 그에 따라서 기능도 변하는 일. 곧, 곤충의 변태 따위. metamorphosis ③(불교) 의탁(依託)할 곳이 없이 홀연히 하는 일. 곧, 형용(形容)이 없이 말만 하는 귀신의 무리. 하다
화-생방:전(化生放戰)(명)(군사) 화학·생물학 및 방사능 병기를 사용하는 전쟁. 시 비 아르 전(CBR戰).
화:생-토(火生土)(명)(민속) 오행(五行)의 운행으로 인하여 불에서 흙이 생함.
화서(禾黍)(명) 벼와 기장. rice and millet
화서(花序)(명)(식물) 꽃이 줄기나 가지에 배열되는 그 모양. 또, 그 줄기나 가지. 꽃차례. inflorescence
화서(花葉)(명)꽃잎의 모양을 일컫는 서명.
화서지몽(華胥之夢)(명) 옛날 중국의 황제(黃帝)가 잠을 자다가 꿈 속에 화서(華胥)라는 나라에 가서

그 나라의 선정(善政)을 보고 깨어서 깊이 깨달았다는 데서 유래함. 낮잠. 선몽(善夢). siesta
화:석(火石)[명] 부싯돌. flint
화:석(化石)[명] 〈지학〉 지질 시대(地質時代)에 살던 동식물의 유해(遺骸) 및 그 유적(遺跡)이 수성암(水成岩) 등의 암석 속에 남아 있는 것. fossil
화석(花席)[명] 무늬를 놓은 돗자리. 꽃자리. mat with floral design 「는 화석으로만 볼 수 있는 식물.
화:석 식물(化石植物) 과거에는 존재하였으나 현재
화:석 연료(化石燃料) 연료로서 사용할 수 있는 지의(地意)의 탄화수소를 포함한 물질. 석유·석탄·천연 가스 따위.
화:석 인류(化石人類) 〈역사〉 지질 시대의 홍적세(洪積世)에 살고 있었으며 현재는 화석(化石)으로 알려진 원시 인류. fossil man
화:석-화(化石化)[명] 화석으로 됨. fossillation 하다타
화:선(火扇)[명] ①[동] 불부채. ②촛불이 열에 장치하여 촛불의 밝은 정도를 조절하는 둥글고 얇은 쇳조각.
화:선(火船)[명] ①고기를 잡을 때, 불을 밝히는 배. ②수전(水戰)에서, 적선(敵船)에 불을 붙이는 배.
화선(花仙)[명] →화중 신선(花中神仙). 「쓰는 배.
화:선(貨船)[명] 〈약〉=화물선(貨物船).
화선(畫仙)[명] 《동》 화성(畫聖).
화선(畫禪)[명] 《동》 채선(彩禪).
화=선지(畫宣紙) 옥판 선지(玉版宣紙)보다 질이 약간 낮은 선지(宣紙)의 하나.
화설(話說)[명] 중국식 소설에 쓰는 우리 나라의 각설(却說)과 같은 뜻의 말. now let us proceed
화:섬(化纖)[명] 〈약〉=화학 섬유. 「flowery 하다
화섬(華贍)[명] 문장이 화려하고 그 내용이 풍부함.
화:섬-사(化纖絲)[명] 화학 섬유로 만든 실.
화:성(化成)[명] ①생장(生長)됨. growth ②모양을 바꾸어 다른 물체가 됨. transformation ③〈화학〉 다른 물질이나 원소(元素)가 화합(化合)하여 새 물질이 됨. chemical synthesis 하다타 「횟수.
화:성(化性)[명] 〈곤충〉 곤충이 한 해에 대를 거듭하는
화:성(化姓)[명] 〈민속〉 오행의 화(火)에 붙은 성(姓).
화:성(火星)[명] 〈천문〉 지구의 바로 바깥 둘레를 도는 혹성(惑星). 형혹성(熒惑星). Mars
화:성(火城)[명] ①관솔 같은 것에 불을 붙여서 성벽처럼 열(列)을 지어 적을 막는 것. fire-wall ②많은 사람이 불을 가지고 열을 지어 있는 것.
화성(和聲)[명] 〈음악〉 둘 이상의 음이 동시에 울려 협화(協和)의 느낌을 주는 음. 하모니(harmony)①.
화:성(畫聖)[명] 극히 뛰어난 화가. 회화의 성인. 화선(畫仙). great artist
화:성-론(火成論)[명] 〈지학〉 현무암이나 화강암 따위는 양층(岩漿)이 냉각·응고하여 된 것이라고 하는 학설. (대) 수성론(水成論). plutonic theory
화성-법[一뻡](和聲法)[명] 〈음악〉 화음을 기초로 하여 가락을 조작하는 방법. (대) 대위법(對位法). harmonics
화:성 비:료(化成肥料)[명] 〈화학〉 질소·인산·칼리 중, 두 가지 이상을 함유하면서 그 사이에 화학적 결합을 일으킨 비료. (花)시키는 식물 호르몬.
화성소(花成素)[명] 화아(花芽)를 자극하는 개화(開
화:성-암(火成岩)[명] 〈광물〉 땅 속의 암장(岩漿)이 땅 거죽 가까이 엉기어 된 바위. 불에 된 바위. 분출암(噴出岩). (대) 수성암(水成岩). igneous rock
화:세(火洗)[명] 《동》 열세(熱洗). 「force of fire
화:세(火勢)[명] 불이 타는 기세(氣勢). 화기(火氣)③.
화세(火勢)[명] 화초에 물을 주는 기구. watering-can
화:소(火巢)[명] 능원(陵園)이나 묘(廟) 따위 주변의 산불을 막기 위하여 해자(垓字) 밖의 초목에 불을 놓아 태운 곳. 「분해된 미소한 단위 요소.
화:소(畫素)[명] 텔레비전이나 사진 전송에서, 화면을
화:소(譁笑)[명] 시끄럽게 웃음. 하다자
화:소-청(火燒靑)[명] 〈공업〉 중국산 물감의 하나로 도자기(陶瓷器)에 쓰임. 무명자(無名子).
화:속(化俗)[명] 〈불교〉 속세의 사람들을 교화함. 하다
화:속(火速)[명] ①썩 빠름. very fast ②무척 급함. 화급(火急). urgency 하다 형
화:속(火贖)[명] 〈제도〉 미등기 토지에 대하여 부과하
화:속-물-다(火贖一)[타르] 〈제도〉 등기되지 않은 토지에 대하여 세를 물다.
화:술[명] 둘레에 전이 달려 갓 모양과 비슷한 솥의 하
화:수(火嗽)[명] 〈한의〉 가래는 적으나 기침이 나고 열굴이 붉어지며 구갈(口渴)이 심해지는 병증.
화수(禾穗)[명] 《동》 벼이삭. 「같음. 하다
화수(和酬)[명] 남이 보낸 시(詩)나 노래에 화답하여
화수(花樹)[명] 〈식물〉 이삭으로 된 꽃.
화수(花穗)[명] 〈식물〉=꽃술. stamen and pistil
화:수(禍祟)[명] 재앙의 전조. evil spell
화수분[명] 재물이 자꾸 생겨서 써도 줄지 아니함을 일컫는 말. inexhaustible wealth
화수=회(花樹會)[명] 일가끼리 모여 하는 친목회. convivial society of the members of a clan
화:순(火一)[명] →화전(火田)①.
화순(化順)[명] 감화되어 순응함. obedience 하다
화순(花脣)[명] ①《동》 꽃잎. ②미인(美人)의 입술. lips of a beauty 「고운 잘 따름. obedience 하다
화순(和順)[명] ①온화하고 순량함. gentleness ②고분
화:술[명] 〈농업〉 휘우듬하여 생긴 쟁기의 술.
화술(話術)[명] 이야기하는 기교(技巧). 말재주. art of conversation 「지①. match-cord
화:승(火繩)[명] 불을 붙이는 데 쓰는 노끈. 화약 심
화:승-작(火繩作)[명] 화승에 놓인 불이 다 타기 전에 글을 지음. 곧, 한정된 시간에 글을 짓는 일. 하다
화:승-총(火繩銃)[명] 화승불로 터지게 하여 터뜨리는 구식총. matchlock 「season
화시(花時)[명] 꽃이 피는 시절. 화기(花期). flower
화:식(火食)[명] 불에 익힌 음식을 먹음. 또는 그 음식. (대) 생식(生食). cooked food 하다
화식(花式)[명] 꽃을 구성하는 꽃받침·꽃잎·수술의 수(數)·배열(配列)의 상태를 기호와 숫자로 나타낸 것. 화법식.
화:식(和食)[명] 일본식의 요리. 왜식(倭食).
화:식(貨殖)[명] 금품·재물을 불림. moneymaking 하다 「ment 하다
화식(華飾)[명] 아름다운 치장. 아름답게 꾸밈. orna-
화식-도(花式圖)[명] 〈식물〉 꽃의 구조를 일정한 부호로 그리어 나타내는 그림. flower diagram
화식-조(火食鳥)[명] 〈조류〉 호주(濠洲) 지방에 사는 큰 새. 날개가 퇴화하여 날지 못함. cassowary
화:신(化身)[명] ①신불(神佛)이 형상을 가지고 이 세상에 나타나는 몸. 권화(權化)①. incarnation ②어떤 추상적인 특질을 구체화 또는 유형화하는 것.
화:신(化神)[명] ①교화가 현저함. ②신(神)이 됨. 또는 신으로 화함. become divinity
화:신(火神)[명] 불을 맡은 신(神). Vulcan
화:신(火燼)[명] ①불이 타고 남은 찌끼. ashes ②몽땅 타 버림. 회신(灰燼).
화신(花信)[명] 꽃이 피는 소식. tidings of flowers
화신(花神)[명] ①꽃을 맡아보는 신(神). Flora ②꽃다운 정신. 또는 꽃의 정신. spirit of flowers
화:신(花晨)[명] 꽃이 핀 아침.
화:신(禍神)[명] 화(禍)를 주는 신.
화:신 보살(化身菩薩)[명] 〈불교〉 일체 중생을 제도하고자 나타낸 보살.
화신-풍(花信風)[명] ①꽃이 필 무렵에 부는 바람. spring breeze ②이십사번 화신풍(二十四番花信風).
화:실[명] 뱀장을 빼어 증거를 보이는 곳.
화:실(花實)[명] ①꽃과 열매. flower and fruit ②표면의 꾸밈과 내용의 실질. 미(美)와 성(誠). appearance and reality 「방. 아틀리에. studio
화:실(畫室)[명] 화가, 또는 조각가가 일하는 방. 그림

화심(花心)圀 ①〈식물〉 꽃술이 있는 부분. central part of a flower ②미인의 마음. beauty's heart

화심(禍心)圀 ①남을 해하려고 하는 마음. treachery ②재앙의 근본이 되는 마음.

화심 답사(花心答詞)圀〈음악〉 나라 잔치에서 육화대(六花隊) 춤을 출 적에 부르던 가사(歌詞). 문화심사(問化心詞)의 답사(答詞).

화씨 온도계(華氏溫度計)圀 독일 사람 파렌하이트 (Fahrenheit)가 1714 년에 만든 온도계. 화씨 한란계. (대) 섭씨 온도계. Fahrenheit thermometer

화씨 한란계(華氏寒暖計)圀〈동〉화씨 온도계.

화:아(火蛾)圀〈곤충〉불나방.

화아(花芽)圀〈식물〉꽃눈. flower-bud

화안(和顏)圀 온화한 얼굴. gentle look

화안(花顏)圀 아름답기가 꽃 같은 얼굴. 화면(花面). beautiful face

화압(花押)圀 수결(手決)과 함자(衡字). 〔약〕압(押). [signature

화:압(畵押)圀 수결(手決)을 씀. sign 하다

화:앙(禍殃)圀〈동〉재앙. 불행.

화:-액(禍厄)圀 재앙과 곤란. disaster

화:약(火藥)圀 초석(硝石)·목탄·유황 등을 섞어서 만든 폭약(爆藥). 연소(煙硝). 염초(焰硝). 합약(合藥)②. gun-powder

화약(和約)圀 ①화목한 가운데 이루어진 약속. peaceful agreement ②〔약〕평화 조약. 하다

화:약-고(火藥庫)圀 ①화약을 저장하는 창고. ②폭발 할 듯한 위험성을 내포하고 있는 지역. powder-magazine [화:선(導火線)

화:약 심지(火藥心一)圀〔동〕화승(火繩). 도

화약을 지고 불로 들어간다族 ①자기 스스로 위험한 곳에 들음을 스스로 부른다.

화양 누르미(華陽一)圀 삶은 도라지·쇠고기·버섯을 잘게 썰어서 양념하여 볶아서 꼬챙이에 꿰고, 끝에 삼색 사지(三色絲紙)를 감은 음식. 화향적(花香炙). 〔약〕 횡누르미.

화:언(禍言)圀 불길한 말.

화엄(華嚴)圀〈불교〉만행(萬行)·만덕(萬德)을 닦아서 덕과(德果)를 장엄하게 하는 일.

화엄-경(華嚴經)圀〈불교〉석가가 도(道)를 이룬 뒤, 27 일 되던 날, 법계(法界) 평등의 진리를 증오(證悟)한 불(佛)의 만행(萬行)·만덕(萬德)을 찬양한 경문. 대교(大敎). 〔약〕화엄(華嚴).

화엄 신장(華嚴神將)圀〈불교〉화엄경을 호위하는 신장. 곧, 불법을 보호하는 신장.

화엄-종(華嚴宗)圀〈불교〉교종(敎宗)의 한 파. 신라 때 의상 대사(義湘大師)가 화엄경을 소의(所依)로 하여 세운 종지(宗旨). name of Buddhist sect

화엄-회(華嚴會)圀〈불교〉화엄경을 설교(說敎)하는 회합.

화연(華宴)圀 환갑 잔치. 환갑연. banquet held in celebration of one's 60th birthday

화연(譁然)圊 떠들썩한 모양. 또는 그 지껄이는 소리. tumultuous 하다 히圊

화:열(火熱)圀 불의 열. [하圊

화열(和悅)圀 마음이 화평하여 기쁨. peace and joy

화:염(火焰)圀 가연(可燃) 가스가 연소할 때 열과 빛을 내는 부분. 불꽃. flame

화:염-검(火焰劍)圀〈기독〉구약 시대에 신이 가끔 검과 흡사한 화염으로 나타났기 때문에 그 형상을 가리켜 이르는 말. sword of flame

화:염 방:사기(火焰放射器)圀〈군사〉압축 가스를 내뿜어 화염(火焰)을 일으켜서 적을 공격하는 무기. flame thrower

화:염-병(火焰瓶)圀〈군사〉가솔린이나 화염제(火焰劑)가 가득 찬 유리병으로 된 방화 유탄(放火榴彈). bottle grenade

화:염-제(火焰劑)圀 화염으로 적을 불사르는 데에 쓰는 약제. [leaves

화엽(花葉)圀 ①〔동〕꽃잎. ②꽃과 잎. flowers and

화영(花影)圀 꽃의 그림자. shadow of flowers

화예(花蕊)圀〈동〉꽃술. pistils and stamens

화예(花翳)圀〈한의〉눈동자 위에 흰 점이 생기는 안질.

화예-석(花蕊石)圀 ①〔동〕유유석(花蕊石). ②〈한의〉한방에서 화예석을 일컫는 말. 성질이 차고 지혈제(止血劑)로 씀.

화옥(華屋)圀 화려한 집.

화왕(花王)圀〔약〕화중왕(花中王).

화:왕지절(火旺之節)圀〈민속〉오행(五行)에서, 화기가 왕성한 절기. 여름철. summer-time

화:외(化外)圀 교화(敎化)가 미치지 못함. 또는 교화가 미치지 못한 지역. undeveloped area

화:외지:맹(化外之氓)圀 교화가 미치지 못한 지방의 어리석은 백성.

화요-일(火曜日)圀 칠요일(七曜日)의 하나. 일요일로부터 셋째 되는 날. 〔약〕화(火)②. Tuesday

화:용(化鋪)圀 누에가 번데기로 되는 일. 하다

화용(花容)圀 ①꽃처럼 아름다운 얼굴. 화모(花貌). beautiful face ②꽃과 같이 아름다운 여자의 얼굴. blooming beauty [도. as fair as a May rose

화용 월태(花容月態)圀 아름다운 여인의 얼굴과 태

화:운(火雲)圀 여름철의 구름. summer clouds

화운(和韻)圀 남이 지은 시의 운자(韻字)를 빌려서 답시(答詩)를 지음. 하다

화:원(火源)圀 불난 근원. source of a fire

화:원(化源)圀 변화의 근원. root of change

화원(花苑)圀〈동〉꽃밭.

화원(花園)圀〈동〉꽃동산.

화월(花月)圀 ①꽃과 달. blossoms and the moon ②꽃 위에 비치는 달. moonlight shining on blossoms ③〔약〕→화조 월석(花朝月夕).

화유(花柔)圀 온화하고 부드러움. tenderness 하다

화유(花誘)圀 온화한 안색으로 유인함. invitation 하다

화유-석(花乳石)圀〈광물〉황색(黃色) 바탕에 흰 점이 있는 돌. 화예석(花蕊石).

화:육(化育)圀 천지 자연의 이치로 만물을 길러 자라게 함. evolution 하다

화:-륙법(畵六法)圀〈미술〉동양화를 그리는 여섯 가지 방법.

화:융(火絨)圀〔동〕부싯깃.

화음(和音)圀 ①고저(高低)가 다른 둘 이상의 소리가 함께 어울리는 소리. accord ②한자의 일본음. [flowering-tree

화음(花陰)圀 꽃이 핀 나무의 그늘. shadow of a

화음(華音)圀 한자(漢字)의 중국음(中國音). Chinese pronunciation [는 기호.

화음 기호(和音記號)圀〈음악〉화음의 종류를 표시하

화응(和應)圀 화답하여 응함. 화합하여 서로 마주 대 함. harmony 하다

화의(和議)圀 ①화해하는 의논. negotiation for peace ②화목한 의논. peaceful negotiation ③〈법률〉파산을 예방할 목적으로 채권자와 채무자간에 체결하는 강제 계약. composition 하다

화:의(畵意)圀 ①〈미술〉그림의 의장(意匠). design of picture ②그림을 그리려는 마음. intention of drawing a picture [규정된 법률.

화:-의법(畵一法)[一뻡]圀〈법률〉회의의 모든 절차에 관한 법.

화이(華夷)圀 중화(中華)와 이적(夷狄).

화이 사상(華夷思想)圀 중국에서 자기 나라를 '중화' 라 하여 중시하고 이부족(異部族)을 '이적'이라 해서 천시하던 사상.

화이트(white)圀 흰빛.

화이트 골:드(white gold)圀 금 75%, 니켈 15%, 아연 10%로 된 합금. 장식용으로 백금 대신 씀. 모조 백금.

화이트-칼라(white-collar)圀 '흰 칼라'란 뜻으로, 푸른 빛 노동복을 입은 육체 노동자에 대하여 양복을 입은 사무 근로자의 뜻. 샐러리맨. 사무 근로자.

화이트 코:크스(white cokes)圀 ①백탄. ②화력 발전소의 석탄에 대해 수력 발전소의 수력을 의미함.

화이트 페이퍼(white paper)圀 ①흰 종이. 백지(白

화이트 하우스(紙). ②〈정치〉백서(白書).
화이트 하우스(White House)명 미국 대통령의 관저(官邸). 백악관(白堊館).
화:인(火印)명 ①〈동〉낙인(烙印). ②〈동〉시승(市升).
화인(火因)명 화재의 원인. source of a fire
화인(華人)명 중국 사람이 스스로 자기 국민을 높이는 말. Chinese
화·인(禍因)명 재화(災禍)의 원인. 〔데〕복인(福因).
화:자(火者)명 ①고자(鼓子). ②〈제도〉조선조 때, 명나라에 보내던 환관 후보자.
화자(花瓷)명 〈공업〉꽃무늬가 있는 자기.
화자(靴子)명 〈공업〉목화(木靴).
화자(話者)명 이야기하는 사람.
화잠(花簪)명 금을 보배로 꾸민 비녀. 화전(華鈿).
화장(一長)명 옷의 겨드랑이에서 소매 끝까지의 길이. length of a sleeve
화:장(火匠)명 ①배에서 밥짓는 직책을 맡은 사람. cook on a ship ②〈공업〉도자기 가마에 불을 때는 사람.
화:장(化粧)명 ①분·연지 등으로 얼굴을 곱게 꾸밈. 홍분(紅粉)②. toilet ②옷매무를 매만짐. 단장. dressing 하다
화:장(火葬)명 ①시체를 불에 살라 장사함. cremation ②〈불교〉불가(佛家)의 사장(四葬)의 하나. 다비(茶毘). 소산(燒散). 하다
화장(花匠)명 조화(造花)를 만드는 기술자. artificial flower maker
화장(畵匠)명 〈동〉화가(畵家).
화장 걸음(一長一)명 뚜벅뚜벅 걷는 걸음. 도도하게 느린 걸음. 화장을 벌리고 걷는 걸음. strut
화:장-기(一끼)(化粧氣)명 화장한 흔적.
화:장-대(化粧臺)명 화장하는 데 쓰는 기구. dressing table
화:장 도구(化粧道具)명 화장에 쓰이는 온갖 제구.
화:장-법(一뻡)(化粧法)명 화장하는 방법.
화:장-수(化粧水)명 화장할 때에 쓰는 액체.
화:장-술(化粧術)명 화장하는 기술. toilet art
화:장-실(化粧室)명 ①화장하는 방. lady's powder room ②세면소(洗面所). 변소. ③배우들의 분장하는 방. dressing room
화:장-지(火葬地)명 〈동〉화장터.
화:장-지(火葬地)명 〈동〉화장터.
화:장-터(火葬一)명 화장하는 곳. 화장장. 화장지(火葬地). crematorium
화:장-품(化粧品)명 화장(化粧)에 쓰이는 물건. toilet goods
화:재(火災)명 불이 나는 재앙. 마무재(馬無災). 불. 화난(火難). 회록(回祿). 〔데〕수재(水災). fire
화:재(貨財)명 〈동〉재물(財物). 〔災〕. fire
화:재(畵材)명 〈미술〉그림의 재료. 그림으로 그릴 만한 소재(素材). materials of painting
화:재 보:험(火災保險)명 〈경제〉화재로 인한 손해를 교충함을 목적으로 하는 보험. fire insurance
화:저(火箸)명 〈동〉부젓가락.
화:적(火賊)명 〈동〉불한당(不汗黨).
화적(華籍)명 중국 국주(國主). 재주(財主).
화·적-질(火賊一)명 떼를 지어 다니며 자행(恣行)하는 강도질. gang of robbers 하다
화:전(火田)명 〈농업〉원시적 농경법(農耕法)의 하나. 산이나 들에 불을 지르고 파 일구어, 농사를 짓는 밭. hill or field burnt off for cultivation ②〈약〉산화전(山火田).
화:전(火箭)명 〈군사〉옛날 싸움에서 불을 달고 쏘던 화살. incendiary arrow
화:전(火電)명 〈동〉화력발전(火力發電).
화전(花田)명 〈동〉화초밭.
화전(花煎)명 ①꽃전. flower-shaped cake ②꽃에 참쌀가루를 발라서 기름에 띄워 지진 떡. fried-flower cookies 〔로 앞이마에 붙이는 것.
화전(花鈿)명 ①〈동〉꽃비녀. ②부인의 머리 장식품으
화전(花箋)명 꽃무늬가 있는 아름다운 종이. 색종이.
화전(花戰)명 〈동〉꽃쌈. paper with floral design
화전(花甎)명 〈공업〉꽃무늬를 놓아서 만든 벽돌.
화전(和戰)명 ①화친(和親)과 전쟁(戰爭). peace and war ②전쟁을 끝맺기 위하여 서로 화합하는 것.
화전(華鈿)명 〈동〉화잠(花簪). peace 하다
화전(華箋)명 〈공〉남의 편지.
화전-놀이(花煎一)명 산놀이에서 유래한 꽃놀이. 꽃잎을 따서 전을 부쳐 먹으며 춤추고 노는 부녀자의 놀놀이. 〔벗성. brand-tillers
화:전-민(火田民)명 〈농업〉화전을 일궈 먹고 사는
화전-벽(花甎壁)명 〈공업〉대궐 전각 안에 까는 벽돌. 빛깔은 검푸르고, 두께는 두 치쯤 되고 넓이는 한 자 평방임.
화전-지(花箋紙)명 〈동〉시전지(詩箋紙).
화:전 충화(花田衝火)명 꽃밭에 불을 지른다는 뜻으로, 젊은이의 앞길을 막거나, 잘 되는 일을 그르쳐 주는 일의 비유.
화점(火點)명 ①〈약〉→발화점(發火點). ②쇠뭍이를 불에 태워 시험하여 보는 일. ③〈군사〉기관총 따위의 화기(火器)를 장치하여 놓은 자리. fire position ④〈공업〉아말감을 화금(火金)으로 만들기 위하여 가열(加熱)하는 일. 하다
화점(花點)명 바둑판 위에 찍힌 아홉 개의 점.
화:점(畫點)명 〈공업〉도자기에 그림을 그릴 때 물감을 푸는 접시. 또는 그림을 그릴 접시.
화:정(火定)명 〈불교〉불도(佛道)를 닦는 사람이 열반(涅槃)할 때 스스로 불 속에 뛰어들어 입정(入定)하는 일. 화화(火和). 하다
화:제(火帝)명 〈신화〉중국의 왕. 곧, 신농씨(神農氏).
화제(和劑)명 〈약〉→약화제(藥和劑).
화:제(畵題)명 〈미술〉①그림 위에 쓰는 시문(詩文). poem on a picture ②그림의 이름. subject of a painting
화제(話題)명 이야기거리. 이야기 제목. topic
화제내-다(和劑一)타 약방문(藥方文)을 쓰다.
화젯-거리(話題一꺼一)명 화제가 될 만한 거리.
화조(花鳥)명 ①꽃과 새. flowers and birds ②꽃을 찾아서 날아다니는 새. bird flying about from flowers to flowers ③〈미술〉새와 꽃을 함께 그린 그림. 또는 새긴 조각(彫刻).
화조(花朝)명 ①꽃이 피는 아침. blooming morning ②중국의 강남풍을 본뜬 옛날 명절로, 곧 음력(약) 이월 보름날을 이름.
화조-사(花鳥使)명 남녀 사이의 애정에 관계되는 일을 심부름하여 주는 사람.
화조 월석(一一색)(花朝月夕)명 꽃 핀 아침과 달 밝은 저녁이라는 말로, 경치가 좋은 시절. 《약》화일(花月)②. fine season
화조 풍월(花鳥風月)명 ①꽃과 새와 바람과 달. 곧, 천지 자연의 아름다운 경치. beauties of nature ②풍류(風流)①.
화조-화(花鳥畵)명 〈미술〉꽃·새·밀레 등을 그리는 동양화의 총칭. 개나 고양이가 들어 있는 경우도 있음. picture of flowers and birds
화족(華族)명 왕실에 딸린 집안이나 나라 일에 공훈을 세운 집안의 자손들. 〈유〉귀족(貴族). peerage
화·종(火鐘)명 〈동〉화재종(火災鐘).
화종(花種)명 ①꽃의 종류. ②꽃의 종자.
화좌(花座)명 〈불교〉부처·보살을 앉히는 꽃방석.
화:주(火主)명 불을 낸 집.
화:주(火柱)명 불을 낸 집.
화:주(化主)명 〈불교〉①중생을 교도(敎導)하는 교주(敎主). priest ②〈약〉→화주승(化主僧). ③시주(施主).
화:주(火酒)명 소주·보드카·위스키·브랜디 따위와 같 〔이 주정분(酒精分)이 강한 술.
화:주(花柱)명 〈식물〉암꽃술의 지방 위의 기둥 모양으로 가늘게 된 부분. 암술대.
화:주(貨主)명 ①화물의 주인. 집 주인. owner of goods ②재물의 주인. 제주(財主).
화주(華胄)명 왕족이나 귀족들의 자손. 현예(顯裔). nobility

화:주 걸립(貨主乞粒)〖민속〗무당이 자기 집 뒷문에 위하는 걸립신(乞粒神).

화:주-승(化主僧)〖불〗인가(人家)에 나가서 시물(施物)을 얻어 절의 양식을 대는 중. 〖약〗화주(化主)②. mendicant priest

화:=주역(畫周易)〖불〗주역의 효사(爻辭)를 해석하여 길흉(吉凶)의 형상을 그린 책. 화적(畫籍).

화:주역장이(畫周易—)화주역으로 길흉을 점치는 업으로 하는 사람.

화준(花樽)꽃무늬가 있는 항아리.
화:중(火中)불 속 가운데.
화중(華中)〖지리〗중국의 중부 지방. 중지(中支).
화중(話中)말하고 있는 도중.
화중 군자(花中君子)〖연〗꽃. 맑고 점잖아서 꽃 중의 군자라는 뜻. lotus
화중 신선(花中神仙)해당화(海棠花). 깨끗하고 고상하여 꽃의 신선이라는 뜻. 〖약〗화선(花仙).
blossom of sweet brier
화중왕(花中王)모란(牧丹). 탐스럽고 찬란하여 꽃 중의 왕이라는 뜻. 〖약〗화왕(花王). peony
화:중지=병(畫中之餠)그림의 떡. 화병(畫餠). something unattainable
화중-화(花中花)①꽃 중의 가장 아름다운 꽃. flower of flowers ②뛰어나게 어여쁜 여자. most beautiful woman
화:증(火症)화를 벌컥 내는 증(症). 〖약〗증(症)②. fire, ire
화:증 나-다(火症—)성이 왈칵 나다. getting mad
화:증 내-다(火症—)성을 왈칵 내다. flare up
화:지(花紙)담뱃불을 붙이는 데 쓰는 종이.
화:지(畫紙)그림을 그리는 데 쓰이는 질이 좋은 종이. lity
화직(華職)고귀(高貴)한 벼슬. 현직(顯職). nobility
화:-직성(火直星)〖민속〗9년에 한 번 차례적 찾아오는 직성.
화:집(畫集)〖동〗화첩. 다는 아홉 직성의 하나.
화:차(火車)①〖동〗기차(汽車). ②옛날 화공(火攻)에 사용한 병거(兵車). ③우리 나라의 옛날 전차(戰車). 열차.
화:차(貨車)〖약〗→화물차(貨物車). ②〖야〗→화물
화찬(和饌)맛있게 썩 잘 차린 반찬. 진수(珍羞).
all sorts of delicacies 에 둘은 창.
화:창(火窓)〖건축〗석등(石燈)의 화사창(火舍)
화창(和暢)날씨나 마음이 온화하고 맑음. genial 하형
화창(話唱)〖연예〗담화하는 것처럼 가창(歌唱)하는 부분.
화채(花菜)꿀이나 설탕을 탄 오미자(五味子)국에 과실을 섞어 넣고 잣을 까서 띄운 음료.
화채(花債)〖야〗《롱》해우값.
화:척(火尺)〖제도〗342 명으로 조직한 신라 때의 군영(軍營)의 하나로 기병(騎兵)과 보병(步兵)으로 편성되었음.
화척(禾尺)버드나무의 세공이나 소잡는 일을 업으로 하던 천민. 뒤에 백정(白丁)이라 개칭함.
화:천(貨泉)①조개의 이름. ②돈의 딴이름. 상고 시대에 조개 껍질을 동화(通貨)로서 쓴 일이 있음.
화천 월지(—月地)〖花天月地〗꽃이 피 난 밝은 봄 밤의 경치. beauty of moonlight in spring time
화:첩(畫帖)여러 그림을 한데 모아 만든 책. 화집(畫集). picture-album
화:청(淸淸)생청(生淸)을 떠내고 난 찌끼 꿀. 화밀(火蜜).
화청(和淸)음식에 꿀을 탐. mixing with honey 하형
화청소(花青素)〖식물〗홍색·홍자색(紅紫色) 등의 빛을 띤, 꽃·잎·열매 따위의 세포액 속에 있는 색소. 꽃라랑이. anthocyan
화:청-장(畫青匠)〖공업〗도자기에 청화(靑畫)를 그리는 것으로 업을 삼는 사람.
화:체(火體)〖민속〗오행(五行)에다가 사람의 성격(性格)을 나눌 때 불에 말린 성격(相格).
화초(花草)①꽃이 피는 풀이나 나무. ②관상용(觀賞用)으로 분에 심는 모든 식물. 화훼②. flowering plant ③실용적이 아니고 노리개나 장식품으로 쓰 일 때 그 명사 위에 붙여 쓰임. 〖~기생.
화초(華—)〖동〗그림을 그리는 밑붓. 화촉(華燭)①.
화초-담(花草—)〖건축〗여러 가지 빛깔로 글자나 무늬를 놓아 쌓은 담.
화초-마(花草馬)〖동〗화초말.
화초-말(花草—)〖동〗부잣집에서 호사로 기르는 살찐 말. 화초마(花草馬). pet horse
화초-방(花草房)〖동〗화초를 관상하기 위하여 차려 놓은 방. flower quarters
화초-밭(花草—)〖동〗화초를 심어 놓은 밭. 화전(花田).
화초-분(花草盆)〖동〗화초를 심는 화분.
화초-장(花草欌)〖동〗문짝에 화초의 그림을 그리어 든 의장. 사람. florist
화초-장이(花草匠이)〖동〗화초를 다룸을 업으로 삼는
화초-집(花草—)①화초를 기르는 집. ②화초를 기르는 집.
화초-첩(花草妾)〖동〗노리개첩. 는 집.
화촉(華燭)〖동〗①화초(華—). ②결혼의 예식. 혼례(婚禮). wedding ceremony ③빛깔을 먹인 밑초. nuptial lamplight
화촉 동:방(華燭洞房)혼인 때에 신랑 신부가 같이 자는 방. 신방(洞房)②. bridal room
화촉지전(華燭之典)혼례의 예식. 결혼식. wedding ceremony
화축(花軸)〖식물〗꽃대. floral axis
화충(和沖·和衷)마음 깊이 화목함. harmony 하형
화충 협의(和沖協議)화목한 마음으로 상의함. 하형 스레 변화시킴. 하형
화:치(化治)①교화하여 다스림. 또, 그 일. ②〖약〗→화치(花侈)
화:치(華侈)화려하고 사치스러움. luxury 하형
화치-다(—)배가 좌우로 흔들리다. roll
화친(和親)①나라와 나라 사이의 친밀한 교의. friendly relations ②서로 의좋게 지내는 정분. friendship 하형
화친 조약(和親條約)〖정치〗화친을 맺기 위해 체결하는 조약. needle
화:침(火針)종기를 따려고 불에 달군 침. heated
화:침-질(火針—)화침을 사용하여 종기를 따는 것. 하형
화:타(化他)남을 교화함. 하형 하형
화타(花托)〖식물〗화경(花梗)의 위, 꽃이 붙는 볼록한 부분. 화상(花床). 꽃턱. receptacle
화:태(禍胎)재앙이 일어나는 근원. seeds of disaster 말. 사바 세계인 속세.
화:택(火宅)〖불교〗번뇌가 많은 이 세상을 이르는
화:택-승(火宅僧)〖동〗대처승(帶妻僧).
화톳-불 한데다가 장작 따위를 모아 질러 놓는 불. bonfire
화통〖건축〗기둥 머리를 십자형(十字形)으로 파낸 것.
화:-통(—)화가 거세게 치밀어 오르는 정도. 〖~이 터지다. anger 화통간(火筒間)
화:통(火筒)①기차·기선의 굴뚝. funnel ②〖야〗→
화:통-간(—間)〖기〗①기관실. 〖약〗화통②.
화:퇴(火腿)소금에 절여 불에 그슬린 돼지 다리.
화투(花鬪)①모두 마흔여덟 장으로 된 노름의 제구. 또, 그 노름. Korean playing cards 하형
화투-치-다(花鬪—)①화투하다. play cards ②화투짝이 고루 잘 섞이도록 두 손으로 섞바꾸다. shuffle 상의 한 파. school
화:파(畫派)〖미술〗그림을 그리는 데 있어서 예술
화판(花瓣)〖동〗꽃잎.
화:판(畫板)①수채화·목탄화를 그릴 때나 제도(製圖)를 할 때에 종이를 올려놓는 널판. drawing board
화:-패(禍敗)〖재앙(災禍)과 실패(失敗). ②재화로 인한 실패. disastrous failure wers
화편(花片)꽃의 떨어진 조각. fallen petals of flo-
화평(和平)①마음이 기쁘고 평안함. ②나라 사이가 화목(和睦)하고 평화스러움. 하형
화:폐(貨幣)〖경제〗상품 교환의 매개물로서, 가치

화:폐 가치(貨幣價値) 〈경제〉 화폐가 가지는 구매력(購買力). value in money

화:폐 개:혁(貨幣改革) 화폐의 가치를 인위적·통제적으로 안정시켜서 국내 물가의 안정이나 나아가서는 경기의 안정을 기하기 위한 통화의 개혁.

화:폐 거:래 자:본(貨幣去來資本) 〈경제〉화폐 거래의 형태로서 나타나는 기술적인 모든 작용. 곧, 출납·보관·기장 따위의 수행을 주요 업무로 하는 특수 자본의 수중에 독립된 자본. capital of monetary dealings

화:폐 경제(貨幣經濟) 〈경제〉 화폐를 매개물로 하여 생산물의 교환이 행하여지는 경제. (대) 자연 경제. 신용 경제. monetary economy

화:폐 단위(貨幣單位) 〈경제〉화폐적 계산의 기초가 되는 단위. 금(金) 또는 은(銀)의 일정량(一定量)을 가지고 규정하는 것이 보통임. monetary unit

화:폐 본위(貨幣本位) 〈경제〉 화폐 제도의 기초. 곧, 화폐 단위의 규정의 근거. monetary standard

화:폐 수:량설(貨幣數量說) 〈경제〉 화폐 수량의 증가는 물가를 오르게 하고, 그 감소는 물가를 내리게 한다는 학설. quantity theory of money

화:폐 시:장(貨幣市場) 〈경제〉 단기 자금 거래 시장(短期資金去來市場)을 장기 자금 거래 시장에 대립시켜서 일컬음. money market

화:폐 유통 속도(貨幣流通速度) 〈경제〉 동일한 화폐가 일정한 안에 유통되는 평균 횟수(回數). velocity of circulation of money

화:폐 임:금(貨幣賃金) 〈경제〉① 화폐로 지급되는 임금. ②명목 임금. ┌자본. monetary capital

화:폐 자:본(貨幣資本) 〈경제〉 화폐의 형태를 취한┘

화:폐 제:도(貨幣制度) 〈경제〉 한 나라에 있어서의 화폐의 주조(鑄造)와 발행에 관한 제도.

화:폐 주:조(貨幣鑄造) 〈경제〉 통화(通貨)로 쓰일 금화·은화·동화 등을 주조하는 일. coinage

화:폐 퇴:장(貨幣退藏) 〈경제〉 화폐가 유통하는 영역을 벗어나서 판매 쉬는 상태. hoarding

화:포(火砲) ①총포(銃砲)의 딴이름. gun ②〈군사〉 구경(口徑) 13mm 이상의 화기(火器). gun

화포(花布) 반물 빛깔의 바탕에 흰 꽃무늬를 박은 무명. 하포. figured cotton cloth

화포(花苞) 〈식물〉 화경(花梗) 아래에 있는 바늘 같은 조각. 포(苞). vacuole

화포(花砲) 중국의 딱총의 하나. 화약이 터지면서 여러 가지의 꽃무늬를 하늘에 드러냄. 연화(煙花). firecracker

화포(花圃) 꽃을 심은 밭. flower bed

화:포(畫布) 〈동〉 캔버스(canvas).

화:포 명(火砲命數) 〈군사〉 포(砲)가 마손(磨損)되어 정확성을 잃게 되기 전에 쓸 수 있는 추정한 평균 사탄수(射彈數). life of a gun

화포-전(火砲箭) 옛날 병기의 하나.

화:폭(畫幅) 그림을 그린 크고 작은 조각. picture

화표-주(華表柱) 〈동〉 망주석(望柱石).

화-풀이(火—) 심화를 푸는 일. 특히 화를 딴 데나 다른 사람에게 풀어 없애는 일. venting one's anger 하

화품(花品) 꽃의 품격(品格). elegance of a flower

화:품(畫品) 〈미술〉 회화 작품의 품격(品格). 화격(畫格)②. tone of a picture

화풍(火風) ①불과 바람. fire and wind ②화염(火焰)이 따르는 바람.

화풍(和風) ①화창한 바람. 부드러운 바람. 춘풍(春風). ②유풍(柔風). ②〈동〉 건들바람②.

화:풍(畫風) 그림을 그리는 풍도(風度). style of one's painting

화풍 감우(和風甘雨) 화창한 바람과 단비.

화풍 난양(和風暖陽) 화창한 바람과 마스한 햇볕.

화피(花被) 〈식물〉 꽃부리와 꽃받침의 총칭. 꽃덮이. perianth

화피(樺皮) 〈한방〉 벚나무의 껍질. 활을 만드는 데나 유종(乳腫)·두진(痘疹) 따위에 약으로 두루 씀. bark of a cherry-tree ┌가게.

화피=전(樺皮廛) 〈제도〉 채색(彩色)과 물감을 팔던┘

화:필(畫筆) 그림을 그리는 데 쓰는 붓. paintbrush

화:-하다(化—) 〈어문〉 익숙하게 되다. change ┌온화하다.

화-하다(和—)〈타여불〉 ①온화하다. change

화-하다(和—)〈타여불〉 무엇을 타거나 섞다. mix 화

화:학(化學) 〈화학〉 모든 물질의 성질·조성 및 물질간의 화학 반응 따위를 연구하는 과학. chemistry

화:학(化鶴) ①학으로 화함. ②사람이 죽는 것.

화:학(畫學) 그림에 관한 학문. drawing

화:학 공업(化學工業) 〈공업〉 화학의 응용에 의하여 성립되는 생산 공업. (약) 화공(化工)②. chemical industry

화:학 공학(化學工學) 〈공업〉 화학 공업을 행할 경우의 기계 설비나 건설 기구의 설계 및 그 밖의 화학 공업에 필요한 사항을 연구하는 공학. (약) 화공③. chemical engineering ┌치의 총칭.

화:학 기계(化學機械) 화학 공업용의 기구·기계 장┘

화:학 기호(化學記號) 〈화학〉 화학상의 약속으로 쓰이는 기호. 주로 원자 기호(原子記號)를 가리킴. 화학 부호(化學符號). chemical symbol

화:학 당량(化學當量) 〈화학〉 수소(水素)의 1g 원자에 의하여 치환(置換)할 수 있는 다른 원소의 수소, 또는 원자단의 양. 화합량. (약) 당량(當量). chemical equivalent weight ┌cal affinity

화:학-력(化學力) 〈화학〉 친화력(親和力). chemi-┘

화학 무:기(化學武器) 〈동〉 화학 병기.

화학 물리학(化學物理學) 〈물리〉 종래 화학에서 다루어 오던 분자 및 고체의 구조·반응 속도 따위의 여러 문제를 물리학 특히 원자 물리학의 이론을 도입하여 연구하는 물리학의 한 부문. chemical physics

화:학 반:응(化學反應) 〈화학〉 두 가지 또는 그 이상의 물질 사이에 화학 변화가 일어나는 일.

화:학 발광(化學發光) 〈화학〉 화학 반응에서 생기는 에너지가 열로 변하지 않고 직접 빛으로 변하는 발광 현상.

화:학 방정식(化學方程式) 〈화학〉 화학 변화에 관여하는 물질간의 관계를 등식(等式)으로 나타낸 화학 반응식.

화:학 변:질(化學變質) 〈광물〉 암석이 생성된 후에 압력이나 열에 의한 화학적 변화로 다른 광물로 변질하는 일. chemical change

화:학 변:화(化學變化) 〈화학〉 한 물질이 변화하여 전여 다른 새 물질로 되는 현상.

화:학 병기(化學兵器) 〈군사〉 ①화학전(化學戰)에 사용되는 병기(兵器). 독가스·발연제(發煙劑)·소이제(燒夷劑) 등의 총칭. ②화학을 응용한 병기. 독가스·소이탄·화염 방사기 따위. 화학 무기. chemical weapon

화:학 부:호(化學符號) 〈동〉 화학 기호.

화:학 분석(化學分析) 〈화학〉 물질의 감식(鑑識)·검출(檢出)과 화학적 조성을 인지하는 조작. 정석 분석과 정량 분석으로 대별됨. chemical analysis

화:학 비:료(化學肥料) 〈농업〉 여러 가지의 화학 공업 제품으로부터 만드는 비료. 곧, 황산암모늄, 과인산석회(過燐酸石灰) 따위. chemical fertilizer

화:학 섬유(化學纖維) 〈공업〉 화학적인 가공 또는 합성에 의하여 인공적으로 만들어진 섬유의 총칭. 인조 섬유(人造纖維). (대) 자연 섬유. (약) 화섬(化纖).

화:학-식(化學式) 〈화학〉 물질의 구성 원소 및 조성을 화학 기호로 나타내는 식. 분자식·구조식·시성식(示性式)·실험식·일반식 따위가 있음. chemical formula

화:학 에너지(化學 Energy)명 〈물리〉물질의 화학적 결합을 위하여 물질 안에 보유된다고 생각되는 에너지의 한 양태(樣態).

화:학 요법[―뻡](化學療法)명 〈의학〉특수한 약품을 써서 체내에 감염하고 있는 병원체에 직접 작용을 주어 병을 치료하는 방법. 쓰이는 주요한 약품으로는 술파민제나 항생 물질 따위. chemotherapy

화:학자(化學者)명 화학의 학문을 전문으로 하는 사람. chemist 「―는 작용. chemical action
화:학 작용(化學作用)명 〈화학〉화학 변화를 일으키
화:학적(化學的)관명 물질의 위치·현상·대소 등이 아니고 그 물질 자신에 관계되는(것).
화학적 감:각(化學的感覺)명 〈심리〉화학적 자극으로 일어나는 감각. 시각(視覺)·미각(味覺)·후각(嗅覺) 따위. 화학적 감각.
화:학전(化學戰)명 〈군사〉화학 병기에 의한 전투.
화:학 조미료(化學調味料)명 화학적으로 합성하여 만든 조미료.
화:학 평형(化學平衡)명 〈화학〉반응계의 가역 반응 (可逆反應) 속도가 서로 같게 되고 반응이 정지한 상태. chemical equilibrium
화:학 합성(化學合成)명 ①화학 반응에 의한 합성. ②어떤 종류의 세균이 무기물을 산화한 에너지로서 탄소 동화를 행하는 현상.
화한(華翰)명 남의 편지. 화간(華簡). 화묵.
화:합(化合)명 〈화학〉두 가지 이상의 물질이 결합하여 새로운 성질을 가진 물건이 되는 일. (대)분해(分解). chemical combination 「하다
화합(和合)명 화목하여 잘 합하여짐. (대)분규. unity
화:합량(化合量)명 〈동〉화학 당량. bining power
화:합력(化合力)명 〈화학〉화합을 이루는 힘. com-
화:합물(化合物)명 〈화학〉두 가지 이상의 물질의 화학적 결합에 의하여 만들어진 물질. chemical compound
화:합열(化合熱)명 〈화학〉두 가지 이상의 물질이 화합할 때에 발생하고 또 흡수(吸收)되는 열량(熱量). heat of combination
화:해(火海)명 불꽃이 널리 퍼짐을 이르는 말. 불바다. sea of flames
화해(花海)명 꽃이 널리 만발하여 있는 모양. 화계(花界). sea of flowers
화해(和解)명 ①여우선하던 다툼질을 서로 풂. 화회(和會). (대)갈등(葛藤). 분쟁(紛爭). amicable settlement ②〈법률〉소송 당사자들이 서로 양보하여 분쟁을 그치는 행위. composition ③〈한의〉위장을 편히 하여 외기(外氣)를 몰아 버림. 하다
화해(和諧)명 ①서로 화친해짐. intimacy ②조화(調和).
화:해(禍害)명 〈동〉재난. 화난(禍難).
화해 계:약(和解契約)명 〈법률〉소송 당사자가 화해하기 위하여 맺는 계약. composition agreement
화해:술(和解術)명 화해시키는 능란한 기술.
화:공 전:술(火海戰術)명 〈군사〉포(砲)·폭탄 등 화력의 우월(優越)로써 적군의 수적(數的)인 우세를 분쇄(粉碎)하는 전술. (대)인해 전술(人海戰術). firesea tactics 「다님. 하다
화:행(化行)명 〈불교〉중생(衆生)을 교도(敎導)하러
화향(花香)명 ①꽃의 향기. scent of flower ②〈불교〉불전(佛前)에 올리는 꽃과 향(香).
화향:적(花香炙)명〈동〉화양 누르미.
화:혈(和血)명 〈한의〉혈분(血分)을 고르게 함.
화협(和協)명 서로 마음을 터놓고 협의함. harmonious cooperation 하다
화:형(火刑)명 사람을 불에 태워서 죽임. 또, 그 형벌. 분형(焚刑). burning at the stake
화형(靴型)명 구두의 골. shoe-lasts
화형(花形冠)명 꽃 모양으로 생긴 닭의 볏.
화호(和好)명 사이 좋게 지냄. friendliness 하다
화:호 불성[―썽](畫虎不成)명 서투른 솜씨로 남의

언행을 흉내내려 하거나, 어려운 일을 하려 하여도 되지 아니함의 비유. 화호 유구(畫虎類狗).
화혼(華婚)명 결혼을 경사스럽게 일컬음. wedding
화:혼(火魂)명 〈동〉화정(火定). 하다
화:화(火花)명 ①불꽃. spark ②누에나비의 딴이름. ③〈물리〉공기 가운데서 상대되는 전극(電極) 사이에 전압(電壓)을 더하여 그 사이에서 음·양 전기가 중화(中和)되는 현상. spark
화환(花環)명 조화(造花)로는 생화(生花)를 고리 모양으로 만들어 환영, 혹은 경조(慶弔)의 뜻으로 쓰는 다발. 화륜(花輪). wreath
화:환(禍患)명 〈동〉화난(禍難).
화:=환:어음(貨換—)명 〈경제〉화물의 판매자가 구매자를 지불인으로 하고, 자기 또는 거래 은행을 수취인으로 하여, 운송 화물을 담보로 발행하는 환어음. bill of lading
화회(和會)명 〈동〉화해(和解)①.
화후(和煦)명 봄날이 아늑하고 따뜻함. 하다
화훈(華勳)명 빛나는 공훈. 뛰어난 공훈.
화훼(花卉)명 ①꽃이 피는 풀. flowering plant ②〈동〉화초(花草)②. ③〈미술〉화초를 주제로 하여 그린 그림. flower drawing
화훼 원:예(花卉園藝)명 〈농업〉감상 가치(鑑賞價値)가 있는 초목(草木)을 재배하는 일.
화:희(火戱)명 〈동〉불놀이. 하다
확명 ①절구의 아가리에서 밑바닥까지의 구멍. hollow of a grain mortar ②돌 또는 쇠로 만든 절구.
확!부 ①바람이 세게 부는 모양. violently ②불이 갑자기 일어나는 모양. ¶기름통에 불이 ~ 붙다. suddenly ③잠자코 있다가 날래게 덤비는 모양. ¶개가 ~ 덤벼들다. rapidly ④묶였던 것이 갑자기 풀어지는 모양. ¶동여맨 끈이 ~ 풀어지다. suddenly 하다
확거(確據)명 〈동〉확증(確證).
확견(確見)명 명확한 의견. firm opinion 「히甲
확고(確固)명 확실하고 든든하여 굳음. firmness 하다
확고 부동(確固不動)(確固不拔)句 확고하여 요동이 없음. 화호 불발. 하다
확단(確斷)명 확정하여 결단함. firm decision 하다
확답(確答)명 확실한 대답. ¶어물어물하지 말고 ~을 하게. definite answer 하다
확대(確大)명 넓혀 크게 함. enlargement 하다
확대(擴大)명 늘이어서 크게 함. ¶~되는 사건. (유)확장(擴張). (대)축소(縮小). magnification 하다
확대 가족(擴大家族)명 부부의 공동 생활체에 양친과 형제 자매가 같이 기거하는 대가족. (대)핵가족.
확대=경(擴大鏡)명 〈물리〉물체가 몇 곱절 크게 뵈는 돋보기 렌즈. 돋보기. magnifying glass
확대-기(擴大機)명 사진 따위를 확대하여 만드는 기계. diagraph 「부분의 확대된 비.
확대비(擴大比)명 〈수학〉닮은꼴에서 서로 대응하는
확대율(擴大率)명 〈물리〉확대경(擴大鏡)으로 물체를 비출 때 그 실물에 대한 크기의 비율(比率). magnifying power
확대 재:생산(擴大再生産)명 〈경제〉되풀이되는 생산 과정에서 종전보다 확대된 규모로 행하는 재생산. 확장 재생산. (대)단순 재생산. expansive production
확락(廓落)명 ①마음가짐이 넓고 관대한 모양. generosity ②실망한 모양. disappointment 하다
확론(確論)명 명확한 의론. infallible argument
확률(確率)명 〈수학〉어떤 일이 일어날 도수에 그 일이 일어나지 않을 도수를 합한 것과의 비례. 공산(公算). 개연율(蓋然率). Probability
확률-론(確率論)명 〈수학〉어느 사상(事象)이 일어나는 확률의 이론(理論) 및 응용을 연구하는 수학의 한 부문. 공산론(公算論). theory of probability
확립(確立)명 ①굳게 섬. ②무엇을 굳게 세움. ¶군기(軍紀) ~. firm establishment 하다되다

확문(確聞) 확실히 들음. 하타

확보(確保) 확실히 지님. 확실히 보전함. security

확보(確報) 확실한 보도나 통지. 또, 확실히 알림. definite report 하타

확삭(矍鑠) 늙어도 기력(氣力)이 정정함. vigour

확산(擴散) ①흩어져 번짐. ②〈물리〉물질의 농도가 장소에 따라 다를 때 저절로 물질의 이동이 생겨 고른 농도로 되는 현상. diffusion 하타

확서(確誓) 힘주어서 맹세함. 하타

확설(確說) 확실한 근거가 있는 설. reliable story

확성-기(擴聲器) 〈물리〉음성을 크게 하여 멀리 들리게 하는 제구. 고성기(高聲器). 라우드스피커 (loudspeaker).

확성 나팔(擴聲喇叭) 메가폰(megaphone).

확:=쇠(確-) 〈건축〉대문 아랫도리가 들어가는 데에 끼어 화금(靴金)을 받는 확처럼 생긴 쇠.

확수(確守) 단단히 지킴. adherence 하타

확신(確信) 확실히 믿음. conviction 하타

확신-범(確信犯) 〈법률〉도덕적·정치적 또는 종교적 의무의 확신을 결정적인 동기로 하여 행하여지는 범죄. 히타

확실(確實) 틀림이 없이 실상스러움. certainty 하

확실성(確實性) 확실한 가능성. certainty

확실-시(確實視) 확실한 것으로 봄. being confident 하타 [속. definite promise 하타

확약(確約) 확실히 약속함. 또, 확실히 작정한 약

확언(確言) 확실한 말. 정확히 말함. assertion 하타

확연(廓然) 넓고 빈 모양. vast and vacant 하형 히타

확연(確然) 확실한 모양. (대) 망연(茫然). definite 하형 히타

확-이충지(擴而充之) 확장하여 충실하게 함. 하타

확인(確因) 확실한 원인. definite cause

확인(確認) ①확실히 인정함. ②〈법률〉특정한 사실 또는 법률 관계의 존부(存否)를 판단 인정함. confirmation 하타

확인 소:송(確認訴訟) 〈법률〉법률 관계의 존부(存否)를 확인하기 위하여 제기한 소송. appeal of confirmation

확인 판결(確認判決) 〈법률〉법률 확인 소송에 대하여 내려지는 본안(本案) 판결. declamatory judgement

확장(擴張) 범위 또는 세력을 늘리어서 넓힘. (대) 긴축(緊縮). 축소(縮小). extension 하타

확장 재:생산(擴張再生産) 〈동〉확대 재생산.

확장 해:석(擴張解釋) 〈법률〉논리 해석의 하나. 법규의 문자를 그 취지에 따라 통상의 의미보다도 넓게 해석하는 일. (대) 축소 해석. extended interpretation [ain 확적-히타

확적-하다(確的―) 확실하여 틀림없다. cert-

확전(確戰) 전쟁의 전면화.

확정(廓正) 크게 바로잡아 고침. 광정(匡正). reform 하타 [sion 하타

확정(確定) 확고하게 정함. (대) 예정(豫定). deci-

확정 공채(確定公債) 〈경제〉국채(國債)의 하나. 상환 기간이 확정된 장기 공채. (대) 유동 공채.

확정-비(確定費) 〈법률〉헌법·법률 또는 계약으로 해 국가가 지출하지 않을 수 없는 경비.

확정-시(確定視) 확정된 것으로 봄. 하타

확정 신고(確定申告) 〈법률〉신고(申告) 납세에서 세금에서 과세 표준을 산정하는 기간이 경과한 후, 납세 의무자 스스로 그 기간의 실적에 따라 소득과 그에 대한 세액(稅額)을 계산하여 신고하는 일. (대) 예정(豫定) 신고.

확정 재판(確定裁判) 〈법률〉확정 기한이 경과됨으로써, 보통의 방법으로는 불복을 신청할 수 없게 [된 재판.

확정-적(確定的) 확정할 만한(것).

확정 판결(確定判決) 〈법률〉확정의 효력을 가진 판결. 곧, 불복 상고의 기간이 경과한 판결이나 또는 대법원의 판결. irrevocable judgement

확증(確證) 확실히 증명함. 또, 확실한 증거. 확거 (確據). corroboration 하타 [intension

확지(確志) 굳게 정해져 움직이지 않는 의지. firm

확지(確知) 확실히 앎. definite knowledge 하타

확집(確執) 자기의 의견을 굳게 고집함. adhesion 하타

확철 부:어(涸轍鮒魚) 수레바퀴 자국에 괸 물에 있는 붕어라는 뜻으로, 몹시 고단한 처지나 위험을 이르는 말. 확철지어. (약) 부(涸鮒). (원) 학철 부어 (涸轍鮒魚).

확철지:어[―찌―](涸轍之魚) 〈동〉확철 부어.

확청(廓淸) 해로운 물건을 없애 버리고 깨끗하게 함. 숙청(肅淸). purification 하타 [하타

확충(擴充) 늘리고 넓히어 충실하게 함. expansion

확취(攫取) 책 갈기어 빼앗아 가짐. seizure 하타

확탈(攫奪) 책 갈기어 빼앗음. seizure 하타

확호(確乎) 확실하게. 든든하고 굳세게. ¶~ 부동 (不動). firm 하타 히타

확호 불발(確乎不拔) 튼튼하여 흔들리지 아니함. 굳고 부동(確固不動). firm 하형

확=확(赫赫) ①바람이 연이어 세차게 부는 모양. violently ②불길이 세차게 타는 모양. all ablaze ③매었던 것이 연해 힘차게 풀리는 모양. ④뜨거운 기운이 몹시 나는 모양. 하타

환(幻) 마구 그린 그림. ¶~장이. cheap painting

환(鐶) 줄(鐵)처럼 쓰이는 연장의 하나. 강철의 양쪽에 자루 이를 슻게 나무조각에 상어 접질을 붙여 만듦. 안기려(雁奴鐶). file [말.

환(丸) 〈약〉→환약(丸藥). [의료] 환약의 개수를 세는

환:(換) 〈경제〉①먼데 사람에게 불편과 위험을 덜기 위하여 어음이나 수표로 송금하는 방법. money order ②(약)→환전(換錢)①.

환(環) 고리 모양으로 결합되어 있는 원자의 집단.

환(圜) (의료) ①1953년에 개혁 공포 실시된 한국 화폐의 단위. ②(제도) 구한국 시대의 화폐 단위. Hwan

환:가(換家) 〈동〉평가(病家).

환:가(換家) 집을 서로 바꿈. 하자

환:가[-까](換價) ①집이나 토지 따위를 바꾸는 데 치는 값. assessed price ②값으로 환산함. 또, 그 값.

환가(還家) 집으로 돌아옴. returning home 하타

환:가 명:령[―까―](換價命令) 〈법률〉금전 채권(金錢債權)에 관한 강제 집행에 있어서 압류(押留)의 목적 재산을 보통의 방법으로 시기, 또는 방법하지 않고 금전으로 환가하여 주기를 명하는 법원의 결정.

환:각(幻覺) 〈심리〉실제로 사물이 없는데, 그 사물이 있는 것처럼 일어나는 감각. hallucination

환:각-범(幻覺犯) 〈법률〉법률상 죄가 되지 않음에도 불구하고 죄가 된다고 믿고 행하여진 행위. 범죄가 아님. 착각범. 오상범(誤想犯).

환:각-제(幻覺劑) 먹거나 쓰면 환각을 일으키는 약제. 엘 에스 디(LSD) 따위.

환갑(還甲) 예순한 살. 곧, 만 육십 살의 일컬음. 주갑(周甲). 화갑(回甲). 환년(還年). 환력(還曆). ¶벌써 ~을 맞이하게 되었다. 60 years of age

환갑-날(還甲―) 환갑이 되는 해의 생일. one's 60 th birthday

환갑 노:인(還甲老人) 예순한 살 되는 노인.

환갑-연(還甲宴) 〈동〉환갑 잔치.

환갑 잔치(還甲―) 환갑날에 베푸는 잔치. 환갑연. 회갑연. 하타

환갑-주(還甲主) 환갑을 맞이하는 사람.

환강(丸鋼) 강철로 된 둥근 몽둥이.

환거(還去) 돌아감. return 하타

환거(鰥居) 홀아비로 살아감. single life 하타

환:=거:래(換去來) 〈경제〉환어음의 매매. 하타

환:=거:래처(換去來處) 〈동〉타점(他店)②.

환격(還擊)[명] 바둑 둘 때에 돌을 한 목(目) 놓아 상대방에게 그 돌을 잡게 한 뒤에 곧 그 잡힌 자리에 도로 상대방의 일단(一團)의 돌을 잡는 일.
환:경(幻境)[명] 환상의 세계. transient world
환경(環境)[명] ①생활체(生活體)를 둘러싸고 있는 일체의 사물. 유기체(有機體)에 직접·간접으로 영향을 주는 모든 것. environment ②주위의 사물 또는 사정. 분위기 ③. 외계. circumstances
환경 기후(環境氣候)[명] 〈건축〉 실내 기후. indoor climate
환경 변:이(環境變異)[명] 〈생물〉 개체가 놓인 환경의 차이에 의해 일어나는 변이. 곧, 비유전적(非遺傳的) 변이. 방황(彷徨) 변이.
환:고(患苦)[명] 근심 때문에 생기는 고통. agony due to anxiety
환고 일세[-世](環顧一世)[명] '세상에 쓸 만한 사람이 한 명도 없음을 탄식함'을 이르는 말.
환:고향(還故鄕)[명] 고향으로 돌아가거나 돌아옴. 하다
환:곡(換穀)[명] 곡식을 서로 바꿈. exchange cerials
환곡(還穀)[명] 〈제도〉 사창(社倉)에 저장하여 해마다 봄에는 대부하고 가을에 수납하던 곡식. cerials for loaning
환:골 탈태(換骨奪胎)[명] ①얼굴이 이전보다 변하여 아름답게 됨. 〔약〕 탈태(奪胎). becoming beautiful ②남의 문장을 본뜨되 그 형식이나 내용을 바꿔 자작(自作)처럼 꾸밈. recast 하다
환공(環攻)[명] 사방을 포위(包圍)하고 침. siege 하다
환과 고독(鰥寡孤獨)[명] ①늙은 홀아비·홀어미, 어려서 부모가 없는 사람과 늙어서 자식 없는 사람. ②외롭고 의지할 수 없는 사람. helpless man
환:관(宦官)[명] 〈동〉 내시(內侍)①.
환관(還官)[명] 지방관이 임소(任所)에 돌아옴. local official's return to his post 하다
환:관리(換管理)[명] 〈경제〉 법령(法令)에 의해서 자본의 도피나 환시세의 급변을 방지하기 위하여 정부가 환매매를 관리하는 일. exchange control
환:괘(渙卦)[명] 〈민속〉 육십사괘(六十四卦)의 하나. 손괘(巽卦)와 감괘(坎卦)가 거듭된 괘.
환:괴(幻怪)[명] 덧없고 괴이함. 하다
환:구(幻軀)[명] ①병으로 초췌해진 몸. ②남의 몸을 조롱하여 일컫는 말. 덧없는 몸.
환:국(換局)[명] 시국(時局) 또는 판국(版局)이 바뀜. development of the situation 하다
환국(還國)[명] 〈동〉 귀국. 하다
환군(還軍)[명] 군사를 되돌림. 회군(回軍). withdrawal of the army 하다
환궁(還宮)[명] 임금이 대궐로 돌아옴. 환어(還御). 환행(還幸). return to the palace 하다
환궁악(還宮樂)[명] 〈음악〉 임금이 환궁할 때 아뢰던 풍악.
환:권(換券)[명] 〈제도〉 묵은 돈이나 문권(文券)을 관청에 바치고 새것으로 바꿈. 하다
환귀(還歸)[명] 본래의 곳으로 돌아가거나 돌아옴. 하다
환귀 본종(還歸本宗)[명] ①양자로 갔던 사람이 생가(生家)에 후사(後嗣)가 끊어져 다시 돌아옴. ②양가(養家)에서 생가(生家)에 다시 입후(入後)시킴. 하다
환귀 본주(還歸本主)[명] 물건을 본래 임자에게 돌려보냄. 환귀 본처(還歸本處). 하다
환:규(喚叫)[명] 부르짖음. 소리 질러 부름. 하다
환:금(換金)[명] ①물건을 팔아서 돈으로 바꿈. exchange ②〈경제〉 일국의 통화(通貨)를 타국의 통화와 교환하는 일. ¶~ 은행(銀行). 〔예〕 환율(換率).
환금(還金)[명] 〈동〉 도리금. realization
환금=성[-性](換金性)[명] 환금성이 물건을 팔아서 현금화할 수 있는 성질. ¶~이 있는 증권.
환:금 작물(換金作物)[명] 〈농업〉 팔아서 현금(現金)을 얻기 위하여 심는 농작물.
환급(還給)[명] 도로 돌려줌. 환부(還付). return 하다
환:기(喚起)[명] 불러 일으킴. ¶주의를 ~시키다. awakening 하다
환:기(換氣)[명] 탁한 공기를 신선한 공기로 바꾸어 놓음. ventilation 하다

환:기 장치(換氣裝置)[명] 실내의 탁한 공기와 밖의 신선한 공기를 바꾸는 장치.
환:기-창(換氣窓)[명] 〈건축〉 방안의 탁한 공기를 신선한 공기와 바꾸기 위하여 벽이나 지붕 위에 만들어 놓은 창. ventilator
환:기-탑(換氣塔)[명] 환기를 위하여 지붕 위에 만들어 놓은 탑.
환:낙(歡諾)[명] 기꺼이 승낙함. 하다
환:난 難)[명] 근심과 재난. misfortune
환난 상고(患難相顧)[명] 환난을 당하면 서로 구해 줌. 환난 상고. 하다
환납(還納)[명] 도로 바침. 다시 돌려줌. return 하다
환내(寰內)[명] ①천자가 다스리는 범위의 세계. ②〈동〉환우(寰宇)③.
환내(闕內)[명] 〈제도〉 임금이 궐내(闕內)의 다른 전각(殿閣)에서 침전(寢殿)으로 돌아옴. 하다
환:녀(宦女)[명] 〈제도〉 ①환관(宦官)과 여자. ②궁중의 여자 종. 궁비(宮婢).
환:담(幻談)[명] 괴이한 이야기.
환담(歡談)[명] 즐겁게 이야기함. 또는 그 이야기. pleasant talk 하다
환대(歡待)[명] 반갑게 대접함. 간대(懇待). 관대(款待). warm reception 하다
환:덕(宦德)[명] 벼슬에 있음으로써 생기는 소득. official's income
환:도(宦途)[명] 벼슬길. government service
환도(環刀)[명] 〈제도〉 옛 군복(軍服)에 갖추어 차던 칼.
환도(還都)[명] 나라의 어려운 일로 정부(政府)가 딴 곳으로 옮겼다가 다시 본 수도(首都)로 돌아옴. returning to the capital 하다
환도-뼈(環刀一)[명] 〈생리〉 허리의 뼈. hucklebone
환도-상어(環刀一)[명] 환도상어과에 속하는 바닷물고기. 등은 흑청색을 띠었고 배는 흰데, 푸른 빛을 띤 아름진 점이 있음. thresher
환도-성(環都城)[명] 〈역사〉 평양으로 이도(移都)하기 전의 고구려의 도성. 압록강 중류의 서안에 있음.
환:득 환:실(患得患失)[명] 얻기 전에는 얻으려고 걱정하고 얻은 후에는 잃을까 늘 걱정함. 하다
환:등(幻燈)[명] ①그림이 들어 있는 필름의 뒤에 전구를 켜, 필름 속의 그림을 자막에 확대하여 비추는 장치. magic lantern 〔약〕 →등기. ¶~등기.
환:등-기(幻燈機)[명] 환등을 영사하는 기계. 〔약〕 환등.
환락(歡樂)[명] 기뻐하고 즐거워함. 오락(娛樂)②. pleasure 하다
환락-가(歡樂街)[명] 환락의 거리. 극장·당구장·요리점·댄스홀 따위의 유흥장이 많이 늘어선 길거리. amusement centre
환:란(患亂)[명] 〈동〉 재앙. 병란(兵亂).
환래(還來)[명] 회환(回還). 하다
환:=레이트(換 rate)[명] 〈동〉 환시세(換時勢).
환력(還曆)[명] 〈동〉 환갑(還甲).
환:로(宦路)[명] 〈동〉 벼슬길.
환:롱(幻弄)[명] 못된 꾀로 남을 농락함. trickery 하다
환:롱-질(幻弄一)[명] 재치 있는 꾀로 물건을 바꾸어치는 짓. trickery 하다
환:롱-치다(幻弄一)[자] 못된 꾀로 서로 바꿔치다.
환류(還流)[명] 〈동〉 ①도로 흐르게 함. return current ②〈지리〉 적도 해류(赤道海流)가 대륙 또는 섬에 이르러 둘로 나뉘어 그 방향을 극(極)으로 바꾸어 점차 동북으로 흐르는 난류(暖流)의 하나. reflux
환:매(換買)[명] 물건과 물건을 서로 바꿈. barter 하다
환매(還買)[명] 메주(賣主)가 한 번 팔았던 물건을 대가를 지불하고 다시 사들이는 일. 하다
환매(還賣)[명] 도로 팖. 되팖. 하다
환면(諱免)[명] 자기의 저지른 허물을 숨김. concealing one's fault 하다
환멸(幻滅)[명] 공상이나 이상이 현실로 나타난 것 같다가 곧 사라져 버림. ¶~의 비애에 사로잡히다. disillusion
환멸(還滅)[명] 〈불교〉 수행을 쌓아 번뇌를 그치고 생

환:멸=감(幻滅感)[명] 환멸의 느낌. feeling of disillusion
환:명(換名)[명] 남의 성명(姓名)으로 거짓 행세함. assuming another's name 하다
환모(還耗)[명]〈제도〉축난 것을 채우기 위하여 환곡의 차수인(借受人)한테서 석(石)마다 10분의 1씩 곡식을 더 받음.
환:몽(幻夢)[명] 터무니없는 꿈. 허황한 꿈. empty dream
환:문(宦門)[명] 관리의 가족.
환:문(喚問)[명] 소환(召喚)하여 신문(訊問)함. summons 하다
환:물(換物)[명] 돈을 물건으로 바꿈. (대) 환금(換金).
환:물 운:동(換物運動)[명]〈경제〉물가(物價)의 등귀(騰貴)를 예상하고 돈보다 물건의 저장을 중시(重視)하는 운동. efforts to convert money into goods
환:미(宦味)[명] 벼슬살이의 맛. 벼슬에 대한 취미.
환:발(渙發)[명]〈제도〉환곡의 명.
환:발(渙發)[명] 임금의 명령을 널리 선포(宣布)함. promulgation 하다   (房).
환:방(換房)[명] ①물건을 바꿈. barter ②[동] 파방(派
환:방=치-다(換房—)[타] 환방(換房)을 하다. barter
환:법(宦法)[명] 환술(幻術).
환:복(宦福)[명][동] 관복(官福).
환본(還本)[명][동] 본디대로 돌아감. being restored to the original condition 하다
환봉(還奉)[명] 환안(還安). 하다
환봉(還封)[명] ①옮기려고 판 무덤을 다시 봉분(封墳)함. ②[동] 봉축(封築).   affected parts
환:부(患部)[명] 병 또는 상처가 난 곳. 병처(病處).
환:부(還付)[명][동] 환급(還給). 하다
환:부(宦夫)[명] 호아비.   refund
환부금(還付金)[명] 환부하여 내어 주는 돈. 환금.
환:부 역조(換父易祖)[명] 문벌을 높이기 위하여 부정한 수단으로 자손 없는 양반의 집을 자기의 조상으로 바꿈. 하다   money 하다
환:불(換拂)[명] 환산하여 지불함. payment in changed
환불(還拂)[명] 요금 따위를 되돌려 줌. 하다
환:=브로:커(換 broker)[명] 환중매인.
환:비(換費)[명]〈제도〉환전을 부치는 데 쓰이는 비용. 환태(換馱費). exchange fees   [하다
환:=비:봉(換祕封)[명]〈제도〉과거(科擧) 때 남의 답안을 훔쳐 봉해 둔 성명을 도려내고 자기의 성명을 써 붙임.
환:빈(患貧)[명] 빈약함을 걱정함. worry about poverty
환삼(還三)[명][동] 되재아기.
환:산(渙散)[명][동] ①군중이나 단체가 흩어짐. disband ②병열이 내림. breaking of one's fever 하다
환:산(換算)[명] 단위(單位)가 다른 수량으로 고치어 셈함. ¶달러를 원으로 ~하다. change 하다
환:산-표(換算表)[명] 단위가 다른 수량을 환산하기에 편리하도록 대조하여 산출해 놓은 표. exchange
환:상(幻相)[명]〈불교〉무상(無常)한 형상.   [table
환:상(幻想)[명] ①현실에 없는 것을 느끼는 상념(想念). illusion ②종잡을 수 없이 일어나는 생각. fantasy
환:상(幻像)[명][동] 환영(幻影)②. [는 생각.
환:상(喚想)[명] 지나간 생각을 불러 일으킴. 상기(想起). recollection 하다
환상(還上)[명]〈제도〉봄에 환곡(還穀)으로 받은 곡식을 가을에 바침. 환자(還子).   [形]. annular
환상(環狀)[명] 고리처럼 둥글게 생긴 형상. 환형(環
환상(環狀)[명] 어떤 사물을 둘러싸고 있는 일체의 현상. 개인을 둘러싸고 있는 사회 현상 따위. environment
환:상=곡(幻想曲)[명]〈음악〉공상적인 내용을 가진 자유로운 형식의 악곡. fantasia
환:상-문(環狀紋)[명][동] 고리무늬.
환:상-미(幻想美)[명] 예술 작품에 나타낸 환상적인 미.
환상 미:술(幻想美術)[명]〈미술〉미학상의 환상주의를 주관적 심리적으로 개벽한 미학. visionary arts
환상-선(環狀線)[명] 환상으로 된 노선.

환상 연:골[一年—](環狀軟骨)[명]〈생리〉갑상 연골(甲狀軟骨)과 접하는, 목줄떠 아래에 있는 고리 모양의 연골(軟骨). ring cartilage
환:상=주의(幻想主義)[명]〈철학〉현실의 재현이 아니고 내적(內的) 충동이나 영감에 인도되는 주관(主觀)의 자기 생산을 주장하는 미학상(美學上)의 한 경향. imagism   [換品]. trading 하다
환:색(換色)[명] 어떤 물건을 다른 물건과 바꿈. 환품
환:생(幻生)[명] 형상을 바꾸어서 다시 태어남. 환생(還生). reincarnation 하다
환생(還生)[명] ①되살아남. revival ②다시 태어남. 환생(幻生). 환퇴(幻退). rebirth 하다
환선(紈扇)[명] 얇은 깁으로 만든 부채.
환:성(宦成)[명] 벼슬하여 출세함. 하다
환:성(喚醒)[명] 잠자는 사람이나 어리석은 사람을 깨움. awakening 하다
환:성(喚聲)[명] 고함 소리.   [우침.
환성(歡聲)[명] 기뻐하여 크게 부르짖는 소리. shout of joy   [transient world
환:세(幻世)[명] 변하고 바뀌어서 무상(無常)한 세상.
환:세(換歲)[명] 해가 바뀜. 새해가 됨. 개력(改曆). change of year 하다
환세(還稅)[명] 세금을 물러 돔. refunding the tax 하다
환소(還巢)[명] 자기 집에 돌아옴을 낮추어 일컫는 말. returning home 하다   [ughter 하다
환소(歡笑)[명] 유쾌하게 웃음. 웃고 기뻐함. loud la-
환속(換俗)[명][동] 퇴속(退俗). 하다
환속(還屬)[명] 이전의 소속으로 다시 돌려보냄. sending back to one's former post 하다
환송(還送)[명] 도로 돌려 보냄. 반송(返送). return 하다
환:송(歡送)[명] 기쁘게 보냄. ¶~식(式). (대) 환영(歡迎). send-off 하다   [off meeting
환:송=회(歡送會)[명] 환송의 뜻으로 베푸는 모임. send-
환:수(宦數)[명] 벼슬길의 운수.
환:수(換手)[명] 손바꿈. change of hands 하다
환수(還收)[명] 내놓은 것을 도로 거두어 들임. withdrawal 하다   [법(幻法). magic arts
환:술(幻術)[명] 남의 눈을 속이는 기술. 요술(妖術).
환:시(幻視)[명]〈심리〉시각성의 환각.
환:시(換侍)[명] 내시(內侍).
환시(環視)[명] ①뭇사람이 둘러서서 봄. concentration of attention ②사방을 둘러봄. looking around 하다
환:=시세(換時勢)[명]〈경제〉한 나라 화폐와 다른 나라 화폐와의 교환되는 비율. 환레이트. 환율(換率). exchange rate   [행해지는 시장.
환:=시:장(換市場)[명]〈경제〉외국환의 수급·거래가
환식 화:합물(環式化合物)[명]〈화학〉분자내에서 원자가 환상으로 결합한 연쇄를 갖는 화합물.
환심(歡心)[명] 기쁘고 즐거워하는 마음. 환정(歡情). ¶~을 사다. favour
환심 사:다(歡心—)[자] 남을 기쁘게 하여 그의 호감을 사라게이다. win another's favour
환:=심장(換心腸)[명] 마음이 전보다 아주 달라짐. (약) 환장(換腸). madness 하다   [환봉(還奉)].
환안(還安)[명] 옮겼던 신주를 도로 제 자리에 모심.
환안(宦眼)[명] 관직눈.   [official life
환:액(宦厄)[명] 벼슬길의 재액. misfortunes in one's
환약(丸藥)[명] 둥근 모양으로 만든 약(藥). 알약. 환제(丸劑). (대) 탕약(湯藥). (약) 환(丸). pill
환어(還御)[명][동] 환궁(還宮). 하다
환-어음(換—)[명]〈경제〉발행인이 제삼자 곧 지불인 앞으로 일정한 금액을 수취인 또는 그 지시인에게 치르도록 위탁하는 형식의 어음. bill of exchange
환:언(換言)[명] 바꾸어 말함. saying in other words
환:언=표(換言標)[명] 말바꿈표.   [하다
환:업(宦業)[명] 벼슬에 관한 사무(事務).
환:연(渙然)[명] ①의혹이 사라지는 모양. ②얼음이 녹는 모양. 하다 히
환:연(歡然)[명] 기뻐하는 모양. 하다 히
환:열(歡悅)[명][동] 환희(歡喜)①.

환:영(幻影)명 ①[동] 곡두. ②〈심리〉사상 또는 감각의 착오로 사실이 아닌 것을 사실처럼 인정하는 형상. 환상(幻像). vision ③실현할 수 없는 원망(願望)이나 이상(理想). vision

환영(歡迎)명 기쁜 마음으로 맞음. 《대》 환송(歡送). welcome 하다 [of welcome

환영=사(歡迎辭)명 환영할 때에 하는 인사말. address

환영-연(歡迎宴)명 환영하여 베푸는 연회.

환영-회(歡迎會)명 환영하는 뜻으로 베푸는 모임.

환옥(環玉)명 [동] 도리옥. [welcome meeting

환요(環繞)명 주위(周圍)를 둘러쌈. 환위(環圍). surrounding 하다 [for official post

환:욕(宦慾)명 벼슬에 대한 욕심. 환정(宦情). desire

환:용(換用)명 바꾸어 씀. substitution 하다

환:우(患憂)명 근심과 걱정. anxiety

환:우(換羽)명 날짐승의 묵은 깃이 빠지고 새 깃이 나오는 일. moulting 하다 환내(換內)②.

환우(寰宇)명 ①[동] 천하(天下)②. ②[동] 세계(世界).

환:우-기(換羽期)명 날짐승이 깃을 가는 시기. moulting season

환운(環暈)명 해·달의 둘레에 수증기 때문에 생기는 둥근 모양의 무리. 해무리 또는 달무리. halo

환원(還元)명 ①근본으로 되돌아가기. restoration ②〈화학〉산화물(酸化物)에서 산소의 일부 또는 전부를 빼앗아 버리는 화학적 변화. reduction ③〈화학〉금속의 양원자가 감소하거나, 음원자가 증가하여 금속의 원자가 변화하는 일. 《대》 산화(酸化). ④〈종교〉천도교에서 사람의 죽음을 일컬음. 하다

환원-미(還元米)명 〈경제〉할당 공출(割當供出)의 결과 집에서 되를 쌓거나 다 바친 농가에 대하여 정부에서 주는 배급미(配給米).

환원=법(還元法)명 〈논리〉 정언적(定言的) 삼단 논법에 있어서, 환원법(換位法)이나 대소 전제(大小前提)의 위치 교환에 의하여 제2·제3·제4격(格)을 제1격 본위 형태로 하는 방법. 개격법(改格法). 변격법(變格法). reduction

환원-염(-焰)(還元焰)명 환원성이 있는 불꽃. 내염(內焰). [는 물질. reducing agent

환원-제(還元劑)명 〈화학〉딴 물질에 환원을 일으키

환원-지(還元地)명 한 번 개간되었던 경지로서 다시 본래의 황무지로 되돌아간 땅.

환원-철(還元鐵)명 〈화학〉산화철(酸化鐵)을 수소로 환원시켜 만드는 회색, 또는 회흑색의 고운 가루. 빈혈증에 약으로 쓰임. reduction iron

환위(環圍)명 [동] 환요(環繞). 하다

환위(環衛)명 대궐의 주위를 호위(護衛)함. guarding an imperial palace 하다

환:위=법(-法)(換位法)명 〈논리〉직접 추리의 하나. 어떤 판단으로부터 그것의 술어(述語)를 주어(主語)로 하고, 그것의 주어를 술어로 하는 판단을 이끌어내는 추리법. 《대》 환질법. conversion

환유(歡遊)명 즐겁게 놂. 하다

환:율(換率)명 환 시세.

환:은(換銀)명 ①물건을 돈으로 바꿈. realization ②〈약〉-은행. foreign exchange bank

환:=은행(換銀行)명 〈경제〉외환 은행(外換銀行). fo-

환:의(換衣)명 다른 옷으로 바꾸어 입음. changing one's clothes 하다

환:의(換義)명 뜻을 바꿈. change of meaning 하다

환:=인플레이션(換 inflation)명 〈경제〉외국환 시세의 하락으로 인한 물가의 상승·통화의 증발이 원인이 되어 유발되는 인플레이션.

환임(還任)명 본래의 직책으로 다시 임명함. 하다

환:입(換入)명 바꾸어 넣음. putting in exchange 하다 [거두어 들임. 하다

환입(還入)명 〈제도〉 임금이 내린 교지(敎旨)를 도로

환:자(宦者)명 내시(內侍)①.

환:자(患者)명 병을 앓는 사람. 병자(病者). patient

환:자(換資)명 국가들 사이에 진행되는 화폐 교역.

환자(還子)명 [동] 환상(還上).

환:자-실(患者室)명 병실(病室).

환자-탕(丸子湯)명 완자탕.

환:장(換腸)명 [약]→환심장(換心腸).

환:장이명 조잡한 그림을 그리는 것을 업으로 삼는 사람. 화쟁이. painter

환:적(宦蹟)명 벼슬에 있을 때 이룬 행적(行蹟).

환:전(換錢)명 〈경제〉①환표(換標)로 보내는 돈. 《약》 환(換)②. ②서로 종류가 다른 화폐와 화폐, 또는 화폐와 지금(地金)을 교환하는 일. 하다

환전(環錢)명 환상(環狀)으로 된 돈. [데에 쏨.

환:절(患節)명 '병환(病患)'이란 뜻으로 편지 같은

환:절(換節)명 ①계절이 바뀜. 교절(交節). change of season ②절조(節操)를 바꿈. apostasy 하다

환절(環節)명 곤충이나 지렁이 따위와 같이 몸에 여러 개의 고리 모양 같은 것이 연달아 이루어진 마디. segment [기. turning point of the season

환:절-기(換節期)명 계절이 바뀌는 시기. 번갈기(變節

환절-기(環節器)명 거머리·지렁이 따위의 환형(環形) 동물의 신관(腎管).

환절 동:물(環節動物)명 [동] 환형(環形) 동물.

환:절-머리(換節-)명 철이 바뀌는 무렵. change of

환:정(宦情)명 [동] 환욕(宦慾). [season

환정(歡情)명 [동] 환심(歡心).

환제(丸劑)명 [동] 환약(丸藥).

환제(還第)명 귀가(歸家). 하다

환조(丸彫)명 〈미술〉물체의 형상을 전부 두드러지게 새기는 조각법의 하나. relief

환:족(宦族)명 대대로 벼슬을 하는 집안.

환좌(環坐)명 여러 사람이 원형(圓形)을 지어 마주 보고 앉음. sitting in a ring 하다

환주(還住)명 되돌아와 삶. 하다

환:=중매인(換仲買人)명 〈경제〉은행 상호간 또는 은행과 상인 사이에서 외국환 어음의 매매를 주선·매개함을 업으로 삼는 사람. 환브로커(換 broker).

환:=증서(換證書)명 우편환의 증서.

환:지(-紙)명 환을 그리는 데 쓰는 종이. sketching

환:지(換地)명 [동] 환토(換土). 하다 [paper

환지(換紙)명 현 종이로 다시 만드는 종이. 재생지(再生紙). remanufactured paper

환:지 처:분(換地處分)〈법률〉토지 개량이나 토지 구획 정리를 위하여 종래의 토지 대신 딴 토지를 주는 행정 처분. land substituting disposal

환질(環絰)명 소렴(小殮) 때 상제가 사각건(四角巾)에 덧쓰며 쓰는, 삼으로 꼰 테두리.

환:질=법(-法)(換質法)명 〈논리〉직접 추리의 하나. 긍정 판단을 부정 판단으로, 부정 판단을 긍정 판단으로 바꾸는 법. 《대》 환위법(換位法). obversion

환:질 환:위법(-法)(換質換位法)명 〈논리〉정언적(定言的) 판단에 관한 변형(變形) 추리의 하나. 《유》 환위법. 환질법. contraposition

환:짓-다(丸-)[타스] 환약을 만들다. [하다

환차(還次)명 어른의 행차(行次)가 돌아옴. return

환:차하(還差下)명 사직 또는 면직된 관원을 특지(特旨)로써 다시 임관(任官)시킴. affected spot 하다

환:처(患處)명 아픈 장소. 병처(病處).

환천 희:지(歡天喜地)명 대단히 즐겁고 기쁨. raptures 하다 [존재하지 않는 소리가 들리는 현상.

환:청(幻聽)명 〈심리〉청각성의 환각(幻覺). 실제로

환초(環礁)명 〈지리〉고리 모양으로 된 산호초. 보통 그 북쪽에 섬이 있어 산호초가 이를 둘러싸고 그 사이에 얕은 바다가 있음. atoll [줌. 하다

환-출급(還出給)명 받아들이지 아니하고 도로 내어

환:충(換充)명 이전처럼 다시 채움. refilling 하다

환:-취:결(換取結)명 〈경제〉환어음을 발행하여 은행으로부터 할인을 받는 일. [하다

환:치(換置)명 바꾸어 놓음. 《유》치환. substitution

환:치기(換-)명 〈경제〉외국에서 외화를 빌려 쓰고, 국내에서 한화(韓貨)로 갚는 일. 하다

활:=치-다 막치 그림을 그리다. draw a picture
환:치-법[-빱](換置法)명 〈문학〉 문세(文勢)를 강하게 하기 위하여 앞의 한 말을 또 고쳐서 다시 다른 적절한 말로 바꾸어 말하는 수사법.
환택(還宅)명(동) 귀가(歸家). 하타
환:토(換土)명 논밭을 서로 바꿈. 환지(換地). 하타
환:퇴(幻退)명(동) 환생(還生生)하다. 하타
환퇴(還退)명 ①산 것을 도로 무름. sending back ② 퇴속(退俗). 하타
환퇴 문서(還退文書)명 샀던 것을 도로 무른 증서(證書).
환패(環珮)명 임금을 뵈러 나갈 때 갖추는 금관 조복의 좌우에 늘어뜨리는 옥패. 패옥.
환:=평가[-까](換評價)명 〈경제〉 국제 통화 기금 협정의 가맹국이 공통 처도(尺度) 또는 달러로서 표시하여, 환시세의 기본이 될 자국 통화의 가치 기준.
환포(環抱)명 둘리 안음. 둘리쌈. embrace 하타
환:표(換票)명 ①표를 바꿈. change of tickets ②선거에 있어서 어떤 후보자의 표를 늘리기 위하여서 표를 바꿔 넣음. 하타
환:표(換標)명 〈경제〉 먼 곳에서 돈을 거래할 때에 누구에게 돈을 내어 주라는 편지 형식의 지불 명령서. 환간(換簡). bill of exchange
환:품(換品)명 환색(換色). 하타
환피(雞皮)명 오소리의 모피(毛皮). 방석 또는 요 기지에 씀.
환:=하-다[형] ①앞이 탁 틔어서 막힌 것이 없다. open ②매우 밝다. bright ③얼굴이 잘생겨서 보기에 시원스럽다. handsome ④일의 조리나 속내가 분명하여 알기 쉽다. 〈큰〉훤하다. ¶ 약간 열일하는 듯하면서 개운하고 시원한 느낌이 있다. ¶ 은단을 먹으니 입안이 ∼. conversant 환:=히[부]
환-하다(丸-)타 화약으로 만들다. make a pill
환:=하다(換-)타 서로 바꾸어서 교환하다. exchange 「로 그 곳으로 내려보냄. 하타
환:=송(還下送)명 지방에서 서울로 돌아옴. 하타
환:해(宦海)명 관리의 사회(社會). 관해(官海). 관계(官界).
환:해(患害)명 재난으로 생기는 해. damages
환해(環海)명 사방을 둘러싸고 있는 바다. surrounding seas
환:해 풍파(宦海風波)명 환해에서 겪는 온갖 풍파.
환행(還幸)명(동) 환궁(還宮). 하타
환향(還鄕)명 이쪽으로 향하여 돌아옴. home-coming
환:형(幻形)명 병이 들거나 늙어서 얼굴 모양이 변함. getting haggard 하타
환:형(換刑)명 〈법률〉 벌금 또는 과료(科料)를 바치지 못한 사람을 그 대신 노역장(勞役場)에 유치(留置)함. ¶ ∼ 처분. 하타 「하태
환형(環形)명 고리처럼 둥근 모양. 환상(環狀). circle
환형 동-물(環形動物)명 벌금 동물계를 분류한 문(門)의 하나. 몸은 원통형(圓筒形)으로 매우 길며 대개 여러 마디의 환절(環節)로 이루어졌음. 환절 동물. annelida
환:호(喚呼)명 소리 높이 부름. 하타
환호(歡呼)명 기뻐서 큰 소리로 부르짖음. cheer 하타
환호-성(歡呼聲)명 기뻐서 부르짖는 소리.
환호 작약(歡呼雀躍)명 기뻐서 소리치며 날뜀. 하타
환:혹(幻惑)명 사람의 눈을 어리게 하고 마음을 어지럽게 함. bewitching 하타
환혼(還魂)명 죽은 이의 넋이 살아 돌아옴. 하타
환:후(患候)명(공) 어른의 병. ¶ ∼ 평복(平復). your illness
환흡(歡洽)명 즐겁고 흐뭇함. delightfulness 하형
환희(歡喜)명 ①즐겁고 기쁨. 환열(歡悅). 환희(欣喜). 〈대〉비애(悲哀). joy ②〈불교〉불법을 듣고 신심(信心)을 얻어 마음이 기쁜 일.
환희-천(歡喜天)명 〈불교〉불법 수호신의 하나. 자재(自在)하여 모든 악마를 물리치고, 에욱을 성취, 오곡을 풍요하게 한다 함.

활명 ①화살을 쏘는 무기(武器). bow ②씨 뽑은 목화 송이를 타는 제구. cotton gin
활강(滑降)명 미끄러져 내림. descent-slide 하타
활강 경:기(滑降競技)명 〈체육〉 비탈진 달림길을 미끄러져 달리는 스키 경기의 하나. descent race
활강-포(滑腔砲)명 〈군사〉 포강(砲腔) 안에 선조(旋條)가 없고 탄환을 포구로부터 포강(砲腔)에 재어 쏘던 구식 대포(大砲)의 하나.
활개(滑開)명 ①새의 두 날개. wings ②사람의 두 팔. arms
활개-똥명 몹시 힘차게 내지르는 굵은 똥. loose faeces
활개장-마루명 추녀 마루.
활개-짓-다(活開-)자 걸을 걸을 때 양쪽 팔을 앞뒤로 흔들어 움직이다. swing one's arms
활개-치-다(活開-)자 ①힘차게 활개치다. swing one's arms ②의기양양하게 굴다. be triumphant
활갯-짓명 ①걸음을 걸을 때 두 팔을 힘차게 내젓는 짓. swinging of the arms in walking ②새가 두
활거(滑車)명 도르래. 「날개를 치는 짓. flap 하타
활계(活計)명(동) 생계(生計).
활-고자명 시위를 매는 활의 두 끝. 《악》고자. ends of bow
활고-자(活古子)명(동) 올가미.
활고·재(古)고 활고자. 활의 두 끝.
활공(滑空)명 〈항공〉 비행기의 발동을 끄거나, 느린 회전으로 동력에 의한 추진력을 없애고 지면을 향하여 강하하는 비행. ②발동기를 사용하지 않고 풍력(風力)·기류(氣流) 등을 이용하여 공중을 미끄러져 남.
활공-기(滑空機)명(동) 글라이더. 「gliding 하타
활과 화:살이 서로 맞는다[관용] 능과 기회가 꼭 들어맞는다. 「따위의 '弓'의 이름.
활궁-변(一弓邊)명 한자 부수의 하나. '弘'이나 '張'
활극(活劇)명 ①연극에서 하는 것과 같은 용감스러운 실제의 격투. stormy scene ②(연예) 격투·전쟁·총격 따위가 활발하게 벌어지는 영화나 연극. ¶ 서부 ∼. action film
활기(活氣)명 ①활동하는 원기. ②활발한 기개나 기운.
활기(活氣)고 화의 두 끝. 「운. vitality
활-꼭지명 목화를 탈 때에 시위를 튀기는 나무 가락.
활=나무명 〈식물〉 콩과에 속하는 일년생 풀. 줄기와 잎에 털이 많으며, 7∼8월에 자주색 꽃이 피고 과실은 협과(莢果)임. 산이나 들에 남.
활달[-딸](關達·豁達)명 도량(度量)이 넓고 융통성(融通性)이 있음. 광달(曠達). generosity 하형
활달 대:도[-딸-](豁達大度)명 마음이 넓고 작은 일에 거리끼지 않는 넓은 도량.
활-대[-때]명 돛대 위에 가로 댄 나무. sail yard
활대[-때](闊大)명 넓고 큼. vastness 하형
활도고리(活)고 도가지. 활을 바로잡는 제구.
활동[-똥](活動)명 ①활발하게 움직임. activity ②어떤 일의 성과를 거두기 위하여 운동함. ¶ ∼ 범위(範圍). ③신체 또는 정신이 변화하고 있는 상태. ④화산(火山)이 불을 뿜음. ⑤사회에 나가 업무에 힘쓰고 이름을 떨침. 하타
활동-가[-똥-](活動家)명 주변성이 많아서 잘 활동하는 사람. 활동객.
활동-객[-똥-](活動客)명(동) 활동가.
활동-력[-똥-](活動力)명 활동하는 힘.
활동-물[-똥-](活動物)명 살아 움직이는 물건.
활동-복[-똥-](活動服)명 일반 생활 활동을 위한 복장.
활동 사진[-똥-](活動寫眞)명 '영화'의 이전 이름.
활동-성[-똥-](活動性)명 활동할 수 있는 성질. 민활하게 행동하는 성질. activity
활동 자:본[-똥-](活動資本)명 현재 실지로 기업 활동에 쓰이고 있는 자본.
활동-적[-똥-](活動的)관 활발하게 움직이는(것). 활동하는 힘이 있는(것).
활-등[-뜽]명(동) 〈체육〉활짱의 등.
활동-코[-똥-]명 〈제도〉 콧등이 활등처럼 휘우듬하게 생긴 코. aquiline nose

활딱 ①죄다 벗거나 벗어진 모양. ¶이마가 ~ 벗어지다. becoming stark naked ②뒤집거나 죄다 뒤집힌 모양. ¶웃음 ~ 뒤집다. entirely ③끓는 물이 갑자기 넘는 모양. ¶물이 끓어 ~ 넘치다. boil all over ④갑자기 온통 바뀌거나 변하는 모양. ¶텔레비전의 화면이 ~ 바뀌다. (큰)훌떡.

활량 ①〈제도〉→한량(閑良). ②활을 쏘는 사람. ③무위 도식하는 사람.

활량-나물〈식물〉콩과에 속하는 다년생의 풀. 높이 90 cm 가량이고 잎은 타원형으로 뒷면은 녹색색을 띰. 여름에 누른 빛의 나비 모양의 꽃이 피고 뒤에 갈색(褐色)으로 변함. 협과(莢果)는 가늘고 길며 어린 잎은 식용함.

활력(活力)图 살아 움직이는 힘. 활동하는 힘. vital power

활력=설(活力說)图〈동〉생기설(生氣說).

활력-소(活力素)图 활동하는 힘이 되는 본바탕. ¶인생의 ~. tonic

활:련(一蓮)图〈식물〉'한련(旱蓮)'의 잘못.

활로(活路)图 ①생명을 구하는 길. 살기 위하여 빠져 나갈 길. means of escape ②활발한 생활의 방법. way of living

활리(猾吏)图 교활(狡猾)한 아전(衙前).

활마찰(滑摩擦)图 미끄럼 마찰(摩擦).

활-머리〈제도〉어여머리 꽉대기에 얹던 제구.

활-메우-다 활의 몸에 시위를 걸다. 활을 새로 만들다. string a bow

활-무:대(活舞臺)图 힘껏 활동할 수 있는 무대. stage

활물(活物)图 ①생명이 있어 살아 있는 물건. 동식물. (대)사물(死物). living being ②물건을 살리는 물건.

활물 기생(活物寄生)〈생물〉살아 있는 동식물에 기생하여, 이것에서 영양분을 흡수하여 생활하는 일.

활물 기생 식물(活物寄生植物)〈식물〉살아 있는 동식물(動植物)에 기생하여 살고 있는 식물. biophilous plants

활발(活潑)图 ①기운차게 움직이는 모양. ②생기가 있음. 원기가 좋음. vivacity 하다 히目

활배-근(闊背筋)〈생리〉척추(脊椎)의 양쪽에 있는 큰 삼각형 모양의 근육. deltoid muscle

활-벌:이줄图 연 머리에 휘어지게 매는 줄.

활법(活法)图 활용하는 방법. workable plan

활변(滑便)图 묽게 누는 똥. loose feces

활보(闊步)图 ①큰 걸음으로, 당당히 걷음. 또는 그 걸음. striding ②남을 얕보고 제멋대로 행동함. 또는 그 행동. swagger 하다

활-부리-다图 활시위를 끄르다.

활불(活佛)图 ①생불(生佛). ②라마교(喇嘛教)의 수장(首長). 전생(轉生)으로 출현하는 것으로 교도들은 믿고 있음. Dalai Lama ③자비심이 많은 사람을 일컬음. merciful man

활브·리우-다(古) 활부리다.

활비·비图 (古) 활비비. 활처럼 굽은 나무에 시위를 매어 나무 같은 것을 뚫는 송곳의 하나.

활-비비图 매가 돌아서 물건을 뚫고 들어가는 활 모양의 송곳. 무추(舞錐). bow drill

활빈-당(活貧黨)图 부자의 재물을 빼앗아 가난한 사람을 도와 주는 도둑의 무리. gang of chivalrous robbers

활빙(滑冰)图〈동〉스케이팅. 하다

활빙-장(滑冰場)图 스케이팅을 위하여 베풀어 놓은 곳. 빙활장(氷滑場). skating-rink

활사(活寫)图 생생하게 베낌. 생생하게 나타냄. copy 하다

활살(活殺)图〈동〉생살(生殺). 하다

활살 자재(活殺自在)图 살리고 죽임을 마음대로 할 수 있음. having the power of life and death 하다

활상(滑翔)图 새가 날개를 놀리지 아니하고 미끄러지듯이 나는 모양. 글라이더(glider)가 대기(大氣) 중에 미끄러지듯이 나는 모양. 하다

활새-머리图 아래만 돌려 깎는 더벅머리. short crop

활색(一塞)(活塞)图〈동〉피스톤(piston)①.

활석(一석)(滑石)图 ①〈광물〉함수 규산(含水硅酸)과 마그네슘을 성분으로 하는 광물. talcum, steatite ②〈한의〉성질은 차고 증증·임질에 쓰임. 곱돌.

활석(滑席)图 조정 경기(漕艇競技)에서, 조수(漕手)가 다리를 굽히거나 펴는 데에 따라 레일 위에 앞뒤로 움직이게 된 좌석.

활석 편암(一석一)(滑石片岩)〈광물〉비늘 모양의 활석의 조각으로 된 편상암(片狀岩). talc schist

활-선어(一선一)(活鮮魚)图 살아 있는 생선.

활선 작업(一선一)(活線作業)图 전류(電流)가 통하고 있는 전선로(電線路)의 작업을 하는 일.

활설(一설)(滑泄)图〈한의〉설사를 몹시 하는 병.

활성(一성)(活性)图〈화학〉분자나 원자가 다른 원자·원자·전자와 충돌하거나 복사선(輻射線)을 흡수하여 화학 반응을 일으키기 쉽게 되는 일. 또는 그 성질. active

활성-탄(一성一)(活性炭)图 강한 흡착성(吸着性)을 지닌 탄소질(炭素質)의 물질을 통틀어 이름.

활성 탄:소(一성一)(活性炭素)图 특별히 강력한 흡수성(吸收性)·흡착성(吸着性)을 가지도록 제조한 탄소(炭素). activated carbon

활성-화(一성一)(活性化)图〈화학〉①일정한 조건에서 분자·원자 및 이온 등의 에너지를 높이어, 화학 반응을 일으키기 쉬운 상태로 하는 일. ②흡착용 탄(吸着用炭)의 흡착력(吸着力)을 증가시키는 일. activation 하다

활-세:포(闊細胞)图 폭이 넓고 길이 고운 포명.

활수(一수)(活水)图 ①흘러 움직이는 물. (대)사수(死水). running water ②〈기독〉예수교에서 세례(洗禮) 때 신자(信者)의 머리에 붓는 물.

활수(滑水)图 수상 비행기(水上飛行機)나 비행정(飛行艇)이 이착(離着)할 때에 수면(水面)을 미끄러져 달림. taxing on the water 하다

활수(一수)(滑手)图 금품 씀에 아끼지 않고 시원스럽게 쓰는 솜씨. free spender 하다

활수(闊袖)图 광수(廣袖). 「도포(道袍).

활수-포(一수一)(闊袖袍)图 소매가 넓은 옷옷. 또는

활-시위(一시一)图 활에 메어 걸어서 켕기게 하는 줄. 활줄. 궁현(弓弦)①. bow-string

활시위 얹-다图 활의 몸에 활시위를 메우다. string a bow 「쳐진」덕.

활-신더(一선一)图〈기독〉실행과 믿음이 갖

활싹图 생각한 것보다 매우 크고 넓게 벌어지거나 열린 모양. (큰)훨석. wide and open

활씬图 생각한 것보다 좀 크고 넓게 벌어지거나 열린 모양. (큰)훨신. by far

활안(活眼)图 사리를 밝게 관찰하는 눈. piercing eyes

활액(滑液)图〈생리〉관절(關節)을 싸고 있는 활액막(滑液膜)에서 분비하는 액체. synovia

활액-막(滑液膜)图〈생리〉가동 관절(可動關節)의 뼈 끝을 싸서 연결하는 막(膜). synovial membrane

활약(活躍)图 ①기운차게 뛰어다님. 힘 있게 돌아다님. ②힘차게 활동함. activity 하다

활어(活魚)图 살아 있는 물고기.

활어(活語)图〈어학〉①현재 쓰이는 말. ②〈동〉용언 「(用言).

활어-차(活魚車)图 활어를 수송하는 화차.

활여(豁如)图어목 막힘이 없이 환하게 트여 있다. open

활연(豁然)图 ①훤하게 터진 모양. extensively ②막힌 것 같이 밝게 깨달은 모양. understand clearly 하다 히目

활연 관:통(豁然貫通)图 환하게 통하여 도(道)를 깨달음. spiritual enlightenment 하다

활엽(闊葉)图〈식물〉넓고 큰 잎사귀.

활엽-수(闊葉樹)图〈식물〉잎이 넓고 편편한 나무. (대)활엽수(針葉樹). broad-leaved tree

활예(滑翳)图〈한의〉각막(角膜)이 수은(水銀) 빛으로 변하고 눈물이 흐르는 몹시 아픈 눈병.

활오닉(고) 오닉.

활-옷[명] ①공주(公主)·옹주(翁主)의 대례복. 또는 신부가 입는 혼례복(婚禮服). 모양은 원삼(圓衫)과 비슷함. ②무당 옷의 하나. 활의.

활용(活用)[명] ①잘 이용함. practical use ②기회를 잘 이용하여 변통하여 돌려 씀. application ③〈어학〉용언이 문장에서 그 문법적 구실을 다하기 위하여 그 말의 어미를 여러 가지로 바꾸는 일. 끝바꿈. 어미 변화(語尾變化). inflection 하다

활용-어(活用語)[명]〈어학〉활용을 하는 단어. 동사·형용사·보조 동사·보조 형용사 및 서술격 조사의 총칭.

활용 어:미(活用語尾)[명]〈어학〉활용이 어미의 교체로 행하여질 때 그 교체되는 부분.

활용-형(活用形)[명]〈어학〉어미 변화의 형식. 끝바꿈꼴. 〈대〉기본형. 〈약〉형(形)². conjugation

활유(蛞蝓)[명] 괄태충(括胎蟲).

활유-어(蛞蝓魚)[명]〈동물〉원색 동물(原索動物)의 하나. 길이 5cm 가량의 뱀어 모양으로 비늘이 없으며 반투명임. 바닷가의 얕은 모래 바닥에 서식함.

활의(闊衣)[동] 활옷.

활인(活人)[명] 사람의 목숨을 살려 줌. lifesaving 하다

활인-검(活人劍)[명] 사람을 해하는 데 쓰이는 칼도 방법에 따라서는 사람을 살리는 도구가 될 수도 있다는 뜻. 〖종사하면 관청(官廳).〗

활인 적덕(活人積德)[명] 사람의 목숨을 살려 음덕을 쌓음. 하다

활인지-방(活人之方)[명] ①사람의 목숨을 구해 주는 방법. means of saving people's lives ②위험을 피해 살수 있는 곳.

활인-화(活人畫)[명] 배경을 적당하게 꾸미고 정작 사람이 그 속에 들어가서 그림 속의 사람처럼 보이게 만든 구경거리. tableau vivant

활자(一짜)(活字)[명]〈인쇄〉활판(活版)을 짜기 위해서 납·안티몬 등을 원료로 하여 주조(鑄造)한 글자. 호수 활자와 포인트 활자가 있음. printing type

활자(一짜)(蛞子)[명](동) 소라개.

활자-금(一짜—)(活字金)[명]〈인쇄〉활자를 주조하는 데 쓰는 합금(合金). type-metal

활자-본(一짜—)(活字本)[명]〈인쇄〉활자판으로 인쇄한 책. 활판본(活版本). 〈대〉목판본(木版本). 사본(寫本). printed book

활자-체(一짜—)(活字體)[명]〈인쇄〉활자의 자체. 명조체(明朝體)·청조체(淸朝體)·송조체(宋朝體)·고디체·이탤릭체 따위. 〈대〉필사체(筆寫體).

활자-판(一짜—)(活字版)[명](동) 활판(活版).

활자-화(一짜—)(活字化)[명] 원고가 인쇄되어 나옴. printing 하다

활-잡이[명] ①활을 삼는 사람. 〖북. arrow carrier 〗②궁술(弓術)에 능한 사람. skillful archer ③활 쏘는 것을 업으로 삼는 사람. 궁사(弓師). archer

활적[—쩍](猾賊)[명] 교활하고 악한 도적. coyote

활전[—쩐](活栓)[동] 밸브(valve)³.

활줌[명] (고) 줌통. 활줌통. | [동]. arched support

활주[—쭈](一柱)[명] 무엇을 받치거나 버티는 굽은 기둥.

활주[—쭈](滑走)[명] ①미끄러져 달아남. gliding ②비행술을 부리는 기술의 하나. 곧, 비행기가 날아 오르기 전이나 날아 내리고 난 뒤에 땅위나 물 위를 내달음. taking-off run 하다

활주[—쭈](滑奏)[명]〈음악〉피아노를 칠 때에 건반(鍵盤) 위에 손가락을 미끄러뜨려서 짚어 나가는 연주 방법. glissando 하다

활주-대[—쭈—](滑走臺)[명] 활주로의 한 끝을 경사지게 하여 비행기가 쉽게 이착륙할 수 있도록 만든 설비. 〖내리거나 뜰 때 달리는 길. runway〗

활주-로[—쭈—](滑走路)[명] 비행장 안에서 비행기가 달리는 길.

활-죽[—쭉][명] 돛을 버티는 살. boom

활-줄[—쭐][명](동) 활시위.

활지(猾智)[명] 교활한 지혜.

활지-식(活知識)[명] 실생활에 활용할 수 있는 지식.

활-집[—찝][명]〈체육〉활을 넣어 두는 자루. 궁의(弓衣)

활질-다[—찔—](고) 활시위 없다. [衣]. bow-sheath

활짝[부] ①매우 넓고 멀리 트인 모양. ¶~ 트인 벌판. extensively ②문 따위가 한껏 시원스럽게 열린 모양. ¶문을 ~ 열다. entirely ③밤 따위가 잘 퍼진 모양. well ④안개·구름 따위가 아주 맑게 걷힌 모양. clear ⑤날이 환히 밝은 모양. ¶날이 ~ 개다. clear ⑥꽃·잎 따위가 아주 무르녹게 핀 모양. ¶꽃이 ~ 피다. 〈큰〉훨적. in full bloom

활-짱[명] 활의 몸. bow

활짱-묶음[명]〈인쇄〉묶음표 '{ }'의 이름. 수학에서는 중괄호(中括弧)라 함. brace

활찐[부] 들 따위가 더할 수 없이 시원스럽게 벌어진 모양. 〈큰〉훨찐. extensively

활차(滑車)[명]〈물리〉수평축(水平軸)의 주위에 돌아갈 수 있는 바퀴에 홈을 파고 줄을 걸어 물건을 달아 올리는 데 쓰는 수레. pulley

활착(活着·活着)[명] 삽목(揷木)·접목(接木) 또는 이식한 식물이 서로 붙거나 뿌리를 붙이어서 삶. taking root 하다

활착(滑着)[명] 활주(滑走)하여 착륙함. landing 하다

활-촉(一鏃)[명]〈약〉→화살촉.

활-추(滑錘)[명] 큰 말뚝을 박거나 땅을 다질 때 쓰는 무거운 추. sledge-hammer

활탈(滑脫)[명] ①미끄러워 벗어져 버림. slippery ②변화의 자유 자재로움. 하다

활택(滑澤)[명] 반드럽고 윤이 있음. gloss 하다

활-터[명] 활을 쏘는 곳. 궁터(弓—). 살터①. 사장(射場). archery-ground

활판(活版)[명]〈인쇄〉활자(活字)로 짜 맞추어 된 인쇄판. 활자판(活字版). 식자판(植字版). 〈약〉판(版)². type printing

활판(滑瓣)[명]〈공업〉증기 기관(蒸氣機關) 속에 장치한 앞뒤로 움직이는 상자 모양의 판(瓣). side valve

활판-본(活版本)[명] 활판으로 인쇄한 책. 활자본. printed book

활판-소(活版所)[명]〈인쇄〉활판을 만들거나 그 만든 것으로써 인쇄하는 곳. printing office

활판-쇄(活版刷)[명]〈약〉→활판 인쇄.

활판-술(活版術)[명]〈인쇄〉활판으로 인쇄하는 기술.

활판 인쇄(活版印刷)[명]〈인쇄〉활판으로 짜서 인쇄함. 또, 그 인쇄물. 〈약〉활판쇄.

활-하:다(滑—)[형여] ①미끄럽다. 〈대〉껄끔하다. smooth ②헐겁다. ¶빡빡하다. loose ③대변이 묽어서 누기가 습하하다. 〈대〉빡빡하다. loose

활혀-다[타여] 활시위를 당기다. 〖냄. reproduction 하다

활현(活現)[명] 사물이나 사실을 보듯이 생생하게 나타냄.

활협(闊狹)[명] ①남을 도와 주려는 마음. chivalrous spirit ②일을 수선하는 능력. mediation 하다

활화(活火)[명] 불이 잘 타서 불꽃이 활활 일어나는 불. burning flame

활화(活畫)[명] 그림과 같이 아름다운 실상의 경치. picturesque scene

활-화산(活火山)[명]〈지학〉지금도 화산 활동을 계속하고 있는 화산. 곧, 지금도 불을 내뿜고 있는 화산. 산화산. 〈대〉사화산(死火山). 휴화산(休火山). active volcano

활활[부] ①부채로 바람을 시원스럽게 일으키는 모양. briskly ②옷을 시원스럽게 벗어 버리는 모양. freely ③불길이 세게 타오르는 모양. furiously ④좀 큰 날짐승이 높이 떠서 시원스럽게 날아가는 모양. 〈큰〉훨훨. lightly

활황(活況)[명] 활기를 띤 상황. activity 〖lesson〗

활훈(活訓)[명] 산 교훈(敎訓). 실천적인 교훈. living

홧-김(火—)[명] 화가 울컥 난 서슬. fit of anger

홧김에 서방질한다[관] ①울분을 이기지 못하여 차마 못할 일을 해본다는 말. ②일이 뜻과 같지 않아, 안 할 짓을 저지른다는 말.

홧홧 달 듯이 화끈한 기운이 이는 모양. 하图

황 ①짝이 맞지 않는 골패 짝. ②어떤 일을 이루는 데 부합되지 않는 사물.

황(黃)图 ①《약》=황색(黃色). ②《약》=석유황(石硫黃).

황각(黃角)图《약》=황각채(黃角菜)①.

황각-나물(黃角一)图 황각을 살짝 데쳐 내어 꼭 짜고 잘막잘막하게 썰어서 기름과 소금에 무친 나물. 황각채图.

황각-채(黃角菜)图《식물》①청각과 똑같으나 빛갈만 누른 청각의 하나. 《약》황각. ②《통》=황각나물.

황갈-색(黃褐色)图 검은 색과 누른 색이 섞인 색. 침향색. yellowish brown

황-감(黃—)〈광물〉 유화 물질(硫化物質)이 산화(酸化)되어 붉어진 감돌. 황동.

황감(黃柑)图 잘 익어서 빛갈이 누르게 된 감자(柑子). mellow mandarin orange

황감(惶感)图 황송하고 감격함. being overwhelmed with gratitude 하图 히图 「化第二水銀)의 통칭.

황-강:홍(黃降汞)〈화학〉황색 산화제이수은(黃色酸

황객(荒客)图《약》=황당객(荒唐客). 「palace

황거(皇居)图 황제(皇帝)가 거처하는 곳. imperial

황거(惶遽)图 황공하여 허둥지둥함. 하图

황건 역사[—녁—](黃巾力士)〈민속〉힘이 굳세다는 신장(神將)의 이름.

황건-적(黃巾賊)〈역사〉중국 후한(後漢) 말(184년)에 장각(張角)을 수령으로 하여 일어났던 도둑. 모두 머리에 누런 수건을 쓴 데서 이 이름이 유래

황겁(惶怯)图 두렵고 겁이 나. awe 하图 히图

황견(黃繭)图 빛깔이 누런 고치. yellow cocoon

황경(皇京)图《통》=황성(皇城).

황경(黃經)图《천문》 춘분점(春分點)으로부터 황도(黃道)에 따라서 잰 천체의 각거리(角距離). celestial longitude

황경-나무(黃—)图《식물》 운향과(芸香科)의 낙엽 교목. 높이 10 m 내외이고 5~6월에 황색 꽃이 피며, 핵과는 9~10월에 빨갛게 익음. 깊은 산에 나며 수피(樹皮)는 약용, 목재는 그릇을 짜는 데 쓰임.

황경-피(黃—皮)图《통》=황백피(黃柏皮).

황계(皇系)图 황제의 계통.

황계(黃鷄)图 털이 누른 닭. yellow cock

황고(皇考)图《공》=선고(先考). one's deceased father

황고(皇姑)图 죽은 시어머니. 선고(先姑).

황-고량(黃—)图 털 빛이 누른 노루.

황-고사리(黃—)图《식물》 고사리과의 양치식물의 하나. 근경은 가로 뻗으며 잎이 30 cm의 잎은 우상(羽狀)으로 갈라짐. 산기슭의 응달에 남.

황-고집(黃固執)图 몹시 뻗대는 고집. 또는 그런 사람. obstinate person

황곡(黃麯)图 종곡(種麯)의 하나. 주로 간장·약주·정종 따위를 만드는 데 쓰임.

황골(黃骨)图《민속》무덤 속의 누렇게 된 해골. 그런 무덤을 풍수학상(風水學上) 길혈(吉穴)이라 함. 《대》 염¹. 「懼). 을 황(惶惶). awe 하图

황공(惶恐)图 높은 자리에 눌리어 두려움. 황름(惶

황공 무지(惶恐無地)图 황공하여 몸 둘 자리를 모름. being extremely awed 하图

황공 재:배(惶恐再拜)图①황공하여 다시 절함. make a deep bow for awe ②편지 끝에 써서 경의를 표

황과(黃瓜)图《통》=오이. 「하는 말. 하图

황관(黃冠)图①누른 빛의 관(冠). yellow crown ②풀로 만든 평민의 관. 또, 벼슬 못한 사람. 곧, 야인(野人)을 이름. commoner ③도사(道士)의 관. 또, 도사를 이름. 「with awe 하图

황괴(惶愧)图 황송하고 부끄러움. being overwhelmed

황교(黃敎)图《종교》라마교의 신파. 15세기 경에 홍교(紅敎)로부터 독립된 것으로, 교도(敎徒)들은 황색 법의(法衣)와 모자를 씀.

황구(黃口)图 입 언저리가 노란 새 새끼라는 뜻으로, 어린아이나 미숙한 사람을 비유하여 이름.

황구(黃狗)图《통》=누렁개.

황구(黃耉)图 나이가 많은 늙은이. old person

황구(黃懼)图 공구(恐懼). 하图

황-구렁이(黃—)图《동》 빛이 누른 구렁이.

황=구:새(黃—)〈광물〉 구새의 하나. 광석 속에 포함된 황화물(黃化物)이 산화하여 붉은 빛을 띤 누른 빛으로 된 구새.

황구 소:아(黃口小兒)图 입이 노란 새 새끼에 비유하여 어린아이를 가리킴. young child

황구-신(黃狗腎)图《한의》황구의 생식기. 양기를 돕는 약으로 씀.

황구 유취(黃口乳臭)图 어려서 아직 젖비린내가 난다는 뜻으로, 남을 어리고 하잘것없다고 욕으로 이르는 말. green hand

황구-피(黃狗皮)图 누른 개의 가죽.

황국(皇國)图 황제가 다스리는 나라. empire

황국(黃菊)图《식물》 빛이 누른 국화. 황화(黃花)③. yellow chrysanthemum

황궁(皇宮)图 황제의 궁궐. imperial palace

황궁-우(皇穹宇)图《제도》 원구단(圓丘壇) 안의 천지 제신의 위패를 둔 곳.

황권(黃卷)图 책의 딴이름. 옛날, 중국에서 좀을 막기 위하여 황벽나무 잎으로 종이에 누런 물을 들인 데서 온 말. book

황권 적축(黃卷赤軸)图《불교》누른 종이와 붉은 채갈. 곧, 불교의 경전(經典). sutra 「baffled

황-그리:다图 욕되리만큼 매우 낭패를 당하다. be

황극(皇極)图 ①편파(偏頗)가 없는 중정(中正)의 덕. ②임금이 세운 만민(萬民)의 법식(範則). ③임금의 자리. 왕위(王位). throne

황금(黃金)图 ①순금(純金). 붉은 별은(別銀). pure gold ②누른 금. ③백금. glittering gold ③금전. 돈. 화폐. 누렁이①. money

황금-률(黃金律)图 뜻이 심오(深奧)하여 인생에 유익한 잠언(箴言). golden rule

황금 만:능(黃金萬能)图 돈만 있으면 만사가 해결될 수 있음을 일컫는 말. 1~ 시대. mammonism

황금 보:관(黃金寶冠)图《제도》 삼국 시대, 왕공(王公) 계급에서 쓰던 황금으로 만든 보관(寶冠). 금관(金冠). gold crown

황금 분할(黃金分割)图《수학》한 개의 선분(線分)이나 양(一)을 외중비(外中比)로 나누는 일. 1 : 1.618 임. 황금절(黃金截). golden section

황금-불(黃金佛)图《통》=금불(金佛).

황금-새(黃金—)图《조류》 딱새과에 속하는 새. 날개 길이 8 cm, 몸의 위쪽은 검고, 얼굴에는 누른빛의 긴 눈썹이 있음. 등의 아래에서 허리까지는 누른 빛임. 산지의 높이나 풋에 삶. 황웅(黃鶲).

황금-색(黃金色)图《통》=금색.

황금-술(黃金術)图 옛날, 중국에서 단사(丹砂)를 달구어 황금으로 만들던 선가(仙家)의 술법. alchemy

황금 시대(黃金時代)图 ①문화가 가장 발달되어 영화로운 시대, 또는 가장 진보한 시대. golden age ②개인의 평생에서 가장 한창인 시절. ③예그 그리스 사람이 인류의 역사를 금·은·동·철의 네 시기로 나눈 것 첫째. 곧, 지상에서 영구히 몸이 계속되고 행복과 평화와 정의에 찬 시대라 하였음.

황금-절(黃金截)图《통》= 황금 분할.

황금 정략(黃金政略)图 옛날, 반대자(反對者)에게 돈을 주고 매수(買收)하는 일. bribery

황금-초(黃金草)图《통》=금호초.

황급(遑急)图 황황하고 급급한 모양. 하图

황급(遑急)图 황황하고 급함. precipitation 하图 히图

황기(皇基)图 황국(皇國)의 기초. 황초(皇基). imperial foundation 「림. famine 하图

황기(荒饑)图 흉년이 들어 배를 곯음. 흉년으로 굶주

황기(黃芪·皇耆)图《한의》 단너삼의 뿌리. 강장제(強壯劑) 또는 땀을 막는 데 씀.

황기(黃旗)图 누른 빛깔의 기. yellow flag

황기(黃氣)[명] 누른 기운.

황기=끼:-다[—끼끼—][—氣—][형] 겁을 내어 두려워하는 마음이 생기다. be fear-stricken

황=끼:-다(黃—)[자] 인삼(人蔘)에 황이 생기다.

황:**나**(兀羅)[명] '항라(亢羅)'의 잘못.

황糖(黃糖)[명] 차좁쌀로... 의 두부주머니.

황낭(黃囊)[명] 〈민속〉 혼인 때에 신랑이 차는 누른 빛 주머니.

황=**내리-다**(黃—)[자] ①〈농업〉 보리나 밀의 줄기에 노랑이가 생기다. ②소의 목덜미와 다리에 벙으로 누른 물이 생기며 붓다. [incess

황녀(皇女)[명] 황제(皇帝)의 딸. 《대》 황자(皇子). pr-

황년(荒年)[명] 흉년(凶年).

황단(皇壇)[명] '원구단(圓丘壇)'의 딴이름.

황단(荒壇)[명] 거칠어진 뜰. deserted garden

황단(黃丹)[명] 〈한의〉 연(鉛)에 유황(硫黃)을 섞어서 만든 약제(藥劑). [향목(檀香木)의 하나.

황단(黃檀)[명] 〈식물〉 껍질이 단단하고 빛깔이 누른 단

황달(黃疸)[명] 〈한의〉 살빛이 누렇게 되며 대변은 회백색, 소변은 황색으로 변하는 병. 달병(疸病). 달기(疸氣). jaundice

황답(荒畓)[명] 〈농업〉 거친 논. deserted paddy-fields

황당(荒唐)[명] 언행이 거칠고 거짓되고 주책없음. 황탄(荒誕). humbug 하形

황당-객(荒唐客)[명] 언행이 거칠고 거짓되고 주책없는 사람. 〈약〉 황객. braggart

황당 무계(荒唐無稽)[명] 언행(言行)이 허황하여 믿을 수가 없음. 황탄 무계(荒誕無稽). nonsense 하形

황당-선(荒唐船)[명] 조선 중기 이후, 바다 위로 출몰(出沒)하던 외국의 배. haunting foreign vessel

황당지설(荒唐之說)[명] 〈동〉 황설(荒說).

황=**대구**(大口魚)[명] 배를 갈라서 소금을 치지 않고 말린 대구. dried codfish

황도(皇都)[명] 황성(皇城). 《제도》 고려 고종(高宗) 때, 개경(開京)의 고친 이름.

황도(皇道)[명] 황제의 정도(正道).

황도(黃桃)[명] 복숭아의 한 품종. 과실의 살이 노랗고 치밀함. 통조림용. [ecliptic

황도(黃道)[명] 〈천문〉 지구가 태양을 도는 큰 궤도.

황도-광(黃道光)[명] 〈천문〉 해가 진 뒤에, 서쪽 지평선 가까이에, 또는 새벽 먼동이 트기 전에, 황도에 따라 원추상으로 곱게 보이는 띠. zodiacal light

황도-대(黃道帶)[명] 〈천문〉 천구(天球)상에서 황도(黃道)의 남북 각각 8도의 폭으로 자른 부분(部分). zodiac

황동(黃袿)[명] 옷을 물들 포대기까지 누른 것을 쓰는

황동(黃銅)[명] 〈광물〉 ①빛이 누른 구리. brass ②놋쇠. 황감(黃—).

황동-곱싸기(黃銅—)[명] 〈광물〉 황토와 분별하기 어려울 만큼 저질로 잘게 부스러진 누른 감돌.

횡동-광(黃銅鑛)[명] 〈광물〉 구리·유황(硫黃)을 주성분으로 하는 구리의 중요한 광석.

황동-전(黃銅錢)[명] 황동으로 만든 돈. brass coin

황두(黃豆)[명] 빛이 누른 콩의 하나. yellow bean

황-들다(黃—)[자ㄹ] 소나 개 따위의 쓸개에 황이 생기다.

황-등롱(黃燈籠)[명] 〈약〉→황사 등롱(黃紗燈籠).

황락(荒落)[명] 땅이 거칠고 쓸쓸함. desolate 하形

황랍(黃蠟)[명] 밀③.

황랍-초(黃蠟—)[명] 밀초.

황랍-촉(黃蠟燭)[명] 〈동〉 밀초.

황량(荒凉)[명] 황폐하여 처량함. ¶~한 들. dreariness

황량(黃粱)[명] 〈동〉 메조. [하形

황량-몽(黃粱夢)[명] 세상의 부귀 영화란 첫된 것임을 뜻하는 말. 한단몽(邯鄲夢). 한단지몽(邯鄲之夢).

황량-미(黃粱米)[명] 메조.

황련(黃連)[명] ①〈식물〉 미나리아재비과에 속하는 다년생 풀. 수근이 많고 잎이 원형임. 꽃은 4~5월경 잎이 피기 전에 담자홍으로 핌. plagirhegma dubium ②〈한의〉 황련의 뿌리. 성질은 매우 차며,

열로 인한 골증(骨蒸)과 도한(盜汗)·안질·소아감질(小兒疳疾) 등에 씀.

황련(黃蓮)[명] 황련의 뿌련을 데쳐 우려 무친 나물.

황례-포(皇禮砲)[명] 〈제도〉 황실(皇室)에 대한 예포(禮砲). imperial salute

황로(黃路)[명] 거칠어서 걷기 힘든 길. rough road

황로(黃老)[명] 황제(黃帝)와 노자(老子)의 병칭.

황로-학(黃老學)[명] 도교(道教).

황료(荒寥)[명] 거칠어서 쓸쓸함. dreary 하形 히形

황룡(黃龍)[명] 빛이 누른 용. yellow dragon

황루(荒樓)[명] 거칠어진 누각(樓閣). deserted tower

황률(黃栗)[명] 〈동〉 황밤.

황름(惶慄)[명] 황공(惶恐). 하形

황릉(皇陵)[명] 황제(皇帝)의 능. imperial mausoleum

황리(黃梨)[명] 황술레.

황린(黃燐)[명] 〈화학〉 노르스름한 밀 모양의 고체. 야릇한 냄새가 나며 독이 심함. yellow phosphor

황린 소이탄(黃燐燒夷彈)[명] 황린을 주제로 한 소이탄.

황림(荒林)[명] 거칠어진 수풀. deserted forest

황마(黃麻)[명] ①〈식물〉 삼의 하나. 황저포(黃苧布)를 만드는 데 쓰이며 인도 원산으로 경상 북도 안동 등지에서 많이 남. jute ②칙서(勅書). 조서(詔書).

황=**마노**(黃瑪瑙)[명] 노란 빛깔의 마노.

황마-지(黃麻紙)[명] 충해(蟲害)를 막기 위하여 황벽나무로 물들인 종이.

황=**마**:**차**(幌馬車)[명] 포장 마차. [하形

황막(荒漠)[명] 거칠고 한없이 넓음. vast and desolate

황망(慌忙)[명] 황황(慌惶)하여 매우 바쁨. hot haste 하形

황망(慌忙)[명] 바빠서 어리둥절함. flurry 하形

황매(黃梅)[명] ①〈한의〉 새앙나무의 열매. 산후(產後) 배앓이에 씀. ②〈식물〉 매화나무의 익은 열매.

황-매화(黃梅花)[명] 황매화나무의 꽃.

황매화-나무(黃梅花—)[명] 〈식물〉 장미과의 낙엽 활엽 관목. 절·촌락 부근에 심는데, 봄에 황금색 꽃이 핌.

황면(黃面)[명] 〈불교〉 석가 모니의 얼굴. [order

황면 노:자(黃面老子)[명] 〈불교〉 석가(釋迦)를 가리키는 말.

황명(皇命)[명] 황제(皇帝)가 내리는 명령. imperial

황모(黃毛)[명] 족제비의 털. ¶~무심필(無心筆). fur of the weasel

황모(黃蒸)[명] 〈농업〉 황증(黃蒸)에 걸린 보리나 밀.

황모들-다(黃蒸—)[자ㄹ] 〈농업〉 보리나 밀이 황증(黃蒸)에 걸려서 썩게 되다. [않은 붓.

황모-필(黃毛筆)[명] 족제비 꼬리털로 만든, 심을 박지

황무(荒蕪)[명] 땅 따위가 거두지 않고 그대로 버려 두어서 묵어 거침. wildness 하形

황무-지(荒蕪地)[명] 손을 대지 않고 버려 두어, 거칠어진 땅. barren tract

황문(荒文)[명] 거칠고 너저분한 글. rough writing

원문(黃門)[명] ①결혼하여서도 아이를 낳지 못하는 남자. 《제도》 내시(內侍). [ople

황민(荒民)[명] 흉년을 당한 국민. famine-stricken pe-

황바리[동물] 방게의 하나. 두개의 측각이 있음.

황반(黃斑)[명] 누른 빛깔의 반문이나 반점.

황=**밤**(黃—)[명] 말라어 껍질과 보늬를 벗긴 빛이 누른 밤. 황률. dried chestnuts [oney

황백(黃白)[명] 황금(黃金)과 백은(白銀). 곧, 돈. m-

황백(黃柏)[명] ①〈동〉→황벽나무. ②〈동〉→황백피.

황백-피(黃柏皮)[명] 〈한의〉 황벽나무의 껍질. 강장제(强壯劑) 또는 건위제(健胃劑)로 씀. 황경피.

황벌(荒閥)[명] 거칠고 궁벽한 곳. 먼 두메. [황백②.

황벽(黃蘗)[명] 〈동〉 황벽나무.

황벽-나무(黃蘗—)[명] 〈식물〉 운향과의 낙엽 활엽 교목. 심산의 비옥한 땅에 남. 높이가 약 10 m, 자웅이주로 여름에 황록 꽃이 피고, 핵과는 가을에 익음. 황백. 〈약〉 황벽. [깔.

황벽-색(黃蘗色)[명] 황벽나무 껍질로 물들인 누른 빛

황변(黃變)[명] 불을 때어 건조실 속의 담배잎이 누렇

황변미(黃變米) 황변증으로 말미암아 누렇게 변질된 쌀. 곰팡이의 종류에 따라 간장 장애·신장 장애·빈혈 등의 중독을 일으킴.

황변-증[-쯩](黃變症) 박테리아나 곰팡이가 따위로 인하여 쌀 같은 것이 번질되어 누렇게 번증하는 증.

황봉(黃蜂)圈〈동〉참벌.

황-부루(黃-)圈〈동물〉흰 빛이 섞인 누른 말. 토황마(土黃馬).《유》공고라.

황비(皇妃)圈 황제(皇帝)의 아내. empress

황비(皇妣)圈 죽은 선배의 왕후.

황비(荒肥)圈 소·말 등의 똥과 짚을 섞은 비료.

황사(皇嗣)圈 황제가 인솔하는 군대.

황사(皇嗣)圈〈제도〉황제의 위(位)를 이을 태자(太子). 황저(皇儲). imperial heir

황사(黃絲)圈 빛이 누른 실. yellow thread

황사 등롱(黃紗燈籠)圈〈제도〉①어전(御前)에 쓰던 황사에 붉은 운문사(雲紋紗)로 위아래에 동을 달아 만든 등롱. ②당하관(堂下官)이 밤에 출입할 때 쓰던 황사로 만든 등롱.《유》황등롱. 황사동.

황사-롱(黃紗籠)圈〈유〉=황사 등롱(黃紗燈籠).

황산(黃酸)圈〈화학〉무기산(無機酸)의 하나. 유산. sulphuric acid

황산-구리(黃酸-)圈〈화학〉산화구리를 묽은 황산과 함께 가열해 얻는 청색의 결정.

황산-나트륨(黃酸 natrium)圈〈화학〉소금에 진한 황산을 작용시키거나 탄산소다와 황산을 중화시켜서 만듬. 황산소다. 망초¹(芒硝), 영초(英硝). 유산나트륨.

황산-니켈암모늄(黃酸 nickel ammonium)圈〈화학〉녹색 결정. 니켈 도금에 사용함.

황산-니코틴(黃酸 nicotine)圈 살충 효력이 큰 농약.

황산-동(黃酸銅)圈〈화학〉동편(銅片)을 희황산(稀黃酸)과 공기(空氣)의 작용으로 녹인 액체에서 얻은 푸른 색의 결정(結晶). copper sulphate

황산-마그네슘(黃酸 magnesium)圈〈화학〉마그네슘의 황산염. 설사제·염료 그 밖의 공업용임. 사리염(瀉利鹽).

황산-바륨(黃酸 barium)圈〈화학〉바륨염 용액에 황산 이온을 가하면 생기는 흰빛의 앙금.

황산-소:다(黃酸 soda)圈〈동〉황산나트륨.

황산-아연(黃酸亞鉛)圈〈화학〉무색·투명·마름모 기둥꼴의 결정. 물에 녹기 쉽고 소독성·수렴성이 있어서 의약·방부제·매염제로서 쓰임. zinc sulphate

황산-알루미늄(黃酸 aluminium)圈〈화학〉알루미늄의 황산염. 제지·매염제·정수제(淨水劑)로 쓰임. 유산알루미늄.

황산-암모늄(黃酸 ammonium)圈〈화학〉암모니아를 황산에 흡수시켜서 만드는 흰색의 결정체(結晶體). 유산암모늄.

황산-염[-념](黃酸鹽)圈〈화학〉황산 성분 중의 수소를 금속과 바꾸어 놓을 수 있는 화합물. 황산칼슘·황산동 따위. sulphate

황산-제:이:철(黃酸第二鐵)圈〈화학〉철의 황산염. 무수염(無水鹽)에서 십이수염(十二水鹽)까지 몇 종류의 염이 알려져 있음. 무수염은 백색 내지 담황색의 분말로서 조해성(潮解性)이 있음. 매염제(媒染劑)·안료(顔料)·의약 등에 쓰임.

황산-제:일철(黃酸第一鐵)圈〈화학〉철을 희황산에 녹여 얻는 연한 녹색의 결정. 잉크·안료(顔料)·의약품 등에 쓰임. 녹반(綠礬).

황산-지(黃酸紙)圈〈화학〉글리세린을 포함한 황산용액 속에 잠깐 담갔다가 꺼내어 만든 반투명의 내수(耐水)·내지양(耐脂性) 종이. parchment paper

황산-철(黃酸鐵)圈〈화학〉철의 황산염. 황산 제일철과 황산 제이철이 있음.

황산-칼륨(黃酸 kalium)圈〈화학〉칼륨의 황산염. 무색 무취의 사방 정계(斜方系系) 결정. 비료·유리·의약품의 제조에 쓰임.

황산-칼리(黃酸 kali)圈〈화학〉무색 사방 정계(斜方晶系)의 결정. 비료로로. 유산칼리.

황산-칼슘(黃酸 calcium)圈〈화학〉칼슘의 황산염. 곰, 석고(石膏). 유산칼슘.

황상(皇上)圈 살아서 나라를 다스리고 있는 황제를 일컬음. His Majesty the Emperor

황:-새(류)圈〈조류〉황새과에 속하는 새로, 모양이 백로와 비슷함. 날개 길이 60cm 가량이고 온몸이 백색이며 어깨깃과 칼깃은 흑색이고 눈 주위는 털이 없고 붉은 빛이 남. 다리가 길어 물 위를 잘 걸어다니며 개구리·물고기 등을 포식함. 동부 시베리아·한국·일본 등지에 분포하는 보호조임. 관조(鸛鳥). 백로(白鷺). stork

황:-새 걸음(-)圈 긴 다리를 벌리어 성큼성큼 내걷는 걸음. long stride

황:-새 냉이(-)圈〈식물〉겨자과의 일년생 풀. 잎은 작은 복엽(複葉)의 타원형이고 5~6월에 흰 꽃이 핌. 습지에 나며 어린 잎은 식용됨.

황:새-목(-)圈 움츠린 황새의 모가지같이 생긴, 등롱(燈籠)을 거는 쇠.

황-새치(黃-)圈〈어류〉황새치과의 바닷물고기. 몸길이 3m 가량이고 청새치와 비슷하나 배지느러미가 전혀 없는 것이 특징임. 성어(成魚)는 이가 없고 몸에 비늘이 없음. 민가슴어기.

황색(黃色)圈 누른빛.《유》황(黃)①. yellow

황색 산화제:이:수은(黃色酸化第二水銀)圈〈화학〉제이수은염(第二水銀鹽)에 알칼리를 넣어서 저은(低溫)으로 침전시킨 산화제이수은의 하나.

황색 신문(黃色新聞)圈 독필(毒筆)로써 선동적(煽動的) 경향을 가진 신문. 엘로 페이퍼(yellow paper)에서 온 말.

황색 인종(黃色人種)圈 살빛이 누른빛, 또는 거무스름한 빛이고, 머리털이 검은 인종. 한국 사람·중국 사람·일본 사람 들이 이에 속함.《약》황인종(黃人種). yellow race

황색 조합(黃色組合)圈〈사회〉제이 인터내셔널(第二 international)에 대한 제삼(第三) 인터내셔널 편에서의 모멸적(侮蔑的)인 호칭.

황서(黃書)圈 프랑스 외교부(外交部)의 빛이 누른 외교 보서. yellow paper   [llow calcite

황석(黃石)圈〈광물〉빛이 누른 방해석(方解石). ye-

황설(荒說)圈 허황한 말. 황당지설(荒唐之說). absurd argument

황성(皇城)圈 황제가 거하는 도성(都城). 경경(皇京). 황도(皇都)①. 제성(帝城). 제향(帝鄉). imperial palace

황성(荒城)圈 황폐한 성. desolate castle

황세(荒歲)圈[유]흉년(凶年).

황:-소(黃-)圈 ①〈동물〉털 빛이 누르고 큰 수소. 황우(黃牛)②.《대》암소. bull ②미련하거나 기운이 세거나 많이 먹는 사람의 비유.

황소 걸음(黃-)圈 ①느리게 걷는 소의 걸음. slow pace of bull ②빠르지 못한 걸음의 비유. slow walking   「bullish stubbornness

황소 고집(黃-固執)圈 몹시 센 고집.《유》황고집.

황소 바람(黃-)圈 좁은 곳으로 불어오는 센 바람. draught

황소 불알 떨어지면 구워 먹으려고 다리미에 불 담아 다닌다(黃-) 가당치도 않은 횡재를 기다림을 비유한 말.

황소-자리(黃-)圈〈천문〉1월 하순 저녁녘에 남쪽 하늘에 보이는 성좌. 수성(昴星)은 알페바란임. 플레아데스 성단·히아테스 성단(星團)이 딸림. Bull

황소 제 이불 뜯어먹기(黃-) 우선 들러대서 일을 해냈으나 나 중 자기 자신 손해였다는 말.

황-소주(黃燒酒)圈 빛이 누른 소주.

황소지-란(黃巢之亂)圈〈역사〉당나라 때 황소(黃巢)라는 유적(流賊)이 일으킨 난리.

황손(皇孫)圀 황제의 후손(後孫). imperial grandchild
황손(荒損)圀 토지 따위가 거칠어 메마름. rough and meagre 하國
황손-전(荒損田)圀 천재·지변 등으로 거칠어진 논.
황솔(荒率)圀 거칠고 경솔함. wild and rash 하國
황송(黃松)圀 나무를 벤 뒤 오륙 년이 지나 땅 속에 있는 뿌리에 복령이 생기는 소나무의 하나. 이 복령은 이노체로 씀.
황송(惶悚)圀(圄 황공(惶恐). 하國
황-송절(黃松節)圀 〈한의〉복신(伏神)이 싸고 있는 소나무 뿌리. 약재(藥材)로 씀.
황수(皇壽)圀 황제(皇帝)의 나이. Emperor's age
황수-증[一症]圀 〈한의〉황수증(黃水症)의 하나.
황수-행(荒水行)圀 〈불교〉수도자(修道者)가 찬물에 들어가 몸을 괴롭히며 닦는 수행(修行). 하國
황숙(黃熟)圀 곡식이나 과실이 누렇게 익음. full ripe
황숙-기(黃熟期)圀 벼 따위가 누렇게 익는 시기.
황숙향(黃熟香)圀 열대 지방에서 산출하는 향료.
황-술레(黃一)圀 빛이 누런 큰 배의 하나. 맛이 좋음. 황리(黃梨).
황실(皇室)圀 황제의 족속. 황제의 집안. 제실(帝室). imperial household
황실-(皇一)圀 〈건축〉단청에 쓰는 말로서 녹색(綠色)과 병행(並行)하여 그어지는 누른빛의 줄.
황실-범(皇室犯)圀 황실에 대한 범죄.
황실-비(皇室費)圀 황실의 비용으로 쓰던 돈. Imperial household expenses
황실 재산(皇室財産) 황실(皇室)에 딸린 재산.
황심-예(黃心瞖)圀 〈한의〉각막(角膜)의 주위는 희고 가운데에 누런 점이 생기는 안질(眼疾).
황아(一荒貨)圀 끈목·담배 쌈지·바늘·실 따위의 모든 자질구레한 물건. miscellaneous goods
황아-석(黃牙石)圀 〈한의〉뱀이 겨울을 날 때 입에 물었다가 토(吐)한 흙. 어린아이들의 경기(驚氣)나 허리병 등에 쓰임. 사황석(蛇含石). 금아석.
황아 장수(荒一)圀 온갖 자질구레한 물건을 등에 지고 팔러 다니는 장수. peddler
황아-전(荒一廛)圀 온갖 잡살뱅이를 파는 가게. 황화방(荒貨房), 황화전(荒貨廛). haberdashery
황야(荒野)圀 거두거나 손질하지 아니하여 거칠게 된 들. 황원(荒原). 《유》광야(曠野)①. wilderness
황양(黃羊)圀 〈동물〉소과(牛科)의 짐승. 양보다 크며 수컷은 뿔이 있다. 여름 털은 엷은 밤색이고 겨울 털은 회갈색으로 짙게 밀생함. 중앙 아시아·만주·몽고 일대에 분포함.
황양-목(黃楊木)圀《동》회양목.
황양목-패(黃楊木牌)圀〈제도〉생원(生員)·진사(進士)가 차던 회양목으로 만든 호패(號牌).
황어(黃魚)圀 〈어류〉잉어과에 속하는 물고기. 몸 길이 10~45cm 도 빙추형이며, 몸 빛을 등이 검푸르고 옆쪽 옆과 배는 흰. 하천 부근 연해에 많음.
황연(荒宴)圀 주연(酒宴)에 빠짐. 하國 〔맛이 좋음.
황연(黃鉛)圀 크롬산연(chrome 酸鹽)을 주성분으로 하는 황색 안료(顔料)임.
황:연(晃然)圀 ①환하게 밝은 모양. glowing ②환하게, 뚜렷하게. clearly 하國 히①
황연-광(黃鉛鑛)圀 〈광물〉육방 정계(六方晶系)에 속하는 포도상 또는 신장상(腎臟狀)의 광석.
황:연 대:각(晃然大覺) 환하게 밝히 깨달음. 하國
황열(黃熱)圀 〈의학〉모기에 의하여서 매개되어 내장, 특히 간장·신장에 중독성 변성(變性)을 일으켜, 발열·황달·위장 출혈 따위를 주증상으로 하는 급성 바이러스성 열대성 전염병. yellow fever
황엽(黃葉)圀 〈식물〉①엽록소(葉綠素)가 분해되어서 누렇게 된 잎. yellow leaves ②누런 빛깔의 담배 잎. 질이 좋음. yellow leaves of tobacco
황엽(篁葉)圀 허①.
황예(皇裔)圀《동》황윤(皇胤).

황예(荒穢)圀 거칠고 더러움. rough and dirty 하國
황=오:리(黃一)圀 〈조류〉오리과에 속하는 물새. 날개 길이 약 36cm, 날개 빛은 흰색·갈색이며 수컷은 번식기에는 몸의 기부(基部)에 흑색 고리 무늬가 생김. 우리 나라·만주·일본에서 삶. 포압(蒲鴨).
황옥(黃玉)圀〈광물〉사방 정계(斜方晶系)의 기둥꼴. topaz
황옥-병(黃玉餠)圀 밀가루와 설탕을 등분하여 찐 떡.
황-**옥석**(黃玉石)圀〈광물〉빛이 누른 옥돌의 속칭.
황용(黃絨)圀《동》황금색.
황외(荒外)圀 거친 오랑캐의 땅. 야만스런 이역(夷狄)의 땅.
황요(荒獠)圀《동》낟담비.
황우(黃牛)圀 ①누른 빛깔의 소. ②《동》황소.
황우-계(黃牛契)圀〈제도〉황소를 공물(貢物)로 바치던 계.
황운(皇運)圀①황실(皇室)의 운. ②황제(皇帝)의 운명. prosperity of the imperial throne
황운(黃雲)圀 ①누른 빛깔의 구름. yellowish clouds ②누렇게 익은 벼.
황원(荒原)圀《동》황야(荒野). 〔②누렇게 익은 벼.
황원(荒遠)圀 국경 지방의 아주 먼 곳. remote place
황위(皇位)圀 황제(皇帝)의 지위. throne 〔wer
황위(皇威)圀 황제(皇帝)의 위엄(威嚴). imperial po-
황위(黃緯)圀〈천문〉황도(黃道)에서 천체(天體)까지의 각거리(角距離). celestial altitude
황유(皇猷)圀 ①제왕의 도리. principles of royalty ②임금의 폐. 황제의 계획. 황모(皇謨). imperial policy 〔ation 하國
황유(荒遊)圀 술과 여색에 빠져서 함부로 놂. dissip-
황육(黃肉)圀《동》쇠고기. 〔grandchild
황윤(皇胤)圀 황제의 혈통. 황예(皇裔). imperial
황은(皇恩)圀 황제의 은혜. imperial favour
황음(荒淫)圀 함부로 음탕한 짓을 함. 심히 음탕함. carnal excesses 하國
황음 무도(荒淫無道)圀 술과 여색에 빠져서 사람으로서 하여야 할 도리를 돌아보지 아니함. lustful 하國
황의(黃衣)圀 ①빛깔이 누른 옷. yellow dress ②
황의-장(黃矣章)圀〈음악〉악장의 이름. 〔리 누룩.
황-인종(黃人種)圀《어》황색 인종(黃色人種).
황-일산(黃日傘)圀〈제도〉의장(儀仗)의 하나.
황자(皇子)圀 황제(皇帝)의 아들. 〔데〕황녀. imperial 〔prince
황자(皇字)圀《동》보리 누룩.
황자-장(黃子醬)圀《동》생황장(生黃醬).
황작(黃雀)圀 ①《동》꾀꼬리. nightingale ②《동》참새.
황작-구(黃雀灸)圀《동》참새구이. 〔sparrow
황작-풍(黃雀風)圀 중국에서 음력 5월에 부는 남동풍. 훈풍(薰風). light breeze
황=잡-다(荒一)재 ①골패 따위에서 황을 잡다. ②일이 뜻대로 안 되고 엇나가다. 의외의 일로 낭패를 보다. commit a fault 〔houses
황장(荒莊)圀 황폐한 농가(農家). desolated farm
황장(黃腸)圀 나무의 심에 가까운 부분. 빛깔이 누르고 몸이 단단함. ¶~판(板). 《데》백백(白槨).
황장-갓[一−]](黃腸−)圀〈제도〉황장목을 금양(禁養)하던 산림. ②《동》국유림(國有林).
황장력(黃腸曆)圀 누런 빛깔의 겉장을 붙인 책력.
황장-목(黃腸木)圀 널을 만드는 데 쓰는 품질이 좋은 소나무.
황-**장:손**(皇長孫)圀 황제의 장손. 〔locust disaster
황재(蝗災)圀 '누리'로 인한 재앙. 황해(蝗害).
황저(皇儲)圀《동》황사(皇嗣).
황-**저:포**(荒紵布)圀《동》게추리.
황적(皇籍)圀 황족의 신분이 되는 보적.
황적(荒寂)圀 거칠고 쓸쓸함. 〔red
황-적색(黃赤色)圀 누런 빛을 띤 붉은 색. yellowish-
황전(荒田)圀 거칠게 된 밭. waste field
황정(荒政)圀 구황 정책. 흉년·기근에 백성을 구조하는 정책. 〔고, 원기를 더하는 약.
황정(黃精)圀〈한의〉'둑대'의 뿌리. 비위(脾胃)를 돕

황정창 **2116** **황혈염**

황정=창(黃疔瘡)〈한의〉 코밑에 나는 부스럼의 하
황제(皇帝)명 제국의 군주(君主). 천자(天子). 나.
황제(黃帝)명 중국의 전설상의 제왕. 복희씨·신농씨 와 더불어 삼황이라 일컬음.
황조(皇祖)명 ①황제의 조상(祖上). founder of the empire ②(공) 자기의 돌아간 할아버지를 일컬음.
황조(皇祚)명 황제의 자리. throne
황조(皇朝)명 황제의 조정(朝廷). imperial court
황조(黃鳥)명 꾀꼬리.
황=조롱이〈조류〉매과의 금렵조. 날개 길이 약 25cm 가량으로 등은 적갈색에 흑점이 있고 하면은 담갈색에 흑색의 종반(縱斑)이 있다. 산과 들에서 쥐·두더지·곤충 등을 잡아먹음. 우리 나라에는 4~10월에 머뭄. kestrel
황족(皇族)명〈제도〉황제의 친족. imperial family
황족 회:의(皇族會議)명 황족이 하는 친족 회의.
황종(黃鍾)명〈음악〉십이율(十二律)의 하나인 양률(陽律). 대금(大笒)의 첫째 구멍과 빗째 구멍을 떼고, 그 밖의 구멍을 막고 낮게 불 때 나는 소리.
황종-척(黃鍾尺)명〈음악〉악기에 쓰는 자의 하나.
황주(荒酒)명 술에 빠짐.
황주(黃酒)명 누룩과 차조 또는 차수수 따위로 만드는 중국 술의 하나. Chinese yellow wine
황죽(篁竹)명⇒왕대(王一).
황증(黃蒸)〈농업〉보리나 밀에 황(黃)이 내려 누렇게 되는 병의 하나. 맥황(麥蒸).
황지(荒地)명〈농업〉거칠거나 묵은 땅. 개간(開墾) 하지 않은 땅. waste land 고정지(蘸精紙).
황지(黃紙)명 ①누런 빛깔의 종이. yellow paper ②
황지(潢池)명 사수(死水)가 피어 있는 못.
황진(黃塵)명 ①누런 흙 먼지. 누런 황(況). dust in the air ②(동) 속진(俗塵). ③싫증이 나는 세상의 속된 일. worldly affairs
황진 만:장(黃塵萬丈)명 누런 빛의 흙 먼지가 바람에 날리어 하늘 높이 치솟는 모양. [much
황:차(況且)튀 하물며. (약) 황(況). much more, less
황척(荒瘠)명 토지가 거칠고 메마름. 하진
황천(皇天)명 ①넓고 큰 하늘. sky ②(동) 하느님①.
황천(荒天)명 비바람이 심한 천후. (九皇).
황천(黃泉)명 사람이 죽어서 간다는 곳. 저승. 구천
황천-객(黃泉客)명 죽은 사람. the dead
황천-길[一낄](黃泉一)명 죽어서 저승으로 가는 길.
황천 후토(皇天后土)명 하늘의 신(神)과 땅의 신. 곧, 상제(上帝)와 후토(后土). gods of heaven and earth
황철-광(黃鐵鑛)명 〈광물〉철과 유황이 섞인 노란 빛의 광물(鑛物). iron pyrites
황철-나무(黃一)명 백양(白陽).
황청(黃淸)명 빛깔이 누르고, 품질이 좋은 꿀의 하나. yellow honey of good quality
황체(黃體)명〈생리〉배란(排卵)한 성숙 난포(成熟卵胞)가 변화한 것. 황체 호르몬을 분비하고 자궁 내막의 변화·혈경의 출현·입신 지속(姙娠持續)·유선(乳腺) 발육 따위에 관계됨. corpus luteum
황체 호르몬(黃體 hormone)명〈생리〉여성 호르몬의 하나. 황체에서 생성되어 임신 중 자궁(子宮)의 성장·발육을 지배함.
황초(荒草)명 ①거칠게 함부로 자란 풀. weeds ②알아보기 어렵게 함부로 쓴 초서(草書). illegible handwriting
황=초(黃一)명 ①꿋꿋이 내솟고 전체가 누른 연(鳶). yellow kite ②(동)황촉(黃燭).
황초(黃貂)명⇒노랑담비.
황초-절(黃草節)명 목장에서 마른 풀로 말을 먹이는 때. (동) 청초절(靑草節). hay-feeding season
황촉(黃燭)명 (동) 밀초.
황=촉규(黃蜀葵)명 ①(동) 닥풀. ②〈한의〉닥풀의 뿌리를 이르는 말. 내장의 염증에 쓰이며 환재나 정제의 부형약으로도 쓰임.
황촌(荒村)명 거칠어서 쓸쓸한 마을. deserted village

황축(惶蹙)명 황공(惶恐)하여 몸을 움츠림. awe 하진
황충(蝗蟲)명〈동〉누리.
황취(荒醉)명 술이 몹시 취함. dead drunkenness 하진
황-치마(黃一)명 위의 반은 희고 아래의 반은 누른 연.
황칙(皇勅)명〈제도〉황제의 조칙(詔勅). imperial edict [yellow lacquer
황-칠(黃漆)명 황칠나무의 진으로 만든 누른 빛의 칠.
황칠-나무(黃漆一)명〈식물〉두릅나무과의 상록 활엽교목. 잎은 타원형이고 어린 가지의 잎은 3~5갈래로 갈라짐. 여름에 꽃이 핀 후 핵과(核果)는 10월에 까맣게 익음. 나무의 진은 황칠(黃漆)로 씀.
황탁(荒濁)명 누렇게 흐림. 하진
황탄(荒誕)명 (동) 황당(荒唐). 하진
황탄 무계(荒誕無稽)명 (동) 황당 무계. 하진
황탐(荒耽)명 주색(酒色)에 함빡 빠짐. be addicted to sensual pleasure 하진
황태(黃胎)명〈한의〉위열(胃熱)로 혀에 누런 이끼 같은 것이 생기는 병.
황-태손(皇太孫)명 황위(皇位)를 이을 황손(皇孫). (약) 태손(太孫). eldest grandson of an emperor
황-태자(皇太子)명 황위의 계승자 또는 황자(皇子). 성사(聖嗣). 지군(儲君)②. 저이(儲貳). 동궁(東宮). 원자(元子). 원량(元良)②. 춘저(春邸). (대) 황태자비. (약) 태자(太子). (공) 태자궁. Crown Prince
황태자-비[一삐](皇太子妃)명 황태자의 비(妃). Crown Princess
황-태제(皇太弟)명 황위를 계승할 황제의 동생.
황-태후(皇太后)명 생존한 황제의 모후(母后). (약) 태후(太后). Queen Mother
황택(皇澤)명 황제의 은택.
황토(荒土)명 거친 토지. 불모(不毛)의 땅. barren soil [風成層)의 하나.
황토(黃土)명〈지학〉황갈색(黃褐色)의 흙. 풍성층
황토-길[一낄](黃土一)명 누르고 거무스름한 흙으로 이루어진 길.
황토-벽(黃土壁)명 황토로로 바른 벽.
황토-색(黃土色)명 황토의 누르고 거무스름한 빛깔.
황토-수(黃土水)명 (동) 지장(地漿).
황토-층(黃土層)명〈지학〉황토가 퇴적하여 이루어진 지층. loessial layer
황통(皇統)명 황제의 계통. 대통(大統). imperial line
황파(荒波)명 ①거친 물결. rough waves ②협악한 세상의 풍파를 이름.
황패(荒敗)명 거칠어서 못 쓰게 됨. 하진
황평 양:[一냥一](黃平兩西)명〈지리〉황해도와 평안도의 총칭. Whanghai and Pyungan provinces
황폐(荒弊)명 거칠고 피폐함. (유) 무예(蕪穢). waste 하진 [하진진
황폐(荒廢)명 거칠어져서 못 쓰게 됨. dilapidation
황폐 계류(荒廢溪流)명〈지리〉짧고, 기울기가 급하여서 큰 비가 오면 흙·모래·자갈·잔돌 따위가 많이 씻겨 몹시 패여진 골짜기. [하진진
황폐-화(荒廢化)명 황폐하게됨. 황폐하게 만드는 일.
황포(荒暴)명 성질이 거칠고 사나움. cruelty 하진
황포(黃布)명 누른 빛깔의 포목. [full dress
황포(黃袍)명〈제도〉임금의 예복(禮服). Emperor's
황-하다(荒一)자여 성질이 차근차근하지 못하고 몹시 거칠다. rough
황하 천년 일청(黃河千年一淸)명 황하가 천 년에 한 번쯤 맑을 수 있다는 뜻으로, 곧 성인(聖人)이 나기 어려움. 또는 이루어지기 힘든 일의 비유. something next to impossible
황하-청(黃河清)명〈음악〉풍악(風樂)의 이름.
황한(黃汗)명〈한의〉신열이 나며 몸이 붓고 누른 땀이 흐르는 답병(疸病). [sweat
황한(惶汗)명 몹시 두렵고 황송해서 흘리는 땀. cold
황해(蝗害)명 누리의 해(蝗災).
황허(荒墟)명 황폐한 폐허. ruins
황혈-염[一념](黃血鹽)명〈화학〉①페로시안화칼륨.

황혹 ②동물의 살갗·머리카락·뼈·굴·피와 탄산칼륨을 쇠 가마에서 넣어 달구어 만든 결정. yellow prussiate of sodium 〔ken 하圀〕
황惑(惶惑)圀 황송하여 어찌할 바를 모름. awe-stricken
황혼(黃昏)圀 ①해가 지고 어둑어둑할 때. dusk of evening ②한창의 시기를 지나 종말(終末)이 이른 때. 박모(薄暮). 엄혼(奄昏). 훈혼(昏). ¶벌써 인생의 ~기에 접어든다. decline
황혼 연:설(黃昏演說)圀 노인의 잔소리.
황혼-월(黃昏月)圀 저녁 달.
황홀(恍惚·悅惚·慌惚)圀 ①아름다운 물건 따위에다 마음이 팔려 멍하니서 있는 모양. ecstasy ②정신이 흐리멍덩해지거나 어지러워서 참 모양을 알기 어려움. ③광채가 어른어른하여 눈부심. brilliance 하圀
황홀-경(恍惚境)圀 황홀한 지경 또는 경지. trance
황홀 난측(恍惚難測)圀 흐릿하고 어른어른하여 분명히 헤아리기 어려움. 하圀
황화(皇化)圀 황제의 덕화.
황화(荒貨)圀〔원〕→잡화.
황화(黃化)圀〈화학〉어떤 화합물의 앞에 붙이어 유황과 화합하고 있음을 나타내는 말. ②〈식물〉빛의 결핍으로 식물 세포가 엽록소를 형성하지 못하는 현상. 〔황국(黃菊)〕
황화(黃花)圀 ①누런 빛깔의 꽃. ②국화의 꽃. ③〔동〕
황화(黃禍)圀 황인종(白人種)에 대한 백인이나 압력을 줄 화근. (대) 백화(白禍). yellow peril
황화 광:물(黃化鑛物)圀〈광물〉화합물의 형태로 산출되는 광물. 유화 광물(硫化鑛物).
황화-동(黃化銅)圀〈화학〉①황화제일동(Cu₂S). 천연의 휘동광(輝銅鑛)으로 산출됨. cupreous sulphate ②황화제이동(CuS). 동염(銅鹽)의 수용액에 황화수소를 통하여 얻는 흑갈색의 앙금. 조동의 제련 과정에 있어서도 생성됨. (유) 유화동. cupric sulphide
황화-론(黃禍論)圀〈사회〉청일 전쟁 말기인 1895년 독일 황제 빌헬름 2세가 주장한 황색 인종 억압론. 황색 인종의 융성은 유럽의 백인 기독교 문명에 위협이 될 것이므로, 유럽 열강이 단결하여 그에 대처하여야 한다고 주장함.
황화-물(黃化物)圀〈화학〉황(黃)과 다른 원소와의 화합물. 금속 황화물은 광물로 천연에서 산출됨. 유화물(硫化物). sulfide
황화-방(荒貨房)圀 황아전.
황화-석회(黃化石灰)圀〈광물·화학〉황산칼슘과 탄소와의 혼합물에 공기를 막고 가열 화원한 광물.
황화-소:다(黃化 soda)圀〈화학〉가성소다 수용액에 황화수소를 포화시키고 다시 해당량의 가성소다를 넣어 증발시키어 얻는 무색의 결정체.
황화-수소(黃化水素)圀〈화학〉천연으로는 화산(火山) 가스 등에 함유되어 있고, 인공적으로는 황화철과 산과의 작용으로 얻어지는 물질. 정성(定性) 분석에 이용됨. 유화수소. sulfuretted hydrogen
황화-수은(黃化水銀)圀〈화학〉의약·안료로 쓰는 천연적인 진사(辰砂). 유화수은.
황화-식물(黃化植物)圀〈식물〉햇볕을 받지 못하고 자라나서, 누렇고 키만 큰 식물. icteric plant
황화-아연(黃化亞鉛)圀〈화학〉유황과 아연의 화합물. 아연염(亞鉛鹽)의 용액에 황화암모늄을 작용시키면 흰 무정형의 침전으로 얻어짐. 유화아연. blende
황화-안티몬(黃化 Antimon)圀〈화학〉황과 안티몬의 화합물. 유화안티몬.
황화-암모니아(黃化 ammonia)圀〈화학〉암모니아 용액에 황화수소를 포화시키고 다시 같은 양의 암모니아를 가하여 증발시켜서 만든 빛이 없는 결정물.
황화-은(黃化銀)圀〈화학〉질산은(窒酸銀)의 용액에 황화수소를 통하면 가라앉는 흑갈색의 가루. 유화은.
황화-전(荒貨廛)圀《공》황아전. 〔silver sulphide
황화-제:이:수은(黃化第二水銀)圀〈화학〉천연으로는 진사(辰砂)로서 산출되는 수은 화합물. mercuric sulfide
황화-제:이:주석(黃化第二朱錫)圀〈화학〉제이주석염 (第二朱錫鹽)의 용액에 황화수소를 통하면 생기는 황색의 앙금. 유화제이석. stannic sulfide
황화-제:이:철(黃化第二鐵)圀〈화학〉황철광과 백철 광의 총칭. 유화제이철. ferric sulfide
황화-제:일동(黃化第一銅)圀〈화학〉휘동광(輝銅鑛)으로서 산출되는 철회색(鐵灰色) 광택의 결정. 유화제일동.
황화-제:일주석(黃化第一朱錫)圀〈화학〉제일주석염 (第一朱錫鹽)의 용액에 황화수소를 통하면 산출되는 눈 물질. 유화제일석.
황화-제:일철(黃化第一鐵)圀〈화학〉운석(隕石) 속에 들어 있고, 자류 철광(磁流鐵鑛)으로서 산출되는 물질. 자류제일철. 유화제일석.
황화-주석(黃化朱錫)圀〈화학〉황(黃)과 주석(朱錫)
황화-철(黃化鐵)圀〈화학〉유황(硫黃)과 철의 화합물 (化合物). 황화제일철(黃化第一鐵)과 황화제이철 (黃化第二鐵)이 있음. 유화철(硫化鐵). iron sulfide
황황(皇皇)圀 ①아름답고 성한 모양. bright ②〔동〕황황(遑遑). 하圀 〔히圀
황황(煌煌)圀 번적번적 빛나는 모양. brilliant 하圀
황황(遑遑)圀 마음이 몹시 급하여 허둥지둥하는 모양. 황황(皇皇)②. 하圀 히圀
황황-겁겁(惶惶怯怯)圀 몹시 황겁함. 하圀
황황 망조(遑遑罔措)圀 마음이 급하여 어찌할 줄 모르고 허둥지둥함. 하圀 히圀
황회-목(黃灰木)圀 누르스름한 회색으로 물들인 목면.
황후(皇后)圀 황제의 정궁(正宮). (대) 황제(皇帝). 《공》중전마마. empress 〔ress's palace
황후-궁(皇后宮)圀 황후(皇后)의 궁전(宮殿). emp-
황흉(荒凶)圀〔동〕흉년(凶年). 기근(饑饉).
홰圀 새장이나 닭장 속에 닭이나 새가 앉도록 가로 지른 나무 막대. perch
홰②圀 싸리·갈대·노가주나무 들을 묶어서 불을 켜거나 제사 지낼 때 화톳불을 놓는 물건. torch
홰③圀〔약〕→홰대.
홰의圀 닭이 새벽에 회막대기를 치면서 우는 번수를 세는 말. ¶닭이 벌써 여러 ~ 울었다.
꾼(軍)圀 ①불을 든 사람. ②〔제도〕관리가 밤에 드나들 때 횃불을 들고 그 앞을 인도하는 사람.
홰-나무圀〔동〕회화나무. 〔양으로 된 짐승의 뿔.
홰-뿔圀 두 뿔이 다 밖으로 뻗어 나가서, 한일자 모지**(罪紙)圀〔원〕→폐지(罪紙).
홰-치-다⓸ 날짐승이 날개를 벌려 탁탁 치다. beat a perch with the wings
놰:홰圀 ①연해 내두르는 모양. ¶중풍으로 고개를 ~ 내두르다. brandishing repeatedly ②연해 감기는 모양. coiling
홱圀 ①망설임이 없이 시원스럽게 해내는 모양. without hesitation ②일을 꾸물꾸물하지 않고서 재빠르게 해치우는 모양. rapidly ③물건을 힘있게 떤지거나 뿌리치는 모양. ④몹시 뿌리치는 모양. violently ⑤무엇을 돌연 힘있게 빨리 돌리는 모양. ⑥바람 같은 것이 돌연 세게 불어오는 모양.
홱=홱圀 ①망설임이 없이 연이어 시원스럽게 해내는 모양. ②일을 꾸물꾸물하지 않고 연이어 재빠르게 해치우는 모양. ③물건을 연이어 힘있게 던지거나 뿌리치는 모양. ④연이어서 몹시 뿌리치는 모양. ⑤연이어 홱 돌리는 모양. ⑥바람 같은 것이 연이어 홱 불어치는 모양.
홱-대圀 옷을 걸치게 벽에다 만들어 둔 막대. 잔짓대를 잘라서 두 끝에다 끈으로 매담. 의항(衣桁).《약》홰③. clothes rack
횃불 밑에 더벅머리 셋이면 날고 뛰는 놈도 별 수가 없다〔俗〕어린 자식이 셋이나 되면 그 치다꺼리에 얽메어 꼼짝도 못한다.
횃불-보(−褓)圀 홰 때에 걸어 놓은 옷을 덮는 보자기.
횃-불圀 홰에 켠 불. 거화(炬火). 수화(燧火). torch

햇불-잡이[명] ①햇불을 잡는 사람. torchbearer ②〈체육〉성화(聖火)를 들고 달리거나 붙이는 사람. bearer of a sacred torch ③〈동〉선구자.

햇-줄[명] 옷을 걸치려고 건너질러 맨 줄. clothes line

행=누르미[명][약]→화양누르미.

행댕그렁-하-다[형여ㅂ] ①텅 비고 넓기만 하다. empty and desolate ②넓은 곳에 물건이 얼마 없어 거의 빈 것 같다. [약] 휑하다③. [큰] 휑뎅그렁하다. look hollow

행-하-다[형여ㅂ] ①막힌 데 없이 잘 통해 알다. well informed in ②구멍 따위가 시원스럽게 뚫어 있다. [큰] 휑하다. hollow ③[약]→휑뎅그렁하다.

회[명][약]→회두리.

회[명]〈건축〉머리초 끝의 위 모양으로 두른 오색(五色) 무늬.

회[명] ①센 바람이 길고 가느다란 물건에 부딪쳐 세게 나는 소리. ②한꺼번에 세게 내쉬는 숨 소리. [큰]

회(灰)[명][약]→석회(石灰). ②[속] 산화칼슘. [휘.

회(蛔)[명][약]→회충(蛔蟲).

회(會)[명] 단체적인 공동 목적을 위하여 여럿이 모이는 일. 또, 그 모임. ¶반상~. 하타

회:(膾)[명] 살코기나 물고기를 잘게 썰어서 날것으로 고추장이나 겨자 따위에 찍어 먹는 음식. slices of raw fish

회(回)[의] ①몇 번임을 세는 말. time ②돌림. ¶50~ 졸업식. 20~ 기념식. [수] co³. round

회간(回看)[명] ①둘러서 봄. 회람(回覽). circulation ②돌이켜 봄. recollection 하타

회간(回間)[명] 그믐께를. about the end of a month

회갈-색(—빛)(灰褐色)[명] 회읍스름한 주황색. 곧, 회읍스름한 검은 빛을 띤 등색(橙色). grayish brown

회감(回疳)[명]〈한의〉어린아이가 맛이 단 음식을 많이 먹었기 때문에 회(蛔)가 성하여 일어나는 배앓이.

회:감(會減)[명] 주고 받을 것을 맞비기고 남은 것을 셈함. balance 하타

회갑(回甲)[명][동] 환갑(還甲).

회갑-연(回甲宴)[명] 환갑 잔치.

회:강(會講)[명]〈제도〉한 달에 두 번씩 왕세자가 스승 이하의 여러 관원을 모으고 경사(經史), 그 밖의 진강(進講)에 대하여 복습하던 일.

회:개(悔改)[명] 전의 잘못을 뉘우치고 고침. 개회(改悔). [유] 개심(改心). 개오(改悟). repentance 하타

회검(懷劒)[명] ①몸에 지니고 다니는 단도(短刀). 비수(匕首). dagger ②칼을 품 속에 지님. 복수할 기회를 노림. 하타

회격(灰隔)[명] 관(棺)과 광중(壙中)과의 사이에 석회(石灰)를 채워 다짐. 또는, 그 일. 회다짐①. 하타

회:견(會見)[명] 서로 만나 대면(對面)함. 접견(接見). 회오(會晤). interview 하타

회계(回啓)[명]〈제도〉임금의 물음에 대하여 심의(審議)하여 상주(上奏)함. 하타

회:계(會計)[명] ①따져서 셈함. accounting ②한데 몰아서 셈함. ③물건의 값이나 월급 따위를 지불하는 일. ④출금(金品)의 출납에 관한 사무. ⑤재산 및 수입·지출의 관리와 운용에 관한 계산 제도. 하타

회:계 감사(會計監査)[명]〈경제〉회계 사무가 올바르게 되고 안 되고를 감독하고 검사·조사함. 또는, 그 일. audit

회:계(會計士)[명]〈제도〉자동적 계산 기록 기능에 의해 회계 장부 및 통계표를 기계적으로 적는 기계 장치.

회:계 기간(會計期間)[명] 회계 사무의 편의를 위하여 서 베풀어 놓은 기간.

회:계 연도(會計年度)[명]〈법률〉회계상(會計上)의 편의에 따라 설정(設定)한 한 해 동안. 곧, 세입(歲入)·세출(歲出)을 구분하고 정리하는 기간(期間). fiscal year [accountant

회:계=원(會計員)[명] 회계 관계의 사무를 보는 사람.

회:계=원(會計員)[명]〈제도〉회계사(會計司)의 후신(後身). 내장사(內藏司)의 전신.

회:계 장부(會計帳簿)[명]〈경제〉회계 사무를 처리하기 위해 만든 장부.

회:계지치(會稽之恥)[명] 마음에 깊이 새겨 잊을 수 없는 치욕(恥辱). deep-rooted dishonour

회:계-학(會計學)[명] 회계에 관한 사항을 연구하는 학문. accountancy

회고(回顧)[명] 돌아다 봄. looking back ②지난 일을 생각하여 봄. 회고(懷顧). recollection 하타

회고(懷顧)[명] 지나간 옛일을 돌이켜 생각함. 회구(懷舊). retrospection 하타

회고(懷顧)[명][동] 회고(回顧). 하타

회고-담(回顧談)[명] 지나간 일을 되생각하며 하는 이야기. reminiscences

회고-담(懷古談)[명] 옛 자취를 돌이켜 생각하며 하는 이야기. reminiscences

회고-록(回顧錄)[명] 지난 일을 회고하여 적은 기록. 회고록(懷顧錄).

회고-록(懷顧錄)[명][동] 회고록(回顧錄).

회고-시(懷古詩)[명] 옛일을 돌이켜 생각하며 읊는 시. retrospective poem

회곡(回曲)[명] 휘어서 꼬부라짐. curve 하타

회공(回空)[명] 물건의 속이 두려 빠져서 비게 됨. 하타

회:공(恢公)[명] ①사건의 결정을 여러 사람의 중의(衆議)에 구함. ②〈제도〉과거나 도목(都目) 때에 지극히 공평하게 함. [come hollow

회공-되-다(回空—)[자] 물건의 속이 두려 빠져서 비게 되다. be-

회:과(悔過)[명] 허물을 뉘우침. repentance 하타

회:과 자책(悔過自責)[명] 허물을 뉘우치고 스스로 책함. 하타

회:관(會館)[명] ①집회장(集會場)으로서 베풀어 놓은 건물. 회당(會堂)②. hall ②중국에서 회원 조직으로써 세운 회원 상호의 친선과 이익을 꾀하는 기

회광-경(回光鏡)[명][동] 헬리오스탯(heliostat). [관.

회광 통신(回光通信)[명] 불빛을 깜박이거나 햇빛을 반사하여 그 시간의 장단과 횟수로써 뜻을 전달하는

회교(回敎)[명][약]→회회교(回回敎). [통신법.

회교(賄交)[명] 오교(五交)의 하나. 재물로 사귀는 일.

회교-국(回敎國)[명] 회교를 국교로 하거나 회교 신도가 절대 다수인 국가. 곧, 이슬람교국.

회교-권(—圈)(回敎圈)[명] 회교도가 거주하는 지역의 총칭. 곧, 이슬람권. [이슬람력.

회교-력(回敎曆)[명] 회교 국가에서 통용되는 음력. 곧,

회:구(繪具)[명] ①회화(繪畵)에 쓰이는 화필이나 물감 따위. ②그림의 채료(彩料).

회구(懷舊)[명][동] 회고(懷古). 하타

회국(回國)[명] ①여러 나라를 두루 돌아다님. ②[동] 귀국(歸國). 하타

회국 순례(回國巡禮)[명] 각국을 돌아다니면서 성소(聖所)를 순례함. 하타

회군(回軍)[명][동] 환군(還軍). 하타

회궐(蛔厥)[명]〈한의〉뱃속에 회가 많아서 가슴이 답답하고 구토가 자주 나는 병.

회귀(回歸)[명] 다시 돌아옴. return 하타

회귀-권(—圈)(回歸圈)[명][동] 회귀선(回歸線).

회귀-기(回歸期)[명]〈천문〉행성이나 위성이 춘분점에 대해 그 궤도를 일주하는 기간.

회귀-년(回歸年)[명]〈천문〉태양이 춘분점(春分點)에서 다시 춘분점으로 돌아오는 시간. 태양년(太陽年). tropical year

회귀 무풍대(回歸無風帶)[명]〈지리〉무역풍(貿易風)및 반대 무역풍이 서로 만나서 무풍(無風)이 되는 지방. 위도상으로 30도 부근임. 남회귀 무풍대와 북회귀 무풍대가 있음. [약] 무풍대. calm zone of the tropics

회귀-선(回歸線)[명]〈천문〉적도(赤道)를 중심으로 하여 남북 위도(緯度) 23도 27분이 되는 위선(緯線). 회귀권(回歸圈).

회귀-성(回歸性)[명] 동물이 태어난 곳에서 다른 곳으로 이동하여 성장한 다음, 다시 태어난 곳으로 산란을 하러 돌아오는 습성.

회귀-열(回歸熱)[명]《동》재귀열(再歸熱).
회귀-월(回歸月)[명] 달이 궤도상을 운동해 그 황경(黃經)이 360도 진행함을 요하는 일수. 27일 7시간 43분 3초.
회귀 취ː락(回歸聚落)[명] 이동 취락(移動聚落).
회:규(會規)[명] 회의 규칙(規則). 회칙(會則). rules of a society
회근(回졸)[명]《동》회혼(回婚). [association
회:금(會金)[명] 회에서 경비로 쓰는 돈. fund of an
회기(回忌)[명] 사람이 죽은 뒤에 매년 돌아오는 그 날의 기일(忌日). anniversary of a person's death
회기(回期)[명] 되돌아올 시기.
회:기(會期)[명] ①회의하는 시기. 또는 그 동안. session ②《법률》국회의 개회로부터 폐회까지의 기간. 정기회(定期會)는 90일, 임시회는 30일임.
회:기 불계ː속의 원칙(會期不繼續一原則)[명]《법률》국회의 다음 회기에는 의사(議事)가 계속되지 아니한다는 원칙. 따라서 회기 중에 의결되지 아니한 안건(案件)은 다음 회기에 계속되는 일이 없이 소멸됨.
회ː-깟(膾一)[명] ①소의 간·처녑·양·콩팥 등을 잘게 썰고, 각종 양념을 하여 만든 회. ②회를 만들 감. raw meat
회-나무[명]《식물》노박덩굴과에 속하는 낙엽 활엽 교목. 6~7월에 흑자색의 꽃이 피고, 사과(果實)는 10월에 익음. 산 중턱 이상에 나는데 정원수로 심기도 함. 수피(樹皮)는 새끼 대용임. spindle tree
회답(回納)[명] ①되돌려 드림. withdrawal ②답장 편지 겉봉에 받는 사람 이름 밑에 '회답의 편지'라는 뜻으로 쓰는 말. 하다
회-다짐(灰一)[명] 회격(灰隔). ②《건축》콘크리트나 회삼물(灰三物)로 바닥을 다지는 일. 하다
회달(回達)[명] 섭정(攝政)하는 왕세자가 학문에 대하여 의논하는 상담함. 하다 [versation
회ː담(會談)[명] 만나서 또는 모여서 이야기함. con-
회답(回答)[명] 물음에 대답함. 또는 그 일. answer 하다 [館].
회ː당(會堂)[명] ①유대인들의 예배당. ②《동》회관(會
회ː당(會黨)[명] 당류(黨類)가 한데 모인 모임.
회대(回臺)[명]《제도》한 감찰(監察)이 새로 임명될 때 모든 감찰이 그 동안의 이력을 들고 여러 상관에게 행공(行公)의 여부를 묻던 일. 하다
회도(回棹)[명] 배가 올대를 돌리는 것처럼, 병이 차차 나음을 이름. recovery [면도.
회ː도(繪圖)[명] 그림. picture ②가옥·토지 등의 평
회-도가(灰都家)[명] 석회 상인이 모이는 도가.
회-도배(灰一 一) [一도―] [명] 《건축》벽돌을 석회로 하얗게 도배하는 일. white-washing 하다
회독(回讀)[명] 여럿이 책을 돌려가며 읽음. reading in turn 하다 [토론하는 일. 하다
회ː독(會讀)[명] 여럿이 모여 책을 읽고, 그 뜻을 연구
회ː동(會同)[명] 같은 목적으로 여러 사람이 모임. gathering 하다
회동그라지다 별안간에 휘둘려서 동그라지다.《큰》휘둥그러지다. become wide eyed
회동그랗-다[ㅎ불][형] ①놀라거나 또는 두려워서 눈이 크게 둥글다.《큰》휘둥그렇다. be surprised ②일이 모두 끝나고 남은 일이 없다. clear ③몸에 거리낄 것이 없다. innocent
회동그스름-하다[형][여] 휘어 동그스름한 모양으로 되어 있다.《큰》휘둥그스름하다.
회ː동 좌ː기(會同坐起)[명]《제도》매년 음력 섣달 그 뭇샛부터 다음 해 정월 보름까지의 사이에 형조 (刑曹) 및 한성부(漢城府)에서 관리가 주로 금령 (禁令)을 풀고 가벼운 죄를 지은 죄인을 놓아 주던 일.
회두(回頭)[명] ①머리를 돌이킴. 회수(回首). turning one's head ②《기독》떠났다가 다시 천주교로 돌아옴. 하다
회ː두(會頭)[명] 《동》회장(會長) ①. [아음. 하다
회두-기(回頭期)[명] 사물이 바뀔 시기. [turn
회ː두리 맨 끝. 나중에 돌아오는 차례. 《준》회¹. last

회ː두리-판[명] 맨 나중의 판. 《약》회판.
회ː득(會得)[명] 이해(了解). 하다
회ː득적 사ː회학(會得的社會學)[명] 사회적 행위를 내면적으로 파악함으로써 성립하는 사회학.
회똑-거리-다[자] ①이리저리 넘어질 듯이 자꾸 흔들리다. totter ②일이 위태하여 마음을 놓을 수가 없게 되다. 《큰》휘뚝거리다. be insecure 회똑=회똑 하다 [휘뚤휘뚤. curving 하다
회똘-회똘[부] 길이 구불구불하게 구부러진 모양.《큰》
회란(回欄)[명]《건축》난간(欄干)의 위쪽에 옆으로 돌려 맨 나무. 난간의 손잡이 구실을 함.
회란-석(廻欄石)[명]《건축》난간(欄干)의 손잡이 돌. 돌로 만든 난간의 회란대.
회람(回覽)[명] 차례로 돌려 가며 봄. 윤시(輪示). 윤첩(輪牒). 회간(回看). circulation 하다
회랑(回廊)[명] ①정당(正堂)의 양 옆으로 있는 기다란 집채. gallery ②양옥집에서 어떤 방을 중심으로 하고 둘러 낸 마루. corridor [인 뒷마루.
회랑-퇴(回廊退)[명]《건축》건물의 주위를 뺑 둘러 붙
회래(回來)[명]《동》회환(回還). 하다
회량(回糧)[명] 돌아올 노자(路資).
회력(回歷)[명] 여기저기를 두루 역방(歷訪)함. round of calls 하다 [hunting in a group 하다
회ː렵(會獵)[명] 여러 사람이 한 곳에 모여서 사냥함.
회례(回禮)[명] 사례로 하는 예. 반례(返禮). return present 하다 [of complimentary visits 하다
회ː례(廻禮)[명] 차례로 돌아다니며 인사를 함. round
회ː례(會禮)[명] ①회합. 또는 회의의 예의. etiquette of meeting ②서로 만나는 인사. greeting
회ː례-연(會禮宴)[명]《제도》설날이나 동지날에 문무백관이 모여 임금에게 배례한 후 베푸는 연회.
회로(回路)[명] 돌아서 오는 길. 반로(返路). way back 《약》→거기 회로.
회로(懷爐)[명] 불을 담아 품 속에 지니고 다니는 방한 용의 작은 화로. stomach warmer
회로리-바람[명]《고》회오리바람.
회로 소ː자(回路素子)《물리》회로를 구성하는 각 중요 부분. 코일·콘덴서·진공관 따위.
회로-회(懷爐灰)[명] 불을 피워 회로(懷爐)에 넣는 재.
회록(回祿)[명] ①화재(火災)의 신. conflagration ②화재(火災)를 맡아보는 신(神). god of fire
회ː록(會錄)[명] ①《동》→회의록(會議錄). ②모아서 적음. ③《제도》정부 소유의 곡물 따위를 본 창고 이외의 다른 창고에 보관하는 일.
회뢰(賄賂)[명] ①권력자에게 몰래 주는 부당한 돈이나 물건. bribery ②관공리에게 뇌물을 보냄. 하다
회뢰-죄[一죄](賄賂罪)[명]《법률》뇌물을 주고받음으로써 성립되는 죄. 수회죄(收賄罪)와 증회죄(贈賄罪)가 있음. bribery 하다
회ː통 고ː조(會通顧祖)《민속》산 치매(치脈)이 뻗돌아서 본산과 대하는 지세. [rite tears
회ː루(悔淚)[명] 잘못을 뉘우치며 흘리는 눈물. cont-
회류(回流)[명] 어떤 곳을 돌아서 흐름. 하다
회ː류(會流)[명] 물줄기가 한데 모여서 흐름. 하다
회리(懷裏)[명] ①마음 속. in one's heart ②주머니
회ː리-바람[명]《약》→회오리바람. [속. in the pocket
회ː리-밤[명]《동》→회오리밤.
회ː리-봉(一峯)[명]《약》→회오리봉.
회마(回馬)[명] ①돌아가는 편의 말. returning horse ②말을 돌려 보냄. sending the horse back 하다
회=마수(回馬首)[명]《제도》①말을 타고 가다가 마주쳤을 때 벼슬이 낮은 사람이 먼저 길을 내어 줌. make way for ②낮이 부임한 지 얼마 안 되어서 파면되어 돌아가거나 부임 도중에 돌아감. 하다
회마-편(回馬便)[명] 돌아가는 그 편.
회매-하다[형][여] 입은 옷이나 또는 무엇을 싸서 묶은 것이 가든하다. light 회매-히[부]
회ː맹(晦盲)[명] 캄캄하여 보이지 아니함. 사람에게 알려지지 아니함. darkness

회맹(會盟)[명] ①모여서 모두 맹세함. ②〈제도〉책훈(策動)할 때 군신(君臣)이 모여 서로 맹세함. 하다

회멸(灰滅)[명] 타서 없어짐. be burned down 하다

회명(晦明)[명] 어둠과 밝음. darkness and brightness

회명(晦冥)[명] 어둠. 어두컴컴함. darkness 하다

회명(會名)[명] 회의 이름. name of the meeting

회모(回毛)[명] 소용돌이 모양으로 난 머리털. 가마.

회모(懷慕)[명] 마음속 깊이 사모(思慕)함. longing for

회목[명] 손목·발목의 잘록한 부분.

회목(檜木)[명] 〈동〉노송나무.

회무(回舞)[명] 〈음악〉나라 잔치 때의 수보록(受寶籙)·몽금척(夢金尺)·무고(舞鼓)춤에 출연자 일동이 원형을 지어 추는 춤.

회:무(會務)[명] 어떤 회의 사무. affairs of a society

회무(懷撫)[명] 잘 달래어서 안심시킴. 잘 달램. pacification 하다

회문(回文)[명] 여러 사람이 돌려보고 다시 자기에게 돌아오도록 마련된 서류. 회장(回章·廻章). circular letter

회문:례(─[禮])(回門禮)[명] 새로이 과거(科擧)에 급제한 사람이 선배를 찾아다니며 지도를 비는 행례(行禮).

회민(回民)[명] 중국 내지(內地)에서 회교도(回敎徒)를 말함.

회반(回班)[명] 〈한의〉홍역 따위의 병으로 몸 거죽에 돋았던 것이 없어짐.

회방(回榜)[명] 〈제도〉과거(科擧)에 급제한 지 예순 돌.

회백(灰白)[명] 잿빛을 띤 흰 빛깔. light grey

회백:색(灰白色)[명] 잿빛을 띤 흰 빛깔. light grey

회백 연:고(灰白軟膏)[명] 수은 연고(水銀軟膏). mercurial ointment

회백:질(灰白質)[명] 〈생물〉뇌나 척수 속에서 신경 세포가 모인 부분.

회벽(灰壁)[명] 석회(石灰)로 바른 벽. wall plastered with lime

회보(回步)[명] 돌아오는 걸음. on one's way back 하다

회보(回報)[명] ①대답하는 보고. reply ②돌아와서 여쭘. 담보(答報). 회신(回信). report 하다

회:보(會報)[명] 회에 관계되는 일을 회원에게 보고하는 문서. bulletin

회복(回復·恢復)[명] 이전의 상태와 같이 됨. ¶집의 구조를 이전 상태로 ∼시키다. restoration 하다

회복(回復)[명] 쇠퇴하였던 국세(國勢)·가세(家勢)·병세(病勢) 따위가 이전의 상태와 같이 바로잡힘. ¶병이 ∼하기 시작하다. recovery 하다

회복 공:격(回復攻擊)[명] 〈군사〉점령당한 진지를 다시 찾기 위한 공격.

회복-기(恢復期)[명] ①병이 나아가는 시기. ②경기(景氣)가 나아가는 시기.

회복 등기(回復登記)[명] 〈법률〉소멸(消滅)된 등기의 회복을 목적으로 하는 등기. registration of restoration

회:복통(蛔腹痛)[명] 〈동〉거위배.

회부(回附)[명] 돌리어 줌. 회송하여 넘김. transmission 하다

회분(灰分)[명] 석회질(石灰質)의 성분. lime percentage

회:불-사(─[싸])(繪佛師)[명] 온갖 불화(佛畫)를 그리는 사람. painter of Buddhist pictures

회:비(悔非)[명] 그릇된 일을 뉘우침. repentance 하다

회:비(會費)[명] 회의 개설·유지에 충당하는 경비(經費). membership fee

회빈 작주(回賓作主)[명] 남의 의견을 무시하고 마음대로 일을 책잡음. do as one pleases in disregard of other's opinion 하다

회:사(回謝)[명] 사례(謝禮)하는 뜻을 표함. thanks 하다

회:사(悔謝)[명] 이전의 잘못을 뉘우치고 사과함. apology 하다

회:사(會士)[명] 〈제도〉조선조 때 호조(戶曹)의 종 9품 벼슬.

회:사(會社)[명] 〈법률〉상행위 기타의 영리 행위를 목적으로 하는 사단 법인(社團法人). ¶∼ 합병(合併). 〈약〉사(社). company

회:사(壞死)[명] 〈의학〉조직이 국부적으로 죽는 일. 회사-벽(灰沙壁)[명] 석회·백토·세사(細沙) 등을 섞어서 반죽하여 벽에 바르는 일. 또는 그 벽. 하다

회:사-원(會社員)[명] 회사의 사무를 맡아보는 사람. employee of a company

회:사 재산(會社財産)[명] 회사의 자산과 부채의 총칭.

회:사-채(會社債)[명] 〈동〉사채(社債).

회:삭(晦朔)[명] 그믐과 초하루. first and last of a month

회산(會散)[명] 모였다 흩어짐. dispersion

회=삼물(灰三物)[명] 〈토목〉석회(石灰)·세사(細沙)·황토(黃土)를 한데 섞은 물건.

회:삽(晦澁)[명] 언어·문장 따위가 어려워 뜻을 잘 알 수가 없음. obscurity 하다

회상(回翔)[명] ①빙빙 돌아서 날아다님. ②새가 날아서 돌아옴. circling 하다

회상(回想)[명] 지나간 일을 돌이켜 생각함. reminiscence 하다

회:상(會上)[명] 〈불교〉대중이 모인 법회(法會).

회:상(會商)[명] 모여 상의(商議)함. 하다

회:상(繪像)[명] 〈동〉화상(畫像).

회상-록(回想錄)[명] 과거의 일을 그 관계자가 회상하여 기술한 기록.

회색(灰色)[명] 〈동〉잿빛.

회색(悔色)[명] 후회하는 기색. 또는 그 안색. 뉘우치는 태도. sign of repentance

회:색(晦塞)[명] 캄캄하게 아주 꽉 막힘. be blocked

회색(懷色)[명] 〈불교〉순전한 흰빛을 없애기 위해 가사(袈裟)에 물들이는 빛.

회색 분자(灰色分子)[명] 〈사회〉소속·주의가 뚜렷하지 않은 사람. wobbler

회색 시:장(灰色市場)[명] 그레이 마켓(grey market).

회색-파(灰色派)[명] 〈동〉중간파(中間派).

회생(回生)[명] 〈동〉소생(蘇生).

회서(回書)[명] 답장(答狀). 회신(回信).

회:석(會席)[명] 여러 사람이 한자리에 모임. 또는 그런 자리. place of meeting 하다

회:석(會釋)[명] 〈불교〉법문(法文)의 어려운 뜻을 통하도록 해석함. explanation 하다

회선(回船)[명] ①배를 돌려 돌아가거나 돌아옴. ②돌아가는 배. 또는 그 배 편. returning ship 하다

회선(回旋·廻旋)[명] 빙빙 돎. 도, 돌림. rotation 하다

회선-곡(回旋曲)[명] 〈음악〉론도(rondo).

회선-교(回旋橋)[명] 한가운데나 양끝을 자유로 회선시켜 그 아래로 배가 지나갈 수 있게 만든 다리. swivel bridge

회선-근(回旋筋)[명] 〈생물〉목을 좌우로 돌리거나 손을 돌리거나 하는 근육.

회선 기중기(回旋起重機)[명] 가구(架構)를 자유로 수평 회전할 수 있도록 만든 기중기. rotary crane

회선 운:동(回旋運動)[명] 〈식물〉나팔꽃의 줄기나 오이의 덩굴손 따위와 같이 다른 물건을 감고 벋어 오르는 생장 운동의 하나. circumnutation

회선-탑(回旋塔)[명] 높은 기둥의 꼭대기에 여러 쇠줄을 늘어 아이들이 이것을 잡고 회전하면서 하는 장치로 유희용 탑. swinging pole

회:성석(灰成石)[명] 반죽한 석회가 돌과 같이 굳어진 단단한 물건.

회소(回蘇)[명] 다시 살아남. 〈유〉소생(蘇生). revival 하다

회:소(會所)[명] 여러 사람이 모이는 곳. place of meeting

회:소(譁笑)[명] 조롱하여 실없이 웃음. 하다

회송(回送)[명] 〈동〉환송(還送). 하다

회수(回收)[명] 도로 거두어 들임. withdrawal 하다

회수[─쑤](回數)[명] →횟수.

회수-권[─꿘](回數券)[명] 승차권(乘車券)·입장권(入場券) 따위의 여러 번 쓸 것을 한 묶음 하여 파는 표. coupon ticket

회수-익(回收益)[명] 도로 거두어 얻는 이익.

회수 캡슐(回收 capsule)[명] 대기권에 재돌입한 뒤에 회수할 수 있도록 설계된 우주 캡슐.

회:순(會順)[명] 회의의 순서. order of a meeting

회:술레(回─)[명] ①사람을 마구 끌고 다니며 부끄럼을 주는 일. ②남의 비밀을 퍼뜨리는 일. exposing one's secret 하다

회시(回示)[명] ①남의 회답. other's reply ②죄인을

끌고 다니며 남에게 보임. exposure to the public 하다

회:시(會試)명 〈제도〉 소과(小科) 초시(初試)에 급제

회:식(會食)명 여러 사람이 모여 앉아 음식을 함께 먹음. dining together 하다

회신(回申) 웃어른께 대답의 말씀을 드림. answer

회신(回信)명 편지 또는 전신(電信)·전화 등의 회답. 회보(回報). 회서(回書). 회한(回翰). reply 하다

회신(灰身)명 〈불교〉 몸을 재처럼 소멸함. 또, 그 몸.

회신(灰燼)명 불타고 남은 끄트머리나 재. 화신(火燼). ¶호화 주택이 ∼으로 화하다.

회신-료[—뇨](回信料)명 회답하는 통신에 드는 요금.

회신 멸지[—찌](灰身滅智)명 〈불교〉 색신(色身)을 멸하고 무위(無爲)·공적(空寂)의 열반계(涅槃界)로 들어감. 소승(小乘)의 이상적 경계(境界).

회신-화(灰燼化)명 송두리째 타 버려 재만 남음. 하다

회심(灰心)명 외부의 유혹을 받지 아니하고 재와 같이 고요히 되어 사그라진 마음.

회심(回心)명 ①마음을 돌이키어 먹음. changing one's mind ②〈불교〉 과거의 속인적·죄악적 마음을 뉘우치고 부처의 올바른 신앙에 마음을 돌이킴. 돌이 마음. 하다

회:심(悔心)명 잘못을 뉘우치는 마음. repentance

회심(會心)명 마음에 흐뭇하게 들어 맞음. 또, 그런 상태의 마음. 회의(會意) ③. satisfaction

회:심(會審)명 〈제도〉 법관이 모여 사건을 심리함. joint examination 하다

회심-곡(回心曲)명 〈불교〉 땡땡이중이 집집을 돌아 다니며 돈이나 쌀을 동냥할 때, 선심 공덕(善心功德)하라는 긴 내용의 소리.

회심-곡(悔心曲)명 〈불교〉 임진 왜란 때 서산 대사 휴정(休靜)이 지었다는 이야기. 착한 일을 하면 극락에 가고 악한 일을 하면 지옥에 간다는 내용으로 권선가(勸善歌).

회:심-작(會心作)명 자기 작품 중에서 자기 마음에 흐뭇하게 잘된 작품. 쾌심작.

회:심지우(會心之友)명 마음이 맞는 벗. bosom friend

회:심-처(會心處)명 마음에 유쾌한 점. 마음에 꼭 맞는 곳. satisfaction

회심 향도(回心向道)명 〈불교〉 마음을 돌려 바른 길

회안(回雁)명 답장의 편지. reply

회:안(悔顔)명 이전의 잘못을 뉘우치는 기색을 띤 얼굴.

회약(蛔藥)명 〈약학〉 거위배에 쓰는 약. vermicide

회양(回陽)명 양기(陽氣)를 회복시킴. 망양증(亡陽症)을 돌림. 하다

회양-목(—楊木)명 〈식물〉 회양목과의 상록 관목. 잎은 타원형으로 뒤에 잔털이 남. 4월에 엷은 황색 꽃이 피고 삭과(蒴果)는 7∼8월에 익음. 도장·도지 짝이·조각재로 쓰이고 가지와 잎은 약재로 쓰임. 황양 목(黃楊木). 도장나무. box tree

회:언(悔言)명 잘못을 뉘우치는 말. contrite words

회언(誨言)명 가르치는 말. 훈계하는 말. sermon

회:연(會宴)명 여러 사람이 모여 여는 잔치. banquet

회:연-골(會嚥骨)명 →회염 연골(會厭軟骨).

회:염 연:골[—년—](會厭軟骨)명 〈생리〉 목구멍 속 기관(氣管) 위에 있는 연골. 〈약〉회염.

회:오(悔悟)명 뉘우치고 깨달음. repentance 하다

회오(會悟)명 무엇을 알아서 깨달음. understanding

회오리-바람명 〈지학〉 나선상으로 일어나는 바람. 선풍(旋風). 표풍 ①. 양각(羊角). 양각풍. 용수바람. 회풍(回風). 《약》회리바람. 《속》돌개바람. whirlwind

회오리-밤명 ①방송이 속에 외톨로 동그랗게 생긴 밤. ②우리이들로 된 동그란 밤. 〈약〉회리밤.

회오리-봉(—峰)명 작고도 뾰족하며 둥근 산봉우리. 〈약〉회리봉. conical peak

회:우(會友)명 ①어떤 회 내의 같은 회원. member ②회원은 아니지만 회와 관계가 있는 사람.

회:우(會遇)명 모여 만남. 마침 무슨 일을 당함. meeting 하다

회:원(會員)명 회를 구성하는 사람들. members of a soc·ety

회:원-국(會員國)명 구체적인 조직체의 성원(成員)이 되어 있는 국가. member nation

회위(懷危)명 위태하게 여김. perilous 하다

회:유(灰釉)명 〈공업〉 목회(木灰) 또는 석회로 만든 잿물.

회유(洄游·洄游)명 물고기가 알을 낳거나 먹이를 찾기 위해 계절을 따라 떼지어 헤어다니는 일. excursion

회유(回遊)명 두루 돌아다니면서 유람함. excursion

회유(誨諭)명 가르쳐 깨우침. 일깨움. 하다

회유(懷柔)명 어루만지거나 달램. 교묘한 수단·방법으로 설복시킴. appeasement, conciliation 하다

회유-어(回游魚)명 〈어류〉 해류를 따라 계절적으로 이동하는 물고기.

회유 정책(懷柔政策)명 정부 또는 자본주가 반대당 또는 노동자에게 적당한 양보나 조건을 제시하며 회유하는 정책. conciliatory policy

회유-차(回遊車)명 유람하는 사람을 위하여 내는 기차 또는 전차.

회:음(會陰)명 〈생리〉 사람의 음부와 항문과의 사이. perineum

회:음(會淫)명 모여 술을 마심. compotation 하다

회:음(誨淫)명 음탕한 짓을 가르침. 하다

회:음 파:열(會陰破裂)명 〈의학〉 해산할 때 회음이 찢어지는 일.

회의(回議)명 주관자가 기안하여 관계자들에게 차례로 돌려서 의견을 묻거나 동의를 구하는 일. sending a circular note 하다

회:의(會意)명 ①한자(漢字)에 있어서 둘 이상의 글자를 합하여 한 개의 자형(字形)을 만들어 새 글자를 만드는 일. 일(日)과 월(月)을 합친 명(明) 따위. ②뜻을 깨달음. ③→회심(會心).

회:의(會議)명 ①여럿이 모여 의논함. ¶∼규칙(規則). meeting ②〈법률〉어떤 사항을 평의(評議)하는 기관. 법관 회의·군법 회의 등. conference 하다

회의(懷疑)명 마음에 의심을 품음. doubt 〈철학〉 인식의 확실성을 부인하고 진리의 절대성을 의심함. 의회 (疑懷). 하다

회:의-록(會議錄)명 회의의 전말(顚末)을 적은 기록. 의사(議事)의 기록. 《유》의사록(議事錄). 〈약〉회록 (會錄)①. council records

회의-론(懷疑論)명 〈철학〉 회의를 사고의 원리로 하고 확실한 진리의 규준을 의심하는 학설. scepticism

회:의-소(會議所)명 회의하는 장소. 〔단체나 기관.

회의-심(懷疑心)명 회의하는 마음.

회의-안(回議案)명 관계자(關係者)들에게 차례로 돌려서 그 의견을 묻는 의안. circular bill

회:의-안(會議案)명 회의에서 심의할 안건.

회:의-장(會議場)명 회의하는 장소. 회의소(會議所)가 상설적인 요소가 많은 반면, 회의장은 비상설적인 요소가 많음.

회의주의-자(懷疑主義者)명 ①회의주의를 주장하는 사람. ②회의를 주장하는 사람을 일컬음.

회:의-체(會議體)명 국회처럼 의결을 통해 의사를 결정하는 기관. 〔for one's sweetheart 하다

회인(懷人)명 마음에 있는 사람을 생각함. yearning

회:일(晦日)명 〈동〉그믐날.

회임(懷姙)명 〈동〉임신(姙娠). 하다

회임(懷妊)명 〈동〉임신(姙娠). 하다

회:자(膾炙)명 ①회(膾)와 구운 고기. slices of raw fish and roast meat ②널리 사람의 입으로 찬양하여 오르내림. 화제(話題)에 자주 오름. on everyone's lips 하다 〔행(執行)하던 사람.

회자-수(劊子手)명 〈제도〉 군문(軍門)에서 사형을 집

회:자 정:리(會者定離)명 〈불교〉 만나면 반드시 헤어질 운명에 있다는 말로, 불교에서의 만유 무상(萬有無常)을 나타내는 말임. Those who meet must part

회장(回章·廻章)명 여러 사람이 차례로 돌려보도록 쓴 문장. 회문(回文).

회장(回腸)명 〈생리〉 회곡(回曲)이 심한 대장(大腸)과 접해 있는 소장(小腸)의 한 부분. ileum

회장(回裝)명 ①병풍·족자 따위의 가장자리를 꾸미는 변자(邊子). mounting ②여자들의 저고리 섶·끝동·곁마·고름을 자주 또는 남빛 형겊으로 꾸민 것. hem

회:장(會長)명 ①회의 일을 대표하는 사람. 회두(會頭). chairman ②〈기독〉 성직자(聖職者)를 대신하여 교리(敎理)를 가르치고 교우(敎友)를 지도하는 사람. [②회의를 하는 곳. conference room

회:장(會場)명 ①모임이 있는 장소. meeting-place

회:장(會葬)명 장사지내는 데 참여함. 또, 그 일. attendance at a funeral 하다

회장(懷藏)명 마음 속에 생각을 남몰래 간직함. secret intention 하다

회:장석(灰長石)명 〈광물〉 사장석(斜長石)의 하나. 현무암 등의 주성분이 되는 암석.

회장 저고리(回裝—)명 회장을 한 저고리. 반회장 저고리와 삼회장 저고리를 아울러 일컬음.

회저(壞疽)명 〈의학〉→괴저(壞疽).

회:적(晦迹)명 피하거나 도망가 종적을 감춤. cover one's traces 하다

회적(蛔積)명 〈한의〉 회충이 뱃속에서 뭉치어 때때로 움직이는 병.

회전(回傳)명 빌려 온 물건을 도로 돌려보냄. return

회전(回電)명 〈동〉 답전(答電). 회답. 하다

회전(回轉·廻轉)명 ①빙빙 돌아서 구르는 일. 또는 굴림. revolution ②어떤 물체가 다른 물체의 둘레에 일정한 궤도를 그리며 움직임. 작용동. 전회(轉回). rotation ③'두뇌의 기능'을 비유하여 이르는 말. ¶두뇌 ~. ④투자된 자금이 회수될 때까지의 일순(一巡). 또, 상품의 구입에서 매상까지의 일순. ¶자금 ~. 하다

회:전(悔悛)명 전비(前非)를 뉘우침. 하다

회전(會戰)명 어울려 싸움. encounter 하다

회전=각(回轉角)명 〈수학〉 고정축(固定軸)의 주위의 도형(물체)이나 회전의 크기를 나타내는 it(量).

회전=계(回轉計)명 〈공업〉 회전수를 계정(計定)하는 기계. tachometer

회전=기(回轉機)명 전동기·발전기·터빈 등과 같이 운동 부분이 회전축의 둘레를 도는 기계. [합.

회전=력[—녁](回轉力)명 〈물리〉 물체를 회전시키는

회전=로[—노](回轉爐)명 〈공업〉 거대(巨大)한 원통을 수평 또는 다소 비스듬하게 설치하고, 축(軸)에 의하여 회전하도록 마련된 가마. revolving furnace

회전 마찰(回轉摩擦)명 〈물리〉 둥근 물체를 땅에 굴릴 때 일어나는 마찰. 구름 마찰. 《약》 전마찰(轉摩擦). rolling friction

회전=면(回轉面)명 〈수학〉 어떤 평면 곡선을 그 평면에 있는 직선을 축으로 하여 회전시킬 때에 생기는 곡면(曲面).

회전 목마(回轉木馬)명 서 있는 축의 둘레에 목마를 배치해 그 축을 회전시키는 놀이.

회전 무:대(回轉舞臺)명 〈연예〉 무대의 주요 부분을 원형(圓形)으로 절단하여 수평으로 회전할 수 있도록 한 무대. revolving stage

회전=문(回轉門)명 회전식의 문.

회전=반(回轉盤)명 자동식 전화기 등의 다이얼.

회전 속도(回轉速度)명 〈연예〉 영사기·녹음기·촬영기에서 필름을 돌리는 속도. revolution per minute

회전=식(回轉式)명 회전할 수 있는 것. 또, 그 방식. revolving

회전 신:용장[—짱](回轉信用狀)명 〈경제〉 신용장의 하나. 같은 종류의 상품을 동일한 수출상(輸出商)으로부터 장기간에 걸쳐 계속 수입할 경우에, 그 때마다 신용장 금액이 자동적으로 부활되어 사용할 수 있게 된 신용장.

회전=심(回轉心)명 〈물리〉 회전하는 물체의 중심.

회전=의(回轉儀)명 대칭적 강체(對稱的剛體)가 그 축

에 의하여 회전하는 경우. 그 성능을 나타내는 기계. gyroscope

회전 의자(回轉椅子)명 중축에 의하여 회전할 수 있게 만든 의자. 회전식 의자. pivot chair

회전=익(回轉翼)명 〈물리〉 회전에 의해 양력(揚力)이 생기도록 설계한 날개. 헬리콥터의 날개 따위.

회전 자:금(回轉資金)명 〈경제〉 사업의 과정에서 지출되었다가 다시 회수되는 자금. revolving fund

회전 주기(回轉周期)명 어떤 물체가 회전축 둘레를 한 바퀴 도는 시각.

회전-창(回轉窓)명 〈건축〉 회전식으로 여닫을 수 있는 창. pivoted window

회전-체(回轉體)명 ①회전하는 물체. ②〈수학〉 어떤 평면 도형을 그 평면 내에 있는 직선을 축(軸)으로 하여 회전시킬 때 생기는 입체. 뱀돌이②. solid of rotation

회전-축(回轉軸)명 〈물리〉 ①회전의 중심이 되는 일정 부동의 직선 또는 그 점. axis of rotation ②회전하는 기계의 축의 총칭.

회전 출자금[—짜—](回轉出資金)명 〈경제〉 사업 자금을 불리기 위해 잉여금 배당에 있어 특별 배당액을 일정 기간 동안 사업체에 보류하여 자금으로 충당하는 돈.

회전 편광(回轉偏光)명 〈물리〉 편광(偏光)이 수정(水晶)·자당(蔗糖) 등의 매질(媒質) 속을 통과함에 따라 그 편면면(偏平面)이 회전할 때 일어나는 현상. rotary polarization

회전 포:물면(回轉抛物面)명 포물선을 그 축의 둘레에 회전시켜서 이루는 곡면.

회전 포탑(回轉砲塔)명 〈군사〉 화포(火砲)와 더불어 회전시킬 수 있는 포탑. 군함에 쓰임.

회절(廻折)명 ①구부러짐. 휘어 꺾임. bending ②〈물리〉 음파·전파·광파, 물결의 파동(波動)이 좁은 틈 같은 데를 지날 때 똑바로 지나지 않고, 뒤쪽의 그늘진 부분에까지도 약간 전파되는 현상. diffraction

회절 격자(廻折格子)명 〈물리〉 빛의 회절을 이용하여 스펙트럼을 얻는 장치. diffraction grating

회정(回程)명 회로(回路)에 오름. 귀로(歸路). 귀정(歸程).

회정(懷情)명 마음에 품은 정의나 애정. affection

회조(回漕)명 배로 물건을 실어 나름. shipping 하다

회조(詼嘲)명 희롱하여 비웃음. 하다

회조-선(回漕船)명 회조(回漕)에 쓰이는 배.

회:좌(會座)명 ①여러 사람이 한 자리에 모임. 또는 그 자리. ②〈세도〉 관원들이 중요한 일을 의논할 때 한 곳에 모여 앉음. 하다

회:죄(悔罪)명 죄(罪)를 뉘우침. penitence 하다

회:주(會主)명 ①회를 주장하는 사람. sponsor of a meeting ②〈불교〉 법회(法會)를 주장하는 법사(法師)를 이름. [〈불교〉 설법을 하는 도승.

회:중(會中)명 ①회를 하는 도중. during meeting ②〈중〉(會衆)명 많이 모인 뭇사람. 모임의 군중. congregation [som

회중(懷中)명 ①품 속. one's pocket ②마음 속. bo-

회중-경(懷中鏡)명 몸에 지니고 다니는 거울. pocket mirror

회중물(懷中物)명 몸에 지닌 물건. 마음에 둔 물건.

회중 시계(懷中時計)명 〈동〉 몸시계.

회중 일기[—닐—](懷中日記)명 일기 수첩.

회중 전:등(懷中電燈)명 몸에 지니고 다니는 작은 전등. 손전등. flashlight

회중-품(懷中品)명 몸에 지니는 물건. purse

회즙(灰汁)명 잿물이 재에서 우려 낸 즙.

회층—쯩(蛔症)명 〈약〉→회충증(蛔蟲症)①. [letin

회:지(會誌)명 어느 회(會)에서 발행하는 기관지. bul-

회:지석(灰誌石)명 석회·세사(細沙)·백토 따위로 만든 반듯한 조각에 조각하다 글자 하나씩을 새긴 지석(誌石).

회진(回診)명 의사가 병실을 돌아다니며 하는 진찰. doctor's round of visits 하다

회진(灰塵)[명] ①재와 먼지. ashes and dust ②하잘것 없는 물건. worthless thing ③여지없이 소멸 또는 멸망함의 비유. downfall

회질(灰質)[명] 〈약〉석회질. 「음. gathering 하ᄃᆞ

회집(會集)[명] 여러 사람이 많이 모임. 또, 많이 모

회창-거리-다[자] ①가늘고 긴 물건이 휘어지며 가볍게 자꾸 흔들리다. be unsteady ②아랫도리에 힘이 없어 똑바로 가누지 못하고 좌우로 빗나다다. 〈큰〉휘청거리다. **회창-회창**[부]

회천(回天)[명] ①제왕(帝王)의 뜻을 돌리게 함. changing the king's mind ②하늘을 휘둘러봄. looking up to heaven ③형세를 일변시킴. changing the situation completely 하ᄃᆞ   「굿.

회-첨(會檐)[명] 〈건축〉처마가 'ㄱ'자 형으로 굽어진

회첩(回帖)[명] 회답(回答)의 글. 답장(答狀). reply

회청-색(灰靑色)[명] 잿빛 바탕에 다소 푸른 빛이 섞인 빛깔. bluish grey

회체(會體)[명] 회(會)의 조직체.

회-초(晦初)[명] 그믐 초승. 그믐과 초승의 어름.

회초리 어린아이를 때릴 때에 쓰는 가느다란 나뭇가지. whip

회총(懷寵)[명] 임금의 총애(寵愛)를 잃을까 두려워서 애를 씀. 지위가 떨어질까 하여 애를 태움. 하ᄃᆞ

회춘(回春)[명] ①봄이 다시 돌아옴. return of the spring ②중한 병에서 건강을 회복함. recovery ③다시 젊어짐. ④〈농〉장년기·노년기의 하천(河川)이 다시 침식력을 회복하여 하저(河底)를 침식하고 유년기의 성질을 띠는 현상. 하ᄃᆞ

회춘(懷春)[명] ①여자가 춘정(春情)을 일으킴. ②늙은 여자가 춘정을 느낌. 하ᄃᆞ

회출 ①→회첨(會檐). ②→골목.

회충(蛔蟲)[명] 〈동물〉회충과에 속하는 기생충의 하나. 몸 길이가 15~30 cm로 고리마디가 없는 지렁이 모양임. 아채 등을 통해 입으로 들어가 창자 속에 붙어 삶. 거위². 회(蛔). 회(蛔). round worm

회충-약(—藥)[명] 〈약학〉회충을 없애는 약.

회충-증(—症)[명] 〈의학〉①회충의 기생으로 생기는 병. 〈약〉회충. ②회의 거위배.

회-치(悔恥)[명] 뉘우치어 부끄럽게 여김. 하ᄃᆞ   fish

회-치-다(膾—)[타] 고기로 회를 만들다. slice raw

회칙(回勅)[명] 〈기독〉로마 교황이 전세계의 주교에게 보내는 동문(同文)의 회장(回章).

회칙(會則)[명] 회(會)의 규구(規矩).   「게 세운 기둥.

회침-기둥[명] 〈건축〉사방으로 인방·중방이 걸리

회-칼(膾—)[명] 회를 치는 데 쓰는 칼.

회-탄(悔嘆)[명] 뉘우쳐 개탄함. 하ᄃᆞ

회태(懷胎)[명] 〈동〉잉태(孕胎).

회토[명] 재와 흙. ashes and earth

회토(懷土)[명] 안락한 거처를 생각하거나 살고 있는 곳에 안주를 생각함. 고향을 생각함. homesickness

회통(回通)[명] 통문(通文)에 대하여 회답함. 또, 그

회통(灰筒)[명] 회로 만든 통.   「회답. 하ᄃᆞ

회통(蛔痛)[명] 회충으로 말미암아 생기는 거위배.

회:-판(板)[명] 〈약〉회두리판.   「'직임(勅任)'벼슬.

회:판(會辦)[명] 〈제도〉구한국 때 통신원(通信院)의

회편(回便)[명] 돌아가거나 돌아오는 인편(人便). send by someone returning

회포(懷抱)[명] 마음 속에 품은 생각. 잊혀지지 않는 생각. 감회(感懷). 〈준〉소회(所懷). reminiscence

회풍(回風·廻風)[명] 〈동〉회오리바람.

회피(回避)[명] ①몸을 피하여 만나지 아니함. ②책임을 지지 아니하고 꾀를 부림. ③일하기를 꺼림. evasion ④〈법률〉법관·법원 서기관·서기·통역관이 사건에 관하여 제척(除斥) 또는 기피의 원인이 있다고 생각하여 스스로 사건을 다루기를 피하는 일. 하ᄃᆞ

회피 부득(回避不得)[명] 일을 아니 하려고 피하려 하나 피할 수가 없음. 요말 부득. unavoidableness

회피-책(回避策)[명] 회피하고 모면하는 방법이나 방책.

회하(回下)[명] 〈제도〉과거(科擧) 때에 짓던 시부(詩賦)의 회제(回題) 이하의 글귀.

회:-하(會下)[명] 〈불교〉사승(師僧) 밑에서 참선(參禪)하여 수학(修學)하는 학인(學人).

회:-하-다(晦—)[형][여] 어둡다. 밝지 아니하다. dark

회:하(會下寺)[명] 〈불교〉회하승(會下僧)들이 있는 절.

회:하-승(會下僧)[명] 〈불교〉회하(會下)인 중.   「절.

회한(悔恨)[명] 뉘우치고 한탄함. 오한(懊恨)·오회(懊悔). repentance 하ᄃᆞ

회:합(會合)[명] 여러 사람이 모여듦. 또는 그 모임. ¶ ~소(所). meeting 하ᄃᆞ

회항(回航)[명] ①배를 특정한 곳으로 항해시킴. navigation ②항구마다 돌아다니는 항해. sailing about ③곳곳에 들러서 돌아오는 항해. 〈대〉직항(直航). homeward voyage ④외국에 주문한 함선(艦船)을 가지고 돌아오기 위한 항해. bringing home a ve-

회해(詼諧)[명] 실없이 하는 농담. joke   ssel 하ᄃᆞ

회향(回向)[명] ①얼굴을 돌이키어 다른 쪽으로 향함. ②〈불교〉불사(佛事)를 경영하다 죽은 이의 명복을 빎. memorial ③〈불교〉자기가 닦은 공덕을 남에게 돌려, 범부가 닦은 마음을 불과(佛果)로 들어갈. 하ᄃᆞ   「驅風의 약재로 씀.

회향(茴香)[명] 〈한의〉회향풀의 열매. 거위 구풍(驅風)

회향(懷鄕)[명] 고향을 그리며 생각함. 망향(望鄕). nostalgic reminiscence

회향-문(回向文)[명] 〈불교〉법사(法事)의 맨 나중에 닦은 바의 공덕을 중생(衆生)에게 돌려보내기 위하여 외는 염불의 기원문(祈願文).

회향 발원심(回向發願心)[명] 〈불교〉이승에 닦은 선근(善根)·공덕으로 정토(淨土)에 왕생(往生)하고자 하는 발원(發願).

회향-병(—[病]懷鄕病)[명] 고향을 떠난 사람이 고향을 너무 그리워하는 심정을 병에 견주어 이르는 말. homesickness

회향-유(茴香油)[명] 회향풀의 열매에서 채취한 무색의 정유(精油). 거위·거담·구풍·교미약으로 쓰임.

회향-풀(茴香—)[명] 〈식물〉미나리아재비과의 이년생 풀. 높이 1.5 m 내외로 잎은 긴 실 모양으로 갈라짐. 7월에 황색 꽃이 피고 난상 타원형의 과실은 방향(芳香)이 강함. 과실은 회향(茴香)이라 하여 약용함.

회혼(回婚)[명] 부부가 혼인한 지 예순 돌이 됨을 이름. 회근(回巹). both wedding anniversary

회혼-례(—禮回婚禮)[명] 회혼을 축하하는 잔치.

회홍(恢弘)[명] ①너그럽고 큼. 관대함. generosity ②널리 핌. propagation 하ᄃᆞ

회:화(悔禍)[명] 화를 뉘우침. 하ᄃᆞ

회:화(會話)[명] ①서로 만나서 이야기함. conversation ②외국 말로 하는 말이나 이야기. 하ᄃᆞ

회:화(繪畵)[명] 온갖 그림을 가리킴. 그림. 후소(後素). picture

회화-나무[명] 괴나무.

회화-나무[명] 〈식물〉콩과에 속하는 낙엽 활엽 교목. 8월에 황백색 꽃이 복총상(複總狀) 화서로 피며 10월에 협과(莢果)가 익음. 목재는 가구·신탄재로 쓰며, 꽃은 약용함. 괴목(槐木). 괴나무.

회:화-론(繪畵論)[명] 〈미술〉회화의 본질(本質)의 미학적 고찰. tractate of painting

회:화 문자(—字[繪畵文字])[명] 그림 문자 및 상형문자(象形文字)의 총칭. picture-word

회:화-체(會話體)[명] 〈문학〉서로 묻고 대답하는 형식으로 쓴 문체(文體). colloquial style

회확(恢廓)[명] ①도량(度量)이 큼. 마음이 넓음. broadmindedness ②닦던 사업을 넓힘. extension 하ᄃᆞ

회확 대:도(恢廓大度)[명] 마음이나 도량이 넓고 큼. generosity

회환(回還)[명] 갔다가 다시 돌아옴. 환래(還來). 회래(回來). return 하다

회활(豁猾)[명] 간활하고 교활함. 하다

회회(回回)[명] ①여러 번 감기거나 감기는 모양. coil round ②이리저리 휘두르는 모양. 《큰》휘회. round and round 하다

회회(恢恢)[명] ①넓고 큰 모양. ②여유가 있는 모양.

회회-교(回回敎)[명]〈종교〉세계 3대 종교의 하나. 마호메트교. 이슬람교. 《약》회교(回敎). Mohammedanism

회회-찬찬[명] 여러 번 단단히 둘러 감기거나 감기는 모양. 《큰》휘휘친친. round and round

회회-청(回回靑)[명]〈공업〉사기그릇에 푸른 채색을 올리는 물감.

회훈(回訓)[명]〈법률〉재외 전권의 청훈(請訓)에 대한 본국 정부의 회답. (대) 청훈(請訓). instructions in response to a request 하다

회흑-색(灰黑色)[명] 검은 빛이 도는 짙은 잿빛. blackish grey

획[부] ①빨리 돌아가는 모양. swiftly ②바람이 별안간 세게 부는 모양. with a sweep ③갑자기 힘있게 내던지는 모양.《큰》휙.

획(畫·劃)[명] ①재빨리 돌아가는 모양. swiftly ②바람이 별안간 세게 부는 모양. ③갑자기 힘있게 내던지는 모양.《큰》휙.

획(畫·劃)[명] ①글씨나 그림의 붓으로 그은 줄이나 점의 총칭. stroke ②《약》→자획(字畫).

획급(劃給)[명] 주어야 할 것을 갈라 줌. 그어 줌. 나누어 줌. 획하(劃下). distribution 하다

획기-적(劃期的)[관·형] ①어떤 과정에서, 아주 새 시기가 닥칠 만큼 뚜렷한(것). epoch-making ②새로운 기원(紀元)을 여는(것). 1~ 전환(轉換).

획단(劃斷)[명] 둘로 절단함. cutting 하다

획득(獲得)[명] 손에 넣음. 얻어 가짐. 《최우수상을 ~하다.》(대) 상실(喪失). acquisition 하다

획득 면-역(獲得免疫)[명]〈의학〉후천적으로 면역을 획득한 상태.

획득 형-질(獲得形質)[명]〈생리〉선천적(先天的)인 유전 형질(遺傳形質)이 아니고, 생활하는 상태와 환경에 따라서 이루어지는 후천적인 형질. 습득 형질(習得形質). acquired character

획력(畫力)[명] 글씨나 그림의 필력.

획리(獲利)[명]〈동〉득리(得利). [함. 하다

획벌(劃伐)[명] 일정한 지역으로 숲을 구획하여 벌목

획법(畫法)[명] 글씨나 그림의 획을 긋는 법. style of penmanship [number of strokes

획수(畫數)[명] 글씨 획의 수효. 자획의 수. 1~ 색인.

획순(畫順)[명] 글씨 획의 순서(順序). 자획의 차례. stroke orders

획=시대적(劃時代的)[관·형] 시대를 긋는(것).

획연(劃然)[명] 구별이 명확한 모양. clearness 하다 히

획인(畫引)[명] 획수를 따라 찾는 한자(漢字)의 색인(索引)의 하나. stroke index

획일(劃一)[명] ①한결같아서 변함이 없음. uniformity ②쪽 고라서 줄로 그은 듯함. 하다

획일 교-육(劃一敎育)[명] 개개인의 개성 따위는 생각지 않고 획일하게 하는 교육. [②쪽 고른(것).

획일-적[-的][관·형] ①한결같은(것). uniform

획일-주의(劃一主義)[명] 관습·전례에 대해 아무 비판이나 형식적으로 따르는 경향.

획정(劃定)[명] 한결같이 작정함. demarcation 하다

획지(劃地)[명] 도시(都市)에서 건축용 땅을 갈라서 나누는 데의 단위가 되는 땅. block

획창(畫唱·獲唱)[명]〈체육〉궁술 대회에서 정순(正巡) 때에 과녁을 맞혔을 경우에 '맞혔소'하고 외치는 사람. [하다

획책(劃策)[명] 일을 계획하는 것. 일을 꾀함. planning

획출(劃出)[명] 꾀를 생각하여 냄. conceiving a scheme

획하(劃下)[명]〈동〉획급(劃給). 하다

획화(劃花)[명]〈공업〉도자기의 몸에 칼로 파서 새겨 낸 그림.

획=획(劃-劃)[명] ①연해 빨리 돌아가는 모양. ②바람이 잇따라 세게 부는 모양. ③계속해서 힘주어 던지는 모양.《큰》확확. [lime powder

횟=가루(灰—)[명]〈속〉산화칼슘. 석회의 가루를 말함.

횟ː=감(膾—)[명] 회의 재료가 되는 고기나 생선. raw fish

횟대(—)[명]〈어류〉둑중개과에 속하는 물고기. 동갈횟대·빨간횟대·뿔횟대·줄가시횟대 등이 있음. 대부분 머리가 크고 아가미 위에 풀이나 돌기가 있음. 겨울에 맛이 좋음. 두부어(杜父魚).

횟=돌(灰—)[명]〈광물〉방해석(方解石)이 모여 된 수성암(水成岩). 석회를 만드는 돌. 석회석(石灰石).

횟돌-~다[자] 휘돌다. 삥돌다. [lime stone

횟=물(灰—)[명]〈동〉석회수(石灰水).

횟-반(灰—)[명] 뭉쳐서 굳어진 석회의 조각. lump of solidified lime [치고 짓빨는 일.

횟-방아(灰—)[명] 석회의 새사(細沙)를 섞어서 물을

횟-배[명]〈동〉거위배.

횟수(回數)[명] 차례의 수효. number of times

횟=잎[—닢][명]〈식물〉횟잎나무의 잎. 식용함.

횟잎-나무[—닢—][명]〈식물〉노박덩굴과의 낙엽 활엽 관목. 높이 1 m 내외로 잎은 난형임. 6월에 황록색 꽃이 피고 삭과(朔果)는 10월에 익음. 산록의 암석지에 나고 어린 잎은 식용함. [서 만든 나물.

횟잎 나-물[—닢—][명] 횟잎나무의 부드러운 잎을 데쳐

횟ː=집(膾—)[명] 생선회를 전문으로 파는 음식점.

횡(橫)[명] 가로. 어긋. 《반》종(縱). horizontal

횡가(橫柯)[명] 가로퍼진 나무의 가지. [은 누가.

횡각(橫閣)[명]〈불교〉절의 큰 방에 잇대어 만들어 놓

횡간(橫看)[명] ①글을 가로 파 읽어 간. ②가로 그은 줄 안에 벼려 적은 표. 하다

횡강-목(橫杠木)[명] 입관(入棺)할 때에 관 위에 가로 걸쳐 놓는 세 개의 가느스름한 막대.

횡갱(橫坑)[명]〈광물〉광산에서 땅 속에 수평으로 판 갱도(坑道). (대) 수갱(竪坑). level

횡격(橫擊)[명] ①옆으로 갈김. ②〈군사〉적을 측면으로 공격함. flank attack 하다

횡격-막(橫膈膜)[명]〈생리〉복강(腹腔)과 흉강(胸腔) 사이에 있는 근육성(筋肉性)의 막(膜). 호흡에 필요한 작용을 함. 《약》격막. diaphragm

횡견(橫見)[명] 빗겨 봄. 을바로 보지 않고 결눈질하여 봄. looking askance 하다

횡경(橫經)[명] 경서(經書)를 퍼 듦. 하다

횡곡(橫谷)[명] 산맥의 축(軸)에 직각인 골짜기.

횡관(橫貫)[명] ①가로 꿰뚫음. crossing through ②동서(東西)로 통과함. (대) 종관(縱貫). running east to west 하다 [횡단 철도.

횡관 철도[—또](橫貫鐵道)[명] 동서로 관통하는 철도.

횡구(橫句)[명] 거짓된 문구(文句).

횡단(橫斷)[명] ①가로 끊음. cross cutting ②가로 지나감. (대) 종단(縱斷). crossing 하다

횡단-로[—노](橫斷路)[명] ①도로를 가로질러 가는 길. crossroad ②대륙·바다 등을 횡단하는 항로. transcontinental (transoceanic) line

횡단-면(橫斷面)[명] 물체를 가로 자른 면이나 바다. transverse section

횡단 보-도(橫斷步道)[명] 교통 정리상 차도를 횡단하는 보행자를 위해 정지선(停止線)을 긋거나 또는 고 스톱 표(go stop 標)를 걸어 놓은 도로 구역.

횡단 비행(橫斷飛行)[명] 산하(山河), 해양(海洋) 따위를 가로 건너는 비행. transcontinental (transoceanic) flight

횡단-주의(橫斷主義)[명]〈사회〉자본 계급들과 노동 계급끼리가 저마다 조합을 만들어서 대립하려는 주의. (대) 종단주의(縱斷主義). horizontarism

횡단 철도[—또](橫斷鐵道)[명] 횡관 철도.

횡담(橫談)[명] 사뭇 함부로 지절임. talk at random

횡당(黌堂)[명] 공부하는 집. 글방. [하다

횡대(橫帶)[명] ①가로떠. ②관(棺)을 묻은 뒤에 광중(壙中)의 위를 덮는 널.

횡대(橫隊)명 가로줄을 지은 대오(隊伍). (대) 종대(縱隊). rank

횡도(橫道)명 ①옳지 않은 길. 횡로(橫路). wrong way ②가로 나갔던 길. cross road

횡득(橫得)명 뜻밖에 이익을 얻음. windfall 하다

횡-듣다(橫──)타 무슨 말을 잘못 듣다. mishears

횡래지액(橫來之厄)명 뜻밖에 닥쳐오는 재액. 〈약〉 unexpected calamity

횡렬(橫列)명 가로 늘어섬. 또는 그 줄. rank

횡렬(橫裂)명 ①가로 찢어짐. 가로 벌어짐. ②〈식물〉 약(葯)이 익어 가로 벌어져서 꽃가루가 날리어 나오는 열개법(裂開法)의 하나. 하다

횡렴(橫斂)명 〈제도〉 무법하게 조세(租稅)를 징수함.

횡령(橫領)명 ①남의 물건을 불법으로 빼앗음. usurpation ②〈법률〉 남에게 위탁받은 금품이나 물건을 중간에서 채어 가짐. embezzlement 하다

횡령-죄[─쬐](橫領罪)명 〈법률〉 남의 금품이나 물건을 횡령한 죄. embezzlement

횡로(橫路)명 ①옳지 못한 길. 횡도(橫道)¹. wrong way ②그릇된 방향.

횡류(橫流)명 ①물이 딴 곳으로 꿰져 흐름. flowing sideways ②물건을 정당한 경로를 밟지 않고 전매함. ¶정부미를 ∼하다. flow into black market 하다

횡리(橫罹)명 뜻밖의 재앙에 걸림. 하다

횡면(橫面)명 옆면. 측면(側面).

횡모(橫貌)명 옆모습. profile

횡목(橫木)명 가로질러 놓은 나무. cross-bar

횡문(橫文)명 가로글씨로 된 글. lateral writing

횡문(橫聞)명 똑바로 듣지 못하고 그릇 들음. 하다

횡문-근(橫紋筋)명 무수한 가로무늬가 있는 근육. 가로무늬근.

횡보(橫步)명 모로 걷는 걸음. walking sideways 하다

횡-보다(橫──)타 바로 보지 못하고 잘못 보다.

횡-분열(橫分裂)명 〈생물〉 세포가 분열할 때 가로 갈라져 두 개의 개체를 형성하는 일. 세균·짚신벌레 등. ¶∼. unnatural death 하다

횡사(橫死)명 뜻밖의 재앙으로 죽음. ¶비명(非命)

횡사(橫斜)명 가로 기울어짐. 가로 비낌. leaning 하다

횡사(橫絲)명 피륙의 가로 건너면 실. 씨.

횡사(橫肆)명 〈동〉 횡자(橫恣). 하다

횡산(橫産)명 아이를 가로 낳음. 아이를 팔부터 낳음. 하다

횡색(橫塞)명 길이 막힘. suspension of traffic 하다

횡서(橫書)명 ①쓴 글줄. 가로글씨. 가로쓰기. (대) 종서(縱書). writing in a lateral line ②옆들고 쓴 글씨. 하다

횡선(橫線)명 가로 그은 줄. 가로금. (대) 종선(縱線)

횡선 수표(橫線手票)명 〈경제〉 표면에 두 줄의 평행선을 그은 수표. ¶표 소지인은 일단 자기 거래 은행에 예입(預入)한 후라야만 현금을 찾을 수 있음. crossed cheque

횡선 어음(橫線─)명 〈경제〉 표면에 두 줄의 평행선이 그어진 어음. 수취인은 일단 자기의 거래 은행에 예금하고 그 은행이 어음의 지급 은행으로부터 지급을 받은 뒤가 아니면 현금을 찾을 수 없음.

횡설 수설(橫說竪說)명 조리가 없는 말을 함부로 지껄임. contradictory speech 하다

횡섭(橫涉)명 함부로 건넘. 하다

횡수(橫手)명 장기나 바둑 따위에서 잘못 둔 수.

횡수(橫竪)명 ①가로와 세로. ②〈불교〉 가로질이.

횡수(橫數)명 뜻밖의 운수. chance hit

횡수-막이(橫數─)명 〈민속〉 그 해의 액운을 막으려고 정월에 무당을 시켜 하는 굿. 하다 ¶〈음〉 cross

횡-시자(橫十字)명 'X'자 모양으로 된 글자의 일컬

횡액(橫厄)명 〈준〉→횡래지액(橫來之厄).

횡언(橫言)명 자기 마음대로 함부로 내뱉는 말.

횡역(橫逆)명 떳떳한 이치에 벗어나 어그러짐. iniquity 하다

횡와(橫臥)명 가로 누움. 모로 누움. lying on one's side 하다

횡위(橫位)명 〈생물〉 자궁 속에서 태아가 옆으로 위치함. 하다

횡의(橫議)명 빗나간 의논. 탈선된 의논.

횡일(橫溢)명 자유 자재(自由自在)하여 구속을 받지 않음. 제멋대로 행동함. 하다

횡일(橫溢)명 물이 가로 꿰져 흘러 넘침. 하다

횡일-성[─썽](橫日性)명 〈식물〉 식물체의 한 부분이 빛을 받으려고 햇빛이 쬐는 방향과 직각에 가깝도록 굴곡(屈曲)하는 성질. heliotropism

횡자(橫肆)명 제멋대로 방자함. 횡사(橫肆). self-indulgence 하다 ¶잔교(棧橋). pier

횡-잔교(橫棧橋)명 〈건축〉 바닷가와 평행하게 만든 잔교.

횡-장자(橫障子)명 〈동〉 횡장지.

횡-장지(橫障─)명 〈건축〉 외풍(外風)을 막기 위하여 사방에 베나 나무 오리를 덧대고 종이로 싸 바른 장치. 횡장자(橫障子)

횡재(橫災)명 뜻하지 아니한 재난. unforeseen disaster 하다

횡재(橫財)명 뜻밖의 재물을 얻음. 또는 그 재물. windfall 하다

횡적(橫笛)명 〈동〉 저¹. ¶(것)

횡-적[─쩍](橫的)관 어떤 사물에 횡으로 관계되는

횡적 공:범(橫的共犯)명 〈법률〉 공동 정범과 같이 인과 과계의 폭원(輻員)에 있어서 몇 사람이 공동하는 공범.

횡적 사:회[─쩍─](橫的社會)명 근대 자유 민주주의 사회와 같이 사회 구성원자의 자유로운 의사에 따른 계약으로 맺어진 평등 관계의 사회를 말함.

횡전(橫轉)명 ①공중에서 회전함. lateral turning ②수평 비행할 도중에 옆으로 한 번 회전하고 다시 수평 비행을 계속하는 특수 비행. barrel roll 하다

횡절(橫截)명 가로 자름. cross-cutting 하다

횡정(橫政)명 아주 못된 정치. 횡포한 정치. (대) 선정(善政). misgovernment

횡제(橫堤)명 〈토목〉 하선(河身)의 직각 방향(直角方向)으로 제외지(堤外地)에 쌓은 제방(堤防).

횡주(橫走)명 ①아무리 하여도 안 될 짓을 함. 바르지 못한 길로 감. going wrong way ②가로 뛰어감. running sideways ③함부로 날뛰어 다님. 횡치(橫馳). wanton 하다

횡죽(橫竹)명 긴 담뱃대를 뻗치어 물. 또는, 그 담뱃대.

횡지-성[─씽](橫地性)명 〈식물〉 굴지성(屈地性) 가운데 지구가 되는 중력(重力)의 작용 방향에 대하여 가로 방향으로 굴곡 운동을 일으키는 굴성(屈性). diageotropism ¶〈종대(縱陳).

횡진(橫陣)명 〈군사〉 가로 된 군함 등의 진영. (대) 종진(縱陳).

횡징(橫徵)명 세금을 강제로 징수함. extorting taxes

횡창(橫窓)명 〈동〉 교창(交窓).

횡철(橫綴)명 ①자모(字母)를 가로 붙여서 쓰는 철자(綴字). 풀어쓰기. (대) 종철(縱綴). lareral writing ②가로로 제본함. oblong bookbinding 하다

횡초-공(橫草之功)명 전지(戰地)에 나가서 산야(山野)에 있는 적을 무찌르고 세운 큰 공.

횡축(橫軸)명 ①가로 꾸민 족자. ②〈수학〉 '가로축'의 구용어. 가로대. (대) 종축(縱軸). abscissa

횡출(橫出)명 빗나감. 마땅하지 못한 행동을 함. unlawful behaviour 하다

횡치(橫馳)명 〈동〉 횡주(橫走). 하다

횡침(橫侵)명 무법(無法)하게 쳐 들어감. invasion 하다

횡탈(橫奪)명 무법하게 남의 물건을 가로채서 빼앗음. unlawful seizure 하다

횡파(橫波)명 ①옆으로 부딪치는 물결. side waves ②〈물리〉 매질(媒質)의 운동 방향이 결(波)이 나아가는 방향과 수직인 파동. 고저파(高低波). (대) 종파(縱波). transverse wave

횡판(橫板)명 가로 걸쳐 놓은 널빤지. horizontal board

횡포(橫暴)명 상리(常理)에 벗어나고 몹시 사납게 굶.

또는 그 행동. tyranny 하휑
횡폭(橫幅)圓 가로 넓이. width
횡학(橫虐)圓 횡포하여 마구 학대함. ill-treatment 하휑
횡ː해ː안(橫海岸)圓〈지리〉 산맥이 직각을 이룬 해안.
횡행(橫行)圓 ①거리낌없이 함부로 돌아다님. being rampant ②모로 감. going sidewise (대) 종행(縱行). 하휑
횡향(橫向)圓 ①얼굴을 모로 돌리어 향함. turning sideways ②모로 향함. 하휑
횡화(橫禍)圓 뜻하지 않은 화난. unexpected disaster
효ː(爻)圓 주역(周易)의 한 괘(卦)에 속하는 여섯 개의 가로 그은 획. '—'을 양, '--'을 음으로 함.
효(孝)圓 부모를 잘 섬기는 일. (대) 불효(不孝). filial piety 하휑
효ː(效)圓〈약〉→효험(效驗).
효ː감(孝感)圓 효심이 깊은 행동에 신인(神人)이 감동함.
효ː건(孝巾)圓〈俗〉두건(頭巾). [동함. 하휑
효ː경(孝敬)圓 부모를 잘 섬기고 공경함. 하휑
효ː계(曉鷄)圓 새벽을 알리는 닭.
효ː과(效果)圓 ①보람이 드러나는 결과. ¶노력한 ~는 반드시 있다. ②〈연예〉영화·연극 등에서, 시청각에 호소하여 정취를 더하는 일. ¶연출 ~.
효ː과ː음(效果音)圓〈연예〉무대·영화·방송의 극의 진행을 돕고, 또 바깥의 효과를 주는 음향.
효ː과ː적(效果的)쭈웞 효과가 있는(것). ¶~ 방법.
효ː광(曉光)圓 새벽녘의 햇빛.
효ː근(爻根)圀 매.
효ː기(曉氣)圓 새벽 공기. 새벽 기운. air of the dawn
효ː기(曉起)圓 새벽에 일찍 일어남. rising early 하휑
효기(驍騎)圓 사나고 날쌘 기병(騎兵). valiant cavalry
효ː녀(孝女)圓 효성·효행이 있는 딸. filial daughter
효ː능(效能)圓 효험의 능력. 효력(效力)④. 힘①. ¶약의 ~. efficacy
효ː달(曉達)圓 명확히 통함. 사물이나 도리를 잘 깨달아 앎. 통효(通曉). 통달(通達). conversance 하
효ː덕(孝德)圓 부모를 잘 섬기는 마음.
효ː도(孝道)圓 부모를 잘 섬기는 도리. (대) 불효(不孝). filial piety 하휑 ‖를 받다.
효ː도ː보ː다(孝道—)困 자녀나 며느리들에게서 효도를 받다.
효ː두(曉頭)圓 먼동이 틀 이른 새벽. 먼동이 틀 무렵. dawn
효ː두 발인(曉頭發朝)圀 새벽에 하는 발인. 하휑
효ː득(曉得)圓 깨달아 앎. 효해(曉解). understanding
효ː려(孝廬)圓 상제가 거처하는 곳.
효ː력(效力)圓 ①효험(效驗). ②圀 공로(攻勞). ③(동) 보람①. ④(동) 효능. ⑤효과·효험·보람·공로·효능을 나타내는 힘. 힘①. effect
효ː렴(孝廉)圓 부모를 잘 섬기는 사람과 청렴한 사람.
효ː로(效勞)圓 힘들인 보람. 공로(攻勞). merits
효ː로(曉露)圓 새벽 이슬.
효맹(梟猛)圓 건장하고 날쌤. 하휑
효명(梟名)圓 매우 힘이 세다는 소문. renown
효모(酵母)圓〈동〉효모균.
효모ː균(酵母菌)圓〈식물〉균류(菌類)의 단세포로 되는 원형 또는 타원형의 균. yeast
효목(梟木)圓 효수(梟首)를 매다는 나무. 옥문(獄門).
효ː무(曉霧)圓 새벽 안개. 새벽녘에 끼는 안개.
효박(淆薄)圓 인정(人情)이나 풍속(風俗)이 아주 경박함. frivolity 하휑
효ː복(孝服)圓 상복(喪服)의 하나임.
효ː부(孝婦)圓 효행(孝行)이 두터운 며느리. filial daughter-in-law
효ː빈(效顰)圓 ①함부로 남의 흉내를 냄. rash imitation ②남의 잘못된 점을 좋게 여겨 흉내를 냄.
효ː사(效死)圓 죽을 힘을 다함. 하휑
효상(爻象)圓 ①좋지 못한 몰골. ②(동) 패상(敗象).
효ː상(曉霜)圓 새벽 서리.
효ː색(曉色)圓 새벽 경치. 새벽빛. dawn view

효선(肴膳)圓 술과 안주.
효ː성(孝誠)圓 마음을 다하여 어버이를 섬기는 정성. filial affection 스럽 스럽다
효ː성(曉星)圓 샛별. 서성(曙星). morning star ②많지 아니한 물건의 비유.
효성이 지극하면 돌 위에 풀이 난다 어버이에 대한 효성이 지극하면 기적적인 천우 신조(天佑神助)도 있게 된다. 「화합물. 뜸씨. ferment
효소(酵素)圓〈화학〉단백질과 비슷한 일종의 유기
효소ː제(酵素劑)圓 동식물이 생산하는 효소를 식품·의약에 쓸 수 있도록 한 상품.
효ː손(孝孫)圓 ①효심이 많은 손자. filial grandson ②손자가 제주(祭主)가 된 제사에서 할아버지의 혼백에게 스스로를 일컬음.
효수(梟首)圓〈제도〉목을 베어 높이 달아 놓던 군법(軍法)의 처형의 하나. gibbeting the head
효수 경ː중(梟首警衆)圓〈제도〉효수를 행하여 뭇사람을 경계함. 하휑
효ː순(孝順)圓 효행이 있고 유순함. filial obedience
효ː습(曉習)圓 깨달아 익숙하게 됨. be familiar 하휑
효시(梟示)圓 효수하여 뭇사람을 깨우치는 뜻으로 보임.
효ː시(曉示)圓 효유(曉諭). 「임. 하휑
효ː시(嚆矢)圓 ①맨 처음에 쏘는 소리 나는 살촉의 화살. ②온갖 사물의 맨 처음으로 됨의 비유.
효ː신(曉晨)圓 새벽. [beginning
효ː심(孝心)圓 효성이 있는 마음. filial affection
효ː암(曉暗)圓 새벽녘의 희미한 어둠.
효ː애(曉靄)圓 새벽에 끼는 이내. 「otion 하휑
효ː양(孝養)圓 부모를 효도로써 봉양함. filial devotion 하휑
효ː연(曉然)圀 (동) 요연(瞭然). 하휑 히휑
효ː열(孝烈)圓 ①어버이를 잘 섬김과 절개를 굳게 지킴. filial piety and loyalty ②효자와 열녀. pious son and a faithful woman
효ː오(曉悟)圓 깨달음. 하휑
효ː용(效用)圓 ①효험(效驗). ②용도(用途). ③〈경제〉사람의 욕망을 만족시키는 재화(財貨)의 능력. utility
효용(驍勇·梟勇)圓 사납고 날쌤. valiancy 하휑
효용 예ː술[—녜—](效用藝術)圓 실제 생활에 유용함을 위주로 한 예술. 효용가 제이의주의에의 예술은 제이의적(第二義的)인 예술.
효용 체감의 법칙(效用遞減—法則)《약》한계 효용 체감의 법칙.
효ː우(孝友)圓 부모에게 대한 효도와 동기에게 대한 우애. 효제(孝悌). filial piety and brotherly love
효ː우(曉雨)圓 새벽녘에 내리는 비.
효웅(梟雄)圓 사납고 용맹한 영웅. valiant hero
효ː월(曉月)圓 새벽 달. morning moon
효ː유(曉諭)圓 알아듣게 일러줌. 효시(曉示). 하휑
효ː율(效率)圓〈물리〉기계가 한 일의 양과 그에 공급된 에너지와의 비. efficiency ②일의 능률.
효ː은(孝恩)圓 부모의 은혜에 보답하기 위한 효도.
효ː의(孝義)圓 효행과 절의(節義). filial piety and constancy
효ː자(孝子)圓 부모를 잘 섬기는 아들. dutiful son
효ː자ː성(孝慈性)圓 부모에게 대한 효도와 자식에게 대한 자애(慈愛).
효자 끝에 불효나고 불효 끝에 효자 난다 대대로 효자만 나거나 불효만 나는 것이 아니라, 효자가 나면 불효자도 나고, 불효자가 나면 나중에 효자도 나게 된다. 「는 뜻으로 세운 정문(旌門).
효ː자ː문(孝子門)圓 효자를 표창하여 널리 본을 보이
효ː자ː비(孝子碑)圓 효자를 표창하여 세우는 비.
효잡(淆雜)圓 (동) 혼잡①. 하휑 [general
효장(驍將·梟將)圓 사납고 날쌘 장수(將帥). veteran
효적(梟敵)圓 간악하고 강한 적.
효ː절(孝節)圓 효성과 절개.
효ː정(效情)圓 참된 정을 다함. 하휑
효ː제(孝悌)圓 (동) 효우(孝友).

효:제 충신(孝悌忠信) 효제(孝悌)와 충신(忠信). filial piety and loyalty

효조(孝鳥) 圈 (동) 까마귀.

효:종(曉鍾) 圈 새벽에 치는 종(鐘). 서종(曙鐘). 새벽종. (대) 모종(暮鐘). daybreak bell

효죄(梟罪) 효수(梟首)에 처하는 죄. crime for gibbeted head

효:중(孝中) 圈 남의 상중(喪中).

효증[―쯩](哮症) 圈 (동) 백일해(百日咳).

효:지(孝志) 圈 효행을 다하는 마음.

효지(曉知·曉智) 매우 예민한 지혜. sharp intelligence

효찬(肴饌) 술 안주와 반찬.

효:창(曉唱) 막힘이 없이 환하게 욈. ―하다

효:천(曉天) 새벽 하늘. 또는 새벽녘. dawn

효:충(效忠) 충성을 다함. loyalty ―하다

효:칙(效則) 본받아서 법을 삼음. ―하다

효:칙(曉飭) 잘 타일러서 경계하여 줌. ―하다

효:친(孝親) 어버이에게 효도함. filial piety ―하다

효한(梟悍) 날쌔고 사나움. fierceness piety ―하다

효:해(曉解) 圈 독득(曉得). ―하다

효:행(孝行) 부모를 잘 섬기는 행실. filial piety

효:험(效驗) 圈 일의 좋은 보람. 효력(效力)①. 효응(效應)①. ¶ ~이 있는 약. (유) 공효(功效). (약)(效). efficacy ―다. obtain effect

효:험-보-다(效驗―) ―타 효험이 실지로 나타남을 받다.

효후(哮吼) 圈 으르렁거림. ―하다

혹-다(畜―) 작다. 자닯다.

혹력근(畜) 작고 작은.

후 圈 무엇을 녹이거나 축일 때, 또는 몹시 매울 때 입을 크게 벌리고 입김을 많이 내부는 소리. (작) 호. puff

후(后) 圈 (약)→후비(后妃).

후(侯) 圈 (약)→후작(侯爵). ―(先). 전(前).

후(後) 圈 ①(약)→추후(追後). ②다음. ③뒤. (대) 선

후(候) 닷새 동안을 이르는 말. five days

후:―**후**(後) 명사 앞에 붙어 시간 또는 공간상 '뒤' 나 '다음'이란 뜻을 나타내는 말. ¶ ~백제(百濟).

후:가(後家) 圈 뒷집. (대) 전(前).

후:가(後嫁) 圈 (동) 후살이. ―하다

후:가[―까](厚價) 圈 후한 값. 중값.

후:각(後脚) 圈 뒷다리.

후:각(後覺) 圈 남보다 나중에 깨달음. (대) 선각(先覺). ―하다

후각(嗅覺) 〈생리〉 냄새에 대한 감각. 후감(嗅感). sense of smell

후각-기(嗅覺器) 〈생리〉 냄새를 맡는 기관(器官). 후각 세포로 되고, 척추 동물에서는 코가 그 작용을 함. (약) 후기(嗅器). organ of smell

후:감(後感) 圈 ①후일의 감상. ②뒷일을 생각함. ―하다

후:감(後鑑) 圈 후일의 귀감(龜鑑). 후세의 모범. less.

후감(嗅感) 圈 (동) 후각(嗅覺). son for the future

후:강(喉腔) 圈 〈음악〉 옛날 가락의 폭소와 히지. 가락. (대) 전강(前腔).

후:―**거리**(後―) 圈 말의 안장에 걸어서 말 궁둥이를 꾸미는 제구. crupper

후:건(後件) 圈 ①후술(後述)의 물건이나 사건. ②〈논리〉 가언적(假言的) 판단을 내릴 때 그 판단의 귀결로 보는 부분. (대) 전건. following consequent

후:견(後見) 圈 ①친권자가 없는 미성년자 또는 금치산자의 감독·교육 및 그 행위의 대리·보도(輔導)·재산 관리 등을 하는 일. guardianship

후:견-인(後見人) 圈 후견의 직무를 행하는 사람. (유) 보호자(保護者). guardian

후:경(後頃) 圈 후측을 방비하는 병정. guardian

후:경(後景) 圈 ①뒤편의 경치. ②무대의 배경. (대) 전경(前景). background

후:경(後頸) 圈 〈생리〉 목의 후편(後便). 목 뒤. nape

후:계(後繼) 圈 뒷일을 맡아 이음. succession ―하다

후:계-자(後繼者) 圈 뒤를 이어 잇는 사람. successor

후:고(後考) 圈 ①나중에 상고하는 일. ②나중의 증거(證據). ―하다

후:고(後顧) 圈 ①일의 뒤를 돌아보아 살핌. looking back ②뒷날의 근심. worry of the future ―하다

후골(朽骨) 圈 썩은 뼈. rotten bone

후골(喉骨) 〈생리〉 성년 남자(成年男子)의 목구멍 속에 있는 갑상 연골(甲狀軟骨)의 돌기(突起)된 부분. 후골(喉核). 이녀골. Adam's apple

후:과[―꽈](後果) 圈 뒤에 나타나는 언짢은 결과.

후관(嗅官) 圈 냄새를 맡는 기관(器官). 후기(嗅器). olfactory organ

후:광(後光) 圈 〈불교〉 부처의 몸 뒤로부터 비치는 광명(光明). 배광(背光). 원광(圓光). halo ②〈기독〉 기독교 예술에서 성화(聖畫) 중의 인물을 감싸는 금빛. 그 인물의 영광을 나타냄. aureole

후괴(朽壞) 圈 썩어서 파괴됨. decay ―하다

후:군(後軍) 圈 ①〈군사〉 뒤에 있는 군대. (대) 전군(前軍). rear guard ②〈제도〉 거둥 때 뒤를 호위하던 군대. ③〈제도〉 고려 때 오군(五軍)의 하나. 후상(後廂). 후상진(後廂陣).

후:굴(後屈) 圈 뒤쪽으로 굽어 있음. ¶ 자궁 ~.

후:궁(後宮·后宮) 圈 〈제도〉 ①제왕(帝王)의 첩. (대) 정궁(正宮). 정비(正妃). harem ②주되는 궁전 뒤쪽에 있는 궁전. (유) 규내(閨內).

후:궁(猴弓) 圈 삼사미로부터 도고지까지 뽕나무를 댄 활.

후:―**그루**(後―) 圈 뒤에 남겨 둔 그루.

후:근(後筋) 圈 후면에 붙은 근육.

후금(喉衿) 圈 목구멍과 옷깃이라는 뜻에서 요해처(要害處)를 가리키는 말.

후:기(後氣) 圈 버티어 나가는 힘. push

후:기(後記) 圈 ①뒷날의 기록. later record ②책 끝에 적은 글. 또는 적는 일. (대) 전기. post script

후:기(後期) 圈 ①뒤의 기약(期約). future promise ②뒤의 시기. latter term ③(약)→후반기.

후:기(後騎) 圈 뒤에 오는 기병. 후방의 기병. (대) 전기(前騎).

후:기(候騎) 圈 척후(斥候)의 기병.

후기(嗅器) 圈 (약)→후각기(嗅覺器).

후:기 인상파(後期印象派) 圈 〈미술〉 19세기말 프랑스에서 일어난 미술 운동의 한 파. 인상주의에서 나온 화풍으로 정조(情調)·기분을 주로 하여 사실의 세부를 벗어나서 강력한 색채와 대담한 수법을 특색으로 함. post-impressionists ―는 일.

후:길(後吉) 圈 상기(喪期)를 마치고 길복(吉服)을 입음.

후끈 圈 갑자기 몹시 뜨거운 느낌이 일어나는 모양. (작) 화끈. hotly ―하다

후끈―**거리다**(―) 몹시 뜨거운 기운을 받아 몸이 연이어 크게 달다. (작) 화끈거리다. **후끈**=**후끈** ―하다

후끈 달:**-다**(달다) (속) ①후끈하도록 뜨겁게 달다. ②애가 타서 참을 수 없을 정도로 닮다다.

후:난(後難) 圈 뒷날의 재난. 뒷날의 비난.

후:년(後年) 圈 ①다음다음 해. 재명년(再明年). year after next ②뒤에 오는 해. 후세(後世).

후:념(後念) 圈 ①(동) 후력(後慮). ②(동) 후려(後慮).

후:뇌(後腦) 圈 〈생리〉 뇌수(腦髓)의 일부분. 연수(延髓)의 위의 뒤쪽, 대뇌(大腦)의 아래에 있으며, 온 몸의 운동을 맡아봄. hind brain

후-늘―**다**(다 圈 흔들다.

후다닥 圈 ①급하게 서두르는 모양. in a hurry ②갑자기 일어나거나 뛰어나가는 모양. (작) 화다닥. suddenly ―하다

후다닥―**거리다**(―) ①연이어 급하게 서두르다. ②갑자기 열세게 연이어 일어나거나 뛰어나가다. (작) 화다닥거리다. **후다닥**=**후다닥** ―하다

후:단(後段) 圈 뒤의 단(段). (대) 전단(前段). latter part

후:단(後端) 圈 뒤쪽의 끝. (대) 전단(前端). rear end

후담(喉痰) 〈한의〉 기침할 때마다 가래가 나오고 목구멍이 아픈 병.

후:당(後堂) 圈 정당(正堂) 후편에 있는 별당.

후:대(後代) 圈 다음의 세대(世代). (대) 선대(先代). coming generation

후:대(厚待)명 ①두터운 대접. warm reception ②후 럽게 대접함. 후우(厚遇). (대) 냉우(冷遇). 박대(薄待). 하타
후:대(後隊)명 〈군사〉①뒤에 있는 대오(隊伍). rear ranks ②후방의 부대.
후:대:문(後大門)명 〈동〉뒷대문.
후:더침(後一)명 아이를 낳은 뒤에 일어나는 잡병 (雜病). 후달(後痰). after pain
후:덕(厚德)명 두터운 덕과 행실. 또는 덕이 두터움. (대) 박덕. liberal favour 하타
후:덕 군자(厚德君子)명 후덕하고 점잖은 사람.
후:도(後圖)명 뒷날의 계획.
후:독(後毒)명[동] 여독(餘毒).
후:두(後頭)명 〈동〉뒤통수.
후두(喉頭)명 〈생리〉호흡기의 한 부분. 포유 동물에서는 공기의 통로이며 소리를 내는 기관임. larynx
후두개 연:골(喉頭蓋軟骨)명 〈생물〉후두개의 내부에 있는 탄력성이 풍부한 하나의 연골.
후두 결절(一節)(喉頭結節)명 〈생리〉전경부(前頸部) 중앙의 피하(皮下)에 불룩하게 일어난 후두부분.
후두 결핵(喉頭結核)명 〈의학〉기침과 가래가 나고 아픈 목의 결핵증(結核症). laryngeal tuberculosis
후두경(喉頭鏡)명 〈의학〉후두 질환의 진단에 사용하는 거울.
후:두골(後頭骨)명 〈생리〉두개(頭蓋)의 뒤쪽 뼈. occipital bone
후두두분 빗방울이 갑자기 떨어지는 소리. with a patter
후두 마비(喉頭痲痺)명 〈의학〉후두에 있는 온갖 근육이 여러 가지 장애로 말미암아 기능을 잃음.
후:두부(後頭部)명 〈생리〉머리의 뒷부분.
후두암(喉頭癌)명 〈의학〉후두에 생기는 암종(癌腫). 후두가 허어 궤양(潰瘍)이 되며 무엇을 삼킬 때에 목이 몹시 아픔. cancer of the larynx
후두 연:골(喉頭軟骨)명 〈생물〉공기를 호흡하는 척추 동물의 후두를 버티는 연골.
후두염(喉頭炎)명 〈의학〉후두에 생기는 염증. 목이 쉬고 기침과 가래가 성함. 급성과 만성이 있음. 후두 카타르. laryngitis
후두음(喉頭音)명 〈어학〉후두를 좁히거나 막고 기류(氣流)를 마찰 또는 파열시키어 내는 소리. laryngeal sound
후두 카타르(喉頭 katarrh)명 〈동〉후두염(喉頭炎).
후:둥이(←後童一)명 쌍둥이 중에서 늦게 나온 아이. 《대》선둥이. younger one of the twins
후드(hood)명 두건 모양의 머리에 쓰는 물건.
후드득분 ①공이나 깨를 볶을 때 튀는 소리가 연해 나는 모양. make a cracking sound ②총포나 딱총 등의 소리가 쉴 새 없이 연달아 울리는 모양. 《작》호드득. make a cracking sound
후드득-거리-다재 ①경망스럽게 자꾸 방정을 떨다. act rashly ②콩이나 깨 따위를 볶을 때에 튀는 소리가 연이어 나다. make a cracking sound ③총포나 딱총 따위의 소리가 쉴 새 없이 연이어 울리다. 《작》호드득거리다. make a cracking sound
후들-거리-다재 ①물기나 먼지를 뒤집어쓴 짐승이 그 묻은 것을 자주 떨어 내다. tremble ②사람이 분발을 못 참아 몸을 자꾸 떨다. 후들-후들타 하타
후딱분 썩 빨리 날쌔게 움직이는 모양 quickly
후딱-후딱분 닥치는 대로 날쌔게 해치우는 모양.
후라(hurrah)명 만세·환호·갈채의 소리.
후라이(←fly)명 거짓말.
후:락(朽落)명 ①낡고 썩어서 쓸모가 없게 됨. decay ②오래 되어서 빛깔이 변함. fading 하타
후:래(後來)분 뒤에 옴. 또, 뒤져서 옴.
후:래 삼배(後來三杯)명 술자리에서 뒤늦게 온 사람에게 계속하여 권하는 석 잔의 술. three glasses for the late comer
후:래 선배(後來先杯)명 술자리에서 뒤늦게 온 사람에게 먼저 권하는 술잔. 하타
후:략(後略)명 뒤를 생략함. 《대》전략, 중략. omission

후:량(餱糧)명 먼 길을 가는 사람이 가지고 가는 양식.
후레-아들명 ①버릇없이 구는 놈. ill-mannered person ②제풀로 자라서 교양이 없는 놈. 《작》호래아들. ill-bred person
후레이(hooray·hurray)감 갈채(喝采), 격려의 소리.
후레-자식(一子息)명 〈속〉후레아들.
후:려(後慮)명 뒷날의 염려. 후념(後念)② anxiety about one's future
후려-갈기-다태 채찍이나 주먹 같은 것으로 힘껏 때리다. lash
후려-내:다태 마구 빼앗아 내다. rob
후려-치다태 채찍 따위로 몹시 갈기다. 힘껏 내리치다. lash
후련-하다형 ①가슴에 듬뿍듬뿍하던 것이 내려서 시원하다. feel refreshed ②마음에 맺혔던 일이 풀려서 시원스럽다. feel relieved 후련-히분
후:락(朽落)명 후락이 된 무색 옷감을 다시 염색함. 하타
후:렴(厚斂)명 무거운 조세. 과중한 세금.
후:렴(後斂)명 노래 곡조의 끝에 붙여 되풀이하여 부르는 짧은 몇 마디의 가사. 후념(後念)②. refrain
후로(朽老)명 나이가 많아 기력이 쇠약해짐. 또는 그러한 사람. grow weak
후:록(厚祿)명 후한 봉록(俸祿). high salary
후:록(後錄)명 글 끝에 덧붙여 써 넣은 기록. post
후:료(料)명 후한 급료(給料). good pay
후:료 아문(厚料衙門)명 〈제도〉선혜청(宣惠廳) 등과 같이 돈이나 곡물을 다루는 관청을 후료를 주는 관청이라는 뜻에서 일컬음.
후:룡(後龍)명 〈민속〉집터·도읍(都邑)터·묏자리의 뒤쪽으로 곧장 뻗어 내려 오는 산줄기.
후루(候樓)명 〈동〉 마루(望樓). 망대(望臺).
후루루분 ①호루라기나 호각 등을 불 때에 나는 소리. ②분 휘르르. whistling ③종이나 가랑잎 등이 삽시간에 타는 모양. 《작》호로로. flaring 하타
후루룩분 ①날짐승이 날개를 벌안간 치며 날아가는 소리. flap ②물이나 묽은 죽 등을 세게 들이마시는 소리. with a sip ③호각이나 호루라기 따위를 부는 소리. 《약》후룩. 《작》호로록.
후루룩-거리-다재 ①날짐승이 날개를 벌안간 계속 치며 날다. ②물이나 묽은 죽 등을 계속 세게 들이마시다. ③호각이나 호루라기 따위를 계속 후루룩 불다. 《약》후룩거리다. 《작》호로록거리다. 후루룩-후루룩분 하타
후루-병[一病](佝僂病)명 〈동〉구루병(佝僂病).
후룩분 〈약〉→후루룩.
후룩-거리-다재 〈약〉→후루룩거리다.
후:류(猴類)명 원숭이 종류.
후르르분 ①날짐승이 나는 소리. ②종이 따위가 순간에 타오르는 모양. 후루르②. 하타
후리분 〈약〉→후릿그물.
후리명 〈속〉 들. ofit
후:리(厚利)명 많은 이익. 《대》박리(薄利). much profit
후리-다태 ①남의 정신을 흐리게 하여 빼앗다. bewitch ②휘둘러 돌리다. drive by wielding (something) ③모난 부분을 깎아 버리다. shave ④갑자기 차서 빼앗다. snatch
후리-뿔-다태[一튼-] bewitch
후리-질명 ①후릿그물을 써서 물고기를 잡는 일. seining ②모조리 후려 들이는 행동. 하타
후리-채명 곤충 따위를 후려 사로잡는 데 쓰는 물건. 코가 성긴 그물에 자루가 달려 있음.
후리후리-하다형[여] 키가 훨씬하게 크다. 《작》호리호리하다. high and thin
후림명 남을 꾀어 후리는 수단. 《작》호림. trick
후림대-수작[一때](一酬酌)명 남을 꾀어 후리느라고 늘어놓는 말. ¶~에는 안 넘어간다. trick
후림-불[一불]명 ①급작스레 휩쓸리는 서울. ②남의 일에 까닭없이 걸려 듦. 비화(飛火). ¶제수 없이 ~맞다. by blow
후림=비둘기명 동무 비둘기를 꾀어들이는 비둘기.

후릿가래질[명] 가래질할 때, 논둑이나 밭둑을 후리어 깎는 가래질. **하다**[타]

후릿-고삐[명] 마소를 후리어 몰기 위하여 기다랗게 단 고삐. lashing rein

후릿-그물[명] 강물이나 바다에 둘러치고 여러 사람이 두 끝을 끌어당기어 물고기를 잡는 큰 그물의 하나. 당망(撞網). (약) 후리¹. seine

후:망(候望)[명][동] 후보름. 「경계함. look out **하다**

후:망(嗅望)[명] 높직한 곳에 올라서 멀리 내려다보며 기다림.

후매(詬罵)[명][동] 후욕(詬辱). **하다**

후:-머리[명] ①차례 있게 진행하는 일의 끝. end ②행진하는 대열(隊列)의 뒤쪽. (대) 선머리. rear

후:면(厚免)[명] 두터운 정의에 용서함. **하다**

후:면(後面)[명] ①뒤의 면. 뒤편. (대) 전면(前面). back ②〈불교〉절의 큰방의 뒤쪽. 어린 사미(沙彌)들이 앉는 곳.

후:멸(朽滅)[명] 썩어서 없어짐. ruin **하다** 「내림.

후:명(後命)[명]〈제도〉먼저 귀양을 보낸 뒤에 사약을

후:명-내리다(後命—)[자] 먼저 귀양을 보낸 뒤에 사약을 내리다.

후:명-받다(後命—)[자] 귀양간 죄인이 사약을 받다.

후:모(厚侮)[명] 몹시 업신여김.

후목 분장(朽木糞墻)[명] 썩은 나무에는 조각할 수 없고, 썩은 벽은 고쳐 칠할 수 없는 것처럼 지기(志氣)가 부패한 사람은 가르칠 수 없음을 이름.

후무리-다[타] 남의 물건을 슬그머니 휘몰아서 제것으로 하는다. appropriate 「gate

후:문(後門)[명] 뒤쪽에 난 문. (대) 전문(前門). rear

후:문(後聞)[명] 슬프고 기쁜 일이 있을 때 간곡하게 인사하는 일. 곧 돌아가 물건을 많이 부조(扶助)하여 주는 따위. **하다**

후:문(後聞)[명][동] 뒷소문.

후문(喉門)[명] 목구멍.

후물-거리다[자] 이가 빠진 입으로 음식을 우물거리며 연이어 씹다. 〈작〉호물거리다. **후물후물하다** **하다**

후:-물림(後—)[명] 남이 쓰던 물건을 물려받아 쓰는 일. 또, 그 물건. second-hand things

후미[명] 산줄이나 물가의 굽어서 휘어진 곳. inlet

후:미(後尾)[명] ①뒤쪽의 끝. rear ②〈군사〉대열의 맨 뒤쪽부분. ¶행렬의 ~. (대) 선두(先頭).

후:미(厚味)[명][동] 뒷맛. 「rich meal

후:미(厚味)[명] 진한 맛. rich taste ③훌륭한 음식.

후:미-지다[형] ①산줄이나 물가의 굽어 들어간 곳이 매우 깊다. forming an inlet ②깊숙하고 쓸쓸하다. sequestered 「and honesty. **하다**

후:박(厚朴)[명] 인정이 두텁고 거짓이 없음. kindness

후:박²(厚朴)[명]〈한의〉후박나무의 껍질. 위한(胃寒)·구토(嘔吐)·곽란(霍亂)에.

후:-박(厚薄)[명] ①두꺼움과 얇음. thickness and thinness ②후함과 박함. 풍박(豊薄).

후:박-나무(厚朴—)[명]〈식물〉목련과(木蓮科)의 낙엽 교목. 황록색의 향기가 높은 꽃이 피고, 파같은 긴 타원형으로 15㎝ 내외임. 관상용으로 재배하며 수피(樹皮)는 약용하고 제목은 가구·조각·악기재 로 쓴.②녹나무과의 상록 교목. 줄기의 높이 12~13 m로 수피(樹皮)는 회황색임. 5~6월에 황록색의 꽃이 피고 장과는 다음해 7월에 암자색으로 익음. 수피는 약용하고 인판제(印板材)로 쓴.

후:반(後半)[명] 반으로 가른 뒷부분. 뒤의 절반. (대) 전반. latter half

후:반(候班)[명]〈제도〉신하가 임금을 뵐 때의 차례.

후:반-기(後半期)[명] 한 기간을 둘로 가른 것의 뒤의 반기(半期). ¶~ 훈련. (대) 전반기. (약) 후기(後期)③. latter half of the term

후:반-부(後半部)[명] 후반이 되는 부분.

후:반-생(後半生)[명] 한 생애의 뒤에 남은 반생.

후:반-전(後半戰)[명] 경기 따위에서 후반에 하는 경기. ¶~에서 역전하다.

후:발(後發)[명] ①나중에 출발함. later departure ②나중에 쏨. (대) 선발(先發). 전발(前發). firing later **하다**

후:발-대(—隊)[명](後發隊) 다른 부대보다 뒤늦게 출발한 부대. (대) 선발대.

후:발-열(—熱)[명](後發熱)〈의학〉열이 내리기 시작하였다가 다시 오르는 발열의 한 형. 바일(Weil)병에서 흔히 봄.

후:발적 불능(—的—)[명](後發的不能)〈법률〉체권(債權)의 이행이 계약 후에 불능하게 된 상태. (대) 원시적 불능(原始的—).

후:방(後方)[명] ①중심으로부터 뒤쪽. rear ②〈군사〉출정 군대의 보급에 관한 모든 부면을 전선에 상대한 일컬음. (대) 전방(前方). home front

후:방(後房)[명] 뒷방.

후:방 교란(後方攪亂)[명]〈군사〉전쟁 때에 적의 후방의 온갖 부문을 어지럽히는 행위.

후:방 근무(後方勤務)[명]〈군사〉①일선 부대에 대한 온갖 보급에 관한 사무. logistical service ②전투선(戰鬪線)의 후방 전략지(戰略地)에서 하는 전투 업무의 근무. rear service 「전배(前配).

후:배(後配)[명][동] 후실. ②죽은 후실(後室). (대)

후:배(後陪)[명] ①〈제도〉벼슬아치가 출입할 때에 뒤 따라 다니는 하인. ②(동) 위요(圍繞).

후:배(後輩)[명] 학문·덕행·경험·나이 등이 자기보다 낮거나 늦은 무리. 후진(後進)①. latter.

후:배-주(後配株)[명]〈경제〉보통주(普通株)에 비하여 이익 배당·잔여 재산 분배 등을 뒤늦게 받는 주식.

후:배-지(後背地)[명]〈지리〉어떤 항구의 배후에 있어 출입하는(出入荷) 물자의 수급 관계가 밀접한 지역. 배터랜드.

후:-백제(後百濟)[명]〈역사〉신라(新羅) 진성 여왕(眞聖女王) 6년(892)에 견훤(甄萱)이 반(反)하여 지금의 전라도에 세운 후삼국(後三國)의 한 나라.

후:번(—번)[명](後番) 이 다음 차례. 이 다음의 때. next time

후:-내기(後—)[명] 끝발을 후벼내게 만든 연장.

후:벽(後壁)[명] ①뒷벽. ②〈제도〉고려 때 활과 살로 장비하여 대궐 안에 들어가서 곳곳마다 시위(侍衛) 하던 세도자의 자체들.

후:병(厚餠)[명] 두텁떡.

후병(候兵)[명] ①적의 형편을 살펴보는 병사. (원) 척후병. patrol ②병략(兵略)을 살펴봄.

후:보(厚報)[명] 두터운 보수. 후한 보수. rich payment

후:보(後報)[명] 첫번 보도(報道)에 이어서 다음에 계속되는 보도. (대) 선보(先報). later report

후:보(候補)[명] ①장차 어떤 신분·직위에 등용될 수 있는 자격을 갖춘 있음. candidature ②장차 어떤 직위나 신분을 얻으려고 바라서 그 뜻을 인정 받음. ③〈제도〉결원된 직위에 인재를 등용함.

후:-보름(後—)[명] 한 달을 둘로 나눈 뒤쪽의 보름 동안. 곧, 열 엿새부터 그믐날까지의 동안. 후망(後望). (대) 선보름.

후보-생(候補生)[명] 일정한 과정(課程)을 마치고 어떤 직위에 오를 수 있는 자격을 갖춘 생도. cadet

후보-자(候補者)[명] ①후보로 나선 사람. ②〈법률〉어떠한 공직에 선거로써 당선이 되려고 법적 절차를 밟아 피선거인의 자격을 얻은 사람. candidate

후보-작(候補作)[명] 입선작(入選作)의 후보가 될 작품.

북통(後腹痛)[명] 훗배앓음.

후:부(後夫)[명] 후살이의 남편. 계부(繼夫). (대) 선부(先夫). (속) 훗서방. one's second man.

후:부(後部)[명] ①뒤에 있는 부분. backpart ②〈군사〉대오(隊伍)나 행렬의 뒤에 자리잡은 부분. (대) 전부(前部). rear

후:분(後分)[명] 사람의 한평생을 초분·중분·후분의 셋으로 나눈 맨 끝 부분. 곧, 늘바탕의 운수나 처지. one's later fortune

후:불(後佛)[명]〈불교〉①장차 나타나리라고 믿어지는 부처. 곧, 미래불인 미륵불. 미래불(未來佛). ②불상 뒤에 모시는 그림으로 된 부처.

후:불(後拂)[명] 물건을 먼저 받거나 일을 마친 뒤에

돈을 지불함. 《대》선불(先拂). 선금(先金). deferred payment 하다
후:불(喉佛)圈《동》후골(喉骨).
후:불 탱화(後佛幀畫)〈불교〉후불을 그린 족자.
후:비(后妃)圈 제왕(帝王)의 배우(配偶). 곤궁(壼宮).
후:비(後備)圈《군사》후비역.
후비-다圈《약》후(后). queen
후비-다[—]《타》→우비다.
후:비심(後備心)圈 뒷예포.
후비어-넣다[—]《거》→우비어넣다.
후:비-역(後備役)〈군사〉구병역법에서의 병역의 하나. 예비역을 마치고 복원하는 병역. 《대》현역(現役). 《약》후비(後備). second reserve
후비적-거리다[—]《거》→우비적거리다.
후:사(後事)圈 ①죽은 뒤의 일. ¶ ~를 걱정하시다. affairs after one's death ②뒷일. 《대》전사(前事).
후:사(後嗣)圈 대(代)를 잇는 아들. 후승(後承). 후자(後子). heir
후:사(厚賜)圈《동》후하게 내려 줌. 또는 그 금품. 후황(厚貺). warm thanks 하다
후:사(厚謝)圈 후하게 사례함. 또는 그 사례. 《대》박사(薄謝). liberal reward 하다
후삭(朽索)圈 썩은 밧줄.
후:산(後山)圈 〈민속〉도읍터나 집터·묏자리 등의 뒤에 있는 산.
후:산(後産)圈 해산 뒤에 태를 낳는 일. afterbirth 하다
후:-살이(後—)圈 두 번째 시집가는 일. 개가(改嫁). 후가(後嫁). remarriage 하다
후:-삼국(後三國)〈역사〉신라 말기에, 신라·후백제·태봉의 세 나라.
후:상(厚賞)圈 두둑하게 상을 내려 줌. 또는 그러한 상. liberal prize 하다
후:상(候廂)〈제도〉임금의 거동 때에 후부를 호위하는 군대. 후군(後軍).
후:생(後生)圈 ①뒤에 남. 또는 그 사람. younger generation ②《동》내생(來生). ③《동》후예. ④뒤에 배운 사람.
후:생(厚生)圈 ①넉넉하게 삶. ②생활을 돕고 건강을 증진함. social welfare
후:생 경제(厚生經濟)圈 생활 안정의 행복을 기하는 경제.
후:생 광:상(後生鑛床)圈〈광물〉주변의 바위나 돌이 생긴 다음에 된 광상. epigenetic deposits
후:생 동:물(後生動物)圈〈동물〉다세포 동물(多細胞動物)을 원생 동물(原生動物)에 상대시켜 이름. 조직 동물(組織動物). metazoan
후:생 비(厚生費)圈 후생(厚生)을 위하여 쓰이는 비용.
후:생 사:업(厚生事業)圈 후생을 위한 사업.
후:생 시:설(厚生施設)圈 후생을 위해 베풀어 놓은 온갖 시설.
후:생 주택(厚生住宅)圈 주택난을 없애기 위하여 입주자(入住者)가 그다지 힘에 벅차지 않은 지불 방법으로 살 수 있도록 지은 주택.
후:서(後序)圈 서적의 뒤에 적은 서문(序文).
후:-서방(—西—)(後書房)圈 후살이의 남편.
후:석(後席)圈 ①자리의 뒤. back of a seat ②뒤에 있는 자리. seat behind ③자리의 뒷쪽으로 물러감.
후설(喉舌)圈 ①목구멍과 혀. throat and tongue ②《동》→후설지신(喉舌之臣).
후:설 모:음(後舌母音)圈〈어학〉후설면(後舌面)과 연구개(軟口蓋) 사이에서 조음(調音)되는 모음. 한국어의 'ㅓ·ㅗ' 따위.
후:설-음(後舌音)圈〈어학〉후설면(後舌面)과 연구개(軟口蓋) 사이에서 나는 소리. 'k' 'g' 'ŋ' 따위.
후설지-신(—之—)[—찌—](喉舌之臣)圈〈제도〉조선 중엽 이후에 두었던, 주로 왕명 출납(王命出納)과 정부의 중대한 언론을 맡았던 벼슬아치를 이름. 곧, 승지를 이르는 말. 《약》후설(喉舌)².
후설지-임(—之—)[—찌—](喉舌之任)圈〈제도〉승지(承旨)의 직임(職任)을 일컬음.
후:성(後聖)圈 뒤 세대에 나타난 성인. later sages

후:성(喉聲)圈《동》목소리.
후:성-설(後成說)圈《생물》생물의 형태는 발생에 따라 변화하면서 형성된다고 하는 학설.
후:세(後世)圈 ①뒤의 세상. 만세(晩世)². future ②죽은 뒤의 세상. 후년(後年). 《대》전세(前世). future world
후:세-자(後世者)圈〈불교〉염불을 일삼아 후세에 극락 세계에 가기를 바라는 사람.
후:소(後素)圈《동》그림. 회화(繪畫).
후:속(後續)圈 뒤를 이어 계속됨. succession 하다
후손(朽損)圈 나무 따위가 썩어서 헐. decay 하다
후:손(後孫)圈 몇 대가 지나간 뒤의 자손. 주예. 후예(後裔). 후윤(後胤). 《동》손(孫). descendant
후:송(後送)圈 ①후방으로 보냄. ¶부상한 군인을 ~하다. ②뒤에 보냄. 하다
후:수(厚酬)圈 뒤에 두는 일.
후:수(厚酬)圈 후한 보수. liberal recompense
후:수(後綬)圈 예복이나 제복(祭服)을 입을 때 뒤로 드리우는 끈.
후:술(後述)圈 뒤에 논술함. 또는 그 논술. 《대》전술(前述). mentioned below 하다
후:승(後承)圈《동》→후사(後嗣).
후:시지-탄(後時之嘆)圈 기회를 놓쳐 안타까움. 만시지탄(晩時之嘆).
후:식(後食)圈 ①나중에 먹음. eating later ②식사 후에 먹는 과일 같은 간단한 것. 하다
후:신(後身)圈 ①다시 태어나서 달라진 몸. reincarnation ②어떤 물체나 단체가 변한 뒤의 그 자체. 《대》전신(前身). successor
후:-신경(嗅神經)圈〈생리〉대뇌(大腦)로부터 나와서 비강(鼻腔)의 점막(粘膜)에 분포하는 후각(嗅感)을 맡은 신경. olfactory nerves 		[《후》妻].
후:실(後室)圈 ①남의 후취(後娶). 후배(後配)①. 후처(後妻).
후:실-댁[—땍](後室宅)圈《동》후실(後室).
후:실 자식(—子—)[—짜—](後室子息)圈 후실이 낳은 자식.
후:안(厚顔)圈 ①두꺼운 낯가죽. thick facial skin ②염치없는 사람. ¶ ~무치(無恥). impudence
후안(候雁)圈 철을 따라 사는 곳을 바꾸는 기러기. migratory wild-goose
후:약(後約)圈 뒷날의 약속. 뒷기약. 《대》전약(前約). 선약(先約). promise for the future
후약(嗅藥)圈 냄새만을 맡아서 병을 고치는 약. smelling medicine
후:언(後言)圈 ①일이 끝난 뒤에 이러니 저러니 하는 말. ②뒷공론. 욕설.
후:언(後彥)圈 후진(後進)의 영재(英材). younger talent
후:연(後緣)圈 뒷쪽의 가장자리. 《대》전연(前緣).
후:열(後列)圈 뒤로 늘어선 줄. 《대》전열(前列). rear row
후:열[—렬](後閱)圈 ①서류 따위를 사후에 검열·사열함. ②인쇄한 출판물의 체제나 내용을 검열함. 하다
후:염(後染)圈《원》→후렴(後染).
후엽(朽葉)圈 썩은 나뭇잎.
후:엽(後葉)圈 말엽(末葉).
후엽-색(朽葉色)圈 썩은 나뭇잎과 같은 빛깔이란 뜻으로, '등색(橙色)'을 이르는 말. orange colour
후:영(後營)圈〈제도〉조선조 말엽에 두었던 친군영(親軍營)의 하나.
후:예(後裔)圈 핏줄을 이은 먼 후손. 후생(後生)③.
후:예-국(後裔國)圈 후예가 세우거나, 개척한 나라.
후:-오:대(後五代)〈역사〉중국의 당(唐)나라와 송(宋)나라 사이 52년간에 걸쳐 엇바뀌어 흥망한 다섯 왕조(王朝). 오계(五季).
후왕(侯王)圈 한 나라의 왕. 작은 나라의 왕. 왕후(王侯). feudal prince
후욕(詬辱)圈 꾸짖고 욕설을 함. 후매(詬罵). curse 하다
후:우(厚遇)圈《동》후대(厚待). 하다
후:우(後憂)圈 ①뒷날의 근심. ②《동》후환(後患).
후:원(後苑)圈 대궐 안에 있는 정원. back garden in

후:원(後援)[명] 뒤에서 도와 줌. 〈대〉주최(主催). support.
후:원(後園)[명] 집 뒤에 있는 작은 동산이나 정원. back garden
후:원-군(後援軍)[명]〈군사〉후원의 사명을 맡은 군대. reinforcements
후:원-자(後援者)[명] 후원하여 주는 사람.
후:원-회(後援會)[명] 어떤 일이나 단체를 도와 주기 위하여 조직하는 회. supporter's association
후:월(後月)[명] ①《동》 익월(翌月). ②음력 9월 13일 밤의 달.
후:위(後衛)[명] ①뒤쪽의 호위. rear guard ②〈체육〉 정구·배구·축구 따위의 경기에서, 자기편 뒤쪽을 지키는 경기자. 〈대〉전위(前衛). back-player ③〈군〉→후위대(後衛隊).
후:위(後魏)[명]〈역사〉선비족(鮮卑族)의 척발규(拓跋珪)가 세운 북조(北朝)의 최초의 나라.
후:위-대(後衛隊)[명]〈군사〉군대에서 뒤쪽 엄호(掩護)를 맡은 부대. 〈대〉전위대(前衛隊). 〈약〉후위(後衛)③. rear guard
후:위 진지(後衛陣地)〈군사〉후위대가 자리잡고 적을 막아내는 진지. rear position
후유[감] ①일이 몹시 고될 때에 힘이 부쳐서 내는 소리. Lord bless me! ②어려운 고비를 겪고 난 다음에 안심하는 숨을 크게 내쉴 때 나오는 소리. 〈약〉후².
후:유-증(後遺症)[명]〈의학〉①앓고 난 뒤에도 남아 있는 병적 증세. ②어떤 일을 치르고 난 뒤에 생기는 여러 가지 부작용. aftereffect
후:윤(後胤)[명]〈동〉후손(後孫).
후:은(厚恩)[명] 두터운 은혜. great favour
후음(喉音)[명] 내어서는 군소리에 목젖을 마찰하여 내는 소리. 초성인, 'ㅇㆆㅎ' 따위의 소리. 〈유〉목구멍소리. ※약한다. kindness
후:의(厚意)[명] 두텁고 인정이 있는 마음. 『~에 감복하다.』
후:의(厚誼)[명] 두터운 정의(情誼). 후정(厚情). kindness
후:인(後人)[명] 뒷세상의 사람. 〈대〉전인(前人). posterity
후:일(後日)[명]〈동〉훗날.
후:임(後任)[명] 전에 맡아보던 사람의 일을 대신 맡아보는 임무. 또는 그 사람. 〈대〉선임(先任). 전임(前任). successor
후:임-자(後任者)[명] 후임으로 일을 맡아보는 사람.
후:자(後子)[명] 후사자(後嗣子).
후:자(後者)[명] 두 가지 사물을 들어 말할 때의 뒤의 것. 〈대〉전자(前者). latter
후자(候者)[명] 사정을 탐지하는 사람. patrol
후:작(後作)[명] ①〈농업〉두 그루로 짓는 농사에서 나중에 짓는 농사. second crop ②뒤에 지은 작품. 〈대〉전작(前作). one's latter work
후작(侯爵)[명] 오등작(五等爵)의 둘째. 〈약〉후(侯). marquis
후:장(後章)[명] 서적·조문(條文) 따위의 뒤에 나오는 장. 〈대〉전장(前章). latter chapter
후:장(後場)[명]〈경제〉거래소(去來所)에서 오후에 서는 거래. 〈대〉전장(前場).
후:장[-짱](後場)[명] 뒤 번의 장(場).
후:장(厚葬)[명] 두터운 성의로 장례를 지냄. 또는 그 장례. 하다
후:장-총(後裝銃)[명]〈군사〉총이나 대포의 폐쇄기(閉鎖器)를 열어닫아 탄약을 재게 된 장치. breechloading
후장 떡이 클지 작을지 누가 아나 미래의 일은 짐작하기 어렵다.
후장에 쇠 다리 먹으려고 이장에 개 다리 안 먹을까 미래의 일에 기대할 것 없이 목전의 현실에 충실함이 중요하다.
후:장-총(後裝銃)〈군사〉탄약을 후장하게 된 총.
후:장-포(後裝砲)〈군사〉후장을 하는 대포.
후:전(後殿)[명]〈제도〉①후비(後妃)나 궁녀가 살고 있는 궁전. ②군대가 퇴각할 때 남아 적의 추격을 방어하는 군대.
후:정(後庭)[명] ①뒤뜰. back-yard ②뒤쪽의 궁전.
후:정(厚情)[명]〈동〉후의(厚誼).
후:제(後一)[명] 뒷날의 어느 때. later time
후조(候鳥)[명]〈동〉철새.
후:족(後足)[명]〈동〉뒤에서 따라감. 또는 그 사람.
후:종(後從)[명] 뒤에서 따라감. 또는 그 사람.
후:좌(後座)[명]〈군사〉총포의 발사할 때, 화약 가스 압(壓)의 작용으로 몸체를 뒤로 후퇴시키는 작용.
후:좌-포(後座砲)[명]〈군사〉주퇴기(駐退機)를 사용하여 포신만이 발사의 반동으로 후좌를 하도록 만든 대포. 오늘날의 대포는 대개 후좌포임.
후:주(後主)[명] ①뒷주인. 나중 주인. next master ②뒷입금. 나중 임금. 〈대〉전주(前主).
후:주(後周)[명]〈역사〉①곽위(郭威)가 후한(後漢)을 멸하여 세운 중국 오대(五代)의 한 나라. ②우문각(宇文覺)이 서위(西魏)를 쳐서 세운 북조(北朝)의 한 나라.
후:주(後奏)[명] 반주(伴奏)에서 독창이나 독주가 끝난 뒤에 연주하는 부분. postlude 『거른 술.』
후:주(後酒)[명] 술을 떠내고 재강에 물을 부어 다시
후줄근-하-다[형] ①종이나 피륙이 젖거나 하여서 보기 흉하게 늘어지다. ②몸이 고단하여 힘이 없다. 〈작〉호줄근하다. tired 후줄근=히[명]
후:즙-국(後汁-)[명] 간장 따위를 두번째로 거른 묽은 액체.
후:중(後重)[명] 질이 좋은 소나무로 짠 널. fine pine board
후:중(後重)[명]〈한의〉대변을 눌 때에 시원하지 않고 뒤가 무지근함. constipation 하다
후:중-기[-끼](後重氣)[명] 뒤가 무지근한 느낌.
후:즈(who's who)(後誌)[명] 명사록(名士錄). 신사록(紳士錄).
후:즈-히(who's he)[명] 인물록. 인물 평론. [士錄]
후:증(後證)[명] 뒷날의 증거. future evidence
후증(喉症)[명]〈의학〉후두병(喉頭病).
후:지(厚志)[명] 두터운 심지(心志). kind intention
후:지(後知)[명] ①남보다 뒤에 깨달은 사람. 후지(先知). underdevelopment ②뒤에 알게 된 사람.
후:지(後肢)[명]〈동물〉동물의 뒷다리. hindlegs
후:지(厚紙)[명] 두꺼운 종이. thick paper
후직(后稷)[명]〈역사〉①순(舜) 임금 때 농사일을 맡아보던 벼슬 이름. ②주(周)나라 시조 기(棄)의 딴 이름.
후:진(後陣)[명] 맨 뒤에 친 진. 〈대〉전진(前陣).
후:진(後晉)[명]〈역사〉후당(後唐)의 석경당(石敬瑭)이 거란(契丹)의 원조로 후당을 없애고 세운 중국 오대(五代)의 한 나라.
후:진(後進)[명] ①뒤쪽을 향하여 나아감. 빠꾸. ②사회 또는 관계(官界) 따위에서 뒤늦게 진출함. 또, 그런 사람. junior ③문물의 발달이 늦은 상태. 〈대〉선지(先進). backwardness ④〈동〉후배(後輩).
후:진-국(後進國)[명] 다른 나라보다 문물이 뒤늦게 발달된 나라. 저개발국. 〈대〉선진국. backward nation
후:진-성[-썽](後進性)[명] 후진에 따르는 성질. 또, 그 특성. underdevelopment
후:집(後集)[명] 시집·문집(文集) 따위를 낸 뒤에, 다시 추려서 만든 책. sequel
후:차-적(後次的)[관] 차례에서 나중이 되는 (것).
후:처(後妻)[명]〈하〉재취(再娶). 〈대〉전처.
후:천(後天)[명] 세상에 나온 뒤에 가지고 있는 성질이나 체질. 〈대〉선천(先天). posteriority
후:천 개벽(後天開闢)〈종교〉최수운(崔水雲)이 천도교에서 구세계와 신세계를 종교적으로 갈라서 동학교(東學敎)를 창건한 경신(庚申) 4월 5일 이후를 일컫는 말로서, 곧 인문 개벽(人文開闢)을 이름. 〈대〉선천 개벽.
후:천-론(後天論)[명] ①〈철학〉일체의 사상·사실 등은 모두 경험에 의하여 이루어진다는 학설. posteriorism ②〈윤리〉모든 도덕적 의식은 경험에서 나온다는 학설. 후천설. 〈대〉선천론. 천부설. 선천설.

후:천 면:역(後天免疫)圀 〈의학〉후천적으로 얻어진 면역.

후:천 병[-—]圀(後天病)圀 유전을 입지 않고 후천적으로 생기는 병. [future affairs

후:천-사(後天事)圀 현실과는 동떨어진 뒷날의 일.

후:천-설(後天說)圀(後天論).

후:천-성[—성](後天性)圀 생후에 후천적으로 이루어진 성품. 또는 그 성질. acquired

후:천-적(後天的)괸 생후에 얻어진 성질의(것). 《대》선천적. acquired

후추圀 후추나무의 열매. 호초(胡椒)①. pepper

후추-나무圀 〈식물〉후추과의 관목. 5~6월에 흰 빛의 작은 꽃이 피고 구형(球形)의 장과(漿果)가 달림. 과실은 덜 말리면 검어지며 냄새와 맛이 맵고 특이한 향미가 있어 조미료(調味料)·향신료(香辛料)로 널리 쓰임. 호초나무. pepper

후추를 왼 채로 삼킨다㊂ ①속 내용은 모르면서 겉만 취한다. ②무엇이나 속을 헤쳐 보지 않고는 모른다.

후추-엿圀 굵다란 후춧가루를 넣어서 만든 엿.

후:출-하-다[—][형여]圀 뱃속이 비어 먹고 싶은 느낌이 있다. hungry

후춧-가루圀 후추를 곱게 갈아서 만든 가루. 양념으로 쓰임. 호초말(胡椒末). pepper

후충(候蟲)圀 〈곤충〉철에 맞추어서 나오는 벌레.

후:취(後娶)圀 두 번째 장가 감. 또, 그 아내. 재취(再娶). 《대》전취(前娶).

후:치(後置)圀 뒤에 놓음. postposition

후:치-사(後置詞)圀 〈어학〉한국어에서, 명사의 뒤에 놓여 소유나 소속의 뜻을 나타내는 말. 《대》전치사(前置詞). postposition

후킹(hooking)圀 〈체육〉럭비에서, 스크럼을 하였을 때의 공을 발로 끌어내는 일.

후:탈(後頉)圀 ①병이 나은 뒤에 생기는 몸의 병증. post-convalescence trouble ②일이 지나간 뒤에 생기는 고장. aftermath

후터분-하-다[형여]圀 매우 불쾌스러울 정도로 무더운 기운이 있다. very sultry **후터-히**圀

후텁지근-하-다[형여]圀 매우 불쾌스러운 감정을 느낄 정도로 무더운 기운이 있다. **후텁지근-히**圀

후:토(后土)圀 토지의 신(神). god of earth

후:퇴(後退)圀 ①뒤로 물러감. ¶~작전. 《대》전진(前進). retreat ②〈건축〉집채의 뒤쪽으로 잇는 물림. **하**㊁

후:퇴-각(後退角)圀 항공기의 주익(主翼)을 평면적으로 횡축(橫軸)보다 후퇴시킨 각도. sweepback

후투티圀 〈조류〉후투티과의 개똥지빠귀 비슷한 새. 나무 구멍에 알을 낳고 새끼를 기름. 날개 길이 15cm, 꽁지 10cm 정도. 머리의 관우는 황갈색, 그 끝은검음.

후파문-하-다[형여]圀 많고 흔하다는 뜻으로 예상보다 너무 작음을 비꼬아서 그 반대되는 뜻으로 쓰는 말. abundant

후패(朽敗)圀 썩어서 쓸모가 없게 됨. decay **하**㊁

후:편(後便)圀 ①다음의 인편. next messenger ②뒷편짝. 《대》전편(前便).

후:편(後篇)圀 둘 또는 셋으로 나누인 책이나 영화 따위의 뒤의 편. 《대》전편(前篇). concluding part

후:폐(朽廢)圀 썩어서 못 쓰게 됨. ruin **하**㊁

후:폐(後弊)圀 뒷날의 폐단. aftermath

후:폐(厚幣)圀 두터운 에폐(禮幣). liberal presents

후:폭(後幅)圀 옷의 뒷품. 뒤폭①. 뒤품. width of the back [heartedness

후:풍(厚風)圀 순후(淳厚)한 풍속. habit of warm

후풍(候風)圀 배가 떠날 무렵에 순풍을 기다림. waiting for a favourable wind **하**㊁

후프(hoop)圀 ①장난감의 굴렁쇠. ②운동 기구의 하나. 직경 2m의 두 쇠테를 여러 개의 철봉으로 평행하면서 맞물게 그 안에 손발을 걸고 굴리게 되었음.

후:필(後筆)圀 문필가의 후진(後進)을 이르는 말. junior writers

후:-하-다(厚—)[형여]圀 ①인심이 두텁다. ¶후하게 사례하다. cordial ②두께가 두텁다. thick ③언행이 인색하지 않다. lenient **후:-히**圀

후:학(後學)圀 ①후진의 학자. 말학(末學). 《대》선학(先學). junior scholars ②학자가 자기를 겸손히 이르는 말. ③앞날에 도움이 될 학문이나 지식.

후:한(後漢)圀 〈역사〉중국 왕조의 하나. 왕망(王莽)에게 해앗긴 한(漢)나라의 제위를 유수(劉秀)가 도로 찾아 중흥한 나라.

후:항(後項)圀 ①뒤에 적은 조항(條項). succeeding clause ②〈수학〉두 개 이상의 항(項) 중에서 뒤의 것. consequent

후:해(後害)圀 뒷날의 재해(災害).

후:행(後行)圀 결혼 때 신부나 신랑을 데리고 가는 일이나 또는 그 사람.

후:형-질(後形質)圀 〈생리〉원형질(原形質)의 생활 작용의 결과 생긴 배설물(排泄物). 또는 저장물(貯藏物). metaplasm

후:환(後患)圀 사물에 대한 뒷날의 걱정과 근심. 후우(後憂)②. ¶~이 두렵다. evil consequence

후:황(厚況)圀 넉넉하게 받는 봉록(俸祿). high salary

후:황(厚貺)圀〈동〉후사(厚貺). **하**㊁

후:회(後悔)圀 이전의 잘못을 깨닫고 뉘우침. repentance **하**㊁

후:회 막급(後悔莫及)圀 후회해도 어찌할 도리가 없음. There is no use crying over spilt milk

후:-후圀 ①많은 양으로 내밀어 조금씩 오므리고 입을 계속하여 많이 뿜어내는 소리. 《작》호호. **하**㊁

후:후-거리-다㊁ 계속하여 후 소리를 내다. 《작》호호거리다.

후:후-년(後後年)圀 후년의 이듬해. 내후년.

훅圀 ①액체를 한줌에 들이마시는 소리. gulp ②김을 세게 내부는 소리. 《작》혹. puff ③높은 데를 가볍게 뛰어넘는 모양. ④동작이나 행동이 매우 날쎄고 갑작스러운 모양. ¶~ 떠나 버렸다. quickly **하**㊁

훅(hook)圀 ①단추 대신에 쓰는 쇠고리. 호크(hook) ②권투에서, 팔꿈치를 꾸부리고 옆으로 치는 것.

훅의 법칙(Hooke—法則)圀 〈물리〉탄성(彈性)의 한계 내에서는 물체의 외력을 가하여 변형시킬 때, 물체의 변형은 이에 작용하는 외력의 크기에 비례한다는 법칙.

훅-하-다[형여]圀 날쌔어서 덤비다. dash

훅圀 ①액체를 조금씩 여러 번 마시는 소리. sip ②입을 오므리고 김을 연해 세차게 부는 소리. 훅훅. blow ③더운 기운이 세게 끼치는 모양. **하**㊁

훈(訓)圀 한문 구절이나 한자의 새김. '달 월(月)'에서의 '달' 따위. 《대》음(音). Korean paraphrased Chinese letter

훈(暈)圀 ①색다른 빛으로 물건의 중심을 향하여 고리처럼 둘린 테. halo ②그림·글씨의 획에서 번지는 먹이나 물감의 흔적. spread blur

훈(勳)圀 ①〈약〉→공훈(功勳). ②〈약〉→훈위(勳位).

훈(壎·塤)圀 〈음악〉질로 구워 만든 악기의 하나.

훈(燻)圀 〈한의〉약재를 태우거나 강한 열을 가하여 거기에서 발산되는 기운을 쐬어 병을 고치는 일.

훈(Hun 라)圀 〈약〉→훈족(Hun族). [**하**㊁

훈감-하-다(厚甘—)[형여]圀 ①맛이 진하고 냄새가 좋다. tasteful ②푸짐하고 호화스럽다. luxurious

훈:계(訓戒)圀 타일러 경계함. admonition **하**㊁

훈계(勳階)圀 훈공의 등급. 훈등(勳等). order of merit ['놓아 줌. 《약》훈방.

훈:계 방:면(訓戒放免)圀 〈법〉경범자를 훈계하여

훈:고(訓告)圀 알아듣도록 타 이르는 말. gentle reproof **하**㊁

훈:고(訓詁)圀 ①경서(經書)의 고증(考證)·해석(解釋)·주해(註解)의 총칭. exegesis ②자구(字句)의 풀이. commentary

훈:고(訓詁學)[명] 경서의 훈고를 연구하는 학문. exegetis

훈공(勳功)[명] 나라에 세운 공로(功勞). 훈로(勳勞). 《유》공훈(功勳). merits 「는 벼슬.

훈관(勳官)[명] 〈제도〉작호(爵號)만 있고, 직분은 없

훈구(勳舊)[명] 대대(代代)로 훈공이 있는 집안. 또는 훈공이 있는 신하.

훈기(勳記)[명] 훈장과 더불어 내리는 증서. patent of decoration

훈기(薰氣)[명] ①훈훈한 기운. warmth ②〔동〕훈김.

훈김(薰-)[명] ①김 따위로 말미암아 생기는 훈훈한 기운. warmth ②세도 있는 사람의 세력을 비유하여 이름. 훈기(薰氣)². influence of a powerful man

훈:도(訓導)[명] 〈교육〉 일제 때 초등 학교 교원으로서 국가가 규정한 자격을 가진 교원. elementary school teacher

훈도(薰陶)[명] 덕으로써 사람을 교화(敎化)·훈육(訓育)함. moral training 하다

훈:독(訓讀)[명] 한문 글자의 뜻을 새겨 읽음. 《대》음독(音讀). Korean rendering of a chinese character

훈:등(動等)[명] 훈공의 등급. 훈계(勳階). 하다

훈:련(訓鍊·訓練)[명] ①실무(實務)나 기예를 익힘. training ②무예(武藝)의 가르침을 받아 단련함. drill 하다 [영(後營) 이전에 있던 군대.

훈:련-대(訓鍊隊)[명] 〈제도〉조선조 말엽에 두었던 후

훈:련 대:장(訓鍊大將)[명] 〈제도〉훈련 도감(訓鍊都監)의 종2품의 주장. 《약》훈장(訓將).

훈:련 도감(訓鍊都監)[명] 〈제도〉 임진왜란 후 전술 교련(戰術敎鍊)을 목적으로 설치한 군영의 하나. 수도의 수비를 담당하였음. 훈국(訓局).

훈:련-병(訓鍊兵)[명] 훈련을 받고 있는 병사. 《약》훈병(訓兵).

훈:련-소(訓鍊所)[명] 훈련을 실시하기 위하여 사용되는 기관. 또는 그 처소. training centre

훈:련-원(訓鍊院)[명] 〈제도〉조선조 때 병사의 시재(試才), 무예의 연습, 병서의 강습을 맡아보던 관청.

훈령(訓令)[명] 상급 관청이 하급 관청을 훈시하는 명령. official order 하다

훈로(勳勞)[명] 〔동〕훈공.

훈록(馴鹿)[명] 〔동〕순록(馴鹿).

훈륜(暈輪)[명] 달무리·햇무리 등의 둥근 테두리. 훈위(暈圍). solar and moon halo

훈명(勳名)[명] 〔동〕훈호(勳號). 「깨끗이 함. 하다

훈목(薰沐)[명] 향료를 쓰어 뿌리고 머리를 씻어 몸을

훈:몽(訓蒙)[명] 어린아이나 학문에 익숙하지 않은 사람을 가르침. instruction 하다 erits

훈문(勳門)[명] 훈공을 세운 가문(家門). family of m

훈문(鷹門)[명] 권세 있는 집안. powerful family

훈:민(訓民)[명] 백성을 가르침. teaching the people

훈:민정음(訓民正音)[명] 〈어학〉조선조 4대 세종 대왕이 집현전 학자들과 더불어 만든 우리 나라 글자. 모음 11자, 자음 17자로 되었음. 한글. 《준》정음. Korean alphabet made by King Sejong

훈:방(訓放)[명] 훈공이 있는 방면.

훈벌(勳閥)[명] 훈공이 있는 문벌. family of merit

훈:병(訓兵)[명] 《약》→훈련병(訓鍊兵).

훈봉(勳封)[명] 〈제도〉봉작(封爵)과 증직(贈職).

훈:사(訓辭)[명] 가르쳐 경계하는 말. 훈언(訓言). admonitory speech 「itorious services

훈상(勳賞)[명] 공로에 대한 상. reward for one's mer

훈색(暈色)[명] 광물의 내부나 표면에서 볼 수 있는 무지개 같은 빛깔. iridescence

훈색 유리(暈色琉璃)[명] 광선을 여러 각도로 반사하여 아름다운 광채를 내는 유리. iridescent glass

훈:석(訓釋)[명] 한문 글자의 뜻을 해석함. 하다

훈:수(訓手)[명] 바둑·장기 따위에서, 옆에서 둥기어 가르쳐 줌. 또, 그 수. ¶~군. instruction 하다

훈수(薰修)[명] 〈불교〉덕화를 받음으로써 하는 수행.

훈습(薰習)[명] 〈불교〉불법(佛法)을 들어서 마음을 닦음. 하다

훈:시(訓示)[명] ①가르쳐 보임. instruction ②관청의 명령을 일반에게 알리는 게시(揭示). ③상관이 집무상(執務上)의 주의 사항을 부하 관리에게 일러 보임.

훈신(勳臣)[명] 훈공이 있는 신하. meritorious retainer

훈영(薰榮)[명] 〈한의〉 불을 피워서 기운을 쐬는 약.

훈:언(訓言)[명] 훈사(訓辭).

훈업(勳業)[명] 〔동〕공업(功業).

훈연(燻煙)[명] 좋은 냄새가 나는 연기.

훈열(勳烈)[명] 큰 공훈. great merits

훈열(薰熱)[명] 〔동〕훈증(薰蒸).

훈영(暈影)[명] 반사 광선(反射光線)에 따라서 일어나는 사진면의 테두리. halation

훈위(勳位)[명] 〔동〕훈륜(暈輪).

훈위(勳位)[명] ①훈공과 위계(位階). 《약》훈(勳)². merit and rank ②훈공을 따라 주어진 위계(位階). order of merit

훈:유(訓諭·訓喩)[명] 가르치어 타이름. admonition 하

훈유(薰蕕)[명] 향기를 풍기는 풀과 못된 냄새를 풍기는 풀이라는 뜻으로, 착한 사람과 모진 사람의 행실을 비유하여 이르는 말. good and evil

훈:육(訓育)[명] ①가르치어 기름. education ②〈교육〉학생의 감정과 의지를 도와주어 성격을 완성시키는 교육. moral education 하다

훈육(薰肉)[명] 훈제(燻製)한 고기. smoked meat

훈육(薰育)[명] 덕으로써 사람을 인도하여 기름. moral education 하다 「하는 교원.

훈:육 주임(訓育主任)[명] 〈교육〉학교의 훈육을 주관

훈:인(訓人)[명] ①사람을 가르침. instruction ②〔동〕사장(師長). 선배(先輩).

훈자(薰炙)[명] 남의 교화를 받음. 하다

훈작(勳爵)[명] 훈등과 작위. 「school master

훈:장(訓長)[명] 글방의 스승. 학구(學究)³. village

훈:장(訓將)[명] 《약》→훈련 대장(訓鍊大將).

훈:장(勳章)[명] ①〈법률〉나라에 대한 훈공 또는 공로를 표창하기 위하여 주는 기장(記章). 훈패. 표훈. ②〈제도〉조선조 때, 나라에 훈공이 있는 사람에게 내려 주던 휘장(徽章).

훈장 연금(勳章年金)[명] 훈장을 받은 사람에게 종신토록 매년 급여하는 금전.

훈:장-질(訓長-)[명] ①훈장 노릇. 《속》선생질. 하다

훈적(勳績)[명] 〈제도〉공훈이 있는 신하의 업적을 적은 기록.

훈:전(訓典)[명] ①훈계가 되는 서적. ②선왕(先王)·성현(聖賢)의 전적(典籍).

훈:전(訓傳)[명] 경서(經書)를 해석한 책.

훈:전(訓電)[명] 전보로 보내는 훈령(訓令). telegraphic instructions 「smoking 하다

훈제(燻製)[명] 짐승의 고기 따위를 구워 말린 것.

훈제-품(燻製品)[명] 훈제하여 만든 수육이나 어육.

훈조(薰造)[명] 〔동〕메주.

훈-족(Hun族)[명] 〈역사〉 제 4세기 전후에 유럽으로 이주하여 게르만 민족 대이동의 원인을 유발시킨 흉노족(匈奴族). 《약》훈(Hun). 「sultriness 하다

훈증(-蒸)(薰蒸)[명] 찌는 듯이 무더움. 훈열(薰熱).

훈증(燻蒸)[명] 더운 연기에 쐬이어 찜. 하다

훈증-제(燻蒸劑)[명] 유독(有毒) 가스를 발생하여 병균 및 해충을 죽이는 약제. 살충제의 하나. fumigating chemical 「채소.

훈채(葷菜)[명] 마늘이나 파처럼 특이한 냄새가 나는

훈:칙(訓飭)[명] 훈령을 내려서 경계하여 단속함. instruction and admonition 하다

훈퇴(燻腿)[명] 〔동〕햄.

훈패(勳牌)[명] 〔동〕훈장(勳章)①.

훈풍(薰風)[명] 첫여름에 훈훈하게 부는 바람. 황작풍(黃雀風). balmy breeze

훈-하다(燻-) 약재를 피우다. 「aching 하타
훈:학(訓學) 글방에서 아이들에게 글을 가르침. te-
훈향(薰香) 불을 붙이어 냄새를 내는 향료. 〔유〕선향(線香).   merit
훈호(勳號) 훈공의 칭호. 훈명(勳名). name of
훈:화(訓話) 훈시하는 말. apologue
훈:화(薰化) 가르쳐 좋은 길로 인도함. guidance
훈:회(訓誨) 교훈(敎訓).   하타
훈훈(醺醺) 술이 얼근하게 취함. 하타
훈훈-하다(薰薰-) 견디기 좋을 만큼 덥다.
 warm 훈훈-히타   〔dusk 하타
훈흑(曛黑) 해가 지고 어둑어둑함. 또는 그 때.
훌-근번쩍타 눈을 마구 훌기며 번쩍거리는 모양. with
 goggling eyes 하타
훌근번쩍-거리-다타 눈을 자주 훌근번쩍하게 뜨다.
훌-닦-다타 남의 그릇된 점이나 약점을 들어 심히 쳐
 서 나무라다. give a whipping
훌-닦이-다피동 훌닦음을 받다. be given a whipping
훌떡부 ①남김없이 벗어지거나 벗는 모양. ¶옷을 ~
 벗다. fling off ②남김없이 뒤집히거나 뒤집히는 모
 양. inside out ③높은 데를 뛰어넘는 모양. ¶~
 뛰어라. 〔작〕홀딱. lightly
훌떡-거리-다자 ①신이 헐거워서 자주 벗어지려 하
 다. loose ②헐거워서 가만히 붙어 있지 않고 움직
 이다. 훌떡-훌떡부 훌떡-훌떡타 하타
훌떡-훌떡부 ①계속하여 옷을 벗는 모양. ②계속하
 여 뛰어넘는 모양.   「으로 외치는 말.
훌:라(麻雀) 마작을 할 때에 장원(壯元)이 났다는 뜻
훌라 댄스(hula dance)명 훌라 댄스.
훌라-들이-다타 되는 대로 마구 쑤시거나 훑다. 〔작〕
 홀라들이다. poke violently
훌라-후:프(hula-hoop) 플라스틱제의 둥근 테를 허
 리 또는 목으로 빙빙 돌리는 유희. 또는 그 물건.
훌라훌라 댄스(hula-hula dance)명 궁둥이를 내두
 르며 추는 하와이 여자의 전통 무용. 훌라 댄스.
훌렁부 ①남김없이 벗어나 드러난 모양. ¶옷을 ~
 벗다. with nothing on ②미끄럽게 벗어진 모양.
 ¶~ 벗어진 대머리. lightly ③들어갈 물건보다 구
 멍이 커서 헐겁게 들어가는 모양. loosely ④미끄럽
 게 뒤집히는 모양. 〔작〕홀랑. entirely
훌렁-거리-다자 구멍이 넓어서 헐겁게 드나들다. 〔작〕
 홀랑거리다. 훌렁-훌렁부 훌렁-훌렁타 하타
훌렁이-질명 자주 훌라들이는 짓. 〔작〕홀랑이질. 하
훌렁이-치-다타 훌렁이질을 자주 하다. 〔작〕홀랑이치
                       -다. 〔작〕홀랑하다. 하타
훌렁-하다형여 구멍보다 들어갈 물건이 작고 짧
훌렁2부 계속하여 훌렁 벗거나 뒤집히는 모양. ¶
 옷을 ~ 벗어버리다. 훌랑훌랑
훌륭-하다형여 ①매우 좋다. splendid ②칭찬할 만
 하다. admirable ③퍽 바람직하다. wonderful
훌부드르르-하다형여 피륙 따위가 가볍고도 부드
 럽다. 〔약〕훌부드하다. 〔작〕홀보드르르하다. soft
훌부들-하다형여 훌부드르르하다.
훌브라이트-법(Fulbright 法)명 미국의 잉여(剩餘) 물
 자를 국외에 불하(拂下)하여, 그 돈을 그 나라와
 미국과의 문화 교류, 특히 교육을 위하여 쓸 수 있
 게 한 법률. Fulbright act
훌-부시-다타 ①마구 거세게 부시다. wash up ②아
 무것도 남기지 않고 모조리 씻어내다. wash away
 ③음식을 남기지 아니하고 부시 듯이 시원스럽게
 죄다 먹다.   「refuse point-blank
훌-뿌리다타 업신여겨 함부로 냉정하게 뿌리치다.
훌쩍부 ①액체를 단숨에 남김없이 들이마시는 모양. at
 a gulp ②단번에 뛰거나 날아 오르는 모양. ¶~
 with a spring ③콧물을 들이마시는 모양. sniveling
 ④망설이지 않고 갑자기 떠나가는 모양. 〔작〕홀짝.
 quickly   「훌쩍-훌쩍부 훌쩍-훌쩍타
훌쩍-거리-다자 계속하여 훌쩍하다. 〔작〕홀짝거리다.
훌쩍-이-다타 ①적은 분량의 액체를 들이마시다. ②

가볍게 거침새없이 날아 오르다. ③콧물을 들이마
 시면서 느끼어 울다. 〔자〕홀짝이다.
훌쭉-하다형여 ①몸이 가늘고 길다. slender ②끝
 이 뾰족하고 길이가 길다. long and pointed ③앓
 거나 지쳐서 몸이 여위어서 가늘게 보이다. 〔작〕
 홀쪽하다. thin 훌쭉-히부
훌쭉-훌쭉부 여럿이 다 훌쭉한 모양. 하타
훌치기(체육) 오른손으로 상대자의 왼다리 무릎
 관절을 밖으로 걸어 양쪽 윗몸으로 밀어 넘어뜨
 리는 법.   타 세차게 훌라들이다. 〔작〕훌치다.
훌치-다타 촛불 따위의 불꽃이 바람에 쏠리다. flicker
훌훌(←倏忽·儵忽)명 시간의 흐름이 재빨라서 붙잡을
 수가 없음. 또는 걱정을 사이 없이 갑작스러움.
 〔원〕숙홀(倏忽). fleeting
훌훌부 ①날짐승이나 가벼운 물건이 나는 모양. ¶
 독수리가 ~ 날아간다. lightly ②큰 사람이나 짐승
 이 날듯이 가볍게 뛰는 모양. lightly ③가벼운 물
 건을 연해 멀리 던지는 모양. (throwing) lightly
 ④불이 세게 일어나는 모양. flame ⑤옷 따위를 벗
 어버리는 모양. flinging off ⑥먼지 따위를 가볍게
 떨어버리는 모양. dusting ⑦물건이나 묽은 죽 따
 위를 시원스럽게 마시는 모양. gulping ⑧입김을
 내보내며 자꾸 부는 모양. 〔작〕홀홀. puff
훌훌-하다형여 죽·미음 따위가 잘 퍼져서 마시기
 에 부드러운 느낌이 있다. 〔작〕홀홀하다. watery
훑-다(훑다)타 ①물건을 무슨 틈에 끼워 잡아당기다.
 ¶벼를 ~. hackle ②겉에 붙은 것을 훑어들여 떼
 어 내다. strip off ③그릇 따위의 속에 붙은 것을
 부시어 내다. 〔작〕홅다. wash clean
훑어-보-다타 위아래로 빈틈없이 자세히 눈여겨보다.
 stare up and down
훑이(훑이)명 무엇을 훑어 내는 데 쓰는 제구.
훑이나인(훑이-)(-內人)명 〈제도〉 왕족이 사는
 궁의 나인.
훑이-다(훑이-)자 ①부풋하고 많던 것이 다 빠져서
 좋아들다. be thrashed ②움킴을 당하여 헝클어지
 다. ransack 타 훑음을 당하다. be stripped
훔척-거리-다타 ①보이지 않는 데 있는 것을 찾으려
 고 연해 더듬거리다. ransack ②흐르는 눈물을 마
 구 이리저리 씻다. 〔작〕홈착거리다. wipe one's
 tears 훔척-훔척부 하타
훔쳐-내-다타 ①물기 묻은 것을 깨끗이 닦아내다.
 wipe off ②남의 눈을 피해 물건을 내어내다. steal
 ③보이지 않는 것을 손으로 더듬어 잡아내다.
훔쳐-때리-다타 덤벼들어 세게 때리다. 훔치다 하
 〔작〕홈쳐때리다. deal a hard blow   「earthly
훔쳐먹-다타 남의 물건을 몰래 훔쳐서 먹다. eat st-
훔쳐-보-다타 ①엿보다. watch for ②남이 모르게
 겻눈질 들여다보다. steal a glance at
훔치개-질명 ①물기 따위를 훔쳐 닦는 짓. stealing
 ②남의 물건을 들어내어 가지는 짓. 〈변〉쥐업질.
 wiping out 하타
훔치-다타 ①물기 따위를 말끔하게 닦아내다. wipe
 ②남의 물건을 슬그머니 후무려 가지다. steal ③보
 이지 않는 곳에 있는 것을 찾으려고 더듬어 만지
 다. 〔작〕홈치다. ransack 〔속〕홈치다. ⑤〈농
 업〉논이나 밭을 맨 뒤 얼마 있다가 풀을 들어내
 다. weed
훔치적-거리다타 보기 흉하게 느릿느릿하게 훔치거리
 다. 〔작〕홈치작거리다. rummage for something
훔치적-훔치적부
훔켜-잡-다(-켜)→움켜잡다.
훔켜-쥐:-다타(-켜)→움켜쥐다.
훔-파-다타→움파다.
훔-패-다타(-켜)→움패다.   「훔훔하다. satisfied
훔훔-하-다형여 얼굴에 흐뭇한 표정을 띠다. 〔작〕
훗:-국(後-)명 진국을 우려 낸 건더기로 다시 끓인
 국.   「next day
훗:-날(後-)명 이 뒤에 올 날. 뒷날. 후일(後日).

훗:달(後−)[명] 이 뒤에 돌아오는 달. next month
훗:배-앓이(後−)[명] 〈한의〉해산한 뒤에 생기는 배앓이. 후복통(後腹痛). after-pains
훗:보름(後−)[명] 음력으로 열 엿샛날부터 그믐날까지의 동안. 후망(後望). latter half of a month
훗:사람(後−)[명] 뒷사람, 뒤에 오는 사람. 후인.
훗:일(−−일)(後−)[명] 뒷일. next person
훗훗-하-다[여불] ①좀 갑갑할 정도로 훈훈하게 덥다. uncomfortably warm ②마음을 부드럽게 녹여 주는 운김이 많다. ¶~한 모성애. hot 훗훗-이[부]
훙거(薨去)[명][동] 훙서(薨逝). 하[타]
훙서(薨逝)[명](薨逝) 왕공 귀인(王公貴人)의 죽음. 훙거. 훙어. demise 하[자]
훙어(薨御)[명][동] 훙서(薨逝). 하[자]
훠[명]〈고〉목이 있는 신. 수혜자(水鞋子)·목화(木靴).
훤노(喧鬧)[명] 여러 사람이 냅다 떠듦. tumult 하[자]
훤당(萱堂)[명] 남의 어머니.
훤소(喧騷)[명] 뛰며들어서 소란스러움. tumult 하[자]
훤언(喧言)[명] 잘 지절임. 말을 많이 함. 하[자]
훤요(喧擾)[명] 시끄럽게 떠듦. 시끄럽고 떠들썩함. noise 하[자]
훤일(暄日)[명] 따뜻한 낮. warm weather
훤자(喧藉)[명] 뭇사람의 입으로 퍼져 와자하게 됨. 훤전(喧傳). being widely spoken of 하[자]
훤쟁(喧爭)[명] 뭐떠들면서 다툼. wrangle 하[자]
훤전(喧傳)[명] 훤자(喧藉). 하[자]
훤조(喧噪)[명][동] 훤화(喧譁). 하[자]
훤천(喧天)[명] 따뜻한 천기(天氣). warm weather
훤초(萱草)[명][동] 원추리.
훤출하-다[고] 환하다. 넓고 시원하다.
훤출-히[부] 환하게. 넓고 시원하게.
훤칠하-다[여불] ①길고 미끈하다. slender ②앞이 탁 트이어 깨끗하고도 시원하다. clean and refreshed 훤칠-히[부]
훤풍(暄風)[명] 따뜻하게 스치는 바람. warm breeze
훤:-하-다[여불] ①탁 트이어 막힌 것이 없다. open ②좀 흐릿하게 밝다. dim ③얼굴이 잘생겨 보기에 시원스럽다. handsome ④일의 조리나 속내가 분명하여 알기 쉽다. 환하다. clear
훤호(喧呼)[명] 떠들면서 부름. shouting 하[자]
훤화(喧譁·諠譁)[명] 지절여서 떠듦. 훤조(喧噪). clamour 하[자]
훤화 금(喧譁禁)[구] 대취타(大吹打)를 아뢸 때, 연주를 그치라고 집사(執事)가 외치던 구령(口令).
훨떡[부] ①죄다 벗거나 벗겨진 모양. ¶~ 벗겨진 머리. absolutely ②죄다 뒤집힌 모양. entirely ③끓는 물이 갑자기 넘는 모양. (작) 활딱. suddenly ④훌떡.
훨썩[부] 생각한 것보다 매우 크고 넓게 벌어지거나 열린 모양. far more
훨씬[부] ①생각보다 좀 크고 넓게. '훨씬'보다 정도가 좀 작은 모양임. (작) 활씬. far and wide ②정도 이상으로 적거나 많게. very much
훨쩍[부] ①매우 넓고 멀리 트인 모양. extensively ②문 따위를 한껏 시원스럽게 열거나 열린 모양. widely ③밤 따위가 질펀하게 되는 모양. ④안개·구름 따위가 아주 맑게 걷힌 모양. clear ⑤잎이 환히 밝은 모양. bright ⑥꽃·잎 따위가 아주 무르녹게 핀 모양. ¶꽃잎이 ~ 피었다. (작) 활짝. bloom
훨찐[부] 더할 수 없이 시원스럽게 벌어진 모양. (작) 활찐.
훨:-훨[부] ①부채로 바람을 시원스럽게 일으키는 모양. briskly ②옷을 훨훨 벗는 모양. lightly ③불길이 세게 타오르는 모양. ¶불이 ~ 타오르다. furiously ④큰 날짐승이 높이 떠서 시원스럽게 날아가는 모양. ¶기러기가 ~ 날아간다. (送). 활활. lightly

훼:가 출동[−−](毁家黜洞)[명] 훼가 출송.
훼:가 출송[−−송](毁家黜送)[명] 한 고을이나 한 동네에서 좋지 못한 행동으로 풍기를 어지럽게 한 사람의 집을 헐고 다른 곳으로 내쫓음. 훼가 출동. 하[타]
훼:괴(毁壞)[명][동] 훼파(毁破). 하[타]
훼:기(毁棄)[명] 헐거나 깨트려 버림. destruction 하[타]
훼:기-죄(−−죄)(毁棄罪)[명][동] 손괴죄.
훼:단(毁短)[명] 남의 단점을 꼬집고 헐뜯어 말함. finding fault with 하[타]
훼리-보-트(ferry boat)[명] 강이나 바다의 대형(大型) 나룻배. 버스 따위로 사람을 태울 채로 싣고 건넘.
훼:멸(毁滅)[명] ①상(喪)을 당하여 몹시 상심(傷心)하여 몸이 쇠약해지고 마음이 약해짐. 몹시 슬퍼함. ②일고 깨뜨려 없앰. destruction [pining for
훼:모(毁慕)[명] 몸이 상하도록 죽은 어버이를 사모함.
훼:방(毁謗)[명] ①남을 헐뜯어 꾸짖음. slander ②남의 일을 방해함. 자체. 자방(訾謗). interruption 하[타]
훼:방-꾼(毁謗−)[명] 훼방을 놓는 사람. interrupter
훼:방-놓-다(毁謗−)[타] 남의 일을 헐뜯어 말하여 방해하다. 훼방치다. interrupt
훼:방-치-다(毁謗−)[타][동] 훼방놓다.
훼북(卉服)[명] 풀로 만드는 옷. 곧, 오랑캐의 옷.
훼:사(毁事)[명] 남의 일을 훼방함. (반) 훼살. interruption 하[타]
훼:살[명][부] 훼사(毁事). [ption 하[타]
훼:상(毁傷)[명] 몸을 다침. injury 하[타]
훼:손(毁損)[명] ①체면을 손상함. disgrace ②헐거나 깨트려서 못쓰게 함. ¶~ 처분하다. (유) 피손(毁損). damage 하[타]
훼:쇄(毁碎)[명] 깨트리어 부숨. destruction 하[타]
훼:언(毁言)[명] 남을 헐뜯어 꾸짖는 말. slander 하[타]
훼:예(毁譽)[명] 헐뜯어 꾸짖음과 칭찬함. praise and censure 하[타]
훼:와 획만(毁瓦畵墁)[명] 기와를 헐고 벽에 금을 그음. 곧, 남의 집에 해를 끼친다는 말. (약) 훼획(毁畵). 하[자]
훼:욕(毁辱)[명] 헐뜯어 욕함. disparagement 하[타]
훼:자(毁訾)[명] 꾸짖는 말로써 남을 헐뜯음. slander [없음을 가리키는 말.
훼장 삼척(喙長三尺)[명] 허물이 드러나서 숨길 수가
훼:절(毁折)[명] 부딪쳐서 꺾임. break down 하[자]
훼:절(毁節)[명] 절개(節介)·절조(節操)를 깨트림. apostasy 하[자] [짐. emaciation 하[자]
훼:척(毁瘠)[명] 너무 슬퍼서 몸이 바짝 마르고 쇠약해
훼척 골립(毁瘠骨立)[명] 신병으로 살이 바짝 말라서 뼈만 앙상하게 드러남. (약) 척골(瘠骨). 하[자]
훼:철(毁撤)[명] 헐어서 걷어 버림. destruction and removal 하[타] [tition 하[타]
훼:치(毁齒)[명] 어린아이가 배냇니를 갊. second den-
훼:파(毁破)[명] 헐어서 깨트림. 훼괴(毁壞). destruc-
훼:획(毁畵)[명] (약) →훼와 획만. [tion 하[타]
휑뎅그렁-하-다[여불] ①속이 비고 넓기만 하여 허전하다. deserted ②넓은 곳에 물건이 얼마 없어 거의 빈 듯 같다. (약) 휑하다③. (삭) 행뎅그렁하다. vacant
휑-하-다[여불] ①막힐 것이 없이 두루 잘 통하다. versed ②구멍 따위가 시원스럽게 뚫려 있다. (작) 행하다. opened ③(약)→휑뎅그렁하다.
휘[명] 곡식을 되는 그릇의 하나. 스무 말 또는 열 닷 말이 들게도 되었음. 괵(斛).
휘[명]〈미술〉보·도리 따위의 단청(丹靑)에서 인상(鱗狀)·수문상(水紋狀)·망상(網狀)으로 그리는 무늬.
휘:[명] ①센 바람이 길고 가느다란 물건에 부딪힐 때 나는 소리. whistling ②한꺼번에 세게 내쉬는 숨 소리. (작) 회. with a sigh
휘-[접] 물건을 두르거나, 감거나, 도는 뜻을 나타냄. ¶~두르다. ~젓다. round and round
휘(麾)[명]〈음악〉아악(雅樂)을 연주할 때, 그 시작과 그침을 지휘하는 지휘봉처럼 쓰는 기(旗)의 하나. ②〈제도〉병졸을 지휘할 때에 쓰던 기의 총칭.
휘(諱)[명] (약)→휘자(諱字).
휘(徽)[명]〈음악〉거문고의 줄을 고르는 자리를 보이

휘각(揮却)[명] 물리쳐 버리고 돌보지 않음. repulsion
휘갈(揮喝)[명] 큰 소리로 지휘함. giving a command
휘=갈기-다[타] 휘둘러 갈기다.
휘=감기-다[자] ①휘둘러 감기다. ¶나무에 연신이 ~. coil round ②정신이 휘감기다.
휘-감다[─따][타] 빙빙 둘리어 감다. 친친 둘러 감다. wind
휘감-치기[명] 마름질한 옷감의 부서가 풀리지 않도록
휘갑-치다[타] ①너덜거리는 옷을 잘 마무르다. dispose of ②돗자리 따위의 가장자리가 풀리지 않게 얽어서 꾸미다. border ③뒷탈이 없도록 마감하다. fix ④다시는 잘 못하도록 말막음하다. ⑤어려운 일을 임시 변통으로 꾸며 피하다. dispose of
휘갑-하다[타][여불] 너저분한 일을 알맞게 마무르다.
휘건(揮巾)[명] 새색시가 큰상을 먹을 때나 세수할 때에 무릎 위를 덮는 헝겊. 곧 행주치마 따위. apron
휘검(揮劍)[명] 칼을 휘두름. flourish of a sword 하[타]
휘금(徽琴)[명] 표면에 열세개의 휘(徽)가 박혀 있다는 뜻으로 일컫는 금(琴)의 딴이름.
휘기(麾旗)[명] 지휘기(指揮旗).
휘기(諱忌)[명] 숨겨 두고 드러내기를 꺼림. 기휘(忌諱). concealment 하[타]
휘=날리-다[타] ①깃발 따위가 바람에 펄럭 날리다. flap ②마구 흩어서 펄펄 날다. scatter [타] ①마구 펄펄 나부끼게 하다. ¶깃발을 ~. flap ②펄펄 날게 하다. flap ③이름·명성(名聲) 등을 널리 떨치다. distinguish oneself [loose
휘=늘어지다[자] 풀기가 없어서 축 늘어지다. hang
휘-다[자] 곧은 물체가 구부러지다. [타] ①곧은 물체를 휘어지게 하다. bend ②남의 의기를 꺾어 세게 굽히게 하다.
휘-달리-다[자] ①여러 가지 일에 정신을 차릴 수가 없이 시달리다. live in a whirl of business ②급한 걸음으로 빨리 달아나다. rush away
휘담(諱談)[명] 꺼리어서 세상에 드러내 놓기 어려운 말. 휘언(諱言). forbidden talk
휘도(輝度)[명] 〈물리〉 발광체의 표면의 밝기. 단위는 람베르트(Lambert).
휘=돌-다[자][르] ①마구 돌다. turn ②강·내 등이 후미진 곳을 휘감고 흐르다. go round ③굽이를 따라 돌아서 가다. ¶언덕길을 휘돌아 가다. go round ④여러 곳을 순서대로 한 차례 돌다. ¶그는 장 안을 휘돌아서 한적한 들길로 나섰다. revolve ⑤공기가 휘돌아치다. ¶찬바람에 휘돌았다. blow
휘-돌리다[타] 휘둘러 돌게 하다. turn
휘동(麾動)[명] ①지휘하여 선동함. ②지휘하여 움직임. 하[타]
휘-동광(輝銅鑛)[명] 〈광물〉 황화동(黃化銅)으로 된 중요한 동광의 하나.
휘=두들기-다[타] 휘둘러서 마구 때리다. beat to a jelly
휘=두르-다[타][르] ①휘어잡고 돌리다. brandish ②남의 얼을 돌리다. astonish ③남의 의사를 돌보지 않고 제 마음대로 하다. command
휘둘러 보-다[타] 휘위 둘러보다.
휘=둘리-다[자][피] 휘두름을 당하다.
휘둥그래-지다[자] 눈이 휘둥그렇게 되다.
휘둥그러-지다[자] 별안간에 휘둘리어 둥그러지다. [작] 회동그라지다. become wide-opened
휘둥그렇-다[형][ㅎ불] 뜻밖에 놀라거나 두려워서 눈이 크고 둥글다. [작] 회동그랗다. wideopened
휘둥그스름-하-다[형][여불] 휘어서 둥근 듯하다. [작] 회동그스름하다. round
휘뚜루 어디든지 쓰일 만하게. 어디든지 맞게. at random [아무렇게나 해치우는 모양.
휘뚜루-마뚜루[부] 이것저것 가리지 않고 닥치는 대로
휘똑-거리다[자] 벌안간에 휘어지면서 자주 흔들리다. rock ②위태하여 마음을 놓을 수가 없게되다. [작] 회똑거리다. be insecure 휘똑=휘똑[부] 하[자]
휘똘=휘똘[부] 깊이 구불하게 구부러진 모양. [작] 회똘 회똘. sinuously 하[형]
휘루(揮淚)[명] 눈물을 뿌림. repressing one's tears 하[자] [모은 종류. class
휘류(彙類)[명] 같은 종류나 같은 속성(屬性)을 따라
휘-말-다[다][르] ①마구 휘어서 감아 말다. roll ②물에 적시어서 더럽히다.
휘몰-다[타][르] ①일을 제 격식에 맞추지 않고 결과만 서둘러 급히 재촉하다. urge ②마구 휘어잡아 몰고 나가다. drive [어치다.
휘몰아치-다[자] 비바람 등이 휘몰아서 한 곳으로 몰
휘몰이[명] ①휘모는 짓. 또는 그 일. driving ②〈음악〉 노래 곡조의 하나.
휘몰이-판[명] 휘모는 형세(形勢).
휘묵(徽纆)[명] 세 가다으로 꼰 노와 두 가다으로 꼰 노. 포승(捕繩)으로 쓰였음.
휘-물이[─무지][명] 나무의 가지를 휘어서 그 한 끝을 땅 속에 묻어서 뿌리가 내린 뒤에 그 가지를 잘라 한 개체(個體)를 만드는, 식물의 인공 번식법의 하나. 취목(取木). 하[타]
휘발(揮發)[명] 액체가 저절로 기체(氣體)로 변하여 날아 흩어지는 작용. volatilization 하[자]
휘발-유[─유][명] 〈揮發油〉(汽) 휘발성이 있는 광물성의 기름. 가솔린. gasoline
휘보(彙報)[명] 어떠한 가지 일을 종류에 따라 모은 보고. 또, 그 기록. [동] 잡지(雜誌).
휘비(諱秘)[명] 〈약〉→휘지비지(諱之秘之).
휘-비:석(輝沸石)[명] 〈광물〉 판상(板狀) 결정의 비석. 빛깔은 백·홍·회·갈색 등이 있음.
휘-석(輝石)[명] 알루미늄과 화성암(火成巖)의 성분으로서 된 광석. 보통 휘석은 암록·암갈색(暗褐色), 또는 흑색이며 불투명(不透明)함. pyroxene
휘석 안산암(輝石安山巖)[명] 〈광물〉 널리 분포하는 조암 광물의 하나. 유색 광물에 휘석을 함유하는 안산암. 엷은 녹색과 어두운 녹색의 중간 및 빛깔임.
휘선(輝線)[명] 〈물리〉 물질의 스펙트럼 속에 있는 밝은 빛의 선. (대) 암선(暗線). bright line
휘선 스펙트럼(輝線 spectrum)[명] 〈동〉 선스펙트럼(線 spectrum). [rinse 하[타]
휘쇄(揮灑)[명] 물에 흔들어 깨끗이 뺌. 휘호(揮毫)②.
휘수(揮手)[명] ①손짓을 하여 어떠한 김새를 체게 함. signal with the hand ②손짓하여 거절하는 듯을 보임. 하[타] [바람.
휘슬(whistle)[명] ①〈동〉 호각(號角). 경적. ②〈동〉
휘안-광(輝安鑛)[명] 〈광물〉 황화(黃化)안티몬으로 이루어진 무른 광석. 연회색임. stibnite
휘암(輝岩)[명] 〈물리〉 휘석(輝石)을 주성분으로 하여 이루어진 화성암의 하나. pyroxenite
휘양(揮─)[명] 머리에 쓰는 방한구(防寒具)의 하나. 남바위와 비슷하나 목덜미와 뺨까지 싸게 되었으며 불기는 뒤로 잦히어 매기도 함. 호항. 《원》 휘항.
휘어-가다[자] 굽이쳐 흘러가다.
휘어 넘어가-다[자] ①남의 속이는 수단에 속다. be deceived ②힘에 겨워서 남에게 굴복하게 되다. make give in
휘어-대:다[타] 범위 안으로 우겨 넣다. push in
휘어-들다[자][르] ①안으로 향하여 휘어지다. bend inward ②자기 쪽이 시작되다. begin to bend ③굳은 의지나 주장이 약해지다. become weaker ④사람이 남의 손아귀에 들다. play into other's hand
휘어-넘:다[타] 높은 곳에서 마구 넘어뜨리다. throw down ②남이 굴복하도록 함부로 다루다. make someone give in
휘어-빠지다[자] 휘어박음을 당하다. fall down
휘어-잡:다[타] ①무엇을 구부러서 거머잡다. bend and grasp ②사람을 손아귀에 넣고 마음대로 부리다. hold in one's hand
휘어-지다[자] 물체가 약간 구부러지다. bend
휘언(諱言)[명] 〈동〉 휘담(諱談).

휘영청 ① 트여서 시원스러운 모양. clearly ② 몹시 밝은 모양. ¶ ~ 달 밝은 밤. bright
휘요(輝耀)뗑 밝게 빛남. bright　[slightly crooked
휘우듬-하-다⑱여 약간 휘어서 뒤로 잦바듬하다.
휘우뚱 중심을 잃어서 쓰러질 듯한 모양. leaningly 하다
휘우뚱-거리-다 연해 휘우뚱하다. 휘우뚱-휘우뚱
휘움-하-다⑱여 조금 휘어져 있다. somewhat bent
휘-은광(輝銀鑛)뗑〈광물〉황화은(黃化銀)으로 된 강한 광택이 있는 흑회색의 등축 정계의 광석.
휘음(諱音)뗑〖동〗부음(訃音).　　　　elegancies
휘음(徽音)뗑 왕비(王妃)의 아름다운 언행. queen's
휘일(諱日)뗑 조상(祖上)의 제일(祭日). ancestor's memorial day
휘자[一짜](諱字)뗑 돌아간 어른이나 높은 어른의 이름자. (약) 휘(諱).
휘장(揮帳)뗑 피륙을 이어서 만든 둘러치는 막. curtain
휘장(揮場)뗑〈제도〉과거에 합격했다고 금방(金榜)을 들고 과장(科場)에 돌아다니며 외치던 일.
휘장(徽章)뗑 지위·신분을 나타내기 위하여 옷이나 모자 등에 붙이는 표장(表章). 악유(幄帷). 마크(mark)③.
휘장 걸음(揮帳一)뗑 ① 말을 윤형(輪形)으로 몰아 달리게 모는 걸음. galloping a horse in a circle ② 한 사람의 허리와 팔죽지를 두 사람이 양쪽에서 끼고 함부로 몰아 걷는 걸음.
휘장 도깨비(揮帳一)뗑 휘장으로 사람의 앞을 가려서 정신을 잃게 한다는 도깨비의 일종.
휘장 장:원(揮帳壯元)뗑 과거에 장원으로 급제하여 그 글이 시관(試官)의 시제(試題)되는 영예를 받던 사람.
휘적-거리-다 걸을 때에 팔을 잇달아 몹시 휘젓다. swagger 휘적-휘적 하다
휘-적시-다⑱㈀함 마구 적시다. wet
휘-젓:-다⑱㈂함 ① 고르게 섞이도록 마구 젓다. ¶물에 설탕을 타서 ~. stir ② 팔을 몹시 저어 걷다. flourish ③ 사물을 뒤흔들어 어지럽게 하다. ¶책상 속을 ~. disturb　　　　　　　[다. muddle 휘젓-휘젓 하다
휘정-거리-다 물 같은 것을 마구 저어서 흐리게 하
휘주근-하-다⑱여 ① 옷 따위의 풀기가 빠져서 축 늘어지다. limp ② 지쳐서 몸을 가누지 못할 정도에 이르다. languid　　　　　　　　　[mble with
휘-주무르-다 여기저기 마음대로 주무르다. fu-
휘지(徽旨)뗑〈제도〉① 왕세자가 섭정(攝政)할 때의 명령. ② 왕세자에게 내려 주던 문감(門鑑).　[sted
휘지-다 무엇에 시달리어 힘이 빠지다. be exhau-
휘:-지르-다 무슨 일로 옷을 몹시 더럽히다. soil
휘지 비지(諱之祕之)뗑 남을 꺼리어 비밀히 우물쭈물 넘김. (약) 휘지. 하다
휘질(諱疾)뗑 병을 숨기고 드러내지 않음. keeping one's disease in secret 하다
휘집(彙集)뗑〖동〗유취(類聚). 하다
휘-철(輝鐵鑛)뗑〈광물〉적철광의 하나. 능면(菱面) 결정을 이루며 금속 광택이 강한 철흑색의 광물. 경철광(鏡鐵鑛).
휘청-거리-다 가늘고 긴 물건이 휘어지며, 느리게 흔들리다. (작) 회창거리다. be shaky 휘청-휘청 하다
휘추리 나무의 가늘고 긴 가지. 목초(木梢). spray
휘테(Hütte 도)뗑 등산가(登山家)나 스키어의 편의를 위하여 세워진 작은 집.
휘-파람 입술을 오므리고 혀끝으로 입김을 불어서 맑게 소리를 내는 것. 휘소². whistle
휘파람-불-다⑴함 휘파람 소리를 내다. whistle
휘파람-새〈조류〉휘파람새과의 새. 날개 길이가 수컷은 6～7 cm, 암컷은 5～6 cm로 상면(上面)은 감람 갈색이고 하면(下面)은 오렉색(汚白色)임. 고운 소리로 울며 다른 새의 흉내를 냄.
휘필(揮筆)뗑〖동〗휘호(揮毫). 하다

휘하(麾下)뗑 ① 장군(將軍)의 통솔 아래에 있는 모든 군사. ¶ ~ 장병(將兵). troops under one's command ② 지휘자 밑에 속하는 자. 부하(部下).
휘:-하-다⑱여→휘휘하다.　　　　　　　[secret
휘=하-다(諱一)⑱여 말하기를 꺼리다. keep in
휘한(揮汗)뗑 이마에서 흐르는 땀을 손으로 뿌림. mopping sweat with one's hand 하다
휘항(揮項)뗑⑴→휘양.
휘호(揮毫)뗑〈제도〉① 붓을 휘둘러 글씨를 쓰거나 그림을 그림. 휘필(揮筆). ¶ 신춘(新春) ~. writing or painting ②⑤ 휘필(揮筆). 휘조(揮藻). 하다
휘호(徽號)뗑〈제도〉왕비(王妃)가 죽은 뒤, 그 왕비에게 시호(諡號)와 함께 내리던 존호(尊號).
휘료(揮料)(揮毫料)뗑 휘호에 대한 보수. 윤필료(潤筆料).
휘황찬:란-하-다(輝煌燦爛一)⑱여 ① 광채가 눈부시게 빛나다. ¶ 휘황찬란한 네온 사인. brilliant ② 못 된 꾀가 많아서 믿을 수 없음의 비유. 《약》 휘황하다. unctuous
휘황=하-다(輝煌一)⑱여→휘황찬란하다.
휘:휘() ① 여러 번 감기는 모양. ¶ ~ 감다. round and round ② 이리저리 휘두르는 모양. ¶ ~ 내두르다. (작) 회회. flourishing
휘:휘-친친() 여러 번 단단히 둘러 감기는 모양. ¶ ~ 감다. (작) 회회찬찬. round and round
휘휘-하-다⑱여 몹시 쓸쓸하여 무서운 느낌이 있다. 휘:휘하다 오솔길. (약) 휘하다. deserted
휙 ① 재빨리 돌아가는 모양. ¶ ~ 돌다. suddenly ② 바람이 갑자기 세게 부는 모양. ¶ 돌풍이 ~ 불다. 《작》 획. with a sweep ③ 힘차게 던지는 꼴. ¶ ~ 던지다. ④ 갑자기 빠르게 지나가거나 떠오르거나 하는 모양. lightly and nimbly ⑤ 일을 재빠르게 해치우는 모양. quickly
휙:-휙 ① 계속해서 급히 돌아가는 모양. ② 바람이 계속해서 세게 부는 모양. ③ 계속해서 세게 던지는 모양. (작) 획회.
휠키(filky)뗑 화학 섬유와 실크를 섞어 짠 옷감.
휩=싸-다() ① 휘어 감싸서 싸다. surround ② 나쁜 일을 뒤덮어 주다. protect ③ 겉으로 드러나지 않게 하다. shelter　　　　　　　　　　　[ered
휩-싸이-다 휩쌈을 당하다. (약) 휩쎄다. be cov-
휨=쌔-다(약)→휩싸이다.
휩=쓸-다()⑦함 ① 모조리 쓸다. ¶ 바람이 길을 ~. sweep over ② 거칠 것이 없이 행동을 함부로 하다. ¶ 불량배가 거리를 ~. overwhelm ③ 일정한 범위 안에 자자하게 퍼지다. ¶ 소문이 온 동네를 휩쓸었다. sweep over
휩쓸-리-다 휩쓸음을 당하다. be swept
휫=손()뗑 ① 남을 휘어잡아 부리기 잘하는 솜씨. skill of control ② 일을 맡아서 잘 처리하는 수단. skill of management
휴가(休暇)뗑 ① 교·직장 따위에서 일정한 기간을 정하여 쉬는 일. ¶ 동기(冬期) ~. holidays ②⑤ 말미.
휴간(休刊)뗑 신문·잡지 따위의 정기 간행을 한때 쉼. (대) 속간(續刊). suspension of publication 하다
휴강(休講)뗑 계속되는 강의를 한때 쉼. (대) 개강(開講). 출강(出講). no lecture, absence 하다
휴게(休憩)뗑 가는 길을 걷는 도중 잠깐 쉼. 휴식(休息)². rest 하다　　　　　　　　　　[ng-place
휴게-소(休憩所)뗑 잠깐 동안 쉬게 마련한 곳. resti-
휴게-실(休憩室)뗑 잠깐 동안 쉬게 마련한 방. rest.
휴경(休耕)뗑 농사짓기를 쉼. 하다　　　　　[ng-room
휴관(休館)뗑 도서관·미술관·영화관 따위가 그 업을 하루 또는 한동안 쉼. 하다
휴교(休校)뗑 ① 어떠한 사정에 의하여 학교의 과업을 한때 쉼. 또는 그런 일. ¶ 동맹(同盟) ~. closure of a school ② 학교가 학생에게 쉬게 명함. 또는 그 일. ¶ ~ 조치(措置). absence from school 하다
휴대(携帶)뗑 손에 들거나 몸에 지님. 휴지(携持).

휴대 식량(携帶食糧)[명] ①휴대하고 있는 식량. ②〈군사〉전투시에 지니고 다닐 수 있게 만든 간편한 식량.

휴대=전:류(携帶電流)[명] 〔통〕 대류(對流) 전류. 〔사.

휴대=증(一證)[명]〔携帶證〕[명] 무기 등을 휴대하도록 허가한 증명서. 〔물건. personal effects

휴대=품(携帶品)[명] 손에 들거나 몸에 지니고 다니는.

휴등(休燈)[명] 가설(架設)한 것을 그대로 두고 전등 사용만을 한동안 중지함. suspending the use of an electric light 하타

휴:머니스트(humanist)[명] 인도주의자. 인문주의자.

휴:머니스틱(humanistic)[명] ①인문주의적. ②인도주의적. 인도적. 인간주의적. 인류주의적. 하타

휴:머니즘(humanism)[명] 인문주의. ②인도주의. 인

휴:머니티(humanity)[명] 인간성. 인간다움. 〔본수.

휴:먼(human)[명] 인간적. 인간다움.

휴:먼 도큐먼트(human document)[명] 인간 생활의 생생한 사실의 기록. 인생 기록.

휴: 먼 릴레이션즈(human relations)[명] 인간 관계. 특히, 기업체 안에서의 인간 사이의 심리적 관계.

휴먼 인터레스트(human interest)[명] 인간적 흥미.

휴면(休眠)[명] ①쉬면서 아무것도 하지 아니함. quiescence ②〈생물〉동식물이 생활에 부적당할 때 생리 기능을 발휘하지 않고 겨우 현상 유지를 함. ¶~상태. 하타

휴면-기(休眠期)〈생물〉①우충(芋蟲)·모충(毛蟲)이 탈피(脫皮) 전에 한동안 생장의 정지 상태를 취하는 시기. term of closure ②식물이나 동물이 환경의 악화로 휴면하는 시기. resting stage

휴면 법인(休眠法人)[명] 설립만 해 놓고 사업 활동을 하지 않는 법인. 〔에 들어간 싹.

휴면-아(休眠芽)[명]〈식물〉성장을 멈추고 휴면 상태

휴무(休務)[명] 사무를 한때 쉼. closure 하타

휴문(休門)[명]〈민속〉팔문(八門)의 하나. 구궁(九宮)의 일백(一白)의 본자리가 되는 길(吉)한 방위임.

휴문-방(休門方)[명]〈민속〉휴문의 방위.

휴민(休民)[명] 백성을 편안하게 함.

휴병(休兵)[명] 군인에게 적당한 휴식이나 휴가를 주어 기운을 돕음. giving soldiers a rest 하타

휴부(休符)[명]〔동〕휴지부.

휴서(休書)[명]→수세.

휴수(携手)[명] 함께 감. 데리고 감. 하타

휴수 동귀(携手同歸)[명] 행동을 서로 같이 함. 하타

휴식(休息)[명] 무슨 일을 하다가 쉼. 게식(憩息). rest ②〔동〕휴게(休憩). 하타

휴식(虧蝕)[명] ①일식(日蝕)과 월식(月蝕). eclipse ②자본금의 결손(缺損). loss 하타 〔낮지 않는 이질.

휴식-리(休息痢)[명]〈한의〉더하였다 그쳤다 하며 잘

휴식-부(休息符)〈어학〉문장의 의미가 조금 중단되어 서는 자리에 쓰는 부호. 또 숫자의 세 자리마다(천. 백만…) 구분하는 데 쓰는 부호. 가로글씨에서는 ',' (반점), 내리글씨에서는 '·' (모점)을 사용. 쉬는표. comma

휴식 자:본(休息資本)[명]〈경제〉현실적으로 생산 과정에 운용되지 아니하나 장차 운용하려는 자본. unemployed capital

휴신(休神)[명]〔동〕안심(安心).

휴아(休芽)[명]〈식물〉잎이나 가지가 상하였을 때 이를 대신하여 생장 운동을 할 수 있도록 붙어 있는 싹.

휴양(休養)[명] ①편안히 쉬어서 심신을 잘 기름. rest ②조세(租稅)를 가볍게 하여 민력(民力)을 기름. 하타

휴양 도시(休養都市)[명] 기후가 온화하고 경치가 아름답고 해수욕장·온천장 등의 설비가 있어, 휴양하기에 알맞은 도시.

휴양-지(休養地)[명] 심신을 쉬며 보양하기에 적당한 곳. 휴양처(休養處). recreation centre

휴양 지대(休養地帶)[명] 온천·해수욕장·피서지 따위의 여러 사람이 휴양하기에 알맞은 지대.

휴양-처(休養處)[명]〔동〕휴양지(休養地).

휴업(休業)[명] 일하던 업을 얼마 동안 쉼. closing 하타

휴업-계(休業屆)[명] 허가제(許可制)의 영업체(營業體)가, 휴업하는 내용을 기재하여 당국에 제출하는 서면(書面). ¶달의 ~. waxing and waning

휴영(虧盈)[명] 모자람과 가득 참. 이지러짐과 꽉 참.

휴월(虧月)[명] 이지러진 달. 〔대〕만월(滿月). waning moon 〔하타

휴이(携貳)[명] 두 마음을 지님. 이론(異論)을 가짐.

휴일(休日)[명] 일을 중지하고 노는 날. 공휴일·정휴일·경축일 따위의 총칭. holiday 〔음. 하타

휴재(休載)[명] 연재(連載)하던 글을 한동안 싣지 않

휴전(休電)[명] 송전(送電)을 일시 중단함. 하타

휴전(休戰)[명] ①전쟁을 중지함. suspension of hostilities ②〔법률〕교전국(交戰國)이 서로 협의하여 군사 행동을 일시적으로 멈춤. 무료(投戈). ¶~ 조약. truce 하타 〔휘기.

휴전-기(休戰旗)[명]〈군사〉휴전 때 제 일선에 세우는

휴전-선(休戰線)[명]〈군사〉휴전 협정에 의해 결정되는 쌍방으로부터의 사분계선.

휴전 협정(休戰協定)[명] 교전국(交戰國)이 휴전할 것을 내용으로 하는 서면(書面)에 의한 합의(合意).

휴정(休廷)[명] 재판 도중에 쉬는 일. 〔대〕개정(開廷). holding no court 하타

휴제(休題)[명] 여태까지의 회제(話題)를 중지함. 하타

휴조(休兆)[명] 좋은 징조. 좋은 보답(報答). 길조(吉兆). 휴징(休徵). good omen

휴주(携酒)[명] 술병을 몸에 지님. 하타

휴지(休止)[명] ①쉬어서 그침. stoppage ②〔법률〕당사자의 의사나 태도에 의해서 소송 수속의 진행(進行)을 정지하는 일. suspension 하타

휴지(休紙)[명] ①못 쓰게 된 종이. ②버리게 된 물건. ③히드레로 쓰는 종이. 화장지.

휴지(携持)[명]〔동〕휴대(携帶). 하타 〔(休符)

휴지-부(休止符)[명]〈음악〉'쉼표'의 한자 이름. 휴부

휴지 시:행(休紙施行)[명] 이미 작성된 안건(案件)을 폐지함. abolition

휴지-통(休紙筒)[명] 휴지를 넣는 그릇. waste basket

휴지-화(休紙化)[명] 휴지로 화함. 곧, 법률이나 조약 등이 그대로 시행되지 아니하여 효력이나 의의(意義)가 없어짐. invalidate 하타

휴직(休職)[명] ①어느 기간 동안 현직(現職)의 복무를 중지하고 쉼. suspension from office ②〔제도〕장교로서 보임(補任)을 받지 않고 있음. 하타

휴직-급(休職給)[명] 휴직중의 직원에게 지급하는 봉급. half-pay 〔ation 하타

휴진(休診)[명] 의료 기관에서 진료를 쉼. no consult-

휴처(休妻)[명] 아내와 이혼함. divorce 하타

휴척(休戚)[명] 편안함과 근심 걱정. 기쁜 일과 슬픈 일. 휘우(喜憂). peace and anxiety

휴추(休錘)[명]〈공업〉생산 과잉을 방지하는 수단으로서의 방적업의 조업 단축. 하타

휴직(休職)[명] 늘어서 버들을 그만둠. 하타

휴퇴(休退)[명] 버슬에서 물러나 쉼. retiring 하타

휴학(休學)[명] ①학업(學業)을 쉼. suspension of learning ②병으로 재학(在籍)한 채 학교를 일정 기간 쉼. 〔대〕복교(復校). temporary absence from school 하타 〔간 농사 재배를 중지함. fallow 하타

휴한(休閑)[명] 토양(土壤)을 개량하기 위하여 어느 기

휴한-지(休閑地)[명]〈농업〉휴한중의 토지. land fallow ②〔동〕공지(空地).

휴항(休航)[명] 배나 비행기의 운항(運航)을 쉼. ¶안개로 비행기가 ~하다. 하타

휴행(携行)[명] 무엇을 몸에 지니고 다님. carrying 하타

휴-화:산(休火山)[명]〈지학〉옛날에는 분화하였으나, 현재는 분화하지 않는 화산. 수면 화산. 식화산(熄火山). 〔대〕활화산(活火山). dormant volcano

휴회(休會)[명] ①회의 도중에 쉼. recess ②의회(議會)가 자의(自意)로 의사(議事)를 중지하고 쉼.

휼간(譎諫)[명] 둘러 말하여 간함. admonition. 하다

휼계(譎計)[명] 간사하고 능청스러운 꾀. wicked trick

휼궤(譎詭)[명] ①속여서 거짓말함. tell a lie ②괴이함. 이상함. 진기함.

휼금(恤金)[명] 정부에서 이재민(罹災民)에게 주는 돈. relief fund

휼모(譎謀)[명] 남을 속이는 꾀. wicked trick

휼문(恤問)[명] 가엾이 여기어 문안함. 하다

휼미(恤米)[명] 정부에서 이재민(罹災民)에게 주는 쌀. relief rice

휼민(恤民)[명] 이재민을 구제함. relief of refugees. 하다

휼병(恤兵)[명] 전쟁에 나간 병사에게 금품을 보내어 위로함. relief of soldiers. 하다

휼병(恤病)[명] 병자를 구제함. relief for the sick

휼병-금(恤兵金)[명] 휼병을 위하여 쓰이는 돈. war relief fund

휼사(譎詐)[명] 남을 속이기 위하여 간사를 부림. trickery. 하다

휼전(恤典)[명] 정부에서 이재민에게 위로로 베푸는 은전.

휼형(恤刑)[명] ①형(刑)의 시행을 신중하게 하는 일. ②형을 공정하게 시행하는 일. ③재판이나 형의 시행에서 죄인을 위로[慰撫]하는 일.

흄-관(Hume 管)[명] 철선을 속에 넣고 만든 시멘트 관. 하수도관 따위에 씀.

흉[명] ①아프거나 다친 곳의 나은 자리. 홈①. scar ②비난을 받을 만한 점. 비웃을 만한 거리. fault

흉가(凶家)[명] 그 집에 사는 사람에게 흉한 일이 생긴다는 불길한 집. 흉측집. haunted house

흉 각각 정 각각[속] 결점이 있을 때는 흉보고 좋은 일 때는 칭찬하여 상벌이 분명하다.

흉간(胸間)[명] 가슴의 근방. breast

흉갓-집(凶家-)[명] (同) 흉가(凶家).

흉강(胸腔)[명] <생리> 가슴의 속 부분으로 하부(下部)는 횡격막과 경계하며, 그 속에 허파·염통 따위가 있음. thorax 가슴.

흉격(胸膈)[명] <생리> 염통과 비장(脾臟)과의 사이의 부분.

흉겸(凶歉)[명] 흉황. 기근(飢饉).

흉계(凶計)[명] 음흉한 꾀. 흉모(凶謀). sinister design

흉곡(胸曲)[명] 가슴속. 흉중(胸中)①.

흉골(胸骨)[명] <생리> 앞가슴의 한복판에 있는 뼈. sternum 간(軀幹). chest

흉곽(胸郭)[명] <생리> 흉추(胸椎)와 갈빗대 사이의 구.

흉곽 성형술(胸廓成形術)[명] <의학> 늑골의 일부를 끊어 버리고 흉곽을 축소하여 폐를 압축하는 수술. thoracoplasty

흉괘[一卦](凶卦)[명] 언짢은 점괘. (대) 길괘(吉卦).

흉구(凶具)[명] (同) 흉기(凶器).

흉근(胸筋)[명] 가슴에 붙은 모든 근육. pectoral muscles

흉금(胸襟)[명] 가슴 속에 품은 생각. 흉심(胸心). 흉차(胸次). 유회(胸懷). ¶ ~을 털어놓다. bosom

흉기(凶器)[명] 사람을 살상하는 데 쓰는 연장. 흉구(凶具). weapon 짓. imitation

흉내[명] 남이 하는 말이나 행동을 그대로 옮겨 하는 짓. imitation

흉내-내:-다[타] 남이 하는 대로 옮기어 하다. imitate

흉내-말[명] <어학> 어떠한 소리나 모양이나 동작을 흉내삼아 이르는 말. 의성어(擬聲語)와 의태어(擬態語)가 있음. mimetic speech

흉내-쟁이[명] 남의 흉내를 잘 내는 사람. mimicker

흉년(凶年)[명] 농작물이 잘 되지 않은 해. 겸년(歉年). 겸세(歉歲). 기년(饑年). 기세(饑歲). 황년(荒年). 흉세(凶歲). 황세(荒歲). 황흉(荒凶).

흉년 거ː지(凶年-)[명] 언어 먹기 어려울 때의 거지. 곧, 주위 환경이 불리하여 애를 쓰나 효과가 적음을 이름. beggar in the lean year

흉년-들:-다(凶年-)[자르] 어떤 해 어떤 지방에 곡식이 잘 되지 않아 주리게 되다. have a year of famine 에게 살기 힘들다라는 뜻으로 하는 말.

흉년에 밥 빌어먹겠다[속] 기골이 약하고 무능한 사람

흉년에 배운 장기[속] '먹기만 함'을 이르는 말.

흉년에 어미는 굶어 죽고 아이는 배 터져 죽는다[속] 흉년에는 양식이 모자라 울며 보채는 아이들만 주므로 아이들은 지나치게 배불리 먹게 되고 어른들은 굶게 된다.

흉년의 떡도 많이 나면 싸다[속] 훌륭한 물건이라도 많이 나면 천해진다.

흉녕(凶獰)[명] 성질이 흉악하고 모짊. 흉악①. ferocity

흉노(匈奴)[명] <역사> 기원 전 3~1세기 사이에 몽고 지방에서 활약하던 북적(北狄)의 일파의 유목민

흉당(凶黨)[명] 흉악한 역적의 무리. rebels [족. Huns

흉당(胸膛)[명] (同) 복장(腹臟).

흉덕(凶德)[명] 흉악한 성질. ferocity

흉도(凶徒)[명] 모질고 나쁜 짓을 하는 무리. rascals

흉독(凶毒)[명] 흉악하고 독함. ferocity. 하다

흉례(凶禮)[명] (同) 상례(喪禮).

흉리(胸裏)[명] 가슴속. 마음속. 흉중①. bosom

흉막(胸膜)[명] <생리> 늑막(肋膜).

흉막-염[一염](胸膜炎)[명] (同) 늑막염(肋膜炎).

흉맹(凶猛)[명] 흉악하고 사나움. 하다

흉모(凶謀)[명] 음흉한 꾀. 흉악한 모략. 흉계(凶計). (유) 역모(逆謀). plot

흉모(胸毛)[명] ①가슴에 나는 털. ②새의 가슴에 난 것.

흉몽(凶夢)[명] 불길한 꿈. (대) 길몽(吉夢). ominous dream [陣]할 때 나가는 문.

흉문(凶門)[명] ①<동> 상가(喪家). ②장군이 출전(出

흉문(凶聞)[명] 흉한 소문. 죽었다는 소문. bad news

흉물(凶物)[명] ①흉측스럽게 생긴 사람이나 동물. ②성질이 음흉한 사람. ferocious person 스럽 스럽다

흉배(胸背)[명] ①관복(官服)의 가슴과 등에 쓸이던 학이나 호랑이를 수(繡)놓은 형겊 조각. ②가슴과 등. breast and back

흉범(凶犯)[명] 흉악한 범인. 살인범(殺人犯) 따위. felon

흉변(凶變)[명] ①<동> 흉장(凶裝)의 외변. ②사람이 죽은 것 등의 좋지 못한 변고. calamity

흉보(凶報)[명] ①불길한 기별. (대) 길보(吉報). ill news ②사람이 죽었다는 통보(通報). 흉음(凶音).

흉-보:-다[타] 남의 결점을 들어 말하다. speak ill of

흉복(凶服)[명] (同) 상복(喪服). (同) 복장(腹部).

흉복(胸腹)[명] ①가슴과 배. chest and abdomen ②가

흉복-통(胸腹痛)[명] (同) 가슴앓이.

흉부(凶夫)[명] 흉악한 계집.

흉부(胸部)[명] ①가슴 부분. ②호흡기.

흉부 대ː동맥(胸部大動脈)[명] <생리> 제삼흉추(第三胸椎)의 왼쪽으로부터 횡격막(橫膈膜)까지 세로로 연장된 대동맥.

흉비(胸痞)[명] <한의> 가슴 속이 갑갑한 병증.

흉사(凶邪)[명] 흉악하고 간사함. 또는 그 사람. atrocity. 하다

흉사(凶事)[명] ①불길한 일. misfortune ②사람이 죽은 일. (대) 길사(吉事). death

흉산(胸算)[명] 속셈. mental calculation

흉살(凶煞)[명] 불길한 운수. 흉한 귀신. misfortune

흉상(凶狀)[명] ①음충맞고 험한 태도. wickedness ②괴악한 모양. vicious look

흉상(凶相)[명] ①종지 못한 상격(相格). evil physiognomy ②보기 흉한 의모(外貌). (대) 길상(吉相). vicious look bust

흉상(胸像)[명] <미술> 가슴 윗부분만의 소상(塑像).

흉선(胸腺)[명] <생리> 흉골(胸骨) 후방의 내분비선(內分泌腺). 편평(扁平)·장타원형(長楕圓形)의 두 엽(葉)으로 됨. 가슴샘. thymus gland

흉설(凶說)[명] 불길한 말. 흉악한 말. evil words

흉성(凶星)[명] <민속> 불길한 조짐이 있는 별. 이 별이 비치는 곳에는 불길한 일이 있다 함. (대) 길성

흉세(凶歲)[명] (同) 흉년(凶年). [(吉星).

흉쇄 관절(胸鎖關節)[명] <생리> 흉골(胸骨)과 쇄골(鎖骨)을 잇는 관절.

흉수(凶手)쮕 ①흉한(凶漢)의 독수(毒手). ②흉악한 짓을 하는 사람. evil man

흉수(胸水)쮕 〖의학〗 늑막(肋膜) 강내(腔內)에 괴는 액(液). hydrothorax

흉식 호흡(胸式呼吸)쮕 심호흡의 하나. 늑골(肋骨)의 운동에 의하여 행하여짐. 가슴숨쉬기. 흉호흡(胸呼吸). 《대》 복식 호흡(腹式呼吸).

흉신(凶神)쮕 좋지 못한 귀신. evil god

흉심(凶心)쮕 흉악한 마음. 음융한 마음. evil mind

흉임(胸-)쮕 가슴(胸襟).

흉악(凶惡)쮕 ①성질이 험상궂고 악함. 흉녕(凶獰). atrocious ②겉모양이 흉하고 무섭게 생김. malignant **하**형 **스**형 **스레**형

흉악 망측(凶惡罔測)쮕 몹시 흉악함. 《약》 흉측. being most wicked **하**형 **스**형 **스레**형

흉악 무도(凶惡無道)쮕 성질이 거칠고 사나우며 도의심이 없음. **하**형

흉액(胸液)쮕 〖생리〗 흉막강(胸膜腔) 속에 괸 장액성 액체(漿液性液體).

흉어(凶漁)쮕 물고기가 아주 적게 잡힘. 《대》 풍어(豊漁). poor catch

흉억(胸臆)쮕 가슴 속의 생각. mind

흉업-다(凶-)쮕〖ㅂ〗 불쾌할 정도로 보기 흉하다. unsightly

흉역(凶逆)쮕 임금이나 부모를 해치려는 생각을 품은 신하나 자식. treacherous person

흉역(胸疫)쮕 〖의학〗 말의 폐장과 늑막에 생기는 일.

흉오(胸奧)쮕 (동) 흉중(胸中)①.

흉완(凶頑)쮕 흉악하고 모짊. ferocity

흉용(洶涌)쮕 큰 물결이 세차게 일어남. 또, 세차게 솟아남. billowing **하**형

흉우(胸宇)쮕 (동) 흉중(胸中)①.

흉위(胸圍)쮕 젖이 있는 곳에서 잰 가슴의 둘레. chest measurements

흉음(凶音)쮕 ①불길한 일의 기별. evil tidings ②죽음을 전하는 소식. 흉보(凶報). news of one's death

흉인(凶刃·兇刃)쮕 흉행(凶行)에 쓰인 칼. lethal knife

흉일(凶日)쮕 불길한 날. 악일(惡日). 《대》 풍일(豊日). evil day 《합. 《대》 풍작(豊作). short crop

흉작(凶作)쮕 〖농업〗 농작물(農作物)이 잘 되지 못함.

흉잡(凶雜)쮕 흉악(凶惡)하고 어지러움. atrocity **하**형

흉-잡다쮕 남의 결점을 꼬집어 드러내다.

흉-잡히다쮕 남에게 제 결점을 드러냄을 당하다.

흉장(胸章)쮕 가슴에 다는 표장(標章).

흉장(胸牆)쮕 성곽(城廓)·포대(砲臺) 따위에 쌓는 가슴 높이만한 담. 흉벽(胸壁)①.

흉적(凶賊·兇賊)쮕 흉악한 도둑. atrocious thief

흉정(胸情)쮕 마음.

흉조(凶兆)쮕 불길한 조짐. 흉증(凶證)①. 《대》 길조(吉兆). ill omen

흉종(凶終)쮕 병사(病死)가 아니고, 재난(災難)·강도 따위로 흉하게 죽음. accidental death **하**형

흉중(胸中)쮕 ①가슴속. 흉곽(胸曲). 흉리(胸裏). 흉오(胸奧). 흉우(胸宇). ¶~에 사무치다. one's bosom ②마음. 생각. ¶~을 떠보다. one's feeling

흉중 샘진(胸中生嗔)쮕 오랫동안 남을 그리워하면서 만나지 못하고 있음. missing for a long time

흉-즉대길(凶則大吉)쮕 점쾌·사주 풀이·토정 비결 따위에 나타난 신수가 나쁠 때 오히려 경반대로 된다는 뜻. 《대》 길즉대흉(吉則大凶).

흉증(凶證)쮕 ①(동) 흉조(凶兆). ②음흉한 성벽(性癖). wicked nature **스**형 **스레**형

흉증-부리다(凶症-)쮕 음흉한 짓을 하다. use subtle tricks

흉지(凶地)쮕 풍수이 좋지 않은 곳.

흉참(凶慘)쮕 흉악하고 참혹함. atrocity **하**형

흉추(胸椎)쮕 〖생리〗 경추(頸椎)와 요추(腰椎) 사이에서 서로 이어지는 구간(軀幹)의 뒤쪽 기둥을 이룬 척추(脊椎)의 한 부분. thoracic vertebrae

흉측(凶測)쮕 (준) 흉악망측(凶惡罔測).

흉탄(凶彈)쮕 흉한(凶漢)이 쏜 총탄. assassin's bullet

흉-터쮕 상처가 아문 자리. 흠자국. 흉(傷處). 상반(傷瘢). scar

흉통(胸痛)쮕 〖한의〗 가슴이 아픈 증세. pain in the chest

흉특(凶慝)쮕 성질이 간사하고 음특(陰慝)함. wickedness **하**형

흉패(凶悖)쮕 성질이 악하고 도리에 어긋남. viciousness

흉패(胸牌)쮕 〖기독〗 대제사장(大祭司長)의 가슴에 차는 수놓은 헝겊 표장(表章). **하**형

흉포(凶暴)쮕 흉악하고 사나움. ¶~한 도둑놈. outrage **하**형

흉풍(凶風)쮕 ①사나운 바람. 몹시 사나운 바람. violent wind ②음흉스러운 기풍. 또는 풍조(風潮). evil trend

흉-풍(凶豊)쮕 흉년과 풍년. good or poor crop

흉-하다(凶-)쮕〖여〗 ①좋지 않다. bad ②불길하다. ominous ③보기 싫을 만큼 거칠다. ugly ④마음씨가 악하고 거칠다. evil ⑤인연이 나쁘다.

흉-하적쮕 남의 결점을 들어 말하는 짓. fault finding

흉학(凶虐)쮕 성질이 악하고 사나움. atrocity **하**형

흉한(凶漢)쮕 ①흉행을 하는 사람. ruffian 《동》 악한(惡漢). **하**형

흉해(凶害)쮕 끔찍한 짓으로 사람을 죽임. murder

흉행(凶行)쮕 흉악하고 사나운 행동을 함. 또, 그러한 짓. outrage **하**형

흉허물쮕 서로가 어려워할 만한 일. 서로 경원(敬遠)하는 태도. fault

흉허물-없다쮕 서로 어려워함이 없이 가깝게 지내다. intimate enough to overlook each other's 흉허물-없이쮕 craft **하**형

흉험(凶險)쮕 매우 거칠고 음험함. ¶산세가 ~하다.

흉-하다(凶-)쮕〖여〗

흉-호흡(胸呼吸)쮕 《동》 흉식 호흡(胸式呼吸).

흉화(凶禍)쮕 흉한 재화(災禍). calamity ②부모의 상사(喪事).

흉회(凶欷)쮕 〖검〗흠(凶欷). bad crop

흉황(凶荒)쮕 농사가 재앙으로 말미암아 결판남. crop failure

흉회(胸懷)쮕 마음에 품고 있는 생각. 마음속. one's heart palpitation

흉흉-하다(恟恟-)쮕〖여〗 두려워서 마음이 설레다.

흉흉-하다(洶洶-)쮕〖여〗 ①물결이 어지럽게 일어나다. be billowy ②인심이 몹시 어지러워지다. ¶흉흉한 세상. panic-stricken

흐너-뜨리다쮕 흐너지게 하다. ¶옛집을 ~. destroy

흐너-지다쮕 포개어 있던 작은 물건이 낱낱이 헐리어지다. collapse

흐놀-다태쮕 그리워하다. 동경하다.

흐느끼-다쮕 매우 서러워서 흑흑 느끼어 울다. sob

흐느-거리다쮕 가늘고 길게 붙어서 부드럽게 나풋거리어 일거나 얇고 가벼운 물건이 연해 부드럽게 흔들리다. 《약》 하느거리다. 《작》 하느작거리다. loose **흐느적-흐느적적**쮕

흐늑-거리다쮕 《약》→흐느적거리다.

흐늘-거리다쮕 ①어디에 매인 데가 없이 편하게 놀고 지내다. loaf ②힘없이 늘어져 흔들리다. sway ③단단하지 못하여 건드리는 대로 흔들리다. 《작》 하늘거리다. fragile **흐늘-흐늘**쮕 **하**형

흐·늘-다쮕 〖고〗 흔들다.

흐늘쩍-거리다쮕 매우 느린 동작으로 계속해서 움직이다. **흐늘쩍-흐늘쩍**쮕

흐늘흐늘-하다쮕 물체가 지나치게 무르거나 성기어 뭉크러질 듯하다. ¶고기를 흐늘흐늘하게 삶다. 《작》 하늘하늘하다①. "무러지다①.

흐드러-지다쮕 썩 탐스럽다. attracting ②《동》

흐들갑-스럽다쮕〖ㅂ〗 지나치게 풍을 떨며 떠드는 태도가 있다. talkative **흐들갑-스레**쮕

흐들흐-다쮕〖고〗 흐뭇하다. 한창이다.

흐들히-히쮕〖고〗 흐뭇이. 한창.

흐락(戱)쮕 정색하지 아니하고 농조(弄調)로 하는 짓. ¶~을 일삼는 징궂은 친구.

흐려-지다쮕 흐리게 되다. ¶생각이 ~.

·흐·로조 〖고〗 으로. 로.

흐르-다[자][르] ①물이 내려가다. run ②액체가 넘치어 떨어지다. ¶물이 넘쳐 ~. over flow ③쏟아지다. ¶쌀가마에서 쌀이 ~. spill ④사물이 어느 방향으로 쏠리다. lapse into ⑤세월이 가다.

흐르다

세월이 ~. elapse ⑥떠서 액체와 함께 내려가다. ¶냇물 위를 흐르는 꽃잎. float ⑦벌·살·화살 등이 날아 지나가다. ¶동쪽으로 흐르는 ~. fly ⑧어떤 범위 안에서 벗어나 점차 퍼지다. ¶흐르는 멜로디. spread ⑨어떤 상태나 현상·기운이 걷으로 드러나게 나타나다. ¶촌티가 ~. 기름이 흐르는 쌀밥. appear ⑩미끄러져 내리다. ¶치가 자꾸 밑으로 ~. slide ⑪정처없이 헤매다. 발랑하다. wander ⑫새다. ¶통 밑에서 물이 ~. leak

흐르-다〖르〗 동물이 홀레를 하다. 교미(交尾)하다. 어우르다. copulate

흐.르.다《고》《散》. 흩어지다.

흐르르 = 소리[-쏘-]〖동〗 유음(流音).

흐름소리 = 소리[-쏘-]〖동〗 유음(流音).

흐리-다 구름이나 안개가 끼어 날씨가 나쁘게 되다. cloudy ¶흔적을 지워 버리다. ¶말끝을 ~. efface ②물 따위를 혼락(混濁)하게 하다. make muddy ③한 집안이나 단체의 이름을 더럽히다. ¶가문을 흐린 자식. disgrace

흐리-다 ①기억력·판단 또는 하는 일이 분명하지 않다. ¶기억이 ~. ¶《작》 하리다. vague ②더러운 것이 섞이거나 발리거나 하다, 또는 무엇이 끼어서 맑지 못하다. ¶물이 ~. impure ③구름이 끼다. ¶날이 ~. cloudy ④시력(視力)이나 청력(聽力)이 쇠하여 똑똑히 보이거나 들리지 않다. ¶눈이 ~. dim ⑤등불이 희미하게 맑다. ¶불빛이 ~. 《데》 맑다.

흐리디-흐리-다 매우 흐리다. very cloudy [dim

흐리-마리 ①그윽하게(去就)가 분명하지 않은 모양. ¶~한 행동. ambiguously ②기억이 분명하지 아니한 모양. vaguely 하〖형〗

흐리멍덩-하-다〖형〗 ①기억이 아름아름하여 분명하지 않다. vague ②귀에 들리는 것이 분명하지 않고 흐리다. dim ③흐릿하고 그림의 구역이나 하는 일이 흐릿하여 분명하지 않다. ④정신이 몽롱하다. ¶밤잠을 못 자서 정신이 ~. 《작》 하리망당하다. indistinct **흐리멍덩-히**〖부〗

흐리터분-하-다〖형〗 ①일이 흐리고 어지러워 뚝뚝하지 못하다. indistinct ②성미가 산뜻하지 못하고 텁텁하다. ¶하리타분하다. shady **흐리터분-히**〖부〗

흐린-소리[-쏘-]〖동〗 탁음(濁音).

흐릿-하다 조금 흐리다. somewhat dim

흐무러-지-다〖자〗 ①도물 푹 익어서 무르녹다. 흐드러지다②. over-ripe ②물에 불어서 아주 무르다. ¶콩알이 물에 불어서 ~. 《여》 흐무지다. sodden ③엉길 힘이 없어 뭉그러지다. crumble

흐뭇-하-다〖형〗〖여〗 심히 흐뭇하다. 《작》 하무뭇하다. satisfied **흐뭇못-히**〖부〗

흐무-지-다〖여〗 → 흐무러지다②.

흐물=흐물〖부〗 푹 익어서 아주 무르게 된 모양, 또, 엉길 힘이 없어 아주 흐부러진 모양. 《작》 하물하물. pulpy 하〖형〗

흐뭇-하-다〖여〗 마음에 흡족하다. ¶흐뭇하게 먹다. 《작》 하뭇하다. satisfied **흐뭇-이**〖부〗

흐벅-지-다 많고 탐스러우며 부드럽다. soft

흐슬-부슬〖부〗 차진 기가 없어 헤질 듯한 모양. unglutinous 하〖형〗

흐슴츠레·흐··다〖고〗 희미하다.

흐위[〖고〗 흡족하게. 무르녹게.

흐웍흐-다〖고〗 흡족하다. 윤택하다. 무르녹다.

흐웍흐웍·흐··다〖고〗 무르녹다. 윤택하다.

흐지-부지 결과를 분명히 맺지 못하고 흐리멍덩하게 넘겨 버리는 모양. 《원》 휘지비지. to no purpose

흐트러-뜨리-다 흐트러지게 하다. scatter [하〖타〗

흐트러-지-다 이리저리 엉키어서 흩어지다. disperse

흐흐 비설궂게 웃는 소리나 모양. 하〖부〗

흑 숨을 한 번 흐느기는 소리. sobbing sound 하〖부〗

흑(黑)〖명〗 《여》 → 흑색(黑色). 《약》 → 흑자.

흑각(黑角)〖명〗 빛깔이 검은 물소의 뿔. buffalo horn

흑-갈색(黑褐色)〖명〗 짙은 갈색. dark brown

흑개(黑蓋)〖명〗〖제도〗 의장(儀仗)의 하나로 검은 사(紗)로 싼 덮개.

흑-고래(黑-)〖명〗〖동물〗 큰고래과의 고래의 하나. 몸길이 12~17m로 등은 회색색, 배는 흑색 또는 백색임. 등지느러미는 낙타 등처럼 휘어 있고 앞지느러미는 둥근 모양임. 난해(暖海)에 서식하는데 때로는 극해(極海)까지 감.

흑-고약(黑膏藥)〖명〗 검은 빛깔의 고약.

흑곡(黑麯)〖명〗 종곡(種麯)의 하나. 주로 소주 따위를 만드는 데 쓰임.

흑-귀:자(黑鬼子)〖명〗 ①(비) 흑인(黑人). ②살빛이 검은 사람을 조롱하여 일컫는 말.

흑기(黑氣)〖명〗 ①검은 기운. ②불길하고 음산한 기운.

흑기(黑旗)〖명〗 검은 기호를 그린 기. black flag

흑-내:장(黑內障)〖명〗〖의학〗 내안장(內眼障)의 하나. 동공도 검고 보기에는 아무 이상이 없으나, 실제는 전혀 보지 못하는 눈병.

흑노(黑奴)〖명〗 ①노예로 된 흑인. negro slave ②흑색 인종을 경멸하는 말. negro

흑단(黑檀)〖명〗〖식물〗 감나무과에 속하는 상록 교목(常綠喬木). 잎은 긴 타원형으로 담황색의 꽃이 핌. 동굴돌을 단명 열매가 익으면, 적황색(赤黃色)이 되며, 심재(心材)는 오목(烏木)이라 하여 고급 가구·악기·등의 재료로 씀. ebony

흑-단령(黑團領)〖명〗〖제도〗 검은 빛깔의 단령. 버슬아치의 관복의 한 가지.

흑달(黑疸)〖명〗〖여〗 여로달(女勞疸). [치가 입음.

흑당(黑糖)〖명〗 ①검은 엿. black rice-candy ②《약》→

흑-대:두(黑大豆)〖명〗 검은 콩. 흑사탕(黑砂糖).

흑-대:모(黑玳瑁)〖명〗 빛깔이 검은 대모.

흑도(黑道)〖명〗〖천문〗 황도(黃道)로부터 43도 4분, 남북극으로부터 23도 38분인 달의 궤도.

흑두(黑豆)〖명〗 검은 팥. black beans

흑두(黑頭)〖명〗 ①검은 머리. black hair ②젊은 사람. young person

흑-두루미(黑-)〖명〗〖조류〗 두루미과의 새. 몸은 회색색이고 머리와 목의 대부분은 순백색임. 논·늪지 등에 떼를 지어 다니며 물고기·조개·지렁이 등을 먹는 보호조.

흑두-병(黑痘病)〖명〗〖한의〗 피부에 검은 반점이 생기고 목이 잠기는 전염병의 하나.

흑두 재:상(黑頭宰相)〖명〗 나이 젊어서 재상이 된 사람. young prime minister

흑린(黑燐)〖명〗〖화학〗 황린을 12,000 기압에 200℃ 고가역해서 만드는 물질. 열·전기의 도체임.

흑마(黑馬)〖명〗 빛깔이 검은 말.

흑막(黑幕)〖명〗 ①검은 장막. black curtain ②걷으로 드러나지 않은 음흉한 내막(內幕). ¶사건의 ~을 폭로하다. 《속》 야로. secret circumstances

흑막 정치(黑幕政治)〖명〗 정치 무대의 흑막 뒤에서 소수의 사람이 조종하는 일종의 정치.

흑-맥주(黑麥酒)〖명〗 맥주의 일종. 착색(着色)한 맥아(麥芽)를 사용하므로 암갈색을 띰. black beer

흑반(黑斑)〖명〗 검은 반점(斑點). black spot

흑반(黑礬)〖명〗〖여〗 녹반(綠礬).

흑반-병[一뼝](黑斑病)〖명〗〖농업〗 고구마·배·목화 위에 발생하는 과수병의 하나. 흑성병. black-spot disease

흑발(黑髮)〖명〗 검은 머리털. 《데》 백발(白髮). [hair

흑백(黑白)〖명〗 ①검은 빛과 흰 빛. black and white ②옳고 그름. 시비(是非). ¶~을 가리다.

흑백 불분(黑白不分)〖명〗 ①검은 것과 흰 것이 뒤섞임. mixture of black and white ②옳고 그른 것이 분명하지 아니함.

흑백 사진(黑白寫眞)〖명〗 실물의 형상이 까맣거나 하얗게만 나타난 사진. black and white photograph

흑백 영화(黑白映畵)〖명〗〖연예〗 화면에 비치는 영상이 흑백으로 영사되는 영화. 《데》 천연색 영화. black and white film

흑백 텔레비전(黑白 television)圀 재생(再生)된 상(像)이 단색(單色)이며 흰색과 검정색의 농담(濃淡)만으로 나타나는 텔레비전.

흑=변두(黑扁豆)圀〖식물〗식료(食料)로 쓰이는 빛이 검은 변두(扁豆). 흑편두(黑扁豆).

흑=보기(黑—)圀 눈동자가 한쪽으로 몰려서 늘 흘겨보는 사람의 별명. cross-eyed person

흑=빵(黑—)圀 호밀가루로 만든 빵.

흑사(黑砂)圀 ①광물 자철광(磁鐵鑛)·석석(錫石)·각섬석(角閃石) 따위의 흑색 광물을 다량으로 포함하는 모래. black sand

흑사=병(黑死病)[—뼝]圀〖의학〗열성(熱性) 전염병. 페스트(pest)라는 병균의 침입으로 일어나며 급성임. 페스트.

흑=사탕(黑沙糖)圀 정제하지 않은 검은 사탕 가루. 흑설탕. 《약》흑당②. muscovado sugar

흑=산호(黑珊瑚)圀〖동물〗강장(腔腸) 동물의 하나. 골격은 광택이 나는 검은 빛의 각질(角質)로 나뭇가지 모양이며, 살갗에 잔 구멍이 많음. 해저(海底)에 붙어 삶. 도장·담배물부리 따위를 만듦. black coral

흑삼(黑衫)圀〖제도〗소매가 검은 예복. 제향(祭享)

흑=삼릉(黑三稜)圀〖식물〗흑삼릉과(黑三稜科)에 속하는 다년생 풀. 줄기 높이 1m 가량으로 잎은 가늘고 길며 총생함. 6~7월에 백색의 꽃이 웅화수(雄花穗)는 가지 위에, 자화수(雌花穗)는 아래 쪽에 핌.

흑색(黑色)圀 ①검은 빛. black ②〖사회〗무정부주의(無政府主義)를 상징하는 빛깔. 〖대〗백색(白色). 적색(赤色). 《약》흑(黑)①. 「二銅」.

흑색 산화동(黑色酸化銅)圀〖동〗산화 제이동(酸化銅)

흑색 선전(黑色宣傳)圀 무근(無根)한 사실을 조작하여 상대방을 중상 모략하고 교란(攪亂)시키는 정치적 술책.

흑색 인종(黑色人種)圀 피부의 빛이 흑색인 인종. 남아프리카·대양주(大洋洲)·북아메리카주 등지에 삶. 《약》흑인종(黑人種). black race

흑색 조합(黑色組合)圀〖사회〗무정부주의 계통의 노동 조합. Anachosyndicalist International

흑색 화:약(黑色火藥)圀〖화학〗초석(硝石)의 가루 75, 숯 15, 유황(硫黄) 10의 혼합물(混合物)인 화약. black gunpowder

흑서(黑黍)圀 옻기장.

흑석(黒石)圀 ①검은 빛깔의 돌. ②〖동〗흑요석(黑曜石). ③검은 바둑돌. 「black quartz」

흑=석영(黑石英)圀〖광물〗빛깔이 검은 석영(石英).

흑선(黑線)圀 ①빛이 검은 선. black line ②〖물리〗빛의 스펙트럼에 나타나는 암흑선. 태양 따위의 빛에 포함된 암선(暗線).

흑=설탕(黑雪糖)圀〖동〗흑사탕.

흑성=병[—뼝](黑星病)圀〖동〗흑반병(黑斑病).

흑=셔츠(黑 shirt)圀 ①검은 빛깔의 셔츠. ②이탈리아 파쇼 당원(黨員)의 제복.

흑셔츠=당(黑 shirts 黨)圀 파시스트당.

흑=소두(黑小豆)圀〖동〗검은팥.

흑손(黑損)圀 신문 용어. 인쇄가 지나치게 검게 되어서 버리는 신문 용지. 〖대〗백손(白損).

흑송(黑松)圀〖동〗곰솔.

흑수(黑手)圀 ①검은 손. ②나쁜 마음을 먹고 하는 수단. evil design

흑수(黑穗)圀〖동〗깜부기.

흑수=균(黑穗菌)圀〖식물〗흑수균과의 균의 총칭. 벼 및 고등 식물의 체내에 기생하는데, 세로에서 양분및 꽃의 씨방이 검게 변함.

흑수=단(黑手團)圀 복수(復讐) 또는 공갈을 목적으로 하는 이탈리아 사람들의 비밀 결사.

흑수=병[—뼝](黑穗病)圀〖식물〗보리·밀·옥수수 따위의 이삭이 기생충의 기생으로 검게 변하는 병. 깜부기병. smut disease

흑수=열(黑水熱)圀〖의학〗아주 심한 말라리아 경과 중에 일어나는 급성 적혈구 붕괴증.

흑=수정(黑水晶)圀〖광물〗검은 빛의 수정.

흑수=증(黑水症)[—쯩]〖한의〗외음부(外陰部)가 붓는 병증으로, 신장염(腎臓炎) 따위로 일어남.

흑승 지옥(黒繩地獄)圀〖불〗쇠사슬로 몸을 달군 도끼로 찍어 죽인다는 팔대 지옥(八大地獄)의 하나.

흑시(黑柿)圀〖동〗먹감.

흑신=기(黑神旗)圀〖제도〗북방(北方)에 세우는 중오방기(中五方旗)의 하나.

흑심(黑心)圀 음흉하고 부정한 욕심 많은 마음. ¶~을 품다. evil intention

흑=싸리(黑—)圀①화투에서 검은 싸리를 그린 짝. ②남의 일을 훼방하는 사람의 별명. interrupter

흑암(黑岩)圀 검은 빛깔의 암석(岩石). black rock

흑암(黑暗·黑闇)圀 몹시 어두움. darkness 하圀

흑앵(黑櫻)圀〖동〗버찌.

흑야(黒夜)圀 칠야(漆夜).

흑=양피(黑羊皮)圀 빛이 검은 양의 가죽. 오양피(烏羊皮). black sheepskin

흑어(黑魚)圀〖羊皮〗. black sheepskin

흑연(黑煙)圀 ①새까만 연기. black smoke ②숯가루를 붕지에 넣어 줄에 칠하여 쓰는 화공의 먹줄.

흑연(黑鉛)圀〖광물〗연필(鉛筆)의 심 따위를 만드는 탄소(炭素)로 된 광물. 석묵. black lead

흑연=광(黒鉛鑛)圀〖광물〗흑연을 파내는 광산. 또는 흑연을 포함하고 있는 광맥. black lead ore

흑예(黑翳)圀〖한의〗각막(角膜)에 팥알만하게 도드라지는 안질(眼疾)의 하나.

흑=오미자(黑五味子)圀〖식물〗오미자과(五味子科)의 만목(蔓木). 잎은 타원형이나 난형이고 5~6월에 자웅 이가(雌雄異家)의 휜 꽃이 피고 장과(漿果)는 가을에 흑람색으로 익음. 과실은 약용함.

흑요=석(黑曜石)圀〖광물〗화산암의 하나. 회색 또는 흑색의 반무명체임. 화산 분화 때, 마그마가 급격히 냉각 응고하여 이루어진 것으로서 조가비 구슬이나 단추로 씀. 오석(烏石). 흑석(黒石)②.

흑우(黑牛)圀 털 빛이 검은 소. black cattle

흑운(黑雲)圀 검은 구름. 〖대〗백운(白雲). dark cloud

흑=운모(黑雲母)圀〖광물〗운모의 하나. 흑색·청회색·갈색 등의 빛깔을 띰. 검은 돌비늘.

흑유(黑釉)圀 흑색의 도자기 잿물.

흑월(黑月)圀〖불〗한 달을 두 보름으로 나누어 계명(戒命)을 설법할 때, 후보를 일컬음. 〖대〗백월.

흑의(黑衣)圀 ①검은 옷. 〖대〗백의(白衣). black clothes ②〖제도〗공용(公用) 인부들이 입던 두루마기와 같은 검은 옷.

흑의 재:상(黑衣宰相)圀 승적(僧籍)에 있으면서 정치에 참여하여 대권(大權)을 좌우하는 사람.

흑인(黑人)圀 ①털과 피부가 검은 사람. ②흑색 인종(黑色人種)에 속하는 사람. 토인(土人)③. negro

흑인 영가[—녕—](黑人靈歌)圀〖음악〗미국의 흑인들이 부르는 종교적인 민요로 피로는 현실에서 벗어나려는 소원과 신(神)의 은혜에 감사하는 기도를 담고 있는 것이 특징임. spiritual

흑인종(黑人種)圀《약》→흑색 인종(黑色人種).

흑=임:자(黑荏子)圀〖동〗검은 깨. 〖한의〗검은 깨를 한의약에 이르는 말. 대변을 부드럽게 하고 영양을 돕는 데 씀.

흑자(黑子)圀①〖원〗→흑지. ②〖동〗사마귀②.

흑자(黑字)圀①먹 따위로 쓴 빛이 검은 글자. black letters ②〖경제〗수지 결산의 결과 잔여(殘餘)가 생김. 곧, 잉여(剩餘)나 이익이 생김. 〖대〗적자(赤字). figures in black ink

흑=자색(黒紫色)圀 검은 빛에 붉게 보랏빛이 나는 색.

흑자=석(黒赭石)圀 중국 강서성(江西省)에서 나는 자기에 쓰는 푸른 물감의 하나. 화소청(畵燒青)과 비슷함. 무자(無子子).

흑자 재정(黑字財政)圀〖경제〗지출보다 수입을 많게 하는 재정. 'black ink' finance

흑자체 활자[―자](黑字體活字)명 동 고딕(gothic).
흑-적색(黑赤色)명 검붉은 빛깔. dark red
흑점(黑點)명 ①검은 점. black spot ②약→태양 흑점(太陽黑點).
흑정(黑睛)명 눈의 동자위.
흑정창(黑疔瘡)명 〈한의〉 털구멍 속에 나는 종기.
흑제(黑帝)명 〈민속〉 오행설(五行說)에서, 겨울을 맡은 북쪽의 신(神).
흑조(黑潮)명 〈지리〉 대만(臺灣) 남쪽 바다에서 시작하여 일본 열도(日本列島)의 근해를 따라 북으로 흐르는 난류(暖流). Black Current
흑조-어(黑絛魚)명 피라미.
흑죽-학죽명 일을 정성껏 맺지 않고 어름어름 넘기는 모양. cursorily 하다
흑-쥐(黑―)명 〈동물〉 쥐과(鼠科)의 우리 나라 특산의 쥐. 몸 길이 13cm 내외로 꼬리는 짧고 등은 흑갈색, 배는 회백색임. 논밭이나 산에 구멍을 뚫고 살며 전염병의 매개가 됨.
흑지(黑―)명 바둑돌의 검은 알. 흑석(黑石)®. (대)백지. (약 흑)®. (원) 흑자(黑子)①. black stones
흑-지렁이(黑―)명 〈곤충〉 구더기 모양의 물잠자리의 유충. 산천어 낚시질의 미끼로 쓰임.
흑채(黑彩)명 흑색 유약(釉藥)을 칠한 도자기.
흑-채:문(黑彩紋)명 흑선(黑線)으로 된 채문. (대)백채문(白彩紋).
흑책-질(黑冊―)명 남의 일을 교활한 꾀로 방해하는 짓. interruption 하다
흑청(黑淸)명 조청과 비슷하면서 빛깔이 검은 꿀. black honey
흑체(黑體)명 〈물리〉 복사 광선을 완전히 흡수하는 물체. 완전 흑체(完全黑體). black body
흑초(黑貂)명 〈동〉 검은담비.
흑축(黑丑)명 〈한의〉 푸르거나 붉은 나팔꽃의 씨. 한방에서 약으로 쓰며 약효는 백축(白丑)보다 빠름.
흑칠(黑漆)명 검은 빛의 옻. black lacquer
흑탄(黑炭)명 〈광물〉 빛깔이 검고 광택이 있으며, 탈 때에 연기와 냄새가 심한 무연탄과 갈탄의 중간 되는 석탄의 하나. 역청탄. black coal
흑태(黑太)명 〈동〉 검은콩.
흑태(黑苔)명 〈한의〉 열이 심한 병자의 혀에 생기는 검은 버캐. black fur
흑토(黑土)명 〈지리〉 다량의 부식질(腐植質)을 품은 흙. black soil
흑토-대(黑土帶)명 〈지리〉 다량의 부식질(腐植質)을 함유하고 있는 검은 빛깔의 흙으로 되어 있는 지대. 농업에 적당한 지대. black earth zone
흑판(黑板)명 〈동〉 칠판(漆板).
흑-편두(黑扁豆)명 〈동〉 흑벌두(黑豌豆).
흑-포도(黑葡萄)명 알이 검은 포도.
흑표(黑表)명 ①검은 표면. black surface ②적국과 거래하는 혐의가 있는 상인(商人)의 명부. black list ③주의를 요하거나 위험 인물이 주소·성명을 적은 장부. black list
흑풍(黑風)명 ①큰 바람. 대풍(大風). ②〈한의〉 안력(眼力)이 흐리고 눈동자·머리·눗마루가 아픈 안질(眼疾)의 하나. 는 소나기. storm
흑풍 백우(黑風白雨)명 흑풍이 몰아 부는 속에 내리
흑피(黑皮)명 검은 가죽. 검게 염색한 가죽. black leather
흑피-화(黑皮靴)명 〈제도〉 목화(木靴) 모양으로 된, 목이 긴 가죽 신. 악공·악생·악공 들이 신었음.
흑핵(黑核)명 〈생리〉 중뇌(中腦)에 있는 흑갈색의 좀 큰 회백질(灰白質). 골격근(骨格筋)의 운동을 맡아 보는 중심.
흑호(黑虎)명 〈동물〉 개구리의 하나. 몸은 작고 주둥이는 검고 다리에 작은 점이 있음.
흑-호마(黑胡麻)명 검은깨.
흑사(黑蛇)명 〈한의〉 '먹구렁이'를 한의학에서 이르는 말.
흑화-예(黑花翳)명 〈한의〉 푸른 예막(瞖膜)이 생기고 몹시 아픈 눈병의 하나.

흑훈(黑暈)명 검은 빛의 햇무리. black halo of the sun
흑흑 ①설음에 북받쳐 흐느껴 우는 소리. sound of sobbing ②몹시 찬 기운을 받을 때에 느끼어 내는 소리. 하다
흔(昕)명 동은 녘.
흔감(欣感)명 기쁘게 감동함. rejoicing 하다
흔굉(掀轟)명 큰 소리가 위로 높이 울림. 하다
흔구(欣求)명 〈불교〉 흔쾌히 원하여 구함. 하다
흔구 정토(欣求淨土)명 〈불교〉 극락 정토에 왕생하기를 바라고 원함.
흔극(釁隙)명 친구 사이에 생기는 틈. uest 하다
흔낙(欣諾)명 흔연히 승낙함. gladly agree to a request
흔:다-무르다 〈고〉 헐듣거나 나무라다. 타박하다.
흔단(釁端)명 ①틈이 생기는 실마리. seed of alienation ②달라지는 시초. beginning of a change
흔덕-거리다 명 연해 흔덕이다. (작)한닥거리다.
흔덕=흔덕 하다
흔덕-이다 자태 박혀 있거나 끼인 물건이 둔하게 이리저리 흔들리다. 또는 흔들리게 하다. (작)한닥이다. be shaky
흔뎅-거리다 매달린 물건이 가볍게 이리저리 흔들거리다. (작)한댕거리다. sway 흔뎅=흔뎅 하다
흔뎅-이다 매달린 물건 따위가 가볍게 이리저리 흔들리다. 또는 흔들리게 하다.
흔동 일세(掀動一世)명 위세(威勢)가 한 세상을 진동함. 흔천 동지(掀天動地).
흔드렁-거리다 매달린 물건이 좁은 폭으로 천천히 흔들거리다. (작)한드랑거리다. swing 흔드렁=흔드렁 하다
흔드적-거리다 가볍고도 천천히 이리저리 흔들거리다. (작)한드작거리다. swing lightly 흔드적=흔드적 하다
흔들-거리다 이리저리 연해 움직이다. (작)한들거리다. shake 흔들=흔들 하다
흔들-다 타 ①건드리어서 연해 움직이게 하다. swing ②가만히 있지 못하게 하다. shake ③빈심을 어지럽게 움직여 선동하다. ¶군중의 마음을 ~.
흔들리-다 자태 ①남에게 흔듬을 당하다. be shaken ②흔들리어 움직이다. shake ③매달린 것이 움직이다. swing ④시계추 따위가 좌우로 왔다갔다 하다. roll ⑤등불 따위가 깜박거리다. flicker ⑥기초 따위가 동요되다. shake ⑦신념·결심 따위가 움직이다. waver
흔들-바위명 한 사람이 흔들어도 흔들리는, 산에 자연적으로 있는 큰 바위.
흔들-비쭉이명 걸핏하면 성을 잘 내고 변덕이 심한 사람. cross-grained person
흔들-의자(―椅子)명 앉아서 앞뒤로 흔들면서 쉴 수 있도록 만들어진 의자. 드는 사람의 별명.
흔들-이①(―) 진자(振子). ②몸이나 손발을 늘 흔
흔루(欣累)명 제 자신이 자청하여 만들어 낸 결점(缺點).
흔모(欣慕)명 흠모(欽慕). 하다
흔무(欣舞)명 기뻐서 춤을 춤. 하다
흔연(欣然)명 기쁘거나 반가워서 기분이 좋은 모양. ¶~히 귀성 열차에 오르다. joyful 하다 스럽다 스레 히
흔연 대:접(欣然待接)명 기쁜 마음으로 대접함. warm reception 하다
흔적(痕迹)명 남은 자취. 뒤에 남은 자국. 자국. traces
흔적 기관(痕跡器官)명 〈생물〉 생물의 진화 과정에서, 본래는 유용하던 기관(器官)이었으나 현재는 무용한 것으로 남아 있는 기관. 흔적들. 퇴화 기관.
흔적-들(痕跡―)명 동 퇴화 기관.
흔전-거리다 자 모든 것이 넉넉하여 즐겁게 살아 가다. be well off 흔전=흔전 하다
흔전-만전명 ①아주 흔하고 넉넉한 모양. plentifully ②돈·물건 따위를 조금도 아끼지 않고 함부로 쓰는 모양. 하다
흔전-하다 형여 아주 넉넉하다. plentiful

흔척(欣戚)圏 기쁨과 슬픔. pleasure and sorrow
흔천 동:지(掀天動地)圏(동) 흔동 일세(掀動一世)하다.
흔충(掀衝)圏〈한의〉피부나 근육이 화끈거리고 아픈 증세.
흔쾌(欣快)圏 마음이 기쁘고도 통쾌함. pleasure 하다
흔-타圏(약)→흔하다.
흔-하-다圏[여圏] ①귀하지 않고 아주 많이 있다. common ②얻기 쉽다. (약)흔타. easy to get cheap
흔해-빠지-다재 아주 흔하다. ¶흔해빠진 물건.
흔회(欣懷)圏 즐거운 생각. joy 하다
흔흔-하-다(欣欣一)圏 아주 기쁘다. joyful 흔흔-히
흔희(欣喜)圏(동) 환희(歡喜)①. 하다
흔희 작약(欣喜雀躍) 너무나 좋아서 뛰며 기뻐함.
:흘-다圏[어圏](散). being in raptures 하다
흘圏(고) 을. 를.
흘-가(迄可休矣)圏 알맞은 정도에서 그만두라는 뜻으로, 정도에 지나침을 경계하는 말.
흘게 매듭·사개·고동·사북 따위를 단단하게 조이는 정도나 무엇을 맡아서 짠 자리.
흘게=늦-다圏 ①매듭·사개·고동·사북 따위의 조인 것이 단단하지 못하다. loose ②일의 끝을 아물리지 아니하다. slovenly
흘겨-보-다㉿ 눈을 가로 떠서 노려보다. stare sidelong
흘근-거리-다㉿ ①걸음을 연해 굼뜨고 느리게 걷다. go slowly ②얕게 지나칠 정도로 자꾸 늑장을 부리다. slow down 흘근-흘근 튀
흘근번쩍-거리-다㉿ 눈을 자꾸 흘기며 번쩍거리다.
흘금-거리-다㉿ 남의 눈을 피하여 연해 곁눈질을 하다. (작)할금거리다. (센)흘끔거리다. cast a sidelong glance 흘금-흘금 튀
흘긋 튀 ①무엇이 눈에 얼핏 띄었다가 곧 사라지는 모양. flickeringly ②남의 눈을 피하여 재빨리 곁눈질하는 모양. (작)할긋. at a glance 튀
흘긋-거리-다㉿ 자꾸만 흘긋하다. (작)할긋거리다. (센)흘끗거리다. 흘긋-흘긋 튀
흘기-다㉿ 눈동자를 옆으로 굴려 못마땅하게 노려보다. (작)할기다. give a sidelong glance
흘기죽죽-튀 흘겨보는 눈에 불만스러운 마음이 드러나는 모양. (작)할기족족. 하다
흘깃 가볍게 한 번 흘겨보는 모양. (작)할깃. (센)흘낏. cast a side glance frequently 튀
흘깃-거리-다㉿ 눈을 자꾸 흘기다. (작)할깃거리다. (센)흘낏거리다. 흘깃-흘깃 튀
흘끔-거리-다㉿ (센)→흘금거리다.
흘끔-하-다圏[여圏] 몸이 가빠서 눈이 걸어질리어 있다. (작)할끔하다. goggle
흘끗 튀 (센)→흘긋.
흘끗-거리-다㉿ →흘긋거리다.
흘낏 튀 (센)→흘깃.
흘낏-거리-다㉿ (센)→흘깃거리다.
흘떼기圏 심줄이 얇은 껍질로써 짐승의 질긴 고기.
흘떼기 장(-將棊)圏 번번히 질 장기인 데도 메를 써가며 끈질거리는 장기.
흘러가는 물도 떠 주면 공이라㊀ 선행(善行)이란 반드시 크고 힘든느 것이 아니다. 로 지나간다.
흘러-가-다㉿ ①흐르면서 나아가다. ②흐르듯이 과거
흘러나오-다㉿ ①새거나 빠져서 흐르며 나오다. ¶깨진 독에서 물이 ~. ②말소리나 음악이 밖으로 퍼져서 나오다. ¶방안에서 음악 소리가 ~.
흘러내려가-다㉿ 아래 쪽으로 물에 떠서 내려가다.
흘러내리-다㉿ ①높은 곳에서 낮은 곳으로 물과 같이 멀어지다. ¶지붕에서 물이 ~. ②맨 것이 풀려 느슨하여져 아래로 미끄러지듯 내리다. ¶치마가 ~.
흘러-보-다㉿ 남의 속을 슬그머니 떠보다. throwout
흘-러듯못-다㉿[—ㄷ—] 널리 통하여 알다. a feeler
흘레圏 동물의 암놈과 수놈이 교접함. 또는 그 짓. 교미(交尾). 자미(雌尾). copulation 하다
흘레-붙이-다㉿[—부치—]자㉿ 흘레를 하게 하다. couple

흘리노-타/흘리놓-다㉿(고) 흐르게 놓다. 흘러가는 대로 버려 두다.
흘리-다㉿ ①쏟아지게 하다. 새어 떨어지게 하다. spill ②빠뜨리거나 떨어뜨리다. lose ③얻게 하여 나누어 주다. give little by little ④흘림 글씨를 쓰다. scribble ⑤말을 주의하여 듣지 아니하다. take notice of ⑥(미)金 담묵(淡墨)이나 담채(淡彩)로 붓질을 희미하게 하여 붓자국이 잘 보이지 않게 하다. write in a cursive hand ⑦물 위에 띄우어 흐르게 하다. set adrift ⑧피·땀 따위를 흐르게 하다. drop
흘리마시-다㉿(고) 흘려 마시다. 흘려서 마시다.
흘리어 주-다㉿(고) 여러 번에 조금씩 나누어 주다. give bit by bit
흘림¹圏〈건축〉보기 좋게 하기 위하여 기둥의 위를 아래보다 조금 가늘게 하는 일.
흘림²圏(동) 초서(草書).
흘림=기둥圏[-끼-]圏〈건축〉그리스·로마·르네상스 등의 고전 건축에서 기둥몸이 기둥 뿌리나 기둥 머리보다 배가 불룩한 양식. 엔터시스 (entasis).
흘림 낚시圏 강이나 계곡 같은 데서 전지나 빌 낚시 때를 이용하여 낚싯줄이 흘러 내려가게 하여 물고기를 잡는 낚시질.
흘림=책(一冊)圏〈제도〉면서원(面書員)이 농작물의 풍흉을 답사하여 정한 세액을 기록하던 장부.
흘림-체(一體)圏(동)→흘림으로 쓰는 글씨.
흘림=흘림圏 물건을 주고받는 데 조금씩 여러 번에 나누어서 하는 모양. little by little
흘립(屹立)圏 우뚝 솟아서 섰다. towering 하다
흘미죽죽-튀 일을 아무지게 결말짓지 못하는 모양. cursorily 하다
흘수[-쑤-](吃水)圏 배(船)의 밑이 물에 잠기는 깊이. 나 정도(程度). draught
흘수-선[-쑤-](吃水線)圏 잠잠한 물에 떠 있는 배의 수면에 닿은 금. water-line
흘연(屹然)튀 높이 솟은. 우뚝하게 솟은 모양. 흘호(吃乎). towering 하다 흘연-히
흘연 독립(屹然獨立)튀 위엄 있게 우뚝 솟아서 외따로 towering high 하다
흘올(屹兀)튀 풀과 나무가 없는 높은 민둥산.
흘쩍-거리-다㉿ 일의 진행을 일부러 느리게 하다. protract on purpose 흘쩍-흘쩍 튀 하다
흘쭉-거리-다㉿ 일을 일부러 질질 끝다. drag out on purpose 흘쭉-흘쭉 튀 하다
흘출(屹出)圏 산이 높고도 위엄스럽게 솟아 있음. 흘호(吃乎)튀 흘연(屹然). aring 하다
흙[흑]圏 ①지구 표면을 이루는 토석(土石)의 총칭. 토양. earth ②바위가 부서져 가루가 된 것. soil
흙=감태기[흑—]圏 흙을 온몸에 뒤집어쓴 물건이나 사람. mud-covered thing (person)
흙=개고마리[흑—]圏〈조류〉개고마리과의 새. 날개 길이 8.5 cm 가량이고 몸 빛은 머리·등의 윗쪽은 청회색, 그 이하는 적갈색에 흑색 가로무늬가 있으며 배는 흰 산·들·구릉가에 서식함.
흙=격지[흑—](吃地)圏〈지리〉지층과 지층의 사이.
흙=구덩이[흑—]圏 흙을 우묵하게 파낸 자리. 흙을 파내서 우묵하여진 자리. 토감(土坎). hollow in the ground
흙-내圏[흑—]圏 흙의 냄새.
흙내말-다[흑—][—리]圏 옮겨 심은 식물이 땅에 뿌리를 박고 양분을 흡수하기 시작하여 생기가 붙다.
흙=다리[흑—]圏〈토목〉양 언덕에 긴 나무를 걸고 그 위에 흙을 덮은 다리. 토교(土橋). earthen bridge
흙=더미[흑—]圏 흙을 한데 모아 쌓은 더미. ¶~가 무너지다.
흙-더버기[흑—]圏 진흙이 튀어 올라 붙은 조각들.
흙=덩어리[흑—]圏 크게 엉기어 된 덩어리. 토괴(土塊).
흙=덩이[흑—]圏 흙이 엉기어 된 덩어리. 토괴(土塊).
흙=도배[흑—](一塗褙)圏 벽 따위에 흙으로 하는 도배.
흙-뒤[흑—]圏 발뒤축에 달린 위쪽의 근육. Achilles' tendon

흙들이다 / 흡기

흙=들이-다[흑ㅡ]탄〈농업〉기름진 땅의 흙을 섞어
흙=메움[흑ㅡ]명 토산(土山). 〖땅을 길게 하다·
흙=메움[흑ㅡ]명 구덩이로 메우는 일. 하타
흙=무더기[흑ㅡ]명 많이 쌓인 흙.
흙=물[흑ㅡ]명 흙이 흐려진 물. 흙탕물. 이수(泥水).
흙=뭉치[흑ㅡ]명 흙을 이기어 크게 뭉친 덩이.
흙=뭉텅이[흑ㅡ]명 흙을 이기어 뭉친 큰 덩이.
흙=바탕[흑ㅡ]명 ①흙으로 되어 있는 밑바탕. 토대.
  earthen foundation ②흙의 질. 토질. nature of
  the soil
흙=받기[흑ㅡ]명 ①이긴 흙을 올려놓는 데 쓰는 나
  무로 만든 기구. maxing board ②튀는 흙을 막기
  위해 자전거·자동차에 붙인 장치. 흙받이. splasher
흙=밥[흑ㅡ]명 쟁기·가래·호미·쟁이 따위로 파 올리
  는 흙. earth dug up 〖room not papered
흙=방[흑ㅡ](ㅡ房)명 도배나 장판을 하지 아니한 방.
흙=벽[흑ㅡ](ㅡ壁)명 도배를 하지 아니한 벽. 토벽
  (土壁). earthen wall not papered 〖상.
흙=부처[흑ㅡ]명〈불교〉흙으로 만들어진 부처의 형
흙=비[흑ㅡ]명 바람에 날려 떨어지는 가벼운 모래와
  흙. 토우(土雨). dusty dirt flown in the wind
흙=빛[흑ㅡ]명 ①흙의 빛깔. earth colour ②검고 무
  튼기가 있는 빛. bluish black ③혈색이 나쁜 검푸
  른 빛. 토색(土色). ashy
흙=빨래[흑ㅡ]명 흙에 빨래한 것처럼 옷에 온통 흙물
  이 묻음. mud-covered clothes 〖다.
흙빨래=하다[흑ㅡㅡ]타여 옷 전체에 흙탕물을 묻히
흙색=말[흑ㅡ](ㅡ色ㅡ)명〈식물〉바닷말의 하나.
흙=손[흑ㅡ]명〈건축〉벽·방바닥 따위의 흙을 바르고
  반반하게 하는 데 쓰는 연장. 이만(泥鏝).
흙손=끝[흑ㅡ]명〈건축〉흙통의 바닥을 다듬는 데 쓰
  는 흙손 모양의 끝. float 〖welling flat
흙손=질[흑ㅡ]명 흙을 바르고 반반하게 하는 일. tro-
흙=일[흑닐]명〈토목〉흙을 다루는 일. 토역(土役).
  earthwork 하타
흙=장난[흑ㅡ]명 흙을 가지고 하는 장난. 하타
흙=주접[흑ㅡ]명〈농업〉한 가지 농작물만을 연이어
  경작하므로 땅이 메말라지는 현상. 〖cracked
흙=질[흑ㅡ]명〈토목〉흙을 바르는 일. trowelling 하
흙=창[흑ㅡ](ㅡ窓)명 창살의 안팎으로 종이를 발라서
  침침한 창. double-papered window
흙=체[흑ㅡ]명 흙을 곱게 고르는 데 쓰는 체.
흙=칠[흑ㅡ]명 옷에나 진흙이 묻는 일. 진흙을 묻히
  는 일. 〖옷에 ~하다. 하타
흙=탕[흑ㅡ]명〖약〗흙탕물.
흙탕=길[흑ㅡ길](ㅡ湯ㅡ)명 흙탕이 질펀하게 깔린 길.
흙탕=물[흑ㅡ](ㅡ湯ㅡ)명 흙으로 흐려진 물. 〖약〗흙탕. mud-
  dy water 〖muddy
흙탕-치다[흑ㅡㅡ]타 물을 흙으로 흐리게 하다. make water
흙토=변[흑ㅡ]( )(土邊)명 한자 부수(部首)의 하나.
  '均'이나 '坑' 등의 '土'의 이름.
흙=투성이[흑ㅡ]명 온몸에 진흙이 묻은 모습.
흙=풍로[흑ㅡ](ㅡ風爐)명 흙으로 구워 만든 풍로.
  earthen cooking range
흙=화덕[흑ㅡ](ㅡ火ㅡ)명 흙으로 만든 화덕.
흠감 아니꼽거나 쾌쌀한 느낌을 나타내는 소리. humph
흠:[欠]명 ①〖동〗bruise ②물건이 이지러지거나 터
  져서 깨어진 곳. crack ③물건이 성하지 아니한 부분.
  flaw ④물건이 불충분하거나 완전하지 못한 부분.
흠:-가다[欠ㅡ]자 흠이 생기다.〖瑕疵〗. defect
흠격(欽格)명 신명(神明)이 감동하여 소원에 응해 줌.
흠:=결(欠缺)명〖동〗흠축(欠縮). 〖하타
흠결(欽決)명 정성들여 구함. 하타
흠:=구덕(欠ㅡ)명 남의 허물을 흉상궂게 소문냄. 힘
  담(險談). 험언(險言). slander 하타
흠:-나-다(欠ㅡ)자 흠지다.
흠:-내-다(欠ㅡ)타 흠이 생기게 하다. flaw
흠:-되-다(欠ㅡ)자 흠지다.
흠:-뜯-다(欠ㅡ)타 남의 흠을 꼬집어 말하다. backbite

흠명(欽命)명 황제의 명령. Imperial order
흠모(欽慕)명 기쁜 마음으로 사모함. 흔모(欣慕).
  adoration 하타
흠복(欽服)명 존경하고 사모하는 마음으로 복종함.
  admiration 하타 〖the imperial order 하타
흠봉(欽奉)명 임금의 명령을 받들어 좇음. following
흠=빨-다[ㅡ끝]타 흠뻑 겹쳐 물고 빨다.
흠빨며=뱉다타 입으로 검쳐 물고 탐스럽게 빨다.
흠뻑튼 ①모자람이 없이 아주 넉넉하게. fully ②흐
  뭇이 온통. 〖젖을 ~ 빨다. all wet
흠사(欠事)명 결점이 되는 일. 흠건(欠件).
흠석(欠席)명〖동〗결석(缺席).
흠선(欽羨)명 우러러 공경하여 부러워함. desire 하타
흠숭(欽崇)명 흠모하고 공경함. 하타
흠숭지=례(欽崇之禮)명〈기독〉천주께만 드리는 공경
  하고 우러러 사모하는 마음.
흠신(欠身)명 존경하는 뜻을 나타내느라고 몸을 굽
  힘. bow 하타
흠신(欠伸)명 하품하며 기지개 켜는 짓.
흠신=답례(欠身答禮)명 몸을 굽혀 답례함. 하타
흠실=흠실튼 너무 지나치게 삶아서 물크러질 정도
  로 된 모양.〖작〗함실함실. to pulp 하타
흠씬튼 정도가 차고도 남을 만큼 넉넉하게. 〖소나기
  에 옷이 ~ 젖다.〖작〗함씬. fullest measure
흠앙(欽仰)명 공경하며 우러러 사모함. adoration 하타
흠:-잡-다(欠ㅡ)타 흠이 되는 점을 들춰 내다. find
  fault with 〖집. 하타. defect
흠절(欠節)명 불완전하여 흠이 되는 곳. 흠점. 흠
흠점[ㅡ점](欠點)명〖동〗흠절(欠節).
흠정(欽定)명〖제도〗황제가 친히 만들거나 명령하여
  제정함. done by imperial order 하타
흠정 헌:법[ㅡ뻡](欽定憲法)명〖법률〗왕의 명령에
  의하여 제정하고 반포하는 헌법.〖대〗협정(協定)
  헌법. constitution granted by the Emperor
흠준(欽遵)명 임금의 명령을 받들어 좇음. execution
  of imperial order 하타 〖cracked
흠:-지-다(欠ㅡ)자 흠이 생기다. 흠가다. 흠되다. be
흠지지=다[ㅡ찜](欠ㅡ)명〖동〗흠절(欠節).
흠차(欽差)명 황제의 명령으로 보낸 차견(差遣).
흠처(欠處)명〖동〗흠절(欠節).
흠축(欠縮)명 일정한 수효에 부족이 생김. 휴흠. 흠
  결(欠缺). 〖약〗흠(欠). deficiency 하타
흠축=나-다(欠縮ㅡ)자 일정한 수에 부족함이 생기다.
  〖약〗축나다. become short of
흠축=내:-다(欠縮ㅡ)타 정한 수효에 부족이 생기게
  하다. diminish 〖강일순(姜一淳)이 창도한 교.
흠치=교(吽哆敎)명〈종교〉조선 고종 때에 증산(甑山)
흠치흠치토-어 매우 윤기가 흐르는 고운 모양.〖작〗함치
  트. glossy 하타
흠칙(欽勅)명 임금이 하는 말. king's saying
흠칠튼 놀라거나 검이 나서 어깨나 목을 움츠리는 모
  양. shrinking 하타
흠쾌(欽快)명 기쁘고 상쾌함. pleasure 하타
흠탄(欽歎)명 아름다운 점을 몹시 탄상(歎賞)함. ad-
흠포(欠逋)명〖동〗포흠(逋欠). 하타 〖miration 하타
흠핍(欠乏)명 일부분이 이지러져서 모자람. 부족함.
  shortage 하타 〖感).
흠향(歆饗)명 신명(神明)이 제물을 받음. 운감(殞
흠휼=지전(欽恤之典)[ㅡ찌ㅡ](欽恤之典) 죄를 저지른 사람에
  게 대하여 신중히 심의(審議)하라는 뜻의 은전(恩
흠희(欽喜)명 기뻐함. joyful 하타 〖典).
흡각(吸角)명〈의학〉한국성(限局性) 염증이나 농양
  등의 치료에 쓰이는, 종 모양의 유리 그릇. 내부의
  공기를 희박하게 만들어 종 속의 음압(陰壓)에 의
  하여 피부면을 빨아 울혈(鬱血)을 일으키게 함. 흡
  종(吸鐘).
흡기(吸氣)명 ①기운을 빨아들임. 또는 그 기운. br-
  eathing ②숨을 들이마심. 또는 그 숨.〖대〗호기.

흡기(呼氣). 하재 「빨아들이는 기관. 흡근(吸根).
흡기(吸器)명 〈식물〉 기생 식물의 뿌리에서 양분을
흡기-기(吸氣器)명 〈물리〉 공기 또는 수증기를 빨아
들이기 위한 장치. aspirator
흡람(洽覽)명 두루두루 봄. 박람(博覽). wide reading
=두루 전문하여 경험함. extensive knowledge
흡력(吸力)명 속으로 빨아들이는 힘. absorptivity
흡만(洽滿)명 =흡족(洽足). 하재 히튄
흡묵-지(吸墨紙)명 =압지(壓紙).
흡반(吸盤)명 〈동물〉 거머리·낙지 따위가 다른 물건
에 달라붙거나 빨아먹는 데 소용되는 육질 배상(肉
質杯狀)의 기관. sucker
흡반 투쟁(吸盤鬪爭)명 〈사회〉 노동 조합(勞動組合)
의 투쟁 방법 중 직장을 지키면서 하는 투쟁.
흡사(恰似)㊀ 거의 같음. 비슷함. 마치². close
resemblance 하재 히튄
흡상(吸上)명 높은 데로 빨아올림. sucking up 하재
흡수(吸收)명 ①빨아들임. absorption ②모아 들
들임. gathering ③〈생리〉 소화된 음식물이 소화관
벽을 통하여 혈관 또는 임파선 속으로 들어가는
현상. absorption ④〈물리〉 복사선(輻射線)이 물
체나 공기 속을 지날 때 그 에너지의 일부가 딴 에
너지로 변하는 현상. absorption 하재
흡수-관(吸收管)명 물을 빨아올리는 관.
흡수-구(吸收口)명 ①흡수하는 곳. ②곤충 등에서 먹
이를 빨아들이기에 알맞게 된 입.
흡수-력(吸收力)명 흡수하는 힘. absorptivity
흡수-성[-성]명(吸水性)명 흡수하는 성질.
흡수 스펙트럼(吸收 spectrum)명 〈물리〉 연속 스펙
트럼을 가진 빛을 어떤 물체에 비추면, 그 투과광
(透過光)의 스펙트럼의 일부가 되는 암흑 부분의
스펙트럼. absorption spectrum
흡수 작용(吸收作用)명 〈생리〉 음식물의 영양분이 소
장(小腸)의 벽에서 흡수되는 작용. 「데 쓰는 약.
흡수-제(吸收劑)명 〈공업〉 기체나 액체를 빨아들이는
흡수 합병(吸收合倂)명 〈경제〉 회사 합병 방식의 하
나. 당사(當事) 회사 중 한 회사가 존속하고 다른
회사는 소멸하며, 소멸한 회사의 권리와 의무가 존
속하는 회사에 포괄 계승되는 형식의 합병.
흡습-성[-성]명(吸濕性)명 물질이 공기 중의 습기를 흡
수하는 성질.
흡습 용해(吸濕溶解)명 〈화학〉 고체가 대기 중의 습
기를 흡수하여 용해하는 일. 하재
흡습-제(吸濕劑)명 〈공업〉 섬유(纖維)가 너무 메말라
경화(硬化)함을 막으려고 쓰는 약제. 보통 글리세
린·포도당 등을 씀.
흡연(吸煙)명 ①담배를 피움. smoking ②담배 연기
를 숨속 깊이 마셨다가 다시 내뿜음. 하재
흡연(洽然)튄 아주 흡족하여 넉넉한 모양. satisfactory 하재 히튄 「with one accord 하재 히튄
흡연(翕然)튄 인심이 합하여 하나로 모이는 모양.
흡열 반:응(吸熱反應)명 〈화학〉 둘레에서 열을 빼앗
아 진행하는 반응. 《데》 발열 반응(發熱反應). endothermic reaction
흡유-기(吸乳期)명 〈동물〉 포유 동물(哺乳動物)이 새
끼를 낳은 뒤 젖을 빨리는 동안. sucking period
흡음-력(吸音力)명 〈물리〉 어떤 물체가 음향을 흡수
하는 힘. 「스·유리 섬유·펠트 따위.
흡음-재(吸音材)명 음파를 흡수하는 건축 재료. 텍
흡의(洽意)명 마음에 흡족함. satisfaction 하재
흡인(吸引)명 빨아당김. attraction 하재 「force
흡인-력(吸引力)명 빨아당기는 힘. getting am-
흡입 요법[-뻡](吸引療法)명 〈의학〉 체내에 피어 있
는 이상 액체를 침(針)을 박아 흡인 장치로 빼내는
흡입(吸入)명 빨아들임. inhalation 하재 「요법.
흡입-기(吸入器)명 〈의학〉 호흡기병을 다스리는 데
쓰는 의료기의 하나. 약제를 가스·증기·안개의 상
태로 변화시켜 안으로 빨아들임. inhaler

흡입-액(吸入液)명 〈의학〉 흡입 요법에 쓰는 액체.
흡입 요법[-뻡](吸入療法)명 〈의학〉 환자에게 공기부
터 흡기(吸氣)와 함께 약품을 흡입시키는 요법.
폐렴 등의 치료에 씀. 「현상. occluding 하재
흡장(吸藏)명 〈물리〉 기체가 고체에 흡수되어 녹는
흡족(洽足)명 넉넉하여 조금도 모자람이 없음. 흡만
(洽滿). enough 하재 히튄
흡종(吸鐘)명 =흡각(吸角).
흡착(吸着)명 ①달라붙음. adhesion ②〈화학〉 기체가
고체의 겉에 달라붙는 현상. adhesion by suction
하재 「입자의 표면을 싸고 도는 지하수.
흡착-수(吸着水)명 〈지학〉 지표(地表) 근처의 토양
흡착-제(吸着劑)명 ①다공질(多孔質)의 고체로서 흡
착 능력을 크게 한 물질. 가스 마스크용·설탕의 탈
색용(脫色用)으로 쓰이는 활성탄(活性炭) 따위. ②
소화관 안에서 독물(毒物)이나 독소를 흡수시켜 무
해(無害)하게 하는 약. 「키는 물질.
흡착-질(吸着質)명 흡착하여 농도(濃度) 변화를 일으
흡철-석[-썩](吸鐵石)명 =자석(磁石).
흡출(吸出)명 빨아냄. sucking out 하재
흡합(洽合)명 마음에 만족하고 알맞음. satisfied 하재
흡혈(吸血)명 피를 빨아들임. blood-sucking 하재
흡혈-귀(吸血鬼)명 ①사람의 피를 빨아먹는다는 귀
신. vampire ②남의 재물을 악독하게 착취하는 인
간. 고리 대금업자(高利代金業者) 따위. 흡혈마(吸
血魔). blood sucker
흡혈 동:물(吸血動物)명 〈동물〉 외부로부터 다른 동
물의 피를 빨아먹고 사는 동물의 총칭. 벼룩·이·빈
흡혈-마(吸血魔)명 〈동〉 =흡혈귀(吸血鬼). 「대 등.
흙덩-이(공업) 질그릇을 만들 때 형태를 고르는 데
쓰는 나무쪽.
흙더디-다[-따] 되는 대로 옮겨 놓다. 흙어 짚다.
흙부치-다/흙붓치-다[-따] 〈고〉 흙어 부치다. 되는 대로
흥 코를 울려 내부는 소리. 「부치다.
흥(興)명 ①아니꼬운 느낌에서 코로 비웃는 소리. pshaw
②신이 나는 느낌을 나타내는 소리.
흥:(興)명 〈약〉→흥취(興趣).
흥겁(興怯)명 넉엉스러운 말로 실지보다 늘려 말함. exaggeration 하재 스튄 스레튄
흥:-감(興感)명 〈동〉 감흥(感興).
흥감-부리-다(興感-)재 흥감스러운 짓을 하다. blow one's
own trumpet
흥건하-다(興-)형여 ①물이 많이 괴어 있다. full to
the brim ②음식에 국물이 많다. 《약》 건하다. full
of water 흥건-히튄
흥:-겹-다(興-)형비튄 흥취가 많이 일어나다. 흥취가
견디지 못할 정도로 많다. joyful
흥괴(興壞)명 일어남과 무너짐. 성쇠(盛衰). rise and
fall 「opment of the nation 하재
흥국(興國)명 나라를 일으킴. 《데》 망국. 쇠국. devel-
흥글방망이-놀:-다[-따]자제튄 남의 잘 되어가는 일을 방
해하다. disturb
흥:-기(興起)명 ①펄쩍 일어남. rise ②의기(意氣)가 분
발하여 일어남. ③세력이 왕성하게 됨. 《데》 쇠미
(衰微). 하재
흥:-김[-낌](興-)명 흥에 겨운 바람. ¶~에 웃노
래를 부르다. in the excess of mirth 「merry
흥:-나-다(興-)재 흥이 일어나다. 흥취가 생기다.
흥덩-흥덩형 ①물 같은 것이 넘칠 만큼 매우 많은 모
양. 「컵에 물을 ~ 부어 있다.」 ②국물이 너무 많고
건더기는 적은 모양. 「국이 ~ 국물뿐이다.」 full
of water 하재 「used 하재
흥:-도(興到)명 흥이 남. 흥취가 일어남. getting am-
흥동-새〈조류〉 할미새과의 새. 등은 녹갈색에 갈
색의 세로무늬가 있고 배는 담황색에 흑색의 세로
무늬가 산재함. 아름다운 소리로 울며 산림이나 초
원에 서식함. 숲종다리. Chinese tree pipit
흥동-항동명 일에 정신을 온전히 쓰지 않고 꾀를 부
리며 떠들고 있는 모양. 흥동흥동. vacantly 하재

흥뚱흥뚱[胸](동) 흥뚱항뚱. 하형
흥=란(興闌)[명] 흥취가 이미 쇠하여짐. 하자
흥륭=[一隆](興隆)[명] 일이 잘 되어 번영함. 매우 번성함. (대) 멸망(滅亡). prosperity 하자
흥리(興利)[명](동) 식리(殖利). 하자
흥=망(興亡)[명] 일어남과 망함. 흥기(興起)와 멸망(滅亡). 흥폐(興廢). rise and fall 「¶나라의 ~.
흥망 성=쇠(興亡盛衰)[명] 흥하고 망함과 성하고 쇠함.
흥망 치란(興亡治亂)[명] 나라가 흥하고 망하는 것과 잘 다스리는 세상과 어지러운 세상. rise and fall, peace and war
흥=미(興味)[명] 재미. ¶ ~ 본위(本位). interest
흥=미 진진(興味津津)[명] 흥취가 넘침. 하형
흥복(興復)[명] 쇠하여진 것을 다시 일으킴. 부흥. 하자
흥=분(興奮)[명] ①감정이 북받쳐 일어남. excitement ②마음이 벌컥 일어나 동함. (대) 냉정(冷靜). 진정(鎭靜). agitation ③〈생리〉 자극에 의하여 일어나는 생체(生體)의 상태의 변화. stimulation 하자
흥=분제(興奮劑)[명] 중추 신경을 자극하여 뇌의 기능을 활발하게 하는 약. cordial
흥사(興師)[명](동) 기병(起兵). 하자 「하형
흥산(興産)[명] 사업을 일으킴. industrial enterprise
흥성=흥성(興盛興盛)[부] 매우 번성함. prosperity 하자
흥성=흥성(興盛興盛)[부] 매우 번성한 모양. prosperously 하형
흥신=록[一錄](興信錄)[명] 실업계에 있어서의 개인 또는 법인의 거래상의 신용 정도를 분명하게 하기 위하여 재산 영업 상황을 수록한 문서.
흥신=소(興信所)〈사회〉 인사(人事)·상사(商事)를 막론하고 널리 남의 신용을 조사하여 거래상(去來上)의 참고로 하여 남의 재산의 신용·고용 등을 알려 주는 곳. commercial credit agency
흥뚱이=다[자] [고] 흥청거리다.
흥야=항야[부] (약) 흥이야항이야.
흥얼=거리=다[자] ①흥을 못 이겨 노래를 부르다. hum a song ②남이 알아듣지 못할 말을 입 속으로 연해 지껄이다. 흥얼=흥얼[부]
흥업(興業)[명] 새로이 산업이나 사업을 일으킴. industrial enterprise 하자
흥업=권(興業權)[명](동) 흥행권(興行權).
흥=에 뜨다(興一)[관] 흥에 겨워 마음이 들뜨다. 흥이 일어나는 틈을 이용한다. be in the excess of mirth
흥역(興役)[명] 공사(工事)를 일으킴. 건축(建築)함. start construction 하자
흥와 주:산(興訛做訕)[명] 있는 말 없는 말을 보태어 함부로 남을 비방함. 하자 「(旺興). rise 하형
흥왕(興旺)[명] 성하게 일어남. 아주 왕성함. 왕흥
흥운(興運)[명] 동하는 운수. 좋은 운. (대) 쇠운(衰運). good luck
흥융(興戎)[명] 전쟁을 일으킴. 하자
흥이야=항이야[부] 관계없는 남의 일에 함부로 참견하는 모양. (약) 흥야항야. meddlingly 하자
흥인문(興仁門)[명] → 흥인지문.
흥인지=문(興仁之門)[명] 서울 동대문(東大門)의 원래 이름. (약) 흥인문(興仁門). 「하자
흥작(興作)[명] ①흥하여 일어남. ②새로 일으켜 지음.
흥정[명] ①물건을 사고 파는 일. 매매(賣買). ¶살 인데도 도무지 ~이 없다. buying and selling ②물건을 사고 팔기 위해 품질과 값을 의논함. ¶~을 해야 싸게 산다. bargaining ③자기에게 더 유리하게 낙착이 되도록 상대방에게 수작을 붙임.
흥정=거리[一꺼一][명] 흥정하면 서들일 물건. 하자
흥정=꾼[명] 물건의 매매를 소개하는 사람.
흥정=붙이=다[一부치一][타] 물건의 매매가 되도록 중간에서 주선하다. act as broker
흥정은 붙이고 싸움은 말리란다[속] 좋은 일을 하도록 권하고 나쁜 일은 말려야 한다.
흥정바지[고] 장사치, 상인(商人).
흥정흥=다[자] 장사하다. 흥정하다.
흥:진 비래(興盡悲來)[명] 즐거운 일이 다하면 슬픈 일

이 옴. 곧, 흥망과 성쇠가 엇바뀜을 가리킴. After joy comes grief
흥청=거리=다[자] ①흥이 겨워서 마음껏 거드럭거리다. be highly elated ②돈·물건 등이 흔하여 아끼지 않고 함부로 쓰다. use freely ③긴 막대기나 줄이 탄력성 있게 흔들리다. 흥청=흥청[부] 하자
흥청=망청[부] 흥청거리며 마음껏 노는 모양. 하자
흥:=취(興趣)[명] 마음이 끌릴 만큼 좋은 멋이나 취미. (약) 흥(興). interest
흥=타령(一打令)〈음악〉 사설의 끝마다 '흥' 소리를 넣어 부르는 속요(俗謠)의 하나. kind of folksong
흥판(興販)[명] 물건을 흥정하여 판매함. 하자
흥=패(興敗)[명] 잘 되어 일어남과 잘못 되어 망함. (유) 흥망(興亡). rise and fall
흥=폐(興廢)[명](동) 흥망(興亡).
흥=하=다(興一)[자] ①잘 되어 일어나다. rise ②번성하게 되다. (대) 망하다. be prosperous
흥행(興行)[명] 연극·영화·서커스 등을 관람 요금을 받고 공개적으로 구경시키는 일. show 하자
흥행=권[一꿘](興行權)[명] 각본(脚本)·악보 등을 흥행적으로 상연·연주할 수 있는 권리. 흥업권(興業權). right of performance
흥행=물(興行物)[명] 구경꾼을 모아 흥행의 목적으로 구경시키고 돈을 받는 연극·영화·서커스 따위. performance
흥행=사(興行師)[명] 흥행을 직업으로 하는 사람.
흥행=장(興行場)[명] 흥행하는 곳. show places
흥행=화(興行化)[명] 문예 작품 등이 흥행함에 알맞게 만들어짐. 또는 그렇게 함. 하자 하형
흥황(興況)[명] 흥취 있는 정황(情況). 경황(景況).
흥회(興懷)[명] 흥을 돋구는 마음. 「hum 하자
흥흥[부] 시들하게 웃는 소리. 코웃음을 치는 소리.
흥=거리다[자] ①흥겨워서 연해 콧소리를 치다. hum a song ②어린아이가 무엇을 달라고 어리광부리며 울다.
흩=날리=다[자] 흩어지며 날리다. ¶낙엽이 바람에 ~. blow off
흩=다[타] ①모였던 것을 여기저기 헤치게 하다. scatter ②논·밭에 씨를 뿌리다. ③돈 따위를 함부로 쓰다. waste
흩=뜨리=다[타] 흩어지게 하다. ¶바람이 낙엽을 ~.
흩어=뿌리기[명] 여기저기 흩어지게 씨를 뿌리는 일.
흩어=지=다[자] ①모였던 것이 따로따로 떼어지다. be separated ②널리 퍼져 벌어 헤어지다. be scattered
흩이=다[호치一][자] 흩어지게 되다. 피동 흩음을 당하다. be scattered
희(稀)[접두] 화학 약품·액체 등 이름 앞에 붙어 '묽은·희박한'의 뜻을 나타내는 말. ¶~염산.
희[감](口) ①의. ②예.
희=가극(喜歌劇)[명]〈연예〉가창(歌唱)과 대화를 넣어서 상연하는 익살스러운 극. comic opera
희=가스(稀 gas)[명]〈화학〉 아르곤·라돈·헬륨·네온·크립톤·크세논의 여섯 가지 기체 원소의 총칭. 이 원소들은 어떤 원소와도 화합하지 않음. 희유 기체.
희=갈색[一색](稀褐色)[명] 엷은 갈색.
희:=견=천(喜見天)〈불교〉 제석천(帝釋天)이 사는 궁전으로 삼십삼천 위에 있음.
희=경(喜慶)[명] 기쁜 경사. happy event
희:=곡(戲曲)[명] ①〈연예〉 연극의 극본(劇本). 각본. drama ②〈문학〉 문학의 한 형식. 주로 회화(會話) 연기에 의하여 표현되는 예술 작품. 드라마.
희광(曦光)[명] 아침 햇빛.
희괴(稀怪)[명] 드물고 썩 괴이함. fantastic 하형
희:=구(希求)[명] 바라며 요구함. hope 하자
희:=구(喜懼)[명] 즐거움과 두려움. 즐거우면서 또 두려움. pleasure and awe 하자
희:=구(戲具)[명] 유희에 쓰는 기구. 장난감. toy
희구=서(稀覯書)[명] 후세에 전하는 것이 썩 드문 책.

희:구지=심(喜懼之心) 한편으로는 기쁘면서 한편으로는 두려운 마음.

희귀(稀貴)똉 드물어서 매우 귀함. rareness 하타

희:극(喜劇)똉 ①사람을 웃길 만한 일이나 사건. ¶바탕 ~이 벌어진 잔칫날 저녁. ②〈연예〉웃음거리를 섞어, 세상 사람을 웃기는 연극. ¶~ 영화. (대) 비극(悲劇). comedy

희:극(戲劇)똉 ①〈연예〉익살을 부리는 연극. farce ②실없이 하는 행동. frivolous conduct

희:극 배우(喜劇俳優)똉〈연예〉희극을 연기하는 배우. 코미디언.

희금속(稀金屬)똉〈화학〉매우 귀한 금속. rare metal

희기(喜氣)똉 기쁜 기분. happy frame of mind

희기(希冀)똉 희망(希望)①. 하타

희끄무레-하-다[형여불] 빛깔이 조금 흰 듯하다. 《작》해끄무레하다. whitish

희끈-거리-다[자] 어지러운 기운이 자꾸 나타나다. be dizzy 희끈-희끈[부] 하타

희읍-하-다[형여불] 빛깔이 깨끗하고 조금 희다. 《작》해읍하다. whitish

희끔[희끔] 여러 군데가 희끔한 모양. 《작》해끔하다.

희끗-거리-다[자] 현기증이 나서 어뜩어뜩하여지다. be dizzy 희끗-희끗[부] 하타

희끗-희끗[부] 흰 빛깔이 여러 군데 나타나는 모양. 《작》해끗해끗. dotted with white 하타

희나리똉 잘 마르지 않은 장작. green firewood ② →지아비.

희넓적-하-다[형여불] 얼굴빛이 허영고 생김새가 넓적하다. 《작》해낙작하다. white and flat

희년(稀年)똉 일흔 살. seventy years of age

희년(稀年)똉〈기독〉50년마다 돌아오는 복스러운 해. 종도 놓아 주며 빚도 탕감한다는 [하나, 해.

희누르스름-하-다[형여불] 좀 흰빛을 띠면서 누르스름하다. ①눈빛과 같다. 《약》희곱다.

희:담(戲談)똉 실없이 하여 웃기는 말. joke 희학(戲謔)으로 하는 말. 희언(戲言). [하타

희:답(戲答)똉 희롱으로 하는 대답. humorous reply

희대(稀代)똉〈동〉희세(稀世).

희대(戲臺)똉〈동〉연극장.

희대 미:문(稀代未聞)똉 아주 드물어 좀처럼 듣지 못함. unheard of

희:-안(喜顏色)똉 얼굴에 기쁜 빛이 나타남. joyful look 하타

희디-희-다[형] 빛깔이 희고도 희다. very white

희뜩-다[형] ①속은 텅텅 비어도 겉으로는 호화롭다. very showy ②가진 것이 적어도 손이 크고 마음이 넓다. open-handed ③실지보다 과장이 많다. exaggerated ④언행이 배떼벗다. 《약》희다②. arrogant

희뜩-거리-다[자] 현기증이 아주 심하여 어뜩어뜩하여지다. reel 희뜩-희뜩[부] 하타

희뜩머룩-이[명] 재물을 주책없이 써버리는 사람. [다.

희뜩머룩-하-다[형] 성갑고 희뜩머룩 질실하지 못하

희뜩-희뜩[부] 흰 빛깔이 군데군데 뒤섞이어 보이는 모양. 희뜩해뜩. dotted with white 하타

희-라(噫—)[감] 슬프도다.

희:락(喜樂)똉 기쁨과 즐거움. 희열(喜悅). 혼열(欣悅). (대)환락(歡樂). 비통(悲痛). pleasure

희랍(希臘)똉 '그리스'의 한자말.

희랍-교(希臘教)똉〈기독〉카톨릭에서 갈라져 동쪽으로 전파한 기독교 구교의 한 파(派). 희랍 정교회(希臘正教). Greek Church

희랍 교:회(希臘敎會)똉〈종교〉그리스 교회.

희랍 문자(希臘文字)똉[—짜]〈언〉그리스 문자.

희랍 신화(希臘神話)똉 그리스 반도에서 시력 기원전 11세기 경부터 전해지는 여러 가지 신화. Greek mythology

희랍-어(希臘語)똉〈동〉그리스어.

희랍 정:교(希臘正教)똉 희랍교.

희랍 카톨릭 교:회(希臘 Catholic 教會)똉〈기독〉로마 제국(帝國)이 동서로 갈린 뒤의 동방(東方)의 정통적(正統的)·공교적(公教的)·사도적(使徒的) 교회. Greek Catholic church

희:로(喜怒)똉 기쁨과 노염. joy and anger

희:로 애락(喜怒哀樂)똉 기쁨과 노염과 슬픔과 즐거움. 곧, 사람의 온갖 감정. feeling of joy and anger

희:롱(戲弄)똉 장난삼아 놀리는 짓. ¶청춘 남녀가 ~하며 시시덕거리다. raillery 하타

희롱-거리-다[자][자] 희롱하듯 까불다. 《작》해롱거리다. joke 희롱-희롱[부] 하타 [and clean

희:맑-다[—막—]형] 희고 맑다. 《작》해말갛다.

희망(希望)똉 ①어떤 일을 이루고자 또는 그것을 얻으려고 바람. 희원(希願). 희기(希冀). 기망(冀望). hope ②〈심〉좋은 일이 오기를 기다릴 때 일어나는 감정. (대)절망(絕望). 실망(失望). 하타

희망 매매(希望賣買)똉〈경제〉장래 이익을 얻을 수 있을 물건을 양도하는 계약. 그물에 든 고기를 가지 않은 벼 등을 매매하는 것.

희망 이:익[—니—](希望利益)똉〈경제〉장래 취득할 가망이 확실한 이익.

희망-자(希望者)똉 희망하는 사람.

희망-적(希望的)[관명] 희망하는(것). (대)절망적(絕望的). [one desires

희망-점(希望點)[—쩜](希望點)똉 기대하여 바라는 곳. what

희:멀겋-다[형여불] 빛깔이 희고 멀겋다. 《작》해말갛다. white and glossy [끔하다. white and clean

희멀끔-하-다[형여불] 얼굴이 희고 멀끔하다. 《작》해말쑥하다.

희멀쑥-하-다[형여불] 희고 멀쑥하다. 《작》해말쑥하다. white and clean

희모(稀毛)똉 성긴 털. 드문드문 난 털. sparse hair

희:묵(戲墨)똉 자기의 글씨·그림에 대한 검칭. 희필(戲筆).

희:문(戲文)똉〈문학〉①장난삼아 쓴 글. light writing ②원(元)나라 때 남쪽에서 일어난 희곡의 한 체.

희묽-다[—묵—]형] 얼굴이 희고 보기에 단단하지 못하다.

희미(稀微)똉 또렷하지 못함. faint 하다. 하다. 하다.

희박(稀薄)똉 ①기체·액체가 묽거나 엷음. (대)농후(濃厚). thin ②농도·밀도가 엷거나 얇음. (대)조밀(稠密). thin ③정신 상태가 약함. weak ④희망이나 가망이 적다. ¶을 가망이 ~하다. 하타

희박 용액(稀薄溶液)똉〈화학〉농도가 낮은 용액.

희번덕-거리-다[자] ①눈을 크게 뜨고 흰자위를 자주 움직이다. turn one's eyes up and down ②물고기가 몸통을 자주 번득이다. 《작》해반닥거리다. 희번덕-덕[부]

희번드르르-하-다[형여불] ①모양이 희멀쑥하고 번드르르하다. ¶희번드르르하게 잘생기다. snow-white and glossy ②사리에 맞게 잘 꾸며내어 그럴싸하다. ¶말은 희번드르르하나 실상은 그렇지 않다. 《약》해반드르르하다. 《작》해반드르르하다.

희번들-하-다[형여불] 《약》→희번드르르하다.

희번주그레-하-다[형여불] 얼굴이 희멀겋고 번주그레하다. 《작》해반주그레하다. snow-white and gloss

희번지르르-하-다[형여불] 얼굴이 희멀겋고 번지르르하다. 《작》해반지르르하다. white and glossy

희번-하-다[형여불] 동이 트서 훤한 기운이 비쳐 사방이 희미하게 밝다. faintly light

희:보(喜報)똉 기쁜 소식. (대)비보(悲報).

희-부옇-다[형] 희고 부옇다. whitish

희불그레-하-다[형여불] 빛깔이 희고 불그레하다. somewhat white and red [뿜. beside oneself with joy 하타

희:불자승(喜不自勝)똉 어찌할 줄을 모를 만큼 기

희붐-하-다[형여불] 새벽의 밝은 빛이 조금 희다. ¶희붐해지는 새벽 하늘. 《약》붐하다. faintly light 희붐-히[부]

희:비(喜悲)똉 기쁨과 슬픔. joy and sorrow

희:비-극(喜悲劇)똉〈연예〉희극과 비극. tragicomedy ②희극·비극을 겸한 극. 비희극(悲喜劇).

희:비 쌍곡선(喜悲雙曲線)똉 기쁨과 슬픔이 한꺼번에

생겨서 얽히는 모양. have mingled feelings of joy and sorrow 즐거움.
희:비 애락(喜悲哀樂)몡 기쁨과 슬픔과 애처로움과
희:사(喜事)몡 기쁜 일. happy event
희:사(喜捨)몡 ①동 기부(寄附). ②신불에 대한 기부. charity 하타
희:사-금(喜捨金)몡 희사하여 내는 돈. gift of money
희:사-함(喜捨函)몡 ①희사금을 받는 궤. ②〈불교〉예불하는 사람의 보시전(布施錢)을 받기 위하여 부처 앞에 놓아 두는 큰 궤짝.
희:살(戱殺)몡 장난을 하다가 잘못하여 죽임. 하타
희:색(喜色)몡 기쁜 듯이 보이는 얼굴빛. 기뻐하는 얼굴빛. glad countenance
희:색 만:면(喜色滿面)몡 기쁜 빛이 얼굴에 가득함.
희생(犧牲)몡 ①신명에게 제물로 바치는 산양이나 소·돼지. 희뢰(犧牢). ②어떠한 목적을 이루기 위하여 몸을 돌보지 않고 바침. self-sacrifice 하타
희생-구(犧牲球)몡 〈체육〉야구에서, 주자(走者)를 다음 베이스로 달리게 하기 위하여 희생하여 치는 공. sacrifice hit
희생-물(犧牲物)몡 희생이 될 물건이나 사람. victim
희생-자(犧牲者)몡 희생을 당한 사람. victim
희생-타(犧牲打)몡 〈체육〉야구에서, 앞서 나간 주자(走者)를 위하여 자신을 희생하는 타격. sacrifice hit
희서(稀書)몡 희귀한 책. rare book
희석(稀釋)몡 〈화학〉용액(溶液)을 묽게 함. dilution 하타
희석-도(稀釋度)몡 〈화학〉용액의 희석된 정도. dilution
희석-열(稀釋熱)몡 〈화학〉어떤 농도의 용액이 새로 용매를 가하여 묽게 할 때에 발생하는 열량(熱量). heat of dilution
희석-제(稀釋劑)몡 〈화학〉부피를 늘리거나, 농도를 감소시키기 위하여, 물질이나 용액에 참가시키는 불활성(不活性) 물질.
희:설(戱媟)몡 여자를 데리고 희롱하며 놂. 하타
희세(稀世)몡 세상에 드묾. 희대(稀代). ¶～의 거인(巨人).
희세지-재(稀世之才)몡 세상에 드문 재지(才智).
희소(稀少)몡 매우 드물고 적음. 하형
희:소(喜笑)몡 기뻐서 웃음. 또, 그런 웃음. 하타
희:소(嬉笑)몡 ①실없이 웃음. 또 그런 웃음. ②예쁘게 웃음. 또, 그런 웃음. 하타
희소 가치(稀少價値) 희소하기 때문에 인정되는 가치.
희:소-극(喜笑劇)몡 〈연예〉저급(低級)의 익살과 과장된 기지로 넘쳐흐르는 희극의 한 형식.
희소 물자[—짜](稀少物資)몡 ①다이아몬드와 같이 절대량이 부족한 물자. ②니켈·코발트·텅스텐 등과 같이 세계적 수요(需要)를 충당 못하는 공급 부족의 물자.
희소-성[—쎙](稀少性)몡 〈경제〉인간 욕망에 비해 그 충족 수단이 질적으로 양적으로나 유한(有限)하거나 부족한 상태를 이르는 말.
희:-소식(喜消息)몡 기쁜 소식. 좋은 기별.
희수(稀壽)몡 나이 일흔 살의 일컬음.
희아리몡 약간 상한 채로 말라서 희끗희끗하게 얼룩진 고추.
희:언(戱言)몡 농담. 희담(戱談).
희:열(喜悅)몡 동 희락(喜樂).
희-염산(稀鹽酸)몡 〈화학〉물을 타서 희박하게 만든 염산.
희:영-수(戱—)몡 남과 더불어 실없는 말이나 짓을 함. 또, 그 일. 하타
희:유(嬉遊)몡 실없는 장난이나 놀이로 즐김. 하타
희:우(喜雨)몡 가뭄 끝에 오는 비. 슌 감우(甘雨). welcome rain 戚). pleasure and anxiety
희:우(喜憂)몡 즐거움 일과 근심스러운 일. 휴척(休
희원(希願)몡 동 희망(希望)①. 하타
희-원소(稀元素)몡 〈화학〉→희유 원소(稀有元素).
희:월(喜月)몡 '음력 삼월'의 미칭(美稱).

희유(稀有)몡 드물게 있음. rareness 하형
희:유(喜遊)몡 즐겁게 놂. 하타
희:유(戱遊)몡 실없는 짓을 하며 놂. frolic 하타
희유 원소(稀有元素) 〈화학〉산출량(產出量)이 비교적 적은 원소의 총칭. 슌 희원소(稀元素). rare element
희읍(欷泣)몡 흐느껴 욺. 하타
희읍스름-하(稀—)헝여 깨끗하지 못하게 조금 희다. (작) 해읍스름하다. whitish 희읍스름=히
희-인산(稀燐酸)몡 〈화학〉물을 부어 희박하게 한 인산(燐酸).
희:일(喜日)몡 기쁜 까치. 산.
희:작(戱作)몡 ①비 자기의 작품. one's own works ②실없이 지음. 또는 그 작품. writing for amusement
희종(稀種)몡 귀하여 구하기 드문 종류. rare kind
희죽(稀粥)몡 묽은 죽. dilute nitric acid
희-질산(稀窒酸)몡 〈화학〉물을 가하여 묽게 한 질산.
희=짓-다(戱—)타ㅅ블 남의 일을 방해하다. hinder
희:출 망:외(喜出望外) 기쁜 일이 뜻밖에 생김. unexpected joy 하타
희치-희치 ①피륙·종이 따위가 군데군데 치이거나 미어진 모양. ②물건의 면(面)이 드문드문 벗어진 모양. 하형
희:칭(戱稱)몡 실없이 희롱으로 일컫는 이름. 곧, 풍자(諷刺)의 뜻을 붙인 이름.
희토류 원소(稀土類元素) 〈화학〉원자 번호 57로부터 71 까지의 열 다섯 원소에 스칸듐·이트륨을 더한 17 원소. 슌 희소합.
희:필(戱筆)몡 동 희묵(戱墨).
희:학-질(戱謔—)몡 희학으로 하는 짓. 하타
희한(稀罕)몡 썩 드물어서 좀처럼 볼 수 없음. 아름답고 좋은 일에 흔히 쓰는 말. ¶별 ～한 일도 있다. rareness 하형
희:행(喜幸)몡 기쁘고 다행스러움. 하형 하형
희호(熙皞)몡 백성이 화락하여 잘 지냄. 또 그 일.
희호 세:계(熙皞世界) 백성이 화락하고 나라가 태평한 세상.
희화(晞和)몡 온화함. 하형
희:화(戱畫)몡 〈미술〉장난으로 그린 익살스러운 그림. 캐리커처. caricature
희:활(稀闊)몡 ①소식이 잦지 않음. ②사이나 틈이 성김. 동안이 긺. 하형
희-황산(稀黃酸)몡 〈화학〉묽은 황산. 약품·도료(塗料) 또는 시약(試藥)으로 쓰임. 류류산(硫硫酸). diluted sulphuric acid 내는 사람.
희황 상:인(羲皇上人) 세상 일을 잊고 한가롭게 지
희희(嘻嘻) 바보처럼 웃는 모양. laughing merrily
희:-희(嘻嘻)몡 ①자득(自得)한 모양. ②즐겁게 웃는 소리. laughing merrily
희:희(嬉嬉)몡 즐겁게 웃는 모양. laughing joyfully
희:희-낙락(喜喜樂樂)몡 매우 기뻐하고 즐거워함. ¶～하며 떠들다. rejoicing 하타

흰=가뢰(—)〈곤충〉가뢰과의 곤충. 몸 길이 1.5 cm 가량으로 몸 빛은 암록색에 청동색 광택이 나고 몸의 하면은 아주 광택이 난다. 강원도 고원지대에 서식함.
흰-개:미(—蟻)〈식물〉고위까람과의 풀. 화경은 총생하고 높이 10∼30 cm 내외임. 잎은 선형이고 7∼8월을 백색의 반구형 꽃이 핌. 밭가나 논가에 남.
흰-골무떡 〈약〉→흰골무떡.
흰-골무떡 양념을 안 바른 골무떡. 〈약〉 흰골무.
흰골-박[—빡] 큰 바가지의 한가지.
흰-곰 〈동물〉곰과에 속하는 짐승. 털빛이 희고 헤엄을 잘 치며 어류·조류 및 식물성의 것도 먹음.
흰권무[—꿘—]〈고〉흰떡. 흰골무떡. 〔북극 지방에 분포함.
흰-그루 지난 겨울에 곡식을 심었던 땅.
흰-깨[—] 빛이 흰 참깨. 〈약〉검은깨.
흰-나비〈곤충〉①빛이 흰 나비의 총칭. 흰접(白蝶). 백호접. ②동 배추흰나비. white butterfly
흰-누룩 밀가루와 찰쌀가루를 섞어서 만든 누룩.
흰-담비 〈동물〉족제비과[鼬鼠科]의 산짐승.

검은 담비와 비슷하여 몸 빛은 회갈색에 가슴은 희고 꼬리가 매우 긺. 백초서(白貂鼠).
흰-독말풀(一毒─)圓〈식물〉가지과(茄科)의 일년생풀. 6∼9월에 흰 꽃이 피고 삭과(蒴果)는 구형임. 종자와 잎은 유독(有毒)하여 약용함. 만다라화④.
흰-돌:비늘圓〈돌〉백운모(白雲母).
흰-둥이圓살빛이 흰 사람이나 털 빛이 흰 짐승을 일컬음. (대) 검둥이.
흰-떡圓 멥쌀가루로 고수레를 만들어 시루에 쪄서 치거나 가루로 빻아서 만든 떡. 백병(白餠).
흰-떼새圓〈조류〉도요과의 떼새의 하나. 몸 빛은 머리는 흑색, 등은 담갈색, 꽁지는 백색임. 한국·일본·중국에 분포함.
흰-말圓 몸 빛이 흰 말. 백마(白馬).
흰-매圓〈조류〉두세 살이 되어서 털이 희어진 매. 또, 다 자란 매를 일컫는 말.
흰-머리圓 하얗게 센 머리. 백발(白髮). white hair
흰-무리圓 멥쌀가루를 시루에 그대로 쏟아서 찐 떡. 백편②. 백설기. white rice-cake
흰-무지기圓〈제도〉물을 들이지 않은 무지기.
흰-바꽃圓〈식물〉미나리아재비과의 다년생 풀. 잎은 3∼5 갈래로 갈라지고 7∼8월에 황색 또는 자색 꽃이 핌. 독이 있고 뿌리는 한약재로 씀. 백부자(白附子).
흰-밥圓 쌀로만 지은 밥. 백반(白飯).
흰배-멧새圓〈조류〉참새과의 멧새. 배에 휘점이 있는 익조(益鳥).
흰배-티티圓〈조류〉티티새과에 속하는 새. 배가 흼. 날개 길이 13 cm 가량이고 등은 다갈색, 배는 회갈색임. 중국·한국·일본에서 월동함.
흰-변두(─扁豆)圓〈동〉백변두.
흰-빛圓 하얀 빛깔. 백색(白色). (대) 검은 빛.
흰빨-알락할미새[맬]圓 약각할미새.
흰빰-오:리圓〈조류〉오리과에 속하는 새. 날개 길이 20 cm 내외이고 몸 빛은 암수가 다름. 유럽·아시아 중북부에서 번식하고 아프리카·중국·한국·일본 등지에서 월동함.
흰-새더기圓〈식물〉녹나무과의 상록 교목. 높이 3 m 가량이고 자웅 이가(雌雄異家)로 3월에 홍색 꽃이 핌. 선구재(船具材)와 목탄재로 쓰임.
흰=소리圓 ①희떠운 말. show-up ②실속이 없이 자랑으로 떠벌리는 말. bluff 하타
흰수염-집게벌레(─鬚髥─)圓〈곤충〉집게벌레과에 속하는 곤충. 작은 집게벌레로 몸 빛은 적갈색이며 촉각은 담색에 집게의 끝이 교차됨.
흰-수작(─酬酌)圓 되지 못한 희떠운 짓말. blah
흰-신圓 흰 가죽·고무 따위로 된 신. white shoes
흰-쌀圓 멥쌀. 백미(白米). polished rice
흰-아마존圓〈식물〉새박덩굴과의 다년생 풀. 줄기는 30∼60 cm로 녹색을 띠고 잎은 긴 타원형 또는 도란상 타원형임. 5∼7월에 백색 꽃이 피고 골돌과(蓇葖果)가 열림. 산이나 들에 저절로 남.
흰-엿[─녓]圓 빛이 흰 엿. (대) 검은엿.
흰-오랑캐꽃圓〈식물〉오랑캐꽃과에 속하는 다년생 풀. 잎은 뿌리에서 총생하고 피침형임. 4∼5월에 흰 꽃이 피는데 꽃잎 속에 잔털이 있음.
흰-옷圓 염색하지 않은 흰 빛깔의 옷. 백의(白衣). white attire [백원미.
흰-원미(─元味)圓 절구에 반쯤 찧은 흰 쌀로 쑨 죽.
흰-인가목[─년─]圓〈식물〉장미과(薔薇科)의 낙엽관목. 나무 전체에 가시가 있고 잎은 타원형에 톱니가 있음. 5∼6월에 백색 꽃이 피고 과실은 10월에 익음. 한국 특산으로 산에 남.
흰-자[─짜]圓 흰자위①. [가루.
흰자-가루圓 새알 특히 달걀의 흰자위를 말려 만든
흰-자위圓 ①새나 닭의 알 등의 속에 노른자위를 싸고 있는 단백질의 부분. 란백(卵白) 圓 흰자. (대) 노른자위. white ②〈생리〉눈알의 흰 부분. 눈흰자위. 백목(白目). (대) 검은자위. white of the eye
흰자-질(─質)圓〈동〉단백질(蛋白質).

흰=죽(─粥)圓 쌀로 쑨 죽. rice gruel
흰=쥐圓〈동물〉쥐의 하나. 전신이 희고 작으며 홍채(虹彩)는 빨간 빛을 띰. 실험용으로 쓰임.
흰=콩圓 ①빛깔이 회오스름한 콩. ②밤콩이나 검은 콩보다 누른 콩을 이름.
흰=털圓 흰빛의 털. 회계 되 털. white hair
흰=팥圓 빛깔이 조금 흰 팥. white bean
휭:=하-다[이]圓 몸이 피로하거나 놀라 머리가 빙 돌며 정신이 엉하다. dizzy
휭:=허케圓 아주 빨리 가는 모양. ¶∼ 내닫다.
힝凰 냉소하는 뜻으로 내는 소리. 田 만족함을 느껴 어리석게 한 번 웃는 소리.
=히젭미 흔히 ㄱ·ㄷ·ㅂ·ㄹ 등의 받침 있는 어간에 붙어 동사를 피동사나 사역(使役) 동사로 만드는 어간 형성 접미사. ¶잡∼다. 닫∼다.
=히젭미 형용사의 어근이나 '하다'가 붙어 형용사가 되는 말 다음에 붙어서 부사가 되게 하는 접미사.
히다圓 ①2가. ③4가. ¶단단∼.
=히어[미] (고) =도록.
히드라(hydra)圓〈동물〉히드라과(科)의 강장(腔腸) 동물. 몸 길이 약 1 cm의 원통상으로 신축성이 많음. 6∼10개의 실 모양의 촉수(觸手)를 이용하여 수중의 미생물을 포식함.
히드라(Hydra 그)그리스 신화 중 지옥에서 죄지은 자를 괴롭히는 50개의 머리를 가진 괴상한 뱀.
히드로-퀴논(hydroquinone)圓〈화학〉기둥꼴의 무색결정. 물·알코올·에테르에 녹음. 환원성이 강하여 사진 현상액으로 쓰임.
히뜩凰 ①언뜻 휘돌아보는 모양. ¶∼ 돌아보고는 달아나다. ②맥없이 넘어지거나 동그라지는 모양. ¶∼ 미끄러지듯 쓰러지다.
히뜩-거리다-다凰 ①연이어 언뜻 돌아보다. ②연이어 맥없이 넘어지거나 동그라지다. **히뜩=히뜩**圓 하타
히라[고]圓 이라. 라.
히로익(heroic)圓 영웅적(英雄的). 초인적(超人的).
히마르는囮 (고) 이언마는.
히브리(Hebrew)圓圓 헤브루.
히스타민(histamine)圓〈화학〉단백질(蛋白質)이 분해하여 생기는 유독 성분(有毒成分). 몸 안에 피면 알레르기성(Allergie 性) 질환(疾患)의 원인이 됨.
히스테리(Hysterie 도)圓〈의학〉일종의 관능성(官能性)의 정신 장애.
히스테리시스(Hysteresis)圓〈물리〉철심(鐵心)에 감긴 코일에 전류가 방향을 바꾸어, 자극이 바뀌려는 순간에 일어나는 자기적 저항(磁氣的抵抗).
히스테릭(hysteric)圓 히스테리와 같은 것. 히스테리의 경향. 히스테리적.
히스토리(history)圓 연력(沿革).
히싱(hissing)圓 공중 전파에 의한 라디오의 '쉬쉬'하는 잡음.
히아신스(hyacinth 그)圓〈식물〉백합과(百合科)의 다년생 풀. 인경(鱗莖)에서 잎이 총생하고 초여름에 청색·자색·홍색·백색 꽃이 핌. 관상용으로 재배함.
히어로(hero)圓 ①영웅(英雄). ②소설·연극 따위의 남자 주인공. ③인기를 모으고 있는 사람.
히어링(hearing)圓 외국어를 문자에 의하지 아니하고 귀로 듣는 일.
=히언마루는[미] (고) 이언마는.
히에라르키(Hierarchie 도)圓 중세 봉건 사회 조직 등에서 볼 수 있는, 피라미드형의 신분 제도, 군대 조직·관료제 등도 가리킴.
히죽凰 흡족한 듯이 슬적 한 번 웃는 모양. 《작》해죽. with a sweet smile
히죽-거리다-다圓 만족하여 무겁게 연해 웃다. 《센》히죽거리다. **히죽=히죽**圓 하타
히죽-이다圓 만족하여 무겁게 지그시 웃는 모양. 《작》해죽이다. 《센》히죽이다.
히즈리-다-다[고]圓 의지하다. 드러눕다.
히쭉圓《센》→히죽.

히쭉-거리-다 〈센〉→히죽거리다.
히쭉-이 〈센〉→히죽이.
히치하이크(hitchhike) 지나가는 자동차에 편승(便乘)하는 일. 또는 그렇게 하는 도보 여행. 하
히:터(heater) ①난방 장치. ②난방기. 가열기. 발열기.
히터(hitter) 〈체육〉 야구에서의 타자.
히트(hit) ①〈체육〉 야구(野球)에서의 안타(安打). ②크게 인기를 끎. ③기업(企業)의 시기적 대성공.
히트 바이 피치(hit by pitch) 데드 볼(dead ball).
히트 송(hit song) 〈음악〉 인기 있는 유행가 또는 가요곡.
히트-앤드-런(hit-and-run) 〈체육〉 야구에서, 타자와 주자가 미리 약속하여 투수가 투구 동작을 하자마자 주자는 다음 누(壘)로 달리고, 타자는 무조건 그 공을 치는 일.
히포콘드리(hypochondrie 도) 〈의학〉 자기 신체의 상태에 이상적(異常的)으로 신경을 쓰는 증세. 신경증·우울증 등에서 볼 수 있으며, 실제로는 병이 아닌 데도 병에 걸렸다고 생각함.
히포크리트(hypocrite) 위선자(僞善者). 거짓 군자.
히프(hip) 둔부(臀部).
히피(hippie) 기성의 사회 통념이나 생활 양식에 반발하여, '자연으로 돌아가라'를 슬로건으로, 일상적이 아닌 반사회적인 행동을 하는 젊은이들. 어깨까지 늘어뜨린 장발과 기발한 복장이 특색임.
히:-하-다 좋아서 입을 바보스럽게 벌리고 웃다. 〈작〉 해하다. 헤헤. 해해.
히히 남을 놀리듯이 까불거리며 웃는 소리. 〈작〉해해.
히히-거리-다 '히히' 소리를 자주 내며 웃다. 〈작〉해해거리다. 헤헤거리다.
힌두-교(Hindu 敎) 〈종교〉 불교 이후 바라문교의 철학을 배경으로 일어난 사회적 종교 내지 종교사회. 인도교(印度敎). Hinduism
힌두스타니(Hindustani) 〈어학〉 인도 사람에 공통된 언어(言語). 페르시아말과 서부(西部) 인도 방언(方言)과의 융합(融合)으로 이루어졌음.
힌두-족(Hindu 族) 인도인의 한 종족(種族).
힌터-랜드(Hinterland) 해안이나 하안(河岸)의 주요한 곳의 배후에 있어 경제상 생산 및 소비의 원천이 되는 곳. 배후지(背後地). 후방 지역(後方地域).
힌트(hint) 암시(暗示).
힐:(heel) ①발뒤치. ②〈약〉 하이 힐.
힐:(hill) 작은 산. 언덕.
힐거(詰拒) 서로 힐난하여 항거함. 항길(詰抗). 하
힐금 방정맞게 눈동자를 옆으로 돌려 슬쩍 쳐다보는 모양. 〈작〉 힐끔. 〈센〉 힐끔. glancing sideways
힐금-거리-다 연해 힐금 곁눈질하며 쳐다보다. 〈작〉 헬금거리다. 〈센〉 힐끔거리다. 힐금=힐금 하
힐끔 〈센〉=힐금.
힐끔-거리-다 〈센〉→힐금거리다.
힐긋 ①눈에 얼씬 띄는 모양. ②눈동자를 빨리 굴려서 한 번 보는 모양. with glance
힐긋-거리-다 눈동자를 빠르게 굴려서 연해 가로 쳐다보다. 힐긋=힐긋 하
힐난(詰難) 트집을 잡아 꾸짖어 물음. reprimand 하
힐론(詰論) 힐난(詰難)하는 변론. 하 하
힐문(詰問) 트집을 잡아 따져 물음. rigid inquiry
힐-빌리(hillbilly) 〈음악〉 재즈 음악의 하나. 미국 중서부에서 불리는 향토색 짙은 민요.
힐조[-쪼](詰朝) ①이른 아침. 조조(早朝). 힐단(詰旦). ②이튿날의 이른 아침. 명조(明朝). 명단(明旦).
힐주[-쭈](詰誅) 죄를 들어 따지고 공격함. 하
힐책(詰責) 잘못을 따져 꾸짖음. reproach 하
힐척(詰斥) 꾸짖어 물리침. reject 하
힐(hilt) 자루[柄].
힐항(詰抗) 〈동〉 힐거(詰拒). 하
힐홈(詰欠) 힐난함. 말썽 부림.

힐-후-다 〈고〉 힐난(詰難)하다. 말썽 부리다.
힐홈 〈고〉 힐난함. 말썽 부림.
힐홈흐-다 〈고〉 후리후리하다.
힘 ①사람·동물에 있어서 스스로 움직이거나 남을 움직이게 하는 근육의 작용. 기운. strength ②〈물리〉 정지하고 있는 물체의 운동을 일으키고, 또 움직이고 있는 물체의 속도를 바꾸거나, 운동을 그치게 하는 작용. force ③ 힘의 도움이 되는 것. ¶네가 큰 ~이 되었다. help ④일을 하는 능력. 역량(力量). ability ⑤견디거나 해낼 수 있는 한도. endurance ⑥앉거나 깨닫을 수 있는 학식. ¶이 문제를 풀 ~이 있다. 〈유〉 재주. ability ⑦세력이나 권력. power ⑧〈동〉 은혜. 은덕. ⑨〈동〉 효력. 효능(效能). ⑩〈동〉 힘을 쓰는. 근육.
힘(力) 〈고〉 힘줄. 근육.   [폭력.
힘(hymn) ①〈종교〉 찬송가. 성가(聖歌). ②신(神)이나 영웅을 찬양하는 찬가(讚歌).
힘-겨룸 누가 힘이 센가를 겨루는 일. 하
힘-겹-다 힘이 넘쳐 능히 당해 내기 어렵다. be beyond one's power   one's strength
힘-껏 있는 힘을 다하여. ¶~ 달려라. with all
힘-끌 ①약간의 완력(腕力). physical strength ② '힘'을 얕잡아 이르는 말.
힘끌-쓰-다 힘께나 쓰다.
힘-내-다 ①힘을 내어 어떤 일에 당하다. ②꾸준히 힘을 써서 일을 하다.
힘-닿-다 힘이나 권세·위력 등이 미치다.
힘-들-다 ①힘이나 마음이 쓰이다. laborious ②수고가 되다. troublesome ③하기에 어렵다. ¶힘드는 일. hard   [one's strength
힘-들이-다 힘이나 마음을 기울여 쓰다. put forth
힘 많은 소가 왕 노릇하나 힘만 아니라 지략(智略)이 있어야 한다.
힘-부치-다 힘이 모자라다. be beyond one's power
힘-빼:물-다 힘센 체하다. boast of one's str-
힘뿌-다/힘뽐-다 〈고〉 힘쓰다.   [ength
힘-살[-쌀] 〈동〉 근육.   「많이 뻣뻣하고 굳다.
힘-세-다 ①힘이 많아서 억세다. strong ②힘이
힘센 아이 낳지 말고 잘하는 아이 낳아라 말을 잘하는 것이 처세에 매우 이롭다.
힘-쓰-다 ①힘을 들여서 하다. make efforts ②애를 쓰며 노력하다. take pains ③남을 도와 주다. help ④부지런히 일하다. ⑤고난을 무릅쓰고 꾸준히 행하다.
힘-없-다 ①기력이 없다. feeble ②어떤 일을 처리할 만한 능력이 부족하다. unable 힘-없:이
힘-입-다[-닙-] 〈고〉 남의 도움을 받다. owe
힘-있-다 ①힘이 세다. strong ②어떤 일을 해낼 능력이 있다. ability
힘-주-다 ①힘을 한 곳에 몰아서 기울이다. ②어떠한 일이나 말을 강조하다. emphasize
힘-줄[-쭐] ①근육(筋肉)의 바탕이 되는 희고 질긴 물질. muscle ②혈관(血管)·혈맥(血脈)의 총칭. vessel ③모든 물질의 섬유(纖維)로 된 가는 줄. 〈변〉 심줄. fibre
힘-줄기[-쭐-] 〈동〉 힘줄이 뻗친 줄기.
힘줌-말 힘을 준 말. 강조하는 말. emphatic form
힘-지-다 힘이 있다. 힘이 들 만하다. ¶힘진 길. heavy
힘-차-다 ①힘이 세차다. ¶힘차게 달려라. vigorous ②힘에 겹다. beyond one's control
힘찬흥-다 〈고〉 한가하다. 심심하다.
힘힘히/힘힘이 〈고〉 한가히. 심심히.
힛손 〈고〉 이아. 〈약〉→이.
힝 코를 세게 푸는 소리. ② 코웃음치는 소리.
힝그레 유엽전(柳葉箭)의 촉(鏃).
힝그럭 힝그럭.
힝=힝 연이어 코를 푸는 소리. ② 아니꼽게 연이어 코로 비웃는 소리.

《ㅏ》

ㅏ[아] ① 한글 자모의 15째 글자. ② 모음의 하나. 혀를 가장 낮추어 편편하게 하고 입을 크게 벌려 내는 단모음.

ㆍ[아래아] 〖고〗 옛 모음의 하나. 허를 예사 위치보다 약간 낮추어 뒤쪽으로 조금 다가들이고 입을 보통으로 벌려 내는 소리.

-ㅏ다〖길미〗〖호칭〗 끝 음절이 혀 낮은 모음으로 된 형용사의 어근에 붙어서 정도가 심함을 나타내는 말. ¶가므~. 기다르~. 노르~. 자그므~. 커다르~.

ㅐ[애] ① 한글 자모 'ㅏ'와 'ㅣ'의 합한 글자. ② 모음의 하나. 혀를 'ㅏ' 소리 내는 위치보다 조금 높은 자리에서 앞으로 약간 내밀고 입을 좀 적게 벌려 내는 단모음.

ㆎ[아래애] 〖고〗 옛 모음의 하나. 'ㆍ'와 'ㅣ'의 이중모음. 혀를 'ㆍ' 소리를 낼 것같이 하고 'ㅣ'로 옮기면서 내는 소리.

《ㅑ》

ㅑ[야] ① 한글 자모의 16째 글자. ② 모음의 하나. 'ㅣ'와 'ㅏ'의 이중 모음. 혀를 'ㅣ' 소리 낼 것 같이 하고 잇달아 'ㅏ'로 옮기면서 내는 소리.

ㅒ[얘] ① 한글 자모의 'ㅑ'와 'ㅣ'의 합한 글자. ② 모음의 하나. 'ㅣ'와 'ㅑ'의 이중 모음. 혀를 'ㅣ' 소리를 낼 것같이 하고 잇달아 'ㅐ'로 옮기면서 내는 소리.

《ㅓ》

ㅓ[어] ① 한글 자모의 17째 글자. ② 모음의 하나. 혓바닥을 조금 올리고 입술을 보통으로 하고 입을 좀 크게 벌려 입 안의 안쪽을 넓게 하면서 내는 단모음.

=ㅓ다〖길미〗〖호칭〗 끝 음절이 혀 높은 모음으로 된 형용사의 어근에 붙어서 정도가 심함을 나타내는 말. ¶거므~. 멀그~.

ㅔ[에] ① 한글 자모의 'ㅓ'와 'ㅣ'의 합한 글자. ② 모음의 하나. 혀를 'ㅓ' 소리 내는 위치보다 약간 높으며 앞으로 조금 내밀고 보통으로 입을 열어 내는 단모음.

《ㅕ》

ㅕ[여] ① 한글 자모의 18째 글자. ② 모음의 하나. 'ㅣ'와 'ㅓ'의 이중 모음. 혀를 'ㅣ'소리 낼 것같이 하고 잇달아 'ㅓ'로 옮기면서 내는 소리.

ㅖ[예] ① 한글 자모의 'ㅕ'와 'ㅣ'의 합한 글자. ② 모음의 하나. 'ㅣ'와 'ㅔ'의 이중 모음. 혀를 'ㅣ' 소리를 낼 것같이 하고 잇달아 'ㅔ'로 옮기면서 내는 소리.

《ㅗ》

ㅗ[오] ① 한글 자모의 19째 글자. ② 모음의 하나. 혀를 뒤로 조금 다가들이고 두 입술을 둥글게 하여 내는 단모음.

ㅘ[와] ① 한글 자모 'ㅗ'와 'ㅏ'의 합한 글자. ② 모음의 하나. 'ㅗ'와 'ㅏ'의 이중 모음. 입술을 'ㅗ' 소리를 낼 것같이 하고 잇달아 'ㅏ'로 옮기면서 내는 소리.

ㅙ[왜] ① 한글 자모 'ㅗ'와 'ㅏ'와 'ㅣ'의 합한 글자. ② 모음의 하나. 'ㅗ'와 'ㅐ'의 이중 모음 입술을 'ㅗ' 소리를 낼 것같이 하고 잇달아 'ㅐ'로 옮기면서 내는 소리.

ㅚ[외] ① 한글 자모 'ㅗ'와 'ㅣ'의 합한 글자. ② 모음의 하나. 혀를 앞으로 약간 밀어 내면서 두 입술을 좁혀 내는 단모음.

《ㅛ》

ㅛ[요] ① 한글 자모의 20째 글자. ② 모음의 하나. 'ㅣ'와 'ㅗ'의 모음. 혀를 'ㅣ' 소리를 낼 것같이 하여 'ㅗ'로 옮기면서 내는 소리.

ㅘ[와] ① 한글 자모 'ㅛ'와 'ㅏ'의 합한 글자. ② 모음의 하나. 'ㅛ'와 'ㅏ'의 이중 모음. 혀는 'ㅣ' 소리, 입술은 'ㅗ' 소리를 낼 것같이 하고 잇달아 'ㅏ'로 옮기면서 내는 소리.

ㅙ[왜] ① 한글 자모 'ㅛ'와 'ㅏ'와 'ㅣ'의 합한 글자. ② 모음의 하나. 'ㅛ'와 'ㅐ'의 이중 모음. 혀는 'ㅣ' 소리, 입술은 'ㅗ' 소리를 낼 것같이 하고 잇달아 'ㅐ'로 옮기면서 내는 소리.

ㆉ[외] ① 한글 자모 'ㅛ'와 'ㅣ'의 합한 글자. ② 모음의 하나. 혀를 'ㅣ' 소리를 낼 것같이 하고 잇달아 'ㅚ'로 옮기면서 내는 이중 모음.

《ㅜ》

ㅜ[우] ① 한글 자모의 21째 글자. ② 모음의 하나. 혀를 안으로 다가들이면서 가장 높게 올리어 연구개(軟口蓋)에 가깝게 하고 입술을 둥글게 하여 있는 단모음.

ㅝ[워] ① 한글 자모 'ㅜ'와 'ㅓ'의 이중 모음. ② 모음의 하나. 'ㅜ'와 'ㅓ'의 이중 모음. 입술을 'ㅜ' 소리를 낼 것같이 하고 잇달아 'ㅓ'로 옮기면서 내는 소리.

ㅞ[웨] ① 한글 자모 'ㅜ'와 'ㅓ'와 'ㅣ'의 합한 글자. ② 모음의 하나. 'ㅜ'와 'ㅔ'의 이중 모음. 입술을 'ㅜ' 소리를 낼 것같이 하고 잇달아 'ㅔ'로 옮기면서 내는 소리.

ㅟ[위] ① 한글 자모 'ㅜ'와 'ㅣ'의 합한 글자. ② 모음의 하나. 입술을 'ㅜ' 소리를 낼 것같이 하고 잇달아 'ㅣ'로 옮기면서 내는 이중 모음. 때로는 혀를 'ㅣ' 소리를 내는 자리보다 조금 낮은 위치에 두고 입술을 좁혀 내는 단모음.

《ㅠ》

ㅠ[유] ① 한글 자모의 22째 글자. ② 모음의 하나. 'ㅣ'와 'ㅜ'의 이중 모음. 혀를 'ㅣ' 소리 낼 것같이 하고 'ㅜ'로 옮기면서 내는 소리.

ㆊ[워] ① 한글 자모 'ㅠ'와 'ㅓ'의 합한 글자. ② 모음의 하나. 'ㅠ'와 'ㅓ'의 이중 모음. 혀는 'ㅣ' 소리, 입술은 'ㅜ' 소리를 낼 것같이 하고 잇달아 'ㅓ'로 옮기면서 내는 소리.

ㆋ[웨] ① 한글 자모 'ㅠ'와 'ㅓ'와 'ㅣ'의 합한 글자. ② 모음의 하나. 'ㅠ'와 'ㅔ'의 이중 모음. 혀는 'ㅣ' 소리, 입술은 'ㅜ' 소리를 낼 것같이 하고 잇달아 'ㅔ'로 옮기면서 내는 소리.

ㆌ[위] ① 한글 자모 'ㅠ'와 'ㅣ'의 합한 글자. ② 모음의 하나. 혀를 'ㅣ' 소리를 낼 것같이 하고 'ㅟ'로 옮기면서 내는 이중 모음.

《ㅡ》

ㅡ[으] ① 한글 자모의 23째 글자. ② 모음의 하나. 혀를 예사로 편 채 가장 높이는 동시에 약간 뒤로 다가들이는 듯하면서 입술을 편편한 대로 얇게 열어 내는 단모음.

ㅢ[의] ① 한글 자모 'ㅡ'와 'ㅣ'의 합한 글자. ② 모음의 하나. 'ㅡ'와 'ㅣ'의 이중 모음. 혀를 'ㅡ' 소리를 낼 것같이 하고 잇달아 'ㅣ'로 옮기면서 내는 소리.

《ㅣ》

ㅣ¹[이] ① 한글 자모의 24째. ② 모음의 하나. 혀의 앞 바닥을 아주 높이어 경구개(硬口蓋)에 가깝게 하고 입술을 편편한 대로 가장 얇게 열어 내는 단모음. ③ 딴이. 'ㅣ' 밖의 모든 뒤에 붙어, 'ㅐ·ㅒ·ㅔ·ㅖ·ㅚ·ㅙ·ㅟ·ㅞ·ㅢ·ㅟ·ㅚ·ㅝ' 따위를 이루는 글자.

ㅣ²〖토〗 〖고〗 가. 체언의 끝 음이 'ㅣ' 이외의 모음일 때 쓰임.

ㅣ-다〖조〗〖고〗이다. 모음 'ㅏ·ㅗ·ㆍ·ㅓ·ㅜ·ㅡ' 등으로 끝난 말에 씀.

부록

한자 자전(漢字字典) (중학교용 900자, 고등학교용 900자, 이외자 952자)	2154
대법원 선정 인명용(人名用) 한자	2205
한글 맞춤법	2215
문장 부호	2233
표준어 규정	2240

한자 자전

[ ] 중학교용, [ ] 고등학교용

가 伽 절 가. ① 절(寺). 伽藍. ② 중. 僧伽.

가: [佳] 아름다울 가. (동) 嘉. ① 아름답다. 佳麗·佳人. ② 훌륭하다. 佳作·佳境·絕佳.

가: [假] 거짓 가. ① 거짓. 假面·假病·假死. ② 빌다. 假道·假借. ③ 가령. 假令·假設·假定.

가: [價] 값 가. ○ 값. 價格·價値·代價.

가 [加] 더할 가. ① 더하다. 보태다. 加減·加工·加筆·添加·追加. ② 들다. 참가하다. 加盟·加入·參加.

가 [可] 옳을 가. ① 옳다. 허락하다. (대)부(否). 可決·可否·認可. ② 가히. 可恐·可矜·可能·可望.

가 呵 꾸짖을 가(하). ① 꾸짖다. 呵責. ② 깔깔 웃다. 呵呵.

가 哥 노래 가. ① 노래. 노래하다. (고)형(兄). ② 형님. ③ 지명(指名)하다. 李哥·金哥.

〔신〕 코페이커(copeck). 소련의 화폐 단위.

가 嘉 아름다울 가. ① 아름답다. 嘉善. ② 착하다. 좋다. 嘉祥·嘉意. ③ 기리다. 포상하다. 嘉尙. ④ 즐겁다. 嘉納·嘉仰·嘉許. ⑤ 경사. 嘉禮·嘉儀·嘉吉.

가 嫁 시집갈 가. ① 시집가다. 嫁期·嫁娶·出嫁·改嫁. ② 책임이나 화를 떠넘김. 嫁禍·轉嫁.

가 [家] 집 가. ① 집. 家具·家屋·家財. ② 집안. 家系·家門·家兒·家의. ③ 문중(門中). 家門一家. ④ 자기를 낮춤. 家豚·家兒·家兒. ⑤ 어떤 일을 전문으로 하는 사람. 建築家·大家·藝術家·專門家.

가: 〔暇〕 겨를 가. ① 겨를. 小暇·餘暇·寸暇·休暇. ② 한가하다. 暇隙·閒暇.

가 柯 가지 가. ○ 가지. 柯葉·柯條·南柯一夢.

가: 〔架〕 시렁 가. ① 시렁. 架臺·架子·書架·衣架. ② 건너지르다. 세우다. 架空·架空的·架橋·架設·架松.

가 〔歌〕 노래 가. ① 노래. 노래하다. (고)哥. 歌手·校歌·國歌·讚歌. ②읊다.

가: 稼 심을 가. ① 심다. 농사. 稼器·稼穡. ② 곡식. 禾稼. ③〔신〕일하다. 稼動.

가 笳 호드기 가. ① 노래. ② 초금. 笳管·笳笛. ② 갈잎 피리. 胡笳.

가 苛 가혹할 가(하). ① 가혹하다. 苛斂·苛稅·苛烈·苛政·苛責·苛酷. ② 까다롭다. 苛禮·苛細·苛察.

가: 〔街〕 거리 가. ○ 네거리. 한길. 街道·街頭·街路·市街·十字街.

가 袈 가사 가. ① 가사. 袈裟·袈裟佛事·袈裟施主.

가: 賈 →고(賈).

가 迦 부처 이름 가. ○ 부처 이름. 釋迦·迦葉·迦羅頻伽·迦陵頻伽·迦陵頻伽羅.

가: 駕 멍에 가. ① 멍에. 타다. 駕跨. ② 수레. 駕輿·駕前·駕丁·御駕·枉駕. ③ 능가하다. 凌駕.

각 [刻] 새길 각. ① 새기다. 刻骨·刻刀·刻字·彫刻·板刻. ② 심하다. 刻苦·刻薄·深刻. ③ 시각. 正刻·漏刻·時刻·遲刻.

각 各 각각 각. ○ 각각. 따로따로. 제각기. 各各·各個·各界·各自·各種·各處.

각 [却] 물리칠 각. ① 물리치다. 물러나다. 却下·退却. ② 해치우다. 棄却·沒却·消却. ③ 발어사. 却說.

각 格→격(格).

각 殼 껍질 각. ① 껍질. 殼果·舊殼·地殼. ② 내리치다. ③ 바탕.

각 〔脚〕 다리 각. ① 다리. 脚骨·脚氣·脚力·脚線美·健脚·失脚. ② 아래[下]. 脚光·脚註.

각 〔覺〕 깨달을 각. ① 깨닫다. 覺書·先覺·自覺. ② 감각. 感覺·錯覺·聽覺. ③ 드러나다. 發覺.

각 〔角〕 뿔 각. ① 뿔. 頭角·牛角. ② 뿔로 만든 피리. 角笛. ③ 쌍 상투. 총각. 總角. ④ 오음(五音)의 하나. ⑤ 다투다. 비교하다. 角逐. ⑥ 모. 모지다. 角巾·角帶. ⑦ 각도. 도. 角度·多角·銳角·直角.

각 〔閣〕 누각 각. ① 누각. 高閣·樓閣·碑閣·殿閣. ② 복도. 閣道. ③ 내각. 閣僚·閣議·內閣·組閣. ④ 귀인의 칭호. 閣下. ⑤ 놓다. 그치다. 閣筆.

간 [刊] 새길 간. ① 새기다. 출판하다. 刊行·月刊·新刊·續刊·停刊. ② 깎다. 刊定.

간 墾 개간할 간. ○ 개간하다. 밭 갈다. 開墾·耕墾.

간 奸 간사할 간. (동) 姦. ① 간사하다. 奸毒·奸婦·奸詐·奸商·奸臣. ② 간음하다. 奸淫.

간 〔姦〕 간음할 간. (동) 奸. ① 간음하다. 姦淫·姦通·強姦. ② 간사하다. 姦許·姦惡.

간 〔干〕 방패 간. ① 범하다. 干犯. ② 방패. 干戈·干城. ③ 구하다. 干求. ④ 간섭하다. 干涉·干與. ⑤ 마르다. 干滿·干潟地·干拓. ⑥ 얼마. 若干. ⑦ 생각. 干三五二. ⑧ 난간. 欄干. ⑨ 천간(天干). 干支.

간: 〔幹〕 줄기 간(간I). ① 줄기. 幹線·幹部·根幹·語幹. ② 일을 감당하는 힘. 幹能·幹才·才幹. ③ 몸둥이. 骨幹·軀幹. ④ 일을 맡다. 幹事. ⑤ 천간(天干). (동) 干(干支).

간: 懇 간절할 간. ○ 간절하다. 정성스럽다. 懇曲·懇談·懇望·懇切·懇請.

간: 揀 가릴 간. (동) 簡. ① 가리다. 선보다. 揀選·揀擇. ② 가르다. 분별하다. 揀別·分揀.

간 〔看〕 볼 간. ① 보다. 看過·看破·看板. ② 지키다. 대접하다. 看護·看守.

간 竿 낚싯대 간. ○ 낚싯대. 장대. 竿頭·釣竿.

간: [簡] 대쪽 간. ① 대쪽. 글. 편지. 簡紙·簡札·簡策·書簡. ② 간략하다. 쉽다. 簡潔·簡略·簡明·簡易·簡易·簡便. ③ 가리다. 簡拔·簡選·簡擇. ④ 성(姓).

간 〔肝〕 간 간. ① 간. 肝氣·肝臟. ② 요긴하다. 肝要. ③ 마음. 肝膈·肝膽·肝銘.

간: 艱 어려울 간. ① 어렵다. 고생하다. 艱苦·艱難. ② 부모의 초상. 內艱喪·外艱喪.

간: 諫 간할 간. ○ 간하다. 충고하다. 諫官·諫言·直諫·忠諫.

간 〔間〕 사이 간. ① 사이. 間隔·間斷·間接·間歇·時間. ② 이간하다. 間言·離間.

갈: 喝 꾸짖을 갈. ① 꾸짖다. 喝破·恐喝·大喝一喝. ② 부르다. 喝采.

갈 [渇] (1) 목마를 갈. ① 목마르다. 渇求·渇望·渇仰·渇愛·飢渇. ② 급하다. 渇急·渇葬. (2) 물잦을 갈(걸). ○ 물잦다. 물 마르다. 渇水·枯渇.

갈 碣 비석 갈. ○ 비석. 碣石·碑碣.

갈 葛 칡 갈. ① 칡. 葛藤·葛粉·葛衣·葛布·葛筆. ② 성(姓).

감: 減 덜 감. ① 덜다. 덜리다. (대) 加. 減俸·減少·加減·削減. ② 무너지다. 減耗. ③ 가볍다. 刑減.

감: 勘 헤아릴 감. ① 헤아리다. 勘校·勘案. ② 감당하다. 勘當 ③ 죄를 정하다. 勘斷·勘放·勘罪.

감 堪 견딜 감. ① 견디다. 이기다. 堪耐·難堪·不堪. ② 하늘. 堪輿. ③ 말다. 堪當.

감: 感 느낄 감. ① 느끼다. 感覺·感慨·感情·多感·靈感. ② 감동하다. 感動·感化. ③ 고맙게 여기다. 感激·感謝.

감: 憾 한될 감. ① 한이 되다. 섭섭하다. 憾怨·憾恨·悲憾·宿憾·遺憾.

감: 敢 구태여 감. ① 구태여. 감히. 敢死·敢行·敢然·果敢·勇敢. ② 구태어. 감하. 敢死·敢行. ③ 용맹스럽다. 결단성 있다. 不敢·焉敢. ③ 용맹스럽다. 결단성 있다.

감 [甘] 달 감. ① 달다. 甘苦·甘露·甘言·甘雨·甘酒. ② 맛이 좋다. 甘味·甘食. ③ 만족하다. 甘心. ④ 성(姓).

감 [監] 볼 감. (동) 鑑·鑒. ① 보다. 監視. ② 피이다. 監督·監査·監視·監察. ③ 벼슬 이름. 관청 이름. 監亭.

감 鑑 거울 감. (동) 鑒. ① 거울. 모범. 龜鑑·明鑑·寶鑑. ② 경계하다. 鑑戒. ③ 비추다. 살피다. 鑑別·鑑査.

갑[甲] 갑옷 갑. ① 갑옷. 甲兵·甲冑·裝甲·鐵甲. ② 육갑(六甲). 첫째. 천간(天干). 으뜸. 甲富·回甲. ③ 손톱. 발톱. 벌레의 껍질. 龜甲.

강 [剛] 굳셀 강. ① 굳세다. 단단하다. (대) 柔. 剛健·剛斷·剛柔·剛直.

강 崗 (속)→강(岡).

강 姜 성 강. ① 성(姓). ② 강하다.

강 岡 메 강. (속) 崗. ○ 메. 산등성이. 岡陵.

강 慷 강개할 강. ○ 강개하다. 개탄하다. 慷慨.

강 [康] 편안할 강. ① 편안하다. 康寧·康保·健康·安康. ② 큰 길. 康衢. ③ 즐겁다. 康樂·康年. ④ 풍년들다. 康年. ⑤ 성(姓).

강 強 (속)→강(强).

강 [强] (1) 굳셀 강. ① 굳세다. 강하다. (대) 弱. 強健·強彊·強化·富強. ② 약간 많은 군사 치임을 나타냄. ③ 성(姓). (2) 힘쓸 강. ① 힘쓰다. 억지로 하다. 強從·強要·強欲·強制·強調·強行. (동) 彊.

강 彊 ① 굳셀 강. 굳세다. 彊弩. ②힘쓰다. 自彊.

강 江 강 강. ① 강. 江口·江南·江邊·江山·江湖·長江. ② 성(姓).

강 疆 지경 강. ○ 지경. 지경 정하다. 疆土.

강 [綱] 벼리 강. ① 벼리. 대강. 綱領·綱維·三綱·常綱. ② 대강. 綱目·大綱·要綱.

강 腔 속 빌 강. ① 속이 비다. 腔腸·口腔·滿腔·腹腔. ② 곡조. 腔調.

강: [講] 익힐 강. ① 익히다. 講讀·講習. ② 강론하다. 講師·講演·講義·聽講. ③ 꾀하다. 講究. ④ 화해하다. 講和.

강 [鋼] 강철 강. ○ 강철. 鋼玉·鋼鐵·鋼版·鋼筆.

강 [降] (1) 내릴 강. ① 내리다. (대) 昇. 降雪·降神·降雨·昇降·下降. ② 떨어뜨리다. 낮추다. 降嫁·降級·降等·降殺·降黜. (2) 항복할 항. ○ 항복하다. 降旗·降伏·降服·投降.

개: [介] 끼일 개. ① 끼다. 끼이다. 介入·介在·媒介·紹介. ② 막다. 介殼·介鱗·魚介. ③ 갑옷. 介士·介胄. ④ 독특하다. 介立.

개 [個] 낱 개. (동) 箇. ○ 낱. 個個·個別·個性·個人·個體.

개: [凱] 이길 개. ① 이기다. 개선가. 凱歌·凱旋. ② 화하다. 凱弟.

개: [慨] 슬퍼할 개. ① 슬퍼하다. 慨歎. ② 강개하다. 분개하다. 憤慨.

개: [改] 고칠 개. ① 고치다. 改嫁·改名·改正·改造·改築. ② 바꾸다. 改過.

개: [槪] 대개 개. ① 대개. 거의. 槪觀·槪括·槪況·大槪. ② 기개. 절개. 氣槪·節槪. ③ 거리끼다. ④ 평미레.

개 [皆] 다 개. ① 다. 皆勤·皆旣蝕·皆是·擧皆. ② 한 가지.

개: 箇 낱 개. (동) 個. ○ 낱. 箇箇·箇所·箇數·箇條·箇中.

개: [蓋] 덮을 개. ① 덮다. 가리다. 이엉. 蓋世·蓋瓦·蓋草. ② 대개. 蓋然. (2) 어찌 함. ○ 어찌. (속) 盍.

개 [開] 열 개. ① 열다. (대) 閉. 開放·開封·開眼·公開·展開. ② 시작하다. 開講·開校·開始·開通·開會. ③ 개척하다. 開墾·開設·開拓·열리다. 開明·開化.

객 [客] 손 객. ① 손. (대) 主. 觀客·賓客·珍客이다. 客慮·客費·客說·客員. ③ 이미 지나감. 客年·客月·客多. ⑤ 주체(主體)의 대가 되는 것. (대) 主. 客觀·客語·客體. ⑥ 사람. 劍客·食客·刺客·醉客.

갱 坑 구덩이 갱. ① 구덩이. 坑內·坑道·坑水·坑井·金坑·炭坑. ② 빠지다. 坑陷. ③ 묻다. 坑殺.

갱: [更] (1) 다시 갱. ① 다시. 더. 更年期·更逢·更生·更少年·更追. ② 고칠 경. ① 고치다. 變更. ② 시각의 단위. 三更.

갹 醵 술 추렴할 갹. ○ 추렴하다. 醵出.

거: [去] 갈 거. ① 가다. (대) 來. 去來·去取·過去·死去. ② 물리치다. 없애다. 去勢·除去·撤去. ③ 사성(四聲)의 하나. 去聲.

거: [居] (1) 살 거. ① 살다. 居室·居住·別居·隱居·閑居. ② 살 동안. 居之半·起居. ② 쌓다. ③ 어조사 기. (동) 其·期.

거: [巨] 클 거. ① 크다. 巨擘·巨大·巨物·巨儒·巨作. ② 많다. 巨金·巨利.

거: [拒] 막을 거. (동) 距. ○ 막다. 맞서다. 拒納·拒否·拒逆·拒絶·拒止.

거: 据 가질 거. ① 가지다. 据置. ② 의지하다. 依据. ③ 힘을 일하다.

거: [據] 의거할 거. ① 의거하다. 의지하다. 據點·根據·本據·依據·證據. ② 응거하다. 雄據·占據·割據.

거: [擧] 들 거. ① 들어올리다. 擧白·擧手·擧案. ② 일으키다. 擧論·擧兵·擧事. ③ 행동. 擧動. ④ 빼어 올려 쓰다. 擧用·科擧·選擧. ⑤ 들추어 내다. 檢擧. ⑥ 낱낱이 들다. 擧證·列擧. ⑦ 모두. 죄다. 擧家·擧皆·擧世·擧族.

거: [距] 떨어질 거. ① 떨어지다. 距今·距離. ② 며느리발톱. 距骨. ③ 막다. 距戰.

거 [車] (1) 수레 거. ① 수레. 車馬·自轉車. (2) 수레 차. ① 수레. 車道·車輛·車等·貨車. ② 성차. 車氏.

거 醵→갹(醵).

건[乾] (1) 하늘 건. ① 하늘. 乾坤. ② 괘(卦) 이름. 〔대〕坤. ③ 임금. 乾德. (2) 마를 건(잔). ① 말리다. 마르다. 乾濕·乾燥. ② 건성. 乾酒配.

건[件] 물건 건. ① 물건. 사건. 件數·物件·事件. ② 조건. 要件·條件.

건[健] 굳셀 건. ① 굳세다. 튼튼하다. 健康·健兒·健全. ② 잘. 잘하다. 健鬪.

건 巾 수건 건. ① 수건. 巾布·手巾. ② 덮어싸다. 巾車. ③ 두건. 巾帶·頭巾.

건[建] 세울 건. ○ 세우다. 建國·建立·建設·再建·創建·土建.

건 虔 정성 건. ○ 정성스럽다. 삼가다. 虔慕·虔虔·敬虔.

건 鍵 자물쇠 건. ① 자물쇠. 管鍵. ② 빗장. 關鍵. ③ 건반. 鍵盤.

걸 乞 빌 걸. ① 빌다. 동냥하다. 乞暇·乞求·乞命·乞食.

걸[傑] 뛰어날 걸. ○ 뛰어나다. 훌륭하다. 傑物·傑作·傑出·俊傑·豪傑.

검:[儉] 검소할 검. ① 검소하다. 수수하다. 절약하다. 儉朴·儉素·儉約·勤儉. ② 흉년들다. 儉歲.

검[劍] 칼 검. 〔동〕劒. ① 칼. 劍術·擊劍·銃劍. ② 찔러 죽이다.

검:[檢] 검사할 검. ① 검사하다. 살피다. 檢查·檢疫·檢定·檢討·點檢. ② 금제하다. 檢擧·檢束. ③ 교정하다. ④ 법. 檢事·檢察. ⑤ 봉하다.

겁 劫 겁탈할 겁. 〔동〕刦. ① 겁탈하다. 빼앗다. 劫掠·劫奪. ② 위협하다. 劫盟·劫縛·劫迫·劫運. ③ 영원한 시간. 億劫·永劫. ④ 부지런하다. 劫劫.

겁 怯 겁낼 겁. ① 겁. 겁내다. 무섭다. 怯弱. ② 겁 많다. 怯夫·卑怯.

게 偈 (1) 빠를 걸. ○ 빠르다. 偈偈. (2) 글귀 게. ○ 글귀. 偈句·偈頌·偈誦.

게: 憩 〔속〕→게(憩).

게:[憩] 쉴 게. 〔속〕偈. ○ 쉬다. 憩泊·憩息·憩止·休憩.

게: 揭 높이 들 게. ① 높이 들다. 揭揚·揭載. ② 보이다. 揭示. ③ 옷을 걷다.

격[擊] 칠 격. ① 치다. 擊滅·擊退·衝擊·爆擊. ② 마주치다. 目擊.

격[格] (1) 격식 격. ① 격식. 格式·格言·規格·破格·合格. ② 정도. 품위. 格調·格下·性格·品格. ③ 구획을 그은 선(線). 骨格·體格. ④ 이르다. 格來·格命. ⑤ 바르다. 格姦·格訓. ⑥ 대적하다. 格殺·格敵. (2) 막을 각. ① 막다. 阻格. ② 그치다.

격[激] 과격할 격. ① 과격하다. 심하다. 激動·激烈·激變·激減·急激. ② 격하다. 激勵·激奮·感激·衝激. ③ 부딪쳐 흐르다. 激流.

격 檄 격문 격. ○ 격문. 격서. 檄文·檄書.

격 隔 막힐 격. ○ 막히다. 사이 뜨다. 隔江·隔離·隔世·間隔·懸隔.

견[堅] 굳을 견. ① 굳다. 堅固·堅實·堅持. ② 강하다. 堅剛·堅强·堅敵. ③ 성(姓).

견 牽 끌 견. ① 끌다. 끌리다. 牽强附會·牽引·牽制. ② 잇다. 牽連. ③ 거리끼다.

견:犬 개 견. ○ 개. 犬馬·犬猿·鷄犬·猛犬.

견[絹] 비단 견. ○ 비단. 絹絲·絹紗·絹織·本絹·純絹.

견 肩 어깨 견. ○ 어깨. 肩骨·肩負·肩臂·肩章·雙肩·兩肩.

견:[見] (1) 볼 견. ① 보다. 見聞·見學·望見·隱見·一見. ② 의견. 생각. 학설. 見識·見地·見解·淺見·卓見. ③ 만나 보다. 相見. (2) 나타날 현. 〔동〕現. ① 나타내다. 見出·見齒. ② 뵈옵다. 謁見·朝見.

견: [遣] 보낼 견. ○ 보내다. 遣情·分遣·消遣·派遣.

결[決] 결단할 결. 〔동〕訣. ① 결단하다. 決斷지다. 決勝·決議·判決·解決. ② 깨어지다. 끊어지다. 決潰·決隙·決裂.

결[潔] 깨끗할 결. ① 깨끗하다. 맑다. 潔白·簡潔·純潔. ② 조촐하다. 潔癖.

결[結] 맺을 결. ① 맺다. 맺음. 結紐·結髮·結束·結繩·連結. ② 엉기다. 結氷·結晶·結核·凝結. ③ 인연 맺다. 열매 맺다. 어울리다. 結果·結社·結實·結緣·結婚. ④ 마치다. 結局·結論·結末·歸結·終結.

결 欠 〔속〕→결(缺).

결[缺] 이즈러질 결. ① 빠지다. 모자라다. 缺席·缺如·缺點·缺陷·無缺. ② 이즈러지다. 깨어지다. 缺本·缺員.

결 訣 비결 결. ① 비결. 秘訣·要訣. ② 이별하다. 訣別·生訣·永訣.

겸 兼 겸할 겸. ① 겸하다. 아우르다. 兼務·兼備·兼床·兼職. ② 쌓다. 누적하다.

겸 [謙] 겸손할 겸. ○ 겸손하다. 사양하다. 謙德·謙辭·謙遜·謙讓·謙虛.

경 更 →갱(更).

경[京] 서울 경. ① 서울. 京中·京鄕·上京·離京. ② 크다. 높다. 京觀. ③ 수(數)·兆의 일만 배).

경 [傾] 기울어질 경. ① 기울어지다. 기울다. 傾倒·傾斜·傾向. ② 잠깐.

경 [卿] 벼슬 경. ① 벼슬 이름. 卿士大夫·公卿·九卿. ② 남을 높여 부르는 말.

경 [境] 지경 경. ① 지경. 境界·境地·佳境. ② 형편. 사정. 경우. 境遇·環境.

경 庚 별 경. ① 일곱째 천간(天干). 庚伏·庚戌·庚時·庚夾. ② 나이. 同庚. ③ 길.

경 京 〔속〕→경(京).

경 畊 〔고〕→경(耕).

경[徑] 지름길 경. ① 지름길. 徑道·徑路·捷徑·直徑. ② 곧다. 徑情直行. ③ 원(圓)의 지름. ④ 마침내. 夜徑.

경:[慶] 경사 경. ① 경사. 慶事·慶雲·慶弔·慶祝·慶賀. ② 성(姓).

경: [憬] 멀 경. ① 멀다. 강하다. 憧憬. ② 깨닫다. 憬悟.

경:[敬] 공경 경. ① 공경하다. 敬虔·敬達·敬意·敬禮·恭敬. ② 삼가다. 謹敬.

경:[景] 빛 경. ① 빛. 볕. ② 경치. 景槪·景致·佳景·近景·背景. ③ 사모하다. 景慕·景仰. ④ 크다. 경사스럽다. 景光·景命·景福. ⑤ 모양. 형편. 光景·勝景. ⑥ 성(姓).

경 更 고칠 경. ① 고치다. 更張. ② 바꾸다. 교대하다. 更迭. ③ 경. 하룻밤을 다섯으로 나누는 시간의 단위. 更點. 三更.

경: [梗] 대개 경. ① 대개. 대강. ② 곧다. 梗直. ③ 굳세다. 硬寔·梗正·剛梗. ④ 막히다. 梗塞. ⑤ 산느릅나무. 木梗. ⑥ 가시.

경 [硬] 굳을 경. ① 굳다. 단단하다. 강硬. ② 익숙하지 않다. 生梗.

경: [竟] 마칠 경. ① 마치다. 마침내. 究竟·畢竟. ② 끝나다. 끝나다. 竟夜.

경:[競] 다툴 경. ① 다투다. 競技·競馬·競演·競爭. ② 굳세다. ③ 쫓다. ④ 나아가다. ⑤ 갑작스럽다. ⑥ 성하다.

경[經] 글 경. ① 글. 경서. 불경. 經文·聖經·東經. ② 벼슬 이름. 經筵. ③ 날실. 經緯. ④ 낱글. 경선. 經緯. ⑤ 다스리다. 경영하다. 經營·經過·經驗. ⑥ 법. 도리.

費·經濟. ⑦ 목을 매다. 自經. ⑧ 지경. 境界. 經界. ⑨ 월경. 經度·月經. ⑩ 남북으로 통하는 길. 經度.

경 [耕] 갈 경. 《고》畊. ① 밭을 갈다. 耕作·耕田·耕地·耕土·農耕·秋耕.

경 [莖] 줄기 경. ○ 줄기. 줄거리. 莖根·細莖·鱗莖.

경: [警] 경계할 경. ① 경계하다. 警戒·警告·警報·警備·警笛. ② 깨닫다. 警覺·警醒. ③ 비상 사태를 알리다. 警急. ④ 진실로.

경 [輕] 가벼울 경. ① 가볍다. 輕減·輕重·輕快. ② 깔보다. 輕蔑·輕視. 경솔하다. 輕薄·輕率.

경: [鏡] 거울 경. ① 거울. 鏡臺·鏡面·鏡中美人·明鏡. ② 안경. 望遠鏡·雙眼鏡.

경: [頃] 잠시 경. ① 잠시. 頃刻·頃日·頃者. ② 즈음. 頃間·頃歲·頃者. ③ 백이랑. 頃田·萬頃滄浪.

경 [驚] 놀랄 경. ① 놀라다. 驚倒·驚動·驚異. ② 두렵다. 驚愕. ③ 병 이름. 驚氣·驚風.

경 [鯨] 고래 경. ① 고래. 鯨油·鯨飮·鯨吞·白鯨. ② 포경.

계: [係] 맬 계. ① 매다. 걸리다. 係累·係數·係類·關係. ②『일』꼴. 係員.

계: [啓] 열 계. ① 열다. 밝히다. 啓發. ② 가르치다. 啓蒙·啓示. ③ 여쭈다. 啓奏·啓請·謹啓·拜啓. ④ 샛별. 啓明星.

계: [契] (1) 계약할 계. ① 계약하다. 契約·契員. 默契. ② 계약서. 문서. 契券. ③ 쪽 맞추다. 契合·契合. ② 사람 이름 설. (3) 나라 이름 글. ○ 나라 이름. 契丹.

계: [季] 끝 계. ① 막내. 끝. 季父·季世·季氏. ② 철. 季節·四季·夏季.

계: [屆] 이를 계. ① 이르다. 다다르다. 屆期. ②『신』신고하다. 屆出·缺席屆·寄留屆.

계: [戒] 경계할 계. ① 경계하다. 警戒·嚴戒·懲戒·訓戒. ② 재계하다. 戒律·戒行·破戒. ③ 고하다. 戒告.

계: [系] 계통 계. ① 계통. 혈통. 系圖·系譜·系孫·系列·系統. ② 매다. 잇다.

계: [桂] 계수나무 계. ○ 계수나무. 桂樹·桂心·桂皮·月桂冠. ② 성(姓).

계: [械] 기계 계. ① 기계. 機械. ② 형구(刑具). 手械. ③ 병기(兵器). 兵械.

계 [溪] 시내 계. 《동》谿. ○ 시내. 溪谷·溪流.

계: [界] 지경 계. ① 지경. 갈피. 境界·眼界·外界·限界. ② 둘레. 범위. 세계. 世界·業界·財界·政界·學界.

계: [癸] 북방 계. ① 북쪽. ② 열째 천간(天干). 癸未字·癸方·癸丑日記·癸亥. ③ 월경. 몸때. 癸水. ④ 겨울.

계 系 이을 계. ① 잇다. 系連. ② 계통. 혈통. 系譜.

계: [繫] 맬 계. ① 매다. 繫泊·繫屬. ② 맺다. 繫累·繫縶. ③ 머무르다. 繫留. ④ 묶다. 繫縛. ⑤ 매달리다. 繫microsoft. ⑥ 죄수. 繫執.

계: [繼] 이을 계. ○ 잇다. 繼代·繼母·繼續·繼承·後繼.

계: [計] 셀 계. ① 세하다. 계산하다. 計量·計算·計上·計定. 生計·審計. ② 꾀. 꾀하다. 計巧·計略·計策·計畫. ③ 계기. 計器·濕度計·寒暖計.

계: 誡 경계할 계. ① 경계하다. 誡勉·誡誨. ② 명하다. 誡命.

계 [階] 섬돌 계. ① 섬돌. 階石·階下. ② 층층대. 階段·階上·階梯·層階. ③ 등급. 階級·階次·位階·品階. ④ 경로. 段階.

계 [鷄] 닭 계. ○ 닭. 鷄卵·鷄鳴·鷄園.

고: [古] 옛 고. 《동》故. ① 예. 古今·古人·萬古·太古·懷古. ② 비롯하다. 古來.

고: [告] (1) 아뢸 고. ① 알리다. 告知·警告·公告·報告告·宣告·忠告. ② 여쭈다. 告奏·上告·申告. ③ 고소하다. 告發·告訴. (2) 청할 곡. ○ 빌고 청하다. 出必告.

고: [固] 굳을 고. ① 굳다. 단단하다. 固守·堅固. ② 고집하다. 움직이지 않다. 固執·頑固. ③ 이미 固所願·固有. ④ 진실로.

고 [姑] 시어미 고. ① 시어머니. 姑婦. ② 시누이. 小姑. ③ 고모. 姑母. ④ 오직. 姑且.

고 [孤] 외로울 고. ① 외롭다. 孤兒·孤獨·孤立. ② 부모를 여읜 사람. 孤兒. ③ 성(姓).

고: [庫] 곳집 고. ○ 곳집. 창고. 庫間·庫稅·庫直·金庫·倉庫·文庫·寶庫·倉庫.

고: 攷 《고》→고(考).

고: [故] 연고 고. ① 연고. 無故·事故·喪故·緣故·有故. ② 옛. 故舊·故信·溫故. ③ 오래 된 사이. 故舊·故鄕. ④ 옛부터 전해 오다. 故家. ⑤ 죽다. 故人. ⑥ 짐짓. 故犯·故意.

고 [枯] 마를 고. ① 마르다. 枯渴·枯木·枯葉·榮枯. ② 여위다. 枯骨. ③ 흠손.

고 [稿] 볏집 고. 《동》藁. ① 원고. 稿料·原稿·脫稿. ② 볏짚.

고: [考] 상고할 고. ① 상고하다. 考古·考査·考試·再考. 考證·參考. ② 헤아리다. 考慮·思考·熟考. ③ 죽은 아비. 先考.

고 膏 기름 고. ① 기름. 기름진 고기. 膏粱·膏粱珍味·膏肉. ② 고약. 膏藥·軟膏. ③ 기름진 땅. 膏工·膏田.

고 [苦] 괴로울 고. ① 괴롭다. 苦難·苦惱·苦痛·苦衷. ② 맛이 쓰다. 《대》甘. 苦朮.

고: 雇 품팔 고. ○ 품팔다. 雇兵·雇傭·雇員·日雇·解雇.

고: [顧] 돌아볼 고. ① 돌아보다. 顧見·回顧. ② 돌보다. 마음 쓰다. 顧慮·顧問·愛顧. ③ 생각컨대. ④ 도리어. 顧反.

고 [高] 높을 고. 《수》崇. ① 높다. 《대》低. 高等·高聲·最高. ② 상대의 것을 높이는 말. 高見·高堂. ③ 뛰어나다. 高潔·高邁·高尙·高雅·崇高. ④ 비싸다. 高價. ⑤ 성(姓).

고: [鼓] 북 고. 《수》鼗. ① 북. 鼓角·鐘鼓. ② 치다. 鼓動·鼓膜·鼓舞·鼓吹.

곡 告 빌고 청할 곡. ○ 빌고 청하다. 出必告.

곡 [哭] 울 곡. ① 울다. 哭班·哭聲·哀哭·痛哭. ② 곡하다. 哭婢·泣哭.

곡 [曲] 굽을 곡. ① 굽다. 《대》直. 曲徑·曲流·曲線·曲折·屈曲. ② 굽이. 구석. 曲曲·九曲. ③ 간곡하다. 曲盡·委曲. ④ 대소. 部曲. ⑤ 재주. 曲馬·曲藝·劇曲. ⑥ 악곡. 曲目·歌曲·舞曲·作曲. ⑦ 그르다. 曲直·曲解.

곡 [穀] 곡식 곡. ① 곡식. 穀食·米穀·五穀·雅穀. ② 좋다. 길하다. 穀旦.

곡 [谷] 골 곡. ① 골. 谷澗·鷄谷·深谷·幽谷·峽谷. ② 골곡변[部首].

곤: [困] 곤할 곤. ① 곤하다. 노곤하다. 春困·疲困. ② 어렵다. 괴롭다. 困境·困窮·困難·困厄·困乏·貧困. ③ 어지럽다. 困亂.

곤 [坤] 땅 곤. 《대》乾. 坤軸·乾坤. ② 왕비. 坤殿. ③ 패(卦) 이름. ④ 유순하다.

골 滑→활(滑).

골: [骨] 뼈 골. ① 뼈. 骨格·骨折·白骨. ② 몸. 弱骨. ③ 품질. 氣骨·凡骨·玉骨. ④ 중심. 요긴하다. 骨子. ⑤ 신라 귀족. 聖骨.

공: [供] 받들 공. ① 받들다. 供養. ② 이바지하다. 供給·提供. ③ 자백하다. 供述.

공 [公] 공평할 공. ① 공평하다. 公道·公明·公正·公平. ② 관청. 公金·公務·公文·公認. ③

공공.(대)私. 公共·公德·公益·公判. ④ 공통. 公理·公約. ⑤ 귀인. 公子·公主·貴公. ⑥ 작위(爵位)의 첫째. 公爵. ⑦ 성(姓).

공: [共] 한가지 공. ① 한가지. 함께. 共感·共同·共謀·公共. ②(약) 共產主義·共產黨·反共勝共·容共·中共.

공 [功] 공공. 공로. 功勞·功利·功名·功致辭·成功. ② 효력. 功用·功效·奏功. ③ 복(服)의 한 가지. 大功·小功.

공: [孔] 구멍 공. ① 구멍. 孔穴·氣孔·鼻孔·眼孔. ② 매우. 孔劇·孔懷. ③ 통하다. ④ 크다. 孔樹·孔憂. ⑤ 깊다. ⑥ 성(姓).

공 [工] 장인 공. ① 장인. 工人·工匠·名工·熟練工·女工·職工. ② 만들다. 工業·工藝·工學·加工·起工. ③ 공교하다. 工巧.

공: [恐] 두려울 공. ① 두렵다. 恐怖·恐慌·惶恐. ② 염려하다. 의심하다.

공 [恭] 공손할 공. 공손하다. 恭儉·恭敬·恭待·恭遜·恭順·恭賀. ② 삼가다. 받들다. 恭奉.

공 控 당길 공. ① 당기다. 고하다. 控弦·控訴. ② 덜다. 控除.

공 [攻] 칠 공. ① 치다. 攻擊·攻駁·攻防·攻勢·侵攻. ② 닦다. 익히다. 專攻.

공 [空] 빌 공. ① 비다. 空間·空論. ② 하늘. 공중. 空軍·空航·碧空·蒼空. ③ 헛되다. 없다. 空乏. ⑤ 성(姓).

공: [貢] 바칠 공. ① 공물. 財物·貢獻·朝貢. ② 천거하다. 貢擧·貢薦.

과: [寡] 적을 과. ① 적다. 寡默·寡聞·寡慾·多寡人. ③ 과부. 홀어미. 寡宅·寡婦. ② 임금이 자기를 낮추어 이르는 말. 寡人.

과 [戈] 창 과. ○ 창. 戈矛·戈兵·干戈.

과: [果] 과실 과. ① 열매. 과실. 果樹·果實·靑果. ② 결과. 成果·因果·效果. ③ 결단하다. 果敢·果斷. ④ 과연. 果然.

과 [瓜] 오이 과. ① 오이. 참외. 瓜葛·瓜期·瓜田·瓜菜. ② 모과. 木瓜.

과 [科] 과목 과. ① 과목. 조목. 科目·科學·文科. ② 법률·형벌. 科料·金科玉條·前科·罪科. ③ 科學·科期·科文.

과 菓 과실 과. ① 과실. 菓物. ② 과자. 菓子·銘菓.

과: [誇] 자랑 과. ○ 자랑하다. 誇矜·誇大·誇示·誇張·誇稱.

과 [課] 과목 과. ① 과목. 課目·課程·日課·學課. ② 부세. 구실. 단위. 課稅·課業·課題·賦課. ③ 사무 분담의 단위. 課員·課長·庶務課. ④ 차례. 課年·課歲·課日.

과: [過] 허물 과. ① 허물. 그르치다. 過失·過誤·改過·罪過. ② 지나가다. 過客. ③ 지나 넘다. 過多·過勞·過剩.

곽 廓→확(廓).

곽 [郭] 성곽 곽. ① 성곽. 郭內·郭田·坡郭·外郭. ② 성(姓).

관 [冠] 갓 관. ① 갓. 금관. 金冠·王冠·月桂冠·衣冠. ② 갓 쓰다. 어른. 冠童·冠禮·冠婚喪祭. ③ 으뜸. 우두머리. 冠首·鷄冠.

관 [官] 벼슬 관. ① 벼슬. 官界·官權·官紀·官僚·長官. ② 관청. 官家·官報·官署·官廳. ③ 오관. 기관. 官能·感官·器官·五官.

관 [寬] 너그러울 관. ① 너그럽다. 寬大·寬容·寬厚. ② 용서하다. 寬免·寬容.

관: [慣] 버릇 관. ○ 버릇. 익다. 慣例·慣性·慣用·習慣.

관 棺 관 관. ① 관. 널. 棺槨·棺材·石棺·入棺. ② 염하다. 棺殮.

관 欸《속》→관(款).

관 [款] 정성스러울 관. ㉠(속) 欸. ① 정성스럽다. 款曲·款待. ② 사랑하다. 款接. ③ 조목. 款項目·定款·借款. ④ 새기다. 落款.

관: [灌] 물댈 관. ① 물 대다. 灌漑·灌腸. ② 떨기나무. 灌木.

관: [管] 대통 관. ① 대통. 管見·管狀·管樂·氣管·血管. ② 주관하다. 관리하다. 管區·管理·管制·管轄·移管.

관: 罐 양철통 관. ① 양철통 동이. 罐石. ② 두레박. ③《신》관.

관: [觀] 볼 관. ① 보다. 觀光·觀劇·觀覽·觀察·客觀. ② 의식. 생각. 관점. 觀念·觀察·樂觀·達觀·主觀. ③ 경치. 모습. 美觀·壯觀. ④ 보이다. 觀兵·觀艦.

관: [貫] 꿸 관. ① 꿰다. 통하다. 貫祿·貫徹·貫通. ② 본. 本貫. ③ 가운데 맞히다. 貫中·貫革. ④《신》관. 무게의 단위.

관 [關] 관계할 관. ① 관계. 關係·關連·關聯·關心·相關. ② 빗장. 關鍵. ③ 통하다. 關通. ④ 중요한 곳. 機關·稅關.

관: [館] 집 관. ① 여관. 館舍·旅館. ② 공공 물. 公館·公使館·圖書館·博物館. ③ 큰 건물. 本館·新館.

괄 括 쌀 괄. ① 싸다. 括弧·總括. ② 뺏다. 括髮·括約·括約筋.

광 [光] 빛 광. ① 빛. 빛나다. 光明·光線·曙光·月光. ② 세월. 시간. 光陰. ③ 영화. 영화롭다. 光臨·榮光. ④ 경치. 光景·觀光.

광: [廣] 넓을 광. ① 넓다. 넓히다.《대》狹. 廣大·廣漠·廣義·廣場·廣闊. ② 넓이. 廣輪·廣袤. ③ 널리. 廣告·廣求.

광 [狂] 미칠 광. ① 미치다. 狂犬·狂人·發狂. ② 매우 열중하는 사람. 讀書狂·蒐集狂·野球狂. ③ 거세다. 狂亂·狂奔·狂信·狂暴. ④ 경망스러다. 疎狂. ⑤ 사납다. 狂風.

광: [鑛] 쇳돌 광. ① 쇳돌. 鑛區·鑛脈·鑛石·採鑛·炭鑛. ② 쇳덩이. 鑛物·鑛山·鐵鑛.

괘 [卦] 점괘 과. ○ 점괘. 卦辭·卦象·卦爻·四其占卦.

괘: [掛] 걸 괘. ○ 걸다. 달다. 掛冠·掛念·掛圖·掛書·掛鐘.

괘: 罫 줄 칠 괘. ① 줄치다. 바둑판. 경간. 罫線·罫紙. ②《신》괘(인쇄물에 선(線)을 나타내는 재료).

괴 傀 (1) 꼭두각시 괴. ① 꼭두각시. 傀儡. (2) 괴이쩍을 괴. ① 괴이하다. 傀異. ② 크다. 傀然.

괴: [塊] 흙덩어리 괴. ① 흙덩어리. 덩어리. 塊根·金塊·肉塊·土塊. ② 땅덩이. ③ 우뚝하다. ④ 외로운 모양. 塊鞠·塊燒·塊然·塊坐.

괴: [壞] 무너뜨릴 괴. ○ 무너뜨리다. 壞滅·壞裂·破壞.

괴: [怪] 괴이할 괴. ㉠(속) 恠. ① 괴이하다. 怪奇·怪談·怪異·怪妄·怪變. ② 이상하다. 怪力·怪聞·怪異·怪漢·妖怪.

괴: [愧] 부끄러울 괴. ○ 부끄럽다. 愧色·愧心·羞愧·慙愧.

굉 轟 뭇 수레 소리 굉. ○ 많은 수레가 달리는 소리. 轟轟·轟笑·轟沈.

교 [交] 사귈 교. ① 사귀다. 交友·交際·外交·親交. 性交. ② 섞이다. 交戰·交錯·交通. ③ 흘레. ④ 바꾸다. 交易·交替·交換.

교 僑 붙어 살 교. ○ 붙어 살다. 僑居·僑胞·華僑·韓僑.

교: [巧] 교묘할 교. ① 교묘하다.《대》拙. 巧妙·技巧. ② 예쁘다. 巧笑·巧態.

교: [敎] 가르칠 교. ① 가르치다. 敎權·敎授·敎養·敎訓·文敎. ② 종교. 敎理·敎祖·基督敎·皇·國敎. ③ 하게 하다. ④ 명령. 敎令·敎旨·敎唆·勅敎.

교: [校] 학교 교. ① 학교. 校歌·校舍·校風·學校·鄕校. ② 교정보다. 校閱·校訂·校正·校合·再校. 將校. ③ 죄인을 가두는 우리. ④ 울짱. 校獵. ⑤ 장교.

교 [橋] 다리 교. ① 다리. 橋梁·浮橋·鐵橋. ② 교나무. 橋木. ③ 높다. 橋起.

교 [矯] 바로잡을 교. ① 바로잡다. 矯角殺牛·矯導矯·矯正·矯革. ② 거짓. 矯詔·矯詐·矯役·矯僞. ③ 날랜 모양. 굳센 모양. 矯矯. ④ 핑계하다. ⑤ 천단하다.

교: [絞] (1) 목 맬교. ① 목 매다. 목 메어 죽이다. 絞首刑. ② 꼬다. 糾絞 ③ 묶다. 絞縛. (2) 염포 효. ○ 염포(殮布). 염매. 絞布.

교 [膠] 아교 교. ① 아교. 부레. 아교로 붙이다. 膠接·膠質·膠着. ② 굳다. 膠着.

교: [較] 비교 교. 《동》校. ① 비교하다. 견주다. 較量·比較. ② 대략. 較略. ③ 밝다. 두렷하다. 較然.

교 [郊] 들 교. ① 들. 郊외·春郊. ② 시외. 문외. 郊外·近郊·遠郊. ③ 땅 이름.

구 [丘] 언덕 구. ① 언덕. 丘陵·丘首. ② 무덤. 丘木·丘墓. ③ 마을. 丘井.

구: [久] 오랠 구. ○ 오래다. 오래되다. 久遠·永久·悠久·恒久.

구 [九] 아홉 구. ① 아홉. 九經. ② 많다. 여러. 九曲·九死一生·九重.

구 [俱] 함께 구. ○ 함께. 다〔皆〕. 俱沒·俱全·俱存.

구: [具] 갖출 구. ① 갖추다. 具備·具色·不具. ② 연장. 그릇. 器具·寢具. ③ 성(姓).

구 [區] 구역 구. ① 구역. 구분하다. 區間·區域·區劃·地區·學區. ② 자질구레하다. 區區. ③ 나누다. 區別·區分.

구: [口] 입 구. ① 입. 口腔·口蓋·糊口. ② 말. 口頭·口辯·口舌·口述·口號·衆口. ③ 어귀. 洞口·港口. ④ 인구. 食口·人口·戶口.

구 [句] (1) 글귀 구. ① 글귀. 글. 句節·難句·一言半句. ② 귀글. 絕句. ③ 굽을 구. ① 굽다. 句曲·句拔. ② 이름. 高句麗.

구: [寇] 도둑 구. ① 도둑. 떼도둑. 도둑질하다. 寇賊·倭寇. ② 사납다. 寇儷. ③ 겁탈하다. 마구 해앗다.

구: [救] 구원할 구. ① 구원하다. 돕다. 救急·救命. ② 두둔하다. 救護.

구: [懼] 두려울 구. ○ 두려워하다. 懼憑·懼然·恐懼·悚懼.

구 [拘] 거리낄 구. ① 거리끼다. 拘泥·拘礙. ② 잡다. 拘禁·拘留·拘束.

구: [構] 얽을 구. ① 얽다. 構想·構成. ② 울을 얽어서 꾸리을 짓다. 機構. ③ 빼다. 構怨. ④ 꾀하다. 構圖. ⑤ 집. 건물. 構內.

구 [歐] 노래할 구. ○ 땅이름. 歐美.

구: [毆] 쥐어박을 구. ○ 쥐어박다. 毆擊·毆傷·毆打.

구 句→[句].

구 [求] 구할 구. ① 구하다. 求愛·求人權·強求·請求·追求. ② 구걸하다. 求乞·要求. ③ 찾다. 求學. ④ 짝. 求婚.

구 [溝] 도랑 구. ① 도랑. 溝渠·溝壑·排水溝. ② 해자(垓字). 溝池.

구: [狗] 개 구. ① 개. 狗肉·狗膏·狗脸·狗腎·狗皮·走狗.

구 [球] 구슬 구. ① 구슬. 球莖·球狀·氣球·電球·地球. 《신》공. 籠球·排球.

구 [究] 궁구할 구. ① 궁구하다. 연구하다. 窮究·研究·講究·研究·追究·探究. ② 다하다. 마치다. 究極. ③ 미워하다. 究兇. ④ 헤아리다. 測究.

구: [舊] 옛 구. 《동》久. ① 옛. 옛적. 舊權·舊復·舊習·舊惡·舊情·舊弊. ② 오래다. 舊物·舊友.

구 [苟] 진실로 구. ① 진실로. 다만. ② 구차하다. 苟命·苟生·苟安·苟且·苟賤.

구 [謳] 노래 구. 《동》歐. ○ 노래. 노래하다. 謳歌·謳謠·謳唱.

구: [購] 살 구. ① 사다. 購讀·購買·購問·購入. ② 걸다. 購捕.

구 [邱] 언덕 구. ① 언덕. 《동》丘. ② 땅 이름. 大邱·靑邱.

구 [驅] 몰 구. ① 몰다. 달리다. 驅使. ② 쫓다. 驅逐. ③ 앞잡이. 先驅.

구 [鷗] 갈매기 구. ① 갈매기. 鷗鷺·鷗鳥·白鷗.
○ 갈까마귀.

구 [龜] 땅 이름 구. →귀(龜). 균(龜).

국 [國] 나라 국. ○ 나라. 國家·國際·祖國.

국 [局] 판 국. ① 장기판. 바둑판. 局外·棋局·對局. ② 사태. 형편. 局面·大局·時局·戰局. ③ 부분. 局部·局限. ④ 방. 局長·局長·當局·本局·藥局. ⑤ 도량(度量). 局量·局力.

국 [菊] 국화 국. ○ 국화. 菊月·菊版·菊花·黃菊·野菊.

군 [君] 임금 군. ① 임금. 君國·君臨·君父·君主. ② 아버지. 府君. ③ 아내. ④ 남편. 夫君. ⑤ 그대. 자네. 李君·諸君.

군 [群] 무리 군. ① 무리. 떼. 모이다. 群居·群盜·群島·群像·群小·群集. ② 많다. 群書·群衆.

군 [軍] 군사 군. ① 군사. 군대. 軍官·軍隊·軍門·將軍. ② 진치다. 軍營.

군: [郡] 고을 군. ① 고을. 郡界·郡民·郡守·郡廳·隣郡.

굴 [屈] 굽을 굴. ① 굽다. 굽히다. 屈曲·屈服·屈身·屈辱·屈指·不屈·卑屈. ② 다하다. 屈竭. ③ 답답하다. 屈彊. ④ 꺾이다. 屈折.

궁 [宮] 집 궁. ① 집. 宮闕. 宮闕·宮室·古宮·王宮·離宮. ② 오음(五音)의 하나. 宮聲. 옛날 오형(五刑)의 하나. 불알을 까다. 宮刑.

궁 [弓] 활 궁. ① 활. 弓手·弓術·弓箭·強弓·半弓·胡弓. ② 활 모양. 弓狀·弓形. ③ 활궁변〔部首名〕. ④ 성(姓).

궁 [窮] 다할 궁. ① 다하다. 窮極. ② 궁구하다. 窮究·窮理. ③ 막히다. 窮境·窮困·窮途·窮迫. ④ 궁칠하다. 窮民·窮乏·窮塞·困窮.

궁 [躬] 몸 궁. 《동》躳. ○ 몸. 몸소. 躬稼·躬耕·躬進·躬行·鞠躬.

권: [券] 문서 권. ① 문서. 어음 쪽. 卷書·食券·旅券·優待券·株券·證券·債券·招待券·割引券.

권: [卷] 책권 권. ① 책. 책권. 卷頭·卷數·上卷·壓卷. ② 접다. 말다. 卷雲·卷尺·卷軸. ③ 굽다. ④ 경치.

권 [圈] 우리 권. ① 우리. ② 지역. 범위. 圈內·圈外. ③ 비척거리다.

권: [拳] 주먹 권. ① 주먹. 拳法·拳銃·拳鬪·空拳·鐵拳. ② 굳게 지니다. 拳拳服膺. ③ 마음에 품다. 戀拳.

권: [勸] 권할 권. ① 권하다. 勸告·勸農·勸勉·勸誘·強勸. ② 가르치다. 어르다. 勸導·勸化.

권 [權] 권세 권. ① 권세. 權力·權利·權勢·覇權. ② 권도. 權道·權謀. ③ 저울. 저울질하다. 權度·權限. ④ 벼슬 겸하다. 權官. ⑤ 비롯하다. 權興. ⑥ 성(姓).

궐 [厥] 그 궐. ① 그. 그것. 厥女·厥者. ② 짧다. 厥尾. ③ 절하다. 厥角. ④ 어조사.

궐 蹶 벌 궐. ① 뛰다. 일어나다. 蹶起·蹶然. ② 넘어지다. 쓰러지다. 蹶失·蹶蹎.
궐 闕 대궐 궐. ① 대궐. 궁궐·궁闕·入闕. ② 빠지다. 闕席·闕食·闕字.
궤: 軌 법 궤. ① 수레길. 軌道·軌跡·廣軌·狹軌. ② 법. 軌度·軌範·軌則·常軌.
귀 句→구(句).
귀 [歸] 돌아갈 귀. ① 돌아가다. 돌아오다. 歸家·歸國·歸還·不歸. ② 마땅히 돌아가야 할 곳에 돌아가다. 歸納·歸依·歸化. ③ 시집가다. 歸嫁·歸寧.
귀: 貴 귀할 귀. ① 귀하다. 높다. (대) 賤. 貴族·貴賓·貴人·貴重·貴賤·富貴·品貴. ② 당신. 貴國·貴宅·貴社·貴下·貴函. ③ 비싸다. 貴金屬·高貴.
귀: [鬼] 귀신 귀. ① 귀신·도깨비. 鬼神·鬼籍·邪鬼·餓鬼·惡鬼. ② 훌륭하다. 鬼才. ③ 별이름. 鬼宿.
귀 [龜] (1) 거북 귀. ① 거북. 龜甲·龜殼·龜頭·龜背·龜рис. ② 점치다. 龜卜. ③ 거북귀변〔部首名〕. (2) 나라 이름 구. ① 나라 이름. 고을이름. (3) 터질 균. ① 터지다. 龜裂.
규 叫 부르짖을 규. ① 부르짖다. 叫號·叫喚·大叫·絶叫. ② 헌부르다. 叫唤.
규 圭 서옥 규. ① 서옥. 천자가 제후를 봉할 때 주던 신표(信標). ② 용량의 단위. 刀圭. ③ 모나다. 모. 圭角.
규 奎 별 규. ① 별 [二十八宿의 하나]. 奎星·奎宿. ② 문장을 주관함. 奎文·奎章.
규: 糾 살필 규. ① 살피다. 糾明·糾察. ② 그러하다. 糾紛·糾紛. ③ 탄핵하다. 糾彈. ④ 꼬이다. 糾結. ⑤ 모으다. 糾率·糾合.
규 規 법 규. ① 법. 법칙. 規制·規則·正規. ② 본받다. 본뜨다. 規模·規範·規準. ③ 바르잡다. 規戒·規誡. ④ 그림쇠. 원 그리는 기구. 規矩.
규 閨 안방 규. ① 안방. 閨門·閨房·閨中·空閨. ② 부인. 閨秀·閨愛. ③ 협문. 閨閤.
균 均 고를 균. ① 고르다. 均分·均一·調均. ② 평평하다. 均等·平均.
균 菌 버섯 균. ① 버섯. 菌類·菌傘·採菌. ② 세균. 곰팡이. 徽菌·保菌.
규 龜→귀(龜).
극 克 이길 극. ① 이기다. 克己·克家·克明·克服·超克. ② 능하다. 克家. ③ 억누르다. 克慾. ④ 〈중〉 그램(gramme). 〈동〉 瓸.
극 剋 이길 극. ① 이기다. 剋復·剋定·相剋. ② 반드시. 剋期. ③ 깎이다.
극 劇 심할 극. ① 심하다. 劇難·劇甚·劇藥·劇烈·劇寒. ② 연극. 劇團·劇詩·劇的·歌劇·演劇. ③ 바쁘다. 劇務.
극 極 다할 극. ① 다하다. 심하다. 極難·極樂·極惡·極貧. ② 끝. 極光·極地·極限·究極·窮極. ③ 제위(帝位). 登極. ④ 지극하다. 極貴·極貧. ⑤ 마룻대.
근: 僅 겨우 근. ① 겨우. 僅可·僅僅. ② 적다. 僅少.
근 勤 부지런할 근. ① 부지런하다. 勤儉·勤念·勤勞·勤勉·勤務. ② 근무하다. 皆勤·缺勤·內勤·外勤·通勤.
근 斤 날 근. ① 근. 무게의 근. 斤量·斤重·斤兩. 근. 十斤. ② 도끼. 도끼날. 斤斧.
근 根 뿌리 근. ① 뿌리. 根幹·根莖·球根·無根. ② 근본. 根本·根本·根性·禍福. ③ 밑. 기둥. 根柢·根絕. ④ 근기. 根氣.
근 槿 무궁화 근. ① 무궁화. 槿域·槿花.
근: 筋 힘줄 근. ① 힘줄. 筋骨·筋脈·筋肉. ② 기운. 힘. 筋力.
근: 謹 삼갈 근. ○ 삼가다. 공경하다. 謹啓·謹告·謹愼·謹嚴·謹製.
근: 近 가까울 근. ① 가깝다. 近間·近刊·近郊·近代·近代·近接. ② 비슷하다. 近似. ③ 거의. 近可·近頃·近日.
근 饉 흉년들 근. ○ 흉년들다. 饑饉·餓饉.
금 今 이제 금. ① 이제. (대) 古. 今昔·今後·古今·昨今·今. ② 곧. 今時·方今. ③ 오늘. 明·今日.
금 擒 사로잡을 금. ○ 사로잡다. 擒縱·擒捉·生擒.
금 [琴] (1) 거문고 금. ○ 거문고. 琴譜·彈琴. (2) 성 금. ○ 성(姓).
금: [禁] 금할 금. ① 금하다. 禁界·禁忌·禁合. ② 금지하다. 禁戒·禁斷·禁止·嚴禁. ③ 대궐. 禁闕·禁門·宮禁. ④ 옥. 禁錮.
금 [禽] 새 금. ① 새. 禽獸. ② 사로잡다. 〈동〉 擒.
금: 襟 옷깃 금. ① 옷깃. 襟帶. ② 가슴. 마음. 襟度·襟抱·胸襟.
금 [金] (1) 쇠 금. ① 쇠. 金工·金石·金屬·金鐵. ② 금. 金冠·金銀·純金·黃金. ③ 귀중하다. 金言·金科玉條. ④ 견고하다. 金城湯池. ⑤ 황금빛. 金色. ⑥ 돈. 金力·金融·金錢·募金·現金. ⑦ 오행의 하나. ② 성 김. ○ 성(姓).
금: 錦 비단 금. ① 비단. 錦上添花·錦繡江山·錦繡衣. ② 곱다. 錦繡玉尺·錦繡口. ③ 상대편의 것을 높이는 말. 錦帆·錦地.
급 及 미칠 급. ① 미치다. 普及·言及. ② 이르다. 及其也. ③ 및. 과. 와. 의 접속사.
급 [急] 급할 급. ① 급하다. 빠르다. 急遽·急激·急送·急流·急速·至急·特急. ② 긴급하다. 急務·急電·急錢·緊急·時急·危急. ③ 중요하다. 急所.
급 扱 미칠 급. ① 미치다. ② 다루다. 取扱.
급 [級] 등급 급. ① 등급. 級數·級友·等級·進級·特級. ② 층계. 階級·階段. ③ 모가지. 俘級·首級. ④ 두름.
급 給 줄 급. ① 주다. 給料·給事·給與·配給·俸給·月給. ② 넉넉하다. 給足. ③ 구변 좋다. 捷給.
긍 亘 (1) 뻐칠 긍. ○ 펠치다. 亘古. (2) 펼 선. ○ 〈동〉 宣.
긍: 肯 즐길 긍. ① 즐기다. 肯諾·肯定·首肯. ② 뼈에 붙은 살. 肯綮.
기: [企] 꾀할 기. ① 꾀하다. 계획하다. 企業·企畫. ② 바라다. 企圖·企仰.
기 其 그 기. ① 그. 그것. 其實·其他·其後. ② 어조사(詩賦에 쓰임).
기: 嗜 즐길 기. ① 즐기다. 嗜好·嗜玩·嗜好·嗜酒. ② 욕심내다. 嗜慾.
기: [器] 그릇 기. ① 그릇. 器具·樂器·土器. ② 재능. 국량. 器量·器才·大器.
기 [基] 터 기. ① 터. 바탕. 자리잡다. 基幹·基盤·基本·基業·基礎. ② 비롯하다. 基兆. ③ 베풀다. 國基·基因.
기 [奇] 기이할 기. ① 기이하다. 奇怪·奇想·奇異·新奇·珍奇. ② 뜻밖. 奇兵·奇襲·奇遇. ③ 홀수. (대) 偶. 奇數. ④ 기특하다. 奇待. ⑤ 운수 사납다. 奇蹇.
기: 妓 기생 기. ① 기생. 妓女·妓生·官妓. 갈보. 창녀. 娼妓.
기: [寄] 부칠 기. ① 부치다. 맡기다. 寄生·寄宿·寄與·寄贈·寄託. ② 들르다. 寄航·寄港. ③ 전하다. 寄別.
기 岐 갈림길 기. ① 갈림길. 두 길. 岐路·多岐. ② 갈라지다. 分岐.

기: [己] 몸 기. ① 몸. 자기. 己出·克己·自己. ② 여섯째 천간(天干). 己亥.

기 [幾] (1) 몇 기. ① 몇. 얼마. 幾次·幾何·幾許. ② 기미. 幾微·幾事. (2) 거의 기. ① 거의. 幾死之境·幾至死境. ② 바라다. 庶幾.

기 [忌] 꺼릴 기. ① 꺼리다. 忌憚·忌避·禁忌·大忌. ② 기일. 忌故·忌日. ③ 시기하다. 猜忌·妬忌. ④ 미워하다. 嫌忌.

기: [技] 재주 기. ○ 재주. 技術·競技·演技·長技·特技.

기 [旗] 기 기. ① 기. 旗手·旗幟·國旗·軍旗. ② 표하다. 旗號·弔旗.

기 [旣] 이미 기. ① 이미. 旣刊·旣決·旣定·旣婚·未旣. ② 다하다. 旣盡·旣終. ③ 열 엿새 날. 旣望.

기 [期] 바랄 기. ① 바라다. 기약하다. 期待·期約·期必. ② 기간. 期間·延期·學期. ③ 백년. ④ 일년. (동) 朞. ⑤ 곡. 期然.

기 [朞] 돌 기. (동) 期. ○ 돌. 일년. 朞年·朞服·朞月.

기 [棋] 바둑 기. ① 바둑. 棋客·棋譜·棋子·將棋. ② 뿌리.

기: [棄] 버릴 기. ① 버리다. 棄却·棄權·棄兒·唾棄·抛棄. ② 잊다. 棄忘. ③ 잃다. 棄人. ④ 멈추다. 業棄.

기 [機] 베틀 기. (동) 幾. ① 베틀. 機長·機殿. ② 기계. 機械·機關·飛行機. ③ 기틀. 기회. 機動機. ④ 교묘한 법. 機巧·機略·機智. ⑤ 중요한 곳. 機構·機密·軍機.

기 [欺] 속일 기. ① 속이다. 欺罔·欺誑·欺弄·欺瞞. ② 거짓말하다. 欺言·詐欺. ③ 업신여기다. 欺冒.

기: [氣] 기운 기. ① 기운. 氣槪·氣骨·氣勢·氣運·氣盡. ② 기체(氣體). 氣球·氣壓·水蒸氣. ③ 자연 현상. 氣象·氣候·大氣. ④ 숨. 氣孔·氣管·氣象·氣息.

기 [汽] 김 기. ① 김(신). ② 물끓는 기운. 汽罐·汽船·汽笛·汽車.

기 [畸] 병신 기. ① 병신. 畸型·畸形兒. ② 기이하다. 畸人. ③ 나머지.

기 碁→기(棋).

기 [畿] 서울 기. ○ 서울. 畿內·畿營·畿甸·畿湖·王畿.

기 枝→지(技).

기 [祈] 빌 기. ① 빌다. 고하다. 祈求·祈年·祈禱·祈望·祈雨. ② 갚다. ③ 천천히 하다. 祈祈.

기 [箕] 키 기. ① 키. 箕斂·箕帚. ② 별 이름. 箕星·箕宿. ③ 걸터앉다. 箕踞.

기: [紀] 벼리 기. ① 벼리. 紀綱·紀律·軍紀·風紀. ② 해. 연대. 紀元·西紀·世紀·年紀. ③ 기록하다. 기념하다. 紀念·紀行.

기 [羈] 말 굴레 기. ① 말 굴레. 羈旅. ② 구속 받다. 羈絆·羈束.

기 羇→기(羈).

기: [記] 기록할 기. ① 기록하다. 記錄·記者·速記·筆記. ② 기억하다. 記念·記憶·暗記. ③ 기록. 글. 記事·手記·傳記.

기: [豈] (1) 어찌 기. ① 어찌. ② 일찍. 豈敢·豈下. (2) 싸움 이긴 기쁨 개. ○ 싸움 이긴 기쁨. (동) 凱.

기: [起] 일어날 기. ① 일다. 일어나다. 起家·起耕·起動·起立·起床. ② 시작하다. 起工·起案·起草·喚起. ③ 떠나다. 起身. ④ 들어서 쓰다. 起用.

기 [飢] 주릴 기. (동) 饑. ① 주리다. 飢渴·飢寒·飢饉. ② 흉년 들다. 飢饉·飢歲.

기 [饑] 주릴 기. (동) 飢. ① 주리다. 饑渴·饑死·饑餓. ② 흉년들다. 饑饉·饑年·饑荒.

기 [騎] 말탈 기. ① 말 타다. 騎馬·騎手·輕騎. ② 걸터앉다. 騎虎之勢. ③ 말탄 군사. 騎兵.

긴 [緊] 요긴할 긴. ① 요긴하다. 긴밀하다. 緊幹事·關緊·緊務·緊要·緊用·緊張·緊要. ② 착착 얽다. 緊密·緊縛. ③ 급하다. 緊急. ④ 움츠리다. 緊縮.

길 [吉] 길할 길. ① 길하다. 좋다. (대) 凶. 吉日·吉兆·吉凶·不吉. ② 성(姓).

끽 [喫] 마실 끽(긱). ① 마시다. 먹다. 喫茶·喫飯·喫煙·滿喫. ② 받다. 당하다. 喫苦·喫逆.

나 拏 잡을 나. (원) 拏. ○ 잡다. 끌다. 拏鞠·拏來·拏入·拏致·拏捕.

나 裸→라(裸).

나 [那] 어찌 나. ① 어찌. 那何. ② 그. 那箇·那中. ③ 어느. 那問. ④ 무엇. 那močrate.

낙 [諾] ① 승낙할 낙. ① 승낙하다. 諾諾·諾否·諾從·承諾. (2) (국) 허락할 락. ○ 허락하다. 受諾·快諾·許諾.

난 卵→란(卵).

난 亂→란(亂).

난: [暖] (1) 따뜻할 난. (동) 煖. ○ 따뜻하다. 暖爐·暖房·暖衣·溫暖. (2) 부드러울 훤. ○ 부드럽다. 暖爐.

난 [煖] 따뜻할 난. (동) 暖. ○ 따뜻하다. 덥다. 煖氣·煖爐.

난: [難] 어려울 난. ① 어렵다. 어려움. (대) 易. 難堪·難關·艱難·遭難. ② 어려워하다. 꾸짖다. 難題·非難·試難.

날 捺 손으로 누를 날. ○ 손으로 누르다. 捺染·捺印·捺章.

날 捏 만들 날(녈). ○ 만들다. 날조하다. 捏造.

날 喇→라(喇).

남 [南] 남녘 남. ① 남녘·남쪽. 南郊·南國·南極·南蠻·南北·南冥·指南. ② 임금. 南面. ③ 성(姓).

남 [男] 사내 남. ① 사나이. 남자. 男性·男兒·美男·快男. ② 아들. 得男·長男. ③ 벼슬 이름. 男爵.

납 [納] 들일 납. ① 들이다. 받다. 바치다. 納貢·納得·納本·笑納·獻納. ② 수장하다. 納冊. ③ 너그럽다.

낭 [娘] 처녀 낭(냥). (동) 孃. 처녀. 娘子·어머니. 娘娘.

낭 浪→랑(浪).

낭 郎→랑(郎).

낭 朗→랑(朗).

낭 廊→랑(廊).

내: [乃] 이에 내. ① 이에. ② 말머리 조사(助辭). ③ 위아래의 말을 잇는 말. 乃至. ④ 너 (汝). 乃父·乃兄. ⑤ 접때. 乃者. ⑥ 성(姓).

내: [內] 안 내. ① 안. 속. (대) 外. 內殼·內陸·內面·內衣·室內·禮內·內簡·內房·內助·內訓. ② 몰래. 內諾·內幕·內定·內通. ④ 나 (국) ⑤ 여관(女官). 內人.

내 來→래(來).

내 [奈] 어찌 내. 어찌. 어찌하다. 奈何.

내: [耐] 견딜 내. ○ 견디다. 참다. 耐久·耐乏·耐寒·耐火·忍耐.

낭 [孃] 계집애 낭(양). (동) 娘. ① 소녀. 令孃. ② 어머니. 老孃.

녀	[女]	계집 녀. (여一). ① 계집. 女傑·女流·女性·婦女·淑女. ② 처녀. 少女·處女. ③ 딸. (매子. 女婿·女息·長女·次女.
년	[年]	해 년(연一). ① 해. 年間·年代·年度·當年·豊年. ② 나이. 年甲·年齡·年少·少年. ③ 나가다. 年例·年次.
념	[念]	생각 념(염一). ① 생각하다. 念頭·念慮·念外·念願·記念·斷念·信念. ② 글을 소리내어 읽다. 念經·念書·念譯. ③ 스물. 念間·念內·念日.
녕	[寧]	편안할 녕(영一). ① 편안하다. 寧日·康寧·安寧. ② 친정에 문안 가다. 歸寧. ③ 차라리. 오히려.
노	[努]	힘쓸 노. ① 힘쓰다. 힘들이다. 努力. ② 굳다. 努肉.
노	[奴]	종 노. ① 종. 사내 종. 奴僕·奴婢·奴隷·奴婢. ② 저. ③ 천하다. 열등하다. 奴才·床奴.
노	老→로(老).	
노	帑→탕(帑).	
노	[怒]	성낼 노. ① 성내다. 분하다. 怒氣·怒髮·激怒·大怒·憤怒. ② 기세. 怒濤·怒浪·怒馬·怒號.
노	勞→로(勞).	
노	虜→로(虜).	
노	路→로(路).	
노	魯→로(魯).	
노	盧→로(盧).	
노	爐→로(爐).	
노	露→로(露).	
녹	鹿→록(鹿).	
녹	綠→록(綠).	
녹	錄→록(錄).	
농	[濃]	질을 농. (대) 淡. ○ 짙다. 걸다. 濃淡·濃度·濃霧·濃厚.
농	[膿]	고름 농. ○ 고름. 膿潰·膿液·膿汁·膿血·化膿.
농	[農]	농사 농. ○ 농사. 농사짓다. 農民·農業·勤農·貧農.
뇌	[惱]	번뇌할 뇌(노). ○ 번뇌하다. 괴로워하다. 惱殺·苦惱·煩惱·心惱.
뇌	[腦]	뇌 뇌(노). ○ 뇌. 머릿골. 腦裏·腦炎·腦髓·頭腦.
뇌	雷→뢰(雷).	
뇌	賂→뢰(賂).	
뇌	賴→뢰(賴).	
뇌	儡→뢰(儡).	
뇨	[尿]	오줌 뇨(요). (통) 溺. ○ 오줌. 尿道·尿素·排尿·泌尿.
뇨	溺→닉(溺).	
누	陋→루(陋).	
누	淚→루(淚).	
누	累→루(累).	
누	漏→루(漏).	
누	樓→루(樓).	
누	壘→루(壘).	
능	[能]	능할 능. ① 능하다. 능히. 能動·能事·能率·無能·本能. ② 능력. 재간. 能力·技能·才能·知能.
능	陵→릉(陵).	
니	[尼]	여승 니(이). ○ 여승. 尼姑·尼房·尼寺·尼僧·比丘尼.

니	[泥]	진흙 니(이). ① 진흙. 수렁. 泥濘·泥潭·泥炭·泥土·泥灰. ② 흙 바르다. 泥塗·泥鏝. ③ 침체하다. 拘泥. ④ 술 취하다. 泥醉.
닉	[匿]	숨길 닉(익). ○ 숨기다. 숨다. 隱名·隱匿.
닉	[溺]	① 빠질 닉(익). ① 물에 빠지다. 溺沒·溺死. ② 마음이 한 곳에 빠지다. 溺愛·溺酒·耽溺. (2) 오줌 뇨. (통) 尿. ○ 오줌. 放溺.
다	[多]	많을 다. (특) 夛. ① 많다. 多感·多忙·多少·雜多. ② 과하다. 多心·多言·多足·多血質.
다	夛 (특)→다(多).	
다	[茶]	차 다(차). ○ 차. 茶禮(차례)·茶飯事·茶房·茶卓·茶香.
단	[丹]	(1) 붉을 단. ① 붉다. 丹脣·丹頂·丹鶴. ② 정성스럽다. 丹誠·丹心. ③ 단사. 환약. 丹砂·丹藥·仁丹. (2) 꽃이름 란. 「국」 ① 모란. 牡丹. ② 글인. 契丹.
단	[但]	다만 단. ○ 다만. 但書·但只·非但.
단	[單]	(1) 홑 단. ① 홑. 單價·單須·簡單. ② 다하다. 單耗. ③ 외롭다. 單塞·單子. ④ 다만. 單番·單色. (2) 성(姓) 선. ○ 흉노(匈奴)의 추장. 單于.
단	[團]	둥글 단. ① 둥글다. 團飯·團圓·團子. ② 모이다. 뭉치다. 團結·團體·團合·劇團·集團. ③ 단속하다. 團束.
단	[壇]	단 단. ① 단. 敎壇·石壇·演壇·花壇. ② 제터. 祭壇. ③ 전문가가 모인 세계. 歌壇·劇壇·文壇·詩壇·畫壇.
단	[斷]	끊을 단. ① 끊어지다. 斷交·斷念·斷食·切斷·橫斷. ② 결단하다. 결정하다. 斷定·決斷·英斷·勇斷·判斷. ③ 조각 내다. 斷片.
단:	[旦]	아침 단. ① 아침. 元旦·旦暮·旦夕·旦朝. 「국」 兄. ② 일찍. 이르다. 旦出. ③ 밝다. 旦時.
단:	[檀]	박달나무 단. ① 박달나무. 배달나무. 檀家·檀君·檀弓·檀木. ② 향나무.
단	[段]	조각 단. ① 조각. 段落·分段. ② 충충대. 階段. ③ 등급. 昇段·初段. ④ 고르다. 手段. ⑤ 성(姓).
단:	[短]	짧을 단. ① 짧다. 모자라다. 短見·短杖·短篇·短評·短航. ② 허물. 短點·長短. ③ 일적 죽다. 短命.
단	[端]	끝 단. ① 끝. 極端·末端·兩端·尖端. ② 실마리. 端緖·事端. ③ 단정하다. 바르다. 端麗·端坐·端行. ④ 단오. 端陽·端午.
단	鍛	쇠 불릴 단. ○ 쇠 불리다. 단련하다. 鍛工·鍛鍊·鍛冶·鍛鐵.
달	[達]	통달할 달. ① 통달하다. 사무치다. 達人·達才·榮達·通達. ② 나타내다. 達氣·達文·顯達. ③ 이르다. 到達·送達. ④ 이루다. 達成. ⑤ 올리다. 上達.
담	[曇]	구름낄 담. ○ 구름끼다. 날 흐리다. 曇天·晴曇.
담:	[淡]	맑을 담. (동) 澹. ① 맑다. 淡交·淡泊·淡淡·淡雅·枯淡·冷淡. ② 묽다. 싱겁다. 꾸밈이 없다. (대) 濃. 淡綠·淡味·淡彩·淡紅·濃淡. ③ 소금기가 없다. 淡水.
담	[擔]	멜 담. ① 메다. 짐. 擔架·擔夫·擔負·分擔·荷擔. ② 맡다. 擔當·擔保·擔任·加擔·負擔.
담	[潭]	못 담. ①못. 潭水·潭心·潭淵·潭淵·清潭. ②깊다. 潭心·潭淵.
담	痰	담 담. ○ 담. 가래. 痰結·痰聲·痰濕·痰咳·血痰.
담	[膽]	쓸개 담. ①쓸개. 膽石·膽液·膽汁·落膽. ②담이 크다. 膽大·膽力·肝膽·魂膽.

담 | 談 | 말씀 담. 《동》譚. ○ 말씀. 말. 이야기. 談判·談話·漫談·面談·政談·會談.

담 | 譚 | 클 담. ① 크다. 깊다. 譚思. ② 말씀. 譚談·譚叢·怪譚·奇譚·民譚.

답 | [畓] | 《국》논 답. ○논. 畓穀·畓主·田畓·李畓·天水畓.

답 | 〔答〕 | 대답할 답. ① 대답하다. 答禮·答辭·對答·解答. ② 갚다. 答禮·答拜·報答. ③ 그렇다 하다. ④ 합당하다.

답 | [踏] | 밟을 답. ○ 밟다. 踏橋·踏步·踏査·踏襲·踏靑·踏破.

당 | [唐] | 당나라 당. ① 당나라. 唐詩. ② 당황하다. 唐慌·荒唐. ③ 당돌하다. 唐突.

당 | 堂 | 집 당. ① 집. 대청. 講堂·書堂·草堂. ② 번듯한 차림새. 정당하다. ③ 옥호(屋號)·아호(雅號)에 붙임. 梅月堂·六堂. ④ 가까운 친척. 堂內·堂叔. ⑤ 영감. 堂上.

당 | 撞 | 칠 당. ① 치다. 두드리다. 撞球. ② 냅다 뛰다. 撞着.

당 | [當] | 마땅할 당. ① 마땅하다. 당연하다. 當然. 不當·適當·至當. ② 당하다. 當局·擔當·該當. ③ 대적하다. 當百錢·一當百. ④ 번갈아 들다. 當番·當直. ⑤ 전당 잡히다. 抵當·典當. ⑥ 지금. 당장. ⑦ 이. 그. 當年·當時.

당 | [糖] | 사탕 당. ○ 사탕. 엿. 糖蜜·糖粉·果糖·砂糖·製糖.

당 | [黨] | 무리 당. 黨論·黨憲·黨員·黨憲·朋黨·政黨. ② 고향. 鄕黨.

대: | 代 | 대신할 대. ① 대신하다. 代納·代讀·代理·代議·代辯. ②《국》값. 代價·代金. ③세대. 代代·世代·歷代. ④ 번갈다. 交代·迭代.

대 | 台 → 태(台).

대 | 垈 | 《국》집터 대. ○ 집터. 垈田·垈地.

대: | 〔大〕 | (1) 큰 대. ① 크다. 大家·大驚·大功·大義. ② 높이는 말. 大人·大兄. ③ 대강. 대체. 대개. 大槪. ④ 성(姓). (2) 매우 클 때. 《동》太·泰. ○ 매우 크다. 大恩·大孝.

대: | 〔對〕 | 대할 대. ① 대하다. 마주 보다. 對決·對立·對比·相對·絶對. ② 맞서다. 對等·對敵·對抗·敵對. ③ 대답하다. 對答·對應. ④ 짝. 對句.

대: | 〔帶〕 | 띠 대. ① 띠. 冠帶·熱帶·紐帶·地帶. ② 차다. 帶劍·帶電. ③ 데리다. 帶同·帶率·帶妻僧.

대: | 〔待〕 | 기다릴 대. ① 기다리다. 待筆·待罪·苦待·期待. ② 대접하다. 待遇·優待·接待·招待·虐待.

대 | 戴 | 일 대. ① 이다. 戴冠·戴白·奉戴. ② 받들다. 推戴.

대 | 擡 | 들 대. ① 들다. 擡擊·擡頭. ② 움직이다. 擡捯.

대 | 碓 | 방아 대. ○ 방아. 碓聲.

대: | 〔臺〕 | 집 대. ① 집. 대. 돈대. 高臺·燈臺·舞臺·燭臺·寢臺. ② 조정. 관청. 臺閣. ③ 토대. 臺本·臺詞·土臺.

대: | 袋 | 전대 대. ○ 전대. 자루. 鼠皮·慰問袋·布袋.

대: | 〔貸〕 | 빌릴 대. ○ 빌리다. 貸家·貸本·貸付·貸與·貸出.

대: | 〔隊〕 | 떼 대. ○ 떼. 무리. 隊列·隊伍·隊長·軍隊.

댁 | 宅 | 댁 댁. ○ 댁. 宅內.

덕 | 德 | 큰 덕. 《동》悳. ○ 덕. 크다. 德望·德性·德行·道德·美德. ② 은혜. 은덕. 德澤·福德·恩德·陰德·厚德.

덕 | 悳 → 덕(德).

도 | 倒 | (1) 넘어질 도. ○ 넘어지다. 倒閣·倒壞·倒產·卒倒. (2) 거꾸로 도. ○ 거꾸로. 倒立·倒置·轉倒.

도 | 刀 | 칼 도. ○ 칼. 刀圭·刀身·短刀·執刀. ②《국》되〔升〕.

도: | 到 | 이를 도. ① 이르다. 到達·到來·到着·到處·殺到. ② 주밀하다. 周到.

도 | 圖 | 그림 도. ① 그림. 그리다. 圖面·圖書·略圖·地圖. ② 꾀하다. 圖謀·企圖·意圖.

도 | 塗 | 바를 도. ① 바르다. 칠하다. 塗料·塗褙. ② 길.《동》途. 道聽塗說. ③ 곤궁하다. 塗炭.

도: | 導 | 인도할 도. ① 인도하다. 이끌다. 敎導·輔導·善導·誘導·引導·傳導. ② 끌다. 導管·導體·導火線.

도 | 〔島〕 | 섬 도. ○ 섬. 島民·孤島·群島·半島·列島.

도: | 〔度〕 | ① 법도 도. ① 법. 法度·制度. ② 도수·정도. 度數·角度·速度·溫度·程度·限度. ③ 재다. 度量·度量衡·尺度. ③ 지나다. 度世·度日·度航·讓渡. ② 헤아리다. 度地·忖度. ② 벼슬 이름. 度支大臣·度支部.

도 | 徒 | 무리 도. ① 무리. 徒黨·徒輩·生徒·信徒. ② 걷다. 徒步·徒行. ③ 비다(빈손·맨발). 徒跣·徒手. ④ 부질없다. 徒勞·徒費·徒食·徒然. ⑤ 형벌의 한 가지. 徒刑.

도 | 悼 | 슬퍼할 도. ① 슬퍼하다. 悼歌·哀悼·追悼. ② 애석하게 여기다. 悼惜.

도 | 挑 | 돋을 도(조). ① 돋우다. 끄집어 내다. 挑燈·挑發·挑戰. ② 긁어 내다. 挑剔. ③ 뛰다. 挑達·挑躍.

도 | 桃 | 복숭아 도. ○ 복숭아. 桃李·桃源·桃花·胡桃.

도 | 淘 | 쌀 일 도. ① 쌀 일다. 도태하다. 淘金·淘淸·淘汰. ② 흐르다. 淘海.

도 | 渡 | 건널 도. ① 건너다. 渡江·渡船·渡世·渡航·讓渡. ② 나루. 渡口·渡頭·渡津·通하다.

도 | 滔 | 물 넘칠 도. ① 물 넘치다. 滔滔·滔騰·滔天. ② 움직이다. 振滔.

도: | 禱 | 빌 도. ○ 빌다. 禱祀·禱請·祈禱·默禱·祝禱.

도: | 〔稻〕 | 벼 도. ○ 벼. 稻熱病·稻雲·稻作·水稻·陸稻.

도 稻(속) → 도(稻).

도 | 睹 | 볼 도. ○ 보다. 睹睹·睹聞·目睹.

도 | 濤 | 큰 물결 도. ○ 큰 물결. 濤聲·怒濤·松濤·波濤.

도: | 〔盜〕 | 도둑 도. ○ 도둑. 훔치다. 盜難·盜伐·盜賊·强盜·竊盜.

도: | 賭 | 도박할 도. ○ 도박. 내기. 내기하다. 賭技·賭博·賭錢·賭租·賭地.

도 | 〔跳〕 | 뛸 도. ○ 뛰다. 跳梁·跳躍.

도 跳 → 조(跳).

도: | 蹈 | 밟을 도. ① 밟다. 蹈襲·蹈義·履蹈. ② 춤추다. 舞蹈.

도 | 逃 | 달아날 도. ① 달아나다. 가다. 도망가다. 逃遁·逃亡·逃散·逃走·逃避.

도 | 途 | 길 도. ○ 길. 途上·同途·別途·壯途·前途.

도: | 〔道〕 | 길 도. ① 길. 道路·道程·道標·軌道·鐵道. ② 도리. 도덕. 道敎·道德·道理·道義. ③ 말하다. 일컫다. 道破. ④ 행정 구역. 道廳.

도 | 〔都〕 | 도읍 도. ① 도읍. 서울. 都邑·舊都·首都·遷都·還都. ② 도회지. 都市·都心·都會. ③ 우두머리. 都家·都元帥. ④ 모두. 都給·都賣·都合. ⑤ 도무지. 都是. ⑥ 성(姓).

도 2164 란

도: **鍍** 도금할 도. ○도금하다. 금 올리다. 鍍金·鍍銀.

도 [**陶**] (1) 질그릇 도. ① 질그릇. 陶工·陶器·陶業·陶土. ② 가르치다. 陶冷·陶冶·陶化. ③ 즐기다. 陶然·陶醉. ④ 답답하다. 鬱陶. ⑤ 성(姓). (2) 화락할 요. ○화락한 모양. 陶陶.

독 [**毒**] 독할 독. ○ 독하다. 惡毒·酷毒. ② 독성. 毒素·毒藥·消毒. ③ 해치다. 毒舌·毒手·毒筆·害毒. ④ 아프다. 病毒.

독 **瀆** 더럽힐 독. ① 더럽히다. 瀆職·冒瀆. ② 도랑. 瀆溝. ③ 업신여기다. 瀆慢.

독 [**獨**] 홀로 독. ① 홀로. 獨立·獨白·獨步. ② 늙고 자식이 없음. 鰥寡孤獨. ③ 외롭다. 獨居·孤獨. ④ 제 멋대로 함. 獨斷·獨善·獨擅.

독 [**督**] 감독할 독. ① 감독하다. 거느리다. 督軍·監督·總督. ② 독려하다. 督勵. ③ 재촉하다. 督促. ④ 대장. 提督.

독 [**篤**] 도타울 독. ① 도탑다. 두텁다. 독실하다. 篤信·篤實·篤志·篤行·敦篤. ② 위중하다. 篤疾·危篤. ③ 견고하다.

독 [**讀**] (1) 읽을 독. ○읽다. 讀書·讀破·朗讀·熟讀·愛讀. (2) 귀절 두. ○귀절. 句讀·吏讀.

돈 [**敦**] 두터울 돈. ① 두텁다. 도탑다. 敦篤·敦睦·敦厚. ② 핍박하다. 敦迫.

돈 [**豚**] 돼지 돈. ○ 돼지. 豚兒·豚肉·豚柵·養豚.

돌 **乭** 《국》 돌 돌. ① 돌. ② 이름. 甲乭.

돌 [**突**] 부딪칠 돌. ① 부딪치다. 突擊·突貫·突破·衝突. ② 내밀다. 우뚝하다. 突起·突然·突風·唐突. ③ 갑자기. 突發·突變·突出. ④ 불을 때다. 연기를 내다. 煙突·溫突.

동 [**冬**] 겨울 동. ○ 겨울. 冬期·多冬·嚴冬·越冬.

동: [**凍**] 얼 동. ○ 얼다. 凍結·凍傷·凍土·凍太·冷凍.

동: [**動**] 움직일 동. ① 움직이다. 動機·動物·動搖. (대)靜. ② 행동. 動作·擧動·言動·行動. ③ 어지럽다. 動亂·變動·騷動·暴動.

동 [**同**] 한가지 동. ① 한가지. 한가지로 하다. 같다. 同感·同甲·同等·共同·會同. ② 화하다. 同化·雷同·和同. (통)仝.

동 **憧** 그리워할 동. ○그리워하다. 憧憬. 마음이 들뜨다. 憧憧.

동 [**東**] 동녘 동. ① 동쪽. 東國·東宮·東方·極東·海東. ② 봄. 東作·東風·東皇. ③ 주인. 東家. ④ 성(姓).

동 [**桐**] 오동 동. ① 오동나무. 桐君·桐油·桐梓·梧桐. ② 인형. 桐人. ③ 아이. 桐子.

동 **棟** 마룻대 동. ① 마룻대. 棟樑·棟梁·棟宇. ② 나무 이름.

동: [**洞**] (1) 골 동. ① 골. 洞區·洞里·洞天. ② 비다. 空洞. ③ 《국》마을. 洞口·洞里. ④ 밝을 통. ○ 밝다. 꿰뚫다. 洞見·洞察·洞燭.

동 **瞳** 눈동자 동. ① 눈동자. 瞳孔·瞳人·瞳子·睛瞳.

동 **童** 아이 동. ① 아이. 童心·牧童·民童·童蒙. 童濯. ② 어리석다. 童昏.

동 **胴** 큰창자 동. ① 큰 창자. ② 몸통. 胴部·胴體.

동: [**銅**] 구리 동. ○구리. 銅鏡·銅像·銅錢·銅版·青銅.

동: **董** 감독할 동. ① 감독하다. 董督. ② 바르다. 董正. ③ 고물. 骨董. ④ 성(姓).

두 **兜** 투구 두. ① 투구. ② 도솔[범어(梵語)의 역음(譯音)] 兜率.

두: **斗** 말 두. ① 말. 大斗·小斗. ② 구기. ③ 적은 분량. 斗量·斗屋. ④ 험준하다. 斗然·泰斗. ⑤ 별 이름. 準柄·斗星.

두 **杜** 막을 두. ① 막다. 杜隔·杜門·杜絶. ② 신통찮다. 杜酒·杜撰. ③ 향초. 杜鵑花. ④ 아가위나무. ⑤ 성(姓).

두: **痘** 마마 두. ○ 마마. 천연두. 손님. 역질. 痘面·痘疹·痘瘡·牛痘·種痘.

두 讀→독(讀)

두: [**豆**] 콩 두. ① 콩. 豆腐·大豆. ② 팥. 綠豆·小豆. ③ 나무 그릇 제기. 俎豆.

두 [**頭**] 머리 두. ① 머리. 頭角·頭骨·頭腦·頭足. ② 우두머리. ③ 마리. ④ 부근. 口頭·先頭. ⑤ 위. 胃頭. ⑥ 시초. 冒頭·年頭.

둔: [**鈍**] 둔할 둔. ① 둔하다. (대) 銳. 鈍馬·鈍才·愚鈍. ② 무디다. 鈍感·鈍筆.

득 [**得**] 얻을 득. ① 얻다. 得男·得勢·旣得·取得. (대) 失. ② 만족하게 여기다. 得心·得意. ③ 깨닫다. 得理·納得·自得·體得. ④ 이익. 得策·利得·損得. (통)㝵.

등 [**燈**] 등불 등. ① 등불. 燈臺·燈心·電燈·走馬燈. ② 불법. 法燈.

등 [**登**] 오를 등. ① 오르다. 登科·登極·登壇·登用·登攀. ② 싣다. 기재하다. 登記·登錄·登載. ③ 나아가다. 登校·登場·登廳. ④ 이루다. 登龍門. ⑤ 익다. 豐登.

등: [**等**] 무리 등. ① 무리. 等高·等等·等屬. ② 가지런하다. 齊. 等身·等溫. ③ 등급. 等外·劣等·優等·差等·下等. ④ 기다리다. 等待.

등 **謄** 베낄 등. ○ 베끼다. 등사하다. 謄記·謄錄·謄寫.

등 **騰** 오를 등. ○ 오르다. 騰降·騰空·騰貴·高騰·暴騰.

라 刺→랄(剌)

라 **裸** 벌거벗을 라 (나—). 《동》躶. ① 벌거벗다. ○ 벌거숭이. 裸麥·裸葬·裸體·裸形·赤裸裸. ② 털 없는 벌레. 裸蟲.

라 [**羅**] 벌 라 (나—). ① 벌다. 벌리다. 羅列. ② 새 그물. 網羅. ③ 비단. 羅紗. ④ 지남철. 羅針. ⑤ 나라 이름. 新羅. ⑥ 성(姓).

락 [**樂**] ① 즐길 락 (낙). ○ 즐기다. 樂觀·樂苦·苦樂·快樂·歡樂. ② 음악 악. ○ 음악. 樂劇·樂器·樂譜·音樂. (3) 좋아할 요. ○ 좋아하다. 樂山·樂水.

락 [**洛**] 낙수 락 (낙—). ○ 낙수. 洛書·洛水. ② 서울. 洛城·洛陽.

락 **烙** 지질 락 (낙—). ① 지지다. 烙刑·炮烙. ② 사르다. ③ 단근질하다. 烙印.

락 [**絡**] 연락 락 (낙—). ① 연락하다. 잇다. 絡繹·連絡. ② 둘리다. 籠絡. ③ 맥. 脈絡.

락 [**落**] 떨어질 락 (낙—). ① 떨어지다. 落果·落淚·落心·落第·落鄕. ② 마을. 部落·村落. ③ 이루다. 落成. ④ 쓸쓸하다. 落寞.

란 丹→단(丹)

란: [**亂**] 어지러울 란 (난—). ① 어지럽다. 亂局·亂世·亂臣. ② 난리. 動亂·倭亂·戰亂.

란: [**卵**] 알 란 (난—). ① 알. 卵白·卵生·卵巢·卵子·卵形. ② 기르다. 卵育.

란 **欄** 난간 란 (난—). ① 난간. 欄干. ② 우리. ③ 테두리. 空欄.

란: **爛** 난만할 란 (난—). ① 난만하다. 爛漫·爛熟. ② 데어서 헐다. 糜爛·腐爛. ③ 빛나다. 爛然·絢爛. ④ 밝다. 爛然·燐爛.

란 [**蘭**] 난초 란 (난—). ① 난초. 蘭客·蘭交·蘭燈·蘭室·蘭獨. ② 모란꽃. 木蘭.

랄 **刺** (1) 어그러질 랄 (날—). ① 어그러지다. 刺謬. ② 물고기 치는 소리. 潑剌. (2) 《국》수라 라. ○ 수라. 水剌.

랄 喇 (1) 말 급히할 랄. (2) 나팔 라(나ー). ○ 나팔. 喇叭. (3) 《신》 라마교 라. ○ 라마교. 喇嘛敎.

람 [濫] 넘칠 람(남ー). ① 넘치다. 濫分·氾濫. ② 지나치다. 함부로 하다. 濫讀·濫發·濫用·濫作. ③ 뜨다. 띄우다. 濫觴.

람 [藍] 쪽 람(남ー). ① 쪽, 쪽빛. 藍碧·藍色·藍青. ② 옷이 해지다. 藍縷. ③ 절. 伽藍.

람 [覽] 볼 람(남ー). ○ 보다. 두루 보다. 觀覽·閱覽·遊覽·一覽.

랍 拉 끌로 갈 랍(남ー). ① 끌고 가다. 잡아가다. 拉北·拉殺·拉致·拉脅·被拉. ② 꺾다. 拉朽.

랍 臘 섣달 랍(남ー). ① 섣달. 臘月·臘日. ② 납향제. 臘鼓·臘平·臘享.

랑 廊 행랑 랑(낭ー). ○ 행랑. 곁채. 廊廟·廊廡·廊下·畵廊·回廊.

랑: [朗] 밝을 랑(낭ー). ○ 밝다. 朗讀·朗朗·明朗·清朗.

랑: 〔浪〕 물결 랑(낭ー). ① 물결. 激浪·波浪·風浪. ② 떠돌. 浪士·浪遊·浪人·放浪. ③ 함부로 하다. 浪費·浪信. ④ 헛되다. 浪說·浪傳. ⑤ 맹랑하다. 孟浪. ⑥ 성(姓).

랑 〔郞〕 사내 랑(낭ー). ① 사내. 花郎. ② 벼슬 이름. 郎署·郎中·侍郎. ③ 남편. 郎君·新郎. ④ 서방님. 郎材.

래 〔來〕 올 래(나ー). ○ 오다. 來年·來賓·元來·以來. 《반》 去.

랭: 〔冷〕 찰 랭(냉ー). 《대》 暖. ○ 차다. 쌀쌀하다. 冷却·冷氣·冷待·冷凍·冷情.

략 掠 노략질할 략. ○ 노략질하다. 掠奪·擄掠. ② 볼기치다. 掠笞.

략 〔略〕 간략할 략(ー). ① 간략하다. 생략하다. 略歷·略述·省略. ② 꾀. 計略·軍略·戰略·政略. ③ 노략질하다. 침략하다. 攻略·侵略. ④ 지경. 略界.

량: 〔兩〕 둘 량(양ー). ① 둘, 짝. 兩家·兩國·兩極·兩親·兩便. ② 냥(양). 돈의 단위(한 냥은 10돈 또는 100푼). ③ 무게의 단위(한 냥은 약 37.5g).

량 亮 밝을 량(양ー). ① 밝다. 亮明·亮察. ② 믿다. 亮許. ③ 천자(天子)가 상(喪)을 입음. 亮陰.

량 涼 《속》→량(凉).

량 [梁] 들보 량(양ー). ① 들보. 梁木·梁上君子·棟梁. ② 다리. 橋梁. ③ 팔뚝 뛰다. 跳梁. ④ 성(姓).

량 [凉] 서늘할 량(양ー). 《속》 涼. ① 서늘하다. 凉風·荒凉. ② 엷다. 凉德·凉衣.

량 粱 좋은 곡식. 정미(精米). 膏粱珍味.

량 [糧] 양식 량(양ー). ① 양식. 먹이. 糧食·糧饌. ② 구실. 輪糧.

량 〔良〕 어질 량(양ー). ① 어질다. 착하다. 良心·善良. ② 온순하다. 良民·良閥. ③ 좋다. 良家·良金美玉·良馬·良書·良俗·良識·良好. ④ 잠깐. 良久.

량: 〔諒〕 믿을 량(양ー). ① 믿다. 양해하다. 諒知·諒察·諒解. ② 참. 忠諒.

량: 輛 수레 량(양ー). ○ 수레. 車輛.

량: 〔量〕 (1) 분량 량(양ー). ① 분량, 부피. 計量·分量·小量·通量. ② 말. 度量衡. 도량, 능력. 度量·雅量·裁量. ② 헤아릴 량(양ー). ○ 헤아리다. 商量·推量·測量.

려: 侶 짝 려(여ー). ○ 짝. 벗. 侶伴·侶行·伴侶·僧侶.

려: 勵 힘쓸 려(여ー). ① 힘쓰다. 勤勵·獎勵. ② 권하다. 激勵·勉勵.

려 呂 풍류 려(여ー). ① 풍류. 律呂. ② 법. ③ 성(姓).

려: 〔慮〕 생각 려(여ー). ① 생각. 생각하다. 慮外·苦慮·考慮·思慮. ② 염려하다. 걱정하다. 心慮·憂慮·遠慮.

려: 〔旅〕 나그네 려(여ー). ① 나그네. 여행하다. 旅客·旅券·旅路·旅行. ② 군대. 旅團. 베풀다. 旅陳.

려 麗 고울 려(여ー). ① 곱다. 秀麗·華麗. ② 빛나다. 麗日. ③ "高麗"의 약어. 麗史·麗謠.

력 〔力〕 힘 력(역ー). ① 힘. 力道·力量·力士·强力. ② 힘쓰다. 力說·力作·力行.

력 〔曆〕 책력 력(역ー). ① 책력. 曆法·曆書·西曆·陰曆·冊曆. ② 세다. 曆數·算曆. ③ 운수.

력 〔歷〕 지낼 력(역ー). ① 지내다. 겪다. 歷年·歷史·歷任. ② 두루. 차례차례. 歷任·遍歷. ③ 여러 대. 歷代·歷朝. ④ 차례를 넘다. 歷階. ⑤ 분명하다. 歷歷·歷然.

력 轢 수레바퀴에 치일 력(역ー). ○ 수레바퀴에 치이다. 갈리다. 轢死·轢殺·軋轢.

련 憐 불쌍히 여길 련(연ー). ① 불쌍히 여기다. 可憐. ② 사랑하다. 愛憐.

련: 〔戀〕 사모할 련(연ー). ○ 사모하다. 戀慕·戀愛·戀情·悲戀·失戀.

련: 煉 쇠불릴 련(연ー). ① 쇠불리다. 煉丹·煉獄·鍛煉. ② 반죽하다. 煉白粉·煉藥·煉乳·煉炭.

련: 練 익힐 련(연ー). ① 익히다. 이기다. 練兵·練習·未練·洗練·修練. ② 연복. 練服·練祭祀. ③ 익다. 練日. ④ 겪다.

련 [聯] 잇닿을 련(연ー). ① 잇다. 잇닿다. 聯關·聯立·聯邦·聯想·聯合. ② 짝, 쌍. 서로 대하다. 聯句·雙聯.

련 〔蓮〕 연꽃 련(연ー). ① 연꽃. 蓮根·蓮葉·蓮池. 木蓮·睡蓮. ② 연밥. 蓮房·蓮實·蓮子.

련: 〔連〕 연할 련(연ー). ① 잇다. 連結·連絡·連日. 連接. ② 끌리다. 連引.

련: 〔鍊〕 쇠불릴 련(연ー). ① 쇠불리다. 鍊金·鍊金師·鍊金術. ② 단련하다. 鍊磨·鍊習·洗鍊·修鍊·訓鍊.

렬 〔列〕 벌일 렬(열ー). ① 벌이다. 벌여 서다. 列強·列擧·列國·列車. ② 줄. 隊列·整列·前列. ③ 줄서다. 列代·列世·列傳. ④ 차례. 列次·序列. ⑤ 벌일 자리. 列席·參列.

렬 [劣] 용렬할 렬(열ー). ① 용렬하다. 못하다. 질이 떨어지다. 劣等·劣勢·庸劣·優劣·拙劣. 《대》 優.

렬 〔烈〕 매울 렬(열ー). ① 맵다. 심하다. 激烈·猛烈·熱烈·壯烈·熾烈. ② 불기운 세다. 烈日·烈火. ③ 질이 곧다. 烈女·烈婦·烈士·先烈. ④ 공. 武烈·偉烈·遺烈·忠烈.

렬 裂 찢을 렬(열ー). ○ 찢다. 갈리다. 裂傷. 分裂·滅裂·分裂·破裂.

렴 〔廉〕 청렴할 렴(염ー). ① 청렴하다. 염치. 廉儉·廉潔·廉史·廉恥·清廉. ② 살피다. 廉問·廉察·廉探. ③ 값싸다. 廉價·廉賣·低廉. ④ 모. 廉稜·廉隅. ⑤ 성(姓).

렵 獵 사냥할 렵(엽ー). ○ 사냥하다. 사냥. 獵官·獵奇·獵銃·涉獵·狩獵.

령: 〔令〕 명령할 령(영ー). ① 명령하다. 令狀·命令·號令. ② 법령. 閣令·法令·部令·訓令. ③ 벼슬 이름. 令監·縣令. ④ 좋다. 令口·令名·令節. ⑤ 남을 높이는 말. 令姉·令室·令胤. ⑥ 하여금. ⑦ 가령. 假令.

령 囹 감옥 령(영ー). ○ 감옥. 囹圄·囹圄室.

령: 〔嶺〕 재 령(영ー). ○ 재. 고개. 嶺南·嶺上·峻嶺.

령 — 륙

鈴 방울 령(영—). ○ 방울. 搖鈴·鏡鈴·電鈴·鐸鈴.

零 떨어질 령(영—). ① 떨어지다. 零落·零碎·零落. ② 나머지. 零本. ③ 적다. 零買·零賣·零細. ④ 없음. 零度·零時·零下.

靈 신령 령(영—). ① 신령. 신령스럽다. 靈感·神靈. ② 혼. 靈魂·聖靈. ③ 신통하다. 靈智.

領 거느릴 령(영—). ① 거느리다. 領導. ② 다스리다. 領有·領率·大統領·頭領·首領. ③ 목. 중요하다. 綱領·校領·要領. ⑤ 옷깃. 領袖. ⑥ 받다. 領受·領收·領有·占領. ⑦ 차지하다. 領空·領內·領地·領土·領海. ⑧ 깨닫다. 領解·領會. ⑨《군》군대 계급의 하나. 大領·中領·少領. ⑩ 벌〔옷을 세는 단위〕.

齡 나이 령(영—). ○ 나이. 연치(年齒). 年齡·馬齡·寶齡.

例 본보기 례(예—). ① 본보기. 例文·例示·例題. 引例. ② 법식. 격례. 例規·慣例·前例·通例. ③ 같은 무리. 例外·類例.

禮 예도 례(예—). ① 예도. 예절. 禮物·禮訪·禮法·禮儀·賀禮. ② 절. 인사. 禮拜·敬禮·拜禮.

隷 글씨 례(예—). ① 글씨. 隷書. ② 종. 隷僕·奴隷. ③ 붙다. 따르다. 隷屬.

勞 수고로울 로(노—). ① 수고롭다. 힘써 일하다. 勞苦·勞動·勞力·勞賃·勞資·功勞·徒勞. ② 느른하다. 過勞·心勞·疲勞. ③ 위로하다. 慰勞.

爐 화로 로(노—). ① 화로. 爐邊·暖爐·原子爐·風爐·香爐·火爐. ② 똑약별.

盧 술집 로(노—). ① 술집. 술청. ② 밥그릇. ③ 검다. 盧弓·盧矢. ④ 눈동자. 盧子. ⑤ 성(姓).

老 늙을 로(노—). ① 늙다. 늙은이. 老炎·老長·元老. ② 익숙하다.

虜 사로잡을 로(노—). 《동》擄. ① 사로잡다. 虜掠·捕虜. ② 종. 오랑캐. 虜將.

路 길 로(노—). ① 길. 路費·路線·岐路·旅路·進路. ② 성(姓).

露 이슬 로(노—). ① 이슬. 甘露·霜露·雨露·朝露·草露. ② 드러나다. 露骨·露呈·露天·露出·露顯. ③ 한노하다. 露宿·露營.

魯 둔할 로(노—). ① 둔하다. 어리석다. 魯鈍·魚魯不辨. ② 나라 이름. ③ 성(姓).

祿 녹 록(노—). ① 녹. 요. 祿俸·祿爵·國祿·俸祿·食祿. ② 곡식. 祿米·祿食.

綠 푸를 록(노—). ① 푸르다. 초록빛. 綠豆·綠陰·綠化. ② 옥 이름. 結綠.

錄 기록할 록(노—). ① 기록하다. 錄音·記錄·登錄. ② 문서. 圖錄·芳名錄. ③ 목록. 目錄. ④ 쓰다. 錄用.

鹿 사슴 록(노—). ① 사슴. 鹿角·鹿茸·鹿血·馴鹿·逐鹿. ② 곳집. ③ 녹록하다. 鹿鹿.

論 의논할 론(노—). ① 의논하다. 論議·議論·通例. ② 글뜻 풀다. 論理·論說·討論. ③ 변론하다. 論客·辯論.

弄 희롱할 롱(노—). ① 희롱하다. 弄奸·弄談·弄丟言·弄筆. ② 업신여기다. 翻弄·愚弄·嘲弄. ③ 구경하다. 弄月·玩弄.

籠 농 롱(노—). 농. 종다래끼. 새장. 籠球·籠檻·籠城·籠養·鳥籠. ② 싸다. 籠絡. ③ 대상자. 竹籠. ④ 얽다. 籠物.

聾 귀먹을 롱(노—). ① 귀먹다. 聾昧·聾盲·聾啞宿·聾啞教.

儡 꼭두각시 뢰(뇌—). ① 꼭두각시. 傀儡. ② 무너지다. 儡身.

賂 뇌물 뢰(로[뇌]—). ① 뇌물. 선물. 賂物·賄賂.

賴 힘입을 뢰(뇌—). ○ 힘입다. 의지하다. 믿다. 賴德·無賴·信賴·依賴.

雷 우뢰 뢰(뇌—). ① 우뢰. 천둥. 雷動·雷聲·雷霆·落雷·避雷. ② 남 따라 소리 지르다. 雷同. ③ 성(姓).

了 마칠 료(요—). ① 마치다. 修了·完了·終了. ② 알다. 이해하다. 了得·了解. ③ 똑똑하다. 밝다. 了然·明了. ④ 결정이나 과거를 나타내는 조사.

僚 동료 료(요—). ① 동료. 동관(同官). 僚輩·僚友·同僚. ② 관리. 官僚·幕僚.

料 헤아릴 료(요—). ① 헤아리다. 料得·思料·肥料·資料. ② 다스리다. 料理. ③ 거리. 감. 塗料. ④ 삯. 값. 料金·無料·有料. ⑤ 녹. 봉급. 料米·料食. ⑥ 계교하다. 計料.

龍 용 룡(용—). ① 용. 龍宮·龍夢·龍王·臥龍. ② 임금. 龍駕·龍床·龍顔. ③ 말 이름. 龍馬. ④ 성(姓).

壘 진 루(누—). ① 진. 보루. 壘舍·保壘·軍壘. ② 쌓다. 堆壘. ③ 자리. 야구에서 공격측의 주자(走者)가 꼭 통과해야 하는 자리. 壘打·一壘.

屢 자주 루(누—). ○ 자주. 여러. 屢空·屢代·屢日·屢次.

樓 다락 루(누—). ○ 다락. 층집. 樓閣·摩天樓·望樓·門樓·戍樓.

淚 눈물 루(누—). ○ 눈물. 淚管·淚腺·淚痕·感淚·熱淚.

漏 샐 루(누—). ① 새다. 漏泄·漏水·漏籍·疎漏·遺漏. ② 빠지다. 漏落·漏失. ③ 물시계. 漏刻·漏點.

累 여러 루(누—). ① 여러. 더하다. 거듭하다. 포개다. 累加·累計·累累·累積·累進. ② 더럽히다. 累德·累名. ③ 얽히다. 연좌하다. 係累·連累. ④ 묶다. 係累.

陋 더러울 루(누—). ① 더럽다. 천하다. 陋名·陋醜·鄙陋. ② 좁고 추하다. 陋屋·陋巷. ③ 생각이 좁다. 陋見·陋悲·固陋.

劉 이길 류(유—). ① 이기다. ② 죽이다. ③ 쇠뿌다. ④ 묘금도(卯金刀). ⑤ 성(姓).

柳 버들 류(유—). ① 버들. 柳眉·細柳·花柳. ② 이십팔수(二十八宿)의 하나. 柳星. ③ 수레 이름. 柳車.

流 흐를 류(유—). ① 흐르다. 流動·流水·流用·流會·交流. ② 도움. 激流·暖流·電流·支流. ④ 떠돌아다니다. 流離·流民·流轉. ⑥ 귀양보내다. 流配·流罪·流刑. ⑤ 세상에 퍼지다. 流言·蜚語·流傳·流行. ⑥ 내리다. 流俗. ⑦ 무리. 流派·黃流·一流.

溜 낙숫물 류(유—). ① 낙숫물. 溜槽. ② 김 서리다. 乾溜·蒸溜.

琉 유리 류(유—). ○ 유리. 琉璃·琉璃燈·琉璃瓶·琉璃窓.

留 머무를 류(유—). 《원》畱. ① 머무르다. 留意·留學·拘留. ② 뒤지다. 遲留.

畱 《원》→류(留).

硫 유황 류(유—). ○ 유황. 硫酸·硫化·硫黃.

類 무리 류(유—). ① 무리. 類別·同類·部類·種類·品類. ② 무리〔생물분류학에서 "강(綱)·목(目)"을 대신하여 쓰는 말〕. 昆蟲類·食肉類. ③ 닮다. 같다. 類例·類似·類書·類型. ④ 견주다. 無類比·比類.

六 여섯 륙(육—). ○ 여섯. 여섯 번. 六甲·六法·六旬.

陸 뭍 륙(육—). ① 뭍. 육지. 《대》海. 陸軍·陸上·陸地·大陸·離陸. ② 잇닿다. 陸續. ③ 뛰다. 陸梁. ④ 녹록하다. 陸陸. ⑤ 뒤섞이다. 陸離. ⑥ 성(姓).

륜 [倫] 인륜 륜(윤―). ① 인륜. 倫理·不倫·人倫. ② 무리. 또래. 倫匹·比倫·絶倫.
륜 [輪] 바퀴 륜(윤―). ① 바퀴. 輪軸·輪輻·五輪·車輪·花輪. ② 둘레. 테두리. 輪廓·外輪. ③ 돌다. 輪讀·輪番·輪作·輪轉·輪廻. ④ 아름답다. 輪奐.
률 [律] 법 률(율―). ① 법. 律文·律法·軍律·規律·法律. ② 저울질하다. 自律·他律. ③ 풍류. 律客·律動·旋律·音律. ④ 한시체(漢詩體)의 하나. 律賦·律詩. ⑤ 짓다. 律과.
률 [栗] 밤 률(율―). ① 밤. 밤나무. 栗木·栗園·栗子·生栗. ② 떨다. 두려워하다. 〖동〗慄. 栗然. ③ 춥다. 栗烈.
률 率→솔(率).
륭 [隆] 높을 륭(융―). ① 높다. 隆起·隆鼻·隆崇. ② 성하다. 隆多·隆název·隆盛·興隆. ③ 크다. 隆恩. ④ 두텁다. 隆崇.
륵 肋 갈빗대 륵(늑―). ○ 갈빗대. 肋間·肋骨·肋膜.
릉 [陵] 무덤 릉(능―). ① 무덤. 陵墓·陵廟·陵所·陵寢·王陵. ② 무너지다. 陵夷.
리 俚 속될 리(이―). ① 속되다. 俚俗·俚言·俚諺·俚謠.
리: [利] 이할 리(이―). ① 이롭다. 이익. 利權·利益·利害·薄利·便利·暴利. ② 날카롭다. 〖대〗鈍. 利鈍·利氏·銳利. ③ 이기다. 勝利. ④ 이자. 利息·利率·利子.
리 厘 리 리(이―). ① 리(화폐·길이·소수·무게 등 단위의 한 가지). ② 티끌. 厘毛.
리: [吏] 아전 리(이―). ① 아전. 吏屬·胥吏. ② 관리. 官吏·公吏·汚吏.
리 哩 어조사 리(이―). ① 어조사. ② 〖신〗 마일. mile
리: [履] 신 리(이―). ① 신. 木履. ② 밟다. 履戴·履氷·履行. ③ 경력. 이력. 履歷履修·履歷書.
리: [李] 오얏 리(이―). ① 오얏. 李花·桃李. ② 행장. 行李. ③ 〖성〗.
리 [梨] 배 리(이―). ① 배. 梨木·梨園·梨花·桃梨·山梨. ② 벌레 이름. 梨蟲.
리: [理] 다스릴 리(이―). ① 다스리다. 理髮·理事·管理·攝理·整理. ② 도리. 이치. 論理·理想·理致·原理. ③ 무늬. 木理. ④ 깨닫다. 理解. ⑤ 고치다. 修理. ⑥ 성품. 理念·理性.
리: 痢 이질 리(이―). ○ 이질. 곱똥. 설사. 痢疾·痢疾·白痢·赤痢.
리 裡→리(裏).
리: 罹 걸릴 리(이―). ○ 걸리다. 罹病·罹災·罹禍·罹患.
리: [裏] 속 리(이―). ⑴ 속 안. 裏面·裏海·腦裏·表裏. ② 옷속. 옷안.
리: [里] 마을 리(이―). ① 마을. 里門·里會·洞里·鄕里. ② 이수. 里數·里程.
리 [離] 떠날 리(이―). ① 떠나다. 離任·離鄕. ② 이별하다. 離別·離散·會者定離. ③ 떨어지다. 離陸·離脫·分離.
리: [鯉] 잉어 리(이―). ① 잉어. 鯉魚. ② 편지. 鯉素.
린 燐 도깨비불 린(인―). ① 도깨비불. 燐光. ② 원소 이름. 燐酸. ③ 〖일〗성냥. 燐寸.
린 [隣] 이웃 린(인―). ① 이웃. 隣家·隣國·隣近·隣村. ② 이웃하다. 隣交·隣接.
린 鱗 비늘 린(인―). ① 비늘. 鱗甲·鱗狀·銀鱗·片鱗. ② 물고기. 鱗介.
린 麟 기린 린(인―). ○ 기린. 麟角·麟鳳·麒麟.
림 [林] 수풀 림(임―). ① 수풀. 林野·林業·密林. ② 많이 모이다. 빽빽하다. 林立·土林·書林·儒林·翰林. ③ 〖성〗.

림 [臨] 임할 림(임―). ① 임하다. 臨檢·臨機應變·臨泣·臨床·臨席·臨時·臨終. ② 다스리다. 君臨.
립 [立] 설 립(입―). ① 서다. 立論·立志·建立·獨立. ② 세우다. 樹立·立案·擁立·創立. ③ 이루다. 成立. ④ 〖신〗 리터(litre).
립 粒 낟알 립(입―). ① 낟알. 쌀. 粒粒·粒食·粒子·米粒·微粒.
마 摩 문지를 마. ① 문지르다. 비비다. 摩擦·撫摩. ② 어루만지다. 摩民·摩天·撫摩.
마 碼 야드 마. ① 야드. 碼磁. ② 나루터. 碼頭. ③ 야아드(yard).
마 [磨] 갈 마. ① 갈다. 磨光·磨滅. ② 숫돌. ③ 연자방아. 磨石. ④ 〖중〗 돌다.
마 痲→마.
마: [馬] 말 마. ① 말. 馬脚·馬夫. ② 마르크 (Mark: 독일 화폐 단위). ③ 〖성〗.
마 魔 마귀 마. ① 마귀. 魔鬼·魔女·魔手·病魔·惡魔. ② 어떤 일에 열중하여 본성을 잃음. 色魔. ③ 마술. 魔術·魔力.
마 [麻] 삼 마. ① 삼. 麻絲·麻布·亂麻·大麻. ② 저리다. 〖동〗痲. 麻痺·麻藥·麻醉. ③ 〖성〗.
막 寞 쓸쓸할 막. ○ 쓸쓸하다. 寬寞·寂寞.
막 [幕] 장막 막. ① 장막. 開幕·帳幕·黑幕. ② 군막. 幕僚·幕府.
막 [漠] 아득할 막. ① 아득하다. 漠漠. ② 사막. 沙漠. ③ 고요하다. 寂漠.
막 膜 꺼풀 막. ① 꺼풀 막. 角膜·結膜·鼓膜·腹膜·眼膜. ② 큰 천막. 膜幕.
막 [莫] (1) 말 막. ① 없다. 말다. 莫論·莫說·莫逆. ② 더할 나위 없이. 莫强·莫大·莫上·莫重. ③ 푸성귀 모. ① 푸성귀 나물. ② 저물 모. 〖동〗暮. 莫夜·莫春.
만 卍 만 자. ○ 범자(梵字)의 만(萬). 卍字·卍字寂.
만 娩 (1) 해산할 만. ○ 해산하다. 娩痛·分娩. ② 고을 면. ○ 곱다. 수려분하다.
만: 慢 교만할 만(만). ① 교만하다. 慢世·驕慢·傲慢·自慢. ② 게으르다. 怠慢·驕慢. ③ 느리다. 慢然·緩慢. ④ 방자하다. 慢寫.
만: 挽 당길 만. ① 당기다. 挽車·挽引·挽止·挽回. ② 상여군의 노래. 挽歌·挽詩.
만: [晚] 늦을 만. ① 늦다. 저물다. 晩警·晩得·晩成·晚婚. ② 뒤지다. 晚秋·晚交. ③ 저녁 밤.
만: [滿] 찰 만. ① 차다. 가득하다. 滿腔·滿期·滿員·充滿·飽滿. ② 넘치다. 풍족하다. 滿喫·滿족·滿足·圓滿·豊滿. ③ 〖약〗 만주(滿洲). 滿蒙·滿語·滿人.
만: [漫] 부질없을 만. 〖동〗曼. ① 부질없다. 漫談·漫文·漫筆·漫畵·漫遊·漫筆. ② 물이 질펀하다. 漫漫·爛漫. ③ 흩어지다. 散漫·漫漫. ④ 물러터지다. 漫醉. ⑤ 아득한 모양. 浪漫.
만 灣 물굽이 만(완―). ① 물굽이. ② 배 대는 곳. 港灣.
만: [萬] 일만 만. ① 일만. 萬古·萬國·萬能. ③ 만약. 萬若·萬一. ④ 결코. 萬不當. ⑤ 〖성〗.
만 瞞 속일 만. ① 속이다. 瞞過·瞞官·欺瞞. ② 눈치슴츠레하다. 瞞瞞. ③ 부끄러워하다. 瞞然.
만: 蔓 (1) 넌출 만. ○ 넌출. 덩굴. 蔓蔓·蔓蔓·蔓生·蔓性·蔓延·蔓草. (2) 순무 만. ○ 순무. 蔓菁·蔓菁子.
만: [蠻] 오랑캐 만. ○ 오랑캐. 되. 蠻民·蠻勇·蠻行·野蠻.

말

말 抹 지울 말. ① 지우다. 뭉개다. 抹去·抹殺·抹消·抹擦. ② 스치다. 지나다. 一抹. ③ 바르다. 칠하다. 抹銀·抹紅·塗抹.

말 末 끝 말. ① 끝. 《대》始. 末端·末尾·末席·本末·末境. ② 처음에서 멀리 떨어진 곳. 末期·末路·結末·顚末. ③ 늙다. 末年. ④ 보잘것없다. 末技·末職. ⑤ 마치다. 終末. ⑥ 가루. 末藥·粉末.

망 亡 망할 망. ① 망하다. 《대》興. 亡國·滅亡·興亡. ② 달아나다. 亡命·敗亡. ③ 잃다. 亡失. ④ 죽다. 亡父·死亡.

망 妄 망녕될 망. ① 망녕되다. 허망하다. 妄念·妄發·妄想·妄言·虛妄. ② 법상하다. ③ 성실하지 않다. 妄物·妄信.

망 忙 바쁠 망. ○ 바쁘다. 忙中閑·多忙·煩忙·繁忙·奔忙·慌忙.

망 忘 잊을 망. ○ 잊다. 忘却·忘憂·忘恩·健忘·不忘·備忘.

망 望 바랄 망. ① 바라다. 우러러보다. 渴望·落望·德望·美望·切望. ② 바라보다. 望樓·望鄕·展望. ③ 원망하다. 怨望. ④ 책망하다. 責望. ⑤ 보름달. 望日·望前·旣望.

망: 網 그물 망. ① 그물. 網巾·網膜·網紗·通信網. ② 그물치다. ③ 법. 法網. ④ 온몽. 網羅. ⑤ 망태기. 網橐.

망: [罔] 없을 망. ① 없다. 罔極·罔極之痛·罔知所措·罔測. ② 속이다. 罔民. ③ 그물. 법. 《동》網. 罔罟.

망 芒 가시랭이 망. ① 가시랭이. 芒銳·芒種. ② 꼬리 별. 미성. 芒角·光芒. ③ 큰 모양. 막연한 모양. 피곤한 모양. 芒芒·芒然.

망 [茫] 망망할 망. ① 망망하다. 茫漠·茫茫·茫洋. ② 멀거니. 茫昧·茫然.

매 [埋] 묻을 매. ① 묻다. 埋沒·埋葬·埋藏. ② 감추다. 埋伏·暗埋.

매: 妹 누이 매. ○ 누이. 妹家·妹夫·令妹·姊妹.

매 [媒] 중매할 매. ① 중매하다. 媒介·媒質·媒婆·仲媒·觸媒. ② 빛다. 媒藥. ③ 어둡다. 媒媒.

매 昧 어두울 매. ○ 어둡다. 愚昧·蒙昧.

매 枚 낱 매. ① 낱낱. 枚擧. ② 하무. 銜枚.

매 [梅] 매화 매. 매화나무. 梅實·梅花·白梅·紅梅. ② 절후 이름. 梅霖·梅雨. ③ 성 (姓).

매: [每] 매양 매. ① 매양. 每年·每番·每事·每日·每回. ② 각각. 每名·每人.

매 煤 그을음 매. ① 그을음. 煤煙. ② 석탄. 煤炭.

매: 罵 꾸짖을 매(마). ○ 꾸짖다. 罵倒·罵詈·罵言·唾罵.

매: [買] 살 매. ○ 사다. 買得·買上·買收·買占·購買.

매: [賣] 팔 매. ○ 팔다. 賣却·賣官·賣渡·賣職·都賣.

매: [邁] 멀리 갈 매. ① 멀리 가다. 힘써 나아가다. 邁進. ② 지나가다. 邁迹. ③ 뛰어나다. 高邁.

매: 魅 도깨비 매. ① 도깨비. 魑魅. ② 호리다. 魅力·魅了·魅惑.

맥 脉 《속》⇒맥(脈).

맥 [脈] 맥 맥. 《속》脉. ① 혈관. 脈絡·脈搏·脈動·脈命·脈脈·靜脈·診脈·血脈. ② 줄기. 鑛脈·文脈·山脈.

맥 [麥] 보리 맥. ① 보리. 麥藁·麥農·麥嶺·麥飯·燕麥·瞿麥. ② 밀을 맥. 麥皮. ② 둘귀리. 귀리.

맹 [孟] 말 맹. ① 맏이. 孟伯. ② 처음. 孟夏. ③ 맹랑하다. 孟浪. ④ 성(姓).

맹: [猛] 사나울 맹. ① 사납다. 猛犬·猛默·猛虎·獨하다. ② 날래다. 猛烈·猛將·猛進·勇猛. ③ 혹猛犬·猛打.

맹 [盟] 맹세할 맹. ○ 맹세하다. 盟誓·盟約·盟休·同盟·聯盟.

맹 [盲] 소경 맹. ① 소경. 盲目·盲啞·盲人·盲腸·從·文盲. ② 어둡다. 色盲. ③ 몽매하다. 盲信·盲

맹 萌 싹 맹. ① 싹. 싹트다. 비롯하다. 萌動·萌芽·萌葉·萌迷. ② 백성. 萌黎.

면: [免] 면할 면. ① 면하다. 벗다. 免疫·免除·免罪·赦免. ② 허가하다. 免許. ③ 내쫓다. 免職·罷免.

면: [勉] 힘쓸 면. ① 힘쓰다. 勉勵. ② 부지런히 하다. 勉學·勤勉. ③ 권하다. 勸勉.

면 棉 목화 면. 《동》綿. ○ 목화. 棉實·棉作·棉花·木棉.

면 [眠] 잠잘 면. ① 자다. 쉬다. 眠食·多眠·熟眠·安眠·永眠. ② 졸다. 睡眠.

면 [綿] 솜 면. ① 솜. 綿紡·綿絲·綿織·綿花·純綿. ② 잇닿다. 綿瓦·綿綿·綿連. ③ 자세하다. 綿密.

면: [面] 낮 면. ① 낯. 얼굴. 面刀·面貌·面目·面識·舊面. ② 향하다. 대하다. 面談·面對·面駁·面會. ③ 보다. 보이다. 面前. ④ 쪽. 行政區域). 面民·面長. ⑤ 방위·방향·방면. 方面. ⑥ 外面·表面.

멸 [滅] 멸할 멸. ① 멸하다. 滅裂·滅亡·擊滅·消滅·幻滅. ② 죽이다. 죽다. 滅度·滅後·入滅·寂滅.

멸 蔑 업신여길 멸. ① 업신여기다. 蔑視·蔑如·侮蔑. ② 없다. 蔑以加矣.

명 [冥] 어두울 명. ① 어둡다. 冥冥·冥闇·晦冥. ② 아득하다. 그윽하다. 冥感·冥想. ③ 저승. 冥界·冥鬼·冥途·冥福·冥府·冥王. ④ 하느님. 冥助.

명 [名] 이름 명. ① 이름. 名目·名簿·署名·姓名. ② 이름짓다. 名狀·命名. ③ 이름나다. 名曲·名勝·名言. ④ 명예. 名利·名聲·名譽. ⑤ 사람을 셀 때 붙이는 말. 百名.

명: [命] 목숨 명. ① 목숨. 命脈·短命·生命·壽命·殘命. ② 명령. 命令·待命·拜命. ③ 이름 짓수. 운명. 薄命·宿命·運命·人命·天命. ④ 이름. 명.

명 [明] 밝을 명. ① 밝다. 밝히다. 《대》暗. 明朗·明成·明白·明察·斜明. ② 똑똑하다. 의심없다. 明見·明瞭·明示·明言·明聲明. ③ 슬기. 明君·明哲·高明. ④ 시력(視力). 失明. ⑤ 낮새다. 明年·明夜·明日·明朝·明秋. ⑥ 이승. 幽明. ⑦ 왕조 이름. ⑧ 성(姓).

명: 皿 그릇 명. ○ 그릇. 器皿·大皿·小皿.

명 [銘] 새길 명. ① 새긴 글. 銘誌·刻銘·墓誌銘·碑銘·座右銘. ② 명심하다. 기록하다. 銘肝·銘記·銘心·感銘.

명 [鳴] 울 명. ① 울다. 울리다. 鳴鏡·鳴鼓·鳴動·共鳴·雷鳴. ② 새 울음. 鳴禽.

몌 袂 소매 몌. ○ 소매. 袂口·袂別·分袂.

모 侮 업신여길 모. ○ 업신여기다. 蔑侮·侮辱·受侮.

모 冒 무릅쓸 모. 《속》冐. ① 무릅쓰다. 범하다. 冒瀆·冒險. ② 거짓하다. 冒年.

모: [募] 모집할 모. ① 모집하다. 募兵. 募集·急募·應募. ② 부르다. 召募.

모: 帽 모자 모. ○ 모자. 帽子·軍帽·禮帽·制帽·着帽.

모: [慕] 사모할 모. ○사모하다. 慕念·慕華·思慕·愛慕·戀慕·追慕.
모: 摸 더듬을 모(막). ① 더듬다. 摸索 ② 본뜨다. 摸倣·摸寫·摸擬.
모: 暮 저물 모. ① 저물다. 暮景·暮夜·暮天. ② 늦다. 暮春·歲暮 ③ 늙다. 暮境·暮年. ④ 밤. 暮色·薄暮.
모: [某] 아무 모. ○아무. 某氏·某人·某種·某處·誰某.
모: [模] 법 모. ① 법. 模範·規模. ② 본뜨다. 模倣·模本·模寫·模擬·模造. ③ 모뜨다. 模糊.
모: 母 어미 모. ① 어머니. (대) 父. 母系·母女·母性·母親·繼母. ② 어른이 되는 여자. 姑母. ③ 남의 집 일보는 여자. 食母·乳母. ④ 모체가 됨. 母校·母國·母艦. ⑤ 바탕이 됨. 母音·酵母. ⑥ 장모. 聘母. ⑦ 모체. 母體.
모 [毛] 털 모. ① 털. 毛皮·毛物·毛髮·毛織·毛筆. ② 가늘고 작다. 毛細管. ③ 식물. 풀. 毛董·不毛·二毛作. ④ 성(姓).
모: 牡 수컷 모(무). ○수컷. 牡牛·牡瓦·牡牝.
모: 牟 모란 모. ○모란. 牡丹. ③ 굴조개. 牡蠣.
모 [矛] 창 모. ① 창. 矛戈·矛戟·矛楯·矛盾·亡戟得矛.
모: 耗 줄 모. ① 줄다. 덜리다. 감하다. 耗竭·耗減·耗竭·消耗. ② 어지럽다. 耗亂.
모 莫→막(莫).
모 [謀] 꾀 모. ① 꾀. 꾀하다. 謀略·謀反·謀士·陰謀. ② 의논하다. 謀議·參謀.
모 謨 꾀 모. ○꾀. 꾀하다. 謨議·謨訓·參謨.
모: [貌] 모양 모(모). ○모양. 꼴. 貌狀·貌襲·貌樣.
목 [木] 나무 목. ① 나무. 木槿·木石·木鐸·枯木·樹木. ② 오행의 하나. 木克土. ③ 별의 이름. 木星. ④ 지리다. 뻣뻣해지다. 扁木. ⑤ 뻣뻣하다. 木聲. ⑥ 강하다. 木强. ⑦《국》무명. 木棉·木花.
목 [沐] 머리 감을 목. ① 머리감다. 沐間·沐浴·齋戒·沐雨. ② 다스리다. 沐稼.
목 [牧] 칠 목. ① 짐승 치다. 牧童·牧童·牧畜·放牧·遊牧. ② 다스리다. 이끌다. 牧民·牧使·牧師·牧者.
목 [目] 눈 목. ① 눈. 目擊·目禮·目的·耳目·注目. ② 중요하다. 중요함. 眼目·要目. ③ 면목. 面目. ④ 조목. 제목. 과목. 目錄·科目·題目·條目. ⑤ 우두머리. 頭目. ⑥ 바둑 눈. ⑦ 그물 코. 網目. ⑧ 지금. 당장. 目下.
목 [睦] 화목할 목. (동) 穆. ① 화목하다. 친하다. 親睦·和睦. ② 밀다. ③ 성(姓).
목 穆 화목할 목. ① 화목하다. 敦穆·和穆. ② 공경하다. ③ 아름답다. ④ 온화하다. 穆然·穆淸.
몰 歿 죽을 몰. ① 죽다. 미치다. 病歿·戰歿·存歿. ② 느즈러진 모양.
몰 [沒] 빠질 몰. (동) 歿. ① 빠지다. 沒入·埋沒·出沒·沈沒. ② 몰락하다. 망하다. 沒落. ③ 다하다. 없어지다. 沒却·沒頭. ④ 죽다. 죽이다. (속) 歿. 殺沒. ⑤ 없다. 沒常識·沒人情·沒知覺·沒趣味. ⑥ 빼앗다. 沒收.
몽 夢 꿈 몽. ① 꿈. 夢想·夢兆·夢寐·夢幻·吉夢·凶夢. ② 흐리멍텅하다.
몽 [蒙] 어릴 몽. ① 어리다. 어리석다. 어둡다. 蒙昧·蒙稚·蒙幻·啓蒙·童蒙. ② 입다. 받다. 蒙利·蒙喪·蒙幼·蒙塵·被蒙. ③ 나라 이름. 蒙古·內蒙·外蒙. ④ 무릅쓰다. 蒙死.
묘: [卯] 토끼 묘. ① 토끼. ② 넷째 지지(地支). ③ 卯日·乙卯. ③ 동쪽. 卯方. ④ 새벽. 卯飯·卯睡·卯飮·卯酒.

묘: [墓] 무덤 묘. ○무덤. 墓碑·墓地·墓穴·墳墓·省墓.
묘: [妙] 묘할 묘. ○묘하다. 妙境·妙技·妙策·巧妙·微妙. ② 젊다. 妙齡. ③ 예쁘다. 妙少年·妙態.
묘: [廟] 사당 묘. ① 사당. 廟堂·廟室·廟宇·宗廟. ② 조정. 廟廊·廟算·廟議·廟庭.
묘 描 그릴 묘. ○그리다. 모뜨다. 描摸·描寫·描出·素描.
묘: 猫 고양이 묘. (원) 貓. ○고양이. 猫鼠同眠·猫睛.
묘: [畝] 단위 묘. ① 밭이랑. ② 넓이의 단위. 五畝之宅. ③ 두둑. 田畝.
묘 [苗] 싹 묘. ① 싹. 苗木·苗床·苗板·苗圃. ② 사냥. 苗畜. ③ 종족의 이름. 苗族.
무: 務 힘쓸 무. (동) 懋. ① 힘쓰다. 務職. ② 일. 직무. 公務·勤務·義務·職務.
무 巫 무당 무(무). ○무당. 巫覡·巫殿·巫女·巫卜·巫俗.
무: 戊 천간 무(무). ○다섯째 천간(天干). 戊夜·戊子.
무: 拇 엄지손가락 무. ○엄지손가락. 拇印·拇指.
무: [武] 호반 무. ① 호반. (대) 文. 武功·武官·武器·武術·文武. ② 날래다. 武斷·武烈·武勇. ③ 위엄 있어 보이다. 武力·威武.
무 母 (동)→무(無).
무 [無] 없을 무. (고) 无. (동) 亡·毋. ① 없다. 아니다. 無怪·無私·無我. ② 말다.
무: 舞 춤출 무. ① 춤. 춤추다. 舞蹈·歌舞·鼓舞·亂舞. ② 환롱하다. 舞弄·舞具.
무: 茂 성할 무. ① 성하다. 무성하다. 茂林·茂生·茂盛·茂樹·茂陰. ② 힘쓰다. 茂學. ③ 뛰어나다. 茂士·茂才·茂勳.
무: 誣 무고할 무. ① 무고하다. 속이다. 誣告·誣訴·誣言. ② 거짓. 꾸며댐. 誣報.
무: [貿] 무역할 무. ○무역. 무역하다. 貿穀·貿易·貿販.
무: [霧] 안개 무. ○안개. 霧露·霧散·霧消·濃霧·雲霧.
묵 墨 먹 묵. ① 먹. 墨客·墨汁·墨畫·筆墨. ② 자자(刺字)하다. 墨刑. ③ 성(姓).
묵 [默] 잠잠할 묵. ○잠잠하다. 默過·默念·默祕·默殺·默認.
문: 吻 입술 문. ○입술. 吻士·吻哨·吻合·接吻.
문: [問] 물을 문. ① 묻다. 問答·問卜·顧問·疑問. ② 학문. ③ 안부 묻다. 위문하다. 問安·問候·訪問·慰問. ③ 무죄하다. 聞者·問招.
문 [文] 글월 문. ① 글월. 문장. 文人·文壇. ② 글자. 文盲·文字·古文·說文. ③ 책. 문서. 文庫·文勞·文書·文籍. ④ 문장. 文章·文節·單文·複文. ⑤ 무늬. 문채. 文身·斑文. ⑥ 빛나다. 文質. (대) 質. ⑦ 성(姓).
문 紋 무늬 문. ○무늬. 문체. 紋織·斑紋·雲紋·指紋·波紋. ② 구김새.
문 [聞] 들을 문. ① 듣다. 들리다. 聞見·寡聞·所聞·傳聞·風聞. ② 이름나다. 聞達·聲聞·令聞. ③ 냄새 맡다. 聞香.
문 蚊 모기 문. ○모기. 見蚊拔劍·蚊脚.
문 [門] 문 문. ① 문. 門前·門戶·大門·城門·正門. ② 집. 집안. 門閥·門中·門中. ③ 제자. 門徒·門生·門人·門下·同門. ④ 학문의 계통. 門外漢·部門·佛門·專門. ⑤ 성(姓).
물 [勿] 말 물. ① 말다. 금지하다. 勿驚·勿視·勿論·勿藥. ② 부정. 勿問·勿施·勿限年. ③ 없다.

물 2170 발

물 [物] 만물 물. ① 만물, 물건. 物件·物資·物質·古物·物價. ② 사물, 일. 文物·事物. ③ 살피다, 헤아리다. 物色·物議.

미 [味] 맛 미. ① 맛, 맛보다. 味覺·口味·妙味·眞味·趣味.

미 [尾] 꼬리 미(口). ① 꼬리. 尾羽·尾翼·尾行·後尾. ②끝. 大尾·末尾·徹頭徹尾. ③ 교미하다. 交尾. ④ 작은 부채. 尾扇. ⑤ 별 이름. 尾宿.

미 [彌] 두루 미. ① 두루. 彌漫·彌滿. ② 꿰매다. 彌縫. ③ 더하다, 더욱.

미 [微] 작을 미. ① 작다. 微力·微笑·輕微. ② 아주 묘하다. 微妙·微旨. ③ 숨다, 몰래. 微行·隱微. ④ 쇠약하다. 衰微. ⑤ 낮다, 천하다. 微賤. ⑥ 아니다, 없다.

미: [未] 아닐 미. ① 아니다, 못하다. 未開·未擧·未嘗不·未審·未治. ② 여덟째 지지(地支). 未時·癸未. ③ 양미.

미 [眉] 눈썹 미. ① 눈썹. 眉間·眉目·眉宇·眉月·娥眉. ② 가, 가장자리.

미: [米] 쌀 미(口). ① 쌀·낟알. 米粒·米飮·白米·節米·玄米. ② 미터(meter).

미: [美] 아름다울 미. ① 아름답다. 美景·美觀·美術. ② 예쁘다. 美女·美貌·美容. ③ 훌륭하다. 美談·美德·美名·善美. ④ 칭찬하다. 賞美·讚美. ⑤ 맛있다. 美味·美食·美酒. ⑥ 아름다움. 美學·質美·耽美.

미 [薇] 고비나물 미. ① 고비나물. 採薇. ② 백일홍. 紫薇. ③ 장미. 薔薇.

미: [謎] 수수께끼 미. ① 수수께끼. 謎語·謎題.

민 [迷] 미혹할 미. ① 미혹하다. 迷界·迷宮·迷信·昏迷. ② 희미하다. 迷亂·迷夢.

민: [悶] 번민할 민(문). ① 번민하다. 悶懣·悶死·悶絶·苦悶·煩悶.

민: [憫] 민망할 민(민). ① 민망하다. 憫憐·憫恤. ② 잠잠하다. 憫默·憫然.

민 [敏] 민첩할 민. ① 민첩하다. 敏感·敏速·敏捷·敏活·銳敏. ② 총명하다. 明敏·聰敏·慧敏. ③ 공손하다, 공손히. 恭敏.

민 [民] 백성 민. ① 백성. 民權·民生·民心·民謠·國民.

민: [閔] 불쌍히 여길 민. ① 불쌍히 여기다. 《동》憫. 閔凶·閔然·閔恤. ② 힘쓰다. 閔免. ③ 근심하다. 閔闵. ④ 성(姓).

밀 [密] 빽빽할 밀. ① 빽빽하다, 촘촘하다. 密度·密林·密雲·密集. ② 빈틈없다. 密封·密着·緊密·精密. ③ 숨기다, 몰래하다. 密告·密命·密令·密使·密約·祕密. ④ 가만히, 은근히. 密賣淫·密詔·內密. ⑤ 차근차근하다. 綿密·纖密.

밀 [蜜] 꿀 밀. ○ 꿀. 蜜柑·蜜蠟·蜜蜂·蜜腺·蜜水.

박 [剝] 벗길 박. ○ 벗기다. 剝落·剝製·剝脫·剝皮.

박 [博] 넓을 박. ① 넓다. 博覽·博物·博識·博愛·博學·鼓博. ② 학문이 있다. 文博·醫博. ③ 노름. 博徒·賭博.

박 [拍] 손뼉칠 박(백). ○ 손뼉치다. 拍賣·拍手·拍子·拍車·拍車.

박 [撲] 칠 박. ① 치다. 撲殺·打撲. ② 없애다. 撲滅.

박 [朴] 순박할 박. 《동》樸. ① 순박하다. 朴訥·朴忠·素朴·淳朴·質朴. ② 크다. 朴牛. ③ 치다. 朴擊. ④ 성(姓).

박 [泊] 배댈 박. ① 배 대다. 碇泊. ② 말쑥하다. 淡泊. ③ 머무르다. 宿泊. ④ 떠돌다. 漂泊.

박 [舶] 배 박. ○ 배. 舶來品·舶載·大舶·商舶·船舶.

박 [薄] 엷을 박. ① 엷다. 薄德·薄命·薄冰·薄雲·輕薄. ② 적다. 薄利·薄俸. ③ 가볍다. 薄勘·薄賦. ④ 메마르다. 薄畓·薄田·薄土. ⑤ 가까이 다가오다. 迫薄·薄暮.

박 [迫] 핍박할 박. ① 핍박하다. 迫力·迫害·壓迫·脅迫. ② 급하다. 迫頭·急迫.

박 [駁] 얼룩얼룩할 박. ① 얼룩얼룩하다. 駁馬·駁犬. ② 논박하다. 駁文·論駁·反駁·痛駁. ③ 섞이다. 駁雜·雜駁.

반: [伴] 짝 반. ① 짝하다, 동무. 伴侶·伴食·同伴·隨伴.

반: [半] 반 반. ① 반, 절반. 半減·半島·半熟·半折·半解. ② 가운데. 夜半·半宵. ③ 조각. 半紙.

반: [反] (1) 돌이킬 반. ① 돌이키다. 뒤집다. 反擊·反撥·反省·反應·反覆. ② 되풀이하다. 反覆·反芻. ③ 배반하다, 반대하다. 反感·反共·反對. (2) 뒤집힐 반. ○ 뒤집다. 反音.

반: [叛] 모반할 반. ① 모반하다, 배반하다. 叛徒·叛亂·叛服·叛逆·謀叛·背叛. ② 달아나다. 離叛. ③ 나뉘다.

반 搬 운반할 반. ① 운반하다. 搬入·搬出·運搬. ② 이사가다. 搬家·搬移.

반 攀 더위잡을 반. ① 더위잡다, 끌어잡다. 攀緣·登攀. ② 당기다. 攀螢·攀鱗.

반 斑 얼룩질 반. ① 얼룩. 얼룩얼룩하다. 斑文·斑白·斑衣·斑竹. ② 산비둘기. 斑鳩.

반 番 → 번(番).

반 [班] 나눌 반. ① 나누다. 班田. ② 벌여 서다. 반열, 班家·班列·班次·東班·武班·文班. ③ 돌이키다. 班師. ④ 얼룩. 《동》斑. 班白. ⑤ 양반. 班常·班族·兩班. ⑥ 구역, 분단. 班員·班長·班會·文藝班. ⑦ 얼룩지다. 班紋·班白. ⑧ 수레소리. 班班.

반 畔 밭두둑 반. ① 밭두둑. 畔畛·畦畔. ② 물가, 물가의 언덕. 澤畔·河畔·湖畔. ③ 배반하다. 畔逆.

반 [盤] 소반 반. ① 소반. 碁盤·杯盤·小盤·玉盤·音盤. ② 굽다. 盤曲·盤屈·盤廻. ③ 즐기다. 盤樂·盤遊. ④ 서성거리다. 盤桓. ⑤ 반석. 盤石. ⑥ 서리다. 盤結·盤回. ⑦ 노수. 盤盞.

반 [般] 일반 반. ① 일반, 모두. 全般. ② 돌리다. 般還. ③ 돌이키다. 般師.

반: [返] 돌아올 반. ① 돌아오다, 돌이키다. 회복하다. 返納·返戾·返送·返信·返還.

반: 頒 펼 반. ① 펴다, 공포. 頒布. ② 나누다. 頒給·頒水·頒賜. ③ 머리 반쯤 세다. 頒白.

반 潘 → 번(潘).

반 [飯] 밥 반. ① 밥. 飯器·飯床·飯店·白飯. ② 치다. 飯牛. ③ 먹다. 飯酒·飯饌.

발 [拔] 뺄 발. ① 빼다. 뽑다. 拔劍·拔本塞源·拔萃·不拔. ② 가려 내다. 拔進·拔抄·拔擢·選拔. ③ 뛰어나다. 拔群·奇拔·海拔.

발 渤 바다 발. ① 바다. 渤澥. ② 나라 이름. 渤海.

발 潑 활발할 발. ① 활발하다. 潑剌·潑潑·活潑. ② 물 뿌리다. ③ 물 새다. 潑墨. ④ 사납다. 潑皮.

발 [發] 필 발. ① 피다. 滿發. ② 쏘다. 發射·發砲·百發百中. ③ 가다. 發車. ④ 보내다. 發送·發車·始發. ⑤ 일어나다. 發狂·發起·發生. ⑥ 드날리다. 發揚. ⑦ 펴다. 發表·發行. ⑧ 찾아 내다. 發覺·發見. ⑨ 떠나다. 發端·摘發.

발 跋 밟을 발. ① 뛰다. 밟다. 걷다. 跋涉. ② 사납다. 跋扈. ③ 발문. 跋文·跋尾·跋辭·跋語.

발 醱 술 괼 발. ○ 술 괴다. 술밑. 醱醂·醱酵.

발

발 [髮] 터럭 발. ① 터럭. 머리카락. 髮膚·短髮·頭髮·毛髮·理髮. ② 길이의 단위〔촌(寸)의 1,000 분의 1〕.

방 仿→방(倣).

방 [倣] 본받을 방. ○ 본받다. 倣古·倣似·模倣.

방 [傍] 곁 방. 〔동〕旁. ① 곁. 옆. 傍系·傍觀·傍若無人·傍聽·近傍·路傍.

방 坊 동네 방. ① 동네. 마을. 坊坊曲曲·坊市·坊村. ② 절. 坊舍·坊主.

방 妨 방해할 방. ① 방해하다. 妨害. ② 거리끼다. 無妨.

방 彷 방황할 방. 〔동〕仿. ① 방황하다. 彷徨·彷徨. ② 비슷하다.

방 [房] 방 방. ① 방. 煖房·獨房. ② 이십사수(二十四宿)의 하나. ③ 성(姓).

방 [放] 놓을 방. ① 놓다. 놓아 주다. 放暇·放念·放免·放浪·釋放. ② 내치다. 쫓다. 放流·放送·追放. ③ 똥·오줌을 누다. 放尿·放糞. ④ 불놓다. 放火. ⑤ 멋대로 하다. 放談·放恣·放漫·豪放. ⑥ 버려 두다. 放棄·放蕩·放置.

방 [方] 모 방. ① 모. 네모. 方眼·方正·立方·平方. ② 방위. 방향. 方位·方向·四方·ê方. ③ 장소. 方面·方言. ④ 방법. 술법. 方法·方策·方針·方便·祕方. ⑤ 바르다. 方正·方直. ⑥ 배. 方舟. ⑦ 견주다. ⑧ 바야흐로. 方今·方暢. ⑨ 처방. 方文·處方·漢方. ⑩ 성(姓).

방 紡 길쌈 방. ○ 길쌈. 실 뽑다. 紡毛·紡績·紡織·綿紡·混紡.

방 肪 기름 방. ○ 기름. 비계. 肪脆·脂肪·脂肪質.

방 [芳] 꽃다울 방. ① 꽃답다. 芳年·芳菲·芳團·芳草. ② 빛나다. 아름답다. 芳烈·芳名·芳情·芳志·遺芳. ③ 덕스럽다.

방 [訪] 찾을 방. ① 찾다. 찾아보다. 訪問·尋訪·歷訪·住訪·探訪. ② 널리 묻다. 訪議·訪探·詢訪·咨訪.

방 [邦] 나라 방. ① 나라. 邦家·盟邦·聯邦·友邦·合邦. ② 성(姓).

방 [防] 막을 방. ① 막다. 방비하다. 防犯·防腐·防水·防禦. ② 방축. 防波堤.

배 [倍] 곱할 배. ① 곱하다. 갑절. 倍加·倍額·百倍·數倍. ② 더하다. 倍舊·倍前.

배 俳 광대 배. 배우. 俳優·俳優·俳倡→노닐다. 〔동〕徘.

배 北→북(北).

배 [培] 북돋을 배. ① 북돋우다. 가꾸다. 培根·培植·培養. ② 더하다.

배 徘 배회할 배. 〔동〕俳. ○ 배회하다. 徘徊.

배 [拜] 절 배. 〔동〕捑. ① 절. 절하다. 謹拜·答拜·禮拜·再拜·參拜. ② 존경하다. 拜金·崇拜. ③ 삼가하다. 공경하다. 拜見·拜見·拜讀·拜觀·拜請·拜上·拜謁. ④ 벼슬 주다. 拜官·拜命.

배 [排] 물리칠 배. ① 물리치다. 排斥·排除·排他. ② 밀다. 밀어 내다. 排球·排氣·排尿·排泄·排水. ③ 벌여 놓다. 늘어서다. 排設·排列·排置·排布·排他.

배 [杯] 잔 배. 〔속〕盃. ① 잔. 杯棬·杯盤·金杯·銀杯·酒杯·祝杯. ② 국그릇.

배 盃〔속〕→배(杯).

배 [背] 등 배. ① 등. 뒤. 背景·背光·背書·背後. ② 등지다. 어기다. 背德·背叛·背信·背恩·背馳·違背.

배 裵 옷 긴 모양 배. 〔속〕裴. ① 옷 긴 모양. ② 서성거리다. 裵回. ③ 성(姓).

배 裴〔속〕→배(裵).

배 [賠] 배상할 배. ○ 배상하다. 물어 주다. 賠償·賠錢.

배 [輩] 무리 배. ① 무리. 輩出·同輩·先輩·俗輩·後輩. ② 견주다.

배 [配] 짝 배. ① 짝. 짝짓다. 配偶·配位·配匹·喪配. ② 나누다. 配給·配當·配達·配車·配合. ③ 귀양보내다. 配所·流配·定配.

배 [陪] 모실 배. ① 모시다. 陪賓·陪席·陪審·陪從·陪行. ② 신하의 신하. 陪臣. ③ 차다. 가득하다.

백 [伯] ① 맏 백. ① 맏이. 伯父·伯仲·伯兄. ② 우두머리. 詩伯·畫伯. ③ 백작〔작위(爵位)의 세째〕. 伯爵. ④ 나라 이름. 伯刺西爾(브라질). ⑤ 두목. 伯主.

백 [柏] 잣 백. 〔속〕栢. ① 잣. 잣나무. 冬柏·松柏. ② 잣나무. 측백나무.

백 栢〔속〕→백(柏).

백 [白] 흰 백. ① 희다. 밝다. 白骨·白眉·白髮·白熊·白晝. ② 명백하다. 명백하다. 潔白·明白. ③ 아뢰다. 敬白·告白·獨白. ④ 아무 것도 없다. 白紙·空白·餘白. ⑤ 성(姓).

백 [百] 일백 백. ① 일백. 百年·百代·百歲. ② 많다. 百難·百事·百姓·百貨.

백 魄 (1) 넋 백. ○ 넋. 氣魄·魂魄. (2) 넋 잃을 탁. ○ 넋 잃다. 落魄. (3) 넋 잃을 박. ○ 넋 잃다. 落魄.

번 [煩] 번거로울 번. ① 번거롭다. 煩惱·煩雜. ② 수고롭다. 煩勞.

번 [番] (1) 차례 번. ① 차례. 번수. 番地·番次·番號·順番. ② 번갈아 들다. 番兵·當番.

번 潘 (1) 쌀뜨물 번. ○ 쌀뜨물. 潘沐. (2) 물이름 반. 〔동〕潘. ② 성(姓).

번 [繁] 번성할 번. ① 〔동〕蕃. ① 번성하다. 많다. 繁禮·繁盛·繁榮·繁昌·繁華. ② 번잡하다. 잡되다. 繁忙·繁殖.

번 [翻] 번득일 번. 〔동〕飜. ① 번득이다. 날다. 翻翻·翻天. ② 엎치락 뒤치락하다. 다시 하다. 翻刻·翻覆. ③ 번역하다. 翻案·翻譯.

번 飜 번득일 번. ① 번득이다. ② 날다. 飛飜. ③ 넘치이다. ④ 번역하다. 飜刻·飜譯·飜案.

벌 [伐] 칠 벌. ① 치다. 죽이다. 殺伐·征伐·討伐. ② 베다. 伐木·伐採·盜伐·濫伐.

벌 [罰] 벌 벌. ① 벌 주다. 罰金·罰則·罰酒·賞罰. ② 벌 받다. 神罰·天罰. ③ 죄 주다. 罰則. ④ 꾸짖다. 責賣.

벌 閥 문벌 벌. ① 문벌. 閥閱·氏族·軍閥·門閥. ②위쪽 기둥. ③ 공로. 功閥.

범 凡 무릇 범. ① 무릇. 凡百·凡人事·凡節. ② 대강. 凡例·凡爱. ③ 평범하다. 범상하다. 모릉. 凡常·凡俗·凡人 非凡·不凡.

범 帆 돛 범. ① 돛. 帆船·帆檣·帆布·出帆. ② 배가 바람을 받아서 가다.

범 汎 뜰 범. ① 뜨다. 띄우다. 汎舟. 〔동〕泛. ② 넓다. 汎論·汎稱·汎愛.

범 [犯] 범할 범. ① 범하다. 犯戒·犯過·犯法·犯罪·防犯. ② 죄. 죄인. 主犯·共犯. ③ 침노하다. 侵犯.

범 [範] 법 범. ① 법. 틀. 골. 본보기. 範式·敎範·規範·模範·示範. ② 한계. 範圍·範疇. ③ 떳떳하다.

법 [法] 법 법. ① 법. 형벌. 法官·法規·法律·惡法·違法. ② 방법. 劍法·論法·手法·用法·筆法. ③ 이치. 도리. 法師·法悅·佛法. ④ 수학에서 제수(除數). 나누는 수.

벽 僻 궁벽할 벽. ① 궁벽하다. 후미지다. 僻遠·僻字·僻地·僻村. ② 편벽되다. 僻見. ③ 떳떳하다.

벽 [壁] 벽 벽. ① 벽. 壁報·壁書·壁畫·城壁. ② 돌비탈. 石壁·岩壁. ③ 진터. 壁壘.

| 벽 | 璧 | 구슬 벽. ① 구슬, 둥근 옥. 璧門·璧侑·完璧. ② 별 이름.
| 벽 | 癖 | 적벽 벽. ① 적벽, 癖癖·癖積. ② 버릇. 潔癖·怪癖·盜癖·性癖·酒癖.
| 벽 | [碧] | 푸를 벽. ① 푸르다. 碧溪·碧空·碧眼·碧梧·碧海. ② 구슬. 碧玉.
| 벽 | 闢 | 열 벽. ① 열다. 闢土·開闢. ② 피하다. 물리치다. 闢邪.
| 벽 | 霹 | 벼락 벽. ○ 벼락. 천둥. 霹靂·霹聲.
| 변 | 便→편(便).
| 변 | 偏→편(偏).
| 변 | 卞 | 조급할 변. ① 조급하다. 卞急. ② 법. 大卞. ③ 성(姓).
| 변 | [變] | 변할 변. ① 변하다. 變動·變殼·變遷·變態·變革. ② 재앙, 재변, 변사. 變怪·事變·天變. ③ 죽다. 變死.
| 변 | [辨] | 분별할 변. ① 분별하다. 辨難·辨析·辨明·辨別·辨償·分辨. ② 판단하다. 辨證·判辨.
| 변 | [辯] | 말 잘할 변. ① 말 잘하다. 辯舌·辯才·口辯·多辯·雄辯. ② 따지다. 辯論·辯護·抗辯. ③ 판별하다. 《동》辯.
| 변 | 遍→편(遍).
| 변 | [邊] | 가 변. ① 가. 곁. 국경. 邊境·江邊. 《국》이자. 변리. 邊利·日邊. ③ 국경. 변방. 邊境·邊民. ④ 성(姓).
| 별 | [別] | 다를 별. ① 다르다. 따로. 別居·別味. ② 구분하다. 나누다. 區別·分別·差別. ③ 이별하다. 멀어지다. 離別·送別·惜別.
| 병 | [丙] | 남녘 병. ① 남녘. 丙坐. ② 세째 천간(天干). ③ 불(火). 丙丁·丙夜.
| 병 | [並] | 아우를 병. ○ 아우르다. 나란하다. 並列·並用·並行.
| 병 | 併 | 아우를 병. ○ 아우르다. 倂有·併用·併呑·倂合·兼倂.
| 병 | [兵] | 군사 병. ① 군사. 병졸. 兵役·兵將·兵丁·騎兵. ② 병기. 무기. 兵甲·兵戈·兵器. ③ 전쟁. 전투. 兵亂·兵法·兵火.
| 병 | [屛] | 병풍 병. 《옛》屛. ① 병풍. 屛風·律屛·屛風. ② 숨 죽이다. 屛氣·屛息. ③ 물리나다. 숨다. 屛去·屛居·屛黜. ④ 가리다. ⑤ 버리다. 없애다. 屛斥.
| 병 | 柄 | 자루 병. ① 자루. 斗柄. ② 권세. 柄臣·柄用·權柄. ③ 잡다.
| 병 | 炳 | 밝을 병. ① 밝다. 炳如日星·炳然. ② 나타나다. 빛나다.
| 병 | [病] | 병들 병. ① 병. 병들다. 앓다. 病客·病繁. ② 病勢·病. ② 버릇. 病癖. ③ 흠. 病苦. ④ 조심하다. ⑤ 아프다. 病痛. ⑥ 괴롭다. 病苦.
| 병 | 並→병(並).
| 병 | 竝 | 아우를 병. ○ 아우르다. 나란하다. 竝發·竝行.
| 보 | [保] | 보호할 보. ① 보호하다. 保身·保育·保護. ② 보전하다. 保健·保守·保安·保全·保存. ③ 보증하다. 保釋·保障·保證·保險.
| 보 | 堡 | 작은 성 보. ○ 작은 성. 작은 보루. 堡壘·堡柵·城堡.
| 보 | [報] | 갚을 보. ① 갚다. 報答·報應·報復·報償. ② 알리다. 여쭈다. 報告·報道·警報·公報·豫報·情報. ③ 대답하다. 報酬.
| 보 | [寶] | 보배 보. ① 보배. 寶庫·寶刀·寶物·家寶·國寶·至寶. ② 귀하다. 寶鑑·寶石·寶化. ③ 임금. 寶齡·寶位·寶意·寶揖·옥새(玉璽). ④ 돈. 寶貨.
| 보 | [普] | 넓을 보. ① 넓다. 두루. 普及·普選·普施·普通. ② 크다.

| 보 | [步] | 걸음 보. ① 걸음. 걷다. 步道·步武·步兵·步調·獨步. ② 운영. 운수. 國步·天步. ③ 길이의 단위.
| 보 | 父→부(父).
| 보 | [補] | 기울 보. ① 깁다. 補給·補充. ② 돕다. 補强·補缺·補繕·補助·補佐. ③ 임명하다. 補選·補任·補職.
| 보 | [譜] | 문서 보. ① 문서. 譜錄·譜所·系譜·年譜·族譜. ② 악보. 譜表·樂譜.
| 복 | [伏] | (1) 엎드릴 복. ① 엎드리다. 伏望·伏慕·起伏. ② 숨기다. 숨다. 伏兵·伏線·潛伏. ③ 굴복하다. 伏罪·屈伏·降伏. (2) 안을 부. ○ 안다. 알을 품다. 伏鷄.
| 복 | 僕 | 종 복. ① 종. 사내 종. 家僕·公僕·奴僕. ② 나. 僕御. ③ 붙다. 僕緣. ④ 〔~己〕. ⑤ 벼슬 이름. 僕射·太僕射.
| 복 | [卜] | 점칠 복. ① 점치다. 점. 卜居·卜日·卜債. ② 짐바리다. 卜馬·卜駄. ③ 주다.
| 복 | [復] | (1) 회복할 복. ① 회복하다. 復舊·復歸·復命·復書. ② 갚다. 復讎·報復. ③ 대답하다. 復禮·復習·反復. ④ 돌아오다. (내)往. 往復. (2) 다시 부. ○ 다시. 復活·復興.
| 복 | [服] | 옷 복. ① 옷. 校服·軍服·禮服·韓服. ② 입다. 입히다. 服務·服役. ③ 복을 입다. 服喪·服人·碁服. ④ 복종하다. 服從·屈服·心服·征服·敷服. ⑤ 제 것으로 하다. 着服. ⑥ 약 먹다. 服藥·服用. ⑦ 생각하다. 思服.
| 복 | 幅→폭(幅).
| 복 | [福] | 복 복. ① 복. 福祿·福利·福祉·幸福. ② 음복. 飮福. ③ 아름답다. ④ 착하다. 상서(祥瑞).
| 복 | [腹] | 배 복. ① 배. 腹部·腹痛·空腹·滿腹·私腹. ② 산 중턱. 山腹·中腹. ③ 마음. 同腹·異腹. 心·腹藥. ④ 낳은 어미니. 同腹·異腹.
| 복 | [複] | 거듭 복. ① 거듭. 겹치다. 複道·複寫·複雜·複合·重複. ② 겹옷. 複衣.
| 복 | 撲→박(撲).
| 복 | 覆 | (1) 뒤집을 복. ① 뒤집다. 엎지다. 뒤집어지다. 覆沒·覆盆·覆翻·顚覆. ② 망하다. 反覆. ③ 다시 하다. 覆刻·覆審. (2) 덮을 복(부). ○ 덮다. 覆面·覆藏·天覆地載.
| 본 | [本] | 근본 본(본). ① 근본. 《내》 末. 本格·本來·本然·根本. ② 본디. 本能·本名·本是·本意·本質. ③ 주가 되는 것. 本校·本論·本部·本職. ④ 문제되는 그 자체. 本邑·本人·本紙·本誌. ⑤ 책. 脚本·敎本·單行本·讀本.
| 봉 | [俸] | 녹 봉. ○ 녹. 봉급. 俸給·俸祿·減俸·俸.
| 봉 | [奉] | 받들 봉. ① 받들다. 모시다. 奉仕·奉祀·奉安·奉養·信奉. ② 드리다. 奉獻. ③ 성(姓).
| 봉 | [封] | 봉할 봉. ① 봉하다. 封鎖·封印·封套·封緘·開封·同封·密封. ② 토지·벼슬 따위를 주다. 封建·封侯·冊封. ③ 무덤. 封墳. ④ 지경. 封境·略封. ⑤ 크다. 封獸·封豕·封狐. ⑥ 북돋우다. 封殖.
| 봉 | [峯·峰] | 산봉우리 봉. ○ 산봉우리. 峯頭·奇峯·主峯·速峯·靈峯.
| 봉 | 棒 | 몽둥이 봉(방). ① 몽둥이. 棒高跳·棒球·棒術·鐵棒. ② 치다.
| 봉 | 烽 | 봉화 봉. 《동》熢. ○ 봉화. 烽火.
| 봉 | 縫 | 꿰맬 봉. ① 꿰매다. 바느질하다. 縫工·縫線·縫針·縫合·裁縫. ② 혼. 숨구멍. 宿縫.
| 봉 | [蜂] | 벌 봉. ○ 벌. 蜂起·蜂密·蜂巢·蜂鳳簪·聚蜂·養蜂.
| 봉 | [逢] | 만날 봉. ○ 만나다. 맞이하다. 逢過·逢變·逢別·逢迎·逢辱·相逢.

봉: 鋒 칼날 봉. ① 칼날. 鋒刀·先鋒. ② 날카롭다. 鋒銳. ③ 끝. 鋒鏑.

봉: 鳳 새 봉. ○ 새. 봉황. 鳳凰·飛鳳.

부: 付 부탁할 부. 《동》附. ① 부탁하다. 부치다. 付書·付送·付託. ② 주다. 付與·交付. ③ 붙이다. 付塵.

부 伏→복(伏).

부: 副 버금 부. 《동》福. ① 버금. 다음. 副官·副讀本·副產物·副賞·副食·副議長. ② 돕다. 副佐. ③ 베끼다. 副本·副書.

부: 否 (1) 아니 부. 《동》不. ① 아니다. 否認·否定. ② 어떤 말에 붙어서 그러함과 그렇지 않음을 나타낸다. 可否·安否·適否. (2) 막힐 비. ① 막히다. 否塞. ② 악하다. 否運.

부: 埠 부두 부. ○ 부두. 선창. 埠頭.

부 不→불(不).

부 夫 지아비 부. ① 지아비. 남편. 《대》妻. 夫家·夫君·夫權·夫婦·夫妻. ② 사나이. 凡夫·女丈夫·丈夫·情夫·匠夫. ③ 일꾼. 夫役·農夫·漁夫·驛夫·人夫.

부: 婦 지어미 부. ① 지어미. 아내. 婦德·婦道·婦人·夫婦·主婦. ② 며느리. 子婦. ③ 여자. 婦女·娼婦.

부: 富 가멸 부. ① 가멸다. 富強·富貴·富裕·富者·巨富·豐富. ② 어리다.

부: 府 마을 부. ① 마을. 관청. 府寺·府署·幕府·政府. ② 창고. 府庫·御府. ③ 죽은 조상. 府君.

부 復→복(復).

부 扶 도울 부. ① 돕다. 扶起·扶翼·扶養·扶助·扶持. ② 붙들다. 扶腋.

부 浮 뜰 부. ① 뜨다. 《대》沈. 浮動·浮雲·浮沈·浮萍·浮標. ② 뿌리가 없음. 근거가 없음. 浮客·浮浪·浮生·浮言·浮遊. ③ 가볍다. 침착하지 못하다. 浮薄·浮薄.

부: 父 (1) 아비 부. ① 아비. 아버지. 父兄·家父·叔父·岳父·親父. ② 늙으신네. 父老. (2) 남자 미칭 보. 《동》甫.

부: 符 병부 부. ① 병부. 증거. 보람. 符璽·符合·符籙·符符·音符. ② 꼭 맞다. 符同. ③ 상서. 조짐. 符籙·符瑞. ④ 부적. 符籙·護符.

부: 簿 장부 부. ① 장부. 문서. 치부. 적바림. 簿記·簿書·名簿·帳簿. ③ 거느리다. 《동》勿.

부 腐 썩을 부. ① 썩다. 腐蝕·腐肉·腐臭·腐敗. 腐朽. ② 묵다. 낡다. 腐爛·陳腐. ③ 마음 괴롭히다. 속상하다. 腐心. ④ 두부. 豆腐. ⑤ 불알을 까는 형벌. 궁형(宮刑). 腐刑.

부 膚 살갗 부. ① 살갗. 피부. 膚見·膚淺·膚學.

부: 訃 부고 부. ○ 부고. 訃聞·訃告·訃報·訃音·告訃.

부: 負 질 부. 《수》負. ① 지다. 負擔. ② 빚지다. 負債. ③ 어기다. 저버리다. 負約. ④ 패하다. 勝負. ⑤ 믿다. 自負. ⑥ 입다. 負傷.

부: 賦 부세 부. ① 부세. 거두다. 賦課·賦稅·賦役·田賦. ② 주다. 타고나다. 賦命·賦與·天賦. ③ 글. 문체의 한 가지. 賦題·詩賦.

부: 赴 다다를 부. ① 다다르다. 향하다. 赴擧·赴任. ② 부고하다. 《동》訃. 赴告.

부: 部 떼 부. ① 떼. 무리. 部隊·部落·部伍·部將·部署. ② 관청. 部內·部署. ③ 나누다. 部類·部門·部署·軍部·行政部. ④ 곳. 部分·局部. ⑤ 책의 권수. 三部·五部.

부: 釜 가마 부. ○ 가마. 釜鬵·釜鬵器·釜中之魚.

부: 附 붙을 부. ① 붙다. 더하다. 附加·附記·附帶·附錄·附則. ② 따르다. 딸리다. 附設·附屬·附和雷同·阿附. ③ 가깝다. 附近.

북 北 ① 북녘 북. ○ 북녘. 북쪽. 北斗·北山·北緯. ② 패배할 배. ① 패배하다. 敗北. ② 배반하다. 《동》背.

분 分 ① 나눌 분. ① 나누다. 나누이다. 分家·分科·分離. ② 분별하다. 分揀·分別. (2) 단위(單位) 푼. 二錢五分·一尺七分.

분 噴 뿜을 분. ① 뿜다. 내뿜다. 噴氣·噴霧·噴飯·噴水·噴出·噴火. ② 꾸짖다. ③ 재채기하다.

분 墳 봉분 분. ① 봉분. 무덤. 墳墓·墳山·墳堂·古墳. ② 땅 걸다.

분: 奔 달아날 분. ① 달아나다. 도망하다. 奔逸·狂奔·出奔. ② 달리다. 바쁘다. 奔流·奔馬·奔忙·奔喪·奔走.

분: 奮 떨칠 분. ① 떨치다. 奮起·奮發·奮然. ② 성내다. 奮激·奮怒. ③ 힘쓰다. 奮戰.

분: 憤 분할 분. ① 분하다. 성내다. 憤慨·憤激·憤怒·激憤·發憤·悲憤·義憤.

분 盆 동이 분. ○ 동이. 화분. 盆栽·盆地·傾盆·戴盆·花盆.

분: 粉 가루 분. ① 가루. 粉骨碎身·粉末·粉碎·粉筆·製粉. ②분. 분 바르다. 粉飾·白粉·脂粉. ③《신》데시미터(decimetre).

분 糞 똥 분. ① 똥. 糞尿·糞門·糞汁·糞池·人糞. ② 거름 주다. 糞土. ③ 쓸다.

분 紛 어지러울 분. ① 어지럽다. 紛紜·紛亂·紛紛·紛爭·內紛. ② 번잡하다. 紛劇·紛然·紛雜. ③ 많다. 紛紜.

불 不 ① 아닐 불. (2) 아닐 부. ① 아니다(非). 不義. ② 아니하다. 못하다. 不可·不恭·不斷·不知. ③ 없다. 不才·不才. ④ 부정형의 의문을 나타냄. 그런데("ㄷ·ㅅ" 앞에서는 "부"로 발음됨). 불단→부단. 불정→부정.

불 佛 부처 불. ① 부처. 佛教·佛道·神佛·成佛·念佛. ②《약》佛蘭西·普佛·韓佛. ③《신》 프랑스(france).

불 弗 아닐 불. 《동》不. ① 아니다. 弗乎. ②《신》 달러(dollar)의 약호(略號). 弗貨. ③ 어기다. 弗治.

불 拂 떨칠 불. ① 떨치다. 떨다. 拂去·拂拭·拂衣·拂子. ② 씻다. 拂旦. ③ 거스르다. 어기다. 拂亂·拂逆·拂土. ④ 지불하다. 拂入·拂出. ⑤ 拂下.

불 沸→비(沸).

붕 崩 산무너질 붕(봉). ① 산이 무너지다. 崩潰·崩壞·崩落·崩城之痛·土崩. ② 임금의 죽음. 崩御·崩殂.

붕 朋 벗 붕(봉). ① 벗. 친구. 朋輩·朋友. ② 무리. 朋黨·朋比·百朋.

비: 備 갖출 비. ○ 갖추다. 준비하다. 備考·備忘·備畜·具備·預備·完備.

비: 匪 (1) 도둑 비. ① 도둑. 匪徒·匪賊·共匪·土匪. ② 아니다. 匪民. 《통》非.《동》不. ② 나눌 분. ○ 나누다. 나누어 주다.

비: 卑 낮을 비. 《대》尊. ① 낮다. 천하다. 卑怯·卑屈·卑近·卑陋·尊卑. ② 작다. 卑減·卑小.

비 妃 비 비. ① 비. 임금의 정처(正妻)의 다음 가는 여자. 태자(太子)의 정처. 妃嬪·王妃·太子妃·后妃. ② 짝. 배필. 《동》配.

비: 否→부(否).

비: 婢 계집 종 비. ① 계집 종. 婢女·婢僕·婢夫·婢妾·奴婢. ② 여자가 자기를 낮추어 이름.

비 悲 슬플 비. ○ 슬프다. 悲觀·悲報·悲憤·悲憎·悲嘆·悲痛·喜悲.

비: [批]	비평할 비. ① 비평하다. 批准·批判·批評. ② 손으로 치다. 批頰.
비: [比]	견줄 비. ① 견주다. 比較·比例·比喩·比率·比重·對比. ② 무리. 比黨·比類·比倫·無比. ③ 나란히 하다. 比肩·比隣·比翼·櫛比. ④ 시간적으로 가까운 전후. 比年·比比. ⑤ 좇다. 比辭·比準.
비 [泌]	(1) 분비할 비. ○ 분비하다. 泌尿. (2) 개천물 필. ○ 개천물. 泌丘.
비: [碑]	비석 비. ① 비석. 碑石·碑右·古碑·墓碑·善政碑·頌德碑. ② 비문. 碑碣·碑銘.
비: [祕]	비밀 비. ① 秘(비)와 같음. 祕密·祕話·極祕. ② 가만히 하다. 祕訣·祕實·祕藏. ③ 신비하다. 祕學·神祕.
秘 (속)→비(祕).
비: [肥]	살찔 비. ① 살찌다. 기름지다. 肥滿·肥沃. ② 거름. 肥料·金肥·堆肥.
비: [譬]	깨우치다. 깨닫다. 譬說. ① 비유하다. 譬喩·譬解.
비: [費]	허비할 비. ① 허비하다. 없애다. 費材·空費·濫費·浪費·消費. ② 비용. 費用.
비: [鄙]	더러울 비. ① 더럽다. 천하다. 鄙近·鄙陋·鄙劣·鄙淺·野鄙. ② 인색하다. 吝鄙. ③ 궁벽한 곳. 鄙邑·邊鄙. ④ 자기를 낮추어 이르는 접두사. 鄙見·鄙舍·鄙社·鄙懷.
비 [非]	아닐 비. ① 匪(비)와 같음. 아니다. 非但·非常·非凡·非常·非情. ② 그르다. 非望·非行·是非·前非. ③ 어기다. 非道·非禮·非理·非法·非違. ④ 나무라다.
비 [飛]	날 비. ① 풒(풍)과 같음. ① 날다. 飛禽·飛來·飛躍·飛行·雄飛. ② 빠르다. 飛報·飛電·飛虎. ③ 높다. 飛閣. ④ 떠돌다. 飛流.
비: [鼻]	코 비. ① 코. 鼻孔·鼻聲·鼻炎·鼻音·鼻涕·隆鼻·鼻祖.
빈 [彬]	빛날 빈. ① 빛나다. 彬彬·彬蔚. ② 성(姓).
빈 [濱]	물가 빈. ① 瀕(빈)과 같음. ① 물가. 濱涯·海濱. ② 다가오다. 濱死.
빈 [貧]	가난할 빈. ① 가난하다. 貧困·貧窮·貧弱·貧寒·淸貧. ② 모자라다. 貧血.
빈 [賓]	손 빈. ① 손. 손님. 國賓·貴賓·來賓·主賓. ② 복종하다. 賓服. ③ 성(姓).
빈 [頻]	자주 빈. ① 자주. 頻度·頻發·頻繁·頻數. ② 찡그리다. 頻蹙.
빙 [冰]	얼음 빙. ① 氷(빙)과 같음. ① 얼음. 冰山·冰點·冰炭不相容·冰與·結冰·薄冰. ② 차고 맑다. 冰肌·冰心. ③ 기름. 冰膏·冰脂.
빙 氷 (속)→빙(冰).
빙 [憑]	의지할 빙. ① 의지하다. 기대다. 憑考·憑恃·憑信·憑依·憑藉. ② 증거. 憑據·憑票·證憑. ③ 성하다. 憑憑.
빙 [聘]	부를 빙. ① 부르다. 聘君·聘召·招聘. ② 장가들다. 聘母·聘丈.
사: [事]	일 사. ① 일. 행위. 사건. 事務·事業·事實·俗事·執事. ② 섬기다. 事大·事大黨·事大主義·事親·師事.
사: [仕]	벼슬 사. ① 벼슬하다. 仕官·仕途·仕宦·出仕. ② 섬기다.
사: [似]	같을 사. ① 같다. 닮다. 비슷하다. 似而非·似也·近似·相似·類似·疑似. ② 본뜨다. 似墓.
사: [使]	하여금 사. ① 하여금. 부리다. 使動·使令·使嗾·酷使. ② 사신. 심부름군. 使童·使臣·使者·密使·特使. ③ 가령. 假使·設使.
사 [司]	맡을 사. ① 맡다. 司令·司法·司祭·司會. ② 벼슬. 司諫·司正·司祭. ③ 성(姓).
사: [史]	역사 사. ① 역사. 史論·史書·史乘·野史·歷史·靑史. ② 역사를 기록하는 사람. 史家·史官·史臣. ③ 성(姓).

사 唆	부추길 사. ○ 부추기다. 꾀어서 시키다. 唆嗾·敎唆·示唆.
사: [四]	넉 사. ① 넷. 넉. 네. 四街·四角·四季·四面楚歌·四方·四海.
사: [士]	선비 사. ① 선비. 士禍·居士·名士·博士·紳士. ② 병정. 士官·士氣·士兵·勇士·壯士. ③ 벼슬. 士大夫. ④ 남자.
사 奢	사치할 사. ① 사치. 사치하다. 奢侈·豪奢·華奢. ② 거만하다. 奢驕·奢傲.
사: [寫]	베낄 사. ① 寫(사)와 같음. ① 쓰다. 베끼다. 寫本·謄寫·模寫·轉寫. ② 본뜨다. 그리다. 寫生·寫眞·映寫.
사: [寺]	(1) 절 사. ① 절. 寺院·寺刹·山寺. ② 관청. 官寺. ③ 천하게 노는 계집. 男寺黨. (2) 내관 시. ○ 내관. 환관. 寺人·寺臣.
사 射	① 쏠 사. ① 쏘다. 射擊·射殺·射手·射俸·發射. ② 광선·액체·기체 따위가 일직선으로 힘차게 나가다. 射出·反射·放射·直射·投射. (2) 맞힐 석. ○ 맞히다. (3) 싫을 역. ○ 싫다.
사: [巳]	뱀 사. ① 여섯째 지지(地支). 巳時·巳坐·巳初. ② 열두 띠중 뱀 띠.
사 [師]	스승 사. ① 스승. 師保·師範·師恩·敎師. ② 군대. 師團·軍師·出師. ③ 교리의 지도자. 牡丹·法師·禪師. ④ 우두머리. 당수 사람. ⑥ 전문가. 醫師.
사: [思]	생각 사. ① 생각. 의사. 思想·心思·意思. ② 생각하다. 思考·思念·思惠·相思. ③ 그리워하다. 思慕. ④ 어조사.
사: [捨]	버릴 사. ① 舍(사)와 같음. ○ 버리다. 捨石工·捨身·四捨五入·取捨·喜捨.
사: [斜]	비낄 사. ① 비끼다. 斜面·斜線·斜陽·斜塔·傾斜. ② 기울다. 月斜·日斜.
사: [斯]	이 사. ① 이. 이것. 斯界·斯道·斯文·斯民. ② 희다. 斯首. ③ 어조사.
사: [查]	조사할 사. ① 조사하다. 사실하다. 查問·查實·查定·查察·踏査·審査. ② 『국』 사돈. 查家·查頓·查文·查兄.
사: [死]	죽을 사. ① 죽다. 生. 死亡·死生·客死·情死. ② 생기가 없다. 활동력이 없다. 死文·死藏·死火山. ③ 죽음을 무릅쓰다. 死力·死守·死鬪. ④ 위험하다. 死境·死線·死地.
사 [沙]	모래 사. ① 砂(사)와 같음. ① 모래. 沙漠·沙石·沙場·沙地·沙工. ② 고을 이름.
사 祠	사당 사. ① 사당. 祠廟·祠堂·祠祀·祠字. ② 제사지내다. 祠官.
사 砂	모래 사. ① 沙(사)와 같음. ① 모래. 砂丘·砂金·砂漠·砂防·砂糖. ② 주사. 丹砂·朱砂·硃砂. ③ 약 이름. 縮砂.
사: 食→식(食).
사: [祀]	제사 사. ① 제사. 祀事·祀孫·祀典·祭祀·合祀. ② 해(年紀).
사: [社]	모일 사. ① 모이다. 둘레. 단체. 社交·社說·社會·結社·會社. ② 토지의 신. 社壇·社祠·社日·社稷.
사: [私]	사사 사. ① 사사. 사사롭다. 私憾·私傷·私慾·私設·私債. ② 몰래. 私報·私心·私行. ③ 간통하다. 私通.
사: [絲]	실 사. ① 絲(사)와 같음. ① 실. 絲笠·絲綸·絲絲. ② 풍류의 한 가지. 거문고. 絲管·絲桐·絲竹. ③ 수의 이름. 絲數·絲毫.
사: [舍]	집 사. ① 捨(사)와 같음. ① 집. 舍館·客舍·官舍·社舍·寄宿舍. ② 자기의 친족. 舍伯·舍叔·舍弟·舍兄. ③ 쉬다. 不舍晝夜.
사 [蛇]	뱀 사. ① 뱀. 蛇毒·蛇足·蛇行·毒蛇·長蛇陣·龍頭蛇尾.
사: [詐]	속일 사. ① 속이다. 詐巧·詐欺·詐術·詐取. ② 거짓. 詐報·詐僞.
사: [詞]	말 사. 말. 글. 詞林·詞章·詞藻·詞華·歌詞. ② 문체의 하나. 詞賦.

사: [謝] 사례할 사. ① 사례하다. 謝禮·謝恩·感謝·多謝·薄謝. ② 사절하다. 謝絶. ③ 사죄하다. 謝過·謝罪.

사: [賜] 줄 사. ① 주다. 賜暇·賜金·賜姓·賜藥·下賜. ② 은혜. 恩賜.

사: 赦 용서할 사. ① 용서하다. 죄 사하다. 赦令·赦免·赦罪·容赦·特赦.

사 [辭] 말씀 사. ① 말씀. 말. 글. 辭令·辭書·告辭·辭讓·辭任·辭退.

사 飼 먹일 사. (통)食. ○ 먹이다. 치다. 飼料·飼養·飼育.

사 邪 (1) 간사할 사. ① 간사하다. 바르지 못하다. 邪曲·邪敎·邪念·邪道·邪心. ② 요괴롭다. 邪鬼·邪術. ② 어조사 야. ① ((어조사)) 그런가. (통)耶. ③ 땅 이름. 琅邪.

사 食→식(食).

삭 [削] 깎을 삭. ① 깎다. 削減·削除·削地·削職. ② 빼앗다. 削奪.

삭 數→수(數).

삭 [朔] 초하루 삭. ① 초하루. 朔茶禮·朔望·朔月·朔日·朔晦. ② 북녘. 朔漠·朔方·朔北·朔地·朔風. ③ 처음.

삭 [索] (1) 동아줄 삭. ① 동아줄. 새끼. 노. 鐵索. ② 다하다. 헤어지다. 흩어지다. 索居·索然. ③ 쓸쓸하다. 쓸쓸하다. 索莫·索然·蕭索. (2) 찾을 색. ① 찾다. 더듬다. 索尾·索出·摸索·思索·搜索·探索.

산 傘 우산 산. ① 우산. 일산. 傘下·落下傘·洋傘·雨傘·日傘.

산 山 메 산. ① 산. 山林·山脈·山寺·山色·山水·泰山. ② 무덤. 분묘. 山陵·山所·名山·先山.

산: 散 흩을 산. 흩다. 흩어지다. 散漫·散在·散亂·散票·分散·解散. ② 한가롭다. 散步·散數·閑散. ③ 가루약. 散藥. ④ 매인 데가 없다. 散官·散文·散職.

산: 産 낳을 산. ① 낳다. 産科·産卵·産母·産室·安産. ② 나다. 産物·産地·産出·國産·外産·土産·海産.

산: 算 셈할 산. 셈하다. 算出·勝算·採算·通算·換算. ② 산가지. 숫가지. 勝算.

산 [酸] 실 산. ① 시다. 酸味·辛酸. ② 아프다. 괴롭다. 酸鼻·辛酸. ③ 원소 이름. 酸性·酸素·酸化·鹽酸·硝酸.

살 撒 뿌릴 살. ① 뿌리다. 撒水·撒布. ② 놓다. ③ 흩어지다. ④ 헤쳐 버리다.

살 殺 (1) 죽일 살. ① 죽이다. 殺氣·殺伐·殺生·抹殺·默殺. ② 살촉. ② 감할 쇄. ① 감하다. 내리다. 減殺·相殺. ② 심하다. 殺到·惱殺·忙殺·笑殺.

삼 三 석 삼. (통)參. ① 셋. 三角·三樂. ② 세제. 三等. ③ 거듭. 再三.

삼 參→삼(參).

삼 [森] 수풀 삼. ① 수풀. 숲. 森林. ② 빽빽하다. 성하다. 森羅·森列·森立·森森·森然·森嚴.

삼 蔘 인삼 삼. (동)參. ① 인삼. 蔘農·蔘毒·蔘茸. ② 더덕. 沙蔘.

삽 插 꽂을 삽. ○ 꽂다. 插匙·插入·插紙·插畫·插話.

상: [上] 위 상. ① 위. (대)下. 上層·上下·形而上·上古·上世. ② 첫째. 上卷·上旬·上元. ③ 옛날. 上古·上世. ④ 첫째. 上卷·上旬·上元. ⑤ 임금. 今上. ⑥ 오르다. 北上. ⑦ 올리다. 바치다. 上納·上書·上演. ⑧ 사성(四聲)의 한 가지. 上聲.

상 [傷] 상할 상. ① 상하다. 상처. 傷痍·傷處·輕傷·負傷·殺傷. ② 해치다. 傷害·中傷. ③ 근심하다. 傷心·感傷·悲傷.

상: [像] 형상 상. ① 형상. 모양. 銅像·佛像·實像·幻像. ② 본뜨다. 모뜨다. 像形.

상 [償] 갚을 상. ① 갚다. 償金·償命·償報·償還·賠償·辨償.

상 [商] 장사 상. ① 장사하다. 商街·商界·商術·商業·商品. ② 장수. 巨商·露商·隊商·貿易商·行商. ③ 헤아리다. 짐작하다. 商量·商議·協商. ④ 오음(五音)의 하나. ⑤ 어떤 수를 딴 수로 나누어서 얻은 수.

상: 喪 복입을 상. ① 복입다. 장사 지내다. 喪服·喪主·問喪·弔喪·脫喪·護喪. ② 죽다. 喪亂·喪亡·喪配·喪神. ③ 잃다. 喪魂·喪失·喪心·喪職. ④ 언잖다. 喪門.

상 [嘗] 맛볼 상. ① 맛보다. 嘗味·嘗膽·嘗賞·嘗新. ② 일찍이. 未嘗不. ③ 시험하다. 嘗試.

상: [尙] 오히려 상. ① 오히려. 아직. 尙今·尙存. ② 숭상하다. 尙古·尙武·尙文·尙父·尙齒. ③ 바라다. 尙饗. ④ 높이다. 높다. 尙志·高尙·貴尙. ⑤ 성(姓).

상 狀→장(狀).

상 [常] 떳떳할 상. ① 떳떳하다. 常道·綱常·五常. ② (국)상사람. 常民·常人. ③ 보통. 常服·常事·常談·異常·正常. ④ 항상. 常例·常備·常習·常用·恒常.

상: [床] 평상 상. ① 평상. 起床·病床·溫床·臨床·層. ② 묘목 만드는 설비. 苗床. ③ 지층. 鑛床·河床.

상: [想] 생각 상. ○ 생각. 想起·想到·想像·空想·思想·隨想·理想·幻想·回想.

상 [桑] 뽕나무 상. ① 뽕나무. 桑麻·桑木·桑葉·桑田. ② 해돋는 곳. 扶桑.

상: [爽] 시원할 상. ① 시원하다. 爽然·爽快·颯爽. ② 새벽. 昧爽. ③ 밝다. 爽明.

상: [相] 서로 상. ① 서로. 相關·相逢·相通·相互·相換. ② 바탕. 모양. 겹치다. 相術·觀相·骨相·面相·入相. ④ 모양. 모습. 貌相·樣相·眞相·皮相. ⑤ 대신. 재상. 相國·外相·宰相.

상 [祥] 상서로울 상. (통)詳. ① 상서롭다. 祥夢·祥瑞·祥雲·祥運·瑞祥. ② 조짐. 吉祥. ③ 제사 이름. 祥禫·大祥·小祥.

상 箱 상자 상. ① 상자. 箱子·木箱·竹箱. ② 곳집. ③ 수레 곳간. 箱屋.

상 [詳] 자세할 상. ① 자세하다. 詳考·詳報·詳細·詳述·仔詳.

상 [象·像] 코끼리 상. ① 코끼리. 象牙·象牙塔·象齒焚身·象形. ② 형상. 象嵌·象徵·象形·印象·抽象.

상: [賞] 상줄 상. ① 상주다. 賞金·賞狀·賞勵·受賞·懸賞. ② 기림하다. 賞讚·賞歎·鑑賞·觀賞·玩賞.

상: [霜] 서리 상. ① 서리. 霜雪·霜月·霜災·霜天·早霜. ② 세월. 星霜. ③ 백발. 霜髮. ④ 엄하다. 秋霜.

색 [塞] 막을 색. ○ 막다. 막히다. 塞責·窒塞. (2) 변방 새. ○ 변방. 요새. 塞翁得失·塞翁之馬·要塞.

색 [色] 빛 색. ① 빛. 色盲·色彩·染色·五色. ② 기색. 낯빛. 氣色·顔色·容色·喜色. ③ 남녀간의 육정. 色魔·色慾·色情·女色·酒色·好色. ④ 경치. 여러 가지 모양. 古色·物色·潤色·美色·特色. ⑤ 불교 용어. 色界·色法·色相.

색 索→삭(索).

생 [生] 날 생. ① 나다. 生家·生母·誕生. ② 살다. 生計·生物·生捕·生活. ③ 기르다. 生殖·生育. ④ 설다. 生賣·生鮮. ⑤ 서투르다. 生面. ⑥ 선비. 백성. 書生·先生·儒生·筆生. ⑦ 스스로 낮추어 일컫는 칭호. 門下生·小生.

생 省→성(省).

서: 壻 사위 서. 《동》婿. ○ 사위. 壻郞·壻養子·壻屋·女壻·夫壻.

서 婿→서(壻).

서: 嶼 섬서. ① 섬. 작은 섬. 島嶼. ② 언덕.

서 [序] 차례 서. ① 차례. 序列·序次·順序·秩序. ② 처음 시작. 序曲·序論·序幕·序文·序說·序言·自序.

서: 庶 뭇 서. ① 뭇. 여러. 庶務·庶物·庶政. ② 첩의 자식. 庶母·庶孫·庶族·庶出·庶派. (대) 嫡. ③ 거의. 庶乎. ④ 백성. 庶女·庶老·庶民. ⑤ 바라다. 庶幾.

서 [徐] 천천히 할 서. ① 천천히 하다. 徐來·徐步·徐髮·徐行. ② 땅이름. 徐羅伐. ③ 성 (姓).

서: 恕 용서할 서. ① 용서하다. 恕諒·恕宥·恕罪·容恕. ② 동정하다. 恕思.

서 抒 펼 서. ○ 펴다. 마음 털어놓다. 抒情.

서: 絞·叙 펼 서. ① 펴다. 絞事詩·絞說·絞述·絞情詩. ② 차례. ③ 쓰다. 벼슬을 주다. 絞任·絞爵·絞勳.

서: 暑 더울 서. ① 덥다. 더위. 暑滯·暑退·殘暑·寒暑·酷暑.

서 [書] 글 서. ① 글. 편지. 書簡·書士·書生·書札·但書. ② 쓰다. 書道·書法·書寫·淨書·血書. ③ 글씨. 圖書·草書·楷書. ④ 책. 書架·書案·書齋·書籍·讀書·藏書.

서 棲 깃들일 서. 《동》栖. ① 깃들이다. 棲谷·棲宿·棲息·同棲. ② 평상. ③ 쉬다. 서성거리다. 棲屑. ④ 물물 이름. 水棲.

서 瑞 상서로울 서. ○ 상서롭다. 瑞光·瑞氣·瑞夢·瑞雪·瑞雲·瑞運.

서 緖 실마리 서. ① 실마리. 실끝. 緖論·由緖·情緖. ② 나머지. 끄트머리. 端緖. ③ 기업. 사업. 緖業. ④ 실. 생사. 찾다. 緖正.

서: [署] 관청 서. ① 관청. 맡아서 일하다. 署員·署長·官公署·部署·支署. ② 쓰다. 署名·副署·親署. ③ 대신 일보다. 署理.

서 [西] 서녘 서. ○ 서녘. 서쪽. 西道·西方·西山·西風·湖西. ② 서양. 西歐·西洋·西曆·西諺·西學. ③ 복성(複姓). 西門.

서: 誓 맹세할 서(세). ○ 맹세하다. 誓券·誓文·誓約·盟誓·宣誓.

서 逝 갈 서. ○ 가다. 죽다. 逝去·逝世·逝水·逝者·逝川·長逝.

서: 鼠 쥐 서. ① 쥐. 鼠遁·鼠輩. ② 근심하다. 鼠思. ③ 좀도둑. 鼠賊.

석 [夕] (1) 저녁 석. ① 저녁. 夕刊·夕照·且夕·朝夕·一夕·朝夕. ② 저물다. 夕陽. ③ 살피다. 夕室·夕然. (2)《국》한음율 사.

석 奭 클 석. ① 크다. ② 성내다. ③ 멸하다.

석 [席] 자리 석. ① 돗자리. 席卷·臥席·枕席. ② 앉을 자리. 末席·陪席·座席·卽席. ③ 여럿이 모이는 자리. 公席·讌席·酒席.

석 惜 아낄 석. ① 아깝다. 아끼다. 惜別·惜春·惜敗. ② 가엾다. 哀惜. ③ 사랑하다. 惜愛.

석 昔 옛 석. ① 옛. 昔彦·昔日·今昔·夙昔·往昔. ② 어제. 昔日.

석 晳 밝을 석. ○ 밝다. 明晳·昭晳.

석 [析] 쪼갤 석. ① 쪼개다. 析骨·析薪. ② 나누다. 분석하다. 析別·折爆·析出·分析. ③ 해석하다. 解析.

석 [石] 돌 석. ① 돌. 石工·石器·石炭·怪石·金石. ② 단단하다. 盤石·鑛石. ③ 섬(十斗). 萬石. ④ 성(姓).

석 碩 클 석. ① 크다. 碩德·碩望·碩士·碩儒·碩學. ② 충실하다.

석 [釋] 풀 석. ① 풀다. 釋明·釋然·氷釋. ② 해석하다. 釋義·解釋·注釋·評釋. ③ 부처. 釋迦·釋尊. ④ 중. 불교. 釋敎·釋氏. ⑤ 용서하다. 釋放·保釋.

석 錫 주석 석. ① 주석. 錫鑛·朱錫. ② 주다. 錫賚. ③ 석장. 巡錫·錫杖.

선 仙 신선 선. ① 신선. 仙境·仙女·仙術·仙藥·仙人·神仙. ② 위어남. 歌仙·詩仙·酒中仙·畫仙. ③ 《신》센트(cent).

선 先 먼저 선. ① 먼저. (대) 後. ② 先覺·先客·先輩·先祖·先行. ② 옛. 돌아간. 先考·先妣·先親. ③ 앞서다. 先驅·先進.

선: 善 착할 선. ① 착하다. (대) 惡. ② 善導·善心·善惡·善意·善處. ③ 좋아하다. 善買·善策. ④ 잘하다. 善用·善政·善處. ⑤ 옳게 여기다. 獨善. ⑤ 아끼다.

선 單→단(單).

선 [宣] 베풀 선. ① 베풀다. 널리 펴다. 宣敎·宣撫·宣ησε·宣揚·宣傳·宣布. ② 알리다. 宣告·宣明·宣誓·宣言·宣戰. ③ 임금이나 신(神)의 말. 宣命·宣論·宣旨. ④ 다하다. 宣力·宣誓. ⑤ 성 (姓).

선: 扇 부채 선. ① 부채. 扇狀·扇形·舞扇·秋扇·太極扇. ② 부치다. 부채질하다. 扇揚·扇烈·扇風器.

선 [旋] 돌 선. ① 돌다. 旋盤·旋風·旋回·螺旋. ② 돌이키다. 旋師·旋壇·凱旋. ③ 주선하다. 斡旋·周旋. ④ 오줌.

선 煽 부추길 선. ① 부추기다. 煽動·煽亂·煽揚·煽情·煽惑. ② 성하다. 煽熛. ③ 불 끝이다. 煽撰.

선: 撰→찬(撰).

선 璇 아름다운 옥 선. ○ 아름다운 옥. 璇宮·璇瑰·璇閨.

선 璿 아름다운 옥 선. 《동》璇. ○ 아름다운 옥. 璿玉.

선: [禪] (1) 사양할 선. ○ 사양하다. 왕위(王位)를 전하다. 禪讓·禪位·受禪. (2) 고요할 선. ○ 고요하다. 禪客·參禪. (3) 중 선. ○ 중. 禪家·禪道·禪定.

선: 線 줄 선. ① 줄. 금. 실. 線路·幹線·死線·戰線·脫線. ② 바느질하다. 針線. ③ 발. 光線·視線.

선: 繕 기울 선. ① 깁다. 꿰매다. 繕補·繕完·修繕·營繕. ② 다스리다. 征繕. ③ 갖추다. 繕修. ④ 쓰다. 繕寫.

선 饍→선(膳).

선 羨 부러워할 선. ① 부러워하다. 羨望·羨慕. ② 넉넉하다. 羨餘·羨財.

선 腺 샘 선. ○ 샘. 분비물을 내는 곳. 腺毛·腺病·腺腫·甲狀腺·淋巴腺.

선: 膳 반찬 선. ① 반찬. 《동》饍. 膳房. ②《국》선사하다. 膳物·膳賜.

선 [船] 배 선. ○ 배. 船具·船員·船窓·船便·汽船·漁船·造船·破船·艦船.

선: [選] 가릴 선. ① 가리다. 뽑다. 選擧·選拔·選定·選集·當選·精選.

선 [鮮] 생선 선. ① 생선. 鮮魚·生鮮. ② 곱다. 새것. 鮮明·鮮血·朝鮮·新鮮. ③ 적다. 鮮少. ④ 나라 이름. 朝鮮. ⑤ 성(姓).

설 卨 사람 이름 설. ○ 은(殷)나라 시조 이름.

설 舌 혀 설. ○ 혀. 말. 舌音·舌音·舌禍·舌端·舌端·長廣舌·筆舌.

설 薛 성 설. ① 성(姓). ② 나라 이름. ③ 쑥.

설 **設** 베풀 설. ① 베풀다. 設立·設問·設備·建設·新設. ② 가령. 설령. 設令·設使·設若·設或·假設.

설 **說** (1) 말씀 설. ① 말. 말씀. 풀다. 說敎·說服·社說·演說·解說. (2) 기쁠 열. (동) 悅. ○ 기쁘다. (3) 달랠 세. ○ 달래다. 說客·遊說·誘說.

설 **雪** 눈 설. ① 눈. 雪景·雪夜·雪月·降雪·積雪. ② 씻다. 雪辱·雪解·雪寃.

섬 **纖** 가늘 섬. ① 가늘다. 자세하다. 纖巧·纖麗·纖眉·纖細·纖維. ② 아끼다. 纖嗇. ③ 곱다. 纖纖玉手.

섭 **攝** 겸할 섭. ○ 겸하다. 대신하다. 攝理·攝政·攝行·兼攝.

섭 **[涉]** 건널 섭. ○ 건너다. 涉禽·涉水·徒涉·利涉. ② 겪다. 거치다. 涉歷·涉世·涉危. ③ 간섭하다. 관계하다. 涉外·干涉·交涉.

섭 **燮** 화할 섭. ① 화하다. 燮理·燮和. ② 불에 익히다. ③ 불꽃.

섭 葉→엽(葉).

성 **城** 재 성. ① 성. 城廓·城門·城壁·城下之盟·不夜城. ② 도읍. 城邑·京城·都城·漢城·皇城.

성 **姓** 성 성. ① 성. 姓名·姓氏·同姓·本姓. ② 백성. 百姓. ③ 일가. 姓族.

성 **性** 성품 성. ① 성품. 성격·性癖·性質·性品·本性·天性. ② 성질. 경향. 性能·慣性·急性·人間性·惰性. ③ 성별. 성교. 性交·異性·中性.

성 **成** 이룰 성. ① 이루다. 成功·成果·成熟·結成·達成. ② 되다. 成立·成文·成案·成人. ③ 미치다. 完成.

성 **星** 별 성. ① 별. 星群·星辰·星座·巨星·衛星·慧星. ② 흩어져 있다. 星羅·星列·星散·星布. ③ 세월. 해. 星霜. ④ 점치다. 星術. ⑤ 반문. 星學. ⑥ 점 같은 눈. 표로 적은 수. ⑦ 주요한 지위에 있는 관리. 將星.

성 **盛** (1) 받들 성. ① 받다. 담다. (2) 성할 성. ① 성하다. 盛大·盛衰·盛業·盛世·隆盛. ② 무성하다. 茂盛. ③ 번성하다. 盛榮·繁盛. 많다. 크다. 盛行.

성: **省** (1) 살필 성. ① 살피다. 보다. 省墓·省察·歸省·內省·反省. (2) 덜 생. ① 덜다. 줄이다. 省略·省禮·省費·省約·省割. ② 아끼다. 인색하다. ③ 관청 이름. 省令·省廳·省長·省治

성 **聖** 성인 성. ① 성인. 聖人·聖者·聖賢·大聖. ② 불교에서 도가 높음. 聖僧. ③ 기독교에서 종교적으로 높음. 聖母·聖像·聖書·聖恩. ④ 임금을 높임. 聖上·聖旨·聖恩·聖慈. ⑤ 거룩하다. 신성하다. 聖壇·聖地·聖上·聖火·神聖. ⑥ 슬하다. 詩聖·樂聖 畫聖. ⑦ 지극히 높여 일컫는. 聖雄.

성 **聲** 소리 성. ① 소리. 음성. 聲門·聲量·聲色·聲音·聲樂. ② 풍류 소리. 聲樂. ③ 명예. 聲價·聲望·聲聞·名聲.

성 **誠** 정성 성. ○ 정성. 미쁘다. 참되다. 誠金·誠心·誠意·精誠·至誠.

세: **世** 세상 세. ① 세상. 인간. 世界·世上·俗世. ② 세대 (보통 30년). 世代·世系. ③ 맏. (嫡). 世孫·世子. ④ 평생. 평시. 棄世.

세: **勢** 권세 세. ① 세력. 권세. ② 형세. 大勢. 時勢. ③ 불알. 去勢.

세: **歲** 해 세. ① 해. 歲暮·歲拜·歲首·歲入. ② 나이. 萬歲·年歲·六十歲. ③ 세월. 시간의 흐름. 歲月·歲深.

세: **洗** 씻을 세. (동) 酒. ① 씻다. 깨끗하게 하다. 洗練·洗禮. ② 세숫 그릇. 洗面器.

세 洒→쇄(洒).

세: **稅** 세금 세. ① 세금. 稅關·稅金·國稅. ② 벗다. 풀다. ③ 놓다. 稅駕.

세: **細** 가늘 세. ① 가늘다. 세밀하다. 細密·明細·仔細. ② 잘다. 작다. 細菌. ③ 천하다. 細人·奸細. ④ 가난하다. 細農·細民.

세 說→설(說).

세: **貰** 빌릴 세. ○ 빌리다. 세내다. 貰家·貰物·貰房·貰冊·傳貰.

소: **召** 부를 소. (동) 詔. ○ 부르다. 召募·召集·召致·召喚.

소: **嘯** 휘파람 소. ○ 휘파람. 嘯歌·長嘯. ② 길게 소리 내다. 노래 부르다. 嘯歌.

소 **塑** 허수아비 소. ○ 허수아비. 흙으로 만든 물형. 塑佛·塑像·塑性·造型.

소 **宵** 밤 소. ① 밤. 宵永·宵雨·宵行·宵靑. ② 작다. 宵小輩. ③ 비슷하다. 宵形.

소: **小** 작을 소. ① 작다. (대) 大. 小農·小路·小人. 群小·極小·縮小. ② 자기나 자기에 관한 것의 낮추는 말. 小官·小生·小人·小子·小妾. ③ 가볍게 여기다. 輕小·微小.

소: **少** 적을 소. ① 적다. 적게 여기다. (대) 多. 少量·少數·少數·多少·稀少. ② 젊다. 少女·少年·少壯·老少·年少. ③ 잠깐. 少頃·少憩. ④ 버금. 少傅·少尉·少將.

소 **巢** 보금자리 소. ① 보금자리. 새집. 巢居·古巢·卵巢·蜂巢·燕巢. ② 큰 피리. 巢笙. ③ 악인이 숨은 곳. 巢窟·巢穴·賊巢.

소: **所** 바 소. ① 바. 것. 所感·所見·所期·所望·所謂. ② 곳. 처소. 居所·急所·名所·宿所·要所·住所.

소: **掃** 쓸 소. ① 쓸다. 掃萬·掃除·掃地·掃蕩·一掃·淸掃. ② 칠하다. 掃筆.

소 **搔** 긁을 소. ① 긁다. 搔首·搔癢. ② 시끄럽다. 떠들다. (동) 騷. 搔擾.

소 溯→소(溯).

소 **昭** 밝을 소(조). ① 밝다. 밝히다. 昭光·詳·昭示·昭曙·敢昭. ② 태평 세월. 昭代. ③ 종묘의 차례. 昭穆.

소 **梳** 빗 소. ① 빗. 빗질하다. 梳頭·梳洗·月梳. ② 얼레빗. 梳具·梳柩.

소 疎→소(疏).

소 **沼** 늪 소. ○ 늪. 못. 沼畔·沼上·沼池·沼澤.

소 **消** 끌 소. ① 끄다. 사라지다. 消毒·消滅·消防·消息·消日. ② 쓰다. 들다. 消財·消耗·消費. ③ 삭다. 풀리다. 消遣·消食·消化. ④ 물러서다. 消極.

소 **燒** 불사를 소. ○ 불사르다. 燒却·燒散·燒火·燒燼·燒燭. ② 불붙다. 燒却·燒然·燒盡. ③ 익히다. 燒炙.

소 甦→소(蘇).

소 **疏** (1) 소통일 소. ① 소통하다. 疏通·疏通. ② 드물다. 성기다. (동) 疎. 疏隔·疏略·疏密·疏野·疏忽. ② 글 소. ① 글. 주 내다. 조목조목 기록하다. 註疏. ② 상소하다. 疏文·疏狀·上疏·奏疏·抗疏. ③ 멀다. 疏族.

소: **笑** 웃음 소. ○ 웃음. 웃다. 笑聲·冷笑·談笑·微笑·一笑·爆笑.

소 **簫** 퉁소 소. ① 퉁소. 簫鼓·簫管. ② 소소. 풍류. 簫韶.

소: **素** 흴 소. ① 희다. 素服·素衣. ② 생초. 깁. 素縞. ③ 질박하다. 素朴·簡素·儉素. ④ 본디. 바탕. 素因·素材·素地·素質·要素. ⑤ 항상. 素志·素懷·平素. ⑥ 화학 원소. 酸素·水素·元素·窒素.

소 **紹** 이을 소. ① 잇다. 紹繼·紹絶. ② 소개하다. 紹介. ③ 단단히 얽다.

소: **蔬** 나물 소. ① 나물. 채소. 疏飯·疏食·蔬團·菜蔬.

소: 蕭 쑥 소. ① 쑥. ② 쓸쓸하다. 蕭蕭·蕭灑·蕭瑟·蕭然·蕭條.

소: [蘇] 차조기 소. ① 차조기. 풀. 蘇子·紫蘇. ② 깨어나다. 회생하다. 《동》 穌. 蘇生·回蘇. ③ 나라 이름. 蘇聯. ④ 성(姓).

소: [訴] 하소연할 소. ① 하소연하다. 呼訴. ② 송사하다. 訴訟·告訴·起訴.

소: 逍 노닐 소. ○ 노닐다. 거닐다. 逍遙·逍風.

소: 遡 거스를 소. ○ 거스르다. 遡求·遡及·遡流·遡源·遡洞.

소 邵 땅 이름 소. ① 땅 이름. ② 성(姓).

소 銷 쇠 녹을 소. 《동》消. ① 쇠 녹이다. 銷磨·銷鑠·銷沈. ② 쇠하다. 銷弱. ③ 사라지게 하다. 銷夏.

소 霄 하늘 소. ① 하늘. 霄嶺·霄壤·霄月·雲霄·淸霄.

소 [騷] 시끄러울 소. ① 시끄럽다. 騷動·騷亂·騷音. ② 풍류. 騷客·騷人. ③ 조심하다. 騷離.

속 俗 풍속 속. ① 풍속. 世俗·習俗·民俗·風俗. ② 속되다. 俗語·俗語·凡俗·低俗·拙俗. ③ 속인. 俗家·俗名·俗人.

속 [屬] (1) 붙을 속. ① 붙다. 따르다. 屬國·屬性·附屬. ② 같은 무리. 眷屬·金屬. ③ 글을 짓다. 글을 엮다. 屬文(속문·촉문). (2) 부탁할 촉. ① 부탁하다. 《동》囑. 屬望·屬託. ② 붙이 대다 屬目(촉목·속목).

속 [束] 묶을 속. ① 묶다. 束縛·結束·拘束. ② 언약하다. 約束. ③ 뭇 묶음. 束數.

속 [粟] 조 속. ① 조. 粟膚·粟散. ② 벼. 粟米.

속 [續] 이을 속. ○ 잇다. 續出·繼續·連續·持續.

속 速 빠를 속. ○ 빠르다. 速決·速記·速斷·連速·迅速·快速. ② 부르다. 速賓.

손 孫 손자 손. ① 손자. 孫女·孫婦·孫子·外孫·子孫. ② 겸손하다. 謙孫·恭孫·辭孫. ③ 성(姓).

손: [損] 덜 손. ① 덜다. 減損·增損. ② 상하다. 損氣·損傷·汚損·破損·毀損. ③ 잃다. 손해. 損失·損金·損財·缺損.

솔 [率] (1) 거느릴 솔(슬). ① 거느리다. 率家·率眷·率奉民·引率·統率. ② 쫓다. 따르다. 率土之民. ③ 소탈하다. 率直. ④ 경솔하다. 率然·率爾·輕率. ⑤ 대략. 대강. 大率. (2) 비율 률. ① 비율. 比率·利率·效率.

솔 蟀 귀뚜라미 솔. ○ 귀뚜라미. 蟋蟀.

송: 宋 나라 이름 송. ① 나라 이름. 宋朝. ② 성(姓).

송: 悚 두려워할 송. ① 두려워하다. 悚愧·悚懼·罪悚·惶悚.

송 [松] 솔 송. ○ 솔. 소나무. 松籟·松明·松柏·孤松·老松·盤松.

송: [訟] 송사할 송. ○ 송사하다. 시비하다. 訟事·訟獄·訟廷·訴訟·爭訟.

송: 誦 욀 송. ○ 외다. 誦經·誦讀·誦詩·誦詠·誦呪·口誦·朗誦·暗誦. ② 말하다. 誦說·誦言.

송: 送 보낼 송. ○ 보내다. 送舊迎新·送金·送別·放送·歡送. ② 전송하다. 餞送.

송: 頌 칭송할 송. ○ 기리다. 頌歌·頌德·頌祝·頌詠·稱頌.

쇄: [刷] 인쇄할 쇄(솰). ① 인쇄하다. 印刷·縮刷. ② 쓸다. 솔질하다. 刷馬·刷新.

쇄: 曬 쬘 쇄. ○ 볕에 쬐어 말리다. 曬乾·曬暴·曬風.

쇄: 殺→살(殺).

쇄: 碎 부술 쇄. ① 부수다. 부서지다. 碎冰·碎身. ② 잘다. 瑣碎.

쇄: [鎖] 쇠사슬 쇄(솨). ① 자물쇠. 足鎖. ② 쇠사슬. 連鎖·鐵鎖. ③ 닫다. 막다. 鎖國·鎖門·鎖港·封鎖·閉鎖.

쇠 [衰] (1) 쇠할 쇠. ○ 쇠하다. 약하다. 衰減·衰亡·衰退·老衰·盛衰. (2) 상복 최. ○ 상복(喪服). 衰服·齋衰·斬衰.

수 [修] 닦을 수. ① 닦다. 修道·修練·修身·修學·自修·必修. ② 꾸미다. 修辭·修飾. ③ 고치다. 修理·修訂·改修. ④ 책을 엮다. 修史·監修·編修. ⑤ 길다. 修廣·修短.

수: [受] 받을 수. ① 받다. 受講·受信·受業·接受. 수락하다. 受諾. ② 잇다. 傳受. ③ 얻다. 受得. ④ 받음. 受納. 受得. ⑤ 받음. 受諾. 受信. ⑥ 잇다. 傳受.

수 叟 어른 수. ○ 어른. 늙은이.

수 [囚] 가둘 수. ① 가두다. 갇히다. 囚禁·囚獄·罪囚. ② 갇힌 사람. 囚衣·囚人·未決囚·死刑囚·罪囚. ③ 포로.

수 垂 드릴 수. ① 드리우다. 垂簾·垂淚·垂範·垂直. ② 거의. 垂成. ③ 끼치다.

수 壽 목숨 수. ① 목숨. 壽命·壽福·壽辰·壽夭·長壽. ② 명길다. 壽宴·萬壽·長壽. ③ 나이. 壽紀.

수: 嫂 형수 수(소). ○ 형수. 嫂敬·嫂叔·嫂兄·嫂氏.

수: [守] 지킬 수. ① 지키다. 守舊·守文·守門·守備·守勢·守節·固守·保守. ② 보살피다. 守護. ③ 원. 守令·郡守·太守. ④ 제후(諸侯)의 지(領地). 巡守.

수: [帥] 장수 수. ① 장수. 帥乘·射師·元帥. ② 거느리다. 주장하다. 統帥.

수 [愁] 근심 수. ① 근심. 근심하다. 愁心·哀愁·旅愁. ② 슬퍼하다. 愁慘·悲愁.

수: 戍 수자리 수. ○ 수자리. 戌甲·戌卒·衛戌. 戌樓. ② 막다.

수: [手] 손 수. 《동》 扌. ① 손. 手旗·手足·手中·擧手. ② 재주. 才능. 手法·妙手·上手. ③ 손으로 하다. 手寫·手藝·手才. ④ 손수 하다. 手交·手記·手札. ⑤ "사람"이라는 뜻의 접미사. 旗手·射手·敵手·助手·投手. ⑥ 능한 사람. 手選手. ⑦ 잡다. 쥐다. 握手.

수: [授] 줄 수. ① 주다. 授課·授産·授賞·授與·授乳. ② 가르치다. 전하다. 授業·口授·授與·天授.

수 搜 찾을 수. ① 찾다. 搜索·搜開所. ② 어지럽다. 搜擾.

수: [收] 거둘 수. ① 거두다. 모으다. 收金·收益. ② 잡다. 收監·收擊·收縛. ③ 조여들다. 收縮.

수: [數] (1) 셀 수. ① 수. 數量·數値·數學·分數·函數. ② 몇. 일마. 數字·數次. ② 세다. 數罪·計數. ④ 수의 數·運數. ⑤ 권모술수. 權謀術數. (2) 자주 삭. ① 자주. 數尿症·數遷. (3) 촘촘할 촉. ① 촘촘하다. 數罟.

수 [樹] 나무 수. ① 나무. 樹林·樹木·樹脂·果樹. ② 심다. 植樹. ③ 세우다. 樹立.

수 [殊] 다를 수. ① 다르다. 殊怪·殊常·殊俗·特殊. ② 뛰어나다. 심하다. 殊遇·殊恩·殊勳. ③ 베다. 殊死. ④ 특히. 殊勝.

수 宿→숙(宿).

수: [水] 물 수. ① 물. 水道·水力·冷水·香水. ② 큰물. 水國·洪水. ③ 길. 水路·水夫. ④ 오행의 하나. ⑤ "수요일"의 준말. ⑥ 고르다. 水準·水平.

수 洙 물 이름 수. ○ 물 이름. 강 이름. 洙泗·洙泗學.

수

수 狩 사냥할 수. ① 사냥하다. 狩獵·狩人·狩田. ② 순행하다. 巡狩.

수 [獸] 짐승 수. ① 짐승. 獸性·獸慾·獸肉·獸醫· 獸脂·午獸·捕수.

수 [睡] 잠잘 수. ① 잠자다. 졸다. 睡魔·睡眠·熟 睡·午睡·昏睡.

수 秀 빼어날 수. ① 빼어나다. 秀傑·秀麗·秀才· 優秀. ② 패다. 秀實.

수 粹 순수할 수. ① 순수하다. 정하다. 國粹·純 粹·精粹.

수 蒐 모을 수. ① 모으다. 蒐練·蒐補·蒐選·蒐 輯·蒐集.

수 誰 누구 수. ① 누구. 誰某·誰恐·誰咎·誰何. ② 어찌. 무엇. ③ 발어사. 誰昔.

수 [輸] 보낼 수. ① 보내다. 실어 내다. 輸送·輸 入·輸血. ② 지다. (내) 영(羸). 輸贏.

수 遂 드디어 수. ① 이루다. 이룩하다. 나아 가다. 다하다. 遂善·遂誠·遂行·未遂·完 遂. ② 드디어. 마침내.

수 酬 술 권할 수. ① 술 권하다. 酬酢·酬酌. ② 갚다. 酬答·酬勞·報酬·應酬.

수 隋 수나라 수. ① 나라 이름. 수나라. 隋煬 帝.

수 [隨] 따를 수. ① 따르다. 隨伴·隨勢·隨員·隨 從. ② 맡기다. 隨感·隨想·隨時.

수 [雖] 비록 수. ① 비록. 그러하나. 雖然·雖曰.

수 [需] 쓸 수. ① 쓰다. 軍需·祭需. ② 쓰이다. 需 給·需要·需用·必需.

수 [須] 모름지기 수. ① 모름지기. 반드시. 須要· 須知. ② 잠깐. 須臾. ③ 수염. 턱수염. 須髮. ④ 필요하다. 요긴하다. 急須·必須.

수 [首] 머리 수. ① 머리. 首級·首肯·首尾·斬首. ② 우두머리. 首腦·首班·首相·黨首·元首. ③ 처음. 首唱·部首·歲首. ④ 자백하다. 自首. ⑤ 시가(詩歌)를 세는 단위.

수 髓 골수 수. ① 골수. 骨髓·腦髓·精髓·眞髓.

숙 叔 아재비 숙. ① 아저씨. 叔姪·叔行·外叔· 從叔. ② 삼촌. 叔母·叔父. ③ 동생. 형 제 차례의 세째. 叔氏.

숙 [孰] 누구 숙. ① 누구. 孰能禦之·孰能·孰是· 孰非. ② 살피다. 孰視·孰若·孰與·孰察.

숙 [孰] 익을 숙. ① 자다. 묵다. 宿食·宿直·寄 宿·下宿·合宿. ② 나그네가 머무는 곳. 宿驛·旅宿. ③ 머물러 둠. 宿根. ④ 이전부터. 오래되다. 宿命·宿怨·宿題·宿志. ⑤ 경험을 많이 쌓 다. 宿德·宿老·宿將. (2) 별 수. ① 별. 星宿·二十 八宿.

숙 淑 맑을 숙. (동) 俶. ① 맑다. 착하다. 淑女· 貞淑. ② 사모하여 닦다. 私淑.

숙 [熟] 익을 숙. ① 익다. 익히다. 熟達·熟卵·絲 熟·半熟·生熟. ② 열매가 익다. 熟果·熟爛·成熟·早熟. ③ 낯익다. 熟客·熟面· 熟知·親熟. ④ 익숙하다. 熟達·熟手. ⑤ 충분 하다. 熟考·熟讀·熟慮·圓熟·爛熟. ⑥ 무르녹다.

숙 肅 엄숙할 숙. ① 엄숙하다. 공경하다. 삼가 숙청하다. 肅軍·肅正·肅淸. ③ 조용하다. 肅然. ④ 절하다. 肅拜.

순 [巡] 순행할 순. ① 순행하다. 巡警·巡査·巡視· 巡察·巡捕. 巡歷·巡禮·巡杯·巡 行·一巡. ③ 두루하다.

순 [循] 돌 순. ① 돌다. 循環·循行·循禮. ② 좇 다. 循私·循俗·循守·循大·因循. ③ 어루 만지다. ④ 의지하다.

순 旬 열흘 순. ① 열흘. 旬刊·旬間·旬報·三旬· 上旬. ② 십 년. 六旬·七旬. ③ 꽉 차다.

旬年·旬月·旬日.

순 [殉] 따라 죽을 순. ① 따라 죽다. 위하여 죽 다. ② 殉敎·殉國·殉死·殉節·殉職.

순 [盾] 방패 순. ① 방패. 盾鼻·甲盾·矛盾·龍盾· 圓盾·中盾.

순 [瞬] 깜짝할 순. ① 잠깐. 瞬刻·瞬間·瞬膜·瞬時· 瞬息間·一瞬.

순 [純] 순수할 순. ① 순수하다. 깨끗하다. 純潔· 純金·純愛·純全·單純·精純. ② 천진하다. 純眞.

순 [脣] 입술 순. ① 입술. 脣舌·脣音·脣齒·丹脣· 紅脣.

순 [順] 순할 순. ① 순하다. 順理·順産·恭順·溫 順·耳順. ② 순조롭다. 順境·順路·順風· 順坦·順風. ③ 차례. 順番·順序·順延·順位·順次. ④ 좇다. 順逆·順應·順從.

술 戌 개 술. ① 개(십이지의 개 띠). ② 열 한 째 지지(地支). 戌時·戌日·庚戌.

술 [術] 꾀 술. ① 꾀. 術數·術策. ② 재주. 기 술. 技術·祕術·手術·藝術·話術.

술 [述] 지을 술. ① 짓다. 책을 쓰다. 述懷·記述· 著述. ② 말하다. 述語·陳述.

숭 崇 높을 숭. ① 높이다. 崇拜. ② 높다. 崇 高.

슬 瑟 악기 이름 슬. ① 악기 이름. 琴瑟.

슬 膝 무릎 슬. ① 무릎. 膝下.

습 拾 (1) 주울 습(십). ① 줍다. 拾得·拾遺·拾 集. (2) 열 십. (통) 十·什.

습 [濕] 젖을 습. (통) 隰. ① 젖다. 축축하다. 濕 氣·濕度·乾濕·肥濕. ② 근심하다. 낙담하 다.

습 [習] 익힐 습. ① 익히다. 배우다. 習讀·習得· 習作·見習·獨習·自習. ② 버릇. 習慣·習 性·舊習·陋習·惡習·風習.

습 [襲] 엄습할 습. ① 엄습하다. 襲擊·空襲·急襲·奇襲· 被襲. ② 인하여 그대로 하다. 襲存·蹈襲· 世襲·因襲. ③ 옷을 덮입다. 襲衣. ④ 벌. 옷 벌. 一襲.

승 [乘] [乗] 탈 승. ① 타다. 乘客·乘馬. ② 곱 셈하다. 乘法·乘除. ③ 병거(兵車). 병참의 단위. 千乘·萬乘. ④ 사기(史記). 家乘·野 乘. ⑤ 불교의 원칙. 大乘·小乘.

승 [僧] 중 승. ① 중. 스님. 僧伽·僧尼·僧堂·僧 侶·高僧·破戒僧.

승 [勝] 이길 승. ① 이기다. 勝共·勝利·勝負·勝 敗. ② 낫다. 훌륭하다. 勝事·勝於父. ③ 경치가 좋다. 勝景·勝地. ④ 견디다.

승 [升] 되 승. ① 되(十의 十배이다). 三升. ② 오르다. (동) 昇. ③ 내림비의. 升下.

승 [承] 이을 승. (통) 丞. ① 잇다. 承句·承襲·承 統·繼承. ② 받다. 承恩·承接·承應. ③ 받들다. 承命·承奉·承順·承重·承候. ④ 받아들이 다. 承諾·承認. ⑤ 성(姓).

승 [昇] 오를 승. ① 오르다. (동) 升. ① 해돋다. 昇降·昇格·昇天·昇華·上昇. ② 풍년 들다. 昇平. ③ 성(姓).

시: 侍 모실 시. ① 모시다. 받들다. 侍立·侍墓· 侍奉·侍婢·侍從·侍下.

시: 寺→사(寺).

시 始 비로소 시. ① 비로소. 비롯하다. 始動· 始末·始終·開始·創始.

시 媤 〔國〕 시집 시. ① 시집. 媤宅·媤同生·媤 父母·媤祖父·媤家.

시: 屍 주검 시. (통) 尸. ① 주검. 송장. 屍諫· 屍身·屍體·屍臭·戮屍.

시: 市 저자 시. ① 저자. 장. 市價·市利·市勢· 市場·夜市. ② 사고 팔고 하다. ③ 도시.

시 **弑** 윗사람 죽일 시. ○ 윗사람 죽이다. 弑君. 弑殺·弑逆·弑殘·弑賊.

시 **施** (1)베풀 시. ① 베풀다. 施工·施設·施政. 施療·施行·實施. ② 성(姓). ③ 줄 시.
○ 주다. 施療·施肥·施主·布施. (3) 비낄 이.《동》弛. ① 비기다. ② 옮기다.

시 **是** 이 시. 이. ○. ① 이. 是日·先是·如是·亦是. ② 옳다. 《대》非. 是非·是認·國是. ③ 이곳. 여기. ④ 바르다. 是正.

시 **時** 때 시. ○ 시간. 때. 時刻·時間·時報·日·時差. ② 기회. 시세. 무렵. 時價·時機·時代·時事·恒時. ③ 늘. 時習. ④ 철. 時氣·時序·時期·四時·歲時.

시 **柹** 감 시. ○ 감. 柹霜·柹色·柹雪·乾柹·軟柹·紅柹.

시 **柿** (속)→柹(시).

시 **矢** 화살 시. ① 화살. 矢石·矢敗·弓矢·嚆矢. ② 맹세하다. 矢心·矢言.

시 **示** 보일 시. ① 보다. 示範·示威. ② 알리다. 가르치다. 示達·示唆·訓示.

시 **視** 볼 시. ○ 보다. 살피다. 視務·視野·視察·監視·凝視·注視.

시 **詩** 글 시. ○ 글. 귀글. 시. 詩歌·詩選·詩人·詩情·詩趣·古詩.

시 **試** 시험할 시. ○ 시험하다. 試金石·試圖·試鍊·試寫·試案·考試.

식 **式** ① 법. 의식. 式事·格式·公式·法式. ② 예식. 의식. 式辭·式順·式場·式典. ③ 본 형식. 古式·舊式·新式·自動式·電動式. ④ 수리(數理)·이론의 관계·구조 등을 부호로 적은 것. 公式·構造式·方程式·分子式·數式.

식 **息** 숨쉴 식. ① 숨. 숨쉬다. 窒息·太息. ② 생기다. 消息. ③ 쉬다. 安息·終息·休息. ④ 자식. 女息·子息. ⑤ 벌리. 이자. 利息.

식 **植** 심을 식. ① 심다. 植木·植民·植樹·植字·移植. ② 세우다. 植表. ③ 초목. 植物.

식 **殖** 번식할 식. ① 나다. 生殖. ② 심는다. 殖種. ③ 번식하다. 殖産·繁殖·生殖·養殖·移殖·增殖.

식 **蝕** 좀먹을 식. ① 좀먹다. 腐蝕. ② 일식. 월식. 月蝕·日蝕·金環蝕.

식 **識** (1) 알 식. ① 알다. 보다. 識見·見識·面識·博識·良識. (2) 기록할 지. 《동》誌. 《통》志. ○ 기록하다. 표지. 識出·標識.

식 **食** (1) 밥 식. ① 밥. 食券·食器·食料·食費·食事. ② 먹다. 食餌·食糧·食慾·斷食·菜食. ③ 헛말하다. 食言. ④ 살림. 衣食住. ⑤ 먹이사. ○ 먹이다. 簞食·疏食.

식 **飾** 꾸밀 식. ○ 꾸미다. 飾言·假飾·文飾·修飾·虛飾.

신 **伸** 펼 신. 《통》申. ① 펴다. 伸寬·伸長·伸縮·屈伸. 《대》屈. ② 기지개. 欠伸.

신 **信** 믿을 신. ① 믿다. 信仰·信用·信任·迷信·威信. ② 참되다. 信義·威信. ③ 소식·편지. 信書·電信·書信·通信.

신 **愼** 삼갈 신. ○ 삼가다. 愼重·愼口·愼言·謹愼. ② 정성스럽다. 愼重.

신 **新** 새 신. ① 새. 새롭게 하다. 新規·新年·新郞·新案·更新. 《대》舊. ② 처음. 새롭다. 新穀·新聞·最新. ③ 신선. 新鮮·新綠.

신 **晨** 새벽 신. ① 새벽. 샐녘. 晨鷄·晨光·晨夜·晨鐘·謁晨. ② 바람계비. 晨風. ③ 아침을 아뢰다. 告晨.

신 **申** 납 신. ① 원숭이(남은 띠의 옛말). 아홉째 지지. 申年·申方·申時. ② 펴다. 말하다. 밝혀 알리다. 申告·申請·具申·答申·上申. ③ 거듭. 申嚴·申申付託. ④ 성(姓).

신 **神** 귀신 신. ① 귀신. 신. 神仙·神聖·神罪. ② 정신. 神經·精神. ③ 신통하다. 神技·神奇. ④ 신비하다. 神力·神靈·神祕.

신 **紳** 큰띠 신. ① 큰띠. 紳笏. ② 벼슬아치. 縉紳. ③ 점잖은 사람. 紳士.

신 **腎** 콩팥 신. ① 콩팥. 신장. 腎經·腎臟. ② 자지. 腎. ③ 자지의 별명. 腎莖·腎部.

신 **臣** 신하 신. ① 신하. 백성. 臣民·臣下·功臣·大臣·使臣. ② 신하가 임금에게 자기를 일컫는 말. 卜. 저. 臣等·小臣.

신 **身** 몸 신. ① 몸. 身命·身分·心身·元身. ② 아이배다. 身重. 《통》娠.

신 **辛** 매울 신. ① 맵다. 辛辣·辛味·辛酸. ② 고생스럽다. 辛苦·辛酸. ③ 여덟째 천간. (干支). 辛未洋羹. ④ 성(姓).

실 **失** 잃을 실. ① 잃다. 失格·失權·失神·得失·損失. ② 잘못. 失手·失政·失策·失則·失火·過失.

실 **室** 집 실. ① 집. 방. 室內·敎室·溫室·寢室. ② 집안. 家室·王室·後室. ③ 이십팔수의 하나.

실 **實** 열매 실. ① 열매. 實果·果實. ② 속이 차다. 《대》虛. 有名無實·充實·虛實. ③ 성실하다. 참스럽다. 實意·堅實·篤實·誠實·忠實. ④ 사실. 진실. 實感·實利·實用·實情·實力·實例·實務·實質.

심 **審** 살필 심. ① 살피다. 審問·審美·審議·審定·豫審. ② 알아내다. 審査·審判.

심 **尋** 찾을 심. ① 찾다. 尋訪·尋常·尋尋. ② 방문하다. 尋問·尋訪·尋人. ③ 길이의 단위. 6자(중국 옛날 자로는 8자). 尋丈·尋尺·千尋.

심 **心** 마음 심. ① 마음. 생각. 心境·心琴·心機·心理·心情·民心·天心·會心. ② 심장·가슴. 心臟·强心劑. ③ 중심. 求心力·中心.

심 **沈** →침(沈).

심 **深** 깊을 심. ① 깊다. 《대》淺. 深刻·深更·深思·深山·深䟽·深夜·深海. ② 으슥하다. 深谷·深幽. ③ 멀다. 深遠. ④ 감추다. 深閉.

심 **甚** 심할 심. ① 심하다. 甚急·甚難·甚深·甚雨·莫甚. ② 더욱. 甚至·甚至於·尤甚.

십 **十** 열 십. 《동》拾. ① 열. 十年之計·十人十色·十進法. ② 완전하다. 十分.

십 **拾** 열 십. 十의 같은 뜻.

쌍 **雙** 짝 쌍. ○ 짝. 둘. 雙肩·雙童·雙手.

씨 **氏** (1) 성 씨. ① 성(姓). 氏名. ② 혈족의 집단. 氏閥·氏族. ③ 남자. 某氏·兩氏. ④ 각시. 某氏. (2) 땅 이름 지. ○ 땅 이름. 나라 이름. 月氏.

아 **亞** 버금 아. ① 버금. 다음. 亞流·亞聖·亞熱帶. ② 《약》아세아(亞細亞). 亞阿·東南亞·東亞.

아 **兒** 아이 아. ① 아이. 兒童·兒名·迷兒·小兒·女兒·乳兒. ② 아들. 兒女·兒孫·豚兒. ③ 남아. 健兒·寵兒.

아 **啞** 벙어리 아. ① 벙어리. 啞者·聾啞·盲啞. ② 놀라다. 啞然.

아 **我** 나 아. ① 나. 我相·我執·無我·自我·我. ② 우리. 我軍·我邦·我等.

아 **牙** 어금니 아. ① 어금니. 牙瓜·象牙. ② 상아로 꾸미다. 牙輪·牙聲·牙音·牙牌. ③ 천자나 대장의 기. 牙旗·牙門·牙城·牙거. 牙鼓·牙鑰(아쇠).

아 **芽** 싹 아. ○ 싹. 芽甲·芽生·芽接·萌芽·發芽.

아 **阿** 아첨할 아. ① 아첨하다. 阿附·阿世. ② 친근한 뜻을 나타내는 호칭. 阿母·阿父.

아 2181 양

阿翁. ③ 언덕. 阿丘. ④ 굽이. ⑤ 성(姓).

아: [雅] 맑을 아. ① 맑다. 雅潔·雅談. ② 바르다. 雅客·雅士·雅正. ③ 우아하다. 雅趣·雅致·高雅·優雅·典雅. ④ 악기 이름. 雅樂. ⑤ 까마귀. (동) 鴉.

아: [餓] 주릴 아. ○ 굶주리다. 餓鬼·餓鬼·餓死·餓殺·饑餓·凍餓.

악 岳→嶽

악 [嶽] 메뿌리 악. 《동》岳. ① 메뿌리 산. 山嶽. ② 엄하고 위엄 있는 모양. 嶽父.

악 [惡] (1) 악할 악. ① 악하다. 나쁘다. 惡感·惡來·惡用·善惡·罪惡. ② 더럽다. 추하다. 惡疾·惡衣·惡食·惡筆·惡貨·醜惡·險惡. (2) 미워할 악. ① 미워하다. 憎惡·好惡. ② 병이름. 惡寒.

악 握 잡을 악. ① 잡다. 쥐다. 握力·握髮·握手·掌握·把握. ② 움큼.

악 樂→(樂)

안 [安] 편안할 안. ① 편안하다. 편안히 하다. 安康·安業·安心·不安·平安. ② 고요하다. 안존하다. 安存·安坐. ③ 즐기다. 安貧樂道. ④ 어찌. ⑤ 값이 싸다. 安價. ⑥ 성(姓).

안: [岸] 언덕 안. ① 언덕. 岸壁·江岸·沿岸·湖岸. ② 낭떠러지. 涯岸.

안: 按 생각할 안. ① 생각하다. 묻다. 按舞·按問·按排. ② 어루만지다. 按摩·按撫.

안: [案] 책상 안. ① 책상. 案頭·案上·案істоли·書案. ② 생각. 案出·案或·妙案·腹案·新案. ③ 문서. 계획. 案件·起案·斷案·翻案·懸案. ④ 인도하다. 案內.

안: [眼] 눈 안. ① 눈. 眼孔·眼光·眼前·肉眼·血眼. ② 사물을 분별하는 능력. 眼力·眼目·眼識·具眼·法眼. ③ 중요한 점. 眼目·眼中·主眼·着眼. ④ 보다. 眼界.

안: [雁] 기러기 안. 《동》鴈. ○ 기러기. 雁帛·雁序·雁陣·雁行·孤雁.

안 [顔] 얼굴 안. ① 얼굴. 顔面·顔色·玉顔·容顔·厚顔. ② 빛. 顔料·顔色.

알 [謁] 아뢸 알. ① 아뢰다. 請謁. ② 뵙다. 謁廟·謁聖·謁見·拜謁.

암 [巖·岩] 바위 암. ○ 바위. 巖窟·巖塵·巖石·巖穴.

암 [庵] 초막 암. 《동》菴. ○ 초막. 암자. 庵廬·庵子·庵主·草庵.

암 陰→(陰).

암: [暗] 어두울 암. 《동》闇. ① 어둡다. 침침하다. (대) 明. 暗黑·暗夜·暗暗·暗裏·暗黑. ② 사리에 어둡다. 暗君·暗愚. ③ 몰래. 가만히. 暗葉·暗殺·暗示·暗黑裏·暗鬪·暗葬. ④ 외다. (동) 諳. 暗唱·暗記·暗唱·誦暗.

암 癌 암 암. ○ 암. 胃癌·癌腫.

암: [闇] 어두울 암. 《동》暗. ① 어둡다. 闇莫·闇室·闇夜. ② 어리석다. 闇然·闇愚.

압 [壓] 누를 압. ① 누르다. 壓卷·壓力·壓力·壓迫·壓縮·抑壓·威壓·彈壓. ② 무너뜨리다. ③ 엎드리다. 覆壓.

압 押 수결 둘 압. ① 수결을 두다. 도장 찍다. 押署·押印·花押. ② 운을 달다. 押韻. ③ 압수하다. 押送·押收. ④ 누르다. 押印·押釘.

압 鴨 오리 압. ○ 오리. 집오리. 鴨頭·家鴨·水鴨·野鴨·黃鴨.

앙: [仰] 우러러볼 앙. ① 우러러보다. 쳐다보다. 仰慕·仰祭·俯仰·信仰.

앙 [央] 가운데 앙. ① 가운데. 中央. ② 반. 가웃. ③ 구하다. 央求. ④ 넓다.

앙 [昂] 높을 앙. 《동》仰. ① 높다. 激昂·昂揚·軒昂. ② 값 오르다. 昂貴·昂騰. ③ 밝다.

앙 [殃] 재앙 앙. ① 재앙. 殃咎·殃慶·殃禍·災殃. ② 벌 내리다.

애 [哀] 슬플 애. ① 슬프다. 슬퍼하다. 哀乞·哀悼·哀痛·哀痛·悲哀. ② 불쌍하다. 哀憐·哀情. ③ 상제. 哀子.

애: [愛] 사랑 애. ① 사랑하다. 愛國·愛情·博愛·戀愛·寵愛. ② 즐기다. 愛讀·愛煙·愛酒·愛唱. ③ 아끼다. 愛惜. ④ 사랑스럽다. 愛玩.

애 [涯] 물가 애. ① 물가. 水涯. ② 끝. 涯分·涯限·無涯·生涯·天涯.

애: [厄] 재앙 액. ① 재앙. 厄難·厄年·厄運·厄禍·厄橫. ② 옹이. 혹.

액 液 진 액. ① 진. 즙. 液體·液化·浮液·溶液·粘液·津液.

액 縊 목맬 액(의). ○ 목매다. 縊死·縊殺·縊刑·絞縊·自縊.

액 [額] 이마 액. ① 이마. 額手. ② 수량. 수효. 額面·額數·總額. ③ 현판. 額字·題額·扁額. ④ 동아리. 額內.

야: [也] 입겿 야. ① 입겿. 말끝에 붙여서 결정·부름·감탄을 나타내는 조사. 也美·也乎. ② 또한[亦]. 也無耶·也有.

야: [夜] 밤 야. ① 밤. 夜間·夜動·夜色·夜學·深夜·晝夜·徹夜. ② 성(姓).

야: [惹] 이끌 야. ① 이끌다. 惹起. ② 어지럽다. 惹端·惹鬧.

야 [耶] 어조사 야. ① 어조사. 그런가? 《동》邪. ② 아버지. 《동》爺.

야: 若→(若).

야: 邪→사(邪).

야: [野] 들 야. ① 들. 野景·野宿·野戰·廣野·山野. ② 범위. 구역. 分野·視野. ③ 길들지 않는다. 野生·野性·野獸·野鳥·野花. ④ 미개하다. 野蠻·野鄙·野性·野趣·粗野. ⑤ 지나치다. 野望·野卑. ⑥ 민간. (대) 朝. 野黨·野人·在野·朝野·下野.

약 掠→략(掠).

약 弱 약할 약. ① 약하다. (대) 强. 弱骨·弱小·弱質·强弱·貧弱·虛弱. ② 젊다. 弱冠·弱年. ③ 약간 모자라는 근사치(近似値)임을 나타낸다.

약 略→략(略).

약 [約] 약속할 약. ① 약속하다. 기약하다. 맹세하다. 約束·約定·約婚·契約·條約·協約. ② 간략하다. 約數·簡約·大約·要約. ③ 검소하다. 儉約·節約. ④ 대략. 대개. 約十里. ⑤ 얽매다. 구속하다. 制約.

약 [若] (1) 같을 약. ① 같다. 若是·若此·自若. ② 너. 若曹. ③ 만일. 얼마. 혹시. 若干·若何·若或. ② 불경 야. ① 범어(梵語)의 역음(譯音). 蘭若·般若. ② 땅 이름.

약 [藥] 약 약. ○약. 藥局·藥師·藥材·藥劑·毒藥.

약 [躍] 뛸 약. ① 뛰다. 躍動·跳躍·飛躍·勇躍·活躍. ② 나아가다. 躍進.

양: [壤] 땅 양. ① 땅. 흙. 壤土·土壤. ② 대지(大地). 天壤·宵壤. ③ 기름진 흙. 壤墳·壤肥.

양 孃→낭(孃).

양 [揚] 날릴 양. ① 날리다. 揚力·揚水·揚揚·飛揚·抑揚. ② 높다. 높이다. 揚揚·揚樂·揚激揚·止揚. ③ 날리다. 나타내다. 揚名·發揚·宣揚·顯揚. ④ 칭찬하다. 揚稱·讚揚.

양: 量→량(量).

양 [楊] 버들 양. ① 버들. 楊柳·白楊·水楊. ② 회양나무. ③ 사시나무. ④ 성(姓).

양 [樣] 양 양. ○ 모양. 본. 樣式·樣態·各樣·貌樣.

양 [洋] 큰 바다 양. ① 큰 바다. 大洋·遠洋·海洋. ② 세계의 큰 한 부분. 東洋·西洋. ③ 서양. 洋服·洋傘·洋裝·洋灰. ④ 넓다. 洋洋·茫

양 洋. ⑤ 크다.
양 兩→량(倆).
양 梁→량(梁).
양 涼→량(涼).
양 瘍 헌데 양. 《통》痒. ○ 헌데. 헐다. 瘍腫·瘍疾·潰瘍.
양 [羊] 양 양. ○ 양. 羊頭狗肉·羊毛·羊皮·緬羊·牧羊·白羊.
양 良→량(良).
양 兩→량(兩).
양 [讓] 사양 양. ○ 사양하다. 겸손하다. 讓渡·讓步·謙讓·辭讓·互讓.
양: [釀] 술 빚을 양. ① 술 빚다. 釀母菌·釀造·松釀·自釀. ② 만들다. 이루다. 釀蜜·釀成. 釀禍. ③ 술.
양 [陽] 볕 양. ① 볕. 양지. 陽光·陽숙·陽地·落陽·夕陽. ② 밝다. 따뜻하다. 陽春·陽風. 陽和. ③ (대) 陰. 양기. 陽刻·陽性·陽子·陰陽·太陽. ④ 거짓. 《통》佯. 陽狂.
양 梁→량(梁).
양 [養] 기를 양. ① 기르다. 養犬·養鷄·養成·培養·涵養. ② 가르치다. 教養·修養. ③ 받들다. 養親·奉養. ④ 부모 자식의 관계를 맺다. 養家·養母·養父·養子. ⑤ 몸 위하다. 養生.
양 糧→량(糧).
양 樑→량(樑).
양 諒→량(諒).
양 輛→량(輛).
어 [圄] 감옥 어. ① 감옥. 옥. 圄空·圄圉·囹圄·獄圄. ② 갇히다. ③ 지키다.
어: [御] 모실 어. ① 御女·御人·御者. ② 몰다. 부리다. 《동》馭. 制御·統御. ③ 임금에 대한 경칭. 御駕·御命·御用·御前·御筆·還御. ④ 막다. 《통》禦. 御侮·制御.
어 [於] (1) 늘 어. ① 늘이다. 어조사. 於腹點·於斯之間·於是乎·於焉間. ② 살다. 於焉間. (2) 탄식할 오. ○ 탄식하다. 於乎·於皇·於戲.
어 [漁] 고기 잡을 어. ① 물고기 잡다. 漁撈·漁夫·漁場·漁獲·豐魚. ② 낚다. 빼앗다. 漁奪. ③ 낚시터. 漁磯·漁翁.
어: [禦] 막을 어. 《동》御. ① 막다. 禦侮·禦敵·禦戰·禦寒·防禦. ② 그치다.
어: [語] 말씀 어. ○ 말씀. 말하다. 語感·語錄·語勢·語彙·術語·隱語·標語.
어 [魚] 고기 어. ① 고기. 생선. 魚類·木魚·養魚·人魚. ② 성(姓).
어 [齬] 이가 어긋날 어. ○ 이가 어긋나다. 이 안 맞다. 齟齬.
억 [億] 억 억. ① 억. 億萬·億兆蒼生. ② 많다. 億劫. ③ 헤아리다. 億測. 《동》臆.
억 [憶] 생각할 억. ① 생각하다. 憶念·憶昔·追憶. ② 회억. ③ 기억하다. 記憶.
억 [抑] 누를 억. ① 누르다. 抑留·抑壓. ② 또한. 대체로. 抑何心事. ③ 줄이다. 덜다. 抑損. ④ 삼키다. 抑揚. ⑤ 억울하다. 抑鬱.
언 [焉] 어찌 언. ① 어찌. 焉敢. ② 어조사. 終焉. ③ 의심적다. ④ 이에.
언 [言] 말씀 언. ○ 말. 말씀. 말하다. 言及·言質·言論·訥言·寡言.
언: [諺] 속담 언. ○ 속담. 속어. 諺文·諺書·諺解·古諺·俚諺.
엄 [儼] 엄전할 엄. 《동》嚴. ① 엄전하다. 근엄하다. 엄연하다. 儼雅·儼然·儼乎. ② 공손하다. 공경하다. 儼恪.
엄 [嚴] 엄할 엄. ○ 엄하다. 嚴禁·嚴斷·嚴命·嚴密·嚴肅·嚴重. ② 혹독하다. 嚴多.
嚴寒. ③ 경계하다. 戒嚴. ④ 공경하다. 嚴慕·嚴事. ⑤ 성(姓).
엄 [奄] 문득 엄. ① 문득. 잠자기. 奄忽. ② 덮다. 가리다. 奄征. ③ 막히다. 奄奄. 찬관(宦官). 奄人. ⑤ 오래도. 奄留.
엄 [掩] 가릴 엄. ① 가리다. 덮다. 掩身·掩耳·掩蔽·掩捕·掩護. ② 엎치다. 掩襲.
업 [業] 일 업. ① 업. 業務·課業·事業·修業·卒業·就業. ② 직업. 家業·農業·副業. ③ 과보(果報). 業感·業報·自業自得·罪業.
여 [予] 나 여. ① 나(我). 《통》余. 予小子·予一人. ② 주다. 予奪. 《통》與.
여 [余] 나 여. ① 나. 《통》予. 余等. ② 남다. ③ 사월(四月). 余月. ④ 성(姓).
여 [如] 같을 여. ① 같다. 비슷하다. 如狂·如是·如意. 如前·如何. ② 만일. 如或. ③ 그러하다. 缺如·突如·躍如. ④ 어찌하다. 如何.
여: [汝] 너 여. 《통》女. ① 너. 汝等·汝輩. ② 물 이름.
여: 呂→려(呂).
여: 侶→려(侶).
여: 旅→려(旅).
여: [與] 더불 여. ① 더불다. 같은 무리. 與黨·與民·與野·關與. ② 주다. 與奪·給與·貸與·賦與·授與·天與. ③ 참여하다. 參與. ④ 어조사(비교·병렬). ⑤ 의문 조사(문장 끝).
여: 慮→려(慮).
여: 閭→려(閭).
여: 黎→려(黎).
여: 勵→려(勵).
여 [輿] 수레 여. ① 수레. 籠輿·喪輿. ② 땅. 輿地圖. ③ 많다. 輿論·輿望.
여 麗→려(麗).
여 [餘] 남을 여. 《약》余. ① 남다. 나머지. 餘暇·餘技·餘力·餘韻·剩餘. ② 다르다. 딴일. 餘念·餘談·餘典.
여 力→력(力).
역 [亦] 또 역. ○ 또. 또한. 亦各·亦是·亦如是·亦然·亦參其中.
역 [域] 지경 역. ○ 지경. 구역. 境域·區域·邊域·流域·地域. ② 나라. 槿域·邦域·異域. ③ 끝. ④ 곳. 聖域·靈域.
역 歷→력(歷).
역 曆→력(曆).
역 [役] 역사 역. ① 역사. 일. 役事·苦役·兵役·服役·懲役. ② 부리다. 使役·雜役. ③ 부담된 일. 役員·役政·役割·重役. ④ 싸움. 전쟁. 戰役. ⑤ 수자리 살다. 戍役·行役. ⑥ 부림꾼. 役軍.
역 易→이(易).
역 [疫] 염병 역. ① 염병. 疫氣·疫痢·疫疾. ② 전염병. 檢疫·免疫·防疫·時疫·惡疫. ③ 역귀. 疫鬼·疫神.
역 [譯] 통역할 역. ○ 통역하다. 번역하다. 對譯·飜譯·意譯·直譯·通譯.
역 [逆] 거스릴 역. ① 거스르다. 거역하다. 어지렵히다. 逆境·逆說. ② 막다. 逆襲·逆行·順逆. ③ 맞이하다. 逆旅. ④ 반역하다. 逆黨·逆謀·逆臣·逆賊·叛逆.
역 [驛] 역말 역. ○ 역말. 역. 驛奴·驛路·驛馬·驛舍·驛前·始發驛. ③ 차례차례. 잇다. 驛傳.
연 妍 고울 연. ○ 곱다. 아름답다. 妍人·妍色·妍態·鮮妍.
연 娟 고울 연. ① 곱다. 아름답다. 娟秀·娟容·嬋娟·麗娟. ② 아양부리다. ③ 건들거리다.

연 [宴] 잔치 연. 《통》燕. ① 잔치. 宴席·宴會·送別宴·酒宴·祝宴. ② 편안하다. 宴處. ③ 즐기다. 宴樂·宴笑.

연 年→년(年).

연 [延] 끌 연. ① 끌다. 길게 하다. 延期·延命·延壽·延文·遲延. ② 맞아들이다. 延見·延間·延接. ③ 뻗치다. 延亘. ④ 성(姓).

연 捐 버릴 연. ① 버리다. 捐棄·捐金·捐生·捐世. ② 주다. 捐金·捐補·捐助.

연 [沿] 물 따라 내려갈 연. ① 물 따라 내려가다. 沿道·沿路·沿岸. ② 좇다. 沿襲.

연 淵 못 연. ① 못. 淵藪·淵泉·淵叢·深淵. ② 깊다. 淵源·淵遠·淵旨·淵衷. ③ 북소리 둥둥하다. 淵淵.

연: [演] 넓힐 연. ① 넓히다. 넓게 미치다. 演士·演說·演драматик·演屠·講演. ② 제주를 실지로 행하다. 演劇·演藝·演出·公演·實演. ③ 익히다. 演武·演習.

연 蓮→련(蓮).

연 [然] 그럴 연. ① 그러하다. 當然·本然·偶然·自然·必然. ② 형용사로 만드는 접미사. 公然·冷然·肅然·超然·泰然. ③ 그럴 듯하다. 果然. ④ 체. 學者然. ⑤ 그러나. 然而.

연 煉→련(煉).

연 [煙] 연기 연. ① 연기. 내. 煙氣·煙幕·煙月·煙塵·炊煙. ② 담배. 煙草·禁煙·喫煙·香煙·煙管.

연 [燃] 불탈 연. ① 불타다. 불태우다. 燃料·燃燒. ② 음력 사월 초파일. 燃燈節.

연 [燕] 제비 연. 《통》讌·宴. ① 제비. 燕雀. ② 편안하다. 쉬다. 燕居. ③ 잔치. ④ 나라 이름. ⑤ 성(姓).

연: 鍊→련(鍊).

연 聯→련(聯).

연: 戀→련(戀).

연: [研] (1) 갈 연. ○ 갈다. 궁구하다. 연구하다. 硏究·硏磨·硏修·硏讚·硏學. (2) 《통》硯.

연: [硯] 벼루 연. ○ 벼루. 硯床·硯水·硯滴·硯田·筆硯.

연 [緣] (1) 인연 연. ① 인연. 緣分·因緣·血緣. ② 인하다. 緣故·緣木求魚·緣分·緣由·奇緣. (2) 선 두를 연. ○ 선 두르다. 가장자리. 緣邊·緣飾.

연: 練→련(練).

연: 憐→련(憐).

연: [衍] 퍼질 연. ① 퍼지다. 蔓衍. ② 넘치다. 衍義·衍訟·衍溢. ③ 나다. 衍文·衍字.

연: [軟] 연할 연. ① 연하다. 부드럽다. 軟鷄·軟球·軟禁·軟文學·軟性·柔軟.

연 連→련(連).

연 [鉛] 납 연. ① 납. 鉛管·鉛刀·鉛毒·鉛筆. ② 분. 鉛粉·鉛筆.

열 [悅] 기뻐할 열. ① 기뻐하다. 기쁘다. 悅樂·悅服·法悅·愉悅·喜悅. ② 복종하다. 悅勤·悅服·悅從.

열 烈→렬(烈).

열 涅→녈(涅).

열 裂→렬(裂).

열 [熱] 더울 열. ① 덥다. 뜨겁다. 달다. 熱氣·熱帶·熱火. ② 더위. 熱度·熱量·加熱·高熱·解熱. ③ 기울이다. 몰리다. 熱狂·熱烈·熱辯·熱心·情熱. ④ 정성. 熱望·熱誠.

열 說→설(說).

열 閱 살필 열. ① 살피다. 보다. 閱覽·閱兵·檢閱·校閱·査閱. ② 겪다. 閱年·閱歷·閱人. ③ 읽다. 閱讀·閱書.

염: 厭 싫을 염. ① 싫다. 미워하다. 厭苦·厭症·厭世·厭惡·厭忌. ② 만족하다. 배부르다. 厭飫·厭足. ③ 누르다. 厭到·厭勝.

염: [染] 물들일 염. ① 물들이다. 染料·染色·染指. ② 물들다. 染俗·染浸·染化. ③ 옮다. 전염되다. 染疫·感染·汚染·傳染·浸染.

염 [炎] 불꽃 염. ① 불꽃. 火炎. ② 덥다. 炎凉·炎暑·炎熱·炎帝·炎天.

염 [焰] 불꽃 염. ○ 불꽃. 氣焰·聲焰·勢焰·陽焰·火焰.

염 廉→렴(廉).

염: [艶] 고울 염. ① 곱다. 예쁘다. 탐스럽다. 艶聞·艶文·艶書·艶情·妖艶.

염 [鹽] 소금 염. ① 소금. 鹽水·鹽醬·鹽田·食鹽·製鹽. ② 절이다. 鹽藏.

엽 [葉] (1) 잎 엽. ① 잎. 葉草·落葉·單葉·複葉·枝葉·紅葉. ② 대(代). 세대(世代). 末葉·中葉·初葉. 종이 따위를 세는 단위. 十葉·五葉. (2) 땅 이름 섭. ○ 땅 이름. ③ 성(姓).

엽 獵→렵(獵).

영: [影] 그림자 영. 《통》景. ① 그림자. 影像·影響·孤影·幻影. ② 형상. 影像·近影.

영: 嶺→령(嶺).

영: [映] 비칠 영. ① 비치다. 映寫·映像·映畫·反映·上映. ② 밝다. 映窓·映彩.

영 [榮] 영화 영. ① 영화롭다. 榮達·榮華·虛榮·榮光·榮譽. ② 성하다. 榮落·繁榮. ③ 명예. 榮冠·榮譽.

영 零→령(零).

영 寧→녕(寧).

영 領→령(領).

영: [永] 길 영. ① 길다. 永久·永年·永永. ② 멀다. 永劫. ③ 오래다. 永遠·永存·永住.

영 令→령(令).

영 囹→령(囹).

영 怜→령(怜).

영 [泳] 헤엄칠 영. ○ 헤엄치다. 競泳·背泳·水泳·遠泳·游泳.

영 [營] 경영할 영. ① 경영하다. 營農·營業·經營·公營. ② 진. 營門·營外·陣營. ③ 짓다. 營建. ④ 헤아리다. 營利. ⑤ 다스리다. 營域·運營.

영 齡→령(齡).

영: [英] 꽃부리 영. ① 꽃답다. 英名·英姿. ② 뛰어나다. 英傑·英斷·英雄·英才. ③ 영국(英國)의 약칭. 英文·英譯.

영: [詠] 읊을 영. 《통》咏. ○ 읊다. 詠歌·詠吟·詠歎·吟詠.

영 鈴→령(鈴).

영 暎→영(映).

영 [迎] (1) 만날 영. ○ 만나다. 迎擊·逢迎. (2) 맞을 영. ○ 맞이하다. 맞아들이다. 迎送·迎新·迎接·出迎·歡迎.

예: 叡 어질 예. ① 어질다. 성현. 叡聖. ② 밝다. 지혜가 있다. 叡智. ③ 임금. 叡感·叡旨.

예: [藝] 재주 예. ① 재주. 예술. 藝能·藝文·藝術·藝苑·技藝. ② 글. 文藝·書藝·學藝.

예: 例→례(例).

예: 裔 후손 예. ① 후손. 裔孫·裔胄·裔後·末裔. ② 싹. 씨. 苗裔.

예 [譽] 기릴 예. ○ 기리다. 명예. 譽望·名譽·聲譽·榮譽.

예: [豫] 미리 예. 《통》預. ① 미리. 豫感·豫告·豫想·豫測·豫行. ② 기뻐하다. 豫附. ③ 머뭇거리다. 猶豫.

예: 隷→례(隷).

예: 禮→례(禮).
예: [銳] 날카로울 예. ① 날카롭다. (예) 鈍. 銳鋒·銳鈍·銳利·銳敏·銳意. ② 날쎄다. 銳騎·銳兵·銳卒.
예: 預 미리 예. (동) 豫. ① 미리. 미리하다. 預買·預備·豫想. ② 즐기다. ③ 참여하다. (예) 與. 干預·參預. ④ [신] 맡기다. 預金.
오: [五] 다섯 오. (동) 伍. ① 다섯. 五倫·五行·三三五五. ② 다섯째. 五等·五級.
오: 傲 거만할 오. ① 거만하다. 업신여기다. 傲氣·傲慢·傲倨·傲視·傲頑.
오: 午 낮 오. ① 낮. 午睡·午正·午砲. ② 일곱째 지지(地支). 庚午. ③ 말. 말때. 午歲.
오 吾 나오. ① 나. 吾等·吾人·吾兄. ② 글 읽을 열거리며 읽다.
오 於→어(於).
오 吳 나라 이름 오. ① 나라 이름. 吳越同舟. ② 성(姓).
[嗚] 탄식할 오. ① 탄식하다. 嗚咽·嗚乎. ② 노래부르다. 嗚嗚.
오 娛 즐길 오. ○ 즐기다. 娛樂·娛遊·歡娛.
오: 悟 깨달을 오. ① 깨닫다. 悟道·悟了·覺悟·開悟·大悟. ② 깨우치다. 悟性.
오 惡→악(惡).
[梧] 오동 오. ① 오동나무. 梧桐·梧月·梧秋·碧梧·翠梧. ② 책상. 梧右·梧前·梧下. ③ 장대하다. 魁梧.
오 [汚] 더러울 오. ① 더럽다. 汚名·汚物·汚染·汚辱. ② 웅덩이 물. 괸 물. 汚池.
오 烏 까마귀 오. ① 까마귀. 烏白·烏飛梨落·烏鵲·烏合之衆. ② 검다. 烏金·烏鴉梨·烏梅·烏石·烏竹. ③ 어찌. 烏有先生. ④ 탄식하는 소리. 烏乎.
오: 誤 그릇 오. ○ 그르다. 誤謬·誤發·誤報·誤算·誤譯·錯誤.
옥 [屋] 집 옥. ① 집. 屋宇·家屋·社屋·草屋. ② 지붕. 屋角·屋上·屋瓦·屋019·屋序.
옥 沃 기름질 옥. ① 기름지다. 沃野·沃土·肥沃. ② 물 대다. ③ 손 씻다. 沃盥.
옥 [獄] 감옥 옥. ① 감옥. 獄事·獄死·監獄·地獄. ② 소송. 獄事·獄訟·獄案·疑獄.
옥 玉 구슬 옥. ① 구슬. 玉璽. 玉石·玉笛·金玉·寶玉·珠玉. ② 아름다운 것. 훌륭한 것. 玉童子·玉碎. ③ 상대편의 것을 높이는 말. 玉稿·玉顏·玉音·玉札·玉體. ④ 성(姓).
온 溫 따뜻할 온. (동) 瑥. ① 따뜻하다. 덥다. 溫帶·溫度·溫室·溫泉·溫湯. ② 부드럽다. 溫順·溫雅·溫柔·溫情. ③ 익히다. 溫古·溫習. ④ 성(姓).
온 穩 편안할 온. ① 편안하다. 온당하다. 穩健·穩當·不穩.
옹 [翁] 늙은이 옹. ① 늙은이. 老翁·漁翁·村翁. ② 아버지. 翁姑·翁埻·翁主.
옹 擁 안을 옹. ① 안다. 擁衾·擁膝·抱擁. ② 가리다. 막다. 擁壁·擁蔽. ③ 부축하다. 돕다. 擁立·擁衛·擁護.
와 渦 소용돌이 와. ① 소용돌이. 渦狀·渦旋. ② 시끄럽다. 渦紋·渦中.
와: 瓦 기와 와. ① 기와. 瓦家·瓦礫·瓦匠·瓦全. ② 질그릇. 瓦棺·瓦器.
와: [臥] 누울 와. (속) 卧. ① 눕다. 臥病·臥床·臥薪嘗膽·臥食室. ② 쉬다.
와: 卧 (속) 臥.
와 蛙 개구리 와. ① 개구리. 蛙鳴·蛙市. ② 음란하다. 蛙聲.
와 訛 거짓말 와. ① 거짓말. 訛說·訛言·訛傳. ② 그르다. 訛音·訛字.

완 完 완전할 완. ① 완전하다. 完固·完璧·完全. ② 완전히 하다. 完決·完納·完了.
완 宛 (1) 완연할 완. ○ 완연하다. 宛然. 굽다. 宛宛·宛轉. (2) 나라 이름 원. ○ 나라 이름. 大宛.
완: 玩 구경할 완. (동) 翫. ① 구경하다. 玩讀·玩味·玩賞·玩月·愛玩. ② 희롱하다. 玩具·玩弄. ③ 익히다. 玩繹.
완: [緩] 늦을 완. ① 늦다. 더디다. 늘어지다. 緩曲·緩晚·緩常·緩行·弛緩. 늦추다. 緩衝·緩和. ② 너그럽다. 緩則.
완: 腕 팔 완. ① 팔. 팔뚝. 腕骨·腕力·腕章·腕釧. ② 재주. 敏腕·手腕.
완 頑 완고할 완. ① 완고하다. 미련하다. 頑強·頑固·頑命·頑民·頑惡. ② 둔하다. 어리석다. 頑冥·頑劣. ③ 탐하다. 頑夫.
왈 [曰] 가로 왈. ① 가라사대. 가로되. 曰可曰否. ② 어조사. 曰若. ③ 얕게 하지 못한 계집. 曰字·曰牌.
왕: 往 갈 왕. ① 가다. (예) 來. 往觀·往來·往復. ② 예. 往年·往代·往事·往時·旣往. ③ 때때로. 이따금. 往往.
왕: 旺 왕성할 왕. ○ 왕성하다. 旺氣·旺盛·旺運·興旺.
왕: 枉 굽을 왕. ① 굽다. 그릇되다. 枉告·枉道·枉法. ② 굽히어 나아가다. 枉駕·枉臨. ③ 억울하다. 枉死·枉屈·枉殺·怨枉.
왕 汪 깊고 넓을 왕. ① 깊고 넓다. 汪茫·汪然. ② 바다. 汪洋.
왕 王 (1) 임금 왕. ① 임금. 王國. 王室·王朝·君王·帝王. ② 크다. 王大夫人·王母·王水·王竹. ③ 성(姓). (2) 임금 노릇할 왕. ○ 임금 노릇하다. 王道.
왜 倭 나라 이름 왜. ○ 나라 이름. 일본(日本). 倭國·倭式·倭賊.
왜: 歪 비뚤 왜(외). ○ 비뚤다. 기울다. 歪曲.
외: 外 바깥 외. ① 바깥. 밖. 外觀·外柔內剛·外界·外科. ② 범위 밖. 外界·外交·國外·望外·海外. ③ 자체(自體)와 다르다. (예) 內. 外國·外力. ④ 외가. 外家·外祖母·外戚. ⑤ 빼다. 제하다. 除外. ⑥ 아버지. 外艱·外舅.
외: [畏] 두려워할 외(위). ① 두려워하다. 畏敬·畏懼·畏服·畏怖. ② 겁내다. 畏怯. ③ 꺼리다. 畏忌·畏憚.
요 凹 오목할 요. ① 오목하다. (예) 凸. 凹鏡·凹面·凹凸.
요: 了→료(了).
요 堯 임금 요. ① 임금. 堯舜. ② 높다. 堯. ③ 밝다.
요 夭 일찍 죽을 요. ① 일찍 죽다. 夭死·夭逝. ② 어여쁘다. 夭夭.
요 妖 요망할 요. ① 요망하다. 요사하다. 妖女·妖妄·妖婦·妖邪·妖術·妖衝. ② 아리땁다. 妖冶·妖艷. ③ 요귀. 妖怪·妖鬼·妖氣·妖聲·妖精.
요 [搖] 흔들 요. ① 흔들다. 움직이다. 搖動·搖籃·搖鈴·搖之不動·動搖.
요 尿→뇨(尿).
요: 擾 어지러울 요. ① 어지럽다. 요란하다. 擾亂·民擾·騷擾·洋擾. ② 길들이다. 순하다. 擾攘. ③ 번거롭다. 煩擾.
요 窯 기와 가마 요. ① 기와 가마. 窯業·窯址·窯戶. ② 질그릇. 오지그릇.
요: 遼→료(遼).
요: 療→료(療).
요: 瞭→료(瞭).
요 [腰] 허리 요. ○ 허리. 腰圍·腰折·腰痛·山腰·細腰.

요 僚→료(僚).
요 寮→료(寮).
요 **要** (1) 구할 요. ○ 구하다. 바라다. 要求·要望·要請·強要·必要. (2) 종요로울 요 ① 종요롭다. 要緊·要談·要素·重要. ② 요약하다. 要綱·要約·要旨·大要. ③ 요컨대.
요 料→료(料).
요 陶→도(陶).
요 **謠** 노래 요. ① 노래. 謠誦·歌謠·童謠·民謠·俗謠. ② 소문. 謠言.
요 **遙** 멀 요. ① 멀다. 遙途·遙拜·遙然·遙遙·遙達. ② 노닐다. 逍遙.
욕 **慾** 욕심낼 욕. (동) 欲. ○ 욕심. 욕심내다. 慾界·慾心·慾情·愛慾.
욕 **欲** 하고자 할 욕. (동) 慾. ① 하고자 하다. 欲巧反拙·欲求·欲死無地·欲速不達. ② 탐내다. 욕심내다. 欲求·欲物·欲心.
욕 **浴** 목욕할 욕. ① 목욕하다. 浴客·浴室·浴湯·沐浴. ② 깨끗하다. 浴化.
욕 **辱** 욕될 욕. ① 욕되다. 욕하다. 屈辱·凌辱·侮辱·雪辱·榮辱·恥辱. ② 굽히다. 辱臨.
용 **傭** 품팔이할 용. ○ 품팔이하다. 傭男·傭兵·傭員·雇傭.
용 **勇** 날랠 용. ① 날래다. 勇氣·勇斷·勇士·武勇·蠻勇. ② 용맹하다. 勇敢·勇猛.
용 **容** 얼굴 용. ① 얼굴. 容貌·容顏·美容·理容. ② 꼴. 받아들이다. 容共·容器·容量·容素·包容. ③ 들어 주다. 허락하다. 容納·容恕·容認·容許·寬容. ④ 쉽다. 容易. ⑤ 여유가 있다. 從容.
용 **[庸]** 떳떳할 용. ① 떳떳하다. 庸言·庸行·中庸. ② 평범하다. 庸君·庸劣·庸愚·庸人·庸庸. ③ 쓰다. 登庸·庸作. ④ 작은 성(城). 附庸. ⑤ 부세(賦稅). 租庸. ⑥ 수고롭다. 庸勞.
용 **溶** 녹을 용. ① 녹다. 溶媒·溶液·溶劑·溶質·溶解. ② 물 질펀히 흐르다. 溶溶.
용 **用** 쓸 용. ① 쓰다. 登用·使用·任用. ② 쓰임. 費用·節用. ③ 쓸 데. 用途·公用·私用. ④ 재물. 財用. ⑤ 행하다. 用刑. ⑥ 작용. 효용. 運用·作用·活用·效用.
용: **踊** 뛸 용. ① 뛰다. 踊貴·踊躍·飛踊. ② 춤추다. 舞踊.
용 龍→룡(龍).
용 **鎔** 녹일 용. ① 녹다. 녹이다. 鎔鑛爐·鎔岩·鎔接. ② 거푸집.
용 **鏞** 큰 쇠북 용. ○ 큰 쇠북.
우 **于** 어조사 우. ① 어조사 于飛. ② 가다. 于歸·于役. ③ 성(姓).
우 **佑** 도울 우. (동) 祐. ○ 돕다. 佑命·保佑·陰佑·天佑神助.
우 **[偶]** 짝 우. ① 짝. 작우. 偶對·偶數·偶語·配偶·喪偶. ② 우연. 偶感·偶發·偶然·偶合. ③ 허수아비. 偶像·木偶·土偶.
우 **[優]** 넉넉할 우. ① 넉넉하다. 도탑다. 優待·優遇. ② 낫다. 뛰어나다. 優良·優勝·優劣. ③ 부드럽다. 아름다워. 優雅·優美·優雅. ④ 광대. 배우. 男優·名優·女優.
우: **又** 또 우. ○ 또. 다시. 又賴·又復·又重之·又況.
우: **友** 벗 우. ① 벗. 친구. 동무. 友邦·親友·學友. ② 우애. 友愛·友誼·友情.
우: **右** 오른 우. ① 오른쪽. (대) 左. 右傾·右方·右心房·右往左往·右翼. ② 숭상하다. 右武·右文.
우: **宇** 집 우. ① 집. 堂宇·屋宇. ② 처마 기슭. 宇下. ③ 하늘. 세계. 宇內·宇宙·宇宙. ④ 도량(度量). 氣宇.

우: **寓** 붙일 우. ① 임시로 몸을 붙여 살다. 寓居·寓生·寓所·假寓. ② 어떠한 뜻을 은근히 붙이다. 寓言·寓意·寓話.
우 **尤** 더욱 우. ① 더욱. 尤極·尤妙·尤甚. ② 특이하다. 尤異. ③ 허물. 나무라다.
우 **[愚]** 어리석을 우. ① 어리석다. 愚鈍·愚界·愚民·愚拙·賢愚. ② "나"의 낮춤말. 愚見·愚論·愚生. ③ 흐리다. 愚昧.
우 **憂** 근심 우. ① 근심. 걱정. 憂國·憂慮·憂愁·憂鬱·杞憂. ② 상제가 되다. 丁憂.
우 **牛** 소 우. ① 소. 牛馬·牛步·牛乳·農牛·鬪牛. ② 이십팔수의 하나. 牛宿.
우: **祐** (동) 佑. ○ 돕다. 祐助·福祐·祥祐·天祐.
우: **禹** 하우씨 우. ① 하우씨. 우 임금. 禹域. ② 성(姓).
우: **[羽]** 깃 우. ① 깃. 羽毛·羽狀·羽扇·羽衣·羽化登仙. ② 돕다. 羽翼. ③ 오음(五音)의 하나. 宮商角徵羽.
우 **虞** 염려할 우. ① 염려하다. 虞犯. ② 우제. 우제 지내다. 虞祭·三虞·再虞·初虞. ③ 벼슬 이름.
우 **郵** 역말 우. ① 역말. 郵驛. ② 우편. 우체. 郵送·郵政·郵遞·郵便·郵票.
우 **遇** 만날 우. ① 만나다. 맞다. 遇合·遇害·奇遇·不遇·遭遇. ② 대접하다. 遇待·冷遇·待遇·禮遇·厚遇.
우: **雨** 비우. ① 비. 비오다. 雨季·雨氣·雨量·春雨·暴雨.
우 **零** 기우제 우. ○ 기우제(祈雨祭).

욱 **旭** 빛날 욱. ○ 빛나다. 해가 돋는 모양. 旭光·旭影·旭日昇天.
운 **云** 이를 운. ① 이르다. 말하다. 云云·云謂. ② 같다. 云何.
운 暈→훈(暈).
운: **運** 움직일 운. ① 움직이다. 옮기다. 運搬·運送·運輸·運河·海運. ② 운전하다. 運動·運營·運用·運轉·運航. ③ 운수. 운명. 運命·運數·國運·悲運·幸運.
운 **雲** 구름 운. ① 구름. 雲影·雲雨·暮雲·白雲·層雲. ② 모으다. 雲屯·雲集. ③ 높다. 雲樹·雲梯·雲梯.
운: **韻** 운운. ① 운. 韻文·韻律·脚韻·頭韻·押韻. ② 화하다. 神韻·餘韻·音韻. ③ 운치. 韻致·氣韻·風韻.
울 鬱→울(鬱).
울 **蔚** (1) 제비쑥 울(위). ① 제비쑥. ② 초목이 우거지다. 蔚然·蔚興. ② 땅 이름 울. ○ 땅 이름. 고을 이름. 蔚山.
울 **鬱** 답답할 울. (수) 蔚. ① 답답하다. 鬱寂. ② 무덥다. 鬱煩. ③ 울창하다. 무성하다. 鬱蒼. ④ 울금향. 鬱金香.
웅 **雄** 수컷 웅. ① 수컷. 雄蜂·雄蜂·雄蕊·雌雄. ② 씩씩하다. 雄韓·雄壯·雄志·英雄.

원 **[元]** 으뜸 원. ① 으뜸. 근원. 元價·元金·元素. ② 처음 시작. 元旦·元夜. ③ 연호. 元號·紀元. ④ 크다. 우두머리. 元老·元帥·元勳. ⑤ 중국·구한국의 화폐 단위. ⑥ 성(姓).
원 **原** 근본 원. ① 근본. 원인. 原價·原文·原本·原語. ② 언덕. 벌판. 原頭·原野·高原·草原·平原. ③ 놓다. 용서하다. 原宥.
원 **員** 사람 원. ① 사람. 員外·減員·滿員·店員·會員. ② 둥글다.
원 **圓** 둥글 원. ① 둥글다. 《대》方. 圓光·圓頂·圓舞·圓卓·圓形·楕圓. ② 만족하다. 원만하다. 圓滿·圓熟·圓滑. ③ 둘레. 團圓·一圓.
원 **園** 동산 원. ① 동산. 公園·學園·花園·陵. 園陵·園所·園寢. ③ 밭. 園藝.

원 媛 아리따울 원. ① 아리땁다. 媛女·媛妃. ② 마음 끌리는 모양.
원 宛→완(宛).
원 怨 원망할 원. ① 원망하다. 미워하다. 怨聲·怨心·怨恨. ② 원수. 怨家·怨仇·怨讎·怨敵.
원 援 (1) 도울 원. ① 돕다. 援軍·援兵·援助. ② 끌 원. ○ 당기다. 援用·援筆.
원 源 근원 원. ① 근원. 샘. 源泉·根源·起源·淵源·資源.
원 苑 (1) 동산 원. ① 동산. 苑臺·禁苑·祕苑·遊苑·昌慶苑. ② 문필가·예술가의 세계. 文苑·藝苑. ② 막힐 원. ○ 막히다. 苑結.
원: 遠 멀 원. ① 멀다. (대) 近. 遠景·遠近·遠大·遠慮·敬遠·遼遠. ② 심오하다. 깊다. 遠遠·遠志·心遠·淵遠.
원: 院 집 원. ① 집. 院落·院長·院中·病院·上院. ② 담. ③ 절. 寺院·僧院.
원: 願 원할 원. ① 원하다. 懇願·念願·發願·宿願·哀願. ② 바라다. 願望·願書·祈願·請願·歎願.
월 月 달 월. ① 달. 月光·月宮·月shape·新月·秋月·風月. ② 시간의 단위. 달. 月刊·月給·月例·月報·正月. ③ 세월. 歲月.
월 越 넘을 월. ① 넘다. 건너다. 越境·越冬·越牆·越川·超越. ② 넘치다. 越權. ③ 뛰어나다. 越等·卓越.
위 位 자리 위. ① 자리. 놓인 자리. 位置·第一位·首位. ② 지위. 벼슬. 位階·位爵·品位. ③ 분. 남을 높이는 말. 各位·諸位.
위 偉 위대할 위. ① 위대하다. 뛰어나다. 偉功·偉大·偉力·偉名石·偉人·偉業.
위: 僞 거짓 위. ① 거짓. 속이다. 僞計·僞名·僞善·僞造·僞幣.
위 危 위태할 위. ① 위태하다. 危急·危機. ② 높다. 危空. ③ 두려워하다. 危懼.
위 圍 둘레 위. ① 둘레. 圍籬·範圍·四圍·周圍. ② 에워싸다. 包圍. ③ 지키다. 守圍.
위: 委 맡길 위. ① 맡기다. 委員·委任. ② 버리다. 委棄. ③ 자세하다. 委細. ④ 쌓다. 쌓이다. 委積. ⑤ 의젓하다. 委委.
위 威 위엄 위. ① 위엄. 威光·威信·威嚴·威容·國威·示威. ② 억누르다. 威服·威壓·威脅. ③ 세력. 威力·威勢·權威.
위: 尉 벼슬 위. ① 벼슬. 尉官·大尉·少尉·准尉·中尉. ② 위로하다. (동) 慰.
위: 慰 위로할 위. ① 위로하다. 慰勞·慰撫·慰問·慰安·自慰.
위 爲 (1) 할 위. ① 하다. 되다. 爲政·有爲不爲. ② 삼다. 爲始·爲主. (2) ○ 위하다. 爲國·爲民·爲親.
위 緯 씨 위. ① 씨. 씨실. 씨금. 緯度·緯線·南緯·北緯. ② 경위. 경위. 經緯.
위 胃 밥통 위. ○ 밥통 위. 胃塵·胃病·胃酸·胃液·胃腸.
위: 衛 호위할 위. 《속》衛. ○ 호위하다. 衛兵·衛生·防衛·守衛·護衛.
위 衞 (속)→위(衛).
위: 謂 이를 위. ① 이르다. 일컫다. 可謂·所謂. ② 고하다.
위 違 어기다 위. 어기다. 틀리다. 違反·違背·違法·違約·相違. ② 잘못. 허물. 非違.
위 魏 나라 이름 위. ① 나라 이름. ② 우뚝한 모양. 魏魏·魏魏闕. 《동》巍. ③ 성(姓).
유 乳 젖 유. ① 젖. 乳房·乳兒·牛乳·哺乳. ② 젖 같은 액체. 乳劑·豆乳. ③ 약(藥)을 갈다. 乳鉢.
유 劉→류(劉).

유 儒 선비 유. ① 선비. 儒林·儒鄕·儒會·坑儒·巨儒. ② 유교. 儒家·儒敎·儒道·儒生·儒學. ③ 난쟁이. 侏儒.
유 兪 그러할 유. ① 그러하다. 승낙하다. 兪允. ② 대답하다. 兪音. ③ 성(姓).
유 唯 오직 유. ① (동)惟. ○ 오직. 唯物論·唯心論·唯一. ② 옳다. 허락하다. 唯唯諾諾. ③ 어조사.
유 琉→류(琉).
유 硫→류(硫).
유: 喩 비유할 유. ① 비유하다. 比喩·譬喩. ② 깨우치다. 訓喩. ③ 이르다. 고(告)하다. 喩告.
유: 幼 어릴 유. ① 어리다. 幼時·幼弱·幼齒·幼稚·長幼. ② 어린이. 幼年·幼童·幼兒·幼孩.
유 幽 그윽할 유. ① 그윽하다. 깊다. 幽境·幽谷·幽深·幽雅·幽靜·幽香. ② 숨다. 幽居·幽捷. ③ 저승. 冥界·幽明·幽宅. ④ 어둡다. 幽昧·幽晦·幽昏. ⑤ 가두다. 幽囚·幽厄·幽閉. ⑥ 귀신. 幽靈·幽言. ⑦ 고을 이름.
유 庾 노적가리 유. ① 노적가리. 庾積. ② 곳집. 廣廈·倉庾. ③ 성(姓).
유 悠 멀 유. ① 멀고 길다. 悠久. ② 한가하다. 悠悠·悠然. ③ 아득하다. 悠邈·悠遠.
유 惟 생각할 유. ① 생각하다. 思惟. ② 오직. 《동》唯. 惟獨·惟一.
유 愉 즐거울 유. ① 즐겁다. 愉樂·愉色·愉悅·愉快.
유: 愈 나을 유. ① 낫다(優). ② 더욱. 愈甚·愈惱·愈出愈怪.
유: 有 (1) 있을 유. ① 있다. (대) 無. 有功·有給·有利·有形. ② 가지다. 有無·國有·保有·領有·特有·享有. ③ 혹. 어떤. 有人·有友. 도 유. (동) 又. ○ 또. 十有五年.
유 柔 부드러울 유. ① 부드럽다. 柔能制剛·柔道·柔軟. (대) 剛. ② 순하다. 柔順·溫柔·和柔·懷柔. ③ 약하다. 柔儒·柔媚·柔弱·優柔不斷. ④ 편안하다. ⑤ 복종하다.
유 油 기름 유. ① 기름. 油田·油脂·肝油·輕油·燈油·石油. ② 힘있게 피어나는 모양. 油然.
유 猶 오히려 유. ① 같다. 猶父·猶孫·猶子. ② 머뭇거리다. 猶豫. ③ 오히려.
유 由 말미암을 유. ① 말미암다. 由來·經由·緣由. ② 까닭. 由緖·理由·事由·原由. ③ …에서. 由奢入儉.
유 維 벨 유. ① 매다. 묶다. 維舟. ② 잇다. 지탱하다. 維持. ③ 바. 끈. 纖維. ④ 벼리. 剛維·四維. ⑤ (동) 唯. ⑥ 생각컨대. (동) 惟. 維歲次. ⑦ 개혁하다. 維新.
유: 裕 넉넉할 유. ① 넉넉하다. 裕福·富裕·餘裕·豐裕. ② 너그럽다. 裕寬.
유: 誘 꾈 유. ○ 꾀이다. 권하다. 달래다. 誘拐·誘發·誘引·誘惑·勸誘.
유: 諭 깨우칠 유. ① 깨우치다. 諭示·諭旨·諭告·敎諭·勅諭. ② 비유하다. 《동》喩.
유: 謬→(謬).
유: 類→(類).
유 柳→류(柳).
유 流→류(流).
유 留→류(留).
유 紐→뉴(紐).
유 遊 놀 유. (동) 游. ① 놀다. 즐기다. 遊廓·遊船·遊興·遊戱·開遊. ② 여행하다. 遊覽·遊星·遊說(유세)·遊學·外遊. ③ 떠돌다. 遊擊·遊離. ④ 사귀다. 交遊.

유 [遺] 잃어버릴 유. ① 잃어버리다. 遺亡·遺妄· 遺失·拾遺. ② 남기다. 遺稿·遺燼.
유: 酉 닭 유. ① 열째 지지(地支). 酉年·酉時· 丁酉. ② 닭 띠. ③ 음력 팔월.
육 肉 고기 육. ① 고기. 肉脯·肉膽·生肉·牛肉· 酒肉. ② 살점. 肉塊·骨肉·筋肉. ③ 몸. 肉感·肉迫·肉聲·肉眼·肉體. ④ 가까운 혈연. 肉親. ⑤ 과실의 먹을 수 있는 부분. 果肉.
육 育 기를 육. ① 기르다. 育兒·育英·發育·愛 育·體育·訓育. ② 나다. 生育. ③ 자라다. 育成.

육 陸→륙(陸).

윤 允 미더울 윤. ① 미덥다. 允恭. ② 진실로. 允當. ③ 허락하다. 允可·允許.
윤 尹 맏 윤. ① 맏. 장관. 京兆尹. ② 다스리다. ③ 미쁘다. ④ 성(姓).

윤 倫→륜(倫).

윤: [潤] 불을 윤. ① 붇다. 더하다. 많다. 潤色. ② 젖다. 潤濕·潤筆·浸潤. ③ 번지르르하다. 潤氣·潤身·潤澤·德潤.

윤 輪→륜(輪).
윤: 閏 윤달 윤. ○ 윤달. 閏年·閏朔·閏餘·閏月· 閏日.

융 隆→륭(隆).

융 融 화할 융. ① 화하다. 融合·融和·融會. ② 융통하다. 통하다. 融資·融通·金融. ③ 녹다. 融液·融解·融化.

은 [恩] 은혜 은. ① 은혜. 恩德·恩師·恩誼·恩惠· 感恩·報恩·鴻恩. ② 사랑하다. 恩功·恩愛· 恩榮·恩情·恩寵.
은 殷 성할 은. ① 성하다. 殷盛·殷於·殷昌. ② 우레 소리. 殷雷. ③ 크다. 殷奠. ④ 나라. 殷鑑·殷紂·殷墟.
은 [銀] 은 은. ① 은. 純銀·洋銀. ② 흰 빛. 銀鱗·銀盤·銀翼. ③ 돈. 銀錢·銀行·銀貨.
은: [隱] 숨을 은. ① 숨기다. 隱密·隱身·隱語·隱蔽. ② 세상을 멀리하다. 隱居·隱遁· 隱士·隱逸.

을 [乙] 새 을. ① 새. 제비. ② 둘째 천간(天干). 乙夜·乙丑. ③ 둘째. 乙種·甲乙. ④ 아무개. 甲과 乙.

음: [吟] 읊을 음. ① 읊다. 吟味·吟誦·吟味·朗吟. ② 앓다. 吟病·呻吟.
음 姪 간음할 음. 姦姪. 《통》 淫.
음 [淫] 음란할 음. ① 음란하다. 淫女·淫談·淫亂· 淫慾·荒淫. ② 넘치다. 과하다. 淫雨·淫溢. ③ 방탕하다. 淫蕩. ④ 간음하다. 淫奔·姦淫. ⑤ 장마. 淫霖·淫雨. ⑥ 오래가다. 淫久.
음 [陰] 그늘 음. ① 그늘. 陰地·綠陰. ② 흐리다. 陰雨·陰鬱·晴陰. ③ 음기. (배)陽. 陰陽. ④ 뒤. 碑陰. ⑤ 세월. 光陰. ⑥ 가리다. 陰蔽. ⑦ 생식기. 陰莖·陰部. ⑧ 성(姓).
음 [音] 소리 음. ① 소리. 發音·騷音. ② 음악. 音曲·音盤. ③ 편지. 소식. 音信.
음: [飮] 마실 음. ① 마시다. 飮料·飮食·暴飮. ② 마시게 하다. ③ 머금다. 飮恨.
읍 [泣] 울 읍(-급). ① 울다. 泣諫·泣訴·感泣·哀 泣·號泣. ② 부글부글 끓다. 泣泣.
읍 [邑] 고을 읍. ① 고을. 도읍. 邑內·邑人·邑村. ② 근심하다. 邑悒.
응 凝 엉길 응. ① 엉기다. 凝固. ② 모으다. 凝視. ③ 막다. 막히다. 凝滯.
응: [應] (1) 응당 응. ○ 응당. 응. 應當. (2) 응할 응. ① 응하다. 應急·應募·應試·相應·順 應. ② 대답하다. 應答·應對·應諾·內應·呼應.
의 [依] 의지할 의. ① 의지하다. 근거하다. 依據· 依賴·依支·歸依. ② 따르다. 依舊.

의 [儀] 거동 의. ① 거동. 儀式·儀伏·禮儀·容儀· 威儀. ② 본보기. 儀軌·儀表·儀品. ③ 천 문기. 본따다. 地球儀·水準儀.
의 宜 마땅 의. ① 마땅하다. 宜當·時宜·適宜. 便宜. ② 유순하다. 宜德.
의: [意] 뜻 의. ① 뜻. 생각. 意見·意識·意慾·意 志·故意·好意. ② 의미. 意味·意義.
의: 擬 비길 의. ① 비기다. 擬音·擬人·擬裝·擬態·模擬. ② 의회하다. 擬議.
의 椅 교의 의. ① 교의. 椅子·交椅. ② 가래나무.
의 [疑] 의심할 의. ① 의심하다. 疑問·懷疑. ② 두려워하다. 疑死. ③ 싫어하다. 嫌疑.
의: 矣 말 마칠 의. ① 말 마치다. ② 어조사(語 助辭).
의: [義] 옳을 의. ① 옳다. 義理·義務·道義·正義· 主義. ② 따 넣은 것. 義手·義眼·義足. ③ 의를 맺다. 義女·義母·義父·義兄·義 弟. ④ 뜻. 廣義·敎義·意義·異義.
의 蟻 개미 의. ○ 개미. 蟻孔·蟻潰·蟻垤·蟻穴.
의 [衣] 옷 의. ① 옷. 衣冠·衣帶·衣服·衣裳·衣 裝. ② 옷입다. 衣食.
의 誼 옳을 의. ① 옳다. 誼當. ② 도답하다. 交 誼·禮誼·友誼·情誼.
의: [議] 의논할 의. ① 의논하다. 議論·建議·提議· 計議·議會.
의 [醫] 의원 의. 의사. 醫師·軍醫·名醫· 眼醫·漢(韓)醫. ② 병 고치다. 醫科·醫療· 醫術·醫藥·醫學.

이 [二] 두 이. 《동》貳·弍. ① 둘. 두 번. 二言· 二人. ② 둘째. 二等·二流.
이: [以] 써 이. ① 써. 가지고. 以心傳心 ② 이 小易大. ③ …로 부터. 以降·以東·以上· 以外. ④ 까닭. 所以·所以然.

이 尼→니(尼).
이 伊 저 이. ① 저(彼). 伊時·伊人. ② 이(是). ③ 어조사[말 머리나 중간에 쓰임].

이 吏→리(吏).
이 [夷] 오랑캐 이. ① 오랑캐. 동쪽 오랑캐. 夷 狄·東夷·攘夷. ② 편편하다. 夷垣. ③ 죽 이다. 燒夷. ④ 상하다. 《동》 痍. 傷夷.
이 姨 이모 이. ○ 이모. 姨姉·姨母·姨父·姨從· 姨姪.

이 哩→리(哩).
이: [已] 이미 이. ① 이미. 已往. ② 그치다. 不 已. ③ 너무. 已甚. ④ 뿐. 따름. 而已. ⑤ 조금 있다가. 已後.
이: 易 (1) 쉬울 이. ① 쉽다. 易行·難易·容易. ② 업신여기다. 輕易. ③ 간략하다. 簡 易. ④ 편하다. 安易·便易·平易. (2) 바꿀 역. ① 바꾸다. 易服·易妹·交易·貿易. ② 변하다. 易俗·易 心. ③ 주역. 易經·易書.

이 俚→리(俚).
이 厘→리(厘).
이 [爾] 너 이. ① 너. 爾曹. ② 그. 爾時. ③ 어 조사. 爾來·爾余.
이: 履→리(履).
이 離→리(離).
이 [溺]→닉(溺).
이: [異] 다를 이. ① 다르다. 異見·異邦·異性·變 異·判異. ② 기이하다. 異聞·異蹟·怪異· 奇異. ③ 나누다. 別異. ④ 성(姓).

이: 痢→리(痢).
이: 裏→리(裏).
이 痍 상처 이. ○ 상처. 傷痍·創痍·瘡痍.

이 {移} 옮길 이. ① 옮기다. 바꾸다. 移管·移徙·移越·移籍·移轉·移牒·推移. ② 보내다. 移作. ③ 변하다.

이 梨→리(梨).

이: 理→리(理).

이 {而} 말 이을 이. ① 말 잇다. 어조사. 而已. ② 너. 而父. ③ 따름. 而今·已而.

이: {耳} 귀 이. ① 귀. 耳科·耳目·耳順·內耳·外耳·牛耳·中耳. ② 따름. 뿐.

이: 利→리(利).

이: 李→리(李).

이 泥→니(泥).

이: {貳} 두 이. (동) 二. ① 둘. 두. 貳臣·貳心. ② 버금. 貳車.

익 {益} 더할 익. ① 더하다. 더욱. 多多益善·益壽·愈益. ② 이익. 유익하다. 益友·共益·損益·實益·便益.

익 {翌} 다음날 익. ○ 다음날. 이튿날. 翌年·翌夜·翌月·翌日·翌朝.

익 溺→닉(溺).

익 {翼} 날개 익. ① 날개. 鵬翼·兩翼·右翼·羽翼·左翼. ② 돕다. 翼善·翼贊·輔翼.

인 {人} 사람 인. ① 사람. 人權·人心·成人·天人. ② 남. 人望·人言·他人. ③ 인격. 人格·人品·法人.

인 {仁} 어질 인. ① 어질다. 仁義·仁衛·仁慈·一視同仁. ② 속씨. 桃仁·杏仁.

인: {刃} 칼날 인. ① 칼날. 白刃·凶刃. ② 칼질하다. 自刃.

인 {印} 도장 인. ① 도장. 印刻·印鑑·印章·印朱·私印. ② 찍다. 印象·印刷. ③ 성(姓).

인 {咽} (1) 목구멍 인(연). ○ 목구멍. 咽喉. (2) 목멜 열. ○ 목메어 울다. 嗚咽.

인 {因} 인연 인. ① 인연. 因緣. ② 원인. 因果·基因·素因·原因·敗因. ③ 말미암다. 의지하다. 因習·因人成事. ④ 잇다. 因襲.

인 {姻} 혼인할 인. ① 혼인하다. 婚姻. ② 인척. 姻家·姻戚·姻兄. ③ 인연. 結姻.

인 {寅} 범 인. ① 세째 지지(地支). 寅年·寅方·寅時·丙寅. ② 열두 띠의 범띠. ③ 공경하다. 寅敬·寅恭·寅念.

인: {引} 끌 인. ① 끌다. 引力·引用·牽引. ② 이끌다. 引導·引率. ③ 길게 하다. 引延. ④ 가곡(歌曲)의 한 가지. ⑤ 넘겨 주다. 引渡.

인: {忍} 참을 인. ① 참다. 忍苦·忍耐·忍辱·忍從·堅忍·隱忍. ② 잔인하다. 殘忍. ③ 차마 못하다. 不忍見.

인: {認} 인정할 인. ○ 인정하다. 알다. 認可·認識·認定·默認·更認.

일 {一} 한 일. ① 하나. 一箇·單一. ② 첫째. 一等·一流. ③ 오로지. ④ 같다. 一律·一致. ⑤ 모두. 一變一如.

일 {壹} 한 일. (동) 一. ① 하나. ② 오로지 하나. 壹意. ③ 통일하다. 壹食.

일 {日} 날 일. ① 날. 日時·日課·日新·休日. ② 해. 日光·日暮·日沒·日蝕·落日. ③ 낮. 日夜·日中逃影. ④ 나라 이름. 日本.

일 {溢} 넘칠 일. ① 넘치다. 溢血·海溢. ② 차다. ③ 치렁치렁하다.

일 {逸} 편안할 일. (동) 佚. ① 편안하다. 逸居·逸樂. ② 달아나다. 逸去. ③ 숨다. 逸民·隱逸. ④ 허물. 逸德. ⑤ 뛰어나다. 逸才·逸志·逸品. ⑥ 빠지다. 빠뜨리다. 逸文·逸話.

임: {任} 맡길 임. ① 맡기다. 任官·委任. ② 소임. 留任·赴任·辭任·前任. ③ 마음대로 하다. 任意·一任·放任. ④ 성(姓).

임: {壬} 북방 임. ① 북방. 壬方. ② 아홉째 천간(天干). 壬年. ③ 간사하다. 壬人.

임 林→림(林).

임: {姙} 아이 밸 임. (동) 妊. ○ 아이 배다. 姙婦·姙娠·不姙·避姙.

임: 妊 (동)→임(姙).

임: {賃} 품팔이 임. ① 품팔이. ② 품삯. 賃金·勞賃·運賃. ③ 세. 세내다. 賃貸.

입 {入} 들 입. ① 들다. 들이다. (대) 出. 入國·入賞·入學·突入·編入. ② 사성(四聲)의 하나. 入聲.

입 {廿} 스물 입. ○ 스물. 廿番·百廿.

입 立→립(立).

입 笠→립(笠).

입 粒→립(粒).

잉: {剩} 남을 잉. ① 남다. 剩餘·剩員·剩條·過剩. ② 더하다. 剩讀. ③ 말쑥하다. ④ 뿐이니다.

잉: {孕} 아이 밸 잉. ○ 아이 배다. 孕母·孕婦·孕胎.

자: {刺} (1) 찌를 자. ① 찌르다. 刺客·刺戟·刺繡. ② 가시. ③ 명함. 刺字·通刺. ④ 책망하다. 諷刺. (2) 찌를 척. ① 칼로 찌르다. 베다. 刺殺. ② 정탐하다. 刺探.

자: {姊} 맏누이 자. ○ 맏누이. 姊妹·姊兄·姊夫.

자: {姿} 태도 자. ① 태도. 맵시. 姿色·姿態·雄姿. ② 성품. 姿質.

자: {子} 아들 자. ① 아들. 자식. 子女·子孫·母子·養子·孝子. ② 상대를 높이는 말. 남자의 미칭(美稱). ④ 당신. 자네. ⑤ 첫째 지지(地支). ⑥ 열두 띠의 쥐띠. ⑦ 알. 卵子. ⑧ 접미사의 하나. 帽子·冊子. ⑨ 다섯 작위의 네째. 子爵.

자 {字} 글자 자. ① 글자. 字句·字典·字形·文字·漢字. ② 사랑하다. 字小·字恤. ③ 자(副名). ④ 젖 먹이다. 字養.

자: {恣} 방자할 자. ① 방자하다. 恣意·恣志·恣行. ② 제 멋대로 하다. 恣樂·恣放·恣慾·恣縱.

자 {慈} 사랑 자. ① 사랑. 사랑하다. 慈悲·慈善·慈愛·慈雨·慈情. ② 어머니. 慈堂·慈母·慈親. ③ 인자하다. 大慈·仁慈.

자 {滋} 불을 자. ① 붇다. 번식하다. 滋蔓·滋楽. ② 자양분. 滋味·滋養. ③ 더하다. 심하다. 滋甚·滋夥. ④ 잠기다.

자 {茲} 이 자. (동) 玄. ① 검다. ② 이. 이곳. ③ 이때. ④ 이에. 발어사(發語辭).

자 {磁} 자석 자. ① 자석. 磁氣·磁力·磁石·磁針. ② 자기. 磁器·磁土.

자: {紫} 자줏빛 자. ○ 자줏빛. 검붉다. 紫檀·紫色·紫朱.

자: {者} 놈 자. ① 놈. 것. 記者·使者·王者·筆者·學者. ② 어조사.

자: {自} 스스로 자. ① 스스로. 自決·自己·自立·自終. ② 부터. 自古·自初·自初至終. ③ 저절로. 自若·自然.

자: {藉} (1) 빙자할 자. ① 핑계하다. 藉口·藉名·藉勢·憑藉. ② 위로하다. 慰藉. ③ 난잡하다. 藉藉·狼藉. ④ 깔다. 藉草. (2) 임금이 가는 밭 적. ① 임금이 몸소 밭을 갈다. 藉田.

자 {諮} 물을 자. ○ 묻다. 꾀하다. 諮謀·諮問·諮詢·諮議.

자 {資} 재물 자. ① 재물. 資本·資源·物資. ② 신분. 자격. 資格·資望. ③ 돕다. 資賴.

자 {雌} 암컷 자. ① 암컷. 雌峰·雌性·雌雄·雌花. ② 패하다. 雌伏.

자: 磁 《원》→자(磁).

작 [作] 지을 작. ① 만들다. 作文·作成·作戰·作曲·自作·豊作. ② 일어나다. 일으키다. 作用·作興·振作. ③ 일하다. 作業·操作.

작 [昨] 어제 작. ① 어제. 昨今·昨夢·昨報·昨非·昨醉. ② 엊그제. 昨月·昨秋. ③ 이전. 昨年·再作年.

작 [爵] 벼슬 작. ① 벼슬. 爵號·高官大爵·公爵·男爵·人爵. ② 작위. 爵位·公爵. ③ 봉(封)하다. 爵祿·封爵. ④ 술잔.

작 [酌] 잔질할 작. ① 잔질하다. 酌婦·獨酌·滿酌. ② 짐작하다. 酌定·斟酌·參酌.

작 雀 참새 작. ① 참새. 雀瞰·雀躍·孔雀·燕雀.

잔 [殘] 남을 잔. ① 남기다. 나머지. 殘體·殘命·殘暑·殘存. ② 상하게 하다. 殘害·衰殘·敗殘. ③ 잔인하다. 殘忍·殘虐·殘酷.

잠 [暫] 잠깐 잠. ① 잠깐. 暫間·暫別·暫適·暫時·暫定. ② 갑자기. 별안간.

잠 [潛] 잠길 잠. ① 잠기다. 숨기다. 潛伏·潛入·潛在·潛邸·潛航. ② 마음이 한 가지에 잠기다. 潛思·潛心·沈潛. ③ 깊다. 潛寂. ④ 자맥질 하다. 潛水.

잠 潛 《속》→잠(潛).

잠 [蠶] 누에 잠. ○ 누에. 누에치다. 蠶絲·蠶食·養蠶.

잡 [雜] 섞일 잡. ① 섞이다. 雜穀·雜種·錯雜. ② 잘되다. 雜歌.

장 [丈] 어른 장. ① 어른. 丈夫·尊丈·春府丈·丈丈. ② 길(10자). 丈尺.

장 仗 의지할 장. ① 의지하다. 길다. 仗義. ② 무기. 兵仗器. ③ 의장. 仗馬·儀仗.

장 匠 장인 장. ○ 장색. 匠色·匠人·巨匠·意匠.

장: [場] 마당 장. 《속》場. ○ 마당·곳. 場內·場中·工場·市場·現場.

장: [壯] 씩씩할 장. ① 장하다. 壯烈·宏壯. ② 군세다. 壯骨·壯士·壯力. ③ 장정. 壯年·壯丁. ④ 성하다. 盛壯.

장: [奬] 권면할 장. ① 권면하다. 奬勵·奬學·勸奬. ② 추장. 推奬. ③ 칭찬하다. 奬諭·돕다.

장 腸 《속》→장(腸).

장: [將] ⑴ 장수 장. ○ 장수. 將兵·將星·將帥·老將·名將. ⑵ 장차 장. ① 장차. 將來·將然·將次. ② 나아가다. 日就月將. ③ 기르다. 將養. ④ 가지다. 將處·將校. ⑤ 문득. 棍杖. ⑥ 의지하다. 기대다. 杖性·杖信.

장: [帳] 휘장 장. ① 장막. 帳幕·布帳·揮帳. ② 장부. 帳簿·元帳·通帳.

장 [張] 베풀 장. ① 활시위를 얹다. 베풀다. 緊張·伸張·擴張. ② 벌이다. 誇張. ③ 크게 하다. 張本人. ⑤ 고집하다. 主張. ⑥ 성(姓). 張三李四.

장: [掌] 손바닥 장. ① 손바닥. 掌中·掌篇·合掌. ② 맡다. 처리하다. 掌握·管掌.

장 杖 지팡이 장. ① 지팡이. 《동》仗. ② 지팡이. 杖骨·短杖·錫杖. ② 때리다. 杖策. ③ 형벌의 이름. 杖毒·杖配·杖罪·杖處·杖刑. ④ 몽둥이. 棍杖. ⑤ 의지하다. 기대다. 杖性·杖信.

장 [樟] 녹나무 장. ○ 녹나무. 녹나무. 樟腦·樟木·樟樹.

장 [牆] 담 장. 《속》墻. ① 담. 墻內·墻屋·墻外·墻垣. ② 감옥. 圓牆.

장: [狀] ⑴ 문서 장. ① 문서. 感謝狀·賞狀·招待狀. ② 편지. 書狀. ⑵ 형상 상. 《국》상. ① 형상. 形狀·狀況·形狀.

장 [章] 글 장. ① 글. 章句·章法·章節·文章·序章. ② 장정. 章程. ③ 밝히다. 表章·憲章. ④ 표하다. 圓章·勳章·徽章. ⑤ 성(姓).

장 [粧] 단장할 장. ① 단장하다. 粧飾·美粧·盛粧.

장 [腸] 창자 장. 《속》腸. ① 창자. 腸壁·灌腸·斷腸·大腸·盲腸. ② 마음. 腸心.

장 [臟] 오장 장. 오장. 臟腑·肝臟·內臟·心臟·五臟.

장 [莊] 장중할 장. ① 장중하다. 莊嚴·莊重. ② 바르다. 莊語·莊言. ③ 별장. 庄園·別莊·山莊. ④ 성(姓). 莊子.

장: [葬] 장사 장. ○ 장사지내다. 葬禮·葬事·葬送·葬儀.

장: 蔣 ⑴ 성 장. ○ 성(姓). ⑵ 줄 장. 蔣芋·蔣芋.

장 薔 장미꽃 장. ○ 장미꽃. 薔薇·薔薇水·薔薇酒.

장 墻 《속》→장(牆).

장 [藏] ⑴ 감출 장. ① 간직하다. 藏書·無盡藏. ② 비장. 秘藏·所藏·貯藏. ⑵ 곳집 장. ① 창고. 寶藏. ② 땅 이름. 西藏.

장 [裝] 쌀 장. ① 꾸미다. 裝甲·裝備·裝飾·裝身·武裝. ② 싸다. 裝幀·包裝. ③ 복장. 輕裝·變裝·服裝·盛裝.

장 場 《속》→장(場).

장 [長] ① 길 장. (대) 短. 長江·長句·長髮·長音. ② 오래. 長久·長期·長年·長病. ③ 잘한다. 長技·長點·一長一短. ⑵ 어른 장. ① 나이가 많다. 長幼·年長者. ② 어른. 長者·長上·家長·校長·會長. ③ 맏. 長男·長子. ④ 상관. 자라다. 長成·生長·成長·助長. ⑥ 남다. 長物. ⑦ 멀다. 長逝.

장 [障] 막힐 장. ① 막히다. 障拒·障壁·障塞. ② 거리끼다. 障碍·障礙·障害. ③ 가리우다. 保障.

재: [再] 두 재. ○ 두 번. 다시. 再建·再起·再拜·再審·再次.

재 [哉] 어조사 재. ① 감탄·의문·단정·반어(反語) 등을 나타내는 어조사. 哀哉·快哉·痛哉. ② 비롯하다.

재: [在] 있을 재. ① 있다. 살다. 在家·在野·在職. ② 存在. ② 곳. 所在·行在.

재 宰 재상 재. ① 재상. 宰列·宰相. ② 주관하다. 다스리다. 主宰. ③ 짐승을 잡다. 고기를 베다. 宰殺·宰肉·宰人.

재 [才] 재주 재. ① 재주. 才幹·才能·才談·才色·才致·鈍才. ② 재료. 《통》材. ③ 재목의 체적을 재는 단위. ④ 현인(賢人). 才士·奇才·天才. ① 나이. 《동》歲.

재 [材] 재목 재. ① 재목. 材木·製材. ② 재료. 材料·器材·取材. ③ 재능. 《통》才. 材器·人材. ④ 자품. 材質.

재 [栽] 심을 재. ○ 심다. 栽培·栽挿·栽植·盆栽.

재 [災] 재앙 재. ① 재앙. 災難·災殃·災厄·罹災·戰災. ② 횡액. 橫災.

재 [裁] 마를 재. ① 마르다. 裁斷·裁縫·裁制. ② 결단하다. 헤아리다. 決裁.

재 [財] 재물 재. ○ 재물. 財力·財物·財源·損財·蓄財.

재: [載] 실을 재. ① 싣다. 滿載·積載·轉載. ② 기재하다. 揭載·記載·所載·連載. ③ 해. 千載. ④ 어조사.

재 齊 《속》→재(齊).

재 [齋] 재계할 재. ① 재계하다. 齋潔·齋戒·齋祈·齋室·齋日. ② 집. 山齋·書齋. ③ 상복 아랫단 홀 재(자). ○ 상복의 아랫단을 호다. 《동》齋.

쟁 [爭] 다툴 쟁. ① 다투다. 爭議·爭取·爭奪·競爭·鬪爭. ② 간하다. 爭臣·爭友. ③ 다스리다. ④ 분별하다.

저: [低] 낮을 저. ① 낮다. 低空·低級·低聲·低高·最低. ② 숙이다. 低首.

저: [咀] 씹을 저. ① 씹다. 咀嚼·咀嚼.
저: [底] 밑 저. 《속》氐. ① 밑바닥. 底力·底流·底邊·底部·徹底. ② 그치다. 이르다. 底止. ③ 무슨. 의심 내는 말. 有底.
저: [抵] 막을 저. ① 막다. 抵敵·抵抗. ② 거스르다. 抵觸. ③ 당하다. 抵當. ④ 대적. 大抵. ⑤ 다다르다. 抵達. ⑥ 손뼉치다. 抵掌.
저: [沮] 막을 저. ① 막다. 그치다. 沮喪·沮抑·沮止·沮害. ② 무너지다. 沮氣. ③ 새다. 沮泄.
저 [猪] 돼지 저. 《원》豬. ① 돼지. 猪突·猪勇·猪肉. ② 물 괴다.
저 [著] 나타날 저. ① 뚜렷하다. 나타나다. 著名·著明·著石·顯著. ② 책을 짓다. 著書·著述·著者·名著·遺著. ③ 붙을 착. ① 붙다. 붙이다. 著根·著陸·著席·著席·著陸. ④ 옷을 입다. 著服·著用·著衣. ⑤ 시작하다. 著手. ⑥ 옷 따위를 세는 단위. ⑥ 이르다. 到著. ▷《통》著.

저: [貯] 쌓을 저. ① 쌓다. 저장하다. 貯金·貯水·貯藏·貯蓄·貯炭.
저: [邸] 집 저. ① 집. 邸宅·官邸·別邸·私邸. ② 바탕. 병풍.

적 [嫡] 정실 적. ① 정실(正室). 큰 마누라. 嫡子·嫡妾. ② 맏아들. 嫡庶.
적 [寂] 고요할 적. ① 고요하다. 쓸쓸하다. 寂寞·寂然·靜寂. ② 죽다. 入寂.
적 [摘] 딸 적. ① 따다. 摘心·摘要·摘載. ② 들추어 내다. 摘奸·摘發·指摘.
적 [敵] 대적할 적. ① 대적하다. 敵手·對敵·無敵·不敵·匹敵. ② 막다. 敵愾·敵對·敵意·抵敵. ③ 원수. 敵國·敵将·强敵·宿敵·政敵. ④ 무리. 敵群·敵衆·敵陣.
적 [滴] 물방울 적. ① 물방울. 물방울 떨어지다. 硯滴·點滴. ② 거두다. ③ 물대다.
적 [的] 적실할 적. ① 적실하다. 的見. 的當. 的實. 的然. 的確. ② 과녁. 的中·目的·標的. ③ 명사 아래 붙어서 명사 및 관형사를 만드는 한정어. 公的·理想的.
적 [積] 쌓을 적. ① 쌓다. 저축하다. 積極·積善·積載. ② 넓이. 부피. 容積·體積. ③ 곱하여 얻은 수. 積算.
적 [笛] 저 적. 피리 적. 鼓笛·汽笛·吹笛·胡笛·號笛.
적 [籍] 호적 적. ① 호적. 國籍·兵籍·本籍·除籍·學籍. ② 문서. 서적. 書籍·典籍.
적 [績] 길쌈 적. ① 길쌈. 낳이. 紡女·紡績. ② 일. 공. 功績·成績·實績·業績·治績.
적 [賊] 도둑 적. ① 도둑. 賊黨·賊窟·賊徒·盜賊·山賊. ② 역적. 賊軍·賊子·賊將·國賊·逆賊. ③ 해치다. 賊害.
적 [赤] 붉을 적. ① 붉다. 赤色·赤銅·赤豆·赤痢·赤面. ② 아무 것도 없다. 赤貧·赤手. ③ 발가벗다. 거짓 없다. 赤裸裸.
적 [跡] 발자욱 적. 《동》迹·蹟. ○ 발자국. 古跡·人跡·戰跡·追跡·筆跡.
적 [蹟] 자취 적. 《동》跡·迹. ○ 자취. 古蹟·事蹟·行蹟.
적 [適] 맞을 적. ① 적당하다. 適性·適應·適材·適合·適自. ② 矢다. 따라가다. 適歸·適心. ③ 이르다. 適人.

전 [傳] (1) 전할 전. ① 전하다. 傳達·傳令·傳習·傳授·傳統·口傳·遺傳. ② 펴다. 옮기다. 傳道·傳播·自傳. ② 전기 전. ① 전기. 傳記·傳奇·傳說·列傳·自敍傳. ② 경서 주해. 經傳·書傳·詩傳.
전: [全] 온전할 전. ① 온전하다. 全人·兼全·兩全. ② 완전. 完全. ② 모든. 전부. 全國·全權·全部·全體. ③ 성(姓).
전: [典] 법 전. ① 법. 기준. 典例·典範·典型·法典. ② 경서. 經典·古典·佛典·樂典. ③ 바르다. 典故·典雅·出典. ④ 전당잡히다. 典當. ⑤ 말아보다. 典樂·典獄·典醫. ⑥ 의식(儀式). 大典·式典·恩典·祝典·特典.
전 [前] 앞 전. ① 앞. 前記·前途·前方·前方·午前·直前. ② 먼저. 前科·前妻·前輩. ③ 앞서다. 前進. ④ 옛. 前代.
전: [奠] 정할 전. 尊居·奠都. ② 제지내다. 尊物·奠菜·夕奠·釋奠·致奠. ③ 바치다. 드리다. 尊雁.
전 [專] 오로지 전. ① 오로지. 오로지 하다. 專攻·專念·專門·專屬·專用. ② 마음대로 하다. 專斷·專賣·專制·專行·專橫.
전: [展] 펄 전. ① 펴다. 展開·展讀·展性·發展·進展. ② 살피다. 展望·展墓. ③ 벌이다. 展觀·展覽·展示.
전: [戰] 싸울 전. ① 싸우다. 戰線·戰友·戰爭·激戰·停戰. ② 떨다. 戰慄·戰戰兢兢.
전: [殿] 대궐 전. ① 대궐. 큰집. 殿閣·殿堂·殿下·宮殿·佛殿. ② 뒤. 후군. 殿戰·殿後. ③ 쿵쿵거리다. 殿屎. ④ 진정하다.
전: [澱] 앙금 전. ① 앙금. 찌끼. 澱粉·沈澱. ② 물결 일렁거리다. 澱澱.
전 [田] 밭 전. ① 밭. 田畓·田野·田園·田地·炭田. ② 사냥하다. 田獵·田狩.
전: [轉] 구를 전. ① 구르다. 公轉·反轉·流轉·自轉·回轉. ② 뒤집다. 轉倒·轉落·逆轉. ③ 옮기다. 轉嫁·移轉.
전 [錢] 돈 전. ① 돈. 錢穀·錢糧·口錢·金錢·葉錢. ② 분냥. 근 1/10. 二兩五錢.
전: [電] 번개 전. ① 번개. 電擊·電氣·電報·電波·漏電·停電.
전: [餞] 전별할 전. 전송하다. 餞杯·餞別·餞送.

절 [切] (1) 끊을 절. ① 끊다. 끊이다. 切開·切斷. ② 절실하다. 간절하다. 切親·親切. ③ 갈다. 切磋·切齒. ④ 아주. 도무지. 一切. (2) 온통 체. ○ 모두. 一切.
절 [折] 꺾을 절. ① 꺾다. 꺾이다. 折半·屈折·挫折. ② 죽다. 夭折. ③ 윽박지르다. 꾸짖다. 面折. ④ 단정하다. 折衷.
절 [竊] 좀도둑 절. ① 좀도둑. 竊取·竊盜. ② 몰래 하다. 竊念·竊取.
절 [節] 마디 절. ① 마디. 關節. ② 구절. 句節·章節·第一節. ③ 음악의 마디. 曲節·小節·音節. ⑤ 절개. 節婦·節操. ⑥ 법도. 정도. 節約·節制·禮節·節用·節制. ⑦ 때. 절기. 節氣·時節·寒節·換節期. ⑧ 명절. 절일. 節日·名節·開天節. ⑨ 예절. 禮節·節度. ⑩ 부절. 使節.
절 [絶] 끊을 절. ① 끊다. 끊어지다. 絶交·絶叫·絶壁·拒絶·謝絶. ② 멀어지다. 으뜸. 絶景·絶倫·絶妙·絶世. ③ 한시의 절구. 絶句. ④ 작정하다. 絶對.

점 [占] 점칠 점. ① 점. 占夢·占術·占卜. ② 차지하다. 占據·占領.
점: [店] 가게 점. 店房·店員·店鋪·開店·露店·支店.
점 拈→념(拈).
점: [漸] 점점 점. ① 점점. 천천히 나아가다. 漸入·漸漸·漸進·漸次. ② 번지다. 젖다. 漸染. ③ 들다. 漸潰. ④ 크다. 大漸.
점: [點] 점 점. ① 점. 點景·點線·據點·盲點. ② 점찍다. 點頭·點睛. ③ 불켜다. 點燈·點火. ④ 검사하다. 點呼. ⑤ 시각을 나타냄. ⑥ 끄덕이다. 點頭. 與보다. 缺點.
접: [接] 댈 접. ① 대다. 접하다. 接近·接吻·接線·間接·隣接·直接.

접 [蝶] 들나비 접. ○ 들나비. 蝶舞·蝶簪·蝴蝶·粉蝶.

정 [丁] 고무래 정. ① 고무래. ② 네째 천간(天干). 丁夜·丁亥. ③ 정정. 丁年·壯丁. ④ 일꾼. 使丁·園丁. ⑤ 넷째. 丁銀·丁種. ⑥ 당하다. 丁憂. ⑦ 성(姓).

정: [井] 우물 정. ○ 우물. 井間·井間紙·井田·天井. ② 시가(市街). 市井.

정 [亭] 정자 정. ○ 정자. 亭子·江亭·山亭·驛亭. ② 원집, 역(驛) 마을에 있는 여인숙. 亭長. ③ 곧다. 亭亭·亭亭.

정 [停] 머무를 정. ○ 머무르다. 停刊·停車·停留·停職·停車.

정 [偵] 정탐할 정. ○ 정탐하다. 엿보다. 偵察·偵諜·偵探.

정 [呈] 드릴 정. ① 드리다. 呈上·寄呈·贈呈·進呈. ② 나타내다. 露呈.

정: [定] 정할 정. ① 정하다. 정해지다. 定價·定刻·定見·定規·未定·確定. ② 바르다. 定理·定算. ③ 고요하다. 平定.

정 [庭] 뜰 정. ○ 뜰. 庭球·庭園·前庭·後庭. ② 관청. 庭辯·庭請. ③ 집안. 庭敎·庭訓·家庭.

정 [廷] 조정을 정. ① 조정. 廷論·廷試·廷爭·宮廷·朝廷. ② 법정. 廷吏·廷丁·法廷.

정 [征] 칠 정. ① 치다. 치러 가다. 征途·征伐·征服·遠征·出征. ② 여행가다. 征客·征路·征人·征行. ③ 세금 받다. 征稅·征布.

정 [情] 뜻 정. ① 정. ○ 熱情·情爰·感情. ② 사랑(異性間). 情交·情говорим情·情死·色情. ③ 사실·형편. 情報·情況. ④ 사사로운 정. 情理·情實·私情.

정 [政] 정사 정. ① 정사. 다스리다. 政黨·政事·政治·施政·執政. ② 질서있게 다스리다. 家政·郵政·財政.

정 [整] 가지런할 정. ○ 정돈하다. 整頓·整理·整備·整然·調整.

정 [晶] 수정 정. ○ 맑다. 밝다. 영채가 나다. 晶光. ② 수정. 水晶. ③ 결정. 結晶.

정: [正] (1)바를 정. ① 바르다. 正規·正當·正義·公正·不正. ② 바르게 하다. 改正·匡正·矯正·修正·是正. ③ 똑바르다. 正價·正鵠·正面·正門·子正. ④ 본디. 正本·正常. 正史·正室·正文·正妻·正統. ⑤ 주가 되는 것. 正客·正副·正殿·正餐. ⑥ 벼슬의 우두머리. 工正·樂正. ⑦ 관품의 이름. 正一品. (2) 정월 정. 正月·新正·賀正.

정: [淨] 깨끗할 정. ○ 깨끗하다. 조촐하다. 淨潔·淨几·淨書·淨化.

정 [町] 밭두둑 정. ① 밭두둑. 町畦. ② 넓이의 단위. 1정 3000평. 비슷. ③ 기리의 단위. 1정 60간(間). ④ 《일》 시가. 장거리.

정 [程] 길 정. ① 길. 과정. 過程·道程·旅程·里程·行程. ② 정도. 程度·程量. ③ 법. 법식. 程式·課程·方程·日程. ④ 성(姓).

정 [精] 정할 정. ① 정하다. 깨끗하다. 精潔·精兵·精誠·精銳·精華. ② 가리다. 精選·精擇. ③ 정밀하다. 精巧·精讀·精詳. ④ 정기. 山精·妖精. ⑤ 정기. 정력. 精氣·精力·精進. ⑥ 정액. 정충. 精液·精蟲·受精.

정: [艇] 거룻배 정. ○ 거룻배. 작은 배. 艇板·小艇·潛航艇·舟艇·艦艇.

정: [訂] 고칠 정. ○ 고치다. 訂正·改訂·檢訂·校訂·再訂. ② 의논하다. 訂約·訂定. ③ 약속을 맺음. 訂交.

정 [貞] 곧을 정. ○ 곧다. 바르다. 정조를 지키다. 貞潔·貞男·貞淑·貞操·不貞·忠貞. ② 굳다. 貞節.

정: [鄭] 나라 이름 정. ① 나라이름. ② 성(姓). ③ 정중하다. 묵직하다. 鄭重.

정 [錠] 제기 이름 정. ① 제기. 신선로. 열구자들. ② 촛대. 燭錠. ③ 덩이. 錠劑.

정: [靜] 고요할 정. ①《동》靖. 고요하다. 靜謐·靜肅·靜寂·動靜·安靜. ② 조용하다. 靜思·靜淑.

정: [頂] 이마 정. ① 이마. 頂禮·頂門. ② 아주. 가장. ③ 꼭대기. 頂角·頂上·頂點·山頂·絶頂.

정: [鼎] 솥 정. ○ 솥. 鼎談·鼎立·鼎銘·鼎足. ② 마아흐로. 鼎盛.

제: [制] 억제할 제. ① 법도. 制度·制服·規制·法制·體制. ② 억누르다. 制約·制止·制限·壓制·抑制. ③ 임금의 말. 制書·制勅.

제: [劑] 약 재료 제. ○ 약재료. 약 짓다. 藥劑·營養劑·調劑.

제 [堤] 둑 제. 《동》隄. 둑. 방축. 堤塘·堤防·防波堤.

제: [帝] 임금 제. ① 임금. 帝國·帝王·帝位·皇帝. ② 하느님. 帝釋·上帝.

제: [弟] 아우 제. ① 아우. 弟嫂·弟氏·舍弟·令弟·子弟·兄弟. ② 제자. 弟子·高弟·徒弟·門弟·師弟. ③ 자기의 낮춤말. 小弟.

제 [提] 끌 제. ① 끌다. 提示·提携·前提. ② 들다. 提起·提案·提唱·提出. ③ 던지다. 提供. ④ 거느리다. 提督.

제: [濟] 건널 제. ① 건너다. 구제하다. 濟民·濟貧·濟生·濟世·濟衆·救濟. ② 수가 많고 성한 모양. 濟濟多士. ③ 이루다. 濟美. ④ 건너. 濟度.

제 濟 (속)→제(濟).

제: [祭] 제사 제. ① 제사. 祭祀·祭典. ② 제사 지내다. 祭紳.

제: [第] 차례 제. ① 차례. 第三國·第一·第七天. ② 다만. ③ 집. 第宅. ④ 과거시험. 及第·登第·落第.

제: [製] 지을 제. ① 짓다. 만들다. 製本·製造·手製·特製. ③ 마르다. 製裁·自製.

제 [諸] 모든 제(저). ① 모든. 여러. 諸國·諸君·諸說·諸位·諸賢. ② 어조사.

제 蹄 굽 제. ① 굽. 蹄齧·蹄鐵·蹄形·馬蹄. ② 발. 獸蹄.

제 [除] 덜 제. ① 섬돌. 충계. ② 덜다. 버리다. 除去·除籍·除外·除名·解除. ③ 묵은 것을 버리고 새 것으로 나아가다. 除夕·除夜. ④ 벼슬주다. 除拜. ⑤ 나누다. 除法·乘除.

제: [際] 가 제. ① 가. 際涯·一望無際. ② 음. 實際·此際. ③ 사귀다. 交際. ④ 만나다. 際遇·際會. ⑤ 어우르다. 際合.

제 [題] 제목 제. ① 제목. 題目·主題. ② 머리 말. 題辭. ② 문제. 課題·問題·宿題. ④ 글을 쓰다. 題額. ⑤ 평론하다. 評題.

제 [齊] (1) 가지런할 제. ① 가지런하다. 一齊·整齊. ② 화하다. 齊家. ③ 나라 이름. 상복 아랫단 훔 재(자). 상복의 아랫단을 호다. 齊衰. (3) 재계할 제. 《동》齋. ② 재계하다. 齊戒.

조 [兆] 조 조. ① 조. 만억(萬億). ② 빌미. 집. 兆朕·吉兆·徵兆. ③ 점. 兆卦·兆占. ④ 뫼. 兆域. ⑤ 많음. 兆民.

조: 吊→조(弔).

조: [助] 도울 조. ① 돕다. 助力·助言·救助·補助. ② 유익하다. 有助.

조: [弔] (1) 조상할 조. 《속》吊. ① 조상하다. 弔客·弔旗·弔問. ② 불쌍히 여기다. 弔恤. ② 매어달 조. ② 매어달다. 弔橋.

조 [彫] 새길 조. ① 새기다. 彫刻. ② 시들다. 《동》凋. 彫弊. ③ 꾸미다. 彫偽.

조 措 둘 조. ① 두다. 베풀다. 措辭·擧措·處置·措處.

조: [操] (1) 잡을 조. ① 잡다. 부리다. 操觚·操縱·操舟·操筆. ② 조련하다. 操練·操演. (2) 지킬 조. 操身·操行·節操·貞操·志操.

조: 早 일찍 조. (동) 蚤. ① 새벽. 早起·早朝. ② 일찍. 이르다. 早達·早老·早熟·早退·尙早. ③ 급하다. 早急·早婚.

조 曹 무리 조. ① 무리. 我曹. ② 관청. 兵曹·六曹·吏曹·戶曹. ③ 벼슬아치. 法曹. ④ 나라 이름. ⑤ 성(姓).

조 朝 ① 아침 조. ① 아침. 朝令暮改·朝三暮四·今朝. (2) 조정 조. ① 조정. 조회하다. 朝貢·朝廷·朝會. ② 한 계통의 왕조가 다스리는 시대. 明朝·王朝·淸朝.

조 [條] 가지 조. ① 가지. 枝條. ② 조목. 條目·條項. ③ 조리. 까닭. 條件·條理.

조: [潮] 조수 조. ① 밀물·썰물. 潮水·潮流. ② 바닷물이 들고 나는 현상. 潮汐·干潮·滿潮. ③ 정세나 사상의 흐름. 思潮·風潮.

조: [照] 비출 조. ① 비추다. 비치다. 照覽·照明·照射·夕照·殘照. ② 비교하다. 照鑑·照驗·照會·對照.

조: [燥] 마를 조(소). ① 마르다. 燥渴·燥急·乾燥·濕燥·焦燥. ② 녹이다.

조: [祖] 할아버지 조. ① 할아버지. 祖考·祖父母·祖祖父·祖孫. ② 조상. 祖國·祖靈·祖上·祖業·鼻祖. ③ 비로소. ④ 근본.

조 [租] 구실 조. ① 구실·세금. 租賦·租借·免租. ② 쌓다. 蓄租. ③ 부세. 租稅.

조 粗 거칠 조. ① 거칠다. 粗雜·粗略·粗暴. ② 대강. (대) 精.

조 [組] 인끈 조. ① 인끈. ② 땋은 실. 組總. ③ 組織·組版. ④ 만들다. 組成.

조 [調] (1) 고를 조. ① 고르다. 調味·調律·調印·調停·調和. (2) 뽑을 조. ① 뽑다. 헤아리다. 調度·調律. ② 가락. 曲調·悲調·聲調·長調. ③ 조사하다. 調査·調書·取調.

조: 趙 나라 이름 조. ① 나라 이름. ② 성(姓).

조: [跳] 뛸 조. ○ 뛰다. 달아나다. 뛰다. 跳驅·跳白. (2) 뛸 도. ① 뛰다. 跳躍·跳梁.

조: 躁 조급할 조. ① 조급하다. 躁急·躁氣·躁暴. ② 시끄럽다. 떠들다. 躁狂·輕躁.

조: [造] 지을 조. ① 만들다. 짓다. 세우다. 造林·造成·創造·改造. ② 이르다. 造詣·深造. ③ 갑자기. 造次.

조 遭 만날 조. ○ 만나다. 마주치다. 遭遇·遭難·遭遇.

조: 釣 낚시 조. ① 낚다. 낚시. 釣竿·釣臺·釣徒·釣魚. ② 구하다. 釣名.

조: 鳥 새 조. ○ 새. 鳥類·鳥獸·白鳥·候鳥.

조: 錯→착(錯).

족 [族] (1) 겨레 족. ① 친척. 家族·親族. ② 겨레. 擧族·貴族·同族·部族. ③ 동류. 魚族. ④ 무리. 族屬. ⑤ 가락 족. ○ 가락. 節族. (동) 奏.

족 [足] 발 족. ① 발. 禁足·手足. ② 넉넉하다. 흡족하다. 滿足·不足·充足·豐足.

존 [存] 있을 존. ① 있다. 살아 있다. 存立·存亡. 있다. 存養·存置·保存·實存. ③ 마음에 두다. 存念·存神·存心. ④ 묻다. 存問·存恤.

존 [尊] (1) 높을 존. ① 높다. 귀하다. 尊貴·尊待·尊卑·尊屬·至尊. (대) 卑. ② 상대를 높이는 말. 身堂·尊顔·尊體. ③ 공경하다. 尊敬·尊崇·推尊. ④ 술통 존. ① 술통. (동) 樽.

졸 卒 마칠 졸. ① 마치다. 죽다. 卒哭·卒逝·卒業. ② 군사. 卒徒·兵卒. ③ 갑자기. 卒倒·倉卒.

졸 [拙] 못날 졸. ① 못나다. 솜씨가 없다. 拙計·拙劣·拙丈夫·愚拙·稚拙. ② 겸칭(謙稱). 拙稿·拙意·拙者·拙筆.

종 [宗] 마루 종. ① 마루. 으뜸. 宗匠·宗主·儒宗. ② 본가. 종가. 宗家·宗廟·宗門·宗室·宗族. ③ 갈래. 교파. 宗敎·宗法·宗旨.

종 [從] (1) 좇을 종. ① 좇다. 從軍·從事·從前·服從. ② 세로. 從衡·合從. (동) 縱. ③ 조용하다. 從容. ④ ~에서. ~부터. 從今以後·從頭至尾·從來. ⑤ 따르다. 모시다. 從僕·從者·侍從·主從. ⑥ 친척 또는 인척(姻戚). 從姑母·從孫.

종: [種] 씨 종. ① 씨. 종자. 種族·種類·種子·種族·變種·雜種. ② 종류. 種落·種目·種別. ③ 심다. 種痘·種桑·種樹·種藥. ④ 머리털 모자라다. 種種.

종 [終] 마칠 종. ① 마치다. 마지막. 마침내. 終結·終局·終焉·最終. ② 죽다. 終生·終身·考終命·臨終.

종: [縱] (1) 놓을 종. ① 놓다. 縱火. ② 놓아주다. 縱囚·七縱七擒. ③ 자유롭다. 縱覽·縱步·放縱. ④ 방자하다. 縱逸·縱恣. (2) 세로 종. 縱貫·縱斷·縱橫·縱列·縱橫. (동) 從.

종 鍾 모일 종. ① 모이다. 鍾愛·鍾情. ② 술병. 술잔. 鍾鉢. ③ 성(姓).

종 鐘 쇠북 종. (동) 鐘. ① 쇠북 종. 鐘閣·鐘樓·警鐘. ② 시계. 掛鐘·自鳴鐘.

좌: [佐] 도울 좌(자). ① 돕다. 佐命·補佐. ② 보좌관. 佐車·佐俊·佐史.

좌: [坐] 앉을 좌. ① 앉다. 坐高·坐法·坐像·坐禪·坐定. ② 죄 입다. 坐罪·連坐. ③ 지위. 坐上. (통) 座.

좌: [左] 왼 좌(자). ① 왼쪽. (대) 右. 左開·左祖·左旋·左手·左右. ② 증거. 證左. ③ 낮다. 내치다(右를 높이 침). 左降. ④ 바르지 못하다. 左道·左言. ⑤ 돕다. (통) 佐. ⑥ 급진파. 공산주의. 左翼·左派. ⑦ 성(姓).

좌: [座] 자리 좌. ① 자리. 위치. 지위. 座談·座席·座右銘·座中·下·講座. ② 불상(佛像). 산(山)을 세는 단위.

죄: [罪] 허물 죄. ① 허물. 죄. 罪過·罪目·罪狀·罪悚·罪惡·犯罪·謝罪.

주 [主] 주인 주. ① 주인. 主婦·主人. ② 임금. 主上·君主. ③ 행동·작용의 중심체. (대) 客. ④ 主觀·主體. ④ 중심이 되어 다스리다. 主幹·主務. ⑤ 으뜸. 주장. 主食·主張·主體.

주: [住] 머무를 주. ○ 머무르다. 머물러 살다. 住居·住所·居住·常住.

주: 做 지을 주. ○ 짓다. 做工·做作·做錯·做出·看做.

주: 族→족(族).

주: 呪 저주할 주. ○ 저주하다. 呪文·呪術·呪願·詛呪.

주 [周] 두루 주. ① 두루. 周倒·周遊·周知. ② 둘레. 돌다. 周年·周旋·周回. ③ 빽빽하다. 周密. ④ 나라 이름. ⑤ 성(姓).

주: 奏 아뢸 주. ① 아뢰다. 여쭈다. 奏功·奏達·奏聞·奏效·上奏. ② 연주하다. 奏樂·獨奏·伴奏·演奏·吹奏.

주: 宙 집 주. ① 집. ② 하늘. 碧宙·宇宙. ③ 때.

주 [州] 고을 주. ① 고을. 州郡·州牧·州縣. ② 물 가운데 생긴 섬. (동) 洲. ③ 행정구역명. 미시건주.

주: [晝] 낮 주. (대) 夜. ① 낮. 晝間·晝耕夜讀·晝思夜夢·晝宵·晝夜. ② 대낮. 한낮. 晝餐·白晝·晝飯·晝食.

주 [朱] 붉을 주. ① 붉다. 朱色·朱脣·朱紅·朱黃. ② 줄기. ③ 성(姓).

주:[柱] 기둥 주. ① 기둥. 柱梁·柱聯·柱礎·石柱·支柱. ② 버티다.

주:[株] 그루 주. ① 그루. 守株. ② 나무를 세는 단위. ③ 뿌리. ④ 줄기. ⑤ 주식. 株價·株券·株式·株主.

주:[注] 물 댈 주. ① 물 대다. 注射·注入·傾注. ② 뜻 두다. 注目·注意. ③ 주석하다. 《통》註. 注釋·注疏·注解·集注.

주:[洲] 물가 주. ① 물가. 洲渚·砂洲 ② 섬. 洲嶼·三角洲. ③ 대륙. 六大洲.

주 珠 구슬 주. ① 진주. 珠胎·珠貝·眞珠. ② 구슬. 珠玉·念珠. ③ 눈동자. 眼珠.

주 胄 투구 주. ○ 투구. 胄團·甲胄.

주 紬 명주 주. ① 명주. 紬緞·紬几羅·明紬·白紬. ② 뽑아 내다. 紬繹. ③ 실을 자음. 紬績. ④ 모으다.

주:[舟] 배 주. ○ 배. 舟橋·舟艇·輕舟·孤舟·漁舟·扁舟·虛舟.

주: 註 주 낼 주. 《동》注. ○ 주를 내다. 글 뜻을 풀음. 註脚·註疏·註解·脚註.

주: 走 달아날 주. ○ 달아나다. 달음질치다. 走狗·走者·走破·競走·逃走·疾走·脫走.

주 躊 머뭇거릴 주. ○ 머뭇거리다. 躊佇·躊躇.

주: 輳 몰려들 주. ○ 몰려 들다. 輻輳.

주 週 주일 주. ① 주일, 이렛 동안. 週間·週刊·週末·前週. ② 주기. 週期·週年.

주:[酒] 술 주. ① 술. 酒家·酒氣·酒量·酒癖·濁酒. ② 잔치. 酒宴.

주 鑄 부어 만들 주. ○ 부어 만들다. 鑄物·鑄造·鑄鐵.

주: 駐 머무를 주. ○ 머무르다. 駐軍·駐屯·駐兵·駐在·駐劄.

죽[竹] 대 죽. ① 대. 대나무. 竹林·竹馬故友·竹杖·竹槍·爆竹. ② 피리. 絲竹.

준: 俊 준걸 준. ○ 준걸하다. 뛰어나다. 俊傑·俊骨·俊秀.

준: 儁→준(俊).

준: 准 승인할 준. ① 승인하다. 결재하다. 批准·認准. ② 준거하다. 《동》準. 准敎師·准將·准會員.

준:[準] 법도 준. ① 법도. 표준. 準據·準規·準則. 準用·準則·標準. ② 비기다. 準決勝. 갖추다. 準備.

준[遵] 좇을 준. ① 좇다. 따르다. 遵據·遵法·遵奉·遵守·遵用. ② 행하다. 遵施·遵行.

중 (1) 가운데 중. ① 가운데. 中間·中心·中央·中樞. ② 충용. 中立·中旬·中timeshim. 안. 中外·胸中. (2) 맞을 중. ○ 맞다. 中毒·百發百中.

중:[仲] 버금 중. ① 버금. 가운데. 仲氏·仲子·仲秋·仲兄. ② 중개하다. 仲介·仲媒·仲買人·仲秋.

중: 衆 무리 중. ① 무리. 여럿. 衆論·衆望·衆生·觀衆·民衆. ② 많다. 衆寡不敵·衆量.

중:[重] 무거울 중. ① 무겁다. 《대》輕. 重量·重力·重心·重點·過重. ② 정중하다. 重厚·重臣. ③ 크다. 심하다. 重傷·重責·重視·重患·置重. ④ 소중하다. 重要·貴重·尊重·所重. 거듭하다. 重刊·重複·重譯.

즉 則 (1) 곧 즉. ○ 곧. 然則. (2) 법 칙. 規則.

즉 [卽] 곧 즉. ① 곧. 이제. 卽刻·卽決·卽賣·卽死. ② 가깝다. 不卽不離. ③ 나아가다. 卽位.

즙 汁 진액 즙(집). ① 진액. 汁液·汁醬·汁滓. 汁淸·果汁. ② 진국하며.

증 增 더할 증. ① 더하다. 많아지다. 增加·增減·增補·增員·增進. ② 거듭. 增石·增城. ③ 많다.

증 憎 미워할 증. ○ 미워하다. 憎惡·憎悪·憎斥·可憎·愛憎. 《대》愛.

증 [曾] 일찍 증. ① 일찍. 曾經·曾任·未曾有. ② 거듭. 曾孫. ③ 더하다. 《통》增. ④ 깊다. 曾思. ⑤ 성(姓).

증: 症 병 증세 증. ○ 병 증세. 症狀·症勢·狂症·炎症·痛症.

증 繪 비단 증. ① 비단. 繪繒·繒帛·繒梯. ② 나라 이름.

증 蒸 찔 증. 《통》烝. ① 무리. 뭇. 蒸民. ② 찌다. 蒸氣·蒸溜·蒸發·蒸熱·蒸烹.

증 證 증거 증. ○ 증거하다. 증험하다. 證據·證明·證憑·考證·心證.

증: 贈 줄 증. ○ 주다. 보내 주다. 贈答·贈與·贈呈·贈賄·贈物.

지 之 갈 지. ① 가다(往). 之東之西. ② 소유격 "의". 上之上.

지: 只 다만 지. ○ 다만. 只管·只今.

지:[地] 땅 지. ① 땅. 곳. 《대》天. 地殼·地區·地域·地理·地方. ② 지위. 地位. ③ 바탕. 地金·地文.

지:[志] 뜻 지. ① 뜻. 뜻하다. 志望·志士·志願. 大志·同志·雄志. ② 기록하다. 《통》誌. 志乘·三國志.

지 持 가질 지. ○ 가지다. 持論·持滿·持參·保持·維持. ② 지키다. 버티다. 持戒·持久·持重·堅持·護持.

지: 指 손가락 지. ① 손가락. 指頭·指紋·指壓·屈指·無名指. ② 가리키다. 指導·指名·指示·指針·指揮.

지 支 지탱할 지. ① 지탱하다. 支柱·支持. ② 헤아리다. 度支(탁지). ③ 흩어지다. 支離滅裂. ④ 가지로 갈라져 나가다. 支局·支部·支店. ⑤ 내주다. 支配·支拂. ⑥ 지지. 십이支·地支. ⑦ 팔다리. 四支.

지 旨 뜻 지. ① 뜻. 뜻하다. 旨義·密旨·本旨·趣旨. ② 맛좋은 음식. 旨甘·旨達·旨酒. ③ 조서(詔書). 詔旨·勅旨.

지:[智] 지혜 지. ① 지혜. 슬기. 《대》愚. 智能·智慧·叡智. ② 성(姓). (2) 기록할 지. 《통》志·識.

지 枝 ① 가지 지. 《통》支. ① 가지. 枝幹·枝葉·枝節. ② 버티다. 枝梧. ③ 나누다. 枝道·枝主·枝戱. ② 육손이. 枝指.

지: 止 그칠 지. ① 그치다. 止渴·止哭·止息·止揚·停止. ② 막다. 말다. 止汗·止血·禁止·制止. ③ 머무르다. 止舍·止宿·止接. ④ 이끄미. 止於止處. ⑤ 거동. 모양. 擧止·行止.

지 [池] 못 지. ① 池塘·池畔·城池·貯水池·電池. ② 성(姓).

지 [知] 알 지. ① 알다. 知己·知能·知識·良知·通知. ② 주장하다. 주관하다. 知事. ③ 분별하다. 知覺·不知. ④ 깨닫다. 知性.

지 祉 복 지. ○ 복. 祉祿·祉福·多祉·福祉.

지 [紙] 종이 지. 《동》帋. ○ 종이. 紙面·紙質·紙幣·紙型·表紙.

지 脂 기름 지. ① 비계. 기름. 脂膏·脂肪·脂肉. 獸脂·油脂. ② 나무 진. 樹脂. ③ 연지. 脂粉·臙脂.

지:[至] 이를 지. ① 이르다. 至今·至于今. ② 지독하다. 다시없다. 至高·至極·至急·至當·至大. ③ 절기. 冬至·夏至.

지:[誌] 기록할 지. 《동》志·識. ○ 기록하다. 기록. 誌面·墓誌·日誌·雜誌.

지

지 [遲] 더딜 지. ① 더디다. 늦다. ② 遲刻·遲鈍·遲延·遲參·遲滯. ③ 기다리다. 遲久·遲明.

직 [直] 곧을 직. ① 곧다. 直路·直流·直線. ② 바르다. 直告·直心·正直·忠直. ③ 바로. 直觀·直感·直接. ④ 당하다. 直面. ⑤ 번을 들다. 當直·宿直·日直.

직 [織] 짤 직. ① 짜다. 織物·織造·交織·紡織·手織. ② 만들다. 組織.

직 [職] 맡을 직. 직분. 職分·職業·職員·職責·天職. ② 주장하다. 職權. ③ 벼슬. 관직. 職僚·職名·官職.

진 塵 티끌 진. ① 티끌·먼지. 塵世·塵土·塵合泰山·蒙塵·紅塵.

진 [振] 떨칠 진. (동)賑. ① 떨다. 흔들다. 振動·不振. ② 구하다. 振窮·振無·振施. ③ 떨치다. 振揚·振作·振興. ④ 배풀다.

진 [津] 나루 진. ① 나루. 津渡·津頭·津船·津梁. ② 진액. 津氣·津液·津唾. ③ 윤택하다. 넘치다. 津津.

진 [珍] 보배 진. ① 보배. 珍寶. ② 보배롭다. 보배롭게 여기다. 珍客·珍奇·珍貴·珍羞·珍重. ③ 진기하다. 珍果·珍奇·珍談·珍味·珍品. ④ 맛 좋은 음식. 珍味.

진: [盡] 다할 진. (동)儘. ① 다하다. ② 모두. 盡日·盡忠·盡瘁·賣盡·一網打盡. ③ 마치다.

진 [眞] 참 진. ① 참. (대)僞. 眞假·眞理·眞否·眞意. ② 진실하다. 眞價·眞情·眞意·純眞. ③ 바르다. 眞正. ④ 초상. 사진. 眞影·寫眞.

진 秦 진나라 진. ① 나라 이름. 秦始皇·秦晉. ② 성(姓).

진: [診] 진찰할 진. ① 진찰하다. 진맥하다. 診斷·診脈·診察·檢診·打診. ② 보다. 診視. ③ 점치다. 診夢.

진 [辰] (1) 별 [신]. ① 별. 辰宿. ② 다섯째 지지(地支). 용(龍). 辰時·丙辰. ③ 때. 날. 辰刻·佳辰. ④ 때 신. ① 때·날. 吉辰·生辰·誕辰. ② 일월성신(日月星). ③ 三辰·星辰.

진: [進] 나아갈 진. ① 나아가다. 進軍·進度·進路. ② 오르다. 進級·昇進·榮進. ③ 나아가다. 進步·進化. ④ 올리다. 進上. ⑤ 바치다. 進供·進呈·進獻.

진: [鎭] 진압할 진. ① 진압하다. 鎭撫·鎭壓·鎭痛·鎭火. ② 진정하다. 鎭安·鎭靜·鎭座. ③ 무겁다. 鎭重·文鎭. ④ 수자리. 鎭戍.

진: [陣] 진칠 진. ① 진치다. 진. 陣頭·陣容·陣中·陣沒·背水陣. ② 영문. 陣營.

진 [陳] 베풀 진. ① 베풀다. 陳啓·陳辯·陳謝·陳述·陳情. ② 벌이다. 陳列. ③ 묵다. 오래다. 陳米·陳腐·新陳代謝. ④ 성(姓).

진: 震 진동할 진. ① 진동하다. 震動·震源·震災. ② 두렵다. 震怒. ③ 벼락치다. 震死·雷震.

질 [姪] 조카 질. ① 조카. 姪婦·姪壻·姪行·叔姪. ② 조카딸. 姪女.

질 桎 차꼬 질. ① 차꼬·족쇄. 桎梏·桎梏·囚桎. ② 막히다.

질 [疾] 병 질. ① 병. 疾病·疾患·痼疾·眼疾. ② 근심하다. 疾苦. ③ 미워하다. 疾惡(질오·질악)·疾曰. ④ 빠르다. 疾走·疾風·疾呼. ⑤ 투기하다. 疾妬. ⑥ 몸을. 疾病.

질 [秩] 차례 질. ① 차례. 秩序·散秩. ② 녹. 品秩. ③ 差秩·秩高·秩米·秩卑.

질 窒 막힐 질. ① 막다. 막히다. 窒死·窒塞·窒息·窒礙. ② 원소 이름. 窒素.

질 [質] (1) 바탕 질. ① 바탕. 품질. 氣質·本質·性質·素質·體質. ② 근본. 質量·蛋白質·物質·形質. ③ 질박하다. 진실하다. 質朴·質樸·質素·實質. ④ 바르게 하다. 묻다. 質問·質疑·質正·質責. (2) 볼모 질[지]. ① 볼모. 전당 잡히다. 言質·人質.

찰

질 [迭] 갈마들 질 [일]. ○ 바꾸다. 갈다. 更迭·交迭.

집 [執] 잡을 집. ① 잡다. 가지다. 執權·執念·執刀·固執·我執. ② 벗. 執父·執友. ③ 행하다. 執權·執行·執刑.

집 [輯] 모을 집 (즙). ① 모으다. 輯錄·編輯. ② 화목하다. 輯睦·輯穆.

집 [集] 모을 집. ① 모으다. 모은 것. 集結·文集·採集. ② 이르다. 集成·集大成.

징 [徵] (1) 징험할 징 (증). ① 징험하다. 증거하다. 徵驗·徵候. ② 부르다. 徵發·徵兵·徵用·徵集. ③ 거두다. 徵斂·徵收·退徵. ④ 조짐. 徵兆·徵候. ⑤ 증명하다. 王. 徵證·徵表·明徵·象徵·特徵. (2) 풍류 소리 치. ○ 오음(宮·商·角·徵·羽) 하나.

징 [懲] 징계할 징 (증). ○ 징계하다. 懲戒·懲罰·懲習·懲惡·懲役.

차: [且] (1) 또 차. ① 또. 또한. 且驚且喜. ② 우선. 잠깐. 且置. ③ 구차하다. 苟且. (2) 어조사 저. ○ 어조사.

차: [借] 빌 차. ① 빌다. 꾸다. (대)貸. 借款·借用·貸借. ② 빌리다. 돕다. 借助·假借. ③ 가령. 시험삼아. 借問.

차 [差] (1) 어긋날 차. ① 어긋나다. 差等·差別·差額·差異·大差. ② 나머지. 差等·差額·落差. (2) 층질 치. ○ 층이 나다. 差池·參差. (3) 병 나을 차. ① 부리다. 差遣·差配·差使·差送·差下. ② 병이 낫다. 差劇·差度·快差. ③ 견주다. 조금. 差減.

차 [次] 차례 차. ① 차례. 例次·屢次·席次·順次·漸次. ② 다음. 버금. 次官·次男·次席·次子. ③ 가다가 횟수를 세는 단위. 第一次. ④ 묵다. 숙소. 客次. ⑤ 그치다. 次次·行次.

차 [此] 이 차. ① 이. 此等·此時·此後. ② 여기. 此處.

차 車→거(車).

착 [捉] 잡을 착. ○ 잡다. 捉去·捉來·捉送·捕捉.

착 [搾] 짤 착. (원)榨. ① 짜다. ② 압박하다. 搾取·搾乳·壓搾.

착 着→저(著).

착 [錯] (1) 섞일 착. ① 섞이다. 錯簡·錯雜·錯紙·交錯. ② 어긋나다. 그르치다. 錯覺·錯視·錯誤. ③ 돌 조. ① 두다. (동)措. 錯辭. ② 시행하다. 錯大.

찬: 燦 빛날 찬. ○ 빛나다. 밝다. 燦爛·燦閃·燦然.

찬: [纂] 모을 찬. ① 모으다. 책을 편찬하다. 修纂·纂述·纂輯·纂集·編纂. ② 잇다. ③ 붉은 끈. 纂組.

찬: [讚] 기릴 찬. (동)贊. 기리다. 讚歌·讚美·讚揚·讚頌·禮讚.

찬: [贊] 도울 찬. ① 돕다. 찬성하다. 贊同·贊否·美·贊辭·贊頌·贊揚·協贊. ② 기리다. (동)讚. 贊·贊辭·贊頌·贊揚·贊歌.

찬 餐 (1) 밥 찬. ① 밥. 晩餐·午餐·盛餐. ② 먹 밥. 餐飯·餐食. (2) 물만 밥 손. ○ 물만 밥.

찬: 饌 반찬 찬. ① 반찬. 饌價·饌物·饌蔬·饌盒·盛饌. ② 飯饌.

찰 刹 절 찰. ① 절. 古刹·寺刹. ② 짧은 시간. 刹那·刹土.

찰 [察] 살필 찰. ① 살피다. 監察·警察·觀察·察知·察視·氣察. ② 밝다. 환히 드러나다. 察察·察勘. ③ 자세하다. 詳察.

찰 擦 문지를 찰. ○ 문지르다. 비비다. 擦鼓·擦聲·摩擦.

찰 札 편지 찰. ① 편지. 書札. ② 패. 改札·落札·名札·正札. ③ 돈. 화폐. 現札.

참 **參** (1) 참여할 참. ① 참여하다. 끼다. 參考·參觀·參與·參政·不參. ② 뵈다. 參拜. ③ 충나다. 參差(참치). (2) 석 삼. ① 셋. (동)三. ③ 삼. 人參.

참: **慘** 참혹할 참. ① 참혹하다. 慘劇·慘狀·慘酷·悲慘. ② 애쓰다. 피로우하다. 慘憺. ③ 쓸쓸하다. 慘澹.

참 **慚** 부끄러울 참. 慚慨·慚愧·慚德·慚色.

창 **倉** 곳집 창. ① 곳집. 창고. 倉庫·穀倉. ② 옥사. 營倉. ③ 푸르다. (동)蒼. ④ 바다. (동)滄. ⑤ 성(姓).

창: **創** (1) 비로소 창. ○ 비로소. 시작하다. 創刊·創建·創始·創意·創造. ② 상할 창. (동)刱. ○ 상하다. 날에 다치다. 創痍·創傷·金創·絆創膏.

창 **唱** 노래 부를 창. ① 唱劇·名唱·輪唱·二重唱·合唱. ② 먼저 부르다. 先唱·主唱. ③ 인도하다. 唱導. ④ 가곡.

창 **娼** 창녀 창. ○ 창녀. 娼家·娼妓·娼女·娼婦.

창 **滄** 푸를 창. ① 푸르다. 큰 바다. (동)蒼. 滄浪·滄波·滄海. ② 차다. 쌀쌀하다. 滄滄.

창 **彰** 밝을 창. (동)章. ① 나타나다. 彰彰·彰顯. ② 드러나다. 彰著·表彰. ③ 밝다. 빛나다. 彰明·照彰.

창: **昌** 창성할 창. ① 창성하다. 昌盛·繁昌. ② 마땅하다. 昌言正論.

창: **暢** 화창할 창. ① 화창하다. 暢月·和暢. ② 자라다. 퍼다. 暢茂·暢懷·流暢·通暢. ③ 사무치다. 暢達·暢快.

창 **廠** 마구 창. (속)廠. ① 마구(馬屋). ② 헛간. 廠舍. ③ 곳집. 廠獄. ④ 공장. 공작소. 工廠·造兵廠.

창 **窓** 창 창. (원)窗. (동)牕. ○ 창. 창문. 窓口·客窓·同窓·學窓.

창 **蒼** 푸를 창. ① 푸르다. 蒼空·蒼茫·蒼生·蒼天. ② 허둥지둥하다. 蒼黃·蒼惶. ③ 우거지다. 蒼蒼·老蒼. ④ 늙다. 蒼顔.

채: **債** 빚 채. 債權·債務·公債·起債·國債·私債.

채: **彩** 채색 채. (동)采. ① 채색. 채색하다. 彩色·彩雲·彩衣·色彩. ② 빛나다. 광채. 光彩.

채: **採** 캘 채. ① 캐다. 따다. 採鑛·採掘·採石·採用·伐採. ② 가리다. 採擇. ③ 나무꾼. 薪採.

채: **菜** 나물 채. ① 나물. 菜毒·菜蔬·菜食·菜田.

채: **蔡** 채 채. ① 나라 이름. ② 점치는 데 쓰는 큰 거북. ③ 성(姓).

채: **采** 캘 채. ① 캐다. 采芹. (동)採. ② 異采. (동)彩. ③ 식읍(食邑). 采邑·采地. ④ 색. 비단. 采緞. (동)綵. ⑤ 무늬. 풍채. 文采·神采·風采.

책 **冊** 책 책. ① 책. 冊床·冊衣·冊子·別冊. ② 세우다. 봉하다. 冊立·冊封.

책 **策** ① 꾀. 계책. 策動·策定·計策·方策·政策. ② 대쪽. ③ 문제의 하나. ④ 채찍.

책 **責** 꾸짖을 책. ① 꾸짖다. 責言·譴責·問責·罪責·自責. ② 임무. 責務·責任·職責. ③ 권하다. 責善.

처 **妻** ① 아내 처. ○ 아내. 妻家·妻男·妻子·恐妻·賢妻. (2) 시집보낼 처(체). ○ 시집 보내다.

처 **悽** 슬퍼할 처. ① 悽然·悽絶·悽慘·悽愴·悽恨·悽愴.

처: **處** 곳 처. ① 곳. 장소. 處所·處處·各處·居處·事務處. ② 살다. 자리잡다. 處世·出處. ③ 버슬하지 않고 집에 있다. 處士. ④ 미혼 여자. 處女·處子. ⑤ 처하다. 처리하다. 處決·處斷·處理·處罰.

척 **尺** 자 척. ① 자. 尺度·曲尺·針尺. ② 길이의 단위. 자. 열치[十寸]. ③ 가깝다. 尺地·尺寸·咫尺. ④ 편지 틀. 尺簡·尺牘.

척 **戚** 겨레 척. ① 겨레. 戚黨·戚分·外戚·姻戚·親戚. ② 근심하다. 戚戚·戚然·憂戚. ③ 슬퍼하다. 哀戚·休戚.

척 **拓** ① 열 척. ○ 열다. 拓殖·拓地·干拓·開拓·落拓. (2) 박을 탁. ○ 박다. 베끼다. 拓本.

척 **斥** 쫓을 척. ① 쫓다. 물리치다. 斥拒·斥逐·斥和·排斥·攘斥. ② 가리키다. 指斥. ③ 망보다. 옛보다.

척 **脊** 등성마루 척. ○ 등성마루. 脊骨·脊梁·脊髓·脊柱·脊椎.

척 **隻** 외짝 척. ① 외짝. 隻手·隻身·隻眼·隻愛. ② 배(船)의 수를 세는 단위. 一隻.

천 **仟** 일천 천. (동)千. ① 천. ② 밭두둑. (동)阡. 仟佰.

천 **串**→곶(串).

천 **千** 일천 천. (동)仟. ① 천. 千石·千字文. ② 여럿. 많다. 千慮一得·千萬事·千變萬化·千辛萬苦·千秋·千篇一律.

천 **天** 하늘 천. ① 하늘. 天空·天文·天上·天地·天體·靑天. ② 조화의 신. 天命·天罰·天佑神助·天帝. ③ 자연 생긴 그대로. 天賦·天成·天然·天才·天職. ④ 종교적으로 절대자가 있다는 곳. ⑤ 임금. 天恩·天意·天子.

천 **川** 내 천. ① 내. 川谷·川邊·川澤·大川·山川·河川.

천 **泉** 샘 천. ① 샘. 泉石·泉水·甘泉·溫泉·源泉. ② 폭포수. 立泉. ③ 저승. 泉下·黃泉. ④ 돈. 泉貨. ⑤ 칼 이름. 龍泉.

천: **淺** 얕을 천. ① 얕다. (대)深. 淺見·淺慮·淺薄·淺才·淺學. ② 빛깔이 연하다. 淺綠·淺紅. ③ 여울. 淺灘.

천: **薦** 천거할 천. ① 천거하다. 薦擧·薦度·薦拔·薦奉·薦新·薦群. ② 드리다. 천신하다. 薦採·自薦·推薦. ③ 드리다. 薦신하다.

천: **賤** 천할 천. ○ 천하다. 낮다. 賤格·賤待·賤視·貴賤·徵賤.

천: **踐** 밟을 천. ① 밟다. 踐踏·踐歷. ② 행하다. 踐修·踐約·踐行·實踐. ③ 오르다. 踐勢·踐祚·踐統.

천: **遷** 옮길 천. ① 옮기다. 바꾸다. 遷都·遷善·遷職·變遷·左遷. ② 귀양보내다. 遷容·遷謫.

천: **闡** 밝힐 천. ① 밝히다. 闡明·闡揚. ② 열다.

철 **凸** 볼록할 철. ① 볼록하다. 뾰족하다. 凸面·凸版·凹凸. (대)凹.

철 **哲** 밝을 喆. ① 사리에 밝다. 哲人·先哲·英哲·賢哲. ② 슬기롭다. 哲學. ③ 지식이 많다. 滿哲.

철 **喆**→철(哲).

철 **徹** 통할 철. (동)撤. ① 통하다. 뚫다. 徹夜·徹底·透徹. ② 사무치다. 徹骨. ③ 벗기다. 徹兵·徹收. ④ 다스리다. ⑤ 버리다.

철 **撤** 걷을 철. ① 걷다. 치우다. 撤去·撤兵·撤收·撤回.

철 **澈** 물 맑을 철. ○ 물 맑다. 澄澈·물마르다.

철 **綴** 꿰멜 철. ① 매다. 補綴·編綴. ② 잇다. 綴音·綴字·連綴·點綴. ③ 글. 綴文.

철 [鐵] 쇠 철. 《동》鎮. ① 쇠. 鐵甲·鐵工·鐵管·鐵鑛·製鐵. ② 단단하다. 鐵脚·鐵骨·鐵則. 鐵漢. ③ 무기. 寸鐵.

첨 [尖] 뾰족할 첨. ① 뾰족하다. 날카롭다. 尖端·尖利·尖銳·尖塔.

첨 [添] 더할 첨. ① 더하다. 添加·添杯·添附·添削·添酌.

첩 [妾] 첩 첩. ① 첩. 愛妾·妻妾·蓄妾. ② 여자가 자기를 낮추어 일컫는 말. 賤妾.

첩 [帖] (1) 문서 첩. 《통》貼. ① 문서. ② 장부. 帖子. ③ 비단에 쓴 표제(表題). ④ 좇다. 帖服. ⑤ 타첩하다. 公帖. ⑥ 시첩. 試帖. 《국》약봉지. 帖藥. (2)《국》체지 체. 체지. 帖紙.

첩 牒 편지 첩. ① 편지. 牒報·請牒. ② 공문서. 牒紙·譜牒·移牒·通牒.

첩 諜 이간할 첩. ○ 이간하다. 諜報·諜者·間諜·防諜.

청 [廳] 관청 청. ① 관청. 廳夫·廳舍·官廳·登廳. ② 대청. 大廳.

청 [晴] 갤 청. ① 날이 개다. 晴曇·晴朗·晴雨·晴天·晴晴.

청 [淸] 맑을 청. 《대》濁. ① 맑다. 淸宵·淸水·淸秋·淸濁. ② 깨끗하다. 淸潔·淸談·淸廉·淸白·淸楚. ③ 맑게 하다. 淸掃·淸灑·肅淸. ④ 산뜻하다. 시원하다. 淸冷·淸明·淸涼·淸爽. ⑤ 남김없이 깨끗하게 함. 淸算. ⑥ 중국 왕조의 이름. 淸國·淸語·淸料理.

청 [聽] 들을 청. ① 듣다. 좇다. 聽覺·聽講·聽衆·聽診·傾聽. ② 들어 주다. 聽從·聽許. ③ 기다리다. 聽候·聽令.

청 [請] 청할 청. ○ 청하다. 請求·請負·請牒·請託·招請.

청 [靑] 푸를 청. ① 푸르다. 靑山·靑色·靑松·淡靑·深靑. ② 오행설(五行說)의 동쪽 빛. 곧 봄. 봄. 靑陽. ③ 젊다. 靑年·靑春. ④ 무성하다. 靑靑.

청 靑→청(靑).

체 [替] 바꿀 체. ① 바꾸다. 替直·交替·代替. ② 대신하다. 갈마들다. 替脚·替當·替番. ③ 쇠퇴하다. 시들다. 振替·興振.

체 滯 막힐 체. ① 막히다. 滯貨·滯症·滯貨. ② 정류. 遲滯·沈滯. ③ 머무르다. 滯京·滯納·滯留·滯在.

체 締 맺을 체. ① 맺다. 締結·締交·締盟·締約. ② 닫다. 닫히다. 締構.

체 逮 (1) 잡을 체. ① 잡다. 잡아 가두다. 逮繫·逮捕·逮送·逮捕. ② 온화한 모양. 逮逮. (2) 미칠 체. ○ 미치다. 逮及.

체 [體] 몸 체. ① 몸. 體軀·體力·體重·體質·肉體. ② 몸소. 體得·體驗. ③ 형상. 體面·個體·具體·物體·形體. ④ 근본. 體言·體用·主體.

초 [初] 처음 초. ① 처음. 初校·初等·初伏·初夜·初行·太初. ② 근본.

초 哨 보초설 초. ① 망보다. 哨戒·哨兵·哨船·步哨. ② 잔말하다. 哨哨.

초 [抄] 베낄 초. 《통》鈔. ① 베끼다. 가려 뽑다. 抄錄·抄本. ② 빼앗다. 抄掠·抄略.

초 [招] 부를 초. ① 부르다. 청하다. 招待·招來·招聘·招人鐘·招魂. ② 문초하다. 招獄·供招·問招.

초 楚 초나라 초. ① 나라 이름. 楚辭·楚越. ② 곱다. 淸楚. ③ 종아리 때리다. 楚撻. ④ 고통스럽다. 아프다. 苦楚. ⑤ 성(姓).

초 焦 그스를 초. ① 그스르다. 焦眉·焦熱·焦土. ② 초조하다. 焦慮·焦心·焦燥. ③ 모이다. 焦點.

초 硝 망초 초(소). ○ 망초. 초·초석. 硝酸·硝石·硝煙·硝子·硲硝.

초 礁 암초 초. ○ 암초. 礁石·礁標·暗礁·危礁·坐礁.

초 [礎] 주춧돌 초. ○ 주춧돌. 礎盤·礎石·礎材·基礎·柱礎.

초 [肖] 같을 초(소). ① 같다. 닮다. 肖似·肖像. 肖像畵·不肖.

초 [草] 풀 초. 《원》艸. ① 풀. 草家·草堂·草木·草野·草屋. ② 거칠다. 草略. ③ 글로 쓰다. 草稿·草案·起草. ④ 서체의 하나. 초서. 草書·草體. ⑤ 사물의 시초. 草創.

초 [超] 뛰어넘을 초. ① 뛰어넘다. 뛰어나다. 超克·超俗·超越·超人. ② 넘치다. 超過·入超. ③ 높다. 超然. ④ 건너다. 超便.

촉 [促] 재촉할 촉. ① 독촉하다. 促成·促進·督促. ② 촉박하다. 促急·促迫. ③ 빠르다. 促步·促音.

촉 數→수(數).

촉 屬→속(屬).

촉 囑 부탁할 촉. ○ 부탁하다. 囑望·囑託·委囑.

촉 [燭] 촛불 촉. ① 촛불. 燭光·燭臺·燭火·洋燭·華燭. ② 밝기의 단위. 燭數. ③ 밝다. 燭悉·燭察. ④ 비치다.

촉 [觸] 닿을 촉. ① 닿다. 부딪다. 觸角·觸激·觸手·接觸. ② 받다. 찌르다. 觸感·觸官·觸突. ③ 범하다. 觸犯.

촌 [寸] 마디 촌. ① 길이의 단위. 치. 寸數·方寸·尺寸. ② 조금. 작다. 寸暇·寸步·寸誠·寸陰·寸土. ③ 三寸·四寸.

촌 [村] 마을 촌. 《동》邨. ① 마을. 村落. ② 시골. 村家·村民·村老·村婦·農村. ③ 발진. 村舍.

총 叢 떨기 총. ① 떨기. 叢林·叢生·叢中. ② 모으다. 叢書·叢說.

총 寵 사랑할 총. ① 사랑하다. 寵兒·寵愛. ② 은혜. 恩寵·寵遇.

총 [總] 다 총. 《통》摠. ① 다. 總動員·總論·總員·總體. ② 거느리다. 總監·總督·總理·總長. ③ 머리를 땋다. 總角. ④ 꿰매다. 호다. ⑤ 합하다. 總計·總力·總額·總合·總和. ⑥ 모으다. 總括·總會.

총 [聰] 귀 밝을 총. 《속》聰. ○ 귀가 밝다. 聰明·聰敏·聰明·聰慧·聰察·聰聰.

총 [銃] 총 총. ○ 총. 銃殺·銃彈·拳銃·短銃·獵銃. ② 도끼의 자루에 박는 구멍.

촬 撮 사진 찍을 촬. ① 사진 찍다. 撮影. ② 취하다. 撮要. ③ 집다. 撮土.

최 催 재촉할 최. ① 재촉하다. 催告·催促. ② 그렇게 되게 함. 催淚·催眠·催産. ③ 베풀다. 開催·主催.

최 [最] 가장 최. ① 가장. 제일 잘. 最高·最近·最惡. ② 잘하다. 最. ③ 대개. 最都.

최 崔 높을 최. ① 높다. 崔嵬.

추 墜 떨어질 추. ① 떨어지다. 떨어뜨리다. 墜落·墜下·擊墜. ② 잃다. 墜言.

추 [抽] 뺄 추. ○ 빼다. 抽象·抽稅·抽身·抽籤·抽出.

추 推 (1) 밀 추(퇴). ○ 밀다. 推蔽·推移·推進. (2) 천거할 추. ① 천거하다. 받들다. 推擧·推戴·推薦·推奬. ② 가리다. 推擇. ③ 미루어 헤아리다. 구하다. 推考·推究·推理·推算·推測·類推.

추 [秋] 가을 추. 《원》龝. ① 가을. 秋穀·秋期·秋霜·秋夕. ② 때. 해. 危急存亡之秋.

추 [追] (1) 따를 추. ○ 따르다. 쫓다. 追求·追及·追憶·追從·追跡. (2)올 퇴. ○ 쪼다. 다듬다. 追琢.

추 樞 지도리 추. ① 지도리. 樞戶. ② 중요하다. 樞機·樞密·樞要·中樞.

추 趨 달아날 추. ○ 달리다. 향하다. 趨金·趨勢·趨進·趨向·歸趨.

추 [醜] 추할 추. ① 추하다. 醜名·醜聞·醜雜·美醜. ② 못 생기다. 醜女·醜面·醜惡. ③ 부끄럽다. 醜態.

축 〔丑〕 소 축. ○ 둘째 지지(地支). 丑年·丑時.

축 〔畜〕 가축 축. ① 가축. 畜舍·畜産·家畜·牧畜·養畜. ② 쌓다. (동) 蓄. 畜積. ③ 기르다. 畜犬·畜生.

축 〔祝〕 빌 축. ① 빌다. 축하하다. 祝賀·祝福·祝祭·慶祝·自祝. ② 축문 축. 祝官·祝文. ③ 끊다. 祝髮. ④ 비로소.

축 〔築〕 쌓을 축. ① 쌓다. 築臺·築造·建築·增築. ② 다지다.

축 〔縮〕 오그라질 축. ① 오그라지다. 縮圖·縮小·縮刷·縮尺·減縮. ② 모자라다. 축나다. 縮米.

축 〔蓄〕 쌓을 축. ① 쌓다. 蓄積·餘蓄·貯蓄. ② 모으다. 蓄財·蓄電. ③ 감추다. 含蓄.

축 蹴 찰 축. (동) 蹵. ① 차다. 밟다. 蹴球·蹴鞠·蹴殺·蹴蹋.

축 軸 굴대 축. ① 굴대. 主軸. ② 회전의 중심. 地軸·地軸·樞軸.

축 〔逐〕 쫓을 축. ① 쫓다. 다투다. 逐客·逐出·放逐·追逐. ② 물리치다. 逐逐·逐斥. ③ 차례로 하다. 逐條·逐次. ④ 다투다. 角逐.

춘 〔春〕 봄 춘. ① 봄. 春期·春季·春雪·春陽·靑春. ② 좋은 술. 買春. ③ 이성(異性)을 그리워하는 생각. 春色·春心·春情·思春·懷春. ④ 다시 살다. 回春.

출 〔出〕 날 출. ① 나다. 나오다. 이루다. 내다. (대) 出嫁·出場·出馬·出産·出生·輸出. ⑤ 뛰어나다. 出世·出衆·特出.

충 充 가득할 충. ① 가득하다. 채우다. 充當·充分·補充·擴大充. ② 막다. 充耳.

충 〔忠〕 충성 충. ① 충성. 忠烈·忠誠·忠臣·忠義·忠孝. ② 정성을 다하다. 忠告·忠實·忠言·孤忠·不忠. ③ 곧다. 忠死·忠節.

충 蟲 벌레 충. ○ 벌레. 蟲齒·蟲害·甲蟲·昆蟲·成蟲·害蟲.

충 〔衝〕 찌를 충. ① 찌르다. 뚫다. 부딪치다. 衝激·衝擊·衝突·衝動·衝天. ② 사뭇 요긴한 곳. 緩衝·要衝.

충 衷 정성 충. ① 정성. 衷懇·衷曲·衷心·衷情·苦衷. ② 가운데. 折衷·和衷.

취: 取 가질 취. ① 가지다. 취하다. 取得·取利·取色·取笑·取擇. ② 받다. 取息·取信. 장가들다. 取妻. (동) 娶.

취: 吹 불 취. ① 불다. 吹毛·吹柰·吹打. ② 부추기다. 高吹·鼓吹. ③ 부는 것. 吹笛.

취: 就 나아갈 취. ① 나아가다. 就業·就任·就職·就寢·就學·去就. ② 이루다. 成就·日就月將.

취: 臭 냄새 취(추). ① 냄새. 臭氣·臭素·惡臭·香臭. ② 썩다. 屍腐·臭敗. ③ 명예롭지 못한 이름. 遺臭萬年.

취: 趣 취미 취. ① 취미. 재미. 趣味·妙趣·詩趣·風趣·興趣. ② 뜻. 趣旨·趣意·情趣. ③ 향하다. 趣舍·消趣.

취: 醉 취할 취. ① 술에 취하다. 醉客·醉生夢死·醉眼·醉興·瘋醉. ② 취하다. 빠지다. 陶醉·心醉·泥醉.

측 側 곁 측. (동) 仄. ① 곁. 옆. 側近·側面·右側. ② 기울어지다. 反側.

측 〔測〕 헤아릴 측. 측량하다. 測量·測定·測候·觀測·消測. ② 미루어 헤아리다. 不測·臆測·豫測·推測. ③ 깊다. ④ 날카롭다. 測測.

층 〔層〕 층 층. ① 층. 겹. 層階·層層·斷層·上層. ② 거듭. 重層. ③ 층집. 層樓·層數.

치 〔値〕 값 치. ① 값. 價値·近似値·絶對値. ② 만나다. 당하다. 値遇.

치 差→(差).

치 〔恥〕 부끄러울 치. ① 부끄럽다. 恥骨·國恥·雪恥·羞恥·廉恥·破廉恥. ② 욕되다. 恥辱.

치: 治 다스릴 치. ○ 다스리다. 治山·治水·治熱·政治.

치 癡 어리석을 치. ① 어리석다. 癡鈍·癡笑·癡人·癡情·白癡·音癡·天癡. ② 미치광이. 書癡.

치: 〔稚〕 어릴 치. (동) 穉. ① 어리다. 稚氣·稚兒·稚拙·幼稚. ② 어린 벼. 稚穂.

치: 〔置〕 둘 치. ○ 두다. 베풀다. 置重·放置·配置·設置·位置.

치: 〔致〕 이를 치. ① 이르다. 致富·致成. ② 부르다. 오게 하다. 拉致·誘致·引致·招致. ③ 주다. 보내다. 送致. ④ 다하다. 극진하다. 致命·致醉·致謝·致賀·極致·一致. ⑤ 관직서 물러나다. 仕任. ⑥ 형태. 상황. 雅致·景致·韻致·風致.

치: 齒 이 치. ① 이. 齒科·齒牙·齒痛·蟲齒. ② 나이. 年齒. ③ 늘어서다. 벌이다. 齒列·齒次·齒齒.

칙 〔則〕 ① 법칙 치(측). ○ 법칙. 본받다. 規則·罰則·法則·原則. (2) 곧 즉. ○ 곧. …면. 然則.

친 〔親〕 친할 친. ① 친하다. 가깝다. 親舊·親睦·親善·親熱·和親. ② 어버이. 親權·親山·親戚·老親·兩親. ③ 집안. 親家·親戚·親兄弟. ④ 몸소. 친히. 親書·親署·親展·親筆. ⑤ 사랑하다. 親愛.

칠 〔七〕 일곱 칠. (동) 柒. ① 일곱. 七去之惡·七寶·七曜·七顚八起. ② 일곱째. 七等.

칠 〔漆〕 옻 칠. ① 옻. 옻칠하다. 漆工·漆器·漆室. ② 검다. 漆板·漆黑. ③ 칼같하다. 漆箱.

침 〔侵〕 침노할 침. ① 침노하다. 侵攻·侵略·侵犯. ② 차츰. 점점. 侵蝕·侵凋.

침: 〔寢〕 잠잘 침. ① 잠자다. 寢具·寢衣·寢室·就寢. ② 쉬다. 寢息. ③ 집. 寢殿·正寢.

침: 枕 베개 침. ① 베개·베다. 枕屛·枕頭·枕席. ② 목침. 木枕·水枕. ③ 침목·침목. 枕木.

침: 〔沈〕 (1) 잠길 침. (동) 沉. ① 잠기다. 가라앉지 않에 정신이 잠기다. 沈降·沈悲·浮沈. ② 한가지 일에 정신이 잠기다. 沈溺·沈悲·沈吟·沈惑. ③ 침착하다. 沈默·沈思·沈重·沈着. ④ 답답하다. 沈鬱·沈痛·消沈. (2) 성 심. ○ 성(姓).

침: 浸 잠길 침. ① 물에 잠기다. 浸水. (2) 젖을 침. ① 물에 젖다. 浸蝕·浸潤·浸入·浸透. ② 물이 배어들듯이 자라 도가 높아짐. 浮染·浸漸·浸忘. ③ 불리다. 浸梳.

침 〔針〕 (1) 바늘 침. ① 바늘. 針線·針尺. ② 늘 모양을 한 것. 針狀·秒針. ③ 방향. 方針·指針. ④ 침. (동) 鍼. 針灸·針術. (2) 바느질하다. 할 침. ○ 바느질하다. 針印.

칭 〔稱〕 일컬을 칭. ① 일컫다. 이름하다. 稱病·稱號·敬稱·尊稱. ② 저울질하다. 헤아리다. 稱量. ③ 칭찬하다. 稱頌·稱讚. ④ 알맞다. 稱情·稱職.

쾌: 〔快〕 쾌할 쾌. ① 쾌하다. 快感·快樂·快活·輕快·爽快·痛快. ② 빠르다. 快走. ③ 날이 잘 들다. 快刀. ④ 가(可)하다. 快適.

타 〔他〕 다를 타. ① 다르다. 他國·出他. ② 남. 自他·排他. ③ 딴. 他意·他人.

타 〔墮〕 떨어질 타. ① 떨어지다. 떨어뜨리다. 墮落·墮淚. ② 게으르다. 墮怠·墮懈. ③ 상하다. 무너지다. 墮壞·墮替·墮墜.

타: [妥] 온당할 타. ① 온당하다. 타협하다. 편안하다. 妥當·妥協. ② 멈추다. ③ 떨어지다. 花妥·墮.

타: [惰] 게으를 타. ① 게으르다. 惰氣·懶惰·怠惰. ② 습관. 惰力·惰性.

타: [打] 칠 타. ① 치다. 打開·打擊·打算·打診·毆打·安打. ②《신》물품 단위. 타스(dozen)의 취음(取音).

타: [駄] 짐 실을 타(태). 〈속〉駄《동》佗. ○ 짐 싣다. 타다. 駄價·駄馬.

탁 [卓] 높을 탁. ① 높다. 卓然. ② 뛰어나다. 卓見·卓越. ③ 책상. 卓球·卓上·卓子·食卓·圓卓. ④ 서다. 卓刀. ⑤ 성(姓).

탁 [拓]→척(拓).

탁度→도(度).

탁 [托] 받칠 탁. ① 받치다. 托盤·托子. ② 의지하다. 맡기다. 托生·依托.

탁 [濁] 흐릴 탁. 흐리다. (대) 淸. 濁流·濁酒·淸濁·混濁. ② 어지럽다. 濁亂·濁世. ③ 물 이름.

탁 [濯] 빨래할 탁. ① 빨래하다. 씻다. 濯纓·濯足·洗濯. ② 살찌다. 灌灌.

탁 [琢] 쪼을 탁. ① 쪼다. 옥 다듬다. 琢磨·琢玉·彫琢. ② 가리다. 敎琢. ③ 닦다. 琢修.

탁 [託] 부탁할 탁. ① 부탁하다. 의지하다. 託送·結託·委託·請託·屬託. ② 맡기다. 託身·託兒·依託. ③ 핑계하다. 託病.

탄 [嘆] 탄식할 탄. 〈동〉歎. ○ 탄식하다. 嘆聲·嘆息·慨嘆·悲嘆.

탄: [彈] (1) 탄환 탄. ○ 탄환. 彈丸·敵彈·砲彈. (2) 튕길 탄. ① 튕기다. 彈力·彈性. ② 탄핵하다. 彈壓·彈劾. ③ 총알을 쏘다. 쏘다. 치다. 彈琴.

탄: [歎] 탄식할 탄. ① 탄식하다. 〈동〉嘆. 慨歎. ② 기리다. 歎服·歎賞·感歎·驚歎·詠歎. ③ 화답하다. 三歎.

탄: [炭] 숯 탄. ① 숯. 炭火·木炭·無煙炭. ② 석탄. 炭坑·石炭. ③ 비금속 원소. 炭酸·炭素·炭化物. ④ 불똥. 불길.

탄: [誕] 낳을 탄. ① 태어나다. 誕生·聖誕. ② 속이다. 허망하다. 誕妄·誕妄.

탈 [奪] 빼앗을 탈. ① 빼앗다. 奪格·奪氣·奪略·奪取·掠奪·爭奪. ② 잃다. 奪魄·奪倫.

탈 [脫] 벗을 탈. ① 벗다. 脫衣·脫皮. ② 벗어나다. 脫黨·脫籍. ③ 빼다. 빠지다. 脫毛·脫色·脫稅·脫脂. ④ 그릇되다.

탐 [探] 찾을 탐. ① 찾다. 探求·探訪·探査. ② 정탐하다. 探究·探問·探索. ③ 염탐하다. 探騎·探情·耽探.

탐 [貪] 탐할 탐. ○ 탐하다. 貪官·貪色·貪食·貪心. 貪慾.

탑 [塔] 탑 탑. ○ 탑. 塔頭·塔碑·塔尖·塔婆·佛塔·石塔.

탑 [搭] (1) 탈 탑(답). ① 타다. 태우다. 搭乘. ② 걸다. ③ 덧붙이다. (2) 모들 탑. ○ 모으다. 〈동〉榻.

탕: [湯] 끓일 탕. ① 끓이다. 溫湯·浴湯·雜湯. ② 씻다. ③ 약. 湯罐·湯藥.

태 [台] ① 별 태. ① 태. 三台星. ② 대감 상대를 높이는 말. 台命·台鑒·台覽·台翰. 나 이. ① 나[我]. 台德. ② 기쁘다.

태: 클 태: ① 大·泰. ② 크다. 太守·太子·太后. ③ 콩. 太荳. ④ 성(姓).

태: [太] 클 태. ① 大·泰. ② 크다. 太過·太急. ③ 높이는 말. 太守·太子·太后. ④ 콩. 太荳. ⑤ 성(姓).

태: [怠] 게으를 태. ① 게으르다. 怠慢·怠業·倦怠. ② 거만하다. 怠傲.

태: [態] 태도 태. ① 태도. 모양. 態度·變態·狀態·生態·形態. ② 모습. 驕態·容態·姿態·醜態.

태: [殆] 위태로울 태. ① 위태롭다. 殆哉·危殆. ② 거의. 殆無·殆牛. ③ 가까이 하다. ④ 비롯하다. ⑤ 장차.

태: [泰] 클 태. ① 〈동〉太. ① 크다. 심하다. 泰山峻嶺·泰西. ② 편안하다. 泰然·泰運·泰平. ③ 산 이름. 泰山·泰山.

태 [胎] 아이 밸 태. ① 새끼 배다. 胎生·胎兒·母胎. ② 시작. 처음. 胎動·胚胎.

태 駄→타(駄).

택 [宅] (1) 집 택. ① 집. 宅號·家宅·私宅·自宅·邸宅. ② 무덤. 宅兆·幽宅. (2) 집안 댁. ① 집안. 宅內. ② 남의 가정의 높임말. 상대자를 이르는 대명사.

택 [擇] 가릴 택. ① 가리다. 뽑다. 추리다. 擇良·擇日·選擇·採擇.

택 [澤] 못 택. ① 못. 澤畔·澤瀉·沼澤. ② 진펄. 澤地. ③ 윤. 光澤·毛澤·潤澤. ④ 은혜. 澤雨·德澤·厚澤.

토 [兎] 토끼 토. ○ 토끼. 兎糞·兎月·養兎. 〈원〉兔.

토: [吐] 토할 토. ① 토하다. 吐瀉·嘔吐. ② 나오다. 吐露. ③ 펴다. 말하다. 實吐.

토: [土] 흙 토. ① 흙. 땅. 土器·土豪·土産·土役·國土·鄕土. ② 오행(五行)의 하나. ③ 별 이름. 土星.

토 [討] 칠 토. ① 치다. 討滅·討伐·討匪. ② 찾다. 궁구하다. 討論·討議·檢討·聲討. ③ 구하다. 討索. ④ 다스리다. 討罪.

통 洞→동(洞).

통: [痛] 아플 통. ① 아프다. 痛憤·痛症·腹痛. ② 몹시. 痛烈·痛飲·痛快. ③ 상하다. 치다. 痛心·哀痛. ④ 심하다. 痛責·厚痛.

통: [統] 거느릴 통. ① 거느리다. 統率·統治·總統. ② 벼리. 계통. 系統·傳統·血統. ③ 합치다. 統計·統括·統一·統合.

통 [通] 통할 통. ① 통하다. 通過·通讀. ② 다니다. 通勤·通商. ③ 알리다. 알다. 通告·通達. ④ 통틀어. 모두. ⑤ 간음하다. 姦通. 벌(서류 따위를 세는 단위). 一通.

퇴 [堆] 쌓을 퇴. ① 쌓다. 堆積. ② 흙무더기. 堆肥. ③ 작은 언덕. 堆阜.

퇴: [退] 물러갈 퇴. ① 물러가다. 退役·擊退·後退. ② 겸양하다. 退耕·隱退.

투 [投] 던질 투. ① 던지다. 投石·投身·投票. ② 주다. 投稿·投降. ③ 의지하다. 投宿. ④ 나아가다. 投老.

투 [透] 통할 투. ① 통하다. 透明·透視·透映·透徹. ② 사무치다. 浸透.

투 [鬪] 싸울 투. ① 싸우다. 鬪牛·鬪志·奮鬪·戰鬪. ② 다투다. 鬪詩·鬪爭.

특 [特] 특별할 특. ① 특별하다. 特權·特技·特殊. ② 다만. ③ 홀로. 특유. 特有.

파: [播] 씨뿌릴 파. ① 씨뿌리다. 심다. 播種·直播越·播遷. ④ 베풀다. 播敷.

파 [波] 물결 파. ① 물결. 波濤·波瀾·波紋·餘波·風波. ② 움직이다. 물결치는 결. 短波·音波·波動. ③ 눈 영살. 秋波. ④ 달빛. 金波.

파 [派] 물갈래 파. ① 갈라져 나온 것. 派生·分派. ② 보내다. 派遣·派兵·增派. ③ 갈래. 派閥·黨派·學派.

파: [破] 깨뜨릴 파. ① 깨뜨리다. 破壞·讀破·打破. ② 군사. 패하다. ③ 곡조 이름.

파: [罷] 파할 파. ① 파하다. 마치다. 罷軍·罷市. ② 내치다. 罷宴·罷場. ③ 물리다. 罷免·罷業.

파: [頗] 자못 파. ① 자못. 頗多. ② 치우치다. 頗僻·兩頗·偏頗.

판 [判] 판단할 판. ① 판단하다. 判決·談判·批判. ② 뚜렷하다. 判明. ③ 성(姓).

판:[板] 널 판. ① 널. 板子·看板·鐵板. ② 판목·판각·板木.《동》版. ③ 홀(笏). 手板. ④ 뒤치다. 板蕩.

판:[版] 판목 판. ① 판목. 版木·刻版.《동》板. ② 인쇄하다. 銅版·原版·再版·出版. ③ 호적. 版圖. ④ 궁벽하다. 版版.

판:[販] 팔 판. ○ 팔다. 販路·販賣·販賈·街販·市販·總販.

판:辦 갖출 판. ① 갖추다. 辦備. ② 다스리다. 처리하다. 辦公. ③ 힘들이다. 總辦.

팔 [八] 여덟 팔. ○ 여덟. 여덟 번. 八角·八景·八朔·八節·八字.

패: [敗] 패할 패. ○ 패하다. 敗北·敗戰·成敗·慘敗. 《통》敗. ② 무너지다. 敗家·腐敗. ③ 썩다. 腐敗. ④ 덜다. 덜리다. 敗損.

패 [牌] 방 붙일 패. ① 방 붙이다. ② 신표(信標)로 하는 물건. 金牌·門牌·賞牌. ③ 위패. 位牌.

패:[貝] 조개 패. ① 조개. 貝殼·貝類·貝石·貝塚. ② 재물. 보화. 貝物·貝貨.

패 霸 으뜸 패. 《속》覇. ① 으뜸. 霸權·霸氣·制霸. ② 우두머리. 霸者.

편 [便] (1) 편할 편. ① 편하다. 편리하다. 便利·簡便·不便. ② 소식. 편지. 郵便·空便. ③ 아첨하다. 便佞·便辟. (2) 오줌 변. ① 오줌. 똥. 便所·大小便. ② 곧. 便是.

편 [偏] 치우칠 편. ① 치우치다. 偏見·偏母·偏僻·偏食. ② 변. 偏旁冠脚·左偏.

편:[片] 조각 편. ① 조각. 片脈·片影·片月·斷片·破片. ② 아주 작다. 片時·片言·片志. 조까다. 아까다. ③ 성(姓).

편 [篇] 책 편. ① 책. 시문을 세는 단위. 篇法·篇首·篇章. ② 편. 前篇. ③ 굴. 篇章.

편 [編] 엮을 편. ① 엮다. 編修·編述·編者·編著·編纂. ③ 벌리다. 編隊·編成. ④ 선두르다. 編飾. 땋다. 編髮.

편: [遍] 두루 편(변). ○ 두루. 遍踏·遍歷·遍散·遍在·普遍.

평 坪 평 평. ① 평. 建坪. ② 벌. 들. ③ 평평하다.

평 [平] 평평할 평. ① 평평하다. 平面·平地·平垣·水平. ② 다스리다. 平定. ③ 화하다. 平和·泰平. ④ 고르다. 平價·平均. ⑤ 고요하다. 平穩·平和·不平. ⑥ 보통. 平年·平民·平人·凡人. ⑦ 평소. 平生·平時. ⑧ 쉽다. 平易·平便. ⑨ 소리. 平聲. ⑩ 바르다. 平行·平衡.

평: 評 평론할 평. ○ 평론하다. 評論·批評. ② 의논하나. 議論·評定.

폐: [幣] 폐백 폐. ① 폐백. 幣物·幣帛·納幣. ② 돈. 幣制·造幣·紙幣·貨幣.

폐: [弊] 폐단 폐. ① 폐단. 弊端·弊習. ② 해어지다. 弊家·弊校·弊社.

폐: [廢] 폐할 폐. ① 폐하다. 못 쓰게 되다. 廢家·廢校·廢業·廢止. ③ 버리다. 그치다. 廢物·廢人·廢紙·荒廢.

폐: [肺] 부아 폐. (1) 부아. ○ 부아. 허파. 肺膜·肺炎. ② 성하다. 성하다. 肺肺.

폐: [蔽] 가릴 폐. ① 가리다. 掩蔽·陰蔽. ② 정하다. 蔽罪. ③ 다하다.

폐: [閉] 닫을 폐. ① 닫다. 閉幕·閉門·閉鎖·密閉·幽閉.《대》開. ② 마치다. 閉會·閉式·閉會. ③ 감추다. 閉藏.

폐: 陛 대궐 섬돌 폐. ① 대궐 섬돌. 陛戟·陛列. ② 임금. 陛下·陛下.

포 [包] 쌀 포. ① 싸다. 包括·包圍·內包. ② 보퉁이. 小包. ③ 포함하다. 包含. ④ 용납하다. 包容. ⑤ 성(姓).

포: 哺 먹을 포. ① 먹다. 먹이다. 哺乳·反哺·含哺鼓腹. ② 셤어먹다.

포:[布] 베 포. ① 베. 布帶·布木. ② 돈. 泉布·錢. ③ 베풀다. 分布·散布·布施(보시). ④ 널리 알리다. 頒布·宣布.

포: 怖 두려울 포. ① 두렵다. 怖悸·怖告發心·怖懼·恐怖.

포: 抱 안을 포. ○ 안다. 抱腹絶倒·抱負·抱擁·抱恨·懷抱.

포: 抛 던질 포. ① 던지다. 抛物線·抛擲·抛置. ② 버리다. 抛棄.

포 捕 잡을 포. ○ 사로잡다. 捕虜·捕捉·捕獲·拿捕·生捕·逮捕.

포: [浦] 개. 물가. 浦口·浦灣·浦民·浦邊·浦澈·浦雲.

포: 砲 대포 포. ① 대포. 大砲·艦砲. ② 돌쇠뇌. 砲聲. ③ 돌 튀기는 활.

포 [胞] 태보 포. ① 태보. 胞胎. ② 동포. 僑胞·同胞. ③ 세포. 胞子·細胞.

포 褒 기릴 포. ○ 기리다. 칭찬하다. 褒賞·褒狀·褒章·褒奬.

포 鋪 가게 포. 《속》舖. ① 가게. 店舖. ② 벌이다. 펴다. 鋪陳. ③ 깔다. 鋪道·鋪裝. ④ 베풀다.

포 舖《속》鋪.

포: [飽] 배부를 포. ① 배부르다. 飽食. ② 흡족하다. 飽和. ③ 물리다. 飽聞.

폭 [幅] (1) 폭 폭. ① 폭. 半幅·幅巾. ② 족자 폭(복). ③ 폭. 나비. 幅廣·廣幅·大幅. (3) 행건 폭(벽). ④ 행건.

폭 [暴] ① 사나울 폭(포). ① 사납다. 暴力·暴惡·亂暴. ② 정도에 지나치다. 暴利·暴食. 暴飲. ③ 급하다. 暴騰·暴落·暴塞. ④ 맨손으로 잡다. 暴虎馮河. (2) ① 드러낼 포. ① 드러내다. 暴露. ② 쬐다. 《동》曝.

폭 輻→폭(輻).

폭 [瀑] (1) 폭포 폭. ○ 폭포. 瀑布·飛瀑. (2) 소나기 포. ○ 소나기.

폭 爆 폭발할 폭. ○ 폭발하다. 爆擊·爆發·爆笑·爆音·爆彈.

표 俵 나누어 줄 표. ① 나누어 주다. 俵分·俵散. ② 섬. 殺俵·炭俵.

표 [標] 표표. ① 표. 標示·標的·浮標·商標. ② 나무 끝. 標枝. ③ 준거하다. 標木·標準. ④ 쓰다. 들다. 標記·標榜.

표 [漂] 뜰 표. 《동》飄. ① 뜨다. 漂流·漂泊. ② 요동 먼 모양. 漂然·漂漂. ③ 빨래하다. 漂女·漂母·漂白.

표 [票] 《동》標. ① 표. 쪽지. 票決·軍票·得票·扁票·手票. ② 불똥튀다. ③ 홀쩍 나는 모양. 票然.

표 [表] 겉 표. ① 겉. 밖.《대》裏. 表裏·表面·表裝·表衣. ② 밝히다. 나타내다. 表示·表情·表彰·表現·發表. ③ 대표. 代表. ④ 본. 師表·儀表. ⑤ 글. 表文. ⑥ 일람표. 圖表·數表·時間表·一覽表.《동》錶. ⑦ 성(姓).

품: [品] 물건 품. ① 물건. 物品·賞品·商品·新品·作品. ② 품수. 등급. 品格·上品·人品. ③ 종류. 品詞·品種.

풍 [楓] 단풍나무 풍. ○ 단풍나무. 楓菊·楓葉·丹楓.

풍 諷 욀 풍. ① 외다. 諷讀·諷誦·諷詠. 비유으로 간하다. 諷論·諷刺.

풍 [豊] 풍년 풍. ① 풍년. 豊年·豊凶·大豊. ② 풍성하다. 豊滿·豊富·豊盛·豊饒·豊足.

풍 [風] 바람 풍. ① 바람. 風霜·風塵. ② 가르치다. 風敎. ③ 풍속. 風紀·風俗·家風·古風·良風. ④ 경치. 風景·風光·風致. ⑤ 모습. 威風. 品格. 風流·風味. ⑥ 중풍. 中風. ⑧ 소문. 風聞.

風說. ⑨ 풍자하다. 《통》諷. ⑩ 위엄. 風雅.

피: [彼] 저 피. ○ 저. 저것. 저편. 彼等·彼我·彼岸·彼此·彼處. 《대》此.

피 [披] 헤칠 피. ○ 헤치다. 披見·披覽·披瀝·披露. ② 흩다. 披髮·披披. ③ 입다. 披服·披風. ④ 쓰러지다. 披靡.

피 [疲] 피곤할 피. ① 피곤하다. 疲困·疲弊·疲乏. ② 느른하다. 疲勞·疲憊.

피 [皮] 가죽 피. ① 가죽. 皮膚·皮革·獸皮. ② 껍질. 皮革·樹皮. ③ 성(姓).

피: [被] 이불 피. ① 이불. 被衾. ② 옷. 옷을 입다. 被服. ③ 덮다. 被覆·加被·外被. ④ 받다. 입다. 被檢·被告·被選·被害.

피: [避] 피할 피. ○ 피하다. 숨다. 避難·避身·避暑·避身·忌避.

필 [匹] 짝 필. ① 짝. 匹敵·匹對·配匹. ② 혼자. 하나. 匹馬·匹夫·匹雄. ③ 피륙·동물·논밭 따위를 세는 단위. 一匹.

필 [弼] 도울 필. ① 돕다. 弼匡·弼寧·弼導·輔弼. ② 활도지개. ③ 성(姓).

필 [必] 반드시 필. ○ 반드시. 必讀·必須·必勝. ② 믿다. 期必. 期必·信必. 何必.

필 [畢] 마칠 필. ① 마치다. 끝내다. 畢竟·畢生. ② 모두 다. 畢業·畢役. ③ 책. 편지. 畢簡. ④ 별 이름. 畢星·畢宿.

필 [筆] 붓 필. ① 붓. 쓰다. 筆耕·筆鋒·筆者·筆蹟·執筆. ② 짓다. 筆者.

핍 [乏] 모자랄 핍. ① 모자라다. 가난하다. 乏少·缺乏·窮乏·耐乏.

핍 [逼] 가까울 핍(벽). ○ 가깝다. 다가오다. 逼近·逼迫·逼塞·逼眞.

하 [下] 아래 하(가). ① 아래. 下級·下人·以下. 《대》上. ② 천하다. 下賤. ③ 내리다. 下車·降下. ④ 떨어지다. 下落. ⑤ 항복하다.

하 [何] 어찌 하. ○ 어찌. 무엇. 누구. 何故·何幾·何如·誰何·若何·如何.

하: [夏] 여름 하. ① 여름. 夏季·夏穀·夏服·夏至·初夏. ② 성(姓).

하 [河] 물 하. ① 물. 강. 내. 河流·江河·大河·冰河·山河·運河. ② "黃河"를 줄여서 이르는 말. ③ 성(姓).

하 [荷] (1) 연꽃 하. ○ 연꽃. 荷葉·荷錢·荷香·荷花. (2) 짐질 하. ○ 짐지다. 荷物·荷役·荷主·負荷.

하: [賀] 하례 하. ○ 하례. 축하하다. 賀客·賀禮·賀正·慶賀·年賀·祝賀.

하 [霞] 놀 하. ○ 霞徑·霞光·霞彩·朝霞.

학 [學] 배울 학. ① 배우다. 공부하다. 學徒·苦學·獨學·留學·後學. ② 학교. 學校·學閥·學友·學園. ③ 지식. 學問·學理·洋學·儒學.

학 [虐] 사나울 학. ① 사납다. 虐使·虐殺·虐政·自虐. ② 학대하다. 虐待·虐民.

학 [鶴] 두루미 학. ○ 두루미. 鶴望·鶴髮·鶴壽·鶴首·白鶴·靑鶴.

한 [寒] 찰 한. ○ 차다. 춥다. 《대》暑. 飢寒·酷寒. ② 가난하다. 寒窮·寒賤·寒寒.

한: [恨] 원한 한. ① 원한. 한하다. 怨恨·情恨·痛恨. ② 뉘우치다. 恨歎·悔恨.

한: [旱] 가물 한. ① 가물. 旱魃·旱災·旱害·大旱. ② 마르다. 물 없다. 旱田·旱地.

한: [汗] 땀 한. ① 땀. 汗疹·汗蒸·冷汗·盜汗·發汗. ② 물 질펀하다. 汗汗.

한: [漢] 한나라 한. ① 한나라. 漢文·漢詩·漢藥. ② 물 이름. 강 이름. ③ 은하수. 銀漢. ④ 사나이 놈. 怪漢·惡漢.

한 [閑] 한가할 한. 《동》閒. ① 한가하다. 閑客·閑居·閑散. ② 등한히하다. 閑却·等閑. ③ 조용하다. 閑話.

한 [間] →간(間).

한: [限] 한정할 한. ① 한정. 限度·限量·限定·極限. ② 기한. 期限. ③ 지경. 限界.

한 [韓] 나라 한. ① 나라. 韓國·韓服·韓人·三韓. ② 성(姓).

할 [割] 나눌 할(갈). ① 나누다. 割據·割愛·分割. ② 가르다. 끊다. 베다. 割去·割腹. ③ 십분의 일. 一割. ④ 값을 깎다. 割引. ⑤ 십분지 일. 一割.

할 [轄] 다스릴 할. ○ 다스리다. 管轄·所轄·直轄·統轄.

함 [函] 함 함. ① 함. 그릇. 函籠·函封. ② 편지. 書函·惠函. ③ 갑옷.

함 [含] 머금을 함. 《동》啣. ① 머금다. 품다. 含毒·含蓄·含冤·含憤·包含.

함 [咸] 다 함. ① 다. 모두. 咸告·咸集. ② 성(姓).

함: [喊] 고함지를 함. ① 고함지르다. 喊聲. ② 입을 다물다. 喊默. ③ 꾸짖다. ④ 울다.

함 [涵] 젖을 함. ① 젖다. 涵養·涵育·涵濡. ② 넣다. 涵蓄.

함 [緘] 봉할 함(감). ① 봉하다. 緘書·緘札·封緘. ② 꿰매다. 얽어매다. ③ 묶다.

함: [艦] 군함 함. ○ 군함. 艦船·艦船·艦載機·艦艇·軍艦·戰艦.

함 [銜] 재갈 함. 《속》啣. ① 재갈. 銜勒. ② 머금다. 銜枝. ③ 직함. 銜字·名銜.

함: [陷] 빠질 함. ① 빠지다. 陷落·陷沒·陷城·陷地. ② 함정. 陷穽. ③ 허물. 缺陷. ④ 해롭게 하다. 陷害. ⑤ 무너지다. 陷壘.

합 [合] (1) 합할 합. ① 합하다. 合同·合邦·合心·結合. ② 모으다. 集合·會合. ③ 가(可)하다는 말. 合格. ④ 시합이나 회전(會戰)의 횟수를 세는 말. (2)홉 흡. ○ 홉. "작(勺)"의 10배. 즉 되의 10분지 일.

합 蛤 조개 합. ○ 조개. 蛤蚌·蛤子·大蛤·紅蛤.

항: [巷] 거리 항. ○ 거리. 巷街·巷間·巷談·巷間·巷說·陋巷.

항 [恒] 항상할 항. 《원》恒. ① 항상. 恒例·恒常·恒星·恒時·恒用. ② 오래. 恒久.

항: [抗] 대항할 항(강). 《동》亢. ① 대항하다. 막다. 對抗·反抗. ② 들다. 抗手.

항: [港] 항구 항. ○ 항구. 港口·開港·軍港·出港. ② 통하다. 港洞. ③ 뱃길.

항 肛 똥구멍 항. ○ 똥구멍. 肛門·肛糞·降肛·脫肛.

항: [航] 배항. ○ 배. 배다니다. 航路·航行·寄航·難航. ② 비행하다. 航空.

항: [項] 목 항. ① 목. 목뒤. 項目·項鎖·項腫. ② 항. 同項項.

해 [亥] 돼지 해. ○ 돼지. 돼지띠. 열두째 지지 (地支). 亥年·亥時.

해 偕 함께 해. ○ 함께. 偕樂·偕老·偕偶·偕住·偕行.

해 咳 기침 해. ① 기침. 咳嗽·咳唾·百日咳. 《동》欬. ② 침뱉다.

해: [奚] 어찌 해. ① 어찌. 奚如·奚疑·奚特. ② 계집종. 奚童·奚婢. ③ 종속의 이름.

해: [害] (1) 해할 해. ① 해하다. 殺害·害毒·害毒·加害·迫害·妨害·旱害. ② 재앙. 害毒·加害·迫害·妨害·旱害. ③ 손해. 損害·利害. ④ 치기는 어렵고 지키기는 좋은 곳. 要害. ⑤ 어느 한. ○어느것.

해 [楷] 해서 해. ① 해서. 楷書·楷書·楷字·楷正. ② 본. 법. 楷模·楷素·楷則.

해: [海] 바다 해. ① 바다. 海water·海流·海兵·海域·海峽·領海. ② 넓고 크다. 海量·海容. ③ 많다. 雲海·學海.

해: [解] 풀 해. ① 풀다. 해체하다. 解決·解剖·解散·解體·分解. ② 알다. 밝히다. 解讀·解

明·見解·難解·理解. ③ 벗다. 解雇·解禁·解放·解職·和解.

해 [該] 갖출 해. ① 갖추다. 該敏·該博·該備·該人. ② 그. 該案·該地·該處. ③ 마땅하다. 該當. ④ 다. 該悉.

해 [諧] 화할 해. ① 화하다. 어울리다. 諧聲·諧調·諧和. ② 해학하다. 희롱하다. 諧謔.

해 [骸] 뼈 해. ① 骸骨·遺骸. ② 몸. 衰骸·殘骸·形骸.

핵 劾 캐물을 핵. ○ 캐묻다. 죄상을 조사하다. 劾繫·劾論·劾按·奏劾·彈劾.

핵 [核] 씨 핵. ① 씨. 核果·核子·核質. ② 중심. 核心·中核. ③ [시] 세포의 중심에 있는 것. 結核·細胞核. ④ [신] 원자핵. 核反應·核分裂·核爆發·原子核. ⑤ 자세하다. 綜核.

행 : 倖 요행 행. (통) 幸. ○ 요행. 倖利·倖望·倖免·射倖·僥倖.

행 : [幸] 다행 행. (통) 倖. ① 다행. 幸福·幸運·多幸·不幸. ② 사랑하다. 幸臣. ③ 여자를 사랑하다. ④ 임금이 거둥하다. 巡幸·行幸. ⑤ 요행. 僥幸. ⑥ 바라다. 幸民.

행 杏 은행 행. ① 은행. 杏子木·銀杏. ② 子. 杏林·杏園·杏仁·杏花.

행 [行] (1) 길 행. ① 가다. 行路·行方·行程·急行·步行. ② 나그네. 行客·行人·行裝·旅行. ③ 행하다. 行使·行動·行爲·實行·實行. ④ 나아가게 함. 行軍. (2) 항렬 항. ○ 항렬. 항오. ① 行列·行伍.

향 : [享] 누릴 향. ① 누리다. 享樂·享壽·享有. ② 제사. 享祀·時享.

향 : [向] 향할 향. ① 향하다. 方向·向背·傾向·南向·北向·意向·趣向. ② 나아가다. 向上·向學. ③ 이전. 向者·向前·向後. ④ 기울어지다. 向意.

향 鄕 시골 향. ① 시골. 鄕校·鄕吏·鄕里·鄕村·鄕土. ② 고향. 異鄕·懷鄕. ③ 곳. 당. 理想鄕.

향 : 響 울릴 향. ○ 울리다. 警響·反響·影響·音響.

향 : 饗 잔치할 향. ① 잔치하다. 饗宴·饗應. ② 흠향하다. 饗祭·歆饗.

향 [香] 향기 향. ① 향기롭다. 香氣·香爐·香料·茶香·芳香·淸香.

허 墟 빈 터 허. ① 빈 터. 墟落·墟里·墟城·廢墟. ② 언덕. 丘墟.

허 [虛] 빌 허. ① 비다. 텅비다. 虛妄·虛勢. ② 약하다. 虛弱·虛汗·氣虛. ③ 거짓말. 虛言·虛傳·虛風.

허 : [許] 허락할 허. ① 허락하다. 許可·免許. ② 가량. 許多. ③ 성(姓).

헌 : [憲] 법 헌. ① 법. 憲兵·憲章·憲政·國憲. ② 관리. 관청. 官憲.

헌 : [獻] 드릴 헌. ① 드리다. 獻身·貢獻. ② 바치다. 獻金·獻納·奉獻. ③ 권하다. 獻杯·獻酒. ④ 어진 사람. 文獻.

헌 軒 초헌 헌. ① 초헌. 軒冕·韶軒. ② 높이 오르다. 軒擧·軒昂·軒然·軒軒丈夫. ③ 처마끝. 軒頭·軒燈. ④ 난간. 軒檻.

험 : 險 험할 험. ① 험하다. 險路·險山·險峻·險惡. ② 간악하다. 險客·險口·險狀·險惡. ③ 음흉하다. 陰險. ④ 위험하다. 險難·冒險·保險·危險.

험 : 驗 시험할 험. ① 시험하다. 經驗·試驗·實驗·體驗. ② 증험하다. 證驗. ③ 효험. 效驗.

혁 赫 빛날 혁. (동) 爀. ① 빛나다. 赫灼·赫赫. ② 성내다. 赫怒·赫然.

혁 [革] 가죽 혁(격). ① 가죽. 革帶·皮革. ② 갑옷. 革甲·兵革. ③ 고치다. 革命·革世·革新·改革·變革.

현 峴 재 현. ○ 재. 고개. 葛峴·羊峴·鐘峴·黃土峴.

현 [弦] 활시위 현. (통) 絃. ○ 활시위. ② 악기 악기줄. 弦樂器·管弦樂. ③ 초승달. 弦月·上弦·下弦. ④ 선분(線分). ⑤ 직각 삼각형의 사변. 餘弦·正弦.

현 [懸] 매달 현. (동) 縣. 매달다. 걸다. 懸金·懸念·懸賞·懸案·懸河.

현 [玄] 아득하다. 玄談. ② 검다. 玄琴·玄玉·玄黃. ③ 현묘하다. 玄機·玄妙·玄曠·玄學. ④ 성(姓).

현 見 → 견(見).

현 : [現] 나타날 현. ① 나타나다. 現夢·現象·現身·實現·表現. ② 이제. 지금. 現今·現狀·現實·現役·現在·現行.

현 : [絃] 줄 현. (동) 弦. ○ 줄. 악기줄. 絃樂·絃樂器·管絃樂.

현 : [縣] (1) 고을 현. ○ 고을. 縣監·縣令·縣治. (2) 달 현. (동) 懸. ① 달다. 縣鼓. ② 떨어지다. 縣隔.

현 [賢] 어질 현. ① 어질다. 賢明·賢妻·名賢·聖賢. ② 좋다. 賢勞.

현 : 鉉 솥귀 현. ○ 솥귀. 鼎鉉.

현 : [顯] 나타날 현. ① 나타나다. 밝다. 顯名·顯沒·顯微·顯影. ② 높다. 顯考·顯達·榮顯.

혈 [穴] 구멍 혈. ① 구멍. 穴居·穴農·灸穴·墓穴·巢穴. ② 구덩이. 穴深.

혈 [血] 피 혈. ① 피. 血管·血氣·血壓·血液·鮮血·輸血.

혈 頁 머리 혈. ① 머리. ② 페이지. 쪽. 면.

협 [協] 화할 협. ① 화하다. 協律·協奏·協和. ② 도우다. 協同·協力·協心·協議·協定.

협 峽 골짜기 협. ① 골짜기. 峽谷·峽農·峽邑·峽村·山峽. ② 물 흐르는 골짜기. 峽灣·地峽·海峽.

협 狹 좁을 협. (동) 陜. ○ 좁다. 좁히다. (대) 廣. 狹量·狹小.

협 [脅] 위협할 협. ① 위협하다. 脅迫·脅弱·脅威·脅奪. ② 겨드랑이.

협 陜 좁을 협. (동) 狹. ○ 좁다. 陜隘.

형 [亨] (1) 형통할 형. ○ 형통하다. 亨通. (2) 삶을 팽. ② 삶다. 亨熟·亨人.

형 [兄] 맏 형. ① 맏. 형. 兄弟·父兄. ② 벗을 높임. 兄丈·老兄·大兄·學兄.

형 [刑] 형벌 형. ① 형벌. 刑罰·刑法·刑事·刑人·減刑·笞刑. ② 본받다.

형 型 모양 형. ① 모양. 模型·原型·類型·典型·紙型. ② 꼴. 본. 紙型·鑄型. ③ 본뜨다. 型蠟·典型.

형 [形] 형상 형. (원) 形. ① 형상. 얼굴. 形色·形客·形式·形態·奇形·整形. ② 나타나다. 形跡. ③ 형체. 形狀·形象.

형 炯 빛날 형. ① 빛나다. 밝다. 炯介·炯心·炯然·炯炯. ② 잘 살피다. 炯眼.

형 螢 반딧불 형. ○ 반딧불. 螢光·螢雪之功·螢案·螢火.

형 衡 (1) 저울 형. ① 저울. 度量衡. ② 수레채 끝에 가로 댄 나무. 平衡·均衡. (2) 가로 횡. (동) 橫. ○ 가로. 連衡.

혜 [兮] 어조사 혜. ○ 어조사. 시부(詩賦)에 쓰는 조사.

혜 : 彗 비 혜(세·수). ① 비. 비로 쓸다. 彗掃. ② 별 이름. 彗芒·彗星.

혜 : [惠] 은혜 혜. ① 은혜. 惠澤·惠貽·惠函·恩惠. ② 인자하다. 惠聲·惠政. ③ 주다. 惠賜·惠書·惠投.

혜: [慧] 지혜 혜. ○지혜. 총명하다. 慧敏·慧服·慧悟·智慧·知慧.

호 [乎] 온 호. ①온. 하온. 어조사. 어조를 세게 함. 斷乎. ②영탄(詠嘆)·의문·반어(反語)의 뜻. ③에. 에서. 보다. 〔동〕於.

호 [互] 서로 호. ①서로. 互選·互惠·交互·相互. ②어긋매끼다. 互生.

호 [呼] 부를 호. ①부르다. 呼名·點呼. ②숨을 내어쉬다. 呼氣·呼吸. ③부르짖다. 呼訴·歡呼. ④탄식하다. 嗚呼.

호: [好] 좋을 호. ①좋다. 好感·好機·好否·好事·好人. ②좋아하다. 好奇心·友好. ③매우. ④아름답다. 好美·好醜.

호: [戶] 지게 호. ①지게문. 戶外·門戶. ②집. 戶口·戶別·戶主·上戶·下戶. ③집의 수를 세는 단위. 萬戶. ④술 마시는 양.

호 扈 뒤따를 호. ①뒤따르다. 扈駕·扈衛·扈從. ②떨치다. 跋扈. ③성(姓).

호 [毫] 털 호. ①털. 毫毛·毫髮. ②조금. 아주 가늘다. 毫末·毫無·秋毫. ③붓끝. 揮毫. ④수의 이름. 毫釐之差.

호 [浩] 클 호. ①크다. 浩氣·浩大·浩蕩. ②물 질펀한 모양. 浩浩.

호 [湖] 호수 호. ○호수. 큰 못. 늪. 湖畔·湖沼·湖心·湖心·湖南·江湖.

호 滸 물가 호. ○물가. 烏滸.

호 [胡] 오랑캐 호. ①오랑캐. 胡亂·胡服·胡人. ②어찌. 胡然. ③오래 살다. 胡考·胡壽. ④되. ⑤성(姓).

호: [虎] 범 호. ①범. 虎口·虎死留皮·虎視眈眈·虎皮·虎穴·虎患.

호: [號] 이름 호. (1)①이름. 칭호. 기호. 國號. ②시호. 諡號. ③호령하다. 號令. ④순위. 第一號. (2)부르짖을 호. ○부르짖다. 號哭·怒號.

호: [護] 보호할 호. ①보호하다. 護送·加護·守護·擁護. ②돕다. 護國·救護.

호 [豪] 호걸 호. ○호걸. 豪傑·豪言·豪宕·豪俠·文豪.

호· 戱→희(戱).

호: 鎬 호경 호. ①호경. 땅 이름. 鎬京. ②냄비. ③빛나다. 鎬鎬.

혹 [惑] 미혹할 혹. ①미혹하다. 惑信·惑愛·惑志·當惑·魅惑·迷惑·眩惑. ②어지럽다. 惑世·惑亂·惑惑.

혹 [或] 혹 혹. ①어떤. 或間·或說·或云·設或. ②어떤. 或者·或云.

혹 酷 혹독할 혹. ①혹독하다. 참혹하다. 酷毒·酷吏·酷使·酷似·苛酷·冷酷. ②심하다. 酷甚·酷炎·酷評·酷寒.

혼 [婚] 혼인할 혼. ①혼인하다. 婚期·婚姻·結婚·未婚·約婚. ②신혼. 婚屬.

혼 [昏] 어두울 혼. ①어둡다. 〔동〕冥. 昏明·昏夜·昏定·黃昏. ②혼미하다. 昏倒·昏睡·昏絶. ③어리석다. 昏季·昏君. ④어지럽다. 昏困·昏亂. ⑤어려서 죽다. 昏死.

혼 [混] 섞일 혼. ①섞이다. 混同·混亂·混合. ②분간이 안 됨. 混沌·混迷. ③물 그득히 흐르는 모양. 混混.

혼 渾 흐릴 혼. ①온전히. 모두. 渾家·渾身·渾身. ②흐리다. 渾濁. ③구별이 안됨. 渾沌·渾然·渾和·雄渾. ④섞이다. 잡되다. 渾寒·渾然·渾濟.

혼 [魂] 넋 혼. ○넋. 혼. 魂靈·魂魄·靈魂·鎭魂.

홀 [忽] 문득 홀. ①문득. 忽然. 忽往·忽來·忽話·忽地風波·忽顯忽沒·忽忽. ②소홀히 하다. 忽待·忽略·忽視.

[弘] 클 홍. ○크다. 넓다. 弘毅·弘大·弘量·弘願·弘益人間.

홍 [洪] 넓을 홍. 〔동〕鴻. ①넓다. 크다. 洪大·洪恩. ②큰물. 洪水. ③성(姓).

홍 [紅] 붉을 홍. ①붉다. 紅茶·紅蔘·紅顔·紅塵·眞紅. ②털여뀌. 紅草. ③붉은 꽃. 紅一點·千紫萬紅.

홍 [鴻] 기러기 홍. ①기러기. 鴻鵠·鴻毛·鴻雁. ②크다. 〔동〕洪. 鴻大·鴻圖·鴻業·鴻儒·鴻恩·鴻志.

화 [化] 화할 화. ①화하다. 변화하다. 化石·化合·俗化·風化. ②교화하다. 化育·德化·文化·造化. ③자라다. 기르다. ④성(姓).

화 [和] 화할 화. ①화하다. 和同·和樂·和睦·人和·平和. ②순하다. 和氣·和順·和風·溫和. ③화답하다. 和答·和聲·調和. ④둘 이상의 수를 합하여 얻은 수.

화: [火] 불 화. ①불. 火光·火力·燈火·防火·點火. ②불사르다. 火食·火葬·火田·火刑. ③심하다. 火急·心火·情火. ④화나다. 火病. 화약. 火器·火藥·火砲.

화 畫→획(畫).

화: [禍] 화재 화. ①화재. 재앙. 禍根·禍難·奇禍·災禍·戰禍. ②앙화. 殃禍.

화 [禾] 벼 화. ○벼. 곡식. 禾稼·禾秉·禾穀·禾苗·禾本科.

화 [花] 꽃 화. ①꽃. 꽃피다. 花期·花壇·花盆·花信·花月·花草. ②갈보. 花街·花柳界·花代·花屑. ③아름답다. 花容.

화 [華] 빛날 화. ①빛나다. 華麗·華燭·榮華·繁華·豪華. ②蓮華. 〔동〕花. ③나라 이름. 中華. ④머리 세다. 華髮.

화: [話] 말씀 화. ①말씀. 이야기. 話題·談話·對話·童話·祕話. ②착한 말. 話言.

화: [貨] 재물 화. ①재물. 화폐. 貨幣·貨物·外貨·財貨·通貨. ②물건. 貨物·貨主·貨車·雜貨. ③뇌물. 貨賂.

화 靴 신 화. ○신. 구두. 靴工·軍靴·短靴·洋靴·長靴.

화 [擴] 넓힐 확. ○넓히다. 擴大·擴聲器·擴張·擴充.

화 [確] 확실할 확(각). ①확실하다. 確立·確保·確定·確信·確信·確乎. ②굳다. 確固·確信·確乎.

화 [穫] 거둘 확. ○거두다. 穫稻·耕穫·收穫·刈穫·秋穫.

화 [丸] 둥글 환. ①둥글다. 알. 丸藥·彈丸. ②환약. 淸心丸. ③자루(먹의 단위). 墨一丸. ④《일》배〔船〕. 黃龍丸. →호(號).

화: [喚] 부를 환. ①부르다. 喚客·喚問·叫喚·召喚. ②일으키다. 喚起.

화 [圜] (1)두를 환. ①두르다. 둘러싸다. 圜流·圜牆. (2)둥글 원. ①둥글다. 圜冠·圜丘·圜牆·圜土. ②제사터. 圜丘.

환: 宦 벼슬 환. ①벼슬. 宦路·宦途·宦福·宦厄·宦慾. ②내관. 고자. 宦官·宦者.

환: 幻 변할 환. ①변하다. 幻化·變幻. ②호게 비. 幻覺·幻想·幻影·夢幻. ③요술. 幻人·幻戲. ④미혹하다. 幻弄·幻術.

환: [患] 근심 환. ①근심하다. 憂患·後患. ②병 患者·病患. ③재앙. 患難·患亂.

환: [換] 바꿀 환. ○바꾸다. 換家·換算·換言·換節·轉換.

환 桓 굳셀 환. ①굳세다. 桓桓. ②머뭇거리다. 盤桓. ③모감주나무. ④하관틀. 桓碑·桓楹.

[歡] 기쁠 환. 〔동〕驩. ○기쁘다. 좋아하다. 歡待·歡迎·歡喜·非歡·哀歡.

환: 煥 불꽃 환. ○불꽃. 밝다. 煥綺·煥病·煥然.

환 [環] 고리 환. ① 고리. 環狀·耳環·指環. ②
둘레. 環境·環視·環海·循環.

환 紈 깁 환. ① 깁. 흰 비단. 紈袴·紈扇·紈綺·
羅紈·氷紈·素紈.

환 還 돌아올 환. ① 돌아오다. 還國·還宮·還歸·
還都·奪還. ② 돌아가다. 還去·還本. ③
돌려보내다. 還却·還給.

활 [活] (1) 살 활. ① 살다. 活力·活路·活人·復活·
死活·自活. ② 생기 있다. 活氣·活動·活
發·活躍·快活. ③ 활용하다. 活用·活字·活版. ④
올가미. 活套. (2) 물 콸콸 흐르는 소리 괄. ○ 물
콸콸 흐르는 소리. 活活.

활 滑 (1) 미끄러울 활. ○ 미끄럽다. 滑氷·滑走·
圓滑. (2) 익살 골. ① 익살. 滑稽. ② 어
지럽다. 滑汩. ③ 다스리다.

활 猾 교활할 활. ① 교활하다. 猾吏·猾惡·狡猾·
老猾·邪猾·獪猾.

활 濶 《속》→활(闊).

활 闊 넓을 활(괄). 《속》濶. ① 넓다. 闊達·闊
步·闊葉樹·久闊·廣闊.

황 [況] 하물며 황. ① 하물며. 況且. ② 형편
모양. 槪況·近況·狀況·商況·盛況·實況·情
況. ③ 이에. ④ 더욱.

황 幌 휘장 황. ① 휘장. 蚊幌. ② 방장.

황 慌 다급할 황. ① 다급하다. 慌忙. ② 두렵
다. 恐慌. ③ 흐리멍덩하다. 慌惚.

황 皇 임금 황. ① 임금. 皇室·皇恩·皇帝. ②
크다. 皇考·皇穹. ③ 아름답다. 성하다.
皇皇.

황 [荒] 거칠 황. ① 거칠다. 荒凉·荒漠·荒野. ②
난잡하다. 荒淫·荒紙·虛荒. ③ 텅 비다.
허황하다. 荒唐無稽·荒誕. ④ 멀다. 나라의 끝. 入
荒. ⑤ 흉년. 荒年·荒歲.

황 [黃] 누를 황. ① 누르다. 黃柑·黃金·黃色·黃
土·卵黃. ② 서두르다. 蒼黃. ③ 성(姓).

회 回 돌 회. 《속》田. ① 돌다. 돌리다. 回
甲·回顧·回復·回轉·挽回. ② 한 차례. 今
回·幾回·初回. ③ 돌아오다. 回國·回歸·回路·回船.

회 廻 돌 회. 《동》回. ① 돌다. 廻廊·廻轉·巡
廻·輪廻·下廻. ② 피하다. 廻避.

회: 悔 뉘우칠 회. ① 뉘우치다. 悔改·悔過·懺悔·
後悔. ② 한하다. 悔恨.

회 [懷] 품을 회. ① 품다. 懷抱·懷抱. ② 생각
懷古·懷疑·感懷. ③ 위로하다. 懷柔.

회: (1) 모을 회. 《속》会. ① 모으다. 會見·會話·再會·
朝會. ② 단체. 會費·會社·會則·學會. ③
깨닫다. 會得·會心·會意. ④ 마침. ⑤ 기회. 機會.
⑥ 그림. 繪. (2) 《능》回. ○ 헤아리다. 會
計·會釋.

회 [灰] 재 회. ① 재. 灰燼·灰釉·灰土. ② 잿빛.
灰白色·灰色. ③ 사그라지다. 죽으로 마음. 灰
滅·灰心. ④ 석회. 石灰.

회: 繪 그릴 회. ① 그림. 繪給·繪畵. ②
그리다. 繪事.

회: 賄 재물 회. ○ 재물. 뇌물. 賄賂·收賄·財賄·
贈賄·貨賄.

획 [劃] 그을 획. ① 긋다. 劃期的·劃一·計劃. ②
나누다. 劃給. ③ 가르다. 劃然.
④ 계획하다. 劃策.

획 獲 얻을 획. ① 얻다. 獲得·拿獲·漁獲·捕獲.
② 맞히다. ③ 종. 노비. 臧獲.

획 [畫] (1) 그을 획. 《속》畫. ① 긋다. 畫數·畫
順·畫引·畫一. ② 나누다. 畫期·畫然. ③
계획하다. (2) 그림 화. ○ 그림. 畫家·畫伯·
畫幅·畫風·繪畵.

횡 [橫] (1) 가로 횡. ① 가로지르다. 《대》縱. 橫
擊·橫貫·橫斜·橫死·橫夭·橫木. ④ 뜻
밖에 얻거나 잃음. 橫領·橫逸·橫态·橫行. ① 횡포
로. 橫柯·橫步·橫斜·縱橫. (2) 사나울 횡. ① 사납
다. 橫奪·橫暴·橫恣·强橫·專橫. ② 제 멋대로 하
다. 橫領·橫逸·橫态·橫行.

효: [孝] 효도 효. ① 효도. 孝女·孝道·孝誠·孝子·
不孝·忠孝. ② 부모의 상을 입음. 孝中·
孝服.

효: [效] 본받을 효. 《속》効. ① 본받다. 效嚬·效
則. ② 힘쓰다. 效命·效情. ③ 효험. 效
果·效能·效驗. ④ 주다. 效輸.

효: [曉] 새벽 효. ① 새벽. 曉起·曉霜·曉色. ② 깨
닫다. 曉得·曉悟·通曉. ③ 타이르다. 曉
示·曉諭.

후: [侯] 제후 후. ① 제후. 諸侯·王侯·列侯. ②
둘째 작위. 侯爵. ③ 과녁. 侯鵠.

후: [候] 기후 후. ① 기후. 候鳥·氣候·節候. ②
망보다. 候騎·斥候. ③ 조짐. 徵候. ④
상황. 體候. ⑤ 기다리다. 候補. ⑥ 모시다. 候應.

후: [厚] 두터울 후. ① 두텁다. 厚待·厚德·厚顔·
厚意·厚誼. ② 짙다. 濃厚. ③ 무겁다.
④ 많다. 厚扁·厚積.

후: 后 왕후 후. ① 왕후. 后妃·王后. ② 임금.
③ 뒤. 《동》後. 午后. ④ 사직. 后土.

후 [喉] 목구멍 후. ① 목구멍. 喉頭·喉咽·喉門·
咽喉. ② 긴한 곳. 喉衿·喉舌.

후: [後] 뒤 후. ① 뒤. 《대》前·先. 後面·後方·背
後·前後. ② 뒤지다. 後進·後進·後學·後
悔. ③ 아들. 後嗣·後孫.

후: 朽 썩을 후. ① 썩다. 朽壞·朽落·朽損·朽敗·
不朽. ② 노쇠하다. 老朽.

훈 勳 공 훈. ○ 공. 勳功·勳章·功勳·殊勳.

훈 薰 향기 훈. ① 향불. 향기. 薰芳·薰風. ②
온화하다. 薰氣. ③ 감화시키다. 薰育·薰
化. ④ 훈약. 薰藥.

훈: [訓] 가르칠 훈. ① 가르치다. 訓戒·訓導·訓練·
訓民正音·訓手·訓育·校訓. ② 뜻. 주내다.
訓詁·訓話.

훼: [毁] 헐 훼. ① 헐다. 毁傷·毁損·毁辱. ② 비
방하다. 毁謗. ③ 야위다. 毁傷·毁背.

휘 彙 무리 휘(위). ① 무리. 彙類·部彙·語彙.
② 모으다. 모이다. 彙分·彙報.

휘 徽 아름다울 휘. ① 아름답다. 徽言·徽音·徽
꼰 노끈. 徽繩. ④ 표지. 徽章·徽幟·徽號.

휘 [揮] 휘두를 휘. ① 휘두르다. 揮發·揮手·揮
揮. ② 흩다. 뿌리다. 揮散·揮毫·揮帳·揮
帳. ④ 헤치다. 揮散. ⑤ 지휘하다. 指揮.

휘: [諱] 꺼릴 휘. ① 꺼리다. 諱忌·諱祕·諱音·諱
日·忌諱. ② 휘. 휘자. 諱字.

휘 輝 빛날 휘. ① 빛나다. 輝映·輝耀·輝煌. ②
빛. 光輝·明輝·玉輝.

휴 [休] 쉴 휴. ① 쉬다. 休暇·休息·公休日·歸休·
運休. ② 즐겁다. 休德·休範·休兆. ③ 말
다. 아니하다. 休言·休廢.

휴 [携] 가질 휴. ① 가지다. 지니다. 携筇·携帶·
携手·携酒·携持·携行·提携. ② 끌다. 携
提. ③ 떠나다. 携離.

휼 恤 구제할 휼. ① 구제하다. 가엾이 여기다.
恤救·恤米·恤貧·賑恤. ② 근심하다. 恤憂.
③ 사랑하다. 恤民·恤兵.

흉 兇 흉악할 흉. 《동》凶. ① 흉악하다. 악한
(惡漢). 兇謀·兇邪·兇漢·元兇. ② 두렵
다. 소동하다. 兇懼·兇兆.

흉 [凶] 흉할 흉. ① 흉하다. 凶家·凶計·凶器·凶
惡·吉凶. 《대》吉. ② 농사가 안 됨. 凶年·
凶歲·凶漁·凶作.

흉 [胸] 가슴 흉. ① 가슴. 胸腔·胸廓·胸部·胸像·
胸圍. ② 마음. 胸襟·胸情·胸中·胸中生
塵·胸底·胸懷.

흑 **黑** 검을 흑. ① 검다. 黑幕·黑白·黑字. ② 어둡다. 黑煙.

흔 **欣** 기쁠 흔. ① 기쁘다. 欣感·欣慕·欣然·欣喜. ② 짐승이 힘세다.

흔 **痕** 흔적 흔. ① 흔적. 痕跡·水痕·血痕. ② 헌데. 흉터. 傷痕.

흠: **欠** 하품 흠(검). ① 하품. 欠伸. ② 모자라다. 欠缺·欠點·欠乏. ③ 빠지다. 欠席. ④ 구부리다. 欠身.

흠: **欽** 흠모할 흠(금). ① 흠모하다. 欽慕·欽服·欽美·欽仰·欽喜. ② 황제의 사물에 대한 존칭. 欽命·欽定·欽差. ③ 근심하다. 欽欽.

흡 [**吸**] 빨아들일 흡. ① 빨아들이다. 吸收·吸煙. ② 숨을 들이쉬다. 吸氣·呼吸.

흥 **興** (1) 일 흥. ○ 일다. 興亡·興盛·興業·中興·振興. (2) 흥 흥. ○ 흥. 흥겹다. 興味·興趣·興致.

희: [**喜**] 기쁠 희. ① 기쁘다. 喜劇·喜怒·喜悲·喜色·歡喜. ② 경사. 喜慶. ③ 즐기다. 좋아하다. 喜色·喜喜樂樂.

희 [**噫**] ⑴ 탄식할 희(의). ① 탄식하다. 噫鳴. ② 느끼다. 噫乎. ⑵ 씨근거릴 애. ① 씨근거리다. ② 트림하다. 噫欠.

희 **姬** 계집 희(기). ① 계집. 아씨. 姬君. ② 첩(妾). 姬人·姬妾.

희 **希** 바랄 희. ① 바라다. 希望·希願. ② 드물다. (동) 稀. 希少. ③ 적다. 希貴.

희: [**戲**] ⑴ 희롱할 희. (원) 戲. ① 희롱하다. 戲答·戲弄·戲筆. ② 놀다. 戲書·戲兒·遊戲. ③ 연극. 戲曲·演戲. ⑵ 탄식할 호. ○ 탄식하다. 於戲.

희: **戲** (원)→희(戲).

희 **熙** 빛날 희. ① 빛나다. 熙朝·熙熙. ② 화하다. ③ 일어나다. ④ 넓다.

희 **犧** 희생 희. ① 희생. 犧牲·犧羊·犧牛. ② 술통. 犧尊.

희 [**稀**] 드물 희. (통) 希. ① 드물다. 성기다. 稀貴·稀微·稀薄·稀少·古稀. ② 적다. ③ 맑다. 묽다. 稀釋·稀黃酸.

대법원 선정 인명용(人名用) 한자

( ) 안의 한자는 한문 교육용 기초 한자 1800자 이외에 추가 선정한 한자.
〈 〉 안의 한자는 인명용으로 허용한 동자·속자·약자.
⇨는 지시하는 자와 같은 한자.

	ㄱ			
가	家佳街可歌加價假架暇(嘉嫁稼賈駕伽迦柯呵哥枷珂痂苛袈訶跏軻茄斝)	객	客(喀)	
		갱	更(坑粳羹醵)	
		약	(醵)	
		거	去巨居車擧距拒據(渠遽鉅炬倨据祛踞鋸)	
각	各角脚閣却覺刻(珏恪殼慤)	건	建〈建〉乾件健(巾虔楗鍵愆腱騫蹇漧)	
간	干間看刊肝幹簡姦懇(艮侃杆玕竿揀諫墾朶奸柬桿澗癇磵稈艱)	걸	傑乞〈杰桀〉	
		검	儉劍〈劒〉檢(瞼鈐黔)	
		겁	(劫怯法)	
		게	(揭偈憩)	
갈	渴(葛曷喝碣竭褐蝎鞨)	격	格擊激隔(檄膈覡)	
감	甘減感敢監鑑〈鑒〉(勘堪瞰坎嵌憾戡柑橄疳紺邯龕)	견	犬見堅肩絹遣牽(鵑甄繭譴)	
		결	決結潔缺(訣抉)	
		겸	兼謙(鎌慊箝鉗)	
갑	甲(鉀匣岬胛閘)	경	京景經庚耕敬輕驚慶競竟境鏡頃傾硬警徑卿〈卿〉(倞鯨坰耿更炅梗憬曔璟擎瓊儆俓涇莖勁逕頸橄冏勍烱絅脛頸磬痙墩困檾鵬冂涇)	
강	江降講強〈强〉康剛鋼〈鎠〉綱(杠堈岡崗姜橿疆慷畺糠絳羌腔舡薑襁鰊嫌蹀)			
개	改皆個〈箇〉開介慨概蓋〈盖〉(价凱愷溉塏愾庎芥豈鎧玠)			
		계	癸季界計溪鷄系係戒械繼契桂啓階繫(誡烓屆堺悸棨磎稽谿)	
		고	古故固苦高考〈攷〉告枯姑庫孤鼓稿顧(叩敲皐暠呱尻拷槁沽辜羔股膏苽菰藁蠱袴誥賈辜錮雇痼杲)	
		곡	谷曲穀哭(斛梏鵠)	
		곤	困坤(昆崑琨錕梱棍滾袞鯤)	
		골	骨(汨滑)	
		공	工功空共公孔供恭攻恐貢(珙控拱蚣鞏)	
		곶	(串)	
		과	果課科過誇寡(菓鍋顆跨戈瓜)	
		곽	郭(廓槨藿)	
		관	官觀關館〈舘〉管貫慣冠寬(款琯錧灌瓘棺串棺罐菅)	
		괄	(括刮恝适)	
		광	光〈炛〉廣〈広〉鑛狂(侊洸珖桄匡曠旷壙筐胱)	

괘	掛〈卦罫〉
괴	塊愧怪壞〈乖傀拐槐魁〉
굉	〈宏紘肱轟〉
교	交校橋敎〈敎〉郊較巧矯〈僑喬嬌膠咬嶠攪狡皎絞翹蕎蛟轎鮫驕餃姣俊〉
구	九口求救究久句舊具俱區驅苟拘狗丘懼龜構球〈坵玖矩邱銶溝購鳩驅耇枸仇勾咎嘔垢寇嶇廐樞歐毆毬灸瞿絿臼舅衢謳逑鉤駒鷗姁〉
국	國〈国〉菊局〈鞠麴鞫〉
군	君郡軍群〈窘裙〉
굴	屈〈窟堀掘〉
궁	弓宮窮〈躬穹芎〉
권	券權勸卷拳〈圈眷倦捲淃〉
궐	厥〈闕獗蕨蹶〉
궤	軌〈机櫃潰詭饋〉
귀	貴歸鬼〈龜句晷鏡〉
규	叫規糾〈圭奎珪揆逵窺葵槻硅竅赳閨紏邽戣〉
균	均菌〈畇鈞勻筠龜〉
귤	〈橘〉
극	極克劇〈剋隙戟棘〉
근	近勤根斤僅謹〈墐槿筋瑾嫤劤懃芹菫覲饉〉
글	〈契〉
금	金今禁錦禽琴〈衾襟吟妗擒檎芩衿〉
급	及給急級〈汲伋扱〉
긍	肯〈亘〈亙〉兢矜〉
기	己記起其期基氣技幾旣紀忌旗欺奇騎寄豈棄祈企畿飢器機〈淇琪琦棋祺錤騏麒玘杞埼崎琦綺錡箕岐汽沂圻耆磯譏冀驥嗜朞伎夔妓朞崎碁祁祇羈機肌饑稘〉
긴	緊
길	吉〈佶桔姞拮〉
김	〈金〉
끽	〈喫〉

나	那〈奈奈娜拏喇懦拿儺挐脇胯〉
낙	諾
난	暖難〈煖〉
날	〈捺捏〉
남	南男〈楠湳枏〉
납	納〈衲〉
낭	娘〈囊〉
내	內乃奈耐〈柰〉
녀	女
년	年〈季〉〈撚〉
념	念〈恬拈捻〉
녕	寧〈嚀獰〉
노	怒奴努〈弩瑙駑〉
녹	⇨록
농	農〈膿濃〉
뇌	腦惱
뇨	〈尿鬧撓〉
누	⇨루
눈	〈嫩〉
눌	〈訥〉
뉴	〈紐鈕杻〉
능	能
니	泥〈尼柅濔膩〉
닉	〈匿溺〉

다	多茶〈爹奈〉
단	丹但單短端旦段壇檀斷團〈緞鍛亶象湍簞蛋袒襢煓〉
달	達〈撻澾獺疸〉
담	談淡擔〈譚膽澹覃啖坍憺曇湛痰聃錟蕁潭倓〉
답	答畓踏〈沓遝〉
당	堂當唐糖黨〈塘鐺撞幢戇棠螳〉
대	大代待對帶臺貸隊〈垈玳袋戴擡旲坮岱黛〉
댁	〈宅〉
덕	德〈悳〉
도	刀到度道島徒圖倒都桃挑跳逃渡陶途稻導盜塗〈堵棹濤燾鍍蹈燾屠嶋悼〉

	掉搗權淘滔睹葡覩賭韜弴)	려	旅麗慮勵(呂侶閭黎儷廬戾櫚濾礪藜驢驪蠣)		綸淪錀)	
독	讀獨毒督篤(瀆牘犢禿纛)	력	力歷曆(瀝礫轢靂)	률	律栗率(慄葎)	
돈	豚敦(墩惇暾燉頓旽沌焞)	련	連練鍊憐聯戀蓮(煉璉攣漣輦變)	륭	隆	
돌	突(乭)			륵	(勒肋)	
동	同洞童冬東動銅凍(棟董潼桐瞳蝀仝憧疼胴桐瞳曈彤烔)			름	(凜廩凛)	
				릉	陵(綾菱稜凌楞)	
		렬	列烈裂劣(洌冽)	리	里理利梨李吏離裏〈裡〉履(俚莉离璃悧俐厘唎浬犁狸痢籬罹贏釐鯉涖履)	
		렴	廉(濂簾斂殮)			
		렵	獵			
두	斗豆頭(杜枓兜痘竇荳讀逗阧)	령	令領嶺零靈(伶玲姈昤鈴齡怜囹岺笭羚翎聆逞泠澪)			
둔	鈍屯(遁臀芚遯)			린	鄰〈隣〉(潾璘麟吝燐藺躪鱗繗橉鏻)	
득	得					
등	等登燈騰(藤謄鄧嶝橙)	례	例禮〈礼〉隷(澧醴)	림	林臨(琳霖淋琹)	
		로	路露老勞爐(魯盧鷺撈擄櫓潞瀘蘆虜輅鹵嚧)	립	立(笠粒砬)	
	ㄹ				**ㅁ**	
라	羅(螺喇懶癩蘿裸邏剆覼摞)	록	綠祿錄鹿(彔碌菉麓)	마	馬麻磨(瑪摩痲碼魔)	
		론	論	막	莫幕漠(寞膜邈)	
락	落樂絡(珞酪烙駱洛)	롱	弄(瀧瓏籠壟朧聾)	만	萬晚滿慢漫(万曼蔓鏋卍娩巒彎挽灣瞞輓饅鰻蠻)	
란	卵亂蘭欄(瀾珊丹欒鸞爛)	뢰	雷賴(瀨儡牢磊賂賚)			
랄	(剌辣)	료	料了僚(遼寮廖燎療瞭聊蓼)			
람	覽濫(嵐擥攬欖籃纜襤藍婪)	룡	龍〈竜〉	말	末(茉秣抹沫襪靺)	
랍	(拉臘蠟)	루	屢樓累淚漏(壘婁瘻縷蔞褸鏤陋)	망	亡忙忘望茫妄罔(網芒莽輞邙)	
랑	浪郎廊(琅瑯狼瑯朗烺)			매	每買賣妹梅埋媒(寐昧枚煤罵邁魅苺)	
래	來〈来・徠〉(崍萊徠)	류	柳留流類(琉劉瑠硫瘤旒榴溜瀏謬)	맥	麥脈(貊陌驀)	
랭	冷			맹	孟猛盟盲(萌氓)	
략	略掠	륙	六陸(戮)	멱	(冪覓)	
량	良兩量涼〈凉〉梁糧諒(亮倆樑粮梁輛)	륜	倫輪(侖崙〈崘〉	면	免勉面眠綿(冕棉沔眄緬麵)	
				멸	滅(蔑)	

명	名命明鳴銘冥(溟暝楡皿瞑茗蓂螟酩愐洺明鵬)	박	泊拍迫朴博薄(珀撲璞鉑舶剝樸箔粕縛膊雹駁)	보	保步報普補譜寶〈宝〉(堡甫輔菩潽洑深珤褓俌)
예	(袂)	반	反飯半般盤班返叛伴(畔頒潘磐拌搬攀斑槃泮瘢盼磻礬絆蟠顰)	복	福伏服復腹複卜覆(馥鍑僕匐宓茯葍輹輻鰒)
모	母毛暮某謀模貌募慕冒侮(摸牟謨姆帽摹牡瑁眸耗芼茅矛橅)			본	本
				볼	(乶)
목	木目牧睦(穆鶩沐)	발	發拔髮(潑鉢渤勃撥跋醱魃)	봉	奉逢峯〈峰〉蜂封鳳(俸捧琫烽棒蓬鋒熢縫溄〈浲〉)
몰	沒(歿)				
몽	夢蒙(朦)	방	方房防放訪芳傍妨倣邦(坊彷昉龐榜尨幇旁枋滂磅紡肪膀舫蒡蚌謗)		
묘	卯妙苗廟墓(描錨畝昴杳淼猫眇)			부	夫扶父富部婦否浮付符附府腐負副簿赴賦(孚芙傅溥敷復不俯剖咐埠孵斧缶腑艀訃跗賻趺釜阜駙鳧膚)
무	戊茂武務無〈无〉舞貿霧(拇珷畝撫懋巫憮楙毋繆蕪誣鵡橅)	배	拜杯〈盃〉倍培配排輩背(陪裵〈裴〉湃俳徘焙胚褙賠北)		
		백	白百伯(佰帛魄柏〈栢〉)		
묵	墨默			북	北
문	門問聞文(汶炆紋們刎吻紊蚊雯)	번	番煩繁飜〈翻〉(蕃幡樊燔磻藩)	분	分紛粉奔墳憤奮(汾芬盆吩噴忿扮盼焚糞賁雰)
		벌	伐罰(閥筏)		
물	勿物(沕)	범	凡犯範(帆机氾范梵泛汎釩)	불	不佛拂(彿弗)
미	米未味美尾迷微眉(渼薇彌〈弥〉嵄媄媚嵋梶楣湄謎麋徽躾嬍瀰)			붕	朋崩(鵬棚硼繃)
		법	法(琺)	비	比非悲飛鼻備批卑婢碑妃肥祕〈秘〉費(庇枇琵扉譬丕匕備斐榧毖毗沸泌痺砒秕粃緋翡脾臂菲蜚裨誹鄙棐)
		벽	壁碧(璧闢僻劈擘檗癖薜霹)		
		변	變辯辨邊(卞弁便釆)		
민	民敏憫(玟旻旼閔珉〈瑉〉岷忞慜敃愍潣旼頣泯忞悶緡磻顝銀)	별	別(瞥繁鼈撤瓲莂)		
		병	丙病兵並〈并〉屛(幷〈并〉倂甁鈵鉼炳柄昞〈昺〉秉棅餠騈)		
밀	密蜜(謐)			빈	貧賓頻(彬斌濱嬪穦儐璸玭嚬)

빙	檳 殯 浜 瀕 牝 邠 繽 份 闠 霦 贇 鑌 氷 聘〈憑 騁〉	석	與 黈 揩 愆) 石 夕 昔 惜 席 析 釋〈碩 奭 汐 淅 晳 和 鉐 錫 潟 蓆 舄)	쇄 쇠 수	刷 鎖〈殺 灑 碎 鏁〉 衰〈釗〉 水 手 受 授 首 守 收 誰 須 雖 愁 樹 壽〈寿〉 數 修〈脩〉
	人	선	先 仙 線 鮮 善 船 選 宣 旋 禪〈扇 渲 瑄 愃 膳 墡 繕 琁 璿 璇 羨 蟬 銑 珗 嬋 偰 敾 煽 癬 腺 蘚 詵 跣 鏾 饍 蟺 洒)		秀 囚 需 帥 殊 隨 輸 獸 睡 遂 垂 搜〈洙 琇 銖 粹 穗〈穂〉 繡 隋 髓 袖 嗽 嫂 岫 峀 戍 燧 漱 狩 璲 瘦 竪 綏 綬 羞 茱 蒐 蓚 藪 讐 邃 酬 銹 隧 鬚 灘 鷫 賥)
사	四 巳 士 仕 寺 史 使 舍 射 謝 師 死 私 絲 思 事 司 詞 蛇 捨 邪 賜 斜 詐 社 沙 似 查 寫 辭 斯 祀〈泗 砂 糸 紗 娑 徙 奢 嗣 赦 乍 些 伺 俟 僿 唆 柶 梭 渣 瀉 獅 祠 肆 莎 蓑 裟 飼 駟 麝 篩)	설	雪 說 設 舌〈卨 薛 楔 屑 泄 洩 渫 爇 碟 設 契 禼)	숙	叔 淑 宿 孰 熟 肅〈塾 琡 璹 橚 夙 潚 菽)
		섬	(纖 暹 蟾 剡 殲 瞻 閃 陝)		
		섭	涉 攝〈燮 葉〉		
		성	姓 性 成 城 誠 盛 省 聖 聲 星〈晟〈晠〉 珹 娍 瑆 惺 醒 宬 猩 筬 腥 聖 胜 胜)	순	順 純 旬 殉 循 脣 瞬 巡〈洵 珣 荀 筍 舜 淳 錞 諄 醇 焞 徇 恂 栒 楯 橓 蓴 詢 馴 盾)
삭	削 朔〈數 索)				
산	山 産 散 算〈珊 傘 刪 汕 疝 蒜 霰 酸)				
살	殺〈薩 乷 撒 煞)			술	戌 述 術〈鉥〉
삼	三〈參 蔘 杉 衫 滲 芟 森)			숭	崇〈嵩 崧〉
삽	(挿〈揷〉 澁 鈒 颯)	세	世 洗 稅 細 勢 歲〈貰 笹 說 忕 洒)	슬	(瑟 膝 璱 蝨)
상	上 尙 常 賞 商 相 霜 想 傷 喪 嘗 裳 詳 祥 象 像 床〈牀〉 桑 狀 償〈庠 湘 箱 翔 爽 塽 孀 峠 廂 橡 觴 樣)	소	小 少 所 消 素 笑 召 昭 蘇 騷 燒 訴 掃 疏〈疎〉 蔬〈沼 炤 紹 邵 韶 巢 遡 梳 瀟 瀟 甦 瘙 篠 簫 逍 銷 蕭 愫 穌 卲 鼸)	습	習 拾 濕 襲〈褶〉
				승	乘 承 勝 昇 僧〈丞 陞 繩 蠅 升 塍 丞 塍)
새	塞〈璽 賽)				
색	色 索〈嗇 穡 塞)			시	市 示 是 時 詩 施 試 始 矢 侍 視〈柴 恃 匙 嘶 媤 尸 屎 屍 弑 柿 猜 翅 蒔 蓍 諡 豕 豺 偲 毸 諟 媞
생	生〈牲 甥 省 笙)				
서	西 序 書 署 敍〈叙〉 徐 庶 恕 暑 緖 誓 逝〈抒 舒 瑞 棲〈栖〉 曙 壻〈婿〉 惜 諝 墅 嶼 捿 犀 筮 絮 胥 薯 鋤 黍 鼠	속	俗 速 續 束 粟 屬〈涑 謖 贖)
		손	孫 損〈遜 巽 蓀 飡〉
			(率 帥)
		솔	
		송	松 送 頌 訟 誦〈宋 淞 悚

신	身申神臣信辛新伸晨愼(紳莘薪迅訊侁呻娠宸燼腎藎蜃辰璶)	양	羊洋養揚陽讓壤樣楊(襄孃漾佯恙攘敭暘瀁煬痒瘍禳穰釀易)		曳汭瀁猊穢藥裔詣霓垠埶榮珥嫕蓺蕊鸒
실	失室實〈実〉(悉)	어	魚漁於語御(圄瘀禦馭齬唹)	오	五吾悟午誤烏汚嗚娛傲(伍吳旿珸晤奧俉塢墺寤惡懊敖熬獒筽蜈鰲鼇澳梧浯熅)
심	心甚深尋審(沁沈瀋芯諶)	억	億憶抑(檍臆)		
십	十(什拾)	언	言焉(諺彦偃堰嫣)		
쌍	雙	얼	(孼蘖)		
씨	氏	엄	嚴(奄俺掩儼淹)	옥	玉屋獄(沃鈺)
		업	業(業)	온	溫(瑥媼穩〈穩〉瘟縕蘊氳穩)
	ㅇ	엔	(円)	올	(兀)
아	兒〈児〉我牙芽雅亞〈亜〉餓(娥峨〈莪〉衙妸俄啞莪蛾訝鴉鵝阿婀(嬰)哦	여	余餘如汝與予輿(歟璵礖艅茹轝好悆)	옹	翁擁(雍壅瓮甕癰邕饔)
		역	亦易逆譯驛役疫域(晹繹)	와	瓦臥(渦窩窪蛙蝸訛)
악	惡岳(樂堊嶽幄愕握渥鄂鍔顎鰐齷)	연	然煙〈烟〉硏延燃燕沿鉛宴軟演緣(衍淵〈渊〉姸娟涓沇筵瑌嬿曣縯堧埏捐挺椽涎縯鳶硯醼燃醼兗〈兖〉嚥莚瑌)	완	完緩(玩垸浣莞琓琬婠婉宛梡椀碗翫脘腕豌阮頑妧岏鋺)
안	安案顏眼岸雁〈鴈〉(晏按鞍鮟)			왈	曰
알	謁(斡軋閼)			왕	王往(旺汪枉)
암	暗巖〈岩〉(庵菴唵癌闇)			왜	(倭娃歪矮)
압	壓押(鴨狎)	열	熱悅閱(說咽涅)	외	外畏(嵬巍猥)
앙	仰央殃(昂鴦怏秧)	염	炎染鹽(琰艷〈艶〉厭焰苒閻髥)	요	要腰搖遙謠(夭堯饒曜耀瑤樂姚僥凹妖嶢拗擾橈燿窈窯繇繞蕘邀撓)
애	愛哀涯(厓崖艾埃曖碍隘靄睚)	엽	葉(燁曄爗)		
액	厄額(液扼掖縊腋)	영	永英迎榮〈栄〉泳詠營影映(渶煐瑛暎瑩濴盈鍈嬰楹穎瓔咏瑩嶸潁瀯瀛霙纓贏獰)		
앵	(鶯櫻罌鸚)				
야	也夜野耶(冶倻惹揶椰爺若埜)			욕	欲浴慾辱(縟褥)
				용	用勇容庸(溶鎔瑢榕蓉湧涌埇踊鏞茸埔甬俑傭冗慂熔聳俗槦)
약	弱若約藥躍(葯葯)	예	藝豫譽銳(叡〈睿·容〉預芮乂倪刈)	우	于宇右牛友雨憂又尤遇羽郵

욱	愚偶優〈佑祐禹瑀寓堣隅玗釪迂霧旴盂祦紆芋藕虞雩扞圩慪燠惆)(旭昱煜郁頊彧勖栯稶燠)	율융	芎)(聿燏汩建)(融戎瀜絨)	작	咋孜炙煮疵茨蔗諎雌秄)作昨酌爵(灼芍雀鵲勺嚼斫炸綽鳥)
운	云雲運韻(沄澐耘暈會橒殞熉芸蕓隕賱〈篔〉)	은	恩銀隱(垠殷誾〈㫚〉溵珢憖濦听璁訔億圻蒑檼檃)	잔잠	殘(屡棧潺盞)潛〈潜〉暫(箴岑簪蠶)
울	(蔚鬱乙)	을	乙(圪)	잡	雜
웅	雄(熊)	음	音吟飲陰淫(蔭愔)	장	長章場將〈将〉壯〈壮〉丈張帳莊〈庄〉裝奬〈奨〉墻〈牆〉葬粧掌藏臟障腸(匠杖奘漳樟璋暲薔蔣仗檣欌漿狀獐臧贓醬)
원	元原願遠園怨圓員源援院(袁垣洹沅瑗媛嫄愿苑轅婉鴛冤湲爰猿阮鴛褑朊杬鋺)	읍응의	邑泣(揖)應凝(膺鷹曧)衣依義議矣醫意宜儀疑(倚誼毅擬懿椅艤蟻)		
월	月越(鉞)	이	二以已耳而異移夷(珥伊易弛怡彛〈彜〉爾頤姨痍肄苡荑貽邇飴貳婭杝胆)	재	才材財在栽再哉災裁載宰(梓縡齋溨渽齌)
위	位危爲偉威胃謂圍衛〈衞〉違委慰僞緯(尉韋瑋暐渭魏萎葦蔿蝟褘)	익	益翼(翊瀷謚翌熤)	쟁저	爭(錚箏諍)著貯低底抵(苧邸楮沮佇儲咀姐杵樗渚狙猪疽箸紵菹藷詛躇這雎齟)
유	由油西有猶唯遊柔遺幼幽惟維乳儒裕誘愈悠(侑洧宥庾喩兪〈俞〉楡瑜猷濡〈溽〉釉愉柚攸釉瑈孺揄楢游癒臾萸諛諭踰鍮踩逾嚅婑囿牖逌)	인일	人引仁因忍認寅印姻(咽湮絪茵蚓靷靭刃朄芢籾牣璌)一日逸(溢鎰馹佾佚壹)	적	的赤適敵滴摘寂籍賊跡積績(迪勣吊嫡狄炙翟荻謫迹鏑笛蹟)
육	肉育(堉毓)	임	壬任賃(妊姙稔恁荏託)	전	田全典前展戰電錢傳專轉殿(佺栓詮銓典甸塡奠荃雋顚佃剪塼廛悛氈澱煎畑癲筌篆箋篆纏輾鈿鐫顫)
윤	閏潤(尹允玧鈗胤阭奫贇閆均	입잉	入(卄)(剩仍孕芿)**天**子字自者姊〈姉〉慈玆紫資姿恣刺(仔滋磁藉瓷		

	餞)	좌	左 坐 佐 座 (挫)		鍃 跊 蓁 昣 构)
절	節 絕 切 折 竊 (晢 截 浙 癤)	죄	罪	질	質 秩 疾 姪 (瓆 侄 叱 嫉 帙 桎 室 膣 蛭 跌 迭)
점	店 占 點〈点〉 漸 (坫 粘 霑 點)	주	主 注 住 朱 宙 走 酒 晝 舟 周 株 州 洲 柱 奏 珠 鑄 冑		
접	接 蝶 (摺)			짐	(斟 朕)
정	丁 頂 停 井 正 政 定 貞 精 情 靜〈静〉 淨 庭 亭 訂 廷 程 征 整 (汀 玎 町 呈 桯 珵 姃 偵 湞 幀 楨 禎 珽 挺 綎 鼎 晶 晸 柾 鉦 淀 錠 鋌 鄭 靖 靚 鋥 涏 釘 渟 婷 涏 頲 旌 檉 瀞 睛 碇 穽 艇 誇 酊 霆 埩 姸 彰 佂 梃 胜)		湊 姓 註 疇 週 遒〈酒〉 駐 姝 澍 姝 侏 做 呪 嗾 廚 籌 紂 紬 綢 蛛 誅 躊 輈 酎 燽 銩 拄 惆)	집	集 執 (什 潗 〈潗〉 輯 楫 鏶 緝)
				징	徵 懲 (澄)
				ㅊ	
		죽	竹 (粥)		
		준	準〈準〉 俊 遵 (峻 浚 晙 埈 焌 竣 畯 駿 准 濬〈容〉 雋 儁 埻 隼 寯 樽 蠢 逡 純 葰 縛 僔)	차	且 次 此 借 差 (車 叉 瑳 侘 嗟 嵯 磋 箚 茶 蹉 遮 硨 䩦 妊)
				착	着 錯 捉 (搾 窄 鑿 齪)
제	弟 第 祭 帝 題 除 諸 製 提 堤 制 際 齊 濟〈済〉 (悌 梯 瑅 劑 啼 臍 薺 蹄 醍 霽 媞)	줄	(茁)	찬	贊〈賛〉 讚〈讃〉 (撰 纂 粲 澯 燦 璨 瓚 纘 鑽 竄 篡 餐 饌 攢 巑 儧〈儹〉)
		중	中 重 衆 仲		
		즉	卽〈即〉		
		즐	(櫛)		
		즙	(汁 楫 葺)	찰	察 (札 刹 擦 紮)
		증	曾 增 證 憎 贈 症 蒸 (烝 甑 拯 繒)	참	參 慘 慙〈慚〉 (僭 塹 懺 斬 站 讒 讖)
조	兆 早 造 鳥 調 朝 助 弔 燥 操 照 條 潮 租 組 祖 (彫 措 晁 窕 祚 趙 肇 詔 釣 曹 遭 眺 俎 凋 嘲 曺 棗 槽 漕 爪 璪 稠 粗 糟 繰 藻 蚤 躁 阻 雕 昭)	지	只 支 枝 止 之 知 地 指 志 至 紙 持 池 誌 智 遲 (旨 沚 址 祉 趾 祗 芝 摯 銍 脂 咫 枳 漬 肢 砥 芷 蜘 識 贄 洔 底 泜)	창	昌 唱 窓 倉 創 蒼 暢 (菖 昶 彰 敞 廠 倡 娼 漲 猖 愴 瘡 脹 艙 槍 滄)
				채	菜 採 彩 債 (采 埰 寀 蔡 綵 寨 砦 釵 琗 責 棌 婇 睬)
		직	直 職 織 (稙 稷)		
		진	辰 眞〈真〉 進 盡 振 鎭 陣 陳 珍 震 (晉〈晋〉 瑨〈瑨〉 瑱 津 璡 秦 軫 塵 禛 診 縝 塡 賑 溱 抮 唇 嗔 搢 桭 榛 殄 疹 昣 瞋 縉 臻 蔯 袗	책	責 冊〈册〉 策 (柵)
				처	妻 處 (凄 悽)
				척	尺 斥 拓 戚 (陟 坧 倜 刺 剔 慽 擲 滌 瘠 脊 蹠 隻)
족	足 族 (簇 鏃)				
존	存 尊				
졸	卒 拙 (猝)				
종	宗 種 鐘 終 從 縱 (悰 琮 淙 棕 悰 綜 瑽 鍾 慫 腫 踵 柊 椶)			천	天 千 川 泉 淺 賤 踐 遷 薦 (仟 阡 喘 擅 玔 穿 舛 釧 闡

철	韉 茜) 鐵 哲 徹 (喆 澈 轍 撤 綴 凸 輟 悊)	측 층 치	側 測 (仄 廁 惻) 層 治 致 齒 値 置 恥	퇴 투 특 틈	筒) 退 (堆 槌 腿 褪 頹) 投 透 鬪 (偸 套 妬) 特 (慝) (闖)
첨	尖 添 (僉 瞻 沾 甛 簽 籤 詹 諂)		(熾 峙 雉 馳 侈 嗤 幟 梔 淄 痔 痴 癡		**ㅍ**
첩	妾 (帖 捷 堞 牒 疊 睫 諜 貼 輒)	칙	稚 緇 緻 蚩 輜 稚) 則 (勅 飭)	파	破 波 派 播 罷 頗 把 (巴 芭 琶 坡 杷
청	靑〈青〉淸〈淸〉晴 〈晴〉 請〈請〉 廳 聽 (菁 鯖)	친 칠 침	親 七 漆 (柒) 針 侵 浸 寢 沈 枕	판	婆 擺 爬 跛) 判 板 販 版 (阪 坂 瓣 瓣 鈑)
체	體 替 遞 滯 逮 (締 諦 切 剃 涕 諟)	칩 칭	(琛 砧 鍼 琴) (蟄) 稱 (秤)	팔 패	八 (叭 捌) 貝 敗 (霸 浿 佩 牌
초	初 草〈艸〉 招 肖 超 抄 礎 秒 (樵 焦 蕉		**ㅋ**	팽	唄 悖 沛 狽 稗) (彭 澎 烹 膨)
	楚 剿 哨 憔 梢 椒 炒 硝 礁 稍 苕 貂 酢 醋 醮 岧 鈔)	쾌	快 (夬) **ㅌ**	퍅 편	(愎) 片 便 篇 編 遍 偏 (扁 翩 鞭 騙)
촉 촌 총	促 燭 觸 (囑 矗 蜀) 寸 村 (忖 邨) 銃 總 聰〈聡〉(寵	타	他 打 妥 墮 (咤 唾 惰 拖 朶 楕 舵 陀	폄 평 폐	(貶) 平 評 (坪 枰 泙 萍) 閉 肺 廢 弊 蔽 幣
촬	叢 塚 摠 憁 摠 蔥 総) (撮)	탁	馱 駝) 濁 托 濯 卓 (度 倬 琢 晫 託 擢 鐸 拓	포	(陛 吠 斃 斃) 布 抱 包 胞 飽 浦 捕 (葡 褒 砲 鋪 佈
최 추	最 催 崔 秋 追 推 抽 醜 (楸 樞 鄒 錐 錘 墜 椎 湫 皺 芻 諏 趨	탄 탈 탐	啄 坼 柝 琢) 炭 歎 彈 誕 (呑 坦 灘 嘆 憚 綻) 脫 奪 探 貪 (耽 眈)	폭	匍 匏 咆 哺 圃 怖 抛 暴 泡 疱 脯 苞 蒲 袍 逋 鮑) 暴 爆 幅 (曝 瀑 輻)
축	酋 鎚 雛 驪 鰍) 丑 祝 蓄 畜 築 逐 縮 (軸 竺 筑 蹙 蹴)	탑 탕 태	塔 (榻) 湯 (宕 帑 糖 蕩) 太 泰 怠 殆 態 (汰	표	表 票 標 漂 (杓 豹 彪 驃 俵 剽 慓 瓢 颱 飄)
춘 출 충	春 (椿 瑃 賰) 出 (朮 黜) 充 忠 蟲〈虫〉 衝 (琉 沖〈冲〉 衷)	택 탱	兌 台 胎 邰 笞 苔 跆 颱 鈦) 宅 澤 擇 (垞) (撑)	품 풍 피	品 (稟) 風 豐〈豊〉 (諷 馮 楓) 皮 彼 疲 被 避 (披
췌 취	(萃 悴 膵 贅) 取 吹 就 臭 醉 趣 (翠 聚 嘴 娶 炊 脆 驟 鷲)	터 토 통	(攄) 土 吐 討 (冤〈兎〉) 通 統 痛 (桶 慟 洞	필	陂) 必 匹 筆 畢 (弼 泌

핍	秘芯秘鉍佖疋)(乏逼)		弦儇譞恀儇		煌璜熿幌徨恍惶怳慌湟潢晄篁簧蝗遑隍
		혈	血穴(子頁)		
	ㅎ	혐	嫌		
		협	協脅(俠挾峽浹夾狹脇莢鋏頰洽)	회	回會悔懷(廻恢晦檜澮繪〈絵〉誨匯徊淮獪膾茴蛔賄灰)
하	下夏賀何河荷(廈〈厦〉昰霞瑕蝦遐鰕呀煆碬)				
		형	兄刑形亨螢衡(型邢珩泂炯瑩瀅馨熒榮濚荊逈鎣)		
학	學〈学〉鶴(壑虐謔嗃)			획	獲劃
				횡	橫(鐄宖)
한	閑寒恨限韓漢旱汗(澣瀚翰閒悍罕澖輚)	혜	惠〈恵〉慧兮(蕙彗憓憘惠暳鞋譓鏸醯鞋譓鏸)	효	孝效〈効〉曉(涍爻驍斅哮嚆梟淆肴酵皛歊窙)
할	割(轄)	호	戶乎呼好虎號湖互胡浩毫豪護(晧皓澔昊滈濠灝祜琥瑚護扈鎬壕壺顥濩滸岵弧狐瓠糊縞芦葫蒿蝴皞媐)	후	後厚侯候(后堠逅吼嗅喉朽煦珝餱)
함	咸含陷(函涵艦喊檻緘銜鹹)				
합	合(哈盒蛤閤閾陜)			훈	訓(勳〈勛·勲〉焄熏薰〈蘍〉壎燻塤鑂暈)
항	恒〈恆〉巷港項抗航(亢沆姮伉嫦杭桁缸肛行降)				
				훙	(薨)
				훤	(喧暄萱煊)
해	害海〈海〉亥解奚該(偕楷諧咳垓孩懈瀣蟹邂駭骸咍)	혹	或惑(酷)	훼	毁(卉喙毀)
		혼	婚混昏魂(渾琿)	휘	揮輝(彙徽暉煇諱麾)
		홀	忽(惚笏)		
핵	核(劾)	홍	紅洪弘鴻(泓烘虹鉷哄汞訌)	휴	休携(烋畦虧)
행	行幸(杏倖荇涬)			휼	(恤譎鷸)
향	向香鄉響享(珦嚮餉饗麘)	화	火化花貨和話畫〈畵〉華禾禍(嬅樺譁靴)	흉	凶胸(兇匈洶)
				흑	黑
허	虛許(墟噓)			흔	(欣炘昕痕忻)
헌	軒憲獻(櫶幰)(歇)	확	確〈碻〉穫擴(廓攫)	흘	(屹吃紇訖)
헐				흠	(欽欠歆)
험	險驗	환	歡患丸換環還(喚奐渙煥晥幻桓鐶驩宦紈鰥)	흡	吸(洽恰翕)
혁	革(赫爀奕焱血烆)			흥	興
		활	活(闊〈濶〉滑猾豁)	희	希喜稀戲〈戱〉(姬晞僖熺禧橲嬉憙熹熙羲爔曦爔俙囍憘犧噫熙烯嘻)
현	現賢玄絃縣懸顯〈顕〉(見峴晛泫炫玹鉉眩昡絢呟俔睍舷衒)				
		황	黃皇況〈况〉荒(凰堭媓晃滉榥)	힐	(詰)

한글 맞춤법

(문교부 고시 제88-1호 : 1988. 1. 19.)

제1장 총 칙

제1항 한글 맞춤법은 표준어를 소리대로 적되, 어법에 맞도록 함을 원칙으로 한다.
제2항 문장의 각 단어는 띄어 씀을 원칙으로 한다.
제3항 외래어는 '외래어 표기법'에 따라 적는다.

제2장 자 모

제4항 한글 자모의 수는 스물넉 자로 하고, 그 순서와 이름은 다음과 같이 정한다.

ㄱ(기역)	ㄴ(니은)	ㄷ(디귿)	ㄹ(리을)
ㅁ(미음)	ㅂ(비읍)	ㅅ(시옷)	ㅇ(이응)
ㅈ(지읒)	ㅊ(치읓)	ㅋ(키읔)	ㅌ(티읕)
ㅍ(피읖)	ㅎ(히읗)		
ㅏ(아)	ㅑ(야)	ㅓ(어)	ㅕ(여)
ㅗ(오)	ㅛ(요)	ㅜ(우)	ㅠ(유)
ㅡ(으)	ㅣ(이)		

[붙임 1] 위의 자모로써 적을 수 없는 소리는 두 개 이상의 자모를 어울러서 적되, 그 순서와 이름은 다음과 같이 정한다.

ㄲ(쌍기역)	ㄸ(쌍디귿)	ㅃ(쌍비읍)	ㅆ(쌍시옷)
ㅉ(쌍지읒)			
ㅐ(애)	ㅒ(얘)	ㅔ(에)	ㅖ(예)
ㅘ(와)	ㅙ(왜)	ㅚ(외)	ㅝ(워)
ㅞ(웨)	ㅟ(위)	ㅢ(의)	

[붙임 2] 사전에 올릴 적의 자모 순서는 다음과 같이 정한다.
자음 ㄱㄲㄴㄷㄸㄹㅁㅂㅃㅅㅆㅇㅈㅉㅊㅋㅌㅍㅎ
모음 ㅏㅐㅑㅒㅓㅔㅕㅖㅗㅘㅙㅚㅛㅜㅝㅞㅟㅠㅡㅢㅣ

제3장 소리에 관한 것

제1절 된소리

제5항 한 단어 안에서 뚜렷한 까닭 없이 나는 된소리는 다음 음절의 첫소리를 된소리로 적는다.

1. 두 모음 사이에서 나는 된소리
   소쩍새   어깨   오빠   으뜸   아끼다   기쁘다   깨끗하다   어떠하다
   해쓱하다   가끔   거꾸로   부썩   어찌   이따금
2. 'ㄴ, ㄹ, ㅁ, ㅇ' 받침 뒤에서 나는 된소리
   산뜻하다   잔뜩   살짝   훨씬   담뿍   움찔   몽땅   엉뚱하다

다만, 'ㄱ, ㅂ' 받침 뒤에서 나는 된소리는 같은 음절이나 비슷한 음절이 겹쳐 나는 경우가 아니면 된소리로 적지 아니한다.

국수 깍두기 딱지 색시 싹둑(~싹둑) 법석 갑자기 몹시

제2절 구개음화

제6항 'ㄷ, ㅌ' 받침 뒤에 종속적 관계를 가진 '-이(-)'나 '-히-'가 올 적에는 그 'ㄷ, ㅌ'이 'ㅈ, ㅊ'으로 소리나더라도 'ㄷ, ㅌ'으로 적는다(ㄱ을 취하고, ㄴ을 버림).

ㄱ	ㄴ	ㄱ	ㄴ
맏이	마지	핥이다	할치다
해돋이	해도지	걷히다	거치다
굳이	구지	닫히다	다치다
같이	가치	묻히다	무치다
끝이	끄치		

제3절 'ㄷ' 소리 받침

제7항 'ㄷ' 소리로 나는 받침 중에서 'ㄷ'으로 적을 근거가 없는 것은 'ㅅ'으로 적는다.

덧저고리 돗자리 엇셈 웃어른 핫옷 무릇 사뭇 얼핏 자칫하면 뭇[衆] 옛 첫 헛

제4절 모음

제8항 '계, 례, 몌, 폐, 혜'의 'ㅖ'는 'ㅔ'로 소리나는 경우가 있더라도 'ㅖ'로 적는다(ㄱ을 취하고, ㄴ을 버림).

ㄱ	ㄴ	ㄱ	ㄴ
계수(桂樹)	게수	혜택(惠澤)	헤택
사례(謝禮)	사레	계집	게집
연몌(連袂)	연메	핑계	핑게
폐품(廢品)	페품	계시다	게시다

다만, 다음 말은 본음대로 적는다.

게송(偈頌) 게시판(揭示板) 휴게실(休憩室)

제9항 '의'나 자음을 첫소리로 가지고 있는 음절의 'ㅢ'는 'ㅣ'로 소리나는 경우가 있더라도 'ㅢ'로 적는다(ㄱ을 취하고, ㄴ을 버림).

ㄱ	ㄴ	ㄱ	ㄴ
의의(意義)	의이	닁큼	닁큼
본의(本義)	본이	띄어쓰기	띠어쓰기
무늬[紋]	무니	씌어	씨어
보늬	보니	틔어	티어
오늬	오니	희망(希望)	히망
하늬바람	하니바람	희다	히다
닁리리	닁리리	유희(遊戱)	유히

제5절 두음 법칙

제10항 한자음 '녀, 뇨, 뉴, 니'가 단어 첫머리에 올 적에는 두음 법칙에 따라 '여, 요, 유, 이'로 적는다(ㄱ을 취하고, ㄴ을 버림).

ㄱ	ㄴ	ㄱ	ㄴ
여자(女子)	녀자	유대(紐帶)	뉴대
연세(年歲)	년세	이토(泥土)	니토
요소(尿素)	뇨소	익명(匿名)	닉명

다만, 다음과 같은 의존 명사에서는 '냐, 녀' 음을 인정한다.

냥(兩)   냥쭝(兩-)   년(年)(몇 년)

[붙임 1] 단어의 첫머리 이외의 경우에는 본음대로 적는다.

남녀(男女)   당뇨(糖尿)   결뉴(結紐)   은닉(隱匿)

[붙임 2] 접두사처럼 쓰이는 한자가 붙어서 된 말이나 합성어에서, 뒷말의 첫소리가 'ㄴ' 소리로 나더라도 두음 법칙에 따라 적는다.

신여성(新女性)   공염불(空念佛)   남존여비(男尊女卑)

[붙임 3] 둘 이상의 단어로 이루어진 고유 명사를 붙여 쓰는 경우에도 붙임 2에 준하여 적는다.

한국여자대학   대한요소비료회사

제11항 한자음 '랴, 려, 례, 료, 류, 리'가 단어의 첫머리에 올 적에는 두음 법칙에 따라 '야, 여, 예, 요, 유, 이'로 적는다(ㄱ을 취하고, ㄴ을 버림).

ㄱ	ㄴ	ㄱ	ㄴ
양심(良心)	량심	용궁(龍宮)	룡궁
역사(歷史)	력사	유행(流行)	류행
예의(禮儀)	례의	이발(理髮)	리발

다만, 다음과 같은 의존 명사는 본음대로 적는다.

리(里): 몇 리냐?
리(理): 그럴 리가 없다.

[붙임 1] 단어의 첫머리 이외의 경우에는 본음대로 적는다.

개량(改良)   선량(善良)   수력(水力)   협력(協力)
사례(謝禮)   혼례(婚禮)   와룡(臥龍)   쌍룡(雙龍)
하류(下流)   급류(急流)   도리(道理)   진리(眞理)

다만, 모음이나 'ㄴ' 받침 뒤에 이어지는 '렬, 률'은 '열, 율'로 적는다(ㄱ을 취하고, ㄴ을 버림).

ㄱ	ㄴ	ㄱ	ㄴ
나열(羅列)	나렬	규율(規律)	규률
치열(齒列)	치렬	비율(比率)	비률
비열(卑劣)	비렬	실패율(失敗率)	실패률
분열(分裂)	분렬	선율(旋律)	선률
선열(先烈)	선렬	전율(戰慄)	전률
진열(陳列)	진렬	백분율(百分率)	백분률

[붙임 2] 외자로 된 이름을 성에 붙여 쓸 경우에도 본음대로 적을 수 있다.

신립(申砬)   최린(崔麟)   채륜(蔡倫)   하륜(河崙)

[붙임 3] 준말에서 본음으로 소리나는 것은 본음대로 적는다.

국련(국제연합)   대한교련(대한교육연합회)

[붙임 4] 접두사처럼 쓰이는 한자가 붙어서 된 말이나 합성어에서 뒷말의 첫소리가 'ㄴ' 또는 'ㄹ' 소리로 나더라도 두음 법칙에 따라 적는다.

역이용(逆利用)   연이율(年利率)   열역학(熱力學)   해외여행(海外旅行)

[붙임 5] 둘 이상의 단어로 이루어진 고유 명사를 붙여 쓰는 경우나 십진법에 따라 쓰는 수(數)도 붙임 4에 준하여 적는다.

서울여관   신흥이발관   육천육백육십육(六千六百六十六)

제12항 한자음 '라, 래, 로, 뢰, 루, 르'가 단어의 첫머리에 올 적에는 두음 법칙에 따라 '나, 내, 노, 뇌, 누, 느'로 적는다(ㄱ을 취하고, ㄴ을 버림).

ㄱ	ㄴ	ㄱ	ㄴ
낙원(樂園)	락원	뇌성(雷聲)	뢰성
내일(來日)	래일	누각(樓閣)	루각
노인(老人)	로인	능묘(陵墓)	룽묘

[붙임 1] 단어의 첫머리 이외의 경우에는 본음대로 적는다.

쾌락(快樂)	극락(極樂)	거래(去來)	왕래(往來)
부로(父老)	연로(年老)	지뢰(地雷)	낙뢰(落雷)
고루(高樓)	광한루(廣寒樓)	동구릉(東九陵)	가정란(家庭欄)

[붙임 2] 접두사처럼 쓰이는 한자가 붙어서 된 단어는 뒷말을 두음 법칙에 따라 적는다.

내내월(來來月)   상노인(上老人)   중노동(重勞動)   비논리적(非論理的)

제6절 겹쳐 나는 소리

제13항 한 단어 안에서 같은 음절이나 비슷한 음절이 겹쳐 나는 부분은 같은 글자로 적는다(ㄱ을 취하고, ㄴ을 버림).

ㄱ	ㄴ	ㄱ	ㄴ
딱딱	딱닥	꼿꼿하다	꼿곳하다
쌕쌕	쌕색	놀놀하다	놀롤하다
씩씩	씩식	눅눅하다	눙눅하다
똑딱똑딱	똑닥똑닥	밋밋하다	민밋하다
쓱싹쓱싹	쓱삭쓱삭	싹싹하다	싹삭하다
연연불망(戀戀不忘)	연련불망	쌉쌀하다	쌉살하다
유유상종(類類相從)	유류상종	씁쓸하다	씁슬하다
누누이(屢屢—)	누루이	짭짤하다	짭잘하다

제4장 형태에 관한 것

제1절 체언과 조사

제14항 체언은 조사와 구별하여 적는다.

떡이	떡을	떡에	떡도	떡만
손이	손을	손에	손도	손만
팔이	팔을	팔에	팔도	팔만
밤이	밤을	밤에	밤도	밤만
집이	집을	집에	집도	집만
옷이	옷을	옷에	옷도	옷만
콩이	콩을	콩에	콩도	콩만
낮이	낮을	낮에	낮도	낮만
꽃이	꽃을	꽃에	꽃도	꽃만
밭이	밭을	밭에	밭도	밭만
앞이	앞을	앞에	앞도	앞만
밖이	밖을	밖에	밖도	밖만
넋이	넋을	넋에	넋도	넋만
흙이	흙을	흙에	흙도	흙만
삶이	삶을	삶에	삶도	삶만
여덟이	여덟을	여덟에	여덟도	여덟만

도 곶이	곶을	곶에	곶도	곶만
값이	값을	값에	값도	값만

제 2 절 어간과 어미

제 15 항 용언의 어간과 어미는 구별하여 적는다.

먹다	먹고	먹어	먹으니
신다	신고	신어	신으니
믿다	믿고	믿어	믿으니
울다	울고	울어	(우니)
넘다	넘고	넘어	넘으니
입다	입고	입어	입으니
웃다	웃고	웃어	웃으니
찾다	찾고	찾아	찾으니
좇다	좇고	좇아	좇으니
같다	같고	같아	같으니
높다	높고	높아	높으니
좋다	좋고	좋아	좋으니
깎다	깎고	깎아	깎으니
앉다	앉고	앉아	앉으니
많다	많고	많아	많으니
늙다	늙고	늙어	늙으니
젊다	젊고	젊어	젊으니
넓다	넓고	넓어	넓으니
훑다	훑고	훑어	훑으니
읊다	읊고	읊어	읊으니
옳다	옳고	옳아	옳으니
없다	없고	없어	없으니
있다	있고	있어	있으니

[붙임 1] 두 개의 용언이 어울려 한 개의 용언이 될 적에, 앞말의 본뜻이 유지되고 있는 것은 그 원형을 밝히어 적고, 그 본뜻에서 멀어진 것은 밝히어 적지 아니한다.

(1) 앞말의 본뜻이 유지되고 있는 것

넘어지다	늘어나다	늘어지다	돌아가다	되짚어가다
들어가다	떨어지다	벌어지다	엎어지다	접어들다
틀어지다	흩어지다			

(2) 본뜻에서 멀어진 것

드러나다 사라지다 쓰러지다

[붙임 2] 종결형에서 사용되는 어미 '-오'는 '요'로 소리나는 경우가 있더라도 그 원형을 밝혀 '오'로 적는다(ㄱ을 취하고, ㄴ을 버림).

ㄱ	ㄴ
이것은 책이오.	이것은 책이요.
이리로 오시오.	이리로 오시요.
이것은 책이 아니오.	이것은 책이 아니요.

[붙임 3] 연결형에서 사용되는 '이요'는 '이요'로 적는다(ㄱ을 취하고, ㄴ을 버림).

ㄱ	ㄴ
이것은 책이요, 저것은 붓이요, 또 저것은 먹이다.	이것은 책이오, 저것은 붓이오, 또 저것은 먹이다.

한글 맞춤법

제16항 어간의 끝 음절 모음이 'ㅏ, ㅗ'일 때에는 어미를 '-아'로 적고, 그 밖의 모음일 때에는 '-어'로 적는다.

1. '-아'로 적는 경우

나아	나아도	나아서
막아	막아도	막아서
얇아	얇아도	얇아서
돌아	돌아도	돌아서
보아	보아도	보아서

2. '-어'로 적는 경우

개어	개어도	개어서
겪어	겪어도	겪어서
되어	되어도	되어서
베어	베어도	베어서
쉬어	쉬어도	쉬어서
저어	저어도	저어서
주어	주어도	주어서
피어	피어도	피어서
희어	희어도	희어서

제17항 어미 뒤에 덧붙는 조사 '-요'는 '-요'로 적는다.

읽어	읽어요
참으리	참으리요
좋지	좋지요

제18항 다음과 같은 용언들은 어미가 바뀔 경우, 그 어간이나 어미가 원칙에 벗어나면 벗어나는 대로 적는다.

1. 어간의 끝 'ㄹ'이 줄어질 적

갈다 :	가니	간	갑니다	가시다	가오
놀다 :	노니	논	놉니다	노시다	노오
불다 :	부니	분	붑니다	부시다	부오
둥글다 :	둥그니	둥근	둥급니다	둥그시다	둥그오
어질다 :	어지니	어진	어집니다	어지시다	어지오

〔붙임〕 다음과 같은 말에서도 'ㄹ'이 준 대로 적는다.

마지못하다	마지않다	(하)다마다	(하)자마자
(하)지 마라	(하)지 마(아)		

2. 어간의 끝 'ㅅ'이 줄어질 적

긋다 :	그어	그으니	그었다
낫다 :	나아	나으니	나았다
잇다 :	이어	이으니	이었다
짓다 :	지어	지으니	지었다

3. 어간의 끝 'ㅎ'이 줄어질 적

그렇다 :	그러니	그럴	그러면	그러오
까맣다 :	까마니	까말	까마면	까마오
동그랗다 :	동그라니	동그랄	동그라면	동그라오
퍼렇다 :	퍼러니	퍼럴	퍼러면	퍼러오
하얗다 :	하야니	하얄	하야면	하야오

4. 어간의 끝 'ㅜ, ㅡ'가 줄어질 적

푸다 :	퍼	펐다		뜨다 :	떠	떴다
끄다 :	꺼	껐다		크다 :	커	컸다
담그다:	담가	담갔다		고프다:	고파	고팠다
따르다:	따라	따랐다		바쁘다:	바빠	바빴다

5. 어간의 끝 'ㄷ'이 'ㄹ'로 바뀔 적

걷다[步]:	걸어	걸으니	걸었다
듣다[聽]:	들어	들으니	들었다
묻다[問]:	물어	물으니	물었다
싣다[載]:	실어	실으니	실었다

6. 어간의 끝 'ㅂ'이 'ㅜ'로 바뀔 적

깁다 :	기워	기우니	기웠다
굽다[炙]:	구워	구우니	구웠다
가깝다 :	가까워	가까우니	가까웠다
괴롭다 :	괴로워	괴로우니	괴로웠다
맵다 :	매워	매우니	매웠다
무겁다 :	무거워	무거우니	무거웠다
밉다 :	미워	미우니	미웠다
쉽다 :	쉬워	쉬우니	쉬웠다

다만, '돕-, 곱-'과 같은 단음절 어간에 어미 '-아'가 결합되어 '와'로 소리나는 것은 '-와'로 적는다.

돕다[助]:	도와	도와서	도와도	도왔다
곱다[麗]:	고와	고와서	고와도	고왔다

7. '하다'의 활용에서 어미 '-아'가 '-여'로 바뀔 적

하다 :	하여	하여서	하여도	하여라	하였다

8. 어간의 끝 음절 '르' 뒤에 오는 어미 '-어'가 '-러'로 바뀔 적

이르다[至]:	이르러	이르렀다		누르다:	누르러	누르렀다
노르다 :	노르러	노르렀다		푸르다:	푸르러	푸르렀다

9. 어간의 끝 음절 '르'의 '一'가 줄고, 그 뒤에 오는 어미 '-아/-어'가 '-라/-러'로 바뀔 적

가르다:	갈라	갈랐다		부르다:	불러	불렀다
거르다:	걸러	걸렀다		오르다:	올라	올랐다
구르다:	굴러	굴렀다		이르다:	일러	일렀다
벼르다:	별러	별렀다		지르다:	질러	질렀다

제 3 절 접미사가 붙어서 된 말

제19항 어간에 '-이'나 '-음/-ㅁ'이 붙어서 명사로 된 것과 '-이'나 '-히'가 붙어서 부사로 된 것은 그 어간의 원형을 밝히어 적는다.

1. '-이'가 붙어서 명사로 된 것

길이	깊이	높이	다듬이	땀받이	달맞이
먹이	미닫이	벌이	벼훑이	살림살이	쇠붙이

2. '-음/-ㅁ'이 붙어서 명사로 된 것

걸음	묶음	믿음	얼음	엮음	울음	웃음	졸음
죽음	앎	만듦					

3. '-이'가 붙어서 부사로 된 것

같이	굳이	길이	높이	많이	실없이	좋이	짓궂이

4. '-히'가 붙어서 부사로 된 것

밝히	익히	작히

다만, 어간에 '-이'나 '-음'이 붙어서 명사로 바뀐 것이라도 그 어간의 뜻과 멀어진 것은 원형을 밝히어 적지 아니한다.

굽도리	다리〔髢〕	목거리(목병)	무녀리
코끼리	거름(비료)	고름〔膿〕	노름(도박)

〔붙임〕 어간에 '-이'나 '음' 이외의 모음으로 시작된 접미사가 붙어서 다른 품사로 바뀐 것은 그 어간의 원형을 밝히어 적지 아니한다.

(1) 명사로 바뀐 것

귀머거리	까마귀	너머	뜨더귀	마감	마개
마중	무덤	비렁뱅이	쓰레기	올가미	주검

(2) 부사로 바뀐 것

거뭇거뭇	너무	도로	뜨덤뜨덤	바투
불긋불긋	비로소	오긋오긋	자주	차마

(3) 조사로 바뀌어 뜻이 달라진 것

나마 부터 조차

제20항 명사 뒤에 '-이'가 붙어서 된 말은 그 명사의 원형을 밝히어 적는다.

1. 부사로 된 것

곳곳이	낱낱이	몫몫이	샅샅이	앞앞이	집집이

2. 명사로 된 것

곰배팔이	바둑이	삼발이	애꾸눈이	육손이	절뚝발이/절름발이

〔붙임〕 '-이' 이외의 모음으로 시작된 접미사가 붙어서 된 말은 그 명사의 원형을 밝히어 적지 아니한다.

꼬락서니	끄트머리	모가치	바가지	바깥	사타구니
싸라기	이파리	지붕	지푸라기	짜개	

제21항 명사나 혹은 용언의 어간 뒤에 자음으로 시작된 접미사가 붙어서 된 말은 그 명사나 어간의 원형을 밝히어 적는다.

1. 명사 뒤에 자음으로 시작된 접미사가 붙어서 된 것

값지다	홑지다	넋두리	빛깔	옆댕이	잎사귀

2. 어간 뒤에 자음으로 시작된 접미사가 붙어서 된 것

낚시	늙정이	덮개	뜯게질	갉작갉작하다
갉작거리다	뜯적거리다	뜯적뜯적하다	굵다랗다	굵직하다
깊숙하다	넓적하다	높다랗다	늙수그레하다	얽죽얽죽하다

다만, 다음과 같은 말은 소리대로 적는다.

(1) 겹받침의 끝소리가 드러나지 아니하는 것

할짝거리다	널따랗다	널찍하다	말끔하다	말쑥하다
말짱하다	실쭉하다	실큼하다	알따랗다	얄팍하다
짤따랗다	짤막하다	실컷		

(2) 어원이 분명하지 아니하거나 본뜻에서 멀어진 것

넙치	올무	골막하다	납작하다

제22항 용언의 어간에 다음과 같은 접미사들이 붙어서 이루어진 말들은 그 어간을 밝히어 적는다.

1. '-기-, -리-, -이-, -히-, -구-, -우-, -추-, -으키-, -이키-, -애-'가 붙는 것

맡기다	옮기다	웃기다	쫓기다	뚫리다	울리다
낚이다	쌓이다	핥이다	굳히다	굽히다	넓히다
앉히다	얽히다	잡히다	돋구다	솟구다	돋우다
갖추다	곧추다	맞추다	일으키다	돌이키다	없애다

다만, '-이-, -히-, -우-'가 붙어서 된 말이라도 본뜻에서 멀어진 것은 소리대로 적는다.

도리다(칼로~)   드리다(용돈을~)   고치다   바치다(세금을~)
부치다(편지를~)   거두다   미루다   이루다

2. '-치-, -뜨리-/-트리-'가 붙는 것
놓치다   덮치다   떠받치다   받치다   밭치다   부딪치다
뻗치다   엎치다   부딪뜨리다/부딪트리다   쏟뜨리다/쏟트리다
젖뜨리다/젖트리다   찢뜨리다/찢트리다   흩뜨리다/흩트리다

〔붙임〕 '-업-, -읍-, -브-'가 붙어서 된 말은 소리대로 적는다.
미덥다   우습다   미쁘다

제 23 항 '-하다'나 '-거리다'가 붙는 어근에 '-이'가 붙어서 명사가 된 것은 그 원형을 밝히어 적는다(ㄱ을 취하고, ㄴ을 버림).

ㄱ	ㄴ	ㄱ	ㄴ
깔쭉이	깔쭈기	살살이	살사리
꿀꿀이	꿀꾸리	쌕쌕이	쌕쌔기
눈깜짝이	눈깜짜기	오뚝이	오뚜기
더펄이	더퍼리	코납작이	코납자기
배불뚝이	배불뚜기	푸석이	푸서기
삐죽이	삐주기	홀쭉이	홀쭈기

〔붙임〕 '-하다'나 '-거리다'가 붙을 수 없는 어근에 '-이'나 또는 다른 모음으로 시작되는 접미사가 붙어서 명사가 된 것은 그 원형을 밝히어 적지 아니한다.
개구리   귀뚜라미   기러기   깍두기   꽹과리
날라리   누더기   동그라미   두드러기   딱따구리
매미   부스러기   뻐꾸기   얼루기   칼싹두기

제 24 항 '-거리다'가 붙을 수 있는 시늉말 어근에 '-이다'가 붙어서 된 용언은 그 어근을 밝히어 적는다(ㄱ을 취하고, ㄴ을 버림).

ㄱ	ㄴ	ㄱ	ㄴ
깜짝이다	깜짜기다	속삭이다	속사기다
꾸벅이다	꾸버기다	숙덕이다	숙더기다
끄덕이다	끄더기다	울먹이다	울머기다
뒤척이다	뒤처기다	움직이다	움지기다
들먹이다	들머기다	지껄이다	지꺼리다
망설이다	망서리다	퍼덕이다	퍼더기다
번득이다	번드기다	허덕이다	허더기다
번쩍이다	번쩌기다	헐떡이다	헐떠기다

제 25 항 '-하다'가 붙는 어근에 '-히'나 '-이'가 붙어서 부사가 되거나, 부사에 '-이'가 붙어서 뜻을 더하는 경우에는, 그 어근이나 부사의 원형을 밝히어 적는다.

1. '-하다'가 붙는 어근에 '-히'나 '-이'가 붙는 경우
   급히   꾸준히   도저히   딱히   어렴풋이   깨끗이

〔붙임〕 '-하다'가 붙지 않는 경우에는 소리대로 적는다.
갑자기   반드시(꼭)   슬며시

2. 부사에 '-이'가 붙어서 역시 부사가 되는 경우
   곰곰이   더욱이   생긋이   오뚝이   일찍이   해죽이

제 26 항 '-하다'나 '-없다'가 붙어서 된 용언은 그 '-하다'나 '-없다'를 밝히어 적는다.

1. '-하다'가 붙어서 용언이 된 것
   딱하다   숱하다   착하다   텁텁하다   푹하다
2. '-없다'가 붙어서 용언이 된 것

| 부질없다 | 상없다 | 시름없다 | 열없다 | 하염없다 |

제 4 절 합성어 및 접두사가 붙는 말

제 27 항 둘 이상의 단어가 어울리거나 접두사가 붙어서 이루어진 말은 각각 그 원형을 밝히어 적는다.

국말이	꺾꽂이	꽃잎	끝장	물난리
밑천	부엌일	싫증	옷안	웃옷
젖몸살	첫아들	칼날	팥알	헛웃음
홀아비	홀몸	흙내		
값없다	겉늙다	굶주리다	낮잡다	맞먹다
받내다	벋놓다	빗나가다	빛나다	새파랗다
샛노랗다	시꺼멓다	싯누렇다	엇나가다	엎누르다
엿듣다	옻오르다	짓이기다	헛되다	

[붙임 1] 어원은 분명하나 소리만 특이하게 변한 것은 변한 대로 적는다.

할아버지 할아범

[붙임 2] 어원이 분명하지 아니한 것은 원형을 밝히어 적지 아니한다.

| 골병 | 골탕 | 끌탕 | 며칠 | 아재비 | 오라비 |
| 업신여기다 | 부리나케 | | | | |

[붙임 3] '이(齒, 虱)'가 합성어나 이에 준하는 말에서 '니' 또는 '리'로 소리날 때에는 '니'로 적는다.

| 간니 | 덧니 | 사랑니 | 송곳니 | 앞니 | 어금니 |
| 윗니 | 젖니 | 톱니 | 틀니 | 가랑니 | 머릿니 |

제 28 항 끝소리가 'ㄹ'인 말과 딴 말이 어울릴 적에 'ㄹ' 소리가 나지 아니하는 것은 아니 나는 대로 적는다.

다달이(달-달-이)	따님(딸-님)	마되(말-되)
마소(말-소)	무자위(물-자위)	바느질(바늘-질)
부나비(불-나비)	부삽(불-삽)	부손(불-손)
소나무(솔-나무)	싸전(쌀-전)	여닫이(열-닫이)
우짖다(울-짖다)	화살(활-살)	

제 29 항 끝소리가 'ㄹ'인 말과 딴 말이 어울릴 적에 'ㄹ' 소리가 'ㄷ' 소리로 나는 것은 'ㄷ'으로 적는다.

반짇고리(바느질~)	사흗날(사흘~)	삼짇날(삼질~)	섣달(설~)
숟가락(술~)	이튿날(이틀~)	잗주름(잘~)	푿소(풀~)
섣부르다(설~)	잗다듬다(잘~)	잗다랗다(잘~)	

제 30 항 사이시옷은 다음과 같은 경우에 받치어 적는다.

1. 순 우리말로 된 합성어로서 앞말이 모음으로 끝난 경우

   (1) 뒷말의 첫소리가 된소리로 나는 것

고랫재	귓밥	나룻배	나뭇가지	냇가	댓가지
뒷갈망	맷돌	머릿기름	모깃불	못자리	바닷가
뱃길	볏가리	부싯돌	선짓국	쇳조각	아랫집
우렁잇속	잇자국	잿더미	조갯살	찻집	쳇바퀴
킷값	핏대	햇볕	헛바늘		

   (2) 뒷말의 첫소리 'ㄴ, ㅁ' 앞에서 'ㄴ' 소리가 덧나는 것

   | 멧나물 | 아랫니 | 텃마당 | 아랫마을 | 뒷머리 |
   | 잇몸 | 깻묵 | 냇물 | 빗물 | |

   (3) 뒷말의 첫소리 모음 앞에서 'ㄴㄴ' 소리가 덧나는 것

| 도리깨열 | 뒷윷 | 두렛일 | 뒷일 | 뒷입맛 |
| 베갯잇 | 욧잇 | 깻잎 | 나뭇잎 | 댓잎 |

2. 순 우리말과 한자어로 된 합성어로서 앞말이 모음으로 끝난 경우

  (1) 뒷말의 첫소리가 된소리로 나는 것

귓병	머릿방	뱃병	봇둑	사잣밥
샛강	아랫방	자릿세	전셋집	찻잔
찻종	촛국	콧병	탯줄	텃세
핏기	햇수	횟가루	횟배	

  (2) 뒷말의 첫소리 'ㄴ, ㅁ' 앞에서 'ㄴ' 소리가 덧나는 것

| 곗날 | 제삿날 | 훗날 | 툇마루 | 양칫물 |

  (3) 뒷말의 첫소리 모음 앞에서 'ㄴㄴ' 소리가 덧나는 것

| 가욋일 | 사삿일 | 예삿일 | 훗일 |

3. 두 음절로 된 다음 한자어

| 곳간(庫間) | 셋방(貰房) | 숫자(數字) | 찻간(車間) |
| 툇간(退間) | 횟수(回數) | | |

제31항 두 말이 어울릴 적에 'ㅂ' 소리나 'ㅎ' 소리가 덧나는 것은 소리대로 적는다.

1. 'ㅂ' 소리가 덧나는 것

댑싸리(대ㅂ싸리)	멥쌀(메ㅂ쌀)	볍씨(벼ㅂ씨)
입때(이ㅂ때)	입쌀(이ㅂ쌀)	접때(저ㅂ때)
좁쌀(조ㅂ쌀)	햅쌀(해ㅂ쌀)	

2. 'ㅎ' 소리가 덧나는 것

머리카락(머리ㅎ가락)	살코기(살ㅎ고기)	수캐(수ㅎ개)
수컷(수ㅎ것)	수탉(수ㅎ닭)	안팎(안ㅎ밖)
암캐(암ㅎ개)	암컷(암ㅎ것)	암탉(암ㅎ닭)

제 5 절 준 말

제32항 단어의 끝 모음이 줄어지고 자음만 남은 것은 그 앞의 음절에 받침으로 적는다.

(본말)	(준말)	(본말)	(준말)
기러기야	기럭아	가지고, 가지지	갖고, 갖지
어제그저께	엊그저께	디디고, 디디지	딛고, 딛지
어제저녁	엊저녁		

제33항 체언과 조사가 어울려 줄어지는 경우에는 준 대로 적는다.

(본말)	(준말)	(본말)	(준말)
그것은	그건	너는	넌
그것이	그게	너를	널
그것으로	그걸로	무엇을	뭣을/무얼/뭘
나는	난	무엇이	뭣이/무에
나를	날		

제34항 모음 'ㅏ, ㅓ'로 끝난 어간에 '-아/-어, -았-/-었-'이 어울릴 적에는 준 대로 적는다.

(본말)	(준말)	(본말)	(준말)
가아	가	가았다	갔다
나아	나	나았다	났다
타아	타	타았다	탔다
서어	서	서었다	섰다

| 켜어 | 켜 | 켜었다 | 켰다 |
| 펴어 | 펴 | 펴었다 | 폈다 |

〔붙임 1〕 'ㅐ, ㅔ' 뒤에 '-어, -었-'이 어울려 줄 적에는 준 대로 적는다.

(본말)	(준말)	(본말)	(준말)
개어	개	개었다	갰다
내어	내	내었다	냈다
베어	베	베었다	벴다
세어	세	세었다	셌다

〔붙임 2〕 '하여'가 한 음절로 줄어서 '해'로 될 적에는 준 대로 적는다.

(본말)	(준말)	(본말)	(준말)
하여	해	하였다	했다
더하여	더해	더하였다	더했다
흔하여	흔해	흔하였다	흔했다

제35항 모음 'ㅗ, ㅜ'로 끝난 어간에 '-아/-어, -았-/-었-'이 어울려 'ㅘ/ㅝ, 왔/웠'으로 될 적에는 준 대로 적는다.

(본말)	(준말)	(본말)	(준말)
꼬아	꽈	꼬았다	꽜다
보아	봐	보았다	봤다
쏘아	쏴	쏘았다	쐈다
두어	둬	두었다	뒀다
쑤어	쒀	쑤었다	쒔다
주어	줘	주었다	줬다

〔붙임 1〕 '놓아'가 '놔'로 줄 적에는 준 대로 적는다.

〔붙임 2〕 'ㅚ' 뒤에 '-어, -었-'이 어울려 'ㅙ, 왰'으로 될 적에도 준 대로 적는다.

(본말)	(준말)	(본말)	(준말)
괴어	괘	괴었다	괬다
되어	돼	되었다	됐다
뵈어	봬	뵈었다	뵀다
쇠어	쇄	쇠었다	쇘다
쐬어	쐐	쐬었다	쐤다

제36항 'ㅣ' 뒤에 '-어'가 와서 'ㅕ'로 줄 적에는 준 대로 적는다.

(본말)	(준말)	(본말)	(준말)
가지어	가져	가지었다	가졌다
견디어	견뎌	견디었다	견뎠다
다니어	다녀	다니었다	다녔다
막히어	막혀	막히었다	막혔다
버티어	버텨	버티었다	버텼다
치이어	치여	치이었다	치였다

제37항 'ㅏ, ㅕ, ㅗ, ㅜ, ㅡ'로 끝난 어간에 '-이-'가 와서 각각 'ㅐ, ㅖ, ㅚ, ㅟ, ㅢ'로 줄 적에는 준 대로 적는다.

(본말)	(준말)	(본말)	(준말)
싸이다	쌔다	누이다	뉘다
펴이다	폐다	뜨이다	띄다
보이다	뵈다	쓰이다	씌다

제38항 'ㅏ, ㅗ, ㅜ, ㅡ' 뒤에 '-이어'가 어울려 줄어질 적에는 준 대로 적는다.

(본말)	(준말)		(본말)	(준말)	
싸이어	쌔어	싸여	뜨이어	띄어	
보이어	뵈어	보여	쓰이어	씌어	쓰여
쏘이어	쐬어	쏘여	트이어	틔어	트여
누이어	뉘어	누여			

제39항 어미 '-지' 뒤에 '않-'이 어울려 '-잖-'이 될 적과 '-하지' 뒤에 '않-'이 어울려 '-찮-'이 될 적에는 준 대로 적는다.

(본말)	(준말)	(본말)	(준말)
그렇지 않은	그렇잖은	만만하지 않다	만만찮다
적지 않은	적잖은	변변하지 않다	변변찮다

제40항 어간의 끝 음절 '하'의 'ㅏ'가 줄고 'ㅎ'이 다음 음절의 첫소리와 어울려 거센소리로 될 적에는 거센소리로 적는다.

(본말)	(준말)	(본말)	(준말)
간편하게	간편케	다정하다	다정타
연구하도록	연구토록	정결하다	정결타
가하다	가타	흔하다	흔타

[붙임 1] 'ㅎ'이 어간의 끝소리로 굳어진 것은 받침으로 적는다.

않다	않고	않지	않든지
그렇다	그렇고	그렇지	그렇든지
아무렇다	아무렇고	아무렇지	아무렇든지
어떻다	어떻고	어떻지	어떻든지
이렇다	이렇고	이렇지	이렇든지
저렇다	저렇고	저렇지	저렇든지

[붙임 2] 어간의 끝 음절 '하'가 아주 줄 적에는 준 대로 적는다.

(본말)	(준말)	(본말)	(준말)
거북하지	거북지	넉넉하지 않다	넉넉지 않다
생각하건대	생각건대	못하지 않다	못지않다
생각하다 못하여	생각다 못해	섭섭하지 않다	섭섭지 않다
깨끗하지 않다	깨끗지 않다	익숙하지 않다	익숙지 않다

[붙임 3] 다음과 같은 부사는 소리대로 적는다.

결단코	결코	기필코	무심코	아무튼	요컨대
정녕코	필연코	하마터면	하여튼	한사코	

제5장 띄어쓰기

제1절 조사

제41항 조사는 그 앞말에 붙여 쓴다.

꽃이	꽃마저	꽃밖에	꽃에서부터	꽃으로만
꽃이나마	꽃이다	꽃입니다	꽃처럼	어디까지나
거기도	멀리는	웃고만		

제2절 의존 명사, 단위를 나타내는 명사 및 열거하는 말 등

제42항 의존 명사는 띄어 쓴다.

아는 것이 힘이다. 나도 할 수 있다.
먹을 만큼 먹어라. 아는 이를 만났다.
네가 뜻한 바를 알겠다. 그가 떠난 지가 오래다.

제43항 단위를 나타내는 명사는 띄어 쓴다.

한 개	차 한 대	금 서 돈
소 한 마리	옷 한 벌	열 살
조기 한 손	연필 한 자루	버선 한 죽
집 한 채	신 두 켤레	북어 한 쾌

다만, 순서를 나타내는 경우나 숫자와 어울리어 쓰이는 경우에는 붙여 쓸 수 있다.

두시 삼십분 오초	제일과	삼학년	육층
1446년 10월 9일	2대대	16동 502호	제1어학실습실
80원	10개	7미터	

제44항 수를 적을 적에는 '만(萬)' 단위로 띄어 쓴다.

십이억 삼천사백오십육만 칠천팔백구십팔
12억 3456만 7898

제45항 두 말을 이어 주거나 열거할 적에 쓰이는 말들은 띄어 쓴다.

국장 겸 과장	열 내지 스물
청군 대 백군	책상, 걸상 등이 있다
이사장 및 이사들	사과, 배, 귤 등등
사과, 배 등속	부산, 광주 등지

제46항 단음절로 된 단어가 연이어 나타날 적에는 붙여 쓸 수 있다.

그때 그곳	이말 저말	좀더 큰것	한잎 두잎

제3절 보조 용언

제47항 보조 용언은 띄어 씀을 원칙으로 하되, 경우에 따라 붙여 씀도 허용한다 (ㄱ을 원칙으로 하고, ㄴ을 허용함).

ㄱ	ㄴ
불이 꺼져 간다.	불이 꺼져간다.
내 힘으로 막아 낸다.	내 힘으로 막아낸다.
어머니를 도와 드린다.	어머니를 도와드린다.
그릇을 깨뜨려 버렸다.	그릇을 깨뜨려버렸다.
비가 올 듯하다.	비가 올듯하다.
그 일은 할 만하다.	그 일은 할만하다.
일이 될 법하다.	일이 될법하다.
비가 올 성싶다.	비가 올성싶다.
잘 아는 척한다.	잘 아는척한다.

다만, 앞말에 조사가 붙거나 앞말이 합성 동사인 경우, 그리고 중간에 조사가 들어갈 적에는 그 뒤에 오는 보조 용언은 띄어 쓴다.

잘도 놀아만 나는구나!	책을 읽어도 보고…….
네가 덤벼들어 보아라.	강물에 떠내려가 버렸다.
그가 올 듯도 하다.	잘난 체를 한다.

제4절 고유 명사 및 전문 용어

제48항 성과 이름, 성과 호 등은 붙여 쓰고, 이에 덧붙는 호칭어, 관직명 등은 띄어 쓴다.

김양수(金良洙)	서화담(徐花潭)	채영신 씨
최치원 선생	박동식 박사	충무공 이순신 장군

다만, 성과 이름, 성과 호를 분명히 구분할 필요가 있을 경우에는 띄어 쓸 수 있다.
  남궁억/남궁 억   독고준/독고 준   황보지봉(皇甫芝峰)/황보 지봉

제49항 성명 이외의 고유 명사는 단어별로 띄어 씀을 원칙으로 하되, 단위별로 띄어 쓸 수 있다(ㄱ을 원칙으로 하고, ㄴ을 허용함).

ㄱ	ㄴ
대한 중학교	대한중학교
한국 대학교 사범 대학	한국대학교 사범대학

제50항 전문 용어는 단어별로 띄어 씀을 원칙으로 하되, 붙여 쓸 수 있다(ㄱ을 원칙으로 하고, ㄴ을 허용함).

ㄱ	ㄴ
만성 골수성 백혈병	만성골수성백혈병
중거리 탄도 유도탄	중거리탄도유도탄

제6장 그 밖의 것

제51항 부사의 끝 음절이 분명히 '이'로만 나는 것은 '-이'로 적고, '히'로만 나거나 '이'나 '히'로 나는 것은 '-히'로 적는다.

1. '이'로만 나는 것

가붓이	깨끗이	나붓이	느긋이	둥긋이
따뜻이	반듯이	버젓이	산뜻이	의젓이
가까이	고이	날카로이	대수로이	번거로이
많이	적이	헛되이	겹겹이	번번이
일일이	집집이	틈틈이		

2. '히'로만 나는 것

| 극히 | 급히 | 딱히 | 속히 | 작히 | 족히 |
| 특히 | 엄격히 | 정확히 | | | |

3. '이, 히'로 나는 것

솔직히	가만히	간편히	나른히	무단히
각별히	소홀히	쓸쓸히	정결히	과감히
꼼꼼히	심히	열심히	급급히	답답히
섭섭히	공평히	능히	당당히	분명히
상당히	조용히	간소히	고요히	도저히

제52항 한자어에서 본음으로도 나고 속음으로도 나는 것은 각각 그 소리에 따라 적는다.

(본음으로 나는 것)	(속음으로 나는 것)
승낙(承諾)	수락(受諾), 쾌락(快諾), 허락(許諾)
만난(萬難)	곤란(困難), 논란(論難)
안녕(安寧)	의령(宜寧), 회령(會寧)
분노(忿怒)	대로(大怒), 희로애락(喜怒哀樂)
토론(討論)	의논(議論)
오륙십(五六十)	오뉴월, 유월(六月)
목재(木材)	모과(木瓜)
십일(十日)	시방정토(十方淨土), 시왕(十王), 시월(十月)
팔일(八日)	초파일(初八日)

제53항 다음과 같은 어미는 예사소리로 적는다(ㄱ을 취하고, ㄴ을 버림).

ㄱ	ㄴ	ㄱ	ㄴ
-(으)ㄹ거나	-(으)ㄹ꺼나	-(으)ㄹ지니라	-(으)ㄹ찌니라
-(으)ㄹ걸	-(으)ㄹ껄	-(으)ㄹ지라도	-(으)ㄹ찌라도
-(으)ㄹ게	-(으)ㄹ께	-(으)ㄹ지어다	-(으)ㄹ찌어다
-(으)ㄹ세	-(으)ㄹ쎄	-(으)ㄹ지언정	-(으)ㄹ찌언정
-(으)ㄹ세라	-(으)ㄹ쎄라	-(으)ㄹ진대	-(으)ㄹ찐대
-(으)ㄹ수록	-(으)ㄹ쑤록	-(으)ㄹ진저	-(으)ㄹ찐저
-(으)ㄹ시	-(으)ㄹ씨	-올시다	-올씨다
-(으)ㄹ지	-(으)ㄹ찌		

다만, 의문을 나타내는 다음 어미들은 된소리로 적는다.
-(으)ㄹ까?   -(으)ㄹ꼬?   -(스)ㅂ니까?
-(으)리까?   -(으)ㄹ쏘냐?

제54항 다음과 같은 접미사는 된소리로 적는다(ㄱ을 취하고, ㄴ을 버림).

ㄱ	ㄴ	ㄱ	ㄴ
심부름꾼	심부름군	귀때기	귓대기
익살꾼	익살군	볼때기	볼대기
일꾼	일군	판자때기	판잣대기
장꾼	장군	뒤꿈치	뒷굼치
장난꾼	장난군	팔꿈치	팔굼치
지게꾼	지겟군	이마빼기	이맛배기
때깔	땟갈	코빼기	콧배기
빛깔	빛갈	객쩍다	객적다
성깔	성갈	겸연쩍다	겸연적다

제55항 두 가지로 구별하여 적던 다음 말들은 한 가지로 적는다(ㄱ을 취하고, ㄴ을 버림).

ㄱ	ㄴ
맞추다(입을 맞춘다. 양복을 맞춘다.)	마추다
뻗치다(다리를 뻗친다. 멀리 뻗친다.)	뻐치다

제56항 '-더라, -던'과 '-든지'는 다음과 같이 적는다.

1. 지난 일을 나타내는 어미는 '-더라, -던'으로 적는다(ㄱ을 취하고, ㄴ을 버림).

ㄱ	ㄴ
지난 겨울은 몹시 춥더라.	지난 겨울은 몹시 춥드라.
깊던 물이 얕아졌다.	깊든 물이 얕아졌다.
그렇게 좋던가?	그렇게 좋든가?
그 사람 말 잘하던데!	그 사람 말 잘하든데!
얼마나 놀랐던지 몰라.	얼마나 놀랐든지 몰라.

2. 물건이나 일의 내용을 가리지 아니하는 뜻을 나타내는 조사와 어미는 '(-)든지'로 적는다(ㄱ을 취하고, ㄴ을 버림).

ㄱ	ㄴ
배든지 사과든지 마음대로 먹어라.	배던지 사과던지 마음대로 먹어라.
가든지 오든지 마음대로 해라.	가던지 오던지 마음대로 해라.

제57항 다음 말들은 각각 구별하여 적는다.

가름   둘로 가름
갈음   새 책상으로 갈음하였다.

거름   풀을 썩인 거름
걸음   빠른 걸음

거치다	영월을 거쳐 왔다.
걷히다	외상값이 잘 걷힌다.
걷잡다	걷잡을 수 없는 상태
겉잡다	겉잡아서 이틀 걸릴 일
그러므로(그러니까)	그는 부지런하다. 그러므로 잘 산다.
그럼으로(써)(그렇게 하는 것으로)	그는 열심히 공부한다. 그럼으로(써) 은혜에 보답한다.
노름	노름판이 벌어졌다.
놀음(놀이)	즐거운 놀음
느리다	진도가 너무 느리다.
늘이다	고무줄을 늘인다.
늘리다	수출량을 더 늘린다.
다리다	옷을 다린다.
달이다	약을 달인다.
다치다	부주의로 손을 다쳤다.
닫히다	문이 저절로 닫혔다.
닫치다	문을 힘껏 닫쳤다.
마치다	벌써 일을 마쳤다.
맞히다	여러 문제를 더 맞혔다.
목거리	목거리가 덧났다.
목걸이	금 목걸이, 은 목걸이
바치다	나라를 위해 목숨을 바쳤다.
받치다	우산을 받치고 간다.
	책받침을 받친다.
받히다	쇠뿔에 받혔다.
밭치다	술을 체에 밭친다.
반드시	약속은 반드시 지켜라.
반듯이	고개를 반듯이 들어라.
부딪치다	차와 차가 마주 부딪쳤다.
부딪히다	마차가 화물차에 부딪혔다.
부치다	힘이 부치는 일이나.
	편지를 부친다.
	논밭을 부친다.
	빈대떡을 부친다.
	식목일에 부치는 글
	회의에 부치는 안건
	인쇄에 부치는 원고
	삼촌 집에 숙식을 부친다.
붙이다	우표를 붙인다.
	책상을 벽에 붙였다.
	흥정을 붙인다.
	불을 붙인다.
	감시원을 붙인다.
	조건을 붙인다.

	취미를 붙인다.
	별명을 붙인다.
시키다	일을 시킨다.
식히다	끓인 물을 식힌다.
아름	세 아름 되는 둘레
알음	전부터 알음이 있는 사이
앎	앎이 힘이다.
안치다	밥을 안친다.
앉히다	윗자리에 앉힌다.
어름	두 물건의 어름에서 일어난 현상
얼음	얼음이 얼었다.
이따가	이따가 오너라.
있다가	돈은 있다가도 없다.
저리다	다친 다리가 저린다.
절이다	김장 배추를 절인다.
조리다	생선을 조린다. 통조림, 병조림
졸이다	마음을 졸인다.
주리다	여러 날을 주렸다.
줄이다	비용을 줄인다.
하노라고	하노라고 한 것이 이 모양이다.
하느라고	공부하느라고 밤을 새웠다.
-느니보다(어미)	나를 찾아 오느니보다 집에 있거라.
-는 이보다(의존 명사)	오는 이가 가는 이보다 많다.
-(으)리만큼(어미)	나를 미워하리만큼 그에게 잘못한 일이 없다.
-(으)ㄹ 이만큼(의존 명사)	찬성할 이도 반대할 이만큼이나 많을 것이다.
-(으)러(목적)	공부하러 간다.
-(으)려(의도)	서울 가려 한다.
-(으)로서(자격)	사람으로서 그럴 수는 없다.
-(으)로써(수단)	닭으로써 꿩을 대신했다.
-(으)므로(어미)	그가 나를 믿으므로 나도 그를 믿는다.
(-ㅁ, -음)으로(써)(조사)	그는 믿음으로(써) 산 보람을 느꼈다.

[부록]

문장 부호

문장 부호의 이름과 그 사용법은 다음과 같이 정한다.

Ⅰ. 마침표[終止符]

1. 온점(.), 고리점(。)

가로쓰기에는 온점, 세로쓰기에는 고리점을 쓴다.

(1) 서술, 명령, 청유 등을 나타내는 문장의 끝에 쓴다.

    젊은이는 나라의 기둥이다.
    황금 보기를 돌같이 하라.
    집으로 돌아가자.

다만, 표제어나 표어에는 쓰지 않는다.

    압록강은 흐른다(표제어)
    꺼진 불도 다시 보자(표어)

(2) 아라비아 숫자만으로 연월일을 표시할 적에 쓴다.

    1919. 3. 1. (1919년 3월 1일)

(3) 표시 문자 다음에 쓴다.

    1. 마침표   ㄱ. 물음표   가. 인명

(4) 준말을 나타내는 데 쓴다.

    서. 1987. 3. 5. (서기)

2. 물음표(?)

의심이나 물음을 나타낸다.

(1) 직접 질문할 때에 쓴다.

    이제 가면 언제 돌아오니?
    이름이 뭐지?

(2) 반어나 수사 의문(修辭疑問)을 나타낼 때 쓴다.

    제가 감히 거역할 리가 있습니까?
    이게 은혜에 대한 보답이냐?
    남북 통일이 되면 얼마나 좋을까?

(3) 특정한 어구 또는 그 내용에 대하여 의심이나 빈정거림, 비웃음 등을 표시할 때, 또는 적절한 말을 쓰기 어려운 경우에 소괄호 안에 쓴다.

    그것 참 훌륭한(?) 태도야.
    우리 집 고양이가 가출(?)을 했어요.

[붙임 1] 한 문장에서 몇 개의 선택적인 물음이 겹쳤을 때에는 맨 끝의 물음에만 쓰지만, 각각 독립된 물음인 경우에는 물음마다 쓴다.

너는 한국인이냐, 중국인이냐?
너는 언제 왔니? 어디서 왔니? 무엇하러?
〔붙임 2〕 의문형 어미로 끝나는 문장이라도 의문의 정도가 약할 때에는 물음표 대신 온점(또는 고리점)을 쓸 수도 있다.
이 일을 도대체 어쩐단 말이냐.
아무도 그 일에 찬성하지 않을 거야. 혹 미친 사람이면 모를까.

3. 느낌표(!)

감탄이나 놀람, 부르짖음, 명령 등 강한 느낌을 나타낸다.
(1) 느낌을 힘차게 나타내기 위해 감탄사와 감탄형 종결 어미 다음에 쓴다.
앗!
아, 달이 밝구나!
(2) 강한 명령문 또는 청유문에 쓴다.
지금 즉시 대답해!
부디 몸조심하도록!
(3) 감정을 넣어 다른 사람을 부르거나 대답할 적에 쓴다.
춘향아!
예, 도련님!
(4) 물음의 말로서 놀람이나 항의의 뜻을 나타내는 경우에 쓴다.
이게 누구야!
내가 왜 나빠!
〔붙임〕 감탄형 어미로 끝나는 문장이라도 감탄의 정도가 약할 때에는 느낌표 대신 온점(또는 고리점)을 쓸 수도 있다.
개구리가 나온 것을 보니, 봄이 오긴 왔구나.

Ⅱ. 쉼표〔休止符〕

1. 반점(,), 모점(、)

가로쓰기에는 반점, 세로쓰기에는 모점을 쓴다.
문장 안에서 짧은 휴지를 나타낸다.
(1) 같은 자격의 어구가 연결될 때에 쓴다.
근면, 검소, 협동은 우리 겨레의 미덕이다.
충청도의 계룡산, 전라도의 내장산, 강원도의 설악산은 모두 국립 공원이다.
다만, 조사로 연결될 적에는 쓰지 않는다.
매화와 난초와 국화와 대나무를 사군자라고 한다.
(2) 짝을 지어 구별할 필요가 있을 때에 쓴다.
닭과 지네, 개와 고양이는 상극이다.
(3) 바로 다음의 말을 꾸미지 않을 때에 쓴다.
슬픈 사연을 간직한, 경주 불국사의 무영탑

성질 급한, 철수의 누이동생이 화를 내었다.
(4) 대등하거나 종속적인 절이 이어질 때에 절 사이에 쓴다.
  콩 심으면 콩 나고, 팥 심으면 팥 난다.
  흰 눈이 내리니, 경치가 더욱 아름답다.
(5) 부르는 말이나 대답하는 말 뒤에 쓴다.
  애야, 이리 오너라.
  예, 지금 가겠습니다.
(6) 제시어 다음에 쓴다.
  빵, 빵이 인생의 전부이더냐?
  용기, 이것이야말로 무엇과도 바꿀 수 없는 젊은이의 자산이다.
(7) 도치된 문장에 쓴다.
  이리 오세요, 어머님.
  다시 보자, 한강수야.
(8) 가벼운 감탄을 나타내는 말 뒤에 쓴다.
  아, 깜빡 잊었구나.
(9) 문장 첫머리의 접속이나 연결을 나타내는 말 다음에 쓴다.
  첫째, 몸이 튼튼해야 된다.
  아무튼, 나는 집에 돌아가겠다.
  다만, 일반적으로 쓰이는 접속어(그러나, 그러므로, 그리고, 그런데 등) 뒤에는 쓰지 않음을 원칙으로 한다.
  그러나 너는 실망할 필요가 없다.
(10) 문장 중간에 끼어든 구절 앞뒤에 쓴다.
  나는, 솔직히 말하면, 그 말이 별로 탐탁하지 않소.
  철수는 미소를 띠고, 속으로는 화가 치밀었지만, 그들을 맞았다.
(11) 되풀이를 피하기 위하여 한 부분을 줄일 때에 쓴다.
  여름에는 바다에서, 겨울에는 산에서 휴가를 즐겼다.
(12) 문맥상 끊어 읽어야 할 곳에 쓴다.
  갑돌이가 울면서, 떠나는 갑순이를 배웅했다.
  갑돌이가, 울면서 떠나는 갑순이를 배웅했다.
(13) 숫자를 나열할 때에 쓴다.
  1, 2, 3, 4
(14) 수의 폭이나 개략의 수를 나타낼 때에 쓴다.
  5, 6세기   6, 7개
(15) 수의 자릿점을 나타낼 때에 쓴다.
  14, 314

2. 가운뎃점(·)

열거된 여러 단위가 대등하거나 밀접한 관계임을 나타낸다.

(1) 쉼표로 열거된 어구가 다시 여러 단위로 나누어질 때에 쓴다.
　　철수·영이, 영수·순이가 서로 짝이 되어 윷놀이를 하였다.
　　공주·논산, 천안·아산·천원 등 각 지역구에서 2명씩 국회 의원을 뽑는다.
　　시장에 가서 사과·배·복숭아, 고추·마늘·파, 조기·명태·고등어를 샀다.
(2) 특정한 의미를 가지는 날을 나타내는 숫자에 쓴다.
　　3·1 운동　　　　8·15 광복
(3) 같은 계열의 단어 사이에 쓴다.
　　경북 방언의 조사·연구
　　충북·충남 두 도를 합하여 충청도라고 한다.
　　동사·형용사를 합하여 용언이라고 한다.

3. 쌍점(:)

(1) 내포되는 종류를 들 때에 쓴다.
　　문장 부호: 마침표, 쉼표, 따옴표, 물음표 등
　　문방사우: 붓, 먹, 벼루, 종이
(2) 소표제 뒤에 간단한 설명이 붙을 때에 쓴다.
　　일시: 1984년 10월 15일 10시
　　마침표: 문장이 끝남을 나타낸다.
(3) 저자명 다음에 저서명을 적을 때에 쓴다.
　　정약용: 목민심서, 경세유표
　　주시경: 국어 문법, 서울 박문서관, 1910.
(4) 시(時)와 분(分), 장(章)과 절(節) 따위를 구별할 때나, 둘 이상을 대비할 때에 쓴다.
　　오전 10:20(오전 10시 20분)
　　요한 3:16(요한복음 3장 16절)
　　대비 65:60(65 대 60)

4. 빗금(/)

(1) 대응, 대립되거나, 대등한 것을 함께 보이는 단어와 구, 절 사이에 쓴다.
　　남궁만/남궁 만　　　　백이십오 원/125원
　　착한 사람/악한 사람　　맞닥뜨리다/맞닥트리다
(2) 분수를 나타낼 때에 쓰기도 한다.
　　3/4분기　　　　3/20

Ⅲ. 따옴표〔引用符〕

1. 큰따옴표(" "), 겹낫표(『 』)

가로쓰기에는 큰따옴표, 세로쓰기에는 겹낫표를 쓴다.
대화, 인용, 특별 어구 따위를 나타낸다.

(1) 글 가운데서 직접 대화를 표시할 때에 쓴다.
"전기가 없었을 때는 어떻게 책을 보았을까?"
"그야 등잔불을 켜고 보았겠지."
(2) 남의 말을 인용할 경우에 쓴다.
예로부터 "민심은 천심이다."라고 하였다.
"사람은 사회적 동물이다."라고 말한 학자가 있다.

2. 작은따옴표(' '), 낫표(「 」)

가로쓰기에는 작은따옴표, 세로쓰기에는 낫표를 쓴다.
(1) 따온 말 가운데 다시 따온 말이 들어 있을 때에 쓴다.
"여러분! 침착해야 합니다. '하늘이 무너져도 솟아날 구멍이 있다.'고 합니다."
(2) 마음 속으로 한 말을 적을 때에 쓴다.
'만약 내가 이런 모습으로 돌아간다면 모두들 깜짝 놀라겠지.'
〔붙임〕 문장에서 중요한 부분을 두드러지게 하기 위해 드러냄표 대신에 쓰기도 한다.
지금 필요한 것은 '지식'이 아니라 '실천'입니다.
'배부른 돼지'보다는 '배고픈 소크라테스'가 되겠다.

Ⅳ. 묶음표〔括弧符〕

1. 소괄호(( ))

(1) 원어, 연대, 주석, 설명 등을 넣을 적에 쓴다.
커피(coffee)는 기호 식품이다.
3·1 운동(1919) 당시 나는 중학생이었다.
'무정(無情)'은 춘원(6·25 때 납북)의 작품이다.
니체(독일의 철학자)는 이렇게 말했다.
(2) 특히 기호 또는 기호적인 구실을 하는 문자, 단어, 구에 쓴다.
(1) 주어   (ㄱ) 명사   (라) 소리에 관한 것
(3) 빈 자리임을 나타낼 적에 쓴다.
우리 나라의 수도는 ( )이다.

2. 중괄호({ })

여러 단위를 동등하게 묶어서 보일 때에 쓴다.

주격 조사 $\left\{\begin{array}{l}\text{이}\\\text{가}\end{array}\right\}$ 국가의 3요소 $\left\{\begin{array}{l}\text{국토}\\\text{국민}\\\text{주권}\end{array}\right\}$

3. 대괄호(〔 〕)

(1) 묶음표 안의 말이 바깥 말과 음이 다를 때에 쓴다.
나이〔年歲〕   낱말〔單語〕   손발〔手足〕

(2) 묶음표 안에 또 묶음표가 있을 때에 쓴다.

　　　명령에 있어서의 불확실〔단호(斷乎)하지 못함〕은 복종에 있어서의 불확실〔모호(模糊)함〕을 낳는다.

Ⅴ. 이음표〔連結符〕

1. 줄표(—)

이미 말한 내용을 다른 말로 부연하거나 보충함을 나타낸다.

(1) 문장 중간에 앞의 내용에 대해 부연하는 말이 끼어들 때 쓴다.

　　　그 신동은 네 살에—보통 아이 같으면 천자문도 모를 나이에—벌써 시를 지었다.

(2) 앞의 말을 정정 또는 변명하는 말이 이어질 때 쓴다.

　　　어머님께 말했다가—아니, 말씀드렸다가—꾸중만 들었다.

　　　이건 내 것이니까—아니, 내가 처음 발견한 것이니까—절대로 양보할 수가 없다.

2. 붙임표(-)

(1) 사전, 논문 등에서 합성어를 나타낼 적에, 또는 접사나 어미임을 나타낼 적에 쓴다.

　　　겨울-나그네　　　　　　　불-구경　　　　　　　　　손-발
　　　휘-날리다　　　　　　　　슬기-롭다　　　　　　　　-(으)ㄹ걸

(2) 외래어와 고유어 또는 한자어가 결합되는 경우에 쓴다.

　　　나일론-실　　　다-장조　　　빛-에너지　　　염화-칼륨

3. 물결표(~)

(1) '내지'라는 뜻에 쓴다.

　　　9월 15일~9월 25일

(2) 어떤 말의 앞이나 뒤에 들어갈 말 대신 쓴다.

　　　새마을: ~운동　　~노래
　　　-가(家): 음악~　　미술~

Ⅵ. 드러냄표〔顯在符〕

1. 드러냄표(˚,˙)

• 이나 ˚를 가로쓰기에는 글자 위에, 세로쓰기에는 글자 오른쪽에 쓴다.

문장 내용 중에서 주의가 미쳐야 할 곳이나 중요한 부분을 특별히 드러내 보일 때 쓴다.

　　　한글의 본 이름은 훈민정음이다.

　　　중요한 것은 왜 사느냐가 아니라 어떻게 사느냐 하는 문제이다.

〔붙임〕 가로쓰기에서는 밑줄(＿, ～)을 치기도 한다.

　　　다음 보기에서 명사가 아닌 것은?

Ⅶ. 안드러냄표〔潛在符〕

1. 숨김표(××, ○○)

알면서도 고의로 드러내지 않음을 나타낸다.

(1) 금기어나 공공연히 쓰기 어려운 비속어의 경우, 그 글자의 수효만큼 쓴다.

　　배운 사람 입에서 어찌 ○○○란 말이 나올 수 있느냐?
　　그 말을 듣는 순간 ×××란 말이 목구멍까지 치밀었다.

(2) 비밀을 유지할 사항일 경우, 그 글자의 수효만큼 쓴다.

　　육군 ○○부대 ○○○명이 작전에 참가하였다.
　　그 모임의 참석자는 김××씨, 정××씨 등 5명이었다.

2. 빠짐표(□)

글자의 자리를 비워 둠을 나타낸다.

(1) 옛 비문이나 서적 등에서 글자가 분명하지 않을 때에 그 글자의 수효만큼 쓴다.

　　大師爲法主□□賴之大□薦(옛 비문)

(2) 글자가 들어가야 할 자리를 나타낼 때 쓴다.

　　훈민정음의 초성 중에서 아음(牙音)은 □□□의 석 자다.

3. 줄임표(……)

(1) 할 말을 줄였을 때에 쓴다.

　　"어디 나하고 한 번……."
　　하고 철수가 나섰다.

(2) 말이 없음을 나타낼 때에 쓴다.

　　"빨리 말해!"
　　"……."

표준어 규정

(문교부 고시 제88-2호 : 1988. 1. 19.)

제 1 부 표준어 사정 원칙

제 1 장 총   칙

제 1 항 표준어는 교양 있는 사람들이 두루 쓰는 현대 서울말로 정함을 원칙으로 한다.

제 2 항 외래어는 따로 사정한다.

제 2 장 발음 변화에 따른 표준어 규정

제 1 절 자   음

제 3 항 다음 단어들은 거센소리를 가진 형태를 표준어로 삼는다(ㄱ을 표준어로 삼고, ㄴ을 버림).

ㄱ	ㄴ	비 고
끄나풀	끄나불	
나팔-꽃	나발-꽃	
녘	녁	동~, 들~, 새벽~, 동틀~
부엌	부억	
살-쾡이	삵-괭이	
칸	간	1. ~막이, 빈 ~, 방 한 ~ 2. '초가삼간, 윗간'의 경우에는 '간'임.
털어-먹다	떨어-먹다	재물을 다 없애다.

제 4 항 다음 단어들은 거센소리로 나지 않는 형태를 표준어로 삼는다(ㄱ을 표준어로 삼고, ㄴ을 버림).

ㄱ	ㄴ	비 고
가을-갈이	가을-카리	
거시기	거시키	
분침	푼침	

제 5 항 어원에서 멀어진 형태로 굳어져서 널리 쓰이는 것은, 그것을 표준어로 삼는다(ㄱ을 표준어로 삼고, ㄴ을 버림).

ㄱ	ㄴ	비 고
강낭-콩	강남-콩	
고삿	고살	겉~, 속~

ㄱ	ㄴ	비 고
사글-세	삭월-세	'월세'는 표준어임.
울력-성당	위력-성당	떼를 지어서 으르고 협박하는 일

다만, 어원적으로 원형에 더 가까운 형태가 아직 쓰이고 있는 경우에는, 그것을 표준어로 삼는다(ㄱ을 표준어로 삼고, ㄴ을 버림).

ㄱ	ㄴ	비 고
갈비	가리	~구이, ~찜, 갈빗-대
갓모	갈모	1. 사기 만드는 물레 밑고리 2. '갈모'는 갓 위에 쓰는, 유지로 만든 우비
굴-젓	구-젓	
말-곁	말-겻	
물-수란	물-수랄	
밀-뜨리다	미-뜨리다	
적-이	저으기	적이-나, 적이나-하면
휴지	수지	

제6항 다음 단어들은 의미를 구별함이 없이, 한 가지 형태만을 표준어로 삼는다 (ㄱ을 표준어로 삼고, ㄴ을 버림).

ㄱ	ㄴ	비 고
돌	돐	생일, 주기
둘-째	두-째	'제2, 두 개째'의 뜻
셋-째	세-째	'제3, 세 개째'의 뜻
넷-째	네-째	'제4, 네 개째'의 뜻
빌리다	빌다	1. 빌려 주다, 빌려 오다. 2. '용서를 빌다'는 '빌다'임.

다만, '둘째'는 십 단위 이상의 서수사에 쓰일 때에 '두째'로 한다.

ㄱ	ㄴ	비 고
열두-째		열두 개째의 뜻은 '열둘째'로
스물두-째		스물두 개째의 뜻은 '스물둘째'로

제7항 수컷을 이르는 접두사는 '수-'로 통일한다(ㄱ을 표준어로 삼고, ㄴ을 버림).

ㄱ	ㄴ	비 고
수-꿩	수-퀑, 숫-꿩	'장끼'도 표준어임.
수-나사	숫-나사	
수-놈	숫-놈	
수-사돈	숫-사돈	
수-소	숫-소	'황소'도 표준어임.
수-은행나무	숫-은행나무	

다만 1. 다음 단어에서는 접두사 다음에서 나는 거센소리를 인정한다. 접두사 '암-'이 결합되는 경우에도 이에 준한다(ㄱ을 표준어로 삼고, ㄴ을 버림).

ㄱ	ㄴ	비 고
수-캉아지	숫-강아지	
수-캐	숫-개	

표준어 규정

ㄱ	ㄴ	비 고
수-컷	숫-것	
수-키와	숫-기와	
수-탉	숫-닭	
수-탕나귀	숫-당나귀	
수-톨쩌귀	숫-돌쩌귀	
수-돼지	숫-돼지	
수-평아리	숫-병아리	

다만 2. 다음 단어의 접두사는 '숫-'으로 한다(ㄱ을 표준어로 삼고, ㄴ을 버림).

ㄱ	ㄴ	비 고
숫-양	수-양	
숫-염소	수-염소	
숫-쥐	수-쥐	

제 2 절 모 음

제8항 양성 모음이 음성 모음으로 바뀌어 굳어진 다음 단어는 음성 모음 형태를 표준어로 삼는다(ㄱ을 표준어로 삼고, ㄴ을 버림).

ㄱ	ㄴ	비 고
깡충-깡충	깡총-깡총	큰말은 '껑충껑충'임.
-둥이	-동이	←童-이. 귀-, 막-, 선-, 쌍-, 검-, 바람-, 흰-
발가-숭이	발가-송이	센말은 '빨가숭이', 큰말은 '벌거숭이, 뻘거숭이'임.
보퉁이	보통이	
봉죽	봉족	←奉足. ~꾼, ~들다
뻗정-다리	뻗장-다리	
아서, 아서라	앗아, 앗아라	하지 말라고 금지하는 말
오뚝-이	오똑-이	부사도 '오뚝-이'임.
주추	주초	←柱礎. 주춧-돌

다만, 어원 의식이 강하게 작용하는 다음 단어에서는 양성 모음 형태를 그대로 표준어로 삼는다(ㄱ을 표준어로 삼고, ㄴ을 버림).

ㄱ	ㄴ	비 고
부조(扶助)	부주	~금, 부좃-술
사돈(査頓)	사둔	밭~, 안~
삼촌(三寸)	삼춘	시~, 외~, 처~

제9항 'ㅣ' 역행 동화 현상에 의한 발음은 원칙적으로 표준 발음으로 인정하지 아니하되, 다만 다음 단어들은 그러한 동화가 적용된 형태를 표준어로 삼는다(ㄱ을 표준어로 삼고, ㄴ을 버림).

ㄱ	ㄴ	비 고
-내기	-나기	서울-, 시골-, 신출-, 풋-
냄비	남비	
동댕이-치다	동당이-치다	

〔붙임 1〕 다음 단어는 'ㅣ' 역행 동화가 일어나지 아니한 형태를 표준어로 삼는다(ㄱ을 표준어로 삼고, ㄴ을 버림).

ㄱ	ㄴ	비 고
아지랑이	아지랭이	

〔붙임 2〕 기술자에게는 '-장이', 그 외에는 '-쟁이'가 붙는 형태를 표준어로 삼는다(ㄱ을 표준어로 삼고, ㄴ을 버림).

ㄱ	ㄴ	비 고
미장이	미쟁이	
유기장이	유기쟁이	
멋쟁이	멋장이	
소금쟁이	소금장이	
담쟁이-덩굴	담장이-덩굴	
골목쟁이	골목장이	
발목쟁이	발목장이	

제10항 다음 단어는 모음이 단순화한 형태를 표준어로 삼는다(ㄱ을 표준어로 삼고, ㄴ을 버림).

ㄱ	ㄴ	비 고
괴팍-하다	괴퍅-하다/괴팩-하다	
-구먼	-구면	
미루-나무	미류-나무	←美柳~
미륵	미력	←彌勒. ~보살, ~불, 돌~
여느	여늬	
온-달	왼-달	만 한 달
으레	으례	
케케-묵다	켸켸-묵다	
허우대	허위대	
허우적-허우적	허위적-허위적	허우적-거리다

제11항 다음 단어에서는 모음의 발음 변화를 인정하여, 발음이 바뀌어 굳어진 형태를 표준어로 삼는다(ㄱ을 표준어로 삼고, ㄴ을 버림).

ㄱ	ㄴ	비 고
-구려	-구료	
깍쟁이	깍정이	1. 서울~, 알~, 찰~ 2. 도토리, 상수리 등의 받침은 '깍정이'임.
나무라다	나무래다	
미수	미시	미숫-가루
바라다	바래다	'바램[所望]'은 비표준어임.
상추	상치	~쌈
시러베-아들	실업의-아들	
주책	주착	←主着. ~망나니, ~없다
지루-하다	지리-하다	←支離

ㄱ	ㄴ	비 고
튀기	트기	
허드레	허드래	허드렛-물, 허드렛-일
호루라기	호루루기	

제12항 '웃-' 및 '윗-'은 명사 '위'에 맞추어 '윗-'으로 통일한다(ㄱ을 표준어로 삼고, ㄴ을 버림).

ㄱ	ㄴ	비 고
윗-넓이	웃-넓이	
윗-눈썹	웃-눈썹	
윗-니	웃-니	
윗-당줄	웃-당줄	
윗-덧줄	웃-덧줄	
윗-도리	웃-도리	
윗-동아리	웃-동아리	준말은 '윗동'임.
윗-막이	웃-막이	
윗-머리	웃-머리	
윗-목	웃-목	
윗-몸	웃-몸	~ 운동
윗-바람	웃-바람	
윗-배	웃-배	
윗-벌	웃-벌	
윗-변	웃-변	수학 용어
윗-사랑	웃-사랑	
윗-세장	웃-세장	
윗-수염	웃-수염	
윗-입술	웃-입술	
윗-잇몸	웃-잇몸	
윗-자리	웃-자리	
윗-중방	웃-중방	

다만 1. 된소리나 거센소리 앞에서는 '위-'로 한다(ㄱ을 표준어로 삼고, ㄴ을 버림).

ㄱ	ㄴ	비 고
위-짝	웃-짝	
위-쪽	웃-쪽	
위-채	웃-채	
위-층	웃-층	
위-치마	웃-치마	
위-턱	웃-턱	~구름〔上層雲〕
위-팔	웃-팔	

다만 2. '아래, 위'의 대립이 없는 단어는 '웃-'으로 발음되는 형태를 표준어로 삼는다(ㄱ을 표준어로 삼고, ㄴ을 버림).

ㄱ	ㄴ	비 고
웃-국	윗-국	
웃-기	윗-기	
웃-돈	윗-돈	

ㄱ	ㄴ	비 고
웃-비	윗-비	~걷다
웃-어른	윗-어른	
웃-옷	윗-옷	

제13항 한자 '구(句)'가 붙어서 이루어진 단어는 '귀'로 읽는 것을 인정하지 아니하고, '구'로 통일한다(ㄱ을 표준어로 삼고, ㄴ을 버림).

ㄱ	ㄴ	비 고
구법(句法)	귀법	
구절(句節)	귀절	
구점(句點)	귀점	
결구(結句)	결귀	
경구(警句)	경귀	
경인구(警人句)	경인귀	
난구(難句)	난귀	
단구(短句)	단귀	
단명구(短命句)	단명귀	
대구(對句)	대귀	~법(對句法)
문구(文句)	문귀	
성구(成句)	성귀	~어(成句語)
시구(詩句)	시귀	
어구(語句)	어귀	
연구(聯句)	연귀	
인용구(引用句)	인용귀	
절구(絕句)	절귀	

다만, 다음 단어는 '귀'로 발음되는 형태를 표준어로 삼는다(ㄱ을 표준어로 삼고, ㄴ을 버림).

ㄱ	ㄴ	비 고
귀-글	구-글	
글-귀	글-구	

제3절 준 말

제14항 준말이 널리 쓰이고 본말이 잘 쓰이지 않는 경우에는, 준말만을 표준어로 삼는다(ㄱ을 표준어로 삼고, ㄴ을 버림).

ㄱ	ㄴ	비 고
귀찮다	귀치 않다	
김	기음	~매다
똬리	또아리	
무	무우	~강즙, ~말랭이, ~생채, 가랑~, 갓~, 왜~, 총각~
미다	무이다	1. 털이 빠져 살이 드러나다. 2. 찢어지다
뱀	배암	
뱀-장어	배암-장어	

ㄱ	ㄴ	비 고
빔	비음	설~, 생일~
샘	새암	~바르다, ~바리
생-쥐	새앙-쥐	
솔개	소리개	
온-갖	온-가지	
장사-치	장사-아치	

제15항 준말이 쓰이고 있더라도, 본말이 널리 쓰이고 있으면 본말을 표준어로 삼는다(ㄱ을 표준어로 삼고, ㄴ을 버림).

ㄱ	ㄴ	비 고
경황-없다	경-없다	
궁상-떨다	궁-떨다	
귀이-개	귀-개	
낌새	낌	
낙인-찍다	낙-하다/낙-치다	
내왕-꾼	냉-꾼	
돗-자리	돗	
뒤웅-박	뒝-박	
뒷물-대야	뒷-대야	
마구-잡이	막-잡이	
맵자-하다	맵자다	모양이 제격에 어울리다.
모이	모	
벽-돌	벽	
부스럼	부럼	정월 보름에 쓰는 '부럼'은 표준어임.
살얼음-판	살-판	
수두룩-하다	수둑-하다	
암-죽	암	
어음	엄	
일구다	일다	
죽-살이	죽-살	
퇴박-맞다	퇴-맞다	
한통-치다	통-치다	

〔붙임〕 다음과 같이 명사에 조사가 붙은 경우에도 이 원칙을 적용한다(ㄱ을 표준어로 삼고, ㄴ을 버림).

ㄱ	ㄴ	비 고
아래-로	알-로	

제16항 준말과 본말이 다 같이 널리 쓰이면서 준말의 효용이 뚜렷이 인정되는 것은, 두 가지를 다 표준어로 삼는다(ㄱ은 본말이며, ㄴ은 준말임).

ㄱ	ㄴ	비 고
거짓-부리	거짓-불	작은말은 '가짓부리, 가짓불'임.
노을	놀	저녁~
막대기	막대	
망태기	망태	

머무르다	머물다	모음 어미가 연결될 때에는 준말의 활용형을 인정하지 않음.
서두르다	서둘다	
서투르다	서툴다	
석새-삼베	석새-베	
시-누이	시-뉘/시-누	
오-누이	오-뉘/오-누	
외우다	외다	외우며, 외워: 외며, 외어
이기죽-거리다	이죽-거리다	
찌꺼기	찌끼	'찌꺽지'는 비표준어임.

제 4 절 단수 표준어

제17항 비슷한 발음의 몇 형태가 쓰일 경우, 그 의미에 아무런 차이가 없고 그 중 하나가 더 널리 쓰이면, 그 한 형태만을 표준어로 삼는다(ㄱ을 표준어로 삼고, ㄴ을 버림).

ㄱ	ㄴ	비 고
거든-그리다	거둥-그리다	1. 거든하게 거두어 싸다. 2. 작은말은 '가든-그리다'임.
구어-박다	구워-박다	사람이 한 군데서만 지내다.
귀-고리	귀엣-고리	
귀-띔	귀-틤	
귀-지	귀에-지	
까딱-하면	까땍-하면	
꼭두-각시	꼭둑-각시	
내색	나색	감정이 나타나는 얼굴빛
내숭-스럽다	내흉-스럽다	
냠냠-거리다	얌냠-거리다	냠냠-하다
냠냠-이	얌냠-이	
너〔四〕	네	~ 돈, ~ 말, ~ 발, ~ 푼
넉〔四〕	너/네	~ 냥, ~ 되, ~ 섬, ~ 자
다다르다	다닫다	
댑-싸리	대-싸리	
더부룩-하다	더뿌룩-하다/ 듬뿌룩-하다	
-던	-든	선택, 무관의 뜻을 나타내는 어미는 '-든'임.
-던가	-든가	가-든(지) 말-든(지), 보-든(가) 말-든(가)
-던걸	-든걸	
-던고	-든고	
-던데	-든데	
-던지	-든지	
-(으)려고	-(으)ㄹ려고/ -(으)ㄹ라고	
-(으)려야	-(으)ㄹ려야/ -(으)ㄹ래야	

ㄱ	ㄴ	비 고
망가-뜨리다	망그-뜨리다	
멸치	며루치/메리치	
반빗-아치	반비-아치	'반빗' 노릇을 하는 사람. 찬비(饌婢). '반비'는 밥짓는 일을 맡은 계집종
보습	보십/보섭	
본새	뽄새	
봉숭아	봉숭화	'봉선화'도 표준어임.
뺨-따귀	뺌-따귀/뺌-따구니	'뺨'의 비속어임.
뻐개다〔斫〕	뻐기다	두 조각으로 가르다.
뻐기다〔誇〕	뻐개다	뽐내다
사자-탈	사지-탈	
상-판대기	쌍-판대기	
서〔三〕	세/석	~ 돈, ~ 말, ~ 발, ~ 푼
석〔三〕	세	~ 냥, ~ 되, ~ 섬, ~ 자
설령(設令)	서령	
-습니다	-읍니다	먹습니다, 갔습니다, 없습니다, 있습니다, 좋습니다 모음 뒤에는 '-ㅂ니다'임.
시름-시름	시늠-시늠	
씀벅-씀벅	썸벅-썸벅	
아궁이	아궁지	
아내	안해	
어-중간	어지-중간	
오금-팽이	오금-탱이	
오래-오래	도래-도래	돼지 부르는 소리
-올시다	-올습니다	
옹골-차다	공골-차다	
우두커니	우두머니	작은말은 '오도카니'임.
잠-투정	잠-투세/잠-주정	
재봉-틀	자봉-틀	발~, 손~
짓-무르다	짓-물다	
짚-북데기	짚-북세기	'짚북더기'도 비표준어임.
쪽	짝	편(便). 이~, 그~, 저~ 다만, '아무-짝'은 '짝'임.
천장(天障)	천정	'천정부지(天井不知)'는 '천정'임.
코-맹맹이	코-맹녕이	
흉-업다	흉-헙다	

제 5 절 복수 표준어

제18항 다음 단어는 ㄱ을 원칙으로 하고, ㄴ도 허용한다.

ㄱ	ㄴ	비 고
네	예	
쇠-	소-	-가죽, -고기, -기름, -머리, -뼈
괴다	고이다	물이 ~. 밑을 ~.
꾀다	꼬이다	어린애를 ~. 벌레가 ~.

ㄱ	ㄴ	비 고
쐬다	쏘이다	바람을 ~.
죄다	조이다	나사를 ~.
쬐다	쪼이다	볕을 ~.

제 19 항 어감의 차이를 나타내는 단어 또는 발음이 비슷한 단어들이 다 같이 널리 쓰이는 경우에는, 그 모두를 표준어로 삼는다(ㄱ, ㄴ을 모두 표준어로 삼음).

ㄱ	ㄴ	비 고
거슴츠레-하다	게슴츠레-하다	
고까	꼬까	~신, ~옷
고린-내	코린-내	
교기(驕氣)	갸기	교만한 태도
구린-내	쿠린-내	
꺼림-하다	께름-하다	
나부랭이	너부렁이	

제 3 장 어휘 선택의 변화에 따른 표준어 규정

제 1 절 고 어

제 20 항 사어(死語)가 되어 쓰이지 않게 된 단어는 고어로 처리하고, 현재 널리 사용되는 단어를 표준어로 삼는다(ㄱ을 표준어로 삼고, ㄴ을 버림).

ㄱ	ㄴ	비 고
난봉	봉	
낭떠러지	낭	
설거지-하다	설겆다	
애달프다	애닯다	
오동-나무	머귀-나무	
자두	오얏	

제 2 절 한자어

제 21 항 고유어 계열의 단어가 널리 쓰이고 그에 대응되는 한자어 계열의 단어가 용도를 잃게 된 것은, 고유어 계열의 단어만을 표준어로 삼는다(ㄱ을 표준어로 삼고, ㄴ을 버림).

ㄱ	ㄴ	비 고
가루-약	말-약	
구들-장	방-돌	
길품-삯	보행-삯	
까막-눈	맹-눈	
꼭지-미역	총각-미역	
나뭇-갓	시장-갓	
늙-다리	노-타다리	
두껍-닫이	두껍-창	
떡-암죽	병-암죽	
마른-갈이	건-갈이	

ㄱ	ㄴ	비고
마른-빨래	건-빨래	
메-찰떡	반-찰떡	
박달-나무	배달-나무	
밥-소라	식-소라	큰 놋그릇
사래-논	사래-답	묘지기나 마름이 부쳐 먹는 땅
사래-밭	사래-전	
삯-말	삯-마	
성냥	화곽	
솟을-무늬	솟을-문(-紋)	
외-지다	벽-지다	
움-파	동-파	
잎-담배	잎-초	
잔-돈	잔-전	
조-당수	조-당죽	
죽데기	피-죽	'죽더기'도 비표준어임.
지겟-다리	목-발	지게 동발의 양쪽 다리
짐-꾼	부지-군(負持-)	
푼-돈	분-전/푼-전	
흰-말	백-말/부루-말	'백마'는 표준어임.
흰-죽	백-죽	

제 22 항 고유어 계열의 단어가 생명력을 잃고 그에 대응되는 한자어 계열의 단어가 널리 쓰이면, 한자어 계열의 단어를 표준어로 삼는다(ㄱ을 표준어로 삼고, ㄴ을 버림).

ㄱ	ㄴ	비고
개다리-소반	개다리-밥상	
겸-상	맞-상	
고봉-밥	높은-밥	
단-벌	홑-벌	
마방-집	마바리-집	馬房~
민망-스럽다/면구-스럽다	민주-스럽다	
방-고래	구들-고래	
부항-단지	뜸-단지	
산-누에	멧-누에	
산-줄기	멧-줄기/멧-발	
수-삼	무-삼	
심-돋우개	불-돋우개	
양-파	둥근-파	
어질-병	어질-머리	
윤-달	군-달	
장력-세다	장성-세다	
제-석	젯-돗	
총각-무	알-무/알타리-무	
칫-솔	잇-솔	
포수	총-댕이	

제 3 절 방 언

제 23 항 방언이던 단어가 표준어보다 더 널리 쓰이게 된 것은, 그것을 표준어로 삼는다. 이 경우, 원래의 표준어는 그대로 표준어로 남겨 두는 것을 원칙으로 한다(ㄱ을 표준어로 삼고, ㄴ도 표준어로 남겨 둠).

ㄱ	ㄴ	비 고
멍게	우렁쉥이	
물-방개	선두리	
애-순	어린-순	

제 24 항 방언이던 단어가 널리 쓰이게 됨에 따라 표준어이던 단어가 안 쓰이게 된 것은, 방언이던 단어를 표준어로 삼는다(ㄱ을 표준어로 삼고, ㄴ을 버림).

ㄱ	ㄴ	비 고
귀밑-머리	귓-머리	
까-뭉개다	까-무느다	
막상	마기	
빈대-떡	빈자-떡	
생인-손	생안-손	준말은 '생-손'임.
역-겹다	역-스럽다	
코-주부	코-보	

제 4 절 단수 표준어

제 25 항 의미가 똑같은 형태가 몇 가지 있을 경우, 그 중 어느 하나가 압도적으로 널리 쓰이면, 그 단어만을 표준어로 삼는다(ㄱ을 표준어로 삼고, ㄴ을 버림).

ㄱ	ㄴ	비 고
-게끔	-게시리	
겸사-겸사	겸지-겸지/겸두-겸두	
고구마	참-감자	
고치다	낫우다	병을 ~.
골목-쟁이	골목-자기	
광주리	광우리	
괴통	호구	자루를 박는 부분
국-물	멀-국/말-국	
군-표	군용-어음	
길-잡이	길-앞잡이	'길라잡이'도 표준어임.
까다롭다	까닭-스럽다/까탈-스럽다	
까치-발	까치-다리	선반 따위를 받치는 물건
꼬창-모	말뚝-모	꼬챙이로 구멍을 뚫으면서 심는 모
나룻-배	나루	'나루〔津〕'는 표준어임.
납-도리	민-도리	

농-지거리	기롱-지거리	다른 의미의 '기롱지거리'는 표준어임.
다사-스럽다	다사-하다	간섭을 잘 하다.
다오	다구	이리 ~.
담배-꽁초	담배-꼬투리/담배-꽁치/담배-꽁추	
담배-설대	대-설대	
대장-일	성냥-일	
뒤져-내다	뒤어-내다	
뒤통수-치다	뒤꼭지-치다	
등-나무	등-칡	
등-때기	등-떠리	'등'의 낮은 말
등잔-걸이	등경-걸이	
떡-보	떡-충이	
똑딱-단추	딸꼭-단추	
매-만지다	우미다	
먼-발치	먼-발치기	
며느리-발톱	뒷-발톱	
명주-붙이	주-사니	
목-메다	목-맺히다	
밀짚-모자	보릿짚-모자	
바가지	열-바가지/열-박	
바람-꼭지	바람-고다리	튜브의 바람을 넣는 구멍에 붙은, 쇠로 만든 꼭지
반-나절	나절-가웃	
반두	독대	그물의 한 가지
버젓-이	뉘연-히	
본-받다	법-받다	
부각	다시마-자반	
부끄러워-하다	부끄리다	
부스러기	부스럭지	
부지깽이	부지팽이	
부항-단지	부항-항아리	부스럼에서 피고름을 빨아 내기 위하여 부항을 붙이는 데 쓰는 자그마한 단지
붉으락-푸르락	푸르락-붉으락	
비켜-덩이	옆-사리미	김맬 때에 흙덩이를 옆으로 빼내는 일, 또는 그 흙덩이
빙충-이	빙충-맞이	작은말은 '뱅충이'
빠-뜨리다	빠-치다	'빠트리다'도 표준어임.
뻣뻣-하다	왜긋다	
뽐-내다	느물다	
사로-잠그다	사로-채우다	자물쇠나 빗장 따위를 반 정도만 걸어 놓다.
살-풀이	살-막이	
상투-쟁이	상투-꼬부랑이	상투 튼 이를 놀리는 말
새앙-손이	생강-손이	
샛-별	새벽-별	
선-머슴	풋-머슴	

섭섭-하다	애운-하다	
속-말	속-소리	국악 용어 '속소리'는 표준어임.
손목-시계	팔목-시계/팔뚝-시계	
손-수레	손-구루마	'구루마'는 일본어임.
쇠-고랑	고랑-쇠	
수도-꼭지	수도-고동	
숙성-하다	숙-지다	
순대	골집	
술-고래	술-꾸러기/술-부대/술-보/술-푸대	
식은-땀	찬-땀	
신기-롭다	신기-스럽다	'신기-하다'도 표준어임.
쌍동-밤	쪽-밤	
쏜살-같이	쏜살-로	
아주	영판	
안-걸이	안-낚시	씨름 용어
안다미-씌우다	안다미-시키다	제가 담당할 책임을 남에게 넘기다.
안쓰럽다	안-슬프다	
안절부절-못하다	안절부절-하다	
앉은뱅이-저울	앉은-저울	
알-사탕	구슬-사탕	
암-내	곁땀-내	
앞-지르다	따라-먹다	
애-벌레	어린-벌레	
얕은-꾀	물탄-꾀	
언뜻	펀뜻	
언제나	노다지	
얼룩-말	워라-말	
-에는	-엘랑	
열심-히	열심-으로	
입-담	말-담	
자배기	너벅지	
전봇-대	전선-대	
주책-없다	주책-이다	'주착→주책'은 세 11 항 참조
쥐락-펴락	펴락-쥐락	
-지만	-지만서도	←-지마는
짓고-땡	지어-땡/짓고-땡이	
짧은-작	짜른-작	
찹-쌀	이-찹쌀	
청대-콩	푸른-콩	
칡-범	갈-범	

제 5 절 복수 표준어

제 26 항 한 가지 의미를 나타내는 형태 몇 가지가 널리 쓰이며 표준어 규정에 맞으면, 그 모두를 표준어로 삼는다.

복수 표준어	비 고
가는-허리/잔-허리	
가락-엿/가래-엿	
가뭄/가물	
가엾다/가엽다	가엾어/가여워, 가엾은/가여운
감감-무소식/감감-소식	
개수-통/설거지-통	'설겆다'는 '설거지-하다'로
개숫-물/설거지-물	
갱-엿/검은-엿	
-거리다/-대다	가물-, 출렁-
거위-배/횟-배	
것/해	내 ~, 네 ~, 뉘 ~
게을러-빠지다/게을러-터지다	
고깃-간/푸줏-간	'고깃-관, 푸줏-관, 다림-방'은 비표준어임.
곰곰/곰곰-이	
관계-없다/상관-없다	
교정-보다/준-보다	
구들-재/구재	
귀퉁-머리/귀퉁-배기	'귀퉁이'의 비어임.
극성-떨다/극성-부리다	
기세-부리다/기세-피우다	
기승-떨다/기승-부리다	
깃-저고리/배내-옷/배냇-저고리	
까까-중/중-대가리	'까까중이'는 비표준어임.
꼬까/때때/고까	~신, ~옷
꼬리-별/살-별	
꽃-도미/붉-돔	
나귀/당-나귀	
날-걸/세-뿔	윷판의 쨀밭 다음의 셋째 밭
내리-글씨/세로-글씨	
넝쿨/덩굴	'덩쿨'은 비표준어임.
녘/쪽	동~, 서~
눈-대중/눈-어림/눈-짐작	
느리-광이/느림-보/늘-보	
늦-모/마냥-모	← 만이앙-모
다기-지다/다기-차다	
다달-이/매-달	
-다마다/-고말고	
다박-나룻/다박-수염	
닭의-장/닭-장	
댓-돌/툇-돌	
덧-창/겉-창	
독장-치다/독판-치다	
동자-기둥/쪼구미	
돼지-감자/뚱딴지	

되우/된통/되게	
두동-무니/두동-사니	윷놀이에서, 두 동이 한데 어울려 가는 말
뒷-갈망/뒷-감당	
뒷-말/뒷-소리	
들락-거리다/들랑-거리다	
들락-날락/들랑-날랑	
딴-전/딴-청	
땅-콩/호-콩	
땔-감/땔-거리	
-뜨리다/-트리다	깨-, 떨어-, 쏟-
뜬-것/뜬-귀신	
마룻-줄/용총-줄	돛대에 매어 놓은 줄. '이어줄'은 비표준어임.
마-파람/앞-바람	
만장-판/만장-중(滿場中)	
만큼/만치	
말-동무/말-벗	
매-갈이/매-조미	
매-통/목-매	
먹-새/먹음-새	'먹음-먹이'는 비표준어임.
멀찌감치/멀찌가니/멀찍이	
멱통/산-멱/산-멱통	
면-치레/외면-치레	
모-내다/모-심다	모-내기/모-심기
모쪼록/아무쪼록	
목판-되/모-되	
목화-씨/면화-씨	
무심-결/무심-중	
물-봉숭아/물-봉선화	
물-부리/빨-부리	
물-심부름/물-시중	
물추리-나무/물추리-막대	
물-타작/진 타작	
민둥-산/벌거숭이-산	
밑-층/아래-층	
바깥-벽/밭-벽	
바른/오른[右]	~손, ~쪽, ~편
발-모가지/발-목쟁이	'발목'의 비속어임.
버들-강아지/버들-개지	
벌레/버러지	'벌거지, 버러지'는 비표준어임.
변덕-스럽다/변덕-맞다	
보-조개/볼-우물	
보통-내기/여간-내기/예사내기	'행-내기'는 비표준어임.
볼-따구니/볼-통이/볼-때기	'볼'의 비속어임.
부침개-질/부침-질/지짐-질	'부치개-질'은 비표준어임.
불똥-앉다/등화-지다/등화앉다	

불-사르다/사르다	
비발/비용(費用)	
뽀두라지/뽀루지	
살-쾡이/삵	삵-피
삽살-개/삽사리	
상두-꾼/상여-꾼	'상도-꾼, 향도-꾼'은 비표준어임.
상-씨름/소-걸이	
생/새앙/생강	
생-뿔/새앙-뿔/생강-뿔	'쇠뿔'의 형용
생-철/양-철	1. '서양-철'은 비표준어임.
	2. '生鐵'은 '무쇠'임.
서럽다/섧다	'설다'는 비표준어임.
서방-질/화냥-질	
성글다/성기다	
-(으)세요/-(으)셔요	
송이/송이-버섯	
수수-깡/수숫-대	
술-안주/안주	
-스레하다/-스름하다	거무-, 발그-
시늉-말/흉내-말	
시새/세사(細沙)	
신/신발	
신주-보/독보(櫝褓)	
심술-꾸러기/심술-쟁이	
쏩쓰레-하다/쏩쓰름-하다	
아귀-세다/아귀-차다	
아래-위/위-아래	
아무튼/어떻든/어쨌든/하여튼/여하튼	
앉음-새/앉음-앉음	
알은-척/알은-체	
애-갈이/애벌-갈이	
애꾸눈-이/외눈-박이	'외대-박이, 외눈-퉁이'는 비표준어임.
양념-감/양념-거리	
어금버금-하다/어금지금-하다	
어기여차/어여차	
어림-잡다/어림-치다	
어이-없다/어처구니-없다	
어저께/어제	
언덕-바지/언덕-배기	
얼렁-뚱땅/엄벙-뗑	
여왕-벌/장수-벌	
여쭈다/여쭙다	
여태/입때	'여직'은 비표준어임.
여태-껏/이제-껏/입때-껏	'여직-껏'은 비표준어임.
역성-들다/역성-하다	'편역-들다'는 비표준어임.
연-달다/잇-달다	
엿-가락/엿-가래	

엿-기름/엿-길금	
엿-반대기/엿-자박	
오사리-잡놈/오색-잡놈	'오합-잡놈'은 비표준어임.
옥수수/강냉이	~떡, ~묵, ~밥, ~튀김
왕골-기직/왕골-자리	
외겹-실/외올-실/홑-실	'홑겹-실, 올-실'은 비표준어임.
외손-잡이/한손-잡이	
욕심-꾸러기/욕심-쟁이	
우레/천둥	우렛-소리/천둥-소리
우지/울-보	
을러-대다/을러-메다	
의심-스럽다/의심-쩍다	
-이에요/-이어요	
이틀-거리/당-고금	학질의 일종임.
일일-이/하나-하나	
일찌감치/일찌거니	
입찬-말/입찬-소리	
자리-옷/잠-옷	
자물-쇠/자물-통	
장가-가다/장가-들다	'서방-가다'는 비표준어임.
재롱-떨다/재롱-부리다	
제-가끔/제-각기	
좀-처럼/좀-체	'좀-체로, 좀-해선, 좀-해'는 비표준어임.
줄-꾼/줄-잡이	
중신/중매	
짚-단/짚-뭇	
쪽/편	오른~, 왼~
차차/차츰	
책-씻이/책-거리	
척/체	모르는 ~, 잘난 ~
천연덕-스럽다/천연-스럽다	
철-따구니/철-딱서니/철-딱지	'철-때기'는 비표준어임.
추어-올리다/추어-주다	'추켜-올리다'는 비표준어임.
축-가다/축-나다	
침-놓다/침-주다	
통-꼭지/통-젖	통에 붙은 손잡이
파자-쟁이/해자-쟁이	점치는 이
편지-투/편지-틀	
한턱-내다/한턱-하다	
해웃-값/해웃-돈	'해우-차'는 비표준어임.
혼자-되다/홀로-되다	
흠-가다/흠-나다/흠-지다	

제 2 부 표준 발음법

제 1 장 총 칙

제 1 항 표준 발음법은 표준어의 실제 발음을 따르되, 국어의 전통성과 합리성을 고려하여 정함을 원칙으로 한다.

제 2 장 자음과 모음

제 2 항 표준어의 자음은 다음 19 개로 한다.

ㄱ ㄲ ㄴ ㄷ ㄸ ㄹ ㅁ ㅂ ㅃ ㅅ ㅆ ㅇ ㅈ ㅉ ㅊ ㅋ ㅌ ㅍ ㅎ

제 3 항 표준어의 모음은 다음 21 개로 한다.

ㅏ ㅐ ㅑ ㅒ ㅓ ㅔ ㅕ ㅖ ㅗ ㅘ ㅙ ㅚ ㅛ ㅜ ㅝ ㅞ ㅟ ㅠ ㅡ ㅢ ㅣ

제 4 항 'ㅏ ㅐ ㅓ ㅔ ㅗ ㅚ ㅜ ㅟ ㅡ ㅣ'는 단모음(單母音)으로 발음한다.
〔붙임〕'ㅚ, ㅟ'는 이중 모음으로 발음할 수 있다.

제 5 항 'ㅑ ㅒ ㅕ ㅖ ㅘ ㅙ ㅛ ㅝ ㅞ ㅠ ㅢ'는 이중 모음으로 발음한다.
다만 1. 용언의 활용형에 나타나는 '져, 쪄, 쳐'는 [저, 쩌, 처]로 발음한다.
　　가지어→가져[가저]　　찌어→쪄[쩌]　　다치어→다쳐[다처]
다만 2. '예, 례' 이외의 'ㅖ'는 [ㅔ]로도 발음한다.
　　계집[계:집/게:집]　　　계시다[계:시다/게:시다]
　　시계[시계/시게](時計)　연계[연계/연게](連繫)
　　메별[메별/메별](袂別)　개폐[개폐/개페](開閉)
　　혜택[혜:택/헤:택](惠澤)　지혜[지혜/지헤](智慧)
다만 3. 자음을 첫소리로 가지고 있는 음절의 'ㅢ'는 [ㅣ]로 발음한다.
　　늴리리 닝큼 무늬 띄어쓰기 씌어 틔어 희어 희떱다 희망 유희
다만 4. 단어의 첫 음절 이외의 '의'는 [ㅣ]로, 조사 '의'는 [ㅔ]로 발음함도 허용한다.
　　주의[주의/주이]　　　협의[혀븨/혀비]
　　우리의[우리의/우리에]　강의의[강:의의/강:이에]

제 3 장 소리의 길이

제 6 항 모음의 장단을 구별하여 발음하되, 단어의 첫 음절에서만 긴소리가 나타나는 것을 원칙으로 한다.
(1) 눈보라[눈:보라]　　말씨[말:씨]　　밤나무[밤:나무]
　　멀리[멀:리]　　　벌리다[벌:리다]　　　　　많다[만:타]
(2) 첫눈[천눈]　　　참말[참말]　　쌍동밤[쌍동밤]　수많이[수:마니]
　　눈멀다[눈멀다]　떠벌리다[떠벌리다]
다만, 합성어의 경우에는 둘째 음절 이하에서도 분명히 긴소리를 인정한다.
　　반신반의[반:신 바:늬/반:신 바:니]　　재삼재사[재:삼 재:사]
〔붙임〕 용언의 단음절 어간에 어미 '-아/-어'가 결합되어 한 음절로 축약되는 경우에도 긴소리로 발음한다.
　　보아→봐[봐:]　기어→겨[겨:]　되어→돼[돼:]　두어→둬[둬:]　하여→해[해:]
다만, '오아→와, 지어→져, 찌어→쪄, 치어→쳐' 등은 긴소리로 발음하지 않는다.

제7항 긴소리를 가진 음절이라도, 다음과 같은 경우에는 짧게 발음한다.
1. 단음절인 용언 어간에 모음으로 시작된 어미가 결합되는 경우
   감다[감:따]-감으니[가므니]   밟다[밥:따]-밟으면[발브면]
   신다[신:따]-신어[시너]   알다[알:다]-알아[아라]
   다만, 다음과 같은 경우에는 예외적이다.
   끌다[끌:다]-끌어[끄:러]   떫다[떨:따]-떫은[떨:븐]
   벌다[벌:다]-벌어[버:러]   썰다[썰:다]-썰어[써:러]
   없다[업:따]-없으니[업:쓰니]
2. 용언 어간에 피동, 사동의 접미사가 결합되는 경우
   감다[감:따]-감기다[감기다]   꼬다[꼬:다]-꼬이다[꼬이다]
   밟다[밥:따]-밟히다[발피다]
   다만, 다음과 같은 경우에는 예외적이다.
   끌리다[끌:리다]   벌리다[벌:리다]   없애다[업:쌔다]
〔붙임〕 다음과 같은 합성어에서는 본디의 길이에 관계 없이 짧게 발음한다.
   밀-물   썰-물   쏜-살-같이   작은-아버지

제4장 받침의 발음

제8항 받침소리로는 'ㄱ, ㄴ, ㄷ, ㄹ, ㅁ, ㅂ, ㅇ'의 7개 자음만 발음한다.

제9항 받침 'ㄲ, ㅋ', 'ㅅ, ㅆ, ㅈ, ㅊ, ㅌ', 'ㅍ'은 어말 또는 자음 앞에서 각각 대표음[ㄱ, ㄷ, ㅂ]으로 발음한다.
   닦다[닥따]   키읔[키윽]   키읔과[키윽꽈]   옷[옫]
   웃다[욷:따]   있다[읻따]   젖[젇]   빚다[빋따]
   꽃[꼳]   쫓다[쫃따]   솥[솓]   뱉다[밷:따]
   앞[압]   덮다[덥따]

제10항 겹받침 'ㄳ', 'ㄵ', 'ㄼ, ㄳ, ㄾ', 'ㅄ'은 어말 또는 자음 앞에서 각각 [ㄱ, ㄴ, ㄹ, ㅂ]으로 발음한다.
   넋[넉]   넋과[넉꽈]   앉다[안따]   여덟[여덜]
   넓다[널따]   외곬[외골]   핥다[할따]   값[갑]
   없다[업:따]
   다만, '밟-'은 자음 앞에서 [밥]으로 발음하고, '넓-'은 다음과 같은 경우에 [넙]으로 발음한다.
   (1) 밟다[밥:따]   밟소[밥:쏘]   밟지[밥:찌]   밟는[밥:는→밤:는]
       밟게[밥:께]   밟고[밥:꼬]
   (2) 넓-죽하다[넙쭈카다]   넓-둥글다[넙뚱글다]

제11항 겹받침 'ㄺ, ㄻ, ㄿ'은 어말 또는 자음 앞에서 각각 [ㄱ, ㅁ, ㅂ]으로 발음한다.
   닭[닥]   흙과[흑꽈]   맑다[막따]   늙지[늑찌]
   삶[삼:]   젊다[점:따]   읊고[읍꼬]   읊다[읍따]
   다만, 용언의 어간 말음 'ㄺ'은 'ㄱ' 앞에서 [ㄹ]로 발음한다.
   맑게[말께]   묽고[물꼬]   얽거나[얼꺼나]

제12항 받침 'ㅎ'의 발음은 다음과 같다.
1. 'ㅎ(ㄶ, ㅀ)' 뒤에 'ㄱ, ㄷ, ㅈ'이 결합되는 경우에는, 뒤 음절 첫소리와 합쳐서 [ㅋ, ㅌ, ㅊ]으로 발음한다.

놓고[노코]	좋던[조:턴]	쌓지[싸치]	많고[만:코]
않던[안턴]	닳지[달치]		

〔붙임 1〕 받침 'ㄱ(ㄺ), ㄷ, ㅂ(ㄼ), ㅈ(ㄵ)'이 뒤 음절 첫소리 'ㅎ'과 결합되는 경우에도, 역시 두 소리를 합쳐서 [ㅋ, ㅌ, ㅍ, ㅊ]으로 발음한다.

각하[가카]	먹히다[머키다]	밝히다[발키다]	맏형[마텽]
좁히다[조피다]	넓히다[널피다]	꽂히다[꼬치다]	앉히다[안치다]

〔붙임 2〕 규정에 따라 'ㄷ'으로 발음되는 'ㅅ, ㅈ, ㅊ, ㅌ'의 경우에도 이에 준한다.

옷 한 벌[오탄벌]	낮 한때[나탄때]	꽃 한 송이[꼬탄송이]	숱하다[수타다]

2. 'ㅎ(ㄶ, ㅀ)' 뒤에 'ㅅ'이 결합되는 경우에는, 'ㅅ'을 [ㅆ]으로 발음한다.

닿소[다쏘]	많소[만:쏘]	싫소[실쏘]

3. 'ㅎ' 뒤에 'ㄴ'이 결합되는 경우에는 [ㄴ]으로 발음한다.

놓는[논는] 쌓네[싼네]

〔붙임〕 'ㄶ, ㅀ' 뒤에 'ㄴ'이 결합되는 경우에는, 'ㅎ'을 발음하지 않는다.

않네[안네]	뚫네[뚤네→뚤레]	뚫는[뚤는→뚤른]
않는[안는]		

* '뚫네[뚤네→뚤레], 뚫는[뚤는→뚤른]'에 대해서는 제 20 항 참조

4. 'ㅎ(ㄶ, ㅀ)' 뒤에 모음으로 시작된 어미나 접미사가 결합되는 경우에는, 'ㅎ'을 발음하지 않는다.

낳은[나은]	놓아[노아]	쌓이다[싸이다]	많아[마:나]
않은[아는]	닳아[다라]	싫어도[시러도]	

제 13 항 홑받침이나 쌍받침이 모음으로 시작된 조사나 어미, 접미사와 결합되는 경우에는, 제 음가대로 뒤 음절 첫소리로 옮겨 발음한다.

깎아[까까]	옷이[오시]	있어[이써]	낮이[나지]
꽂아[꼬자]	꽃을[꼬츨]	쫓아[쪼차]	밭에[바테]
앞으로[아프로]	덮이다[더피다]		

제 14 항 겹받침이 모음으로 시작된 조사나 어미, 접미사와 결합되는 경우에는 뒤엣것만을 뒤 음절 첫소리로 옮겨 발음한다(이 경우, 'ㅅ'은 된소리로 발음함).

넋이[넉씨]	앉아[안자]	닭을[달글]	젊어[절머]
곬이[골씨]	핥아[할타]	읊어[을퍼]	값을[갑쓸]
없어[업:써]			

제 15 항 받침 뒤에 모음 'ㅏ, ㅓ, ㅗ, ㅜ, ㅟ'들로 시작되는 실질 형태소가 연결되는 경우에는, 대표음으로 바꾸어서 뒤 음절 첫소리로 옮겨 발음한다.

밭 아래[바다래]	늪 앞[느밥]	젖어미[저더미]	맛없다[마덥따]
겉옷[거돋]	헛웃음[허두슴]	꽃 위[꼬뒤]	

다만, '맛있다, 멋있다'는 [마싣따], [머싣따]로도 발음할 수 있다.

〔붙임〕 겹받침의 경우에는, 그 중 하나만을 옮겨 발음한다.

넋 없다[너겁따]	닭 앞에[다가페]	값어치[가버치]	값있는[가빈는]

제 16 항 한글 자모의 이름은 그 받침소리를 연음하되, 'ㄷ, ㅈ, ㅊ, ㅋ, ㅌ, ㅍ, ㅎ'의 경우에는 특별히 다음과 같이 발음한다.

디귿이[디그시]	디귿을[디그슬]	디귿에[디그세]
지읒이[지으시]	지읒을[지으슬]	지읒에[지으세]
치읓이[치으시]	치읓을[치으슬]	치읓에[치으세]
키읔이[키으기]	키읔을[키으글]	키읔에[키으게]
티읕이[티으시]	티읕을[티으슬]	티읕에[티으세]
피읖이[피으비]	피읖을[피으블]	피읖에[피으베]
히읗이[히으시]	히읗을[히으슬]	히읗에[히으세]

제 5 장 소리의 동화

제 17 항 받침 'ㄷ, ㅌ(ㄾ)'이 조사나 접미사의 모음 'ㅣ'와 결합되는 경우에는, [ㅈ, ㅊ]으로 바꾸어서 뒤 음절 첫소리로 옮겨 발음한다.

곧이듣다[고지듣따]   굳이[구지]   미닫이[미다지]
땀받이[땀바지]   밭이[바치]   벼훑이[벼훌치]

〔붙임〕 'ㄷ' 뒤에 접미사 '히'가 결합되어 '티'를 이루는 것은 [치]로 발음한다.
굳히다[구치다]   닫히다[다치다]   묻히다[무치다]

제 18 항 받침 'ㄱ(ㄲ, ㅋ, ㄳ, ㄺ), ㄷ(ㅅ, ㅆ, ㅈ, ㅊ, ㅌ, ㅎ), ㅂ(ㅍ, ㄼ, ㄿ, ㅄ)'은 'ㄴ, ㅁ' 앞에서 [ㅇ, ㄴ, ㅁ]으로 발음한다.

먹는[멍는]   국물[궁물]   깎는[깡는]   키읔만[키응만]
몫몫이[몽목씨]   긁는[긍는]   흙만[흥만]   닫는[단는]
짓는[진:는]   옷맵시[온맵씨]   있는[인는]   맞는[만는]
젖멍울[전멍울]   쫓는[쫀는]   꽃망울[꼰망울]   붙는[분는]
놓는[논는]   잡는[잠는]   밥물[밤물]   앞마당[암마당]
밟는[밤:는]   읊는[음는]   없는[엄:는]   값매다[감매다]

〔붙임〕 두 단어를 이어서 한 마디로 발음하는 경우에도 이와 같다.
책 넣는다[챙넌는다]   흙 말리다[흥말리다]   옷 맞추다[온마추다]
밥 먹는다[밤멍는다]   값 매기다[감매기다]

제 19 항 받침 'ㅁ, ㅇ' 뒤에 연결되는 'ㄹ'은 [ㄴ]으로 발음한다.

담력[담:녁]   침략[침:냑]   강릉[강능]   항로[항:노]
대통령[대:통녕]

〔붙임〕 받침 'ㄱ, ㅂ' 뒤에 연결되는 'ㄹ'도 [ㄴ]으로 발음한다.
막론[막논→망논]   백리[백니→뱅니]   협력[협녁→혐녁]   십리[십니→심니]

제 20 항 'ㄴ'은 'ㄹ'의 앞이나 뒤에서 [ㄹ]로 발음한다.

(1) 난로[날:로]   신라[실라]   천리[철리]   광한루[광:할루]
   대관령[대:괄령]
(2) 칼날[칼랄]   물난리[물랄리]   줄넘기[줄럼끼]   할는지[할른지]

〔붙임〕 첫소리 'ㄴ'이 'ㄶ', 'ㄾ' 뒤에 연결되는 경우에도 이에 준한다.
닳는[달른]   뚫는[뚤른]   핥네[할레]

다만, 다음과 같은 단어들은 'ㄹ'을 [ㄴ]으로 발음한다.
의견란[의:견난]   임진란[임:진난]   생산량[생산냥]
결단력[결딴녁]   공권력[공꿘녁]   동원령[동:원녕]
상견례[상견녜]   횡단로[횡단노]   이원론[이:원논]
입원료[이붠뇨]   구근류[구근뉴]

제 21 항 위에서 지적한 이외의 자음 동화는 인정하지 않는다.

감기[감:기](×[강:기])   옷감[옫깜](×[옥깜])
있고[읻꼬](×[익꼬])   꽃길[꼳낄](×[꼭낄])
젖먹이[전머기](×[점머기])   문법[문뻡](×[뭄뻡])
꽃밭[꼳빧](×[꼽빧])

제 22 항 다음과 같은 용언의 어미는 [어]로 발음함을 원칙으로 하되, [여]로 발음함도 허용한다.

되어[되어/되여]   피어[피어/피여]

〔붙임〕 '이오, 아니오'도 이에 준하여 [이요, 아니요]로 발음함도 허용한다.

제 6 장 된소리되기

제 23 항 받침 'ㄱ(ㄲ, ㅋ, ㄱㅅ, ㄹㄱ), ㄷ(ㅅ, ㅆ, ㅈ, ㅊ, ㅌ), ㅂ(ㅍ, ㄹㅂ, ㄹㅍ, ㅄ)' 뒤에 연결되는 'ㄱ, ㄷ, ㅂ, ㅅ, ㅈ'은 된소리로 발음한다.

국밥[국빱]　　　　깎다[깍따]　　　　넋받이[넉빠지]　　　　삯돈[삭똔]
닭장[닥짱]　　　　칡범[칙뻠]　　　　뻗대다[뻗때다]　　　　옷고름[옫꼬름]
있던[읻떤]　　　　꽂고[꼳꼬]　　　　꽃다발[꼳따발]　　　　낯설다[낟썰다]
밭갈이[받까리]　　솥전[솓쩐]　　　　곱돌[곱똘]　　　　　　덮개[덥깨]
옆집[엽찝]　　　　넓죽하다[넙쭈카다]　읊조리다[읍쪼리다]　　값지다[갑찌다]

제 24 항 어간 받침 'ㄴ(ㄴㅈ), ㅁ(ㄹㅁ)' 뒤에 결합되는 어미의 첫소리 'ㄱ, ㄷ, ㅅ, ㅈ'은 된소리로 발음한다.

신고[신ː꼬]　　　　껴안다[껴안따]　　　앉고[안꼬]　　　　　얹다[언따]
삼고[삼ː꼬]　　　　더듬지[더듬찌]　　　닮고[담ː꼬]　　　　젊지[점ː찌]

다만, 피동, 사동의 접미사 '-기-'는 된소리로 발음하지 않는다.

안기다　　　감기다　　　굶기다　　　옮기다

제 25 항 어간 받침 'ㄹㅂ, ㄹㅌ' 뒤에 결합되는 어미의 첫소리 'ㄱ, ㄷ, ㅅ, ㅈ'은 된소리로 발음한다.

넓게[널께]　　　　핥다[할따]　　　　훑소[훌쏘]　　　　떫지[떨ː찌]

제 26 항 한자어에서, 'ㄹ' 받침 뒤에 연결되는 'ㄷ, ㅅ, ㅈ'은 된소리로 발음한다.

갈등[갈뜽]　　　　발동[발똥]　　　　절도[절또]　　　　말살[말쌀]
불소[불쏘](弗素)　일시[일씨]　　　　갈증[갈쯩]　　　　물질[물찔]
발전[발쩐]　　　　몰상식[몰쌍식]　　불세출[불쎄출]

다만, 같은 한자가 겹쳐진 단어의 경우에는 된소리로 발음하지 않는다.

허허실실[허허실실](虛虛實實)　　절절-하다[절절하다](切切-)

제 27 항 관형사형 '-(으)ㄹ' 뒤에 연결되는 'ㄱ, ㄷ, ㅂ, ㅅ, ㅈ'은 된소리로 발음한다.

할 것을[할꺼슬]　　　갈 데가[갈떼가]　　　할 바를[할빠를]
할 수는[할쑤는]　　　할 적에[할쩌게]　　　갈 곳[갈꼳]
할 도리[할또리]　　　만날 사람[만날싸람]

다만, 끊어서 말할 적에는 예사소리로 발음한다.

[붙임] '-(으)ㄹ'로 시작되는 어미의 경우에도 이에 준한다.

할걸[할껄]　　　　할밖에[할빠께]　　　할세라[할쎄라]
할수록[할쑤록]　　할지라도[할찌라도]　　할지언정[할찌언정]
할진대[할찐대]

제 28 항 표기상으로는 사이시옷이 없더라도, 관형격 기능을 지니는 사이시옷이 있어야 할(휴지가 성립되는) 합성어의 경우에는, 뒤 단어의 첫소리 'ㄱ, ㄷ, ㅂ, ㅅ, ㅈ'을 된소리로 발음한다.

문-고리[문꼬리]　　　눈-동자[눈똥자]　　　신-바람[신빠람]
산-새[산쌔]　　　　　손-재주[손째주]　　　길-가[길까]
물-동이[물똥이]　　　발-바닥[발빠닥]　　　굴-속[굴ː쏙]
술잔[술짠]　　　　　　바람-결[바람껼]　　　그믐-달[그믐딸]
아침-밥[아침빱]　　　잠-자리[잠짜리]　　　강-가[강까]
초승-달[초승딸]　　　등-불[등뿔]　　　　　창-살[창쌀]
강-줄기[강쭐기]

제 7 장 소리의 첨가

제 29 항 합성어 및 파생어에서, 앞 단어나 접두사의 끝이 자음이고 뒤 단어나 접미사의 첫 음절이 '이, 야, 여, 요, 유'인 경우에는, 'ㄴ' 소리를 첨가하여 [니, 냐, 녀, 뇨, 뉴]로 발음한다.

솜-이불[솜ː니불] 홑-이불[혼니불] 막-일[망닐]
샅-일[산닐] 맨-입[맨닙] 꽃-잎[꼰닙]
내복-약[내ː봉냑] 한-여름[한녀름] 남존-여비[남존녀비]
신-여성[신녀성] 색-연필[생년필] 직행-열차[지캥녈차]
늑막-염[능망념] 콩-엿[콩녇] 담-요[담ː뇨]
눈-요기[눈뇨기] 영업-용[영엄뇽] 식용-유[시굥뉴]
국민-윤리[궁민뉼리] 밤-윷[밤ː뉻]

다만, 다음과 같은 말들은 'ㄴ' 소리를 첨가하여 발음하되, 표기대로 발음할 수 있다.

이죽-이죽[이중니죽/이주기죽] 야금-야금[야금냐금/야그먀금]
검열[검ː녈/거ː멸] 욜랑-욜랑[욜랑뇰랑/욜랑욜랑]
금융[금늉/그뮹]

[붙임 1] 'ㄹ' 받침 뒤에 첨가되는 'ㄴ' 소리는 [ㄹ]로 발음한다.

들-일[들ː릴] 솔-잎[솔립] 설-익다[설릭따]
물-약[물략] 불-여우[불려우] 서울-역[서울력]
물-엿[물렫] 휘발-유[휘발류] 유들-유들[유들류들]

[붙임 2] 두 단어를 이어서 한 마디로 발음하는 경우에도 이에 준한다.

한 일[한닐] 옷 입다[온닙따] 서른 여섯[서른녀섣]
3 연대[삼년대] 먹은 엿[머근녇]
할 일[할릴] 잘 입다[잘립따] 스물 여섯[스물려섣]
1 연대[일련대] 먹을 엿[머글렫]

다만, 다음과 같은 단어에서는 'ㄴ(ㄹ)' 소리를 첨가하여 발음하지 않는다.

6·25[유기오] 3·1절[사밀쩔] 송별-연[송ː벼련]
등용-문[등용문]

제 30 항 사이시옷이 붙은 단어는 다음과 같이 발음한다.

1. 'ㄱ, ㄷ, ㅂ, ㅅ, ㅈ'으로 시작하는 단어 앞에 사이시옷이 올 때는 이들 자음만을 된소리로 발음하는 것을 원칙으로 하되, 사이시옷을 [ㄷ]으로 발음하는 것도 허용한다.

냇가[내ː까/낻ː까] 샛길[새ː낄/샏ː낄] 빨랫돌[빨래똘/빨랟똘]
콧등[코뜽/콛뜽] 깃발[기빨/긷빨] 대팻밥[대ː패빱/대ː팯빱]
햇살[해쌀/핻쌀] 뱃속[배쏙/밷쏙] 뱃전[배쩐/밷쩐]
고갯짓[고개찓/고갣찓]

2. 사이시옷 뒤에 'ㄴ, ㅁ'이 결합되는 경우에는 [ㄴ]으로 발음한다.

콧날[콛날→콘날] 아랫니[아랟니→아랜니]
툇마루[퇻ː마루→퇸ː마루] 뱃머리[밷머리→밴머리]

3. 사이시옷 뒤에 '이' 소리가 결합되는 경우에는 [ㄴㄴ]으로 발음한다.

베갯잇[베갣닏→베갠닏] 깻잎[깯닙→깬닙]
나뭇잎[나묻닙→나문닙] 도리깻열[도리깯녈→도리깬녈]
뒷윷[뒫ː뉻→뒨ː뉻]

판권본사소유

1989년 2월 10일 초판 발행
2018년 1월 10일 27쇄 인쇄
2018년 1월 25일 27쇄 발행

편　자 : 교학사 출판부
발행자 : 양　진　오

발행처 : ㈜교학사
서울 특별시 마포구 마포대로14길 4
전　화 : 영업 (02) 7075-147
　　　　편집 (02) 7075-333
등　록 : 1962. 6. 26 (18-7)

정가 37,000원

잘못된 책은 바꾸어 드립니다.

약 호

1. 품사

명 명사	관 관용구	〈동물〉	〈심리〉	〈제도〉
의명 의존 명사	속 속담	〈문학〉	〈약학〉	〈조개〉
인대 인칭 대명사	드불 ㄷ불규칙	〈미술〉	〈어학〉	〈종교〉
지대 지시 대명사	러불 러불규칙	〈민속〉	〈역사〉	〈지리〉
수 수사	르불 르불규칙	〈법률〉	〈연예〉	〈지학〉
자 자동사	ㅂ불 ㅂ불규칙	〈불교〉	〈윤리〉	〈천문〉
불자 불완전 자동사	ㅅ불 ㅅ불규칙	〈사회〉	〈음악〉	〈철학〉
타 타동사	여불 여불규칙	〈생리〉	〈의학〉	〈체육〉
불타 불완전 타동사	ㅎ불 ㅎ불규칙	〈생물〉	〈인쇄〉	〈토목〉
피동 피동사	르탈 르탈락	〈수학〉	〈전기〉	〈한의〉
사동 사동사	으탈 으탈락	〈식물〉	〈정치〉	〈화학〉
조동 보조 동사	하라			
형 형용사	하타			
조형 보조 형용사	하라타	4. 외래어		
관 관형사	하라형			
부 부사	하타형	그 ; 그리스어	아 ; 아랍어	
감 감탄사	하형	네 ; 네덜란드어	이 ; 이탈리아어	
조 조사	스형	도 ; 독일어	인 ; 인도어	
접두 접두어	스레 관	라 ; 라틴어	일 ; 일본어	
접미 접미어	이 관	러 ; 러시아어	중 ; 중국어	
선어말 선어말 어미	히 관	말레이; 말레이시아어	포 ; 포르투갈어	
어미 어미		몽 ; 몽고어	프 ; 프랑스어	
		범 ; 범어	히 ; 히브리어	
		스 ; 스페인어		

2. 어휘 구분

(동) 동의어	(센) 센말
(유) 유사어	(거) 거센말
(대) 반대말	(존) 존대말
(약) 약어	(비) 비어
(원) 원말	(속) 속어
(변) 변한말	(하) 낮춤말
(큰) 큰말	(고) 고어
(작) 작은말	(통) 통하는 말
(예) 예삿말	

5. 부호

( ) 표제어 한자, 로마자, 일본의
　　　가나 표시
: 장음 표시
- 어간과 어미 사이
= 조어 요소 사이
[ ] 발음 표시
〔 〕 앞말과 대체되는 말에 어원의 표시
〈 〉 전문 용어 표시
《 》 고어・속어・동의어 따위 표시로
　　　표제어 다음에, 주석 끝 어휘 앞에
¶ 용례 앞에
~ 용례에서 표제어 부분의 생략
/ 여러 표제어의 구분 표시
→ 비표준어에서 표준어 앞에
← 변한 발음의 어원 앞에

3. 전문어

〈건축〉　〈광물〉　〈기독〉
〈경제〉　〈광업〉　〈기상〉
〈곤충〉　〈교육〉　〈논리〉
〈공업〉　〈군사〉　〈농업〉

약 호

1. 품사

명 명사
대 대명사
수 수사
동 동사
형 형용사
관 관형사
부 부사
감 감탄사
조 조사
접 접사

영 영문구
로 로마자
한 한자
준 준말
본 본말
높 높임말
낮 낮춤말

2. 어휘 구분

(동) 동물이
(식) 식물이
(화) 화학이
(물) 물리이
(의) 의학이
(법) 법률이
(경) 경제이
(음) 음악이
(종) 종교이
(운) 운동이
(교) 교육이
(예) 예술이
(지) 지리이

3. 관련어

〈같음〉
〈계열〉
〈종속〉
〈관련〉
〈준말〉
〈본말〉
〈높임〉
〈낮춤〉
〈참고〉

4. 외래어

ㄱ: 그리스어
ㄴ: 네덜란드어
ㄷ: 덴마크어
ㄹ: 라틴어
ㅁ: 말레이어
ㅂ: 범어
ㅅ: 스페인어
ㅇ: 영어
ㅈ: 중국어
ㅊ: 체코어
ㅋ: 켈트어
ㅌ: 타이어
ㅍ: 포르투갈어
ㅎ: 히브리어

노: 노르웨이어
독: 독일어
러: 러시아어
몽: 몽고어
아: 아랍어
이: 이탈리아어
일: 일본어
터: 터키어
티: 티베트어
프: 프랑스어
핀: 핀란드어
헝: 헝가리어

5. 부호

가나 표시
: 장음 표시
- 〈낱말과 낱말 사이〉
= 〈준말 요소 사이〉
[ ] 발음을 표시
[ ] 앞말과 대체되는 말의 이음 표시
〈 〉 〈관련 용어 표시〉
( ) 〈고어·방언·동의어 따위 표시〉
『 』 접사와 어간이, 가지 붙은 말에
」 덧붙인 말임
~ 본말에서 표제 자만 같을 경우
/ 〈여러 표제어의 구분 표시〉
→ 비표준어에서 표준어 표시
← 바른 발음을 이끌 이상 풀이